LANGENSCHEIDTS
HANDWÖRTERBÜCHER

LANGENSCHEIDTS HANDWÖRTERBUCH LATEINISCH-DEUTSCH

Bearbeitet von
Dr. Erich Pertsch

auf der Grundlage
des Menge-Güthling

Erweiterte Neuausgabe 1983

LANGENSCHEIDT

BERLIN · MÜNCHEN · WIEN · ZÜRICH

Inhaltsverzeichnis

Auflage: 6. 5. 4. 3. 2. | Letzte Zahlen
Jahr: 1991 90 89 88 87 | maßgeblich

Druck: Druckhaus Langenscheidt, Berlin-Schöneberg
Printed in Germany · ISBN 3-468-04201-9

Vorwort

Grundlage: Das Großwörterbuch von Menge-Güthling

Das vorliegende Wörterbuch ist eine erweiterte Neuausgabe des bisherigen lateinischen Handwörterbuchs, das auf der Grundlage des bewährten Großwörterbuchs von Menge-Güthling erarbeitet und zugleich modernisiert und ergänzt worden war. Die erweiterte Neuausgabe 1983 unterscheidet sich von der bisherigen durch wichtige Neuerungen.

Übersicht über die Grundbedeutungen eines Wortes

Langen und demzufolge wenig übersichtlichen Stichwortartikeln ist eine kurze Inhaltsübersicht vorangestellt. Sie hilft dem Benutzer, die für seinen speziellen Fall passende deutsche Übersetzung des lateinischen Wortes rasch und gezielt aufzufinden.

Angegeben werden in der Übersicht nur Grundbedeutungen; weitere oder spezielle, durch den Kontext bedingte Übersetzungsmöglichkeiten, Erläuterungen, Anwendungsbeispiele oder die Rektion eines Verbs müssen im Artikel selbst unter der jeweiligen in der Übersicht angegebenen Ziffer aufgesucht werden; die Strukturierung der Stichwortartikel und der vorgeschalteten Übersicht durch Ziffern und Buchstaben ist absolut identisch. Die Inhaltsübersicht ist optisch vom eigentlichen Wortartikel durch Raster abgehoben.

Unregelmäßige Perfekt- und Partizipialformen

Neu aufgenommen wurden Hunderte unregelmäßiger Perfekt- und Partizipialformen. Sie erscheinen als separate Stichwörter an alphabetischer Stelle und tragen einen Verweis auf die Stammform (1. Person Indikativ Präsens Aktiv), unter der das Verb jeweils dargestellt wird. Unter diesen Neuaufnahmen befinden sich auch Infinitive wie *dare*, *stare* oder *ferre*, die nicht ohne weiteres aus der angegebenen Stammform zu erschließen sind.

Kernwortschatz

Durch das Zeichen ▶ vor einem Stichwort wird ein Kernwortschatz von etwa 2000 Wörtern gekennzeichnet, deren Kenntnis eine solide Grundlage für die Lektüre lateinischer Texte darstellt. Dieser Kernwortschatz basiert auf Auszählungen von Worthäufigkeiten bei den wichtigsten lateinischen Autoren, die auch im Schulunterricht gelesen werden.

Nicht nur Cäsar und Cicero

Berücksichtigt wurde der gesamte Wortschatz von Cäsar und Cicero sowie (mit Ausnahme der Fragmente) von Curtius Rufus, Eutrop, Justinus, Livius, Plinius d. J., Quintilian, Sallust, Seneca, Sueton, Tacitus, Catull, Horaz, Juvenal, Lukrez, Martial, Ovid, Persius, Phaedrus, Plautus, Properz, Terenz, Tibull und Vergil. Darüber hinaus wurden die wichtigsten Ausdrücke der übrigen Latinität bis Isidor v. Sevilla aufgenommen sowie diejenigen der Kirchenschriftsteller, der Vulgata, der Juristen und der Mediziner. Gellius wurde weitgehend berücksichtigt, von Vitruv wurden die auf die Baukunst bezüglichen Ausdrücke gebracht.

Alle wichtigen Eigennamen

Das Wörterbuch bringt an alphabetischer Stelle auch die wichtigsten Eigennamen aus der griechischen und römischen Antike mit erläuternden Hinweisen.

Mittel- und neulateinische Wörter

Mittel- und neulateinische Wörter stellen naturgemäß nur eine Auswahl dar, die sich auf die sprachliche und kulturhistorisch interessanten sowie für die Kontinuität der Latinitas bedeutsamen Fälle beschränkt.

Mittellateinische Wörter werden durch zwei, neulateinische durch drei Sterne gekennzeichnet und, soweit wie möglich, voneinander abgegrenzt. Eine Reihe häufig gebrauchter (oft moderner) Abkürzungen wurden in alphabetischer Reihenfolge in den Wörterbuchteil eingearbeitet.

Vokalquantitäten

Größter Wert wurde auf die genaue Angabe der Quantitäten der Vokale (besonders in positionslangen Silben) gelegt. Auf schwankenden oder von der modernen Linguistik unterschiedlich bezeichneten Gebrauch ist ausdrücklich hingewiesen worden.

Etymologische Hinweise

Bei jedem Wort wurden kurze etymologische Hinweise gegeben, die dem neuesten Stand der Forschung entsprechen. Fragliche oder unsichere Deutungen sind als solche bezeichnet worden. Bei zusammengesetzten Wörtern wurde meistens nichts vermerkt; es müssen daher die durch Bindestrich kenntlich gemachten Bestandteile nachgeschlagen werden. Die Anführung der Schriftstellerbelege wurde nur in wichtigsten Fällen vorgenommen. Es wurde aber stets die Art des Gebrauchs des einzelnen Wortes bzw. der einzelnen Bedeutungen angegeben (*vkl.*, *nkl.*, *spätl.*, *dcht.*, *unkl.* usw.). Wo diese Angaben fehlen, ist das Wort bzw. die Bedeutung auch klassisch belegt.

Griechische Namen

Bei der Wiedergabe der Personennamen und geographischen Bezeichnungen wurde zwar nach dem Grundsatz „Graeca Graece, Latina Latine“ verfahren. Da jedoch eine große Zahl von griechischen Namen in lateinischer Version Heimatrecht in der deutschen Sprache erlangt hat, waren Kompromisse nicht zu umgehen.

Erklärung sprachwissenschaftlicher Fachausdrücke

Die wichtigsten im Abkürzungsverzeichnis verwendeten sprachwissenschaftlichen Fachausdrücke, die dem Benutzer u. U. nicht geläufig sind, werden anhand von Beispielen erläutert.

Erweiterte Anhänge: Lateinisch-deutsches Verzeichnis europäischer Städtenamen

Das lateinisch-deutsche Verzeichnis europäischer Städtenamen im Anhang wurde um etwa 120 neue Eintragungen erweitert. Dabei wurden nicht nur die Namen ehemaliger römischer Siedlungen berücksichtigt, sondern auch mittel- und neulateinische Namen aufgenommen.

Lateinische Abkürzungen

Römische Inschriften enthalten eine Fülle von Abkürzungen, ohne deren Kenntnis die Entzifferung des Textes nicht möglich ist. Im Anhang befindet sich nunmehr auch eine Liste mit den häufigsten lateinischen Abkürzungen und ihrer Entschlüsselung.

Für wertvolle Anregungen und Ratschläge sind wir den Professoren Dr. Heyde, Dr. Luschnat, Dr. Munari, Dr. Radke sowie Pater Dr. Caelestis Eichenseer zu aufrichtigem Dank verpflichtet. Die vorliegende Bearbeitung haben die Professoren Kernegger und Dr. Zerobin in Österreich und Herr Dr. Jungck in Basel mit wertvollen Ratschlägen gefördert; für Auswahl und Zusammenstellung der Inhaltsübersichten ist der Verlag Herrn Oberstudiendirektor Dr. Lechner zu Dank verpflichtet.

DER VERLAG

Erklärung der Zeichen und Abkürzungen

° unklassisch.
/ in übertragener Bedeutung.
~ Tilde (Wiederholungszeichen) wiederholt das fettgedruckte Kopfwort.
~̊ desgl., aber mit veränderter Groß- bzw. Kleinschreibung.
√‾ Wurzel.
⟨ entstanden aus.
⟩ geworden zu.
* nicht belegte, nur sprachwissenschaftlich erschlossene Form.
** mittellateinisch.
*** neulateinisch.
A. ad Her. Auctor ad Herennium.
abgek.; *Abk.* abgekürzt; Abkürzung.
abl. Ablativ.
abl. abs. *ablativus absolutus.*
abl. mens. *ablativus mensurae* (*differentiae*).
abs. absolut.
abstr. Abstraktum, abstrakt.
acc. Akkusativ.
a.c.i. *accusativus cum infinitivo.*
a.c.i. gerund. *accusativus cum infinitivo gerundivi.*
a.c.p. *accusativus cum participio.*
act. Aktiv, aktivisch.
adi. Adjektiv, adjektivisch.
adv. Adverb, adverbial.
ags. angelsächsisch.
ägypt. ägyptisch.
ahd. althochdeutsch.
alci *alicui.*
alcis *alicuius.*
allg. allgemein.
alqa(m) *aliqua(m).*
alqas *aliquas.*
alqd *aliquid.*
alqm *aliquem.*
alqo(s) *aliquo(s).*
alqs *aliquis.*
altbrit. altbritisch.
altind. altindisch.
altit. altitalisch.
altl. altlateinisch.
altnord. altnordisch.
Ambr. Ambrosius.
äol. äolisch.
aor. Aorist.
apokop. apokopiert.
appell. Appellativum.
aram. aramäisch.
archit. Architektur, architektonisch.
arithm. arithmetisch.
assim. assimiliert.
astr. astronomisch; astrologisch.
A.T. Altes Testament.
athen. athenisch.
att. attisch.
attr. Attribut, attributiv.
Aug. Augustinus.
Augm. Augment.
august. augusteisch.
b. bei(m).
Bed. Bedeutung.
Bed.-Lw. Bedeutungslehnwort.
Bein. Beiname.
belg. belgisch.
ber. berühmt.
Bew. Bewohner.
bisw. bisweilen.
böot. böotisch.
bsd. besonders.
bzw. beziehungsweise.
C. Cäsar.
Ca. Catull.
ca. circa.
caus. kausal.
cf. *confer* (vergleiche).
cf.i. *confer infra* (vergleiche unten).
cf.s. *confer supra* (vergleiche oben).
Ci. Cicero.
ci. Konjunktion.
Cod. Iust. *Codex Iustinianus.*
cogn. *cognomen.*
coll. Kollektivum, kollektivisch.
Com. *comici* (Komiker).
comp. Komparativ, komparativisch; *comparationis.*
conc. konzessiv.
concr. Konkretum, konkret.
coni. Konjunktiv.
cons. konsekutiv; *consecutivum.*
Cu. Curtius Rufus.
dat. Dativ.
dcht. dichterisch.
def. Defektivum, defektivisch.
Dekl. Deklination.
demin. Deminutivum.
demonstr. demonstrativ(um).
denom. Denominativum.
dep. Deponens.
desid. Desiderativum.
determ. determinativ(um).
dgl. desgleichen, dergleichen.
d.h. das heißt.
d.i. das ist.
dial. (der) Dialektik, dialektisch.
Dig. *Digestae* (Digesten).
dir. direkt.
dissim. dissimiliert, dissimilatorisch.
dopp. doppelt.
dor. dorisch.
ds. dasselbe.
dt. deutsch.
E. Etymologie.
Eccl. *ecclesiastici scriptores* (Kirchenschriftsteller).
e-e eine.
eig. od. *eigtl.* eigentlich.
einf. einfach.
Einw. Einwohner.
ellipt. elliptisch.
EN Eigenname.
engl. englisch.
enklit. enklitisch.
epexeget. *epexegeticus.*
erot. erotisch.
et. etymologisch.
etr. etruskisch.
etw. etwas.
euphem. euphemistisch.
Eutr. Eutropius.
F. Form(en).
f od. *fem.* Femininum.
feindl. feindlich.
fin. final; *finale.*
Fl., *-fl.* Fluß, -fluß.
folg. folgend.
franz. französisch.
frequ. Frequentativum.
freundl. freundlich.
fut. Futur, futurisch.
fut. ex. futurum exactum.
Fw. Fremdwort.
gall. gallisch.
Ge. Gellius.
Geb. Gebirge.
gen. Genetiv, genetivisch.
geom. geometrisch.
ger. Gerundium od. Gerundiv.
germ. germanisch.
geschäftl. geschäftlich.
gespr. gesprochen.
getr. getrennt (geschrieben).
Ggs. Gegensatz.
got. gotisch.
gr. od. *griech.* griechisch.
Gramm. *grammatici* (Grammatiker).
gramm. grammatisch.
Grdb. Grundbedeutung.
Grom. *gromatici* (Gromatiker).
Hdschr. Handschrift.
hdschr. handschriftlich.
haplol. haplologisch.
hebr. hebräisch.
Hi. Hirtius (*Bellum Gallicum VIII*).
Hier. Hieronymus.
Ho. Horaz.
hom. homerisch.
Hpts. Hauptsatz.
Hptst. Hauptstadt.
hybr. hybrid.
Hypost. Hypostase.
i. in, im.
idg. indogermanisch.
IKG Jambenkürzungsgesetz.
ill. illyrisch.

imp. Imperativ.
impers. unpersönlich.
impf. Imperfekt.
incoh. Inchoativum, Inkohativum.
ind. Indikativ.
indecl. undeklinierbar.
indef. *indefinitum.*
indir. indirekt.
indir. Frages. od. *Frgs.* indirekter Fragesatz.
inf. Infinitiv, infinitivisch.
insb. insbesondere.
Insc(h)r. *Inscriptiones* (Inschriften).
instr. Instrumentalis, instrumental; *instrumenti.*
int. Interjektion.
intens. Intensivum.
interr. interrogativ(um).
intr. intransitiv.
ion. ionisch.
iran. iranisch.
Isid. Isidor v. Sevilla.
it. italisch.
iterat. Iterativum, iterativ.
Iust. Justin.
j. jetzt, jetzig.
jd. jemand.
Jh. Jahrhundert.
j-s jemandes.
Jt. Jahrtausend.
Ju. Juvenal.
jur. juristisch.
K. König.
karth. karthagisch.
kelt. keltisch.
kirchenlat. kirchenlateinisch.
kl. klein.
klass. klassisch (*d.h. in klassischer Prosa bei Cäsar* [*Bellum Gallicum I—VII u. Bellum Civile*] *u. Cicero belegt*).
Konj. Konjugation.
l. link, links.
lat. lateinisch.
Ldsch. Landschaft.
L. XII tab. *Lex duodecim tabularum* (Zwölftafelgesetz).
lesb. lesbisch.
Li. Livius.
loc. *casus localis* (Lokativ), lokativisch.
log. (der) Logik, logisch.
Lu. Lukrez.
Lw. Lehnwort.
M. Mutter.
m od. *masc.* Maskulinum.
m. mit.
Ma. Martial.
MA; *ma.* Mittelalter; mittelalterlich.
M.A. *Monumentum Ancyranum.*
math. mathematisch.
med. medizinisch.
mediopass. Mediopassiv; *cf.* P.
meton. metonymisch.
metr. (der) Metrik, metrisch.
mhd. mittelhochdeutsch.
mil. militärisch.
Min. Fel. Minucius Felix.
ml. mittellateinisch.
mod. modal; *modi.*
mtl. monatlich.
mündl. mündlich.
mus. musikalisch.
myth. mythisch, mythologisch.
n od. *neutr.* Neutrum.
nachaug. nachaugusteisch.
Nachk. Nachkomme(n).
naut. nautisch.
Nbf. Nebenform.
Nbfl. Nebenfluß.

Nbs. Nebensatz.
n. Chr. nach Christus.
n.c.i. *nominativus cum infinitivo.*
nd. niederdeutsch.
Ne. Cornelius Nepos.
nhd. neuhochdeutsch.
nkl. nachklassisch.
nom. Nominativ.
nördl. nördlich.
nordöstl. nordöstlich.
N.T. Neues Testament.
num. adv. Zahladverb.
num. card. Kardinalzahl, Grundzahl.
num. distr. Distributivzahl.
num. ord. Ordnungszahl.
nw. nordwestlich.
ö. östlich.
obi. Objekt; objektivisch; *obiectivus.*
od. oder.
opt. Optativ.
or. obl. *oratio obliqua.*
osk. oskisch.
Ov. Ovid.
P. Passiv; Mediopassiv.
part. Partizip, partizipial.
part. coni. *participium coniunctum.*
part. pf. pass. das passivisch gebrauchte part. pf. eines Deponens oder Semideponens.
pass. passivisch; medial.
patriz. patrizisch.
patron. Patronymikum.
Pe. Petron(ius).
Pers. Person(en); *Autorzitation*: Persius.
pers. persönlich; *personale*; *bei etymologischen Angaben*: persisch.
personif. personifiziert.
pf. Perfekt, perfektisch.
Ph. Phädrus.
philos. philosophisch.
Pl. Plautus.
pl. od. *plur.* Plural, pluralisch.
pl. tant. *plurale (-ia) tantum.*
pleb. plebejisch.
Pli. Plinius d.J.
plqpf. Plusquamperfekt.
pol. politisch.
pos. Positiv.
poss. Possessivum, possessiv(isch); *possessivum.*
P.P.P. *participium perfecti passivi.*
Pr. Properz.
praed. prädikativ.
praef. Präfix.
praes. Präsens, präsentisch.
praev. Präverbium.
prägn. prägnant.
pron. Pronomen, pronominal.
prp. Präposition.
Prud. Prudentius.
publ. publizistisch.
pun. punisch.
Qu. Quintilian.
qual. *qualitatis.*
r. recht, rechts.
räuml. räumlich.
redupl. redupliziert.
refl. reflexiv(um).
rel. Relativum, relativisch.
relig. religiös, sakral.
result. Resultativum.
rhet. rhetorisch.
Rhet. Her. *Rhetorica ad Herennium* (*Auctor ad Herennium*).
röm. römisch.

S. Sohn.
s. siehe.
Sa. Sallust.
sab. sabinisch.
sc. *scilicet* (ergänze).
scherzh. scherzhaft.
schriftl. schriftlich.
s.d. siehe dieses.
Se. Seneca.
sem. semitisch.
sep. separativ(um).
sg. od. *sing.* Singular, singularisch.
siz. sizilisch.
sö. südöstlich.
sp. od. *spät(l.)* spätlateinisch.
Spr. Sprache.
sprichw. sprichwörtlich.
St., *-st.* Stadt, -stadt.
student. studentisch.
s. u. siehe unten.
subi. Subjekt, subjektivisch; *subiectivus.*
subst. Substantiv, substantivisch.
südl. südlich.
Suet. Sueton.
sup. Superlativ.
supin. Supinum.
sw. südwestlich.
synekd. synekdochisch.
synk. synkopiert.
T. Tochter.
Ta. Tacitus.
Te. Terenz.
Tert. Tertullian.
thess. thessalisch.
Ti. Tibull.
trans. transitiv.
t.t. *terminus technicus* (Fachausdruck).
tw. teilweise.
u. und.
u. a. und anderes.
u. ä. und ähnliches.
übh. überhaupt.
Ulp. Ulpian.
umbr. umbrisch.
ungebr. ungebräuchlich.
unkl. unklassisch (*d. h. entweder v. einem Autor z. Z. Cäsars u. Ciceros od. vkl., nkl. bzw. spätl. u. dcht.*).
urspr. ursprünglich.
usw. und so weiter.
V. Vater.
v. von.
V.-B. Vorbemerkung(en).
v. Chr. vor Christus.
Ve. Vergil.
verb. Verbum.
verb. fin. *verbum finitum.*
Vfssr. Verfasser.
vgl. vergleiche.
Vi. Vitruv.
vkl. vorklassisch.
vl. vielleicht.
vlt. vulgärlateinisch.
voc. Vokativ.
volkset. volksetymologisch.
Vorgeb. Vorgebirge.
voridg. vorindogermanisch.
Vulg. Vulgata.
w. westlich.
wahrsch. wahrscheinlich.
zB. zum Beispiel.
zeitl. zeitlich.
zsgz. zusammengezogen.
Zshg. Zusammenhang.
zus. zusammen(geschrieben).
zw. zwischen.

Erklärung der wichtigsten im Abkürzungsverzeichnis gebrauchten sprachwissenschaftlichen Fachausdrücke

absolut bezeichnet den Gebrauch eines Verbs ohne Ergänzung.

Abstraktum Substantiv, das Nichtdingliches bezeichnet, z. B. *īră* „Zorn".

apokopiert „verkürzt" durch Wegfall eines Auslautes oder einer auslautenden Silbe.

Appellativum Substantiv, das eine ganze Gattung gleichgearteter Dinge oder Lebewesen und zugleich jedes einzelne Ding oder Wesen dieser Gattung bezeichnet, z. B. *ărbŏr* „Baum".

assimiliert ein Laut ist einem Nachbarlaut „angeglichen", z. B. *sŭb* + *fĕrrĕ* > *sŭffĕrrĕ*; *ăd* + *sŭm* > *ăssŭm*.

Augmentativum mit einem Augmentativsuffix gebildete Vergrößerungsform von Substantiven und Adjektiven, z. B. *ital. portone* (Tor) *Augm.* zu *porta* (Tür) (Augmentativsuffix *-one*).

Bedeutungslehnwort bereits vorhandenes einheimisches Wort, das nach dem Vorbild eines fremden Wortes, dessen Geltungsbereich ursprünglich nur teilweise mit dem des einheimischen Wortes übereinstimmte, einen neuen Inhalt bekommt, z. B. *lesen* aus *lat. leggere* bedeutet zunächst nur „sammeln, auflesen von Holz oder Ähren", dann nahm es nach dem lat. Vorbild auch die Bedeutung „Schrift lesen" an.

Defektivum ein nicht in allen Formen auftretendes Wort, z. B. *ōdīssĕ* „hassen" bildet nur Formen des Perfektaktivstammes.

Deminutivum mit einem Deminutivsuffix gebildete Verkleinerungsform von Substantiven und Adjektiven, z. B. *vĕntrīcŭlŭs* „Bäuchlein" *demin.* zu *vĕntĕr* „Bauch" (Deminutivsuffix *lat. -culus, dt. -lein*); *nŏvĕllŭs* „neu" *demin.* zu *nŏvŭs* „neu" (Deminutivsuffix *-ellus*).

Denominativum von einem Substantiv oder Adjektiv abgeleitetes Wort, z. B. *aegrōtō* „krank sein" *denom.* von *aegrōtŭs* „krank".

Deponens Verb mit passiven Formen, aber aktiver oder reflexiver Bedeutung, z. B. *mŏrŏr* „sich aufhalten, verweilen".

Desiderativum Verb, das den Wunsch nach etwas ausdrückt, z. B. *cēnātŭrĭō* „essen wollen" *desid.* zu *cēnō* „essen".

Determinativum Weiterbildung oder Erweiterung der Wurzel eines indogermanischen Wortes ohne wesentlichen Bedeutungsunterschied.

dissimiliert „unähnlich(er) gemacht", d. h. zwei ähnliche oder gleiche benachbarte Laute in einem Wort werden durch den Wandel oder Ausfall des einen Lautes stärker voneinander abgehoben, z. B. *lat. tŭrtŭr* > Turteltaube; *ahd. Pfenning* > Pfennig.

elliptisch „unvollständig", d. h. es sind Satzglieder ausgelassen, die zum Verständnis entbehrlich sind, z. B. *Rad* statt *Fahrrad.*

enklitisch „sich anlehnend", d. h. ein unbetontes Wort geringen Umfangs verschmilzt mit einem vorangehenden betonten Wort oder verbindet sich mit diesem zu einer Akzenteinheit, z. B. *lat. -vĕ* bei Zahlen „bis": *duabus tribusve horis.*

epexegeticus „erläuternd" ist jede einen Begriff verdeutlichende Ergänzung, sei es ein Genetiv, ein Adverb oder eine Apposition, z. B. *das Haus des Vaters*; *oft gehört*; *London, die Hauptstadt Englands.*

etymologisch die Herkunft, Geschichte und Grundbedeutung eines Wortes betreffend.

euphemistisch verhüllend, beschönigend für ein unangenehmes oder anstößiges Wort gebraucht, z. B. *hinscheiden* statt *sterben*; *Scheibenkleister* statt *Scheiße.*

Frequentativum Verb, das die häufige Wiederholung einer Handlung ausdrückt, z. B. *vĕnĭtō* „oft kommen" *frequ.* zu *vĕnĭō* „kommen".

haplologisch zwei im Wort aufeinanderfolgende gleiche oder ähnliche Silben oder Lautgruppen werden miteinander verschmolzen, z. B. *dt. Zaubererin* > *Zauberin.*

hybrid „gemischt, von zweierlei Herkunft" ist ein zusammengesetztes oder abgeleitetes Wort, dessen Teile verschiedenen Sprachen angehören, z. B. *Auto-mobil* (griech.-lat.).

Hypostase Verselbständigung eines Wortes als Folge einer Veränderung der syntaktischen Funktion, z. B. der Übergang eines Substantivs im Genitiv zum Adverb: *dt. des Mittags* > *mittags*; *lat.*

	ăssĕvērō „ernstlich verfahren" aus *ăd sĕvērŭm făcĕrĕ* „bis zum Ernst (etwas treiben".
Inchoativum, Inkohativum	Verb, das den Beginn einer Handlung oder das Eintreten eines Zustandes ausdrückt, z. B. *flāvēscō* „gelb werden, sich gelb färben" *incoh.* zu *flāvĕō* „goldgelb sein".
Intensivum	Verb, das die Stärke oder Dauer (Intensität) einer Handlung ausdrückt, z. B. *sĕctōr* „stets folgen, überall begleiten" *intens.* zu *sĕquŏr* „(nach)folgen, begleiten".
Iterativum	Verb, das die häufige Wiederholung einer Handlung ausdrückt.
Kollektivum	Sammelbegriff, z. B. *ărbŏr* „Baum" bedeutet kollektivisch „Baumbestand, Gehölz".
Konkretum	Substantiv, das etwas Gegenständliches bezeichnet, z. B. *tăbŭlă* „Brett, Tafel".
metonymisch	übertragen gebraucht, d. h. ein Substantiv, ein Adjektiv oder eine Wendung tritt für einen anderen inhaltlich verwandten Begriffsbereich ein, z. B. *ăspĕrgō* „Bespritzung" *meton.* „Spritzer, Tropfen"; *scrīptūră* „das Schreiben (als Handlung), *meton.* „Schrift" (als Schriftstück).
Patronymikum	vom Namen eines männlichen Vorfahren, meist des Vaters, abgeleiteter Name, oft ein substantivisch gebrauchtes Adjektiv, z. B. *lat. Pēlīdēs* „Sohn, Enkel des Peleus"; *nordd. Petersen* oder *Peterson* = Sohn des Peter.
Präfix	Vorsilbe, z. B. *ăd-* in *ăddĕrĕ* od. *ăccēdĕrĕ*.
Präverbium	nichtverbaler Teil eines zusammengesetzten Verbs, z. B. *lat. au-* „fort-, ent-" in *aufĕrrĕ, aufŭgĕrĕ*; *dt. teil-* in *teilhaben*.
redupliziert	verdoppelt; das Perfekt *cŭcŭrrī* von *cŭrrō* oder *pĕpĕrī* von *părīō* ist eine reduplizierte Form.
Resultativum	Verb oder Verbalabstraktum, das den Erfolg, das Resultat oder das Ende einer Handlung ausdrückt, z. B. *lat. iăcĕō* „liegen, daliegen, auf dem Boden liegen, zu Boden geschlagen sein" *result.* zu *iăcīō* „werfen, schleudern".
synekdochisch	„mitverstehend, mitenthaltend" gebraucht, d. h. ein engerer Begriff wird für den allgemeineren (pars pro toto) oder der allgemeinere für den engeren (totum pro parte) gesetzt, z. B. *lat. ărēnă* „Arena, Kampfplatz im Amphitheater" *synekd.* = Amphitheater; *dt.* Raubkatze *synekd.* = Löwe.
synkopiert	„ausgefallen" ist ein unbetonter Vokal zwischen zwei Konsonanten, z. B. *tūs* „Weihrauch" *synk.* < *tŭvŏs*.

Hinweise für die Benutzung des Wörterbuches

I. Die alphabetische Reihenfolge ist überall beachtet worden. An alphabetischer Stelle sind auch unregelmäßige Flexionsformen – besonders die unregelmäßigen Perfekt- und Partizipialformen der Verben – und Nebenformen angegeben. Bei den unregelmäßigen Verbformen wird auf die Stammform – 1. Person Indikativ Präsens Aktiv – verwiesen.

II. Eine Inhaltsübersicht (durch Raster hervorgehoben) vor langen Wortartikeln faßt die wichtigsten Bedeutungen des jeweiligen Stichworts zusammen. Die Gliederung in der Übersicht ist mit der im Wortartikel identisch, so daß weitere Übersetzungen, Erläuterungen oder lateinische Anwendungsbeispiele zu der gesuchten Bedeutung mühelos zu finden sind.

III. Ein lektürerelevanter Kernwortschatz von etwa 2000 Wörtern ist durch das Zeichen ▶ vor dem Stichwort gekennzeichnet. Zu diesem Kernwortschatz gehören auch alle mit einer Inhaltsübersicht versehenen Wortartikel, bei denen auf eine zusätzliche Markierung verzichtet wurde.

IV. Die Vokalquantitäten sind angegeben (lange Vokale: ¯; kurze Vokale: ˘). Bei den stilistischen Beispielen wird in besonderen Fällen die Länge bezeichnet, um Verwechslungen zu vermeiden. Bei mittel- und neulateinischen Wörtern wurde auf die Angabe von Quantitäten verzichtet.

V. Die Ziffern hinter den Verben bedeuten die 1. bis 4. Konjugation, die hinter den Adjektiven und Pronomina die Anzahl der Genusendungen.

VI. Hochgestellte Ziffern (^{1}, ^{2}, ^{3}) hinter einem Stichwort unterscheiden Wörter von gleicher Schreibung, die aber einer anderen Wortart angehören oder verschiedener Abstammung sind.

VII. Das grammatische Geschlecht der Substantive (*m, f, n*) ist bei jedem lateinischen Wort angegeben.

VIII. Die Gliederung der deutschen Übersetzungen erfolgt

1. durch arabische Ziffern zur Unterscheidung grundsätzlich verschiedener Bedeutungen,
2. durch kleine Buchstaben (a, b, c etc.) und nachgeordnet durch griechische Buchstaben (α, β, γ etc.) zur weiteren Differenzierung.

IX. Erläuternde Zusätze zu den Übersetzungen werden in Kursivschrift gegeben, z. B. „2. Reinigungs- u. Sühnefest (*jährl. im Febr. gefeiert*)".

Über die Deklination der Nomina

A) Aus dem Griechischen abgeleitete Nomina

I. Erste Deklination:

1. *ălŏē, voc.* -ē, *gen.* -ēs, *dat.* -ae, *acc.* -ēn; *pl.* nach der lat. Dekl. Die meisten griech. Wörter auf -ē (bsd. die Eigennamen) verwandeln ē in *ă* und werden lat. dekliniert (*Nioba, musica*); *acc.* bisw. °-ān.

2. *Pĕrsēs, voc.* -ă (selten -ē), *gen.* -ae, *dat.* -ae, *acc.* -ăm (seltener -ēn), *abl.* -ā (seltener -ē); *pl.* nach der lat. Dekl. Manche Wörter verwandeln ēs in *ā*; *acc.* bisw. -ĕm.

3. *Aenē***ās**, *gen.* -ae nach der lat. Dekl.; *acc.* bisw. °-ān.

II. Zweite Deklination:

1. Griech. Nomina auf *ος* und *ον* verwandeln diese meist in **-ŭs** und **-ŭm.** Selten ist *nom. pl.* auf **-oe** (*Canephoroe, cosmoe*).

2. Eigennamen der 2. att. Dekl. auf *ως* werden entweder wie im Griech. dekliniert (*Androgeōs, gen., dat., abl.* -ō, *acc.* -ōn) od. nehmen lat. Form an (*Androgeŭs*, -ī).

3. Nomina auf -ēŭs (*εύς*) haben im *voc.* -ēŭ, gehen aber sonst nach der 2. Dekl.: *Theseŭs, voc.* -ēŭ, *gen.* -ĕī (u. °-ĕŏs), *dat.* -ĕō (u. °-ī, *cf. Θησεῖ*), *acc.* -ĕŭm (u. °-ĕă od. °-ēă), *abl.* -ĕō.

4. In Büchertiteln lautet der *gen. pl.* **-ōn** statt -ōrŭm (*Vergili Bucolicōn liber*).

III. Dritte Deklination:

1. Griech. Lehnwörter nehmen klassisch fast stets lat. Kasusendungen an. Klassisch gar nicht oder selten:
a) *gen. sg.* **-ŏs** (nur *Pan* hat meist *Panos*);
b) *acc. sg.* auf *α*) **-ă,** *β*) -ĭn und **-ўn.** Einige geographische EN bilden klass. den *acc.* bisw. auf -*ă* (*Salamis, acc. -mina* neben *-minem*).
Pan, aër und *aether* haben stets *Pană, aëră* und *aetheră*;
c) *gen. pl.* **-ĕōn** in Büchertiteln (*Ovidii metamorphosĕōn libri XV*);
d) *dat. pl.* **-sĭn** (°*Troasin*);
e) *acc. pl.* **-ăs** statt -ēs bei Imparisyllabis (*Allobrogas*).

2. Frauennamen auf **-ō** haben im *gen.* **-ūs,** sonst **-ō:** *Didō* (*Διδώ*), *gen. Didūs, dat., acc., abl. Didō.* Einige nehmen lat. Endungen an (*Inō, Inōnis; Gorgō, Gorgŏnis*).

3. Gleichsilbige Männernamen auf **-ēs** haben im *gen.* **-ī** od. **-ĭs** (*Periclēs, gen. -clĭs* u. *-clī*), im *acc.* (wie die gleichsilbigen Flußnamen) **-ĕm** u. **-ēn** (*Socratĕm* u. *-tēn*), auch °**-ĕă** (*Periclea*).

4. a) Griech. Parisyllaba auf **-ĭs** haben im *acc.* **-ĭm,** im *abl.* **-ī** (*poësĭs*). b) Imparisyllaba auf **-ĭs** haben im *acc.* **-ĭm,** im *abl.* **-ī,** wenn der griech. *acc.* auf *ιν* (nicht auf *ιδα*) endet: *Alcestĭs* (*Ἄλκηστις*), *gen. -ĭdĭs, acc. -ĭm, abl. -ī* od. *-ĭdĕ; tyrannĭs* (*τυραννίς*), *gen. -ĭdĭs, acc. -ĭdĕm* (*τυραννίδα*), *abl. -ĭdĕ.*

5. Personennamen auf -ēs, -ĭs, -ўs, -ās werfen im *voc. sg.* meist das *s* ab (*Socratē* od. *-tēs, Daphnĭ*).

6. Neutra auf **-mă** bilden den *gen. pl.* klass. auf **-tŭm** u. **-tōrŭm,** den *dat.* u. *abl. pl.* fast stets auf **-tīs** statt *-tĭbŭs: poëmă, gen. -ătĭs, gen. pl. poëmătŭm* u. *-tōrŭm, dat.* u. *abl. poëmătīs* u. °*-tĭbŭs.*

B) Lateinische Nomina

IV. Substantive der 2. Dekl. auf *-jŭs, -ĭŭs* u. *-ĭŭm* ziehen den *gen. -ĭī* meist in **-ī** zusammen: *Appĭus, gen. Appĭī* u. meist *Appī; consĭlī, negŏtī, otī = otĭī.*

V. Eigennamen auf **-ĭŭs** haben im *voc.* **-ī** (statt *-ĭĕ*), die auf **-āiŭs** u. **-ēiŭs** haben **-āī** u. **-ēī:** *Tullī, Gāī, Pompēī.*

VI. In der 1. u. 2. Dekl. hat der *gen. pl.* auch **-ŭm** (statt *-ārŭm* u. *-ōrŭm*):

1. meist bei Substantiven, die Geld, Maß u. Gewicht bezeichnen, wenn eine bestimmte Menge angegeben wird: *amphorŭm, drachmŭm, nummŭm, sestertiŭm, modiŭm, iugerŭm;*

2. bisw. bei *liberi Kinder, faber* u. *socius* in der Verbindung *praefectus fabrŭm* u. *sociŭm, deus* in der Verbindung *pro deŭm hominumque fidem, vir* in der Bezeichnung eines Kollegiums (*triumvirŭm, decemvirŭm; dcht.* auch sonst °*virŭm*); [*Danaŭm, Argivŭm;*]

3. in der Prosa selten, *dcht.* oft bei Völkernamen:

4. *dcht.* oft bei Patronymika auf *-dēs* (°*Dardanidŭm*);

5. fast stets bei Distributivzahlen (außer *singuli*): *binŭm, denŭm;* [*caelicolŭm*);]

6. *dcht.* bei Komposita auf *-gena* u. *-cola* (°*terrigenŭm,*

7. bisw. (*dcht.*, archaistisch) °**-ŏm** statt *-ŭm* (*divŏm, equŏm*).

VII. Die Komparative haben im *abl. sg.* klass. stets **-ĕ** (*maiorĕ*), *nkl.* u. *dcht.* auch *-ī*; im *pl. n -ă, gen. -ŭm* (aber: *plurium*).

VIII. Die Partizipien auf *-āns* u. *-ēns* haben:

1. im *abl. sg.* **-ī,** wenn sie als Adjektive, dagegen **-ĕ,** wenn sie als Partizipien (bsd. prädikativ) od. als Substantive stehen: *a sapienti viro von einem weisen Mann, a sapiente von einem Weisen;*

2. im *gen. pl.* klass. stets **-ĭŭm,** *dcht.* oft °**-ŭm** (*rogantŭm*).

IX. Völkernamen auf **-ās,** *-ātĭs* u. **-īs,** *-ītĭs* haben im *abl. sg.* meist **-ī** (*in* [*agro*] *Arpinatī im Gebiet v. Arpinum*), aber als u. bei Personennamen **-ī** u. **-ĕ** (*ab* [*homine*] *Arpinatī* u. *Arpinatĕ*). Im *gen. pl.* haben sie **-ĭŭm** (*Arpinatium*), im *pl. n* **-ĭă.**

X. Römische Festnamen auf **-ālĭă** haben im *gen.* **-ĭŭm** u. **-ĭōrŭm,** im *dat.* u. *abl.* **-ĭbŭs** (*Bacchanalĭă, -ĭŭm* u. *-ĭōrŭm, -ĭbŭs*).

XI. Nomina (*m* u. *f*), die im gen. *pl. -ĭŭm* haben, nehmen für den *acc. pl.* oft die (ältere) Endung **-īs** statt *-ēs* (*hostīs, avīs*); auch Adjektive (*omnīs*). Seit der august. Zeit war -ēs herrschend.

A

A, a[1] (*Abk.*) **1.** = *Aulŭs.* **2.** = *ăbsōlvō* ich spreche frei (*daher littera salutaris*). **3.** = *ăntīquō* verwerfe (*sc. das beantragte Gesetz*). **4. a.d.** = *ăntĕ dĭēm.* **5. a.u.c.** = *ăb ŭrbĕ cōndĭtā, aber* **A.U.C.** = *ănnō ŭrbĭs cōndĭtae.* **6. A.** (*in Dialogen*) = *audĭtōr* (*Ggs.* **M.** = *măgĭstĕr*; *cf.* Ciceros Tuskulanen); **(a. Chr. nat.) = *ante Christum natum*; **A.D.** = *anno Domini*; **A et O** Anfang und Ende = Christus. **7.** (*auf Inschriften*) **A.** = *Augŭstŭs*; **A.A.** = *Augŭstī dŭō*; **A.A.A.** = *Augŭstī trēs*; **III viri A.A.A.F.F.** = *trĭŭmvĭrī aurō, ărgĕntō, aerī flăndō, fĕrĭŭndō.*

ā[2], **āh** *int.* (*cf.* ă, ā) (*vorwiegend dcht.*) ach! ah! ha! wehe!

ā, ăb, ăbs
I. *in der Komposition* **1.** ab-, weg-; **2.** un-, miß-; **II.** *prp. b. abl.* **1.** (*räuml.*) **a**) von, von...her, von...an, von...weg, von...herab; **b**) aus der Nähe von (*bei Städtenamen*); **c**) in einer Entfernung von; **d**) auf, in, bei (*Himmelsrichtung u. Standort*); **2.** (*zeitl.*) **a**) von...an, von...her, seit; **b**) unmittelbar nach; **3.** von (*nach abstammen, unterscheiden, trennen, bekommen*); **4. a**) (*Urheber*) von, durch; **b**) (*Motiv*) aus, wegen; **c**) (*Verhältnis*) hinsichtlich, in bezug auf, von seiten; **d**) (*Schutz*) vor, von; **e**) u. **f**) *besondere Verbindungen.*

ā[3], **ăb, ăbs** (*ăb* ⟨ **ăpŏ*; *cf.* ἀπό *u. nhd.* „ab"; *ăbs* = ἄψ) **I.** (*in der Komposition*) (*ăbs- vor* c, q, t [*abscondo*], *ăs- vor* p [*as-porto*], ⟩ *ā vor* l, m, n, v [*aveho*]): **1.** ab-, weg- [*abduco*]. **2.** un-, miß- [*ab-similis, abutor*]. **II.** *prp. b. abl.* **1.** *räuml.* **a**) von, von ... her, von ... an, von ... aus, von ... weg, von ... herab, *zB. ab urbe venire, legati a Pyrrho venerunt, omnes portus ab Ostia ad Tarentum siti, deicere od. conspicere alqd a tecto od. a summo iugo*; **b**) (*bei Städtenamen*) aus der Nähe (von), *zB. Caesar a Gergovia discessit, Libo a Brundisio discessit* aus dem Hafen von Br.; **c**) in einer Entfernung *od.* in einem Abstand von, *zB. a duobus milibus passuum (od. a magno spatio); ex eo loco ab milibus passuum octo*; **d**) (*Richtung, Seite*) in, an, auf, bei, *zB. a septentrionibus (od. ab oriente)* im Norden (*od.* im Osten); *a fronte et a sinistra parte* vorn und auf der linken Seite; *ceciderunt a Romanis ducenti* auf Seite der Römer; *a tergo* im Rücken, *a latere* in der Flanke, *a dextra (parte)* zur Rechten, *a sinistrā* zur Linken, *ab utraque parte* auf beiden Seiten, *stare od. esse a senatu od. a bonorum causā* auf der Seite des Senates *od.* der Patrioten stehen; *hoc est a me* dieses steht auf meiner Seite = dieses spricht für mich, ist mir vorteilhaft. *So bsd. auch bei den Verben* anfangen, hängen (*trans. u. intr.*), anbinden, wegnehmen, *zB. ordiri od. initium capere a re* bei *od.* mit etwas, *sagittae pendent ab umero, funis a puppi religatus u.ä.* **2.** *zeitl.* **a**) von ... an, von ... her, seit, *zB. a principio, a pueritia (od. a puero bzw. a pueris), a prima obsidione* gleich nach Anfang der Belagerung, *ab ineunte aetate*; **b**) unmittelbar nach, (so-) gleich nach, *zB. litterae a Lentuli triumpho datae, a cena dormire, dux ab his praeceptis contionem dimisit.* **3.** / von: **a**) (*Ursprung, Herkunft*) *esse ab alqo v. jd.* abstammen, *genus ducere ab Hercule, officia ducuntur ab honestate* entspringen aus; **b**) (*Abstand, Trennung, Verschiedensein*) *abhorrere od. distare, differre, dissentire, discrepare ab alqo od. a re; diversus od. aversus, remotus, alienus a re; non ab re est* es liegt nicht ab = es gehört zur Sache; (*Reihenfolge*) *secundus ab alqo* der nächste *od.* erste nach *jd.*, *proximus a rege, quartus ab Arcesila*; **c**) *bei den Verben* nehmen, empfangen, verlangen, hören, erfahren, lernen: *nihil a vobis accepi od. audivi, rem a consule impetrare u.ä.*; **d**) *bei den Verben* nennen, den Namen erhalten = nach, von, *zB. Quirites a Curibus appellati od. dicti, nomen ducere ab alqa re.* **4. a**) (*bei Angabe des persönlichen Urhebers, bsd. beim* P.) von = durch (*griech.* ὑπό *mit gen.*), *zB. urbs ab hostibus deleta est, vēnire ab alqo* von *jd.* feilgeboten werden, *salvere ab alqo* von *jd.* gegrüßt werden *u.ä.*; **b**) (*unkl.*) *bei Angabe des Beweggrundes od. der Ursache* = aus, wegen, vor, *zB. ab singulari amore (od. a superstitione)*; **c**) (*beschränkend*) von seiten, in bezug auf, hinsichtlich, *zB. mediocriter a doctrina instructus; ab omni re* in jeder Hinsicht, *dolere ab oculis* (*Pl.*), *laborare a re frumentaria*; **d**) *bei den Ausdrücken des Schützens und Verteidigens* = vor, gegen, *zB. alqm ab iniuriis defendere, ab insidiis tueri, tutus a periculis; ähnlich auch timere ab alqo u.ä.*; **e**) (*als t.t. in Geldsachen zur Bezeichnung einer Vermittlung*) *solvere od. dare (pecuniam) ab alqo* durch *jd.* = durch eine Anweisung auf *jd.*, (*aber a se* aus eigenen Mitteln); *legare pecuniam a filio* so, daß der Sohn das Legat auszahlen soll; **f**) (*Amtsbezeichnungen*) *servus a pedibus* Eilbote; *servus a manu* Schreiber; *servus ab epistulis* (*Suet.*) Geheimschreiber.
F. *Die Form* **a** *steht nur vor Konsonanten außer* h, **ab** *vor Vokalen u. Konsonanten*; **abs** *nur in abs te* (*häufiger a te*). *Seit der august. Zeit gewann die Sitte Oberhand, a durchweg vor Kons., ab vor Vok. zu setzen.*

ăb-āctŭs[1] *P.P.P. v. ăbĭgō.*

ăbāctŭs[2], *ūs m* (*ăbĭgō*) (*Pli.*) *das* (gewaltsame) Wegtreiben.

ăbăcŭs, *ī m* (*Lw.* ⟨ ἄβαξ) **1.** Tischplatte; *übh.* Tisch, *bsd.* Prunktisch *zur Ausstellung von kostbaren Gefäßen und Nippsachen.* **2.** (*nkl.*) Spielbrett *zum Spielen mit Steinen od. Würfeln.* **3.** (*dcht.*) Rechenbrett. **4.** (*Vi.*) Steinplatte, Kapitelldeckplatte, Abakus.

ăbălĭēnātĭō, *ōnĭs f* (*ăbălĭēnō*) Veräußerung.

ăb-ălĭēnō 1. entfremden: **1.** veräußern, abtreten (*alqd, zB. agros*). **2.** / **a**) (*Li.*) *jd.* berauben (*alqm re, zB. iure civium*); **b**) abtrünnig, abspenstig machen (*alqm u. alqd; ab alqo; nkl. auch alqm alci, zB. colonos Romanis, od. alqa re, zB. Campanos metu* befreien von); *insb. jd.* gegen *etw.* gleichgültig machen. **3.** (*P.P.P.*) *adi.* **ăbălĭēnātŭs** 3 (*nkl.*) **a**) abtrünnig; **b**) abgestorben [*membra*].

Ăbās, *āntĭs m* (Ἄβας) *K. in Argos, V. des Akrisios* (*Acrisius*), *Großvater der Danae und der Atlanta*; *patron.* **Ăbāntĭădēs,** *ae m S. od. Nachk. des Abas* (= Acrisius) (= Perseus *als Urenkel*); *adi.* **Ăbāntēŭs** 3.

ăb-ăvŭs, *ī m* Urgroßvater; *übh.* Ahn(herr).

ăbbās, *ātĭs m* (*Fw.* ⟨ *spätgr.* ἀββας *nach aramäischer Gebetsanrede abbā*) (** *auch ăbbă*) (*Eccl.*) Vater, Abt.

ăb-baetō 3. *s. ăbītō.*

ăbbātĭă, *ae f* (*cf. ăbbās*) (*Eccl.*) Abtei.

ăbbātĭssă, *ae f* (*cf. ăbbās*) (*Eccl.*) [Äbtissin.]

ăb-bītō 3. = *ăbītō.*

****abbreviatura,** *ae f* Abkürzung.

Ăbdēră, *ōrūm n u.* °*ae f* (τὰ Ἄβδηρα) Abdera (*St. in Thrakien, Geburtsort des Protagoras und des Demokrit; die Einwohner berüchtigt u. verspottet wegen ihrer Kleinstädterei*: „Schilda"). — *Einw.* **Ăbdērītēs,** *ae m* Abderit (Schildbürger).

Cf. V.-B. I, 2.

ăbdĭcātĭō, ōnis *f* (*ăbdĭcō*[1]) (*nkl.*) Niederlegung eines Amtes (*zB. dictaturae*), Enterbung.

▶ **ăb-dĭcō**[1] 1. **1. a)** (sich) *v. etw.* lossagen (*se re, zB. libertate, tutelā*); **b)** (*nkl.*) (*einen Angehörigen*) verleugnen, verstoßen, absetzen (*alqm, zB. patrem, filium*). **2. a)** ein Amt vor der gesetzlichen Zeit niederlegen (*alqd, zB.* °*dictaturam*); *meist se abdicare re* [*bsd. magistratu, consulatu*]; **b)** *abs.* = abdanken.

ăb-dīcō[2], *dīxī, dictŭm* 3. absagen, untersagen, verwerfen (*alqd, zB. bonum*); *bsd.* (*in der Auguralsprache*) *aves abdicunt* (*alqd*) die Weissagevögel verweigern (*etw.*) = die Zeichen sind ungünstig.

ăb-dĭdī *s. ăbdō.*

ăbdĭtīvŭs 3 (*ăbdĭtŭs*) (*Pl.*) entfernt.

ăbdĭtŭs 3 *adi. s. ăbdō.*

> **ăb-dō**
> **1. a)** entfernen; **b)** *refl.* sich zurückziehen; **2. a)** verstecken, vergraben; **b)** tief hineinstoßen; **3.** (*P.P.P.*) *adi.* **ăbdĭtŭs** entfernt, entlegen.

ăb-dō, *dĭdī, dĭtŭm* 3. (√‾ *dhē „setzen") **1. a)** entfernen, beiseite schaffen, (*Truppen*) zurückziehen (*alqd od. alqm in locum, selten in loco, dcht. u. spät m. abl. od. dat.*); °*alqm in insulam* = verbannen; **b)** (*refl.*) **sē ăbdĕrĕ** sich zurückziehen, sich wegbegeben, entweichen (*in locum*). **2. a)** (ver)bergen, verstecken, vergraben (*alqd in od. sub locum u. intra alqd, zB. aurum in terram; in od. sub loco, bsd. beim* P., *zB. nkl. in scalarum tenebris; m.* °*abl., zB. castello*); **b)** (*dcht.*) *ferrum od. ensem lateri od. in armo* versenken = tief in *etw.* hineinstoßen; **c)** (*refl.*) *sē ăbdĕrĕ* sich verbergen (*in locum, seltener in loco od. m.* °*abl.*); *litteris od. in litteras se abdere* sich in die Wissenschaften vertiefen. **3.** (*P.P.P.*) *adi.* **ăbdĭtŭs** 3 (*ohne comp. u. sup.*) entfernt, entlegen, *auch* verborgen (*abs., zB.* °*pars aedium, od. in, sub re, zB. in tabernaculis, auch m.* °*abl., zB. terris, agro*); / geheim; *subst.* **-ă**, *ōrum n* (*nkl., dcht.*) entlegene Räume; Geheimnisse.

ăbdōmĕn, *ĭnis n* (*wohl* = *pārs* „*ăbdĭtă*") Bauch, Wanst *verächtlich: Sitz der Gefräßigkeit u. groben Sinnlichkeit* [*abdominis voluptates*].

> **ăb-dūcō**
> **1. a)** wegführen; **b)** entführen; **2. a)** von *etw.* abbringen; **b)** erniedrigen; **c)** abwendig machen.

ăb-dūcō, *dūxī, dŭctŭm* 3. **1. a)** ab-, wegführen, (m. sich) fortführen (*alqm od. alqd ab, de, ex re, zB. exercitum ab oppido, de u.* [*Li.*] *e foro, naves ex portu, ab alqo legiones jd.* abnehmen, *Laelium a classe* zu anderer Verwendung abberufen; *m. bloßem* °*abl., zB. pactas gremiis; ad od. in alqd, zB. alqm ad regem od. Roma Neapolim,* [*Te.*] *ad cenam* mitnehmen, *in carcerem od. in servitutem* abführen, hinführen); **b)** entführen, rauben [*uxorem a marito,* °*equos*]. **2.** / **a)** *v. etw.* abbringen *od.* abziehen, ablenken, *übh.* trennen (*alqm od. alqd a re, zB. mors homines a malis,* °*caput ab ictu* entziehen; *seltener alqm de consiliis; ad alqd*); *bsd. se abducere* sich von *etw.* zurückziehen *od.* freimachen [*ab omnibus molestiis*]; **b)** herabziehen, erniedrigen (*alqd ad alqd, zB. artem ad quaestum*); **c)** *jd.* abwendig *od.* abspenstig machen, zum Abfall verleiten (*alqm ab alqo od. a re ad alqm od. ad alqd, zB. servum ab avo, cives a fide ad licentiam*).

ăb-ēgī *s. ăbĭgō.*

Ăbĕllă, *ae f St. in Kampanien mit bedeutender Obstkultur, j.* Avella. — *Einw. u. adi.* **Ăbĕllānŭs** (3).

> **ăb-ĕō**
> **1.** weg-, fortgehen; **2. a)** von einem Amt zurücktreten; **b)** (*bei Auktionen*) *jd.* entgehen; **c)** weg-, davonkommen; **d)** von *etw.* abweichen; **e)** (*Zeit*) vergehen; **f)** (*Zustände*) (verschwinden; **g)** auf, in *etw.* übergehen.

ăb-ĕō, *ĭī, ĭtŭm, īrĕ* **1.** ab-, weggehen, fortgehen (*abs. od. ab alqo v. jd., ab, ex, de re v. od.* aus *etw., unkl. m. bloßem abl., zB. a iudice, ab u. ex urbe, ex concilio, de Sicilia, ex conspectu u.* °*conspectu,* °*Syriā; ad alqm* zu *jd., ad od. in alqd* zu, in, nach *etw., zB. ex patria in alienas terras, a foro ad mare; m. 1. supin., zB. exulatum* [*Li.*] in die Verbannung gehen). — °*nefas longius abit* verbreitet sich weiter; *abi* (*Com.*) geh! pack dich! fort mit dir!; *abire in malam rem* (*od. in pestem, in malum cruciatum*) sich zum Henker *od.* zum Teufel scheren; *abi tuam viam* (*Pl.*) geh deines Weges *od.* deiner Wege!; *auch* scheiden [*e vita*]; sich trennen (*ab alqo*). **2.** / **a)** *v.* einem Amte zurücktreten, ein Amt niederlegen (*m. bloßem abl., zB. consulatu*); **b)** (*bei Auktionen*) *jd.* entgehen *od.* nicht zugeschlagen werden [*res abit ab alqo*]; **c)** irgendwie weg- *od.* davonkommen, hinweggehen [°*inultus od.* °*impune, victorem ex certamine* (*Li.*), *Etrusci pro victis* (*Li.*), *pauci integri abeunt* (*Sa.*)]; (*prägn.*) ungestraft durch- *od.* davonkommen; (*von der Sache selbst*) *hoc tibi non sic abibit* (*Ca.*) das wird dir nicht so ungestraft hingehen *od.* ohne Folgen bleiben; **d)** (*in der Rede od. geistig, sittlich*) *v. etw.* abgehen *od.* abschweifen, abweichen, *auch* zurücktreten (*ab re ad alqd v. etw.* zu *etw., zB. redeo illuc unde abii* [*Ho.*]); *non longe abieris* du brauchst nicht weit (*nach Beispielen*) zu gehen; *ab incepto* (*nkl.*) *v.* dem Vorhaben abstehen; *a iure* vom Rechte abweichen (= das Recht verletzen); **e)** (*v. der Zeit*) vergehen, verfließen; **f)** (*v. Zuständen*) vergehen, verschwinden [*sensus, memoria alcis rei*]; (*Pli.*) (im Werte) fallen [*pretium*]; **g)** auf *od.* in *etw. od.* zu *etw.* übergehen [°*res abit a consilio ad vires;* °*in avi mores* sich in die Sitten fügen; *in ora hominum* in den Mund der Leute kommen; °*in somnum* einschlafen]; *bsd.* **α)** (*nkl., dcht.*) sich in *etw.* verwandeln (*in alqd, zB. deus in flammas*); **β)** in *etw.* aufgehen [*in sumptus* = für die Kosten draufgehen *od.* verbraucht werden]. **F.** *pf.-Formen zsgz.*: *ăbīssĕ u.* °*ăbīīssĕ, ăbīstī, ăbīstīs, ăbīssĕm.*

ăb-ĕquĭtō 1. (*Li.*) wegreiten.

ăbĕrrātĭō, *ōnis f* (*ăbĕrrō*) *nur* / Ablenkung, Zerstreuung [*a dolore, a molestiis*].

ăb-ĕrrō 1. (*vkl., nkl.*) **1.** *v. etw.* abirren, sich verirren (*abs. od. ab od. ex re v. od.* aus *etw., m. abl.*); *klass. nur bildlich.* **2.** / **a)** abweichen, abschweifen (*a re, zB. a regula, a sententia; ad alqd* zu *etw.*); *bsd.* sich einer Sache entschlagen [*a miseria*]; **b)** sich in *etw.* irren (*re, zB. coniecturā*); **c)** (*Augustus b. Suet.*) zerstreut sein.

ăb-ĕssĕ *s. ăbsŭm.*

ăb-fŏrĕ, ăb-fŏrĕm *s. ăbsŭm.*

ăb-hĭbĕō, — — 2. (*hăbĕō*) (*Pl.*) vom Leibe halten.

ăb-hinc *adv.* **1.** (*räuml.*) (*dcht., nkl.*) von hier. **2.** (*zeitl.*) **a)** (*nkl.*) *v.* jetzt an; **b)** jetzt vor, vor nunmehr, *von der Gegenwart an rückwärts zählend* (*m. acc., selten m. abl., zB. abhinc viginti annos od. triginta diebus,* [*Com.*] *abhinc triennium*).

ăb-hŏrrĕō, *rŭī,* — 2. **1.** vor *etw.* zurückschaudern *od.* zurückschrekken, *etw.* verabscheuen (*a re, m.* °*abl; m.* °*acc.*). **2.** / **a)** eine (natürliche) Abneigung *od.* einen Widerwillen gegen *etw.* haben (*a re u.* °*re, zB. a pace, a caede,* °*tanto facinore; auch abs.*); **b)** (*v. Sachen*) einer Sache zuwiderlaufen *od.* widersprechen, gegen *etw.* verstoßen, zu *etw.* nicht passen, *übh. v. etw.* abweichen (*a re u.* °*alci rei od.* °*re, zB. ab ista suspicione* frei bleiben von, °*a fide* unglaublich sein, *a persona principis,* °*profectioni,* °*moribus nostris; re* durch, in *etw., zB.* °*linguā moribusque,* °*inter se* einander widersprechen); *abs.* untauglich *od.* unnütz sein; **c)** (*part. praes.*) *adi.* **ăbhŏrrēns**, *ēntis*: **α)** fremd, abweichend, widerstreitend (*a re*); **β)** (*Li.*) unpassend, unstatthaft [*carmen, lacrimae*].

> **ăb-ĭcĭō**
> **1. a)** weg-, abwerfen; **b)** nachlässig hinwerfen; aufgeben; verschleudern; **2. a)** herab-, niederwerfen; **b)** niederdrücken, entmutigen; verkleinern.

ăb-ĭcĭō, *iēcī, iĕctŭm* 3. (< *ăb-iăcĭō) **1. a)** ab-, wegwerfen (*alqd, zB. poculum,* °*cadaver in publicum,* °*statuas in propatulo domi, anulum in mare*); *bsd.* (*Geschosse*) schleudern; **b)** / **α)** nachlässig hinwerfen [*versum* nachlässig hersagen, *ambitum* eine Periode ohne Sorgfalt abschließen]; **β)** verschleudern, losschlagen, sich vom Halse schaffen [°*agros, pecuniam* wegwerfen = zum Fenster hinauswerfen]; *etw.*

aufgeben, fallen- *od.* fahrenlassen (*alqd, zB. spem omnem, salutem pro alqo* rücksichtslos aufopfern, *se* sich selbst aufgeben, an sich verzweifeln); auch *alqm jd.* fallenlassen, beiseite schieben. **2. a)** herab-, niederwerfen (*alqm u. alqd ex od. de re in u. ad alqd, bzw. in re, zB. se in herba, se e muro in mare* sich stürzen); *se alci od. alcis ad pedes* sich vor *jd.* zu Boden werfen (*auch bloß se abicere alci pro alqo* jd. für jd. zu Füßen fallen); *bsd.* ° (*als Jäger od. im Kampfe*) zu Boden strecken [°*beluam, hostem*]; **b)** / α) niederdrücken (*alqd u. alqm, zB. auctoritatem alcis* schwächen, *cogitationes suas in rem humilem* erniedrigen zu; *alqm auch* = stürzen); *se abicere* sich wegwerfen; β) entmutigen (*alqm; intercessorem* zum Schweigen bringen, *se* allen Mut verlieren); γ) herabsetzen, verkleinern (*alqd dicendo, legem*). — *Cf. auch ăbiĕctŭs.*

ăbiĕctĭō, *ōnĭs f* (*ăbĭcĭō*) das Wegwerfen; *nur* / Entmutigung, Kleinmut (*animi*), Mutlosigkeit.

ăb-iĕctŭs[1] *P.P.P. v. ăbĭcĭō.*

ăbiĕctus[2] 3 (*m. comp. u. °sup.; adv.* **-ē**) (*eig. P.P.P. v. ăbĭcĭō* weg- od. niedergeworfen) **1.** (*v. d. Rede*) schwunglos, prosaisch [*versus, oratio*]. **2.** kleinmütig, verzagt [*casum -e ferre*]. **3.** niedrig, gemein [°*abiectius nati sunt*]; (*v. d. Gesinnung*) verworfen *od.* verächtlich [*homo, alqd -um facere*].

ăbiĕgnŭs 3 (-ē-?; *ăbĭēs*) (*nkl.; dcht.*) tannen, aus Tannenholz; *im Vers auch dreisilbig* = °*ăbjĕgnŭs.*

ăbiēs (-ĕ-?), *ĕtĭs f* (*im Vers auch zweisilbig* = °*ăbjēs m. Synizese*) (*et. unklar*) **1.** (*unkl.*) Tanne (*auch coll.* = Tannen); °*secta abies* Tannenbrett(er); °Tannenholz. **2.** / (*dcht.*) aus Tannenholz Gefertigtes: **a)** Schiff; **b)** Lanze, Speer; **c)** Briefchen, Bücherfutteral.

ăb-ĭgō, *ēgī, ăctŭm* 3. (*ăgō*) **1.** weg-, forttreiben (*alqm u. alqd, zB. feras, muscas; ab u. ex re, ad u. in alqd*). **2. a)** rauben [*pecus*]; **b)** (*partum sibi*) abtreiben; **c)** (*dcht.*) verscheuchen [*curas, nox abacta* weichende; *conscientiā abigi* abgeschreckt werden].

ăb-ĭī *s. ăbĕō.*

ăb-ĭĭcĭō = *ăbĭcĭō.*

ăbīn' (*Pl.*) = *ăbīs-nē s. ăbĕō.*

ăb-īrĕ *s. ăbĕō.*

ăbĭtĭō, *ōnĭs f* (*ăbĕō*) (*Com.*) *das* Weg-, Fortgehen.

ā-bītō 3. (*baetō*) (*Pl.*) weggehen.

ăb-ĭtŭm *P.P.P. v. ăbĕō.*

ăbĭtŭs, *ūs m* (*ăbĕō*) das Weggehen, Abreise, Abzug (*alcis*); (*meton.*) (*nkl., dcht.*) Ausweg, Ausgang (*als Ort*).

ăb-iūdĭcō 1. richterlich aberkennen (*alqd ab alqo, zB. urbem a populo Romano; selten alci alqd*); / *jd. etw.* absprechen [*sibi libertatem*].

ăb-iŭngō, *iūnxī, iūnctŭm* 3. **1.** (*dcht.*) ausspannen [*equos, iuvencum*]. **2.** / trennen, entfernen (*alqm; se a re*).

ăb-iūrō 1. abschwören (*alqd;* [*dcht.*] *rapinas* verleugnen).

ăb-lātŭs *P.P.P. v. auferō.*

ăblēgātĭō, *ōnĭs f* (*ăblēgō*) (*nkl.*) das Wegsenden, Entfernung, Verbannung [*iuventutis ad bellum*].

ăb-lēgō 1. *jd.* wegsenden, entfernen, entlassen (*alqm a re, ad od. in alqd; nkl. m. 1. supin.*); *übh. jd. v. od. b. etw.* fernhalten [*alqm ab adventu fratris*]; *insb. mil.* (*Li.*) abkommandieren.

ăb-lĭgūrrĭō 4. (*vkl., nkl.*) ablecken; verprassen, verschlemmen.

ăb-lŏcō 1. (*Suet.*) verpachten, vermieten.

ăb-lūdō, —— 3. im Ton abweichen; / (*Ho.*) *jd.* unähnlich sein, auf *jd.* nicht passen (*ab alqo*).

ăb-lŭō, *lŭī, lūtŭm* 3. (*lăvō*) **1.** abspülen, abwaschen, aus-, reinwaschen (*alqd u. alci alqd, zB. pedes Ulixi,* °*vulnera lymphis,* °*lacrimas* abtrocknen; auch °*se,* °*alqd e re,* °*sibi alqd*); / tilgen, beseitigen; (*Eccl.*) taufen. **2.** (*vkl., nkl.*) fortspülen, mit sich fortführen.

abn. (*Inscr.*) = *ăbnĕpōs.*

ăb-nĕgō 1. (*dcht., nkl.*) abschlagen, verweigern (*alqd, alci alqd, zB. coniugium, comitem* sein Geleit versagen); *abs. od. m. inf.* sich weigern.

ăb-nĕpōs, *ōtĭs m* (*nkl.*) Ururenkel (*cf. ăb-ăvŭs*).

ăb-nĕptĭs, *ĭs f* (*ăbnĕpōs*) (*nkl.*) Ururenkelin.

Ăbnŏbă, *ae m* (*kelt.*) (*mōns*) der Schwarzwald (*einschl. der Rauhen Alb*).

ăb-nŏctō 1. (*nŏx*) (*nkl.*) auswärts übernachten.

ăb-nōrmĭs, *ĕ* (-ŏ-?; *Hypost. aus ăb nōrmā*) (*Ho.*) von der Regel abweichend; *bsd.* keiner Schule angehörig.

ăb-nŭō, *nŭī, nŭĭtūrŭs* 3. (*nŭō* 3. „winken" = *νεύω; cf. nūmĕn*) **1.** (*vkl., nkl.*) abwinken (*manu* m. der Hand ein Zeichen geben, daß nicht, *m. a.c.i.*). **2.** / **a)** abschlagen, versagen, verweigern, verschmähen, nicht zulassen (*abs. od. alqd, zB.* °*pacem,* °*alci alqd, auch* °*de re* = abschlägigen Bescheid geben hinsichtlich; °*imperium alcis jd.* den Gehorsam versagen; °*omen non abnuere* willig anerkennen); °(*v. Sachen*) hinderlich *od.* ungünstig sein; **b)** (*v. Soldaten*) (*nkl.*) den Gehorsam verweigern (= *pugnam od. certamen abnuere*); **c)** leugnen (*m.* °*inf.; klass. nur m. a.c.i.; verneint m.* °*quin*).

ăbnūtō 1. (*intens. v. ăbnŭō* (*vkl., spät*) heftig abwinken, ablehnen.

ăbŏlĕō, *ēvī, ĭtūm* 2. (*et. unklar*) (*nkl., dcht.*) vernichten, zerstören, *stets trans., zB. monumenta*; / beseitigen, abschaffen, für ungültig erklären [*legem, certamina* beenden, *magistratum alci jd.* ein Amt abnehmen, *Sychaeum* in Vergessenheit bringen].

ăbŏlēscō, *ŏlēvī,* — 3. (*wohl Konträrbildung zu ădŏlēscō*) (*nkl., dcht.*) verschwinden, erlöschen (*memoria rei*).

ăb-ŏlēvī *s. ăbŏlĕō u. ăbŏlēscō.*

ăbŏlĭtĭō, *ōnĭs f* (*ăbŏlĕō*) (*nkl.*) Abschaffung, Aufhebung (*alcis rei, zB. tributorum, sententiae* Unterdrückung); *bsd.* (*m. u. ohne facti*) Amnestie.

ăb-ŏlĭtŭs *P.P.P. v. ăbŏlĕō.*

ăbŏllă, *ae f* (*siz. Fw.*) (*vkl., nkl.*) (ärmelloser) Umhang, (Kriegs-) Mantel.

ăb-ōmĭnŏr (*u.* **-ō**) 1. (*unkl.*) verwünschen, (hin)wegwünschen, verabscheuen (*alqd*); *quod abominor* was Gott verhüte!; *abominandus* verabscheuenswert; *abominatus auch pass.* (*alci v. jd.* verwünscht).

Ăbŏrīgĭnēs, *ŭm m* (*ăb ŏrīgĭnĕ* = „Ureinwohner"?) *sagenhaftes Stammvolk der Latiner.*

ăb-ŏrĭŏr, *ŏrtŭs sŭm* 4. (*unkl.*) unter-, vergehen; *insb.* abortieren.

ăbŏrīscŏr, — 3. (*incoh. v. ăbŏrĭŏr*) (*Lu.*) vergehen.

ăbŏrtĭō, *ōnĭs f* (*ăbŏrĭŏr*) Früh-, Fehlgeburt.

ăbŏrtīvŭs 3 (*ăbŏrtŭs part. pf. v. ăbŏrĭŏr*) (*dcht., nkl.*) zu früh geboren; *subst.* **-ŭm,** *ī n* Abtreibungsmittel.

ăbŏrtŭs, *ūs, m* (*ăbŏrĭŏr*) = *ăbŏrtĭō.* — ****abortus criminalis* Abtreibung, *artificialis* Schwangerschaftsunterbrechung.

ăb-rādō, *sī, sŭm* 3. abkratzen, abscheren (*alqd, zB. supercilia*); / abpressen, abdringen (*alqd ab alqo*).

ăbrāsĭō, *ōnĭs f* (*ăbrādō*) (*Eccl.*) das Abscheren [*capillorum*]. — ***(*med. t.t.*) Auskratzung (*bsd. der Gebärmutter*).

ăb-rĭpĭō, *rĭpŭī, rĕptŭm* 3. (*răpĭō*) wegreißen, -raffen, -schleppen (*alqd u. alqm, ab alqo u. ab, ex, de re, zB. a tribunali, ex eo loco, e complexu parentum, de convivio; ad alqm u. ad, in alqd, zB. in vincula, ad quaestionem;* °*se abripere* sich aus dem Staube machen); *auch* / *filium a similitudine patris* dem Vater unähnlich machen, °*pavor alqm abripit* reißt fort. *Insb.* entführen, rauben [*cives in Asiam*].

ăbrŏgātĭō, *ōnĭs f* (*ăbrŏgō*) Aufhebung eines Gesetzes durch Volksbeschluß.

ăb-rŏgō 1. **1.** *jd.* durch Volksbeschluß *etw.* (ab)nehmen, entziehen (*alqd; meist alci alqd, zB. magistratum*); / *jd. etw.* entziehen [*fidem alci*]; *auch* °herabsetzen (*alci rei, zB. scriptis alcis*). **2.** durch Volksbeschluß abschaffen *od.* aufheben (*alqd, bsd. legem*); / beseitigen, vernichten [°*pudorem,* °*mores*].

ăbrŏtŏnŭm, *ī n u.* **-ŭs,** *ī f* (?) (*Fw.* < *ἀβρότονον u. ἀβρ.*) (*dcht., nkl.*) Stabwurz, Eberwurz (*Gewürz- u. Arzneipflanze*).

ăb-rŭmpō, *rūpī, rŭptŭm* 3. **1.** abreißen = losreißen, abbrechen (*alqd; alqd a re u.* °*re etw. v. etw., zB.* °*fastigia templorum a culminibus,* °*vincula ripis*); / *jd. od. etw.* (*gewaltsam*) *v. etw.* trennen [°*vitam a civitate; mil.* °*Graeci a ceteris abrupti* abgeschnitten]; *bsd. se abrumpere* sich losreißen (*re v. etw.*). **2.** (*nkl., dcht.*) **a)** *etw.* zerreißen, (zer)sprengen [*vincula, venas* öffnen, *ordines* durchbrechen, *cervicem* durchhauen, *pontem* abbrechen, *abrupto sidere* wenn die Wetterwolke birst, *abruptis procellis* wenn das Unwetter plötzlich losbricht]; **b)** / α) *etw.* gewaltsam *u.* unvermutet abbrechen, aufheben [*coniugium, vitam* vorzeitig enden, *somnos* verscheuchen]; β) hemmen [*iter*], vereiteln [*spem*], verletzen [*fas, fidem per scelus*].

ăbrŭptĭō, *ōnīs f* (*ăbrŭmpō*) das Abreißen [*corrigiae*]; / Ehebruch.

ăbrŭptŭs 3 (*m. comp. u. sup.*; *adv.* **-ē**) (*eig. P.P.P. v. ăbrŭmpō*) (*nkl., dcht.*) **1.** abschüssig, schroff, steil, jäh [*locus, saxa*]; *subst.* °**ăbrŭptŭm,** *ī n* steile Höhe, jähe Tiefe, Abgrund, / Verderben [*in -um trahi*]. **2.** / **a)** (*v. der Rede*) abgerissen; *bsd.* (*rhet.*) -e ohne Einleitung, geradezu [*incipere*]; **b)** (*vom Charakter*) trotzig, hitzig [*contumacia, per abrupta* auf trotzige Weise]; **c)** übereilt [-*e agere*].

ăbs *s. ā³ u. ăbsquĕ.*

ăbs-cēdō, *cēssī, cēssŭm* 3. **1.** weggehen, abziehen *od.* sich zurückziehen (*mil. nkl.*) (*abs. od. ab alqo, ab, ex, de re, selten bloß re, zB. a consule, e u. de foro, e conspectu,* [*a*] *moenibus,* °*Armeniā;* °*alci* vor *jd.* weichen *od.* sich *j-s* Macht entziehen). **2.** / **a)** (*unkl.*) (*v. Zuständen u. Örtlichkeiten*) weichen, schwinden, vergehen; **b)** *v. etw.* abstehen, *etw.* aufgeben (*re, zB. obsidione, incepto*); **c)** (*vkl., nkl.*) wegfallen, verloren gehen (*abs. od. m. dat., zB. urbes, quae alci od. regno abscesserunt*).

ăbscēssĭō, *ōnīs f* (*ăbscēdō*) das Zurückweichen; / Abnahme.

ăbscēssŭs, *ūs m* (*ăbscēdō*) Weggang, Abzug, Entfernung [*solis,* °*Rutulum*]; *auch* °Abwesenheit.

ăb-scĭdī *s. ăbscīndō.*

ăbs-cīdī *s. ăbscīdō.*

ăbs-cīdō, *cīdī, cīsŭm* 3. (*caedō*) **1.** abhauen, abschneiden (*alqd; alci alqd, zB. linguam, caput*). **2.** / **a)** trennen [*exercitum in duas partes*]; **b)** (*nkl.*) entziehen, (be-)nehmen (*alci alqd, zB. aquam, spem, praesidia* Hilfsmittel). **3.** (*nkl.*) (*P.P.P.*) *adi.* **ăbscīsŭs** 3 (*m. comp.*; *adv.* **-ē**) schroff, jäh, steil [*rupes, saxum*]; *auch* / (*v. der Rede*) abgebrochen, kurz angebunden.

ăb-scīndō, *scĭdī, scĭssŭm* 3. **1.** abreißen, losreißen (*alqd ab od. de re,* °*re, zB. tunicam ab alcis pectore*); °*venas* aufreißen, öffnen; **P.** *m.* °*griech. acc., zB. abscissā comas* sich die Locken ausraufend. **2.** / (*dcht., nkl.*) **a)** trennen [*inane soldo*]; **b)** entziehen [*reditum*].

ăbscīsŭs 3 *s. ăbscīdō.*

ăbs-cōndō, *cōndī* (*u. seltener cōndĭdī*), *cōndĭtŭm* 3. **1.** verbergen, verstecken (*alqm u. alqd, zB. hominem, gladios; alqd in loco u.* °*loco, zB. alqm in armamentario,* °*cadavera foveis*). **2.** / **a)** (*nkl., dcht.*) einhüllen, dem Blick entziehen [*fumus caelum*]; *auch* (*e-e Örtlichkeit*) aus dem Gesicht verlieren [*Phaeacum arces*]; **b)** *etw.* verheimlichen [*rem studiose,* °*fugam furto*]. **3.** (*P.P.P.*) *adi.* **ăbscōndĭtŭs** 3 (*adv.* **-ē**) **a)** verborgen, versteckt [*gladii*]; **b)** / α) verborgen = geheim, dunkel, heimlich [*insidiae*]; β) tiefsinnig [-*e disserere*].

▶ **ăbsēns,** *ēntīs* (*eig. part. praes. v. ăbsŭm*) abwesend, aus *od.* in der Ferne, *Ggs. praesens* [*alqo absente* in *j-s* Abwesenheit]; (*v. Sachen*) (*dcht.*) entfernt; fern [*Rhodus*]; falsch [*comae*].

F. *abl. sg. ăbsēntĕ praed. u. als subst.,* -*ī als adi.*

ăbsēntĭă, *ae f* (*ăbsēns*) Abwesenheit (*alcis*); (*v. Sachen*) / (*Qu.*) Mangel [*testimoniorum*].

ăbsēntīvŭs 3 (*ăbsēns*) (*Pe.*) länger abwesend.

ăb-sĭlĭō, — — 4. (*sălĭō*) (*dcht.*) wegspringen.

ăb-sĭmĭlĭs, *ĕ* unähnlich, abweichend, *meist m. der Negation non* [*forma*].

ăbsĭnthĭŭm, *ī n* (*Fw.* < ἀψίνθιον) (*unkl.*) Wermut; *auch* /.

ăbsĭs, *ĭdīs f* (*Fw.* < ἀψίς) **1.** (*nkl.*) Wölbung; Segment. **2.** (*Eccl.*) Apsis *der Kirchen.*

ăb-sĭstō, *stĭtī,* — 3. weggehen, sich entfernen (*abs. od. a re, zB. a signis; m. bloßem* °*abl., zB.* °*limine*); °(*v. Funken*) hervor-, (ent)sprühen [*ab ore*]; / (*nkl., dcht.*) *v. etw.* ablassen (*abs. od. re, zB. obsidione, spe; m. inf. u. abl. gerund., zB. sequi od. sequendo*).

ăbsŏlūtĭō, *ōnīs f* (*ăbsŏlvō*) **1.** Freisprechung (*alcis j-s, alcis rei v. etw., zB. maiestatis*). **2.** Vollendung, Vollständigkeit, Vollkommenheit. **3.** (*Ambr.*) Absolution.

ăbsŏlūtōrĭŭs 3 (**ăbsŏlūtōr v. ăbsŏlvō*) (*nkl.*) freisprechend.

ăb-sŏlūtŭs¹ *P.P.P. v. ăbsŏlvō.*

ăbsŏlūtŭs² 3 (*m.* °*comp. u.* °*sup.*; *adv.* **-ē**) (*eig. P.P.P. v. ăbsŏlvō*) **1.** in sich abgeschlossen, vollendet, vollständig, vollkommen; *perfectus atque* ~ sittlich vollkommen. **2.** uneingeschränkt, unbedingt [*causa, necessitudo*]. **3.** (*gramm. t.t.*) (*nkl.*) *adiectivum -um* (Adjektiv im) Positiv.

▶ **ăb-sŏlvō,** *sŏlvī, sŏlūtŭm* 3. **1.** (*nkl.*) ab-, loslösen. **2.** / **a)** lösen, befreien (*alqm u. alqd re, zB.* °*suspicione; aber ab alqo, zB. se a Fannio*); **b)** (*gerichtlich*) los-, freisprechen (*alqm alcis rei v. etw., zB. iniuriarum, capitis* von der Todesstrafe; *selten re u. de re, zB. ambitu,* °*culpā, de praevaricatione, selten auch* °*crimine alcis rei*). **3. a)** *etw.* vollenden, beendigen (*alqd, zB. opus, tectum, beneficium*); **b)** vollkommen machen [*vitam beatam*]; **c)** (*unkl.*) erzählen, darstellen (*alqd, zB. cetera quam paucissimis*); *auch de re;* **d)** (*Com.*) (*Gläubiger*) befriedigen. — ** Absolution erteilen. — *Cf. auch ăbsŏlūtŭs.*

ăb-sŏnŭs 3 (*adv.* **-ē**) mißtönend [*vox*]; (*nkl., dcht.*) *m. etw.* nicht übereinstimmend, *e-r* Sache nicht entsprechend (*a re od. alci rei*).

ăb-sŏrbĕō, *bŭī,* — 2. hinunterschlürfen, verschlingen (*alqd*); *auch* (*Ju.*) *obszön* [*multorum ictūs*]; / mit sich fortreißen; ganz in Anspruch nehmen (*alqm u. alqd, zB. orationem alcis*).

absp... *s. asp...*

ăbs-quĕ **1.** *altl.* (*Com.*) = *ĕt ăb* [*nam,* ~ *te esset, ego haberem ...* denn ohne deine Hilfe hätte ich]. **2.** (*vulgär u. nkl.*) *prp. b. abl.* ohne, sonder.

ăbs-tēmĭŭs 3 (*cf. tēmētŭm, eig.*: frei v. berauschenden Getränken) (*unkl.*) enthaltsam, mäßig (*alcis rei*).

ăbs-tēntŭs *P.P.P. v. ăbstĭnĕō.*

ăbs-tērgĕō, *tērsī, tērsŭm* 2. **1.** abwischen, abtrocknen (*alqd, zB. sudorem*). **2. a)** (*Cu.*) *remos* die Ruder (*im Vorbeisegeln*) abbrechen; **b)** (*Unangenehmes*) beseitigen [*luctum*].

F. *pf.* °*ăbstērstī synk.* = *ăbstērsĭstī.*

ăbs-tērrĕō, *tērrŭī, tērrĭtŭm* 2. verscheuchen, verjagen [°*hostes saxis; meist alqm a re, zB. neminem a congressu meo*]; / *v. etw.* abschrecken (*alqm a re u.* °*re*); (*dcht.*) *alci alqd* entziehen, versagen [*sibi pabula amoris*].

ăbstĭnāx, *ācīs* (*ăbstĭnĕō*) (*Pe.*) enthaltsam.

ăbstĭnēns, *ēntīs* (*m.* °*comp. u.* °*sup.*; *adv.* **-ēntĕr**) (*eig. part. praes. v. ăbstĭnĕō*) enthaltsam, uneigennützig (*abs., zB. homo,* °-*enter versari in re; alcis rei* in bezug auf *etw., zB.* °*pecuniae*); *bsd.* °keusch.

ăbstĭnēntĭă, *ae f* (*ăbstĭnēns*) **1.** Enthaltsamkeit (*abs. u.* °*alcis rei od.* °*a re, zB. vini u. a vino*). **2. a)** (*nkl.*) das Fasten; **b)** (*nkl.*) Genügsamkeit; **c)** Uneigennützigkeit, Unbestechlichkeit.

▶ **ăbs-tĭnĕō,** *tĭnŭī, tēntŭm* 2. (*tĕnĕō*) **1.** (*trans.*) abhalten, zurückhalten, abwehren (*alqm u. alqd a re v. etw., zB. milites a praeda, ignem ab aede, bsd. manum od. manūs ab alqo od. a re; selten m. bloßem abl., zB. se scelere,* °*vim finibus Campanorum, u.* °*alci alqd, zB.* [*Li.*] *Antenori ius belli*). **2.** (*intr.*) **a)** = *sē ăbstĭnērĕ* sich *e-r* Sache enthalten, *v. etw.* fernbleiben (*re u. a re, zB. maledictis,* [*Ho.*] *venere et vino, a voluptatibus; dcht. m. gen., zB. irarum; m.* °*ne, verneint auch m.* °*quominus u.* °*quin; m.* °*inf.*); **b)** verschonen [*pecuniis locupletium,* °*Tarento*]; **c)** (*als med. t.t. nkl., als kirchl. Gebot* **) fasten.

ăb-stĭtī *s. ăbsĭstō.*

ăb-stō, — — 1. **1.** (*dcht.*) abseits *od.* entfernt stehen. **2.** (*Pl.*) fernhalten [*amorem*].

▶ **ăbs-trăhō,** *trāxī, trāctŭm* 3. (*synk. inf. pf. ăbstrāxĕ = ăbstrāxīssĕ* [*Lu.*] **1.** wegziehen, fortreißen, fortschleppen (*alqm u. alqd, zB.* °*boves, navem remulco* ins Schlepptau nehmen; *ab alqo od. ab, ex, de re, zB. animum a corpore,* °*naves e portu, filiam de matris complexu; m. bloßem* °*abl., zB. invitas gremio genitoris;* °*alqm alci u. alci rei, zB. legionibus; ad alqm od. ad, in alqd, zB. ad supplicium, in servitutem*). **2.** / **a)** zu *etw.* hinreißen [*alqm ad bellicas laudes,* °*omnia in partes* in Parteien spalten]; **b)** *v. etw.* abziehen: α) = trennen, abhalten (*alqm a re, zB. a rebus gerendis; selten re u. ex re, zB. hostes commeatu, me ex comitatu clarissimorum virorum* ausschließen v.; *se a re* sich *v. etw.* losmachen *od.* sich befreien); **β**) = abwendig machen, zum Abfall verleiten (*alqm ab alqo, zB. copias a Lepido*).

ăbs-trūdō, *sī, sŭm* 3. **1.** verstecken, verbergen (*alqd in locum u. in loco, zB. se in silvam; / veritatem in profundo*). **2.** (*P.P.P.*) *adi.* **ăbstrūsŭs** 3 (*m. comp. u. °sup.*) **a**) versteckt, verborgen [*insidiae*]; **b**) / **α**) geheim, heimlich [*animi dolor*], entlegen; °(*vom Charakter u. v. Pers.*) verschlossen; **β**) abstrakt, auf abstrakte Dinge bezüglich [*disputatio*].

ăbs-tŭlī *s. aufĕrō.*

ăb-sŭm
1. a) abwesend, weg, fort sein; **b**) *v. jd.* entfernt, getrennt sein; **c**) einer Sache fernbleiben; **d**) *jd.* nicht beistehen; **2. a**) fehlen, mangeln; **b**) *formelhaft*: *absit!* fern sei! **3. a**) von *etw.* frei sein; **b**) von *etw.* verschieden sein; **c**) unpassend sein.

ăb-sŭm, *āfŭī,* (*āfŭtūrŭs*), *ăbēssĕ* **1. a**) abwesend, weg, fort sein, *auch* = verbannt sein; **b**) *v. jd. od. etw.* entfernt *od.* getrennt sein (*ab alqo u. a re, zB. a castris, longe a spe od. a vero, sogar bei Städtenamen, zB. a Carthagine, jedoch auch Romā, Athenis; selten re u. ex re, zB. foro, ex ea urbe*); *auch* /, *zB. frumenta non multum a maturitate absunt; bsd. prope* (*propius, proxime*) *abesse a re* nicht weit entfernt sein, nahe sein *od.* kommen, in naher Verbindung *m. etw.* stehen (*prope a culpa* nicht ganz ohne Schuld sein); **c**) einer Sache fernbleiben, sich *m. etw.* nicht befassen (*abs., zB. vis absit; meist a re, zB. a scelere; selten m. abl. zB. bello*); *auch* = *e-r* Sache abgeneigt sein; **d**) *jd.* nicht beistehen (*alci, selten ab alqo*). **2. a**) fehlen, mangeln, *schwächer als deesse* (*alci u. alci rei, zB. mihi multa absunt; auch ab alqo u. a re*); **b**) (*formelhaft*): *absit* fern sei *od.* bleibe (*a re u.* [*Li.*] *absit verbo invidia* fern sei Vermessenheit der Rede = **α**) *m.* Erlaubnis zu sagen, nimm *od.* nehmt es mir nicht übel; **β**) unberufen (*zur Entschuldigung e-s ominösen Wortes*); — *bsd.* (*stets impers.*) **αα**) *multum od. longe abest, ut* es fehlt viel daran, daß; **ββ**) *non multum* (*od. non longe, paulum, nihil*) *abest, quin* es fehlt nicht viel (*od.* wenig, nichts) daran, daß = beinahe [*non multum aberat, quin rex ipse caperetur*]; **γγ**) *tantum abest* (*ab eo*), *ut ... ut, zB. ego te tantum abest ut laudem, ut vehementer vituperem* weit entfernt, dich zu loben, tadle ich dich vielmehr im höchsten Grade. **3. a**) *v. etw.* frei *od.* befreit sein [*a culpa, a molestiis; °dolori*]; **b**) *v. etw.* verschieden sein, sich unterscheiden (*a re, zB. a natura ferarum*); **c**) unpassend sein für (*a re, zB.* [*Ne.*] *musice a principis persona abest*). — *Cf. auch ăbsēns.*
F. *coni. impf. auch āfŏrĕm* = *ăbēssēm; inf. fut. āfŏrĕ* = *āfŭtūrŭm ĕssĕ.*

ăbsūmēdō, *ĭnĭs f* (*ăbsūmō*) (*Scherzbildung durch Wortspiel mit sūmĕn*) (*Pl.*) *das* Verzehren.

ăb-sūmō, *sūmpsī, sūmptŭm* 3. **1. a**) (*unkl.*) verbrauchen, verzehren (*alqd, zB. frugum alimenta, purpura absumitur* nutzt sich ab; *alqd in alqd etw.* für *od.* zu *etw.*); **b**) (*Zeit*) verbringen [*tempus dicendo*]. **2.** / (*nkl., dcht.*) **a**) verschwenden, vergeuden, (*Kräfte*) erschöpfen; **b**) wegraffen, vernichten [*Carthaginem flammis*], *bsd.* (*Personen*) [*plus hostium fuga quam proelium absumpsit*]; P. umkommen, sterben, vergehen [*ungula absumitur* vergeht, *salus absumpta est* ist verloren, entschwunden].

ăb-sŭrdŭs 3 (*m. comp. u. sup.; adv.* **-ē**) (*et. umstritten; zu sŭ-sŭrrŭs?; vl. Lehnübersetzung v.* ἀπηχής = *ăbsŏnŭs*) **1.** mißtönend, grell [*sonus, -e canere*]. **2.** / **a**) (*v. Sachen*) ungereimt, abgeschmackt [*mandatum, -e dicere u. respondere; alci rei od. ab re* für *etw.*; *m. °2. supin.*]; **b**) (*v. Personen*) unfähig, unbegabt, ungeschickt [*homo, auch °ingenium* Kopf; *°re, zB. ingenio*]. — *** *ad absurdum* (führen) = *jd.* den Widersinn (*seiner Behauptung*) klar machen, den Widersinn (*einer Sache*) erweisen.

Ăbsȳrtŭs, *ī m* (Ἄψυρτος) *S. des Aietes* (*Aeētēs*), *Bruder der Medea.*

ăbŭndāns, *āntĭs* (*m. comp. u. sup.; adv.* **-āntĕr**) (*eig. part. praes. v. ăbŭndō*) **1.** überfließend, übervoll, *übh.* wasserreich [*amnis*]. **2.** / **a**) im Überfluß vorhanden, (über)reichlich, überschwenglich [*°multitudo* Überzahl, Übermacht]; (*v. der Rede*) überladen [*oratio*]; *adv.* mit Fülle, wortreich [*dicere, loqui*]; **b**) überreich, reich an *etw., m. etw.* versehen (*re, zB. °homo rerum copiā, od. alcis rei, zB. lactis*); *abs.* im Überfluß lebend, reich [*homo*].
F. *abl. sg. -i attributiv, -ē prädikativ.*

ăbŭndāntĭă, *ae f* (*ăbŭndāns*) **1.** (*Pli.*) das Überfluten. **2.** / **a**) Überfluß, reiche Fülle, Reichtum (*alcis rei* an *etw., zB. omnium rerum, vini*); **b**) (*pejorativ*) Übermaß, Überschwenglichkeit [*amoris, voluptatum*], *auch* Überladung (*°des Magens*), °überladene Rede.

ăbŭndē (*°ăbŭndŭs*) *adv.* im Überfluß, vollauf [~ *satisfacere alci,* ~ *°magnus*; (*nkl., dcht.*) ~ *mihi est, si* mir genügt es vollkommen, wenn].

ăb-ŭndō 1. (*ŭndă*) **1.** (*unkl.*) überfließen, über die Ufer treten [*aqua Albana, Nilus, fluidus liquor* ergießt sich]. **2.** / **a**) an *etw.* Überfluß haben *od.* (über)reich sein (*re, zB. lacte et melle*); *abs.* **α**) im Überfluß leben; **β**) (*rhet.*) überladen sein [*oratio*]; **γ**) (*dcht.*) (*v. Pers.*) zu weit gehen; **b**) *abs.* im Überfluß vorhanden sein [*pecunia abundat, °omnia abundant*].

ăbŭndŭs 3 (*Rückbildung zu ăbŭndō*) (*Ge.*) übervoll.

ăbūsĭō, *ōnĭs f* (*ăbūtŏr*) (*rhet.*) Katachrese (*d. h.* fehlerhafter *od.* harter Gebrauch *e-s* bildlichen Ausdrucks). [uneigentlich.]

ăbūsīvŭs 3 (*adv.* **-ē**; *ăbūtŏr*) (*nkl.*)

ăb-ūsquĕ (*-ū-?*) *prp. b. abl.* (*nkl., dcht.*) (*räuml.*) von ... her, (*zeitl.*) seit = *usque ab, auch nachgestellt, zB. Oceano abusque.*

ăbūsŭs, *ūs m* (*ăbūtŏr*) das Aufbrauchen, Verbrauch — **Mißbrauch.

ăb-ūtŏr, *ūsŭs sŭm* 3. **1. a**) *etw.* aufbrauchen, verbrauchen (*re etw., zB. divitiis, omni tempore*); **b**) ausnutzen, reichlichen *od.* planmäßigen Gebrauch *v. etw.* machen [*canum sagacitate ad utilitatem nostram, °hostium errore*]. **2.** mißbrauchen [*patientiā alcis, sanguine militum*], *meist mit Zusätzen wie male, perverse, insolenter, immoderate u.ä.*. **3.** (*rhet.*) ein Wort (*in fehlerhafter Weise*) uneigentlich gebrauchen [*verbo*].

Ăbȳdŭs *od.* °**-ŏs,** *ī f u.* °**-ŭm,** *ī n* (Ἄβυδος) *St. in Kleinasien* (*Mysien*) *am Hellespont, bekannt durch den Brückenbau des Xerxes* (*480 v. Chr.*), *sowie die Sage v. Hero u. Leander.* — *Einw. u. adi.* **Ăbȳdēnŭs** (3); ~ *subst. m* Leander.

ăbȳssŭs, *ī f* (*Fw.* ‹ ἄβυσσος) (*Eccl.*) unermeßliche Tiefe, Abgrund; Hölle.

ăc *s. ătquĕ.*

***a.c.** *Abk. für anni currentis.*

Ăcădēmĭă, *ae f* (Ἀκαδήμεια) Akademie, *ein Hain nordwestl. v. Athen, dem Heros* Ἀκάδημος (*lat.* **Ăcădēmŭs**) *geweiht. Da dort Plato seine Lehrvorträge zu halten pflegte, nannte man seine Schule die akademische* (**Ăcădēmĭcŭs** 3) *od. Ăcădēmĭă, seine Schüler* Akademiker (*Ăcădēmĭcī*). *Cicero benannte danach sein Landgut bei Puteoli in Kampanien, wo er sein philosophisches Werk Ăcădēmĭcă, ōrŭm n über die Lehren der alten und neuen Akademie schrieb.* — **Universität.

ăcălănthĭs, *ĭdĭs f* (*Fw.* ‹ ἀκαλανθίς) (*nkl., dcht.*) Stieglitz, Distelfink. (*Cf.* V.-B. III, 4, b).

Ăcămās, *āntĭs m* (Ἀκάμας) *S. des Theseus u. der Phädra* (Φαίδρα), *att. Held vor Troja.*

ăcănthŭs, *ī* (*Fw.* ‹ ἄκανθος) (*nkl., dcht.*) **1.** *m* **a**) (echter) Bärenklau (*Zierpflanze*); **b**) *die zunächst an Grabreliefs und dann im korinthischen Kapitell nachgebildeten Blätter des* ~. **2.** / *f* ägyptischer Schotendorn.

ăcăpnŏs, *ŏn* (*Fw.* ‹ ἄκαπνος) (*Ma.*) rauchlos.

Ăcărnānĭă, *ae f* (Ἀκαρνανία) *westlichste Landschaft Mittelgriechenlands zw. dem Acheloos u. dem Ionischen Meere.* — *Einw.* **Ăcărnān,** *ānĭs m* (*cf.* V.-B. III, 1, b u. e); *adi.* **Ăcărnānĭcŭs** (*u. Ăcărnānŭs?*) 3.

ăcătălēctŭs 3 (*Fw.* ‹ ἀκατάληκτος „nicht aufhörend") (*Gramm.*) akatalektisch [*versus* der *m. einem vollständigen Versfuß* schließt] (*Ggs. cătălēctĭcŭs*).

Ăccă Lārēntĭă, *ae f* (= *Lārŭm mātĕr*) *wohl urspr. sab. Erdgottheit, später röm. Flurgottheit, in der Sage Pflegemutter des Romulus und Remus. cf. Lārēntĭă, Lārēntālĭă.*

ăc-cēdō
1. a) herzu-, herantreten, sich nä-

hern; **b**) sich bittend an *jd.* wenden; **c**) (*feindl.*) (her)anrücken; **d**) (*bei Auktionen*) als Bieter auftreten; **e**) sich einstellen; **2. a**) sich an *jd. od. etw.* anschließen, *jd. od. e-r Sache* beitreten; **b**) sich mit *etw.* befassen; **3. a**) hinzukommen; *impers. accēdit* hinzu kommt; **b**) wachsen, steigen; **c**) zuteil werden.

ăc-cēdō, *cĕssī, cĕssŭm* 3. **1. a**) herzu-, herantreten, herankommen, sich nähern (*abs. od. ad alqm, unkl. alqm; ad alqd, zB. ad aram, bei Städtenamen auch ohne ad, zB.* [*ad*] *Romam, Lilybaeum* an L. herankommen, bei L. landen; *unkl. m. bloßem acc. od. dat., zB. Iugurtham, muros, muris; in alqd* in *etw.* eintreten, *zB. in aedes, in funus* sich dem Leichenzuge anschließen); **b**) sich bittend *od.* hilfesuchend an *jd.* wenden (*ad alqm zB. ad Caesarem*); **c**) (*feindl.*) (her)anrücken (*ad alqd, zB. ad moenia; selten* °*alqd,* °*alci rei, zB. muros, muris*), *ad corpus alcis jd.* auf den Leib rücken; °*ad manum* handgemein werden; **d**) (*auf Auktionen*) als Bieter erscheinen; **e**) / sich nähern, (*abs., zB. febris accedit* stellt sich ein; *ad alqm, ad alqd, zB. fama ad nos accedit* gelangt zu uns; / °*sermo ad aures meas accedit* dringt mir zu Ohren; *ad amicitiam alcis j-s* Freundschaft gewinnen; °*fervor accessit capiti* der Wein steigt zu Kopfe). **2. a**) sich an *jd. od. etw.* anschließen, *jd. od. e-r* Sache beitreten, beipflichten, zustimmen (*ad alqm u. ad alqd, selten alci rei,* °*alci u.* °*alqd*), *bsd.* °*sententiae od.* °*ad sententiam alcis, ad condiciones* auf die Bedingungen eingehen; **b**) sich mit *etw.* befassen, bei *etw.* sich beteiligen, (*Geschäfte, Tätigkeiten*) übernehmen (*ad alqd, zB. ad poenam, ad magistratus; selten m. dat., bsd. in der Redensart manus extrema operi accedit* die letzte Hand wird an ein Werk gelegt); *ad honores od. ad causam* Ehrenstellen *od.* den Prozeß übernehmen, *ad rem publicam* sich dem Staatsdienste widmen, *ad vectigalia* mit der Pachtung der Staatseinkünfte sich befassen, *ad haec bona* Besitz ergreifen von; **c**) nahekommen = ähnlich sein *od.* werden (*ad alqm, ad alqd, auch m. dat., zB. propius ad deos od. diis, proxime ad veritatem, virtuti alcis*). **3. a**) (*als Zuwachs*) hinzukommen zu (*ad alqd od. alci rei, alci, zB. accedit ad causam novum crimen, rei accedit lumen* die Sache gewinnt Licht oder Glanz); *bsd.* (*huc, istuc, eo, eodem*) **accēdit** dazu kommt noch (*m. subi. im nom., zB. summus timor; meist impers. mit quod* daß (*vorliegende Tatsache als neuer Grund*), *bzw. ut* daß (*neue Tatsache als Folge*); **b**) wachsen, steigen (*abs. od. m. dat., zB. quo plus ei aetatis accedit* je älter er wird, °*pretium accedit agris* die Landgüter steigen im Preise); **c**) zuteil werden (*alci, zB. Remis studium propugnandi accessit* erwachte).

F. *pf.* °*ăccēstīs synk.* = *ăccēssĭstīs.*

ăc-cĕlĕrō 1. **1.** (*trans.*) *etw.* beschleunigen (*alqd, zB. iter*). **2.** (*intr.*) (herbei)eilen.

▶ **ăc-cēndō,** *cēndī, cēnsŭm* 3. (*ăd* + **căndō* 3. „glühen machen"; *cf. căndĕō*) **1. a**) anzünden, anstecken, in Brand setzen (*alqd, zB. lumen, faces,* °*tus,* °*rogum,* °*ignem*); **b**) *meton.* °*focum,* °*aras u.ä.* Feuer auf dem Herde *od.* auf den Altären anzünden, °*lucernam* das Licht in der Laterne; **c**) erhellen; *auch* °erhitzen, glühend machen, versengen [*arenas; aestūs* die Mittagsglut entzünden]. **2.** / entzünden: **a**) = entflammen, anfeuern (*alqm od. animum alcis; re* durch *etw., zB. suos oratione; ad od. in alqd,* °*alci rei* zu *etw., zB.* °*ad libidinem,* °*in rabiem,* [*dcht.*] *dat. bello; auch m. bloßem abl., zB. accensus* °*irā,* °*dolore;* [*Sa., Ta.*] *contra u. in alqm* gegen *jd.* aufbringen); **b**) (*nkl., dcht.*) = *etw.* anfachen, schüren, erregen, wecken (*zB. spem, bellum od. Martem* die Kriegsflamme, *sitim, bsd. Affekte, zB. iram, invidiam, fiduciam*); **c**) (*nkl., dcht.*) *etw.* vermehren, vergrößern, verstärken, steigern [*vitia, discordiam, spem alci*], P. wachsen, steigen [*vis venti accensa est*].

ăc-cēnsĕō, —, *sŭm* 2. (*nkl., dcht.*) hinzuzählen, -rechnen, zugesellen (*alqm alci*).

ăc-cēnsŭs[1] *P.P.P. v. ăccēndō u. ăccēnsĕō.*

ăccēnsŭs[2], *ī m* (*ăccēnsĕō*) **1.** Amtsdiener, Amtsbote, Ordonnanz, persönlicher Diener *eines höheren Beamten zu Rom u. in den Provinzen* (*alcis u. alci -um esse*). **2.** *pl. mil.* **ăccēnsī,** *ōrŭm m* (*eig.* „Zugeteilte") Ersatzmannschaft (*römische Bürger aus der fünften Servianischen Vermögensklasse, die, in 15 Fähnlein* [*vexilla*] *den Legionen als Ersatzbataillon zugeteilt, hinter den Triariern standen u. im Kampfe an die Stelle der Gefallenen traten; wegen der leichten Bekleidung auch -i velati genannt*).

ăccēntŭs, *ūs m* (< **ăd-căntŭs; Bedeutungslw. nach προσῳδία*) (*nkl.; bei Ci. statt dessen sŏnŭs u. vōx*) Ton, Akzent. — ** liturgischer Sprechgesang (*Ggs.* concentus).

ăc-cēpī *s. ăccĭpĭō.*

ăccēptĭō, *ōnĭs f* (*ăccĭpĭō*) Annahme: **1.** Empfang [°*frumenti* das Fassen *v.* Getreide]. **2.** / (*philos. t.t.*) (*nkl.*) **a**) = *ὑπόληψις* die Annahme *e-s Satzes;* **b**) = *Λῆμμα* Annahmesatz, *der auch vom Gegner zugegeben wird.* — ** (*in den Disputationen*) (vorläufige) Annahme; *cf. ăccĭpĭō* 4b **.

ăccēptō 1. (*frequ. v. ăccĭpĭō* (*vkl., nkl.*) (wiederholt) empfangen *od.* an-, einnehmen (*alqd*); sich gefallen lassen.

ăccēptŏr, *ōrĭs m* (*ăccĭpĭō*) **1.** (*spätl.*) Empfänger. **2.** (*Pl.*) wer *etw.* annimmt (*verbis* ~ *fui* ich billige die Worte). **3.** (*Ph.*) = *ăccĭpĭtĕr.*

ăccēptrīx, *īcĭs f* (*ăccēptŏr*) (*Pl.*) Empfängerin.

ăccēptŭm, *ī n s. ăccĭpĭō.*

ăc-cēptŭs[1] *P.P.P. v. ăccĭpĭō.*

ăccēptŭs[2] 3 (*m. comp. u. sup.; eig. P.P.P. v. ăccĭpĭō*) angenehm, willkommen, lieb, *v. Personen u. Sachen* [*homo, munus*], *alci j-m, zB. senatui.*

ăccērsō 3. (*vulgär*) = *ărcēssō.*

ăc-cēssī *s. ăccēdō.*

ăccēssĭō, *ōnĭs f* (*ăccēdō*) das Hinzukommen: **1. a**) das Herankommen, Annäherung (*ad alqd* an *etw., zB.* °*ad aedes*); Zutritt, *bsd.* Audienz, *die jd. gibt;* **b**) (*nkl.*) (Fieber-)Anfall (*m. u. ohne morbi*). **2.** / **a**) Zuwachs, Vermehrung, Wachstum (*alcis rei, zB. virium, dignitatis; auch ad alqd, zB. ad pristinas clades*); **b**) Anbau an ein Haus [*-nem aedibus adiungere*]; **c**) Anhang, Anhängsel (*alcis rei u. alci rei, zB. Punici belli, regno Macedoniae*); **d**) Zusatz, Zugabe, *bsd.* (*bei Geldern u. Abgaben*) Zuschuß, Zuschlag [*decumae*]; **e**) (*nkl.*) *pl.* Fortschritte [*magnas -nes facere odii od. in re facienda*].

ăc-cēssŭm *P.P.P. v. ăccēdō.*

ăccēssŭs, *ūs m* (*ăccēdō*) das Herankommen: **1. a**) Annäherung (*alcis j-s, zB. amici, tuus; alcis rei* einer Sache, *zB. stellarum; ad alqd* an *etw., zB. ad urbem*); ~ et *recessus aestuum* Flut *u.* Ebbe, ~ *ventorum* Andrang; **b**) Zutritt *zu jd. od. zu etw.,* Audienz [*-um alci dare*]; **c**) *meton.* (*nkl.*) Zugangsstelle, -ort [*navibus alium -um petere*]. **2.** / **a**) instinktartige Neigung zu *etw.* (*ad alqd, zB. ad res salutares*); **b**) Anlauf zu *etw.* (*ad alqd, zB. ad causam*). **3.** (*nkl.*) Zuwachs.

Ăccĭānŭs 3 *s. Ăccĭŭs.*

ăccĭdēntĭă, *ĭŭm n* (*eig. part. praes. pl. n v. ăccĭdō*) (*nkl.*) zufällige Ereignisse, Umstände; Unfälle. — ** (*philos. t.t.*) unwesentliche Eigenschaften; die Akzidenzien.

ăc-cĭdō[1]
1. hin-, niederfallen; **2. a**) zu *jd. od. etw.* hingelangen; **b**) *abs.* zu Ohren dringen; (*v. Personen*) *jd.* überfallen; **c**) sich zutragen, *jd.* widerfahren; *impers. accidit* es trifft sich.

ăc-cĭdō[1], *cĭdī,* — 3. (*ăd, cădō*) **1.** hin-, niederfallen (*abs., zB. tela gravius accidebant* trafen wirksamer auf; *ad u.* °*in alqd,* °*alci rei, bsd. alci od. alcis ad pedes od. ad genua od.* °*genibus jd.* zu Füßen fallen). **2.** / **a**) zu *jd. od.* zu *etw.* hingelangen *od.* (hin)dringen *od.* treffen (*ad alqm u. ad alqd,* °*alci rei, zB.* °*vox accidit ad hostes u.* °*hostibus, fama od. clamor ad alcis aures od. auribus, ad oculos, ad animum* dringt zu, fällt in die Augen); **b**) *abs.* **α**) = zu Ohren dringen, sich verbreiten [*vox, fama m. a.c.i.*]; **β**) (*v. Pers.*) (*nkl.*) überfallen [*de improviso, improvisus gravior*]; **c**) **α**) sich zutragen, eintreten, sich ereignen, *zufällig u. unerwartet, von glücklichen wie* (*meist*) *von unglücklichen Ereignissen, abs.* [*calamitas, alqd adversi, facultas* bietet sich dar]; **β**) *m. dat. der Person: jd.* widerfahren, zustoßen, zuteil werden [*omnia gratissima tibi acciderunt*]; *euphem.*: *si quid mihi accidat* wenn mir *etw.* Menschliches begegnen sollte; **γ**) *impers. accidit* es trifft sich (*m. ut bzw. quod*: *accidit ut*; *perincommode accidit, quod*; *selten m. a.c.i.*); **δ**) (*m. adv.*) irgendwie ausfallen, ablaufen, enden (*alci opportune, peius alci, secus od. aliter* nicht nach Wunsch, *praeter opinionem u.ä.*).

ăc-cīdō², *cīdī, cīsŭm* 3. (*ăd, caedō*) anhauen, anschneiden (*alqd, zB. arborem*, °*crines* stutzen, °*dapes* verzehren); / schwächen, zerrütten (*alcis res, zB. copias*, °*opes*); *bsd.* P.

ăc-cĭĕō 2. = *ăccĭō*.

ăc-cĭngō, *cīnxī, cīnctŭm* 3. (*cīnxī, cīnctŭm?*) (*unkl.*) **1. a)** *etw.* angürten [*ensem lateri*]; **b)** *etw.* umgürten (*alqd, zB. ferrum*). **2.** *übh.* ausrüsten, *m. etw.* ausstatten (*alqm re, zB. facibus, se iuvene* = als Stütze zu sich nehmen; *alqm ad alqd* zu *etw.* rüsten *od.* vorbereiten); *meist refl. sē ăccĭngĕrĕ od. mediopass. ăccĭngī* (*vereinzelt auch act.*) sich rüsten, sich waffnen (*re m. etw., zB. ense*); / sich zu *etw.* anschicken *od.* vorbereiten (*ad alqd, zB. ad omnes casus*; *vereinzelt in alqd od. alci rei*, °*alqd, zB. in proelium, magicas artes*; *m. inf.*).

F. *inf. praes.* P. (*Ve.*) *altl. ăccĭngĭĕr* = *ăccĭngī*.

ăc-cĭō, *cīvī, cītŭm* 4. herbeirufen, kommen lassen (*alqm, zB. Aristotelem doctorem filio*; *auch* °*alqd, alqm ex od. a loco od. a re in locum od. ad, in alqd, zB. alqm ex Etruria ab exercitu in urbem ad regnandum*). (*P.P.P.*) *adi.* **ăccītŭs** 3 ausländisch, fremd [*scientia, lascivia*].

ăccĭpĕtrīnă, *ae f* (*ăccĭpĭtĕr*) (*Pl., Bacch. 274*) Habichtsfraß (?).

> **ăc-cĭpĭō**
> **I. 1.** annehmen, in Empfang nehmen; **2.** auf sich nehmen; **3.** *jd. irgendwo, irgendwie* aufnehmen; **4. a)** (*Geschenke*) annehmen; **b)** sich gefallen lassen; **5. a)** wahrnehmen; **b)** vernehmen, erfahren; **c)** begreifen, verstehen; **d)** auslegen, beurteilen; **II. 1.** bekommen, erhalten; **2.** erleiden, davontragen; **3.** erfahren, *pf.* wissen.

ăc-cĭpĭō, *cēpī, cēptŭm* 3. (*ăd, căpĭō*) **I.** (*unter aktiver Beteiligung des Subjekts*) annehmen: **1.** in Empfang nehmen, entgegennehmen; *bisw.* = sich geben lassen (*alqd, ab alqo, zB. stipendium a consule od. de publico*; *ius iurandum* sich schwören lassen, *rationes* sich Rechnung legen lassen); *pecuniam accipere sowohl* sich bestechen lassen, *als auch* Geld einnehmen *od.* einkassieren. (*P.P.P.*) *subst.* **ăccēptŭm,** *ī n* die Einnahme, (*als geschäftl. t.t.* = das Haben); *codex accepti et expensi* Hauptbuch für Soll und Haben; *accepta et expensa referre* die Einnahmen und Ausgaben eintragen *od.* verbuchen; *alci alqd acceptum* (*auch in acceptum*) *referre jd. etw.* gutschreiben, *übh. jd. etw.* zu verdanken haben, *zB. omnem quietem clementiae alcis*; *sponsionem acceptam facere* Quittung über die Wettsumme ausstellen. **2.** (*Lasten, Drückendes*) auf sich nehmen, übernehmen [*onus*, °*rem in cervices* sich aufhalsen, *decumas*]. **3.** aufnehmen *od.* zulassen [°*armatos arce od. in arcem*; / *in deditionem Suessiones* die Unterwerfung der S.; *in fidem* in seinen Schutz]; *auch v. Leblosem* [°*navis aquam accipit*]; *bsd. jd.* als Gast aufnehmen, bewirten [*alqm hospitio, eleganter*, °*hospitaliter*]; *übh. jd. irgendwie* behandeln [*alqm leniter, male verbis, verberibus ad necem*]. **4.** *prägn.* annehmen = nicht zurückweisen: **a)** *eig.* [°*munera*]; **b)** / sich gefallen lassen [*condicionem*; *auch alqm generum*; °*nomen* den Bewerber zur Wahl zulassen; *iudicium* sich in ein gerichtliches Verfahren einlassen *od.* ein Gericht als kompetent annehmen; *omen* als gültig erkennen; *legem od. rogationem* genehmigen]. *abs.* (°*als Antwort*) *accipio* gut! meinetwegen! — ** (*in den Disputationen ma. Universitäten*) = *den vom Gesprächsteilnehmer vorgebrachten Satz* als glaubwürdig (vorläufig) annehmen (= λαμβάνω); *cf. sūmō*. **5.** (*m. den Sinnen od. dem Geist*) **a)** aufnehmen, wahrnehmen (*alqd sensu, auribus, animo*); **b)** vernehmen, hören, erfahren [°*clamorem, nuntium*; *alqd ex alqo etw. v. jd.* = aus *j-s* Munde; *alqd de re*; *m. a.c.i. u. indir. Frages.*]; **c)** auffassen, begreifen, verstehen, *auch* (er)lernen [*hoc parum od. celeriter accepi, haec accipi possunt* läßt sich begreifen]; **d)** *etw. in irgendeinem Sinne* auslegen, beurteilen [°*verisimilia pro veris*, °*rem prodigii loco, alqd dure od. aequo animo*, °*aliter atque est, alqd ad od. in contumeliam* als Beschimpfung aufnehmen, °*in omen* als ein Vorzeichen ansehen; *auch mit dopp. acc., zB. beneficium contumeliam*]; *alqd in bonam od. malam partem etw.* gut *od.* schlimm auslegen (*selten bene od. male*). — **II.** *etw.* (*ohne aktive Beteiligung des Subjekts*) bekommen: **1.** erhalten, empfangen, *zB.* °*hereditatem a patre, epistulam ab amico, libertatem a maioribus, nobilitatem* ererben; *bisw.* = hinnehmen müssen. **2.** erleiden, davontragen, fühlen [*iniuriam ab alqo, contumeliam, cladem*]. **3.** (*durch mündl. od. schriftl. Überlieferung*) erfahren, überkommen, *pf.* = wissen (*alqd rumore od. famā de re ab u. ex alqo v. jd., zB. sic a patribus od. a maioribus accepimus, m. a.c.i. od. indir. Frages.*); *accipio patres id aegre tulisse* = ich lese bei den Schriftstellern.

ăccĭpĭtĕr, *trĭs m* (*f Lu.*) (*wahrsch.* „schnell fliegend"; *cf.* ὀξύπτερος „Habicht"; *volkset. an ăccĭpĭō angelehnt*) Habicht, Edelfalke; / (*Pl.*) habgieriger Mensch [*pecuniae*].

F. *abl. sg. ăccĭpĭtrĕ*; *gen. pl. -trŭm*.

ăccĭpĭtrīnă = *ăccĭpĕtrīnă*.

ăc-cīsŭs *P.P.P. v. ăccīdō²*.

ăccītŭs¹ 3 *s. ăccĭō*.

ăccītŭs², *ūs m* (*ăccĭō*) das Herbeirufen, Vorladung (*nur im abl. sg.* auf Vorladung).

Ăccĭŭs 3 *röm. Gentilname*: *L. Accius*, *berühmtester röm. Tragiker, geb. um 170 v. Chr.*; *adi.* **Ăccĭānŭs** 3.

ăcclāmātĭō, *ōnĭs f* (*ăcclāmō*) Zuruf, *meist* mißbilligender, *seltener* = Beifallsruf.

ăc-clāmō 1. zurufen, -schreien, *meist* mißfällig, *seltener* beifällig (*alci*; [*nkl.*] *m. a.c.i. bzw. ut*); (*nkl.*) *prägn. alqm* laut nennen [*liberatorem*; *nocentem* durch Zuruf „Schuldig!" als überführt bezeichnen].

ăc-clārō 1. (*ăd, clārŭs*) (*Li.*) klarmachen, offenbaren [*signa certa alci*].

F. *altl. ăcclārāssĭs* = *ăcclārāvĕrĭs*.

ăcclīnĭs, *ĕ* (*Rückbildung zu ăcclīnō*) (*nkl., dcht.*) **1.** sich anlehnend (*alci rei* an *etw., zB. trunco arboris*). **2.** / **a)** abfallend [*iugum*]; **b)** zu *etw.* geneigt [*animus falsis* zum Truge].

ăc-clīnō 1. (*cf. clīnātŭs*) (*nkl., dcht.*) anlehnen [*se in alqm*; *castra tumulo* an den Hügel]; / *se acclinare* sich zuneigen, geneigt sein (*ad alqd, zB. ad causam senatūs*).

ăc-clīvĭs, *ĕ u.* (*dcht.*) **-ŭs** 3 (*Hypost. aus ăd clīvŭm*) ansteigend, aufwärts [*via*].

ăcclīvĭtās, *ātĭs f* (*ăcclīvĭs*) sanfte Steigung *od.* Abdachung.

ăc-cŏgnōscō, — — 3. (*-cōgn-?*) (*nkl.*) anerkennen.

ăccŏlă, *ae m* (*ăccŏlō*) Anwohner, Nachbar (*m. gen.*, *Cereris* des Cerestempels); *adi.* (*nkl.*) benachbart [*-ae fluvii* Nebenflüsse].

ăc-cŏlō, *cŏlŭī*, — 3. an *od.* bei *etw.* wohnen (*alqd, zB.* °*Tiberim*).

ăccŏmmŏdātĭō, *ōnĭs f* (*ăccŏmmŏdō*) (*alcis rei ad alqd*) Anpassung, Rücksichtnahme, Willfährigkeit.

ăccŏmmŏdātŭs 3 (*m. comp. u. sup.*; *adv.* **-ē**) (*eig. P.P.P. v. ăccŏmmŏdō*) passend, geeignet (*alci, zB. lex vobis -a*; *ad alqd od. alci rei, zB. ad naturam -e vivere, tempora demetendis frugibus*); *v. Pers. auch* einer Sache gewachsen, zu *etw.* gestimmt.

▶ **ăc-cŏmmŏdō** 1. **1.** anpassen, anfügen, anlegen (*alqd, zB. insignia*; *alci alqd, zB. corpori vestem, alci alqd ad alqd jd. etw.* an *etw., zB. sibi coronam ad caput*). **2. a)** *etw.* nach *etw.* einrichten (*alqd ad alqd, seltener alci rei, zB. sumptūs ad mercedes, orationem auribus auditorum*); *bsd.* **sē ăccŏmmŏdārĕ** *ad alqd* sich nach *etw.* richten, sich einer Sache anbequemen [*ad popularem intellegentiam*]; **b)** *etw.* auf *etw.* anwenden *od.* beziehen (*alqd in alqd, zB. exordium in plures causas*); **c)** *etw.* einer Sache widmen (*alqd ad alqd od. alci rei, zB.* °*operam studiis, se ad rem publicam* sich dem Staatsdienst zuwenden, °*diis effigiem* beilegen).

ăccŏmmŏdŭs 3 (*Rückbildung zu ăccŏmmŏdō*) (*dcht., nkl.*) = *ăccŏmmŏdātŭs* (*alci rei*).

ăc-crēdō, *crēdĭdī, crēdĭtŭm* 3. (*klass. selten*) Glauben schenken (wollen), gläubig beistimmen (*abs. od.* °*alci*).

F. *altl. coni. praes. act.* (*Pl.*) *ăccrē-dŭās.*

ăc-crēscō, *crēvī, crētŭm* 3. **1.** anwachsen, zunehmen, sich vermehren [°*puer*; *flumen*, °*dolor*]. **2.** (*unkl.*) hinzukommen (*alci rei, zB. veteri-*

bus negotiis nova accrescunt).

ăccrētĭō, *ōnĭs f* (*ăccrēscō*) Zunahme [*luminis*].

ăccŭbĭtĭō, *ōnĭs f* (*ăccŭmbō*) das Sich-zu-Tisch-Legen, Platznehmen bei Tisch [*epularis*].

ăc-cŭbĭtŭm *P.P.P. v. ăccŭmbō.*

ăc-cŭbō, — — 1. **1.** (*unkl.*) lagern, liegen (*abs. od. alci rei* bei *etw.*; °*re* in *etw., zB. umbrā* im Schatten, *horreis* im Speicher). **2.** bei Tische liegen [*in convivio, apud alqm* bei *jd.* zu Gast sein]; °*accuba* nimm Platz! **3.** (*vkl., nkl.*) *abs.* (*geschlechtlich*) beiwohnen, *m. jd.* schlafen.

ăc-cŭbŭī *s. ăccŭmbō.*

ăc-cŭbŭō *adv.* (*ăccŭbō*) (*Pl.*) (*scherzhaft nach vorangehendem ăssĭdŭō*) „beiliegend".

ăccūdō, *cūdī, cūsŭm* 3. (*Pl.*) dazuprägen, -schlagen [/ *tres minas*].

ăc-cŭmbō, *cŭbŭī, cŭbĭtŭm* 3. (**cŭmbō; cf. cŭbō*) **1.** (*vkl., nkl.*) sich hinlegen, sich lagern (*in loco, zB. in actā*). **2.** sich zum Essen auf das *triclinium* lagern, Platz nehmen [*in epulo, in convivio,* °*eodem lecto, apud od. infra alqm u.ä.*; (*Ve.*) *dat. epulis divom*]. **3.** (*dcht.*) *alci jd.* (geschlechtlich) beiwohnen, *m. jd.* schlafen.

ăccŭmŭlātŏr, *ōrĭs m* (*ăccŭmŭlō*) (*Ta.*) „Anhäufer" [*opum*].

▶ **ăc-cŭmŭlō** 1. **1.** an-, aufhäufen (*alqd, zB. acervos*). **2.** / **a**) (*dcht.*) *jd.* mit *etw.* überhäufen (*alqm re*); **b**) (*dcht., nkl.*) steigern [*curas; alqd re, zB. caedem caede*]; **c**) verleihen, erweisen [*honorem*]; **d**) (*unkl.*) (*P.P.P.*) *adv.* **ăccŭmŭlātē** überreichlich [*-e facere*].

ăccūrātĭō, *ōnĭs f* (*ăccūrō*) Sorgfalt, Genauigkeit.

ăccūrātŭs 3 (*m.* °*comp. u. sup.*; *adv.* **-ē**) (*eig. P.P.P. v. ăccūrō*) sorgfältig (gearbeitet *od.* ausgeführt), genau, *nur v. Sachen im passiven Sinne, zB. oratio, litterae*; *oft* = ausführlich. *adv.* **ăccūrātē** = *cŭm cūrā m.* Sorgfalt [*habere jd. m.* Aufmerksamkeit behandeln]; °*accuratius auch* = schärfer, strenger.

ăc-cūrō 1. **1.** (pünktlich) besorgen, sorgfältig betreiben (*alqd*). **2.** (*Pl.*) gut bewirten.

ăc-cŭrrō, (*cŭ*)*cŭrrī, cŭrsŭm* 3. herbeilaufen, -eilen (*abs. od. ad alqm,* °*alqm; ad od. in alqd;* °*auxilio suis*).

ăccŭrsŭs, *ūs m* (*ăccŭrrō*) (*nkl.*) das Herzulaufen, Zulauf; / rasche Hilfe.

ăccūsābĭlĭs, *ĕ* (*ăccūsō*) strafbar.

ăccūsātĭō, *ōnĭs f* (*ăccūsō*) **1.** Anklage, *auch* (*Ta.*) Denunziation; *übh.* Anschuldigung, Beschwerde (*alcis subi. j-s, obi.* = gegen, über, wegen, *zB. Hannibalis,* °*rhetorices*). **2.** *meton.* Anklageschrift.

ăccūsātīvŭs 3 (*ăccūsō*) (*Qu.*) *casus* Akkusativ.

ăccūsātŏr, *ōrĭs m* (*ăccūsō*) Ankläger; Kläger; (*nkl., dcht.*) Angeber, Denunziant.

ăccūsātōrĭŭs 3 (*adv.* **-ē**) (*ăccūsātŏr*) anklägerisch, Advokaten... [*animus, -e loqui u. cum alqo agere*].

ăccūsātrīx, *īcĭs f* (*ăccūsātŏr*) Anklägerin: **1.** (*Pl.*) Beschwerdeführerin. **2.** (*Pli.*) Angeberin.

ăccūsĭtō 1. (*frequ. v. ăccūsō*) (*Pl.*) anschuldigen.

▶ **ăc-cūsō** (*u. ăc-cūssō*) 1. (*Hypost. aus ăd causăm* [*ăgō*]) **1.** gerichtlich anklagen *od.* belangen (*abs. od. alqm alcis rei, zB.* °*proditionis, ambitūs, capitis* auf Leib *u.* Leben, peinlich; *aber de vi, de veneficiis, inter sicarios* wegen Meuchelmords, *auch propter iniurias;* °*crimine Pario* auf die Beschuldigung wegen Paros hin, °*invidiae crimine* auf eine gehässige Beschuldigung hin; *m. quod* weil, daß, *auch m.* [*Ta.*] *a.c.i.*). **2.** *übh.* anklagen, beschuldigen, sich über *jd. od.* über *etw.* beklagen (*alqm de od. in re, zB. de od. in litterarum neglegentia, seltener alqm alcis rei, zB.* °*consulem segnitiae; alqd alcis, zB.* °*perfidiam socii; m. quod u. cur*).

ăcĕō, *ŭī,* — 2. (*ăcĕr²*) (*vkl.*) sauer sein.

ăcĕr¹, *ĕrĭs n* (*zu ăcĕr²?; cf.* ἄκαστος, *nhd.* „Ahorn") (*nkl., dcht.*) Ahorn (-baum); *meton.* Ahornholz.

> **ăcĕr²**
> **1.** scharf, spitz; **2. a**) scharfsinnig; **b**) *für die Sinne* stechend, schneidend; scharf, beißend; hell, grell; **c**) (*v. Naturell*) feurig, tatkräftig, eifrig; hitzig.

ăcĕr², ācrĭs, ācrĕ (*m. comp. u. sup.*; *adv.* **ācrĭtĕr**) (*cf.* ἄκρος; *ăcĭēs, ăcŭō*) **1.** (*nkl., dcht.*) scharf, spitz [*ferrum, stimulus, arcus* zum scharfen Schuß gespannt; *im eig. Sinne klass. dafür ăcūtŭs*]. **2.** / **a**) (*v. den Sinnen*) scharfsinnig, fein [*oculi,* °*vultus* durchdringend, *aures, acerrimus sensus videndi, acriter intueri solem* scharf]; *auch* °*canis naribus acer* scharfwitternd; **b**) scharf *für die Sinne* (*meist dcht., nkl.*): **α**) (*für das Gefühl*) stechend, schneidend [°*frigus* scharf, *tempestas u.* °*hiems* rauh, °*ventus* rauh *od.* schneidend, °*sol* stechend, *favilla od. ardor* glühend, °*morbus* hitzig, *fames* nagend]; **β**) (*für den Geschmack und Geruch*) scharf, pikant, beißend, herb, sauer, bitter [*odor*]; **γ**) (*für das Auge*) scharf, blendend, hell, grell [°*splendor, rubor*]; **δ**) (*für das Gehör*) laut, hoch, gellend [°*tibia*]; **c**) *geistig*: **α**) (*vom Naturell*) feurig, lebhaft, tatkräftig, eifrig, mutig, streng [*ingenium, animus, miles,* °*potor* scharfer Trinker, °*pocula* berauschend; *acriter pugnare*]; *so auch von abstr.* [*certamen, sententia*]; **β**) (*tadelnd*) heftig, hitzig, leidenschaftlich [*uxor, amator, canis* bissig, *leo u. lupus* wild]; *so auch von Affekten u. abstr.* = heftig, stark, gewaltig [*odium, cura, nox* schlimm, *acerrime exspectare* sehnsüchtig, *acriter occupatum esse* sehr]; **γ**) (*vom Verstande*) scharf, scharfsinnig, fein [*ingenium, iudicium, acies ingenii*]; *subst.* (*Ho.*) **ācrĕ,** *ĭs n* bittere Schärfe, beißender Witz.

F. *abl. sg. ācrī; pl. neutr. ācrĭă, gen. ācrĭŭm; comp. ācrĭŏr, sup. ăcĕrrĭmŭs.*

ăcĕrbĭtās, *ātĭs f u.* (*Ge.*) **ăcĕrbĭtūdō,** *ĭnĭs f* (*ăcĕrbŭs*) **1.** Herbheit, Säure (*bsd. unreifer Früchte*). **2.** / Bitterkeit, *v. Pers. u. Sachen*: **a**) = Härte, Strenge; **b**) Unfreundlichkeit, Rücksichtslosigkeit, finsteres Wesen, °Bissigkeit; **c**) Mißgeschick, Drangsal, *auch pl.* [*Sullani temporis, non videndi fratris, in summa -te versari*].

ăcĕrbō 1. (*denom. v. ăcĕrbŭs*) (*nkl., dcht.*) verbittern; / verschlimmern (*alqd*).

▶ **ăcĕrbŭs** 3 (*m. comp. u. sup.*; *adv.* **-ē**) (*wohl aus *ăcrĭ-bhŏs; cf. ăcĕr²*) **1.** (*unkl.*) herb, bitter, sauer *v. Geschmack, bsd. v. unreifen Früchten.* **2.** / **a**) noch unreif, unzeitig, frühzeitig [°*virgo* unerwachsen, °*partus* Frühgeburt, *acerbe mori*]; **b**) (*dcht.*) (*vom Aussehen*) grämlich, finster [*vultus*]; *auch* (*nkl., dcht.*) (*für das Gefühl*) schneidend, rauh [*frigus*]; **c**) (*v. Pers. u. Sachen*) hart, streng, unfreundlich, rücksichtslos, grausam [*hostis, lex, diligentia* peinlich *od.* pedantisch; *-e severus in alqm*; (*dcht.*) *acerba tueri od. fremere* = *acerbe*; *in re* in *etw., zB. in exigendo; in alqm od.* °*alci* gegen *jd.*]; **d**) (*v. Sachen*) bitter = schmerzlich [*mors, recordatio, -e invehi in alqm*]; *adv. acerbe* schmerzlich, *auch pass.* = *m.* Unwillen [*ferre od.* °*accipere alqd*].

ăcĕrnŭs 3 (*ăcĕr¹*) (*dcht.*) aus Ahornholz.

ăcĕrră, *ae f* (*altes sakrales Wort; et. ungedeutet*) **1.** (*nkl., dcht.*) Rauchpfanne. **2.** Weihrauchkästchen.

Ăcĕrrae, *ārŭm f St. in Kampanien, j.* Acerra. — *Einw.* **Ăcĕrrānŭs,** *ī m.*

ăcĕrsĕcŏmēs, *ae m* (*Fw.* ⟨ ἀκερσεκόμης) (*Ju.*) *m.* ungeschorenem Haupthaar, schöngelockter Jüngling.

ăcĕrvālĭs, *ĕ* (*ăcĕrvŭs*) haufenartig; *subst. m* Haufenschluß (= σωρείτης), Kettenschluß; Trugschluß.

ăcĕrvātĭm (*ăcĕrvŭs*) *adv.* **1.** (*unkl.*) haufenweise. **2.** / summarisch [*dicere alqd*].

ăcĕrvō 1. (*denom. v. ăcĕrvŭs*) (*nkl.*) (auf)häufen, *eig. u.* / (*alqd*).

ăcĕrvŭs, *ī m* (*et. ungedeutet*) Haufe *als aufgeschüttete od. zusammengeworfene Menge gleichartiger Dinge* [*tritici, civium* Leichenhaufen]; *übh.* Masse, Menge [*scelerum*]; / Haufenschluß, Kettenschluß, Trugschluß (= *sōrītēs*).

ăcēscō, *ăcŭī,* — 3. (*incoh. zu ăcĕō; cf. ăcĭdŭs*) (*nkl., dcht.*) sauer werden.

Ăcēstă, *ae f* (Ἀκέστη) *alter Name v.* Segesta *in Nordwest-Sizilien.* — *Einw.* **Ăcēstēnsĭs,** *ĭs m.*

Ăcēstēs, *ae m* (Ἀκέστης) *K. in Sizilien, S. der Troerin Egesta; Gründer v. Acesta* (*Cf.* V.-B. I, 2).

ăcētābŭlŭm, *ī n* (*eig.* „Essiggefäß"; *ăcētŭm*) (*vkl., nkl.*) Sauciere; Becher eines Taschenspielers; (*med. t.t.*) Gelenkpfanne.

ăcētŭm, *ī n* (*ăcĕō*) Essig; / (*vkl., dcht.*) bitterer Groll; beißender Witz, Lauge [*Italum*].

Ăchaeмĕnēs, *ĭs m* (Ἀχαιμένης) *Stammv. der persischen Dynastie der* Achämeniden (**Ăchaeмĕnĭdae,** *ārŭm m*) *um 650 v.Chr.*; *adi.* (*dcht.*) **Ăchaeмĕnĭŭs** 3 persisch *u.* parthisch.

Ăchaeŭs, *ī m* (Ἀχαιός) *S. des Xuthos u. der Krĕusa, Bruder des*

Ion, myth. Stammv. der Achäer.

Ăchāiă (*im Vers Ăchāĭă*), *ae f* ('Ἀχαΐα) **1.** *die Ldsch.* Achaja *an der Nordküste der Peloponnes.* **2.** *seit 146 v.Chr.* ganz Griechenland *als römische Provinz.* — *Einw.* **Ăchaeŭs,** *ī m; pl.* **Ăchaeī** Achäer: **a)** die *Bewohner der Landschaft Achaja u. die Mitglieder des Achäischen Bundes;* **b)** *einer der vier Hauptstämme der Griechen; dcht. Gesamtname der* Griechen *der heroischen Zeit* (= **Ăchīvī,** *ōrŭm m*), *bsd. die* Griechen vor Troja; **c)** *seit 146 v.Chr.* die zur römischen Provinz Achaja gehörigen Griechen; **d)** °**Ăchāiăs,** *ădĭs f* Achäerin; **Ăchāĭs,** *ĭdĭs f* Achäerin *od.* achäisches Land, Griechenland; *adi.* **Ăchāĭcŭs** 3 (*u.* °**Ăchāiŭs,** °**Ăchaeŭs,** °**Ăchīvŭs** 3) achäisch, griechisch.

Ăchĕlōŭs, *ī m* ('Ἀχελῷος) *Grenzfl. zw. Ätolien u. Akarnanien, j.* Aspropotamos; *als Stromgott S. des Okeanos* (*Oceanus*) *und der Tēthys.*

Ăchĕlōiăs, *ădĭs u.* **Ăchĕlōĭs,** *ĭdĭs f* T. des Acheloos (= Sirene, Quelle Dirke u. Kallirrhoe *u.a.*); *adi.* **Ăchĕlōiŭs** 3 zum Acheloos gehörig [*pocula* (*Ve.*) Becher mit fließendem Wasser].

Ăchĕrōn, *ŏntĭs m* ('Ἀχέρων) *u.* (*daraus durch etr. Vermittlg.*) **Ăchĕrūns,** *ūntĭs m* (*f*) (*i. Vers auch* Ā-) **1.** *Fl. im südwestl. Epirus* (*Thesprotien*), *j.* Gurla. **2.** *Fl. in Bruttium, j.* Mucone. **3.** *Fl. i. der Unterwelt; meton.* (*dcht.*) = Unterwelt; *-unti* (*loc.*) in der Unterwelt; *adi.* **Ăchĕrūsiŭs** *u.*°**Ăchĕrūntĭcŭs** 3 acherontisch, zum Acheron *od.* zur Unterwelt gehörig. (*Cf.* V.-B. III, 1 b).

Ăchĕrŏntiă, *ae f Ort im nördl. Lukanien südöstl. v. Venusia, auf steilem Felsen gelegen, j.* Acerenza.

Ăchillēs, *ĭs m* ('Ἀχιλλεύς) *aus Phthia in Thessalien, S. des Peleus u. der Nereide Thĕtĭs, Anführer der Myrmidonen. Er tötete Hektor im Zweikampf u. wurde v. Paris durch einen Pfeil, den Apollo richtete, getötet.* — *patron.* **Ăchillīdēs,** *ae m* Nachk. des Achill. — *adi.* **Ăchillēŭs** 3 ('Ἀχίλλειος) des Achill.

F. *sg. gen. auch* Ăchillī *u.* °-ĕī; *acc.* -ĕm *u.* °-ēn, °-ĕă; *voc.* -ĕ; *abl.* -ĕ *u.* °-ī. *Cf.* V.-B. III, 1 u. 3 u. 5.

Ăchīvŭs *s.* Ăchāiă.

Ăchrădīnă, *ae f* (-ī-?) ('Ἀχραδινή) *wichtigster Stadtteil v. Syrakus.*

ăciă, *ae f* (*ăcŭs*[1]) (*nkl.*) Nähfaden; / *ab acia et acu* haarklein.

Ăcĭdălĭŭs 3 zur *Quelle Ăcĭdălĭă* ('Ἀκιδαλία) *b. Orchomenos in Böotien* gehörig; *Beiname der* Aphrodite (*Venus*), *die in jener Quelle mit den Chariten* (*Grazien*) *zu baden pflegte.*

ăcĭdŭs 3 (*m. comp. u. sup.; adv.* **-ē**) (*ăcĕō*) sauer; / (*unkl.*) widerlich, lästig, unangenehm (*alci*). — *** *subst.* -*um, ī n* Säure.

▶ **ăcĭēs,** *ēī u.* (*selten*) *zsgz.* ē (*cf.* ἀκίς; *nhd.* „Ecke") **1.** Schärfe, Schneide, Spitze [/ *acies auctoritatis hebescit*]. **2.** / **a)** [*oculorum*] **α)** das Feuer *od.* das Stechende des Blickes; **β)** Sehkraft; (*dcht.*) Blick, (*v. Sternen*) das Blinken; **γ)** Pupille; *übh.* (*dcht.*) Auge; **δ)** °Glanz, Schimmer; **b)** Scharfsinn, heller Verstand [*animi od. ingenii od. mentis*]; **c)** *mil.* **α)** Schlachtfront, -reihe [*prima, secunda,* °*postrema, dextra* rechter Flügel]; *übh.* Schlachtordnung; **β)** *meton.* **αα)** (*nkl., dcht.*) Heer, Truppen; (*Ve.*) *acies Volcania* Feuermassen; **ββ)** (offene) Feldschlacht [*Pharsalica*]; / = Wortkampf; **γγ)** Schlachtfeld [*in foro tamquam in acie*].

F. *Klass. nur im sg. gebräuchlich; dcht. auch pl. nom. u. acc.*

Ăcīlĭŭs 3 *Name einer pleb. gens, zu der die Familien der Bălbī, Glăbrĭōnēs, Rūfī u. Sĕvērī gehörten. Bsd. bekannt sind:* **1.** *M.* ~ *Glăbrĭō, Volkstribun 201 v. Chr., Konsul 191, Besieger des Antiochus und der Ätoler.* **2.** *C.* ~ *Glăbrĭō* (*um 160 v. Chr.*), *Verf. einer röm. Geschichte in griech. Sprache.* — *adi.* **Ăcīlĭānŭs** 3.

ăcĭnă, *ae f* (*Ca.*?) = *ăcĭnŭs.*

ăcīnăcēs, *ĭs m* (*iran. Fw., bei Herodot* ἀκινάκης) (*nkl., dcht.*) kurzer Säbel *der Perser u. Meder.*

ăcĭnŭs, *ī m u.* **ăcĭnŭm,** *ī n* (*et. unklar*) Beere *i. einer Traube, bsd.* Weinbeere.

ăcĭpēnsĕr, *ĕrĭs m* (*et. unklar*) *Seefisch, wohl* Stör.

Ăcĭs, *ĭdĭs m* ('Ἄκις) *Flüßchen, am Ätna entspringend, j.* Fiume di Jaci; *nach der Sage ein Hirt, S. des Faunus, Liebhaber der Galatea, v. den Göttern in e-n Fluß verwandelt.*

F. *acc. Ăcĭm u. Ăcĭn, voc. Ăcĭ, abl. -ī u. ĭdĕ. Cf.* V.-B. III, 1, b; III, 4, b *u.* 5.

ăclȳs, *ȳdĭs f* (*ā-?*) (*wohl* ‹ ἀγκυλίς) (*nkl., dcht.*) kurzer Wurfspieß *m.* einem Schleuderriemen.

ăcoenōnētŭs 3 (*Fw.* ‹ ἀκοινώνητος) (*Ju.*) nicht gern teilend, auf *s-n* Vorteil bedacht.

ăcŏnītŭm, *ī n* (*gr. acc.* -*ŏn*) (*Fw.* ‹ ἀκόνιτον) (*nkl., dcht.*) Eisenhut; *meton.* Gift.

ăcŏr, *ōrĭs m* (*ăcĕō*) (*nkl.*) Säure.

ăc-quĭēscō, *quĭēvī, quĭētŭm* 3. **1. a)** zur Ruhe kommen, rasten [*tres horas,* °*lassitudine* vor Müdigkeit]; **b)** (*nkl.*) schlafen [*somno, gravi sopore*], (*euphem.*) entschlafen = sterben [*anno sexagesimo, morte*]. **2.** / **a)** (*v. Leblosem*) Ruhe finden [°*res familiaris acquiescit* = wird nicht angegriffen]; **b)** (*geistig*) **α)** sich bei *etw.* beruhigen, *m. etw.* zufrieden sein (*abs. od. m. abl., zB.* °*parva spe, Clodii morte*); **β)** in *etw.* sein Glück finden (*in re, zB. in litteris; m.* °*abl. od.* °*dat.*); **c)** (*nkl.*) beipflichten (*alci*).

F. *pf. ăcquĭērūnt synk.* = *ăcquĭēvērūnt.*

▶ **ăc-quīrō,** *quīsīvī* (*u. quīsĭī*), *quīsītŭm* 3. (*ăd, quaerō*) hinzuerwerben (*alqd, zB. gratias; ad alqd* zu *etw., zB. ad fidem*); *übh.* (*dcht., nkl.*) *etw.* erwerben, gewinnen, verschaffen (*alci alqd, sibi alqd, zB. pecuniam*).

F. *Synk. pf.-Formen wie ăcquīsīstī, ăquīsīssĕ.*

ăcquīsītĭō, *ōnĭs f* (*ăcquīrō*) (*spät*) Erwerbung.

ăc-quīsītŭs *P.P.P. v. ăcquīrō.*

ăc-quīsīvī *s. ăcquīrō.*

ăcraeŭs 3 (*Fw.* ‹ ἀκραῖος) (*nkl.*) auf Höhen verehrt; ♀ *Beiname des Zeus* (*Jupiter*) *u. der Hera* (*Juno*).

Ăcrăgās, *ăntĭs m* ('Ἀκράγας) (*nkl., dcht.*) = Ăgrĭgēntŭm.

ăcrātŏphŏrŭm, *ī n* (*Fw.* ‹ ἀκρατοφόρον) Krug für unvermischten Wein.

ăcrēdŭlă, *ae f* (*et. ungedeutet*) (*dcht.*) *Vogel- od. Froschart.*

ācrĭcŭlŭs 3 (*demin. v. ācĕr*[2]) *etw.* hitzig, reizbar; *subst. m* kleiner Hitzkopf.

ācrĭmōnĭă, *ae f* (*ācĕr*[2]) (*vkl., nkl.*) Schärfe = scharfer Geschmack; *klass. nur* / feurige Energie, Tatkraft des Handelns; Wirksamkeit [*causae*].

Ăcrĭsĭŭs, *ī m* ('Ἀκρίσιος) *K. v. Argos, V. der Danae, v. s-m Enkel Perseus durch e-n unglücklichen Diskuswurf getötet.* — *patron.* **Ăcrĭsĭōnē,** *ēs f* T. des Akrisios (= Danae) *u.* **Ăcrĭsĭōnĭădēs,** *ae m S. der Danae* (= Perseus); *adi.* **Ăcrĭsĭōnēŭs** 3 der Danae (gehörig), *übh.* argivisch, *v.* Argos.

ācrĭtĕr, *adv. zu ācĕr*[2] (*comp. ācrĭŭs, sup. ācĕrrĭmē*).

ăcrŏāmă, *ătĭs n* (*Fw.* ‹ ἀκρόαμα) Vortrag (*m. Musik*); *meton.* Vorleser, Musiker, Virtuose. — (*Cf.* V.-B. III, 6).

ăcrŏāsĭs, *ĭs f* (*abl.* -*ī*) (*Fw.* ‹ ἀκρόασις) Vortrag, Vorlesung; Matinee.

ăcrŏātĭcŭs 3 (*Fw.* ‹ ἀκροατικός) (*Gell.*) nur für den Schülerkreis bestimmt, esoterisch.

Ăcrŏcĕrauniă, *ōrŭm n* ('Ἀκροκεραύνια) *das nordwestl., für die Schiffahrt gefährliche Vorgebirge der Ceraunii montes im nordwestl. Epirus, an der Straße von Otranto.*

Ăcrŏcŏrĭnthŭs, *ī f* ('Ἀκροκόρινθος) Akrokorinth (*Burg v. Korinth*).

ăcrōtērĭŭm, *ī n* (*Fw.* ‹ ἀκρωτήριον) (*Vi.*) **1.** vorspringende Landspitze. **2.** *pl.* Postamente für Giebelverzierungen (*angularia* an den Ecken, *mediana* auf dem First) *bzw.* die Giebelverzierungen *selbst,* Akroterien.

āctă[1], *ae f* (*Fw.* ‹ ἀκτή) Seegestade, Meeresufer, Strand; *pl.* = Aufenthalt *od.* Leben in den Seebädern [*in actis esse*]. — °**Āctē,** *ēs f alter Name für* Attika; *adi.* **Āctaeŭs** 3 (*fem. auch* °**Āctĭăs,** *ădĭs*) attisch, athenisch; *subst.* °**Actaeī** *m* die Attiker, Athener.

āctă[2], *ōrŭm n s. ăgō a. E.*

Āctaeōn, *ŏnĭs m* ('Ἀκταίων) *Thebaner, S. der Autonoe, Enkel des Kadmos, v. der beleidigten Artemis* (*Diana*), *die er im Bade belauscht hatte, in einen Hirsch verwandelt u. v. seinen Hunden zerrissen.* — (*Cf.* V.-B. III, 1, b).

Āctē *u.* **Āctaeŭs** *s. āctă*[1].

Āctĭăcŭs 3 *s. Āctĭŭm.*

Āctĭăs, *ădĭs s. āctă*[1].

▶ **āctĭō,** *ōnĭs f* (*ăgō*) **1.** Ausführung,

Verrichtung; *gratiarum* Danksagung. **2.** Handlung, äußere Tätigkeit [*vitae* praktisches Leben]. **3. a)** (*vom Redner u. Schauspieler*) Vortragsweise, Deklamation *u.* Gestikulation [*vehemens*]; **b)** öffentliche Verhandlung, öffentl. Rede *od.* Beratung; *bsd.* Amtshandlung [*actiones senatorum* die Vota der Senatoren bei den Abstimmungen]; *pl.* Amtsführung, öffentl. Tätigkeit, ° (*pejorativ*) Umtriebe; **c)** gerichtliche Verhandlung [*causae*]; *concr.* Prozeß [*civilis*]; *meton.* **α)** Klageformel [*actiones Hostilianae* über Erbschaften]; **β)** Klagerede, Klageschrift [*actiones Verrinae* gegen Verres]; **γ)** Klagerecht; **δ)** gerichtlicher Termin.

āctĭtō 1. (*frequ. v. āgō*) gewöhnlich betreiben [*causas* viele Prozesse führen, *tragoedias* spielen, in Tragödien als Schauspieler auftreten].

Actĭŭm, *ī n* (Ἄκτιον) **1.** *Vorgebirge u. St. in Akarnanien m. berühmtem Apollotempel (Schlacht 31 v. Chr.).* **2.** *Hafen b. Kerkyra*; *adi.* **Actĭăcŭs** *u.* °**Actĭŭs** 3 *b. od. v.* Actium [*legiones* die bei Actium fochten], *dcht. auch* = apollinisch, dem Apollo heilig [*frondes* Lorbeer].

āctĭuncŭlă, *ae f* (*demin. v. āctĭō*) (*Pli.*) *kl.* Gerichtsrede.

āctīvŭs 3 (*adv.* **-ē**; *āgō*) (*nkl.*) / tätig, aktiv (= πρακτικός; *Ggs.* *contemplātīvŭs*) [*philosophia*].

Actŏr, *ŏris m* (Ἄκτωρ) *V. des Menoitios* (*Menoetius*), *Großvater des Patroklos*; *patron.* **Actŏrĭdēs,** *ae m S. od.* Nachk. des Aktor (= Menoitios *od.* Patroklos).

āctŏr, *ŏris m* (*āgō*) **1.** (*dcht.*) Treiber, *bsd.* [*pecoris*] Hirt. **2.** Besorger, Vermittler (*abs. od. alcis rei*; °*actorem habere alqm*). **3. a)** (*nkl.*) Vermögensverwalter, Geschäftsführer [*publicus* Rendant der Staatsdomänen, Verwalter der Kommunalkasse]; **b)** (*gerichtlich*) **α)** Kläger; **β)** Rechtsbeistand, Advokat [*causae*]; **c)** Darsteller, Redner, Schauspieler.

āctŭārĭŏlă, *ae f* (*demin. v. āctŭārĭă*) Barke, Nachen.

āctŭārĭŭs 3 (*āctŭs, ūs*) schnell, *bsd.* schnellsegelnd [*navis*]; *subst.*: **-ă,** *ae f* Schnellsegler; **-ŭs,** *ī m* (*nkl.*) Schnellschreiber; Buchhalter; Proviantmeister.

āctŭm, *ī n s. ăctă*[2].

āctŭōsŭs 3 (*m. comp. u.* °*sup.*; *adv.* **-ē**) (*āctŭs, ūs*) lebhaft, tätig [*virtus, oratio* wirksam, effektvoll]; *auch* leidenschaftlich.

āctŭs[1] *P.P.P. v. āgō.*

āctŭs[2], *ūs m* (*āgō*) **1. a)** das Treiben, *bsd.* des Viehes *od.* eines Zugtieres; *meton.* (*jur.*) Recht des Viehtriebes, Trift, Weiderecht; **b)** (*nkl.*) (*Feldmaß*) halber Morgen = 1260 qm. **2.** Bewegung, Schwung: **a)** (*vom Redner u. Schauspieler*) (*nkl.*) Gebärdenspiel; Deklamation *u.* Gestikulation = *āctĭō* (*histrionum*); *auch* Darstellung einer Rolle; **b)** Akt *od.* Aufzug *e-s Schauspiels* [*primus*; °*medius* Zwischenakt]; / (größerer) Abschnitt *od.* Teil. **3.** (= *āctĭō*) das Tun, Tätigkeit, Ausführung (*alcis rei*); *bsd.* (*nkl.*) öffentliche *od.* amtliche Tätigkeit [*forensis, inter medios rerum actūs* mitten im Drange der Staatsgeschäfte]. **4 a)** (*nkl.*) Amt, Beruf; **b)** (*nkl., dcht.*) Wirklichkeit, Tat, Werk. ***pl. Actus Apostolorum* Apostelgeschichte.

āctūtŭm *adv.* (*ā-?*; *wohl erstarrtes n des adi.* **āctūtŭs* „in Bewegung befindlich"; *āctŭs, ūs*) (*unkl.*) augenblicklich, sofort.

ăcŭă (*Lu.*) = *ăquă.*

ăcŭī *s. ăcēscō, ăcĕō u. ăcŭō.*

ăcŭlă, *ae f* = *ăquŭlă.*

ăcŭlĕātŭs 3 (*ăcŭlĕŭs*) **1.** (*nkl.*) stachlig. **2.** / **a)** beißend, scharf [*litterae*]; **b)** spitzfindig [*sophisma*].

ăcŭlĕŭs, *ī m* (*Weiterbildung aus ăcŭs*[1]) **1.** (*nkl.*) Stachel, Spitze. **2.** / (*bsd. pl.*) **a)** Sporn, Antrieb [*ad animos stimulandos*]; **b)** Stachel *v. Sorge od. Kummer* [*contumeliarum, orationis*]; *in alqm* Sticheleien gegen *jd.*; **c)** Schärfe *des Urteils*; *auch* Fähigkeit zu schaden [*aculeum amittere*]; **d)** tiefer Eindruck [*aculeos in animis audientium relinquere*]; **e)** Spitzfindigkeit [*sententiarum*].

ăcūmĕn, *ĭnĭs n* (*ăcŭō*) **1.** Spitze; *bsd. pl.* Elmsfeuer an den Speerspitzen [*auspicium ex acuminibus* günstiges Omen]. **2.** / **a)** Scharfsinn (*dcht. auch pl.*); *bsd.* Witz, *pl.* Kniffe, *zB.* °*meretricis*; **b)** (*pejorativ*) Spitzfindigkeit, *auch pl.* [*dialecticorum*]; **c)** (*rhet.*) (*Qu.*) schlichte, verstandesmäßige Sprache.

ăcŭō, *ŭī,* °*ūtŭm* 3. (*ăcŭs*[1]) **1.** spitzen, schärfen, wetzen (*alqd, zB. gladium, dentes*). **2.** / schärfen: **a)** (*gramm.*) (*Qu.*) betonen, akzentuieren [*syllabam*]; **b)** üben [*linguam exercitatione, mentem*; *se ad alqd* sich auf *etw.* spitzen]; **c) α)** (*Pers.*) anspornen, antreiben (*alqm od. animum alcis re jd.* durch *etw., zB.* °*verbis*; *ad alqd* zu *etw., zB. ad crudelitatem*; *in alqm* gegen *jd., zB. in hostem*); *dcht. auch* quälen [*corda curis*]; **β)** (*Zustände, Affekte u.ä.*) (*nkl., dcht.*) noch vermehren, anfachen, steigern [*iram alcis u. alci, Martem* die Kampfbegier].

ăcŭpēnsĕr *älter für ăcĭpēnsĕr.*

ăcŭs[1], *ūs f* (*cf. ācĕr*[2]) Nadel, Haarnadel [°*acu pingere* sticken]; / *acu enucleata argumenta* spitzfindig ausgeführt, ausgetüftelt; °*-u tangere* den Nagel auf den Kopf treffen.
F. *pl. dat. u. abl. ăcŭbŭs.*

ăcŭs[2], *ūs m* (*wohl = ăcŭs*[1]) (*nkl., dcht.*) Seenadel (*Seefisch*).

ăcūtŭlŭs 3 (*demin. v. ăcūtŭs*) ziemlich spitzfindig *od.* scharfsinnig.

▶ **ăcūtŭs** 3 (*m.* °*comp. u. sup.*; *adv.* **-ē**) (*eig. P.P.P. v. ăcŭō*) **1.** gespitzt, geschärft, spitz, scharf, spitz zulaufend [*spina,* °*cuspis, sudes,* °*pinus od.* °*cypressus m.* spitzigen Blättern]. **2.** /**a)** (*für die Sinne*) scharf [°*odor,* °*sapor,* °*gelu*]; *bsd.* schneidend, stechend, brennend [°*sol,* °*morbus* akut], (*vom Tone*) hell, schrill, gellend [*sonus, -e sonare*], (*v. Instrumenten*) schallend; (*gramm.*) (*Qu.*) (scharf) betont, akzentuiert [*syllaba*]; **b)** (*dcht.*) gefahrvoll [*acuta belli* Klippen *od.* Gefahren des Krieges]; **c)** (*geistig*) **α)** scharfsinnig, geistreich, witzig *v. Pers. u. Sachen* [*homo, ingenium,* (*Ho.*) *nares* feine Nase *od.* feines Urteil; *-e cogitare u. respondere*]; **β)** abgefeimt, pfiffig [°*ad fraudem*]; **γ)** (*vom Redner*) bestimmt, klar, bündig, treffend.

ad
I. *in der Komposition* **1.** heran-; **2.** hinzu-; dazu-; **3.** dabei-; **4.** nahezu; **5.** *praev.* = *Beginn*: *adamare* sich verlieben; **II** *prp. b. acc.* **1.** (*räuml.*) **a)** (*wohin?*) nach...hin; gegen...hin; zu, nach; **b)** (*wo?*) an, bei, nahe bei; **2.** (*zeitl.*) **a)** (*wie lange?*) bis zu, bis an; **b)** (*wann?*) auf, an, zu; **c)** (*für wie lange?*) auf, für; **d)** (*gegen wann?*) gegen, um; **3. a)** (*Zahlenangaben*) gegen, ungefähr, an, beinahe; **b)** (*Maß- u. Mengenangaben*) bis zu, bis auf; **c)** (*Absicht u. Zweck*) zu, für; **d)** in bezug auf, mit Rücksicht auf; **e)** gemäß, nach; **f)** (*caus.*) auf, auf... hin, infolge, vor; **g)** im Vergleich mit; **h)** außer, neben.

ad (*cf. engl. at*) **I.** (*i. der Komposition*) (*meist dem folgenden Konsonanten assimiliert*: *acc-, aff- usw.*): **1.** heran- [*adeo*]. **2.** hinzu-, dazu- [*addo*]. **3.** dabei- [*adiaceo*]. **4.** nahezu [*apprīmē*]. **5.** (*zur Bezeichnung des Beginns einer Handlung*) [*adamo* liebgewinnen]. **II.** *prp. b. acc.*: zu, bis zu, nach, an, bei, *das Gegenteil von ab*: **1.** (*räuml.*) **a)** (*auf die Frage* „wohin?") nach ... hin, gegen ... hin, zu, nach, *zB. manus ad alqm od. ad caelum tendere*; *ad orientem vergere, ad omnes partes* nach allen Seiten hin; *auch feindlich* = gegen, *zB. contendere od. ire ad hostem*; (*bei Städtenamen*) in die Gegend *od.* Nähe *v.*, vor, *zB. ad Capuam proficisci*; (*bei Bezeichnung des Endpunktes*) bis zu, bis nach, bis an, *zB. ab Ostia ad Tarentum, ab imis unguibus usque ad summum verticem*; **b)** (*auf die Frage* „wo?") an, bei, nahe an, *fast nur bei Sachen, zB. urbs sita ad mare*; *ad manus esse* zur Hand sein; *selten bei Pers., zB. esse ad alqm* bei *jd.* = in *j-s* Hause sein; (*bei Städtenamen*) in der Gegend *od.* Nähe von, *zB. proelium ad Marathonem committere*; *bisw. fast* = in, auf, *zB. senatus habetur ad aedem Bellonae* im Tempel der B., *ad forum* auf dem Markte *u.ä.*; *ad lumen* bei Licht, °*ad lunam* bei Mondenschein, *ad vinum* beim Wein, *ad tibiam od. ad tibicinem* zur Flöte, unter Flötenspiel *u.ä.* **2.** (*zeitl.*) **a)** (*das Ziel bezeichnend*) bis zu, bis an, *zB. ad multam noctem* bis tief in die Nacht; **b)** (*einen Termin bezeichnend*) auf, zu, an, *zB. ad diem constitutam od. ad horam destinatam*; *ad decem annos venire* in zehn Jahren = jetzt über zehn Jahre; **c)** (*die Zeitdauer bezeichnend*) auf, für, *zB. ad paucos dies, ad tempus* eine Zeitlang, für den

Augenblick, vorübergehend; **d**) (*eine Annäherung bezeichnend*) gegen, um, kurz vor *od.* nach, *zB.* *ad lucem* gegen Morgen. **3.** / **a**) (*bei Zahlen*) gegen, ungefähr, an, beinahe, *zB. ad ducentos sumus*; *bisw. auch als adv., zB. ad mille ducenti*; **b**) (*bei Maßangaben*) bis zu, bis auf, *zB. obsides ad numerum miserunt* bis zur bestimmten Zahl = vollzählig, °*ad medium* zur Hälfte, *ad nummum convenire* bis auf den letzten Pfennig; *ad unum* (*bzw. unam*) *omnes* alle bis auf den letzten, alle ohne Ausnahme, *so auch virgis ad necem caedi* bis zum Tode, *ad verbum* wörtlich, *ad litteras* (*Qu.*) buchstäblich, *ad ultimum u. ad extremum* aufs äußerste *u.ä.*; **c**) (*final, den Zweck od. die Bestimmung bezeichnend*) zu, für, *zB. ad discendum nati sumus, legati ad id missi* zu diesem Zwecke; **d**) in bezug auf, in Rücksicht auf, *zB. satis ad laudem perfectum est, hoc nihil ad me* geht mich nichts an; **e**) gemäß, nach, auf, *zB. ad tempus consilium capere, ad arbitrium* nach Gutdünken, *ad hunc modum* auf diese Art; **f**) (*kausal*) auf, auf ... hin, infolge, aus, vor: **α**) (*äußere Veranlassung*), *zB. respondere ad alqd, ad hanc vocem* auf diese Botschaft; **β**) (*innerer Beweggrund*), *zB. ad spem diuturnitatis*; **g**) im Vergleich mit, gegen, neben, *zB. nihil ad tuum equitatum*; **h**) (*additiv*) zu = außer, neben, *zB.* °*ad hoc u.* °*ad haec*, °*ad cetera* zudem, überdies; °*ad id quod* außerdem daß — ***auch = dat. u. allgem. auf die Frage* „wo?" [*ad Romam* in Rom].

ădāctĭō, *ōnis f* (*ădĭgō*) (*nkl.*) das Hinbringen zu *etw.* [*iuris iurandi* Vereidigung].

ăd-āctūs[1] *P.P.P. v. ădĭgō.*

ădāctūs[2], *ūs m* (*ădĭgō*) (*Lu.*) das Heranbringen; *dentis* Biß.

ădaequē *adv.* (*wohl Rückbildung zu ăd-aequō*) (*vkl., nkl.*) auf gleiche Weise, ebenso; ~ *atque od. m abl. comp.* ebenso wie.

ăd-aequō 1. **1. a**) gleichmachen (*alqd alci rei, zB. moles moenibus*; *tecta solo* = einäschern); **b**) / **α**) gleichstellen (*alqm alci u. cum alqo*; *alqd cum re, zB. tenuiores cum principibus, fortunam cum virtute*; °*alqm sibi*); **β**) vergleichen (*alqd cum re*; *auch m. dat., zB.* °*sua fata Alexandri fatis*); **b**) gleichkommen, erreichen (*alqd, zB. alqm gratiā apud Caesarem*); *abs.* Stimmengleichheit ergeben.

ădămāntēūs 3 (*Fw.* ‹ *ἀδαμαντεῖος) (*dcht.*) *u.* **ădămāntĭnūs** 3 (*Fw.* ‹ ἀδαμάντινος) (*dcht., nkl.*) stählern, stahlhart, Stahl-...

ădămās, *ăntis m* (*Fw.* ‹ ἀδάμας, *eig.* „unbrechbares Eisen") (*dcht., nkl.*) Stahl; *übh.* festes Erz; Eisenbande; Diamant; / gefühlloses Herz. **F.** *acc. sg.* -*ăntă*. *Cf. auch* V.-B. III, 1, b *u.* c.

ăd-ămbŭlō 1. (*vkl., nkl.*) auf- u. abgehen bei *od.* neben *etw.* [*ad ostium, alci* (*rei*)].

ăd-ămō 1. liebgewinnen, sich in *etw.* verlieben, innig lieben (*alqm u. alqd*).

ăd-ăpĕrĭō, *ăpĕrŭī, ăpĕrtŭm* 4. (*unkl.*) aufdecken, entblößen, sichtbar machen (*alqd*); *insb.* öffnen; *auch* /.

ădăpĕrtĭlĭs, *ĕ* (*ădăpĕrĭō*; *Ov.*) zum Öffnen eingerichtet, zu öffnen.

ăd-ăptō 1. (*Suet.*) anpassen, passend herrichten.

ăd-ăquō 1. (‹ *ăd ăquăm* [*dūcō*]) (*nkl.*) zur Tränke bringen; **P.** zur Tränke gehen.

ăd-ăquŏr 1. Wasser holen.

ădauctŭs, *ūs m* (*ădaugĕō*) (*Lu.*) Wachstum, Zunahme.

ăd-augĕō, *auxī, auctŭm* 2. (noch dazu) vermehren *od.* vergrößern (*alqd*).

ăd-augēscō, — — 3. (*dcht.*) zunehmen, wachsen.

ădaugmĕn, *inĭs n* (*ădaugĕō*) (*Lu.*) Wachstum, Zunahme.

ăd-ăxĭnt = *ădēgĕrīnt*; *s. ădĭgō.*

ăd-bĭbō, *bĭbī*, — 3. (*unkl., vulgär*) sich (*etw.*) antrinken (*alqd u. abs.*); / (*v. d. Ohren*) nippen [*tuae oram orationis* deiner Rede Rand]; sich zu Herzen nehmen [*verba puro pectore*].

ăd-bītō, — — 3. (*baetō*; *Pl.*) herangehen.

adc... *s. acc...*

ăd-dĕcĕt 2. (*vkl., dcht.*) es ziemt sich (*alqm* für *jd., zB. matrem*).

ăd-dēnsĕō, — — 2. (*dcht., nkl.*) noch dichter machen.

> **ăd-dīcō**
> **1.** als günstig bezeichnen; **2. a**) (*jur. t.t.*) als Eigentum zusprechen, zuerkennen; **b**) *etw.* zugunsten *j-s* verurteilen; **3. a**) (*bei Auktionen*) *jd. etw.* zuschlagen; **b**) verkaufen; **4. a**) widmen, weihen; **b**) *refl.* sich ganz an *j-n* anschließen; **c**) preisgeben; **5.** zuschreiben.

ăd-dīcō, *dīxī, dīctŭm* 3. zusagen: **1.** (*i. d. Auguralsprache*) (*nkl.*) *aves addicunt* die Vögel bezeichnen es als günstig (*abs. od. alci*). **2. a**) (*jur. t.t.*) (*vom Prätor als Gerichtsherrn*) als Eigentum zusprechen *od.* die Eigentumsbehauptung des Erwerbers bestätigen (*alci alqd, zB. mihi bona*; *bona in publicum* konfiszieren); *bsd.* dem Gläubiger einen zahlungsunfähigen Schuldner als Schuldknecht zusprechen (*alqm od.* °*liberum corpus in servitutem*); *subst.* *ăddīctŭs*, *ī m* (*vkl., nkl.*) Schuldknecht; **b**) / (*Ci.*) *etw.* zugunsten *j-s od.* einer Sache verurteilen [*parsimoniam cupiditati*]. **3. a**) (*bei Auktionen od. Verpachtungen*) dem Meistbietenden zuschlagen (*alci alqd, zB. fundum m. abl. pretii, zB. sestertio*); *bsd.* verdingen [*opus ducentis talentis*]; **b**) für Geld überlassen, verkaufen [*alci aedes alcis, consulatum*]. **4. a**) widmen, weihen (*alqm od. alqd alci od. alci rei*; **b**) *se addicere alci* sich unbedingt an *jd.* anschließen [*se senatui*]; **c**) (*pejorativ*) preisgeben, überlassen, hingeben (*alqm od. alqd alci od. alci rei, zB. libidini alcis od. morti*; *Galliam servituti*); *bsd. se addicere alci* sich *jd.* willenlos ergeben; **ăddīctŭs** *alci rei* einer Sache sklavisch ergeben, zu *etw.* verpflichtet [*sententiis quibusdam*; *dcht. m. inf., zB. iurare in verba alcis*]. **5.** (*nkl.*) *jd. eine Schrift* als Verfasser zuschreiben [*orationes Charisii nomini*].

ăddīctĭō, *ōnĭs f* (*ăddīcō*) das Zuerkennen als Eigentum, Bestätigung der Eigentumsbehauptung eines Erwerbers *durch den Prätor* [*bonorum*].

ăd-dīctŭs *P.P.P. v. ăddīcō.*

ăd-dĭdī *s. ăddō.*

ăd-dīscō, *dĭdĭcī*, — 3. (-*īsc-*?) **1.** dazulernen (*alqd*; *m.* °*inf.*). **2.** (*nkl.*) durch Lernen sich aneignen.

ăddĭtāmĕntŭm, *ī n* (**ăddĭtō* 1., *frequ. zu ăddō*) **1.** (*nkl.*) Zugabe, Anhängsel. **2.** / (*v. Pers.*) Anhang [*Ligus*, ~ *inimicorum meorum*].

ăddĭtĭō, *ōnĭs f* (*ăddō*) (*vkl., nkl.*) das Hinzufügen.

ăd-dĭtŭs *P.P.P. v. ăddō.*

ăd-dīxī *s. ăddīcō.*

> **ăd-dō**
> **1. a**) hinzutun, -fügen; **b**) addieren; **c**) (*als Frist*) gewähren; **d**) *mündl. od. schriftl.* hinzufügen; **2. a**) beigeben, beilegen; **b**) beibringen, einflößen.

ăd-dō, *dĭdī, dĭtŭm* 3. (√‾*dhē- „setzen"; = τίθημι; *cf. fă-cĭō*) **1.** (*m. voller Bedeutung des praev.*): **a**) (*vermehrend*) hinzutun, hinzufügen; *auch* / (*alqd*; *alci alqd, zB. mulionibus equites*; *alqd alci rei od. ad alqd, zB. multum animis eorum* ihren Mut bedeutend erhöhen, *totidem triremes ad superiores od. superioribus*, °*noctem operi* auch die Nacht zur Arbeit benutzen; *auch alqd in alqd* in *etw.* einflechten *od.* einfließen lassen, *zB. versus in orationem, multas res novas in edictum*); °*scelus sceleri od.* °*in scelus* Verbrechen auf Verbrechen häufen; °*gradum* (*sc. gradui*) den Schritt beschleunigen; °*in spatia* (= *spatia spatiis*) Umläufe auf Umläufe vollenden; °*animus additur* der Mut wächst; **b**) (*beim Rechnen*) addieren (*Ggs. deducere* subtrahieren); **c**) (*als Frist*) hinzufügen, gewähren [*paucos dies*]; **d**) (*mündl. od. schriftl.*) zu *etw.* hinzufügen (*alqd, zB. verbum, huc pauca*; *alqd ad alqd od. alci rei*; *alqd de re, zB.* de morte *Sabini*; *m. a.c.i. bzw. ut, ne*; *bsd. nachaug. addito als abl. abs.* = *m.* dem Zusatz); *oft* = dazu bedenken, *bsd.* (*zur Erweiterung des Gedankens*) **adde** (*huc*) nimm dazu, dazu kommt noch (*m. acc., zB. sermones hominum*; *klass. selten m. quod*). **2.** (*m. verblaßter Bedeutung des praev.*): **a**) *etw.* beitun, beigeben, *jd. od. etw.* wohin bringen *od.* setzen *od.* legen, beilegen [*epistulas in eundem fasciculum*, °*frena feris* anlegen, °*colorem in alqd* auftragen, °*iugis arcem* auf der Höhe erbauen]; ° / *alci calcar(ia)* *jd.* anspornen; *auch* einer Person beigeben *od.* beigesellen (*alqm alci, zB.* °*comitem*); **b**) / beibringen, einflößen, eingeben, verleihen (*alci alqd, zB. virtutem, animum od. -os,* °*alci honorem* erweisen). — *** *subst. gerund. addenda, orum, n* Zusätze, Nachträge, Ergänzungen.

ăd-dŏcĕō, — — 2. (*Ho.*) (*Neues*) hinzulehren [*artes*].

ăddŏrmīscō, — — 3. (*incoh. v. ăddŏrmiō* 4. „einschlafen") (*Suet.*) ein Nickerchen machen.

ăd-dŭbĭtō 1. **1.** Zweifel hegen, einiges Bedenken tragen (*abs. od. de, in re, auch illud, id, quod; m. indir. Frages.*). **2.** (*selten*) *trans.* anzweifeln [*res addubitata* beanstandet].

ăd-dūcō
1. a) an sich ziehen, straff anziehen; **b)** (*Bogen*) spannen; **c)** zusammenziehen, runzeln; **2.** herbei-, heranführen; **3. a)** in einen Zustand, in eine Lage versetzen; **b)** *jd.* veranlassen, bewegen.

ăd-dūcō, *dūxi, dūctūm* 3. **1. a)** an sich ziehen, straff anziehen, *Ggs. rĕmīttĕrĕ* loslassen [°*lorum, funes,* °*ramum, habenas,* °*sagittam,* °*securim* ausholen *m.,* °*lacertos beim Rudern,* °*pedem* zum Treten aufheben]; **b)** (*Bogen, Geschütze*) spannen [*tormenta,* °*arcum, ballistas*]; **c)** (*dcht., nkl.*) zusammenziehen, runzeln [*cutem, artus, frontem*]; *cf. ăddūctŭs.* **2.** herbei-, heranführen, hinführen, -bringen, holen (*alqm od. alqd, zB. operarios ex urbe,* °*mulierculas od. aurum secum* mitbringen, *aquam* hinleiten, zuführen, °*exercitum alci subsidio; alqm u. alqd ad alqm, zB. exercitum ad Belgas* gegen die Belger; *ad od. in alqd, zB. iumenta ad oppidum, milites in castra, alqm in ius od. in iudicium jd.* vor Gericht ziehen; °*alqm alqd, zB. litora = ad litora*); *dcht. auch* einen Zustand herbeiführen [°*sitim*]. **3.** / **a)** in eine Lage *od.* in einen Zustand bringen *od.* versetzen [*alqm ad summam inopiam, in invidiam* ins Gerede, *in suspicionem alci* bei *jd.* verdächtigen, °*alqd ad effectum etw.* zustande bringen, *rem eo od. in eum locum, ut* es dahin bringen *od.* kommen lassen, daß]; **b) α)** *jd.* zu *etw.* bringen = veranlassen *od.* bewegen (*alqm ad od. in alqd, zB. ad od. in consuetudinem; m. ut od. ne bzw.* °*quin*); **β)** P. sich zu *etw.* bringen lassen [*adductus re* durch *etw.* bewogen; *misericordiā* aus Mitleid, *pudore* aus Scham, *spe* in der Hoffnung, *amore* aus Liebe *u.ä.*]; *bsd.* überzeugt werden, glauben (*m. a.c.i., bisw. auch m. ut*).

ăddūctŭs 3 (*m. comp. u. adv. comp.*) (*eig. P.P.P. v. ăddūcō*) (*nkl.*) zusammengezogen, gerunzelt; / streng, ernst, gemessen [*adductius imperitare*].

ăd-dūxī *s. ăddūcō.*

ăd-ĕdō, *ēdī, ēsūm* 3. **1.** (*nkl., dcht.*) anfressen, annagen (*alqd, zB. iecur*), (*vom Feuer*) ansengen, (*vom Wasser*) auswaschen *od.* abreiben, glätten [*scopulum, lapides*]. **2.** / (teilweise) verbrauchen [*pecuniam,* °*bona adesa* zerrüttete Vermögensverhältnisse].

ăd-ēgī *s. ădigō.*

Ădĕlphī *u.* **-oe,** *ōrūm m* ('Ἀδελφοί) Die Brüder, *Komödie des Terenz.* — (*Cf.* V.-B. II, 1).

ăd-ēmī *s. ădimō.*

ădēmptĭō, *ōnis f* (*ădimō*) Wegnahme, Entziehung [*civitatis*]; *insb.* (*Ta.*) Konfiskation [*bonorum*].

ăd-ēmptŭs *P.P.P. v. ădimo.*

ăd-ĕō[1]
1. herangehen, sich nähern; **2. a)** sich bittend, fragend an *jd.* wenden; **b)** besuchen, bereisen; **3.** angreifen; **4. a)** *etw.* übernehmen; **b)** sich unterziehen.

ăd-ĕō[1], *iī u.* °*īvī, ĭtūm, īrĕ* **1.** hinzu-, herangehen, sich nähern (*ad alqm u. ad alqd, zB. ad filios, ad initium silvae*); *in alqd* in *etw.* hineintreten, *zB. in conventum, stets in ius adire* vor Gericht gehen, klagbar werden [*ad praetorem, ad Caesarem*]; *selten alqd etw.* betreten [*curiam,* °*ripam, cf.* 2 b; °*alqm*]; P. *adiri* betreten werden, zugänglich sein [°*rupes centum gradibus aditur*]. **2. a)** bittend *od.* fragend sich an *jd.* wenden, *jd.* angehen (*alqm de re, selten ad alqm, zB. ad Brutum*); °*libros Sibyllinos od. magos* befragen; **b)** (*eine Örtlichkeit*) besuchen, bereisen, visitieren (*alqd, zB. provinciam; Siciliam;* °*hiberna;* / °*alqs famā sidera adit* steigt empor zu); *insulam* auf der Insel landen. **3.** (*feindl.*) auf *jd. od.* auf *etw.* losgehen, angreifen (*abs. od. ad alqm, zB. ad quemvis numerum equitum;* [*nkl.*] *alqd, zB. oppida castellaque,* [*dcht.*] *virum*). **4. a)** an ein Geschäft gehen, *etw.* übernehmen [*ad causas, ad rem publicam* in den Staatsdienst treten; *hereditatem* antreten]; **b)** einer Sache sich unterziehen (*alqd, zB. periculum, inimicitias; selten ad alqd, zB. ad periculum*).
F. *pf.-Formen zsgz.*: *ădīstī = ădīīstī, ădīssĕ, ădīssĕm, auch* °*ădīt = ădīīt.* — *inf. praes.* P. *altl. ădīriĕr.*

▶ **ăd-ĕō**[2] (*ĕō*[1]) *adv.* **1. a)** (*räuml.*) bis dahin, bis zu dem Punkte, so weit; **b)** (*zeitl.*) *usque adeo, quoad* (*od. dum, donec*) so lange, bis. **2.** / (*steigernd*) **a)** so sehr, in dem Grade, *bei Verben, adi. u. adv., meist mit folgendem ut* [*adeo deliratis, ut ista esse credatis*]; (*Li.*) *non adeo ... quam* nicht sowohl ... als vielmehr; (*nkl.*) °*ne ... quidem ... adeo* (*non*) nicht einmal ... geschweige denn; **b)** (*verneint*) **adeo non** (*od.* **nihil**) **... ut** so wenig ... daß; **c)** sogar, vielmehr [*ad Apronii quaestum sive adeo ad praedam*]; **atque adeo** und sogar, oder sogar; (*meist berichtigend*) oder vielmehr, oder richtiger [*si qui pudor in te atque adeo si qui metus fuisset*]; **d)** gar so, gar sehr (= *admodum*), *zB. adeo informis* gar so häßlich; °*tres adeo annos* drei ganze Jahre; *non adeo* eben nicht, nicht eben. **3.** (*meist enklitisch* = *griech.* γέ) **a)** eben, gerade, *zB. haec adeo* eben dies, *hinc adeo v.* hier gerade, *nunc adeo;* **b)** besonders, vorzüglich, zumal, *zB. id adeo, si placet, considerate.*

ădĕps, *ădĭpĭs m u. f* (*wohl über das Umbrische Lw.* ‹ ἄλειφα) **1. a)** (*vkl., nkl.*) Fett, Schmalz; *suillus* Schweineschmalz, ****i. der Pharmazie als Salbengrundlage verwendet;* **b)** *pl.; meton.* Schmerbauch. **2.** (*Qu.*) Schwulst (*i. d. Rede*).

ădĕptĭō, *ōnis f* (*ădĭpīscŏr*) Erlangung (*alcis rei*).

ăd-ĕptŭs *part. pf. v. ădĭpīscŏr.*

ăd-ĕquĭtō 1. **1.** heranreiten, -sprengen (*ad alqm u.* [*nkl.*] *alci rei u. bisw. in alqd, zB. ad nostros;* °*portis;* °*in dextrum cornu*). **2.** (*Suet.*) *abs.* nebenherreiten.

ăd-ĕssĕ *s. ăssūm*[1].

ăd-ēs(s)ŭrĭō 4. (*Pl.*) hungrig werden, Appetit bekommen.

adf... *u.* **adg...** *s. aff... u. agg...;* **adgn...** *s. agn...*

ăd-haerĕō *haesī,* (*haesūm*) 2. **1.** an *etw.* hängen *od.* kleben (*alci rei, zB.* °*saxis; selten in re, zB.* °*in corpore*). **2.** / **a)** (*dcht., nkl.*) (*örtl. od. zeitl.*) sich an *etw.* anschließen, angrenzen (*abs. od. alci rei u.* °*alqm, zB. Peloponnesus continenti,* °*Cratera*); **b)** (*unkl.*) an *etw.* wie eine Klette festhängen *od.* haften, *meist* / (*m. dat., zB. lateri alcis jd.* nicht von der Seite weichen *od.* auf dem Nacken sitzen, *nulli fortunae* an keiner Stellung hängen); **c)** ein Anhängsel bilden (*abs. od. m. dat.*).

ăd-haerēscō, *haesī,* (*haesūm*) 3. (*incoh. v. ădhaerĕō*) **1.** sich anhängen *od.* kleben bleiben, haften (*abs., zB. ignis adhaerescit* = zündet; *ad alqd, zB. tragula ad turrim; auch in re u. in alqd,* °*alci rei, zB. in me uno coniurationis tela adhaeserunt,* °*sudor adhaesit ovibus; oft* /, *zB. ad saxa Sirenum, ad aliquam disciplinam*). **2.** / **a)** an *etw.* treu hängen, festhalten (*m. dat., zB. iustitiae honestatique,* [*Ta.*] *egressibus alcis jd.* auf Schritt und Tritt folgen; *seltener in re, ad od. in alqd*); **b)** (*vom Redner u. v. d. Rede*) steckenbleiben, stocken [*Hortensius, oratio*].

ădhaesĭō, *ōnis f* (*ădhaereō*) das Anhaften, Anhängen [*atomorum*].

ădhaesŭs, *ūs m* (*ădhaerĕō*) (*Lu.*) das Anhaften, das Angewachsensein.

ăd-hĭbĕō
1. *etw.* anlegen, darauflegen; **2.** zu *etw.* hinzunehmen, -ziehen; **3. a)** *etw.* bei *jd., etw.* anwenden; **b)** zu *etw.* zuziehen, heranziehen; **4. a)** (*m. adv.*) *jd. irgendwie* behandeln; **b)** *refl.* sich benehmen.

ăd-hĭbĕō, *bŭī, bĭtūm* 2. (*hăbĕō*) daranhalten: **1.** *etw.* anlegen, darauflegen (*alqd ad alqd od. alci rei, zB.* °*manus ad vulnera od.* °*genibus, odores ad deos* darbringen; / °*alci vincula* anlegen, *alci calcaria* = *jd.* anspornen, *frenos* den Zaum anlegen = *jd.* zurückhalten; *animos adhibete* merkt auf! *manūs vectigalibus* = sich an den Staatseinkünften vergreifen). **2.** *etw.* zu *etw.* hinzunehmen, hinzuziehen [*nasturcium ad panem*]. **3.** / **a)** *etw.* bei *jd. od.* bei *etw.* anwenden, verwenden, benutzen (*alqd, zB. cibum, alqd alci, auch in alqo, zB. severitatem in filio; alqd alci rei od. ad, in alqd, zB. corpori medicinam, modum voluptati, cautionem rebus suis* sich *v.* Vorsicht leiten lassen in, °*memoriam contumeliae* eine Beleidigung nachtragen; *alqd in re etw.* in *od.* bei *etw., zB. sermonem in poculis* führen; *alqd in, erga, adversus alqm etw.* gegen *jd., zB. crudelitatem in servos, reverentiam adversus deos*); *bsd. auch* üben, beweisen; **b)** *jd. od. etw.* zu *etw.* zuziehen *od.* heranziehen (*alqm u. alqd, zB. amicos, doctrinam; alqm ad od. in alqd od. alci rei jd.* zu *etw., zB. ad od. in consilium od. consilio* zur Beratung, *cenae u. ad cenam* zur Tafel; °*in partem periculi; auch m. dopp. acc., zB. Iovem testem*); **c)** *jd.* mitnehmen als [*comitem*]. **4. a)** (*m. adv.*) *jd.* irgendwie behandeln [*alqm liberaliter*]; **b)** *refl. se -ere* sich benehmen, *zB. sic ... ut.*

ăd-hĭnnĭō 4. **1.** (*unkl.*) zuwiehern (*alci*). **2.** / (*v. Pers.*) geil sein nach, nach *etw.* lechzen (*alqm u. ad od. in alqm, ad alqd, zB. ad alcis orationem*).

*** **ad hoc** *s. hīc*[1].

ăd-hōc *adv.* = *ădhūc.*

ădhŏrtātĭō, *ōnĭs f* (*ădhŏrtŏr*) Aufmunterung, Ermahnung (*alcis j-s, alcis rei* zu *etw.*).

ădhŏrtātŏr, *ōrĭs m* (*ădhŏrtŏr*) (*Li.*) Mahner, Antreiber (*alcis rei* zu *etw., zB. operis*).

ăd-hŏrtŏr 1. aufmuntern, ermuntern, (er)mahnen, antreiben, anfeuern (*alqm ad u.* °*in alqd jd.* zu *etw., zB. ad defendendam rem publicam; de re* in bezug auf, *zB. de re frumentaria; m. ut, ne od.* ° *m. bloßem coni.*).

▶ **ăd-hūc** *adv.* (*eig.* „bis hierher") **1.** *zeitl.* bisher, bis jetzt, *klass. nur in bezug auf die wirkliche Gegenwart des Redenden:* = *ad hoc tempus* [*adhuc poenam nullam accepi*]; *dcht. u. nkl. auch v. der Vergangenheit; usque adhuc* noch bis auf den heutigen Tag; *adhuc semper* bis jetzt allemal; *adhuc non* bis jetzt nicht, noch nicht; *insb.* immer noch, auch jetzt noch (*von etw., dessen Fortdauer unerwartet od. befremdlich erscheint*). **2.** insoweit, daß (*mit ut od. qui c. coni.*). **3.** (*steigernd*) (*nkl.*) noch mehr, noch weiter, immer mehr, außerdem, *bsd. beim comp.* noch (*klass. etiam*).

ădhūc sŭb iūdĭcĕ līs ĕst *s. sŭb.*

ăd-iăcĕō, — — 2. **1.** an *od.* bei *etw.* liegen, angrenzen (*m.* °*dat., auch m.* °*acc. u. ad alqd, zB. agro Romano, illud mare, ad Aduatucos*). **2.** (*nkl.*) *abs.* nahe *od.* benachbart sein; (*part. praes.*) *subst.* °**ădiăcĕntĭă,** *ĭūm n* Umgegend.

ăd-ĭcĭō
1. a) auf *etw.* (hin)werfen, stellen; **b)** *etw.* auf *jd., etw.* richten, lenken; **2. a)** hinzufügen; **b)** vergrößern; **c)** (*bei Auktionen*) überbieten; **d)** (*in der Rede*) beifügen.

ăd-ĭcĭō, *iēcī, iēctŭm* 3. (*iăcĭō*) **1. a)** *etw.* an *od.* auf *od.* zu *etw.* (hin)werfen *od.* (*übh.*) stellen, setzen, legen (*alqd, zB. telum; ad alqd od. m. dat., zB.* °*bustum ad aedes alienas,* °*capiti insignia; voces auribus alcis adiectae* die zu den Ohren *j-s* dringen); *P. adiectum esse alci rei* an *etw.* angrenzen [*lateri castrorum; abs. adiecta planitie* woran sich eine Ebene anschließt]; **b)** / *etw.* auf *jd. od.* auf *etw.* richten, lenken, wenden (*alqd ad alqd od. m. dat., zB. oculos ad bona alcis; oculum hereditati* ein Auge werfen auf). **2. a)** hinzutun, hinzufügen (*alqd, alqd ad alqd od. alci rei, zB. aggerem ad munitiones, agrum muneri*); **b)** (*nkl.*) vermehren, vergrößern, erhöhen (*alci rei alqd, zB. latitudinem aggeri* verbreitern); **c)** (*bei Auktionen*) mehr bieten [*supra*]; **d)** (*dcht., nkl.*) (*in der Rede*) beifügen (*alqd, alqd alci rei; m. a.c.i.*); *bsd. als rhet. Formel* (*ad haec, huc*) *adice* füge hinzu, denke dir noch (*alqd od. m. quod*).

ădiĕctĭō, *ōnĭs f* (*ădĭcĭō*) (*nkl.*) **1.** Hinzufügung [*populi Albani*]. **2. a)** Aufnahme [*familiarum* neuer Familien]; **b)** (*bei Auktionen*) höheres Gebot; **c)** (*rhet. t.t.*) Verdoppelung (*eines Wortes*).

ădiĕctīvŭs 3 (*ădĭcĭō*) zum Beifügen dienlich; *subst.* **-ŭm,** *ī n* (*Bed.-Lw.* ‹ ἐπίθετον) (*Gramm.*) Adjektiv.

ăd-iĕctŭs[1] *P.P.P. v. ădĭcĭō.*

ădiĕctŭs[2], *ūs m* (*ădĭcĭō*) (*Lu.*) das Heranbringen, Nahebringen.

▶ **ăd-ĭgō,** *ēgī, āctŭm* 3. (*ăgō*) **1.** heran-, hinzutreiben (*alqd, zB. turrim* heran-, vorschieben, °*triremes per aestuaria; alqd ad od. in alqd od. alci rei, zB.* °*ferrum iugulo*); *bsd. adigere alqm arbitrum* (*altl. statt ad arb.*) *jd.* vor den Schiedsrichter laden; *übh. etw.* hineintreiben, -schleudern [°*scalprum in articulo*]; *bsd.* Geschosse schleudern *u.* Waffen stoßen [*telum in litus,* °*ferrum per pectus,* °*alqm fulmine ad umbras* hinabschleudern]; (*Balken*) einrammen [*tigna fistucis*], °*vulnus* schlagen. **2.** / *jd.* zu *etw.* treiben, veranlassen, drängen (*alqm ad alqd, zB.* °*ad mortem; m. ut od. m.* °*inf.*); *bsd. adigere alqm* (*ad*) *ius iurandum* (*od.* °*iure iurando od. sacramento*) *jd.* vereidigen (*alcis od. in verba alcis* auf *jd.* vereidigen; *P. jd.* den Treueid leisten, *jd.* huldigen).
F. (*Pl.*) *fut. ădāxīnt* = *ădēgĕrīnt.*

ăd-īī *s. ădĕō*[1].

▶ **ăd-ĭmō,** *ēmī, ēmptŭm* 3. (*ĕmō*) **1.** an sich nehmen, wegnehmen, rauben (*alci alqd, zB. agrum Campanis, ignominiam u. dolores alci jd.* befreien *v., sensus alci* absprechen; *selten alqd ab alqo, zB. omnia a Syracusanis*); (*meist dcht.*) *auch Personen jd.* entreißen (*alqm u. alci alqm, zB.* °*puellas leto;* [*dcht.*] *ademptus* hingerafft, tot). **2.** *etw. Lästiges* abnehmen [°*canibus vincula*]. **3.** aberkennen [*equum* den Ritterrang]. **4.** verbieten, verwehren [*alci aditum litoris; m. inf.*].

ăd-īnspĕctō 1. (*Suet.*) mit ansehen.

ădĭpātŭs 3 (*ădĕps*) **1.** (*dcht.*) fettig; *subst.* **-ă,** *ōrŭm n* Schmalzgebackenes. **2.** / (*v. der Rede*) schwülstig [*dictio*].

▶ **ăd-ĭpīscŏr,** *ădĕptŭs sŭm* 3. (*ăpīscŏr*) **1.** (*vkl., nkl.*) erreichen, einholen (*alqm*). **2.** / *etw. m.* Anstrengung erreichen, erringen (*alqd, zB. gloriam; auch* [*Ta.*] *alcis rei* = *pŏtīrī; bisw. m. ut, ne*); *part. pf. ădĕptŭs nkl. auch pass.* [*adeptā victoriā*].

ăd-īrĕ *s. ădĕō*[1].

ădĭtĭālĭs, *ĕ* (*ădĭtŭs*) (*vkl., nkl.*) Antritts... [*cena*].

ădĭtĭō, *ōnĭs f* (*ădĕō*[1]) (*Pl.*) das Hingehen, Zutritt (*alqm* zu *jd.*).

ăd-ĭtŭs[1] *P.P.P. v. ădĕō*[1].

▶ **ădĭtŭs**[2], *ūs m* (*ădĕō*[1]) **1.** das Hinzugehen, *Ggs. ăbĭtŭs* (*abs., zB. alqm aditu prohibere; alcis j-s; ad alqd u. alcis rei* an *etw., zB. ad pastum, litoris; auch in alqd* das Hineingehen *od.* Eindringen, *zB. in domum*); *bsd.* das Anrücken, Landung [°*alcis aditum prohibere*]. **2. a)** Zutritt [°*homo rari aditūs* schwer zugänglich]; *bsd.* Audienz (*alcis u. ad alqm* bei *jd.;* °*aditum petere u.* °*alci dare*); **b)** *meton.* (*als Ort*) Zugang, Eingang [*ex Syria in Ciliciam; alcis rei od. ad alqd, zB. litoris, ad portum; in alqd, zB. in urbem*]; *bsd.* Landungsplatz. **3.** / **a)** Eingang = Beginn, Anfang (*alcis j-s; ad alqd* einer Sache, *zB. einer Rede, eines Prozesses*); *mortis* (*Pli.*) Übergang zum Tod, Hinscheiden; **b)** Gelegenheit (*ad alqd u. alcis rei, zB. ad honorem, ad alqd faciendum u. rei faciendae, laudis; auch in alqd, zB. in illum ordinem*); *auch* = Veranlassung, Berechtigung zu *etw.* (*zB. sermonis*). — **Tür.

ăd-iūdĭcō 1. **1.** (*richterlich*) *jd. etw.* zuerkennen *od.* zusprechen (*alci alqd, zB. agrum populo; causam alci* die Sache zugunsten *j-s* entscheiden). **2.** *jd. etw.* zuschreiben [*alci salutem orbis terrarum*].

ădiŭĕrō *altl.* = *ădiŭvĕrō s. ădiŭvō.*

ădiŭmĕntŭm, *ī n* (*ădiŭvō*) Hilfsmittel, *oft pl.; übh.* Hilfe (*alcis rei, ad alqd u. alci rei* zu *od.* für *etw.; in re* in *od.* bei *etw.*).

ădiŭnctĭō, *ōnĭs f* (*ădiŭngō*) Anknüpfung: / **1.** Anschluß [°*animi* = Hinneigung; *alcis rei ad alqd*]. **2.** (*rhet. Figur* = ἐπίζευξις *od.* συνεζευγμένον) Beziehung *e-s* Prädikats auf mehrere Subjekte. **3. a)** Hinzufügung, Anreihung [*verborum*]; *bsd.* Mitwirkung [*virtutis*]; **b)** (*rhet. t.t.*) beschränkender Zusatz.

ădiŭnctŏr, *ōrĭs m* (*ădiŭngō*) der „Hinzufüger"; *ulterioris Galliae* der das jenseitige G. (*zu Cäsars Provinz*) hinzufügte.

ăd-iŭnctŭs[1] *P.P.P. v. ădiŭngō.*

ădiŭnctŭs[2] 3 (*m. comp. u.* °*sup.*)

(*eig. P.P.P. v. ădiŭngō*) **1.** eng verbunden, angrenzend (*alci rei*). **2.** / eigentümlich, wesentlich; *subst.* **-ŭm,** ī *n* Eigentümlichkeit, charakteristisches Zeichen (*m. dat. u. gen.*); *pl.* Nebenumstände [*argumenta ex adiunctis*].

ad-iungō
1. anschirren; **2. a)** an-, hinzufügen, verbinden; **b)** beigesellen; **c)** (*in d. Rede*) beifügen; **d)** innerlich verknüpfen; **e)** *etw. j-m od. e-r Sache* verleihen; **f)** *etw.* auf *etw.* hinlenken.

ăd-iŭngō, *iūnxi, iūnctŭm* 3. **1.** (*dcht.*) anspannen, anschirren [*equos*]; anbinden [*ulmis vites*]. **2.** / **a)** anfügen, anschließen, hinzufügen, verbinden (*alqm u. alqd alci rei u. ad alqd, zB. naves navibus u. ad reliquas, insolentiam honestati* paaren mit, *poenam municipiis* noch überdies auferlegen; *auch alqd in alqd, zB. epistulam in fasciculum* in ein Paket einfügen); *bsd. auch*: (*Land*) einverleiben [*Ciliciam ad imperium, agros civitati*]; *übh. pol.* vereinigen [*civitatem ad amicitiam od. in societatem*]; *se adiungere od. mediopass. ădiŭngī* sich anschließen; *pf.* **ădiūnctŭm ĕssĕ** (*alci rei*) an einen Ort anstoßen *od.* angrenzen [*fundo uxoris*], *auch zeitl.* = unmittelbar folgen (*alci, alcis aetati, hiemi*); **b)** (*Pers.*) beigesellen [*alqm sibi amicum, Pompeium od. se ad causam od. rationes alcis* beitreten], *bsd. sibi alqm jd.* für sich gewinnen, an sich knüpfen *od.* fesseln; **c)** (*i. der Rede*) beifügen *od.* anknüpfen (*alqd, zB. similitudines, hoc unum; m. a.c.i. od. indir. Frages.*); *verba ad nomen adiuncta* Epitheta; **d)** *etw.* innerlich *m. etw.* verknüpfen, *v. etw.* abhängig machen [*sequentia* die Folgesätze, *animos hominum ad usus suos* seinen Zwecken dienstbar machen]; **e)** *etw. j-m od.* einer Sache beilegen, beimessen, verleihen (*alci alqd, zB. fidem visis* Glauben schenken, *honorem rebus populi Romani*); *bsd. sibi alqd* sich *etw.* verschaffen, gewinnen [*alcis benevolentiam od. auxilium*]; **f)** *etw.* nach *etw.* hinlenken *od.* auf *etw.* richten [*animum ad alqd, suspicionem ad praedam*]. — *Cf. auch ădiūnctŭs.*

ăd-iūrō[1] = *ădiŭ(v)ĕrō* (*s. ădiŭvō*).

ăd-iūrō[2] 1. **1.** (*Li.*) (noch) dazu schwören (*alqd*). **2. a)** eidlich versichern, beschwören (*alqd; m. a.c.i.*); **b)** (*dcht.*) bei *jd. od. etw.* schwören (*alqm, zB. te;* [*Te.*] *per deos; alqd, zB. caput alcis*). **3.** (*spät*) **a)** flehentlich bitten, beschwören; **b)** (*Geister*) bannen [*per deum daemones*].

ădiūtābilĭs, ĕ (*ădiūtō*) (*Pl.*) förderlich.

ădiūtō 1. (*frequ. v. ădiŭvō*) (*klass. nur vereinzelt*) helfen, unterstützen (*alqm, alqd*).

ădiūtŏr, *ōris m* (*ădiŭvō*) **1.** Gehilfe, Helfer, Förderer (*alcis j-s; alcis rei u. ad alqd, in re, zB. scelerum, ad rem perficiendam, in re gerenda; auch alci rei, zB. honori alcis; abs. bsd. alqo adiutore* mit *j-s* Beistand). **2. a)** (*pejorativ*) Helfershelfer; **b)** (*nkl.*) Unterbeamter, Adjunkt, Hilfslehrer; **c)** (*dcht.*) Spieler einer Nebenrolle.

ădiūtōrĭŭm, ī *n* (*ădiūtŏr*) (*nkl.*) Beistand, Hilfe.

ădiūtrīx, *īcīs f* (*ădiūtŏr*) Helferin, Förderin (*abs. od. alcis j-s; alcis rei u. in re*); (*pejorativ*) Helfershelferin; *insb* (*nkl.*) *Beiname v. zwei vorübergehend aus Seeleuten aufgestellten Reservelegionen.*

▶ **ăd-iŭvō,** *iūvī, iūtŭm* 1. **1. a)** helfen, unterstützen, beistehen, fördern (*abs. od. alqm u. alqd; alqm re jd.* durch *etw., zB. operā; in re u. ad alqd, zB. ad verum probandum, auch* de re in bezug auf *etw.*; *m. ut, ne* dazu helfen, daß *od.* daß nicht); **b)** ermutigen [*milites clamore*]. **2.** / **a)** (*Sachen*) fördern, nähren, steigern [*ignem, maerorem lacrimis*]; **b)** *abs.* förderlich sein, Dienste leisten, beitragen, *bsd. v. Sachen* [*multum ad rem*]; (*philos. t.t.*) *causae adiuvantes* mitwirkende, mittelbare. **F.** *fut. II ădiŭĕrō u. ădiūrō* (*altl.*) = *ădiŭvĕrō.* — *part. fut. ădiūtūrŭs.*

adl... *s. all...*

*****adlatus** *s. lātŭs*[3].

Ădmăgĕtŏbrĭgă (*Măgĕtŏbrĭgă?*), *ae f kelt. St. in Gallien, wo Ariovist die Gallier 61 v. Chr. besiegte.*

ăd-mātūrō 1. noch mehr beschleunigen (*alqd*).

ăd-mētĭŏr, *mēnsŭs sŭm* 4. zumessen (*alci alqd*).

Ădmētŭs, ī *m* (Ἄδμητος) **1.** *K. v. Pherai* (*Phērae*) *in Thessalien; Teilnehmer am Argonautenzug, Gemahl der Alkestis.* **2.** *K. der Molosser, Beschützer des Themistokles.*

ăd-mīgrō 1. / (*Pl.*) hinzukommen.

ădmĭnĭcŭlō 1. (*denom. v. ădmĭnĭcŭlŭm*) (durch Pfähle) stützen [*vitem*]; / (*vkl., nkl.*) unterstützen, beistehen (*alqm, alqd*).

ăd-mĭnĭcŭlŭm, ī *n* (*cf. moenĭă*) **1.** Stütze, *bsd.* Stützpfahl (*zB. der Weinstöcke*). **2.** / Stütze: **a)** Hilfsmittel, Werkzeug; **b)** Beistand, (*nkl.*) (*v. Pers.*) Mitarbeiter. — ***ligni* Kreuz Christi.

ădmĭnistĕr, *strī m* (*Rückbildung aus ădmĭnĭstrō*) **1.** Mitarbeiter, Diener, Gehilfe (*alcis j-s; alcis rei u. ad alqd, zB. belli, ad ea sacra*); *übh.* Arbeiter [°*opus et administros tutari*]. **2.** (*pejorativ*) Helfershelfer [*omnium consiliorum*]; / Werkzeug, Beistand (*m. gen.*).

ădmĭnistră, *ae f* (*ădmĭnĭstĕr*) **1.** (*vkl.*) Mitarbeiterin, Gehilfin, Dienerin (*m. gen.*). **2.** / [*virtutis*].

ădmĭnistrātĭō, *ōnis f* (*ădmĭnĭstrō*) **1.** Hilfeleistung [*hominum*]. **2.** Leitung, Handhabung, Regierung (*alcis rei, zB. tormentorum* Bedienung, *belli* Führung); *übh.* Verwaltung [*rei publicae*]; *abs.* Belagerung; *pl.* Verrichtungen, °Amtsgeschäfte [*portūs* freie Benutzung des Hafens].

ădmĭnistrātīvŭs 3 (*ădmĭnĭstrō*) (*Qu.*) praktisch.

ădmĭnistrātŏr, *ōris m* (*ădmĭnĭstrō*) Leiter, Lenker (*alcis rei, zB. belli gerendi*).

▶ **ăd-mĭnistrō** 1. **1.** (*intr.*) (*Pl.*) behilflich sein [*alci ad rem divinam*]. **2.** (*trans.*) **a)** leiten, lenken (*alqd, zB. navem*); *bsd. mil.* befehligen, kommandieren (*alqd, zB. exercitum, summam rerum* den Oberbefehl haben, *dextram partem operis* = auf dem rechten Flügel angreifen); **b)** verwalten [*rem familiarem; bsd. pol., zB. rem publicam, iudicia,* °*legationem* e-n Gesandtschaftsposten bekleiden]; **c)** besorgen, ausführen, verrichten [*negotium,* °*caedem* anrichten]; Vorkehrungen treffen [*Caesar haec ita administrabat, ut ...; milites per se quae videbantur administrabant* trafen zweckmäßige Maßregeln]; **d)** *abs.* (*nkl.*) arbeiten, Hand anlegen.

▶ **ădmīrābĭlĭs,** ĕ (*m.* °*comp., adv.* **-ĭtĕr**) (*ădmīrŏr*) **1.** bewundernswert, wunderbar, erstaunlich, denkwürdig, *v. Pers. u. Sachen.* **2.** wunderlich, seltsam, befremdend [*impudentia*]; paradox [*-iter alqd dicere*].

ădmīrābĭlĭtās, *ātis f* (*ădmīrābĭlĭs*) Bewunderungswürdigkeit [*admirabilitatem facere* Bewunderung erregen].

ădmīrāndŭs 3 (*eig. Gerundivum v. ădmīrŏr*) = *ădmīrābĭlĭs.*

▶ **ădmīrātĭō,** *ōnis f* (*ădmīrŏr*) **1.** Bewunderung, hohes Interesse [*hominum gen. subi., divitiarum gen. obi.;* °*-ionem sui inicere alci*]; *oft pass.* das Bewundertwerden: *admiratione affici* Bewunderung finden, *admirationem habere* (*od. movere*) Bewunderung erregen; *meton.* Äußerung der Bewunderung, *auch pl.* [*-io fit, -iones efficere*]. **2.** Verwunderung, Staunen (*alcis j-s, alcis rei* über *etw., zB. populi,* °*sententiae ancipitis*). **3.** Merkwürdigkeit, *etw.* Merkwürdiges.

ădmīrātŏr, *ōris m* (*ădmīrŏr*) (*nkl., dcht.*) Bewunderer (*m. gen.*).

▶ **ăd-mīrŏr** 1. **1.** bewundern, anstaunen (*abs. od. alqm u. alqd, alqd alcis od. in alqo, alqm in re, zB. res gestas alcis; m. a.c.i., od. quod; m. indir. Frages.*); *abs.* voll Bewunderung sein. **2.** sich (ver)wundern *über, etw.* sonderbar *od.* befremdlich finden (*abs. od. alqm u. alqd, auch de alqo u. de re, zB.* de *Dionysio, de diplomate; m. a.c.i. od. quod; m. indir. Frages.*); *prägn.* = verwundert fragen (*m. indir. Frages.*).

ăd-mĭscĕō, *mĭscŭī, mīxtŭm* 2. (*-ī-? od. mĭscĕō, mĭscŭī, mīxtŭm?*) **1. a)** hinzu-, beimischen (*alqd, zB. calorem; alci rei alqd, zB. aquae calorem*); / **b)** beifügen, beigeben (*alci rei alqd, zB. orationi versus*); **c)** *jd.* in *etw.* verwickeln (*alqm ad alqd, zB. ad id consilium od. m. adv. isto*); *bsd.* P. 2: *etw. m. etw.* vermischen *od.* vermengen (*alqd re, zB. radices lacte, urbes maritimas novis disciplinis* vertraut machen mit; / *auch alqd cum re, zB. hoc cum iis rationibus*).

ăd-mīsī *s. ădmĭttō.*

ădmissārĭŭs, ī *m* (*ădmissŭs* 3 *v. ădmĭttō*) **1.** (*nkl.*) Zuchthengst, Beschäler. **2.** / geiler Mensch.

ădmĭssĭō, ōnis *f* (*ădmĭttō*) (*vkl., nkl.*) Zulassung, Zutritt; Audienz.

ădmĭssŭm, ī *n* (*eig. P.P.P. n v. ădmĭttō*) Schuld, Vergehen, Frevel (*alcis*; *m. adv.*: [*Ta.*] *male -um* Missetat).

ăd-mĭttō
1. loslassen; **2. a)** zu-, einlassen; **b)** *jd.* vorlassen; **c)** hinzuziehen; **d)** an-, erhören; **e)** geschehen lassen; **f)** verüben, begehen.

ăd-mĭttō, *mīsī, mĭssŭm 3.* **1.** loslassen, in (schnellen) Gang setzen (*alqm u. alqd, zB. equum; equo admisso* im Galopp, *equi admissi* dahinsprengend, °*admisso passu* in raschem Schritt, °*aquae admissae* reißende Wogen, °*comae u. iubae admissae* flatternd; / *res semel admissa coërceri non potest* in Gang gesetzt). **2. a)** zu-, einlassen, Zutritt gewähren (*alqm ad alqm, alqd ad u. in alqd, zB. alqm in cubiculum,* °*ad se virum, ad capsas;* °*alci rei, zB. Iovis arcanis; m.* °*1. supin., zB. spectatum*); **b)** *jd.* zur Audienz vorlassen (*alqm m. u. ohne ad se*); **c)** *jd.* zur Teilnahme (hin)zuziehen [*alqm ad colloquium, ad officium* zu einem Amte]; **d)** (*nkl.*) (*Worte, Bitten*) anhören *od.* erhören [*alcis preces od. condiciones ad aures od. auribus* zu seinen Ohren dringen lassen, *alqd ad animum* beherzigen]; **e)** *etw.* gestatten, geschehen lassen (*alqd, zB. religiones*); (*abs.*) *aves admittunt* die Vögel erlauben es (= die Auspizien sind günstig); **f)** (*Übeltaten*) verüben, begehen [*scelus, fraudem, m. u. ohne in se*].
F. *Inf. praes. P. altl. ădmĭttiēr = ădmĭttī.*

ădmĭxtĭō, ōnis *f* (-*mī*-?) (*ădmĭscĕō*) Beimischung.

ăd-mĭxtŭs *P.P.P. v. ădmĭscĕō.*

ădmŏdĕrātē *adv.* (*ădmŏdĕrātŭs, part. pf. v. ădmŏdĕrŏr*) (*Lu.*) entsprechend (*alci rei*).

ăd-mŏdĕrŏr 1. (*Pl.*) mäßigen (*risu dat.*!).

▶ **ăd-mŏdŭm** (*eig.* „bis zum [vollen] Maße") *adv.* **1.** (*bei Maß- und Zeitangaben*) genau, gerade [*legati exacto admodum mense Februario redierunt*]. **2.** (*bei Zahlangaben*) mindestens, gut an die [*turres admodum ducentae*]; *selten* höchstens [*decem ~ annos*]. **3.** (*bei Gradangaben*) völlig, äußerst, ungemein, *bei Verben, adi., adv. u. subst.* [*parvus, pauci, raro, infans, delectare*]; *non ~* nicht eben; *~ nihil od. nullus* gar nichts *od.* keiner. **4.** (*in Antworten*) jawohl, allerdings.

ădmoenĭō 4. (= *ăd moenĭă* [*dūcō*]) (*Pl.*) einschließen, belagern [*oppidum*].

ăd-mōlĭŏr 4. (*unkl.*) **1.** (*Schweres*) an *etw.* hinbringen. **2.** sich in Bewegung setzen.

▶ **ăd-mŏnĕō,** *mŏnŭī, mŏnĭtŭm 2.* **1.** *jd.* an *etw.* erinnern *od.* mahnen (*alqm, alqm alcis rei od. meist de re, zB.* °*egestatis suae, de porticu; alqm alqd klass. nur bei den Neutra hoc, id, illud, quid, multa u.ä., selten eam rem,* [*Ti.*] *ante actos annos; m.* °*inf.*; *m. a.c.i.*; *m. indir. Frages.*). **2. a)** *jd.* an eine Schuld mahnen [*alqm aeris alieni*]; **b)** *jd. etw.* zu bedenken geben, *jd.* warnend *od.* belehrend hinweisen auf (*alqm de re; meist m. a.c.i.*); **c)** zu *etw.* (er)mahnen, auffordern, vor *etw.* warnen (*alqm m. ut od. ne; auch m. bloßem coni. u. ad c. gerund.*; *m. indir. Frages.*; *m.* °*inf.*); *bsd.* (*nkl., dcht.*) *jd.* zurechtweisen, züchtigen [*liberos verberibus*].

ădmŏnĭtă, ōrŭm *n* (*eig. P.P.P. pl. n v. ădmŏnĕō*) Warnungen.

ădmŏnĭtĭō, ōnis *f* (*ădmŏnĕō*) **1.** das Erinnern, Erinnerung (*alcis rei* an *etw.*). **2.** Mahnung, Warnung. **3.** (*nkl.*) ernstliche Zurechtweisung, Züchtigung.

ădmŏnĭtŏr, ōris *m* (*ădmŏnĕō*) Mahner (*alcis rei* zu *od.* an *etw.*). — *fem.* **ădmŏnĭtrīx,** īcis (*Pl.*).

ădmŏnĭtŭs, ūs *m* = *ădmŏnĭtĭō* (*nur im abl. sg. gebräuchlich*).

ăd-mŏrdĕō, (*mŏrdī*), *mŏrsŭm 2.* (*dcht.*) benagen (*alqd*); / „anzapfen, anpumpen".

ădmōrŭnt, *ădmōssē s. ădmŏvĕō.*

ădmōtĭō, ōnis *f* (*ădmŏvĕō*) *das* Anlegen [*digitorum* Fingersatz beim Saitenspiel].

ăd-mŏvĕō
1. a) heranbringen; **b)** *refl.* sich nähern; **2. a)** *mil.* anrücken lassen; **b)** *mil.* vorschieben; **c)** *etw.* angehen; sich vergreifen an; **d)** beschleunigen; **e)** (*Person*) zu *etw.* heranziehen; **3. a)** (*Mittel*) anwenden; **b)** einflößen; **4.** *jd.* befördern.

ăd-mŏvĕō, *mōvī, mōtŭm 2.* **1. a)** heranbewegen, -bringen, -führen (*alqm u. alqd, zB. scalas, equum* vorführen, *naves* heransegeln lassen); nahebringen (*alqd, alqd ad alqd, zB. aures ad vocem; seltener alqd alci rei, zB. hostiam aris,* °*angues curribus* anspannen an, *urbem ad mare* in der Nähe des Meeres gründen, *mentem ad alqd* den Geist auf *etw.* richten, sich näher mit *etw.* befassen); **b)** *se admovere u. mediopass.* °*admoveri* sich nähern, *auch* / (*abs. od. ad alqd u. alci rei, zB. ad id lumen,* °*supremis* seinem Ende sich nähern). **2. a)** (*Pers.*) irgendwohin führen [°*nautas orae*]; *bsd. mil.* anrücken lassen [*copias propius*]; *abs.* °heranrücken [*iam admovebat rex*]; **b)** *mil.* (*Belagerungswerke u.ä.*) vorschieben [*turres, arietes, opus ad turrim hostium*]; **c)** *manum u. manus alci rei* die Hand an *etw.* legen; / **α)** an *e-e* Sache gehen; **β)** sich vergreifen an [°*nocentibus, vectigalibus*]; **d)** (*nkl.*) beschleunigen [*diem leti*]; **e)** (*nkl.*) (*Pers.*) zu *etw.* heranziehen [*alqm ad convivium*]. **3. a)** (*ein Mittel*) anwenden (*alqd, zB. remedia; alqd alci u. alci rei, zB. adulescenti calcaria od. stimulos* anspornen; *selten alqd ad alqm u. ad alqd, zB. curationem ad aegrotum* Kur); **b)** (*Affekte u.ä.*) *jd.* einflößen [*alci terrorem*]. **4.** (*nkl.*) *jd.* erheben [*alqm ad idem fastigium*], befördern [*alqm in propiorem amicitiae locum*].
F. *pf.-Formen* (*dcht.*) *synk.*: *ădmōrŭnt = ădmōvērŭnt, ădmōrăm, ădmōssē = ădmōvĭssē u.ä.*

ăd-mūgĭō 4. (*dcht., nkl.*) zubrüllen (*alci, zB. tauro v. der Kuh*).

ădmŭrmŭrātĭō, ōnis *f* (*ădmŭrmŭrō*) (*beifälliges od. mißbilligendes*) Gemurmel, Murren, *auch pl.*

ăd-mŭrmŭrō 1. (*beifällig od. mißbilligend*) dabei murmeln, murren.

ăd-mŭtĭlō 1. (*Pl.*) verstümmeln; / (*scherzh.*) *jd.* reinlegen, einseifen [*alqm probe*].

ăd-nāscŏr *s. ăgnāscŏr.*

ăd-nātō *s. ānnătō.*

ăd-nātŭs 3 *s. ăgnātŭs.*

ăd-nĕctō *s. ānnĕctō.*

adni..., adno... *s. anni..., anno...*; *nur* **ădnōscō** *s. ăgnōscō.*

adnu... *s. annu...*

ăd-ŏlĕō¹, *ŏlŭī,* — 2. (⟨ **ădălējō; cf. āltārĭă*) (*unkl.*) als Opfer verbrennen (*alqd, zB. viscera tauri; honores alci* zu Ehren *j-s* Brandopfer darbringen; *altaria* die auf dem Altar liegenden Gaben anzünden; *alqm re jd.* durch Darbringung einer Sache ehren); *übh.* anzünden, verbrennen (*alqd*).

ăd-ŏlĕō², *ŭī,* — 2. (*Pl.* ?) duften.

ădŏlēscēns, ēntis (*m. comp.*) (*ădŏlēscō*²) heranwachsend = jung [*filia; adolescentior Academia* die jüngere]; *subst. m u. f s. ădŭlēscēns.*
F. *abl. sg. als adi.* -*tī*; *gen. pl.* -*tĭŭm.*

ădŏlēscēntĭă, *ae f s. ădŭlēscēntĭă.*

ădŏlēscō¹, — — 3. (*incoh. v. ădŏlĕō*¹) (*Ve.*) auflodern, aufflammen [*ignibus arae*].

▶ **ăd-ŏlēscō**², *ădŏlēvī,* (*ădŭltŭm*) 3. (⟨ **ăd-ălēscō, incoh. zu ălō*) heran-, aufwachsen; / wachsen, erstarken [*cupiditas, ingenium*]; (*v. der Zeit*) vorrücken [*aetas,* °*ver*]. *Cf. auch ădŭltŭs.*
F. *Inf. pf. synk.* (*Ov.*) *ădŏlēssē = ădŏlēvĭssē.*

Ădōnĭs, ĭdis (*auch* °*Ădōn, ōnis u.* °*Ădōnĕŭs, ĕī*) *m* (*Ἄδωνις, Ἄδων, Ἀδώνιος*), *Geliebter der Aphrodite* (*Venus*); *urspr. orientalische Vegetationsgottheit*; *Sinnbild des raschen Verwelkens im heißen Sommer u. Personifikation v. Werden u. Vergehen i. d. Natur.*
F. *sg. acc. Ădōnĭm u.* °-*ĭdĕm,* °-*ĭn*; *voc. Ădōnĭ*; *abl. Ădōnĭdĕ u. Ădōnī. Cf.* V.-B. III, 4, b.

ăd-ŏpĕrĭō, *rŭī, rtŭm 4.* (*nkl., dcht.*) bedecken, verhüllen (*alqd, bsd. caput*; P. *m. griech. acc.*: *adopertus vultum u. comas amictu*); *insb.* schließen [*fores; lumina somno*].

ăd-ŏpīnŏr 1. (*Lu.*) (dazu) vermuten.

ădŏptātīcĭŭs, ī *m* (*ădŏptō*) (*Lu.*) Adoptivsohn.

ădŏptātĭō, ōnis *f* (*ădŏptō*) = *ădŏptĭō.*

ădŏptātŏr, ōris *m* (*ădŏptō*) (*nkl.*) Adoptivvater.

ădŏptĭō, ōnis *f* (**ăd-ŏpĭō 3.*; *cf. ŏptō*) Adoption, Annahme an Kindes Statt.

ădŏptīvŭs 3 (*ădŏptŭs, P.P.P. v. *ăd-ŏpĭō 3., cf. ŏptō*) zur Adoption gehörig, durch Adoption erlangt, Adoptiv... [°*filius*]; / (*dcht.*) (*bei*

Bäumen) eingepfropft.

ăd-ŏptō 1. **1. a)** sich *jd.* (*od.* °*etw.*) erwählen, zu *od.* als *etw.* annehmen [*alqm sibi defensorem od. patronum*]; **b)** (*dcht., nkl.*) *etw.* zu Hilfe nehmen *od.* sich aneignen [*Etruscas opes*]; **c)** / (*von Bäumen*) (*dcht.*) durch Einpfropfen annehmen [*ramus ramum*]. **2. a)** adoptieren, in seine Familie *od.* an Kindes Statt annehmen (*alqm, alqm sibi filium,* [*Pl.*] *illum pro filio*); °*in regnum* durch Adoption als Nachfolger berufen; *alqm ab alqo v.* dem rechten Vater, *zB. Scipionem a Paulo, a plebeio* aus dem plebejischen Stande; **b)** (*nkl., dcht.*) *sibi* (*cog*)*nomen -are* sich aneignen.

ădŏr, ōrĭs *n* (*nur nom., acc. sg.*; wohl „das Grannige" zu ἀθήϱ „Hachel") (*nkl., dcht.*) Dinkel, Spelt (*Weizenart*).

ădōrātĭō, ōnĭs *f* (*ădōrō*) (*nkl.*) Anbetung.

ădōrĕŭs 3 (*ădŏr*) (*nkl., dcht.*) aus Spelt [*liba* Speltkuchen].

ădōrĭă (*ădōrō*) *u.* **-rĕă** (*volkset. an ădōrĕŭs angeglichen*), *ae f* (*unkl.*) Kriegsruhm.

▶ **ăd-ŏrĭŏr,** ŏrtŭs sŭm 4. sich zu *etw. od.* gegen *etw.* erheben: **1.** (*feindl.*) *jd. od. etw.* angreifen (*alqm u. alqd, zB. navem vi*). **2.** / **a)** (*nkl.*) (*v. Übeln*) über *jd.* kommen [*oppugnatio alqm adoritur*]; **b)** *jd.* (*m. Worten, Bitten, Drohungen*) angehen *od.* bestürmen [*alqm tumultuosissime*]. **3.** an *etw.* (*Schwieriges od. Gefährliches*) gehen, *etw.* unternehmen *od.* beginnen (*alqd, zB. hoc ipsum,* °*nefas; meist m. inf.*).

ăd-ōrnō 1. **1.** *etw.* ausrüsten, herrichten, zurechtmachen, ins Werk setzen (*alqd, zB. naves, accusationem*). **2. a)** *etw. m. etw.* ausstatten, versehen (*alqd re, zB. duo maria classibus*); **b)** *m. etw.* schmücken, zieren (*alqm od. alqd re, zB. forum magnifico ornatu*).

ăd-ōrō 1. (*nkl., dcht.*) **1.** anreden; anbeten (*alqm, zB. deos; vulgus*); *auch* = προσκυνεῖν kniefällig verehren [*Caesarem ut deum*]. **2. a)** anflehen, anrufen (*alqm u. alqd; auch m. ut*); **b)** *übh.* verehren [*Ennium*]; **c)** *etw.* erflehen (*alqd, zB.* °*pacem deum*).

ăd-ōrtŭs *part. pf. v. ădŏrĭŏr.*

adp... *s. app...*

adqu... *s. acqu...* [*ăcquīēscō, ăcquīrō*].

adr... *auch* = *arr...*

ăd-rādō, *sī, sŭm* 3. (*unkl.*) ankratzen, Bart *u.* Haupthaar stutzen, schneiden (*alqm u. alqd, zB. caput*); *auch* /.

Ădrămȳttēŭm *u.* -ĭŭm *od.* -ĭŏn, *ī n* (Ἀδραμύττειον *u.* -ττιον) *Hafenst. in Mysien, j. Edremit; Einw.* **Ădrămȳttēnŭs,** *ī m.* — (*Cf.* V.-B. II, 1).

Ădrānă, *ae m* Eder, *Nebenfl. d. Fulda.*

Ădrāstŭs, *ī m* (Ἄδραστος) *K. v. Argos, einer der Sieben gegen Theben.*

ădrēctŭs *u.* **ădrēpō** *s. ărrēctŭs u. ărrēpō.*

°**Ădrĭă** *s. Hădrĭă.*

Ădrūmētŭm, *ī n Küstenst. südl. v. Karthago, phönik. Gründung, j.* Sousse. — *Einw.* **Ădrūmētīnŭs,** *ī m.*

ads... *s. ass...*; **adsc...** *s. asc...*

adsp... *s. asp...*; **adst...** *s. ast...*

adt... *s. att...*

Adŭatŭcă, *ae f u.* **-ī,** *ōrŭm m s. Atŭatŭcă u. -ī.*

ădūlātĭō, *ōnĭs f* (*ădūlŏr*) **1.** (*abstr.*) **a)** *das* Schweifwedeln [*canum*]; **b)** / Schmeichelei, Speichelleckerei (*alcis j-s;* °*adversus u.* °*in alqm*); *insb.* (*nkl.*) *die* προσκύνησις *vor asiatischen Fürsten.* **2.** (*concr.*) (*Li.*) = *ădūlātōrēs* Hofschranzen.

ădūlātŏr, *ōrĭs m* (*ădūlŏr*) (*nkl.*) Schmeichler, Speichellecker.

ădūlātōrĭŭs 3 (*ădūlātŏr*) (*nkl.*) kriechend, speichelleckend [*dedecus* ehrlose Kriecherei].

▶ **ădŭlēscēns,** *ēntĭs* (*ădŏlēscō*[2]) **1.** *adi.* = *ădŏlēscēns.* **2.** *subst.* **a)** *m* junger Mann, Jüngling (*zw. puer u. iuvenis, d.h. etwa zw. 14 u. 30 Jahren*); *bisw. auch* = **α)** rüstiger Mann *bis zu 45 Jahren*; **β)** (*bei Unterscheidung gleichnamiger Personen*) der Jüngere, *zB. Brutus* ~; **b)** (*Com.*) *f* junges Mädchen, junge Frau.
F. *abl. sg. -tĕ, gen. pl. -tĭŭm u.* (*Pl.*) *-tŭm.*

▶ **ădŭlēscēntĭă,** *ae f* (*ădŭlēscēns*) Jünglingsalter, Jugend, -zeit; (*selten*) *meton.* die jungen Leute (= *ădŭlēscēntēs*).

ădŭlēscēntŭlŭs 3 (*demin. v. ădŭlēscēns*) (noch) ganz jung, blutjung [*homo*]; *subst.* **-ŭs,** *ī m* junger Mensch, Junge (*ab -o v.* Jugend an); **-ă,** *ae f* (*Com.*) (ganz junges) Mädchen; *auch attr.* [*meretrix -a*] *u. Kosewort* [*filia -a* mein Kind].

▶ **ăd-ūlŏr** *u.* (*unkl.*) **ăd-ūlō** 1. (**ūlōs* Schweif) **1.** hündisch anwedeln; sich anschmiegen *v. Tieren, bsd. Hunden* (*abs., auch alqm*). **2.** / **a)** (*dcht.*) sanft *od.* streichelnd abwischen [*sanguinem*]; **b)** vor *jd.* kriechen (*abs. od. alqm u.* [*bsd. nkl.*] *alci, zB. plebem u.* °*plebi*); *bsd.* kniefällig verehren (*alqm*).

ădŭltĕr, *tĕrī m* (*Rückbildung aus ădŭltĕrō*) **1.** Ehebrecher; *auch* (*dcht., nkl.*) Liebhaber (*alcis u. in alqa, zB.* [*Ta.*] °*in nepti Augustae*). **2.** *adi.* (*dcht., nkl.*) ehebrecherisch [*virgo*]; *übh.* buhlerisch, verhurt, unkeusch [*crines, mens*]; *auch* = *ădŭltĕrīnŭs.*

ădŭltĕră, *ae f* (*ădŭltĕr*) (*dcht., nkl.*) Ehebrecherin; Liebchen, Freundin.

ădŭltĕrīnŭs 3 (*ădŭltĕr*) gefälscht, nachgemacht; falsch, unecht [*nummus; clavis* Nachschlüssel]. — **unebenbürtig.

▶ **ădŭltĕrĭŭm,** *ī n* (*ădŭltĕr*) **1. a)** Ehebruch, Liebesaffäre; **b)** *pl.* ehebrecherisches Treiben (*alcis j-s u. m. jd., alcis cum alqo*); (*nkl.*) erotische Szenen *auf Vasen.* **2.** (*dcht.*) *übh.* Untreue.

ădŭltĕrō 1. (*ăd* + **ăltĕrō* 1. „anders machen", *denom. v. ăltĕr*) **1.** (*trans.*) verfälschen, nachmachen (*alqd, zB. nummos;* / *ius civile;* °*faciem*); (*Pl.*) *abs.* **2.** / **a)** (*intr.*) Ehebruch treiben (*cum alqo*); **b)** (*trans.*) (*unkl.*) zum Ehebruch verführen; *mediopass.* (*auch* / *v. Tieren*) *alci m. jd.* buhlen, herumhuren [*columba miluo dat.!*].

▶ **ădŭltŭs** 3 (*m.* °*comp.*) (*ădŏlēscō*[2]) **1.** herangewachsen, erwachsen [*virgo*]. **2.** / **a)** (*v. der Zeit*) vorgerückt [°*nox,* °*aestas* Spätsommer]; **b)** erstarkt [*Athenae,* °*eloquentia*].

ădŭmbrātĭm *adv.* (*ădŭmbrō*) (*Lu.*) nur im Umriß, nur dunkel.

ădŭmbrātĭō, *ōnĭs f* (*ădŭmbrō*) **1.** (*Vi.*) Umriß, Skizze. **2.** / (bloße) Andeutung.

ăd-ŭmbrō 1. **1.** (*nkl.*) beschatten; / verstecken. **2.** (*t.t. der Malerei*) **a)** (*nkl.*) skizzieren (*alqd*); **b)** / **α)** skizzieren = (kurz) darstellen [*heroum casūs*]; *prägn.* bloß andeuten; **β)** (*Cu.*) nachahmen (*bsd. Sitten*) [*morem*]. **3.** (*P.P.P.*) *adi.*

ădŭmbrātŭs 3 **a)** skizziert; **b)** / **α)** undeutlich, unvollständig [*imago gloriae*]; **β)** erdichtet, falsch, Schein... [*res, opinio*].

ădūncĭtās, *ātis f* (*ădūncŭs*) Krümmung, Haken.

ăd-ūncŭs 3 einwärts gekrümmt, hakenförmig [*ungues*]; *auch* (*Ov.*) *m.* Widerhaken; *bsd.* (*Ov.*) krummschnäbelig.

ăd-ūnō 1. (*nkl.*) vereinigen, verbinden.

ăd-ūrgĕō, *ūrsī,* — 2. (*nkl., dcht.*) andrücken; / heftig bedrängen, verfolgen.

ăd-ūrō, *ŭssī, ŭstŭm* 3. (*ŭssī, ŭstŭm?*) **1. a)** anbrennen, verbrennen, versengen (*alqm u. alqd, zB. barbam et capillum* absengen; *P.* sich brennen lassen); *auch* °austrocknen; **b)** bräunen; (*P.P.P.*) *adi.* **ădŭstŭs** 3 (*m. comp.*) sonnenverbrannt [*adustioris coloris esse*]; **c)** (*dcht., nkl.*) (*v. der Liebe*) entzünden, entflammen [*alqm ignibus*]. **2.** (*dcht.*) erfrieren lassen [*alcis oculos od.* °*pedes*]; *übh.* verletzen, beschädigen [*poma*].

ăd-ūsquĕ (-*ū*-?) (*nkl., dcht.*) **1.** *prp. b. acc.* = *ūsquĕ ăd.* **2.** *adv.* fort *u.* fort, überall.

ădŭstŭs 3 *s. ădūrō.*

ădvēctĭcĭŭs 3 (*ădvēctŭs, P.P.P. v. ădvĕhō*) (*nkl.*) aus dem Auslande eingeführt, ausländisch [*vinum*].

ădvēctō 1. (*frequ. v. ădvĕhō*) (*nkl.*) immerfort zuführen.

ădvēctŭs, *ūs m* (*ădvĕhō*) (*vkl., nkl.*) das Herbeibringen, Einführung [*deae*].

ăd-vĕhō, *vēxī, vēctŭm* 3. **1. a)** herbeiführen, herbeibringen, -tragen, -schaffen, -fahren, mitbringen (*alqm u. alqd, zB. legatos, materiem; alqd ex loco ad od. in alqd, zB. frumentum ex agris ad u. in urbem; auch alci alqd, zB. sibi praedam*); **b)** / (*Ta.*) einführen [*religionem*]. **2.** *mediopass.* (*m. u. ohne curru, navi, equo u.ä.*) heranfahren, -reiten, -segeln, hingelangen, landen (*ad od. in alqd; m.* °*acc. od.* °*dat.*).

ăd-vēlō 1. (*dcht.*) umhüllen; (*bsd.*) bekränzen [*tempora lauro*].

ădvĕnă, *ae m* (*u. f*) (*ădvĕnĭō*) **1.** Ankömmling, Fremdling, *Ggs. ĭncŏlă u. īndĭgĕnă; adi.* °wandernd [*grus* als Zugvogel]. **2. a)** *adi.* ausländisch, fremd [*dii; amor* Liebe zu einer Fremden]; **b)** Neuling, Laie.

▶ **ăd-vĕnĭō,** *vēnī, vēntŭm* 4. **1.** heran-, ankommen (*ab od. ex loco ad alqm,* *in od. ad alqd, zB. ad hospitem, ab Oceano in provinciam od. ad urbem; m. bloßem acc. u. °dat., zB. Tyriam urbem, properantibus); auch von Leblosem* [*litterae advenerunt*]. **2.** / **a)** (*v. Zeit, Zuständen, Ereignissen*) herankommen, erscheinen, ausbrechen [*tempus, dies, hora, morbi*]; **b)** (*nkl.*) (*v. Erwerbungen*) zufallen, zuteil werden (*ad alqm, zB. Numidiae pars*); **c)** (*Lu.*) *advenit id, quod = klass. ăccēdĭt, quŏd* dazu kommt noch, daß. **F.** *coni. praes.* (*Pl.*) *ădvĕnăt*.

ădvēntīcĭŭs 3 (*ădvēntŭs P.P.P. v. ădvĕnĭō*) **1. a)** ausländisch, fremd [*doctrina*]; **b)** äußerer, sinnlich [*visio*]; **c)** außergewöhnlich, zufällig [°*fructus* Nebengewinn]. **2.** (*nkl.*) Ankunfts... [*cena*].

ădvĕntō 1. (*frequ. v. ădvĕnĭō*) immer näher kommen, heranrücken, *bsd. mil.* (*abs. od. ad alqd; m. acc. u. °dat.*); *auch* / [*mors*].

ădvĕntŏr, *ōrĭs m* (*ădvĕnĭō*) (*vkl., nkl.*) Besucher, Gast.

ădvĕntōrĭă, *ae f* (*sc. cēnă; ădvĕntōrĭŭs* 3 Ankunfts...) (*Ma.*) Begrüßungsschmaus.

ăd-vĕntŭm *P.P.P. v. ădvĕnĭō.*

▶ **ădvĕntŭs,** *ūs m* (*gen. sg.* [*Te.*] *auch ī*) (*ădvĕnĭō*) Ankunft, das Eintreffen (*alcis j-s; ad alqm, in u. ad alqd*), (*v. Soldaten*) Anmarsch *od.* Einrücken [*Caesaris*]; Einzug; *auch v. Leblosem* [*navium;* °*lucis* Tagesanbruch]; *bisw.* Anwesenheit [*adventūs sui vestigia relinquere*]; / Ausbruch [*malorum*]; Einbruch. — **Angriff; Adventszeit.

ădvĕrbĭŭm, *ī n* (*ăd + vĕrbŭm*) (*Qu.*) Umstandswort, Adverb [*loci*].

ădvĕrsārĭŭs (*ădvĕrsŭs*) **1.** *adi.* 3 entgegenstehend, Gegen...; *bsd.* gegnerisch, feindlich, widerstrebend (*abs., zB. dux, opinio,* °*factio* Gegenpartei; *alci, alci rei, zB. iuri*). **2.** *subst.* **a) ădvĕrsārĭŭs,** *ī m* Gegner, Widersacher, Feind (*alcis, zB. mulierum, virtutis, meus*); **ădvĕrsārĭă,** *ae f* Gegnerin; **b) ădvĕrsārĭă,** *ōrŭm n* **α)** Behauptungen *od.* Gründe der Gegenpartei; **β)** Konzeptbuch, Kladde *für vorläufige Eintragungen, Ggs. tăbŭlae* [*in -a referre*]. **-**us,** *i m* Teufel.

ădvĕrsātĭō, *ōnĭs f* (*ădvĕrsŏr*) (*Se.*) zänkische Gegenrede.

ădvĕrsātrīx, *īcĭs f* (*ădvĕrsātŏr* Gegner; *ădvĕrsŏr*) (*vkl., nkl.*) Gegnerin.

ădvĕrsĭtŏr, *ōrĭs m = ădvŏrsĭtŏr.*

ădvĕrsō 1. (*intens. v. ădvĕrtō*) (*Pl.*) ohne Unterlaß richten *auf* [*animum*].

ădvĕrsŏr 1. (*denom. v. ădvĕrsŭs*[1]) sich widersetzen, widerstreben, entgegentreten; *oft* / (*abs., zB. adversante collegā od. fortunā; alci u. alci rei, zB. imperatori, legi; auch in re od. de re; m. quominus od. ne*).

ădvĕrsŭs[1]
1. zugekehrt, zugewandt; **a)** vorn (-stehend); **b)** gegenüberstehend, -befindlich; **2. a)** feindlich; **b)** gegensätzlich; **c)** widrig, ungünstig.

ădvĕrsŭs[1] 3 (*m.* °*comp. u. sup.; adv.* °**-ē** sich widersprechend) (*eig. P.P.P. v. ădvĕrtō*) **1.** zugekehrt, zugewandt (*alci*); *insb.* **a)** vornstehend, vorn, v. vorn, der vordere [*et adversus et aversus* (*v.*) vorn *u.* (*v.*) hinten, *corpus* Vorderseite des Körpers, *dentes -i* Vorderzähne, *vulnus u. cicatrix* auf der Brust, *hostes* die feindliche Front, °*impetus* Frontangriff, °*iter* Frontmarsch, *manus* innere Hand, °*hastis adversis m.* eingelegten Lanzen, °*hastae adversae cadentes* nach vorn gesenkt, *in -um os* gerade ins Gesicht, *solem -um intueri* gerade in die Sonne sehen, *alqm -um aggredi jd. v.* vorn angreifen]; **b)** gegenüberbefindlich (*abs. u. alci, zB. collis, ventus* Gegenwind; *adverso flumine* (*bzw. -ā ripā*) stromaufwärts; *-ā viā* geradeswegs, *-o colle u.* °*in montes -os* bergan). **2.** / **a)** entgegenstehend, feindlich (*abs. u. alci, zB.* °*adverso senatu od. adversā senatūs voluntate* gegen den Willen des Senats); *subst.* **-ŭs,** *ī m* (*nkl.*) Gegner (*alci u. alcis*); **-ŭm,** *ī n* (*nkl.*) entgegengesetzte Richtung [*ventus alci -um tenet* weht *jd.* entgegen; *ex -o* gegenüber *od.* von vorn; *in -um* entgegen]; **b)** (*logisch*) *den Gegensatz bildend od. bezeichnend;* **c)** widrig, ungünstig, unglücklich (*alci, zB.* °*valetudo,* °*annus frugibus, nox* stürmisch); *subst.* **-ŭm,** *ī n:* **α)** Unfall, Widerwärtigkeit (*aliquid -i acidit*); *meist pl.* **ădvĕrsă** widrige Schicksale, Mißgeschick, Unglück [°*in -a mutari* zum Schlimmen umschlagen]; **β)** (*logisch*) Gegenteil, Gegensatz; **d)** (*nkl.*) (*geistig*) zuwider, widerwärtig, verhaßt (*abs. od. alci*).

▶ **ăd-vĕrsŭs**[2] *u.* **-ŭm** (*erstarrter nom. bzw. acc. des P.P.P. ădvĕrsŭs v. ădvĕrtō*) **1.** *adv.* (*unkl.*) entgegen [*ire, arma ferre* = auf der feindlichen Seite kämpfen]. **2.** *prp. b. acc.:* **a)** (*räuml.*) **α)** gegen, nach *etw.* hin, auf *etw.* zu [*impetum facere ~ colles*]; **β)** gegenüber [*insulam,* °*mentiri ~ alqm jd.* ins Gesicht]; **b)** / gegen (*feindl. u. freundl., zB. ~ hostes dimicare, reverentia ~ homines*); *feindl. auch* = wider, im Widerspruch mit [*~ legem*]; **c)** / **α)** in Hinsicht auf [*respondere od. excusatione uti ~ alqd*]; **β)** (*nkl.*) im Vergleich *m.,* neben, gegen [*nihil sum ~ patrem*].

ăd-vĕrtō
1. a) hinwenden; **b)** (*Schiff*) hinsteuern; **2. a)** (*Aufmerksamkeit*) auf *etw.* lenken; **b)** *jd.* strafen; **c)** auf sich lenken.

ăd-vĕrtō, *vĕrtī, vĕrsŭm* 3. **1. a)** hinwenden, -richten, *im eig. Sinne unkl.* (*alqd in u. ad alqd od.* °*alci rei, zB. aures ad vocem, agmen urbi*]; *mediopass.* (*dcht.*) sich hinwenden; **b)** (*v. Schiffern*) irgendwohin steuern *od.* landen [°*classem in portum,* °*proras terrae*]; **P.** (*dcht.*) auf *etw.* lossteuern (*alci rei, zB. notae advertuntur harenae*) *u. ebenso mediopass.* (*m. acc. des Ziels, zB. Scythicas advertitur oras*). **2.** / **a) animum** (*bzw. animos, selten mentem*) **advertere: α)** den Geist *od.* die Aufmerksamkeit auf *etw.* richten, achtgeben (*ad alqd od. bloß alqd u.* °*alci rei*); *auch m. ut, ne* = darauf achten, daß (nicht); *dcht. auch bloß advertere* [°*paucis, adverte, docebo* gib acht!]; **β)** *etw.* bemerken, wahrnehmen, erkennen = *animadvertere* (*alqm u. alqd, zB. cochleas, vitium; bisw.* de re; *m. a.c.i. u. indir. Frages.*); *auch bloß advertere od.* °*animo* (*bzw. -īs*) *advertere, klass. selten, meist dcht.* [*advertebatur es* wurde bemerkt, *m. a.c.i.*]; **b)** (*Ta.*) strafend gegen *jd.* einschreiten, *jd.* strafen (*in alqm*); *auch ohne animum* [*durius, in Marcium*]; **c)** (*nkl.*) auf sich lenken, ziehen (*alqd, zB. odia* sich zuziehen; *auch alqm j-s* Aufmerksamkeit auf sich ziehen, *zB. imperatorem; alqd in se, zB. omnium oculos*).

ăd-vĕspĕrāscĭt, *rāvĭt,* — 3. es wird Abend, es dämmert.

ăd-vĭgĭlō 1. bei *etw.* wachen *od.* wachsam sein (*ad alqd u.* °*alci, zB. ad custodiam ignis*); (*unkl.*) auf der Hut sein (*abs. u. pro re*).

****advocata,** *ae f nostra* Fürsprecherin = Maria.

****advocatia,** *ae f* Vogtei.

ădvŏcātĭō, *ōnĭs f* (*ădvŏcō*) **1.** Berufung *v.* Sachverständigen; *übh.* Beratung von Sachkundigen (*alcis rei* über *etw.*). **2. a)** Beistand vor Gericht; **b)** (*nkl.*) *meton.* (= *ădvŏcātī*) juristische Ratgeber, Prozeßführer [*copiosa*]. **3. a)** Frist zur Besprechung mit den Rechtsbeiständen [*advocationem postulare, dare, consequi*]; **b)** (*nkl.*) *übh.* Aufschub, Frist; **c)** (*in der Kaiserzeit*) Prozeßführung.

ădvŏcātŭs, *ī m* (*ădvŏcō*) **1.** (*in republikanischer Zeit*) Rechtsbeistand (*des Richters wie der Parteien*) (*alcis j-s*); / Beistand, Hilfe [*oculos adhibere advocatos*]. **2.** (*nkl.*) (*in der Kaiserzeit*) Rechtsanwalt, Advokat (= *patronus causae*) (*der den Prozeß für den Klienten selbständig führt*). — **Vertreter, Vogt. — *Advocatus Dei* = „Anwalt Gottes" (*volkstümliche Bezeichnung für den* Fürsprecher *in Heilig- und Seligsprechungsverfahren der kath. Kirche*), *~ Diaboli* „Anwalt des Teufels" (*für den Vertreter der Gegenargumente, den promotor fidei*).

▶ **ăd-vŏcō** 1. **1. a)** herbeirufen, berufen, einladen (*alqm, zB. amicos; ad od. in alqd, zB. populum ad contionem, primores in consilium;* °*alci rei u. alci, zB. aegro* zu e-m Kranken); / *animum ad se ipsum* = in sich gehen; **b)** (*Versammlungen*) berufen [*senatum eo*]. **2.** (*jur. t.t.*) **a)** (*in republikanischer Zeit*) als Rechtsbeistand berufen; **b)** (*in der Kaiserzeit*) e-n Anwalt nehmen (*alqm m. od. ohne sibi; contra alqm*); *cf. ădvŏcātŭs.* **3.** / zu Hilfe rufen, °eine Gottheit anrufen (*alqm u. alqd, zB. deos, amicos, artem*); *übh. etw.* gebrauchen

[°*omnia arma* alles als Waffe].

ădvŏlātŭs, *abl.* *ū m* (*ădvŏlō*) (*dcht.*) das Herbeifliegen.

ăd-vŏlō 1. heranfliegen; / herbeieilen (*abs. od. ex u. a loco ad alqm, ad od. in alqd, selten alqd, zB. rostra;* °*alci u.* °*alci rei*).

ăd-vŏlvō, *vŏlvī, vŏlūtŭm* 3. (*nkl., dcht.*) heranwälzen (*alqd ad od. in alqd,* °*alci rei, zB. ad ignem;* °*ornos montibus v.* den Bergen); *bsd. se advolvere od. mediopass. advolvi* sich hinwerfen, niederfallen (*ad alqd; bsd. pedibus u. genibus od. genua alcis* sich *jd.* zu Füßen werfen).

ădvŏrsātrīx, ădvŏrsŏr, ădvŏrsŭs, ădvŏrtō (*altl.*) = *ădvĕrs..., ădvĕrt... usw.*

ădvŏrsĭtŏr, *ōrīs m* (‹ **ădvŏrsŭm ĭtŏr*) (*Pl.*) Sklave, der *s-m* Herrn entgegengeht, um ihn abzuholen.

ădȳtŭm, *ī n* (*Fw.* ‹ ἄδυτον) (*dcht., nkl.*) **1.** Allerheiligstes, innerster Teil *e-s* Tempels (*meist pl.*). **2. a)** Innenraum; Grabkammer; **b)** / das Innerste [*cordis*].

Aeă, *ae f* (*Αία*) *sagenhafte Insel; später = Cŏlchĭs. — adi.* **Aeaeŭs** 3; *subst. Aeaeă f* (= Kirke *als Schwester des Aietes* [*Aeētēs*]); *Aeaeŭs m* (= *Telegonos als S. der Kirke*).

Aeaeē, *ēs f* (*Αἰαίη νῆσος*) *wohl = Aeă, Land od. Insel der Kirke* (*b. d. Römern das Vorgebirge Circēī*).

Aeăcŭs *u.* °-*ŏs, ī m* (*Αἰακός*) *S. des Zeus u. d. Nymphe Aigina, K. v. Aigina* (*Aegīna*), *nach seinem Tode Richter in der Unterwelt. — patron.* **Aeăcĭdēs,** *ae m S. od. Nachk. des* ~: **a)** Söhne: Peleus u. Telamon, *auch* Phokos (*Phōcŭs*); **b)** Enkel: Achill u. Aias; **c)** Neoptolemos; **d)** K. Perseus *v. Makedonien,* K. Pyrrhos *v. Epirus; adi. Aeăcĭdēĭŭs* 3.

aed. cur., pl. = *aedīlĭs cŭrūlĭs, plēbĭs.*

▶ **aedēs** *u.* **aedĭs,** *īs f* (*wohl* „Feuerstätte"; *cf.* αἴθω) **1. a)** (*unkl.*) Gemach, Wohnzimmer; **b)** der Tempel, Gotteshaus (*meist m. dem Zusatz sacra od. mit dem gen. des Namens einer Gottheit* [*Apollinis*]. **2.** *pl.* **aedēs,** *ĭŭm* **a)** die Tempel [*complures aedes sacrae*]; **b)** (Wohn-)Haus; Wohnung, Palast [*regiae,* °*liberae* leerstehendes]; *meton.* (*Pl.*) Haus = Familie; / (*Ve.*) Zellen der Bienen, Bienenstock; (*Pl.*) *aurium* = Ohren.

aedĭcŭlă, *ae f* (*demin. v. aedēs*) **1.** Zimmerchen. **2.** Kapelle [°*Victoriae*]; [***altchristliche* (Grab-)Kapelle]; *oft nur eine* Wandnische *zur Aufnahme eines Götterbildes.* **3.** *pl.* Häuschen, ärmliche Wohnung.

aedĭfĭcātĭō, *ōnīs f* (*aedĭfĭcō*) Bau: **1.** (*abstr.*) das Bauen, Erbauung [*Capitolii*]. **2.** (*concr.*) Bauwerk; *pl.* Bauten; *insb.* Bauanlage [*urbis, domūs*]. — **(geistliche) Erbauung.

aedĭfĭcātĭuncŭlă, *ae f* (*demin. v. aedĭfĭcātĭō*) kleiner Bau.

aedĭfĭcātŏr, *ōrīs m* (*aedĭfĭcō*) **1.** Erbauer, Baumeister; *übh.* Schöpfer [*mundi*]. **2.** (*nkl., dcht.*) Bauherr.

▶ **aedĭfĭcĭŭm,** *ī n* (*aedēs; făcĭō*) Gebäude, Bauwerk, Bau; *bsd.* (einzelnes) Gehöft.

▶ **aedĭfĭcō** 1. (*denom. v.* **aedĭ-făcŭs; aedēs, făcĭō*) **1.** *abs.* bauen, Häuser bauen [*tribus locis*]. **2.** *trans.* **a)** (er)bauen [*domum, navem*], *auch* anlegen, schaffen, *auch* / [*hortos, rem publicam* gründen]; **(*geistlich*) erbauen; **b)** (*nkl.*) (*e-n Ort*) bebauen; / (*Ju.*) *compagibus altum caput -are* ein Haargebäude auftürmen.

aedīlĭcĭŭs 3 (*aedīlĭs*) **1.** des Ädilen [*scriba, comitia, sortitio* Wahl zum Ädilen, *repulsa* Durchfall bei der Bewerbung um die Ädilität]. **2.** *subst. m* gewesener Ädil.

▶ **aedīlĭs,** *īs m* (*aedēs; urspr. wohl* Tempelaufseher) Ädil (*urspr. 2 aedīlēs plēbēī* [*auch plēbĭs u. plēbēī*] *als Stadtpolizisten u. Veranstalter der Spiele der Plebs; seit 366 außerdem 2 patrizische* [*cŭrūlēs*] *als Veranstalter der großen Spiele u. Aufsichtsbeamte im patriz. Tempel; gemeinsame Aufgabe der 4: Polizeiwesen u. Fürsorge für öffentl. Bauten*). — (*Just.*) *Übersetzung v.* ἀγορανόμος: Marktmeister (*s. ăgŏrānŏmŭs*).

F. *abl. sg. aedīlē u.* °*-ī, gen. pl. aedīlĭŭm.*

aedīlĭtās, *ātīs f* (*aedīlĭs*) Ädilität.

aedĭs, *īs f* ≐ *aedēs.*

aedĭtŭēns, *ĕntīs m* (*aedēs, tŭĕŏr*) (*Lu.*) Tempelhüter.

aedĭtŭmŏr 1. (*aedĭtŭmŭs*) (*vkl.*) Tempelhüter sein.

aedĭtŭmŭs (*a. aedĭtĭmŭs*), *ī m* (*aedēs; eig. adi.* „zum Tempel gehörig"; *zum Suffix vgl.* „*mărĭtŭmŭs*") *u.* (*seit Li.*) **aedĭtŭŭs,** *ī m* (*aedēs; volkset. Anlehnung an tŭĕŏr* „den Tempel bewachend") Tempelhüter; Hüter, Wächter. — ** Glöckner, Küster.

ăēdŏn, *ŏnīs f* (*Fw.* ‹ ἀηδών *eig.* „Sängerin") (*dcht.*) Nachtigall.

Aedŭī *u.* **Haedŭī,** *ōrŭm m* die Äduer, *kelt. Völkerschaft Galliens zw. Loire u. Saône. — adi.* **Aedŭŭs** 3 [*civitas*].

Aeētă *u.* °*-tēs, ae m* (*Αἰήτης*) *S. des Sonnengottes, K. i. Kolchis* (*od. Aia*), *V. d. Medea, Hüter des Goldenen Vlieses. Cf.* V.-B. I, 2. — *adi.* **Aeētaeŭs** 3 = kolchisch; *patron.* **Aeētĭăs,** *ădīs u.* **Aeētīnē,** *ēs f T. des* ~ (= *Medea*).

Aegaeŏn, *ŏnīs m* (*Αἰγαίων*) *hundertarmiger Meerriese* (*od. Gigant*) = *Brĭarĕŭs.*

F. *Cf.* V.-B. III, 1, b.

Aegaeŭs (*nicht Aegēŭs!*) 3 ägäisch. **Aegaeum (mare)** Ägäisches Meer (*Αἰγαῖον πέλαγος*).

Aegātēs, *ĭŭm f u.* **Aegătae,** *ārŭm f* (*insŭlae*) *die drei* Ägatischen Inseln *an der Nordwestspitze Siziliens* (*Schlacht 241 v. Chr.*).

▶ **aegĕr,** *gră, grŭm* (*m.* °*comp. u.* °*sup.; adv.* **aegrē;** *s.d.; et. unklar*) **1. a)** krank, leidend, *bald abs.* [*homo, corpus, valetudo* Unpäßlichkeit], *bald m. Angabe des leidenden Teiles od. der Ursache der Krankheit* [*morbo,* (*ex, de*) *vulnere, pedibus, animo u. loc. animi; m.* °*gr. acc., zB. aeger manum*]; *subst. m* der Kranke, Patient; *f* °die Kranke; *auch* = matt, (*genua*) schlotternd; **b)** / (*vom Staate*) zerrüttet, morsch [*civitas*]. **2.** (*meist nkl., dcht.*) (*geistig od. seelisch*) krankhaft, bekümmert, ärgerlich, verstimmt, verdrießlich [*omnium mentes, cor,* °*oculi* neidisch; °*curis, amore*]. **3.** (*nkl., dcht.*) (*v. Zuständen*) schmerzlich, betrübend, traurig, mühselig, unglücklich [*amor, luctus, senectus*]. — *Cf. auch* **aegrē.**

Aegĕŭs, *ĕī m* (*Αἰγεύς*) *sagenhafter K. v. Athen, V. d. Theseus. — patron.* **Aegīdēs,** *ae m Nachk. d.* ~ (= Theseus).

F. *Cf.* V.-B. II, 3 (bzw. I, 2).

Aegīnă, *ae f* (*Αἴγινα*) *Insel im Saronischen Meerbusen, früher Seehandelsplatz der Dorier* (*erste griech. Münzprägung; Ruinen des spätarchaischen Aphaiatempels; v. Thorwaldsen ergänzte* „*Ägineten*" *in München*). — *Einw.* **Aegīnētae,** *ārŭm m; adi.* **Aegīnētĭcŭs** 3.

aegĭs, *ĭdīs f* (*Fw.* ‹ αἰγίς) (*dcht.*) **1.** *Sturmschild des Zeus* (*Jupiters*). **2.** *Athenes* (*Minervas*) *schuppiger Brustpanzer, Ziegenfell m. d. Gorgonenhaupte u. Schlangen über Brust, Schultern und Rücken.* **3.** / (*dcht.*) Schild, Schutzwehr.

F. *acc. aegĭdă.* — V.-B. III, 4, b.

Aegīsthŭs, *ī m* (*Αἴγισθος*) *S. d. Thyestes, Mörder Agamemnons; v. Orestes erschlagen.*

Aeglē, *ēs f* (*Αἴγλη*) *Najade, M. der Chariten* (*Grazien*).

aegŏcĕrōs, *ōtīs m* (*Fw.* ‹ αἰγοκέρως) (*dcht.* = *căprĭcŏrnŭs*) Steinbock (*als Tierkreiszeichen*).

Aegŏs flūmĕn *n* (*Αἰγὸς ποταμός od. -οί* = Ziegenfluß) *auf dem Thrakischen Chersones* (*Schlacht 405 v. Chr.*).

▶ **aegrē** *adv. v. aegĕr* (*comp. aegrĭŭs, sup. aegĕrrĭmē*) **1.** schmerzlich, unangenehm, ärgerlich; °*aegre facere alci* (*Com.*) *jd.* wehe tun, *jd.* kränken; *aegre ferre* Kummer haben, sich gekränkt fühlen, über *etw.* unwillig *od.* bekümmert sein (*alqd; m. a.c.i. od. quod*). **2. a)** (nur) m. Mühe, kaum; *non aegre, haud aegre* ohne Mühe; **b)** ungern [°*pati u. ferre,* °*habere*].

aegrĕō, — — 2. (*aegĕr*) (*Lu.*) krank sein.

aegrēscō, — — 3. (*incoh. v. aegrĕō*) (*dcht., nkl.*) **1.** krank werden, erkranken. **2.** / **a)** (*v. Affekten*) sich verschlimmern; **b)** (*v. Pers.*) sich ärgern, sich betrüben.

aegrīmōnĭă, *ae f* (*aegĕr*) (*selten*) Kummer, Verstimmung.

aegrĭtūdō, *ĭnīs f* (*aegĕr*) **1.** (*nachaug.*) Unpäßlichkeit. **2.** Kummer, Gram, Unmut.

aegrŏr, *ōrīs m* (*aegĕr*) (*dcht.*) Krankheit.

aegrōtātĭō, *ōnīs f* (*aegrōtō*) Krankheit, Siechtum, krankhafter Zustand *des Körpers od. des Geistes;* / krankhafte Anwandlung, *auch pl.*

aegrōtō 1. (*denom. v. aegrōtŭs*) krank sein, leiden, *körperlich od. geistig* [*graviter; re od. ex re*]; /

(*vkl., dcht.*) daniederliegen [*artes*].

aegrōtŭs 3 (*wohl eig. part. pf. v. einem denom. zu aegĕr*) krank, leidend, siech; (*Te.*) liebeskrank; zerrüttet [*res publica*]; *klass. seltener als aeger, nkl. häufiger*; *subst. m* der Kranke.

Aegȳptŭs *u.* °**-ŏs,** ī *f* (Αἴγυπτος) Ägypten, *das Niltal vom Stromfalle bei Philä bis zum Nildelta; seit 30 v.Chr. röm. Provinz; meton.* °ägyptische Kriegsmacht. — *Einw. u. adi.* **Aegȳptiŭs** (3); *subst. auch* **-tinŭs,** ī *m.*

aelinŏs, ī *m* (*Fw.* ⟨ αἴλινος) (*Ov.*) Wehruf, Klagelied, *nach dem gr. Kehrreim* αἴλινος = *„ach, Linos" benannt; cf. Linŭs.*

Aeliŭs 3, *Name e-r pleb. gēns. Durch die lex Aelia vom Jahre 156 v.Chr. wurde den Magistraten und Tribunen das Recht zugesprochen, durch spectio u. obnuntiatio (s. d.) die Abhaltung aller legislativen Komitien zu inhibieren.*

Aëllō, ūs *f* (Ἀελλώ, *v.* ἄελλα Sturmwind) **1.** *eine Harpyie.* **2.** *eine Hündin des Aktaion* (**Actaeōn**).
F. *Cf.* V.-B. III, 2.

Aemiliŭs 3, *Name einer patriz. gēns: L. ~ Paullŭs fiel als Konsul bei Cannā 216 v.Chr. Sein Sohn L. ~ Macĕdŏnicŭs schlug den König Perseus v. Makedonien bei Pydna 168 v.Chr. Sein dritter Sohn war der von den Scipionen adoptierte jüngere Scīpiō Aemiliānŭs Āfricānŭs.* — *adi.* **a) Aemiliŭs** 3 [*tribus*; *bsd. viă Aemiliă, die vom Konsul M. Aemiliŭs Lĕpĭdŭs 187 v.Chr.* be*gonnene Heerstraße von Ariminum (j. Rimini) bis Placentia (j. Piacenza)*; **b) Aemiliānŭs** 3 *Bein. des jüngeren Scipio (s.o.)*; *subst.* **Aemiliānă,** ōrŭm *n Vorstadt Roms.*

aemŭlă, ae *f s. aemŭlŭs.*

aemŭlātiō, ōnĭs *f* (*aemŭlŏr*) **1.** (*nkl.*) Nacheiferung, Wetteifer (*alcis rei in, um etw., zB. laudis*). **2.** (*pejorativ*) Eifersucht, Rivalität (*alcis rei*); *pl.* Eifersüchteleien.

aemŭlātŏr, ōrĭs *m* (*aemŭlŏr*) Nacheiferer; (*pejorativ*) Nachtreter.

aemŭlātŭs, ūs *m* (*aemŭlŏr*) (*Ta.*) = *aemŭlātiō.*

aemŭlŏr 1. (*denom. zu aemŭlŭs*) **1.** *jd.* nacheifern, *m. jd.* wetteifern, *jd.* nachahmen (°*abs. od. alqm u. alqd, zB. Agamemnonem, virtutes maiorum*; *m.* °*dat.*). **2.** (*pejorativ*) auf *jd.* eifersüchtig *od.* neidisch sein (*abs. od. alci u.* °*cum alqo*; °*inter se*; °*m. inf.*).

▶ **aemŭlŭs** 3 (*wohl ablautend zu im-itŏr, im-āgō*) **1.** (*unkl.*) nacheifernd, wetteifernd (*abs. od. alci u. alci rei, zB. summis oratoribus*; *selten m. gen.*); *klass. nur als subst. m u. f* Nacheiferer(in); Anhänger *e-s philos. Systems.* **2.** (*nkl., dcht.*) eifersüchtig, neidisch (*abs. od. alcis od. alcis rei auf jd. od. etw., zB. imperii Romani*); *subst. m u. f* (*klass. selten*) Nebenbuhler(in), Rivale (-lin), *m. gen.* [*regni*]. **3.** (*nkl., dcht.*) gleichkommend, ebenbürtig.

Aenāriă, ae *f vulk. Insel b. Neapel, j.* Ischia.

Aenēās, ae *m* (Αἰνείας) *S. des Anchises u. der Aphrodite (Venus), Stammvater Roms u. des Julischen Hauses.* — *patron.* **Aenĕădēs** *u.* **Aenidēs,** ae *m* S. *od.* Nachk. d. Äneas: **a)** *Ascanius*; **b)** *Augustus*; **c)** *pl.* **Aenĕădae**: **α)** Gefährten des Äneas; **β)** *übh.* = die Trojaner; **γ)** = die Römer. **Aenēis,** ĭdĭs *u.* °ĭdŏs *f Vergils Epos v. Äneas. adi.* **Aenēiŭs** 3.
F. *Cf.* V.-B. I, 3 (*bzw.* I, 2 u. III, 1, a).

ăēnĕātŏrēs, ŭm *m* (*ăēnĕŭs*) (*nkl.*) Tuba- *u.* Hornbläser.

ăēnĕŭs *u.* **ăhēnĕŭs** 3 (*aes*) **1.** kupfern, ehern, aus Bronze [*statua*, °*proles* das eherne Zeitalter]. **2. a)** *meton.* (*Suet.*) bronzefarben; **b)** / (*dcht.*) unbezwinglich, unzerbrechlich, eisern.

Aeniānēs, ŭm *m* (Αἰνιᾶνες) *griech. Volksstamm im südl. Thessalien.*

aenigmă, ătĭs *n* (*Fw.* ⟨ αἴνιγμα) Rätsel [~ *ponere* aufgeben, *solvere* lösen]; / das Rätselhafte, Dunkle [*somniorum*], *bsd.* rätselhafte Anspielung (*alcis j-s*, auf *jd.*). — (*Cf.* V.-B. III, 6).

aenigmătĭcē *adv.* (*aenigmă*) (*Se.*) in Rätseln.

ăēni-pēs, ĕdĭs (*ăēnŭs, pēs*) (*dcht.*) erzfüßig.

Ăēnŏ-barbŭs, ī *m s. Dŏmĭtiŭs.*

ăēnŭs *u.* **ăhēnŭs** 3 *ältere, später vorwiegend dcht. Nebenform v. ăēnĕŭs*; *subst.* **ăēnŭm,** ī *n* (eherner) Kessel.

Aenŭs, ī **1.** *f* (Αἶνος) *Ort in Thrakien, j.* Enos; *Einw.* **Aenii,** ōrŭm *m.* **2.** *m* der Inn.

Aeŏlēs, ŭm *u.* (*selten*) **Aeŏlii,** ōrŭm *u.* **Aeŏlis** = Αἰολεῖς *m* (*cf.* Aeŏlĭs) **1.** Einw. v. Aeolis *im nw. Kleinasien.* **2.** Äoler, *adi.* **Aeŏliŭs** *u.* **Aeŏlicŭs** 3 äolisch, *bsd.* = °lesbisch [*puella* = Sappho, *carmen* Lyrik v. Alkaios (*Alcaeŭs*) *od.* Sappho].

Aeŏlidēs, ae *m s. Aeŏlŭs.*

Aeŏlis, ĭdĭs *u.* °ĭdŏs *f* **1.** *Name verschiedener gr. Landschaften* (*auch* **Aeŏliă,** ae *f*), *bsd. in Nordwestkleinasien (Lesbos, Tenedos, Troas).* **2.** *cf.* Aeŏlŭs.
F. *Cf.* V.-B. III, 1, a u. b.

Aeŏliŭs 3 *s. Aeŏlēs u. Aeŏlŭs.*

Aeŏlŭs *u.* °**-ŏs,** ī *m* (Αἴολος) **1.** *S. des Hippŏtēs, Herr der Äolischen Insel(n), Beherrscher der Winde*; *patron.* **Aeŏlidēs,** ae *m* sein Sohn; *adi.* **Aeŏliŭs** 3; *subst.* **Aeŏliă,** ae *f* (Αἰολία) *Äolusinsel, j. Stromboli.* **2.** *S. des Hellēn, K. in Thessalien, Stammvater der Äoler*; *patron.* **Aeŏlidēs,** ae *m* S. *od.* Nachk. des ~: *Sīsȳphŏs* (-ŭs), *Athămās*; *Kĕphălŏs* (*Cĕphălŭs*), Odysseus (*Ŭlixēs*); **Aeŏlis,** ĭdis *f* T. des ~; *adi.* **Aeŏliŭs** 3 äolisch, des ~.
F. *Cf.* V.-B. II, 1 (*bzw.* I, 2 u. III, a u. b).

aequābilis, ĕ (*m. comp.*; *adv.* **-itĕr**) (*aequō*) **1.** gleichmäßig, gleichförmig; gleich [*in omnes* für alle]. **2. a)** unparteiisch [*ius*]; **b)** (*Ta.*) leutselig [*in suos*]; **c)** (*Pl.*) ebenbürtig.

aequābilitās, ātĭs *f* (*aequābilĭs*) **1.** Gleichmäßigkeit, Gleichförmigkeit, Gleichheit; *insb.* Rechtsgleichheit. **2. a)** Unparteilichkeit [*decernendi*]; **b)** Gleichmut.

aequ-aevŭs 3 (*aequŭs*; *aevŭm*) (*nkl., dcht.*) gleichalterig.

▶ **aequālis,** ĕ (*m. comp.*; *adv.* **-itĕr**) (*aequŭs*) gleich: **1.** (*nkl., dcht.*) gleich hoch, eben, flach [*locus*]. **2.** gleichförmig, gleichmäßig (*abs.*, *zB. tumuli*; *re* durch *od.* an *etw.*, *zB. linguā et moribus*; °*alci jd.* gleich *od.* entsprechend, *zB. paupertas divitiis*). **3. a)** gleichstehend, gleichwertig [*civis*; *m. dat.*, *als subst. m. gen.*, *zB. creticus et eius aequalis paean*]; **b)** gleichalterig [*soror*, °*exercitus aequalis stipendiis suis m.* ebenso vielen Dienstjahren wie er selbst]; *m. dat. u. gen. subst. m u. f* Altersgenosse, Jugendfreund(in) (*alcis, meus, noster*); **c)** gleichzeitig (*m. dat. u. gen.*, *zB. illis temporibus u. illorum temporum* ~); *subst. m.* Zeitgenosse (*alcis u. alcis rei, meus*).
F. *abl. sg. stets* -ī; *pl. gen.* -iŭm, *nom. neutr.* -iă.

aequālitās, ātĭs *f* (*aequālĭs*) **1.** (*nkl.*) Gleichförmigkeit. **2.** Gleichheit [*omnia in summa aequalitate ponere* ganz gleich achten]: **a)** (*Ta.*) Rechtsgleichheit; **b)** Altersgleichheit; (*meton.*) (*Ph.*) Altersgenossen.

aequănimitās, ātĭs *f* (*aequănimŭs* gleichmütig) **1.** (*Te.*) Billigkeit, Nachsicht. **2.** (*nkl.*) Gleichmut, Geduld.

aequātiō, ōnĭs *f* (*aequō*) Gleichstellung, Ausgleichung; *bsd.* gleiche Verteilung [*iuris, gratiae, bonorum* Kommunismus].

aequātŏr, ōrĭs *m* (*aequō*) (*Inscr.*) „Gleicher" [*monetae* Prüfer]. — *** Äquator.

▶ **aequē,** *adv. v. aequŭs* (*m. comp. u. sup.*) **1.** gleich; gleichmäßig. **2. a)** in gleicher Weise = ebenso (*abs. od. m. ac, atque od. auch* et = wie, *zB. aeque ac tu, amicos aeque et nosmet ipsos diligimus*; [*nkl.*] *m. quam od. ut*; [*dcht.*] *aeque ... aeque*); **b)** (*m.* °*comp.*) m. Billigkeit (*alqd munifice et -e tueri*).

Aequi, Aequicŭli, ōrŭm *m ital. Stämme östl. v. Rom, 304 v.Chr. v. den Römern unterworfen*; *adi.* **Aequicŭs, Aequicŭlŭs** 3.

aequi-librītās, ātĭs *f* (*aequŭs, librā*) Gleichgewicht(sgesetz) (*Ciceros Übersetzung der epikureischen* ἰσονομία).

Aequimaeliŭm, ī *n* (*u.* -mēliŭm) *freier Platz am Kapitol.*

aequinŏctiālis, ĕ (*aequinŏctiŭm*) (*unkl.*) zur Zeit der Tag- *u.* Nachtgleiche.

aequi-nŏctiŭm, ī *n* (*aequŭs, nŏx*) Tag- *u.* Nachtgleiche.

aequipĕrābilis, ĕ (*aequipĕrō*) (*vkl., nkl.*) vergleichbar (*alci*).

aequi-pĕrō 1. (*aequŭs, pār*) (*nkl.*) **1.** gleichmachen. **2.** gleichstellen, -setzen, vergleichen (*alqd alci rei, zB. multitudinem mari*). **3.** gleichkommen, erreichen (*alqm u. alqd*; *re* durch, in, an *etw.*, *zB. urbem dignitate*).

▶ **aequĭtās,** *ātis f* (*aequus*) **1.** (*nkl.*) **a**) ebene Lage [*loci*]; **b**) Gleichheit, Gleichförmigkeit, Ebenmaß. **2.** /: **a**) Rechtsgleichheit; Unparteilichkeit; **b**) (*geistig, m. u. ohne animi*) Gleichmut, Geduld, Mäßigung (*alcis, auch alcis rei, zB. orationis*); *bisw. auch* = Gleichgültigkeit; **c**) (*moralisch*) Billigkeit, Humanität (*alcis u. alcis rei, zB. Caesaris condicionum*); *auch* (*meton.*) Billigkeitsgefühl.

aequō
1. a) ebnen; **b**) gerade stellen; **2. a**) gleichmachen; **b**) gleichmäßig verteilen; **c**) vergleichen; **3.** gleichkommen.

aequō 1. (*denom. zu aequus*) **1. a**) *etw.* ebnen, planieren (*alqd, zB. locum*); **b**) gerade *od.* waagerecht stellen [°*mensam*]; *mil. frontem od. aciem* ausrichten. **2. a**) gleichmachen (*alqd, zB. sortes; alqd alci rei, seltener cum re, zB.* °*alqm caelo laudibus* bis zum Himmel erheben); *solo aequare alqd* [*tecta*] *etw.* dem Erdboden gleichmachen [/ = aus der Welt schaffen, *zB.* (*Li.*) *dictaturas consulatusque*]; **b**) ausgleichen, gleichmäßig verteilen [*pecunias, periculum;* °*foedera* unter gleichen Bedingungen schließen]; **c**) auf gleiche Stufe stellen, vergleichen (*alqd cum re, zB. tenuiores cum principibus; seltener m. dat., zB.* [*Li.*] *Philippum Hannibali*); *se aequare u. P. aequari* gleichstehen, gleichkommen (*alci u. cum re, zB. Latine dicendi copia aequata est cum Graecorum gloria*). **3.** (*nkl. seit Li.*) gleichkommen, erreichen (*alqm od. alqd, zB. fluminis altitudo summa equorum pectora; auch alci rei, zB. turris moenibus; re* durch, in, an *etw., zB. alqm doctrina, equos cursu = cursum equorum*); *Appii odium* = verhaßt sein wie Appius.

▶ **aequŏr,** *ŏris n* (*wohl Bed.-Lw. nach* πέλαγος πόντου = *aequor ponti; aequus*) **1.** Ebene, *auch pl.* [*camporum*]; *bsd.* (flaches) Feld. **2.** (*dcht.*) Meeresfläche, -spiegel; Meer; (*meton.*) Seewasser; *pl.* Fluten.

aequŏrĕŭs 3 (*aequor*) (*dcht.*) zum Meere gehörig, Meeres..., See... [*genus* = Fische].

aequus
I. eben: 1. (*räuml.*) flach, waagerecht; **2. a**) günstig (gelegen); **b**) *jd.* gewogen, gnädig; **II. gleich: 1.** gleichmäßig, gleich groß; **2.** (*Kampf*) unentschieden; **3. a**) gleichmütig, gelassen; **b**) gerecht.

aequŭs 3 (*m. comp. u. sup.; adv.* **-ē**) (*et. ungeklärt*) **I. eben: 1.** (*räuml.*) flach, waagerecht, *bsd. vom Boden* [*campus* frei *od.* offen]; *mil.* (*Li.*) *frons* gerade(gerichtete) Front; *ex aequo loco loqui* im Senat reden (*Ggs.* α) *ex inferiore loco* vor Gericht, zu den Richtern, *die höher saßen*; β) *ex superiore loco* in der Volksversammlung *v. der Tribüne* zum Volk); *subst.* **aequŭm,** *ī n* (*nkl.*) Fläche, ebenes Gelände = *aequus locus* [*campi, in aequum descendere u. degredi*]; *bsd.* freies Feld; (*Ta.*) Hochebene. **2.** / **a**) günstig (gelegen) [*locus, tempus; alci* für *jd.; ad alqd od.* °*alci rei* zu *etw., zB. ad dimicandum*]; **b**) (*kl. selten*) *jd.* günstig, gewogen, wohlwollend, gnädig [°*aequo love* mit Jupiters Gunst; *non aequus* = *iniquus* ungünstig, ungnädig, zornig, *zB.* °*aer* nicht heilsam; °*alci u. in alqo, zB. in hoste*]; *subst. pl. m aequi* Freunde [*aequi et iniqui* Freund *u.* Feind]. **II. gleich: 1.** gleichmäßig, gleich groß, gleich verteilt [*spatium, numeri* Rhythmen, *ius* Rechtsgleichheit; *m. folg. ac, atque* wie; *auch m. cum, zB. aequo cum civibus iure vivere; selten* °*alci jd.* gleichstehend; °*re* in, an *etw., zB. viribus*]. **2.** (*vom Kampfe*) unentschieden [*aequo proelio od. Marte pugnare* ohne Entscheidung kämpfen; *aequo proelio od. aequa manu discedere* den Kampf ohne Entscheidung abbrechen]; *subst.* **aequŭm,** *ī n* (*nkl., dcht.*) Gleichheit, gleiche Lage, gleiches Recht [*esse, stare in aequo*]; *ex aequo* (= *aequē*) gleichermaßen. **3.** / **a**) gleichmütig, ruhig, gelassen, zufrieden, *bisw. auch* gleichgültig (*abs., unkl. re u. alcis rei* zufrieden *m. etw.*); *aequus animus* Gleichmut, *auch* Gleichgültigkeit [*aequissimo animo alqd ferre od. accipere m.* der größten Ruhe]; **b**) billig, human, unparteiisch, gerecht, *v. Pers. u. Sachen* [*iudex, iudicium; in alqm* gegen *jd., auch* °*alci od. in alqo*]; *aequum est* es ist recht *u.* billig (*alci* für *jd.; m. inf. u. a.c.i.*); *subst.* **aequŭm,** *ī n* Billigkeit, Gebühr [*in iure aut in aequo; per aequa per iniqua* um jeden Preis; *ex aequo* nach Billigkeit; *plus aequo* über Gebühr]; *aequum bonum(que)* Recht *u.* Billigkeit, *bsd. aequi boni(que) alqd facere* sich *m. etw.* abfinden; *quod od. quantum aequius melius* wie es billiger ist. — *Cf. auch* **aequē.**

▶ **āĕr,** *āĕris m* (*Fw.* ‹ ἀήρ) **1.** Luft, *bsd.* untere Luftschicht, Dunstkreis (*Ggs. aethēr*). **2.** (*dcht.*) **a**) Nebel; **b**) (*arboris*) luftiger Wipfel.
F. *acc. sg. āĕră u.* °*āĕrĕm.*

aeră, *ae f* (‹ *klass. aeră, ŭm n, pl. v. aes; s.d. 3b*) (*nkl.*) Zeitrechnung *v. e-m* bestimmten Zeitpunkt ab, Ära.

aerārĭŭs (*aes*) **1.** *adi.* 3 **a**) zum Kupfer *od.* Erz gehörig, Kupfer..., Erz...; **b**) zum (Kupfer-)Geld gehörig, Geld... [*ratio -a* die Umrechnung auf Kupfergeld, der mindere Münzfuß, *tribunus* Zahlmeister]. **2.** *subst.* **a**) **aerārĭă,** *ae f* Erzgrube; **b**) **aerārĭŭs,** *ī m* Ärarier, *Bürger der untersten Vermögensklasse* [*alqm aerarium facere od. in aerarios referre*]; **c**) **aerārĭŭm,** *ī n* Schatzkammer, Staatskasse *im Saturnustempel, unter Verwaltung der Quästoren; auch das dort befindliche* Staatsarchiv [°*militare* Kriegskasse, *sanctius* Geheimarchiv]; (*meton.*) Staatsvermögen; / Kasse, Schatz, Gelder [°*commune,* °*privatum*].

aerātŭs 3 (*aes*) **1.** erzbeschlagen [*navis, lectus* mit Bronzefüßen, °*acies* gepanzert, °*classis* erzgeschnäbelt]; *subst.* **-ae,** *ārŭm f* (*sc. naves*) (*Se.*) Kriegsschiffe. **2.** (*dcht., nkl.*) °ehern [*securis*]. **3.** / **a**) gut bei Kasse; **b**) (*dcht.*) = unbezwingbar [*murus, nodi*].

aerĕŭs 3 (*aes*) (*nkl., dcht.*) **1.** = *āēnĕŭs.* **2.** = *aerātŭs.*

aerĭ-fĕr, *fĕră, fĕrŭm* (*aes, fĕrō*) (*Ov.*) eherne Zimbeln tragend [*manus*].

aerĭ-pēs, *ĕdis* (*aes*) (*dcht.*) erzfüßig [*cerva*].

▶ **āĕrĭŭs** 3 (*Fw.* ‹ ἀέριος) in der Luft befindlich, luftig, [°*domus* Himmelsräume, °*mons u.* °*quercus* hochragend].

aerō, *ōnis m* (*Fw.* ‹ αἴρων) (*nkl.*) Binsentragekorb *für Sand.*

aerūgĭnōsŭs 3 (*aerūgō*) (*Se.*) voll Grünspan; / schmutzig, bettelhaft.

aerūgō, *ĭnis f* (*aes; cf. fĕrr-ūgō*) **1.** Kupferrost, Grünspan; (*Ju.*) ein (v. Grünspan überzogenes) altes Geldstück. **2.** / (*dcht.*) **a**) Mißgunst, Neid; **b**) Habgier, Eigensucht.

aerŭmnă, *ae f* (*wohl Lw.* ‹ αἰρομένη; *cf. aerō*) Mühsal, Trübsal, Drangsal.

aerŭmnābĭlĭs, *ĕ* (*aerŭmnă*) (*dcht., nkl.*) trübselig.

aerŭmnōsŭs 3 (*m.* °*comp. u. sup.*) (*aerŭmnă*) mühselig, kummervoll; / (*dcht.*) stürmisch [*mare*].

aes
1. Kupfer, Erz; **2.** Gerät aus Erz: **a**) Waffe; **b**) Statue; **c**) Tafel; **3. a**) Kupfergeld; **b**) Geldmünze; **4. a**) Vermögen; **b**) Löhnung.

aes, *aeris n* (‹ **ajos = got.* aiz) **1.** Kupfer, Erz, Bronze; / (*Ho.*) ehernes Zeitalter. **2.** (*meton.*) Kupfer- *od.* Bronzegerät: **a**) (*nkl., dcht.*) ehernes Gefäß, eherne Waffe (*bsd.* Panzer), Trompete; *unca aera* Angelhaken; **b**) (*dcht.*) *aera* Bronzestatuen [*ducere u. excudere* verfertigen]; **c**) Gesetztafeln [*aera legum*]. **3. a**) Kupfergeld; *rude* Kupferbarren; *grave* gestempelter, ein Pfund schwerer Barren, der Kupferas (= *ăs librālĭs*); *daher aes oft coll.* = *ăssēs, zB. decies* (*sc. centena milia*) *aeris* = eine Million (As); **b**) *pl.* Rechenpfennige; °Marken; *daher auch* Posten einer Rechnung; *übh.* Geld, Münze [*aes equestre* (*nkl.*) die dem Ritter zum Ankauf eines Pferdes verabreichte Summe *v.* 10000 As, *aes hordearium* die dem Ritter zur Unterhaltung seines Pferdes jährlich gezahlte Summe *v.* 2000 As]. **4. a**) Vermögen; *aes meum* (*tuum, suum usw.*) Aktivvermögen; *aes mutuum* geborgtes Geld; **aes ălĭēnŭm** Passivvermögen, Schulden, *nur sg., bisw. auch aes allein* [*facere od. contrahere, conflare* Schulden machen, *solvere od.* °*persolvere* bezahlen, *habere aes alienum od. esse in aere alieno* in Schulden stecken, *aere alieno exire od. exsolvi* schuldenfrei werden; *aere alieno* °*demersus od. oppressus* tiefverschuldet]; **b**) (*meist pl.*) Löhnung, Lohn; *bsd.* α) Sold [*aera*

militibus °dare u. °constituere; (meton.) auch Dienstjahre (= stipendia); β) (Ho.) Schulgeld.
F. dat. sg. altl. °aerē = aerī; pl. nur nom. u. acc. aeră üblich.
aesăr, ărĭs m (etr.) (Suet.) = dĕŭs.
Aeschĭnēs, ĭs u. ī m (Αἰσχίνης) **1.** Anhänger des Sokrates. **2.** att. Redner, Gegner des Demosthenes. **3.** Lehrer der Neueren Akademie in Athen.
F. Cf. V.-B. III, 3 u. 5.
Aeschȳlŭs, ī m (Αἰσχύλος) athen. Tragödiendichter (525—456 v.Chr.); adi. **Aeschȳlēŭs** (im Hexameter auch -ēŭs) 3.
Aescŭlāpĭŭs, ī m (Ἀσκληπιός) Gott der Heilkunde; sein Kult in Rom 291 v.Chr. eingeführt. — **Aescŭlāpĭŭm,** ī n (-pī-?) Tempel des Äskulap.
aescŭlētŭm, ī n (aescŭlŭs) (unkl.) Eichenwald.
aescŭlĕŭs 3 (aescŭlŭs) (dcht., nkl.) v. der Wintereiche, Eichen...
aescŭlŭs, ī f (wohl < *aig-sclŏs; cf. αἰγί-λωψ; nhd. „Eiche") (unkl.) die immergrüne Wintereiche.
Aesōn, ŏnĭs m (Αἴσων) K. v. Iōlcŭs (Ἰωλκός), V. Iasons. — patron. **Aesŏnĭdēs,** ae m = Iason; adi. **Aesŏnĭŭs** 3.
Aesōpŭs, ī m (Αἴσωπος) Äsop: **1.** griech. Fabeldichter um 550 v.Chr.; adi. °**-ēŭs** u. **-ĭŭs** 3 äsopisch. **2.** Clōdĭŭs Aesōpŭs, Tragöde, Freund Ciceros.
▶ **aestās,** ātĭs f (cf. aestŭs) **1.** Sommer [summa od. media od. °adulta Hochsommer, °affecta u. °praeceps Spätsommer, °prima u. °nova = Frühling]. **2. a)** (meton.) α) (dcht.) Sommerwetter, -hitze; β) mil. Feldzug; **b)** (dcht.) synekd. = Jahr.
aestĭ-fĕr, fĕră, fĕrŭm (aestŭs, fĕrō) (dcht.) hitzebringend, heiß [canis Hundsstern].
Aestĭī, ōrŭm m Volk a. d. Ostsee.
aestĭmābĭlĭs, ĕ (aestĭmō) schätzbar, beachtenswert.
aestĭmātĭō, ōnĭs f (aestĭmō) **1. a)** Abschätzung des Wertes, Taxe [frumenti, aestimationem facere od. habere abschätzen, taxieren; (Li.) in -nem venire abgeschätzt werden]; bsd. (jur. t.t.) Schätzung des Streitobjekts od. der Strafsumme [litis, poenae, °multae Ansetzung od. Umrechnung der Strafe in Geld]; **b)** (concr.) α) an Zahlungs Statt angenommenes Grundstück [-nes suas vendere]; β) Bezahlung durch abgeschätzte Grundstücke [non -ne, sed numerato]; **c)** (jur. abgeschätzte) Strafsumme, Geldbuße. **2.** / Schätzung nach dem inneren Wert, Würdigung [honoris]; prägn. Wertschätzung, Anerkennung [aestimatione dignus].
aestĭmātŏr, ōrĭs m (aestĭmō) Taxator [frumenti]; / (nkl.) Beurteiler, Sachverständiger [studiorum].
▶ **aestĭmō** 1. (wohl denom. v. *aistĕmŏs „der das Erz zerschneidet"; cf. τέμνω) **1. a)** den (Geld-)Wert abschätzen, bewerten (alqd, zB. frumentum; m. gen. bzw. abl. pretii, zB. permagno, pluris, minoris, minimo, centum denariis; m. adv., zB. verē, ita; m. abl. od. ex bei Angabe des Maßstabes = nach etw., zB. alqd pecunia, ex artificio); **b)** (jur. t.t.) litem alci die Strafsumme in e-m Prozeß bestimmen; gegen jd. eine Geldbuße verhängen; litem capitis aus der Sache einen Kapitalprozeß machen. **2.** / **a)** den inneren Wert beurteilen, würdigen (Konstruktionen wie oben; selten m. dopp. acc., zB. °alqd carum hochhalten od. m. °pro, zB. [Cu.] Aegyptios pro sociis; selten m. a.c.i. od. °indir. Frages., auch m. °inf.); **b)** (unkl.) (prägn.) hochschätzen, anerkennen (alqm u. alqd); **c)** (nkl.) glauben, meinen [sicut ego aestimo nach meinem Dafürhalten].
aestīvō 1. (aestīvŭs) (vkl., nkl.) den Sommer irgendwo zubringen.
aestīvŭs 3 (adv. °**-ē**) (aestās) **1.** sommerlich; im Sommer, Sommer... [dies; saltūs Sommerweide]. **2.** subst. **aestīvă,** ōrŭm n **a)** mil. Sommerlager; (meton.) Feldzug; **b)** (vkl.) Sommerweide; (meton.) (Ve.) Herde auf der Alm.
aestŭārĭŭm, ī n (aestŭs) **1.** Lagune. **2.** (Ta.) Bucht, Bai. **3.** (Ta.) eine der Flut ausgesetzte Flußmündung [Tamesae]; (Pli.) Meeresströmung.
aestŭmō 1. (altl.) = aestĭmō.
▶ **aestŭō** 1. (denom. v. aestŭs) **1.** (dcht.) **a)** (v. Feuer) auflodern; / kochen od. glühen; **b)** Hitze leiden, erhitzt sein [(Ve.) ager morientibus herbis verschmachtet], klass. nur v. Pers. **2.** (dcht.) (v. Wasser u.ä.) wallen, wogen, strudeln, schäumen, branden, gären [umor in ossibus]. **3.** / (v. Pers.): **a)** heftig erregt sein, glühen [desiderio; (dcht.) in alqo in Liebe zu jd. glühen]; **b)** unschlüssig sein, schwanken [dubitatione].
aestŭōsŭs 3 (m. sup. u. °comp.; adv. °**-ē**) (aestŭs) **1.** glühend, schwül [via]. **2.** (dcht.) wogend, brandend [Syrtes].
▶ **aestŭs,** ūs m (cf. αἴθω; aedēs), auch pl. **1.** (meist dcht., nkl.) (v. Feuer, Sonne u.ä.) **a)** Hitze, Glut, Schwüle [°medius Mittagshitze]; bsd. **b)** Sommerhitze, (dcht.) auch = Sommer [aestu im Sommer]; **c)** Fieberhitze [aestu febrique iactari]. **2.** (v. Wasser u.ä.) **a)** das Wogen, Fluten, Brandung (auch /, zB. comitiorum); **b)** Meeresfluten [maritimi, aestuum accessus et recessus Ebbe u. Flut]; bsd. die Flut [decessus aestūs Ebbe]. **3.** / **a)** Leidenschaft, Ungestüm [irarum]; Tatenlust [ingenii]; **b)** Unschlüssigkeit, Unruhe, Verlegenheit [°curarum].

> **aetās**
> **1. a)** Lebensalter; **b)** Jugend; **c)** Mannesalter; **d)** Greisenalter; **2.** Altersklasse; **3.** Leben(szeit); **4. a)** Zeit(alter); **b)** Generation.

aetās, ātĭs f (< altl. aevĭ-tās, cf. aevŭm) **1. a)** Lebensalter, Altersstufe [aetas succedit aetati, aetas vestra Leute euren Alters, °militaris gesetzliches Alter für den Kriegsdienst, aetate provectus in vorgerücktem Alter]; **b)** Jugend = iniēns od. primă od. bŏnă aetās; ab initio aetatis vom Eintritt in das bürgerliche Leben an; **c)** Mannesalter = aetas constans, media, confirmata, aetas populorum Blütezeit; (spät) Volljährigkeit [venia aetatis Volljährigkeitserklärung durch kaiserliche Vergünstigung]; **d)** höheres Alter, Greisenalter = aetās ĕxtrēmă od. ĕxāctă; °excusatio aetatis wegen des hohen Alters, aetate confectus altersschwach. **2.** (meton.) Altersklasse = Menschen eines bestimmten Alters, zB. aetas puerilis; omnes aetates Leute jeden Alters, jung und alt. **3.** Lebenszeit, Leben, bsd. Menschenleben [volat aetas, aetatem agere od. degere (consumere in re) sein Leben hin- od. zubringen, aetatis spatio probatus durch eine lange Lebensdauer]. **4. a)** Zeit [°longa aetas Länge der Zeit]; bsd. Zeitalter, Periode [aetas Romuli, °heroicis aetatibus, °aurea]; **b)** (meton.) Generation, Geschlecht [tertiam iam aetatem hominum videbat drei Menschenalter, °vetus Menschen der Vorzeit].
F. gen. pl. aetātŭm, seit Livius auch aetātĭŭm.
aetātŭlă, ae f (demin. v. aetās) zartes Alter, Kindes-, Jugendalter; / (nkl.) jugendliche Ausschweifungen.
aetĕrnālĭs, ĕ (aetĕrnŭs) (spät) ewig; adv. **-ĭtĕr** ewig; ** im Jenseits.
aetĕrnĭtās, ātĭs f (aetĕrnŭs) **1.** Ewigkeit. **2. a)** Unsterblichkeit [animorum]; **b)** ewiges Gedächtnis, Verewigung [alci -tem donare]; **c)** (Pli.) ewiges Wohlergehen; **d)** (spät) vestra Titel der Kaiser. — ** ewiges Leben.
aetĕrnō 1. (denom. v. aetĕrnŭs) [(unkl.) verewigen.]
▶ **aetĕrnŭs** 3 (m. °comp.; adv. °**-ō**) (< altl. aevĭtĕrnŭs; cf. aevŭm) **1.** ewig [deus, tempus]; subst. aetĕrnŭm, ī n Ewigkeit [ab aeterno, in -um auf ewig, in alle Ewigkeit]; adv. °aetĕrnŭm u. -ō ewig, immerfort. **2. a)** = unvergänglich, unsterblich, unvergeßlich u.ä. [gloria, dedecus; aeterna moliri unsterbliche Taten]; **b)** = fortwährend, beständig [servitus, pax, ignis Vestae].
▶ **aethēr,** ĕrĭs m (Fw. < αἰθήρ) **1.** Äther, obere Luftschicht (Ggs. āēr); personif. ♂ Himmelsgott; höchster Gott der Stoiker [pater omnipotens]. **2.** (dcht.) **a)** Himmelsraum; **b)** Luft, Luftraum; **c)** Oberwelt; **d)** (meton.) α) Himmelsbewohner, Götter; β) himmlische Dinge [aethera recludere]. — **Himmel, Jenseits; pl. -a Gestirne.
F. acc. sg. aethĕră (cf. V.-B. III, 1, b); abl. -ĕ.
aethĕrĭŭs 3 (Fw. < αἰθέριος) **1.** ätherisch [natura]. **2.** (dcht.) **a)** himmlisch [domus, ignes]; **b)** luftig, zum Himmel ragend [Olympus]; **c)** oberweltlich [aura].
Aethĭŏps, ŏpĭs m (Αἰθίοψ) Äthiopier, Mohr; auch adi. — **Aethĭŏpĭă,** ae f Äthiopien; im weiteren Sinne = Mohrenland od. Ägypten; adi. **Aethĭŏpĭcŭs** 3 äthiopisch.
F. nom. pl. -ēs, gen. -ŭm, acc. -ăs (cf. V.-B. III, 1, e).
aethră, ae f (Fw. < αἴθρη) (dcht.) helle reine Luft, Himmelsglanz.

Aethră, *ae f* (*Αἴθρα*) **1.** *Gemahlin des Aigeus* (*Aegĕus*), *M. des Theseus.* **2.** *T. des Okeanos* (*Ōcĕănŭs*), *v. Atlas M. der zwölf Hyaden u. des Hyas.*

Aetnă, *ae u.* °**-ē,** *ēs f* (*Αἴτνη*) **1.** der Ätna, *Vulkan a. d. Ostküste Siziliens (in seinen Tiefen befand sich nach der Sage die Werkstätte des Hephaistos* [*Vŏlcānŭs*] *u. seiner Kyklopen*); *adi.* **Aetnaeŭs** 3 [*ignes,* °*fratres* = Kyklopen, °*pastor* = Polyphem]; *subst.* **Aetnaeī,** *ōrŭm m* Anwohner des Ätna. **2.** *St. am Fuße des Ätna; Einw. u. adi.* **Aetnēnsĭs,** (ē). — (*Cf.* V.-B. I, 1).

Aetōlĭă, *ae f* (*Αἰτωλία*) *Ldsch. in Mittelgriechenland.* — *Einw.* **Aetōlŭs,** *ī m* (*fem.* **Aetōlĭs,** *ĭdĭs* Ätolerin = Deianeira [*lat.* = *Dēĭanīrā*]); *adi.* **Aetōlĭ(c)ŭs, -tōlŭs** 3 ätolisch (*dcht. auch* = des *Dĭōmēdēs od. v.* Diomedes gegründet).
F. *Aetōlŭs gen. pl. -ŭm = -ōrŭm.* (*Cf.* V.-B. VI, 3).

aevĭtās, *ātĭs f* (*aevŭm*) *altl.* = *aetās.*

aevŏs *u. -ŭs, ī m* (*altl.*) = *aevŭm.*

▶ **aevŭm,** *ī n* (*cf. αἰών, nhd.* „ewig") (*meist dcht.*) **1.** lange Dauer, Ewigkeit [*in aevum*]. **2.** = **aetās** [*aevi maturus* von reifem Alter, °*aevo solutus u. confectus* altersschwach, °*venturum aevum* zukünftige Zeit, °*vetus* Vergangenheit *u.a.*].

ăf *prp.* (*wohl dialektisch für ăb*) (*nur inschriftl. belegt, zu Ciceros Zeit nur noch in Rechnungsbüchern üblich; cf. Orator 158*) von [*af Capua*].

*****a.f.** *Abk.* = *anni futuri.*

Āfĕr *s. Āfrĭcă.*

ăffābĭlĭs, *ē* (*m.* °*comp.*; *adv.* °**-ĭtĕr**) (*ăffŏr, eig.* „gern sich anreden lassend") leutselig, freundlich, gefällig (*alci*).

ăffābĭlĭtās, *ātĭs f* (*ăffābĭlĭs*) Leutseligkeit.

ăf-făbrē (*ăd, făbĕr*) *adv.* kunstgerecht, kunstvoll.

ăf-fătim (*ăd* °*fătĭm* „bis zur Erschöpfung"; *cf. fătīgō*) zur Genüge, reichlich [*seminibus vesci*]; *vkl. u. nkl. auch m. gen.* [*pecuniae, copiarum*].

ăffātŭs¹ 3 *part. pf. v. ăffŏr.*

ăffātŭs², *ūs m* (*ăffŏr*) (*dcht.*) Anrede, Ansprache.

ăf-fēcī *s. ăffĭcĭō.*

ăffĕctātĭō, *ōnĭs f* (*ăffĕctō*) (*nkl.*) **1.** Trachten, Streben, Sucht (*alcis rei* nach *etw., zB. Germanicae originis* Anspruch auf germ. Ursprung). **2.** (*rhet. t.t.*) Künstelei, Manier.

ăffĕctātŏr, *ōrĭs m* (*ăffĕctō*) (*nkl.*) der begierig nach *etw.* Strebende (*alcis rei, zB. risūs* Freund des Lächerlichen).

ăffĕctātŭs 3 (*eig. P.P.P. v. ăffĕctō*) (*nkl.*) affektiert, geziert.

ăffĕctĭō, *ōnĭs f* (*ăffĭcĭō*) **1.** Einwirkung, Eindruck (*alcis rei e-r* Sache, *alcis* auf *jd.*, bei *jd., zB. praesentis mali sapientis -io nulla est*). **2.** (*meton.*) Zustand, Beschaffenheit [*astrorum* Konstellation, *corporis* Konstitution, Gesundheit]. **3.** / (*geistig*) *m. u. ohne animi* **a)** (augenblickliche *od.* habituelle) Gemütsverfassung, Gesinnung; **b)** (*nkl.*) Neigung, Liebe; **c)** (*spät*) Streben *nach etw.* — ** geistige Anlage.

ăffĕctō 1. (*intens. v. ăffĭcĭō*) (*klass. selten, meist vkl. u. nkl., bzw. dcht.*) **1. a)** ergreifen wollen (*alqd, zB.* °*navem dextrā*); *klass. nur iter affectare e-n* Weg einschlagen [°*viam Olympo* sich Bahn zum Olymp brechen]; **b)** (*nkl.*) *jd.* heimsuchen; *auch* = *fŭtŭō* [*ancillam hospitis*]; **c)** (*nkl.*) = *ăffĭcĭō, zB. morbo affectari* von Krankheit heimgesucht werden. **2.** / **a)** eifrig nach *etw.* streben, zu gewinnen suchen (*alqd, zB. regnum, regium nomen, spem* hegen, *bellum* die Führung des Krieges; *m. inf.*); °**b)** *etw.* erheucheln, erkünsteln (*alqd, zB. carminum studium*); *cf. ăffĕctātŭs.*

▶ **ăffĕctŭs**¹ *ūs m* (*ăffĭcĭō*) **1. a)** (*nkl.*) (*körperlich*) Zustand; **b)** (*m. u. ohne animi od.* °*mentis*) Gemütsverfassung, Stimmung. **2.** (*nkl., dcht.*) **a)** Leidenschaft, Affekt, Gier; **b)** Zuneigung, Zärtlichkeit.

ăffĕctŭs² 3 (*m.* °*sup.*) (*eig. P.P.P. v. ăffĭcĭō*) **1.** *m. etw.* angetan *od.* versehen, ausgerüstet *u.ä.* (*m. abl., zB. optima valetudine, beneficiis*). **2.** (*körperlich od. geistig*) affiziert: **a)** eingerichtet, beschaffen [*oculus probe od. recte -us*]; *auch* in *e-m* gewissen Verhältnis zu *etw.* (*ad alqd*) stehend; **b)** gestimmt, gesinnt, disponiert (*erga od. in alqm, zB. erga amicum*); *auch* verstimmt, bekümmert [*animus*]. **3. a)** angegriffen, erschöpft, geschwächt, *bsd.* zerrüttet, erkrankt [*corpus, res familiaris,* °*fides* wankend *od.* schwankend; *re* durch *od.* in bezug auf *etw., zB. aetate od. senectute* altersschwach]; **b)** (*zeitl.*) zu Ende gehend, dem Ende nahe.

ăf-fĕctŭs³ *P.P.P. v. ăffĭcĭō.*

> **ăf-fĕrō**
> **1. a)** herbeitragen, -bringen; **b)** herführen; **2. a)** mitbringen; **b)** überbringen, berichten; **3.** Hand anlegen an; **4.** vorbringen; **5.** verursachen, bewirken; **6.** zu *etw.* beitragen, nützen; **7.** hinzufügen.

ăf-fĕrō, *ăttŭlī, ăllātŭm, ăffĕrrĕ* **1. a)** herbeitragen, -bringen, -schaffen (*alqm u. alqd ab alqo, zB. a consule, od. ab, ex, de loco, zB. ex Asia; ad alqm od. alci; ad od. in alqd, zB. bellum in patriam,* °*alci rei*); **b)** (*selten*) *alqm jd.* herführen [*quaecumque vos causa huc attulit*]; *mediopass. u.* (*dcht.*) *se -ferre* erscheinen (*m. acc., zB. hanc urbem*). **2. a)** mitbringen [°*peditem alvo* im Bauch]; **b)** (*Briefe u.ä.*) überbringen (*litteras ad alqm ab alqo*); *etw.* melden, verkünden, hinterbringen, erzählen (*alqd alci u. ad alqm, zB. nuntium*; *auch de re, zB. de morte Hortensii; m. a.c.i.*); *impers. alci affertur de re od. m. a.c.i.* **3.** (Hand) anlegen an [*manus amico*]; sich vergreifen an [*vim od. manus virgini*]. **4.** vorbringen, beibringen, anführen [*causam, consilium* erteilen, *nihil* Nichtssagendes, *aetatem* zur Entschuldigung anführen; *m. a.c.i.* = als Beweis anführen, sich darauf berufen, daß]. **5.** *jd. etw.* beibringen = verursachen, bewirken, bereiten, einflößen (*alci alqd, zB. magnas clades, spem, odium* einbringen; [*Ne.*] *nova in re militari* neue Einrichtungen aufbringen). **6.** zu *etw.* beitragen *od.* helfen, nützen (*alqd alci jd., ad alqd* zu *etw., zB. multum ad bene vivendum*). **7.** (*als Zutat*) hinzubringen, hinzufügen (*alqd, zB. multa de suo; alqd alci rei od. ad, in alqd, zB. adiumentum dignitati*).

> **ăf-fĭcĭō**
> **1.** *jd.* mit *etw.* versehen; **2.** in einen Zustand versetzen, behandeln; **3.** in eine Stimmung versetzen, anregen; **4.** schwächen, erschöpfen.

ăf-fĭcĭō, *fēcī, fĕctŭm* 3. (*ăd, făcĭō*) **1.** *jd. etw.* antun *od. jd. od. etw. m. etw.* versehen, erfüllen (*alqm u. alqd re*); *im Deutschen oft durch einfache Verba wiederzugeben, zB. rem nomine* benennen, *afficere alqm poenā* bestrafen, *vulnere* verwunden, *iniuriā jd.* unrecht tun, *jd.* beleidigen, *supplicio* hinrichten lassen, *praemio od.* °*pretio* belohnen, *honore* ehren, *dolore* betrüben, *maximā laetitiā, magnis muneribus* reichlich beschenken, *ignominiā* beschimpfen, *servitute* knechten, *timore* in Furcht setzen, *laude* loben, *beneficio jd.* Gutes tun, *morte* töten (lassen), *cruce* kreuzigen lassen, *sepulturā* bestatten, *exercitum stipendio* beschenken mit *u.ä. So auch im P., zB. affici vulnere* verwundet werden, *laude* gelobt werden, *voluptate* Freude empfinden, *morbo* erkranken, *iniuriā* Unrecht erleiden, *cruciatibus* gemartert werden, *sollicitudine* in Aufregung geraten, *difficultate* in eine schwierige Lage geraten, *admiratione* in Bewunderung geraten, überrascht (*od.* bewundert) werden, *quadam delectatione* sich geschmeichelt fühlen, *iucunditate* angenehm berührt werden, *beneficio* einer Wohltat teilhaftig werden *u.ä.* **2.** (*nkl.*) (*körperlich*) in einen Zustand versetzen, behandeln, gewöhnen [*corpus*]. **3.** (*geistig od. seelisch*) in eine Stimmung versetzen, anregen, ergreifen (*alqm animo; litterae tuae sic me affecerunt, ut...*). **4.** (*nkl.*) *jd. od. etw.* hart mitnehmen, schwächen, erschöpfen (*alqm u. alqd, zB. fames exercitum*). — *Cf. auch ăffĕctŭs*².

▶ **ăf-fīgō,** *fīxī, fīxŭm* 3. **1.** *etw.* an *etw.* anheften *od.* befestigen, annageln *od.* anschmieden (*alqm u. alqd ad alqd od. alci rei, zB. Prometheum Caucaso u. ad Caucasum, cruci u. ad crucem* kreuzigen, °*pilum pectori* in die Brust bohren; *bisw. in re, zB. Ithaca in asperrimis saxis affixa*). **2. a)** *etw.* an *od.* in *etw.* stecken, anspießen (*alqm cuspide ad terram u. terrae*); **b)** / *etw.* anketten *od.* fesseln *an* (*alqd ad alqd od. alci rei, auch in re, bsd. animo od.* °*memoriae* fest einprägen, *auch in animo sensuque*); *mediopass.* sich eng anschließen *an, jd.* nicht v. der Seite gehen [*alci tamquam magistro*].

ăf-fĭngō, *finxī, fictŭm* 3. **1.** hinzubilden, bildend anfügen (*alci alqd, zB. membra corpori*). **2.** / **a)** *jd. etw.* andichten [*miracula loco*]; **b)** hinzudichten, -lügen, -denken (*abs. od. alqd u. alci rei alqd, zB. multa rumore u. rumoribus* durch Gerüchte).

ăf-fīnĭs, ĕ (*Hypost. aus ad fīnēs* [*sc. incŏlēns*]) **1.** angrenzend, benachbart, *v. Völkern u. einzelnen (m. dat., zB. ei fundo, °Mauris*). **2.** / **a)** an *etw.* beteiligt, in *etw.* verwickelt, mitwissend (*alci rei u. alcis rei, zB. sceleri, rei capitalis*); *als subst. m. gen., zB. huius suspicionis*; **b)** mit *jd.* verschwägert (*alci*); *subst. m u. f* Schwager, Schwägerin, Schwiegersohn, -vater, Verwandter (*alcis*); *scherzh. vom Gatten der Geliebten.* — ***(*höfische Anrede*) „Vetter".
F. *abl. sg. des adi. -ī, des subst. -ī u. °-ĕ; gen. pl. -iŭm.*

ăffīnĭtās, *ātis f* (*ăffīnis*) **1.** Verschwägerung, Schwägerschaft (*Beziehung e-r Pers. zu den Verwandten des Ehegatten*); *übh.* Verwandtschaft, *auch pl.* (*alcis m. jd.*). **2.** (*meton.*) (*concr.*) (*vkl.,nkl.*) = *ăffīnēs.* **3.** / (*nkl.*) enger Zusammenhang (*litterarum*). — **Freundschaft.
F. *gen. pl. -ŭm u. °-iŭm.*

ăffīrmātē (*-ī-?, m. °sup.*) (*ăffīrmō*) *adv.* unter Beteuerungen, hoch *u.* heilig [*promittere*].

ăffīrmātĭō, *ōnis f* (*-fīrm-?*) (*ăffīrmō*) Versicherung, Beteuerung.

ăffīrmātŏr, *ōris m* (*-ī-?; ăffīrmō*) (*spätl.*) Bürge.

▶ **ăf-fīrmō** 1. (*-ī-?*) **1.** befestigen, bekräftigen (*alqd; alci alqd, zB. °Troianis spem*). **2.** / **a)** bestätigen, beweisen (*alqd, zB. °virtutem armis*); **b)** behaupten, versichern, beteuern (*alqd, zB. °rem pro certo; auch de alqo u. de re, zB. de re obscura; m. a.c.i. u. indir. Frages.*). — ** P. gelten als.

ăf-fīxī *s. ăffīgō.*

ăf-fīxŭs *P.P.P. v. ăffīgō.*

ăfflātŭs, *ūs m, dcht. auch pl.* (*ăfflō*) **1.** das Anwehen, Anhauchen, Luftzug, Ausdünstung, *auch pl.* [*°vaporis* Gluthauch]. **2.** / Anhauch göttlicher Begeisterung, Inspiration [*divinus, furoris*].

ăf-flĕō, — — 2. (*vkl., dcht.*) bei *od. m. jd.* weinen (*alci*).

ăfflīctātĭō, *ōnis f* (*ăfflīctō*) Pein, Qual.

ăfflīctĭō, *ōnis f* (*ăfflīgō*) (*nkl.*) Niedergeschlagenheit.

ăfflīctō 1. (*intens. v. ăfflīgō*) **1. a)** (*nkl.*) heftig *od.* wiederholt schlagen (*alqd*), *bsd. se afflictare* sich an die Brust schlagen; **b)** beschädigen, verletzen (*alqd, zB. tempestas naves afflictat*). **2.** / **a)** übel zurichten, plagen, schwer heimsuchen (*alqm u. alqd, zB. °Italiam luxuriā, morbo afflictari*); **b)** / beunruhigen, peinigen; *bsd. se afflictare od. mediopass.* sich ängstigen, sich abhärmen (*abs. od. de re* über *etw.*).

ăfflīctŏr, *ōris m* (*ăfflīgō*) Schänder, Zerstörer (*alcis rei*).

ăfflīctŭs 3 *s. ăfflīgō.*

▶ **ăf-flīgō,** *flīxī, flīctŭm* 3. **1. a)** *etw.* an *etw.* schlagen *od.* schmettern an (*alqd ad alqd od. alci rei, zB. °caput saxo*); **b)** niederschlagen, zu Boden werfen, umreißen (*alqm u. alqd, zB. statuam*); P. zu Boden stürzen [*equi affliguntur*]. **2.** / **a)** ins Verderben stürzen, unglücklich machen; **b)** entmutigen, (nieder)beugen (*alqm u. alqd, zB. reum, animum alcis*). **3. a)** beschädigen, zerschlagen [*tempestas navem*]; **b)** hart mitnehmen, schwer heimsuchen, schwächen [*fames hostem; causam susceptam* absichtlich fallen lassen, *religiones* mit Füßen treten]; *se affligere* sich abhärmen, sich grämen. **4.** (*P.P.P.*) *adi.* **ăfflīctŭs** 3 (*m. comp.*) **a)** zerschlagen, leck [*navis*]; **b)** / **α)** zerrüttet, elend, mißlich [*res afflictae* verzweifelte Lage]; **β)** niedergebeugt, mutlos, betrübt [*afflictos recreare*]; **γ)** verworfen [*homo*].

ăf-flō 1. **I.** *trans.* **1. a)** (*nkl., dcht.*) *jd. od. etw.* anhauchen, anblasen, anwehen (*alqm u. alqd, zB. terga*), *auch* versengen [*alqm fulminis ventis*]; **b)** P. angehaucht werden (*re, zB. taurorum ore*); *bsd.* **α)** versengt werden; *fulminis telis od. ignibus* getroffen werden; **β)** begeistert werden [*numine dei*]. **2. a)** *jd. etw.* zuwehen *od.* entgegenwehen = wehend zutragen (*alci alqd, zB. odores, °vaporem*); P. entgegenwehen, -duften [*odores afflantur e floribus*]; **b)** / **α)** *jd. etw.* zutragen (*alqd*); **β)** *jd. etw.* verleihen [*oculis honorem*]; P. zuteil werden [*aura voluntatis alci afflatur*]. **II.** *intr.* (= P. *des trans.*) **1. a)** an-, entgegenwehen, hauchend berühren (*m. dat., zB. odores tibi afflabunt*); **b)** / [*rumoris nescio quid afflaverat* war dahin gelangt]. **2.** / (*dcht.*) günstig, hold sein [*Amor alci*].

ăfflŭēns, *ĕntis* (*m. comp. u. °sup.; adv.* **-ĕntĕr**) (*eig. part. praes. v. ăfflŭō*) **1.** (*Vi.*) reichlich zuströmend, **2.** / **a)** im Überfluß vorhanden, reichlich, verschwenderisch [*voluptates affluentius haurire,* (*Ta.*) *ex affluenti* (= *affluenter*) im Überfluß]; **b)** *v. etw.* triefend [*unguentis*]; / reichlich *m. etw.* versehen, an *etw.* reich, ergiebig (*abs. od. m. abl., zB. opibus et copiis; selten m. gen., zB. omnium scelerum*).

ăfflŭĕntĭă, *ae f* (*ăfflŭēns*) Überfluß, Fülle (*alcis rei v. od.* an *etw.*).

ăf-flŭō, *flūxī,* — 3. (*flūxī?*) **1. a)** (*nkl.*) heranfließen, herbeiströmen, vorbeiströmen *an* (*ad alqd od. alci rei, zB. ad ripam, moenibus*); **b)** / herbeiströmen, -kommen: **α)** (*nkl., dcht.*) (*v. Menschen*) [*multitudo*]; **β)** (*v. Sachen*) [*nihil litterarum a te affluxit*]; *ad alqm auch* = auf *jd.* überströmen [*ad deos*]. **2.** / **a)** unvermerkt zufließen, auf *etw.* einwirken (*ad alqd od. °alci, zB. voluptas ad sensus cum suavitate affluit*); **b)** (*nkl.*) *abs.* im Überfluß vorhanden sein [*otium*]; **c)** Überfluß haben *an Dingen* [*voluptatibus*]. — *Cf. auch* **ăfflŭēns.**

ăf-fŏr 1. anreden, ansprechen, *zB. beim Abschied* (*Ve.*) das letzte Lebewohl zurufen (*alqm; alqm verbis od. dictis, nomine*); *bsd.* (*dcht.*) anflehen [*deos*]; P. (*Se.*) *affatum esse* vom Schicksal verhängt sein.
F. *Klass. kommen nur die Formen ăffātŭr, ăffārī, ăffātŭs,* (*dcht.*) *ăffābăr u. ăffārĕ vor.*

ăf-fŏrĕ, ăf-fŏrĕm *s. ăssŭm*[1].

ăf-fŏrmīdō 1. (*Pl.*) bange werden (*ne*).

ăf-frīcō, *ŭī, ātŭm* 1. (*nkl.*) anreiben; / übertragen, anstecken *mit* (*alci rubiginem suam*).

ăffrīctŭs, *ūs m* (*ăffrīcō*) (*nkl.*) *das* Anreiben.

ăf-fūdī *s. ăffŭndō.*

ăf-fŭī *s. ăssŭm*[1].

ăf-fŭlgĕō, *fūlsī,* — 2. (*nkl., dcht.*) entgegenstrahlen, -leuchten (*abs., zB. Venus; alci*); / leuchtend erscheinen, (wie ein Gestirn) aufgehen, entgegenlächeln [*lux civitati*].

ăf-fŭndō, *fūdī, fūsŭm* 3. (*nkl., dcht.*) **1.** hinzugießen, -schütten (*alqd alci rei, zB. venenum potioni*); P. sich ergießen, *jd.* unversehens überlaufen [*rubor*]. **2.** hinzuwerfen (*alqd alci rei*); zu *etw.* hinzufügen [*equites cornibus*]; *affusus alci rei* an *etw.* hingeworfen, hingestreckt, hingelagert [*tumulo, genibus eius* zu seinen Knien].

ăf-fŭtūrŭs 3 *s. ăssŭm*[1].

ā-flŭō, — — 3. **1.** (*nkl.*) abströmen, wegfließen. **2.** = *ăfflŭō* 2 b *u.* c.

ā-fŏrĕ, ā-fŏrĕm, ā-fŭī *s. ăbsŭm.*

Āfrānĭŭs 3 *Name einer pleb. gēns*: **1.** *L.* ~ (*um 100 v. Chr.*), *Meister der fabula togata* (*d. h. des nationalen römischen Lustspieles*). **2.** *L.* ~, *Legat des Pompejus; adi. u. subst.* **Āfrānĭānŭs** (3).

Āfrĭcă, *ae f* **1.** Afrika (= Λιβύη). **2.** *die römische* Provinz Afrika (*Africa propria*). — *Einw.* **Āfĕr,** *frī, pl.* **Āfrī,** *ōrŭm m* Afrikaner, *bsd.* Punier; *adi. selten* **Āfĕr,** *Āfră, Āfrŭm, meist* **α) Āfrĭcŭs** 3 afrikanisch, punisch; *subst.* **-ŭs,** *ī m* (*sc. vĕntŭs*) Westsüdwestwind; **β) Āfrĭcānŭs** 3 m. Afrika zusammenhängend [*Scipio, bellum* Krieg Cäsars in Afrika, *gallinae* Perlhühner]; *subst. Āfrĭcānae f* wilde Tiere aus Afrika.

ā-fŭī *s. ăbsŭm.*

Ăgămĕmnō(n), *ŏnis m* (Ἀγαμέμνων) *S. des Atreus, K. v. Mykene, oberster Führer der Griechen vor Troja.* — *adi.* **Ăgămĕmnŏnĭŭs** 3; *puella -a* Iphigenie; *patron.* **Ăgămĕmnŏnĭdēs,** *ae m* = Orestes.
F. *acc. sg. -nĕm u. °-nă* (*cf.* V.-B. III, 1, b).

Ăgănĭppē, *ēs f* (Ἀγανίππη) *Muse u. Musenquelle am Helikon.* — *adi.* **Ăgănĭppēŭs** 3 / den Musen heilig [*lyra*]; (*fem. auch* **Ăgănĭppĭs,** *idis*) v. der Aganippe stammend.

ăgăpē, *ēs f* (*Fw.* < ἀγάπη) (*Tert.*) Liebe Gottes; christl. Nächstenliebe; (*Eccl.*) altchristliches Liebesmahl.

ăgāsō, *ōnis m* (*et. unsicher*) (*unkl.*) Stall-, Pferdeknecht [*mulorum* Eseltreiber]; / Tölpel.

Ăgăthŏclēs, *is u.* ī *m* ('Αγαθοκλῆς) *(361—289 v. Chr.) Tyrann v. Syrakus* (*Cf.* V.-B. III, 3).

Ăgauē, ēs *f* ('Αγαύη) *T. des Kadmos, M. des Pentheus.*

ăgĕ, *ăgĕdŭm int. s. ăgō.*

Ăgēdincŭm, ī *n* (-ē-?) *Hptst. der Senonen i. kelt. Gallien, j. Sens in der Champagne.*

ăgellŭs, ī *m* (*demin. v. ăgĕr*) Gütchen.

ăgēmă, *ătis n* (*Fw.* ‹ *dor.* ἄγημα) (*nkl.*) Leibgarde (*im makedonischen Heere*).

****agenda,** *orum n* gottesdienstliche Handlung; gottesdienstliches Formelbuch.

Ăgēnōr, *ŏris m* ('Αγήνωρ) *V. des Kadmos u. der Europa, Ahnherr der Dido;* — *patron.* **Ăgēnŏrĭdēs,** *ae m* (= **1.** Kadmos, **2.** Perseus); *adi.* **Ăgēnŏrēŭs** 3; *bōs der unter die Sterne versetzte Stier der Europa.*

ăgēns, *ĕntis s. ăgō.*

▶ **ăgĕr,** *grī m* (*cf.* ἀγρός, *nhd.* „Acker"; *zu ăgō; also eig.* „Trift") **1. a)** Akker, Feld, Flur, Grundstück, Boden [*agrum colere, ager incultus*]; **b)** (*nkl., Ho.*) (*t.t. der Gromatiker*) *in agrum* feldein, in die Tiefe (*Ggs. in fronte[m]* in die Breite). **2.** (*meist pl.*) plattes Land *im Ggs. zur Stadt od.* (*Ov.*) *zu den Bergen* [*agros vastare*]; *im Ggs. zum Meere* [*in agrum, in agros* landein, nach der Landseite]. **3.** (*meist sg.*) (Stadt-)Gebiet, Landschaft, Mark [*Tusculanus; ager publicus* Staatsdomäne].

ā-gĕrō, — — 3. (*Pl.*) wegschaffen [*nunc agerite vos*].

Ăgēsĭlāŭs, ī *m* ('Αγησίλαος) *K. v. Sparta* (*397—361*).

ăg-gĕmō, — — 3. (*dcht.*) dabei seufzen (*abs. od. alci rei*).

▶ **ăggĕr,** *ĕris m* (*ăggĕrō*²) **1.** herbeigeschaffte Erde, Dammerde, Schutt, Schanz- u. Planierungsmaterial [*fossas aggere explere,* °*moliri aggere tecta* mit Schutt befestigen]. **2.** (*meton.*) Erdwall; *bsd.* **a)** *mil.* α) Schanze; β) Belagerungsdamm [*aggerem ad urbem promovere*]; / Damm, Schutzwehr [*Graecia agger oppugnandae Italiae*]; **b)** Schutzwall um Rom; *dcht. auch* Stadtmauer; **c)** (*Ta.*) Grenzwall; **d)** (*Ta.*) Knüppeldamm *durch Sümpfe;* **e)** (*nkl., dcht.*) Oberbau *od.* Höhe eines Weges *od.* einer Straße [*viae*]; **f)** (*nkl., dcht.*) Hafendamm, Uferböschung [*Rhenum aggere coërcere*]; *übh.* Ufer, Böschung [*herbosus*]; **g)** (*nkl., dcht.*) Erhöhung, Haufe [*nivei* Schneewehen], Hügel; *bsd.* Grabhügel, Rednerbühne [*tumuli ex aggere fari*], Holzstoß, Scheiterhaufen.

ăggĕrātiō, *ōnis f* (*ăggĕrō*¹) (*nkl.*) Damm.

ăggĕrō¹ 1. (*denom. v. ăggĕr*) (*nkl., dcht.*) (dammartig) aufschütten [*tramitem*]; aufhäufen [*ossa*]; / erhöhen, steigern [*iras dictis*].

ăg-gĕrō², *gĕssī, gĕstŭm* 3. herbeitragen, -bringen, -schaffen, -schleppen (*alqd, zB.* °*tellurem tumulo* für den Hügel); / (*m. Worten*) *etw.* vorbringen [*probra* auf *jd.* häufen].

ăggĕstŭs, *ūs m* (*ăggĕrō*²) (*nkl.*) das Herbeitragen, -schaffen, *auch pl.* (*alcis rei, zB. pabuli*); (*meton.*) Damm; Grabhügel.

ăg-glŏmĕrō 1. (*dcht., nkl.*) (zu einem Knäuel) fest anschließen (*se alci rei* sich an *etw., zB. lateri alcis*).

ăg-glūtinō 1. (*glūtinō* 1. zusammenleimen; *denom. v. glūtĕn*) anleimen, ankleben, anheften (*alqd alci rei etw.* an *etw.*); / anfügen; *se -are* (*Pl.*) sich (wie eine Klette) anhängen [*meretrix*].

ăg-grăvēscō, — — 3 (*Te.*) / sich verschlimmern [*morbus*].

ăg-grăvō 1. (*nkl.*) **1.** schwerer machen (*alqd*). **2.** / **a)** verschlimmern, steigern [*dolorem*]; **b)** belästigen; zur Last fallen [*reum*].

▶ **ăg-grĕdĭŏr,** *grĕssŭs sŭm* 3. (*grădĭŏr*) **1.** heranschreiten, sich nähern, sich begeben (*abs. od. ad alqm od. alqm* zu *jd.*). **2.** (*freundl.*) sich an *jd.* wenden, *jd.* für sich zu gewinnen suchen (*alqm, zB. iudicem; re m. od.* durch *etw., zB.* °*pecuniā*). **3. a)** (*feindl.*) angreifen, überfallen (*alqm u. alqd, zB. hostes*); **b)** (*nkl.*) gerichtlich verfolgen [*absentem*]. **4.** sich zu *etw.* anschicken, *etw.* unternehmen, beginnen, versuchen (*alqd, zB. causam ancipitem; meist ad alqd, zB. ad dicendum; m. inf., zB. dicere de his rebus*).
F. *Bei Pl. auch Formen nach der 4. Konj., zB. ăggrĕdīmŭr; part. pf. aggressus* (*nkl.*) *auch pass.*

ăg-grĕgō 1. (*ăd* + *denom. v. grĕx*) zu-, beigesellen (*alqm alci od. in, ad alqd, zB. signis, in nostrum numerum* einreihen unter, *eodem*); *se aggregare od.* (*nkl.*) *mediopass.* sich anschließen.

ăggrĕssiō, *ōnis f* (*ăggrĕdĭŏr*) **1.** (*nkl.*) Angriff. **2.** / **a)** (erster) Anlauf *eines Redners;* **b)** (*philos. t.t.; Qu.*) log. Schluß, Syllogismus.

ăggrĕssŏr, *ōris m* (*ăggrĕdĭŏr*) (*spät*) (rechtswidriger) Angreifer, Räuber.

ăg-grĕssŭs *part. pf. v. ăggrĕdĭŏr.*

ăgĭlĭs, *ĕ* (*m. comp.*) (*ăgō*) (*dcht., nkl.*) **1.** leichtbeweglich [*manus, classis*]. **2.** (*bsd. v. Pers.*) **a)** behende, schnell, rasch [*Cyllenius*]; **b)** tätig, rührig, geschäftig [*vir, apis*].

ăgĭlĭtās, *ātis f* (*ăgĭlĭs*) (*nkl.*) Beweglichkeit, Schnelligkeit [*navium*]; *klass. nur* / [*naturae* des Charakters].

Āgĭs, *ĭdĭs m* ('Αγις) *Name spartanischer Könige.*
F. *acc.* Āgĭm *u.* °-ĭn, *abl.* Āgī *u.* Āgĭdĕ. *Cf.* V.-B. III, 4, b.

ăgĭtābĭlĭs, *ĕ* (*ăgĭtō*) (*dcht.*) leichtbeweglich [*aër*].

ăgĭtātiō, *ōnis f* (*ăgĭtō*) **1. a)** Bewegung, *bsd.* das Schwingen *od.* Schütteln [°*armorum, lecticae*]; **b)** (*pass.*) das Bewegtwerden *od.* Schwanken, Wogen, *auch pl.* [°*fluctuum*]. **2.** / **a)** Ausübung einer Sache, Beschäftigung *m. etw.* (*alcis rei, zB. studiorum*); **b)** (*geistige*) Regsamkeit [*mentis*].

ăgĭtātŏr, *ōris m* (*ăgĭtō*) **1.** (*dcht., nkl.*) Treiber, Lenker [*aselli*]. **2.** *abs.* Wagenlenker, Wettfahrer. — *** **2** (*pol.*) Aufpeitscher.

ăgĭtātŭs 3 (*m. comp.*) (*eig. P.P.P. v. ăgĭtō; nkl.*) geweckt, lebhaft.

ăgĭtĕ(dŭm) *s. ăgō.*

ăgĭtō
I. 1. (heftig) bewegen; **2. a)** (*Tiere*) treiben; **b)** (*Wild*) jagen; **c)** schwingen; **d)** aufwirbeln, anfachen; **II. 1. a)** anspornen; **b)** aufregen; **2.** *etw.* betreiben; **3. a)** sich benehmen; sich aufhalten; **b)** (*Feste*) feiern; **c)** (*Zeit*) verbringen; **4.** besprechen, verhandeln; **5.** erwägen.

ăgĭtō 1. (*frequ. bzw. intens. v. ăgō*) **I. 1.** heftig (*od.* wiederholt) bewegen; (hin u. her) treiben [°*navem in portu,* °*currum ad flumina* lenken]. **2. a)** (*Tiere*) treiben [*capellas*]; *dcht.* halten [*greges*]; *auch* lenken, tummeln, reiten [*equos; spatium agitandi* (*sc. equos*) Rennbahn]; **b)** (*Wild*) jagen, hetzen [*feras*]; *auch Menschen* [*alqm totā urbe*]; *auch* verscheuchen [°*chelydros*]; **c)** (*oft dcht., nkl.*) *etw.* schütteln, schwingen [°*hastam,* °*ventus capillos agitat* spielt in den Haaren]; **d)** (*Sand, Staub, Rauch u.ä.*) aufwirbeln, (*Feuer*) anfachen, (*Wasser*) aufrühren [*mare;* °*agitatus umor* der aufgewühlte Gischt, °*Charybdis austro agitata* gepeitscht]. — **II.** / **1. a)** (*dcht., nkl.*) anspornen, anreizen [*gloria alqm agitat stimulis*]; *klass. nur* (den Geist) anregen, üben [*animus curis agitatus*]; **b)** plagen, beunruhigen, aufregen (*alqm u. alqd, zB.* °*rem publicam seditionibus; rebus agitatis* in unruhigen *od.* stürmischen Zeiten); *bsd. jd.* verspotten (*alqm u. alqd, zB. personas, rem militarem*). **2.** *etw.* betreiben, verrichten (*alqd, zB.* °*imperium* ausüben, °*praecepta parentis* ausführen, °*choros* aufführen, °*odium* auslassen, °*pacem* in Frieden leben, *moras* länger zögern, °*gaudium atque laetitiam* laut seine Freude äußern, *praesidium* die Besatzung bilden); *P.* betrieben werden, herrschen [*agitatur pax, dissensio multos annos agitata; impers.* °*agitabatur* man handelte *od.* verfuhr]. **3. a)** *abs.* α) es treiben = sich benehmen [°*ferociter*]; β) (*nkl.*) sich aufhalten, leben, wohnen [*propius mare; Gallia nunc ipsa vix agitat* kann kaum noch bestehen]; **b)** (*Feste, Spiele u.ä.*) begehen, feiern [*festos dies, Dionysia,* °*convivium*]; **c)** (*nkl., dcht.*) (*Zeit*) zubringen, verleben [*vitam sine cupiditate; actā aetate* nach vollendeter Lebensbahn]. **4.** *etw.* wiederholt *od.* eifrig besprechen, verhandeln (*alqd, zB. sententiam in senatu; de re, zB.* °*de foedere, de facto consulis; m. a.c.i. bzw. m.* °*ut, zB. agitatum est, ut dictator crearetur*). **5.** (*cf. cōgĭtō*) *etw.* überlegen, bedenken, erwägen, *auch* beabsichtigen, planen (*alqd, zB. bellum; de re, zB. de Rhodani transitu; bsd. m. Zusätzen: alqd animo od. mente, in od. cum animo, secum* bei sich; *m.* °*inf. od.* °*ut; m. indir. Frages.*);

abs. denken [°*ipse longe aliter animo agitabat*].

Ăglăïē, ēs *f* (*Ἀγλαΐη*) *Name der ältesten der Chariten (Grazien).*

ăgmă, ătis *n* (*āg-?; Fw.* < *ἄγμα od. ἆγμα* „Bruchstück") (*unkl.*) *Name des gutturalen Nasals* (*gr. m. γ, lat. m. g vor Nasal, m. n vor Guttural wiedergegeben* [*agnus, angor*].

▶ **ăgmĕn,** ĭnis *n* (*ā-?; ăgō*) **1.** (*abstr.*) Zug: **a)** (*dcht.*) Strömung [*aquae*], Schwung [*remorum* Ruderschlag], Windung [*caudae*], °*agmine certo* in bestimmter Richtung; **b)** *mil.* Zug eines Heeres, Marsch [*lento agmine procedere, in agmine* auf dem Marsch]. **2.** (*concr.*) **a)** Zug = Schar, Haufe, Trupp *v. Menschen, Tieren od. Gegenständen* [*puerorum, armatorum,* °*avium, impedimentorum*]; **b)** *navium* Geschwader; **c)** (*dcht.*) Rudel, Koppel, Meute; Kette, (*v. Bienen*) Volk; *agmen pulverulentum* Staubwolke; **d)** *mil.* Heer auf dem Marsche, Marschkolonne; *agmen ducere* führen, *claudere od.* °*cogere* schließen = die Nachhut bilden; °*constituere* Halt machen (lassen); *agmen primum* Vortrab, Vorhut, *medium* Zentrum, *extremum od. novissimum* Nachtrab, Nachhut, *quadratum* in breiten Kolonnen marschierend, Frontmarsch des schlagfertigen Heeres; *agmine* in geschlossenem Zuge, *agmine instructo* marschfertig, *duplici, triplici* in zwei, drei Kolonnen. **3.** (*meton.*) (*dcht.*) Krieg, Schlacht [*Iliacum*], *auch* Kriegsdienst [*rudis agminum*].

ăgnă, ae *f* (*ā-?; ăgnŭs*) (*unkl.*) Schaflamm.

Ăgnālĭă, ĭŭm *n* (*Ov.*) = *Ăgōnālĭă*.

ā-gnāscŏr, *ăgnātŭs sŭm* 3. (*āgn-?; ăd, nāscŏr*) nachgeboren werden.

ăgnātĭō, ōnis *f* (*āgn-?; ăgnāscŏr*) Verwandtschaft *v. väterl. Seite (durch Geburt od. Adoption)*, Zugehörigkeit zum selben Hausverband; *s. ăgnātŭs 2.*

ā-gnātŭs[1] *part. pf. v. āgnāscŏr.*

ăgnātŭs[2], ī *m* (*āgn-?; āgnāscŏr*) **1.** (*Ta.*) nachgeborener Sohn. **2.** Verwandter *v. seiten des Vaters*, Agnat; *cf. cōgnātŭs; meist pl. alle freien Personen desselben Hausverbandes, die e-m gemeinsamen pater familias unterstanden;* **(*im Lehnsrecht*) die Schwertmagen, *d. h. die männl. Seitenverwandten der männl. Linie.*

ăgnĕllŭs, ī *m* (*āgn-?; demin. v. ăgnŭs*) °Lämmchen; / (*Pl.*) *Kosewort.*

ăgnīnŭs 3 (*āgn-?; ăgnŭs*) (*unkl.*) vom Lamm; *subst. ăgnīnă, ae f* (*sc. cārō*) Lammfleisch.

ăgnĭtĭō, ōnis *f* (*āgn-?; ăgnōscō*) Anerkennung; Erkenntnis [*animi*]; °genaues Kennenlernen.

ăgnĭtŭs *P.P.P. v. ăgnōscō.*

ăgnōmĕn, ĭnis *n* (*āgn-?; zu nōmĕn nach ăgnōscō*) (*nkl.*) Beiname (*den tria nomina auf Grund persönlicher Eigenschaften* [*Pius*] *od. Verdienste* [*Africanus*] *hinzugefügt*). — *Cf. cōgnōmĕn.*

▶ **ăgnōscō,** *ăgnōvī, ăgnĭtŭm* 3. (*āgn-?; ăd, nōscō*) **1. a)** erkennen (*alqm u. alqd, zB.* [*Ve.*] *deos* = die Hand der Götter; *m. dopp. acc.*; *alqd ex re etw.* an *etw., zB. deum ex operibus eius, ex se ipso* an sich selbst die Erfahrung machen; *m. a.c.i. od. indir. Frages.*); **b)** wahrnehmen, bemerken [°*notos cantus*]. **2.** wiedererkennen, sich besinnen auf (*alqm u. alqd, zB. virum*). **3.** anerkennen [*alqm filium*]; *insb.* gelten lassen, zugeben [*gloriam facti; m. a.c.i.*].
F. *pf.*-Formen *bisw. synk., zB.* °*ăgnōssĕ.* — *part. fut. auch* °*ăgnōtūrŭs.*

▶ **ăgnŭs,** ī *m* (*āgn-?;* < *idg. agvnos, cf. ἀμνός*) Lamm. — **, *** **⁓ Dei a)** *Name u. Symbol Christi;* **b)** (*i. d. kath. Liturgie*) *gebeteter od. gesungener Hymnus;* (*i. d. evang. Kirche*) *Teil der Abendmahlsliturgie;* **c)** *Wachstafel m. dem Bild des Lammes.*

ăgō
I. (*Lebewesen*) **1.** in Bewegung setzen, führen; **2.** *refl.* aufbrechen; **3. a)** hetzen, jagen; **b)** vertreiben; rauben; **c)** gerichtlich verfolgen; **d)** antreiben; **e)** *refl.* sich benehmen; **II.** (*Sachen*) **1.** in Bewegung setzen, treiben; **2. a)** mitbringen; **b)** hinaustreiben; **3.** (*Zeit*) **a)** verleben; **b)** *P.* verlaufen; **4. a)** (*trans.*) *etw.* betreiben; veranstalten; **b)** (*intr.*) tätig sein, verfahren; sich befinden; **III.** (*P.P.P.*) *subst.* **ācta** *meist pl.* **1.** Taten, Werke; **2. a)** Amtshandlungen; **b)** Protokolle, Akten; **c)** Tagesberichte, Tageblatt.

ăgō, *ēgi, āctŭm* 3. (= *ἄγω*) treiben: **I.** (*lebende Wesen*) **1.** in Bewegung setzen, führen, lenken [°*captivos prae se,* °*bovem Romam; te discus agit* macht dir Bewegung, °*levitas aves ad sidera agit* läßt auffliegen, *alqm in crucem jd.* zur Kreuzigung abführen lassen, °*triumpho* im Triumph aufführen, *capellas* = weiden; °/ *alqm transversum jd.* auf Abwege bringen]. **2.** °*mediopass. u.* °*se agere* sich in Bewegung setzen, (*v. Flüssen*) strömen; *bsd.* °*mil.* aufbrechen, marschieren [*agmen agitur*]; (*in d. Umgangssprache*) *übh.* gehen, kommen. **3. a)** (*Tiere, Wild*) hetzen, jagen, verfolgen [°*canes,* °*apros; so auch Pers., zB. fugientes hostes ad mare;* / *alqm praecipitem jd.* zu verzweifelten Entschlüssen treiben]; **b)** vertreiben, wegtreiben, fortführen, rauben [*alqm de fundo in exilium*]; *bsd.* °*praedam* Kriegsbeute *v. Menschen u. Tieren* (*im Ggs. ferre v. leblosen Dingen*); *daher* (*seit Li.*) **ferre atque agere** rauben *u.* plündern = *ἄγειν καὶ φέρειν* [*cuncta; bisw. auch in nicht feindl. Sinne: res quae ferri agique possunt* bewegliche Habe]; *selten* (*Caes.*) *portare atque agere*; **c)** (*dcht., nkl.*) gerichtlich verfolgen, anklagen (*alqm m. gen. criminis, zB. furti*), *bsd. alqm reum* in Anklagezustand versetzen; / (*meist nkl., dcht.*) beunruhigen, heimsuchen [°*alqm diris* verfluchen]; erschüttern [°*agentia verba Lycamben* die zur Verzweiflung treiben]; *klass.* (*im guten Sinne*) anziehen [°*poëmata animum auditoris agunt*]; **d)** (*meist nkl.*) zu rascherer Bewegung antreiben [*equum in hostem*]; / treiben, hinreißen zu (*alqm ad od. in alqd, zB. ad scelus, Latinos in arma* zum Kampfe, *in furorem* in Wut versetzen; *m.* °*inf.*); **e)** (*nkl.*) *se agere* sich benehmen [*ferociter, pro victore* als Sieger]. — **II.** (*Sachen*) **1.** treiben, in Bewegung setzen [°*molem,* °*pinus boreā acta* gepeitscht, °*ferrum per viscera* stoßen, °*fundam* schwingen, °*hastam od. tela* schleudern, °*sagittam* schießen]; *bsd.* (*Wagen*) lenken [*currum*], (*Schiffe*) steuern, (*Belagerungswerke u. a.*) vorschieben, näherrücken [*turres ad urbem*]; (*Dämme u.ä.*) ziehen, anlegen [*aggerem*]; *rimas* Risse *od.* Sprünge bekommen, *fundamenta* legen; / °*vias* sich Wege bahnen; einrammen [*sublicas oblique*]. **2. a)** herbeischaffen, mitbringen [*aggerem ex castris*]; **b)** hinaustreiben, hervorbringen [°*spumas in ore,* °*vocem* = schreien *od.* sprechen]; *bsd.* **α)** (*v. Pflanzen*) ansetzen [*gemmas, radices* Wurzeln schlagen]; **β)** *animam agere* in den letzten Zügen liegen. **3. a)** (*eine Zeit*) hinbringen, verleben [*diem, aetatem Athenis od. in litteris*]; *annum decimum ago* ich stehe im zehnten Jahre; **b)** P. (*unkl.*) (*v. einem Zeitabschnitt*) verlaufen, verstreichen, vergehen [*principium anni agebatur* man stand im Anfang des Jahres, °*acta nox* die vergangene Nacht]. **4.** / **a)** (*trans.*) **α)** *etw.* treiben = betreiben, verrichten, veranstalten, ausführen, sich *m. etw.* beschäftigen (*alqd, zB. negotium, iucundi acti labores*); °*censum* die Zensur abhalten, °*curam alcis u. de alqo* Sorge für *jd.* tragen, *pacem* Frieden halten, *silentium* Schweigen beobachten, *arbitrium* Schiedsrichter sein, *augurium* Auspizien abhalten, *vigilias od. custodias* Wache haben, *stationem* Posten stehen *od.* °(*v. Offizieren*) Wache haben, *honorem* bekleiden, *bellum* den Krieg planmäßig führen, *forum od. conventum* Gerichtstag halten, °*otia* müßig *od.* in Ruhe leben *u.ä.*; P. vorgehen, geschehen [*omnia quae ad Avaricum aguntur, res ante actae* früher Geschehenes]; **β)** *alqd agere* tätig sein; *nihil agere* untätig sein *od.* nichts erreichen; (*Umgangssprache*) *quid agis* was treibst du = wie geht es dir?; *quid agitur* wie geht's?; *bene mecum agitur* es geht mir gut; *res agitur* es handelt sich um *etw.* = eine Sache steht auf dem Spiele, ist in Gefahr [*caput meum*]; **γ)** *alqd agere* auf *etw.* hinarbeiten, *etw.* im Sinne haben, beabsichtigen (*alqd, zB.* °*hoc age,* °*hoc agite* aufgepaßt!; *aliud od. alias res agere* Allotria treiben); *bsd. id agere, ut* (*ne*) darauf ausgehen, sich bemühen, daß (nicht); **δ)** (*Feste*) begehen, feiern, veranstalten [°*na-*

talia, °choros aufführen, triumphum de Gallis]; ε) (v. Schauspielern) ein Stück aufführen, eine Rolle spielen, etw. vortragen [fabulam, canticum, Chaeream den Chärea spielen]; / im Leben die Rolle j-s spielen [°consulem]; auch v. Rednern: darstellen, vortragen, deklamieren [alqd cum venustate] u. v. Schriftstellern [Samnitium bella behandeln]; übh. gratias (u. grates) alci agere jd. Dank sagen (pro re für etw.); ζ) (Angelegenheiten) verhandeln od. besprechen (alqd cum alqo, auch de re, zB. de pace); res acta est (od. actum est) die Sache ist aus; (sprichw.) rem actam (auch actum od. acta) agere leeres Stroh dreschen; causam (od. rem) agere einen Prozeß führen (alcis jd. verteidigen, zB. apud iudices vor Gericht; auch / zB. causam populi); b) (intr.) α) tätig sein, handeln, zu Werke gehen [nunc agendum est, ferociter, °pro victore sich als Sieger benehmen; alqo agente durch j-s Vermittlung]; β) m. jd. verfahren, umgehen, jd. behandeln (cum alqo); P. bene mecum agitur es geht mir gut; γ) gerichtlich klagen, den Rechtsweg betreten (cum alqo gegen jd., de re, m. gen. criminis, zB. iniuriarum klagen wegen; lege, [ex] iure, ex sponso auf Grund eines Gesetzes usw.); vom Verteidiger: als Rechtsanwalt auftreten [hospes in agendo unerfahren in Rechtssachen]; δ) m. jd. verhandeln od. unterhandeln (cum alqo, zB. cum plebe; de re, zB. de condicionibus; auch m. ut, ne); agitur de re die Frage dreht sich um etw. [de vectigalibus; auch m. indir. Frages.]; bsd. actum est es ist aus (de alqo u. de re m. jd., m. etw., zB. de me); ε) (abs.) (nkl.) leben, sich aufhalten, wohnen, sich irgendwie befinden [prope mare, familiariter cum alqo auf vertrautem Fuße, homines qui tum agebant]; bsd. (v. Truppen) Kriegsdienste tun, stehen [trans Padum]; ζ) (part. praes.) adi. **ăgēns**, ĕntĭs lebhaft, ausdrucksvoll, bsd. in rhet. Sprache [orator, imago (gramm. t.t.) (Ge.) aktivisch. — subst. m (Qu.) = āctŏr: Anwalt, Kläger; ** Beamter; *** n treibende Kraft; Prinzip; η) int. (eig. imp. praes.) **ăgĕ** (auch beim pl.), **ăgĭtĕ,** oft verstärkt ăgĕdŭm (u. ăgĭtĕdŭm): αα) wohlan! auf! vorwärts! (beim imp. u. coni. hortat., zB. age considerate! age experiamur!); ββ) (in rhet. Übergängen) nun weiter! ferner!; γγ) es sei! schön! gut! meinetwegen! auch laß das! geh! leider! — **III.** (P.P.P.) subst. **āctă,** ōrŭm n, selten sg. **1.** Handlungen, Taten, Werke (alcis, zB. Caesaris; auch m. adv. fideliter acta treu geleistete Dienste). **2. a)** Amtshandlungen, Verfügungen, Verordnungen [alcis acta servare od. tollere]; auch öffentliche Verhandlungen; **b)** aufgezeichnete Verhandlungen, bsd. α) (nkl.) amtliche Protokolle [senatūs]; β) (nkl.) gerichtliche Akten; **c)** acta urbana u. rerum urbanarum, °diurna [populi Romani od. urbis], °publica Tagesberichte, Amts- od. Tageblatt, Zeitung. — ** Acta Sanctorum (Abk. Acta S.S.) Lebensbeschreibungen der Heiligen u. Märtyrer. — Acta Apostolorum = Actūs Apostolorum. — *** ad acta (Abk. a.a.) zu den Akten (legen), als erledigt betrachten. — Acta Apostolicae Sedis (Abk. A.A.S.) Amtsblatt der Kurie.

ăgōn, ōnĭs m (acc. sg. -ōnă, acc. pl. -ōnăs) (Fw. ⟨ ἀγών) (nkl.) Wettkampf, Kampfspiel; nunc demum ~ est jetzt endlich gilt's. — **~ exitus Todeskampf; agones Glaubenskämpfe.

Ăgōnālĭă, ĭŭm u. ōrŭm n (altl. ăgō „der das Opfertier tötende Priester"; zu ăgō 3.) die Agonalien (Opferfest zu Ehren des Janus u. anderer Götter). Cf. V.-B. X. — adi. **Ăgōnālĭs,** ĕ [(Ov.) lux Agonalientag].

ăgōnĭă, ōrŭm n (altl. ăgō. — s. Ăgōnālĭă) (unkl.) **1.** Opfertiere, -vieh. **2.** = Ăgōnālĭă.

ăgŏrānŏmŭs, ī m (Fw. ⟨ ἀγορανόμος) (Pl.) Marktaufseher, -richter (in Griechenland); cf. aedīlĭs.

Ăgrăgās, Ăgrăgāntīnŭs = Ăgrĭgĕntŭm, -gĕntīnŭs.

ăgrārĭŭs 3 (ăgĕr) **1.** (nkl.) Acker..., Feld...; klass. nur die Staatsländereien od. die Ackerverteilung betreffend [lex Ackergesetz, res Ackerverteilung, largitio reiche Ackerverteilung, triumvir (Li.) einer der drei die Aufteilung v. Staatsländereien leitenden Beamten]. **2.** subst. **a) ăgrārĭī,** ōrŭm m Freunde der Politik der Ackerverteilung; **b) ăgrārĭă,** ae f (sc. lēx) Ackergesetz.

▶ **ăgrēstĭs,** ĕ (m. comp.) (wohl dissim. ⟨ *ăgrēstrĭs; zu ăgĕr) **1. a)** auf dem Felde befindlich [°mus Feldmaus]; **b)** wild wachsend, wild [palmae]. **2.** (im Ggs. zur Stadt) ländlich, auf dem Lande lebend, zum Lande gehörig [hospitium, °Musa Gedicht]; bsd. Ackerbau treibend [homo]; subst. m Landmann, Bauer. **3.** / bäurisch, plump, ungebildet, derb, auch gefühllos [animus, servus, vox]; subst. m ungebildeter Mensch.
F. abl. sg. des adi. -ī, des subst. -ĭ u. -ĕ; gen. pl. des adi. -ĭŭm, des subst. auch °-ŭm.

▶ **ăgrĭ-cŏlă,** ae m (gen. pl. [Lu.] auch -ŭm) (ăgĕr, cŏlō) Landmann, Bauer; auch adi.: (Ti.) deus Schutzgott des Landbaues.

Ăgrĭcŏlă, ae m: Cn. Iūlĭŭs ~ (40—93) Schwiegervater des Tacitus.

ăgrĭ-cūltĭō, -cūltŏr, -cūltūră s. cūltĭō, cūltŏr, cūltūră.

Ăgrĭgĕntŭm, ī n (⟨ Ἀκράγαντα, acc. v. Ἀκράγας m) St. Südsiziliens, bis 1927 Girgenti, j. Agrigento. — Einw. u. adi. **Ăgrĭgĕntīnŭs** (u. **Ăcrăgăntīnŭs**) (3).

ăgrĭ-pĕtă, ae m (ăgĕr, pĕtō, Bed.-Lw. v. κληροῦχος) Ansiedler, Kolonist.

Ăgrĭppă, ae m röm. cogn.: **1.** Mĕnēnĭŭs Lānātŭs ~ vermittelte 494 v. Chr. den Frieden m. der auf den Heiligen Berg ausgewanderten Plebs. **2.** M. Vīpsānĭŭs ~ (63—12 v. Chr.), Vertrauter des Augustus, Sieger v. Actium, i. 3. Ehe vermählt mit Julia, der T. des Kaisers. **3.** ~ Pŏstŭmŭs, nachgeborener S. des vorigen. **4.** Hērōdēs ~ I. u. II., Könige v. Judäa.

Ăgrĭppīnă, ae f **1.** älteste T. des M. Vipsanius Agrippa, erste Gemahlin des Kaisers Tiberius. **2.** zweite T. des M. Vipsanius Agrippa, Gemahlin des Germanicus. **3.** T. der vorigen, seit 49 mit ihrem Oheim, dem Kaiser Claudius, verheiratet, Mutter des Nero. Ihren Geburtsort im Gebiete der Ubier ließ sie im Jahre 50 kolonisieren u. nach sich **Cŏlōnĭă Ăgrĭppīnēnsĭs** benennen (j. Köln); Einw. **Ăgrĭppīnēnsēs,** ĭŭm m.

Ăgyīeūs, voc. eū m (Ἀγυιεύς) Beschützer der Straßen (Bein. Apollos). Cf. V.-B. II, 3.

Ăgyllă, ae f älterer Name der St. Caere in Etrurien. — Einw. u. adi. **Ăgyllīnŭs** (3).

āh int. (dcht.) = ā[2].

ăhă int. (cf. āh, ăā) (Pl.) oho!

Ăhālă, ae m, cogn. der gēns Sērvīlĭă: C. Sērvīlĭŭs ~ erdolchte als magister equitum 439 v. Chr. den reichen Plebejer Sp. Maelius.

ăhēnēŭs u. **ăhēnŭs** 3 s. ăēnēŭs u. ăēnŭs.

Ăhēnŏ-bărbŭs s. Dŏmĭtĭŭs.

ai (dcht.) int. der Klage (cf. al, aĭ) ach! wehe!

Āiāx, ācĭs m (Αἴας) **1.** der Kleine, S. des Lokrerkönigs Oïleus, wegen Vergewaltigung der Kassandra v. den Göttern schwer gestraft. — **2.** der Große, S. des Telamon, des Königs v. Salamis. Als die Waffen Achills nicht ihm, sondern Odysseus zugesprochen waren, tötete er, v. Athene m. Wahnsinn geschlagen, die Herden u. beging dann Selbstmord.

āiēns u. **ăīn'** (= ăīsnĕ) s. āiō.

▶ **āiō** 3. (def.) (gespr. ăjjō; ⟨ *ăgjō; cf. prōdĭgĭum; ἠ „er sprach") **1.** ja sagen; (part.) adi. **āiēns,** ĕntĭs bejahend. **2.** sagen, versichern: **a)** selten °alci u. alqd, selten m. dopp. acc.; **b)** oft eingeschoben: ut ait, zB. Homerus; ut aiunt wie das Sprichwort sagt; **c)** meist in or. obl. m. a.c.i. (eingeschoben, voran- od. nachgestellt); **d) ăīn'** (⟨ *ăīs-nĕ) sagst du? u. (bsd. ain' tu, ain' vero, ain' tandem) meinst du? wirklich?; **e)** quid ais? hör mal, sag mal!
F. Klass. nur āiō, ăĭs, ăĭt, āiŭnt; coni. āiās, āiăt, āiănt; impf. āiēbăm usw.; part. āiēns.

Āiŭs Lŏcūtĭŭs (od. Lŏquēns) m (āiō; lŏquŏr) der „ansagende Sprecher", Personifikation der Stimme, die 390 v. Chr. nachts die Römer vor dem Anrücken der Gallier warnte.

▶ **ālă,** ae f (⟨ *ăg-s-lā, wohl zu ăgō, eig. „mit geschwungenen Armen treiben"; cf. nhd. „Achsel") **1.** (nkl., dcht.) Achsel; bsd. Achselhöhle, -haare. **2.** Flügel: **a)** = Fittich (zum Fliegen); auch °Flügelschuh; / (dcht.) zur Bezeichnung der Schnelligkeit [fulminis]; b) mil. α) Flügel eines Heeres; Hilfstruppen der Bundesgenossen [Campanorum]; β) (später) (nkl.) Reiterei der (außeritalischen) Hilfstruppen; γ) (nkl., dcht.) übh. Reiterei, Reiterschar. **3.** (Li.) Schildrand. **4.** (Vi.) pl. Seitenzimmer (des röm. Hauses).

Ălăbăndă, ae f u. ōrŭm n (ἡ u. τὰ Ἀλάβανδα) St. in Karien, gegründet von dem dort als Heros verehrten Alabandus: im Altertum Hauptfundort des roten Granats (Almandin). — Einw. u. adi. **Ălăbăndēnsĭs,** (ĕ) u. **Ălăbăndeūs,** ĕōs (nom. pl. Ălăbandĭs = Ἀλαβανδεῖς). Cf. V.-B. II, 3.

ălăbărchēs, ae m (Fw. ‹ ἀλαβάρχης) hoher Beamter in Ägypten, wahrscheinlich = Oberzolleinnehmer (scherzh. v. Pompejus, der sich rühmte, die Zölle vermehrt zu haben).

ălăbāstĕr, trī m (Fw. ‹ ἀλάβαστρος, Lw. ‹ arabisch albaçrat „Stein aus Basra") Salbenfläschchen aus Alabaster od. Onyx.

▶ **ălăcĕr,** crĭs, crĕ (selten auch °masc. ălăcrĭs) (m. °comp.; adv. °**ălăcrĭtĕr**) (wohl zu ahd. ellen „Eifer") **1.** aufgeregt, erregt. **2. a)** lebhaft, feurig [equus]; ad alqd, zB. ad bella suscipienda; bsd. kampflustig; **b)** freudig, munter [vultus].

ălăcrĭtās, ātĭs f (ălăcĕr) Erregung: **1.** Eifer, Lust (alcis rei u. ad alqd zu etw., zB. scribendi; in re bei etw., zB. in venando); bsd. freudiger Mut; **b)** Munterkeit, Fröhlichkeit (alcis rei über etw., zB. perfecti operis).

Ălānī, ōrŭm m Skythenstamm am Kaukasus.

ălăpă, ae f (vl. etr. Fw.) (nkl., dcht.) Ohrfeige (-am alci ducere geben); / symbolischer Backenstreich, den der Sklave bei der Freilassung (**der Firmling bei der Firmung) erhielt.

ālārĭŭs 3 u. (nkl.) **ālārĭs,** ĕ (ālă) Flügel... [equites]; subst. pl. **ālārĭī,** ōrŭm u. (nkl.) **ālārēs,** ĭŭm m Hilfstruppen (cf. ālă 2, b).

ālātŭs 3 (ālă) (dcht., nkl.) geflügelt.

ălaudă, ae f (gall. Fw.) Haubenlerche; pl. Name einer v. Cäsar geschaffenen gallischen Legion mit schopfähnlichen Helmbüschen.

Ălāzōn, ŏnĭs m (ἀλαζών „Prahlhans") Titel der gr. Komödie, die Plautus in seinem „Miles gloriosus" nachgestaltete.

Ălbă, ae f (wohl zu nichtindogerm. Stamm *alb- „Berg") **1. Ălbă Lŏngă** (selten Lŏngă Ălbă), Mutterstadt Roms am Westabhang des Albanerberges (mons Albanus) u. unweit des Albanersees (lacus Albanus); Einw. u. adi. **Ălbānŭs** (3), dcht. auch römisch; subst. **Ălbānŭm,** ī n α) (sc. praedĭŭm) Name der Landgüter vornehmer Römer am Albanerberg; später Villenort, j. Albano; β) (sc. vīnŭm) Albanerwein. — **2. Ălbă Fūcēntĭă** (od. Fūcēns) uraltes Städtchen am Fucinersee i. Samnium, röm. Staatsgefängnis; Einw. u. adi. **Ălbēnsĭs,** (ĕ).

ălbă, ae f (sc. vĕstĭs) (nkl., spät) weißes Gewand; Feiertagskleid. — ** weißes Chorhemd der Geistlichen, die Albe.

ălbātŭs 3 (ălbŭs) weißgekleidet, im Festkleide. — **subst. ~, ī m Engel.

ălbĕō, —— 2. (denom. v. ălbŭs) (klass. selten) weiß od. °bleich sein; °albens weiß [equus Schimmel]; caelo albente im Morgengrauen.

ălbēscō, —— 3. (incoh. v. ălbĕō) weiß od. hell werden, schimmern [mare], °(vom Haar) grau werden, °(vom Morgen) grauen [lux].

ălbĭcăpĭllŭs 3 (ălbŭs; căpĭllŭs) (Pl.) weißhaarig; subst. m Graukopf.

ălbĭcō 1. (denom. v. *ălbĭcŭs 3 zu ălbŭs) (nkl., dcht.) weißlich sein, weiß schimmern.

ălbĭdŭs 3 (m. comp. u. sup.) (ălbĕō) (nkl., dcht.) weißlich.

Ălbĭnŏvānŭs 3 Name eines röm. Geschlechts: **1.** ~ Pĕdō, Freund Ovids, (epischer) Dichter. **2.** ~ Cĕlsŭs, Privatsekretär des Tiberius, Freund des Horaz, lyrischer Dichter.

Ălbĭntĭmĭlĭŭm s. Ĭntĕmĕlĭī.

Ălbĭs, ĭs m die Elbe. (acc. -ĭm, abl. -ī).

ălbĭtūdō, ĭnĭs f (ălbŭs) (Pl.) das Weiß; capitis weißes (graues) Haar.

Ălbĭŭs 3 röm. Gentilname; cf. Tĭbŭllŭs; adi. **Ălbĭānŭs** 3 des Albius.

Ălbrŭnă, ae f germ. Seherin.

ălbŭlŭs 3 (demin. v. ălbŭs) **1.** (vkl., dcht.) weißlich (columbus). **2.** subst. **Ălbŭlă,** ae f (u. m): **a)** alter Name des Tiber; **b)** Bach westl. v. Tibur, stark schwefelhaltig, j. Solfatara di Tivoli; auch pl. Albulae (aquae) f.

ălbŭm, ī n s. ălbŭs.

Ălbŭnĕă, ae f weissagende Nymphe (Sibylle) e-r Schwefelquelle bei Tibur; auch Name der Quelle selbst.

▶ **ălbŭs** 3 (m. °comp. u. °sup.) (cf. ἀλφός „weißer Hautausschlag") **1.** weiß, u. zw. glanzlos weiß, cf. căndĭdŭs [°equus Schimmel, °populus alba Silberpappel, alba avis = Wundertier, Seltenheit]; sprichw.: utrum albus an ater sit, ignoro (od. °nescio) = er ist mir ganz gleichgültig; °alqm albis praecurrere equis über jd. triumphieren, ihn bei weitem übertreffen. **2. a)** (dcht.) weißgekleidet, in der Stola; **b)** (dcht.) blaß, bleich (bsd. durch Krankheit od. Sorgen); **c)** weißgrau, grau [°barba, plumbum Zinn]; **d)** (dcht.) aufklärend [Notus], hellstrahlend [stella]; **e)** / (dcht.) glückbringend, günstig, heiter [genius]. **3.** subst. **ălbŭm,** ī n **a)** das Weiße, weiße Farbe [°albo polire weiß tünchen, weißen, album addere in vestimentum m. Kreide reinigen]; **b)** (dcht.) weißer Streifen, weißer Fleck [pelles albo sparsae weißgesprenkelt]; **c)** weiße Tafel m. öffentl. Bekanntmachungen [°fastos in albo proponere]; bsd. αα) pontificis des Pontifex Maximus mit den annales maximi; ββ) (nkl.) praetoris für das prätorische Edikt; γγ) (nkl.) Verzeichnis, Liste [senatorium Senatorenliste, iudicum Geschworenenliste]. — ***album, i n Gedenkbuch; Sammelbuch.

ălbŭmĕn, ĭnĭs n (ălbŭs) (spät) das Weiße [ovi]. — ***das Eiweiß.

Ălcaeŭs, ī m (Ἀλκαῖος) lesbischer Lyriker, älterer Zeitgenosse der Sappho (um 610 v.Chr.).

Ălcămĕnēs, ĭs m (Ἀλκαμένης) Schüler des Pheidias (lat. Phĭdĭās), athen. Bildhauer.

Ălcăthŏŭs, ī m (Ἀλκάθοος) S. des Pelops, Wiederhersteller der v. den Kretern zerstörten Mauern v. Megara; **Ălcăthŏē,** ēs f Burg v. Megara.

ălcēdō, ĭnĭs f (Umbildung v. ἀλκυών nach einem Vorbild auf -ēdō) (vkl., nkl.) Eisvogel. — **ălcēdōnĭă,** ōrŭm n (sc. tĕmpŏră) Eisvogelbrutzeit, stille Winterzeit.

ălcēs, ĭs f (germ. Lw. = nhd. „Elch") Elentier, Elch.

Ălcēstĭs, ĭdĭs f (Ἄλκηστις) Gattin des Admetos, die bereit war, für diesen in das Totenreich zu gehen (Drama des Euripides). Cf. V.-B. III, 4, b u. III, 5.

Ălcĭbĭădēs, ĭs m (Ἀλκιβιάδης) athen. Staatsmann, † 404 v.Chr. F. Cf. V.-B. III, 3 u. 5.

Ălcĭdămās, ăntĭs m (Ἀλκιδάμας) griech. Rhetor, Schüler des Gorgias.

Ălcīdēs, ae m (Ἀλκεΐδης) der Alkide = Herakles (Hercules) (als Enkel des Alkeus). (Cf. V.-B. I, 2.)

Ălcĭnŏŭs, ī m (Ἀλκίνοος) K. der Phäaken auf Scheria; V. der Nausikaa; / (dcht., sprichw.) -i silvae fruchtbare Obstbäume; poma dare -o Holz in den Wald tragen; -i iuventus „Phäaken" = verwöhnte Schwächlinge.

Ălcmaeō(n), ŏnĭs m (Ἀλκμαίων) **1.** S. des Amphiaraos u. der Eriphyle, einer der Epigonen; auf Geheiß des Vaters tötete er die Mutter u. verfiel in Wahnsinn; Titel einer Tragödie des Ennius; adi. **Ălcmaeŏnĭŭs** 3. **2.** Schüler des Pythagoras.

Ălcmēnă, ae u. **-ē,** ēs f (Ἀλκμήνη), Gemahlin des Amphitryo(n), v. Zeus (Jupiter) M. des Herakles (Hercules). (Cf. V.-B. I, 1.)

Ălcŭmēnă, ae f (Pl.) = Ălcmēnă.

ălcyŏn, ŏnĭs f (acc. pl. -ăs) (Fw. ‹ ἀλκυών; cf. ălcēdō) (unkl.) Eisvogel. (Cf. V.-B. III, 1 b u. c.)

Ălcyŏnē, ēs f (Ἀλκυόνη) **1.** T. des Aiolos (lat. Aeŏlŭs). **2.** T. des Atlas, eine Plejade.

ălcyŏnēŭs 3 u. **-ŏnĭŭs** 3 (Fw. ‹ ἀλκυόνειος bzw. -όνιος) (unkl.) zum Eisvogel gehörig; (medicamen) -um Meerschaum (Mittel gegen Flecken im Gesicht).

ălĕă, ae f (wohl als „irrer Zufall" Lw. ‹ dor. * ἀλεός = att. ἠλεός [zu ἀλάομαι] „verwirrt") **1. a)** α) Würfelspiel [aleā ludere]; β) (Suet.) (meton.) Würfel [iacta alea esto = der Wurf sei gewagt!]; **b)** Glücksspiel [de alea condemnari]. **2.** / Wagnis, Gefahr, (blinder) Zufall [alea inest in re, °alqd in aleam dare od. committere aufs Spiel setzen, riskieren; °in dubiam aleam imperii ire ein ungewisses Spiel um die Herrschaft beginnen].

ălĕārĭŭs 3 (ălĕă) (vkl., nkl.) das Würfelspiel betreffend, Spiel...

ălĕātŏr, ōrĭs m (ălĕă) Würfelspieler; Spieler.

ălĕātōrĭŭs 3 (ălĕātŏr) zum Spiel gehörig, Spiel... [*damna* im Spiel].

ălēc = *āllēc*.

Ālēctō *u.* **Āllēctō**, *nom. u. acc. f* (*'Αλ(λ)ηκτώ*) *eine der drei Erinnyen* (*Furien*). (*Cf.* V.-B. III, 2).

Ălēĭŭs cămpŭs *m* (*'Αλήιον πεδίον*), *meist pl.*, Aleïsches Feld *in Kilikien.* („Irrflur", *weil nach der Sage Bellerophon dort nach seinem Sturze vom Pegasos umherirrte*).
F. *abl. pl.* °*Ālēīs* = *Ālēīīs*.

ālĕō, *ōnīs m* (*ālĕă*) (*unkl.*) leidenschaftlicher Spieler.

ālĕs, *ĭtĭs* (*ālă*; *Suffix nach mīlĕs u.ä.*) **1.** *adi.* (*dcht.*) geflügelt; *deus* = Hermes (Merkur); *puer* = Eros (Amor); / rasch, flüchtig [*passus*]. **2.** *subst. f* (*u.* °*m*) **a)** (*Auguralsprache*) Wahrsagevogel, *der durch seinen Flug ein Zeichen gibt* (*cf. ōscĕn*); **b)** (*dcht. u. in gehobener Sprache*) Vogel, *bsd.* großer Vogel, *zB.* Adler [*Iovis* ~], Geier, Pfau [°*Iunonia* ~], Schwan [°*Caystrius*], Eule [°*Palladis*], Habicht [°*sacer*], Rabe [°*Phoebeius*], *jedoch auch* Taube [°*Chaonis*], Hahn [°*cristatus*], Papagei [°*imitatrix*], Nachtigall [°*Daulias*]; **c)** °**α**) Schwan = Sänger [*Maeonii carminis* = epischer Dichter]; °**β**) / Wahrzeichen, Vorbedeutung [*secunda, mala*].
F. *abl.sg. des adi. -ĕ u. -ī, des subst. -ĕ; pl. neutr. fehlt, gen. ālĭtŭm u.* (*dcht.*) *ālĭtŭŭm.*

ălēscō, — — 3. (*zu ălō*; *cf. ădŏlēscō*²) (*vkl., dcht.*) heranwachsen, gedeihen.

Ălēsĭă, *ae f* (*'Αλεσία*) *feste St. der Mandubier in Gallia Lugdunensis bei Alise-Sainte-Reine, westl. v. Dijon.*

Ālēŭs 3 = *Ēlēŭs*; *s. Ēlĭs.*

Ălĕxăndĕr, *drī m* (*'Αλέξανδρος*) *häufiger Männername*; *bsd.* **1.** = Paris, *S. des Priamos.* **2.** *berüchtigter Tyrann v. Pherai i. Thessalien* (*um 360 v.Chr.*). **3.** *K. der Molosser, Oheim Alexanders d. Gr.* **4.** *Magnus* Alexander der Große, *S. Philipps, K. v. Makedonien* (*336—323 v.Chr.*). — **Ălĕxăndrēă** *od.* -*īă*, *ae f* (*'Αλεξάνδρεια*) *Name zahlreicher v. Al. d. Gr. gegründeter Städte*; *am bedeutendsten*: **1.** ~ *Trōăs an der troischen Küste*; **2.** *St. i. Ägypten* (*j. Alexandrien*); *Einw. u. adi.* **Ălĕxăndrīnŭs** (3); *bellum -um Caesars Krieg in Ägypten.*

Ālfēnŭs, *ī m*: *P.* ~ *Vārŭs aus Cremona, bedeutender Jurist in Rom unter Augustus.*

ălgă, *ae f* (*cf. ŭlvă*) (*nkl., dcht.*) Seegras, -tang; *sprichw.* = Wertloses [*vilior algā*]; (*meton.*) Seeküste.

ălgĕō, *ălsī*, — 2. (*cf. ălgŏr*) frieren, unter der Kälte leiden.

ălgēscō, *ălsī*, — 3. (*incoh. v. ălgĕō*) (*dcht.*) sich erkälten.

ălgĭdŭs 3 (*ălgĕō*) **1.** (*dcht.*) kalt, eiskalt [*nix*]. **2. a)** **Ălgĭdŭs (mōns)** *m Bergzug in Latium, alter Sitz des Dianakultes*; *adi.* **Ălgĭdŭs** 3 [*terra* um den Algidus]; **b)** **Ălgĭdŭm**, *ī n kleine Bergfestung auf dem Algidus.*

ălgŏr, *ōrĭs u.* **-ŭs**, *ūs m* (*cf. isländisch* elgur „frostiges Schneegestöber") (*unkl.*) Frost, Kälte; (*subjekt.*) = das Frieren, Frostgefühl. — *** ~ *mortis* Leichenkälte.

ălĭā (*sc. vĭā*) *adv.* (*vkl., nkl.*) auf anderem Wege [*alius aliā* der eine auf diesem, der andere auf jenem Wege].

Ălĭă, *ae f* (= *Āllĭă*).

Ălĭăcmōn, *ŏnĭs m s. Hălĭăcmōn.*

▶ **ălĭās** (*acc. pl. f v. ălĭŭs*; *sc. pārtēs*) *adv.* **1.** zu anderer Zeit, ein andermal, sonst [°*non* ~ sonst nicht]; *alias aliud* bald dies, bald das; *alias aliter* bald so, bald anders; *alias ... alias* bald ... bald; *insb.* künftig. **2.** (*nkl.*) bei anderen Gelegenheiten, sonst. **3.** (*nkl.*) *non alias quam od. nisi* aus keinem anderen Grund als.

ālĭātŭs, *ī m* (*ālĭŭm*) (*Pl.*) Knoblauchesser; armer Schlucker.

▶ **ălĭbī** (-*ī*? ⟨ *ălĭ-ŭbī*; *cf. ălĭŭs*) *adv.* **1. a)** anderswo, anderwärts [*non* ~ *quam* nirgends sonst als]; *alibi ... alibi* hier ... dort...; *alius alibi* der eine hier, der andere dort; *alibi aliter* hier so, dort so; **b)** (*Qu.*) bei einem anderen Schriftsteller, bei anderen Autoren. **2.** (*vkl., nkl.*) in *etw.* anderem; in anderer Beziehung, sonst. — *** ♀ (*bsd. im Strafprozeß*) Beweis, daß der Angeklagte zur Tatzeit nicht am Tatort war.

ălĭcă, *ae f* (*Lw.* ⟨ *ἄλικα, acc. v. ἄλιξ*) (*nkl.*) Speltgraupen, -brei; (*Ma.* XII, 81) *im Wortspiel m. ālĭcŭlă.*

ălĭcārĭŭs 3 (*ălĭcă*) (*Pl.*) Speltgraupen... [*reliquiae -ae* = Abfälle]; — *subst.* **-ārĭă**, *ae f* Straßenmädchen, Zweigroschenhure.

ălĭcŭbī (-*ī*?; *d.i. ălĭ-cŭbī*; *cf. ălĭ-quĭs, ŭbī*) *adv.* irgendwo.

ālĭcŭlă, *ae f* (*Lw.* ⟨ *ἄλλικα, acc. v. thessal. ἄλλιξ* = *χλαμύς, volkset. m. ālĭcă verknüpft*) (*nkl., dcht.*) Zipfelmantel (*Kindertracht, Jagdkleid*).

ălĭcŭndĕ (*d.i. ălĭ-cŭndĕ*; *cf. ălĭquĭs u. ŭndĕ*) *adv.* irgendwoher; / von irgend jemand, von *od.* in irgend *etw.*

ălĭd *s. ălĭs.*

Ālĭdēnsĭs, *ĕ* = *Ēlĭdēnsĭs*, *ĕ* = *Ēlēŭs* 3.

ălĭēnātĭō, *ōnĭs f* (*ălĭēnō*) Entfremdung: **1.** Ent-, Veräußerung [*sacrorum*]. **2.** / **a)** Entfremdung *des Gemüts* (*alcis, zB.* exercitūs, *tua*); *bsd.* Abfall *v. jd.* (*ab alqo ad alqm*), Bruch *m. jd.* (*ab alqo*), Abneigung (°*in alqm* gegen *jd.*); **b)** (*nkl.*) *m. u. ohne mentis* Bewußtlosigkeit; Wahnsinn.

ălĭēnĭ-gĕnă, *ae m u. f* (*ălĭēnŭs, gĭgnō, eig.* anderswo geboren) ausländisch, fremd, *nur v. Pers.* [*homo, dii*]; *subst. m* Ausländer, Fremder.

ălĭēnĭ-gĕnŭs 3 (*ălĭēnĭgĕnă*) (*dcht., nkl.*) fremdartig, ausländisch.

ălĭēnō 1. (*denom. v. ălĭēnŭs*) entfremden: **1. a)** (*meist vkl., nkl.*) sich einer Sache entäußern, *etw.* in fremde Hände geben (*alqd*); **b)** (*vkl., nkl.*) (*Kinder, Sklaven usw. aus der Familie*) verstoßen (*alqm*); **c)** (*nkl.*) zurücksetzen. **2.** (*jur. t.t.*) **a)** (*vkl., nkl.*) in fremde Gewalt bringen (*alqm*); *P.* in fremde Gewalt geraten; **b)** veräußern, abtreten (*alqd, zB. vectigalia*). **3.** / (*nkl.*) *mentem alcis jd.* wahnsinnig machen (/ ganz verblenden); *alienatus animo od. sensibus* (*klass. nur*: *alienatā mente*) wahnsinnig, außer sich. **4.** / (*geistig*) entfremden, abtrünnig machen, zum Abfall *v. jd.* bringen, *auch* gegen *etw.* gleichgültig machen (*alqm od. alqd ab alqo od. a re, zB. omnes a se bonos*; *nkl. auch alqm alci*); *P.* abfallen, feind sein, scheuen (*ab alqo od. a re*); (*P.P.P.*) *adi.* **ălĭēnātŭs** 3 °abtrünnig, gleichgültig (*ab alqo od. a re*); *alienatus a sensu* (*Li.*) gefühllos gegen den Schmerz.

> **ălĭēnŭs**
> **1.** fremd, andern gehörig; **2. a)** ausländisch; **b)** nicht verwandt, fernstehend; **3.** abgeneigt, feindselig, gleichgültig; **4. a)** fremdartig; **b)** ungünstig; **5.** unpassend, unvereinbar.

ălĭēnŭs 3 (*m. comp. u. sup.*) (*wohl* ⟨ **ălĭ-jĕs-nŏs zu ălĭŭs*) **1.** fremd, (einem) anderen gehörig [*domus*; *vulnus* (*Ve.*) einem andern zugedacht]; *aes -um* Schulden; *nomina -a* (*Sa.*) *v.* anderen gemachte Schulden; (*Ho.*) *mālis alienis ridere* höhnisch lachen (= [*Homer*] *γναθμοῖσι ἀλλοτρίοισι γελᾶν*); *subst.* **ălĭēnŭm**, *ī n*, *pl.* **ălĭēnă**, *ōrŭm n* **α)** fremdes Gut, fremder Grund und Boden [*ex od. de alieno largiri* auf Kosten anderer]; **β)** fremde Angelegenheit(en). **2. a)** ausländisch [*loca, religio*]; *subst.* **ălĭēnŭs**, *ī m* Fremder, Ausländer; **b)** nicht verwandt, fernstehend (*abs. od. ab alqo*, [*Li.*] *m. dat., zB. a Clodio*, °*regibus*); *alienissimus* wildfremd [*alienissimis se credere*]. **3.** (*v. Pers.*) abgeneigt, feindselig, gleichgültig [*homo, alcis mens od. animus*; *ab alqo od. a re, zB. a me, a piratarum metu* frei von; *auch m. dat., zB. mihi*; *selten m. gen., zB. ioci*]; *selten in re* in *etw.* unselbständig = von anderen abhängig [*in physicis totus*]. **4.** (*v. Sachen*) **a)** fremdartig [*verba* uneigentliche Ausdrücke, (*Li.*) *suo alienoque Marte pugnare* nach gewohnter u. ungewohnter Kampfesart]; **b)** ungünstig, nachteilig [*locus, tempus* Unzeit; *alci* (für) *jd.*]. **5.** unangemessen, unpassend, widersprechend, unvereinbar *m.* (*ab alqo od. a re, zB. ab aetate nostra*; *m. abl., zB. vita superiore*; *m. dat., zB. huic causae*; *m. gen., zB. dignitatis meae*; *ad alqd* in bezug auf *etw., zB. ad committendum proelium*); °*aliena loqui* Unsinn reden (*v. Wahnsinnigen*); *non alienum est od. videtur* nicht unzweckmäßig *od.* unpassend (*m. inf. u. a.c.i.*).

ālĭ-gĕr, *gĕră, gĕrŭm* (*ālă, gĕrō*) (*dcht., nkl.*) geflügelt [*Amor, agmen* Zug der Vögel, *axis* Drachenwagen].

ălĭmēntārĭŭs 3 (*ălĭmēntŭm*) (*unkl.*) Nahrungs..., Unterhalts... [*lex*]; unterhaltsberechtigt.

ălĭmēntŭm, *ī n* (*ălō*) **1.** (*meist pl.*) Nahrung(smittel), Proviant [*corporis*, °*tridui* auf drei Tage; *auch* /, *zB.* °*ignis*]. **2.** *pl.* Alimente; Erzieherlohn, Pflegegeld.

Ălĭmēntŭs, *ī m cogn. in der gēns Cincĭă* (*s. Cincĭŭs*).

ălĭmōnĭŭm, ī *n* (*ălĭmō* „Pflegling" *zu ălō*) (*vkl.,nkl.*) Nahrung.

▶ **ălĭō** (*erstarrter abl. sg. v. ălĭŭs*) *adv.* **1.** anderswohin [*alio ire od.* se conferre, *alius alio* der eine hierhin, der andere dorthin]. **2. a)** zu *jd.* anderem, zu anderen Leuten, auf andere; **b)** zu *etw.* anderem = zu einem anderen Zweck [°*nusquam alio quam ad* zu nichts anderem als].

ălĭō-quī(n) *adv.* (*nkl., dcht.*) **1.** in anderer Hinsicht, im übrigen. **2.** überhaupt, ohnehin (schon). **3.** andernfalls, sonst.

E.F. *ălĭō-quī urspr. abl. v. ălĭŭd-quĭd; ălĭō-quīn (wie auch cētĕrō-quīn u. ăt-quīn) nicht seltene, gelehrte Anlehnung an quīn.*

ălĭōrsŭm, (<) **ălĭō-vŏrsŭm** (*vĕrtō* < *vŏrtō*) *adv.* (*vkl., nkl.*) anderswohin; / in anderem Sinne, anders.

ălĭ-pēs, ĕdĭs (*ălă; pēs*) (*dcht.*) flügelfüßig [*deus* = Hermes (Merkur)]; / schnellfüßig [*equus*]; *subst. m* Rennpferd.

F. *abl. sg.* -ī, *gen. pl.* -ŭm.

ălĭ-pĭlŭs, ī *m* (*ălă; pĭlō*) (*Se.*) Sklave, der die Achselhaare entfernt.

ălīptēs, ae *m* (*Fw.* < ἀλείπτης) „Einsalber", Masseur.

F. *Cf.* V.-B. I, 2.

ălĭquā, *sc.* *vĭā* (*ălĭquī*) *adv.* auf irgendeinem Weg, irgendwo [*evolare*]; / (*dcht.*) irgendwie [*nocere*].

ălĭquăm (*ălĭquī*) *adv.* ziemlich, *nur in den Verbindungen*: **1. ălĭquăm-dĭū** *adv.* ziemlich lange, eine Zeitlang. **2. ălĭquăm-multī** 3 (*auch getr.*) ziemlich viele.

▶ **ălĭ-quăndō** (*u.* -*ŏ*?) (*cf. ălĭŭs*) *adv.* **1.** (irgend) einmal; *bsd.* **a)** (*v. der Vergangenheit*) einstmals, vor Zeiten; **b)** (*v. der Gegenwart*) dann *u.* wann einmal; **c)** (*v. der Zukunft*) dereinst, einst; **d)** endlich einmal; *nachdrücklicher tandem aliquando.* **2.** zuweilen, manchmal.

ălĭquăntĭllŭm, ī *n* (*demin. v. ălĭquăntŭm*) (*Pl.*) ein bißchen.

ălĭquăntĭs-pĕr (-*tĭspĕr*?) (*ălĭquăntŭm; -pĕr*) (*Com., nkl.*) *adv.* eine Weile.

ălĭquăntŭlŭs 3 (*demin. v. ălĭquăntŭs*) (*Com., nkl.*) (ziemlich) klein, wenig; *subst.* **ălĭquăntŭlŭm,** ī *n* ein wenig (*m. gen.*); *auch adv.*

▶ **ălĭ-quăntŭs** 3 (*cf. ălĭŭs*) **1.** *adi.* (*nkl.*) ziemlich viel *od.* groß, bedeutend [*numerus, timor*]; *pl.* ziemlich viele [*oppida*]. **2.** *subst.* **ălĭquăntŭm,** ī *n* ein Bedeutendes, ein gut Teil, eine ziemliche Strecke (*alcis rei, zB. agri, itineris*). **3.** (*adv.*) **a) ălĭquăntŭm** (*acc.*) (*bei Verben*) = ziemlich, erheblich, einigermaßen [*commoveri*]; (*vkl., nkl.*) *auch bei comp.* [-*um maior*]; **b) ălĭquăntō** (*abl. mens.*) bedeutend, *bei comp. u. komparativen Ausdrücken, zB. amplius, post.*

ălĭquā-tĕnŭs *adv.* (*nkl.*) einigermaßen.

▶ **ălĭ-quī¹,** ae (ă), ŏd (*adi., im masc. bisw. subst.*) *u.* **ălĭ-quĭs,** (ă), ĭd (*subst., im masc. auch adi.*) *pron. indef.* (*fast nur in bejahenden Sätzen*) (*cf. ălĭŭs*): **1.** irgendein(er), (irgend) jemand, irgendwer, *auch* ein beliebiger (*m. ex od. de, zB. ex vobis, de familia; od. m. gen. part., zB. vestrum aliquis, trium rerum aliqua*), *pl.* einige, manche, *neutr. aliquid* etw. (*m. gen., zB. sapientiae, falsi*); *unus aliquis* irgendein einzelner; *aliqua ex parte* einigermaßen. **2. a)** (*prägn.*) überhaupt einer, wenigstens einer, auch nur der geringste; **b)** bedeutend, nennenswert [*aliquem esse, sine aliquo vulnere* ohne wesentlichen Verlust]; *bsd. aliquid etw.* Bedeutendes, Wichtiges, *zB. dicis aliquid* (*Ggs. nihil dicis*); *auch euphem. vom Beischlaf* [*sin de Aurelia aliquid*]. **3.** irgendein anderer (*schwächer als mit Zusatz v. ălĭŭs*), *zB. ira aut odium aut aliqua perturbatio animi.* **4.** mancher. **5.** (*bei Zahlen*) ungefähr [*aliquos triginta annos natus* einige dreißig Jahre alt]. **6.** *adv. aliquid* einigermaßen.

F. *neutr. pl. stets ălĭquă; pl. dat. u. abl. bisw.* (*nkl.*) *ălĭquīs.*

ălĭquī² *adv.* (*erstarrter altl. abl. v. ălĭquĭs*) (*vkl.*) irgendwie.

ălĭquō *adv.* (*erstarrter abl. v. ălĭquĭs*) irgendwohin; *auch* anderswohin.

▶ **ălĭ-quŏt** (*cf. ălĭŭs*) *indecl.* einige, ein paar, *adi., selten subst., stets pl.*

ălĭquŏtĭē(n)s *adv.* (*ălĭquŏt*) mehrmals.

ălĭquō-vŏrsŭm *adv.* (*Pl.*) irgendwohin.

ălĭs, ălĭd (*gen. ălīs, dat. ălī*) (*sekundär seit 1. Jh. v.Chr.*) (*meist dcht.*) = *ălĭŭs.*

Ālĭs, *ĭdĭs f* = *Ēlĭs.*

ălĭ-sĕquŭs, ī *m* (*ălă, sĕquŏr*) (*Ov.*) geflügelter Diener.

Ălĭsō (-*ī*-?), *ōnĭs m röm. Kastell an der Lippe, v. Drusus 11 v.Chr. angelegt.*

▶ **ălĭtĕr** *adv.* (*wohl erstarrter nom. sg.* < **ălĭ-tĕrŏs zu ălĭŭs; cf. ăltĕr*) **1.** anders, auf andere Weise (*m. ac od. atque*, et, *quam* „als", *cf. ălĭŭs*); *non aliter, haud aliter* ebenso, gerade so (*ac si od.* °*quam si* „wie wenn"); *non aliter nisi* nur wenn; *aliter ... aliter* auf die eine Weise ... auf die andere Weise; *alius aliter* der eine so, der andere so. **2. a)** anders beschaffen (*bei esse, se habere, zB. hoc longe aliter est* verhält sich ganz anders); **b)** entgegengesetzt, umgekehrt [*facere* dagegen handeln]. **3.** andernfalls, sonst.

ălĭtŭŭm °*gen. pl. v. ălēs.*

ălĭ-ŭbī (-*ī*?) = *ălĭbī.*

ălĭŭm, ī *n* = (*jünger*) *ăllĭŭm.*

ălĭ-ŭndĕ (*adv.* **ălī; cf. ălĭŭs*) **1.** anderswoher [*alius aliunde* der eine v. hier, der andere v. dort; *aliunde ... quam* anderswoher ... als]. **2. a)** *v.* einem andern, *v.* anderen Leuten; **b)** *v. etw.* anderem. **3.** = *ălĭcŭndĕ.*

▶ **ălĭŭs, ă, ŭd** (<< **ăljŏs*; = ἄλλος; *cf. nhd.* Elend < *ahd.* elilenti = „fremdes Land") **1.** ein anderer *v. mehreren* (*ăltĕr* v. zwei) *od. im Ggs. zu einem bereits genannten od. bekannten Gegenstand; selten* der andere, der übrige; *pl. alii* andere ([*selten*] die anderen, die übrigen, *bsd. alii omnes*); *alius ac od. atque, et,* °*quam* ein anderer als; *bei vorhergehender Negation m. nisi* (*seltener quam*) kein anderer als, außer; *nihil aliud nisi* (*seltener quam*) nur, lediglich. *Ähnlich*: *quid aliud quam* was sonst als? — *longe alius* ein ganz anderer; *alius atque alius* bald dieser, bald jener; verschiedene; *alius ex alio* (*od. post alium, super alium*) einer nach dem andern; *subst.* **ălĭŭd** *n* etwas anderes, ein anderes Ding (*od.* Umstand, Ereignis *u.a.*) (°*non ob aliud* aus keinem andern Grunde, gerade deshalb); *pl.* **ălĭă,** *bisw. m. gen., zB. alia generis eiusdem; bei Gegenüberstellungen*: **alius ... alius** der eine ... der andere (*aliud ... aliud* das eine ... das andere; *auch* teils ... teils); *bsd.* **alii ... alii** einige ... andere, die einen ... die anderen; *auch alii ... plurimi*; (*nkl.*) *alii ... quidam, alii ... pars u.a.* **2. a)** *alius in demselben Satz in einem andern Kasus bzw. mit einem v. alius abgeleiteten Adverb wiederholt, bezeichnet* α) *das partitive Verhältnis* [*alius aliud facit* der eine tut dies, der andere jenes; *alius alio more vivit* jeder lebt auf seine Weise; *alii aliter vivunt*]; β) *das reziproke Verhältnis* [*milites alius alii subsidium ferunt* der eine dem andern = (sich) einander]; **b)** *alius* andersartig = verschieden [*haec alia quaestio est*]; *bei Gegenüberstellungen*: *aliud est maledicere, aliud accusare etw.* anderes ist ..., *etw.* anderes ...; *alqd aliud facere etw.* umwandeln *od.* umarbeiten; *alium fieri* sich verwandeln; *alias res agere* Allotria treiben, unaufmerksam sein; *in alia omnia ire od. discedere* (*im Senat*) für das Gegenteil stimmen. **3.** (*statt ăltĕr*) ein zweiter: α) (*selten*) *in Aufzählungen, zB. unus ... alius ... tertius*; β) (*vkl., nkl.*) *alius Ariovistus.* **4.** (*dcht., nkl.*) sonstiger, sonst, außerdem [*plaustra et alia iumenta*]. — *Cf. auch ălĭtĕr.*

F. *sg. gen. ăltĕrĭŭs* (*fem. vereinzelt ălĭae*); *dat. ălĭī u. ăltĕrī* (°*ălĭō u.* °*ălĭae*).

Ălīŭs 3 (*dor.* 'Αλεῖος = *att.* 'Ηλεῖος = *Ēlīŭs*) (*Pl.*) *s. Ēlĭs.*

ăl-lābŏr, *lāpsŭs sŭm* 3. heranschlüpfen, -gleiten, -fluten (*abs., zB. angues, umor* setzt sich an; °*alci rei u.* °*alqd*); °*übh.* wohin gelangen; landen *an.*

ăl-lābōrō 1. (*Ho.*) hinzuarbeiten, erstreben (*alci rei alqd; m. ut*).

ăl-lăcrĭmō 1. (*dcht., nkl.*) dabei weinen.

ăl-lămbō, — — 3. (*nkl.*) belecken; / (*flammae*).

ăllāpsŭs, ūs *m* (*ăllābŏr*) (*dcht., nkl.*) das Heranschlüpfen [*serpentium*].

ăl-lātrō 1. (*nkl., dcht.*) anbellen (*m. acc.*); / ankläffen.

ăl-lātŭs *P.P.P. v. ăffĕrō.*

ăl-laudābĭlĭs, ĕ (*Pl., Lu.*) sehr lobenswert.

ăl-laudō 1. (*Pl.*) loben.

ăllēc, ēcĭs *n* (*auch ăllēx, ēcĭs m u. f*) (*Lw.* < ἁλυκός salzig; *m. volkset. Anlehnung an ăllĕctō u. lāc*) (*unkl.*) Fischlake; (köstliche) Fischsauce.

ăllĕctātĭō, ōnĭs *f* (*ăllĕctō*) (*Qu.*) das Anlocken.

ăllēctĭō, ōnĭs *f* (*ăllĕgō²*) (*nkl.*) Zuwahl; das Gewinnen [*amici*].

Ăllēctō *s. Ālēctō.*

ăllĕctō 1. (*intens. v. ăllĭcĭō*) anlocken (*alqd*).
ăllēctŭs[1], *ī m* (*ăllĕgō*[2]) **1.** (*vkl.*) der zu einem Kollegium Hinzugewählte. **2.** (*nkl.*) der (*durch kaiserl. Gnade*) in einen höheren Rang Erhobene. **3.** *pl.* (*nkl.*) die *in der Kaiserzeit durch Begünstigung* in den Senat aufgenommenen Ritter.
ăllēctŭs[2] 3 *s. ăllĭcĭō.*
ăl-lēctŭs[3] *P.P.P. v. ăllĕgō*[2].
ăllēgātĭō, *ōnĭs f* (*ăllēgō*[1]) Absendung *j-s in Privatangelegenheiten* (*als Bote, Unterhändler u.ä.*).
ăllēgātŭs, *abl. ū m* (*ăllēgō*[1]) (*Pl.*) Sendung; / Auftrag.
ăl-lēgī *s. ăllĕgō*[2].
ăl-lēgō[1] 1. **1.** *jd.* (*in Privatangelegenheiten*) absenden, abordnen (*alqm ad alqm od. alci, / philosophiam ad te*); *abs.* (*Li.*) Gesandte schicken. **2.** (*Com.*) zu einer Betrügerei anstiften. **3.** (*nkl.*) *etw.* vorbringen, geltend machen (*alqd*).
ăl-lĕgō[2], *lēgī, lēctŭm* 3. (*nkl.*) **1.** hinzuwählen, durch Wahl in einen Kreis aufnehmen [*alqm in senatum*]. **2.** (*in einen höheren Rang*) erheben.
ăllēgŏrĭă, *ae f* (*Fw.* ‹ ἀλληγορία) (*Qu.*) Allegorie *als rhetor. Figur* (Gleichnisrede, sinnbildliches Gemälde).
ăllĕvāmĕntŭm, *ī n* (*ăllĕvō*) Erleichterung.
ăllĕvātĭō, *ōnĭs f* (*ăllĕvō*) **1.** (*Qu.*) das Aufheben, -richten. **2.** / Erleichterung.
ăl-lĕvō 1. **1.** (*nkl.*) emporheben, aufrichten (*alqm u. alqd, zB. scuta, oculos* aufschlagen). **2.** / **a)** erleichtern, mildern [*onus*, °*notas* Ehrenstrafen, °*animum a maerore* trösten]; P. sich erholen (*m.* °*griech. acc.*: *animum* im Herzen); **b)** (*nkl.*) unterstützen, beistehen (*alqm*).
ăllēx[1], *ĭcĭs n* (*et. unklar; cf. pŏllĕx*) große Zehe; / (*Pl.*) *viri* (*scherzh.*) Däumling.
ăllēx[2], *ēcĭs m u. f s. ăllēc.*
ăl-lēxī *s. ăllĭcĭō.*
Ăllĭă (*Ā-?*) *u.* *Ālĭă, ae f Nebenflüßchen des Tiber, oberhalb Roms mündend, j.* Fosso della Bettina (*Niederlage der Römer 18. Juli 387 [390?] v.Chr.*). — *adi.* **Ăl(l)ĭēnsĭs,** *ĕ.*
ăllĭātŭs 3 (*jünger*) = *ālĭātŭs.*
ăllĭcĕfăcĭō, —, *făctŭm* 3. (*ăllĭcĭō; făcĭō*) (*Suet.*) anlocken.
ăl-lĭcĭō, *lēxī,* (*lēctŭm*) 3. (*lăcĭō* 3. verlocken; *cf. lăcĕssō*) anlocken, an sich ziehen, *eig. u.* / (*alqm u. alqd ad alqd, bsd. ad se, zB. voluntatem alcis ad recte faciendum; auch in alqd*); / ködern; (für sich) gewinnen.
ăl-līdō, *līsī, līsŭm* 3. (*ăd, laedō*) *etw.* gegen *etw.* anschlagen *od.* schleudern (*alqm u. alqd ad alqd, zB. navem ad scopulos*); P. / eine Schlappe erleiden.
Ăllīfae, *ārŭm f St. in Samnium, j.* Alife. *Einw. u. adi.* **Ăllīfānŭs** (3); *subst.* **Ăllīfānă,** *ōrŭm n* (*Ho.*) (Allifaner) irdene Humpen.
ăl-lĭgō 1. **1. a)** anbinden, festbinden (*alqm u. alqd ad alqd, zB. ad palum*); **b)** festhalten [*ancora navem*]; **c)** fesseln (°*alqm,* °*leones*). **2.** / **a)** fesseln = hemmen [*virtutem* die Tatkraft, *alqm re*]; P. *alligor* mir werden die Hände gebunden, / = ich werde am freien Handeln gehindert; **b)** *jd.* fesseln *od.* binden [*alqm beneficio*]; **c)** (*rhet.*) (*die Worte u.a.*) an Gesetze binden [*verba certa lege*]; **d)** (*moralisch*) *jd.* durch *od.* zu *etw.* verpflichten [*alqm sacris*]; **e)** *se scelere* sich eines Verbrechens schuldig machen; *abs. alligatus* 3 in ein Verbrechen (*in crimine*) mitverwickelt (*subst. m* der Mitbelastete). **3.** *etw.* verbinden [*vulnus, oculum alcis u.ä.*].
ăl-lĭnō, *lēvī, lĭtŭm* 3. (*nkl., dcht.*) anschmieren, anstreichen (*alci alqd*); *bsd. einen Strich* dazusetzen; *klass. nur* / *m. etw.* beflecken.
ăl-līsī *s. ăllīdō.*
ăl-līsŭs *P.P.P. v. ăllīdō.*
ăllĭŭm, *ī n* (*seit 1. Jh. n. Chr., vorher ālĭŭm*) (*et. ungedeutet*) (*unkl.*) Knoblauch.
Ăllŏbrŏx, *ŏgĭs m* Allobroger; *pl.* **Ăllŏbrŏgēs,** *ŭm m kriegerische Völkerschaft in Gallia Narbonensis; adi.* **Ăllŏbrŏgĭcŭs** 3.
F. *acc. pl.* *Ăllŏbrŏgăs, cf.* V.-B. III, 1, e.
ăllŏcūtĭō, *ōnĭs f u.* **ăllŏquĭŭm,** *ī n* (*ăllŏquŏr*) (*nkl., dcht.*) **1.** Anrede, Ansprache (*-cūtĭō auch* Charakterschilderung). **2. a)** Zuspruch, Trost; **b)** (*-quĭŭm*) *meton.* Linderungsmittel.
****allodium,** *i n* Allod, Volleigentum, Freigut.
ăl-lŏquŏr, *lŏcūtŭs sŭm* 3. **1.** *jd.* anreden (*alqm*). **2. a)** begrüßen, ermahnen; **b)** (*vkl., nkl.*) *jd.* trösten.
ăllŭbēscō, — — 3. (*incoh.; cf. lŭbēt*) (*Pl., nkl.*) *j-s* Lust entgegenkommen, *jd.* zu Willen sein (*alci, zB. basiare volenti*); *impers.* **-ĭt** es gelüstet mich.
ăl-lūcĕō, — — 2. (*vkl., nkl.*) anleuchten, daneben leuchten (*alci u. abs.*); / *faculam* die günstige Gelegenheit zeigen.
ăllūcĭnŏr 1. *s. ālūcĭnŏr.*
ăllūdĭō 1. (*denom. v. *ăllūdĭŭm zu ăllūdō*) (*Pl.*) *abs. m. jd.* kosen.
ăl-lūdō, *sī, sŭm* 3. (*fast nur dcht.*) **1. a)** sich spielend nähern (*m. acc. u. dat.*); *bsd.* (*vom Wasser*) an *etw.* anplätschern *od.* anschlagen [*Ci.*: *mare litoribus*]; **b)** / nahe heranreichen [*sapientiae*]. **2.** / **a)** *abs.* seinen Scherz treiben, seinen Witz spielen lassen; **b)** *m. jd. od. m. etw.* scherzen, kosen, schäkern (*alci od. ad alqm*); **c)** (*Ve.*) scherzend hinzufügen [*plura*].
ăl-lŭō, *lŭī,* — 3. (*lăvō*) **1.** *etw.* anspülen [*ossa*]. **2.** *etw.* bespülen [*fluvius latera*]; *auch* /.
ăllŭvĭēs, *ēī f* (*ăllŭō*) (*nkl.*) Überschwemmung, Lache.
ăllŭvĭō, *ōnĭs f* (*ăllŭō*) Anschwemmung = angeschwemmtes Land.
Ălmō, *ōnĭs m Nebenflüßchen des Tibers, j.* Acquataccio; *auch Name des Flußgottes.*
ălmŭs 3 (*zu ălō; cf.* φυτάλμιος, *Beiwort v. Zeus u. Poseidon*) (*dcht., nkl.*) **1.** nährend, nahrungspendend, fruchtbar [*ager, Ceres*]. **2. a)** erquickend [*lux*]; **b)** (*bsd. v. Gottheiten*) gütig, hold, segnend. — *** *Alma mater* = Universität.
ălnŭs, *ī f* (*cf. nhd.* „Eller") (*nkl.*) Erle; *meton.* (*dcht.*) Kahn aus Erlenholz.
▶ **ălō,** *ălŭī, ăltŭm* (*u.* °*ălĭtŭm*) 3. (*cf. ăltŭs, nhd.* „alt") **1. a)** (er)nähren, aufziehen, *übh.* Unterhalt gewähren (*alqm u. alqd, zB. puerum lacte, alqm publice*); *auch* / *ager alit agricolam*; **b)** (*Haustiere*) halten. **2.** / **a)** wachsen lassen [*barbam*]; **b)** vergrößern [*spem*]; verschlimmern [*morbum*]; **c)** fördern, pflegen [*honos alit artes*].
ălŏē, *ēs f* (*Fw.* ‹ ἀλόη) (*nkl.*) Aloe; / (*Ju.*) Bitterkeit.
Ălōeŭs, *ĕī m* (Ἀλωεύς) *Gigant;* **Ălōĭdae,** *ārŭm m* die „Aloiden", *Söhne Poseidons* (*Neptuns*) *u. der Gattin des Aloeus, die Giganten Ōtŏs u. Ĕphĭăltēs.*
ălŏgĭă, *ae f* (*Fw.* ‹ ἀλογία) (*nkl.*) Unvernunft; *pl.* tolle Ideen.
Ălpēs, *ĭŭm* (*sg.* °*Alpĭs, ĭs*) *f* die Alpen (*wohl zu nichtindogerm. Stamm* *alb- „Berg"). — *adi.* **Ălpīnŭs** 3; *subst.* **Ălpĭcŭs** *u.* **Ălpīnŭs,** *ī m* Alpenbewohner, Älpler.
ălphă *n* (*indecl.*) (ἄλφα) *der erste Buchstabe des gr. Alphabets;* °/ (*sprichw.*) der erste.
ălphăbētŭm, *ī n* (*Lw.* ‹ ὁ *u.* ἡ ἀλφάβητος) (*Eccl.*) das Alphabet.
Ălphēŭs *u.* (*dcht.*) **-ŏs,** *ī m* (Ἀλφειός) *Fl. in Elis; Flußgott.* — *adi.* **Ălphēŭs** 3; *subst.* **Ălphēĭăs,** *ădĭs f Geliebte des ~* (*Beiname der Nymphe u. Quelle Ărĕthūsă*).
Ălpĭcŭs *u.* **Ălpīnŭs** *s. Ălpēs.*
ălsī *s. ălgĕō u. ălgēscō.*
Ălsĭŭm, *ī n etrurische St.* — *adi.* **Ălsĭēnsĭs,** *ĕ*; *subst.* **Ălsĭēnsĕ,** *ĭs n Landgut des Pompeius bei ~.*
ălsĭŭs[1] 3 (*cf. ălgĕō*) (*Lu.*) frostig [*corpora*].
(**ălsŭs** 3) (‹ **ălgsŏs zu ălgĕō*) kühlend, erfrischend (*nur comp. n: nihil ălsĭŭs*[2]).
ăltārĭă, *ĭŭm n* (*ădŏlĕō*[1] „verbrenne", *später als* „erhöhter Aufsatz" *m. ăltŭs in Verbindung gebracht*) **1.** (*nkl., dcht.*) Aufsatz auf dem Opfertisch (*zum Verbrennen der Opfertiere*). **2.** (*der ganze*) Brandaltar (*mit Aufsatz*); Altar. — ***altare, is n u. altarium, i n* Altar; *maius* Hochaltar.

> **ălter**
> **1.** der eine, der andere (von beiden); **2.** der andere = Gegen...; **3.** der Nächste; **4.** (*als Zahlwort*) der zweite, ein zweiter.

ăltĕr, *ĕră, ĕrŭm* (‹ **ălĭtĕrŏs; cf. ălĭŭs, ălĭquĭs*) **1.** der eine, der andere v. beiden [*oculus; consul alter, nkl. auch alter consulum od. ex consulibus; alter de duobus*]; *das zweite alter oft in einem anderen Kasus: alter alterum* der eine den anderen; *auch pl. v. Parteien;* **alter ... alter** der eine ... der andere; *pl. alteri ... alteri* die einen ... die anderen.

2. der andere = entgegengesetzt, Gegen..., *bsd. von Parteien* [*factio; ripa* das jenseitige]; (*dcht.*) verändert, verschieden [*fortuna*]. **3.** der Nächste, der Mitmensch. **4.** (*als Zahlwort*) **a)** der zweite, *zB. vicesimus alter* der zweiundzwanzigste, (*Ve.*) *annus alter ab undecimo* das zwölfte; **b)** (*in Aufzählungen*) *unus ... alter ... tertius* der erste ... zweite ... dritte; **c)** ein zweiter = von gleicher Beschaffenheit, *zB. alter Marius*; *alter ego* mein zweites Ich, *alter idem* das zweite Selbst; **d)** *unus et* (*od. atque*) *alter, unus alterque* ein Paar (*bestimmt*); *auch unbestimmt* = ein paar, einige wenige; *unus aut alter* (*od. alterve*) einer bis zwei; **e)** *alterum tantum* doppelt so groß (*od.* so viel), *bsd. m. comp.*: *altero tanto maior* doppelt so groß; **f)** (*selten*) = *ălĕrŭtĕr*.
F. *sg. gen. ălterius* (*im Vers auch ăltĕrĭŭs*); *dat. ăltĕrī* (°*ăltĕrō u.* °*-ae, im Vers auch synk.*: *ăltrŭm, ăltrī usw.*).

ăltĕră, *īŭs f* (*sc. fĕbrĭs*; *ăltĕr*) Wechselfieber.

ăltĕrās (*sc. părtēs*; *ăltĕr*) *adv.* (*Pl.*) ein andermal.

ăltĕrcātĭō, *ōnĭs f* (*ăltĕrcŏr*) Wortwechsel, Zank, Disput (*alcis, de re*); *bsd.* Wortwechsel *der Parteien u. ihrer Anwälte vor Gericht.*

ăltĕrcātŏr, *ōrĭs m* (*ăltĕrcŏr*) (*nkl.*) Diskussionsredner.

ăltĕrcŏr *u.* (*vkl., nkl.*) **-ō** 1. (*denom. v.* **ăltĕrcŭs zu ăltĕr*; *cf. ūni-cŭs*) einen Wortwechsel führen, zanken, disputieren (*abs. od. cum alqo, inter se*); (*dcht.*) im Streit *od.* im Kampf liegen *m. jd.* (*alci*). *Bsd. jur. t.t.*; *cf. ăltĕrcātĭō*.

ăltĕrnĭs *adv. s. ăltĕrnŭs.*

ăltĕrnō 1. (*denom. v. ăltĕrnŭs*) (*nkl., dcht.*) **1.** *m. etw.* (*alqd*) abwechseln, *zB. fructūs*; *vices* abwechseln. **2.** *abs.* **a)** abwechseln (*part. praes.* wechselseitig); **b)** bald dies, bald jenes erwägen, schwanken.

ăltĕrnŭs 3 (< **ăltrŏ-nŏs zu ăltĕr*) **1.** abwechselnd, gegenseitig [°*sermones* Dialog, °*versūs* Wechselgesang, (*Li.*) *alternis diebus* alle zwei Tage; (*Li.*) *alternis verbis* bei jedem zweiten Worte; *alternos iudices reicere* gegenseitig die ausgelosten Richter ablehnen]; *subst.* (*Ho.*) *alterna loqui cum alqo* ein Zwiegespräch führen; *adv.* (*abl.*) (*unkl.*) *alternīs* abwechselnd (*bsd.* ein Jahr ums andere). **2.** in Distichen, elegisch [*versūs*; °*carmen* Elegie].

ăltĕr-ŭtĕr, *-ŭtră, -ŭtrŭm* einer v. beiden, gleichviel welcher; *m. gen., m. ex od. de, zB. eorum, ex his.*
F. *Meist wird nur der zweite Teil uter dekliniert, zB. ăltĕrŭtră, ăltĕrŭtrŭm, ăltĕrŭtrĭŭs*; *seltener beide Teile, zB. ăltĕrĭŭsŭtrĭŭs.*

ăltĭ-cinctŭs 3 (*-īnct-?*; *ăltŭs*; *cingō*) (*dcht.*) hochgeschürzt.

ăltĭlĭs, *ĕ* (*zu ăltŭs, P.P.P. v. ălō*) (*unkl.*) gemästet, Mast... [*boves*]; *subst.* **-ĭs,** *ĭs f* Poularde; *pl.* **-ēs,** *ĭum f u.* **-ĭă,** *ĭum n* Mastgeflügel.

ăltĭ-sŏnŭs 3 (*ăltŭs*; *sŏnō*) (*dcht.*) (aus der Höhe) tönend, donnernd; / erhaben.

ăltĭ-tŏnāns, *ăntĭs* (*ăltŭs*; *tŏnō*; *Übersetzung v.* ὑψιβρεμέτης, *Beiwort des Zeus*) (*dcht.*) = *ăltĭsŏnŭs*.

▶ **ăltĭtūdō,** *ĭnĭs f* (*ăltŭs*) **1.** Höhe [*arboris*]; / Erhabenheit, Größe [*orationis*]; *bsd. animi* Hochherzigkeit. **2.** Tiefe [*maris*]. **3.** Dicke [*pedalis in altitudinem* fußdick]. **4.** / (*geistig*) Verschlossenheit [°*ingenii*].

ăltĭŭscŭlŭs 3 (*demin. v. comp. n ăltĭŭs*) (*Suet.*) *etw.* zu hoch.

ăltĭ-vŏlāns, *ăntĭs* (*ăltŭs*; *vŏlō*[1]) (*dcht.*) hochfliegend; *subst. f* Vogel (*gen. pl. -ŭm*).

ăltŏr, *ōrĭs m* (*ălō*) Ernährer, Erhalter.

ăltrīm sĕcŭs (*Pl.*) *u.* **ăltrīn-sĕcŭs** (*unkl.*) *adv.* (*ăltrīm zu ăltĕr*; *cf. ōlīm, ĕxtrīnsĕcŭs*) auf der anderen Seite.

ăltrīx, *īcĭs f* (*ăltŏr*) Ernährerin, *bsd.* °Amme; *adi.* ernährend, säugend, Mutter... [°*terra*].

ăltrō-vŏrsŭm *adv.* (*ăltrō* anderswohin, *vŏrsŭm* = *vĕrsŭm*) (*Pl.*) nach der anderen Seite.

ăltŭs[1] *P.P.P. v. ălō.*

ăltŭs[2]
1. (*v. unten gemessen*) **a)** hoch; **b)** hochragend; **c)** erhaben; **2.** (*v. oben gemessen*) **a)** tief; **b)** tief innerlich; **c)** (*Stimme*) laut; **d)** fest; **e)** geheim; **f)** gründlich; **g)** tiefsinnig; **3.** (*horizontal gemessen*) **a)** breit; **b)** weit zurückliegend.

ăltŭs[2] 3 (*urspr. P.P.P. v. ălō* = „hochgewachsen") (*m. comp. u. sup.*; *adv.* **-ē**) **1.** (*v. unten gemessen*) **a)** hoch [*arbor*; *m. acc. der Ausdehnung, zB. turris ducentos pedes alta*]; *subst.* **ăltŭm,** *ī n* **α)** Höhe [*in altum* in die Höhe]; **β)** (*nkl., dcht.*) Himmel; **γ)** hohe See; **b)** hochragend [°*urbs*]; **c)** hoch = erhaben: **α)** (*v. Würde u. Ehre*) [*dignitatis gradus, altiorem fieri* sich in die Brust werfen, *alte spectare* sich ein hohes Ziel setzen]; **β)** (*vom Ausdruck*) erhaben [*verbum altius* zu kühn]; **γ)** (*v. Gesinnung u. Geist*) hochsinnig [*animus u. mens* hochstrebend]; **δ)** (*v. Pers. u. Gottheiten*) (*dcht., nkl.*) hoch, hochgeboren, erhaben [*Iuppiter*; *Caesar*; *auch vultus* stolz]. **2.** (*v. oben gemessen*) **a)** tief [*flumen*, *-e cadere* tief = hoch herab]; *auch* tief eindringend [*radix*]; *subst.* **ăltŭm,** *ī n* Tiefe [*in altum* in die Tiefe, °*alta pelagi* Meerestiefen]; **b)** tief innerlich [*sollicitudo*]; *subst.* **ăltŭm,** *ī n* das Innere, Tiefe des Herzens [°*ex alto animi ciere*]; **c)** (*v. der Stimme*) (*dcht., nkl.*) laut [*vox, sonus*]; **d)** / (*meist unkl.*) fest, stark [°*somnus*, °*silentium*]; **e)** (*nkl., dcht.*) versteckt, geheim [*dissimulatio*]; **f)** gründlich [*studia*; *altius perspicere* tieferes Verständnis haben]; **g)** tiefsinnig [*animus*]. **3.** (*in die Weite gemessen*) **a)** breit, weit [*vallis*]; **b)** / weit zurückliegend [*oratio alte repetita*]; alt, uralt [*memoria* ältere Zeiten; *gens*, °*sanguis*]; *subst.* **ăltŭm,** *ī n* Weite, Ferne [*alqd ex alto repetere etw.* weit herholen; *abs. ex alto repetere* weit ausholen]. — **hell; teuer; *sup. subst. altissimus, i m* Gott.

ălūcĭnātĭō, *ōnĭs f* (*-ū-?*; *ălūcĭnŏr*) (*nkl.*) gedankenloses Reden.

ălūcĭnŏr 1. (*-ū-?*; *Lw.* < ἀλύω *u.* ά — „bin verwirrt"; *Bildung nach vātĭcĭnŏr*) ins Blaue hinein reden, faseln; *auch* töricht handeln.

ălŭī *s. ălō.*

ălūmĕn, *ĭnĭs n* (*cf.* ἀλύ-δοιμος „bemitleidenswert, bitter"; *engl. ale* „bitteres Bier") (*nkl.*) bitteres Tonerdesalz, Alaun.

ălūmĭnōsŭs 3 (*ălūmĕn*) (*nkl.*) alaunhaltig.

ălŭmnă, *ae f* (*ălŭmnŭs*) (*unkl.*) Pflegetochter, Pflegekind; *klass. nur* / = Tochter, Kind.

ălŭmnŭs, *ī m* (*urspr. part. praes. P. v. ălō auf -m(ĕ)nŏs* = ὁ τρεφόμενος) **1.** Pflegesohn, -kind, Zögling (*alcis j-s*; *sekundär seit Ovid wieder adi.* [*dcht.*] „erzogen"; *numen alumnum* der göttliche Pflegesohn). **2.** (*dcht.*) *parvi* Jungvieh; *sg. alienus* Pfropfreis v. einem anderen Baume. **3.** / **a)** Sohn, Sprößling [*Italiae*; (*Ta.*) *sutrinae tabernae* Schusterlehrling]; **b)** Jünger, Schüler [*Platonis*]. — **Zögling, Alumne; junger Christ.

ălūtă, *ae f* (*zu ălūmĕn nach dem Muster ăcū-mĕn: ăcū-tŭs*) **1.** *m.* Alaun gegerbtes u. gefärbtes Leder. **2.** *meton.* (*dcht.*) **a)** Schuh(riemen); lederner Beutel; **b)** Schönheitspflästerchen; **c)** (*obszön*) = *nĕrvŭs lāxŭs.*

ălv(ĕ)ārĭŭm, *ī u.* **ălvĕārĕ,** *ĭs n* (*ălvĕŭs bzw. ălvŭs*) (*fast nur unkl.*) Bienenkorb, -stock.

ălvĕŏlŭs, *ī m* (*demin. v. ălvĕŭs*) **1.** (*dcht., nkl.*) **a)** kleine Wanne *od.* Mulde; **b)** Wasserbecken. **2. a)** (*Li.*) Schanzkorb; **b)** Spielbrett *zum Würfeln*; *meton.* Würfelspiel; **c)** (*nkl.*) Flußbett.

ălvĕŭs, *ī m* (*urspr. adi. zu ălvŭs*) bauchige Vertiefung: **1.** Wanne, Mulde, Trog; *bsd.* Badewanne, *auch* Bassin. **2. a)** (*nkl., dcht.*) Einbaum, Kahn; *übh.* Schiff; **b)** (*nkl., dcht.*) Flußbett; **c)** (*unkl.*) Bienenkorb, -stock; **d)** (*nkl.*) Spielbrett; *meton.* Würfelspiel.

ălvŭs, *ī f* (*altl. auch m*) (*wohl zu* αὐλός „Röhre, Flöte" *m. Metathese*) Höhlung, Wölbung: **1. a)** Bauch; **b)** Unterleib; Uterus; **c)** Magen. **2.** / **a)** (*Ta.*) Schiffsbauch; **b)** (*vkl., nkl.*) Bienenstock.

Ălyăttēs, *ĭs u.* °*-ĕī m* (Ἀλυάττης) *V. des Kroisŏs* (*Croesŭs*), *Begründer der lydischen Macht* (*um 590 v. Chr.*).

ăm- *s. ămbĭ-.*

*****a.m.** *Abk. f. ante meridiem.*

ămābĭlĭs, *ĕ* (*m. comp. u. sup.*; *adv.* °**-ĭtĕr**) (*ămō*) **1.** liebenswürdig (*alci* gegen *jd.*); *v. Sachen auch* lieblich, hold. **2.** (*unkl.*) liebevoll [*-iter in alqm cogitare*].

ămābĭlĭtās, *ātĭs f* (*ămābĭlĭs*) (*Pl.*) Liebenswürdigkeit.

Ămălthēă, *ae f* (Ἀμάλθεια) **1.**

(Nymphe od.) Ziege auf Kreta, die den neugeborenen Zeus aufzog. Ihr abgebrochenes Horn als Füllhorn (cōrnū Ămălthēae *od.* Cōpĭae) *ein Symbol des Überflusses.* — **Ămălthēă,** ae *f u.* **Ămălthēūm** *od.* **-thīūm,** ī *n* Heiligtum der Nymphe A. *(auf den Landgütern des Atticus u. des Cicero).* **2.** *eine Sibylle.*

āmāndātiō, ōnĭs *f* (āmāndō) Verweisung, Verbannung [rusticana aufs Dorf].

ā-māndō 1. verweisen, wegweisen, wegschicken (alqm ab alqo *od.* ex loco in locum; [*Li.*] extra Italiam alqo); / entfernen [procul a sensibus].

ămāndŭs 3 (ămō) (*Ho.*) liebenswürdig, lieblich.

ămāns, āntĭs (*m. comp. u. sup.*; *adv.* **-āntĕr**) (ămō) **1.** (*v. Pers.*) liebend, liebevoll (*m. gen., zB.* patriae); *subst. m* Liebhaber, Freund. **2.** (*v. Sachen*) liebevoll, freundlich [verba].
F. *sg. abl.* -ī; *pl. gen.* -īŭm *u.* -ŭm.

ā-mănŭēnsĭs, ĭs *m* (= ā mănū sērvŭs) (*Suet.*) Schreiber, Sekretär (*abl. sg.* -ī).

ămārăcĭnŭs 3 (*Fw.* ‹ ἀμαράκινος) (*nkl.*) aus Majoran; *subst.* **-ūm,** ī *n* (*dcht., nkl.*) Majoransalbe.

ămārăcŭm, ī *n u.* **-ŭs,** ī *m u. f* (*Fw.* ‹ ἀμάρακος) (*dcht., nkl.*) Majoran.

ămārăntŭs, ī *m* (*Fw.* ‹ ἀμάραντος „unverwelklich") (*dcht., nkl.*) Tausendschön.

ămārĭtiēs, ēī *f* (*dcht.*) = ămārĭtūdō.

ămārĭtūdō, ĭnĭs *f* (*unkl.*) *u.* **ămārŏr,** ōrĭs *m* (*dcht.*) (ămārŭs) **1.** Bitterkeit, bitterer Geschmack. **2.** / **a)** Erbitterung; **b)** das Herbe *od.* Widerliche, Unangenehme.

▶ **ămārŭs** 3 (*m. comp. u. sup.*; *adv.* **-ē**) (*cf. nhd.* „Ampfer"; *ablautend zu* ὠμός „roh, unreif") **1.** bitter (*v. Geschmack u.* °*Geruch*), herb, beißend, scharf [°sapor, °fumus]; *subst.* **ămārŭm,** ī *n* das Bittere, Bitterkeit = ămārĭtūdō. **2.** / **a)** widerlich, unangenehm [litterarum radices]; beschwerlich; *subst.* °**-ŭm,** ī *n* Widerwärtigkeit, Kummer; **b)** (*v. Pers.*) verbittert, reizbar, empfindlich; **c)** (*v. Worten*) (*dcht., nkl.*) beißend, kränkend, scharf [sermo]. — *** *subst.* **amarum,** ī *n* **1.** Bitterstoff. **2.** Bittermittel (*auf Rezepten*).

Ămāsēnŭs, ī *m Fl. im südwestl. Latium, Nbfl. des Ufens, j.* Amaseno.

ămāsĭŭs, ī *m* (ămō) (*Pl.*) Liebhaber; *attr.* (*Ge.*) verliebt.

Ămăthūs, ūntĭs *f* (Ἀμαθοῦς) *St. auf* Kŷprŏs (*Zypern*) *m. Tempel der Aphrodite* (Vĕnŭs) *u. reichen Kupferbergwerken.* (*Cf.* V.-B. III, 1, b). — *adi.* **Ămăthūsĭŭs** *u.* **Ămăthūsĭăcŭs** 3; *subst.* **Ămăthūsĭă,** ae *f* = Vĕnŭs.

ămātiō, ōnĭs *f* (ămō) (*Pl.*) Liebschaft, Liebelei.

ămātŏr, ōrĭs *m* (ămō) **1.** Freund, Verehrer [consulis, pacis]. **2.** der sinnlichen Liebe ergeben; Liebhaber; Lüstling.

ămātŏrcŭlŭs, ī *m* (*demin. v.* ămātŏr) (*Pl.*) kümmerlicher Verehrer.

ămātōrĭŭs 3 (ămātŏr) (*adv.* **-ē**) verliebt, galant; Liebes... [voluptas Liebesgenuß]; *adv.* in verliebtem Tone [epistula -e scripta]; *subst.* **-ŭm,** ī *n* (*nkl.*) Liebestrank.

ămātrīx, īcĭs *f* (ămātŏr) (*unkl.*) Liebchen; *attr.* verliebt.

Ămāzōn, ŏnĭs *f* (Ἀμαζών) Amazone; *pl.* **Ămāzŏnĕs** (*u.* **Ă°māzŏnĭdĕs**), ŭm Amazonen, *myth. kriegerisches Frauenvolk; bsd. in Pontus.* — *adi.* **Ămāzŏnĭ(c)ŭs** 3 (*Ov.*) [vir = Hippolytos *als S. des Theseus u. einer Amazone*].

ămb- *s.* ămbĭ-.

ămbāctŭs, ī *m* (*gallisches Wort*) Höriger, Dienst-, Lehnsmann, Vasall.

ămb-āgēs, ŭm *f* (ămb-, ăgō) (*unkl.*) **1.** Umweg, Irrweg, *bsd.* die Irrgänge des Labyrinths. **2.** / **a)** Weitschweifigkeit [longae, missis ambagibus ohne Umschweife]; **b)** Winkelzüge, Ausflüchte [pueris dignae]; **c)** Zweideutigkeit, Dunkelheit [per -es in rätselhaften Andeutungen, sinnbildlich, gleichsam].
F. *sg. nur abl.* ămbāgĕ.

Ambărrī, ōrŭm *m kelt. Volk* (*Hptst.* Lŭgdūnŭm, *j.* Lyon).

ămb-ĕdō, ēdī, ēsŭm 3. (*unkl.*) (ringsum) anfressen, benagen, auffessen; / verzehren (alqd).

ămb-ēstrīx, īcĭs *f* (-ē-?; ĕdō) (*vkl., nkl.*) Fresserin.

ămbĭ-, ămb-, ăm-, ăn- (*cf.* ἀμφί, ἀμφί-ς, ămbō, *nhd.* „um") zu beiden Seiten, ringsum, um.

Ămbĭānī, ōrŭm *m belg. Küstenvolk* (*Hptst.* Sămărŏbrīvă, *j.* Amiens).

Ămbĭbărĭī, ōrŭm *m kelt. Volk der Normandie.*

ămb-ĭgō, — — 3. (ămb-ăgō, *eig. etw. v.* zwei Seiten treiben) **1.** (*intr.*) **a)** (*nkl.*) schwanken, unschlüssig sein (de re, *m. a.c.i. u. indir. Frages.*); P. **ămbĭgĭtŭr** de re man zweifelt an *etw.* (*auch m. a.c.i., verneint selten m.* quin); **b)** disputieren, rechten, streiten, *bsd. vor Gericht* [ii qui ambigunt die streitenden Parteien, ambigendi causa Streitpunkt; de re, *zB.* de hereditate; (*Ho.*) ambigitur quid enim? worüber streitet man denn?; cum alqo; *m. indir. Frages.*]. **2.** (*trans.*) *etw.* bezweifeln, bestreiten; *klass. nur* P. **rēs ămbĭgĭtŭr** eine Sache ist zweifelhaft *od.* streitig [ius; *auch m. indir. Frages.*].

ămbĭgŭĭtās, ātĭs *f* (ămbĭgŭŭs) Zweideutigkeit, Doppelsinn [°verbi].

ămbĭgŭŭs 3 (*adv.* **-ē**) (ămbĭgō) **1.** nach beiden Seiten sich hinneigend, Zwitter... [(*Ve.*) proles Doppelgeschlecht, (*Ov.*) viri = Zentauren]; *bsd.* (*dcht.*) wandelbar, veränderlich [Proteus, lupus Werwolf]. **2.** / **a)** schwankend, unentschieden, unsicher, streitig, *v. Pers. u. Sachen, act. u. pass.* [ambigue pugnare, haud ambiguus unzweifelhaft]; *subst.* **ămbĭgŭŭm,** ī *n* (*dcht.*) Ungewißheit [in ambiguo im Zweifel, in ungewisser Lage]; **b)** (*nkl., dcht.*) (*v. Pers.*) unschlüssig, ängstlich (alcis rei betreffs einer Sache, *zB.* futuri); **c)** (*v. Pers. u. Sachen*) unzuverlässig, verdächtig [homo ambigui ingenii]; *v. Sachen auch* °bedenklich [res ambiguae mißliche Lage]; **d)** (*v. Sachen*) **α)** anfechtbar, streitig, *bsd. juristisch* [ager]; **β)** (*v. Worten*) zweideutig, doppelsinnig, dunkel [oraculum]; *subst.* **ămbĭgŭŭm,** ī *n* Zweideutigkeit = ămbĭgŭĭtās, *auch pl.*

▶ **ămbĭō,** īvī *u.* iī, ītŭm 4. (‹ ămb-ĕō) **1. a)** um *etw.* herumgehen, *etw.* umkreisen *od.* / rings umgeben (alqd, *zB.* [*Ta.*] palus silvas); **b)** (*Ta.*) *etw.* ausweichend umgehen *od.* meiden [patriam deviis itineribus]; **c)** (*nkl., dcht.*) *etw. m. etw.* umgeben *od.* einfassen (alqd re, *zB.* domum muris, clipeum auro). **2. a)** bittend umhergehen, um Stimmen bei *jd.* werben (alqm, *zB.* populum); **b)** *übh. jd.* bittend angehen *od.* umschmeicheln, *jd.* flehend nahen, *fast nur dcht. u. nkl.* (alqm re *m. od.* um *etw., zB.* °regem precibus; *m.* °ut, ne; *m.* °*inf.*); auch °P. ambiri alqa re [principes ambiuntur plurimis nuptiis werden m. Ehevorschlägen umworben; *auch m.* °*inf.*].
F. *ămbĭō ist zwar ein Kompositum v.* ĕō, *wird aber klass. regelmäßig nach der 4. Konjugation flektiert; impf. nkl., dcht. auch* ămbĭbăm.

Ămbĭŏrīx, īgĭs *m Fürst der Eburonen, 54 v.Chr. v. Cäsar besiegt.*

▶ **ămbĭtiō,** ōnĭs *f* (ămbĭō) das Herumgehen: **1.** Bewerbung *beim Volk um ein Amt, auch pl.* **2.** / **a)** Popularitätshascherei, Unterwürfigkeit; Liebedienerei, *bsd.* Parteilichkeit, parteiische Begünstigung [iudicum]; **b) α)** Prahlerei, Ehrsucht, Ehrgeiz [ambitione ad honorum studium duci]; *übh.* (*nkl., dcht.*) Eitelkeit, Prunksucht; Prunk, Gepränge [funerum]; **β)** (*nkl.*) eifriges Streben nach *etw.* (alcis rei, *zB.* gloriae); *abs.* eifrige Bemühung.

ămbĭtĭōsŭs 3 (*m.* °*comp. u.* °*sup.*; *adv.* **-ē**) (ămbĭtĭō) **1.** (*v. Sachen*) (*nkl., dcht.*) um *etw.* herumgehend, *etw.* fest umschlingend, (*v. Schlinggewächsen*) üppig rankend; (*v. Pers.*) lascivis hederis ambitiosior ihren Liebhaber fester umschlingend als ...; *auch* / [preces inständig, dringend]. **2.** (*v. Pers.*) **a)** sich eifrig um die Volksgunst bewerbend, nach Gunst haschend, liebedienerisch, *bsd.* parteiisch; *adv.* aus nachsichtiger Schwäche [-e scribere]; **b)** nach Ämtern *u.* Ehrenstellen trachtend [imperator]; °/ eifrig nach *etw.* trachtend (in alqd, *zB.* Musa in plausūs ambitiosa); **c)** (*v. Sachen*) auf Gunst berechnet [rogatio]; **d)** (*v. Pers.,* / *auch v. Sachen*) ehrgeizig, anspruchsvoll, *übh.* eitel, (*vom Redner*) affektiert; *adv.* ambitiose in selbstsüchtiger Absicht [-e petere regnum]; *bsd.* (*v. Sachen*) dem Prunk dienend, amicitia aus Ehrgeiz geschlossen, (*Ta.*) mors auf Nachruhm berechnet, (*Ov.*) domus prunkend, honor vielbegehrt.

▶ **ămbĭtŭs,** ūs *m* (ămbĭō) das Herumgehen: **1. a)** Gang um *etw.*, Umgang, *auch concr.* (*m. gen.*, *zB.* aedium); °(*vom Flusse*) Windung [aquae]; **b)** Umlauf, Kreislauf, *bsd.* Bahn *von Gestirnen* [lunae; / (*Ta.*) saeculorum = Zeitperiode]; **c)** Umkreis: **α)** Rand [rotundus]; **β)** (*nkl.*) Umfang, Bereich [muri]; **d)** (*nkl.*) (*in der Rede*) Umschweif, weitschweifige Darstellung [alqd per ambitum enuntiare m. Umschreibung]; **e)** (*gramm.-rhet.*) Satz, Periode [perfectus completusque, brevis]. **2. a)** gesetzwidrige Amtserschleichung, Ämterjagd, Bestechung bei Wahlen [lex de ambitu]; **b)** (*nkl.*) = ămbĭtĭō (2); uxorius die intriganten Pläne eines Weibes, remanendi Bewerbung um das Bleiben. — **Klosterkreuzgang.

Ambivareti, ōrŭm *m kelt. Volk a. d. Loire* (Liger).

Ambivariti, ōrŭm *m kelt. Volk a. d. Maas* (Mosa).

Ambivius Turpio, L. *Theaterdirektor u. Schauspieler in Rom zur Zeit des Terenz.*

▶ **ămbō¹,** ae, ō (= ἄμφω) beide zusammen *od.* gleichzeitig.
F. *gen.* ămbōrŭm, ămbārŭm; *dat.* ămbōbŭs, ămbābŭs; *acc.* ămbō (*seltener* ămbōs), ămbās, ămbō.

****ambo²,** ọnis *m* (ἀναβαίνω steige hinauf) Kanzel, Lesepult (*in der altchristl. Basilika*).

Ambrăcĭă, ae *f* (Ἀμβρακία) *St. in Epirus, j.* Arta. — *adi.* **Ambrăcĭŭs** 3 *u.* **Ambrăcĭēnsĭs,** ĕ; *Einw.* **Ambrăcĭēnsĭs** *u.* **Ambrăcĭōtă** *u.* **-ēs,** ae *m.*

ămbrŏsĭă, ae *f* (*Fw.* ‹ ἀμβροσία) Ambrosia: **1.** Götterspeise; (*Ov.*) Futter der Sonnenpferde. **2.** (*dcht.*) Göttersalbe.

ămbrŏsĭŭs 3 (*Fw.* ‹ ἀμβρόσιος) (*dcht.*) unsterblich, göttlich; *m.* Ambrosia gesalbt; aus Ambrosia bestehend.

ămbūbāĭă, ae *f* (*aram. Fw.*) (*dcht., nkl.*) syrische Flötenspielerin *u.* Tänzerin, Bajadere.

ămbŭlăcrŭm, ī *n* (ămbŭlō) (*vkl., nkl.*) Allee.

ămbŭlātĭō, ōnĭs *f* (ămbŭlō) **1.** (*Qu.*) *das* Auf- *u.* Abgehen *des Redners.* **2.** das Spazierengehen [postmeridiana]. **3.** (*concr.*) Promenade, Wandelhalle.

ămbŭlātĭŭncŭlă, ae *f* (*demin. v.* ămbŭlātĭō) **1.** kleiner Spaziergang. **2.** kleine Wandelhalle.

ămbŭlātŏr, ōrĭs *m* (ămbŭlō) **1.** (*vkl.*) Spaziergänger. **2.** (*Ma.*) Hausierer.

ămbŭlātōrĭŭs 3 (ămbŭlō) (*nkl.*) hin u. her gehend, beweglich [turris Rollturm].

▶ **ămbŭlō** 1. (*wohl* ămb- + *Lw.* ‹ ἀλάομαι „schweife umher") hin *u.* her gehen: **1.** (*intr.*) **a)** (*vkl.*) umherstreunen, sich herumtreiben; **b)** stolz einherschreiten; **c)** wandern, reisen, marschieren, *auch v. Soldaten* [recte tüchtig, decem milia passuum zurücklegen]; **d)** sich ergehen, spazierengehen (*abs. od. in loco, zB. in agro, in sole; cum alqo*). **2.** (*trans.*) *etw.* durchwandern, fahren über [maria].

ămb-ūrō, ūssī, ūstŭm 3. (ūssī, ūstŭm?) **1.** ringsum anbrennen, halb verbrennen, *meist im* P. **2.** (*nkl.*) *nur* (P.P.P.) *adi.* ămbūstŭs 3 halb erfroren [artūs frigore ambusti]. **3.** P. / hart mitgenommen werden, (nur *od.* kaum) mit einem blauen Auge davonkommen, *bsd. vor Gericht* [°prope ambustus evasit], (*vom Vermögen*) zusammenschmelzen.

ămbūstŭlātŭs 3 (-ūst-?; ămb-; ūstŭlō) (*Pl.*) um u. um verbrannt, gebraten.

ămĕllŭs, ī *m* (*wohl gall. Lw.*) (*dcht., nkl.*) purpurne Sternblume.

āmēn *indecl. subst., eigtl. adv.* (*hebr. Fw., griech.* ἀμήν) (*Eccl.*) Amen; es geschehe; ~ dicere alcis rei zu *etw.* ja sagen.

āmĕndō 1. = āmăndō.

▶ **ā-mēns,** ĕntĭs (*m. comp. u. sup.*) sinnlos, unsinnig, betäubt, außer sich, (wie) wahnsinnig, *v. Pers.* (re durch *etw.*, *zB.* vino; [*Ve.*] animi im Geiste); *auch meton. v. abstr.* [consilium].
F. *abl. sg.* -ī; *gen. pl.* -ĭŭm; *neutr. pl.* -ĭă.

āmĕntātŭs 3 (āmĕntŭm) mit einem Schwungriemen versehen [hasta; / hasta fertiger Pfeil].

āmĕntĭă, ae *f* (āmēns) Sinnlosigkeit, Wahnsinn; / unsinniges Benehmen.

āmĕntŭm, ī *n* (*wohl* ‹ *ăg-mĕntŭm zu ăgō) Wurf-, Schwungriemen *am Schaft der Lanze*; / (*dcht.*) Geschoß.

Amĕrĭă, ae *f Munizipium i. Umbrien, j.* Amelia. — *Einw. u. adi.* **Amĕrīnŭs** (3).

ămĕs, ĭtĭs *m* (*wohl zu* *am- „fassen, greifen"; *cf.* ămplŭs, ānsă) (*dcht., nkl.*) Querholz; *bsd.* Stellgabel (*für Vogelnetze*).

ămĕthystĭnātŭs 3 (ămĕthystĭnŭs) (*Ma.*) amethystfarben gekleidet, *m.* Amethysten besetzt.

ămĕthystĭnŭs 3 (*Fw.* ‹ ἀμεθύστινος) (*nkl., dcht.*) amethystfarben; *m.* Amethysten besetzt; *subst.* **-ĭnă,** ōrŭm *n* amethystfarbene Kleider.

ămĕthystŭs, ī *f* (*Fw.* ‹ ἀμέθυστος „Rauschverhüter", Umdeutung ‹ *arabisch* jamsitun) (*dcht., nkl.*) Amethyst (*Halbedelstein*).

ămfrāctŭs = ānfrāctŭs.

ămīcă, ae *f* (ămīcŭs) **1.** (*dcht.*) Freundin. **2.** Geliebte, Liebchen; Freudenmädchen.

ămĭcĭō, (ĭcŭī *u.* ĭxī), ĭctŭm 4. (‹ *ăm[b]-ĭăcĭō) **1.** (*klass. nur* P.P.P.) (*ein weites Gewand*) umwerfen *od.* umlegen; *bsd. mediopass. u.* se amicire sich *etw.* umwerfen; (*m. abl., zB.* togā; amictus re *m. etw.* bekleidet). **2.** / (*dcht.*) umhüllen, einwickeln (alqd re *etw. m. etw., zB.* (*Ho.*) ossa pelle amictă umschlossen *v.*).
F. *fut. pass.* (*Pl.*) ămīcībŏr.

ămīcĭtĕr (*altl.*) *adv. zu* ămīcŭs.

▶ **ămīcĭtĭă,** ae (*Lu.* **-tĭēs,** ēī) *f* (ămīcŭs) **1.** Freundschaft [~ est inter alqos; est mihi ~ *od.* sum in amicitia cum alqo ich bin *m. jd.* befreundet; amicitiam facere *od.* (con)iungere, contrahere Freundschaft schließen]. **2. a)** (*v. Völkern*) Freundschaftsbündnis [populi Romani]; **b)** (*meton.*) (*concr.*) = die Freunde.

ămīctōrĭŭm, ī *n* (ămĭcĭō) (*Ma.*) Büstenhalter.

ămīctŭs¹ P.P.P. *v.* ămĭcĭō.

ămīctŭs², ūs *m* (ămĭcĭō) **1. a)** das Umwerfen eines Gewandes; **b)** (*meton.*) Faltenwurf (*bsd. der Toga*); Tracht. **2.** (*meton.*) (*concr.*) Obergewand, Mantel; (*dcht.*) *auch* Schleier [purpureus]; / (*dcht., nkl.*) Hülle [nebulae].

ămīcŭlă, ae *f* (*demin. v.* ămīcă) Geliebte, Liebchen.

ămīcŭlŭm, ī *n* (ămĭcĭō) Mantel.

ămīcŭlŭs, ī *m* (*demin. v.* ămīcŭs) der vertraute Freund.

▶ **ămīcŭs** (*zu* ămō; *-ī- nach Lallwort* *amī?; *etr. Lw.?*) **1.** *adi.* 3 (*m. comp. u. sup.*; *adv.* **-ē**) **a)** befreundet, freund, freundschaftlich gesinnt (*abs. od. m. dat., selten in* alqm), *nicht nur v. Pers.* [vir], *sondern auch pol. v. Staaten* [civitas, reges]; **b)** freundlich(gesinnt), günstig (*dcht. auch v. Sachen*: ventus, vultus **des Freundes** *od.* freundliches, aures geneigt; *auch* = lieb, angenehm, willkommen); amicum mihi est (*meist dcht.*) **es ist** mir lieb. **2.** *subst.* **ămīcŭs,** ī *m* **a)** Freund [vetus; alcis j-s]; amicissimus bester Freund; **b)** (*pol.*) Verbündeter, treuer Anhänger; **c)** (*dcht.*) Gönner, *auch* Gefährte; **d)** / Freund = Verehrer [veritatis]; **e)** *pl.* **α)** (*nkl.*) Hofleute, Vertraute, Günstlinge; **β)** (*Cu.*) (= ἑταῖροι) makedonische Leibwache zu Pferde.

ā-mīgrō 1. (*Li.*) weg-, fortziehen [Romam].

Amīnaeă, ae *f Weinbaugebiet in Picenum*; *adi.* **Amīnaeŭs** 3 aus A.

ā-mīsī *s.* āmĭttō.

Amīsĭă, ae *m* die Ems *im Lande der Brukterer*; *Ort an der Mündung der Ems.*

āmīssĭō, ōnĭs *f u.* (*Ne.*) **āmīssŭs,** ūs *m* (āmĭttō) Verlust (alcis rei, *zB.* classis), *bsd.* durch Tod [liberorum].

ā-mīssŭs P.P.P. *v.* āmĭttō.

Amīsŭs, ī *f St. in Pontus, j.* Samsun. — *Einw.* **Amīsēnŭs,** ī *m.*

ămĭtă, ae *f* (*Weiterbildg. e-s Lallwortes* *am(m)a *od.* *amī; *cf. nhd.* „Amme") Tante (*väterlicherseits*); (*Ta.*) Großtante.

Amĭtĕrnŭm, ī *n alte Sabinerst.*; *Geburtsort Sallusts*; *j.* Amatrice. — *Einw.* **Amĭtĕrnīnŭs,** ī *m*; *adi.* **Amĭtĕrnŭs** *u.* **Amĭtĕrnīnŭs** 3.

▶ **ā-mĭttō,** mīsī, mīssŭm 3. (*ältere Bed.*: = „loslassen, aus den Händen geben") **1. a)** (*vkl., nkl.*) *jd.* wegschicken, weggehen lassen (alqm); **b)** (*absichtlich od. freiwillig*) *etw.* fahren lassen, aufgeben (alqd, *zB.* spem.; °scelus impunitum ungestraft lassen, °fidem sein Wort brechen, sacramentum ungültig machen). **2.** / **a)** (*unfreiwillig*) entkommen lassen, sich entgehen lassen (alqm e manibus, occasionem); **b)** *etw.* verlieren *od.* einbüßen [pecuniam; litem *od.* causam den Prozeß, °fidem die Glaubwürdigkeit, (*Ne.*) optimates die Gunst der Optimaten]; *bsd. jd.*

durch den Tod verlieren (*alqm, zB. filium*).
F. *synk. pf.* (*Te.*) *āmīstī*; *altl. coni. fut.* (*Pl.*) *āmīssīs* = *āmīsĕrīs.*

ămmĕntŭm *vl. bessere Schreibung für āmĕntŭm,* **ămmĕntātŭs** *für āmĕnt...*

Ămmōn, Ămmōnĭī *s. Hămmōn.*

ămnēstĭă, *ae f* (*Fw.* ⟨ ἀμνηστία *eigtl.* „das Vergessen") (*spätl.*) Vergebung begangenen Unrechts, Amnestie (*rein lat. ōblīvĭō*).

ămnĭ-cŏlă, *ae m u. f* (*ămnĭs, cŏlō*) (*Ov.*) an Strömen heimisch [*salices* Flußweiden].

ămnĭcŭlŭs, *ī m* (*demin. v. ămnĭs*) Flüßchen.

▶ **ămnĭs,** *ĭs m* (*vkl. auch f*) (*zu idg. *ăb- u. *ăp-* „Wasser"; *cf.* 'Απία, *älterer Name der Peloponnes*) **1.** Strom; (*dcht.*) *auch* Stromgott; / *abundantissimus disciplinarum et artium.* **2. a**) (*dcht.*) Wildbach; *übh.* °Bach; **b**) (*dcht., nkl.*) Strömung, Flut [*secundo amne* stromabwärts, *adverso* stromaufwärts]; **c**) (*dcht.*) Wasser, Flüssigkeit.
F. *abl. sg. ămnĕ u. ămnī*; *gen. pl. ămnĭŭm.*

▶ **ămō** 1. (*Lallwort *ămă, Kinderkosewort für die Mutter*; *vl. etr. Lw.*; *cf. ămŏr*) **1. a**) lieben, liebhaben (*aus Neigung*) (*m. acc., zB. liberos, puellam*; *inter se*; / °*herba prata amat*); **b**) *übh.* Gefallen an *etw.* finden (*alqd, zB. litteras*; *m.* °*inf. u. a.c.i.* = sich *etw.* gern gefallen lassen); *ămātă, ae f* (*nkl.*) die Geliebte; **c**) in *jd.* (*alqm*) verliebt sein [*se amare* ein Egoist sein]; *abs.* (*dcht., nkl.*) (= ἐρᾶν) ein Liebesverhältnis haben, sich (ein) Mädchen halten; die Freuden der Liebe genießen. **2.** (*Sa., Ho.*) (*m. inf.*) gern tun, zu tun pflegen (= φιλεῖν). **3.** (*in Formeln der Umgangssprache*) *ita* (*od. sic*) *me dii ament od. amabunt* so wahr mir Gott helfe!; *amabo te od.* bloß *amabo* sei so gut! (*meist m. imper. od. coni. hort., zB. amabo te, advola*; *auch m. ut, ne*). **4.** *alqm de od. in re jd.* für *etw.* verpflichtet *od.* verbunden sein, vielen Dank schulden (*auch m. quod*). — *Cf. auch ămāns.*
F. *altl. fut.* (*Pl.*) *ămāssō, ĭs, ĭnt.*

ămoenĭtās, *ātĭs f* (*ămoenŭs*) **1.** Schönheit, *klass. fast nur* von Örtlichkeiten = reizende Lage *od.* Gegend [*riparum*]; *pl.* reizende Gegenden. **2.** (*vkl., nkl.*) Reiz, Annehmlichkeit, Lieblichkeit [*vitae*]; *auch pl.* [°-*tates omnium venerum et venustatum*]; *Kosewort* [*mea* ~].

ămoenŭs 3 (*m.* °*comp. u.* °*sup.*; °*adv.* **-ē**) (*wohl zu ămō, aber Bildung unklar*) **1.** schön, *klass. fast nur v. Örtlichkeiten*: reizend (gelegen), romantisch, anmutig [*locus*; *re* durch *etw., zB. fontibus*]; *subst. amoenă, ōrŭm n* (*nkl.*) reizende Gegenden. **2.** (*vkl., nkl.*) *übh.* reizend, angenehm, lieblich, gefällig [*rosa, cultus* zierlich *od.* elegant].

ā-mōlĭŏr, *ītŭs sŭm* 4. (*vkl., nkl.*) **1.** *m. Anstrengung* fortbewegen, wegschaffen [*onera*]; *se -iri* sich entfernen, sich packen. **2.** / **a**) beseitigen, abwenden (*alqd, zB. invidiam ab alqo*); **b**) (*in der Rede*) beiseite lassen (*alqd, zB. nomen alcis*); *auch* (*Nachteiliges*) widerlegen; **c**) (*Pers.*) aus dem Wege schaffen [*uxorem*].

ămōmŭm, *ī n* (*Fw.* ⟨ ἄμωμον, *wohl aramäischen Ursprungs*) (*dcht., nkl.*) **1.** Amomum (*orientalische Gewürzpflanze*). **2.** (*meton.*) **a**) Blüte *od.* Frucht des A.; **b**) (*aus ihrer Frucht bereiteter*) Balsam.

▶ **ămŏr,** *ōrĭs m* (*ămō*; *Lw.* ⟨ *etr.* aminϑ *od. dieses Lw.* ⟨ *lat. Ămŏr?*) **1.** Liebe (*aus Zuneigung od. Leidenschaft*), *auch* sinnliche Liebe [*patrius, venereus*; *habere in amore alqm*; *alcis j-s u.* zu *jd.* = *in od. erga,* (*Ta.*) *adversus alqm*; *sui* Eigenliebe]; *pl.* Gefühle der Liebe, Liebesglut (*alci in amore od. in amoribus esse* von *jd.* geliebt werden). **2. a**) (*oft dcht.*) Liebschaft, Liebelei; *pl.* Liebesverhältnis(se); *auch* Liebesschmerzen; **b**) (*meton.*) **α**) (*dcht.*) Liebeslied, *meist pl.* [*lusor tenerorum amorum*]; **β**): **αα**) (*meist pl.*) Liebling [°*generis humani*]; **ββ**) (*dcht.*) der *od.* die Geliebte; **γγ**) (*dcht.*) Liebesmittel. **3.** Begierde, Verlangen, Streben, Trieb (*alcis rei* nach *od.* zu *etw., zB. laudis, stupri*; [*dcht.*] *m. inf. od. gen. gerund., zB. habendi*; [*Ta.*] *generandi* Zeugungstrieb); *auch* Vorliebe. **4.** (*personif.*) ♀ (= Ἔρως) (*meist dcht.*) Liebesgott, Amor, Cupido, S. der Venus; *pl.* Amoretten. — *Amor et Psyche, antikes Märchen, eingefügt in die „Metamorphosen" des Apuleius*; *ferner hellenistische Statuengruppe, bsd. durch Kopie im Kapitolin. Museum i. Rom bekannt.* — **Liebhaberei; Liebesbrief.
F. *Im Vers auch ămōr.*

Ămŏrgŭs *u.* °**-ŏs,** *ī f* ('Αμοργός) *Sporadeninsel südöstl. v. Naxos, i. d. Kaiserzeit Verbannungsort, j.* Morgo. *Cf.* V.-B. II, 1.

āmōtĭō, *ōnĭs f* (*āmŏvĕō*) Entfernung [*doloris*].

ā-mŏvĕō, *mōvī, mōtŭm* 2. **1. a**) fortbewegen, wegschaffen, entfernen (*alqm u. alqd ab alqo, ab od. ex re, zB. ex istis locis*); (*umgangssprachl.*) *se amovere* sich drücken; **b**) (*dcht., nkl.*) entwenden; **c**) (*Ta.*) verbannen [*alqm in insulam*]. **2.** / **a**) beseitigen, fernhalten [*cupiditates*; °*culpam ab alqo* die Schuld *v. jd.* abwälzen, *sensum doloris a sententia dicenda* den Schmerz auf sein Urteil nicht einwirken lassen]; **b**) (*dcht., nkl.*) (*in der Rede*) aus dem Spiele lassen [*nomen alcis*].

Ămphĭărāŭs, *ī m* ('Αμφιάραος) *K. v. Argos, berühmter Seher, einer der Sieben gegen Theben, auf der Flucht mit seinem Gespanne von der Erde verschlungen.* — *patron.* **Ămphĭărēīādēs,** *ae m Nachk. d.* ~ (= Alkmaion [*Ălcmaeōn*]); *adi.* **Ămphĭărēŭs** 3.

ămphĭbŏlĭă, *ae f* (*Fw.* ⟨ ἀμφιβολία) Zweideutigkeit, Doppelsinn (= *rein lat. ămbĭgŭĭtās*).

ămphĭbrăchȳs, *acc. ȳn m* (*Fw.* ⟨ ἀμφίβραχυς „auf beiden Seiten kurz"; *metr. t.t.*) (*Qu.*) Amphibrachys ( ).

Ămphĭctȳŏnĕs, *ŭm m* ('Αμφικτύονες, *eig.* Umwohner *eines Heiligtums*) Amphiktyonen, *religiös-politische Verbände in Delphi u. Delos.* — *Cf.* V.-B. III, 1, e.

ămphĭmăcrŭs, *ī m* (*Fw.* ⟨ ἀμφίμακρος „auf beiden Seiten lang"; *metr. t.t.*) (*Qu.*) = *crēticŭs* (– ∪ –).

Ămphīō(n), *ŏnĭs m* ('Αμφίων) *Meister im Saitenspiel, Gründer Thebens, Gemahl der Niobe.* (*Cf.* V.-B. III, 1, b). — *adi.* **Ămphīŏnĭŭs** 3.

Ămphĭpŏlĭs, *ĭs f* ('Αμφίπολις) *att. Kolonie am Strymon in Thrakien, 424 v. den Spartanern, 357 v.Chr. v. Philipp II. v. Makedonien erobert*; *j.* Emboli. — *adi.* **Ămphĭpŏlītānŭs** 3.
F. *acc. Ămphĭpŏlĭm u.* °*-ĭn*; *abl. -ī.*

ămphĭprŏstȳlŏs, *ī m* (*Fw.* ⟨ ἀμφιπρόστυλος) (*Vi.*) Tempel mit je einer säulengetragenen Vorhalle *an den beiden Schmalseiten.*

Ămphissă, *ae f* (Ἄμφισσα) *Hptst. der Ozolischen Lokrer.*

ămphĭthălămŭs, *ī m* (*Fw.* ⟨ ἀμφιθάλαμος; *vl.* = ἀντι-) (*Vi.*) (Vorzimmer vor dem) Schlafgemach.

ămphĭthĕātrālĭs, *ĕ* (*ămphĭthĕātrŭm*) (*dcht., nkl.*) amphitheatralisch.

ămphĭthĕātrŭm, *ī n* (*Fw.* ⟨ ἀμφιθέατρον, *eigtl.* „Rundschauplatz") (*nkl.*) Amphitheater (*Theater in elliptischer Form, für Fechterspiele u. Tierkämpfe*). ~ *Flāvĭŭm das 80 n. Chr. v. Titus eingeweihte Amphitheater in Rom, später nach einer Kolossalstatue des Nero Cŏlŏssēum* (*j. italienisch il Coliseo*) *genannt.*

Ămphĭtrītē, *ēs f* ('Αμφιτρίτη) *Nereide, Gemahlin Poseidons* (*Neptuns*); (*meton.*) (*dcht.*) Meer, Ozean.

Ămphĭtrȳōn, *ōnĭs m* ('Αμφιτρύων) (*altl.* **-trŭō**) *K. v. Tiryns, Gemahl der Alkmene, Titel einer Komödie des Plautus, v. ihm selbst als trăgĭcōmoedĭă bezeichnet.* — *patron.* **Ămphĭtrȳōnĭădēs,** *ae m* = Herkules.

ămphŏră, *ae f* (*Lw.* ⟨ ἀμφορεύς, *u. zwar wohl zu dial. acc.* * ἀμφορήν, *f nach ŭrnă u.ä.*) Amphora: **1.** (*zweihenkliger*) Krug *für Früchte, Öl, Honig u. bsd. Wein*; Weinkrug. **2. a**) *Flüssigkeitsmaß v. ca. 26 Litern*; **b**) (*unkl.*) *Gewichtseinheit zur Bestimmung des Fassungsvermögens e-s Schiffes* (*etwa 26 kg*) [*navis duum milium amphorum*].
F. *Cf.* V.-B. VI, 1.

Ămphrȳsŏs, *ī m* ('Αμφρυσός) *kleiner thessalischer Küstenfl., in den Pagasäischen Meerbusen mündend, an dem Apollo die Herden des Admetos weidete.* — *adi.* **Ămphrȳsĭŭs** 3 (*dcht.*) apollinisch, sibyllinisch; lokrisch.

ămplă, *ae f* (⟨ **amlā zu* √**am-* „fassen, greifen"; *cf. ămplŭs*) (*nkl.*) Handhabe; *klass. nur* / Anlaß.

ămplē *adv. zu ămplŭs.*

▶ **ăm-plēctŏr,** *plēxŭs sŭm* 3. (*ăm-* = *ămbī-*, *eigtl.* „sich um *etw.* herumflechten") **1. a)** (*meist unkl.*) umschlingen, umfassen, (*freundl. od. liebend*) umarmen (*alqm u. alqd*); **b)** *etw.* (*bsd. Örtlichkeiten*) umschließen, umgeben, umringen [°*hostium aciem* umzingeln, °*ansas acantho* einfassen, °*nox tellurem alis* umhüllt], (*vom Feuer*) ergreifen. **2.** / **a)** liebgewinnen, in sein Herz schließen, großen Wert auf *etw.* legen (*alqm od. alqd amore, ius civile vehementissime*; [*Ho.*] *hoc se amplectitur uno* darauf tut er sich *etw.* zugute); **b)** gutheißen, gern annehmen [*alqm tamquam obsidem*]; **c)** in sich fassen *od.* enthalten [*tabulae religionem*]; **d)** *etw.* (*m.*) in *etw.* einschließen (*alqd re, zB. honestum virtutis nomine*); **e)** durchdenken, erwägen, überlegen [*omnia consilio*]; **f)** besprechen, behandeln [*omnes res per scripturam*]; *bsd.* zusammenfassen [*omnia breviter*].
F. *vkl. auch ămplēctō*: *imp.* -*tĭtōtĕ*; *P.P.P. ămplĕxŭs.*

ămplĕxŏr (*vereinzelt act. ămplĕxō*) 1. (*intens. v. ămplēctŏr*) **1.** liebevoll umarmen (*alqm u. alqd*; [*Com.*] *cum alqo, inter se*). **2.** / *etw.* hochhalten, großen Wert auf *etw.* legen.

ăm-plĕxŭs¹ *part. pf. v. ămplēctŏr.*

ămplĕxŭs², *ūs m* (*ămplēctŏr*) Umschlingung, Umarmung, *auch pl.* (*abs., zB.* °*amplexūs dare* umarmen; *alcis bsd. eines Ringers*; *auch* /); *insb. sg. u. pl.* (*euphem.*) = Beischlaf.

ămplĭātĭō, *ōnĭs f* (*ămplĭō*) (*nkl.*) (*jur. t.t.*) Vertagung *eines Richterspruchs.*

ămplĭfĭcātĭō, *ōnĭs f* (*ămplĭfĭcō*) Vergrößerung, Steigerung (*alcis rei, zB. pecuniae, gloriae*); *bsd.* (*rhet. t.t.*) Häufung des Ausdrucks.

ămplĭfĭcātŏr, *ōrĭs m* (*ămplĭfĭcō*) Mehrer, Förderer.

ămplĭfĭcē *adv.* (**ămplĭ-fĭcŭs* 3 ‹ **ămplĭ-făcŭs*; *ămplŭs, făcĭō*) (*Ca.*) prächtig, herrlich.

ămplĭfĭcō 1. (*denom. v.* **ămplĭfĭcŭs, s. ămplĭfĭcē*) erweitern, vergrößern, (ver)mehren (*alqd, zB. opes*; *pretium* erhöhen); / erhöhen, heben [*alcis dignitatem*; *auch alqm*]; *bsd.* (*rhet.*) *etw.* ausschmücken [*rem dicendo*; *orationem* höheren Schwung verleihen].

ămplĭō 1. (*denom. v. adv. ămplĭŭs*; *s. ămplŭs*) **1.** (*dcht., nkl.*) erweitern, vergrößern, (ver)mehren [*rem* Vermögen]; (*rhet. t.t.*) verherrlichen. **2.** (*jur. t.t.*) den Richterspruch in einer Sache [*causam*] *od.* über *jd.* [*alqm*] *m. der Formel AMPLIUS* aufschieben, vertagen.

ămplĭtĕr *adv.* (*vkl., nkl.*) *v. ămplŭs.*

▶ **ămplĭtūdō,** *ĭnĭs f* (*ămplŭs*) **1.** Geräumigkeit, großer Umfang [*urbis*; *bonorum* Erweiterung]. **2.** / **a)** Großartigkeit, Erhabenheit; *bsd.* (*rhet.*) Fülle *u.* Schwung; **b)** Ansehen, Würde.

▶ **ămplĭŭs** (*comp. n v. ămplŭs*) **I.** *subst. s. ămplŭs.* — **II.** *adv.* **1.** (*zeitl.*) **a)** weiter, länger, mehr; *bsd. non amplius* = *non iam* nicht mehr; **b)** (*nkl.*) öfter [*ter nec* ~]. **2. a)** (*selten*) in höherem Grade, stärker; **b)** (*bei bestimmter Zahlenangabe*) mehr als, über (*m. od. ohne quam, auch m. abl. comp.*), *zB. amplius* (*quam*) *septingenti cives* über 700 Bürger, *triennium od. triennio amplius* über drei Jahre; *ter et amplius* dreimal u. darüber; **c)** (noch) weiter, noch mehr [*nihil amplius* nichts weiter, sonst nichts]; *hōc* (*od.* °*ĕo*) *amplius* noch weiter [*et hoc amplius censeo* u. außerdem ist das noch meine Meinung].

ămplĭŭscŭlē *adv.* (*demin. v. ămplĭŭs*) (*Pl.*) allzu reichlich.

▶ **ămplŭs** 3 (*m. comp. u. sup.*; *adv.* **-ē** *u.* [*vkl., nkl.*] **-ĭtĕr**) (*wohl* ‹ **ăm-lŏs*; *cf. ănsă*) **1.** geräumig, umfangreich, weit [*domus*]. **2.** viel, bedeutend, ansehnlich, reichlich [*copiae, praemium*; *auch* / *occasio*]; *subst. comp.* **ămplĭŭs** *n* ein Mehr, Mehrleistung [*amplius imponere*]; *auch m. gen.* [*frumenti*]; *bsd.* (*jur. t.t.*) **α)** *non od. nihil amplius petere* keine weiteren Ansprüche stellen; **β)** *AMPLIUS pronuntiare* (*vom Richter*) auf *AMPLIUS* (= „ein Weiteres") erkennen, *d. h.* den Prozeß vertagen (*cf. ămplĭō*). **3. a)** (*selten*) stark, heftig [*spes, metus*]; **b)** (*v. Sachen*) glänzend, prächtig, herrlich [*honores*; (*Li.*) *alci* für *jd.*, *zB. amplum Tuscis ratus*]; **c)** (*v. Pers. u. Rang*) hochangesehen [*re* durch *etw.*, *zB. homo spectatā fide amplissimus*]; *bsd.* (*als Titel*) erlaucht [*sacerdotium*]. — *comp. adv.* **ămplĭŭs** (*s. d.*).

Ăm(p)sĭvārĭī, *ōrŭm m germ. Volk an d. Ems.*

ămpŭllă, *ae f* (*demin. v. ămphŏră*; ‹ **ămpŏr-(ĕ)-lă*) kolbenförmiges Gefäß, Salbenfläschchen, Schminkbüchse; / (*Ho.*) Schwulst.

ămpŭllārĭŭs, *ī m* (*ămpŭllă*) (*Pl.*) Flaschenmacher.

ămpŭllŏr 1. (*ămpŭllă*) (*Ho.*) schwülstig reden *od.* schreiben.

ămpŭtātĭō, *ōnĭs f* (*ămpŭtō*) das Abschneiden.

▶ **ăm-pŭtō** 1. (*ăm[b]-*) **1.** ringsum abschneiden, [°*ramos inutiles falce*, / *ramos miseriarum*]. **2. a)** (*nkl.*) (*Körperteile*) abschneiden, abhauen (*alqd, alci alqd*; *aurem alcis*); **b)** (*Gliedmaßen*) amputieren [*membrum*]; **c)** (*Bäume*) beschneiden, schneiteln [*vitem ferro*]. **3.** / **a)** vermindern, verkürzen [*sententiarum multitudinem*]; **b)** (*rhet. t.t.*) *amputata loqui* in abgebrochenen Sätzen reden.

Ămūlĭŭs, *ī m K. v. Alba Longa.*

ămŭrcă *u.* **ămŭrgă,** *ae f* (*Lw.* ‹ ἀμόργη; *m. mārcĕō verwandt?*) (*unkl.*) Ölschaum.

ămŭssĭs, *ĭs f* (*vl. gr. Lw.*) (*unkl.*) das Lineal der Zimmerleute; *ad -im* regelrecht, genau.

ămŭssĭtātŭs 3 *s. ēmŭssĭtātŭs.*

Ămȳclae, *ārŭm f* (Ἀμύκλαι) **1.** *St. in Lakonien m. Apollonheiligtum, Heimat der Dioskuren*; *patron.* **Ămȳclīdēs,** *ae m* = Hyakinthos (*Hyăcīnthŭs*); *adi.* **Ămȳclaeŭs** 3 °spartanisch, lakonisch. **2.** *alte St. in Latium.*

ămȳgdălŭm, *ī n* (*Fw.* ‹ ἀμύγδαλον) (*nkl., dcht.*) Mandel(kern).

Ămȳmōnē, *ēs f* (Ἀμυμώνη) *Nymphe einer Quelle bei Argos.*

ămȳstĭs, *ĭdĭs f* (*Fw.* ‹ ἄμυστις) (*dcht.*) das Leeren des Bechers in einem Zuge.
F. *Cf.* V.-B. III, 4, b.

ăn-¹ *s. ămbī-.*

ăn-² (*vl. in ăn-hēlō u. ăn-tēstŏr* = ἀνά, ἄνω; *cf. gr. Fw. ănălŏgĭă usw.*) auf..., hinan...

▶ **ăn³** (*Fragepartikel*; *cf.* ἄν „wohl, etwa") **1.** *im zweiten* (*dritten usw.*) *Glied einer direkten od. indirekten Disjunktivfrage*: oder (*direkt*); oder ob (*indir.*); *zB. utrum mentitus es an verum dixisti* (*od. annon*)?; *dic, meane haec verba sint an tua* (*od. necne od. selten an non*). **2.** *rhet. in scheinbar einfachen direkten Fragen* (*unter Unterdrückung des ersten Gliedes*): **a)** oder, oder etwa (*argumentierendes an*), *zB. nemo iratus considerate facit*; *an est quidquam similius insaniae quam ira?*; *bsd. häufig*: *an censes? an quisquam dubitat? u.ä.* (*verstärkt oft an vero* „oder wirklich"); **b)** (*nach vorangehender Frage*) doch wohl, *zB. quis Atheniensium civitatem tyrannide liberavit? an Thrasybulus?* **3.** *in einfachen indirekten Fragesätzen*: **a)** (*nachaugust.*) = *nŭm od.* -*nĕ*, *zB. exspectabat, an ibi Pompeius esset*; (*bei Pl. auch nach tempto*); **b)** *nach Ausdrücken des Zweifels u. der Unsicherheit* (*nescio an, haud scio an, dubito* [*od. dubium od. incertum est*] *an*) vielleicht, vermutlich: **an** *hier* = ob nicht, *an non* = ob, *zB. nescio an hoc melius sit* dies ist doch wohl besser; *nescio an hoc melius non sit* dies ist vielleicht nicht (*od.*: schwerlich) besser; *bisw. stehen diese Ausdrücke ganz adverbial ohne Einfluß auf die Konstruktion, zB. testis non mediocris, sed nescio an gravissimus.* **4.** (= *sīvĕ od. vĕl pŏtĭŭs*) oder, oder vielmehr, *zB. non plus duobus an tribus mensibus*; (*Ta.*) *sīve* — *ăn* = *sīvĕ* — *sīvĕ.*
F. *ăn-nĕ durch Fragepartikel -nĕ verstärktes ăn* (*nicht* ‹ **ăt-nĕ*; *cf. nōn-nĕ*).

ănă *adv.* (*Fw.* ‹ ἀνά) (*nkl., spät*) je (*distributiv b. Zahlwörtern*). — ****ana partes* (*aequales*) zu gleichen Teilen (*auf Rezepten*).

****anabaptista,** *ae m* Wiedertäufer.

ănăbāthră, *ōrŭm n* (*Fw.* ‹ ἡ ἀνάβαθρα „die Stufe") (*Ju.*) erhöhter Sitz, Podium.

Ănăcēs, *ŭm m* (ἄνακες = ἄνακτες, *eigtl.* „die Herren") die Dioskuren (Kastor u. Pollux).

ănăchōrētă, *ae m* (*Fw.* ‹ ἀναχωρητής) (*Eccl.*) Einsiedler, Eremit.

Ănăcrĕōn, *ōntĭs m* (Ἀνακρέων) *griech. Lyriker aus Ionien* (*559 bis 478*).

Ănāctēs, *ŭm m* (ἄνακτες) = *Ănăcēs.*

ănădēmă, *ătĭs n* (*Fw.* ‹ ἀνάδημα)

(Lu.) Kopfbinde der Frauen.
ănăglўptă, ōrŭm n (Fw. < adi. ἀνάγλυπτος ziseliert) (Ma., nkl.) ziselierte Arbeiten, Reliefs.
Ănāgnĭă, ae f St. der Herniker ö. v. Rom, j. Anagni. — Einw. u. adi. **Ănāgnīnŭs** (3); subst. **-ŭm**, ī n Landgut Ciceros bei A.
ănăgnōstēs, ae m (Fw. < ἀναγνώστης) Vorleser (rein lat. lēctŏr).
ănălēctă, ae m (Fw. < ἀναλέκτης) (Ma., Se.) Brockensammler.
ănălēctrĭs, ĭdĭs f (od. ănălē[m]ptrĭs?) (gr. Fw.) (Ov.) kleines Schulterkissen.
ănălŏgĭă, ae f (Fw. < ἀναλογία) **1.** gleiches Verhältnis. **2.** (gramm. t.t.) (vkl., nkl.) Analogie. **3.** (rhet. t.t.) (Suet.) Gleichförmigkeit der Darstellung.
ănăncaeŭm, ī n (Fw. < ἀναγκαῖον „das Unumgängliche") (Pl.) großer Humpen.
ănăpaestŭs 3 (Fw. < ἀνάπαιστος, eig. „zurückgeschlagen"; subst. = umgekehrter Daktylus, Anapäst) **1.** anapästisch [pes Anapäst]. **2.** subst. **a)** **-ŭs**, ī m Anapäst od. anapästischer Vers; **b)** **-ŭm**, ī n α) (Ge.) anapästischer Vers; β) Gedicht in Anapästen.
Ănās, ae m Fl. in Spanien, j. Guadiana.
ănăs, ătĭs (u. ĭtĭs) f (cf. nhd. „Ente") Ente (gen. pl. ănătŭm u. °-ĭŭm).
ănăthēmă[1], ătĭs n (Fw. < ἀνάθημα) (spätl.) Weihgeschenk.
ănăthĕmă[2], ătĭs n (Fw. < ἀνάθεμα) (Eccl.) Verfluchung, Kirchenbann; (meton.) der Verfluchte, der m. dem Kirchenbann Belegte; ~ sit er soll verflucht sein.
ănătĭcŭlă, ae f (demin. v. ănăs) Entchen; / (Pl.) Kosewort.
ănătīnŭs 3 (ănăs) (Pl.) Enten...; subst. **-īnă**, ae f (sc. cărō[1]) (Pe.) Entenfleisch.
ănătŏcĭsmŭs, ī m (Fw. < ἀνατοκισμός) Zinseszins.
Ănăxăgŏrās, ae m (Ἀναξαγόρας) ion. Naturphilosoph aus Klazomenai (500—428 v.Chr.), Freund des Perikles. (Cf. V.-B. I, 3.)
Ănăxĭmăndĕr, drī m (Ἀναξίμανδρος) ion. Naturphilosoph aus Milet (610—547 v. Chr.).
Ănăxĭmĕnēs, ĭs m (Ἀναξιμένης) ion. Naturphilosoph aus Milet (um 510 v.Chr.).
▶ **ăn-cĕps**, cĭpĭtĭs (altl. [Pl.] ăncĭpĕs; ăm(bĭ) + căpŭt; m. Anlehnung an praecĕps) **1.** (dcht.) doppelköpfig [Ianus]; (v. Bergen) doppelgipflig. **2.** / **a)** doppelseitig, zweiseitig; **b)** (vkl., dcht.) zweischneidig [securis]; **c)** v. zwei Seiten, übh. zweifach, doppelt [°tela v. vorn u. v. hinten geworfen, °loca v. zwei Seiten dem Angriff ausgesetzt; ähnlich °ancipitibus iocis premi, proelium an zwei Stellen od. nach zwei Seiten, °milites ancipites ad ictum Brust u. Rücken dem Wurfe darbietend, °malum v. innen u. v. außen u.ä.; bestiae Amphibien]; **d)** schwankend, ungewiß, zweifelhaft [ancipiti Marte pugnare unentschieden]; **e)** (dcht., nkl.) (geistig) α) unschlüssig; β) unzuverlässig; **f)** (nkl., dcht.) doppelsinnig, zweideutig [oraculum]; **g)** gefährlich, mißlich [°via; (Ta.) alci für jd.; (Li.) anceps est m. inf. es ist bedenklich]. — subst. n (Ta.) mißliche od. gefährliche Lage.
F. abl. sg. -tī; neutr. pl. -tĭă, (gen. -tĭŭm u. -tŭm?).
Ănchīsēs, ae m (Ἀγχίσης) Geliebter der Aphrodite, V. des Äneas. — adi. **Ănchīsēŭs** 3; patron. **Ănchīsĭădēs**, ae m S. des Anchises (= Äneas).
F. Cf. V.-B. I, 2.
ăn-cīlĕ, ĭs n (ăm[bĭ]-, caedō: „auf beiden Seiten eingeschnitten") (unkl.) der im Marsheiligtum aufbewahrte heilige Schild des Königs Numa; (dcht.) übh. Schild.
F. gen. pl. ăncīlĭŭm u. ăncīlĭōrŭm.
ăncīllă, ae f (zu altl. ăncŭlŭs „Diener"; ăm[bĭ]-, cŏlō; = ἀμφίπολος) Magd, Dienerin, Sklavin, Leibeigene; (Sa.) auch adi. [mulier ancilla].
ăncīllārĭŏlŭs, ī m (v. *ăncīllārĭŭs zu ăncīllă) (nkl., dcht.) Schürzenjäger.
ăncīllārĭs, ĕ (ăncīllă) Mägden zukommend.
ăncīllŭlă, ae f (demin. v. ăncīllă) junge Magd, meist = ăncīllă.
ăncīpēs s. ăncĕps.
ăncīsŭs 3 (ăm[b]-, caedō) (Lu.) rundum beschnitten.
Ăncōn, ōnĭs f u. **Ăncōnă**, ae f (Ἀγκών v. ἀγκών „Ellenbogen") St. in Picenum, j. Ancona. — Einw. **Ăncōnĭtānŭs**, ī m.
▶ **ăncŏră**, ae f (Lw. < ἄγκυρα) Anker (auch /); ancoram iacere u. ponere (dcht.: figere, pangere) auswerfen, tollere lichten, °moliri aufwinden, °praecidere kappen; ad ancoram od. °in ancoris vor Anker [navem tenere].
ăncŏrālĕ, ĭs n (ăncŏră) (nkl.) Ankertau.
ăncŏrārĭŭs 3 (ăncŏră) zum Anker gehörig, Anker... [funis].
Ăncŭs Mārcĭŭs, ī m nach der Sage der vierte K. in Rom.
Ăncўra, ae f (Ἄγκυρα) St. in Galatien, j. Ankara (Angora), berühmt durch die dort gefundene Kopie des Tatenberichts des Augustus (Monumentum Ancўrānum).
ăndă-bătă, ae m (gall. Fw.) Gladiator m. Helm ohne Visier, Blindkämpfer.
Ăndĕcāvī, ōrŭm u. **Ăndēs**, ĭŭm m gall. Volk a. d. Loire im j. Anjou.
Ăndēs, ĭŭm f Dorf bei Mantua, Geburtsort Vergils.
Ăndrĭă u. **Ăndrĭŭs** s. Ăndrŏs.
Ăndrŏgĕōs u. **-ĕŭs**, ĕī, auch **-ĕōn**, ōnĭs m (Ἀνδρόγεως) S. des Minos u. der Pasiphae. (Cf. V.-B. II, 2.)
ăndrŏgўnŭs, ī m (Fw. < ἀνδρόγυνος) Zwitter, Hermaphrodit.
Ăndrŏmăchă, ae u. **-ē**, ēs f (Ἀνδρομάχη) Gemahlin Hektors; Titel e-r Tragödie des Ennius. (Cf. V.-B. I, 1.)
Ăndrŏmĕdă, ae u. **-ē**, ēs f (Ἀνδρομέδα u. -δη) äthiopische Königstochter, vor e-m Meerungeheuer v. Perseus gerettet; nach ihrem Tode unter die Sterne versetzt. (Cf. V.-B. I, 1.).
ăndrōn, ōnĭs m (Fw. < ἀνδρών „Männersaal") (nkl.) (bei den Römern) Gang (zw. zwei Zimmern, Gebäuden, Gärten od. Höfen).
Ăndrŏnīcŭs, ī m: T. Līvĭŭs A. aus Tarent, 272 v. Chr. als Kriegsgefangener (Ἀνδρόνικος) Sklave, dann Freigelassener des M. Līvĭŭs Sălīnātŏr, ältester röm. Dramatiker (erste Aufführung der Übersetzung eines griech. Stückes 240 v.Chr.).
Ăndrŏs u. **-ŭs**, ī f (Ἄνδρος) nördlichste Kykladeninsel. — Einw. u. adi. **Ăndrĭŭs** (3); subst. **Ăndrĭă**, ae f Das Mädchen v. Andros (Komödie des Terenz).
F. Cf. V.-B. II, 1.
ānēllŭs, ī m (demin. von ānŭs[2]) (unkl.) kleiner Ring, Ringlein.
ănĕō, — — 2. (ănŭs[1]) (Pl.) wie ein altes Weib zittern; altersschwach sein.
ănēthŭm, ī n (Fw. < ἄνηθον) (nkl., dcht.) Dill.
ănĕtīnŭs 3 = ănătīnŭs.
ăn-frāctŭs, ūs m (ănfr-?; ăm[b]-, frăngō) **1.** Biegung, Krümmung, bsd. v. Wegen, oft pl. [°viarum]; bsd. solis od. annuus Kreisbahn der Sonne. **2.** Umweg: / **a)** (in Reden) Weitschweifigkeit; selten = Periode; **b)** Winkelzüge [iudiciorum].
ăngĕlĭcŭs 3 (Fw. < ἀγγελικός) (spätl.) **1.** Boten.... **2.** Engels...; panis das heilige Abendmahl.
ăngĕllŭs, ī m (demin. v. ăngŭlŭs) (Lu.) Winkelchen, Eckchen.
ăngĕlŭs, ī m (Fw. < ἄγγελος) (nkl., Eccl.) **1.** Bote; ♀ Domini Bote des Herrn, Engel. **2.** / **a)** Fahne m. dem Bild des Erzengels [~ summus] Michael; **b)** Angelus Domini, Dankgebet (nach Lucas 1, 28); **c)** *** in der katholischen Kirche das Glokkenzeichen für b) (Angelusläuten).
ăngīnă, ae f (wohl Lw. < ἀγχόνη „das Erdrosseln, Strick, Angst" m. Angleichung an ăngō) (vkl., nkl.) Halsentzündung (*** Betonung des med. t.t.: angįna).
ăngĭ-pŏrtŭm, ī n u. (selten) **-tŭs**, ūs m (*ăngŭs „eng", pŏrtŭs, eig. „Durchgang") enge Seitengasse, Gäßchen.
Ăngĭtĭă, ae f marsische Göttin, die am Fukiner See den Schlangenzauber lehrte.
Ănglĭī, ōrŭm m die Angeln in Schleswig.
ăngō, (ănxī), — 3. (= ἄγχω „schnüre, würge, ängstige") beengen: **1.** (nkl., dcht.) zusammendrücken, bsd. würgen (alqd u. alqm, zB. guttur); übh. jd. körperliche Beklemmung verursachen. **2.** / ängstigen, beunruhigen, quälen (abs. od. alqm u. alcis animum); mediopass. sich ängstigen (animo u. animi im Herzen; m. abl. instrum., zB. dolore; re od. de re über, wegen etw., zB. alcis decessu; m. a.c.i. od. quod; m. indir. Frages.).
ăngŏr, ōrĭs m (ăngō) **1.** (nkl.) Atemnot, Beklemmung. **2.** / Angst, Bangigkeit, pl. Melancholie [angoribus (abl.) confici od. angoribus (dat.) se dedere].
Ăngrĭvārĭī, ōrŭm m germ. Volk an der Weser.
ăngŭĭ-cŏmŭs 3 (ăngŭĭs, cŏmă)

(*dcht.*) schlangenhaarig.
ănguĭcŭlŭs, *ī m* (*demin. v. ănguĭs*) kleine Schlange.
ăngui-fĕr, *fĕră, fĕrŭm* (*ănguĭs, fĕrō*) (*dcht.*) schlangentragend.
ăngui-gĕnă, *ae m u. f* (*ănguĭs, gīgnō*) (*dcht.*) v. Schlangen erzeugt.
ănguĭllă, *ae f* (*wohl zu ănguĭs*) (*unkl.*) Aal.
ăngui-mănŭs, *ūs m* (*ănguĭs, mănŭs*) (*Lu.*) schlangenarmig (= m. schlangenartigem Rüssel).
ănguĭnĕŭs 3 (*dcht., nkl.*) *u.* **ănguīnŭs** 3 (*ănguĭs*) (*unkl.*) schlangenartig, Schlangen... — **teuflisch.
ăngui-pēs, *ĕdĭs* (*ănguĭs*) (*dcht.*) schlangenfüßig; *subst. pl.* **-pĕdēs,** *ŭm m* Giganten.
▶ **ănguĭs,** *ĭs m u. f* (= *altpr.* angis; *cf. nhd.* „Egel") Schlange; *sprichw. als Bild der Bosheit u. der drohenden Gefahr* [°*latet anguis in herba*]; *aber auch als Genius geehrt. Bsd.* (*dcht.*) *als Sternbild*: *am nördl. Himmel* der Drache; *am südl.* die Schlange.
F. *abl. sg. ănguĕ u.* (*selten*) *-ī*; *gen. pl. ănguĭŭm.*
ăngui-tĕnēns, *ĕntĭs m* (*ănguĭs, tĕnĕō*; *Bed.-Lw.* ‹ ὀφιοῦχος) Schlangenträger (*ein Sternbild*).
ăngŭlārĭs, *ĕ* (*ăngŭlŭs*) (*vkl., nkl.*) winklig, eckig; *lapis* Eckstein; *pīlae* Eckpfeiler.
ăngŭlātŭs 3 (*ăngŭlŭs*) eckig.
▶ **ăngŭlŭs,** *ī m* (*cf. nhd.* „Enkel" = Knöchel; *ŭncŭs*) **1.** Ecke, Winkel. **2. a)** *mil.* (*Li.*) vorspringende Bastion; **b)** (*vkl., nkl.*) einschneidende Bucht; **c)** (*math.*) Winkel; **d)** / entlegener Winkel, Schlupfwinkel; *oft verächtlich.*
▶ **ăngŭstĭae,** *ārŭm* (*selten sg.* **-ĭă,** *ae*) *f* (*ăngŭstŭs*) **1. a)** Enge, enger Raum [*itinerum*; / *orationis* enge Grenzen]; **b)** Landenge, Meerenge, Engpässe. **2. a)** (*zeitl.*) Kürze [*temporis*]; *abs.* kurze Zeit; **b)** (*v. der Rede*) gedrängte Darstellung. **3.** / Beschränktheit; *bsd.* **a)** Mangel, Armut (*alcis rei, zB. pecuniae*; *auch alcis j-s*); **b)** mißliche Lage, Not, Schwierigkeit [*angustiis premi od. in angustiis esse* in Verlegenheit sein, bedenklich stehen]; **c)** Engherzigkeit [*pectoris*], Spitzfindigkeit [*verborum*].
ăngŭstĭclāvĭŭs 3 (*ăngŭstŭs, clāvŭs*) (*Suet.*) *m.* schmalem Purpurstreifen an der Tunika (*Ggs. lātĭclāvĭŭs*), *Abzeichen pleb. Standes.*
ăngŭstō 1. (*ăngŭstŭs*) (*dcht.,nkl.*) einengen; / beschränken.
▶ **ăngŭstŭs** 3 (*m. comp. u. sup.*; *adv.* **-ē**) (‹ **ăngŏs-tŏs zu ăngŏr*) **1.** eng, schmal, knapp, *meist act.* = beengend, *bsd. v. Örtlichkeiten* [*locus, iter*; *-e pabulari* auf engem Raum; *auch spiritus* kurzer Atem]; *subst.* **ăngŭstŭm,** *ī n* (*dcht., nkl.*) Enge, enger Raum [*in angusto tendere* lagern]; *klass. nur* / *in angustum deducere u. adducere od. concludere* einschränken [*perturbationes* zügeln]; **b)** (*zeitl.*) (*dcht., nkl.*) kurz, beschränkt; **c)** (*v. d. Rede*) gedrängt, bündig; **d)** / beschränkt; *adv. ăngŭstē* in engerem Sinn; *bsd.* **α)** dürftig, kärglich, arm [*fides* geschwächter Kredit, *re frumentaria anguste uti* über spärliche Zufuhr verfügen]; **β)** mißlich, bedenklich, schwierig; *subst.* **ăngŭstŭm,** *ī n* bedenkliche Lage, *zB. in angusto esse* in Verlegenheit sein, *in angustum venire* in Verlegenheit kommen; **γ)** engherzig, kleinlich [*animus*]; *auch* spitzfindig [*interrogatiuncula*].
ănhēlĭtŭs, *ūs m* (*ănhēlō*) **1.** das Keuchen, Kurzatmigkeit [*anhelitūs moventur* man kommt außer Atem]. **2.** (*unkl.*) *übh.* Atem, Hauch. **3.** / Ausdünstung, Dunst, Dampf.
ăn-hēlō 1. (*wohl ăn-*[2]; *schallmalendes h aus hālō übernommen*; *cf. ănĭmŭs*) **1.** (*intr.*) (*unkl.*) keuchen, schnauben; mühsam atmen; / (*v. Leblosem*) sausen, brausen [*inopia anhelans* drückende Not]. **2.** (*trans.*) ausschnauben, ausstoßen (*alqd, zB. verba*); / nach *etw.* lechzen [*scelus*].
ănhēlŭs 3 (*Rückbildg. aus ănhēlō*) (*dcht., nkl.*) **1.** keuchend, schnaubend, *übh.* kurzatmig. **2.** (*meton.*) atemraubend [*cursus*].
Ănĭcĭŭs 3 *röm. Gentilname*: *L.* ~ *Găllŭs, Konsul 160 v.Chr.*; *adi. auch* **Ănĭcĭānŭs** 3 [*lectica, nota vini Weinsorte aus dem Jahr 160*].
ănĭcŭlă, *ae f* (*demin. v. ănŭs*[1]) altes Mütterchen.
Ănĭēn, Ănĭēnsĭs *u.* **Ănĭēnŭs** *s. Ănĭō.*
ănīlĭs, *ĕ* (*ănŭs*[1]) (*adv.* **-ĭtĕr**) altweiberhaft, *auch* altersschwach [*fabellae* Ammenmärchen].
ănīlĭtās, *ātĭs f* (*ănīlĭs*) (*Ca.*) hohes Alter (*einer Frau*).
▶ **ănĭmă,** *ae f* (*cf. ănĭmŭs*) **1. a)** (*dcht.*) Lufthauch, Wind [*ignes animaeque* des Blasebalgs]; **b)** Luft *als Element.* **2.** Atem [*animam ducere* Atem holen, *continere* den Atem anhalten; *anima viperea* Gifthauch]; / (*Ph.*) *amphorae* Weinduft. **3.** Seele, Lebenskraft [*spes est, dum anima est*]; *animam efflare od. ēdere* (°*deponere*) die Seele *od.* das Leben aushauchen; *animam agere s. ăgō* II, 2 b, **β. 4. a)** *pl.* (*meist dcht., nkl.*) Seelen der Verstorbenen, Schatten, Manen [*piae paternae*]; **b)** (*dcht.*) Blut *als Lebenssaft* [*purpurea*]. **5.** (*meton.*) beseeltes Wesen, *bsd. als Schelt- od. Kosewort* [(*Ta.*) *servientium animae* Sklavenseelen; *anima mea* mein Leben!]. **6.** (*selten*) = *animus* denkende *od.* vernünftige Seele, Geist [*anima rationis particeps*]. — ***(*philos. u. anthropologischer t.t.*) ~ *rationalis* Vernunftelement *des menschlichen Geistes*; ~ *sensitiva* Gefühlselement *i. Mensch u. Tier*; ~ *vegetativa* das Wesensmerkmal weder gefühl- noch vernunftbegabter Wesen (Pflanzen).
ănĭmābĭlĭs, *ĕ* (*ănĭmō*) belebend [*natura*].
ănĭmădvĕrsĭō, *ōnĭs f* (*ănĭmădvĕrtō*) **1. a)** Aufmerksamkeit [*-nem excitare*]; **b)** sinnliche Wahrnehmung (*alcis rei*). **2. a)** Tadel, Rüge [*censoria*]; **b)** Bestrafung, Strafe (*alcis j-s u. obi.* = *in alqm, zB. civium*; *Dolabellae in sceleratos*); (*meton.*) Strafrecht; (*nkl.*) (*euphem.*) = Todesstrafe.
ănĭmădvĕrsŏr, *ōrĭs m* (*ănĭmădvĕrtō*) Beobachter (*alcis rei*).
▶ **ănĭm-ădvĕrtō,** *tī, sŭm u.* (*altl.*) *-vŏrtō, tī, sŭm* 3. (‹ *ănĭmŭm ădvĕrtō*) **1.** aufmerken, achtgeben, *abs.* (*m. indir. Frages. od. m. ut, ne*). **2.** (*trans.*) *etw.* beachten, bemerken, wahrnehmen (*alqm u. alqd*; *m. a.c.i. od. indir. Frages.*). **3. a)** tadeln, rügen (*alqd, auch in alqm*); **b)** ahnden, (be)strafen (*alqd, zB. scelus*); *bsd.* gegen *jd.* strafend einschreiten (*in alqm, zB. in complures nobiles*; *re* mit *etw., zB. supplicio*); (*nkl.*) *auch jd.* hinrichten (*in alqm*).
▶ **ănĭmăl,** *ālĭs n* (‹ *ănĭmālĕ, n. v. ănĭmālĭs*) Lebewesen, Geschöpf, *auch* der Mensch; *bsd.* Tier; / (*bsd. als Schimpfwort*) Untier.
F. *sg. abl. ănĭmālī*; *pl. nom. -ĭă, gen. -ĭŭm.*
ănĭmālĭs, *ĕ* (*ănĭmă*) **1.** luftig, luftartig. **2. a)** (*pass.*) belebt, beseelt [*intelligentia* lebendiger Geist, *exemplum* lebendes Original]; **b)** (*act.*) belebend [*cibus*].
ănĭmāns, *āntĭs* (*ănĭmō*) **1.** *adi.* beseelt; lebend. **2.** *subst. m u. f* (*pl. auch n*) Lebewesen.
F. *sg. abl. des adi. -tī, des subst. -tĕ u. -tī*; *gen. pl. -tĭŭm u.* °*-tŭm.*
ănĭmātĭō, *ōnĭs f* (*ănĭmō*) **1.** (*Tert.*) Belebung, belebende Kraft. **2.** *meton.* (*concr.*) belebtes Geschöpf.
ănĭmātŭs 3 (*eig. P.P.P. v. ănĭmō*) **1.** beseelt, belebt. **2.** gesinnt, gestimmt (*bene od.* °*male in u. erga alqm* gegen *jd.*). **3.** mutig, beherzt.
ănĭmō 1. **1.** (*denom. v. ănĭmă*) beseelen, beleben (*alqd*; *bsd.* [*Ov.*] *alqd in alqd etw.* in *etw.* Lebendes verwandeln [*guttas in angues*]). **2.** (*denom. v. ănĭmŭs*) m. einem Temperament erfüllen, stimmen (*alqm*; *m. adv., zB. ita*); *bsd.* (*nkl.*) ermutigen [*acrius*]. — *P.* willens sein, sich entschließen.
ănĭmōsĭtās, *ātĭs f* (*ănĭmōsŭs*) (*spätl.*) **1.** Tapferkeit, Ehrgeiz. **2.** Animosität, Erbitterung.
ănĭmōsŭs 3 (*m. comp. u.* °*sup.*; *adv.* **-ē**) (*ănĭmŭs*) **1.** beherzt, mutig. **2.** (*pejorativ*) (*meist nkl., dcht.*) keck, leidenschaftlich, heftig; (*dcht.*) (*v. Winden*) stürmisch, ungestüm [*Euri*]. **3.** (*dcht.*)(*m. abl.*) stolz auf *etw.* [*spoliis, vobis creatis* stolz, euch geboren zu haben].
ănĭmŭlă, *ae f* (*demin. v. ănĭmă*) **1.** (*unkl.*) Seelchen [*unius muliérculae v. Ciceros T. Tullia*]. **2.** *etw.* Leben(sgeist) [*-am instillare alci*].
ănĭmŭlŭs, *ī m* (*demin. v. ănĭmŭs*) (*Pl.*) (*Kosewort*) Herzchen.

ănĭmŭs
1. Leben; **2. a)** Seele, Geist; **b)** *zur Umschreibung der Person*; **3. a)** Geist, Denkkraft; **b)** Empfindung, Gefühl; **c)** Wunsch, Verlangen.

ănĭmŭs, *ī m* (= ἄνεμος „Hauch, Wind") **1.** (*dcht.*) (*selten*) = *ănĭmă* Leben. **2. a)** Seele, Geist *als Inbegriff aller geistigen Kräfte im Ggs. zum Körper, zB. homo constat ex corpore et animo*; *auch von der Tierseele*; *oft pl. statt sg.*; (*loc.*) **animi** im Geist = im Innern, im Herzen

= ănĭmō; **b**) *sehr häufig animus zur Umschreibung der Person* [amici animum consolari den Freund, militum animos inflammare die Soldaten]. **3.** die Seele (*in ihren Grundfähigkeiten des Denkens, Fühlens u. Wollens*): **a**) Denkkraft, Geist (*cf.* mēns), *zB.* animum advertere (appellere u.a.) die Aufmerksamkeit auf *etw.* richten, adesse animo = aufmerken; *bsd.* α) Gedanken [habere animum in armis nur an den Krieg denken, est animus in hortis meine Gedanken sind, rem animo praecipere *od.* fingere in Gedanken sich vorstellen]; β) Gedächtnis [ex animo effluere *od.* alqd eicere]; γ) Bewußtsein, Besinnung [animus alqm relinquit]; δ) Urteil, Meinung [animo meo nach meiner Ansicht, ut meus est animus, hoc animo in der Überzeugung]; **b**) Empfindung, Gefühl, Gemüt [animi metus Herzensangst]; ex animi sententia offen *u.* ehrlich; ex animo aufrichtig, ernstlich [amare, diligere]; *als Anrede*: mi anime mein Herz; *bsd.* α) Stimmung, Gesinnung, *zB.* tuus in me animus, bono (*od.* inimico, hoc) animo in alqm esse; β) Gemütsart, Sinnesart, Charakter [animus magnus edel, ingens heroisch, parvus niedrig]; γ) Mut, Selbstvertrauen, *oft im pl.* (*auch von einer Person*), *zB.* bono animo esse guten Muts sein, alci animum *od.* animos facere *jd.* Mut einflößen (*auch* addere, augere); animus alcis crescit wächst (*od.* cadit sinkt); δ) Übermut, hochfahrender Sinn, *auch* Trotz, *bsd. im pl.* [animos alcis comprimere]; ε) Unmut, Zorn, Leidenschaft; **c**) begehrende Seele, Wunsch, Verlangen [mente et animo, ex animo freiwillig *od.* gern]; *bsd.* α) Absicht, Entschluß [alqd bono animo dicere in guter Absicht; hoc animo, ut in der Absicht, daß]; *bsd.* in animo habeo *od.* in animo mihi est ich bin willens, beabsichtige (*m. inf.*); β) Lust, Neigung, Gelüste, *zB.* animi cupiditates *od.* °animum suum explere (*od.* °animo obsequi *od.* °indulgere) seine Lust befriedigen, toto animo se dedere alci rei sich ganz hingeben; animi causā zum Vergnügen, zur Unterhaltung.

Ăniō *u.* **-iēn,** ēnis *m. Nebenfl. des Tiber, j.* Aniene *od.* Teverone; *adi.* **Ăniēnsis,** ĕ *u.* °**Ăniēnŭs** 3.

ănĭtĭcŭlă, ae *f* = ănătĭcŭlă.

ănĭtis *s.* ănăs.

Ăniŭs, ī *m Apollopriester u. K. auf Delos.*

Ănnă, ae *f* **1.** *Didos Schwester.* **2. Ănnă Pĕrĕnnă** *schon früh übernommene außerröm. Göttin, vl. des Jahresanfangs u. -endes* (*ihr Fest am 15. März*); *später m. 1 gleichgesetzt.*

Ănnaeŭs 3 *röm. Gentilname*; *s.* Sĕnĕcă.

▶ **ănnālĭs,** ĕ (ănnŭs) **1.** *adi.* das Jahr *od.* die Jahre betreffend, Jahres..., *klass. nur*: lēx ănnālĭs Gesetz über das für Amtsbewerbungen erforderliche Mindestalter (*für Konsuln 43, Prätoren 40, kurulische Ädilen 37, Quästoren 30 J.*). **2.** *subst.* **ănnālēs,** ĭŭm *m* Annalen, Jahrbücher (maximi *od.* pontificum *die vom jeweiligen pontifex maximus für jedes Jahr* [*bis 133 v.Chr.*] *verfaßte* Chronik). *sg.* annalis das einzelne Buch der Annalen; *pl.* (*nkl.*) Geschichtswerk, Geschichte. *Ănnālēs das nationale Epos des Ennius.*

F. *abl. sg.* ănnālī; *gen. pl.* ănnālĭŭm.

****annata,** ae *f* Jahresertrag; *meist pl.* **-ae** Abgaben *an den Papst für Verleihung eines kirchlichen Amtes* (beneficium).

ăn-nătō 1. (*nkl., dcht.*) heranschwimmen (ad alqd *od.* alci rei).

ăn-nĕ *s.* ăn³ F.

ăn-nĕctō, nĕxŭī, nĕxŭm 3. anknüpfen, anbinden (alqd ad alqd *od.* alci rei, *zB.* °cadavera saxis; alqd re *etw. m. etw.*, *zB.* °ratem vinculis); P. *m. etw.* zusammenhängen [stomachus ad linguam annectitur]; / m. *etw.* verbinden *od.* verknüpfen [rebus praesentibus futuras; (*nkl.*) annexus alci *m. j.* verwandt]; *bsd. mündl. od. schriftl.* hinzufügen [exordium orationi; *m.* °a.c.i. *bzw. m.* °ut *od.* °*bloßem coni.*].

ănnĕxŭs, *abl.* ū *m* (ănnĕctō) (*Ta.*) Verbindung, Verwandtschaft.

ănnĭcŭlŭs 3 (*wohl demin. v. adi.* *ănnĭcŭs *zu* ănnŭs) (*vkl., nkl.*) einjährig, ein Jahr alt.

ăn-nītŏr, nīsŭs *u.* nīxŭs sŭm 3. sich anstemmen, sich (an)lehnen (ad alqd *u.* °alci rei an, auf *etw.*, *zB.* [*Ve.*] hastis); / sich anstrengen, sich bemühen, darauf hinarbeiten (de re; pro alqo; ad alqd faciendum; adversus alqd gegen *etw.* ankämpfen; *m. acc. n eines pron.*, *zB.* hoc; *m.* ut, ne; *m.* °*inf.*).

Ănnĭŭs 3 *röm. Gentilname*: T. Ănnĭŭs Mĭlō (*s.* Mĭlō). — *adi.* **Ănnĭānŭs** 3.

ănnĭvĕrsārĭŭs 3 (*aus* *ănnō-vĕrsŭs „im Jahr sich drehend" *erweitert*) jedes Jahr wiederkehrend, jährlich (arma Kämpfe); *subst.* **ănnĭvĕrsārĭă,** ōrŭm *n* (*nkl.*) jährlich wiederkehrende Gedenktage, *bsd. zu Ehren Verstorbener, durch Totenopfer* (inferiae), ****i. der katholischen Kirche durch Seelenmessen begangen.*

ăn-nō 1. (ăd-nō) **1.** hinzu-, heranschwimmen (*abs. od.* ad alqd; [*nkl.*] alci rei *u.* alqd, *zB.* [*Li.*] navibus). **2.** (*Ta.*) neben *etw.* schwimmen [equites equis annantes].

ănnōn = ăn nōn.

ănnōnă, ae *f* (*zu* ănnŭs; *Bildung wie* mātrōna; *vl. substantiviertes adi., sc.* mĕssis) **1.** Jahresertrag (*bsd. an Kornfrüchten*) (♀ *personif. auf Münzen der Kaiserzeit als Annona sancta* Göttin des jährl. Ernteertrags). **2.** (*meton.*) Getreide, *übh.* Nahrungsmittel; Getreideversorgung; (*mil. t.t. der Kaiserzeit*) °Proviant, Mundvorrat. **3. a**) Preis des Getreides (und sonstiger Lebensmittel; °salaria des Salzes); die Marktpreise [°annonam levare die Preise herabsetzen]; (*Ho.*) *auch* / Preis, Wert [amicorum]; **b**) (*prägn.*) hohe Marktpreise, Teuerung. — **Portion; vitae Lebensunterhalt; Pferdefutter.

ănnōsŭs 3 (ănnŭs) (*dcht., nkl.*) (hoch)bejahrt, (ur)alt.

ănnŏtāmĕntŭm, ī *n* (ănnŏtō) (*Ge.*) Anmerkung, Bemerkung.

ănnŏtātĭō, ōnĭs *f* (ănnŏtō) (*nkl.*) schriftliche Bemerkung, Anmerkung.

ănnŏtātŏr, ōrĭs *m* (ănnŏtō) (*Pli.*) Beobachter, Aufpasser.

ănnōtĭnŭs 3 (*abl. v.* ănnŭs + *idg. Zeitsuffix wie in* dĭūtĭnŭs) vorjährig.

ăn-nŏtō 1. (*nkl.*) **1.** *schriftl.* vermerken (alqd, alqd de re; *m. a.c.i. u. indir. Frgs.*), *bsd.* (*v. Beamten*) *jd.* zur Bestrafung notieren. **2. a**) (*prägn.*) m. Anmerkungen versehen [librum]; **b**) / bemerken, wahrnehmen (alqd; *m. a.c.i., im* P. *m. n.c.i.*).

ăn-nŭī *s.* ănnŭō.

ăn-nūllō 1. (ăd + *denom. v.* nūllŭs) (*spätl.*) zunichte machen, vernichten.

ăn-nŭmĕrō 1. **1.** *jd. etw.* zuzählen, auszahlen (alci alqd, *zB.* verba lectori, denarios). **2.** hinzuzählen, -rechnen, mitzählen (alqd *m. dat. od.* in re, *zB.* his libris, alqm in vatibus).

ănnūntĭātĭō, ōnĭs *f* (ănnūntĭō) (*Eccl.*) Verkündigung (Mariae = 25. März).

ănnūntĭātŏr, ōrĭs *m* (ănnūntĭō) (*Eccl.*) Verkündiger, Prediger.

ăn-nūntĭō 1. (*nkl.*) ankündigen, (dazu) berichten (alqd; *m. a.c.i. od. indir. Frages.*).

▶ **ăn-nŭō,** ŭī, — 3. **1.** zunicken, einen Wink geben (*abs. u.* alci). **2.** beifällig zunicken, zustimmen (*abs. od. m. acc. n eines pron. od.* °*adi.*, *zB.* id, °falsa, *auch m. innerem obi.*, *zB.* °nutum; *m. dat.* °alci rei; *m.* °*inf. od.* °a.c.i.); (*prägn.*) zunickend gebieten *od.* erlauben, daß (*m.* ut *od. inf.*). **3.** (*meist dcht., nkl.*) *etw.* zugestehen; zusagen, versprechen (alqd *u.* alci alqd; *m. inf.*). **4.** *jd.* durch Nicken bezeichnen (alqm).

ănnŭs

1. Jahr; **2.** Lebensjahr; **3.** Amtsjahr; **4.** Jahreszeit; **5.** Jahresertrag, Ernte.

ănnŭs, ī *m* (< *ăt-nŏs, *wohl urspr.* „der Läufer" *zu altind.* átati „geht, wandert") **1. a**) Jahr [anni tempus Jahreszeit; annus magnus *od.* maximus das große Weltjahr = *25 800 gewöhnliche Jahre*]; **b**) *adv.*: α) anno (*Pl.*) vor einem Jahr, (*Li.*) während e-s (ganzen) Jahres; *auch* jährlich; bis, ter *usw.* °anno (*klass.* in anno) zweimal, dreimal *usw.* jährlich; β) annum ein Jahr lang (plus annum über ein Jahr lang); γ) ad annum übers Jahr; δ) in annum auf *od.* für ein Jahr, in (multos) annos auf (viele) Jahre hinaus. **2.** Lebensjahr = annus aetatis [puer novem annorum; annum decimum agere im zehnten Jahre stehen]; *pl. oft* = α) (*meist nkl., dcht.*) Alter, Lebenszeit; *prägn.* = hohes Alter [annis confectus]; β) (*dcht.*) Zeiten. **3.** Amtsjahr. **4.** (*dcht.*) Jahreszeit (= tempus anni, *zB.* pomifer = Herbst). **5.** (*meist nachaugust.*) Ertrag des Jahres, Ernte. — ***ad multos annos auf viele Jahre! (*b. Glückwünschen*); anni currentis laufenden Jahres; anni futuri kommenden Jahres; anni praeteriti vorigen Jahres; anno Domini (*Abk.* A.D.) im Jahre des

Herrn, *d.h.* n. Chr. Geb.

ănnūtō 1. (*frequ. v. ănnŭō*) (*vkl., nkl.*) immer wieder zunicken.

▶ **ănnŭŭs** 3 (*ănnŭs*) **1.** jährig, auf *od.* für ein Jahr [*consulum potestas,* °*aera* Jahressold]. **2.** jährlich (wiederkehrend) = *ănnĭvērsārĭŭs.* — *subst.* **-ă,** *ōrŭm n* (*nkl.*) Jahresgehalt.

ănōnȳmŏs *u.* **-ŭs,** *ŏn* (*Fw.* ⟨ ἀνώνυμος) (*nkl.*) namenlos, unbenannt. — ****subst.* ~, *ī m* ein Ungenannter.

ăn-quīrō, *quīsīvī, quīsītŭm* 3. (*ăm*[*b*]-, *quaerō*) **1.** *etw.* aufsuchen, nach *etw.* suchen (*alqd u. alqm*). **2.** untersuchen, nachforschen (*abs. od. alqd u. de re, zB. de alio* sich neugierig bekümmern um; *m. indir. Frages.*; *verneint* [*Ta.*] *m. quin*). **3.** (*nkl.*) (*jur. t.t.*) **a)** eine Untersuchung anstellen (*de re, zB. de perduellione*); **b)** eine Strafe beantragen (*capite u. -tis*).

ānsă, *ae f* (*cf. ămplŭs, nhd.* „Öse") **1.** (*unkl.*) Griff, Henkel; Öse (*am Rande der Schuhsohlen*). **2.** / Anlaß, Gelegenheit *m. bildgerechten Verben wie capere, dare, habere* (*alcis rei od. ad alqd* zu *etw.*).

ānsātus 3 (*ānsă*) (*vkl.*) m. Henkeln versehen; / (*Pl.*) die Arme in die Seiten gestemmt.

ānsĕr, *ĕrīs m* (*selten f*) (⟨ **hānsĕr* = χήν = *nhd.* „Gans") Gans (*der Juno heilig*).

ăntae, *ārŭm f* (*cf. altind.* ātāh „Umfassung, Türrahmen"; *antike Verbindung m. lat. ante ist volkset.*) (*nkl.*) viereckige Wandpfeiler, *die den Pronaos bzw. die Prostas einschließen*; *aedes in antis* Antentempel.

Ăntaeŭs, *ī m* (Ἀνταῖος) *Gigant, S. des Poseidon und der Gaia, dem die Berührung mit der Mutter Erde stets neue Kräfte gab, v. Herakles bezwungen.*

ăntĕ
1. *adv.* **a)** (*räuml.*) vorwärts; **b)** (*zeitl.*) früher; **2.** (*in der Komposition*) **a)** (*räuml.*) vorn, voraus; **b)** (*zeitl.*) vor-; **c)** (*Vorrang*) über-, hervor-; **3.** *prp.b.acc.* **a)** (*räuml.*) vor; **b)** (*zeitl.*) vor; **c)** (*Rang*) vor = mehr als.

ăntĕ (⟨ **ăntī* = ἀντί; *cf. nhd.* Ant-, ent-) **1.** *adv.* **a)** (*räuml.*) (*klass. selten, meist auf die Frage: wohin?*) vorn, vorwärts [*ante ingredi*]; **b)** (*zeitl.*) vorher, früher [*paulo ante*]; *cf. auch* **ăntĕquăm. 2.** (*in der Komposition*) **a)** (*räuml.*) vorn [*antefixus*], voraus [*antefero*]; **b)** (*zeitl.*) vor- [*antea*]; **c)** (*v. Vorzug u. Vorrang*) über-, hervor- [*antecellō*]. **3.** *prp. b. acc.*: **a)** (*räuml.*; *dem Gegenstand zugewandt*; *meist auf die Frage: wo?, seltener: wohin?*) vor, vor ... hin [*ante domum versari, alqd ante pedes iacere*]; **b)** (*zeitl.*) vor [*ante hunc diem* vor *od.* bis zu diesem Tage, *ante lucem* vor Tagesanbruch, °*ante rem* vor dem Kampfe]. — *a.d. VI. Non. Mart.* = *ante diem sextum Nonas Martias* am 6. Tag vor den Nonen des März = am 2. März; *in a.d. V. Kal. Nov.* auf den 28. Oktober; *ex a.d. ... usque a.d.* ... vom ... bis zum ...; *ante tempus* vorzeitig, vor der °rechten *od.* gesetzlichen Zeit; (*dcht.*) *ante diem* vor der bestimmten Zeit; **c)** / (*von Vorzug u. Rang*) (*nkl., dcht.*) vor, über = mehr als [*ante Iovem haberi* für größer gehalten werden als Jupiter]; *bsd.* **α)** *ante alqm esse jd.* übertreffen; **β)** *ante omnes od. ante alios* vor allen anderen; *ante omnia* vor allem = besonders.

▶ **ănt-ĕā** *adv.* (*ăntĕ, ĕā*) vorher, früher; *auch m. folgendem quăm* = *ăntĕquăm.*

ăntĕămbŭlō, *ōnīs m* (*ăntĕ, ămbŭlō*) (*nkl., dcht.*) Vorläufer, Lakai.

****ante-brachium,** *i n* Unterarm.

ăntĕ-cănĭs, *īs m* (*Bed.-Lw. v.* προκύων) Vorhund, kleiner Hund (*Vorläufer des Sirius*).

ăntĕ-căpĭō, *cēpī, cĕptŭm u. căptŭm* 3. **1.** (*nkl.*) vorwegnehmen, im voraus besetzen (*alqd, zB. pontem*). **2. a)** (*philos. t.t.*) *antecepta animō rei informatio* Begriff *a priori*; **b)** / (*nkl.*) **α)** *etw.* im voraus besorgen [*quae bello usui forent*] *od.* ausnutzen [*noctem*]; **β)** *etw.* nicht abwarten (*alqd, zB. famem luxu* vorweg erregen).

ăntĕcēdēns, *ĕntīs* (*eig. part. praes. v. ăntĕcēdō*) **1.** (*nkl.*) vorübergehend. **2.** / (*philos. t.t.*) *causa* ~ *u. subst. n sg. u. pl.* wirkende Ursache *einer Tat.*

ăntĕ-cēdō, *cĕssī, cĕssŭm* 3. **1. a)** voraus-, vorangehen, *räuml. u. zeitl.* (*abs. od. m. acc., zB. agmen*; *auch m. dat., zB. alci aetate*); **b)** *mil. abs.* die Spitze bilden; *auch* vorrücken; **c)** *jd.* überholen, *räuml. u. zeitl.* (*abs. od. m. acc., zB. legiones*; *multum e-e* große Strecke). **2.** / *jd.* übertreffen *od.* überlegen sein (*alqm u. alci, auch alqd, zB. fama rem antecedit* geht über den Tatbestand hinaus; *re* durch, in, an *etw*; *auch in re, zB.* [*Ne.*] *alqm in amicitia* unter allen Freunden); *abs.* sich auszeichnen (*re, zB. honore*).

ăntĕ-cēllō, — — 3. (**cēllō*; *cf. cĕlsŭs*) hervorragen; / *jd.* übertreffen, sich vor *jd.* auszeichnen (*alci u. alci rei od. in re, auch ad alqd, zB. omnibus militari laude od. in eloquentia, ad honorem*; [*nkl.*] *alqm re*); P. *antecelli re* in *etw.* übertroffen werden.

ăntĕcĕssĭō, *ōnīs f* (*ăntĕcēdō*) das Vorauseilen, Vorsprung, *auch pl.*; / wirkende Ursache, Bedingung.

ăntĕcĕssŏr, *ōrīs m* (*ăntĕcēdō*) (*nkl.*) **1.** Vorläufer; *mil.* Spitze. **2.** Vorgänger im Amt.

ăntĕ-cŭrsŏr, *ōrīs m* (*ăntĕcŭrrō*) Vorläufer: **1.** *mil.* Plänkler; *pl.* Vorausabteilung. **2.** (*Tert.*) Vorläufer Jesu (*Johannes*).

ăntĕ-ĕō, *iī* (*selten īvī*), —, *īrĕ* **1. a)** (*räuml.*) vorangehen (*abs. od. m. dat., zB. praetoribus*; [*dcht., nkl.*] *m. acc., zB. currum regis*); **b)** (*zeitl.*) vorausgehen (*abs. od. m. acc. od. dat., zB. alci od. alqm aetate od. aetatem alcis*). **2.** / *jd.* übertreffen *od.* sich vor *jd.* auszeichnen (*alqm od. seltener alci u. alci rei*; *alqm u. alci re* durch *etw., zB. ceteros virtutibus, omnibus auctoritate*); *auch abs.* sich hervortun (*re* durch *etw.*); P. *anteiri ab alqo v. jd.* übertroffen werden. **3.** (*vkl., nkl.*) einer Sache zuvorkommen = *etw.* vereiteln (*alqd, zB. damnationem*).

F. *-ĕ v. ăntĕ* wurde *dcht. u. nkl. regelmäßig ausgelassen*: *ănt'ĕō, ănt'ĕăm*; *praes. durch Synizese zweisilbig*: *ăntĕīs, ăntĕīt.*

ăntĕ-fĕrō, *tŭlī, lātŭm, fĕrrĕ* **1.** (*nkl.*) vorantragen (*alqd*). **2.** / **a)** vorziehen, über *jd. od.* über *etw.* stellen (*alqd; alqd alci rei; alqm alci, zB. omnibus Demosthenem*); **b)** vorausnehmen, im voraus bedenken (*alqd consilio*).

ăntĕ-fīxŭs 3 (*fīgō*) (*nkl.*) vorn befestigt (*alci rei*); *subst. pl.* **-ă,** *ōrŭm n* Gesimsverzierungen, -figuren.

ăntĕ-gĕrĭō = *ăntīgĕrĭō.*

ăntĕ-grĕdĭŏr, *grĕssŭs sŭm* 3. (*grădĭŏr*) vorausgehen, *räuml., zeitl. u.* / (*alqd, zB. stella solem*; *abs. causae antegressae*).

ăntĕ-hăbĕō, *ŭī,* — 2. (*Ta.*) vorziehen (*alqd alci rei*).

ăntĕ-hāc *adv.* bisher, früher (*meist auf die Gegenwart des Redenden bezogen*). *Im Vers durch Synizese zweisilbig* = *ănt'hāc.*

ăntĕ-lŏgĭŭm, *ī n* (*Bed.-Lw.* ⟨ πρόλογος) (*Pl.*) Prolog.

ăntĕ-lūcānŭs 3 (*ăntĕ lūcĕm*) vor Tage (stattfindend) [*cena* bis zum frühen Morgen]. — ***coetus* Frühmesse.

ăntĕ-mĕrīdĭānŭs 3 (*ăntĕ mĕrīdĭēm*) Vormittags... [*ambulatio*].

ăntĕ-mīttō, *mīsī, mĭssŭm* 3. vorausschicken, *richtiger getr.* [*equites*].

Ăntĕmnae, *ārŭm f alte Sabinerstadt a. d. Mündung des Anio in den Tiber.* — *Einw.* **Ăntĕmnās,** *ātīs m.* (*Cf.* V.-B. IX.)

ăntĕmnă *u.* (*jünger u. vulgär*) **ăntĕnnă,** *ae f'* (*et. ungedeutet*) Segelstange, Rahe.

Ăntēnŏr, *ŏrīs m* (Ἀντήνωρ) *vornehmer Troer, sagenhafter Gründer v. Patavium* (*Padua*); *patron.* **Ăntēnŏrĭdēs,** *ae m S. des Antenor.* **F.** *Cf.* V.-B. III, 1, b (*bzw.* I, 2).

ăntĕŏccŭpātĭō, *ōnīs f* (**ăntĕ-ŏccŭpō* 1.) (*rhet. t.t.*) Vorwegnahme der Einwürfe des Gegners (προκατάληψις).

ăntĕpărtŭm *u.* **-pĕrtŭm,** *ī n u. pl.* (*părĭō*) (*Pl.*) das vorher Erworbene.

****ante-pendium,** *i n* (= „Vorhang") *Verkleidung der Altarvorderseite durch kostbare Stoffe, Holz od. Metall,* Altarvorsatz.

ăntĕ-pēs, *ĕdīs m* (*dcht.*) Vorderfuß (*gen. pl. -ŭm*).

ăntĕ-pīlānī, *ōrŭm m* (*ăntĕ pīlă*) (*nkl.*) die vor den m. dem *pilum* bewaffneten Triariern stehenden *hastati u. principes.*

▶ **ăntĕ-pōnō,** *pŏsŭī, pŏsĭtŭm* 3. **1.** (*nkl.*) voranstellen (*alqd, zB.* [*Ta.*] *vigilias* ausstellen; *alqd alci rei etw.* vor *etw.*). **2.** (*dcht.*) zum Essen *od.* Trinken vorsetzen. **3.** / vorziehen, *etw.* über *etw.* stellen (*alqd alci rei, alqm alci, zB. Platonem omnibus*). **F.** *ăntĕ durch Tmesis bisw. hinter pōnō gestellt, zB.* (*Ho.*) *positum ante pullum.*

*****ante portas** *s. pŏrtă.*

ăntĕ-pŏtēns, *ĕntīs* (*Pl.*) vor allen reich = glücklicher als alle.

▶ **ăntĕ-quăm** *ci.* (*urspr. adv.* + *ci.*) eher als *u.* bevor, ehe (*m. ind. u. coni. wie* prĭŭsquăm); *auch in Tmesis* ante ... quam; *bei Dichtern* quam *bisw. vor* ante; *selten Pleonasmus* prius ... ante ... quam.

ăntĕrĭŏr, *ĭŭs* (*Gegensatzbildung zu* pŏstĕrĭŏr) (*nkl.*) der vordere, vorn liegend, der frühere.

Ănt-ĕrōs, *ōtĭs m* (Ἀντέρως) *Bruder des Eros* (*Amor*), Gott der Gegenliebe; *auch der rächende Gott verschmähter Liebe.*

ăntēs, *ĭŭm m* (*wohl v.* ăntĕ, *sekundär nach* frŏntēs *gebildet*) (*unkl.*) Reihen von Weinstöcken, Soldaten *u.a.*

ăntĕ-sīgnānŭs, *ī m* (-ī-?; ăntĕ sīgnă) Vorkämpfer; *meist pl. mil.* **ăntĕsīgnānī**: **1.** (*vkl., nkl.*) *in älterer Zeit* = hāstātī *u.* prīncĭpēs, die vor dem *bei den Triariern befindlichen* Legionsadler kämpften. **2.** (*später*) die Antesignanen, *ein bei jeder Legion befindliches Elitekorps.*

ăntĕ-stō 1. *Nebenform v.* ăntĭstō.

ăn-tēstŏr 1. (-ē-?; *entweder* ăn-[2] *od. haplol.* ⟨ ăntĕ + tēstŏr) (*unkl.*) *jd.* als Zeugen anrufen (alqm); *klass. nur* / *außergerichtlich.*

ăntĕ-tŭlī *s.* ăntĕfĕrō.

ăntĕ-vĕnĭō, *vēnī, vēntŭm* 4. (*unkl.*) **1.** **a)** zuvorkommen, überholen (alqm; *seltener m. dat.*); **b)** *abs.* darüber hinausgehen. **2.** / **a)** übertreffen (*m. acc.*); **b)** vereiteln (alqd).

ăntĕ-vĕrtō, *vĕrtī, vērsŭm u.* (*Pl.*) **vĕrtŏr,** *vērsŭs sŭm* 3. (*altl.* vŏrtō *usw.*) **1.** vorangehen, einen Vorsprung gewinnen (*abs.*; [*Te.*] *m. dat.*). **2.** / **a)** (*im Handeln*) zuvorkommen, *etw.* vereiteln (alqd); **b)** *etw.* vor einer andern Sache (*dat.*) zunächst vornehmen (*m.* ut); **c)** vorziehen (alqd alci rei).

ănthĭās, *ae m* (*Fw.* ⟨ ἀνθίας) (*nkl., dcht.*) *unbekannter Seefisch.*

****Anthologia Palatina** (*od.* **Graeca**) Sammlung („Blumenlese") griech. Epigramme *vom 5. Jh. v.Chr. bis in die byzantinische Zeit, nach der* Bibliotheca Palatina *i. Heidelberg benannt, entstanden um 925 n.Chr.*

ănthўpŏphŏră, *ae f* (*Fw.* ⟨ ἀνθυποφορά) (*nkl.*) (*rhet. Figur*) Widerlegung eines möglichen Einwandes.

Āntĭās, *ātĭs m s.* Āntĭŭm.

Āntĭ-cătō, *ōnĭs m* (ἀντί „gegen") *Gegenschrift Cäsars in 2 Büchern* (*daher pl.* -ōnēs, ŭm) *gegen Ciceros Lobrede auf den jüngeren Cato.*

Āntĭchrīstŭs, *ī m* (Ἀντίχριστος) (*Eccl.*) der Antichrist.

ăntĭcĭpātĭō, *ōnĭs f* (ăntĭcĭpō) angeborene (a priori vorhandene) Vorstellung *od.* Idee (alcis rei *v. etw.*; *zB.* deorum).

ăntĭ-cĭpō 1. (ăntĕ; *cf.* căpĭō, ŏccŭpō) **1.** vorausnehmen (alqd); *bsd.* (*eine Vorstellung*) a priori gewinnen. **2.** °(viam) früher zurücklegen, verkürzen; molestiam alcis rei sich im voraus um *etw.* Kummer machen; °ludos vor der Zeit feiern, °mortem sich vorher umbringen. **3.** (*unkl.*) zuvorkommen.

ăntĭcŭs 3 *s.* ăntīquŭs.

Ăntĭcўră, *ae f* (Ἀντίκυρα) *drei mittelgriech. Städte, bsd. Hafenst. in Phokis, durch ihre Nieswurz berühmt; s.* hĕllĕbŏrŭs.

ăntĭd- (*altl.*) = ăntĕ.

ăntĭd-ĕă (*altl.*) (*Li.*) = ăntĕă (*cf.* pŏstĭd-ĕă).

ăntĭd-ĕō (*altl.*) (*Pl.*) = ăntĕ-ĕō; **ăntĭd-hāc** (*altl.*) (*Pl.*) = ăntĕ-hāc.

ăntĭ-dŏtŭm, *ī n* (*Fw.* ⟨ ἀντίδοτον) (*dcht., nkl.*) Gegenmittel, -gift.

ăntĭ-gĕrĭō *adv.* (ăntĕ, gĕrō) (*altl.*) (*Qu.*) vorzugsweise, sehr.

Ăntĭgŏnă, *ae u.* **-ē,** *ēs f* (Ἀντιγόνη) **1.** *T. des Ödipus u. der Iokaste.* **2.** *T. Laomedons, Schwester des Priamos.* — *Cf.* V.-B. I, 1.

Ăntĭgŏnŭs, *ī m* (Ἀντίγονος) **1.** *Feldherr Alexanders des Großen.* **2.** *Name mehrerer syrischer u. makedonischer Könige.*

Ăntĭlĭbănŭs, *ī m* (Ἀντιλίβανος) Antilibanon, *ö. Parallelkette des Libanon.*

Ăntĭlŏchŭs, *ī m* (Ἀντίλοχος) *S. Nestors, Freund Achills.*

Ăntĭmăchŭs, *ī m* (Ἀντίμαχος) *Epiker aus Klaros bei Kolophon* (*um 405 v.Chr.*).

ăntĭnŏmĭă, *ae f* (*Fw.* ⟨ ἀντινομία) (*Qu.*) Konflikt der Gesetze, Antinomie.

Ăntĭŏchīă *u.* **-ēă,** *ae f* (Ἀντιόχεια) **1.** *Hauptst. Syriens, j.* Antakya. — *Einw. u. adi.* **Ăntĭŏchēnsĭs,** (ē). **2.** *St. in Karien.*

Ăntĭŏchŭs, *ī m* (Ἀντίοχος) **1.** *Name v. 13 syrischen Königen aus dem Hause der Seleukiden*; A. III., *Beschützer Hannibals.* **2.** *Name mehrerer Fürsten von Kommagene.* **3.** *aus Askalon, Philosoph der Neueren Akademie zu Athen, Lehrer Ciceros*; *adi.* **Ăntĭŏchīŭs** 3 (*subst.* Ăntĭŏchīī, ōrŭm *m* Anhänger des A., ĭstă Ăntĭŏchīă, ōrŭm *n* die Lehrsätze des A.).

Ăntĭpătĕr, *trī m* (Ἀντίπατρος) **1.** *Feldherr Philipps v. Makedonien u. Alexanders des Großen.* **2.** *Name mehrerer griech. Philosophen.* **3.** L. Caelius ~ *s.* Caelĭŭs.

Ăntĭphō(n), *ōntĭs m* (Ἀντιφῶν) *att. Redner,* † *411 v.Chr.*

****antiphona,** *ae f* kirchlicher Wechselgesang.

****antiphonarium,** *i n* Sammlung der Antiphonen.

ăntĭpŏdĕs, *um* (*Fw.* ⟨ ἀντίποδες, *eig.* „Gegenfüßler") **1.** (*spätl., bei Ci. noch griech.*) Antipoden. **2.** / (*Se.*) *ironisch v. Menschen, die die Nacht zum Tage machen.*

Ăntĭpŏlĭs, *is f* (Ἀντίπολις) *Kolonie der Massilier im Narbonensischen Gallien, j.* Antibes (*acc.* -im, *abl.* -ī); *adi.* -lītānŭs 3.

ăntīquārĭŭs 3 (ăntīquŭs) (*nkl., dcht.*) das Altertum betreffend; *subst. m u.* **-ă,** *ae f* Verehrer des Altertums, Liebhaber(in) altrömischer Literatur; (*spätl.*) -us Kenner *u.* Abschreiber alter Handschriften.

ăntīquĭtās, *ātĭs f* (ăntīquŭs) **1.** Altertum, alte Zeit, Vorzeit, Vorwelt. **2.** *meton.* **a)** die Menschen der alten Zeit, die Alten [antiquitas errabat in multis]; **b)** Geschichte des Altertums; *meist pl.* Altertümer (Sitten, Gebräuche, Sagen der alten Zeit); **c)** hohes Alter [generis]; **d)** Altertümlichkeit [sermonis]; *bsd.* gute alte Sitte, Biederkeit [documentum antiquitatis]. **3.** (*zu* ăntīquŭs 2 b) (*nkl.*) Vorliebe [pro Italica gente].

ăntīquĭtŭs (ăntīquŭs) *adv.* **1.** *v.* alters her. **2.** vor alters, in alter Zeit.

ăntīquō 1. (*denom. v.* ăntīquŭs, *eig.* es beim alten lassen) *einen Gesetzesvorschlag* verwerfen [legem, rogationem].

▶ **ăntīquŭs** *u.* ăntīcŭs 3 (*m. comp. u. sup.*; *adv.* °**-ē**) (ăntĕ) **1.** (*räuml.*; *nach* pŏstīcŭs *meist* ăntīcŭs *geschrieben*) der vordere [°templi pars]. **2.** (*v. Rang u. Wert*) / **a)** (*math. t.t.*) (*Vi.*) Haupt..., Grund... [numerus]; **b)** (*nur comp. u. sup.*) wichtiger, wichtigster, angelegentlicher, angelegentlichster [nihil mihi antiquius amicitiā nostrā est, nihil antiquius habeo quam ut; °longe antiquissimum reor *m. inf.* ich halte es für meine erste Pflicht]. **3.** (*zeitl.*) alt: **a)** ehemalig, einstig, früher = jetzt nicht mehr vorhanden [antiquis temporibus, antiquior dies älteres Datum]; (*dcht.*) *übh.* früher = vergangen [hiemes]; *subst.* α) **ăntīquī,** *ōrŭm m* die Alten, Altvordern; β) **ăntīquă,** *ōrŭm n* das Alte, Vorzeit, *auch* Beispiele aus alter Zeit; **b)** aus dem Altertum *od.* einer früheren Zeit stammend *u.* noch fortdauernd [urbs, lex]; *subst.* -um obtinere (*Com.*) die alte Sitte *od.* Art beibehalten; **c)** α) altertümlich, uralt [*Ho.*: nimis antique dicere zu sehr nach alter Art]; β) altehrwürdig [mores der guten alten Zeit]; γ) von altem Schrot und Korn [homines].

ăntĭsīgmă, *mătĭs n* (*Fw.* ⟨ ἀντίσιγμα) (*nkl.*) kritisches Zeichen ͻ (*für Verse, die an falscher Stelle stehen*).

ăntĭsŏphĭstă, *ae m* (*Fw.* ⟨ἀντισοφιστής) (*nkl.*) Grammatiker, der eine gegensätzliche Lehrmeinung vertritt; *pl.* disputierende Parteien.

ăntĭstĕs, *ĭtĭs m u. f* (⟨ *ănti-stăt-s *zu* stō; *cf.* sŭpĕrstĕs) Tempelvorsteher (-in); Oberpriester(in); / Meister [artis dicendi]; (*spätl., Eccl.*) Bischof, **Erzbischof; Papst.

Ăntĭsthĕnēs, *ĭs m* (Ἀντισθένης) *Schüler des Sokrates, Gründer der Kynischen Schule.*

ăntĭstĭtă, *ae f* = ăntĭstĕs *f* [fani, °Phoebi].

ăntĭ-stō (*u.* ăntĕ-stō), *stĕtī,* — 1. voranstehen; *klass. nur* / überlegen sein, übertreffen, hervorragen (*abs. od.* alci *u.* alci re).

Ăntĭŭm, *ī n alte feste Stadt der Volsker in Latium, seit etwa 50 v.Chr. Villen- u. Badeort, j.* Porto d'Anzio. — *Einw. u. adi.* **Āntĭās,** *ātĭs* (*cf.* V.-B. IX).

ăntlĭă, *ae f* (*Fw.* ⟨ ἀντλία) (*nkl., dcht.*) Pumpe, Schöpfrad.

Āntōnīnŭs, *ī m Name mehrerer aus der gēns* Āntōnĭă *adoptierter röm. Kaiser.*

Āntōnĭŭs 3 *röm. Gentilname* (*adi. auch* **Āntōnĭānŭs** 3): **1.** M. ~ (*143 bis 87 v. Chr.*), *berühmtester röm. Redner vor Cicero.* **2.** C. ~ Hўbrĭdă, *zweiter S. v.* 1, *Ciceros Kollege im Konsulat 63 v. Chr.* **3.** M. ~, *der Triumvir* (*83—30 v. Chr.*), *Enkel*

v. 1, *Gegner Ciceros.* — **Antōnĭă,** *Name der Töchter des* Triumvirn: **a)** *Gemahlin des* L. Domitius Ăēnŏbarbŭs, *Großmutter Neros*; **b)** *Gemahlin des Drusus, Mutter des Germanicus.*

▶ **ăntrŭm,** ī *n* (*Fw.* ‹ ἄντρον) (*dcht., nkl.*) Grotte, Höhle; / Höhlung.

Ănūbĭs, ĭdĭs *m* (Ἄνουβις) *ägyptischer Gott der Unterwelt, m. Schakalskopf dargestellt.*
F. *acc.* -bĭm; *abl.* -bī *u.* -bĭdĕ; *cf.* V.-B. III, 4, b.

ānŭlārĭŭs 3 (ānŭlŭs) (*nkl.*) zum Siegelring gehörig; Scalae -ae Ringmachertreppe (*im 8. Bezirk in Rom*); *klass. nur subst.* **-ŭs,** ī *m* Ringmacher, Juwelier.

ānŭlātŭs 3 (ānŭlŭs) (*Pl.*) mit Ringen geschmückt.

ānŭlŭs, ī *m* (*demin. v.* ānŭs²) **1.** Ring, Fingerring [anulum induere]; *bsd.* Siegelring [sigilla anulo in cera imprimere]; *goldene Ringe waren in Rom. z.Z. der Republik Vorrecht der Ritter* [ius anuli aurei; equestris goldener Ritterring, anulum invenire *u.* °-o aureo donari die Ritterwürde erlangen]. **2. a)** (*nkl., dcht.*) Ring *od.* Glied *einer Kette, bsd. der Sklavenkette*; **b)** (*Ma.*) Ring *am Spielreifen* (*s.* trŏchŭs). **3.** / **a)** (*nkl., dcht.*) Haarlocke [comarum]; **b)** (*Vi.*) Ring = *eine der runden Verzierungen am Echinus der dorischen Säule.*

▶ **ănŭs**[1], ūs *f* (*gen. altl. auch* -ŭĭs; *cf. nhd.* „Ahne") alte Frau, Greisin; *insb.* (*dcht.*) Wahrsagerin, Hexe [Sabella]. — (*dcht., nkl.*) *auch adi.* alt, bejahrt.

ānŭs[2], ī *m* (*cf. altir.* **ānne** „Ring, Steiß") **1.** (*Pl.*) Fußring. **2.** (*euphem.*) After. *** praeternaturalis künstlich angelegter Darmausgang.

ānxī *s.* ăngō.

ănxĭĕtās, ātĭs *f* (ā-?; ănxĭŭs) **1.** Ängstlichkeit. **2. a)** (*nkl., dcht.*) Angst, Kummer; **b)** (*nkl.*) peinliche Sorgfalt.

ănxĭ-fĕr, fĕră, fĕrŭm (ā-?; ănxĭŭs, fĕrō) (*dcht.*) angstbringend, quälend [cura].

ănxĭtūdō, ĭnĭs *f* (ā-?, ănxĭŭs) Ängstlichkeit.

▶ **ănxĭŭs** 3 (ā-?; ‹ *ăng-s-ĭŏs *zu* ăngō) (*adv.* **-ē**) **1.** (*pass.*) ängstlich, beunruhigt, besorgt [°alqm anxium habere ängstigen, °animo *u.* °animi im Herzen; re durch, wegen *etw., selten* °de re *u.* °erga alqm, °pro re, °circa alqd; *selten m.* °nē daß *u.* °*indir. Frages.*]. **2.** (*act.*) ängstigend, peinigend [aegritudines].

Ānxŭr, ŭrĭs *n alte St. der Volsker, später* Tarracina, *j.* Terracina. — *adi.* **Ānxŭrnās,** ātĭs (*cf.* V.-B. IX); **Ānxŭrŭs,** ī *m Schutzgott der Stadt* (Iuppiter ~).

Ăŏnĕs, ŭm *m* (*acc.* -ăs; Ἄονες) *Urbewohner Böotiens.* — *adi.* °**Ăŏn,** ŏnĭs *u.* **Ăŏnĭŭs** 3 — böotisch [vir Herakles, deus Bacchus, fons *od.* aquae Quelle Aganippe, sorores = die Musen]. — *subst.* **Ăŏnĭă,** ae *f* Böotien; *patron.* °Ăŏnĭdēs, ŭm *f* (Ἀονίδες) die Musen.

Ăŏrnŏs, ī *m* (ἄορνος, *eig.* „ohne Vögel") = Avernersee; *s.* Ăvĕrnŭs.

****aorta,** ae *f* (*Fw.* ‹ ἀορτή *eig.* Schlauch) Hauptschlagader, Aorta.

Ap. = **Āppĭŭs** (*röm. Vorn.*).

ăp-ăgĕ (*Fw.* ‹ ἄπαγε; *Umgangsspr.*) (*unkl.*) pack dich! fort mit (*abs. od. m. acc., bsd.* te); apage (te) a me fort mit dir!

ăpăthĭă, ae *f* (*acc.* -ān) (*Fw.* ‹ ἀπάθεια) (*nkl.*) Leidenschaftslosigkeit.

ăpēlĭōtēs, ae *m* (*Fw.* ‹ ἀπηλιώτης; *cf.* sŭbsōlānŭs) (*dcht., nkl.*) Ostwind.

Ăpēllă, ae *m* (Ἀπελλῆς) *häufiges cogn. römischer Freigelassener, bsd. v. Juden.*

Ăpēllēs, ĭs *m* (Ἀπελλῆς) *Hofmaler Alexanders d. Gr.*; *adi.* **Ăpēllēŭs** 3.

Ăpĕnnīnŭs, ī *m s.* Āppĕnnīnŭs.

ăpĕr, ăprī *m* (*cf. nhd.* Eber; ă- *wohl nach* „căpĕr") Eber, Keiler.

ăpĕrĭō
1. a) öffnen; **b)** eröffnen, zugänglich machen; **2. a)** enthüllen, entblößen; **b)** sehen lassen; **c)** offenbaren.

ăpĕrĭō, rŭī, rtŭm 4. (‹ *ăp-vĕrĭō; *cf. Ggs.* ŏpĕrĭō) **1. a)** (*Verschlossenes*) öffnen, aufschließen, aufbrechen [alci portam; se aperire sich öffnen]; *bsd.* (*Briefe, Testamente*) erbrechen, (*Mauern*) durchbrechen, (*Quellen*) aufgraben [/ fontes philosophiae], °(*Wege*) bahnen; **b)** / eröffnen, zugänglich machen, (*Örtlichkeiten*) dem Verkehr erschließen (alqd *u.* alci alqd, *zB.* Asiam, iter ferro sich *m.* dem Schwerte Bahn brechen, ludum eine Schule eröffnen, locum asylum einen Platz als Asyl); *bsd.* (*Geld*) zur Verfügung stellen. **2. a)** (*Verhülltes*) aufdecken, enthüllen, entblößen [caput alci vor *jd.*]; **b)** sehen lassen [lux hostem]; se aperire *u. mediopass.* zum Vorschein kommen, erscheinen [stellae]; **c)** / offenbaren, darlegen, zeigen (alqd *u.* alci alqd, *zB.* causam fugae, °coniurationem; sententiam suam sich offen aussprechen, °sensūs suos verraten; *m. a.c.i. u. indir. Frages.*); (*meist dcht., nkl.*) se aperire *u. mediopass.* sich offenbaren, sich verraten, (*v. Leblosem*) an den Tag kommen [dum se ipsa res aperiret].

ăpērtō 1. (*intens. v.* ăpĕrĭō) (*Pl.*) ganz entblößen.

ăpērtŭs[1] *P.P.P. v.* ăpĕrĭō.

▶ **ăpērtŭs**[2] 3 (*m. comp. u. sup.*; *adv.* **-ē**) (*eig. P.P.P. v.* ăpĕrĭō) **1. a)** offen, entblößt [caput, navis ohne Verdeck, (*dcht.*) caelum *u.* aether heiter]; *bsd.* ungeschützt [latus]; / haec apertiora sunt ad reprehendendum dem Tadel mehr ausgesetzt; **b)** offen = geöffnet, unverschlossen [porta]; **c)** (leicht) zugänglich, frei [aditus in templum, collis unbewaldet; *auch* / *zB.* beate vivendi via; alci, *zB.* nemini]; *bsd.* (*mil. t.t.*) (*Li.*) acies *od.* proelium offene Feldschlacht; *subst.* **ăpērtŭm,** ī *n* (*nkl., dcht.*) freies Feld [in aperto castra munire; *auch pl.* / (*Ta.*) aperta Oceani die Weiten]. **2.** / **a)** offenkundig, offenbar [pericula; dolorem aperte ferre offen zeigen]; *bsd.* (*v. der Rede*) leichtverständlich, klar [verba, scriptor; in aperto esse (*nkl.*) in deutlichem Lichte erscheinen]; apertum est es ist klar (= apparet, *mit a.c.i.*); **b)** (*nkl.*) leicht möglich [in aperto esse]; **c)** offenherzig, freimütig, unverstellt [animus; aperte dicere *od.* scribere; in re, *zB.* in dicendo]; *bsd.* (*pejorativ*) ungeniert, rücksichtslos.

ăpĕrŭī *s.* ăpĕrĭō.

ăpĕx, ĭcĭs *m* (*zu* *ăpĭō „anbinden"; *cf.* ăptŭs) **1.** (*nkl., dcht.*) äußerste dünne Spitze eines Gegenstandes [lauri; flamma apicem duxit züngelte]; *übh.* Gipfel, Kuppe [montis]. **2.** (*meton.*) **a)** (*dcht.*) Helmspitze, *an der der Roßschweif steckt*; *übh.* Helm; **b)** spitze Mütze; *bsd.* **α)** (*unkl.*) Priestermütze; **β)** persische Tiara; (*meton.*) (*dcht.*) Königskrone, Diadem; **c)** / höchste Zierde, Krone *v. etw.* [apex senectutis est auctoritas]. **3.** (*gramm. t.t.*) (*Qu.*) Längezeichen, Apex [a′ = ā].

ăphrāctŭs, ī *f* (*Fw.* ‹ ἄφρακτος, „unverzäunt", *sc.* ναῦς) Schiff ohne Verdeck.

Ăphrŏdīsĭă, ōrŭm *n* (Ἀφροδίσια) Fest der Aphrodite.

ăphrŏnĭtrŭm, ī *n* (*Fw.* ‹ ἀφρόνιτρον) (*dcht., nkl.*) Schaumsalpeter.

ăpĭcātŭs 3 (ăpĕx) (*Ov.*) mit der Priestermütze geschmückt.

Ăpĭcĭŭs, ī *m röm. cogn.*: M. Găvĭŭs (*od.* Găbĭŭs) ~, *berühmter Feinschmekker zur Zeit des Augustus u. Tiberius.* (*Das unter seinem Namen erhaltene Kochbuch gehört einer späteren Zeit an.*)

ăpĭcŭlă, ae *f* (*demin. v.* ăpĭs; *vkl., nkl.*) Bienchen.

ăpīnae, ārŭm *f* (*Lw.* ‹ ἀφάναι) (*Ma.*) Possen, Nichtigkeiten, Utopien.

▶ **ăpĭs,** ĭs *f* (*et. ungeklärt*) Biene.
F. *pl. gen.* ăpĭŭm, *seit Li.* ăpŭm.

Āpĭs, ĭs *m* (Ἆπις) *der heilige schwarze Stier der Ägypter.*
F. *acc.* Āpĭm, *abl.* Āpī *u.* Āpĭdĕ; *cf.* V.-B. III, 4, b.

ăpīscŏr, ăptŭs sŭm 3. (*incoh. zu* *ăpĭō 3. „binden"; *cf.* ăptŭs) (*klass. selten*) **1.** (*räuml.*) erreichen [mare]. **2.** / **a)** erreichen, erlangen, erringen (alqd *u.* [*Ta.*] alcis rei, *zB.* laudem); **b)** (*geistig*) erfassen, sich aneignen; (*Pl.*) *auch pass.* [ingenio apiscitur sapientia].

ăpĭŭm, ī *n* (*zu* ăpĭs, *eig.* „Bienenkraut") (*nkl., dcht.*) Eppich, Sellerie.

ăplŭstră, ōrŭm *n* (*Lw.* ‹ τὰ ἄφλαστα „Zierat am Heck"; *etr. Vermittlung*) Heck.

ăpŏclētī, ōrŭm *m* (*Fw.* ‹ἀπόκλητοι, *eig.* „die Berufenen") (*Li.*) *ständiger* Ausschuß *des Ätolischen Bundes.*

Ăpŏcŏlŏcȳnthōsĭs, ĭs *f* (ἀποκολοκύνθωσις; κολοκύνθη Kürbis) „Verkürbissung" (statt ἀποθέωσις), *Satire des Philosophen Seneca auf Kaiser Claudius.*

ăpŏdȳtērĭŭm, ī *n* (*Fw.* ‹ ἀποδυτήριον) Auskleidezimmer *i. d. Thermen.*

ăpŏlāctĭzō 1. (*Fw.* ‹ ἀπολακτίζω) (*Pl.*) v. sich fortstoßen.

Ăpŏllō, ĭnĭs (*u. seit Li.* ōnĭs) *m* (Ἀπόλλων) *S. des Zeus u. der Leto* (*Jupiters u. der Latona*), *Gott des Bogenschießens, des Lichts, der Weissagung, Poesie u. Heilkunde*;

ungeschützt

(*Sonnengott*) *als erster gr. Gott — vl. über etr. Apulu — 496 v. Chr. aus Cumae in Rom eingeführt; im J. 28 v. Chr. wurde ihm auf dem Palatin ein Tempel geweiht* (~ *Pălātīnūs*); (*meton.*) °Apollotempel. — *adi.* **a) Ăpŏllĭnārĭs**, ĕ dem Apollo geweiht [*laurea, ludi*]; *subst.* Ăpŏllĭnārĕ, is *n* Apolloplatz; **b) Ăpŏllĭnĕŭs** 3 apollinisch, des Apollo [°*proles* = Äskulap, °*vates* = Orpheus, °*urbs* = Delos].

Ăpŏllŏdōrŭs, ī *m* ('Απολλόδωρος) **1.** *Rhetor aus Pergamon, Lehrer des jungen Oktavian.* **2.** *Grammatiker aus Athen, Schüler des Aristarch.*

Ăpŏllōnĭă, *ae f* ('Απολλωνία, *eig.* „Apollostadt") *häufiger gr. Städtename; Einw.* **Ăpŏllōnĭātēs**, *ae m*; *pl. auch* -ēs, (ī)ŭm; — *adi.* **Ăpŏllōnĭēnsĭs**, ĕ.

Ăpŏllōnĭŭs, ī *m* ('Απολλώνιος) **1.** ~ *Rhŏdĭŭs, gr. Epiker u. Grammatiker um 295—215.* **2.** ~ *Mŏlō, gr. Rhetor, Lehrer Ciceros.*

ăpŏlŏgētĭcŭm, ī *n* (*Fw.* < ἀπολογητικόν) (*spätl.*) Verteidigung, Verteidigungsschrift.

ăpŏlŏgō 1. (*Fw.* < *ἀπολογέω *zu* ἀπολέγω) (*Se.*) verwerfen, verschmähen.

ăpŏlŏgŭs, ī *m* (*Fw.* < ἀπόλογος) Erzählung; *bsd.* äsopische Fabel, Märchen.

ăpŏphŏrētŭs 3 (*Fw.* < ἀποφόρητος) (*Pe.*) zum Mitnehmen bestimmt; *subst.* **ăpŏphŏrētă**, ōrŭm *n* (*nkl., dcht.*) Gastgeschenke.

Ăpŏnŭs, ī *m* (ἄπονος „Schmerz vertreibend") *od.* -ī fōns *od.* fōntēs *Heilquelle b. Padua, j.* Abano.

ăpŏprŏēgmĕnă, ōrŭm *n* (*Fw.* < ἀποπροηγμένα; *philosoph. t.t. der Stoiker*) Zurückgewiesenes, Verwerfliches (*Dinge, die an sich kein Übel sind, aber diesem nahekommen; Ggs.* prŏēgmĕnă; *rein lat.* rĕdŭctă, rēiēctānĕă).

ăpŏsphrāgĭsmă, ătĭs *n* (*Fw.* < ἀποσφράγισμα) (*Pli.*) in den Siegelring eingeschnittenes Bild; Siegel.

ăpŏstătă, *ae m* (*Lw.* < ἀποστάτης) (*Eccl.*) Abtrünniger.

ăpŏstŏlĭcŭs 3 (*Fw.* < ἀποστολικός) (*Eccl.*) apostolisch, Apostel...; ***subst. m* Papst.

ăpŏstŏlŭs, ī *m* (*Fw.* < ἀπόστολος „Sendbote") (*Eccl.*) Apostel.

ăpŏstrŏphē, ēs *u.* **-ă**, *ae f* (*Fw.* < ἀποστροφή) (*Qu.*) (*rhet. Figur*) Abkehr (*wenn sich der Redner vom Richter ab- u. dem Gegner zuwendet od. die Zuhörer vom Thema ablenkt; rein lat.* ăvĕrsĭō).

ăpŏthēcă, *ae f* (*Fw.* < ἀποθήκη) Vorratskammer, Speicher; *bsd.* Weinlager. — **(*in Klöstern*) Vorratsraum für Heilkräuter; Apotheke.

ăpŏthēcārĭŭs, ī *m* (ăpŏthēcă) (*spätl.*) Lagerdiener. — **Lagerverwalter; Apotheker.

ăppărātĭō, ōnĭs *f* (ăppărō) **1.** Zurüstung, Beschaffung [*munerum*]. **2.** / Vorbereitung des Redners; *auch* Absichtlichkeit.

▶ **ăppărātŭs**[1], ūs *m* (ăppărō) Zurüstung: **1.** (*abstr.*) Herstellung, Beschaffung, Vorbereitung, *meist sg.* (*alcis rei, zB. belli*). **2.** (*concr.*) Gerät(e), Werkzeuge, *bsd.* Kriegsgerät, -maschinen, *meist sg.* [*urbs plena omni bellico apparatu; sacrorum* (*Li.*) Opfergeräte; *auch v. Menschen, zB. auxiliorum* der vereinten Hilfstruppen]. **3.** *prägn.* Pracht, Prunk, *meist sg.* [*regius, ludorum*]; *bsd.* Redeschmuck [*dicendi, causam nullo apparatu dicere*].

ăppărātŭs[2] 3 (*m. comp. u. sup.*; *adv.* **-ē**; *eigtl. P.P.P. v.* ăppărō) **1.** (*v. Pers.*) (*Pl.*) wohl ausgerüstet. **2.** (*v. Sachen*) prächtig ausgestattet, glänzend [*ludi*, °*epulae*, -e °*cenare*].

▶ **ăp-pārĕō**, ŭī, (ĭtūrŭs) 2. **1.** zum Vorschein kommen, sich zeigen, sichtbar werden (*abs. u. alci, zB. Sullae immolanti*, °*apparens* sichtbar; *auch* /, *zB. vestigia libidinum*). **2. a)** aufwarten, dienen (*alci, zB.* °*consulibus*; *auch alci rei* bei *etw., zB. quaestioni*, / sich nach *jd.* richten, *zB. iis*); **b)** / offenkundig sein, einleuchten, *auch* anerkannt werden, sich bewähren [*ex orationibus*; (*Pl.*) *ratio apparet* die Rechnung stimmt]; *bsd.* **c)** *impers.* **ăppārĕt** es ist klar, es zeigt sich (*alci*; *m. a.c.i. u. indir. Frages., selten pers. m. n.c.i.*).

ăp-pārĭō, — — 3. (*Lu.*) erwerben, gewinnen.

ăppārĭtĭō, ōnĭs *f* (ăppārĕō) **1.** Dienst eines Unterbeamten. **2.** (*meton.*) *pl.* die Amtsdiener, Unterbeamten = ăppārĭtōrēs.

ăppārĭtŏr, ōrĭs *m* (ăppārĕō) Unterbeamter, Ordonnanz, *bsd. scrībae, līctōrēs, viātōrēs, praecōnēs, intĕrprĕtēs u.a.*

ăppārĭtūră, *ae f* (ăppārĕō) (*Suet.*) Subaltern-, Unterbeamtendienst.

ăp-pārō 1. vorbereiten, sich zu *etw.* rüsten *od.* anschicken (*alqd, zB. convivium; iter* bahnen, *aggerem* anlegen, *bellum* sich zum Kriege rüsten; *abs. in apparando occupatus* mit Rüstungen beschäftigt; *alqd ad alqd, zB. reliqua ad defensionem; in alqd, zB. in casum* für einen Fall; *alci alqd, zB. sociis auxilium; m. inf.*) — *Cf. auch* **ăppărātŭs**[2].

ăppĕllātĭō, ōnĭs *f* (ăppĕllō[1]) **1.** Anrede, Ansprache. **2.** (*jur. t.t.*) Berufung (*alcis an jd., zB. tribunorum*; [*nkl.*] *auch ab alqo ad alqm*). **3.** Benennung, Name, Titel [*regum*]; *auch* bloßer Name. **4.** Aussprache [*litterarum*].

ăppĕllātŏr, ōrĭs *m* (ăppĕllō[1]) Berufungskläger, Appellant.

ăppĕllĭtō 1. (*frequ. zu* ăppĕllō[1]) (*nkl.*) zu nennen pflegen (*alqd a re etw.* nach *etw.*).

▶ **ăp-pĕllō**[1] 1. (ăd; *pĕllō 1. *iterat. zu* pĕllō 3.) **1.** ansprechen, anreden, *sowohl* (*freundl.*) begrüßen *wie* (*unfreundl.*) anfahren (*alqm, zB. civitates honorifice, legatos superbius*). **2. a)** *um Schutz, Hilfe jd.* angehen *od.* anrufen [*deos*]; *auch* anflehen, *jd. zu etw.* auffordern, *jd. etw.* vorschlagen (*alqm de re, zB. de* °*proditione, selten in rem; m. ut*); **b)** (*gerichtlich*) an *jd.* appellieren (*alqm, zB. tribunos; ab alqo alqm v. jd.* an *jd.*; *de re u. in re* wegen, in *etw.*); **c)** *jd.* mahnen (*alqm de re* um *etw., zB. de pecunia,* [*Ta.*] *in solidum* das ganze Kapital kündigen); **d)** *jd.* zur Rede stellen, (*gerichtl.*) *jd.* belangen (*alqm*). **3. a)** aussprechen (*alqd, zB. litteras*); **b)** nennen = namentlich anführen, bezeichnen (*alqm nomine*); **c)** nennen = benennen, titulieren (*alqm u. alqd, zB. falso nomine; m. dopp. acc., zB. alqm regem atque amicum; alqd ab od. ex re etw.* nach *etw., zB. virtus ex od. a viro appellata est*); *auch* zu *etw.* ausrufen [*Ptolomaeum regem*]; P. heißen, *zB. Celtae appellantur.* — **Berufung einlegen.

▶ **ăp-pĕllō**[2], pŭlī, pŭlsŭm 3. **1.** herantreiben, -bewegen, *auch* / (*alqd, alqd ad alqd, zB. turres ad moenia, animum od. mentem ad alqd* auf *etw.* richten, *zB. ad philosophiam*). **2.** (*navem, classem*) ansteuern, anlegen (*ad od. in locum, zB. ad ripam, ad Delum*; [*nkl.*] *alci rei, zB. litori; auch* / *zB. rationes suas ad eos scopulos*); *abs. od.* P. landen (*alqs od. navis appellitur u. appellit ad locum*; [*nkl.*] *m. dat. od. acc.*).

*****appendicitis**, *tidis f* Entzündung des Wurmfortsatzes, *fälschlich „Blinddarmentzündung" genannt.*

ăppĕndĭcŭlă, *ae f* (-ī-?; *demin. v.* ăppĕndīx) kleines Anhängsel (*alcis rei*).

ăppĕndīx, īcĭs *f* (-īx, īcĭs?; ăppĕndō) Anhängsel, Zugabe, *meist* /; (*Li.*) *mil.* kleineres Kontingent (*m. gen.*). — ***Anhang *e-s Buches*; Wurmfortsatz *am Blinddarm.*

ăp-pĕndō, pĕndī, pēnsŭm 3. zuwiegen, auszahlen (*alci alqd, zB. aurifici aurum*; / *verba*).

Ăppĕnnīnĭ-cŏlă, *ae m* (cŏlō) (*Ve.*) Bewohner der Apenninen.

Ăppĕnnīnĭ-gĕnă, *ae m u. f* (gĭgnō) (*dcht.*) in den Apenninen entsprungen (*Thybris*).

Ăppĕnnīnŭs, ī *m* die Apenninen (*lat. stets sg.*).

ăppĕtēns, ĕntĭs (*m. comp. u. sup.*; *adv.* **-ĕntĕr**) (ăppĕtō) nach *etw.* trachtend *od.* strebend, begierig (*alcis rei, zB. gloriae*); *abs.* habgierig.

ăppĕtēntĭă, *ae f* (ăppĕtēns) = ăppĕtītĭō.

ăppĕtītĭō, ōnĭs *f* (ăppĕtō) **1.** das Greifen nach *etw.* (*alcis rei*). **2.** / **a)** das Streben, Verlangen, Trachten, Trieb, Neigung (*abs. u. alcis j-s; alcis rei* nach *etw., zB. laudis*); **b)** *abs.* Begehrlichkeit [*naturalis*].

ăppĕtītŭs, ūs *m* (ăppĕtō) = ăppĕtītĭō.

▶ **ăp-pĕtō**, pĕtīvī *u.* pĕtiī, pĕtītŭm 3. **1. a)** nach *etw.* greifen *od.* langen (*alqd, zB. mammam*); P. *appetor* man greift nach meiner Hand, um sie zu küssen; **b)** / *etw.* erstreben *od.* begehren, nach *etw.* verlangen, trachten (*alqd, zB. regnum, omne animal cibum et voluptatem appetit; auch alqm* sich an *jd.* anzuschließen suchen; *selten m. inf.*). **2. a)** *e-n* Ort aufsuchen, nach *e-m* Orte hinziehen [*Europam; mare* *terram appetens* sich an das Land herandrängend; *loca auch* in seinen Bereich ziehen]; **b)** (*feindl.*) auf *etw.* losgehen, *jd. od. etw.* anfallen, *m. etw.* bedrohen (*alqm u. alqd re m. etw., zB. ferro*); *auch* /, *zB. fata Veios appetebant* brachen über Veji herein. **3.** (*zeitl.*) *abs.* herankommen, anbrechen [*dies, lux*]. **F.** *pf.-Formen synk.*: *ăppĕtīstī, ăppĕtīssĕ(m)*.

ăp-pingō, *pinxī, pictŭm* 3. (*dcht., nkl.*) dazumalen (*alqd alci rei etw.* zu *etw.*); *klass. nur* / hinzuschreiben (*alqd*).

Āppĭŭs, *ī m* **1.** *röm. Vorname, bsd. in der gēns Claudia* (*cf. Claudius*). **2.** *adi.* **a)** **Āppĭŭs** 3 v. einem Appius gebaut *od.* gegründet; *bsd.* **via Appia** (*die älteste Heerstraße v. Rom nach Capua, 312 v. Chr. von dem Zensor Appius Claudius Caecus angelegt u. unter Trajan bis Brundisium verlängert*); *auch die Wasserleitung aqua Appia* (*von demselben Zensor angelegt*) *u. Forum Appii* (*Marktflecken an der via Appia*); **b)** **Āppiānŭs** 3 des Appius [*libido*]. **3.** *subst.* **a)** **Āppiăs,** *ădĭs f Nymphenstatue beim Springbrunnen der aqua Appia*; **b)** **Āppiĕtās,** *ātĭs f* (*scherzh.*) der alte Adel der Appier.

ăp-plaudō, *sī, sŭm* 3. (*unkl.*) *etw.* an *etw.* (*dat.*) schlagen *od. m. etw.* (*abl.*) schlagen; *insb.* Beifall klatschen (*abs. od. alci*).

ăpplausŭs, *ūs m* (*ăpplaudō*) (*dcht., spätl.*) **1.** das Anschlagen. **2.** Applaus.

ăpplĭcātĭō, *ōnĭs f* (*ăpplĭcō*) Anschluß, Anknüpfung: / **1.** (*animi*) Geselligkeitstrieb, Zuneigung. **2.** Anschluß an einen Patron (*ius applicationis* das aus der Klientel entstehende Rechtsverhältnis).

ăpplĭcĭtŭs 3 (*eigtl. P.P.P. v. ăpplĭcō*) (*Qu.*) angepaßt, sich anschließend.

ăp-plĭcō, *plĭcāvī* (*u. selten plĭcŭī*), *plĭcātŭm* (*u.* °*plĭcĭtŭm*) 1. **1.** *etw.* an *etw.* anfügen, anlehnen, (eng) anschließen (*alqd ad alqd u. unkl. alci rei, zB. se ad arborem,* [*Li.*] *castra flumini* dicht am Fluß aufschlagen, [*Ov.*] *angues Creteis regionibus* ihren Drachenwagen hinlenken nach, [*Ov.*] *oscula feretro* küssen, [*Ve.*] *terrae* zu Boden drücken); *P.P.P. ăpplĭcātŭs* 3 an *etw.* gelegen, angebaut [(*Li.*) *urbs colli*]. **2.** (*navem, classem*) landen lassen, anlegen (*ad alqm, zB. ad naufragum; ad u. in locum, zB. ad terram;* [*Ov.*] *ignotis oris,* [*Li.*] *quocumque litore*); *abs.* (*nkl.*) *od.* **P.** (*dcht.*) landen. **3.** / **a)** zu *etw.* hinzufügen, zugesellen, *m. etw.* vereinigen (*alqd ad alqd od.* [*unkl.*] *m. dat., zB. voluptatem ad honestatem; auch* [*Pli.*] *crimina alci* aufbürden); **b)** / hinrichten, hinwenden (*ad alqd,* [*dcht.*] *alci rei, zB.* [*Ho.*] *aures modis* sein Ohr leihen); **c)** **se applicare** *ad alqd od. unkl. m. dat.*: α) sich an *jd. od.* an *etw.* anschließen (*ad alqm, ad societatem alcis*); β) sich auf *etw.* (ver)legen [*se od. animum ad philosophiam*]; *applicatus ad alqd* zu *etw.* geneigt, *zB. ad se diligendum*.

ăp-plōdō, *sī, sŭm* 3. = *ăpplaudō*.

ăp-plōrō 1. (*nkl., dcht.*) dabei jammern (*alci* vor *od.* bei *jd.*).

▶ **ăp-pōnō,** *pŏsŭī* (*Pl.*: *pŏsīvī*), *pŏsĭtŭm* 3. **1.** *etw.* zu, an, bei *etw.* hinsetzen, -stellen, -legen (*alqd ad alqd od. alci rei, zB. machinam columnae, manum ad os* Schweigen gebieten). **2.** **a)** (*Speisen*) auftragen (*alci alqd*); **b)** *jd.* einem anderen beiordnen, mitgeben (*alci m. dopp. acc., zB. alqm custodem;* [*Ta.*] *custodiae alcis apponi* kommandiert werden zu); (*pejorativ*) *jd.* zu *od.* als *etw.* anstiften [*civem Romanum accusatorem*]. **3.** hinzufügen [°*annos alci,* °*diem lucro* als Gewinn rechnen; *vitiis modum* setzen]; / (*nkl.*) befehlend hinzufügen (*m. ut*). — *Cf. auch* **ăppŏsĭtŭs.**

ăp-pŏrrēctŭs 3 (*Ov.*) daneben hingestreckt [*draco*].

ăp-pŏrtō 1. herbeitragen, hinschaffen (*alqd u. alci alqd; alqd ex loco ad alqm od. ad, in locum*); / (*dcht.*) mit sich bringen, verursachen [*damnum*].

ăp-pŏscō, —— 3. (-*ōsc*-?) (*dcht.*) (noch) dazufordern [*plus*].

ăppŏsĭtĭō, *ōnĭs f* (*ăppōnō*) (*Qu.*) Zusatz.

ăppŏsĭtŭs 3 (*m. comp. u.* °*sup.; adv.* **-ē**) (*ăppōnō*) **1.** (*nkl.*) naheliegend, benachbart [*crepido* daneben hinlaufend; *alci rei, zB. castellum flumini; klass. nur* /, *zB. audacia fidentiae -a*]. **2.** / zu *etw.* geeignet, brauchbar, geschickt, *v. Pers. u. Sachen* (*ad alqd, zB. menses ad agendum*). **3.** *subst.* **-ŭm,** *ī n* (*Qu.*) (*gramm. t.t.*) Adjektiv; (*rhet. t.t.*) Epitheton.

ăp-pōtŭs 3 (*Pl., Ge.*) angetrunken, betrunken.

ăp-prĕcŏr 1. (*dcht., nkl.*) *jd.* anflehen, anrufen [*deos*].

ăp-prĕhēndō, *prĕhēndī, prĕhēnsŭm* (*u.* [*dcht.*] *ăp-prēndō, prēnsī, prēnsŭm*) 3. **1.** anfassen, ergreifen (*alqm u. alqd*); *bsd.* (*nkl.*) bei der Hand fassen; *auch* (*nkl.*) festnehmen; *mil.* (*klass.*) (*Land od. Ort*) in Besitz nehmen [*Hispanias*]. **2.** / **a)** (*geistig*) erfassen, sich aneignen [*quaedam ex Socratis disputationibus*]; **b)** (*Qu.*) gebrauchen, anwenden [*alqd caute et cum iudicio*]; **c)** (*vom Redner*) *etw.* vorbringen, besprechen.

ăp-prēssī *s. ăpprĭmō*.

ăp-prēssŭs *P.P.P. v. ăpprĭmō*.

ăp-prīmē (*ad* „nahezu" + *adv. prīmē* „vorzüglich") *adv.* (*unkl.*) vorzüglich, besonders [∼ *bonus*].

ăp-prĭmō, *prēssī, prēssŭm* 3. (*prĕmō*) (*nkl.*) **1.** andrücken (*alqd alci rei, zB. scutum pectori*). **2.** *etw.* fest drücken [*dextram alcis*].

ăp-prīmŭs 3 (*ăd* „nahezu") (*vkl.*) bei weitem der erste.

ăpprŏbātĭō, *ōnĭs f* (*ăpprŏbō*) **1.** Billigung, Zustimmung, Anerkennung (*alcis u. alcis rei*). **2.** (*philos.*) Darlegung, Beweis [*approbationis indigere*].

ăpprŏbātŏr, *ōrĭs m* (*ăpprŏbō*) der *etw.* billigt [*profectionis meae*].

ăp-prŏbē *adv.* (*ăd* „nahezu") (*Pl.*) ganz gut, recht gut.

▶ **ăp-prŏbō** 1. **1.** **a)** *etw.* billigen, gutheißen, anerkennen (*abs. od. alqd, zB. falsa pro veris; m. a.c.i.*); *alqo approbante* mit *j-s* Zustimmung; **P.** Beifall finden; **b)** (*v. d. Gottheit*) *etw.* segnen (*alqd, bsd. di approbent!*). **2.** (*nkl., dcht.*) *etw.* zur Zufriedenheit *j-s* machen (*alci alqd, zB. opus*). **3.** als wahr *od.* gut erweisen, dartun (*alqd, zB. propositionem; alci alqd* [*nkl.*] *m. a.c.i.*). — *****approbatur** (= „es wird gebilligt") *Formel der kirchl. Druckerlaubnis.*

ăp-prōmĭttō, —— 3. (*selten*) noch dazu (*d. h.* auch in seinem Namen) versprechen (*m. a.c.i.*).

ăp-prŏpĕrō 1. **1.** (*trans.*) (*nkl., dcht.*) beschleunigen (*alqd, zB. mortem*). **2.** (*intr.*) (hin)eilen, sich schleunig an *etw.* machen (*abs. u. ad alqd*); *übh.* sich beeilen (*m.* °*inf.*).

ăpprŏpĭnquātĭō, *ōnĭs f* (*ăpprŏpĭnquō*) Annäherung, das Nahen [*mortis*].

▶ **ăp-prŏpĭnquō** 1. **1.** sich nähern, nahekommen (*abs. od. alci u. alci rei, zB. hostibus; selten ad alqd; auch* °*alqd u.* °*in alqd*). **2.** / **a)** (*zeitl.*) herannahen, nahe bevorstehen [*hiems*]; **b)** (*v. Pers.*) nahe an *etw.* sein (*m. dat., zB. primis ordinibus* Beförderung zu... in Aussicht haben; *auch mit ut* = schon nahe daran sein, *etw.* zu tun).

ăp-pūgnō 1. (-*ŭ*-?) (*Ta.*) angreifen, bestürmen (*alqd*).

ăp-pŭlī *s. ăppĕllō*[2].

Āppūlĭă = *Āpūlĭă*.

ăp-pŭlsŭs[1] *P.P.P. v. ăppĕllō*[2].

ăppŭlsŭs[2], *ūs m* (*ăppĕllō*[2]) **1.** Annäherung [*solis; Ggs. ăbscēssŭs*]. **2.** **a)** (*nkl.*) Landung (*abs. u. loci* an einem Punkte, *zB. litoris*); (*meton.*) Landungsstelle; **b)** / Einwirkung (*alcis j-s, zB. deorum; alcis rei, zB. frigoris*).

ăprīcātĭō, *ōnĭs f* (*ăprīcŏr*) Sonnenbad.

ăprīcĭtās, *ātĭs f* (*ăprīcŭs*) (*nkl.*) milde Sonnenwärme.

ăprīcŏr 1. (*ăprīcŭs*) sich sonnen.

ăprīcŭs 3 (*m.* °*comp. u.* °*sup.*) (*et. ungeklärt*) **1.** sonnig, v. der Sonne beschienen [*hortus*]; *subst.* **ăprīcŭm,** *ī n* (*nkl., dcht.*) Sonnenlicht, sonniger Platz [/ *alqd in -um proferre* ans Licht]. **2.** (*dcht.*) den Sonnenschein liebend [*flores*].

Āprīlĭs, *ĕ* (*et. ungeklärt; vl. etr.*) April... [*Kalendae*]; *subst.* ∼, *ĭs m* (*sc. mēnsĭs*) der April (*abl. -ī*).

ăprū(g)nŭs 3 (*ăpĕr*) (*vkl., nkl.*) vom Eber [*callum*].

ăps... = *ăbs...*

ăptō 1. (*denom. v. ăptŭs*) (*fast nur dcht. u. nkl.*) **1.** genau anpassen *od.* anfügen, anknüpfen (*alqd alci od. alci rei, zB.* [*Li.*] *arma od. arma corpori* Waffen anlegen; / [*Ho.*] *fidibus Latinis Thebanos modos*). **2.** **a)** *etw.* zurechtmachen, instand setzen (*alqd, zB. armamenta* auftakeln, [*Ve.*] *trabes silvis* Balken aus Waldbäumen; *alci rei od. ad alqd* zu, für *etw., zB. arma pugnae,* [*Ve.*]

animum armis den Sinn auf die Waffen richten); *aptatus ad alqd* auf *etw.* berechnet; **b)** *etw. m. etw.* ausrüsten (*alqd re, zB.* [*Li.*] *se armis* sich rüsten; [*Ve.*] *ensem vaginā* in die Scheide stecken).

ăptŭs¹ *part. pf. v. ăpīscŏr.*

▶ **ăptŭs²** 3 (*eig. P.P.P. v.* *ăpĭō 3. „binden"; *cf. ăpīscŏr*) **1. a)** genau angepaßt, fest anschließend [*calcei apti ad pedem*]; *adv.* **ăptē** genau; **b)** an *etw.* angeknüpft *od.* hängend (*ex re, selten re, zB. gladius e lacunari saetā equinā aptus*); / *v. etw.* abhängig (*ex re, zB. officium ex honesto aptum, totus aptus ex sese* ganz unabhängig); **c) α)** verknüpft, verbunden [*omnia inter se*]; / **β)** wohlgeordnet, in gutem Zustande [*provincia*; / *oratio* abgerundet, °*exercitus* schlagfertig, *nihil est aptius naturā* harmonischer]; **γ)** *m. etw.* ausgestattet (*re, zB.* [*Ve.*] *caelum stellis*). **2.** / (*m. comp. u. sup.*; *adv.* **-ē**) tauglich, angemessen, geeignet (*abs., zB.* [*Ho.*] *lar* genügendes Vermögen, *apte dicere*); *ad u.* (*nkl., dcht.*) *in alqd* zu, für *etw., zB. orator aptus ad dicendum*; *m. dat., zB. res tempori apta*; *m. Relativsatz im coni., zB. persona aptissima, quae de senectute loquatur*; (*dcht.*) (*m. inf.*).

ăpŭd
prp. b. acc. **1. a)** bei, in der Nähe von; **b)** in, auf, zu; **2. a)** bei (*Personen*); **b)** im Hause von; **c)** bei den (+ *Völkername*); **d)** vor, in Gegenwart von; **e)** bei = in *j-s.* Augen; **f)** bei = in *j-s.* Schriften.

ăpŭd (*älter ăpŭt*), *prp. b. acc.* (*eig.* „erreicht habend", *part. pf. act. n v.* *ăpĭō 3. „binden, erreichen": *ăpvŏd < *ăpvŏt; *daher nie adv. od. praev.*; *cf. ăptŭs, ăpīscŏr*) **1.** (*vom Orte*) **a)** bei, in der Nähe, im Gebiete v., *zB. pugna apud Marathonem*; **b)** (*selten, meist nkl.*) *fast = in c. abl.*; in, auf, zu, *zB.* °*apud Germanias.* **2.** (*bei Pers.*) **a)** bei, in der Nähe *v., zB. apud exercitum esse* beim Heere (*d. h.* im Gefolge des Feldherrn) sein; **b)** bei = in *j-s* Hause [*apud me*]; **c)** (*bei Völkernamen*) bei [*apud Persas*; *ähnlich auch apud maiores nostros* = zur Zeit unserer Vorfahren]; **d)** (*bei Verhandlungen*) bei, vor, in Gegenwart von [*apud iudices verba facere, apud praetorem accusari, apud regem queri, apud milites contionari*]; *daher bisw. auch* = in *j-s* Hand *od.* Besitz [*summum imperium est apud alqm*]; **e)** *bei pers. Verhältnissen* [*apud alqm multum valere*]; *bsd.* = in *j-s* Augen, nach *j-s* Urteil [*plus apud me antiquorum auctoritas valet*]; **f)** *bei Schriftstellernamen* = in *j-s* Schriften [*apud Xenophontem*; *apud Solonem* in den Gesetzen Solons].

Ăpūlēĭŭs 3 *Name einer pleb. gēns*: **1.** *L.* ~ *Sātŭrnīnŭs, Volksführer i. d. Zt. des Marius.* **2.** *Rhetor, platon. Philosoph u. Schriftsteller aus Madaura in Afrika, 2. Jh. n. Chr.* („*Metamorphosen*" *m. eingefügtem Märchen v. Amor u. Psyche*).

Ăpūlĭă, *ae f* (*et. wohl zu ămnĭs*) *Ldsch. in Unteritalien zwischen Apennin u. Adria.* (*Das heutige Apulien hieß im Altertum Călăbrĭă.*) — *Einw. u. adi.* **Ăpūlŭs** (3).

ăpŭt *alte Schreibart für ăpŭd.*

ăpȳrēnŭm (*u.* -*īnŭm,* [*Ma.*] -*ĭnŭm*), *ī n* (*Fw.* < ἀπύρηνος „ohne Kerne") (*nkl., dcht.*) Granatapfel.

▶ **ăquă**, *ae f* (*cf. nhd.* „Wurz-ach") **1.** Wasser [*pluvia u.* °*caelestis* Regenwasser, °*frustulenta* Fleischbrühe]; (*Li.*) *aquam et terram petere ab alqo od. poscere* (*als Zeichen der Unterwerfung*); (*dcht.*) *aquam praebere* bewirten, zu Tische laden; *Redensarten*: *aquā et igni interdicere alci od.* (*Ta.*) *arcere alqm jd.* ächten; *aqua haeret* (*ut aiunt* = *sprichwörtlich*) da hapert es [*in re* in, bei *etw.*]. **2. a)** Wasser = **α)** Meer [*ad aquam* an der Meeresküste]; **β)** See (= *lacus*); **γ)** (*Li.*) Bach, Fluß [*secundā aquā* stromabwärts]; **δ)** (*dcht.*) Regen [*aquarum agmen* Regenguß]; **ε)** (*Pr.*) Tränen; **ζ)** *pl.* Hochwasser; **b)** *pl.* Quellen; *insb.* Heilquelle(n), Bad [♀ *Mattiacae, j.* Wiesbaden, ♀ *Sextiae, j.* Aix *i. d. Provence*]; **c)** Wasserleitung [*aqua Claudia, Appia*]; **d)** Wasseruhr [(*Pli.*) *aquam dare* zum Reden Zeit]; / **e)** (*dcht.*) das Wasser (*ein Gestirn*). — ****aqua destillata* destilliertes, *d. h.* chemisch reines Wasser.
F. *dcht. auch ăcŭă* (*dreisilbig*); *gen. sg. ăquāī altl.* = *ăquae.*

▶ **ăquae-dūctŭs**, *ūs m* (*auch getr.*) **1.** Wasserleitung. **2.** (*meton.*) das Recht der Wasserleitung.

ăquālĭcŭlŭs, *ī m* (*ăquālĭs*) (*nkl.*) Magen, Schweinemagen; Wanst.

ăquālĭs, *ĭs m* (*eigtl. adi. zu ăquă, sc. ŭrcĕŭs*) (*vkl.*) Wasserkrug.

ăquārĭŭs (*ăquă*) **1.** *adi.* 3 Wasser...; *bsd. provincia aquaria* Quästur zu Ostia, *Aufsicht über die Wasserleitungen.* **2.** *subst.* **-ŭs,** *ī m* **a)** (*nkl., dcht.*) Wasserträger, Kuppler; **b)** Röhrenmeister (*Unterbeamter des aedilis*); **c)** (*vkl., dcht.*) Wassermann (*Sternbild*).

ăquātĭcŭs 3 (*nkl., dcht.*) = *ăquātĭlĭs.*

ăquātĭlĭs, *ĕ* (*ăquă*) im *od.* am Wasser befindlich *od.* lebend, Wasser... [*bestia*], *übh.* (*dcht.*) wässerig, Regen bringend [*auster*].

ăquātĭō, *ōnĭs f* (*ăquŏr*) das Wasserholen.

ăquātŏr, *ōrĭs m* (*ăquŏr*) Wasserholer.

ăquātŭs 3 (*ăquă*) (*nkl.*) wässerig; dünn.

▶ **ăquĭlă**, *ae f* (*wohl zu ăquĭlŭs*) **1.** Adler. **2. a)** Legionsadler; **b)** / **α)** *pl.* (*Ta.*) die Holzadler *im Giebelfeld am Tempel des Juppiter Capitolinus*; **β)** (*dcht.*) Adler *als Gestirn.*

Ăquĭlēĭă, *ae f röm. Kolonie in Oberitalien* (*Venetia*). — *Einw. u. adi.* **Ăquĭlēĭēnsĭs**, (*ĕ*).

ăquĭ-lĕx, *lēgĭs m* (*ăquă, lĕgō²* „sammle") (*vkl., nkl.*) Wasserbauingenieur.

ăquĭlĭ-fĕr, *ĕrī* (*ăquĭlă, fĕrō*) Adlerträger *der Legion.*

ăquĭlīnŭs 3 (*ăquĭlă*) (*vkl., nkl.*) Adler...

Ăquīl(l)ĭŭs 3 *röm. Gentilname* (*adi. auch* **Ăquīlĭānŭs** 3): *C.* ~ *Gallus, Freund u. Kollege Ciceros, Rechtsgelehrter.*

ăquĭlō, *ōnĭs m* (*ăquĭlŭs*) Nordnordostwind (= βορέας); *dcht. übh.* Sturm, (*meton.*) Norden. *Personif.* = *Bŏrĕās, Gemahl der Ōreithyĭă* (*lat. Ōrīthyĭă*).

ăquĭlōnālĭs, *ĕ* (*ăquĭlō*) nördlich.

ăquĭlōnĭŭs 3 (*ăquĭlō*) nördlich [*regio*].

ăquĭlŭs 3 (*wohl zu ăquă*) (*vkl., nkl.*) schwärzlich, dunkelbraun.

Ăquīnŭm, *ī n St. der Volsker in Latium, bekannt durch Purpurfärbereien, Geburtsort Juvenals, j.* Aquino. — *Einw. u. adi.* **Ăquīnās**, *ātĭs* (*cf.* V.-B. IX).

Ăquītānĭă, *ae f Ldsch. im sw. Gallien*; *Einw. Ăquītānī, ōrŭm m iberischer Stamm*; *adi.* **Ăquītānŭs** 3.

ăquŏr 1. (*denom. v. ăquă*) Wasser holen, *bsd. mil.*

ăquōsŭs 3 (*m. comp. u. sup.*) (*ăquă*) (*nkl.*) wasserreich; *insb.* regnerisch [*hiems*; *languor* = Wassersucht, *mater* = Thetis]; / wasserhell.

ăquŭlă, *ae f* (*demin. v. ăquă*) **1.** Wässerchen. **2.** (*Pl.*) *etw.* Wasser.

ăr- *lautgesetzliche altl. Nebenform v. ăd vor f, b, v* [*arbiter*].

▶ **āră**, *ae f* (*altl. āsă* = „ausgedörrter Platz" *zu ārĕō*) **1.** Altar, Opferherd (*Aufbau aus Erde, Stein u. Rasen zur Darbringung v. Opfern*); *bisw. pl. von einem Altar. Oft arae et foci* (*eig.* Altäre *der Tempel u. Herde der Häuser*) = Vaterland u. Familie. **2. a)** (*dcht.*) Altar *als Sternbild*; **b)** / Zufluchtsstätte, Schutz [*legum*]. **3.** Erhöhung, Gerüst, Denkmal [(*Ve.*) *sepulcri* = Scheiterhaufen]. **4.** *EN*: **a)** *Ārā Vĭrtūtĭs* Steindenkmal der kriegerischen Tapferkeit; **b)** *Ārā Ŭbĭōrŭm, j.* Köln, *später Cŏlōnĭă Ăgrĭppīnēnsĭs*; **c)** *Ārā Pācĭs s. pāx¹.*

ărăbărchēs, *ae m* = *ălăbărchēs.*

Ărăbĭă, *ae f* (*im Vers auch* **Ā-**) Arabien; *im Altertum eingeteilt in* ~ *Eudaemōn od. Fēlīx,* ~ *Pĕtraeă u.* ~ *Dēsĕrtă* (Wüste). — *Einw.* **Ărăbs**, *ăbĭs u.* **Ărăbŭs**, *ī m* Araber (*cf.* V.-B. III, 1, e); *adi.* **Ărăbĭcŭs** (*u.* **Ărăbŭs, Ărăbĭŭs, Ărăbs**) 3 arabisch.

Ărăchnē, *ēs f* (Ἀράχνη, ♀ Spinne) *lydische Spinnerin, v. Athene in eine Spinne verwandelt* (*cf. ărānĕă*).

ărānĕă, *ae* (*urspr. f des adi. ărānĕŭs*) (*unkl.*) Spinngewebe; *schon seit Pl. meton.* Spinne.

ărānĕŏlă, *ae f u.* (*Ve.*) **-ŭs,** *ī m* (*demin. v. ărānĕă bzw. -ĕŭs*) kleine Spinne.

ărānĕōsŭs 3 (*ărānĕŭs*) (*dcht.*) voll Spinngewebe.

ărānĕŭs 3 (*wohl zu dem entweder m.* ἀράχνη *urverwandten od. v. diesem entlehnten subst.* *ărānă „Spinne") (*unkl.*) zur Spinne gehörig; *subst.* (*nkl., dcht.*) **-ŭs,** *ī m* Spinne; **-ŭm,** *ī n* (*nkl., dcht.*) Spinngewebe.

Ărăr, *ărĭs m r. Nebenfl. des Rhoda-*

nus in Gallien, j. Saône (*acc.* Ărărĭm, *abl.* Ărărī).

ărātĭō, ōnĭs *f* (ărō) **1.** das Pflügen, *übh.* Ackerbau. **2.** (*meton.*) Ackerland; *bsd. pl.* Pachtgüter, Domänen.

ărātĭuncŭlă, *ae f* (*demin. v.* ărātĭō) (*Pl.*) Äckerchen.

ărātŏr, ōrĭs *m* (ărō) **1.** Pflüger; *als adi.* (*dcht., nkl.*) Pflug..., *zB. bos.* **2.** *übh.* (*dcht.*) Landmann, Bauer; *klass. nur pl.* Domänenpächter.

▶ **ărātrŭm,** ī *n* (ărō; *cf.* ἄροτρον) Pflug. — **Stück Land.

Ărātŭs, ī *m* (Ἄρατος) **1.** *Vfssr. des astr. Lehrgedichts* Φαινόμενα (*um 270 v.Chr.*), *das Cicero übersetzte; adi.* **Ărātēŭs** *u.* **-tĭŭs** 3. **2.** *gr. Feldherr aus Sikyon, Stifter des Achäischen Bundes.*

****arbalista** = ărcŭbăllĭstă.

▶ **ărbĭtĕr,** trī *m* (< *ăd-bĭtĕr; *zu* baetō; *eig.* „der *zu zwei Streitenden* Hinzutretende") **1.** Augenzeuge, Mitwisser [*sine arbitris* unter vier Augen]. **2.** Schiedsrichter (*v. den Parteien gewählt od. vom Prätor bestellt*). **3.** / **a)** (*dcht.*) Richter (*alcis rei* über *etw., zB. pugnae*); **b)** (*dcht., nkl.*) Gebieter, Herr [*bibendi* Symposiarch, Präside; *elegantiae* Schiedsrichter in Fragen des feinen Geschmacks].

ărbĭtră, *ae f* (ărbĭtĕr) (*nkl., dcht.*) Zeugin, Mitwisserin; Richterin (*meist v. abstr.*).

ărbĭtrārĭŭs 3 (ărbĭtĕr) (*Pl., Ge.*) willkürlich; *adv.* **-ō** vermutlich.

ărbĭtrātŭs, ūs *m* (ărbĭtrŏr) (*klass. nur im abl. sg.*) **1.** Gutdünken, Willkür, freier Wille, Belieben (*alcis, arbitratu suo vivere*). **2. a)** unbeschränkte Vollmacht; **b)** subjektive Ansicht.

▶ **ărbĭtrĭŭm,** ī *n* (ărbĭtĕr) **1.** (*Se.*) *das* Dabeisein, Anwesenheit. **2.** Schiedsspruch (*alcis rei* über *etw. od.* in einer Sache, *auch de alqo*); *übh.* Verfügung, Spruch, Urteil (*alcis j-s*; *rei od. de re* über *etw., zB. pecuniae incertae*). **3. a)** (willkürlicher) Machtspruch [°*salis vendendi* willkürliche Bestimmung des Salzpreises; *arbitria funeris* Leichengebühren]; **b)** (= ărbĭtrātŭs) Gutdünken, Belieben, freies Ermessen (*alcis j-s, zB. consulis; arbitrio meo, ad arbitrium vestrum; alcis rei* freie Entscheidung über *etw., zB.* [*Li.*] *pacis ac belli*). **4.** unbeschränkte Herrschaft *od.* Macht [*Iovis; sui arbitrii esse* sein eigener Herr sein].

▶ **ărbĭtrŏr** (*selten act.* **-ō**) 1. (*denom. v.* ărbĭtĕr) **1.** (*Com.*) beobachten, belauschen; erwägen. **2.** / erachten, dafürhalten, glauben, meinen (*abs., zB. eingeschoben ut arbitror; m. dopp. acc.; m. a.c.i.*).
F. *Vereinzelt hat* ărbĭtrŏr *auch klass. passive Bedeutung* (*Caes.* b. c. 3, 6, 3; *Cic.* Att. 1, 11, 2).

▶ **ărbŏr** (*u. dcht.* **ărbōs**), ŏrĭs *f* (*cf.* ărdŭŭs) **1.** Baum [*dcht.*: *Iovis* = Eiche, *Phoebi* = Lorbeerbaum, *Palladis* = Ölbaum]; (*nkl.*) *coll.* Baumbestand, Gehölz. **2.** (*meton.*) **a)** Galgen [*arbor infelix, eig.* unfruchtbarer Baum]; **b)** (*dcht.*) Mast; Ruder; Schiff [*Pelias* das Schiff Argo]. — **Kreuz.

ărbŏrēŭs 3 (ărbŏr) (*dcht.*) vom Baume, Baum...; / baumlang, -ähnlich, verästelt.

ărbōs, ŏrĭs *f* (*dcht.*) = ărbŏr.

ărbuscŭlă, *ae f* (*demin. v.* ărbŏr) (*vkl., nkl.*) Bäumchen.

ărbustŭs 3 (< *ărbŏs-tŏs *zu* ărbŏr) **1.** m. Bäumen bepflanzt [*ager*]. **2.** *subst.* **ărbustŭm,** ī *n* **a)** Baumpflanzung, *bsd. v. Ulmen m. emporrankenden Reben*, Weingarten (*Ggs. vinea*), *auch pl.*; **b)** (*dcht., nkl.*) (*meist pl.*) Gebüsch.

ărbŭtēŭs 3 (ărbŭtŭs) (*dcht.*) vom Erdbeerbaum.

ărbŭtŭm, ī *n* (ărbŭtŭs) (*dcht.*) **1.** Frucht des Erdbeerbaumes. **2.** = ărbŭtŭs, *bsd.* Zweig des Erdbeerbaumes; *pl.* Laub des E.

ărbŭtŭs, ī *f* (*et. ungedeutet*) (*dcht., nkl.*) Erdbeerbaum (*südeuropäischer baumartiger Strauch mit erdbeerähnlichen Früchten*).

ărcă[1], *ae f* (ărcēō) Kasten, Kiste; *bsd.* **a)** Geldkasten, Kasse; (*meton.*) Geld im Kasten; **b)** (*nkl., dcht.*) Sarg; **c)** / Gefängniszelle, „Kasten". — (*Eccl.*) Arche; *dominica* Bundeslade.

****arca**[2], *ae f* (= ărcŭs) Brückenbogen.

Ărcădĭă, *ae f* (Ἀρκαδία) *Gebirgslddsch. i. d. Mitte d. Peloponnes.* — *Einw.* **Ărcădĕs,** dŭm *m* Arkader, *genannt nach* **Ărcăs,** dĭs *m* (Ἀρκάς), *S. des Zeus u. der Kallisto* (*cf.* V.-B. III, 1, a, b, e); *adi.* **Ărcădĭcŭs** 3 (*u.* °**Ărcădĭŭs** 3, °**Ărcăs,** ădĭs) arkadisch [°*tyrannus* Lykaon, °*dea* Carmenta, °*virgo* Arethusa, °*deus* Pan, °*iuvenis* Tölpel].

ărcānŭs 3 (ărcă[1]; *also eig.* „verschlossen") (*adv.* **-ō**) geheim, heimlich, geheimnisvoll [(*Ov.*) *sacra* Mysterien]; (*dcht.*) verschwiegen [*nox* schweigsam]; *subst.* **ărcānŭm,** ī *n* Geheimnis, *meist pl.* (*nkl., dcht.*); *klass. nur adv.* *arcanō* insgeheim, heimlich [*legere alci alqd*]. — ** *subst.* **-um,** *i n* Geheimfach.

Ărcăs, ădĭs *m s.* Ărcădĭă.

▶ **ărcĕō,** cŭī, — 2. (= ἀρκέω „abwehren"; √*ark-) **1.** einhegen, eindämmen. **2. a)** festhalten [*alvus arcet, quod recepit*]; / in Schranken halten, zurückhalten [*audaciam*]; **b)** abwehren, fernhalten (*alqm u. alqd, zB. hostes, iniurias; alqm u. alqd re od. a re, zB. tyrannum reditu, ab iniuria;* [*dcht.*] *alci alqd, zB. asilum pecori;* [*dcht., nkl.*] *m. inf.* = verhüten, verwehren; *nkl. vereinzelt m. ne, quin, a.c.i.*); **c)** (*dcht.*) *jd. od. etw.* vor *etw.* (be)schützen *od.* bewahren (*alqm re od. a re*).

ărcĕră, *ae f* (ărcĕō *bzw.* ărcă[1]) (*vkl.*) gedeckter Wagen *in Kastenform.*

ărcĕssĭtŏr, ōrĭs *m* (ărcĕssō; „der Herbeirufer") (*nkl.*) Ruhestörer.

ărcĕssītŭs, *abl.* ū *m* (ărcĕssō) das Herbeirufen, Einladung (*alcis*).

▶ **ărcĕssō,** īvī (*nkl.* -cĕssī), ītŭm 3. (*wahrsch. desid. zu* ăccēdō „ich will an *jd.* herantreten") **1. a)** *jd.* herbeirufen, kommen lassen, vorladen (*alqm, zB. patrem litteris,* [*Ve.*] *Manes* heraufrufen; *alqm ab, ex re, in od. ad alqd; alqm auxilio* zu Hilfe rufen); *bisw. auch Lebloses* [*librum*]; **b)** (*jur. t.t.*) belangen, anklagen [*alqm capitis, ambitūs crimine*]. **2.** / **a)** *etw.* herbeiführen, erwerben, gewinnen [°*gloriam ex periculo,* °*vitas sibi* erhalten]; **b)** (*Com.*) *eine Braut in das Haus des Bräutigams* einholen [*virginem, uxorem*]; **c)** (*einen Gedanken usw.*) v. irgendwo hernehmen [*argumentum*], *bsd.* [*P.P.P.*] *adi.* **ărcĕssītŭs** 3 gezwungen, gesucht, forciert [*dictum*].
F. *Nebenform durch Metathese* ăccĕrsō (*unkl.*) — *Bisw. Formen nach der 4. Konj., zB.* ărcĕssīrī.

ărchăngĕlŭs, ī *m* (*Fw.* < ἀρχάγγελος) (*Eccl.*) Erzengel.

Ărchĕlāŭs, ī *m* (Ἀρχέλαος) *v. Milet, Vorsokratiker, Schüler des Anaxagoras.*

ărchĕtȳpŭs 3 (*Fw.* < ἀρχέτυπος) (*nkl., dcht.*) Original..., urschriftlich. — *subst.* **-ŭm** (-ŏn), ī *n* (*vkl., nkl.*) Urbild, Original.

Ărchĭās, *ae m* (Ἀρχίας) **1.** *A. Licinius* ~, *gr. Dichter, v. Cicero erfolgreich verteidigt.* **2.** *Tischler in Rom z.Z. des Horaz; adi.* **Ărchĭăcŭs** 3 [*Ho.*: *lecti* kleine Speisesofas].

ărchĭātrŏs (-**trŭs**) *u.* (*meist*) **ărchĭātĕr,** trī *m* (*Fw.* < ἀρχιατρός „Oberarzt") (*spätl.*) erster Arzt, *bsd. am Kaiserhof,* Leibarzt. — ***auch übh.* Arzt.

ărchĭclīnĭcŭs, ī *m* (*Fw.* < ἀρχικλινικός) (*Ma.*) Obertotengräber.

ărchĭdĭācŏnŭs, ī *m* (*Fw.* < ἀρχιδιάκονος) (*Eccl.*) Archidiakon.

****archidux,** *cis m* Erzherzog.

ărchĭĕpĭscŏpŭs, ī *m* (*Fw.* < ἀρχιεπίσκοπος) (*spätl.*) Erzbischof; *adi.* ****archiepiscopalis, e** erzbischöflich.

Ărchĭlŏchŭs, ī *m* (Ἀρχίλοχος) *griech. Jambendichter um 650 v.Chr.*; *adi.* **-lŏchĭŭs** 3 / beißend, scharf.

ărchĭmăgīrŭs, ī *m* (*Fw.* < ἀρχιμάγειρος) (*Ju.*) Küchenmeister.

ărchĭmăndrītă, *ae m* (*Fw.* < ἀρχιμανδρίτης) (*spätl.*) Vorsteher eines griech. Klosters.

Ărchĭmēdēs, ĭs *m* (Ἀρχιμήδης) *Syrakusaner* (*287—212 v.Chr.*), *Schüler des Euklid, der berühmteste Mathematiker u. Mechaniker des Altertums.*

ărchĭmīmŭs, ī *m* (*Fw.* < ἀρχίμιμος) (*nkl.*) Hauptdarsteller im Mimus.

ărchĭpīrātă, *ae m* (*Fw.* < ἀρχιπειρατής) Seeräuberhauptmann.

****archipoeta,** *ae m* Erzpoet, *lat. Dichter des 12. Jh.*

ărchĭsȳnăgōgŭs, ī *m* (*Fw.* < ἀρχισυνάγωγος) (*spätl.*) Synagogenvorsteher.

ărchĭtĕctĭcŭs 3 (ărchĭtĕctŭs) (*Pl.*) des Baumeisters.

ărchĭtĕctōn, ŏnĭs *m* (*Fw.* < ἀρχιτέκτων) (*vkl., nkl.*) Baumeister; / Ränkeschmied.

ărchĭtĕctŏnĭcē, ēs *f* (*Fw.* < ἀρχιτεκτονική, *sc.* τέχνη) (*Qu.*) Baukunst.

ărchĭtĕctŏr 1. (*wohl denom. v.* ărchĭtĕctŭs) **1.** (*nkl.*) (*nach den Regeln der Baukunst*) bauen, anlegen. **2.** / schaffen, herrichten (*alqd, zB. voluptates*).

ărchĭtĕctūră, *ae f* (ărchĭtĕctŭs) Baukunst.

ărchĭtĕctŭs, ī *m* (*wohl Lw.* < ἀρχιτέκτων *umgeformt*) Baumeister, Ingenieur; / Urheber, Schöpfer, Anstifter [*legis, verborum, sceleris, beatae vitae*].

ărchīŭm *u.* **ărchīvŭm,** *ī n* (*Fw.* ⟨ ἀρχεῖον „Regierungsgebäude, Obrigkeit") (*spätl.*) Aufbewahrungsort für (amtliche) Urkunden, Archiv.

ărchōn, *ŏntĭs m* (*Fw.* ⟨ ἄρχων) Archont *in Athen.*

Ărchȳtās, *ae m* (Ἀρχύτας) *v. Tarent* (*um 380 v.Chr.*), *Freund Platons* (*Pythagoreer; Mathematiker, Staatsmann*).

ărcĭ-tĕnēns *u.* (*altl.*) **ărquĭ-tĕnēns,** *ēntĭs* (*ărcŭs, tĕnĕō*) (*dcht.*) bogenführend (*v. Apollo gesagt*). — *subst. m* Schütze (*auch als Gestirn*).

Ărctŏphȳlăx, *ăcĭs m* (*Fw.* ⟨ ἀρκτοφύλαξ) (*dcht.*) Bärenhüter (*als Gestirn* = Bŏōtēs).

Ărctŏs *u.* **-ŭs,** *ī f* (*Fw.* ⟨ ἄρκτος) **1.** Bärin, *als Gestirn* Wagen (*meist pl.*: Großer u. Kleiner Bär). **2.** (*meton.*) (*dcht.*) **a)** Nordpol; **b)** Norden [*opacam Arcton excipere* = nach Norden liegen]; **c)** Nacht. — *adi.* **-ŏŭs** 3 (*Ma.*) nördlich.
F. *acc. sg.* -ŏn; *nom. pl.* -ŏē; *cf.* V.-B. II, 1.

Ărctūrŭs, *ī m* (*Fw.* ⟨ ἀρκτοῦρος) (*dcht.*) **1.** Bärenhüter *als Gestirn*: **a)** = *Sternbild* Bŏōtēs; **b)** der hellste Stern im Bŏōtēs. **2.** (*Ve.*) (*meton.*) Herbstzeit.

ărcŭātŭs 3 (*ărcŭō* 1. „krümmen" *zu ărcŭs*) (*nkl., dcht.*) bogenförmig gewölbt [*currus* Planwagen; *opus -um* Schwibbögen]. — *Cf. ărquātŭs.*

ărcŭ-băllĭstă, *ae f* (*ărcŭs; über mlt. ărbălīstă, durch volkset. Umbildung* ⟩ *nhd.* „Armbrust") (*nkl.*) Bogenballista, eine Art Bogenschleuder.

ărcŭlă, *ae f* (*demin. v. ărcă*) **1.** Kästchen. **2. a)** Kassette; **b)** Schmuckkästchen [*muliebris*]; **c)** Farbenkasten; / *pl.* Redeschmuck.

ărcŭlārĭŭs, *ī m* (*ărcŭlă*) (*Pl.*) Schmuckkästchenmacher.

▶ **ărcŭs,** *ūs m* (*Stamm urspr. ărquŭ-; cf. got.* arhwazna „Pfeil") **1.** Bogen (*Waffe*); *meton.* (*Ov.*) *arcūs Haemonii* der Schütze *als Gestirn*; **2.** / **a)** Regenbogen [°*pluvius*]; °**b)** Triumphbogen [*tropaea arcusque*]; Ehrenbogen (*seit 1. Jh. n.Chr. statt fornĭx*) [*marmoreus*]; °**c)** Schwibbogen. **3.** (*nkl., dcht.*) Krümmung, Wölbung, Windung; *bsd.* Kreisbogen [*quinque arcūs* die fünf Zonenkreise der Himmelskugel und der Erde].
F. *gen. sg.* vereinzelt *altl. ărquī u. ărcī; dat. u. abl. pl. zur Unterscheidung von ărcĭbŭs* (*zu ărx*): *ărcŭbŭs.*

ărdălĭō, *ōnĭs m* (*Lw.* ⟨ ἄρδαλος „Schmutzfink") (*dcht.*) geschäftiger Müßiggänger; Schlemmer.

ărdĕă, *ae f* (= ἐρωδιός) (*dcht., nkl.*) der Reiher.

Ărdĕă, *ae f alte Hptst. der Rutuler in Latium.* — *Einw. u. adi.* **Ărdĕās,** *ātĭs* (*m*) (*cf.* V.-B. IX); *adi. auch* **Ărdĕātīnŭs** 3.

ārdēns, *ēntĭs* (*m. comp. u.* °*sup.*; *adv.* **-ēntĕr**) (*ā-?; eig. part. praes. v. ārdĕō*) **1.** brennend, glühend, heiß [*fax*; / *sitis, ardenter sitire*]. **2.** / **a)** (*dcht.*) funkelnd, glänzend [*oculi, clipeus*]; feurig [*Falernum*]; **b)** (*v. Rede u. Redner*) feurig, enthusiastisch [*oratio, orator*]; **c)** leidenschaftlich [*odium, amor*].
F. *abl. sg.* -ī, *praed.* -ĕ; *gen. pl.* -ĭŭm.

▶ **ārdĕō,** *ārsī, ārsūm* 2. (*ā-?; denom. v. ārĭdŭs, synk. ārdŭs* [*od. ārdŭs?*]) **1.** brennen, in Flammen aufgehen [*ignis od. domus ardet*, °*Sirius* glüht am Himmel; (*meton.*) °*ardet Ucalegon* = das Haus des Uk.; / *fauces siti ardent* lechzen vor Durst]. **2.** / **a)** funkeln, blitzen [*oculi*]; **b)** (*vom Redner*) Feuer u. Flamme sein; **c)** glühen = entbrannt sein, lodern: **α)** (*v. Leblosem*) [*furor Antonii*]; (*v. Pers.*) [*alqs ardet irā*]; *bsd.* **αα)** in *jd.* heiß verliebt sein (°*in alqo u.* °*alqo,* °*alqm, zB. in illa virgine*); *klass.* heiß nach *etw.* verlangen [*ad ulciscendum*; °*in alqd, zB. in arma*; *m.* °*inf.*]; **ββ)** *v. etw.* verzehrt *od.* gequält werden [*invidiā ardere* glühend gehaßt werden]; **β)** in hellem Aufruhr stehen [*Syria bello ardet* die Kriegsflamme lodert in Syrien].

ārdēscō, *ārsī,* — 3. (*ā-? incoh. v. ārdĕō*) (*nkl., dcht.*) **1.** entbrennen, in Brand geraten. **2.** / **a)** glühen, leuchten (*re v. etw., zB. undae ignibus*; *in mucronem* in eine blanke Spitze zulaufen); **b)** (leidenschaftlich) erglühen, auflodern [*pugna*; *re v.*, durch *etw., zB. libidinibus*; *in alqd* zu, für *etw., zB. in iras*; *bsd.* in Liebe entbrennen (*abs. u. alqo zu jd.*)].

▶ **ārdŏr,** *ōrĭs m* (*ā-?; ārdĕō*) **1.** Brand, Glut; *auch pl.* [*solis*]; (*meton.*) *pl.* (*Sa.*) heiße Zone. **2.** / **a)** das Glühen, Leuchten, Blitzen [*oculorum* Feuer]; **b)** (*geistig*) Glut, Feuer, Leidenschaft, Begeisterung, *auch* Wut [*animi,* °*ad dimicandum*; *obi.* °*pugnandi* Kampfbegierde]; **c)** (*dcht.*) Liebesglut, glühende Liebe (*alcis j-s u.* zu *jd., zB. virginis*); (*meton.*) °Flamme = geliebte Person, Geliebte(r).

Ărdŭēnnă (**sĭlvă**), *ae f* Ardennen, Ardennerwald.

▶ **ărdŭŭs** 3 (*cf. gall. Ărdŭ-ēnnă; ablautend zu* ὀρθός) **1.** steil, jäh [*collis*]; (*dcht.*) hoch(ragend) [*cedrus, aether*]; *subst.* **ărdŭŭm,** *ī n* (*nkl., dcht.*) (*im sg. nur m. praep.*) steile Anhöhe, Höhe [*per arduum duci*; *m. gen., zB. ardua, castellorum*]. **2.** / schwierig, beschwerlich [*opus*; *m.* •*2. sup., zB. factu*]; *auch* lästig, unangenehm [°*res arduae* Mißgeschick]; *subst.* **ărdŭŭm,** *ī n* (*nkl., dcht.*) Schwierigkeit [*in arduo esse* schwierig sein].
F. *comp. măgĭs ărdŭŭs, sup. măxĭmē ărdŭŭs.*

▶ **ārĕă,** *ae f* (*zu ārĕō, ārā, eig.* „ausgebrannte, trockene, kahle Stelle") **1.** freier *od.* flacher Platz. **2. a)** Bauplatz, Grundfläche; **b)** Tenne (*auf freiem Felde*); **c)** (*nkl.*) Hofraum, Impluvium; **d)** (*nkl., dcht.*) öffentlicher Platz, *bsd. um Tempel und Paläste* [*Capitolii*]; *auch* Spielplatz *der Jugend*; / [*sceleris*]; **e)** (*nkl., dcht.*) Rennbahn im Zirkus (= στάδιον); / Kampfplatz, Betätigungsfeld [°*in curas meas*]; **f)** (*Pl.*) Vogelherd, -fangplatz; **g)** (*Vi.*) *pl.* Salzgärten, -buchten. **3.** (*nkl.*) (*geom. t.t.*) **a)** Fläche, Ebene; **b)** Flächeninhalt. **4.** (*Se.*) Hof *um Sonne u. Mond.* **5.** (*nkl., dcht.*) Glatze.

Ărĕcŏmĭcī *s.* Vŏlcae.

ārē-făcĭō, *fēcī, făctŭm* 3.; P. *-fīō, făctŭs sŭm, fĭĕrī* (*unkl.*) trocknen.

Ărĕlātĕ, *ĭs n St. a. d. Rhone, j.* Arles. (*abl. sg.* -ĕ, *als loc.* -ī).

Ărĕmŏrĭcae cīvĭtātēs (*im Vers Ărē-; kelt.* = „am Meer") *Küstenvölker i. d. Bretagne u. Normandie.*

▶ **ărēnă** *u.* **hărēnă,** *ae* (*altl. hăsēnă, et. ungedeutet, kaum idg.*; *vl. etr.*) **1.** Sand [°*nigra* Schlamm]; *pl.* (*dcht., nkl.*) Sandkörner, -massen [°*carae* Goldsand]. **2.** (*meton.*) (*auch pl.*): **a)** sandiger Ort; **b)** *pl.* (*nkl., dcht.*) Sandwuste [*Libycae*]; **c)** (*dcht.*) Sandstrand. **3.** (*nkl., dcht.*) Arena, Kampfplatz *im Amphitheater*; *synekd.* = Amphitheater; (*meton.*) Gladiatorenkampf [*operas arenae promittere*]; / Kampf- *od.* Tummelplatz.

ărēnārĭă, *ae f* (*u. hă...*; *sc. fŏdīnă*; *ărēnă*) Sandgrube.

ărēnōsŭs 3 (*u. hă...*; *m. comp. u. sup.*) (*ărēnă*) (*nkl., dcht.*) sandig; *subst. arenosum humi* sandiger Boden.

ārēns, *ēntĭs* (*eig. part. praes. v. ārĕō*) (*dcht., nkl.*) trocken, dürr; / lechzend [*faux*; *sitis* brennend]; *subst.* **-ēntĭă,** *-ĭŭm n* Sandwüste.

ārĕō, *ŭī,* — 2. (*cf.* ἄζω „trockne", *nhd.* „Asche") (*unkl.*) trocken *od.* dürr sein; / (*vor Durst*) lechzen.

ārĕŏlă, *ae f* (*demin. v. ārĕă*) (*Pli.*) kleiner freier Platz.

Ărēŏpăgŭs, *ī m, meist* **Ărēŭs** *od.* **Ărĭŭs păgŭs** (Ἄρειος πάγος) **1.** Areshügel *in Athen.* **2.** *der dort tagende oberste Gerichtshof,* der Areopag (*Ta.*: Arēum iudicium). — **Ărēŏpăgītēs,** *ae m* Areopagit, Mitglied des Areopags; / (*spöttisch*) unparteiischer Richter; (*cf.* V.-B. I, 2).

ārēscō, *ārŭī,* — 3. (*incoh. v. ārĕō*) vertrocknen, verdorren, versiegen.

ărĕtālŏgŭs, *ī m* (*Fw.* ⟨ ἀρεταλόγος) (*Suet., Ju.*) Tugendschwätzer, Moralprediger.

Ărĕthūsă, *ae f* (Ἀρέθουσα) *Quelle b. Syrakus. Im Mythos vom Flußgott Alpheios* (*lat.* Ălphēŭs) *geliebte Quellnymphe*; *in eine Quelle verwandelt, floß sie unter dem Meere nach Sizilien fort u. kam* (*antikes Münzbild der St. Syrakus*) *bei Syrakus wieder zum Vorschein.* — *adi.* **Ărĕthūsĭs,** *ĭdĭs* (*cf.* V.-B. III, 1, e).

Ărēŭs 3 (Ἄρειος) *s.* Ărēŏpăgŭs.

Ărgēī, *ōrŭm m* **1.** (24) *Sühnopferkapellen in Rom* [*itur ad Argeos*]. **2.** (24) *Menschenfiguren aus Binsen, die jährlich am 15. Mai als symbolische Menschenopfer von der Pfahlbrücke in den Tiber geworfen wurden.*

ărgēntārĭŭs (*ărgēntŭm*) **1.** *adi.* 3 (*Com., nkl.*) **a)** Silber... [*metalla*], **b)** Geld... [*taberna* Wechselstube, Bankgeschäft]. **2.** *subst.* **a) ărgēntārĭŭs,** *ī m* Wechsler, Bankier. — (*spätl.*) Silberschmied; **b) ărgēntārĭă,** *ae f* **α)** (*sc. tăbērnă*; *Pl., Li.*)

Wechselstube, Bank; *auch* (*sc. ars*) Geldgeschäft [*-am facere*]; β) (*sc. fodina*) (*Li.*) Silbergrube.

ărgĕntātŭs 3 (*argentum*) (*vkl., nkl.*) **1.** *m.* Silber beschlagen; *milites m.* silberbeschlagenen Schilden. **2.** *m.* Geld versehen.

ărgĕntĕŏlŭs 3 (*demin. v. argenteus*) (*Pl.*) fein in Silber gearbeitet.

ărgĕntĕŭs 3 (*argentum*) **1.** silbern [°*poculum*]; *subst.* ~, *i m* (*nkl.*) Silberdenar (= *10, später* = *16 asses*). **2.** a) versilbert, *m.* Silber beschlagen *od.* verziert, eingelegt [*arma*]; (*v. Soldaten*) (*Li.*) *m.* silbernen Schilden; **b**) (*dcht.*) α) silberweiß [*fons*]; β) dem silbernen Zeitalter angehörend [*proles*].

▶ **ărgĕntŭm,** *ī n* (*cf.* ἄργυρος, *gall. Argentoratus* Straßburg) **1.** Silber [*factum* verarbeitetes Silber, Silbergeschirr, °*infectum* in Barren, *signatum* gemünztes Silber, Silbergeld]. **2.** (*meton.*) a) Silbergeräte [°*ad vescendum factum* silbernes Tafelgeschirr, *caelatum m.* getriebener Arbeit, *purum* ohne getriebene Arbeit]; **b**) Silbergeld, Geld; **c**) (*nkl.*) *argentum vivum* Quecksilber.

Ărgĕntŭmĕxtĕrĕbrōnĭdēs, *ae m* (*argentum, exterebro*) (*Pl.*) (*Scherzname*) Geldherausbohrer (= Erpresser).

ărgĕstēs, *ae m* (*Fw.* ⟨ ἀργεστής = aufhellend) (*nkl.*) Westsüdwestwind.

Ărgēŭs, Ărgī *s. Argos.*

Ărgīlētŭm, *ī n* (*vl. v. argilla*; *später als Argi letum gedeutet*) *Straße in Rom nördl. v. Forum m. Handwerker- u. Buchhändlerbuden.* — *adi.* **Ărgīlētānŭs** 3.

ărgīllă, *ae f* (*-ī-?*; *Fw.* ⟨ ἄργιλος; *cf. argentum*) weißer Ton, Töpfererde, Mergel.

Ărgīnūs(s)ae, *ārum f* (Ἀργινοῦσσαι) *drei Kreideinseln b. Lesbos* (*Schlacht 406 v.Chr.*).

ărgītĭs, *t(id)is f* (*Fw.* ⟨ *ἀργῖτις, *wohl zu* ἀργός „weiß") (*dcht., nkl.*) weiße Rebe, Rebe m. weißen Trauben.

Ărgīvŭs *u.* **Ărgīŭs** *s. Argos.*

Ărgō, *ūs f* (Ἀργώ) die Argo, *das Schiff, auf dem die Argonauten* (**Ărgŏnautae,** *ārum m, d.h. Iason u. seine Gefährten*) *nach Kolchis segelten, um das Goldene Vlies zu holen*; *von Athene als Sternbild an den südlichen Himmel versetzt.* — *adi.* **Ărgōŭs** 3.

F. *Cf.* V.-B. III, 2; *acc. u. abl.* -ō.

Ărgŏlĭs *s. Argos.*

Ărgŏs *n, nur nom. u. acc.* (τὸ Ἄργος), *meist* **Ărgī,** *ōrum m Hptst. v. Argolis*; *dazu* **a**) *subst.* α) **Ărgīvī,** *ōrum u.* (*dcht.*) *-um m* Argiver, *übh.* die Griechen *der mythischen Zeit*; β) **Ărgŏlĭs,** *idis f Ldsch. auf d. Peloponnes*; *adi.* **Ărgŏlĭcŭs** 3 argolisch [*mare*], *dcht. auch* = griechisch; **b**) *adi.* **Ărgīvŭs,** *auch* **Ărgēŭs** *u.* **Ărgīŭs** 3 (*fem.* °**Ărgŏlĭs,** *idis*), (*Pl.*) **Ărgŭs** 3 argivisch; (*dcht.*) *übh.* griechisch.

ărgŭī *s. arguo.*

ărgŭmĕntātĭō, *ōnis f* (*argumentor*) Beweisführung; (*nkl.*) Stoff, Vorwurf.

ărgŭmĕntŏr 1. (*denom. v. argumentum*) **1.** (*intr.*) den Beweis führen, begründen (*abs. od. de re*; *m. indir. Frages.*). **2.** (*trans.*) *etw.* als Beweis anführen (*alqd od. m. a.c.i.*).

ărgŭmĕntōsŭs 3 (*argumentum*) (*Qu.*) reich an Stoff. — **geschickt, schlau.

▶ **ărgŭmĕntŭm,** *ī n* (*arguo*) **1.** (bildliche) Darstellung, Bild [*argumenta ex ebore diligentissime perfecta* Basreliefs]. **2.** a) Gegenstand einer (*mündlichen, schriftlichen od. künstlerischen*) Darstellung, Stoff, Inhalt [*epistulae, carminis, sculpturae*]; **b**) Fabel (= Sujet), Thema, Vorwurf, zugrunde liegende Geschichte (*bsd. einer epischen od. dramatischen Dichtung, zB. tragoediae*); (*Li.*) *-o fabulam serere* durch seinen Stoff ein Schauspiel zu einem einheitlichen Ganzen verknüpfen; **c**) (*prägn.*) Inhalt *od.* Gehalt; *non sine argumento* nicht ohne den Schein von Wahrheit; **d**) (*meton.*) Gedicht, Dichtung, Theaterstück, Geschichte [*hoc argumentum docet* diese Erzählung lehrt]; / Geschichte, Szene = auffallende Begebenheit [*auctor argumenti* Urheber dieser Komödie, *fictum et compositum* betrügerische Komödie]. **3.** a) Beweis(grund, -mittel), Schlußfolgerung *aus Tatsachen, zB. certissimum*; *alcis rei e-r* Sache, für *etw., zB. odii, veritatis*; *argumento esse* zum Beweise dienen, *argumenta ratione concludentia* schlüssige Beweise, ~ *concludere* einen Schluß ziehen; **b**) Kennzeichen, Merkmal.

▶ **ărgŭō,** *ŭī* (*-ūtum*, °*-uiturus*) 3. (*wohl denom. v.* **argos od.* **arguos* „hell, klar", *also eig.* „klar machen"; *cf.* ἄργυ-ρος, *argentum*) **1.** klar darstellen, erweisen (*alqd*; *m. a.c.i.*). **2.** a) (*dcht.*) verraten, offenbaren [*Ve.*: *degeneres animos timor arguit*]; (*mediopass.*) sich verraten; **b**) (*nkl., dcht.*) als falsch *od.* unzulässig erweisen, widerlegen (*alqd, zB. legem*; *auch alqm jd.* des Irrtums überführen; *m. a.c.i.*). **3.** a) *jd.* beschuldigen, bezichtigen, anklagen (*alqm, zB. servos*; *alqm alcis rei, zB. tanti facinoris*; *de crimine, auch hoc crimine*; *alqd, zB. nihil*; *m.* °*dopp. acc., zB. id, quod me arguis*; *auch m. ut* = wie, als, *zB. alqm (ut) falsum filium*; *m. a.c.i., im* P. *m. n.c.i., zB. Roscius arguitur patrem occidisse*); *qui arguunt* Ankläger, *qui arguuntur* Angeklagte; **b**) (*nkl.*) *etw.* als strafbar rügen, vorwerfen (*alqd, zB. culpam*; *m. a.c.i.*).

Ărgŭs[1] 3 *s. Argos.*

Ărgŭs[2], *ī m* (Ἄργος) *der hundertäugige Wächter der Io.* — ** ♀ Aufpasser, Wächter.

ărgūtātĭō, *ōnis f* (*argutor*) (*Ca.*) das Knarren [*tremuli lecti*].

ărgūtĭae, *ārum f* (*argutus*) **1.** ausdrucksvolle Darstellung, das Ausdrucksvolle (Sprechende) einer Sache [*digitorum* ausdrucksvolles Fingerspiel]. **2.** (*v. Pers. u. v. d. Rede*) **a**) geistreiches Wesen, Scharfsinn, Feinheit, Witz; **b**) (*pejorativ*) Spitzfindigkeit, Schlauheit, Kniffe.

ărgūtŏr *u.* **-tō** 1. (*denom. v. argutus*) (*nkl.*) (vor-), (her)schwatzen (*alqd etw., v. etw.*).

ărgūtŭlŭs 3 (*demin. v. argutus*) ziemlich scharfsinnig, ganz hübsch [*libri*].

▶ **ărgūtŭs** 3 (*m. comp. u. sup.*; *adv.* **-ē**) (*eig. P.P.P. v. arguo*) **1.** a) scharf ausgeprägt; ausdrucksvoll, lebhaft, sprechend [*oculi*, °*caput equi* feingeschnitten, °*solea* zierlich]; **b**) helltönend, liederreich [*poëta*]; *bsd.* säuselnd, zwitschernd, gellend, kreischend *u.ä.* [*nemus* v. den Liedern der Hirten widerhallend, *pecten* rauschend *u.a.*]; **c**) (*Com.*) beredt; geschwätzig; **d**) (*Ma.*) penetrant [*odor*]. **2.** / **a**) bedeutsam [°*omen*]; **b**) deutlich, ausführlich [*litterae*]; **c**) scharfsinnig, geistreich, witzig [*orator, dictum, verborum ambitus* fein zugespitzt]; **d**) (*dcht.*) (*pejorativ*) pfiffig, schlau, gerieben, *v. Pers. u. Sachen* [*meretrix, dolor* schlau erlogen].

ărgyrăspĭdēs, *idum m* (*Fw.* ⟨ ἀργυρ-άσπιδες) (*nkl.*) Silberschildträger, *makedon.* Elitetruppe. *Cf.* V.-B. III, 1, e.

Ărgyrĭpă, *ae f s. Arpi.*

Ărĭădnă, *ae u.* **-ē,** *ēs f* (Ἀριάδνη) *T. des Minos u. der Pasiphae, v. Theseus, dem sie die Rückkehr aus dem Labyrinth ermöglicht hatte, entführt u. auf Naxos treulos verlassen, Gemahlin des Dionysos*; *ihre Brautkrone unter die Sterne versetzt. Cf.* V.-B. I, 1. — *adi.* **Ărĭădnaeŭs** *u.* **-nēŭs** 3.

Ărīcĭă, *ae f alte St. an der via Appia m. Tempel u. Hain der Diana u. des Hippolytus Virbius, j.* Ariccia. — *Einw. u. adi.* **Ărīcīnŭs** (3).

ārĭdŭlŭs 3 (*demin. v. aridus*) (*dcht.*) *etw.* trocken.

▶ **ārĭdŭs** 3 (*m.* °*comp. u.* °*sup.*) (*areo*) **1.** trocken, dürr [*folia*, °*nubila* regenlos, °*crura u.* °*nates* mager]; *auch v. Menschen* dürr; / [*sonus, fragor* wie *v.* dürrem Holze = knackend, knisternd]; *subst.* **ārĭdŭm,** *ī n* das Trockene, *bsd.* Ufer. **2.** / **a**) (*dcht.*) lechzend, (vor Durst) schmachtend [*viator*], heiß, brennend [*febris*]; **b**) mager, dürftig [*victus*]; **c**) (*geistig*) trocken, gehaltlos, fade, langweilig [*genus orationis*].

▶ **ărĭēs** (*-ĕ-?*), *ĕtis m* (*cf.* ἔρι-φος „Böckchen") **1.** Widder, Schafbock. **2.** a) (*dcht.*) *Sternbild* Widder; **b**) / α) *mil.* Sturmbock, Mauerbrecher; β) Wellenbrecher.

F. *Im Vers bisw. m. Synizese* = *arjes, gen. arjetis, abl. arjete usw.*

ărĭĕtīnŭs 3 (*aries*) (*nkl.*) Widder...; / zweideutig [*oraculum*].

ărĭĕtō 1. (*denom. v. aries*) (*unkl.*) **1.** (*vom Widder*) stoßen; / (wie ein Widder) stoßen. **2.** a) (*trans.*) niederstoßen [*alqm in terram* zu Boden schleudern]; **b**) (*intr.*) anstürmen [*in portas*].

F. *Im Vers arietat* dreisilbig = *arjĕtat* (*Synizese*).

Ărīmĭnŭm, *ī n alte Hafenstadt, j.* Rimini, *u. Fl. in Umbrien.* — *Einw. u. adi.* **Ărīmĭnēnsĭs** (ē).

ărĭŏlŭs, ărĭŏlŏr *s. hariolus, hariolor.*

Ărīōn, ōnis *m* (Ἀρίων) *Dithyrambendichter u. Sänger aus Methymna auf* /*Lesbos (um 600 v. Chr.); adi.* **Ărīŏnĭŭs** 3. *Cf.* V.-B. III, 1, b.

Ărĭŏpăgŭs, ī *m* = Ārēŏpăgŭs.

Ărĭŏvistŭs, ī *m K. der Sueben, seit 72 v. Chr. in Gallien, 58 v. Cäsar besiegt.*

****arismetica** (-*trica*), *ae f* (*ars*) Arithmetik.

ărīstă, *ae f* (*et. ungeklärt, vl. etr. Lw.*) **1.** Granne, Hachel. **2.** (*nkl., dcht.*) Ähre; (*meton.*) Ährenfrucht [*nardi*], *pl.* Getreidearten.

Ărīstaeŭs, ī *m* (Ἀρισταῖος) *S. des Apollo, galt als Erfinder der Bienenzucht sowie der Wein- u. Ölgewinnung.*

Ărīstărchŭs, ī *m* (Ἀρίσταρχος) **1.** *aus Samos (um 260 v. Chr.), ber. Astronom zu Alexandria (heliozentrisches System).* **2.** *v. Samothrake, ber. alexandrinischer Philologe (System der Grammatik; Homerrezension um 170 v. Chr.);* / = strenger Kritiker.

Ărīstīdēs, is *u.* ī *m* (Ἀριστείδης) **1.** *aus Athen, Gegner des Themistokles.* **2.** *aus Milet, Vfssr. erotischer Novellen* (*Mīlēsĭăcă*). *Cf.* V.-B. III, 3 *u.* 5.

Ărīstīppŭs, ī *m* (Ἀρίστιππος) *aus Kyrene, Schüler des Sokrates, Begründer der Kyrenäischen Philosophenschule (Hedonismus); adi.* **Ărīstīppēŭs** 3.

Ărīstĭŭs Fūscŭs, ī *m Grammatiker, (dramatischer) Dichter, Rhetor u. Freund des Horaz.*

Ărīstŏgītō(n), ōnis *m* (Ἀριστογείτων) *einer der Mörder des Tyrannen Hipparch 514 v. Chr.*

ărīstŏlŏchĭă, *ae f* (*Fw.* ‹ ἀριστολοχία) Osterluzei.

Ărīstŏphănēs, is *m* (Ἀριστοφάνης) **1.** *aus Athen, der bedeutendste Dichter der alten att. Komödie (um 452—388 v. Chr.); adi.* **Ărīstŏphănēŭs** *u.* **-nĭŭs** 3. **2.** *aus Byzanz (um 200 v. Chr.), Bibliothekar des Museions, größter Philologe des Altertums, Begründer der Lexikographie. — Cf.* V.-B. III, 3 *u.* 5.

Ărīstŏtĕlēs, is *u.* ī *m* (Ἀριστοτέλης) *aus Stageira (lat. Stăgīră) in Makedonien (384—322 v. Chr.), Schüler Platos, Erzieher Alexanders, Begründer der peripatetischen Schule zu Athen. Cf.* V.-B. III, 3 *u.* 5. — *adi.* **Ărīstŏtĕlēŭs** *u.* **-ĭŭs** 3.

Ărīstŏxĕnŭs, ī *m* (Ἀριστόξενος) *aus Tarent (um 320 v. Chr.), Schüler des Aristoteles, Philosoph u. Begründer der wissenschaftlichen Musiklehre.*

Ărīstŭs, ī *m* (Ἄριστος) *akademischer Philosoph zu Athen, Freund Ciceros.*

ărīthmētĭcă, ōrum *n* (*Fw.* ‹ ἀριθμητικά) Arithmetik; *nkl. auch* **-ă**, *ae u.* **-ē**, ēs *f.*

ārĭtūdō, inis *f* (*ārĕō*) (*vkl.*) Trockenheit.

ărmă

1. a) Gerät(e), Werkzeug(e); **b**) Baugerät; **2. a**) Waffen; **b**) Waffenübungen; **3. a**) Krieg; **b**) Kriegstaten; **c**) Waffenmacht; **d**) Bewaffnete; **e**) Hilfsmittel.

ărmă, ōrum (*u.* °ŭm) *n* (√*ar- „fügen"; *cf.* ἀραρίσκω; ἄρμενος „gefügt") **1. a**) Gerät(e), Werkzeug(e), Ausrüstung [°*equestria* Sattelzeug, °*venatoria* Jagdgerät, °*cerealia* Geräte zum Brotbacken]; **b**) *bsd.* Baugerät, Takelwerk, Ruderwerk, °Ackergerät. **2. a**) Kriegsgerät; *bsd.* Rüstung, Waffen; *insb.* Schutzwaffen [*arma capere*, *in armis esse* unter Waffen stehen, °*vi atque armis* mit Waffengewalt, °*arma atque tela* Schutz- und Trutzwaffen]; **b**) (*meton.*) Waffenübungen; **c**) Schild(e) [°*se in arma colligere* sich hinter dem Schilde decken]. **3.** (*meton.*) **a**) Krieg, Kampf [*civilia*; °*res ad arma spectat* es sieht nach Krieg aus, °*arma inferre Graeciae* bekriegen, °*arma referre* den Krieg erneuern; / °*leo arma movet* setzt sich zur Wehr]; **b**) (*meton.*) °Kriegstaten [*canere* besingen]; **c**) (*meton.*) Waffenmacht; **d**) (*nkl., dcht.*) Krieger, Bewaffnete [*auxiliaria* Hilfstruppen]; *auch* Kriegspartei [°*neutra arma sequi* neutral bleiben]; **e**) / (*geistige*) Waffen, Hilfsmittel (*alcis j-s, alcis rei u.* °*contra alqd* gegen *etw., zB. aptissima arma senectutis*; [*Ho.*] *amico arma dare* Lehren).

ărmămăxă, *ae f* (*Fw.* ‹ ἁρμάμαξα) (*nkl.*) *persischer* Reisewagen.

ărmāmĕntă, ōrum *n* (*ărmō*) Segel-, Takelwerk.

ărmāmĕntārĭŭm, ī *n* (*ărmāmĕntă*) Zeughaus; Arsenal; (*pl.*) (*Inscr.*) Kammern für Waffen *u.* Ausrüstung.

ărmārĭŏlŭm, ī *n* (*demin. v. ărmārĭŭm*) (*Pl.*) Schränkchen.

ărmārĭŭm, ī *n* (*ărmă*; *eigtl.* „Geräteraum") Schrank; (*nkl.*) Bücherschrank, -regal. — ***pl.* Archiv, Bibliothek; **-ius**, *i m* Bibliothekar, Archivar.

ărmātūră, *ae f* (*ărmō*) (Art der) Bewaffnung; (*meton.*) Waffengattung [*levis* Leichtbewaffnete, *gravis* Schwerbewaffnete].

ărmātŭs[1], *abl.* ū *m* (*ărmō*) (*nkl.*) = *ărmātūră*.

▶ **ărmātŭs**[2] 3 (*m. sup.*) (*eigtl. P.P.P. v. ărmō*) bewaffnet, gerüstet [*copiae*, °*armatus togatusque* im Kriegs- u. Friedenskleide, in Krieg u. Frieden; *re* m. *etw., zB. urbs muris*; / *audaciă*; °*armatissimus* bis an die Zähne bewaffnet]; *subst. pl.* **ărmātī**, ōrum *m* Bewaffnete, Soldaten.

Ărmĕnĭă, *ae f* (Ἀρμενία) *Hochland Asiens, im Altertum durch den Euphrat in maior u. minor geteilt. — Einw. u. adi.* **Ărmĕnĭŭs** (3).

ărmĕntālĭs, ĕ (*ărmĕntŭm*) (*dcht., nkl.*) in Herden weidend [*equa*].

ărmĕntārĭŭs, ī *m* (*ărmĕntŭm*) (*unkl.*) Rinderhirt.

▶ **ărmĕntŭm**, ī *n* (√*ar- „fügen", *eigtl.* „Rudel zusammen weidender Tiere"; *cf. ărmă*) **1.** (*pl.*) Großvieh; *bsd.* Rinder, *selten* °Pferde. **2.** (*nkl., dcht.*) **a**) *sg.* Rinderherde; **b**) *pl.* Herden von Rindvieh, *auch* Rudel; *übh.* (*dcht.*) Vieh, Tiere.

ărmĭ-fĕr, *fĕră, fĕrŭm* (*ărmă, fĕrō*) (*dcht.*) waffentragend, (*meton.*) kriegerisch.

ărmĭ-gĕr, *gĕră, gĕrŭm* (*ărmă, gĕrō*) **1.** *adi.* **a**) (*nkl.*) waffentragend, bewaffnet; **b**) (*Pr.*) Bewaffnete hervorbringend. **2.** *subst.* **a**) **ărmĭgĕr**, ĕrī *m* α) (*Cu.*) Bewaffneter, *bsd.* Leibwächter; β) Waffenträger, (Schild-)Knappe [°*Iovis* = Adler]; / Helfershelfer (*alcis*); **b**) (*Ov.*) **ărmĭgĕră**, *ae f* Waffenträgerin [*Dianae*].

ărmĭllă, *ae f* (*demin. v. ărmŭs*) Armband, -spange; *auch* (*Li.*) *abs. mil.* Orden.

ărmĭllātŭs 3 (*ărmĭllă*) (*dcht., nkl.*) mit Armspangen geschmückt. — **bewehrt.

Ărmĭ-lūstrŭm, ī *n* (*ărmă, lūstrŭm*[2]) *Platz auf dem Aventin, wo die Römer jährlich die „Waffenweihe" (ărmĭlūstrĭŭm) feierten.*

Ărmĭnĭŭs, ī *m Cheruskerfürst, „liberator Germaniae" 9 n. Chr.*

ărmĭ-pŏtēns, ĕntis (*ărmă*) (*dcht.*) waffenmächtig, kriegerisch.

ărmĭ-sŏnŭs 3 (*ărmă, sŏnō*) (*dcht.*) waffenklirrend.

▶ **ărmō** 1. (*denom. v. ărmă*) **1.** (*Ma.*) m. Geräten versehen; *klass. nur naves* [*Ve.*: *classem*] auftakeln. **2.** zum Kampfe (aus)rüsten (*alqm u. alqd, zB. milites*; *alqd re, zB. urbem muris*); *übh.* bewaffnen, wappnen [*milites armis*; *in, contra, adversus alqm* gegen *jd., zB. servum in dominum*; *ad od.* °*in alqd od.* °*alci rei* zu *etw., zB.* °*Asiam ad bellum*]; *mediopass.* sich waffnen. **3.** / (aus-)rüsten, ausstatten *m.*, tauglich machen [*se eloquentiă*].

ărmŭs, ī *m* (*cf. nhd.* „Arm") (*dcht., nkl.*) **1.** (*bei Menschen*) Oberarm, Schulter(blatt). **2.** (*bei Tieren*) Vorderbug; *pl.* Flanken [*equi*].

Ărnŭs, ī *m* der Arno. — *adi.* **Ărnĕnsĭs**, ĕ.

▶ **ărō** 1. (= ἀρόω) **1. a**) pflügen, (*den Acker*) bestellen, bebauen (*abs. u. alqd, zB. agrum*); **b**) *abs.* Ackerbau treiben (*bsd.* Güter bebauen lassen, *zB. arant in Sicilia*); **c**) (*Ho.*) (*prägn.*) *etw.* durch Ackerbau gewinnen. **2.** / (*dcht.*) durchfurchen [*frontem rugis* die Stirn runzeln]; durchfahren [*aequor*].

ărōmă, *ătis n* (*Fw.* ‹ ἄρωμα) (*spätl.*) **Wohlgeruch; Gewürz, Spezerei**; *adi.* **-mătĭcŭs** 3 (*Fw.* ‹ ἀρωματικός) Gewürz..., **wohlriechend.

ărōmătīzō 1. (*Fw.* ‹ ἀρωματίζω) (*spätl.*) nach *etw.* duften; **einbalsamieren.

Ărpī, ōrum *m St. in Apulien, angeblich v. Diomedes aus Argos als* Ἄργος ἵππιον *gegründet u. daher dcht.* Ărgўrīpă, *ae f genannt. — Einw. u. adi.* **Ărpīnŭs** (3).

Ărpīnŭm, ī *n St. i. Latium, Geburtsort v. Marius u. Cicero, j.* Arpino. — *Einw. u. adi.* **Ărpīnās**, ātis (*m*) (*cf.* V.-B. IX); *subst.* **Ărpīnās**, ātis *n Landgut Ciceros b. A.* (*abl. sg.* -ī). — *adi.* **-pīnŭs** 3 (*Ma.*) [*chartae -ae* Ciceros Schriften].

ărquātŭs 3 (ărcŭō 1. „krümmen") (*nkl.*) regenbogenfarbig; *subst.* ~, *ī m* (*Lu.*) ein an Gelbsucht Erkrankter; *cf.* ărcŭātŭs.

ărquĭ-tĕnēns = ărcĭtĕnēns.

ărrăbō, ōnĭs *m* (*Fw.* ‹ ἀρραβών, *aus hebr.*) (*Com.*) Unterpfand, Handgeld; *cf.* răbō. — (*nkl.*) *verkürzt zu* **ărră,** *ae f.*

ăr-rēctŭs[1] *P.P.P. v.* ărrĭgō.

ărrēctŭs[2] 3 (*eig. P.P.P. v.* ărrĭgō) (*m. comp.*) (*nkl.*) emporgerichtet; steil, jäh [*Alpes*].

ăr-rēpō, rēpsī, rēptŭm 3. (*vkl., nkl.*) herankriechen, -schleichen; *klass. nur* / sich einschleichen (*ad alqd od.* °*alci rei, zB. animis muliercularum,* °*in alqd*).

ăr-rēptŭs *P.P.P. v.* ărrĭpĭō.

Ărrētĭŭm, *ī n St. i. Etrurien, Geburtsort des Mäcenas, j.* Arezzo. — *Einw. u. adi.* **Ărrētīnŭs** (3).

ăr-rēxī *s.* ărrĭgō.

ăr-rīdĕō, rīsī, rīsŭm 2. **1.** (*dcht., nkl.*) mitlachen (*abs. od. alci m. jd., zB. ridenti*). **2. a)** (*nkl., dcht.*) zu-, anlächeln (*abs. od. alci, zB. notis*); **b)** (*spöttisch*) belächeln (*alqd*). **3.** / (*v. Sachen*) *jd.* gefallen, *j-s* Beifall finden (*alci*).

ăr-rĭgō, rēxī, rēctŭm 3. (ăd, rĕgō) (*unkl.*) **1.** auf-, emporrichten (*alqd, zB. hastam, comas* sträuben, *aures* spitzen, *lumina* weit öffnen, *arrectus in digitos* auf den Zehen); (*obszön*): *abs. od. sc.* mĕntŭlăm [*in alqa* = fŭtŭō, *ad alqam* geil sein auf *jd.*]. **2.** / (*geistig*) **a)** in Spannung versetzen (*animum od. mentem* = gespannt aufmerken *od.* stutzen); *meist* P.; **b)** erheben, anfeuern, aufrichten (*alqm od. alqd re* durch *etw., ad alqd* zu *etw.*; *abs. libertas arrexit* [*vl. auch sc. animos*] war für sie erhebend).

▶ **ăr-rĭpĭō,** rĭpŭī, rēptŭm 3. (ăd, răpĭō) **1.** an sich reißen, erraffen (*alqm manu, arma*; / *auch v. abstr., zB. dolor arripit alqm*); *auch* zusammenraffen [°*cohortes*]. **2. a)** *jd.* verhaften, vor Gericht schleppen, gerichtlich belangen (*alqm*); **b)** (*nkl.*) *jd. od. etw.* an- *od.* überfallen, auf *jd. od. etw.* losgehen (*alqm u. alqd, zB. castra*; *terram velis* schnell lossegeln auf); / *jd. od. etw.* durchhecheln. **3.** / **a)** schnell benutzen, eifrig sich aneignen (*alqd, zB.* °*tempus* wahrnehmen, *causam ad caedes*); **b)** (*dcht.*) (*einen Ort*) schnell in Besitz nehmen [*locum*]. **4.** *sibi* -ere (widerrechtlich) sich aneignen *od.* sich anmaßen [*imperium, cognomen*]. **5.** (*geistig*) *m.* Eifer erfassen, sich auf *etw.* werfen [*litteras Graecas*].

ărrīsŏr, ōrĭs *m* (ărrīdĕō) (*Se.*) (der ständig seinen Gönner anlächelnde) Schmarotzer.

ăr-rōdō, rōsī, rōsŭm 3. (*nkl.*) an-, benagen (*alqd*); *klass. nur* / [*rem publicam*].

ărrŏgāns, ăntĭs (*m.* °*comp. u.* °*sup.*; *adv.* **-āntĕr**) (*eig. part. praes. v.* ărrŏgō) anmaßend, hochmütig, *v. Pers. u. Sachen* (*in re* in, bei *etw.*; °*alci* gegen *jd.*).

▶ **ărrŏgāntĭă,** *ae f* (ărrŏgāns) Anmaßung, Hochmut, Dünkel.

ărrŏgātĭō, ōnĭs *f* (ărrŏgō) (*nkl.*) Annahme *einer gewaltfreien Person* (*sui iuris*) an Kindes Statt (*urspr. durch Befragung — rŏgātĭō — des Volkes in den Kuriatkomitien*).

ăr-rŏgō 1. **1.** (*Pl.*) (*jd.* noch einmal nach *etw.* fragen [*haec te*]. **2.** (*Li.*) (*durch eine neue Rogation einem Beamten*) einen anderen beigeben [*consuli dictatorem*]. **3.** (*Ge.*) (eine gewaltfreie Pers. [*sui iuris*]) an Kindes Statt annehmen (*alqm*); *s.* ărrŏgātĭō. **4. a)** (*dcht.*) *jd. od. e-r* Sache *etw.* verschaffen, verleihen (*alci u. alci rei alqd, zB. decus imperiis*); *auch* preisgeben [*nihil non armis* = alles mit den Waffen ertrotzen]; **b)** *sibi alqd* sich *etw.* anmaßen [*sibi nomen*].

ărrōsŏr, ōrĭs *m* (ărrōdō) (*Se.*) (*der ständig reiche Narren* „benagende") Schmarotzer.

Ărrūns, ūntĭs *m etr. Vorname der nachgeborenen Söhne.*

ars
1. (*subjektiv*) **a)** Geschicklichkeit; **b)** Eigenschaft, Verhalten; **c)** Kunstgriff, *pl.* Intrigen; **2.** (*objektiv*) **a)** Handwerk; **b)** Kunst; **c)** Kunstwerk; **d)** *einzelne* Wissenschaft *od.* Kunst; **e)** Lehrbuch *e-r Kunst od. Wissenschaft.*

ărs, ărtĭs *f* (= *nhd.* „Art") Kunst: **1.** (*subjektiv*) **a)** Geschicklichkeit, (Kunst-)Fertigkeit; **b)** Eigenschaft, Handlungsweise, Bestrebung; *pl. oft* Verfahren, Mittel, Wege [*permanere in suis artibus* seinen bisherigen Grundsätzen treu bleiben]; **c)** (*nkl., dcht.*) Kunstgriff, *pl. auch* Intrigen [*gratae* Künste der Koketterie, *artes belli* Kriegslisten, *plausus caret arte* ist ungekünstelt]. **2.** (*objektiv*) **a)** Handwerk, Gewerbe [*artes illiberales od. sordidae*; °*instrumentum artis* Handwerkszeug]; **b)** Kunst [*ars dicendi u. oratoria,* °*rhetorica,* °*musica*]; *pl.* die schönen Künste, Kunst *u.* Wissenschaft [*artes liberales, ingenuae, elegantes, humanitatis, quae ad humanitatem pertinent u.a.*; °*artes urbanae* Jurisprudenz *u.* Beredsamkeit]; **c)** (*meton.*) °α) Kunstwerk; °β) Kunstwert [*pretiosae artis vasa*]; °γ) *pl.* Musen; **d)** *eine einzelne* Wissenschaft *od.* Kunst [*ars ea, quam philosophiam Graeci vocant*]; **e)** α) Lehrbuch einer Kunst *od.* Wissenschaft [*ars oratoria*; *Ars amatoria Ovids galantes* Lehrbuch der Liebe, *in seinen Gedichten kurz ars od. ars amandi genannt*]; β) wissenschaftliches System, Theorie, Regeln (*Ggs. Praxis facultas*) [*ad artem et praecepta revocare etw.* in eine wissenschaftliche Form bringen, *ex arte dicere* den Regeln gemäß]. — ***Ars moriendi Titel spätmittelalterlicher Erbauungsbücher*; *artes* die Geisteswissenschaften; *artes liberales s.* līběrālĭs; *artes mechanicae* den *artes liberales* nachgeordnete Fähigkeiten (*Handwerk, Kriegskunst, Seefahrt, Jagd, Heilkunde, Tierheilkunde u.ä.*).
F. *gen. pl.* ărtĭum.

Ărsăcēs, ĭs *m* (Ἀρσάκης) *Stifter d. parthischen Dynastie der Arsakiden* (**Ărsăcĭdae,** ārŭm *m*); *adi.* **-săcĭŭs** 3. *Cf.* V.-B. III, 3 u. 5.

ārsī *s.* ārdĕō *u.* ārdēscō.

ărsĭs, ĭs *f* (*acc.* -ĭn; *Fw.* ‹ ἄρσις, *metr. t.t.*) (*nkl.*) Arsis, Hebung (*des Fußes zur Bezeichnung des schwachen, spätl. der Stimme z. Bez. des starken Taktteils*; *cf.* thĕsĭs).

ārsŭs *P.P.P. v.* ārdĕō.

Ărtăxĕrxēs, ĭs *m* (Ἀρταξέρξης) *persischer Königsname.*

Ărtĕmīsĭŭm, ī *n* (Ἀρτεμίσιον) *nördl. Vorgebirge Euböas.*

ărtērĭă, *ae f* (*Fw.* ‹ ἀρτηρία) **1.** Arterie, Schlagader (*Ggs.* vēnă). **2.** (ăspĕră) Luftröhre (*nkl. auch pl.*).

ărthrĭtĭcŭs 3 (*Fw.* ‹ ἀρθριτικός) gichtkrank, rheumatisch.

ărthrĭtĭs, *tĭdĭs f* (*Fw.* ‹ ἀρθρῖτις, *rein lat.* ărtĭcŭlārĭs mŏrbŭs) (*spätl.*) Gicht, Rheuma; Gelenkentzündung.

ărtĭcŭlārĭs, ĕ (ărtĭcŭlŭs) (*nkl.*) die Gelenke betreffend [*morbus* Gicht, Rheuma].

ărtĭcŭlātĭm (ărtĭcŭlŭs) *adv.* **1.** (*dcht.*) gliedweise, Stück für Stück. **2.** / (*v. der Rede*) gegliedert: **a)** deutlich, verständlich; **b)** Punkt für Punkt.

ărtĭcŭlō 1. (*denom. v.* ărtĭcŭlŭs) (*Lu.*) gliedern; / deutlich aussprechen, artikulieren; (*P.P.P.*) *adi.* ărtĭcŭlātŭs 3 (*m. adv.* **-ē**) (*nkl.*) deutlich, verständlich.

ărtĭcŭlōsŭs 3 (ărtĭcŭlŭs) (*nkl.*) voller Gelenke; / (*Qu.*) (allzu) reich gegliedert.

ărtĭcŭlŭs, ī *m* (‹ *ărtŭ-cŭlŭs; *demin. v.* ărtŭs[1]) **1.** Gelenk, Knöchel [*articulorum dolores* rheumatische Beschwerden]. **2. a)** Finger(glied) [°*articulis supputare* an den Fingern abzählen]; **b)** (*bei Pflanzen*) Knoten [*sarmentorum*]. **3.** / **a)** (*v. der Rede*) Satzglied (= °κόμμα), Abschnitt; **b)** (*m. u. ohne temporis*) Zeitpunkt; (*bsd.*) Wendepunkt [*in ipso -o temporis* im entscheidenden Augenblick]; **c)** (*gramm. t.t.*) (*Qu.*) Artikel; **d)** (*nkl.*) Abschnitt, Absatz, Punkt, Stufe.

▶ **ărtĭ-fĕx,** ĭcĭs *m u. f* (ărs, făcĭō) **1.** *adi.* **a)** (*act.*) kunstfertig, geschickt [*servus, stilus*; *alcis rei, selten in re* in *etw., ad alqd* zu *etw.*); **b)** (*pass.*) (*dcht.*) kunstvoll, kunstgerecht [*equus* zugeritten]. **2.** *subst.* **a)** Künstler(in), Meister(in) [*scaenicus* Schauspieler; °*improbus* Quacksalber; *alcis rei* in *etw., zB. dicendi, selten in re* in *etw.*]; *auch* Handwerker; **b)** / Schöpfer [*mundi*]; *auch* Meister in *etw.* [*comparandae voluptatis*]; **c)** (*pejorativ*) °α) Anstifter [*caedis*]; β) (*dcht.*) Schelm, Betrüger.
F. *abl. sg. des adi.* -ī, *des subst.* -ĕ; *gen. pl.* -ŭm.

ărtĭfĭcĭālĭs, ĕ (*adv.* **-ĭtĕr**) (ărtĭfĭcĭŭm) (*nkl.*) kunstgerecht, Kunst...

ărtĭfĭcĭōsŭs 3 (*m.* °*comp. u. sup.*; *adv.* **-ē**) (ărtĭfĭcĭŭm) **1.** (*act.*) kunstfertig; schlau. **2.** (*pass.*) kunstvoll, künstlerisch [*opus*]; künstlich, kunstgerecht.

▶ **ărtĭfĭcĭŭm,** ī *n* (*ărtĭfĕx*) **1.** Kunstfertigkeit, Geschicklichkeit, Kunst [*gubernatoris; signa summo artificio facta*]. **2.** (*meton.*) **a)** Kunstwerk [*opera atque artificia* Handwerksarbeiten *u.* Kunstwerke]; **b)** Kunstgriff; (*pejorativ*) List, Schlauheit [*artificio quodam vincere*], *pl.* Intrigen; **c)** Kunstlehre, Theorie, System, Kunst [*artificium de iure civili componere*]. **3.** Handwerk, Gewerbe, Metier [*ancillare* Mägdearbeit].

ărtō 1. (*denom. v. ărtŭs²*) (*unkl.*) einengen, *bsd.* straff anziehen [*frenum*]; / (*ein Buch*) knapper fassen, kürzen; beschränken, schmälern; knapp zumessen.

ărtŏlăgănŭs, ī *m* (*Fw.* ‹ ἀρτολάγανον) Brotkuchen.

ărtŏptă, *ae m* (*Fw.* ‹ ἀρτόπτης „Brotbäcker") (*dcht.*) Backform (*für feines Weizenbrot*).

▶ **ărtŭs¹,** ūs *m* (√‾ *ar- „fügen"; *cf. ărmă,* ἄρθρον; *eig.* Zusammenfügung) Gelenk; *klass. nur pl.* = Glieder, Gliedmaßen [*omnibus artubus contremiscere*]; *übh.* Körper, Leib; *auch die einzelnen* Gelenke [*dolor artuum* Rheuma]; / Teile [*sapientiae*].
F. *pl.* (*Pl.*) *nom. ărtŭă; dat. u. abl. ărtŭbŭs zum Unterschied von ărtĭbŭs zu ărs.*

ărtŭs² 3 (*m. comp. u. sup.*; *adv.* **-ē**) (√‾ *ar- „fügen"; *cf. ărtŭs¹*) **1.** eng = straff (angezogen), knapp *od.* fest (zusammengeschnürt) [*vinculum,* °*toga* festanschließend, (*Pl.*) *compressiones amantum, artius complecti alqm* fester]. **2.** eng = eingeengt, zusammengedrängt, -gezogen, dicht [*via*; / *sententiam artissime constringere*]; *subst.* **ărtŭm,** ī *n* (*nkl.*) Enge, enger Raum, Gedränge, *bsd.* Kampfgedränge [*in artum compelli* eingekeilt werden]. **3.** / **a)** fest, innig [*somnus,* °*familiaritas,* °*tenebrae* dichte Finsternis, *arte dormire*]; **b)** (*unkl.*) beschränkt, mißlich [*animus* durch Sorgen beengt, *petitio* m. geringer Aussicht, *alqm arte colere* knapp halten, *res artae* dürftige Lage]; *subst.* °**ărtŭm,** ī *n* mißliche Lage, Klemme [*in arto esse* in Verlegenheit sein].

ărtūtŭs 3 (*ărtŭs¹*) (*Pl.*) starkgliedrig.

ārŭī *s. ārēscō.*

ārŭlă, *ae f* (*demin. v. āră*) kleiner Altar.

ărŭndō, ărŭndĭfĕr *u.ä. s. hărŭnd...*

Ărūns *s. Ărrūns.*

ărŭspĕx *s. hărŭspĕx.*

ărvālĭs, ĕ (*ărvŭm*) (*vkl., nkl.*; *Inscr.*) Flur... [*fratres* -es Arvalbrüder, *Kollegium v. 12 röm. Priestern, die (alljährlich in feierlichem Umzug) am 1. Mai Ackersegen erflehten*].

Ărvĕrnī, ōrŭm *m gall. Völkerschaft in der heutigen Auvergne*; *adi.* **Ărvĕrnŭs** 3.

ărvīnă, *ae f* (*vl. zu *ărvă* „Darm") (*nkl., dcht.*) Speck, Fett; ♀ *auch röm. cogn.*

ărvŭs 3 (*zu ărō*; *cf.* ἄρουρα) **1.** *adi.* pflügbar, Acker..., Saat... **2.** *subst.*

▶ **ărvŭm,** ī *n* **a)** Ackerland, Saatfeld; / (*dcht.*) weibliche Scham [*genitale*]; (*meton.*) (*nkl., dcht.*) Getreide; **b)** (*dcht.*) **α)** Flur, Gefilde, Gegend [*Neptunia* = Meer]; °**β)** Weideplatz; °**γ)** Gestade [*tenere* erreichen].

▶ **ărx,** *ărcĭs f* (*ărcĕō*) **1.** befestigte Anhöhe, Burg; *bsd.* Akropolis, *d.h.* feste Oberstadt *griechischer Städte, in Rom* das Kapitol; (*dcht.*) *Jupiters* Himmelsburg· [*arx caeli*], *pl.* = Himmel. *Sprichw.*: *arcem facere e cloaca* aus der Mücke einen Elefanten machen. **2.** (*dcht.*) (*synekd.*) Berggipfel, Höhe [*septem od. sacrae arces Romanae* die sieben Hügel Roms]. **3.** / **a)** Bollwerk, Zuflucht [*urbs Roma arx omnium gentium*; / *arx Stoicorum* = Hauptbeweis]; **b)** Hauptbollwerk, Hauptsitz, *auch v. Pers.* [°*arx totius belli*]; °**c)** Höhepunkt, Gipfel [*eloquentiae*]. — ***cerebri* Kopf, Geist.
F. *abl. sg. ărcĕ*; *gen. pl. ărcĭŭm.*

▶ **ās,** *ăssĭs m* (*statt ăss*; *ās?*; *wohl identisch m. ăssĭs* [Brett] *als* Metallplättchen) **1.** (*nkl.*) das (zwölfteilige) Ganze als Einheit [*ex asse heres* Universalerbe]. **2.** (*Gewichtseinheit*) (*Ov., nkl.*) As, röm. Pfund (*Kupferbarren v. 1 Pfund* [= 327 g] *Gewicht*) = *lībra, as libralis, in 12 ūnciae* [Unzen] *geteilt.* **3.** (*Münzeinheit*) As (*urspr. 1 röm. Pfund schwer* [*aes grave*]); / Heller, Pfennig [°*vilem ad assem redigi* = wertlos werden; °*ad assem omnia perdere* bis auf den letzten Pfennig]. — *gen. pl. ăssĭŭm.*

Ăscănĭŭs, ī *m S. des Äneas, bei den Römern Iūlŭs* (*dcht. dreisilbig Ĭūlŭs*) *genannt, mythischer Stammvater der gens Iūlĭă.*

ăscaulēs, *ae m* (*Fw.* ‹ ἀσκαύλης) (*Ma.*) Sackpfeifer (*rein lat. ūtrĭcŭlārĭŭs*).

▶ **ā-scēndō,** *scēndī, scēnsŭm* 3. (*ăd, scăndō*) **1.** (*intr.*) **a)** hinauf-, emporsteigen (*in u. ad alqd, zB. in equum*; *in contionem* die Rednertribüne besteigen, als Redner auftreten); **b)** / emporsteigen, sich aufschwingen (*abs., zB. gradatim*; *in, ad alqd, zB. ad honores*; [*nkl.*] *super alqm u. supra alqd*). **2.** (*trans.*) **a)** besteigen, erklimmen [*murum*]; **b)** / *etw.* erreichen [*altiorem gradum*].

ăscēnsĭō, *ōnĭs f* (*ăscēndō*) **1. a)** (*vkl., nkl.*) das Hinaufsteigen; **b)** (*Eccl.*) *Domini od. Christi* Himmelfahrt. **2.** / Aufschwung (*alcis j-s, zB. oratorum*).

ā-scēnsus¹ *P.P.P. v. ăscēndō.*

ăscēnsŭs², *ūs m* (*ăscēndō*) **1.** das Hinaufsteigen, Ersteigen (*alcis j-s, alcis rei, zB. Capitolii*; *auch in alqd, zB. in arcem*); (*meton.*) Möglichkeit des Ersteigens [*ascensum dare alci*]. **2. a)** / (*abstr.*) das Emporsteigen, Zugang zu *etw.* [*primus ad honoris gradum*]; **b)** (*meton.*) (*concr.*) Aufgang, Zugang [*difficilis*; *ad saxum*]; / Stufe [*in virtute multi sunt ascensūs*].

ăscĭă, *ae f* (*cf.* ἀξί-νη, *nhd.* „Axt") (*vkl., nkl.*) **1.** Zimmeraxt. **2.** Maurerkelle.

Ăscĭbŭrgĭŭm, ī *n röm Kastell am Niederrhein* (*wahrsch. j.* Asberg b. Moers).

ā-scĭō, — — 4. (*ăd + scĭō*) (*nkl., dcht.*) auf-, annehmen (*alqm, zB. milites, in societatem*).

ăscīscō, *scīvī, scītŭm* 3. (*incoh. v. ăscĭō*) **1.** herbeiziehen, auf-, annehmen (*alqm, zB. sibi socium*; *in od. ad alqd, zB. in civitatem, socios ad id bellum*; °*inter alqos, m.* °*dat.*). **2.** / **a)** *etw.* annehmen, sich aneignen (*alqd, zB.* °*peregrinos ritus, consuetudinem*; *ab alqo u. ex re, zB. sacra a Graecis*); *P.P.P. ăscītŭs* 3 hergeholt, fremd [°*milites,* °*lepos* angelernt]; **b)** (*sibi*) *alqd* sich *etw.* anmaßen, für sich in Anspruch nehmen [*sapientiam*]; **c)** billigen, gutheißen (*alqd, zB. leges*).

ăscŏpă *od.* **ăscŏpēră,** *ae f* (*Fw* ‹ ἀσκοπήρα) (*Suet*). lederner Bettelsack.

Ăscră, *ae f* (Ἄσκρα) *Flecken in Böotien, Wohnsitz Hesiods.* — *Einw. u. adi.* **Ăscraeŭs** (3), *auch* = Hesiod *bzw.* Hesiods *od.* ländlich [*carmen*].

ā-scrībō, *scrīpsī, scrīptŭm* 3. (*ăd + scrībō*) **1.** dazuschreiben, schriftlich hinzufügen (*alqd*; *alqd alci rei, zB. nomen suum emptioni,* °*marmori Praxitelem* den Namen des Pr.; *auch alqd ad alqd, in alqd u. in re*; *alci salutem jd.* grüßen lassen). **2. a)** in eine Liste eintragen, *bsd. als Bürger* in die Bürgerliste (*alqm Heracliensem*; *alqm in alqd u. selten alci rei, zB. in civitatem u.* [*Ta.*] *alqm urbanae militiae* als Soldaten in die Stammrolle; °*in re, zB.* [*Suet.*] *alcis nomen in albo*); **b)** *jd.* (schriftlich) als *etw.* einsetzen, zu *etw.* bestellen [*alqm tutorem liberis*]; / (*Ph.*) *ascriptus poenae dies* für die Strafe bestimmt; **c)** / *jd. od. etw.* zu *etw.* rechnen (*alqm in od. ad alqd, zB. alqm tertium ad amicitiam*; *bisw. auch m. dat.*); **d)** *jd. etw.* zuschreiben *od.* beimessen (*alci alqd*).

ăscrīptīcĭŭs 3 (*ăscrīptŭs, P.P.P. v. ăscrībō*) in die Bürgerliste neu eintragen [*cives*].

ăscrīptĭō, *ōnĭs f* (*ăscrībō*) Beischrift, schriftlicher Zusatz.

ăscrīptīvŭs 3 (*ăscrīptŭs, P.P.P. v. ăscrībō*) (*Pl.*) überzählig.

ăscrīptŏr, *ōrĭs m* (*ăscrībō*) Mitunterzeichner [*legis*]; / Förderer [*dignitatis meae*].

Ăscŭlŭm, ī *n Hptst. v. Pīcēnŭm, j.* Ascoli; *Einw. u. adi.* **Ăscŭlānŭs** (3).

ăsĕllă, *ae f* (*demin. v. ăsĭnă*) (*Ov.*) Eselin.

ăsĕllŭs, ī *m* (*demin. v. ăsĭnŭs*) **1.** Esel (-chen). **2.** / (*nkl., dcht.*) *ein Seefisch* (*Delikatesse*).

Ăsĭă, *ae f* (Ἀσία) **1.** Asien, Kleinasien, *bsd. aber* die röm. Provinz *Ăsĭă.* — *Einw.* **Ăsĭānŭs,** ī *m* Asiat; *pl.* Steuerpächter i. d. Provinz *Asia.* **2.** *adi.* **a)** **Ăsĭānŭs** 3 asiatisch = aus Asien stammend, zu Asien *od.* zu den Asiaten gehörend, aus Asiaten bestehend [*milites, res*]; **b)** **Ăsĭātĭcŭs** 3 asiatisch = *m.* Asien zufällig zusammenhängend [*Scipio, bellum* m. Mithridates; *oratores* schwülstig]; **c)** **Ăsĭs,** *ĭdĭs f* [*Ov.*: *terra*]; **d)** **Ăsĭŭs** 3 [*Ve.*: *palus b. Ephesus*].

Ăsĭăgĕnēs, *ĭs m* (Ἀσιαγενής) = *Ăsĭātĭcŭs* (*Bein. des L. Cŏrnēlĭŭs Scīpĭō*).

ăsīlŭs, ī *m* (*et. ungeklärt*; *vl. etr.*)

(*dcht.*, *nkl.*) Bremse, Stechfliege.

ăsĭnă, *ae f* (*ăsĭnŭs*) (*vkl.*, *nkl.*) Eselin; ♀ *cogn. in der gēns Cŏrnēlĭă.*

ăsĭnārĭŭs (*ăsĭnŭs*) (*vkl.*, *nkl.*) 3 Esel...; *subst. m* Eseltreiber; **-ă**, *ae f* (*sc. fābŭlă*) Eselskomödie *des Plautus.*

Ăsĭnĭŭs 3 *röm. Gentilname: C.* ~ *Pōllĭō Redner, Kritiker, Dichter, Anhänger Cäsars u. später Oktavians; Begründer der ersten öffentlichen Bibliothek in Rom.*

▶ **ăsĭnŭs**, *ī m* (*wie ὄνος Lw. aus einer kleinasiat. Spr.*) **1.** Esel. **2.** / **a**) = Dummkopf; **b**) (*Qu.*) = bissiger Mensch.

Ăsĭŭs 3 (*Ἄσιος*) *s. Ăsĭă.*

Ăsōpŭs, *ī m* (*Ἀσωπός*) *Fl. i. südl. Böotien, j. Asopo. Als Flußgott S. des Okeanos; patron.* **Ăsōpĭădēs**, *ae m Nachk. des Ā.* (= *Aiakos, lat. Aeăcŭs*); *fem.* **Ăsōpĭs**, *ĭdis* (*Ἀσωπίς*) *T. des Ā.* (= *Aigina, lat. Aegīnă*).

ăsōtŭs, *ī m* (*Fw.* < *ἄσωτος, eig.* „unrettbar, heillos verderbt") Schlemmer, Wüstling.

ăspărăgŭs, *ī m* (*Fw.* < *ἀσπάραγος*) (*unkl.*) Spargel.

Ăspăsĭă, *ae f* (*Ἀσπασία*) *berühmte Hetäre aus Milet, Geliebte u. später Gemahlin des Perikles.*

ăspărgō = *ăspĕrgō*[1,2].

ăspĕctābĭlĭs, *ĕ* (*ăspĕctō*) sichtbar.

ăspĕctō 1. (*intens. v. ăspĭcĭō*) **1.** aufmerksam anschauen, anblicken (*m. acc.*). **2.** / **a**) (*Ve.*, *Ta.*) (*v. Örtlichkeiten*) liegen nach (*alqd*); **b**) (*Ta.*) auf *etw.* achten [*iussa principis*].

ă-spĕctŭs[1] *P.P.P. v. ăspĭcĭō.*

ăspĕctŭs[2], *ūs m* (*ăspĭcĭō*) Anblick; **1.** (*act.*) **a**) das Hinsehen, Blick [*primo u. uno aspectu*]; **b**) Gesichtskreis [*portus in aspectu urbis inclusus*]; (*Q. Cicero*) Gesichtspunkt; **c**) (*meton.*) Sehkraft, Gesicht [*sub aspectum cadere od. venire* sichtbar sein]. **2.** (*pass.*) **a**) das Sichtbarwerden, Erscheinen [*-u tuo*]; **b**) (*meton.*) Aussehen [*horridus, iucundus*].
F. *dat. sg. ăspĕctŭī u.* °*ăspĕctū.*

ăs-pĕllō, *pŭlī*, *pŭlsŭm* 3. (*ăbs* + *pĕllō*) (*vkl.*, *dcht.*) wegtreiben (*alqm a od. de re*).

▶ **ăspĕr**, *ĕră*, *ĕrŭm* (*m. comp. u.* °*sup.*; *adv.* **-ē**) (< **ăpŏ-spĕrŏs, eig.* „wegabstoßend"; *zu spĕrnō*) **1.** rauh, uneben, holperig [*colles; arteria* Luftröhre, *capilli* struppig, °*mare* stürmisch, °*frena* derb]; *bsd.* (*dcht.*) *v. Gefäßen m.* (*Flach-*)*Reliefs, zB. poculum asperum* (*exstantibus*) *signis; subst.* **ăspĕrŭm**, *ī n* (*nkl.*) das Rauhe, rauhe Stelle [*per aspera et devia, aspera maris* Stürme]. **2.** / **a**) (*bsd. v. Klima*) (*nkl.*) rauh = kalt *od.* unwirtlich [*asperrimo hiemis* in der rauhesten Zeit]; **b**) (*meist nkl.*) herb, scharf, beißend, grob [°*vinum*, °*odor*]; **c**) (*v. Sprache u. Rede, Worten u. Äußerungen*) roh, holperig, unfein; bitter, kränkend, bissig [*vox, oratio; facetiae, aspere scribere de alqo u.* °*in alqm*]; **d**) (*vom Charakter*) **α**) rauh = roh, ungeschliffen, streng, trotzig [*homo, mores, iudicium, aspere tractare alqm; re* durch *etw.*, *in re* in *etw.*, *ad alqd* in bezug auf *etw.*, °*alci* gegen *jd.*]; **β**) (*dcht.*) (*v. Tieren*) grimmig, gereizt [*anguis asper siti*]; **γ**) (*dcht.*) (*v. Pers.*) erbittert [*Iuno*], spröde; **e**) (*v. Zuständen*) mißlich, schwierig, drückend, hart [*res, spes,* °*opinione asperius* schwieriger als man glaubt]; *subst. pl.* **ăspĕră**, *ōrŭm n* (*nkl.*, *dcht.*) Widerwärtigkeiten; **f**) (*v. Gesetzen, Urteilen u.ä.*) hart, streng [°*sententia, iudicium, lex*].
F. *Selten* (*dcht.*) *synk.*: *aspris sentibus* (*Verg. Aen.* 2, 379).

ă-spĕrgō[1], *spĕrsī*, *spĕrsŭm* 3. (*ăd* + *spărgō*) **1. a**) hinspritzen, hinstreuen (*alqd etw.*, *alqd in re, zB. pigmenta in tabula*); **b**) anspritzen (*alci rei alqd, zB.* °*virus pecori* vergiften *od.* anstecken); *bsd.* / *labeculam alci* anhängen; **c**) / beimischen, hinzufügen (*alci alqd, zB. sales orationi, molestiam* verursachen, *sextulam* vermachen). **2.** bespritzen, bestreuen (*alqd re etw. m. etw., zB.* °*aetatem canis* m. grauen Haaren; / *alqd mendaciunculis* verbrämen m.); / beschmutzen, besudeln [*alqm macula*].

ăspĕrgō[2], *ĭnĭs f* (*ăspĕrgō*[1]) (*unkl.*) Bespritzung; *meton.* Spritzer, Tropfen, Gischt, Regen [*caedis* Blutstropfen, *multa aspergine rorare* Sprühregen].

ăspĕrĭtās, *ātĭs f* (*ăspĕr*) **1.** Rauheit, Unebenheit, *auch pl.* [*viarum*]; *pl. bsd.* Terrainschwierigkeiten. **2.** / **a**) Kälte, Unwirtlichkeit (*bsd. des Klimas*), Härte, Schärfe, Strenge [°*hiemis*, °*remedii*]; **b**) (*v. d. Rede*) Bitterkeit, Bissigkeit [*verborum*]; **c**) (*v. Pers., bsd. vom Charakter*) Roheit, Ungeschliffenheit, Barschheit, Strenge, Trotz [*Stoicorum*]; / *auch v. Sachen, zB. belli*; **d**) (*v. Zuständen*) Schwierigkeit, Härte, Widerwärtigkeit, mißliche Lage (*abs., zB.* °*in ea tanta asperitate*; *od. alcis rei, zB. rerum*).

ăspĕrnābĭlĭs, *ĕ* (*ā-?; ăspĕrnŏr*) (*vkl.*, *nkl.*) verächtlich.

ăspĕrnātĭō, *ōnĭs f* (*ā-?; ăspĕrnŏr*) Verschmähung (*alcis rei, zB. rationis*); (*Se.*) Abneigung [*a contrariis*].

▶ **ăspĕrnŏr** 1. (*ā-?; intens. zu spĕrnō*) m. Unwillen zurückweisen, abwehren (*alqd ab alqo od. a re*); verwerfen, verschmähen (*alqm u. alqd, zB. hominem, nuptias; m. inf.* [*Ta.*] sich weigern).
F. *Selten hat ăspĕrnŏr passive Bedeutung.*

ăspĕrō 1. (*denom. v. ăspĕr*) (*unkl.*) **1.** rauh machen [*undas* aufwühlen]. **2. a**) schärfen, spitzen [*sagittas ossibus*]; **b**) / aufreizen [*alqm in saevitiam, iram alcis*].

ă-spĕrsī *s. ăspĕrgō*[1].

ăspĕrsĭō, *ōnĭs f* (*ăspĕrgō*[1]) das Anspritzen, Bespritzen [*aquae*]; *insb.* Auftragen der Farben.

ă-spĕrsŭs *P.P.P. v. ăspĕrgō*[1].

ă-spĕxī *s. ăspĭcĭō.*

ăsphŏdĕlŭs, *ī m* (*Fw.* < *ἀσφόδελος*) (*nkl.*) Asphodill (*Liliengewächs*).

▶ **ă-spĭcĭō**, *spĕxī*, *spĕctŭm* 3. (*spĕxī?*; *ăd* + *spĕcĭō*) **1.** (*unabsichtlich*) erblicken, gewahren (*alqm u. alqd, zB. hostes;* °*rus* wiedersehen, *hanc lucem* das Licht der Welt; *m.* °*a.c.i.*). **2.** (*absichtlich*) **a**) *jd. od. etw.* anblicken *od.* anschauen, ansehen, genau betrachten [*vultum hominis m.* °*ut* wie, *zB. aspice, ut omnia laetentur*]; **b**) *jd.* dreist ins Gesicht sehen [°*hostem in acie*]; **c**) (*nkl.*) *m.* Hochachtung ansehen, bewundern [*ora iudicum*]. **3.** / (*dcht.*, *nkl.*) (*v. Örtlichkeiten*) liegen *nach*, Aussicht auf *etw.* gewähren (*alqd, zB. meridiem*). **4. a**) in Augenschein nehmen, besichtigen [°*situm omnem regionis*; (*dcht.*) *m. indir. Frages.*]; **b**) (*geistig*) betrachten, erwägen; *bsd.* **α**) untersuchen [°*res sociorum*]; **β**) (*dcht.*) beherzigen, beachten, berücksichtigen (*alqm u. alqd, zB. nos; m. a.c.i.; m. indir. Frages.*).

ăspīrātĭō, *ōnĭs f* (*ăspīrō*) **1.** das Anhauchen, Anwehen, Einatmung [*aëris*]. **2. a**) Ausdünstung [*terrarum*]; **b**) (*gramm. t.t.*) Aspiration; (*meton.*) H-Laut [*in vocali aspiratione uti*].

ă-spīrō 1. (*ăd* + *spīrō*) **I.** (*intr.*) **1. a**) hauchen, dazu wehen (*abs. od. in, ad alqd, zB.* [*Ve.*] *aspirant aurae in noctem* ein günstiger Wind weht gegen Abend); **b**) Luft aushauchen [*pulmones*], °(*v. der Flöte*) den Ton angeben; **c**) (*gramm. t.t.*) (*nkl.*) zu einem Laut den H-Laut setzen, aspirieren (*abs. od. m.* °*dat., zB. consonantibus*). **2.** / **a**) (*meist dcht.*) begünstigen, förderlich sein (*abs. od. m.* °*dat., zB. nemo omnium aspiravit* rührte einen Finger, °*coeptis alcis*); **b**) nach *etw.* trachten, sich *jd.* zu nähern suchen, *auch* sich zu *etw.* (*Unerreichbarem*) versteigen (*ad alqm; ad u. in alqd, zB. ad eam laudem, in curiam*). **II.** (*trans.*) (*dcht.*, *nkl.*) **1.** zuhauchen *od.* zuwehen (*alci alqd*). **2.** / einflößen [*amorem dictis*].

ăspĭs, *ĭdĭs f* (*Prud. m*) (*Fw.* < *ἀσπίς* „Schildviper") Viper, Natter.
F. *Cf.* V.-B. III, 1, e *u.* 4, b.

ăspŏrtātĭō, *ōnĭs f* (*ăspŏrtō*) das Wegschaffen; Abtransport.

ăs-pŏrtō 1. (< **ăbs-pŏrtō*) wegführen, wegschaffen, -bringen, mitnehmen (*alqd u. alqm ab alqo u. ex loco in locum*).

ăsprētŭm, *ī n* (*ăspĕr*) (*Li.*) rauher *od.* steiniger Ort, unebene Stelle.

ăs-pŭlī *s. ăspĕllō.*

Ăssărăcŭs *u.* °**-ŏs**, *ī m* (*Ἀσσάρακος*) *S. des Tros, Großvater des Anchises.*

ăssārĭŭs 3 (*ăs*) (*Se.*) einen As wert.

ăssĕclă *u.* **ăssĕcŭlă**, *ae m* (*ăssĕquŏr*) Anhänger, Parteigänger.

ăssĕctātĭō, *ōnĭs f* (*ăssĕctŏr*) beständige Begleitung (*bsd. eines Amtsbewerbers*).

ăssĕctātŏr, *ōrĭs m* (*ăssĕctŏr*) beständiger Begleiter, Anhänger (*alcis*), *oft* eines Parteihauptes; (*Pli.*) Freier; (*Qu.*) Schürzenjäger; (*nkl.*) Schmarotzer.

ăssĕctŏr 1. (*intens. v. ăssĕquŏr*) beständig begleiten, sich an *jd.* anschließen (*alqm*); *auch* /.

ăssĕcŭlă, *ae m s. ăssĕclă.*

ăssĕcūtŏr, *ōrĭs m* (*ăssĕquŏr*) (*spätl.*) Begleiter, Gefolgsmann, Anhänger.

ăs-sĕcūtŭs *part. pf. v. ăssĕquŏr.*

ăs-sēdī *s. ăssīdĕō u. ăssīdō.*

ăssēnsĭō, *ōnĭs f (ăssēntĭŏr)* . Zustimmung, Beifall *(alcis); pl.* Beifallsäußerungen; *insb. (philos. t.t.)* das Fürwahrhalten der Sinneserscheinungen.

ăssēnsŏr, *ōrĭs m (ăssēntĭŏr)* der zustimmt, Lobredner, Verteidiger.

ăs-sēnsūs[1] *part. pf. v. ăssēntĭŏr.*

ăssēnsūs[2], *ūs m (ăssēntĭŏr) = ăssēnsĭō; / (Ve.)* Echo, Nachhall.

ăssēntātĭō, *ōnĭs f (ăssēntŏr)* Schmeichelei, Liebedienerei; *(nkl.)* Zustimmung.

ăssēntātĭūncŭlă, *ae f (demin. v. ăssēntātĭō)* elende Schmeichelei, Liebedienerei.

ăssēntātŏr, *ōrĭs m (ăssēntŏr)* Schmeichler, Speichellecker *(Li.: regii* Hofschranzen).

ăssēntātōrĭē *(ăssēntātŏr) adv.* nach Art der Schmeichler.

ăssēntātrīx, *īcĭs f (ăssēntātŏr) (Pl.)* Schmeichlerin.

▶ **ăs-sēntĭŏr,** *sēnsūs sŭm (seltener act. ăssēntĭō, sēnsī, sēnsŭm)* 4. zu-, beistimmen *(abs. od. alci u. alci rei, zB. temporibus* sich in die Zeit schicken; *alci de od. in re, auch acc. n: illud, nihil u.ä.; re m. etw., zB. vultu, bsd. °verbo* ohne weiteres, kurz); *part. ăssēnsūs 3 pass.* zugestanden, für wahr gehalten *(impers. assensum ei est* man stimmte ihm zu).

ăssēntŏr 1. *(frequ. zu ăssēntĭŏr)* **1.** immer beipflichten, nach dem Munde reden, schmeicheln *(abs. od. alci; nihil* in keiner Hinsicht). **2.** *(vkl., nkl.) (in gutem Sinne)* beistimmen; *(Qu.) auch durch Handbewegung.*

▶ **ăs-sĕquŏr,** *sĕcūtūs sŭm* 3. **1.** einholen, erreichen *(abs. od. m. acc., zB. me, °vehiculum).* **2.** / erreichen = **a)** gleichkommen *(alqm u. alqd, zB. maiorum constantiam);* **b)** durch Anstrengung erlangen, bekommen *(alqd, zB. laudem; diem* einen Termin einhalten; *m. ut, ne).* **3.** *(geistig)* erfassen, begreifen, verstehen *(alqd coniecturā* erraten, *suspicione* vermuten, *°animo; m. indir. Frages.).*

ăssĕr, *ĕrĭs m (et. unklar, vl. zu ăssĭs)* Stange, Latte, *bsd. (nkl.)* Tragstange *a. d. Sänfte.*

ăs-sĕrō[1], *sēvī, sĭtŭm* 3. *(unkl.)* danebenpflanzen *(alqd alci rei od. ad alqd).*

ăs-sĕrō[2], *sĕrŭī, sērtŭm* 3. **1.** *(nkl., dcht.)* **a)** einreihen, beigesellen *(alci alqd);* **b)** *jd. etw.* zueignen, zusprechen, für *jd. etw.* beanspruchen [*alci regnum, alqm caelo* den Göttern zurechnen]; *bsd. sibi alqd* sich *etw.* anmaßen [*sibi nomen sapientis; se studiis* sich widmen]. **2.** *(jur. t.t.) e-n* Sklaven durch Auflegen der Hand: α) *°in libertatem od. °in ingenuitatem od. in liberali causa* für frei erklären, in Freiheit setzen; *bisw. auch bloß asserere* [*°me asserui*]; β) *in servitutem* als seinen Sklaven beanspruchen. **3.** / *(nkl., dcht.)* **a)** *etw.* vor *jd.* sicherstellen, schützen *(alqd a re, zB. alqm ab iniuria);* **b)** als wahr ansprechen, behaupten.

ăssērtĭō, *ōnĭs f (ăssĕrō[2]) (nkl.)* Beanspruchung; Freisprechung *(e-s Sklaven);* Behauptung.

ăssērtŏr, *ōrĭs m (ăssĕrō[2])* **1.** *(nkl.) (jur. t.t.)* **a)** der auf *jd.* als seinen Sklaven Anspruch erhebt *(alcis, zB. virginis);* **b)** der für die Freiheit einer Person eintritt *(vollständig ~ in libertatem).* **2.** / *(dcht., nkl.)* Befreier, Beschützer.

ăs-sērvĭō 4. beistehen, unterstützen *(alci rei, zB. contentioni vocis).*

ăs-sērvō 1. aufbewahren, verwahren, *bsd.* in Haft halten *(alqm, zB. ducem praedonum publicis custodiis od. °in carcerem; alqd, zB. tabulas);* / bewachen, beobachten *(alqm od. alqd, zB. portas).*

ăssēssĭō, *ōnĭs f (ăssīdĕō)* das Dabeisitzen; / Beistand *(alcis).*

ăssēssŏr, *ōrĭs m (ăssīdĕō)* Beisitzer, Amtsgehilfe.

ăs-sēssŭm *P.P.P. v. ăssīdĕō u. ăssīdō.*

ăssēssūs, *abl. ū m (ăssīdĕō) (Pr.) = ăssēssĭō* [*-u meo* durch das Sitzen bei mir].

ăssĕvērāntĕr *adv. (m. comp.) (ăssĕvērāns eigtl. part. praes. v. ăssĕvērō)* ernstlich, nachdrücklich [*loqui cum alqo*].

ăssĕvērātĭō, *ōnĭs f (ăssĕvērō)* Versicherung, Beteuerung; *(meton.) (nkl.)* Ernst, Nachdruck.

ăs-sĕvērō 1. *(vl. denom. e-r Hypost. aus ăd sĕvērŭm [sc. făcĭō]* = bis zum Ernst *etw.* treiben) **1.** *(intr.)* ernstlich verfahren, beharren *(in re).* **2.** *(trans.)* ernstlich behaupten *(alqd u. de re, zB. [Ta.] gravitatem* ernstes Wesen erkennen lassen; *m. a.c.i.); / (Ta.) (v. Leblosem)* klar bezeugen [*magni artus Germanicam originem*].

ăs-sīccō 1. *(nkl.)* trocknen [*lacrimas*].

ăs-sīdĕō, *sēdī, sēssŭm* 2. *(sĕdĕō)* **1. a)** bei *jd. od.* an *etw.* sitzen *(m. dat., zB. nobis; / °parcus assidet insano* = ist ähnlich); **b)** *(Kranke)* pflegen, warten *(als Tröster, Berater, Helfer); jd.* beistehen *(abs. u. alci, zB. °valetudini jd.* in der Krankheit). **2.** *(gerichtlich od. amtlich)* Beisitzer sein, assistieren *(abs. od. m. dat.).* **3.** *mil. (nkl.)* **a)** vor *e-m* Ort lagern *(m. dat., zB. populis* im Lande der Völker, *auch prope moenia);* **b)** *(selten)* einen Ort belagern *(m. dat. u. acc.);* **c)** vor *e-m* Ort Wache halten *(m. dat., zB. theatro).*

ăs-sīdō, *sēdī, sēssŭm* 3. sich hinsetzen, sich niederlassen *(abs. od. alqm* zu *od.* neben *jd., zB. °Adherbalem dexterā* rechts v. A.; *auch propter alqm, in bibliotheca u.ä.).*

ăssīdŭĭtās, *ātĭs f (ăssīdŭŭs)* **1.** beständige Gegenwart *od.* Anwesenheit bei *jd.;* Begleitung, fleißiger Verkehr *(alcis, zB. medici* sorgsame Pflege), *bsd.* **beständige Aufwartung** *eines Amtsbewerbers.* **2.** *(v. Sachen)* häufige Wiederholung, Fortdauer [*epistularum* ununterbrochener Briefwechsel; *°concubitūs*]. **3.** Ausdauer, Beharrlichkeit, Eifer *(alcis j-s, alcis rei* in *etw., zB. dicendi, auch in re).*

▶ **ăssīdŭŭs** 3 *(m. °sup.; adv.* **-ē** *u. [vkl., nkl.]* **-ō**) *(ăssīdĕō)* **1.** *(urspr.)* ansässig; *subst. m* ansässiger, steuerpflichtiger Bürger *der oberen Klassen (Ggs. *prōlētārĭūs).* **2.** bei *etw.* sitzend; *nur /:* **a)** beständig sich irgendwo aufhaltend *(in re, zB. in praediis; cum alqo; alci, zB. °flamen Iovi assiduus; abs. dominus* häuslich); **b)** *(v. Pers.)* fleißig, tätig, unermüdlich [*agricola, in re* sich *m. etw.* unablässig beschäftigend]; **c)** *(v. Sachen)* unablässig, ununterbrochen [*consuetudo; imbres*].

ăssīgnātĭō, *ōnĭs f (-sī-?; ăssīgnō)* Anweisung, *bsd. agrorum* = Landverteilung; *(meton.) (meist pl.)* angewiesene Ländereien.

▶ **ăs-sīgnō** 1. *(-sī-?)* **1.** an-, zuweisen, zuteilen *(alci alqd, zB. colonis agrum; ordinem* eine Zenturionenstelle; / *[Ho.] agros hominibus* die Menschen an Ackerbau gewöhnen). **2. a)** / bestimmt zuweisen, bestimmen [*munus humanum*]; **b)** beimessen, zuschreiben [*alqd homini, non tempori*]; **c)** *(nkl.)* zur Bewachung überantworten [*alqm custodibus; / alqm famae*].

ăs-sĭlĭō, *sĭlŭī, —* 4. *(ăd + sălĭō)* **1.** *(nkl., dcht.)* hinzu-, herbeispringen *(meist abs.; [dcht.] m. dat.); bsd.* anstürmen gegen [*moenibus*], *(v. Wellen)* heranwogen. **2.** / *(in der Rede)* auf *etw.* überspringen *(ad alqd, zB. ad genus illud orationis).*

ăs-sĭmĭlĭs, *ĕ (adv. [Pl.]* **-ĭtĕr**; *Rückbildung aus ăssĭmŭlō) (klass. selten u. nur m. dat.)* ziemlich ähnlich [*spongiis, °facti*].

ăssĭmĭlō 1. = *ăssĭmŭlō.*

ăssĭmŭlātĭō, *ōnĭs f (ăssĭmŭlō) (unkl.)* Gleichstellung; *(rhet.)* Verstellung.

ăssĭmŭlō 1. *(vl. denom. e-r Hypost. aus ăd sĭmĭlĕ [sc. rĕdĭgō]) (meist dcht. u. nkl.)* **1.** ähnlich machen *od.* nachbilden *(alqd, zB. litteras; alqd alci rei, zB. deos in humani oris speciem); meist P.P.P. ăssĭmŭlātūs* 3 genau nachgebildet; *m. °griech. acc.: formam Camerti.* **2.** vergleichen, für ähnlich erklären *(alqd u. °alqd alci rei, zB. [Ov.] grandia parvis).* **3.** vorgeben, (er)heucheln *(abs. od. alqd; m. °dopp. acc.; m. °inf. od. °a.c.i.; m. °quasi); meist P.P.P. ăssĭmŭlātūs* Schein... [*virtus*].

ăssĭs, *ĭs m (et. unklar, vl. = ăssĕr; cf. ăxĭs[2]) (nkl.)* Diele, Brett, Bohle.

ăs-sīstō, *stĭtī, —* 3. **1.** sich dazustellen, herantreten *(abs. od. ad alqd u. °alci rei, zB. ad tumulum; auch °in aciem, °propter aquilam, °inter ceteros u.ä.); prägn. (Ta.) consulum tribunalibus* vor den Konsuln erscheinen. **2.** dabeistehen, dastehen *(abs. od. ad alqd, zB. ad epulas regis* aufwarten; *auch m. dat., zB. foribus principum* antichambrieren; *auch in publico u.ä.).* **3.** / *(nkl.) jd.* beistehen, *bsd. vor Gericht [Ta.: causae alcis].*

ăs-sĭtūs 3 *P.P.P. v. ăssĕrō[1].*

ăs-sŏlĕō, *— —* 2. pflegen *(nur 3. Pers. sg. u. pl. gebräuchlich); meist impers.* ut assolet wie üblich.

ăs-sŏnō, *— —* 1. *(dcht.)* mit einstimmen [*plangentibus* in die Wehklage].

ăssūdāscō, *— —* 3. *(incoh. v. *ăs-*

sūdō) (*Pl.*) in Schweiß geraten.

ăs-suēfăciō, *fēcī, făctŭm* 3. *jd.* an *etw.* gewöhnen (*alqm re, nkl. ad alqd u. alci rei, zB. puro sermone; m. inf., zB. parēre*).

ăs-suēscō, *ēvī* (*ētŭm*) 3. **1.** (*trans.*) (*nkl., dcht.*) = *ăssuēfăciō* [*Ho.*: *mentem pluribus*]. **2.** (*intr.*) sich an *etw.* gewöhnen (*re, auch ad alqd u.* °*alci rei, zB. ad homines; auch* °*alqd, zB. bella; m. inf.; m. a.c.i.; pf. assuevisse* gewöhnt sein, pflegen); *bsd.* liebgewinnen (*alci u. alqo*). **3.** (*P.P.P.*) *adi.* **ăssuētŭs** 3 (*m.* °*comp.*) **a)** an *etw.* gewöhnt, *etw.* gewohnt (*re u.* °*alci rei, ad od. selten* °*in alqd,* °*alqd; m.* °*inf.*); **b)** (*nkl., dcht.*) bekannt, vertraut (*abs., zB.* °*portula od. m. dat.*); (*Ov.*) *longius assueto* weiter als gewöhnlich.
F. *pf.-Formen* (*nkl., dcht.*) *synk.*: *ăssuēstī, ădsuērit, ădsuērăm, ădsuēssĕ(m) u.a.*

ăssuētūdō, *inis f* (*ăssuēscō*) (*vkl., nkl.*) Gewöhnung (*alcis rei* an *etw., zB. mali*); *bsd.* intimer Verkehr (*alcis* mit *jd., zB. Actēs*).

ăs-sūgō, —, *sūctŭm* 3. (*Lu.*) ein-, festsaugen.

ăssŭlă, *ae f* (*ā-?; demin. v. ăssis*) (*vkl., nkl.*) Splitter, Span.

ăssŭlātim *adv.* (*ā-?; ăssŭlă*) (*Pl.*) splitterweise, in kleinen Stücken.

ăs-sŭltō 1. (< **ăd-săltō; intens. von sălĭō*) (*nkl., dcht.*) heranspringen, -stürmen (*abs. od. m. dat.*); *bsd.* (*feindl.*) bestürmen, angreifen (*alqd od. alci rei*).

ăssŭltŭs, *abl. ū m* (< **ădsăltŭs; ăssĭlĭō*) (*nkl., dcht.*) Ansturm, stürmischer Angriff (*nur im abl. sg. u. pl.*).

ăs-sŭm¹
1. da-, dabeisein; **2.** erscheinen; **3. a)** (*Zeit, Zustände*) dasein *od.* bevorstehen; **b)** vorhanden sein; **4.** an *etw.* teilnehmen; **5.** Beistand leisten; **6.** *animo adesse* a) achtgeben; b) gefaßt sein.

ăs-sŭm¹, *ăffŭī u. ădfŭī, ădēssĕ* **1.** dabeisein, anwesend *od.* zugegen sein, dasein *v. Pers. u. lebenden Wesen* (*abs., zB. omnes qui adsunt bzw. aderant od. aderunt* alle Anwesenden, *coram od. praesens* persönlich; *od. in re, zB. in senatu; auch* °*alci rei, zB.* °*urbi* vor der Stadt; *cum alqo, apud alqm u.ä.*). **2.** sich einstellen, erscheinen *od.* erschienen sein [*ex urbe, in castris,* °*huc ades* komm hierher!]; *bsd.* vor Gericht erscheinen, sich stellen (*abs. od. in iudicio, ad iudicium*). **3.** (*v. Leblosem*): **a)** (*v. der Zeit od. Zuständen u.ä.*) dasein = eingetreten sein *od.* bevorstehen [*tempus, seditio, occasio*]; **b)** vorhanden sein, zu Gebote stehen [*frumentum adest; cum usus adesset* sooft das Bedürfnis eintrat]. **4.** (*als Zeuge, Teilnehmer u.ä.*) einer Sache beiwohnen, an *etw.* teilnehmen, bei *etw.* mitwirken (*alci rei, zB. funeri, scribendo senatus consulto od. bloß scribendo* an der Abfassung eines Senatsbeschlusses; *auch ad rem u. in re, zB. ad suffragium*). **5.** bei der Hand sein [*in operibus*]; *bsd.* Beistand leisten, beistehen, zur Seite stehen (*abs. od. alci u. alci rei, zB. amico absenti; auch in re* bei *etw., zB. in hac causa; ad alqd* zu *etw.*); (*auch v. der Gottheit*) gnädig, hold sein [*Ta.*: *fortuna coeptis*]; *bsd.* (*vor Gericht*) *jd.* verteidigen (*alci, contra u. adversus alqm*). **6. animo** (*pl. -is*) **adesse**: **a)** aufmerken, achtgeben; **b)** ruhig *od.* gefaßt sein.
F. *Auch ăffōrĕm = ăffŭtūrŭs ēssĕm u. ădēssĕm; ăffōrĕ = ăffŭtūrŭm ēssĕ.* — *altl. coni. praes.* (*Com.*) *ăssĭĕ(n)t.*

ăssŭm², *ī n s. ăssŭs.*

ăs-sūmō, *sūmpsī, sūmptŭm* 3. **1.** an sich nehmen, annehmen, aufnehmen (*alqm u. alqd, zB.* °*caestūs* zur Hand nehmen, °*alas umeris* anlegen an); *bsd. jd. als Gast u.ä.* aufnehmen (°*alqm sibi filium* adoptieren, °*coniugem* zur Frau nehmen); *übh.* °bekommen, erhalten (*alqm u. alqd*). **2.** (*additiv*) **a)** hinzunehmen (*alqd, zB. legiones; alqd ad alqd, zB. molestiam ad reliquos labores*); **b)** (*log. t.t.*) als Untersatz im Syllogismus aufstellen; **c)** (*gramm. t.t.*) *verba assumpta* **α)** (*Ci.*) entlehnte; **β)** (*Qu.*) tropische Ausdrücke. **3.** herbeiziehen, zu Hilfe nehmen. **4. a)** *etw.* für *etw.* in Anspruch nehmen *od.* geltend machen (*alqd alci rei*); *bsd.* sich *etw.* aneignen *od.* anmaßen (*alqd u. sibi alqd, zB. nomen regium*); **b)** sich *etw.* vorbehalten; **c)** sich *etw.* herausnehmen.

ăssūmptiō, *ōnis f* (*ăssūmō*) **1.** das Annehmen: Annahme, Übernahme; *insb.* (*philos. t.t.*) Annahme; *bsd.* Billigung, Wahl (*alcis rei, zB. voluptatis*). **2.** das Hinzunehmen: Zunahme, Zusatz; *insb.* Untersatz *im Syllogismus* (*s. ăssūmō* 2b *u. ătquī*). **3.** (*Vulg.*) das Vonhinnennehmen [*dies -onis*], ** ~ *Mariae* Himmelfahrt Mariä (*15. August*).

ăssūmptīvŭs 3 (*ăssūmptŭs, P.P.P. v. ăssūmō*): (*rhet. t.t.*) *pars od. causa* eine Sache, *in welcher die Verteidigungsgründe von äußeren Umständen hergeholt werden müssen,* an sich unvollständig.

ăs-sŭō, *sŭī, sūtŭm* 3. (*dcht., nkl.*) annähen, ansticken (*alqd od. alci rei alqd*). — **aufnähen (*cruces vestibus*).

ăs-sŭrgō, *sŭrrēxī, sŭrrēctŭm* 3. **1.** (*v. sitzenden od. liegenden Personen*) sich aufrichten, sich erheben, aufstehen [°*in clipeum m.* dem Schilde, °*in auras* sich emporschwingen]. **2. a)** *alci* (*als Ehrenbezeigung*) vor *jd.* sich erheben [*maioribus*; P. °*assurrectum ei non est*]; °/ *jd.* den Vorrang lassen; **b)** (*Li.*) *ex morbo* vom Krankenlager sich erheben; **c)** / **α)** (*Ve.*) *m. dat.* (*abl.?*) (*querellis* in Klagen ausbrechen); **β)** (*nkl., dcht.*) (*v. Leblosem*) steigen, emporsteigen, -wachsen [*colles;* / *irae*]; *bsd.* / einen höheren Schwung nehmen [°*raro assurgit Hesiodus*].

ăssŭs 3 (*ā-?; cf. ārĕō*) **1.** (*unkl.*) gebraten, geschmort [*caro*]; *subst.* *ăssŭm, ī n* Braten [*vitulinum* Kalbsbraten]. **2.** trocken, warm; *bsd. sol* Sonnenbad, *balnearium* Schwitzbad (*pl.* Vorkehrungen zum Schwitzbad); *subst. ăssŭm, ī n* Schwitzbad; **c)** / (*unkl.*) bloß, ohne Zutat [*femina od. nutrix* Kinderfrau, *die nicht zugleich Amme ist*].

Ăssȳrĭă, *ae f* ('Ἀσσυρία) *Ldsch. am Tigris; Einw. u. adi.* **Ăssȳrĭŭs** (3); *adi. bisw.* (*bsd. dcht.*) = syrisch *od.* morgenländisch [*venenum* syrischer Purpur; °*stagnum* See Genezareth; °*ebur* indisch, über Syrien eingeführt].

ăst *adv.* (*wohl* < **ăt-tī, Erweiterung v. ăt*) (*klass. selten*) **1.** dann. **2.** aber.

Ăstărtē, *ēs f* ('Ἀστάρτη) *phönikisch-syrische Mond- u. Liebesgöttin* (Ischtar *od.* Aschtoret), *wohl als Aphrodite v. d. Griechen übernommen; nach Ci., De nat. deor., die vierte Venus.*

ăstĕrīscŭs, *ī m* (*Fw.* < ἀστερίσκος) (*nkl.*) Sternchen *als kritisches Zeichen für Textlücken.*

ă-stĕrnō, *strāvī, strātŭm* 3. (*dcht.*) hinstreuen; *mediopass.* sich niederwerfen (*alci rei, zB. sepulcro*).

ăstĭcŭs 3 (*Fw.* < ἀστικός) (*nkl., dcht.*) städtisch [*ludi*]; *subst.* ~, *ī m* Städter.

ăstĭpŭlātĭō, *ōnis f* (*ăstĭpŭlŏr; nkl.*) Astipulation = Mitstipulation; / völlige Übereinstimmung.

ăstĭpŭlātŏr, *ōris m* (*jur. t.t.*) Kontraktzeuge, Nebengläubiger, Zeuge *e-s* mündlichen Vertrages (*stĭpŭlātĭō*), *der sich von der Gegenpartei das gegebene Leistungsversprechen wiederholen läßt;* / Nachbeter, Anhänger [*Stoicorum*].

ă-stĭpŭlŏr 1. (*cf. ăstĭpŭlātŏr*) (*jur. t.t.*) (*nkl.*) als Kontraktzeuge fungieren; / beipflichten (*alci*).

ă-stĭtī *s. ăstō.*

ă-stĭtŭō, *ŭī, ūtŭm* 3. (*stătŭō*) (*vkl., nkl.*) hinstellen [*aulas* aufs Feuer setzen].

ă-stō, *stĭtī,* — 1. (*ăd + stō*) **1. a)** dabeistehen, dastehen (*abs. od. m. Ortsangabe, zB. hic*); *astante alqo* in *j-s* Gegenwart; **b)** (*Pl.*) helfend dabeistehen (*cognato meo*); **c)** (*Com.*) dienend dabeistehen, aufwarten (*alci*). **2.** (*dcht.*) aufrecht- *od.* emporstehen, emporragen.

Ăstraeă, *ae f* ('Ἀστραία) *jungfräuliche Göttin der Gerechtigkeit; als Sternbild = Jungfrau; cf. Virgō.*

Ăstraeŭs, *ī m* ('Ἀστραῖος) *ein Titane, der m. Eos (lat. Aurora) die Winde* (*Astraei fratres*) *zeugte.*

ăstrăgălŭs, *ī m* (*Fw.* < ἀστράγαλος „Knöchel, Halswirbel, Sprungbein") (*Vi.*) (*archit. t.t.*) Astragal, Perlstab *od.* -schnur (*bsd. zw. Schaft u. Kapitell der ion. Säule*).

ă-strĕpō, *strĕpŭī, strĕpĭtŭm* 3. (*nkl.*) **1.** dazu lärmen [*vulgus*]. **2. a)** Beifall zurufen (*abs. u. alci*); **b)** (*trans.*) lärmend in *etw.* einstimmen (*alqd*).

ăstrĭctŭs 3 (*m. comp.; adv.* **-ē**) (*eig. P.P.P. v. ăstrĭngō*) **1.** (*dcht., nkl.*) straff angezogen, festgeschnürt (*ad alqd* an *etw.; limen* festverschlossen, *aquae* gefroren, *soccus non* ~ schlotternd, °*gelu* streng). **2.** / **a)** (*nkl., dcht.*) sparsam, genau; **b) α)** bündig, kurz [*eloquentia, orator*]; **β)** rhythmisch gebunden [*numeris*].

ăstrĭ-fĕr, *ĕră, ĕrŭm* (*ăstrŭm, fĕrō; dcht., nkl.*) gestirnt, unter die Sterne versetzt.

ă-strĭngō, *strīnxī, strīctŭm* 3. (*strīnxī?*) **1. a)** straff anziehen, festschnüren, fest anbinden (*alqd, zB. vinculum; ad alqd, zB. alqm ad statuam*), *bsd.* °(*frontem*) runzeln, *alvum* verstopfen; *auch etw.* °fest verkitten (*alqd pice od. bitumine*); **b)** *etw.* gefrieren lassen [*aquas*]; P. erstarren *od.* °sich abkühlen. **2. a)** (*nkl.*) zusammenschnüren, -ziehen [*pedes crepidis* einpressen in]; **b)** / zusammenfassen, *bsd. in Schrift u. Rede* [*argumenta breviter*]; *übh.* einschränken [°*milites parsimoniā* nötigen zu]; **c)** (*geistig*) fesseln, binden, verpflichten (*alqm od. alqd re, zB. cives religione, disciplinam legibus; auch milites ad formulam*; / [*Sa.*] *maioribus astringi* v. wichtigeren Dingen in Anspruch genommen werden); *bsd. scelere astringi od. se astringere* sich eines Verbrechens schuldig machen. — *Cf. auch ăstrīctŭs.*

ăstrŏlŏgĭă, *ae f* (*Fw.* ⟨ ἀστρολογία) Sternkunde, Astronomie.

ăstrŏlŏgŭs, *ī m* (*Fw.* ⟨ ἀστρολόγος) **1.** Sternkundiger, Astronom. **2.** Sterndeuter, Astrologe.

ăstrŏnŏmĭă, *ae f* (*Fw.* ⟨ ἀστρονομία) (*nkl.*) Sternkunde, Astronomie.

▶ **ăstrŭm,** *ī n* (*Fw.* ⟨ ἄστρον) **1.** Gestirn, Sternbild; *bsd.* (*dcht.*) Konstellation in der Geburtsstunde [*natale*]. **2.** *pl.* / Himmel, Unsterblichkeit, Ruhm [*tollere in astra od.* °*ad astra ferre od.* °*educere* in den Himmel erheben = laut preisen; *ex astris decidere* seines Ruhms verlustig gehen, (*Ve.*) *sic itur ad astra* zur Unsterblichkeit].

ă-strŭō, *strūxī, strūctŭm* 3. (⟨ *ăd-strŭō*) **1.** anbauen (*alqd, zB.* °*gradūs; alqd alci rei etw.* an *etw.*; *alqd re etw. m. etw.* bedecken *od.* befestigen). **2.** / (*nkl., dcht.*) **a)** noch hinzufügen (*alqd alci rei od. ad alqd*); **b)** *jd. etw.* zuschreiben; **c)** (*Cu.*) *alqm falsis criminibus* (*dat.?*) zur Stützung der falschen Beschuldigungen anstellen.

ăstū *n* (*Fw.* ⟨ ἄστυ) (*nur acc. u.* °*abl. sg. gebräuchlich*) „die Stadt" = Athen.

ăstŭlă = *ăssŭlă.*

ă-stŭpĕō, — — 2. (*nkl., dcht.*) *etw.* anstaunen (*m. dat., zB. sibi*).

Ăstŭră, *ae m Fl., f Städtchen in Latium, j.* Torre Astura.

ăstŭrcō, *ōnĭs m* (*Ăstŭr „Bewohner der span. Ldsch. Ăstŭrĭă"*) (*nkl.*) asturisches Pferd.

ăstŭs, *ūs m* (*et. ungedeutet*) (*unkl.*) List, listiger Anschlag, Finte; *bsd.* Kriegslist, *auch pl.*

ăstūtĭă, *ae f* (*ăstūtŭs*) Schlauheit, Verschlagenheit, List; (*meton.*) listiger Anschlag, *pl.* Kunstgriffe, Intrigen.

ăstūtŭs 3 (*m. comp.*; *adv.* **-ē**) (*ăstŭs*) schlau, listig, verschlagen.

ăstȳ = *ăstū.*

Ăstўănăx, *ăctĭs m* (᾿Αστυάναξ) *S. Hektors.* — *Cf.* V.-B. III, 1, b.

ăsȳlŭm, *ī n* (*Fw.* ⟨ ἄσυλον) Freistätte, Asyl.

ăsȳmbŏlŭs 3 (*Fw.* ⟨ ἀσύμβολος) (*vkl., nkl.*) keinen Beitrag (*bsd.* zum Symposion) zahlend.

▶ **ăt** (*adversative ci.*) (⟨ *idg.* *ati „darüber hinaus"; *cf. ătăvŭs, ĕt u.* ἀτ-άρ) **1.** (*kontrastierend*) aber = dagegen, aber doch; *verstärkt*: *at vero* aber fürwahr, *at certe* aber sicherlich, *at contra* (*u. at e contrario*) aber im Gegenteil, *at tamen* aber dennoch, *at etiam* aber sogar. **2.** (*b. Einwurf*) aber, wird man einwenden; aber, höre ich sagen; aber dagegen ist zu erwidern; *verstärkt at enim* aber ... ja doch, aber ... freilich. **3.** (*nach Bedingung einschränkend*) **si non** (*od.* **si minus**) **... at** (*od.* **at certe, at tamen**) wenn nicht ... so doch wenigstens. **4.** (*b. Verwünschungen u. Drohungen, b. Ausrufen des Erstaunens u. Unwillens*) aber, oft = ach! oh! ha! **5.** (*im Untersatz eines Syllogismus* = *ătquī*) nun aber.

ătābŭlŭs, *ī m* (*apulisches Wort*) (*nkl., dcht.*) *heißer* Südostwind, Schirokko.

Ătăcīnŭs 3 *s. Ătăx.*

Ătălăntă, *ae u.* **-ē,** *ēs f* (᾿Αταλάντη) *ber. arkadische* (*od. böotische*) *Jägerin, Teilnehmerin an der Kalydonischen Jagd.* — *Cf.* V.-B. I, 1.

ătăt = *ăttăt.*

ăt-ăvŭs, *ī m* (*wohl ăt* = darüber hinaus) Vater des Urgroßvaters *od.* der Urgroßmutter; / *pl.* (*dcht., nkl.*) Ahnen, Vorfahren. — **Oheim.

Ătăx, *ăcĭs m Küstenfl. in Gallia Narbonensis, j.* Aude. — *Anwohner u. adi.* **Ătăcīnŭs** (3) (*bsd. cogn. des Dichters P. Tĕrĕntĭŭs Vărrō um 50 v.Chr.*).

Ătĕllă, *ae f St. der Osker in Kampanien.* — *Einw. u. adi.* **Ătĕllānŭs** (3); *bsd.* **fābĕllă Ătĕllānă** *eine v. Atella nach Rom verpflanzte Volksposse; davon subst.* **Ătĕllānŭs,** *ī m* Atellanenschauspieler (*adi.* **Ătĕllānĭ(c)ŭs** 3).

▶ **ātĕr,** *ātră, ātrŭm* (*m.* °*comp.*) (*et. ungedeutet*) **1.** glanzlos *od.* trübe, schwarz, dunkel [°*nox*, °*filius* Mohr, °*fax* schwarzqualmend, °*mare* aufgewühlt]. **2. a)** (*dcht.*) °schwarzgekleidet (*als Zeichen der Trauer*); **b)** / (*dcht., nkl.*) **α)** finster, traurig, unheilvoll, grauenvoll [*dies* Unglückstag, *mors, venenum; ignes* des Scheiterhaufens, *fila* der Parzen]; **β)** boshaft, neidisch [*versus*].

Ătĕstĕ, *ĭs n St. im Lande der Veneter, j.* Este; *adi.* -*īnus* 3.

Ăthămās, *ăntĭs m* (᾿Αθάμας) *S. des Aiolos* (*lat.* Aeŏlŭs), *Gemahl der Nephele, V. des Phrixos u. der Helle; später vermählt m. der Kadmostochter Ino* (*Kinder: Melikertes u. Learchos*). — *patron.* **Ăthămăntĭădēs,** *ae m S. des Athamas* (= *Melikertes, als Meergott Palaemon*). **Ăthămăntĭs,** *ĭdĭs f T. des* ~ (= Helle). — *adi.* **Ăthămăntēŭs** 3. **F.** *Cf.* V.-B. III, 1, a *u.* b; III, 4, b *u.* 5.

Ăthēnae, *ārŭm f* (᾿Αθῆναι) *Hauptst. Attikas.* — *Einw. u. adi.* **Ăthēnĭēnsĭs** (ē).

Ăthēnaeŭm, *ī n* (᾿Αθήναιον) **1.** Athenetempel in Athen, *in dem Dichter u. Gelehrte ihre Werke vortrugen.* **2.** (*von Hadrian gegründete*) Akademie *in Rom* (*für Philosophie u. Rhetorik, Grammatik u. Jurisprudenz*).

Ăthĕsĭs, *ĭs m j.* Adige, Etsch. (*acc.* -*īm*, *abl.* -*ī*).

āthlētă, *ae m* (*Fw.* ⟨ ἀθλητής) Athlet, Wettkämpfer. — **Glaubenskämpfer.

āthlētĭcŭs 3 (*Fw.* ⟨ ἀθλητικός) (*vkl., nkl.*) athletisch, Ringer...; *adv.* **-ē** wie ein Athlet.

Ăthōs *u.* **Ăthō(n),** *ōnĭs m* (῎Αθως, ῎Αθων) *der Berg* Athos *auf der Chalkidike; j.* Hagion (Ajion) Oros. **F.** *Cf.* V.-B. II, 2. *acc.* *Ăthōnĕm u. Ăthō(n), abl. Ăthōnĕ u. Ăthō.*

Ătīlĭŭs 3 *röm. Gentilname* (*adi. auch* **Ătīlĭānŭs** 3): **1.** *A.* ~ *Cālātīnŭs, Konsul im 1. Punischen Krieg.* **2.** *M.* ~ *Rēgŭlŭs s. Rēgŭlŭs.*

Ătlās, *ăntĭs m* (*acc. auch* -*ăntă*, *voc.* -*lā*) (῎Ατλας) **1.** (*dcht.*) *ein Titane, V. der Plejaden, Hyaden, Hesperiden u. der Kalypso, Träger des Himmelsgewölbes; v. Perseus durch das Medusenhaupt in Stein verwandelt.* **2.** = Atlasgebirge. — *patron.* **Ătlăntĭădēs,** *ae m* (*dcht.*) männl. Nachk. des Atlas = **a)** Hermes (Merkur); **b)** Hermaphroditos. **Ătlăntĭs,** *ĭdĭs f* weibl. Nachk. des Atlas = **a)** *Māiă* (*Maĭa*), *Mutter Merkurs*; **b)** Elektra, *eine der Plejaden*; **c)** Kalypso; **d)** *pl.* die Plejaden *u.* Hyaden. — *adi.* **Ătlăntēŭs** *u.* **Ătlăntĭcŭs** 3 atlantisch (*auch* = °westafrikanisch, libysch).

F. *Cf.* V.-B. III, 1, b *u.* 5 (*bzw.* III, 4, b *u.* I, 2).

ătŏmŭs, *ī f* (*Fw.* ⟨ ἄτομος unteilbar [*sc.* οὐσία]) Atom, unteilbares Urkörperchen, Monade.

> **ătquĕ, ăc**
> 1. und noch dazu, und sogar, und besonders (*steigernd*); 2. und (*Verbindung synonymer od. entgegengesetzter Begriffe*); 3. als, wie (*nach Wörtern der Gleichheit/Ungleichheit, Ähnlichkeit/Unähnlichkeit*); 4. a) und zwar; b) und vielmehr; c) und so; d) und wirklich; e) und doch; 5. (*zunächst*) ... sodann, ferner, weiter (*bei Aufzählungen*).

ătquĕ *u.* (*vor Konsonanten außer* c, g, q, h *meist*) **ăc** *ci.* (*ăd* „dazu" + -*quĕ*) und: **1.** *bei Anknüpfung des Gewichtigeren* = und noch dazu, und sogar, und besonders, und überhaupt [*pauci atque admodum pauci, res tanta ac tam atrox*]. *So bsd. in Verbindung mit adeo, potius, etiam, quoque, insuper u.ä.* **2.** *bei Verbindung synonymer od. entgegengesetzter Begriffe* [*orare atque obsecrare, etiam atque etiam* immer wieder, *honesta atque inhonesta*]. **3.** *nach Wörtern der Gleichheit u. Ungleichheit, Ähnlichkeit u. Unähnlichkeit* (*idem, similis, dissimilis, alius, aliter, aeque, secus, contra u.ä.*) = wie, als [*virtus eadem in homine ac deo est, non aliter scribo ac sentio*]; *bsd. simulac u. -atque* sobald als; *selten* (*altl., dcht.*) *nach comp.* = *quăm.* **4. a)** *bisw. erklärend* = und zwar; **b)** *nach negativen Sätzen u. Ausdrücken* und vielmehr, sondern = sed; **c)** *folgernd*

= und so, und daher [*incitato equo se hostibus obtulit atque interfectus est*]; **d)** *bestätigend* = und wirklich, und in der Tat; **e)** *kontrastierend* = und doch, und dabei, und trotzdem = *ătquī* (*auch atque tamen*); *atque adeo* oder vielmehr. **5.** *in Übergängen*: **a)** *zum ersten Teil*: *ac primum* (*quidem*); **b)** *zu einem neuen Teil* ferner, sodann, weiter [*atque haec quidem hactenus*; *videamus nunc ...*; *atque ut veniam(us) ad illud u.ä.*]; **c)** *bei Nebenbemerkungen* = aber (auch), übrigens [*ac ne ignores, ac ne quis forte miretur u.ä.*]. **6.** (*dcht.*) *ătque ... ătque* = *ĕt ... ĕt* sowohl ... als auch. — ** *nach comp.* als (*s.* 3).

▶ **ăt-quī** *u.* (*nkl.*) **ătquĭn** *ci.* (*ăt quī urspr. fragend od. ausrufend* „aber wie", *nkl. m. quīn vermischt*) **1.** (*adversativ*) **a)** gleichwohl, ja, aber doch, trotzdem [*magnum narras, vix credibile*; *atqui res sic se habet*]; **b)** *atqui si* **α)** nun gut, wenn; **β)** wenn nun aber (doch). **2. a)** dagegen, im Gegenteil; **b)** allerdings, freilich. **3.** (*im Untersatz des Syllogismus*) nun aber. — *Syllogismus*: *Obersatz*: *Omnes homines mortales sunt*; *Untersatz*: **atqui** *Gaius homo est od. Gaius* **autem** *homo est*. *Schlußsatz*: **ergo** *Gaius* (*od. Gaius* **igitur**) *mortalis est*.

ātrāmĕntŭm, *ī n* (*āter*) **1.** Schwärze, schwarze Flüssigkeit, schwarze Farbe. **2. a)** Tinte; **b)** Kupfervitriol [*sutorium* Schusterschwärze].

ātrātŭs 3 (*āter*) **1.** (*unkl.*) geschwärzt [*equi* am Wagen der sich verfinsternden Sonne]. **2.** schwarzgekleidet, in Trauerkleidung.

Ătrĕbās, *ătis m, pl.* **Ătrĕbătēs** *u.* **-ēs,** *ŭm kelt. Volk in Gallia Belgica, dem heutigen Artois*.
F. *dat. u. abl. pl.* *-tĭbŭs u.* *-tīs*, *acc.* *-tēs u.* *-tăs*.

Ătreūs, *ĕī m* (*'Ατρεύς*) *K. v. Mykene, S. des Pelops. Cf.* V.-B. II, 3. — *patron.* **Ătrīdēs,** *ae m* Atride (= Agamemnon *od.* Menelaos). *Cf.*

Ătrĭă = *Hădrĭă.* [V.-B. I, 2.]

ātrĭēnsĭs, *ĭs m* (*ātrĭŭm*) Hausmeister, Hausdiener.
F. *abl. sg.* *-ī u.* *-ĕ*.

ātrĭŏlŭm, *ī n* (*demin. v.* *ātrĭŭm*) kleines Atrium.

ātrĭtās, *ātĭs f* (*āter*) (*Pl.*) Schwärze.

▶ **ātrĭŭm,** *ī n* (*etr. Fw., et. unklar, Verbindung mit āter offensichtl. Volkset.*) (*dcht. oft pl.*) **1.** Atrium, *Hauptraum des röm. Hauses, urspr. bedeckter Wohnraum*. **2.** (*später*) **a)** Saal, Halle (Vorsaal, Vorhof, *zB. atrium Libertatis im Tempel* der Libertas, °*Vestae od.* °*regium* im Vestatempel *am Forum, auctionarium* Auktionshalle); **b)** Empfangssaal; °*pl.* Paläste; **c)** *pl.* (*dcht.*) Hallen der Götter. — ** Vorhof *der altchristl. Basilika, auch* „Paradies" *genannt*.

ātrōcĭtās, *ātĭs f* (*ātrōx*) **1.** Schrecklichkeit, Abscheulichkeit [*facti temporis* Schreckenszeit, *aliquid atrocitatis habere etw.* Bedrohliches). **2.** Härte, Strenge, Wildheit [*verborum*].

▶ **ātrōx,** *ōcĭs* (*m.* °*comp. u. sup.*; *adv.* **-ĭtĕr**) (*wohl zu āter m. Quantitätswechsel wie ăcĕrbŭs*: *ăcĕr*; *cf. ŏcŭlŭs* *fĕr-ōx*; *also eig.* „finster blickend") **1.** abscheulich, gräßlich, *klass. fast nur v. Sachen* [*res, mors*]. **2.** hart, streng, wild, grausam [*nuntius, atrociter decernere*; *v. Pers. fast nur dcht. u. nkl., zB. Iuno*]; *dcht., nkl. auch* trotzig [~ *odii Agrippina* in ihrem Hasse].
F. *abl. sg.* *-ī*, *neutr. pl.* *-ĭă*, *gen.* *-ĭŭm*.

ăt-tāctŭs[1] *P.P.P. v.* *ăttĭngō*.

ăttāctŭs[2], *ūs m* (*ăttĭngō*) (*unkl.*) Berührung.

ăttăgēn, *ēnĭs m u.* **-gēnă,** *ae f* (*Fw.* < *ἀτταγήν*) (*unkl.*) Haselhuhn.

Ăttălŭs, *ī m* (*"Ατταλος*) *Königsname in Pergamon*: *Attalus III.* († *133 v. Chr.*); *er vermachte sein Reich testamentarisch den Römern*; *adi.* **Ăttălĭcŭs** 3 des Attalus, pergamenisch; / reich, prachtvoll; golddurchwirkt.

ăt-tămĕn *ci.* aber dennoch, aber doch.

ăt-tāmĭnō 1. (*nach cŏn-tāmĭnō gebildet*) (*Just.*) antasten; / entehren [*virginem*].

ăttăt *u.* **ăttăt** (*-ā- emphatische Dehnung*; *cf. tăt*) *wohl Kürzung v.* **ăttătae** *int.* (*Fw.* < *ἀτταταί*) (*Com.*) ha! ach! ja, ja!

ăttĕgĭă, *ae f* (*gall. Fw.*) (*Ju.*) Hütte, Zelt.

ăttĕmpĕrātē *adv.* (*ăttĕmpĕrō*) (*Te.*) zur rechten Zeit.

ăt-tĕmpĕrō 1. (*nkl.*) anpassen, anfügen; *gladium sibi* auf sich richten.

ăt-tĕmptō 1. (*eigtl.* antasten) **1.** versuchen, sich in *etw.* versuchen, auf die Probe stellen (*alqm u. alqd, zB.* [*Ta.*] *locos laetiores*). **2. a)** *jd.* zur Untreue *od.* zum Abfall zu verleiten suchen, in Versuchung führen; **b)** angreifen, anfechten (*alqd linguā,* °*alqm vi*).

▶ **ăt-tĕndō,** *dī, tŭm* 3. **1.** (*vkl., nkl.*) hinstrecken, spannen, richten; *mediopass.* sich hinstrecken. **2.** / **a)** **ănĭmŭm** (*pl.* *ănĭmōs*) seine Aufmerksamkeit auf *etw.* richten, achten auf *jd. od.* an *etw.* denken (*abs. od. ad alqm, ad alqd, zB. ad te, ad cavendum*); **b)** *etw.* beachten *od.* merken (*abs. zB. bene, attendite* gebt acht!, *od. alqm u. alqd, auch de re u.* °*alci rei*; *m. a.c.i. u. indir. Frages.*); P. *alqd attenditur* man beachtet *od.* merkt *etw.*

ăttĕntĭō, *ōnĭs f* (*ăttĕndō*) Anspannung; / (*animi*) Aufmerksamkeit.

ăt-tĕntō 1. = *ăttĕmptō*.

ăt-tĕntŭs[1] *P.P.P. v.* *ăttĕndō u.* *ăttĭnĕō*.

ăttĕntŭs[2] 3 (*m.* °*comp. u. sup.*; *adv.* **-ē**) (*eigtl. P.P.P. v.* *ăttĕndō*) **1.** gespannt; / aufmerksam [*animus*]. **2. a)** auf *etw.* bedacht (°*alci rei od.* °*ad alqd*); **b)** *abs.* **α)** strebsam; **β)** genau, haushälterisch, geizig (°*alci rei m. etw., zB. quaesitis* sparsam m. seinem Gute). — **inbrünstig.

ăttĕnŭātŭs 3 (*m.* °*sup.*; *adv.* **-ē**) (*eigtl. P.P.P. v.* *ăttĕnŭō*) schmucklos, schlicht; nüchtern, matt [*oratio*].

ăt-tĕnŭō 1. dünn machen, verdünnen (*alqd*); P. dünn werden, *bsd.* abmagern, einschrumpfen [°*corpus*]; / schwächen, vermindern [°*curas* mildern, *vocem* sprechen]; *auch* °*jd.* demütigen [*insignem*]; P. schwinden, herunterkommen.

ăt-tĕrō, *trīvī, trītŭm* 3. (*nkl., dcht.*) **1.** *etw.* an *etw.* (*dat.*) reiben [*caudam leniter* sachte einziehen]. **2.** tüchtig reiben [*alqd, manūs* wund reiben]. **3. a)** abnutzen, abscheuern [*dentes*]; *klass. nur* (*P.P.P.*) *adi.* **ăttrītŭs** 3 (*m. comp.*) abgenutzt, abgerieben [*mentum*]; / (*Ju.*) schamlos, frech; (*Ta.*) matt [*orator*]; **b)** zerreiben, *bsd.* **α)** zerstampfen [*herbas*]; **β)** / aufreiben, schwächen, erschöpfen (*alqm u. alqd, zB. opes Italiae*); P. (*Ta.*) in seiner Ehre gekränkt werden.
F. *inf. perf.* (*Ti.*) *ăttĕrŭĭssĕ*.

ăt-tēstŏr 1. (*-ē-?*) (*unkl.*) bezeugen, beweisen (*alqd*).

ăt-tĕxō, *tĕxŭī, tĕxtŭm* 3. daranflechten, anweben [*loricas ex cratibus*]; / hinzufügen (*alqd ad alqd od. alci rei*).

Ătthĭs, *thĭdĭs f* (*'Ατθίς*) (*dcht.*) **1.** *adi.* attisch, athenisch. **2.** *subst.* **a)** = *Ăttĭcă*; **b)** Athenerin; (*meton.*) = Nachtigall; = Schwalbe.

Ăttĭcă, *ae f* (*'Αττική*) *Ldsch.* Attika. — *adi.* **Ăttĭcŭs** 3 attisch, athenisch; *subst. m* Attiker, Athener; *bsd.* **a)** attischer Redner; **b)** *T. Pŏmpōnĭŭs Ăttĭcŭs, röm. Ritter* (*109—32 v. Chr.*), *Freund Ciceros*; *feinsinniger Verleger, Buchhändler u. Mäzen*.

ăttĭcĭssō 1. (*Fw.* < *ἀττικίζω*) (*vkl., nkl.*) attisch reden, in attischem Ton abgefaßt sein.

ăttĭgās, *-ātĭs* = *ăttĭng...*, *s.* *ăttĭngō*.

ăt-tĭgī *s.* *ăttĭngō*.

Ăttĭlĭŭs *s.* *Ătĭlĭŭs*.

ăt-tĭnĕō, *tĭnŭī, tĕntŭm* 2. (*tĕnĕō*) **1.** (*trans.*) (*unkl.*) **a)** zurück-, auf-, festhalten [*manum vi, alqm publicā custodiā, argentum fisco*]; / **b)** hinhalten [*alqm spe pacis*]; **c)** *etw.* als Besitz behaupten [*dominatum*]; **d)** (*geistig*) fesseln. **2.** (*intr.*) **a)** (*nkl.*) sich erstrecken, reichen, *v. Örtlichkeiten* [*ad Tanaim*]; **b)** / (*nur in der 3. Pers.*) **α)** *ad alqm od. ad alqd* sich auf *jd. od.* auf *etw.* beziehen, *jd.* angehen, *jd. od. etw.* betreffen; *auch m. indir. Frages., zB. nihil ad praetorem attinet, uter possessor sit*; **β)** *quŏd ăd ălqm od. ăd ălqd ăttĭnĕt* was *jd. od. etw.* betrifft, soweit es ankommt auf [*quod ad librum attinet, ...*; *quod ad me attinet auch* = meinetwegen]; **γ)** *impers. nōn od. nĭhĭl ăttĭnĕt* (*m. inf. od. a.c.i. u. indir. Frages.*) es kommt nicht darauf an, es ist gleichgültig.

▶ **ăt-tĭngō,** *tĭgī, tāctŭm* 3. (*ăd* + *tăngō*) **1. a)** an-, berühren (*alqm u. alqd, zB. hominem digito*; °*pulsum venarum od. venam* den Puls fühlen); **b)** (*dcht.*) *alqam mit einer Frau intim verkehren*; *Venerem seram* sich später Liebe hingeben; **c)** (*Speisen, Nahrung*) genießen, fressen, essen, kosten [°*cibum,* °*graminis herbam*]. **2.** (*fremdes Gut*) sich aneignen [*partem de praeda*]. **3.** / **a)** (*e-n Ort*) erreichen, betreten [*Dyrrhachium, Siciliam* = in Sizilien landen]; (*dcht.*) *auch jd.* antreffen [*alqm his*

terris]; **b)** an *etw.* grenzen *od.* stoßen (*alqd, zB. Gallia Rhenum attingit*); **c)** (*feindl.*) angreifen, treffen, schlagen, auf *jd.* stoßen [*hostes Sullam, invidia od. dolor alqm*]. **4.** *jd.* betreffen *od.* angehen, *m. etw.* zu tun haben (*alqm u. alqd, zB. hae virtutes bonum virum attingunt, alqm cognatione od. affinitate attingere m. jd.* blutsverwandt *od.* verschwägert sein, *alqm necessitudine m. jd.* in enger Verbindung stehen). **5.** sich *m. etw.* befassen *od.* beschäftigen (*alqd, zB. causas, °poeticen, rem militarem*). **6.** (*in der Rede*) *etw.* erwähnen, besprechen [*singula breviter*].
F. *altl. coni. praes. āttĭgās, āt, ātīs.*

Āttĭs, *ĭdĭs m (acc. -ĭn)* (Ἄττις) *Geliebter der Kybele, entmannte sich in Ekstase selbst. Seine Anhänger sind die Gālli².*

Āttĭŭs 3 *röm. Gentilname (adi. auch* **Āttĭānŭs** 3) **1.** *T.* ~ *Lābĭēnŭs, Volkstribun 63 v. Chr., Legat Cäsars in Gallien, ging 49 zu Pompejus über, fiel 45 v. Chr. bei Munda.* **2.** *P.* ~ *Vārŭs, Anhänger des Pompejus, Statthalter in Afrika.*

ăt-tŏllō, — — 3. (*unkl.*) **1. a)** empor-, aufheben, aufrichten (*alqm od. alqd, zB. regem umeris* auf die Schultern, *manūs ad caelum*); *bsd.* (*Gebäude u.ä.*) errichten, aufführen [*turrim, arcem tectis*]; / **b)** erheben, aufrichten [*vocem, animos civium* ermutigen, *anguis iras* richtet sich wütend auf, *orationem* der Rede einen höheren Schwung geben]; **c)** erhöhen, auszeichnen [*alqm praemiis*]. **2.** *sē ăttŏllĕrĕ u. medi.pass. ăttŏllī* **a)** sich emporrichten, sich aufrichten, sich erheben [*mare u. unda, in femur* auf die Hüfte]; **b)** (empor)steigen, emporwachsen [*turres in centum pedes*]; *bsd.* **α)** *v. Örtlichkeiten, denen man sich nähert*; **β)** (*vom Redner*) sich aufschwingen.

ăt-tŏndĕō, *tŏndī, tōnsŭm* 2. **1.** (*unkl.*) scheren, (*vitem*) beschneiden. **2. a)** (*dcht.*) benagen [*virgulta*]; **b)** / **α)** (*Pl.*) betrügen; durchprügeln; **β)** (*dcht.*) vermindern, schmälern [*laudem alcis*].

ăttŏnĭtŭs 3 (*eigtl. P.P.P. v. ăttŏnō*) (*nkl., dcht.*) **1.** (*wie vom Donner*) betäubt [*aures*], erstarrt [*artūs*]. **2.** (*geistig*) betäubt = **a)** bestürzt, verblüfft, erschüttert, besinnungslos (*re v.,* durch *etw., zB. novitate ac miraculo*); **b)** verzückt, begeistert [*vates*].

ăt-tŏnō, *tŏnŭī, tŏnĭtŭm* 1. (*nkl., dcht.*) **1.** andonnern. **2.** / **a)** betäuben, verwirren [*alqm, mentem alcis*]; **b)** begeistern.

ăt-tŏrquĕō, — — 2. (*Ve.*) wirbeln, schwingen (*alqd*).

ăt-trāctō 1. (*altl.*) = *āttrĕctō.*

āttrāctŭs 3 (*m. comp.*) (*eigtl. P.P.P. v. āttrāhō*) (*Se.*) straff angezogen = finster [*frons*].

ăt-trăhō, *trāxī, trāctŭm* 3. **1.** heran-, herbeiziehen (*alqd ad alqd,* [*Ve.*] *spiritum ab alto* tief atmen); *bsd. ad se* an sich ziehen [*magnes lapis ferrum*]. **2. a)** (*nkl., dcht.*) spannen [*arcum*]; **b)** *jd.* herbeischleppen [°*alqm vinctum*]; **c)** / **α)** *jd.* kommen lassen [*alqm Romam*]; *auch* °*etw.* an den Haaren herbeiziehen [*alqd ultro*]; **β)** (an)locken [*ad amicitiam*].

āttrĕctātŭs, *abl. ū m* (*āttrĕctō*) (*dcht.*) Betastung.

ăt-trĕctō 1. (*ăd* + *trāctō*) **1.** betasten, berühren (*alqm u. alqd, zB.* / *blanditia popularis aspicitur, non attrectatur* man fühlt sie nicht). **2. a)** *etw.* in die Hand nehmen [*libros*]; **b)** ungebührlich, unzüchtig betasten [*signum, uxores*]. **3.** / (*nkl., dcht.*) **a)** (unrechtmäßig) nach *etw.* greifen [*fasces*]; **b)** sich *m. etw.* befassen *od.* sich (literarisch) an *etw.* versuchen (*alqd, zB. Atreum*).

ăt-trĕpĭdō 1. (*Pl.*) herbeitrippeln.

> **ăt-trĭbŭō**
> **1.** zuteilen, anweisen; **2. a)** (*als Diener u. ä.*) beigeben; **b)** (*Geld*) auszahlen lassen; **c)** als Abgabe auferlegen; **3. a)** verleihen; **b)** (*als Eigenschaft*) beilegen; (*als Schuld/Verdienst*) zuschreiben.

ăt-trĭbŭō, *trĭbŭī, trĭbūtŭm* 3. **1.** zuteilen, anweisen (*alci alqd, zB. cohortibus vicum ad hibernandum, equitibus sinistrum cornu od. dextram partem* Flügel; *auch mit dopp. acc., zB. viros centuriones* Männer als Zenturionen); *bsd.* unter *j-s* Befehl stellen [*alci legionem*]; *jd. etw.* zur Besorgung *od.* Ausführung übertragen [*Cassio urbem inflammandam*]; unterwerfen *od.* einverleiben [*insulas Rhodiis*]. **2. a)** (*als Diener, Gehilfen u.ä.*) beigeben [*centuriones ei classi*]; **b)** (*Geld*) anweisen *od.* auszahlen lassen [*alci pecuniam ex aerario*]; (*Li.*) *attributus* derjenige (Schuldner), auf den *j-m* Geld angewiesen worden ist [*viduae attributae*]; ° **c)** *eine Summe e-r Sache* als Abgabe auflegen (*alci rei alqd etw.* besteuern *m. etw.*: Liv. 39,44,3). **3.** / **a)** verleihen, einräumen (*alci alqd, zB. his auctoritatem*); **b) α)** *als Eigenschaft* beilegen [*natura alci timorem*]; **β)** *jd. etw.* (*als Schuld od. Verdienst*) zuschreiben, beimessen [*alci culpam; auch m. quod* daß]; **γ)** (*Worte*) in den Mund legen [*urbi orationem*]; **δ)** (*rhet. od. gramm. t.t.*) *alci (rei) attribui bzw. attributum esse* als Prädikat *od.* Attribut beigelegt werden *bzw.* zukommen.

āttrĭbūtĭō, *ōnĭs f* (*āttrĭbŭō*) **1.** Geldanweisung. **2.** (*gramm. t.t.*) Attribut. **3.** (*rhet. t.t.*) Nebenumstand.

ăt-trĭbūtŭs *P.P.P. v. āttrĭbŭō.*

āttrītŭs¹ 3 *s. āttĕrō.*

āttrītŭs², *ūs m* (*āttĕrō*) (*nkl.*) das Reiben, Reibung.

ăt-tŭlī *s. āffĕrō.*

Ătŭātŭcă, *ae f Kastell der Eburonen b. Limburg.*

Ătŭātŭcī, *ōrŭm m germ. Volk zw. Maas u. Schelde, später Tongri genannt.*

Ătỹs, *ȳŏs m* (Ἄτυς) **1.** *S. des Herakles u. der Omphale, Stammvater der lydischen Könige.* **2.** *Troer, Stammvater der gēns At(t)ia.*

au¹ *int.* (*cf. nhd.* „au") (*Com., Pe.*) ach geh! bewahre!

au-² *praev.* (*cf. vē-², altind.* ava „herab", *nicht m. lat. āb verwandt*) fort-, ent- [*aufero, aufugio*].

au-cĕps, *cŭpĭs m* (< **ăvĭ-căp-s*; *ăvĭs, căpĭō*) **1.** (*unkl.*) Vogelfänger, Geflügelhändler. **2.** / *syllabarum* Silbenstecher, spitzfindiger Anwalt.

auctārĭŭm, *ī n* (*auctŭs, P.P.P. v. augĕō*) (*Pl.*) Zugabe (*zu einem Geldbetrag*), Aufgeld.

aucti-fĭcŭs 3 (*auctŭs¹, făcĭō*) (*Lu.*) das Wachstum fördernd.

auctĭō, *ōnĭs f* (*augĕō, eigtl.* „Vermehrung") Versteigerung [*-onem facere* abhalten, °*proponere u. proscribere* öffentlich bekanntmachen]; (*meton.*) Auktionsgut [*-onem vendere*].

auctĭōnārĭŭs 3 (*auctĭō*) Auktions... [*atria, tabulae* Liste].

auctĭōnātŏr, *ōrĭs m* (*auctĭōnŏr*) (*spätl.*) Auktionator, Versteigerer.

auctĭōnŏr 1. (*auctĭō*) Versteigerung abhalten.

auctĭtō 1. (*intens. v. augĕō*) (*Ta.*) stark vermehren.

auctō 1. (*frequ. v. augĕō*) (*vkl., dcht.*) ständig vermehren *od.* bereichern.

> **auctŏr**
> **1. a)** Gewährsmann; **b)** Berichterstatter; **2. a)** Urheber, Anstifter; **b)** Schöpfer, Gründer; **3. a)** Zeuge; **b)** Bürge; **c)** Vorbild; Meister; Wortführer.

auctŏr, *ōrĭs m u. f* (*augĕō, eigtl.* „der Förderer") **1. a)** Gewährsmann, Bürge [*bonus, gravis, levis, locuples; alcis rei, zB. nuntii*]; *auctor sum m. a.c.i.* ich verbürge mich, daß *etw.* der Fall ist; **b)** Gewährsmann = Berichterstatter, *bsd.* Historiker [*rerum Romanarum*]; *übh.* (*nkl., dcht.*) Schriftsteller, Verfasser; *klass. nur auctorem esse* (*m. a.c.i.*) berichten, melden. **2. a)** Urheber = Veranstalter, Anstifter, Ratgeber (*alcis rei, zB. belli, multarum legum, Cadmeae occupandae, salutis* Retter, *armorum* der Waffenerhebung; *auch m. dat., zB. legibus ferendis u. ad alqd faciendum*); *auctor alci sum alcis rei od. m. ut* ich rate *jd.* zu *etw.*, beantrage *etw.* bei *jd.*; *bsd. auctore alqo* (*abl. abs.*) auf *j-s* Rat *od.* Veranlassung; *auch* Vermittler [*auctorem rei esse etw.* vermitteln *od. e-r* Sache zustimmen]; **b)** (*meist dcht., nkl.*) Urheber = Täter, Schöpfer, Gründer, Erbauer, Stifter, Erfinder (*alcis rei, zB.* °*vulneris,* °*Troiae*); *bsd.* **α)** Ahnherr, Stammvater [°*generis,* °*gentis*]; **β)** (*nkl., dcht.*) Verfasser *e-r Schrift* (*cf.* **1 b**); **c)** (*publizistisch*) **α)** *patres auctores fiunt* der Senat genehmigt *od.* bestätigt einen Volksbeschluß; **β)** *auctor legis* der für die Anwendung eines bestehenden Gesetzes Eintretende (*od.* der ein beantragtes Gesetz Befürwortende). **3.** Gewährsmann = Zeuge: **a)** *für die Vollgültigkeit* *einer Sache* [*comitiorum, testimonii*]; *nullis auctoribus nubere* = ohne Zustimmung der Verwandten; **b**) *für die Rechtsgültigkeit eines bestrittenen Eigentums*; Bürge = Rechtsurheber (*deutsch oft auch* = Verkäufer) [*fundi, rei emptae*]; **c**) *für die Vertretung* (*Repräsentation*) *einer Sache od. Person*: Vertreter: α) *im allg.* = Muster, Vorbild, Meister, Autorität (*alcis rei* in *od.* für *etw.*, *zB. omnium virtutum* Verkörperung, *dicendi* Meister des Wortes, *intellegendi* Denker); *auctor consilii publici* Stimmführer im Senat, *alqm auctorem habere* an *jd.* ein Vorbild haben; *auctore alqo* unter *j-s* Leitung; β) Vertreter = Wortführer [*dignitatis atque imperii populi Romani*]; *bsd.* Rechtsvormund *einer Frau* [*Li.*: *maiores nostri nullam rem agere feminas sine tutore auctore voluerunt*].

auctōrāmĕntŭm, ī *n* (*auctōrō*) **1.** (*nkl.*) Verpflichtung, Kontrakt (*bsd. als Soldat od. Gladiator*); (*meton.*) Handgeld, Sold. **2.** / Preis [*servitutis*].

auctōrĭtās
1. a) Gewähr, Beglaubigung; **b**) Eigentumsrecht; **c**) Vollmacht; **d**) Beweismittel; **2. a**) Muster, Vorbild; **b**) würdevolle Haltung; **c**) Ansehen, Einfluß; **d**) einflußreiche Person; **3. a**) Rat; **b**) Beschluß.

auctōrĭtās, ātis *f* (*auctor*) **1. a**) Gewähr, Bürgschaft, Beglaubigung (*alcis rei, zB. divinitatis*); *bsd.* Glaubwürdigkeit, Gültigkeit, Authentizität (*alcis u. alcis rei, zB. testis u. testimonii, nihil auctoritatis est in hac re*); **b**) (*jur. t.t.*) rechtsgültiges Eigentum, Eigentumsrecht, *zB. usus* (*et*) *auctoritas* Nießbrauch u. darauf gegründetes Eigentumsrecht [*fundi*]; **c**) Vollmacht, Ermächtigung, *zB. auctoritatem legum dandarum* Gesetze zu geben, *legatos cum auctoritate mittere* bevollmächtigte Gesandte; **d**) (*concr.*) Beweismittel, Dokument, Urkunde [*principum coniurationis colligere*]. **2. a**) Beispiel, Muster, Vorbild [*maiorum auctoritati parēre, auctoritatem disciplinamque capessendae rei publicae praescribere alci jd.* in der Politik Muster *u.* System vorzeichnen]; **b**) würdevolle Haltung; *bsd.* α) Unerschrockenheit, Entschlossenheit; β) Besonnenheit, sittlicher Ernst; γ) Selbstgefühl, Würde [*magna in ea oratione inerat*]; **c**) Gewicht, Ansehen, Einfluß, Bedeutung (*alcis u. alcis rei, zB. Crassi, huius loci, magnae auctoritatis esse, auctoritate multum valere apud alqm*); **d**) (*concr.*) einflußreiche Person, Autorität. **3. a**) Rat, Zureden, Antrieb, Empfehlung, Beistimmung, *zB. perpetua tua auctoritas de pace* dein fortwährendes Raten zum Frieden; **b**) Willensmeinung, Beschluß, Erklärung, Geheiß [*clarissimi viri, censoria, populi Romani*; °*in auctoritate alcis esse od. manere* dem Willen *j-s* sich fügen, *auctoritates et litterae* schriftliche Willensäußerungen]; **c**) **senatūs auctoritas** α) Wille des Senats; β) (*auch ohne senatūs*; *vollständig senatūs consulti auctoritas, abgek. S.C.A.*) das (noch nicht durch Sanktionierung der Volkstribunen) zum Senatsbeschluß (*senatūs consultum*) erhobene Senatsgutachten.

auctōrō 1. (*denom. v. auctŏr*) (*nkl., dcht.*) verpflichten, dingen, *bsd. e-n Gladiator für die Arena* (*alqm, se*; *mit inf.*); / verpflichten [*alqm pignore*].

auctŭmnŭs, ī *m schlechte, volkset. Schreibung für autŭmnŭs.*

auctŭs[1], ūs *m* (*augĕō*) (*nkl., dcht.*) **1.** Vergrößerung, Zunahme, Wachstum [*iecoris* Schwellung, *aquarum* das Anschwellen]; / Gedeihen, volle Reife, *auch pl.* [*civitatis*]. **2.** (*meton.*) Größe, Stärke.

auctŭs[2] 3 (*eigtl. P.P.P. v. augĕō*) (*nur im comp. gebräuchlich*) vergrößert, reichlich, *v. Pers. u. Sachen* (*re* an *etw.*).

auctŭs[3] *P.P.P. v. augĕō.*

aucŭpātĭō, ōnis *f* (*aucŭpŏr*) (*vkl., nkl.*) Vogelfang.

aucŭpātōrĭŭs 3 (*aucŭpŏr*) (*dcht., nkl.*) zum Vogelfang passend [*calamus* Leimrute].

aucŭpĭŭm, ī *n* (*aucĕps*) **1. a**) Vogelfang; **b**) (*meton.*) (*nkl., dcht.*) gefangene Vögel. **2.** / das Haschen nach *etw.*, *auch pl.* (*alcis rei, zB. verborum* Wortklauberei).

aucŭpŏr *u.* (*unkl.*) **-ō** 1. (*denom. v. aucĕps*) **1.** (*unkl.*) auf Vogelfang ausgehen. **2.** / nach *etw.* jagen *od.* haschen, auf *etw.* lauern (*alqd, zB. gratiam*).

audācĭă, ae *f* (*audāx*) **1.** Kühnheit, Mut, Beherztheit, Unternehmungsgeist (*alcis j-s, alcis rei* zu *etw.*). **2.** (*pejorativ*) Tollkühnheit, Verwegenheit, Frechheit; (*meton.*) Wagnis; *auch pl.*

▶ **audāx**, ācis (*m. comp. u. sup.*; *adv.* **audācĭtĕr** *selten, meist* **audāctĕr**) (*audĕō, eigtl.* „wagend") **1.** kühn, mutig, beherzt, furchtlos. **2.** (*pejorativ*) tollkühn, verwegen, frech (*in re* in, bei *etw.*; *ad alqd* zu, für *etw.*; [*dcht.*] *m. abl.* trotzend auf; [*dcht.*] *m. inf.*); *auch v. Sachen* [*negotium*].
F. *abl. sg.* -ī; *pl. neutr.* -iă, *gen.* -iŭm.

audēns, ĕntis (*m. comp.*; *adv.* **audĕntĕr**) (*eig. part. praes. v. audĕō*) (*nkl., dcht.*) (*stets lobend*) kühn, beherzt.

audĕntĭă, ae *f* (*audēns*) (*nkl.*) Kühnheit (*auch im Ausdruck*), Mut, *stets lobend.*

▶ **audĕō**, *ausūs sŭm* 2. (*denom. v.* **audŭs, synk.* ‹ *ăvĭdŭs*) **1.** Lust haben, wollen (*m. inf., zB.* °*sapere*; °*in proelia* Lust zum Kampfe haben); *abs.* (*Pl.*) *si audes* gefälligst, bitte; *cf. auch* sōdēs. **2.** wagen, sich erdreisten, es übers Herz bringen (*abs. od. m. inf., zB. dicere*; *klass. nur nihil u.ä.*; *unkl. auch alqd, zB. facinus, daher auch* °*P., zB. multa per vim audebantur*; *abs.* dreist auftreten, °*in alqd* sich in *etw.* wagen, *zB. in proelia*).
F. *altl. coni. potentialis* **ausim**, īs, īt ich möchte wagen (*bisw. auch klass.*); *part. pf. ausūs selten auch* °*pass.*

audĭēns, ĕntis *m* (*eig. part. praes. v. audĭō*) Hörer, Zuhörer, *meist pl.* [*audientium animos permovere*].

audĭĕntĭă, ae *f* (*audĭēns*) Aufmerksamkeit, Gehör, *das man jd. schenkt* [*audientiam facere alci od. orationi alcis jd.* Gehör verschaffen]. — **Tagung; *später* feierlicher Empfang *bei hochgestellten Pers.*

audĭō
1. a) hören können; **b**) zuhören; **2.** (*trans.*) hören, erfahren; **3. a**) anhören, zuhören; **b**) verhören; **c**) erhören; **d**) billigen; **e**) gehorchen; **4. a**) für *etw.* gehalten werden; **b**) in einem bestimmten Ruf stehen.

audĭō 4. (‹ **ăv*(*is*)-*dĭō*; *cf.* αἰσθάνομαι; *auris*) hören: **1.** (*abs.*) **a**) Gehör haben, hören können [*audiendi sensus* Gehör(sinn)]; **b**) zuhören, *bsd.* (*Com.*) *audī u. audīn* = *audīsne?* hör mal. **2.** (*trans.*) hören; vernehmen, erfahren (*alqm*; *auch m. dopp. acc., zB. te propediem censorem audiemus*; *alqd etw. u. v. etw., zB. vocem, pugnas v.* Kämpfen; *daher* P. *cui non sunt auditae Demosthenis vigiliae* wer hat nicht gehört v. ...?; *ab, ex, de alqo* aus *j-s* Munde, *zB. de od. ex patre*; *de re* über *etw., zB. auditur de re* man erhält Kunde *v. etw.*; *in alqm* Nachteiliges über *jd.*; *m. acc. c. part. bei eigener Wahrnehmung, zB. audio vos gloriantes*; *m. cum temporale, zB. saepe eum audivi, cum diceret*; *m. a.c.i., im* P. *m. n.c.i., zB. Caesar a Gergovia discessisse audiebatur*; *auch m. indir. Frages.*; *abs. ut audio, ut audimus* (*parenthetisch*); *subst.* **audītŭm**, ī *n* das Hörensagen, Gerücht [*nihil habeo praeter auditum*]; *abl. abs. audito* (*nkl.*) auf die Nachricht hin (*m. a.c.i.*). **3. a**) anhören, zuhören (*alqm u. alqd, zB. legatos, orationem attentissime*); *bsd.* α) (*v. Studenten u. Zuhörern*) bei *jd.* studieren, *jd.* hören [*Athenis Cratippum*]; β) sich Vortrag über *etw.* halten lassen [*rex audivit de pace* über die Friedensbedingungen]; γ) (*Suet.*) Audienz erteilen [*legationes*]; **b**) (*vom Richter*) verhören (*abs. od. alqm, zB. testes*) *od.* eine Untersuchung anstellen [*de ambitu*]; **c**) erhören (*alqm od. alcis preces*); **d**) beistimmen, billigen (*alqm u. alqd, zB. Homerum, fabulas*); *bsd. abs. audio* das läßt sich hören; *non audio* davon will ich nichts wissen; **e**) gehorchen, folgen, sich fügen (*alqm amicissime monentem, cohortationes*); (*dcht.*) (*v. Leblosem*): *sagitta audit arcum*; *bsd. part. praes. audiēns* gehorsam; *klass. nur dicto audientem esse alci jd.* aufs Wort gehorchen [*imperatori, iussis*; *in re* in, bei *etw.*]. **4. a**) (*dcht.*) einen Ruf haben, für *etw.* gehalten werden *od.* gelten [*rex paterque*]; **b**) *bene* (*od. male*) *audire ab alqo* in gutem (*od.* schlechtem) Rufe bei *jd.* stehen [*a bonis viris*]. — ***audiatur et altera pars* (*alter Rechtsgrundsatz*).

F. *pf.-Formen oft synk.*: *audīstī, audīssē(m)*. — *Altl. u. dcht. fut. audībō, impf. audībăm.*

audītĭō, *ōnĭs f* (*audĭō*) **1.** (*act.*) das Hören, Anhören, Zuhören (*abs. od. alcis rei, zB. fabellarum*); (*nkl.*) Vortrag, Vorlesung. **2.** (*pass.*) das Hörensagen (*alqd auditione accepisse*); (*meton.*) Gerücht, *auch pl.*

audītō 1. (?) (*frequ. v. audĭō*) (*Pl. Stich.* 167 A) oft hören.

audītŏr, *ōrĭs m* (*audĭō*) Zuhörer, Schüler (*alcis*); (*spätl.*) Vernehmungsrichter.

audītōrĭŭm, *ī n* (*audītŏr*) (*nkl.*) Hörsaal, *auch* (*meton.*) Zuhörerschaft, Auditorium.

audītŭs, *ūs m* (*audĭō*) **1.** Gehör (-sinn). **2.** (*nkl.*) = *audītĭō*.

audŭs 3 *s. ăvĭdŭs.*

au-fĕrō
1. a) wegtragen, -bringen; **b)** (*v. Wellen, Wind*) fortreißen; **c)** *jd.* verleiten; **d)** *etw.* unterlassen; **2. a)** wegnehmen, rauben; **b)** *jd. etw.* entziehen; **3. a)** erreichen, gewinnen; **b)** *etw.* aus *etw.* erkennen.

au-fĕrō, *ăbstŭlī, ăblātŭm, aufĕrrĕ* (*au-*[2]) **1. a)** wegtragen, -bringen, -schaffen (*alqm u. alqd, zB. saucium ex proelio, ex urbe, multa de medio*); *bsd. se auferre u.* (*dcht., nkl.*) *mediopass.* sich entfernen, enteilen, entschwinden [*in ortus wegfliegen*]; **b)** (*v. Wellen, Winden u.ä.*) forttragen, -reißen, dahinraffen [°*unda rates, / fuga alqm*]; P. fortgerissen *od.* fortgeschwemmt werden; **c)** / *jd.* verlocken, verleiten, vom Ziele abziehen (*alqm*); *bsd.* vom Thema ablenken [*Li.*: *abstulerunt me Graecae res immixtae Latinis*]; **d)** (*vkl., dcht.*) *etw.* unterlassen, sein lassen (*aufer ista* laß das!) *od.* sich ersparen (*m. inf., zB. me vultu terrere*). **2. a)** wegnehmen, rauben, entwenden, *widerrechtlich u. oft gewaltsam* (*alqd, zB. pecuniam, auriculam mordicus* abbeißen; *alqd ex, de od. a re; alqd ab alqo u. alci, zB. vitam alci, linguam ense* abschneiden; *auch v. Leblosem, zB. ludi dies XV auferunt* in Anspruch nehmen, °*mors Achillem abstulit* hat dahingerafft); **b)** *jd. etw.* entziehen [*honorem indignis*]; *auch* beseitigen, vernichten [*spem victoriae,* °*curas* vertreiben]. **3. a)** für sich davontragen, erlangen, erreichen, gewinnen (*alqd, zB. praemium; alqd ab alqo, zB. paucos dies* wenige Tage Aufschub; *m. ut* = es durchsetzen, daß); *numquam id inultum* (*od. sic*) *auferes* (*Com.*) es soll dir nicht (so) ungestraft hingehen; **b)** / *etw.* aus *etw.* erkennen, verstehen [*alqd ex priore actione*].

Aufĭdĭŭs 3 *Name einer pleb. gēns* (*adi. auch* **Aufĭdĭānŭs** 3): ~ *Bāssŭs, Geschichtsschreiber unter Augustus u. Tiberius.*

Aufĭdŭs, *ī m Hauptfl. Apuliens, j.* Ofanto.

au-fŭgĭō, *fūgī,* — 3. (*au-*[2]) entfliehen (*ex loco cum alqo u.ä.*); *trans.* (*dcht., nkl.*) meiden (*alqd*).

▶ **augĕō,** *auxī, auctŭm* 2. (*cf.* αὐξάνω, *nhd.* „wachsen") **1.** wachsen machen [*ilex aucta in altitudinem* gewachsen, *auch terram imbribus* befruchten]. **2. a)** vermehren, vergrößern, *auch* (*bsd.* /) steigern, fördern, heben (*alqd, zB. opes, alcis animum* Mut, *alci dolorem, nomen populi Romani u.ä.*); *auch Pers.* zu Macht *od.* Ehren verhelfen [*se* für sich selbst sorgen, *alqm in petitione quaesturae* unterstützen]; P. sich vermehren, wachsen, zunehmen, steigen [*periculum, spes; nostris animus augetur* der Mut wächst]; **b)** (*in der Rede*) α) übertreiben [*crimen, omnia nimis*]; β) preisen, verherrlichen, ausschmücken [*rem laudando*]. **3. a)** *jd. m. etw.* überhäufen, beglücken (*alqm re, zB. milites agris*); **b)** P. *augeri alqua re* α) durch *etw.* beglückt werden = *etw.* erhalten *od.* bekommen [*filio, nomine imperatorio*]; β) (*Com.*) αα) heimgesucht werden [*maerore*]; ββ) *etw.* einbüßen [*libertā*].
F. (*Li., Sa.*) *altl. auxīs, auxītīs* = *auxĕrīs, auxĕrītīs.*

augēscō, *auxī,* — 3. (*incoh. v. augĕō*) wachsen, zunehmen [*animantes,* °*flumen* schwillt an; / °*animi* Mut].

augmĕn, *ĭnĭs n* (*augĕō*) (*Lu.*) Vermehrung, Zuwachs.

▶ **augŭr,** *ŭrĭs* (*wohl* < **augŏs, ĕrĭs n* „Vermehrung" *zu augĕō; Genuswechsel wie bei vĕnŭs* [*Vĕnŭs*]) **1.** *m* Augur, Vogelschauer, *Mitglied eines Priesterkollegiums, Deuter v. Flug u. Geschrei der Vögel, Fressen der heiligen Hühner, Blitz u. Donner.* **2.** / *m u. f* (*dcht.*) Weissager(in), Seher(in) [*Apollo augur, imaginis* Ausleger des Traumbildes, *aquae* Regenprophetin]. — (*gen. pl.* -*rŭm*).

augŭrālĭs, *ĕ* (*augŭr*) der Auguren, Augur(en)... [*libri*]. — *subst.* (*nkl.*)

augŭrālĕ, *ĭs n Auspizienort neben dem Feldherrnzelt, aber auch das* Feldherrnzelt *selbst im Lager* (= *praetōrĭŭm*).

augŭrātĭō, *ōnĭs f* (*augŭrŏr*) Weissagung.

augŭrātō *s. augŭrŏr.*

augŭrātŭs, *ūs m* (*augŭrŏr*) Augurenamt, -würde.

▶ **augŭrĭŭm,** *ī n* (*augŭr*) **1.** Beobachtung *u.* Deutung der Wahrzeichen, Augurium [*augurium* °*capere u. agere* vornehmen]. **2.** (*meist dcht.*) **a)** Prophezeiung (*alcis j-s; alcis rei*); **b)** (*dcht., nkl.*) Sehergabe, Weissagekunst; **c)** Ahnung, Vorgefühl [*rerum futurarum*]. **3.** (*nkl., dcht.*) Wahrzeichen, Vorzeichen, Anzeichen [*alci fit* zeigt sich *jd.*; *accipere als ein günstiges* annehmen].

augŭrĭŭs 3 = *augŭrālĭs* [*ius*].

augŭrō *u.* (*meist*) **augŭrŏr** 1. (*denom. v. augŭr*) **1.** (*meist intr.*) **a)** Augurien vornehmen, Wahrzeichen beobachten u. deuten; *auch alqd* wegen einer Sache [*salutem populi*]; (*nkl.*) *augŭrātō* nach Vornahme der Augurien; **b)** *j-m* prophezeien *od.* wahrsagen (*alci, ex re, vere*). **2.** (*trans.*) nach Beobachtung der Wahrzeichen: **a)** *etw.* einweihen [*rem, locum*]; **b)** *etw.* weissagen, prophezeien (*alqd, zB. annos belli Troiani; alci alqd, zB. mortem; ex re* aus *etw.*; [*dcht.*] *m. a.c.i.*); **c)** *etw.* ahnen, vermuten (*alqd mente od. coniecturā, ex re, zB.* °*spem victoriae ex vultu alcis; m. a.c.i. u. indir. Frages.*).

Augŭstă, *ae f* (*Augŭstŭs*) **1.** *Titel der weibl. Mitglieder des Kaiserhauses*: Kaiserliche Majestät *od.* Kaiserliche Hoheit. **2.** *Name zahlreicher v. Kaisern gegründeter Städte, zB. Augusta Taurinorum* Turin, *Vindelicorum* Augsburg, *Treverorum* Trier (*adi.* -*ānŭs* 3).

Augŭstŏdūnŭm, *ī n Hptst. der Äduer in Gallia Lugdunensis, j.* Autun.

▶ **augŭstŭs** 3 (*m. comp. u. sup.*; *adv.* **-ē**) (*zu *augŏs* „Vermehrung"; *s. augŭr*) **1.** hochheilig, *bsd. v. Örtlichkeiten* [*templum, sedes*]; *übh.* ehrwürdig, erhaben, majestätisch [*vir, vestis, oraculum*]. **2.** ehrfurchtsvoll, m. Weihe [*auguste venerari deos*].

Augŭstŭs, *ī m Ehrenname des Octavianus* (*seit 17. Januar 27 v.Chr.*) = „Kaiser *od.* Kaiserliche Majestät" *u. aller folgenden Kaiser.* — *adi.* **a)** **Augŭstŭs** 3 augusteisch, kaiserlich, des Kaisers [*domus; mensis seit 8 v. Chr.* der August, *der frühere Sextilis, Sterbemonat des Augustus*; °*historia Augusta* Kaisergeschichte; *s. hĭstŏrĭă*]; **b)** **Augŭstālĭs,** *ĕ* des Kaisers Augustus [*ludi* zu Ehren des Augustus; *sodales od. sacerdotes* Priesterkollegium *v. 25 Mitgliedern* zur Pflege des Kaiserkultes; *auch subst.* -*ālēs,* -*ĭŭm m*]; *subst.* **-ālĭă,** *ĭŭm n* die Augustalien (*Feier zu Ehren der Rückkehr des Augustus aus dem Orient am* 12. 10. 19 *v.Chr.*); **c)** **Augŭstĭānŭs** 3 kaiserlich; *subst.* **-nī,** *ōrŭm m* kaiserliche Leibgarde. — ** *Imperator ac semper Augustus* der Deutsche Kaiser (*verstanden als* „allzeit Mehrer des Reiches").

▶ **aulă**[1], *ae* (*u.* [*Ve.*] *altl. aulāī*) *f* (*Fw.* < αὐλή) (*nkl., dcht.*) **1. a)** Hof *am Hause*; *auch* Gehöft, Hof *für das Vieh*; **b)** = *ātrium* Halle (*** ♀ Festsaal). **2.** Hofburg, Königshof, Schloß, Palast, Residenz [*Priami, puer ex aula* Edelknabe]; / Zelle der Bienenkönigin, *pl.* Bienenzellen. **3.** (*meton.*) **a)** (*auch klass.*) Königswürde, Fürstenmacht; **b)** Hofhaltung; Hofstaat, Höflinge.

aulă[2], *ae f* (*auch aullă, vulgär ōllă*; < **auxlā*; *cf.* ἰπνός, *nhd.* „Ofen" [*urspr.* Kohlenbecken]) (*unkl.*) Topf, Kochtopf.

aulă[3], *ae f* (*Lw.* < αὐλός) (*Qu.*) = *tībĭă*.

aulaeŭm, *ī n* (*Lw.* < αὐλαία) **1.** (*unkl.*) Teppich, Decke (*bsd.* Bett- *u.* Sofadecke). **2. a)** (*Ho.*) Baldachin *an der Zimmerdecke*; **b)** (*auch klass.*) Theatervorhang, *bis zur Kaiserzeit bei Beginn herabgelassen* [*premitur*], *am Schluß hochgezogen* [*tollitur*]; **c)** (*Ju.*) *spöttisch v. einer zu weiten Toga* [*aulaea togae*].

Aulĕrcī, *ōrŭm m weitverzweigte gall. Völkerschaft.*

aulĭcŭs 3 (*Fw.* < αὐλικός; *cf. aulă*[1]) (*nkl.*) zum Fürstenhof gehörig, Hof...; *subst.* **-ī,** *ōrŭm m* Höflinge, Hofstaat.

Aulĭs, *ĭdĭs f* (Αὐλίς) *Hafenst. in Böotien.* F. *acc. Aulĭdĕm u.* °-*ĭdă, abl.* -*ĭdĕ*. *Cf.* V.-B. III, 4, b.

aullă, *ae f* = *aulă*[2].

auloedŭs, ī *m* (*Fw.* ‹ αὐλῳδός) Sänger zum Flötenspiel.
Aulŭlārĭă (**fābŭlă**), *ae f* (*aulŭlă, demin. v. aulă*² = Töpfchen) Topfkomödie *des Plautus.*
Aulŭs, ī *m röm. Vorname* (*abgek.* A.).
▶ **aură,** *ae f* ([*Ve.*] *altl. gen. aurāī*) (*Fw.* ‹ αὔρα) **1.** Lufthauch, Luftzug, Lüftchen, sanfter Wind, *dcht. auch pl.* [°*aura maris* Brise vom Meer]; *dcht. übh. jeder, auch stark wehender* Wind, *bsd.* Fahrwind [*secunda*]. **2. a)** (*dcht.*) *atmosphärische* Luft, Lebensluft, Atem [*vesci aurā* = leben]; *pl.* Lüfte, *dcht. auch* Luft [*auras ducere od. carpere od. captare* atmen]; *bsd.* (*meton.*) **α)** (*Ve.*) Himmel, Höhe; **β)** (*Ov.*) Oberwelt, Welt; **γ)** (*Ve.*) Tageslicht, Öffentlichkeit [*alqd ferre sub auras* = bekanntmachen, *reddere ad auras* = herausgeben, *fugere auras* sich verstecken]; **b)** (*dcht.*) Hauch = **α)** Duft, Dunst, Geruch; **β)** Schimmer [*auri*]; **γ)** Echo; **δ)** *divina* unsterbliche Seele; **c)** Gunst [°*fallax* trügerisch]; *bsd.* (wechselnde) Volksgunst (= *aura popularis*; *dcht. pl.*); **d)** schwacher Hauch; / leiser Schimmer, Schein, Spur [*honoris*, °*spei*, °*favoris popularis*].
aurārĭŭs 3 (*aurŭm*) (*vkl., nkl.*) Gold... [*metalla*]. — *subst.* **aurārĭă,** *ae f* (*sc. fŏdīnă*) Goldgrube.
aurātă, *ae f* (*aurātŭs* (*nkl., dcht.*) Goldforelle.
aurātŭs 3 (*aurŭm*) vergoldet, golden, goldgeschmückt [*tecta*, °*metalla* goldreich, °*vestis* golddurchwirkt *od.* -gestickt, °*bos* mit vergoldeten Hörnern, °*tempora* mit Goldhelm, °*milites* m. vergoldeten Schilden]; (*Pl.*) m. goldenem Schmuck.
Aurēlĭānŭs, ī *m*: (*vollständig*) *L. Dŏmĭtĭus* ~, *röm. Kaiser v. 270—275 n.Chr.* („*dominus* et *deus*", „*restitutor orbis*"; *Bau der noch j. erhaltenen „Aurelianischen Mauer" in Rom*; *Reichsreligion des Sol invictus*); *adi.* -*ānŭs* 3 *u.* **Aurēlĭānēnsis** [*ŭrbs* = *cīvĭtās Aurēlĭānī, das kelt. Cēnăbŭm, j.* Orléans].
Aurēlĭŭs 3 *Name einer pleb. gēns.* — **vĭă Aurēlĭă,** *241 v.Chr. angelegt, censorische Straße, führte v. Rom an der etrurischen Küste bis südl. v. Pisae* (*j.* Pisa), *später über Pisa bis Arelate* (*j.* Arles) *verlängert.* — **Fŏrŭm Aurēlĭŭm** *u.* **-ĭī** *Städtchen in Etrurien an der via Aurelia, nw. v. Tarquinii.*
aurĕŏlŭs 3 (*demin. v. aurĕŭs*) **1.** (*dcht.*) schön golden. **2.** / herrlich, allerliebst [*libellus*]. — *subst.* ~, ī *m* (*sc. nŭmmŭs*) (*Ma.*) Goldstück.
▶ **aurĕŭs** 3 (*aurŭm*) **1.** golden [*poculum*]; *subst.* **aurĕŭs,** ī *m* (*sc. nŭmmŭs*) (*nkl.*) *der* (*v. Cäsar eingeführte*) Golddenar, *der* Aureus. **2.** vergoldet, goldgeschmückt, -durchwirkt, -beschlagen = *aurātŭs* [*sella*, °*Pactolus* Goldsand führend]. **3.** (*unkl.*) goldfarbig, -schimmernd [*māla* Quitten]. **4.** / (*dcht.*) herrlich, prächtig, reizend, köstlich [*puella*; *aetas u. saecula* das Goldene Zeitalter].
F. *Bei langer Endsilbe dcht. oft m. Synizese zweisilbig, zB. aurēīs* (*Verg. Aen.* 5, 352), *aureo* (8, 372), *aurea* (1, 698).
aurĭchălcŭm, ī *n* (-*ī*-?; *Lw.* ‹ ὀρείχαλκος „Bergerz", *erster Bestandteil an aurŭm angelehnt*) **1.** (*Pl.*) (*fingiertes*) wertvolles goldglänzendes Metall. **2.** (*nkl.*) Messing; *cf. ŏrĭchălcŭm.*
aurĭcillă, *ae f* (*Ca.*) = *aurĭcŭlă* (*imula*) Ohrläppchen.
aurĭ-cŏmŭs 3 (*aurŭm*; *cŏmă*) (*dcht., nkl.*) goldhaarig; / goldbelaubt [*fetus arboris*].
aurĭcŭlă, *ae f* (*demin. v. aurĭs*) Öhrchen; *meist* (= *aurĭs*) Ohr [*infima* Ohrläppchen].
aurĭ-fĕr, *fĕră, fĕrŭm* (*aurŭm, fĕrō*) (*dcht., nkl.*) **1.** Gold hervorbringend [*terra*]; goldene Äpfel tragend [*arbor*]. **2.** goldhaltig [*amnĭs*].
aurĭ-fĕx, *fĭcĭs m* (*aurŭm, făcĭō*) Goldschmied [*statera aurificis* Goldwaage].
aurīgă, *ae m* (*aurĕae* Gebiß am Zaum, *zu ōs*¹; *ăgō*) **1.** Wagenlenker, Kutscher; *dcht. auch adi.* [*auriga soror*]. **2. a)** Rennfahrer; **b)** (*dcht.*) Steuermann; **c)** (*dcht.*) *Gestirn* Fuhrmann.
aurīgārĭŭs, ī *m* (*aurīgă*) (*Suet.*) Rennfahrer.
aurīgātĭō, *ōnĭs f* (*aurīgō*) (*nkl.*) *das* Wagenrennen.
aurĭ-gĕnă, *ae* (*aurŭm, gīgnō*) (*dcht.*) goldgeboren (*Beiname des Perseus als S. der Danae*).
aurĭ-gĕr, *gĕră, gĕrŭm* (*aurŭm, gĕrō*) (*dcht.*) goldtragend [*taurus* mit vergoldeten Hörnern].
aurīgō 1. (*denom. v. aurīgă*) (*nkl.*) den Wagen lenken, Rennfahrer sein; / lenken, anführen.
▶ **aurĭs,** *ĭs f* (*cf.* οὖς, *nhd.* „Ohr") **1. a)** Ohr [*aures erigere u.* °*arrigere* spitzen; *ad aures alcis venire od. accidere jd.* zu Ohren kommen; °*aurem vellere alci jd.* am Ohr zupfen = erinnern, mahnen; *aurem bzw. aures alci* °*praebere od. dare jd.* sein Ohr leihen; *aures claudere alci rei u. ad alqd*; *in aurem alci alqd dicere* = leise, heimlich sagen; *auribus alqd accipere* = hören; *servire auribus alcis jd.* nach dem Munde reden; (*nkl.*) *secundis od. aequis auribus accipere alqd od. audiri* mit geneigtem Ohr]; **b)** (*meton.*) *meist pl.* Gehör(sinn). **2.** *pl.* **a)** *kritisches* Urteil [*aures teretes, tritae, elegantes, agrestes*]; *auch* = Geschmack; **b)** (*Ho.*) Zuhörer. **3.** (*Ve.*) Streichbrett *am Scharbaum des Pfluges.*
aurĭ-scālpĭŭm, ī *n* (*aurĭs, scālpō*) (*Ma.*) Ohrlöffel.
aurītŭlŭs, ī *m* (*demin. v. aurītŭs*) (*Ph.*) Langohr = Esel.
aurītŭs 3 (*aurĭs, eig.* „m. Ohren versehen") (*unkl.*) langohrig [*asellus*]; / lauschend [*testis* Ohrenzeuge].
▶ **aurōră,** *ae f* (‹ **ausōs-ā*; *cf.* ἕως, *homerisch* ἠώς, *nhd.* Os-ten, Os--tern) (*unkl.*) **1.** Morgenröte, Morgenlicht; ♀ Göttin der Morgenröte = Eos, *T. des Hyperion, Gattin des Tithonos.* **2.** (*meton.*) Osten.
▶ **aurŭm,** ī *n* (*sab.* **ausom* rötlich schimmerndes Metall; *cf. aurōră*) **1.** Gold (*sprichw.* [*Te.*] *montes auri polliceri* goldene Berge versprechen). **2.** (*meton.*) **a)** Goldgerät(e), -schmuck *jeder Art* (*Ov.*: das Goldene Vlies); **b)** gemünztes Gold; *übh.* Geld, Mammon [(*Ve.*) *auri sacra fames*]. **3.** (*dcht.*) **a)** Goldglanz, -schimmer; **b)** Goldenes Zeitalter.
Aurŭncī, *ōrŭm m altes Volk i. südl. Latium, oft* = *Ausŏnēs.* — *adi. Aurŭncŭs* 3.; *Suēssă Aurŭncă* (*od. Aurŭncōrŭm*) *St. am Massicus, j.* Sessa.
auscŭlŏr 1. (*Pl.*) *Hyperurbanismus für ōscŭlŏr.*
auscŭltātĭō, *ōnĭs f* (*auscŭltō*) (*Se.*) das Horchen; (*Pl.*) das Gehorchen.
auscŭltātŏr, *ōrĭs m* (*auscŭltō*) Zuhörer. — ***Beisitzer; Referendar.
auscŭltō 1. (*wohl Metathese* ‹ **auscl̥ūtō zu aurĭs u. clŭĕō* „höre") **1.** (*vkl., dcht.*) zuhören, horchen, lauschen (*abs.*; *selten alci, alqm*; *alqd* auf, bei *etw.*); *bsd.* (*v. Sklaven*) an der Tür aufpassen. **2.** / (*klass. selten*) auf *jd.* hören, *jd.* gehorchen (*alci*); *P. impers.* (*Pl.*) *auscultabitur* es soll geschehen.
auscŭlŭm *Hyperurbanismus für ōscŭlŭm.*
ausĭm „ich möchte wagen" (*s. audĕō*).
Ausŏnēs, *ŭm u.* **-ŏnĭī** *ōrŭm m die Völkerschaften in Mittel- u. Süditalien.* — *adi.* **Ausŏnĭŭs** 3 (*fem. auch* **Ausŏnĭs,** *ĭdĭs*) ausonisch (*dcht.* = italisch *od.* römisch); *subst.* **a) Ausŏnĭă,** *ae f* Unteritalien (*dcht.* = Italien); **b) Ausŏnĭdae,** *ārŭm u.* °*ŭm m* Einwohner v. Ausonien (*dcht.* = Italiker).
au-spĕx, *ĭcĭs m* (*u.* °*f*) (‹ **ăvĭ-spĕk-s*; *ăvĭs, spĕcĭō*) **1.** Vogelschauer, *altl. u. selten* = *augŭr* [*alcis rei* bei einer Sache, *zB. legis*]. **2.** / **a)** (*dcht.*) Anführer, Führer, Beschützer, *auch f* [*auspice Musā* unter der Führung]; **b)** (*nuptiarum*) ~ Ehevertragszeuge; — *adi.* (*dcht.*) günstig.
auspĭcātŭs *u.* **-tō** *s. auspĭcō.*
▶ **auspĭcĭŭm,** ī *n* (*auspĕx*) **1. a)** *auch pl.* Vornahme der Auspizien, Beobachtung der Wahrzeichen = *augŭrĭŭm* [*in auspicio esse* Auspizien durchführen]; **b)** (*meton.*) Recht der Vogelschau, Auspizialrecht [*auspicium u. -a habere*; *auspicia ponere* die Auspizien abgeben = ein mit Auspizialrecht verbundenes Amt niederlegen]. **2.** / **a)** (*unkl.*) Oberbefehl, Kommando, *bsd. alcis auspicio u. -ĭs* unter *j-s* Leitung [*oft ductu auspicioque u.ä.*]; **b)** Macht, Recht, Wille [*populum paribus auspiciis regere*]. **3.** (*nkl.*) Beginn, Vorhaben (*alcis rei, zB. belli*). **4.** Wahrzeichen, Vorzeichen, Vorbedeutung [°*bonum, ratum* gültiges; *alcis rei, zB.* °*victoriae*]; *auspicium facere* (*v. d. Vögeln*) ein Wahrzeichen geben, / (*dcht.*) ein Zeichen, einen Wink geben; (*nkl.*) glückliche Unternehmung, Sieg. — **Hoffnung.
auspĭcŏr *u.* (*unkl.*) **auspĭcō** 1. (*denom. v. auspĕx*) **1.** (*intr.*) Auspizien durchführen; *bsd. P.P.P.* (*abl. abs.*) **auspĭcātō** nach Durchführung der Auspizien, *meist* (*Com.*)

mit günstigen Vorzeichen, unter günstigen Umständen. **2.** (*trans.*) (*nkl.*) (unter guter Vorbedeutung) anfangen, beginnen (*alqd etw.*, *zB. militiam*; *re u. a re* mit *etw.*, *zB. parricidia nece uxoris*; *m. inf.*); *klass. nur* (*part. pf.*) *adi.* **auspĭcātŭs** 3 (*m.* °*comp. u.* °*sup.*; *adv.* **-ō**) durch Auspizien geweiht, (ein)geweiht *od.* eröffnet [*locus, comitia*]; / (*nkl.*) glücklich begonnen, günstig, zur glücklichen Stunde [*impetus*].

austĕr, *strī m* (*cf. aurōrā, nhd.* „Os-ten", „Öster-reich"; *Bedeutungsverschiebung auf falsche Orientierung der Achse Italiens zurückzuführen*) (*regenbringender*) Süd(ost)-wind, Schirokko; (*dcht.*) *übh.* Wind, Sturm; *meton.* (*unkl.*) Süden (*auch pl.*).

austērĭtās, *ātis f* (*austērŭs*) (*nkl.*) **1.** Herbheit (*vini*). **2.** dunkler Farbton; / Ernst, finstres Wesen.

austērŭs 3 (*m. comp. u.* °*sup.*; *adv.* **-ē**) (*Fw.* ‹ αὐστηρός) **1.** (*nkl.*) herb, sauer (*bsd. vom Wein*); (*v. der Farbe*) dunkel. **2.** / **a**) ernst, streng, stoisch, *auch* kräftig [*vir, oratio*]; **b**) finster, unfreundlich [*homo*, °*labor* sauer = hart].

austrālĭs, *ĕ* (*austĕr*) südlich [*regio, ora*].

austrīnŭs 3 (*austĕr*) (*nkl., dcht.*) vom Südwind herrührend, des Südwindes [*calor*]; südlich; *subst.* **-ă,** *ōrŭm n* die südlichen Gegenden [*Cypri*].

austrŭm, *ī* = *haustrŭm.*

ausŭm, *ī n* (*eig. part. pf. pass. v. audĕō*) (*dcht., nkl.*) *u.* **ausŭs,** *ūs m* (*nkl.*) (*audĕō*) Wagnis.

ausŭs *part. pf. v. audĕō.*

aut
1. oder (*ausschließend*); **2.** sonst; **3.** oder sogar; **4.** oder doch (wenigstens); **5.** (*in negativen Sätzen*) und.

aut *ci.* (*uritalisch* **au-ti*; *eig.* „andererseits", *dann* „andernfalls"; *cf.* αὖ) **1.** (*disjunktiv*) oder [*verum aut falsum*], (*korrespondierend*) **aut ... aut** entweder ... oder (*auch mehr als zweimal*). **2.** (*bsd. am Satzanfang*) sonst, widrigenfalls [*aut omnia me fallunt aut Caesar vincet* Cäsar wird siegen, sonst müßte mich alles täuschen]. **3.** (*steigernd od. erweiternd*) oder sogar (= *aut etiam*), oder vielmehr (= *aut potius*), oder überhaupt (= *aut omnino*), *zB. vix aut ne vix quidem, Graeci aut ullae exterae nationes.* **4.** (*vermindernd od. beschränkend*) oder doch (wenigstens) = *aut certe, aut saltem, aut denique* [*cuncti aut magna pars*]. **5.** (*in negativen Sätzen*): **aut** (*additiv*) und [*nihil maius aut difficilius est quam severitatem cum misericordia coniungere*]; **aut ... aut** (*distributiv*) weder ... noch [*nemo aut miles aut eques* niemand, weder ... noch]; **neque aut ... aut** und weder ... noch, **ne aut ... aut** damit weder ... noch.

▶ **autĕm** *ci.* (*nachgestellt, schwächste Adversativpartikel*; *eig.* „hinwiederum, andererseits", *zu aut wie ītĕm zu ĭtă*; *zur Bed. vgl. nhd.* „abermals") **1.** (*entgegenstellend*) aber, hingegen, andererseits [*Gyges a nullo videbatur, ipse autem omnia videbat*]. **2.** (*anreihend*) aber auch, ferner, nämlich [*reliquum erat unum iter angustum et difficile, mons autem altissimus impendebat*]. **3. a**) (*den Untersatz eines Syllogismus einführend*) nun aber (= *ătquī*); **b**) (*eine Parenthese u.ä. einführend*) aber [— *credo autem esse multa* —].

authĕpsă, *ae f* (*Fw.* ‹ *αὐθέψης, *eig.* Selbstkocher) *Topf m. zwei Böden, einem für das Feuer u. einem für die Speise,* Kochmaschine.

autŏgrăphŭs 3 (*Fw.* ‹ αὐτόγραφος) (*Suet.*) eigenhändig [*epistula*]; *subst.* **-ŭm,** *ī n* (*spätl.*) Handschrift, Autograph.

Autŏlўcŭs, *ī m* (Αὐτόλυκος) *listiger S. des Hermes, Großvater des Odysseus*; °/ *appell.* listiger Dieb, Gauner.

Autŏmătĭă, *ae f* (Αὐτοματία, *eig.* „nach eigenem Willen handelnd") Fortuna, Glücksgöttin.

autŏmătŭs 3 (*Fw.* ‹ αὐτόματος) (*nkl.*) aus eigenem Antrieb handelnd, freiwillig; *subst.* **-ŭm,** *ī n* Automat; *pl.* Kunststücke.

Autŏmĕdōn, *ontis m* (Αὐτομέδων) Wagenlenker Achills; (*meton.*) = geschickter Wagenlenker.

autŭmnālĭs, *ĕ* (*autŭmnŭs*) (*unkl.*) herbstlich, Herbst...

▶ **autŭmnŭs** (*wohl etr. Fw.*) **1.** *adi.* 3 (*nkl., dcht.*) herbstlich [*frigus*]. **2.** *subst. m* Herbst [*gravis* ungesund, °*adultus u.* °*vergens* Spätherbst]; (*meton.*) (*dcht.*) Jahr; *pl.* Weinlese.

autŭmō 1. (*zu autĕm, wohl eigtl.* „entgegnen") (*unkl.*) **1.** meinen, glauben (*alqd*; *m. a.c.i.*); *bsd.* (*m. dopp. acc.*) für *etw.* halten. **2.** sagen, behaupten, nennen.

auxī *s. augĕō u. augēscō.*

auxĭlĭārĭs, *ĕ u.* **auxĭlĭārĭŭs** 3 (*auxĭlĭŭm*) **1.** (*unkl.*) hilfreich, helfend [*dea, carmen*; *alci j-m*]. **2.** (*mil. t.t.*) zu den Hilfstruppen gehörig, der Hilfstruppen [*legio*]; *subst.* **auxĭlĭārēs,** *ĭŭm m* **Hilfstruppen.**

auxĭlĭātŏr, *ōris m* (*auxĭlĭŏr*) (*nkl., dcht.*) Helfer (*abs. u. alcis*).

auxĭlĭātŭs, *ūs m* (*auxĭlĭŏr*) (*Lu.*) Hilfeleistung, Beistand.

auxĭlĭŏr 1. (*denom. v. auxĭlĭŭm*) Beistand leisten, helfen (*abs. u. alci*); *bsd.* (*dcht., nkl.*) (*eine Krankheit, dat.*) heilen.

▶ **auxĭlĭŭm,** *ī n* (*wohl als mil. t.t. v.* **auxīlis* „zur Verstärkung dienend" *zu augĕō*) **1.** Beistand, Hilfe, Unterstützung, Schutz (*alci auxilio od. in auxilium esse* = *auxilium ferre*) [*adversus u. contra alqm* gegen *jd.*], *alqm auxilio arcessere* zu Hilfe rufen, *-o mittere* zu Hilfe schicken; *alcis j-s u.* für *jd.*, *zB. populi Romani, omnium gentium*; *auxilio alcis* mit *j-s* Hilfe *od.* unter dem Schutze *e-r* Sache [°*noctis*]. **2.** (*meton.*) Hilfsmittel (*alcis rei* für *od.* gegen *etw.*), *bsd. pl.*: **a**) Hilfsquellen; **b**) Hilfstruppen; *übh.* Streitkräfte, Truppen. **3.** ♀ (*Pl.*) Gottheit der Hilfe.

Ăvărĭcŭm, *ī n* (*-vă-?*) *St. der Bituriger, j.* Bourges. — *adi.* **Ăvărĭcēnsĭs,** *ĕ.*

▶ **ăvārĭtĭă,** *ae u.* (*Lu.*) **-tĭēs,** *ēī f* (*ăvārŭs*) Habsucht, Geldgier, Geiz (*alcis j-s*); *pl.* Arten der Habsucht; / (*Pl.*) Freßgier; *gloriae* (*Cu.*) Ruhmsucht.

▶ **ăvārŭs** 3 (*m. comp. u.* °*sup.*; *adv.* **-ē** *u.* [*Pl.*] **-ĭtĕr**) (*ăvĕō*[1]) **1.** habsüchtig, geldgierig, geizig (*abs.*, *zB. homo*; [*dcht., nkl.*] *auch v. Sachen, zB. litus* räuberisch; *avare facere u.* °*bellare*; [*nachaug.*] *alcis rei* nach *etw.*, *zB. pecuniae*); *subst.* (*klass. nur pl.*) *m* Geizhals, Knauser. **2.** / (*nkl., dcht.*) gierig, unersättlich [*mare, venter* gefräßig; *alcis rei, zB. laudis*].

▶ **ăvē** (*vulgär hăvē*) *int.* (*pun. Fw.*; *später ăvētĕ* [*Suet.*], *ăvētō* [*Sa.*], *ăvērĕ* [*Ma.*] *hinzugebildet*) sei gegrüßt! lebe wohl!; *auch Abschiedsgruß an Tote*; *cf. ăvĕō*[2]. — ***Ave Maria im N.T. Gruß des Engels u. der Elisabeth an Maria, Anfang des volkstümlichsten Mariengebets*; *Bestandteil des Rosenkranzes.*

ā-vĕhō, *vēxī, vēctŭm* 3. wegführen, -bringen, wegschaffen (*alqm u. alqd ab alqo od. ab, ex, de re ad alqm u. in alqd*); *mediopass.* (*Ve., Li.*) sich entfernen, wegfahren, -reiten, absegeln (*auch abs.*).

ā-vĕllō, *vĕllī od. vūlsī, vūlsŭm* 3. **1.** abreißen, losreißen, herausreißen (*alqd*; *alqd ab, ex, de re, zB. poma ex arboribus*; *selten alqd alci u. alci rei*). **2. a**) gewaltsam trennen *od.* entfernen, wegreißen; *meist* / [(*Te.*) *alqm a puella, de od. ex complexu matris, bellum a portis* fernhalten von, *alqm ab errore* entreißen]; **b**) *jd. etw.* entreißen [*lucrum*].

F. *inf. praes. P. altl.* (*Ho.*) *ăvĕllĭēr.*

ăvēnă, *ae f* (*cf. altpreußisch* wyse „Hafer") **1.** Hafer; *bsd.* wilder Hafer (*Unkraut*). **2.** *meton.* (*dcht.*) **a**) Halm, Rohr; **b**) Hirtenpfeife, -flöte; *pl. die* (*aus 7 od. 4 Rohrpfeifen bestehende*) Syrinx.

Ăvĕntīnŭs, *ī m der* Aventin, *Hügel Roms, sw. vom Palatinus am Tiber gelegen* (*auch* **Ăvĕntīnŭm,** *ī n*); *adi.* **Ăvĕntīnŭs** 3 [*mons*].

ăvĕō[1], — — 2. (*cf.* ἀΐτας [*Theokrit*] „Geliebter") begierig sein, nach *etw.* verlangen (*selten alqd, zB. legationem*; *meist m. inf. od. indir. Frages.*).

ăvĕō[2], — — 2. (*erst spätl. zu ăvē* [*ăvētĕ, ăvētō, ăvērĕ*] *hinzugebildet*) sich wohl befinden.

Ăvĕrnŭs, *ī m* Averner See, *Kratersee bei Cumae, erst seit 37 v. Chr. durch einen Kanal m. dem Meer verbunden, j.* Lago d'Averno; *auch als lacus Averni* Eingang in die Unterwelt; (*meton.*) °Unterwelt. — *adi.* **Ăvĕrnŭs** 3 *u.* **Ăvĕrnālĭs,** *ĕ, auch* °Unterwelts...; *subst.* **Ăvĕrnă,** *ōrŭm n* Gegend am Averner See, °Unterwelt.

E. *Da durch seine Schwefeldünste angeblich die Vögel getötet wurden, deutete man im Altertum den Namen als* ἄορνος = vogelleer.

ā-vĕrrō, *vĕrrī,* — 3. (*dcht.*) wegfegen; / wegraffen, hastig aufkaufen [pisces].

ā-vĕrrŭncō 1. (*sakrales Wort*; *cf.* vĕrrŭncō) (*nkl.*) *etw.* Böses abwenden *od.* abwehren (*alqd, zB. deum iram*; *klass. nur abs.*).

āvĕrsābĭlĭs, ĕ (āvĕrsŏr[1]) (*Lu.*) abscheulich.

āvĕrsātĭō, ōnĭs *f* (āvĕrsŏr[1]; *nkl.*) Abneigung, Abscheu.

āvĕrsĭō, ōnĭs *f* (āvĕrtō) **1.** (*nkl.*) das Abwenden [*ex aversione* rücklings]. **2.** (*nkl.*) *als rhet. Figur* = ăpŏstrŏphē. **3.** (*spätl.*) Ekel, Abscheu.

āvĕrsŏr[1] 1. (*intens. v.* āvĕrtō) (*meist unkl.*) m. Abscheu *od.* Verachtung sich abwenden (*abs. od. alqm v. jd., alqd* von *etw., zB. filium, aspectum*); / verschmähen, verabscheuen (*alqd, zB. facinus; alqm, zB. regem; m.* °*inf.*); *insb.* nicht anerkennen (*alqm*).

āvĕrsŏr[2], ōrĭs *m* (āvĕrtō) der *etw.* unterschlägt, Veruntreuer [*pecuniae*].

āvĕrsŭs 3 (*eig. P.P.P. v.* āvĕrtō) **1.** (*m.* °*sup.*) abgewandt, im Rücken, (v.) hinten [*aversus et adversus impudicus es* v. vorn u. v. hinten, °*aversa porta* Hintertür; *a re v. etw.*]; *subst.* **āvĕrsă,** ōrŭm *n* (*nkl.*) Rückseite, die abgelegenen Teile [*urbis*]. **2.** / (*m.* °*comp. u. sup.*) abgeneigt, feindlich, ungünstig (*abs., zB.* °*amici* erkaltet; *ab alqo u. a re, zB. a vero*; [*nkl., dcht.*] *m. dat., zB. lucro*).

▶ **ā-vĕrtō,** vĕrtī, vĕrsŭm 3. **1.** wegwenden, ablenken, entfernen (*alqm u. alqd, zB. se,* °*puppim* umwenden, *fluvium* ableiten, *vaginam* verschieben; *ab, ex, de re* v., aus *etw., zB. iter ab Helvetiis*; entfernt halten v. [*me ab infamia*]; *selten m. bloßem abl., zB. se eo itinere* = einen andern Weg einschlagen; *ad, in alqm u. ad, in alqd, zB. naves in altum*; / *causam in alqm* schieben; *dcht. auch m. bloßem acc., zB.* [*Ve.*] *regnum Libycas oras* verpflanzen nach). **2.** *intr. u. mediopass.* (*unkl.*) sich ab- *od.* umwenden [*prora avertit*]; / *alqd etw.* verschmähen [*equus fontes avertitur*]. **3.** (*Feinde*) vertreiben, in die Flucht schlagen [*barbaros a portis*]. **4.** *etw.* entwenden, unterschlagen [*pecuniam*]. **5.** (*Unglück, Böses*) abwenden, abwehren, fernhalten (*alqd, zB.* °*morbos; alqd ab alqo, zB. pestem ab Aegyptiis;* °*alci alqd, zB.* [*Ve.*] *incendia Teucris*). **6.** (*geistig*) abbringen (*alqm a societate, alcis animum a maerore*); *bsd. jd.* entfremden, abwendig machen.

ăvĭă, ae *f* (ăvŭs) Großmutter (*urspr. nur mütterlicherseits*).

ăvĭārĭŭm, ī *n* (ăvĭs) **1.** (*Ve.*) Niststätte wilder Vögel. **2.** Vogelhaus.

ăvĭdĭtās, ātĭs *f* (ăvĭdŭs) Begierde, Gier, Sucht, Lust (*alcis j-s, alcis rei* nach, zu *etw., zB. cibi, gloriae, legendi;* °*ad alqd, zB. ad coitūs*); *bsd.* Habsucht, Geiz; (*nkl.*) *auch* Appetit; °*pl.* Brunst [*feminarum*].

▶ **ăvĭdŭs** 3 (*m.* °*comp. u. sup.*; *adv.* **-ē**) (ăvĕō[1]) **1.** begierig, gierig (verlangend), lüstern, auf *etw.* erpicht, *auch* / (*alcis rei, zB. laudis;* [*nkl.*] *selten in u. ad alqd, zB. ad pugnam; m.* °*inf*). **2. a)** *abs.* gefräßig, unersättlich, *v. Pers. u. Sachen fast nur dcht.* [*conviva, libidines* wilde Triebe]; **b)** habsüchtig; *subst. m* Geizhals [°*hospes,* °*ingenium*]; **c)** (*nkl., dcht.*) herrschsüchtig, leidenschaftlich; *auch* kampfbegierig [*legiones*].
F. *synk.* audŭs (*Pl.*), *nur im gen. belegt*; *s.* audĕō.

▶ **ăvĭs,** ĭs *f* (*cf. altind.* vīh „Vogel") Vogel, *pl.* (*auch* °*sg.*) Geflügel; *bsd.* (*dcht.*) Weissagevogel; *meton.* (*unkl.*) Wahrzeichen, Vorzeichen, Vorbedeutung [*sinistra; avibus secundis* zur glücklichen Stunde].
F. *abl. sg.* ăvĕ, *selten* ăvī; *gen. pl.* ăvĭŭm.

ăvītŭs 3 (ăvŭs) großväterlich, großmütterlich; *übh.* uralt; / ererbt, angestammt [*regnum,* °*malum* Erbübel, °*ager* Stammgut].

ā-vĭŭs 3 (*Hypost.* ‹ *ā viā*) (*unkl.*) **1.** vom Wege abliegend, abgelegen, unbetreten, einsam [*saltus, iter* Seitenmarsch *od.* Marsch durch abgelegene Orte]; *subst.* **āvĭă,** ōrum *n* abgelegene Orte, Einöde(n), Wildnis; *auch* Abwege. **2.** (*v. Pers.*) vom (rechten) Wege sich entfernend, auf Abwegen.

āvŏcāmĕntŭm, ī *n* (āvŏcō) (*nkl.*) Zerstreuungsmittel.

āvŏcātĭō, ōnĭs *f* (āvŏcō) Ablenkung [*a re v. etw.*]; *bsd.* (*nkl.*) Zerstreuung, *auch pl.*

ā-vŏcō 1. **1.** (*nkl.*) ab(be)rufen, wegrufen (*alqm a re in u. ad alqd, zB. pubem in arcem*). **2.** / **a)** abziehen, ablenken, entfremden, fernhalten [*alqm a libidine; animos ad Antiochum* hinüberziehen zu]; **b)** (*nkl.*) erheitern, zerstreuen (*alqm od. alcis animum a luctu; auch abs.*).

ā-vŏlō 1. **1.** (*nkl., dcht.*) wegfliegen [*avium examina*]. **2.** / enteilen [*hinc v.* hinnen eilen = sterben]; schnell vergehen *od.* schwinden [*voluptas*].

Ăvŏnă, ae *n Fl. i. Britannien, j.* Avon.

ăvŏncŭlŭs (*altl.*) = ăvŭncŭlŭs.

ăvŏrs..., ăvŏrt... (*altl.*) = ăvĕrs..., ăvĕrt...

▶ **ăvŭncŭlŭs,** ī *m* (*wohl demin. v.* *ăvō, ōnĭs *zu* ăvŭs) Oheim *mütterlicherseits; cf.* pătrŭŭs; *auch* (= *magnus ~ od. maior ~*) Großoheim; (*nkl.*) *auch* Urgroßoheim.

▶ **ăvŭs,** ī *m* (*altl.* -ŏs; *vl. urspr. Lallwort; cf. got.* awō „Großmutter", *nhd.* „Oheim") Großvater (*urspr. nur mütterlicherseits*); *auch* Urgroßvater (= prŏăvŭs); (*nkl., dcht.*) *übh.* Vorfahr, Ahn.

Ăxĕnŭs *u.* **Ăxīnŭs,** ī *m* (ἄξενος *bzw.* ἄξεινος ungastlich): *Pontus ~* das Schwarze Meer (*älterer Name des Pŏntŭs Euxīnŭs*).

ăxĭcĭă, ae *f* = ăxĭtĭă.

ăxĭllă, ae *f* (*demin. v.* ālă) Achselhöhle.

▶ **ăxĭs**[1], ĭs *m* (*cf.* ἄξων *ds., nhd.* „Achse") **1.** (*nkl., dcht.*) Wagenachse; (*dcht.*) (*meton.*) Wagen, *sg. u. pl.* **2.** (*als gedachte Linie*) Achse: **a)** Erdachse; **b)** (*Lu.*) Weltachse; **c)** *meton.* (*dcht.*) **α)** Pol, *bsd.* Nordpol; **β)** Himmelsgegend [*borēus* Norden, *hesperius* Westen]; *übh.* Himmel(sgewölbe) [*caeli, sub* (*nudo*) *axe* unter freiem Himmel].

ăxĭs[2], ĭs *m* (*richtiger* ăssĭs; *cf.* ăssĕr) Diele, Brett, Bohle.

ăxĭtĭă, ae *f* (*od.* ōrŭm *n?*) (*et. ungedeutet*) (*Pl.*) *ein Toilettengegenstand* (*Schminke? Schminkspachtel? Schere?*).

Ăxĭŭs, ī *m* (Ἄξιος, Ἀξιός) *größter Fl. Makedoniens, j.* Vardar.

Ăxŏnă, ae *f* (*u. m?*) *Nebenfl. der Isara, j.* Aisne.

ăzȳmŭs 3 (*Fw.* ‹ ἄζυμος) (*spätl.*) ungesäuert; *subst.* **-ŏn,** ī *n* ungesäuertes Brot; **-ă,** ōrŭm *n* Fest der süßen Brote.

B

băbae *u.* **păpae** *int.* (*Fw.* 〈 *βαβαί, παπαῖ; Com., nkl.*) potztausend, o je!

băbŭlŭs, *ī m* (*Lallwort, cf. nhd.* „babbeln"; *Te., nkl.*) Schwätzer, Narr.

Băbȳlōn, *ōnĭs f* (*Βαβυλών*) Babylon (A.T. Babel), *Hptst. Babyloniens am Euphrat*; **Băbȳlō,** *ōnĭs m* (*Te.*) „der Babylonier", *ein* Nabob; *Einw.* **Băbȳlōnĭŭs,** *ī m*; *adi.* **-lōnĭēnsĭs,** *ĕ*, **Băbȳlōnĭŭs** *u.* **-ĭcŭs** 3 [°*numeri* chaldäische Weissagung aus den Sternen]; *subst.* **Băbȳlōnĭă,** *ae f* **1.** Babylonierin. **2.** *die Ldsch.* Babylonien *am Unterlauf des Euphrat u. Tigris.* **3.** Babylon. **F.** *Cf.* V.-B. III, 1, a *u.* b.

bācă *u.* (*weniger korrekt*) **bāccă,** *ae f* (*wahrsch. Fw. aus einer voridg. Mittelmeerspr.*) **1.** Beere. **2.** (runde) Baumfrucht, *bsd.* Olive; *pl.* (*arborum*) Früchte. **3.** (*Ho., Pe.*) Perle.

bācātŭs 3 (*bācă*) (*dcht.*) m. Perlen besetzt, Perlen...

****baccalarius** *u.* **baccalaureus,** *i m Inhaber des untersten akadem. Grades auf ma. Universitäten.*

băccăr, *ărĭs n* (*Fw.* 〈 *βάκκαρις*) (*dcht., nkl.*) keltischer Baldrian (*Pflanze m. aromatischer Wurzel*).

Bācchă, *ae u.* (*Ov.*) **-ē,** *ēs f* (*Fw.* 〈 *βάκχη*) Bacchantin, *schwärmende Begleiterin des Dionysos* (*Bacchus*); (*meton.*) (*Li.*) *Bacchis initiare alqm* jd. in den Bacchuskult einweihen.

bācchābŭndŭs 3 (*bācchŏr*) (*nkl., dcht.*) bacchantisch schwärmend [*agmen*].

Băcchānāl, *ālĭs n* (*Băcchŭs*) **1.** dem Bacchus geweihter Ort; *bsd.* Stätte der Bacchusfeier. **2.** *pl.* **Băcchānālĭă,** *ĭŭm u. ĭōrŭm n* **a)** Bacchanalien, Bacchusfest (*ekstatischer Geheimkult, 186 v.Chr. durch S.C. de Bacchanalibus verboten*); **b)** (*dcht.*) Orgien. **F.** *Cf.* V.-B. X.

băcchātĭō, *ōnĭs f* (*băcchŏr*) Orgie, wildes Gelage, *auch pl.*

Băcchē *s. Băcchă.*

Băcchēĭŭs *u.* **Băcchēŭs** 3 (*Βακχήϊος, Βακχεῖος*) (*dcht.*) bacchisch.

Băcchĭădae, *ārŭm m* (*Βακχιάδαι*) *altes Herrschergeschlecht zu Korinth, myth. Gründer v. Syrakus um 735 v.Chr.*

Băcchĭcŭs 3 (*dcht.*) = *Băcchēĭŭs.*

Băcchĭs, *ĭdĭs f* (*Βακχίς*) (*dcht.*) = *Băcchă.*

băcchīŭs (*Βακχεῖος*) **pēs** (*nkl.*) Bacchius, *urspr. im bacchischen Kultlied gebräuchlicher Versfuß* ◡ – – (*häufig bei Com.*).

băcchŏr 1. (*denom. v. Băcchŭs*) **1.** *intr.* (*dcht., nkl.*) **a)** das Bacchusfest feiern; *bācchāntēs, ĭŭm u. -ŭm f* = *Băcchae*; **b)** (bacchantisch) schwärmen, rasen, wüten, schwelgen [*in caede, in voluptate*]; *dcht. auch v. leblosen subi., zB. boreas* [*bacchatur ab Arcto*]; **c)** (*dcht.*) wild umherschweifen, Orgien feiern, (*v. Gerüchten*) sich stürmisch verbreiten; **d)** (*vom Redner*) sich bacchantisch gebärden [*quasi vinolentus inter sobrios*]. **2.** *trans.* (*dcht.*) **a)** den Bacchusruf (euoe) ertönen lassen; **b)** *part. pf. pass. băcchātŭs* von den Bacchantinnen durchschwärmt [*Naxos*]; **c)** (*Ju.*) in wilder Begeisterung dichten [*carmen*].

Băcchŭs, *ī m* (*Βάκχος, Beiname des Dionysos*) **1.** *S. des Zeus u. der Semele, Gott des Weines* (*sein Kult ca. 200 v.Chr. in Rom eingeführt*). **2.** *meton.* (*Ve.*) **a)** Bacchusruf; **b)** Bacchusgabe: Weinstock, Rebe; Wein.

Bācēnĭs, *ĭs f* (*sc. sĭlvă; wohl eigtl.* „Buchenwald" *zu fāgŭs*) der (*westl.*) Thüringer Wald.

băcēŏlŭs, *ī m* (*Lw.* 〈 *βάκηλος* „verschnittener Diener der Kybele") (*Augustus b. Suet.*) Dummkopf.

bācĭ-fĕr, *ĕră, ĕrŭm* (*bācă, fĕrō*) (*dcht.*) beeren-, fruchttragend.

băcĭllŭm, *ī n u. -ŭs, ī m* (*Isid.* 20, 13; 1 *T*) (*demin. v. băcŭlŭm*) Stöckchen, Stäbchen (*meist* = *băcŭlŭm*); *bsd.* Liktorstab. — *** **-us** stäbchenförmiger Krankheitserreger.

Băctră, *ōrŭm n* (*Βάκτρα*) *Hptst. der am Oxus liegenden pers. Satrapie* Baktrien (*Băctră n od. Băctrĭă f od. Băctrĭānă f*), *j.* Balkh *am* **Băctrŭs,** *ī m, Nebenfl. des Oxus*; *Einw.* **Băctrĭānŭs** *m*; *adi.* **Băctrĭānŭs** 3.

▶ **băcŭlŭm,** *ī n u.* (*dcht.*) **-ŭs,** *ī m* (*cf. βάκτρον, nhd.* „Pegel") Stock, Stab, *bsd.* °Hirten-, °Augurenstab, °Zepter. — ****-us** Stütze.

bădĭssō 1. (*Fw.* 〈 *βαδίζω*; *Pl.*) schreiten; (*obszön*) *tolutim* (im Paßgang) traben, reiten.

Baetĭs, *ĭs m* (*acc. -ĭm u. °-ĭn*; *abl. -ī u. -ĕ*) (*Βαῖτις*) *Hauptstrom im südl. Spanien, j.* Guadalquivir; *Einw. u. adi.* **Baetĭcŭs** (3); *subst.* **Baetĭcă,** *ae f die senatorische Provinz* Baetica, *j.* Andalusien.

baetō, —— 3. (*et. ungedeutet*; *cf. bĭtō*) (*vkl., dcht.*) gehen, schreiten.

Bāiae, *ārŭm f* (*wohl etr.*) *Seebad bei Neapel*; (*meton.*) = Badeort; *adi.* **Bāiānŭs** 3.

bāiŭlō 1. (*denom. v. bāiŭlŭs*; *unkl.*) (eine Last) tragen (*abs. od. alqd, zB. sarcinas*).

bāiŭlŭs, *ī m* (*et. ungedeutet*) Lastträger.

bālaenă (*richtiger* **băllaenă**), *ae f* (*wohl über ill. Lw.* 〈 *φάλλαινα zu φαλλός*) (*unkl.*) Walfisch.

bălănŭs, *ī f* (*Fw.* 〈 *βάλανος*; *cf. glāns*; *nkl., dcht.*) **1.** Eichel, Dattel. **2.** (Öl der) arab. Behennuß. **3.** *eine Seemuschel.*

bălātrō, *ōnĭs m* (*wohl etr. Fw.*; *unkl.*) Possenreißer, Schwätzer.

bālātŭs, *ūs m* (*bālō*; *nkl., dcht.*) *das* Blöken, das Meckern.

bălbŭs 3 (*adv.* °**-ē**) (*lautmalendes Wort*) stammelnd, lallend [°*verba gestammelt*]; *subst. m* Stammler; ♀ *röm. cogn.*; *s. Cōrnēlĭŭs.*

bălbūtĭō 4. (*bălbŭs*) **1.** (*intr.*) **a)** (*nkl.*) stammeln, stottern, lallen; **b)** / unklar reden (*abs. od.* de re). **2.** (*trans.*) **a)** *etw.* unklar reden [*perpauca*]; **b)** (*Ho.*) *jd.* in der Kindersprache *od.* beschönigend irgendwie nennen [*alqm scaurum* Humpelchen].

Bălĕārēs *u.* **Bălĭārēs** (*īnsŭlae*), *ĭŭm f* die Balearen (*Balearis maior, j.* Mallorca, *u. B. minor, j.* Menorca); *Einw.* **Bălĕārēs,** *ĭŭm m, in der Truppe als geschickte Schleuderer verwendet*; *adi.* **Bălĕārĭs,** *ĕ*, *auch* **Bălĕārĭcŭs** 3.

bălĭn... = *băln...*

bălĭstă, *ae f s. băllĭstă.*

băllaenă, *ae f s. bālaenă.*

Băllĭō, *ōnĭs m Name eines Kupplers im Pseudolus des Plautus*; *klass. nur appell.* = nichtswürdiger Mensch.

băllĭstă, băllĭstră *u.* **bălĭstă,** *ae f* (*Fw.* 〈 **βαλλιστής zu βάλλω*) Schleuder-, Wurfmaschine; Geschütz; (*dcht., nkl.*) (*meton.*) Wurfgeschoß.

băllĭstārĭŭm, *ī n* (*băllĭstă*; *Pl.*) Wurfmaschine, Geschütz.

bălnĕārĭŭs 3 (*bălnĕŭm*) (*dcht., nkl.*) Bade... [*fur* Kleiderdieb in den Thermen]; *klass. nur subst.* **bălnĕārĭă,** *ōrŭm n* Bäder, Badezimmer.

bălnĕātŏr, *ōrĭs m* (*bălnĕŭm*) Bademeister, -wärter.

bălnĕŏlŭm, *ī n* (*demin. v. bălnĕŭm*) kleines Bad.

bălnĕŭm *u.* **bălĭnĕŭm,** *ī n* (*Lw.* 〈 *βαλανεῖον*) **1.** *sg.* **a)** Badezimmer; **b)** (*nkl.*) Badewanne, Badewasser; **c)** (*nkl.*) Bad = das Baden. **2.** *pl.* **bălnĕă** *u.* **bălĭnĕă,** *ōrŭm n, meist* **bălnĕae** *u.* **bălĭnĕae,** *ārŭm f* Badeanstalt, *bsd.* öffentliches Bad. — ****-um** widerliches Getränk.

bālō 1. (*Nachahmung des Schaf-*

lautes βῆ; i. d. Volkssprache bēlō) (*unkl.*) blöken; *subst.* (*dcht.*) **bālāntēs,** (ī)ŭm *f* Schafe.

bălsămŭm, ī *n* (*Fw.* ⟨ βάλσαμον) (*nkl.*, *dcht.*) **1.** Balsamstaude. **2.** Balsam(saft) (*dcht. oft pl.*).

bāltĕŭs, ī *m* (*selten* **-ŭm,** ī *n*) (*etr. Fw.*) **1.** (*unkl.*) Gürtel, Gurt. **2.** Wehrgehenk, Schwertkoppel. **3.** (*dcht.*) Gürtel der Venus. **4.** (*meton.*) (*Ju.*) *pl.* Hiebe m. dem Gürtel *od.* Riemen.

bălūx, ūcĭs *f* (*spanisch-iberisches Fw.*; *nkl.*, *dcht.*) (*auch pl.*) Goldsand, -körner.

bămbăl(ĭ)ō, ōnĭs *m* (*cf.* bălbŭs); *eigtl.* „Stammler"; ♀ (**-ĭō**) *röm. cogn.*: *M. Fŭlvĭŭs B. Schwiegervater des Antonius.*

Băndŭsĭă, ae *f Quelle auf dem sabinischen Landgut des Horaz.*

****bannus,** ī *m* Bann, Interdikt; ~ *imperialis* Reichsacht.

Băntĭă, ae *f röm. Munizipium auf der Grenze v. Apulien u. Lukanien, j.* Banzi; *adi.* **Băntīnŭs** 3.

băptĭsmă, tĭs *n* (*Fw.* ⟨ βάπτισμα) (*Eccl.*) Taufe.

băptĭsmŭs, ī *m* (*Fw.* ⟨ βαπτισμός) (*Eccl.*) Taufe.

băptĭstă, ae *m* (*Fw.* ⟨ βαπτιστής) (*Eccl.*) Täufer.

băptĭstērĭŭm, ī *n* (*Fw.* ⟨ βαπτιστήριον) (*nkl.*) Badebassin; (*spätl.*) Taufkapelle.

băptīzō 1. (*Fw.* ⟨ βαπτίζω) (*Eccl.*) taufen.

bărăthrŭm, ī *n* (*Fw.* ⟨ βάραθρον) (*unkl.*) Abgrund, Schlund; *bsd.* Unterwelt; (**Hölle); / *macelli* Freßsack; *sprichw. alqd barathro donare* = verschwenden; *femineum* (*Ma.*) = *cŭnnŭs.*

▶ **bărbă,** ae *f* (*wohl* ⟨ **fărbā*; *cf. nhd.* „Bart") Bart.

bărbărĭă, ae (*u. selten* **bărbărĭēs,** ēī) *f* (*bărbărŭs*) **1.** Ausland, Fremde; *meton.* Barbaren; die Ausländer, *bsd.* Asiaten. **2.** / Barbarei = Roheit: **a)** Mangel an Bildung, Unkultur [*forensis, immanis*]; *bsd.* (*rhet.*) fehlerhafte Ausdrucksweise; **b)** Wildheit, Grausamkeit.

bărbărĭcŭs 3 (*Fw.* ⟨ βαρβαρικός; *unkl.*) = *bărbărŭs.*

bărbărĭsmŭs, ī *m* (*Fw.* ⟨ βαρβαρισμός; *vkl.*, *nkl.*) fremdartige Aussprache, sprachl. Schnitzer.

bărbărīzō 1. (*Fw.* ⟨ βαρβαρίζω) (*spätl.*) ungebildet reden.

▶ **bărbărŭs** 3 (*m.* °*comp.*; *adv.* **-ē**) (*Fw.* ⟨ βάρβαρος, *cf. bălbŭs*) barbarisch: **1.** ausländisch, fremd, nichtgriechisch [°*carmen* = phrygisch; *barbare od.* °*in barbarum loqui* wie ein Ausländer, fehlerhaft]; *-ē vertere* (*Pl.*) ins Lateinische übersetzen]; *bsd.* = persisch; *subst.* **bărbărŭs,** ī *m* Barbar, Ausländer, Fremder; **bărbără,** ae *f* Barbarin, Ausländerin. **2.** (*meton.*) roh: **a)** ungebildet, unwissend, unmanierlich; **b)** wild, grausam. — ** *adi.* in deutscher Sprache; *subst.* **-i** *orum m* die nichtrömischen Schriftsteller des Mittelalters.

F. *gen. pl.* *bărbărŭm* = *bărbărōrŭm* (*cf.* V.-B. VI, 3).

bărbātŭlŭs 3 (*demin. v. bărbātŭs*) ein wenig bärtig, *auch v. Tieren*; *bsd. iuvenes* Milchgesichter, unreife Burschen.

bărbātŭs (*bărbă*) **1.** *adi.* 3 **a)** bärtig, *auch v. Tieren*; **b)** (*meton.*) °erwachsen; **c)** / (*Ma.*) (*vom Buch*) ausgefranst. **2.** *subst. m* **a)** Römer der alten Zeit; **b)** (*dcht.*) Philosoph; **c)** (*dcht.*) Langbart = Ziegenbock.

bărbĭ-gĕr, ĕră, ĕrŭm (*bărbă, gĕrō*) (*Lu.*) barttragend, bärtig.

bărbĭtŏs, ī *m* (*u. f*) (*acc.* -ŏn, *voc.* -ĕ) (*Fw.* ⟨ βάρβιτος) (*dcht.*) Laute, Leier; (*meton.*) Lautenspiel, Leierklang.

bărbŭlă, ae *f* (*demin. v. bărbă*) Bärtchen; *bsd.* Milchbart.

Bărcă, ae *m* (Βάρκας, *hebr.* barak „der Blitz") *Stammvater der Barkiden zu Karthago*: *bsd. bekannt Hamilcar Barcas, s. Hămĭlcăr*; *adi.* **Bărcīnŭs** 3; *subst.* **Bărcīnī,** ōrŭm *m* die Barkiden.

Barcaei, ōrŭm *m Nomaden in Kyrenaika.*

bărdăĭcŭs 3 (*Ju.*) = *vărdăĭcŭs* 3.

bărdītŭs, ūs *m* (*et. ungedeutet*) (*Ta.*) germanischer Schildgesang.

bărdŏ-cŭcŭllŭs, ī *m* (*wohl eigtl.* „Bardenkapuze" *v. gall.-lat. bărdŭs*; *Ma.*) *gall.* Kapuzenmantel *aus Filz.*

bărdŭs 3 (*etr. Fw.*) stumpfsinnig, dumm.

bārĭs, ĭdŏs *f* (*Fw.* ⟨ βᾶρις, *aus dem Koptischen stammend*) (*Pr.*) Nilbarke.

Bārĭŭm, ī *n Hafenst. i. Apulien, j.* Bari.

bārō[1], ōnĭs *m* (*etr. Fw.*) Tölpel.

bārō[2], ōnĭs *m* (*germ.*; *spätl.*) freier Mann; Baron.

bărrītŭs, ūs *m* (*bărrĭō* 4. brüllen, *cf. bărrŭs, urspr.* Elefantengebrüll, *volkset. m. bărdītŭs vermengt*) (*nkl.*) Schlachtgeschrei.

bărrŭs, ī *m* (*Lw. aus einer asiatischen Spr.*, *vl. dem Indischen*) (*dcht.*) Elefant.

băscaudă, ae *f* (*altbrit. Lw.*; *urspr. wohl* „geflochtener Korb" [⟩ *engl.* basket]; *cf. lat. făscĭă*) (*dcht.*) Spülnapf *aus Metall.*

băsĭātĭō, ōnĭs *f* (*băsĭō*; *dcht.*) das Küssen; *pl.* Küsse.

băsĭātŏr, ōrĭs *m* (*băsĭō*; *Ma.*) „Küsser" (*der jeden Bekannten auf der Straße mit einem Kuß begrüßt*).

****basilēūs,** i *m* der oströmische Kaiser.

băsĭlĭcŭs (*Fw.* ⟨ βασιλικός) **1.** *adi.* 3 (*adv.* °**-ē**) (*vkl.*, *nkl.*) königlich, fürstlich, prächtig. **2.** *subst.* **a)** ~, ī *m* (*sc. iăctŭs*) (*Pl.*) Königswurf (*beim Würfelspiel m. tălī*; *vgl. dagegen Vĕnŭs*); **b)** **băsĭlĭcă,** ae *f* (βασιλική, *sc.* στοά) Basilika, mehrschiffige Halle; Gerichtshalle, Rathaus, Börse. — **Basilika, Hauptkirche, Dom; **c)** **-ŭm,** ī *n* (*Pl.*) kostbares Frauengewand.

băsĭō 1. (*denom. v. băsĭŭm*) (*nkl.*, *dcht.*) zärtlich küssen (*alqm*).

băsĭs, ĭs *u.* °ĕōs *f* (*Fw.* ⟨ βάσις) Basis: **1.** Fußgestell, Sockel, Basis (Säulenfuß). **2.** Grundmauer [*villae*]. **3.** (*math.*) Grundlinie, Basis. — **Brückenpfeiler.

F. *acc. sg.* -ĭm, *abl.* -ī. *Cf.* V.-B. III, 4, a.

băsĭŭm, ī *n* (*Fw. unbekannter Herkunft*) (*dcht.*, *nkl.*) Kuß.

Bāssărēūs, ĕī *m* (*voc.* -ēū) (Βασσαρεύς, *wohl zu* βασσάρα „Fuchsfell") *Beiname des Bacchus*; *adi.* -ărĭcŭs 3.

Bāssŭs, ī *m röm. cogn.* (*eigtl.* „der Dicke"); *cf. Aufĭdĭŭs*; *Cāssĭŭs.*

Bāstārnae *u.* **-tĕrnae,** ārŭm *m germ. Volk nördl. der Donaumündungen.*

băt (*Pl.*) *scherzh. Reimbildung zu ăt.*

Bătāvī, ōrŭm *m germ. Inselvolk a. den Rheinmündungen*; *adi.* -ŭs 3.

Băthyllŭs, ī *m* (Βάθυλλος) **1.** *ein v. Anakreon geliebter Knabe.* **2.** *Freigelassener des Maecenas, ber. Pantomime.*

bătĭllŭm, ī *n* = *vătĭllŭm.*

bătĭŏcă, ae *f* (*Fw.* ⟨ βατιακή) (*Pl.*) große Trinkschale.

****batlinea,** ae *f* (*germ.*) Bettlaken.

Băttĭădēs, ae *m* (Βαττιάδης) Nachk. des Battos (*lat. Băttŭs*), *des Gründers v. Kyrene* = Kallimachos.

bāt(t)ŭō, ŭī, — 3. (*gall. Lw.*; *unkl.*, *vulgär*) schlagen, stoßen; (*v. Fechtern*) sich *m. jd.* schlagen (*cum alqo*); *auch* = *fŭtŭō.*

baubŏr 1. (*lautmalendes Wort der Kinderspr.*) (*Lu.*) kläffen, bellen.

Baucĭs, ĭdĭs *f* (Βαυκίς) *hochbetagte Gattin des Philemon aus Phrygien.*

băxĕă, ae *f* (*Lw.* ⟨ *πάξεια *zu* πάξ) (*vkl.*, *nkl.*) leichte Sandale.

bdĕllĭŭm, ī *n* (*Fw.* ⟨ βδέλλιον, *sem. Herkunft*) (*vkl.*, *nkl.*) (Harz der) Weinpalme; / *Schmeichelwort.*

bĕātĭfĭcō 1. (*bĕātŭs, făcĭō*) (*Eccl.*) glücklich machen; glücklich preisen; auszeichnen, schmücken.

bĕātĭtās, ātĭs *u.* **bĕātĭtūdŏ,** ĭnĭs *f* (*bĕātŭs*) Glückseligkeit.

▶ **bĕātŭs** 3 (*m. comp. u. sup.*; *adv.* **-ē**) (*eigtl. P.P.P. v. bĕō*) beglückt: **1.** (*äußerlich*) begütert, reich; *übh.* (*auch v. Sachen*) gesegnet [*homo*, °*arva* fruchtbar; *re* durch *etw.*]; (*dcht.*, *nkl.*) herrlich, prächtig; *adv.* **-ē** (*als Ausruf*) prächtig! **2.** (*innerlich*) glücklich, glückselig [*beate vivere*, °*parvo* ~ mit wenigem zufrieden]; *auch v. Zuständen*: beglückend [*mors, nihil est ab omni parte beatum*]. **3.** (*spätl.*; *Eccl.*) verewigt; (*als kultisches Prädikat*) selig. **4.** *subst.* **a)** **bĕātī,** ōrŭm *m* α) die Glücklichen; β) (*v. Verstorbenen*) die Seligen; *bsd. beatorum insulae* die Inseln der Seligen (μακάρων νῆσοι) = Elysium; **b)** **bĕātŭm,** ī *n* Glückseligkeit.

bĕccŭs, ī *m* (*gall. Fw.*; *Suet.*) Schnabel.

Bĕlgae, ārŭm *m* die Belgen, *germanisch-keltische Völkerschaften im nw. Gallien u. heutigen Belgien*; **Bĕlgĭcă,** ae *f* (*nkl.*) *röm. Provinz* (*auch Gallia Belgica*); **Bĕlgĭŭm,** ī *n* **1.** = *Bĕlgĭcă.* **2.** *w. Teil v. Belgica*; *adj.* **Bĕlgĭcŭs** 3.

Bēlĭdēs *u.* **Bēlĭdĕs** *s. Bēlŭs.*

bĕllărĭă, ōrŭm *n* (*bĕllŭs*) (*unkl.*) Nachtisch, Dessert.

bĕllātŏr, ōrĭs *m* (*bĕllō*) **1.** mutiger Krieger, Kriegsheld. **2.** *adi.* (*dcht.*, *nkl.*) kriegerisch, streitbar, Kriegs-

... [*equus, deus* Kriegsgott].

bĕllātōrĭŭs 3 (*bĕllātŏr*; *nkl.*) kriegerisch; / polemisch [*stilus*].

bĕllātrīx, *īcĭs f* (*bĕllātŏr*) Kriegerin; *adi.* (*dcht., nkl.*) kriegerisch, streitbar [*Roma*]; *klass. nur* / [*iracundia*].

bĕllē *adv. v. bĕllŭs.*

Bĕllĕrŏphōn, *ōntĭs u.* **Bĕllĕrŏphŏntēs,** *ae m* (*Βελλεροφῶν, -φόντης*) *S. des Glaukos v. Korinth, erlegte das Ungeheuer Chimaira* (*lat. Chīmaeră*) *m. Hilfe des Pegasos; adi. -phŏntēŭs* 3.

bĕllĭātŭ(lŭ)s 3 (*bĕllŭs*; *Pl.*) schön, allerliebst.

bĕllĭcōsŭs 3 (*m. °comp. u. sup.*) (*bĕllĭcŭs*) **1.** kriegerisch, streitbar, *fast nur v. Pers.* [*gens*]. **2.** *v. Sachen* (*Li.*) **a)** reich an Kriegen, kriegerisch [*annus*]; **b)** kriegerischen Sinn verratend.

bĕllĭcŭs 3 (*bĕllŭm*) **1.** im Kriege (erworben *od.* erlitten), Kriegs..., Schlacht... = *mīlĭtārĭs* [*insignia* Feldzeichen, *ius* Kriegsrecht, °*ensis* Schlachtschwert; *res -a* Kriegswesen; *res -ae* Wechselfälle des Krieges]; *subst.* **bĕllĭcŭm,** *ī n* Signal mit der Kriegstrompete [*-um canere* zum Angriff blasen, / eine kriegerische Sprache führen]. **2.** (*dcht., nkl.*) = *bĕllĭcōsŭs.*

bĕllĭ-gĕr, *gĕră, gĕrŭm* (*bĕllŭm, gĕrō*) (*dcht.*) kriegführend, streitbar [*gens*].

bĕllĭgĕrō 1. (*denom. v. bĕllĭgĕr*) Krieg führen, kämpfen (*abs. od. cum alqo u. °adversus alqm*).

bĕllĭ-pŏtēns, *ēntĭs* (*bĕllŭm*) (*dcht.*) kriegsgewaltig; *subst. m* Kriegsgott = Mars.

▶ **bĕllō** (*u. dcht. bĕllŏr*) 1. (*denom. v. bĕllŭm*) Krieg führen (*cum alqo, adversus alqm, inter se, pro alqo u.ä.*); (*Li.*) *m. innerem Objekt hoc bellum* führen; / (*dcht.*) kämpfen, streiten.

Bĕllōnă, *ae f* (*bĕllŭm*) *röm.* Kriegsgöttin, *Schwester des Mars, ihr Tempel vor der Stadt.*
F. *altl. gen.* DVELONAI.

bĕllŏr 1. *s. bĕllō.*

Bĕllŏvăcī, *ōrŭm m belg. Volk zw. Seine, Somme u. Oise im Raum des heutigen Beauvais.*

bĕllŭă (*wohl schlechtere Schreibung als bēlŭă*).

bĕllŭlŭs 3 (*adv.* **-ē**) (*demin. v. bĕllŭs*; *vkl., nkl.*) ganz allerliebst, hübsch.

▶ **bĕllŭm,** *ī n* (*altl. dŭĕllŭm* ⟨ *dvĕllŭm*; *cf. δή(F)ιος* „feindlich") **1.** Krieg (*alcis u. cum alqo m. jd.*; *oft auch adi., zB. Persicum* m. den Persern, °*sociale* m. den Bundesgenossen; *bellum terrestre* Landkrieg, °*navale* Seekrieg, *civile* Bürgerkrieg); *bellum facere* anstiften (*alci* = *inferre alci jd.* bekriegen; *auch inferre contra patriam u. in provinciam*); *gerere* führen, *ducere od. trahere* in die Länge ziehen, *conficere* beendigen, *(com)parare u. apparare od. instruere* zum Kriege rüsten *u.a.*; *adv. bello, in bello u.* (*selten*) *belli* im Kriege; *domi belli que od. belli domique* (*bello domique, domi belloque*) im Krieg u. Frieden. **2. a)** (*dcht., nkl.*) Schlacht, Treffen; **b)** / Streit, Zank, Hader, Feindseligkeit [*tribunicium* m. den Tribunen]; **c)** (*Ho.*) Liebeshändel.

bĕllŭs 3 (*m. °comp. u. sup.*; *adv.* **-ē**) (⟨ **dvĕn[e]lŏs, demin. v. altl. dŭĕnŭs* = *bŏnŭs*) (*umgangssprachl.*) **1.** hübsch, niedlich, allerliebst, charmant [*architectus, puella, epistula*; *belle scribere od. alqd ferre* sehr heiter *od.* ruhig, *bellissime Corcyram navigare*]. **2.** gesund und munter, wohlauf [*belle esse od. se habere*]. **3.** *belle* (*als Beifallsruf*) köstlich! bravo!

▶ **bēlŭă,** *ae f* (*zu bēstĭă*) **1.** Untier, Ungetüm [*fera et immanis*]; *bisw. übh.* Tier = *bēstĭă.* **2.** Elefant. **3.** / Ungetüm: **a)** *als Schimpfwort* (*Pl.*) Rindvieh [*taeterrima*]; **b)** *v. Leblosem, zB. avaritia, belua fera.*

bēlŭātŭs 3 (*bēlŭă*; *Pl.*) m. eingestickten Tierfiguren.

bēlŭōsŭs 3 (*bēlŭă*) (*dcht.*) reich an Ungeheuern [*Oceanus*].

Bēlŭs, *ī m* (*Βῆλος*; *urspr. sem. Hauptgott* Baal, *den die Griechen nicht als Gott übernahmen*) **1.** Bel, *Gründer des Assyrischen Reiches.* **2.** *K. v. Tyros, V. der Dido.* **3.** *K. v. Ägypten, V. des Danaos, Großvater der 50 Danaiden* (= 2?). — *patron.* **Bēlīdēs,** *ae m* (*Βηλίδης*) *Nachk. des* ~ (= Lynkeus; Palamedes). — **Bēlĭdĕs,** *um f* (*Βηλίδες*) *die* Danaiden.

Bēnācŭs (*lăcŭs*), *ī m* Gardasee.

bĕnĕ
I. (*bei Verben*) **1.** gut, wohl; **2.** richtig, gut, günstig (*in verschiedenen Wendungen*); **II.** (*bei adi. u. adv.*) tüchtig, recht, sehr.

bĕnĕ, *adv. zu bŏnŭs* (*comp. mĕlĭŭs, sup. ŏptĭmē*) (⟨ **dvĕnē*) **I.** (*bei Verben*) **1.** gut, wohl, gehörig, tüchtig, recht [*bene narrare* eine gute Nachricht bringen, °*habitare* behaglich *od.* geschmackvoll; *nosse alqm* genau, *iudicare* richtig, *pugnare* glücklich, *mori* rühmlich, *vivere* sittlich gut, *rem bene gerere* tapfer *od.* glücklich kämpfen, *bene mereri de alqo, suadere* guten Rat geben, *existimare de alqo* Gutes von *jd.* glauben, *sperare* gute Hoffnung hegen, *polliceri* reichliche Versprechungen machen, *promittere* Glück verheißen, *venire* zur gelegenen Zeit; (*Pl.*) ~ *ambula* gute Reise! *u.ä.*]. **2. a)** **bene agere** richtig verfahren [*cum alqo jd.* freundlich behandeln]; **b)** **bene audire** *s. audĭō*; **c)** **bene dicere** (*auch zus.*) gut *od.* schön (richtig, vernünftig, anständig, passend) reden, beredt sein [*qui optime dicunt* die vorzüglichsten Redner]; *bsd. alci jd.* loben (*auch abs.*); *bene dictum* Lob, Ruhm; **d)** **bene facere** (*auch zus.*) *etw.* richtig tun, recht machen (*alqd*), wohl an *etw.* tun [*bene fecisti, quod ...*]; *alci jd.* wohltun, gute Dienste leisten, *sibi* sich gütlich tun; *bene factum* ruhmvolle Tat, edle Handlung, (*Pl.*) Wohltat; **e)** (*Pl.*) **bene emere** billig kaufen, ~ *vendere* teuer; **f)** **bene est** es geht gut (*alci* es geht *jd.* gut, *jd.* befindet sich wohl; *alci alqa re jd.* tut sich gütlich *m. etw.*); *Pompeio melius est factum* mit (der Gesundheit des) Pompejus ist es besser geworden; **g)** **bene te** *od.* °*tibi* auf dein Wohl! prosit! **II.** (*bei adi. u. adv.*) tüchtig, recht, sehr, überaus, völlig [*homo bene sanus u. robustus, bene mane, bene penitus,* °*non bene* nicht ganz, kaum = *vix*].

bĕnĕdīcē *adv.* (**bĕnĕ-dīcŭs* 3; *Konträrbildung zu mălĕdīcŭs*) (*Pl.*) m. freundlichen Worten.

bĕnĕ-dīcō 3. **1.** = *bĕnĕ dīcō* (*s. bĕnĕ* I, 2, c). **2.** (*Eccl.*) rühmen, segnen, weihen.

bĕnĕdīctĭō, *ōnĭs f* (*bĕnĕdīcō*) (*Eccl.*) Segnung, Segen. — **Seligpreisung.

bĕnĕdīctŭm *s. bĕnĕ* I, 2, *c.*

****benedictus** 3 gebenedeit.

Bĕnĕdīctŭs, *ī m v. Nursia, Stifter des ältesten abendländischen Mönchsordens* (*529 Kloster Monte Cassino*; „*Ora et labora*" *Wahlspruch der Benediktiner*).

bĕnĕ-făcĭō 3. **1.** = *bĕnĕ făcĭō* (*s. bĕnĕ* I, 2, *d*). **2.** **wohltun, beglücken; belehnen.

bĕnĕfĭcēntĭă, *ae f* (*bĕnĕfĭcŭs*) Wohltätigkeit, Güte.

bĕnĕfĭcĭārĭŭs 3 (*bĕnĕfĭcĭŭm*) (*Se.*) eine Wohltat genießend; *klass. nur subst.* **-ŭs,** *ī m* v. niedrigen Arbeiten befreiter Soldat, Gefreiter.

****beneficiatus,** *i m* Lehnsmann, -träger.

****beneficientia,** *ae f* Lehnshoheit.

▶ **bĕnĕfĭcĭŭm,** *ī n* (⟨ **bĕnĕ-făcĭŏm*; *făcĭō*) **1.** Wohltat, Verdienst, *bsd.* Vergünstigung, Gefälligkeit, Freundschaftsdienst (*alcis j-s*; *meum*); *beneficium alci dare od. tribuere od. in alqm conferre, beneficio alqm afficere*; *beneficia alcis in u. erga alqm* Verdienste um *jd., beneficii causa od. per beneficium* aus Gefälligkeit *od.* Gnade, *alqd in beneficii loco od. in beneficio petere* als eine Gefälligkeit *od.* Gnade, *beneficio alcis od. alcis rei* durch das Verdienst, *m.* Hilfe, unter dem Schutze, dank einer Sache, *zB. anuli, sortium*; *insb. pol. od. mil.* Auszeichnung, Begünstigung, Beförderung, Gnadenerweis, Amtsverleihung (*alcis j-s* = von seiten *j-s, zB.* °*dictatorum*; *beneficio uti* annehmen; *ad populi beneficium transferri* v. der Gnade des Volkes abhängig werden; *in beneficiis ad aerarium deferri* in die Gratifikandenliste des Staatsarchivs aufgenommen werden). **2.** (*nkl.*) Vorrecht, Privilegium [*consulum*]. — **Pfründe, Lehen.

bĕnĕ-fĭcŭs 3 (*bĕnĕ, făcĭō*) wohltätig, gefällig [*homo, voluntas*; *in alqm* gegen *jd.*].
F. *comp. bĕnĕfĭcēntĭŏr, sup. bĕnĕfĭcēntĭssĭmŭs.*

Bĕnĕvĕntŭm, *ī n* (*anfangs Mălĕvĕntŭm*; *Verbindung m.* „*male*" *wohl Volkset.*) *St. in Samnium, j.* Benevento (*Schlacht 275 v. Chr.*); *Einw. u. adi.* **Bĕnĕvĕntānŭs** (3).

bĕnĕ-vŏlēns, *ēntĭs* (*vkl., klass. nur*

comp. u. sup.; *s.* *běněvŏlŭs*) = *běněvŏlŭs*; *subst. m u. f* Gönner (-in).

▶ **běněvŏlěntĭă,** *ae f* (*běněvŏlēns*) **1.** Wohlwollen, Zuneigung, Gewogenheit (*erga u. in alqm* gegen *jd.*). **2. a)** Beweis des Wohlwollens [*civium*]; **b)** Beliebtheit bei *jd.* (*alcis*).

běně-vŏlŭs 3 (*adv.* **-ē**) (*vŏlō*) wohlwollend, gewogen, gütig (treu) ergeben (*abs. od. alci*).
F. *comp. u. sup. durch die Formen v. běně-vŏlēns ersetzt*: *běněvŏlěntĭŏr, běněvŏlěntĭssĭmŭs.*

běnfĭcĭŭm, *ī n* (*dcht.*) = *běněfĭcĭŭm.*

běnīgnĭtās, *ātĭs f* (-*ĭgn*-?; *běnīgnŭs*) Güte: **1.** Gutmütigkeit, Freundlichkeit, Leutseligkeit, Wohlwollen, Gefälligkeit, Milde. **2.** Wohltätigkeit, Freigebigkeit (*in alqm* gegen *jd.*).

běnīgnĭtěr *adv.* = *běnīgnē*; *s. běnīgnŭs.*

▶ **běnīgnŭs** 3 (-*ĭ*-?) (*m. comp. u. sup.*; *adv.* **-ē,** [*Com.*] **-ĭtěr**) (⟨ **dvĕnŏ-u. gnŏ-*; *s. bŏnŭs u. gīgnō*) gütig: **1.** gutmütig, freundlich, leutselig, gewogen, liebevoll, willig [*numen, mens* willfährig; *auch v. Leblosem, zB. oratio*, °*alci* gegen *jd.*; *-e polliceri* gute Versprechungen geben]; (*als Höflichkeitsformel*) *benigne* ich danke (schön)! sehr gütig! **2.** wohltätig, freigebig [*-e facere alci jd.* Gutes erweisen; (*dcht.*) *alcis rei, zB. vini somnique* wein- und schlaftrunken]; (*dcht.*) *auch v. Leblosem*: reichlich, ergiebig [*cornu copiae, daps, sermo* langes *od.* ausgiebiges Gespräch, *benigna vice* in reichlicher Vergeltung]. [*vŏl...*}

běnĭvŏlěntĭă, běnĭvŏlŭs *s. běně-*}

běō 1. (*wohl* ⟨ **dvĕ-iō zu altl. dvĕnŏs = bŏnŭs*; *cf. bĕātŭs*; *vkl., dcht.*) beglücken, erfreuen; (*Com.*) *beas od. beasti* (*sc. me*) das freut mich; *bsd.* beschenken, bereichern (*alqm re jd. m. etw., zB. munere, se notā Falerni* sich gütlich tun m.).

Běrěcўntae, *ārŭm u.* **Běrěcўntēs,** *ŭm m* (*Βερεκύνται u. Βερέκυντες*) *Volksstamm der Phrygier*; *adi.* **Běrěcўntĭŭs** 3 *auch* = °phrygisch [*mater* = Kybele, *heros* = Midas *als* S. der Kybele].

Běrěnīcē, *ēs f* (*Βερενίκη, danach nhd.* Veronika) **1.** *T. des jüdischen Königs Agrippa I., Geliebte des Titus.* **2.** *Gemahlin des ägyptischen Königs Ptolemäus III. Euergetes*; *ihr schönes Haar, das sie für die Heimkehr des Gatten weihte, unter die Sterne versetzt* („Locke der ~“, *Gedicht des Kallimachos, v. Catull übersetzt*); *adi.* **Běrěnīcēŭs** 3.

Běroeă, *ae f* (*Βέροια*) *makedon. St., j.* Verria; *Einw. u. adi.* **Běroeaeŭs** (3).

bērўllŭs *u.* **-ŏs,** *ī m u. f* (*Fw.* ⟨ *βήρυλλος*) (*nkl., dcht.*) Beryll (*meergrüner Edelstein*).

Bērўtŭs, *ī f* (*Βηρυτός*) *Küstenst. in Phönikien, 15 v.Chr. latinische Veteranenkolonie, j.* Beirut.

bēs, *bēssĭs m* (*statt bēss* ⟨ *dŭŏ ăss(ĭs) = dŭae pártēs ăssĭs*) zwei Drittel *eines zwölfteiligen Ganzen* (*s. ăs*): **1.** *des As als Münzeinheit* [*fenus ex triente factum erat bessibus* die Zinsen stiegen von $^1/_3$ monatlich auf $^2/_3$ (*d. h. von 4% jährlich auf 8%*)]. **2.** (*Pli.*) *einer Erbschaft* [*heres ex besse*]. **3.** (*Ma.*) (*meton.*) acht [*bessem bibamus* 8 Becher].

bēsālĭs, *ě* (*bēs*; *dcht., nkl.*) zwei Drittel (*eines 12teiligen Ganzen*) umfassend; 8 Unzen wiegend.

▶ **bēstĭă,** *ae f* (⟨ **dhvēs-tĭă*; *eigtl.* „atmendes Wesen“; *cf. mhd.* getwās „Gespenst“, *nhd.* „Tier“) Tier [*cicur*]; *auch* reißendes Tier, Raubtier; *meton. pl.* Kampf mit wilden Tieren *im Zirkus* [*alqm ad bestias mittere od. condemnare*]; (*dcht.*) (*als Schimpfw. u. scherzh.*) Bestie; ♀ *cogn. der gēns Călpŭrnĭă.*

bēstĭālĭs, *ě* (*bēstĭă*) (*Eccl.*) viehisch.

bēstĭārĭŭs 3 (*bēstĭă*) (*Se.*) Tier... [*ludus* Kampf m. Tieren]; *subst.* ~, *ī m* Tierkämpfer *im Zirkus.*

bēstĭŏlă, *ae f* (*demin. v. bēstĭă*) Tierchen.

bētă[1] *indecl.* (*dcht.*) *zweiter Buchstabe des gr. Alphabets* [*alpha et beta* das Abc]; (*sprichw.*) der zweite.

bētă[2], *ae f* (*kelt. Lw.*) Beete, Mangold, rote Rübe.

bētācēŭs, *ī m* (*bētă*[2]) (*vkl., nkl.*) Mangoldwurzel, Beete.

bētĭzō 1. (*bētă*[2]) (*nach Sueton v. Augustus nach λαχανίζω gebildet*) Gemüse sammeln; / weichlich *od.* fade sein.

bĭ- (*i. d. Komposition*: ⟨ °*dvĭ-*; *cf. bĭs*) zwei-, zwie-.

Bĭās, *āntĭs m* (*Bías*) *aus Priene, einer der sieben Weisen, um 550 v.Chr.*

Bĭběrĭŭs, *ī m* (*bĭbō*; *Suet.*) *Spottname des Kaisers Tiberius.*

bĭbī *s. bĭbō.*

biblia, *ae f* (*Fw.* ⟨ *βιβλία* „Bücher“) Bibel; *sacra* Heilige Schrift, ♀ *pauperum Bilderbibel des späteren Mittelalters.*

bĭblĭŏpōlă, *ae m* (*Fw.* ⟨ *βιβλιοπώλης*) (*dcht., nkl.*) Buchhändler.

bĭblĭŏthēcă, *ae* (*selten* **-cē,** *ēs*) *f* (*Fw.* ⟨ *βιβλιοθήκη*) Bibliothek: **1.** Büchersaal, Bücherei; (*nkl.*) Bücherschrank. **2.** Büchersammlung, Bücherei (*cf.* V.-B. **I,** 1). — **Bibel.

▶ **bĭbō,** *bĭbī,* — 3. (*ungeklärt, ob als idg.* √‾**bō- od.* √‾**pō- anzusetzen*; *cf. πί-νω, ἔπιον*; *pōtō*) **1.** trinken (*alqd, zB. vinum,* °*uvam* Traubensaft, Wein; *auch poculum u.ä.* = austrinken, leeren; *ex re od. re* aus *etw.*); *abs.* zechen [*Graeco more jd.* zutrinken]; (*dcht.*) *flumen* = an *e-m* Flusse wohnen [*Danuvium*]; *alci ministrare bibere od.* °*dare bibere jd.* den Wein kredenzen; *aut bibat aut abeat* sauf oder lauf! (*ἢ πῖθι ἢ ἄπιθι*). **2.** (*dcht., nkl.*) einsaugen, einziehen, (begierig) in sich aufnehmen; *auch v. Leblosem, zB. hasta bibit cruorem*; *abs. arcus bibit* der Regenbogen zieht Wasser; *v. Pers. aure od. auribus alqd* eifrig anhören.

Bĭbrāctě, *ĭs n Hptst. der Äduer.*

Bĭbrāx, *āctĭs f St. der Remer.*

bĭbŭlŭs 3 (*bĭbō*) (*dcht., nkl.*) **1.** (*act.*) gern trinkend, (stets) durstig (*alcis rei* nach *etw.* dürstend, *zB. Falerni*); / (*v. Sachen*) Feuchtigkeit begierig einsaugend [*lapis* Bimsstein, *charta* Löschpapier, *lana* die Farbe annehmend, *arena, favilla* durchlässig, *nubes* Wasser ziehend]; *übh.* feucht, schwammig; ♀ *cogn. der Călpŭrnĭī u. Pūblĭcĭī.* **2.** (*pass.*) trinkbar, süffig [*vinum Falernum*]. — ***subst.* ~, *ī m* Zechgenosse.

bĭ-cēps, *cĭpĭtĭs* (*căpŭt*) zweiköpfig [°*Ianus*]; / (*dcht.*) zweigipfelig [*Parnasus*].
F. *abl. sg.* -*tī*, *neutr. pl.* -*tĭă*, *gen.* -*tĭŭm u.* -*tŭm.*

bĭ-clīnĭŭm, *ī n* (*nach trĭclīnium gebildet*; *Pl., Qu.*) Speisesofa für zwei Personen.

bĭ-cŏlŏr, *ōrĭs* (*dcht., nkl.*) zweifarbig, scheckig [*pōpulus* Silberpappel].

bĭ-cŏrnĭgěr, *gěră, gěrŭm* (*Ov.*) *u.* (*dcht., nkl.*) **bĭ-cŏrnĭs,** *ě* (*cŏrnū*) *m.* zwei Hörnern, *zB. caper* [*luna* Halbmond]; / *furca* zweizinkig; (*v. Flüssen*) m. zwei Mündungsarmen. [doppelleibig.}

bĭ-cŏrpŏr, *ŏrĭs* (*cŏrpŭs*) (*dcht.*)}

bĭ-dēns, *děntĭs* (*unkl.*) **1.** *adi.* m. zwei Zähnen *od.* Zacken [*amica*]. **2.** *subst.* **a)** *m* (*sc. rāstěr* zweizinkiger) Karst, Hacke; **b)** *f* (*sc. hŏstĭă*) ausgewachsenes Opfertier (*das schon die mittleren Schneidezähne gewechselt hat*), *bsd.* Schaf.
F. *abl. sg.* -*tī* (*subst. meist* -*tě*); *gen. pl.* -*tĭŭm u.* -*tŭm.*

bĭděntāl, *ālĭs n* (*wohl v. bĭdēns* „Zweizack“ *als Symbol des Blitzes*; *dcht., nkl.*) Blitzmal (*ein vom Blitz getroffener Ort*); ~ *movere* verrücken (= entweihen).
F. *abl. sg.* -*ī*; *pl. nom.* -*ĭă*, *gen.* -*ĭŭm.*

bĭ-dŭŭm, *ī n* (*wohl* ⟨ *bĭs* + **dĭvŏm* „Tag“ *zu dĭēs*) Zeit v. zwei Tagen, zwei Tage hintereinander [*iter bidui* zwei Tagereisen *od.* Tagemärsche; (*per*) *biduum* zwei Tage lang; *biduo* in *od.* binnen zwei Tagen, zwei Tage lang; *eo biduo* in (*od.* nach) diesen zwei Tagen; *biduo post u. ante* zwei Tage nachher *u.* vorher; *biduo, quo* zwei Tage, nachdem].

▶ **bĭ-ěnnĭŭm,** *ī n* (*ānnŭs*) Zeit v. zwei Jahren, zwei Jahre hintereinander (*cf. bĭdŭŭm*).

bĭ-fārĭăm *adv.* (*erstarrter acc. fem. eines v. fās* „Äußerung“ *abgeleiteten adi.*) zweifach, nach zwei Seiten hin, doppelt [*alqd distribuere,* °*castra facere*].

bĭ-fěr, *ěră, ěrŭm* (*fěrō*; *cf. δίφορος*) (*unkl.*) zweimal (im Jahre) Früchte tragend *od.* blühend [*vites, rosaria*].

bĭ-fĭdŭs 3 (*fĭndō*) (*dcht., nkl.*) (in zwei Teile) gespalten.

bĭ-fŏrĭs, *ě* (*fŏrĭs*[1]; *dcht., nkl.*) zweitürig, zweiflügelig [*valvae*]; *übh.* zweifach, doppelt [*sonus*].

bĭ-fōrmātŭs 3 *u.* **bĭ-fōrmĭs,** *ě* (*fōrmō, fōrmă*; *dcht., nkl.*) zweigestaltet, doppelgestaltig, -leibig.

bĭ-frōns, *ōntĭs* (*dcht., spätl.*) doppelstirnig [*Ianus* zweiköpfig *od.* m. doppeltem Gesicht].

bĭ-fŭrcŭs 3 (*fŭrcă*) (*dcht.*, *nkl.*); zweizackig, zweizinkig [*ramus*, *vallus* gabelförmig]; *subst.* **-ŭm,** ī *n* Gabelung, Gabelpunkt.

bīgae, *ārŭm u.* (*nachaug.*) *sg.* **bīgă,** *ae f* (*aus* *bĭ-iŭgă, *zu* iŭgŭm; *cf.* βι-ζυξ; *unkl.*) Zweigespann; (*meton.*) zweispänniger Wagen.

bīgātŭs 3 (*bīgae*) (*nkl.*) m. dem Gepräge des Zweigespanns [*argentum*]; *subst.* **-ŭs,** ī *m* = Silberdenar.

bĭ-iŭgĭs, *ĕ u.* **bĭ-iŭgŭs** 3 (*Neubildung zu iŭgŭm seit Lu.*; *dcht.*, *nkl.*) zweispännig [*equi, lynces* Zweigespann von Luchsen, *certamen* Kampf im Zweigespann]; *subst.* **bĭiŭgī,** *ōrŭm m* (*Ve.*) Zweigespann, *bsd.* Streitwagen.

Bĭlbĭlĭs, *ĭs m Nebenfl. des Ebro*; *f St. am B.*, *Geburtsort Martials.*
F. *acc.* -*ĭm*, *abl.* -*ī*.

bĭ-lībră, *ae f* (*Li.*) zwei Pfund [*farris*].

bĭlībrĭs, *ĕ* (*bĭlībră*; *unkl.*) **1.** zwei Pfund schwer. **2.** zwei Pfund fassend [*cornu*].

bĭ-lĭnguĭs, *ĕ u.* **-ŭs** 3 (*lĭnguă*; *unkl.*) zweizüngig: **1.** (*eig.*) -*ī se prehendunt* (*vom Zungenkuß der Liebenden*; *Pl.*). **2.** zweisprachig; *bsd.* Kauderwelsch redend. **3.** / doppelzüngig, heuchlerisch.

bīlĭs, *ĭs f* (⟨ *bĭs[t]lĭs; *nur it.-kelt.*) **1.** Galle *als Flüssigkeit*; *auch* (*meton.*) Gallenerguß. **2.** / **a)** Zorn, Unwille, Verdruß [*bilem commovere alci* = *jd.* erzürnen]; **b)** [*atra od. nigra*] α) Schwermut, Melancholie; β) (*vkl.*, *nkl.*) Raserei, Wahnsinn; (*abl. sg.* -*ī u. seit Ho.* -*ĕ*).

bĭ-līx, *īcĭs* (*līcĭŭm*) (*Ve.*) zweifädig, doppeldrähtig [*lorica*].

bĭ-lūstrĭs, *ĕ* (*lūstrŭm*²) (*dcht.*) zwei Lustren dauernd, zehnjährig [*bellum*].

bĭ-lȳchnĭs, *ĕ* (*lȳchnŭs*; *Pe.*) zweikernig, -flammig [*lucerna*].

bĭ-mărĭs, *ĕ* (*mărĕ*; *dcht.*, *nkl.*) an zwei Meeren gelegen [*Corinthus, Isthmus*].

bĭ-mărītŭs 3 zweifach verheiratet; *subst. m* Doppelgatte, Bigamist.

bĭ-mātĕr, *trĭs* (*Bed.-Lw.* ⟨ διμήτωρ; *dcht.*, *nkl.*) v. zwei Müttern geboren (*Beiname des Bacchus*).

bĭ-mĕmbrĭs, *ĕ* (*mĕmbrŭm*) (*dcht.*) doppelgliedrig [*forma*]; *subst. m* Doppelgestalt (= Kentaur).

bĭ-mē(n)strĭs, *ĕ* (*mēnsĭs*) (*dcht.*, *nkl.*) zwei Monate alt [*porcus*; *stipendium* für zwei Monate].
F. *abl. sg.* -*ī u.* -*ĕ*.

bīmŭlŭs 3 (*demin. v.* *bīmŭs*) (*dcht.*, *nkl.*) erst zweijährig.

bīmŭs 3 (*aus* *bĭ-hĭmŏs *zu* hĭĕms, *eig.* zwei Winter alt) zweijährig, (erst) seit zwei Jahren bestehend [°*merum*]; *prägn.* *sententia* Antrag auf zweijähriges Verbleiben in der Provinz.

Bingĭŭm, *ī n belg. St. a. d. Nahe, gegenüber v. Bingen.*

bīnī, *ae, ă* (*wohl* ⟨ *dvĭs-nŏ- „zweimalig" *zu* bĭs; *cf. nhd.* „Zwirn") *num. distr.* **1.** je zwei, *dtsch. meist* „zwei" [*Romae quotannis bini consules creabantur, bis bina sunt quattuor*]. **2.** zwei, beide *bei echten pluralia tantum* [*bina castra* beide Lager; *binae litterae* zwei Briefe, *aber duae litterae* zwei Buchstaben]. **3.** *bei zusammengehörigen Dingen*: **a)** ein Paar [*bini boves, bini tresviri* zwei Triumvirate]; **b)** zwei Paare [*bini consules*]. **4.** *im obszönen Doppelsinn m.* βινεῖ (βινέω = fŭtŭō).
F. *gen. meist* bīnŭm (*cf.* V.-B. VI, 5). — *sg.* bīnŭs 3 (*Lu. u.* **).

bĭ-nŏctĭŭm, *ī n* (*nŏx*) (*nkl.*) Zeit v. zwei Nächten, zwei Nächte.

bĭ-nōmĭnĭs, *ĕ* (*nōmĕn*) (*Ov.*) zweinamig (*Ascănĭŭs* = *Iūlŭs*).

Bĭōn, *ōnĭs m* (Βίων) *kynischer Wanderprediger um 300 v.Chr.*, *berüchtigt durch die Schärfe seines Witzes.* — *adi.* **Bĭōnēŭs** 3 (*Ho.*) bissig, satirisch.

bĭ-pălmĭs, *ĕ* (*pălmă*¹) (*vkl.*, *nkl.*) zwei Spannen lang *od.* breit [*spiculum*].

bĭ-părtītŭs 3 (*adv.* **-ō**) (*P.P.P. v.* *bĭpărtĭō* 4. in zwei Teile teilen) in zwei Teile(n), zwiefach, doppelt [*argumentatio, classem -o collocare od. distribuere, signa -o inferre* von zwei Seiten angreifen, **-o esse** in zwei Teile geteilt sein].

bĭ-pătēns, *ĕntĭs* (*eig. part. praes. v.* *pătĕō*) (*dcht.*) doppelt geöffnet [*portae* mit doppelten Türflügeln, *tecta* Saal m. geöffneten Doppeltüren].

bĭ-pĕdālĭs, *ĕ* (*pēs*) zweifüßig (*als Maß*), zwei Fuß lang (*od.* breit, dick) [*materia, modulus*].

bĭpĕnnĭ-fĕr, *fĕră, fĕrŭm* (*bĭpĕnnĭs, fĕrō*) (*Ov.*) eine Doppelaxt tragend.

bĭ-pĕnnĭs, *ĕ* (*pĕnnă*) (*nkl.*) *eig.* zweiflügelig; / zweischneidig [*ferrum*]; *subst.* **bĭpĕnnĭs,** *ĭs f* zweischneidige Axt, Doppelaxt.
F. *acc. sg.* -*ĕm*, *abl.* -*ī u.* -*ĕ*, *gen. pl.* -*ĭŭm*.

bĭpĕrtītŭs 3 = *bĭpărtītŭs*.

bĭ-pēs, *ĕdĭs* zweifüßig, zweibeinig [*deus*, °*equi*]; *subst. m* Zweifüßler (*verächtlich* = Mensch).

bĭ-rēmĭs, *ĕ* (*rēmŭs*) (*dcht.*, *nkl.*) zweiruderig, m. zwei Ruderern [*scapha*]; *klass. nur subst.* **bĭrēmĭs,** *ĭs f* Zweidecker, *Schiff m. zwei Reihen Ruderbänken übereinander.*
F. *abl. sg.* -*ī*, *gen. pl.* -*ĭŭm*.

****birso** 1. (*germ.*) pirschen, jagen.

▶ **bĭs** *adv.* (⟨ *altl.* dvĭs *zu* dŭō; = δίς) zweimal [~ *tantum u. tanto* doppelt so groß, so weit; *bis terve* nur zwei- bis dreimal = selten, *aber bis(que) terque* zwei- bis dreimal = öfters, mehrfach; (*Ho.*) *bis quinque viri* = *decemviri*]; (*dcht. u. spätl.*) zum zweitenmal (= *iterum*).

bĭsōn, *ōntĭs m* (*wahrsch. germ. Lw.*; *cf. nhd.* „Wisent") (*dcht.*, *nkl.*) Auerochse.

Bĭstŏnĕs, *ŭm m* (Βίστονες) *thrakisches Volk*; *adi.* **Bĭstŏnĭŭs** 3, **-ŏnĭs,** *ĭdĭs f* (*auch* = °thrakisch); *subst.* **-ŏnĭs,** *ĭdĭs f* thrakische Bacchantin.

bĭ-sŭlcĭs, *ĕ u.* **bĭ-sŭlcŭs** 3 (*sŭlcŭs*; *unkl.*) (zwie)gespalten [*pes*]; / (*Pl.*) *bisulci linguā* = ein Heuchler.

Bīthȳnĭă, *ae f* (Βιθυνία) Bithynien, *kleinasiatische Ldsch. an der Propontis u. am Schwarzen Meer.* — *Einw.* **Bīthȳnī,** *ōrŭm m* (*fem.* **Bīthȳnĭs,** *ĭdĭs* Bithynerin); *adi.* **Bīthȳnĭcŭs** *u.* °**Bīthȳnŭs** 3.

bītō, — — 3. (-*ī*- *aus den Komposita übernommen*; *cf.* *baetō*) (*vkl.*) gehen, schreiten.

Bĭtōn, *ōnĭs m* (Βίτων) *S. d. Priesterin Kydippe, Bruder des Kleobis, berühmt durch die Liebe zu ihrer Mutter.*

bĭtūmĕn, *ĭnĭs n* (*osk.-umbr. od. kelt. Lw.*; *cf. nhd.* „Kitt") (*dcht.*, *nkl.*) Erdpech, -harz, Asphalt.

bĭtūmĭnĕŭs 3 (*bĭtūmĕn*) (*dcht.*, *nkl.*) v. Erdpech [*vires* Massen].

Bĭtŭrīgĕs, *ŭm m kelt. Volk in Aquitanien* (*i. d. Gegend von Bourges*). *Cf.* V.-B. III, 1, e.

bĭ-vĭŭs 3 (*vĭă*) (*unkl.*) m. zwei Wegen [*fauces* die Eingänge des Hohlwegs auf beiden Seiten]; *subst.* **bĭvĭŭm,** *ī n* Kreuz-, Scheideweg; / doppeltes Mittel.

blaesŭs 3 (*wohl trotz der Bedeutungsdifferenz Fw.* ⟨ βλαισός „auswärts gekrümmt, [gichtisch] gelähmt") (*dcht.*, *nkl.*) lispelnd, lallend, stammelnd [*lingua*]; *subst.* **-ī,** *ōrŭm m v. Betrunkenen*, *sg.* ♀ *cogn.*, *bsd. in der gēns Sĕmprōnĭă*.

blăndĭdĭcŭs 3 (*blăndŭs, dīcō*²) (*Pl.*) schmeichlerisch.

blăndĭ-lŏquĕntĭă, *ae f* (*blăndĭlŏquēns*; *blăndŭs, lŏquŏr*) (*vkl.*) Schmeichelrede.

blăndĭ-lŏquĕntŭlŭs *u.* **-lŏquŭs** 3 (*blăndŭs, lŏquŏr*) (*Pl.*, *Se.*) schmeichlerisch.

blăndīmĕntŭm, *ī n* (*blăndĭŏr*; *vkl.*, *nkl.*) = *blăndĭtĭă*; *klass. nur pl.*

blăndĭŏr, *ītŭs sŭm* 4. (*denom. v.* *blăndŭs*) schmeicheln; *vielfach ohne gehässigen Nebenbegriff* = liebkosen (*abs. od. alci, de alqo* wegen *j-s*; *m.* °*ut* schmeichelnd bitten); / (*v. Leblosem*) behagen, gefallen, reizen, (an)locken [*voluptas sensibus*, (*Ta.*) *fortuna coeptis* begünstigt]; °(*part. pf.*) *adi.* *blăndītŭs* 3 angenehm, reizend [*rosae*].

blăndĭtĕr *s.* *blăndŭs*.

blăndĭtĭă, *ae f* (*blăndŭs*) **1.** Schmeichelei, Liebkosung [*popularis* gegenüber dem Volk]; *pl.* Schmeichelworte, Komplimente. **2.** (*v. Leblosem*) *meist pl.* **a)** Reiz, Annehmlichkeit, Lockung [*voluptatum*]; **b)** Leckerei.

▶ **blăndŭs** 3 (*m.* °*comp. u.* °*sup.*; *adv.* **-ē** *u.* [*Com.*] **-ĭtĕr**) (*wohl zu* *mŏllĭs*) **1.** schmeichelnd, liebkosend, zärtlich [*canes, -e rogare u. appellare alqm*; *alci* gegen *jd.* = *adversus alqm*; (*dcht.*) *m. inf.*]. **2.** / (*v. Sachen*) schmeichlerisch: **a)** einnehmend, gewinnend, höflich [*litterae, preces*]; **b)** lockend, reizend [*otium*].

blăsphēmĭă, *ae f* (*Fw.* ⟨ βλασφημία) (*Eccl.*) Schmähung, Gotteslästerung.

blăsphēmō 1. (*Fw.* ⟨ βλασφημέω) (*Eccl.*) lästern, schmähen.

blăsphēmŭs 3 (*Fw.* ⟨ βλάσφημος) (*Eccl.*) lästernd.

blătĕrō 1. (*Schallwurzel* *blăt-; *cf. nd.* „pladdern") (*unkl.*) plappern, unnütz schwätzen, faseln.

blătĭō, — — 4. (*cf.* *blătĕrō*) (*Pl.*) schwätzen.

blăttă, *ae f (et. ungedeutet; dcht., nkl.)* Motte, Schabe.
blăttārĭŭs 3 (*blăttă; nkl.*) zur Schabe gehörig; *balnea -a* dunkle Badezimmer.
blĕnnŭs, *ī m (Fw.* ‹ βλεννός; *vkl.)* Tölpel.
blĭtĕŭs 3 (*blĭtŭm; Bed.-Lw. nach* βλιτάς „dummes altes Weib") (*Com.*) abgeschmackt, albern [*meretrix*].
blĭtŭm, *ī n (Fw.* ‹ βλίτον; *unkl.)* Melde (*Küchenkraut*).
bŏārĭŭs 3 (*bŏ-ŭm, gen. pl. v. bōs) u.* (*nkl.*) **bŏvārĭŭs** 3 (*bōs*) zum Rinde gehörig; *klass. nur forum boarium* Rinder-, Ochsenmarkt (*Marktplatz i. Rom*).
bōcŭlă, *ae f* = *būcŭlă*.
Boeōtărchēs, *ae m* (Βοιωτάρχης) Böotarch, *einer der 11 jährl. gewählten Leiter des Böotischen Bundes. Cf.* V.-B. I, 2.
Boeōtĭă, *ae f* (Βοιωτία) *Ldsch. in Mittelgriechenland; Einw.* **Boeōti** (*selten Boeōtĭī*), *ōrŭm u.* °*ŭm m; adi.* **Boeōtĭŭs** *u.* °**Boeōtŭs** 3.
bŏiă, *ae f (-ō-?; et. unklar, kaum zu Bōī) (Pl.)* Halseisen.
Bōiī *od.* **Bōī**, *ōrŭm m (Βοῖοι u. Βοιοί) kelt. Volk, urspr. in Gallien, später in 2 Gruppen gespalten:* **1.** *in Oberitalien (s. Bŏnōnĭa), 196 v.Chr. romanisiert.* **2.** *in Böhmen* (**Bōĭhaemŭm** *od.* **Bōiŏhaemŭm** [*Bō-?*], *ī n, d.h.* Bojerland) *bis ca. 60 n.Chr., dann nach Pannonien u. Noricum abgewandert; adi.* **Bōiŭs** 3 (*subst.* **Bōiă**, *ae f* Bojerland).
Bōlă, *ae u.* **Bōlae**, *ārŭm f St. der Äquer in Latium; Einw. u. adi.* **Bōlānŭs** (3).
bŏlbŭs = *bŭlbŭs*.
bōlētăr, *āris n (bōlētŭs) (Ma.; nkl.)* Geschirr, *urspr.* für Pilze.
bōlētŭs, *ī m (et. unklar.; nkl., dcht.)* eßbarer Pilz, *bsd.* Champignon.
bŏlŭs, *ī m (Fw.* ‹ βόλος) *(unkl.)* Wurf (*beim Würfelspiel*); / guter Fang, Gewinn.
bŏmbăx *int. (Fw.* ‹ βομβάξ; *Pl.)* (*umgangssprachlich*) potztausend!
bŏmbŭs, *ī m (lautmalendes Fw.* ‹ βόμβος) *(unkl.)* dumpfes Getöse, Summen, Brummen.
bŏmbȳcĭnŭs 3 (*bŏmbȳx*) (*dcht., nkl.*) seiden; *subst.* **-ă**, *ōrŭm n* seidene Kleider, Stoffe.
bŏmbȳx, *ȳcĭs m (Fw.* ‹ βόμβυξ) *(dcht., nkl.)* Seidenraupe, Seide.
Bŏnă dĕă, *ae f* die Gute Göttin: *urspr. Bein. der Fauna, dann selbständige altitalische Göttin der Fruchtbarkeit (alljährl. Tempelfeier der röm. Frauen am 1. Mai u. bsd. im Anfang Dezember, Nachtfeier im Hause des höchsten Beamten).*
bŏnĭtās, *ātĭs f (bŏnŭs)* Güte: **1.** (*v. Sachen*) gute Beschaffenheit, Vorzüglichkeit [*agrorum*]; *auch v. abstr., z.B. naturae* glückliche Naturanlage, *causae* Gerechtigkeit. **2.** (*v. Pers.*) Rechtschaffenheit; *bsd.* Herzensgüte, Gutmütigkeit (*alcis j-s; in u. erga alqm* gegen *jd.*).
Bŏnnă, *ae f fester Ort der Ubier am linken Rheinufer, j.* Bonn; *adi.* **Bŏnnēnsĭs**, *ĕ.*
Bŏnōnĭă, *ae f uralte Siedlung in Gallia Cisalpina, unter den Etruskern Fĕlsĭnă, dann Hptst. der Bojer, seit 189 v.Chr. röm. Militärkolonie, im 1. Jh. v.Chr. municipium, j.* Bologna; *adi.* **Bŏnōnĭēnsĭs**, *ĕ.*
▶ **bŏnŭm**, *ī n (bŏnŭs)* **1.** das Gute, gute Beschaffenheit, guter Zustand [*in bonum vertere* zum Guten ausschlagen; *m. comp. mĕlĭŭs, z.B. in melius mutare*]; *auch das sittlich Gute, zB. bonum honestumque* Rechtlichkeit u. Ehrenhaftigkeit, *bonum et aequum* Recht u. Billigkeit. **2. a)** das Gut = wünschenswerter Besitz [*naturale* angeborenes Talent, *summum bonum* das höchste Gut, *philos.* = *finis bonorum*]; **b)** gute Eigenschaft, Tugend, Vorrecht *u.ä.* [*bona aut mala* Vorzüge oder Fehler, °*bonum formae* Gabe der Schönheit]; **c)** *pl.* Hab *u.* Gut, Vermögen [*heres omnium bonorum* Universalerbe, *in bonis esse* im Besitz der Güter sein]. **3. a)** Nutzen, Vorteil [*alci bono esse* für *jd.* vorteilhaft sein, *zB. cui bono?*]; **b)** Glück, Wohl [*publicum* Staatswohl], *pl.* Glück.

> **bŏnŭs**
> **I. 1.** gut, tüchtig, vorzüglich; **2. a)** (*Pers. u. Sachen*) tauglich, geschickt, zweckmäßig; **b)** (*Pers.*) tapfer, mutig; vornehm, adelig; **c)** (*Sachen*) fein, köstlich; bedeutend; günstig; **II. 1.** sittlich gut, rechtschaffen; **2. a)** gütig, wohlwollend; **b)** geistig beschränkt; **3.** patriotisch, loyal.

bŏnŭs 3 (*altl. dvŏnŏs* ‹ *dvĕnŏs; cf. bĕnĕ; Grundbed. wohl* „mit Gaben versehen"; *cf. altind.* duvas „Gabe, Ehrenerweisung"), *comp.* **mĕlĭŏr**, *ŭs* (√*mel- „stark, groß"; *cf.* μάλα, *mŭltŭs*) *u. sup.* **ŏptĭmŭs** 3 (*altl. ŏptŭmŭs; zu ŏps*); *adv. bĕnĕ, s.d.* **I.** (*in allen Beziehungen*) **1.** *in seiner Art* gut, tüchtig, trefflich, vorzüglich, *v. Pers. u. Sachen, auch v. abstr.* [*vinum, nummi* echte, *bono animo esse* guten Mutes sein, *aetas* = Jugend, *alqd melius facere* vervollkommnen; *alci* für *jd.*; *alci rei u. ad alqd* für *od.* zu *etw.*; *re in etw.*; *m. 2. supin., zB. optimum factū; m.* °*inf.*]; *als Anrede (o) bonĕ* mein Lieber, Bester, *auch ironisch.* **2.** (*v. Pers. u. Sachen*) **a)** tauglich, geschickt, zweckmäßig, verdienstlich, heilsam [*comoedus, exemplum, aetas, familia* Dienerschaft]; *optimum est (m. inf.)* es ist das beste *od.* am geratensten; **b)** (*v. Pers.*) **α)** tapfer, mutig, kräftig [*boni atque ignavi*]; **β)** vornehm, edel, *übh.* v. guter Abkunft [*puer bonis prognatus*]; *bsd.* adelig, aristokratisch; *subst. ŏptĭmī* = *ŏptĭmātēs*; **γ)** wohlhabend; **c)** (*v. Sachen*) **α)** fein, delikat, köstlich [*optima signa* sehr schöne Statuen; *bsd. bonae res* Leckerbissen, Delikatessen]; **β)** ansehnlich, beträchtlich, bedeutend [*bona pars sermonis, bona librorum copia*]; **γ)** glückbringend, günstig [*auspicium, fortuna*]; *bonae res* glückliche Umstände; *bsd.* (*als Eingangsformel*) *quod bonum faustum felix fortunatumque sit.* **II.** (*moralisch*) gut: **1.** sittlich gut, rechtschaffen, ehrenhaft, zuverlässig, treu [*servus; bona ratione emere* auf ehrliche Weise, *bono animo od. bono consilio* in guter Absicht]; *bonus vir* Ehrenmann; *bonae artes* gute Eigenschaften (*od.* Kunst *u.* Wissenschaft); *bsd.* tugendhaft, keusch [*femina*]. **2. a)** gutmütig, gütig, wohlwollend, gnädig, gewogen (*alci u. in alqm j-m u.* gegen *jd.*); (*cum*) *bona venia* mit Verlaub [*tua* mit deiner gütigen Erlaubnis]; **b)** gutmütig = geistig beschränkt. **3.** der herrschenden Staatsform zugetan, patriotisch (*bsd.* aristokratisch) gesinnt, loyal [*civis, pars melior od. partes optimae* Patriotenpartei]; *subst. bonus od. optimus m* Patriot, loyaler Bürger (*in Rom* = Aristokrat, Konservativer, *in Athen* = Demokrat); *cf. auch bĕnĕ.*
bŏō 1. (*Fw.* ‹ βοάω) (*unkl.*) brüllen; / laut widerhallen.
Bŏōtēs, *ae u. ĭs m (Fw.* ‹ βοώτης) Ochsentreiber, *Sternbild in der Nähe des Großen Bären,* der Führer des Wagens = *Ārctūrŭs u. Ārctŏphȳlăx.*
F. *Cf.* V.-B. I, 2 *u.* III, 3 *u.* 5.
bŏrĕās, *ae m (Fw.* ‹ βορέας) *(dcht., nkl.)* Nordwind; (*meton.*) Norden; *personif.* = *Āquĭlō. Cf.* V.-B. I, 3.
bŏrēŭs 3 (*Fw.* ‹ βόρειος, *cf. bŏrĕās*) (*dcht.*) nördlich.
*****Borussia** *symbol. Frauengestalt* (= Preußen).
Bŏrȳsthĕnēs, *ĭs m Fl. im europäischen Sarmatenlande, j.* Dnjepr; *patron. (dcht.)* **Bŏrȳsthĕnĭdae**, *ārŭm m* Anwohner des Borysthenes; *adi.* **Bŏrȳsthĕnĭŭs** 3.
▶ **bōs**, *bŏvĭs m u. f (osk.-umbr. Lw.; cf.* βοῦς, *nhd.* „Kuh") **1.** Rind: *m* Ochse. **2.** (*dcht., nkl.*) *ein Seefisch.* **F.** *gen. pl. bŏŭm,* (*altl.*) *bŏvŏm; dat. u. abl. būbŭs u. bōbŭs.*
Bŏspŏrŭs *u.* **Bŏsphŏrŭs** *u.* **-ŏs**, *ī m* (Βόσπορος, *eig.* Kuhfurt, *nach der Sage v. Io, die v. Hera in eine Kuh verwandelt war*) Meerenge; *insb.* **1.** Straße *v.* Konstantinopel (**B. Thracius**). **2.** Straße *zw.* dem Schwarzen u. Asowschen Meer (**B. Cimmerius**), *j.* Str. *v.* Kertsch; (°*f* = die Landstriche am Bosporus); *adi.* **Bŏsp(h)ŏrānŭs** *u.* **Bŏsp(h)ŏrĭŭs** 3 bosporanisch (*subst. m* Anwohner des kimmerischen Bosporus).
bŏtĕllŭs, *ī m (demin. v. bŏtŭlŭs)* (*dcht., nkl.*) Würstchen.
bŏtrȳŏ(n), *ōnĭs m (Fw.* ‹ *βοτρυών) (*Ma., spätl.*) Traubenstengel (*m. u. ohne Beeren*).
bŏtŭlārĭŭs, *ī m (bŏtŭlŭs) (Se.)* Wurstmacher, -händler.
bŏtŭlŭs, *ī m (wohl osk.-umbr. Lw.; cf. süddtsch.* „Kutteln" = Kaldaunen) (*unkl.*) eßbare Eingeweide, Darm; / Wurst.
bŏvārĭŭs 3 *s. bŏārĭŭs.*
bŏvīlĕ, *ĭs n s. būbīlĕ.*
bŏvīllŭs 3 (*-ī-?; zu bōs; cf. būbŭlŭs*) (*altl. carmen b. Li.* 22, 10, 3) Rinder… [*grex*].
brăbeută, *ae m (Fw.* ‹ βραβευτής; *Suet.)* Kampfrichter.

brācae, *ārŭm* (*u. selten* **brācă**, *ae*) *f* (*gall. Fw., aus dem Germanischen stammend; cf. engl.* breeches) (*dcht., nkl.*) weite Kniehosen, Pluderhosen.
brācātŭs 3 (*brācae*) **1.** Hosen tragend. **2.** / **a**) ausländisch, barbarisch [*homo, natio*]; *bsd.* transalpinisch [*Gallia, cognatio* (*ironisch*) Verwandtschaft m. Leuten aus dem Narbonensischen Gallien]; **b**) verweichlicht.
bră(c)chĭālĭs, *ĕ* (*brăcchĭŭm*) (*vkl., nkl.*) Arm...; *subst.* **-ĕ**, *ĭs n* Armspange.
bră(c)chĭŏlŭm, *ī n* (*demin. v. brăcchĭŭm*) (*Ca.*) Ärmchen, zierlicher Arm.
▶ **brăchĭŭm** *u.* **brăcchĭŭm**, *ī n* (*Lw. βραχίων, vl. durch osk. Vermittlung*) **1. a**) Unterarm (*cf. lăcĕrtŭs*); **b**) *übh.* Arm [°*-a collo dare od. circumdare* umarmen]; *sprichw. alqd levi bracchio agere etw.* auf die leichte Schulter nehmen; *molli bracchio obiurgare alqm de re jd.* zart ins Gebet nehmen wegen ... **2.** / (*dcht., nkl.*) **a**) Schere *des Krebses u. des Skorpions*; **b**) Meeresarm; **c**) Ausläufer *eines Gebirges*; **d**) Arm *des Bogens*; **e**) Ast *od. Zweig der Bäume*; **f**) Segelstange, Rahe; **g**) Arm (*od.* Seitenwerk, Schenkel) *v. Mauern oder Befestigungswerken*; Seitendamm *eines Hafens*; **h**) Arm *bei Geschützen*; **i**) Schenkel *des Zirkels*.
brăct... = *brătt...*
*****bracteati** *s. brăttĕātŭs.*
brăndĕă, *ae f u.* **-ŭm**, *ī n* (*angeblich Lw.* < *πράνδιον v. unbekannter Herkunft*) (*spätl.*) Leinen- oder Seidenhülle für Reliquien.
brăssĭcă, *ae f* (*et. ungedeutet*) (*dcht., nkl.*) Kohl.
brăttĕă *u.* **-ĭă**, *ae f* (*et. ungedeutet*) (*dcht., nkl.*) dünnes Metallblättchen, *bsd.* Goldblech *od.* Blattgold.
brăttĕātŭs 3 (*brăttĕă*) (*nkl.*) m. Goldblech überzogen; / goldschimmernd; nur äußerlich schimmernd, nicht gediegen [*felicitas*]. — *****bracteati**, *orum m* (*sc. nummi*) Brakteaten, *einseitig geprägte, dünne Münzen des MA aus Silber- od. seltener aus Goldblech.*
Brĕnnŭs, *ī m latinisierte Amtsbezeichnung gall. Könige; nach der Überlieferung Name gall. Heerführer* (*390 Schlacht an der Allia; 279 Einfall i. Makedonien u. Griechenland*).
brĕvĭārĭŭm, *ī n* (*brĕvĭs*) (*nkl.*) kurzer Auszug, kurze Übersicht, kurzes Verzeichnis. — **Urkunde, Brevier.
brĕvĭcŭlŭs 3 (*demin. v. brĕvĭs; Pl., nkl.*) *etw.* klein.
brĕvĭ-lŏquēns, *ēntĭs* (*brĕvĭs, lŏquŏr*) sich kurz fassend.
brĕvĭlŏquĕntĭă, *ae f* (*brĕvĭlŏquēns*) Kürze im Ausdruck.
brĕvĭō 1. (*denom. v. brĕvĭs*) (*nkl., dcht.*) **1.** verkürzen. **2.** / **a**) kurz fassen; **b**) kurz aussprechen [*syllabam*].

brĕvĭs
1. (*räuml.*) **a**) kurz, klein; **b**) niedrig, flach, seicht; **c**) gering, unbedeutend; knapp, mager; **d**) kurz, bündig; **2.** (*zeitl.*) **a**) kurz; *brevi* in Kürze, bald; **b**) flüchtig; vergänglich; **c**) (*metr.*) kurz (gesprochen).

brĕvĭs, *ĕ* (*m. comp. u.* °*sup.*; *adv.* **-ĭtĕr**) (*cf. βραχύς, βράχος* seichte Stelle, Untiefe — *s.u.* —; *nhd.* „Brief" *Lw.* < *mlt. breve* — *s.u.* —) kurz, klein: **1.** (*räuml.*) **a**) kurz, klein [*spatium, homo* klein = von kleiner Statur]; *auch* (*meist unkl.*) schmal, niedrig; (*Ho.*) *libellum in breve cogere* eng zusammenrollen; **b**) (*nkl., dcht.*) niedrig, flach, seicht [*herba, litus; vadum*]; *subst.* **brĕvĕ**, *ĭs n* (*wohl Bed.-Lw.* < *βράχος*) seichte Stelle, Untiefe, Watt, *meist pl.*; **c**) / (*dcht.*) gering, unbedeutend, knapp, mager, dürftig [*cena, census*]; **d**) (*v. Rede u. Ausdruck*) kurzgefaßt, gedrängt, bündig [*litterae, auch orator, alqd breviter dicere; hoc breve dicam* ich will's kurz sagen; *in breve cogere* kürzen; *subst. brevia n* kurze Sätze; (*abl.*) *adv.* **brĕvī** (= breviter) m. wenigen Worten. **2.** (*zeitl.*) **a**) kurz [*dies,* °*ad breve* auf kurze Zeit]; *adv. brevi* (*tempore*) nächstens, bald darauf, (*dcht.*) eine kleine Weile; °*brevi post* (*u. ante*) bald darauf (*u.* kurz zuvor); / **b**) flüchtig, vergänglich [*lilium* schnell verblühend, *dominus* nur kurze Zeit lebend, *osculum* flüchtig]; **c**) (*metr.*) kurz (gesprochen) [*syllaba, littera*]; *subst.* **brĕvĭs**, *ĭs f* Kürze (= kurze Silbe). — ***in brevi* in Kürze; *subst.* **breve**, *is n u.* **brevis**, *is f* Verzeichnis. Urkunde, Brief; *-e apostolicum* päpstliches Schreiben.
brĕvĭtās, *ātĭs f* (*brĕvĭs*) **1.** Kürze, Kleinheit, *räuml. u. zeitl.* [*spatii* geringe Entfernung, *corporis* kleine Statur]. **2.** / **a**) (*v. der Rede*) Kürze, Knappheit, Bündigkeit [*orationis, dicendi; brevitatis causa* um mich kurz zu fassen]; **b**) (*metr.*) Kürze [*syllabae, pedum, in sonis*].
Brĭărēŭs, *ĕī m* (*Βριαρεύς*) *hundertarmiger Riese.*
Brĭgăntēs, *ŭm m* (*acc. -ăs*) *kelt. Volk im nördlichsten Teil des röm. Britannien.*
Brĭgăntĭă, *ae f od.* **-ŭm**, *ī n St. der Räter, j.* Bregenz; *lăcŭs* **Brĭgăntīnŭs** Bodensee.
Brīsēĭs, *ĭdĭs f* (*Βρισηίς*) *T. des Priesters Briseus* (*od. Mädchen von Brise auf Lesbos*), *Kriegsgefangene u. Geliebte Achills.*
F. V.-B. III, 1 a u. b; 4, b; 5.
Brĭtănnĭă, *ae f* England mit Schottland; *Einw.* **Brĭtănnŭs**, *ī m*; *adi.* **Brĭtănnĭcŭs** 3 *u.* °**Brĭtănnŭs** 3; *subst.* **Brĭtănnĭcŭs**, *ī m cogn. des Sohnes des Kaisers Claudius, der v. Nero 55 vergiftet wurde.*
Brĭtŏmārtĭs, *ĭs f s. Dĭctўnnă.*
Brŭttĭī, *ōrŭm m* = *Brŭttĭī.*
Brĭxĭă, *ae f j.* Brescia; *adi.* **Brĭxĭānŭs** 3.
Brŏmĭŭs, *ī m* (*Βρόμιος* „der Lärmende") *Beiname des Bacchus.*
Brŭctĕrī, *ōrŭm u. ŭm m germ. Volk zw. Lippe u. Ems*; *adi.* **Brŭctĕrŭs** 3.
brūmă, *ae f* (*zsgz. aus altl. sup. zu brĕvĭs: *brĕvĭ-mă, sc. diēs*) kürzester Tag, Wintersonnenwende; (*dcht.*) Winterkälte, -zeit; (*meton.*) (*Ma.*) *das* Jahr.
brūmālĭs, *ĕ* (*brūmă*) zur Wintersonnenwende gehörig [*dies* kürzester Tag, *orbis, signum* Wendekreis des Steinbocks]; *übh.* (*dcht., nkl.*) Winter... [*sidus* Wintertag].
Brŭndĭsĭŭm, *ī n* (*messapisches Wort*) *Hafenst. in Kalabrien, wichtigster Überfahrtsort nach Griechenland, j.* Brindisi; *Einw. u. adi.* **Brŭndĭsīnŭs** (3).
brūtālĭs, *ĕ* (*brūtŭs*) (*spätl.*) grob.
Brŭttĭī, *ōrŭm m Bew. der südlichsten Ldsch. Italiens, des* **ăgĕr Brŭttĭŭs** *od. meton.* **Brŭttĭī**, *zB. in Bruttiis esse, in Bruttios proficisci*; *adi.* **Brŭttĭŭs** 3.
brūtŭs 3 (*m.* °*sup.*) (*osk.-umbr. Lw.* = *grăvĭs; cf. βριθύς* „schwer lastend, wuchtig") **1.** (*dcht.*) schwerfällig, unbeweglich [*tellus*]. **2.** stumpfsinnig, (stock)dumm; *davon*: **Brūtŭs**, *ī m cogn. in der gēns lūnĭă*: **a**) *L. lūnĭŭs Brūtŭs, Befreier Roms u. m. Collatinus erster röm. Konsul*; **b**) *M. lūnĭŭs Brūtŭs* (*85—42 v.Chr.*), *Philosoph u. Redner, Freund u. später Mörder Cäsars*; *adi.* **Brūtīnŭs** 3; **c**) *D. lūnĭŭs Brūtŭs* (*84—43 v.Chr.*), *Verschwörer gegen Cäsar, später Gegner des Antonius.*
būbălŭs, *ī m* (*Fw.* < *βούβαλος* „afrikanische Gazelle", *eig.* „rinderartiges Tier"; *Bedeutungsverschiebung im Lat. durch volkstümliche Anlehnung an bōs*) (*nkl., dcht.*) Gazelle; Büffel. — **Auerochse.
Būbăstĭs, *ĭs f* (*Βούβαστις*) *die ägyptische* (*katzenköpfige*) *Mondgöttin* Bastet.
būbīlĕ (*-ū-?*; *wahrsch. vom Stamm būb- wie dat. u. abl. būbŭs; bōs*) *später* **bŏvīlĕ** (*vom Stamm bŏv-*), *ĭs n* (*unkl.*) Ochsen-, Kuhstall, Ochsenhürde. (**F.** *cf. mărĕ.*)
būbō, *ōnĭs m* (*u.* °*f*) (*Schallwurzel *bū-*; *cf. βύας* = *nhd.* „Uhu") (*unkl.*) Uhu.
būbŭlcĭtŏr 1. (*denom. v. būbŭlcŭs*) (*Pl.*) Ochsentreiber sein.
bū-bŭlcŭs, *ī m* (*bōs; in der Bildung* [*bū-* statt *bŭ-*] *an sŭ-bŭlcŭs angeglichen; zum 2. Glied vgl. φύλαξ*) Ochsentreiber, Ochsenknecht, Kuhhirt.
būbŭlŭs 3 (*zu bōs; cf. būbălŭs; Bildung unklar*) (*vkl., nkl.*) vom Rinde, Rind..., Ochsen..., Stier... [*caput, fimum*]; *subst.* **būbŭlă**, *ae f* (*sc. cărō*) Rindfleisch.
būcaedă, *ae m* (*bōs, caedō*) (*Pl.*) *der m. einem Ochsenziemer Geprügelte.*
bŭccă, *ae f* (√**bu-* „aufblasen" *m. expressiver Geminata; cf. nhd.* „fauchen", *nd.* „Pogge") **1.** (aufgeblasene *od.* vollgestopfte) Backe; *-ae fluentes* Hängebacken; / Mund [*quidquid od. quod in buccam venit* alles, was *jd.* in den Mund kommt]; (*meton.*) (*dcht.*) Mundvoll, Bissen. **2.** (*v. einem Menschen*) (*dcht., nkl.*) Bläser; Schreier (= schlechter Anwalt).

bŭccĕă, *ae f* (*bŭccă*; *Augustus b. Suet.*) Bissen; Stückchen.

bŭ(c)cĕllă, *ae f* (*demin. v. bŭccă* (*nkl., dcht.*) Brocken.

bŭccō, *ōnĭs m* (*bŭccă*) (*unkl.*) Pausback; Tölpel.

bŭccŭlă, *ae f* (*demin. v. bŭccă*) (*unkl.*) (zarte) Backe; (*meton.*) Backenstück *am Helm*. — **Schildbuckel.

bŭccŭlĕntŭs 3 (*bŭccă*) (*Pl.*) pausbackig; / großmäulig.

Būcĕphălās, *ae u.* **-ŭs**, *ī m* (*makedonisch* βουκεφάλας „stierköpfig") *Lieblingspferd Alexanders d. Gr., zu seinem Andenken gründete er die St.* **Būcĕphălă**, *ae u.* **-ē**, *ēs f am Hydaspes.*

būcĕr(ĭ)ŭs 3 *u.* **būcĕrōs**, *ōn* (*Fw.* ⟨ βουκέρως, ων; *dcht.*) m. Stierhörnern, gehörnt [*armenta*]. *Cf.* V.-B. II, 2. (*neutr. pl. būcĕră.*)

būcĭnă, *ae f* (*wahrsch.* ⟨ **bou-cănā zu bōs u. cănō*; *eig.* „aus einem Rinderhorn hergestelltes Blasinstrument") **1.** gewundenes Horn. **2. a)** (*dcht.*) Hirtenhorn; **b)** *mil.* Signalhorn aus Metall, Trompete [*signum bucină dare*]; *daher* (*meton.*) (*nkl., dcht.*) Trompetensignal [*tertia bucina* = dritte Nachtwache]; **c)** (*Ov.*) Tritonsmuschel.

būcĭnātŏr, *ōrĭs m* (*būcĭnō*) Signalbläser, Hornist, Trompeter; / (*Ci. filius*) Ausposauner [*alcis rei*].

būcĭnō 1. (*denom. v. būcĭnă*; *vkl., nkl.*) das Horn blasen; blasen.

būcŏlĭcŭs 3 (*Fw.* ⟨ βουκολικός) (*dcht., nkl.*) ländlich, Hirten... [*modi, poëma*]; *subst.* **-ă**, *ōrŭm n* Hirtengedichte.

būcŭlă, *ae f* (*demin. v. bōs*) kleine *od.* junge Kuh, Färse.

****buffo**, *onis m* Spielmann, Hanswurst.

būfō, *ōnĭs m* (*osk.-umbr. Lw.*; *cf. nhd.* „[Kaul-]Quappe") (*Ve.*) Kröte.

bŭlbŭs, *ī m* (*wohl Lw.* ⟨ βολβός; *unkl.*) Zwiebel; *bsd.* Knoblauch.

būlē, *ēs f* (*Fw.* ⟨ βουλή; *Pli.*) (*griech.*) Ratsversammlung.

būleută, *ae m* (*Fw.* ⟨ βουλευτής; *nkl.*) Ratsherr.

būleutērĭŭm, *ī n* (*Fw.* ⟨ βουλευτήριον) (*selten*) Rathaus *in griech. Städten.*

bŭllă, *ae f* (*zu* *bu- „aufblasen" *m. l-Erweiterung u. expressiver Gemination*; *cf. bŭccă*) Blase: **1.** (*unkl.*) Wasserblase. **2.** Buckel, Knopf, *Zierat an Waffen, Türen, Gürteln u.ä.* **3.** (*aurea*) Kapsel, *v. den freigeborenen Kindern als Amulett an einem Bande um den Hals getragen.* — ** (*päpstl.*) Siegel (*aus Blei*); (*kaiserl.*) Siegel (*aus Gold*); Urkunde.

bŭllātŭs 3 (*bŭllă*) (*nkl., dcht.*) m. einer *bulla* geschmückt.

būmăstŭs, *ī f* (*Fw.* ⟨ βούμαστος, *eig.* „großbusig"; *bū-* ⟨ βου- „Rind-" *Vergrößerungssuffix*) (*Ve., nkl.*) großtraubige Rebenart.

Bŭrdĭgălă, *ae f St. der Bituriger, j.* Bordeaux.

****burgensis**, *is m* (*germ.*) Bürger.

****burg(g)ravius** *m* (*germ.*) Burggraf.

bŭrgŭs, *ī m* (*Lw.* ⟨ πύργος „Turm", *kleinasiatischer Herkunft*; *später durch germ.* *burgs „Fluchtburg" *beeinflußt*) (*nkl., Inscr.*) Burg, Kastell.

būrĭs, *ĭs m* (*et. ungedeutet*; *vkl., dcht.*) Krummholz *am Pflug*, Krümmel. **F.** *acc.* *-ĭm u. -ĭn, -ĭdĕm*; *abl. -ī u. -ĭdĕ.*

****bursa**, *ae f* Tasche, Börse.

Būsīrĭs, *ĭdĭs m* (Βούσιρις) *grausamer ägypt. K., der die Fremden opferte*; *v. Herakles erschlagen.*

būstĭ-răpŭs, *ī m* (*būst-?*; *būstum*, *răpĭō*; *Pl.*) Grabschänder.

būstŭārĭŭs 3 (*būst-?*; *būstŭm*) zur Leichenbrandstätte gehörig; für die Leichenfeier bestimmt.

būstŭm, *ī n* (*būst-?*; *ūrō*; *durch falsche Zerlegung v. ăm-būrō statt ămb-ūrō entstanden*; *cf. cŏmbūrō*) **1.** (*dcht., nkl.*) Leichenbrandstätte; Scheiterhaufen. **2.** Grabhügel, -stätte, -mal, Grab, *dcht. auch pl.*; °*Busta Gallica Gegend in Rom, wo Camillus die gefallenen Gallier hatte beerdigen lassen.* **3.** / Grab = Ort des Untergangs; *auch v. Pers.* [*rei publicae*, °*nati* des Sohnes].

būthȳsĭă, *ae f* (*Fw.* ⟨ βουθυσία) (*Suet.*) feierliches Rinderopfer.

bŭt(t)ĭcŭlă, *ae f* (*demin. v. altl. bŭttĭs* „Faß"; *cf.* πυτίνη „m. Bast umflochtene Weinflasche") (*spätl.*) Krug, Flasche.

būtȳrŭm, *ī n* (*Fw.* ⟨ βούτυρον *ds., eig.* „Kuhquark") (*nkl., dcht.*) Butter.

bŭxētŭm, *ī n* (*bŭxŭs*; *Ma.*) Buchsbaumpflanzung.

bŭxĕŭs 3 (*bŭxŭs*; *unkl.*) buchsbaumartig, gelblich [*dentes*].

bŭxĭ-fĕr, *fĕră, fĕrŭm* (*bŭxŭs, fĕrō*; *Ca.*) Buchsbaum tragend.

****buxis** = *pȳxĭs.*

bŭxŭs, *ī f u.* **bŭxŭm**, *ī n* (*Lw.* ⟨ πύξος *od. wie dieses aus einer Mittelmeerspr. entlehnt*) (*unkl.*) Buchsbaum(holz); (*meton.*) *Gegenstand aus Buchsbaumholz*: Flöte, Kreisel, Kamm, Schreibtafel.

Bȳrsă, *ae f* (Βύρσα) *Burg od. Zitadelle v. Karthago.*

Bȳzăntĭŭm, *ī n* (Βυζάντιον) Byzanz, *um 660 v.Chr. als Kolonie v. Megara gegründet, j.* Konstantinopel, Stambul; *Einw. u. adi.* **Bȳzăntĭŭs** (3).

C

C., c. (*Abk.*) **1.** = Gāiŭs. **2.** (*auf den Stimmtäfelchen der Richter*) = cōndĕmnō [*daher bei Cicero littera tristis*]. **3.** (*als Zahlzeichen*) = cĕntŭm. **4.** = **cēnsŭērŭnt. 5.** = cŏmĭtĭālĭs [dies].

căbāllŭs, ī *m* (*altes Wanderwort; et. ungedeutet; unkl.*) Gaul, Klepper, Mähre.

Căbĭllōnŭm, ī *n* *St. der Äduer, j.* Chalon-sur-Saône.

Căbīrī, ōrŭm *m* (*Κάβειροι, hebr. kabbīrīm, eig.* „die Großen") *phönikische Gottheiten, auf Lemnos, Imbros u. Samothrake als wohltätige u. kunstfertige Dämonen in Mysterien verehrt.* (*Selten sg. Căbīrŭs*).

căcātŭrĭō, — — 4. (*desid. v. cācō; Ma.*) kacken wollen.

căchĭnnātĭō, ōnĭs *f* (*căchĭnnō*) = căchĭnnŭs.

căchĭnnō 1. (*denom. v. căchĭnnŭs*) *intr.* laut auflachen; *klass. stets abs.*

căchĭnnŭs, ī *m* (*Schallwort; cf.* καχάζω) schallendes Gelächter; *auch pl.* [-um tollere = căchĭnnārĕ, -os alcis commovere *jd.* zu lautem Lachen bringen; / (*Ca.*) undarum lautes Geplätscher].

căcō 1. (*cf.* κακάω; *dcht.*) kacken (*in alqm*); / (*trans.*) beschmieren.

căcŏ-ēthĕs, ĭs *n* (*Fw.* < κακόηθες; *unkl.*) bösartige Krankheit; / (*Ju.*) Schreibsucht.

căcŏzēlĭă, ae *f* (*Fw.* < κακοζηλία; *nkl.*) ungeschickte Nachahmung; das Nachäffen.

căcŏzēlŭs, ī *m* (*Fw.* < κακόζηλος; *nkl.*) Nachäffer.

căcŭlă, ae *m* (*wahrsch. etr. Fw.; Pl.*) Offiziersbursche, Ordonnanz.

căcūmĕn, ĭnĭs *n* (*cf. altind.* kakúd- „Gipfel"; *wohl Erweiterung nach ăcūmĕn*) Spitze [*pyramidis, rami*]; *bsd.* Gipfel [*rupis*], Wipfel [*arboris* Baumkrone].

căcūmĭnō 1. (*denom. v. căcūmĕn*) (*dcht., nkl.*) (zu)spitzen [*aures*].

Cācŭs, ī *m* (*Κᾶκος*) *flammenspeiender, räuberischer Riese in einer Höhle am Aventin, v. Herakles erschlagen (Entstehung des Herkuleskultes auf dem Aventin).*

▶ **cădāvĕr,** ĕrĭs *n* (*cădō; eigtl.* „Gefallenes"; *cf.* πτῶμα) **1.** Leichnam, Leiche. **2. a)** (*v. Tieren*) Aas, Luder (*auch als Schimpfwort*); **b)** / Ruine, Trümmer [*oppidorum*].

cădāvĕrōsŭs 3 (*cădāvĕr; Te.*) leichenhaft.

Cădmŭs, ī *m* (*Κάδμος*) *Bruder der Europa, V. der Semele, myth. Erbauer der Burg v. Theben, Repräsentant der phönikischen Einwanderung in Griechenland u. Übermittler der phönik. Buchstabenschrift; adi.* **Cădmēŭs** 3 (*fem. auch* **Cădmēĭs,** ĭdĭs) kadmeisch, thebanisch; *subst.* **a) Cădmēĭs,** ĭdĭs *f* (*Καδμηΐς*) *T. des Kadmos* (= *Semele od. Ino*); *cf.* V.-B. III, 1, b; III, 4, b *u.* 5; **b) Cădmēă,** ae *f* Kadmea, *Burg v. Theben.*

cădō
1. a) niederfallen, -stürzen; **b)** (*Worte*) entfallen; (*Gestirn*) sinken; **c)** (*Frau*) sich hingeben; **2. a)** sterben, fallen; (*Tiere*) geschlachtet *od.* geopfert werden; **b)** unterliegen; abnehmen, schwinden; **3. a)** (*zeitl.*) *in eine Zeit* fallen, zu *etw.* gehören; **b)** *in etw.* hineingeraten; **c)** *zu etw.* passen, *für jd.* sich schikken; **d)** (*zeitl.*) (ein-, zusammen-) treffen; **e)** *gramm. t.t.* (*Wörter*) end(ig)en; **f)** (*im Spiel*) zufallen; **g)** zustoßen, begegnen; **h)** ausfallen, -schlagen.

cădō, cĕcĭdī, cāsūrŭs 3. (*cf. altind.* śad — „ab-, ausfallen") fallen, stürzen, *v. Pers. u. Sachen* (*abs. od.* a, de, ex re, *in od. ad alqd, zB.* ex muro in mare, de manibus ad *u.* in terram; *bisw. auch mit bloßem abl., zB.* °lapides cadunt caelo *od.* manu): **1.** herabfallen: **a)** niederfallen, -stürzen, hinfallen, (*v. Geschossen*) aufschlagen *od.* treffen (*abs. od.* in alqm), °(*vom Blitz*) einschlagen, (*v. Fließendem*) herabfließen *od.* sich ergießen (*meist dcht., zB.* lacrimae per genas cadunt, ros e capillis); **b)** (*dcht., nkl.*) (*v. Worten*) entfallen; (*dcht., nkl.*) (*v. Gestirnen*) untergehen *od.* sinken, *zB.* sidera cadunt; (*dcht., nkl.*) **c)** (*v. einer Frau*) sich einem Mann hingeben. **2.** / schwinden, untergehen: **a)** sterbend fallen [*in acie,* °*pro patria; auch* °*ab alqo von j-s Hand od. m. abl. instrum., zB.* a tanto viro, sua manu]; (*v. Tieren*) geschlachtet *od.* geopfert werden, (*dcht.*) (*v. Städten*) fallen, erobert werden; **b)** / dahinsinken, unterliegen, erliegen, abnehmen, schwinden, sich verlieren, sich vermindern [*cadit auctoritas principum, ventus* legt sich, *vota* bleiben unerfüllt, °*vocabula* kommen ab *od.* außer Gebrauch]; *bsd.* **α)** *animus cadit* der Mut sinkt (*auch pl.*), [*animo od. animis*] *cadere* mutlos werden; **β)** (*vor Gericht*) *causā od. in iudicio* den Prozeß verlieren; **γ)** bankerott werden [*privatim, publice*]; **δ)** (*v. Dramen, Künstlern u.ä.*) durchfallen [°*fabula cadit*]; **ε)** *übh.* zu Fall kommen = unglücklich werden, in Mißachtung geraten, umkommen. **3.** zufallen, anheimfallen: **a)** (*in eine Zeit*) fallen, zu *etw.* gehören (*in alqd, zB. in id saeculum Romuli cecidit aetas, in idem genus orationis*); **b)** (*unabsichtlich*) *in alqd* in *etw.* hineingeraten, verfallen, *sub alqd e-r* Sache anheimfallen *od.* unterworfen sein [*in morbum, in suspicionem, in offensionem alcis, in cogitationem* Gegenstand des Denkens werden, gedacht werden; *in conspectum od. sub oculos cadere* gesehen werden, in die Augen fallen]; **c)** *in alqm od. in alqd* für *jd. od.* zu *etw.* passen, für *jd.* sich schicken, bei *jd.* zutreffen, *jd.* zuzutrauen sein, *zB. invidia non cadit in sapientem, haec suspicio in multos cadit,* °*superbia in te non cadit* der Vorwurf des Stolzes trifft dich nicht; **d)** (*zeitl.*) treffen, eintreffen [*in alienissimum tempus, in adventum tuum* trifft mit deiner Ankunft zusammen]; *bsd.* (*v. Zahlungen*) fällig *od.* zahlbar sein [*nummi in eam diem cadunt*]; **e)** (*gramm. t.t.*) (*v. Wörtern, Silben, Sätzen*) endigen, ausgehen [*in syllabam longam, sententia cadit numerose* schließt mit einer rhythmischen Klausel]; **f)** (*beim Würfeln u. Losen*) *jd.* zufallen (*alqd; ad alqm u. alci cadit, zB.* °*custodia eis sorte*); **g)** *jd.* begegnen *od.* zustoßen, widerfahren, zuteil werden (*alci*), (zufällig) eintreten [*insperanti mihi cecidit, ut; opportune mihi cadit, quod; nihil mihi optatius cadere potest quam ut*]; **h)** ausfallen, ausschlagen, ablaufen (*alci; m. adv. od. Prädikatsnomen, zB. alqd alci percommode od. peropportune, res irrita od. frustra cadit* schlägt fehl, *labores male cadunt* haben schlechten Erfolg, *quorsum hoc cadet?* °*spes cadit ad od. in irritum* schlägt fehl, wird vereitelt, *misericordia in perniciem cadet* wird zum Unglück ausschlagen, *in servitutem* in Knechtschaft umschlagen).

cādūcĕātŏr, ōrĭs *m* (*cādūcĕŭs*) (*nkl.*) Parlamentär, Unterhändler.

cādūcĕŭm, ī *n* (*nkl.*) *u.* **-ĕŭs,** ī *m* (*Lw.* < *dor.* κᾱρύκειον, *vl. durch etr. Vermittlung*) Heroldsstab.

cādūcĭ-fĕr, ĕră, ĕrŭm (*cādūcĕŭs, fĕrō*) (*Ov.*) den Heroldsstab tragend; *subst. m* Stabträger (*Beiname Merkurs*).

cădūcŭs 3 (*cădō*) **1.** (*vkl., dcht.*) fallend *od.* (herab)gefallen [*folia, lacrimae, bello* im Kriege gefallen, *fulmen* herabgefahren]. **2.** leicht fallend, zum Fallen geneigt *od.* bestimmt (*od.* reif) [*vitis est naturā caduca*, °*iuvenis* zum Tode bestimmt; *in alqd* auf *etw.*]. **3.** / **a**) hinfällig, vergänglich, nichtig [*res humanae*, °*labores*]; **b**) (*jur. t.t.*) verfallen, herrenlos [*hereditas*].

Cădūrcī, *ōrūm m kelt. Volk in Aquitanien i. d. Gegend v. Cahors*; *adi.* -*cŭs* 3; *subst.* **-ūm,** *ī n* (*Ju.*) Bettdecke; *meton.* Bett, Ehebett.

cădŭs, *ī m* (*Lw.* < κάδος, *aus dem Hebr. entlehnt*; *unkl.*) **1.** (*größerer, meist irdener*) Krug. **2. a**) Weinkrug; *meton.* Wein; **b**) Ölkrug; **c**) Krug für Honig *u.ä.*; *auch* Geldtopf; **d**) Aschenurne.

caeciās, *acc. ān* (*Fw.* < καικίας, *eigtl.* „der dunkle"; *cf. caecŭs*; *nkl.*) Nordostwind.

caecĭ-gĕnŭs 3 (*caecŭs, gīgnō*) (*Lu.*) blind geboren.

Caecīlĭŭs 3 *Name einer pleb. gēns, deren berühmtester Zweig die Mĕtĕllī waren*; *ferner*: *C. Stātiŭs* ~, *Komödiendichter, Freund des Ennius um 180 v. Chr.*; *adi.* **Caecĭlĭānŭs** 3.

Caecīnă, *ae m* (-*ī*-?) *cogn. in der aus Etrurien stammenden gēns Licinĭă.*

caecĭtās, *ātis f* (*caecŭs*) Blindheit, *auch* / (*geistig*) Verblendung [*mentis, libidinis*].

caecō 1. (*denom. v. caecŭs*) **1. a**) (*Lu.*) blenden (*m. acc.*); **b**) / verblenden [*animi aciem erroribus, caecatus libidinibus*]. **2.** verdunkeln, trüben [*orationem celeritate*].

Caecŭbŭm, *ī n od.* **ăgĕr Caecŭbŭs** *sumpfige Ldsch. im südl. Latium, berühmt durch vorzüglichen Wein*; *adi.* **Caecŭbŭs** 3 [*Caecubum* (*vinum*) Cäkuber].

▶ **caecŭs** 3 (*m.* °*comp.*) (*cf. got.* haihs „einäugig"; -*cŭ*- < *-*quŏ*- *Formans, nicht zu ŏcŭ-lŭs!*) blind: **1.** (*act.*) = nicht sehend [*senex, Homerus, catulus*]; *subst. m* (*nkl.*) ein Blinder; / geistig blind, verblendet [*homo amentia -us, animo u.* °*animi* im Geiste; *in re* in *etw.*, *zB. in contemplandis rebus*; *ad alqd u.* °*alci rei* für *etw.*, *zB. ad omnia*; *m. abl.* durch *od.* vor *etw.*, *zB. avaritia, crudelitate*], *bsd. von Affekten, zB. timor* panisch. **2.** (*pass.*) *v. Sachen*: **a**) (*v. Örtlichkeiten*) lichtlos, dunkel, finster, undurchsichtig [*domus, nox,* °*nubes,* °*loca*]; **b**) unsichtbar, verdeckt, verborgen, geheim [*vallum* mit Erde überdeckt, *corpus* Rücken *od.* Rückseite des Körpers, °*ictus* Rückenhieb, °*vulnus* auf dem Rücken, °*saxa* Klippen unter dem Wasser, °*freta* mit verborgenen Klippen, °*murmur* dumpf *od.* verworren]; **c**) / α) dunkel = unergründlich, unerweislich [°*crimen,* °*fata,* °*eventus,* °*sors*]; β) unsicher, ungewiß, zwecklos [*casus,* °*Mars* aussichtsloser Kampf, °*exsecrationes* blindlings ausgestoßen, °*ignes* ziellose Blitze].

▶ **caedēs** *u.* (*Li.*) **caedĭs,** *is f* (*caedō*) **1. a**) (*nkl.*) das Fällen, Abhauen [*ligni*]; **b**) das Töten: α) (*dcht.*) das Schlachten, Erlegen [*ferarum*], Opfer [*armenti*]; β) Ermordung, Mord(tat), *auch pl.* [°*intestinae* Verwandtenmorde]; *meton.* (*Ve.*) Mordanschlag; (*v. mehreren*) Gemetzel, Blutbad, *auch pl.* (*abs. od. m. gen.*, *zB. civium*; *caedem facere od. edere* ein Blutbad anrichten; *caedes vicinorum fit*; °*sine caede* ohne Schwertstreich). **2.** (*dcht.*) vergossenes Blut [*caede madere*]. **3.** *meton.* (*nkl., dcht.*) Gefallene, Leichen [*acervus caedis, caedes utrimque par fuit* Zahl der Gefallenen].
F. *gen. pl. caedĭŭm.*

▶ **caedō,** *cĕcīdī, caesŭm* 3. (*cf. altind.* khidáti „reißt, stößt") **1.** hauen = schlagen, klopfen (peitschen, prügeln, hacken, stoßen) (*alqm u. alqd*, *zB.* °*discentes,* °*pectus,* °*frontem*; *re* mit *etw.*, *zB. alqm virgis od.* °*verberibus*); *auch* werfen [*alqm lapidibus*]; / *testibus caedi* durch Zeugen gedrängt werden. **2.** um-, abhauen, fällen [*materiam* Bauholz; *sprichw.* °*vineta sua* = sich selbst ins Fleisch schneiden]; (*Steine*) brechen [*lapides, marmor*]. **3. a**) niederhauen, niedermachen, erschlagen, töten, morden [*Gracchum, caesi* die Gefallenen, °*caesi acervi* Haufen Erschlagener; °*caesus sanguis* Blut der Erschlagenen]; *bsd.* (*Tiere*) schlachten, opfern [*hostias, greges armentorum*] *od.* °erlegen [*cervos*]; **b**) (*nkl.*) (*selten*) zerhauen, zerschlagen [*murum* anbrechen, *vasa dolabris*]; **c**) (*dcht.*) beschlafen, schänden.

caelāmĕn, *ĭnĭs n* (*dcht., nkl.*) (*caelō*) Relief.

caelātŏr, *ōrĭs m* (*caelō*) Reliefkünstler, Bildstecher, Ziseleur.

caelātūră, *ae f* (*caelō*) (*vkl., nkl.*) Ziselier-, Reliefkunst; getriebene Arbeit.

caelĕbs, *ĭbĭs* (*wahrsch.* < * *qaivelo-lib(h)*, *haplol.* > **qaive-lib(h)*, *eigtl.* „alleinlebend"; *cf. cae-cŭs, got.* hails „gesund", *nhd.* „heil" + *nhd.* „leben") unvermählt, ehelos (*fast nur vom Manne, sowohl* Junggeselle *wie* Witwer), Hagestolz; *meton.* (*dcht., nkl.*) einsam [*vita, lectus*]; / °*platanus* an der keine Rebe hinaufgezogen ist.
F. *abl. sg.* -*ĕ*, *gen. pl.* -*ŭm.*

caelĕs, *ĭtĭs* (*caelŭm*²) (*unkl.*) himmlisch; *subst. m* Gottheit, Gott (*meist pl.*).
F. *abl. sg.* -*ĕ*, *gen. pl.* -*ŭm.*

▶ **caelĕstĭs,** *ĕ* (*m.* °*comp. u.* °*sup.*) (*caelŭm*²) **1.** himmlisch, im *od.* am, vom Himmel, Himmels... [°*aqua* Regen, *vis* Einfluß des Himmels]; *subst.* **a**) (*dcht.*) *f* die Göttin, *klass. meist pl. m u. f* die Götter, Gottheiten; **b**) (*nkl.*) *caelĕstĕ n* das Himmlische; *pl.* **-ĭă,** *ĭŭm n* Dinge am *od.* im Himmel, Himmelskörper, *auch* Sternkunde, Astronomie. **2.** (*nkl., dcht.*) *meton.* göttlich, überirdisch, v. den Göttern herrührend [°*numen*]; *klass. nur* / göttergleich, unvergleichlich [*legiones*].
F. *abl. sg.* -*ī u.* °-*ĕ*; *neutr. pl.* -*ĭă*; *gen.* -*ĭŭm u.* °-*ŭm.*

Caelĭānŭs 3 *s. Caelĭŭs.*

caelĭbātŭs, *ūs m* (*caelĕbs*) (*nkl.*) Ehelosigkeit.

caelĭ-cŏlă, *ae m* (*caelŭm*², *cŏlō*) (*unkl.*) Himmelsbewohner = Gottheit. [6).
F. *gen. pl. dcht.* -*ŭm* (*cf.* V.-B. VI,

Caelĭcŭlŭs, *ī m* (*demin. v. Caelĭŭs*) *die östl. Erhebung* des Caelius (*s. Caelĭŭs II*).

caelĭ-fĕr, *ĕră, ĕrŭm* (*caelŭm*², *fĕrō*) (*dcht.*) den Himmel tragend [*Atlas*].

Caelĭ-mŏntānŭs 3 cälimontanisch, am *Caelĭŭs mōns* gelegen [*porta*].

caelĭ-pŏtēns, *ĕntĭs* (*caelŭm*²) (*Pl.*) mächtig im Himmel [*dii*].

Caelĭŭs 3 **I.** *Name einer pleb. gēns zu Rom* (*adi. auch Caelĭānŭs* 3): **1.** *L.* ~ *Āntĭpătĕr, röm. Annalist i. d. Gracchenzeit.* **2.** *M.* ~ *Rūfŭs, Staatsmann u. Redner, Freund Ciceros.* **II.** *Caelĭŭs mōns, einer der sieben Hügel Roms, im Südosten, zweigipfelig, j. Gegend des Laterans.*

caelō 1. (*denom. v. caelŭm*¹) ziselieren: **1.** *etw.* in getriebener Arbeit *od.* als Relief darstellen, ausführen (*alqd*, *zB. Centauros in scyphis, speciem argento,* °*auro od.* °*ferro caelatus* aus Gold *od.* Eisen getrieben). **2.** m. Reliefarbeit verzieren, m. Bildwerk schmücken [*vasa caelata,* °*arma auro od. argento od. ebore caelare*]; *dcht. auch* schnitzen [*pocula fagina*]; / (*Ho.*) (*ein Gedicht*) ausschmücken m. [*opus novem Musis*].

caelŭm¹, *ī n* (< **caid-slŏm zu caedō*) Grabstichel, Meißel *des Ziseleurs.*

▶ **caelŭm**², *ī n* (*et. unklar*) **1.** Himmel [*clamor ad caelum fertur, caelo albente* beim Morgengrauen]; *de caelo* °*tangi* (*od. percuti*) vom Blitz getroffen werden; *de caelo servare* Himmelszeichen beobachten; *de caelo fit alqd* ein Himmelszeichen tritt ein. **2.** (*dcht.*) **a**) Himmel als Wohnsitz der Götter, Gesamtheit der Himmlischen [*in caelum ire od. abire* gen Himmel fahren, *commercia caeli* Umgang mit den Göttern]; **b**) Oberwelt (*i. Ggs. zum Tartarus*) [*falsa ad caelum mittunt insomnia Manes*]. **3. a**) (*nkl., dcht.*) Himmelsgegend, -strich [*caelum, sub quo natus sum, caelum mutare*]; **b**) Luft, Atmosphäre, Witterung, Klima [*caeli temperatio, Athenis tenue caelum est, crassum Thebis*; *purum, salubre*]. **4.** / **a**) höchste Ehre, höchstes Glück [*alqd od. alqm in caelum* (*ex*)*tollere od.* (*ef*)*ferre, alqm de caelo detrahere* = seines hohen Ruhmes berauben, *in caelo esse* = überglücklich sein]; **b**) (*nkl., dcht.*) Unsterblichkeit, unsterblicher Ruhm, göttliche Verehrung [*caelo Musa beat*].
F. *altl. u. nkl. auch caelŭs, ī m*; *pl. dcht. u.* ***caelī, ōrŭm m.*

Caelŭs, *ī m* der Himmelsgott, *S. des Aether, V. des Saturnus.*

caemĕntŭm, *ī n* (< **caid-*(*s*)*mĕntŏm zu caedō*) Bruchstein, Baustein. — **Mörtel.

Caenĕūs, *ĕī m* (Καινεύς) *ein Lapithe, nach hellenistischer Sage die Lapithin Caenĭs, ĭdĭs f, die v. Poseidon in einen Mann verwandelt wurde. Cf.* V.-B. II, 3.

Caenis, *idis f s. Caeneus. Cf.* V.-B. III, 5.
caenōsŭs 3 (*caenŭm; Ju., nkl.*) morastig.
caenŭm, *ī n* (*vl. Hyperurbanismus für *cēnŭm ‹ *quoinŏm zu īn-quĭnō*) Kot, Schlamm, Unflat; / Hefe des Volkes; (*als Schimpfwort*) Schmutzfink.
caepă, *ae f u.* **caepĕ** *n indecl. schlechtere Schreibung für cēpă u. cēpĕ.*
Caepiō, *ōnis m röm. cogn., bsd. i. d. gēns Servīliă.*
Caerĕ *n indecl.* Cäre, *eine der zwölf alten etr. Bundesstädte nw. v. Rom, j.* Cerveteri; *adi.* **Caerēs,** *ētis u.* **-ĕs,** *itis; Einw.* **-ētēs** *u.* **-itēs,** *ŭm m; sie erhielten 353 v. Chr. das röm. Bürgerrecht, aber ohne das Stimmrecht* (*sŭffrāgiŭm*) *u. ohne das Recht zu Ehrenstellen; daher* °*tabulae Caeritum* Verzeichnis der römischen Bürger ohne politische Rechte (= Ärarier, degradierte Bürger). — (*Metropole m. bedeutenden Zeugen etr. Kultur: Wandgemälde, Caeretaner Hydrien*).
caerīmōniă *u.* **caerĕmōniă,** *ae f* (*wohl etr. Fw.*) **1. a)** heilige Verehrung *od.* Scheu, Ehrfurcht (*alcis* j-s *u.* vor *jd., zB. deorum*); **b)** Ehrwürdigkeit, Heiligkeit [*legationis,* °*loci*]. **2.** *meton.* heilige Handlung, Feier(lichkeit), Zeremonie [*fetiales, religionum, sepulcrorum* bei Grabstätten, °*libri caerimoniarum* Ritualien].
****caeremoniale,** *is n* liturgische Anweisungen, *episcoporum* für den bischöflichen Gottesdienst, *Romanum* für das Zeremoniell am päpstl. Hof.
Caerītēs, *ŭm m s. Caerĕ.*
caerŭlĕŭs *u.* (*dcht.*) **caerŭlŭs** 3 (*wohl dissim.* ‹ **caelŭl[ĕ]ŭs v. caelŭm² od. demin. caelŭlŭm*) **1.** (*meist dcht.*) blau, bläulich *in den mannigfaltigsten Schattierungen*: himmel-, meer-, dunkel-, schwarzblau; (*dcht.*) *auch* dunkelgrün [*prata*]; *subst.* **caerŭlă,** *ōrŭm n* (*dcht.*) Bläue, Blau, *bsd. des Meeres u. des Himmels;* **-lĕŭm,** *ī n* (*nkl.*) das Stahlblau. **2.** (*dcht.*) dunkel(farbig), schwärzlich [*nubes, imber*].
Caesăr, *ăris m* (*Καῖσαρ*) *cogn. i. d. gēns Iūliă:* **1.** *C. Iūliŭs Caesăr* (*100—44 v. Chr.*), *der Diktator;* **2.** *C. Iūliŭs Ŏctāviānŭs, sein Großneffe u. Adoptivsohn* (*63 v. Chr. bis 14 n. Chr.*); *nach ihm führten alle Kaiser die Amtsbezeichnung Caesar neben dem Titel Augustus; seit Hadrian bezeichnete Caesar Augustus den regierenden Kaiser u. Caesar den Thronfolger; seit 293 n. Chr. wurde Caesar Amtsbezeichnung der beiden Unterkaiser; adi.* **Caesăriānŭs, Caesărīnŭs, Caesărĕŭs** 3 cäsarianisch, des Cäsar, den Diktator Cäsar betreffend; *Caesăriēnsis, ĕ* (*Ta.*) östlich [*Mauretania*]; *subst.* **Caesăriānŭs,** *ī m* Cäsarianer, Anhänger Cäsars. — *******Caesar, is m* Kaiser des Heiligen Römischen Reiches Deutscher Nation; *adi. caesareus* 3 kaiserlich.
Caesăraugŭstă, *ae f St. i. Spanien, i. 1. Jh. v. Chr. gegründet, j.* Saragossa.
Caesărēă, *ae f* (*Caesăr; eigtl.* „Cäsarstadt") (*Καισάρεια*) **1.** *Hptst. v. Kappadokien.* **2.** *Seestadt in Palästina, Residenz der römischen Prokuratoren, j.* Kaisarije. **3.** *Hptst. v. Ostmauretanien* [*Mauretania Caesariensis, j.* Scherschel].
caesăriātŭs 3 (*caesăriēs; vkl., nkl.*) mit buschigem Haar.
caesăriēs, *ēī f* (*cf. altind.* kēsara „Haar, Mähne") (*dcht., nkl.*) Haupthaar, Lockenhaar; *auch* Tituskopf; *übh.* langes Haar [*barbae*]; / Laub, Nadeln der Bäume.
caesiciŭs 3 (*caesŭs, P.P.P. v. caedō*) (*Pl.*) dicht gewebt.
caesim (*caedō*) *adv.* **1.** (*nkl.*) m. einem Hieb *od.* m. Hieben [*petere hostem* m. der blanken Waffe]. **2.** (*rhet.*) m. einem Schlage [*dicere*].
caesiŭs 3 (*vl. m. caelum² verwandt; cf. nhd.* „heiter") blaugrau [*oculi*]; *bsd.* (*dcht., nkl.*) grauäugig [*leo*].
Caesiŭs Bassŭs, *ī m Lyriker, Jugendfreund des Dichters Persius, fand beim Ausbruch des Vesuvs 79 n. Chr. den Tod.*
Caesō *od.* **Kaesō,** *ōnis m cogn. der Dŭiliī, Fābiī u. Quinctiī.*
caespĕs, *itis m* (*wohl zu caedō, eigtl.* „Ausgeschnittenes"; *Bildung unklar*) **1.** Rasen, *bsd. ein ausgestochenes* Rasenstück (*auch pl.*). **2.** *meton.* (*unkl., meist dcht.*) **a)** Rasenplatz, Grasland; **b)** Rasenaltar; **c)** Rasenhütte; **d)** faseriger Wurzelstock.
caestŭs, *ūs m* (*wohl zu caedō; Bildung unklar*) Cästus, Schlagriemen (*Boxhandschuh aus Leder mit eingenähten Bleistücken*).
caesūră, *ae f* (*caedō*) **1.** (*nkl.*) das Hauen, Fällen. **2.** (*Gramm.*) (*metr. t.t.*) Verseinschnitt, Zäsur.
caesŭs *P.P.P. v. caedō.*
caetră, *ae f* (*wohl iberisches Fw.*) (*unkl.*) leichter Lederschild (*bsd. nichtrömischer Völker*).
caetrātŭs 3 (*caetră*) m. leichtem Lederschild bewaffnet; *subst.* **-ī,** *ōrŭm m* (*b. Li. Bedeutungslw. zu πελτασταί*) die griech. Leichtbewaffneten.
Cāiētă, *ae f* (*Καιήτη*) **1.** *Amme des Äneas.* **2.** *nach 1 benannte Hafenst., j.* Gaëta.
cāiō, — — 1. (*denom. v. cāiă* ‹ **kaid-jā zu caedō:* „Prügel") (*Pl.*) schlagen, hauen.
Cāiŭs, *schlechte Schreibart für Gāiŭs.*
Căl. *s. Călĕndae.*
Călăbriă, *ae f sö. Halbinsel Italiens* (*j.* Apulien) *m. vielen gr. Kolonien; Einw. u. adi.* **Călăbĕr** (*bră, brŭm*).
Călăctē, *ēs f* (*Καλὴ ἀκτή* „schöne Küste") *Küstenst. i. Nordsizilien, j.* Calonia; *Einw. u. adi.* **Călăctīnŭs** (3).
Călăĭs, *idis m* (*acc. -ĭm u. -ĭn, abl. -ī u. -idĕ*) (*Κάλαϊς*) *S. des Boreas, befreite als Argonaut mit seinem Bruder Zetes den Phineus von den Harpyien. Cf.* V.-B. III, 4, 1.
călămāriŭs 3 (*călămŭs*) (*Suet.*) Schreibrohr..., *theca -a* Federbüchse.
călămistrātŭs 3 (*călămistrŭm*) gekräuselt [*coma*], m. gekräuselten Locken [*saltator*].
călămistrŭm, *ī n* (*nom. pl. auch -ī m*) (*Lw.* ‹ *καλαμίς, vl. nach căpistrŭm: căpis umgeformt*) Brenneisen *zum Kräuseln der Haare;* / Schnörkelei, Künstelei *im Ausdruck.*
▶ **călămitās,** *ātis f* (*eigtl.* „Schlag", *wohl m. clādēs u. incŏlŭmis verwandt; antike Herleitung v. călămŭs als* „Halmschaden" *ist volkset.*) **1.** Schaden, Unheil, Verlust [*calamitatem accipere* erleiden, *perferre, tolerare, inferre alci, in magna calamitate esse*]; Hagelschlag, Brand; *fructuum* Mißwachs; *pl.* Unglücksfälle, Mißgeschick. **2.** *mil.* Niederlage, Schlappe [*Cannensis, illa apud Leuctra*].
F. *gen. pl. călămitātŭm u. nkl. auch -tiŭm.*
călămitōsŭs 3 (*m.* °*comp. u. sup.; adv.* **-ē**) (*călămitās*) **1.** (*act.*) schädlich, verderblich, verheerend [*tempestas; alci* für *jd.*]. **2.** (*pass.*) (schwer) heimgesucht, elend, *auch v. Zuständen* [*homines, agri, res, otium, exilium*]; *subst. m* der Unglückliche.
călămŭs, *ī m* (*Fw.* ‹ *κάλαμος*) (*vorwiegend dcht., nkl.*) **1.** Rohr, Schilf. **2.** Halm, Stengel. **3.** (*meton.*) Gegenstand aus Rohr: °**a)** Rohrstab; **b)** Schreibrohr, Schreibfeder; °**c)** Rohrpfeil; °**d)** Rohrflöte; *pl.* Hirtenflöte, die *aus 7—9 Rohrpfeifen bestehende* Syrinx; °**e)** Angelrute; °**f)** Leimrute *zum Vogelfang.*
călăthiscŭs, *ī m* (*Fw.* ‹ *καλαθίσκος; dcht., nkl.*) geflochtenes Körbchen.
călăthŭs, *ī m* (*Fw.* ‹ *κάλαθος*) (*dcht., nkl.*) **1.** geflochtener Korb, Körbchen, *bsd.* Blumen- *od.* Fruchtkörbchen; Wollkorb, *auch* Käsekorb. **2.** / Weinschale; Napf.
călātŏr, *ōris m* (*călō¹; eigtl.* „Ausrufer") (*vkl., nkl.*) Diener (*bsd. des pontifex*).
călautică, *ae f* (*ungedeutetes Fw.*) Haube (*mitraähnliche Kopfbedekkung vornehmer Frauen*).
călcăr, *āris n* (*eigtl. adi. n călcārĕ, sc. fĕrrŭm* „Ferseneisen" *zu cālx²*) **1.** (*nkl.*) Sporn, Stachel *des Reiters, meist pl.* [*equo calcaria subdere* = *equum calcaribus incitare*]. **2.** Ansporn, Antrieb, Reiz [*calcaria alci adhibere u.* °*addere* = *calcaribus in alqo uti*], *meist pl.*
F. *abl. sg. -ī, nom. pl. -iă, gen. -iŭm.*
călcĕāmĕntŭm, *ī n u.* (*nkl.*) **călcĕātŭs,** *ūs m* (*călcĕō*) Schuhwerk.
călcĕāriŭm, *ī n* (*călcĕŭs; Suet.*) Schuhgeld.
călcĕō 1. (*denom. v. călcĕŭs*) beschuhen; (*P.P.P.*) *adi.* **călcĕātŭs** 3 (*Pl.*) (*scherzh.*) gut beißend [*dentes*].
călcĕŏlāriŭs, *ī m* (*călcĕŏlŭs; Pl.*) Schuhmacher.
călcĕŏlŭs, *ī m* (*demin. v. călcĕŭs*) kleiner Schuh, Stiefelchen.
călcĕŭs, *ī m* (*cālx²*) Schuh, Halbstiefel, *stets nur mit der Toga getragen* (*cf. sŏlĕă*); *calceos mutare* =

Senator werden; *calceos poscere* (*Pli.*) = v. Tisch aufstehen (*wenn man sich zu Tisch legte, zog man die Schuhe aus*).

Călchās, *āntĭs m* (Κάλχας) *Seher der Griechen vor Troja.* — *abl.* (*Com.*) *-ā.*

F. *Cf.* V.-B. III, 1, b; III, 5.

Călchēdōn *u.* (*weniger gut*) **Chălcēdōn,** *ŏnĭs f* (Καλχηδών, Χαλκηδών) *St. in Bithynien, Konstantinopel gegenüber, j.* Kadikjo; *cf.* V.-B. III, 1, b; *Einw. u. adi.* **Călchēdŏnĭŭs** (3).

călcĭā... = *călcĕā...*

călcĭtrō[1] 1. (*călx*[2]) **1.** (*dcht., nkl.*) hinten ausschlagen. **2.** / sich sträuben, widerstreben.

călcĭtrō[2], *ōnĭs m* (*călcĭtrō*[1]) (*Pl.*) *jd.*, der ungeduldig (mit den Hacken) an die Tür schlägt; Raufbold.

călcĭtrōsŭs 3 (*călcĭtrō*[1]; *Pl.*) gern hinten ausschlagend.

călcō 1. (*denom. v. călx*[2]) (*unkl.*) **1.** treten (*alqm j-n, alqd etw. od.* auf, in *etw., zB. viperam, uvas* keltern). **2. a)** (*e-n Ort*) betreten, (*e-n Weg*) wandern [*viam leti, cruorem* im Blute waten]; **b)** *etw.* festtreten [*agrum*]; **c)** / m. Füßen treten [*libertatem*]; beschimpfen.

călcŭlātŏr, *ōrĭs m* (°*călcŭlō* 1. „zusammenrechnen"; *Ma., nkl.*) Rechenmeister, -lehrer.

călcŭlŭs, *ī m* (*demin. v. călx*[1]) **1.** glattes Steinchen; *pl. auch* (*nkl.*) grober Kies. **2. a)** Stein *im Brettspiel* [°*lusus calculorum*; *calculum dare* ziehen, *reducere* zurückziehen; / = eine Handlung zurücknehmen]; **b)** (*nkl.*) Rechenstein; *klass. nur meton.* (*meist pl.*) Rechnung, Berechnung [°*vocare alqm ad calculos m. jd.* abrechnen; *vocare alqd ad calculos etw.* einer (genauen) Berechnung unterwerfen, *zB. amicitiam*; *calculos subducere* das Fazit ziehen]; **c)** (*nkl., dcht.*) Stimmstein, *u. zw. der weiße* (*albus*) *zur Zustimmung od. Freisprechung, der schwarze* (*ater*) *zur Ablehnung od. Verurteilung*; **d)** (*nkl.*) Nieren-, Blasenstein [*calculi dolor*].

căldă *synk.* < *călĭdă*; *s. călĭdŭs.*

căldārĭŭs 3 (*căl*[*ĭ*]*dŭs*) (*nkl.*) zum Wärmen gehörig [*cella* Warmbadezelle; *aēnum* Kessel mit heißem Wasser *fürs Bad*]; *subst.* **-ŭm,** *ī n* Warmbad.

căldŭs *synk.* < *călĭdŭs*; *s.d.*

Călēdŏnĭă, *ae f nördl. Schottland*; *Einw.* **Călēdŏnēs,** *ŭm m.*

cālĕ-făcĭō, *fēcī, făctŭm* 3. (P. *-fīō, factŭs sŭm, fĭĕrī*) (*călĕō*) **1.** warm *od.* heiß machen, erwärmen, erhitzen (*alqd, zB. aquam*); P. *calefieri* warm *od.* heiß werden. **2.** / **a)** *alqm jd.* derb zusetzen, *jd.* beunruhigen; **b)** (*dcht.*) aufreizen, entflammen [*corda tumultu*].

F. *Oft synk. călfăcĭō, auch călfĭcĭō, imp. călĕfăc u. călfăcĕ*; P. *căl*(*ĕ*)*fĭĕrī u. călfĭcī.*

călĕfăctō 1. (*intens. v. călĕfăcĭō*) (*dcht.*) erhitzen (*alqd*).

călĕ-fīō, *făctŭs sŭm, fĭĕrī,* P. *zu călĕfăcĭō.*

▶ **Călĕndae** *u.* **Kălĕndae,** *ārŭm f* (*meist abgek.* CAL. *od.* KAL.) (*cālō*[1], *eigtl.* „Ausruftag") die Kalenden, erster Tag des Monats [*Ianuariae, Calendis Novembribus*; *tristes, weil am Ersten jeden Monats die Zinsen bezahlt werden mußten*; *scherzh.* (*Augustus b. Suet.*) *solvere ad -as Graecas* nie bezahlen]; *meton.* (*dcht.*) Monat.

călĕndārĭŭm, *ī n* (*Călĕndae*; *Se.*) Schuldbuch (*mit den am Monatsersten verbuchten Schuldzinsen*).

călĕō, *ŭī,* (*călĭtūrŭs*) 2. (*cf. călĭdŭs, nhd.* „lau") **1.** warm *od.* heiß sein, glühen [*sol calet,* °*arae calent ture* = dampfen]; °*călēns* warm, heiß. **2.** / **a)** (*v. Pers.*) glühen: **α)** in Aufregung *od.* Unruhe sein [*vos nunc istic satis calere audio*]; **β)** v. Leidenschaft entbrannt sein, Feuer *u.* Flamme sein (*in re* in, bei *etw., zB. in agendo*; *re od. a re* infolge einer Sache, *zB.* °*spe*); *bsd.* (*dcht., nkl.*) vor Liebe glühen [*aliā feminā* zu einer anderen Frau, *puellā*]; **b)** (*v. Sachen*) **α)** eifrig behandelt werden [*indicia calent* die Angeberei blüht]; **β)** noch frisch *od.* noch neu sein [*crimen calet,* °*rumores calent* sind noch nicht verraucht].

călēscō, *călŭī,* — 3. (*incoh. zu călĕō*) warm *od.* heiß *od.* erhitzt werden (*re od. a re* v. *od.* durch *etw.*); / (*dcht.*) v. Leidenschaft (*bsd.* v. Liebe) erglühen.

căl-făcĭō, -făctō *u. căl-fĭcĭō* = *călĕfăcĭō usw.*

căllĭăndrŭm, *ī n* (*wahrsch. gr. Lw.*) (*dcht.*) hohe Frisur, Perücke.

▶ **călĭdŭs** (*vulgär synk.* > *căldŭs*) 3 (*m. comp. u.* °*sup.*; *adv.* **-ē**) (*călĕō*) **1.** warm, heiß [*aqua*]; *subst.* **a) călĭdă** (*u.* **căldă**), *ae f* (*unkl.*) = *ăquă călĭdă* warmes Wasser, warmes Bad; **b) călĭdŭm,** *ī n* (*unkl.*) **α)** das Warme, die Wärme (*auch pl.*); **β)** (*sc. vīnŭm*) Glühwein. **2.** / **a)** (*tadelnd*) hitzig, heißblütig, leidenschaftlich, übereilt [°*equus, homo, consilia,* °*redemptor* geschäftig, eifrig, *-e cogitare*]; *subst.* **căldŭs,** *ī m* Hitzkopf; **b)** (*Pl.*) noch neu, noch frisch.

căllĭĕndrŭm, *ī n* = *căllĭăndrŭm.*

călĭgă, *ae f* (*wohl eig.* „Fersenbinder", *zu calx*[2] *u. lĭgo*[2], *aber lautlich unklar*) lederner Halbstiefel, *bsd.* Soldatenstiefel; *meton.* (*nkl.*) Gamaschendienst.

călĭgātŭs 3 (*călĭgă*) (*nkl., dcht.*) in schweren Schuhen; *subst.* ~, *ī m* gemeiner Soldat.

cālīgĭnōsŭs 3 (*m. sup.*) (*cālīgō*[1]) neblig, dunstig [*caelum*]; °/ finster, dunkel [*nox*]; ungewiß.

cālīgō[1], *ĭnĭs f* (*cf. căllĭdŭs, richtiger cālĭdŭs* 3 „mit einer Blesse auf der Stirn", κηλίς „Fleck") **1.** Nebel, Dunst, Rauch [*densa,* °*nigra* Staubwolke, °*picea* Rauchwolke]. **2. a)** dichte Finsternis [°*caeca, taetra*]; **b)** Dunkel vor den Augen, °Schwindelgefühl [*videre quasi per caliginem* wie durch einen Flor; °*offundere caliginem oculis alcis jd.* schwindelig machen]. **3.** / **a)** geistige Nacht [*mentis*]; *bsd.* Unwissenheit, Ungewißheit [*caligo animo alcis offusa est*]; **b)** Trübsal, Elend.

cālīgō[2] 1. (*cālīgō*[1]; *dcht., nkl.*) **1.** Dunkel, Finsternis verbreiten; *meton.* Schwindel erregen [*fenestrae altae*]. **2. a)** in Dunkel gehüllt sein: **α)** dunkel, finster sein [*lacus*]; **β)** *caligant oculi* es wird dunkel vor den Augen; **γ)** kurzsichtig sein; **b)** / im Finstern tappen, blind sein (*ad alqd* für *etw.*).

călĭgŭlă, *ae f* (*demin. v. călĭgă*) (*spätl.*) Soldatenstiefelchen; ♀ (*Suet.*) *Beiname des röm. Kaisers Gaius* (*37—41 n.Chr.*).

călĭtūrŭs *part. fut. v. călĕō.*

călĭx, *ĭcĭs m* (*urverwandt m.* κύλιξ Becher, κάλυξ Blumenkelch; *nhd.* „Kelch" *lat. Lw.*) tiefe Schale: **1.** Kelch, Pokal, Becher; *meton.* (*dcht.*) Wein. **2.** (*vkl., dcht.*) Schüssel, Topf. — **Abendmahlskelch.

căllāĭnŭs 3 (*Fw.* < καλλάϊνος) (*dcht., nkl.*) blaßgrün, meergrün.

căllēns, *ēntĭs* (*adv.* **-ēntĕr**) (*eig. part. praes. v. căllĕō*) (*nkl.*) kundig, erfahren (*abs. u. m. gen.*).

căllĕō, *ŭī,* — 2. (*wahrsch. zu căllŭm*) (*unkl.*) **1.** *intr.* (*v. der Arbeit od. v. Schlägen*) Schwielen haben, dickhäutig sein, sich verhärten; / gewitzigt, erfahren sein (*abs. od. re, zB. usu alcis rei etw.* aus Erfahrung kennen *od.* verstehen, *auch in re*). **2.** *trans.* kennen *od.* verstehen, wissen (*alqd, zB. iura*; *auch m. inf.*).

căllĭdĭtās, *ātĭs f* (*căllĭdŭs*) **1.** Lebensklugheit, geistige Gewandtheit. **2.** (*pejorativ*) Verschlagenheit, Schlauheit, List, *auch pl.* [*Graeca*]; *bsd.* (*rhet.*) Kunstgriff; *pl.* Praktiken.

▶ **căllĭdŭs** 3 (*m. comp. u. sup.*; *adv.* **-ē**) (*căllĕō*) **1.** klug, gewandt; *bsd.* weltod. lebensklug [*medicus*; *abs. od. m. abl.*; *ad alqd, in re*; (*dcht.*) *m. inf.*]; *insb.* **a)** (*nkl., dcht.*) *m. etw.* vertraut, in *etw.* bewandert, feiner Kenner (*m. gen., zB. rei militaris, temporum*); **b)** (*v. Leblosem*) sinnreich, fein ausgedacht [*artificium, oratio*]. **2.** (*pejorativ*) verschlagen, verschmitzt, raffiniert, schlau, listig [*homo*; *callide facere od. dicere*; *ad alqd u.* °*alci rei, zB. ad fraudem,* °*offensionibus accendendis*]; *auch v. Leblosem, zB.* °*liberalitas* schlau berechnet.

căllĭgō = *cālīgō*[1].

Căllĭmăchŭs, *ī m* (Καλλίμαχος) *aus Kyrene* (*um 260 v.Chr.*), *Vorsteher der Bibliothek in Alexandria, Dichter v. epischen Hymnen, Elegien, Epigrammen.*

Căllĭŏpē, *ēs u.* **-pēă,** *ae f* (Καλλιόπη, Καλλιόπεια, *eig.* „die Schönstimmige") *M. des Orpheus*; *Chorführerin der neun Musen*; *Muse der epischen Dichtkunst*; *übh.* °Muse; *meton.* (*Ov.*) Dichtung, Gesang, Lied.

Căllĭpŏlĭs, *ĭs f* (Καλλίπολις) **1.** *St. am Hellespont, j.* Gallipoli. **2.** *ätolische St. auf der heutigen Krim.*

căllĭs, *ĭs f* (*u. m*) (*cf. dt. mundartlich* „Helle" = Winkel *zw.* Ofen *u.* Wand, winkliges Waldtal) **1.** Fußsteig, Bergpfad [°*invia*]; (*dcht.*) *übh.* Pfad. **2.** Triftweg, *pl.* (*meton.*) Bergtriften [*Italiae* Abruzzen, *pastorum*]. — (*abl. sg.* -ē).

Căllĭstō, *ūs f* (Καλλιστώ) *arkadische*

*Nymphe im Gefolge der Artemis; v. Zeus M. des Arkas, zur Strafe als Bärin (*Ἄρκτος) an den Himmel versetzt. Cf.* V.-B. III, 2.
căllōsŭs 3 (*m. comp.*) (*căllŭm*) (*dcht., nkl.*) dickhäutig, schwielig [*ova wohl* dickschalig].
căllŭm, ī *n u.* (*nkl., stets im pl.*)
căllŭs, ī *m* (*cf. altirisch* calath „hart") Schwiele, verhärtete Haut *an Händen u. Füßen* [*solorum,* °*pedum*]; / Stumpfsinn, Gefühllosigkeit, Unempfindlichkeit; ~ *obducere alci rei etw.* (*od.* gegen *etw.*) abstumpfen, abhärten [*labor dolori* ~ *obducit* läßt den Schmerz weniger empfinden].
cālō[1] 1. (*cf.* καλέω, *nhd.* „holen", „holla"; *eig. relig. t.t.*) ausrufen; *bsd.* zusammenrufen (*m. acc.*); °*comitia calata* Versammlung zu religiösen Zwecken.
cālō[2], ōnĭs *m* (*et. ungedeutet*) Troßknecht (*beim Heer*); *übh.* Reitknecht, Stalljunge.
cālō[3], ōnĭs *m* (*zu altl. cālă, ae f* „Brennholz", *Lw.* ‹ κᾶλον „Holzstück") (*Pl.*) Holzschuh, Kothurn *der gr. Tragödie.*
cālō[4] *od.* **chālō** 1. (*Fw.* ‹ χαλάω) (*nkl.*) herablassen, öffnen.
▶ **călŏr,** ōrĭs *m* (*căleō*) **1.** Wärme, Hitze, Glut, *auch pl.* = lange anhaltende Hitze [°*vitalis* Lebenswärme]. **2. a**) Sonnenhitze, Sommerhitze, Mittagsglut, *auch pl.* [°*mediis caloribus* mitten im Sommer]; **b**) (*Ti.*) Fieberhitze; **c**) / (*nkl., dcht.*) Feuer, Eifer, Leidenschaft, heftige Aufregung; *bsd.* Liebesglut, *auch pl.* [*calorem trahere* Feuer fangen = sich verlieben].
Călpŭrnĭŭs 3 (*Stamm calp- u. Ableitung etr.*) *Name einer pleb. gēns m. den Familien der Pīsōnēs, Bēstĭae, Bĭbŭlī u.a.*: **1.** *C.* ~ *Pīsō Frūgī, m. Ciceros Tochter Tullia verheiratet, gest. 57 v.Chr.* **2.** *L.* ~ *Pīsō Caesōnĭŭs, Schwiegervater Cäsars, Gegner Ciceros.*
călthă, *ae f* (*Fw.* ‹ *nicht belegtem* κάλθη?) (*dcht., nkl.*) Dotter- *od.* Ringelblume.
călthŭlă, *ae f* (*demin. v. călthă*) (*Pl.*) geblümtes Frauenkleid.
călŭī *s. căleō u. călēscō.*
călŭmnĭă, *ae f* (*cf. călvŏr,* κηλέω „betöre") **1.** Rechtsverdrehung, Advokatenkniffe, böswillige Anklage; °*calumniam iurare* schwören, daß man *jd.* (*in alqm*) nicht aus Schikane anklage. **2. a**) (*meton.*) Verurteilung wegen falscher Anklage [°*calumniam ferre* wegen böswilliger Anklage verurteilt werden, *calumniam effugere*]; **b**) / sophistische Auslegung, Kabale, *auch pl.* (*alcis j-s, zB.* °*Academicorum*; °*nimia contra se -a* übertriebene Selbstkritik); *bsd.* betrügerischer Vorwand (*religionis*).
călŭmnĭātŏr, ōrĭs *m* (*călŭmnĭŏr*) Rechtsverdreher, falscher Ankläger, Ränkeschmied; *adi.* (*Ph.*) ränkevoll [*canis*].
călŭmnĭŏr 1. (*denom. v. călŭmnĭă*) **1.** (*intr.*) eine falsche Anklage vorbringen, Kabalen schmieden, nörgeln, mäkeln [*calumniabar ipse* ich ängstigte mich selbst ohne Not]. **2.** (*trans.*) *jd. od. etw.* böswillig angreifen, fälschlich verdächtigen, bekritteln, in sophistischer Weise auslegen (*alqm u. alqd, zB. -ari se* [*Qu.*] übertriebene Selbstkritik üben).
călvă, *ae f* (*wohl sc. tēstă; călvŭs*) (*nkl., Ma.*) Hirnschale, Schädel.
călvārĭă, *ae f* (*călvă*) (*nkl.*) Schädel; *-ae locus* (*Vulg.*) Schädelstätte (= *hebr.* Golgatha).
călvĭtĭŭm, ī *n u.* (*nkl.*) **călvĭtĭēs,** ēī *f* (*călvŭs*) Glatze.
călvŏr, — 3. (√*kēl- „betören" *in* κηλέω; *cf. călŭmnĭă*) (*vkl., nkl.*) täuschen, hintergehen; *auch pass.*
călvŭs 3 (*cf. altind.* ati-kulva „ganz kahl"; *ahd.* kalo, *nhd.* „kahl" *wohl nicht lat. Lw.*) (*unkl.*) kahl; glatzköpfig; **Călvŭs** 3 *cogn. i. der gens Licinia.*
călx[1], cĭs *f* (*selten m*) (*Lw.* ‹ χάλιξ *od. urverwandt*; *ahd.* kalch, *nhd.* „Kalk" *lat. Lw.*) **1.** Kalkstein, Kalk; *meton.* das (*urspr. m. Kalk bezeichnete*) Ziel der Rennbahn [*ad calcem pervenire*]; / Ende, Ziel [*ad carceres a calce revocari* von neuem beginnen, *nunc video calcem*]. **2.** (*vkl.*) Stein *im Brettspiel* [*-em ciere* ziehen]. — (*gen. pl. călcĭŭm*).
călx[2], cĭs *f* (*idg. Grundbedeutung* „biegsames Gelenk"; *cf.* κῶλον „Glied") Ferse *v. Menschen u. Tieren,* (*dcht.*) *auch* = Huf [°*calces remittere* = *calcibus caedere* hinten ausschlagen, °*calce petere alqm* nach *jd.* ausschlagen, °*calcem calce terere jd.* auf den Fersen sein]; *sprichw.*: (*Te.*) *advorsus stimulum -es* (*sc. iăctārĕ*) wider den Stachel löcken = unnützen Widerstand leisten; *pugnis et calcibus* (*sc. cértārĕ*) m. Händen und Füßen = m. aller Macht. — (*gen. pl. călcĭŭm*).
Călўdōn, ōnĭs *f* (*acc. auch -ă*; Καλυδών) *Hptst. Ätoliens* (*cf.* V.-B. III, 1, b.); *adi.* **Călўdōnĭŭs** 3 kalydonisch, *übh.* °ätolisch [*heros* Meleager]; *fem. auch* °**Călўdōnĭs,** ĭdĭs kalydonisch, Kalydonierin = Deianeira.
Călўpsō, ūs *u.* °ōnĭs *f* (*acc. -ō*; Καλυψώ) *T. des Atlas, Nymphe auf der Insel Ogygia. Cf.* V.-B. III, 2.
cămără, *ae f* = *cămĕră.*
cămĕllă, *ae f* (*demin. v. cămĕră*) (*nkl., dcht.*) bauchiges Gefäß, Schale, Eimer.
cămēlŭs, ī *m* (*u. f*) (*Fw.* ‹ κάμηλος) Kamel.
Cămēnae, ārŭm *f* (*sg. nur dcht.*; *älter Căsmēnae*; *urspr. weissagende Quellnymphen, schon früh m. griech.* Μοῦσαι *identifiziert*) Musen; *sg. meton.* (*dcht.*) Lied, Gedicht, Dichtung.
cămĕră, *ae f* (*Lw.* ‹ καμάρα) Gewölbe, gewölbte (Zimmer-)Decke; *meton.* (*nkl.*) Barke *m. gewölbtem Bretterdach.* — **Vorratskammer; Schatzkammer; Staatskasse.
****camerarius,** *i m* Kämmerer, Kammerherr.
Cămillŭs, ī *m* (*urspr. etr.*) *cogn. i. d. gēns Fūria*; *s. Fūrĭŭs.*
****caminata,** *ae f* heizbares Gemach, Kemenate; Klause.
cămīnŭs, ī *m* (*Fw.* ‹ κάμινος) Feuerstätte: **1.** (*dcht.*) Schmelzofen. **2.** (*dcht.*) Schmiedeesse; *übh.* Werkstätte. **3. a**) (*dcht., nkl.*) Kamin, Ofen; **b**) *meton.* Kaminfeuer [°*oleum addere camino* Öl ins Feuer gießen, *d.h.* das Übel vergrößern].
cămĭs(ĭ)ă, *ae f* (*wohl Lw. aus dem Germanischen über das Gallische*; *cf. ahd.* hemidi, *nhd.* „Hemd") (*spätl.*) Hemd.
cămmărŭs, ī *m* (*Fw.* ‹ κάμμαρος) (*unkl.*) Hummer.
Cămpānĭă, *ae f* (*wohl in Anlehnung an cămpŭs m. sekundärer Nasalierung aus *Căpānĭă zu Căpŭă*), *Ldsch. in Mittelitalien, bsd. die Ebene um Capua.* — *Einw. u. adi.* **Cămpānŭs** (3) Kampaner, *bsd.* Capuaner; kampanisch, *bsd.* capuanisch [°*urbs u. colonia* = Capua; °*morbus* hornartige Warzen im Gesicht].
cămpĕstĕr (*selten* **-strĭs**), trĭs, trĕ (*cămpŭs*) **1.** in der Ebene (gelegen *od.* wohnend *od.* stattfindend); flach, eben [*iter* durch die Ebene, °*hostis* in der Ebene kämpfend, °*Scythae* in Steppen lebend]; *subst.* °**campēstrĭă,** ĭŭm *n* (*nkl.*) Blachfeld, ebene Gegend. **2. a**) zum Marsfeld gehörig, auf dem Marsfeld [*cf. cămpŭs Mārtĭŭs*]; *meton.* turnerisch, gymnastisch [°*arma* Turngeräte]; *subst.* **cămpēstrĕ,** ĭs *n* (*Ho.*) Schurz; Kampfgurt; **b**) die (*auf dem Marsfeld stattfindenden*) Komitien *od.* Wahlen betreffend [°*gratia* Einfluß bei den Wahlen]. **F.** *abl. sg. -trī*; *pl. neutr. -trĭă, gen. -trĭŭm.*
▶ **cămpŭs,** ī *m* (*eig.* „Biegung" = καμπή) **1. a**) freies Feld, Blachfeld, Ebene, Gefilde, Flur, *sg. u. pl.* [*exercitum in campis reficere*]; **b**) Ackerland, Saatfeld; **c**) (*jede offene*) °Fläche, *bsd.* **α**) (*dcht.*) Meeresfläche [*campi liquentes, caerulei*]; *auch* Fläche eines Felsens, Plateau; *übh.* Land *im Ggs. zum Meer*; **β**) (*nkl.*) Schlachtfeld; (*dcht.*) Feldschlacht. **2. a**) freier Platz *in od. bei Rom* [*Esquilinus*]; **b**) Marsfeld [*campus Martius*], *als Sport- u. Exerzierplatz u. zu Wahlversammlungen benutzt*; *daher* (*meton.*) Komitien, Wahlen [*dies campi* Wahltag]. **3.** / Spielplatz; Exerzier-, Tummelplatz; *auch* / Betätigungsfeld, Spielraum *für eine Tätigkeit* [*aequitatis,* °*gloriae*]; *auch* (rhetorischer) Gemeinplatz [*rhetorum*].
cămŭr(ŭs), ă, ŭm (*vl. dial. gegenüber cămĕră zu* καμάρα *od. etr. Fw.*) (*Ve.*) gekrümmt [*cornua*].
cănăbă, *ae f* (*et. umstritten*; *Inscr.*) Krämerbude *beim Heer*; Vorratskammer; Weinschenke; *pl.* Krämerrevier, Lagerdorf; *später* feste Siedlung.
cănālĭcŭlă, *ae f u.* **-ŭs,** ī *m* (*demin. v. cănālĭs*; *vkl., nkl.*) kleine Rinne, kl. Kanal; *bsd.* (*nur -ŭs!*) Triglyphenschlitz.
cănālĭs, ĭs *m* (*u.* °*f*) (*urspr. adi. zu cănnă*[1]) Röhre, Röhrchen; Rinne; *bsd.* Wasserrinne, (Abzugs-)Kanal; *prägn.* (*archit. t.t.*; *Vi.*) Kannelüre

am Säulenschaft.
F. *abl. sg.* -ī, *gen. pl.* -ĭŭm.

căncēllārĭŭs, ī *m* (căncēllī) (*spätl.*) Kanzler (= *Vorsteher einer Kanzlei*).

căncēllī, ōrŭm *m* (*demin. v.* căncĕr¹) Gitter, Schranken [fori *u.* forenses]; / Schranken = Grenzen [extra cancellos egredi]. — **Fenstergitter; altaris Altarraum.

căncĕr¹, crī *m* (*dissim.* < cărcĕr; *s. d.*) (*spätl.*) Gitter; Schranke(n).

căncĕr², crī *m* (*dissim.* < *cărcĕr; *cf.* καρκίνος, *lat.* cărcĭnōmă) **1.** (*unkl.*) Krebs; *auch* Krebsgeschwür. **2.** *Sternbild* Krebs, *in das die Sonne am 21. Juni tritt; daher* (*meton.*) (*dcht.*) Sommerhitze; Süden.

cănđē-făcĭō, — — 3. (-ĕ-?; căndĕō) (*vkl., nkl.*) (glänzend) weiß machen.

căndēlă, ae *f* (căndĕō) (*nkl., dcht.*) **1.** Wachs- *od.* Talgkerze. **2.** Wachsschnur.

căndēlābrŭm, ī *n* (căndēlă) Leuchter, Kandelaber.

căndĕō, ŭī, — 2. (*cf.* ăc-, īncĕndō; *kymrisch* cann „hell, weiß") **1.** glänzend weiß sein; *bsd. part. praes.* căndēns weißglänzend, schimmernd [°villa, °ortus Morgenröte, °circus Milchstraße]. **2.** hell glühen, glühend heiß sein, glühen [carbo candens].

căndēscō, dŭī, — 3. (*incoh. zu* căndĕō) (*nkl., dcht.*) **1. weiß erglänzen** (re *v. etw.*). **2.** hell erglühen, **heiß werden.**

căndĭdātōrĭŭs 3 (căndĭdātŭs) eines Amtsbewerbers [munus].

▶ **căndĭdātŭs** 3 (căndĭdŭs) (*vkl., nkl.*) weißgekleidet; *klass. nur subst.* **-ŭs,** ī *m* (*der m. weißer Toga bekleidete*) Amtsbewerber, Kandidat [°consulatūs *od.* consularis Bewerber um das Konsulat].

căndĭdŭlŭs 3 (*demin. v.* căndĭdŭs) glänzendweiß [dentes].

▶ **căndĭdŭs** 3 (*m. comp. u. sup.*; *adv.* °**-ē**) (căndĕō) (*meist nkl., dcht.*) **1. a)** glänzendweiß, schneeweiß, weißschimmernd, *auch* fleckenlos [°toga, °pōpulus Silberpappel, °equus Schimmel, °avis Storch]; **b)** (*dcht.*) weißgekleidet; **c)** (*dcht.*) glänzend, helleuchtend; *meton.* °(*v. Winde*) aufklärend *od.* wolkenverscheuchend [Favonius]; °(*v. Stimmstein*) freisprechend [sententia beipflichtend]; *bsd.* °jugendschön [Maia, Liber]. **2.** / **a)** (*nkl.*) (*v. der Stimme*) rein, klar [vox]; **b)** (*v. Stil*) ungekünstelt, einfach, klar, durchsichtig [dicendi genus]; **c)** (*dcht.*) (*v. Charakter*) lauter, treuherzig, redlich [iudex, pectore candidus]; **d)** (*dcht.*) (*v. Zeit u. Verhältnissen*) heiter, ungetrübt, glücklich, fröhlich, günstig [nox, convivium, natalis, fatum].

căndŏr, ōrĭs *m* (căndĕō) **1. a)** glänzendweiße Farbe, blendendes Weiß, *übh.* heller Glanz, Schimmer [armorum, °dentium]; **b)** weißer Teint; weiße Schminke, *auch* °*pl.* **2.** / (*dcht., nkl.*) **a)** blendende Schönheit; **b)** (*v. Stil*) Klarheit, Durchsichtigkeit; *auch* Natürlichkeit; **c)** (*vom Charakter*) Lauterkeit, Aufrichtigkeit, Redlichkeit [animi].

căndŭī *s.* căndĕō *u.* căndēscō.

cānĕō, — — 2. (*denom. v.* cānŭs) (*dcht.*) weiß(grau) sein, ergrauen, erbleichen [gramina; re v., durch *etw., zB.* ager aristis canet]; *part. praes.* **cānēns,** ĕntĭs weiß(grau) [gelu, lumina erbleichende Augen].

cānēphŏrŭs, ī *f* (*Fw.* < κανηφόρος) Korbträgerin; *pl.* -ōe Kanephoren (*Gemälde od. Statuen athenischer junger Mädchen aus dem Panathenäenzug m. Opferkörbchen auf dem Kopf*).
F. *nom. pl.* cānēphŏrōe. (*cf.* V.-B. II, 1).

cānēs, ĭs *m u. f* (*altl.*) = cānĭs.

cānēscō, ŭī, — 3. (*incoh. zu* cānĕō) **1.** (*nkl., dcht.*) grau werden, ergrauen [aequora]. **2.** / altern [oratio].

cănīcŭlă, ae *f* (*demin. v.* cănĭs) **1.** (*vkl., nkl.*) kleine Hündin, Hündchen; / bissiger Mensch. **2.** Hundsstern = Sīrĭŭs.

Cănīnĭŭs 3 *Name einer pleb.* gēns: **1.** L. ~ *Găllŭs, Volkstribun 56 v.Chr., Freund Ciceros, gest. 43 v.Chr.*; *adi. auch* **-nīnĭānŭs** 3. **2.** C. ~ *Rēbĭlŭs, Legat Cäsars.*

cănīnŭs 3 (cănĭs) (*nkl., dcht.*) **1.** hündisch, Hunds... **2.** / **a)** gemein; **b)** belfernd, bissig.

▶ **cănĭs,** ĭs *m u. f* (*cf.* κύων, κυνός, *nhd.* „Hund") **1.** Hund, Hündin, *bsd.* Rüde, Spürhund [venaticus, °femina Hündin]; *auch als Schimpfwort.* **2. a)** unverschämter *od.* bissiger Mensch (*bsd. v. Anklägern gesagt*); **b)** Schmarotzer; Kreatur (alcis *j-s*; *zB.* Clodii *od.* Clodianus); **c)** (*dcht.*) Seehund [marinus]; *pl. myth. v. den Hunden der Skylla*; **d)** (*dcht., nkl.*) *Name zweier Sternbilder*: **α)** der Große Hund (~ maior) *östl. unter dem Orion m. dem hellsten Stern Sirius; der Frühaufgang dieses Gestirns (Mitte Juni) bringt die heißeste Jahreszeit der Hundstage (spätl.* dies caniculares*) mit sich*; **β)** der Kleine Hund (~ minor) *südl. vom Äquator; im Mythus der Hund der Erigone, der T. des Ikarios*; **e)** (*meist dcht.*) Hundswurf (*der schlechteste Wurf, wenn alle Würfel die 1 zeigen*); **f)** (*Pl.*) Fußfessel. — ** *pl.* die Ungläubigen.
F. *abl. sg.* cănĕ; *gen. pl.* cănŭm.

cănīstră, ōrŭm *n* (*sg. selten*; *Lw.* < κάναστρον) (Rohr-)Körbchen.

cānĭtĭēs, ēī *f* (cānŭs) (*nkl., dcht.*) graue Farbe; *meton.* graues Haar; / Alter. — *** (*med. t.t.*) Ergrauen der Haare.

cănnă¹, ae *f* (*Fw.* < κάννα, *über das Babylonische aus dem Sumerischen stammend*) (*dcht., nkl.*) Rohr, Schilf; *meton.* Rohrpfeife, Rohrflöte [Canna dea die Nymphe Syrinx]; kl. Fahrzeug, Gondel.

cănnă², ae *f* (*germ. Lw.*; *cf. ahd.* channa „Kanne") (*Inscr. n. Chr.*) Gefäß.

Cănnae, ārŭm *f Flecken in Apulien (Niederlage der Römer 216 v.Chr.)*; *adi.* **Cănnēnsĭs,** ĕ (*sprichw.* Cannensis pugna = Blutbad *od.* Mord u. Totschlag wie bei Cannä).

cănō
1. (*intr.*) **a)** (*Menschen u. Vögel*) singen; krähen, quaken *u.a.*; **b)** (*v. Instrumenten*) ertönen, erschallen; **c)** (*auf Instrumenten*) spielen, blasen; **2.** (*trans.*) **a)** singen, dichten; **b)** besingen, preisen; **c)** weissagen; **d)** verkünden, vortragen; **e)** (*Instrument*) spielen, blasen.

cănō, cĕcĭnī, cāntātŭm 3. (*cf.* καναχή „Klang, Schall", ἠϊ-κανός „Frühsänger, Hahn"; *nhd.* „Hahn") tönen (lassen): **1.** *intr.* **a)** (*v. Menschen u. Vögeln*) singen [ad tibiam *od.* ad tibicinem unter Flötenbegleitung, de re; *sprichw.* °surdis auribus tauben Ohren predigen]; *bsd.* **α)** (*vom Redner*) in singendem Tone sprechen [inclinata voce more Asiatico]; **β)** (*vom Hahn*) krähen, (*v. Krähen u. Eulen u.a.*) krächzen *od.* schreien, °(*v. Fröschen*) quaken; °**γ)** Zauberformeln hersagen; **b)** (*v. Instrumenten*) ertönen, erschallen, schmettern [tuba]; (*vkl., nkl.*) classicum *od.* signum canit das Signal (*zum Aufbruch od. Angriff*) wird gegeben; **c)** (*v. Pers.*) *auf einem Instrument* (*abl.*) spielen, blasen [tibiā, °harundine die Rohrpfeife blasen]; *mil.* receptui canere zum Rückzug blasen (lassen); *auch* /. **2.** *trans. etw.* ertönen lassen: **a)** (*m. effiziertem Objekt*) singen *od.* dichten [carmen, °sacra heilige Gesänge anstimmen; alci *j-m* vorsingen, in alqm zu Ehren *j-s*; *sprichw.*: carmen sibi intus canere = nur an seinen eigenen Vorteil denken]; **b)** (*m. affiziertem Objekt*) (*als Dichter*) *etw.* (*od.* °*jd.*) besingen = im Liede preisen [°regum facta]; *übh.* preisen *od.* verherrlichen [amicitiam]; **c)** (*v. Sehern u. Orakeln*) weissagen, verkünden (alqd, *zB.* omina; *m. a.c.i., zB.* vates canit alqd fore); **d)** (*dcht.*) (*v. Lehrern, Philosophen*) *als Lehre* verkünden, vortragen [anser Gallos adesse cecinit]; *auch etw.* unablässig im Munde führen; **e)** (*Instrumente*) blasen, spielen, *bsd. mil.* classicum *od.* signum canere das Signal (*zum Angriff, Aufbruch, Rückzug u.a.*) geben [Caesar classicum cani iubet]; bellicum canere zum Angriff blasen, eine kriegerische Sprache führen.
F. *gen. pl. des part. praes.* (*Lu.*) *auch* cănĕntŭm.

cănōn, ŏnĭs *m* (*acc.* -ŏnă; *Fw.* < κανών) **1.** (*nkl.*) Regel, Richtschnur. **2.** (*Eccl., Isid.*) Kanon (*der als inspiriert geltenden Bücher des AT u. des NT*). — ** *pl. s.* dēcrētŭm.

cănŏnĭcŭs 3 (*Fw.* < κανονικός) **1.** (*nkl.*) regelmäßig. **2.** (*Eccl. bzw.* **) kanonisch, nach kirchlichem Recht; civis Weltgeistlicher; *subst.* ~, ī *m* Dom-, Stiftsherr; Geistlicher an einer Bischofskirche.

Cănōpŭs, ī *m* (Κάνωβος, *selten* -πος) *St. an der westl. Nilmündung*; *meton.* = °(Unter-)Ägypten; *Einw.* **Cănōpītēs, ae** *m*; *adi.* **Cănōpēŭs** 3 = °ägyptisch.

cănŏr, ōrĭs *m* (cănō) (*dcht., nkl.*) Klang, Gesang, Schall [lyrae, aeris].

cănōrŭs 3 (cănŏr) **1.** singend, klingend, spielend [animal = Hahn, °avis Singvogel, °ales Singschwan, °turba die Tubabläser, °aes schallend, °Triton blasend, °fides tönend]; *bsd.* *vox sowohl* wohltönende *wie* (*tadelnd*) singende Stimme *des Redners.* **2.** klangreich, wohlklingend, melodisch, harmonisch [*orator, versus; vox s.* 1]; *subst.* **cănōrŭm,** *ī n* Wohlklang.

Cāntābrĭă, *ae f Ldsch. im Quellgebiet des Ebro; Einw.* **Cāntābĕr,** *brī m; adi.* **Cāntābrĭcŭs** 3.

cāntāmĕn, *inis m* (*cāntō*) (*dcht., nkl.*) Zauberformel, -spruch.

cāntātŏr, *ōris m* (*cāntō*) (*unkl.*) Sänger, Tonkünstler.

cāntātŭs *P.P.P. v. cănō u. cāntō.*

cāntērīnŭs 3 (*cāntēriŭs*) (*Pl.*) zum Wallach gehörig.

cāntēriŭs, *ī m* (*wohl wie* κανθήλιος „großer Lastesel" *Lw. aus unbekannter Spr.*) Wallach; *übh.* Gaul, *auch verächtlich* Klepper; *sprichw.*: °*minime canterium in fossam, sc.* demitte ja nicht mit dem Gaul in eine Grube! = handle doch nicht so verkehrt!

cănthărĭs, *idis f* (*Fw.* < κανθαρίς) Giftkäfer, spanische Fliege.
F. *Cf.* V.-B. III, 1, e; III, 4, b.

cănthărŭs, *ī m* (*Fw.* < κάνθαρος) (*unkl.*) Humpen, Krug.

cănthēriŭs, *ī m u.* **-rīnŭs** 3 = *cāntēriŭs u. -rīnŭs.*

cănticŭm, *ī n* (*cāntŭs*¹) **1.** (*i. d. röm. Komödie*) Monolog (Monodie), *lyrische Stelle m. Flötenbegleitung* [~ °*agere* vortragen]. **2.** Gesang, Lied; *bsd.* **a)** (*Ph.*) Chorlied auf der Bühne; **b)** Volkslied; **c)** (*nkl.*) Pasquill; zotiges Lied [*obscenum*]; **d)** Rezitativ. — **geistliches Lied, Psalm; *-um canticorum* das Hohelied.

cāntĭlēnă, *ae f* (*cāntŭs*¹) allbekanntes, *auch* abgedroschenes Lied; Singsang; *bsd.* Sprüchelchen, Geschwätz. — **Lied, Kirchengesang.

cāntiō, *ōnis f* (*cănō*) **1.** (*Pl., nkl.*) Gesang, Lied. **2.** Zauberspruch, -formel. — **Kanzone; Geleier.

cāntĭtō 1. (*frequ. v. cănō*) oft singen.

Căntiŭm, *ī n südöstlichste Ldsch. in Britannien, j.* Kent.

cāntiŭncŭlă, *ae f* (*demin. v. cāntiō*) Liedchen.

▶ **cāntō** 1. (*intens. v. cănō, eig.* „hell *od.* laut tönen") **1.** *intr.* **a)** singen *v. Menschen u. Vögeln* [°*histrionibus ad manum* zu dem Gebärdenspiel der Schauspieler]; (*vom Hahn*) krähen; **b)** α) (*dcht.*) (*v. Menschen*) *ein Instrument* (*abl.*) spielen *od.* blasen [*tibiis*]; β) (*dcht.*) (*v. Instrumenten*) ertönen, erschallen [*tibia cantat*]; **c)** (*vkl., Ve.*) Zauberformeln hersagen [*cantando rumpitur anguis*]. **2.** *trans.* **a)** (*m. effiziertem Objekt*) (*unkl.*) singen, dichten [*carmina*]; **b)** (*m. affiziertem Objekt*) (*fast nur dcht.*) (*als Dichter*) *etw.* besingen, verherrlichen (*alqm u. alqd, zB.* °*Lalagen,* °*proelia*); *selten übh.* preisen [(*Ci.*) *Caesarem,* °*tota urbe cantari* im Munde aller Leute sein]; **c)** (*dcht., nkl.*) (*vom Dichter, Schauspieler*) *etw.* vortragen, rezitieren, *auch* herleiern [*tragoedias*]; **d)** (*dcht.*) *etw.* wiederholt einschärfen *od.* vorpredigen; *jd.* ermahnen (*alqd, alci alqd, alci m. ut*); **e)** (*dcht., nkl.*) besprechen, durch Zauber bannen [*herbas*].

cāntŏr, *ōris m* (*cănō*) **1.** (*unkl.*) Sänger, Tonkünstler [*Apollo* Kitharöde]; Schauspieler. **2.** (*pejorativ*) **a)** Schreier; einer, der *etw.* herunterleiert (*alcis rei, zB. formularum*); **b)** Lobhudler (*alcis*).

cāntrīx, *īcis f* (*cāntŏr*) (*Pl.*) Sängerin.

▶ **cāntŭs**¹, *ūs m* (*cănō*) **1. a)** Gesang, Lied, Melodie [*avium;* °*cantūs peritus*]; **b)** *v. Tieren auch* das Krähen, Krächzen, Schreien, Schnarren [*corvi*]; / °Geschrei, Laute. **2.** (*v. Instrumenten*) Ton, Musik, Klang, Spiel [*fidium; auch* °*tibicinum*]. **3.** (*dcht.*) **a)** Zauberspruch, -formel; **b)** Weissagung.

cāntŭs², *ī m* (*gall. Lw.*) (*dcht., nkl.*) eiserner Radreifen; *meton.* Rad.

Cănŭlēiŭs 3 *Name einer pleb. gēns: C. Canuleius, Volkstribun 445 v.Chr.* (*lex Canuleia de conubio = Legitimierung der Ehe zw. Patriziern u. Plebejern*).

cānŭs 3 (< **cāsnŏs; cf. cāscŭs, nhd.* „Hase" = der Graue) **1.** (*unkl.*) grau, weiß(grau) [*aqua, lupus, seges* gelb], *bsd. vom Haar* [*crinis*]; *klass. nur subst.* **cānī,** *ōrūm m* (*sc. căpillī*) graues Haar. **2.** / (*unkl.*) hochbetagt, *auch* altehrwürdig [*amator, Vesta*].

Cănŭsiŭm, *ī n alte* (*urspr. griech.*) *St. Apuliens, j.* Canosa; *Einw. u. adi.* **Cănŭsīnŭs** (3).

căpācĭtās, *ātis f* (*căpāx, eig.* „Fassungsvermögen") Räumlichkeit, Raum. — **Umfang, Größe.

căpāx, *ācis* (*m.* °*comp. u.* °*sup.*) (*căpiō*) **1.** (*nkl.*) vielfassend, geräumig, weit = groß [*urna, urbs; m. gen., zB. circus populi*]. **2.** / empfänglich, für *etw.* geeignet, *e-r* Sache gewachsen (*abs., zB. animus od.* °*alcis rei, zB. vir imperii; animal* mentis teilhaftig; °*ad alqd, zB. animus ad praecepta*).
F. *abl. sg. -ī; neutr. pl. -iă; gen. -iŭm.*

căpēdō, *inis f* (*zu căpiō; eig.* „Gefäß") *m. Henkeln versehene* Opferschale.

căpēdŭncŭlă, *ae f* (*demin. v. căpēdō*) kleine *od.* einfache Opferschale.

căpĕllă¹, *ae f* (*demin. v. căpră*) (kleine) Ziege, Geiß; (*nkl., dcht.*) *hellster Stern im Fuhrmann, der m. seinem Aufgang zu Anfang Mai Regen bringt.*

****capella**², *ae f* Kapelle; Geistlichkeit.

****capellanus,** *i m* Hilfsgeistlicher, [Kaplan.]

****cap(p)ellus,** *i m* Kapuze.

Căpēnă¹, *ae f St. im südl. Etrurien; Einw. u. adi.* °**Căpēnās,** *ātis* (*cf.* V.-B. IX) *u.* **Căpēnŭs** 3.

Căpēnă²: *porta* ~ *Tor zw. dem Aventinus u. Caelius; Ausgangspunkt der via Appia.*

căpĕr, *prī m* (*idg.* *kapros; *cf.* κάπρος „Eber", *nhd.* „Haber-geiß") (*dcht., nkl.*) Bock, Ziegenbock (*i. Ggs. zu hircŭs meist kastriert*); *meton.* Bocks-, Schweißgeruch unter den Achseln der Menschen.

căpĕrrō (*schlechtere Schreibung căpĕrō*) 1. (*et. unklar, nach den Alten zu căpĕr*) (*vkl., nkl.*) (sich) in Runzeln zusammenziehen; *illi -at frons* er runzelt die Stirn.

▶ **căpēssō,** *sīvī u.* °*siī, sītŭm* 3. (*intens. v. căpiō*) **1.** hastig ergreifen, eifrig packen (*m. acc., zB. animalia cibum oris hiatu capessunt*). **2.** / **a)** *etw.* (*bsd. eine Tätigkeit, ein Geschäft, Amt*) eifrig ergreifen, sich an *etw.* machen, sich *m. etw.* befassen [*fugam* ergreifen, °*viam* einschlagen, °*imperium* übernehmen, °*pugnam manu* handgemein werden, °*noctem* zubringen, °*iussa* erfüllen, °*inimicitias* stiften]; *bsd. rem publicam* die politische Laufbahn einschlagen; **b)** *nach einem Orte* (*locum*) hinstreben *od.* hineilen [°*Italiam;* / *superiora* nach Höherem streben].

căpĭllāmĕntŭm, *ī n* (*căpĭllŭs*) (*nkl.*) Perücke; / Wurzelfasern.

căpĭllārĭs, *ĕ* (*căpĭllŭs*) (*nkl., dcht.*) Haar...; *subst.* **-ĕ,** *is n* (*sc. ŭnguĕntŭm*) Haarpomade.

căpĭllātŭs 3 (*m. comp.*) (*căpĭllŭs*) behaart, langhaarig [*adulescens bene* ~]; *subst.* **-ī,** *ōrŭm m* (*Ma.*) Lockenköpfchen (*auch v. Lieblingssklaven, denen man das Haar lang wachsen ließ*).

▶ **căpĭllŭs,** *ī m* (*et. ungedeutet, schon v. den Alten m. căpŭt in Verbindung gebracht*) Haupthaar des Menschen, *meist sg.* [*compositus, pexus*], *auch* Barthaar; (*nkl., dcht.*) Haar der Tiere.

căpiō¹
1. a) (er)fassen, (er)greifen, nehmen; einnehmen, besetzen; **b)** auf sich nehmen; (*Amt*) übernehmen, antreten; **c)** (*Zustände, Stimmungen*) *jd.* befallen; **2. a)** sich aneignen, erobern; **b)** *etw.* erwerben, gewinnen; **c)** *jd.* fesseln, gewinnen; **3.** (aus)wählen, aussuchen; **4. a)** annehmen, empfangen; **b)** (*Gehalt*) beziehen; **c)** (*Freude u.a.*) empfinden; **d)** (*Gestalt*) annehmen; **5. a)** groß genug sein; **b)** zu *etw.* brauchbar, geeignet sein; **c)** (*geistig*) erfassen, beherrschen.

căpiō¹, *cēpī, căptŭm* 3. (*cf.* κάπτω „schnappen", *nhd.* „heben; Haft; -haft") fassen: **1. a)** erfassen, (er)greifen, nehmen, packen [*alqm u. alqd, zB. alqm captum tenere,* °*cibum* zu sich nehmen, *arma* zu den Waffen greifen]; (*dcht.*) (*selten*) *jd.* aufnehmen *od.* annehmen [*Italia fessos cepit*]; (*Örtlichkeiten*) einnehmen, besetzen [*montem*]; erreichen, gewinnen [*naves, portum ceperunt*]; *auch* / [*portum otii capere*]; (*selten*) (*Li.*) zu erreichen suchen [*montes proximos fugā*]; **b)** (*Geschäfte, Tätigkeiten*) auf sich nehmen [°*occasionem* ergreifen, *consilium* einen Entschluß fassen, *conatum* einen Versuch machen, °*finem* ein Ende nehmen]; *bsd.* (*Ämter*) übernehmen, antreten [*consulatum; honores*]; **c)** (*v. Zuständen, Stimmungen*) *jd.* befallen [°*senatum metus cepit*]; **P.** *capi re* (*physisch*) gelähmt *od.* (*geistig*) geschwächt werden [*altero oculo erblinden*]; *mente captus* geistesschwach. **2. a)** (*gewaltsam*) wegnehmen, sich aneignen [°*rem publicam* die Staatsgewalt an sich

reißen]; *bsd.* erobern [*hostium castra*]; (*Tiere*) fangen *od.* erbeuten [*uros foveis, cervos* erjagen *od.* erlegen]; (*Pers.*) gefangennehmen [*regis filiam*]; (*Sachen*) erbeuten [*impedimenta, praedam* Beute machen, °*naves* kapern]; **b**) *etw.* erwerben *od.* gewinnen [*gloriam virtutibus spiritus* annehmen, *coniecturam* mutmaßen]; **c**) *jd.* für sich einnehmen = fesseln, gewinnen [°*alqm sua humanitate*; *bsd.* P., *zB. capi dulcedine vocis*]; (*pejorativ*) verlocken, verleiten [°*alqm blanditiis*; P. sich verlocken lassen, *zB. novitate rei*]. **3.** *zu einem bestimmten Zweck nehmen* = wählen, erwählen, aussuchen [*sibi tabernaculum*, °*alqm arbitrum*; *exemplum od. documentum ex re u. de alqo*]. **4. a**) *als Empfänger etw.* annehmen, empfangen, gewinnen (*alqd*, *zB. praemium*; *alqd ab alqo od. ex re*, *zB. nihil ex hereditate, magnam infamiam* sich zuziehen, *quietem* finden, genießen); *pecuniam ab alqo* sich *v. jd.* bestechen lassen [*pecuniae captae accusari*]; **b**) (*Einkünfte, Proviant u. a.*) beziehen, einnehmen [*stipendium iure belli, fructum capere* Vorteil (Lohn) gewinnen (*re* durch *etw.*, *zB. oculis* = Augenweide haben; *alcis rei v. od.* für *etw.*, *ex re v.*, aus *etw*, *zB. laboris, ex miseriis alcis*)]; **c**) (*Freude, Schmerz u.ä.*) empfinden [*laetitiam*]; *ex re, auch m. abl. od. gen.*; (*Schaden, Unangenehmes*) erleiden [*molestiam*]; **d**) (*Ov.*) (*durch Verwandlung einer Gestalt u.ä.*) annehmen [*formam*]. **5.** fassen = in sich aufnehmen (können): **a**) (*räuml.*) groß genug für *etw.* (*alqd*) sein [°*portus ingentem vim navium capit*]; *auch* / *zB.* (*Ve.*) *nec te Troia capit* ist für dich zu klein; / **b**) zu *etw.* geeignet *od.* brauchbar sein, für *etw.* passen [*contio capit omnem vim orationis* verträgt]; **c**) (*geistig*) völlig erfassen; *etw.* (*geistig od. moralisch*) beherrschen [°*unus veram speciem Romani senatus cepit*]; **d**) (*Eccl.*) *impers.* (*non*) *capit* es ist (un)möglich (*m. inf.*).
F. *altl. fut. ex.* (*Pl.*) *căpsō, īs, īt usw.*

căpĭō², *ōnĭs f* (*căpĭō¹*) (*vkl., nkl.*) Ergreifung; *klass. nur ūsūs căpĭō* (*auch zus. ūsū[s]căpĭō*; *s. d.*) Eigentumserwerb durch dauernden Besitz *od.* Verjährung.

căpis, *ĭdĭs f* (*acc. pl. -ĭdăs*; *Lw.* ⟨ *σκαφίς*; *nicht zu căpĭō!*) (*vkl., nkl.*) Henkelschale, *bsd.* gehenkelte Opferschale *des Pontifex*.

căpĭstrō 1. (*denom. v. căpĭstrŭm*) (*dcht., nkl.*) (an)halftern, anschirren [*tigres*].

căpĭstrŭm, *ī n* (*căpĭō¹*) (*unkl.*) Schlinge; *bsd.* Halfter, Maulkorb; *pl.* Geschirr; / Ehejoch. — **Zaumzeug; ***(*med. t.t.*) Halfterbinde (*Verband um Schädel u. Unterkiefer*).

căpĭtăl (*nachaug. -tālĕ*), *ālĭs n* (*subst. n zu căpĭtālĭs*) Kapitalverbrechen (*bsd.* ~ *est m. inf. od. si, nisi, cum*). — (*abl. sg. -ī, pl. nom. -ĭă, gen. -ĭŭm*).

▶ **căpĭtālĭs**, *ĕ* (*m. comp.*; *adv.* °**-ĭtĕr**) **1. a**) den Kopf *od.* das Leben betreffend, Lebens... [°*periculum*], Todes... [°*poena*]; *triumviri* zur Beaufsichtigung der Hinrichtung; *res od. facinus* Kapitalverbrechen; **b**) todbringend, tödlich [*fraus*]; / verderblich, gefährlich [*pestis, odium, hostis od. inimicus* Todfeind]. **2.** (*selten*) in seiner Art vorzüglich, Haupt... [*ingenium*].

căpĭtānĕŭs 3 (*căpŭt*) (*spätl.*) durch Größe bestechend [*litterae*]. — ***subst. m* Anführer; Graf; Gemeindevorsteher.

căpĭtĭŭm, *ī n* (*căpŭt*; *cf. ŏccĭpĭtĭŭm*) (*vkl., spätl.*) **1.** Öffnung *in der Tunika* für den Kopf. **2.** Tunika m. Kopföffnung *für Frauen u.* ***christl. Priester*; Kapuze.

căpĭtō, *ōnĭs m* (*căpŭt*) Großkopf, Dickkopf.

Căpĭtōlĭŭm, *ī n* (⟨ *-*tōdĭŭm*; *nach antiker Deutung zu căpŭt*) das Kapitol: **1.** *clīvus Căpĭtōlīnŭs* (*unter dem man nicht nur den vom Forum über den Sattel zum Kapitol führenden Fahrweg, sondern auch den Hügel selbst verstand*) *mit Burg, tarpejischem Felsen u. Jupitertempel.* **2.** der Jupitertempel, *in dem die kapitolinische Trias* (*Iupiter Optimus Maximus, Iuno u. Minerva*) *verehrt wurde.* — *adi.* **Căpĭtōlīnŭs** 3 (*subst.* **-līnī**, *ōrŭm m* Besorger der dem Kapitolinischen Jupiter geweihten Spiele).

****capitularis**, e Haupt...; -es *litterae* Initialen; *subst.* **-e**, *is n* königliche Verordnung.

căpĭtŭlātĭm *adv.* (*căpĭtŭlŭm*; *nkl.*) kurz zusammengefaßt, summarisch.

****capitulo** 1. ein Kapitel versammeln; strafen, abkanzeln.

căpĭtŭlŭm, *ī n* (*demin. v. căpŭt*) (*vkl., nkl.*) **1.** Köpfchen; / (*scherzh.*) (*Com.*) Mensch [*lepidissimum*]. **2.** / (*arch. t.t.*) **a**) Kapitell e-r Säule [*columnae*]; **b**) [*Vi.*] Triglyphenköpfchen. **3.** (*Eccl., spätl.*) Kapitel, Abschnitt *e-r Schrift*, **Bibelabschnitt; Domkapitel.

căpō, *ōnĭs m* (*vl. richtiger căppō m. expressiver Geminata*; *zu* $\sqrt{\ }$*(s)qăp- „schneiden"; *cf. κόπτω*) (*Ma.*) Kapaun; / Eunuch.

căppă, *ae f* (*et. nicht klar*; *cf.* ***capella²*) (*Isid.*) Kappe, ärmelloser Kapuzenmantel. — **Soutane; *magna* Kapuzenmantel (*m. langer Schleppe*) *der hohen kath. Geistlichkeit.*

Căppădŏcĭă, *ae f* (*Καππαδοκία*) *Ldsch. im Inneren des ö. Kleinasiens, seit 17 n.Chr. röm. Provinz.* — *Einw.* **-dŏx**, *ŏcĭs m*; *adi.* -*dŏcŭs* 3 (*subst.* **Căppădŏcă**, *ae f* [*sc. lāctūcă*] [*Ma.*] [billiger] Kopfsalat).
F. -*dŏx*: *pl. nom.* -*ēs*, *gen.* -*ŭm*, *acc.* -*ăs*; *cf.* V.-B. III, 1, e.

căppăris, *ĭs f* (*Fw.* ⟨ *κάππαρις*) (*vkl., nkl.*) Kaper.

căppō *s. căpō.*

căp(p)ūdō, *ĭnĭs f* (*et. unklar*) *Nbf. für căpēdō.*

▶ **căpră**, *ae f* (*căpĕr*) **1.** Ziege, Geiß; *Căprae* (*od.* °*Căprĕae*) *pălūs die Stelle auf dem Marsfeld, wo Romulus verschwunden war.* **2.** (*dcht.*) **a**) Sternbild = *căpĕllă¹*; **b**) Bocksgeruch = *căpĕr.*

căprĕă, *ae f* (*căprā*; *dcht., nkl.*) wilde Ziege; Reh (?); *Căprĕae pălūs s. căprā.*

Căprĕae, *ārŭm f kleine Felseninsel a. der kampanischen Küste, j.* Capri; *Sommersitz v. Augustus u. Tiberius* (*Reste der Villa Iovis*); *adi.* **Căprĕēnsĭs**, *ĕ*; *subst.* **Căprīnĕŭs**, *ī m Spottname des Tiberius.*

căprĕāgĭnŭs 3 (*căprĕā*; *gīgnō*) (*Pl.*) v. Ziegen (Rehen?) stammend.

căprĕŏlŭs, *ī m* (*demin. v. căprĕŭs* 3 „von Ziegen"; *căpĕr*) **1.** (*Ve.*) wilder Ziegenbock (Rehbock?). **2.** / *pl.* (*archit. t.t.*) Streben, Dachsparren.

căprĭ-cŏrnŭs, *ī m* (*căpĕr, cŏrnū*) Steinbock (*dcht. bsd. als Gestirn*).

căprĭ-fīcŭs, *ī f* (*căpĕr*) (*unkl.*) wilder Feigenbaum, wilde Feige.

căprĭ-gĕnŭs 3 (*căpĕr, gīgnō*) v. Ziegen stammend, Ziegen...

căprĭ-mŭlgŭs, *ī m* (*căprā, mŭlgĕō*) (*dcht.*) Ziegenmelker, Hirt.

căprīnŭs 3 (*căpĕr*) Ziegen..., Bocks-... [*pellis*]; *sprichw.* (*Ho.*) *de lana -a rixari* sich um des Kaisers Bart streiten.

căprĭ-pēs, *pĕdĭs* (*căpĕr*) (*dcht.*) bocksfüßig [*satyri*].

căpsă, *ae f* (*zu căpĭō¹ m. s-Erweiterung wie ān-să*) Kapsel; Kästchen, *bsd.* Bücherkapsel. — **Reliquienkästchen; Tabernakel.

căpsărĭŭs, *ī m* (*căpsă*; *Suet.*) Kapselträger (*Sklave, der dem Sohn s-s Herrn die Büchertasche trug*).

căpsĕllă *u.* **căpsŭlă**, *ae f* (*demin. v. căpsă*) (*unkl.*) kleine Kapsel, Kästchen.

căpsō, *ĭs usw. s. căpĭō¹*, **F.**

căpsŭs, *ī m* (*wie căpsă zu căpĭō¹*) (*nkl.*) Kasten, *bsd.* Wagen- *od.* Kutschkasten [*raedae*].

căptātĭō, *ōnĭs f* (*căptō*) **1.** das Haschen *od.* Jagen nach *etw.* (*alcis rei*, *zB. verborum* Wortklauberei; *auch* °*abs.*). **2.** (*t.t. der Fechterspr.*) (*Qu.*) Finte. — ***~ *benevolentiae* das Werben um die Gunst des Hörers *od.* Lesers.

căptātŏr, *ōrĭs m* (*căptō*; *nkl., dcht.*) der einer Sache nachjagt (*alcis rei*, *zB. aurae popularis*); *abs.* Erbschleicher.

căptĭō, *ōnĭs f* (*căpĭō¹*) **1.** (*nkl.*) das Fassen, Ergreifen. **2.** / **a**) Betrug, Täuschung; Verfängliches; **b**) Trugschluß [*dialectica*]; **c**) Schaden, Nachteil.

căptĭōsŭs 3 (*m. comp. u. sup.*; *adv.* **-ē**) (*căptĭō*) betrügerisch, arglistig, *nur v. Sachen* [*societas*]; *bsd.* verfänglich [*interrogatio, captiose interrogare*]; *subst.* **căptĭōsŭm**, *ī n* Trugschluß.

căptĭŭncŭlă, *ae f* (*demin. v. căptĭō*) (kleine) Verfänglichkeit.

căptīvĭtās, *ātĭs f* (*căptīvŭs*) (*nkl.*) **1.** Gefangenschaft, Knechtschaft. **2.** Eroberung, Besetzung.

▶ **căptīvŭs** 3 (*căptŭs, P.P.P. v. căpĭō¹*) **1.** (*dcht., nkl.*) gefangen [*ferae, mens* gefesselt]. **2. a**) kriegsgefangen [*cives*; °*corpora* Beute an

Menschen und Vieh]; *subst.* **căptīvŭs,** *ī m* Kriegsgefangener (*fem.* **-ă,** *ae*); **b)** (*v. Leblosem*) erbeutet *od.* erobert [*naves*]. **3.** (*dcht.*) einem Gefangenen gehörig [*habitus, colla*].

▶ **căptō** 1. (*intens. bzw. frequ. v. căpĭō*) **1.** (*nkl., dcht.*) eifrig *od.* wiederholt nach *etw.* greifen, haschen, schnappen (*alqd, zB. colla lacertis*); *auch* auf *etw.* Jagd machen [*leporem*]. **2.** / **a)** eifrig nach *etw.* trachten *od.* streben, (*alqd, zB. gratiam civium, solitudines* aufsuchen; [*dcht., nkl.*] *testamenta* Erbschleicherei treiben; *m.* °*inf.* = suchen, versuchen); °(*aure*) *alqd etw.* belauschen; **b)** *jd.* zu überlisten suchen (*alqm, zB.* °*hostem insidiis*).

căptūră, *ae f* (*căpĭō*[1]) (*nkl.*) Fang; / Gewinn; *bsd.* Hurenlohn [*prostitutarum*].

căptŭs[1] *P.P.P. v. căpĭō*[1].

căptŭs[2], *ūs m* (*căpĭō*[1]) **1.** (*nkl.*) Fassen, Greifen; / Umfang [*corporis*]. **2.** / (*geistig*) Fassungskraft, Begabung, Bildungsstand (*nur in der Verbindung ut est captus alcis, zB. Germanorum*).

Căpŭă, *ae f* (*Καπύη*) *Hptst. Kampaniens, um 600 v. d. Etruskern gegründet, später oskisch, dann römisch; cf. Cămpānĭă.*

căpūdō, *ĭnĭs f s. căp(p)ūdō.*

căpŭlārĭs, *ĕ* (*căpŭlŭs*) (*Pl.*) dem Grabe nah.

căpŭlŭs, *ī m* (*căpĭō*) **1.** (*dcht., nkl.*) Handhabe, Griff [*sceptri, aratri* = Pflugsterze]; (*scherzh.*) (*Pl.*) = *mĕntŭlă*; *klass. nur* Griff des Schwertes *od.* Dolches, Gefäß; **2.** (*unkl.*) Sarg.

căpŭt
1. a) Kopf, Haupt; **b)** Mensch, Person; (*Vieh*) Stück; **2.** Spitze, Anfang *od.* Ende; (*Berg*) Spitze *od.* Fuß; (*Fluß*) Quelle *od.* Mündung; **3.** Leben; **4.** bürgerliche Ehre *od.* Existenz; **5. a)** Hauptperson, Urheber, Rädelsführer; **b)** Hauptsache; **c)** Hauptstadt, Hauptsitz; **d)** Kapitel, (*bei Gesetzen*) Paragraph; **e)** (*im Ggs. zu den Zinsen*) Kapital.

căpŭt, *ĭtĭs n* (= *altind.* kaput-; *cf. nhd.* „Haupt") **1. a)** Kopf, Haupt *v. Menschen u.* °*Tieren* [*caput aperire* entblößen, *operire* bedecken, *abscidere*; *demittere* senken]; *capita conferre* die Köpfe zusammenstecken = sich heimlich besprechen; *supra caput esse* auf dem Nacken sitzen; *sprichw.*: *nec caput nec pedes habere* nicht Hand noch Fuß haben; **b)** *meton.* Mensch, Mann, Person, (*v. Tieren*) Stück, *bsd. bei Zahlangaben u. in der Rechtssprache, centenos nummos in capita conferre od. distribuere* für jeden einzelnen *od.* für jede Person, *capita servorum* = Sklaven, *caput hoc* (*Pl.*) = ich, °*capite censi* die (*wie Vieh nur nach Köpfen gezählten*) Angehörigen der untersten Bürgerklasse, *dcht. auch bina boum capita*; (*dcht.*) *auch als Anrede*: *carum caput.* **2.** (*v. Sachen*) Spitze, (*äußerster*) Anfang *od.* Ende [*tigni* Balkenkopf, °*pontis* Brückenkopf, *capita vitis* Ranken *od.* Wurzeln; *montis* Spitze *od.* Fuß]; *bsd.* (*v. Flüssen*) Quelle *od.* (*seltener*) Mündung [*Rhenus multis capitibus in Oceanum influit*]; / Quelle = Ursprung, Grundursache [*miseriarum*], (*v. Gerüchten*) *sine capite manare* aus unbekannten Quellen hervorkommen. **3.** *meton.* Leben [*capitis periculum od. dimicatio* Lebensgefahr, *salvo capite* = unversehrt]; *poena capitis* Todesstrafe; *causa od. iudicium capitis* Prozeß über Leben und Tod; *capitis accusare* auf Leben und Tod *od.* peinlich anklagen, *alqm capitis od. capite damnare* zum Tode verurteilen; *capitis absolvere* v. der Todesstrafe freisprechen. **4.** bürgerliche Ehre *od.* Existenz, *zB. capitis causa od. iudicium* Prozeß über die bürgerliche Ehre, *capitis vitaeque discrimen, capitis deminutio s. dēmĭnūtĭō u. dēmĭnŭō*; *auch* (*Ho.*) Verstand, Einsicht [*incolumi capite esse* bei gesundem Verstande sein]. **5.** / Haupt *zur Bezeichnung des Wesentlichsten*: **a)** Hauptperson, Urheber, Rädelsführer, Seele [°*coniurationis*, °*rerum* des Staates]; **b)** (*v. Sachen*) Hauptsache, Hauptpunkt, -inhalt [*cenae* Hauptgericht, -gang, *pecuniae vestrae* eure Haupteinnahmequelle, *Epicuri* Hauptgrundsatz]; *quod caput est* was die Hauptsache ist; **c)** Vorort; Hauptstadt, Hauptsitz [°*totius Graeciae*, °*belli* Mittelpunkt *od.* Herd]; **d)** Hauptabschnitt = Kapitel, (*bei Gesetzen*) Paragraph [*a primo capite legis ad extremum*]; *pl.* Inhaltsverzeichnis [*rerum*]; **e)** (*v. Geld u. Geldeswert*) Kapital (*im Ggs. zu den Zinsen*) [*de capite ipso demere* die Pachtsumme kürzen].
F. *abl. sg.* -ĕ *u.* °-ī; *pl. nom.* -ă, *gen.* -ŭm.

Căr, *Cărĭs m* (*Κάρ*) Karer, *pl.* **Cărĕs,** *ŭm* (*Κᾶρες*) (*acc.* -ăs) *Bewohner der gebirgigen Küstenlandschaft* **Cărĭă,** *ae f im sw. Kleinasien. Cf.* V.-B. III, 1, e; *adi.* **Cărĭcŭs** 3 karisch, *bsd. subst.* **cărĭcă,** *ae f* (*sc. fĭcŭs*) karische *od.* getrocknete Feige.

cărăcăllă, *ae f* (*gall. Wort*) (*spätl.*) überlanger Kapuzenmantel, *eingeführt v. M. Aurelius Severus Antoninus* (*Kaiser 211—217*), *daher sein Zuname Caracalla.*

cărbăsĕŭs *u.* (*Pr.*) **-sŭs**[1] 3 (*cărbăsŭs*) aus feiner Leinwand (*od.* Batist, Musselin), linnen [*vela*].

cărbăsŭs[2], *ī f* (*entw. Lw.* < *ἡ κάρπασος* „feiner Flachs" *od. wie dieses aus einer Mittelmeerspr.*) (*dcht., nkl.*) feine Leinwand *od.* (*später*) (Baumwoll-) Batist, Musselin; *pl.* **cărbăsă,** *ōrŭm n* (*meton.*) **a)** °Batistkleider [*obstrusa pullo m.* schwarzem Vorstoße verbrämt]; **b)** °Segel; (*Lu.*) Leinensegel *im Theater.*

cărbătĭnŭs 3 = *cărpătĭnus* 3.

▶ **cărbō,** *ōnĭs m* (*cf. nhd.* „Her-d") Kohle; ♀ *cogn. des pleb. Zweiges der gēns Păpĭrĭă.*

cărbōnārĭŭs 3 (*cărbō*) (*unkl.*) die Kohlen betreffend [*negotium* Kohlenhandel]; *subst.* ~, *ī m* Köhler, Kohlenhändler.

cărbŭncŭlŭs, *ī m* (*demin. v. cărbō*) (*unkl.*) **1.** kleine Kohle; / (*Pl.*) Gram. **2.** (*Bedeutungslw. nach ἄνθραξ*) **a)** dunkelroter Edelstein (Rubin, „Karfunkel"-Stein *u.ä.*); **b)** fressendes Geschwür, „Karbunkel".

▶ **cărcĕr,** *ĕrĭs m* (*abl. sg.* -ĕ) (*et. ungedeutet*) **1.** (*dcht.*) Umfriedung; Schranke; *klass. nur pl.* **cărcĕrēs,** *ŭm* die Schranken *der Rennbahn als Ausgangspunkt des Wagenrennens, Ggs. călx* [*e carceribus exire od. emitti, effundi, se effundere*]; / Ausgangspunkt, Anfang [*ad carceres a calce revocari* = von neuem anfangen]. **2. a)** Gefängnis, Kerker, Gewahrsam [*ianitor carceris*]; *die Bezeichnung* ♀ *Mamertinus für das röm. Staatsgefängnis auf dem Kapitol ist unantik*; *cf. Tŭllĭānŭm*; *auch* / *bsd. vom Leibe als dem Gefängnis der Seele*; **b)** *meton.* **α)** die eingekerkerten Verbrecher; **β)** (*vkl.*) (*als Schimpfw.*) Schurke.

cărcĕrārĭŭs 3 (*cărcĕr*; *Com.*) Kerker... [*quaestum -um facere* den Kerkermeister spielen].

cărchēsĭŭm, *ī n* (*Fw.* < *καρχήσιον*, *eigtl.* „Mastkorb") (*unkl.*) Trinkgeschirr, Becher *m. Henkeln vom Boden bis über den Rand.*

cărcĭnōmă, *ătĭs n* (*Fw.* < *καρκίνωμα*; *vkl., nkl.*) Krebsgeschwür; / *Schimpfwort für e-n Taugenichts.*

cărdăcēs, *ŭm m* (*acc.* -ăs; *Fw.* < *κάρδακες*, *pers. Lehnwort*) (*Ne.*) *persische Truppengattung. Cf.* V.-B. III, 1, e.

Cărdă *u.* **Cărdĕă,** *ae f* (*cărdō*) *Göttin der Türangeln, v. Ovid mit Cărnă vermengt.*

cărdĭăcŭs 3 (*Fw.* < *καρδιακός*) magenkrank; *auch subst. m.*

cărdĭnālĭs, *ĕ* (*cărdō*; *Vi.*) zur Türangel gehörig [*scapi*]; / (*spätl.*) wichtig, Haupt...; (*Gramm.*) *numeri cardinales* Grundzahlen, Kardinalia. — ***subst.* ~, *is m* Kardinal.

cărdō, *ĭnĭs m* (*cf. κράδη* „Schwinge", *κόρδαξ* > *cōrdāx*) (*unkl.*) **1.** Türangel, Türzapfen, *d. h. senkrechte Zapfen, die sich oben im Türsturz u. unten in der Schwelle, u. zw. in Muttern* (*Pfannen*) *drehten* [*cardinem vertere od. versare* die Tür aufmachen]; *daher* (*Vi.*) ~ *masculus* der Zapfen; ~ *femina* die Pfanne. **2.** / Wendepunkt, Drehpunkt: **a)** *cardo mundi od. caeli* Nordpol, *duplex* Nord- und Südpol, Weltachse; **b)** *pl.* (*als t.t. der röm. Feldmesser*; *Ggs. dĕcŭmānī*) die Querachse *des Wegenetzes*; **c)** (*mil. t.t.*) (*v. Örtlichkeiten*) Scheide- und Demarkationslinie; **d)** Hauptpunkt, Angelpunkt [~ *rerum* entscheidender Zeitpunkt]. — ***summus* Himmel.

cărdŭŭs, *ī m* (-ā-?) (*cărrō*; *dcht., nkl.*) Distel.

cărēctŭm, *ī n* (*cārĕx*) (*dcht., nkl.*) mit Riedgras bewachsene Wiese.

cărēntĭă, *ae f* (*cărĕō*) (*spätl.*) Mangel, Verzicht auf *etw.*

▶ **căreō**, *ŭī*, (*itūrūs*) 2. (< **kăsēō*; *cf. căs-tūs*) **1.** frei *v. etw. od.* ohne *etw.* sein, *etw.* nicht haben (*m. abl.*, *zB. honore, culpā*, °*morte* = unsterblich sein, °*numero* = unzählbar sein); **cărēns** ohne *etw.* [*luce* lichtlos, *viribus* kraftlos, *labe* makellos, *aditu* unzugänglich]. **2. a)** (*absichtlich od. freiwillig*) sich fern v. *etw.* halten, sich einer Sache enthalten, *etw.* sich versagen (*m. abl.*, *zB. vino, cibo*; *bsd.* einer Sache *od.* einem Ort fernbleiben, *etw.* meiden [*senatu* nicht in den Senat gehen, *publico* nicht auf die Straße gehen, *declamationibus alcis* nicht beiwohnen können]; **b)** *etw.* (*schmerzlich*) entbehren *od.* vermissen, auf *etw.* verzichten müssen [*consuetudine amicorum*].

Cārēs, *ŭm m s. Cār.*

cārēx, *icis f* (*et. ungedeutet*; *dcht.*, *nkl.*) Riedgras [*acuta*].

Cārĭă, Cārĭcă, Cārĭcŭs *s. Cār.*

cărĭēs, *ēī f* (*cf.* κεραΐζω zerstören, *dehnstufig* κήρ Tod, Todesgöttin) (*dcht.*, *nkl.*) Morschheit, Fäulnis (*bsd. des Holzes*).

cărīnă, *ae f* (*cf.* κάρυον „Nuß") **1. a)** (*nkl.*) Nußschale; **b)** Schiffskiel, Kiel, (*dcht. auch pl.*); *synekd.* (*dcht.*) = Schiff, Fahrzeug. **2. Cărīnae**, *ārŭm f Stadtteil in Rom am Esquilin.*

cărīnārĭŭs, *ī m* (*cărīnŭm*) (*Pl.*) Hersteller (Schneider, Färber) *e-s cărīnŭm.*

cărīnŭm, *ī n* (*cărīnŭs*) (*Pl.*) nußbraunes Kleid.

cărīnŭs 3 (*statt căryīnŭs*; *Fw.* < καρύϊνος „v. Nuß"; *cf. cărīnă*) (*Pl.*) nußbaumfarbig, nußbraun.

cărĭōsŭs 3 (*cărĭēs*) (*unkl.*) morsch, mürbe, faul [*dens*]; *auch* / [*vina* milde; *senectus*].

cārĭs, *ĭdĭs f* (*Fw.* < καρίς; *Ov.*) Krabbe, Garnele.

cārĭstĭă, *ōrŭm n* (*Fw.* < χαρίστια; *dcht.*, *nkl.*) Fest der Verwandtschaftsliebe *am 22. Februar.*

▶ **cārĭtās**, *ātĭs f* (*cārŭs*) hoher Preis; Teuerung [*annonae, nummorum* Geldmangel]; *abs.* Teuerung der Lebensmittel [*annus est in summa caritate* in dem Jahre herrscht große Teuerung]; / Hochschätzung, Verehrung, (reine *od.* hingebende) Liebe, Anhänglichkeit (*m. gen. subi. u. obi.*, *zB. civium*; *auch erga u. in alqm*; *pl.* Gefühle der Liebe. — **christl. Nächstenliebe.

****caritativus** 3 lieb, freundlich, mildtätig.

cărĭtūrŭs *part. fut v. cărĕō.*

▶ **cărmĕn**, *ĭnĭs n* (*dissim.* < **cănmĕn zu cănō*; *urspr.* „magische Formel") **1.** feierliche Rede: **a)** Eides-, Gebets-, Gesetzesformel [°*lex horrendi carminis* v. schrecklichem Wortlaut]; **b)** (*unkl.*) Zauberformel, -spruch; **c)** Sittenspruch; **d)** (*dcht.*, *nkl.*) Weissagung, Orakelspruch, *oft in Versen* [*Cumaeum* sibyllinisch]. **2. a)** Kultlied [°*Saliare*]; **b)** (*fast nur dcht.*) Gesang, Lied [°*carmina vocum* Gesang]; *auch* °Gesang *von Vögeln* [*cycnorum*]; *bsd.* °(*v. Instrumenten*) Klang, Spiel, Musik [*lyrae, citharae*]; **c)** Dichtung, Gedicht *jeder Art* [°*epicum*, °*tragicum*], *meist* kleineres lyrisches Gedicht, Lied, Ode [°*amabile* erotische Dichtung]; *insb.* **α)** (*Lu.*) (*als Teil einer größeren Dichtung*) Gesang; **β)** Dichterstelle, Dichterwort, Vers [*Euripideum illud*]; **γ)** poetische Inschrift *od.* Aufschrift, *zB. auf Gräbern od. über Tempeleingängen* [°*saxum carmine signare*]; **δ)** Spott- *od.* Schmähgedicht, Pasquill [°*malum*; °*obscena -a* schmutzige Spottverse]; *auch* Rundgesänge (= σκόλια). — ****Carmina Burana** (= „Lieder aus Beuren") *Sammlung mittelalterlicher Vagantenpoesie aus dem Kloster Benediktbeuren.*

Cărmĕntă, *ae u.* **Cărmĕntĭs**, *ĭs f* (*vl. etr.*, *volkset. an cărmĕn angeschlossen*) *altit. Geburts- u. Weissagegöttin*; *später als Seherin Mutter des Euander*; *in einem Heiligtum am Fuße des kapitolinischen Hügels u. durch einen Altar an der porta Carmentalis verehrt*; *ihr zu Ehren wurden die* **Cărmĕntālĭă**, *ĭŭm* (*u. ĭōrŭm*) *n am 11. u. 15. Januar v. den Frauen gefeiert.*

Cărnă, *ae f alte, aber früh vergessene Göttin*; *nach später Überlieferung* (*zu cărō*[1]) *Schutzgöttin der edleren Organe des Leibes*; *s. Card*(*ĕ*)*ă.*

cărnālĭs, *ĕ* (*cărō*[1]) (*Eccl.*) fleischlich, sündhaft, irdisch.

cărnārĭŭs 3 (*cărō*[1]) (*spätl.*) Fleisch...; *subst.* ~, *ī m* (*Ma.*) Fleischliebhaber (*scherzh. i. Ggs. zu pinguiārĭŭs*); **-ŭm**, *ī n* (*unkl.*) **a)** Fleischhaken; Räucherkammer; **b)** Blutbad [*in amphitheatro*].

Cărnĕădēs, *ĭs m* (*Καρνεάδης*) *aus Kyrene in Afrika* (*213—129 v.Chr.*), *Stifter der Neueren Akademie zu Athen. Cf.* V.-B. III, 3 *u.* 5; *adi.* **Cărnĕădēŭs** *u.* **-ĭūs** 3.

cărnĭ-fĕx, *ĭcĭs m* (*cărō*[1], *făcĭō*, *eig.* „in Stücke zerhauend") Henker, Scharfrichter; *als entehrendes Schimpfwort* Schinderknecht = Schurke; / Peiniger, Schinder.

cărnĭfĭcīnă, *ae f* (*cărnĭfĕx*) Henkeramt; das Foltern, Folterung, Folter; *-ae locus* (*Suet.*) Folterkammer; / Marter, Qual, Pein.

cărnĭfĭcĭŭs 3 (*cărnĭfĕx*) (*Pl.*) Henkers...

cărnĭfĭcō 1. (*denom. v. cărnĭfĕx*) (*nkl.*) in Stücke hauen, *bsd.* köpfen, hinrichten (*alqm*).

cărnĭs, *ĭs* (*vkl.*, *nkl.*) = *cărō*[1].

cărnŭfĕx, cărnŭfĭc... *ältere Formen für cărnĭfĕx usw.*

Cărnŭntŭm, *ī n alte kelt. St.*; *röm. Militärlager u. Station der Donauflotte in Oberpannonien*; *Ruinen b. Petronell u. Altenburg.*

Cărnŭtēs, *ŭm u.* **-tī**, *ōrŭm m gall. Volk zw. Liger u. Sequana m. den Hptstädten Cenabum* (*j. Orléans*) *u. Autricum* (*j. Chartres*).

▶ **cărō**[1], *cărnĭs f* (*eig.* Stück Fleisch, *cf.* κείρω = „schneide ab", *nhd.* „scheren") **1.** Fleisch [°*cruda*; °*ferina* Wildbret, *carne vivere od. vesci*]; *pl.* (*dcht.*, *nkl.*) Fleischstücke. **2.** / **a)** *verächtlich* (*v. Menschen*) Fleischklumpen [*putida* Aas]; **b)** (*Se.*) (*v. d. Sinnenlust*) [~ *ista*]; **c)** (*rhet.*) (*Qu.*) Schwulst. **F.** *gen. pl. cărnĭŭm.*

cārō[2] 3. *falsche Schreibung für cārrō.*

cărpătĭnŭs 3 (*Lw.* < καρβάτινος, *auch* καρπάτινος) (*Ca.*) rohledern.

cărpĕntārĭŭs 3 (*cărpĕntŭm*; *nkl.*) Wagen... — *subst.* ~, *ī m* (*spätl.*) Stellmacher.

cărpĕntŭm, *ī n* (*gall. Lw.*) (*nkl.*, *dcht.*) **1.** Kutsche, zweirädriger, bedeckter Staats- u. Reisewagen *für Damen u. hohe Beamte*; *bisw. auch* Gepäckwagen, Karren. **2.** *kelt.* Streitwagen.

cărpō
1. a) abreißen, abpflücken, (*v. Tieren*) abfressen; **b)** (*mit Muße*) genießen; durchhecheln, bekritteln; schwächen, mitnehmen; **2. a)** zerreißen; **b)** zersplittern, zerteilen; **c)** *streckenweise* durchziehen.

cărpō, *cărpsī*, *cărptŭm* 3. (*cf.* καρπός Frucht, *eig.* „Abgeschnittenes", *nhd.* „Herbst" = Zeit d. Abpflückens) rupfen, zupfen, pflükken: **1.** pflücken: **a)** (*meist dcht.*) *etw. m. der Hand* abrupfen, abpflücken, abbrechen, abreißen [°*poma*, °*frondes manibus*, °*saetas* ausreißen]; (*v. Tieren*) abfressen, abweiden [°*pabula*, °*Tityi iecur* zerfleischen, °*thyma* aussaugen; / °*oscula* rauben]; *abs. animalia quaedam carpunt* weiden, grasen; **b)** / **α)** (*dcht.*) (*nach u. nach od. m. Muße*) genießen [*molles somnos, quietem*]; (*Ho.*) *carpe diem* nütze den Tag; **β)** (*dcht.*) betrügen, täuschen [*amantem*]; **γ)** sich *etw.* auswählen *od.* aussuchen [*flosculos*]; **δ)** (*m. Worten*) durchhecheln, verspotten, *jd.* bekritteln [*alqm maledico dente od.* °*sermonibus, militum vocibus carpi*]; **ε)** (*meist dcht.*) nach *u.* nach schwächen, entkräften, mitnehmen [°*labor carpit corpus*]; **ζ)** *mil.* den Feind (*durch kleinere Angriffe*) beunruhigen, reizen [*agmen hostium, parvis cotidie damnis carpi*]. **2.** zerpflücken: **a)** (*nkl.*, *dcht.*) in kleine Teile zerreißen [*lanam od. vellera* Wolle zupfen *od.* spinnen, *pensum* spinnen, *cibos digitis* zerlegen]; / **b)** (*klass. selten*) zersplittern, zerteilen, zerstückeln [°*vires Romanas multifariam, orationem membris minutioribus* in abgerissenen Sätzen sprechen]; (*dcht.*) (*einen Weg*) streckenweise zurücklegen [*iter, supremum iter* = sterben]; **c)** (*dcht.*) (*e-n Raum*) streckenweise *od.* langsam durchziehen, durchfahren [*aëra alis* durchfliegen, *tramitem* erklimmen].

cărptĭm *adv.* (*cărpō*) (*nkl.*) **1.** stückweise, mit Auswahl, in einzelnen Partien [*res gestas* ~ *perscribere*]. **2.** an verschiedenen Stellen, wiederholt [*hostem lacessere*]. **3.** nur hin und wieder, vereinzelt, teilweise [*dimissi carptim*].

cărptŏr, *ōrĭs m* (*cărpō*) (*unkl.*) Trancheur, Vorschneider; / gehässiger Tadler.

cărptŭs *P.P.P. v. cărpō.*

Cărrhae, ārŭm *f* (= Haran *der Bibel*) *umkämpfte St. im mesopotamischen Grenzgebiet* (*Niederlage des Crassus 53 v. Chr.*).

cărrō, — — 3. (*cf. altind.* kasati „kratzt", *nhd.* „harsch") (*vkl.*) (*Wolle*) krempeln [lanam].

cărrūcă, ae *f* (*gall. Lw.*; *cf.* cărrŭs) (*nkl., dcht.*) vierrädriger Wagen.

cărrŭs, ī *m* (*nkl.* **cărrŭm,** ī *n*) (*gall. Lw.*; *cf.* cŭrrŭs) vierrädriger Lastwagen.

Cărthāgō *u.* **Kărthāgō,** ĭnĭs *f* (*Καρχηδών wohl Kurzform für pun.* Qart-hadaschat = Neustadt) **1.** *Kolonie der phönikischen St. Tyrus i. d. Gegend des heutigen Tunis, nach Timaios 814 v.Chr.* (*der Sage nach v. Dido*) *gegründet; 146 v. Chr. v. d. Römern zerstört. Einw. u. adi.* Cărthāgĭnĭēnsĭs, (ē). **2.** Cărthāgō nŏvă *Seestadt im sö. Spanien, v. Hasdrubal 227 v.Chr. gegründet, 209 röm. Hptst. der Provinz* Hispania citerior, *j.* Cartagena.
F. *loc.* Carthagĭnĕ *u.* -ī.

cărŭncŭlă, ae *f* (*demin. v.* cărō¹) Stückchen Fleisch [vitulina].

cārŭs 3 (*m. comp. u. sup.*; *adv.* **-ē**) (*eig.* „begehrt"; *cf. nhd.* „Hure") **1.** teuer = hoch im Preis, wertvoll [annona, care alqd constat, care aestimare hoch anschlagen]. **2.** / teuer = lieb, wert, geschätzt [frater carissimus, alqm carum habere *jd.* in sein Herz eingeschlossen haben; alci *j-m, zB.* populo Romano; *auch* apud alqm, *zB.* homo apud civitates carus]. **♀,** ī *m röm. cogn., zB. T.* Lŭcrētĭŭs Cārŭs.

Cărўae, ārŭm *f* (*Καρύαι*) *Flecken im nördl. Lakonien m. einem Tempel der Artemis.*

Cărўātĭdĕs, ŭm *f* **1.** *die* (*nach Caryae benannten*) *Tempeldienerinnen der Artemis* (*Diana*). **2.** ♀ (*archit. t.t.*; *Vi.*) *das Gebälk* (*an Stelle v. Säulen*) *tragende weibl. Figuren in langem Gewande,* Karyatiden.

cărўōtă, ae *u.* **-ōtĭs,** ĭdĭs *f* (*Fw.* ‹ *καρυωτή bzw.* -ῶτις) (*unkl.*) nußförmige Dattel.

căsă, ae *f* (*wohl osk.-umbr. Lw.* ‹ *qatjā = „Flechtwerk"; *cf.* căssĭs², cătēnă) **1.** Hütte, Häuschen. **2. a)** Baracke; **b)** Garten- *od.* °Landhaus.

Căscă, ae *m* (*wahrsch. urspr. etr.*) *cogn. i. d.* gēns Sĕrvĭlĭă.

căscŭs 3 (*wohl sab. Lw.*; *cf.* cānŭs) (*vkl.*) uralt.

cāsĕŏlŭs, ī *m* (*demin. v.* cāsĕŭs; *dcht.*) kleiner Käse.

cāsĕŭs, ī *m* (*urspr. adi. zu* *cāso- ‹ *quātso- „Gärstoff, Sauerteig"; *lat.* c- *statt* qu-, *falls nicht dial., unklar*) Käse; / (*Pl.*) *Kosewort* [meus molliculus ~].

căsĭă, ae *f* (*Fw.* ‹ *κασία*) (*unkl.*) **1.** wilder Zimt. **2.** Seidelbast.

Căsĭnŭm, ī *n etr. Name einer Volskerst. in Latium am Fuße des* mōns Căsĭnŭs, *wo jetzt das berühmte Kloster Monte Cassino steht; Einw. u. adi.* **Căsĭnās,** ātĭs (*m*) (*cf.* V.-B. IX).

Căspĭŭs 3 kaspisch, zum Kaspischen Meer gehörig [Caspium mare *od.* pelagus]; Caspiae (portae) die Kaspischen Pforten, *Engpaß an der Südseite des Kaspisees; subst.* **Căspĭānī,** ōrŭm *m* Anwohner des Kaspisees (*bsd. an der Südseite nach Parthien zu*).

Căssăndră, ae *f* (*Κασσάνδρα*) *T. des Priamos u. unglückliche trojanische Seherin.*

Căssĭānŭs 3 *s.* Căssĭŭs.

căssĭdă, ae *f* (căssĭs¹) (*dcht.*) (Metall-)Helm.

Căssĭŏpē, ēs *f* (*Κασσιόπη*) **1.** *M. der Andromeda; als Gestirn* **Căssĭĕpēă** *u.* **-pīă,** ae *f* (*Κασσιόπεια*). **2.** *Hafenst. auf Korfu, j.* Cassopo.

căssĭs¹, ĭdĭs *f* (*et. unklar, vl. sab. od. etr. Lw.*) (Metall-)Helm; *meton.* (*dcht., nkl.*) = Krieg.

căssĭs², ĭs *m* (‹ *căt-s-ĭs *zu* cătēnă), *meist pl.* **căssēs,** ĭŭm *m* (*dcht.*) **1. a)** Jägernetz, -garn; **b)** Spinngewebe. **2.** / Nachstellung, Falle.
F. *Vom sg. kommen nur der acc. u. abl. vor.*

căssĭtă, ae *f* (căssĭs¹) (*Ennius b. Ge.*) Haubenlerche.

Căssĭŭs 3 *Name einer vornehmen pleb.* gēns (*adi. auch* **Căssĭānŭs** 3): **1.** L. ~ Lŏngīnŭs Răvīllă, *Zensor 125, bekannt durch Gerechtigkeit u. Strenge; daher* Cassianus iudex *sprichw.* = strenger Richter. **2.** L. ~ Lŏngīnŭs, *fiel als Konsul 107 v.Chr. im Kampf gegen die Tiguriner* (bellum Cassianum). **3.** ~ Pārmēnsĭs *u.* **4.** ~ Lŏngīnŭs, *Cäsarmörder.* **5.** C. ~ Lŏngīnŭs, *ausgezeichneter Jurist unter Tiberius, Begründer der* schŏlă Căssĭānă.

căssō 1. (*zu* cădō *od.* = quăssō?) (*Pl.*) taumeln, torkeln.

căssŭs 3 (*adv.* °**-ē**) (*vl. neben* căs-tŭs *urspr.* P.P.P. *v.* cārĕō) **1.** (*unkl.*) hohl, leer [nux taub, canna unfruchtbar]. **2.** / (*dcht.*) *m. gen. od. abl.* entbehrend, beraubt, ohne [luminis *od.* lumine, sanguine blutlos]. **3.** / (*selten*) nichtig, unnütz, vergeblich [°labores, cassum quiddam]; *adv.* °căssē, *klass.* **in căssŭm** *od.* **incăssŭm** [tela iactare].

Căstălĭă, ae *f* (*Κασταλία*) *eine den Musen u. dem Apollo geweihte Quelle am Parnaß bei Delphi*; (*dcht.*) Musenquell; *adi.* **Căstălĭŭs** 3 *u.* **-ălĭs,** ĭdĭs *f* kastalisch (°*auch* = delphisch, *zB.* arbor Lorbeerbaum).

căstănĕă, ae *f* (*Fw.* ‹ *κάστανον u.* [*κάρυα*] *καστάνεια, wohl aus kleinasiatischer Spr.*) (*dcht., nkl.*) Kastanie *als Baum wie als Frucht* = Marone; *adi.* **căstănĕŭs** 3 (*dcht.*) [nux].

căstĕllānŭs 3 (căstĕllŭm) zu einem Kastell gehörig [triumphus für eroberte Kastelle]; *subst.* **-ŭs,** ī *m* (*nkl.*) Kastellbewohner (*pl.* Besatzung eines Kastells).

căstĕllātĭm (căstĕllŭm) (*nkl.*) *adv.* kastellweise, in einzelnen Kastellen.

căstĕllŭm, ī *n* (*demin. v.* căstrŭm) **1.** befestigter Platz, Kastell, Fort, Schloß, Blockhaus; *insb.* Redoute, Bastion, Außenwerk, (*bei Brücken*) Brückenkopf. **2.** (*dcht., nkl.*) Gebirgsdorf. **3.** / Zuflucht(sort), Bollwerk (*m. gen., zB.* latrocinii). **4.** (*nkl.*) Wasserreservoir. — **Burg, Dorf.

căstĕrĭă, ae *f* (*Lw.* ‹ *τα καστήρια*; *Pl.*) Schlafraum *der Ruderer* auf Deck, Koje.

căstĭ-fĭcŭs 3 (căstŭs, făcĭō) (*dcht.*) rein, keusch.

căstīgābĭlĭs, ĕ (căstīgō; *Pl.*) Züchtigung verdienend, strafbar.

căstīgātĭō, ōnĭs *f* (căstīgō) Züchtigung; (*durch Worte*) Zurechtweisung, Tadel [verborum] *od.* (*tätlich*) Strafe (*auch pl., zB.* castigationibus alqm afficere).

căstīgātŏr, ōrĭs *m* (căstīgō) (*nkl., dcht.*) Zuchtmeister, Sittenrichter (alcis *u.* alcis rei).

căstīgātōrĭŭs 3 (căstīgātŏr; *Pli.*) zurechtweisend.

căstīgātŭs 3 (*m. comp. u. sup.*; *adv.* **-ē**; *eig.* P.P.P. *v.* căstīgō) (*nkl., dcht.*) **1.** straff, gedrungen [mamillae]. **2.** / eingeschränkt, knapp [-e vivere].

căstīgō 1. (căstŭs¹; *eig.* „zur sittlichen Anständigkeit anhalten"; *nach* fătīgō *gebildet*). **1.** züchtigen: *bsd.*: **a)** (*m. Worten*) zurechtweisen, tadeln, rügen (alqm, *zB.* segniores; alqd, *zB.* inertiam; *m.* quod *od.* a.c.i.; *prägn. m.* ut = scharf ermahnen); **b)** (*tätlich*) züchtigen, strafen [pueros verberibus]. **2.** (*dcht., nkl.*) (*Fehlerhaftes*) verbessern [vitia]. **3.** einschränken, bändigen, zügeln [°equum frenis, risum ersticken].

căstĭmōnĭă, ae *f* (căstŭs¹) (*relig. t.t.*) **1.** Enthaltsamkeit, *bsd. v. sinnlichen Genüssen* [corporis]; *körperliche Reinheit bei kultischen Handlungen*; *insb.* das Fasten [°decem dierum]. **2.** *meton.* Sittenreinheit, Keuschheit.

căstĭtās, ātĭs *f* (căstŭs¹) Sittenreinheit; *insb.* Keuschheit; (*nkl.*) Uneigennützigkeit.

căstŏr, ŏrĭs *m* (*acc.* -ă; *Fw.* ‹ *κάστωρ*) Biber

Căstŏr, ŏrĭs *m* (*Κάστωρ*) *S. des Tyndareos u. der Leda, Schutzpatron der Seefahrer, m. seinem Bruder Polydeukes* (*lat.* Pŏllūx) *als Doppelgestirn* (Dioskuren = *Διὸς κοῦροι*) *an den Himmel versetzt. Sein Tempel lag in Rom an der Südseite des Forums. Cf.* V.-B. III, 1, b.

căstŏrĕŭm, ī *n* (căstŏr) (*unkl.*) Bibergeil, *als Arzneimittel geschätzt, auch pl.*

căstrātŭs, ī *m s.* căstrō.

căstrēnsĭs, ĕ (căstrŭm) zum Lager gehörig, Lager... [ratio, °verbum].

căstrō 1. (*wohl denom. v.* *kăstrŏm „Schneidewerkzeug, Messer") (*unkl.*) **1.** kastrieren, entmannen; *subst.* **căstrātŭs,** ī *m* Eunuch; *insb.* (*Bäume*) ausholzen *od.* ihnen überflüssige Säfte entziehen; / (*Ma.*) libellos von Zoten reinigen. **2.** / entkräften, schwächen (alqd. — *Verwendung der übertragenen Bed. v. Ci. getadelt*).

căstrŭm, ī *n* (*wohl als* „abgeschnittenes Stück" *formell m.* *kăstrŏm „Schneidewerkzeug" *identisch; s.* căstrō) **1.** *sg. selten* (*i. eig. Bed. nkl.*) = căstĕllŭm Kastell, fester Platz, Burg; *klass. nur* / [hoc furiarum] *u. in Eigennamen, zB.* Castrum Album „Weißenburg" *im Tarrakonensischen Spanien.* **2.** *pl.* **căstră,** ōrŭm *n* **a)** Lager, Feldlager [stativa Standlager, *das für längere Zeit bezogen wird,* °aestiva Sommerlager, hiberna

Winterlager, -quartier, *navalia od.* °*nautica* befestigter Landungsplatz]; *castra* °*ponere* (*locare, collocare, facere*) aufschlagen; °*metari* abstecken, *movere* abbrechen = aufbrechen, *promovere* = vorrücken, °*removere u. referre* = zurückverlegen, zurückgehen, *castra habere contra alqm* im Felde stehen; *bisw. auch* / (*zB. in Epicuri castra se conicere*, °*cerea* Bienenstock); **b**) (*nkl.*) *-a praetoria(na)* Kaserne der Prätorianer in Rom; **c**) Marschtag = Tagemarsch [*quintis castris Gergoviam pervenire*]; **d**) / Krieg, Kriegsdienst [*magnum in castris usum habere*]. — ***sg.* Burg, Stadt; *pl.* Quartier; Heer.

▶ **căstŭs**[1] 3 (*m. comp. u. sup.*; *adv.* **-ē**) (*urspr. als P.P.P. v. cărĕō* „frei [*v. Fehlern*], enthaltsam") **1. a**) rein = sittenrein, unschuldig, fleckenlos, *v. Pers. u. Sachen* [*homo, vita, caste vivere*; *a re* unbefleckt v. etw., *zB. a cruore civili*]; **b**) keusch, züchtig [*virgo, sacerdos, domus*]; (*dcht.*) jungfräulich [*Minerva*]. **2.** gottesfürchtig, religiös [*deos castissime colere*]; (*v. Sachen*) heilig [*ius matrimonii*]; *bsd.* °gottgeweiht [*nemus*]. **3.** gewissenhaft, uneigennützig [*homo*]. **4.** (*Ge.*) (*vom Stil*) rein, frei v. Barbarismen [*sermo*].

căstŭs[2], *ūs m* (*cf. cărĕō, căstŭs*[1]) (*vkl., nkl.*) (*relig. t.t.*) Enthaltung v. sinnlichen Genüssen.

căsŭlă, *ae f* (*demin. v. căsă*) **1.** (*dcht., nkl.*) **a**) kleine Hütte; **b**) Totenkammer, Grabgewölbe (= *hўpŏgaeŭm, -gēŭm*). **2.** (*vl. nicht zu căsă, sondern zu spätgriech.* κουσούλιον, *kontaminiert m. cŭcŭllă*) (*spätl.*) Kleid m. Kapuze, **Meßgewand, Kasel.

cāsūrŭs *part. fut. v. cădō.*

▶ **cāsŭs**, *ūs m* (*cădō*) das Fallen: **1.** Fall, Sturz = **a**) (*dcht., nkl.*) das Herabfallen [*nivis* Schneefall]; **b**) das Umfallen *od.* Umstürzen, Umsturz [°*vehiculi*]; *auch* / *zB.* °*gravis casus in servitium ex regno*. **2.** (*moralisch*) Fehltritt; Verfall, Untergang [°*urbis Troianae, Gracchorum*]; *bsd.* Tod. **3.** (*dcht., nkl.*) (*zeitl.*) Ende [°*hiemis*]; Ausgang, Untergang. **4. a**) Eintritt, *nur* / [*mortis*]; Vorfall; **b**) Zufall, Zwischenfall [°*casus varii*]; *bsd. adv.* **cāsū** zufällig [*sive casu sive consilio deorum*]; Gelegenheit; **c**) (*pejorativ*) Unfall, Unglücksfall [*gravis*]; *bsd.* Tod (*cf.* 4, a). **5.** (*gramm. t.t.*) (*Übersetzung v.* πτῶσις) Kasus [*rectus*, °*obliquus*, °*genetivus*]. — ****casus belli* Kriegsfall, -grund; *casus foederis* Bündnisfall.

F. *dat. sg. cāsūī u.* °*cāsū.*

cătăcŭmbae, *ārŭm f* (*wohl hybr. Bildung* ‹ κατὰ *tŭmbās* „bei den Gräbern" *m. Anlehnung an cŭmbō*) (*Inscr., Eccl.*) Katakomben, *altchristl. unterirdische Begräbnisstätten, bsd. in Rom.*

cătădrŏmŭs, *ī m* (*Fw.* ‹ κατάδρομος; *Suet.*) schräg in die Höhe gespanntes Seil.

cătăgĕlăsĭmŭs 3 (*Fw.* ‹ καταγελάσιμος; *Pl.*) lächerlich.

cătăgrăphŭs 3 (*Fw.* ‹ κατάγραφος) (*Ca.*) bemalt, bunt.

cătălēctĭcŭs 3 (*Fw.* ‹ καταληκτικός) (*Gramm.*) katalektisch [*versus* = m. e-m unvollständigen Fuß aufhörend].

cătălēxĭs, *acc. ĭn f* (*Fw.* ‹ κατάληξις) (*Gramm.*) Katalexe (*s. cătălēctĭcŭs*).

cătălŏgŭs, *ī m* (*Fw.* ‹ κατάλογος) (*spätl., dcht.*) Verzeichnis, Liste.

Cătămītŭs *u.* **-meitŭs**, *ī m* (*wahrscheinl. etr. Lw.* ‹ Γανυμήδης) **1.** (*unkl.*) Ganymed. **2.** ♀ / Lustknabe (= *păthĭcŭs*).

cătăphrăctēs, *ae m* (*Fw.* ‹ καταφράκτης) (*nkl.*) Schuppenpanzer.

cătăphrăctŭs 3 (*Fw.* ‹ κατάφρακτος) (*nkl.*) gepanzert; *subst.* **-ă**, *ae f* (*sc. lōrīcă*) Panzer.

cătăplūs, *ī m* (*Fw.* ‹ κατάπλους „Landung") *meton.* (landende) Flotte.

cătăpŭltă, *ae f* (*Lw.* ‹ ὁ καταπέλτης) Wurfmaschine, schweres Geschütz; *meton.* (*Com.*) Wurfgeschoß.

cătăpŭltārĭŭs 3 (*cătăpŭltă*; *Pl.*) zum Geschütz gehörig, vom Geschütz abgeschossen [*pilum*].

cătărăctă, *ae f u.* **-tēs**, *ae m* (*Fw.* ‹ καταρράκτης *m*) (*nkl.*) **1.** Wasserfall; *auch* Schleuse *in Flüssen.* **2.** Fallgatter *an den Toren.* — *Cf.* V.-B. I, 2.

cătăscŏpĭŭm, *ī n u.* **-scŏpŭs**, *ī m* (*Fw.* ‹ κατασκόπιον *u.* κατάσκοπος) (*nkl.*) Spähschiff, Aviso.

cătăstă, *ae f* (*Lw.*; *vl. haplol. für* **cătăstătă* ‹ καταστατή, *sc.* σκηνή = „aufgestellte Bühne") (*dcht., nkl.*) Schaugerüst *zur Ausstellung verkäuflicher Sklaven.*

cătēchŭmĕnŭs, *ī m* (*Fw.* ‹ κατηχούμενος) (*Eccl.*) Katechumene (*noch nicht getaufter Christ, der in der Glaubenslehre unterwiesen wird*).

cătēĭă, *ae f* (*vl. gall. Lw.*) (*dcht., nkl.*) Wurfkeule *der Gallier u. Germanen* (*eine Art Bumerang*).

cătēllă[1], *ae f* (*demin. v. cătēnă*) (*unkl.*) kleine Kette (*als Schmuck u. militärische Auszeichnung*).

cătēllă[2], *ae f* (*demin. v. cătŭlă*) (*dcht., nkl.*) Hündchen.

cătēllŭs, *ī m* (*demin. v. cătŭlŭs*) Hündchen; / (*dcht.*) *Kosewort.*

▶ **cătēnă**, *ae f* (‹ **cătēs-nā*, *eig.* „das Geflochtene"; *cf. cassis*[2]) **1.** Kette; Fessel, *meist pl.* [*aurea, alqm catenis vincire od. in catenas conicere*]. **2.** / **a**) Bande, Schranke, Zwang [*legum*]; *auch* = Joch; **b**) (*Ge.*) Reihe [*series et* ~].

cătēnārĭŭs 3 (*cătēnă*; *nkl.*) Ketten... [*canis*].

cătēnātŭs 3 (*cătēnă*) (*nkl., dcht.*) gekettet, gefesselt; / verbunden, ununterbrochen.

cătērvă, *ae f* (*wohl* ‹ **cătēs-ŏvā zu cătēnă*) **1. a**) Schar, Haufe, Trupp [*amicorum*, °*avium* Schwarm]; **b**) (*dcht., nkl.*) Schar *nichtrömischer od. irregulärer Krieger*, Söldnertruppe [*conducticia, peditum, Germanorum*]. **2. a**) Schauspieler- *od.* Künstlertruppe; **b**) Chor *im Drama.*

cătērvārĭŭs 3 (*cătērvă*; *Suet.*) zu e-m Trupp gehörig; truppweise fechtend.

cătērvātĭm *adv.* (*cătērvă*) (*unkl.*) truppweise, in Scharen.

căthĕdră, *ae f* (*Fw.* ‹ καθέδρα) (*dcht., nkl.*) *gepolsterter* Lehnstuhl *od.* (Arm-)Sessel; *später auch* Sänfte; *bsd.* Katheder, Lehrstuhl; (*spätl.*) Lehramt; Bischofssitz. — **~ *Petri* der päpstliche Stuhl. ****ex cathedra* / von maßgeblicher Seite.

căthĕdrālĭcĭŭs 3 (*căthĕdră*; *Ma.*) zur Sänfte gehörig; / weichlich.

****cathedralis**, e zum Bistum gehörig, bischöflich.

căthĕdrārĭŭs 3 (*căthĕdră*; *nkl., dcht.*) Katheder... [*philosophi*].

căthŏlĭcŭs 3 (*Fw.* ‹ καθολικός) (*nkl.*) allgemein. — **katholisch, christlich.

Cătĭlīnă, *ae m cogn. i. d.* (*urspr. etr.*) *gēns Sērgĭă*: *L. Sergius Catilina*, *Anstifter der sog. katilinarischen Verschwörung, fiel bei Pistoria im März 62 v.Chr.*; *adi.* **Cătĭlīnārĭŭs** 3.

cătĭllō 1. (*-ī-?*; *denom. v. cătĭllŭs*; *Pl.*) die Teller ablecken.

cătĭllŭs, *ī m* (*-ī-?*; *demin. v. cătīnŭs*) (*unkl.*) Schüsselchen, Tellerchen.

Cătĭllŭs *od.* **Cătĭlŭs**, *ī m Erbauer v. Tibur.*

cătīnŭs, *ī m* (*wohl m.* κοτύλη „Höhlung, Napf, Hohlmaß" *verwandt*; *nhd.* „Kessel" *Lw.* ‹ *cătīnŭs od. cătĭllŭs*) (*unkl.*) Schüssel, Napf.

Cătō, *ōnĭs m cogn. i. d. gēns Pŏrcĭă* (*adi.* **Cătōnĭānŭs** 3; *subst.* **Cătōnīnŭs**, *ī m* Anhänger *od.* Freund Katos): **1.** *M. Pŏrcĭŭs Cătō* der Ältere [*superior, priscus, Censorius, maior*], *geb. 234 v.Chr. zu Tuskulum, berühmter Staatsmann, Redner u. Prosaist, strenger Sittenrichter*, † *149.* **2.** *M. Pŏrcĭŭs Cătō* der Jüngere, *nach seinem Todesort Ŭtĭcēnsĭs genannt, Urenkel des vorigen (95—46 v.Chr.)*; *fanatischer Republikaner u. Gegner Cäsars*; *pl.* **Cătōnēs**, *ŭm* Männer wie Kato = alte Römer.

cătōnĭŭm, *ī n* (*gräzisierende Scherzbildung zu* κάτω) (*Mimendichter Laberius b. Ge.*) Unterwelt (?); *b. Ci. im Wortspiel m. Cătōnīnī.*

cătță, *ae f* (*pannonisches Fw.*) (*Ma.*) ein Vogel (Haselhuhn?) *als Delikatesse.*

Căttī = *Chăttī.*

cătŭlă, *ae f* (*cătŭlŭs*) (*Pr., nkl.*) Hündchen.

Cătŭllŭs, *ī m röm. cogn.*: *C. Vălĕrĭŭs Cătŭllŭs*, *berühmter Lyriker aus Verona (etw 84—54 v.Chr.)*; *adi.* **-ŭllĭānŭs** 3 (*Ma.*) [*basia*].

cătŭlŭs, *ī m* (*cf. cogn. Cătĭlīnă*; *nicht zu cănĭs!*) (*unkl.*) Tierjunges, *zB. lupi, pl. auch* Brut *v. Schlangen*; *bsd.* Junges *v. Haustieren*, *meist* junger Hund, Hündchen. — *Auch cogn. der gēns Lŭtātĭă*, *zB. C. Lŭtātĭŭs Cătŭlŭs.*

Cătŭrīgēs, *ŭm m ligurischer Volksstamm im Narbonensischen Gallien.*

cătŭs 3 (*adv.* °**-ē**) (*nach Varro sab.* = *ăcūtŭs*; *cf.* κῶνος „Kegel, Pinienzapfen", *cōs*; *zu altind. śāta-* „gewetzt, scharf"; *klass. selten u. nur v. Pers.*) gewandt, gescheit, schlau, pfiffig, witzig (*m.* °*inf.*).

Caucăsŭs *u.* °**-ŏs**, *ī m* (Καύκασος) **1.** Kaukasus, *Geb. zw. dem Schwarzen Meer u. dem Kaspisee*; *Einw. u. adi.* **Caucăsĭŭs** (3). **2.** Hindukusch.

caudă *u.* (*urspr. vulgär*) **cōdă**, *ae f*

(*vl. als* „abgeschlagenes Stück" *zu caudĕx u. cōdĕx*) **1.** Schwanz, Schweif [*leonis; ultima* Schwanzende]; *sprichw.* (*dcht., nkl.*) *caudam trahere* einen Schwanz nach sich ziehen = Hohn ernten. **2. a)** (*Ho.*) männliches Glied; **b)** / Anhängsel.

cauděŭs 3 (*zu caudă?*) (*Pl.*) Binsen... [*cistella*].

caudĕx *u.* (*urspr. vulgär*) **cōdĕx, ĭcĭs** *m* (*als* „abgeschlagener Baum" *od. — zu Schreibtafeln —* „gespaltenes Holz" *zu cūdō* „schlagen") **1.** (*unkl.*) Baumstamm, Klotz; *auch als Schimpfwort*; *bsd.* Strafblock (*für Sklaven*). **2.** (*meton.*) hölzerne Wachstafel; *bsd.* **a)** Verzeichnis, Dokument [*falsus, interlitus*]; **b)** (*coll.*) *ein aus mehreren Wachstafeln zusammengesetztes* Buch *od.* Heft, Notizbuch; **c)** Hauptbuch, Einnahme- und Ausgabebuch [*codex accepti et expensi*]. — **Handschrift; Bibel. *Corpus Iuris Canonici Gesetzessammlung der ma. Kirche, die 1918 durch den* Codex *des Corpus Iuris Canonici abgelöst wurde.* — *Codex argenteus m.* Silber- (*u.* Gold-)Tinte geschriebene Purpurpergamenthandschrift *m. der Evangeliumsübersetzung des Ulfilas.* *Codex aureus Bezeichnung e-r Reihe kostbarer mittelalterlicher* Handschriften *m.* Goldschrift *od.* goldenem Einband. — *Codex manuscriptus* (*Abk. Cod. Ms.*) = Handschrift. — *Codex Sinaiticus* auf der Halbinsel Sinai entdeckte Pergamenthandschrift *d. 4. Jh. n.Chr. m. dem griech. NT.*

caudĭcālĭs, ĕ (*caudĕx; Pl.*) Holz... [(*scherzh.*) *provincia* Holzhackeramt].

Caudĭŭm, ī *n St. i. Samnium; unweit die Kaudinischen Pässe* (*fŭrcŭlae Caudīnae*), *j.* Monteforchio (*schimpfliche Kapitulation der Römer 321 v.Chr.*); *Einw. u. adi.* **Caudīnŭs** (3).

caulae[1], ārŭm *f* (= *caulae*[2], *aber* [*wohl sekundär*] *auf căvŭs bezogen*) (*Lu.*) die Poren (= πόροι) *des Körpers* (*durch die die Seele entweicht*).

caulae[2], ārŭm *f* (*wohl demin. zu *căvă* „Höhle"; *cf. nhd.* „Hag, Hecke") (*dcht., nkl.*) Schafpferch.

caulātŏr, ōrĭs *m* (*synk. aus căvĭllātŏr m. volkset. Anlehnung an caulĭs* = *mĕntŭlă*) (*Pl.*) = *căvĭllātŏr.*

caulĭcŭlŭs, ī *m* (*demin. v. caulĭs*) (*unkl.*) zarter Stengel, Trieb; / (*archit. t.t.*) (*Vi.*) Akanthusstengel *a. den Kapitälen der korinthischen Säulen.*

caulĭs, ĭs *m* (*abl. sg.* -ĕ) (*cf.* καυλός *ds.; nhd.* „hohl") (hohler) Stengel *v. Pflanzen,* Strunk; *bsd.* Kohlstrunk; (*meton.*) Kohl; / (*Pl.*) = *mĕntŭlă.*

Caunŭs, ī *f* (Καῦνος) *St. im südöstl. Karien u.* (*m*) *Name ihres Gründers; Einw. u. adi.* **Caunĭŭs** *u.* **Cauněŭs** (3); *subst.* **Cauněae** (*sc. fīcūs*) kaunische *od.* karische Feigen.

caupō[1] *u.* (*urspr. vulgär*) **cōpō,** ōnĭs *m* (*Lw. unsicherer Herkunft, vl. wie* κάπηλος *aus einer Mittelmeersprache*) Krämer; Gastwirt.

****caupo**[2] = *cāpō.*

caupōnă, ae *f* (*caupō*[1]) Schenke, Wirtshaus, Kneipe.

caupōnĭŭs 3 (*caupōnă*) (*Pl., spätl.*) Schenk... [*puer* Kellner].

caupōnŏr 1. (*caupō*[1]) (*vkl. u. spätl.*) *m. etw.* schachern, um *etw.* feilschen (*alqd, zB. bellum*).

caupōnŭlă, ae *f* (*demin. v. caupōnă*) (elende) Kneipe.

caurŭs *u.* (*urspr. vulgär*) **c(h)ōrŭs,** ī *m* (*cf. nhd.* „Schauer") Nordwestwind.

> **causă**
> **1. a)** Grund, Ursache, Veranlassung; **b)** bestimmter Grund; *causā m. gen.* wegen, um ... willen; **c)** Entschuldigung; **d)** Vorwand; **2. a)** Fall, Sache, Sachverhalt; **b)** Streitsache, Prozeß; **c)** Partei, Interesse; **d)** Auftrag, Geschäft; **e)** Lage, Umstände; **f)** persönliche Beziehungen.

causă (*auch* **caussă**), ae *f* (*vl.* < **caud-tā urspr. als jur. t.t.* „Schlag als Ursache" *zu cūdō*) **1.** der veranlassende Fall: **a)** Grund, Ursache, Veranlassung *od.* Anlaß, *auch* Beweggrund *zu einer Handlung* [*causa iusta, levis; nihil potest evenire nisi causā antecedente*]; *meist m. gen. obi., zB. causa doloris, veniendi*; (*dcht.*) *m. dat., zB. lacrimis*; *selten* (*nicht b. Ci.*) *m. ad od. inf., zB.* (*Ve.*) *quae causa fuit consurgere in arma?*; *m. quod, cur, quare, quamobrem, ut, quominus*; *alci causam alcis rei dare jd.* Veranlassung zu *etw.* bieten; *alci causae esse jd.* als Anlaß dienen *od.* Veranlassung geben (*auch in causa esse*); **b)** (*prägn.*) guter Grund, (volles) Recht [*cum causa od. non sine causa; hanc ob causam* = *hac de causa* aus diesem Grunde, *ob eam causam, quam ob causam* = *qua de* (*od.* ex) *causa, aliam ob causam od. alia de causa u. ä.*]; *bsd.* **α)** (*v. Pers.*) Urheber, *zB. alqs est causa mortis*; **β)** Schuld [*causam in alqm transferre* schieben, *causam alcis rei sustinere v. etw.* die Schuld tragen]; **γ)** (*abl.*) **causā** *m. gen.* **wegen** = **um** ... **willen, in** *j-s* **Interesse, im Hinblick auf** *etw., fast stets nachgestellt* [*amicorum -ā, rei publicae adiuvandae -ā, amicitiae -ā* aus Freundschaft, *animi -ā* zum Vergnügen; *meā* (*tuā,* [*refl.*] *suā,* [*nicht refl.*] *eius usw.*) *-ā* meinetwegen, (deinet-, seinetwegen *usw.*); **c)** (begründete) Entschuldigung, Einwand [*morbi* wegen Krankheit, *causam accipere* gelten lassen; *nullam od. non causam dicere, quin* nichts dagegen haben, daß]; **d)** Scheingrund, Vorwand, Ausrede [*causam fingere, inferre, interponere, °interserere; m. gen., zB. bellandi; auch m. ad, zB. habere causam ad iniuriam; per causam* unter dem Vorwand]. **2.** der vorliegende Fall: **a)** Gegenstand *od.* Sachverhalt, der strittige Punkt [*in hac causa* in diesem Falle, *in huiusmodi causis* in dergleichen Fällen, *in causa esse* zur Sache gehören]; Thema [*disserendi*]; **b)** (*jur. t.t.*) Streitsache, Prozeß [~ *publica, privata, forensis, capitis* peinlich, *parvula* Bagatellsache, *causam obtinere* gewinnen, *causam perdere* = *causā cadere* den Prozeß verlieren]; *causam agere od. defendere* einen Prozeß führen: = **α)** *jd.* verteidigen; **β)** sich verantworten, angeklagt sein; *causam cognoscere* die Sache *od.* den Fall untersuchen [*cognitā causā* nach Untersuchung des Falles, *incognitā causā* ohne Verteidigung]; **c)** Sache, *die jd. vertritt,* Partei, Interesse [*turpis, plebis, causa quam Pompeius susceperat*]; **d)** Auftrag, Geschäft [*dare alci causam m. gen. od. ut*]; **e)** Lage, Verhältnis, Umstände [*omnium Germanorum una est causa*]; **f)** persönliche Beziehungen, (Freundschafts-)Verhältnis, Verbindung [*cum alqo m. od.* zu *jd.*].

causālĭs, ĕ (*causă*) (*spätl.*) zur Ursache gehörig; *bsd.* (*gramm. t.t.*) kausal, die Ursache bezeichnend [*coniunctiones*].

causĭă, ae *f* (*Fw.* < καυσία) (*unkl.*) breitkrempiger Hut.

causārĭŭs 3 (*causă*) (*nkl.*) wegen Kränklichkeit verabschiedet, kränklich, invalide; *auch subst.* **-ī,** ōrŭm *m* Invaliden.

causĭ-dĭcŭs, ī *m* (*causă, dīcō*[2]) Rechtsanwalt, Sachwalter.

causĭfĭcŏr 1. (*denom. v. *causĭfĭcŭs; causă, făciō*) (*vkl., nkl.*) vorschützen, einwenden.

causŏr 1. (*denom. v. causă*) (*klass. selten*) als (*häufig fingierten*) Grund angeben, einen Grund vorschützen (*abs. od. alqd; m. a.c.i. od. quod*).

caussă *s. causă.*

caustĭcŭs 3 (*adv.* **-ē**) (*Fw.* < καυστικός) (*nkl., Ma.*) beizend; *spuma* Schaumseife (*zum Blondieren*); *subst.* **-ŭm,** ī *n* ätzendes Heilmittel.

causŭlă, ae *f* (*demin. v. causă*) **1.** unbedeutende Veranlassung. **2.** unbedeutender Prozeß [*parvarum rerum causulae* Bagatellprozesse].

cautēlă, ae *f* (*cautŭs*) (*vkl., nkl.*) **1.** Vorsicht. **2.** Schutz(mittel).

cautēs *u.* (*bis Vergil*) **cōtēs,** ĭs *f, fast nur pl.* **-ēs,** ĭŭm *f* (*zu cōs; -au- Hyperurbanimus*) Riff, Klippe (*meist im Meer, seltener in Gebirgen*).

cautĭm *adv.* (*cautŭs*) (*vkl.*) vorsichtig.

cautĭō, ōnĭs *f* (*căvĕō*) **1.** Vorsicht, Behutsamkeit [*cautionem adhibere* anwenden; *alcis rei* bei *etw., zB. defendendi*]; *res cautionem habet* bedarf der Vorsicht; (*Com.*) (*mihi*) ~ est, *ne* ich muß mich in acht nehmen; *bsd.* (*meton.*) Vorsichtsmaßregel. **2.** (*jur. t.t.*) **a)** Sicherstellung, Sicherheit, Bürgschaft [*pecuniarum, chirographi* handschriftliche]; **b)** (*meton.*) **α)** Schuldschein, Obligation, Verschreibung; **β)** mündliche Versicherung, Versprechen.

cautŏr, ōrĭs *m* (*căvĕō*) **1.** (*Pl.*) der Vorsichtige. **2.** der abwehrt [*periculi*].

cautŭs[1] *P.P.P. v. căvĕō.*

cautŭs[2] 3 (*m. comp. u. sup.; adv.* **-ē**) (*căvĕō*) **1.** *pass.* gesichert, sicher

(-gestellt) [*res* Vermögen, *pars*]. **2.** *act.* **a)** vorsichtig, behutsam [*satis caute agere, auch v. Leblosem, zB. consilia; in re* in, bei *etw., zB. in periculis; ad od. adversus alqd, zB.* °*ad malum*, °*adversus fraudem*; °*erga u.* °*contra alqd; m.* °*inf.*]; *bsd.* argwöhnisch; **b)** (*dcht.*) schlau, listig.

căv-aedĭŭm, *ī n* (‹ *căvŭm aedĭŭm, eig.* „das Hohle des Hauses") (*vkl., nkl.*) Vor- *od.* Empfangsraum.

căvĕă, *ae f* (*căvŭs*) Höhlung: **1.** Käfig *od.* Gehege *für wilde Tiere; auch* Stall; Vogelbauer; (*dcht., nkl.*) Bienenstock. **2. a)** Zuschauerraum *im Theater u. Zirkus* [*prima* ~ erster Rang, *ultima od. summa* Galerie]; **b)** (*meton.*) **α)** das ganze Theater; **β)** die Zuschauer, Publikum.

căvĕō
1. sich hüten, sich in acht nehmen; **2.** (*beim Fechten*) parieren; **3.** für *jd. od. etw.* Fürsorge tragen; **4.** Beistand leisten, *bsd. jur. t.t.* **a)** als Anwalt beraten; **b)** Kaution stellen; **c)** sich Garantien geben lassen; **d)** verfügen, anordnen.

căvĕō, *cāvī, cautŭm* 2. (‹ **cŏvēō* = κο[ϝ]έω „merke, höre"; *cf. nhd.* „schauen") **1.** sich hüten, sich in acht nehmen, sich vorsehen (*abs., zB. cave!; alqm od. ab alqo* vor *jd., zB. socios, ab homine impuro; alqd od. a re* vor *etw., zB. periculum; cave canem! Warnung an röm. Haustüren; ab insidiis; daher auch* P., *zB. malum caveri potest, cavendae sunt insidiae; m. ne u. ut ne* daß = verhüten, daß, *zB. cavemus, ne decipiamur; m. ut* = dafür sorgen, daß [*cf.* 3], *zB. caveo, ut omnia moderata sint;* [*nkl., dcht.*] *m. inf.*); *bsd.* **căvē, căvētĕ** *m. coni. od. ne* (*dcht. m. inf.*) ja nicht, *zB. cave (ne) istud facias od. credas.* **2.** (*Qu.*) (*t.t. der Fechtersprache*) parieren (*abs. u. alqd, zB. ictum*). **3.** für *jd. od.* für *etw.* Fürsorge tragen *od.* Vorsichtsmaßregeln treffen, *jd. od. etw.* sicherstellen (*alci od. alci rei, zB. civitatibus, his agris, alci cautum velle jd.* gesichert wünschen; *a re* gegen *etw., zB. ab invidia; m. ut* daß). **4.** Beistand leisten, *bsd.* (*jur. t.t.*) **a)** (*als Anwalt*) (*abs. od. alci*); *bei Sicherstellungen* intervenieren (*abs. od. alci* [*mihi* für mich]); Rat erteilen [*in iure*]; **b)** Kaution stellen (*alci j-m, re* durch *etw., zB. populo praediis, obsidibus inter se; de re* für *od.* wegen *etw., zB. de pecunia*); *P. cavetur ab alqo jd.* gibt sein Wort; **c)** sich Sicherheit geben lassen (*ab alqo, zB. a vicino*); **d)** (*gesetzlich od. gerichtlich, bsd. testamentarisch*) verfügen, verordnen, anordnen [*lege od. in lege, testamento alqd etw., de re* über *etw.; alci* zu *j-s* Vorteil, *zB. heredi; alci rei* für *etw.; m. ut* daß, *ne* daß nicht].
F. *imp. căvē, im Vers auch căvĕ.*

căvĕrnă, *ae f* (*zu căvŭs; etr. Suffix wie in cīstĕrnă*) Höhlung, Höhle, Grotte, Loch [°*caeli* Himmelsgewölbe]; *insb.* hohler Schiffsraum [*navigii*]; *pl.* (*Cu.*) Bassins; (*dcht.*) *auch obszön.*

cāvī *s. căvĕō.*

căvillă, *ae f u.* **căvillŭm,** *ī n* (*dissim.* ‹ *călvīllă u. -ŭm zu călvŏr*) (*vkl., nkl.*) Neckerei, Stichelei.

căvillātĭō, *ōnĭs f* (*căvīllŏr*) **1.** Witz, Spott, Stichelei, Ironie, Persiflage. **2.** (*nkl.*) Sophistik [*verborum* Wortklauberei].

căvillātŏr, *ōrĭs m* (*căvīllŏr*) Spötter; (*Se.*) Sophist, Wortspalter.

căvillātrīx, *īcĭs f* (*căvīllātŏr*) (*Qu.*) **1.** Spötterin, Sophistin. **2.** Sophistik, Spitzfindigkeit.

căvillŏr 1. (*denom. v. căvīllă*) **1.** necken, (ver)höhnen, sticheln, sich lustig über *etw.* machen (*abs. od. m. acc., zB. oratorem, alcis togam praetextam; auch in alqo od. cum alqo; m. a.c.i.* = scherzend sagen). **2.** (*nkl.*) Ausflüchte suchen *od.* machen.

căvillŭm, *ī n u.* **-ŭs,** *ī m* = *căvīllă.*

▶ **căvō** 1. (*denom. v. căvŭs*) (*dcht., nkl.*) **1.** aushöhlen (*alqd, zB. lapidem*); (*P.P.P.*) *adi. căvātŭs* 3 (*m. comp.*) ausgehöhlt, hohl [*rupes*]. **2. a)** durchbohren [*parmam gladio*]; **b)** (*prägn.*) *etw.* Hohles verfertigen, hohl ausarbeiten [*lintres arbore*].

▶ **căvŭs** 3 (‹ **cŏvŏs*; *cf.* κόοι „Erdspalten"; κοῖλος ‹ *κό[ϝ]ιλος „hohl") **1.** hohl, gewölbt [°*via* Hohlweg, °*rupes od. saxa* Felsenklüfte, °*trabs* Schiff, °*flumina* tief, °*turris* geräumig]; *subst.* (*vkl., nkl.*) **căvŭm,** *ī n u.* **căvŭs,** *ī m* Höhlung, Loch (*bsd.* Schießscharte). **2. a)** (*dcht.*) umhüllend [*nubes, umbra*]; **b)** / (*dcht.*) nichtig, gehaltlos [*imago*].

Căÿstrŭs *u.* **-ŏs,** *ī m* (Κάυστρος) *Fl. in Ionien, bei Ephesus ins Ägäische Meer mündend; adi.* **Căÿstrĭŭs** 3 [°*ales* Schwan].

-cĕ *demonstr. Partikel* (*an pron. angehängt, in hic, hinc, illinc, nunc zu -c verkürzt, vor -nĕ zu -cĭ verdünnt; cf.* ἐ-κεῖνος ‹ *ἐ-κε-ενος; *engl.* „he") hier, da [*huiusce, istocine*].

Cĕă *u.* **Cīă,** *ae* (*Cīă?*) *u.* **Cĕōs,** *ō f* (Κέως) *Kykladeninsel sö. v. Attika, j. Zea, Geburtsort der Dichter Simonides u. Bakchylides; Einw. u. adi.* **Cēŭs** *u.* **Cīŭs** (3) [°*neniae -ae* die Trauerlieder des Simonides].

Cĕbĕnnă, *ae m* (*sc. mōns*) die Cevennen.

Cĕcrŏps, *ŏpĭs m* (Κέκροψ) (*nach dem Mythus halb Mensch halb Schlange*) *ältester K. in Attika, Gründer v. Athen und der Burg* **Cĕcrŏpĭă,** *ae f* (*dcht. auch* = Athen); *patron.* **Cĕcrŏpĭdēs,** *ae m* S. *od.* Nachkomme des Kekrops (= Theseus; *pl.* = °die Athener); *cf.* V.-B. I, 2; *gen. pl. -ārŭm u.* °*-ŭm; adi.* **Cĕcrŏpĭŭs** 3 [*arx*], *dcht. auch* = athenisch, attisch [*apes, domus* Königshaus, *cothurnus* = Tragödie]; *fem. auch* °**Cĕcrŏpĭs,** *ĭdĭs* [*terra, ales* = Prokne]; *subst. meist* = Prokne *od.* Philomele *als Enkelinnen des Kekrops. Cf.* V.-B. III, 4, b *u.* 5.

cĕcīdī *s. cădō.*

cĕcīdī *s. caedō.*

cĕcĭnī *s. cănō.*

cĕdŏ[1], *pl. altl.* **cĕttĕ** (*wohl* ‹ (-)*cĕ* + **dŏ* = „hierzu"; *cf. dōnĕc; cĕttĕ sekundäre Pluralbildung wie* δεῦτε *zu* δεῦρο) *adv.* **1.** gib her, her damit, her mit (*m. acc., zB. tabulas,* °*tuam mihi dextram; m.* °*ut, zB. cedo, ut bibam*). **2.** / **a)** laß hören, heraus mit der Sprache [°*tuum consilium; m. indir. Frages., zB. cedo, quis unquam cenarit atratus*]; **b)** sieh nur, denk mal [*cedo illius contionem*].

cēdō[2]
I. (*intr.*) **1.** gehen: **a)** schreiten; **b)** in *etw.* übergehen; **2.** weggehen: **a)** scheiden, weichen; **b)** auf *etw.* verzichten, *etw.* aufgeben; (*Lebloses*) vergehen; *jd.* meiden; *der Übermacht* weichen; sich fügen; **II.** (*trans.*) **1.** *etw.* abtreten; **2.** zugestehen.

cēdō[2], *cĕssī, cĕssŭm* 3. (*wohl* ‹ **cĕ-zd-ō* „gehe einher"; *1. Glied Partikel -cĕ; 2. Glied: -zd- Schwundstufe zu* √**sed-* „gehen"; *cf.* ὁδός, *altind.* ā-sad- „hintreten") **I.** *intr.* **1.** gehen: **a)** (*im eig. Sinne unkl.*) einhergehen, schreiten (= *īncēdō*) [*quasi cancer*]; **b)** / **α)** (*nkl., dcht.*) *in alqd* in *etw.* übergehen *od.* sich verwandeln, zu *etw.* ausschlagen [*temeritas ei in gloriam cesserat*]; **β)** (*klass. selten*) *alci* (*rei*) *od. in alqm* (*od. in alqd*) *j-m od.* einer Sache zufallen *od.* zuteil werden *od.* auf *jd. od.* auf *etw.* übergehen [°*praeda victoribus,* °*bona in medium cedunt* fallen dem Staate zu, *alqd praedae od. in praedam alci cedit* wird *j-m* zur Beute]; **γ)** (*m. adv.*) (*fast nur nkl. od. dcht.*) vonstatten gehen, ablaufen [°*prospere,* °*parum od.* °*secus* schlecht, schlimm]; *auch* °*impers.* [*si male cesserat*]; **δ)** (*vkl., nkl.*) *pro re* für *etw.* gelten [*epulae pro stipendio cedunt*]. **2.** weggehen: **a)** scheiden, weichen, sich zurückziehen (*abs., zB. retro, cedentes insequi* die Weichenden; *auch v. Leblosem, zB. aqua; alci* vor *jd., zB. infenso hosti; m. abl. od. e, de, a re, zB. Italia;* [°*e*] *loco* seinen Posten verlassen, *senatu* ausscheiden; [*e*] *memoria* dem Gedächtnis entfallen, [*e*] *vita* = sterben); **b)** / **α)** auf *etw.* verzichten, *etw.* aufgeben (*re, zB. agrorum possessione*); *bsd. jd. etw.* abtreten *od.* überlassen (*alci re, zB. collegis honore*); **β)** (*v. Leblosem*) verschwinden, vergehen [*horae cedunt et dies*]; *bsd.* (*nkl.*) (*v. Örtlichkeiten*) zurücktreten [*ripae fluminis cedunt*]; **γ)** aus dem Wege gehen, meiden (*alci u. alci rei, zB. fortunae*); **δ)** der Übermacht weichen *od.* nachgeben, sich fügen (*abs. od. m. dat., zB. hosti, tempori,* °*cedant arma togae,* °*fato* = freiwillig sterben); *part.* °*cedens* nachgiebig; **ε)** sich unterordnen, sich fügen (*m. dat., zB. auctoritati alcis*); **ζ)** nachstehen, den Vorrang einräumen (*m. dat., zB. Graecis nihil; re od. in re* in *etw., zB. virtute nostris*). **II.** (*selten*) *trans.* **1.** *etw.* abtreten *od.* überlassen (*alqd, zB. locum; alci alqd j-m etw., zB. multa multis de iure suo*). **2.** (*nkl.*) *m. ut* = einräumen, zugestehen, daß, *zB. plebs cessit, patribus, ut tribuni militum crearentur.*

cēdrŭs, *ī f* (*Fw.* ‹ κέδρος) (*nkl., dcht.*) Zeder; (*meton.*) Zedernholz; Zedernöl *als Mittel gegen Wurmfraß* [*carmina linenda cedro* = der Unsterblichkeit würdig].

▶ **cĕlĕbĕr,** *bris, brĕ u.* (*nkl.*) **cĕlĕbrĭs,** *ĕ* (*m.* °*comp. u. sup.*) (*zu* κέλλω „treiben"; *cf.* cĕlĕr; *also eig.* „betrieben") **1. a)** (*v. Örtlichkeiten*) stark besucht, belebt [*urbs, portus*]; (*dcht.*) *m. abl.* = reich an *etw.*, *zB.* (*Ta.*) *Ida fontibus*; *subst.* °*celeberrimo fori* zur Zeit des stärksten Besuches. **2.** (*v. Versammlungen, Festen u.ä.*) feierlich (begangen), festlich, glänzend [°*dies festus, gratulatio,* °*funus*]. **3. a)** (*v. Sachen*) vielbesprochen, vielfach verherrlicht [*res tota Sicilia celeberrima,* °*nomen*]; *auch* (*dcht., nkl.*) allgemein verbreitet, üblich [*vox, usus*]; **b)** (*dcht., nkl.*; *auch v. Pers.*) berühmt, gefeiert [*duces*; *re* durch *etw.*, *zB. vir clarissimarum urbium excidio* ~; *m. 2. sup.*, *zB. auditu*]. **F.** *abl. sg.* -*ī*; *pl. neutr.* -*iă*, *gen.* -*iŭm*; *comp.* *cĕlĕbrĭŏr*, *sup.* *cĕlĕbĕrrĭmŭs*.

cĕlĕbrātĭō, *ōnĭs f* (cĕlĕbrō) **1.** zahlreicher Besuch, zahlreiches Gefolge [*hominum*]. **2.** glänzende Feier *od.* Festlichkeit [*ludorum*].

cĕlĕbrātŏr, *ōrĭs m* (cĕlĕbrō; *Ma.*) Verherrlicher, Lobredner.

cĕlĕbrātŭs 3 (*m.* °*comp. u. sup.*) (*eig. P.P.P. v.* cĕlĕbrō) = cĕlĕbĕr, *klass. nur*: **1.** gebräuchlich, vielbesprochen; *celebratum est, ut* es ist ein gewöhnlicher Fall, daß. **2.** berühmt, gepriesen.

cĕlĕbrĭs *s.* cĕlĕbĕr.

cĕlĕbrĭtās, *ātĭs f* (cĕlĕbĕr) **1. a)** (*v. Örtlichkeiten*) lebhafter Verkehr, Belebtheit [*viae, oppidorum*]; **b)** (*v. Versammlungen*) das festliche Begehen, Festlichkeit, Feierlichkeit [*ludorum, supremi diei* glänzende Totenfeier]. **2. a)** (*v. Pers.*) zahlreicher Besuch, zahlreiches Gefolge, große Volksmenge [*theatri, populus alqm summa celebritate domum comitatur*; *abs.* °*in celebritate versari*]; **b)** (*v. Sachen*) Häufigkeit, häufiges Vorkommen [*iudiciorum*]; **c)** / Verherrlichung, Berühmtheit [~ *et nomen* gefeierter Name].

▶ **cĕlĕbrō** 1. (*denom. v.* cĕlĕbĕr) **1.** (*Örtlichkeiten*) zahlreich *od.* oft besuchen, beleben [*domum, viam*; *P. atria celebrantur* füllen sich]. **2.** (*Pers.*) **a)** zahlreich besuchen [*senectutem* die Alten]; **b)** zahlreich begleiten *od.* sich drängen um [*alqm usque ad Capitolium*; *abs.* °*tota celebrante Sicilia sepultus est*]. **3.** (*Feste, Versammlungen u.ä.*) unter zahlreicher Beteiligung des Publikums begehen, festlich feiern, einer Festlichkeit zahlreich beiwohnen [*festos dies ludorum*; °*nuptias*]. **4.** *etw.* fleißig *od.* eifrig betreiben *od.* ausüben, allgemein anwenden [*artes,* °*iuris dictionem* in vollen Gang bringen, °*seria et iocos cum alqo*]; *P.* allgemein (geübt) werden. **5. a)** *etw.* überall (im Publikum) verbreiten *od.* allgemein bekanntmachen (*alqd*, *zB. rem famā*; *m. a.c.i.*); **b)** *den Wert u. die Bedeutung einer Sache* rühmen, preisen, verherrlichen [*nomen alcis scriptis, alqd carminibus* besingen, *alqd in maius* überschwenglich preisen]; *auch* verehren [*deum*]. **6.** *etw. m. etw.* erfüllen (*alqd re*, *zB. ripas carmine*). — **abhalten [*comitia* Reichstag].

▶ **cĕlĕr,** *ĕrĭs, ĕ* (*m. comp. u. sup.*; *adv.* -**ĭtĕr**, *vkl.* -**ĕ**) (< **kĕlĕ-rĭs eig.* „angetrieben" *zu* κέλλω „treiben", *cf.* κελεύω; *nhd.* „Held") **1.** (*vkl.*) schnell, rasch, eilend, eilig, behende [°*uter vostrorumst celerior?*]; *im eig. Sinne klass. meist nur bei Verbalsubst. od. im adv.* [*motus, receptus,* °*classis, celerrime redire*; *dcht. m. inf.*, *zB. Aiax celer sequi*]. **2.** / **a)** schnell handelnd *od.* eintretend [*auxilium,* °*remedium* schnellwirkend, *victoria* schnell errungen]; *bsd.* (*geistig*) = schnell denkend, gewandt [*mens,* °*animus*]; **b)** (*dcht., nkl.*) zu schnell, übereilt, hitzig [*consilia, iambi*; *m. inf.*, *zB. irasci*]. **F.** *abl. sg.* -*ī*; *pl. neutr.* -*iă*, *gen.* -*iŭm*; *comp.* *cĕlĕrĭŏr*, *sup.* *cĕlĕrrĭmŭs*.

Cĕlĕrēs, *ŭm m* (*wohl nicht zu* **cĕlĕr**, *sondern etr. Lw.*) (*Li.*) *älteste Bezeichnung der röm. Ritter*; *ihr Anführer hieß* tribunus Celerum.

cĕlĕrĭ-pēs, *ĕdĭs* (*Lehnübersetzung* < ὠκύπους) schnellfüßig; *subst.* Eilbote, Kurier.

cĕlĕrĭtās, *ātĭs f* (cĕlĕr) Schnelligkeit, Eile, Hast [*equorum, persequendi*]; *auch* / Geläufigkeit [*dicendi od. in dicendo, verborum, orationis*]; rascher Verlauf [*belli*], rasche Aussprache [*syllabarum*], schnelle Wirkung [*veneni*], (*geistig*) Regsamkeit *od.* Gewandtheit [*ingenii,* °*consilii* Geistesgegenwart, *respondendi* Schlagfertigkeit].

cĕlĕrō 1. (*denom. v.* cĕlĕr) (*unkl.*) **1.** (*trans.*) beschleunigen (*alqd*, *zB. iter*). **2.** (*intr.*) eilen.

cĕleumă, *ătĭs n* (*Fw.* < κέλευμα; *Ma.*) Kommando *des Steuermanns*; Takt.

Cĕlĕŭs, *ī m* (Κελεός) *myth. K. in Eleusis, v. Demeter im Ackerbau unterwiesen u. in ihre Mysterien eingeweiht.*

▶ **cĕllă,** *ae f* (*wohl* < **cēlā*; *zu* cēlō; *cf. altnordische Todesgöttin* Hel) Zelle: **1.** (*vkl., nkl.*) Kammer, Gelaß; Zimmer, *bsd.* (*Ci.*) *für Sklaven.* **2. a)** Vorrats-, Speisekammer (*m. u. ohne pēnārĭă*), *in cellam dare, imperare, emere* für den Haushalt *od.* für die Küche geben, fordern, kaufen; **b)** Wirtschaftskeller *od.* Kammer, *bsd.* Kornkammer, *olearia* Ölkammer, *vinaria* Gärkammer für den Wein. **3.** (*nkl., dcht.*) (*im Mietshaus* — *īnsŭlă* —) Kämmerchen, Dachkammer, Armenstübchen. **4.** (*Qu.*) Gefängniszelle. **5.** (*dcht., nkl.*) Zelle des Bienenstocks. **6.** Tempelcella *od.* Nische, *in der das Bild des Gottes stand* [*Iovis, Concordiae*]; *übh.* Tempel. — **Mönchszelle, Kloster.

cĕllārĭŭs 3 (cĕllă; *Pl.*) in der Vorratskammer (befindlich); *subst.* ~, *ī m* Kellermeister; -**ŭm,** *ī n* (*spätl.*) Vorratsraum, Weinkeller.

cĕllĕrārĭŭs, *ī m* (< *cĕllārārĭŭs zu cĕllārĭŭm*) (*Eccl.*) Kellermeister.

cĕllŭlă, *ae f* (*demin. v.* cĕllă; *unkl.*) Kämmerchen. — (*Augustin.*) Mönchszelle; **Kloster, Einsiedelei.

▶ **cēlō** 1. (*Dehnstufe zu* √‾*kel- „bergen, verhüllen" *in* ŏc-cŭlō; *cf.* καλύπτω, *nhd.* „hehlen") **1.** verhüllen, bedecken; verbergen, verstecken, *auch* / (*alqd*, *zB. arma, sententiam,* °*uterum manibus* bedekkend verbergen, °*aequora pisces celant* bergen; *alqm*, *zB. virginem,* °*se silvis*; *P. celor* es wird mir verheimlicht); *auch* (*dcht.*) verschweigen, mit Stillschweigen übergehen [*auctorem*]. **2. a)** *etw.* vor *jd.* verheimlichen *od.* geheimhalten (*alqm alqd*, *zB. senatum mortem regis*; *m. indir. Frages.*); **b)** *alqm de re jd.* in Unkenntnis über *etw.* (er-) halten [*regem de insidiis*]; *P. celor de re* mir wird etwas verheimlicht [*de maximis rebus a fratre celatus sum*; *aber id, hoc, illud, quod u.ä. celari non possum*]. **F.** *altl.* *cēlāssĭs* = *cēlāvĕrĭs*.

cēlŏc(ŭ)lă, *ae f* (*demin. v.* cĕlōx; *Pl. Mil.* 1006 — *Konjektur* —) kleine Jacht, Schaluppchen (*Kosewort für eine Sklavin*).

cĕlōx, *ōcĭs f* (*sc.* nāvĭs) *u. m* (*sc.* lĕmbŭs) (*Lw., wohl Umbildung v. lakonisch* κέληξ = κέλης „schnellsegelndes Schiff" *nach* vēlōx) (*unkl.*) Schnellsegler, Jacht. — *abl. sg.* -*ī*, *gen. pl.* -*iŭm*.

cēlsĭtūdō, *ĭnĭs f* (cēlsŭs; *nkl.*) Höhe. — (*spätl.*) *als Titel der späteren Kaiserzeit*: Erhabenheit; *vestra* ~ Ew. Hoheit; *serenissima* ~ Allergnädigster.

▶ **cēlsŭs** 3 (*m.* °*comp. u. sup.*; *adv.* °-**ē**) (*eig. P.P.P. des aus āntĕ-, ĕx-, praecĕllō zu erschließenden Simplex*; *cf.* cŏllĭs) **1.** emporragend, hoch, erhöht [°*celsus in cornua cervus* mit hochragendem Geweih]. **2.** / **a)** (*dem Range nach*) erhaben, vornehm [*sedes dignitatis*]; **b)** (*moralisch*) **α)** hochherzig [*vir*]; **β)** (*pejorativ*) hochmütig [°*Ramnes*].

Cēlsŭs, *ī m röm. cogn*: *A. Cŏrnēlĭŭs* ~, *ber. Arzt z.Z. des Tiberius, Vfssr. einer Enzyklopädie* (Artes), *von der nur die 8 Bücher über die Medizin erhalten sind.*

Cĕltae, *ārŭm m* (Κέλται) Kelten (*urspr. Bezeichnung aller keltischen Stämme*; *cf. Găllĭ, Gălătae*); *im engeren Sinne* = die Gallier, *die Völkerschaften des mittleren u. südlichen Galliens*; *adi.* **Cĕltĭcŭs** 3 keltisch; *subst.* **Cĕltĭcŭm,** *ī n* Keltenreich.

Cĕlt-ĭbĕr, *ĕrī m* Keltiberer, *meist pl.* **Cĕltĭbērī,** *ōrŭm u.* -*ŭm m* (Κελτίβηρες) *die in dem v. eingewanderten Kelten besetzten spanischen Hochland wohnenden Iberer*; *ihr Land* **Cĕltĭbērĭă,** *ae f*; *adi.* **Cĕltĭbērĭcŭs** 3.

▶ **cēnă,** *ae f* (*altl.* cēsnā < **kĕrt-s-nā*, *eig.* „Portion"; *cf.* κείρω „abschneiden", cārō[1]) **1.** (Haupt-)Mahlzeit *der Römer um 3 od. 4 Uhr nachmittags*; Mittagessen, Mahlzeit, Essen, *auch* = Gastmahl [*exigua*; *cenam apparare u. alci dare, ad cenam alqm invitare od. vocare*; *inter od.* °*super* *cenam* bei Tische, *post cenam* nach dem Essen]. **2.** (*Ma.*) Gang *einer Mahlzeit* [*tertia*]. **3.** (*Ju.*) *meton.* Tischgesellschaft, Gäste. — ***domini, dominica* Abendmahl.

Cēnăbŭm, *ī n* (*Κήναβον*) *Hptst. der Karnuten, später* (*Cīvĭtās*) *Aurēlĭānēnsĭs, j.* Orléans; *Einw. u. adi.* **Cēnăbēnsĭs,** (*ē*).

cēnācŭlŭm, *ī n* (*cēnă*) **1.** (*meist im Obergeschoß gelegenes*) Speisezimmer. **2.** oberes Stockwerk, Dachgeschoß, -kammer; *übh.* Stockwerk.

cēnātĭcŭs 3 (*cēnă*; *Pl.*) zur Mahlzeit gehörig [*spes* auf eine Mahlzeit].

cēnātĭō, *ōnĭs f* (*cēnō*; *nkl., dcht.*) Speisezimmer.

cēnātĭŭncŭlă, *ae f* (*demin. v. cēnātĭō*; *Pl.*) kleines Speisezimmer.

cēnātōrĭŭs 3 (*nkl.*) (*cēnă*) zur Mahlzeit gehörig; *subst.* **-ŭm,** *ī n* Tischkleid.

cēnātŭrĭō, — — 4. (*desid. zu cēnō*; *Ma.*) essen wollen.

cēnātŭs 3 *s. cēnō.*

cēnĭtō 1. (*frequ. v. cēnō*) zu speisen pflegen.

▶ **cēnō** 1. (*denom. v. cēnă*) **1.** (*intr.*) die Hauptmahlzeit einnehmen, speisen, essen [*foris, frugaliter, cum alqo, apud alqm*]; *part. pf.* **cēnātŭs** 3 der gespeist hat, nach dem Essen [*milites*]. **2.** (*trans.*) (*unkl.*) (ver-)speisen, verzehren [*aprum, olus*]; (*Pl.*) *cenatae noctes* Nachtgelage. **F.** *altl. cēnāssīt = cēnāvĕrīt.*

Cĕnŏmānī, *ōrŭm m Stamm der Aulerci i. d. Ldsch. Maine.*

cēnsĕō
1. a) amtlich *das Vermögen j-s* einschätzen; (*Personen*) zählen; **b**) *sein Vermögen* angeben; sich einschätzen; **2. a**) abschätzen; **b**) dafür halten, meinen; **3. a**) für *etw.* stimmen; **b**) (*amtlich*) beschließen.

cēnsĕō, *sŭī, sŭm* 2. (*wohl zu altind.* śamsati „sagt auf, lobt") **1.** (*jur. t.t.*) **a**) (*als Zensor*) *jd. od.* das Vermögen *j-s* steuerlich einschätzen und in eine bestimmte Klasse der Bürgerliste eintragen (*abs., zB.* °*censendo finem facere, od. alqm, zB. absentem u. alqd, zB. totam Siciliam*); *auch die Personen* (*Bürger, Sklaven*) zählen [*censebantur centum milia capitum*]; *censum censere* die offizielle Schätzung vornehmen *od.* in die Bürgerliste aufnehmen, *censui censendo esse* zensusfähig sein, °*legem censui censendo dicere* die offizielle Schätzungsformel (*bsd.* die Taxe) bestimmen *od.* feststellen [°*censendi formula* die offizielle Schätzungsformel]; *census equestrem summam nummorum* (*Ho.*) wer die für den Ritterstand vorgeschriebene Vermögenssumme angegeben hat (*s.* 1b) *u.* vom Zensor dementsprechend eingestuft worden ist; *capite censi s. căpŭt*; **b**) (*als Bürger*) sich einschätzen, *sein Vermögen* (*acc.*) angeben *u.* in die Listen eintragen lassen (*alqd, zB. in qua tribu ista praedia censuisti?*); *ähnlich auch mediopass.* [*censeri magnum agri modum* sich auf großen Grundbesitz einschätzen lassen]; *daher* / (*dcht.*) *alqm censeri jd.* als *etw.* gelten lassen *od.* als *etw.* betrachten [*hos parentes* als Eltern]. **2.** / **a**) (*übh.*) abschätzen, taxieren (*alqd*); **b**) dafür halten, der Ansicht sein, meinen (*alqd, zB. aequum* für billig halten; *m. a.c.i., zB. Stoici sapientem semper beatum esse censent*; *m. ut, ne, auch m. bloßem coni.*; *m.* °*inf.*); *censeo* (*eingeschoben*) ich dächte doch. **3.** (*offiziell*) **a**) (*v. einzelnen Senatoren*) seine Stimme für *etw.* abgeben, für *etw.* stimmen, *etw.* beantragen; **b**) (*vom gesamten Senat*) beschließen, verordnen (*alqd, zB. arma*; *pars deditionem, pars eruptionem censebat*; *de re, zB. de ea re ita censeo*; *m. a.c.i., bsd. gerund. od. m. ut, ne*); **c**) (*Ta.*) durch Senatsbeschluß *etw.* für *jd.* beschließen, *jd. etw.* zuerkennen (*alci alqd, zB. insignia triumphi*).

cēnsĭō, *ōnĭs f* (*cēnsĕō*) **1.** (*vkl., nkl.*) steuerliche Einschätzung *durch den Zensor.* **2.** (*vkl.*) (zensorische) Bestrafung; (*scherzh.*; *Pl.*) *bubula* mit dem Ochsenziemer. **3.** (*Pl.*) (*prägn.*) Meinung.

▶ **cēnsŏr,** *ōrĭs m* (*cēnsĕō, eig.* „Schätzer") Zensor (*seit 443 v.Chr. 2 Zensoren i. Rom: anfangs auf 5 Jahre* [= 1 *lūstrum*], *seit 434 auf* $1^1/_2$ *Jahre beschränkt*; *cf. cēnsūră*); / strenger (Sitten-)Richter, scharfer Kritiker (*abs. od. m. gen.*).

cēnsōrĭŭs 3 (*m. adv.* °**-ē**) (*cēnsŏr*) **1.** zensorisch, des Zensors [*opus* eine der Ahndung des Zensors unterliegende Handlung, *tabula* Urkunde *od.* Kontrolle, *lex* öffentliche Verordnung *od.* Pachtvertrag, *animadversio od.* °*nota, notatio, ignominia* öffentl. Ehrenstrafe, °*funus* Staatsbegräbnis]; *subst.* **-ŭs,** *ī m* gewesener Zensor, Mann v. zensorischem Rang (= *homo censorius*). **2.** / sittenrichterlich, streng richtend [*consul*].

cēnsūră, *ae f* (*cēnsŭs*; *cēnsĕō*) Zensur, Zensoramt, *das vornehmste, fast nur Konsularen vorbehaltene röm. Amt m. folgenden Funktionen*: **1.** *Vermögenseinschätzung u. Klassifizierung der röm. Bürger.* **2.** *Sittenkontrolle* (*Verhängung der öffentl. Rüge*). **3.** *Ausstoßung unwürdiger Senatoren od. Ritter aus dem Senat bzw. dem Ritterstand.* **4.** *Überwachung des Staatsbudgets u. Vergebung der öffentl. Bauaufträge* [*-am* °*agere od. gerere* verwalten *od.* bekleiden]. — **Aufsicht; Tadel; ~ *sedis apostolicae* Spruch des päpstlichen Stuhls.

cēnsŭs[1] *P.P.P. v. cēnsĕō.*

cēnsŭs[2], *ūs m* (*cēnsĕō*) **1.** der Zensus, Vermögenseinschätzung *der römischen Bürger mit Eintragung in die Bürgerlisten* [*censum habere od.* °*agere* den Zensus abhalten, *censu prohibere od.* °*excludere alqm jd.* die Aufnahme in die Bürgerliste verweigern]; *auch* = Volkszählung [*censum hominum habere* vornehmen]. **2.** (*meton.*) **a**) Bürger- *od.* Steuerliste, Steuerkataster; **b**) das *beim Zensus angegebene od. anzugebende* Vermögen, der Zensus; **c**) *übh.* Vermögen, Besitz [*census equester u. senatorius, homo sine censu od.* °*tenui censu*]. — **Zins, Abgabe; Morgengabe; *Romanus* Peterspfennig.

cĕntaurēŭm, *ēī u.* **cĕntaurĭŭm,** *ĭī n* (*Fw.* ‹ *κενταύρειον bzw. κενταύριον* = Kentaurenpflanze) (*nkl., dcht.*) Tausendgüldenkraut (*Lehnübersetzung der falschen Deutung als cĕntŭm + aurĕŭm*).

Cĕntaurŭs, *ī m* (*Κένταυρος*) (*dcht.*) Kentaur (*myth. Zwittergestalt v. Mensch u. Roß, i. Thessalien heimisch*); / *südliches Gestirn*; *adi.* **Cĕntaurēŭs** 3, **-rĭcŭs** 3.

cĕntēnārĭŭs 3 (*cĕntēnŭs*) (*vkl., nkl.*) hundert enthaltend; hundertzöllig; *subst.* **-ŭm,** *ī n* (*Isid.*) Zentner.

cĕntēnŭs 3 (*cĕntŭm*) **1.** *sg.* (*dcht.*) hundertmalig, hundertmal vorhanden. **2.** *pl.* **-ī,** *ae, ă num. distr.* je hundert. — *gen. pl. -nŭm* (*cf.* V.-B. VI, 5).

cĕntēsĭmŭs (*cĕntŭm*) **1.** *num. ord.* 3 der hundertste. **2.** *subst.* **cĕntēsĭmă,** *ae f* (*sc. pārs*) **a**) ein Hundertstel, ein Prozent; **b**) einprozentige Steuer [°*rerum venalium* Auktionssteuer]; **c**) *pl.* ein Prozent Zinsen *monatlich, also jährlich zwölf Prozent* [*binae -ae* 24 Prozent jährlich].

cĕntĭ-cēps, *cĭpĭtĭs* (*cĕntŭm, căpŭt*) (*Ho.*) hundertköpfig.

cĕntĭē(n)s (*cĕntŭm*) *num. adv.* hundertmal.

cĕntĭ-mănŭs 3 (*cĕntŭm*) (*dcht.*) hundertarmig [*Gyas*].

cĕntō, *ōnĭs m* (*cf. nhd.* „Hadern" = Lumpen) **1.** Flickwerk, Matratze, dickes Kissen, Lumpenrock. **2.** / (*Isid.*) Flickgedicht *aus verschiedenen Versen od. Versteilen, bsd. des Homer u. Vergil,* ein Cento, *zB.* der ~ *nuptialis des Ausonius.*

cĕntrŭm, *ī n* (*Fw.* ‹ *κέντρον, eigtl.* „Stachel") (*nkl.*) **1.** (*circini*) der feste Schenkel *des Zirkels, um den sich der andere dreht.* **2.** *meton.* Mittelpunkt des Kreises, Zentrum.

▶ **cĕntŭm** *num. card. indecl.* (= *ἑκατόν*; *cf. nhd.* „hundert") hundert; / (*dcht., nkl.*) unzählige.

cĕntŭm-gĕmĭnŭs 3 (*dcht.*) hundertfältig, -armig.

cĕntŭm-plĕx, *plĭcĭs* (*wahrsch. nicht zu plĭcō* 1. „falten", *sondern zu plăgă*[2] „Fläche") (*Pl.*) hundertfältig.

cĕntŭm-pŏndĭŭm, *ī n* (*pŏndŭs*; *vkl.*) Zentnergewicht.

cĕntŭmvĭrālĭs, *ē* (*cĕntŭmvĭrī*) der Hundertmänner, Zentumviral... [*iudicium, causa* von den Zentumvirn abgeurteilt].

cĕntŭm-vĭrī, *ōrŭm m* die Hundertmänner, Zentumvirn, *aus den Tribus ausgehobene Richter in Zivilsachen* (*bsd. in Eigentums- u. Erbschaftsangelegenheiten*).

cĕntŭncŭlŭs, *ī m* (*demin. v. cĕntō*) (*nkl.*) kleiner Lappen; Reitdecke.

▶ **cĕntŭrĭă,** *ae f* (*cĕntŭm, nach dĕcŭrĭă*; *cf. ahd. huntari* „Hundertschaft") **1.** Hundertschaft, Zenturie, *auf Servius Tullius zurückgeführte Einteilungsgrundlage der Bevölkerung*: **a**) *eine der 193 Wahlabteilungen für die Abstimmung in*

Zenturiatkomitien; *praerogativa die zuerst abstimmende*; **b)** *mil.* Zenturie = Kompanie (*urspr. 100, später 60 Mann stark*), *zu der 60. Teil einer Legion, der 6. Teil einer Kohorte, die Hälfte eines Manipels.* **2.** Feld- *od.* Flurbezirk (*Quadrat od. Rechteck*) *v. 100, später 200 iugera.*

cĕntŭrĭātĭm (cĕntŭrĭă) *adv.* zenturienweise [*populum citare*]; *bsd. mil.* in Kompanien.

cĕntŭrĭātŭs, *ūs m* **1.** (*zu cĕntŭrĭō²*) Zenturionenstelle, Hauptmanns-, Offizierstelle. **2.** (*zu cĕntŭrĭō¹*) (*Li.*) Einteilung in Zenturien.

cĕntŭrĭō¹ 1. (*denom. v. cĕntŭrĭă*) **1.** in *od.* nach Zenturien einteilen. **2. a)** *mil., zB.* °*iuventutem, pedites*; (*scherzh.*; *Pl.*) gut organisieren; *abs.* Heerschau halten; **b)** (*pol.*) **comitia centuriata** *n* Zenturiatkomitien (= *Volksversammlung, in denen nach Zenturien abgestimmt wurde*); *lex centuriata* ein in den Zenturiatkomitien beschlossenes Gesetz.

▶ **cĕntŭrĭō²,** *ōnis m* (cĕntŭrĭă) Zenturio, Hauptmann [°*classiarius* Marineoffizier, Kapitän].

cĕntŭrĭōnātŭs, *ūs m* (cĕntŭrĭō²; *nkl.*) **1.** Hauptmannsrang. **2.** Wahl *od.* Musterung der Zenturionen.

cēnŭlă, *ae f* (*demin. v. cēnă*) kleine *od.* einfache Mahlzeit.

Cĕōs, *ō f* = *Cĕă.*

cēpă, *ae f* (*unkl.*) *u.* **cēpĕ** *indecl. n* (*dcht.*) (*wohl Lw.* ‹ **κήπη od.* **κήπια*) Zwiebel.

Cĕphăllēnĭă *u.* **-lānĭă,** *ae f* (*Κεφαλληνία*) *größte Insel im Ionischen Meere, j.* Kefalonia; *Einw.* **Cĕphăllēnĕs** *u.* **-lānĕs,** *ŭm m.*

Cēphēūs, *ĕī u.* °*ĕōs m* (*Κηφεύς*) *K. in Äthiopien*; *V. der Andromeda, unter die Sterne versetzt* (*cf.* V.-B. II, 3); *adi.* **Cēphēĭŭs** *u.* **Cēphēŭs** 3 *auch* = °äthiopisch; *patron.* **Cēphēĭs,** *ĭdis f* T. des Kepheus; *subst.* **Cēphēnĕs,** *ŭm m* Äthiopier; *adi.* *-ēnŭs* 3. (*cf.* V.-B. III, 4, b *u.* 5).

Cēphīsŭs *u.* °**-ŏs,** *ī m* (*Κηφισός*) **1.** *Fl. in Böotien, als Flußgott V. des Narkissos* (*lat. Narcissus*) (*cf.* V.-B. II, 1); *adi.* **Cēphīsĭŭs** 3 (*fem. auch* °**Cēphīsĭs,** *ĭdis*); *patron.* **Cēphīsĭŭs,** *ī m* = Narkissos. **2.** *Fl. in Attika*; *adi. fem.* **Cēphīsĭăs,** *ădis.*

cēpi *s. căpĭō.*

cēpŏlĕndrŭm, *ī n* (*wahrsch. an cēpă u. ŏlĕō angelehnt*) (*Pl.*) *erfundener Gewürzname.*

▶ **cēră,** *ae f* (*wohl Lw.* ‹ *κηρός*) **1.** Wachs [*e cera fingere* Wachsbilder (*bsd.* Ahnenbilder) modellieren; *alqm cerā circumlinere* eine Leiche mit Wachs bestreichen (*um die Verwesung zu verzögern*)]. **2.** (*meton.*) **a)** *hölzerne,* m. Wachs überzogene Schreibtafel (= *tăbĕllă cērātă*); *pl.* (*Ma.*) *ultima* Testament; **b)** Wachssiegel; **c)** Wachsbild, -figur; *bsd. pl.* (*dcht.*) Ahnenbilder aus Wachs *im Atrium*; **d)** (*Ve.*) Wachszelle *der Bienen* [*ceras excudere*]; **e)** (*Ov.*) Wachsschminke.

Cĕrămīcŭs, *ī m* (*Κεραμεικός*; *eigtl.* „Topfmarkt") *Platz u.* (*nordw.*) *Stadtteil Athens.*

cērārĭŭm, *ī n* (cēră) Siegelgebühren *für verbrauchtes Wachs.*

cĕrăstēs, *ae m* (*Fw.* ‹ *κεράστης* „gehörnt") (*dcht., nkl.*) Hornschlange.

cĕrăsŭm, *ī n* (*s. cĕrăsŭs*) (*nkl.*) Kirsche.

cĕrăsŭs, *ī f* (*Fw.* ‹ *κέρασος, aus einer kleinasiatischen Spr. od. aus dem Thrakisch-Phrygischen stammend*) (*unkl.*) Kirschbaum; *auch* Kirsche (*v. Lucullus 76 v. Chr. aus Κερασοῦς am Pontus* [„die Kirschenreiche"] *eingeführt*).

cĕrătĭnŭs 3 (*Fw.* ‹ *κεράτινος*; *nkl.*) v. den Hörnern [*ambiguitas*]; *subst.* **-ă,** *ae f* Hörnertrugschluß („*Was du nicht verloren hast, hast du noch; Hörner hast du nicht verloren, also hast du Hörner.*").

cērātŭs 3 *s. cērō.*

Cĕraunĭī mŏntēs *m u.* **Cĕraunĭă,** *ōrŭm n* (*Κεραύνια ὄρη, eigtl.* „Donnerberge") *hohes Felsengebirge an der Nordwestküste v. Epirus,* das *Vorgebirge Acroceraunia* (*s. d.*).

Cĕrbĕrŭs *u.* °**-ŏs,** *ī m* (*Κέρβερος*) *der vielköpfige* (*od. dreiköpfige*) Höllenhund, *der den Eingang zur Unterwelt bewachte*; *adi.* *-ĕŭs* 3.

Cĕrcōpēs, *ŭm m* (*κέρκωψ* „Affe") *myth. Gaunervolk auf der Insel* Aenārĭă, *j.* Ischia, *das von Zeus in Affen verwandelt wurde*; *ihre Insel erhielt den Namen Πιθηκοῦσσα* „Affeneiland".

cĕrcŏpĭthēcŏs *u.* **-ŭs,** *ī m* (*acc. auch -ŏn*; *Fw.* ‹ *κερκοπίθηκος*) (*unkl.*) Meerkatze, *v. den Ägyptern als Gott verehrt.*

cĕrcūrŭs *u.* **-cȳrŭs,** *ī m* (*Fw.* ‹ *κέρκουρος*) (*unkl.*) **1.** leichter Schnellsegler. **2.** (*nur* **-cȳrŭs**) *ein Seefisch.*

cĕrdō, *ōnis m* (*Fw.* ‹ **κέρδων zu κέρδος* „Gewinn") (*dcht.*) (gewinnsüchtiger) Handwerker [*sutor* ~ Flickschuster].

Cĕrĕālĭs, *ĕ s. Cĕrēs.*

cĕrĕbrōsŭs 3 (cĕrĕbrŭm) (*unkl.*) tollwütig; / (*subst.*) Hitzkopf.

cĕrĕbrŭm, *ī n* (‹ **keres-rom*; *cf. κάρᾱ*; *nhd.* „Hirn") **1.** Gehirn. **2.** / (*dcht.*) **a)** Verstand; **b)** Hitzköpfigkeit.

Cĕrēs, *ĕris f* (*urspr. adi.* [*sc.* Tĕrră], *Göttin der Wachstumspotenz* — *cf.* crĕō, crēscō —; *sehr früh der griech. Δημήτηρ* [Dēmētēr] *gleichgesetzt u. nicht nur bsd. als Göttin des Ackerbaues u. der Ehe, sondern auch neben* Tĕllūs [Tĕrră Mātēr] *als Totengottheit verehrt*) *T. des Saturnus, M. der Proserpina. Meton.* (*meist dcht.*) Gabe der Ceres: Feldfrüchte, Saat(felder), Getreide, Korn, Brot; *daher sprichw.* (*Te.*): *sine Cerere et Libero friget Venus*; *adi.* **Cĕrĕālĭs** *u.* **Cĕrĭālĭs,** *ĕ* der Ceres (heilig), Getreide..., Brot...; *subst.* **Cĕrĕālĭă,** *ĭŭm n* Ceresfest *am 12. April.*

cērĕŭs 3 (cēră) **1.** aus Wachs, Wachs... [°*castra* Wachszellen]; *subst.* **cērĕŭs,** *ī m* Wachskerze, -fackel. **2.** / (*dcht., nkl.*) **a)** wachsgelb [*pruna*], *auch* weiß wie Wachs [*bracchia*]; **b)** geschmeidig wie Wachs; **c)** (*Ma.*) v. Fett glänzend; fettig, schmierig.

cĕrĕvīsĭă, *ae f* (*bessere Schreibung vl.* cĕrvēs(ĭ)ă *od.* cĕrvīs(ĭ)ă) (*wohl gall. Fw.*) (*nkl.*) eine Art Bier.

Cĕrĭālĭs, Cĕrĭālĭă *s. Cĕrēs.*

cĕrĭārĭă, *ae f* (Cĕrēs) (*Pl.*) Lebensmittellieferantin (?).

cērīnthă, *ae f* (*Fw.* ‹ *κηρίνθη*; *dcht., nkl.*) Wachsblume.

cērĭnŭs 3 (*Fw.* ‹ *κήρινος*; *nkl.*) wachsgelb; *subst.* **-ŭm,** *ī n* (*Pl.*) wachsgelbes Kleid.

> **cĕrnō**
> **I.** scheiden, sondern; **II. 1. a)** sehen, wahrnehmen; **b)** (*geistig*) erkennen, einsehen, ahnen; **c)** auf *jd.* Rücksicht nehmen; **2. a)** *in Streitigkeiten* entscheiden; **b)** sich für *etw.* entscheiden; **c)** kämpfen.

cĕrnō, *crēvī, crētŭm* 3. (‹ **crī-nō*; *cf. κρίνω* ‹ **κρῖν-jω*) **I.** (*unkl.*) scheiden, sondern, sichten, *bsd. per cribrum* durchsieben. **II.** / **1.** (*ohne pf. u. supin.*) unterscheiden: **a)** (*oculis*) genau sehen, deutlich wahrnehmen [*Cumanum ex hoc loco video, Pompeianum non cerno*; *m. a.c.i. od. indir. Frages.*]; **b)** (*geistig*: *mente, animo, ingenio*) deutlich erkennen, einsehen, *auch* (*Zukünftiges*) voraussehen, ahnen (*alqd, zB. verum*; *m. a.c.i. od. indir. Frages.*); P. *cerni re od. in re* sich zeigen, sich erkennen lassen [*Ennius*: *amicus certus in re incerta cernitur*]; **c)** auf *jd.* Rücksicht nehmen (*alqm*). **2.** entscheiden: **a)** (*etw. Strittiges od. Zweifelhaftes*) entscheiden (*selten* = dēcĕrnō), *bsd. vom Lose* [°*sors*]; **b)** (*selten, fast nur in der Gesetzessprache*) sich für *etw.* entscheiden, *etw.* beschließen (*alqd*; *alci alqd, zB. divis hostias*; *de re, zB. de Armenia*; *m.* °*inf.*); **c)** (*unkl.*) durch Kampf entscheiden = kämpfen [*inter se*; *de re, zB. de victoria*; *pro re, zB. pro patria*; *vitam* um das Leben]; **d)** (*jur. t.t.*) *hereditatem* sich für die Annahme einer Erbschaft entscheiden, die Erbschaft antreten. — **P. = *videor* scheinen.

cĕrnŭlō 1. (*cĕrnŭlŭs demin. zu cĕrnŭŭs*) (*Se.*) *jd.* kopfüber zu Fall bringen.

cĕrnŭŭs 3 (*wohl* ‹ **kĕrs-n-ŏvŏs zu cĕrĕbrŭm*) (*unkl.*) kopfüber stürzend, sich überschlagend [*equus*].

cērō 1. (*denom. v. cēră*) m. Wachs überziehen; *bsd. P.P.P.* *cērātŭs* 3, *auch* zusammengeklebt, -gefügt [°*pinnae*; °*rates* geteert].

cērōmă, *ătis n* (*Fw.* ‹ *κήρωμα*; *nkl., dcht.*) **1.** Wachssalbe *der Ringer.* **2.** *meton.* **a)** Ringplatz; **b)** das Ringen.

cērōmătĭcŭs 3 (*Fw.* ‹ *κηρωματικός*; *Ju.*) m. Wachssalbe bestrichen [*collum*].

cĕrrītŭs 3 (*m.* °*comp.*) (‹ **cĕrs-ītŏs zu Cĕrēs, eigtl.* „von der Ceres besessen"; *Lehnübersetzung von Δημητριόληπτος*) verrückt, toll.

▶ **cĕrtāmĕn,** *ĭnis n* (cĕrtō²) **1.** Kampf,

Streit (*alcis* j-s, *de re od. alcis rei* um *etw.*, *cum alqo m. jd.*); *insb.* Kampf mit Waffen [*Horatiorum et Curiatiorum*], *bsd. mil.* Gefecht, Schlacht [*navale*, ~ *inire u. conserere*, ~ *pugnae od. proelii* Kampf in der Schlacht, *res adducta est in certamen od. venit ad certamen*]. **2.** Wettkampf, Wettstreit = ἀγών [*gladiatorium, musicum*; (*dcht.*) *certamina ponere e-n* Wettkampf anstellen]. **3.** / **a)** Wetteifer (*alcis rei od. de re* um *etw.*, *zB. honoris et gloriae*); (*meton.*) °Kampfpreis, *auch* °Streitpunkt; **b)** *übh.* / Streit, Streitigkeit, Fehde, *pl.* Händel [*iuris* um das Recht]. — ***locus certaminis* Richtplatz.

certātim (*certātūs, P.P.P. v. certō²*) *adv.* um die Wette, wetteifernd.

certātiō, *ōnis f* (*certō²*) **1.** Wettkampf, Wettstreit [*corporum*]. **2.** **a)** / Wetteifer [*honesta inter amicos*]; **b)** / Streit, Streitigkeit [*virtuti cum voluptate* ~ *est*]; **c)** (gerichtliche *od.* öffentliche) Verhandlung [*cum alqo m. jd.*; *rei* über *etw.*, *zB. multae* über eine Geldstrafe].

certē *adv.* (*m.* °*comp. u. sup.*) (*certūs*) gewiß, sicher: **1. a)** = mit Gewißheit, bestimmt [*illud certe eveniet*]; **b)** (*bekräftigend*) = sicherlich, ohne Zweifel, *zB. fecissem certe, si potuissem*; *certe scio* = es ist sicher, daß ich es weiß; *so auch in Antworten* = allerdings, ja freilich, *zB. Suntne haec vera? certe.* **2.** (*beschränkend*) doch sicherlich, *zB. si non ... at certe* wenn nicht ..., so doch wenigstens.

certō¹ *adv.* (*certūs*) mit Gewißheit, genau [*exspecto aliquid quasi* ~ *futurum*]; *bsd.* ~ *scio* ich weiß (es) genau *od.* bestimmt.

▶ **certō²** 1. (*denom. v. certūs, eigtl.* „zu sicherer Entscheidung bringen") **1.** kämpfen, streiten [*acie, cum hoste*; *cum Gallis pro patria*; *auch* / *cum usuris fructibus praediorum* die hohen Zinsen mit dem Ertrage der Ländereien zu bestreiten suchen]. **2.** mit Worten streiten [*verbis, oratione*]; *insb.* / vor Gericht verhandeln *od.* debattieren [*inter se, dies certandae multae* der Termin der Verhandlung über die zu verhängende Strafe]. **3.** wetteifern [*officiis inter se, de virtute od. pro gloria*; *dcht. alci m. jd.*; *m.* °*inf.* = eifrig sich bemühen].

certūs
1. a) (*Sache*) beschlossen; **b)** (*Pers.*) zu *etw.* entschlossen; **2. a)** festgesetzt, bestimmt; **b)** (*Sache*) sicher, (*Pers.*) zuverlässig; **c)** (*Sache*) sicher, unzweifelhaft, echt.

certūs 3 (*m. comp. u. sup.*; *adv.* **-ē** *u.* **-ō**, *s.d.*) (*eigtl. P.P.P. zu cernō* ‹ **krī-tós*; *cf.* κριτός) entschieden: **1. a)** (*dcht.*) (*v. Sachen*) beschlossen [*consilium*]; *klass. nur*: *mihi certum est* (*m. inf.*) es ist mein fester Entschluß *od.* Wille [*zB. non committere, ut*]; **b)** (*nkl., dcht.*) (*v. Pers.*) zu *etw.* fest entschlossen (*m. inf.*, *zB. mori*; *m. gen.*, *zB. eundi*); mit sich im reinen über *etw.* [*iudicii*]. **2. a)** (*meist v. Sachen*) festgesetzt, (genau) bestimmt [*dies, naves* bestimmte Anzahl Schiffe, *gradus* gleichmäßig *od.* taktmäßig, °*conviva* stehender *od.* täglicher]; **b)** *der inneren Beschaffenheit nach, bsd. moralisch* sicher = **α)** (*v. Pers.*) zuverlässig, glaubwürdig [*pater familias, accusator, certis auctoribus comperisse*]; (*v. Sachen*) sicher, fest [*tempestas* beständig, *spes, victoria* entschieden, *sine certa re* ohne tatsächlichen Grund, *vectigalia* sicher eingehend, °*sagitta u.* °*hasta* sicher treffend]; **β)** (*v. Pers.*) sicher benachrichtigt, *e-r* Sache sicher (°*alcis rei, zB. posteritatis* des Ruhmes bei der Nachwelt; *m. a.c.i.*, *zB. certi sumus perisse omnia*); *bsd. alqm certiorem u.* (*dcht.*) *certum facere jd.* benachrichtigen (*de re u. seltener alcis rei, zB. de victoria u. victoriae*; *m. a.c.i. bzw. ut, ne*; *m. indir. Frages.*); **c)** (*meist v. Sachen*) unzweifelhaft, unbestreitbar, ausgemacht, entschieden [*incerta pro certis malle*; *v. Pers.*: *liberi* echte, *patre certo natus* legitim, *certi homines* wohlbekannte; *certus quidam* ein gewisser festbestimmter, *zB. motus, verba*]; *certum scire* (*etw.*) Sicheres wissen, *aber pro certo scire* als gewiß *od.* sicher wissen; *certum affirmare etw.* Gewisses behaupten, *aber pro certo* als gewiß behaupten; *certum habere* sichere Kenntnis haben (*de re v. etw.*), *aber pro certo* für gewiß halten; (*dcht.*) *certum adv.* = *certe*; *cf. auch certe u. certo¹*.

cērŭlă, *ae f* (*demin. c. cēră*) ein Stückchen Wachs(farbe); ~ *miniata* Rotstift *zum Anstreichen fehlerhafter Stellen* (/ Kritik).

cērŭssă, *ae f* (*vl. Lw.* ‹ *κηρόεσσα, *eigtl.* „wächsern") (*vkl., nkl.*) Bleiweiß; (*meton.*) (weiße) Schminke.

cērŭssātūs 3 (*cērŭssă*; *Ma.*) m. Bleiweiß geschminkt.

cervă, *ae f* (*cervūs*) (*vkl., nkl.*) Hirschkuh, Hindin; (*dcht.*) *übh.* Hirsch.

cervical, *ālis n* (*cervīx*; *nkl.*) Kopfkissen.

cervicŭlă, *ae f* (*demin. v. cervīx*) (kleiner) Nacken.

cervīnūs 3 (*cervūs*) (*unkl.*) vom Hirsche, Hirsch... [*pellis*].

cervis(i)ă, -ēs(i)ă *s. cerēvīsia.*

▶ **cervīx,** *icis f* (*klass. stets pl.* **cervīcēs,** *ūm f*) (*wohl* ‹ **cers-vic-s zu cĕrĕbrŭm u. vinciō, eigtl.* „Kopfbänder") Nacken, Genick, Hals: **1.** *v. Menschen u. Tieren* [*hominis, equi*; *alci cervices frangere jd.* hinrichten; *alci cervices dare* sich v. jd. töten lassen; (*dcht.*) °*dare bracchia cervici jd.* umarmen]; *bsd. bildlich*: *alqd imponere in cervicibus alcis, alqd sustinere cervicibus suis* [*rem publicam*]; (*nkl.*) *esse in cervicibus alcis jd.* auf dem Nacken sitzen *od. auch* = *jd.* ganz nahe sein, *bsd. v. Feinden und Gefahren* drohen [*bellum, hostes*]; *depellere od. repellere alqm od. alqd a cervicibus alcis jd. od. etw.* (sich) vom Halse schaffen; *dare cervices alci rei* sich einer Sache willig unterwerfen *od.* fügen [*crudelitati*]; / (kühner) Mut, Kraft, Festigkeit, Dreistigkeit [*tantis cervicibus esse* so kühnen Mut besitzen]. **2.** (*nkl., dcht.*) der Hals *lebloser Gegenstände* [*amphorae*].

▶ **cervūs,** *ī m* (‹ *kĕrĕvŏs = κέρα[ϝ]ος „gehörnt"; *also eigtl.* „Horntier") Hirsch; / *mil.* Gabel, gabelförmiger Spitzpfahl; *pl.* spanische Reiter.

cērȳx, *ȳcis m* (*Fw.* ‹ κῆρυξ; *Se.*) Herold (= *lat. praecō*).

cessātiō, *ōnis f* (*cessō*) **1.** (*unkl.*) das Zögern; Saumseligkeit. **2.** Muße, Untätigkeit, Müßiggang.

cessātŏr, *ōris m* (*cessō*) Zauderer, Saumseliger, Müßiggänger.

cessī *s. cēdō²*.

cessim *adv.* (*cessūs, P.P.P. v. cēdō²*) (*vkl., nkl.*) rückwärts, zurück [*ire*].

cessiō, *ōnis f* (*cēdō²* II) Abtretung, Übergabe eines Besitzes *durch Erklärung vor Gericht* [*in iure*].

▶ **cessō** 1. (*intens. v. cēdō²*) **1.** zögern, säumen (*abs. od. m. inf.*, *zB. libros scribere*); °*morbus cessans* langwierig. **2.** in *etw.* nachlassen, *m. etw.* aufhören (*m. inf.*; *in re*, *zB. in studio suo, dcht. in alqd, zB. in vota* mit Gelübden zögern; *nkl. a re, zB. ab armis*; *m. abl.* = es an *etw.* fehlen lassen, *zB.* °*nullo officio*). **3.** *abs.* untätig *od.* müßig sein, feiern, rasten [*quid cessas?*]; *dcht. auch v. Leblosem, zB. ager cessat* liegt unbebaut *od.* brach, *honor cessans* vakant; (*dcht.*) *trans. etw.* versäumen, vernachlässigen, untätig hinbringen [*tempus*]; *auch P. alqd cessatur.*

cessūm *P.P.P. v. cēdō²*.

Cestiūs 3 *Name einer pleb. gēns*: *C.* ~ *Epūlō, Volkstribun, † um 12 v.Chr.*; *seine Grabpyramide an der Porta Ostiensis* (*j. San Paolo*) *i. Rom.*

cestrŏsphendŏnē, *ēs f* (*Fw.* ‹ κεστροσφενδόνη; *Li.*) Wurfmaschine, Geschütz (*für Steine u. Pfeile*).

cestūs, *ī m* (*wohl Fw.* ‹ κεστός „gestickt", *sc.* ἱμάς) (*vkl.*) Gürtel; *bsd.* (*Ma.*) der (*Liebe weckende*) Gürtel der Venus.

cētāriūs (*cētūs*) (*unkl.*) **1.** *adi.* 3 zum Thun- *od.* Seefisch gehörig. **2.** (*meist subst.*) **a) -ūs,** *ī m* Seefischhändler; **b) -ūm,** *ī n* Thunfischbucht, -becken.

cētăsti *illyrisches od. venetisches Fw. unbekannter Bedeutung* [*Ta., ann. 16,21* ~ *ludi*].

cētē *n, pl. indecl. s. cētūs.*

cētĕrā *adv. s. cētĕrūs.*

cētĕrō-qui (*u.* **-quin**) *adv.* (*urspr. abl. v. cētĕrŭm quid*; *cf. ălĭōquī[n]*) sonst, außerdem, abgesehen davon.

▶ **cētĕrūs** 3 (*wohl* ‹ **cĕ-ĕtĕrŏ-, eigtl.* „da der andere"; *cf.* κεῖνος ‹ *κε-ενος „da jener"; *zum 1. Glied vgl. -cĕ, zum 2. itĕrŭm*) **A.** der übrige, der andere (*sg. nur bei coll. u. abstr., zB. classis, vita*; *meist pl.* **cētĕrī,** *ae, ā* die übrigen, die anderen [°*ceteri omnes terrores, praeter ceteros* vor den anderen = mehr als alle]; *bsd. am Schluß*

einer Aufzählung (et) ceteri, (et) cetera und so weiter. **B.** *adv.* **1. cētĕrŭm a)** übrigens, außerdem; **b)** (*nkl.*) (= sĕd, vērŭm) aber, doch, gleichwohl, sondern [non consulibus, ceterum dictatori legiones tradiderunt]; **c)** (*Te. u. spätl.*) = ἄλλως: anderenfalls, sonst. **2.** (*dcht., nkl.*) **cētĕră** in den übrigen Stücken *od.* Beziehungen, sonst [vir cetera egregius]. **3. dē cētĕrō** = cētĕrŭm; *nkl. auch* fortan. — ***ceteris paribus = unter sonst gleichen Umständen; ceterum censeo übrigens meine ich (*sprichw. für etw., worauf man immer wieder zurückkommen muß; nach der angeblich vom älteren Cato i. seinen Reden stets wiederholten Schlußbemerkung*: ceterum censeo Carthaginem esse delendam).
F. *nom. sg. m ungebräuchlich.*

Cĕthēgŭs, ī *m cogn. der* gēns Cŏrnēliă: **1.** M. Cŏrnēlĭŭs ~, *Konsul 204 v. Chr., begabter Redner.* **2.** C. Cŏrnēlĭŭs ~, *als Anhänger Katilinas hingerichtet.*

cētră, cētrātŭs *s.* caetr...

cĕttĕ *s.* cĕdō[1].

cētŭs, ī *m* (*pl.* cētē *n indecl.*) (*Fw.* ‹ κῆτος; *pl.* κήτη) (*unkl.*) Meerungeheuer (*bsd.* Thunfisch); / *Sternbild* Walfisch.

ceū (‹ *cei-vĕ, *eigtl.* „wie da"; *cei = (ἐ)κεῖ; *cf.* cĕtĕrŭs) (*dcht., nkl.*) **1.** *adv.* (*bei Vergleichen u. Bildern*) so wie, ganz wie; gleichwie; ceu cum *u.* ceu si wie wenn. **2.** *ci. m. coni.* (= quăsī) als ob, wie wenn.

Cēŭs 3 *s.* Cēă.

Ceutrŏnēs, um *m kelt. Völker*: **1.** *i. den Westalpen.* **2.** *im belgischen Gallien.*

Cĕvĕnnă *s.* Cĕbĕnnă.

cēvĕō, cēvī, — 2. (*wohl zu altbulg.* po-kyvati „nicken") (*dcht.*) (*i. der Päderastenspr.* de obscaenis clunium motibus) (*vom Manne; Ggs.* crīsō) m. dem Hintern wackeln; / (wie ein wedelnder Hund) schmeicheln.

Chaerōnēă, ae *f* (Χαιρώνεια) *St. in Böotien, bekannt durch den Sieg Philipps v. Makedonien über die Athener (338 v. Chr.); Geburtsort Plutarchs.*

chălcăspĭdĕs, ŭm *m* (*Fw.* ‹ χαλκάσπιδες) (*Li.*) m. Erzschilden bewaffnete Truppe *der Makedonier.*

Chălcēdōn *s.* Călchēdōn.

chălcēŭs 3 (*Fw.* ‹ χάλκεος) ehern; *subst.* **-ĕă,** ōrŭm *n* (*Ma.*) eherne Waffen.

Chălcĭs, ĭdĭs *f* (Χαλκίς) *Hptst. v. Euböa; Einw.* **Chălcĭdēnsĭs,** ĭs *m*; *adi.* **Chălcĭdēnsĭs,** ĕ *u.* **Chălcĭdĭcŭs** 3 [°arx *u.* °turres = v. Cumä, *einer Kolonie v. Chalkis*]; *subst.* **Chălcĭdĭcŭm,** ī *n das an die curia Iulia in Rom angrenzende* Heiligtum der Minerva v. Chalcis.
F. *acc.* Chălcĭdĕm *u.* °-dă, *abl.* -dĕ; *cf.* V.-B. III, 4, b.

Chăldaeă, ae *f* (Χαλδαία) *sw. Teil v. Babylonien; Einw.* **Chăldaeī,** ōrŭm *m* Chaldäer, *durch astronomische Kenntnisse, Astrologie u. Zauberei berühmt*; *adi.* **-dae(ĭc)ŭs,** -dăĭcŭs 3 chaldäisch. — ****Chaldaeus** 3 betrügerisch.

chălō 1. *s.* călō[4].

chălybēĭŭs 3 (*Fw.* ‹ χαλυβήϊος; *Ov.*) stählern, Stahl...

Chălўbĕs, ŭm *m* (Χάλυβες) *Volk im skythischen Pontus, als Erfinder der Erzbearbeitung u. durch Stahlarbeiten bekannt.*

chălybs, ўbĭs *m* (*Fw.* χάλυψ; *cf.* Chălўbĕs) (*nkl., dcht.*) Stahl; *meton.* = Schwert.

chănnē, ēs *f* (*Fw.* ‹ χάννη) (*dcht., nkl.*) *ein Seefisch.*

Chāŏnēs, ŭm *m* (Χάονες) *Volksstamm im nw. Epirus in der Ldsch.* **Chāŏnĭă,** ae *f*; *cf.* V.-B. III, 1, e; *adi.* **Chāŏnĭŭs** 3 (*fem. auch* °**Chāŏnĭs,** ĭdĭs), *auch* = °epirotisch *u.* dodonäisch [°pater = Jupiter, ales = Taube, *aus deren Fluge man zu Dodona weissagte*, °arbor = Eiche].

chăŏs *n* (*Fw.* ‹ χάος) (*dcht., nkl.*) das Chaos: **1.** der unermeßliche, leere, finstere Weltraum *vor der Weltschöpfung, bsd.* Unterwelt; ♀ *als unterirdische Gottheit V. der Nacht u. des Erebos.* **2.** formlose Urmasse; (*meton.*) °Schöpfung [a chao seit der Schöpfung].
F. *acc. sg.* chăŏs, *abl.* chăō.

chără, ae *f* (*Fw. unbekannter Herkunft*) *eßbare Knollenfrucht mit bitterem Geschmack.*

chărăctēr, ērĭs *m* (*Fw.* ‹ χαρακτήρ; *bei Ci. u. Ge. griech. geschrieben*) das Charakteristische, Gepräge, Stil. — ***auch* Buchstabe; Zeichen [crucis].

chărĭsmă, ătĭs *n* (*Fw.* ‹ χάρισμα) (*Eccl.*) Geschenk; Gnadengabe.

chărĭstĭă, ōrŭm *n* = cărĭstĭă.

Chărĭtĕs, ŭm *f* (Χάριτες) (*nkl., dcht.*) = Grātĭae *f* die drei Grazien.
F. *Cf.* V.-B. III, 1, d *u.* 4, b. — *dat. auch* °Chărĭsĭn.

Chărmĭdēs, ăī *u.* ī *m* (Χαρμίδης) *komischer Alter b. Plautus.*

chărmĭdō 1. (*denom. v.* Chărmĭdēs) (*Pl.*) (*scherzh.*) zum Charmides machen.

Chărōn, ōntĭs *m* (Χάρων) *Fährmann in der Unterwelt.*

chărtă, ae *f* (*Lw.* ‹ χάρτης *m*) **1.** (*nkl.*) Papyrusstaude. **2.** Papyrusblatt; Papier *als Schreibmaterial*; Blatt [dentata geglättet; °aversa *od.* °inversa Rückseite des Papiers]; (*meton.*) Schrift, Schriftwerk, Buch, °Gedicht (*meist pl.*). **3.** (*Suet.*) dünne Platte [plumbea].

chărtŭlă, ae *f* (*demin. v.* chărtă) Blättchen, Briefchen.

Chărўbdĭs, ĭs *f* (Χάρυβδις) Charybdis, *Strudel, der Skylla gegenüber, später in die Meerenge von Sizilien verlegt*; ° / Habgier. — *Cf.* V.-B. III, 4, a.

chăsmă, ătĭs *n* (*Fw.* ‹ χάσμα) (*nkl.*) Erdriß, Kluft.

Chăttī *u.* **Căttī,** ōrŭm *m germ. Volk in Hessen*; *adi.* -ŭs 3.

Chaucī, ōrŭm *m germ. Völkerschaft an der Nordsee zw. Ems u. Elbe; die heutigen Ostfriesen.*

chēlae, ărum *f* (*Fw.* ‹ χηλή „Schere") (*dcht.*) (*astr.*) Scheren *des Skorpions u.* (*weil diese über die Waage hinausreichen*) die Waage (*als Gestirn*).

chĕlўdrŭs, ī *m* (*Fw.* ‹ χέλυδρος) (*dcht., nkl.*) Schildkrötenschlange (*mit üblem Geruch*).

chĕlўs, ўŏs *f* (*Fw.* ‹ χέλυς) (*dcht.*) Schildkröte; (*meton.*) Lyra (*die ursprünglich aus einer Schildkrötenschale verfertigt war*). (*acc.* -ўn, *voc.* -ў, *abl.* -ўĕ).

chĕrăgră, ae *f* (*im Vers*) = chīrăgră.

Chĕrrŏnēsŭs *u.* **Chĕrsŏnēsŭs,** ī *f* (*Fw.* ‹ χερρόνησος *u.* χερσόνησος „Halbinsel") **1.** *Ch.* Thrăcĭă (*meist bloß* Ch.), *j.* Halbinsel v. Gallipoli. **2.** *Ch.* Taurĭcă *die jetzige* Krim.

chĕrsŏs, ī *f* (*Fw.* ‹ χέρσος „Festland") (*Ma.*) Landschildkröte.

Chĕrŭscī, ōrŭm *m germ. Volk an der mittleren Weser.*

cheumă, ătĭs *n* (*abl. pl.* -ătīs) (*Fw.* ‹ χεῦμα; *Pl.*) Guß, Ausguß.

chīlĭărchŭs, ī *u.* **-chēs,** ae *m* (*Fw.* ‹ χιλίαρχος *u.* χιλιάρχης) (*nkl.*) Anführer von 1000 Mann, Oberst; (*bei den Persern*; *nur* -ŭs) Staatskanzler, Großwesir.

Chīmaeră, ae *f* (χίμαιρα Ziege) *ein in Lykien hausendes, feuerspeiendes Fabeltier mit drei Köpfen* (πρόσθε λέων, ὄπιθεν δὲ δράκων, μέσση δὲ χίμαιρα), *v. Bellerophon erlegt.*

chīmaerĭ-fĕr, ĕră, ĕrŭm (Chīmaeră, fĕrō) (*Ov.*) die Chimära erzeugend [Lycia].

Chĭŏs *u.* **Chĭŭs,** ī *f* (Χίος) *Insel an der ionischen Küste*; *cf.* V.-B. II, 1; *Einw. u. adi.* **Chĭŭs** (3); *subst.* **Chĭŭm,** ī *n* (*Ho.*) Chier(wein); **Chĭă,** ae *f* Chierin, Mädchen v. Chios; (*Ma.*) chiische Feige.

chīrăgră, ae *f* (*Fw.* ‹ χειράγρα) (*dcht., nkl.*) Gicht (*des Handgelenks*).

chīrŏgrăphŭm, ī *n* (*Fw.* ‹ χειρόγραφον) *u.* (*nkl.*) **-ŭs,** ī *m* **1.** eigene Handschrift [imitari -um alcis]. **2.** (*meton.*) das (eigenhändig geschriebene) Schriftstück; *bsd.* **a)** eigenhändiger Brief; **b)** Verschreibung, Schuldschein [°-um alci dare].

Chīrō(n), ōnĭs *m* (Χείρων) *heilkundiger Kentaur, Erzieher Achills u. anderer Heroen.* — *Cf.* V.-B. III, 1, b.

chīrŏnŏmĭă, ae *f* (*Fw.* ‹ χειρονομία; *Qu.*) Pantomimik.

chīrŏnŏmōn, ŭntĭs *m* (*Fw.* ‹ χειρονομῶν; *Ju.*) Pantomime.

chīrūrgĭă, ae *f* (*Fw.* ‹ χειρουργία) Chirurgie; / gewaltsames Verfahren.

chīrūrgĭcŭs 3 (*Fw.* ‹ χειρουργικός; *nkl.*) chirurgisch.

chīrūrgŭs, ī *m* (*Fw.* ‹ χειρουργός; [*nkl.*) Chirurg.]

Chĭŭs *s.* Chĭŏs.

chlămўdātŭs 3 (chlămўs) mit einer Chlamys bekleidet.

chlămўs, ўdĭs *f* (*Fw.* ‹ χλαμύς) **1.** weiter, wollener Mantel der Männer (*bisw. auch der Frauen u. Kinder*). **2. a)** *über der Rüstung getragener gr.* Kriegsmantel; **b)** Reise- *u.* Jagdmantel; **c)** Mantel der Kitharöden *u.* Schauspieler. — **Umhang, Krönungsmantel.
F. *Cf.* V.-B. III, 1, b *u.* e.

Chlōrĭs, ĭdĭs *f* (χλῶρις, *eig.* „die Grünende") *Mädchenname*; *bsd.* =

Flōră, Göttin der Blumen (*Ov.*).
F. *Cf.* V.-B. III, 1, b; III, 4, b *u.* 5.

chŏlĕră, *ae f* (*Fw.* ‹ χολέρα *zu* χολή „Galle") (*Celsus*) Gallenbrechruhr, Cholera. — **galliges Temperament, Zornausbruch. — ***Cholera, *die im 19. Jh. aus Asien eingeschleppte Seuche (wegen ihrer der antiken Cholera ähnlichen Symptome ebenso benannt).*

chōlĭămbŭs, *ī m* (*Fw.* ‹ χωλίαμβος) (*Gramm.*)(*metr. t.t.*) „Hinkiambus".

chŏrāgĭŭm, *ī n* (*Fw.* ‹ *dor.* χοράγιον) (*vkl., nkl.*) Theaterrequisiten *u.* -kostüme.

chŏrāgŭs, *ī m* (*Fw.* ‹ *dor.* χοραγός; *dcht.*) Lieferant v. Theaterausstattungen *u.* -kostümen; Ausstatter *e-s* Gastmahls.

chŏraulēs *u.* **-ă,** *ae m* (*Fw.* ‹ χοραύλης; *nkl., dcht.*) Flötenspieler (*beim Chortanz*).

chŏrdă *u.* **cŏrdă,** *ae f* (*Fw.* ‹ χορδή) **1.** (*Pe.*) Darm. **2.** / Darmsaite, Saite *an einem musikalischen Instrument; auch* (*Pl.*) = Strick. — ***pulsus -arum* Saitenspiel.

chŏrēă (*im Vers auch* *chŏrĕă*), *ae f* (*Fw.* ‹ χορεία) (*vkl., nkl.*) Chortanz, Reigen *m. Gesang, meist pl.*

chŏrēŭs *u.* **-ĭŭs,** *ī m* (*Fw.* ‹ χορεῖος) Choreus (*Versfuß*) = *trŏchaeŭs.*

chŏrĭămbŭs, *ī m* (*Fw.* ‹ χορίαμβος = *chŏrēŭs* + *ĭāmbŭs*) (*Gramm.*) (*metr. t.t.*) *ionisches Metron.*

chŏrŏcĭthărĭstēs, *ae m* (*Fw.* ‹ χοροκιθαριστής; *Suet.*) Zitherspieler beim Chortanz.

c(h)ōrs *s. cŏhōrs.*

chŏrŭs[1], *ī m* (*Fw.* ‹ χορός) **1.** (*dcht.*) Chortanz, Reigen, *meist pl.*; / Sternenreigen (= die regelmäßige Bewegung der Sterne). **2.** (*meton.*) Chor = tanzende *u.* singende Schar [°*Nympharum*; / °*stellarum*]; *bsd.* Chor in der Tragödie. **3.** *übh.* Schar, Haufe, Menge, Reihe [°*Nereidum*, °*Phoebi* = Musen, *philosophorum, virtutum*]. — **Klerus; Chor (= *der dem Klerus vorbehaltene Raum in der Kirche*).

chōrŭs[2], *ī m s. caurŭs.*

Chrĕmēs, *ĕtĭs m* (Χρέμης, *eig.* „Ächzer *u.* Krächzer"), *Name des grämlichen u. geizigen Alten in der attischen Komödie u. bei Terenz;* = Geizhals.
F. *Cf.* V.-B. III, 1, b.

chrīă, *ae f* (*Fw.* ‹ χρεία; *nkl.*) (*rhet. t.t.*) (Ausarbeitung über eine) Sentenz; Gemeinplatz.

chrīsmă, *ătĭs n* (*Fw.* ‹ χρῖσμα) (*Eccl.*) Salbung; Salböl.

Chrīstŭs, *ī m* (Χριστός; *eig.* „der Gesalbte") (*nkl.*) der Messias, Christus; *subst. u. adi.* **Chrīstĭānŭs** (3) Christ, christlich.

chrŏnĭcŭs 3 (*Fw.* ‹ χρονικός) (*nkl., spätl.*) **1.** zur Zeit gehörig [*libri -i u. subst.* **-ă,** *ōrŭm n* (τὰ χρονικά, *sc.* βιβλία) Geschichtsbücher nach ihrer Zeitfolge, Chronik. — ** *auch* **-a,** *ae f* Chronik —]. **2.** / (*med. t.t.*) chronisch, langwierig [*morbi*].

chrŏnŏgrăphĭă, *ae f* (*Fw.* ‹ χρονογραφία) (*spätl.*) Geschichtsschreibung nach der Zeitfolge, Chronographie.

chrȳsănthĕs, *ĭs n* (*Fw.* ‹ χρυσανθές; *Ve.*) Goldblume.

Chrȳsē, *ēs u.* **-ă,** *ae f* (Χρύση) *St. an der Westküste v. Troas m. Apollotempel, an dem* **Chrȳsēs** (*ae m*) *Priester war* (*cf.* V.-B. I, 1.); *patron.* **Chrȳsēĭs,** *ĭdĭs f* (Χρυσηΐς) *T. des Chryses* (*cf.* V.-B. III, 1, b; III, 4, b *u.* 5).

chrȳsĕndĕtŏs, *ŏ, ŭm* (*Fw.* ‹ χρυσένδετος; *Ma.*) mit Gold eingelegt; *subst.* **-ă,** *ōrŭm n* mit Gold eingelegte Gefäße, Schüsseln (*od.* mit Goldrand).

chrȳsĕŭs 3 (*Fw.* ‹ χρύσεος; *nkl., dcht.*) golden; *subst.* **-sĕă** *od.* **-sĭă,** *ōrŭm n* goldene Geräte, Waffen.

Chrȳsĭppŭs, *ī m* (Χρύσιππος) *stoischer Philosoph aus Soli in Kilikien (um 230 v.Chr.), Schüler des Zeno u. Kleanthes; adi.* **Chrȳsĭppēŭs** 3.

chrȳsŏcŏllă, *ae f* (*Fw.* ‹ χρυσόκολλα; *nkl.*) Kupfergrün, Borax (*zum Goldlöten*).

chrȳsŏlĭthŭs *u.* **-ŏs,** *ī m u. f* (*Fw.* ‹ χρυσόλιθος) (*dcht., nkl.*) Chrysolith, Goldtopas (*Halbedelstein*).

chrȳsŏphrȳs, *acc. ȳn m* (*Fw.* ‹ χρυσόφρυς; *dcht., nkl.*) Fisch *m. goldenem Fleck über den Augen.* [Gold.]

chrȳsŏs, *ī m* (*Fw.* ‹ χρυσός; *Pl.*)

Cĭă *s. Cēă.*

cĭbārĭŭs 3 (*cĭbŭs*) **1.** (*vkl., nkl.*) zur Speise gehörig, zum Essen dienend [*uva*]; *klass. nur subst.* **cĭbārĭă,** *ōrŭm n* Nahrungsmittel, Lebensmittel *für Menschen u. Vieh*, Proviant, Futter [*molita* Mehl]; *bsd.* **a)** Ration *des Soldaten*; **b)** Deputatgetreide *der Magistrate in den Provinzen* [*menstrua*]. **2.** aus grobem Mehl [*panis* Schwarzbrot]; / ordinär, gewöhnlich, grob.

cĭbātŭs, *ūs m* (*cĭbō; Pl.*) Nahrung.

cĭbō 1. (*denom. v. cĭbŭs*) **1.** (*nkl.*) Tiere füttern (*alqm*); P. fressen. **2.** (*Vulg.*) speisen [*hominem*]; P. essen, sich nähren.

cĭbōrĭŭm, *ī n* (*Fw.* ‹ κιβώριον, *eig.* „Fruchtgehäuse der ägypt. Bohne") (*Ho.*) Trinkbecher *aus Metall.* — **Altarbaldachin; Hostiengefäß.

▶ **cĭbŭs,** *ī m* (*et. unklar; vl. gr. Lw. semitischen Ursprungs*) **1.** Speise, Nahrung *für Menschen u. Tiere*, Kost, Futter [*cibum* °*sumere od. capere*, °*cibo uti* fressen; *hospes non multi cibi* kein starker Esser]. **2. a)** (*dcht.*) Lockspeise, Köder *an der Angel* [*fallax*]; **b)** Nährstoff [*animalis* der Lungen = Luft], (*Lu.*) *der Pflanzen*; der im Körper von den Speisen sich absondernde Nahrungssaft; **c)** / Nahrung [*humanitatis*].

cĭcādă, *ae f* (*vl. Lw. aus einer Mittelmeerspr.*) (*dcht., nkl.*) Baumgrille, Zikade.

cĭcātrīcōsŭs 3 (*cĭcātrīx*) (*vkl., nkl.*) voller Narben, narbig; *subst.* **-ă,** *ōrŭm n* Flickwerk (*v. Schriften, an denen bald hier, bald da gefeilt ist*).

cĭcātrīx, *īcĭs f* (*gen. pl.* -*cŭm*) (*et. ungedeutet*) **1.** Narbe, Schmarre, Schramme [*adversa* vorn auf der Brust, *cicatricem refricare od.* °*rumpere* wieder aufreißen]. **2. a)** (*dcht., nkl.*) Kerbe; **b)** / vernarbte Wunde [*rei publicae, vetus*].

cĭccŭm, *ī n* (-*ī*-?; *Lw.* ‹ κίκκος) (*vkl.*) Kerngehäuse (*bsd. des Granatapfels*); / *non* ~ keinen Deut.

cĭcĕr, *ĕrĭs n* (*vl. Lw. unbekannter Herkunft; unkl.*) Kichererbse.

Cĭcĕrō, *ōnĭs m cogn. der gēns Tŭllĭă; M. Tŭllĭŭs* ~, *der größte röm. Redner u. Stilist, geb. 106 v. Chr., ermordet 43 v. Chr.*

cĭchŏrĭŭm (*nkl.*) *u.* **cĭchŏrēŭm** (*dcht.*), *ī n* (*Fw.* ‹ κιχόριον *u.* κιχόρειον) Endivie.

cĭcĭlĕndrŭm *u.* **cĭcĭmăndrŭm,** *ī n* (*1. Glied* ‹ κῖκι *urspr. ägypt. Name für Rizinusöl*) (*Pl.*) *erfundene Gewürznamen.*

Cĭcĭrrŭs, *ī m* (*scherzh. schallnachahmender, urspr. osk., cogn. des Messius in Ho., sat. I, 5, 52:* „Kikeriki") Kampfhahn; / Schreihals.

Cĭcŏnĕs, *ŭm m* (Κίκονες) *thrakisches Volk.*

cĭcōnĭă, *ae f* (*vl. Lw. aus dem Etr. od. einer anderen Mittelmeerspr.*) (*unkl.*) Storch.

cĭcŭr, *ŭrĭs* (‹ **cĕcŭ-rŏs* = *altind.* śaku-ra) zahm [*bestia*]. — *gen. pl.* -*ŭm.*

cĭcūtă, *ae f* (*et. ungedeutet, vl. Fw.*) (*dcht., nkl.*) **1.** Schierling (*Saft als Gift, Blätter als kühlender Umschlag verwendet*), *insb.* (*meton.*) **a)** Schierlingssaft, -trank; *pl.* Schierlingsblätter, -stengel; **b)** (*aus dem Schierlingsstengel verfertigte*) Hirtenpfeife, Rohrflöte, Schalmei. **2.** ♀ (*bei Horaz*) *Name eines Wucherers.*

cĭdărĭs, *ĭs f* (*pers. Fw.; cf.* κίδαρις) (*nkl.*) Tiara, *hoher, spitz zulaufender* Turban *der persischen Könige.*
F. *Cf.* V.-B. III, 4, a.

cĭĕō
1. in Bewegung setzen, erregen; **2.** herbeirufen, zu Hilfe rufen; **3. a)** (*Namen*) rufen, nennen; **b)** (*jur. t.t.*) angeben, aufweisen (können); **c)** ertönen lassen; **4.** hervorrufen, bewirken.

cĭĕō, *cīvī, cĭtŭm* 2. *u. selten* (*nkl., dcht.*) (*nach den Komposita*) **cĭō,** — —, *cīrĕ* (*fut.* [*Pl.*] *cībīt*) (*cf.* κίω „gehe", κι-νέω „setze in Bewegung"; *nhd.* „heiße" = lade vor) **1.** in Bewegung setzen, erregen, rege erhalten (*alqd*, *zB. natura omnia motibus suis ciet*, °*caelum tonitru* erschüttern, °*aequora* aufwühlen; *auch* / °*ingentem molem irarum*) *bsd.* °*pugnam ciere* (*vom Feldherrn*) immer von neuem entflammen; (*jur. t.t.*) *herctum ciere* Teilung (*des Erbes*) veranlassen [*consortium hercto non cito* Erbengemeinschaft (*ähnlich der dt.* „Gesamthand")]. **2.** (*nkl., dcht.*) (*v. Pers.*) herbeirufen, *bsd.* zu Hilfe rufen. (*zum Kampfe*) aufbieten (*alqm*, *zB.* °*cives ad arma*, °*Germanos in nos ciet*; *singulos nomine*). **3.** / **a)** (*dcht., nkl.*) (*Worte, Namen*) rufen, nennen (*alqd u. alqm*, *zB. nomina singulorum, triumphum nomine* den Triumph mit Namen, *d.h.* „*io triump[h]e!*" rufen; **b)** (*jur. t.t.*) (*Li.*) *patrem od. patrem consulem* (*als Beweis freier Abstammung*) einen Vater aufweisen *bzw.* einen Konsul als Vater angeben können;

c) (*dcht.*, *nkl.*) Töne von sich geben, ertönen lassen [*gemitūs, mugitūs* Gebrüll erheben]. **4.** / (*meist nkl.*, *dcht.*) (*Erscheinungen od. Zustände*) hervorrufen, hervorbringen, bewirken, veranlassen (*alqd, zB.* °*procellas*, °*bellum* beginnen, °*belli simulacra* einen Scheinkampf beginnen; °*lacrimas* vergießen *od.* erregen, *tamquam in cantu sonos*).

Cilicĭă, *ae f* (Κιλικία) *Ldsch. im sö. Kleinasien, Cypern gegenüber*; *Einw.* **Cilix,** *īcis m* (*fem. auch* °**Cilissă**); *pl.* **Cilicēs**; *cf.* V.-B. III, 1, e; *adi.* **Ciliciēnsis,** *ē u.* **Ciliciŭs** 3 (*auch* °*Cilix*); *subst.* **ciliciŭm,** *ī n* Haardecke, Teppich aus Ziegenhaaren; (*Vulg.*, *spätl.*) Bußgewand; **Teppich.

Cilniŭs 3 *Name einer mächtigen, urspr. etrusk. gēns aus Ărrētium*; *cf. Maecēnās.*

Cimbĕr, *bri m, meist pl.* **Cimbri,** *ōrŭm m, germ. Volk an der Unterelbe; mit den Teutonen Aufbruch nach Süden* (*113 Noreia, 105 Arausio; 101 bei Vercellae aufgerieben*); *adi.* **Cimbricŭs** 3 (*u.* °**Cimbĕr** 3; *auch cogn. des Cäsarmörders L. Tillius*).

cimĕx, *ĭcis m* (*wohl zu altind.* śyāma- „schwarzgrau"; *Suffix wohl nach cūlĕx u. pūlĕx nachgebildet*) (*unkl.*) Wanze; / (*Schimpfwort*) bissige Wanze.

cimitēriŭm = *coemētērĭŭm.*

Cimmĕrii, *ōrŭm u.* °*ŭm od.* °*ōn m* (Κιμμέριοι) **1.** *myth. Volk am Rande des Okeanos im äußersten Westen od. im hohen Norden am Eingang zur Unterwelt, später in den Höhlen von Baiae u. Cumae lokalisiert*; *adi.* **Cimmĕriŭs** 3 kimmerisch, *dcht. auch* = finster [*lacus* = Unterwelt]. **2.** *historisches* (*thrakisches*) *Volk am Taurischen Chersones* (= *Krim*), *im 8. Jh. v. den Skythen verdrängt*; *adi.* **Cimmĕriŭs** 3. — *Cf. Bŏsp(h)ŏrŭs.*

Cimō(n), *ōnĭs m* (Κίμων) *S. des Miltiades* (*504 — 449 v.Chr.*), *athen. Staatsmann u. Feldherr.* — *Cf.* V.-B. III, 1, b.

cinaedicŭs 3 (*cinaedŭs*; *vkl.*) (*widernatürlich*) wollüstig; schamlos [*cantio*]; *subst.* ~, *ī m* = *cinaedŭs.*

cinaedŭs, *ī m* (*Fw.* < κίναιδος) (*dcht.*) Kinäde (= *scortum masculum*); Wüstling, Lustmolch; *auch adi.* 3 (*m. comp.*) schamlos, verhurt.

cincinnātŭs 3 (*cincinnŭs*) gelockt, Lockenkopf [*consul, stella* = Komet]; ♀ *cogn. des Diktators L. Quinctiŭs, Konsul 460 v.Chr., Repräsentant des alten sittenstrengen Römertums.*

cincinnŭs, *ī m* (*Lw.* < κίκιννος *m. Antizipation des Nasals, vl. auf ein kleinasiatisches Wort zurückgehend*) (künstliche) Haarlocke, gekräuseltes Haar; / (*rhet.*) Schnörkelei, Künstelei im Ausdruck.

Cinciŏlŭs, *ī m* (*demin. v. Cinciŭs*) der liebe, kleine Cincius.

Cinciŭs 3 *röm. Gentilname*: **1.** *L.* ~ *Ălĭmĕntŭs, Prätor 210 v.Chr., Vfssr. v. Annalen in griech. Spr. z.Z. des 2. Punischen Krieges.* **2.** *M.* ~ *Ălĭmĕntŭs, Volkstribun 204 v.Chr., Urheber der lex Cincia de donis et muneribus, nach der kein Anwalt Geschenke für Führung eines Prozesses annehmen durfte.*

cincticŭlŭs, *ī m* (*cinct-?*; *demin. v. cinctŭs*) (*Pl.*) kleiner Gurt.

cinctūră, *ae f* (*-ī-?*, *cingō*; *nkl.*) Gürtung *der Toga.*

cinctŭs[1] *P.P.P. v. cingō.*

cinctŭs[2], *ūs m* (*-ī-?*; *cingō*) (*unkl.*) **1.** Gürtung, Art des Gürtens, *bsd.* ~ *Gabīnŭs, eine v. den Bewohnern v. Gabii herstammende* (*urspr. rituelle*) *Gürtung der Toga, bei der man den sonst über die Schulter geschlagenen Zipfel unter dem r. Arm durchzog u. damit den Kopf bedeckte.* **2.** (*concr.*) Gurt, Schurz (*s. cinctūtŭs*).

cinctūtŭs 3 (*-ī-?*; *cinctŭs*) (*dcht.*) (nur) mit einem Schurz statt der Tunika bekleidet = altrömisch, altmodisch.

cinĕ-făctŭs 3 (*cinĭs, făciō*) (*Lu.*) zu Asche geworden.

cinĕrāriŭs, *ī m* (*cinĭs*) (*unkl.*) Sklave, der die Frisiereisen in glühender Asche erhitzte; Friseur.

Cingĕtŏrix, *īgĭs m* **1.** *Fürst der Treverer.* **2.** *britannischer Fürst.*

cingillŭm, *ī n* (*demin. zu cingŭlŭm*) (*vkl.*, *nkl.*) Frauengürtel.

cingō
1. a) (um)gürten; **b)** aufschürzen; **c)** umwinden; **2. a)** umgeben, umringen; **b)** begleiten; **c)** *mil.* (*schützend*) umgeben; (*feindlich*) umzingeln.

cingō, *cinxī, cinctŭm* 3. (*cinxī, cinctŭm?*; *cf.* κιγκλίς „Gitter", *gall.-lat. Cingĕtŏ-rīx*) **1. a)** gürten, umgürten, *jd. od. etw.* (*bsd.* den Leib, °*latus ense*); *meist* (*dcht.*, *nkl.*) *mediopass.* sich (um)gürten (*re m. etw.*, *zB. ferro*, °*telis* sich rüsten; °*in proelia* sich zum Kampfe rüsten; *dcht. auch cingi alqd, zB. ferrum* sich das Schwert umgürten); **b)** (*dcht.*, *nkl.*) aufschürzen (*alqd, zB. vestes*); *bsd. mediopass.* sich aufschürzen [*puer alte cinctus* hochgeschürzt]; **c)** (*meist dcht.*) umwinden, umkränzen, *zB.* °*comas vitta.* **2.** / **a)** *etw. wie m. einem Gürtel* umgeben, umringen, rings einschließen (*alqd, zB. palus collem cingebat*, °*nimbi aethera cingunt* umhüllen, °*cycni polum cingunt* umkreisen den Himmel; *alqd re etw. m. etw.*, *zB. urbem moenibus*; °*reginam flamma cingere* in Liebesglut versetzen); **b)** (*bisw.*) *jd.* begleiten (*alqm, alci latus*); **c)** *mil.* **α)** (*schützend*) umgeben *od.* decken [*equitatus latera cingit*]; rings besetzen, *zB. murum* (*sc. militibus*); **β)** (*feindl.*) umringen, umzingeln, *zB. urbem omnibus copiis*; *auch* / *Sicilia periculis cincta* rings v. Gefahren bedroht.
F. *Inf. praes. P.* (*Ca.*) *cingiēr* = *cingī.*

cingŭlŭm, *ī n u.* (*dcht.*) **cingŭlă,** *ae f* (*cingō*) **1.** Gürtel, *bsd. v. den Frauen getragen.* **2.** (*dcht.*, *nkl.*) **a)** Wehrgehenk *über der Schulter*; **b)** Bauchgurt *der Pferde.* — **-*um militiae, militare* Ritterstand, Kriegsdienst.

Cingŭlŭm, *ī n Bergfestung im nw. Picenum, j.* Cingolo.

cingŭlŭs, *ī m* (*cingō*) Erdgürtel, Zone.

cini-flō, *ōnĭs m* (*cinĭs, flō* 1.; *eig.* „Aschenbläser") (*Ho.*) = *cinĕrāriŭs.*

▶ **cinis,** *ĕrĭs m* (*selten* °*f*) (< **cĕnĭs, eig.* „Staub des Feuers"; *ablautend zu* κόνις) **1.** Asche [°*in cinerem dilabi* in Asche zerfallen]; (*Com.*) Putzpulver *für Gefäße.* **2.** Totenasche, Staub, *auch pl.* [*mortui*, °*mutam cinerem alloqui* = die Manen, °*post cinerem* nach der Verbrennung, °*absolvar cinis* als Toter, nach meinem Tode]. **3.** *meist pl.* Brandstätte, Trümmer [°*Iliaci cineres*]. **4.** / Vernichtung, Zerstörung, Ruin; [°*in cinerem vertere* vernichten, (*Vermögen*) durchbringen]. — ***dies cinerum* Aschermittwoch.

Cinnă, *ae m röm. cogn.*: **1.** *L. Cŏrnēliŭs* ~, *Parteigänger des Marius, von seinen meuternden Soldaten erschlagen*; *adi.* **Cinnānŭs** 3 des Cinna [*cruor*]. **2.** *L. Cŏrnēliŭs* ~, *S. v. 1, einer der Mörder Cäsars.* **3.** *C. Hĕlviŭs* ~, *neoterischer Dichter u. Freund Catulls*; *beim Leichenbegängnis Cäsars wurde er vom Pöbel, der ihn mit L. Cornelius Cinna verwechselte, umgebracht.*

cinnămŭm *u.* **-ŏn,** *ī n* (*Fw.* < κίνναμον) (*nkl.*, *dcht.*) Zimtrinde, Zimt (*dcht. auch pl.*); *bei Pl. auch als Kosewort.* (*Cf.* V.-B. II, 1.)

cinxī *s. cingō.*

ciŏ 4. *s. ciĕō.*

cippŭs, *ī m* (< **keipos zu altind.* śēpa- „Penis") **1.** Spitzpfahl *einer Palisade.* **2.** (*dcht.*, *vkl.*, *Inscr.*) viereckige Spitzsäule *als Leichen- od. Grenzstein.*

▶ **circā** (*Umbildung v. circŭm nach intrā, sŭprā u.a.*) **1.** *adv.* (*nkl.*, *dcht.*) ringsum, umher, in der Umgegend, *zB. ii qui* ~ *sunt j-s* Umgebung *od.* Freunde [*omnia* ~ die ganze Umgegend, ~ *undique* rings von allen Seiten her]. **2.** *prp. b. acc.* (*bisw. nachgestellt*) **a)** (*räumlich*) um ... her, um [*ligna* ~ *casam conferre*]; *meist allg.* um = bei, in der Nähe v., nahe bei [*est* ~ *murum locus*]; *bsd.* in ... umher, umher zu, *zB. legatos* ~ *vicinas gentes mittere*; **b)** (*nkl.*) (*zeitl.*) um, gegen, ungefähr, *zB.* ~ *lucis ortum*; **c)** (*nkl.*) (*bei Zahlen*) gegen, ungefähr [~ *ducentos*]; **d)** (*nkl.*) um = in bezug auf, *zB. disputare* ~ *alqd.*

circā-mœriŭm, *ī n* (*mœrŭs altl.* = *mūrŭs*) (*Li.*) der (*für die Bebauung gesperrte*) Maueranger; *cf. pōmēriŭm.*

Circē, *ēs u.* **Circă,** *ae f* (Κίρκη) *T. des Helios, bei Homer zauberkundige Nymphe auf der Insel Aiaia* (*lat. Aeaeă*), *v. den Römern bei Circēī* (*b. Tărrăcīnă, j.* Circello) *als Göttin verehrt*; *ihr u. des Odysseus S. war Telegonus, der Gründer von Tusculum*; *cf.* V.-B. I, 1; *adi.* **Circaeŭs** 3 der Circe [°*iugum* Vorgebirge, °*moenia* = Tusculum], (*dcht. auch*) = zauberisch, vergiftend [*poculum, gramen*].

Circēī, *ōrŭm m Küstenst. u. Vorgebirge im südl. Latium, j.* Circello, *s. Circē; Einw. u. adi.* **Circēiēnsis** (ē).

circēnsis, ĕ (*circŭs*) *zum circus* (*maximus*) gehörig, im Zirkus gefeiert [°*ludicrum, ludi*]; *subst.* **circēnsēs,** *ĭŭm m* (*sc. lūdī*) (*dcht., nkl.*) Zirkusspiele.

circīnō 1. (*denom. v. circĭnŭs, eig.* kreisförmig machen) (*dcht., nkl.*) rund biegen; / im Kreise durchfliegen [*auras*].

circĭnŭs, *ī m* (*entweder Fw.* ‹ *κίρκινος od. v. circŭs abgeleitet, während κίρκινος dann als Rücklehnwort aus circĭnŭs anzusehen ist*) Zirkel *als Instrument.*

▶ **circĭtĕr** (*zu circŭm wie prŏptĕr zu prŏpĕ*) **1.** *adv.* **a**) (*räuml.*) (*nkl.*) rings umher; **b**) (*zeitl.*) ungefähr [*media* ~ *nocte*]; *bsd. bei Zahlen* [*quindecim* ~ *dies,* ~ *tertia pars*]. **2.** *prp. b. acc.* **a**) (*räuml.*) (*Pl.*) nahe bei; **b**) (*zeitl.*) um, gegen, ungefähr [~ *meridiem,* ~ *Kalendas*].

circĭtō 1. (*wohl v.* °*circō* 1. „umhergehen"; *circŭs*) (*Se.*) durchwandern (*alqd, zB. civitatem*).

circĭŭs, *ī m* (*wohl gr. Lw.* ‹ *κίρκιος, vl. durch Vermittlung v. Massilia; cf. κίρκος*) (*vkl., nkl.*) (*in Gallia Narbonensis häufiger*) scharfer Nordwestwind.

circlŭs, *ī m* (*synk.* ‹ *circŭlŭs*) (*dcht.*).

circŭ-ĕō = *circŭmĕō.*

circŭĭtĭō, *ōnĭs f* (*circŭ-ĕō*) das Herumgehen: **1.** (*Li.*) *mil.* die Ronde, Visitieren der Wachtposten. **2.** / Umweg [~ *atque anfractus*], *bsd.* (*i. der Rede*) indirektes Verfahren [*circuitione quadam* indirekt].

circŭĭtŭs, *ūs m* (*circŭ-ĕō*) das Herumgehen: **1.** (*nkl.*) Umsegelung [*Hispaniae*]; Durchwanderung [°*Siciliae*]; / Periode [*commutationum in rebus publicis*]. **2.** das Umkreisen [*solis* periodischer Umlauf]. **3.** Umweg [*trium milium*]; / (*nkl.*) (= *circŭĭtĭō*) indirektes Verfahren. **4.** Umfang, Umkreis [*in circuitu* ringsum, °*in oppidi circuitu* rings um die Stadt]. **5.** (*rhet. t.t.*) **a**) (*Qu., Ma.*) Umschreibung [*verborum*] (= *περίφρασις*); **b**) Periode [*orationis*]. — **Reigentanz.

circŭlātĭm *adv.* (*circŭlŏr*) (*nkl.*) gruppenweise.

circŭlātŏr, *ōrĭs m* (*circŭlŏr*) (*unkl.*) „Herumzieher": **1.** Trödler [~ *auctionum* der die auf Auktionen aufgekauften Waren verhökert]. **2.** Marktschreier; Gaukler.

circŭlātōrĭŭs 3 (*circŭlātŏr*) (*Qu.*) marktschreierisch.

circŭlātrix, *īcĭs f* (*circŭlātŏr; dcht.*) Marktschreierin; Herumtreiberin; [*lingua* e-s Gauklers].

circŭlŏr 1. (*denom. v. circŭlŭs*) **1.** Gruppen bilden; in Gruppen zusammentreten. **2.** (*Se.*) einen Zuhörerkreis um sich bilden (*um marktschreierische Vorträge zu halten*).

circŭlŭs, *ī m* (*demin. v. circŭs*) **1. a**) Kreis(linie) [~ °*muri* Ringmauer]; **b**) Kreisbahn *eines Weltkörpers* [*stellarum*]; °Umfang [*modicus*], °Zone [*ultimus*]. **2.** (*concr.*) kreisförmiger Körper: **a**) (*nkl., dcht.*) Reif, Ring einer Kette [~ *auri* = *torques aureus* Goldkette]; *bsd.* Haarreif; Reif eines Fasses; Reif e-s Äquilibristen; **b**) (*Ma.*) runde Schüssel. **3.** Zirkel, Gesellschaft, Versammlung. — ***circulus vitiosus* (= „Zirkelschluß") fehlerhafter Beweis, *bei dem das zu Beweisende als schon bewiesen in der Prämisse steht;* / ***Teufelskreis.

▶ **circŭm** (*adverb. erstarrter acc. v. circŭs*) **1.** *adv. u. i. d. Komposition:* **a**) im Kreise, ringsumher, ringsum; **b**) (*nkl., dcht.*) in der Umgebung, zu beiden Seiten [*ignem* ~ *subicere,* ~ *undique* rings von allen Seiten]. **2.** *prp. b. acc.* (*bisw. nachgestellt*) **a**) rings um, um ... her, um [*terra se convertit* ~ *axem suum*]; **b**) bei, in der Nähe von, nahe bei, an den Seiten v. [*commorabor* ~ *haec loca*]; *auch* in *j-s* Begleitung *od.* Umgebung [*equites* ~ *se habere, instrumentum* ~ *se habere* m. sich führen, *qui* ~ *alqm sunt j-s* Umgebung]; **c**) in ... umher, in *od.* bei ... herum, umher zu *od.* bei, *zB. pueros dimittere* ~ *municipia.*

circŭmāctŭs[1] 3 (*P.P.P. v. circŭmăgō*) (*Pl.*) gekrümmt, gebogen [*litora*].

circŭmāctŭs[2], *ūs m* (*circŭmăgō; nkl.*) Umdrehung [*caeli*].

circŭm-ăgō, *ēgī, āctŭm* 3. (*unkl.*) **1. a**) im Kreise herumführen, -treiben (*alqm u. alqd*); **b**) *se -ere u. mediopass.*: α) sich herumbewegen, umherziehen [*huc illuc clamoribus hostium circumagi*]; β) (*v. der Zeit*) ablaufen, verfließen [*mensibus circumactis*]. **2. a**) umwenden, umdrehen, umlenken [*signa od. aciem od. agmen* schwenken *od.* kehrtmachen (lassen)]; *se -ere u. mediopass.* sich (um)wenden, sich umdrehen [*ventus se circumagit* schlägt um]; *auch* / [*fortuna circumagitur*]; **b**) / den Sinn *j-s* umwandeln, *jd.* umstimmen, auf andere Gedanken bringen; P. sich verleiten *od.* sich umstimmen lassen.

circŭm-ărō 1. (*nkl.*) umpflügen [*agrum*].

circŭm-caesūră, *ae f* (*Bedeutungs-Lw.* ‹ *περικοπή; Lu.*) der äußere Umriß (*e-s Körpers*).

circŭm-cīdō, *cīdī, cīsŭm* 3. (*caedō*) **1.** rings(um) abschneiden *od.* beschneiden (*alqd, zB. caespitem* ausstechen; °*genitalia alcis od.* °*alqm*). **2.** / vermindern, einschränken [°*sumptūs*]; *bsd.* (*vkl., nkl.*) (*in der Rede*) abkürzen. — *Cf. auch circŭmcīsŭs.*

circŭm-circā *adv.* (*-ā?; vl. Umdeutung aus urspr. acc. sg. circŭm + acc. pl. circā*) (*unkl.*) um und um, rings(her)um.

circŭm-cīsŭs[1] *P.P.P. v. circŭmcīdo.*

circŭmcīsŭs[2] 3 (*eig. P.P.P. v. circŭmcīdō*) **1.** steif, abschüssig, jäh [*collis, urbs*]. **2.** / (*adv.* **-ē**) (*nkl.*) beschränkt, kurz [*vita*]; (*v. Rede u. Ausdruck*) kurz, präzis.

circŭm-clūdō, *sī, sŭm* 3. (*claudō*) **1. a**) rings umschließen, einschließen (*alqm u. alqd*); **b**) einfassen [*cornua argento*]. **2.** (*feindl.*) umzingeln, umstellen [*alqm equitatu; auch* / *alqm consiliis*].

circŭm-cŏlō, — — 3. (*nkl.*) rings um *etw.* wohnen (*alqd, zB. sinum*).

circŭm-cŭrrō, — — 3. (*nkl.*) ringsherum laufen [*linea -ens* Peripherie]; / umherschweifen.

circŭmcŭrsō 1. (*intens. v. circŭmcŭrrō; unkl.*) ringsherum laufen, in *od.* bei *etw. od.* um *jd.* herumlaufen (*abs. od. alqd; omnia* überall; *alqam hinc illinc*).

▶ **circŭm-dō,** *dĕdī, dătŭm, dărĕ* **1. a**) *etw.* um *etw.* legen *od.* stellen, setzen (*alqd, zB. ligna, murum* rings aufführen; *meist alci rei alqd, zB.* °*armatos contioni,* °*bracchia collo*); **b**) / (*nkl.*) zugesellen, verleihen, *zB. paci famam;* **c**) (*nkl.*) *mediopass.* sich herumstellen (*alci rei, zB. lateri alcis*). **2. a**) *etw. m. etw.* umgeben, umschließen, umzingeln, umringen (*alqd od. alqm re, zB. portum moenibus,* °*Troiam flammis*); **b**) / einengen, *zB. munus oratoris exiguis finibus;* **c**) *mediopass. od. se -are re* sich *m. etw.* bekleiden, *etw.* anlegen [*amiculo*]; *dcht. auch rem, zB. chlamydem.*

circŭm-dūcō, *dūxī, dŭctŭm* 3. **1.** (im Kreise) herumführen, -ziehen [*aratrum*]. **2. a**) umherführen (*alqm, zB. cohortes ad alqm; alqd, zB. agmen per invia; alqm alqd jd.* an *od.* bei *etw., zB. legatos omnia praesidia*); **b**) auf Umwegen führen [*cohortes longiore itinere*]; **c**) (*Li.*) *scheinbar abs.* (ringsum) vorbeimarschieren (lassen), umgehen [*praeter castra hostium, sc. copias*]. **3.** / **a**) (*Pl.*) an der Nase herumführen, betrügen (*alqm re um etw., zB. ornamentis*); **b**) (*Qu.*) ausdehnen, ausspinnen [*si quid longius*], umschreiben; *daher* (*P.P.P.*) *subst.* **circŭmdŭctŭm,** *ī n* (= *περίοδος*) Periode; **c**) (*gramm.-rhet. t.t.*) (*nkl.*) α) einklammern [*litteram*]; β) lang aussprechen [*syllabam apice*].

circŭmdŭctĭō, *ōnĭs f* (*circŭmdūcō*) Herumführung: **1.** (*Pl.*) Prellerei, Betrug. **2.** (*Qu.*) *auch pl.* Periode.

circŭmdŭctŭs, *ūs m* (*circŭmdūcō*) (*Qu.*) Umfang.

circŭm-ĕō, *iī, ĭtŭm, īrĕ* **1.** (im Kreise) um *etw.* herumgehen, *etw.* umgehen, umfahren, umreiten (*alqd, zB. castra, opus navibus* umschiffen, °*metam* umfahren, °*alqm iaculo* umschleichen]; (*v. Leblosem*) (*nkl.*) sich herumziehen [*sol circumiit*]; *oft im P. auch persönlich, zB. castra circumeuntur.* **2. a**) (*nkl.*) einen Bogen *od.* Umweg um *etw.* machen [*fossam, elephantos*], *auch* = *etw.* vermeiden [*insidias*]; **b**) (*Qu.*) (*einen Begriff*) umschreiben; (*Ta.*) *nomen alcis* = nicht nennen; **c**) (*Te., Ma.*) *jd.* hintergehen, täuschen. **3. a**) (*nkl., dcht.*) *einen Gegenstand* umschließen, einschließen, einfassen [*oras oleis circumire*]; **b**) *mil.* = umzingeln, überflügeln (*alqm u. alqd, zB. hostem a tergo, aciem a latere*); *oft auch im P.* [*circumiri ab hostibus od. multitudine hostium; auch* /, *zB. belli fluctibus* die Wogen des Krieges schlagen über *jd.* zusammen]. **4.** bei *etw.* umhergehen, *v.* dem einen zum andern gehen (*abs. od. alqm u. alqd, zB. urbem,* equo umherreiten); *bsd.* **a)** *mil.* die Runde machen, *zB. vigilias*; **b)** *als Bittsteller o.ä.* [*in foro, senatum cum veste sordida*]; **c)** *etw.* bereisen, besichtigen, visitieren (*alqd, zB. hiberna; auch °alqm, zB. saucios* der Reihe nach besuchen).

circŭm-ĕquĭtō 1. (*nkl.*) *etw.* umreiten [*moenia*].

circŭm-ĕrrō 1. (*nkl.*) um *etw.* herumirren [*lateri*].

▶ **circŭm-fĕrō,** *tŭlī, lātŭm, fĕrrĕ* **1. a)** herumtragen, -bringen, -bewegen (*alqm u. alqd, zB. °filium suis manibus, °clipeum ad ictus* den Streichen bald hier, bald dort entgegenhalten); **b)** *etw.* bei sich führen (*alqd, zB. spolia devictarum gentium profundo ventre*); **c)** (*relig. t.t.*) (*dcht.*) *alqm re jd. m. etw.* reinigen *od.* entsühnen [*socios undā*]; **d)** (*dcht., nkl.*) (*ein Glied des Körpers, bsd. die Augen*) umherschweifen lassen [*oculos ad alqm od. ad alqd od. per totam civitatem, oculos manusque ad alqm* wenden, richten]; **e)** *mediopass.* (*v. der Sonne*) ihren Kreislauf vollenden, °(*vom Geschrei*) rings ertönen, °(*v. Personen*) sich umhertreiben, umherziehen; **f)** (*in e-r Versammlung*) *etw.* herumreichen, herumgehen lassen [*codicem, poculum*]; P. herumgehen [°*lyra circumfertur in conviviis*]. **2. a)** ringsum verbreiten [*arma ad singulas urbes*]; **b)** / (*nkl., dcht.*) (*Gerüchte*) verbreiten, *etw.* bekanntmachen (*alqd; m. a.c.i.*).

circŭm-flĕctō, *ĕxī, ĕxŭm* 3. umbiegen: **1.** (*dcht.*) umlenken [*longos cursus* in weitem Bogen umfahren]. **2.** (*Ge.*) (*eine Silbe*) lang aussprechen [*paenultimam*].

circŭm-flō 1. (*dcht.*) rings umwehen *od.* umstürmen (*alqm*); *klass. nur* / [*-ari ab omnibus ventis invidiae*].

circŭm-flŭō, *flŭxī,* — 3. (*flūxī?*) **1.** *trans.* (*unkl.*) **a)** *etw.* rings umfließen (*alqd, zB. utrumque latus*); **b)** / **α)** (*v. Gewändern*) *jd.* umwallen; **β)** *jd.* in Fülle umgeben (*alqm*). **2.** *intr.* **a)** überfließen, überströmen (*sowohl v. Gefäßen als vom Inhalt*); **b)** / **α)** (*v. der Rede*) vor Fülle überströmen [*oratio circumfluens*]; **β)** in reicher Fülle vorhanden sein [*copiae circumfluentes*]; **γ)** an *etw.* Überfluß haben, schwelgen (*re, zB. gloria, exercitu colonorum*).

circŭm-flŭŭs 3 (*circŭmflŭō; dcht., nkl.*) **1.** (*act.*) umfließend [*amnis*]. **2.** (*pass.*) umflossen, umströmt [*insula*].

circŭm-fŏdĭō, *fōdī, fŏssŭm* 3. (*nkl.*) rings umgraben [*platanos*].

circŭm-fŏrānĕŭs 3 (*fŏrŭm*) **1.** auf dem Markte befindlich [*aes* von den Wechslern auf dem Forum geborgt = Schulden]. **2.** auf Märkten umherziehend [*pharmacopola*].

circŭm-frĕmō, *ŭī,* — 3. (*nkl.*) umlärmen, umgirren.

▶ **circŭm-fŭndō,** *fūdī, fūsŭm* 3. **1.** (*vkl., nkl.*) *etw.* um *etw.* herumgießen (*alqd alci rei*); *meist mediopass.* (*selten se circumfundere, auch intr. -ere*) *etw.* umfließen, sich rings um *etw.* ergießen (*abs., zB. flumina cirumfusa; od. alci rei, zB. mare urbi*); *meist* (*auch klass.*) rings (*od. in Menge*) sich verbreiten, heranströmen, umringen, umdrängen, umzingeln (*abs., zB. hostes undique circumfusi erant; bsd. P.P.P. circumfusus* umhüllend, umringend, *zB. ignis* das Haupt umgebend, *molestiae od. voluptates* die gegenwärtigen; *od. m. dat., zB. lateri alcis, °circumfusa iuveni* sich an den Jüngling schmiegend, °*collo parentis* an seinem Halse hängend). **2.** *etw. od. jd. m. etw.* übergießen (*alqd u. alqm re, zB. mortuum cera*); / umgeben, umringen, umhüllen, umschließen (*alqd u. alqm re, zB. aër terram circumfundit, milites praefectum circumfundebant; alqd re etw. m. etw., zB. °praesidia multitudine*); *meist* P. v. *etw.* umgeben *od.* umringt, eingeschlossen werden (*re, zB. copiis, multis Stoicorum libris, luce circumfundi*).

circŭm-gĕmō, — — 3. (*Ho.*) *etw.* umbrummen [*ovile*].

circŭm-gĕstō 1. *etw.* überall herumtragen [*epistulam*].

circŭm-grĕdĭŏr, *grĕssŭs sŭm* 3. (*grădĭŏr*) (*nkl.*) *etw.* (*feindl.*) umgehen *od.* umringen (*alqd*).

circŭm-ĭăcĕō, — — 2. (*nkl.*) ringsherum *od.* an *etw.* liegen *od.* wohnen (*abs. od. m. dat., zB. Europae*); (*part. praes.*) (*subst.*) **circum-ĭăcĕntĭă,** *ĭŭm n* (*rhet. t.t.*) (*Qu.*) Worte vor u. hinter einem Wort.

circŭm-ĭcĭō, *ĭēcī, ĭēctŭm* 3. (*ĭăcĭō*) **1.** *etw.* um *etw.* (herum)werfen, herumstellen, -legen (*alqd, zB. multitudinem totis moenibus* [*abl.*] im ganzen Umkreis der Mauer herumstellen; *alqd alci rei, zB. °fossam verticibus; mediopass. selten m. acc., zB. anguis circumiectus fuit vectem* hatte sich um die Stange geschlungen); °*vallum* ringsum aufwerfen. **2.** *etw. m. etw.* umschließen *od.* umgeben (*alqd re, zB. caelum ambitu*). **3.** (*P.P.P.*) *adi.* **circŭmĭēctŭs**[1] 3 (*nkl.*) **a)** umliegend [*campi, custodes* rings aufgestellt; *m. dat., zB. silvae itineri -ae* zu beiden Seiten des Weges, *aedificia muris -a* rings um die Mauer]; *subst. circumiecta n* Umgegend; **b)** *v. etw.* umschlossen *od.* umgeben (*re, zB. saltibus*).

circŭmĭēctŭs[2], *ūs m* (*circŭmĭcĭō*) **1.** (*dcht.*) das Umfassen, Umschlingung [*aether terram tenero circumiectu amplectitur*]. **2.** (*meton.*) Umgebung [*arx munitur circumiectu arduo*].

circŭm-ĭtĭō, *ōnĭs f* = *circŭĭtĭō.*

circŭm-ĭtŭs, *ūs m* = *circŭĭtŭs.*

circŭm-lātrō 1. (*nkl.*) um-, anbellen (/ *v. Angebern*).

circŭm-lātŭs *P.P.P. v. circŭmfĕrō.*

circŭm-lĭgō 1. umbinden: **1.** (*dcht., nkl.*) *etw.* um *od.* an *etw.* binden (*alqd alci rei, zB. natam hastae*). **2.** *etw. m. etw.* umwickeln, umschlingen, umgürten (*alqd re, zB. °ferrum stuppā*).

circŭm-lĭnō, —, *lĭtŭm* 3. (*nkl. auch -lĭnĭō, lĭnĭī,* — 4.) **1.** (*nkl., dcht.*) herumschmieren, -kleben (*alqd alci rei etw.* um *etw., zB. sulfura taedis*). **2.** bestreichen, überziehen (*alqd re etw. m. etw., zB. mortuos cerā*).

circŭmlĭtĭō, *ōnĭs f* (*circŭmlĭnō*) (*nkl.*) Bemalung der Statuen (*m. Wachsfarben*).

circŭmlŏcūtĭō, *ōnĭs f* (°*circŭmlŏquŏr* 3. umschreiben) (*nkl.*) Umschreibung.

circŭmlūcēns, *ĕntĭs* (*lūcĕō*) hellstrahlend; / (*Se.*) [*fortuna*].

circŭm-lŭō, — — 3. (*lăvō*) (*nkl.*) umfließen, umspülen (*alqd*).

circŭm-lūstrō 1. (*Lu.*) ringsum beleuchten (*in Tmesis*).

circŭmlŭvĭō, *ōnĭs f* (*circŭmlŭō*) Umspülung, Inselbildung (*durch Abtrennung e-s Landstriches durch einen Fluß*).

circŭm-mĭttō, *mīsī, mĭssŭm* 3. herumschicken: **1.** (*Li.*) auf einem Umwege (ab)schicken *od.* hinschicken (*alqm*); P. *iugo circummitti* den Bergabhang umgehen. **2.** überall umherschicken [*praecones*].

circŭm-moenĭō (*Pl.*) = *-mūnĭō.*

circŭm-mūgĭō 4. (*Ho.*) *jd.* umbrüllen (*alqm*) (*in Tmesis*).

circŭm-mūnĭō 4. rings mit Mauern einschließen [*oppidum; auch alqm*].

circŭmmūnītĭō, *ōnĭs f* (*circŭmmūnĭō*) Einschließung, Zernierung [*oppidi*].

circŭm-pădānŭs 3 (*Pădŭs*) (*nkl.*) rings um den Po (befindlich) [*campi*].

circŭm-pĕndĕō, — — 2. (*nkl., dcht.*) ringsum hängen (*intr.*).

circŭm-plaudō, — — 3. (*Ov.*) von allen Seiten m. Händeklatschen empfangen (*alqm*).

circŭm-plĕctŏr, *plĕxŭs sŭm* (*vkl., nkl. -plĕctō,* —, *plĕxŭm*) 3. umfassen, umschlingen, einfassen (*alqd; zB. draco thesaurum*); zusammenhalten; / zernieren [*collem opere*].

circŭm-plĭcō, *āvī, ātŭm* 1. umwickeln, umschlingen (*alqm u. alqd*).

circŭm-pōnō, *pŏsŭī, pŏsĭtŭm* 3. (*nkl., dcht.*) rings herumstellen, -setzen, -legen, rings aufstellen *od.* anlegen (*alqm u. alqd; alqd alci rei etw.* rings um *etw., zB. nemus stagno, alqos sellae suae* zu beiden Seiten des Sessels); (*P.P.P.*) *subst.* **circŭmpŏsĭtă,** *ōrŭm n* (*Li.*) Umgegend.

circŭm-pōtātĭō, *ōnĭs f* (*pōtō*) Umtrunk, Trinkgelage, *bsd. beim Leichenschmaus.*

circŭm-rētĭō 4. (*rētĕ*) (*spätl.*) rings umgarnen, umstricken; *klass. nur* / (*alqm re*).

circŭm-rōdō, *rōsī,* — 3. (*nkl.*) ringsum benagen (*alqd*), *auch* / (*Ho.* = schmähen); *klass. nur* an *etw.* (*alqd*) herumkauen (= zögern, *etw.* zu sagen).

circŭm-saepĭō, *psī, ptŭm* 4. **1.** (*spätl.*) umzäunen. **2.** / umgeben, umringen, *bsd. zum Schutze* (*alqm u. alqd re, zB.* °*corpus armatis*).

circum-scindō, — — 3. (*Li.*) *jd.* die Kleider vom Leibe reißen.

circum-scrībō, *scrīpsī, scrīptum* 3. **1. a)** (*einen Kreis*) um *etw.* beschreiben [*orbem*]; **b)** *etw.* m. einem Kreise umziehen (*alqd u. alqm, zB. stantem virgulā*). **2.** / **a)** *etw.* abgrenzen, begrenzen (*alqd, zB.* °*omnes terras, sententiam* mente im Geiste klar fassen; *alqd re etw.* in *etw.* einschließen, *zB. ius suum terminis; alci alqd etw.* für *jd., zB. advenis locum habitandi*). **3.** beschränken, einschränken (*alqm, zB. alqm fluvio*); *bsd. jd.* in die gehörigen Schranken zurückweisen, (*e-n Beamten*) in die Schranken seiner Kompetenz verweisen (*alqm, zB. tribunum plebis*). **4. a)** umstricken, umgarnen [*alqm captiosis interrogationibus*]; **b)** *jd.* um sein Eigentum bringen, übervorteilen, betrügen (*alqm, zB. adulescentulos;* °*alqd, zB. vectigalia* unterschlagen); **c)** (*nkl.*) (*Sachen, bsd. testamentum*) den wahren Sinn (*e-s Gesetzes od. Testaments*) durch buchstäbliche Auslegung umgehen *od.* verdrehen. **5.** *etw.* (als ungültig) ausscheiden, beseitigen, nicht berücksichtigen (*alqd, zB. sententias; alqd ex re, zB. hoc omne tempus ex accusatione*). — *Cf. auch circumscrīptūs.*

circumscrīptiō, *ōnis f* (*circumscrībō*) **1.** das Umschreiben eines Kreises um *etw.*; *concr.* der umschriebene Kreis [*ex circumscriptione exire*]. **2.** / **a)** Begrenzung, Umriß, Umfang [*terrae, temporis*]; **b)** (*rhet. t.t.*) Periode [*verborum*]; **c)** Übervorteilung, Betrügerei, Betrug, Täuschung (*alcis j-s subi. u. obi., zB. adulescentium, mulierum*).

circumscrīptor, *ōris m* (*circumscrībō*) Betrüger, Gauner.

circumscrīptus 3 (*m.* °*comp.*; *adv.* **-ē**) (*circumscrībō*) **1.** *rhet.* bündig, präzis, genau [*-e dicere od. complecti res*]; *bsd.* periodisch abgerundet [*verborum ambitus*]. **2.** (*Pli.*) beschränkt; *comp.* enger begrenzt.

circum-secō, —, *sectum* 1. **1.** ringsum beschneiden *od.* herausschneiden [*alqd serrā* ein rundes Loch in *etw.* sägen]. **2.** (*Suet.*) *jd.* beschneiden (*alqm*).

circum-sedeō, *sēdī, sessum* 2. (*nkl.*) **1.** rings um *jd. od. etw.* herumsitzen (*alqm u. alqd, zB. templum*). **2.** (*feindl.*) belagern, einschließen, umzingeln (*alqm u. alqd, zB. imperatorem, Mutinam*). **3.** / *jd.* (*mit Bitten, Tränen u.ä.*) bestürmen [*alqm lacrimis*].

circumsessiō, *ōnis f* (*circumsedeō*) Belagerung, Umzingelung.

circum-sīdō, *sēdī,* — 3. (*nkl.*) (*feindl.*) umstellen, umzingeln (*alqm u. alqd*).

circum-siliō, *siluī,* — 4. (*saliō*) (*dcht.*) herumhüpfen; / (*v. Krankheiten*) umringen.

circum-sistō, *stetī* (*u.* °*stitī*), — 3. sich herumstellen, umringen (*abs. od. alqm u. alqd*); *bsd. feindl.* umringen, bedrängen *od.* angreifen [*Romanos, naves, auch abs.*]; *auch* / (*nkl., dcht.*), *zB. metus circumsistit alqm.*

circum-sonō, *sonuī,* — 1. **1.** *intr.* ringsum ertönen *od.* widerhallen (*re v. etw., zB. locus cantu*). **2.** *trans.* (*nkl., dcht.*) *etw.* umtönen *od.* umrauschen (*alqm u. alqd, zB. clamor hostes*).

circumsonus 3 (*Rückbildung aus circumsonō*) (*dcht.*) rings umtönend *od.* umlärmend [*turba canum* rings anbellend].

circumspectātrix, *īcis f* (*circumspectō; vkl., nkl.*) die überall herumspioniert *od.* Ausschau hält.

circumspectiō, *ōnis f* (*circumspiciō*) Umschau, Umsicht, umsichtige Erwägung. — ***vestra* (*Anrede an den Erzbischof*) Ew. Weisheit.

circumspectō 1. (*intens. bzw. frequ. v. circumspiciō*) **1.** *intr.* (aufmerksam, vorsichtig, ängstlich *od.* immer wieder) umherschauen, sich umschauen; *b. Pl. auch se -are.* **2.** *trans.* **a)** (*meist unkl.*) nach *jd. od. etw.* sich umschauen (*alqm u. alqd, zB.* °*alius alium*); / (*nkl.*) *etw.* ausfindig zu machen suchen, auf *etw.* lauern [*fugam*]; **b)** (*nkl.*) *etw.* genau betrachten [*patriciorum vultus*].

circumspectus[1], *ūs m* (*circumspiciō*) das Umherblicken, Umschau, Ausblick [*in omnes partes*]; / (*nkl., dcht.*) Erwägung, Betrachtung (*alcis rei, zB. mali*).

circumspectus[2] 3 (*m. comp. u. sup.*; *adv.* **-ē**) (*circumspiciō; nkl., dcht.*) umsichtig, bedächtig, besonnen, *act. u. pass., v. Pers. u. Sachen* [*homo, verba*].

circum-spiciō, *spexī, spectum* 3. (*spexī?; speciō*) **1.** *intr.* (*aufmerksam, vorsichtig, ängstlich*) rings um sich schauen, sich umschauen *od.* umherspähen [*nec suspicere nec circumspicere; m. indir. Frages.*]; / Vorsicht gebrauchen, darauf achten, daß (*m. ut, ne*). **2.** *trans.* **a)** (*nkl., dcht.*) *etw.* ringsum überschauen, -blicken [*aquam*]; *übh.* erblicken [*aedem* zum Tempel emporschauen]; **b)** ringsum betrachten, in Augenschein nehmen, mustern (*alqm u. alqd, zB.* °*urbis situm, se* auf sich achten *od.* Rücksicht nehmen); **c)** nach *jd. od. etw.* sich umsehen (*alqm u. alqd, zB. Ambiorigem*); **d)** / (*nkl., dcht.*) *etw.* ausfindig zu machen suchen, nach *etw.* suchen, auf *etw.* warten *od.* lauern (*alqd, zB. externa auxilia, tempus defectionis; m. indir. Frages.*); **e)** / *etw.* genau erwägen *od.* überlegen, bedenken (*abs. od. alqd, zB. alcis consilia animo, haec et talia; m. indir. Frages., zB. patres circumspexerunt, quosnam consules facerent*); *auch* auf *etw.* achten (*alqd, zB. fugam; m. ut, ne*).

circumstantia, *ae f* (*circumstō*) (*nkl.*) Umgebung; / die Umstände.

circum-stetī *s. circumsistō u. circumstō.*

circum-stō, *stetī,* — 1. **1.** *intr.* herum-, umherstehen; *bsd. part. praes. circumstantēs, ium* (*nkl.*) die Umstehenden. **2.** *trans. jd. od. etw.* umstehen *od.* umgeben, umringen, *bsd. feindl. u.* / umlagern, bedrängen (*alqm u. alqd, zB. tribunal,* °*urbem Romanam, fata nos undique*).

circum-strepō, *uī, itum* 3. (*nkl.*) umrauschen, umlärmen, umtosen (*alqm u. alqd*); *bsd. etw.* laut rufen [*alia atrociora; m. Finalsatz*].

circum-struō, *strūxī, strūctum* 3. (*nkl.*) *etw.* m. einer Mauer umgeben.

circum-tendō, —, *tentum* 3. (*Pl.*) be-, umspannen.

circum-terō, — — 3. (*Ti.*) „rings umreiben" = dicht umstehen (*alqm*).

circum-textus 3 (*texō; Ve.*) rings umsäumt *od.* verbrämt (*re v. od. m. etw.*).

circum-tonō, *uī,* — 1. (*dcht.*) umdonnern, umrauschen (*alqm u. alqd*); / betäuben, rasend machen.

circum-tonsus 3 (*tondeō; vkl., nkl.*) rundgeschoren; / gekünstelt.

circum-tulī *s. circumferō.*

circum-vādō, *sī,* — 3. (*nkl.*) *v.* allen Seiten angreifen, überfallen, umringen (*alqm u. alqd, zB. navem*); *auch* /, *zB. terror barbaros.*

circum-vagus 3 (*dcht., nkl.*) rings umflutend [*Oceanus* erdumströmend].

circum-vallō 1. rings m. einem Wall einschließen (*alqm u. alqd, zB. Pompeium*); / (*Te.*) (*se*) *-are* sich auftürmen.

circum-vāsī *s. circumvādō.*

circumvectiō, *ōnis f* (*circumvehō*) **1.** Handelsverkehr im Innern [*portorium -nis* Transitzoll]. **2.** Umlauf, Kreisbahn [*solis*].

circumvector 1. (*frequ. bzw. intens. v. circumvehor*) (*unkl.*) herumfahren, (*v. Schiffen*) kreuzen (*alqd* um, an *etw., zB. oram*); umherreiten (*alqd* auf *etw., zB. rura*); / *etw.* durchgehen = beschreiben, schildern [*singula*].

circum-vehor, *vectus sum* 3. **1.** *intr.* herumfahren, -reiten, -segeln, *bsd. auf e-m Umwege* (*m. u. ohne equo, navi usw.*); *collibus* über die Hügel hin, *a loco ad od. in, per locum.* **2.** *trans.* (*unkl.*) **a)** *etw.* umfahren, umreiten, umsegeln (*alqd, zB. Peloponnesum, terga hostium*); **b)** bei *od.* unter *etw.* umherfahren *od.* -reiten, die Runde machen [*suos, classem*]; **c)** / *verbis etw.* zu umschreiben suchen.

circum-vēlō 1. (*Ov.*) *jd. od. etw.* umhüllen [*alqm amictu*].

▶ **circum-veniō,** *vēnī, ventum* 4. **1.** (*nkl., dcht.*; *klass. nur v. Pers. u. nur im P.*) umringen, umgeben, umschließen, umfließen, um *etw.* sich herumziehen (*alqd u. alqm, zB.* °*Rhenus insulas; homines flammā circumventi*). **2. a)** (*feindl.*) umzingeln, zernieren [*hostes a tergo;* °*moenia oppidi· P.* °*circumveniri a latronibus*]; **b)** / umgarnen, umstricken, gefährden, bedrängen [*insontes fraude; P. circumveniri ab alqo od. ancipiti malo*]; **c)** *jd.* hintergehen, überlisten, täuschen [*alqm pecuniā,* °*plebem fenore*].

cĭrcŭmvĕrsĭō, ōnĭs *f* (*cĭrcŭmvĕrtō*; *nkl.*) das Umwenden, Umdrehen.

cĭrcŭm-vĕrtō, *tĭ, sŭm* 3. (*unkl.*) **1.** umdrehen, umwenden; *mediopass. u. se -ere* sich umdrehen (*alqd* um *etw.*, *zB. axem*). **2.** / um *etw.* betrügen [*alqm argento*].

cĭrcŭm-vĕstĭō 4. (*nkl.*) ringsum bekleiden; / (*dcht.*) *se dictis* sich umpanzern, schützen durch.

cĭrcŭm-vĭncĭō, —, *vĭnctŭm* 4. (*vĭnctŭm?*) (*Pl.*) *jd.* (ringsum) binden.

cĭrcŭm-vīsō, — — 3. (*Pl.*) *jd.* ringsum ansehen [*angues oculis omnis*].

cĭrcŭmvŏlĭtō 1. (*intens. v. cĭrcŭmvŏlō*) (*nkl.*, *dcht.*) **1.** *intr.* umherfliegen [*alites*]. **2.** *trans. jd. od. etw.* umfliegen, umflattern, umschwärmen (*alqm u. alqd*, *zB. lacum*).

cĭrcŭm-vŏlō 1. (*nkl.*, *dcht.*) umfliegen, umflattern (*alqm u. alqd*, *zB. praedam*; *auch* /, *zB. nox caput*).

cĭrcŭm-vŏlvō, *vŏlvī, vŏlūtŭm* 3. (*nkl.*, *dcht.*) herumwälzen, -rollen; *mediopass.* sich drehen (*alqd* um *etw.*, *zB. axem*; *prägn. annum* das Jahr im Kreislauf vollenden).

cĭrcŭm-vŏrtō (*altl.*) = -vĕrtō.

▶ **cĭrcŭs,** *ī m* (*vl. sehr altes Lw.* ‹ κίρκος *bzw. m. Metathese* κρίκος „Ring") **1.** (*dcht.*) Kreislinie *in der Astronomie* [*candens* Milchstraße]. **2.** Zirkus, Hippodrom, Rennbahn (*für Wagenrennen*), *in Rom*: *circus* (*maximus*) *zw. Palatin u. Aventin*; ~ (*Flaminius*) *am Ausgangspunkt der via Flaminia*. **3.** (*dcht.*) **a)** zum Wettlauf bestimmter freier Platz; **b)** Versammlungsplatz. **4.** (*Ov.*) Zirkusspiele.

cīrĭs, *ĭs f* (*Fw.* ‹ κεῖρις) (*dcht.*) *ein Meervogel, in den Skylla, die T. des Nisus, verwandelt wurde.*

cĭrrātŭs 3 (*cĭrrŭs*; *dcht.*, *nkl.*) gelockt, kraushaarig; in Büscheln.

Cĭrrhă, *ae f* (Κίρρα) *Hafenplatz von Delphi*; *adi.* **Cirrhaeŭs** 3, *dcht. auch* delphisch.

cĭrrŭs, *ī m* (*et. unklar*; *unkl.*) **1. a)** (*natürliche*) Haarlocke; **b)** (*meton.*) Lockenkopf, Krauskopf; **c)** Bart *der Auster*. **2.** Fransen *an den Kleidern.*

Cĭrtă, *ae f reiche St. in Numidien, seit Konstantin Cōnstāntīnă*, *j.* Konstantine; *Einw.* **Cĭrtēnsēs,** *ĭūm m.*

cĭs *prp. b. acc.* (*cĭ-s nach ăbs, ĕx zum Pronominalstamm *ki-* „dieser"; *cf. -cĕ, ci-tĕrĭŏr*; *eigtl.* „auf dieser Seite"): **1.** (*räuml.*) diesseits [~ *Taurum*, ~ *Padum*]. **2.** (*zeitl.*) (*vkl.*, *nkl.*) binnen, innerhalb [*paucos dies*].

cĭs-ălpīnŭs 3 (*Ălpēs*) diesseits der Alpen (gelegen *od.* wohnend) [*Gallia, Galli*].

cĭsĭŭm, *ī n* (*gall. Lw.*) *leichter, unbedeckter, zweirädriger* Reisewagen.

cis-rhēnānŭs 3 (*Rhēnŭs*) diesseits des Rheines wohnend, linksrheinisch [*Germani*].

cĭstă, *ae f* (*Lw.* ‹ κίστη) Kiste, Kasten, *bsd. für Geld, auch für Kultgeräte, aber auch für Stimmtäfelchen usw.*

cĭstĕllă, *ae f* (*demin. v. cĭstă*) (*Com.*) Kistchen, Kästchen.

Cĭstĕllārĭă, *ae f* (*cĭstĕllă, sc. fābŭlă*) die Kästchenkomödie (*des Plautus*).

cĭstĕllātrīx, *īcĭs f* (*cĭstĕllă*, *Pl.*) Sklavin, die die Schmuckkästchen *der Herrin* in Verwahrung hat.

cĭstĕllŭlă, *ae f* (*demin. v. cĭstĕllă*) (*Pl.*) kleines Kästchen.

cĭstĕrnă, *ae f* (*cĭstă m. etr. Suffix*) (*vkl.*, *nkl.*) Zisterne.

cĭstĕrnīnŭs 3 (*cĭstĕrnă*) (*nkl.*) aus der Zisterne (stammend) [*aqua*].

cĭstĭfĕr *od.* **-bĕr,** *ĕrī m* (*cĭstă, fĕrō*; *Bedeutungslw.* ‹ κιστοφόρος) (*Ma.*) „Kastenträger", *Polizeiunterbeamter, der u. a. Kasten m. Kultgeräten zu tragen hatte.*

cĭstŏphŏrŭs, *ī m* (*Fw.* ‹ κιστοφόρος) Kistenträger, *Silbermünze der Provinz Asia mit dem Gepräge der bacchischen* cista (= $2^1/_2$ Denare); *coll.* = Geld.

F. *gen. pl. auch* (*Li.*) *-ŭm* (*cf.* V.-B. VI, 1).

cĭstŭlă, *ae f* (*demin. v. cĭstă*; *unkl.*) Kistchen, Kästchen.

cĭtātĭm *adv. s. cĭtātŭs.*

cĭtātŭs 3 (*m.* °*comp. u.* °*sup.*; *adv.* °**cĭtātĭm**) (*eigtl. P.P.P. v. cĭtō²*) beschleunigt, schleunig, geschwind; schnell; (*v. Flüssen*) reißend *od.* m. starkem Gefälle [°*citato gradu* im Schnellschritt, °*citato equo* im Galopp, °*citato agmine* in Eilmärschen, in Eile, °*citatiore agmine* in größerer Eile]; *insb.* (*rhet. t.t.*) (*vom Vortrag u. vom Redner*) (*Qu.*) lebhaft, erregt.

cĭtĕrĭŏr, *ĭŭs* (*comp. des vkl. cĭtĕr* 3; *nach ĕxtĕr zu cĭs*) diesseitig [*Gallia*]; / näher(liegend), näher angehend, *bsd.* = irdisch; (*zeitl.*) später (vorgefallen), neuer; *sup.* **cĭtĭmŭs** 3 nächstliegend, der nächste [*stella citima terris*].

Cĭthaerōn, *ōnĭs m* (Κιθαιρών) *waldiges Grenzgebirge zw. Böotien u. Attika.*

cĭthără, *ae f* (*Fw.* ‹ κιθάρα) (*dcht.*, *nkl.*) Zither, Leier, Laute (*urspr. mit 7, später mit 9 od. 11 Saiten*; *mit dem Plektron geschlagen, nicht gerissen*); (*dcht.*) = *lўră*; (*meton.*) Saitenspiel.

cĭthărĭstă, *ae m* (*Fw.* ‹ κιθαριστής) Leier-, Zitherspieler (*im Ggs. zum cĭthăroedŭs reiner Instrumentalvirtuose*).

cĭthărĭstrĭă, *ae f* (*Fw.* ‹ κιθαρίστρια; *Te.*) Leier-, Zitherspielerin.

cĭthărĭzō 1. (*Fw.* ‹ κιθαρίζω) (*unkl.*) die Leier spielen.

cĭthăroedĭcŭs 3 (*Fw.* ‹ κιθαρῳδικός; *nkl.*) des Kitharöden.

cĭthăroedŭs, *ī m* (*Fw.* ‹ κιθαρῳδός) Kitharöde (*der seinen Gesang auf der cithara begleitet*; *s. cĭthărĭstă*).

cĭtĭmŭs 3 *sup. zu cĭtĕrĭŏr.*

cĭtō¹ *s. cĭtŭs.*

cĭtō² 1. (*intens. od. frequ. v. cĭĕō*) **1. a)** (*nkl.*) in schnelle Bewegung *od.* immer wieder in Bewegung setzen, antreiben (*cf. cĭtātŭs*); **b)** / *motum animi* bewirken, hervorrufen. **2. a)** (*amtlich*) (*meist nkl.*) *jd.* herbeirufen, aufrufen, *zB. zur Versammlung* [°*senatum in forum*], °*iuvenes ad nomina danda*, °*milites zur Eintragung in die Stammrolle u. zur Ableistung des Fahneneides*, °*alqm victorem* zur Entgegennahme des Siegespreises; **b)** (*dcht.*) die Hilfe der Götter anrufen [*numina Iovis*]; **c)** (*jur. t.t.*) **α)** *jd.* aufrufen, *um die Anwesenheit festzustellen* (*alqm*, *zB. iudicem, reum, testem*); **β)** vor Gericht laden, vorladen, *sowohl die Richter, als auch den Kläger* (*Ankläger*) *u. die Zeugen, bsd. aber den Beklagten* (*Angeklagten*); *daher* **γ)** anklagen [*alqm capitis* auf Tod u. Leben]; **δ)** (*Li.*) (*nach dem Urteilsspruch*) verkünden [*nomina damnatorum*]. **3.** / *jd. als Zeugen od. Gewährsmann* namentlich anführen, nennen, zitieren, sich auf *jd. od. etw.* berufen [*alqm testem od. auctorem*; *auch* /, *zB. Salaminem testem clarissimae victoriae, libros auctores* als Gewähr anführen]. **4.** immerfort anstimmen *od.* absingen, ausrufen (*alqd*, *zB. paeanem*).

F. *inf. praes. P.* (*Ca.*) *cĭtārĭĕr.*

cĭtrā (*synk. abl. sg. f des vkl. cĭtĕr*, *s. cĭtĕrĭŏr*; *Analogiebildung zu ŭltrā*) **1.** *adv.* (*dcht.*, *nkl.*) diesseits, auf dieser Seite; *noch vor dem Ziel, also* unter: *paucis* ~ *milibus* (*abl. mens.*) wenige (*röm.*) Meilen vor dem Lager, *nec* ~ *nec ultra moveri* nicht hin noch her; / ~ *quam* weniger als; **2.** *prp. b. acc.* diesseits (*auf die Frage* „*wo?*" *u.* „*wohin?*"), *zB.* ~ *flumen intercipi*; *exercitum* ~ *vallem elicere*; / *innerhalb e-r gewissen Grenze, d.h. vor dem Ziel*: **a)** (*räumlich*) vor = *ante*, *zB.* ~ *tertiam syllabam*; / (*vom Maße*) (*dcht.*, *nkl.*) ~ *alqd esse* geringer sein als *etw.*, hinter *etw.* zurückstehen; **b)** (*zeitl.*) (*dcht.*) vor = *ante*, (~ *iuventam*; *auch* = innerhalb, binnen; **c)** / (*nkl.*) *zB.* = *sine u. praeter*) ohne, außer, ausgenommen, *zB.* ~ *damnum*, ~ *fidem* unglaubwürdig, ~ *magnitudinem* ausgenommen in Rücksicht auf die Größe, ~ *spectaculorum dies* außer an den Spieltagen.

cĭtrĕŭs 3 (*cĭtrŭs*) aus Zitrusholz (*gemacht*) [*mensa*].

cĭtrō *adv.* (*synk. abl. sg. m des vkl. cĭtĕr*; *cf. cĭtĕrĭŏr*) (*vkl.*) nach diesseits, hierher, herüber; *klass. nur ŭltrō* (*ĕt*) *cĭtrō, ŭltrō cĭtrōquĕ s. ŭltrō.*

cĭtrŭm, *ī n* (*cĭtrŭs*) (*unkl.*) Zitrusholz, *massiv od. als Furnier zu kostbaren Möbeln verarbeitet.*

cĭtrŭs, *ī f* (*wohl durch etr. Vermittlung Lw.* ‹ κέδρος *urspr.* „Wacholder", *später* „Zeder"; *cf. cĕdrŭs*) (*dcht.*, *nkl.*) **1.** Zitrone(nbaum). **2.** Zitrusbaum, *afrikanischer Nadelbaum m. wohlriechendem Holz*, Thuja (*v. d. Griechen* θύον *od.* θυΐα *genannt*).

cĭtŭs¹ *P.P.P. v. cĭĕō.*

cĭtŭs² 3 (*m.* °*comp.*; *adv.* **-ō**; *s.u.*) (*P.P.P. v. cĭĕō*, *eig.* „schnell bewegt") schnell, geschwind, rasch; *v. Pers. u. Sachen* [*eques* Eilbote zu Pferde, *vox*, °*homo cito sermone* schlagfertig]; *bsd. mil.* in Eilmärschen ziehend [equites]; *adv.* **cĭtō** (*u.* **-ŏ?**) (*m. comp. u. sup.*) geschwind, schnell, rasch, (*zeitl.*) bald, in kurzer Zeit [se recipere; °dicto citius im Nu; °serius aut citius früher oder später]; / non cito nicht leicht; non tam cito ... quam nicht so sehr ... als; **citius** eher, leichter, lieber. — **quam cito *ci.* sobald als.

Cīŭs *s.* Cēă.

cīvi *s.* ciĕō.

cīvĭcŭs 3 (cīvīs) (*nkl., dcht.*) den Bürger betreffend, bürgerlich, Bürger... [arma des bürgerlichen Rechtes]; (*klass. nur* corōna civica Bürgerkranz *aus Eichenlaub für die Rettung e-s Mitbürgers im Kampf*).

▶ **cīvīlĭs,** ĕ (*m.* °*comp. u.* °*sup.*; *adv.* **-ĭtĕr**) (cīvīs) **1. a)** bürgerlich, Bürger..., Privat... [°clamor der Bürger, exercitus Bürgerheer, bellum *od.* arma Bürgerkrieg, tempestas des Bürgerkrieges, °victoria über Mitbürger, causa Privatprozeß, actio Klage eines Bürgers gegen einen Mitbürger]; **b)** *im Ggs. zu militärisch* [officia bellica et civilia im Zivildienst]; *bsd.* ius civile **α)** bürgerliches Recht (*Ggs.* ius naturale Naturrecht); **β)** Zivilrecht, Privatrecht (*Ggs.* ius publicum öffentliches Recht). **2.** (*meton.*) **a)** (*nkl.*) voll Bürgersinn, patriotisch, loyal [animus, nihil civile kein Funke v. Patriotismus, plus quam civilia agitare zu hoch hinauswollen; civile est *m. inf.*]; **b)** (*nkl., dcht.*) leutselig, herablassend, höflich, zuvorkommend [ingenium, in alqm, circa amicos]. **3.** staatlich, politisch, öffentlich, Staats... [oratio, °procellae des politischen Lebens, °res civiles Politik, rerum civilium cognitio politische Kenntnisse, scientia ~ Staatswissenschaft, Politik, vir ~ Staatsmann, Politiker]. — **heimisch, weltlich; lis ~ Zivilprozeß.

Cīvīlĭs, īs *m Anführer in dem großen Bataveraufstand gegen die Römer 69 u. 70 n.Chr.*; (*abl. sg.* -ĕ).

cīvīlĭtās, ātis *f* (cīvīlis) (*nkl.*) **1.** Stand eines Bürgers. **2.** Leutseligkeit, Höflichkeit; Popularität. **3.** = πολιτική Staatskunst.

▶ **cīvĭs,** īs *m u. f* (*altl.* ceivīs, *urspr.* „Haus-" *od.* „Gemeindegenosse"; *cf. nhd.* „Hei-rat", *eig.* = „Hauswesen") **1. a)** (Einheimischer), Bürger, Bürgerin, Bürgerstochter (*Ggs.* pĕrĕgrīnŭs, hŏstīs, sŏcĭŭs) [~ Romanus *u.* Romana, civem facere *u.* asciscere alqm, pro cive esse *od.* se gerere sich verhalten *od.* se ferre sich ausgeben]; **b)** Mitbürger(in), Landsmann [meus, eius]. **2.** Untertan [rex civibus suis imperat]. — ** *pl.* Landsleute.

F. *abl. sg.* cīvĕ, *seltener* cīvī; *gen. pl.* cīvĭŭm.

▶ **cīvĭtās,** ātis *f* (cīvīs) **1.** *abstr.* Rechtsstand eines röm. Bürgers, Bürgerrecht [Romana, civitate donare alqm, civitatem dare alci verleihen, in civitatem accipere *od.* ascribere alqm]; °ius civitatis das Recht, in alle Gerechtsame eines Bürgers einzutreten. **2.** *concr.* Bürgerschaft, Gesamtheit der Bürger [Atheniensium, princeps civitatis]; *daher oft* Staat *od.* Stadt *als Inbegriff sämtlicher Bürger*, Gemeinde [multae civitates Graeciae]; / ~ deorum et hominum, °Stoicorum. **3.** (*unkl.*) Stadt *als Inbegriff der Wohnungen* = ūrbs, *bsd.* Rom [errare per civitatem]. — ** Bischofsstadt; Stadt; ~ dei Gottesstaat; ***~ imperii Reichsstadt.

F. *gen. pl.* cīvĭtātŭm *u.* cīvĭtātĭŭm.

cīvĭtātŭlă, ae *f* (*demin. v.* cīvĭtās) (*nkl.*) **1.** Bürgerrecht *e-r* Kleinstadt. **2.** Städtchen.

▶ **clādēs** *u.* (*Li.*) **clādĭs,** is *f* (*cf.* κλαδαρός „gebrechlich"; *ablautend* [pĕr]cĕllō; *s.* călămĭtās) **1.** (*vkl., nkl.*) Verletzung, Beschädigung [dextrae, manus Verstümmelung]. **2.** / Schaden, Unglück, Unheil, Verlust [magna, civitatis, tristis Untergang]; *pl.* Unglücksfälle, Leiden. **3.** (*Li.*) Seuche, Pest. **4. a)** (*meton.*) (*v. Pers.*) Verderber = Urheber des Unglücks, Pest, Todesengel [militum]; **b)** Niederlage, Schlappe [cladem accipere erleiden, cladem afferre *od.* inferre alci, facere].

F. *gen. pl.* clādĭŭm *u.* °clādŭm.

▶ **clăm** (*als cl-ăm ablautend zu* cēlō; *Bildung wie* pălăm, cōrăm) **1.** *adv.* heimlich, verstohlen [°iram clam ferre verhehlen, °(alci) clam esse verborgen bleiben]. **2.** *prp. b. abl. u.* (*Com.*) *acc.* heimlich vor *jd.*, hinter *j-s* Rücken [clam vobis, °patrem].

clāmātŏr, ōrīs *m* (clāmō) Schreier, Marktschreier (*bsd. v. einem schlechten Redner*).

clāmĭtātĭō, ōnis *f* (clāmĭtō; *Pl.*) heftiges Schreien.

clāmĭtō 1. (*intens. v.* clāmō) laut schreien *od.* rufen, ausrufen (*abs. od.* alqd, *zB.* id, °ad arma!); (*vkl., nkl.*) *m. dopp. acc.* = *jd.* laut nennen, *zB.* se reum; (*Ta.*) alci *jd.* laut zurufen, *zB.* saeva alci wilde Drohungen gegen *jd.* ausstoßen; *m. a.c.i. bzw. m. Finalsatz*; *auch* /, *zB.* calliditatem deutlich verraten, klar zeigen.

▶ **clāmō** 1. (*zu* (călō[1], *ablautend wie in* clā-rŭs *u.* κι-κλήσκω) **1.** *intr.* schreien, laut rufen [cum tacent, clamant; de re]. **2. a)** *etw.* laut ausrufen (alqd, *zB.* Saturnalia; *m. a.c.i.*; *m. Finalsatz*: ut, ne); *insb. j-m* zurufen (alci, alci alqd); **b)** (*dcht.*) *jd.* (an)rufen, herbeirufen (alqm, *zB.* morientem nomine; alqd, *zB.* fidem hominum); **c)** (*meist nkl., dcht.*) laut nennen (*m. dopp. acc., zB.* °alqm regem *od.* °causam malorum); **d)** / (*v. Leblosem*) deutlich zeigen *od.* verraten [tabulae se interlitas esse clamant].

▶ **clāmŏr,** ōrīs *m* (clāmō) **1.** Geschrei, lautes Rufen [°civilis der Bürger, caelestis Stimme vom Himmel, clamore significare]; (*dcht. auch*) Geschrei der Tiere, *bsd. der Vögel.* **2. a)** Beifalls-, Jubelgeschrei, Jauchzen, *auch pl.* [magno clamore approbare alqd]; **b)** mißfälliges Geschrei, Lärm [dissonus, inimicus, hominum clamori resistere]. **3.** Klage-, Angst-, Jammergeschrei, *bsd. der Sterbenden u. beim Begräbnis* [°mulierum, °supremus]. **4.** Kriegsgeschrei, -ruf [°equites ingenti clamore provolant]. **5.** (*dcht.*) (*v. Leblosem*) Getöse, Widerhall [montium]; *bsd. v. der Brandung.*

clāmōsŭs 3. (*adv.* **-ē**; clāmō) (*nkl., dcht.*) **1.** *act.* laut schreiend. **2.** *pass.* **a)** v. Geschrei erfüllt; **b)** m. Geschrei verbunden.

clăncŭlārĭŭs 3 (clăncŭlŭm) (*Ma.*; *spätl.*) geheim, verborgen.

clăncŭlŭm (*volkstümliches demin. v.* clăm) (*unkl.*) **1.** *adv.* heimlich. **2.** *prp. b. acc.* (*Te.*) heimlich vor [patres].

clăndēstīnŭs 3 (*adv.* °**-ō**) (clăm) heimlich, geheim, im verborgenen angelegt [nuntius, consilia].

clăngŏr, ōrīs *m* (°clăngō 3. „schreien, schnattern", *cf.* κλαγγή „Gesang, Lärm", κλάζω) (*dcht., nkl.*) Klang, lautes Getön: **1.** Geschrei *od.* Kreischen *der Tiere, bsd.* **a)** Schnattern *der Gänse, auch pl.* [anserum]; **b)** rauschender Flügelschlag *großer Vögel.* **2.** (*v. Instrumenten*) das Schmettern [tubarum].

clārĕō, — — 2. (*denom. v.* clārŭs) (*unkl.*) **1.** hell sein, glänzen, leuchten. **2.** / **a)** einleuchten, offenbar sein; **b)** glänzen = berühmt sein.

clārēscō, rŭī, — 3. (*incoh. v.* clārĕō) (*nkl., dcht.*) **1.** hell werden: **a)** (*für das Auge*) erglänzen [tecta luminibus]; **b)** (*für das Ohr*) hell ertönen, deutlich hörbar werden [sonitus]. **2.** / **a)** (*geistig*) einleuchten; **b)** hervorstechen, sich auszeichnen [re durch *etw.*, *zB.* facinore].

clārĭgātĭō, ōnis *f* (clārĭgō 1. „laut fordern"; *t.t. der Fetialen*; *zu* clārŭs; *Bildung nach* pūr[ĭ]gō *u.ä.*) (*nkl.*) (laute) Forderung *der röm. Fetialen nach Genugtuung gegenüber einem Feind a. d. Grenze*; / Ersatzanspruch *od.* Repressalien *an jd.* [eius], *der sich außerhalb seiner Bannmeile antreffen läßt.*

clārĭ-sŏnŭs 3 (clārŭs, sŏnō) (*dcht.*) helltönend [aurae].

clārĭtās, ātis *f* (clārŭs) (*nkl.*) **1.** Helligkeit [solis]. **2.** / **a)** (*für das Gehör*) heller Klang [vocis]; **b)** (*nkl.*) (*geistig*) Deutlichkeit; **c)** Berühmtheit, erlauchter Name [generis].

clārĭtūdō, ĭnis *f* (*vkl., nkl.*) = clārĭtās.

clārō 1. (clārŭs) (*dcht.*) **1.** hellmachen, erhellen (alqd). **2.** / **a)** *etw.* deutlich darlegen; **b)** *jd.* verherrlichen (alqm).

clārŭi *s.* clārēscō.

▶ **clārŭs** 3 (*m. comp. u. sup.*; *adv.* **-ē**) (*cf.* clāmō, *ablautend zu* călō[1]) **1.** (*für das Auge*) klar, leuchtend, strahlend [stella, clarissima luce *u.* clarissimo die am hellichten Tage]; *act.* (*dcht.*) aquilo aufhellend. **2.** / **a)** (*für das Gehör*) hell = laut, deutlich [vox; clare *od.* clarius dicere]; **b)** (*für den Verstand*) klar, deutlich, verständlich [argumentum, luce clarius]; **c)** / glänzend, hervorstechend, ruhmvoll, berühmt, *v. Pers. u. Sachen* [vir, mors; re durch *etw.*, *zB.* gloriā, genere factisque; *auch* ex re, *zB.* ex doctrina, in re, *zB.* in philosophia, apud omnes *u.ä.*]; *bsd.* **α)** (all)bekannt; **β)** berüchtigt [°populus luxuriā -us].

clăssĭārĭŭs 3 (*clăssĭs*) **1.** (*nkl.*) zur Flotte gehörig [*centurio* Seeoffizier]. **2.** *subst.* **clăssĭārĭŭs,** *ī m* (*meist pl.*) **a)** (*nkl.*) Seesoldat; **b)** *-ī* (*sc. nautae*) Matrosen.

clăssĭcŭlă, *ae f* (*demin. v. clăssĭs*) kleine Flotte, Flottille.

clăssĭcŭs 3 (*clăssĭs*) **1.** (*vkl.*) die *röm.* Bürgerklassen betreffend; *subst.* **-ŭs,** *ī m* (*Ge.*) Bürger der ersten Klasse; *adi.* (*Ge.*) erstklassig, mustergültig [*scriptor*]. **2.** das Heer (*sowohl die Land- wie Seemacht*) betreffend; *nur subst.* **clăssĭcŭm,** *ī n* (*sc. signŭm*) (Trompeten-)Signal, *bsd.* zum Angriff (*-um cano u.* ~ *canit s. cănō*); (*meton.*) (*dcht.*) / Kriegstrompete [°*inflare* blasen]. **3.** (*nkl.*) zur Flotte gehörig, Flotten... [*milites*]; *bsd. subst.* **-ī,** *ōrŭm m* Seesoldaten.

▶ **clăssĭs,** *ĭs f* (*vl. m. den Alten zu călō*[1]; *cf.* κέλαδος „Getöse, Lärm, Klang" *aber keinesfalls Lw.* ‹ κλῆσις *od. dor.* κλᾶσις) **1.** servianische Bürger- *od.* Vermögensklasse (*6 Klassen, aber nur 5 abgabepflichtig; daher* / *quintae classis* = vom niedrigsten Range). **2.** (*nkl.*) Klasse, Abteilung, *bsd.* **a)** Schulklasse [*classem ducere* Primus sein]; **b)** kaiserliche Umgebung. **3.** *mil.* **a)** (*Ve.*) Heer, Truppen; **b)** Kriegsflotte, Seemacht (*oft auch* ~ *navalis*); *auch* Geschwader [*classem aedificare od. facere* bauen, *ornare od. instruere* ausrüsten, *classe* °*pugnare u.* °*proficisci* zu Schiff, zur See, *nomen dare in classem* sich zum Flottendienst melden]; / (*dcht.*) Schiff.
F. *sg. acc.* *clăssĕm u.* °*-ĭm*; *abl.* *clăssĕ*, *unkl.* °*-ī*; *gen. pl.* *clăssĭŭm*.

clātrātŭs 3 (*clātrī*; *vkl.*, *nkl.*) vergittert [*fenestra*].

clātrī, *ōrŭm m* (*nkl.*, *dcht.*) *u.* **clātră,** *ōrŭm n* (*Pr.*) (*Lw.* ‹ *dor.* κλᾷθρα „Verschluß", *Genuswechsel nach căncĕllī*) Gitter, *bsd. an Tierkäfigen.*

claudĕō, — — 2. (*denom. v. claudŭs*) (*Com.*) = *claudĭcō* (*cf. claudō*[1]).

claudĭcātĭō, *ōnĭs f* (*claudĭcō*) das Hinken.

claudĭcō 1. (*claudŭs*) hinken, lahm sein, humpeln [*ex vulnere,* °*genu percusso*]; / wanken, wackeln, auf schwachen Füßen stehen, nicht Stich halten, schief gehen [*amicitia*]; nachlässig sein [*in officio*].

Claudĭŭs *od.* (*vulgär*) **Clōdĭŭs** 3 *Name einer patriz.* (*urspr. sab.*) *gēns* (*Ahnherr*: *Ăttă Clausŭs*): **1.** *Ăppĭŭs Claudĭŭs, der Dezemvir* (*um 450 v.Chr.*); *cf. Vĕrgĭnĭă.* **2.** *Ăppĭŭs Claudĭŭs Caecŭs, Zensor 312 v.Chr., Erbauer der via Appia*; *cf. Ăppĭŭs.* **3.** *P. Clōdĭŭs Pŭlchĕr, wegen seines Frevels auf dem Fest der Bona Dea angeklagt, aber freigesprochen, Feind Ciceros, trat 59 v.Chr. unter Änderung seines Namens in die Vulgärform zur Plebs über, wurde 52 v.Chr. v. den Banden seines Feindes Milo erschlagen* (*adi.* **Clōdĭānŭs** 3). **4. Clōdĭă,** *die jüngste Schwester, v. 3 berüchtigt wegen ihres sittenlosen Lebenswandels, Catulls* „Lesbia". **5.** *Tĭb. Claudĭŭs Drūsŭs Nĕrō ĕrmănĭcŭs, meist kurzweg* Kaiser Claudius *genannt, jüngster S. des Drusus Nero, des Stiefsohnes v. Augustus, zuerst m. der berüchtigten Messalina verheiratet, 54 v.Chr. v. seiner zweiten Gattin, der jüngeren Agrippina, vergiftet. Cf. auch Mārcĕllŭs u. Nĕrō*; *adi. auch* **Claudĭānŭs** 3 *u.* **Claudĭālĭs,** *ĕ* klaudisch, des Claudius.

claudō[1], —, *sūrŭs* 3. (*claudŭs*) = *claudĭcō*; *nur* /.

claudō[2]
1. (ver)schließen; **2. a)** abschließen, beendigen; **b)** *mil.* decken; **c)** (*rhet. t.t.*) abrunden; **3. a)** einschließen, einsperren; **b)** *mil.* umzingeln; **4. a)** *etw.* abschließen, absperren; **b)** für den Verkehr sperren; **c)** abschneiden; **d)** sich an *etw.* anschließen.

claudō[2], *clausī, clausŭm u.* (*vulgär aus den Komposita*) **clūdō,** *clūsī, clūsŭm* 3. (‹ **clāvī-d-ō zu clāvĭs, eig.* „den Pflock *od.* Haken einlegen") **1.** schließen, verschließen, zuschließen (*alqd, zB. ianuam,* °*Ianum* den Janustempel [*als Zeichen des Friedens*]; *alqd alci* vor *jd.*; *alqd ad, contra, adversus alqd* vor *od.* **gegen** *etw.*); *auch* /, *zB. palpebrae pupulas claudunt*; *bsd. aures alci rei od. ad, contra, adversus alqd* die Ohren **gegen** *etw.* verschließen; °*homo clausus* verschlossener Mensch; (*P.P.P.*) *subst.* **clausŭm,** *ī n* (*dcht.*, *nkl.*) Verschluß, Schloß. **2. a)** (*nkl.*, *dcht.*) abschließen, beendigen, zu Ende bringen [*opus,* / *octavum lustrum*]; **b)** *mil. agmen claudere* die Nachhut bilden, °*dextrum od. sinistrum latus* decken; **c)** (*rhet. t.t.*) abrunden [*sententias numeris,* °*verba pedibus* zu Versen abrunden = in Verse bringen, *oratio clausa* rhythmische]. **3. a)** (*nkl.*, *dcht.*) einschließen, einsperren = *includere, concludere alqm, zB. filium, u. alqd, zB. thesauros, rem anulo* versiegeln; *alqm in alqd, zB. in curiam od. in re, zB. in arca*; *auch m. bloßem abl.*; *klass. nur* /, *zB. clausa sua consilia habere*; **b)** α) *mil. feindl.* einschließen, umzingeln (*alqd u. alqm, zB.* °*oppidum undique, adversarios*); *auch in der* °*Jägersprache* [*lepores retibus*]; β) *übh.* umgeben (*alqd re, zB. oppidum portu clauditur*). **4. a)** (*dcht.*, *nkl.*) *etw.* abschließen, absperren = *intercludere*, *bsd.* in seinem Lauf hemmen [*rivos, sanguinem* stillen]; **b)** *e-n* Weg *od.* ein Land für den Verkehr sperren [*viam od.* °*iter alci, omnia litora ac portus*; °*clausum mare* Binnenmeer]; **c)** / *etw.* abschneiden, unmöglich machen (*alqd u. alci alqd, zB.* °*commeatum, consuetudinem alcis* den Umgang m. *jd.*); **d)** (*nkl.*) sich unmittelbar an *etw.* anschließen *od.* anlehnen (*abs. od. alqd* an *etw.*, *zB. Angrivarios a tergo Chasuarii claudunt*).

claudŭs (*altl. u. spätl.* **clūdŭs** *nach clūdō neben claudō, vulgär* **clōdŭs** *wie Clōdĭŭs neben Claudĭŭs*) 3 (*entw.* ‹ **clāvĭdŭs* „mit Haken versehen, gehemmt" *zu clāvĭs od. aus claudō in der Bed.* „anhaken, hemmen" *entwickelt*) **1.** hinkend, lahm [*deus, altero pede* an einem Fuße]. **2.** / (*nkl.*, *dcht.*) **a)** unvollständig, mangelhaft [*navis u. navigium* an einer Seite ohne Ruder *od.* Ruderer; *carmina alterno versu* elegische Distichen]; **b)** schwankend, unsicher [*pars officii*].

****clausa,** *ae f* Zelle, Klause; Engpaß.

clausī *s. claudō*[2].

claustră, *ōrŭm u.* (*nkl.*) **claustrŭm** (*vulgär* **clōstrŭm**), *ī n* (*claudō*[2]) **1.** Verschluß (*alcis rei*); Schloß, Riegel, *bsd. an e-r Tür* [*portae,* ~ *revellere, sub claustris positum esse* unter Schloß u. Riegel liegen]; *selten* °Schlüssel [*portarum*]; / Schranken, Hindernisse [°*pudoris, nobilitatis,* ~ *refringere* durchbrechen]. **2. a)** (*nkl.*, *dcht.*) Sperre, *bsd. e-s Hafens*; Sperrkette, Damm [*portūs,* ~ *obicere alci*]; *auch* ~ *urbis* = Tor; **b)** (*nkl.*, *dcht.*) verschlossener Raum, *bsd.* Käfig [*feras claustris tenere od. retinere*]; *auch* /; **c)** (*nkl.*, *dcht.*) enger Durchgang *od.* Paß [*montium, maris* Zugang zum Meer]; **d)** *mil.* Schlüssel *zu einer Gegend od. Stadt*, beherrschender Punkt, *bsd.* Grenzfestung, *übh.* Bollwerk [*loci od. locorum*]; / Damm, Schutz [°*annonae*]. — ***sg.* Versteck; Kloster(hof); / Schoß [*Mariae*].

clausŭlă, *ae f* (*demin. v.* ***clausa*, [*P.P.P.*] *f subst. v. claudō*[2]) **1.** Schluß, Ende [*epistulae*]. **2.** (*rhet. t.t.*) Klausel (*meist rhythmischer Schluß einer Periode*). **3.** Schlußszene *od.* -verse. — **Klause. — (*jur. t.t.*) Vorbehalt; ~ *rebus sic stantibus* „Vorbehalt, daß die Dinge so bleiben [wie bisher]" (*im Vertrags-, Völker- u. Verwaltungsrecht*).

clausŭm, *ī n s. claudō*[2] 1.

clausŭs *P.P.P. v. claudō*[2].

clausūră, *ae f* (*claudō*[2]; *spätl.*) Verschluß; Türschloß. — ** abgesonderter Gebäudeteil; *****Prüfungsarbeit** *unter Aufsicht* (Klausur).

clāvă, *ae f* (*wohl zunächst als* „Holzknoten" *coll. zu clāvŭs*) **1.** knotiger Stock, Knüttel; *bsd.* Keule *als Waffe* [*Herculis*]; *auch* Übungswaffe, Rapier. **2.** (*Ve.*) Briefstab (σκυτάλη) *der Spartaner*; °geheime Depesche.

clāvārĭŭm, *ī n* (*clāvŭs*) (*Ta.*) Schuhnagelgeld, *Zahlung an die Soldaten zur Beschaffung v.* (*Nägeln für die*) *caligae.*

clāvātŏr, *ōrĭs m* (*clāvă*; *Pl.*) Keulenträger.

clāvĭcŭlă, *ae f* (*-ī-?*) (*wohl in beiden Bed. demin. v. clāvĭs*) **1.** (*Vi.*) Zapfen. **2.** schwache Ranke, *m. der sich die Rebe um den Weinpfahl schlingt.* — **Schlüsselbein.

clāvĭ-gĕr[1], *ĕrī m* (*clāvă, gĕrō*) (*Ov.*) Keulenträger [*Hercules*].

clāvĭ-gĕr[2], *ĕrī m* (*clāvĭs, gĕrō*) (*Ov.*) Schlüsselträger [*Ianus* als Gott der Türen]. — ***caelorum* Pförtner (Petrus).

clāvĭs, *ĭs f* (*cf. att.* κλείς, *dor.* κλᾱ́[ϝ]ίς) **1.** Schlüssel [°*adulterina* Nachschlüssel, Dietrich; *alcis rei* zu *etw.*, *zB.* °*portarum*]; *claves uxori adimere* = sich von seiner

Frau scheiden. **2.** (*nkl., dcht.*) Schloß, Riegel *an Türen.* **3.** (*Pr.*) Treibkolben *des Spielreifs der Kinder* [trochi]. — ** *pl.* Schlüsselgewalt [ecclesiae].
F. *acc. sg.* clāvĕm *u.* °-īm; *abl.* clāvĕ *u.* °-ī; *gen. pl.* clāvīŭm.

clāvŭs, ī *m* (*cf.* clāvīs) **1.** Nagel, Pflock *zum Verpflöcken, der ältesten Art des Verschlusses* [ferreus, trabalis Balkennagel]; ~ anni Jahresnagel (*nach etr. Brauch jährlich am 13. September in die Cellawand des Jupitertempels geschlagen; daher* ex eo die clavum anni movere den Anfang eines Jahres (/ *auch* eines Amtsjahres) v. diesem Tage an rechnen. **2.** / *etw. Nagelförmiges:* **a**) *nagelförmiger* Griff am Steuerruder; (*meton.*) Steuerruder [clavum tenere *u.* °regere]; *auch* /, *zB.* clavum imperii tenere; **b**) (*nkl.*) Warze; Hühnerauge; **c**) (*nkl., dcht.*) Purpursaum an der Tunika (latus der Senatoren, angustus der Ritter); °depositum clavum sumere = wieder Senator werden; (*Ho.*) clavum mutare in horas sich bald als Ritter, bald als Senator kleiden; (*dcht.*) *übh.* breit- *od.* schmalgestreifte Tunika.

Clĕănthēs, īs *m* (*Κλεάνθης* (*um 260 v.Chr.*) *stoischer Philosoph, Schüler u. Nachfolger des Zeno. Cf.* V.-B. III, 3 *u.* 5.

▶ **clēmēns,** ēntĭs (*m. comp. u. sup.*; *adv.* **-ēntĕr**) (*urspr. part. praes. medii* *klĕjomenos „sich anlehnend" *zu* √‾*klei- „lehnen" *in* [īn]clīnō; *cf.* cliēns) sanft(mütig), mild; nachsichtig, *v. Pers., Charakter u. Handlungen* [iudex, animus, consilium, clementer ferre alqd *od.* accipere alqm]; / (*dcht., nkl.*) (*v. Sachen u. Zuständen*) sanft, gelinde, ruhig (fließend), still [mare, rumor weniger beunruhigend, collis clementer assurgens].

clēmĕntĭă, ae *f* (clēmēns) Sanftmut, Milde, Schonung, Nachsicht, Gnade (alcis *u.* alcis rei, *zB.* imperii, / °aestatis; -ā uti walten lassen).

****clenodium,** i *n* (*germ.*) Kleinod.

Clĕŏbĭs, īs *m* (*Κλέοβις*) *s.* Bĭtōn.

Clĕŏmbrŏtŭs, ī *m* (*Κλεόμβροτος*) **1.** *spartanischer K., verlor bei Leuktra 371 v.Chr. Schlacht u. Leben.* **2.** *akademischer Philosoph.*

Clĕōn, ōnĭs *m* (*Κλέων*) *athen. Parteiführer, fiel bei Amphipolis 422 gegen Brasidas.*

Clĕŏpătră, ae *f* (*Κλεοπάτρα*) *letzte Königin von Ägypten; Geliebte Cäsars u. des Antonius, tötete sich 30 v.Chr.*

clĕpō, clĕpsī, clĕptŭm 3. (*cf. κλέπτω*) (*vkl., nkl.*) stehlen (alqd, alci alqd); (*Se.*) -ere sese sich (vor Schmerz) verbergen.
F. *fut. ex.* (*altl.*) clĕpsīt.

clĕpsȳdră, ae *f* (*Fw.* ⟨ *κλεψύδρα*) Wasseruhr (*Zeitmesser bei Reden u. Vorträgen*); *meton.* (*nkl., dcht.*) Sprechzeit [binas -ās petere *etwa* = 24 Minuten].

clĕptă, ae *m* (*Fw.* ⟨ *κλέπτης*) (*Pl.*) Dieb.

clĕptŭs *P.P.P. v.* clĕpō.

clērĭcŭs, ī *m* (clērŭs) (*Eccl.*) Geistlicher.

clērŭs, ī *m* (*Fw.* ⟨ *κλῆρος* „Los") (*Eccl.*) *eig.* „Stand der v. Christus Berufenen", Klerus, Geistlichkeit.

▶ **cliēns,** ēntĭs *m* (*wahrsch. urspr. Aoristpartizip — wie* pārēns² *zu* pārĭō — *zu* √‾*klei- *in* [īn]clīnō, *eig.* „der Anlehnung gefunden hat") Klient: **1.** (*röm.*) **a**) *in den älteren Zeiten* = Höriger, *im Ggs. zum Vollbürger* (pātrĭcĭŭs) *halbfreier Hintersasse eines patrizischen Herrn* (pătrōnŭs), *dem er für Landleihe u. Rechtsschutz zu Waffen- u. sonstigem Dienst verpflichtet war;* **b**) *seit etwa 400 v.Chr.* = Angehöriger des *nun zwar voll rechtsfähigen* Gefolges des pătrōnŭs, *zu dem er in einem patriarchalischen Verhältnis stand. Dieser gewährte seinen Klienten Speise- u. Geldgeschenke* (spŏrtŭlae) *u. jeglichen Schutz, während sie ihm täglich ihre Morgenvisite* (sălūtātĭō) *machten u. bei den Wahlen für ihn eintraten;* **c**) *in der Kaiserzeit* Angehöriger der ärmeren Bevölkerung, *die sich bei den Reichen durch mannigfache Dienstleistungen Unterhalt u. Vorteil verschaffte;* **d**) *pl.* (*v. Gemeinden u. Provinzen*) Schutzbefohlene. **2.** (*außerrömisch*) = Vasall, Dienstmann, Lehnsmann, Gefolgsmann *eines Mächtigen* [°Segestes cum magna manu clientium]; *auch ganze Völker waren bisweilen* clientes = Schutzbefohlene *eines mächtigeren Volkes* [Carnutes clientes Remorum]. **3.** / (*nkl., dcht.*) Schützling einer Gottheit [Bacchi].
F. *abl. sg.* cliĕntĕ; *gen. pl.* cliĕntĭŭm *u.* °-ŭm.

cliĕntă, ae *f* (*fem. zu* cliēns *nach* lībĕrtă) (*vkl., dcht.*) Klientin, die Hörige.

cliĕntēlă, ae *f* (cliēns *nach* tūt-ēlă) **1. a**) Klientel, Schutzverwandtschaft, Verhältnis *zw.* pătrōnŭs *u.* cliēns (*s.d.*), *zB.* esse in alcis clientela *j-s* Klient sein; **b**) (*meton.*) (*meist pl.*) die Klienten, Gesamtheit der Klienten [tantas clientelas amittere]. **2.** (*bei kelt. u. germ. Völkern*) **a**) Schutzgenossenschaft; **b**) (*meton.*) (*nkl.*) Gefolgschaft, die Mannen; das Ingesinde.

cliĕntŭlŭs, ī *m* (*demin. v.* cliēns) (*Ta.*) ärmlicher Klient.

clĭmă, ătĭs *n* (*Fw.* ⟨ *κλίμα, κλῖμα*) (*nkl.*) Neigung; Gegend; climata mundi Erdzonen; Klima.

clĭmăctēr, ērĭs *m* (*acc. sg.* -ērā, *pl.* -ērās) (*Fw.* ⟨ *κλιμακτήρ*; *nkl.*) Stufenleiter; / gefahrvolle Epoche *im Menschenleben* (*jedes 7., bsd.* das 63. Jahr); *adi.* -tērĭcŭs 3 [tempus Wechseljahre]. — ***climacterium,** i *n* (Zeit der) Wechseljahre.

clīmăx, ăcĭs *f* (*Fw.* ⟨ *κλῖμαξ* „Treppe") (*vkl., spätl.*) (*rhet. t.t.*) Steigerung (*rein lat.* ăscēnsŭs *od.* grădātĭō).

clīnāmĕn, ĭnĭs *n* (*cf.* [īn]clīnō) (*Lu.*) Neigung einer Sache [principiorum].

clīnātŭs 3 (*aus den Komposita, zB.* in-clīnō, *verselbständigtes P.P.P.*; *cf. κλίνω, nhd.* „lehnen") (*dcht.*) geneigt, gesenkt.

clīnĭcŭs, ī *m* (*Fw.* ⟨ *κλινικός*; *Ma.*) **1.** Arzt, der bettlägerige Kranke besucht. **2.** Leichenmann (*entspr. unserer* „Totenfrau"), Leichenträger (*auch im Wortspiel m.* 1). — ** *adi.* 3 bettlägerig, kränklich.

clīnŏpălē, ēs *f* (*Fw.* ⟨ *κλινοπάλη*) (*Domitian b. Suet.*) Ringen im Bett (= ăssĭdŭĭtās cŏncŭbĭtŭs).

Clīō, ūs *f* (*Κλειώ*) **1.** Klio, *Muse* (*der Geschichte*); / (*Ju.*) *appell.* Muse. **2.** Nymphe. *Cf.* V.-B. III, 2.

clĭpĕātŭs (*altl.* clŭpĕ-) (clĭpĕŭs) (*nkl., dcht.*) **1.** *adi.* 3 schildtragend, schildbewehrt [acies, agmina]. **2.** *subst.* **-ŭs,** ī *m* Schildträger.

clĭpĕŭs (*altl.* clŭpĕŭs), ī *m u.* (*unkl.*)

clĭpĕŭm, ī *n* (*et. ungedeutet, vl. etr. Lw.*) **1.** *großer eherner — später durch* scūtŭm *u.* pārmă *verdrängter* — Rundschild *der Römer* [ingens, °septemplex des Aias; *sprichw.* °clipeum sumere post vulnera = *etw.* zu spät tun]. **2.** / **a**) (*dcht.*) Himmelsgewölbe; **b**) (*dcht.*) Sonnenscheibe [dei = Solis]; **c**) (*nkl.*) (*meist* clĭpĕŭm) Rundbild, Brustbild, Medaillon [argenteum].

Clīsthĕnēs, ĭs *m* (*Κλεισθένης*) *athen. Staatsmann um 500, Reformator der Solonischen Verfassung.*

Clītărchŭs, ī *m* (*Κλείταρχος*) *griech. Historiker im Gefolge Alexanders d. Gr.*

clītĕllae, ārŭm *f* (*demin. v.* *clītră *zu* [īn]clīnō, *cf. nhd.* „Leiter" = „die Angelehnte") Pack-, Saumsattel *für Esel u. Maultiere.*

clītĕllārĭŭs 3 (clītĕllae) einen Saumsattel tragend, Pack..., Saum... [mulus].

****clītoris,** idis *f* (*Fw.* ⟨ *κλειτορίς*) Kitzler.

Clītŭs, ī *m* (*Κλεῖτος*) *Reitergeneral Alexanders, v. diesem im Jähzorn erschlagen.*

clīvōsŭs 3 (clīvŭs) (*dcht., nkl.*) steil, abschüssig [Ida].

▶ **clīvŭs,** ī *m* (*wohl* ⟨ *kloivos *zu* [īn-]clīnō) **1.** Abhang, Abdachung [°lenis, °mensae schräger Stand, clivum mollire die Steigung vermindern, adversus clivum bergan]. **2.** (*meton.*) Hügel, Anhöhe, *bsd.* Hügelstraße [Capitolinus vom Forum auf das Kapitol; sacer (*Ho.*) *entweder* = sacra via *od. der Abschnitt vom Vestatempel bis zur Höhe der Velia*].

clŏācă, ae *f* (⟨ clŏvācă *zu altl.* clŭō 3. „spülen, reinigen"; *cf. nhd.* „lauter") Kloake, unterirdischer Abzugskanal *zur Entwässerung u. zur Ableitung des Unrats; sprichw.* arcem facere e cloaca *s.* ărx. — Cloaca maxima (*noch heute benutzter*) Hauptabzugskanal *in Rom vom Forum, zw. Capitolinus u. Palatinus in den Tiber führend.*

Clŏācīnă, ae *f* (clŏācă) Patronin der Cloaca maxima, *Beiname der Venus.*

Clōdĭŭs *s.* Claudĭŭs; clōdŭs *s.* claudŭs.

clōdō = claudō².

Cloelĭŭs *u.* **Clŭīlĭŭs** 3 (*zu* clŭĕō) *urspr. albanischer, später röm. Gentilname:* **1.** *C.* Cloelĭŭs, *letzter K. v. Alba Longa.* **2.** Cloelĭă, (*nach Li.*) *als Geisel an Porsenna ausgeliefert u. nach Rom entflohen.*

clōstrŭm, ī *n s.* claustrŭm.

Clōthō, ūs *f* (*Κλωθώ, eigtl.* „Spinnerin") *die älteste der drei Parzen* (*Μοῖραι*). *Cf.* V.-B. III, 2.
clŭācă *u.* **Clŭācīnă,** *ae f* = *clŏācă u. Clŏācīnă.*
clūdō *s. claudō*[2].
clŭēns, ĕntīs *m nur einmal handschriftlich überlieferte jüngere Schreibung für cliēns.*
Clŭĕntĭŭs 3 *röm. Gentilname*; *adi.* **Clŭĕntĭānŭs** 3.
clŭĕō, — — 2., **clŭĕŏr,** — 2. *u.* (*sekundär nach κλύω*) **clŭō,** — — 3. (*cf. κλυτός*) (*vkl., dcht.*; *cluō nkl.*) genannt werden, heißen (*m. dopp. nom.*); (*prägn.*) gerühmt werden, berühmt sein.
Clŭĭlĭŭs 3 *s. Cloeliŭs.*
clūnĭs, *īs f* (*cf. κλόνις* „Steißbein") (*unkl.*) Hinterbacke, -keule, Steiß *bei Menschen u. Tieren.*
clŭpĕātŭs, clŭpĕŭs *s. clĭpĕ...*
clūrīnŭs 3 (*clūră* „Schwanzaffe", *wohl Lw.* ‹ *κόλουρος* „m. verstümmeltem Schwanz", *volkset. m. clūnĭs vermischt*) (*Pl. u. spätl.*) Affen... [*pecus*].
****clusa,** *ae f* Engpaß; = ***clausa.*
Clūsĭŭm, *ī n St. in Mitteletrurien, Residenz Porsennas, j.* Chiusi; *Einw. u. adi. Clūsīnŭs* (3).
Clūsĭŭs, *ī m* (*nach antiker E. zu* [*in*]*clūdō*; *eigtl.* „der Schließer") *Beiname des Iānŭs in Friedenszeiten.*
Clȳmĕnŭs, *ī m* (*Κλύμενος, eigtl.* „der Berühmte") *Beiname des Pluto.*
clȳstēr, *ērīs m* (*Fw.* ‹ *κλυστήρ*) (*nkl.*) Einlauf(spritze).
Clȳtaemēstră *od.* **Clȳtēmēstră,** *ae f* (*Κλυταιμ*[*ν*]*ήστρα*; *die Form mit ν ist erst spätgriech.*) *T. des Tyndareos u. der Leda, Gemahlin Agamemnons, M. der Iphigenie, Elektra u. des Orestes*; / (*unkl.*) Allerweltshure, Gattenmörderin.
Cn. (*Abk.*) = *Gnaeŭs.*
Cnidŭs *u.* **Gnidŭs** *od.* **-ŏs,** *ī f* (*Κνίδος*) *dor. Seestadt in Karien, Hauptsitz des Kultus der Aphrodite*; *cf.* V.-B. II, 1; *Einw. u. adi.* **Cnidĭŭs** (3).
Cnōsŭs *u.* **Cnōsĭŭs** *s. Gnōs(s)ŭs.*
cŏ- (*praev.*) *s. cŏm-.*
cŏă, *ae f* (*Scherzbildung v. cŏĕō*) (*Caelius b. Qu.*) Hure (*v. Clodia, die sich in der Öffentlichkeit jedem hingab* [*in triclinio coa*], *ihrem Ehemann Metellus aber gegenüber die Spröde spielte* [*in cubiculo nola*].
cŏ-ăccēdō, — — 3. (*Pl.*) noch hinzukommen.
cŏăcĕrvātĭō, *ōnīs f* (*cŏăcĕrvō*) (*nkl.*) Aufhäufung; *klass. nur als rhet. t.t.* Aufhäufung (*v. Beweisen u. a.*).
cŏ-ăcĕrvō 1. an-, aufhäufen (*alqd, zB. pecunias*; *alqd in loco,* [*unkl.*] *in locum*); *auch* /, *zB. agros* haufenweise zusammenkaufen, *argumenta.*
cŏ-ăcēscō, *ăcŭī,* — 3. (*völlig*) sauer *od.* schlecht werden [*vinum, cibus*]; / verwildern [*gens*].
cŏăctă, *ōrŭm n* (*eigtl. P.P.P. pl. n v. cōgō*) gewalkter Stoff, Filz v. Wolle *od.* Haaren.
cŏăctĭō, *ōnīs f* (*cōgō*) (*vkl., nkl.*) Eintreibung *od.* Einkassierung *v. Geldern.*
cŏăctō 1. (*intens. v. cōgō*) (*Lu.*) m. Gewalt zwingen; *m. inf.*
cŏăctŏr, *ōrīs m* (*cōgō*) **1. a)** Einkassierer *v. Geld od. Außenständen, bsd.* Steuereinnehmer; **b)** (*Suet.*) Makler. **2.** *pl. mil.* (*Ta.*) *agminis* Nachhut (*die die Nachzügler vorwärtszutreiben u. den Marsch zu decken hatte*). **3.** / (*Se.*) Antreiber.
cŏăctŭs[1] *P.P.P. v. cōgō.*
cŏăctŭs[2], *nur abl. ū m* (*cōgō*) Zwang, Nötigung; *coactu meo* von mir gezwungen, *coactu civitatis* vom Staate genötigt.
cŏ-ăddō, — — 3. (*vkl.*) mit hinzutun.
cŏ-ădiūtŏr, *ōrīs m* (*Inschr.*) Mitarbeiter. — **(*geistl.*) Helfer; Stellvertreter des Bischofs.
cŏ-aedĭfĭcō 1. bebauen [*campum Martium*]; *auch* aufbauen, erbauen [*urbem*].
cŏ-aequālĭs, *ĕ* (*nkl.*) gleich alt, gleichaltrig; *subst. m* Altersgenosse, Spielkamerad.
cŏ-aequō 1. gleichmachen: **1.** (*vkl., nkl.*) (ein)ebnen [*montes*]. **2.** / an Wert gleichmachen, gleichstellen (*alqd ad alqd, zB. omnia ad libidines suas*).
cŏăgmĕntātĭō, *ōnīs f* (*cŏăgmĕntō*) Zusammenfügung, Verbindung.
cŏăgmĕntō 1. (*denom. v. cŏăgmĕntŭm*) eng zusammenfügen, -kitten, -kleben, -leimen (*alqd, zB. trabes*); / eng verbinden [*verba, pacem* zusammenleimen, schließen].
cŏăgmĕntŭm, *ī n* (*cōgō* ‹ **cŏ-ăgō*) Zusammenfügung; (*concr.*) Fuge.
cŏăgŭlŭm, *ī n* (*cōgō* ‹ **cŏ-ăgō, eigtl.* „Zusammenfügungsmittel") (*unkl.*) **1.** das Lab. **2.** das Gerinnen *od.* Gefrieren.
cŏălēscō, *ălŭī, ălĭtŭm* 3. (*incoh. v.* **cŏ-ălō* 3.) (*unkl.*) **1. a)** zusammenwachsen, verwachsen, *v. Gewächsen, Wunden, Steinen, Körperteilen* (*cum re m. etw., inter se*); *coalitus* zusammengewachsen; **b)** / sich fest verbinden *od.* verschmelzen [*animi concordia coaluerant*; *cum alqo m. jd.*; *in alqd* zu *etw., zB. in unius populi corpus*]. **2. a)** mit dem Boden verwachsen, Wurzel fassen [*ilex coaluerat inter saxa*]; **b)** erstarken, gedeihen, sich erholen [*regnum*].
cŏ-ăngŭstō 1. **1.** (*vkl., nkl.*) einengen, (*Pers.*) zusammendrängen. **2.** / einschränken [*legem*].
cŏ-ărgŭō, *ărgŭī, ărgūtŭm, ărgŭĭtūrŭs* 3. **1.** deutlich kundgeben, aufdecken, beweisen (*alqd, zB. mendacium alcis*; *alqd re etw.* durch *etw., zB. crimen multis suspicionibus*; *m.* ° *a.c.i.*). **2. a)** *jd.* überführen [*alqm multis testibus*; *alqm in re jd.* in *etw.*; *alqm alcis rei jd.* eines Vergehens bezichtigen, *zB. avaritiae*]; **b)** (*nkl.*) *etw.* als irrtümlich *od.* unbrauchbar erweisen (*alqd, zB. legem*), widerlegen.
cŏărtātĭō, *ōnīs f* (*cŏărtō*) (*nkl.*) das Zusammendrängen [*plurium in angusto*].
cŏ-ārtō 1. **1.** zusammendrängen, verengen, einengen (*alqd, zB.* °*iter, u. alqm, zB. Pompeium*). **2.** / **a)** (*in der Rede*) zusammendrängen (*alqd,* °*in unum librum*); **b)** (*nkl., dcht.*) (*zeitl.*) ab- *od.* verkürzen [*consulatum*].
cŏăxō 1. (*lautmalend, wohl nach κοάξ κοάξ* [*Aristophanes*]; *cf. nhd.* „quaken") (*nkl., dcht.*) quaken.
Cŏccēĭŭs 3 *röm. Gentilname*: **1.** L. ~ *Nĕrvă, Jurist, Vermittler zw. Oktavian u. Antonius.* **2.** M. ~ *Nĕrvă, Jurist, Freund des Kaisers Tiberius.* **3.** M. ~ *Nĕrvă, Enkel v. 2,* Kaiser Nerva (*96—98 n. Chr.*).
cŏccĭnātŭs 3 (*cŏccĭnŭm*) (*Suet., Ma.*) in Scharlach gekleidet.
cŏccĭn(ĕ)ŭs 3 (*cŏccŭm*) (*nkl., dcht.*) scharlachfarben; *subst.* **-nŭm,** *ī n* Scharlachdecke, -kleid.
cŏccŭm, *ī n* (*Lw.* ‹ *κόκκος*) (*dcht., nkl.*) Beere, *bsd.* Scharlachbeere; (*meton.*) Scharlach(farbe), *auch* Scharlachfaden (*für Netze*).
cŏc(h)lĕă, *ae f* (*Lw.* ‹ *κοχλίας m*) Schnecke; *meton.* (*dcht., nkl.*) Schneckenhaus.
cŏc(h)lĕăr *u.* **-ĕārĕ,** *ārīs n* (*cŏc*[*h*]*lĕă*) (*dcht., nkl.*) Löffel (*mit dessen spitzem Ende die Schnecken aus der Schale gezogen wurden*).
cŏclēs, *ĭtīs* (-ō-?; -ē-?) (*Lw.* ‹ *Κύκλωψ durch etr. Vermittlung?*) (*unkl.*) (v. Geburt) einäugig; *bsd.* ♀: *P. Hŏrātĭŭs Cŏclēs, Verteidiger der Tiberbrücke gegen Porsenna.*
cŏctĭlĭs, *ĕ* (*cŏquō*) (*unkl.*) gebrannt [*later* Ziegel-, Backstein, *murus* Backsteinmauer].
cŏctūră, *ae f* (*cŏquō*; *nkl.*) das Kochen; das Schmelzen.
cŏctūrnĭx (*altl.*) = *cōtūrnīx.*
cŏctŭs *P.P.P. v. cŏquō.*
cŏcŭs, *ī m* = *cŏquŭs.*
Cōcȳtŭs *u.* °**-ŏs,** *ī m* (*Κωκυτός, eigtl.* „Jammerstrom") *Fl. der Unterwelt. Cf.* V.-B. II, 1; *adi.* **Cōcȳt(ĭ)ŭs** 3 [*virgo* = Alekto].
cōdă *s. caudă.*
Cōdĕtă (*ae f*) **mĭnŏr** (*cōdă căbăllī* „Pferdeschwanz", Schachtelhalm) *m. Schachtelhalm bedeckter Teil des Marsfeldes.*
cōdĕx *s. caudĕx.*
cōdĭcārĭŭs 3 (*cōdĕx*) (*vkl., nkl.*) aus einem Baumstamm bestehend [*navis* Einbaum].
cōdĭcĭllŭs, *ī m* (*demin. v. cōdĕx*) **1.** (*vkl.*) kleiner Holzklotz *od.* -block, Stämmchen. **2.** (*meton.*) *pl.* **a)** kleine, *mit Wachs überzogene* Holztafel *zum Schreiben,* Schreibtafel, Notizbuch [*alqd in codicillos referre*]; **b)** Brief, Handschreiben [*per codicillos quaerere alqd ab alqo*]; **c)** (*nkl.*) kürzere schriftliche Äußerung: **α)** Bittschrift; **β)** Kabinettsorder, kaiserliches Handschreiben *od.* Patent; **γ)** Zusatz zu einem Testament, Kodizill. — **Büchlein, Heft.
Cŏdrŭs, *ī m* (*Κόδρος*) (*letzter*) *myth. K. v. Athen.*
cŏēgī *s. cōgō.*
Coelē, *ēs f* (*Κοίλη*) *u.* **Coelēsȳrĭă,** *ae f* (*Κοίλη Συρία*) Cölesyrien, das „Hohle Syrien"; *Mulde zw. Libanon u. Antilibanon,* Südsyrien.
coemētērĭŭm, *ī n* (*Fw.* ‹ *κοιμητήριον* „Ruhestätte") (*Eccl.*) Kirchhof.
cŏ-ĕmō, *ēmī, ēmptŭm* 3. zusammenkaufen, aufkaufen (*alqd, zB. equos*).

cŏēmptĭō, ōnis *f* (cŏēmō; *eigtl.* „Aufkauf") **1.** Kaufehe (*vollgültige röm. Ehe, bei der die Frau in Gegenwart v. 5 Zeugen u. des* lībrīpēns *— s.d. — für einen symbolischen Kaufpreis in die manus des Mannes überging*). **2.** Scheinehe (*die die Frau auf Zeit mit einem kinderlosen älteren Mann einging, um sich der tutela des Vormundes u. der Agnaten zu entziehen u. selbständig zu werden*). — **Kauf.

cŏēmptiōnālis, ĕ (cŏēmptĭō) (*unkl.*) nur zu einer Scheinehe geeignet [senex]; / in Bausch *u.* Bogen gekauft, verbraucht, wertlos.

cŏ͡enŏbītă, ae *m* (cŏ͡enŏbĭūm) (*Eccl.*) Klosterbruder, Mönch.

cŏ͡enŏbiūm, ī *n* (*Fw.* ⟨ κοινόβιον) (*Eccl.*) Kloster.

cŏ-ĕō
1. (*intr.*) **a**) zusammenkommen, -treffen; **b**) mitgehen; **c**) (*feindl.*) zusammenstoßen; **d**) zusammentreten; **e**) geschlechtlich verkehren, (*Tiere*) sich paaren; **f**) *mil.* sich sammeln; **g**) (*Wunde*) sich schließen; (*Blut*) gerinnen; **2.** (*trans.*) *societatem coire* einen Bund schließen.

cŏ-ĕō, iī, itūm 4. **1.** *intr.* **a**) zusammenkommen, -treffen, sich versammeln, *v. Pers. u. Tieren* (*cum alqo m. jd.*; *in od. ad locum, zB. in porticum, ad regiam,* °*apud aram, unkl. auch in loco, zB.* °*in foro, Capuae*; *ad u.* °*apud alqm* bei *jd.*); **b**) (*unkl.*) mitgehen [*ne coiret, institit*]; **c**) (*nkl., dcht.*) (*feindl.*) zusammenstoßen [*inter se, in unum* gegen den einen]; **d**) *zu einem Ganzen* sich vereinigen, zusammentreten, *v. Pers.* (*abs. od. cum alqo, dcht. auch* °*alci, zB. par pari coit,* / *immitia placidis coëunt; de re* über *od.* wegen *etw.*; *ad od. in alqd* zu *etw., zB. ad iusta praestanda, in populos* zu Völkern, °*in foedera* zum Bunde), *bsd.* (*pol.*) sich einigen, einen Bund schließen; (*so auch von* °*Leblosem, bsd. v.* °*Flüssen u. Flüssigkeiten*) zusammenfließen [*aquae coëunt in vallem*], *v.* °*Flammen, Lippen, Augenlidern u.ä.* = sich einander nähern; **e**) (*nkl., dcht.*) geschlechtlich verkehren, sich verheiraten, (*v. Tieren*) sich begatten, sich paaren [*conubio od. nuptiis, stupro cum alqo u.* °*alci, zB. privigno*]; **f**) *mil.* sich sammeln, sich konzentrieren [*inter se, in orbem*]; **g**) (*v. Leblosem*) (*nkl., dcht.*) (*v. Wunden*) sich schließen; (*v. Flüssigkeiten*) sich verdicken; (*v. Milch, Blut u.ä.*) gerinnen *od.* erstarren; (*vom Wasser*) gefrieren. **2.** *trans. societatem coire* einen Bund schließen (*cum alqo, de re*).
F. *pf.-Formen zsgz.*: cŏissĕ(m), cŏistī, cŏistis *u.ä.*; (*Te.*) cŏimŭs.

▶ **cŏ͡epiō,** cŏ͡epī, cŏ͡eptūm 3. (*praes.-Formen nur altl., später durch* incipiō *— s.d. — ersetzt; pf. altl. zuerst* [*Pl., Ennius*] cŏēpī) (cŏ- + *ăpiō „zusammenfügen"; *cf.* ăpīscŏr) anfangen, beginnen: **1.** *intr.* (*dcht., nkl.*) [*ubi dies od. silentium coepit; auch m. ab u. ex, zB. seditiones coeperunt a Graccho*]; *klass. fast stets m. inf.* [*omnes ridere coeperunt*]; *bei einem pass. inf. mit wirklich pass. Bedeutung wird klass. meist* coeptŭs sūm *für* coepī *gebraucht* [*lapides iaci coepti sunt*] (*Sa. aber zB. moveri civitas coepit*); *impers. pugnari coeptum est.* **2.** *trans.* (*vkl., nkl.*) *alqd, zB. bellum coeperunt. Auch das P.P.P.* **cŏ͡eptŭs** 3 angefangen, begonnen *ist nur nkl. u. dcht.* [*bellum*].
F. *part. fut.* cŏ͡eptūrŭs *seit Livius.*

cŏ-ĕpiscŏpŭs, ī *m* (*Eccl.*) Mitbischof.

cŏ͡eptō 1. (*intens. v.* cŏ͡epiō) anfangen, beginnen, unternehmen (*trans. u.* [*nkl.*] *intr.*; *m. inf.*).

cŏ͡eptūm, ī *n* (cŏ͡epiō) (*nkl., dcht.*) angefangenes Werk, Unternehmen, Vorhaben (*m. adv.* — *also eigtl. noch verbal* —, *zB. temere coeptum, seltener m. adi., zB. audacia coepta*).

cŏ͡eptŭs[1] *P.P.P. v.* coepiō.

cŏ͡eptŭs[2], ūs *m* (coepiō) Anfang, Beginn(en), Unternehmen (*abs. u. alcis rei*).

cŏ-ĕpŭlōnŭs, ī *m* (ĕpŭlōnŭs *altl.* = ĕpŭlō, *vl. aus dem gen. pl.* triŭmvirūm ĕpŭlōnūm *erwachsen*) (*Pl.*) Tischgenosse.

cŏ͡erātŏr, ōris *m* (*altl.*) = cūrātŏr.

▶ **cŏ-ĕrcĕō,** cŭī, citūm 2. (ărcĕō, *eigtl.* „zusammenpferchen") **1. a**) *etw.* m. Gewalt zusammenhalten, einschließen *od.* umschließen (*alqm u. alqd, zB. hostem operibus intra muros,* °*flumen* stauen; / (*Ov.*) *numeris* in Verse fassen [*verba*]); **b**) in Ordnung halten, kurz halten [*vitem amputando,* °*turbam virgā*]. **2.** / in Schranken halten, zügeln (*alqm u. alqd, zB. socios, cupiditates,* °*seditionem* unterdrücken). **3.** strafen, züchtigen [*alqm verberibus od. suppliciis*].

cŏĕrcitiō, ōnis *f* (cŏĕrcĕō) (*nkl.*) **1.** Einschränkung, Beschränkung (*m. gen.*). **2.** Bestrafung, Strafe (*m. gen.*); (*meton.*) Zwangsmaßregel; *auch* Strafrecht (*adversus u. in alqm*).

cŏĕrcitŏr, ōris *m* (cŏĕrcĕō) (*nkl.*) der in Ordnung hält (*m. gen., zB. disciplinae militaris* der auf Kriegszucht hält).

cŏ͡erō 1. (*altl.*) = cūrō.

▶ **cŏ͡etŭs,** ūs *m* (= cŏ-itŭs *v.* cŏĕō) (*seit Zwölftafelges.*; *cf.* cŏitŭs) **1. a**) (*unkl.*) das Zusammentreffen [*in locum, ad alqm*], (*v. Flüssen*) Zusammenfließen, Vereinigung; **b**) (*spätl.*) = cŏncŭbitŭs [*Iovis et Cereris*]. **2.** (*meton.*) Verein, Versammlung, Gesellschaft, Kreis [*amicorum*]; *bsd.* eine heimliche, revolutionäre *od.* verbrecherische Vereinigung *od.* Versammlung [*nocturnus* Zusammenrottung, Auflauf]; *übh.* °Volksschwarm [*vulgaris*]. — *dat. sg.* (*Ca.*) cŏ͡etū = cŏ͡etŭī.

cŏ-ĕxĕrcitō 1. (*Qu.*) zugleich einüben.

cōgitābilis, ĕ (cōgitō; *nkl.*) denkbar.

cōgitātim *adv.* (cōgitātŭs; *Pl.*) m. Bedacht, m. Überlegung.

▶ **cōgitātiō,** ōnis *f* (cōgitō) **1.** (*act.*) **a**) das Denken, Nachdenken, Überlegung, Erwägung [*cogitatione percipere od. comprehendere, complecti, fingere alqd* denken, sich vorstellen, *in cogitationem cadere* denkbar sein, *cogitatione* der Theorie nach; *aber cogitatione complecti alqm absentem jd.* in Gedanken umarmen; *alcis rei* Gedanke an *etw., zB. belli, habere cogitationem alcis rei* an *etw.* denken]; **b**) (*rhet. t.t.*) (*Qu.*) das Überdenken *als Vorbereitung einer Rede*; **c**) Denkvermögen, Vorstellungskraft, Phantasie [*particeps rationis et cogitationis*]. **2.** (*pass.*) **a**) das Gedachte, Gedanke, Vorstellung [*cogitationes suas litteris mandare, omnes cogitationes conferre od. abicere in alqd*]; **b**) Vorhaben, Absicht, Plan, Entschluß [*cogitationibus alcis obstare; alcis rei, zB. rerum novarum*].

cōgitātŭs 3 *s.* cōgitō.

cōgitō
1. (*intr.*) **a**) denken; **b**) auf *etw.* bedacht sein; **2.** (*trans.*) **a**) *etw. od.* an *etw.* denken, bedenken; **b**) *etw.* ausdenken; **c**) *etw.* beabsichtigen, planen.

▶ **cōgitō** 1. (⟨ *cŏ-ăgitō, *eigtl.* „*etw.* im Geist zusammenfassen") **1.** *intr.* **a**) denken [*erudito homini vivere est cogitare*]; *insb.* **α**) an *jd. od.* an *etw.* denken *od.* zurückdenken (*de alqo u. de re, zB. de claris viris*); **β**) über *etw.* nachdenken (*de re, zB. de natura deorum*); **γ**) gesinnt sein [*bene od. male de alqo* Gutes *od.* Schlechtes *m. jd.* im Sinne haben, *humaniter in alqm*]; **b**) auf *etw.* bedacht sein (*de re, zB. de salute, de pernicie alcis; m. inf., cf.* 2, c); *bsd. elliptisch im Briefstil*: *in Pompeianum* (*sc. ire*), *eo die cogitabam in Tusculano* (*sc. esse od. manere*). **2.** *trans.* **a**) *etw. od.* an *etw.* denken, bedenken, überlegen, erwägen (*alqd, zB. duas res uno tempore, multa cum animo suo od.* °*animo; auch* °*alqm* an *jd.* denken, *zB. et maiores et posteros; m. a.c.i. u. indir. Frages.*); **b**) *etw.* ausdenken, ersinnen (*alqd, zB. scelus, aliud,* °*multa ad perniciem alcis*); **c**) auf *etw.* bedacht sein, *etw.* beabsichtigen, planen (*alqd, zB. accusationem; m. inf., zB. in castra se recipere; m. ut, ne, zB. cogitabat, ne occasionem dimitteret*); **d**) (*P.P.P.*) *adi.* **cōgitātŭs** 3 (*adv.* **-ē**) **α**) durchdacht, wohlerwogen; *adv.* mit Überlegung [*res diu cogitatae, cogitate scribere*]; **β**) beabsichtigt, gewollt [*facinus, iniuria*]; **e**) *subst.* **cōgitātūm,** ī *n* **α**) Gedanke [°*acutum; meist pl., zB. cogitata eloqui*]; **β**) Plan, Einfall [*cogitata perficere*]. — ***cogito, ergo sum „ich denke, also bin ich" (*oberster Grundsatz der Lehre des Philosophen Descartes*).

cŏgnātiō, ōnis (cŏ-?) (cŏ- + *gnāscŏr „zusammen geboren werden") **1.** Blutsverwandtschaft [*propinqua, cognatio alci est cum alqo;* °*alcis u.* °*cum alqo m. jd.*]. **2.** (*meton.*) Verwandtschaft = die Verwandten, Sippe [*homo magnae cognationis*].

3. / Ähnlichkeit, Übereinstimmung [*studiorum*].

▶ **cŏ-gnātŭs** 3 (*cō-?*) (**gnātŭs* = *nātŭs*) **1.** blutsverwandt *v. väterlicher od. mütterlicher Seite, cf. ăgnātŭs* (*alci m. jd., zB. mihi*), *dcht. auch auf Sachen übtr.* [*urbs, faba Pythagorae cognata*]; *subst.* **-ŭs,** *ī m* Blutsverwandter (*alcis j-s, zB. regis, meus*). **2.** / zugehörig, ähnlich, übereinstimmend (*alci, zB. °vocabula rebus cognata*).

▶ **cŏgnĭtĭō,** *ōnĭs f* (*cō-?*) (*cŏgnōscō*) **1.** das Kennenlernen: **a**) (*durch die Sinne*) (*nähere*) Bekanntschaft *mit e-r Pers. od. Sache* (*m. gen., zB. hominis, urbis; auch abs., zB. alqm cognitione dignum iudicare*); **b**) (*geistig*) α) das Erkennen, Erkenntnis, Erforschung, theoretische Kenntnis (*alcis rei, zB. naturae*); *facilem cognitionem habere* leicht zu erkennen sein; β) *cognitio atque ars* wissenschaftliche Bildung; γ) Vorstellung, Begriff [*verborum*]. **2.** (*Te.*) (= *ăgnĭtĭō*) das Wiedererkennen. **3.** gerichtliche Untersuchung [*cognitionis dies; alcis j-s, zB. magistratuum; alcis rei u. de re, zB. caedis, de eiusmodi criminibus*]; (*Se.*) *a cognitionibus esse* Rechtsbeistand sein.

cŏgnĭtŏr, *ōrĭs m* (*cō-?*) (*cŏgnōscō*) Kenner (*m. gen.*): **1.** Identitätszeuge (*der den Namen u. die bürgerliche Stellung e-r Pers. bezeugt*). **2.** (*öffentl. legitimierter*) Vertreter einer Partei *vor Gericht* (*Ggs. prōcūrātŏr*): **a**) Rechtsbeistand (*alcis j-s, zB. viduarum, u. alcis rei, zB. iuris sui*); **b**) (*dcht.*) Staatsanwalt, öffentlicher Ankläger; **c**) / Vertreter [*huius sententiae*].

cŏgnĭtūră, *ae f* (*cō-?; cŏgnĭtŏr*) (*nkl.*) Staatsanwaltschaft.

cŏgnĭtŭs 3 (*cō-?*) *s. cŏgnōscō.*

cŏgnōbĭlĭs, *ĕ* (*cō-?*) (*m. comp.*) (*cŏgnōscō*) (*vkl., nkl.*) verständlich (*alci, zB. his solis*).

▶ **cŏ-gnōmĕn,** *ĭnĭs n* (*cō-?*) (*zu nōmĕn nach cŏgnōscō gebildet*) Zuname: **1.** Kognomen, Familienname (*zur Unterscheidung der Linien e-r gens*) [*Sulla, Scipio*]. **2.** Beiname, *den jd. wegen e-r Tat od. e-r auffallenden Eigenschaft u. dgl. erhält*: **a**) Ehrenname, *zB. Magnus, Africanus*; **b**) Schimpf-, Spitzname, *zB. Bambalio.* **3.** (*dcht.*) Name, Bezeichnung, *zB. clari cognominis Alba.*

cŏgnōmēntŭm, *ī n* (*cō-?*) (*unkl.*) = *cŏgnōmĕn* (2 *u.* 3).

cŏgnōmĭnĭs, *ĕ* (*cō-?*) (*cŏgnōmĕn*) (*unkl.*) gleichnamig (*abs. od. m. gen. u. dat.*); / (*gramm. t.t.; Lehnübersetzung v. συνώνυμος*) (*Ge.*) sinnverwandt, synonym.

cŏgnōmĭnō 1. (*cō-?*) (*cŏgnōmĕn; nkl.*) *m.* einem Beinamen benennen (*alqm u. alqd*); *übh.* benennen; *klass. nur* (*P.P.P.*) *adi.* **cŏgnōmĭnātŭs** 3 (*Lehnübersetzung = συνώνυμος*) gleichbedeutend, sinnverwandt [*verba cognominata* Synonyma].

cŏ-gnōscō
1. erkennen, kennenlernen; **2. a**) wiedererkennen; **b**) (*jur. t.t.*) *j-s* Identität bezeugen; **3. a**) geschlechtlich *m. jd.* verkehren; **b**) wahrnehmen, bemerken; **4. a**) Erkundigung einziehen; *mil.* auskundschaften; **b**) untersuchen. **5.** (*P.P.P.*) *adi.* **cŏgnĭtŭs** bekannt; bewährt.

cŏ-gnōscō, *gnōvī, gnĭtŭm* 3. (*cō-?*) (*gnōscō = nōscō*) **1.** erkennen, kennenlernen, *sowohl durch sinnliche als durch geistige Wahrnehmung* (*alqm u. alqd, zB. novum regem, omnium animos; m. dopp. acc., zB. alqm fortem* als tapfer; *auch m. gen. u. abl. qual., zB. alqm magni animi* als einen Mann v. hohem Mute, *alqm egregia virtute; alqd re od. ex, ab re etw.* erkennen an *etw., zB. id a Gallicis armis; m. a.c.i., im* P. *auch m. n.c.i., zB. res cognoscitur vera esse; m. indir. Frages.*); *°non cognoscendus* nicht erkennbar; *abl. abs. cognito* (*fast nur nkl.*) nachdem man erkannt hatte; *pf.* **cognovisse** kennen; P. erkannt *od.* bekannt werden. **2. a**) wiedererkennen (*alqm u. alqd*); auch anerkennen [*signum*]; **b**) (*jur. t.t.*) *j-s* Identität bezeugen. **3. a**) (*dcht., nkl.*) (*euphem.*) geschlechtlich *m. jd.* verkehren (*alqm u. alqam, zB. virgo virum, uxorem alcis adulterio, Postumia stupro cognita*); **b**) / wahrnehmen, bemerken, vernehmen, einsehen, innewerden; *pf.* **cognovisse** wissen, verstehen (*alqm u. alqd, zB. mortem regis; de alqo od. de re* über *jd.*, über *etw., zB. de Bruto, de Clodii caede; alqd ab od. ex alqo etw. v. jd.* = durch *j-s* Mitteilung, *zB. a Fannio, ex multis de hostium adventu; m. a.c.i.; m. indir. Frages.*); *cognitum est m. a.c.i.* man weiß aus Erfahrung, daß; *abl. abs. cognito* (*fast nur nkl.*) nachdem man erfahren hatte; **c**) (*Schriften*) lesen *od.* studieren [*Demosthenem totum*]. **4.** zu erkennen *od.* zu erfahren suchen (*alqd u. de re, m. a.c.i. od. indir. Frages.*); *insb.* **a**) Erkundigung einziehen, *mil.* auskundschaften, rekognoszieren [*iter*]; *übh.* (*meist dcht.*) besuchen [*doctas Athenas*]; **b**) untersuchen, prüfen [*legem ipsam, numerum militum*]; *bsd.* (*v. einem Richter od. einem anderen Magistrat*) untersuchen, verhören, *auch* sich instruieren (*abs. od. alqd u. de re, zB. causam, de hereditate*). **5.** (*P.P.P.*) *adi.* **cŏgnĭtŭs** 3 (*m. °comp. u. °sup.*) bekannt (*alci j-m*), *auch* erprobt, bewährt (*re* durch *etw., zB. fides cognita re* durch die Tat).
F. *pf.-Formen oft synk.*: *cŏgnōstĭs = cŏgnōvĭstĭs, cŏgnōrŭnt, cŏgnōrăm, cŏgnōrō, cŏgnōssĕ.*

cōgō
I. 1. a) zusammentreiben, -bringen; **b**) einsammeln; **c**) versammeln, vereinigen; **d**) zur Beratung berufen; **e**) (*Gelder*) eintreiben; **2. a.**) *mil.* zusammenhalten; **b**) verdichten; **c**) logisch folgern; **II. 1. a**) hineintreiben, -drängen; **b**) beengen, verengen; **c**) gewaltsam in e-n Zustand versetzen; **d**) zwingen, nötigen; *P.P.P.* **cōāctŭs** gezwungen.

cōgō, *cŏēgī, cōāctŭm* 3. (< **cō-ăgō*) **I.** zusammentreiben: **1. a**) zusammentreiben, -bringen, -führen, -holen, *Pers. od. Tiere* [*omnem suam familiam undique, °oves; ab u. ex loco in, ad locum, zB. multitudinem hominum ex agris in oppidum*]; **b**) (*unkl.*) (*Sachen, Lebloses*) einsammeln, einernten, einheimsen [*mella, aurum* aufhäufen]; **c**) versammeln *od.* (*zu einem Ganzen*) vereinigen, verbinden, *Pers. u. Sachen* [*imbres*]; P. sich vereinigen, *zB. nubes in caelo coguntur; auch* / [*dispersa, ius civile in certa genera*]; *insb. mil.* (*Truppen, Schiffe u.ä.*) zusammenziehen, aufbieten [*milites, naves od. classem ex Asia in Graeciam od. in unum*]; **d**) (*Versammlungen od. Pers.*) zur Beratung berufen, entbieten, laden [*senatum in curiam, alqm in senatum, iudices*]; **e**) (*Geld, Beiträge u.ä.*) eintreiben, einkassieren [*pecuniam ab alqo, frumentum ex omni agro*]. **2.** *etw.* in seinen Teilen zusammenhalten; *bsd.* **a**) *mil. agmen cogere* (= *claudĕrĕ*) die Nachhut bilden (*vom Anführer* = das Heer geschlossen halten); *auch* / den Rücken decken; *cf. auch ăgmĕn*; **b**) (*meist unkl.*) verdichten, verdicken [*°hiems mella cogit* läßt gefrieren, *°lac coactum* geronnen]; P. sich verdichten, sich zusammenballen [*in nubem cogi*]; **c**) / *etw.* zusammenfassen; logisch folgern *od.* schließen (*alqd ex re; m. a.c.i. od. ut*). **II.** hineintreiben: **1.** hineintreiben, -drängen (*alqd in alqd, zB. navem od. alqm in portum, alqm °in angustum* in die Enge treiben [*meist bildlich*], *°arbores in sulcum* einsetzen; *auch* /, *zB. °saltus in fauces cogitur*); **b**) (*nkl.*) beengen, verengen [*ripae amnem cogunt*; P. sich verengen, *zB. Italia cogitur in angustias, in artius cogi* enger werden]; / (*zeitl.*) (*auch klass.*) auf einen kurzen Zeitraum beschränken [*censuram intra breve spatium*]; **c**) (*nkl.*) / gewaltsam in e-n Zustand versetzen (*alqm in alqd, zB. hostes in obsidionem, alqm in ordinem jd.* zur Ordnung bringen), (*einen Offizier od. Magistrat*) degradieren, entrechten [*nimium in ordinem se ipsum* sich allzusehr seiner Würde begeben]; **d**) zwingen *od.* zwängen, nötigen (*abs., zB. °nullo cogente* ohne Zwang, *si res coget; alqm alqd jd.* zu *etw., klass. nur die Neutra id, hoc, illud, quid, nihil, omnia u.a., zB. id cogi non possum; m. inf. od. ut*; P. sich gezwungen *od.* genötigt sehen); *auch etw.* erzwingen (*alqd, zB. amorem*); *bsd. P.P.P.* **cōāctŭs** 3 *auch adi.*: α) gezwungen (*re* durch *etw., zB. necessitate*); β) erzwungen, gewaltsam [*°lacrimae* erheuchelte *od.* unwillkürlich hervorquellende]; *rhet.* (*nkl.*) gesucht [*numeri*].

cŏ-gnōvī *s. cŏgnōscō.*

cŏhaerĕntĭă, *ae f* (*°cŏhaerēns* [*m. comp.*], *part. praes. v. cŏhaerĕō*) Zusammenhang [*mundi*].

cŏ-haerĕō, *haesī, haesūrŭs* 2. zusammenhängen (*intr.*): **1.** verbunden *od.* verwachsen sein, an *etw.* stoßen, *eig. u.* / (*cum re od. °alci rei* *u.* °*re m. etw., inter se*). **2. a)** in sich selbst *od.* organisch zusammenhängen, *meist* **b)** / **α)** (*bsd. v. der Rede u. v. Gedanken*) [*non cohaerentia inter se dicere* Unzusammenhängendes]; **β)** Halt *od.* Bestand haben [*virtutes sine beata vita cohaerere non possunt*]; **γ)** aus *etw.* bestehen (*re, zB. homines aliis rebus cohaerent*).

cŏhaerēscō, *haesī,* — 3. (*incoh. v. cŏhaerĕō*) zusammenwachsen, sich verbinden (*inter se, m.* °*dat.*).

cŏ-hērēs, *ēdīs m u. f* Miterbe, Miterbin (*alcis u. alci j-s*).

▶ **cŏ-hĭbĕō,** *bŭī, bĭtūm* 2. (*hăbĕō*) **1.** zusammenhalten, -fassen (*alqd, zB.* °*crinem nodo*). **2.** fest umschlingen *od.* umschließen, eingeschlossen halten (*alqm u. alqd, zB. bracchium togā,* °*deos parietibus*); *übh. etw.* enthalten (*alqd in se*). **3.** (*nkl., dcht.*) zurückhalten, festhalten [*milites intra castra*]. **4.** / **a)** *etw. v. etw.* fernhalten, abhalten, abwehren (*alqd a re, zB. manum a praeda, libidines a coniugibus vestris*); **b)** zügeln, bändigen, hemmen (*alqm u. alqd, zB.* °*se; bellum* verhindern, °*tibias* das Flötenspiel versagen; *m.* °*quominus*).

cŏ-hŏnēstō 1. m. anderen *od.* sehr ehren, verherrlichen; feiern (*alqm u. alqd, zB. statuas, victoriam; re* durch *etw.*).

cŏ-hŏrrēscō, *hŏrrŭī,* — 3. zusammenschaudern, erschrecken.

▶ **cŏ-hōrs,** *tĭs f, auch cōrs, chōrs* (< *cŏ-hōrtĭs zu hōrtŭs*) **1.** (*unkl.*) umzäunter Ort, Gehege, Hofraum, Viehhof. **2.** / (*meton.*) **a)** *mil.* **α)** Kohorte, *der zehnte Teil einer röm. Legion = 3 Manipeln = 6 Zenturien* [*legionaria, socia, alaria*]; *bsd.* **αα)** (*nkl.*) *im pl.* Hilfstruppen der Bundesgenossen (*im Ggs. zu legiones*); **ββ)** (*nkl.*) Korps *nichtrömischer Truppen* [*Macedonum, regia* die königliche Wache]; **γγ)** (*nkl.*) Reitertruppe; **β)** ~ *praetoria* Leibwache des Feldherrn; *im weitern Sinne* nähere Umgebung des Feldherrn; (*spöttisch*) ~ *scortorum;* **γ)** (*nkl.*) *cohortes praetōriae od. tŏgātae* (*da sie außer Dienst die Toga trugen*) die (9—16) Kohorten der Prätorianer *in u. um Rom* (*cf. praetōrĭānŭs*); **b)** Gefolge, Suite des röm. Statthalters *einer Provinz*; *dcht. auch* Schiffsmannschaft; **c)** *übh.* Haufe, Schar, Menge, Schwarm [°*fratrum,* °*febrium,* °*vigilum* Feuerwache, °*regia* Korps der königlichen Pagen].

F. *gen. pl. cŏhōrtĭūm.*

cŏhŏrtātĭō, *ōnĭs f* (*cŏhōrtŏr*) Aufmunterung, Zuspruch (*m. gen. subi. u. obi.*).

cŏhŏrtĭcŭlă, *ae f* (*demin. v. cŏhōrs*) (*unkl.*) kleine Kohorte, schwache Schar.

▶ **cŏ-hŏrtŏr** 1. eindringlich ermuntern, ermutigen, anfeuern (*alqm ad alqd; m. ut, ne od. m. bloßem coni.; m.* °*inf.*).

Cōī *s. Cōs.*

cŏ-ĭcĭō = *cōnĭcĭō.*

cŏ-ĭī *s. cŏĕō.*

****coincidentia,** *ae f* das Zusammenfallen.

cŏ-ĭnquĭnō 1. (*vkl., nkl.*) besudeln, beflecken (*m. acc.*).

cŏ-īrĕ *s. cŏĕō.*

cōīrō 1. *altl.* = *cūrō.*

cŏĭtĭō, *ōnĭs f* (*cŏĕō*) **1.** (*Te.*) (*feindl.*) Zusammenstoß. **2. a)** (*spätl.*) = *cŏĭtŭs* 2; **b)** Vereinigung *v. Pers.*; *bsd.* (*pol.*) Komplott, *insb.* Vereinbarung (*zweier od. mehrerer Amtsbewerber zur Verdrängung der übrigen Mitbewerber*) [*candidatorum consularium, coitionem facere*].

cŏ-ĭtŭm *P.P.P. v. cŏĕō.*

cŏĭtŭs, *ūs m* (*cŏĕō; seit Lu.; cf. coētŭs*) (*nkl., dcht.*) **1.** Vereinigung; Verbindung. **2.** Begattung, Beischlaf [*Qu.*: „*venerem*“ *quam* „*coitum*“ *dicere magis decet; cf. vĕnŭs*[2]]. **3.** (*gramm. t.t.*) Verschmelzung *v. Silben u. Wörtern.*

cŏl- *s. cŏm-.*

cŏlăphŭs, *ī m* (*Fw.* < κόλαφος) (*vkl., nkl.*) Faustschlag, Ohrfeige.

Cŏlăx, *ăcĭs m* (κόλαξ) „Der Schmeichler“, *Komödie Menanders.*

Cŏlchĭs, *ĭdĭs f* (Κολχίς) *Ldsch. südl. vom Kaukasus; Einw.* **Cŏlchŭs,** *ī m* Kolchier; *bsd.* = König Aeētēs (Αἰήτης); *fem.* **Cŏlchĭs,** *ĭdĭs* Kolchierin; *bsd.* = Medea. *adi.* **Cŏlchĭcŭs** *u.* °**Cŏlchŭs** 3.

F. *Cf.* V.-B. III, 1, a *u.* b; 4, b; 5.

cŏlēns, *ĕntĭs m s. cŏlō.*

cŏlĕŭs, *ī m* (*et. unklar*) Hodensack, Hode; (*Pe.*) *si coleos haberemus* (*vulgär*) = wenn wir Männer wären, wenn wir Courage hätten.

cōlĭcŭlŭs (*vulgär*) = *caulĭcŭlŭs.*

cōlĭs (*vulgär*) = *caulĭs.*

cŏl-lăbāscō, — — 3. (*Pl.*) m. zu wanken beginnen.

cŏl-lăbĕfăctō 1. (*Ov.*) zum Wanken bringen (*alqd*).

cŏl-lăbĕfīō, *făctŭs sŭm, fĭĕrī* zusammensinken, -brechen, -stürzen, -fallen; / (*v. Staatsmännern*) (*Ne.*) gestürzt werden (*ab alqo*).

cŏl-lābŏr, *lāpsŭs sŭm* 3. (*unkl.*) zusammensinken, -brechen, -stürzen, -fallen, (*v. Bauten*) einstürzen, (*vor Alter*) verfallen, (*v. Pers.*) ohnmächtig werden.

cŏl-lăcĕrātŭs 3 (*lăcĕrō; Ta.*) ganz zerfleischt [*corpus*].

cŏllăcrĭmātĭō, *ōnĭs f* (*cŏllăcrĭmō*) Tränenerguß.

cŏl-lăcrĭmō 1. in Tränen ausbrechen, beweinen (*abs. u. alqd*).

cŏl-lāctĕă, *ae f* (*lāctĕŭs; Ju.*) Milchschwester.

cŏl-lāpsŭs *part. pf. v. cŏllābŏr.*

cŏllārĕ, *ĭs n* (*cŏllŭm; vkl.*) Halseisen.

Cŏllātĭă, *ae f alte sabinische St. ö. v. Rom; Einw. u. adi.* **Cŏllātīnŭs** (3) [°*penetralia -a* Haus des *Tarquinius Collatinus; cf. Tārquĭnĭī*].

cŏllātĭcĭŭs 3 (*cŏllātŭs, P.P.P. v. cōnfĕrō*) (*nkl.*) zusammengetragen; geliehen.

cŏllātĭō, *ōnĭs f* (*cōnfĕrō*) **1.** das Zusammentragen, Vereinigung (*alcis rei, zB. centuriarum* Zusammenlegung bei der Abstimmung, *signorum* das Handgemeinwerden, Angriff). **2.** (*nkl.*) das Zusammenschießen v. Geld, Beitrag; *bsd.* Geldgeschenk *für den Kaiser.* **3.** / Vergleichung, Vergleich (*alcis j-s u. m. jd.*); *bsd.* (*rhet. t.t.*) Gleichnis, (*philos. t.t.*) Verhältnisbestimmung [*rationis* Analogie]. — **Imbiß; Besprechung; Gebet.

cŏllātīvŭs 3 (*cŏllātŭs, P.P.P. v. cōnfĕrō*) (*Pl.*) zusammengetragen, vollgestopft [*venter* dick].

cŏllātŏr, *ōrĭs m* (*cōnfĕrō*) (*Pl.*) der Beisteuernde [*symbolarum* wer Beiträge zu einem Gelage leistet].

cŏl-lātrō 1. (*Se.*) anbellen; / begeifern.

cŏl-lātŭs[1] *P.P.P. v. cōnfĕrō.*

cŏllātŭs[2], *abl. ū m* (*nkl.*) = *cŏllātĭō*; *bsd.* feindlicher Zusammenstoß.

cŏllaudātĭō, *ōnĭs f* (*cŏllaudō*) Belobigung (*m. gen.*).

cŏl-laudō 1. sehr loben, rühmen (*alqm u. alqd, zB. alcis clementiam*).

cŏl-lăxō 1. (*Lu.*) erweitern, weit machen.

cŏllēctă, *ae f* (*eig. P.P.P. f v. cŏllĭgō*[2], *sc. pĕcūnĭă*) Geldbeitrag zu einer gemeinsamen Mahlzeit; / Beitrag *zu einer Unterhaltung*; (*spätl.*) Kollekte. — **Kolleggeld.

cŏllēctānĕŭs 3 (*cŏllēctŭs, P.P.P. v. cŏllĭgō*[2]) (*nkl.*) gesammelt [*dicta -a* (Ἀποφθέγματα) „Sentenzensammlung“, *Jugendschrift Cäsars*].

cŏllēctĭcĭŭs 3 (*cŏllēctŭs* 3, *P.P.P. v. cŏllĭgō*[2]) zusammengelesen, schnell zusammengerafft [*exercitus*].

cŏllēctĭō, *ōnĭs f* (*cŏllĭgō*[2]) **1.** (*act.*) **a)** das Zusammenlesen, Sammeln (*alcis rei*); **b)** (*rhet. t.t.*) kurze Zusammenfassung, Rekapitulation; **c)** (*philos. t.t.*) Syllogismus, Schluß. **2.** (*pass.*) (*nkl.*) (*med. t.t.*) Ansammlung verdorbener Säfte.

cŏllēctīvŭs 3 (*cŏllēctŭs, P.P.P. v. cŏllĭgō*[2]) **1.** (*nkl.*) angesammelt. **2.** / **a)** (*nkl.*) syllogistisch [*quaestio*]; **b)** (*Qu.*) *nomen -um* Sammelname, Kollektivum.

cŏllēctŭs[1], *ūs m* (*cŏllĭgō*[2]) (*dcht., nkl.*) Ansammlung [*aquae*].

cŏllēctŭs[2] 3 (*m. comp.; adv.* **-ē**) (*cŏllĭgō*[2]) (*nkl.*) kurz(gefaßt), bündig, gedrängt [*dicendi genus*].

cŏl-lēctŭs[3] *P.P.P. v. cŏllĭgō*[2].

▶ **cŏllēgă,** *ae m* (*vl. zu cŏllēgĭŭm nach cōnvīvă; cōnvīvĭŭm*) **1.** Kollege, Amtsgenosse (*alcis u. alci j-s; alcis rei od. in re* in, bei *etw., zB. in praetura,* °*imperii* Mitregent). **2.** / Kamerad, *bsd.* Standesgenosse.

cŏl-lēgī *s. cŏllĭgō*[2].

cŏllēgĭŭm, *ī n* (*wohl cŏn- + lēx* = „durch eine lex geschaffene Korporation“) **1.** Amtsgemeinschaft (*abstr.*) [°*consul per tot collegia expertus* in so vielen Ämtern]. **2.** (*concr.*) **a)** Kollegium *v. Beamten od. Priestern* [*praetorum, augurum*]; **b)** Genossenschaft, Korporation, Bruderschaft, Innung, Truppe, Zunft [*mercatorum,* °*ambubaiarum*]; *auch* (politischer) Klub. — ***militare* Ritterstand. — ****Collegium Germanicum* deutsches Priesterseminar *in Rom*; *Collegium musicum* musizierende Gesellschaft *in Deutschland, j.* Musizierkreis *an den Universitäten*; *Collegium Romanum jesuitisches* Studienkolleg in Rom, *von Gregor XIII. zur päpstl. Universität erhoben* (*Pontificia Universi-*

tas Gregoriana).

cŏl-lēvō 1. (*nkl.*) (völlig) glätten.

cŏl-lībĕrtŭs, *ī m* Mitfreigelassener.

cŏl-lĭbĕt, *lĭbĭtŭm ĕst u.* (*unkl.*) *lĭbŭĭt* 2. es beliebt *od.* gefällt, behagt (*alci*; *m. inf.*).

cŏl-līdō, *sī, sŭm* 3. (*laedō*) **1. a)** zusammenstoßen, -schlagen [*manūs*]; P. (*nkl.*) zusammenstoßen *intr.* [*naves inter se colliduntur*]; **b)** / (*nkl., dcht.*) entzweien [*vires*]; P. feindlich zusammenstoßen *od.* -geraten (*alci* mit jd.; *inter se* kollidieren). **2.** (*prägn.*) zerstoßen, zerschlagen, zerdrücken (*alqd, zB. vasa*).

cŏllĭgātĭō, *ōnĭs f* (*cŏllĭgō*[1]) Verbindung, Vereinigung, Bund, *auch pl. u.* / [*societatis propinquorum*].

cŏl-lĭgō[1] 1. (*lĭgō*[2]) **1.** (*das eine m. dem anderen*) zusammenbinden, -knüpfen [*manūs, scuta* aneinanderheften]. **2.** / **a)** verbinden, vereinigen [*inter se, zB. homines dissociatos, sententias verbis* periodisch verknüpfen; *alqm cum alqo, zB. se cum multis*]; **b)** zusammenfassen [*multa uno libro*]. **3. a)** (*ein einzelnes*) festbinden, fesseln, knebeln (*alqm u. alqd*); **b)** / zurückhalten, hemmen (*alqd, zB. impetum alcis; alqm, zB. Brutum in Graecia* zu bleiben verpflichten).

> **cŏl-lĭgō**[2]
> **1. a)** zusammenlesen, sammeln; **b)** zusammenbringen, *bsd. mil.* konzentrieren, zusammenziehen; **c)** auf-, hochraffen; **2. a)** zusammensuchen; **b)** *refl.* sich erholen; **c)** sich zuziehen, ernten; **d)** *mündl. od. schriftl.* aufzählen; zusammenfassen; folgern.

cŏl-lĭgō[2], *lēgī, lēctŭm* 3. (*lĕgō*[2]) zusammenlesen, sammeln: **1.** *eig.* **a)** *m. der Hand* (*alqd, zB. flores,* °*uvas de vitibus,* °*habenas* anziehen); *bsd. mil.* °*sarcinas* das Gepäck zusammenwerfen (*vor der Schlacht*), *vasa* sich fertigmachen; **b)** auf einen Punkt zusammenbringen [°*pecuniam* zusammenscharren, °*pulverem* dichten Staub aufwirbeln]; *bsd.* α) *v. leblosen Subjekten* [*aër umorem colligit*]; β) P. *uneig.* (*dcht.*) sich ansammeln [*collectae ex alto nubes* die aus dem Meer sich auftürmenden Wolken]; γ) zusammenziehen, konzentrieren, *bsd. mil.* [*copias, equites ex hibernis, milites a u. ex fuga*]; *mediopass. u. se colligere* sich sammeln [*in unum,* °*se in orbem* einen Kreis bilden]; **c)** (*dcht.*) in die Höhe nehmen, aufnehmen, aufraffen [*togam, sinum nodo od. in nodum* in einen Knoten schlingen, *arma* die Segel reffen]; *bsd.* α) (*dcht., nkl.*) enger zusammenziehen [*anguis se in spiram colligit, se in arma u. mediopass.* sich hinter dem vorgehaltenen Schild ducken, *vertex in unum apicem colligitur* verjüngt sich in, *orbem breviore spatio* enger formieren]; β) (*nkl.*) hemmend zurückziehen [*hastas* einhalten]. **2.** / **a)** zusammensuchen, sammeln [*facete dicta*]; **b)** *se od.* °*animum* (*bzw.* °*animos,* °*mentem*) sich erholen, sich fassen, wieder zur Besinnung kommen [*ex timore*]; **c)** (*etw. Gutes od. Böses*) erwerben, gewinnen (*alci j-m*); *meist* sich selbst zuziehen, ernten [*auctoritatem; gratiam, odium,* °*rabiem* wütend werden, °*sitim* bekommen (*ab aestu*), °*frigus* sich erkälten]; **d)** (*in Rede u. Gedanken*) zusammenstellen: α) *mündl. od. schriftl.* aufzählen, beibringen [*singula, omnes causas, omnia bella civilia*]; *auch* (*Qu.*) *rekapitulierend* zusammenfassen [*sparsa argumenta*]; β) im Geiste zusammenfassen = αα) überdenken, °berechnen [°*intervalla siderum*]; P. (*nkl.*) (*v. Summen*) sich ergeben; ββ) folgern, auf *etw.* schließen (*abs. od. alqd, zB.* °*paucitatem hostium; alqd ex re; m. a.c.i. u. indir. Frages.*).

cŏl-līnĕō *u.* **-ĭō** 1. **1.** (*trans.*) geradeaus schleudern, zielen (*alqd, zB. hastam*). **2.** (*intr.*) richtig zielen, treffen.

cŏl-lĭnō, *lēvī, lĭtŭm* 3. (*unkl.*) bestreichen, beschmieren, beschmutzen (*alqd re etw. m. etw.*).

Cŏllīnŭs 3 (*cŏllĭs*) **1.** am *collis* (*Quirinalis*) gelegen [*porta*], zum *c. Q.* gehörig [*tribus*]. **2.** (*dcht.*) an der *porta Collina* gelegen *od.* wachsend.

cŏl-lĭquĕfăctŭs 3 ganz geschmolzen, aufgelöst.

▶ **cŏllĭs,** *ĭs m* (< **cŏl-nĭs*; *cf. cĕlsŭs, ostpreußische St.* Pill-kallen = Schloß-berg) Hügel, Anhöhe.
F. *abl. sg. collĕ u.* (*Lu.*) *-ī*; *gen. pl. cŏllĭŭm.*

cŏl-lĭsī *s. cŏllīdō.*

cŏllīsĭō, *ōnĭs f* (*cŏllīdō*) (*spätl.*) Zusammenstoß, Erschütterung.

cŏl-lĭsŭs[1] *P.P.P. v. cŏllīdō.*

cŏllīsŭs[2], *ūs m* (*cŏllīdō; nkl.*) Zusammenstoß.

cŏllŏcātĭō, *ōnĭs f* (*cŏllŏcō*) **1.** Stellung, Anordnung [*siderum*]; Disposition [*verborum*]. **2.** Verheiratung [*filiae*].

> **cŏl-lŏcō**
> **1.** zusammenstellen; **2. a)** aufstellen, setzen, legen; **b)** (*Gast*) unterbringen; **c)** *jd.* ansiedeln; *mil.* stationieren, einquartieren; **d)** anordnen; **e)** (*ein Mädchen*) verheiraten; **f)** (*Geld*) anlegen; **g)** auf *etw.* verwenden; *refl.* sich *mit etw.* befassen. sich verlegen

cŏl-lŏcō 1. **1.** (*selten*) (*mit voller Bed. des praev.*) zusammenstellen, dazustellen [*tribunal iuxta sellam;* °*verba* verbinden]. **2.** (*m. verblaßter Bed. des praev.*) **a)** aufstellen, (hin-)stellen, (hin)setzen, legen (*alqd u. alqm, zB. statuam* errichten; *custodes; alqd in re, zB. librum in mensa* auf den Tisch; *trabes in muro;* °*alqd in rem od.* °*re*); / *alqm in tuto* sicherstellen; **b)** *etw. od. jd.* bei *jd. od.* irgendwo unterbringen [*comites apud hospitem*]; *übh. sese in loco* irgendwo sich niederlassen *od.* Wohnung nehmen [*Athenis*]; *auch* / *jd.* einer Klasse zuzählen [*Herculem in concilio caelestium*]; **c)** α) *jd.* irgendwo ansiedeln *od.* sich ansiedeln lassen [*colonos in insula;* / *philosophiam in urbibus*]; *auch jd.* in ein Besitztum einweisen [*alqm in regno*]; β) *mil.* (*Soldaten u.ä.*) stationieren, einquartieren, verlegen [*praesidia, milites in hibernis,* °*classem Miseni, copias pro vallo; insidias alci in silvis* e-n Hinterhalt legen]; γ) (*dcht., nkl.*) (*ein Kleid*) zurechtlegen *od.* ordnen [*chlamydem*]; *ähnlich coxam recte* einrenken; **d)** / gehörig einrichten, anordnen [*rem militarem,* °*nuptias*]; *abs.* (*Ta.*) *satis de re* schriftl. zusammenstellen, schreiben *od.* berichten über *etw.*; **e)** (*ein Mädchen*) verheiraten [*filiam od. virginem alci in matrimonio od. in matrimonium, alqam nuptum in alienas civitates*]; / *aedilitas recte collocata* an den rechten Mann gebracht; **f)** (*Geld*) anlegen *od.* in *etw.* stecken [*dotem in fundo*]; **g)** α) auf *etw.* verwenden [*omne studium in doctrina et sapientia; adulescentiam in voluptatibus*]; β) (*reflexiv*) *se collocare in re* sich *m. etw.* befassen, sich auf *etw.* verlegen [*in meretricia vita, in cognitione et scientia*].

cŏl-lŏcŭplētō 1. (*unkl.*) bereichern [*se*].

cŏllŏcūtĭō, *ōnĭs f* (*cŏllŏquŏr*) (*selten*) = *cŏllŏquĭŭm.*

cŏl-lŏcūtŭs *part. pf. v. cŏllŏquŏr.*

▶ **cŏllŏquĭŭm,** *ī n* (*cŏllŏquŏr*) Unterredung, Besprechung, Gespräch (*alcis j-s u. m. jd.* = *cum alqo*); *venire in od. ad* ~; *diem -o constituere; per -a* durch Unterhandlung, mündlich; *pl. auch* Korrespondenz. — **Versammlung.

▶ **cŏl-lŏquŏr,** *lŏcūtŭs sŭm* 3. *mündl. od. schriftl.* sich besprechen, sich unterreden, sich unterhalten (*cum alqo, inter se,* [*Pl.*] *alqm jd.* anreden; *de re* über *etw.*; [*nkl.*] *alqd etw.* besprechen); *secum colloqui* mit sich zu Rate gehen; *auch per litteras cum alqo* mit *jd.* korrespondieren.

cŏl-lūbĕt = *cŏllĭbĕt.*

cŏl-lūcĕō, — — 2. von allen Seiten leuchten *od.* völlig hell sein, *v. Sachen u.* °*Pers.* [*longe lateque*]; / glänzen, lichtvoll hervortreten [*omnia furtis tuis collucent*].

cŏllŭctātĭō, *ōnĭs f* (*cŏllŭctŏr; nkl.*) das Ringen [*auch Veneris*]; *bsd.* Todeskampf.

cŏl-lŭctŏr 1. (*nkl.*) *m. jd.* ringen; *auch beim Beischlaf* [*cum viro*].

cŏl-lūdō, *sī, sŭm* 3. (*dcht.*) *m. jd.* spielen (*alci, zB. paribus* mit seinesgleichen); (*v. Federn in aqua*) tanzen; *klass. nur* / *m. jd.* unter einer Decke stecken [*tecum*].

▶ **cŏllŭm,** *ī n, altl.* **-ŭs,** *ī m* (< **cŏlsŏs; cf. nhd.* „Hals") **1.** Hals *v. Menschen u. Tieren* [*invadere in collum alcis jd.* um den Hals fallen, °*collum* (*ob*)*torquere alci jd.* beim Kragen fassen *u.* vor Gericht schleppen, °*collum dare* sich unterwerfen]. **2.** (*dcht.*) *synekd.* Kopf, Haupt (*auch pl.*). **3.** / Hals *der Flasche u. des Mohns.* — **Bergrücken. — ***(*med. t.t.*) schmale Stelle *e-s Organs.*

cŏl-lŭō, *luī, lūtŭm* 3. (*unkl.*) bespülen, benetzen; (*dcht.*) *ora* = den Durst löschen.

cŏllŭs, *ī m (altl.)* = cŏllŭm.

cŏllūsĭō, ōnĭs *f* (cŏllūdō) geheimes Einverständnis (*cum alqo*).

cŏllūsŏr, ōrĭs *m* (cŏllūdō) **1.** (*nkl., dcht.*) Spielgefährte. **2.** Mitspieler *beim Glücksspiel.*

cŏl-lūstrō 1. erleuchten, erhellen (*alqd re etw.* durch *etw.*); *bsd.* hell kolorieren [*collustrata in pictura* helles Kolorit]; / genau besichtigen *od.* betrachten, mustern (*alqd oculis*).

cŏl-lŭtŭlĕntō 1. (*lŭtŭlĕntŭs; Pl.*) besudeln, entehren (*alqm*).

cŏllŭvĭō, ōnĭs *u.* (*meist nkl.*) **cŏllŭvĭēs,** ēī *f* (cŏllŭō) Zusammenfluß von Unrat; (*meton.*) Unrat; / Mischmasch, Wirrwarr [*omnium scelerum*]; *bsd.* Auswurf, Gesindel, Pöbel.

cŏllȳbŭs, ī *m* (*Fw.* ‹ κόλλυβος) Aufgeld, Agio *bei Wechselgeschäften*; (*meton.*) Geldwechsel, Devisengeschäft.

cŏllȳră, *ae f* (*Fw.* ‹ κολλύρα) (*Pl.*) grobes Brot; *adi.* -rĭcŭs 3 (‹ -ρικός) [*iūs* Brotsuppe].

cŏllȳrĭŭm, ī *n* (*Fw.* ‹ κολλύριον) (*nkl., dcht.*) Augensalbe.

cōlō[1] 1. (*denom. v.* cōlŭm) (*nkl., dcht.*) durchseihen, reinigen (*alqd*).

cŏlō[2]
1. a) (*Land*) bebauen, bestellen; **b)** (*Pflanzen*) anbauen; **c)** (*trans.*) bewohnen, (*intr.*) wohnen; **2. a)** (ver-)pflegen; **b)** ausbilden; **c)** Sorge tragen für; verehren, anbeten; **3.** (*P.P.P.*) *adi.* **cultŭs a)** bebaut; **b)** geschmückt, (*Rede*) gewählt; **c)** gebildet.

cŏlō[2], *cŏlŭī, cŭltŭm* 3. (‹ **quĕlō eig.* „drehen" *u.* „sich herumbewegen"; *cf.* πέλω, πέλομαι, ĭn-cŏlă, ĭn-quĭlīnŭs) pflegen: **1.** *eig.* **a)** (*Land*) bebauen, bestellen, bearbeiten [*rura, hortum*]; *abs.* (*vkl., dcht.*) Ackerbau treiben [*colendi causa in agro esse*]; **b)** (*Pflanzen u.* °*Früchte*) bauen *od.* ziehen [*vitem*]; **c)** **α)** *trans.* (*e-n Ort*) bewohnen [*urbem,* °*Hiberum* das Flußgebiet des Ebro]; *bsd. v. Gottheiten, die in einer Stadt vorzüglich verehrt werden u. deshalb dieselbe besonders lieben* [*dii qui hanc urbem colunt*]; **β)** *intr.* / (*vkl., nkl.*) irgendwo wohnen, ansässig sein [*extra urbem*]; *subst.* **cŏlĕntēs,** ĭŭm *m* (*Li.*) Einwohner. **2.** *im weiteren Sinne*: hegen u. pflegen: **a)** (*physisch*) **α)** (*Sa.*) verpflegen (*alqm, zB. milites arte* knapp, *se opulenter*); **β)** (*nkl., dcht.*) (*den Körper*) pflegen, schmücken [*corpus, capillos, bracchia auro*]; **b)** *geistig* pflegen, ausbilden, veredeln [*genus orationis*]; **c)** Sorge tragen für (*alqm u. alqd*); *insb.* **α)** *etw.* sorgfältig üben *od.* betreiben [*memoriam*]; **β)** hochhalten (*alqd, zB. haec studia, bonos mores*); **γ)** verehren, anbeten (*alqm, zB. deum; alqm* °*pro deo od. in deorum numero od.* °*inter deos*); *auch Örtlichkeiten* heilig halten [*Musarum delubra*]; *bsd.* (*nkl., dcht.*) (*Opfer, Feste*) feiern, begehen [*sacra*]; (*part. praes.*) *subst.* **cŏlēns,** ĕntĭs *m* (*auch klass.*) Verehrer (*m. gen., zB. religionum*); **δ)** *jd.* (ver)ehren, in Ehren halten, huldigen, hofieren (*alqm, zB. matrem, alqm patris loco; auch alqm re jd. m. etw.* ehren, *zB. donis, honoribus*). **3.** (*P.P.P.*) *adi.* **cŭltŭs** 3 (*m.* °*comp. u. sup.*; *adv.* °**-ē**) gepflegt: **a)** bebaut, bearbeitet, kultiviert [*ager*]; *subst.* **cŭltă,** ōrŭm *n* (*dcht., nkl.*) bebautes Land, bestellte Felder, Pflanzungen, Saaten; **b)** (*nkl., dcht.*) geschmückt, geputzt [*puella*]; (*v. der Rede*) zierlich, gewählt; **c)** (*meist nkl., dcht.*) (*geistig*) gebildet, fein [*animus,* °*ingenia*].

cŏlŏcāsĭŭm, ī *n* (*Fw.* ‹ κολοκάσιον) (*dcht., nkl.*) indische Wasserrose.

cōlŏn, ī *n* (*Fw.* ‹ κῶλον „Glied") (*nkl.*) *meist* / Kolon, Glied, Teil (*e-s Verses od.* [*spätl.*] *e-r Periode*).

cŏlōnă, *ae f* (cŏlōnŭs) (*Ov., spätl.*) Bäuerin, Frau eines Pächters.

Cŏlōnēŭs 3 *s.* Cŏlōnŭs.

▶ **cŏlōnĭă,** *ae f* (cŏlōnŭs; *eig.* „Bauerngut") Kolonie, Niederlassung (*auf erobertem Staatsland, anfangs nur in Italien gegründet* [*coloniam constituere od.* °*condere*]; *m. dem 1. Jh. v.Chr. Versorgungsland vorwiegend für ausgediente Soldaten*) [*colonos deducere in colonias*]; (*meton.*) die Kolonisten [*coloniam deducere od. mittere aliquo*]; ♀ *Städtenamen, zB.* Cŏlōnĭă Ăgrĭppīnēnsĭs.

cŏlōnĭcŭs 3 (cŏlōnŭs) zu einer Kolonie gehörig [*cohortes* in römischen Kolonien ausgehoben].

▶ **cŏlōnŭs,** ī *m* (cŏlō) **1.** Bauer, Landwirt; *bsd.* Pächter. **2.** Kolonist, Ansiedler. **3.** (*dcht.*) *übh.* Einwohner; *scherzh.* (*Pl.*) *catenarum* = Zuchthäusler.

Cŏlōnŭs, ī *m* (Κολωνός) *Hügel u. Demos an der Nordseite Athens*; *adi.* **Cŏlōnēŭs** 3 (*Oedĭpūs die Sophokleische Tragödie* Οἰδίπους ἐπὶ Κολωνῷ).

Cŏlŏphōn, ōnĭs *f* (Κολοφῶν) *St. in Ionien*; *Einw. u. adi.* **Cŏlŏphōnĭŭs** (3).

▶ **cŏlŏr** *u.* (*altl.*) °**cŏlōs,** ōrĭs *m* (‹ **kĕlōs* „Hülle, Außenseite"; *cf. nhd.* „Hülse") **1. a)** Farbe [*albus; alcis rei, zB. sanguinis; colorem* °*ducere* eine Farbe annehmen, sich verfärben]; **b)** Gesichtsfarbe, Teint [°*exsanguis, sine colore* blaß, *colorem mutare* blaß werden]; *prägn.* (*nkl., dcht.*) gesunde Gesichtsfarbe, schöner Teint; **c)** (*dcht.*) *übh.* Schönheit, Glanz, *bsd. der Blumen.* **2.** / **a)** Färbung, Aussehen, Äußeres, äußere Beschaffenheit (*alcis rei, zB. civitatis*); **b)** (*v. der Rede*) Färbung, Kolorit, Ton [*orationis,* °*tragicus*]; *prägn.* lebhaftes Kolorit [*flos et* ~]; (*nkl., dcht.*) täuschender Anstrich.

cŏlōrō 1. (*denom. v.* cŏlŏr) färben (*alqd, zB. corpus*); dunkel färben, bräunen [°*a sole colorari*]; / (*der Rede*) Kolorit geben; *se -are od. mediopass.* Kolorit annehmen; (*P.P.P.*) *adi.* **cŏlōrātŭs** 3 (*adv.* °**-ē**) gefärbt, farbig, *bsd.* bräunlich, dunkelfarbig; / (*Se.*) *non coloratus* ungeschminkt.

cŏlōs, ōrĭs *m s.* cŏlŏr.

cŏlŏss(ĭ)aeŭs *u.* **-ēŭs** 3 (*Fw.* ‹ κολοσσ(ι)αῖος) (*nkl.*) riesengroß. — ****Colosseum** *s.* ămphĭthĕātrŭm.

cŏlŏssŭs, ī *m* (*Fw.* ‹ κολοσσός) (*nkl., dcht.*) Koloß, Riesenbildsäule (*bsd. die des Sonnengottes zu Rhodos*).

cŏlŏstră *u.* **-ŭm** = cŏlŭstr...

cŏlŭbĕr, brī *m* (*et. unklar, vl. eigtl.* „sich windend, sich drehend" *zu* cŏlō[2]) (*dcht., nkl.*) kleine Schlange, *bsd.* Hausschlange.

cŏlŭbră, *ae f* (cŏlŭbĕr; *unkl.*) Schlangenweibchen; *übh.* = cŏlŭbĕr.

cŏlŭbrĭ-fĕr, *fĕră, fĕrŭm* (cŏlŭbĕr, *fĕrō*; *Lehnübersetzung* ‹ ὀφιοῦχος) (*dcht.*) schlangentragend [*monstrum* = *Medūsa*].

cŏlŭbrīnŭs 3 (cŏlŭbĕr; *Pl.*) schlangenartig; / listig.

cŏlŭī *s.* cŏlō[2].

cōlŭm, ī *n* (*et. unklar; mit dial. od. vulgärem ō für au zu caulae*[2]?) (*unkl.*) Sieb, Durchschlag, Filtriergefäß, *bsd. zum Seihen des Weines.*

cŏlŭmbă, *ae f* (*eigtl.* „die Dunkelfarbige" *zu* κελαινός) Taube, *zahme* Haustaube, *der Venus heilig*; / (*Pl.*) *Kosewort* (*mea* ~ mein Täubchen).

cŏlŭmbăr, ārĭs *n* (*eigtl. n e-s adi.* *-ārĭs; cŏlŭmbă; *cf.* cŏlŭmbārĭŭm) (*Pl.*) Halsfessel für Sklaven (*nach der Ähnlichkeit mit dem Loch des Taubenschlags*).

cŏlŭmbārĭŭm, ī *n* (cŏlŭmbă; *vkl., nkl.*) Taubenhaus, -schlag. *Bsd. röm. u. frühchristliche Begräbnisstelle m. zahlreichen in Wandhöhlungen aufgestellten Aschenurnen.*

cŏlŭmbīnŭs 3 (cŏlŭmbă) Tauben... [*ovum, pulli* Täubchen].

cŏlŭmbŏr 1. (cŏlŭmbă; *Maecenas b. Se.*) sich nach Taubenart küssen, sich schnäbeln.

cŏlŭmbŭlŭs, ī *m* (*Pli.*) *u.* **-ă,** *ae f* (*Pl.*) (*demin. v.* cŏlŭmbŭs, *-ă*) Täubchen.

cŏlŭmbŭs, ī *m* (cŏlŭmbă) (*unkl.*) Tauber; *übh.* = cŏlŭmbă.

cŏlŭmĕllă, *ae f* (*demin. v.* cŏlŭmnă) kleine Säule, Pfosten, Pfeiler; *bsd.* kleine Grabsäule.

Cŏlŭmĕllă, *ae m*: *L. Iūnĭŭs Mŏdĕrātŭs* ~, *Agrarschriftsteller des 1. Jh. n.Chr. aus Gades* (*De re rustica*).

cŏlŭmĕn, ĭnĭs *n* (‹ **kĕlŏ-mĕn*; *cf.* cĕlsŭs, *nhd.* „Holm"; *synk.* cŭlmĕn; *s.d.*) **1. a)** (*meist dcht.*) Spitze, Gipfel; Höhe *e-s Gebirges*; Giebel *od.* First *e-s Gebäudes*; **b)** / Spitze, Gipfel [~ *amicorum* der intimste Freund, °*audaciae* Ausbund von Unverschämtheit]. **2.** Säule, Balken *als Stütze*: **a)** *eigtl.* (*dcht.*); (*archit. t.t.*) (*Vi.*) Ständer; **b)** / (*v. Pers.*) Säule = Stütze (*alcis rei, zB. rei publicae*).

cŏlŭmĭs, ĕ (*Pl., Trin. 743*) = *incŏlŭmĭs* (?) [P.: *columen te*].

▶ **cŏlŭmnă,** *ae f* (*wohl* ‹ **kĕlŏmĕnā, mediales part. praes.* „die Ragende"; *cf.* cĕlsŭs, cŏlŭmĕn) **1.** Säule, runder Pfeiler, *sowohl zur Stütze wie zur Verzierung von Gebäuden od. freistehend* [*marmorea; columnam collocare*; *sprichw. amentem in columnas incurrere* mit dem Kopfe gegen die Wand rennen].

2. a) (*Qu.*) ~ *rostrata* die mit Schiffsschnäbeln verzierte Säule (*im 1. Pun. Krieg Duilius zu Ehren errichtet*); b) ~ *od.* ~ *Maenia* Schandsäule des Mänius *am Forum, an der v. den tresviri capitales über Sklaven, Diebe, Bankrotteure Gericht gehalten wurde* (*cf.* *cŏlŭmnārĭī*); *daher ad columnam adhaerescere* = *ad columnam pervenire*; c) (*Ho.*) *pl.* Pfeiler *vor Buchhändlerläden in Rom mit Verzeichnis der in dem Laden verkäuflichen od. der neuerschienenen Schriften*; d) *columnae Herculis* (*nkl.*) die Säulen des Herakles (Hercules) (*die Vorgebirge Calpe u. Abyia an der heutigen Straße von Gibraltar*) *als Westgrenze der Erde*; *columnae Protei* (*Ve.*) = *die Insel Pharos als Ostgrenze der Erde.* 3. / a) (*Se.*) Feuersäule; (*Lu.*) Wassersäule, -hose; b) (*dcht.*) = *mēntŭlă*; c) (*Ho.*) (*bildlich v. Augustus*) Stütze.

cŏlŭmnārĭŭs (*cŏlŭmnă*) 1. *adi.* 3 (*unkl.*) Säulen... 2. *subst.* a) **-ārĭī**, *ōrŭm m* (*Caelius b. Ci.*) Gesindel, Mob (*eigtl. Leute, wie man sie an der columna Maenia — s.d. — aburteilte*); b) **-ārĭŭm**, *ī n* Säulensteuer (*v. Cäsar zur Einschränkung des Bauluxus eingeführt*).

cŏlŭmnātŭs 3 (*cŏlŭmnă*; *eigtl.* „von Säulen gestützt") / (*Pl.*) auf die Hand gestützt [*ōs*].

cŏlŭrnŭs 3 (*m. Metathèse* < **cŏrŭlnŏs zu cŏrŭlŭs*) (*Ve.*) aus Haselholz [*veru*].

cŏlŭs, *ūs u. ī f*, (*dcht. u. spätl.*) *auch m* (*et. ungedeutet*) Spinnrocken; *meton.* (*dcht.*) Wollfaden; / Lebensfaden.

cŏlŭstră, *ae f u.* **-ŭm**, *ī n* (*auch pl.* **-ae** *bzw.* **-ă**) (*et. unklar*) (*nkl., dcht.*) Biestmilch (*galt als Delikatesse*); / (*Pl.*) *Kosewort* [*mea -a*].

cŏlūtĕă, *ōrŭm n* (*et. ungedeutet*) (*Pl.*) Früchte des Blasenstrauchs.

cōlȳphiă, *ōrŭm n* (*Fw.* < κωλύφια) (*dcht.*) Lendenstück des Schweins, Schweinefilet (*Athletenkost*).

cŏm (*altl.*) = *cŭm*¹; *als praev.* **cŏm-** (*cŏn-*, *vielfach assim. zu cŏl-, cŏr-, vor voc. u. h: cŏ-; vor s u. f: cōn-; cf. nhd.* „ge-") 1. zusammen. 2. gemeinsam. 3. zugleich. 4. völlig.

cŏmă, *ae f* (*Lw.* < κόμη) 1. Haupthaar, Haar, *bsd. vom Menschen*; *auch pl.* (*nkl., dcht.*) Locken. 2. / (*nkl., dcht.*) a) (*v. Tieren*) Mähne; Wolle *der Schafe*; b) (*v. Pflanzen*) Laub, Blätter; *auch* Blüten, Krone, Ähren, Gras; c) (*am Pergament*) das Wollige, Haarige; d) Sonnen-, Lichtstrahlen.

cŏmāns, *āntĭs* (*eigtl. part. praes. v. cŏmō*¹ 1. *intr.*) (*dcht., nkl.*) behaart, (lang)haarig [*galea* m. Helmbusch]; belaubt; *stella -a* Komet.

cōmărchŭs, *ī m* (*Fw.* < κώμαρχος) (*Pl.*) Dorfschulze, Bürgermeister.

cŏmātŭs 3 (*cŏmō*¹ 1. *trans.*) (*nkl., dcht.*) behaart, langhaarig; *bsd. Gallia -a* das Transalpinische Gallien (*nach der Haartracht der Einw.*); *subst.* **-ī**, *ōrŭm m* Männer m. vollem Haarwuchs. — / (*Ca.*) belaubt [*silva*].

cŏmbĭbō¹, *ōnĭs m* (*cŏmbĭbō*²) Zechgenosse.

cŏm-bĭbō², *bĭbī*, — 3. 1. *intr.* (*Se.*) in Gesellschaft trinken. 2. *trans.* a) (*meist nkl., dcht.*) in sich hineintrinken, verschlucken, einsaugen (*alqd, zB. lacrimas suas; maculas* Flecken bekommen); b) in sich aufnehmen, gründlich erlernen [*artes*].

cŏmbūrō, *ŭssī, ŭstŭm* 3. (*ŭssī, ŭstŭm?*; *cŏm* + *ūrō*; *Analogiebildung nach falsch zerlegtem ambūrō*; *cf. būstŭm*) völlig verbrennen *od.* versengen (*alqd, zB. naves; alqm, bsd. auf dem Scheiterhaufen, zB. puerum mortuum, legatum vivum*); / vernichten [*alqm iudicio*; (*Pl.*) *diem* verjubeln].

cŏm-ĕdō, *ēdī, ēs(s)ŭm* 3. 1. aufessen, verzehren (*alqd, zB.* °*panem, auch alqm*). 2. / a) *se -ere* sich (*vor Gram usw.*) verzehren; b) *etw.* verprassen, durchbringen, *zB. patrimonium.*

F. *altl. athematische Kurzformen s. ĕdō*¹; *P.P.P. auch* °*cŏmēstŭs*; *coni. praes. altl. cŏmēdĭm.*

Cōmēnsĭs (ē) *s.* *Cōmŭm.*

▶ **cŏmĕs**, *ĭtĭs m u. f* (< **cŏm-ĭt-s zu ĕō, eigtl.* „Mitgeher") 1. Begleiter (-in), Gefährte, Gesellschafter, *auch* Schicksalsgefährte (*alcis u. alci j-s*), *auch* Teilnehmer an *etw.* (*alcis rei, zB. fugae; auch /, zB.* °*invidia gloriae* ~). 2. a) (*dcht., nkl.*) Erzieher, Hofmeister; b) (*dcht., nkl.*) Klient; *auch* Vertrauter [*Musarum*]; c) *pl.* Gefolge, Suite, *bsd. der Statthalter u. Feldherren*; (*nkl.*) *sg.* Hof- *u.* Staatsdiener, *pl.* Hofstaat *e-s Fürsten.* — **Graf, Vasall [*palatii* Pfalzgraf, *stabuli* Marschall].

cŏmētēs, *ae m* (*Fw.* < κομήτης) (*nkl., dcht.*) Haarstern, Komet (*rein lat. stēllă crīnītă od. cĭncĭnnātă*).

F. *Cf.* V.-B. I, 2.

cōmĭcŭs 3 (*adv.* **-ē**) (*Fw.* < κωμικός) des Lustspiels, komisch, Komödien... [*poeta*, °*res* Stoff der Komödie, *senex od. adulescens* aus dem Lustspiel]; *adv.* nach Art der Komödie; *subst.* **-ŭs**, *ī m* Komödiendichter, (*Pl.*) Schauspieler *i. e-r* Komödie.

▶ **cōmĭs**, *ē* (*m. comp. u.* °*sup.*; *adv.* **-ĭtĕr**) (*altl. cō-smĭs*; *wohl zu* √‾*smei- „lächeln, in Staunen setzen"; *cf.* φιλο-μειδής, *mīrŭs*) 1. heiter, launig, munter, *v. Pers. u.* °*Sachen.* 2. leutselig, zuvorkommend, gefällig, freundlich, höflich, *v. Pers. u.* (*selten*) *v. Sachen* [*dominus*, °*libelli* nette, °*officium* Dienstfertigkeit; *in u. erga alqm od.* °*alci* gegen *jd.*; *in re* in, bei *etw.*].

cōmĭssābŭndŭs 3 (*cōmĭssŏr*) (*nkl.*) umherschwärmend.

cōmĭssātĭō, *ōnĭs f* (*cōmĭssŏr*) 1. lustiges Umherschwärmen, fröhlicher Umzug. 2. Trinkgelage, Kommers.

cōmĭssātŏr, *ōrĭs m* (*cōmĭssŏr*) Zechgenosse, Teilnehmer an einem Umzug; / Kumpan [*coniurationis*].

cōmĭssŏr 1. (*Lw.* < κωμάζω „schwärmen" *v.* κῶμος „Gelage", *wohl m. Anlehnung an cȳăthĭssō u.ä. Fw.*) (*unkl.*) umherschwärmen, in lustigem Zuge umherziehen; *ad alqm od. in domum alcis* bei *jd.* einkehren.

cōmĭtās, *ātĭs f* (*cōmĭs*) 1. Heiterkeit, Frohsinn [°*epulantium*]. 2. Leutseligkeit, Freundlichkeit, Gefälligkeit, Höflichkeit, Güte, Milde (*alcis u. alcis rei, zB. sermonis; in alqm* gegen *jd.*); (*Pl.*) *auch* Freigebigkeit.

cŏmĭtātŭs, *ūs m* (*cŏmĭtŏr*) 1. *abstr.* Geleit, Gesellschaft (*alcis j-s*); *comitatu alcis* in Begleitung *j-s.* 2. *concr.* a) Begleitung, Gefolge, Umgebung (*alcis, zB. ancillarum*; *auch /, zB. virtutum*); b) Reisegesellschaft [*magnus*]; *bsd.* Karawane; c) (*nkl.*) Hofstaat *e-s Fürsten*, Kaiserhof. — **Grafschaft.

cŏmĭtĭālĭs, *ē* (*cŏmĭtĭă*; *s. cŏmĭtĭŭm*) 1. zu den Komitien (Volksversammlungen) gehörig, Wahl... [*dies* Wahltag; *mensis* Wahlmonat = Januar, *biduum* = der 3. u. 4. Januar]. 2. (*adv.* °**-ĭtĕr**) epileptisch [*morbus* Epilepsie] (*weil ein derartiger Krankheitsfall als res ominosa den Aufschub der Wahlen erforderte*).

cŏmĭtĭātŭs, *ūs m* (*cŏmĭtĭō* 1. zum comitium einberufen) Volksversammlung [~ °*maximus* Zenturiatkomitien].

****comitissa** *od.* **-tessa**, *ae f* Gräfin.

▶ **cŏmĭtĭŭm**, *ī n* (*wohl v.* **cŏm-ĭtĭs* „das Zusammentreffen" *zu cŏ[m]ĕō*) 1. *sg.* Versammlungsplatz: a) (*i. Rom*) der für die Abhaltung der Komitien (*s. 2*) *bestimmte, nördl. an das Forum angrenzende* Platz; b) (*Ne.*) (*i. Sparta*) das Ephoreion (*Amtshaus der Ephoren*). 2. *pl.* **cŏmĭtĭă**, *ōrŭm n* die Komitien, *d. h. die von den zuständigen Magistraten einberufene beschließende Versammlung des ganzen röm. Volkes, das nach Kurien, Zenturien od. Tribus abstimmte* [*-a curiata, centuriata, tributa*, ~ *habere, facere, gerere* abhalten; *indicere u. edicere* ansagen; *consularia od. consulum od.* °*consulibus creandis* für die Konsulwahl, *legis ferendae* um ein Gesetz zu beantragen *u.ä.*].

▶ **cŏmĭtŏr** *u.* (*dcht., nkl.*) **cŏmĭtō** 1. (*denom. v. cŏmĕs, eigtl.* „zusammengehen") 1. begleiten (*abs. od. alqm, zB. patrem, u. alqd, zB.* °*iter alcis*); *bsd.* (*nkl., dcht.*) *e-n* Toten zu Grabe geleiten (*alqm*); *pass.* °*comitari alqo v. jd.* begleitet werden; *klass. nur* (*P.P.P.*) *adi.* **cŏmĭtātŭs** *alqo v. jd.* begleitet [*alienis viris, militibus; parum* mit kleinem Gefolge, *bene* mit großem Gefolge; *comp. puero uno comitatior*]. 2. / (*m. dat.*) sich *jd.* zugesellen *od.* zur Seite stehen, *m. etw.* verbunden sein (*alci u. alci rei, zB. tardis ingeniis virtus non facile comitatur*).

cŏmmă, *ătĭs n* (*Fw.* < κόμμα; *Qu.*) kleiner Abschnitt *e-r Periode.* — „Komma" *als Satzzeichen ist Fw.*

aus dem 17. Jh.

cŏm-măcŭlō 1. (*dcht., nkl.*) beflecken, besudeln (*alqd re etw. m. etw.*; *klass. nur* /, *zB.* se scelere).

cŏm-mănĭpŭlāris, ĕ (*nkl.*) zu demselben Manipel gehörend, *subst.* Manipelkamerad.

cŏm-mărītŭs 3 (*scherzh.*) (*Pl.*) mitbeweibt.

****commater,** *tris f* Gevatterin.

▶ **cŏmmĕātŭs,** *ūs m* (cŏmmĕō) **1.** (*Pl., Li.*) das Gehen *u.* Kommen, Verkehr, *auch pl.* [*liberi commeatūs*]. **2.** (*meton.*) **a**) Urlaub, *bsd.* (*fast nur nkl.*) der Soldaten [*commeatum petere, dare alci, in -u esse* auf Urlaub sein]; **b**) *concr.* das Einherziehende *od.* Kommende: α) Transport, Landung, Sendung, Kolonne [*exercitum duobus commeatibus reportare*]; *bsd.* Warentransport, Karawane; β) Zufuhr, *bsd.* Kriegsbedarf, Proviant, *im sg. u. pl.* [*maritimi* zur See, *subvehere, supportare, convehere, hostem commeatu prohibere od. intercludere*]; *bisw. im Ggs. zu frumentum, zB. iuvare alqm frumento et commeatu* mit dem übrigen Proviant; γ) (*Suet.*) Bagage, Gepäck.
F. *dat. sg.* -ŭī *u.* °-ū.

cŏm-mĕdĭtŏr 1. **1.** (*A. ad Her.*) sich *etw.* sorgfältig einprägen. **2.** (*Lu.*) / (*v. Sachen*) treu wiedergeben.

cŏm-mĕmĭnī, -ĭssĕ sich genau erinnern, sich besinnen (*abs. od. m. acc. od. m.* °*gen.*).

cŏmmĕmŏrābĭlis, ĕ (cŏmmĕmŏrō) erwähnenswert, denkwürdig.

cŏmmĕmŏrātĭō, *ōnĭs f* (cŏmmĕmŏrō) **1.** Erinnerung (*m. gen. obi. alcis od. alcis rei* an *jd. od.* an *etw., zB. paterni hospitii, hominum*). **2.** Erwähnung, Anführung (*m. gen. obi., zB. flagitiorum*; *auch m. gen. subi., zB. posteritatis* bei der Nachwelt = Nachruhm). — **Gedächtnis, Andenken [*omnium sanctorum* Allerheiligen; *animarum* Allerseelen].

▶ **cŏm-mĕmŏrō** 1. **1.** sich an *etw.* erinnern (*m. a.c.i. od. indir. Frages.*). **2. a**) *jd.* an *etw.* erinnern (*alqd, zB. amicitiam*); **b**) *etw.* erwähnen *od.* anführen (*alqd, zB. causas rei*; *alci alqd etw.* äußern gegen *jd.*; *de alqo u. de re* sprechen *v., zB. de illis caedibus*; *m. a.c.i. od. indir.* Frages.).

cŏmmĕndābĭlis, ĕ (*m. comp.*) (cŏmmĕndō) (*nkl.*) **1.** (*pass.*) empfehlenswert (*re* durch, wegen *etw.*). **2.** (*act.*) zur Empfehlung dienend (*apud alqm* bei *jd.*).

cŏmmĕndātĭcĭŭs 3 (cŏmmĕndātŭs, *P.P.P. v.* cŏmmĕndō) zur Empfehlung dienend [*litterae od. tabellae* Empfehlungsschreiben].

cŏmmĕndātĭō, *ōnĭs f* (cŏmmĕndō) **1.** Empfehlung [*magna*; *alcis j-s gen. subi. od. obi., zB. amicorum, mea, sui*; / *auch alcis rei, zB. naturae*; *ad u. in alqm* bei *jd., zB. in vulgus*]. **2.** empfehlende Eigenschaft, das Einnehmende *e-r Sache* [°*orationis*].

cŏmmĕndātŏr, *ōrĭs m* (*nkl.*) *u.* **cŏmmĕndātrix,** *īcĭs f* (cŏmmĕndō) *eigtl.* der *od.* die empfiehlt, Gönner (-in) (*m. gen.*). — **Komtur.

cŏmmĕndātŭs 3. *s.* cŏmmĕndō.

▶ **cŏm-mĕndō** 1. (măndō) **1.** anvertrauen, übergeben (*alci alqm u. alqd, zB.* °*mihi virginem*; *auch* /, *zB. nomen suum immortalitati od. posteritati* unsterblich machen, *alqd memoriae* sich merken). **2.** empfehlen (*alqm u. alqd alci*); *auch* = beliebt *od.* angenehm machen, *bsd. se alci -are od. mediopass.* sich bei *jd.* empfehlen *od.* beliebt machen [*nulla re magis commendatur orator*]. **3.** (*P.P.P.*) *adi.* **cŏmmĕndātŭs** 3 (*m. comp. u. sup.*) **a**) empfohlen, *auch* empfehlenswert (*alci*); **b**) (*nkl.*) angenehm, beliebt [*vultus*].

cŏmmĕntārĭŏlŭm, *ī n u.* **-ŭs,** *ī m* (*demin. v.* cŏmmĕntārĭŭm *u.* -ŭs) flüchtiger Entwurf, Aufsatz, Skizze.

cŏmmĕntārĭŭm, *ī n* (*selten*; *sc.* vŏlūmĕn) *u.* **cŏmmĕntārĭŭs,** *ī m* (*sc.* lībĕr) (*eigtl. adi. zu* cŏmmĕntŏr[1]) schriftl. Aufzeichnungen (*oft pl.*): **1.** Notiz-, Tagebuch, Journal, Heft [*in -um referre*]. **2.** Entwurf, Abriß, Skizze *v. etw., zB. v. einer Rede.* **3.** (*Sulpicius b. Ci.*) Chronik [*rerum urbanarum*]. **4.** (*jur. t.t.*) Protokoll [*-um recitare*]. **5.** (*gramm. t.t.*) **a**) (*Qu.*) Beispiele, Exzerpte; **b**) (*nkl.*) Kommentar. **6.** Memoiren, Denkwürdigkeiten [*Caesaris de bello Gallico*]; (*sg.*) *auch* °einzelnes Buch der Denkwürdigkeiten [*Hirtius* VIII, 30, 1: *superiore -o* = im 7. Buch].

cŏmmĕntātĭō, *ōnĭs f* (cŏmmĕntŏr[1]) **1.** sorgfältiges Überdenken, Studium, Vorbereitung, *bsd. des Redners* [*mortis, parendi*]. **2.** (*meton.*) (*nkl.*) wissenschaftliche Abhandlung, Schrift (*de re* über *etw.*).

cŏmmĕntĭcĭŭs 3 (cŏmmĕntŭs 3, *part. pf. pass. v.* cŏmmĭnīscŏr) **1.** erdacht, ersonnen, erfunden [*nomina*]. **2. a**) fingiert, ideal [*dii, civitas Platonis*]; **b**) (*pejorativ*) erlogen, gefälscht [*crimen*].

cŏmmĕntŏr[1] 1. (*intens. v.* cŏmmĭnīscŏr) **1.** genau überdenken, reiflich überlegen (*abs. od. alqd, zB. secum futuras miserias*; *m. indir. Frages.*; *auch de re* über *etw.* nachdenken *od.* Betrachtungen anstellen, *zB. de rei publicae libertate*). **2. a**) über *etw.* sich besprechen (*cum alqo, inter se*); **b**) *abs.* Studien *od.* Vorstudien machen, sich vorbereiten, *bsd. vom Redner, aber auch vom Fechtmeister u.a. gesagt.* **3.** *trans.* **a**) sich auf *etw.* vorbereiten, *etw.* einstudieren [*orationem, causam*]; *part. pf. pass.* °*commentatus* 3 einstudiert [*oratio*]; *klass. nur subst.* **cŏmmĕntātă,** *ōrŭm n* (*mündl.*) Vorstudien; **b**) *prägn. etw.* Durchdachtes schriftl. entwerfen, niederschreiben, skizzieren [*mimos, orationem in reum*; *abs. Latine* lateinische Aufsätze schreiben]. **4.** (*vkl., nkl.*) erklären, auslegen, kommentieren.

cŏmmĕntŏr[2], *ōrĭs m* (*wohl junge Bildung zu* cŏmmĕntŭs, *part. pf. v.* cŏmmĭnīscŏr) (*dcht., nkl.*) Erfinder, Schöpfer [*uvae* = Bacchus].

cŏmmĕntŭm, *ī n* (cŏmmĕntŭs, *part. pf. pass. v.* cŏmmĭnīscŏr, *eig.* „Ersonnenes") Erdichtung, Einfall, Anschlag (*alcis u. alcis rei, zB. philosophorum, opinionum* Hirngespinst); *insb.* (*dcht.*) Erdichtung, Lüge, Trug [*rumorum*].

cŏm-mĕntŭs *part. perf. v.* cŏmmĭnīscŏr.

cŏm-mĕō 1. zusammenkommen, -strömen [*undique, in locum, ad alqm*; *auch* /, *zB. libidines omnium in hortos alcis commeant*]; *übh.* aus und ein gehen, hin und her gehen (*od.* ziehen, fahren), verkehren, *v. Pers.* (*bsd. Kaufleuten, Gesandten, Boten*) *u. Sachen* (*zB. Schiffen, Wagen, Briefen u.ä.*) [*ultro citroque, ab alqo ad alqm,* °*libero mari* kreuzen].

▶ **cŏmmĕrcĭŭm,** *ī n* (mĕrx) **1.** Handel, Geschäftsverkehr (*alcis j-s, zB. gentium*; *alcis rei m. etw., zB.* °*sericorum* m. Seidenstoffen, *annonae* Getreidehandel, *pecuniae* Geldverkehr, °*vitiorum* mit Luxuswaren). **2.** (*meton.*) Handels-, Marktrecht (*abs. od. m. gen., zB.* °*salis*); *bsd.* das Recht, Eigentum in einem Staate zu erwerben *u.* zu übertragen [°*alci conubium et commercium est*]. **3.** / **a**) Verkehr, Umgang (*alcis m. jd., zB.* °*plebis*; *alcis rei, zB.* °*sermonum,* °*belli* Unterhandlung m. dem Feind, °*epistularum* Briefwechsel, °*linguae entw.* Bekanntschaft m. der Sprache [*e-s Nachbarvolkes*] *od.* sprachliche Gemeinschaft); *-um habere cum alqo* in Verbindung *m. jd.* stehen (*auch* /, *zB. cum Musis*); **b**) (*prägn.*) (*dcht., nkl.*) Geschlechtsverkehr.

cŏm-mĕrcŏr 1. (*vkl., nkl.*) zusammen-, aufkaufen (*alqd*).

cŏm-mĕrĕō, *ŭī, ĭtŭm u.* (*vkl., nkl.*) **-ĕŏr, -ĭtŭs sŭm** 2. **1.** verdienen (*stets pejorativ*) [*poenam*]. **2.** / (*Com.*) verschulden, begehen [*culpam*].

cŏmmĕrs (*Pl., Stichus 519*) (*dissim.* < *rückgebildetem* °cŏmmĕrx *wegen des angehängten* -quĕ) = cŏmmĕrcĭŭm.

cŏm-mētĭŏr, *mēnsŭs sŭm* 4. ausmessen (*alqd*); / messend vergleichen (*alqd cum re, res inter se*).

cŏmmētō[1] 1. (*frequ. v.* cŏmmĕō) (*Com.*) ab- *u.* zugehen; gewöhnlich seinen Weg nehmen [*ad mulierculam*].

cŏm-mētō[2] 1. durchmessen; (*scherzhaft*; *Pl.*) seine Fäuste herumtanzen lassen [*ora* auf deinem Gesicht].

cŏmmĭgrātĭō, *ōnĭs f* (cŏmmĭgrō; *Se.*) das Wandern [*sideris*].

cŏm-mĭgrō 1. (hin)wandern, irgendwohin übersiedeln, einziehen (*ex loco in locum, huc*).

cŏmmīlĭtĭŭm, *ī n* (*inschriftl.* cŏmmīlĕs = cŏm-mīlĭtō) (*nkl., dcht.*) Kriegskameradschaft; / Gemeinschaft [*studiorum*].

cŏm-mīlĭtō, *ōnĭs m* (mīlĭtō 1.) Kriegskamerad, Waffenbruder (*alcis, meus*); *obszön v. e-r Dirne.* — **Glaubensbruder.

cŏmmĭnātĭō, *ōnĭs f* (cŏmmĭnŏr) An-, Bedrohung (*abs. u. alcis*); *auch pl.*

cŏm-mĭngō, *mĭ(n)xī, mĭnctŭm* (*mĭctŭm*) 3. (*minxi, minctum?*) (*dcht.*)

bepissen, besudeln (*alqd*).
cŏm-mĭnīscŏr, *mĕntŭs sŭm* 3. (*cf. mĕ-mĭn-ī*) **1.** (*Pl.*) sich auf *etw.* besinnen. **2.** ausdenken, ersinnen, *auch* = erfinden (*alqd, zB. monogrammos deos*); *bsd.* (*unkl.*) (*Unwahres*) erdichten, fingieren [*scelus, crimen*]; (*part. pf. pass.*) *adi.* °**cŏmmĕntŭs** 3 erdichtet, erlogen [*funera*].
cŏm-mĭnŏr 1. (*unkl.*) **1.** *abs. u. intr.* drohen, Drohungen ausstoßen (*alci j-m, alci re j-m m. etw.*). **2.** *trans. etw.* androhen, *m. etw.* drohen (*alqd, zB. pugnam, alci alqd*).
cŏm-mĭnŭō, *ŭī, ūtŭm* 3. **1.** zerschlagen, zertrümmern, °(*Korn*) zermahlen (*alqd, zB. statuam*; °*alci caput*). **2.** / **a**) (*dcht.*) (*Besitz*) vermindern, zersplittern [*argenti pondus*]; **b**) (*j-s Vermögen od. Macht*) schwächen, untergraben, demütigen, vernichten (*alqd, zB. opes civitatis, animum alcis*); *auch alqm* niederschlagen; P. herunterkommen, *v. Pers. u. Sachen*; **c**) (*dcht.*) *jd.* erweichen [*alqm lacrimis*].
cŏm-mĭnŭs *adv.* (⟨ **cŏm-mănŭs*, *wohl erstarrter nom. sg. adi. wie vĕrsŭs*², *eig.* „[indem] die Hand mit im Spiel [ist]“) **1.** *mil.* handgemein, Mann gegen Mann (*Ggs.* ēmĭnŭs) [~ *pugnare, rem gerere; accedere ad alqm jd.* auf den Leib rücken]; (*dcht.*) *auch Ausdruck der Jägerspr.* [~ *ire in apros*] *od. der Sprache des Ackerbaus* [~ *arva insequi* mit der Hacke in der Hand bearbeiten]. **2.** (*dcht., nkl.*) in der Nähe, von Angesicht zu Angesicht, persönlich [*videre od. aspicere alqm, ire* näher gehen].
cŏm-mĭscĕō, *cŭī, xtŭm* 2. (-ī-?) **1.** vermischen, vermengen (*alqd cum re, u.* [*namentl. im* P., *nkl., dcht.*] *re*; *auch* /, *zB. temeritatem cum sapientia*); *corpora* geschlechtlich verkehren. **2.** (*nkl., dcht.*) *prägn.* beimischen, -mengen (*m. dat. reliquias* [*Phyllidis*] *cineribus Iuliae*). **3.** (*P.P.P.*) *adi.* **cŏmmīxtŭs** 3 (*dcht., nkl.*) **a**) vermischt [*clamor* verworren]; **b**) *prägn. ex re od. bloß re* aus der Vermischung *m. etw.* hervorgegangen, *zB. Silvius Italo sanguine*].
cŏmmĭsĕrātĭō, *ōnĭs f* (*cŏmmĭsĕrŏr*) **1.** das Bejammern (*alcis j-s*), *bsd. durch den Redner, um Mitleid zu erregen* (*alcis* für *jd.*). **2.** *abs.* (*rhet. t.t.*) rührseliger Ton *in der Rede*.
cŏm-mĭsĕrēscō, — — 3. (*vkl.*) *u. impers.* (*me -it*) (*Com.*) ich fühle Mitleid *m. jd.* (*alcis, zB. mulieris*).
cŏm-mĭsĕrŏr 1. **1.** (*nkl.*) beklagen, bedauern (*alqd, zB. fortunam Graeciae*). **2.** *abs.* (*rhet. t.t.*) in den rührseligen Ton übergehen.
cŏm-mīsī *s. cŏmmĭttō.*
****commissarius** 3 m. der Besorgung *e-s Geschäfts* betraut, *subst. m* Beauftragter.
cŏmmīssĭō, *ōnĭs f* (*cŏmmĭttō*) **1.** Wettkampf *bsd. der Dichter u. Redner.* **2.** / (*Suet.*) Prunkrede.
cŏmmīssŭm, *ī n* (*eig. P.P.P. n v. cŏmmĭttō*) **1.** (*Li.*) Unternehmen (*m. adv. u. adi., zB. temere, audax*). **2.** Vergehen, Frevel, Schuld. **3.** (*nkl.*) Konfiskation. **4.** anvertrautes Geheimnis *od.* °Pfand, *meist pl.* [-*um* °*celare od.* °*tacere, enuntiare od.* °*prodere*].
cŏmmīssūră, *ae f* (*cŏmmĭttō*) Verbindung; *concr.* Verbindungsstelle, Band, Fuge [*ossium*]; / (*Qu.*) *i. der Rede* [*verborum*].
cŏm-mīssŭs *P.P.P. v. cŏmmĭttō.*
cŏm-mītĭgō 1. (*Te.*) (durch Schläge) mürbe machen [*alci caput sandalio*].

cŏm-mĭttō
1. a) zusammenführen, -fügen, verbinden; **b**) kämpfen lassen; **c**) zustande bringen; beginnen; (*Böses*) begehen; **2. a**) übergeben, anvertrauen; **b**) preisgeben; aussetzen; **c**) sich anvertrauen.

cŏm-mĭttō, *mīsī, mīssŭm* 3. **1. a**) zusammenführen, -fügen, anschließen, verbinden, vereinigen (*alqd, zB. mālos* Balken, °*opera* Befestigungswerke, °*silvas* ein dichtes Laubdach bilden, °*vires* die Staatsgewalt konzentrieren; [*nkl., dcht.*] *alqd alci* [*rei*], *zB. dextram dextrae, manum Teucris* handgemein werden *m.*), P. sich vereinigen, sich anschließen (*alci rei m. od.* an *etw.*, *zB.* °*Taurus Caucaso committitur,* °*crura in unum commissa* verwachsen); **b**) (*dcht., nkl.*) (*zum Kampf od. Wettkampf*) aufeinanderhetzen, kämpfen lassen, *Menschen od. Tiere* [*omnes inter se, alqm cum alqo od. alci, zB. infirmas legiones hostibus*]; / zum Vergleich zusammenstellen (*alqd alci rei*); **c**) / *etw.* zustande bringen, stattfinden lassen, beginnen, eröffnen (*alqd, zB. spectaculum, ludos,* °*sermonem* anknüpfen); *insb.* α) *mil. proelium od. pugnam* eine Schlacht liefern (*cum alqo,* °*contra alqm*); *auch* °*obsidionem* eröffnen; *abs.* (*nkl.*) kämpfen; β) (*Straffälliges, Böses*) verüben, begehen (*alqd, zB. scelus; fraudem u.a.; alqd in, erga, adversus alqm* gegen *jd.*, *zB. multa in deos impie*); *bsd.* αα) (*abs.*) sich vergehen, sündigen, *zB. contra legem*; ββ) es dahin kommen lassen, daß (*m. ut, ne, auch cur, quare od. m.* °*inf.*), *zB. noli committere, ut ingratus existimeris*; γ) (*eine Strafe*) verwirken [*poenam*]; δ) (*eine Vertragsbestimmung*) in Erfüllung gehen lassen; *meist* P. in Erfüllung gehen, (*v. Hypotheken, Pfändern*) verfallen [*hypotheca od. fiducia commissa; hereditas committitur alci* fällt *jd.* anheim]. **2. a**) übergeben, anvertrauen, überlassen (*alqm u. alqd alci od. alci rei, zB. se od. salutem suam consuli od. consulis fidei, alci imperium, collum tonsori*; *auch* /, *zB. se civilibus fluctibus* sich den Wogen des politischen Lebens anvertrauen, °*vitam ventis*; *m. ut jd.* auftragen, *etw.* zu tun); *insb. se committere in alqd od.* (*seltener*) *alci rei* sich in *etw.* hineinwagen, sich auf *etw.* einlassen [*se in senatum,* se *in conspectum populi* vor das Volk, *nocti* in die Nacht hinaus; *abs. se longius a portubus*]; **b**) *etw.* preisgeben, aussetzen (*alqd alci rei, zB.* °*ratem pelago*); *bsd. etw.* in einen Zustand bringen *od.* es auf *etw.* ankommen lassen (*alqd in alqd od. selten alci rei, zB. rem publicam in discrimen, rem proelio*); **c**) (*abs.*) *jd.* Vertrauen schenken, sich anvertrauen (*alci, zB. iudicibus; alci de re, zB. nemini de existimatione sua*).
cŏmmīxtĭō, *ōnĭs f* (-mīxt-?) (*cŏmmĭscĕō*) (*nkl.*) Vermischung, Mischung. — **Gemeinschaft; Ehe; *sine -one viri* ehelos.
cŏmmŏdĭtās, *ātĭs f* (*cŏmmŏdŭs*) **1. a**) gehörige Beschaffenheit, Zweckmäßigkeit (*alcis rei, zB. corporis,* °*orationis* angemessener Vortrag); **b**) der rechte Zeitpunkt (*ad alqd* zu *etw.*, *zB. ad faciendum idonea*); günstige Umstände; **c**) Bequemlichkeit, Annehmlichkeit; **d**) Vorteil, Nutzen; *auch pl.* **2.** (*dcht.*) (*v. Pers.*) Zuvorkommenheit, Gefälligkeit, Umgänglichkeit, Nachsicht.
cŏmmŏdō 1. (*denom. v. cŏmmŏdŭs*) **1.** *intr.* sich *jd.* gefällig erweisen, gefällig sein (*abs., zB.* °*comodabo; alci jd., in re od. re*), *bsd.* sich nach *jd.* richten. **2.** *trans.* **a**) (*vkl., nkl.*) *etw.* einer Sache anpassen [*orationi oculos*]; **b**) *jd. etw.* leihen (*alci alqd, zB. librum*); / hingeben, überlassen, gewähren, zukommen lassen, widmen (*alci alqd, zB.* °*rei publicae tempus, nomen suum ad alqd,* °*testes falsos* stellen, °*aurem alci*).
cŏmmŏdŭlē *u.* **-lŭm** *adv.* (*demin. v. cŏmmŏdē u. -dŭm*¹) (*Pl.*) in aller Bequemlichkeit; nicht übertrieben; (*zeitl.*) gerade.
cŏmmŏdŭm¹ (*erstarrter acc. n v. cŏmmŏdŭs*) *adv.* (*zeitl.*) gerade, (so-) eben.
▶ **cŏmmŏdŭm**², *ī n* (*n v. cŏmmŏdŭs*) **1.** Bequemlichkeit, Zuträglichkeit (*alcis u. alcis rei*), *bsd.* gelegene Zeit, günstiger Zeitpunkt; *commodo meo* (*tuo usw.*) nach meiner (deiner *usw.*) Bequemlichkeit; *quod tuo commodo fiat* wofern es dir nicht unbequem ist; *cum erit tuum* ~ wenn es dir gelegen sein wird; ~ *alcis exspectare* die *jd.* gelegene Zeit; (*nkl.*) *ex commodo* (*alcis*), *per commodum* wenn es einem paßt, bei günstiger Gelegenheit. **2. a**) Vorteil, Nutzen, Interesse, *oft pl.* (*alcis u. alcis rei, zB.* °*populi, pacis*); *contra -um alcis* zum Nachteil *j-s*; *commodo* (*od. per commodum*) *alcis* zum Vorteil *j-s*, ohne Nachteil *j-s*; **b**) (*meist pl.*) Glück, Wohl; **c**) (*stets pl.*) Vergünstigungen, Vorrechte, Privilegien (*alcis, zB. scribarum*). **3.** *pl.* Leihgaben.
▶ **cŏm-mŏdŭs** 3 (*m. comp. u. sup.*; *adv.* **-ē**) (⟨ **cŏm mŏdō*; *eig.* „mit Maß“; *cf.* σύμ-μετρος) **1.** (*unkl.*) (*eig.* „das volle Maß habend“) vollständig, ganz, voll [*viginti minae*; *klass. nur* /, *zB. valetudo* fest, gut]. **2.** angemessen, entsprechend, passend, zweckmäßig, geeignet, *v. Sachen* [*defensio, commode* °*saltare* gewandt, *minus commode audire* in nicht ganz einwandfreiem Ruf stehen; *alci j-m,* für *jd., zB. leges omnibus commodae; alci rei u. ad alqd* zu, für *etw.*, *zB.* °*Baccho* für den Weinbau, *vestis ad cursum*; *m.* 2. *sup., zB. auditu*]; *commodum est*

(*alci*) es ist zweckmäßig *od. jd.* genehm, es gefällt (*m. inf. u. a.c.i.*). **3.** (*für die Ausführung*) bequem, leicht, behaglich [*iter, commode navigare u.* °*vivere*]. **4.** (*der Zeit nach*) gelegen, günstig [*anni tempus*]. **5.** (*v. Pers. u. Charakteren*) zuvorkommend, gefällig, höflich, umgänglich [*homo, mores*; °*alci* gegen *jd., ad alqd* zu *etw.*].

Cŏmmŏdŭs, *ī m*: *L. Aurēlĭŭs* ~, *S. des Mark Aurel u. der Faustina, despotischer Kaiser v. 180—192 n.Chr., ließ sich als röm. Hercules verehren.*

cŏm-moenĭō (*altl.*) = *cōmmūnĭō.*

cŏm-mōlĭŏr 4. (*vkl., nkl.*) in Bewegung setzen, loslassen (*alqd*); *auch* / [*dolum* anwenden].

cŏmmŏnĕ-făcĭō, *fēcī, făctŭm* 3. (*cŏmmŏnĕō u. făcĭō*) = *cŏmmŏnĕō* (*alqm alcis rei u. alqd,* °*de re*; *m. a.c.i. u. indir. Frages.*; *m. ut, ne*); P. **cŏmmŏnĕfīō,** *făctŭs sŭm, fĭĕrī.*

cŏm-mŏnĕō, *ŭī, ĭtŭm* 2. an *etw.* erinnern, *jd. etw.* zu Gemüte führen (*alqm alcis rei od. de re*; *auch alqd, wenn die Sache durch das n eines pron. od. allg. adi. ausgedrückt ist, zB. hoc, multa*; *m. a.c.i. u. indir. Frages.*); *bsd. jd.* zu *etw.* auffordern (*m. ut, ne*).

cŏmmŏnĭtĭō, *ōnĭs f* (*cŏmmŏnĕō*) (*nkl.*) Erinnerung.

cŏm-mōnstrō 1. (*altl. fut. mōnstrāssō* = *mōnstrāvĕrō*) deutlich zeigen *od.* bezeichnen (*alci alqd, zB. aurum*).

cŏmmŏrātĭō, *ōnĭs f* (*cŏmmŏrŏr*) das Verweilen, Verzögern, Aufenthalt; *bsd.* (*rhet. t.t.*) *bei einem Gegenstand.*

cŏm-mŏrdĕō, — — 2. (*Se.*) auf *etw.* beißen [*tela*]; *auch* /.

cŏm-mŏrĭŏr, *mŏrtŭŭs sŭm* 3. (*vkl., nkl.*) *m. jd.* zugleich sterben [*cum alqo u. alci*].

cŏm-mŏrŏr *u.* (*vereinzelt bei Se.*) *auch* **-ō** 1. **1.** *trans.* (*Pl.*) *jd.* aufhalten [*me nunc* ~]. **2.** *intr.* verweilen, sich aufhalten, bleiben [*in loco, apud alqm*; *auch* /, *zB. in vita*]; *bsd.* (*rhet.*) *b. e-m Gegenstand* verweilen (*in re*).

cŏm-mŏstrō 1. *altl.* = *cŏmmōnstrō.*

cŏmmōtĭō, *ōnĭs f* (*cŏmmŏvĕō*) (*nkl.*) Bewegung; *klass. nur* / (*geistig*) Erregung, Aufregung (*auch pl.*) [*animi, animorum*]. — ***(*med. t.t.*) ~ *cerebri* Gehirnerschütterung.

cŏmmōtĭŭncŭlă, *ae f* (*demin. v. cŏmmōtĭō*) leichte Unpäßlichkeit.

cŏm-mŏvĕō
1. a) in Bewegung setzen, bewegen; **b**) fort-, wegrücken; **c**) erschüttern, aufrühren; **2. a**) *etw.* anregen, (er-)wecken; **b**) *jd.* an- *od.* erregen, aufregen; **3.** (*P.P.P.*) *adi.* **cŏmmōtŭs a**) unsicher; **b**) aufgeregt, gereizt.

cŏm-mŏvĕō, *mōvī, mōtŭm* 2. **1. a**) in Bewegung setzen, bewegen; **b**) *etw. v.* der Stelle fortbewegen *od.* fort-, wegrücken, fortschaffen; **c**) *jd. od. etw.* (*auf der Stelle selbst*) erschüttern, aufrühren, aufwühlen (*alqm u. alqd, zB.* °*cervum* aufjagen, *columnas* fortschaffen, °*saxa* lockern, *unam litteram v.* seiner Stelle nehmen, *nummum* umsetzen, °*sacra* die heiligen Geräte [*an Festtagen*] herumtragen); *bsd. mil. castra* mit dem Heer aufbrechen, °*aciem* vorrücken, *hostem* zum Weichen bringen; **se commovere** sich rühren, sich entfernen [*se ex loco, domo se non commovere* nicht aus dem Hause gehen]. **2.** / **a**) *etw.* anregen, veranlassen, hervorrufen (*alqd, zB. memoriam rei* erneuern); *bsd.* **α**) fördernd, *zB. studia multorum* wekken; **β**) (*Gemütsbewegungen*) erregen *od.* (er)wecken (*alqd u. alci alqd, zB. iram, invidiam in alqm, suspicionem alcis, risum*); *auch pol. Zustände u.ä., zB. tumultum*; **b**) *jd.* anregen *od.* erregen: **α**) (*körperlich od.* °*geistig*) krank *od.* unpäßlich machen (*alqm perleviter*); P. unpäßlich werden [*mens commota* Verrücktheit]; **β**) *übh.* auf *jd.* einwirken, *jd.* zu *etw.* bestimmen, veranlassen (*alqm* °*ad alqd*; *m. ut, ne*); P. sich bestimmen lassen; **γ**) auf *jd.* Eindruck machen, *jd.* erschüttern, rühren, ergreifen; *bsd.* (*pejorativ*) **αα**) aufregen, reizen, aufbringen, empören, erbittern; **ββ**) beunruhigen, erschrecken, verwirren (*alqm od. alcis animum od. mentem re* durch *etw.*). **3.** (*P.P.P.*) *adi.* **cŏmmōtŭs** 3 (*m. comp. u.* °*sup.*) **a**) schwankend, unsicher [°*aes alienum*]; **b**) aufgeregt [*animus -ior,* °*gaudio*], gereizt (*abs.* = °leidenschaftlich).

F. *pf.-Formen synk.*: *cŏmmŏssĕ(m)* = *cŏmmŏvissĕ(m), cŏmmŏrĭt* = *cŏmmŏvĕrĭt, cŏmmŏrăt* = *cŏmmŏvĕrăt u.ä.*

cŏm-mŭlcĕō, *mŭlsī, mŭlsŭm* 2. (*unkl.*) streicheln; / schmeicheln [*sensūs* den Sinnen].

cŏmmūnĕ, *ĭs n s. cŏmmūnĭs.*

cŏmmūnĭcātĭō, *ōnĭs f* (*cŏmmūnĭcō*) Mitteilung, Gewährung (*alcis rei, zB. civitatis, sermonis* Unterredung); *bsd.* (*rhet. t.t.*) *Redefigur* (ἀναχοίνωσις), *m. der der Redner die Zuhörer gleichsam mit zu Rate zieht.*

▶ **cŏmmūnĭcō** *u.* (*Li.*) **-ŏr** 1. (*cŏmmūnĭs*) **1.** *trans.* **a**) *etw.* gemeinsam machen, vereinigen, zusammenlegen (*alqd, zB. victum*; *communicato consilio* nach gemeinschaftlicher Beratung); **b**) **α**) (*gebend*) *jd. etw.* mitteilen, *jd.* an *etw.* teilnehmen lassen (*alqd cum alqo, zB. pecunias cum dotibus* zur Mitgift hinzulegen; *auch alqd inter alqos, bsd. inter se*); *übh. jd. etw.* geben *od.* gewähren [*praemium*]; **β**) (*nehmend od. empfangend*) *etw. m. jd.* gemeinsam haben *od.* teilen (*alqd cum alqo, zB. paupertatem,* °*liberos cum alqo*); *alqd alci communicatum est cum alqo etw.* ist *jd. m. jd.* gemeinsam [*crimina Verri cum his civitatibus communicata sunt*]; **c**) *m. jd. etw.* besprechen, *jd. etw. mündl. od. schriftl.* mitteilen [*consilia cum finitimis, rationem belli gerendi*]. **2.** *intr.* **a**) (*nkl.*) *m. jd.* verkehren [*tecum*]; **b**) *jd.* eine Mitteilung machen, sich *m. jd.* beraten *od.* verständigen (*cum alqo*; *de re* über *etw.*; *m. ut*) [*Pompeius mecum de te communicare solet, cum alqo de maximis rebus*]. — **kommunizieren, das Abendmahl empfangen *od.* reichen.

cŏm-mūnĭō[1] 4. stark befestigen [*castra*]; / stärken, sicherstellen [*ius*].

cŏmmūnĭō[2], *ōnĭs f* (*cŏmmūnĭs*) Gemeinschaft [°*parietum* gemeinsame Wände, *legis, litterarum, sanguinis*]; (*spätl.*) Abendmahl, Kommunion [*sancti altaris*].

▶ **cŏm-mūnĭs,** *ĕ* (*m. comp. u.* °*sup.*; *adv.* **-ĭtĕr**) (*wahrscheinl. eig.* „gemeinsam dienstbereit, mitverpflichtet" *zu mūnĭă, mūnŭs*; *cf. Ggs. ĭmmūnĭs*; *nhd.* „gemein[sam]") **1.** *mehreren od. allen* gemeinsam, gemeinschaftlich, allgemein, öffentlich [*ius gentium, mens od. sensus* allgemeiner Menschenverstand, *res communiter gerere cum alqo*; *alcis u. alci*; *alci cum alqo, zB. hoc mihi commune est cum illo*; *auch multa sunt civibus inter se communia*]; *locus* **α**) öffentlicher Platz (*pl. loca*), (*Pl.*) Unterwelt, (*Se.*) Bordell; **β**) *philos. u. rhet.* Gemeinplatz (*pl. loci*). **2.** allgemein = überall üblich, gewöhnlich; (tag)täglich [*salutatio, mimi* bekannte]; *vita* die allgemeinen Umgangsformen, Lebensart. **3.** (*v. Pers.*) **a**) alle (im Staat) gleichstellend, demokratisch; **b**) sich anderen gleichstellend, *d.h.* umgänglich, leutselig, herablassend (*alci u. erga alqm* gegen *jd.*); ****communis opinio* die herrschende Meinung (*bsd. unter den Gelehrten*). **4.** *subst.* **cŏmmūnĕ,** *ĭs n* **a**) Gemeingut, *bsd.* gemeinsame Kasse, Staatsschatz, *sg. u. pl.*; (*dcht.*) auch Gesamtmacht; **b**) Gemeinde, Kommune, Staat [*Siciliae, Cretensium*]; *pl. auch* °Öffentlichkeit; **c**) *adv.* **in cŏmmūnĕ** **α**) zum gemeinsamen Nutzen [*conferre alqd, honores vocare* gleichmäßig (*an Patrizier u. Plebejer*) verteilen]; **β**) (*nkl.*) im allgemeinen, überhaupt, in Bausch u. Bogen, summarisch [*loqui*]; *klass. dafür cŏmmūnĭtĕr*; **γ**) (*nkl., dcht.*) (*als Zuruf*) halbpart!; **δ**) ** im Chor.

cŏmmūnĭtās, *ātĭs f* (*cŏmmūnĭs*) **1.** Gemeinschaft, Allgemeinheit (*alcis u. alcis rei, zB. vitae*; *cum alqo*). **2. a**) Gemeinsinn; **b**) (*Ne.*) Leutseligkeit (*alcis*). — **städtische Gemeinde.

cŏmmūnītĭō, *ōnĭs f* (*cŏmmūnĭō*[1]) / Wegbahnung.

cŏm-mŭrmŭrŏr 1. dazu murmeln [*secum*].

cŏmmūtābĭlĭs, *ĕ* (*cŏmmūtō*) veränderlich, wandelbar; (*rhet. t.t.*) umkehrbar; was von beiden Parteien benutzt werden kann [*exordium*].

cŏmmūtātĭō, *ōnĭs f* (*cŏmmūtō*) Umwandlung, Veränderung, Wechsel (*alcis rei, zB. morum*); *bsd.* (*nkl.*) Austausch [*captivorum*]. — ** Tauschmittel; Kaufpreis.

cŏmmūtātŭs, *ūs m* (*cŏmmūtō*; *Lu.*) Umwandlung.

▶ **cŏm-mūtō** 1. **1.** (ver)ändern, umwandeln (*alqd, zB. tabulas u. indicium* fälschen); P. sich (ver)ändern [*fortuna*]. **2.** vertauschen, auswechseln (*alqd u. alqm, zB.* °*locum, captivos*; *alqd re u. cum re, zB. fidem* *suam pecuniā* = verkaufen für, °*mortem cum vita; auch alqd* °*pro re etw.* für *etw.*).

cŏmō[1] 1. (*denom. v. cŏmă*) (*fast nur spätl.*) **1.** *intr.* m. Haaren versehen sein; *fast nur* (*part.*) *adi. cōmāns gebräuchlich*; *s.d.* **2.** *trans.* m. Haaren versehen; *fast nur* (*P.P.P.*) *adi. cŏmātŭs gebräuchlich*; *s.d.*

cōmō[2], *cōmpsī, cōmptŭm* 3. (< **cŏ-ĕmō, eig.* „zusammennehmen") **1.** (*Lu.*) zusammenfügen, vereinen [*cum corpore*]. **2.** (*das Haar*) ordnen, kämmen, flechten [*capillos*]; / (*Qu.*) (*die Rede*) glätten. **3.** *P.P.P.* **cōmptŭs** 3 geschmückt, geputzt (*re m. etw.*); / *adi.* (*m. comp. u.* °*sup.*; *adv.* °**-ē**) (*bsd. v. der Rede u.* [*Qu.*] *v. Redner*) gefällig, korrekt.

cōmoedĭă, *ae f* (*Fw.* < κωμῳδία) Lustspiel, Komödie.

cōmoedĭcē *adv.* (*zu* °*cōmoedĭcŭs, Fw.* < κωμῳδικός) (*Pl.*) wie in der Komödie.

cōmoedŭs (*Fw.* < κωμῳδός) **1.** (*Ju.*) *adi.* 3. Komödien... **2.** *subst.* ~, *ī m* Komiker, komischer Schauspieler.

cŏmōsŭs 3 (*cŏmă*) (*nkl., dcht.*) stark behaart.

(**cŏm-păcīscŏr**), *cōmpāctŭs u. -pĕctŭs sŭm* 3. (*Pl.*) einen Vertrag schließen; *klass. nur* (*part. pf.*) *subst.* **cŏmpāctŭm** *u.* **-pĕctŭm**, *ī n* Vertrag; (*abl.*) *-ō u.* (*vkl., nkl.*) *de od. ex -ō* nach (gegenseitiger) Übereinkunft, verabredetermaßen.

cŏmpāctĭō, *ōnĭs f* (*cŏmpĭngō*[1]) Zusammenfügung [*membrorum*].

cŏmpāctŭm, *ī n s.* (*cŏmpăcīscŏr*).

cŏmpāctŭs[1] 3 *s.* (*cŏmpăcīscŏr*).

cŏmpāctŭs[2] 3 *s. cŏmpĭngō*[1].

cŏmpāgēs, *ĭs f* (**cŏm-păngō* = *cŏmpĭngō*[1], *cf. dor.* πάγνυμι = *att.* πήγνυμι) **1.** (*dcht., nkl.*) Zusammenfügung, Gefüge [*lapidum*]. **2.** / **a**) (*Lu.*) *Veneris* Umarmungen; **b**) (*nkl.*) Fuge [*laterum*]; **c**) Bau, Organismus [*corporis*]; (*Ta.*) Staatsgefüge.
F. *gen. pl. -ĭŭm u. -ŭm.*

cŏmpāgō, *ĭnĭs f* (**cŏm-păngō* = *cŏmpĭngō*[1]; *s. cŏmpāgēs*) (*dcht., nkl.*) Bindemittel; Gefüge.

cŏmpār, *ărĭs* (*unkl.*) untereinander *od.* beiderseitig gleich [*compari Marte concurrere, conubium* ebenbürtig; *alci rei, zB. funus morti*]; (*dcht.*) *subst. m u. f* Gefährte(-tin); *bsd.* Geliebte(r), Gatte, Gattin.
F. *abl. sg. -ī* (*subst. -ĕ*); *neutr. pl. -ĭă, gen. -ĭŭm.*

cŏmpărābĭlĭs, *ĕ* (*cŏmpărō*[1]) vergleichbar.

cŏmpărātē *adv.* (*cŏmpărō*[1]) vergleichsweise (*Ggs. simpliciter*).

cŏmpărātĭō[1], *ōnĭs f* (*cŏmpărō*[1]) Zusammenstellung: **1.** gleiche Stellung zueinander, (richtiges) Verhältnis [*eadem*]. **2.** Vergleichung, Vergleich (*alcis u. alcis rei, zB. militum; alcis rei cum re, zB. orationis suae cum scriptis alienis; m. indir. Frages.*); *comparationem habere* sich vergleichen lassen. **3.** (*Li.*) Vergleich = Übereinkunft; (*bsd. über die Amtsgeschäfte*). **4.** (*gramm. t.t.*) **a**) (*Gramm.*) Komparation; **b**) (*Qu.*) Komparativ.

cŏmpărātĭō[2], *ōnĭs f* (*cŏmpărō*[2]) **1.** Vorbereitung, Zurüstung [*belli*], Herstellung [°*veneni*]; *mea* Sicherstellung. **2.** Beschaffung, Erwerbung (*alcis u. alcis rei, zB. testium,* °*frumentorum* Ankauf, *criminis* Aufstellung des Beweismaterials).

cŏmpărātīvŭs 3 (*adv.* °**-ē**) (*cŏmpărātŭs 3 P.P.P. v. cŏmpărō*[1]) vergleichend [*iudicatio*]. *Als gramm. t.t.* (*nkl.*) im Komparativ stehend [*vocabulum*]; *subst.* **-ă**, *ōrŭm n* Komparativa.

cŏm-părcō, *părsī, părsŭm* 3. = *cŏmpĕrcō*.

cŏm-pārĕō, *rŭī*, — 2. erscheinen, sich zeigen; / noch vorhanden sein.

▶ **cŏm-pārō**[1] 1. (*cŏm-* + *denom. v. pār*) **1. a**) paaren = zusammenstellen, -bringen, verbinden (*alqm u. alqd, zB.* °*labella cum labellis*); °*priore consulatu comparati* Kollegen im früheren Konsulat, °*consules male comparati* schlecht zusammenpassend; **b**) feindlich gegenüberstellen, sich messen lassen [*gladiatores; alqm cum alqo u. adversus alqm,* °*alci*]. **2. a**) vergleichen (*alqm u. alqd,* °*leges inter se; alqd cum alqo u. cum re, zB. hominem cum homine, tempus cum tempore; auch alqd alci rei, zB. exercitum exercitui; alqd re etw.* an, in, nach *etw.*); **b**) *etw.* vergleichend erwägen, ermessen (*alqd; m. indir. Frages.*). **3.** gleichstellen, an die Seite stellen (*alqm u. alqd m. dat., zB. Catonem Lysiae; auch m. cum, zB. se cum alqo*). **4.** (*nkl.*) ausgleichen; *bsd.* (*v. Kollegen*) sich über *etw.* einigen, *etw.* unter sich teilen (*alqd, zB. consules provincias inter se comparaverunt*); *abs.* [*ita comparatum est, ut* man vergleicht sich in der Weise, daß; *m. indir. Frages.*].
F. (*Ca.*) *inf. praes. P. cŏmpărārĭĕr* = *cŏmpărārī*.

▶ **cŏm-părō**[2] 1. (*cŏm-* + *părō*[2]) **1. a**) bereiten, beschaffen, anschaffen, zusammenbringen, *Pers. u. Sachen* [*servos multos,* °*arma*]; *bsd.* aufkaufen [*frumentum*]; *insb.* (*Menschen*) aufbringen *od.* aufbieten, aufstellen [°*servos ad resistendum, accusatores pecuniā*]; **b**) (aus)rüsten, zurüsten, instand setzen, vorbereiten, *Pers. u. Sachen* [*gladiatores ad ludos, omnia ad fugam*]; *bsd.* **α**) *mil.* zum Kampf (aus)rüsten [*copias, classem*]; *auch abs.* die nötigen Vorkehrungen treffen; **β**) *se comparare u.* (*nkl., dcht.*) *mediopass.* sich anschicken (*abs. od. ad alqd, zB. ad* °*iter; auch m.* °*inf.*). **2.** / *jd.* (*bsd. sich*) *etw.* verschaffen *od.* erwerben (*alqm u. alqd, zB. novos socios, laudes artibus; auch alci u. sibi alqd, zB. sibi auctoritatem*). **3.** (*m. effiziertem obi.*) *etw.* veranstalten, ins Werk setzen, veranlassen, stiften, machen (*alqd, zB. convivium,* °*iter ad regem,* °*bellum* sich zum Krieg rüsten, *interitum* herbeiführen; *alci alqd, zB. insidias; m.* °*inf.* = sich anschicken *etw.* zu tun). **4.** / *etw.* einrichten, anordnen, bestimmen, bestellen (*alqd u. alqm, zB. praetores, iura, sortitionem; m. ut bzw. quod, zB. more maiorum comparatum est, ut ..., aber iniquissime, quod ...*); *bsd. P.P.P. ita comparatus* 3 so beschaffen, in der Lage.
F. *altl. fut. ex.*: *cŏmpărāssĭt*.

cŏm-pāscō, (*pāvī*), *pāstŭm* 3. gemeinsam weiden (*abs.*).

cŏmpāscŭŭs 3 (*cŏmpāscō*) gemeinsam beweidet [*ager* Gemeindetrift].

cŏmpāssĭō, *ōnĭs f* (*cŏmpătĭŏr*) (*Eccl., spätl.*) Mitleid; Sympathie.

cŏm-pătĭŏr, *păssŭs sŭm* 3. (*Eccl.*) Mitleid haben.

cŏmpĕctŭs, -ŭm *s.* (*cŏmpăcīscŏr*).

cŏmpĕdĭō 4. (*denom. v. cŏmpēs*; (*vkl., nkl.*) m. Fußfesseln fesseln.

cŏm-pēgi *s. cŏmpĭngō*[1].

cŏmpĕllātĭō, *ōnĭs f* (*cŏmpĕllō*[1]) **1.** (*A. ad Her.*) das Anreden. **2.** (*lauter*) Vorwurf.

cŏm-pĕllō[1] 1. (*cŏm-* + *iterat. v. pĕllō* 3.; *cf. ăppĕllō*[1], *ĭntĕrpĕllō*) **1. a**) anreden, anrufen (*alqm* °*nomine od.* °*voce,* °*verbis amicis*); **b**) **α**) (*dcht.*) *bittend* ansprechen; **β**) (*nkl.*) (*einer Frau*) unsittliche Anträge machen [*alqam de stupro*]. **2. a**) hart anfahren, tadeln, schelten, beschimpfen (*alqm, zB.* °*mulieres; m. dopp. acc., zB.* °*eum fratricidam*); **b**) (*vor Gericht*) *jd.* zur Rede stellen, anklagen [*iudicem, alqm* °*crimine*].

cŏm-pĕllō[2], *pŭlī, pŭlsŭm* 3. **1.** zusammentreiben [*omne totius provinciae pecus*]; *bsd.* gewaltsam zusammendrängen. **2. a**) hintreiben, zutreiben, jagen (*alqm u. alqd, in, ad, intra alqd, zB. hostem intra moenia,* °*bellum Medulliam* konzentrieren um; / *orationem in dumeta Stoicorum*); °*noto compulsus* verschlagen; **b**) / *jd.* in die Enge treiben, einengen [*nationes*]. **3.** *jd.* zu *etw.* (an)treiben, nötigen, bewegen, *bsd.* zu einem Entschluß drängen (*alqm in, ad alqd, zB. minis ad arma,* °*in metum; m. ut od.* °*inf.*).

cŏmpĕndĭārĭŭs 3 (*cŏmpĕndĭŭm*) Ersparnis bringend, vorteilhaft, (*vom Wege*) abgekürzt, kurz [*via* direkter Weg; *dass. subst.* **-ă**, *ae f* (*sc. vĭă*)]; *subst.* **-ă**, *ae f* (*sc. rătĭō*) (*Se.*) abgekürztes Verfahren; **-ŭm**, *ī n* (*sc. ĭtĕr*) (*Se.*) Richtung.

cŏmpĕndĭōsŭs 3 (*cŏmpĕndĭŭm*; *nkl.*) = *cŏmpĕndĭārĭŭs*.

cŏmpĕndĭŭm, *ī n* (*zu altl. cŏmpĕndō* 3. „gegeneinander abwiegen") Ersparnis: **1.** (*unkl.*) Abkürzung *der Arbeit, Zeit, Rede, bsd. des Weges* = der kürzeste, der direkte Weg. **2.** Vorteil, Überschuß, Profit [*-um facere*; (*Pl.*) *ad -um ponere alqd etw.* als Gewinn ansehen].

cŏmpēnsātĭō, *ōnĭs f* (*cŏmpēnsō*) Ausgleichung, ausgleichende Gegenüberstellung [°*mercium* Tauschhandel]; (*jur. t.t.*) (*nkl.*) Aufrechnung *v. Forderung u. Gegenforderung, aequabilis* (sittliches) Gleichgewicht.

cŏmpēnsō 1. (*intens. zu altl. cŏmpĕndō* 3.) **1.** (*nkl.*) *zwei od. mehr Dinge* gegeneinander abwiegen. **2.** / **a**) *etw.* gegen *etw.* abwägen, gegenüberstellen (*alqd cum re, zB. laetitiam cum doloribus*); **b**) *etw.* durch *etw.* aufwiegen, ersetzen *od.* wieder gutmachen (*alqd re, zB. dolores animi laetitiā*).

cŏm-pĕrcō, *pĕrsī,* — 3. (*părcō*) (*unkl.*) **1.** zusammen-, ersparen. **2.** / *imp.* *cŏmpĕrcĕ m. inf.* erspare es dir, unterlasse es [*me attrectare* faß mich nicht an!].

cŏmpĕrĕndĭnātŭs, *ūs m u.* (*nkl.*) **-tĭō,** *ōnis f* (*cŏmpĕrĕndĭnō*) Vertagung des Urteils auf den übernächsten Tag. — (*spätl.*) Aufschub, Verzug.

cŏm-pĕrĕndĭnō 1. (*pĕrĕndĭnŭs*) **1.** den Urteilsspruch auf den übernächsten Tag (*als endgültigen Termin*) vertagen. **2. a)** (*abs.*; *vom Anwalt*) Vertagung auf den übernächsten Tag beantragen; **b)** *jd.* zum zweiten Termin vorladen [*reum*]. — **Aufschub fordern.

▶ **cŏm-pĕrĭō,** *pĕrī, pĕrtŭm u.* (*unkl.*) **-pĕrĭŏr,** *pĕrtŭs sŭm* 4. (*zu πεῖρα* (**πέρja*; *cf.* *pĕrīcŭlŭm, pĕrītŭs*; *in der Flexion z.T. m.* *părĭō vermischt*) **1.** sicher erfahren, in Erfahrung bringen (*alqd etw., v. etw., zB. rem gestam, omnia, alqd oculis* selbst sehen; *de alqo, de re* über, *v. etw., zB. de scelere filii*; *alqd ab u. ex alqo etw. v. jd., auch m. bloßem abl., zB. testibus*; *alqd per alqm*; *m. a.c.i. u. indir. Frages.*); *abl. abs.* (*nkl.*) *comperto* nachdem man erfahren hatte (*m. a.c.i. u. indir. Frages.*). **2.** (*P.P.P.*) *adi.* **cŏmpĕrtŭs** 3 **a)** erfahren, vernommen [°*comperta narrare*]; **b)** (*adv.* °**-ē** aus guter Quelle) gewiß, genau, zuverlässig [*res*; *alqd compertum habere* genau wissen, *pro re comperta habere* für gewiß ansehen, °*pro comperto est* es gilt als gewiß]; **c)** (*nkl.*) e-r Sache überführt *od.* offenbar schuldig (*alcis rei, zB. stupri*; *m.* °*inf.*).

cŏm-pĕrsī *s.* *cŏmpĕrcō.*

cŏm-pĕrtŭs *P.P.P. v.* *cŏmpĕrĭō.*

cŏm-pēs, *ĕdĭs f* (**pĕdĭs* „Fußfessel" *zu pēs*) Fußfessel [°*alqm compedibus vincire*]; / Fessel, Bande [°*grata* Liebesfesseln].

F. *Klass. nur im pl.* (*cŏmpĕdēs, ŭm u.* °*ĭŭm*) *u. abl. sg.* (*cŏmpĕdĕ*) *gebräuchlich.*

cŏm-pēscō, *cŭī,* — 3. (*-ē-?*) ((**cŏmpărc-scō*; *părcō*) (*dcht., nkl.*) in Schranken halten; / beschränken, unterdrücken, bändigen (*alqm u. alqd, zB. mentem, sitim* stillen, *ramos* beschneiden, *culpam ferro* tilgen).

cŏmpĕtēns, *ĕntĭs* (*m. comp.*; *adv.* **-ĕntĕr**) (*eig. part. praes. v.* *cŏmpĕtō*; *nkl.*) angemessen; zuständig, passend, analog (*alci rei u. cum re, zB. ratio etymologiae cum sententia vocabuli*).

cŏmpĕtĕntĭă, *ae f* (*cŏmpĕtō*; *nkl.*) das Zusammentreffen: **a)** *der Teile unter sich,* Symmetrie; **b)** (*der Gestirne*) Konstellation. — **Eignung.

cŏmpĕtītŏr, *ōrĭs m,* (*cŏmpĕtō*) Mitbewerber.

cŏmpĕtītrīx, *īcĭs f* (*cŏmpĕtītŏr*) Mitbewerberin.

cŏm-pĕtō, *īvī u. ĭī, ītŭm* 3. (*vkl., nkl.*) **1.** (*trans.*) **a)** *etw.* gemeinsam *od.* zugleich erstreben (*alqd, zB. unum locum*); **b)** sich zugleich um ein Mädchen bewerben [*puellam*]. **2.** (*intr.*) **a)** (*räuml. u. zeitl.*) *m. etw.* zusammenfallen (*cum re*); **b)** zu *etw.* fähig sein, für *etw.* ausreichen (*ad alqd, zB. ad arma capienda*; *re m.*, durch *etw., zB. neque oculis neque auribus satis*); **c)** zutreffen, entsprechen; *impers.* *competit, ut* es trifft sich, daß; **d)** zustehen, zukommen (*in alqm od. alci rei, zB. philosophiae*). — **kämpfen; *impers.* *competit* es ziemt sich.

cŏmpīlātĭō, *ōnĭs f* (*cŏmpīlō*) Plünderung; *concr.* Zusammengerafftes, Ausbeute (= *Sammlung v. Tagesneuigkeiten*).

cŏmpīlātŏr, *ōrĭs m* Plünderer [*veterum* *Beiname Vergils wegen seiner Nachahmung Homers*]; Plagiator.

cŏm-pīlō 1. (*altl.* *pīlō* 1. „zusammendrücken"; *cf.* *πιλέω*) **1.** *räuberisch u. gewalttätig* (aus)plündern, berauben (*alqm u. alqd, zB. vicinos, rem publicam*; *alqd re, zB.* °*templa omnibus ornamentis*); / ausbeuten, ausschreiben [*sapientiam alcis*]. **2.** (*Pl.*) rauben, stehlen. — **entlehnen.

cŏm-pĭngō¹, *pēgī, pāctŭm* 3. (*păngō*) **1.** (*nkl.*) zusammenfügen [*trabes*; / *verbum*]; *klass. nur P.P.P.* **cŏmpāctŭs** 3 (*als adi. nkl.*: fest, untersetzt, gedrungen). **2.** hineintreiben, -stoßen, -stecken, *auch* verstecken (*alqm in alqd, zB. se in Apuliam*; / *se in iudicia*).

cŏm-pĭngō², *pīnxī,* — 3. (*pĭngō*) (*Se.*) bemalen; / an *etw.* mäkeln (*alqd, zB. carmina*).

cŏmpĭtālĭcĭŭs 3 (*cŏmpĭtālĭs*) des Kompitalienfestes [*ludi, dies, ambulationes*].

cŏmpĭtālĭs, *ĕ* (*cŏmpĭtŭm*) (*vkl., nkl.*) zu den Scheidewegen gehörig [*lares* stehend auf]; *klass. nur subst.* **Cŏmpĭtālĭă,** *ĭŭm u.* *ĭōrŭm n* (*cf.* V.-B. X) die Kompitalien, Larenfest auf den Scheidewegen.

cŏmpĭtŭm, *ī n* (*cŏmpĕtō* 2a; *nach Varro*: „*ubi viae competunt*") Scheideweg, Kreuzweg.

cŏm-plăcĕō, *plăcŭī od.* *plăcĭtŭs sŭm* 2. (*vkl., nkl.*) (zugleich) gefallen, angenehm sein (*alci*).

cŏm-plānō 1. einebnen, niederreißen [*domum,* °*opera* schleifen; °/ *aspera*].

▶ **cŏm-plĕctŏr,** *plĕxŭs sŭm* 3. **1. a)** umschlingen, umarmen (*alqm, zB. mulierem,* °*alqm floribus*; *alqd, zB.* °*dextram alcis,* °*aram*; *auch* /, *zB. somnus alqm complectitur*); **b)** / (*räuml.*) umgeben, einschließen [*collem opere*; °*alqm umbrā* = umschatten]. **2.** / **a)** zusammenfassen [*omnia unā comprehensione*]; **b)** in sich fassen, mit umfassen [*omnium partes*]; **c)** (*in der Rede*) zusammenfassend darstellen (*alqd verbis, sententiā causas* die Gründe bei der Stimmabgabe darlegen, *preces* aussprechen); *rem plane verbis complecti* den Nagel auf den Kopf treffen; *auch* (*als philos. od. rhet. t.t.*) den Schlußsatz machen, den Schluß ziehen (*s.* *cŏmplĕxĭō* 2a, α); **d)** (*geistig*) begreifen, verstehen (*alqd animo od. mente, cogitatione, scientiā, memoriā*; *unklass. auch ohne Zusatz*); **e)** *jd. od. etw.* mit Liebe umfassen, mit Eifer betreiben, lieben (*alqm benevolentiā od. amore*; *alqd, zB. fidem alcis, philosophiam*); **f)** *etw.* sich aneignen, *e-r Sache* sich bemeistern (*alqd, zB. eam facultatem,* °*plures provincias*). **F.** *Bisw. hat complector* (*auch klass.*) *passive Bedeutung, zB. eo genere vita beata complectitur* ist enthalten in; *ebenso part. pf. pass.* **cŏmplĕxŭs²** 3 umschlossen (***adi.* geflochten).

cŏmplēmĕntŭm, *ī n* (*cŏmplĕō*) Ergänzung(smittel), Ausfüllung [*numerorum*].

▶ **cŏm-plĕō,** *ēvī, ētŭm* 2. (*altl.* **plĕō*; *cf.* *plēnŭs, πίμπλημι*) **1. a)** vollständig anfüllen, vollfüllen (*alqd, zB. fossas, paginam* vollschreiben; *alqm u. alqd re, selten alcis rei, zB.* °*amphoras plumbo, collem castris* völlig bedecken, *alqm floribus* über *u.* über bestreuen); P. gefüllt werden *u.* sich füllen; *oft* / *etw. od. jd. m. etw.* erfüllen [*omnia clamore, alqm gaudio od. voluptate*]; **b)** *etw.* reichlich *m. etw.* versehen [*Italiam coloniis*]; *bsd. mil.* völlig besetzen [*turrim militibus, naves sociis* bemannen]; **c)** (*Mannschaften, Summen u.ä.*) ergänzen, vollzählig machen, vervollständigen [*legiones, suum numerum* vollzählig stellen, *eam summam* vollständig liefern, °*dodrantem* volle drei Viertel noch hinzufügen]; **d)** (*vkl., dcht.*) schwängern [*alqam*]; *propter alqm corpus suum stupri* sich *v. jd.* schwängern lassen; **e)** überfüllen, überladen [*templa, navigia*]. **2. a)** (*einen Zustand od. eine Tätigkeit*) vollenden, ganz zu Ende führen (*alqd, zB.* °*sacrum ante noctem*; *alqd re, zB. lustrationem menstruo spatio*); **b)** (*eine Zeit*) zurücklegen, erleben [*centum annos od.* (*nkl.*) *centesimum annum* volle 100 Jahre erreichen].

F. *pf.-Formen synk.*: *cŏmplēssĕ(m)* = *cŏmplēvissĕ(m), cŏmplēstī* = *cŏmplēvīstī, cŏmplērīm u.a.*

cŏmplētōrĭŭm, *ī n* (*cŏmplētŭs*) (*Eccl.*) Gebet nach Vollendung des Tagewerks, Schlußandacht; Vespergottesdienst.

cŏm-plētŭs¹ *P.P.P. v.* *cŏmplĕō.*

cŏmplētŭs² 3 (*m.* °*comp.*) (*eig. P.P.P. v.* *cŏmplĕō*) vollständig.

cŏm-plēvī *s.* *cŏmplĕō.*

cŏmplĕxĭō, *ōnĭs f* (*cŏmplĕctŏr*) **1.** Verknüpfung, Verbindung [*atomorum* Ineinandergreifen, *bonorum* Inbegriff der Güter, *brevis* ~ *totius negotii* mündliche Darstellung, Erzählung]. **2.** / **a)** (*philos. t.t.*) **α)** Schlußsatz; **β)** Dilemma; **b)** (*rhet. t.t.*) *verborum* Zusammenfassung der Worte: **α)** Ausdruck [*mira*]; **β)** Periode [*longissima*]; **c)** (*gramm. t.t.*) (*Qu.*) Silbenverschmelzung, Synalöphe.

▶ **cŏmplĕxŭs¹,** *ūs m* (*cŏmplĕctŏr*) **1.** das Umfassen, Umschließen, Umarmung, *freundl. u. zärtlich od. feindl., bsd. v. Ringern, im Deutschen oft* die Arme [*in complexum alcis venire, in complexu alcis* °*haerere od. emori* in *j-s* Armen liegen *od.* sterben, *alqm complexu suo tenere* in den Armen halten, *alqm e complexu alcis avellere od. abripere od. abstrahere* aus *j-s* Armen reißen; °*-um* *ferre alci jd.* umarmen, °-*um accipere* sich umarmen lassen; °~ *armorum* Handgemenge]. **2.** / **a)** Wohlwollen, Liebe [*totius gentis humanae, homines de complexu alcis j-s* Busenfreunde *od.* Lieblinge]; **b)** (*räuml.*) Umschließung [*universi caeli* ~ der Umfang *od.* Umkreis, das Ganze des Weltgebäudes]; **c)** (*Qu.*) die Verknüpfung *in der Rede* [*loquendi, verborum*].

cŏmplĕxŭs[2] 3 *s. cŏmplĕctŏr* F.

cŏm-plĭcō, *cāvī, cātŭm u. cŭī, cĭtŭm* 1. (< **cŏm-plĕcō; cf. plĕctō, plĭcō*) zusammenfalten, -wickeln [*epistulam*]; / (*P.P.P.*) *adi.* **cŏmplĭcātŭs** 3 unklar, verworren [*notio*].

cŏm-plōdō, *sī, sŭm* 3. (*plaudō*) (*nkl.*) zusammenschlagen [*manūs*].

cŏmplōrātĭō, *ōnĭs f u.* **-tŭs,** *ūs m* (*cŏmplōrō*) (*nkl.*) gemeinsames *od.* lautes Wehklagen (*alcis j-s u.* über *jd., zB. familiarum*).

cŏm-plōrō 1. zusammen *od.* laut beklagen, bejammern (*alqm u. alqd;* °*desperata complorataque est res publica* alle Hoffnung auf Rettung des Staates ist aufgegeben.

cŏm-plōsī *s. cŏmplōdō.*

cŏm-plōsŭs *P.P.P. v. cŏmplōdō.*

▶ **cŏm-plūrēs,** *ă* (*selten -ĭă; gen. -ĭŭm*) mehrere = einige, ziemlich viele, *ohne allen komparativen Sinn.*

cŏmplūrĭē(n)s *adv.* (*cŏmplūrēs*) (*vkl.*) mehrmals.

cŏmplūscŭlī 3 (*adv.* [*Ge.*] **-ē** ziemlich oft) (*demin. v. cŏmplūrēs*) (*Com.*) ziemlich viele.

cŏmplŭvĭŭm, *ī n* (°*cŏm-plŭō* 3. „zusammen hineinregnen") (*vkl., nkl.*) das Compluvium: **1.** viereckige Dachöffnung über dem inneren Säulenhof *des röm. Hauses.* **2.** Säulenhof.

> **cŏm-pōnō**
> **1. a)** zusammenstellen, -setzen, -legen, -bringen; **b)** (ver)sammeln, vereinigen, (*Truppen*) zusammenziehen; **2. a)** *als Gegner* gegenüberstellen; **b)** vergleichen; **3. a)** bilden, gestalten; **b)** (*schriftl.*) abfassen; **c)** verabreden, abkarten; **d)** ersinnen; **4. a)** zurechtlegen; **b)** betten, lagern; **c)** Truppen aufstellen; **d)** (*Angelegenheit*) ordnen; **e)** (*Streit*) beilegen; **f)** *jd.* versöhnen.

cŏm-pōnō, *pŏsŭī, pŏsĭtŭm* 3. **1.** (*m. affiziertem Objekt*) zusammenstellen: **a)** zusammenstellen, -setzen, -legen, -bringen (*alqd, zB. munera,* °*lignum,* °*arma* die Waffen niederlegen; *alqd in loco, zB. uvas in tecto; alqd alci rei etw. m. etw., zB. manūs manibus*); **b)** (*friedlich*) (ver)sammeln, vereinigen [°*opes*]; *bsd.* α) (*nkl.*) (*Truppen*) zusammenziehen, konzentrieren [*legionem*], *auch* an *e-n* Ort verlegen; β) (*dcht., nkl.*) (*Asche, Gebeine*) beisetzen, bestatten [*cinerem, ossa alcis*]; γ) (*Segel*) einziehen [*armamenta*]. **2.** vergleichend zusammenstellen: **a)** (*feindl.*) *als Gegner* gegenüberstellen (*alqm cum alqo*), *auch* °Gladiatoren [*par compositum*]; /° [*pugnantia secum frontibus adversis*]; *bsd.* (*Ta.*) (*vor Gericht*) konfrontieren [*cum indice*]; **b)** gegenüberstellen, vergleichen (*alqd cum re, zB.* °*Metelli dicta cum factis, auch m. dat., zB.* °*parva magnis*). **3.** (*m. effiziertem Objekt*) zu einem Ganzen zusammenstellen: **a)** bilden; gestalten, bereiten, stiften (*alqd, zB.* °*urbem* erbauen, °*templa deis* errichten, °*aggerem* aufschütten, / °*foedus,* °*pacem cum alqo; alqd ex re, zB. homo compositus ex corpore et animo*); **b)** (*schriftl.*) abfassen, aufsetzen, schreiben (*alqd, zB. commentarios, tragoedias, carmen de re; alci alqd, zB. praetori carmen* die Formel); **c)** *etw.* (*gemeinschaftlich*) festsetzen, verabreden, ausmachen, (*pejorativ*) abkarten (*alqd, zB. diem rei gerendae,* °*locum tempusque; alqd cum alqo, zB.* °*societatem cum latronibus; m. ut; m. indir. Frages.; m.* °*inf.*); *cf. auch cŏmpŏsĭtŭs;* **d)** (*unkl.*) ersinnen, erdichten (*alqd, zB. dolum, rumorem*); (*prägn.*) *alqm pecuniā jd.* durch Geld zu *etw.* anstiften. **4.** ordnend zusammenstellen: **a)** zurechtlegen, ordnen (*alqd, zB. verba, capillum, togam* der Toga den gehörigen Faltenwurf geben, °*vultum* = eine Amtsmiene aufsetzen *od.* Fassung heucheln; *auch* °*alqm, bsd.* °*se componere* sich zurechtmachen); **b)** (*dcht.*) auf ein Lager legen, betten, lagern (*alqm u. alqd, zB. membra, alqm lecto, mortuum toro, bsd. se -ere, zB. thalamis;* / *diem clauso Olympo* beschließen); (*euphem.*) (*Tote*) bestatten, beisetzen [*alqm eodem tumulo*]; **c)** (*nkl., dcht.*) *mil.* Truppen aufstellen, postieren [*agmen ad pugnam od. ad iter, milites acie od. cuneis od. in turmas, insidias e-n* Hinterhalt legen]; **d)** (*Angelegenheiten*) ordnen, einrichten (*alqd, zB. causam, sua recte; alqd ad alqd etw.* für *etw.* geeignet machen, *zB. auspicia ad utilitatem rei publicae*); **e)** (*Streit*) beilegen, schlichten [*controversias, lites*]; *abs.* (*Pli.*) die Sache beilegen; *impers. componitur* es kommt zu einem Ausgleich; **f)** (*nkl.*) *etw. od. jd.* beschwichtigen, versöhnen (*alqd u. alqm, zB. Asiam, rebelles barbarorum animos*); *cf. auch cŏmpŏsĭtŭs.* — **komponieren.

F. *inf. praes.* P. (*Ca.*) *cŏmpōnĭĕr* = *cŏmpōnī; P.P.P.* (*unkl.*) *synk. cŏmpŏstŭs* = *cŏmpŏsĭtŭs; pf. act.* (*Ta.*) *cŏmpŏsīvērĕ.*

cŏm-pŏrtō 1. zusammentragen, -bringen, *bsd.* (ein)liefern (*alqd, zB. aggerem, materiam; alqd ab od. ex loco ad alqm od. in locum, zB. frumentum ex agris*).

cŏm-pŏs, *pŏtĭs* (< **cŏm-pŏt-s; cf. pŏtĭs*) **1.** *e-r Sache* teilhaftig, an *etw.* mitbeteiligt, im Genuß *od.* im Besitz *e-s Gutes, selten e-s Übels* (*alcis rei, zB. patriae, huius urbis,* °*voti* im Besitz des Gewünschten; *selten* °*re*); *auch subst.* **2.** e-r Sache mächtig (*alcis rei, zB.* °*sui, mentis od. mentis suae* bei Sinnen; *selten re, zB.* °*linguā*).

F. *abl. sg. cŏmpŏtĕ; pl. neutr. fehlt, gen. -ŭm.*

cŏmpŏsĭtĭō, *ōnĭs f* (*cŏmpōnō*) **1.** Zusammenstellung, -setzung, -fügung [*gladiatorum, unguentorum*]. **2.** Anordnung, Gestaltung, Anlage [°*aedium, membrorum;* / *anni*]. **3.** (*schriftl.*) Abfassung [*iuris pontificalis*]. **4.** (*rhet. t.t.*) Wort-, Satzstellung, Periodenbau [*verborum*]. **5.** Einigung, Aussöhnung, Vergleich.

cŏmpŏsĭtŏr, *ōrĭs m* (*cŏmpōnō*) **1.** Ordner [*anni*], *bsd. der Rede.* **2.** (*dcht., nkl.*) Verfasser [*operum*].

cŏmpŏsĭtūră, *ae f* (*cŏmpōnō*) (*vkl.*) Zusammensetzung; *meton.* (*Lu.*) feines Gewebe.

cŏm-pŏsĭtŭs[1] *P.P.P. v. cŏmpōnō.*

cŏmpŏsĭtŭs[2] 3 (*m. comp. u. sup.; adv.* **-ē**) (*eig. P.P.P. v. cŏmpōnō*) **1.** (*nkl.*) zusammengesetzt [*verbum;* °*oratio* Stückwerk]. **2.** zusammengestellt [/°*cum artibus mariti* übereinstimmend]; *bsd.*: **a)** (*v. Sachen*) (wohl-)geordnet, wohleingerichtet, geregelt, *eig. u.* / [*agmen, res publica, dicendi genus, litterulae* zierliche Schriftzüge]; *subst.* (*nkl.*) **-ă,** *ōrŭm n* geordnete Verhältnisse [*-a movere od. turbare* die Ordnung stören]; **b)** (*v. Pers.*) geschult, geeignet (*abs. od. m. in, ad alqd* zu *etw., zB.* °*in arrogantiam; auch* [*nkl.*] *alci rei, zB. alliciendis moribus*). **3.** verabredet [*res; cum alqo m. jd.*]; *bsd. adv.* (**ex**) **composito** (*vkl., nkl.*) verabredetermaßen. **4.** (*nkl.*) erdichtet, erlogen [*indignatio*]; *v. Pers.* sich den Anschein gebend (*in alqd v. etw., zB. in obsequium*). **5.** (*v. Pers. u. Sachen*) ruhig, gelassen, gemessen [*orator,* °*vultus*].

cŏmpŏsīvērĕ, cŏmpŏstŭs *s. cŏmpōnō.*

cŏm-pŏsŭī *s. cŏmpōnō.*

cŏm-pōtātĭō, *ōnĭs f* (*pōtō; Lehnübersetzung Ciceros für συμπόσιον, reinlat. cŏnvīvĭŭm; cf. cŏncēnātĭō*) Trinkgelage, Symposion.

cŏmpŏtĭō 4. (*denom. v. cŏmpŏs; vkl., nkl.*) teilhaftig machen (*alqm re*); P. teilhaftig werden, sich bemächtigen [*locis*].

cŏm-pōtŏr, *ōrĭs m* Trinkgenosse, Zechbruder.

cŏmpōtrix, *icĭs f* (*cŏmpōtŏr*) (*Te.*) Zechgenossin.

cŏm-prānsŏr, *ōrĭs m* (*prandĕō*) Tischgenosse, Kumpan.

cŏmprĕcātĭō, *ōnĭs f* (*cŏmprĕcŏr*) (*nkl.*) das Gebet [*deorum*].

cŏm-prĕcŏr 1. (*unkl.*) beten (*abs. u. alqm*); *auch j-m etw.* (*v. d. Göttern*) (an)wünschen (*alci alqd, zB. sibi mortem*).

> **cŏm-prĕhĕndō**
> **1. a)** zusammenfassen; **b)** einbeziehen; **c)** darstellen, beschreiben; **d)** umfassen, umschließen; **e)** (*liebend*) umfassen; **2. a)** erfassen, ergreifen; **b)** verhaften; **c)** (*Verbrechen*) entdecken; (*Person*) ertappen; **d)** erfassen, begreifen.

cŏm-prĕhĕndō, *ĕndī, ēnsŭm* 3. **1. a)** (*nkl., dcht.*) zusammenfassen (*alqd, zB. naves* = verbinden); °*luna aëra comprehendit* hat einen Hof; **b)** / *etw. in einen Begriff* einbeziehen (*alqd in formulam, omnia una cum deorum notione*); **c**) *etw.* in Worte fassen = m. Worten ausdrücken, (*mündl. od. schriftl.*) darstellen, beschreiben (*alqd verbis od.* °*dictis,* °*numero* m. einer Zahl ausdrücken = zählen); **d**) (*nkl.*) (*räuml.*) umfassen, umschließen (*alqd, zB. circuitus rupis triginta stadia comprehendit*); **e**) / *jd. od. etw.* (*liebend*) umfassen *od.* umschließen [*alqm humanitate od. amicitiā; alqd memoriā* im Gedächtnis bewahren]. **2. a**) erfassen, anfassen, ergreifen (*alqm u. alqd, zB. Caesarem manu, dextram alcis*); (*vom Feuer*) ergreifen, in Brand setzen, *zB. ignis opera comprehendit; auch ignem od. flammam comprehendere* Feuer fangen; **b**) (*Pers.*) festnehmen, verhaften (lassen) (*alqm, zB. duces*); (*Tiere u. Sachen*) m. Beschlag belegen, wegnehmen [*equos,* °*epistulas* abfangen]; (*Örtlichkeiten*) besetzen [*collem*]; **c**) (*Verbrechen*) entdecken [*facinus, alcis adulterium*], (*Schuldige*) ertappen [*alqm in furto*]; **d**) (*sinnlich od. geistig*) erfassen, wahrnehmen, begreifen, verstehen (*alqd sensibus od. animo, cogitatione, scientiā, selten ohne abl.*; *m. indir. Frages.*).

F. *Oft zsgz. zu cŏmprēndō* (*bisw. auch in Prosa*).

cŏmprĕhēnsĭbĭlĭs, ĕ (*cŏmprĕhĕndō*) faßlich.

cŏmprĕhēnsĭō, *ōnĭs f* (*cŏmprĕhĕndō*) **1. a**) (*als Lehnübersetzung aus* συλλαβή) Zusammenfassung u. Fähigkeit der Verknüpfung *des Vorhergehenden m. dem Folgenden* (*alcis rei cum re*); **b**) (*rhet. t.t.*) [*verborum*] Periode, Satz; [*orationis*] Ausdruck, Stil. **2. a**) das Ergreifen, Anfassen; *bsd.* Festnahme, Verhaftung [*sontium*]; **b**) (*philos. t.t.*) das Begreifen = κατάληψις; Verständnis; (*meton.*) (*concr.*) Begriff.

cŏm-prĕhēnsŭs *P.P.P. v. cŏmprĕhĕndō.*

cŏmprēndō, *prēndī, prēnsŭm* 3. *s. cŏmprĕhĕndō.*

cŏm-prēssī *s. cŏmprĭmō.*

cŏmprĕssĭō, *ōnĭs f* (*cŏmprĭmō*) **1.** (*nkl.*) das Zusammendrücken [*ventris*]; *auch abs.*; *insb.* (*vkl., nkl.*) Umarmung, Beischlaf. **2.** / gedrängte Darstellung [*brevis rerum* ~].

cŏmprĕssŭs¹, *abl. ū m* (*cŏmprĭmō*) **1.** (*nkl.*) das Zusammendrücken. **2. a**) (*Com.*) Beischlaf; **b**) / (befruchtendes) Umschließen (*der Erde*).

cŏmprĕssŭs² 3 (*m.* °*comp.*; *adv.* **-ē**) (*eigtl. P.P.P. v. cŏmprĭmō*) *nur* / (*v. d. Rede*) gedrängt, kurz [*compressius loqui*].

cŏm-prēssŭs³ *P.P.P. v. cŏmprĭmō.*

▶ **cŏm-prĭmō,** *prēssī, prēssŭm* 3 (*prĕmō*) **1. a**) zusammendrücken, -pressen (*alqd, zB. digitos,* °*oculos morientis* zudrücken); / (*Li.*) *compressis manibus sedere* die Hände in den Schoß legen; **b**) zerdrücken, zerquetschen [*serpentem*]; **c**) (*nkl.*) zusammendrängen [*ordines* schließen]; **d**) (*unkl.*) *jd.* vergewaltigen [*virginem vi*]. **2. a**) (*nkl.*) zurückhalten, aufhalten (*alqm u. alqd*); **b**) unterdrücken = hemmen, dämpfen, beschwichtigen, Einhalt tun, niederschlagen (*alqm, zB. Pompeianos; alqd, zB.* °*gressum* den Schritt hemmen, *libidinem,* °*tumultum, conatūs alcis*); **c**) *j-s* Angriff aushalten (*alqm, zB. hostes*); **d**) *etw.* nicht herausgeben [*frumentum u. annonam* = nicht verkaufen (*v. Getreideschiebern*)]; **e**) geheimhalten, verheimlichen (*alqd, zB.* °*famam captae Carthaginis*).

cŏmprŏbātĭō, *ōnĭs f* (*cŏmprŏbō*) Anerkennung (*alcis rei, zB. honestatis*).

cŏmprŏbātŏr, *ōrĭs m* (*cŏmprŏbō*) der *etw.* anerkennt, Verteidiger (*alcis rei*).

cŏm-prŏbō 1. **1.** billigen, gutheißen, genehmigen, anerkennen (*alqd u.* °*alqm, zB.* °*orationem; alqd re, zB. iussa alcis sententiā suā; m. a.c.i.*); P. Beifall *od.* Anerkennung finden. **2.** als richtig beweisen, bestätigen (*alqd, zB. alcis consilium; alqd re, zB. sententiam oratione*).

cŏmprōmĭssŭm, *ī n* (*eigtl. P.P.P. n v. cŏmprōmĭttō*) Übereinkunft, *aber nur als jur. t.t.*: Schiedsvertrag, *d.h. das gegenseitige Versprechen der Parteien, die Entscheidung eines Schiedsrichters* (*ărbĭtĕr*) — *also ohne Klage u. Urteil — anzuerkennen* [*-um facere de re, interponere*].

cŏm-prōmĭttō, *mīsī, mīssŭm* 3. übereinkommen *od.* sich gegenseitig versprechen, *bsd. als jur. t.t.*, die Entscheidung einer Sache einem Schiedsrichter zu überlassen; *s. cŏmprōmĭssŭm.*

cōmpsī *s. cōmō².*

cŏmpsĭssŭmē *adv.* (*lat. sup. adv. zu Fw.* ‹ κομψός) (*Pl.*) höchst witzig.

cōmptĭōnālĭs, ĕ = *cŏēmptĭōnālĭs.*

cōmptŭs¹, *ūs m* (*cōmō²*) (*Lu.*) **1.** Zusammenfügung. **2.** das Schmücken, *bsd.* (*concr.*) *pl.* Kopfschmuck = Haar, Locken.

cōmptŭs² 3 *s. cōmō².*

cŏm-pŭlī *s. cŏmpĕllō².*

cŏm-pŭlsŭs *P.P.P. v. cŏmpĕllō².*

cŏm-pŭngō, (*pūnxī*), *pūnctŭm* 3. (*pūnxī, pūnctŭm?*) **1.** zerstechen (*alqm u. alqd*); / *se suis acuminibus* sich mit seinen Spitzfindigkeiten selbst ins Fleisch schneiden. **2.** / (*Eccl.*) P. Reue empfinden; *compunctus* zerknirscht. **3.** tätowieren (*alqm notis Threïciis*).

cŏmpŭtātĭō, *ōnĭs f* (*cŏmpŭtō*) (*nkl.*) **1.** Berechnung; *pl.* das Rechnen. **2.** Knauserei.

cŏmpŭtātŏr, *ōrĭs m* (*cŏmpŭto; Se.*) Rechner, Berechner.

▶ **cŏm-pŭtō** 1. (*vkl., nkl.*) zusammenrechnen, aus-, berechnen (*alqd; m. indir. Frages.*); *klass. nur abs.* abrechnen, überschlagen; *prägn.* (*nkl., dcht.*) nur an seinen Vorteil denken.

cŏm-pŭtrēscō, *trŭī,* — 3. (*bei Lu. in Tmesis*) (*nkl.*) ganz verfaulen.

cŏmpŭtŭs, *ī m* (*cŏmpŭtō*) (*spätl.*) Berechnung (*der Zeit*), ** *bsd.* des Osterfestes; Handbuch der Zeitrechnung.

Cōmŭm, *ī n St. in Oberitalien am lacus Lārius, seit Cäsar Nŏvŭm Cōmŭm, j.* Como; *Einw. u. adi.* **Cōmēnsĭs,** (ĕ).

cŏn- = *cŏm-, nur in Zusammensetzungen.*

cōnāmĕn, *ĭnĭs n* (*cōnŏr*) (*dcht.*) **1.** Bemühung. **2.** (*concr.*) Stütze.

cōnātŭm, *ī n* (*meist pl.*) *u.* **cōnātŭs,** *ūs m* (*cōnŏr*) **1.** Versuch, Unternehmen, Wagnis [°*audax; alcis j-s u. alcis rei, zB. belli gerendi, conata perficere u. efficere, conatu desistere*]; *insb.* Anlauf zu *etw., eigtl. u.* / [°*conatūs frustra capere* Anläufe nehmen]. **2.** Bemühung, Anstrengung, Eifer [°*magno conatu proficisci*]. **3.** Trieb *od.* Drang zu *etw.* [*conatum habere ad alqd faciendum*].

cŏn-b... = *cŏm-b...*

cŏn-căcō 1. (*dcht., nkl.*) bekacken, beschmutzen (*alqm u. alqd*).

cŏn-cădō, — — 3. (*nkl.*) **1.** zugleich fallen. **2.** zusammensinken.

cŏn-caedēs, *ĭs f* (*caedō; nkl.*) Verhau (*meist pl.*).

cŏn-căl(ĕ)făcĭō, *fēcī,* — 3.; P. *-fīō, făctŭs sŭm, fĭĕrī* (zugleich *od.* durch *u.* durch) erwärmen, *bsd.* in Schweiß bringen (*alqm u. alqd*); (*P.P.P.*) *adi. cŏncălĕfăctŭs* 3 wärmehaltig.

cŏn-călĕō, — — 2. (*Pl.*) ganz warm sein.

cŏncălēscō, *lŭī,* — 3. (*incoh. v. cŏncălĕō*) (zugleich *od.* durch *u.* durch) sich erwärmen, sich erhitzen (*re* durch *etw.*); / (*Te.*) vor Liebe erglühen.

cŏn-căllēscō, *lŭī,* — 3. (*cŏn- + incoh. v. căllĕō*) **1.** Schwielen bekommen. **2.** / **a**) stumpf *od.* gefühllos werden; **b**) gewandt, gewitzigt werden.

cŏn-cămĕrō 1. (*cămĕră*) (*nkl.*) überwölben (*alqd*).

cŏn-căstīgō 1. (*Pl.*) stark züchtigen; hart bestrafen.

cŏncăvō 1. (*denom. v. cŏncăvŭs; dcht., nkl.*) rund aushöhlen, krümmen [*bracchia in arcūs*].

cŏn-căvŭs 3 hohl, (aus)gehöhlt, gewölbt, gekrümmt [°*saxa;* °*aera* Zimbeln, Becken, °*aqua* aufwallend, °*speculum* Hohlspiegel].

cōn-cēdo

1. (*intr.*) **a**) weggehen, (*Ort*) verlassen; **b**) sich *wohin* begeben; **c**) das Feld räumen, den Vorrang lassen, nachgeben; **2.** (*trans.*) **a**) abtreten; **b**) erlauben, einräumen; **c**) zugeben, zugestehen; **d**) opfern, aufgeben, verzichten.

cŏn-cēdō, *cēssī, cēssŭm* 3. **1.** (*intr.*) weichen: **a**) weggehen, sich entfernen, abziehen, scheiden, (*e-n Ort*) verlassen (*abs. od. ab, ex re, zB. a parentum oculis, ex aedibus* ausziehen; *m. bloßem abl., zB.* °*caelo,* °*vitā* sterben); **b**) **α**) (*m. Zielangabe: in alqd u. ad alqm*) sich wohin begeben, *zB. rus,* °*in hiberna; m. 1. sup., zB. Argos concessit habitatum;* / **β**) in *etw.* geraten (*in alqd, zB. in alcis dicionem*); **γ**) zu *od.* in *etw.* übergehen [*in deditionem* sich ergeben, *illuc, eodem, °in partes alcis*]; *bsd. in sententiam alcis* der Ansicht *j-s* beipflichten, *in condiciones* = die Bedingungen annehmen; **c)** α) (*alci u. alci rei*) weichen, das Feld räumen, *e-r Sache* Raum geben [*voluptas dignitati concedit, iniuriae* unterliegen, *bsd.* °*naturae od.* °*fato* eines natürlichen Todes sterben]; *auch alci re od. de re jd. etw.* abtreten, zugestehen [°*agro Poenis*]; β) *jd.* den Vorrang lassen, hinter *etw.* zurücktreten (*alci u. alci rei, zB. unis Suebis,* °*aetati; alci de re jd.* in, an *etw., zB. de familiaritate*); γ) *jd. od. e-r* Sache nachgeben *od.* sich fügen (*alci u. alci rei, zB. alcis postulationi;* °*inter se* sich gegenseitig Zugeständnisse machen); δ) *m. jd. od. etw.* Nachsicht haben, *jd. od. etw.* verzeihen (*alci, zB. inimico, auch m. dat. part., zB. alci gementi; alci rei, zB. temere dicto*). **2.** (*trans.*) *jd. etw.* überlassen: **a)** abtreten, hingeben (*alqd u. alci alqd, zB. alci sedes suas*); **b)** erlauben, gestatten, einräumen (*alci alqd, zB. militibus praedam, urbem diripiendam; m. ut, ne od. m. bloßem coni.; m. inf. klass. nur im P., zB. de re publica loqui non conceditur*); °*concessa petere* das Erlaubte; **c)** (*eine Behauptung*) zugestehen, zugeben, anerkennen (*alqd, zB. multa, hoc, quidquid; m. a.c.i., zB. summos deos esse; auch m. ut*); **d)** (= *cōndōnō*) *jd.* zuliebe *etw.* (auf)opfern *od.* aufgeben, auf *etw.* verzichten (*alci alqd, zB. rei publicae dolorem amicitiasque suas*); *bsd.* α) (*Fehler*) *jd.* ungestraft hingehen lassen *od.* verzeihen (*alci alqd, zB. omnibus omnia peccata, peccata liberum* [= *liberorum*] *misericordiae parentum* aus Mitleid mit den Eltern); β) (*Schuldige*) *jd.* zuliebe ungestraft lassen *od.* begnadigen (*alci alqm, zB. Marcellum senatui*).

cŏn-cĕlĕbrō 1. **1.** (*dcht.*) (zugleich *od.* stark) beleben [*terras* m. Geschöpfen]. **2.** festlich begehen, feiern (*alqd, zB.* °*spectaculum,* °*funus*). **3. a)** *etw.* lebhaft betreiben [*studia per otium*]; **b)** (*mündl. od. schriftl.*) überall bekannt machen, ausposaunen [*victoriam famā et litteris*]; *bsd.* preisen, verherrlichen [*virtutem*].

cŏncēnātĭō, *ōnis f* (**cŏn-cēnō*) (*Ciceros Lehnübersetzung v. σύνδειπνον; reinlat. cōnvīvium; cf. cōmpōtātĭō*) Gastmahl, Tischgesellschaft.

cŏncĕntĭō, *ōnis f* (*cōncĭnō*) (*selten*) Harmonie, Einklang.

cŏn-cĕntŭrĭō 1. (*eig.* „in Zenturien sammeln") (*Pl.*) (*scherzh.*) schockweise aufhäufen, wecken [*metum in corde*].

cŏn-cĕntŭs[1] *P.P.P. v. cōncĭnō.*

cŏncĕntŭs[2], *ūs m* (*cōncĭnō*) **1.** das Zusammensingen, -klingen (*alcis rei, zB.* °*tubarum ac cornuum*); *insb.* **a)** (*musikalisch*) Einklang, Harmonie [*sonorum*]; (*meton.*) (*concr.*) Chorgesang, *übh.* Musik [*catervae et concentus* ganze Chöre]; **b)** / (*Pl.*) einstimmiger Beifall. **2.** / Übereinstimmung, Eintracht.

cŏn-cēpī *s. cōncĭpĭō.*

cŏncĕptĭō, *ōnis f* (*cōncĭpĭō*) **1.** Empfängnis *der Leibesfrucht, v. Menschen u. Tieren* [*hominum pecudumve*]; **~ *immaculata* unbefleckte Empfängnis Marias, *seit 1854 Dogma der kath. Kirche.* **2.** Abfassung *juristischer Formeln* [*iudiciorum* in Rechtssachen].

cŏncĕptŭm, *ī n s. cōncĭpĭō.*

cŏn-cĕptŭs[1] *P.P.P. v. cōncĭpĭō.*

cŏncĕptŭs[2], *ūs m* (*cōncĭpĭō*) **1.** (*Suet.*) das Fassen, Ergreifen [*camini* Feuersbrunst]. **2.** Empfängnis *der Leibesfrucht, v. Menschen u. Tieren; meton.* (*nkl.*) Leibesfrucht.

cŏn-cĕrpō, *psī, ptŭm* 3. (*cārpō*) zerpflücken, zerreißen [*epistulam*]; / (*Caelius b. Ci.*) (*m. Worten*) herunterreißen, kritisieren (*alqm*).

cŏncĕrtātĭō, *ōnis f* (*cōncĕrtō*) Streit, Fehde, *insb.* Disput [*verborum*]; *pl.* Polemik.

cŏncĕrtātīvŭs 3 (*cōncĕrtō; nkl.*) zum Streit gehörig; *accusatio* Gegenklage.

cŏncĕrtātŏr, *ōris m* (*cōncĕrtō*) (*nkl.*) Nebenbuhler (*alcis*).

cŏncĕrtātōrĭŭs 3 (*cōncĕrtātŏr*) zum Wortkampf gehörig [*genus dicendi* die Sprache der Gerichtsfehden].

cŏn-cĕrtō 1. eifrig streiten *od.* kämpfen [*proelio, cum alqo, zB. cum hoste; de re, zB. de regno*]; *bsd.* m. Worten streiten, disputieren [*cum alqo de re*].

cŏn-cēssī *s. cōncēdō.*

cŏncēssĭō, *ōnis f* (*cōncēdō*) **1.** Zugeständnis, Bewilligung, Vergünstigung (*alcis j-s; alcis rei* e-r Sache *od.* an *etw., zB. agrorum*); *bsd.* (*Qu.*) *als Redefigur* das Zugeständnis *e-s Punktes.* **2.** Straferlaß.

cŏn-cēssō 1. (*Pl.*) aufhören, nachlassen.

cŏn-cēssŭs[1] *P.P.P. v. cōncēdō.*

cŏn-cēssŭs[2], *abl. ū m* (*cōncēdō*) Zugeständnis, Bewilligung [*concessu Caesaris*].

cŏnchă, *ae f* (*Lw.* < *κόγχη*) **1.** Muschel, Schnecke *m. der Schale* [°*marina*]; *bsd.* Perlmuschel *u.* °Purpurschnecke. **2. a)** *synekd.* Muschelschale [*grandis*]; *bsd.* (*als Blasinstrument*) (*Ov.*) Tritonshorn; **b)** (*meton.*) α) (*dcht.*) Perle [*lucida*]; β) (*Suet.*) Perlmutter; γ) (*Ov.*) Purpur [*Sidonis*]; **c)** / α) (*nkl., dcht.*) muschelähnliches Gefäß: Büchschen [*unguenti*]; Salzfäßchen [*salis*], Schale *u.ä.*; β) (*Pl.*) „Schnecke" = weibl. Scham.

cŏnchĕŭs 3 (*cōnchă*) (*Ve.*) zur Muschel gehörig [*baca -a* Perle].

cŏnchĭs, *is f* (*Fw.* < *κογχίς; dcht.*) Bohnen *m.* Schale (*ein grobes Gericht*).

cŏnchītă, *ae m* (*Fw.* < *κογχίτης; Pl.*) Muschelsammler.

cŏnchȳlĭātŭs 3 (*cōnchȳlĭum*) purpurfarben [*peristroma*]; *pl. subst.* **-ī,** *ōrum m* (*Se.*) die (in Purpur gekleideten) Reichen.

cŏnchȳlĭŭm, *ī n* (*Lw.* < *κογχύλιον*) **1. a)** Schaltier; **b)** *bsd.* Auster. **2. a)** (*dcht., nkl.*) Purpurschnecke; **b)** (*meton.*) Purpur(farbe) [*vestis conchylio tincta*]; **c)** (*Ju.*) Purpurgewand.

▶ **cŏn-cĭdō**[1], *cĭdī,* — 3. (*cădō*) **1.** *eig.* **a)** (*v. Sachen*) zusammenfallen, einstürzen [*turris,* °*flamma -et* wird in sich zusammensinken, °*ventus -it* legt sich]; **b)** (*v. lebenden Wesen*) niederfallen, -stürzen [*alqs* °*sub onere, equus*]; *bsd.* α) tot hinstürzen [°*victima ante aras*], (*im Kampf*) fallen [*pugnans*]; °β) (*macie*) zusammenschrumpfen. **2.** / **a)** (*v. Pers.*) fallen, gestürzt werden, unterliegen, *bsd. im pol. Leben od. vor Gericht* [*una cum re publica, in foro,* °*uno crimine*], *auch moralisch* = den Mut, die Besinnung verlieren [*alqs concidit animo od. spe, mente*]; **b)** (*v. Zuständen*) sinken, schwinden, zugrunde gehen, alle Geltung verlieren [*omnis spes, alcis opes, crimen* zerfällt in sich, *fides* der Kredit sinkt, °*bellum* findet ein Ende].

cŏn-cīdō[2], *cīdī, cīsŭm* 3. (*caedō*) **1. a)** zusammenhauen, niederhauen, *bsd. im Krieg* (*alqm, zB. adversarios*); **b)** zerhauen (*alqm u. alqd*): α) in Stücke hauen, zerhacken, zerschneiden [°*ligna, naves*]; β) (*m. Gruben, Gräben od. durch Fluten*) durchschneiden *od.* unterbrechen [°*itinera aestuariis*]; γ) (*Com.*) (*obszön*) = *fŭtŭō*; δ) (*als t.t. der Gladiatorenspr.*) *caede, concīde* (*auch im obszönen Doppelsinn*); ε) (*log. t.t.*) zerlegen; ζ) (*rhet. t.t.*) (*Qu.*) *die Rede* zergliedern, *oft* — *auch klass.* — *pejorativ*: zerstückeln [*sententias*]; **c)** *jd.* durchprügeln, verhauen [*alqm virgis od. pugnis, vulneribus*]. **2.** / **a)** zu Boden schlagen, niederwerfen, zugrunde richten, vernichten (*alqm u. alqd, zB. reum iudicio, auctoritatem alcis*); **b)** *jd.* widerlegen [*Timocratem totis voluminibus*]; **c)** (*scherzh.*) (*Pl.*) *jd.* hinters Licht führen. — *Cf. auch cōncīsŭs.*

cŏn-cĭĕō, *cīvī, cĭtŭm* 2. *u.* (*in Prosa meist*) **cŏn-cĭō,** *īvī u. ĭī, ītŭm* 4. (*unkl.*) **1.** (*Menschen*) (ver)sammeln, herbeiziehen, aufbieten, *bsd. mil.* [*multitudinem ad se, voluntarios in itinere*]. **2.** in (rasche *od.* unruhige) Bewegung setzen, (an)treiben [*equum calcaribus, saxa tormento* schleudern]; *bsd.* (*P.P.P.*) *adi.* **cŏncĭtŭs** 3 schnell, reißend [*flumen, tela* fliegende]. **3.** / **a)** *jd.* aufregen, aufreizen, *bsd.* aufwiegeln [*plebem contionibus; alqm ad u. in alqd, zB. cives ad recuperandam libertatem*]; **b)** (*bsd. Leidenschaften, Zustände*) erregen = erzeugen, veranlassen, hervorrufen (*alqd, zB. motūs animorum, seditionem*).
F. *impf. auch* (*Ta.*) *cōncībăm; synk. cōncīssĕ(m)* = *cōncīvīssĕ(m).*

cŏncĭlĭābŭlŭm, *ī n* (*cōncĭlĭō*) (*vkl., nkl.*) Versammlungsplatz, *bsd.* Marktplatz, Gerichtsstätte; (*m. u. ohne damni*) Lasterhöhle (= *σύλλογος*).

cŏncĭlĭātĭō, *ōnis f* (*cōncĭlĭō*) **1.** Vereinigung, Verbindung [*civilis*]. **2. a)** Gewinnung der Herzen (*bsd. der Zuhörer*) *für sich od. für etw.*; **b)** Geneigtheit *j-s* zu *etw.* (*alcis ad alqd*); **c)** (*meton.*) Empfehlung [*naturae*]. **3.** Erwerbung, Erwirkung [*gratiae*].

cŏncĭlĭātŏr, *ōris m* (*cōncĭlĭō*) (*vkl., nkl.*) **1.** Kuppler. **2.** Vermittler,

Stifter, Anstifter; Fürsprecher [*nuptiarum, proditionis*].

cōnciliātrīcula, *ae f* (*demin. v. cōnciliātrīx*) Vermittlerin, Fürsprecherin [*blanda*].

cōnciliātrīx, *īcis f* (*cōnciliātor*) **1.** Kupplerin. **2.** Vermittlerin, Stifterin [*amicitiae*].

cōnciliātūra, *ae f* (*cōnciliō*) (*Se.*) Kuppelei.

cōnciliātus[1], *abl. ū m* (*cōnciliō; Lu.*) die atomistische Verbindung der Körper.

cōnciliātus[2] 3 (*m. comp. u. °sup.; eig. P.P.P. v. cōnciliō*) **1.** (*nkl.*) bei *jd.* beliebt *od. m. jd.* befreundet (*alci*). **2.** zu *etw.* geneigt (*ad alqd, °alci rei, zB. voluptati a natura*).

▶ **cōnciliō** 1. (*denom. v. cōncilium*) **1. a)** (*Lu.*) zusammenbringen, vereinigen [*corpora*]; **b)** verbinden = zum Freunde machen, gewinnen (*alqm od. animum alcis; alqm alci, zB. sibi legiones pecuniā, alqos inter se; alqm ad alqd jd.* zu, für *etw., zB. ad consulatūs petitionem*). **2.** *jd. etw.* (an)empfehlen, *jd.* für *etw.* gewinnen (*alci alqd, zB. natura eas res homini conciliat*). **3.** durch Vereinigung *etw.* stiften *od.* zustande bringen, erwirken (*alqd u. alci alqd, zB. °nuptias, pacem inter civitates*); *übh. jd. etw.* verschaffen, erwerben (*alci alqd, zB. pecuniam, sibi voluntatem alcis; auch alci, alqd ab alqo*); *bsd.* (*unkl.*) *jd.* ein Mädchen als Gattin werben *od.* ein Mädchen an *jd.* als Geliebte verkuppeln (*alqam, alci alqam*).

▶ **cōncilium**, *ī n* (< *cōn-călĭŏm *zu* cālō[1]; *cf.* σύγκλητος; ἐκκλησία) Zusammenkunft: **1.** (*dcht.*) Vereinigung, Verbindung [*genitali -o arcere; cum alqo*]. **2.** *abstr.* (*vkl., nkl.*) Zusammenkunft, Stelldichein [*Camenarum cum Egeria*]. **3.** *concr.* **a)** Versammlung, Verein, Kreis [*pastorum, deorum, °piorum*]; **b)** *e-e zu pol. Beratung* berufene Versammlung: **α)** (*außerhalb Roms*) Versammlung eines Ausschusses; Landtag, Bundesversammlung, -tag [*Belgarum, principum, °Achaicum*]; **β)** (*in Rom*) (*meist im Ggs. zu den comitia als Versammlung des Gesamtvolkes*) Versammlung eines Teils des röm. Volkes [*°patrum* Senatsversammlung, -sitzung, *°plebis* Tributkomitien der Plebs, *populi* Kuriat-, (*selten*) Zenturiatkomitien]. — **Versammlung v. Bischöfen, Konzil.

cōncinnitās, *ātis f* (*cōncinnus*) (*rhet. t.t.*) **1.** kunstgerechte Verbindung *v. Wörtern u. Gedanken,* harmonische Kunstform der Darstellung, Abrundung (*m. u. ohne verborum od. sententiarum*). **2.** (*nkl.*) das Gedrechselte, Gesuchte.

cōncinnitūdō, *inis f* (*selten*) = *cōncinnitās.*

cōncinnō 1. (*cōn- + denom. v. cinnus, ī m* [*et. ungeklärt*] „Mischtrunk", *also eig.* „im richtigen Verhältnis zusammenmischen") (*unkl.*) **1.** kunstgerecht zusammenfügen, zurechtlegen [*munusculum alci* herrichten; *pallam* ausbessern]. **2.** / **a)** *e-r* Sache die rechte Fassung geben (*alqd, zB. ingenium* dem Charakter); **b)** anrichten, anstiften, erzeugen [*amorem*]; *m. dopp. acc. jd.* zu *etw.* machen [*hominem insanum verbis suis*].

cōncinnus 3 (*m. comp.; adv.* **-ē** *u.* °**-iter**) (*Rückbildung aus cōncinnō*) **1.** kunstgerecht zusammengefügt, zierlich [*tectorium, helluo elegant, °Samos* nett]; *bsd. v. der Rede u. dem Redner* abgerundet, harmonisch, symmetrisch, geschmackvoll [*poëma, orator; concinne dicere u. rogare; in re* treffend in *etw., zB. in brevitate respondendi*]; *bisw. auch* witzig. **2.** (*dcht.*) (*v. Pers.*) fügsam, gefällig (*alci* gegen *jd.*).

cōn-cinō, *cinuī, centum* 3. (*canō*) **1.** (*intr.*) **a)** (*nkl., dcht.*) zusammen singen; zugleich *od.* zusammen (er-)tönen *od.* erschallen [*signa*], (*v. Pers.*) *m.* der Flöte *jd.* begleiten [*tragoedo dat.!*]; *voce in e-n* Ruf einstimmen; **b)** / übereinstimmen, harmonieren (*cum alqo, inter se*). **2.** *trans.* **a)** *etw.* zugleich anstimmen (*alqd, zB. °aelinon*); **b)** (*dcht.*) *tristia omina* als Warnung prophezeien; **c)** (*dcht.*) besingen, preisen (*alqm u. alqd, zB. Caesarem, laetos dies*).

cōn-ciō, *cīvī, citum* 4. *s. cōnciēō.*

cōn-cipilō 1. (*căpulō* 1. „mit dem Fangseil fangen", *vl. denom. v. căpulus zu căpiō*) (*vkl., nkl.*) an sich reißen, fassen (in Stücke hauen?).

> **cōn-cipiō**
> **1. a)** zusammenfassen; **b)** *in eine Formel* fassen; **2. a)** in sich aufnehmen; **b)** einsaugen; **c)** (*Samen*) empfangen, schwanger werden; **d)** erfassen, erkennen; empfinden, fühlen; **e)** sich zuziehen; **f)** (*Straftat*) begehen.

cōn-cipiō, *cēpī, ceptum* 3. (*capiō*) **1. a)** (*unkl.*) zusammenfassen (*alqd etw., zB. auras; alqd re etw.* in *e-r* Sache, *zB. °ignem trullis ferreis*); **b)** / (*Worte*) in einer bestimmten Formel abfassen *od.* aufsetzen [*verba, ius iurandum*]; *°conceptis verbis iurare* (*od. peierare*) *e-n* förmlichen Eid (*od.* Meineid) schwören; (*prägn.*) **α)** (*dcht., nkl.*) *etw.* in einer bestimmten Formel aus- *od.* nachsprechen [*votum, preces, summas* bestimmte Summen in Zahlen angeben]; **β)** (*vkl., nkl.*) feierlich ansagen [*auspicia nova, foedus* schließen]. **2. a)** *etw.* auffangen, in sich aufnehmen (*alqd, zB. terra concipit semen, °sitim* bekommen; *alqd re etw.* in *etw., zB. °medicamentum venis*); **b)** (*dcht., nkl.*) (*Flüssigkeiten*) einsaugen [*aquas*], (*Feuer*) fangen [*ignem, auch* / (*vom Kalk beim Löschen*) sich erhitzen]; (*Luft*) einziehen [*animam, °aëra*]; (*v. Flüssen*) entspringen; **c)** (*Samen*) empfangen, schwanger (*bzw.* trächtig) werden (*abs. od. alqm* mit *e-m* Kind schwanger gehen, *ex u. °de alqo v. jd.*); P. erzeugt werden [*Tiberius ex adulterio conceptus*], *auch* / [*res publica conceptum periculum parturit; °concepta crimina* Sündenkind]; (*P.P.P.*) *subst.* °**cōnceptum**, *ī n* Leibesfrucht; **d)** (*sinnlich od. geistig*) *etw.* erfassen (*alqd auribus od. animo, mente*); *bsd.* **α)** (*m. Verstand od. Phantasie*) erkennen, begreifen, sich vorstellen (*alqd animo od. mente, klass. fast nie ohne derartigen Zusatz im abl.; m. a.c.i.; m. inf.* [*Ta.*] = den Entschluß fassen); **β)** (*m. dem Gemüt*) *etw.* empfinden, fühlen, in sich aufkommen lassen, *oft m. abl. animo od. pectore* [*odium in alqm, amorem, °ignem* Liebesglut]; *dcht. auch* nach *etw.* streben *od.* trachten (*alqd, zB. thalamos*); **e)** (*Übel*) sich zuziehen, auf sich laden [*dedecus, maculam ex re*]; P. entstehen [*furor ex maleficiis conceptus*]; **f)** (*Straffälliges*) begehen [*flagitium, scelus*].

cōn-cipulō 1. = *cōncipilō.*

cōncīsiō, *ōnis f* (*cōncīdō*[2]) (*rhet. t.t.*) Zerstückelung der Sätze in kleinere Glieder.

cōncīsūra, *ae f* (*cōncīdō*[2]) (*nkl.*) Zerteilung, Verteilung [*aquarum*].

cōn-cīsus[1] *P.P.P. v. cōncīdō*[2].

cōncīsus[2] 3 (*m. °comp.; adv. °***-ē**) (*eig. P.P.P. v. cōncīdō*[2]) abgebrochen, kurz: (*rhet.*) **a)** sich kurz fassend [*orator*]; **b)** kurzgefaßt, konzis [*sententiae*]; *subst.* **-a**, *ōrum n* (*Qu.*) abgehackte Sätze.

cōncitāmentum, *ī n* (*cōncitō; Se.*) Reizmittel.

cōncitātiō, *ōnis f* (*cōncitō*) **1.** (*Li.*) rasche Bewegung [*remorum* Ruderschlag]. **2.** / **a)** Auflauf, Aufruhr, Tumult [*plebei contra patres*]; **b)** (*geistig*) (*klass. immer m. gen. animi o.ä.*) Aufregung, Leidenschaftlichkeit; **c)** (*nachaugust.*) Feuer des Redners.

cōncitātor, *ōris m* (*cōncitō*) **1.** Aufwiegler (*alcis, zB. tabernariorum; °abs.*). **2.** Anstifter (*alcis rei, zB. seditionis*).

▶ **cōncitō** 1. (*frequ. v. cōnciēō*) **1.** rasch *od.* stark bewegen, schwingen, schleudern, zu raschem Lauf (an-)treiben, jagen (*alqm u. alqd, zB. °beluam in fugam, °equum calcaribus* anspornen, *°equum in alqm* gegen *jd., °navem remis, °telum* abschießen, *°spiritum* keuchen); *°se concitare* sich stürzen [*in hostem, in fugam*]. **2.** (*Pers.*) **a)** herbeirufen, aufbieten, *bsd. zum Kampf* [*multitudinem armatorum*]; **b)** antreiben: anfeuern, entflammen; aufreizen, aufwiegeln, erbittern (*alqm re jd.* durch *od.* zu *etw., zB. milites °vocibus od. °iniuriis, alqm °irā* zum Zorn reizen; *alqm ad alqd* zu *etw., zB. iuvenes ad laborem; alqm in, adversus, contra alqm jd.* gegen *jd.; m. °inf.*). **3.** (*Zustände, Tätigkeiten, Stimmungen*) erregen, erzeugen, hervorrufen (*alqd, zB. risum, odium od. invidiam in alqm, discordiam*); P. entstehen, sich entspinnen. **4.** (*P.P.P.*) *adi.* **cōncitātus** 3 (*m. comp. u. °sup.; adv. °***-ē**) beschleunigt, hastig, rasch, eilend [*°cursus, °equo concitato* im Galopp]; / *°*aufgeregt, erregt, heftig [*°clamor* laut].

cōncitor, *ōris m* (*cōnciēō*) (*nkl.*) = *cōncitātor.*

cōn-cīvis, *is m* (συμπολίτης = *klass. cīvis*) (*späte Inschr., Eccl.*) Mitbürger.

cōnclāmātiō, *ōnis f* (*cōnclāmō*) lautes Geschrei (*mehrerer*), lauter Zuruf (*alcis*), *auch im pl.* (*sowohl* Freuden- *wie* [*nkl.*] Angstgeschrei).

cŏn-clāmĭtō 1. (*intens. v. cōnclāmō*) (*Pl.*) laut rufen, schreien.

cŏn-clāmō 1. **1.** (*dcht.*) (mehrere) zusammenrufen [*socios*]. **2.** gemeinschaftlich (*od.* laut) rufen, ein Geschrei erheben, *selten v. e-m einzelnen* (*abs., zB.* °*gaudio* ~ ein Freudengeschrei erheben, *od. alqd, zB. victoriam* „Viktoria" rufen, °*paeana* anstimmen; *m. a.c.i., auch m. ut od. m. bloßem coni.* = laut fordern; *m. indir. Frages.*). **3. a)** *mil. vasa* ~ das Kommando „Packen!" erschallen lassen = den Befehl zum Abmarsch geben; **b)** (*nkl.*) (*Tote*) laut beklagen, den Verlust *j-s* beklagen (*alqm, zB. suos*); (*sprichw.*) *conclamatum est* (*Te.*) es ist aus, es ist vorbei; **c)** (*prägn.*) m. Jubel zustimmen *od. etw.* genehmigen [*id*]. **4.** (*Ma.*) m. Klagen erfüllen [*saxa*].

▶ **cŏn-clāvĕ,** *īs n* (*cōn-* + *clāvis, eig.* verschließbarer Raum) Gemach, Zimmer. — **Kardinalskollegium; Wahlraum; ~ *Mariae* = Christus.
F. *abl. sg. -ī; nom. pl. -ĭă, gen. -ĭŭm.*

▶ **cŏn-clūdō,** *sī, sŭm* 3. (*claudō*) **1. a)** *mehrere lebende Wesen od. Sachen* zusammen einschließen, *übh.* einschließen, einsperren (*alqm u. alqd, zB. artifices, bestias, aquam; alqd in locum u. in loco od.* °*loco, zB. animum in corpus od. in corpore*); **b)** (*e-n Ort*) abschließen, absperren [°*Mesopotamiam*]; (*P.P.P.*) *adi.* °**cōnclūsŭs** 3 (*m.* °*comp.*) (ab)geschlossen [*mare* Binnenmeer]. **2.** / **a)** *jd.* einengen [*alqm in formulam sponsionis*]; **b)** *etw.* (systematisch) zusammenfassen, in *etw.* hineinzwängen [*ius civile in parvum locum, vitam complurium uno volumine*]; P. in *etw.* mitinbegriffen sein [*ea (vis) verbis interdicti non concluditur* liegt nicht in den Worten]. **3.** / **a)** abschließen, zum Abschluß bringen (*alqd, zB. epistulam,* [*prägn.*] *perorationem* die Schlußworte folgen lassen); **b)** (*rhet. t.t.*) rhythmisch, periodisch abrunden [*orationem*]; **c)** (*philos. t.t.*) *logisch* schließen, folgern, beweisen (*abs. od. alqd; m. a.c.i.*); (*prägn.*) *etw.* in Schlußform vorbringen *od.* angeben [*rationem* die Begründung, *ratiunculas* schwache Gründe, *argumentum* den Beweis]; *subst.* **cōnclūsŭm,** *ī n* Folgerung.

cōnclūsē *adv.* (*cōnclūsŭs, P.P.P. v. cōnclūdō*) (*rhet. t.t.*) (rhythmisch) abgerundet [*dicere*].

cŏn-clūsī *s. cōnclūdō.*

cōnclūsĭō, *ōnĭs f* (*cōnclūdō*) **1.** Einschließung, Blockade [*diutina*]. **2. a)** Schluß, Abschluß (*alcis rei, zB. negotii*), *bsd.* letzter Teil der Rede [*orationis*]; **b)** (*philos. t.t.*) (Schluß-) Folgerung, logischer Schluß; **c)** (*rhet. t.t.*) rhythmische Abrundung [*verborum*], (*concr.*) abgerundete Periode. — **Gefangenschaft.

cōnclūsĭuncŭlă, *ae f* (*demin. v. cōnclūsĭō*) schwacher Schluß, lächerlicher Trugschluß.

cŏn-clūsŭs *P.P.P. v. cōnclūdō.*

cŏn-cŏlŏr, *ōrĭs* (*dcht., nkl.*) gleichfarbig [*flos*]; *alci m. etw., zB. festo suo* weißgekleidet.
F. *abl. sg. -ī;* (*neutr. pl. -ĭă, gen. -ĭŭm*).

cŏn-cŏmĭtātŭs 3 (*Pl.*) *pass.* begleitet.

cŏn-cŏquō, *cōxī, cōctŭm* 3. **1.** (*dcht., nkl.*) (*mehreres*) zusammenkochen. **2. a)** (*Pl.*) gar kochen; **b)** verdauen [*cibum*]. **3.** / **a)** dulden, ertragen (*alqm u. alqd, zB.* °*senatorem* als S., *odia alcis* gehässige Bemerkungen); **b)** (*Se.*) *etw.* (geistig) verdauen, *d.h.* sich zu eigen machen; **c)** *etw.* reiflich überlegen [°*consilia* schmieden; *m. indir. Frages.*].

****concordantia,** *ae f* Übereinstimmung. ***Konkordanz.

▶ **cōncŏrdĭă,** *ae f* (*cōncŏrs*) **1.** Eintracht, Einigkeit, Harmonie, *auch v. Leblosem* (*alcis j-s u.* m., unter, in *jd., zB.* °*mundi; cum alqo m. jd.; equestris* unter den Rittern). **2.** (*Ov.*) *meton.* Herzensfreund [*felix* ein Herz u. eine Seele]. **3.** ♀ Göttin der Eintracht (*in ihrem Tempel am Kapitol häufig Senatssitzungen*).

cōncŏrdō 1. (*denom. v. cōncŏrs*) einig sein, übereinstimmen, harmonieren (*abs. od. cum alqo u. cum re od. m.* °*dat.*); / *auch v. Leblosem* [*opiniones concordant*].

cŏn-cŏrs, *dĭs* (*m.* °*comp. u. sup.; adv.* **cōncŏrdĭtĕr**) (*cŏr*) einig, einträchtig, übereinstimmend, *auch v. Leblosem u. abstr.* [*fratres, amicitia,* °*concordi dixere sono* einstimmig; *cum alqo u.* °*alci*].
F. *abl. sg. -ī; neutr. pl. -ĭă, gen. -ĭŭm; comp. cōncŏrdĭŏr, sup. cōncŏrdĭssĭmŭs.*

cŏn-crēbrēscō, *bruī,* — 3. (*Ve., Cir.*) *m. etw.* zunehmen [*cum euro*].

cŏn-crēdō, *dĭdī, dĭtŭm* 3. anvertrauen, mitteilen (*alci alqd, zB. famam suam*).
F. *altl. coni. praes. urspr. aoristisch: -dŭĭm, -dŭĭs usw.; ind. pf. -dŭī; fut. ex. -dŭō.*

cŏn-crĕmō 1. (*nkl.*) völlig zu Asche verbrennen, in Asche verwandeln (*alqm u. alqd igni, zB. vivos, naves*).

cŏn-crĕpō, *ŭī,* — 1. **1.** *intr.* stark tönen, dröhnen (*bsd.* klappern, rasseln, klirren, schnalzen *u.ä.*), *zB. arma, digitis* schnalzen, °*gladiis ad scuta; sprichw. si digitis concrepuerit* (*sc. erus*) auf den ersten Wink. **2.** (*nkl., dcht.*) (*trans.*) *etw.* ertönen lassen [*aera* die Becken schlagen].

cŏn-crēscō, *crēvī, crētŭm* 3. **1. a)** in sich zusammenwachsen, sich verdichten, gerinnen, erstarren [*aqua nive concrescit,* °*sanguis frigore*]; **b)** (*dcht.*) sich verdunkeln. **2.** (*prägn.*) durch Verdichtung sich bilden, entstehen [°*fungi*]. **3.** (*P.P.P.*) *adi.* **cōncrētŭs** 3 (*m.* °*comp.*) **a)** verdichtet, dicht, geronnen, erstarrt [°*nix gelu,* °*lac* Käse, °*lumen* verdunkelt (*s.* 1b), °*barba sanguine* zusammenklebend; / °*dolor* tränenlos]; **b)** aus *etw.* zusammengesetzt *od.* bestehend (*abs., zB. corpora; ex re, zB. ex pluribus naturis; auch bloß re*); **c)** (*Pr.*) sich zusammenziehend [*suos breviter concretus in artus* verkürzt]; **d)** / (*Ve.*) tiefwurzelnd, anhaftend [*labes*].
F. *inf. pf. synk.* °*cōncrēssĕ* = *cōncrēvĭssĕ.*

cōncrētĭō, *ōnĭs f* (*cōncrēscō*) Verdichtung [*corporum*]; *bsd.* Körperlichkeit [*mortalis* vergänglicher Stoff].

cŏn-crīmĭnŏr 1. (*Pl.*) heftige Klage führen (*alqm* über *jd., adversus alqm jd.* gegenüber).

cŏn-crŭcĭō 1. (*Lu.*) quälen.

cōncŭbīnă, *ae f* (*cōncŭbō; Bildung wie rŭīnă: rŭō*[1]; *eig.* „Beischläferin") Konkubine (*urspr. die mit einem Unverheirateten in einer tolerierten außerehelichen Geschlechtsgemeinschaft lebende Frau*); (*euphem.*) Freundin; Freudenmädchen; Hetäre.

cōncŭbīnātŭs, *ūs m* (*cōncŭbīnă*) **1.** (*Pl.*) Konkubinat (*gesetzlich tolerierte außereheliche Geschlechtsgemeinschaft, zB. einer Freigelassenen mit einem Unverheirateten, später als Ehe minderen Rechts* [*īnaequālĕ cōnĭŭgĭŭm*] *anerkannt*). **2.** (*Suet.*) außerehelicher Geschlechtsverkehr [*nuptarum* mit verheirateten Frauen].

cōncŭbīnŭs, *ī m* (*cōncŭbīnă; dcht., nkl.*) *eig.* „Beischläfer"; im Konkubinat lebender Mann; Liebhaber.

cōncŭbĭtŭs, *ūs m* (*cōncŭmbō*) **1.** (*unkl.*) das Sichniederlegen (*bsd. zu Tisch*), das Platznehmen. **2. a)** (*ehelicher u. außerehelicher*) Beischlaf [*cum alqo u. alqa; alcis -um* °*appetere, permittere;* °*-ūs figurae*]; **b)** / (*dcht., nkl.*) Begattung (*der Tiere*).
F. *dat. sg. -ŭī u.* °*-ū.*

cōncŭbĭŭm, *ī n* (*cōncŭbō; vkl., nkl.*) **1.** *noctis* die Zeit des tiefsten Schlafes, tiefe Nacht. **2.** Beischlaf.

cōncŭbĭŭs 3 (*cōncŭbō*) zur Zeit tiefen Schlafes; *nur concubiā nocte* in tiefer Nacht, um Mitternacht.

cŏn-cŭbō, — — 1. (*spätl.*) daniederliegen.

cŏn-cŭlcō 1. (*călcō*) **1.** (*unkl.*) niedertreten. **2.** / m. Füßen treten: **a)** = mißhandeln (*alqm u. alqd, zB. virum, Italiam*); **b)** = mißachten, verachten [*lauream*].

cŏn-cŭmbō, *cŭbŭī, cŭbĭtŭm* 3. (*v.* **cŭmbō nur Komposita belegt; cf. cŭbō*) sich niederlegen: **1.** (*Pr.; v. Tieren*). **2.** sich zu *jd.* legen, den Beischlaf ausüben (*cum alqo u. cum alqa;* [*dcht.*] *alci u. abs.*).

cŏn-cŭpĭēns, *ĕntĭs* (*eig. part. praes. v.* °*cōncŭpĭō; dcht.*) begierig (*alcis rei* nach *etw.*).

cŏn-cŭpīscō, *pīvī u. pĭī, pītŭm* 3. (*incoh. v. cŭpĭō*) lebhaft begehren, verlangen, beanspruchen (*abs. od. alqd, zB. pecuniam, gloriam; m. inf.*).
F. *pf.-Formen synk.: cōncŭpīssĕ(m)* = *cōncŭpīvīssĕ(m), cōncŭpīstī* = *cōncŭpīvīstī u.ä.*

cŏn-cūrō 1. (*Pl.*) besorgen.

▶ **cŏn-cŭrrō,** *cŭrrī u.* (*selten*) *cŭcŭrrī, cŭrsŭm* 3. **1.** zusammenlaufen, -strömen, von allen Seiten herbeieilen (*abs., zB. populus concurrit, od. ex, de, a re ad alqm, in, ad alqd, zB. ex urbe ad fanum,* °*foro* auf dem Markte; *m. 1. sup., zB. gratulatum; oft im* P., *zB. eo concursum est*);

mil. ad arma unter das Gewehr treten; *auch* / = seine Zuflucht nehmen (*ad alqd*). **2.** zusammenstoßen, -treffen, aufeinanderstoßen, *sowohl v. Sachen* (*zB. v. Schiffen, v. Buchstaben, Worten, Ereignissen*) *als auch v. Pers., bsd. feindl.* aneinandergeraten (*abs., zB. exercitūs infestis signis concurrerunt*, ös schließt sich; *cum alqo u.* °*alci m. jd., inter se; adversus od. in,* °*contra alqm*). **3.** *abs.* **a)** (*unkl.*) (*v. Pers.*) anstürmen, angreifen; **b)** (*nkl.*) (*v. Zuständen*) hereinbrechen [*bellum*]. **4.** zusammentreffen = zugleich stattfinden, (*zeitl.*) zusammenfallen [*ea omnia, nomina* die Zahlungstermine].

cŏncŭrsātĭō, *ōnis f* (*cŏncŭrsō*) **1.** das Zusammenlaufen. **2.** das Hin- *u.* Herlaufen, *auch im pl.* (*alcis, zB. nocturna puerorum*); *insb.* **a)** das Umherreisen [*decemviralis* der Dezemvirn in den Provinzen]; **b)** (*nkl.*) *mil.* das Plänkeln [*leviter armatorum*]; **c)** (*v. leblosen Gegenständen*) Verlauf [*somniorum*].

cŏncŭrsātŏr, *ōris m* (*cŏncŭrsō*) (*Li.*) *mil.* Plänkler; *adi.* (*nur*) ans Plänkeln gewöhnt [*pedes*].

cŏncŭrsĭō, *ōnis f* (*cŏncŭrrō*) **1.** das Zusammentreffen, -stoßen [*atomorum*]. **2.** (*Redefigur*) Symploke (συμπλοκή) = Verflechtung, *d. h. Wiederholung derselben Worte am Anfang u. Ende der Sätze* [*in eadem verba*].

cŏncŭrsō 1. (*intens. v. cŏncŭrrō*) **1.** *intr.* **a)** hin *u.* her laufen, *übh.* umherlaufen, umherreisen (*abs. od. per viam, cum alqo*); **b)** (*dcht.*) (*v. Wogen*) hin *u.* her wogen; **c)** *mil.* (*Li.*) plänkeln. **2.** *trans.* bereisen, besuchen (*alqd, zB. omnium domos od. lectos*).

cŏn-cŭrsŭm *P.P.P. v. cŏncŭrrō.*

cŏncŭrsŭs, *ūs m* (*cŏncŭrrō*) **1. a)** das Zusammenlaufen, -strömen, Zusammenfluß (*alcis u.* °*alcis rei, zB. hostium,* °*aquarum*); **b)** Auflauf [*hominum* ~ *in forum*]; **c)** / das Zusammenwirken, Mitwirkung [*honestissimorum studiorum*]. **2. a)** (*zufälliges*) Zusammenstoßen, -treffen (*alcis j-s u. m. jd., zB. navium, verborum,* °*caeli* Donner); **b)** feindliches Aneinandergeraten, Angriff, Attacke [*exercituum*; / *calamitatum* Ansturm]. **3.** (*spätl.*) (*jur. t.t.*) ~ *creditorum* Zusammenkunft der Gläubiger *zur Teilung des Vermögens e-s Schuldners.*

cŏn-cŭssī *s. cŏncŭtĭō.*

cŏncŭssĭō, *ōnis f* (*cŏncŭtĭō*; *nkl.*) das Schwingen [*facium*], Erschütterung; Erdbeben.

cŏn-cŭssŭs[1] *P.P.P. v. cŏncŭtĭō.*

cŏncŭssŭs[2], *abl. ū m* (*cŏncŭtĭō*) (*Lu., nkl.*) Erschütterung.

cŏn-cŭstōdĭō 4. (*-ū-?*) (*dcht.*) bewachen [*poma*].

▶ **cŏn-cŭtĭō,** *cŭssī, cŭssŭm* 3. (*quătĭō*) **1.** (*nkl.*) dröhnend zusammenschlagen [*frameas*]. **2.** (*unkl.*) heftig schütteln, erschüttern [*terram ingenti motu, arma manu* schleudern]. **3.** / **a)** (*Ho.*) *se excutere* sich sorgfältig prüfen; **b)** erschüttern = **α)** erschrecken, ängstigen [*populares,* °*alqm metu,* °*mentem alcis*]; **β)** (*dcht., nkl.*) aufrütteln [*pectus, equos*]; **γ)** = zerrütten, schwächen (*alqm u. alqd, zB. rem publicam,* °*fidem*).

cŏndălĭŭm, *ī n* (*Lw.* ‹ κονδύλιον) (*vkl.*) kleiner Ring (*v. Sklaven getragen*).

cŏn-dĕcĕt 2. (*impers.*) (*Com.*) es geziemt sich für [*senem*].

cŏn-dĕcōrō 1. (*vkl., nkl.*) sorgfältig schmücken.

cŏndĕmnātĭō, *ōnis f* (*cŏndĕmnō*) Verurteilung (*alcis*). — **Verdammnis.

cŏndĕmnātŏr, *ōris m* (*cŏndĕmnō*) (*nkl.*) ein Ankläger, der die Verurteilung *j-s* durchsetzt (*alcis*).

▶ **cŏn-dĕmnō** 1. (*dămnō*) **1.** schuldig sprechen, verurteilen (*alqm, zB. civem; alqm alcis rei u. de re, zB. ambitūs, de vi; alqm rei u. re auch* zu *etw., zB. capitis* zum Tode, *sponsionis* zur Einlösung einer Verpflichtung; *alqm sibi* die Buße, die *jd.* zu zahlen hat, sich selbst zusprechen); *condemnari arbitrium pro socio* schiedsgerichtlich als Geschäftspartner verurteilt werden. **2. a)** / *etw.* mißbilligen *od.* tadeln (*alqm u. alqd, zB. senatum crudelitatis, alcis temeritatem*); **b)** (*vom Ankläger*) *j-s* Verurteilung durchsetzen (*alqm per iudicem; auch m. gen. criminis, zB. furti* wegen Diebstahls).

cŏn-dēnsĕō 2. (*Lu.*) *u.* **-dēnsō** 1. (*vkl., nkl.*) dicht zusammendrängen [*aciem*].

cŏn-dēnsŭs 3 (*dcht., nkl.*) sehr dicht, dichtgedrängt [*acies; re* dicht besetzt *m. etw., zB. arboribus* dichtbelaubt].

▶ **cŏndĭcĭō,** *ōnis f* (*cŏndīcō*) **1. a)** Verabredung, Übereinkunft, Vertrag, Vergleich [*aequa, iniqua*]; **b)** Heiratsvertrag, Partie [*uxoria* Heirat, *condicionem filiae quaerere* sich nach einer Partie für seine Tochter umsehen, °*condicionem alqam* (*de-*)*ferre alci jd.* eine Partie vorschlagen]; *bsd.* Liebesverhältnis, Liebschaft; (*meton.*) °Braut; °Liebhaber, °Freundin. **2. a)** Unterhandlung, *meist pl.* [*discordias condicionibus componere*]; **b)** Vorschlag, Anerbieten, Zumutung [*ad alcis condicionem venire* sich fügen in]; **c)** Bedingung, Vorbehalt [*iniquae condiciones pacis, nullā condicione* unter keiner Bedingung, *per condiciones* auf Grund der Friedensbedingungen; *condiciones dare od. dicere alci* diktieren, *ferre* stellen, *recusare, respuere*]. **3. a)** Aufgabe, Bestimmung, Beruf [*condicionem vitae sequi* Lebensberuf]; **b)** *übh.* Verhältnis, Lage, Zustand, Stellung, Stand, Beschaffenheit [*infima servorum, iuris* Rechtsverhältnis, *nascendi* Los der Geburt]; *bonā* (*aequā, pari, tali*) *condicione* unter günstigen (billigen, gleichen, solchen) Verhältnissen; **c)** mögliches Verhältnis, Möglichkeit [*nulla est* ~ *deditionis* von Unterwerfung kann keine Rede sein]. — *****condicio sine qua non** Bedingung, ohne die (*etw.* anderes) nicht (geschehen kann).

cŏn-dīcō, *dīxī, dīctŭm* 3. **1.** (*vkl., nkl.*) verabreden *od.* festsetzen (*alqd etw.; alci alqd etw. m. jd., zB. tempus et locum*). **2.** sich bei *jd.* als Gast ansagen; eine Einladung zu Tische bei *jd.* annehmen (*alci,* °*cum alqo cenam od. ad cenam*).

cŏn-dīctĭō, *ōnis f* Verabredung.

cŏndignŭs 3 (*jünger -ī-*; *adv.* **-ē**) (*vkl., nkl.*) ganz würdig; entsprechend, angemessen.

cŏndīmĕntŭm, *ī n* (*cŏndĭō*) Gewürz, Würze, *auch* / (*alcis rei, zB. cibi, sermonum, humanitatis* Linderungsmittel).

cŏndĭō 4. (*wohl zu cŏndō*) **1. a)** würzen, lecker zubereiten [*fungos,* °*ius male, unguenta* wohlriechend machen]; **b)** / **α)** *etw.* ansprechend machen [*orationem*]; **β)** *etw.* mildern, lindern [*gravitatem comitate*]; **γ)** (*P.P.P.*) *adi.* **cŏndītŭs** 3 (*m. comp.*) gewürzt; schmackhaft, ansprechend, *v. Pers. u. Sachen* [*oratio lepōre od. orator urbanitate conditior*]. **2. a)** (*vkl., nkl.*) einmachen, einlegen (*alqd*); **b)** einbalsamieren [*mortuos*].

cŏndīscĭpŭlă, *ae f* (*cŏndīscĭpŭlŭs*) (*Ma., nkl.*) Mitschülerin.

cŏndīscĭpŭlātŭs, *ūs m* (*cŏndīscĭpŭlŭs*) (*nkl.*) Schulfreundschaft.

cŏn-dīscĭpŭlŭs, *ī m* Mitschüler, Schulfreund.

cŏn-dīscō, *dĭdĭcī,* — 3. (*-īsc-?*) sorgfältig (er)lernen, sich aneignen (*alqd, zB.* °*modos; m. inf.* = sich gewöhnen; *m. indir. Frages.*).

cŏndĭtĭō[1], *ōnis f* (*cŏndĭō*) das Würzen [*ciborum*], Einmachen, Einlegen [*frugum*].

cŏndĭtĭō[2], *ōnis f* (*cŏndō*) (*Vulg.*) Gründung, Schöpfung.

cŏndĭtĭō[3], *ōnis f falsche Schreibung für cŏndĭcĭō.*

cŏndītīvŭs 3 (*cŏndĭtŭs, P.P.P. v. cŏndō*) (*vkl., nkl.*) zum Einlegen bestimmt; *subst.* **-ŭm,** *ī n* (*Se.*) Grab.

cŏndĭtŏr[1], *ōris m* (*cŏndō*) **1.** Gründer, Begründer [*urbis*]; / Stifter, Urheber, Schöpfer [*libertatis, iuris*]. **2.** (*nkl., dcht.*) Verfasser [*historiae, anni Romani* des röm. Kalenders].

cŏndītŏr[2], *ōris m* (*cŏndĭō*) (*spätl.*) Hersteller v. würzigen Speisen.

cŏndĭtōrĭŭm, *ī n* (*cŏndō; nkl.*) Sarg; Grabmal.

cŏndĭtūră[1], *ae f* (*cŏndō; nkl.*) Verfertigung [*vitreorum*].

cŏndītūră[2], *ae f* (*cŏndĭō; nkl.*) das Einmachen (*v. Früchten*); (leckere) Zubereitung.

cŏndĭtŭs[1] 3 *s. cŏndō.*

cŏndītŭs[2] 3 (*m. comp.*) *s. cŏndĭō.*

cŏn-dō
1. a) gründen; **b)** begründen; **c)** ab-, verfassen; **2. a)** verwahren, bergen; **b)** verleben, zubringen; **c)** verbergen.

cŏn-dō, *dĭdī, dĭtŭm* 3. (*cŏn-* + *Schwundstufe zu* √*dhē- „setzen"; *cf. făcĭō,* τίθημι) **1.** zusammenfügen: **a)** (er)bauen, gründen, anlegen [*urbem, insulam* besiedeln]; **b)** / begründen, schaffen, einrichten [*potestatem per arma,* *leges*, °*Parthos* das Partherreich]; **c)** (*schriftl.*) abfassen, verfassen, bearbeiten [*carmen, leges*]; *prägn. auch* (*dcht.*) beschreiben, besingen [*Caesaris acta*]. **2.** verwahren: **a)** aufheben, bergen, in Sicherheit bringen (*alqd, zB. pecuniam; alqd in locum u. seltener* [*bsd. P.P.P.*] *in loco, zB. litteras in aerarium u. in aerario;* °*alqd re, zB. mella amphoris*); (*nkl.*) in die Scheide stecken [*gladium*]; (*Früchte, Vorräte*) aufbewahren, einkellern [*fructūs,* °*vinum testā*], *auch* (*unkl.*) einlegen, einmachen, *zB. corna in faece;* (*Pers.*) verwahren, *bsd.* einsperren [*alqm in carcerem od. in custodiam, in vincula*]; (*Tote*) beisetzen, bestatten [*mortuos in loco od.* °*loco,* °*ossa terrā*]; **b)** (*nkl., dcht.*) (*eine Zeit*) (durch)leben, verleben, zubringen [*diem, soles*]; *auch* beenden, abschließen [*lustrum*]; **c)** (*dcht., nkl.*) verbergen, verstecken (*alqm u. alqd, zB. alci oculos* = zudrücken, *iram; in locum u. in loco od.* °*loco, zB. milites in saltu, sub lectum, lacu*); *se -ere od. mediopass.* sich verbergen, sich verstecken, *zB. se in undas; bsd.* (*dcht.*) (*eine Waffe*) tief hineinstoßen *od.* -bohren, -senken [*ensem alci in pectus od. in pectore;* / *stimulos in pectore* eindrücken].

cŏndŏcĕ-făcĭō, *fēcī, factŭm* 3. (*cŏndŏcĕō*) belehren, abrichten, anleiten (*alqm u. animum alcis, beluas; m. ut*); P. *cŏndŏcĕfīērī.*

cŏn-dŏcĕō, *dŏcŭī, dŏctŭm* 2. (*Pl.*) einüben, abrichten.

cŏn-dŏlĕō, *ŭī,* — 2. **1.** Schmerz empfinden. **2.** (*Vulg., Eccl.*) Mitleid haben *mit* [*crucifixo*].

cŏndŏlēscō, *lŭī,* — 3. (*incoh. v. cŏndŏlĕō, eigtl.* „zu schmerzen beginnen") *meist pf.*: schmerzen, wehe tun, (*körperlich, seelisch*) leiden [*pes mihi*]; *auch* trauern.

cŏndōnātĭō, *ōnĭs f* (*cŏndōnō*) das Verschenken, Schenkung (*alcis rei*).

cŏn-dōnō 1. **1.** (ver)schenken, *m. etw.* beschenken (*alci alqd, zB. agros suos latronibus, hereditatem edicto* zusprechen). **2.** (*Schulden*) *j-m* erlassen [*alci pecunias creditas*]. **3.** *j-m etw.* überlassen *od.* preisgeben, (auf)opfern (*alci alqd, zB. Macedoniam barbaris, suum dolorem precibus alcis*). **4.** *j-m* (*ein Vergehen*) vergeben *od.* verzeihen (*alci alqd, zB.* °*scelus*); *bsd.* **a)** (*ein Vergehen j-s*) *j-m* zuliebe ungestraft lassen [*praeterita fratri*]; **b)** (*Schuldige*) um *j-s* willen begnadigen (*alqm alci, zB. Dumnorigem Diviciaco fratri*). — **verleihen; nachsehen [*culpam*].

cŏn-dŏrmĭō 4. (*nkl.*) völlig einschlafen.

cŏndŏrmīscō, *īvī,* — 3. (*incoh. v. cŏndŏrmĭō*) (*Pl.*) einschlafen.

cŏndūcĭbĭlĭs, *ĕ* (*m. comp.*) (*cŏndūcō*) (*meist vkl.*) zuträglich, zweckdienlich; *subst.* **-ĕ,** *ĭs n* Gemeinwohl.

▶ **cŏn-dūcō,** *dūxī, dūctŭm* 3. **I.** (*trans.*) **1.** zusammenführen, (ver)sammeln (*alqos, zB. omnes clientes; in locum, zB. copias eo*); *bsd.* (*Lebloses*) vereinigen, verbinden [°*ramos cortice*]; zusammenfassen [*propositionem et assumptionem in unum*]. **2.** (*durch Bezahlung*) zusammenbringen: **a)** *etw.* mieten, pachten (*alqd, zB. domum, agrum;* °*vectigalia; de u. ab alqo v. jd.*); *auch* °zusammenborgen [*nummos*]; (*P.P.P.*) *subst.* **cŏndūctŭm,** *ī n* Miete, Mietswohnung, Pachtung; **b)** gegen Entgelt eine Arbeit *od.* Lieferung übernehmen (*abs. od. alqd, zB. columnam faciendam*); **c)** *jd.* mieten, dingen, (an)werben (*alqm, zB. milites, multitudinem, scortum,* °*meretricem totum annum*); (*P.P.P.*) *subst.* **cŏndūctī,** *ōrŭm m* (*Ne.*) Söldner. **II.** (*intr.*) (*impers., nur in 3. sg. u. pl. u. im inf.*) **cŏndūcĭt** es nützt, ist zuträglich (*alci j-m,* für *jd.; alci rei u. ad,* °*in alqd* zu *etw., zB. saluti tuae, ad vitae commoditatem; m. inf. u. a.c.i.*).

****conducta,** *ae f* Eingangslied.

cŏndūctĭcĭŭs 3 (*cŏndūctŭs, P.P.P. v. cŏndūcō*) (*unkl.*) gemietet, Miets..., Söldner... [*catervae, domus*].

cŏndūctĭō, *ōnĭs f* (*cŏndūcō*) **1.** Vereinigung; *auch als rhet. t.t.* Rekapitulation. **2.** das Mieten, Pachtung, Pacht [*vectigalium, fundi*]; (*meton.*) Miets- *od.* Pachtkontrakt.

cŏndūctŏr, *ōrĭs m* (*cŏndūcō*) **1.** Mieter, Pächter. **2.** Unternehmer [*operis*].

cŏn-dūctŭs[1] *P.P.P. v. cŏndūcō.*

cŏndūctŭs[2], *ūs m* (*cŏndūcō*) (*spätl.*) das Zusammenziehen. — **Geleit [*salvus Caesaris* freies kaiserliches]; Eingangslied.

cŏndŭplĭcātĭō, *ōnĭs f* (*cŏndŭplĭcō*) Verdoppelung: **1.** (*A. ad Her.*) (*als Redefigur* = ἐπαναδίπλωσις) Wiederholung e-s *od.* mehrerer Wörter. **2.** (*scherzh.*) (*Pl.*) = Umarmung.

cŏn-dŭplĭcō 1. (*vkl., dcht.*) verdoppeln; (*scherzh.*) *corpora* sich umarmen.

cŏn-dūrō 1. (*Lu.*) härten [*ferrum*].

cŏndŭs, *ī m* (*cf. cŏndō; Pl.*) Beschließer (*der Vorräte*); Haushofmeister.

cŏn-dūxī *s. cŏndūcō.*

cŏndȳlōmă, *ătĭs n* (*Fw.* < κονδύλωμα) (*nkl.*) (*med. t.t.*) Feigwarze, Kondylom.

cŏndȳlŭs, *ī m* (*Fw.* < κόνδυλος „Mittelgelenkknochen der Finger") (*Ma.*) das Rohr (*der Rohrpfeife*).

cō-nĕctō, *nĕx(ŭ)ī, nĕxŭm* 3. **1.** (*meist nkl., dcht.*) zusammenknüpfen, -fügen, verflechten (*alqd, zB.* °*crines, nodum* schürzen, knüpfen; *alqd re, zB.* °*naves trabibus*). **2.** / **a)** verknüpfen, verbinden [*omnes partes inter se; alqd cum re od. alci rei, zB. conexi his funeribus dies* die nächstfolgenden]; *bsd.* **α)** (*rhet.*) in der Rede verknüpfen [*sententias*]; **β)** (*nkl.*) verwandtschaftlich verbinden (*alqm alci*); *bsd.* (*P.P.P.*) *adi.* **cōnĕxŭs** 3 nahe verwandt, *m. jd.* verschwägert [*Caesari*]; **γ)** (*Ta.*) *jd.* in *etw.* (mit-)verwickeln [*filiam discrimini patris*]; **b)** (*philos. t.t.*) als Schlußsatz anfügen (*alqd*); (*P.P.P.*) *subst.* **cōnĕxŭm,** *ī n* logische Schlußreihe.

cōnĕxĭō, *ōnĭs f* (*cōnĕctō*) Verbindung, Verknüpfung [*rerum*]; (*nkl.*) logische Schlußreihe.

cōnĕxŭs, *ūs m* (*cōnĕctō; Lu., Vi.*) Verknüpfung, enge Verbindung.

cōn-fābŭlŏr 1. (*vkl.*) **1.** (*intr.*) traulich plaudern. **2.** (*trans.*) *etw. m. jd.* besprechen (*alqd cum alqo*).

cōnfărrĕātĭō, *ōnĭs f* (*cōnfărrĕō*) (*nkl.*) Konfarreationsehe, (*altertümlichste u. feierlichste Form der*) patriz. Eheschließung (*unter Opferung e-s Schafes u. e-s Speltkuchens — fărrĕŭm lībŭm — vor 10 Zeugen, dem flamen Dialis u. vl. auch dem pontifex maximus. Scheidung erst i. d. Kaiserzt. möglich*).

cōnfărrĕō 1. (*fărrĕŭm, sc. lībŭm; nkl.*) in sakraler Form ehelich verbinden (*alqos*); *confarreatis parentibus genitus* aus einer Konfarreationsehe (stammend); — *cf. cōnfărrĕātĭō.*

cōn-fātālĭs, *ĕ* mitverhängt, an das gleiche Schicksal gebunden.

cōn-fēcī *s. cōnfĭcĭō.*

cōnfĕctĭō, *ōnĭs f* (*cōnfĭcĭō*) **1.** Anfertigung, Herstellung [°*medicamenti*]; *bsd.* [*libri*] Abfassung, [*belli*] Beendigung, [*memoriae*] Mnemotechnik, [*tributi*] Eintreibung. **2.** Zermalmung [*escarum*]; / Vernichtung, Zerstörung, Schwächung [*valetudinis*].

cōnfĕctŏr, *ōrĭs m* (*cōnfĭcĭō*) **1.** Vollbringer, Besorger [*negotiorum, belli* Beendiger]. **2.** Zerstörer [*ignis ~ omnium*].

cōn-fĕctŭs *P.P.P. v. cōnfĭcĭō.*

cōnfĕrbŭī *pf. v. cōnfĕrvēscō.*

cōn-fĕrcĭō, *fĕrsī, fĕrtŭm* 4. (*fărcĭō*) vollstopfen, / dicht zusammendrängen [*naves,* °*urbanos et agrestes in arta tecta*]; *meist* (*P.P.P.*) *adi.* **cōnfĕrtŭs** 3 (*m.* °*comp. u. sup.; adv.* **cōnfĕrtĭm**; *s.d.*) gestopft voll *v. etw.,* angefüllt *m. etw.* (*m. abl., zB. homines cibo -i, vita voluptatibus -a*); / zusammengedrängt, dicht, *bsd. mil.* in geschlossenen Reihen [*acies, conferti proeliantur*].

> **cōn-fĕrō**
>
> **1. a)** zusammentragen, -bringen; **b)** zusammenfassen, -ziehen; **c)** einander nahebringen; (*Ansichten*) austauschen; (*feindl.*) *mit jd.* zusammengeraten lassen; (*Geld*) aufbringen; **d)** zu *etw.* beitragen; **e)** vergleichen; **2. a)** hinschaffen; **b)** *refl.* sich begeben; sich *einer Sache* widmen; **c)** (*zeitl.*) verschieben; **d)** in *etw.* übergehen lassen; **e)** zukommen lassen; *etw.* zuschreiben; **f)** (*seine Gedanken*) auf *etw.* richten; **g)** *etw.* für *etw.* verwenden.

cōn-fĕrō, *cōntŭlī, cōllātŭm, cōnfĕrrĕ* **1.** (*m. voller Bedeutung des praev.*) **a)** zusammentragen, -bringen, an *e-m* Punkte vereinigen (*alqd, zB.* °*ligna, arma* einliefern; *alqd ex loco u. in alqd, zB. omnia arma ex oppido in castra*); **b)** *zu einem Ganzen* zusammenfassen, -stellen, -ziehen, *zB.* °*vires in unum, signa ad alqm* sich *m. jd.* vereinigen; *bsd.* (*in der Rede*) zusammenfassen [°*verba in duos* *versus*], *abs. in pauca conferre* sich kurz fassen; P. sich konzentrieren [*bellum collatum est circa Corinthum*]; **c**) nahe zusammenbringen, einander nahebringen (*alqd alci rei, zB. castra oppido, castra castris hostium od. cum hoste* mit seinem Lager nahe an das feindliche Lager rücken, °*gradum* näher herangehen, *capita* die Köpfe zusammenstecken); *bsd.* **α**) (*Worte, Ansichten*) *m. jd.* austauschen, *etw.* besprechen [*sermonem cum alqo* ein Gespräch führen, *consilia cum alqo* Pläne austauschen *od.* mitteilen, Rat pflegen; *alqd inter se etw.* miteinander besprechen, *zB. sollicitudines, m. indir. Frages.*]; *abs.* = konferieren; **β**) (*feindl.*) *m. jd.* zusammengeraten lassen, zum Kampfe bringen (*alqm u. alqd cum alqo od.* °*alci, inter se*); *bsd. arma od. manum* (°*manūs*), *signa cum alqo od.* °*alci m. jd.* handgemein werden (*auch* bloß °*conferre*), *pedem* (*cum pede*) einander auf den Leib rücken, °*se alci m. jd.* kämpfen, *signis collatis* in offener Feldschlacht, in förmlicher Schlacht; *collato pede* (*od. gradu*, °*Marte*) Mann gegen Mann, °*certamina inter se* im Kampfe aneinandergeraten, °*lites* (vor Gericht) miteinander anbinden; **γ**) (*Geld*) zusammenschießen, aufbringen, sammeln [*pecuniam u. -as, sextantes in capita* auf den Kopf; *alqd alci, zB. stipem Apollini*; *alqd ad od. in alqd* zu *etw., zB. pecuniam ad victum*]; **d**) / (*nkl.*) zu *etw.* beitragen *od.* dienlich sein [*multum, plus, plurimum u.ä.*; *alci, alci rei u. ad alqd*]; **e**) gegenüberstellend zusammenbringen: **α**) (*Li.*) im Kampfe messen [*vires*]; **β**) vergleichen (*alqd, zB. mores eorum, rationes* kollationieren: *alqd cum re od. dat., zB. pacem cum bello, parva magnis*); **f**) *sē cōnfĕrrĕ s. 2 b.* — *** *confer* vergleiche (*Hinweis auf eine andere Stelle*). **2.** (*m. abgeschwächter Bedeutung des praev. u. Betonung des Zieles*): **a**) *nach einem Orte* hinbringen, -schaffen, verlegen (*alqd u. alqm ex re in alqd, zB. obsides in arcem, omnia sua in oppidum*); *auch etw.* irgendwo aufnehmen [*alqd in suas artes*]; *bsd. etw.* in einen Antrag aufnehmen, mitbeantragen (*m. ut, ne*); **b**) **sē cōnfĕrrĕ** (*zunächst m. voller Bedeutung des praev. nur im pl., frühzeitig aber auch schon im sg.*) sich wohin begeben (*ad alqm* zu *jd., zB. ad hostes*; *in alqd, zB. in urbem, in fugam* sich flüchten); / sich an *jd. od.* an *etw.* anschließen, sich einer Sache widmen (*ad alqm, zB. ad Scaevolam*; *ad u. in alqd, zB. ad senatūs auctoritatem, ad studium philosophiae*); **c**) *etw.* (*auf eine Zeit*) ansetzen *od.* verlegen, verschieben (*alqd in aliud tempus, in longiorem diem* auf einen späteren Termin); **d**) (*dcht.*) *etw.* in *etw.* übergehen lassen [*seditionem in tranquillum*] *od.* verwandeln [*corpus in volucrem*]; **e**) *j-m etw.* zuwenden *od.* zukommen lassen, darbringen (*alqd alci u. in alqm, zB.* °*munera amicis, beneficia in alqm*; *selten pejorativ, zB. maledicta in alqm*); *bsd.* **α**) *j-m od. e-r Sache etw.* zuschreiben, zur Last legen (*alqd in alqm od. in alqd, zB. in alqm culpam sua vitia senectutem*); **β**) *j-m od. einer Sache etw.* übertragen *od.* überlassen, anheimstellen (*alqd ad alqm od. ad alqd, zB. spem salutis ad clementiam victoris*); **f**) *etw.* (*bsd. seine Gedanken od. seine Tätigkeit*) auf *etw.* wenden *od.* richten (*alqd ad u. in alqd, zB. plurimum studii ad philosophiam*); **g**) *etw.* auf (*od.* zu, für) *etw.* verwenden, für *etw.* hergeben, *auch* / (*praedam in monumenta, vocem in quaestum* die Stimme zu einer Erwerbsquelle machen).

cōn-fĕrsī *s. cōnfĕrcīō.*

cōnfĕrtim (*m. comp. -tĭūs*) *adv.* (cōnfĕrtūs, *P.P.P. v.* cōnfĕrcīō) (*nkl.*) dicht gedrängt, geschlossen [*pugnare*].

cōnfĕrtūs 3. *s. cōnfĕrcīō.*

cōn-fĕrvĕfăcīō, — — 3. (*u. -vē-*) (*Lu.*) zum Schmelzen bringen.

cōn-fĕrvēscō, *fĕrbŭī*, — 3. (*incoh. zu fĕrvĕō*) (*nkl., dcht.*) sich erhitzen; *meist* / erglühen, entbrennen.

cōnfĕssĭō, *ōnĭs f* (*cōnfĭtĕōr*) Geständnis, Eingeständnis, Bekenntnis, *auch pl.* (*alcis j-s, zB. servorum*; *alcis rei, zB. facti, auch de re*; *m. a.c.i.*); / *auch* = Anerkennung; (*Eccl.*) (*fidei*) Glaubensbekenntnis. — **Beichte; Märtyrergrab *unter dem Hauptaltar e-r Kirche.* — *** ♀ Bekenntnisschrift *der Reformation* (*zB. Augustana, v. Melanchthon für den Reichstag in Augsburg 1530 verfaßt*).

cōnfĕssŏr, *ōrĭs m* (*cōnfĭtĕōr*) (*Eccl.*) Bekenner *des Christentums* (*abs. u. m. gen. dei*).

cōnfĕssŭs 3 *s. cōnfĭtĕōr.*

cōn-fĕstĭm (-ē-?; *wahrsch.* < **cōm fēstī* „mit Eile", *in Anlehnung an stātĭm usw.*; *cf. fēstīnō*) *adv.* unverzüglich, eiligst, sogleich [*subsequi, respondere*].

cōnfĭcĭēns, *ĕntĭs* (*m. sup.*; *cōnfĭcĭō*) bewirkend, zustande bringend, schaffend [*causa*; *alcis rei, zB. litterarum* schreibselig].

cōn-fĭcĭō
1. zustande bringen; **a**) anfertigen, ausführen, vollenden; (*Schrift*) abfassen; (*Weg*) zurücklegen; **b**) erzeugen, bewirken; **2.** zusammenbringen; **a**) auftreiben, **b**) folgern, schließen; **3.** *m. etw.* fertigwerden; **a**) zerkauen; verdauen; **b**) (*Besitz*) durchbringen; erschöpfen; töten; niederwerfen.

cōn-fĭcĭō, *fēcī, fēctūm* 3. (*făcĭō*) **1. zustande bringen: a**) **anfertigen, verfertigen, herstellen,** ausführen, vollenden (*alqd, zB. vestem, alutam* gerben, *delectum* vornehmen, *sacra* abhalten, *tabulas* Buch führen, *bellum u. proelium* beendigen; *facinus per alqm*); *insb.* **α**) (*Schriften*) abfassen *od.* schreiben, ausarbeiten [*dialogos, librum Graece*]; **β**) (*Wege, Strecken*) zurücklegen [*iter, decem milia passuum,* °*immensum aequor* durchsegeln]; **γ**) (*Geschäfte*) abmachen, erledigen, abschließen, vollziehen [*rem, negotium, nuptias, pretium* festsetzen, *rationem* Rechnung aufstellen]; *abs. cum alqo m. jd.* abschließen (de re); **δ**) (*Zeit*) zubringen [*reliquam noctis partem, adulescentiam in voluptatibus*]; P. vergehen; *pf.* vorüber- *od.* umsein [*biennio confecto*]; **b**) *etw.* erzeugen, verursachen, bewirken (*alqd, zB. pacem*; *alci alqd, zB. reditum*; *m. dopp. acc.* = machen, *zB. auditorem benevolum*). **2. zusammenbringen: a**) *etw.* (*bsd. Geld, Besitz, Leute u.ä.*) auftreiben, auf die Beine bringen (*alqd u. alqm, zB. frumentum, magnam pecuniam, equites*; *alci alqd, zB. filiae dotem, tribum j-m* die Stimmen einer Tribus verschaffen); **b**) (*philos. t.t.*) (*logisch*) folgern, schließen (*alqd ex re*); P. *ex quo conficitur, ut* daraus folgt *od.* ergibt sich, daß. **3.** (*vielfach pejorativ*) *m. etw.* **fertig werden,** *etw.* **zu Ende bringen: a**) zerkauen, zermalmen [*escas*]; verdauen [*cibum*]; verzehren [*pavones*]; **b**) / **α**) (*Besitz*) durchbringen, vergeuden [*patrimonium*]; **β**) aufreiben, erschöpfen, schwächen [*vetustas omnia conficit, maeror me confecit,* °*populi vires*; P. *confici frigore, animi dolore*]; (*P.P.P.*) *adi.* *cōnfēctūs* erschöpft [*vulneribus*], schwach, matt; **γ**) niederhauen, umbringen, töten (*alqm, corpus alcis, feras*); **δ**) niederwerfen, *etw.* unterwerfen, *jd.* besiegen (*alqm u. alqd, zB. plures provincias, Athenienses, Numantiam fame* aushungern). — *Cf. cōnfīō.*

cōnfĭctĭō, *ōnĭs f* (*cōnfĭngō*) Erdichtung [*criminis*].

cōnfīdēns, *ĕntĭs* (*m.* °*comp. u.* °*sup.*; *adv.* **-ĕntĕr**) (*eig. part. praes. v. cōnfīdō*) zuversichtlich, mutig; (*meist pejorativ*) frech, dreist, verwegen, unverschämt, *v. Pers. u. Sachen.*

cōnfīdĕntĭă, *ae f* (*cōnfīdēns*) **1.** (*meist vkl.*) Zuversicht, festes Vertrauen. **2. a**) (*klass. selten*) Selbstvertrauen; **b**) (*pejorativ*) Dreistigkeit, Verwegenheit, Unverschämtheit.

cōnfīdĕntĭlŏquŭs 3 (*m. comp.*; *cōnfīdēns + lŏquŏr*) (*Pl.*) großsprecherisch.

▶ **cōn-fīdō,** *fīsūs sūm* 3. **1.** vertrauen, sich verlassen (*alci u. alci rei, zB. legioni, virtuti militum*; *auch alqa re, zB. natura loci*; *selten* de re in betreff, *zB. de salute urbis*); *oft P.P.P. cōnfīsūs* 3 im Vertrauen auf *etw.* **2.** (*abs. od. m. a.c.i.*) zuversichtlich hoffen, seiner Sache sicher sein.

cōn-fīgō, *fīxī, fīxūm* 3 **1.** zusammenheften, -nageln, -fügen: **a**) (*vkl., nkl.*) *zwei Dinge* aneinander nageln; **b**) *aus mehreren Stücken* (*m. Nägeln*) zusammenfügen [*turres*]. **2.** durchbohren, durchstechen (*alqm u. alqd, zB. filium sagittis, parmam*); / *jd.* in seiner Tätigkeit lähmen [*alqm ducentis senatus consultis*].

cōn-findō, — — 3. (*Ti.*) zerspalten.
cōn-fingō, *finxī, fictŭm* 3. erdichten, ersinnen (*alqd, zB. crimen in alqm; m. a.c.i.*).
cōn-finis, ĕ angrenzend, benachbart [*ager; alci u. alci rei, zB. Senonibus*]; / (*dcht., nkl.*) nahekommend, verwandt *m. etw.* (*alci rei*).
cōnfiniŭm, ī *n* (*cōnfinis*) **1.** Grenzgebiet, Mark [*Treverorum*]; (*meton.*) Grenzscheide; *pl.* Grenzverhältnisse. **2.** / (*nkl., dcht.*), *auch pl.* Grenzscheide, Grenze (*alcis rei* einer Sache *od.* zw. *etw., zB. artis et falsi* zw. Wissenschaft u. Irrtum; *lucis et noctis* Morgen- u. Abenddämmerung).
cōn-fiō, —, *fierī* (*selten*) = *cōnficiŏr*: **1.** (*Li.*) (*v. Geld*) aufgetrieben *od.* zusammengebracht werden. **2.** (*meist vkl., nkl.*) ausgeführt werden, zustande kommen, geschehen. **3.** (*Pl.*) verbraucht, vergeudet werden.
cōnfirmātiō, *ōnis f* (*-firm-?; cōnfirmō*) **1.** a) Befestigung, *nur* / [*libertatis*]; b) Beruhigung, Ermutigung, Trost (*alcis, mea, animi*). **2.** a) Bestätigung (*alcis u. alcis rei*); b) (*rhet. t.t.*) Begründung, Beweis (*als Teil der Rede*). — **Firmung (*der kathol. Kirche*), ***Konfirmation (*der evang. Kirche*).
cōnfirmātŏr, *ōris m* (*-ī-?; cōnfirmō*) Bürge (*alcis rei* für *etw., zB. pecuniae*).
cōnfirmātŭs 3 (*-ī-?; m. comp. u. °sup.; adv.* °**-ē**) (*eig. P.P.P. v. cōnfirmō*) **1.** mutig, beherzt, *v. Pers. u. Sachen* [*exercitus, animus*]. **2.** (*v. Sachen*) bestätigt, glaubwürdig.
cōnfirmitās, *ātis f* (*-firm-?; cōnfirmō*) (*Pl.*) Halsstarrigkeit.
▶ **cōn-firmō** 1. (*-ī-?*) **1.** festmachen, befestigen (*alqd, zB. stipitem*). **2.** (*physisch od. materiell*) stärken, kräftigen, sichern (*alqm u. alqd, zB. corpus, valetudinem, suam manum* Mannschaft, *Galliam praesidiis*); P. erstarken, sich erholen. **3.** / a) (*nach Stärke od. Gültigkeit*) befestigen, (ver)stärken, dauerhaft machen [*pacem, amicitiam cum alqo, spem, consilia* kräftig unterstützen, *nondum confirmato consilio* ohne reife Einsicht]; b) (*Beschlüsse u.ä.*) bestätigen, für gültig erklären [*acta Caesaris, alqd lege* gesetzlich feststellen, *iure iurando inter se* den Vertrag untereinander eidlich besiegeln]; c) (*Behauptungen u.ä.*) bekräftigen, beweisen (*alqd exemplis, rem teste od. testimoniis; auch de re*); P. sich bestätigen [*suspicio confirmata est*]; d) α) ermutigen, Mut *od.* Trost (Zuversicht) einflößen, trösten (*alqm u. animum alcis, zB. militum animos spe auxilii,* se sich ermannen; *m. ut*); β) (*j-s Gesinnung od. jd. in seiner Gesinnung*) bestärken [*alcis fidem, civitatem*]; e) bestimmt erklären, beteuern (*alqd, auch de re; alci alqd od. de re; m. a.c.i.*).
cōnfiscātiō, *ōnis f* (*cōnfiscō*) (*nkl.*) Einziehung *des Vermögens,* Konfiskation.
cōn-fiscō 1. (*fiscŭs*) (*Suet.*) **1.** in der Kasse aufheben, bar liegen haben [*pecuniam confiscatam habere*]. **2.** für die kaiserliche Kasse einziehen, beschlagnahmen; *alqm j-s* Vermögen konfiszieren.
cōnfisiō, *ōnis f* (*cōnfidō*) Vertrauen.
cōn-fisŭs *part. pf. v. cōnfidō.*
▶ **cōn-fitĕŏr,** *fessŭs sŭm* 2. (*fatĕŏr*) **1.** (zu)gestehen, bekennen, *bsd. eine Schuld od. etw. Unangenehmes* (*abs. od. alqd, zB. crimen; alci alqd, zB. °amorem nutrici; de re, zB. de facto alcis; m. dopp. acc., zB. se victos* sich bekennen als; *m. a.c.i. u. indir. Frages.*); *auch zugestehend* anerkennen [*alqm deum* als Gott]; *part.* a) *cōnfitēns* geständig [*reus*]; b) **cōnfĕssŭs** 3 *adi.* α) (*act.*) geständig [*gladiator*; / (*Ov.*) *manūs -ae* sich — durch die bittende Geste — für überwunden erklärend, bittend]; β) (*pass.*) eingestanden (*res*); (*dcht., nkl.*) allgemein anerkannt. **2.** / (*dcht., nkl.*) durch die Tat zu erkennen geben, offenbaren [*deam od. se deam* sich verraten als]. **3.** (*Eccl.*) sich zu *jd. od. etw.* bekennen [*Christum*]. — **beichten; (*als subst. indecl.*) das Sündenbekenntnis.
cōnflăgrātiō, *ōnis f* (*cōnflăgrō*) (*nkl.*) das Auflodern; Ausbruch [*Vesuvii montis*].
cōn-flăgrō 1. *intr.* verbrennen, in (hellen) Flammen stehen *od.* aufgehen [*classis incendio conflagrat; / flamma amoris*]; / *auch* = zugrunde gehen [*incendio invidiae* ein Opfer des Hasses werden].
cōnflictātiō, *ōnis f* (*cōnflictō*) **1.** (*Qu.*) das Stoßen u. Drängen (*um den Platz im Theater*), Gedränge. **2.** (*nkl.*) Kampf; Hader.
cōnflictiō, *ōnis f* (*cōnflīgō*) **1.** (*nkl.*) das Zusammenschlagen, -stoßen. **2.** / Streit, Konflikt (*alcis u. cum alqo, zB. cum adversario; alcis rei, zB. causarum*).
cōnflictō 1. (*intens. v. cōnflīgō*) **1.** (*trans.*) a) (*nkl.*) heftig zusammenschlagen, -stoßen; *klass. nur* / zerrütten, hart mitnehmen [*rem publicam*]; b) P. hart mitgenommen (bedrängt, verfolgt) werden, zu leiden haben (*re v.,* durch *etw., zB. gravi pestilentia*); *abs.* (*Ta.*) ins Gedränge kommen. **2.** (*intr.*) (*Te.*) *u.* (*meist*) *mediopass.* sich herumschlagen, zu kämpfen haben [*cum alqo, °cum adversa fortuna*].
cōn-flictŭs[1] *P.P.P. v. cōnflīgō.*
cōnflictŭs[2], *ūs m* (*cōnflīgō*) Zusammenstoß [*lapidum, corporum* im Kampf], Kampf; *klass. nur im abl. sg.*
▶ **cōn-flīgō,** *flixī, flictŭm* 3. **1.** (*trans.*) a) (*Lu.*) zusammenschlagen, -bringen, vereinigen [*semina*]; b) / vergleichend zusammenhalten [*factum adversarii cum scripto*]. **2.** (*intr.*) zusammenstoßen [*naves graviter confligunt*]; / (*feindl.*) aneinandergeraten, erbittert kämpfen (*abs., zB. armis; inter se, pro alqo; cum alqo; contra u. adversus alqm*); *auch vor Gericht* [*leviore actione*] *u. oft v. sich widersprechenden Dingen* [*copia confligit cum egestate*]; *daher oft* = widersprechen [°*leges diversae*].
▶ **cōn-flō** 1. (*eig.* „zusammenblasen") **1.** a) (*unkl.*) anblasen anfachen [*incendium*]; b) / *etw.* schüren, anstiften, erregen [*seditionem, malum*]. **2.** a) (*nkl.*) (*durch Gebläse*) ein-, umschmelzen [*aes, vasa aurea*]; b) (*Geld*) münzen, schlagen [*pecuniam*]; / verschmelzen, in einen Guß bringen [*consensus conflatus* = völlig harmonisch, unauflöslich]; c) zusammenbringen, -trommeln [*exercitum; alqd ex re* bilden, entwickeln, *zB. unam ex duabus naturis*]; *bsd.* (*Geld*) zusammenschlagen [*rem* Vermögen, *aes alienum* Schulden auflaufen lassen]; d) (*nkl.*) (*etw. Nachteiliges*) schmieden, (an)stiften, aushecken [*iniuriam, crimen in alqm, alci periculum, iudicia domi* Rechtssprüche aushecken].
cōn-flŭō, *flūxī,* — 3. (*flūxī?*) zusammenfließen, *v. Flüssen u. Flüssigkeiten,* / zusammenströmen, -kommen, sich einfinden (*abs. od. in locum, in u. ad alqd, ad alqm, zB. in unum, in urbem, ad haec studia* sich zuwenden); *auch j-m* zuströmen (*ad alqm, zB. honos ad eos confluit*); (*part. praes.*) *subst.* **cōnflŭēns,** *entis u. pl.* **cōnflŭentēs,** *iŭm m* Zusammenfluß [*Padi et Adduae*]; **Cōnflŭentēs,** *iŭm f* Koblenz.
cōn-fŏdiō, *fōdī, fŏssŭm* 3. **1.** (*vkl., nkl.*) umstechen, umgraben [*hortum*]. **2.** (*nkl.*) durchbohren, niederstechen [*alqm pugione*]; *confossior* (*comp. des* [*P.P.P.*] *adi. cōnfŏssŭs* 3; *Pl.*) noch tiefer durchbohrt. **3.** / a) zu Boden schlagen, vernichten; *confossi* geschlagene Leute; b) (*Pl.*) durch einen Querstrich als anstößig *od.* unnötig tilgen; ausstreichen.
cōnfoedĕrātiō, *ōnis f* (*cōnfoedĕrō*) (*spätl.*) Bündnis.
cōn-foedĕrō 1. (*Eccl.*) durch ein Bündnis vereinigen.
cōnfŏrĕ *s. cōnfŭit.*
cōnfŏrmātiō, *ōnis f* (*cōnfŏrmō*) **1.** (harmonische) Gestaltung, Bildung (*alcis rei, zB. corporis*). **2.** / a) *vocis* richtige Tonsetzung, *verborum* richtige Wortfügung; *doctrinae* geregelte Bildung; b) (*philos. t.t.*) (*animi*) Vorstellung, Begriff; c) (*rhet. t.t.*) *sententiarum od. sententiae* Redefigur.
cōn-fŏrmis, ĕ (*fŏrmă*) (*spätl.*) gleichförmig, gleichartig.
cōn-fŏrmō 1. (harmonisch) bilden, formen, gestalten (*alqm u. alqd, zB. hominem, °imaginem totius rei*); / ausbilden, schulen [*mores philosophiā; °alqm alci jd.* für *jd.*].
cōnfŏssiŏr *s. cōnfŏdiō.*
cōn-frāctŭs *P.P.P. v. cōnfringō.*
cōn-frăgōsŭs 3. (*wohl nach frăngō: frăgōsŭs zu cōnfringō*) (*vkl., nkl.*) **1.** uneben, holperig [*loca, via*]; *subst.* **-ă,** *ōrŭm n* holperige Stellen *od.* gebirgige Gegenden. **2.** / geschraubt, zu hoch.
****confrater,** *tris m* Bruder, Mitchrist.
cōn-frēgī *s. cōnfringō.*
cōn-frĕmō, *ŭī,* — 3. (*dcht.*) ein unwilliges Gemurmel erheben (*v. mehreren*); / erbrausen.
cōn-fricō, (*ŭī*), *ātŭm* 1. ab-, einreiben [*caput unguento*]; / (*Pl.*) bittend umfassen [*genua*].
cōn-fringō, *frēgī, frāctŭm* 3. (*frăngō*)

(zer)brechen (*alqd, zB. digitos, fores caedendo* sprengen); / zunichte machen [*consilia alcis*]; (*Pl.*) vergeuden [*rem* Vermögen].

cōn-fūdī *s. cōnfūndō.*

▶ **cōn-fŭgĭō,** *fūgī,* — 3. flüchten, seine Zuflucht nehmen, *oft* / (*ad alqm, in u. ad alqd, zB. Romam, in aram, ad fidem alcis*).

cōnfŭgĭŭm, *ī n* (*cōnfŭgĭō*) (*dcht.*) Zufluchtsort, Zuflucht.

cōn-fŭĭt, *inf. fut. cōnfŭtūrŭm* (*ĕssĕ*) *u. cōnfŏrĕ* (*Com.*) es war zugleich, trat zugleich ein, gelang.

cōn-fŭlcĭō, —, *ltūm* 4. (*Lu.*) fest stützen.

cōn-fŭlgĕō, — — 2. (*Pl.*) erglänzen.

▶ **cōn-fŭndō,** *fūdī, fūsūm* 3. **I.** zusammengießen *bzw.* -schütten: **1. a)** zusammengießen, -schütten; **b)** vermischen, vermengen (*alqd, zB.* °*omnia ramo* durcheinanderrühren; *alqd cum re u. m.* °*dat., zB. venenum cum pane,* °*summa imis* das Oberste zuunterst kehren). **2.** vermischen, vereinigen, verbinden, verschmelzen [°*duos populos in unum od. in unum corpus* zu einem Ganzen; *vera cum falsis*]; P. sich vermischen, sich vereinigen (*cum re od. m.* °*dat.*). **3. a)** in Unordnung bringen, verwirren (*alqd, zB. ordines,* °*foedus* stören, brechen); **b)** (*nkl., dcht.*) unkenntlich machen, entstellen [*corporum lineamenta, vultum lunae* trüben, *ossa* zerschmettern]; **c)** (*nkl., dcht.*) aus der Fassung bringen, in Bestürzung versetzen (*alqm, alcis animum*); **d)** (*P.P.P.*) *adi.* **cōnfūsŭs** 3 (*m.* °*comp. u. sup.*; *adv.* **-ē**) α) verwirrt, verworren, ungeordnet [*contio, auch* /, *zB. oratio,* °*voces* Geschrei, *confuse loqui*]; β) (*nkl., dcht.*) verstört, bestürzt, aus der Fassung gebracht [*facies irā*]. **II.** in einen Raum gießen *bzw.* schütten: **1.** (*meist nkl., dcht.*) ausgießen, eingießen (*alqd in alqd, zB.* °*cruor confusus in fossam*); schütten. **2.** *mediopass.* sich ergießen, (hin)einfließen (*in alqd, zB. in vas*); / sich über *etw.* verbreiten, sich verteilen [*in totam orationem*].

cōnfūsĭcĭŭs 3 (*cōnfūsŭs, P.P.P. v. cōnfŭndō*) (*Pl.*) zusammengegossen [*ius* Brühe].

cōnfūsĭō, *ōnĭs f* (*cōnfŭndō, eigtl.* „das Zusammengießen") **1.** (*nkl.*) Vermischung. **2.** / **a)** Vereinigung, Verschmelzung [*virtutum*]; **b)** Verwirrung, Unordnung [*religionum, omnium rerum*]; **c)** (*nkl.*) das Erröten *vor Scham od. Zorn* [*oris*]; *übh.* Verstörtheit. — **Schmach, Vergehen; *linguarum* babylonische Sprachverwirrung.

cōnfūsŭs 3 *s. cōnfŭndō.*

cōnfŭtātĭō, *ōnĭs f* (*cōnfŭtō; A. ad Her.*) Widerlegung.

cōn-fŭtō 1. (*et. unklar; vl. m. fŭtŭō verwandt; cf. rĕ-fŭtō*) **1.** (*Com.*) niederschlagen, dämpfen. **2.** / **a)** *jd.* zum Schweigen bringen (*alqm, zB. testes, alqm verbis*); **b)** *etw.* niederhalten, einer Sache Einhalt tun (*alqd, zB. alcis impudentiam*); *bsd.* (*Behauptungen, Ansichten*) widerlegen [*argumenta Stoicorum*].

cōn-fŭtŭō, — — 3 (*Ca.*) (*m. voller Bed. des praev.*) (überall) herumhuren *m. jd.* [*quidquid est puellarum*].

cŏn-gĕlō 1. **1.** (*trans.*) (*nkl., dcht.*) *etw.* zum Gefrieren bringen (*alqd*; P. gefrieren); / *etw.* starr machen, verhärten [*rictūs serpentis*]. **2.** (*intr.*) **a)** (*Ov.*) zufrieren, *v. Flüssen* [*Hister*]; **b)** / sich verhärten, erstarren [*lingua*], untätig werden.

cŏngĕmĭnātĭō, *ōnĭs f* (*cŏngĕmĭnō*) (*Pl.*) Verdoppelung (*scherzh.* = Umarmung).

cŏn-gĕmĭnō 1. **1.** (*trans.*) (*dcht., nkl.*) verdoppeln [*securim* die Beilhiebe]. **2.** (*intr.*) (*Pl.*) sich verdoppeln.

cŏn-gĕmō, *ŭī,* — 3. **1.** (*intr.*) laut (auf)seufzen *od.* stöhnen; murren; / (*Ve.*) *vom Baume.* **2.** (*trans.*) (*dcht.*) klagen über *etw.* [*mortem*].

cŏngĕr, *grī m* (*Lw.* < γόγγρος, *volkset. an cŏngĕrō angelehnt*) (*unkl.*) Meeraal.

cŏngĕrĭēs, *ēī f* (*cŏngĕrō, eigtl.* „das Zusammentragen", *meton.* „Zusammengetragenes") (*unkl.*) Haufe, ungeordnete Masse, Chaos (*alcis rei, zB. armorum, silvae v.* Bäumen); *bsd.* Holzstoß, Scheiterhaufen; (*Qu.*) (*Redefigur*) Häufung.

cŏn-gĕrō, *gĕssī, gĕstŭm* 3. **1. a)** zusammentragen, -bringen, sammeln (*alqd, zB. ligna,* °*oscula* sich geben; *alqd in locum od. in alqm, zB. maximam vim auri in regnum suum,* °*tela in alqm*; *alci alqd, zB.* °*scuta illi* die Schilde auf sie werfen, °*plagas mortuo* Hiebe aufzählen; *alci alqd in alqd*); **b)** (*Geld*) zusammenschießen (*alci* für *jd., zB. viaticum*); (*in Rede od. Schrift*) zusammenstellen, -fassen [*res temere*]. **2. a)** (*Schätze*) aufhäufen, ansammeln [°*opes*]; **b)** (*dcht., nkl.*) (*einen Bau*) errichten, *etw.* erbauen [*oppida manu*]; *abs.* (*v. Vögeln*) nisten, Nester bauen [*palumbes*]; **c)** / *jd. m. etw.* überhäufen, *j-m* reichlich *etw.* zuwenden (*alqd in od. ad alqm u.* °*alci, zB. beneficia u. maledicta in alqm*); *auch jd. etw.* zuschreiben, beimessen [*omnes vastati agri causas in alqm*].

cŏn-gĕrrō, *ōnĭs m* (*vkl., dcht.*) Zechkumpan.

cŏngĕstĭcĭŭs 3 (*cŏngĕstŭs, P.P.P. v. cŏngĕrō*) aufgeschüttet [*agger ex materia -us*].

cŏngĕstŭs, *ūs m* (*cŏngĕrō*) *eigtl.* „das Zusammentragen": **1.** (*nkl.*) Anhäufung [*copiarum* Lieferung der Vorräte]. **2.** das Nisten *v. Vögeln* [*avium*]. **3.** (*nkl.*) (*meton.*) das Zusammengetragene [= *cŏngĕrĭēs*], Haufe, Masse [*lapidum*].

cŏngĭālĭs, *ĕ* (*cŏngĭŭs*) (*Pl., Vi.*) *e-n congius* enthaltend.

cŏngĭārĭŭs 3 (*cŏngĭŭs*) (*vkl.*) einen *congius* enthaltend; *klass. nur subst.*

cŏngĭārĭŭm, *ī n* ein Maß Lebensmittel; *bsd. außerordentliche* Spende *v. Naturalien od. Geld, urspr. v. einem congius Getreide, Öl u.ä. an die ärmere Bevölkerung od. an die Soldaten, auch an Günstlinge u. Klienten.*

cŏngĭŭs, *ī m* (*Lw.* < κόγχος „Muschel, Hohlmaß", *Ausgang wohl nach mŏdĭŭs*) (*vkl., nkl.*) *röm. Maß für Flüssigkeiten* (*bsd. Öl*), *ca.* 3 *Liter fassend* = 6 *sextarii, der 4. Teil einer urna, der 8. Teil einer amphora.*

cŏn-glăcĭō 1. zu Eis gefrieren [*aqua frigoribus conglaciat*]; / (*unkl.*) untätig vorübergehen.

cŏn-glīscō, — — 3. (*Pl.*) fortglimmen; / wieder erstehen.

cŏnglŏbātĭō, *ōnĭs f* (*cŏnglŏbō*) (*nkl.*) Zusammenballung; *bsd.* Zusammenrottung [*militum*].

cŏn-glŏbō 1. (*glŏbō* 1. „runden" *zu glŏbŭs*) zusammenballen, abrunden (*alqd*; *meist P.P.P. terra conglobata*); / in Haufen zusammendrängen (*alqos u. alqd, zB. homines, definitiones* häufen; *alqd in locum u.* [*unkl.*] *in loco, zB. multitudinem in unum*); (*meist*) *se conglobare od. mediopass.* sich zusammenrotten.

cŏn-glŏmĕrō 1. (*unkl.*) zusammenrollen, -ballen.

cŏn-glūtĭnātĭō, *ōnĭs f* (*cŏnglūtĭnō*) Zusammenleimung; / Zusammenfügung [*verborum*].

cŏn-glūtĭnō 1. (*glūtĭnō* 1. „leimen" *v. glūtĕn*) **1.** (*nkl.*) zusammenleimen, -fügen (*alqd, zB. libros*). **2.** / **a)** eng verbinden, fest (ver-)knüpfen, befestigen (*alqd, zB. voluntates*); **b)** zusammensetzen (*alqd ex re, zB. alqs totus ex vitiis conglutinatus est*); **c)** (*Pl.*) *etw.* aussinnen.

cŏn-graecō 1. (*graecŏr* 1.; *Pl.*) auf griechische Art verwenden; verprassen [*aurum*].

cŏn-grātŭlŏr 1. (*vkl., nkl.*) (vereint) beglückwünschen (*abs.*; *alqd etw.* freudig begrüßen; *alci alqd, zB. civitati concordiam restitutam*).

▶ **cŏn-grĕdĭŏr,** *grĕssŭs sŭm* 3. (*grădĭŏr*) **1.** zusammenkommen, -treffen, begegnen, *zufällig od. absichtlich, friedlich od. feindl.* (*inter se*; *cum alqo, zB. cum Caesare in itinere od. ad colloquium*; *cum alqo in loco, zB. in Macedonia*). **2. a)** *feindl.* zusammenstoßen, kämpfen (*abs. od. cum alqo u.* °*alci, zB. cum Demetrio armis*; *selten contra alqm*); **b)** / *vom Kampfe vor Gericht od. vom philos. Streitgespräch* [*cum Academico*].

cŏngrĕgābĭlĭs, *ĕ* (*cŏngrĕgō*) gesellig [*apium examina*].

cŏngrĕgātĭō, *ōnĭs f* (*cŏngrĕgō*) **1.** geselliges Zusammenleben, Geselligkeit, *v. Menschen u. Tieren* (*alcis j-s u. m. jd.*). **2.** (*nkl.*) **a)** Zusammenstellung [*argumentorum*]; **b)** Zusammenfassung, Rekapitulation [*rerum*]. **3.** (*Vulg.*) Versammlung. — *** (*in d. kath. Kirche*) Gesellschaft, Gemeinschaft, Kongregation.

cŏn-grĕgō 1. (*grĕx*; *wohl nach ăggrĕgō*) **1.** herdenweise *od.* zu einer Herde vereinigen, (*meist*) *se -are od. mediopass.* sich zu Herden vereinigen [*apes*]. **2.** / **a)** (*Pers.*) (ver)sammeln, vereinigen [*equites*;

alqm cum alqo u. °alci; alqm in, ad locum od. ad alqm, zB. dispersos homines unum in locum, seltener in loco, zB. in Academia]; meist se -are od. mediopass. sich gesellen, sich vereinigen [pares cum paribus; ad alqm sich um jd. scharen]; b) (meist unkl.) (Dinge) zusammenhäufen, sammeln [°signa in unum locum; mediopass. (Lu.) corpora inter se congregantur; / (Qu.) (in d. Darstellung) argumenta].

cŏngrĕssĭō, ōnĭs f = cŏngrĕssŭs².

cŏn-grĕssŭs¹ part. pf. v. cŏngrĕdĭŏr.

cŏngrĕssŭs², ūs m (cŏngrĕdĭŏr) 1. Zusammenkunft, Begegnung, bsd. zur Unterredung (alcis j-s m. jd., cum alqo), auch pl.; bsd. das Wiedersehen. 2. a) geselliger Verkehr, Gesellschaft [familiarium, cotidianus, alqm congressu dignum iudicare]; auch gesellige Vereinigung v. Tieren; b) Geschlechtsverkehr, Beischlaf [maris et feminae]. 3. feindl. Zusammenstoß, Angriff, Kampf [primo congressu pelli; cum alqo, zB. cum navibus].

cŏngrŭēns, ēntĭs (m. °sup.; adv. -ēntĕr) (eig. part. praes. v. cŏngrŭō) 1. übereinstimmend, passend, schicklich (abs., zB. vultus, congruenter dicere; [nkl.] congruens videtur m. inf. es scheint angemessen; cum re od. alci rei, zB. gestus [cum] sententiis ~, naturae congruenter vivere). 2. m. sich selbst übereinstimmend, gleichförmig, einstimmig [clamor].

cŏngrŭēntĭă, ae f (cŏngrŭēns; nkl.) Übereinstimmung, Harmonie.

▶ **cŏn-grŭō**, ŭī, — 3. (< *-ghrāvō zu hom. ἔχρα(ϝ)ον „überfiel, bedrängte"; cf. ĭn-grŭō) 1. (nkl.) zusammentreffen, aufeinandertreffen (ad alqd, zB. ad metam eandem solis). 2. / (der Zeit nach) a) (vkl., nkl.) zusammentreffen, -fallen [tot commoda]; impers. congruerat, ut es traf sich zugleich, daß; b) passen, stimmen (cum re, zB. menses cum solis lunaeque ratione -gruunt; ad alqd, zB. °tempus -gruit ad id ipsum). 3. (dem Wesen od. der Gesinnung nach) übereinstimmen, harmonieren, einander entsprechen (abs., zB. sensus nostri semper congruunt od. inter se, od. m. dat., zB. dicta cum factis, doloribus alcis j-s Schmerzen teilen; alci u. alci rei sich schicken für; in re od. meist nur re in etw., zB. °linguā; de re in betreff einer Sache; °in alqd, zB. in unum auf eins hinauslaufen).

cŏngrŭŭs 3 (cŏngrŭō; vkl., nkl.) = cŏngrŭēns.

cŏn-ĭcĭō
1. a) zusammenwerfen; b) vermuten, schließen; 2. a) hinwerfen, schleudern; b) wohin werfen, treiben; refl. sich stürzen; c) in einen Zustand versetzen.

cŏn-ĭcĭō, ĭēcī, ĭēctŭm 3. (altl. cōnĭēxit = cōnĭēcĕrit; ĭăcĭō) 1. (m. voller Bed. des praev.) a) zusammenwerfen, -tragen (alqd, zB. °frondem ac virgulta; alqd in alqd, zB. °sarcinas in acervum auf e-n Haufen); b) / vermuten, schließen, erraten (alqd ex re, zB. ex oraculo; de re, zB. de °futuris; m. a.c.i. u. indir. Frages.); auch deuten (omen in alqd auf etw.). 2. (m. geschwächter Bed. des praev. u. Betonung des Zieles) a) hinwerfen, schleudern, schießen, (Waffen) stoßen (alqd, zB. iaculum, ignes Brände; alqm u. alqd in od. intra alqd, zB. lapides in murum; alqd alci j-m etw. zuwerfen); b) α) j-n od. etw. wohin werfen, bringen, treiben, richten, sehr oft / (alqm in medium, alqm in catenas od. in vincula, °cives in tribum versetzen, alqm in sortem jd. losen lassen, sortem das Los werfen od. ziehen, losen, oculos in alqm, °crimen in ea tempora verlegen, pecuniam in alqd in etw. hineinstecken, für etw. wegwerfen); β) (°mündl. od. schriftl.) etw. vorbringen, verhandeln; γ) (reflexiv) **sē cŏnĭcĕrĕ** sich werfen, sich stürzen [in latebras, in fugam, in versum sich auf das Dichten werfen]; c) jd. od. etw. in e-n Zustand versetzen, stürzen [alqm in metum, rem publicam in periculum od. in perturbationes].

cŏnĭēctātĭō, ōnĭs f (cŏnĭēctō) (nkl.) Vermutung, Mutmaßung.

cŏnĭēctĭō, ōnĭs f (cŏnĭcĭō) 1. (allseitiges) Werfen od. Schleudern [telorum Beschießung]. 2. a) Zusammenlegung, Vergleichung [annonae atque aestimationis v. Markt- u. Taxpreis]; b) mutmaßliche Deutung [somniorum].

cŏnĭēctō 1. (intens. v. cŏnĭcĭō) 1. (Ge.) zusammenwerfen, -bringen. 2. / mutmaßen, vermuten, etw. od. auf etw. schließen, etw. erraten (alqd, zB. °iter nach Vermutung marschieren; de re, zB. °de imperio; alqd re od. °ex re etw. aus, nach etw., zB. °rem eventu; m. a.c.i. od. indir. Frages.).

cŏnĭēctŏr, ōrĭs m (cŏnĭcĭō) (Pl.) Deuter, Ausleger [somniorum], klass. nur: Traumdeuter, Wahrsager.

cŏnĭēctrīx, īcĭs f (cŏnĭēctŏr) (Pl.) Traumdeuterin.

cŏnĭēctūră, ae f (cŏnĭcĭō) 1. Mutmaßung, Vermutung, Annahme (alcis rei, zB. °mentis divinae über göttliche Gedanken; coniecturā alqd consequi etw. erraten, coniecturam facere od. capere de, ex re vermuten, schließen aus etw., coniecturam de se facere nach sich beurteilen). 2. Deutung, Auslegung [somniorum]; übh. Wahrsagung.

cŏnĭēctūrālĭs, ĕ (cŏnĭēctūră) mutmaßlich [causa].

cŏn-ĭēctŭs¹ P.P.P. v. cŏnĭcĭō.

cŏnĭēctŭs², ūs m (cŏnĭcĭō) 1. (nkl., dcht.) das Zusammen-, Hineinwerfen [terrae v. Erde]. 2. a) das Abschießen v. Geschossen, Wurf, Schuß [lapidum; °~ est in vallem man kann schießen, ~ °teli Schußweite, -linie]; b) / das Richten od. Hinrichten des Blickes od. der Aufmerksamkeit, Richtung [oculorum, animi, in alqd]; c) / (Qu.) Kombination.

cōnī-fĕr, ĕră, ĕrŭm u. **cōnī-gĕr**, ĕră, ĕrŭm (cōnŭs + fĕrō u. gĕrō) (dcht.) Zapfen tragend.

cō-nītŏr, nīsŭs u. nīxŭs sŭm 3. 1. a) m. aller Kraft sich aufstemmen, sich stützen (re m. od. auf etw., zB. °dextrā); b) sich aufrichten, sich emporarbeiten; bsd. emporklettern (in alqd, zB. in summum iugum); c) trans. (Ve.) gebären, zur Welt bringen [gemellos]. 2. / sich anstrengen, sich bemühen (re m. etw., zB. °omnibus copiis seine ganze Truppenmacht aufbieten; animo; m. ut. od. m. inf.; °ad alqd).
F. inf. praes. altl. auch cōnītĭēr = cōnītī.

cŏnĭŭgālĭs, ĕ (cŏnĭŭx) (unkl.) = cŏnĭŭgĭālĭs.

cŏnĭŭgātĭō, ōnĭs f (cŏnĭŭgō) 1. (nkl.) Verbindung; Begattung. 2. (= συζυγία) a) (rhet. t.t.) Stammverwandtschaft od. et. Verwandtschaft der Wörter; b) (gramm. t.t.) (Gramm.) Konjugation der Verben (früher dēclīnātĭō genannt).

cŏnĭŭgātŏr, ōrĭs m (cŏnĭŭgō) (Ca.) Vereiniger [amoris der die Liebesbande knüpft].

cŏnĭŭgĭālĭs, ĕ (cŏnĭŭgĭŭm) (Ov.) ehelich, Ehe... [iura].

▶ **cŏnĭŭgĭŭm**, ī n (cŏnĭŭngō; cf. cŏnĭŭx) 1. (dcht., nkl.) Verbindung, Vereinigung [corporis atque animae]. 2. a) Ehe, eheliche Verbindung ohne Rücksicht auf rechtliche Gültigkeit (alcis j-s u. m. jd.); b) (dcht.) außereheliches Verhältnis, Liebschaft [sororis m. seiner Schwester]; c) (dcht.) Paarung, Begattung v. Tieren. 3. (dcht.) (meton.) Geliebte, Gatte od. Gattin (alcis j-s).

cŏn-ĭŭgō 1. (wohl denom. v. cŏnĭŭx) zu einem Paar verbinden [amicitiam knüpfen]; (P.P.P.) adi. **cŏnĭŭgātŭs** 3 aus einer Verbindung stammverwandter Wörter bestehend, stammverwandt, et. verwandt [verba]; subst. **-ŭm**, ī n (Qu.) Stammverwandtschaft der Wörter.

cŏnĭūnctē adv. s. cŏnĭūnctŭs.

cŏnĭūnctĭm adv. (cŏnĭūnctŭs) gemeinschaftlich, zusammen [~ auxilium petere].

cŏnĭūnctĭō, ōnĭs f (cŏnĭŭngō) 1. Verbindung, Zusammenhang, meist pass. = das Verbundensein, eigtl. u. / [portuum, tectorum (meton.) = Komplex; alcis j-s u. m. jd. = cum alqo, zB. hominum, mentis cum externis mentibus Sympathie]. 2. a) gesellige Verbindung, Freundschaft, bsd. eheliche, politische, kollegiale Verbindung [coniunctionis appetitus Geselligkeitstrieb; alcis u. cum alqo m. jd., inter alqos]; b) Verwandtschaft, Verschwägerung [sanguinis, affinitatis, °Caesaris m. C.]. 3. (rhet. t.t.) Verbindung der Rede. 4. (gramm. t.t.) Bindewort, Konjunktion. 5. (philos. t.t.) Begriffs-, Ideenverbindung.

cŏnĭūnctīvŭs 3 (cŏnĭūnctŭs) (Gramm.) verbindend [particula]; modus ~ od. subst. ~ m Konjunktiv.

cŏn-ĭūnctŭs¹ P.P.P. v. cŏnĭŭngō.

cŏnĭūnctŭs² 3 (m. comp. u. sup.;

adv. **-ē**) (*eigtl. P.P.P. v. cŏniŭngō*) **1. a**) verbunden, vereinigt, zusammen, *eigtl. u.* / (*cum re od.* °*re m. etw., zB.* °*ratis crepidine saxi -a*); *adv.* **cŏniūnctē** (*m. comp. u. sup.*) zusammen, zugleich, ungetrennt = *cŏniūnctĭm* [*-ē rogationes ferre, -ē cum alqo*]; / (*rhet. u. philos. t.t.*) bedingt, hypothetisch (*Ggs. sĭmplĭcĭtĕr*); **b**) (*räuml.*) anstoßend, angrenzend, heranreichend an *etw.*, zusammenhängend *m. etw.* (*alci rei, zB. munitio flumini -a*). **2.** / (*zeitl.*) unmittelbar auf *etw.* folgend (*alci rei u.* °*re, zB.* °*eo proelio*); *auch* gleichzeitig, Zeitgenosse [*horum aetati*]. **3.** (*durch Verwandtschaft od. Freundschaft*) verbunden *od.* befreundet, freundschaftlich, vertraut, *v. Pers., selten v. Sachen* [*amicitia; cum alqo od. alci m. jd., zB. cum reo, mihi; inter se; re* durch *etw., zB. consuetudine; coniunctissime vivere cum alqo*]; *auch* (*dcht.*) ehelich verbunden, vermählt. **4.** *übh.* zusammenhängend, verwandt, übereinstimmend, wozu gehörend (*cum alqo od. alci, cum re od. alci rei od. re, zB. cum alqo od. alci aetate* ~ *j-s* Zeitgenosse, *naturae* ~ naturgemäß; *verba inter se -a*); *subst.* **-ă**, *ōrŭm n* verwandte Begriffe.

▶ **cŏn-iŭngō**, *iūnxī, iūnctŭm* 3. **1.** verbinden, vereinigen, verknüpfen, anfügen, anschließen, *Pers. u. Sachen, eigtl.* (*räuml.*) *u. zeitl., auch* / [*ordines inter se, turres pontibus* durch Brücken, *vocales* zusammensprechen, °*dextras* sich die Hände geben, °*diversos iterum amantes* versöhnen; *alqm u. alqd cum alqo u. cum re, zB. se cum Caesare, mulierem secum* heiraten, *copias od. exercitum od. castra cum alqo m.* seinen Truppen zu *jd.* stoßen, *alqm cum deorum laude jd.* den Göttern gleichstellen; *alqm alci u. alqd alci rei, zB. navem navi, noctem diei* die Nacht zum Tage hinzunehmen, *alqm sibi jd.* für sich gewinnen, °*pauca commentario* schriftl. anfügen; *selten alqd re*]; *mediopass.* sich verbinden *od.* sich vereinigen, zusammenhängen; *m. jd.* zusammenstoßen (*cum alqo, cum re od. m. dat., inter se*). **2.** (*prägn.*) (*nkl.*) *etw.* ununterbrochen fortsetzen [*cibi abstinentiam*]. **3.** (*e-n Bund*) knüpfen, schließen, stiften [°*conubia*, °*amicitiam, civitatem* einen Bundesstaat bilden, *bellum* gemeinsam führen]. *Cf. auch cŏniūnctŭs.*

cŏniūnx (*sekundäre Bildung v. cŏniŭngō*) = *cŏniŭx*.

cŏn-iūnxī *s. cŏniŭngō.*

▶ **cŏniūrātiō**, *ōnĭs f* (*cŏniūrō*) **1.** (*Ve.*) gegenseitig geleisteter Eid [*adversarios coniuratione confirmare*]; *bsd. mil.* gemeinsame Vereidigung der Soldaten *bei einem plötzlich ausgebrochenen Kriege.* **2.** (*meton.*) Eidgenossenschaft [*nobilitatis*]. **3.** (*pejorativ*) Verschwörung, Komplott [*servorum, Catilinae; -nem facere contra rem publicam od.* °*in caput alcis,* °*in -ne esse* beteiligt sein an]; (*meton.*) die Verschworenen *od.* Mitverschworenen.

cŏn-iūrō 1. **1.** (*Ov.*) *m. jd.* zusammen *od.* zugleich schwören. **2.** *mil.* (gemeinsam) den Fahneneid leisten (*cf. cŏniūrātiō* 1.) [*omnes Italiae iuniores coniurant*]. **3. a**) sich eidlich verbinden *od.* verbrüdern [*barbari, inter se*]; *auch* / (*Ho.*) [*res coniurat amice* steht in freundlichem Bunde]; **b**) (*pejorativ*) sich verschwören, ein Komplott stiften [*inter se, cum alqo contra alqm od. contra alqd; in alqd* zu *etw., zB.* °*in omne flagitium; de re, zB. de consule interficiendo; m. a.c.i., m.* °*ut od.* °*inf.*). **4.** (*P.P.P.*) *adi.* **cŏniūrātŭs** 3 **a**) *mil.* (*Li.*) vereidigt, in Eid genommen; **b**) (*dcht.*) eidlich verbunden *od.* verbündet [*mille rates; m. inf.*]; **c**) verschworen [*testes,* °*arma* der Verschworenen]; *subst.* **-ī**, *ōrŭm m* die Verschworenen.

▶ **cŏniŭx**, *iŭgĭs* (*m u.*) *f* (< **cŏn-iŭg-s, Wurzelnomen zu* √**iug-*; = *σύζυξ*; *cf. cŏniŭngō, cŏniūnx*) **1.** Gemahlin, Gattin, *edlerer Ausdruck als ŭxŏr* (*alcis; coniuges liberique* Weib *u.* Kind); (*unkl.*) *m* Gatte, °*pl.* Ehepaar. **2. a**) (*v. Tieren*) (*nkl., dcht.*) Weibchen; **b**) (*dcht.*) Verlobte, Braut; Geliebte, Konkubine.

cō-nīvĕō, (*nīvī u. nīxī*), — 2. (*cf. nīctō, nītŏr, got.* hneiwan = *nhd.* „neigen") **1. a**) (*v. Menschen*) die Augen schließen [*somno; ad alqd* vor *etw., zB.* °*ad fulgura*]; **b**) (*v. den Augen*) sich schließen *od.* geschlossen sein [*oculi somno coniventes*]; *auch* = erblindet sein. **2.** / **a**) einschlafen, schlummern [*virtus blandimentis sopita conivet*]; **b**) ein Auge zudrücken, nachsichtig sein (*abs. od. in re, zB. in sceleribus alcis*).

cŏnl... = *cŏll...*, **cŏnm...** = *cŏmm*; **cŏn-n...** = *cō-n...*

Cŏnōn, *ōnĭs m* (*Κόνων*) **1.** *ath. Stratege u. Admiral 413—392 v. Chr.* **2.** *aus Samos, um 250 v. Chr., Mathematiker u. Astronom, nahm die Locke der Berenike unter die Sternbilder auf.*
F. *Cf.* V.-B. III, 1, b.

cōnōpēŭm *u.* **-iŭm**, *ī n* (*Lw.* < *κωνωπεῖον, zu κώνωψ* „Mücke", *Vermengung m.* **κανωπεῖον* „das aus der ägypt. St. Kanopos stammende") (*vkl., dcht.*) feinmaschiges Mückennetz; *übh. ein mit Vorhängen versehenes* Ruhebett (*veraltendes nhd. Lw.* „Kanapee" < *frz.* canapé < *ml. canapēum*).

▶ **cŏnŏr** 1. (√* ken- „sich mühen", *cf. διά-κονος* „Diener, Aufwärter") **1.** (*Te.*) sich (körperlich) anstrengen, sich abmühen. **2.** versuchen, wagen, unternehmen (*alqd, zB. magnum opus; m. inf., zB. castra hostium expugnare; m. si* „ob" [< *sīc* „so"], *zB. Galli, si perrumpere possent, conati sunt*).

cŏnp... = *cŏmp...*

cŏnquăssātiō, *ōnĭs f* (*cŏnquăssō*) Erschütterung; / Zerrüttung [*valetudinis*].

cŏn-quăssō 1. erschüttern [*Apuliam terrae motibus*]; / zerrütten [*nationes*].

cŏn-quĕrŏr, *quĕstŭs sŭm* 3. **1.** (*vkl., dcht.*) laut klagen. **2.** *über Unrecht* sich beklagen *od.* sich beschweren (*abs. od. alqd, zB. contumelias; de re, zB. de iniuriis; cum alqo od.* °*apud alqm* vor, bei *jd., zB. cum amico de fratris insolentia; m. a.c.i., m.* °*cur od. quod*).

cŏnquĕstiō, *ōnĭs f* (*cŏnquĕrŏr*) **1.** laute Klage; Wehklage; *als rhet. t.t. der Teil der Rede, der das Mitleid der Zuhörer wecken soll.* **2.** Beschwerde.

cŏnquĕstŭs, *abl. ū m* (*cŏnquĕrŏr; nkl., dcht.*) Wehklage.

cŏn-quēxī *s. cŏnquĭnīscō.*

cŏn-quiēscō, *ēvī,* (*ētŭm*) 3. **1.** zur Ruhe kommen; (*körperlich, äußerlich*) ruhen, ausruhen, rasten [*meridie, sub armis; ab, ex re v. etw.*]; *bsd.* **a**) (ein)schlafen; **b**) *prägn.* (*bsd. mil.*) Rasttag halten [*ante iter confectum*]. **2.** / **a**) (*v. Pers.*) Ruhe *od.* Frieden halten; in Ruhe *od.* Frieden bleiben; **b**) / (*v. Sachen*) ruhen [*sica alcis non conquiescit*]; **c**) (*geistig*) Ruhe (Trost, Befriedigung) finden in *etw.* (*in re, zB. in studiis litterarum*); **d**) (*v. Leblosem u. abstr.*) stillstehen, daniederliegen, ins Stocken geraten, sich legen [*litterae* Briefwechsel, *imber*].
F. *pf.-Formen* (*synk.*) *cŏnquiēstī* = *cŏnquiēvīstī*, *cŏnquiēssĕ* = *cŏnquiēvīssĕ u. a.*

cŏn-quīnīscō, *quēxī*, — 3. (< **cŏn-quēc-nīscō m. dissimil. Gutturalschwund; cf. cōxīm* „niederkauernd", *nhd.* „hocken") (*vkl., dcht.*) niederkauern.

▶ **cŏn-quīrō**, *quīsīvī* (*u. quīsiī*), *quīsītŭm* 3. (*quaerō*) **1.** zusammensuchen, -bringen, auftreiben (*alqd, zB. litteras* schriftliche Beweise, *pecuniam; alqd ex loco, zB.* °*pecus ex agris*). **2.** / **a**) eifrig aufsuchen, aufspüren, sich zu verschaffen suchen (*alqm u. alqd, zB. perfugas, testes totā provinciā,* °*argumenta*); **b**) (*Soldaten, Kolonisten u.ä.*) aufbieten, ausheben, werben [*sagittarios, colonos*]; **c**) (*P.P.P.*) *adi.* **cŏnquīsītŭs** 3 (*m. sup.*) ausgesucht, erlesen [*epulae*]; *adv.* **-ē** (*vkl., nkl.*) mit strenger Auswahl. **3.** (zusammensuchend) *etw.* schaffen, bilden [*voluptatem,* °*aliquid sceleris* zu begehen suchen].
F. *pf.-Formen* (*bisw. synk.*), *zB. cŏnquīsīssĕm* = *cŏnquīsīvīssĕm.*

cŏnquīsītiō, *ōnĭs f* (*cŏnquīrō*) **1.** das Zusammensuchen, Sammeln [*librorum*]. **2.** *mil.* Aushebung, (gewaltsame) Werbung [*militum*].

cŏnquīsītŏr, *ōrĭs m* (*cŏnquīrō*) **1.** *synk. cŏnquīstŏr* (*Pl.*) geheimer Aufpasser, Geheimpolizist. **2.** *mil.* (gewaltsamer) Werber.

cŏn-quīsīvī *s. cŏnquīrō.*

cŏn-quīsītŭs *P.P.P. v. cŏnquīrō.*

cŏnr... = *cŏrr...*

cŏn-săcĕrdōs, *ōtĭs m* (*Eccl.*) (*geistl.*) Amtsbruder.

cŏn-săcrō = *cōnsĕcrō.*

cŏn-saepiō, *psī, ptŭm* 4. umzäunen, einfriedigen.

cōnsaeptŭm, *ī n* (*eigtl. P.P.P. n v.*

cōnsaepīō) (*nkl.*) Umzäunung, Gehege [*fori* Schranken].

cōnsălūtātĭō, *ōnīs f* (*cōnsălūtō*) Begrüßung (*durch die Menge*).

cōn-sălūtō 1. gleichzeitig *od.* laut begrüßen, bewillkommnen (*alqm*; *m. dopp. acc., zB. alqm °regem jd.* als König).

cōn-sānēscō, *nŭī,* — 3. (*°sānēscō v. Pers. u. Wunden, zu sānŭs*) (*klass. nur v. Wunden u. Geschwüren*) heilen (*intr.*) [*vulnus, ulcus*].

cōn-sănguĭnĕŭs 3 (*sănguĭs*) blutsverwandt, *bsd.* geschwisterlich [*°turba*], *übh.* verwandt, *bsd. v. stammverwandten Völkern*; *subst.* **-ŭs,** *ī m* Blutsverwandter (*alcis*), *bsd.* Bruder; **-ă,** *ae f* (*Ca.*) Schwester.

cōnsănguĭnĭtās, *ātīs f* (*cōnsănguĭnĕŭs*) (*nkl., dcht.*) Blutsverwandtschaft; *übh.* Verwandtschaft.

cōn-sānŭī *s. cōnsānēscō.*

cōn-sauciō 1. (*unkl.*) schwer verwunden.

cōnscĕlĕrātŭs 3 (*m. sup.*) (*eigtl. P.P.P. v. cōnscĕlĕrō*) frevelhaft, verrucht, *v. Pers. u. Sachen* [*filius, bellum*]; *subst.* **-ŭs,** *ī m* Verbrecher.

cōn-scĕlĕrō 1. (*nkl., dcht.*) mit (einem) Verbrechen beflecken [*aures*].

▶ **cōn-scĕndō,** *ĕndī, ēnsŭm* 3. (*scăndō*) **1.** *etw.* ersteigen, besteigen (*alqd, seltener °in alqd, zB. vallum, in equum, °aequor* auf die Höhe des Meeres hinausfahren); *bsd. navem u. in navem* (*bzw. pl.*) *od. abs. conscendere* an Bord gehen, sich einschiffen [*Epheso od. ab Epheso, im Dt.* „in Ephesus"]. **2.** / (*dcht., nkl.*) sich zu *etw.* aufschwingen [*laudis culmen od. carmen*].

cōnscēnsĭō, *ōnīs f* (*cōnscĕndō*) das Einsteigen [*in naves* Einschiffung].

cōn-scēnsŭs *P.P.P. v. cōnscĕndō.*

****conscholaris,** *is m* Mitschüler.

▶ **cōn-scĭĕntĭă,** *ae f* (*cōnscĭēns, part. praes. v. cōnscĭō*) **1.** das Mitwissen, Einverständnis [*conscientiae scelus od. contagio*; *alcis j-s u. m. jd., zB. omnium horum*; *alcis rei* um *od.* in *etw., zB. coniurationis*]. **2. a)** Bewußtsein, Gefühl, Überzeugung (*alcis rei, zB. peccatorum, selten °de re, zB. de culpa*; *m. °a.c.i.*; *m. °ne* = schuldbewußte Furcht, daß); *abs.* Selbstbewußtsein, -gefühl [*nostra stabilis*]; **b)** Gewissen, *m. u. ohne gen. animi u. mentis* [*recta, mala, °bona*; *auch pl.* Gewissensbisse]; *oft nach dem Zusammenhang*: **α)** gutes Gewissen [*°conscientiā fretus*]; **β)** schlechtes Gewissen, Schuldbewußtsein [*angor conscientiae, °modestiam in conscientiam ducere* als Zeichen des bösen Gewissens auslegen].

cōn-scĭndō, *scĭdī, scĭssŭm* 3. gewaltsam zerreißen [*epistulam*]; / *jd.* herunterreißen *od.* schmähen, [*sibilis*] auszischen, auspfeifen.

cōn-scĭō, — — 4. (*Ho.*) sich bewußt sein [*nil sibi* keines Unrechts].

▶ **cōn-scīscō,** *scīvī u. scĭī, scītŭm* 3. **1.** (gemeinsam *od.* förmlich) beschließen (*alqd, zB. °bellum*; *m. °ut*). **2.** (*Lu., Pl.*) (*sibi*) *alqd etw.* für sich beschließen, *meton.* (*Li.*) *etw.* auf sich nehmen, freiwillig wählen (*alqd, zB. sibi exilium*); *klass. nur mortem od. necem sibi ipse* sich selbst töten.
F. *pf.-Formen* (*synk.*) *cōnscīssĕ(m)* = *cōnscīvīssĕ(m).*

▶ **cōnscĭŭs** 3 (*scĭō*; *cf. nĕscĭŭs*) **1.** *m. jd.* mitwissend, in *etw.* eingeweiht, *m. etw.* vertraut (*abs., zB. °fac me consciam*; *alci rei od. alcis rei, zB. illi facinori, meorum in te studiorum, deorum* des Willens der Götter, *°nox sacris*; *de u. in re*; *alci alcis rei, zB. °vobis tanti facinoris*; *m. indir. Frages.*); *subst.* **cōnscĭŭs,** *ī m* Mitwisser, Zeuge, Teilnehmer, *bsd.* Mitverschworener (*abs. od. alcis rei*); **cōnscĭă,** *ae f* Mitwisserin, Vertraute. **2. a)** sich bewußt, selbstbewußt (*abs., zB. °virtus*; *meist sibi alcis rei, zB. iniuriae, dcht. auch ohne sibi, zB. formae conscia coniunx*; *m. a.c.i. od. °indir. Frages.*); **b)** (*unkl.*) schuldbewußt.

cōn-scrĕŏr 1. (*Pl.*) sich stark räuspern.

cōnscrībillō 1. (*demin. v. cōnscrībō*) (*dcht.*) *etw.* bekritzeln; / *nates* blutig schlagen.

▶ **cōn-scrībō,** *scrīpsī, scrīptŭm* 3. zusammenschreiben: **1.** *m. jd.* zusammen schreiben [*ad me cum Oppio*]. **2.** in eine Liste eintragen, aufschreiben [*servos, collegia*]; *bsd.* **a)** (*Li.*) als Kolonisten [*sex milia familiarum*]; **b)** (*Soldaten*) ausheben [*exercitum*]; (*subst.*) *modo consripti* Rekruten; **c)** (*Bürger*) in eine Klasse einreihen [*°tres centurias equitum* einrichten]; *bsd.* die zu Wahlintrigen geworbenen Pers. in gewisse Klassen einteilen; **d)** in die Senatorenliste eintragen, (neue Senatoren) beiordnen; (*P.P.P.*) *subst.* **cōnscrīptī,** *ōrŭm m* die neuen (*der Überlieferung nach aus dem Ritterstand übernommenen, den alten Senatoren — pātrēs — beigeordneten*) Senatoren; *patres conscripti* (*eig. pātrēs ĕt cōnscrīptī*) „Väter u. Beigeordnete" = Senat(oren). **3. a)** (*schriftl.*) *etw.* abfassen, verfassen, (nieder)schreiben (*alqd, zB. epistulam, librum, testamenta*), *bsd.* (*v., Arzt*) *etw.* verschreiben; **b)** (*unkl.*) vollschreiben [*mensam vino*].

cōnscrīptĭō, *ōnīs f* (*cōnscrībō*) schriftl. Abfassung, Aufzeichnung (*alcis rei, zB. quaestionum*; *falsa* Fälschung). — **Urkunde; Werk, Schrift.

cōn-scrīptŭs *P.P.P. v. cōnscrībō.*

cōn-sĕcō, *cŭī, ctŭm* 1. (*unkl.*) in Stücke (zer)schneiden, zerstückeln [*membra fratris*].

cōnsĕcrātĭō, *ōnīs f* (*cōnsĕcrō*) **1.** religiöse Weihe, Heiligung (*alcis rei, zB. domūs, legis aut poenae* Unverbrüchlichkeitserklärung). **2. a)** Verfluchung [*capitis*]; **b)** (*nkl.*) Vergötterung, Apotheose *der röm. Kaiser.*

▶ **cōn-sĕcrō** 1. (*săcrō*) **1. a)** der Gottheit weihen, heiligen (*alqd, zB. aram in litore, Carthaginem* für heiligen Boden erklären [*so daß es nicht wieder aufgebaut werden durfte*]; *alqd alci, zB. aedem Iovi*); **b)** den unterirdischen Göttern weihen = verfluchen [*caput alcis*]; **c)** (*P.P.P.*) *adi.* **cōnsĕcrātŭs** 3 geweiht, heilig [*insula*; *alci j-m*]; / der Rache *j-s* preisgegeben *od.* verfallen, *zB. Miloni*; *alci rei* einer Sache unbedingt ergeben. **2.** / unsterblich machen [*°matrem immortalitati*; *cf.* 3b]; *se patriae* sich aufopfern für, *origines suas* sich selbst eine göttliche Herkunft beilegen; *bsd.* **a)** *j-m etw.* als *etw.* Göttliches zuschreiben; **b)** unverletzlich machen (*alqm u. alqd*). **3. a)** (*Pers.*) zur Gottheit erheben, vergöttern [*Herculem, °Claudium*]; **b)** / unsterblich machen, verewigen [*alqm prope ad immortalitatis religionem, memoriam alcis, alcis res gestas memoriā et litteris*]. — **weihen [*panem*]; verwandeln; *baptisma* die Taufe vollziehen.

cōnsĕctārĭŭs 3 (*cōn-* + **sĕctŭs, altes part. pf. v. sĕquŏr*) folgerichtig; *subst.* **-ă,** *ōrŭm n* Schlußfolgerungen.

cōnsĕctātĭō, *ōnīs f* (*cōnsĕctŏr*) das Streben nach *etw.* (*alcis rei, zB. concinnitatis*).

cōnsĕctātrīx, *īcīs f* (*spätl. cōnsĕctātŏr* „Anhänger") eifrige Anhängerin *od.* Freundin [*voluptatis*].

cōnsĕctĭō, *ōnīs f* (*cōnsĕcō*) das Zerschneiden [*arborum*].

cōnsĕctŏr 1. (*intens. bzw. frequ. v. cōnsĕquŏr*) **1.** eifrig *od.* ständig begleiten, nachgehen (*alqm u. alqd, zB. rivulos*), *im eig. Sinne selten.* **2. a)** *feindl.* verfolgen, nachsetzen, *bisw. auch* einholen (*alqm u. alqd, zB. hostes, °praedones, lupum*; [*Pl.*] *feminas* nachlaufen); *auch* / *verba* sich an die Worte halten, *alqd imitando etw.* nachahmen, *plura* (*in der Rede*) = Einzelheiten aufzählen; **b)** / einer Sache nachjagen, nach *etw.* trachten, *etw.* zu erlangen suchen (*alqd, zB. gloriam, ubertatem orationis*).

cōnsĕcūtĭō, *ōnīs f* (*cōnsĕquŏr*) **1.** Folge [*-nes rerum videre* die Folgen wahrnehmen, *-nem alcis rei afferre etw.* nach sich ziehen]. **2. a)** (*rhet. t.t.*) richtige Aufeinanderfolge [*verborum*]; **b)** (*philos. t.t.*) Schlußfolge, Folgerung.

cōn-sĕcūtŭs *part. pf. v. cōnsĕquŏr.*

cōnsĕcŭŭs 3 (*adv.* **-ē**; *altl. statt cōnsĕquŭs v. cōnsĕquŏr*) (*Lu.*) folgend.

cōn-sēdī *s. cōnsīdō.*

cōn-sĕnēscō, *sĕnŭī,* — 3. **1.** (*dcht., nkl.*) **a)** gemeinsam alt werden; **b)** *übh.* alt werden, altern, ergrauen, *v. Pers. u. °Sachen* [*in patria sua*]. **2.** / schwach *od.* hinfällig werden, erlahmen, verkommen; *v. Pers. u. Sachen, bsd. pol.* = an Einfluß verlieren [*Pompeius, vires, leges*].

cōn-sēnsī *s. cōnsĕntĭō.*

▶ **cōnsēnsĭō,** *ōnīs f u.* **cōnsēnsŭs,** *ūs m* (*cōnsĕntĭō*) **1. a)** Übereinstimmung, Einigkeit, Einmütigkeit *v. Pers.* (*alcis, zB. gentium, universae Galliae*; *alcis rei* in *od.* über *etw., zB. omnium rerum, defectionis* Teilnahme an, *bisw. auch in u. de re*); (*v. leblosen Subjekten*) Harmonie; Sympathie [*consiliorum*]; **b)** einstimmiger Beschluß *od.* Wunsch [*omnium, ex consensu* auf allgemeines Verlangen]; *bsd. uno* (*od. communi, summo*) *consensu* einstimmig (*nkl. auch bloß consensu*). **2.** Verabredung; Verschwörung, Komplott [*consensionem patefacere*]. — ****-us** Übereinkunft *bsd. in Glaubensfragen u. bei dogmatischen Streitigkeiten* [*communis, fidelium, theologorum*].

cōn-sēnsŭm *P.P.P. v. cōnsĕntĭō.*

cōnsĕntānĕŭs 3 (*wohl zu cōnsĕntĭō*) *m. etw.* übereinstimmend *od.* vereinbar (*cum re, zB. cum litteris; alci u. alci rei, zB. tempori, sibi* konsequent); *bsd. consentaneum est* es ist vernunftgemäß *od.* folgerichtig; natürlich (*m. inf., a.c.i.,* °*ut*); *subst.* **-ă,** *ōrŭm n* übereinstimmende Umstände.

Cōnsĕntĭă, *ae f Hptst. v. Bruttium; j.* Cosenza. — *Einw.* **Cōnsĕntīnī,** *ōrŭm m.*

▶ **cōn-sĕntĭō,** *sēnsī, sēnsŭm* 4. **1. a)** übereinstimmen, einverstanden sein, sich einigen (*cum alqo od. alci m. jd., cum re u. alci rei m. etw., zB. cum bonis, cum populi Romani voluntate; de re, in re* über, in *etw.*; *ad u.* °*in alqd* zu, für, auf *etw., zB. ad rem publicam conservandam; adversus alqd* gegen *etw.*; *m. a.c.i.* = einstimmig glauben); *bsd. sibi consentire* sich treu bleiben, konsequent sein; **b)** *etw.* einstimmig beschließen (*alqd, zB. bellum; m. inf., m. a.c.i. gerund. od. ut*). **2.** sich verschwören, konspirieren, ein Komplott schmieden (*cum alqo, pro alqo, contra alqm, ad u.* °*in alqd, zB.* °*in Philippi necem; de re; m. ut*). **3.** (*v. Sachen*) übereinstimmen, harmonieren, passen (*abs. od. inter se, cum re u. alci rei; de re*). **4.** (*part. praes.*) *adi.* **cōnsĕntĭēns,** *ĕntĭs* einstimmig, einhellig *v. Pers. u. Sachen.* — **(dem Manne) zu Willen sein.

cōnsĕquēns, *ĕntĭs* (*m. adv.* °**-ĕntĕr**) (*eig. part. praes. v. cōnsĕquŏr*) **1.** (*philos. t.t.*) **a)** vernunftgemäß; **b)** logisch folgerecht, konsequent (*alci rei* sich folgerecht ergebend aus, entsprechend); *subst.* *cōnsĕquēns, ĕntĭs n* Folgerung, Schlußfolgerung, Folge; *bsd. cōnsĕquēns ĕst* = *cōnsĕntānĕŭm ĕst* (*m. ut od. a.c.i.*). **2.** (*gramm. t.t.*) richtig konstruiert.

cōnsĕquĕntĭă, *ae f* (*cōnsĕquēns*) Folge [*eventorum*].

> **cōn-sĕquŏr**
> **1. a)** *unmittelbar* nachfolgen; **b)** (*zeitl.*) *unmittelbar* auf *etw. od. jd.* folgen; **c)** verfolgen; **d)** (*einem Vorbild*) nachfolgen; *etw.* befolgen; **e)** erfolgen; **f)** aus *etw.* folgen; **2. a)** einholen; **b)** erlangen; **c)** begreifen.

cōn-sĕquŏr, *sĕcūtŭs sŭm* 3. **1. a)** unmittelbar nachfolgen, nachgehen, nachkommen (*abs. od. m. acc., zB. fugientem vestigiis* auf dem Fuße), *v. Sachen* = nachrutschen; **b)** (*zeitl.*) unmittelbar auf *etw. od. jd.* folgen *od.* erfolgen, eintreten (*abs., zB. silentium est consecutum, annus consequens; alqd u. alqm, zB. nox consequitur diem*); **c)** verfolgen, nachsetzen (*abs. od. m. acc.*); **d)** einem Vorbild *od.* Muster nachfolgen; *etw.* streng befolgen, sich genau halten an *etw. od.* an *jd.* [*eum morem, alcis sententiam, Chrysippum*]; **e)** *als Wirkung* (er)folgen, sich aus *etw.* ergeben (*abs. od. alqd, zB. pudorem rubor*); **f)** (*log.*) aus *etw.* folgen (*abs. od. alqd; quod consequitur* die Folge). **2.** nachfolgend erreichen: **a)** einholen, treffen (*alqm u. alqd, zB. fugientem, litterae alqm consequuntur*); *abs.* = nachkommen; / (*vom Glück od. Unglück*) *jd.* ereilen, treffen [*invidia civium*]; **b)** *etw.* durch Mühe *u.* Anstrengung erlangen, gewinnen [*multa studio; laudem eloquentiae*; *alqd re etw.* durch *etw., zB. gloriam duabus victoriis; alqd ex re etw.* aus *etw., zB. honorem ex hoc loco; alqd in re etw.* in, bei *etw., zB. multum in dicendo; alqd ab alqo bzw. per alqm; m. ut, ne*); **c)** erreichen: **α)** = gleichkommen (*alqm u. alqd, zB. maiorem*); **β)** vollständig ausdrücken (*alqd re etw.* durch *etw., zB. causas verbis*); **γ)** (*geistig*) begreifen, erkennen, erfassen (*alqd, zB. omnes eorum conatūs* übersehen, *alqd coniecturā* erraten, *alqd memoriā* sich auf *etw.* besinnen).

cōn-sĕrō¹, *sēvī, sĭtŭm* 3. **1. a)** *etw.* besäen, bepflanzen, bestellen [*agrum,* °*insulam palmis*]; (*Lu.*) befruchten, schwängern [*arva muliebria*]; **b)** / (*dcht.*) beschweren, belästigen [*mentem caeca caligine*]. **2.** (*unkl.*) *etw.* (an)pflanzen [*arbores*].

cōn-sĕrō², *sĕrŭī, sĕrtŭm* 3. **1.** (*nkl., dcht.*) (*zwei od. mehrere Dinge*) aneinanderreihen, -heften, -fügen, zusammenknüpfen, verknüpfen (*alqd, zB. navigia, truncos nexu* verflechten; *alqd alci rei etw. m. od.* an *etw., zB. vehicula vehiculis, vir viro conseritur* Mann schließt sich an Mann). **2. a)** (*einen Gegenstand, oft i. seinen Teilen*) (*nkl., dcht.*) zusammenheften, -stecken, anheften, anknüpfen, befestigen (*alqd re etw.* durch, *m. etw., zB. sagum fibulā; alqd alci rei etw.* an *etw., zB. nocti diem* = Tag *u.* Nacht arbeiten); **b)** (*m. effiziertem Objekt; nkl., dcht.*) *etw.* zusammenfügen, -setzen, knüpfen (*alqd re etw.* aus *etw., zB. loricam auro* aus Gold flechten); / *sermonem* ein Gespräch anknüpfen, *vita conserta voluptatum varietate* bestehend aus. **3. a)** (*dcht.*) liebend (an)schmiegen [*femur femori, latus lateri*]; **b)** *feindl.* aneinanderbringen: *manūs od. manum* (*od.* °*dextram*) *cum alqo m. jd.* handgemein werden (*auch bloß* °*conserere*); (*prägn.*) (*nkl.*) [*pugnam, proelium, certamen*] beginnen, liefern (*meist P.; auch navis conseritur* läßt sich in *e-n* Kampf ein); / (*Li.*) *belli artes conserere* gegeneinander versuchen; **c)** (*jur. t.t.*) (*Zw. b. Ge.*) *in od. ex iure manum conserere* Hand an die streitige Sache legen (*als symbolisches Zeichen für die Eröffnung eines Eigentumsprozesses*); (*klass.*) *alqm ex iure manum consertum* (*Sup.*!) *vocare jd.* zur Eröffnung eines Eigentumsprozesses laden.

cōnsĕrtē (*cōnsĕrtŭs, P.P.P. v. cōnsĕrō²*) *adv.* verknüpft, in engem Zusammenhang [*dicere*].

cōn-sĕrtŭs *P.P.P. v. cōnsĕrō².*

cōn-sĕrŭī *s. cōnsĕrō².*

cōnsĕrvă, *ae f* (*cōnsĕrvŭs*) (*unkl.*) Mitsklavin; *auch adi.* [*fores*].

cōnsĕrvātĭō, *ōnĭs f* (*cōnsĕrvō*) Aufbewahrung, Erhaltung [*frugum*]; / Erhaltung, Rettung, Beobachtung [*decoris, ordinis*].

cōnsĕrvātŏr, *ōrĭs m* (*cōnsĕrvō*) Erhalter, Retter [*urbis*]; **cōnsĕrvātrīx,** *īcĭs f* (*meist spätl.*) Erhalterin.

cōn-sĕrvĭtĭŭm, *ī n* Dienstgenossenschaft, gemeinsames Sklavenlos.

▶ **cōn-sĕrvō** 1. **1.** *etw.* (auf)bewahren, erhalten [*fruges, res sacras*]. **2.** / **a)** (*Abstraktes*) beibehalten, aufrecht- *od.* in Geltung erhalten (*alqd, zB. consuetudinem, ius iurandum* halten, *fidem* treu bleiben, *ordines* in Reih und Glied bleiben); **b)** (*Pers. od. Sachen*) (vor dem Untergang) bewahren, retten, im Stande erhalten (*alqm u. alqd, zB. exercitum, bona alcis; m. dopp. acc., zB. omnes salvos*); *bsd. alqm jd.* am Leben lassen *od.* begnadigen [*captivum*].

cōn-sĕrvŭs, *ī m* Mitsklave.

cōnsĕssŏr, *ōrĭs m* (**cōnsīdĕō; sĕdĕō*) (Platz-)Nachbar, Tischgenosse; *bsd.* (*bei Gericht*) Beisitzer.

cōn-sĕssŭm *P.P.P. v. cōnsīdō.*

cōnsĕssŭs, *ūs m* (**cōnsīdĕō; sĕdĕō*) **1.** (*abstr.*) (*nkl.*) das Beisammensitzen. **2.** (*concr.*) **a)** Versammlung, (*bsd.* Gerichts-)Sitzung; **b)** Publikum. **3.** (*Ve., Aen. V, 290?*) erhöhter Sitz, Altan [*-u exstructo*].

cōn-sēvī *s. cōnsĕrō¹.*

cōnsīdĕrātĭō, *ōnĭs f* (*cōnsīdĕrō*) Betrachtung, Erwägung [*naturae*]; *auch* Aufmerksamkeit.

cōnsīdĕrātŭs 3 (*m. comp. u. sup.; adv.* **-ē**) (*eig. P.P.P. v. cōnsīdĕrō*) **1.** (*v. Sachen*) (*reiflich*) überlegt, (wohl)erwogen [*verbum*]. **2.** (*v. Pers.*) bedächtig, besonnen [*iudex; in re* in *etw.*].

▶ **cōn-sīdĕrō** 1. (*denom. zu sīdŭs; wohl urspr. t.t. der Seemanns- od. Auguralsprache; eig.* „die Gestirne beobachten"; *cf. dēsīdĕrō*) prüfend betrachten, besichtigen (*alqm u. alqd, zB. milites, candelabrum*); / überlegen, erwägen, bedenken (*abs. od. alqd, zB. causam rei; de re, zB. de praemiis; alqd ex re etw.* nach *etw.* beurteilen; *alqd secum od. cum animo suo etw.* bei sich überlegen; *m. ut, ne* darauf bedacht sein, daß *od.* daß nicht; *m. indir. Frages.*).

cōnsīdĭŭm, *ī n* (*Pl., Cas. 966*) *wenn echt, wohl volkset. Umformung v. cōnsĭlĭŭm nach praesīdĭŭm.*

▶ **cōn-sīdō,** *sēdī* (*u.* °*sīdī*), *sĕssŭm* 3. **1.** sich zusammensetzen, sich (gemeinsam) niederlassen, *sowohl v. mehreren zusammen wie v. einzelnen* (*in loco, zB. in ara, in od. sub arbore, hic in umbra;* [*nkl.*] *in orchestra* als Zuschauer; [*dcht.*] *auch m. bloßem abl., zB.* °*saxo*). **2.** zur Beratung sich niederlassen, (eine) Sitzung (ab)halten [*in loco consecrato, ad ius dicendum in alqm* um *jd.* zu richten]. **3.** *mil.* sich lagern;

Stellung beziehen, sich aufstellen [*in colle, pro castris u.a.*]; °*in insidiis* sich in den Hinterhalt legen. **4.** sich ansiedeln, seinen Wohnsitz nehmen [*in finibus Ubiorum,* °*in novam urbem*]; / heimisch werden. **5.** (*dcht.*) landen, einlaufen [*Ausonio portu*]. **6.** (*v. Sachen*) **a)** sich senken, einsinken, einstürzen [°*Alpes,* °*Ilium in ignes,* °*urbs luctu* versinkt in Trauer]; / **b)** sich einnisten, sich festsetzen, sich einwurzeln [*improbitas in mente alcis*]; **c)** sich legen, nachlassen, aufhören [°*terror, utriusque nomen consedit* sank in Vergessenheit]; **d)** (*v. der Rede*) sich zu Ende neigen (*m. adv., zB. varie*).

cōnsīgnātiō, ōnis *f* (*-sign-?*) (*cōnsignō*) (*Qu.*) (*m. Siegel u. Unterschrift versehene*) Urkunde, Dokument; *auch pl.*

cōn-sīgnō 1. (*-i-?*) **1.** versiegeln, urkundlich be- *od.* untersiegeln (*alqd, zB. tabulas* ~ *signis*); / *etw.* bestätigen, beglaubigen, verbürgen [*auctoritatem alcis*]. **2.** aufzeichnen (*alqd litteris;* / *notiones in animis* einzeichnen). — ** = *sīgnō.*

cōn-silēscō, — — 3. (*vkl., nkl.*) verstummen.

cōnsiliārius 3 (*cōnsilium*) **1.** (*vkl., nkl.*) beratend, Rat erteilend. **2.** *subst.* ~, ī *m* Ratgeber, Berater, Vertrauter (*alcis j-s, in re in etw.*), *bsd.* Beisitzer bei Gericht *od.* im Rat. — **Kaiserlicher Rat.

cōnsiliātor, ōris *m* (*cōnsilior*) (*dcht., nkl.*) Berater, Ratgeber.

cōnsilior 1. (*denom. v. cōnsilium*) beratschlagen, sich beraten (*cum alqo, haec* hierüber, °*alci jd.* Rat erteilen).

cōnsilium
I. (*act.*) **1. a)** Beratung; **b)** amtl. Sitzung; **c)** Ratsversammlung; **2.** Überlegung, Einsicht, Klugheit; **II.** (*pass.*) **1.** Beschluß; **2. a)** Plan, Absicht; **b)** Kriegsplan, -list; **3.** Rat, Vorschlag.

cōnsilium, ī *n* (⟨ **cōn-sěljŏm, wohl zu* ἑλεῖν „zusammennehmen, versammeln"; *cf. cōnsul, cōnsulō*) Rat: **I.** (*act.*) **1. a)** Beratung, gemeinsame Überlegung [*nocturnum; in consilio* während der Beratung, *consilio interesse* an der Beratung teilnehmen, ~ *habere* (ab)halten, *alqm consilio od. ad, in consilium adhibere* zu Rate ziehen, *res consilii est* die Sache ist Gegenstand der Beratung]; **b)** amtliche, *bsd.* richterliche Beratung, Sitzung [*alqm in* ~ *advocare* zur Sitzung berufen, *in* ~ *ire* zur Abstimmung schreiten, *in* ~ *mittere* zur Beratung schreiten lassen]; **c)** (*meton.*) beratende Versammlung, Ratsversammlung, Kollegium [*pontificum, publicum* Staatsrat, °*amicorum* Ministerrat, °*propinquorum* Familienrat, °*sanctius* der engere Ausschuß *in Karthago u. im Ätolischen Bund*; ~ *vocare od. advocare, convocare, dimittere*]; (*dcht.*) *ein einzelner* Ratgeber; *bsd.* **α)** Senat; **β)** Kriegsrat = ~ *bellicum od. militare* [~ *habere, centuriones ad* ~ *adhibere, alqd ad* ~ *referre*]; **γ)** Beirat *j-s* [°*regium* des Königs]. **2.** Überlegung, Einsicht, Klugheit [*vir magni consilii, ratio et* ~ kluge Berechnung, wohlberechneter Plan]; *bono consilio* aus gutem Grund. **II.** (*pass.*) **1.** Ratschluß, Beschluß, Entschluß, Maßregel. **2. a)** Plan, Absicht [*callidum, clandestina -a* Intrigen; *-a domestica* Kabinettsbefehle; *alcis j-s, zB. Catilinae; alcis rei, zB. fugae; celeritas -i* Geistesgegenwart]; ~ *capere u. inire e-n* Entschluß *od.* Plan fassen; *m. inf., gen. gerund.*, de re *u.* ut; est, non est ~ *m. inf. od.* °*ut*; *regio -o* nach dem Willen des Königs; *publico -o* auf Beschluß einer gesetzlichen Stelle, im öffentlichen Interesse; *privato -o* aus eigenem Entschluß, im Privatinteresse; *consilio* planmäßig, absichtlich; *sine consilio* unabsichtlich; *quo consilio* in welcher Absicht?; *eo consilio, ut* (*od.* ne) in der Absicht zu (*od.* nicht zu) ...; **b)** Kriegsplan, -list, List [*imperatorium, Gallorum*]. **3.** Rat (-schlag), Vorschlag, Eingebung [*rectum; alcis j-s; facere alqd de -o alcis* auf *j-s* Rat, *quid tui -i est?*]; ~ *petere ab alqo jd.* um Rat fragen, *alqm et -o et re adiuvare m.* Rat *u.* Tat; ~ *dare alci jd.* raten (*m. gen. od. ut*). — ****consilium abeundi* („Rat, abzugehen") Verweisung *e-s* Studenten *v. e-r* Universität *od. e-s Schülers vom Gymnasium* (*cf.* ***relegatio*).

cōn-similis, ĕ (*adv.* °**-iter**) ganz ähnlich [*laus; m. gen. od. dat., zB. causarum* ~, *homini* ~].

cōn-sipiō, — — 3. (*sapiō; nkl.*) bei Sinnen bleiben.

cōn-sistō
1. a) sich hin- *od.* aufstellen; **b)** *mil.* antreten; **c)** (*Würfel*) fallen; **d)** *cum alquo* sich auf *j-s* Seite stellen; **e)** bestehen; **f)** auf *etw.* beruhen; in *od.* aus *etw.* bestehen; **2. a)** stehenbleiben; **b)** *mil.* haltmachen; **c)** vor Anker gehen; **d)** verweilen; **e)** sich ansiedeln; **f)** festen Fuß fassen; **g)** zur Ruhe kommen; (*Pers.*) sich fassen; **h)** aufhören.

cōn-sistō, stiti, — 3. **1.** (*urspr. aus der Ruhe heraus*) **a)** sich hinstellen, sich aufstellen, hintreten, auftreten, *v. mehreren gemeinsam wie v. einzelnen, pf.* stehen [*in loco u.* °*loco, zB. in muro, in communibus suggestis* als Redner, *in illa contione* sich einfinden; *cum alqo* zum Gespräch *m. jd.*); *in orbem* ~ im Kreis antreten, ein Karree bilden; **b)** *mil.* antreten, Stellung beziehen (*abs. od. in loco, zB. in monte, pro castris u.a.*); **c)** (*v. Würfeln*) fallen; **d)** / **α)** *cum alqo* sich auf *j-s* Seite stellen; **β)** (*v. Zuständen*) eintreten, stattfinden; **e)** bestehen, dasein [*ubi maleficia consistunt, ibi poena consistit*]; **f)** auf *etw.* beruhen, in *od.* aus *etw.* bestehen (*in re u.* °*ex re, zB. victus in lacte et caseo; auch in alqo, zB. in te salus omnium consistit; selten m. bloßem abl.*). **2.** (*urspr. aus der Bewegung heraus*) **a)** stillstehen, stehenbleiben (*abs. od. in loco, zB. in valle,* °*ante urbem*); **b)** *mil.* haltmachen, sich lagern (*abs., zB. acies consistit; od. in loco, zB. in monte; auch* °*a fuga u.a.*); *contra u. contra alqm* Front (*gegen den Feind*) machen; **c)** (*naut. t.t.*) vor Anker gehen [*in ancoris, ad ancoram,* °*in portu*]; **d)** (*als Reisender, Flüchtling u.ä.*) anhalten, sich aufhalten, verweilen [*in Italia, Romae triduum*]; / bei *etw.* verweilen, verharren [*in sententia*], *bsd. in der Rede, zB. in singulis*; **e)** sich dauernd niederlassen, sich ansiedeln [*in Gallia, ibi negotiandi causa*]; **f)** festen Fuß fassen, feststehen (*abs.; bsd. vom Ringer u. Faustkämpfer; od. in loco, zB. in vadis*); / sich halten, sich behaupten (*abs. od. in re, zB. in nullo negotio; in causa* den Prozeß gewinnen, *consilium consistit* der Entschluß steht fest); *bsd. vom Redner* = seine Sache gut machen [*in dicendo* Anklang finden]; **g)** zur Ruhe kommen: **α)** *v. der Stimme, vom Gemüt u.ä., zB. lingua, mens alcis non consistit*; **β)** (*v. Pers.*) Fassung bewahren, sich fassen, sich sammeln [*alqs nec mente nec lingua consistit*]; **h)** (*v. Sachen*) steckenbleiben, stocken, *meist unkl.* (*zB. v. Flüssen, Blut, Wolken u.ä.*); *klass. fast nur* / aufhören, zum Stillstand kommen, sich legen [*bellum, labor,* °*ira*]. — ** = *sum.*

cōnsistōrium, ī *n* (*cōnsistō*) (*spätl.*) Versammlungsort, *bsd. der* Räte *des Kaisers*, das Kabinett. — **Sitzung der Kardinäle.

cōnsitiō, ōnis *f* (*cōnserō*[1]) das Besäen *od.* Bepflanzen, Anbau [*agri*]; *pl.* Anbauarten.

cōnsitor, ōris *m* (*cōnserō*[1]) (*dcht.*) Pflanzer [*uvae* = Bacchus].

cōnsitūra, ae *f* = *cōnsitiō.*

cōn-situs *P.P.P. v. cōnserō*[1].

cōn-sōbrīnus, ī *m u.* **-a,** ae *f* (⟨ **cōn-svěsrīnŏs zu sŏrŏr* ⟨ **svěsōr*) Geschwisterkind (*urspr. nur mütterlicherseits*); Vetter; Kusine; *auch* Geschwisterkind im 3. (*u. folgenden*) Glied.

cōn-sŏcer, ěrī *m* (*nkl., dcht.*) Mitschwiegervater.

cōnsŏciātiō, ōnis *f* (*cōnsŏciō*) enge Verbindung, Vereinigung [*humana,* °*eius gentis*].

cōn-sŏciō 1. **1.** eng verbinden, vereinigen (*alqm u. alqd, zB.* °*animos eorum,* °*se in omnia belli pacisque consilia* sich ganz an *j-s* Politik anschließen, °*consociati dii* die gemeinsamen Bundesgottheiten); *meist* P. *consociatum esse cum alqo od. inter se.* **2.** *etw.* gemeinsam machen, teilen (*alqd cum alqo, zB.* °*regnum;* °*arma cum alqo* mit *jd.* Waffenbrüderschaft schließen, *consilia cum alqo jd.* in seine Pläne hineinziehen). **3.** (*P.P.P.*) *adi.* **cōnsŏciātus** 3 (*m. sup.*) übereinstimmend, innig verbunden [*res verabredet*].

cōnsōlābilis, ĕ (*cōnsōlor*) (*meist pass.*) tröstlich; *vix* kaum zu beschwichtigen [*dolor*]; *nkl. auch act.* trostbringend [*carmen*].

cōnsōlātiō, ōnis *f* (*cōnsōlor*) **1.** Trost, Beruhigung, Ermutigung [*levis;*

alcis j-s; alcis rei für, in, bei *etw., zB. timoris*]; *pl.* Trostworte, -gründe. **2.** (*meton.*) **a)** Trostschrift *als Büchertitel*; **b)** Trostrede *als Schriftgattung* [*Ciceronis*].

cōnsōlātŏr, *ōris m* (*cōnsōlŏr*) Tröster. — **Heiland; Heiliger Geist.

cōnsōlātōriŭs 3 (*cōnsōlātŏr*) tröstend, Trost... [*litterae*].

▶ **cōn-sōlŏr** 1. **1.** (*Pl.*) zufriedenstellen [*hanc machaeram*]. **2.** trösten, ermutigen, Trost *od.* Mut zusprechen, sein Beileid aussprechen, beruhigen (*abs. od. alqm od. alcis animum, se re* sich *m. etw.* trösten; *alqm de od. in re, zB. de morte filii; m. quod; m. °a.c.i.* sich mit dem Gedanken trösten, daß ...); *part. pf.* *cōnsōlātūs* 3 *°pass.* (*wohl eig. P.P.P. zu cōnsōlō* 1.) ermutigt. **3.** *etw.* (durch Trost) lindern, mildern, beschwichtigen (*alqd, zB. alcis desiderium*). — ***auch pass.* (*s.* 2) Trost finden.

cōn-sŏmnĭō 1. (*Pl.*) *etw.* zusammenträumen, ersinnen (*alqd*).

cōnsŏnāns, *āntis f* (*sc. littĕrā; cōnsŏnō*) (*Qu.*) Konsonant.

cōn-sŏnō, *ŭī*, — 1. (*unkl.*) **1.** zusammentönen [*consonante clamore* einstimmig]. **2.** (*v. Örtlichkeiten*) widerhallen, erdröhnen (*re v. etw., zB. theatrum ululatibus*). **3.** / übereinstimmen, harmonieren (*alci rei u. cum re m. etw.*); (*rhet. t.t.*) *extremis syllabis* gleichen Auslaut haben.

cōn-sŏnŭs 3 (*cf. cōnsŏnō, sŏnŭs, ī m, sŏnŭs* 3 *erst spätl.*) **1.** (*dcht.*) zusammentönend, harmonisch [*clangor*]. **2.** / übereinstimmend, passend, schicklich [*-um est, ut*].

cōn-sōpĭō 4. **1.** (*Lu.; Suet.*) völlig betäuben (*abs. od. alqm*). **2.** fest einschläfern (*alqm; somno consopiri* in tiefen Schlaf fallen).

cōn-sŏrs, *sŏrtis* **1.** gleichbeteiligt, gleichen Anteil habend; (*Ho.*) *socius* gleichberechtigter Geschäftsteilhaber; *subst. m* Teilnehmer an *etw.*, (Schicksals-)Gefährte (*abs. od. m. gen., zB. °imperii* Mitregent, *°potestatis* Amtsgenosse; *°tori* Gatte; *alcis rei cum alqo; in re, zB. in lucris*). **2.** ein ungeteiltes Erbe gemeinsam besitzend [*tres fratres* in Gütergemeinschaft lebend; *alcis m. jd.*]. **3.** (*dcht.*) **a)** geschwisterlich, brüderlich, schwesterlich [*pectora* der Schwestern, *sanguis* des Bruders]; *subst. m* Bruder, *f* Schwester; **b)** (*v. Sachen*) gemeinschaftlich, gemeinsam [*tecta*].

F. *abl. sg. des adi. -ī, des subst. -ĕ; neutr. pl. -ĭă, gen. -ĭŭm.*

cōnsŏrtĭō, *ōnis f* (*cōnsŏrs*) Teilhaberschaft, Genossenschaft, Gemeinschaft [*humana; alcis j-s; alcis rei e-r* Sache *od.* an *etw., zB. regni* Mitregentschaft; *inter alqos*].

cōnsŏrtĭŭm, *ī n* (*cōnsŏrs; nkl.*) **1.** = *cōnsŏrtĭō*. **2.** (*auf dem Grundsatz der Gleichberechtigung aufgebaute*) Erbengemeinschaft; Gütergemeinschaft.

cōnspĕctŭs[1] 3 *s. cōnspĭcĭō*

> **cōnspĕctŭs**[2]
> 1. (*act.*) **a)** Anblick, Blick; *oft* Augen; **b)** das Aufsehen, *das etw. macht*; **c)** Anschauung, Betrachtung; **2.** (*pass.*) **a)** Erscheinung; **b)** Aussehen; **c)** Anblick; **d)** kurze Übersicht.

cōnspĕctŭs[2], *ūs m* (*cōnspĭcĭō*) **1.** (*act.*) **a)** das Erblicken, Anblick, Blick, *deutsch oft* die Augen, Angesicht, Gesichtskreis (*alcis u. alcis rei, zB. regis, imperii; -um alcis perferre od. fugere, °quo longissime -um oculorum fero* soweit ich sehen kann, *~ est in locum* man kann *e-n* Ort sehen); *in conspectu esse* vor Augen stehen, sichtbar sein, *°* / in Aussicht stehen [*°ponere in -u* in Aussicht stellen], *in -u alcis* in *j-s* Gegenwart; *in -um (alcis) venire* (*j-m*) vor (die) Augen kommen, erscheinen, sich deutlich zeigen (*ebenso in -um se dare alci, cadere u.ä.*); *a od. e conspectu alcis* aus den Augen *od.* aus dem Gesichtskreis *j-s*; **b)** (*prägn.*) das Aufsehen, *das etw. macht* [*ne qui conspectus fieret*]; **c)** Anschauung, Betrachtung [*animi, uno in conspectu omnia videre* auf einen Blick übersehen, *ne in -u quidem relinqui* gar nicht in Betracht kommen]. **2.** (*pass.*) **a)** das Sichtbarwerden, Erscheinung (*alcis u. alcis rei*); **b)** das Aussehen [*iucundissimus tuus ~*]; **c)** *frequens ~ vester* der Anblick eurer zahlreichen Versammlungen; **d)** (*concr.*) (*Ge.*) kurze Übersicht, Abriß (= σύνοψις).

cōn-spĕrgō, *rsī, rsŭm* 3. (*spărgō*) bespritzen, besprengen, bestreuen (*alqm u. alqd; re m. etw., zB. lacrimis*); / *etw.* überschütten, dicht bedecken (*alqd re, zB. caput stellis, alqd hilaritate* einen humoristischen Anstrich geben).

cōn-spĕxī *s. cōnspĭcĭō.*

cōnspĭcĭĕndŭs 3 *s. cōnspĭcĭō.*

cōnspĭcĭllŭm, *ī n* (*cōnspĭcĭō*) (*Pl.*) Warte, Beobachtungsort.

▶ **cōn-spĭcĭō,** *spĕxī, spĕctŭm* 3 (*spēxī?; spĕcĭō*) **1.** anblicken, ansehen, nach *etw.* hinschauen, hinsehen, *im act. nicht häufig* (*alqd u. alqm, zB. °locum*); / (*v. Sachen*) *illud signum curiam conspicit; insb. mediopass.* **cōnspĭcī** sich sehen lassen können, in die Augen fallen, auffallen, Aufsehen erregen, *v. Pers. u. Sachen* [*supellex in neutram partem conspiciebatur*]. **2.** ansichtig *od.* gewahr werden, erblicken (können) (*alqm u. alqd, zB. nostros equites, °lucum ex insula; m. a.c.i., zB. hostes milites nostros flumen transisse conspexerunt*); *um den Zustand zu bezeichnen, auch m. a.c.p.* [*°Dic, hospes, Spartae nos te hic vidisse iacentes* „wie wir daliegen"]. **3.** (*geistig*) wahrnehmen. **4. a)** (*P.P.P.*) *adi.* **cōnspĕctŭs** 3 (*nkl., dcht.*) sichtbar [*agmina; alci j-m*]; / (*m. comp.*) in die Augen fallend, auffallend, stattlich, *v. Sachen u. Pers.* (*re u. °in re*); **b)** (*Gerundiv*) *adi.* **cōnspĭcĭĕndŭs** 3 (*dcht., nkl.*) sehenswert, ansehnlich, *v. Sachen u. Pers.* [*opus; re* durch *etw.*].

cōnspĭcŏr 1. (< **cōn-spĕcŏr* = *cōnspĭcĭō*) erblicken, gewahr *od.* ansichtig werden (*alqm u. alqd, zB. naves e monte; m. dopp. acc., zB. hostes perterritos; m. indir. Frages.;* [*vkl., nkl.*] *m. a.c.i.*); *selten pass.* (*vkl., nkl.*) sichtbar werden.

▶ **cōnspĭcŭŭs** 3 (*cōnspĭcĭō*) (*dcht., nkl.*) (weithin) sichtbar (*alci, zB. signum omnibus*); / (*seit Li. u. Ov.*) auffallend, ausgezeichnet, stattlich, *v. Pers. u. Sachen* [*feminae, arma; re* durch *etw., zB. formā*].

cōnspīrātĭō, *ōnis f* (*cōnspīrō*) **1.** Einigkeit, Einmütigkeit, Einverständnis (*alcis j-s, zB. hominum; alcis rei u. in re* in *etw., zB. amoris, in re publica gerenda*). **2.** Verschwörung [*Sardorum, contra alqd*].

cōn-spīrō 1. (*eigtl.* „*zusammen hauchen*") **1.** (*Ve.*) (*v. Blasinstrumenten*) zusammen ertönen [*cornua*]. **2.** / **a)** einig sein, übereinstimmen, harmonieren, zusammenwirken (*abs. od. cum alqo, zB. cum bonis; ad alqd, zB. ad auctoritatem defendendam*); (*part. praes. bzw. P.P.P.*) *adi.* *cōnspīrāns u. cōnspīrātŭs* 3 einmütig, übereinstimmend (*°comp. conspiratius adv.* einmütiger); **b)** (*pejorativ*) sich verschwören, meutern, *klass. selten* (*°in u. °ad alqd, zB. ad res novas; °cum alqo in alqm; m. °ut, ne; m. °inf.*); *P.P.P.* *cōnspīrātŭs* 3 (*Ph.*) (gegeneinander) verschworen; *subst. pl. m* (*Suet.*) die Verschworenen.

cōn-spŏndĕō, *spŏndī, spōnsŭm* 2. (*vkl., nkl.*) gemeinsam verpflichten.

cōnspōnsŏr, *ōris m* (*cōnspŏndĕō*) Mitbürge.

cōn-spŭō, *spŭī, spūtŭm* 3. (*unkl.*) bespeien, anspucken (*alqm u. alqd*); / bestreuen, bedecken [*Iuppiter nive Alpes*].

cōn-spŭrcō 1. (*dcht., nkl.*) besudeln.

cōnspūtō 1. (*intens. v. cōnspŭō*) anspeien, anspucken (*alqm*).

cōn-stăbĭlĭō 4. (*Com.; Eccl.*) befestigen; sichern.

▶ **cōnstāns,** *āntis* (*m. comp. u. sup.; adv.* **-āntĕr**) (*eigtl. part. praes. v. cōnstō* „feststehend") **1.** (*v. Sachen*) **a)** fest, nicht wankend, ruhig [*°vultus; °cuius in indomito constantior inguine nervus quam nova arbor; constanter ingredi*]; **b)** stetig, unwandelbar, regelmäßig, gleichförmig, *bsd. v. Bewegungen u. Zuständen* [*motus lunae, stellarum cursus; ratio vitae, constanter in suo statu manere*]; **c)** (*vom Alter*) gesetzt [*aetas iam ~* Mannesalter]; **d)** konsequent durchgeführt, harmonisch [*oratio*]; **e)** (*v. Angaben, Gerüchten, Meinungen*) m. sich *od.* m. anderen übereinstimmend, einstimmig [*rumores, fama, constanter dicere od. facere* folgerichtig]. **2.** (*v. Pers.*) beständig, charakterfest, konsequent, besonnen [*amicus, inimicus* hartnäckig, *mens, constanter agere; in re u. °alcis rei* in *etw.*].

F. *abl. sg. -ī; neutr. pl. -ĭă, gen. -ĭŭm.*

cōnstăntĭă, *ae f* (*cōnstāns*) feste Haltung: **1.** (*v. Sachen*) **a)** Festigkeit, Ruhe [*°vocis atque vultūs*]; (*philos.*) ruhiger Seelenzustand (= εὐπάθεια *der Stoiker*); **b)** Stetigkeit, Beständigkeit, Regelmäßigkeit, *bsd. v. Bewegungen u. Zuständen* [*admirabilis* ~ *stellarum, caelestium*]; **c**) Beharrlichkeit, Zuverlässigkeit [*oppugnandi, promissi*]; **d**) (*v. Angaben u. Ansichten*) Übereinstimmung, Konsequenz, Folgerichtigkeit [*testimoniorum; constantiae causa defendere alqd* um konsequent zu bleiben]. **2.** (*v. Pers.*) Beständigkeit, Charakterfestigkeit, Gleichmut, Besonnenheit (*alcis, zB. testium, militum* Ausdauer, *mea, auch animi, mentis*; °*in re, zB. in subeundis periculis*); *pl.* Arten der Besonnenheit; °*pejorativ auch* Trotz.

Cōnstāntīnă, *ae f s. Cīrtă.*

Cōnstāntīnŏpŏlīs, *īs f* (*Κωνσταντίνου πόλις*) *späterer Name für Bȳzāntĭūm* (*s. d.*) *als Residenz Konstantins d. Gr.* (*C. Flāvĭūs Vălĕrĭūs Claudĭūs Cōnstāntīnŭs*, † *337 n. Chr.*).

cōn-stātūrŭs *part. fut. v. cōnstō.*

cōn-stĕllātĭō, *ōnĭs f* (*stēllă*) (*spätl.*) (*astr. t.t.*) (*gegenseitige Stellung der Gestirne u.*) ihr Einfluß auf das Schicksal e-s Menschen, Konstellation.

cōnstĕrnātĭō, *ōnĭs f* (*cōnstĕrnō*[1]; *nkl.*) **1.** das Scheuwerden, Scheuen [*equorum*]. **2.** / **a**) Bestürzung, Angst, Entsetzen [*subita, animi*]; **b**) Aufruhr, Tumult, Krawall, Meuterei [*militum, muliebris*].

cōn-stĕrnō[1] 1. (*cf. stĕrnăx*; *nhd.* „starren, störrisch"; *Verwandtschaft m. cōnstĕrnō*[2] *ist umstritten*) (*fast nur nkl.*) **1. a**) scheu machen [°*equos*]; °*P.* scheuen (*P.P.P.* °*cōnstĕrnātŭs* scheu); **b**) aufscheuchen, aufschrecken [°*alqm ab sede sua*, °*hostes in fugam in* wilde Flucht jagen]. **2.** / (er)schrecken, ängstigen, außer Fassung bringen (*alqm, bsd. im P.*; °*ad arma consternari* aufgeregt zu den Waffen eilen); *P.P.P.* °*cōnstĕrnātŭs* bestürzt, verblüfft, außer sich. **3.** aufregen, erbittern, empören, zum Aufruhr treiben (*alqm, zB.* °*etiam sanos, alqm animo, animum alcis*); *oft im P., bsd.* (*auch klass.*) *P.P.P.*

cōn-stĕrnō[2], *strāvī, strātŭm* 3. **1. a**) bestreuen [°*iter floribus*]; *übh.* dicht bedecken (*alqd, zB. omnes vias; alqd re, zB. tabernacula caespitibus*); / besäen [°*maria classibus*]; **b**) *etw. m. etw.* über- *od.* verdecken [°*vehiculum*]; m. Brettern belegen [°*pontem*, °*paludem pontibus* m. Bohlen überbrücken]; m. einem Verdeck versehen [*navem; naves constratae*], [*maria*] aufdämmen; (*nkl.*) schottern [*aream silice*], pflastern. **2.** (*nkl.*) niederwerfen, umwerfen [*statuas*].

cōn-stīpō 1. zusammendrängen [*se sub vallo*].

cōn-stĭtī *s. cōnsīstō u. cōnstō.*

cōn-stĭtŭō

1. a) hinstellen, -setzen, -legen; **b**) *mil.* haltmachen lassen; **c**) ansässig machen; (*Beamte*) einsetzen; **2. a**) errichten, anlegen; **b**) stiften, einführen; *etw.* vornehmen; **3. a**) bestimmen, vereinbaren; **b**) beschließen; **4.** (*P.P.P.*) *adi.* **cōnstĭtūtŭs** festgesetzt, bestimmt, beschaffen.

cōn-stĭtŭō, *ŭī, ūtŭm* 3. (*stătŭō*) **1.** (*m. affiziertem obi.*) (*zunächst m. voller Bed. des praev. entweder v. mehreren subi. od. mehreren obi. bzw. Kollektivbegriffen, später auch m. verblaßter Bed. des praev. v. einzelnen subi. od. obi.*) **a**) hinstellen, -setzen, -legen, aufstellen (*alqm u. alqd in loco, zB. hominem ante pedes Manilii, armatos od. arma in templo*, °*signa ante tribunal* aufpflanzen, °*signum nautis* für die Seefahrer); / *alcis senectutem ante oculos* sich (geistig) vor Augen stellen; **b**) *mil.* α) (*Truppen*) haltmachen lassen [*agmen; signa paulisper* das Heer; / *orationem*]; (*Schiffe*) vor Anker gehen lassen [*naves in aperto litore*]; β) irgendwo aufstellen, postieren [*milites sub monte, legiones pro castris, classem apud Salamina*] *od.* wohin verlegen, stationieren [*hiberna in Belgis*]; **c**) (*Pers.*) α) *dauernd* ansiedeln *od.* ansässig machen [*plebem in agris publicis*]; β) (*Beamte*) einsetzen *od.* bestellen, in ein Amt einweisen (*alqm regem, alqm in alqo munere*); *übh. jd.* wozu bestellen [*iudices de ea re*]; in *etw.* einsetzen [*alqm in maxima apud regem gratia*]. **2.** (*m. effiziertem obi.*) **a**) *etw.* errichten, anlegen, (er)bauen, gründen [*turres, aedem, testudines, oppidum, portum; castra* aufschlagen]; **b**) / α) (*meist Zustände*) zustande bringen, stiften, schaffen, einführen [*pacem*, °*decemviralem potestatem, legem od. ius* einführen, °*sibi auctoritatem*]; β) (*bsd. menschliche Verhältnisse*) fest einrichten, in feste Ordnung bringen, organisieren [*rem publicam, civitates, res summa aequitate, rem familiarem; auch* / *ineuntis aetatis inscitia senum constituenda est prudentiā*]; γ) *etw.* vornehmen, unternehmen, veranstalten [*auctionem, quaestionem* eine Untersuchung, *actionem od. crimen in alqo* eine Klage gegen *jd.* erheben]. **3. a**) α) festsetzen, bestimmen, vereinbaren, anberaumen (*alqd, zB. praemia poenasque, tempus agendae rei, diem pugnae; alqd inter se u. cum alqo; alqd in alqm u. ad alqd, de re; alci alqd j-m etw.* anweisen, für *jd. etw.* festsetzen, *zB. aera militibus; m. a.c.i. meist fut. od. gerund. bzw. m. ut; m. indir. Frages.*); β) *etw.* gesetzlich feststellen *od.* festlegen, zuerkennen [*iudicium de rebus repetundis*]; γ) richterlich entscheiden (*alqd, zB. controversiam; de re, zB. de iure; m. ut bzw. a.c.i.*); **b**) beschließen, sich entschließen, den Entschluß *od.* Vorsatz fassen (*alqd ex re et ex tempore; bei gleichem subi. meist m. inf., bei verschiedenen subi. m. ut, ne od. a.c.i. gerund.*); *alci constitutum est* es ist bei *jd.* beschlossene Sache; *abs.* auch seinen Entschluß erklären (*m. inf.*). **4.** (*P.P.P.*) *adi.* **cōnstĭtūtŭs** 3 festgesetzt, bestimmt; beschaffen, *v. Pers. u.* Sachen (*m. adv., bsd. bene u. ita, zB. vir naturā bene -us; philosophus animo ita -us, ut...; de re* in bezug auf *etw.*; ** (*als part. v. esse*) befindlich.

cōnstĭtūtĭō, *ōnĭs f* (*cōnstĭtŭō*) **1. a**) Einrichtung, Verfassung (*alcis rei, zB. religionum* Religionsgebräuche, *Romuli* Staatsverfassung); **b**) (*physisch*) Beschaffenheit, Zustand [*firma corporis*]. **2. a**) Begriffsbestimmung [*summi boni*]; **b**) begründete Feststellung *des Streitobjekts*; (*meton.*) Begründungsform [*causae*]. **3.** (*nkl.*) Verordnung, Anordnung *e-r Behörde* [*senatūs, praetoris*].

cōnstĭtūtŭm, *ī n* (*eigtl. P.P.P. n v. cōnstĭtŭō* „das Festgesetzte") **1.** (*nkl.*) Verfügung, Bestimmung (*alcis, zB. Scipionis*). **2.** Verabredung [~ *facere cum alqo, ut*]; *bsd.* (*concr.*) verabredeter Ort, verabredete Zeit *od.* Zusammenkunft, (*gerichtlich*) *v. den Parteien verabredeter* Termin [~ *habere cum alqo, auch* /, *zB. cum podagra*]. **3.** Vorsatz.

cōn-stĭtūtŭs *P.P.P. v. cōnstĭtŭō.*

cōn-stō

1. a) beisammenstehen; **b**) still (da-)stehen; **2.** fortbestehen; **3. a**) übereinstimmen; **b**) stimmen, richtig sein; **c**) *sibi constare* konsequent sein; **4.** vorhanden sein; **5. a**) gewiß *od.* bekannt sein; **b**) *impers.* **cōnstăt** es steht fest; **6. a**) aus *etw.* bestehen; **b**) in *etw.* bestehen; auf *etw.* beruhen; **7.** kosten.

cōn-stō, *stĭtī, stātūrŭs* 1. **1. a**) (*Pl.*) beisammenstehen; **b**) (*meist vkl., nkl.*) feststehen, still (da)stehen, nicht weichen *od.* wanken [*acies nullo loco constabat*]. **2.** fortbestehen, unverändert bleiben, gleichbleiben, (*prägn.*) in guter Ordnung bleiben [*numerus legionum, iidem ordines; idem sermo omnibus constat* alle bleiben bei derselben Aussage, °*fides ceteris constabat* die übrigen blieben treu, °*non animus* (*mens*) *nobis constat* wir verlieren die Fassung; *auch v. Pers., zB. alqs oculis constat jd.* richtet die Augen unverwandt auf *etw.*, *mente* ~ die Fassung behaupten]. **3. a**) übereinstimmen, harmonieren (*alci rei m. etw., zB. humanitati suae* = treu bleiben, *cum re, zB. oratio secum et cum re constat*]; **b**) *ratio constat* die Rechnung stimmt (*auch* / = es trifft zu; [*nkl.*] *alcis rei m. etw.* im reinen sein); **c**) *sibi constare* konsequent sein (*in re* in *od.* bei *etw.*). **4.** vorhanden sein, existieren. **5. a**) gewiß *od.* bekannt sein (*m. nom., zB. et nomen et factum constat; de re* über *etw.*); **b**) *meist impers.*: α) **cōnstăt alci** es steht (bei) *j-m* fest, *jd.* ist fest entschlossen (*m. inf. od. indir. Frages.*); °*parum constabat* (*sc. patribus*) die Senatoren wußten nicht recht; β) **cōnstăt** es ist eine ausgemachte Tatsache, es ist bekannt (*abs. od. de re; alci, zB. nihil nobis constat* hierüber ist uns nichts Sicheres bekannt, *bsd.* omnibus *od.* inter omnes constat es ist allgemein bekannt; *m. a.c.i. od. indir. Frages.*). **6. a)** aus *etw.* bestehen *od.* zusammengesetzt sein (ex re, *zB.* homo constat ex corpore et animo; *selten* re, [*Lu.*] de re); **b)** / in *etw.* bestehen, auf *etw.* beruhen (in re, *zB.* victoria in virtute militum constat; *auch* ex re *u.* re, *zB.* salus magno casu *od.* exiguo tempore constat). **7.** (*geschäftl. t.t.*; *urspr. vom Einstehen der Waage*) zu stehen kommen, kosten (*m. abl.*, *bzw. gen. pretii*, *zB.* centenis milibus, minoris; victoria multo sanguine; *m. adv.*, *zB.* °gratis). — **constare = esse.

cōnstrātŭm, ī *n* (cōnstĕrnō²) (*nkl.*) Decke, Verdeck [*pl.* -a pontium Bretterbelag, Fahrbahn].

cōn-strīngō, strīnxī, strīctŭm 3. (-strīnxī?) **1.** (*im eigtl. Sinne meist vkl., nkl.*) **a)** zusammenschnüren, -binden [°sarcinam]; **b) α)** binden, fesseln (alqm *od.* corpus alcis vinculis, °curru constrictus an den Wagen gebunden); **β)** *etw.* festbinden, befestigen [°cervicalia linteis]; **c)** P. (*nkl.*) (*vom Schnee*) zusammenfrieren, festfrieren. **2.** / **a)** *etw.* befestigen = unauflöslich machen [°fidem religione]; *auch jd.* durch *etw.* verpflichten (alqm re); **b)** beschränken, in seiner Tätigkeit lähmen (alqm *u.* alqd, *zB.* senatum, orbem terrarum novis legibus; senatum constrictum tenere; P. constrictum teneri a collega *od.* libidinibus); **c)** (*in der Rede*) kurz zusammenfassen [sententiam aptis verbis].

cōnstrūctĭō, ōnĭs *f* (cōnstrŭō) **1.** Zusammenfügung, Verbindung, Bau [hominis; °theatri]. **2.** / **a)** (*rhet.*) passende Verbindung [verborum Periodenbau]; **b)** (*gramm. t.t.*) (*Gramm.*) Konstruktion [**~ ad sensum (= κατὰ σύνεσιν) nach dem Sinn, *d.h. nicht nach den Regeln der Grammatik*].

cōn-strŭō, strūxī, strūctŭm 3. **1. a)** zusammen-, aufschichten, aufhäufen (alqd: **α)** *m. affiziertem obi.*, *zB.* °ligna, dentes in ore constructi in Reihen geordnet, °constructae dapibus mensae mit Speisen besetzt; **β)** *m. effiziertem obi.*, *zB.* acervos nummorum); **b)** (*Gramm.*) konstruieren. **2.** kunstvoll (er)bauen, errichten [nidum, aedificium, mundum; °alci sepulcrum, °maria überbauen].

cōnstŭprātŏr, ōrĭs *m* (cōnstŭprō) (*Li.*) Schänder.

cōn-stŭprō 1. schänden, vergewaltigen (alqam); / iudicium emptum constupratumque mit Weibern erkaufter Gerichtshof.

cōn-suādĕō, suāsī, suāsŭm 2. (*Pl.*) dringend (an)raten; *auch* beschwatzen.

Cōnsŭālĭă, ĭŭm *n s.* Cōnsŭs.

cōn-suāsŏr, ōrĭs *m* (cōnsuādĕō) Ratgeber.

cōn-sūcĭdŭs 3 (*Pl.*) vollsaftig.

cōn-sūdō 1. (*vkl., nkl.*) stark schwitzen.

cōn-suē-făcĭō, fēcī, făctŭm 3. (*cf.* ăssuēfăcĭō) (*vkl., nkl.*) *jd.* an *etw.* gewöhnen (alqm *m. inf.*); P. -fīō, făctŭs sŭm, fĭĕrī.

▶ **cōn-suēscō,** suēvī, suētŭm 3. **1.** (*intr.*) **a)** sich (an *etw.*) gewöhnen (*abs. od. m. inf.*; *m.* °*dat.*, *zB.* dolori, *u.* °ad alqd); *pf.* **cōnsuēvĭssĕ** gewohnt sein, pflegen, *fast nur v. Pers.* (°*impers.* sicuti fieri consuevit wie es zu geschehen pflegt); **b)** cum alqo consuevisse *m. jd.* vertrauten *od.* intimen Umgang haben [cum mulieribus mit Weibern verkehren]. **2.** (*trans.*) (*nkl., dcht.*) *etw. od. jd.* an *etw.* gewöhnen [bracchia]. **3.** P.P.P. **cōnsuētŭs** 3 **a)** an *etw.* gewöhnt, *m. etw.* vertraut (*m. dat. od. m. inf.*); **b)** *adi.* (*m. sup.*; *adv.* **-ē**) (*nkl., dcht.*) gewohnt, gewöhnlich [libido; alqd consuetum habere sich an *etw.* gewöhnt haben].
F. *pf.-Formen* (*synk.*) cōnsuēstī = cōnsuēvĭstī, cōnsuēssĕ(m) = cōnsuēvĭssĕ(m), cōnsuēmŭs = cōnsuēvĭmŭs, cōnsuērăm *u.a.*

cōnsuētĭō, ōnĭs *f* (cōnsuēscō) (*Com.*) intimer Verkehr [clandestina].

▶ **cōnsuētūdō,** ĭnĭs *f* (cōnsuēscō) **1.** Gewohnheit, Herkommen, Sitte, Brauch [communis, vetus; alcis *j-s*, *zB.* maiorum; alcis rei *e-r* Sache, *gen. subi. u. obi.*, *zB.* vitae, oculorum wiederholter Anblick; est consuetudo alcis *m.* ut *od. m. inf.*]; consuetudinem alcis rei habere Übung *od.* Praxis in *etw.* haben; in consuetudinem venire zur Gewohnheit werden; consuetudinis causā der Form wegen; (pro, ex) consuetudine *od.* ad consuetudinem alcis nach *od.* gemäß der Gewohnheit *j-s* (*Ggs.* praeter *od.* contra -nem). **2. a)** gewohnte Lebensweise = ~ vitae *od.* victūs, vivendi [Persarum]; **b)** (*gewöhnlicher*) Sprachgebrauch = ~ loquendi *od.* dicendi, sermonis Umgangssprache [barbara, indocta, bona]. **3.** geselliger Umgang, Verkehr, *auch im pl.* [multa, iucunda, epistularum Briefwechsel, Korrespondenz, victūs vertrautes Zusammenleben; *bsd.* (*nkl.*) zärtlicher Umgang *der Eheleute u. Liebenden*; stupri außerehelicher Verkehr; alcis *j-s u. m. jd.*; consuetudo alci est cum alqo]. **4.** (*vkl., nkl.*) Liebschaft, Liebesverhältnis [cum alqo, ~ alcis est *od.* -nem alqs habet cum alqa].

cōnsuētŭs 3 *s.* cōnsuēscō.

cōn-suēvī *s.* cōnsuēscō.

▶ **cōnsŭl,** ŭlĭs *m* (*wohl altes Wurzelnomen zu* cōnsŭlō; *cf.* cōnsĭlĭŭm) **1. a)** Konsul, *einer der zwei höchsten Beamten in der röm. Republik seit etwa 450 v.Chr., für jeweils 1 Jahr, anfänglich nur aus der Klasse der Patrizier in den Zenturiatkomitien gewählt; seit 366 stets der eine Konsul ein Plebejer; Abk. COS, pl. COSS; nach ihnen wurden die Jahre bezeichnet* [Cn. Pompeio M. Crasso consulibus; quibus consulibus? = in welchem Jahre?]; **b)** ~ suffectus der im Laufe des Jahres an die Stelle eines anderen nachgewählte K.; **c)** ~ designatus der für das nächste Jahr gewählte K.; **d)** pro consule (*pl.* pro consulibus) *u.* proconsul (*eig.* Stellvertreter eines Konsuls) Statthalter einer konsularischen Provinz. **2.** (*nkl.*; *selten*) Prokonsul. — **Ratsherr, Vorsteher; *seit dem späten MA* = Handlungsbevollmächtigter e-r Nation. — (*abl. sg.* -ĕ, *gen. pl.* -ŭm.)

▶ **cōnsŭlārĭs,** ĕ (*adv.* °**-ĭtĕr**) (cōnsŭl) **1.** konsularisch, des Konsuls *od.* der Konsuln, Konsul... [imperium, provincia; aetas gesetzliches Alter *v.* 43 Jahren, exercitus v. einem Konsul befehligt, comitia zur Konsulwahl]. **2.** *subst.* **cōnsŭlārĭs,** ĭs *m* **a)** Konsular, gewesener Konsul; **b)** (*i. d. Kaiserzeit*) Legat mit Konsularrang, kaiserlicher Statthalter *e-r* Provinz. **3.** *adv.* **cōnsŭlārĭtĕr** (*Li.*) eines Konsuls würdig [vitam agere].
F. *abl. sg.* cōnsŭlārī, *gen. pl.* -ĭŭm.

▶ **cōnsŭlātŭs,** ūs *m* (cōnsŭl) Konsulat, Konsulamt, -würde. — **Rat (*einer Stadt*).

> **cōnsŭlō**
> **1.** (*intr.*) **a)** sich beraten; **b)** für *etw.* sorgen; **c)** beschließen; verfahren; **2.** (*trans.*) **a)** *jd.* um Rat fragen, befragen; **b)** beraten; **c)** boni consulere *etw.* gutheißen.

cōnsŭlō, lŭī, ltŭm 3. (*wohl* cōn- + √*sel- „nehmen, ergreifen"; *cf.* ἑλεῖν „zusammennehmen, versammeln", cōnsŭl, cōnsĭlĭŭm; senatum consulere *eig.* „den Senat versammeln") **1.** (*intr.*) **a)** (gemeinsam) Rat halten, sich beraten (*abs.*, *zB.* °consulam ich will mir's überlegen; cum alqo; de re, *zB.* de Rhodiis; *m. indir. Frages.*; °in medium *od.* °in commune für das Gemeinwohl beratschlagen); **b)** (*m. dat. od. m.* ut, ne) Rat schaffen, für *etw.* sorgen, *jd.* helfen (alci, *zB.* civibus, sibi auf seine eigene Rettung bedacht sein; alci rei, *zB.* saluti, timori an Furcht denken, vitae suae schonen, suae vitae durius Hand an sich legen); **c)** beschließen, Maßregeln treffen, verfahren (de re, *zB.* de salute alcis; de alqo, *zB.* de °perfugis: ad summam rerum mit Rücksicht auf das Ganze; *meist m. adv. u.* in alqm gegen *jd.*, *zB.* °crudeliter in legatos). **2.** (*trans.*) **a)** *jd.* um Rat fragen, befragen, zu Rate ziehen (alqm, *zB.* regem, *u.* °alqd, *zB.* sortes; alqm de re, *zB.* de alcis morte, [°*selten*] alqm alqd; *m. indir. Frages.*), *bsd.* eine Gottheit [deum], ein Orakel [oraculum], *e-n* Wahrsager [haruspicem], eine Behörde *od.* das Volk [senatum; populum beim V. einen Antrag stellen], e-n Rechtskundigen zu Rate ziehen [alqm de iure, (*selten*) °alqd, *zB.* ius; qui consuluntur die Rechtskundigen]; **b)** (*klass. selten*) *etw.* beraten, erwägen, überlegen (alqd, *zB.* rem delatam); **c)** (*unkl.*) boni consulere *etw.* gutheißen, *m. etw.* zufrieden sein (*abs. od.* alqd, *zB.* hoc munus); — *cf. auch* cōnsŭltŭs¹.

cōnsŭltātĭō, ōnĭs *f* (cōnsŭltō²) **1.** Beratung, Erwägung [venit alqd in consultationem; °de re, *zB.* de pace; *m. indir. Frages.*; *m.* °ut, °ne]. **2.** Anfrage, *bsd. b. einem Rechtsgelehrten.* **3.** (*rhet. u. philos. t.t.*) Satz als zu erörternde These, Thema.

cōnsultātor, ōris *m* (cōnsultō²) (*nkl.*) Fragesteller.

cōnsultē *u.* **cōnsultō**¹ *adv. s.* cōnsultus¹.

▶ **cōnsultō**² 1. (*intens. v.* consulō) **1.** (*meist intr.*) **a)** reiflich überlegen, sich beraten (*cum alqo, zB. cum amicis; de od.* °*super re, zB. de bello; selten* °*alqd; m. indir. Frages.*); **b)** für *etw.* sorgen [°*in medium* zum allgemeinen Besten; °*in longius* für die Zukunft; *selten* °*alci* für *jd.* sorgen]. **2.** *trans.* (*unkl.*) **a)** *jd.* befragen, um Rat fragen; zu Rate ziehen (*alqm*); **b)** *abs.* **α)** Wahrsager befragen; **β)** sich Rechtsbescheide holen.

cōnsultor, ōris *m* (cōnsulō) **1.** (*nkl.*) Berater. **2.** der Ratsuchende (*bsd. in Rechtsfällen*), Klient.

cōnsultrix, īcis *f* (cōnsultor) Fürsorgerin [*natura* ~ *omnium utilitatum*].

▶ **cōnsultum,** ī *n* (cōnsultus¹) **1. a)** Beschluß, Plan, Maßregel (*alcis, zB.* °*patrum*); **b)** *senatus* ~ (*Abk.* SC) *vollgültiger, durch Beistimmung der Volkstribunen bestätigter* Senatsbeschluß [*-um facere, scribere; de re; in alqm* gegen *jd.*]. **2.** (*Ve.*) Orakel(spruch) [~ *petere*]. — ***ex maturitatis consulto* infolge geistiger Reife.

cōnsultus¹ 3 (*m.* °*comp. u.* °*sup.*; *adv.* **-ē** *u.* **-ō**) (*eig. P.P.P. v.* cōnsulō) **1.** (*v. Sachen*) reiflich überlegt *od.* erwogen, (wohl)bedacht [*consilium*]. **2.** (*v. Pers.*) kundig, erfahren, Kenner (*alcis rei, zB.* °*eloquentiae*); *bsd. iuris od.* (*selten*) *iure consultus* rechtskundig; *subst. m* Rechtsgelehrter. **3.** *adv.* **a) cōnsultē** (*m. comp. u. sup.*) (*vkl., nkl.*) mit Bedacht [*rem gerere*]; **b) cōnsultō** m. Absicht, absichtlich [°*bellum trahere*].

cōnsultus², ūs *m* (cōnsulō) (*Isid.*) = cōnsultum Beschluß [*senatūs*]. — **Rat; Hilfe.

cōn-sultus³ *P.P.P. v.* cōnsulō.

cōn-suluī *s.* cōnsulō.

cōnsummābilis, ĕ (cōnsummō) (*Se.*) der Vollkommenheit fähig.

cōnsummātiō, ōnis *f* (cōnsummō) (*nkl.*) Zusammenrechnung, Überblick; Vollendung, Beendigung (*alcis rei*).

cōn-summō 1. (summă) (*nkl., dcht.*) **1.** zusammenrechnen, summieren (*alqd*); P. sich als Summe ergeben [*partibus* aus den Teilen]; (*P.P.P.*) *adi.* cōnsummātus 3 gesamt [*gloria*]. **2.** vollbringen, ausführen (*alqd, zB. murum*); *bsd.* zur höchsten Vollendung bringen [*artem*]; *abs.* seine Dienstzeit vollenden; (*P.P.P.*) *adi.* **cōnsummātus** 3 (*m. sup.*) vollendet, vollkommen [*sapientia*].

▶ **cōn-sūmō,** sūmpsī, sūmptum 3. **1. a)** (*Kraft, Eifer, Gaben*) gebrauchen, auf *etw.* verwenden (*alqd in re etw.* bei, auf *etw., zB. pecuniam in statuis, studium od. curam in armis, operam od. laborem in litteris;* [*nkl.*] *alqd in rem, zB. aurum in ludos*); **b)** (*Zeit*) verbringen, hinbringen, zubringen *od. m. etw.* ausfüllen, *auch* (unnütz) verstreichen lassen (*alqd, zB. tempus, aestatem ruri; alqd re etw.* durch, *m. etw., in re* in, bei *etw., zB. noctes conviviis*); P. verstreichen, *auch* (unnütz) verloren gehen. **2.** (*durch Verwenden*) **a)** aufbrauchen, verbrauchen (*alqd, zB. tela* verschießen); *auch* / [*lacrimas,* °*ignominiam* auskosten, °*misericordiam* das Maß des Mitleids erschöpfen]; *bsd.* erfolglos aufbrauchen, verschwenden [°*verba, omnem vim ingenii*]; **b)** aufzehren, verzehren [*pabulum;* / °*rubigo ferrum consumit*]; **c)** verprassen, vergeuden [*pecuniam;* / *gloriam*]; **d)** / vernichten, zerstören, aufreiben, erschöpfen, (*Lebendes*) umbringen, wegraffen (*alqm u. alqd, zB. vetustas omnia consumit*); *meist* P. umkommen [*alqs consumitur fame; alqd consumitur incendio*].

cōnsūmptiō, ōnis *f* (cōnsūmō) Verzehrung, Aufzehrung [*sui*].

cōnsūmptor, ōris *m* (cōnsūmō) Verzehrer; (*nkl.*) Verschwender.

cōn-sūmptus *P.P.P. v.* cōnsūmō.

cōn-suō, suī, sūtum 3. (*vkl., nkl.*) zusammennähen; / anzetteln [*dolum*]; *os alcis jd.* das Maul stopfen.

cōn-surgō, surrēxī, surrēctum 3 **1.** (*v. mehreren*) gemeinsam sich erheben [*cunctus senatus; ex re, zB. ex consilio, ex insidiis*]; *bsd.* P. *consurgitur* man steht auf. **2.** (*v. einem einzelnen*) **a)** sich erheben, aufstehen, (*vom Redner*) auftreten [*consul,* °*toro* vom Bett, °*alte in ensem sublatum* m. dem Schwerte weit ausholen]; **b)** / °(*v. Leblosem*) sich auftürmen, emporsteigen, -ragen, *zB. v. Bäumen, Bauten, Städten, Winden, dem Meere u. a.*; **c)** zu einer Tätigkeit sich erheben *od.* aufstehen (*ad od.* °*in alqd, zB. ad bellum od.* °*in arma* zum Kampfe); **d)** (*geistig*) emporstreben, sich emporschwingen [*ad gloriam,* °*carmine* im Liede].

cōnsurrēctiō, ōnis *f* (cōnsurgō) allseitiges Aufstehen.

Cōnsus, ī *m* (*zu* condō *vom* o-*Stamm* cōnsō- [= *jüngerem P.P.P.* cŏnditus] *als* „Gott des Einbringens") *altröm. Gott, unter dessen Schutz die Bergung der Ernte stand; sein unterirdischer Altar war (wie die in überdeckten Gruben geborgenen Feldfrüchte) das ganze Jahr mit Erde zugedeckt u. wurde nur zu seinem Fest (den am 21. August u. am 15. Dez. m. Pferde- u. Mauleselrennen gefeierten* **Cōnsuālia,** ium *n* [*vom* u-*Stamm* cōnsu- = das Einbringen]) *feierlich ausgegraben; der Altar stand im Tal zw. Aventin u. Palatin.*

cōn-susurrō 1. (*Te.*) zusammen flüstern.

cŏn-tābēfaciō, fēcī, factum 3. (*Pl.*) nach *u.* nach hinschwinden lassen; / verzehren.

cŏn-tābēscō, buī, — 3. hinschwinden, sich verzehren.

cŏntăbulātiō, ōnis *f* (cŏntăbulō) Balkenlage *od.* Bretterdecke *eines Stockwerks* (*bsd. des ersten*); (*meton.*) Stockwerk.

cŏn-tăbulō 1. (tăbulă) **1.** m. Brettern *od.* Balken belegen, *um Stockwerke zu bilden* [*turres*]. **2. a)** m. mehrstöckigen Türmen versehen [*murum turribus*]; **b)** / (*nkl.*) überbrücken [*mare molibus*].

cōn-tāctus¹ *P.P.P. v.* cŏntingō.

cŏntāctus², ūs *m* (*unkl.*) = cŏntāgiō. [rührung.]

cŏntāgēs, is *f* (cŏntingō; *Lu.*) Be-

cŏntāgiō, ōnis *f u.* **cŏntāgium,** ī *n* (cŏntingō) (*nkl., dcht.*) **1. a)** Berührung, Betastung (*alcis u. alcis rei, zB. carnificis, corporis*); **b)** / **α)** Einwirkung, Einfluß [*naturae*]; **β)** Verkehr *m. jd.* [*Romanorum*]. **2.** (*pejorativ*) **a)** Ansteckung, Seuche [*pestifera*]; **b)** / Einfluß, böses Beispiel (*alcis rei, zB. sceleris, lucri* Sucht nach).

cŏntāminō 1. (*denom. v.* cŏntāmĕn, inis *n* „Berührung" < *-tāg-smĕn *zu* tăngō; *eigtl.* „in Berührung bringen") **1.** (*durch Berührung*) entehren, entweihen, verderben (*alqm u. alqd, zB. se sceleribus, veritatem mendacio*); *bsd. gentes* durch Übertritt eines Patriziers in den Plebejerstand, °*fabulas* durch Verschmelzung *v.* zwei griechischen Originalen zu einem römischen: verhunzen, kontaminieren. **2.** m. Unreinem in Berührung bringen, besudeln, beflecken, entweihen (*alqm u. alqd, zB. se stupris*); *bsd. P.P.P.* **cŏntāminātus** 3 befleckt, entweiht (*re m. etw., zB. parricidiis*); *abs. adi.* (*m. sup.*) unrein [*spiritus*]; schuldbefleckt [*homo*]; *bsd.* °durch unnatürliche Lüste befleckt; *subst.* **-ī,** ōrum *m* (*Ta.*) Lustknaben.

cŏn-tĕchnor 1. (*denom. v.* tĕchnă) (*Pl.*) Ränke schmieden, listig ersinnen.

cŏn-tĕgō, tēxī, tēctum 3. **1.** (be-) decken, *bsd. verwahrend, schützend, bekleidend, oft* = schützen, verwahren (*alqm od. alqd re, zB. corpus veste, arma* durch einen Lederüberzug schützen, *navem* m. Verdeck versehen); *auch* ° / schützen. **2. a)** verdecken, verhüllen, verbergen (*alqm u. alqd, zB. se corbe*); **b)** (*nkl.*) begraben (*alqm od. corpus alcis tumulo*). **3.** / verheimlichen [*libidines fronte*].

cŏn-tĕmĕrō 1. (*dcht.*) beflecken, entweihen [*torum*].

▶ **cŏn-tĕmnō,** tĕmpsī, tĕmptum 3. **1.** verachten, geringschätzen (*abs. od. alqm u. alqd, zB. deos, mortem; alqd prae re* im Vergleich *m. etw., zB. Romam prae sua Capua; m.* °*inf.*); *non contemnendus* = beachtlich, bedeutend, *v. Pers. u. Sachen.* **2.** *etw. durch Worte* herabsetzen, sich geringschätzig über *etw.* äußern [*alcis genus*]. **3.** *se* (*non*) *contemnere* (nicht) bescheiden sein, (kein) Selbstgefühl besitzen. **4.** (*dcht.*) *e-r* Sache trotzen [*ventos*].

cŏntĕmplātiō, ōnis *f* (cŏntĕmplor) **1.** das Beschauen, Betrachtung (*alcis rei, zB. caeli; auch geistig, zB. naturae*). **2.** (*nkl.*) Rücksicht auf *etw.* [*liberorum*].

cŏntĕmplātīvus 3 (cŏntĕmplor) (*Se.*) beschaulich, theoretisch (= θεωρητικός; *Ggs.* āctīvus =

πρακτικός) [philosophia]. — **vita -a Klosterleben.

cŏntēmplātŏr, ōrĭs *m* (cŏntēmplŏr) Beschauer, Betrachter [caeli, deorum].

cŏntēmplātŭs, *abl.* ū *m* (*Ov.*) = cŏntēmplātiō.

▶ **cŏn-tēmplŏr** *u.* (*altl.*) **-ō** 1. (cŏn- + *denom. v.* tēmplŭm — *s.d.* —, *urspr. t.t. der Auguralsprache* „beobachten, was im Beobachtungsbezirk am Himmel vorgeht") beschauen, betrachten (alqm *u.* alqd oculis); / (*geistig*) betrachten, erwägen (alqd animo).

cŏn-tēmpsī *s.* cŏntēmnō.

cŏntēmptĭm (*m. comp.* -tiŭs) *adv.* (cŏntēmptŭs[1]) (*vkl., nkl.*) verächtlich, geringschätzig [loqui de re].

cŏntēmptiō, ōnĭs *f* (cŏntēmnō) Verachtung, Geringschätzung, Gleichgültigkeit gegen *etw.* (alcis *u.* alcis rei, *zB.* deorum, mortis; alci in contemptionem venire); *auch pass.* das Verachtetwerden [inter socios].

cŏntēmptiŭs *adv. s.* cŏntēmptĭm.

cŏntēmptŏr, ōrĭs *m* (cŏntēmnō) (*nkl., dcht.*) Verächter (alcis *u.* alcis rei); *adi.* alles verachtend, hochfahrend [animus].

cŏntēmptrīx, īcĭs *f* (cŏntēmptŏr) (*unkl.*) Verächterin.

cŏntēmptŭs[1] 3 (*m. comp. u. sup.*; *adv.* **cŏntēmptĭm**, *s.d.*) (*eigtl. P.P.P. v.* cŏntēmnō) **1.** verachtet. **2.** verächtlich, *auch* = unbedeutend, ärmlich, *v. Pers. u. Sachen.*

cŏntēmptŭs[2], ūs *m* = cŏntēmptiō: **1.** (*act.*) (*nkl.*) das Nichtachten [pecuniae]. **2.** (*pass.*) das Nichtgeachtetsein; *klass. nur in der Redensart* contemptui esse alci *v. jd.* verachtet werden.

cŏn-tēmptŭs[3] *P.P.P. v.* cŏntēmnō.

cŏn-tĕndō
1. a) (*trans.*) vergleichen; **b)** (*intr.*) wetteifern, streiten; **2. a)** (*trans.*) anspannen, straffen; **b)** (*intr.*) sich anstrengen; eilen; **c)** *nach etw.* streben; **d)** auf *etw.* bestehen, hinarbeiten; **e)** fest behaupten.

cŏn-tĕndō, tĕndī, tēntŭm 3. **1.** zusammenspannen, gemeinsam spannen; *nur* / **a)** (*trans.*) zusammenstellen, vergleichen (alqd, *zB.* leges, alqd cum re, *zB.* causam Roscii cum tua, *auch* °alqd alci rei); **b)** (*intr.*) **α)** sich *m. jd.* messen, wetteifern, streiten, *m. Waffen, Worten, Handlungen* (cum alqo *u.* °alci *m. jd.*, *zB.* cum Sequanis proelio, cum alqo armis; inter se, contra *u.* adversus alqm, pro alqo; de re, *zB.* de principatu *j-m* streitig machen); **β)** sich herumstreiten, hadern, rechten, (*v. Sachen*) in Konflikt kommen [inter se de praemiis, improbitas cum veritate]; **γ)** (*bei Auktionen*) um die Wette bieten. **2. a)** (*trans.*) **α)** anspannen, straff anziehen (alqd, *zB.* nervos fidium, °arcum, tormenta telorum Geschütze, °ilia risu vor Lachen sich krümmen); **β)** (*dcht.*) (*Geschosse*) schleudern, abschießen [telum in auras, hastam alci auf *jd.*]; **γ)** / (*Körperkräfte*) anstrengen [corpus, omnes nervos in re alle Kraft bei *etw.* aufbieten, °cursum ad alqm = *j-s* Beispiel folgen, °mens contenta exiliis (*dat.*) nur mit dem Gedanken an die Verbannung beschäftigt]; **b)** (*intr.*) **α)** sich anstrengen, sich bemühen [navigium contendit bietet alle Kraft auf; re durch *od. m. etw.*, *zB.* remis eifrig rudern, vi Gewalt anwenden; de re für *etw.*, *zB.* de locis nach Ehrenstellen trachten; pro alqo für *jd.*; *m.* ut, ne *od. m. inf.*]; **β)** wohin eilen, streben *od.* eilig marschieren, (*m. inf.*) sich beeilen (ad alqm, ad *u.* in alqd, *zB.* ad Rhenum, in castra, eodem, tantum itineris so weit; auxilium ferre); **c)** / ad alqd nach *etw.* eifrig streben, *zB.* ad maiora, ad salutem sich zu retten suchen; **d)** *etw.* erstreben, dringend verlangen, auf *etw.* bestehen *od.* hinarbeiten (*abs. od.* alqd, *zB.* hoc unum de indutiis; alqd ab alqo, *zB.* nihil a te; *m.* ut, ne); **e)** nachdrücklich versichern, fest behaupten [hoc, contra alqm; *m. a.c.i.*].

cŏntēntē[1] *adv.* (*m. comp. u.* °*sup.*; cŏntēntŭs[1]) angestrengt, eifrig.

cŏntēntē[2] *adv.* (cŏntēntŭs[2]) (*Pl.*) knapp, kurz [alqm arte contenteque habere].

▶ **cŏntēntiō**, ōnĭs *f* (cŏntĕndō) **1. a)** Vergleich, vergleichende Zusammenstellung (alcis *j-s*, *zB.* hominum, *u. m. jd.*, *zB.* aliorum; alcis rei einer Sache *u. m. etw.*, *zB.* studiorum atque artium; alcis *od.* alcis rei cum alqo *od.* cum re; *m. indir. Frages.*); contentionem facere *e-n* Vergleich anstellen; **b)** (*rhet. t.t.*) (*nkl.*) Antithese. **2. a)** Wettstreit, -kampf, *übh.* Kampf, Streit *m. Waffen od. Worten* [magna, forensis vor Gericht; alcis rei, *zB.* rei privatae in *e-r* Privatsache, dicendi im Reden, honorum um Ehrenstellen; de re um *etw.*, *zB.* de regno; pro re für *etw.*; cum alqo *m. jd.*]; ~ est inter alqos *od.* alci cum alqo de re *od. m. indir. Frages.*; sine contentione ohne Schwertstreich; **b)** Wortstreit, Debatte; *auch* Streitfrage; **c)** Streitsucht, Rechthaberei. **3.** Spannung, Anspannung; *nur* / **a)** Anstrengung [maxima, summa contentione dimicare; alcis rei *subi. u. obi.*, *zB.* totius corporis, vocis, animi, dicendi beim Reden]; **b)** eifriges Streben, Bemühung [cum summa contentione agere; alcis *j-s*, alcis rei *e-r* Sache *od.* nach, um *etw.*, *zB.* honoris Streben nach Ehre, rei publicae um den Staat]; *bsd.* (*rhet.*) Feuer der Rede; **c)** (*pejorativ*) Leidenschaft, Heftigkeit [prava animi]; *bsd.* (*rhet.*) leidenschaftlicher Ton der Rede.

cŏntēntiōsŭs 3 (*m. comp., adv.* **-ē**) (cŏntēntiō) (*nkl.*) streitsüchtig, polemisch; / hartnäckig.

cŏntēntŭs[1] 3 (*m. comp. u.* °*sup., adv.* **-ē**; *s.d.*) (*eigtl. P.P.P. v.* cŏntĕndō) gespannt, straff [°funis]; / (*physisch u. geistig*) angestrengt, eifrig [studium].

▶ **cŏntēntŭs**[2] 3 (*m. comp.*; *adv.* **-ē**, *s.d.*) (*eigtl. P.P.P. v.* cŏntĭnĕō) *m. etw.* sich begnügend, zufrieden (*selten abs.*, *meist* re, *zB.* parvo, se ipso sich selbst genügend; *m.* quod weil, daß; *m.* °*inf. u.* °*a.c.i.*; *m.* °ut, ne).

cŏn-tēntŭs[3] *P.P.P. v.* cŏntĕndō *u.* cŏntĭnĕō.

cŏn-tērmĭnŭs 3 (*nkl., dcht.*) angrenzend, benachbart (alci rei); *subst.* **-ŭm**, ī *n* das angrenzende Gebiet.

cŏn-tĕrō, trīvī, trītŭm 3. **1.** (*unkl.*) zerreiben, zerbröckeln; zerdrücken (alqd, *zB.* °cornua cervi). **2.** / **a)** ab-, aufreiben, abnutzen [°ferrum usu, librum legendo, °viam oft betreten]; **b)** / hart mitnehmen [iniurias in Vergessenheit bringen, °operam Mühe auf-, verwenden]; **c)** (*Zeit*) hinbringen, verbringen, auf *etw.* verwenden; (*pejorativ*) vergeuden [tempus, aetatem; re *m.*, durch *etw.*, in re in, bei *etw.*, *zB.* °socordiā, conviviis, stupris, in studiis litterarum]; se conterere *od. mediopass.* conteri in re sich *m. etw.* abplagen [in musicis, in foro]; **d)** (*in Rede od. Schrift*) abnutzen; *bsd.* (*P.P.P.*) *adi.* **cŏntrītŭs** 3 abgedroschen [proverbium]; **e)** / m. Füßen treten, geringschätzig behandeln, für wertlos halten [praemium]. — **contritus zerknirscht, reuig [cor].

cŏn-tĕrrĕō, ŭī, ĭtŭm 2. (er)schrecken, einschüchtern (alqm *u.* alqm re; *m.* ne).

cŏntēstātiō, ōnĭs *f* (-ē-?; cŏntēstŏr) inständige Bitte, Beschwörung.

cŏn-tēstŏr 1. (-ē-?) **1.** *jd. od. etw.* als Zeugen anrufen, beschwören [deos hominesque, caelum; *m.* ut]. **2.** (*jur. t.t.*) litem einen Prozeß durch Zeugenaufruf anhängig machen (*auch pass.* contestatā lite). **3.** (*part. pf. pass.*) *adi.* cŏntēstātŭs 3 allseitig bezeugt, beglaubigt, bewährt [virtus].

cŏn-tĕxō, xŭī, xtŭm 3. **1.** zusammenweben, -flechten [villos ovium, tigna materiā verbinden]; *auch m. effiziertem obi.* = flechtend bilden, *zB.* corpus navium viminibus. **2.** zusammensetzen, -fügen *bsd.* aneinanderreihen [omne opus, °equum trabibus zimmern; / crimen anstiften]. **3.** / **a)** *etw.* miteinander verknüpfen, verbinden (alqd cum re *od.* °alci rei, *zB.* extrema cum primis); **b)** (*in der Rede*) fortsetzen, anfügen, ergänzen [carmen longius, interrupta wiederanknüpfen].

cŏntēxtŭs[1] 3 (*adv.* **-ē**) (*eigtl. P.P.P. v.* cŏntĕxō) **1.** verflochten, verbunden. **2.** fortlaufend, ununterbrochen [voluptates].

cŏntēxtŭs[2], ūs *m* (cŏntĕxō) Verwebung; *meist* / Zusammenhang, enge Verbindung, innere Konsequenz [rerum, orationis, °in contextu operis im Verlaufe].

cŏn-tĭcēscō *u.* **-tĭcīscō**, tĭcŭī, — 3. (*incoh. v.* cŏntĭcĕō 2. „schweigen") verstummen, *v. Pers.* (*auch v. Sachen, wie* sermo, iudicia = iudices, °lyra; de alqo *u.* de re), *selten* (*Li.*) schweigen; / (*v. Tätigkeiten u. Zuständen*) verstummen = still werden, sich legen, austoben [tumultus, studium nostrum].

cŏntĭcĭnĭŭm, ī *n* (cŏntĭcēscō, *wohl unter Anlehnung an gallĭcĭnĭŭm,* „Zeit des Hahnenschreis, Dämmerung") (*vkl., nkl.*) stille Zeit vor Mitternacht.

cŏn-tĭcŭī *s.* cŏntĭcēscō.

cŏn-tĭgī *s.* cŏntĭngō.

cŏntĭgnātĭō, ōnis *f* (-tĭgn-?; cŏntĭgnō) Gebälk, Balkenlage; (*meton.*) Stockwerk [*tertia*].

cŏn-tĭgnō 1. (-ī-?; tĭgnŭm) mit Balken belegen *od.* überdecken (*alqd*).

cŏntĭgŭŭs 3 (cŏntĭngō, *eigtl.* „berührend") (*nkl., dcht.*) **1.** (*act.*) angrenzend, benachbart [*domus, alci rei, zB. Aventino*]; / ~ *poni tibi* würdig, dir an die Seite gestellt zu werden. **2.** (*pass.*) erreichbar (*alci rei* für *etw., zB. hastae*).

▶ **cŏntĭnēns,** ĕntis (*adv.* **-ĕntĕr**) (*eigtl. part. praes. v.* cŏntĭnĕō) **1.** zusammenhaltend; *nur* / (*m. comp. u. sup.*) sich selbst beherrschend; enthaltsam, mäßig (*abs. od. in re, zB. in omni vita; continenter vivere*). **2.** zusammenhängend: **a)** mit *etw.* anderem: **α)** (*räuml.*) angrenzend, anstoßend, benachbart [°*tecta; alci rei u. cum re, zB. collis ripae ~, pars Cappadociae cum Cilicia ~*]; **β)** (*zeitl.*) unmittelbar auf *etw.* folgend [*dies his funeribus continentes*]; **b)** in sich zusammenhängend = ununterbrochen, unaufhörlich, fortwährend, *räuml., zeitl. u.* / [*terra* Festland; *impetus; -enter pugnare*; (*nkl.*) *ex continenti* sogleich]; **c)** *subst.* **α) cŏntĭnēns,** ĕntis *f* (*sc.* tĕrră) Festland, Kontinent (*abl.* -*ti*); **β)** *pl.* **cŏntĭnĕntĭă¹,** ĭŭm (*selten sg.* °ēns) *n* (*rhet. t.t.*) Hauptpunkt, Hauptsache (*alcis rei*); *cf.* V.-B. VIII.

▶ **cŏntĭnĕntĭă²,** ae *f* (cŏntĭnēns) **1.** (*Suet.*) das Zurückhalten, Unterdrücken (*v. Blähungen*). **2.** (*moralische*) Zurückhaltung; Enthaltsamkeit, Selbstbeherrschung (*alcis j-s; in re in etw., zB. in omni victu*). **3.** (*spätl.*) Zusammenhang; Inhalt.

cŏn-tĭnĕō
1. a) (fest) zusammenhalten; **b)** verbinden; **c)** erhalten, bewahren; **2. a)** einschließen, begrenzen; **b)** umzingeln; **c)** enthalten; *P. contineri re* in *etw.* enthalten sein, auf *etw.* beruhen; **3. a)** anhalten, festhalten; **b)** in Schranken halten, mäßigen, zügeln; **c)** abhalten, zurückhalten; **d)** *etw.* bei sich behalten.

cŏn-tĭnĕō, tĭnŭī, tĕntŭm 2. (tĕnĕō) **1.** zusammenhalten: **a) α)** (*obi. pl. od. coll.*) beieinanderhalten, nicht auseinanderlassen, festhalten (*alqd, zB. merces* nicht austeilen; *alqm, zB. milites uno loco, exercitum castris od. in castris*); P. (*v. Sachen*) (*dcht.; intr.*) zusammenhalten *od.* halten, *zB. membranae continentur*; **β)** (*obi. sg.*) (fest)halten [°*agricolam si continet imber* daheim hält]; **b)** (*Getrenntes*) verbinden [*fundamenta saxis; oppidum Cenabum pons fluminis Ligeris continebat (falls nicht „contingebat" zu lesen ist)* verband die Stadt m dem anderen Ufer]; P. zusammenhängen, *zB. insula ponte continetur* ist m. der Stadt verbunden, *hiberna centum milibus passuum continebantur* standen auf einer Strecke v. 150 km miteinander in Verbindung; *meist* /, *zB. hospitio alcis contineri m. jd.* verbunden sein durch; **c)** / *etw.* erhalten, bewahren (*alqd, zB. disciplinam militarem*); *bsd. etw. od. jd.* in einem Zustande erhalten, *zB. Belgas in officio* in Unterwürfigkeit; *alqm in fide od.* °*fide, se in re* fest an *etw.* halten, *zB. in suis studiis.* **2.** behalten: **a)** einschließen, eingeschlossen halten, *bsd.* (*Örtlichkeiten*) rings umgeben, begrenzen (*alqm u. alqd, zB. flumina eos od. ea loca continent, mundus omnia complexu suo continet*); *bsd.* P. *contineri re* [*Garumna flumine; altissimis montibus*]; **b)** feindlich einschließen [*equitatum ad Dyrrhachium*]; **c) α)** *etw.* umfassen = (in sich) enthalten *od.* tragen (*alqd, zB. spem in alvo* unter dem Herzen tragen, °*liber continet res gestas populi Romani,* / *alqd animo ac memoriā*); P. **contineri** *re* in *etw.* enthalten sein [*sagittarii media acie continebantur* standen im Zentrum, *noctis longitudo stupris continebatur* bestand aus]; **β)** / das Wesen *e-r* Sache ausmachen (*alqd, zB. haec res omnem vitam continet; quod rem continet* das Wesentliche, die Hauptsache); *bsd.* P. **contineri** *re* auf *etw.* beruhen, in *etw.* bestehen, *auch* bei *etw.* auf dem Spiele stehen [*dii non venis et nervis et ossibus continentur*]. **3.** zurückhalten: **a)** anhalten, festhalten, an freier Bewegung hindern (*alqm u. alqd, zB. hostem, naves copulis* entern, *animam in dicendo* den Atem anhalten, *vocem* den Mund halten, *alqm in exercitatione* festhalten bei); *bsd. jd.* halten = nötigen, sich irgendwo aufzuhalten, *zB. copias (in) castris od. intra castra, se moenibus od. domi;* / *se continere in re* fest bei *etw.* bleiben *od.* verharren [*in studiis*]; **b)** in Schranken *od.* im Gehorsam halten [*civitates auctoritate, plebem animi aequitate, risum,* °*ora frenis* zügeln]; *bsd.* (*geistig, moralisch*) beherrschen, zügeln, mäßigen [*cupiditates, audaciam metu, dolorem* zurückhalten, *se in libidine* sich mäßigen in]; *bsd.* **α)** *se continere re* sich auf *etw.* beschränken [*oppido, Asiae finibus*]; **β)** *contineri re* P. durch *etw.* beschränkt sein, *mediopass.* sich auf *etw.* beschränken [*angustiis* auf engen Raum]; **c)** *jd. od etw.* abhalten *od.* zurückhalten (*alqm u. alqd a re, zB. milites a proelio, animum a libidine*; *m. ne u. quominus bzw. quin, zB. dux milites continuit, ne longius progrederentur; vix me contineo od.* [*mediopass.*] *vix contineor, quin* ich kann mich kaum enthalten, etwas zu tun); **d)** *etw.* bei sich behalten: **α)** = nicht herausgeben [*reliquos libros*]; **β)** = verschweigen [*multa, dicta*].

cŏn-tĭngō
1. (*trans.*) **a)** berühren; **b)** bestreuen, benetzen; **c)** ergreifen; **d)** *v. etw.* kosten; **e)** (*Ziel*) treffen; **f)** an *etw.* grenzen; **g)** *jd.* nahestehen; **h)** *jd.* betreffen; **i)** (*P.P.P*) **cŏntāctŭs** befleckt, verunreinigt; **2.** (*intr.*) **a)** zuteil werden, widerfahren; **b)** *impers. contingit* es wird zuteil, es gelingt.

cŏn-tĭngō, tĭgī, tāctŭm 3. (tăngō) **1.** (*trans.*) **a)** berühren, anrühren (*alqd, zB. caelum; alqd re etw. m. etw., zB.* °*terram osculo* die Erde küssen, °*alqm igne* versengen); **b)** (*dcht.*) / *etw. m. etw.* bestreichen, bestreuen, benetzen [*lac sale*]; **c)** *etw.* (er)fassen, ergreifen [*alcis dextram,* °*habenas manibus;* / °*libido me contingit*]; **d)** (*dcht., nkl.*) *v. etw.* kosten; *etw.* essen, genießen [*aquas, cibum*]; **e)** / (*dcht.*) (*ein Ziel*) erreichen, *etw.* treffen [*hostem ferro;* / *vox contingit alqm od. aures alcis*]; *auch* irgendwohin gelangen (*alqd, zB. Italiam*); / *etw.* finden [*Ci.: naturam sui similem*]; **f)** an *etw.* stoßen *od.* grenzen, sich anlehnen (*alqd* an *etw., zB. fines Volscorum, turris vallum*); **g)** / (*nkl.*) *jd.* verwandtschaftlich *od.* freundschaftlich nahestehen (*alqm, zB. deos propius* den Großen der Erde näherstehen; *alqm re, zB.* °*propinquitate od. affinitate m. jd.* verwandt sein); **h)** (*nkl., dcht.*) *jd.* betreffen, angehen (*alqm, zB. haec res nihil me contigit;* P. *mea causa nihil eo facto contingitur*); **i)** (*pejorativ*) beflecken, anstecken; m. Schuld beladen; meist *P.P.P.* **cŏntāctŭs** 3 befleckt, verunreinigt, (schuld-) beladen [*auspicia; re* durch *etw., zB. sacrilegia, religione* fluchbeladen]. **2.** (*intr.*) **a)** zuteil werden, begegnen, widerfahren (*alqd etw. u. alqd alci j-m etw., zB. pugnandi occasio consuli, omnia tibi contingant*); **b)** *meist impers.* **cŏntĭngĭt** es wird zuteil, es ereignet sich, *bsd.* (*im guten Sinne*) es gelingt, es glückt (*alci j-m, meist m. ut, zB.* °*Thrasybulo contigit, ut patriam in libertatem vindicaret; selten m. inf. u.* °*dat. c. inf.*).

cŏntĭnŭātĭō, ōnis *f* (cŏntĭnŭō²) **1.** ununterbrochene Fortdauer (*abs. od. alcis rei, zB. imbrium* anhaltende Regengüsse). **2. a)** Zusammenhang *abs.* (*bsd. rhet.*) *od. alcis rei* [*causarum, rerum*]; **b)** (*rhet. t.t.*) (*verborum*) Periode.

cŏntĭnŭō¹ (cŏntĭnŭŭs) *adv.* **1.** (*vkl., nkl.*) ununterbrochen, fortwährend [~ *facere alqd*]. **2.** unmittelbar darauf, sofort, unverzüglich. **3.** (*log. Schlußfolgerung in Verbindung m. formaler od. inhaltlicher Negation*) nicht sofort, nicht ohne weiteres; (*i. der Frage*) etwa sogleich? [*non ~, si me in gregem sicariorum contuli, sum sicarius*].

cŏntĭnŭō²
1. (*räuml.*) **a)** aneinanderfügen, verbinden; **b)** weiter ausdehnen, erweitern; **2.** (*zeitl.*) **a)** aufeinander folgen lassen; **b)** fortsetzen.

cōntĭnŭō² 1. (*denom. v.* cŏntĭnŭŭs, *eigtl.* „zusammenhängend machen") **1.** (*räuml.*) **a)** (*zwei od. mehrere Dinge*) aneinanderreihen, -fügen, unmittelbar verbinden, vereinigen, anschließen (*alqd, zB. domos* aneinanderbauen; *alqd alci rei etw.* an *etw., zB.* °*latus lateri* anschmiegen an); *mediopass.* α) ununterbrochen fortlaufen [°*opera continuantur* schließen sich]; β) unmittelbar an *etw.* stoßen *od.* sich anschließen (*alci rei, zB. aër mari continuatus*); **b)** (*etw. Einzelnes*) weiter ausdehnen, erweitern, abrunden [*agros, fundos,* °*pontem* = fertigbauen; *alqd re, zB.* °*regnum Alyattei Mygdoniis campis*]; *mediopass.* zusammenhängen; *P.P.P. continuatus* zusammenhängend, lückenlos. **2.** (*zeitl.*) **a)** (*zwei od. mehrere Dinge*) unmittelbar aufeinander folgen lassen (*alqd, zB.* °*funera,* °*diem noctemque potando* durchzechen; *alqd alci rei, zB.* °*aedilitati praeturam*); *mediopass.* unmittelbar auf *etw.* folgen (*alci rei, zB.* °*somno mors*); **b)** (*etw. Einzelnes*) ohne Unterbrechung fortsetzen *od.* fortfahren, nicht unterbrechen (*alqd, zB.* °*militiam, iter die ac nocte*); *mediopass.* fort-, andauern [*incendium continuatur*]; (*P.P.P.*) *adi.* (*m. sup.*) *continuatus* ununterbrochen [*labor*]; *bsd.* α) (*ein Amt*) weiterbehalten [*consulatum*]; β) *alci magistratum j-m* sein Amt verlängern *od.* (noch das folgende Jahr) belassen [*imperium*].

▶ **cŏntĭnŭŭs** 3 (*adv.* °**-ē** *u.* **-ō**; *s.d.*) (*cŏntĭnĕō*) **1.** (*räuml.*) (*nkl., dcht.*) **a)** (*v. zwei od. mehreren Gegenständen*) zusammenhängend, unmittelbar anstoßend, fortlaufend [*aedificia*]; *subst. continua, orum n* aneinanderstoßende Örtlichkeiten; **b)** (*v. einem Gegenstande*) zusammenhängend: α) unmittelbar anstoßend [*Leucas* m. dem Festlande zusammenhängend = Halbinsel]; / (*v. Pers.*) nächststehend, Günstling (*alci, zB. principi*); β) in sich zusammenhängend, ununterbrochen, fortlaufend [*mare*; / *oratio*]. **2.** (*zeitl. u.* /) **a)** unmittelbar aufeinander folgend, nacheinander [*quattuor dies -i*]; **b)** unaufhörlich, fortwährend, beständig, lückenlos [*incommoda, honores*]; *m.* °*dat. gerund., zB.* (*Ta.*) *annus postulandis reis -us* in dem die Vorladungen nicht aufhörten, ~ *et saevus accusandis reis* ein unablässiger, wütender Ankläger; **c)** (*Ov.*) der folgende [*nox*].

▶ **cŏntĭō,** ōnĭs *f* (*cōnt-?*; < **cŏvĕntĭō*; *cf. jüngeres cŏnvĕntĭō; cŏnvĕnĭō*) **1.** Versammlung, *u. zw. die v. einem Beamten einberufene* Versammlung des Volkes *od. die vom Feldherrn einberufene* des Heeres *zur Entgegennahme v. Bekanntmachungen* (*Ggs. cŏmĭtĭŭm; s.d.*), *bisw.* = ἐκκλησία [*celeberrima, civium od. militum; cives od. populum od. exercitum ad od. in contionem advocare od. convocare* einberufen, *habere* abhalten, *in contionem adscendere od.* °*escendere* als Redner auftreten, *pro contione* vor *od.* in der Volksversammlung *od.* beim Appell]. **2.** (*meton.*) **a)** (*concr.*) die Versammelten; **b)** Ansprache an das versammelte Volk *od.* an die Soldaten (*alcis j-s, contionem habere apud milites od. in alqm*); (*meton.*) Erlaubnis zu einer Rede [*contionem dare alci*]. — **Konvent; Predigt.

cŏntĭōnābŭndŭs 3 (*cōnt-?; cŏntĭōnŏr*) (*nkl.*) in einer Versammlung redend, *m. acc. n etw.* öffentlich erklärend [*haec propalam*].

cŏntĭōnālĭs, *u.* **cŏntĭōnārĭŭs** 3 (*cōnt-?; cŏntĭō*) zur Volksversammlung gehörig, (wie) in der Volksversammlung *od.* vor den Soldaten [*clamor,* °*senex* der alte Demagoge].

cŏntĭōnātŏr, ōrĭs *m* (*cōnt-?; cŏntĭōnŏr*) Volksredner, Demagoge.

cŏntĭōnŏr 1. (*cōnt-?; denom. v. cŏntĭō*) **1.** (*Li.*) versammelt sein, eine Versammlung bilden. **2.** vor dem versammelten Volke *od.* Heere reden; sich öffentlich hören lassen; (*selten*) *trans. etw.* öffentlich äußern *od.* erklären [*apud milites; alqd, zB. haec; de alqo, de re; m. a.c.i.*]. — **predigen; zu Gericht sitzen.

cŏntĭŭncŭlă, *ae f* (*cōnt-?; demin. v. cŏntĭō*) **1.** kleine Volksversammlung. **2.** unbedeutende Rede an das Volk.

cŏn-tŏllō, —— 3. (*Pl.*) aufheben, hintragen; *gradum* sich irgendwohin begeben.

cŏn-tŏnăt 1. (*Pl.*) *impers.* es donnert stark.

cŏn-tŏrquĕō, *tŏrsī, tŏrtŭm* 2. **1. a)** herumdrehen, -wenden [*membra, amnes in alium cursum*]; **b)** *etw.* verdrehen; *abs.* verkehrt *od.* gekünstelt zu Werke gehen; **c)** *jd.* zu *etw.* umstimmen (*alqm ad alqd, zB. auditorem ad severitatem*). **2.** (*nkl., dcht.*) (*Geschosse*) schleudern [*telum in alqm*]; *klass. nur* / [*verba* schwungvoll reden]. **3.** (*P.P.P.*) *adi.* **cŏntŏrtŭs** 3 (*m. comp.; adv.* **-ē**): **a)** verschlungen, verwickelt [*res*], *bsd.* geschraubt, gekünstelt [*sophisma, -e dicere*]; **b)** schwungvoll [*oratio*].

cŏntŏrtĭō, ōnĭs *f* (*cŏntŏrquĕō*) **1.** (*A. ad Her.*) das Schwingen [*dexterae*]. **2.** Geschraubtheit [*orationis* verschrobener Ausdruck].

cŏntŏrtĭplĭcātŭs 3 (*cŏntŏrtŭs, s. cŏntŏrquĕō; plĭcō*) (*Pl.*) verwickelt, verworren.

cŏntŏrtŏr, ōrĭs *m* (*cŏntŏrquĕō; Te.*) Verdreher [*legum*].

cŏntŏrtŭlŭs 3 (*demin. v. cŏntŏrtŭs; s. cŏntŏrquĕō*) *etw.* geschraubt [*conclusiuncula*].

cŏntrā
1. *adv.* **a)** (*räuml.*) gegenüber; **b)** (*beim Gegensatz*) hingegen, (*feindl.*) entgegen; **2.** *prp.b.acc.* **a)** (*räuml.*) gegenüber; **b)** (*feindl.*) gegen, wider; **3.** *praev.* entgegen..., wider...

cŏntrā *adv., prp. u. praev.* (*altl. -ā; abl. sg. f v.* **kŏm-tĕrō-s v. einer v. zwei Pers. od. Sachen*: „gegenüber befindlich"; *cf. cŏntrō-vĕrsŭs,* κατά) **1.** *adv.* **a)** (*räuml., unkl.*) gegenüber, auf der (*od.* die) entgegengesetzte(n) Seite, *zB.* ~ *intueri od. adspicere* ins Auge blicken, ~ *esse* gegenüberstehen; **b)** / α) (*v. Handlungen, die anderen entsprechen; Com.*) dagegen, andererseits, darauf, *zB.* ~ *respondere*; β) (*beim Gegensatz*) dagegen, hingegen, im Gegenteil [*ut hi miseri, sic contra illi beati*]; *verstärkt at contra, sed contra*; *bsd.* entgegengesetzt, ganz anders, (gerade) umgekehrt [*res contra accidit* verhält sich umgekehrt]; *oft mit ac, atque, quam* anders als [*clamare contra quam decet*]; γ) (*feindl.*) entgegen, dagegen, dawider [~ *pugnare, obviam* ~ *venire* zum Angriff entgegenrücken, ~ *facere* zuwiderhandeln, ~ *dicere* widersprechen, ~ *liceri* ein Gegengebot tun, °~ *ire* sich widersetzen]. **2.** *prp. b. acc.* (*bisw. nachgestellt*): **a)** (*räuml.*) gegenüber, *zB. Britannia contra eas regiones sita est; auch bei Pers., zB.* °*orare* ~ *Caesarem*; **b)** / (*feindl.*) gegen, wider, *auch* im Widerspruch mit (*Ggs. prō*), *zB. hoc testimonium* ~ *te est* ist wider dich, ~ *alqm pugnare* (*od. iurare, facere u.ä.*), *defendere alqd* ~ *alqm*; *auch bei adi.* [*firmus* ~ *pericula*], *bei subst.* [*adiutor* ~ *dominum*], *adverbial* [~ *naturam,* ~ *ius gentium,* ~ *ea* dagegen, hingegen, im Gegenteil]. **3.** *praev.* entgegen..., wider... [*contradico*].

cŏntrăctĭō, ōnĭs *f* (*cŏntrăhō*) **1.** das Zusammenziehen [*digitorum, frontis*]. **2.** / **a)** Verkürzung *in Schrift u. Rede*: α) enge Schrift [*paginae* am Ende der Seite]; β) (*syllabae*) kurze Aussprache (*Ggs. prōdŭctĭō; also c. nicht = unserem gramm. t.t.* „Kontraktion"!); γ) (*orationis*) gedrängte Darstellung; **b)** (*animi*) Beklommenheit, Kleinmut [*in dolore*].

cŏntrăctĭŭncŭlă, *ae f* (*demin. v. cŏntrăctĭō*) leichte Beklommenheit [*animi*].

cŏntrăctūră, *ae f* (*cŏntrăhō*) (*Vi.*) (*archit. t.t.*) Verjüngung *der Säule.*

cŏntrăctŭs¹ 3 *s. cŏntrăhō.*

cŏntrăctŭs², ūs *m* (*cŏntrăhō*) (*nkl., spätl.*) das Eingehen *e-s* Geschäfts [*rei*]; Vertrag; Kontrakt.

cŏntrā-dīcō, *dīxī, dīctŭm* 3. widersprechen, Widerspruch erheben (*abs.; nkl. alci u. alcis rei; verneint m. quin*). — **widerrufen.

cŏntrādīctĭō, ōnĭs *f* (*cŏntrādīcō*) (*nkl.*) Widerspruch, Gegenrede *j-s, auch im pl.* — **~ *in adiecto* Widerspruch im zugefügten (Eigenschafts-)Wort.

cŏntrādīctōrĭŭs 3 (*cŏntrādīcō*) (*spätl.*) einen Widerspruch enthaltend.

cŏn-trăhō
1. a) verengern, verkleinern; **b)** verkürzen, einschränken; **c)** (*geistig*) einengen, beklommen machen; **d)** (*P.P.P.*) *adi.* **cŏntrăctŭs** starr; eng; (*zeitl.*) kurz; (*Rede*) knapp; (*Stimme*) gepreßt; (*Zustände*) drückend; **2. a)**

vereinigen, *mil.* konzentrieren; **b)** in Zuneigung einander näherbringen; **c)** *etw.* zustande bringen; (*Schlimmes*) sich zuziehen; **d)** (*Geschäft*) abschließen.

cŏn-trăhō, *trāxī, trāctŭm* 3. zusammenziehen: **1.** verengernd zusammenziehen: **a)** auf *e-n* kleineren Raum zusammenziehen, verengern, verkleinern (*alqd, zB. castra, frontem od.* °*vultum* runzeln, *vela* einziehen, streichen, °*bracchia alci* die Krallen vor *jd.* einziehen); *mediopass. od. se contrahere* sich zusammenziehen [°*in brevem formam* einschrumpfen]; (*Glieder*) steif *od.* starr machen; / **b)** verkürzen, einschränken, beschränken [*tempora veris od. dicendi,* °*praecepta in unum*]; **c)** (*geistig*) einengen; beklommen *od.* kleinmütig machen [*animum; v. Pers. contrahi animo*]; **d)** (*P.P.P.*) *adi.* **cŏntrāctŭs** 3 (*m. comp.*; *adv.* °**-ē**) zusammengezogen: **α)** steif, starr [°*frigus* = starr machend]; / **β)** (*v. Sachen*) eng, schmal [*introitus*]; (*zeitl.*) kurz [*noctes contractiores*], (*v. der Stimme*) gepreßt, (*v. der Rede*) gedrängt, knapp, (*v. Zuständen*) beschränkt [*studia contractiora esse debent* die Neigungen müssen sich mehr beschränken]; lähmend, drückend [°*paupertas*]; **γ)** (*v. Pers.*) (*nkl., dcht.*) in (stiller) Zurückgezogenheit; knickerig, geizig. **2.** (*eine Mehrheit*) auf einen Punkt zusammenziehen: **a)** vereinigen, versammeln, *mil.* konzentrieren, sammeln, *Pers. u. Sachen* [*captivos, copias undique, naves, alqm ad colloquium* kommen lassen; *alqos ab od. ex loco in locum u.* °*in loco, zB. cohortes ex ultimis regionibus in Graeciam,* °*pecuniam ex viatico amicorum* zusammenbringen]; / **b)** (*nkl., dcht.*) in Zuneigung einander näherbringen *od.* in Liebe vereinigen; **c)** *etw.* zustande bringen, bewirken, verursachen, (*etw. Schlimmes*) sich zuziehen (*alqd, zB. amicitiam, culpam, damnum* Schaden bringen, *nefas* eine Sünde begehen, *aes alienum* Schulden machen, *iram, morbum* sich zuziehen [*klass. ohne sibi!*]; *alci alqd, zB. invidiam jd.* in Mißkredit bringen, *negotium j-m* Schwierigkeiten machen); **d)** (*Geschäfte*) abschließen, eingehen [*rem od. negotium, rationem cum alqo m. jd.* in Geschäftsverbindung treten *od. e-n* Kontrakt schließen, *nihil cum alqo* sich *m. jd.* auf nichts einlassen; *abs.* ~ *cum alqo* ein Geschäft *m. jd.* abschließen]; *res contracta* Vertrag, Kontrakt.

cŏntrā-pōnō, *pŏsŭī, pŏsitŭm* 3. (*Qu.*) entgegensetzen; (*P.P.P.*) *subst.* **cŏntrāpŏsitŭm,** *ī n* Gegensatz.

▶ **cŏntrārĭŭs** 3 (*adv.* **-ē**) (*cŏntrā*) **1.** gegenüberliegend, -stehend [*ripa,* °*vulnus* vorn auf der Brust; *alci rei, zB. collis huic* ~]. **2. a)** entgegengesetzt, in entgegengesetzter Richtung (befindlich), *räuml.* [*pars terrarum; alci rei; m. ac, atque* als, wie, *zB. versantur retro contrario motu atque caelum*]; / **b)** entgegengesetzt [*vis, disputare in partes contrarias* für *u.* wider; *alci rei, zB. voluptas -a honestati, selten m. gen., zB. huius virtutis -a est vitiositas; m. ac, atque*); **c)** widersprechend, zuwiderlaufend; *adv.* **cŏntrārĭē** entgegengesetzt, im entgegengesetzten Sinne, zweckwidrig; *subst.* **cŏntrārĭŭm,** *ī n* **α)** entgegengesetzte Richtung; **β)** (*dcht., nkl.*) Gegensatz, Kontrast [*in contrarium vertere; e u. ex contrario* im Gegenteil, dagegen, *m. gen.*]; **d)** (*dcht., nkl.*) feindlich, widerstrebend, unpassend, ungünstig, abgeneigt, *v. Pers. u. Sachen* [*homo, arma, m. dat.*]; *klass. nur subst.* **cŏntrārĭŭs,** *ī m* Gegner, Feind *u.* **-ĭă,** *ae f* Gegnerin, Feindin (*alcis, zB. imperii*); **e)** nachteilig, verderblich [*otium*]; (*nkl.*) *contrarium est m. inf.* es ist unzweckmäßig. — ***contraria contrariis* (*curantur*) Gegensätzliches (wird) durch Gegensätzliches (geheilt) (*Ggs. similia similibus*).

cŏntrĕctābĭlĭtĕr *adv.* (*cŏntrĕctābĭlĭs* „betastbar"; *cŏntrĕctō*) (*Lu.*) mit sanfter Berührung.

cŏntrĕctātĭō, *ōnĭs f* (*cŏntrĕctō*) Betastung, (unzüchtige) Berührung.

cŏn-trĕctō 1. (*trāctō*) **1.** (*nkl., dcht.*) betasten, befühlen, anfassen (*alqd, zB. pectus, liber -atus manibus* abgegriffen); *bsd.* unzüchtig berühren, streicheln [*petulantius alcis uxorem*]; *auch* entehren, schänden [*pudicitiam filiarum*]. **2.** / **a)** (*geistig*) erwägen, erfassen [*voluptates tota mente*]; **b)** *etw.* oberflächlich *od.* roh bearbeiten.

cŏn-trĕmīscō *u.* **-trĕmēscō,** *mŭī,* — 3. (*incoh. v. cŏn-trĕmō*) **1.** (*intr.*) **a)** erbeben, (er)zittern, *v. Pers. u. Sachen; auch* / (*alqs timore omnibus artubus contremiscit, Italia metu;* °*quercus*); **b)** / wanken [*fides alcis*]. **2.** (*trans.*) (*dcht., nkl.*) *etw.* fürchten, vor *etw. od.* vor *jd.* zittern (*alqd od. alqm, zB. periculum, Hannibalem*).

cŏn-trĕmō, — — 3. (*Lu.*) stark zittern, beben.

cŏn-trĕmŭī *s. cŏntrĕmīscō.*

cŏn-trĭbŭō, *ŭī, ūtŭm* 3. **1.** (*meist unkl.*) **a)** (*mehrere einzelne Sachen od. Pers.*) (*bsd. politisch*) zu einem Ganzen vereinigen, verbinden (*alqm u. alqd in, ad alqd, zB.* °*milites in unam cohortem*]; **b)** zuerteilen, einverleiben, zu *etw.* schlagen (*alqm u. alqd alci, zB.* °*Locrenses Aetolis; se alci* sich *j-m* anschließen, *zB.* °*Aetolis; alqm cum alqo*). **2.** (*Ov.*) m. anderen *etw.* beisteuern (*alqd*).

cŏn-trīstō 1. (*trīstĭs*) (*unkl.*) *etw.* verdüstern, trüben [*caelum*]; / *jd.* betrüben (*alqm*).

cŏntrītĭō, *ōnĭs f* (*cŏntĕrō*) (*Eccl.*) Zerknirschung, Reue; Elend, Kummer.

cŏntrītŭs 3 *s. cŏntĕrō.*

▶ **cŏntrŏvĕrsĭă,** *ae f* (*cŏntrŏvĕrsŭs*) **1.** Streit, Streitigkeit, *bsd.* Rechtsstreit, Streitfrage [*legitima; alcis j-s, zB. regum; alcis rei u. de re* um, über *etw., zB. aquarum, de principatu;* ~ *est inter alqos od. alci cum alqo de re, -am habere cum alqo de re; -am dirimere, componere; in -am vocare alqd etw.* streitig machen; *in -a esse od. versari* streitig sein]. **2. a)** (*nkl.*) Streitrede *in Rhetorenschulen über e-n erdichteten Rechtsfall,* wissenschaftlicher Streit, Rechtsfrage (*auch als Schrift*), Kontroverse; **b)** Widerspruch; *sine ulla -a* ohne alle Widerrede, unstreitig; °*non est* ~, *quin* niemand bestreitet, daß.

cŏntrŏvĕrsĭōsŭs 3 (*cŏntrŏvĕrsĭă*) (*nkl.*) streitig, strittig.

cŏntrō-vĕrsŭs 3 (*eigtl.* „nach der anderen Seite gewendet"; *abl. sg. n v.* **cŏm-tĕrŏ-s* + *P.P.P. v. vĕrtō; cf. cŏntrā*) streitig, strittig [*res, auspicium*].

cŏn-trŭcīdō 1. zusammenhauen, niedermetzeln [*corpus,* °*cives*]; / hinschlachten, hinopfern [*rem publicam*].

cŏn-trūdō, *sī, sŭm* 3. **1.** (*Lu.*) zusammenstoßen, -drängen, -pferchen. **2.** hineinstoßen, -stecken (*alqm in alqd, zB. homines in balneas*).

cŏn-trŭncō 1. (*Pl. u. spätl.*) zerhauen; verzehren [*cibum*].

cŏntŭbĕrnālĭs, *ĭs m* (*u. f*) (*cŏntŭbĕrnĭŭm; tăbĕrnă*) **1.** Zeltkamerad [*militiae*]. **2.** (*zur Ausbildung überwiesener*) ständiger Begleiter eines Prätors (*alcis u. alci, zB. Saturnini, Pompeio, meus*); ° / *pl. f* (*ironisch*) Freudenmädchen (*im Zelt des Antonius*). **3. a)** Kriegskamerad; / **b)** Gefährte, Kollege; **c)** Hausfreund, Tischgenosse; **d)** (*nkl.*) in einem contubernium (*s.d.*) lebende(r) Sklave *od.* Sklavin; (*Pl.*) (*scherzh.*) *crucibus -es dari* m. dem Galgen Bekanntschaft machen.
F. *abl. sg.* *-ī u.* *-ĕ*; *gen. pl.* *-ĭŭm.*

cŏn-tŭbĕrnĭŭm, *ī n* (*tăbĕrnă*) **1. a)** (*nkl.*) Zeltgenossenschaft *der Soldaten im Lager,* kameradschaftliches Zusammenleben; **b)** Verhältnis des *zu seiner Ausbildung überwiesenen* jungen Römers zu seinem Prätor (*cf. cŏntŭbĕrnālĭs*) [*necessitudo contubernii,* °*contubernio patris* in der Suite des Vaters]; **c)** Wohnungsgemeinschaft: **α)** das Zusammenleben, -wohnen (*alcis j-s u. m. jd., zB. militum*); **β)** Haus-, Tischgenossenschaft, Kameradschaft, *übh.* vertrauter Umgang (*alcis m.* jd., *zB. ironisch muliebris militiae* intimes Verhältnis *m.* einem Freudenmädchen; *auch* [*nkl., dcht.*] der Tiere *m.* Menschen *od.* Tieren). **2. a)** gemeinschaftliches Zelt *im Lager* [*arma deponere in contubernio*]; **b)** (*nkl.*) gemeinsame Wohnung, *bsd. eines Sklavenpaares;* **c)** (*meton.*) (*nkl.*) Sklavenehe, *die ohne Rechtswirkung blieb;* **d)** (*nkl.*) wilde Ehe, Konkubinat.

cŏn-tŭdī *s. cŏntŭndō.*

cŏn-tŭĕŏr, *tŭĭtŭs sŭm* 2. *u.* (*altl.*)
cŏn-tŭŏr, — 3. beschauen, besichtigen, betrachten (*alqm u. alqd, zB. hominem acrius, id novum; auch geistig, zB. mala*).

cŏntŭĭtŭs, *abl. ū m* (*cŏntŭĕŏr; nkl.*) das Betrachten; Anblick (*alcis*).

cŏn-tŭlī *s.* cōnfĕrō.

cŏntŭmācĭă, *ae f* (*cōntŭmāx*) **1. a)** Trotz, Eigensinn (*alcis u. alcis rei, zB. hominis, responsi*); *bsd.* Ungehorsam *gegen Befehle der Vorgesetzten u.* (*nkl.*) *gegen Richterspruch od. Ladung vor Gericht.* **2.** edler Stolz, Unbeugsamkeit [*libera*].

cŏn-tŭmāx, *ācis* (*m. comp. u.* °*sup.*; *adv.* **-ācĭtĕr**) (*wahrsch. cŏn-* + *tŭmĕō*) **1.** trotzig, halsstarrig, eigensinnig, störrisch, schonungslos, *v. Pers. u. Sachen* [*homo,* °*preces, contumaciter scribere; in u.* °*adversus alqm* gegen *jd.*]. **2.** / (*dcht.*) spröde [*lima*]; sich nicht ins Metrum fügend [*syllaba*].
F. *abl. sg.* *-ī*; *neutr. pl.* *-ĭă*, *gen.* *-ĭŭm.*

▶ **cŏn-tŭmēlĭă,** *ae f* (*zu adi.* **cōntŭmēlīs* „übermütig sich benehmend"; *wahrsch. cŏn-* + *tŭmĕō*) **1. a)** Mißhandlung [*piratarum -as perpeti*]; **b)** (*v. Leblosem*) Stoß, Ungemach. **2.** / Ehrenkränkung *durch Worte od. Handlungen,* Beschimpfung, Beleidigung, schmachvolle Behandlung, Schande, *auch pl.* (*alcis subi. u. obi., zB. servorum, civitatis; alcis rei, zB. probri* das Beschimpfende; *-am accipere u. -ā affici, -am alci facere od. imponere* zufügen, *alqd in -am suam vertere* als persönliche Beleidigung ansehen; *cum -ā u. per -am* in ehrenrühriger Weise).

cŏntŭmēlĭōsŭs 3 (*m. comp. u.* °*sup.*; *adv.* **-ē**) (*cōntŭmēlĭă*) **1.** (*v. Pers.*) schmähsüchtig, schmähend [*homo; in re, zB. in edictis*]. **2.** (*v. Sachen*) schmählich, schmachvoll, ehrenrührig [*dicta, contumeliosissime maledicere alci; alci u. in alqm* für *jd.*].

cŏn-tŭmŭlō 1. (*nkl., dcht.*) einen Hügel, *bsd.* einen Grabhügel aufwerfen; begraben, bestatten (*alqm*).

cŏn-tŭndō, *tŭdī, tū(n)sŭm* 3. zerschlagen, zerstoßen, zerschmettern, zerquetschen (*alqm u. alqd, zB. pugiles, radices, classis contusa est* zerschellte, °*nares* breit schlagen); / niederschlagen, vernichten, lähmen, brechen, beugen [°*Hannibalem* demütigen, *hostium opes*].

cŏn-tŭŏr 3. *s.* cōntŭĕŏr.

cŏntŭrbātĭō, *ōnĭs f* (*cōntŭrbō*) Verwirrung [*mentis*]; Bestürzung.

cŏntŭrbātŏr, *ōrĭs m* (*cōntŭrbō; Ma.*) *adi.* zum Bankrott führend, kostspielig.

cŏn-tŭrbō 1. **1. a)** verwirren, in Unordnung bringen (*alqm u. alqd, zB. hostes, signa* undeutlich machen); **b)** *rationem od. -es od. abs.* Bankrott machen, die Zahlungen einstellen; **c)** / *jd.* bestürzt machen; außer Fassung bringen, ängstigen (*alqm*), *bsd. im* P. **3.** (*P.P.P.*) *adi.*

cŏntŭrbātŭs 3 (*m. comp.*) **a)** verwirrt, verworren; **b)** bestürzt, verlegen.

cŏntŭs, *ī m* (*Lw.* ⟨ κοντός) (*nkl., dcht.*) Stange; *bsd.* **a)** Ruderstange; **b)** Wurfspieß; **c)** / = *mentula* [*pedalis*].

cŏn-tūsŭs *P.P.P. v.* cŏntŭndō.

cŏntūtŭs, *abl.* *ū m* (*Pl.*) *altl.* = *cōntŭĭtŭs.*

cōnūbĭālĭs, *ĕ* (*u. -nŭb-*) (*cōnūbĭŭm*) (*dcht.*) ehelich.

▶ **cō-nūbĭŭm,** *ī n* (*u. -nŭb-*) (*nūbō*) **1.** Eingehung einer (*vollgültigen röm.*) Ehe; streng bürgerliche Vermählung; (*dcht.*) *auch pl. statt sg.* [~ *coniungere u.* °*dirimere; alcis j-s u. m. jd.*]. **2.** (*dcht.*) Beischlaf (*alcis m. jd., zB. Daphnes; ad -ia Veneris praesto esse*). **3.** (*meton.*) Recht *od.* Fähigkeit zum conubium, Eherecht [°*compar,* ~ °*petere u. finitimis tribuere od. negare;* °~ *alci est cum alqo*].
F. *Im Vers. bisw. dreisilbig* (= *cōnūbjūm u.a.*).

cōnŭs, *ī m* (*Lw.* ⟨ κῶνος) Kegel; *bsd.* (*Ve.*) kegelförmige Helmspitze.

cŏn-vădŏr 1. (*Pl.*) vor Gericht laden; (*scherzh.*) zum Stelldichein laden.

▶ **cŏn-vălēscō,** *lŭī,* — 3. **1.** (*vkl., nkl.*) stark werden, kräftig heranwachsen [°*infans*]. **2.** / **a)** α) (*bsd. v. abstr. u. Zuständen*) erstarken [°*ignis* hell auflodern, *iustitia, fides*]; °(*v. Gerüchten*) Wurzel fassen, (*jur.*) in Kraft treten [*testamentum*]; β) (*pol., v. Pers. u. Staaten*) erstarken, an Macht *od.* Geltung zunehmen, wachsen [*Caesar, Fidenatium civitas*]; **b)** sich erholen, (wieder) genesen (*ex re v. etw., zB. ex morbo, ex od.* °*de vulneribus*); *auch* / *v. Staaten;* (*Ov.*) sich vom Staunen erholen; **c)** (*nkl.*) (*v. Preisen*) steigen.

cŏn-vāllĭs, *ĭs f* Talkessel; *auch* Talrand, Abhang. (*abl. sg.* **-ĕ**).

cŏn-vălŭī *s.* cŏnvălēscō.

cŏn-vāsō 1. (*vās*[2]) (*Te.*) einpacken.

cŏnvĕctō 1. (*intens. v. cōnvĕhō*) (*dcht., nkl.*) = cōnvĕhō.

cŏnvĕctŏr, *ōrĭs m* (*cōnvĕhō*) Reisegefährte, *bsd. zu Schiff.*

cŏn-vĕhō, *vēxī, vĕctŭm* 3. zusammenfahren, -bringen, -schleppen (*alqd, zB. arbores; ex, a loco in locum, zB. frumentum ex agris*).

cŏn-vĕllō, *vĕllī u.* (*selten*) *vŭlsī, vŭlsŭm u. vŏlsŭm* 3. **1. a)** *etw. v.* seinem Platz *od.* aus seiner Lage losreißen; weg-, aus-, heraus-, um-, niederreißen, *bisw. auch* zerreißen (*alqd, zB. repagula, munitionem* einreißen, °*centuriones* herumreißen, *mil. signa od.* °*vexilla* die Feldzeichen aus dem Boden reißen = aufbrechen; *alqd re etw. m. etw., zB. saxa vectibus* losbrechen, °*aequor remis* aufwühlen, °*fruges ferro* abschneiden, °*dapes dente* = verzehren, °*naves undis convulsae* leck geworden; *alqd ex, de,* °*a re, zB. simulacra e sacrario; auch m. bloßem abl., zB.* °*ferrum manu* aus der Hand); **b)** (*Lu.*) (*Gliedmaßen*) (*sich*) verstauchen [*artus*]; (*Se.*) (*auf der Folter*) ausrenken; **c)** P. (*nkl.*) einen Krampf bekommen; **d)** / (*Se.*) (*die Worte*) im Munde verdrehen [*verba*]. **2.** / erschüttern, untergraben, verderben [*leges, fidem legionum promissis,* °*pectus verbis* bestürmen].

cŏn-vēlō 1. (*Ge.*) ganz verhüllen; *auch* / [*multis argumentis*].

cŏnvĕnă, *ae* (*cōnvĕnĭō*) **1.** *adi. m u. f* (*Pl.*) zusammentreffend. **2.** *subst.* **-ae,** *ārŭm m* zusammengelaufenes Volk.

cŏn-vēnī *s.* cŏnvĕnĭō.

cŏnvĕnĭēns, *ĕntĭs* (*m.* °*comp. u.* °*sup.*; *adv.* **-ĕntĕr**) (*eig. part. praes. v. cōnvĕnĭō*) **1.** (*Ov.*) anschließend, passend [*toga bene* ~]. **2.** / **a)** (*v. Pers.*) einig, bene gut harmonierend [*propinqui optime -tes* im besten Einvernehmen stehend]; **b)** *m. etw.* übereinstimmend, zu *etw.* passend, angemessen, schicklich [*alci u. alci rei, ad alqd, cum re, zB. oratio tempori* ~, *-enter cum natura vivere*].

cŏnvĕnĭĕntĭă, *ae f* (*cōnvĕnĭēns*) Übereinstimmung, Harmonie, Symmetrie (*abs. od. m. gen., zB. partium, naturae cum extis* Zusammenhang).

cŏn-vĕnĭō
I. (*intr.*) **1. a)** zusammenkommen; **b)** sich zu einem Ganzen verbinden, (*Lebewesen*) sich begatten; **c)** zur Versammlung kommen; **2.** (*jur.t.t.*) *durch Heirat* in die Gewalt des Mannes kommen; **3.** sich einigen; **a)** *impers. convenit* es kommt zustande, man einigt sich; **b)** *m. etw.* zusammenpassen, hineinpassen; sich ziemen; **II.** (*trans.*) *jd.* treffen, besuchen.

▶ **cŏn-vĕnĭō,** *vēnī, vĕntŭm* 4. (*altl. fut., cōnvĕnībō*) **I.** (*intr.*) **1. a)** zusammenkommen, -treffen, sich versammeln: α) *v. lebenden Wesen* [*duces, omnes*]; β) *v. coll.* [*exercitus, tota Italia*]; γ) *v. Sachen* [*naves, multae causae*]; δ) *v. einzelnen:* mitkommen, eintreffen [*noviss mus ex iis*]; *Konstr.*: *ad alqm, zB. ad me; ab, ex loco in od. ad locum, zB. in senatum, Romam, ad templum, in colloquium;* °*in loco,* °*apud alqd; de re* wegen *etw., zB. de communi officio; m. 2. sup., zB. gratulatum;* **b)** (*Lu.*) sich zu einem Ganzen verbinden, ein Ganzes bilden: α) (*v. Atomen*); β) (*v. lebenden Wesen*) sich begatten [*inter se*]; **c)** zu *e-r* Versammlung (*bsd. zu Gerichtstagen*) kommen, bei *e-r* Versammlung eintreffen; **d)** zu einem Gerichtsbezirk gehören [*in id forum* = zu dieser Kreisstadt hinsichtlich der *iurisdictio*]. **2.** (*jur. t.t.*) (*v. der Frau*) (durch Heirat, *nämlich durch confarreatio, coëmptio od. usus*) in die Gewalt des Mannes kommen, *d.h. aus ihrem bisherigen Familienverband in den des Mannes übertreten: uxor in manum* (*alcis*) *convenit.* **3.** (*vkl., nkl.*) sich einigen, übereinkommen, *v. Pers.* [*de ea re inter nos convenimus*]; *klass. nur v. Sachen* **a)** zustande kommen: α) *alqd od. res convenit;* β) (*impers.*) *convenit de re* man einigt sich *od.* verständigt sich über *etw.*, man verabredet *etw.*, man beschließt gemeinschaftlich [*pacis condiciones non convenerunt od. de pacis condicionibus non convenit; inter alqos od. alci cum alqo, zB. quaedam inter nos* (*od. mihi tecum*) *non convenient; quod convenit* das Übereinkommen, °*pax conventa* durch Übereinkunft zustande gekommen; *m. ut, ne, zB. inter duces convenerat, ut Dolabella Trebonium necaret; selten* (*nkl.*) *m. a.c.i.* über eine Tatsache einig sein; *m. indir Frages.*]; *auch abs., zB. factum est ut convenerat* wie man sich geeinigt hatte; *bene od. optime alci cum alqo convenit jd.* steht *m. jd.* in gutem *od.* in bestem Einvernehmen; **b)** α) *m. etw.* zusammenpassen, zu *etw.* passen *od.* in *etw.* hineingehen, stimmen (*ad alqd, zB. cothurnus optime ad pedem; in alqd, zB.* [*Pl.*] *in vaginam tuam machaera militis; impers. ad nummum convenit* es stimmt auf Heller *u.* Pfennig); β) *m. etw.* übereinstimmen, harmonieren (*cum re, zB. captivorum oratio cum perfugis convenit* mit derjenigen der Überläufer); γ) auf *jd.* passen, Anwendung finden (*in od. ad alqm, zB. non in omnes omnia conveniunt*); δ) für *jd, od.* für *etw.* passen = sich ziemen, sich gebühren, sich schicken (*alci u. alcis rei, zB. labor viris*; °*in alqo; impers. si tibi convenit* wenn es dir recht ist); *bsd.* (*impers.*) **cōnvĕnit** es ziemt sich, es schickt sich (*alci* für *jd.*; *m. inf. bzw. a.c.i., selten m.* °*ut*). **II.** (*trans.*) *m. jd.* (*zufällig od. absichtlich*) zusammentreffen, *jd.* treffen, aufsuchen *od.* besuchen (*alqm, zB. Verrem; in loco, zB. tribunos in foro; abs. conveniendi causa* zu einer Besprechung); **P.** *conveniri nolo; Scipione convento.*

cōnvĕnticiŭs 3 (*cōnvĕntŭs, P.P.P. v. cōnvĕniō*) (*Pl.*) zusammenkommend, sich vereinigend: *patres -i* Gelegenheitsväter (*aus dem Verkehr m. meretrices?*); *klass. nur subst.* **cōnvĕnticiŭm**, ī *n* (*sc. aes*) Sitzungsdiäten *der gr. Bürger für Teilnahme an der Volksversammlung* (= ἐκκλησιαστικόν).

cōnvĕnticŭlŭm, ī *n* (*demin. v. cōnvĕntŭs*) **1.** (kleine) Zusammenkunft, unbedeutender Verein [*hominum*]. **2.** (*meton.*) (*Ta.*) Versammlungsort. — **kleine Gemeinde (*der Klosterbrüder*).

cōnvĕntiō, ōnis *f* (*cōnvĕniō; cf. cōntiō*) **1.** (*vkl., nkl.*) Volksversammlung. **2.** (*nkl.*) (*klass. auch* **cōnvĕntŭm**, ī *n*) Übereinkunft, Verabredung, Vertrag [*ex convento* der Übereinkunft gemäß].

cōnvĕntiōnālis, ĕ (*cōnvĕntiō; spätl.*) Vertrags...

cŏn-vĕntŭs[1] *P.P.P. v. cōnvĕniō.*

▶ **cōnvĕntŭs**[2], ūs *m* (*cōnvĕniō*) **1.** Zusammenkunft, Versammlung, Kreis, Verein, *abstr. u. concr.* [*militum, nocturnus hominum*]; (*Ne.*) *auch* Festversammlung; *übh.* °Schar. **2. a)** (*nkl.*) Bundesversammlung; Kongreß [*Achaici consilii*]; **b)** (*vom Statthalter abgehaltener*) Gerichtstag, Bezirks-, Kreis- *od.* Landtag [*conventum* (*per*)*agere*]; **c)** Gerichtsbezirk *od.* -sprengel *e-r Provinz* [*Campaniae*]; **d)** Verband der röm. Bürger (*in e-r Provinz*), Kommune. **3.** Übereinkunft, Vertrag [*ex -u*]. — **Klostergemeinde; Lehrkörper der Universität; Synode; Konzil; Reichstag.

cŏn-vĕrbĕrō 1. (*nkl.*) stark schlagen [*os alcis*]; züchtigen.

cŏn-vĕrrō, vĕrrī, vĕrsŭm 3. **1. a)** (*vkl., nkl.*) zusammenfegen [*sabulum*]; **b)** / zusammenscharren [*hereditates*]. **2.** (*vkl.*) auskehren; / durchprügeln.

cōnvĕrsātiō, ōnis *f* **1.** (*cōnvĕrsŏr; s. cōnvĕrsō 2.*) (*nkl.*) Umgang, Verkehr (*alcis m. jd.*). **2.** (*cōnvĕrsō 1.*) (*spätl.*) Sinnesänderung; gottesfürchtiger Lebenswandel.

cōnvĕrsiō, ōnis *f* (*cōnvĕrtō*) **1.** Umdrehung, Umlauf [*mundi, caeli, annua*]; *bsd.* periodische Wiederkehr [*mensium annorumque*]. / **2.** Umwälzung, Umwandlung, Veränderung [*tempestatum, rei publicae*]. **3.** (*rhet. t.t.*) **a)** periodische Abrundung, Periode [*orationis, verborum*]; **b)** *orationis in extremum* Wiederholung desselben Wortes am Satzende (ἐπιφορά); **c)** chiastische Gegenüberstellung der Worte (ἀντιμεταβολή); **d)** (*Qu.*) Übertragung aus *e-r* Redegattung *od.* einer Sprache in die andere [*ex Latinis*]; **e)** (*Pli.*) Wandel, Änderung der Ansicht. — **Bekehrung; Eintritt ins Kloster.

cŏn-vĕrsō 1. (*intens. v. cōnvĕrtō*) **1.** (her)umdrehen, bewegen [*animus se ipse conversans*]; / (*Se.*) hin *u.* her erwägen. **2.** *mediopass.* **cōnvĕrsŏr** (*nkl.*) **a)** *sich an einem Ort* aufhalten; **b)** *m. jd. od. an einem Ort* verkehren, Umgang haben [*nobiscum, in regia*].

cŏn-vĕrsŭs *P.P.P. v. cōnverrō u. cōnvĕrtō.*

cŏn-vĕrtō
I. (*trans.*) **1.a)** umwenden, umkehren; **b)** *mil.* eine Schwenkung machen, kehrtmachen; **2.a)** im Kreise drehen; **b)** zum Fliehen bringen; **c)** verwandeln, verändern; (*geistig*) umstimmen; (*Schriften*) übersetzen; **3.a)** hinwenden, (hin)lenken; **b)** *etw.* zu *etw.* verwenden; **II.** (*intr.*) *refl.* **1.** sich umwenden; **2.** sich *wohin* wenden; **3.** (*Sachen*) sich in *etw.* verwandeln.

cŏn-vĕrtō, vĕrtī, vĕrsŭm 3. **I.** (*trans.*) **1. a)** umwenden, umdrehen, umkehren (*alqd, zB. baculum, manum,* °*equum* schwenken, °*vias* sich umwenden, °*fugam* einstellen, *iter* die Marschlinie ändern, *terga* sich zur Flucht wenden, *verba* umstellen; *alqd in alqm, in u. ad alqd, zB. naves in aliam partem; auch alqm, zB. alqm in fugam jd.* in die Flucht schlagen); **b)** *mil. signa convertere:* α) eine Schwenkung machen, kehrtmachen [*ad hostem* gegen den Feind Front machen, *conversa signa inferre* mit einer Frontveränderung angreifen, *bipartito* nach zwei Seiten hin]; β) fliehen; *se convertere u. mediopass. converti* sich umwenden, kehrtmachen. **2. a)** im Kreise drehen, *meist se convertere od. mediopass.* (*bsd. v. Himmelskörpern, zB. terra circum axem se convertit, luna convertitur* kreist); **b)** zum Weichen, zum Fliehen bringen [*hostem od. aciem* werfen]; **c)** α) verwandeln, verändern (*alqm u. alqd, zB. homines, rem publicam* = in Unordnung bringen; *alqd in alqd etw.* in *etw.*, *zB.* °*terras in freti formam*); *bsd. se convertere u. mediopass. converti* sich verwandeln, sich ändern, umschlagen [*ex homine in beluam, metus in venerationem*]; β) (*geistig*) umstimmen (*alqm od. animum alcis, in terrorem converti* geraten); γ) (*meist mil.*) *etw. m. etw.* vertauschen (*alqd re, zB. castra castris* = immer neue Lager aufschlagen, immer weiter vorrücken); δ) (*rhet. t.t.*) den Ausdruck wechseln [*conversa oratio*]; ε) (*gramm. t.t.*) *casūs conversi* = *casūs obliqui*; ζ) (*Schriften*) übersetzen, übertragen (*alqd de Graecis, librum e Graeco in Latinum*). **3. a)** α) hinwenden, (hin)richten, (hin)lenken, *sowohl eine Mehrheit wie ein einzelnes, Pers. u. Sachen, eigtl. u.* / (*alqd ad u. in alqm, ad, in, contra alqd u.ä., zB. hostem ab alqo in se, corpus huc illucve, omnia consilia ad od. in bellum, pecuniam publicam domum suam* = unterschlagen); β) *oculos od. ōs, animum alcis* die Blicke *od.* die Aufmerksamkeit *j-s* auf *etw.* lenken, ziehen (*ad u. in alqd, zB. ad tribunum militum, ad negotia, bsd. ad od. in se* auf sich); γ) *se convertere od. mediopass. converti* sich (hin)wenden *od.* sich richten, sich zuwenden, *eigtl. u.* / [*domum, hinc se in Asiam, se ad otium pacemque* sich sehnen nach; *bsd. ad alqm jd.* angreifen *od.* sich vertrauensvoll an *jd.* wenden, den Blick auf *jd.* richten]; **b)** *etw.* zu *etw.* verwenden *od.* anwenden (*alqd in od. ad alqd, zB. legiones ad suam potentiam, tempora in laborem*). **II.** (*intr.*) *refl.* = *sē cōnvĕrtĕrĕ*: **1.** (*nkl.*) sich umwenden, sich umkehren [*ad equites*]. **2.** (*nkl.*) sich wohin wenden, sich *jd. od. e-r* Sache zuwenden (*ad alqm u. ad od. in alqd, zB. ad Liviam, in regnum suum*). **3.** (*v. Sachen*) sich in *etw.* verwandeln, zu *etw.* ausschlagen, *m. etw.* enden (*in u. ad alqd, zB.* °*vitium huic in bonum convertit*). — ** (sich) bekehren, ins Kloster gehen.
F. *Inf. praes.* **P.** *altl.* *cōnvĕrtiĕr* = *cōnvĕrtī*.

cŏn-vĕstiō 4. (*vkl.*) bekleiden, *klass. nur* / bedecken, umgeben (*alqd re, zB. omnia hederā*).

cōnvĕxŭs 3 (< **cŏn-văc-sŏs*; *cf. văcīllō* „wanken", *dēvĕxŭs, nhd.* „Wange") nach oben *od.* unten gebogen: **1.** (*nach oben*) gewölbt, gerundet [°*caelum*]; *subst.* **cōnvĕxŭm**, ī *n* (*Ve.*) Wölbung, Rundung, *bsd.* Himmelsgewölbe, *meist pl.* [*caeli, nemorum* Überdachung]. **2.** (*dcht., nkl.*) abschüssig, steil [*trames*]; *subst. convexa* (*vallium*) *n* tiefe Täler, Talkessel.

cŏn-vīcī *s. cōnvīncō.*

cōnvīciātŏr, ōris *m* (*cōnvīciŏr*) Lästerer.

cōnvīciŏr 1. (*denom. v. cōnvīciŭm*) (*vkl., nkl.*) schmähen, lästern, laute Vorwürfe machen (*abs. od. alci*).

▶ **cŏn-vīciŭm**, ī *n* (*wohl ablautend zu vōx; volkset. Verbindung m. vīcŭs*) **1.** lautes Geschrei *v. Menschen u.* °*Tieren* [*cantorum,* °*ranarum* Quaken, °*cicadarum* Zirpen, °*linguae* Geschwätz, °*-um facere* erheben]. **2. a)** Gezänk; *auch* Strafpredigt;

b) lauter Widerspruch (*alcis, zB. senatūs*); **c)** laute Schmähung, giftiges Schimpfwort [*-um dicere od. facere od.* °*ingerere alci, -o alqm corripere*]; *meton.* °Lästermaul [*nemorum v. der Elster*]; **d)** lauter Vorwurf, Tadel (*alcis j-s; -um facere alci*); / *auch v. Leblosem* [*aurium, tacitum cogitationis* in Gedanken].

cŏnvīctĭō, *ōnĭs f* (cŏnvīvō) das Zusammenleben, geselliger Umgang; *meton. pl. -es domesticae* Hauspersonal.

cŏnvīctŏr, *ōrĭs m* (cŏnvīvō; *unkl.*) täglicher Gesellschafter *od.* Tischgenosse, Hausfreund, Gast.

cŏn-vīctūs[1] *P.P.P. v. cŏnvĭncō.*

cŏn-vīctūs[2] *P.P.P. v. cŏnvīvō.*

cŏnvīctūs[3], *ūs m* (cŏnvīvō) **1.** das Zusammenleben, geselliger Umgang (*alcis j-s u. m. jd.*). **2.** (*nkl.*) Tischgesellschaft, Bewirtung.

▶ **cŏn-vĭncō,** *vīcī, vīctŭm* 3. **1.** widerlegen (*abs. od. alqm u. alqd, zB. adversarium, errores alcis*). **2. a)** *jd. e-r* Schuld überführen (*alqm testibus; auch vita vitiis convicta* belastet *m.; alqm alcis rei u. in re, zB. maleficii, in scelere; m.* °*inf. od.* °*a.c.i., zB. convincor id fecisse*); **b)** *etw.* unwiderleglich dartun *od.* als wahr erweisen, beweisen (*alqd, zB. inauditum facinus, praedia* die Aneignung der Güter; *m. a.c.i.*).

cŏnvīnctĭō, *ōnĭs f* (*-vinct-?; cŏn- + vĭncĭō*) (*Qu.*) Konjunktion; Partikel.

cŏn-vīsō, —— 3. (*dcht.*) betrachten, durchforschen; / (*e-n Ort*) bescheinen [*sol*].

▶ **cŏnvīvă,** *ae m* (cŏnvīvō) Tischgenosse, Gast (*alcis*).

cŏnvīvālĭs, *ĕ* (cŏnvīvă) (*nkl.*) zum Gastmahl gehörig, Tisch..., Tafel...

cŏnvīvātŏr, *ōrĭs m* (cŏnvīvŏr) (*dcht., nkl.*) Gastgeber, Wirt.

▶ **cŏnvīvĭŭm,** *ī n* (cŏnvīvō, *eigtl.* „das Zusammenleben") Gastmahl, Schmaus, Gelage; (*nkl.*) *auch* Volksbewirtung; (*meton.*) (*dcht., nkl.*) Tischgesellschaft = die Gäste.

cŏn-vīvō, *vīxī, vīctŭm* 3. (*nkl.*) *m. jd.* zusammenleben *od.* -speisen (*cum alqo*).

cŏnvīvŏr 1. (*denom. v.* cŏnvīvă) (gemeinsam) schmausen, ein Gelage abhalten.

cŏn-vīxī *s.* cŏnvīvō.

cŏnvŏcātĭō, *ōnĭs f* (cŏnvŏcō) Berufung (*alcis ad alqd*).

▶ **cŏn-vŏcō** 1. mehrere zusammenrufen, berufen, versammeln (*alqos u. alqd, zB. Siculos, concilium; ad alqm, ad u. in alqd, zB. senatum in aedem Iovis*); (*selten*) *e-n* einzelnen zu den anderen [*me in vestram contionem*].

cŏn-vŏlō 1. zusammenfliegen; / zusammenströmen, herbeieilen *v. mehreren* (*ex loco ad alqm od. ad, in alqd*).

cŏn-vŏlūtŏr 1. (*Se.*) sich herumtreiben [*cum exoletorum turba*].

cŏn-vŏlvō, *vŏlvī, vŏlūtŭm* 3. **1. a)** zusammenrollen, -winden [°*lubrica terga v. der Schlange*]; **b)** im Kreise herumrollen; *se convolvere u. mediopass.* (*v. Gestirnen*) kreisen. **2.** (*Se.*) (*eine Schriftrolle*) weiterrollen, *etw.* überschlagen [*magnam partem libri*]. **3.** *etw.* umwickeln *od.* bewickeln (*alqd re etw. m. etw.*).

cŏn-vŏmō, *ŭī, ĭtŭm* 3. *etw. od. jd.* bespeien (*alqm, zB.* °*maritum; alqd, zB. mensas*).

cŏnvŏrrō, cŏnvŏrtō 3. (*altl.*) = cŏnvĕrrō, cŏnvĕrtō.

cŏn-vŭlnĕrō 1. (*nkl.*) schwer verwunden (*alqm u. alqd*).

cŏŏpĕrātŏr, *ōrĭs m* (cŏ-ŏpĕrŏr 1. „mitarbeiten") (*Eccl.*) (geistlicher) Mitarbeiter.

cŏ-ŏpĕrĭō, *ŏpĕrŭī, ŏpĕrtŭm* 4. ganz bedecken (*alqm u. alqd re, zB. lapidibus* steinigen); *bsd. P.P.P.* **cŏŏpĕrtŭs** 3 bedeckt, *eigtl.* [*humus spinis*] *u.* / = überhäuft, überschüttet, beladen, umringt [°*flagitiis* versunken in, °*versibus* zugedeckt].

cŏŏptātĭō, *ōnĭs f* (cŏŏptō) Ergänzungswahl *e-s Kollegiums* (*meist v. den Mitgliedern selbst durchgeführt*), Zuwahl [°*in patres* in den Senat, *censoria* Ergänzung des Senats durch die Zensoren].

cŏ-ŏptō 1. *jd.* zur Ergänzung *e-s Kollegiums* (hinzu)wählen [*sacerdotes, alqm in collegium augurum*]; *selten* eine Korporation durch Wahl ergänzen [*senatum*]. — *Cf.* cŏŏptātĭō.

▶ **cŏ-ŏrĭŏr,** *ŏrtŭs sŭm* 4. **1.** (*Lu.*) (*v. Naturkörpern*) ins Dasein treten, entstehen [*portenta, humor*]. **2.** (*nkl.*) gemeinsam *od.* plötzlich sich erheben, losbrechen, *im eigtl. Sinne stets v. mehreren, bsd. feindl.* (*in u. adversus alqm* gegen *jd.; ad u. in alqd* zu *etw., zB. ad bellum*). **3.** / (*v. Naturerscheinungen u. Ereignissen im Menschenleben*) ausbrechen, entstehen, *v. mehreren wie v. etw. Einzelnem* [*ignes, tempestas, dolores, bellum*].
F. *Cf.* ŏrĭŏr.

cŏŏrtŭs, *ūs m* (cŏŏrĭŏr) (*Lu.*) Entstehung, Ausbruch.

Cŏōs *s.* Cōs.

cōpă, *ae f* (*cf.* caupō) (*nkl., dcht.*) Schenkwirtin, -mädchen.

cŏphĭnŭs, *ī m* (*Fw.* < κόφινος; *nkl., Ju.*) großer Korb (*v. den Juden zum Warmhalten der Speisen verwendet*). — **Koffer, Kästchen; Schrank.

> **cōpĭă**
> 1. reicher Vorrat, Fülle; **2. a)** (*meist pl.*) Mittel, Vorräte; Wohlstand, Vermögen; **b)** (*v. Lebewesen*) Masse, Menge; *mil.* (*pl.*) Mannschaften, Truppen; **c)** (*v. abstr.*) Menge, Fülle; **3.** Fähigkeit, Möglichkeit, Gelegenheit.

cōpĭă, *ae f* (< **cŏ-ŏpĭă zu ŏps, cf. ĭn-ŏpĭă*) **1.** reicher Vorrat, Fülle, Überfluß, Menge (*alcis rei, zB. pecuniae, agri, frumenti, omnium rerum, obi.* °*narium* für die Nase = Fülle duftender Blumen). **2. a)** (*meist pl.*) Mittel, Vorräte *jeder Art, bsd.* Geld- *od.* Nahrungsmittel [*rei frumentariae* Getreidevorräte]; *bsd.* α) Lebensmittel, *oft mil.* Proviant, Zufuhr [*frumentum aliaeque copiae*]; β) (*sg. u. pl.*) Wohlstand, Vermögen, reicher Besitz [*copiis facile princeps civium,* °*pro cuiusque copia* jeder nach seinem Vermögen]; γ) (*personif.*) (*dcht.*) Cōpĭă die Göttin des Überflusses, *bsd.* des Erntesegens; **b)** (*v. lebenden Wesen*) α) Masse, Menge, große Zahl [*pecoris, civium*]; β) *mil.* (*sg., selten*) Mannschaft, Schar, Trupp [*armatorum, milites ex omni copia deligere*]; (*pl., häufig*) Truppen, Streitkräfte [*hostium, magnae, maximae, exiguae, parvae, summae* die ganze Heeresmacht]; **c)** (*v. abstr.*) Menge, Fülle [*verborum* Wortschatz; *rerum* des Stoffes]; *bsd.* (*subi.*) α) Redefülle, Reichtum des Ausdrucks [*scribendi, Periclis*]; β) Fülle des Wissens [*vir summā copiā*]. **3.** Fähigkeit, Möglichkeit, Gelegenheit, Macht (*alcis rei zu etw.; bsd. alci copia est od. fit alcis rei, zB. dimicandi cum hoste, somni* er kann schlafen, °*mortis* zu sterben; *copiam rei habere, zB. Iugurthae* sich des J. zu bemächtigen, *alcis* Macht über *jd.* haben), *copiam rei dare od. facere alci j-m* Gelegenheit *od.* Erlaubnis zu *etw.* geben [*frumenti* Getreide zu bekommen, °*senatūs* in den Senat zu kommen, *consilii sui* seinen Rat zu benutzen, *alcis copia datur* Zutritt zu *jd.* wird gestattet]; *pro rei copia* nach Möglichkeit.

cōpĭŏlae, *ārŭm f* (*demin. v.* cōpĭae) (*unkl.*) Häuflein Truppen.

▶ **cōpĭōsŭs** 3 (cōpĭă) (*m.* °*comp. u. sup.; adv.* **-ē**) **1.** reich, *sowohl v. Pers.* = sehr wohlhabend [*homines, mulier,* °*hostis* reich m. Proviant versehen], *als auch v. Sachen* = reichlich ausgestattet [*domus,* °*ager* gesegnet; / *re u. a re* an, *m. etw., zB. locus a frumento -us*]; *auch* reichlich (vorhanden) [°*lacrimae; bsd. adv., zB. pastum -e comparare*]. **2.** / wort-, gedankenreich, beredt, reich begabt, *v. Pers. u. Sachen* [*orator ad dicendum u. in dicendo -us, oratio, -e dicere de re*].

cōpĭs[1], *ĕ* (< **cŏ-ŏpĭs, cf.* cōpĭă) (*Pl.*) reich, mächtig.

cōpĭs[2], *ĭdĭs f* (*Fw.* < κοπίς) (*nkl.*) persischer Krummsäbel.

cōpō = caupō[1].

cŏprĕă, *ae m* (*Fw.* < κοπρίας) (*Suet.*) Possenreißer.

cŏptă, *ae f* (*Fw.* < κόπτη; *Ma.*) hartes Gebäck.

▶ **cōpŭlă,** *ae f* (< **cŏ-ăpŭlă; cf. ăpīscŏr*) **1. a)** Band; Bindemittel, *bsd.* (*unkl.*) Strick, Leine, Koppel; **b)** Enterhaken [*naves -is continere*]. **2.** / (*nkl.*) **a)** Band, Verbindung [*virorum zw.* Männern], Liebesband, Freundschaftsband [*irrupta*]; **b)** Wortverbindung; **Kopula = Satzband *zw. subi. u. Prädikatsnomen, zB.* est.

cōpŭlātĭō, *ōnĭs f* (cōpŭlō) Verknüpfung, Verbindung; *auch* / [*atomorum inter se;* °*syllabarum*].

cōpŭlō *u.* (*altl.*) **-ŏr** 1. (*denom. v.* cōpŭlă) **1.** zusammenkoppeln, -binden (*alqd cum re od. alci rei, zB. hominem cum belua,* °*ratem rati*). **2.** / **a)** eng verknüpfen *od.* verbinden, *Sachen u. Pers.* [*res inter se, milites; alqm u. alqd cum re, zB. honestatem cum voluptate*]; **b**) (*rhet. t.t.*) zu einem Satz verbinden [°*verba*]; zu einer Periode zusammenfügen; zwei Wörter verschleifen [*sī audēs* > *sōdēs*]; **c**) (*spätl.*) vermählen [*matrimonio*]. **3.** (*P.P.P.*) *adi.* **cōpŭlātŭs** 3 (*m. comp.*) eng verknüpft *od.* verbunden (*cum alqo od. cum re*); *auch* / vereint, zugleich.

cŏquă, *ae f* (*cŏquŭs; Pl.*) Köchin.

cŏquīnō 1. (*cŏquō; Pl.*) kochen.

cŏquīnŭs 3 (*cŏquō; Pl.*) Koch...; *subst.* **cŏquīnă,** *ae f* (*spätl.*) Küche.

cŏquō, *cōxī, cŏctŭm* 3. ((< *quĕquō; *idg.* *pĕquō; *cf.* πέσσω, πέπτω, πέπων „v. der Sonne gekocht = reif") **1. a**) kochen, backen, zubereiten (*alqd als affiziertes od. effiziertes obi., zB.* °*pavonem,* °*liba in foco*); **b**) (*v. der Sonne*) reif machen, reifen [*poma cocta reife*]; **c**) (*dcht.*) dörren, austrocknen [*flumina; robur* im Feuer härten, *agger coctus* aus gebrannten Ziegelsteinen erbaut]; **d**) in Gärung bringen, zersetzen, auflösen. **2.** / **a**) (*Li.*) ersinnen, ausbrüten [*consilia secreta*]; **b**) (*unkl.*) *jd.* beunruhigen, ängstigen [*curae alqm coquunt*].

cŏquŭs, *ī m* (*cŏquō*) Koch.

▶ **cŏr,** *cŏrdĭs n* ((< *cŏrd; *cf. ablautend* καρδ-ία, *nhd.* „Herz") **1.** Herz *als Körperteil* [*cor pulpitat*]. **2.** (*meton.*) Herz *als Sitz des geistigen Lebens, bsd.* **a**) Gemüt, Gefühl, Gesinnung, *auch* Mut [°*molle,* °*ferum*]; *klass. nur*: / *mihi cordi est* mir liegt am Herzen, mir ist *etw.* Herzenssache (*m. inf. u. a.c.i.*); **b**) Verstand, Einsicht, Geist [*stupor cordis; klass. fast nur: cor habere*]; **c**) **α**) (*dcht.*) Seele = Person, Individuum [*fortissima corda; noxia corda* Schuldbeladene]; **β**) (*Pl.*) *Kosewort* [*meum cor*]. **3.** (*dcht.*) Magenmund *in der Herzgrube*; *übh.* Magen.

F. *abl. sg. cŏrdĕ; nom. u. acc. pl. cŏrdă, gen. cŏrdĭŭm.*

cŏrāllĭŭm, *älter* **cūrālĭŭm,** *ī n* (*Lw.* < κωράλ[λ]ιον, κοράλ[λ]ιον *u.* κουράλιον) (*dcht., nkl.*) rote Koralle.

▶ **cōrăm** (*Juxtapositum aus cŏ(m)- u. einer Form v. ōs m. Anlehnung an clăm, pălăm*) **1.** *adv.* angesichts, in Gegenwart [°*se ipse* ~ *offert* vor die Soldaten]; *bsd.* **a**) öffentlich, vor aller Augen, (*meist unkl.*) [°~ *convinci*]; **b**) persönlich, anwesend, an Ort und Stelle, mündlich, selbst [~ *disputare cum alqo,* ~ *adesse; cum* ~ *sumus* wenn wir persönlich beisammen sind]. **2.** *prp. b. abl.*: in Anwesenheit *od.* in Gegenwart *j-s,* vor *jd.* [~ *genero meo,* ~ *conventu*]. — ~****publico* in aller Öffentlichkeit.

cŏrbĭs, *ĭs f* (*u.* °*m*) (*cf. nhd.* „Reff" = Rückentrage) Korb; (*abl. sg. -ĕ, gen. pl. -ĭŭm*).

cŏrbītă, *ae f* (*cŏrbĭs; eigtl. adi. f* „m. einem Mastkorb versehen", *sc. nāvĭs*) langsam fahrendes Lastschiff.

cŏrbŭlă, *ae f* (*demin. v. cŏrbĭs; vkl., nkl.*) Körbchen.

cŏrcŏdīlŭs, *ī m* (*seit Ma.*) = *crŏcŏdīlŭs m. Metathese.*

cŏrcŏtārĭŭs 3 = *crŏcŏtārĭŭs.*

cŏrcŭlŭm, *ī n* (*demin. v. cŏr*) (*vkl., nkl.*) Herzchen; *bei Pl. Kosewort*; ♀ (= „der Verständige") *cogn. des Scīpĭō Nāsīcă.*

Cŏrcȳră, *ae f* (Κόρκυρα, Κέρκυρα) *Insel im Ionischen Meere, im Altertum der Phäakeninsel Scheria gleichgesetzt, j.* Korfu; *Einw. u. adi.* **Cŏrcȳraeŭs** (3). *Ausgrabungen: archaischer dor. Tempel m. Gorgo im Giebelfeld.*

cŏrdă *s. chŏrdă.*

cŏrdātŭs 3 (*adv.* **-ē**) (*cŏr; vkl., nkl.*) verständig, gescheit.

cŏrdāx, *ācĭs m* (*Fw.* < κόρδαξ) Kordax, *ausgelassener Chortanz der altattischen Komödie*; / der Trochäus (*wegen seines hüpfenden Rhythmus*).

cŏr-dŏlĭŭm, *ī n* (*cŏr; dŏlĕō*) (*Pl.; nkl.*) Herzeleid.

Cŏrdŭbă, *ae f ber. Handelsst. in der Hispania Baetica, Geburtsort Senecas, j.* Córdoba; *Einw. u. adi.* **Cŏrdŭbēnsĭs,** (*ē*).

cŏrdȳlă, *ae f* (*Lw.* < κορδύλη) (*nkl., Ma.*) Thunfischbrut.

Cŏrfīnĭŭm, *ī n alte Hptst. der Päligner in Samnium; Einw. u. adi.* **Cŏrfīnĭēnsĭs,** (*ē*).

cŏrĭăndrŭm, *ī n* (*Lw.* < κορίανδρον) (*vkl., nkl.*) Koriander.

Cŏrinnă, *ae f* (Κόριννα) **1.** *lyrische Dichterin aus Tanagra in Böotien um 510 v. Chr.* **2.** *fingierter Name der Geliebten Ovids.*

Cŏrinthŭs *u.* °**-ŏs,** *ī f* (Κόρινθος) *ber. Handelsst. am Isthmus* (*Vasenfabrikation*), *146 v. Chr. von Mummius zerstört; von Cäsar wiederaufgebaut; Einw.* **Cŏrinthĭŭs,** *ī m, adi.* **Cŏrinthĭŭs** 3 (*u.* **Cŏrinthĭăcŭs** 3, **Cŏrinthĭēnsĭs,** *ē*); *-aes -thium* kor. Bronze (*Legierung aus Gold, Silber u. Kupfer*); *subst.* **-thĭă,** *ōrŭm n* (*od. vasa -thia*) Kunstwerke aus kor. Bronze; **-thĭārĭŭs,** *ī m Spottname des Augustus wegen seiner Bevorzugung kor. Metallarbeiten.*

Cŏrĭŏlī, *ōrŭm m St. der Volsker in Latium; Einw. u. adi.* **Cŏrĭŏlānŭs** (3), *auch cogn. des Cn. Mārcĭŭs.*

cŏrĭŭm, *ī n u.* (*altl.*) **-ĭŭs,** *ī m* (*wahrsch. eigtl.* „Abgeschnittenes" *od.* „Abgezogenes" *zu* κείρω; *cf. cārō*[1], *cēnă*) **1.** Fell, Haut, *oft pl.* **2. a**) gegerbtes grobes Leder [*scuta ex coriis*]; **b**) / Züchtigung [*corium petere j-m* aufs Leder rücken]; *sprichw.* (*dcht., nkl.*) (*de*) *corio suo ludere* seine eigene Haut zu Markte tragen; **c**) (*meton.*) (*Pl.*) Riemenpeitsche.

Cŏrnēlĭŭs 3 *Name einer weitverzweigten hochangesehenen röm. gens. Zu ihr gehörten u. a.* **I.** *patriz. Familien*: *Scīpĭōnēs* (*s.d.*), *Sŭllae* (*s.d.*), *Lĕntŭlī* (*s.d.*), *Dŏlābĕllae* (*s.d.*), *Cĕthēgī* (*s.d.*). **II.** *pleb. Familien*: *Bălbī* (*L., einflußreicher Parteigänger Cäsars u. nach dessen Tod Oktavians*), *Cĭnnae* (*s.d.*); *A.* ~ *Cĕlsŭs s. Cĕlsŭs; adi.* **Cŏrnēlĭŭs** 3 [*leges v. den Corneliern, bsd. v.* L. Cornelius Sulla gegebene Gesetze; *Fŏrŭm Cŏrnēlĭŭm u. -lĭī v.* L. Cornelius Sulla *gegründeter Ort an der via Aemilia, j.* Imola] *u.* **Cŏrnēlĭānŭs** 3 [*castra, oratio* für C. Cornelius]. **Cŏrnēlĭă,** *ae f jüngste T. des Africanus maior, die M. der Gracchen.*

cŏrnĕŏlŭs 3 (*demin. v. cŏrnĕŭs*[2]) hornartig.

cŏrnĕŭs[1] 3 (*cŏrnŭs*[1]) (*dcht.*) aus Kornelkirschholz [*virgulta*].

cŏrnĕŭs[2] 3 (*cŏrnū*) aus Horn.

cŏrnĭ-cĕn, *ĭnĭs m* (*cŏrnū, cănō*) Hornist; *auch* Flötist (*Bläser der phrygischen Flöte*).

cŏrnīcŏr 1. (*denom. v. cŏrnīx*) (*Pers.*) (wie eine Krähe) krächzen, kreischen.

cŏrnīcŭlă, *ae f* (*demin. v. cŏrnīx*) (*Ho., spätl.*) alberne (junge) Krähe.

cŏrnīcŭlārĭŭs, *ī m* (*cŏrnĭcŭlŭm*) (*nkl.*) Gefreiter (*m. dem Ehrenhorn ausgezeichneter Soldat*).

cŏrnĭcŭlŭm, *ī n* (*demin. v. cŏrnū*) (*nkl.*) Hörnchen; *bsd.* Ehrenhorn *am Helm, mil. Auszeichnung.*

cŏrnĭ-gĕr, *gĕră, gĕrŭm* (*cŏrnū, gĕrō*) (*dcht., nkl.*) gehörnt, geweihtragend.

cŏrnĭ-pēs, *pĕdĭs* (*dcht.*) hornfüßig, gehuft.

cŏrnīx, *īcĭs f* (*cf.* κόραξ, *cŏrvŭs*) Krähe. *In ihrem Flug u. Geschrei zur Linken sah man ein günstiges Omen; ihr Geschrei deutete Regen an; sie galt als langlebig; sprichw.*: *cornicum oculos configere* den Krähen die Augen aushacken = selbst die Vorsichtigsten täuschen [*ellipt.*: *cornici oculum, ut dicitur*]; *gen. pl. cŏrnīcŭm.*

> **cŏrnū**
> **1.** Horn, *pl.* Gehörn, Geweih; **2. a**) **-i**) *Hornähnliches u. -förmiges*: äußerstes Ende *e-s Gegenstandes,* Spitze; **3. a**) Horn *als Material*; **b**) *Gegenstand aus Horn, bsd.* Horn (*als Blasinstrument*); Bogen (*z. Schießen*) *u. a.*

cŏrnū, *ūs n u.* (*selten*) **cŏrnŭm**[1], *ī n* (*cŏrnū?; cf. nhd.* „Horn") **1.** Horn; *pl.* Gehörn, Geweih *am Kopfe der* „*Horntiere*", *Attribut der Flußgötter u. des Bacchus, Symbol der Widerstandskraft u. Stärke* [°*cornua tollere in alqm* Widerstand leisten, °*cornua sumere* = mutig werden, °*cornua addere alci jd.* Mut machen]. **2.** / Hornähnliches: ° **a**) **α**) Auswuchs *an d. Stirn*; **β**) emporstehender Haarbüschel *der Germanen*; ° **b**) *pl.* Hörner *der Mondsichel*; ° **c**) Flußarm [*Nilus in septem cornua divisus*]; **d**) äußerstes Ende *e-r Örtlichkeit* [*iugi*], *bsd.* Landzunge, Vorgebirge [*portūs*], *auch* äußerstes Ende *e-s Gegenstandes* [*subsellii*]; ° **e**) Spitze *e-r* Rahe; *synekd.* Rahe; **f**) (*Li.*) Helmkegel; ° **g**) Knopf *des Stäbchens e-r Bücherrolle*; **h**) *mil.* Flügel *des Heeres od. der Flotte* [*dextrum*]; / *cornua disputationis commovere* zum Weichen bringen; **i**) (*dcht.*) Füllhorn [*cornu Copiae, das unter die Sterne versetzte Horn* *der Ziege Amalthea (s.d.), Symbol des Überflusses u. der Fruchtbarkeit*]. **3. a**) Horn *als Stoff, zB. am Huf, Schnabel, an den Hörnern u. a.*; **b**) (*meton.*) *Gegenstände aus Horn*: **α**) Horn *als Blasinstrument (anfangs aus Horn, später aus Metall)*; *bsd.* Heerhorn, Trompete; (*dcht.*) *auch* Hornansatz *an der phrygischen Flöte*; **β**) (*sg. u. pl.*) Bogen *zum Schießen, aus zwei divergierenden Hörnern zusammengesetzt*; °**γ**) Horntrichter *zum Einfüllen v. Flüssigkeiten*; °**δ**) Ölfläschchen; **ε**) *der urspr. aus zwei hohlen Hörnern bestehende* Resonanzboden *der Lyra.*

cŏrnŭm², ī *n* (*cŏrnŭs¹*) (*dcht., nkl.*) Kornelkirsche; (*meton.*) Lanze *aus Kornelholz.*

cŏrnŭs¹, ī *u.* ūs *f* (*cf.* κράνος; *wahrsch. m.* cĕrăsŭs *verwandt*) (*unkl.*) **1.** Kornelkirschbaum, Hartriegel. **2.** *meton.* **a**) Hartriegelholz; **b**) Lanze aus Kornelholz.

cŏrnŭs², ūs *m* (*vereinzelt*) = cŏrnū.

cŏrnūtŭs 3 (*cŏrnū*) (*unkl.*) gehörnt. — ***cornuto capite* im Schmuck der Bischofsmütze.

cŏrōllă, *ae f* (*demin. v.* cŏrōnă) (*unkl.*) Kränzchen.

cŏrōllārĭŭm, ī *n* (*cŏrōllă*) Kränzchen (*aus Gold od. Silber*) *als Ehrengabe an verdiente Schauspieler u. Virtuosen; später durch Geld abgelöst, daher allg.* Geschenk, Vergütung, Trinkgeld (*alcis* an, für jd., *zB. scaenicorum*; *alcis rei, zB. nummorum*).

▶ **cŏrōnă**, *ae f* (*Lw.* ⟨ κορώνη „Ring“, *cf.* cŭrvŭs) **1.** Kranz *v. natürlichen od. künstlichen Blumen, als Schmuck od. als Auszeichnung* [~ *civica, muralis, navalis, honoris* Ehrenkranz]; *sub coronā vendere* (*P. venire od. venumdari*) als Sklaven verkaufen (*Kriegsgefangene wurden zum Verkauf wie Opfertiere bekränzt*); / (*dcht.*) *coronam nectere alci* jd. verherrlichen *od.* auszeichnen. **2. a**) (*nkl.*) Mauerkranz; Kranzgesims; **b**) Kreis v. Zuhörern *od.* Zuschauern, Versammlung; Menschenmenge [*armatorum*]; *auch pl.* (*Ho.*) die Zuhörer; **c**) *mil.* Truppenkette, Einschließung(slinie) [*urbem coronā circumdare*], *seltener zur Verteidigung* [*Li.*: *vallum coronā defendere*]. **3. a**) (*dcht.*) Krone, Diadem [*regni*]; (*spätl.*) *fidei* Märtyrerkrone; **b**) ♀ (*dcht., nkl.*) Kranz *od.* Krone *der Ariadne (Gestirn, am nördl. Himmel).* — **Königs-, Kaiserkrone; *rasa, clericalis, capitis* Tonsur.

cŏrōnārĭŭs 3 (*cŏrōnă*) zum Kranze (gehörig); *insb. aurum -um* Kranzgold, Geldgeschenk *der Provinzialen an den Triumphator zur Anschaffung eines goldenen Kranzes, später zu beliebiger Verwendung.* — ***subst.* **-a**, *ae f* (*sc. domus*) Krönungssaal.

cŏrōnĭs, *ĭdĭs f* (*Fw.* ⟨ κορωνίς; *Ma.*) Schlußschnörkel (*eines Buches od. Abschnitts*).

cŏrōnō 1. (*denom. v.* cŏrōnă) bekränzen (*alqm u. alqd, zB.* °*poëtam laureā coronā*, °*capillos*, °*Olympia coronari* in den olympischen Spielen als Sieger bekränzt werden (= τὰ ᾽Ολύμπια στεφανοῦσθαι); / (*dcht., nkl.*) umkränzen, umschließen, umringen (*alqd re etw. m. etw., zB.* °*omnem abitum custode* umstellen). — **krönen, zum König erheben.

cŏrpŏrālĭs, ĕ (*adv.* **-ālĭtĕr**) (*cŏrpŭs*; *nkl.*) körperhaft, körperlich. — **leiblich, fleischlich; *adv.* wirklich.

cŏrpŏrātŭs 3 (*P.P.P. v.* cŏrpŏrō 1. „mit einem Körper versehen“) verkörpert, körperhaft [*mundus*].

cŏrpŏrĕŭs 3 (*cŏrpŭs*) körperlich: **1.** mit einem Körper versehen, körperhaft. **2.** fleischlich, leiblich [°*umerus Pelopis* natürlich, *res* Güter]. — **irdisch.

cŏrpŭlĕntĭă, *ae f* (*cŏrpŭlĕntŭs*) (*nkl.*) Beleibtheit, Korpulenz.

cŏrpŭlĕntŭs 3 (*m. comp.*) (*cŏrpŭs*) (*vkl., nkl.*) beleibt, korpulent.

> **cŏrpŭs**
> **1.** Körper, Leib; Substanz, Materie; **2. a**) Fleisch *des Körpers (Ggs. Knochen)*; **b**) Leiche, Leichnam; **c**) Rumpf; **d**) Person; **e**) das Wesentliche; (*geordnetes*) Ganzes, Komplex; Körperschaft; Sammlung.

cŏrpŭs, *ŏrĭs n* (*cf. persisch* karp „Körper“) **1.** Körper, Leib *v. Menschen u. Tieren* [*hominis, ferarum*; *corpus in prato prosternere* sich hinstrecken]; *auch v. Leblosem, zB. v. Pflanzen* [°*corpora pulveris* Staubkörnchen, *atomi sunt individua corpora*]; (*physikalisch*) = Molekül; *übh.* Substanz, Materie; *bsd. auch* Körper, Leib *als Träger der Sinnenlust (bsd. in sexueller Hinsicht)* [°*corpus vulgare* sich preisgeben, °*ex vulgato corpore genitus* Sohn einer Dirne, °*corpore quaestum facere*]; *meton.* (*Ph.*) die Hoden. **2. a**) Fleisch *am Körper* [~ *facere* beleibt werden, ~ *amittere* abmagern, °*corpus abit* magert ab]; **b**) Leichnam, Leiche [*acervus corporum*]; (*dcht.*) *auch* Schatten eines Toten, Schemen; **c**) Rumpf (*im Ggs. zum Kopfe u. den Gliedern*); (*bei Schiffen*) Bauch, Gerippe; **d**) (*dcht., nkl.*) Person, Individuum, Wesen, *vorzugsweise in bezug auf materielle Substanz* [*corpus liberatoris aberat*, ~ *captivum* Gefangener, ~ *mortale* Erdensohn, °*fidissima corpora* die Getreusten]; **e**) / **α**) (*Qu.*) das Wesentliche, Kern [*eloquentiae*]; **β**) ein (*körperhaft geordnetes*) Ganzes, Gebäude [*rei publicae* Staatskörper, Staat]; *bsd.* **αα**) *mil. totum* ~ Befestigungskomplex, °*militum* Armeekorps; **ββ**) Gesamtheit, Komplex [*universitatis* Weltall]; **γγ**) Körperschaft, Innung, Zunft [°*regem sui corporis creare* aus ihrem Stande]; **δδ**) Gesamtwerk, Schriftwerk [°~ *omnis iuris Romani* = Sammlung; ***Corpus Iuris Civilis* (endgültige) Kodifikation des röm. Rechts *durch Justinian*]. — **~ *venerabile* geweihte Hostie. — ****corpus delicti* Gegenstand, *d. h.* Beweisstück *e-r* Straftat. — *Corpus Inscriptionum Latinorum* (*Abk. CIL*) Sammlung der lat. Inschriften. — *Corpus Iuris Canonici* kirchl. Rechtssammlung des Mittelalters, *abgelöst durch den Codex Iuris Canonici* (*s.d.*). — *Corpus Reformatorum* (*Abk. C.R.*) Sammlung der Schriften der Reformatoren (*außer Luther*); (*med. t.t.*) *pl. corpora cavernosa* Schwellkörper.

cŏrpŭscŭlŭm, *ī n* (*demin. v.* cŏrpŭs) **1. a**) Körperchen; **b**) (*nkl.*) Kind im Mutterleib. **2. a**) (*scherzh., nkl.*) Bäuchlein; **b**) (*Pl.*) *Kosewort* [*melliculum*]; **c**) Atom; **d**) (*nkl.*) kleine Sammlung [*florum* Blumenlese].

cŏr-rādō, *rāsī, rāsŭm* 3. **1.** (*Lu.*) zusammenkratzen, -scharren. **2.** / (*unkl.*) zusammenraffen.

cŏrrēctĭō, *ōnĭs f* (*cŏrrĭgō*) **1. a**) Berichtigung, Verbesserung (*alcis u. alcis rei*); **b**) (*Redefigur*) (= ἐπανόρθωσις) Berichtigung *durch e-n passenderen Ausdruck.* **2.** Zurechtweisung *j-s.*

cŏrrēctŏr, *ōrĭs m* (*cŏrrĭgō*) **1. a**) Verbesserer [°*disciplinae*]; **b**) der (tadelnde) Sittenprediger, Kritiker. **2.** (*nkl.*) kaiserlicher Statthalter *in kleineren Provinzen* [*Lucaniae*]. — ***Druckberichtiger.

cŏr-rēctŭs *P.P.P. v.* cŏrrĭgō.

cŏr-rēpō, *rēpsī, rēptŭm* 3. **1.** (*Lu.*) zusammenkriechen, -schrecken. **2.** sich verkriechen (*in alqd, zB. in onerariam navem*; / *in dumeta* = seine Zuflucht nehmen zu).

cŏrrĕptĭō, *ōnĭs f* (*cŏrrĭpĭō*) (*gramm. t.t.*; *vkl., Qu.*) Kürzung [*vocum*] (*Ggs. prōdŭctĭō*).

cŏr-rēptŭs¹ *P.P.P. v.* cŏrrĭpĭō.

cŏrrēptŭs² 3 (*m. comp.*; *adv.* **-ē**) (*eig. P.P.P. v.* cŏrrĭpĭō) (*dcht., nkl.*) kurz (ausgesprochen).

cŏr-rēxī *s.* cŏrrĭgō.

cŏr-rīdĕō, — — 2. (*Lu.*) auflachen.

cŏr-rĭgĭă, *ae f* (√‾*rig- „binden“) Schuhriemen. — **Streichriemen des Barbiers; Ledergürtel.

▶ **cŏr-rĭgō**, *rēxī, rēctŭm* 3. (*cŏn-, rĕgō*) **1.** (*unkl.*) (*etw. Krummes*) gerade richten [*digitum, ceras* wieder glätten, *cursum* den rechten Kurs wiedergewinnen]. **2.** / **a**) (*Fehlerhaftes*) berichtigen, verbessern, korrigieren, wieder gutmachen, ausgleichen (*alqd, zB. mendum liturā, errorem, mores alcis*, °*cessata tempora* wiedereinbringen; *selten alqm, zB. malevolos, se*); **b**) *jd.* zurechtweisen, eines besseren belehren (*alqm*). — ****corrigenda* Druckfehler(verzeichnis); *correctis corrigendis imprimatur* (*Abk. corr. corr. impr.*) nach Korrektur der Druckfehler druckfertig. — (*remedium*) *corrigens* geschmacksverbessernder Arzneimittelzusatz.

▶ **cŏr-rĭpĭō**, *rĭpŭī, rēptŭm* 3. (*răpĭō*) **1. a**) zusammenraffen, hastig ergreifen, (an)packen (*alqm u. alqd, zB. mulierem manu*, °*hastam*, °*correpti montes* abgerissene Felsstücke; *bsd.* °*corpus corripere e stratis od. e somno* aufspringen, sich erheben, °*se -ere* forteilen); **b**) (*ein Besitztum*) gewaltsam an sich reißen, rauben, sich aneignen [*undique pecunias*]; **c**) *jd.* aufgreifen, verhaften [*equites*]; (*Sachen*) m. Beschlag belegen; **d**) / (*dcht., nkl.*) (*v. Übeln, bsd.*

Feuer, Krankheit, Leidenschaften) ergreifen, befallen, (da)hinraffen, hinreißen, *meist pejorativ* [*ignis corripit vicos, flumen tecta* schwemmt fort, *morbi corpora corripiunt; corripi dolore, cupidine, imagine* bezaubert werden, *militiā* v. der Kampflust fortgerissen werden]; **e)** (*m. Scheltworten*) über *jd.* herfallen, *jd. od. etw.* schelten, herunterreißen (*alqm u. alqd, zB. consulem, °peccata alcis*); **f)** (*Ta.*) *jd.* vor Gericht ziehen, anklagen (*alqm accusatione*). **2.** (*unkl.*) **a)** *etw.* abkürzen, verkürzen [*syllabam*]; **b)** *gradum* beschleunigen, *viam* schleunig zurücklegen, *campum* durcheilen, *spatia* sich in die Rennbahn stürzen.

cŏr-rōbŏrō 1. stärken, kräftigen, stählen, *auch* / (*alqm u. alqd, zB. militem tironem, ingenium, se -are od. mediopass.* erstarken, *bsd.* ins Mannesalter treten [*aetas corroborata* Mannesalter].

cŏr-rōdō, *rōsī, rōsūm* 3. benagen, zernagen, *bsd. v. Mäusen* (*alqd, zB. librum*); / *v. d. Feile* (*Ph.*) [*ferrum*].

cŏr-rŏgō 1. zusammenbitten, -betteln, durch Bitten zusammenbringen (*alqd, zB. °vasa; alqd ab alqo, zB. °auxilia a sociis*); *bsd.* (*Pers.*) einladen [*necessarios suos*].

cŏr-rŏtŭndō 1. (*nkl.*) (rhythmisch) abrunden; *mediopass.* sich abrunden.

cŏr-rūgō 1. (*nkl., Ho.*) runzelig machen [*nares* die Nase rümpfen].

> **cŏr-rŭmpō**
> **1. a)** vernichten, zugrunde richten, P gehen; **b)** vereiteln; **2. a)** verderben, verschlechtern; **b)** *dem Sinne nach* verfälschen; **c)** *sittlich* verderben; verführen; bestechen; **3.** (*P.P.P.*) *adi.* **cŏrrŭptŭs** verdorben; verführt; bestochen.

cŏr-rŭmpō, *rūpī, rŭptŭm* 3. (*eig.* „ganz zerbrechen") **1. a)** (gänzlich) vernichten, zugrunde richten, zerstören, verwüsten (*alqd, zB. frumentum incendio, libertatem, °ungues dentibus* zernagen; *auch alqm, zB. °semet igni*); P. verderben (*intr.*), zugrunde gehen; **b)** / vereiteln, zunichte machen [*°dei beneficia, °meritorum gratiam* den Dank für Verdienste (sich) verscherzen, *°fidem artis* den Glauben an die Kunst verlieren, *eventus corrumpitur timore* geht verloren]; *bsd.* eine Gelegenheit unbenutzt lassen [*occasionem*]. **2.** (*zum Schlechten verändern*): **a)** verderben, verschlechtern, verunstalten, verletzen, entkräften, *physisch u.* / [*°aquarum fontes, °nomen alcis* in der Aussprache entstellen, *°famam rerum gestarum* verringern, *°tempestas corrupit lacūs* verpestete]; P. verderben (*intr.*) = schlecht werden, herunterkommen [*equi macie corrupti*]; **b)** *dem Sinne nach* verfälschen, fälschen, verdrehen [*litteras publicas*]; **c)** sittlich verderben, entehren, schänden, *Pers. u. Sachen* [*iuventutem, populum largitione, °mulierem* verführen, *civitatis mores, disciplinam* (*castrorum*) die Manneszucht untergraben]; *bsd.* **α)** *jd.* zum Bösen verführen, verleiten (*alqm, °alqm ad od. in alqd, zB. ad scelus; m. ut*); **β)** bestechen (*alqm, zB. iudicem; alqd, zB. iudicium; re* durch *etw., zB. alqm pecuniā*). **3.** (*P.P.P.*) *adi.* **cŏrrŭptŭs** 3 (*Pl. auch cŏrrŭmptŭs*) (*m. °comp. u. °sup.; adv* **-ē**) verdorben, verderbt; *bsd.* **α)** (*moralisch*) zuchtlos, schlecht; **β)** verführt, geschändet; **γ)** bestochen; **δ)** (*v. Ausdruck, Gedanken, Urteil*) verkehrt, geschmacklos.

cŏrrŭmptŏr (*altl.*) = *cŏrrŭptŏr.*

cŏr-rŭō, *rŭī, rŭitūrŭs* 3. **1.** (*intr.*) **a) α)** zusammen-, um-, einstürzen [*aedes, °arbor*], (*v. Pers. u. Tieren*) zu Boden stürzen [*elephanti*]; *bsd.* im Kampf fallen [*°in vulnus* nach vorn], *auch* zusammensinken [*inter mutuos amplexus*]; in Ohnmacht fallen; / **β)** zugrunde gehen, *v. Pers. u. Sachen*; **γ)** Bankrott machen; **δ)** (*v. Schauspielern*) durchfallen; **ε)** °(*vor Gericht*) (*Pli.*) verurteilt werden; °**b)** aufeinander losstürzen [*accipitres rostris inter se*]. **2.** (*trans.*) **a)** (*dcht.*) *jd.* ins Verderben stürzen (*alqm*); **b)** (*Pl.*) zusammenscharren [*ditias*].

cŏr-rŭpī *s. cŏrrŭmpō.*

cŏrrŭptēlă, *ae f* (*cŏrrŭmpō*) **1.** (moralischer) Verderb; Verführungsmittel (*alcis u. alcis rei*); *insb.* (*abstr.*) Verderbnis, *bsd.* **a)** Verführung, *bsd. in sexueller Hinsicht,* Schändung [*mulierum*]; **b)** Bestechung [*iudicii*]. **2.** (*meton.*) (*Te.*) Verführer [*nostrum liberum*]. — ***Korruptel, verderbte Textstelle.

cŏrrŭptĭbĭlĭs, *ĕ* (*m. comp.*) (*cŏrrŭmpō*) (*Eccl.*) vergänglich.

cŏrrŭptĭō, *ōnĭs f* (*cŏrrŭmpō*) **1.** (*act.*) (*Te.*) **α)** Verführung; **β)** Bestechung. **2.** (*pass.*) Verderbtheit, verdorbener Zustand [*corporis, opinionum* Verkehrtheit].

cŏrrŭptŏr, *ōrĭs m* (*cŏrrŭmpō*) **1.** Verderber (*alcis u. alcis rei*). **2. a)** Verführer (*bsd.* Ehebrecher); **b)** Bestecher.

cŏrrŭptrīx, *īcĭs f* (*cŏrrŭptŏr*) Verführerin; *adi.* verführerisch [*provincia*].

cŏrrŭptŭs 3 *s. cŏrrŭmpō.*

cōrs *s. cŏhŏrs.*

Cŏrsĭcă, *ae f die Insel* Korsika, *Verbannungsort Senecas; Einw.* **Cŏrsŭs,** *ī m* der Korse; *adi.* **Cŏrsĭcŭs** 3 *u.* °**Cŏrsŭs** 3.

▶ **cŏrtĕx,** *ĭcĭs m* (*dcht. oft f*) (*eig.* „abgeschälte Rinde"; *cf. cŏrĭŭm*) **1.** Rinde, Borke *der Bäume* [*°fagi*]. **2.** (*dcht.*) Schale *der Früchte* [*nucum*], *°der Eier* [*ovorum*], *°der Tiere* [*testudinis*]. **3.** (*unkl.*) Rinde der Korkeiche, Kork [*°levior cortice*]; Schwimmgürtel; *sprichw.* °*sine cortice nare* = auf eigenen Füßen stehen.

cōrtīnă[1], *ae f* (*wahrsch. zu cŭrvŭs, eig.* „rundes Gefäß") (*unkl.*) **1.** Kessel, Becken. **2. a)** *das auf dem Dreifuß der Apollopriesterin zu Delphi ruhende* Becken; **b)** (*meton.*) **α)** pythischer Dreifuß; **β)** Dreifuß *als Weihgeschenk*; **c)** die Priesterin Pythia; **d)** Orakel [*Phoebi*]. **3.** / Zuhörerkreis.

cŏrtīnă[2], *ae f* (*eig. adi. zu cōrs, Bed.-Lw.* ‹ *αὐλαία* „Vorhang" *zu αὐλή*) (*Isid., Vulg., Eccl.*) Vorhang; **Gardine, Wandteppich.

****cortis** = ***curtis.*

cŏrŭlētŭm, *ī n* (*cŏrŭlŭs*) (*Ov.*) Haselbusch.

cŏrŭlŭs, *ī f* (*cf. nhd.* „Hasel") (*unkl.*) Haselstrauch.

cōrŭs, *ī m s. caurŭs.*

cŏrŭscō, — — 1. (*denom. v. cŏrŭscŭs*) (*fast nur dcht.*) **1.** m. den Hörnern stoßen. **2. a)** (*trans.*) schnell hin u. her schwingen (*alqd, zB. °hastam*); *°linguas* = züngeln; **b)** (*intr.*) sich zitternd bewegen [*°apes pennis* flattern]; / schillern, schimmern, blinken [*°flamma*].

cŏrŭscŭs 3 (*vl. zu σκαίρω* „springe, hüpfe") (*meist dcht.*) schwankend, zitternd, zuckend [*°ilices*]; / schillernd, schimmernd, blinkend [*°sol, °ensis; re v. etw., zB. °auro*].

Cŏrvīnŭs, *ī m s. Vălĕrĭŭs.*

cŏrvŭs, *ī m* (*eig.* „Krächzer"; *cf. cŏrnīx*) **1.** Rabe (*dem Apollo heiliger Weissagevogel; Flug u. Gekrächze z. Rechten günstiges, z. Linken ungünstiges Omen*). **2.** (*meton.*) **a)** *mil.* (*nkl.*) (*wegen der Ähnlichkeit m. dem krummen Schnabel des Raben*) m. Haken versehene Brechstange, Mauerbrecher; **b)** (*dcht.*) (= *fĕllātŏr*) (*alte Volkssage: corvi ore coëunt*).

Cŏrўbāntēs, *ŭm u. °ĭŭm m* (*Κορύβαντες*) die Korybanten, *Priester der Kybele* (*Rhea*) *in Phrygien, deren Kultus m. lärmender Musik u. wilden Waffentänzen verrichtet wurde; sg.* (*selten*) **-bās,** *āntĭs m S. der Kybele; adi.* **Cŏrўbāntĭŭs** 3.

cōrўcŭs, *ī m* (*Fw.* ‹ *κώρυκος*) lederner Beutel; *bsd.* Sandsack, *an dem die Athleten ihre Kräfte übten*

cŏrўl... = *cŏrŭl...*

cŏrўmbĭ-fĕr, *fĕră, fĕrŭm* (*cŏrўmbŭs, fĕrō*) (*Ov.*) Efeutrauben tragend [*Bacchus*].

cŏrўmbŭs, *ī m* (*Fw.* ‹ *κόρυμβος*) (*dcht., nkl.*) Blütentraube, *bsd.* des Efeus.

cŏrўphaeŭs, *ī m* (*Fw.* ‹ *κορυφαῖος*) Oberhaupt, Führer [*Epicureorum*].

Cŏrўthŭs, *ī* (*Κόρυθος*) *f St. in Etrurien, später Cortona;* (*dcht.*) = Etrurien, *übh.* Italien; *m ihr mythischer Gründer.*

cōrўtŭs, *ī m* (*Fw.* ‹ *γωρυτός; Wechsel v. γ zu c wohl durch Umweg über eine andere Sprache*) (*dcht.*) Köcher.

cōs, *cōtĭs f* (*cf. cătŭs, cautēs*) Schleif-, Wetzstein; / [*fortitudinis*].

°**Cōs** (*Κῶς*) *u.* °**Cŏōs** (*Κόως*), (*klass.*) **Cŏŭs,** *Cŏī f Sporadeninsel, bedeutend durch Weinbau, Seidenweberei u. durch die Ärzteschule des Hippokrates* (*dor. Asklepiostempel m. der Aphrodite Anadyomene v. Apelles*); *Einw. u. adi.* **Cōŭs** (3); *subst.* **Cōŭm,** *ī n* koischer Wein; **Cōă,** *ōrŭm n* durchscheinende Schleiergewänder.

F. *Cōs* (*gen., acc., abl. Cō*). V.-B. II, 2.

COS, COSS *s. cōnsŭl.*

cŏsmētēs, *ae m* (*Fw.* ‹ *κοσμήτης*) (*Ju.*) Aufseher über Garderobe u. Schmuck *einer Römerin.*

cŏsmĭcă, ōrŭm *n* (*Fw.* ‹ κοσμικά) (*Ma.*) das Weltliche, die Welt.
cŏsmĭcŏs, ī *m* (*Fw.* ‹ κοσμικός) (*Ma.*) Weltbürger.
cŏsmoe, ōrŭm *m* (*Fw.* ‹ κόσμοι) Ordner, *höchste kretische Behörde. Cf.* V.-B. II, 1.
cŏsmŏs, ī *m* (*Fw.* ‹ κόσμος) (*Eccl.*) die Welt.
Cŏsmŭs, ī *m ber. Parfümeriefabrikant in Rom; adi.* -iānŭs 3; *subst.* **Cŏsmĭānŭm,** ī *n* (*sc.* ŭnguĕntŭm) Parfüm, Creme.
cŏstă, ae *f* (*cf. serbisch* kost *ds.*) (*unkl.*) Rippe; / *pl.* Gerüst, Seiten (-wände) *des Trojanischen Pferdes,* Bauch *eines Kessels.*
cŏstŭm, ī *n* (*Lw.* ‹ κόστος) (*dcht., nkl.*) indischer Gewürzstrauch, Kostwurz; / *aus ihren Wurzeln bereitete* Narde, Königsbalsam, Creme.
cōtēs, ĭŭm *f* (*nur pl.*) *s.* cautēs.
cŏthŭrnātŭs 3 (cŏthŭrnŭs) (*dcht., nkl.*) **1.** auf dem Kothurn einherschreitend; *subst.* **-ī,** ōrŭm *m* tragische Schauspieler. **2.** / (*adv.* **-ē**) tragisch erhaben, hochtrabend [deae].
cŏt(h)ŭrnŭs, ī *m* (*Fw.* ‹ κόθορνος) der Kothurn, *Stiefel m. hohen Sohlen u. Absätzen:* **1.** (*dcht.*) Jagdstiefel. **2.** *Bühnenschuh des tragischen Schauspielers;* (*meton.*) (*dcht., nkl.*) **a)** tragischer Stil; **b)** Tragödie, tragische Verse (*Ggs.* soccus Komödie).
▶ **cŏtīdĭānŭs** *u.* **cŏttīdĭānŭs** 3 (*adv.* **-ō**) (cŏtīdĭē) täglich [vita]; / alltäglich, gewöhnlich [interpres].
▶ **cŏtīdĭē** *u.* **cŏttīdĭē** (*loc. e-s adi. zu* quŏt'[*quŏtītŏs] + dĭē, *also eig.* „am wievielten Tage auch immer") täglich; Tag für Tag.
Cŏttă, ae *m cogn. der gēns Aurēlĭă.*
cŏttăbŭs, ī *m* (*Fw.* ‹ κότταβος) (*Pl.*) *griech. Spiel, bei dem man m. der Weinneige eine kleine Schale treffen mußte;* klatschender Schlag [bubuli mit dem Ochsenziemer].
cŏttănă, ōrŭm *n* (*auch* cŏttŏnă) (*Fw.* ‹ κόττανα; *aus einer sem. Sprache entlehnt*) (*dcht., nkl.*) trockene kleine Feigen.
cŏtŭlă, ae *f* (*Fw.* ‹ κοτύλη) (*Ma.*) kleines Gefäß; Hohlmaß (= $^1/_2$ sextarius).
cōtŭrnīx, īcĭs *f* (*seit Ov.* cŏt-; [*altl.*] cŏctŭrnīx; *wohl Schallwort*) (*unkl.*) Wachtel; / *Kosewort* (*gen. pl.* -cŭm).
cŏtŭrnŭs, ī *m s.* cŏthŭrnŭs.
cŏtȳlă = cŏtŭlă.
Cŏtȳttō, ūs *f* (*Κοτυττώ*) *urspr. thrakische Göttin, wie Kybele in orgiastischer Weise verehrt. Ihre lärmenden, zuchtlosen Feste hießen* **Cŏtȳttĭă,** ōrŭm *n.*
F. *acc.* -ō. *Cf.* V.-B. III, 2.
Cŏŭs *u.* **Cōŭs** *s.* Cōs.
cŏvīnnŭs, ī *m* (*kelt. Fw.*) (*nkl., dcht.*) *britann.* Sichelwagen; / *röm.* Reisewagen; *davon* **cŏvīnnārĭŭs,** ī *m* (*Ta.*) Sichelwagenkämpfer.
cŏxă, ae *f* (*cf. nhd.* „Hesse", *bayr.* „Haxn") (*nkl., dcht.*) Hüfte; leporis Hasenkeule.
cŏxĕndīx, īcĭs *f* (-īx, īcĭs?; cŏxă) (*vkl., nkl.*) Hüftbein, Hüfte.
cŏxi *s.* cŏquō.
crābrō, ōnĭs *m* (‹ *crāsrō; *cf. nhd.* „Hornisse") (*unkl.*) Hornisse.
crāmbē, ēs *f* (*Fw.* ‹ κράμβη) (*nkl.*) Kohl; / (*Ju.*) *sprichw.* repetita aufgewärmter Kohl.
crāpŭlă, ae *f* (*Lw.* ‹ κραιπάλη) Rausch; *bsd.* Katzenjammer.
crāpŭlārĭŭs 3 (crāpŭlă) (*Pl.*) zum Rausch gehörig.
▶ **crās** *adv.* (*et. unklar*) morgen; *subst. n* (*dcht.*) der morgige Tag; / (*dcht.*) künftig.
crāssēscō, — — 3. (*incoh. v.* crāssŭs) (*nkl.*) dick werden.
crāssĭtūdō, ĭnĭs *f* (crāssŭs) **1.** Dicke [digiti]. **2.** Dichtheit [aëris].
▶ **crāssŭs** 3 (*m. comp.*; *adv.* **-ē**) (*eig.* „zusammengeballt"; *cf.* cŭrvŭs) **1.** dick; dicht [aër]; grob, gedrungen [filum, °toga grobfädig, °cruor geronnen, palus morastig]. **2.** / fett, fruchtbar [ager]; *bsd.* beleibt [homo]; *auch* (*dcht.*) unfein, ungebildet, roh, hausbacken [crassa Minerva derber *od.* schlichter Menschenverstand]. *Cf. cogn.* Crāssŭs.
Crāssŭs, ī *m* (*eig.* „der Dicke") *cogn. bsd. der gēns Lĭcĭnĭă* (*s.* Lĭcĭnĭŭs).
crāstĭnŭs 3 (*adv.* °**-ō**) (crās) morgig [dies]; *subst.* **crāstĭnŭm,** ī *n* der morgige Tag [in crastinum auf morgen]. — **in crastino am folgenden Tage.
crātaegŭs *u.* **-ŏs,** ī *f* (*Fw.* ‹ κράταιγος) (*nkl.*) Weißdorn.
crātēr, ērĭs *m* (*acc. sg.* -ēră, *acc. pl.* -ērăs) (*Fw.* ‹ κρατήρ) *u.* **crātēră,** ae *f* (*nach acc.* κρατῆρα) **1.** Mischgefäß, -kessel, -krug *zum Mischen des Weines m. Wasser,* Kratér. **2.** (*Ve., Ma.*) Ölkrug. **3.** (*Pli.*) Wasserbecken, Bassin. **4.** (*dcht., nkl.*) Erdschlund; *bsd.* Vulkantrichter, Kráter. ♀. **5.** (*dcht., nkl.*) Crātēr, Becher (*als Sternbild*). **6.** Crātēr, *Meerbusen bei Bajä* (= sĭnŭs Cūmānŭs).
F. *Cf.* V.-B. III, 1, b *u.* e.
Crātĕrŭs *u.* **-ŏs,** ī *m* (*Κρατερός*) **1.** *Feldherr Alexanders d. Gr.* **2.** *ber. gr. Arzt in Rom zur Zeit Ciceros; als Appellativ* ein großer Arzt.
crātĭcŭlă, ae *f* (*demin. v.* crātĭs, *unkl.*) kleiner Rost.
Crātīnŭs, ī *m* (*Κρατῖνος*) *der größte att. Komödiendichter vor Aristophanes.*
Crātĭppŭs, ī *m* (*Κράτιππος*) *Peripatetiker zu Athen* (*um 50 v.Chr.*), *Lehrer v. Ciceros Sohn.*
crātĭs, ĭs *f* (*cf.* crāssŭs; *nhd.* „Hürde"), *meist pl.* **crātēs,** ĭŭm Flechtwerk, Geflecht; *bsd.* (*dcht.*) Hürde für das Vieh; Reisigbündel, *mil.* Faschinen [paludem cratibus explere]; / (*dcht.*) Gerippe, Gefüge [spinae des Rückgrats, pectoris Brustkorb, favorum Honigwaben].
crĕātĭō, ōnĭs *f* (crĕō) Wahl [magistratuum]. — **creatio ex nihilo Schöpfung aus dem Nichts (*jüd. u. christl. Dogma*).
crĕātŏr, ōrĭs *m* (crĕō) Schöpfer, Erzeuger, Gründer, Urheber (alcis *u.* alcis rei, *zB.* urbis).
crĕātrīx, īcĭs *f* (crĕātŏr) (*dcht., nkl.*) Mutter [diva].
crĕātūră, ae *f* (crĕō) (*Eccl.*) Schöpfung, Welt; Geschöpf.
▶ **crēbĕr,** bră, brŭm (*m. comp. u. sup.*; *adv.* **crēbrō,** *doch s.u.*) (‹ *crēdhrŏ-s, *eig.* „Wachstum habend" *zu* crē-scō) **1.** üppig, dicht wachsend [°salictum], *v. Örtlichkeiten* °dicht bewachsen (re *m. etw., zB.* [*Ov.*] lucus harundinibus). **2.** / **a)** (*räuml.*) dicht stehend, gedrängt, zahlreich, vielfach [aedificia; *adi. praed. an Stelle des adv.*: °hostes crebri ceciderunt Mann für Mann]; re voll *v. etw.,* reich *od.* fruchtbar an *etw., bsd.* /, *zB.* scriptor sententiis; **b)** (*zeitl.*) häufig wiederholt, rasch nacheinander, fortgesetzt [impetūs, nuntii, °ignes Blitze, °amplexūs; *auch v. Pers., zB.* exploratores]; crebrum esse in re *etw.* häufig sagen (besprechen) *od.* tun (betreiben) [in scribendo, in eo creber fuisti du hast mir oft wiederholt]. **3.** *adv. meist* **crēbrō,** *selten* (*Vi.*) crēbrē, (*nkl.*) crēbrĭtĕr *u.* (*dcht., nkl.*) *acc. pl. n* crēbră [subsiliens] häufig, oft, schnell nacheinander (*comp.* crebrius, *sup.* creberrime); *adv. oft ersetzt durch adi. praed.*; *s.o.*
crēb(r)ēscō, b(r)ŭī, — 3. (*incoh. zu* crēbĕr) (*dcht., nkl.*) zunehmen, wachsen, sich vermehren; *bsd.* (*v. Gerüchten, Sitten u.ä.*) sich verbreiten [impunitas asyla statuendi]; *impers.* crēbrēscit das Gerücht wird in weiten Kreisen bekannt (*m. a.c.i.*).
crēbrĭtās, ātĭs *f* (crēbĕr) Häufigkeit, (gedrängte) Fülle [officiorum].
▶ **crēdĭbĭlĭs,** ĕ (*m. comp.*; *adv.* **-ĭtĕr**) (crēdō) glaublich, glaubhaft, glaubwürdig, *nur v. Sachen* [narratio, pro credibili sumere als glaubhaft annehmen, °credibili fortior *od.* maior als man glauben sollte; alci *j-m*; (*nkl.*) *m. 2. supin., zB.* vix credibile memoratu].
crēdĭdī *s.* crēdō.
crēdĭtŏr, ōrĭs *m* (crēdō) Gläubiger. — **Geldgeber.
crēdĭtŭm, ī *n* (*eig.* P.P.P. *n v.* crēdō; *nkl.*) Darlehen, Schuld.

> **crēdō**
> **1. a)** anvertrauen; **b)** (*Geld*) borgen; **2.** *j-m.* (ver)trauen; **3. a)** Glauben schenken; **b)** *etw.* für wahr halten; an *etw.* glauben; **c)** *j-n, etw.* für *etw.* halten; **d)** meinen, der Ansicht sein.

crēdō, dĭdī, dĭtŭm 3. (*altl. coni. praes.* -dŭăm, -dŭās *usw. u.* -dŭĭs, -dŭĭt; crēdĭn = crēdĭsnĕ) (‹ *krĕzdō, *wohl eig.* „die magische Kraft in *etw.* setzen"; *cf. altind.* śrád-dádhāti „vertraut, glaubt"; *2. Glied* √*dhē- „setzen") **1. a)** anvertrauen, übergeben, überlassen (alci alqd *j-m etw., zB.* militi arma, hosti salutem suam); *bsd. etw.* der Verschwiegenheit *j-s, zB.* °arcana libris; *auch* alqm alci *u.* alci rei, *zB.* liberos fidei alcis, °se hostibus *od.* °procellae); **b)** (*Geld*) borgen, leihen, vorschießen [°regi pecuniam sine fenore; *abs.* alci *j-m* borgen]; pecunia credita Darlehen; res creditae geliehenes Gut = Geld; *cf.* crēdĭtŭm. **2.** *j-m* vertrauen, Vertrauen schenken, trauen, sein Zutrauen auf *etw.* setzen (alci, *zB.* testi; alci rei, *zB.* virtuti militum, °campo sich in eine Feldschlacht einlassen). **3. a)** *j-m* (*bei seiner Aussage*) Glauben schenken, *j-m etw.* glauben (*alci u. alci alqd, zB. Thucydidi; tibi non credo; mihi crede* auf mein Wort, °*sibi credere* bei sich selbst überzeugt sein; *auch alci rei, zB. verbis alcis; alci de re j-m* in betreff *e-r* Sache *u. in re*); P. (*dcht.*) *pers. credor* man glaubt mir (= *klass. creditur mihi*); **b)** *etw. Erzähltes* für wahr halten *od.* an *etw.* glauben (*alqd, zB. deos, omnia, multa u. n der pron., wie hoc, id; alqd de alqo; de re, zB.* °*de odio*); P. *pers.*: *testimonium non creditur* findet keinen Glauben; **c)** (*selten*) (*unkl.*) *j-n od. etw.* für *etw.* halten (*m. dopp. acc., zB. se Iovis filium; im P. m.* °*dopp. nom., zB. alqs deus creditur; alqd pro re, zB. falsum pro vero*); **d)** glauben = meinen, dafür halten, der Ansicht sein, sich einbilden (*m. a.c.i.; im P.* [*unkl.*] *m. n.c.i.; m. indir. Frages.*); *bsd.* α) *crēdō* (*eingeschoben*) denk' ich, sollte ich meinen, wahrscheinlich, wohl, *oft ironisch* [*amoenitas eum, credo, locorum retinet*]; β) *crederes* man hätte glauben sollen. — **(*abs.*) den christlichen Glauben annehmen; *bene creditus* zuverlässig. — *Credo* (*Anfang des*) christl. Glaubensbekenntnis(ses). *Credo, quia absurdum* (*est*) ich glaube, weil es widersinnig ist (*Glaube an die rationale Unbegreiflichkeit des christl. Dogmas*).

crēdŭlĭtās, *ātis f* (*crēdŭlŭs*) (*unkl.*) Leichtgläubigkeit. — **die christl. Religion, der Glaube.

crēdŭlŭs 3 (*crēdō*) **1.** (*act.*) leichtgläubig, vertrauensselig, arglos, *v. Pers. u.* (*nkl., dcht.*) *v. Sachen* [*auditor,* °*convivia* traulich; °*alci j-m,* für *jd.*; °*in rem* leicht an *etw.* glaubend]. **2.** (*selten pass.*) (*Ta.*) leicht geglaubt [*fama*]. — **gläubig; *subst.* Christ.

Crĕmĕră, *ae m Nebenfl. des Tiber in Etrurien* (*Untergang der 300 Fabier 479 v.Chr.*); *adi.* **Crĕmĕrēnsĭs,** *ē* [°*dies*].

▶ **crĕmō** 1. (*vl. zu* √* ker-; *cf. cărbō*) verbrennen, einäschern, *bsd. vom Verbrennen der Toten* [°*vicos igni, spolia Iovi* zu Ehren Jupiters, *alqm vivum, corpus*].

Crĕmōnă, *ae f St. am Po, noch j.* Cremona. *Einw. u. adi.* **Crĕmōnēnsĭs,** (*ē*).

crĕmŏr, *ōrĭs m* (*wohl zu gall.-lat. curmi* „Bier aus Gerstensaft") (*unkl.*) dicker Schleim (*aus pflanzl. Stoffen gewonnen*). — ***~ *tartari* (*eig.* Weinsteinrahm) gereinigter Weinstein.

▶ **crĕō** 1. (*altl. crĕāssīt* = *crĕāvĕrīt*) (*cf. crē-scō*) **1.** (er)schaffen, hervorbringen (*alqm u. alqd, zB. omnia ad usum hominum*). **2. a)** (*meist dcht., nkl.*) (Kinder) erzeugen *od.* (*dcht.*) gebären [*liberos; alqm alci*]; P. °*creari alqo od. alqā j-s* Sohn *od.* Tochter sein [°*fortes creantur fortibus;* °*creatus alqo j-s* Sohn, °*creati* Kinder, *auch* /, *zB.* °*Sulmone creatus* der aus Sulmo entsprossen ist]; **b)** / α) (*Li.*) (*e-e Staatsgewalt*) schaffen = ins Leben rufen (*alqd, zB. dictaturam*); β) *etw.* verursachen, bereiten, bewirken (*alqd u. alci alqd, zB. dolorem,* °*sibi periculum*); P. entstehen; γ) (*Beamte*) (er)wählen, *zu Ämtern u. Würden* ernennen, *auch* wählen lassen (*alqm, zB. consules ex plebe; sibi tres collegas; m. dopp. acc., zB. alqm sacerdotem; m. dat. gerund., zB.* °*decemviros legibus scribundis*).

Crĕō(n), *ōnĭs u.* (*meist*) *ŏntĭs m* (*Κρέων*) *Bruder der Iokaste u. nach des Ödipus Verbannung K. v. Theben.*

crĕpāx, *ācĭs* (*crĕpō*) (*Maecenas b. Se.*) knisternd.

crĕpĕr, *ĕră, ĕrŭm* (*et. ungedeutet; cf. crĕpŭscŭlŭm*) **1.** dämmerig, dunkel; *nur subst.* **-ĕrŭm,** *ī n* (*Ma.*) Zwielicht. **2.** / (*vkl., nkl.*) ungewiß, zweifelhaft.

crĕpīdă, *ae f* (*Lw.* ‹ *κρηπῖδα, acc. v. κρηπίς; dopp. Vokalkürzung wohl durch volkset. Anlehnung an crĕpō u. trĕpĭdō*) Sandale, *die auch die Zehen bedeckte, griech.* Halbschuh (*verschieden v. lat. sŏlĕă*).

crĕpīdātŭs 3 (*crĕpīdă*) Sandalen tragend.

crĕpīdō, *īnĭs f* (*Lw.* ‹ *κρηπίς i. der Bed.* „Basis, Fundament"; *Umbildung unklar*) **1.** Sockel, Basis; / Grundlage. **2.** (*nkl.*) Rand *od.* Vorsprung [*molis*]; gemauerte Einfassung; *bsd.* (*auch klass.*) gemauerter Uferdamm, Kai [*urbis*].

crĕpīdŭlă, *ae f* (*demin. v. crĕpīdă*) (*Pl.*) kleine Sandale.

crĕpĭtācĭllŭm, *ī n* (*demin. v. crĕpĭtācŭlŭm*) (*Lu.*) kleine Klapper.

crĕpĭtācŭlŭm, *ī n* (*crĕpĭtō*) (*unkl.*) Klapper.

crĕpĭtō 1. (*intens. zu crĕpō*) (*unkl.*) laut schallen, *auch* rasseln, krachen, dröhnen, klappern, klirren, klingen, knirschen, knistern, rauschen (*re v. etw.*); knurren.

crĕpĭtŭs[1] *P.P.P. v. crĕpō.*

crĕpĭtŭs[2], *ūs m* (*crĕpō*) lauter Schall, Getöse (*alcis u. alcis rei, zB. hominum, pedum*); *auch* das Rasseln, Krachen *u.ä.* (*s. crĕpō, crĕpĭtō*); *pl.* (*dcht.*) Donnerschläge; *bsd.* laute Blähung [*ventris*].

▶ **crĕpō,** *ŭī, ĭtŭm* 1. (*Schallwurzel* *kr-ep-) (*unkl.*) **1.** (*intr.*) **a)** (er-)schallen, tönen, *auch* klappern, knarren, knattern, knacken, rasseln, prasseln, rauschen, knistern, knirschen *u.ä.* [*ostium, sistrum, sinūs* Falten]; **b)** (*spätl., Vulg.*) (*v. Gefäßen u. Pers.*) bersten, platzen; zerrissen werden. **2.** (*trans.*) erschallen lassen, tönen *od.* hören lassen (*alqd, zB. faustos sonos* Beifallklatschen; *bsd. etw.* immer im Munde führen (*alqd, zB. immunda dicta, pauperiem, aliquid veri*).

crĕpŭndĭă, *ōrŭm n* (*crĕpō*) Klapper: **1.** Kinderklapper. **2.** (*Just.*) Kastagnetten.

crĕpŭscŭlŭm, *ī n* (*et. ungedeutet, cf. crĕpĕr*) (*unkl.*) Zwielicht, Abenddämmerung; (*dcht.*) *übh.* Dunkel.

Crēs, *Crētĭs m s. Crētă.*

▶ **crēscō,** *crēvī,* (*crētŭm*) 3. (*cf. crĕō, crēbĕr, Cĕrēs, κοῦρος, κόρη*) **1.** (*dcht., nkl.*) (*v. noch nicht Vorhandenem*) wachsen, entstehen (*in alqd* zu *etw.* werden *od.* sich gestalten, *zB. bracchia in ramos*); (*P.P.P.*) *adi.* **crētŭs** 3 geboren, entsprossen (*alqo v. jd., re od. a re v. etw., zB. mortali semine, Troiano sanguine, ab eadem origine*). **2.** (*v. schon Vorhandenem*) **a)** auf-, *od.* (her)anwachsen, groß werden; **b)** / zunehmen, größer werden, sich mehren, sich steigern, steigen *an Größe, Höhe, Menge, Umfang, v. Sachen u. abstr.* [*luna crescit, flumen ex nivibus creverat* war angeschwollen, *annona crescit* der Getreidepreis steigt, *flamma in pectore, concordiā parvae re crescunt, animus alcis od. alci crescit*]; *bsd.* (*pol. v. Pers. u. Staaten*) an Ansehen *od.* Macht wachsen, einflußreicher *od.* groß werden, sich heben [*Saguntini, res publica, alqs crescit dignitate od. fortunā; de u. ex alqo, per alqm* durch *j-s* Sturz, auf *j-s* Kosten, *zB. accusarem eos, ex quibus possem crescere*].

Crētă, *ae u.* °**Crētē,** *ēs f* (*Κρήτη*) *die Insel* Kreta, *j.* Kandia *od.* Kriti. *Cf.* V.-B. I, 1; *Einw.* **Crēs,** *Crētĭs* (*gen. pl. -ŭm*) *u.* **Crētēnsĭs,** *ĭs m* (*fem.* **Crēssă,** *ae u.* °**Crētĭs,** *ĭdĭs*); *adi.* **Crētēnsĭs,** *ĕ u.* °**Crēs(s)ĭŭs** 3, °**Crētaeŭs** 3, °**Crētĭcŭs** 3 [*pes* Kretikus (*Versfuß* – ◡ –)]; *fem. auch* °**Crēssă,** *ae.*

crētă, *ae f* (*et. ungedeutet*) **1.** Kreide, weißer Ton, Siegelerde. **2. a)** = *crētŭlă*; **b)** (*dcht.*) Schminke [*umida*]; / Schlamm.

crētātŭs 3 (*crētă*) m. Kreide bestrichen [*fascia*].

Crētēnsĭs *u.* **Crētĭcŭs** *s. Crētă.*

crētēră *u.* **crētērră,** *ae f* (*wohl etr. Umformung*) = *crātēr.*

crētĕŭs 3 (*crētă*) (*Lu.*) tönern.

crētĭō, *ōnĭs f* (*cĕrnō* II. 2d) **1.** förmliche Erklärung des Annahmewillens einer Erbschaft [*simplex* unnütze, *weil keine Erbschaft vorhanden ist*]; (*meton.*) *auch* die anberaumte Überlegungsfrist (*v. meist 100 Tagen*) [*vulgaris* die gewöhnliche]. **2.** förmliche Übernahme der Erbschaft [*libera* ohne genaue Bestimmung des Testators über die Art der Übernahme].

Crētĭs, *ĭdĭs f s. Crētă.*

crētōsŭs 3 (*crētă*) (*nkl., dcht.*) kreidereich, tonreich [*rura*].

crētŭlă, *ae f* (*demin. v. crētă*) weiße Siegelerde; (*meton.*) Siegel.

crētŭs 3 *P.P.P. v. cĕrnō u. crēscō.*

Crĕūsă, *ae f* (*Κρέουσα*) *Gattin des Äneas.*

crēvī *s. cĕrnō u. crēscō.*

crībrŭm, *ī n* (*cĕrnō, κρίνω*) Sieb, Durchschlag.

▶ **crīmĕn,** *ĭnĭs n* (*wohl Erweiterung der Schallwurzel* *ker-: *Notruf des in seinem Recht Behinderten; cf. nhd.* „Schrei") **1.** Beschuldigung, Anklage [*falsum, Parium* wegen Paros; *alcis j-s gen. subi., obi.* = *in alqm, meum* meine *u.* gegen mich erhoben; *alcis rei* wegen eines Vergehens, *zB. proditionis;* ~ *sibi facere od. afferre* sich zuziehen, *in crimen vocare* anschuldigen, anklagen (°P. *in* ~ *vocari od. venire*), *in crimine esse* für schuldig gelten]. **2. a)** (*meton.*) Anklagepunkt [*hoc* crimine est damnatus]; **b)** / Vorwurf, Beschwerde [°sermones pleni criminum in patres; alcis rei, zB. arrogantiae; crimini esse alci jd. zum Vorwurf gereichen; crimini dare illi alqd ihm etw. zum Vorwurf machen]; deutsch oft „Grund, Ursache, Schuld" [de hoc crimine aus diesem Grunde, deswegen]; (pejorativ) Verleumdung; **c)** pl. (Ve.) Vorwände [belli]. **3. a)** (meton.) (Ov.) Gegenstand des Vorwurfs, Anklage [crimen posteritatis eris du wirst v. der Nachwelt geschmäht werden]; bsd. (dcht.) Abbildung lasterhafter Vorgänge, dargestelltes Laster [caelestia crimina, signat sua crimina gemmā den verbrecherischen Brief]; **b)** (dcht., nkl.) Verbrechen, Vergehen, Schuld [criminis reus, sine crimine schuldlos, unschuldig]; bsd. (dcht.) Ehebruch.

crīmĭnātĭō, ōnis f (crīmĭnŏr) Beschuldigung; Verleumdung, Verdächtigung (alcis u. de alqo, ad alqm; m. a.c.i.).

crīmĭnātŏr, ōris m (crīmĭnŏr) (vkl., nkl.) Verleumder [in alqm].

crīmĭnŏr u. (altl.) **-nō** 1. (crīmĕn) **1.** abs. als Ankläger auftreten, klagen. **2.** (trans.) **a)** jd. beschuldigen od. verleumden, verunglimpfen (alqm, zB. consulem; alqm apud alqm u. °alci, zB. patres apud populum; m. a.c.i. od. quod); selten pass. beschuldigt werden (m. inf.); **b)** etw. vorwerfen, über etw. Beschwerde führen, sich über etw. beschweren (alqd, zB. potentiam alcis; auch de re; alqd apud alqm, zB. inopiam apud regem; m. a.c.i. od. quod).

crīmĭnōsŭs 3 (m. °comp. u. °sup.; adv. **-ē**) (crīmĕn) Anschuldigungen vorbringend od. enthaltend, verleumderisch, vorwurfsvoll, gehässig, v. Pers. u. Sachen [orator, °iambi, -ē loqui de re; alci für jd., in alqm gegen jd.].

crīnālĭs, ĕ (crīnis) (dcht.) Haar... [vitta, aurum goldenes Haarband]; auch haarähnlich [corpus m. haarähnlichen Fangarmen]; subst. **crīnālĕ**, is n Diadem [curvum].

▶ **crīnĭs**, is m (altl. f) (< *crīs-ni-s zu crĭstă, urspr. „Wallendes, Zitterndes"; cf. nhd. „Reis, Rispe") **1.** Haar des Menschen, bsd. Kopfhaar, meist pl. [°passi, °crinem barbamque promittere]; sg. auch (Ma.) ein einzelnes Haar; pl. auch (Pl.) Haarflechte, Zopf. **2.** (meton.) (dcht., nkl.) Kometen- od. Meteorschweif.
F. abl. sg. -ĕ; gen. pl. -ĭum.

crīnītŭs 3 (crīnis) **1.** (dcht., nkl.) behaart, langhaarig, lockig, v. Pers. u. Sachen [puella, / galea buschig; re m., v. etw., zB. ōs anguibus -um]. **2.** stella -a Komet.

crĭsĭs, is f (acc. -im; Fw. < κρίσις) (Se.) entscheidende Wendung, Krisis.

crīsō 1. (cf. crīnis; dcht.) m. den Schenkeln (beim Beischlaf) wackeln (v. d. Frau; Ggs. cēvĕō), abs. u. alci (= κελετίζω).

crīspĭ-sŭlcāns, ăntis (crīspŭs, sŭlcō) (dcht.) kraus durchfurchend, im Zickzack dahinfahrend [fulmen].

crīspō 1. (denom. v. crīspŭs) (dcht., nkl.) **1.** in zitternde Bewegung setzen [clunes], schwingen [hastilia manu]. **2.** kräuseln [capillum].

crīspŭlŭs 3 (demin. v. crīspŭs) (Se.) kraushaarig.

crīspŭs 3 (m. comp. u. sup.) (cf. crīnis, nhd. „Rispe") (unkl.) **1.** kraus, gekräuselt [cincinni, abies rauh gebrannter Fichtenstamm]; subst. m Krauskopf (♀ röm. cogn.; s. Sāllūstĭūs). **2.** wellenförmig = vibrierend [latus crispum movere].

crīssō 1. schlechte Schreibung für crīsō.

crĭstă, ae f (cf. crīnis) (unkl.) **1.** Kamm auf dem Kopf v. Tieren, bsd. des Haushahnes u. Wiedehopfes; sprichw. alci cristae surgunt e-m schwillt der Kamm. **2. a)** Helmbusch; **b)** Kitzler.

crĭstātŭs 3 (crĭstă) (nkl., dcht.) **1.** kammtragend [draco]. **2.** helmbuschtragend [galea, Achilles].

Crĭtĭās, ae m (Κριτίας) athen. Staatsmann, zum Kreis des Sokrates gehörend, 404 v. Chr. Haupt der 30 Tyrannen.

crĭtĭcŭs, ī m (Fw. < κριτικός) Kunstrichter, Kritiker.

Crĭtō, ōnis m (Κρίτων) treuer Freund des Sokrates.

Crĭtŏlāŭs, ī m (Κριτόλαος) Peripatetiker, der 155 v. Chr. als athen. Gesandter m. Karneades u. Diogenes nach Rom kam.

crōc(c)ĭō 4. (altl. impf. -ībăt) (Schallwort; cf. κρώζω) (Pl.) krächzen.

crŏcĕŭs 3 (crŏcŭs) (dcht., nkl.) des Safrans, Safran... [odores]; / safrangelb, blond [chlamys, comae].

crŏcĭnŭs 3 (unkl.) = crŏcĕŭs; subst. **-ŭm**, ī n Safranöl; / Kosewort.

crŏcŏdīlīnŭs 3 (Fw. < κροκοδίλινος) (Qu.) vom Krokodil.

crŏcŏdīlŭs, ī m (Fw. < κροκόδιλος) Krokodil.

crŏcōtŭs 3 (Fw. < κροκωτός) safrangelb; nur subst. **crŏcōtă**, ae f (sc. vēstis) Safrankleid; demin. (dcht.) **crŏcōtŭlă**, ae f; adi. **crŏcōtārĭŭs** 3 (Pl.) zum Safrankleid gehörig [infector Färber v. Safrankleidern].

crŏcŭm, ī n u. **crŏcŭs**, ī m (Fw. < κρόκον, -ος) (dcht., nkl.) **1.** Safran. **2.** (meton.) **a)** Safranfarbe, -gelb; **b)** Safranessenz zum Besprengen der Bühne (Hor. ep. 2, 1, 79).

Croesŭs, ī m (Κροῖσος) griechenfreundlicher letzter K. v. Lydien (um 550 v. Chr.); appell. ein Krösus = ein reicher Mann.

crŏtălĭstrĭă, ae f (Lw. zu κροταλίζω) (Pr.) Kastagnettentänzerin.

crŏtălŭm, ī n (Fw. < κρόταλον) (dcht.) Klapper; Kastagnette.

Crŏtō(n), ōnis f (Κρότων) u. **Crŏtōnă**, ae f (nach acc. Κρότωνα) gr. St. an der Ostküste v. Bruttium, Wohnsitz des Pythagoras, seit 194 v. Chr. röm. Kolonie, j. Crotone; Einw. **Crŏtōnĭātēs**, ae (gen. pl. -ārŭm u. °-ŭm); Einw. u. adi. **Crŏtōnĭēnsĭs**, (ĕ).

crŭcĭābĭlĭs, ĕ (adv. **-ĭtĕr**; crŭcĭō) (vkl., nkl.) qualvoll.

crŭcĭābĭlĭtās, ātis f (crŭcĭābĭlis; Pl.) Qual, Marter.

crŭcĭāmĕntŭm, ī n (crŭcĭō) Marter, Qual.

crŭcĭārĭŭs 3 (crŭx) (spätl.) zum Kreuz gehörig; qualvoll; subst. ~, ī m (Se.) der Gekreuzigte.

crŭcĭātŭs, ūs m (crŭcĭō) **1.** Folter, Marter, Qual, sg. u. pl. (alcis u. alcis rei, zB. animi et corporis; in summum cruciatum venire entgegengehen, in malum cruciatum abire sich zum Henker scheren). **2.** (meton.) **a)** qualvolle Hinrichtung; **b)** Folterwerkzeug [laminae ceterique cruciatus].

crŭcĭ-fīxŭs 3 (dat. v. crŭx; fīgō) (Suet.) ans Kreuz geschlagen.

▶ **crŭcĭō** 1. (denom. v. crŭx) quälen, foltern, martern, peinigen, körperlich u. geistig (alqm u. alqm re, zB. captivum vigiliis et fame); bsd. grausam hinrichten; se cruciare u. (Com.) mediopass. sich quälen, sich abhärmen; (Pl.) part. praes. (refl.) crucians sich abquälend, sich schindend [cantherius].

crŭcĭ-sălŭs, ī m (Pl.) Kreuzträger (Scherzbildung nach Chrȳsălŭs).

▶ **crūdēlĭs**, ĕ (m. comp. u. sup.; adv. **-ĭtĕr**) (crūdŭs) grausam, gefühllos, schonungslos, hart, v. Pers., auch v. Sachen = m. Grausamkeit verbunden [tyrannus; odium, °nomen Ruf der Grausamkeit; in re in, bei etw., zB. in conservanda patria; in alqo an, bei jd; in alqm u. °alci gegen jd., zB. in liberos; m. 2. supin., zB. auditu, visu]; / (v. Sachen) entsetzlich, grausig, unnatürlich [scelus, vita qualvoll, funus herzzerreißend].

crūdēlĭtās, ātis f (crūdēlis) Grausamkeit, Gefühllosigkeit, schonungslose Härte, Roheit (alcis u. alcis rei, zB. °naturae des Charakters; in re in, bei etw.; in u. °erga alqm gegen jd.; crudelitatem exercere in alqm u. in alqo).

crūdēscō, dŭī, — 3. (incoh. zu crūdŭs) (dcht., nkl.) heftiger werden, zunehmen [morbus, pugna wütet, tobt].

crūdĭtās, ātis f (crūdŭs) Überladung des Magens, verdorbener Magen.

crūdŭī s. crūdēscō.

crūdŭs 3 (m. comp. u. sup.) (etwa < *crĕvŏdŏs zu cruŏr) **1.** (dcht., nkl.) noch blutig, blutend [vulnus, manus]. **2.** (vkl., nkl.) roh = ungekocht [caro, ovum], (v. Ziegeln) ungebrannt [later], (v. Früchten) (auch klass.) unreif [pomum]. **3.** / **a)** (dcht., nkl.) noch unreif, noch zu jung für etw. [cruda viro virgo]; (v. Sachen) noch frisch, zu neu [servitium]; auch im guten Sinne noch rüstig [senectus]; **b)** (nkl.) unverdaut; (klass.) m. vollem Magen, (dcht.) m. verdorbenem Magen, m. Katzenjammer [°bos Kuh, die Durchfall hat]; **c)** (dcht., nkl.) roh = noch nicht durch Kunst bearbeitet, unbearbeitet, rauh [caestus aus rohem Leder]; / (dcht.) lectio nicht verdaut; bsd. (dcht.)

(*v. Charakter*) roh = gefühllos, hart, grausam, *v. Pers. u. Sachen* [*Getae, ensis*].

crŭĕntō 1. (*denom. v. crŭĕntŭs*) **1.** blutig machen, m. Blut bespritzen (*alqd, zB. templum*; °*collum morsu* blutig beißen; / °*manūs sanguine civium*]; P. blutig werden. **2.** / **a)** (*durch Mord*) besudeln, entweihen [°*deos caede principis*]; **b)** bis aufs Blut kränken [*haec te cruentat oratio*].

▶ **crŭĕntŭs** 3 (*m.* °*comp. u.* °*sup.*; *adv.* °**-ē**) (*vl.* ‹ ***crŭvĕntŏs** „voll Blut" *zu crŭŏr*) **1. a)** blutig, bluttriefend, -bespritzt; *v. Pers. u. Sachen* [°*hostis, manus*; *re v. etw., zB. sanguine civium*]; *subst.* (*dcht.*) **crŭĕntă,** *ōrŭm n* Blutvergießen; **b)** (*nkl.*) blutig = Blutvergießen verursachend [*victoria, epistula* Blutbefehl]. **2.** (*dcht.*) blutrot [*myrta*; / *dens* Zahn des Neides]. **3.** / (*dcht., nkl.*) blutdürstig [*Mars, ira*].

crŭmĭllă, *ae f* (*demin. v. crŭmīnă*) [(*Pl.*) Geldbeutelchen.]

crŭmīnă (*schlechter* **-mēnă**), *ae f* (*wohl entstelltes Lw.* ‹ γρυμεία, -μαία „Tasche, Trödelware") (*unkl.*) Geldbeutel; (*meton.*) Kasse, Geldmittel.

▶ **crŭŏr,** *ōrĭs m* (‹ **krĕv-ōs, coll. zu* **krĕv-ŏs n*; *cf.* *κρέϝας) dickes, geronnenes Blut (*außerhalb des Körpers*) [°*captivus* der Gefangenen]; *auch* °*pl.* Blutstropfen, Blutspuren; (*meton.*) Blutvergießen, Mord [*res casta a cruore civili* Bürgerblut, *Cinnanus* die blutigen Zeiten des Cinna].

crŭppĕllārĭŭs, *ī m* (*gall. Fw.*; *Ta.*) roh gepanzerter Krieger *u.* Gladiator *bei den Äduern.*

crŭptă, *ae f vulgär für crȳptă.*

crūrĭ-crĕpĭdă, *ae m* (*crūs, crĕpō*) (*Scherzwort*; *Pl.*) *nichtsnutziger Sklave, dem Schläge auf die Beine prasseln.*

crūrĭ-frăgĭŭs, *ī m* (*crūs, frăngō*) (*Pl.*) *nichtsnutziger Sklave, dem die Schienbeine zerbrochen worden sind*; „Schienbeinklein".

crūs, *ūrĭs n* (*et. unklar*) **1.** Unterschenkel, Schienbein (*Ggs. fĕmŭr*); *übh.* Schenkel, Bein; *auch v. Tieren* [*crura frangere od. suffringere alci*]. **2.** / (*Ca.*) Pfeiler an Brücken.
F. *gen. pl.* -*ŭm.*

crūsmă, *ătĭs n* (*Fw.* ‹ κροῦσμα) (*Ma.*) Tonstück (*auf Schlaginstrument*); Ton *des Tamburins.*

crŭstă, *ae f* (-*ū*-?) (*eigtl.* „Erstarrtes" *zu* κρύος „Frost"; *cf. crŭŏr, Name*: Monte Rosa) **1.** Rinde, Schale, Kruste [°*panis*, °*piscium* Schuppen, °*fluminis* Eisdecke]; °(*med. t.t.*) Schorf. **2. a)** Basrelief *od.* Stuckarbeit [*vasis crustas detrahere*]; **b)** (*nkl.*) Überzug v. Marmorplatten *od.* Mosaikarbeit *an Wänden u. Fußböden* [*marmor in crustas secare*].

crŭstŭlārĭŭs, *ī m* (*crūst-?*) (*crūstŭlŭm*) (*Se.*) Zucker-, Honigbäcker.

crŭstŭlŭm, *ī n* (*crūst-?*) (*demin. v. crūstŭm*) (*unkl.*) Zuckerplätzchen; *pl.* Zuckerwerk.

crŭstŭm, *ī n* (*crūst-?*) (*cf. crūstă*) (*dcht.*) m. einer Kruste überzogenes Back-, Zuckerwerk, Kuchen.

▶ **crŭx,** *crŭcĭs f* (*eigtl.* Marterholz, an dem man sich „krümmt"; *cf.* „*cŭrvŭs*", *nhd.* „Rücken") **1.** Marterpfahl: **a)** zum Hängen, Pfählen, Spießen; **b)** zum Kreuzigen (*bei diesem Strafvollzug wurden die Verurteilten — nur Sklaven od. peregrini — nach der Geißelung an dem von ihnen zur Richtstätte getragenen patibulum hängend hochgezogen u. m. den Füßen an den Pfahl genagelt*): Kreuz (*in T- od. †-Form*) [*alqm in crucem agere od. tollere od. rapere, alqm cruci od. in cruce suffigere*, °*cruci affigere*]. **2. a)** Kreuzigung [*alqm cruce afficere, alci crucem minari od. proponere*; °*abi in malam crucem* geh zum Henker!]; **b)** (*meton.*) Qual, Marter, Ungemach, Verderben [*multas cruces propositas effugere*]; **c)** (*Schimpfwort*) Galgenstrick, Plagegeist; °*illae cruces* Blutsaugerinnen, Galgenvögel (*v. den meretrices*). — ***signum crucis* Kreuzeszeichen. — (*gen. pl. crŭcŭm*).

crȳptă, *ae f* (*Fw.* ‹ κρύπτη) (*vkl. nkl.*) bedeckter Gang; Gewölbe, Grotte.

crȳptŏ-pŏrtĭcŭs, *ūs f* (*hybr.* ‹ κρυπτός + *pŏrtĭcŭs*) (*Pl.*) bedeckte Halle; Wandelhalle.

crȳstăllĭnŭs 3 (*crȳstăllŭs*) (*nkl.*) aus Kristall; *subst.* **-ŭm,** *ī n* Kristallgefäß *od.* -becher.

crȳstăllŭs, *ī f u.* (*selten*) **-ŭm,** *ī n* (*Lw.* ‹ κρύσταλλος) (*dcht., nkl.*) **1.** Eis. **2.** Bergkristall; *auch* Kristallkugel. **3.** Pokal.

*****c.t.** (*Abk.*) = *cum tempore*; *s. cum*[1].

Ctēsĭphōn, *ōntĭs* (Κτησιφῶν) **1.** *m Freund des Demosthenes, von diesem in seiner „Kranzrede" 330 v. Chr. verteidigt.* **2.** *f assyrische St. am Tigris.*

cŭbĭcŭlārĭs, *ĕ* (*cŭbĭcŭlŭm*) Schlafzimmer... [*lectus*, °*lucerna*].

cŭbĭcŭlārĭŭs 3 (*cŭbĭcŭlŭm*) = *cŭbĭcŭlārĭs*; *klass. nur subst.* ~, *ī m* Kammerdiener.

cŭbĭcŭlātŭs 3 (*cŭbĭcŭlŭm*) (*Se.*) m. Zimmern ausgestattet; *subst.* **-ă,** *ae f* (*sc. nāvĭs*) Prunkschiff.

▶ **cŭbĭcŭlŭm,** *ī n* (*cŭbō*) **1. a)** Zimmer, Schlafzimmer [°*dormitorium*, °*minister cubiculi* Kammerdiener]: **b)** Wohnzimmer [°*cubicula diurna nocturnaque*]. **2.** (*nkl.*) Kaiserloge im Zirkus. — **Grabkammer *i. den Katakomben*; Kapelle.

cŭbīlĕ, *īs n* (*cŭbō*) **1.** Lagerstätte: **a)** (*für Menschen*) Lager, Bett (*alcis, zB. filiae, terra alci cubile est*); *bsd.* (*meist dcht.*) Ehebett [*viduum*; / Vermählung, Ehe]; *synekd.* (*übh.*) (*nkl.*) Schlafraum; **b)** (*für Tiere*) Lager, Nest [*canis, avium*]. **2.** / wahre Stätte, rechte Heimat, *bsd.* eines Übels [*avaritiae*]. **F.** *cf. mărĕ.*

cŭbĭtăl, *ālĭs n* (*cŭbĭtālĭs*) (*Ho.*) Armpolster, auf das man beim Essen den linken Arm stützte.
F. *sg. abl. cŭbĭtālī*; *pl. nom.* -*ĭă, gen.* -*ĭŭm.*

cŭbĭtālĭs, *ĕ* (*cŭbĭtŭm*) (*nkl.*) **1.** zum Ellenbogen *od.* Arm gehörig. **2.** eine Elle lang.

cŭbĭtō 1. (*frequ. v. cŭbō*) zu liegen *od.* zu schlafen pflegen; *auch vom Beischlaf* [*cum alqa od. cum alqo*]; *übh.* °liegen.

cŭbĭtŭm[1] *P.P.P. v. cŭbō.*

cŭbĭtŭm[2], *ī n u.* **-ŭs**[1], *ī m* (*eigtl.* „Krümmung"; *cf.* κύβος „Höhlung vor der Hüfte", κυφός „gekrümmt"; *nhd.* „Hüfte"; — *nicht direkt zu cŭbō!*) **1.** (*vkl., dcht.*) Ellenbogen; Unterarm [°*-o inniti od. levari*, °*in -um se reponere*]. **2.** (*meton.*) Elle *als Längenmaß* = 24 *digiti.*

cŭbĭtŭs[2], *ūs m* (*cŭbō*) (*vkl., nkl.*) das Liegen, *bsd.* Beischlaf.

▶ **cŭbō,** *bŭī, bĭtŭm* 1. (*eigtl.* „sich krümmen, kauern"; *cf. cŭbĭtŭm*) **1.** auf *e-m* Lager liegen, ruhen [*in lecto*; (*dcht.*) *lecto, toro*]. **2. a)** zu Bett liegen, schlafen [*cubitum ire od. discedere* schlafen gehen]; *bsd.* (*Com., Ca.*) *vom Beischlaf* [*cum alqa, cum alqo*; °*abs.*]; **b)** bei Tische liegen = speisen [*supra od. infra alqm, cubans* beim Essen]; **c)** krank liegen, das Bett hüten (*re* infolge *e-r* Sache]; **d)** (*dcht.*) (*v. Örtlichkeiten*) sich sanft senken.
F. *coni. pf. synk. cŭbārĭs* ‹ **cŭbāvĕrĭs* (*statt cŭbŭĕrĭs*).

cŭbŭs, *ī m* (*Fw.* ‹ κύβος) (*dcht., nkl.*) Würfel; (*Ge.*) Kubikzahl.

cŭcŭllă, *ae f* (*Eccl.*) = *cŭcŭllŭs*[1], *bsd.* Mönchskutte.

cŭcŭllŭs[1], *ī m* (*wohl gall. Lw.*) (*dcht., nkl.*) (am Kleid befestigte) Kapuze; Tüte [*piperis*].

cŭcŭlŭs *u.* **cŭcŭllŭs**[2], *ī m* (*lautnachahmend wie* κόκκυξ *u. nhd.* „Kuckuck") (*unkl.*) Kuckuck; / (*Schimpfwort*) Tölpel, Faulpelz; „Ehekrüppel".

cŭcŭmă, *ae f* (*Lw.* ‹ κούκκουμα *od. umgekehrt*; *wohl sem. Ursprungs*) (*nkl., dcht.*) **1.** Kochtopf. **2.** Badekessel.

cŭcŭmĭs, *mĕrĭs u. mĭs m* (*Lw.* ‹ *nichtidg. Spr.*) (*unkl.*) Gurke.
F. *acc. sg.* -*mĕrĕm u.* -*mĭm*; *abl.* -*mĕrĕ u.* -*mī.*

cŭcŭrbĭtă, *ae f* (*cf. altind.* carbhaṭa- „Gurke"; *Reduplikation wohl nach cŭcŭmĭs*) (*nkl., dcht.*) Kürbis; / Schröpfkopf.

cŭcŭrrī *s. cŭrrō.*

cūdō, (*dī, sŭm*) 3. (*wohl aus den Komposita, zB. incūdō, gebildet statt caudō*; *cf. nhd.* „hauen") (*vkl., nkl.*) **1.** schlagen, klopfen, stampfen. **2. a)** *aus Metall* arbeiten *od.* schmieden [*anulum*], *auch* prägen [*nummos*]; **b)** / verfertigen.

cŭiās, *ātĭs* (‹ *altl. quōiās od. quōiātĭs, tĭs*; *cŭiŭs*) woher gebürtig? was für ein Landsmann?
F. *gen. pl. cŭiātĭŭm.*

cuicuī-mŏdī (‹ *altl. quoīquoīmŏdī, gen. v. quĭsquĭs mŏdŭs*) (*vkl.*) von welcher Art immer, wie immer beschaffen, *klass. nur in Verbindung m.* esse [~ *est od. sunt*].

cŭiŭs 3 (‹ *altl. quōiŭs*, dreimorig, *d. i.* **quoiius*; *wohl identisch m. gen. cŭiŭs*; *zu quī, quĭs*) **1.** (*interr.*) (*Com., Ve.*) wem gehörig? wessen? [*virgo quoia est?*]. **2.** (*rel.*) dem gehörig, dessen [°*is, cuia ea uxor fuerat*].

cŭiŭsdăm-mŏdī (*od. getr.*) *adv.* (*gen. v. quīdăm mŏdŭs*) auf *e-e* gewisse Art.

cŭiŭs-mŏdī (*od. getr.*) *adv.* (*gen. v. quī mŏdŭs*) von welcher Art?, wie beschaffen?

cŭiŭsquĕ-mŏdī (*od. getr.*) *adv.* (*gen. v. quīsquĕ mŏdŭs*) v. jeder Art, jederlei [*homines*].

cŭlcĭt(r)ă, *ae f* (*cf. altind.* kūrca- „Bündel") Matratze, Polster, Kissen [*plumea*].

cŭlcĭtŭlă *u.* **cŭlcĭtēllă,** *ae f* (*demin. v. cŭlcĭtă*) (*Pl.*) kleines Kissen, Pölsterchen; (*obszön*) Unterlage.

cŭlĕx, *ĭcĭs m* (*cf. altirisch* cuil *ds.*; *vl. urspr.* „stechendes [Tier]"; *cf. cŭnĕŭs*) (*unkl.*) Mücke, Schnake; / (*Pl.*) *Schimpfwort für e-n lästigen Liebhaber*; ≗ *ein* (*wohl pseudo-vergilisches*) *Kleinepos.*

cŭlīllă, *ae f od.* **-ŭs,** *ī m* (*demin. v. altl. cŭlīgnă* „Becher", *Lw.* < κυλίχνη *ds.*) (*dcht.*) Pokal, Humpen.

cŭlīnă, *ae f* (*vl. trotz lautlicher Schwierigkeiten zu cŏquō*; *cf. cŏquīnă*) **1.** Küche; *auch* (*nkl., dcht.*) transportabler Herd. **2.** (*meton.*) (*dcht., nkl.*) Kost, Essen, Bewirtung; *auch* feine Küche, kulinarische Genüsse. **3. a)** (*Ve., Catal.*) Verbrennungsstätte des Leichenmahls; **b)** (*Grom.*) Armenfriedhof.

cŭllĕŭs, *ī m* (*vl. m.* κολεός „Schwertscheide" *Lw. aus derselben Mittelmeerspr.*) **1.** (Leder-) Sack, Schlauch. **2.** / (*vkl.*) (*Flüssigkeitsmaß*) der Culleus (= *20 amphorae*).

▶ **cŭlmĕn,** *ĭnĭs n* (*synk.* < *cŏlŭmĕn*) **1. a)** höchster Punkt, Kulminationspunkt [*caeli* Zenit]; **b)** / Gipfel [*summum* ~ *fortunae*]; **c)** (*v. Bergen*) Gipfel, Kuppe, Spitze [*Alpium*]; **d)** (*nkl.*) (*v. Menschen*) Scheitel [*summum hominis*]; **e)** (*vkl., nkl.*) (*v. Gebäuden*) First, Giebel [*aedis*]; *übh.* Dach, (*meton.*) Hütte; Haus. **2.** (*dcht.*) = *cŭlmŭs* Halm [*fabae*].

cŭlmŭs, *ī m* (= κάλαμος = [*nhd.*] „Halm") Halm, Strohhalm; *übh.* (*Ve.*) Ähre [*Cerealis*]; (*meton.*) (*dcht.*) Strohdach [*Romuleus*].

▶ **cŭlpă,** *ae f* (*et. ungedeutet*) **1. a)** Schuld, Vergehen, Fehltritt, Fehler (*alcis, zB. consulis, mea*; *alcis rei, zB. corrupti iudicii, amicitiae* Vernachlässigung der Freundschaft); *in culpa esse od. versari* schuldig sein, *culpa est in alqo od. alcis* die Schuld liegt an *jd.*, *extra culpam esse, a culpa abesse, culpā carere* von Schuld frei sein; *culpam committere od. contrahere* eine Schuld auf sich laden, *culpam conferre* (*od. conicere, vertere,* °*transferre*) *in alqm* die Schuld auf *jd.* schieben; *alqm* (*u. alqd*) *in culpa ponere jd.* für schuldig (*u. etw.* für strafbar) halten; **b)** (*dcht., nkl.*) (Schuld der) Nachlässigkeit; *als jur. t.t.* Fahrlässigkeit (*Ggs. dolus* Vorsatz); **c)** (Schuld der) Unzucht, Sittenlosigkeit, sexuelle Verstrikkung; *auch* = *cŭnnŭs*. **2.** (*meton.*) der Schuldige, Urheber e-s Übels [*culpam ferro compesce* (*Ve.*) schlachte die Ursache der Seuche, das kranke Schaf].

cŭlpĭtō 1. (*intens. v. cŭlpō*) (*Pl.*) hart tadeln.

cŭlpō 1. (*denom. v. cŭlpă*) (*unkl.*) **1.** *als schuldig* tadeln, mißbilligen (*alqm u. alqd*). **2.** *jd.* beschuldigen, die Schuld auf *etw.* schieben (*alqm u. alqd, zB. Paridem, hiemes*).

cŭltēllŭs, *ī m* (*demin. v. cŭltĕr*) (*vkl., nkl.*) Messerchen.

cŭltĕr, *trī m* (*cf.* σκαλίς „Hacke"; *scălpō*) **1.** Messer. **2. a)** Schlachtmesser; **b)** Schermesser, Bartschere [*tonsorius*]; *sprichw.* (*Ho.*): *alqm sub cultro linquere* = *jd.* in der „Patsche stecken" lassen.

cŭltĭō, *ōnĭs f* (*cŏlō*) Bebauung, Anbau [*agri*].

cŭltŏr, *ōrĭs m* (*cŏlō*) **1.** Bebauer, Pfleger, Pflanzer, Züchter [*vitis,* °*pecoris*]. **2. a)** (*nkl.*) *abs.* Landmann, Bauer; **b)** (*dcht., nkl.*) Bewohner, Ein- *od.* Anwohner [*insularum, aquarum*; *auch abs., zB. populus frequens cultoribus*]. **3.** / **a)** (*meist nkl., dcht.*) Verehrer, Freund, Liebhaber [*veritatis* (*Ci.*), *belli*]; **b)** Verehrer = Anbeter [°*deorum*]; °Priester.

cŭltrārĭŭs, *ī m* (*cŭltĕr*) (*Suet.*) Opferschlächter.

cŭltrix, *īcĭs f* (*cŭltŏr*) **1.** Pflegerin. **2.** (*dcht.*) **a)** Bewohnerin, Beschützerin [*nemorum*]; **b)** Verehrerin, Freundin.

▶ **cŭltūră,** *ae f* (*cŏlō*) **1.** Bearbeitung, Anbau, Besorgung, Pflege [*agri, vitis*]. **2.** (*unkl.*) *abs.* Landwirtschaft. **3.** / **a)** (geistige) Ausbildung, Bildungsmittel [*animi*]; *abs.* (*Ho.*) sittliche Veredelung; **b)** (*Ho.*) Verehrung, Huldigung (*alcis, zB. potentis amici*).

cŭltŭs[1] 3 *s. cŏlō*[2].

cŭltŭs[2]
1. (*Ackerbau*) Bearbeitung, Anbau; 2. Pflege, Unterhalt; 3. a) Lebensweise; b) üppige Lebensweise; 4. Kleidung, Schmuck; 5. Bildung, Erziehung; 6. a) Übung, Pflege; b) Verehrung, Anbetung, Kult; c) Huldigung.

cŭltŭs[2], *ūs m* (*cŏlō*) **1.** (*v. Acker- u. Gartenbau*) Bearbeitung, Anbau, Kultivierung, Kultur [°*ager cultūs patiens*; *alcis j-s, zB. agricolarum*; *alcis rei, zB. agrorum*]; (*meton.*) Anpflanzung = bestelltes Feld [*Cereris*]. **2.** Pflege, Wartung, Unterhalt *bei Vieh u. Menschen* [°*cultum habere pecori, adhibere cultum corporis*]. **3. a)** (*äußere*) Lebensweise, -gewohnheit, -haltung; *bsd.* häusliche Einrichtung [*domesticus, agrestis, vitae Gallorum, parsimonia cultūs, cultum mutare*]; **b)** (*prägn.*) üppige Lebensweise, Üppigkeit [°*imperatoris, libido stupri, ganeae ceterique cultūs*]. **4.** (*nkl.*) Kleidung, Garderobe, Toilette, *bsd.* Putz, Pracht, Komfort [*regius u. regalis, muliebris, militaris, dotalis* Brautschmuck, *triumphi*]; / Zierlichkeit *der Rede*. **5.** (*bsd. geistig*) Bildung, Ausbildung, Erziehung, Verfeinerung [*animi corporisque*]; *auch* (*pass.*) Bildung *od.* Kultur, Zivilisation, Gesittung (*alcis, humanus civilisque*). **6. a)** Übung, Pflege [°*litterarum, animi* geistige Beschäftigung, °*studiorum liberalium*]; **b)** Verehrung, Anbetung, Dienst *od.* Kultus *einer Gottheit* [*deorum,* °*numinum*; *auch im pl.*]; **c)** Verehrung, die *jd.* dargebrachte Huldigung (*alcis u.* °*in alqm, meus* mir erwiesene, *cultum tribuere alci, alqm cultu et honore dignari* ehrenvolle Huldigung).

cŭlūllă, *ae f u.* **-ŭs,** *ī m* = *cŭlīll...*

cūlŭs, *ī m* (*altirisch* cul „Rücken") der Hintern (*als obszöner Ausdruck*).

cŭm[1]
1. (*Gemeinsamkeit*) **a)** mit, samt, nebst; **b)** mit = unter *j-s* Aufsicht, Führung, Schutz; **c)** zusammen mit; **d)** (*feindl.*) mit = gegen; **e)** mit = mit *etw.* versehen, ausgerüstet; **f)** mit (*Mittel, Werkzeug*); **2.** (*Gleichzeitigkeit*) **a)** zugleich mit, gleichzeitig mit; **b)** mit (*Art u. Weise*); **c)** mit, unter (*Begleitumstände*); **d)** mit, zu (*Folge, Wirkung*); **e)** (*beschränkend*) (doch) nur unter der Bedingung.

cŭm[1] (*altl.* cŏm, *unter Anlehnung an cum*[2] *auch quŏm*; *als praev. s. cŏm*; *cf. nhd.* „ge-"; κοινός < *κομjος „gemeinsam") *prp. b. abl.* (*an pron. pers. u. im klass. Lat. auch an rel. angehängt*) *eig.* „zusammen": **1.** (*zur Bezeichnung räuml.-zeitl. Gemeinsamkeit*) **a)** mit, samt, mitsamt, nebst [*cum amico ambulare, cum alqo esse* (*od. dormire, cenare, habitare*) bei *jd.*; *auch v. Sachen, zB. venenum secum habere* bei sich, *cum impedimentis venire*]; **b)** unter *j-s* Aufsicht *od.* Anführung, Kommando, Schutz, Geleit [*legio hiemabat cum Cicerone*; *so auch* °*cum deo volente*]; **c)** α) (*Zusammengehörigkeit*) *bsd. bei den Verben des Verbindens u. Übereinstimmens* [*coniungere alqd cum re, consentire cum alqo*]; β) (*gemeinschaftliche Tätigkeit od. Verkehr*) in Gemeinschaft, im Verein, im Bunde m. [*diem constituere cum legatis, cum alqo colloqui, disputare, commercium habere, arma ferre cum alqo contra alqm, facere od. stare cum alqo* es *m. jd.* halten, *esse cum alqo m. jd.* umgehen, *nihil mihi tecum est* ich habe nichts m. dir zu schaffen, *secum od. cum animo suo reputare* (*od. deliberare, cogitare u.ä.*) bei sich überlegen, *secum vivere* für sich allein leben]; **d)** (*im feindl. Sinne*) mit = gegen [*pugnare, proelium committere, congredi u.ä.*]; *auch queri cum alqo* bei *od.* vor; **e)** *m. etw.* versehen *od.* ausgerüstet, bekleidet, bewaffnet, begabt *u.ä.* [*esse cum telo* die Waffe bei sich führen (*in Rom verboten*), *sedere cum tunica pulla, pocula cum emblematis,* °*agnus natus cum capite suillo*]; *auch* / [*esse cum imperio* den Oberbefehl haben, *cum auctoritate* m. Vollmacht, *vitae cultus cum elegantia*]; **f)** (*selten*) (*zur Bezeichnung *des Mittels od. Werkzeugs*) mit [*Ca.*: cum lingua lingere]; (*als gramm. t.t.*) (*vkl., nkl.*) [terra in augurum libris scripta cum R uno]. **2.** (*zur Bezeichnung der Gleichzeitigkeit*) **a**) (*rein temporal*) zugleich mit, gleichzeitig mit [proficisci cum prima luce, cum nuntio exire zu derselben Zeit wie der Bote]; *oft verstärkt*: pariter cum, simul cum [simul cum sole expergisci]; **b**) (*zur Bezeichnung der Art u. Weise*) mit [cum studio discere, multa facere cum imprudentia, cum silentio audiri]; **c**) (*bei begleitenden* [*gleichzeitigen*] *Nebenumständen*) mit, unter [multis cum lacrimis dicere, °cum (bona) pace in aller Ruhe, friedlich, cum bona gratia in aller Güte]; **d**) (*bei einer Folge od. Wirkung*) mit, zu [Athenas rediit cum civium offensione]; **e**) (*beschränkend*) (doch) nur unter der Bedingung [°ei omnia cum pretio honesta videbantur wenn es nur Geld brachte]; *bsd.* cum eo quod *od.* ut (ne) *c. coni.* unter der Bedingung *od.* m. dem Vorbehalt, daß (nicht). — ***cum tempore (*Abk.* c.t.) = m. akademischem Viertel (*zB.* 20 c.t. = 20h 15).

cŭm², quŭm
I. *m. ind.*: **1. a**) cum temporale zu der Zeit, als; jetzt, wo; dann, wenn; **b**) cum iterativum sooft, jedesmal wenn; **c**) (*nach vorausgehender Zeitbestimmung*) seit(dem); **2.** cum inversivum als; **3.** cum explicativum indem, wenn, dadurch daß; **II.** *m. coni.*: **1.** cum historicum als, nachdem; **2.** cum causale da, weil; **3.** cum concessivum obgleich, obwohl; **4.** cum adversativum während (dagegen), da doch; **III.** *Verbindungen*: **1.** cum primum sobald als; **2.** cum maximae *adv.* ganz besonders; **3.** cum ... tum sowohl ... als (auch) besonders.

cŭm², quŭm (*altl.* quŏm; *urspr. acc. sg.* — *wahrsch. m, bezogen auf* annus, mensis *od.* dies, *vl. aber auch* [*adv.*] *n — des pron. rel.* quī; *cf.* tŭm) **I.** *m. ind.*: **1. a**) **cum temporale**: zu der Zeit, als; damals, als; jetzt, wo; dann, wenn, *bsd. in Verbindungen wie*: eo tempore cum, eo die (*od.* anno, mense) cum, nunc cum [eo tempore paruisti, cum necesse erat; eo die, cum est lata lex de me]; **b**) **cum iterativum**: sooft, jedesmal wenn [Verres, cum rosam viderat (sah), tum ver incipere arbitrabatur]; *seit Cäsar u. Cicero bisw. m. coni. impf. u. plqpf.*; **c**) (*nach vorausgehender Zeitbestimmung*) seit, seitdem [decimus annus est, cum in Italia fuimus]. **2. cum inversivum** (*bei plötzlichen, unerwarteten Ereignissen, die oft den Hauptgedanken enthalten, während der Hauptsatz einen untergeordneten Gedanken bringt*): als; da (*m. folgendem Hauptsatz*) (*im lat. Hpts. oft* vix, iăm, nōndŭm; cum, *oft durch* rĕpĕntē *od.* sŭbĭtō *verstärkt, wird m. ind. pf., praes. hist. od. inf. hist. verbunden, in der or. obl. auch a.c.i.*) [iam milites prope moenia ceperant, cum repente oppidani in eos eruperunt (*od.* erumpunt)]. **3. cum explicativum** (**coincidens**) = indem, wenn, dadurch daß (*sachliche Identität v. Haupt- u. Nebenhandlung bedingt gleiches Tempus u. gleichen Modus, also in der Regel den ind.*, *zB.* hoc cum confiteris, scelus te admisisse concedis). **II.** *m. coni.*: **1. cum narrativum** *od.* **historicum**: als, nachdem (*bei der Erzählung näherer Umstände od. des inneren Zusammenhangs m. der der Vergangenheit angehörigen Handlung des Hpts., verbunden m. coni. impf. u. plqpf.*) [Epaminondas, cum vicisset Lacedaemonios atque ipse gravi vulnere exanimari se videret, quaesivit, salvusne esset clipeus]. **2. cum causale**: da, weil [cum vita sine amicis insidiarum plena sit, ratio ipsa nos monet, ut amicitias comparemus]; *verstärkt*: quippe cum, utpote cum da ja, praesertim cum *od.* cum praesertim zumal da, besonders da. **3. cum concessivum** = obgleich, obwohl [Socrates, cum facile posset educi e custodia, noluit]. **4. cum adversativum** = während (dagegen), da doch [solus homo particeps est rationis, cum cetera omnia animalia sint expertia]. **5. cum iterativum**: *s. I, 1b.* **III.** *Verbindungen* (*außer den schon in I u. II angegebenen*): **1. cŭm prīmŭm** sobald als (*meist m. ind. pf.*). **2. cŭm măxĭmē** (*verkürzt etwa aus*: cum aliis in rebus, tum maxime; *cf.* III 3) *adv.* ganz besonders, (jetzt) mehr als je [cum maxime volo]. **3. cŭm ... tŭm** wenn schon ... dann besonders, sowohl ... als (auch) besonders, zwar ... besonders aber (*tum oft verstärkt durch* praecĭpŭē, măxĭmē, ĭmprĭmis, mŭltō măgĭs, ĕtĭăm *u.a.*): **α**) *meist m. ind.* (*bsd. wenn Nbs. u. Hpts. nur ein Verbum haben od. bei zwei verschiedenen Verben diese im gleichen Tempus stehen u. kein kausales od. konzessives Verhältnis vorliegt*) [te cum semper valere cupio, tum certe, cum hic sumus; cum convenerant, tum coegerant]; **β**) *sonst m. coni.* [cum te semper dilexerim, tum his tuis factis incensus sum]; **γ**) (*Verbindung einzelner Begriffe*) [°quom virum, tum uxorem di vos perdant].

Cūmae, ārŭm *f* (*Κύμη*) *Seestadt in Kampanien, v. Kyme in d. Äolis gegründet, Sitz der Sibylle v.* ~; *Einw. u. adi.* **Cūmānŭs** (3) (*u.* °**Cūmaeŭs** 3); *subst.* **Cūmānŭm**, ī *n Ciceros Landgut b.* ~.

cŭmătĭlĕ, is *n* (*-ā-?*; *Fw.* ‹ *κῦμα m. lat. Suffix*) (*Pl.*) meerblaues Kleid.

cŭmbă, ae *f* (*Lw.* ‹ *κύμβη*) Nachen, Kahn, *bsd.* (*dcht.*) *Kahn des Charon.*

cŭmbō, cŭbŭī, cŭbĭtŭm 3. sich legen (*nur in Komposita*: ăc-, cŏn-, dē-).

cŭmbŭlă, ae *f* (*demin. v.* cŭmbō) (*Pli.*) kleiner Kahn.

cŭmĕră, ae *f* (*et. unklar*) (*vkl., dcht.*) (*Getreide-*)Korb *aus Weidengeflecht.*

cŭmīnŭm, ī *n* (*Lw.* ‹ *κύμινον*) (*unkl.*) Kümmel.

cŭmmī, *jünger* **gŭmmī** *n indecl. u.* **cŭmmĭs**, is *f* (*Lw.* ‹ *κόμμι od. wie dieses ägypt. Herkunft*) (*nkl.*) Gummi [Alexandrinum].

cŭm-prīmīs (*besser getr.*) (*eig.* m. den ersten = imprimis) *adv.* besonders, vornehmlich [~ locuples].

cŭm-quĕ¹ *adv.* (*altl.* qŭomquĕ) (cŭm² + *verallgemeinerndes* -quĕ; *cf.* ŭtĕrquĕ) *meist an pron. od. adv. rel. angehängt* [quicumque; ubicumque]; *dcht. auch allein*: wann nur immer, jederzeit.

cŭm-quĕ² (*Pl.*) = et cum [cum tua amica cumque amationibus].

cŭmŭlātŭs 3 (*m. comp. u. sup.*; *adv.* **-ē**) (*eig. P.P.P. v.* cŭmŭlō) gehäuft [mensura]; / vermehrt, erhöht, gesteigert, reichlich; *auch* vollkommen, vollständig [virtus].

cŭmŭlō 1. (*denom. v.* cŭmŭlŭs) **1.** (*nkl.*) aufhäufen, -türmen, -schichten (*alqd, zB.* sarcinas, arma in ingentem acervum, onera in alqm, alqos ruinā haufenweise übereinanderstürzen; *alqd alci etw.* für jd., *zB.* opes posteris; / honores in alqm, aliud super aliud funus cumulatur ein Todesfall folgt auf den anderen). **2. a**) (*synekd.*) (*nkl., dcht.*) hoch anfüllen *od.* beladen, bedecken (*alqd, zB.* aras; *alqd re etw. m. etw., zB.* locum strage semiruti muri); **b**) (*vkl., nkl.*) überhäufen, überschütten (*alqd re, zB.* cor irā; *klass. nur alqm re, zB.* amicos laudibus *od.* voluptatibus; Graecorum natio hoc vitio cumulata est leidet im Übermaß an diesem Fehler). **3.** / steigern, vergrößern, (ver)mehren [°invidiam, bellicam gloriam eloquentiā]; P. zunehmen, (an)wachsen [°aes alienum usuris cumulatum]. **4.** vollkommen machen, vollenden, krönen (*alqd*).

cŭmŭlŭs, ī *m* (*eig.* „Anschwellung"; *cf.* *κῦμα*) **1. a**) Haufe, aufgetürmte Masse, Menge [°armorum, °Gallorum Leichenhaufen; / aeris alieni]; **b**) (*vom Wasser*) gewaltiger Schwall [aquarum]. **2.** / Übermaß, Gipfel(punkt), Krone [dierum, beneficium magno cumulo augere einer Wohltat die Krone aufsetzen; *alci* afferre cumulum gaudii der Freude *j-s* die Krone aufsetzen; res accedit in cumulum kommt hinzu als Kulminationspunkt der Sache; cumulus ad alqd ex re accedit *od.* alqd ad alqd velut cumulus accedit *etw.* setzt einer Sache die Krone auf].

cūnābŭlă, ōrŭm *n* (cūnae) **1.** Wiege (*in -is esse*). **2.** / (*dcht.*) Lagerstätte *der jungen Bienen*; *insb.* Wiege, Geburtsort, Heimat [gentis]; *auch* Ursprung (= incūnābŭlă).

cūnae, ārŭm *f* (*sg.* ‹ **koinā zu κοι-τη* „Lager, Korb", *κεῖμαι* „liege") Wiege [in cunis dormire *u.* vagire]; / (*dcht.*) Nest [cunas facere nisten]; / früheste Kindheit [primis cunis noch als Wiegenkind].

cūnctābŭndŭs 3 (cūnctŏr) (*nkl.*) lange zögernd.

cūnctāns, āntis (*m.* °*comp.*; *adv.* °**-āntĕr**) (*eig. part. praes. v.* cūnctŏr) **1.** zögernd, zaudernd. **2.** (*nkl., dcht.*) **a**) langsam, säumig; **b**) unentschlossen. **3.** (*dcht.*) (*v. Sachen*) zäh [ramus], nur langsam nachgebend [glebae].

cūnctātĭō, ōnis *f* (cūnctŏr) das Zaudern, Unentschlossenheit, Zurückhaltung (*alcis, zB. legati, u. alcis rei, zB.* °*invadendi, superiorum dierum* während).

cūnctātŏr, ōris *m* (cūnctŏr) (*nkl.*) Zauderer; *bsd.* ♀ *Beiname des Q. Fabĭŭs Măxĭmŭs; adi.* bedächtig [*populus*].

cūnctātŭs 3 (*m. comp.*; *eig. part. pf. v.* cūnctŏr) (*Suet.*) vorsichtig.

cūnctĭ-pŏtēns, ĕntis (cūnctŭs) (*Eccl.*) allmächtig.

▶ **cūnctŏr** *u.* (*altl.*) **-ō** 1. (‹ *cŏncĭtŏr, *wohl frequ. zu* *cōncō; *cf. altind.* śáṅkatē „schwankt, zweifelt", *nhd.* „hangen [*u.* bangen]") **1.** zaudern, zögern, säumen [°*bellum cunctando gerere*; *m. inf. u. m. indir. Frages.*, *verneint auch m. quin*]; *auch pass. gebraucht* [*Ta.*: *cunctatum non est* man zögerte nicht]. **2. a)** (*in der Bewegung*) verweilen, (noch) zurückbleiben, nicht vorwärts wollen [*in vita*, °*longe* zu lange ausbleiben, °*amnis cunctatur* hält an]; **b)** unschlüssig sein, schwanken, *meist pejorativ* [°*inter spem metumque*; *m. indir. Frages.*].

▶ **cūnctŭs** 3 (*wohl synk.* ‹ *cŏn-cĭtŏs „versammelt", *P.P.P. v.* cŏncĭō) sämtlich, gesamt, ganz; *sg. nur bei coll.* [*populus, senatus*]; *pl.* alle zusammen, sämtliche [*gentes, oppida*]; *subst.* cūnctī *m* alle; cūnctă *n* alles, Gesamtheit (*dcht. u. nachaugust. auch m. gen., zB. hostium* sämtliche Habe der Feinde; *inter cuncta* unter allen Umständen, zu jeder Zeit; *auch* °Weltall).

cŭnĕātĭm (cŭnĕŭs) *adv.* keilförmig [*consistere* in geschlossenen Kolonnen].

cŭnĕātŭs 3 (*m. comp.*) (*eig. P.P.P. v.* cŭnĕō; *nkl., dcht.*) keilförmig zugespitzt [*collis, forma scuti ad imum-a, in alqd*].

cŭnĕō 1. (*denom. v.* cŭnĕŭs) (*nkl.*) verkeilen, keilförmig zuspitzen.

cŭnĕŏlŭs, ī *m* (*demin. v.* cŭnĕŭs) kleiner Keil, Zwickelchen, Stift.

cŭnĕŭs, ī *m* (*zu* √‾*kū- „spitz"; *cf.* cŭ-lĕx) **1.** Keil *zum Spalten* [°*lignum cuneis scindere*] *od.* **Pflock** *zum* Verkeilen des Schiffsgebälks [°*iamque labant cunei*]. **2.** / Keil **a)** (*nkl.*) *als mathem. Figur* = Zwickel; **b)** keilförmige Formation *lebendiger Wesen, bsd. mil.* keilförmige Schlachtordnung [*cuneum facere od.* °*dare* bilden]; *bsd.* (*Li.*) *makedonische* Phalanx; **c)** (*nkl., dcht.*) (*im Theater*) (keilförmiges Segment der durch Gänge abgeteilten) Sitzreihen der Zuschauer [*theatri*]; (*meton.*) die Zuschauer.

cŭnĭcŭlōsŭs 3 (cŭnĭcŭlŭs) (*Ca.*) kaninchenreich.

cŭnĭcŭlŭs, ī *m* (*spanisch-iberisches Fw.*) **1.** (*unkl.*) Kaninchen. **2.** / unterirdischer Gang *od.* Schacht, *mil.* Mine, Stollen [*-os agere ad od. in locum*; *apertus* offene Galerie]; (*nkl.*) *auch* Kanal, *pl.* / Maulwurfsarbeit.

cŭnīlă, ae *f* (*Fw.* ‹ κονίλη *ds.*) (*vkl., nkl.*) Quendel.

cŭnnĭ-lĭngŭs, ī *m* (*dcht.*) = cŭnnŭm lingēns.

cŭnnŭs, ī *m* (*et. ungedeutet*) (*dcht.*) **1.** weibliche Scham. **2. a)** (*meton.*) (*verächtlich*) Frauenzimmer; Straßenmädchen; **b)** Schnecke (*Gebäck*).

cŭnquĕ = cŭmquĕ.

cūpă, ae *f* (*Grundbed.* „Wölbung [*nach außen* = Haufe; *nach innen* = Höhlung]"; *cf.* κύπελλον „Becher", Höhlengöttin Κυβέλη) Kufe, Tonne, Faß [*vinum de cupa* vom Faß geschenkter, *d. h.* junger Wein].

cŭpēdĭă, cŭpēdĭnārĭŭs = cŭppēd...; **cŭpēs** = cŭppēs.

Cŭpīdĭnĕŭs 3 (*Cŭpīdō*) (*dcht.*) des Liebesgottes, Liebes... [*tela, sagittae*]; / lieblich, reizend; (*spätl.*) *auch* lüstern, geil.

▶ **cŭpĭdĭtās,** ātis *f* (cŭpĭdŭs) **1.** Begierde, Gier, heftiges Verlangen, Gelüst, Leidenschaft (*abs. od. alcis j-s, zB. militum*; *alcis rei* nach, zu *etw., zB. vini, tyrannidis, belli gerendi, auch* [*klass. selten*] *ad alqd, zB. ad reditum*); *pl.* Lüste, Leidenschaften. **2.** (*meist abs.*) **a)** Kauflust; **b)** Habsucht, Geldgier; *übh.* Eigennutz; *pl.* Egoismus; **c)** (*meist nkl.*) Brunst, Liebe(sverlangen); **d)** Ehrgeiz, -sucht; **e)** Genußsucht, Hang zu Ausschweifungen; **f)** Leidenschaft für *jd.*: **α)** Ergebenheit, Begeisterung *od.* Enthusiasmus für *jd.*; **β)** (*pejorativ*) Parteilichkeit.
F. *gen. pl.* cŭpĭdĭtātŭm *u.* -ĭŭm.

▶ **cŭpīdō,** īnis (cŭpĭō) **1.** *f* (*dcht. auch m*) = cŭpĭdĭtās (*dcht. u. bei nkl. Historikern*). **2.** (*personif.*) **Cŭpīdō,** inis *m* (= Ἔρως) Liebesgott = Amor, *S. der Venus*; *pl.* Amoretten, Eroten (*im Gefolge der Venus*).

▶ **cŭpĭdŭs** 3 (*m. comp. u. sup.*; *adv.* **-ē**) (cŭpĭō) **1.** begierig, lüstern, leidenschaftlich (*abs. od. alcis rei, zB. pecuniae, novarum rerum* neuerungssüchtig, *pacis* friedliebend, *laudis* ehrgeizig, *audiendi u. spectandi* neugierig; *selten in re facienda, zB. in perspicienda natura*; [*dcht.*] *m. inf. od. ut*). **2.** (*meist abs.*) **a)** kauflustig; **b)** kampflustig; **c)** geldgierig, habsüchtig; *übh.* selbstsüchtig, egoistisch (*auch v. Sachen, zB. consilium*); **d)** (*dcht.*) verliebt; liebestoll; **e)** ehrgeizig, -süchtig; **f)** genußsüchtig; **g)** leidenschaftlich ergeben *od.* gewogen, wohlwollend (*alcis, zB. optimi cuiusque*); (*pejorativ*) parteiisch, mißgünstig [*iudex, testis*]; **h)** *adv.* cupidē eifrig, willig, gern [*-e mentiri alcis causā*].

cŭpĭēns, ĕntis (*m. comp. u. sup.*; *adv.* **-ĕntĕr**) (*eig. part. praes. v.* cŭpĭō) (*unkl.*) begierig, lüstern (*abs. od. alcis rei, zB. liberorum* sich Kinder wünschend, *huius corporis*; *cupientibus omnibus* auf allgemeinen Wunsch).

▶ **cŭpĭō,** īvī *u.* ĭī, ītŭm 3. (*eig.* „aufwallen"; *cf. altind.* kúpyati „gerät in Aufwallung, zürnt") **1.** (*trans.*) **a)** begehren, leidenschaftlich wünschen, verlangen, ersehnen, *etw.* gern haben wollen (*abs. od. alqd, zB. pacem summe, bellum ardenter*); **b)** (*vkl., dcht.*) *alqm* m. sinnlicher Liebe begehren, *zB. virginem* zum Weibe; *m. dopp. acc., zB. cives salvos*; *m. inf., zB. audire*; *m. a.c.i.*, (*vkl., nkl.*) *m.* °*ut, ne*; *auch P., zB. res cupita* das Gewünschte, Wunsch (*auch subst.* [*Ta.*] cŭpītŭm, ī *n*), cŭpĭĕndŭs wünschenswert. **2.** (*intr.*) *alci od. alcis causā j-m* zugetan *od.* gewogen sein, an *jd.* Interesse nehmen [*tibi maxime, fratris causā, auch omnia rei publicae causā*].
F. *pf.-Formen* (*synk.*) cŭpīstī, cŭpīssē(m) *u.ä.*

cŭpītŏr, ōris *m* (cŭpĭō) (*nkl.*) der *etw.* begehrt (*alcis rei*).

cŭpītŭs *P.P.P. v.* cŭpĭō.

cŭpīvī *s.* cŭpĭō.

cŭppēdĭă[1], ae *f* (cŭppēs) Naschhaftigkeit. [Näschereien.]

cŭppēdĭă[2], ōrŭm *n* (cŭppēs) (*vkl.*)

cŭppēdĭnārĭŭs, ī *m* (cŭppēdĭă[2]) (*Te.*) Leckerbissenverkäufer, -hersteller.

cŭppēdō, ĭnis *f* (cŭppēs) **1.** (*vkl., nkl.*) = cŭppēdĭă[2]. **2.** (*durch* cŭpīdō *beeinflußt*; *Lu.*) Begierde.

cŭppēs *m* (*nur nom. sg. belegt*; *zu* cŭpĭō *m. Affektgemination*) (*Pl.*) Feinschmecker. [pressenhain.]

cŭprĕssētŭm, ī *n* (cŭprĕssŭs) Zy-

cŭprĕssĕŭs 3 (cŭprĕssŭs) (*nkl.*) aus Zypressenholz, Zypressen...

cŭprĕssĭ-fĕr, ĕră, ĕrŭm (cŭprĕssŭs, fĕrō; *Ov.*) Zypressen tragend.

cŭprĕssŭs, ī *u.* ūs *f* (*wohl wie* κυπάρισσος *Lw. aus e-r Mittelmeerspr.*) (*unkl.*) Zypresse, *als Totenbaum dem Pluto heilig* [*funebris, atra*]; (*meton.*) Zypressenkästchen *zur Aufbewahrung von Schriften.*

cŭprŭm, ī *n jünger für* cȳprĭŭm = *aes Cȳprĭŭm*; *s.* Cȳprŏs.

▶ **cūr** (*altl.* quōr, qūr; *zu* quī; *cf. ahd.* hwār „wo"; *nhd.* „war-um") **1.** (*rel.*) wozu, weshalb, warum. **2.** (*interr.*) warum?, weshalb?, wozu? [*cur haec dicis? nescio, cur haec dixeris*]; *auch ohne Verb, zB. me odisti*; *cur?, cur non?*; *bsd.* (non) est, *cur* es liegt (kein) Grund vor, daß; *non habeo, cur m. coni.*

cūră
I. Fürsorge: 1. Sorge, Sorgfalt; 2. a) Besorgung, Wartung; b) das Schmücken; c) Krankenpflege; d) Aufsicht; e) Verwaltung, *mil.* Kommando; Amt; Studium; 3. a) Wächter; b) Schützling; II. Besorgnis: 1. Anteilnahme; Kummer; 2. a) Liebeskummer; Liebling; b) Neugier.

cūră, ae *f* (*altl.* coiră ‹ *coisā; *et. ungedeutet*) **I. Fürsorge: 1.** Sorge, Sorgfalt, Bemühung, Aufmerksamkeit, Interesse [*omnem curam ponere* (*od. adhibere, consumere*) *in re od. conferre ad alqd*, °*curam agere alcis u. de alqo* Sorge tragen für *jd.*; *alcis j-s u.* für, um *jd., zB. regis*; *alcis rei od. de re*, °*pro re* für, um *etw., zB. libertatis, de Pompeio tuendo*; °*cura alcis rei alci est od. res alci curae est od.* (*impers.*) *alci curae est de re jd.* ist auf *etw.* bedacht, läßt sich *etw.* angelegen sein (*auch m. ut, ne, m. indir. Frages., m. inf. od. a.c.i.*); *alqd curae habere* Sorgfalt auf *etw.* verwenden]. **2. a)** Besorgung, Wartung, Pflege, Behandlung (*m. gen. obi., zB. corporis*, °*lentis* Anbau, °*deorum* Gottesdienst); **b)** (*nkl., dcht.*) das Putzen,

Schmücken [*feminarum, comae*]; **c**) (*nkl., dcht.*) Krankenpflege (*alcis, saucios curā sustentare*); *auch* Heilung, Kur [*morbi*; *klass. nur* / *doloris mei*]; **d**) (*nkl., dcht.*) Aufsicht über *jd. od. etw.*, Obhut (*alcis u. alcis rei, zB. tabularum publicarum*); **e**) Verwaltung, geschäftliche Leitung; *bsd.* **α**) *mil.* Kommando [*belli*]; **β**) (*meton.*) Amt, Obliegenheit; **γ**) (*auch klass.*) Studium, wissenschaftliche Forschung; **δ**) Ausarbeitung, Schrift, Buch [*inedita*]. **3.** (*dcht.*) **a**) (*meton.*) Aufseher, Wächter, Hüter [*Eumaeus cura harae*]; **b**) Schützling, Pflegling [*Anchises cura deorum*]. **II.** Besorgnis: **1.** besorgte Teilnahme, Unruhe, Kummer, *auch im pl.* [*alqm curā afficere, curis frangi u. confici, sine cura* esse unbesorgt *od.* sorglos sein; *alcis j-s u.* um *jd., alcis rei u. de re,* °*super re* um *etw.*; *m. ne* daß, *quod* weil, *m. indir. Frages.*]. **2.** (*dcht.*) **a**) Liebeskummer, Sehnsucht (*alcis*); (*meton.*) Geliebte(r), Liebling, *auch v. Tieren*; **b**) (*Li.*) Neugier (*alcis, zB. humani ingenii*; *alcis rei* nach *etw., zB. patriam vivendi*). — *** ~ *posterior* („spätere Sorge") = im Augenblick unwichtig.

cūrābilis, *ĕ* (*cūrō*) (*Ju.*) Sorge schaffend; peinlich [*vindicta*].

cūrālium *s. cōrāllium.*

cūrātē (*nkl.*) *adv. zu cūrātus.*

cūrātiō, *ōnis f* (*cūrō*) **1. a**) Besorgung, Wartung, Pflege (*m. gen. subi. u. obi., zB. hominum, corporis*); (*Com.*) *quid tibi hanc rem ~ est?* was hast du dich hierum zu kümmern?; **b**) (*ärztlich*) Heilung, Behandlung, Kur (*alcis u. alcis rei, zB. aegrorum,* °*dentium,* / *perturbationum*); *auch* °Heilmethode [*variae*]. **2. a**) Besorgung, Beschaffung; **b**) (*staatlich*) Leitung, Verwaltung, Aufsicht [*negotii publici*; *in -one regni esse* Rechtsverweser sein]; (*concr.*) Kommission, Amt eines Kommissars [*agraria*].

cūrātor, *ōris m* (*cūrō*) **1.** (*vkl.*) Wärter, Pfleger [*gallinarum, pavonum*]. **2.** (*als Beamter*) Verwalter, Leiter, Bevollmächtigter, Kommissar [°*ludorum, annonae,* °*negotiorum* Geschäftsträger; *alqm curatorem constituere alci rei, zB. muris reficiendis*]. **3.** (*nkl., dcht.*) Vormund e-s Nichtgeschäftsfähigen: *entweder e-s Mündigen* (*bsd. e-s Geisteskranken*) *od. e-s entmündigten Verschwenders.*

cūrātūra, *ae f* (*cūrō*; *Te.*) Wartung, Pflege; Besorgung.

cūrātus 3 (*m. comp. u. sup.*; *adv.* **-ē**) (*eig. P.P.P. v. cūrō*) (*vkl., nkl.*) **1.** gepflegt [*cutis*]. **2.** / (= *ăccūrātŭs*) sorgfältig, eifrig [*curatius disserere*].

curculiō, *ōnis m* (< **kŏr-kŏr-ĭō, redupl. Bildung*; *cf. curvus*) **1.** (*vkl., nkl.*) Kornwurm. **2.** ♀ (*volkset. u. scherzh. Verbind. m. gurgŭliō*; *s.d.*) der Schlemmer (*Plautin. Komödie*). **3.** (*Pers.*) = *mĕntŭlă.*

curculiōnius 3 (*curculiō*; *nur Pl., Mil.* 13) zum Kornwurm gehörig; *in campis Curculioniis unverständlicher Schlachtort* (*wohl obszön* = „Schwanzfelden"; *cf. gurgŭliōnius*).

curculiunculus, *ī m* (*demin. v. curculiō*; *Pl.*) Kornwürmchen = *etw.* Nichtiges.

Cūrēs, *ium f alte Hptst. der Sabiner nö. v. Rom, j.* Correse; *Einw. u. adi.* **Cūrēnsis,** (*ē*) *u.* °**Cūrēs,** *ētis*; *cf. Quiris.*

Cūrētēs, *um m* (*Κουρῆτες* = Jünglinge) *Jupiterpriester auf Kreta, die bei den orgiastischen Festen lärmende Waffentänze aufführten*; *urspr. nach kretischer Sage* (*meist drei*) *Jünglinge, die durch den lauten Waffentanz Kronos von dem Geschrei des Zeuskindes* (*Κοῦρος*) *ablenken wollten*; *adi.* °**Cūrētis,** *idis f auch* kretisch [*terra*].

F. *Cf* V -B. III, 1, e (*bzw.* III, 1,b).

▶ **cūria,** *ae f* (*wohl* < **cŏ-vĭrĭă* „Männerversammlung" *zu vir*) die Kurie: **1. a**) Gentilversammlung (*Abteilung des röm. Volkes* = $^1/_{10}$ *der drei alten urspr. patriz. Tribus m. je 10 gentes*); **b**) (*meton.*) Kuriengebäude (*Versammlungsort e-r Kurie*) [*veteres curiae an der Ostspitze des Palatinischen Hügels*]. **2. a**) Senatsgebäude, Rathaus (*Hostilia u. Iulia auf dem Comitium*; *Pompeia auf dem Marsfeld*; *Calabra auf dem Kapitol*; *Saliorum auf dem Palatin*); **b**) (*meton.*) Senatsversammlung, Senat *in Rom*; **c**) Versammlungsstätte *nichtröm. Behörden außerhalb Roms* [*Martis* Areopag *in Athen*]. — **päpstl. Regierung, Kurie; / *caeli* Himmelssaal.

cūriālis, *ĕ* (*cūriă*) zur gleichen Kurie gehörig; (*spätl.*) zum kaiserlichen Hof gehörig (**höfisch, zuverlässig; höflich, gesellig); *subst.* ~, *is m* Kuriengenosse; Demosgenosse.

Cūriātii, *ōrum m albanische, später röm. gens.*

cūriātim *adv.* (*cūriātus*) kurienweise, nach Kurien.

cūriātus 3 (*cūriă*) zu den Kurien gehörig = patrizisch; *comitia -a* Kuriatkomitien (Patrizierversammlungen); *lex -a* in den Kuriatkomitien beschlossenes Gesetz.

cūriō[1], *ōnis m* (*cūriă*) **1.** (*vkl., nkl.*) Kurienvorsteher, -priester. **2.** (*nkl., Ma.*) Ausrufer.

cūriō[2], *ōnis m* (*Pl., Aul.* 562 (?): *vl. scherzh. Vermengung v. cūriō*[1] *u. cūră*) „Kümmerling" [*agnus* ~].

cūriōsitās, *ātis f* (*cūriōsus*) Wißbegierde, Neugier.

cūriōsus 3 (*m. comp. u. sup.*; *adv.* **-ē**) (*nach dem Muster grātiă*: *grātiōsus zu cūrō*) **1.** sorgfältig, eifrig. **2. a**) wißbegierig; **b**) neugierig, vorwitzig (*abs. od. in re, ad alqd, zB. in omni historia, ad investigandum*; °*alcis rei*); *auch* (*Qu.*) pedantisch; (*nkl.*) *subst. m* Aufpasser; (*spätl.*) Spitzel, Denunziant. **3.** (*Ph.*) besorgt, teilnehmend.

cūris, *is f* (*nach Ov. sab. Fw.*; *et. ungedeutet*) (*Ov.*) Lanze, Wurfspieß.

Cŭrius 3 *Name einer pleb. gēns*: *M.' ~ Dĕntātŭs, Sieger über die Samniter, Sabiner u. Pyrrhus, Muster altrömischer virtus*; *pl. Curii* Männer wie *C.*; *adi. auch* **Curiānus** 3.

cūrō
1. a) sorgen, besorgen; **b**) sich um *jd. od. etw.* kümmern; **2. a**) besorgen, (*Geschäfte*) ausführen; **b**) verwalten; *mil.* kommandieren; **3. a**) pflegen, behandeln; **b**) erquicken; **4. a**) *j-m. etw.* verschaffen; **b**) (*Geld*) auszahlen.

cūrō 1. (*denom. v. cūră*) **1. a**) sorgen, Sorge tragen, besorgen (*abs., zB. Romae sum et curo*); *meist trans.*: für *jd. od. etw.* sorgen (*alqm, zB. virginem*; *alqd, zB. omnia, auch* °*alci rei*; *P. pers., zB. curaberis a deo*; *m. ut, ne, zB. cura, ut valeas, auch m. bloßem coni.*; *m. inf., cf. b*; *m. acc. gerund., zB. obsides dandos, meist* = lassen, *zB. pontem faciendum* eine Brücke bauen lassen); **b**) sich um *jd. od. etw.* kümmern, sich *etw.* angelegen sein lassen (*alqm u. alqd, zB.* °*sociorum iniurias, preces* erhören, *P. pers., zB. curor* man kümmert sich um mich; *de alqo u. de re, zB. de Pollione, de rumore*; *m. ut, ne*; *m. inf.* = sich die Mühe nehmen, Lust haben, daran denken, wollen, *zB. in Siciliam ire, selten m. a.c.i.*; *m. indir. Frages.*); *nihil curare alqd etw.* ignorieren. **2.** *etw.* besorgen, zurechtmachen [*funus,* °*corpus mortuum* einbalsamieren; °*curatus capillos* das Haar geschnitten]; *bsd.* **a**) (*Geschäfte*) besorgen, ausführen [*negotia, religionem,* °*prodigia* durch Opfer sühnen]; **b**) (*Zivil- od. Militärposten*) verwalten [*imperium maritimum*], *bsd.* das Kommando haben, kommandieren, befehligen (*alqd in od. bei, über etw., zB. bellum, legiones,* °*Asiam*; *auch abs. in loco, zB. in dextra parte*). **3.** (*unkl.*) **a**) (*Kranke od. Krankheiten*) verpflegen, behandeln, kurieren [*aegros, morbum*; *abs., zB. tempus curandi*]; **b**) *übh.* pflegen, warten, erquicken [*alqm cibo od. vino, genium mero, alqd, zB. vites, pellem*]; *bsd. corpus od. se* sich gütlich tun. **4. a**) *j-m etw.* verschaffen, *bsd. durch Kauf* (*alci alqd, zB. signa*); **b**) (*Geld*) auszahlen [*nummos, pecuniam alci pro re*]; *abs. j-m* Zahlung leisten (*alci*). **F.** *Altl.*: *coerō, coirō*; *inf. praes. P. cūrārĭĕr.*

curriculum, *ī n* (*currō*) **1.** (*abstr.*) der Lauf; **a**) (*Com.*) *übh., nur im abl. -ō adv.* eilends; **b**) Wettlauf, Wettrennen *zu Fuß, zu Pferde u. zu Wagen* [*equorum*]; **c**) *ein einzelner* Umlauf [*curricula numerare*]; *bsd.* Kreislauf, -bahn *der Weltkörper* [*solis et lunae*]. **2.** (*meton.*) (*concr.*) **a**) Rennwagen [*quadrigarum,* °*pulverem curriculo colligere*]; *auch* (*Cu.*) Streitwagen; **b**) Rennbahn; **c**) / [*curricula mentis*]; *bsd.* **α**) Laufbahn, Bahn [*deflectere de curriculo* aus dem Geleise]; **β**) Lebensbahn [*exiguum ~ vitae*]. — ***~ *vitae* (schriftl. niedergelegter) kurzer Lebenslauf.

▶ **currō,** *cŭcurrī, cursum* 3. (*cf. ἐπί-κουρος* „zu Hilfe eilend";

mhd. hurren „sich rasch bewegen") **1.** laufen, rennen, *v. lebenden Wesen, auch zu Pferde, Wagen, Schiffe* eilen, *auch* = fliegen, jagen (*ad alqm, ad u. in alqd, per locum u.ä.*; *m. dopp. dat.*, *zB. alci subsidio*; *m. innerem obi.*, *zB.* *eosdem cursus* denselben Weg einschlagen, / dieselben Maßregeln ergreifen); *sprichw. currentem incitare od. (ad)hortari, currenti calcaria addere*; P. *curritur* man läuft. **2. a)** um die Wette laufen, *v. Menschen u. Tieren* [°*equus male currit*]; **b)** (*dcht.*) (*zu Schiffe*) fahren, segeln, *v. Menschen u. Fahrzeugen* [*per od. trans mare*]; **c)** (*m. obi. im acc.*) *etw.* durchlaufen [*stadium* in der Rennbahn laufen, °*vastum aequor*]; **d)** (*v. Sachen, Zuständen, abstr.*) *meist unkl.* **α)** °(*vom Rad, bsd. Töpferrad*) umlaufen, kreisen; *auch v. Himmelskörpern* [°*sidera*]; **β)** dahinströmen, rinnen [°*aquae*, °*purpura circum chlamydem currit* ein Purpurstreifen zieht sich hin, °*infula per crines* schlängelt sich]; (*v. der Zeit*) rasch verlaufen *od.* enteilen [°*aetas*, °*nox*]; (*v. der Rede*) rasch fortschreiten [°*sententia*, °*versūs* rollen dahin]; sich verbreiten [°*rubor per ora*, °*frigus per ossa u.ä.*]. — ****currentis* (*Abk. cr.*) laufenden Monats *od.* Jahres.

cŭrrŭs, *ūs m* (*cf. cŭrrō*) **1.** Wagen, *dcht. auch pl.* [*curru od. in curru vehi*]; (*synekd.*) *auch* (*Ve.*) Gespann [*equorum, currus domitare u. infrenare*]. **2. a)** *mil.* zweiräderiger Streitwagen [°*falcatus* Sichelwagen; *-u proeliari*]; **b)** Rennwagen [*quadrigarum*]; **c)** Triumphwagen [*curru (in) Capitolium invehi*]; (*meton.*) *auch* Triumph; **d)** (*Ve.*) Pflug(gestell) m. Rädern; **e)** (*Ca.*) Fahrzeug, Schiff.
F. *dat. sg.* (*Ve.*) *cŭrrū* = *cŭrrŭī*; *gen. pl.* (*Ve.*) *cŭrrūm* = *cŭrrŭūm*.

cŭrsim *adv.* (*cŭrrō*) im Laufe, im Fluge, eilends; *auch* / [*aliena* ~ *dicere* flüchtig]; *mil.* im Sturmschritt [*agmen* ~ *agere*].

cŭrsitō 1. (*intens. v. cŭrsō*) hin *u.* her laufen [*huc et illuc*].

cŭrsō 1. (*frequ. v. cŭrrō*) hin *u.* her laufen, umherziehen [*per foros, circum hospites*].

cŭrsŏr, *ōris m* (*cŭrrō*) Läufer: **1.** Wettläufer; (*Ov.*) *auch* Wettfahrer. **2.** (*nkl.*) Vorläufer *od.* -reiter. **3.** Eilbote; ♀ *cogn. der gēns Pāpīriā*; *s. Pāpīrĭūs.*

cŭrsŭm *P.P.P. v. cŭrrō.*

cŭrsūră, *ae f* (*cŭrrō*) (*vkl., nkl.*) das Laufen.

cŭrsŭs
I. 1. das Laufen, Lauf; **2.** *mil.* Sturmschritt, Eilmarsch; **3.** Eile; **4.** (*je nach Kontext*) Ritt, Flug, Fahrt, Reise; **5. a)** Bahn (*der Gestirne*); **b)** (*v. Flüssen*) Strömung; (*der Rede*) Fluß; **6.** Richtung, Kurs; Fortgang; **II. 1.** Wettlauf; **2. a)** Streben (*nach e-m Ziel*); **b)** Wettbewerb; Laufbahn.

cŭrsŭs, *ūs m* (*cŭrrō*) **I.** Lauf: **1.** das Laufen *od.* Rennen, Lauf, *bsd.* schneller Lauf [°*effusus, cursu fugere* eilends, *magno cursu* in vollem Lauf, *eodem cursu* ohne anzuhalten, °*iungere cursum equis* m. den Pferden mitlaufen]. **2.** *mil.* Laufschritt, Sturmschritt, Eilmarsch [°*impetus et cursus* Angriff im Sturmschritt; / *terras cursibus lustrare* die Länder im Sturmschritt durcheilen]. **3.** / Eile, Schnelligkeit (*meist dcht.*) [°*eo cursu contendere, ut* in solcher Eile; *in cursu esse* im besten Zuge sein]. **4. a)** Ritt [°*cursum in medios hostes dare* hineinsprengen in]; **b)** (*Ov.*) Flug [*aërius*]; **c)** (*zur See*) Fahrt, Reise, Weg, Bahn [*maritimus, navium*, °*pelagi* Seefahrt, *cursum exspectare* auf günstigen Wind warten, *in medio cursu* mitten auf der Fahrt]. **5. a)** Bahn *der Weltkörper* [*solis, stellarum*]; **b)** (*meist dcht.*) **α)** (*v. Flüssen*) Strömung [°*aquae*]; / (*v. der Rede*) Strom [*verborum, in oratione incitatior*; *ähnlich* °*vox erat in cursu*]; **β)** (*v. der Stimme*) das Auf- *u.* Absteigen [~ *vocis per omnes sonos*]. **6.** Marschroute, Kurs, Richtung [*cursum tenere* Kurs halten, *cursu decedere* vom Kurse abkommen; *oft* /, *zB. alqm de suo cursu demovere* abbringen, *cursus animi* Geistesrichtung]; / *auch v. Sachen* Verlauf, Fortgang, Richtung, Bahn [*rerum* Lauf der Dinge, *vitae od. vivendi* = *curriculum*]. **II.** Wettlauf: **1.** Wettlauf [*Olympiacus*], *auch* (*unkl.*) Wettrennen [*equester*]. **2.** / **a)** Streben nach einem Ziele; **b)** Wettbewerb, Laufbahn, Karriere [*honorum, transcurrere cursum suum* im Fluge Karriere machen]. — **Gottesdienst. — *mittelalterliche Bezeichnung* des rhythmischen Satzschlusses *der Kunstprosa* (= *antik clausŭlă*), *der seit dem Übergang vom quantitierenden zum akzentuierenden Rhythmus sich gewandelt hatte.*

****curtis,** *is f* (= *cŏhōrs*) Hof; fürstliche Hofhaltung, Pfalz.

****curtisanus** 3 zum Hofe gehörend; *subst.* ~, *i m* Höfling.

Cŭrtĭŭs 3 *röm. Gentilname*: **1.** M. ~ *stürzte sich der Sage nach 362 v. Chr. zu Pferd u. in vollem Waffenschmuck in einen auf dem Forum entstandenen Schlund, worauf sich der Schlund wieder schloß* [*lacus Curtius*]. **2.** Q. ~ *Rūfŭs, röm. Geschichtsschreiber unter Kaiser Claudius* [*De rebus gestis Alexandri Magni*].

cŭrtō 1. (*denom. v. cŭrtŭs*) (*dcht., nkl.*) verkürzen, verstümmeln; / kürzen, schmälern (*alqd*).

cŭrtŭs 3 (*eigtl.* „abgeschnitten"; *cf. cārō*[1]) **1.** (*dcht., nkl.*) verkürzt, verstümmelt, *bsd.* beschnitten [°*Iudaeus*, °*mulus* mit gestutztem Schweif]; schadhaft. **2.** / unvollständig, einseitig, ärmlich [*sententia*, °*res* Vermögen].

cŭrūlis, *ĕ* (< **cŭrūlĭs zu cŭrrŭs*) **1.** (*nkl.*) Wagen..., Renn... [*equi* Rennpferde *od.* Viergespann für die Zirkusspiele, *triumphus weil bei ihm der Feldherr auf dem Wagen fuhr, im Ggs. zur ovatio*]. **2.** *sella curulis* (*eigtl.* „Wagenstuhl") Amtssessel der höheren Magistrate (*der Konsuln, Prätoren, höheren* [*kurulischen*] *Ädilen, Zensoren, Diktatoren*), *lange Zeit ein m. Elfenbein ausgelegter Klappstuhl ohne Seiten- u. Rücklehne.* **3.** kurulisch [*magistratus*; *s.* 2]; *subst.*: (*nkl.*) ~, *īs f* = *sĕllă cŭrūlĭs.*

cŭrvāmĕn, *ĭnĭs n u.* **cŭrvātūră,** *ae f* (*cŭrvō*) (*dcht., nkl.*) Krümmung, Wölbung, Rundung [*falcis, ripae*; (*concr.*) *-tura rotae* Radfelgen].

cŭrvō 1. (*denom. v. cŭrvŭs*) (*nkl., dcht.*) krümmen, wölben, runden (*alqd, zB. ramos, genua, cornu* den Bogen spannen); *se curvare u. mediopass.* sich krümmen, sich biegen, sich wölben; / *alqm jd.* nachgiebig machen; — (*P.P.P.*) *adi.*

cŭrvātŭs 3 = *cŭrvŭs.*

▶ **cŭrvŭs** 3 (*cf.* κυρ-τός) (*unkl.*) **1.** gekrümmt, krumm, gebogen, gebeugt, gewölbt, geschweift [*ungues, litus, lyra, arator* gebückt, *senecta, crinale* gewunden, Diadem, *flumina* sich windend]. **2. a)** hohl, bauchig [*equi alvus, vallis*]; **b)** (*v. Wogen u.ä.*) sich auftürmend [*unda, gurges*]; **c)** / verwerflich, böse [*mores*]; *subst.* -*ŭm, ī n* das Krumme, Böse [*curvo dignoscere rectum*].

cŭspĭs, *ĭdĭs f* (*et. ungedeutet*) **1.** Spitze, Stachel [*sagittae, asseres cuspidibus praefixi*]; *auch* (*Ov.*) Stachel *des Skorpions.* **2.** (*meton.*) **a)** (*nkl., dcht.*) Spieß, Lanze, Speer; **b)** (*Ov.*) Dreizack Neptuns; **c)** (*Ma.*) Bratspieß; **d)** (*Com.*) = *mĕntŭlă.*

****cŭssinus,** *i m* (*wohl aus dem Galloromanischen zu cŏxă*) Kissen.

cŭstōdēlă, *ae f* (-ū-?; *cŭstōs*; *nach tūtēlă*) (*vkl., nkl.*) = *cŭstōdĭă.*

▶ **cŭstōdĭă,** *ae f* (-ū-?; *cŭstōs*) **1.** Bewachung, Bewahrung, Verwahrung, Aufsicht, Schutz, Obhut, Kontrolle (*abs. od. alcis gen. subi. od. obi., zB. vigilum, canum, filiae, alci custodiam obsidum credere*; *alcis rei e-r* Sache, *zB. meae salutis, rei publicae*); (*meton.*) Sicherheitsmaßregel. **2. a)** Wache, Bewachung = das Wachestehen [*navem ad custodiam ponere, excubias et custodias polliceri*]; **b)** (*meton.*) Wache = Wachtposten, Schildwache; *meist pl.* [*custodias disponere*]; *auch* Standort der Wache [*familias in custodiis habere*]. **3. a)** (*abstr.*) Gewahrsam, Haft, Arrest; **b)** (*nkl.*) (*concr.*) = Gefängnis; *bisw. pl.* [*libera od. liberae* Hausarrest, Internierung, *publica* (*auch klass.*) Staatsgefängnis; *alqm in custodia habere od. tenere, alqm in custodiam conicere, alqm e custodia educere u. emittere*]; **c)** (*meton.*) (*nkl.*) die Häftlinge, Gefangenen. — **Küsteramt.

▶ **cŭstōdĭō** 4. (-ū-?; *denom. v. cŭstōs*) **1.** bewachen, bewahren, (be)hüten, (be)schützen, schirmen, *bsd. als Wächter od. Schildwache* (*alqm u. alqd, zB. cives, corpus alcis, salutem et vitam alcis*; *alqd ab alqo* vor *jd.*, gegen *jd.*, *zB.* °*templum ab Hannibale*). **2. a)** *etw.* aufbewahren, verwahren, zurückbehalten [*epistulam, rem litteris* schriftlich, *memoriā* im Gedächtnis]; **b)** überwachen, beaufsichtigen; kontrollieren (*alqm u. alqd, zB. multorum oculi te custodient, legatos, legatorum iter, castra, ne quis elabi possit*); *bsd. se custodire* auf seiner Hut sein (*m. ut, ne*). **3.** gefangen *od.* in Haft halten [*ducem praedonum, obsides per municipia od. publice*]. **F.** *impf.* (*Ca.*) *cūstōdībām* = *cūstōdiēbām*; (*Pl.*) *fut.* P. *cūstōdībītūr*; *pf.-Formen* (*synk.*) *cūstōdissĕ(m) u. a.*

cūstōdītŭs 3 (*cūst-?*) (*adv.* **-ē** vorsichtig) (*eigtl. P.P.P. v. cūstōdĭō*) (*nkl.*) wohl bemessen [*oratio*].

▶ **cūstōs,** *ōdĭs m u. f* (*-ū-?*; *vl. zu* κεύθω „verberge", *Suffix ungedeutet*) **1.** Wächter(in), Aufseher, Hüter(in), Wärter (*alcis u. alcis rei, zB.* °*puellae,* °*pecoris, fani,* °*pecuniae*). **2. a)** Bewahrer, Beschützer, Schirm, Hort [*huius urbis, bsd. v. Göttern:* °*montium*; / *auch v. Leblosem: sapientia totius hominis* ~ *est*]; *bsd.* **α)** (*unkl.*) Mentor [*discipuli*]; **β)** (*dcht.*) hütender Begleiter, Wächter (*einer Frau*), *meist ein Eunuch* [*virginis abditae*]; **γ)** (*nkl.*) Trabant [*corporis* Leibwächter]; *auch* Page; **δ)** *mil.* Posten, Schildwache [*cubiculi, custodes (dis)ponere in vallo*]; *pl.* Besatzung [°*arcis, cum custodibus* unter Bedeckung]; **ε)** (*dcht.*) (*v. Sachen*) Behältnis [*telorum* Köcher, *turis* Kästchen]; **b)** heimlicher Überwacher, Aufpasser [*alci custodes (ap)ponere, tabellarum custodes* Aufseher bei der Abgabe der Stimmtäfelchen, Wahlkommission]; **c)** Gefängniswärter [*praefectus custodum* Kerkermeister]. — ** *custos u. -or* Hüter des Kirchenschatzes, Küster.

cŭtīcŭlă, *ae f* (*demin. v. cŭtĭs*) (*dcht.*) Haut.

cŭtĭs, *ĭs f* (*cf.* κύτος „Hülle, Haut", *nhd.* „Haut") (*Pl.*; *nkl., dcht.*) **1.** (glatte, dünnere, weiche) Haut *des Menschen u. mancher Tiere, auch vieler Pflanzen u. Früchte* [*oris* Gesichtshaut, *ranae, uvarum, nucleorum*]; Vorhaut (*cf. rĕ-cŭtītŭs*). **2.** gegerbte Haut der Tiere, Leder. **3.** / (*sprichw.*) *cutem curare* es sich wohl gehen lassen. **4.** / Oberfläche, Hülle [*virtutis*]; (*acc. sg.* **-ĕm**, *abl.* **-ĕ**).

Cўănĕae, *ārŭm f* (Κυάνεαι, *sc.* πέτραι, *eigtl.* „die schwarzen *od.* dunklen Felsen") *zwei kleine Inseln im Bosporus bei Byzanz* (= *Sўmplēgădĕs*).

cўăthĭssō 1. (*Fw.* ‹ κυαθίζω; *Pl.*) einschenken.

cўăthŭs, *ī m* (*Fw.* ‹ κύαθος) (*unkl.*) **1.** Schöpflöffel, -gefäß, *m. dem man den Wein aus dem Mischgefäß in den Becher goß* [*statui ad cyathum* Mundschenk werden]. **2.** Becher als Trinkgefäß; *auch als Hohlmaß für flüssige u. trockene Gegenstände* (= $^1/_{12}$ *sēxtārĭŭs* = *ca.* 0,05 *l*).

cўbaeŭs 3 (*Fw.* ‹ κυπαῖος) bauchig [*navis*]; *subst.* **cўbaeă,** *ae* (*sc. nāvĭs*) *f* Transportschiff.

Cўbĕlē *u.* (*dcht.*) **Cўbēbē,** *ēs u. ae f* (Κυβέλη *u.* Κυβήβη) *phrygische Göttin, die Große Göttermutter* (Μεγάλη Μήτηρ, *Măgnă Mātĕr*) *Symbol der Fruchtbarkeit der Erde, in ekstatischen Tänzen gefeiert; ihre entmannten Priester hießen Găllī* (*cf. auch Cŏrўbăntēs*). *Nachdem ihr Kult 204 v. Chr. von Staats wegen eingeführt war, fanden ihr zu Ehren jährlich im April die Mĕgălēnsĭă statt* (*s.d.*); *adi.* **Cўbĕlēĭŭs** 3.

cўbĭŏsāctēs, *ae m* (*Fw.* ‹ κυβιοσάκτης) (*Suet.*) Salzfischhändler (*Spottname Vespasians*).

cўbĭŭm, *ī n* (*Fw.* ‹ κύβιον) (*unkl.*) Thunfisch(gericht).

cўclădātŭs 3 (*cўclăs*) (*Suet.*) mit einer *cyclas* bekleidet.

cўclăs, *ădĭs f* (*Fw.* ‹ κυκλάς kreisförmig) **1.** (*dcht.*) weißes Staatskleid *der röm. Damen,* (*seitlich*) *nicht geschlitztes* Rundkleid. **2.** ♀ *pl.* **Cўclădēs,** *ŭm f* (Κυκλάδες) Kykladen (*im Kreis um Delos liegende Inselgruppe*). *Cf.* V.-B. III, 1, e.

cўclĭcŭs 3 (*Fw.* ‹ κυκλικός) (*Ho.*) zum Kreise gehörig; *bsd.* zum epischen Zyklus gehörig; *-i poetae, scriptores nachhomerische griech. Epiker, die die Ereignisse vor u. nach dem Trojanischen Krieg behandelten.*

Cўclōps, *ōpĭs m* (Κύκλωψ, *eigtl.* „Rundauge"), *pl.* **Cўclōpēs,** *ŭm m einäugige wilde Riesen, Schmiedegesellen des Hephaistos* (*Vŭlcānŭs*); *sg.* Polyphem [°*Cyclopa moveri* den pantomimischen Zyklopentanz aufführen (*Polyphem als Liebhaber der Galătēă*)]; *adi.* **Cўclōpĭŭs** 3.
F. *cf.* V.-B. III, 1, b *u.* e; das *y dcht. auch lang gebraucht.*

cўclŭs, *ī m* (*Fw.* ‹ κύκλος) (*Isid.*) Kreis; periodischer Wechsel; Zyklus.

cўcnēŭs 3 (*Fw.* ‹ κύκνειος) Schwanen... [*vox,* °*plumae*].

cўcnŭs, *ī m* (*Fw.* ‹ κύκνος) Schwan, *dem Apollo heilig;* (*meton.*) (*Ho.*) Dichter (*Dircaeus* = Pindar).

Cўdnŭs, *ī m* (Κύδνος) *Fl. in Kilikien b. Tarsos.*

Cўdōnĭă, *ae f* (Κυδωνία) *Küstenst. im nw. Kreta; Einw.* **Cўdōnĭātēs,** *ae u.* **Cўdōn,** *ōnĭs m; adi.* **Cўdōnĭŭs** *u.* **Cўdōnēŭs** 3 kydonisch, kretisch [°*mālum* Apfel von Cydonia = Quitte, *volkset. auf die kretische St. bezogen* (= μῆλον κυδώνιον), *aber wohl kleinasiatischer Herkunft*].

cўgn... = *cўcn...*

cўlĭndrŭs, *ī m* (*Fw.* ‹ κύλινδρος) Walze, Zylinder: **a)** *als geometrische Figur*; **b)** (*unkl.*) *walzenförmiger Stein zum Ebnen des Bodens.*

Cўllēnē, *ēs u. ae f* (Κυλλήνη) *nö. Randgebirge v. Arkadien, Geburtsstätte des Hermes* (*Merkur*); *j.* Ziria (*cf.* V.-B. I, 1); *adi.* **Cўllēnĭŭs** *u.* °**-ēŭs** 3 (*fem. auch* °**Cўllēnĭs,** *ĭdĭs*) kyllenisch, des Hermes [*fides* Leier, °*proles* = Hermes (Merkur), °*ignis Planet* Merkur]; *subst. m* = Hermes (Merkur).

cўmătĭŭm *u.* **-ĭŏn,** *ī n* (*Fw.* ‹ κυμάτιον, *eigtl.* „kleine Welle") (*Vi.*) Kymation, Zierleiste *aus stilisierten Blattformen, bsd. am Gesims griech. Tempel.*

cўmb... *auch* = *cŭmb...*

cўmbălŭm, *ī n* (*Fw.* ‹ κύμβαλον) Zimbel, Becken (*Schlagzeug*), *meist pl., weil immer zwei gegeneinander geschlagen wurden.*

cўmbĭŭm, *ī n* (*Fw.* ‹ κυμβίον, *eigtl.* „Nachen") (*vkl., dcht.*) nachenförmige Trinkschale, *bsd. zum Weiheguß bei Opfern.*

Cўmē, *ēs f* (Κύμη) **1.** *Seest. in der Äolis, Vaterst. des Hesiod; Mutterst. v. Cumae; Einw. u. adi.* **Cўmaeŭs** (3). **2.** (*dcht.*) = *Cūmae.*

Cўnĭcŭs 3 (*adv.* **-ē** [*Pl.*] nach Art der Kyniker) (*Fw.* ‹ κυνικός „hündisch") zur kynischen Philosophie (*des Antisthenesschülers Diogenes*) gehörig; *subst. m* Kyniker, kynischer Philosoph.

cўnŏcĕphălŭs, *ī m* (*Fw.* ‹ κυνοκέφαλος) Hundsaffe.

Cўnŏscĕphălae, *ārŭm f* (Κυνὸς κεφαλαί „die Hundsköpfe") *Hügel in Thessalien* (*Sieg des Flamininus über Philipp V. v. Makedonien 197 v. Chr.*).

Cўnŏsūră, *ae f* (Κυνὸς οὐρά „Hundeschwanz") der Polarstern, *äußerster Stern im Schwanze des Kleinen Bären; übh.* der Kleine Bär; *adi.* **Cўnŏsūrĭs,** *ĭdĭs u. ĭdŏs f* [°*ursa* der Kleine Bär].

Cўnthŭs, *ī m* (Κύνθος) *Berg auf Delos, Geburtsstätte des Apollo u. der Artemis* (*Diana*); *adi.* **Cўnthĭŭs** 3.

cўpărĭssŭs *u.* **cўprĕssŭs** (*dcht.*) = *cŭprĕssŭs.*

Cўprĭŭs vīcŭs, *ī m Straße i. Rom an der Westseite der Cărīnae, zw. der Săcră vĭă u. Sŭbūră.*

Cўprŏs *u.* (*meist*) **Cўprŭs,** *ī f* (Κύπρος) Cypern, *reich an Kupferkies u. Schiffsbauholz, berühmt durch alten Aphroditekult; cf.* V.-B. II, 1; *Einw. u. adi.* **Cўprĭŭs** (3); *Cўprĭă* (*sc. dĕă*) = Aphrodite (Venus). — *aes Cўprĭŭm* (*Vi.*), *später subst.* **cўprĭŭm,** *seit 3. Jh. n. Chr. auch* **cŭprŭm,** *ī n* Kupfer.

Cўrēnē, *ēs f* (Κυρήνη) (*auch* **Cўrēnae,** *ārŭm f*) *Hptst. der Cўrēnăĭcă i. Nordafrika* (*Plateau v. Barka*), *griech. Kolonie, Vaterst. des Aristippos.*

Cўrŭs, *ī m* (Κῦρος) **1.** *d. Ä., 559—529 v. Chr., Gründer des Perserreichs.* **2.** *d. J., Bruder des Artaxerxes Mnemon, fiel bei Kunaxa 401 v. Chr.* **3.** *Architekt i. Rom zu Ciceros Zeit; davon subst.* **Cўrēă,** *ōrŭm n die von C. aufgeführten Bauten.*

Cўthēră, *ōrŭm n* (τὰ Κύθηρα) *Insel u. St. vor dem Lakonischen Busen mit altem Kult der Aphrodite* (*Venus*), *j.* Kithira, *ital.* Cerigo; *adi.* **Cўthērēŭs** *u.* °**Cўthērēĭŭs,** °**Cўthērĭăcŭs** 3 *auch* der Venus heilig (*fem. auch* °**Cўthērēĭs,** *ĭdĭs u.* °**Cўthĕrēĭăs,** *ădĭs*); *subst.* °**Cўthĕrēă,** *ae* (Κυθέρεια) *u.* °**Cўthĕrēĭs,** *ĭdĭs* = Venus. *Cf.* V.-B. III, 1, b *u.* e.

cўtĭsŭs, *ī f u. m* (*Fw.* ‹ κύτισος) (*nkl., dcht.*) Schneckenklee.

D

D, d (*Abk.*) = **1.** Děcĭmŭs (*Vorname*). **2.** Dīvŭs (*als Beiname*). **3.** (*seltener*) = Děŭs *od.* Dŏmĭnŭs *od.* dēcŭrĭō *od.* dīgēstă *u.a.* **4. D.M.** = dĭīs mānĭbŭs; **D.O.M.** = Děō Ŏptĭmō Măxĭmō (*s.* dĕŭs). **5. D.D.** = dōnō *od.* dōnŭm dĕdĭt; **D.D.D.** = dăt, dōnăt, dēdĭcăt *od.* dăt, dĭcăt, dēdĭcăt; **D.P.S.** = dē pĕcūnĭā sŭā; **D.S.** = dē sŭō. **6.** (*v. d. Kaisern*) **D.A.** = dīvŭs Augŭstŭs; **D.N.** = dŏmĭnŭs nŏstĕr; **DD.NN.** = dŏmĭnī nŏstrī; **DD.** = dŏmŭs dīvīnă das Kaiserhaus. **7.** (*in Briefen*) D. = dăbăm *od.* dĭēs; a.d. = āntĕ dĭēm. **8.** (*als Zahlzeichen*) = 500. — ** *bzw.* ***a) = dătŭm; *s.* dō; **b**) dēcrētŭm; *s.d.*; **c**) ꝺ = dēlĕātŭr; *s.* dēlĕō; **d**) = dēbĕt; *s.* dēbĕō; **e**) (*auf Rezepten*) = dētŭr; *s.* dō; **f**) Dr., D = dŏctŏr; *s.d.*; **g**) d.a. = dĭctī ānnī; *s.* dīcō².

Dăcĭă, ae *f* Dakien (*Rumänien nebst Bukowina u. Siebenbürgen, Ungarn bis zur Theiß*); *Einw.* **Dăcŭs**, ī *m*, *pl.* **Dăcī**, ōrŭm *Volk thrakischen Ursprungs*; *adi.* **Dăcĭcŭs** 3 (*subst. m* [*unter Domitian geprägte*] Goldmünze).

dăcrŭmă (*altl.*) = lăcrĭmă.

dăctўlĭcŭs 3 (*Fw.* ‹ δακτυλικός) daktylisch [numerus].

dăctўlĭŏthēcă, ae *f* (*Fw.* ‹ δακτυλιοθήκη) **1.** (*Ma.*) Ringkästchen. **2.** (*spätl.*) Daktyliothek, *Sammlung v. Siegelringen, Gemmen u. Kameen.*

dăctўlŭs, ī *m* **1.** (*Fw.* ‹ δάκτυλος „Finger") (*metr. t.t.*) Daktylus (– ◡ ◡); **Dăctўlī Īdaeī** *m* (Δάκτυλοι Ἰδαῖοι) *uralte phrygische Dämonen am Ida, kunstfertige Metallarbeiter u. Diener der Rhea-Kybele, oft m. den Kureten u. Korybanten identifiziert.* — **2.** ** (*wohl et. nicht* = 1, *sondern sem. Ursprungs u. nur volkset. an 1 angeschlossen*) Dattel.

daedălŭs 3 (*Fw.* ‹ δαίδαλος) (*dcht.*) **1.** (*act.*) (*v. Pers.*) kunstreich, kunstgeübt, listig [Circe]. **2.** (*pass.*) (*v. Sachen*) kunstvoll gearbeitet [tecta].

Daedălŭs, ī *m* (Δαίδαλος, *eig.* „Künstler") *der myth. Ahnherr des athen. Kunsthandwerks, Erbauer des Labyrinths in Kreta, V. des Ikaros*; *adi.* **Daedălēŭs** *u.* (*dcht.*) **Daedălēŭs** 3.

daemōn, ŏnĭs *m* (*Fw.* ‹ δαίμων) **1.** (*nkl.*) = gĕnĭŭs, ein Geist. **2.** (*Eccl.*) böser Geist, Teufel [cultus daemonum Götzendienst].

daemŏnĭcŭs 3 (*Fw.* ‹ δαιμονικός) (*Eccl.*) teuflisch.

Dălmătĭă *u.* **Dĕlmătĭă**, ae *f* Dalmatien, *Ldsch. an der Adria, seit 10 n.Chr. röm. Provinz*; *Einw.* **Dălmătae**, ārŭm *m*; *adi.* **Dălmătĭcŭs** 3 [°triumphus über Dalmatien]; *subst.* **dălmătĭcă**, ae *f* (*sc.* vĕstĭs) (*spätl.*) Dalmatika, *liturgisches Gewand* (*wohl dalmatinischer Herkunft*).

dāmă¹, *meist* **dāmmă**, ae *f* (*u.* °*m*) (*wohl m.* dŏmō 1. *verwandt als* „gezähmtes Horntier"; *cf.* δαμάλη „junges Kalb") (*dcht.*, *nkl.*) Reh, Gemse, Antilope, Gazelle; Hirschkuh *od.* -kalb.

****dama**², ae *f* (= dŏmĭnă) Dame (*im Schach*).

Dămāscŭs, ī *f* (Δαμασκός) *Hptst. v. Kölesyrien, arabisch* Dimaschk; *Einw. u. adi.* **Dămāscēnŭs** (3).

dāmĭūrgŭs (*dor.*) = dēmĭūrgŭs.

dāmmă, ae *f* (*u.* °*m*) *s.* dāmă¹.

dămnās *indecl.* (*wohl* ‹ *dămnātŏs, *P.P.P. v.* dămnō; *jur. t.t.*) (*vkl.*, *nkl.*) zu einer Leistung verpflichtet.

dămnātĭō, ōnĭs *f* (dămnō) Verurteilung, *auch im pl.* (*abs. od.* alcis *j-s*; alcis rei wegen *etw.*, *zB.* ambitŭs, *od.* zu *etw.*, *zB.* tantae pecuniae).

dămnātōrĭŭs 3 (°dămnātŏr *zu* dămnō) verurteilend [iudicium].

dămnātŭs 3 (*eig. P.P.P. v.* dămnō) verurteilt (*comp.* damnatior schärfer verurteilt); / (*nkl.*, *dcht.*) verdammenswert, verworfen [manus].

dămnĭ-fĭcŭs 3 (dămnŭm, făcĭō) *u.* **-gĕrŭlŭs** 3 (gĕrō) (*Pl.*) schädlich.

> **dămnō**
> **1.** *jd.* schädigen; **2.** (*jur. t.t.*) mit einer Buße belegen; **a**) (*v. Richter*) verurteilen; **b**) als ungerecht verwerfen; **c**) (*v. Kläger*) *jd.* verurteilen lassen; **3.** *jd. e-r Sache* bezichtigen; **4.** mißbilligen, verdammen; **5.** (*dem Tode*) weihen; **6.** *jd.* zu *etw.* verpflichten.

dămnō 1. (*denom. v.* dămnŭm) **1.** (*Pl.*) *jd.* (*an seinem Vermögen*) schädigen. **2.** (*jur. t.t.*) m. einer Buße belegen, büßen lassen: **a**) (*vom Richter*) verurteilen, schuldig sprechen (*alqm jd.*, *zB.* reos, absentem; *alqd etw.*, *zB.* vitam alcis; alqm alcis rei, *jd.* wegen *e-s* Vergehens, *zB.* furti, repetundarum, *bisw. auch* de re, *zB.* de vi, *od.* ob *u.* propter rem, *zB.* ob annonam compressam, *auch* crimine alcis rei, *zB.* proditionis, eo nomine deswegen, inter sicarios als Mörder, capitis *od.* capite zum Tode, °in metallum, °in *od.* ad opus, °ad bestias *u.ä.*; *auch m. inf. pf. act.*, *zB.* contra edictum fecisse damnaberis; *m.* quod, *auch* °ut; *Strafe durch subst. im abl.*, *zB.* pecuniā, tertiā parte agri, *od. allgemeine Bezeichnungen im gen.*, *zB.* minoris, octupli zum achtfachen Schadenersatz); **b**) (*nkl.*) causam *e-e* Sache als ungerecht verwerfen; **c**) (*vom Kläger*) die Verurteilung *j-s* durchsetzen, *jd.* verurteilen lassen (*alqm*, *zB.* °fraudis; ab alqo damnari auf *j-s* Betreiben verurteilt werden). **3.** (*außergerichtlich*) *jd. e-r* Sache bezichtigen *od.* für schuldig erklären, *zB.* alqm dementiae; *bsd.* (*dcht.*, *nkl.*) voti damnari zur Erfüllung eines Gelübdes verpflichtet werden = seinen Wunsch erfüllt sehen (*auch act.* °alqm votis damnare *j-m* seinen Wunsch gewähren). **4.** (*nkl.*, *dcht.*) *jd. od. etw.* mißbilligen, verdammen (*alqm u. alqd*, *zB.* delicta mariti, fidem medici nicht anerkennen); *auch* aufgeben, *zB.* spem salutis. **5.** (*dcht.*) (*dem Tode od. dem Verderben*) weihen (*alci alqd*, *zB.* caput Orco). **6.** (*nkl.*, *dcht.*) *jd.* zu *etw.* verpflichten, *bsd. durch ein Testament* (*alqm m. inf.*, *zB.* alqd facere). — ***damnatur (*das Buch*) wird verdammt (*Formel der Zensur, durch die die Veröffentlichung untersagt wurde*; *Ggs.* imprimatur).

dămnōsŭs 3 (*m. comp. u. sup.*; *adv.* **-ē**) (dămnŭm; *unkl.*) **1.** *act.* schädlich, verderblich, zum Schaden [libido; alci *j-m od.* für *jd.*; -e bibere dem Wirt zum Schaden = tüchtig]. **2.** *mediopass.* sich selbst zum Schaden, verschwenderisch [*in aedificando*]. **3.** *pass.* (*durch Verschwendung*) ruiniert [senex].

▶ **dămnŭm**, ī *n* (‹ *dăp-nŏm *zu* δαπάνη, dăps; *eig.* „durch Bewirtung verursachter Aufwand") **1.** (*Pl.*) Aufwand. **2.** (*jur. t.t.*) Geldstrafe, Geldbuße [alqm damno coërcere, ~ alcis rei dare büßen für *etw.*]; *bsd.* Entschädigungssumme. **3.** *übh.* Schaden, Verlust, Nachteil, Einbuße [-a aleatoria; alcis *j-s*, alcis rei, *zB.* dignitatis, °finium Gebietsverlust, °capitis = Verlust des einen Hornes am Kopf; damnum facere *u.* °accipere, °pati Schaden (er)leiden; dare *u.* inferre, afferre Schaden tun *od.* zufügen; ferre *u.* perferre Schaden hinnehmen; -o afficere alqm, °-o esse alci; °habere alqd in damno für einen Schaden ansehen; damnum sarcire *od.* explere wieder ersetzen]. **4. a**) (*im Krieg*) Schlappe, Niederlage [duarum cohortium *od.* sarcinarum damno *m.* Verlust *v.*]; **b**) Gebrechen [naturae Naturfehler]; **c**) (*meton.*) (*dcht.*) eingebüßter Gegenstand.

Dāmŏclēs, ĭs *m* (Δαμοκλῆς) *Günstling des älteren Dionysios v. Syrakus. Cf.* V.-B. III, 3 *u.* 5.

Dāmōn, ōnĭs *m* (Δάμων) *Pythago-*

reer in Syrakus, bekannt durch sein Freundschaftsverhältnis zu Phintias.

Dănăē, ēs *f* (Δανάη) *T. des Akrisios, durch Zeus (goldener Regen) M. des Perseus; adi.* **Dănăēĭŭs** 3 [°heros = Perseus].

Dănăŭs, ī *m* (Δαναός) *S. des Belos, myth. Gründer v. Argos; adi.* **Dănăŭs** 3 *übh.* °argivisch, griechisch; *subst.* **Dănăī,** ōrŭm *u.* °ŭm *m* Danaer = Argiver *od.* (*übh.*) Griechen (*bsd. die Griechen vor Troja*); *patron.* **Dănăĭdĕs,** ŭm *f* (Δαναΐδες) Danaiden, *die 50 Töchter des Danaos.*

dănīstă, ae *m* (*Fw.* ‹ δανειστής) (*Pl.*) Wucherer; *adi.* **-stīcŭs** 3 (*Fw.* ‹ δανειστικός) (*Pl.*) Wucherer...

dănŭnt (*altl.*) = dănt; *s.* dō.

Dānŭvĭŭs, ī *m* **1.** Oberlauf der Donau (*Ggs.* Hĭstĕr). **2.** (*bsd. dcht.*) Donau.

Dăphnē, ēs *f* (Δάφνη, ♀ Lorbeer) *Nymphe, T. des Flußgottes* **Pēnēŭs** (Πηνειός), *in einen Lorbeerbaum verwandelt, als Apollo sie verfolgte.*

Dăphnĭs, ĭdĭs *m* (Δάφνις) *Heros der Hirten auf Sizilien, Erfinder der Bukolik; Urbild des Hirten in der antiken Literatur u. der Schäferdichtung d. 17. u. 18. Jhdts. Cf.* V.-B. III, 1, a *u.* b; III, 4, b *u.* 5.

dăphnōn, ōnĭs *m* (*acc. sg.* -ōnă, *pl.* -ōnăs; *Fw.* ‹ δαφνών) (*Pe., Ma.*) Lorbeergarten.

dăpĭ-fĕr, ĕrī *m* (dăps; fĕrō; = σιτοφόρος) (*spätl.*) Speisenträger. — **Truchseß.

dăpĭnō 1. (*Lw.* ‹ δαπανάω) (*Pl.*) auftischen.

dăps, dăpĭs *f, meist pl.* °**dăpēs,** ŭm *f* (*eig.* „Ausgeteiltes, Portion"; *cf.* δαπάνη) (*unkl.*) **1.** (*relig.*) Opferschmaus, Festmahl. **2.** *übh.* **a**) leckeres Mahl; **b**) Speise, Nahrung, Kost (*auch der Tiere*).

dăpsĭlĭs, ĕ (*m. comp.*; *adv.* **-ē** *u.* **-ĭtĕr**) (*Lw.* ‹ δαψιλής) (*vkl., nkl.*) m. allem reichlich versehen, glänzend.

Dărdănĭă, ae *f* (Dărdănŭs) *St. in den Vorbergen des Ida*; (*dcht.*) = Troja; *Einw.* **Dărdănī,** ōrŭm *m.*

Dărdănŭs, ī *m* (Δάρδανος) *S. des Zeus (Jupiters), Gründer v. Dardania (s.d.); Stammvater der Troer u. (durch Äneas) der Römer; patron.* °**Dărdănĭdēs,** ae *m Nachk. des* ~ (= Äneas; *pl.* °**Dărdănĭdae,** ārŭm *u.* ŭm = Troer; *fem.* °**Dărdănĭs,** ĭdĭs Troerin; *bsd.* Krĕūsă); *adi.* **Dărdănĭŭs** *u.* °**Dărdănŭs** 3 dardanisch (*meist* = °trojanisch *od.* des Äneas); *subst.* °**Dărdănŭs,** ī *m* Dardaner, Troer; Äneas.

dărĕ *s.* dō.

Dārēŭs, (*nkl. auch*) **Dārīŭs,** ī *m* (Δαρεῖος) *persischer Königsname* (Darajawausch): **1.** D. I. Hystaspis (= *S. des* Hȳstăspēs) *521—485.* **2.** D. III. Kodomannos, *336—330 v.Chr., v. Alexander besiegt.*

dătārĭŭs 3 (dătŭs, P.P.P. *v.* dō) (*Pl.*) zu verschenken [salus]. — **dataria Apostolica *päpstl. Behörde zur Vergebung kleinerer Pfründen.*

dătātĭm *adv.* (dătō) (*Com.*) sich gegenseitig zuwerfend [ludere; *auch obszön*].

dătĭō, ōnĭs *f* (dō) **1.** das Geben, Erteilen [legum]. **2.** (*Li.*) Schenkungsrecht.

dătīvŭs, ī *m* (dō) (*nkl.*) Dativ; (*scherzh.*) Geldgeber.

dătō 1. (*frequ. v.* dō) (*vkl., nkl.*) (ab-, ver)geben [faenore argentum].

dătŏr, ōrĭs *m* (dō) (*vkl., dcht., spätl.*) Geber, Spender, (*beim Ballspiel*) Aufgeber.

dătŭm, ī *n s.* dō.

dătŭs[1] P.P.P. *v.* dō.

dătŭs[2], *abl.* ū (dō) (*Pl.*) das Geben.

Daulĭs, ĭdĭs *f* (Δαυλίς) *St. in Phokis; cf.* V.-B. III, 1, b; III, 4, b; *adi.* **Daulĭŭs** 3, *fem. auch* **Daulĭăs,** ădĭs [°ales = Schwalbe; °puellae Prokne *u.* Philomele; *subst.* Prokne].

Daunŭs, ī *m myth. K. des nördlichen Apuliens, V. od. Ahnherr des Turnus;* **Daunĭă,** ae *u.* °**Daunĭăs,** ădĭs *f* Daunien (Nordapulien, *dcht. übh.* °Apulien); *adi.* **Daunĭŭs** 3 daunisch [heros = Turnus, gens = Rutuler, dea = Iuturna]; (*dcht. auch* = °apulisch *u. bei Ho., der selbst aus Apulien stammte,* = °römisch).

*****d.d.** *Abk. für* de dato; *s.* dō.

dē, dē-
I. *adv.* abwärts, unten (*nicht mehr selbständig erhalten*); **II.** *praef.* **1. a**) ab-, weg-, fort-, ent-; **b**) nieder-, herab-; **2.** (*Mangel*) miß-, un-; **3.** (*Verstärkung*) völlig, sehr, ganz; **III.** *prp. b. abl.* **1.** (*räuml.*) **a**) von ... herab; **b**) von ... weg; von ... her; von ... aus; **2.** (*zeitl.*) **a**) unmittelbar nach; **b**) noch *od.* schon während; **3. a**) (*statt gen. part.*) von, aus, unter; **b**) (*kausal*) wegen, um ... willen; **c**) (*Maßstab*) nach, gemäß; **d**) (*Hinsicht*) hinsichtlich, in betreff, über; **e**) *in Redewendungen.*

dē, dē- (*wohl urspr. instrum. des Pronominalstammes* *de-, do-) **I.** *adv.* abwärts, unten (*nicht mehr selbständig erhalten; s.* sŭsquē dēquē, dēmŭm, dēnĭquē). **II.** *in der Komposition:* **1.** (*Entfernung, Trennung*) **a**) ab-, weg-, fort-, ent- [decedo, dearmo]; **b**) nieder-, herab- [deicio]. **2.** (*Mangel, Fehlen*) miß-, un-, weniger [deformis, deunx]. **3.** (*hoher Grad, Verstärkung, Vollendung*) völlig, gänzlich, sehr, bis zu Ende [devinco]. **III.** *prp. b. abl.* (*oft zw. adi. od. pron. u. subst. stehend* [qua de re]; *gelegentlich in Relativsätzen dem rel. folgend* [illud, quo de agitur]) **1.** (*räuml.*) **a**) von ... herab [de muro se deicere]; **b**) von ... weg, von ... her, von ... aus [filium de matris complexu avellere; depellere alqm de sententia *od.* de immortalitate *v.* dem Glauben an Unsterblichkeit]; alqd mercari (kaufen) *od.* quaerere de alqo, audire *od.* scire alqd de alqo aus *j-s* Munde; *insb.* α) (*Herkunft od. Abstammung*) [caupo de via Latina, homo de circo maximo Athlet *od.* Wettkämpfer, homo de plebe, ille de Iphigenia Achilles]; β) (*selten*) (*Stoff*) [°signum de marmore factum; °puerum de virgine efficere]; γ) (*Geldquelle*) [pecuniam dare de (communi) aerario *od.* de publico aus der Staatskasse, de praeda spoliisque von der Beute, de meo *v.* meinem Vermögen, de te aus deinem Beutel]. **2.** (*zeitl.*) **a**) unmittelbar nach [°somnus de prandio]; °diem de die *v.* Tag zu Tag [exspectare *od.* alqd differre]; **b**) im Verlaufe, noch während, schon während [de (media) nocte surgere, de die potare noch *od.* schon am hellen Tage]. **3. a**) (*statt gen. part.*) von, aus, unter [fidelissimum de servis suis mittere, quattuor de novem, pauci *od.* unus de multis]; **b**) (*kausal*) wegen, um ... willen, aus [multis *od.* quibusdam de causis, de re publica dolere, de me experior ich erfahre es an mir]; **c**) (*Maßstab, Richtschnur*) nach, gemäß, zufolge, auf [de meo more, de propinquorum consilio alqd facere]; **d**) (*Rücksicht, Hinsicht; bsd. bei Verben*) hinsichtlich, in betreff, über [de libertate pugnare, quid faciam de vobis? de iniuriis satisfacere]; *so bsd. bei den verba sentiendi u. dicendi* = über, von (*griech.* περί τινος) [de philosophia disserere; *auch bei subst., zB.* Laelii de amicitia sermo, tertius de vita beata liber]; *am Satzanfang bisw.* = was ... anbetrifft [de fratre magnopere confido]; **e**) *in adverbialen Redensarten, zB.* de integro von neuem, de improviso unversehens, de industria absichtlich, de cetero übrigens. — **von (*auch beim* P.); *oft* = *gen.*; = *abl. instr. u. abl. comp.*; amplius de mehr als; de iure von Rechts wegen; de facto *od.* de re tatsächlich.

▶ **dĕă,** ae *f* (dĕŭs) Göttin; (*dat. u. abl.* dĕīs, dīs, dĕābŭs; cum dis deabusque).

dē-ălbō 1. weißen, (über)tünchen [columnam].

dĕămbŭlātĭō, ōnĭs *f* (dĕămbŭlō) (*Te., spätl.*) Spaziergang.

dē-ămbŭlō 1. (*vkl., nkl.*) spazierengehen.

dē-ămō 1. (*Com.*) **1.** in *jd.* sterblich verliebt sein; an *etw.* großen Gefallen finden [munera]. **2.** *jd.* herzlich danken; ~ te = vielen Dank!

dē-ărmō 1. (*nkl.*) entwaffnen [exercitum].

dē-ărtŭō 1. (ărtŭs[1]) (*Pl.*) zerstückeln, zerreißen; / durch Betrug zugrunde richten, ruinieren.

dē-ăscĭō 1. (ăscĭă) **1.** (*nkl.*) m. der Axt behauen, glätten. **2.** / (*Pl.*) übers Ohr hauen.

dē-băcchŏr 1. (*dcht.*) sich austoben, wüten, rasen.

dē-băttŭō, — — 3. (*Pe.*) tüchtig stoßen; / = fŭtŭō [ipsumam meam].

dēbĕllātŏr, ōrĭs *m* (dēbĕllō) (*dcht., nkl.*) Bezwinger [ferarum].

dē-bĕllō 1. (*dcht., nkl. seit Li.*) **1.** *trans.* **a**) *jd.* niederkämpfen, besiegen (alqm, *zB.* superbos, Indiam); **b**) (*e-n Streit*) auskämpfen *od.* zu Ende bringen [rixam]. **2.** *intr.* den Krieg beendigen (cum alqo; *impers* debellatum est; *abl: abs.* debellato nach beendigtem Kriege).

dēbĕō
1. a) *jd. etw.* schulden; (*P.P.P.*) *adi.* **dēbĭtŭs** schuldig, gebührend; *subst.* **dēbĭtŭm** Schuld; **b**) (*intr.*) Schulden haben; **2. a**) *jd. etw.* vorenthalten; **b**) *jd. zu etw.* verpflichtet sein; **c**) sollen, müssen; (*negat.*) dürfen;

d) *jd. etw.* verdanken; **e**) *zu etw.* bestimmt, verpflichtet sein; **f**) *P. e-r Sache* geweiht, verfallen sein.

dēbĕō, *ŭī, ĭtŭm* 2. (< **dē-hăbĕō, eig.* „*v. jd. etw.* haben"; *cf.* dēhĭbĕō; *Ggs.* praebĕō, praehĭbĕō) **1. a**) *jd. etw.* schuldig sein *od.* schulden (*alci alqd, zB. pecuniam pro domo, duplum*); P. geschuldet werden [*debentur mihi beneficia ab alqo*]; (*P.P.P.*) *adi.* **dēbĭtŭs** 3 schuldig, gebührend, wohlverdient [*triumphus, laudes*]; *subst.* **dēbĭtŭm,** *ī n* das Schuldige, die Schuld [*-um alci solvere, -o fraudari*], *bsd.* schuldiger Tribut; / *morbo naturae debitum reddere* = sterben; **b**) *intr.* Schulden haben (*abs. u. alci* bei jd., *zB. ei quibus debeo* meine Gläubiger, °*debentes u. ii qui debent* Schuldner, *Kal. Ian. debuit* er hatte zu zahlen). **2. a**) *jd. etw.* schuldig bleiben *od.* vorenthalten [*oratio iuventuti nostrae deberi non potest*]; **b**) *jd.* zu *etw.* (*alqd*) verpflichtet sein [*alci gratiam* zu Dank, °*patriae poenas* = die Strafe des Vaterlandes verdienen]; *subst.* °**dēbĭtŭm,** *ī n* (*nkl.*) Schuldigkeit, moralische Verpflichtung [*omni debito liberari*]; *super debitum* über Gebühr; **c**) *abs.* (*moralisch*) verpflichtet sein, sollen, müssen, (*negat.*) dürfen (*m. inf., zB. beneficium oblivisci non debetis*); **d**) *jd. etw.* verdanken (*alci alqd, zB. maxima beneficia parentibus,* °*se* sein Dasein; *m.* °*quod*]; *bsd. alci od. alcis causā* gegen *jd.* Verpflichtungen haben; **e**) (*meist dcht.*) vom *fatum* zu etw. bestimmt *od.* auserkoren sein, *etw.* zu tun *od.* zu leiden verpflichtet sein [°*debes vivere* es ist dir bestimmt zu leben, °*urbem debere* die Stadt zu gründen bestimmt sein, °*ventis ludibrium* ein Spielball der Winde werden wollen]; **f**) P. *deberi alci rei* einer Sache geweiht *od.* verfallen sein [*morti, necessitati* dem Gesetz der Notwendigkeit unterworfen sein, °*caelo* für die Unsterblichkeit bestimmt sein, °*fatis debitus* dem Tode geweiht, *debita coniunx* vom Schicksal beschert, *debita fata* unabänderlich]. — ****Debet* (♀ er schuldet) die Sollseite *e-s Kontos,* die Belastungen.

dēbĭlĭs, *ĕ* (*m.* °*comp.*) (< **dē-bĕl-ĭs* „entkräftet"; *dē privativum; cf. altind.* balam „Kraft"; βελ-τίων *statt* *βελ-ίων) gelähmt, gebrechlich, siech [*senex, pedibus*]; / zerrüttet, schwach, entnervt, haltlos [*res publica, ingenium*].

dēbĭlĭtās, *ātĭs f* (*dēbĭlĭs*) Lähmung, Gebrechlichkeit; / Schwäche. — ****cordis* Herzschwäche, *sexualis* Potenzschwäche.

dēbĭlĭtātĭō, *ōnĭs f* (*dēbĭlĭtō*) (*nkl.*) Lähmung; *klass. nur* / Fassungslosigkeit [*animi*].

▶ **dēbĭlĭtō** 1. (*denom. v. dēbĭlĭs*) lähmen, *übh.* verletzen, beschädigen (*alqm u. alqd, zB. membra alcis fustibus*); / schwächen, entmutigen, hemmen [*spem alcis, animum*; *bsd. im* P. *debilitatus dolore, a iure cognoscendo* durch Entmutigung vom Rechtsstudium abgeschreckt].

dēbĭtĭō, *ōnĭs f* (*dēbĕō*) das Schuldigsein, Schulden (*alcis rei, zB. pecuniae, gratiae*).

dēbĭtŏr, *ōrĭs m* (*dēbĕō*) **1.** Schuldner. **2.** / (*dcht., nkl.*) **a**) *j-m* zu Dank für *etw.* verpflichtet (*alcis rei, zB. vitae*); **b**) zu *etw.* verpflichtet [*huius spectaculi*].

dēbĭtŭm, *ī n u.* **dēbĭtŭs** 3 *s. dēbĕō.*

dē-blătĕrō 1. (*vkl., nkl.*) *abs.* dumm daherschwatzen; *alci* ausplaudern (*m. a.c.i.*).

****decanatus,** *us m* Würde eines [Dekans.]

dē-cāntō 1. **1.** *trans.* **a**) (*nkl., dcht.*) hersingen, singend vortragen [*elegos*]; **b**) (*verächtlich*) herunterleiern [*praecepta, causas*]. **2.** *intr. m.* dem Gesang aufhören.

dĕcānŭs, *ī m* (*dĕcĕm*; *nkl.*) Vorgesetzter *v.* zehn Mann (*meist mil.*), **(*urspr.*) *v.* 10 Mönchen; *später* Dekan, Propst.

dē-cēdō
1. a) weggehen, sich entfernen; **b**) *mil.* abziehen; **2. a**) (*Beamte*) abgehen; **b**) (*Schauspieler*) abtreten; **c**) sterben; **d**) *jd.* ausweichen; **3. a**) *jd.* nachstehen; **b**) (*vom Weg*) abweichen; **c**) *etw.* abtreten; **d**) *v. etw.* abgehen; **4. a**) (*Wasser*) zurücktreten; **b**) (*Gestirne*) untergehen; **c**) (*Zustände*) aufhören.

dē-cēdō, *cēssī, cēssŭm* 3. **1. a**) weggehen, sich entfernen (*abs. od. ab alqo v. jd.*; *de od. ex re od. m. bloßem abl.*) [(*ex, de*) *urbe,* (*ex*) *Gallia domum*]; **b**) α) *mil.* abmarschieren, abziehen, (*e-n Ort*) räumen [*loco superiore,* (*ex*) *Italia, pugna*; (*ex od. de*) *statione*; *bsd.* (*pejorativ*) seinen Posten verlassen, *auch* /]; β) (*v. Schiffen*) *suo cursu* vom Kurs abkommen. **2. a**) (*v. Beamten*) abgehen; *bsd.* α) die Provinz verlassen: [(*de, ex*) *provincia, Romam ad triumphum*]; β) (*v. Staatsmännern*) (*Ve.*) *de foro* sich vom öffentlichen Leben zurückziehen; **b**) (*v. Schauspielern*) *de scaena* v. der Bühne (für immer) abtreten; **c**) (*vitā u. de vita*) aus dem Leben scheiden, (ver)sterben [*in summa paupertate, mature, morbo*]; **d**) *jd.* ausweichen, aus dem Wege gehen (*alci, de via u. in via*). **3.** / **a**) (*dcht.*) *jd.* nachstehen, hinter *jd.* zurückstehen (*alci*), *auch jd.* das Feld räumen [*peritis*]; **b**) *de via* vom rechten Wege abweichen; **c**) (*v. e-m Besitz od. Rechte*) *etw.* abtreten, auf *etw.* verzichten (*de re, zB. de possessione,* [*de*] *iure suo*); **d**) *v. etw.* abgehen *od.* abweichen, *zB.* (*de*) *sententia,* (*de*) *officio, a decretis.* **4.** (*v. Sachen*) **a**) (*vom Wasser*) (*nkl.*) zurücktreten, sich verlieren [*aqua, aestus decedit*]; **b**) (*v. Gestirnen*) (*dcht., nkl.*) untergehen; **c**) (*v. Zeit, Krankheiten, Affekten, Übeln u. a.*) vergehen, verschwinden, aufhören, sich verlieren (*meist dcht.*) [°*tempora,* °*dies, febris, ira*; *alci u. de alqo, zB. cura patribus, auch* °*materia quaestioni decessit* ist ausgegangen]; **d**) *vermindernd* abgehen [*de causa periculi nihil decedit*].

F. *inf. pf.* (*synk.*) dēcēssĕ = dēcēssĭssĕ.

▶ **dĕcĕm** *num. card. indecl.* (*cf.* δέκα, *nhd.* „zehn") zehn [~ *primi* (*auch zus.*) *die zehn ersten Ratsherren in den Munizipien u. Kolonien*]; (*dcht.*) *unbestimmte höhere Zahl.*

Dĕcĕmbĕr, *brĭs, brĕ* (*dĕcĕm*; *Suffix ungeklärt*) (*eigtl.* „10. Monat"; *urspr. Jahresbeginn 1. März*) zum Dezember gehörig, des Dezembers [*Nonae,* °*libertas* an den Saturnalien im Dezember]; (*mensis*) *December m* der Dezember.

F. *abl. sg. -ī*; *pl. n -ĭă, gen. -ĭŭm.*

dĕcĕm-iŭgĭs, *ĕ* (*iŭgŭm*; *Suet.*) zehnspännig; *subst.* ~, *ĭs m* (*sc. cŭrrŭs*) Zehnspänner.

dĕcĕm-pĕdă, *ae f* (*pēs*) Meßstange v. 10 Fuß Länge.

dĕcĕmpĕdātŏr, *ōrĭs m* (*dĕcĕmpĕdă*) Feldmesser.

dĕcĕm-plĕx, *plĭcĭs* (*cf. dŭplĕx*) (*vkl., nkl.*) zehnfach.

dĕcĕm-prĭmī, *ōrŭm m s. dĕcĕm.*

dĕcĕm-scălmŭs 3 mit zehn Dollen (Ruderpflöcken) (versehen), zehnruderig.

dĕcĕm-vĭr, *ī m seltene Rückbildung aus dem pl.* **dĕcĕm-vĭrī,** *ōrŭm u.* (*meist*) *ŭm m* Dezemvirn, Zehnmännerkolleg *od.* -kommission: **1.** ~ *agris metiendis dividendisque* (*Aufteilung des ager publicus an Kolonisten*). **2.** ~ *legibus scribundis* (*Zwölftafelgesetz 451—449*). **3.** ~ *stlitibus iudicandis* (*Entscheidung v. Prozessen über Freiheit u. Bürgerrecht*). **4.** (*Li.*) ~ *sacris faciundis* (*od. sacrorum*) (*Aufsicht über die Sibyllinischen Bücher u. ihre Auslegung*; *cf. dŭŭmvĭrī u. quīndĕcĭmvĭrī*).

F. *Cf.* V.-B. VI, 2.

dĕcĕmvĭrālĭs, *ĕ* (*dĕcĕmvĭrī*) die Dezemvirn betreffend, der Dezemvirn [*leges, odium* gegen die D.].

dĕcĕmvĭrātŭs, *ūs m* (*dĕcĕmvĭrī*) das Dezemvirat.

dĕcĕnnĭs, *ĕ* (*haplol.* < **dĕcĕm-ĕnnĭs*) (*nkl.*) zehnjährig.

dĕcĕnnĭŭm, *ī n* (*cf. dĕcĕnnĭs*) (*nkl.*) Jahrzehnt, Dezennium.

dĕcēns, *ēntĭs* (*m. comp. u. sup.*; *adv.* **-ēntĕr**) (*eigtl. part. praes. v. dĕcĕō*; *dcht., nkl.*) schicklich, anständig; *insb.* reizend, anmutig, *v. Pers. u. Sachen.*

dĕcēntĭă, *ae f* (*dĕcēns*) Schicklichkeit, Anstand.

dĕcĕō, *ŭī,* — 2. (*nur 3. sg. u. pl.*; *zu ion.* δέκ-ομαι = *att.* δέχομαι „annehmen, billigen"; *cf. dĕcŭs, dĕcŏr*) zieren, kleiden, gut stehen (*alqm, zB.* °*vos decet toga picta*); / sich schicken, sich gehören, sich (ge)ziemen (*alqm u. m. inf. bzw. a.c.i., zB. oratorem irasci minime decet*; [*unkl.*] *dat.*).

dē-cēpī *s. dēcĭpĭō.*

dĕcēptŏr, *ōrĭs m* (*dēcĭpĭō*; *dcht., nkl.*) Betrüger.

dē-cēptŭs *P.P.P. v. dēcĭpĭō*; *s. auch fāllō.*

dĕcērĭs, *ĭs f* (*Fw.* < δεκήρης; *Suet.*) Schiff *m.* zehn Ruderbänken über- (*u.* neben)einander, Zehndecker.

dē-cĕrnō kämpfen
1. a) (*Streitiges*) entscheiden, bestimmen; **b)** *amtlich* verordnen; beschließen; **c)** bewilligen; **d)** *jd.* für *etw.* erklären; **2.** (*v. einzelnen*) **a)** dafür stimmen, daß ...; **b)** sich entschließen, beschließen; **3. a)** *mil.* entscheiden; **b)** *mit Worten* streiten.

dē-cĕrnō, *crēvī, crētŭm* 3. **1. a)** (*Zweifelhaftes od. Streitiges*) entscheiden, bestimmen, *abs.* entscheiden = einen entscheidenden Beschluß fassen, urteilen, *bsd. amtlich vom Richter, Schiedsrichter, Behörden, Versammlungen* (*abs. od. de re, zB. de hereditate, inter alqos; alqd, zB. rem dubiam; m. indir. Frages.*); **b)** (*v. öffentlichen Körperschaften u. Magistraten*) festsetzen, verordnen, beschließen, für *etw.* stimmen, *auch* genehmigen (*de re, zB. de imperio; meist alqd, zB. id bellum, supplicationem, diem colloquio, tumultum* den Kriegszustand erklären; *m. inf., zB. Dareus Scythis bellum inferre decrevit; m. ut, ne od. m. bloßem coni., zB. decrevit senatus, darent operam consules; m. a.c.i. gerund., zB. senatus legatos mittendos* [*esse*] *decrevit; m. a.c.i.* = urteilen, der Meinung sein, *zB. senatus decrevit Ciceronis opera patefactam esse coniurationem Catilinae*); **c)** für *jd. etw.* beschließen, *jd. etw.* zuerkennen *od.* bewilligen (*alci alqd, zB. praemium,* °*servo libertatem*); **d)** *jd.* für *etw.* erklären (*m. dopp. acc., zB. Dolabellam hostem*). **2.** (*v. einzelnen*) **a)** dafür stimmen, daß ..., urteilen, daß ... (*abs. od. m. a.c.i. bzw. ut, ne*); **b)** sich entschließen, sich *etw.* vornehmen (*alqd; m. inf., zB. Caesar Rhenum transire decrevit; auch m. a.c.i. od. ut, ne*); °*certum atque decretum est* es ist fest beschlossen; (*mihi*) *decretum est m. inf.* (*Pl.*) ich bin entschlossen. **3. a)** (*pugnam, proelium od. proelio, acie, armis, ferro, classe od. bloß decernere*) bis zur Entscheidung kämpfen, eine entscheidende Schlacht liefern [*decernendi potestatem alci facere; cum alqo, de re, zB. de salute rei publicae*]; **b)** / *m.* Worten streiten, *bsd.* gerichtlich [*de vita, pro alqo*].
F. *pf.-Formen* (*synk.*): *dēcrēssĕ(m)* = *dēcrēvīssĕ(m), dēcrērăm* = *dēcrēvĕrăm u. a.*

dē-cĕrpō, *cĕrpsī, cĕrptŭm* 3. (*cărpō*) **1.** abpflücken, abrupfen, *im eigtl. Sinne unkl.* (*alqd, zB. flores, pomum ramo od. arbore*). **2.** / **a)** entnehmen, schöpfen (*alqd ex re, zB. animum humanum ex mente divina*); *bsd. sibi alqd ex re* sich *etw. v. e-r* Sache aneignen [*nihil sibi ex alcis laude*]; **b)** (*Qu.*) auswählen [*alqd in usum principii*]; **c)** (*dcht., nkl.*) genießen [*fructūs ex re*]; **d)** *e-r* Sache Abbruch tun (*ex u. de re, zB. ne quid iocus de gravitate decerperet*).

dēcĕrtātĭō, *ōnĭs f* (*dēcĕrtō*) Entscheidungskampf (*alcis rei* um *etw., zB. omnium rerum*).

▶ **dē-cĕrtō** 1. bis zur Entscheidung *od.* um die Entscheidung kämpfen [*proelio, armis, cum alqo* gegen *jd., inter se, de re, zB. de imperio*]; / *m.* Worten streiten, *auf der Rednerbühne od. gerichtlich* [*iure, contentione dicendi; de re, cum alqo inter se*].

dēcēssĕ *s. dēcēdō* **F.**

dē-cēssī *s. dēcēdō.*

dēcēssĭō, *ōnĭs f* (*dēcēdō*) Abgang: **1.** Weggang, Abzug (*alcis j-s*), *bsd.* = Rücktritt [*Verris*]. **2.** / Abnahme, Verminderung [*-nem de summa facere* Abzug v.; *capitis*].

dēcēssŏr, *ōrĭs m* (*dēcēdō*) Amtsvorgänger.

dē-cēssŭm *P.P.P. v. dēcēdō.*

dēcēssŭs, *ūs m* (*dēcēdō*) **1. a)** Weggang, Abzug (*alcis, zB.* °*Dionysii*); *bsd.* **b)** Rücktritt *e-s Beamten.* **2. a)** (*v. Gewässern*) das Zurückströmen [°*aestūs* = Ebbe]; **b)** das Abscheiden, Tod [*amicorum*]; **c)** (*nkl.*) Abnahme *e-r* Krankheit, Besserung [*morbi*].

dē-cĭdō[1], *cĭdī,* — 3. (*cădō*) **1.** herab-, abfallen, niederstürzen (*abs. od. ab, ex, de re, auch m. bloßem abl., zB.* [*ex*] *equo,* °*ab equo, in alqd, zB. ex arbore in terram;* °*comae decidunt* fallen aus, *alci j-m*). **2.** (*vkl., dcht.*) sterben; *auch* °im Kampfe fallen. **3.** / **a)** in *etw.* (hinein)geraten *od.* verfallen, zu *etw.* verleitet werden (*in alqd, zB.* °*in turbam praedonum, in fraudem*); **b)** (*unkl.*) *v. etw.* abkommen, aus *etw.* schwinden [*pectore*]; *bsd.* (*a*) *spe* sich in seiner Hoffnung getäuscht sehen; **c)** (*nkl.*) tief hinabsinken [*huc cuncta deciderunt, ut*]; **d)** Mißerfolg haben, Fiasko machen (*re* durch *etw., zB. perfidia amicorum*).

dē-cīdō[2], *cīdī, cīsŭm* 3. (*caedō*) **1.** abschneiden, abhauen, *im eigtl. Sinne unkl.* [*caput, pennas* beschneiden]. **2.** / **a)** (*Geschäfte*) abschließen, zum Abschluß bringen (*alqd, zB. rem,* °*negotium, quaestionem; alqd cum alqo*); **b)** *intr. m. jd.* ein Abkommen treffen (*cum alqo, de re; m. abl. pretii, zB. cum civitatibus pretio; pro alqo; m. ut, ne od. indir. Frages.*); *auch P. impers.* [*deciditur cum muliere*].

dĕcĭē(n)s *adv. num.* (*dĕcĕm*) zehnmal; *HS decies centena milia od. decies sestertium* eine Million Sesterzien (*cf. sēstĕrtĭŭs*); ~ *aeris* eine Million As; / (*vkl., dcht.*) oftmals.

Dĕcĭmă (*Dĕcŭmă*), *ae f* (*dĕcĭmŭs; nkl.*) *eine der 3 altröm. Parzen* (*Göttin des die Geburt entscheidenden 10. Monats*).

dĕcĭmānŭs, *älter u. gebräuchlicher* **dĕcŭmānŭs** 3 (*dĕcĕm*) **1.** zum Zehnten gehörig, den Zehntpächter betreffend, Zehnt... [*frumentum* Zehntkorn, der Zehnte vom Getreide, *ager* zehntpflichtiges Land, Zehntland]; *subst.* **-ŭs,** *ī m* Zehntpächter [*mulier decimana od. subst.* **-ă,** *ae f* die Frau *od.* Geliebte (Kebsweib) eines Zehntpächters]. **2.** *mil.* **a)** zur zehnten Kohorte gehörig; *bsd. porta decimana* Haupttor des Lagers (*da hinter ihm die 10. Kohorten lagen*); **b)** (*nkl.*) zur zehnten Legion gehörig [*miles*]; *subst.* **-ŭs,** *ī m* Soldat der zehnten Legion. **3.** (*nkl.*) (*als t.t. der röm. Feldmesser; Ggs. cărdō*) *limes* ~ *od. subst.* **-ŭs,** *ī m* die Längsachse *des Wegenetzes.*

dĕcĭmō 1. (*denom. v. dĕcĭmŭs; nkl.*) jeden 10. Mann (*m.* dem Tode) bestrafen.

▶ **dĕcĭmŭs** *u.* (*älter*) **dĕcŭmŭs** 3 *num. ord.* (*dĕcĕm*) **1.** der zehnte [*hora, legio; adv.* °*decimum* zum zehntenmal]; / (*dcht.*) ungeheuer groß, gewaltig [*unda*]. **2.** *subst.* **a) Dĕcĭmŭs,** *ī m röm. Vorname, abgek. D.*; **b) dĕcĭmŭm,** *ī n* das Zehnfache, zehnfacher Ertrag [*cum -o* zehnfach]; **c) dĕcĭmă,** *meist* **dĕcŭmă,** *ae f* der zehnte Teil, Zehntel (*bsd. der Beute*), der Zehnte (*als Abgabe*) [*decumam deo vovere, duas bzw. binas od. alteras -as frumenti exigere, -as vendere*]; *bsd.* Opferschmaus als Zehntweihe; *ferner* (*nkl.*) die 10. Stunde (= 4 Uhr nachm.).

▶ **dē-cĭpĭō,** *cēpī, cĕptŭm* 3. (*căpĭō, eigtl.* „wegfangen") **1.** hintergehen, täuschen, irreleiten, betrügen, *v. Pers. u. Sachen* (*alqm u. alqd, zB. homines, exspectationes; alqm re u. per alqd jd.* durch *etw., zB. stultos fraude od. per colloquium;* P. *viā decipi* = den Weg verfehlen). **2.** *jd.* entgehen, *v. jd.* nicht bemerkt werden (*abs. od. alqm, zB. insidiae decepere consulem*). **3.** (*dcht.*) über *etw.* hinwegtäuschen, *etw.* vergessen machen (*alqd, zB. diem, noctem* unvermerkt hinbringen; *m. gen.*: *laborum decipi* seine Leiden vergessen).

dēcīsĭō, *ōnĭs f* (*dēcīdō*[2]) Abkommen, Vergleich (*alcis j-s; -nem facere* ein Abkommen treffen).

dē-cīsŭs *P.P.P. v. dēcīdō*[2].

Dĕcĭŭs 3 *röm. Gentilname*: *P. Dĕcĭŭs Mūs, V. u. S., weihten sich* (*340 u. 295 v. Chr.*) *als Konsuln im Kriege freiwillig dem Tode; adi. auch* **Dĕcĭānŭs** 3.

dēclāmātĭō, *ōnĭs f* (*dēclāmō*) **1.** Redeübung [*cotidiana*]; *bsd.* (*nkl.*) Schulvortrag *in den Rhetorenschulen*; (*prägn.*) (*nkl.*) Thema *e-s solchen.* **2.** (*pejorativ*) **a)** hohles Deklamieren, leeres Gerede (*alcis*); **b)** lautes Eifern.

dēclāmātŏr, *ōrĭs m* (*dēclāmō*) Redekünstler; Rhetor.

dēclāmātōrĭŭs 3 (*dēclāmātŏr*) deklamatorisch, des Rhetors [*opus*].

dē-clāmĭtō 1. (*intens. v. dēclāmō*) = *dēclāmō.*

dē-clāmō 1. **1.** (*intr.*) Übungsreden halten, sich im (lauten) Reden üben [*in villa aliena, Graece apud alqm*]; / in lauter Rede poltern *od.* eifern, keifen (*in alqm od. alci* gegen *jd., de re, pro alqo, contra alqm*). **2.** (*trans.*) laut hersagen *od.* vortragen, herdeklamieren (*alqd*), *bsd. auswendig gelernte Reden* [*causas* Prozeßreden zur Übung halten].

dēclārātĭō, *ōnĭs f* (*dēclārō*) Kundgebung, Offenbarung (*m. gen., zB. amoris tui*).

▶ **dē-clārō** 1. **1.** deutlich bezeichnen

od. zeigen (*alqd u. alci alqd, zB. ducis navem militibus*). **2.** / erklären, klarmachen: **a)** klar darlegen, offenbaren, kundtun *durch Zeichen, Taten od. Worte* (*abs., zB. ut istius epistula declarat; alqd u. alci alqd, zB. res futuras volatibus avium, imaginem vitae Epaminondae; m. a.c.i., zB. declaras te deterritum esse; m. indir. Frages., zB. tot signis natura declarat, quid velit*); *bsd.* **α)** klar aussprechen (*nie einfach* = sagen *od.* äußern); **β)** (*e-n Wortbegriff*) deutlich wiedergeben [ἡδονή, *quam declarat voluptas; vocabula idem declarantia* = Synonyma]; **γ)** (*Ve.*) (*durch die Darstellung*) aufhellen [*tantas res tam breviter*]; **b)** *jd. od. etw.* öffentlich ausrufen, bekanntmachen, *bsd.* als gewählt [*alqm consulem, Numa rex declaratus, munera* dem Volke als bevorstehend verkünden].

dēclīnātĭō, *ōnis f* (*dēclīnō*) das Abbiegen: **1.** (*t.t. der Fechterspr.*) ausweichende Körperbewegung [°*lanceam corporis declinatione vitare*]. **2.** (*philos. t.t.*) **a)** Abweichung der Atome v. der Bahn [*atomorum*]; **b)** / Vermeidung *e-r Sache* [*laboris et periculi, malorum*]; *auch* = Abneigung, Widerwille [*naturalis*]. **3.** (*rhet. t.t.*) Abweichung *od.* Abschweifung *vom Thema* [*brevis a proposito*]. **4.** (*Qu.*) (*gramm. t.t.*) (*urspr.*) *jede* Veränderung *e-r Wortform* (*Deklination, Komparation, Konjugation*); (*später nur*) Deklination.

▶ **dē-clīnō** 1. (*cf. clīnātŭs*) **1.** (*trans.*) **a)** abbiegen, abwenden, ablenken, *auch* / (*alqd, zB. iter,* °*agmen inde,* °*atomum* aus der Bahn bringen, °*oratio figurā declinatā* figürliche Redeweise; *alqd a od. de re, m.* °*bloßem abl.*; *in alqd* zu *etw.* hinlenken, *dcht. m. dat., zB. lumina somno*); **b)** / (ver)meiden, scheuen (*alqd, zB. urbem, iudicii laqueos, ictum* einen Schlag parieren); **c)** (*vkl., Qu.*) (*gramm. t.t.*) *e-n Redeteil* verändern (*deklinieren, komparieren, konjugieren*); *später nur*: deklinieren. **2.** (*intr.*) **a)** ausweichen, abweichen, sich abwenden, sich fernhalten (*a u. de re, zB. a Capua, a religione, paululum de via, de statu suo* seine Stellung aufgeben *od.* verlieren; *ad alqm, ad u. in alqd* auf Abwege geraten); *prägn.* (*v. Atomen*) v. der geraden Linie abweichen; / **b)** (*in der Rede*) *v. etw.* abweichen *od.* abschweifen [*a rerum ordine, a proposito*]; **c)** (*dcht., nkl.*) zu *jd. od.* zu *etw.* sich hinneigen (*ad od. in alqm, in alqd, zB. in Pholoën, in peius*).

dē-clīvis, *ē* (< *dē clīvō*) abgedacht, abschüssig, sich neigend [*collis,* °*flumen* abwärts fließend]; *subst.* **dēclīvĕ**, *is n* Abhang.

dēclīvitās, *ātis f* (*dēclīvis*) Abschüssigkeit.

dēcŏctŏr, *ōris m* (*dēcŏquō*) Verschwender, Bankrotteur.

dēcŏctŭs 3 (*eigtl. P.P.P. v. dēcŏquō*) / fade, kraftlos; *subst.* **-ă**, *ae f* (*sc. ăquă*) (*dcht., nkl.*) abgekochtes Eisgetränk (*v. Nero erfunden*).

dē-cŏllō 1. (< *dē cŏllō, sc. căpŭt dēcīdō*) (*nkl.*) enthaupten.

dē-cōlō 1. (*altl. dēcōlāssīt* = *dēcōlāvĕrīt*) (*wohl* < *dē cōlō, sc. stīllō*) (*vkl.*) durchsickern; / fehlschlagen.

dē-cŏlŏr, *ōris* (*dcht., nkl.*) **1.** entfärbt, verfärbt. **2. a)** gebräunt; gerötet [*Rhenus sanguine*]; **b)** / entartet, entstellt.

dēcŏlōrātĭō, *ōnis f* (*dēcŏlōrō*) Entfärbung, Verfärbung.

dēcŏlōrō 1. (*denom. v. dēcŏlŏr*) entfärben, verfärben, *bsd.* (*m. Blut*) röten [*mare*]; / entstellen, [*collybo*] beschmutzen.

dē-cŏndō, — — 3. (*Se.*) verbergen.

dē-cŏquō, *cōxī, cŏctŭm* 3. **1.** (*trans.*) **a)** (*nkl., dcht.*) abkochen, gar kochen (*alqd, zB. olus*); **b)** (*nkl.*) einkochen (lassen); P. beim Einschmelzen verlorengehen *od.* sich verflüchtigen. **2.** (*abs.*) sein Vermögen durchbringen, Bankrott machen [°*creditori* zum Nachteil des Gläubigers, *d. h.* den Gl. nicht befriedigen].

dĕcŏr¹, *ōris m* (*dĕcĕō*) (*fast nur nkl., dcht.*) **1.** Schicklichkeit, Anstand; (*meton.*) Anstandsgefühl. **2.** Schönheit, stattliches Aussehen; *bsd.* **a)** Anmut, Liebreiz; **b)** Schmuck, Zier(de).

dĕcŏr², *ōris* (*dĕcĕō*) (*vkl., nkl.*) geschmückt, zierlich.

dĕcŏrō 1. (*dĕcŭs*) schmücken, zieren (*alqm u. alqd re, zB. urbem monumentis*); *auch geringschätzig* ausstaffieren; / verherrlichen, ehren.

▶ **dĕcōrŭs** 3 (*dĕcŏr¹*) (*adv.* **-ē**) **1.** schicklich, geziemend, wohlanständig, passend, ehrenhaft (*abs., zB. sermo, -e loqui od. facere; alci jd.,* für *jd., zB. deo; ad alqd* zu *etw., zB. ad ornatum*); *subst.* **dĕcōrŭm**, *ī n* = *dĕcŏr¹* [πρέπον *appellant hoc Graeci*]. **2.** (*m. comp. u. sup.*) (*meist dcht., nkl.*) **a)** schön, stattlich, edel, reizend, zierlich, *v. Pers. u. Sachen* [°*oculi,* °*palaestra* Schönheit bildend]; **b)** geziert, (aus)geschmückt [*re m. etw., zB. Phoebus arcu -us*].

dē-crĕpĭtŭs 3 (*vl. eigtl. P.P.P. v. crĕpō in spät belegter Bed.* „platzen, krepieren") abgelebt, altersschwach [°*senex*].

dē-crēscō, *crēvī,* — 3. kleiner werden [*aestus*]; / (*nkl., dcht.*) sich vermindern, abnehmen, allmählich verschwinden [*febris*].

dēcrētālis, *ē* (*dēcrētŭm*) (*spätl.*) ein Dekret enthaltend. — ***decretales (epistulae) päpstl.* Erlasse in Briefform.

dēcrētōrĭŭs 3 (*dēcĕrnō; nkl.*) entscheidend [*hora illa -a* Sterbestunde].

▶ **dēcrētŭm**, *ī n* (*eigtl. P.P.P. n v. dēcĕrnō*) Beschluß, Entscheidung, Verordnung *v. Beamten od. Behörden* [*senatūs, de alqo u. de re; -um facere* einen Beschluß fassen; *decreto stare e-m* Beschlusse nachkommen]; *auch* Votum *e-s Senators*, / (*philos.*) Lehrsatz, Grundsatz, Prinzip. — ** (*im röm. Recht*) (kaiserlicher) Erlaß mit Gesetzeskraft; *pl.* (*canones et*) *-a* das geistliche Recht.

dē-crētŭs *P.P.P. v. dēcĕrnō.*

dē-crēvī *s. dēcĕrnō u. dēcrēscō.*

dē-cŭbŭī *s. dēcŭmbō.*

dĕcŭmă, dĕcŭmānŭs *s. dĕcĭm...*

dĕcŭmātēs (*gen. -ĭŭm*) **ăgrī** *m* (*Ta., Germ. 29*) (*Et. u. Bed. umstritten*) *Dekumatlande zw. Rhein u. Donau, seit Domitian römisch, durch den limes (Grenzwall) gesichert.*

dē-cŭmbō, *cŭbŭī, cŭbĭtŭm* 3. (*unkl.*) sich niederlegen (*zu Tisch, ins Bett* [*wegen Krankheit od. zum Beischlaf*]); *pf.* (*wegen Krankheit*) das Bett hüten; *klass. nur* (*vom besiegten Gladiator*) niedersinken, unterliegen.

dĕcŭmō, *dĕcŭmŭs* 3 = *dĕcĭm...*

dĕcŭrĭă, *ae f* (*dĕcĕm; cf. cĕntŭrĭă*) **1.** Dekurie, Zehnergruppe; *bsd.* **a)** (*vkl., mil. t.t.*) (*meist berittene*) Abteilung *v.* 10 Mann; **b)** Senatsgruppe (*urspr. v. 10, später v. 30 Mitgliedern*). **2.** *später übh.* Abteilung *od.* Klasse [*iudicum, scribarum*]; (*scherzh.; Pl.*) Zechgesellschaft, Tafelrunde.

dĕcŭrĭātĭō, *ōnis f u.* (*Li.*) **dĕcŭrĭātŭs**, *ūs m* (*dĕcŭrĭō¹*) Einteilung in Zehnergruppen *od.* Dekurien.

dĕcŭrĭō¹ 1. (*denom. v. dĕcŭrĭă*) in Zehnergruppen (*od.* Dekurien) einteilen; *übh.* Rotten bilden (*bsd. zur pol. Verhetzung*).

dĕcŭrĭō², *ōnis m* (*dĕcŭrĭă*) Dekurio, Vorsteher *od.* Führer einer Zehnergruppe *od.* Dekurie: **1.** *mil.* (*equitum*) Wachtmeister. **2.** (*in Munizipien u. Kolonien*) Ratsherr, *pl.* Gemeinde- *od.* Stadtrat. **3.** (*Suet.*) = *praefĕctŭs; cubiculariorum* Oberkammerdiener.

dĕcŭrĭōnātŭs, *ūs m* (*dĕcŭrĭō²*) (*nkl., dcht.*) Ratsherrenamt (*i. Munizipien od. Kolonien*).

▶ **dē-cŭrrō**, (*cŭ*)*cŭrrī, cŭrsŭm* 3. **1.** (*intr.*) **a)** hinab-, herablaufen, -eilen, *auch feindl.* [*ab, ex, de re, zB. ex superiore loco,* (*dcht.*) *m. bloßem abl., zB. arce; ad alqm, ad u. in alqd, zB. ad cohortandos milites*]; *bsd.* **α)** (*v. Flüssen u. Flüssigkeiten*) (*nkl., dcht.*) herabfließen, -rinnen [*pluribus ostiis in mare*]; **β)** *mil.* herabmarschieren, -rücken; **γ)** (*v. Schiffen*) herabsegeln, hinabfahren [*eo, in portum ex alto*]; **b)** *übh.* laufen, eilen, reisen, *bsd.* auf einer bestimmten Bahn [*equus decurrit in spatio* (Rennbahn), *rus* e-e Landpartie machen; °/ *stilo per materiam* mit der Feder über den Stoff hinwegeilen]; **c)** *mil.* (*nkl.*) (in Parade) vorbeimarschieren, defilieren [*in armis, honori alcis*]; / **d)** zu *etw.* greifen, seine Zuflucht nehmen (*ad alqd, zB. ad senatūs consultum; auch* [*nkl.*] *ad alqm;* °*omnium sententiae eo decurrerunt, ut...*). **2.** (*trans.*) **a)** *etw.* durchlaufen [*septem milia passuum*]; / **b)** zurücklegen, vollenden [*aetatem,* °*honores* bekleiden, °*metam* erreichen]; **c)** (*in der Rede*) *etw.* durchgehen, besprechen [*ista quae abs te decursa sunt*].

dĕcŭrsĭō, *ōnis f* (*dĕcŭrrō; nkl.*) das

Herablaufen; *bsd. mil.* **1.** Vorbeimarsch, Parade. **2.** Überfall.

dē-cŭrsŭm *P.P.P. v. dēcŭrrō.*

dēcŭrsŭs, *ūs m* (*dēcŭrrō*) **1. a)** das Hinablaufen, (*v. Wasser*) (*dcht., nkl.*) Herabströmen [*aquarum*]; *insb.* α) *feindl.* Überfall, Einfall [*subitus ex collibus, in urbem*]; β) (*unkl.*) (*v. Örtlichkeiten*) Senkung [*planitiei*]; **b)** *übh.* das Laufen; *bsd.* α) Reise, Ausflug; β) (*nkl.*) *mil.* Parademarsch [°*legionum*]. **2. a)** das Durchlaufen *einer Bahn*; / Verlauf, Vollendung [*mei temporis* meiner Amtszeit, *honorum* das Durchlaufen der Ämterbahn]; **b)** (*Qu.*) der rhythmische Fortgang des Verses.

dē-cŭrtō 1. verkürzen, verstümmeln (*fast nur im P.P.P. gebräuchlich*); / *v. der Rede.*

▶ **dĕcŭs,** *ŏrĭs n* (*dĕcĕō*) **1.** Zierde, Schmuck, Glanz, *concr. u. abstr., auch* / [*senectutis, virtutis*]; *bsd.* (*körperlich*) (*dcht.*) Schönheit [*formae, naturae* natürliche Reize]. **2.** *concr.* **a)** Verzierung, Zierat, Schmuckgegenstand [*fanorum,* °*regale*]; **b)** (*v. Pers.*) Zierde, Stolz [*patriae, imperii Romani v. Pompejus,* °*equitum v. Mäcenas, virginum*]. **3.** *abstr.* **a)** Anstand [°*contra decus regium*]; **b)** Ehre, Ruhm, Auszeichnung, äußere Würde [°*belli* im Felde, °*publicum* des Staates, *muliebre,* °*decori esse alci jd.* höheren Glanz verleihen]; **c)** (*meton.*) (*nkl.*) Waffen-, Heldentat [*belli, decora mea*]; *auch* Ehrengeschenk *u.* °*longa decora* lange Ahnenreihe. **4.** (*philos. t.t.*) das sittlich Gute, sittliche Würde, Tugend (= τὸ καλόν).

dē-cŭssi *s. dēcŭtĭō.*

dĕcŭssō 1. (*dĕcŭssĭs = dĕcĕm ăssēs* „zehn As[se], Zehnzahl, Zahlzeichen X") in Gestalt eines × *od.* kreuzweise abteilen.

dē-cŭtĭō, *cŭssī, cŭssŭm* 3. (*quătĭō*) (*unkl.*) **1.** herab-, abschütteln, abschlagen, (gewaltsam) herabschleudern, -stoßen (*alqd, zB. papaverum capita baculo; alqd alci rei u. re*). **2. a)** *mil.* herabschießen; **b)** *alqm jd.* vertreiben; **c)** / *etw.* beseitigen [*ceterā aetate*].

dē-dĕcĕō, *ŭī,* — 2. **1.** (*nkl., dcht.*) verunzieren, schlecht kleiden (*m. acc., zB. ministrum non dedecet myrtus; m. inf.*). **2.** / nicht geziemen, sich nicht schicken, zur Unehre gereichen (*abs. od. alqm, auch in alqo* bei, an *jd. m. inf.*); *meist nur in der 3. Pers. sg. u. pl. gebräuchlich.*

dē-dĕcŏr, *ŏrĭs* (*nkl., dcht.*) entehrend, schändend.

dē-dĕcŏrō 1. entehren, schänden (*alqm u. alqd, zB. urbis auctoritatem*).

dēdĕcōrŭs 3 (*zu dēdĕcŭs nach dĕcōrŭs gebildet*) (*Ta.*) entehrend (*alci* für *jd.*).

▶ **dē-dĕcŭs,** *ŏrĭs n* **1.** Unehre, Schande, Schmach (*oft verbunden:* ~ *atque infamia,* ~ *et ignominia, dedecori esse od. fieri* Schande bringen, *dedecus concipere* Schande auf sich laden; *per dedecus* auf schimpfliche Weise, °*per dedecora* auf schimpflichen Wegen]. **2. a)** das Schmachvolle, Beschämende *e-r Sache*; *bsd.* (*nkl., dcht.*) Schandfleck, Entstellung, (natürliches) Gebrechen [~ *naturae als Schimpfwort*]; **b)** Schandtat, entehrende Handlung [*-us admittere, nullo dedecore abstinere, rei militaris* im Kriegsdienste]; *pl.* unehrenhaftes Verhalten [*militiae* im Kriegsdienste]. **3.** (*philos. t.t.*) das Sittlich-Schlechte, Laster (= τὸ κακόν).

dĕdī *s. dō.*

dēdĭcātĭō, *ōnĭs f* (*dēdĭcō*) (*nkl.*) Weihung, Einweihung [*-onis dies* Einweihungsfest].

▶ **dē-dĭcō** 1. **1.** (*Lu.*) beweisen, erklären. **2.** *etw.* (*beim Zensus*) angeben [*praedia in censu*]. **3. a)** *etw.* (*e-r Gottheit*) weihen, einweihen (*abs. od. alqd, zB. simulacrum Cereris; alci alqd, zB. templum Iovi*); **b)** (*nkl., dcht.*) *deum* eine Gottheit durch ein Heiligtum ehren, einem Gotte einen Tempel weihen [*Iunonem; alqm re, zB. Concordiam aede*]; **c)** *etw. für einen Zweck* bestimmen [*scripta publicis bibliothecis*]; **d)** *eine Schrift jd.* widmen, zueignen, dedizieren (*alci alqd, zB. librum*). **4.** *etw. zum ersten Gebrauch* einweihen (*alqd, zB. theatrum*).

dē-dĭdī *s. dēdō.*

dēdignātĭō, *ōnĭs f* (*jünger -dīgn-; dēdīgnŏr*) (*nkl., dcht.*) Verschmähung, Verweigerung.

dē-dignŏr 1. (*jünger -ī-*) (*nkl., dcht.*) verschmähen, abweisen (*abs. od. alqm u. alqd, zB. imperium; m. dopp. acc., zB. Nomades maritos* als Gatten; *m. inf.*).

dē-discō, *dĭdĭcī,* — 3. (*-dīsc-?*) verlernen, sich abgewöhnen, vergessen (*alqd od. m. inf.*).

dēdīticĭŭs 3 (*dēdītŭs, P.P.P. v. dēdō*) der sich auf Gnade und Ungnade ergeben hat, unterworfen; *subst.* **-ī,** *ōrŭm m* Untertanen, *oft der Römer in Italien* (*Ggs. sŏcĭī*).

▶ **dēdĭtĭō,** *ōnĭs f* (*dēdō*) Übergabe, Unterwerfung, Kapitulation [*alqm in -nem accipere j-s.* Kapitulation annehmen; *in -nem venire, -nem facere* °*hosti u.* °*ad hostem* kapitulieren].

dē-dītŭs[1] *P.P.P. v. dēdō.*

dēdītŭs[2] 3 (*m.* °*comp. u.* °*sup.*) (*eigtl. P.P.P. v. dēdō*) **1.** (*e-r Pers.*) ergeben, zugetan, gewogen (*alci, zB. tibi*). **2.** (*e-r Sache*) hingegeben, auf *etw.* bedacht, (*pejorativ*) frönend (*alci rei, zB. litteris, voluptatibus;* °*in re,* °*in alqd*).

▶ **dē-dō,** *dĭdī, dĭtŭm* 3. **1.** ganz hingeben, überantworten, preisgeben, opfern, *Besitztümer, vielfach auch* / (*alqd od. alqm alci, zB. filium carnifici, alqm ad necem u.* °*neci, crudelitati militum, aures suas poëtis* sein Ohr leihen); *deditā operā* absichtlich. **2. a)** dem Feinde *etw.* ausliefern (*alci alqd u. alqm, zB. hostibus arcem, Hannibalem Romanis od. in dicionem populi Romani*); **b)** *sē dēdĕrĕ od. mediopass. dēdī* α) sich (*den Feinden*) ergeben, kapitulieren (*se alci, se imperio ac potestati alcis, se in arbitrium dicionem*que alcis*); *P.P.P. dēdĭtŭs* wer sich ergeben hat; *subst. m* der Unterworfene; β) / sich *e-r Sache* hingeben, sich weihen, sich widmen, (*pejorativ*) frönen [*se amicitiae alcis, doctrinae, totum se rei publicae, vitiorum illecebris; selten se ad alqd, zB. ad audiendum*]; *cf. dēdĭtŭs.*

dē-dŏcĕō, *ŭī,* — 2. vergessen lassen, *jd. etw.* abgewöhnen (*alqm u. m. inf.*); *bsd. jd.* eines Besseren belehren (*alqm*).

dē-dŏlĕō, *ŭī,* — 2. (*Ov.*) seinen Schmerz *od.* Kummer enden.

dē-dŏlō 1. (*vkl., nkl.*) herunterhauen, behauen, glätten; / verprügeln; (*obszön*) bearbeiten [*uxorem superincurvatus*].

dē-dūcō

1. a) hinabführen, -ziehen; **b)** *mil.* hinabmarschieren lassen; **c)** (*Schiffe*) auslaufen lassen; **d)** (*Segel*) setzen; **e)** auf *etw.* reduzieren; entwürdigen; **2. a)** abführen, entfernen; **b)** (*Truppen*) verlegen; **c)** (*Kolonisten*) ansiedeln; (*Kolonien*) gründen; **d)** (*Wasser, Namen*) ableiten; **e)** entführen, verstoßen; **f)** *jd. v. etw.* abbringen; **g)** subtrahieren; **h)** ausarbeiten, dichten; **i)** (*Bau, Werk*) fortführen; **3. a)** hinführen, -bringen, -schaffen; **b)** geleiten; **c)** *jd. zu etw.* verführen, bewegen; **d)** *jd.* in eine Lage bringen.

dē-dūcō, *dŭxī, dŭctŭm* 3. **1.** herabführen: **a)** hinabführen, -bringen, -ziehen (*alqm ab, ex, de re, zB. elephantos de clivo, alqm de rostris, ex eo loco; m.* °*bloßem abl.; ad alqm, ad u. in alqd, zB. pecora in campum; meist unkl. auch Lebloses, zB.* °*lunam caelo* durch Zaubersprüche herabziehen, °*vestes a pectore* herabstreifen, °*crines pectine* herabkämmen, °*barbam* nach unten streichen); **b)** *mil.* (*Truppen*) hinabmarschieren lassen [*exercitum in campos, equites ad pedes* absitzen lassen]; **c)** (*nkl., dcht.*) (*Schiffe*) auslaufen lassen, in See stechen lassen *od.* vom Stapel lassen [*classem in aquam*]; *auch* aus den Werften ziehen [*naves ex navalibus*]; **d)** (*dcht.*) (*Segel*) entrollen, aufspannen, setzen [*vela, carbasa malo* am Mast]; **e)** / α) vermindernd auf *etw.* zurückführen *od.* reduzieren [*genus humanum gradatim ad pauciores*]; β) *etw.* herabwürdigen, entwürdigen [*sollemne*]. **2.** wegführen (*teilweise m. 3. identisch*): **a)** abführen, fort-, wegführen, entfernen, *m.* sich nehmen [*pecora,* °*boves inde, atomos de via* ablenken, *alqm ab alqo jd. v. jd.* trennen]; **b)** (*Truppen*) ausrücken lassen, verlegen [*exercitum in Aeduos, praesidium ex hibernis od. in hiberna; nkl. auch m. bloßem abl., zB. exercitum Ioniā*]; *praesidia deducere* die Posten einziehen; **c)** (*Kolonien*) irgendwo gründen, (*Kolonisten*) ansiedeln *od.* wohin verpflanzen [*coloniam in agrum Gallorum, veteranos in colonias;* °*qui initio deduxerant* die ursprünglichen Gründer der Kolonie]; **d)** (*Wasser*) *v.* irgendwo ableiten [*aquam Albanam,* °*umorem* *harenā*]; / (*dcht., nkl.*) (*Ursprung, Namen u.ä.*) herleiten (*ab alqo u. a re, zB. genus ab Achille, nomen ab Anco*); **e**) *jd. od. etw.* gewaltsam entführen, vertreiben, verstoßen (*alqm ex regno, naves in portum* wegschleppen); / (*jur. t.t.*) *jd.* aus *e-m* strittigen Besitz unter dem Schein der Gewalt (*symbolisch*) wegführen (*als Einleitung zur Vindikationsklage*) [*alqm de fundo*]; **f**) / *jd. v. etw.* abbringen, abwendig machen (*alqm de od. a re, zB. a pristino victu, a od. de fide, a od. de sententia*); **g**) (*beim Rechnen*) abziehen, subtrahieren, *Ggs. ăddĕrĕ* (*abs. od. alqd, zB. centum nummos; alci alqd jd. etw.* abziehen, *zB. nummum nullum cuiquam; alqd de re, etw. v. etw., zB.* de capite vom Kapital); *subst.* deducta, ae *f* (*sc.* pārs *od.* pĕcūnĭă) der Abzug; **h**) (*dcht., nkl.*) (*Fäden*) spinnen; abspinnen [*filum pollice*]; / (*Schriften, bsd. Gedichte*) ausarbeiten, dichten [*carmina*]; *auch* (*dcht.*) weben, (*in tela*) einweben = darstellen; **i**) (*nkl., dcht.*) fortführend *od.* fortziehend bilden: **α**) (*einen Bau*) fortführen, ziehen [*vallum a mari ad mare*]; **β**) zeichnen [*litteram mero*]. **3.** hinführen (*cf. 2a, b, c*): **a**) hinbringen, -schaffen (*alqm od. alqd ad alqm, ad od. in alqd, zB. suos ex agris; in arcem, captivos Pydnam, °undas in mare*); **b**) (*als Führer, Begleiter, Beschützer*) geleiten, begleiten, mit sich nehmen (*alqm ad hospitem*); *bsd.* **α**) (*Gefangene u.ä.*) abführen (*alqm in carcerem*); *auch in einem Festzug* aufführen [*°captivos triumpho*]; **β**) *jd.* das Ehrengeleit geben, *bsd. e-m Staatsmann* [*alqm domo ad od. in forum*], der Braut in das Haus des Bräutigams [*virginem ad alqm od. in domum alcis, °alci*]; *jd. eine Konkubine* zuführen; **γ**) (*vom Bräutigam: eine Gattin*) heimführen [*uxorem domum*]; **δ**) (*junge Leute einem Staatsmann zur Ausbildung*) übergeben (*alqm ad alqm*); **ε**) *jd.* vor ein Gericht hinbringen, beiziehen, *zB. als Zeugen* [*testem ad iudicium*]; **c**) / **α**) *jd.* zu *etw.* verführen *od.* verleiten, zu *etw.* bewegen (*alqm ad alqd, zB. ad eam sententiam, ut* ...); **β**) *jd.* unvermerkt wohin locken (*alqm in insidias*); **γ**) (*prägn.*) *jd.* zum Schlechten verführen [*adulescentes praemio*]; **δ**) in *etw.* hineinziehen, für *etw.* gewinnen (*alqm ad od. in alqd, zB. °in societatem belli, °civitates dissentientes in causam*); **d**) *jd. od. etw.* in eine Lage bringen, in einen Zustand versetzen (*alqm in periculum, rem ad arma* es zum Krieg kommen lassen, *rem in eum locum, ut* die Sache dahin treiben, daß ...).

dēdŭctĭō, ōnĭs *f* (*dēdūcō*) **1.** das Ab-, Weg-, Hinführen (*alcis a od. ex re, in alqd, zB. militum ex castris in oppida*). **2.** Ableitung des Wassers [*rivorum a fonte*]. **3.** (*symbolische*) Vertreibung *aus e-m strittigen Besitz zur Sicherung der Vindikationsklage*. **4.** Ansiedlung, Kolonisation [*in istos agros*]. **5.** Abzug *v.* (*ex*) einer Summe [*ex pecunia*]. — ** (*philos. t.t.*) Ableitung des Besonderen aus dem Allgemeinen.

dēdŭctŏr, ōrĭs *m* (*dēdūcō*) (*Q. Cicero, Pli.*) Begleiter eines Amtsbewerbers.

dē-dūctŭs[1] *P.P.P. v. dēdūcō.*

dēdŭctŭs[2] 3 (*m. comp.*) (*eig. P.P.P. v. dēdūcō*) (*unkl.*) **1.** einwärts gebogen, krumm [*nasus*]. **2.** gedämpft, leise [*carmen*].

dē-dūxī *s. dēdūcō.*

dē-ĕrrō 1. (*meist unkl.*) abirren, sich verirren, abweichen, *auch* / (*abs. od. ab alqo, a re od. m. bloßem abl., zB. °[ab] itinere, °[a] vero; °ad alqm*).

dē-ĕssĕ *s. dēsŭm.*

*****de facto** *s. făctŭm.*

dēfaecō 1. (*denom. v. faex*) (*vkl., nkl.*) *v.* der Hefe befreien; / reinigen; erheitern.

dē-faenĕrō 1. *s. dēfēnĕrō.*

dēfătīgātĭō, ōnĭs *f* (*dēfătīgō*) völlige Ermüdung, Erschöpfung, *körperlich u. geistig* (*alcis j-s, alcis rei* in *etw., zB. miseriarum* im Unglück).

dē-fătīgō 1. völlig ermüden, erschöpfen, ganz matt machen, *körperlich u. geistig* (*alqm u. alqd, zB. puellam, animum alcis; alqm re jd.* durch *etw.*; *in re* bei *etw., zB. defatigari in conservandis bonis viris*).

dē-fēcī *s. dēfĭcĭō.*

dēfĕctĭō, ōnĭs *f* (*dēfĭcĭō*) **1.** Abfall, Abtrünnigkeit, Empörung (*abs. od. alcis j-s, zB. Aeduorum; ab alqo v. jd., zB. a Romanis; ad alqm zu jd., zB. ad Hannibalem; auch* /, *zB. a mente atque ratione*). **2. a**) das Abnehmen, Schwinden, Schwächung [*virium* Ohnmacht, *animi* Niedergeschlagenheit]; **b**) Ermüdung, Erschöpfung, Schwäche [*aetatis*]; **c**) (*solis, lunae*) Verfinsterung, Finsternis; **d**) (*gramm. t.t.* = ἔλλειψις) (*Ge.*) Ellipse [*dici per -onem* elliptisch].

dēfĕctŏr, ōrĭs *m* (*dēfĭcĭō*) (*nkl.*) Abtrünniger.

dēfĕctŭs[1], ūs *m* (*meist nkl., dcht.*) = *dēfĕctĭō.*

dēfĕctŭs[2] 3 (*s. dēfĭcĭō*).

dē-fĕndō, *fĕndī, fēnsŭm* 3. **1. a**) abwehren, fernhalten, zurückweisen (*alqm, zB. hostes; alqd, zB. iniuriam, ictūs, bellum e-n* Verteidigungskrieg führen; *°alci alqd, zB. aestatem capellis; °alqd ab alqo, zB. ignem a tectis*); **b**) *abs.* sich wehren, Widerstand leisten [*paucis defendentibus*]. **2.** verteidigen, schützen, retten (*alqm u. alqd, zB. castra, urbem custodiis; ab alqo, contra u. adversus alqm* gegen *jd.*, gegen *od.* vor *etw., zB. se armis a latrone, patriam contra improbos cives od. contra populi temeritatem u.ä.*); *sehr oft / durch Rede od. Schrift* verteidigen, sich *j-s* annehmen, *Ansichten* verfechten, *etw.* vertreten *od.* rechtfertigen *u.ä., bsd. vor Gericht* (*zB. Roscium, amicum in iudiciis, alqm in capitis periculo, reum apud iudices, causam e-n* Prozeß als Verteidiger führen, *crimen* eine Anklage widerlegen *od.* sich gegen eine Beschuldigung rechtfertigen, *sententiam* verfechten, vertreten). **3.** (*eine Stellung, Aufgabe, Rolle*) behaupten *od.* durchführen [*locum suum, officium censurae*]. **4.** (*prägn.*) *etw.* zu seiner Verteidigung geltend machen, zu seiner Rechtfertigung anführen *od.* behaupten (*alqd, zB. multa; m. a.c.i., zB. hoc iure factum esse defendis; auch m. indir. Frages.*).
F. *inf. praes. P.* (*altl.*) *dēfĕndĭēr* = *dēfĕndī.*

dē-fēnĕrō 1. durch Wucher aussaugen.

dēfēnsĭō, ōnĭs *f* (*dēfĕndō*) **1.** Abwehr, Abwendung (*alcis re, zB. criminis, °sceleris*). **2.** Verteidigung: **a**) *m. Waffen, bsd. mil.* (*alcis j-s; alcis rei, zB. castrorum*); **b**) *in Rede u. Schrift, bsd. vor Gericht* (*alcis j-s, zB. Deiotari; alcis rei, zB. salutis meae; contra u. ad alqd* gegen, bei *etw., zB. contra crimen*); *oft* = Rechtfertigung, Verantwortung, Vertretung. **3.** (*meton.*) **a**) Verteidigungsgrund, -art, -mittel [*commoda*]; **b**) Verteidigungsrede, -schrift; Apologie [*-nem scribere od. ēdere, °accipere* anhören; *alcis u. alcis rei, zB. causae suae*].

dēfēnsĭtō 1. (*frequ. v. dēfēnsō*) zu verteidigen pflegen (*alqm u. alqd, zB. alcis sententiam; a re* gegen *etw.*; *causas* als Rechtsanwalt tätig sein).

dēfēnsō 1. (*intens. v. dēfĕndō*) (*unkl.*) eifrig abwehren; energisch verteidigen, schützen.

dēfēnsŏr, ōrĭs *m* (*dēfĕndō*) **1.** der abwehrt (*alcis rei, zB. periculi*). **2.** Verteidiger: **a**) *m. Waffen* (*alcis rei, zB. urbis*); *pl.* Besatzung, Bedeckung [*muros -ibus nudare*]; **b**) *in Rede u. Schrift, bsd. vor Gericht* (*alcis u. alcis rei*); *oft* = Verfechter, Vertreter (*alcis od. causae alcis*); **c**) / Beschützer [*iuris*]. — ***~ *fidei* Beschützer des Glaubens, *Ehrentitel der engl. Könige seit der Auszeichnung Heinrichs VIII. für seine antilutherische Schrift durch Leo X.*

dē-fēnsŭs *P.P.P. v. dēfĕndō.*

dēfĕrbŭī *s. dēfĕrvēscō.*

dē-fĕrō
1. a) hinab-, herabtragen, -bringen; **b**) stromabwärts führen; *P.* sich hinabtreiben lassen; **c**) hinabverlegen; **d**) hinabstürzen; **2.** (*vom Weg*) abbringen; **3. a**) *jd. od. etw.* wohin bringen, tragen; **b**) (*amtl.*) abführen, niederlegen, eintragen; **4. a**) anbieten; **b**) darbringen; **c**) *jd. etw.* übertragen; **d**) *zur Entscheidung* vorlegen; **e**) melden, überbringen; **f**) (*jur. t.t.*) anzeigen, anklagen; (*Vermögen etc.*) anmelden.

dē-fĕrō, *tŭlī, lātŭm, fĕrrĕ* **1. a**) hinab-, herabtragen, -bringen, -holen (*alqm u. alqd, ab, ex, de loco in od. ad alqd, ad alqm, zB. signa ex aerario in campum, °alqm sub aequora* hinabtauchen, *°ferrum in pectus* ins Herz stoßen); **b**) (*nkl.*) (*v. Flüssen*) stromabwärts führen [*amnis defert dolia*]; *P.* sich hinabtreiben lassen, hinabschwimmen [*secundo Tiberi ad urbem*]; **c**) (*nkl.*) *abbrechend* hinabverlegen [*castra in viam, exercitum in campos* hinabrücken lassen]; **d**) (*nkl., dcht.*) (*gewaltsam*) hinabstürzen, -stoßen, *auch* / [*alqm ex magno regno ad extremam fortunam*]; P. *od. mediopass.* abstürzen, (sich) stürzen [*de monte in undas, in praeceps*]. **2.** *jd.* (*gegen s-n Willen*) *od. etw.* (*vom rechten Wege*) abbringen *od.* ablenken (*alqm u. alqd ad u. in alqd, zB. regem eo*); *auch* / [*cupiditas gloriae alqm alio defert*]; P. abirren, unabsichtlich wohin geraten [*ad castra Caesaris; errore* in der Irre umhertreiben]; *bsd.* (*Schiffe u. Schiffer*) verschlagen, vom Kurs abbringen [*navem ad terram; navis defertur Oricum*]. **3. a**) *übh. etw. od. jd. an e-n Ort od.* zu *jd.* hintragen, hinbringen, -schaffen, -führen (*alqd od. alqm in, ad alqd, ad alqm u. alci, zB. consulem lecticā in curiam, epistulam ad Caesarem, regi, ad causas iudicia iam facta domo* schon fertig mitbringen); P. sich hintragen lassen; **b**) *pecuniam* (*od. senatūs consultum, nomina iudicum*) *ad od. in aerarium* Geld an die Schatzkammer *od.* Staatskasse abführen (*e-n* Senatsbeschluß im Staatsarchiv niederlegen, die Namen der Richter in die staatlichen Listen eintragen), *censum Romam* die Schätzungslisten nach Rom abführen (*v. den Zensoren in den Kolonien*); *rationes* die Rechnungen einreichen; / °*alqd in discrimen deferre* aufs Spiel setzen. **4. a**) *jd. etw.* anbieten (*alci alqd*); **b**) darbringen; **c**) *jd. etw.* übertragen (*bsd. zur Besorgung, Ausführung, Verwaltung*), erteilen, zuteilen, verleihen (*alqd ad alqm od. alci, zB. regnum, summam imperii,* °*pacem hostibus, negotium, causam* die Führung des Prozesses, *palmam* den Siegespreis, *primas alcis rei* den Vorrang in *etw.* einräumen, *ius iurandum* einen Eid *jd.* zuschieben); **d**) zur Entscheidung vorlegen, anheimgeben [*rem senatui od. ad senatum, ad consilium* dem Kriegsrat]; **e**) (*Nachrichten, mündlich od. schriftl.*) überbringen, melden, berichten, mitteilen, eröffnen (*alqd etw., auch de re u. de alqo; ad alqm, selten alci, zB. rem ad Caesarem, regi falsa; m. indir. Frages., m. a.c.i. bzw. ut, ne*); **f**) (*jur. t.t.*) **α**) *etw. od. jd.* anzeigen, denunzieren, anklagen, *bsd. beim Prätor* (*alqd, zB. novum crimen, iudicium* die Anzeige *v.* einem Verbrechen, *bsd. nomen alcis od. alcis rei; selten* °*alqm jd.* anklagen; *ad alqm* bei *jd., zB. ad praetorem; crimina in alqm* gegen *jd.*; *de re* wegen *e-r* Sache, *zB. de parricidio, selten m. gen. criminis, zB. furti; im* P. *m.* °*n.c.i.*); **β**) (*nkl.*) *etw.* anmelden *od.* deklarieren (*alqd in censum etw.* zur Schätzung; *censum* sein Vermögen, *sc.* beim Zensor); **γ**) *ad aerarium* = in die staatlichen Listen eintragen lassen [*nomina iudicum, alqm in beneficiis jd.* der Staatskasse für e-e Gratifikation empfehlen].

dē-fervēscō, *fervī u. ferbuī,* — 3. (*incoh. zu dēfervēō* 2.) (*vkl., nkl.*) verbrausen, vergären; *klass. nur* / austoben [*ira*]; (*v. der Rede*) sich abklären.

dē-fessus *part. perf. v. dēfětīscor.*

dēfětīgātiō, dē-fětīgō 1. = *dēfat...*

▶ **dēfětīscor,** *fessus sum* 3. (*fătīscor*) ermüden, ermatten; *klass. meist nur* (*part. pf.*) *adi.* **dēfessus** 3 müde, matt, erschöpft, abgespannt, *v. Pers. u. Sachen, auch* / [*senatus, oratio; re* durch *etw. od.* in *etw., zB.* °*medullis*].

dē-ficiō
1. (*intr.*) **a**) abfallen, abtrünnig werden; **b**) (zu) fehlen (beginnen), ausgehen; **c**) erlahmen, ermatten; **2.** (*trans.*) **a**) *jd.* verlassen, im Stich lassen; **b**) *j-m.* zu fehlen beginnen, ausgehen; **c**) (*P.P.P.*) *adi.* **dēfectus** verlassen, geschwächt.

dē-ficiō, *fēcī, fectum* 3. (*faciō, eigtl.* „sich losmachen *v. etw.*") **1.** (*intr.*) **a**) abfallen, abtrünnig werden (*abs. od. ab alqo u. a re, zB. a rege, ab alcis amicitia; ad alqm* zu *jd.* übergehen, *zB.* °*a patribus ad plebem*); *auch* / [*a virtute; bsd. a se* -ere sich selbst untreu werden]; **b**) zu fehlen beginnen, fehlen, ausgehen, auf die Neige gehen, schwinden [*pecunia deficit, frumentum, spes,* °*dies; ad alqd* zu *etw., zB. tempus ad bellum gerendum*]; *bsd.* °(*vom Feuer*) erlöschen, verglimmen; °(*v. Gebäuden*) baufällig werden, (*v. der Stimme*) versagen *od.* stocken, °(*v. Quellen u. Flüssen*) versiegen, °(*vom Meer*) zurücktreten; abnehmen, (*vom Gedächtnis*) trügen *od.* täuschen *u. a.*; **c**) **α**) an Stärke abnehmen, erlahmen, ermatten, kleinmütig werden, erliegen, *auch* (*nkl.*) verscheiden, sterben [°*deficiens* der Sterbende], *v. Pers. u. Sachen, oft* /; *animo* -ere den Mut sinken lassen *od.* mutlos werden; *pugnando* im Kampfe nachlassen; **β**) (*v. Gestirnen*) sich verfinstern [*luna, sol*], *auch* °untergehen, sich neigen; **γ**) (*nkl.*) (*v. Geschlechtern*) aussterben, erlöschen (*in alqo m. jd.*). **2.** (*trans.*) **a**) *jd.* verlassen, im Stich lassen, für *jd.* nicht ausreichen (*alqm, zB. me Leontina civitas defecit*); P. *deficior* (*a*) *re* es gebricht *od.* mangelt mir an *etw.* [°*pecuniā, a viribus,* °*animo* ohnmächtig werden]; *abs.* (*ohne abl.*) *deficior* mir geht die Luft aus; ich kann nicht mehr reden; **b**) *j-m* ausgehen *od.* zu fehlen beginnen (*alqm, zB. vires me deficiunt*); **c**) (*nkl., dcht.*) (*P.P.P.*) *adi.* **dēfectus** 3 (*m. sup.*) **α**) *v. etw.* verlassen, *e-r* Sache beraubt (*re, zB. artus sanguine* -*i* ausgeblutet, *pilis* kahl); **β**) entkräftet, geschwächt, matt, erstorben [*corpus, amor*].

F. *altl. fut. ex.* °*dēfexit* = *dēfēcerit*; P. *auch* °*dēfīō, factus sum, fierī.*

dē-ficō 1. (*altl.*) = *dēfaecō.*

dē-figō, *fixī, fixum* 3. **1. a**) fest einschlagen, hineinschlagen, *bsd.* einrammen (*alqd, zB. tigna; alqd in re, zB. asseres in terra, sudes sub aqua, trabes ad tectum* an dem Dache; °*alqd re od.* °*alci rei, zB.* °*sidera caelo*); **b**) (*eine Waffe*) hineinstoßen, hineinbohren (*alqd in re, zB. sicam in consulis corpore;* [*dcht., nkl.*] *alqd re, zB. gladium iugulo*). **2.** / **a**) (*die Augen od. den Geist*) fest auf *etw.* (*in re*) richten [*oculos,* °*in vultu regis, animum in cogitatione rei; klass. sehr selten alqd in rem, zB. oculos in possessiones alcis;* °*alqd alci rei*], *in cogitatione defixus* in Gedanken vertieft; *selten ohne Zielangabe, zB.* °*oculos defigere* starr vor sich hinsehen; **b**) *etw. od. jd.* regungslos *od.* starr machen (*alqd u. alqm in re; alqm stupore jd.* in starres Erstaunen versetzen; °*pavor od. stupor omnes defigit*); P. *auch* festhaften, haften bleiben, wie angewurzelt sein, *bsd. P.P.P.* °*dēfīxus* [*Galli pavore* -*i stetere*]; **c**) *etw.* (*dem Geiste*) tief einprägen (*alqd in animo, flagitia alcis in oculis omnium*); **d**) (*relig. t.t.*) *etw.* als unabänderlich erklären [*quae augur iniusta defixerit, irrita sunto*]; **e**) (*t.t. der Zauberspr.*) (*nkl., dcht.*) *etw.* durch Zauber bannen [*sagave defixit nomina cerā?* auf eine Zaubertafel].

dē-fingō, *finxī, fictum* 3. (*vkl., dcht.*) abformen; *bsd.* verunstalten (*alqd*).

▶ **dē-finiō** 4. **1.** abgrenzen, begrenzen (*alqd etw., zB. orbem terrarum; re m.,* durch *etw., zB. imperium populi terminis orbis terrarum*); / *definiri ex perduellium numero* zu der Zahl der Feinde gehören. **2. a**) genau bestimmen *od.* bezeichnen (*alqd, zB. numerum signorum, adeundi tempus; alci alqd* für *jd. etw., zB suum cuique locum; m. indir. Frages., m. a.c.i.*); **b**) einschränken, beschränken (*alqd, zB. orationem, alqd re etw.* durch, auf *etw., zB. amicitiam paribus voluntatibus*); P. sich beschränken; **c**) (*log. u. rhet. t.t.*) einen Begriff definieren (*alqd, zB. vim vocabuli, voluptatem sic* folgendermaßen; *m. indir. Frages.*).

F. *pf.-Formen* (*synk.*) *dēfīnīsse(m) u.ä.*

dēfīnītiō, *ōnis f* (*dēfīniō*) **1.** Abgrenzung; / Bestimmung, bestimmte Angabe (*alcis rei, zB. hominum et temporum*). **2. a**) Vorschrift [*iudiciorum*]; **b**) (*t.t. der Logik u. Rhetorik*) Begriffsbestimmung, Definition [*summi boni*].

dēfīnītīvus 3 (*adv.* **-ē**; *dēfīnītus*) begriffsbestimmend *od.* erläuternd [*constitutio*].

dēfīnītus 3 (*adv.* **-ē**) (*eigtl. P.P.P. v. dēfīniō*) **1.** begrenzt. **2.** / **a**) bestimmt, deutlich, ausdrücklich; **b**) konkret.

dē-fīō (*unkl.*) *s. dēficiō F.*

dēflāgrātiō, *ōnis f* (*dēflāgrō*) völlige Vernichtung durch Feuer, Brand [*caeli*]; *auch* /.

dē-flāgrō 1. völlig niederbrennen: **1.** (*intr.*) **a**) ganz in Flammen aufgehen [*templum*]; / **b**) (*v. Pers.*) abbrennen = seine Habe durch Feuersbrunst verlieren; **c**) (*nkl.*) zugrunde gehen [*communi incendio*]; **d**) (*v. Leidenschaften*) verrauchen [*ira alcis*]. **2.** (*trans.*) (*selten*); *fast nur P.P.P. dēflāgrātus*

a) (*dcht.*) ganz in Flammen aufgegangen [*fana*]; **b)** untergegangen [*in cinere deflagrati imperii*].

dē-flēctō, *flēxī, flēxum* 3. **1.** (*trans.*) **a)** (*dcht., nkl.*) herabbiegen (*alqd*); **b)** zur Seite biegen, abbiegen, ablenken, abwenden, *auch* / (*alqd od. alqm a, de re in, ad alqd, zB.* °*oculos a rege in scribam, se de curriculo petitionis;* °*novam viam* sich seitwärts abzweigen lassen); / **c)** abbringen, abwendig machen (*alqm a veritate*); **d)** abändern, umwandeln [*sententiam*]; (*tadelnd*) verdrehen, entstellen (*alqd ad alqd etw.* nach *etw., zB. rem ad verba*). **2.** (*intr.*) abweichen, abschweifen, *v. Pers. u. v. der* Rede (*a od. de re, zB. a proposito, a veritate, de via u.* °*viā; ad alqd*).

dē-flĕō, *flēvī, flētum* 2. **1.** (*trans.*) a) beweinen, beklagen, bedauern (*alqd u. alqm, zB. semet ipsum,* °*fratris necem);* °*deflendus* jammervoll; **b)** (*prägn.*) (*nkl., dcht.*) unter Tränen erzählen *od.* vortragen. **2.** (*intr.*) (*nkl., dcht.*) sich ausweinen. **F.** *pf.-Formen* (*synk.*): *dēflēsse(m), dēflērām u.ä.*

dē-flŏccō 1. (*flŏccus*) (*Pl.*) kahl, fadenscheinig machen; (*P.P.P.*) *adi.* **dēflŏccātus** 3 kahl.

dēflōrātiō, *ōnis f* (*dē-flōrō* 1. die Blüten abpflücken; / des Glanzes berauben; (*spätl.*) entjungfern; *flōs*) (*spätl.*) Entjungferung, Defloration.

dē-flōrēscō, *flōruī,* — 3. (*nkl., dcht.*) abblühen, verblühen; *klass. nur* / verwelken, abnehmen, *v. Pers. u. Sachen* [*animus, orator*].

dē-fluō
I. 1. a) herabströmen; **b)** (*v. der Flut*) abwärts getrieben werden; **2. a)** herabsinken; **b)** (*Kleider*) herabhängen; **c)** *v. etw.* abkommen; **d)** *jd.* zuteil werden; **II. 1.** abfließen; **2. a)** sich verlieren; **b)** (*zeitl.*) vorübergehen; **c)** (*Haar*) ausfallen; **d)** abtrünnig werden; **e)** aus dem Gedächtnis entschwinden.

dē-fluō, *flūxī,* — 3. **I.** herabfließen: **1. a)** herabströmen, -rinnen (*abs. od. a, de, ex re, selten re, in u. ad alqd, zB. sudor a capite et a fronte, Rhenus in plures partes,* / *alqd a superis in terras defluit* kommt herab); **b)** (*v. festen Gegenständen*): (*v. der Flut*) abwärts getrieben werden *od.* sich treiben lassen, herabschwimmen, *zu Schiff* fahren, *v. Pers. u. Sachen* [*hostes secundo amni ad insulam defluxerunt,* °*dolia medio amni ad urbem defluunt*]. **2.** / **a)** herabsinken, -gleiten [*coronae*]; *bsd.* (*v. Reitern*) *ex equo ad (in) terram* herabgleiten, (*selten*) °abspringen, (*v. Flüssigkeiten*) verschüttet werden [*in terram*]; **b)** (*dcht.*) (*v. Kleidern*) schlaff *od.* nachlässig herabhängen [*toga alci, vestis ad imos pedes*]; **c)** *v. etw.* (*a re*) abkommen *od.* abweichen *u.* unmerklich zu *etw.* (*ad alqd*) übergehen [*a necessariis artificiis ad elegantiora*]; *bsd. v. der Rede* [*ab amicitiis perfectorum hominum ad leves amicitias*]; **d)** *jd.* zuströmen, zuteil werden (*ad alqm u.* °*alci*). **II.** abfließen: **1.** (*nkl., dcht.*) abfließen, sich verlaufen [*amnis*]. **2.** / **a)** verschwinden, sich verlieren, außer Gebrauch kommen [*vires,* °*numerus Saturnius*]; **b)** (*zeitl.*) vorübergehen, *pf.* vorüber sein [*salutatio*]; **c)** (*dcht.*) (*vom Haar*) ausfallen, -gehen [*comae*]; **d)** (*v. Pers.*) abtrünnig *od.* untreu werden [*unus ex tribunis*]; **e)** (*nkl., dcht.*) aus dem Gedächtnis entschwinden.

dē-fŏdiō, *fōdī, fossum* 3. **1. a)** vergraben, eingraben, verscharren (*alqd, zB.* °*cadaver, aurum; alqd in loco u. in locum, zB. cotem in comitio, thesaurum sub lecto; m.* °*bloßem abl.*); °*bsd.* Lebende zur Strafe begraben [*virginem Vestalem vivam*]; **b)** / (*nkl.*) verbergen. **2.** (*nkl., dcht.*) **a)** Erde aufwerfen [*terram*]; **b)** (*prägn.*) unter der Erde anlegen, bauen [*domos, specus*].

dē-fŏre *s. dēsum.* — ** *auch* = *deesse.*

dēfōrmātiō, *ōnis f* (*dēfōrmō*) Verunstaltung, Entstellung [*corporis*]; / (*Li.*) Beschimpfung [*maiestatis*].

dēfōrmis, *e* (*m. comp. u.* °*sup.*; *adv.* °**-iter**) (*wohl Rückbildung aus dēfōrmō II.*) **1.** (*Ov.*) formlos, gestaltlos [*anima*]. **2. a)** mißgestaltet, unförmlich, häßlich, *v. Pers. u. Sachen* [°*filia, campus, aspectus; re* durch *etw., zB.* °*ora cicatricibus -ia; m. 2. supin., zB.* °*loca visu -ia*]; / **b)** entehrt; °in *s-n* Verhältnissen heruntergekommen; **c)** schimpflich, schmachvoll, ungebührlich [°*obsequium,* °*deformia meditari* schandbare Dinge; *alci* für *jd.*]; *bsd.* gemein, roh [*turba lixarum*].

dēfōrmitās, *ātis f* (*dēfōrmis*) Häßlichkeit, Verunstaltung [*corporis, animi*]; / Schimpf, Schmach.

dē-fōrmō 1. **I. 1.** (*vkl., nkl.*) *e-e* Gestalt geben, abformen, abbilden, zeichnen (*alqd*). **2.** / (*mündl. od. schriftl.*) gestalten, schildern, darstellen (*alqm u. alqd*). **II. 1.** verunstalten, entstellen (*alqm u. alqd, zB. amicum corpore* am Körper, *alqm* °*aerumnis; parietes deformati*). **2.** / **a)** entehren, schänden (*alqm u. alqd re* durch *etw., zB. victoriam clade*); **b)** *jd.* (*i. Wort od. Schrift*) verunstalten, in ein ungünstiges Licht stellen (*alqm fictis vitiis*).

dē-frāctus *P.P.P. v. dēfringō.*

dē-fraudō 1. betrügen, täuschen, übervorteilen (*alqm u. alqd, zB. aures; alqm re jd.* um *etw.*; *genium suum* [*Com.*] sich jeden Genuß versagen).

dē-frēgī *s. dēfringō.*

dē-frĕmō, *uī,* — 3. (*Pli.*) / austoben.

dē-frēnātus 3 (*eigtl. P.P.P. v.* **dēfrēnō* 1. *zu frēnum*) (*Ov.*) entzügelt, zügellos.

dē-fricō, *fricuī, frictum u. fricātum* 1. (*unkl.*) abreiben [*dentes* putzen]; / *etw.* durchhecheln, *m.* Witz geißeln [*alqd sale multo*].

dē-fringō, *frēgī, frāctum* 3. (*frangō*) **1.** abbrechen [*ramum arboris*]. **2.** (*nkl.*) zerbrechen [*subsellium*]; / *e-r* Sache Abbruch tun (*alqd*).

dē-frūdō 1. (*altl.*) = *dēfraudō.*

dē-frūstrŏr 1. (*Pl.*) gründlich betrügen.

dēfrūtum, *ī n* (*Pl. auch -frut-*; *eigtl. P.P.P. v.* **dēfruō* „koche ein, lasse gären"; *sc. mustum*; *cf. thrakisch* βρῦτος „Gerstenwein, Bier"; *fervĕō, nhd.* „Brot; braunen") (*unkl.*) eingekochter Most.

dē-fŭgiō, *fūgī,* — 3. **1.** (*intr.*) (*Li.*) entfliehen [*sinistrum cornu eo defugit*]. **2.** (*trans.*) einer Sache ausweichen *od.* sich entziehen, *etw.* (ver)meiden *od.* zu (ver)meiden suchen, scheuen (*alqd, zB. proelium, auctoritatem alcis rei* die Verantwortung für *etw.* ablehnen; *im Zshg. auch scheinbar abs.*).

dē-fuī *s. dēsum.*

dē-fundō, *fūdī, fūsum* 3. (*nkl., dcht.*) **1. a)** herab-, abgießen, ausgießen; ausschütten (*alqd*); **b)** spendend auf den Boden gießen [*merum pateris* aus den Schalen]. **2.** (*Wein aus den Krügen*) abfüllen, einschenken.

dē-fungŏr, *functus sum* 3. **1.** *etw.* völlig beendigen, erledigen, überstehen, *m. etw.* fertig werden (*re, zB. periculis, labore, poena levi* m. einer leichten Strafe durchkommen, °*oraculo* erfüllen, °*parvo victu* sich begnügen *m.,* °*vitā od.* °*morte,* °*terra u. a.* aus dem Leben scheiden); *defunctus honoribus* der die ganze Ämterlaufbahn durchlaufen hat. **2.** / *abs.* **a)** (*nkl.*) sterben, verscheiden [*defunctus = mortuus*]; **b)** *pf.* fertig sein, *bsd.* °ausgedient haben.

dē-fŭtūtus 3 (*fŭtuō*) (*Ca.*) ausgemergelt; verhurt, verlebt [*puella*].

dēgĕnĕr, *ĕris* (*wohl Rückbildung aus dēgĕnĕrō; nkl., dcht.*) **1.** entartet, unecht, *v. Pers. u. Sachen* (*a re u. alcis rei* einer Sache entfremdet *od.* unähnlich, *zB. patriae artis; ad alqd e-r* Sache gegenüber, *zB. ad pericula*). **2.** (*moralisch*) verkommen, gemein, niedrig.
F. *abl. sg.* dēgĕnĕrĕ *u. -ī, gen. pl. -um.*

dē-gĕnĕrō 1. (*wohl Hypost.* < *dē gĕnĕrĕ*) **1.** (*intr.*) (*nkl., dcht.*) **a)** entarten, aus der Art schlagen, *phys. u.* (*auch klass.*) /, *v. Pers. u. Sachen* (*abs. od. ab alqo u. a re, zB.* °*a patribus, a virtute maiorum; re* durch *etw., in re* in *etw.*; *in od. ad alqd* in, zu *etw., zB.* °*in Syros*); **b)** / einer Sache untreu werden, *etw.* verleugnen, seiner Abkunft sich unwürdig zeigen [*a gravitate paterna*]. **2.** (*trans.*) (*nkl., dcht.*) *etw.* (durch Entartung) herabwürdigen, entwürdigen, *j-m* Unehre machen (*alqm u. alqd, zB. propinquos, palmas*).

dē-gĕrō, *gessī, gestum* 3. (*vkl.*) wegführen, irgendwohin schaffen.

dē-glūbō, *glūpsī, glūptum* 3. (*unkl.*) die Haut abziehen, schinden [*pecus*]; (*abs.*) onanieren.

▶ **dēgō,** — — 3. (*aus dē + ăgō*) (*Zeit*) zubringen, hinbringen [*vitam, aetatem*]; (*nkl.*) *auch abs.* sein Leben zubringen, leben [*inter feras*].

dē-grădō 1. (*grădŭs*) (*Eccl., spätl.*) herabsetzen, degradieren.

dē-grăndĭnăt 1. (*impers.*) (*Ov.*) es hagelt zu Ende.

dē-grăvō 1. (*dcht., nkl.*) niederdrücken, -ziehen; / belästigen, beschweren (*abs. od. m. acc.*); *auch* erdrücken.

dē-grĕdĭŏr, grĕssŭs sŭm 3. (grădĭŏr; *nkl.*) **1.** hinabsteigen, -marschieren (*abs. od. m. abl. od.* ex, de re, *zB.* ex arce; *in u.* ad alqd, *zB.* in campum, ad pedes absitzen). **2.** weggehen, abziehen.

dē-grŭnnĭō 4. (*Ph.*) sein Stückchen heruntergrunzen, *ohne unterbrochen zu werden.*

dēgŭstātĭō, ōnĭs *f* (-ū-?) (dēgŭstō) (*spätl., Inschr.*) das Proben; *bsd.* Weinprobe.

dē-gŭstō 1. (-ū-?) **1.** (*unkl.*) **a)** *etw. od. v. etw.* kosten (alqd, *zB.* mustum, inde davon = *v.* diesem Getränk); **b)** (*v. der Lanze*) *etw.* leicht streifen [summum corpus]. **2.** / **a)** *etw.* zur Probe versuchen *od.* prüfen, probieren, sondieren (alqm *u.* alqd, *zB.* hanc vitam, pauca ex oratione, aliquid speculae einige Hoffnung schöpfen); **b)** (*Qu.*) *etw.* (*i. der Darstellung*) oberflächlich behandeln *od.* berühren [haec prooemio].

dĕ-hĭbĕō, ŭī, — 2. (< *dē-hăbĕō = dēbĕō) (*Pl.*) schulden.

dĕ-hĭnc *adv.* (*unkl.*) **1.** (*räuml.*) *v.* hier aus. **2.** / (*zeitl.*) **a)** *v.* jetzt an, künftig; seitdem; **b)** hierauf, sodann, nachher; (*in Aufzählungen*) zweitens.

F. *Im Vers durch Synizese auch einsilbig* = dĕ͡inc (*zB. Verg., Aen.* 1, 131 *u.* 256).

dĕ-hiscō, — — 3. (*unkl.*) sich klaffend auftun, bersten, sich spalten, sich öffnen; (*vom Kahn*) leck werden.

dĕhŏnĕstāmĕntŭm, ī *n* (dĕhŏnĕstō) (*meist nkl.*) Verunstaltung, Entstellung [°oris]; / Schimpf, Schande (alcis rei, *zB.* °amicitiarum entehrende Freundschaften).

dĕ-hŏnĕstō 1. (*nkl.*) entehren, beschimpfen, schänden (alqm *u.* alqd, *zB.* famam).

dĕ-hŏrtŏr 1. **1.** abmahnen, abraten (alqm a re; *m.* ne *od.* °*inf.*). **2.** (*nkl.*) entfremden (alqm ab alqo).

Dēĭānīră, ae *f* (Δηϊάνειρα) *Schwester des Meleager, Gemahlin des Herkules.*

dē-iciō
1. a) ab-, herabwerfen; **b)** *refl. u. mediopass.* sich hinabstürzen; **2. a)** zu Boden werfen; einreißen; **b)** zu Boden strecken; **3. a)** (*Augen*) niederschlagen; **b)** *v. etw.* abwenden; **4. a)** verjagen; **b)** (*Schiff*) vom Kurs abbringen; **c)** berauben; **d)** (*aus dem Amt*) verdrängen; **e)** (*pol.*) *jd.* stürzen; **f)** *jd. v. etw.* abbringen; **g)** beseitigen, entfernen.

dē-iciō, iēcī, iēctŭm 3. (iăcĭō) **1. a)** abwerfen, herabwerfen, -stürzen, herabschmettern (alqm *u.* alqd re, *zB.* saxa turribus *od.* ex, de, a re, *zB.* ex aedibus, de ponte; in alqd, *zB.* °stipites in cavernas, °securim in caput herabfallen lassen, equum in viam hinabtreiben); *bsd.* (sortem) in die Urne werfen, (antemnas) herabreißen, °(*das Haar*) unordentlich herabfallen lassen, °(*Tränen*) vergießen, °(caput) sinken lassen (*od.* abhauen); **b)** se deicere *u. mediopass.* niederstürzen, herunterspringen [ex navi über Bord springen, se per munitiones]; *bsd.* (*vom Winde*) herabfahren [°caelo]. **2. a)** *etw.* zu Boden werfen, umstürzen, niederreißen [statuam alcis]; *bsd.* (*Bauwerke*) einreißen, abtragen [aedificium]; P. einstürzen, *zB.* turris deicitur; **b)** *etw. od. jd.* zu Boden strecken, *auch* töten; erlegen [arbores, feras, complures nostros]. **3. a)** (*dcht.*) (oculos, vultum) niederschlagen, senken [humum, °deiectus oculos m. gesenktem Blick]; **b)** / a *u.* de re *v. etw.* abwenden [a re publica]. **4. a)** (*in der Fechterspr. u. mil.*) *den Gegner* aus der Stellung werfen [de statu], *den Feind* werfen [hostem loco; praesidia ex saltu; in *u.* ad alqd]; *übh.* vertreiben, verjagen, *auch* / [alqm de via, alqm de statu mentis aus der Fassung bringen]; **b)** (*naut. t.t.*) (*Schiffe od.* °*Seefahrer*) vom Kurs abbringen, verschlagen (*meist* P., *zB.* naves ad inferiorem partem insulae deiciuntur); **c)** *jd. aus einem Besitz* verdrängen *od. eines Besitzes* berauben (alqm re *od. meist* de re, *zB.* aratores de suo fundo); **d)** (*nkl., dcht.*) *jd.* (*aus seinem Amt*) verdrängen (de re, *zB.* de honore) *od.* (*klass.*) *jd.* der Hoffnung *od.* Aussicht auf *etw.* berauben (re, *zB.* praeturā, honore); *unkl. auch abs.* deicere alqm *jd.* verdrängen; **e)** (*nkl.*) (*pol.*) *jd.* stürzen *od.* zu Fall bringen (alqm, *zB.* Critiam); **f)** *jd. v. etw.* abbringen [alqm de sententia, de fide in seiner Treue wankend machen] *od.* in *etw.* (re) täuschen, *j-m etw.* vereiteln (alqm re; *bsd.* P., *zB.* spe *od.* opinione deiectus); **g)** *etw.* abwenden, entfernen, beseitigen [uxorem, vitia a se]; *bsd. v. einer Sache* (de re) *etw.* Lästiges wegnehmen [multum mali de humana condicione]. *Cf. auch* dēiēctŭs[1].

dēiēctĭō, ōnĭs *f* (dēĭcĭō) **1.** Vertreibung aus einem Besitztum. **2.** (*med. t.t.*) (*nkl.*) Durchfall.

dēiēctŭs[1] 3 (*eigtl. P.P.P. v.* dēĭcĭō) **1.** gesenkt, tief(liegend) [locus]. **2.** / (*dcht., nkl.*) entmutigt, mutlos.

dēiēctŭs[2], ūs *m* (dēĭcĭō) **1.** (*nkl., dcht.*) **a)** das Herabwerfen, -stürzen [arborum]; **b)** (*concr.*) Sturz [aquae Wasserfall]. **2.** (*meton.*) (jäher) Abhang [collis; *pl.* deiectūs lateris abschüssige Seiten].

dē-iēctŭs[3] *P.P.P. v.* dēĭcĭō.

dē-iĕrō 1. (iūrō; *Wechsel v.* ū *zu* ĕ *ungeklärt*; *cf.* pēiĕrō) (*vkl., nkl.*) feierlich (be)schwören (*m. a.c.i.*).

****Dei gratia** *s.* dĕŭs.

dĕ-in *adv. seltene Kurzform für* dĕindĕ (*im Vers durch Synizese auch einsilbig*).

dĕin-cĕps *adv.* (dĕĭn[dĕ] + căps; căpĭō; *urspr. adi.*; *cf.* prīn-cĕps) nacheinander, der Reihe nach, *v. Raum, Zeit, Reihenfolge* [°tres ~ turres prociderunt, convivae ~ canebant, tres ~ breves syllabae]; *insb.* (*bei Aufzählungen u. Übergängen*) demnächst, unmittelbar darauf [de iustitia satis dictum est, ~ de beneficientia dicatur; primum ... deinceps ... deinde ... post].

F. *Im Vers durch Synizese auch zweisilbig* = dĕ͡incĕps.

▶ **dĕ-indĕ** *adv.* **1.** (*räuml., nkl.*) *v.* da an, *v.* dort an, weiterhin. **2.** (*zeitl.*) hierauf, darauf, nachher, weiterhin; ~ postea darauf in der Folge, ~ ad extremum darauf zuletzt. **3.** (*bei einer Reihenfolge od. in Aufzählungen*) hierauf, alsdann, sodann, ferner, weiter; primum ... deinde ... tum ... postremo (*od.* denique); *auch* primum ... deinde ... deinde ... deinde (*nicht bei Übergängen in Reden u. Abhandlungen!*).

F. *Im Vers durch Synizese auch zweisilbig* = dĕ͡indĕ.

Dēĭphŏbŭs, ī *m* (Δηΐφοβος) *Gemahl der Helena nach Paris' Tod.*

Dēĭŏtărŭs, ī *m* (Δηϊόταρος) *Tetrarch in Galatien, v. Pompejus durch Königstitel ausgezeichnet, wegen angeblichen Mordversuchs an Cäsar angeklagt* (Cicero: Pro rege Deiotaro).

dē-iŭngō, iūnxī, iūnctŭm 3. (*nkl.*) ab-, ausspannen, / se -ere sich losmachen (a re).

****de iure** *s.* iūs[2].

dē-iŭvō, — — 1. (*Pl.*) nicht mehr unterstützen.

*****del.** *Abk. für* **1.** dēlĕātŭr; *s.* dēlĕō. **2.** dēlīnĕāvīt; *s.* dēlīnĕō.

dē-lābŏr, lāpsŭs sŭm 3. **1.** herabgleiten, -fallen, -sinken, (*v. Flüssigkeiten*) herabfließen, *übh.* herab-, herunterkommen (de, ex, a re, *zB.* de caelo, de manibus, °ex equo; *unkl. m. bloßem abl., zB.* caelo, *od. m.* °*dat., zB.* capiti, °per auras; in *u.* ad alqd); *auch* = *j-m* entgleiten, entfallen. **2.** / **a)** *v. etw.* herkommen, entstehen, *nur v. Sachen* (a re); **b)** in *etw.* hineingeraten *od.* sich verirren, auf *etw.* verfallen (in *u.* ad alqd, *zB.* °medios in hostes, in difficultates, ad vulgares amicitias, ad aequitatem sich neigen, ad Clodiam zur Clodia, *d. h.* zum Kaufe ihres Gartens neigen); *bsd.* auf *etw.* zu sprechen kommen, *auch* allmählich *v. etw.* abkommen [a maioribus ad minora].

dē-lāmĕntŏr 1. (*Ov.*) bejammern, beklagen (alqd).

dē-lāssō 1. (*vkl., dcht.*) völlig ermüden (alqm).

dēlātĭō, ōnĭs *f* (dēfĕrō) das Angeben, Denunziation (*klass. meist* ~ nominis); *auch pl.*

dēlātŏr, ōrĭs *m* (dēfĕrō) (*nkl.*) Angeber, Ankläger, Denunziant (alcis rei, *zB.* maiestatis einer Majestätsbeleidigung).

dē-lātŭs *P.P.P. v.* dēfĕrō.

dēlēbĭlĭs, ĕ (dēlĕō; *Ma.*) zerstörbar.

dēlēctābĭlĭs, ĕ (*m. comp.*; *adv.* **-ĭtĕr**) (dēlēctō) (*nkl.*) ergötzlich; *bsd.* lecker, delikat [cibus Lieblingsgericht].

dēlēctāmĕntŭm, ī *n* (dēlēctō) Ergötzlichkeit, Kurzweil [-*a puerorum* Kinderpossen].

dēlēctātiō, *ōnis f* (*dēlēctō*) Unterhaltung, Genuß, Lust, *auch pl.* (*alcis j-s, alcis rei, als gen. subi. u. obi.*; *-onem afferre* Spaß machen).

▶ **dēlēctō** 1. (*intens. v. altl. dēlīciō* 3. [*lăciō* 3. „verlocken"]; *cf. lăcēssō*) ergötzen, erfreuen, Freude machen, unterhalten, fesseln (*abs. od. alqm re*), *impers. delectat* (*alqm*) *m. inf.* es macht (*j-m*) Freude *od.* Vergnügen; P. ergötzt werden (*ab alqo v. jd., re* durch *etw.*), *meist mediopass.* sich erfreuen, seine Freude *od.* Lust, Gefallen finden (*alqo* an *jd., zB. filiolā suā*; *re* an *etw., zB. carminibus*; *in re* sich in *etw.* gefallen, *zB. in inani prudentiae laude*; *m.* °*inf.*).

dē-lēctūs[1] *P.P.P. v. dēlĭgō*[1].

dēlēctūs[2], *ūs m* (*dēlĭgō*[1]) **1.** Auswahl, Wahl (*abs., zB.* °*nullo -u* ohne Unterschied; *alcis j-s, gen. subi. u. obi.*; *alcis rei, zB. verborum*); *delectum tenere od. habere* eine Wahl treffen (*auch e-n* Unterschied machen zwischen *etw.*); *de eius delectu* seine Auserkorenen. **2.** *mil.* = *dīlēctūs*.

dēlēgātiō, *ōnis f* (*dēlēgō*) Zahlungs-, Geldanweisung.

****de lege ferenda** *s. lēx.*

****de lege lata** *s. lēx.*

dē-lēgī *s. dēlĭgō*[1].

dē-lēgō 1. **1.** (*Pl.*) *jd.* beauftragen [*delegati, ut plauderent*]. **2. a)** verweisen, hinschicken (*alqm in alqd, ad alqm, zB. in Tullianum*); **b)** *j-m etw. od. j-n* zuschicken, zuweisen, überweisen, übertragen, anvertrauen (*alqd u. alqm alci, selten ad alqm, zB.* °*infantem ancillis,* °*rem ad senatum,* °*hunc laborem fratri, auch* °*alqd in curam alcis*). **3.** / **a)** (*Schuld od. Verdienst*) *j-m* zuschreiben *od.* beimessen (*alqd alci, selten ad alqm, zB.* °*causam peccati mortuis,* °*decus ad servum*); **b)** *j-n* an *j-n od.* auf *etw.* verweisen (*alqm ad alqm od. ad alqd, zB.* °*Catonis studiosos ad illud volumen*); **c)** *j-m* eine Zahlungsanweisung geben (*alci alqm j-m* auf *j-n, zB. delegavi tibi fratrem*); *abs. delegare alci j-m* Geld auszahlen lassen.

dēlēni-fĭcūs 3 (*dēlēniō, făciō*) (*vkl., nkl.*) besänftigend, verführerisch, bezaubernd, *v. Pers. u. Sachen* [*meretrix, facta*].

dēlēnīmēntŭm, *ī n* (*dēlēniō*) (*nkl.*) **1.** Linderungsmittel, Beschwichtigung (*alcis rei, zB. curarum*). **2.** (*pejorativ*) Lockmittel, Lockung (*alcis rei, zB. vitiorum*).

dē-lēniō 4. besänftigen, beschwichtigen (*alqm u. alqd, re* durch *etw., zB. milites blande appellando*); *bsd. jd.* gewinnen, ködern, bezaubern (*alqm od. animum alcis*; *re* durch *etw., zB. voluptatis illecebris*).

dēlēnītŏr, *ōris m* (*dēlēniō*) der *jd.* (*alcis*) für sich einnimmt.

▶ **dēlĕō**, *ēvī, ētŭm* 2. (*urspr.* „[auf die Wachstafel Geschriebenes] abwischen, tilgen"; *dēlĕō u. dēlētŭm Neubildung zu dēlēvī, pf. v. dēlĭnō*) **1.** (*Geschriebenes*) auslöschen, tilgen [*versūs, digito legata*]. **2.** / (aus)tilgen [*maculam*]; *übh.* vertilgen, vernichten, zerstören [*urbem, aedificia, bellum* gänzlich beenden]; *auch alqm* = aufreiben, hinraffen [*hostes, senatum*]. — ****deleatur* (= es werde getilgt), *Abk.* ₰ = *del.*; *Korrekturzeichen für zu tilgenden Text.*
F. *pf.-Formen* (*synk.*) *dēlēssĕ(m)* = *dēlēvīssĕ(m), dēlērām* = *dēlēvĕrām u.a.*

dēlētrīx, *īcis f* (**dēlētŏr*; *dēlĕō*) Vernichterin.

dē-lētūs *P.P.P. v. dēlĕō.*

dē-lēvī *s. dēlĕō.*

Dēlĭă, Dēlĭūs *u.a. s. Dēlŏs.*

dēlībĕrābundūs 3 (*dēlībĕrō*) (*Li.*) in tiefes Nachdenken versunken.

dēlībĕrātiō, *ōnis f* (*dēlībĕrō*) **1.** Erwägung, Überlegung, Beratung (*alcis rei, zB. consilii capiundi*); *meton.* Bedenkzeit. **2.** (*rhet. t.t.*) beratende Rede.

dēlībĕrātīvūs 3 (*dēlībĕrātūs, P.P.P. v. dēlībĕrō*) überlegend, beratend [*causa*]; *subst.* **-ă**, *ae f* (*sc. ōrātiō*) (*Qu.*) beratende Rede.

dēlībĕrātŏr, *ōris m* (*dēlībĕrō*) der immer Bedenkzeit braucht.

▶ **dē-lībĕrō** 1. (*dē* + *lībrā*, ⟨ **dē-lībrō* „abwägen", *volkset. an lībĕrō angelehnt*) **1.** erwägen, überlegen, beraten (*abs., zB.* °*deliberandi spatium* Bedenkzeit, *in deliberando*; *de re, zB. de summa rerum*; *auch alqd, zB. re deliberata*; *cum alqo, bsd. secum*; *m. indir. Frages.*); *prägn.* sich noch bedenken. **2.** (*nach angestellter Erwägung*) sich entscheiden, *etw.* beschließen (°*alqd*; *meist m. inf.,* °*a.c.i.*); *bsd. deliberatum* est es ist beschlossene Sache (*alci* bei jd.; *m. inf.*); (*P.P.P.*) *adi.* **dēlībĕrātūs** 3 entschieden, bestimmt (*auch comp.*; *adv.* **-ē**). **3.** (*Ne.*) das Orakel befragen.

dē-lībō 1. **1.** ein weniges wegnehmen, *übh.* entnehmen, entlehnen, schöpfen (*alqd ex re, zB. flosculos ex oratione* = pflücken). **2.** / **a)** (ein weniges) kosten, genießen [°*novum honorem,* °*oscula* flüchtig küssen]; **b)** vermindernd wegnehmen, schmälern (*aliquid de re, zB. de honestate*; °*virtutem*).

dē-lībrō 1. (*dē* + *denom. v. lībĕr*[1]) abschälen [*cacumina ramorum*].

dē-lībūtūs 3 (*eig. P.P.P. des erst spät belegten dēlībŭō* 3. *m. Ablaut zu lībō* 1. *im Sinne v.* „ausgießen"; *vl. Kreuzung v. dēlībātūs u. imbūtūs*) (*m. einer fetten Substanz*) benetzt, bestrichen, gesalbt, *v. Pers. u. Sachen* [°*Hercules, capillus*; *re m. etw., zB. unguentis*]; / (*Te.*) *gaudio* freudetrunken.

▶ **dēlĭcātūs** 3 (*m. comp. u. sup.*; *adv.* **-ē**) (*wohl P.P.P. v.* **dēlĭcō* 1. = *altl. dē-lĭciō* 3. „anlocken"; *cf. intens. dēlēctō*) **1.** (*v. Sachen*) sinnlichen Genuß gewährend, köstlich, reizend, angenehm, lecker, luxuriös [°*hortuli, litus, convivium*]. **2.** (*v. Pers. u. Sachen*) dem sinnlichen Genuß ergeben: **a)** sinnlich, üppig, wollüstig, weichlich, schlüpfrig, galant, geziert, verzärtelt [*pueri, vita, voluptates, versūs, -e vivere*]; *subst. m* Schlemmer, Wüstling (*oft* = *spădō od. paedīcō*[2]); *-ă oft Schmeichelwort*; *-us, -a auf Inschr.* = Lieblingssklave, -sklavin; **b)** wählerisch, verwöhnt, verzogen, blasiert [*homines, fastidium*]; **c)** (*nkl., dcht.*) zart, sanft, gemächlich [*puella, oves, capella, amnis*].

▶ **dēlĭciae**, *ārŭm f* (*unkl. auch sg.* °**-ĭă**, *ae f u.* **-ĭŭm**, *ī n*) (*cf. dēlēctō*) **1.** sinnliche *od.* üppige Genüsse, Luxus, Eleganz, Prunk, Wollust, Vergnügen, Liebhaberei, (*in Reden*) Spielereien *od.* Manieriertheit, (*in Gedichten*) Schlüpfrigkeiten, Obszönitäten, (*in der Liebe*) Galanterien, Flirt [*esse alci in -is js.* Zuneigung *od.* Liebe genießen, *habere alqm in -is j-n* gern haben; *-as facere* scherzen, flirten, obszöne Späße treiben; *-arum causā* zum Vergnügen, zur Unterhaltung]. **2. a)** (*meton.*) (*v. Pers.*) Liebling(°sklave); **b)** (*v. Sachen*) Zier(de), Kleinod.

dēlĭcĭŏlae, *ārŭm f u.* (*Se.*) **-ŏlŭm**, *ī n* (*demin. v. dēlĭcĭae*) Liebling, Herzblatt.

dēlĭcĭŭm, *ī n s. dēlĭcĭae.*

dē-lĭcō 1. (*Com.*) *s. dēlĭquō.*

dēlĭcŭŏs *od.* **-ŭŭs** = *dēlĭquŭs.*

dē-lĭctŭm[1] *P.P.P. v. dēlĭnquō.*

▶ **dēlĭctŭm**[2], *ī n* (*dēlĭnquō*) Vergehen, Fehltritt, Fehler [°*admittere, committere*].

▶ **dē-lĭgō**[1], *lēgī, lēctŭm* 3. (*lĕgō*[2]) **1.** (*nkl., dcht.*) (ab)lesen, pflücken [°*uvam, astra* herabholen]. **2.** / auslesen: **a)** auswählen, (er)wählen (*alqm u. alqd, zB. legatos, locum castris idoneum, auch sibi alqd*; *m. dopp. acc., zB. alqm ducem*; *alqd u. alqm ex re, zB. unum ex omnibus, selten m. de, zB. de civitate*; *ad alqd* zu etw., *zB. viros ad sacerdotia, auch alci rei, zB. locum colloquio*; *in alqd, zB. in senatum*; *m. indir. Frages.*); *abs.* eine Wahl treffen; **b)** *mil.* ausheben, mustern, detachieren, *zB. equites ex omni copia*; *delecta manus, delecti milites* auserlesene Mannschaft, Elitetruppen, Detachement; (*P.P.P.*) *adi.* **dēlēctūs** 3 auserlesen; *subst.* **dēlēctī**, *ōrŭm m* Auserlesene, Elite, (engerer) Ausschuß (*auch m. gen., zB. Aetolorum*); **c)** (*vkl., dcht.*) (als untauglich) ausscheiden, aussondern (*alqm, zB. senes*).

dē-lĭgō[2] 1. **1.** *etw.* anbinden, befestigen (*alqd ad alqd, zB. navem ad ancoras*; *alqm m. u. ohne ad palum* zur Auspeitschung an den Pfahl binden; *auch in re, zB. alqm in statua*). **2.** (*nkl.*) (*chirurgischer t.t.*) verbinden [*saucios*].

dē-lĭnĕō 1. (*nkl.*) zeichnen [*imaginem in pariete*]. — ****delineavit, Abk. del.* (= er hat [es] gezeichnet) *bsd. auf Kupferstichen zur Bezeichnung des Zeichners.*

dē-lĭngō, —— 3. (*Pl., nkl.*) auslecken (*alqd*); *sprichw. salem* magere Kost haben.

dē-lĭniō 4. = *dēlēniō u. dēlĭnĕō.*

dē-lĭnō, *lēvī, lĭtŭm* 3. **1.** (*nkl.*) (*v.* oben bis unten) bestreichen. **2.** (*cf. dēlĕō*) (*nur P.P.P. gebräuchlich*) abwischen, verwischen.

dē-lĭnquō, *līquī, lĭctŭm* 3. sich vergehen, fehlen, *etw.* verschulden (*abs. od. in re, zB. in vita; auch m. acc. n e-s pron. od. allg. adi., zB. nihil, id, quod, quid, maiora u.ä.; in alqm* gegen *jd.*).

dē-liquēscō, *licŭī,* — 3. (*vkl., nkl.*) zerschmelzen, zerfließen; *klass. nur* / dahinschwinden (*re* durch *od.* in *etw.*).

dē-liquī *s. dēlinquō.*

dēliquiō, *ōnis f* (*dēlinquō*) (*Pl., nkl.*) Mangel [*mihi libertatis* ~ *est* ich habe die Freiheit verwirkt].

dē-liquō 1. (*vkl.*) (*e-e trübe Flüssigkeit*) klären [*vinum*]; / (*nur: dēlicō*) klarmachen, erklären (*m. a.c.i.*).

dēliquŭs 3 (*dēlinquō; vkl.*) mangelnd, fehlend.

dēlīrāmentŭm, *ī n* (*dēlīrō*) (*Com.*) albernes Zeug.

dēlīrātiō, *ōnis f* (*dēlīrō*) Wahnsinn, Albernheit, Faselei.

dēlīriŭm, *ī n* (*dēlīrō; nkl.*) das Irresein. — ***Sinnestäuschung; Bewußtseinsstörung; ~ *tremens* Säuferwahn.

dē-līrō 1. (*dē līrā īrē* [*bäuerliche Redensart*] *v.* der „Furche", *d.h.* der geraden Linie abweichen; *līră, ae f* < **leisā, cf. nhd.* „Gleis") wahnsinnig sein, faseln; *prägn.* °*alqd etw.* Törichtes begehen.

dēlīrŭs 3 (*m.* °*comp.; wohl Rückbildung aus dēlīrō*) wahnsinnig [*senex*]; *subst.* **-ă,** *ōrŭm n* (*Lu.*) wirres Zeug.

dē-lītēscō *u.* **-iscō,** *lituī,* — 3. (*lătēscō*) sich verstecken, sich verbergen (*abs. od. in re, zB. in cubilibus, auch* °*inter vepres, m.* °*bloßem abl., zB. sinu ancillae* [*v. e-m Brief*]); / sich hinter *etw.* verstecken *od.* verkriechen [*sub alieno scelere*].

dē-lītigō 1. (*Ho.*) sich ereifern, zanken.

dē-lituī *s. dēlītēscō.*

Dēliŭs 3 *s. Dēlŏs.*

Dělmăt... = *Dălmăt...*

Dēlŏs *u.* **-ŭs,** *ī f* (*Δῆλος*) *Insel in der Kykladengruppe, Geburtsort des Apollo u. der Artemis* (*Diana*), *ber. Handelsplatz* (*Sklavenmarkt*) (*acc.* -*ŭm u.* -*ōn, cf.* V.-B. II, 1); *Einw.* **Dēliŭs,** *ī m* der Delier (*bsd.* Apollo), *fem.* **Dēliă,** *ae* die Delierin (*bsd.* Diana); *adi.* **Dēliŭs** *u.* **Dēliăcŭs** 3 delisch.

Dělphī, *ōrŭm m* (*Δελφοί*) *St. am Parnaß, Sitz des Apollinischen Orakels; Einw.* **Dělphī,** *ōrŭm m; adi.* **Dělphicŭs** 3 (*auch* °*subst. m, bsd.* Apollo); °(*mensa*) -*ica* Prunktisch i. Dreifußform.

dělphīnŭs, *ī* (*u. dcht., nkl.* **dělphīn,** *īnis*) *m* (*Lw.* < *δελφίς u. δελφίν*) Delphin, Tümmler (*auch als* °*Sternbild*).

Děltă *n indecl.* (*Δέλτα; δέλτα 4. Buchstabe des griech. Alphabets.* < *hebr.* däleth) (*nkl.*) *das* Nildelta [*nomen a similitudine litterae* (Δ) *cepit*]. — **Delta, *d.h. jede fächerförmige Flußmündung.*

děltōtŏn, *ī n* (*Fw.* < *δελτωτόν*) *Gestirn i. Dreiecksform* (*Triangulum*).

▶ **dēlūbrŭm,** *ī n* (°*dē-lŭō* 3. „wasche ab"; *urspr.* Wasserstelle für die relig. Waschung *vor der Opferhandlung*) Tempel, Heiligtum (*alcis, zB. Musarum*).

dē-lūctō *u.* **-ŏr** 1. (*Pl.*) um die Entscheidung ringen; sich abquälen.

dē-lūdificō *u.* **-ŏr** 1. (*Pl.*) *jd.* zum besten haben (*alqm*).

dē-lūdō, *lūsī, lūsŭm* 3. (*eig.* „sein Spiel *m. jd.* treiben") zum besten haben, täuschen, (ver)spotten (*abs. od. alqm;* [*spätl.*] *obszön* = *stŭprō;* °/ *auch v. Sachen, zB. somnia sensūs deludunt*).

dē-lŭmbō 1. (*dē* + *denom. v. lŭmbŭs*) (*nkl.*) lendenlahm machen; *klass. nur* / lähmen, schwächen [*sententias*].

dē-mădēscō, *mădŭī,* — 3. (*dcht.*) ganz feucht werden.

dē-măndō 1. (*nkl.*) anvertrauen, übertragen (*alqm od. alqd alci u. alci rei, zB. tribunis curam legatorum, alqm in proximam civitatem* empfehlen).

dē-mānō 1. (*unkl.*) herabfließen.

dēmărchŭs, *ī m* (*Fw.* < *δήμαρχος*) (*Pl., nkl.*) **1.** Vorsteher *e-s* Demos *in Athen.* **2.** = *trĭbūnŭs plēbis.*

▶ **dē-mēns,** *mentis* (*m. comp. u. sup.; adv.* **-ĕntĕr**) (*Hypost.* < *dē mĕntĕ*) unsinnig, wahnsinnig, verrückt, toll, töricht, *v. Pers. u. Sachen* [*temeritas*].

F. *abl. sg.* -*ĕ u.* -*ī; neutr. pl.* -*iă, gen.* -*iŭm.*

dēmēnsŭs 3 (*part. pf. pass. v. dēmētiŏr*) zugemessen; *subst.* **-ŭm,** *ī n* (*Te.*) *mtl.* Deputat *der Sklaven.*

dēmĕntiă, *ae f* (*dēmēns*) Unsinn, Wahnsinn, Raserei; *pl.* Tollheiten. — ***(*med. t.t.*) Schwachsinn; ~ *paralytica* Verblödung *bei progressiver Paralyse;* ~ *praecox* Jugendirresein, *Form der Schizophrenie.*

dēmĕntiō, — — 4. (*dēmēns*) (*nkl., dcht.*) verrückt sein, sich unsinnig gebärden.

dē-mĕrĕŏr, *mĕritŭs sŭm u.* **dē-mĕrĕō,** *ŭī, ĭtŭm* 2. (*nkl., dcht.*) **1.** sich Verdienste um *jd.* erwerben, *j-n* für sich gewinnen, zu Dank verpflichten (*abs. od. alqm j-n,* um *jd.;* re durch *etw.*). **2.** (*nur* **-ĕō,** *ŭī, ĭtŭm* 2.) (*Pl., Ge.*) (*e-m anderen od. sich*) *etw.* verdienen [*Lais grandem pecuniam -uit*].

dē-mĕrgō, *mĕrsī, mĕrsŭm* 3. **1.** untertauchen, versenken (*mediopass.* versinken, ertrinken) (*alqd, zB.* °*caput; alqd in rem, zB.* °*ferrum in aquam, im mediopass. auch in re, zB. in palude, veritas in profundo demersa; m. bloßem abl., zB.* °*pullos mari,* °*aere alieno demersus* tief in Schulden steckend); *bsd.* °*plebem in fossas* in Gräben hinabzusteigen nötigen, (*Schiffe u. Pers.*) in den Wellen begraben, *zB.* °*alqm cum omni classe mil.* in den Grund bohren. **2.** / unterdrücken, (ins Verderben) stürzen (*alqm u. alqd, zB. patriam*); *mediopass.* sinken.

dē-mĕssŭī *s. dēmĕtō*[1].

dē-mĕssŭs *P.P.P. v. dēmĕtō*[1].

dē-mētiŏr, *mēnsŭs sŭm* 4. abmessen, zumessen; *nur part. pf. dēmēnsŭs auch pass.; s.d.*

dē-mĕtō[1], (°*mĕssŭī*), *mĕssŭm* 3. abmähen (*alqd, zB. frumenta, fructūs, auch agros*); / (*dcht.*) abhauen, -schlagen [*caput*], abschneiden [*caudam*], abpflücken [*florem*].

dē-mētō[2] *u.* **-ŏr** = *dīmētō u.* -*ŏr.*

Dēmētriŭs, *ī m* (*Δημήτριος*) **1.** *Name v. makedonischen u. syrischen Königen, bsd.* ~ *Pŏliŏrcētēs* (*337 bis 283 v.Chr., K. v. Makedonien*). **2.** ~ *Phălērēŭs* (*v.* Phaleron), *etwa 350—283 v.Chr., Schüler Theophrasts, Statthalter in Athen 318 bis 308.*

dēmigrātiō, *ōnis f* (*dēmigrō*) (*Ne.*) Auswanderung.

dē-migrō 1. auswandern, wegziehen, *auch* / (*abs. od. ex, de, a loco in locum od. ad alqm, ab alqo, zB. agris in urbem, ad Marcellum; ex vita od. hinc* aus dem Leben scheiden); / seinen Posten verlassen (*de statu suo* sich aus seiner Stellung verdrängen lassen), (*v. Drüsengeschwülsten*) sich verziehen [*ab ore*].

dē-minŭō, *minŭī, minūtŭm* 3. **1.** vermindern, verkleinern, schmälern; / beeinträchtigen, schwächen (*alqd, zB. vires militum, vectigalia, dignitatem*); **P.** *auch* abnehmen, zusammenschmelzen [*copiae sunt deminutae; capite deminui od. se deminuere* seine bürgerlichen Rechte teilweise verlieren]. **2. a)** *etw. v. etw.* wegnehmen (*de, auch ex re, m. u. ohne aliquid, zB. aliquid de dignitate alcis, tantum de iure, nihil de libertate*); **b)** stückweise verkaufen [*praedia, de bonis*]; **c)** (*vkl., nkl.*) eine Verkleinerungsform bilden [*sacellum ex sacro*]; *deminutum nomen* ein Deminutiv.

dēminūtiō, *ōnis f* (*dēminŭō*) **1.** Verminderung, Verringerung, Schmälerung, Schwächung, Verlust (*m. gen., zB. luminis* abnehmender Mond, *vectigalium* Steuernachlaß, °*sui* seiner Ehre; *auch de re, zB. de bonis privatorum*). **2. a)** *capitis maxima* (*od. libertatis*) Verlust des Bürgerrechts *u.* der pers. Freiheit, *media* (*od. minor*) Verlust des Bürgerrechts; **b)** Verkürzung der (gesetzlichen) Amtszeit [*provinciae* in der Provinz]; **c)** (*Li.*) Veräußerungsrecht; **d)** (*Suet.*) *mentis* Geistesabwesenheit; **e)** (*Qu.*) (*gramm. t.t.*) Deminutiv.

dē-mirŏr 1. sich (sehr) wundern (*alqd* über *etw., nur quod demiror; sonst m. a.c.i. od. indir. Frages.*); *meist* (*in der Umgangsspr.*) gern wissen wollen.

dē-misī *s. dēmittō.*

dēmissiciŭs 3 (*dēmissŭs, P.P.P. v. dēmittō*) (*Pl.*) herabhängend [*tunica*].

dēmissiō, *ōnis f* (*dēmittō*) das Herablassen [*storiarum* die herabhängenden Matten]; / *animi* Niedergeschlagenheit.

dē-missŭs *P.P.P. v. dēmittō.*

dē-mitigō 1. milder (*od.* zur Milde) stimmen (*alqm*).

> **de-mitto**
>
> **1.** niederlassen, herabschicken, fallen lassen; **2. a)** hinabgehen, -ziehen lassen; **b)** (ver)senken; **c)** *refl.* sich hinabbegeben; **d)** *P. von jd.* abstammen; **e)** (*P.P.P.*) *adi.* **dēmissŭs** (herab)gesenkt; niedrig; niedergeschlagen; dürftig.

dē-mittō, *misī, missŭm* 3. **1.** hinablassen, niederlassen, hinab-, herabschicken, fallen lassen (*alqm u. alqd de, e, a re, zB. de caelo, ab aethere, selten m. bloßem abl., zB.* °*imbrem caelo ad alqm; in u. ad alqd,* °*alci rei, zB. alqm morti*); *mediopass. auch* sich hinablassen; °*castra demittere* das Lager hinabverlegen, °*navem secundo amni* stromabwärts segeln lassen, °*navem* landen lassen, °*nummum in loculos* in die Tasche stecken, °*lacrimas* vergießen, °*puppim* tief gehen lassen, °(*eine Waffe*) tief hineinstoßen, °*puteum alte* einen tiefen Brunnen graben. **2. a)** (*Pers. u. Tiere*) hinabgehen (*od.* -marschieren, -ziehen) lassen [*agmen in Thessaliam, equum in flumen*]; *mediopass.* hinabgehen, -steigen; **b)** α) (*Sachen*) (ver)senken, sinken lassen [*caput, oculos,* °*alqd in pectus* sich tief einprägen *od.* zu Herzen nehmen, °*spem animo* Hoffnung ins Herz senken]; °*fasces populo od.* °*arma consuli* die Rutenbündel vor dem Volke *od.* die Waffen vor dem Konsul (*als mil. Begrüßung*) senken; β) *etw.* in den Boden einschlagen, einrammen [*sublicas in terram*]; γ) (*Kleider, Haare*) herabhängen *od.* -wallen lassen [*purpuram usque ad talos,* °*capillum capite*]; P. herabwallen, lang herabhängen [°*demissi capilli*]; δ) *animum u. mentem* (*od. se animo*) den Mut sinken lassen, verzagen; ε) (*meist dcht., nkl.*) *se -ere od. mediopass.* (*v. Gewässern*) herabfließen, -strömen, (*v. Anhöhen, Tälern u.ä.*) sich herabziehen, sich senken; **c)** *se demittere* sich hinabbegeben, hinabkommen, -steigen [*in Ciliciam, ad aures alcis* sich herabbeugen, sich bücken]; *bsd.* / sich auf *etw.* einlassen (*in alqd, zB. in res turbulentissimas*); *auch* sich zu *etw.* erniedrigen [°*ad adulationem*]; **d)** P. (*dcht., nkl.*) *v. jd.* abstammen *od.* seinen Ursprung herleiten [*ab Aenea; demissum ab Iulo nomen* vererbt]; **e)** (*P.P.P.*) *adi.* **dēmissus** 3 (*m. comp.; adv.* **-ē**), *eig.* „niedergelassen": α) (herab)gesenkt, herabhängend [*caput, purpura*]; β) niedrig gelegen [*loca* Niederungen], *übh.* niedrig, tief [°*demissius volare*]; °/ (*v. der Stimme*) gedämpft, leise [*vox*]; γ) bescheiden, schlicht [*sermo*]; δ) niedergeschlagen, kleinmütig [*animus*]; °ε) niedrig, dürftig (*der äußeren Lage nach*).

dēmiūrgus, ī *m* (*Fw.* < δημιουργός) (*nkl.*) *höchster Beamter* (*in einigen griech. Staaten*); (*Tert.*) der Weltschöpfer.

▶ **dēmō**, *dēmpsī, dēmptum* 3. (< *dē-ĕmō*) **1. a)** *etw.* wegnehmen, abnehmen (*alqd de, ex re etw. v.,* aus *etw., zB. secures de fascibus; auch* °*re u.* °*a re; alci alqd j-m etw., zB. caput* abhauen); °[*pomum arbore*] pflücken, °[*aristas*] abernten, °[*aes* Helm] ablegen; **b)** / beseitigen, benehmen [*sollicitudinem,* °*honorem* schmälern, °*silentia furto* den Diebstahl enthüllen]; **c)** (*dcht.*) *etw.* nicht gelten lassen (*m. a.c.i., zB. velle iuvare deos*). **2.** *etw. v.* einem Ganzen *od.* einer Summe abziehen (*alqd de re*), °*dempto fine* ohne Ende; °*dempto auctore* auch ohne Rücksicht auf den Urheber.

Dēmŏcrĭtŭs, ī *m* (Δημόκριτος) *Philosoph aus Abdera* (*gest. 361 v.Chr.*), *Begründer der Atomlehre; adi.* **Dēmŏcrĭtēŭs** *u.* **-ĭŭs** 3 (Δημοκρίτειος); *auch subst. m* = Schüler *od.* Anhänger des Demokrit; **Dēmŏcrĭtēă**, ōrum *n* Lehrsätze des ~.

dē-mōlĭŏr 4. **1.** herabwälzen; *nur* / (*Pl.*) abwälzen [*culpam*]. **2. a)** Festgebautes gewaltsam abbrechen, ab-, niederreißen (*alqd, zB. domum, statuam,* °*propugnacula* schleifen); / (*Li.*) zerstören, zugrunde richten [*Bacchanalia, ius*]; **b)** *etw.* Schweres herabnehmen [*signum*].

dēmōlītiō, ōnis *f* (*dēmōlĭŏr*) das Niederreißen, Schleifen, Abnehmen [*statuarum*].

dēmōnstrātiō, ōnis *f* (*dēmōnstrō*) **1.** das Zeigen *od.* Hinweisen auf *etw.* (*alcis rei*). **2.** / **a)** Nachweis, Darlegung, Beweisführung (*auch im pl.*); **b)** (*rhet. t.t.*) Prunkrede *od.* epideiktische Redegattung (*griech.* ἐπίδειξις).

dēmōnstrātīvŭs 3 (*dēmōnstrātus, P.P.P. v. dēmōnstrō*) **1.** (*nkl.*) hinzeigend, darlegend. **2.** / (*rhet. t.t.*) verherrlichend (*griech.* ἐπιδεικτικός, *zB. genus orationis*); *subst.* **-ă**, *ae f* (*Qu.*) epideiktische Rede.

dēmōnstrātŏr, ōris *m* (*dēmōnstrō*) der etw. zeigt *od.* angibt (*alcis rei*).

▶ **dē-mōnstrō** 1. **1.** genau zeigen, bestimmt bezeichnen (*alqd u. alqm, zB. digito locum od. hominem*). **2.** / *mit Worten*: **a)** bezeichnen, anführen, darlegen, erwähnen, auseinandersetzen (*alqm u. alqd, zB. iter, causas, cupiditatem; alci alqd; auch de re; m. a.c.i. u. indir. Frages.; abs. oft in den Zwischensätzen ut supra od. ante demonstravimus od. demonstratum est*); **b)** (*selten*) beweisen (*alqd; m. a.c.i.*); **c)** genau bestimmen [*fines*]; **d)** der Bedeutung nach bezeichnen, bedeuten.

dē-mŏrĭŏr, *mortuus sum* 3. **1.** (*intr.*) wegsterben, versterben *aus einem bestimmten Kreis, vor allem v. Sklaven u. Tieren aus e-r Wirtschaft*; / (*Pl.*) schwinden [*potationes plurimae*]. **2.** (*trans.*) (*Pl.*) sterblich in *jd.* verliebt sein (*alqm*).

dē-mŏrŏr 1. **1.** (*intr.*) (*nkl.*) sich aufhalten, zögern, säumen. **2.** (*trans.*) *jd. od. etw.* aufhalten, verzögern, hindern (*alqm u. alqd, zB. novissimum agmen, iter,* °*annos* das Leben noch fristen); *bsd.* (*Ve.*) *alqm re jd. v. etw.* abhalten [*Teucros armis* vom Kampf].

****de mortuis nil nisi bene** *s. mŏrĭŏr.*

Dēmŏsthĕnēs, is *u.* ī *m* (Δημοσθένης) *ber. athen. Staatsmann u. Redner* (*384—322 v.Chr.*); *cf.* V.-B. III, 3 *u.* 5.

dē-mŏvĕō, *mōvī, mōtum* 2. **1.** wegbewegen, fortschaffen, entfernen, abbringen, *auch* / (*alqd u. alqm re, zB. loco, meist de, ex, a re, zB. de loco, de sententia, ex sua sede,* °*oculos a meis oculis* abwenden *v.*). **2. a)** *jd.* vertreiben, verdrängen, *eig. u.* /, *zB. alqm statu od.* °*gradu* aus der Stellung werfen (/ aus der Fassung bringen), *populum ex possessionibus; auch* °*jd.* beiseite schieben [*matrem*]; *bsd.* α) (*Ta.*) *jd.* aus einem Amt entfernen, absetzen (*alqm ordine*); β) *jd.* verbannen [*in insulam*]; **b)** / *jd. od. etw.* abwenden, abbringen, beseitigen (*alqm u. alqd a, selten de re, zB. suspicionem od. culpam a se, labem a re publica; m.* °*bloßem abl., zB. alqm lucro*).

dēmpsī *s. dēmō.*

dēmptŭs *P.P.P. v. dēmō.*

dē-mūgītŭs 3 (*mūgiō*) (*Ov.*) *m.* Gebrüll erfüllt [*palus*].

dē-mulcĕō, *mulsī, mulsum u. mulctum* 2. (*vkl., nkl.*) liebkosend streicheln [*dorsum equis*] *od.* schmeicheln [*animum*].

▶ **dēmum** *u.* (*altl.*) **-us** *adv.* (*erstarrter acc. bzw. nom. v.* **dēmŏs, sup. v. dē, eig.* „zu unterst") **1.** (*zeitl. u. bedingend*) erst, endlich, schließlich, zuletzt, *enklit. an das betonte Wort sich anschließend, zB. a septima* ~ *hora; bsd. nunc* ~ *u.* °*iam* ~ jetzt erst; *tum* ~ da endlich, *modo* ~ eben erst; *nach pron. hic, ille, ipse u.a., zB. ea* ~ *firma amicitia est.* **2. a)** (*hervorhebend*) eben, gerade (*hac* ~ *terra*); **b)** (*steigernd*) vollends, erst recht; **c)** (*einschränkend; nkl.*) nur, eben, wenigstens [*tum* ~ dann nur].

dē-mūnĕrŏr 1. (*Te.*) reichlich beschenken. [(*alqd*).]

dē-murmurō 1. (*Ov.*) hermurmeln

dēmus *s. dēmum.*

dēmūtātiō, ōnis *f* (*dēmūtō*) Veränderung, *bsd.* Entartung [*morum*].

dē-mūtō 1. (*vkl., nkl.*) **1.** (*trans.*) abändern, verändern (*alqd*), *bsd.* verschlechtern. **2.** (*intr.*) sich ändern, *v. etw.* abweichen, abgehen (*abs. u. a, de re*).

▶ **dēnārĭŭs** (*dēnī*) **I.** (*nkl.*) *adi.* 3 je zehn (*bsd. assēs*) enthaltend [*nummus* Zehnasstück]. **II.** *subst.* **dēnārĭŭs**, ī *m* der Denar: **1. a)** *röm. Hauptsilbermünze v. urspr. 10, seit dem Jahre 217 v.Chr. 16 asses = 4 Sesterzen Wert*; **b)** (*nkl.*) Goldmünze: der Dukaten; **c)** (*i. d. späten Kaiserzeit*) *Kupfermünze.* **2.** (*nkl.*) *als Gewicht* = 3,5 g. — ** *kl. Silbermünze* = $^1/_{12}$ *Solidus*; ~ *grossus* Groschen. — *** *d.* (= *dēnārĭus u. -ī*) *auf engl. Münzen Abk. für penny u. pence.* **F.** *gen. pl. dēnārĭum, selten -ōrum* (*cf.* V.-B. VI, 1).

dē-narrō 1. (*-ā-?*) (*unkl.*) genau erzählen (*alci alqd; m. indir. Frages.*).

dē-nāsō 1. (*nāsus; Pl.*) der Nase berauben [*ōs tibi*].

dē-nătō 1. (*Ho., spätl.*) hinab-, einherschwimmen.

dē-nĕgō 1. **1.** leugnen, entschieden in Abrede stellen (*abs. od. alqd; m. a.c.i.*). **2.** rundweg abschlagen, verweigern, sich weigern (*alqd u. alci alqd, zB. colloquia;* / °*natura alci ingenium denegavit; m.* °*inf., m.* °*quominus*).

dēnī, ae, ă *num. distr.* (*zu dĕcem; Bildung nach bīnī*) **1.** je zehn. **2.** (*dcht.*) **a)** zehn auf einmal; **b)** *sg.* jedesmal der zehnte.
F. *gen. dēnum,* (*selten*) *dēnōrum, cf.* V.-B. VI, 5.

dē-nīcālis, ĕ (*wohl aus dē nĕcĕ* [*sc.*

piārĕ]; nĕx; *zur Endung vgl. pārĕnt-ālīs*) von einem Todesfall reinigend; *nur feriae* -es Totenfest (*Reinigungsfest der Familie nach dem Begräbnis eines Angehörigen*).

▶ **dēnĭquĕ** *adv.* (*wohl aus *dē-nĕ-quĕ; nĕ verstärkend; -quĕ verallgemeinernd; eig.* „gerade immer am Ende") **1.** (*in Aufzählungen beim letzten od. vorletzten Glied*) und außerdem, endlich, schließlich; *bsd. primum ... deinde ... tum ... denique* (*od. postremo*). **2.** (*abschließend*) kurz, mit einem Worte [*deus caelum, terram, maria, omnes denique res effecit*]. **3.** (*verallgemeinernd*) überhaupt, ja. **4.** (*steigernd*) ja sogar, dann auch noch. **5.** (*vermindernd*) auch nur, wenigstens [*quod maius scelus aut tantum denique cogitari potest?*]; *aut denique* oder wenigstens. **6.** (*zeitl.*) (= *dēmūm*) erst, endlich, *auch* gerade, eben [*post biennium* ~, *tum* ~]. **7.** (*ironisch*) am Ende gar.

dē-nōmĭnō 1. (*unkl.*) benennen.

dē-nōrmō 1. (-*nōrm*-?) (*dē nōrmā*) (*Ho.*) aus dem rechten Winkel bringen, unregelmäßig machen [*agellum* dem Gütchen zur Abrundung noch fehlen].

dē-nŏtō 1. **1.** deutlich bezeichnen, auf *etw.* hindeuten *od.* aufmerksam machen (*alqm u. alqd, zB. cives necandos, res similes*). **2.** / (*nkl.*) beschimpfen, brandmarken (*alqm re*).

▶ **dēns,** *dĕntĭs m* (*cf.* ὀδούς, *nhd.* „Zahn"; *vl. altes part. praes. v. ĕdō*[1]) **1.** Zahn (*coll.* °Gebiß), (*beim Eber*) Hauer [°*eburneus od.* °*Indus,* °*Libycus* Elfenbein]. **2.** / **a**) (*dcht.*) Zahn der Zeit [~ *aevi*]; **b**) Zahn des Neides = Neid, Mißgunst, Spott [°*invidus*]. **3.** (*meton.*) (*unkl.*) *etw. Zahnähnliches, zB.* Zahn der Säge, des Kammes, des Weberkammes [*insecti dentes*], des Ankers, *auch* = Spitze *od.* Schneide (*zB. der Pflugschar*); Zacken, Haken, Sichel, Winzermesser [~ *Saturni*]; *fixus dens* Nachschlüssel.
F. *abl. sg.* -ĕ, *gen. pl.* -ĭŭm.

dēnsĭtās, *ātĭs f* (*dēnsŭs*) (*nkl.*) Dichtheit; / Häufigkeit.

dēnsō 1. (*nkl., dcht.*) *u.* **dēnsĕō,** — — 2. (*vkl., dcht.*) (*denom. v. dēnsŭs*) **1. a**) dicht machen, verdichten (*alqd, zB. aggerem*); **b**) (*nur dēnsō*) *ein Gewebe m. dem Kamm* dicht schlagen. **2. a**) dicht *od.* gedrängt aufstellen, dicht aneinanderreihen [*ordines*]; *P.* sich dicht bedecken [*caelum; re m. etw.*]; *bsd.* sich dicht schließen [*agmina densentur campis*]; **b**) / rasch aufeinander folgen lassen [*hastilia*]; *P.* sich häufen, rasch folgen [*funera densentur*].

▶ **dēnsŭs** 3 (*m.* °*comp. u.* °*sup.*; *adv.* -**ē**) (*cf.* δασύς) **1. a**) dicht (*Ggs. rārŭs*) [*silva,* °*litus* m. dichtem Sande bedeckt, °*plaga* dichtmaschig]; *auch* dicht nebeneinander stehend [*castra*]; **b**) dichtbesetzt, dichtbewachsen (*re m. etw., zB.* °*nemus arboribus -um*); *übh.* voll *v. etw.* **2.** / **a**) (*meist nkl., dcht.*) dichtgedrängt, dichtgefügt [°*hostes,* °*tela*]; / °(*vom Schriftsteller*) gedrängt, bündig; **b**) / (*zeitl.*) (*dcht., nkl.*) wiederholt, zahlreich, ununterbrochen [*ictūs, amores*]; **c**) (*Ov.*) stark, heftig [*frigorum asperitas*].

dĕntālĭă, *ĭŭm n* (*dēns, eigtl.* „Zahnhölzer") (*dcht., nkl.*) Scharbaum *am Pfluge.*

dĕntātŭs 3 (*dēns*) **1.** *m.* Zähnen, Zinken *od.* Zacken (versehen), gezähnt [°*puella, serrula*]. **2.** *m.* Elfenbein geglättet [*charta*].

dĕntĭ-frăngĭbŭlŭs 3 (*dēns, frăngō; Scherzbildung*) (*Pl.*) zahnbrechend; *subst.* ~, *ī m* der einem die Zähne ausschlägt; -**ă,** *ōrŭm n* (*sc. īnstrūmĕntă*) die Fäuste.

dĕntĭ-frĭcĭŭm, *ī n* (*dēns, frĭcō*) (*nkl., Ma.*) Zahnpulver.

dĕntĭ-lĕgŭs 3 (*dēns, lĕgō*[2]) (*Pl.*) die (ihm ausgeschlagenen) Zähne zusammenlesend.

dĕntĭō 4. (*denom. v. dēns*) **1.** (*nkl.*) zahnen. **2.** / (*Pl.*) *ne mihi dentes dentiant* (vor Hunger) Junge bekommen.

dĕntĭ-scălpĭŭm, *ī n* (*dēns, scălpō*) (*Ma.*) Zahnstocher.

dē-nūbō, *nūpsī, nūptŭm* 3. (*nūptŭm?*) (*dcht., nkl.*) (*aus dem Elternhause*) wegheiraten, sich verheiraten [*in domum alcis; alci m. jd.; auch obszön v. Homosexuellen*].

dē-nūdō 1. **1.** entblößen, aufdecken (*alqm a pectore*). **2.** / **a**) (*vkl., nkl.*) offenbaren (*alqd u. alci alqd, zB. consilium suum*); **b**) ausplündern, berauben (*alqm*).

dē-nŭmĕrō = *dīnŭmĕrō.*

dēnūntĭātĭō, *ōnĭs f* (*dēnūntĭō*) **1.** förmliche Ankündigung, Anzeige (*m. gen. subi. u. obi., zB. consulis, victoriae*); *auch* Verordnung (*alcis, zB. senatūs*). **2. a**) Androhung, Drohung [*belli* Kriegsandrohung, °*armorum* Kriegserklärung]; **b**) (*jur. t.t.*) **α**) (*Suet.*) Aussage vor Gericht; **β**) [*testimonii* Zumutung einer Zeugenaussage]; **c**) Voranzeige *v. etw. Zukünftigem,* Prophezeiung [*calamitatum*].

dē-nūntĭō 1. **1.** in aller Form ankündigen, verkündigen, erklären, melden (*abs. od. alci alqd, zB. inimicitias; m. a.c.i., m. indir. Frages.*). **2. a**) drohend ankündigen, *etw.* androhen *od. m. etw.* drohen, *zB. proscriptionem, bellum m.* Krieg drohen; **b**) *etw.* Schlimmes prophezeien [*alci mortem, populo bella portentis*]; **c**) (*unkl.*) *jd.* befehlen *od.* die Weisung zukommen lassen (*m. ut, ne; m. bloßem coni., m.* °*inf.*); **d**) (*Li.*) (*e-r Behörde*) Meldung machen, Anzeige erstatten; **e**) (*jur. t.t.*) **α**) *j-m* die Erhebung einer Klage ankündigen (*alci de re, zB. de fundo; od. m. a.c.i.*); **β**) *dem Richter* (*iudici*) die Zurückziehung des Prozesses ankündigen; **γ**) *in iudicium* die Zeugen *od.* Freunde auffordern, zu bestimmter Zeit als Beistände vor Gericht zu erscheinen; **δ**) *alci testimonium jd.* zur Zeugenaussage auffordern, *j-m* die Zeugenaussage zumuten; (*ebenso testibus* ~).

dē-nŭō (< **dē nŏvō[d]*) von neuem, noch einmal, wieder [~ *recitare*].

dēnŭs 3 (*dcht.*) *s. dēnī.*

Dēō, *ūs f* (Δηώ = Δημήτηρ) (*dcht.*) (*lat.*) Cĕrēs; *cf.* V.-B. III, 2; *adi.* **Dēōĭŭs** 3 der Ceres geweiht; *patron.* **Dēōĭs,** *ĭdĭs f* = Persephone (*lat.* Proserpina); (*cf.* V.-B. III, 1, b *u.* 4, b).

dē-ŏnĕrō 1. (*spätl.*) entlasten, entladen; *klass. nur* / abnehmen (*aliquid ex re* einen Teil *v. etw., zB. ex illius invidia*).

dĕ-ŏrsŭm *u.* (*selten*) **dĕ-ŏrsŭs** (*erstarrtes P.P.P. acc. u. nom. v. dēvŏrtō unter Schwund des intervokalischen v* < **dē-vōrsŭm u. -sŭs, eigtl.* „abwärts gewandt") **1.** abwärts, hinunter; *sursum deorsum* auf *u.* nieder (*asyndetisch* = ἄνω κάτω). **2.** (*vkl.*) unten, unterhalb.

dē-ōscŭlŏr 1. (*vkl., nkl.*) abküssen (*alqm od. alcis oculos*).

dē-păcīscŏr, *păctŭs sŭm u.* (*meist*) **dē-pĕcīscŏr,** *pĕctŭs sŭm* 3. **1.** (*intr.*) einen Vertrag *od.* Vergleich schließen (*cum alqo m. jd., ad alqd* auf *etw.* hin; *m. ut*); / (*Te.*) *morte -i cupio* ich sterbe gern. **2.** (*trans.*) sich *etw.* ausbedingen [*sibi alqd u. alqd cum alqo*].

dē-păngō, —, *păctŭm* 3. **1.** (*nkl.*) *etw.* in die Erde einschlagen. **2.** / (*Lu.*) (*Ziel od. Grenze*) setzen.

dē-părcŭs 3 (*Suet.*) knauserig.

dē-păscō, *pāvī, pāstŭm* 3. **1.** (*dcht.*) (*vom Hirten*) abweiden lassen (*alqd, zB. segetes*). **2.** (*vom Vieh*) (*nkl., dcht. auch* **dēpāscŏr**) abweiden, abfressen, *übh.* verzehren; / beschneiden [*luxuriem orationis stilo*].

dē-pĕcīscŏr, *pĕctŭs sŭm* 3. *s. dēpăcīscŏr.*

dē-pĕctō, —, *pĕxŭm* 3. (*unkl.*) (her)abkämmen (*alqd u. alci alqd*); / (*scherzh.*) (*Te.*) durchprügeln.

dē-pĕctŭs *part. pf. v. dēpĕcīscŏr.*

dēpĕcūlātŏr, *ōrĭs m* (*dēpĕcūlŏr*) Plünderer (*alcis rei, zB. aerarii*).

dēpĕcūlātŭs, *ūs m* (*dēpĕcūlŏr; Pl.*) das Ausplündern.

dē-pĕcūlŏr 1. (°*pĕcūlŏr* 1. „durch Unterschlagung betrügen"; *cf. pĕcūlātŭs*) (aus)plündern, *bsd. öffentliches Eigentum* bestehlen; *auch* / (*alqd, zB. fanum, laudem familiae; selten alqm re*).

▶ **dē-pĕllō,** *pŭlī, pŭlsŭm* 3. **1.** hinabtreiben [°*ovium fetūs Mantuam*]; (*Sachen*) herabwerfen [*simulacra deorum*]. **2. a**) vertreiben, verjagen (*alqm re, zB.* °*muris; meist a, de, ex re, zB. de loco, ex urbe*); **b**) *mil. hostem loco* aus der Stellung werfen; / °*gradu* aus seiner vorteilhaften Stellung verdrängen; **c**) (*naut. t.t.*) (*Ta.*) vom Kurse abtreiben, verschlagen; **d**) aus einem Amte verdrängen [*tribunatu*]; **e**) (*Ta.*) verbannen [*alqm urbe, senatu* aus dem Senat ausstoßen]; **f**) / (*etw. Lästiges*) vertreiben, beseitigen [*omnes molestias, crimen* abweisen]. **3. a**) (*unkl.*) (*saugende Junge*) entwöhnen *od.* absetzen [*agnum a lacte od. ab ubere matris*]; **b**) / abhalten, entfernen, abwehren (*alqd, zB. vim, turpitudinem; alqd a re, zB. pestem a re publica; auch alci alqd, zB. metum bonis*); **c**) *jd. v. etw.* abbringen *od. etw.* aufzugeben zwingen (*alqm a od. de re, selten re, zB. a consilio, de spe*).

dē-pěnděō, —— 2. (*dcht., nkl.*) herabhängen, an *etw.* hängen (*abs. od. ex, a re, re, m. dat., auch m. abl. instr., zB. laqueo; meretrix collo senis*); / *v. etw.* abhängig sein (*a re*), etymologisch mit *etw.* zusammenhängen *od.* v. *etw.* abstammen [*origine huius verbi m.* dem Stamm dieses Wortes].

dē-pěndō, *pěndī, pēnsŭm* 3. (*Geld*) abwiegen = bezahlen; / *poenam* die Strafe erleiden *od.* büßen (*alci j-m; re* durch, *m. etw., zB. morte*).

dē-pěrdō, *dĭdī, dĭtŭm* 3. **1.** (*dcht., nkl.*) zugrunde richten, verderben, *fast nur P.P.P. dēpĕrdĭtŭs* ganz heruntergekommen, erschöpft [*fletu*]; *bsd.* sterblich in *jd.* (*alqo u. in alqo*) verliebt. **2.** gänzlich verlieren *od.* einbüßen (*alqm u. alqd, zB. paucos ex suis, bona; aliquid ex od. de re od.* °*re etw. v. od.* an *etw., zB. paululum de libertate*).

dē-pěrěō, *ĭī, ĭtūrŭs, īrě* völlig zugrunde *od.* verloren gehen, umkommen, *v. Pers. u. Sachen* [*naves tempestate, servus*]; *bsd.* (*nkl., dcht.*) vor Liebe [*amore*] vergehen, in *jd.* (*in alqo, auch alqm*) sterblich verliebt sein.

*****depilatorium,** *i n* Enthaarungsmittel.

dē-pĭlō 1. (*nkl.*) enthaaren, rupfen.

dē-pingō, *pinxī, pĭctŭm* 3. **1.** (*nkl., dcht.*) abmalen, abbilden (*alqd, zB. pugnam Marathoniam*). **2.** / **a)** (*m. Worten*) schildern, beschreiben (*alqd etw., zB. vitam alcis; re m. etw., zB. verbis*); **b)** *alqd cogitatione* sich durch seine Phantasie ein Bild *v. etw.* schaffen *od.* sich (in Gedanken) vorstellen. **3.** (*nkl.*) bemalen, besticken [*paenulam*].

dē-plăngō, *plānxī, plānctŭm* 3. (*plānxī, plānctŭm?*) (*dcht., nkl.*) beklagen, bejammern (*alqd re etw.* durch *od. m. etw., bsd. durch Schlagen an die Brust*).

dē-plĕxŭs 3 (*plĕctō; Lu.*) umklammernd.

dēplōrābŭndŭs 3 (*dēplōrō; Pl.*) jammernd.

dēplōrātĭō, *ōnĭs f* (*dēplōrō; Se.*) das Jammern, Bejammern.

dē-plōrō 1. **1.** (*intr.*) laut weinen, klagen (*de re* über *etw.*). **2.** (*trans.*) **a)** laut beweinen *od.* beklagen (*alqm u. alqd*); *bsd.* (*nkl., dcht.*) *etw.* verloren geben, (als verloren) aufgeben [*agros; meist im* P.]; **b)** (*prägn.*) *multa de re* vieles klagend vorbringen über *etw.*

dē-plŭō, —— 3. (*dcht.*) herabregnen (*intr.*).

> **dē-pōnō**
> **1. a)** niederlegen, -setzen, -stellen; **b)** ausschiffen; (*Preis*) aussetzen; pflanzen; **2. a)** in Sicherheit bringen, deponieren; **b)** anvertrauen; **3. a)** weglegen; **b)** (*Waffen*) strekken; **c)** gänzlich aufgeben; ablehnen; **d)** *jd.* entfernen; **e)** (*Kranke*) aufgeben.

dē-pōnō, *pŏsŭī* (*u.* °*pŏsīvī*), *pŏsĭtŭm* 3. **1. a)** niederlegen, -setzen, -stellen, ablegen (*alqd, zB. onus; alqd in u. sub re, zB. mentum in gremio alcis,* °*latus sub lauru;* °*alqd re, auch* °*in rem; alci alqd j-m etw.* abnehmen, *zB. onera iumentis; librum de manibus*); **b)** °*legiones* ausschiffen; °*oculos in alqm* auf *jd.* ruhen lassen; °(*Kampfpreise*) aussetzen *od.* einsetzen [*vitulam*], °(*Ableger*) einsetzen *od.* pflanzen [*plantas in hortis*]; (*dcht.*) gebären [*onus naturae*]. **2. a)** *etw.* (*bsd. Geld*) in Verwahrung geben, in Sicherheit bringen, deponieren (*alqm od. alqd, zB. saucios,* °*testamentum; alqd in re, zB. sua omnia in silvis,* °*pecuniam in publico* bei der Staatskasse; *alqd apud alqm, zB. pecuniam apud amicum*); **b)** / anvertrauen (*alqd in re, zB. populi ius in vestra fide;* °*alci alqd, zB. rem tutis auribus*); *subst.* (*nkl.*) **dēpŏsĭtŭm,** *ī n* (*nkl.*) anvertrautes Gut. **3. a)** ablegen = weglegen, beiseite legen, *auch verächtlich* (*alqd, zB. scuta; alqd in re*); **b)** *arma* die Waffen strecken; **c)** α) *etw.* gänzlich aufgeben, ablehnen, ausschlagen, *auf etw., das man hat,* verzichten (*alqd, zB.* °*animam, nomen, provinciam, triumphum,* °*sitim* stillen; *memoriam rei od. rem ex memoria etw.* vergessen); β) (*ein Amt*) niederlegen, abdanken (*alqd, zB. dictaturam*); γ) *etw.* beendigen, beilegen [°*bellum*]; **d)** (*nkl.*) *jd.* entfernen, verbannen; **e)** (*dcht.*) (*Kranke*) aufgeben, an *j-s* Rettung verzweifeln, *nur P.P.P. dēpŏsĭtŭs* 3 im Sterben liegend *od.* verstorben; *klass. nur* / rettungslos verloren [*rei publicae pars*]. — **bestatten.

dēpŏpŭlātĭō, *ōnĭs f* (*dēpŏpŭlŏr*) Verwüstung, Plünderung (*m. gen. subi. u. obi., zB. Thracum, praediorum*).

dēpŏpŭlātŏr, *ōrĭs m* (*dēpŏpŭlŏr*) Verwüster, Plünderer.

dē-pŏpŭlŏr *u.* (*klass. nur P.P.P.*) **dēpŏpŭlō** 1. verwüsten, verheeren, ausplündern (*alqd, zB. agros, fana;* [*nkl.*] *auch alqos* Verheerungen anrichten unter).

dē-pŏrtō 1. **1. a)** hinabtragen, hinabbringen, -führen, -schaffen, *übh.* hintragen, hinbringen, hinschaffen (*alqm u. alqd, zB.* °*legatum, magnam vim seminum* m. sich führen; *alqd ex, de re, zB. naves ex alto; in, ad alqd, zB. frumentum, in castra*); **b)** (*zu Wasser*) übersetzen [*exercitum in Italiam*]. **2.** fortbringen, fortschaffen [*ligna de fundo*]; *meist* heimbringen, heimführen, mitbringen [*litteras ex Sicilia*]; *bsd. v. zurückkehrenden Feldherren u. Statthaltern* [*exercitum e Graecia Romam, triumphum ex Hispania, cognomen Athenis*]. **3.** (*nkl.*) verbannen, deportieren (*alqm Italiā od. in insulam*).

dē-pŏscō, *pŏpōscī,* — 3. (*-pōsc-?*) **1.** dringend fordern, nachdrücklich verlangen, auf *etw.* dringen (*alqm u. alqd, zB. unum imperatorem; sibi alqd, zB. provinciam; alqd ad alqd etw.* zu *etw., zB.* °*asperrima ad laborem*). **2. a)** (*Geschäft od. Amt*) sich ausdrücklich ausbedingen [*sibi id muneris*]; **b)** *j-s* Auslieferung (*od.* Bestrafung) verlangen [*Hannibalem, regum amicos ad mortem od.* °*ad supplicium,* °*morti*]. **3.** (*nkl.*) (*t.t. der Fechterspr.*) zum Kampfe herausfordern (*alqm sibi*).

dēpŏsĭtĭō, *ōnĭs f* (*dēpōnō*) (*nkl., spätl.*) das Niederlegen; / (*Qu.*) (*rhet. u. gramm. t.t.*) das Absetzen am Schluß einer Periode (*Ggs. ĭncĕptĭō*).

dēpŏsĭtŭm, *ī n s. dēpōnō.*

dē-pŏsĭtŭs *P.P.P. v. dēpōnō.*

dē-pŏsŭī *s. dēpōnō.*

dē-praedŏr 1. (*Just.*) ausplündern (*alqd*).

dēprāvātĭō, *ōnĭs f* (*dēprāvō*) Verdrehung, *übh.* Verunstaltung; Grimassen [*oris*]; / Verschlechterung [*animi*]; Verkehrtheit.

dē-prāvō 1. (*prāvŭs; nach dēfōrmō*) verdrehen, *übh.* entstellen, verunstalten (*alqd, zB. quaedam contra naturam*); / verderben, verführen (*alqm u. alqd, zB.* °*plebem consiliis, sensūs*); (*P.P.P.*) *adi.* **dēprāvātŭs** 3 (*adv.* **-ē**) verkehrt [*imitatio* Karikatur, *-e iudicare*].

dēprĕcābŭndŭs 3 (*dēprĕcŏr*) (*Ta.*) inständig bittend.

dēprĕcātĭō, *ōnĭs f* (*dēprĕcŏr*) **1. a)** Abbitte (*alcis j-s u. alcis rei e-r* Sache); **b)** Bitte um Abwendung *e-s Übels* [*periculi*]; **c)** Bitte um Gnade [*facti* für eine Tat]; °Gnadenweg; **c)** beteuernde Anrufung [*deorum*]. **2.** Fürbitte, Fürsprache (*alcis j-s, aequitatis* billige Fürbitte; °*pro alqo* für *jd.*).

dēprĕcātŏr, *ōrĭs m* (*dēprĕcŏr*) Fürbitter, Fürsprecher, Vermittler [*alqo deprecatore* auf *j-s* Fürsprache].

dē-prĕcŏr 1. **1.** *etw.* Schlimmes durch Bitten abzuwenden versuchen (*alqd, zB. mortem,* °*poenam, periculum, praesidium* um Aufhebung der Besatzung bitten; [*Pr.*] *lecto* [*abl.!*] *te deprecor* mein Bett darfst du nicht berühren; *alqd ab alqo*). **2. a)** *abs.* um Verzeihung *od.* um Gnade bitten (*pro alqo* Fürbitte für *jd.* einlegen; *auch contra alqd; m. ne* bitten, daß nicht, *nkl. auch* °*quominus u. quin*); *alqo deprecante* auf *j-s* Fürsprache; **b)** (*prägn.*) (*Sa.*) fürbittend sagen, als Entschuldigung anführen (*m. a.c.i.*); **c)** (*Ca.*) *jd.* verwünschen (*alqm*). **3. a)** *etw.* erbitten, um *etw.* bitten *od.* flehen, sich *etw.* ausbitten (*alqd, zB. pacem,* °*paucos dies; alqd ab alqo, zB. multorum vitam a Sulla; alqd pro alqo od. alci, zB. nihil, pro se ipso; m. ut* daß, *ne* daß nicht); *bsd. alqm* eine gefährdete Person losbitten, Fürbitte einlegen (*ab alqo* bei *jd., zB. civem a civibus*); **b)** *jd.* inständig bitten *od.* anflehen (*alqm; m. ut, ne*).

F. *part. pf. dēprĕcātŭs auch* °*pass.*

▶ **dē-prĕhĕndō,** *ĕndī, ēnsŭm* (*zsg.* °*dē-prēndō, prēndī, prēnsŭm*) 3. **1.** wegfangen, ergreifen, aufgreifen (*alqm u. alqd, zB. internuntios, multos in agris,* °*piscem, naves*). **2.** antreffen, finden; *klass. nur* *pejorativ*: α) *etw. Böses* auffinden, entdecken [*venenum, gladios apud alqm, coniurationem*] *od. e-n Übeltäter* abfassen, ertappen, erwischen [*alqm in ipso facinore* auf frischer Tat, *alqm in adulteriis*]; β) *jd. od. etw.* überraschen, überfallen [*hostes sine duce*]; *bsd.* (*dcht.*) *vom Sturm auf See* [*Argolico mari deprensus*]; γ) *jd.* in die Enge treiben (*alqm, zB. testes*; *bsd. im* P.). **3.** (*geistig*) erfassen, erkennen, entdecken, *klass. selten* (*alqm u. alqd, zB. res magnas in minimis rebus*); P. (*dcht., nkl.*) erfunden werden = sich zeigen [*si me stultior ipso deprehenderis*].

dēprĕhēnsĭō, *ōnis f* (*dēprĕhĕndō*) das Auffinden, Entdecken (*alcis rei, zB. veneni*).

dē-prĕhēnsŭs *P.P.P. v. dēprĕhĕndō.*

dē-prēndō *s. dēprĕhĕndō.*

dē-prēssī *s. dēprīmō.*

dē-prēssŭs[1] *P.P.P. v. dēprīmō.*

dēprēssŭs[2] 3 (*m.* °*comp. u.* °*sup.*; *adv. comp.* **-ĭŭs**) (*eigtl. P.P.P. v. dēprīmō*) niedrig (gelegen) [*domus*]; / (*A. ad Her.*) (*v. der Stimme*) gedämpft.

dē-prĭmō, *prēssī, prēssŭm* 3. (*prĕmō*) **1.** herab-, niederdrücken, -senken (*alqm u. alqd, zB. supercilium ad mentum,* °*alqm in ludum* drängen, °*aratrum sc. in terram*). **2. a)** (*Schiffe*) versenken *od.* in Grund bohren [*naves*]; **b)** *etw.* tief (in die Erde) einsenken, tief graben [*saxum,* °*fossam*]; **c)** (*Se.*) (*die Stimme*) senken, dämpfen [*vocem*]. **3.** / **a)** unterdrücken, niederhalten [*hostem, veritatem,* °*preces* zum Schweigen bringen]; **b)** (*m. Worten*) herabsetzen [*causam alcis*].

dē-proelĭŏr 1. (*Ho.*) wütend kämpfen.

dē prŏfŭndīs *s. prŏfŭndŭs.*

dē-prōmō, *prōmpsī, prōmptŭm* 3. hervorholen, -nehmen, herbeischaffen (*alqd ex, de re, zB. pecuniam ex aerario;* °*alqd re, zB. sagittam pharetrā*); / entnehmen, entlehnen [*orationem ex iure civili*], *etw.* zum besten geben.

dē-prŏpĕrō 1. **1.** (*intr.*) sich beeilen. **2.** (*trans.*) *etw.* eilig anfertigen *od.* beschaffen (*alci alqd, zB. coronas* flechten).

dĕpsō, *sŭī, stŭm* 3. (*Fw.* < δέψω) kneten, durcharbeiten; / = *fŭtŭō.*

dē-pŭdĕt, *ŭit,* — 2. (*nkl., dcht.*) *impers.* sich nicht mehr schämen (*alqm, m. inf.*).

dē-pūgĭs, *ĕ* (*pūgă*; = ἄπυγος; *Ggs.* καλλίπυγος) (*Ho.*) ohne Hinterbacken, *m.* mageren Lenden.

dē-pūgnō 1. (*-ŭ-?*) **1.** *intr.* bis zur Entscheidung *od.* auf Leben und Tod kämpfen (*cum alqo*; / *auch cum re, zB. cum honestate*). **2.** *trans.* (*Pl.*) auskämpfen [*depugnato proelio*].

dē-pŭlī *s. dēpĕllō.*

dēpŭlsĭō, *ōnis f* (*dēpĕllō*) **1.** das Zurückstoßen, -werfen [*luminum* Reflexion der Lichtstrahlen]. **2.** / **a)** Abwehr, Abweisung [*servitutis, pravi* Verbot]; **b)** (*rhet. t.t.*) Abwehr *der Beschuldigung.*

dēpŭlsō 1. (*intens. v. dēpĕllō*) (*Pl.*) fortstoßen.

dēpŭlsŏr, *ōris m* (*dēpĕllō*; *eigtl.* „Abwehrer") Zerstörer [*dominatūs*].

dē-pŭlsŭs *P.P.P. v. dēpĕllō.*

dē-pūrgō 1. (*vkl., nkl.*) reinigen; / (*med. t.t.*) abführen.

****deputatum,** *i n* Abgabe; Naturallohn für Landarbeiter.

dē-pŭtō 1. (*unkl.*) **1.** ab-, beschneiden [*umbras* = *ramos*]. **2.** abschätzen, für *etw.* halten [*operam parvi pretii*]. **3.** (*spätl.*) *jd. etw.* zu-, anweisen, bestimmen.

dē-pȳgĭs, *ĕ* (πυγή) = *dēpūgĭs.*

dēquĕ *adv. s. sŭs*[2].

dē-rādō, *rāsī, rāsŭm* 3. (*vkl., nkl.*) abschaben, abkratzen; (*P.P.P.*) *adi.*

dērāsŭs 3 kahl.

dērēctŭs 3 = *dīrēctŭs.*

dērĕlĭctĭō, *ōnis f* (*dērĕlīnquō*) Vernachlässigung [*utilitatis*].

dē-rĕlīnquō, *līquī, lĭctŭm* 3. **1.** völlig verlassen, gänzlich aufgeben (*alqm u. alqd*); *derelictus* 3 menschenleer [°*regio*; *alqd pro -o habere* als herrenloses Gut betrachten]. **2.** / vernachlässigen (*alqm u. alqd*). **3.** (*nkl.*) zurücklassen [*praesidium in arce*].

dē-rĕpĕntĕ *adv.* (*unkl.*) urplötzlich.

dē-rēpō, *rēpsī,* — 3. (*unkl.*) herabkriechen, -schleichen (*a re, ad alqd*).

dē-rēptŭs *P.P.P. v. dērĭpĭō.*

dē-rīdĕō, *rīsī, rīsŭm* 2. auslachen, verspotten, zum besten haben (*abs. od. alqm u. alqd*); *abs.* spotten.

dērīdĭcŭlŭs 3 (*dērīdĕō*; *cf. rīdĭcŭlŭs*) (*vkl., nkl.*) lächerlich; *subst.* **-ŭm,** *ī n* Gespött [*-o esse*]; lächerliches Wesen, Lächerlichkeit [*corporis* Gebrechen].

dē-rĭgēscō, *rĭgŭī,* — 3. (*dcht., nkl.*) völlig erstarren, *v. Pers. u. Sachen*; (*v. Haaren*) zu Berge stehen.

dē-rĭgō = *dīrĭgō.*

dē-rĭpĭō, *rĭpŭī, rēptŭm* 3. (*răpĭō*) **1.** (her)abreißen, wegreißen (*alqm u. alqd de u. ex re, zB. signum de manu*; *auch* °*re, zB. ensem vaginā* aus der Scheide reißen, °*cola tectis* von der Decke herabnehmen, °*lunam caelo* herabziehen); °(*cothurnos*) ablegen, °(*dextram*) abhauen. **2. a)** *jd. etw.* entreißen (*alci alqd, zB. spolia Romanis*; / *misero omnia vitae ornamenta*); **b)** / schmälern (*alqd de re, zB. tantum de auctoritate*).

dērīsŏr, *ōris m* (*dērīdĕō*; *unkl.*) Spötter, Schalk; *bsd.* Witzbold.

dērīsŭs, *ūs m* (*dērīdĕō*) (*nkl., dcht.*) Spott, Gespött.

dērīvātĭō, *ōnis f* (*dērīvō*) **1.** Ableitung [*fluminum*]. **2.** / (*nkl.*) **a)** (*gramm. t.t.*) *et.* Ableitung; **b)** (*rhet. t.t.*) beschönigender Austausch verwandter Begriffe.

▶ **dē-rīvō** 1. (*Hypost.* < *dē rīvō* [*sc. dūcō*]) **1.** *eine Flüssigkeit* ableiten, abzweigen (*alqd, zB.* °*flumen fossis*; *alqd ex re, zB. aquam ex flumine, auch* °*alqd re, zB. hoc fonte*); *auch* hinleiten (*alqd in alqd, zB.* °*flumen in domos,* / *responsionem alio*). **2.** / **a)** (*nkl.*) (*Wörter*) *et.* ableiten; **b)** abwälzen [*culpam in alqm,* °*iram in se* auf sich laden].

dērŏgātĭō, *ōnis f* (*dērŏgō*) teilweise Aufhebung *od.* Beschränkung eines Gesetzes [*legum*].

dē-rŏgō 1. **1.** wegnehmen, vermindern, entziehen (*de od. ex re m. u. ohne aliquid od. quiddam, zB. de honestate;* °*alqd alci rei; alci alqd, zB. fidem* den Kredit entziehen). **2.** (*Gesetze*) teilweise abschaffen *od.* aufheben [*de od. ex lege, auch legi*].

dē-rōsŭs 3 (*rōdō*) abgenagt.

dē-rūncīnō 1. (*dē* + *denom. v. rūncīnă* „Hobel") abhobeln; / (*Pl.*) übers Ohr hauen.

dē-rŭō, *rŭī, rŭtŭm* 3. herabwerfen; *nur* / [*cumulum de laudibus Dolabellae*].

dē-rūptŭs 3 (*m. comp.*) (*rŭmpō*; *nkl.*) steil, abschüssig; *subst.* **-ă,** *ōrŭm n* abschüssige Stellen.

des. *Abk. für dēsīgnātŭs.*

dē-saevĭō 4. (*nkl., dcht.*) **1.** gewaltig toben. **2.** aufhören zu wüten, sich austoben.

dē-sāltō 1. (*Suet.*) „abtanzen", pantomimisch vortragen [*canticum*].

▶ **dē-scĕndō,** *scĕndī, scēnsŭm* 3. (*scăndō*) **1. a)** hinab-, herabsteigen, -gehen, -kommen (*abs.* = absteigen; *ex u. de re, zB. ex equo,* °*de caelo; selten a re, zB.* °*ab Alpibus; unkl. re, zB. caelo; ad alqm, in u. ad alqd, zB. ad mare, in naves*); **b)** *mil.* bergab *od.* nach der Küste marschieren *od.* ziehen; **c)** (*zu Rom*) *in forum,* (*selten*) *ad forum* auf den Markt kommen *od.* gehen; **d)** (*dcht.*) sich zum Beischlaf niederlegen. **2.** / **a)** (*v. Sachen*) (*meist dcht., nkl.*) α) (*v. Gebirgen*) sich senken, sich herabziehen [°*ex alto in aequum*]; β) (*v. Gewässern*) hinabfließen, sich ergießen [°*in campos*]; γ) (*v. Geschossen, Waffen*) eindringen [°*in corpus*]; / *cura descendit in animos*; δ) (*v. Gewändern*) herabfallen, -reichen [°*infra genua*]; ε) (*v. Tönen, Silben, Stimmen*) sinken; ζ) (*v. Speisen*) hinabgleiten [°*in ventrem*]; abgehen. **3.** (*v. Pers.*) **a)** (*nkl., dcht.*) auf eine niedrigere Stufe (herab)sinken (*ab alqo* gegenüber *jd.*); **b)** sich auf *etw.* einlassen, sich zu *etw.* erniedrigen (*ad alqd, zB. ad vim atque arma* zur Waffengewalt greifen, *ad extremum od. ultimum auxilium* zum letzten Hilfsmittel; *seltener in alqd, zB. in certamen,* °*in preces*).

dēscēnsĭō, *ōnis f u.* **dēscēnsŭs,** *ūs m* (*dēscĕndō*) **1.** das Hinabsteigen, -fahren, Abstieg, Talfahrt [*in Galliam,* °*Averno* zum Avernus, *Tiberina* tiberwärts]; **2.** (*meton.*) (*nkl.*) **a)** bergabgehender Weg; **b)** (*nur -iō*) eingelassene Badewanne.

dē-scēnsŭm *P.P.P. v. dēscĕndō.*

dē-scīscō, *scīvī u. scĭī, scītŭm* 3. (*eigtl.* „beschließen wegzugehen") abfallen, abtrünnig werden (*abs. od. ab alqo, zB. a rege; ad alqm* zu *jd.* übergehen, *zB. a Latinis ad populum Romanum*); / sich *v. etw.* lossagen, abgehen, *e-r* Sache untreu werden (*a re, zB. a veritate, non -ere a se* sich treu bleiben, *a vita* sich töten; *auch ab alqo, zB. a Stoicis*).

F. *pf.-Formen synk.*: *dēscīssĕ(m)* = *dēscīvīssĕ(m)*.

▶ **dē-scrībō,** *scrīpsī, scrīptŭm* 3. **1.** aufzeichnen, entwerfen (*alqd, zB. solarium, formas in pulvere*); *bsd.* einritzen, auf *od.* in *etw.* schreiben [*carmina in cortice fagi*]; **b)** abschreiben, kopieren [*epistulam, librum; alqd ab alqo etw. v. jd.*]; *auch v. Maler* = genau kopieren [*tabulas mensuris ac lineis*]. **2.** / **a)** (*in Wort od. Schrift*) beschreiben, schildern, darstellen [*pugnam, alcis facta versibus, alqm latronem jd.* als Räuber]; *auch* auf *etw. od. jd.* (*acc.*) anspielen [*consulares*]; **b)** *etw.* bestimmen = erklären, definieren [*verba, ea pars, quae prima descripta est*]; **c)** *etw.* festsetzen, feststellen, anordnen, anweisen (*alqd, zB. rationem belli; alci alqd j-m etw., zB. civitatibus leges*); *bsd. Lieferungen* ausschreiben *od.* auf(er)legen [*civitatibus vecturas frumenti*]. **3.** (= *dīscrībō*) einteilen, verteilen, ordnen (*alqd, zB. centurias ex censu; alqd in alqd etw.* in *od.* auf *etw., zB. annum in duodecim menses*); *cf. auch dīscrībō*.

dēscrīptiō, *ōnĭs f* (*dēscrībō*) **1.** Zeichnung, Abriß, Entwurf [*aedificandi* Bauplan, Riß], *bsd.* (*nkl.*) (*math.*) Figur; *orbis terrarum* Landkarte. **2.** Abschrift, Kopie [*tabularum*]. **3.** / **a)** Schilderung, Darstellung [*sphaerae, regionum* Topographie]; **b)** (*rhet.*) Charakterschilderung; **c)** Begriffsbestimmung, Definition [*officii*]. **4.** (= *dīscrīptiō*) gehörige Einteilung, Gliederung, Ordnung [*magistratuum, temporum*].

dēscrīptiŭncŭlă, *ae f* (*demin. v. dēscrīptiō*) (*Se.*) hübsche Schilderung.

dē-scrīptŭs[1] *P.P.P. v. dēscrībō*.

dēscrīptŭs[2] 3 (*m. comp.*; *adv.* **-ē**) (*eigtl. P.P.P. v. dēscrībō*) gehörig eingeteilt, geordnet, harmonisch [*naturā nihil est descriptius*].

dē-sĕcō, *sĕcŭī, sĕctŭm* 1. abschneiden, abhauen [*aures; alqd ex re, zB. partes ex toto;* / *prooemium*].

dē-sēdī *s. dēsĭdĕō u. dēsīdō*.

▶ **dē-sĕrō,** *sĕrŭī, sĕrtŭm* 3. (*eigtl.* „v. sich abreihen") **1.** verlassen, im Stiche lassen (*alqm, zB. ducem, u. alqd, zB. collem, agrum* brach liegen lassen, °*sedem* unbewohnt lassen). **2. a)** *mil. exercitum, signa, castra, duces* = desertieren (*auch abs., zB. qui deseruerant, capitis damnantur*); **b)** / treulos verlassen, preisgeben; (*Pl.*) *satietate* aus Überdruß sitzen lassen. **3.** vernachlässigen, verabsäumen [*se, vitam, officium, preces alcis, vadimonium* den Termin versäumen, ausbleiben; *a mente deseri* den Kopf verlieren]; / *auch v. Sachen, zB.* °*res me deserit* der Stoff geht mir aus.

dēsĕrtŏr, *ōrĭs m* (*dēsĕrō*) **1.** *mil.* Ausreißer, Deserteur; (*dcht.*) *übh.* Flüchtling [*Asiae*]. **2.** / der *etw.* hintansetzt *od.* vernachlässigt (*alcis od. alcis rei, zB. amicorum* Verräter, *communis utilitatis*).

dē-sĕrtŭs[1] *P.P.P. v. dēsĕrō*.

dēsĕrtŭs[2] 3 (*m. comp. u. sup.*) (*eigtl. P.P.P. v. dēsĕrō*) **1.** *v. etw.* verlassen, leer *v. etw.* (*ab alqo u. a re, zB. vita ab amicis;* °*re, zB. viribus; abs. reditus* ~ *v.* niemand bemerkt). **2.** öde, unbewohnt, wüst, verfallen, einsam, alleinstehend [*regio,* °*arbores*]; *subst.* **dēsĕrtă,** *ōrŭm n* (*nkl., dcht.*) Einöde, Wüsten, Steppen [*ferarum* ödes Gehege].

dē-sĕrŭī *s. dēsĕrō*.

dē-sĕrvĭō 4. eifrig dienen, sich ganz widmen, frönen (*alci u. alci rei, zB. cuivis* jedermann, *corpori, divinis rebus*).

dēsĕs, *ĭdĭs* (**dē-sĕdĕō* beiseite sitzen) (*unkl.*) untätig, müßig, träge, *v. Pers. u. Sachen* (*abl.* **-ĕ**, *gen. pl.* **-ŭm**).

dē-sēssŭm *P.P.P. v. dēsĭdĕō*.

dē-sĭccō 1. (*Pl.*) abtrocknen [*vasa*].

dē-sĭdĕō, *sēdī, sēssŭm* 2. (*sĕdĕō*) (*unkl.*) müßig dasitzen, die Hände in den Schoß legen.

dēsīdĕrābĭlĭs, *ĕ* (*adv.* °**-ĭtĕr**) (*dēsīdĕrō*) **1.** wünschenswert. **2.** (*m. comp.*) (*v. Pers.*) unvergeßlich [*avus*].

dēsīdĕrātĭō, *ōnĭs f* (*dēsīdĕrō*) (*wohl nur nkl.*) = *dēsīdĕrĭŭm*.

▶ **dēsīdĕrĭŭm,** *ī n* (*dēsīdĕrō*) **1. a)** Sehnsucht, sehnsüchtiges Verlangen (*alcis j-s u.* nach *jd., zB. civium, filii; alcis rei* nach *etw., zB. urbis*); *bsd.* Heimweh [*patriae od. suorum*]; *in desiderio esse alcis rei* Verlangen nach *etw.* tragen (*aber alcis, zB. civitatis, v. jd.* ersehnt werden); °*desiderii poculum* Liebestrank; *pl.* Sehnsuchtsschmerzen; **b)** (*meton.*) (*v. Pers.*) Gegenstand der Sehnsucht, Geliebter [*valete, -a mea*]; **c)** / (*nkl.*) natürliches Bedürfnis (*rei* nach *etw., zB. cibi potionisque; Veneris naturale*). **2.** (*nkl.*) Wunsch, Bittgesuch [*militum*].

▶ **dē-sīdĕrō** 1. (*sīdŭs, eigtl.* „von den Sternen erwarten"; *cf. cōnsīdĕrō*) **1.** nach *etw.* sich sehnen, *etw.* verlangen, begehren (*alqm, zB. amicum absentem; alqd, zB. libertatem; alqd ab alqo etw. v. jd.* verlangen *od.* fordern, *zB. mercedem a vobis; m. inf. u. a.c.i.; m.* °*ut*). **2. a)** *etw.* vermissen, entbehren (*alqd in alqo od. in re, zB. in oratione*); *P.* auf sich warten lassen, fehlen [*signum ex fano desideratum est*]; **b)** *mil. im Kriege od. im Felde* verlieren [*in eo proelio ducentos milites, decem naves*]; *P.* verlorengehen.

▶ **dēsĭdĭă,** *ae f* (*dēsĭdĕō*) **1.** (*Pr.*) langes Herumsitzen *an einem Orte*. **2.** Untätigkeit, Müßiggang, Trägheit [*-ae se dare*], *auch* °*pl.*; (*dcht.*) = Dolce vita.

dēsĭdĭābŭlŭm, *ī n* (*dēsĭdĭă*) (*Pl.*) Faulenzerort; Luderleben.

dēsĭdĭōsŭs 3 (*m.* °*comp. u. sup.*; *adv.* °**-ē**) (*dēsĭdĭă, eigtl.* „voller Müßiggang") müßig, träge, faul, *v.* °*Pers. u. Zuständen* [*otium*]; *act.* (*Pl.*) erschlaffend, verführerisch [*illecebrae*].

dē-sīdō, *sēdī u. sīdī,* — 3. sich senken, einsinken [*terra*]; / (*Li.*) verfallen [*mores*].

dēsīgnātĭō, *ōnĭs f* (*-sign-?*; *dēsīgnō*) **1.** Bezeichnung, Angabe (*alcis rei, zB. temporum*). **2. a)** Einrichtung, Anordnung, (*v. Bauwerken*) Plan, Riß; **b)** (*nkl.*) Designation *od.* Ernennung *zu einem Amt* [*consulatūs*].

dēsīgnātŏr, *ōrĭs m* (*-ī-?*) = *dīssīgnātŏr*.

dēsīgnātŭs 3 (*-ī-?*) (*Abk.* des.) *s. dēsīgnō*.

▶ **dē-sīgnō** 1. (*-ī-?*) **1.** bezeichnen, angeben, bestimmen (*alqm, zB. Clodium, alqm* °*digito od. oculis od. ad caedem; alqd, zB.* °*fines templo*). **2.** *jd. für das künftige Jahr* zu e-m Amt bestimmen *od.* ernennen [*alqm consulem*], *bsd.* (*P.P.P.*) *adi. dēsīgnātŭs* designiert, erklärt (*Bezeichnung bis zum Amtsantritt, zB. consul, praetor*); / (*v. e-m noch nicht geborenen Kind*) *civis* zukünftiger Bürger. **3. a)** (*nkl., dcht.*) im Umriß abzeichnen, nachbilden, darstellen, *bsd. stickend od. webend* [*Europen*]; **b)** / andeuten, auf *etw.* anspielen (*alqm u. alqd, zB. Dumnorigem hac oratione, nimiam luxuriam*). **4.** (*unkl.*) *etw. Ausgezeichnetes* zu Tage fördern *od. etw. Schlimmes* anrichten [*quid non ebrietas designat?*]. **5.** (= *dīssīgnō*) *etw.* einrichten, anordnen, entwerfen, *auch verbunden*: *constituo et* ~.

dē-sĭī *s. dēsĭnō*.

▶ **dē-sĭlĭō,** *sĭlŭī* (*u.* °*sŭlŭī,* °*sĭlīvī,* °*sĭlĭī*), (*sŭltŭm*) 4. (*sălĭō*) herabspringen, abspringen (*abs. od. de u. ex re, zB. ex equo, de navi; auch* °*re u.* °*a re; in, ad alqd, zB.* °*in artum* sich verrennen), *v. Sachen* (*dcht.*) herabstürzen.

▶ **dē-sĭnō,** *sĭī, sĭtŭm* 3. **1.** (*intr.*) **a)** *m. etw.* aufhören *od.* enden = *v. etw.* ablassen (*abs., zB.* °*bellum desiit; od. re u. in re m. etw.* aufhören, *zB. communibus locis, auch m.* °*gen., zB. querellarum; in alqd in etw.* auslaufen, zuletzt übergehen, *zB. in aliam formam,* °*in piscem; meist m. inf., zB. desine mirari, oft durch* „nicht mehr, nicht länger, nicht weiter" *zu übersetzen*: *bei inf. P. gleichfalls ins P. gesetzt* [*pf. u. plqpf.*], *zB. orationes legi sunt desitae, disputari desitum erat*); **b)** *abs.* aufhören zu reden [*od.* zu singen], *zB. desine plura* sprich kein Wort weiter, *desine* halt ein!; **c)** die Rede schließen; **d)** (*v. Sätzen u. Wörtern*) endigen, schließen; *quae similiter desinunt* = Homoioteleuta. **2.** (*trans.*) (*selten*) *etw.* aufgeben, *m. etw.* aufhören (*alqd, zB. artem,* °*versūs;* °*alqm* zurücklassen).

dēsĭpĭĕntĭă, *ae f* (*dēsĭpĭō; nach săpĭĕntĭă*) (*Lu.*) Wahnsinn.

dē-sĭpĭō, — — 3. (*săpĭō*) unsinnig *od.* töricht sein *od.* handeln; (*Ho.*) schwärmen.

▶ **dē-sĭstō,** *stĭtī,* — 3. *v. etw.* abstehen, *m. etw.* aufhören, *klass. nur v. Pers.* (*abs. od. re, zB. itinere, sententiā, seltener de u. a re, zB. a defensione;* °*alcis rei, zB. pugnae; m. inf., zB. amare, oft durch* „nicht mehr, nicht länger, nicht weiter" *zu übersetzen*; *verneint m.* °*quin*); (*v. der Stimme*) (*Ov.*) stocken.

dē-sĭtŭs *P.P.P. v. dēsĭnō*.

dē-sōlō 1. (sōlŭs) (*nkl., dcht.*) einsam machen, verlassen [agros]; *bsd.* (P.P.P.) *adi.* **dēsōlātŭs** 3 vereinsamt, verlassen, *v. Pers. u. Sachen.*
dēspĕctō 1. (*intens. v.* dēspĭcĭō) (*nkl., dcht.*) = dēspĭcĭō; *bsd.* / *etw.* überragen, beherrschen [agros, populos].
dēspĕctŭs[1] 3 (*m. comp.*) (*eig.* P.P.P. *v.* dēspĭcĭō) (*nkl.*) verachtet, *auch* verächtlich.
dēspĕctŭs[2], ūs *m* (dēspĭcĭō) **1.** Aussicht, Fernsicht [ex loco *v.* einem Punkt herab, in alqd]; (*meton.*) schroffer Abhang. **2.** / (*nkl.*) Verachtung (alci despectui esse *v. jd.* verachtet werden).
dē-spĕctŭs[3] P.P.P. *v.* dēspĭcĭō.
dēspērāntĕr *adv.* (dēspērāns, *part. praes. v.* dēspērō) hoffnungslos [loqui cum alqo].
dēspērātĭō, ōnĭs *f* (dēspērō) Hoffnungslosigkeit, Verzweiflung, Resignation (alcis rei an *od.* über *etw.*, *zB.* °salutis; °adducere alqm ad -nem zur Verzweiflung bringen); *insb.* (*nkl.*) (*ärztlich*) das Aufgeben *eines Kranken.*
▶ **dē-spērō** 1. keine Hoffnung (mehr) haben, an *etw.* verzweifeln, die Hoffnung (auf *etw.*) aufgeben, resignieren (*abs. od.* de alqo, de re *u.* alqd, *zB.* de se, de exercitu, vitam domini; *m. dat., bsd.* sibi, saluti suae, *im* P. *meist persönlich, zB.* salus desperatur, desperatis rebus, salute desperatā, *doch auch* desperatur de re, *zB.* de re publica; *m.* °*inf.*; *m. a.c.i.*); °desperato (*abl. abs.*) da er daran (ver)zweifelte (*m. a.c.i.*); *bsd.* (*ärztlich*) *e-n* Kranken aufgeben; (P.P.P.) *adi.* **dēspērātŭs** 3 (*m. comp. u. sup.*) verzweifelt, hoffnungslos, heillos, *v. Pers. u. Sachen* [senex, morbi]; *subst.* **-ī**, ōrŭm *m* aufgegebene Kranke.
dē-spĕxī *s.* dēspĭcĭō.
dēspĭcātĭō, ōnĭs *f* (dēspĭcŏr) Verachtung *anderer.*
dēspĭcātŭs[1], ūs *m* = dēspĭcātĭō (*nur im dat. sg. gebräuchlich*: alqm *u.* alqd sibi -ui habere verachten, -ui duci verachtet werden).
dēspĭcātŭs[2] 3 (*m. sup.*) (*eig. part. pf. pass. v.* dēspĭcŏr) verachtet, verächtlich [homo].
dēspĭcĭĕntĭă, ae *f* (dēspĭcĭēns, *part. praes. v.* dēspĭcĭō) Verachtung, Geringschätzung (alcis rei, *zB.* rerum humanarum).
▶ **dē-spĭcĭō**, spĕxī, spĕctŭm 3. (spĕxī?; spĕcĭō) **1.** (*trans.*) *etw. v.* oben sehen, auf *etw.* herabsehen *od.* -schauen, -blicken (alqm *u.* alqd, *zB.* te, °summo [ab] aethere terras iacentes); / auf *etw. m.* Verachtung herabsehen, *etw.* hochmütig verachten, verschmähen [legionem propter paucitatem], *auch* (*prägn.*) sich verächtlich über *etw.* äußern [copias Caesaris]; *part.* α) dēspĭcĭēns *m. gen.* [sui]; β) (*Ta.*) dēspĭcĭēndŭs verächtlich. **2.** (*intr.*) **a)** *v. etw.* herabsehen (de re *u.* °a re *v. etw.*, in alqd auf *od.* in *etw.*, *zB.* °de vertice montis in valles); **b)** wegblicken, den Blick wegwenden.
dēspĭcŏr 1. (*spĕcŏr 1. = spĕcĭō) (*vkl., nkl., spätl.*) verachten, verschmähen.
dēspŏlĭātŏr, ōrĭs *m* (dēspŏlĭō) (*Pl.*) Ausplünderer, Räuber.
dē-spŏlĭō 1. ausplündern, berauben (alqm *u.* alqd, *zB.* templum; alqm re, *zB.* armis); *auch* / [°alqm triumpho].
dē-spŏndĕō, spŏndī, spōnsŭm 2. **1. a)** förmlich versprechen *od.* zusagen, verbürgen (alci alqd, *zB.* provinciam; alcis spem alci rei *jd.* auf *etw.* vertrösten, *zB.* spes despondetur anno consulatus tui); **b)** sibi alqd -ere sich *etw.* ausbedingen [consulatum]. **2.** *ein Mädchen* verloben (*gewöhnlich vom Vater des Mädchens*: alci alqam, *zB.* filiam mihi; *auch* °sororem; *aber auch vom Verlobten*: sibi alqam sich *m.* einem Mädchen verloben *od. vom Vater des Verlobten*: Crassi filiam filio suo Galba despondit). **3.** / (*vkl., nkl.*) *etw.* aufgeben [animum *bzw.* animos mutlos werden, verzagen].
dēspōnsō 1. (*intens. v.* dēspŏndĕō) (*nkl.*) verloben. — ***auch* vermählen.
dē-spōnsŭs P.P.P. *v.* dēspŏndĕō.
dē-spūmō 1. (*nkl., dcht.*) **1.** (*trans.*) abschäumen (alqd). **2.** (*intr.*) verbrausen.
dē-spŭō, ŭī, ūtŭm 3. (*unkl.*) **1.** ausspucken, *bsd. um dadurch ein Übel abzuwenden.* **2.** / (*trans.*) verschmähen (alqd, *zB.* preces).
dē-squāmō 1. (squāmă; *vkl, nkl.*) abschuppen [pisces].
dēstĭllātĭō, ōnĭs *f* (-stĭll-?; dēstĭllō) (*nkl.*) Katarrh.
dē-stĭllō 1. (-ī-?; *dcht., nkl.*) herabtropfen (a *u.* de re, in alqd); *insb.* / *v. etw.* triefen (re, *zB.* nardo).
dē-stĭmŭlō 1. (*Pl.*) heftig anspornen.
dēstĭnātĭō, ōnĭs *f* (dēstĭnō) (*nkl.*) Bestimmung, Festsetzung (alcis rei); *bsd.* fester Entschluß (alcis *u.* alcis rei).

> **dē-stĭnō**
> **1.** festmachen, befestigen; **2. a)** festsetzen, bestimmen; **b)** fest beschließen; **c)** *jd.* zu *etw.* bestimmen; **d)** *jd.* für ein Amt ausersehen; **3.** (P.P.P.) *adi.* **dēstĭnātŭs a)** bestimmt; **b)** entschlossen, gefaßt; **c)** *subst.* **dēstĭnātŭm** Ziel, Plan.

dē-stĭnō 1. (dē + *stănō *eig.* „stelle fest hin"; *cf.* ἱστάνω *Neubildung zu* ἵστημι; stō) **1.** festmachen, -binden, befestigen (alqd re, *zB.* falces laqueis festhalten; alqd ad alqd, *zB.* antennas ad malos). **2.** / **a)** festsetzen, bestimmen (alqd; alqd alci *etw.* für *jd.*, *zB.* alci diem necis, alqd alci rei *od.* ad alqd *u.* °in alqd *etw.* zu, für *etw.*, *zB.* milites operi zur Schanzarbeit, °locum ad certamen); alqm parem alci *jd.* für gewachsen halten; *bsd.* (*nkl.*) *etw.* als Ziel bestimmen, nach *etw.* zielen (alqd; alqm ad ictum; sagittas nach dem Ziel abschießen); **b)** fest beschließen, sich fest vornehmen, *auch m. Zusatz v.* (in) animo (°alqd; *meist m. inf., zB.* agere; *m. a.c.i.* = die feste Erwartung hegen); *bsd.* (*umgangssprachl.*; *Pl.*) (sibi) alqd etw. kaufen wollen; **c)** (*nkl.*) (*ein Mädchen*) *jd.* zur künftigen Gattin bestimmen, *m. jd.* verloben (alci alqam, *zB.* filiam suam, uxorem); **d)** (*nkl.*) *jd.* für ein Amt ausersehen (alqm consulem; *im* P. *m. dopp. nom.*). **3.** (P.P.P.) *adi.* **dēstĭnātŭs** 3 (*adv.* **-ē**) (*nkl., dcht.*) **a)** (*v. Sachen*) bestimmt, fest [sententia]; **b)** (*v. Pers. od.* animus) zu *etw.* entschlossen, auf *etw.* gefaßt (alci rei, *zB.* morti, *u.* ad alqd, *zB.* ad obsequium); *auch* beharrlich; **c)** (*nkl.*) *subst.* **dēstĭnātŭm**, ī *u.* **-ă**, ōrŭm *n* (bestimmtes) Ziel; Vorsatz, Plan [salubriter -a heilsame Entschlüsse]; (ex) destinato mit Vorbedacht, vorsätzlich.
dē-stĭtī *s.* dēsĭstō.
▶ **dē-stĭtŭō**, tŭī, tūtŭm 3. (stătŭō) **1.** hinstellen, aufstellen, hintreten lassen (alqm in loco, *zB.* in medio, in hac miserrima fortuna in diese elende Lage versetzen; °ante tribunal). **2. a)** allein lassen, zurücklassen (alqm *u.* alqd, *zB.* alqm solum, °aqua alveum in sicco destituit, °naves [aestu] destitutae gestrandet); **b)** im Stich lassen, treulos verlassen, preisgeben (alqm, *zB.* inermem; *selten* alqd, *zB.* °spem nicht erfüllen); (*auch v. Sachen, zB.* °ventus *od.* aestus destituit navem, °memoria *u.* animus destituit alqm); **c)** hintergehen, täuschen (alqm in re *jd.* in *od.* bei *etw.*; °alqm re *jd.* um *etw.* betrügen, *zB.* °mercede pacta; alqd, *zB.* °inceptam fugam = unterbrechen; *abs.* °si destituat spes); spe *u.* °a spe destitui in seiner Hoffnung getäuscht werden. **3.** (P.P.P.) *adi.* **dēstĭtūtŭs** 3 **a)** *v. jd. od.* in *etw.* getäuscht (ab alqo, re *u.* °a re); **b)** entblößt *v.*, beraubt, ohne *etw.* (ab alqo *u.* °alcis, *meist* re, *zB.* °amicis, °parentum verwaist).
dēstĭtūtĭō, ōnĭs *f* (dēstĭtŭō) **1.** (*nkl.*) das treulose Verlassen. **2.** Täuschung, Vereitelung der Hoffnung.
dē-stĭtūtŭs P.P.P. *v.* dēstĭtŭō.
dē-strĭngō, strīnxī, strĭctŭm 3. (strīnxī?) **1. a)** (*nkl., dcht.*) abstreifen (alqd, *zB.* tunicam ab umeris); **b)** (*Waffen*) zücken, blankziehen, schwingen [gladium; °(*obszön*) pene destricto]; / (P.P.P.) *adi.* **dēstrĭctŭs** 3 (*m. comp.*; *adv.* **-ē**) (*nkl.*) scharf, streng, entschieden [accusator, minae]. **2. a)** (*dcht., nkl.*) streifen, ritzen (alqd *etw.*, *zB.* corpus; alqd re *m. etw.*, *zB.* pectus sagittā); / hinstreifen über *etw.* [aequora alis]; **b)** (*nkl.*) (*Badende*) striegeln, frottieren; / durchhecheln, scharf kritisieren [alcis scripta].
dēstrūctĭō, ōnĭs *f* (dēstrŭō) (*nkl.*) das Niederreißen; / Widerlegung [sententiarum].
dē-strŭō, strūxī, strūctŭm 3. (*Bauwerke*) einreißen, abbrechen (alqd, *zB.* aedificium); / (*nkl.*) zugrunde richten, vernichten (alqd, *zB.* ius, regnum; *auch* °alqm, *zB.* hostem).
dē-sŭbĭtō *adv.* (*altl., klass. selten*) urplötzlich.
dē-sūdāscō, — — 3. (*incoh. v.* dēsūdō) (*Pl.*) stark in Schweiß geraten.
dē-sūdō 1. **1.** (*nkl., dcht.*) stark schwitzen. **2.** / sich abmühen (in re).

dē-suē-fīō, *factus sum, fĭĕrī* entwöhnt werden (*a re*).

dēsuētūdō, *inis f* (dēsuēscō, *s.* dēsuētus) (*nkl., dcht.*) Entwöhnung, Ungewohntheit (*abs. u. alcis rei, zB. armorum*).

dē-suētus 3 (*P.P.P. v.* dēsuēscō 3. [sich] entwöhnen) (*nkl., dcht.*) **1.** (*v. Sachen*) ungewohnt, ungewöhnlich [*voces alci -ae*]. **2.** (*v. Pers.*) *e-r Sache* entwöhnt (*m. inf.*; *alci rei, zB. triumphis*).

dēsultŏr, *ōris m* (dēsiliō) (*unkl.*) Kunstreiter (*der während des Rennens v. dem einen Pferd auf das andere springt*); / *amoris* Frauenheld, Playboy.

dēsultōrius 3 (dēsultor) einem Kunstreiter gehörig [*equus*]; *subst. m* Pferd eines Kunstreiters.

dēsultūra, *ae f* (dēsiliō) (*Pl.*) das Abspringen vom Pferd.

dē-sum
1. nicht dasein, fehlen; **2.** *jd. od. einer Sache* nicht helfen; im Stich lassen; versäumen; preisgeben.

dē-sum, *dēfuī, dĕesse* **1.** nicht dasein, nicht anwesend *od.* nicht vorhanden sein, fehlen (*alqd deest auch* es fehlt an *etw., zB. arma desunt; alqd alci deest, zB. naves nobis desunt; alqd alci rei deest, zB. multa operi desunt* vieles fehlt noch [an] den Befestigungen; *alqd alci deest ab alqo* es fehlt *jd. etw. v. j-s* Seite, *zB. mihi nullum officium a vobis defuit; alqd in alqo deest* es fehlt bei *jd.* an *etw.*; *alqd alci deest ad alqd etw.* fehlt *jd.* zu *od.* bei *etw.*); *non desunt, qui* (*m. coni.*) es fehlt nicht an Leuten, die. **2.** *jd. od. einer Sache* den Beistand versagen *od.* nicht helfen, sich entziehen, im Stich lassen, verabsäumen, preisgeben (*alci, zB. senatui; alci rei, zB. bello* nicht mitmachen, *convivio* nicht teilnehmen an, *officio* nicht erfüllen, *dolori alcis* gleichgültig sein gegen, °*tempori od. occasioni temporis* eine Gelegenheit versäumen, *sibi* sich schaden, *sibi non deesse* tun, was zum eigenen Besten dient; *m. quominus bzw. quin, wie bei Verba des Hinderns, zB. duae res mihi defuerunt, quominus in foro dicerem; tibi nihil deest, quin*); *deesse mihi nolui, quin* ich glaubte es mir selbst schuldig zu sein, daß *od.* zu; *non deesse* nicht verfehlen, *etw.* zu tun (*m.* °*inf. od.* °*quominus*). **F.** *Im Vers auch*: **a**) *Kontraktionen, zB.* dĕēst > dēst, dĕĕrăt > dērăt, dĕĕrō > dērō **b**) dēfŭĕrŭnt.

dē-sūmō, *sūmpsī, sūmptum* 3. (*nkl.*) sich ausersehen, auf sich nehmen (*sibi alqd u. alqm, zB. Athenas, consules asservandos*).

dē-sŭpĕr (*wohl nur dcht., nkl.*) *adv.* v. oben her(ab), oberhalb.

dē-surgō, *surrēxī, surrēctum* 3. (*dcht., nkl.*) *v. etw.* aufstehen *od.* sich erheben (*re, zB. cenā*).

▶ **dē-tĕgō,** *tēxī, tēctum* 3. **1.** abdecken [°*villam*]. **2.** aufdecken, enthüllen, entblößen (*alqd, zB.* °*ossa*, / °*iuga montium*). **3.** / (*nkl., dcht.*) **a**) entdecken, offenbaren, verraten (*alqd, zB. insidias*; °*alqm* = ertappen); **b**) se *-ere od. mediopass.* sich verraten, sich zeigen.

dē-tendō, (*tendī*), *tēnsum* 3. abspannen [*tabernacula* abbrechen].

dē-tentus *P.P.P. v.* dētĭnĕō.

dē-tergĕō, *tersī, tersum* 2. *u.* (*Li.*) **dētergō** 3. **1. a**) (*dcht.*) abwischen [*lacrimas, sudorem linguā* ablecken], *bsd.* reinigen [*cloacas*]; **b**) (*umgangssprachl.*) (*Geld*) aus *etw.* herausschlagen. **2.** / **a**) (*dcht.*) verscheuchen, vertreiben [*nubila caelo*]; **b**) **α**) (*Li.*) abreißen [*pinnas asseribus*]; **β**) abbrechen [*remos* durch rasches Vorbeifahren].

dētĕrior, *ius* (*adv.* **-ius**) (*comp. v.* **dētĕr zu dē*; *eig.* „noch weiter unten befindlich") geringer *an Wert*, weniger gut, schlechter, schwächer, tieferstehend, *v. Pers. u. Sachen* [*mulier, aqua, non ~ auctor* = ein ebenso guter Gewährsmann; *re* durch, in, an *etw., zB. equitatu*]; *subst.* **dētĕrius** *n* das Schlechtere, Schlimmere, Nachteil; °*in deterius vertere* (*mutare*) verringern, schmälern; °*nihilo deterius* (= *nihilō minus*) nichtsdestoweniger; *sup.* **dēterrimus** 3 der schlechteste, letzte, tiefste, *v. Pers. u. Sachen* [*muliercula, via*].

dētermĭnātiō, *ōnis f* (dētermĭnō) Abgrenzung, Grenze [*mundi*]; / Ende [*orationis*].

dē-termĭnō 1. **1.** (*vkl., nkl.*) ab-, begrenzen [*regiones ab oriente ad occasum*]. **2.** / **a**) festsetzen, bestimmen, schließen (*alqd re*); **b**) (*dcht.*) erfüllen [*omnia annus determinat*].

dē-tĕrō, *trīvī, trītum* 3. (*unkl.*) abreiben, abschleifen, abfeilen (*alqd u. alci alqd*), *übh.* abnutzen; / vermindern, schmälern (*alqd*); **P.** schwinden, vergehen.

dē-terrĕō, *uī, itum* 2. **1.** *jd.* abschrecken, *übh.* abbringen, abhalten (*abs. od. alqm a re, selten de re, unkl. re, zB. a scribendo, de consilio, proelio*; *m. ne u. quominus bzw. quin*; *selten m. inf., meist im* P.). **2.** (*dcht., nkl.*) *etw.* abwehren, fernhalten (*alqd, zB. nefas*; *alqd ab alqo, zB. vim a censoribus*).

dētestābilis, *e* (-tēst-?) (*m.* °*comp.*) (dētēstor) verabscheuenswert, abscheulich, *v. Pers. u. Sachen.*

dētēstātiō, *ōnis f* (-tēst-?) (dētēstor) **1.** (*nkl., dcht.*) Verwünschung, Fluch. **2.** (*bei Sachen*) Sühne [*scelerum*].

dē-tēstor 1. (-tēst-?) **1.** (*relig. t.t.*) **a**) (*nkl.*) *unter Anrufung der Götter etw.* Böses auf *jd.* herabwünschen (*alqd in alcis caput, zB. pericula*); **b**) *jd. od. etw. unter Anrufung der Götter* verwünschen, verfluchen (*alqm omnibus precibus*; *alqd, zB. exitum belli civilis*); °*detestandus auch* = dētēstābilis. **2.** / *etw.* feierlich ablehnen, gegen *etw.* sich feierlich verwahren *od.* protestieren (*alqd, zB. omen*; *alqd ab alqo u. a re, zB. facta alcis a re publica*). **F.** *part. pf.* dētēstātus *dcht. auch pass.* verwünscht, verabscheut.

dē-tēxī *s.* dētĕgō.

dē-tĕxō, *texuī, textum* 3. **1.** (*vkl., dcht.*) zu Ende weben *od.* spinnen, fertig flechten (*alqd*). **2.** / vollenden [*libros*].

dē-tĭnĕō, *tinuī, tentum* 2. (tĕnĕō) **1.** (*vkl., nkl.*) *jd.* abhalten *od.* an *etw.* hindern (*alqm u. alqm a re, zB. ab incepto*). **2.** aufhalten, zurückhalten, festhalten (*alqm, zB. novissimos proelio* durch einen Angriff; *alqd, zB. victoriam* verzögern). **3.** / **a**) dauernd beschäftigen *od.* durch *etw.* in Beschlag nehmen (*alqm re u. in re, zB. cives in negotiis*; *alqd, zB.* °*animum studiis*, °*oculos alcis*, °*animos in terrore*); *bsd.* (*dcht.*) eine Zeit *m. etw.* ausfüllen [*diem sermone*]; **b**) (*Ta.*) **se** *detinere* sich erhalten = sein Leben fristen (*re m. etw.*); **c**) (*nkl.*) (*Geld, Besitz*) zurückhalten, vorenthalten [*pecuniam, regnum*]; **d**) (*nkl.*) beibehalten, belassen [*copias secum*].

dē-tondĕō, *tondī, tonsum* 2. (*unkl.*) (ab)scheren, abschneiden [*comas, oves*; / *frondes frigore detonsae* entlaubt]; *auch jd.* (glatt) scheren (*alqm*).

dē-tŏnō, *uī*, — 1. (*dcht., nkl.*) **1.** herabdonnern, losdonnern. **2.** zu donnern aufhören; / sich austoben.

dē-tonsus *P.P.P. v.* dētondĕō.

dē-torquĕō, *torsī, tortum* 2. **1.** wegdrehen, abwenden, ablenken, *auch* / (*alqd, zB.* °*vulnus* das Geschoß; *alqd a re, zB. animos a virtute, alqd ad, in alqd, zB.* °*proram ad undas*), °*se pravum* sich auf Abwege begeben; °(*verba*) herholen, ableiten, °*sermonem in obscoenum intellectum* in *e-e* obszöne Bedeutung. **2.** verrenken, verkrüppeln [*corporis partes*]; *auch* / = verdrehen [°*verba*].

dētractātiō = dētrĕctātiō.

dētractiō, *ōnis f* (dētrăhō) (*nkl.*) **1. a**) das Wegnehmen, Wegmeißeln; **b**) (*med. t.t.*) das Abführen [*cibi confecti*]. **2.** / **a**) (*nkl.*) Befreiung [*doloris* vom Schmerz]; **b**) Wegnahme [*cuius loci -onem fieri velit* welchen Platz er sich vorbehalten möchte]; **c**) (*nkl.*) (*gramm. t.t.*) das Weglassen *e-s* Buchstabens, *e-r* Silbe *od. e-s* Wortes, Ellipse; **d**) Entziehung [*alieni* fremden Eigentums].

dētractō = dētrĕctō.

dētractor, *ōris m* (dētrăhō) (*nkl.*) Verkleinerer [*sui* seiner selbst]; Verleumder.

dē-trăhō
1. a) herabziehen, niederreißen; **b**) erniedrigen; **2. a**) wegziehen, abreißen; **b**) entziehen, entreißen; **c**) (*Truppenteil*) abziehen; **3.** Abbruch tun; **4. a**) wegschleppen; **b**) hinschleppen; **c**) *jd. zu etw.* zwingen.

dē-trăhō, *trāxī, tractum* 3. **1. a**) herabziehen, niederreißen (*alqm u. alqd, de u. e re, zB. alqm de curru, stramenta* (d)*e mulis*; °*re, zB. virgam ilice*); *bsd.* (*nkl.*) (*Bauwerke*) niederreißen, schleifen [*muros*]; **b**) / (*nkl.*) erniedrigen (*alqm ex fastigio paterno*). **2. a**) wegziehen, abziehen, abreißen (*alqm u. alqd, zB. alcis spolia*; *alqd ex, de, a re, zB.* °*bacam ex aure, sacerdotem ab* *ara; alci u. alci rei alqd, zB. alci torquem, epistulae signum* entsiegeln); **b)** / entziehen, entreißen, wegnehmen, *auch* / (*alci alqd, zB. equos equitibus, calamitatem alci* vom Halse schaffen, *consuetudinem alcis rei alci jd. etw.* abgewöhnen; / *auch aliquid de benevolentia nostra*); *bsd.* (*v. Zahlen, Summen, Geldern*) *etw.* abziehen, (ab)streichen (*alqd de pecunia od. de capite, de vivo* das Kapital angreifen); **c)** *mil.* (*e-n Truppenteil*) abziehen, detachieren [*cohortes duas singulatim*]. **3.** Abbruch tun, schmälern, schädigen, herabsetzen, *bsd.* verleumden (*abs., zB. detrahendi causā; selten alci, meist de alqo u. de re, zB. de me, de auctoritate alcis*). **4. a)** wegschleppen (*alqm u. alqd, zB.* °*hominem manu sua,* °*arma ex templo*); *bsd.* entwenden; / wegbringen, entfernen [*inimicum ex Gallia*]; **b)** herbei-, hinschleppen, hinbringen (*alqm u.* °*alqd, zB. alqm in iudicium*); **c)** / *jd.* zu *etw.* zwingen (*alqm ad alqd, zB. ad accusationem*).

dētrēctātiō, *ōnis f* (*dētrēctō*) Verweigerung, Ablehnung (*alcis rei, zB. militiae*).

dētrēctātŏr, *ōris m* (*dētrēctō*) (*nkl.*) Verweigerer, Verkleinerer [*laudum*].

dē-trēctō 1. (*intens. v. dētrăhō*) **1.** verweigern, ablehnen, nicht gelten lassen (*alqd, zB. militiam,* °*alcis iussa* den Gehorsam; °*alqm, zB. principem*). **2.** (*nkl., dcht.*) (*j-s Vorzüge*) verkleinern, schmälern [*virtutem alcis; auch alqm, zB. bonos*].

dētrīmēntōsŭs 3 (*dētrīmēntŭm*) sehr nachteilig.

▶ **dētrīmēntŭm,** *ī n* (*dētĕrō*) **1.** (*nkl.*) das Abreiben, Abnutzung [*limae*]. **2.** / **a)** Schaden = Nachteil, Verlust, Schädigung, Schwächung [*militum, existimationis*]; *-um accipere od. capere, facere* Schaden erleiden; *-um afferre alci, detrimento esse alci jd.* Schaden zufügen; **b)** (*im Kriege*) Niederlage, Schlappe; **c)** (*Cu.*) (*meton.*) Krüppel [*ergastuli* aus dem Arbeitshause].

dē-trūdō, *sī, sŭm* 3. **1.** herabstoßen, -drängen, -treiben (*alqm u. alqd; ex, de, a re,* °*re, zB. naves scopulo; ad u. in alqd*); *bsd. scutis tegimenta v.* den Schilden abziehen. **2. a)** *mil.* (*nkl.*) *jd.* vertreiben, in die Flucht schlagen [*hostem de u. ex loco, collibus*]; **b)** (*v. Stürmen*) (*nkl.*) *jd.* verschlagen (*alqm tempestatibus Cythnum*); **c)** (*jur. t.t.*) *jd.* aus einem Besitz vertreiben *od.* verdrängen (*alqm de od. ex re, zB. ex praedio*); **d)** / *jd. v. etw.* abbringen (*alqm de sententia*). **3.** *jd.* zu *etw.* drängen *od.* nötigen (°*alqm ad necessitatem belli*). **4.** *etw.* verschieben [*comitia in mensem Martium*].

dē-trūncō 1. (*nkl., dcht.*) vom Rumpfe trennen, abhauen [*caput*]; (*meton.*) stutzen, verstümmeln [*arborem, corpora*].

dē-tŭlī *s. dēfĕrō.*

*****detur** (*auf Rezepten*) *s. dō.*

dē-tŭrbō 1. **1. a)** herabwerfen, -treiben, niederreißen (*alqm u. alqd, zB. Samnites, statuam; alqm de, ex, a re, re, zB. de tribunali; in u. ad alqd*); **b)** einen Feind verjagen, vertreiben *od.* aus der Stellung werfen [*hostes de vallo*]; **c)** (*jur. t.t.*) *jd.* aus seinem Besitztum vertreiben *od.* verdrängen [*alqm possessione*]. **2.** / *jd. einer Sache* berauben [*alqm de sanitate ac mente jd.* die gesunde Vernunft rauben; *alqm spe u. ex spe*].

dē-tŭrpō 1. (*nkl.*) *jd.* verunstalten (*alqm*).

Deucălīōn, *ōnis m* (Δευκαλίων) *S. des Prometheus, Gatte der Pyrrha, der griechische Noah* (*Deukalionische Flut = Sintflut; Landung am Parnaß*) *u. Neuschöpfer der Menschheit; adi.* **Deucălīōnēŭs** 3.

dĕ-ŭngō, — — 3. (?) (*Pl.*) tüchtig einölen (*scherzh. vino te -is*).

dĕ-ūnx, *ūncis m* (*-ū-?; dē + ūncĭă, eigtl.* „fehlend eine Unze", *nämlich vom as, dem zwölfteiligen Ganzen*) elf Zwölftel.

dĕ-ūrō, *ūssī, ūstŭm* 3. (*ūssī, ūstŭm?*) niederbrennen (*alqd, zB. pluteos*); / (*nkl.*) (*v. der Kälte*) erstarren lassen [*hiems arbores*].

▶ **dĕŭs,** *ī m* (⟨ *altl. deivŏs; cf. dīvŭs, altind.* dēva-, *ahd.* Zio) **1.** Gott, Gottheit (*dcht. bisw. auch von weiblichen Gottheiten*); *pl. oft in Ausrufen, Formeln, zB.* (*pro*) *dii immortales! pro deūm hominumque fidem! di meliora* (*od.* °*melius*) (*sc. dēnt*) gottbewahre! *di bene vortant! ita me di ament* so wahr mir Gott helfe! *dis volentibus od. si di volunt, si dis placet* so Gott will (*iron.* = man sollte es kaum glauben, sonderbar) *u. a.; D. O. M.* = *Dĕō ŏptĭmō măxĭmō röm. Tempelinschr.* (dem besten, höchsten Gott, *d. h. Juppiter geweiht*), *später Eingangsformel altchristlicher Weihinschriften.* **2.** / **a)** Schutzgott, Helfer; **b)** (*Com.*) glücklicher Mensch; **c)** (*Ho.*) Machthaber *auf Erden* (*bsd. v. den römischen Kaisern gesagt*); **d)** ***Dei *gratia* = „v. Gottes Gnaden", *Devotionsformel göttlicher Legitimation, bsd. im Titel absoluter Herrscher;* **e)** *Deo gratias* „Gott sei Dank", *altchristl. Gruß u. liturgische Formel;* **f)** *deus ex machina* = „der Gott aus der (Theater)maschine", *durch die in manchen antiken Dramen ein Gott auf die Bühne herabgelassen wurde, um einen ausweglosen Konflikt zu lösen. Später sprichw. für unerwartete Hilfe od. unmotivierte Ereignisse, durch die im Alltag u. i. der Dichtung die Lösung e-s Konfliktes erreicht wird.* (*Die lat. Form ist Übersetzung des pseudoplatonischen ἐπὶ μηχανῆς τραγικῆς θεός durch den Renaissancephilosophen Marsilio Ficino*).

F. *voc. sg. dīvĕ u.* (*spätl.*) *dĕŭs, pl. nom.* (°*dĕī*) *dīī u. dī, gen. dĕōrŭm, altl. u. dcht. dĕŭm,* °*dīvŭm u.* °*dīvōm; dat. u. abl.* (°*dĕīs*), *dīīs u. dīs.*

deutĕrŏnŏmĭŭm, *ī n* (δευτερονόμιον „das 2. Gesetz") (*nkl. Eccl.*) das fünfte Buch Mosis.

dĕ-ūtŏr, *ūsŭs sŭm* 3. (*Ne.*) übel mitspielen, mißhandeln (*alqo*).

dē-vāstō 1. (*-ā-?*) (*nkl., dcht.*) gänzlich verwüsten *od.* ausplündern, brandschatzen (*alqd u. alqm*).

dē-vĕhō, *vēxī, vĕctŭm* 3. hinab-, herabführen, -fahren (*bsd.* stromabwärts), *übh.* irgendwohin fahren, bringen, transportieren (*alqm u. alqd a od. ex re ad alqm, ad od. in alqd, zB. legionem ex urbe in castra, ossa alcis ad uxorem*); **P.** wohin (hinab)fahren, segeln [*navi Corinthum*]; / (*Pr.*) zu *etw.* kommen [*nunc ad tua devehar astra*].

dē-vĕllō, *vĕllī u. vŭlsī* (*vŏlsī*), *vŭlsŭm od. vŏlsŭm* 3. (*unkl.*) abrupfen, abreißen (*alqd*); *bsd.* depilieren [*concubinas*].

dē-vēlō 1. (*Ov.*) enthüllen, entschleiern (*alqd*).

dē-vĕnĕrŏr 1. (*dcht.*) **1.** inbrünstig verehren [*deos*]. **2.** durch Gebet abwenden [*somnia*].

dē-vĕnĭō, *vēnī, vēntŭm* 4. **1. a)** herunterkommen; **b)** *übh.* wohin kommen *od.* gelangen (*ad alqm, ad u. in alqd, zB. ad senatum, in urbem;* [*dcht.*] *m. bloßem acc., zB. eandem speluncam*). **2.** / irgendwohin geraten *od.* sich wenden (*ad od. in alqd, zB. ad iuris studium* übergehen zu). — **werden.

dē-vĕrbĕrō 1. (*Te.*) durchprügeln.

dē-vĕrbĭŭm = *dīvĕrbĭŭm.*

dēvĕrsŏr[1] 1. (*intens. zu dēvĕrtŏr*) (*als Gast*) eingekehrt sein, logieren, sich (vorübergehend) aufhalten (*abs. od. apud alqm; in loco, zB. in ea domo, Athenis*).

dēvĕrsŏr[2], *ōrĭs m* (*dēvĕrtō*) Gast in einem Wirtshause.

dēvĕrsōrĭŏlŭm, *ī n* (*demin. v. dēvĕrsōrĭŭm*) kleine Herberge.

dēvĕrsōrĭŭs (*dēvĕrsŏr*[2]) **1.** *adi.* 3 (*vkl., nkl.*) zum Einkehren für Gäste geeignet [*taberna*]. **2.** *subst.* **dēvĕrsōrĭŭm,** *ī n* Herberge, Gasthaus, Logis, *auch* gewöhnliche Kneipe; *pl.* **-ă** (*Cu.*) Lustschlösser *des Perserkönigs;* / Schlupfwinkel, Zufluchtsort [*libidinum; commorandi, non habitandi*].

dēvĕrtĭcŭlŭm, *ī n* (*dēvĕrtō*) **1.** Abweg, Seitenweg; *auch* / (*nkl., dcht.*) **a)** Abweichung *v.* der gewöhnlichen Darstellung [*eloquendi*] *od. e-s Wortes v.* der gewöhnlichen Bedeutung [*significationis*]; **b)** Abschweifung vom Thema [*-a amoena* angenehme Ruhepunkte]. **2.** = *dēvĕrsōrĭum.*

dē-vĕrtō, *vĕrtī, vĕrsŭm* 3. **1.** (*trans.*) (*nkl.*) *etw.* abwenden *od.* abkehren (*alqd*). **2.** *intr. u. dep.* **dēvĕrtŏr** 3. (*pf. stets act. dēvĕrtī*) **a)** sich abwenden, sich abkehren, (vom Wege) abbiegen, einen Abstecher machen (*re od. a re v. etw., zB.* °*viā,* °*ab Aegypto; abs te; ad alqm* zu *jd., in alqd u.* °*alqd* zu, nach *etw., zB. in Africam*); **b)** bei jd. *od.* irgendwo einkehren, Quartier nehmen (*klass. stets Frage „wohin?": ad alqm, in alqd, seltener ad alqd, zB. ad cauponam, in Pompeianum,* °*domum Charonis, eo* dort, *quo* wo, *Massiliam*); *unkl. auch* = *dēvĕrsŏr*[1]; **c)** / **α)** (*vom Redner u. v. der*

Rede) *v. etw.* abschweifen [*redeamus ad illud, unde devertimus*]; β) (*Ov.*) seine Zuflucht zu *etw.* nehmen [*ad artes*].

dēvĕxĭtās, *ātis f* (*dēvĕxŭs*) (*nkl.*) abschüssiges Gelände.

dēvĕxŭs 3 (*m.* °*comp.*; *cf. cōnvĕxŭs*) **1. a)** abwärts sich neigend, geneigt, abschüssig, schräg (*a loco in u. ad alqd*); °(*v. Flüssen*) herabfließend [*Nilus ab Indis*]; °(*v. Gestirnen*) sich zum Untergang neigend [*Orion*]; °(*vom Gewicht*) schwer vorwärts hängend; **b)** / sich *e-r Sache* zuneigend [*aetas a laboribus ad otium -a*]. **2.** sich senkend, abschüssig; *subst.* **-ŭm,** *ī n* Abhang.

dē-vinciō, *vīnxī, vīnctŭm* 4. (*vīnxī, vīnctŭm?*) **1.** fest umwinden, festbinden, fesseln, *übh.* befestigen (*alqm u. alqd re m,* durch *etw., zB. fasciis,* °*opercula plumbo*). **2.** / **a)** eng verbinden *od.* verknüpfen [*homines inter se, rei publicae societate, alqm cum alqo, zB. se affinitate cum rege*]; **b)** (*rhet. t.t.*) kurz zusammenfassen [*verba comprehensione*]; **c)** *jd.* binden, verpflichten (*alqm re, zB. iure iurando*); **d)** *se -ire* sich in *etw.* verstricken, sich *e-r* Sache schuldig machen (*re, zB. scelere*). **3.** *jd.* an sich binden *od.* fesseln, für sich gewinnen (*alqm re, zB. multos liberalitate*). **4.** (*P.P.P.*) *adi.* **dēvīnctŭs** 3 (*m.* °*comp.*) *jd. od. e-r* Sache ganz ergeben [°*uxori, studiis*].

dē-vincō, *vīcī, victŭm* 3. **1.** völlig besiegen *od.* überwinden, *auch* / (*alqm u. alqd, zB. hostes proelio, Galliam,* °*unius virtutem*); *P.* = unterliegen. **2.** (*nkl., dcht.*) **a)** (*prägn.*) siegreich beendigen [*bellum*]; **b)** die Oberhand behalten; es siegreich durchsetzen (*m. ut*).

dēvīrgĭnātiō, *ōnis f* (*dēvīrgĭnō*) (*nkl.*) Entjungferung.

dē-vīrgĭnō 1. (*vīrgō*) (*vkl., nkl.*) entjungfern.

dēvītātiō, *ōnis f* (*dēvītō*) Vermeidung, Ausweichen (*alcis, zB. piratarum*).

dē-vītō 1. vermeiden, aus dem Wege gehen (*alqm u. alqd, zB. Caesarem, procellam*).

dē-vĭŭs 3 (*Hypost.* ‹ *dē viā*) **1. a)** abseits vom Wege, entlegen [°*calles*]; *devium (iter)* Seitenweg, ungebahnter Weg, Schleichweg (*als* °*subst. pl. -ă*); **b)** (*v. lebenden Wesen*) entlegen wohnend, einsam (lebend *od.* hausend), unzugänglich, nicht leicht zu erreichen [°*montani,* °*avis,* °*scortum* nicht für jeden zu haben]; **c)** (*fast nur dcht.*) vom rechten Wege abirrend, verirrt [°*caprae*]. **2.** / **a)** (*nkl.*) vom Thema abschweifend; **b)** / unstet, sich nicht treu bleibend, töricht [*homo, vita* ausschweifend; *in re* in *etw., zB. in omnibus consiliis*].

dē-vŏcō 1. **1.** herabrufen, herabkommen lassen (*alqm a tumulo*); *auch* / *philosophiam e caelo.* **2.** wegrufen, abberufen, rufen (*alqm de, ex, a re, zB. de provincia; ad, in alqd, zB. ad triumphum*). **3. a)** (*nkl.*) *jd.* zu Tisch laden; **b)** / *jd. v. etw.* (*a re*) weglocken, zu *etw.* (*ad alqd*) verleiten [*a virtute ad voluptatem; m.* °*ut*]; *alqd in dubium etw.* aufs Spiel setzen.

dē-vŏlō 1. **1.** (*nkl., dcht.*) herabfliegen; herabeilen, (*scherzh.*) in den Schoß fliegen (*de u. a re in u. ad alqd*). **2. a)** (*nkl., dcht.*) fort-, davonfliegen; **b)** / enteilen, eilends kommen (*de u. a re in u. ad alqd, zB. ab afflicta amicitia ad florentem aliam*).

dē-vŏlvō, *vŏlvī, vŏlūtŭm* 3. **1.** herabwälzen, herabrollen (lassen) (*alqd, zB. saxa; de u. e re od. re, zB. de muro,* °*monte; in alqd*); °(*verba*) dahinströmen lassen, °(*pensum*) *fusis* abspinnen. **2.** *mediopass.* (*nkl.*) herabrollen, -stürzen, -sinken, *v. Pers. u. Sachen* (*ad u. in alqd*); *klass. nur* / [*ad spem inanem,* °*retro ad stirpem* zurücksinken in].

dē-vŏrō 1. **1.** verschlingen, gierig verschlucken (*alqm u. alqd, zB.* °*ovum*). **2.** / **a)** (*Vermögen*) verprassen, vergeuden, durchbringen [*patrimonium,* °*alqm* = *j-s* Vermögen]; **b)** (*nkl., dcht.*) verbeißen, unterdrücken [*lacrimas*]; **c)** gierig sich aneignen [*lucrum, librum* verschlingen, *alqd, zB. hereditatem, spe devoravisse* schon in der Tasche zu haben glauben]; **d)** (*Unangenehmes*) hinunterschlucken, sich gefallen lassen [*ineptias hominum*]; **e)** *etw.* unverdaut verschlucken, *d.h.* unverstanden hinnehmen [*orationem alcis*]; **f)** (*v. leblosen Subjekten*) (*dcht., nkl.*) aufreiben, vernichten [*devorent vos arma vestra*].

dēvŏrtĭŭm, *ī n* (*dēvŏrtō*) (*Ta.*) das Abweichen; *bsd. itinerum -a* Umwege. — *cf. dīvŏrtĭŭm.*

dē-vŏrtō 3. (*altl.*) = *dēvĕrtō.*

dēvōtĭō, *ōnis f* (*dēvŏvĕō*) **1.** das Geloben, Weihung, *bsd.* Weihe *für die unterirdischen Götter,* Aufopferung [*vitae, capitis, P. Decii consulis* Opfertod]. **2.** (*meton.*) **a)** (*nkl.*) Verwünschung, Fluch(formel) [*scripta*]; **b)** (*nkl.*) Zauberformel, *pl.* Zauberei; **c)** Gelübde. **3.** (*nkl.*) Ehrerbietung. **4.** (*Eccl.*) Gottergebenheit, Andacht, Frömmigkeit. — ** ~ *moderna relig. Erneuerungsbewegung des 14. u. 15. Jh.*

dēvōtō 1. (*intens. v. dēvŏvĕō*) **1.** *den unterirdischen Göttern* als Opfer geloben, als Sühnopfer darbringen (*alqm*). **2.** (*Pl., nkl.*) verzaubern [*sortes*].

dē-vŏvĕō, *vōvī, vōtŭm* 2. **1. a)** (*relig. t.t.*) *e-r Gottheit als Opfer* geloben (*alqm u. alqd, alci alqd, zB. praedam Marti*); **b)** *den unterirdischen Göttern als* Sühnopfer darbringen *od.* weihen (*alqm u. alqd diis ad mortem; sicam* zum Morde weihen; *alci alqd, zB. hostiam diis; alqd pro re, zB. vitam pro salute populi*); **c)** *se alci od.* °*alci rei, zB. diis,* °*aris superorum; se pro alqo* sich für *jd.* aufopfern [*pro re publica*]; **d)** (*prägn.*) (*nkl., dcht.*) verfluchen, verwünschen (*alqm u. alqd, zB.* °*suas artes*); *auch* verzaubern, behexen. **2.** / (*nkl., dcht.*) *etw.* preisgeben, ganz hingeben (°*alqm u.* °*alqd,* °*alci alqd, zB.* °*vobis hanc animam devovi*); **b)** *se alci od. alci rei* sich ganz zu eigen geben, sich hingeben [*se amicitiae alcis* = *m. jd.* einen Freundschaftsbund auf Leben und Tod schließen]. **3.** (*P.P.P.*) *adi.* **dēvōtŭs** 3 (*m. comp. u. sup.*) (*nkl., dcht.*) **a)** verflucht, unselig, heillos [*arbor*]; **b)** treu ergeben, anhänglich (*alci u. alci rei*); *klass. nur subst.* **-ī,** *ōrŭm m* die Getreuen.

dēxtāns, *āntĭs m* (*-ĕ-?; dē + sĕxtāns, eig.* „fehlend ein Sechstel", *näml. vom as, dem zwölfteiligen Ganzen*) (*nkl.*) fünf Sechstel.

dĕxtĕllă, *ae f* (*demin. v. dĕxtrā*) das rechte Händchen; / Werkzeug [*Quintus est Antonii -a*].

> **dĕxtĕr**
> **1.** rechts (*befindlich, gelegen*); **2. a)** glückbringend, gnädig; **b)** günstig; **c)** geschickt; **3.** *subst.* **dĕxt(ĕ)ră a)** die rechte Hand; **b)** Handschlag; **c)** Ehrenwort, Treue.

dĕxtĕr, (*ĕ*)*ră,* (*ĕ*)*rŭm* (*m. comp.* **dĕxtĕrĭŏr,** *ĭŭs u. sup.* **dĕxtĭmŭs** *u.* **dĕxtĭmŭs** 3; *adv.* °**dĕxt[ĕ]rē**) (‹ **dĕxĭtĕrŏs, vl. zu loc.* **deksi* „auf der passenden Seite"; *cf. dĕcĕō;* δεξιτερός) **1.** rechts (befindlich *od.* gelegen); °rechtsab [*manus, cornu, dexterior* mehr rechts befindlich, °*equus dexterior* Handpferd, °*apud dextumos* auf der äußersten Rechten]. **2.** / rechts erscheinend, *daher nach griech. Vorbild:* **a)** (*dcht.*) glückbringend, glücklich, gnädig [*omen, alqs dexter stetit*]; **b)** (*dcht.*) passend, günstig, recht [*potestas* Gelegenheit]; **c)** (*nkl., dcht.*) (*v. Pers.*) geschickt, gewandt [*alqs dexter egit, officia dextre obire*]. **3.** *subst.* **dĕxt(ĕ)ră,** *ae f* (*sc. mănŭs*) **a)** die rechte Hand, die Rechte [*dextram porrigere u.* °*dare,* °*dextras iungere*]; *a dextra v.* rechts her, (*a*) *dextrā u. ad dextram* zur Rechten, rechts, °*dextrā viam* rechts an der Straße; **b)** (*nkl., dcht.*) Handschlag [*fidem dextrā dare, datā dextrā* durch Handschlag]; **c)** / (*meist nkl., dcht.*) feierliche Versicherung, Versprechen, Wort, Treue [°*-as coniungere* Freundschaft schließen, °*-as renovare* den Bund erneuern, °*-as fallere* die Treue brechen, °*-am mittere* Treue versprechen]; **d)** (*nkl., dcht.*) Faust = Tapferkeit, Stärke, Mut (*mea dextra*).

dĕxtĕrĭtās, *ātis f* (*dĕxtĕr*) (*nkl.*) Gewandtheit.

dĕxtrōrsŭm *u.* **dĕxtrōrsŭs** (‹ [*Pl.*] *dĕxtrō-vŏrsŭm; dĕxtĕr, vŏrtō*) *adv.* (*unkl.*) nach rechts.

dĕxtŭmŭs 3 *sup. v. dĕxtĕr.*

dī-, dĭ- *s. dīs*[1]*-.*

Dĭă, *ae f* (Δία = „die Himmlische") *alter Name v.* Naxos.

dĭăbăthrārĭŭs, *ī m* (°*dĭăbăthrŭm Fw.* ‹ διάβαθρον leichter Frauenschuh) (*Pl.*) Hersteller von *diabathra,* Schuhmacher.

dĭăbŏlĭcŭs 3 (*Fw.* ‹ διαβολικός) (*Eccl.*) des Teufels; teuflisch.

dĭăbŏlŭs, *ī m* (*Fw.* ‹ διάβολος) (*Eccl.*) Verleumder; Widersacher:

Teufel.

dĭācōn, *ōnĭs u.* **-cŏnŭs,** *ī m* (*Fw.* ⟨ *διάκονος*) (*Eccl.*) Kirchendiener, Diakon.

dĭācŏnissă, *ae f* (*dĭācŏnŭs*) kirchl. Helferin, Diakonisse.

dĭădēmă, *ătĭs n* (*Fw.* ⟨ *διάδημα*) Stirnbinde *orientalischer Könige u. Gottheiten* (*bsd. das blaue, weiß durchwirkte Band um die Tiara der Perserkönige*); *daher* Diadem, Königskrone; / Königswürde, Herrschaft. — ***Diadem, *fürstliches Hoheitszeichen aus Metall, im Ggs. zur Krone hinten offen. Cf.* V.-B. III, 6.

dĭădēmātŭs 3 (*dĭădēmă*) (*nkl.*) m. einer Kopfbinde geschmückt.

dĭădūmĕnŏs *u.* **-ŭs** 3 (*Fw.* ⟨ *διαδούμενος, nkl.*) = *dĭădēmātŭs*; ♀ *Statue des Polyklet* (*Jüngling, der sich eine Stirnbinde umlegt, nur in Marmorkopien erhalten*).

dĭaetă, *ae f* (*Fw.* ⟨ *δίαιτα*) **1.** geregelte Lebensweise; / Maßregeln ohne Gewalt. **2.** (*nkl.*) Zimmer, Gartenhaus. — *cf.* ***dieta.*

dĭăgōnālĭs, *ĕ* (*Fw.* ⟨ *διά* + *γωνία*; *eig.* „durch die Winkel [führend]") *u.* **dĭăgōnĭŏs,** *ŏn* (*Fw.* ⟨ *διαγώνιος*) (*nkl.*) diagonal; *linea* ~ Diagonale.

dĭălectĭcŭs (*Fw* ⟨ *διαλεκτικός*) **1.** *adi.* 3 (*adv.* **-ē**) dialektisch, zur Dialektik gehörig [*captiones, -e disputare* nach Art der Dialektiker]. **2.** *subst.* **a)** **-ŭs,** *ī m* Kenner *od.* Lehrer der Dialektik; **b)** **-ă,** *ae u.* **-ē,** *ēs f* Dialektik, Logik; **c)** **-ă,** *ōrŭm n* dialektische Erörterungen *od.* Lehrsätze.

dĭălectŏs, *ī f* (*Fw.* ⟨ *διάλεκτος*) (*Suet.*) Dialekt, Mundart.

Dĭālĭs, *ĕ* (*v. dĭēspĭtĕr u. dĭēs*; *cf. dĕŭs, lŭppĭtĕr*) zu Jupiter gehörig; *bsd.* (*flamen*) *Dialis m* Priester des Jupiter; *daher auch* dem *flamen Dialis* gehörig [*apex*, °*coniunx*].

dĭălŏgŭs, *ī m* (*Fw.* ⟨ *διάλογος*) (wissenschaftliches, *bsd. philos.*) Gespräch, Dialog.

Dĭānă, *ae f* (*altl. u. im Vers auch -ī-*; *wohl* ⟨ **dīvĭā-nā von dīŭs²* „göttlich") *urspr. italische Geburts-, Mond- u. Jagdgöttin*; *wahrsch. durch etr. Vermittlung früh der gr. Artemis gleichgesetzt, aber auch als Trĭvĭă, d. h. Göttin der Dreiwege m. der dreigestaltigen Hekate identifiziert*; *als Geburtsgöttin* = *Lūcīnă*; *T. Jupiters u. der Latona*; *meton.* = °Mond; Jagd. — *adi.* **Dĭānĭŭs** 3 zur Diana gehörig [°*turba* Jagdhunde der Diana]; *subst.* **Dĭānĭŭm,** *ī n* Tempel der Diana.

dĭănŏmē, *ēs f* (*Fw.* ⟨ *διανομή*) (*Pli.*) Verteilung, Spende.

dĭăpāsmă, *ătĭs n* (*Fw.* ⟨ *διάπασμα*) (*nkl., Ma.*) duftendes Streupulver.

dĭăpāsōn *indecl.* (*Fw.* ⟨ *διὰ πασῶν sc. χορδῶν* = durch alle [8] Saiten) (*nkl., spätl.*) (*die altgr.*) Oktave (*heute* Kammerton; Stimmgabel).

dĭăphŏrētĭcŭs 3 (*Fw.* ⟨ *διαφορητικός*) (*spätl.*) schweißtreibend. — ****subst.* **-um,** *i n* schweißtreibendes Mittel.

dĭārĭŭm, *ī n* (*dĭēs*) **1.** tägliche Kost, Ration der Sklaven, Soldaten, Gefangenen *u.a.* **2.** (*unkl.*) Tagebuch.

dĭătrētă, *ōrŭm n* (*sc. pōcŭlă*; *dĭătrētŭs* 3 *Fw.* ⟨ *διάτρητος* „durchbrochen") (*Ma.*) Becher mit durchbrochener Arbeit, Diatretgläser.

dĭătrĭbă, *ae f* (*Fw.* ⟨ *διατριβή*, *eigtl.* „Zeitvertreib", *dann* „gelehrte, *bsd.* philos. Untersuchung"; *antike Literaturgattung*: *popularphilos. Satire m. fingiertem Dialog*) (*Ge.*) (*meton.*) Philosophen- *od.* Rhetorenschule.

dĭbăphŭs, *ŭm* (*Fw.* ⟨ *δί-βαφος, βάπτω*) (*nkl.*) doppelt gefärbt; *subst.* **-ŭs,** *ī f* (*sc. vĕstĭs*) purpurverbrämtes Staatskleid *höherer Magistrate*; (*meton.*) (höheres) Staatsamt.

dīcă, *ae f* (*Fw.* ⟨ *dor. δίκα* = *att. δίκη*) Prozeß, Klage *bei den Griechen* [*dicam scribere alci jd.* (förmlich) verklagen]; (*meton.*) Richter für eine Klage [*dicas sortiri* auslosen].

dīcācĭtās, *ātĭs f* (*dīcāx*) beißender (*od.* satirischer) Witz; (*pejorativ*) Stichelei.

dīcācŭlŭs 3 (*adv.* **-ē**; *demin. v. dīcāx*) (*vkl., nkl.*) schnippisch.

dīcātĭō, *ōnĭs f* (*dīcō¹*) (Bewerbung um) Einbürgerung; (*meton.*) Bürgerbrief.

dīcāx, *ācĭs* (*m.* °*comp.*) (*Schwundstufe v. dīcō²*; *eigtl.* „beredt") beißend witzig, satirisch, (*pejorativ*) witzelnd.

dĭchŏrēŭs, *ī m* (*Fw.* ⟨ *διχόρειος*) Doppeltrochäus.

▶ **dĭcĭō,** *ōnĭs f* (*Schwundstufe v. dīcō²*, *eigtl.* „Recht, zu sprechen *od.* zu befehlen, Weisungsrecht") Botmäßigkeit, Macht, Gewalt (*alcis* = Abhängigkeit *v. jd.*; esse °*dicionis od. in, sub dicione alcis jd.* untertan sein, °*alqm suae dicionis facere, alqm in od. sub dicionem alcis redigere jd.* in seine Gewalt bringen).
F. *Der nom. sg. ist ungebräuchlich.*

dĭcĭs causā *od.* **grātĭā** (*gen. dĭcĭs wohl wie dīcă Lw.* ⟨ *dor. δίκα, att. δίκη* „Recht, Rechtssache"; = *δίκης ἕνεκα*) (nur) zum Schein, der Form wegen, sozusagen.

dĭcō¹ 1. (*Schwundstufe v. dīcō²*; *eigtl.* „feierlich verkünden") **1.** (*relig. t.t.*) **a)** etw. *e-r Gottheit* zueignen, weihen, widmen (*alqd, zB.* °*Capitolium*; *alci alqd, zB. aram Iovi*); **b)** (*nkl.*) *alqm deum od. inter numina jd.* feierlich zur Gottheit erheben, unter die Götter aufnehmen. **2.** / **a)** *jd. etw.* ganz hingeben, weihen, widmen (*alci totum diem, se Crasso, studium suum laudi alcis*); °(*eine Schrift*) zueignen, widmen; **b)** *se -are* sich hingeben; *se civitati od. in civitatem* (*od. in clientelam*) sich einbürgern lassen; ° **c)** (durch den ersten Gebrauch) einweihen [*novam aquilam*].

> **dīcō²**
> **1. a)** zeigen, weisen; **b)** festsetzen, bestimmen; **c)** *jd.* zu *etw.* ernennen; **2. a)** sagen, sprechen; **b)** behaupten, bejahen; **c)** aussprechen; **d)** eine Rede halten; **e)** nennen; *P.* heißen; **f)** *dico* ich meine; **g)** singen, dichten; **h)** darstellen.

dīcō², *dīxī, dĭctŭm* 3. (*altl. deicō*; *cf. δείκ-νυμι, nhd.* „zeihen, zeigen") **1.** z e i g e n: **a)** zeigen, weisen [*alci viam*], *bsd.* (*jur. t.t.*) *ius dicere* das Recht weisen = Recht *od.* das Urteil sprechen (*de alqo*); **b)** festsetzen, bestimmen (*alqd, zB. legem*; *alqm, bsd.* °*iudicem* sich ausbitten; *alci alqd, zB.* °*multam* die Strafsumme, *diem j-m* einen Termin anberaumen; *alqd alci rei etw.* für *etw., zB. locum colloquio,* °*diem nuptiis*); *bsd.* versprechen, zusagen [*alci legationem, dotem,* °*sua bona cognatis*]; **c)** *jd.* zu *etw.* ernennen, (er)wählen (*bsd. alqm dictatorem u.* °*magistrum equitum, auch* °*collegam,* °*magistrum bibendi u. a.*). **2.** s a g e n (*urspr.* „durch Worte zeigen"): **a)** sagen, sprechen, reden, äußern, vortragen, erzählen, erklären (*abs., zB.* °*incredibile dictu, ut supra dixi*; *alqd, zB. verum, haec*; *auch alqm, zB. Tencteri, quos* [*supra*] *diximus* die obenerwähnten; *de re v.*, über *etw., zB. de virtute*; *alci* zu *jd.* sagen; *ad alqd* auf *etw.* antworten; *alci alqd, zB. tibi unum dicam*; *m. a.c.i., im P. m. n.c.i.*; *m. indir. Frages.*; *auch m. ut, ne* = befehlen *od.* ermahnen, daß, daß nicht); *sententiam* (*als Senator*) seine Stimme abgeben, votieren; *sacramentum* den Fahneneid leisten; *causam* eine Rechtssache vor Gericht führen, *entweder* = Rechtsanwalt *od.* Verteidiger sein [*causas in foro*] *od.* (*als Angeklagter*) sich verteidigen, sich verantworten; *alqd de scripto etw.* vom Blatt ablesen; **b)** bejahen, behaupten (*Ggs. negare*); **c)** (*phonetisch*) aussprechen [*hanc litteram, alqs rho dicere nequit*]; **d)** reden, eine Rede *od.* Reden halten [*apud iudicem, ad populum, dicendo excellere* als Redner, *potestas dicendi* Erlaubnis zu reden, *ars dicendi* Rhetorik; *pro alqo jd.* verteidigen, *zB. pro reo, ipse pro se*; *contra alqm jd.* angreifen]; **e)** nennen, benennen (*m. dopp. acc., zB. alqm patrem od. crudelem*; *alqm nomine u.* °*alci nomen jd.* einen Namen beilegen; *alqd a u. de re etw.* nach *etw.*; *im P.* heißen *m. dopp. nom.*); **f)** *erklärend bei Parenthesen dico* = ich meine (nämlich), *zB. nos ipsi, consules dico*; *Ti. Gracchus, patrem dico*; **g)** (*meist unkl.*) singen, dichten [*carmina in alqm,* °*versūs,* °*modos*]; *auch* Zukünftiges verkünden, vorhersagen (*alqd*; *alci alqd, zB.* °*fata Quiritibus*); *bsd. etw od. jd.* °besingen, preisen (*alqd u. alqm, zB.* °*laudes Phoebi,* °*arma* Waffentaten, °*alqm carmine*); **h)** (*nkl.*) schriftlich darstellen, schildern, erzählen (*abs. od. alqd*; *vir dicendus* erwähnenswert). — ****dicti anni* (*Abk. d.a.*) besagten Jahres. — *dixi* „ich habe gesprochen", *Schlußformel des Redners.*
F. *imp. dīc*; *altl.*: *inf. praes. P. dīcĭēr*; *imp. dīcĕ*; *pf.* (*synk.*) *dīxtī* = *dīxistī.*

dĭcrŏtŭm, *ī n* (*sc. nāvĭgĭŭm*) *u.* (*nkl.*) **dĭcrŏtă,** *ae f* (*sc. nāvĭs*) (*eigtl. adi., Fw.* ⟨ *δίκροτος, -ον*)

Schiff *m.* zwei Reihen Ruderbänken, Zweidecker, zweirudrige Galeere, Zweiruderer.

Dĭcta, *ae u.* **-ē**, ēs *f* (*Δίκτη*) *Geb. im östl. Kreta, Geburtsstätte des Zeuskindes;* — *adi.* **Dĭctaeŭs** 3 *auch* = °kretisch [°*rex* Minos *od.* Zeus].

dĭctămnŭs, ī *f u.* **dĭctămnŭm**, ī *n* (*Fw.* ‹ *δίκταμνος* „auf dem Berg Dikte wachsend") Diptam, *Arzneipflanze.*

dĭctātă, ōrŭm *n s.* dĭctō.

▶ **dĭctātŏr**, ōrĭs *m* (dĭctō) Diktator, höchster Beamter: **1.** *in einigen italischen (bsd. latinischen) Städten.* **2. a)** *zu Rom außerordentlicher Magistrat in Notzeiten (auf höchstens sechs Monate) auf Senatsbeschluß v. einem der beiden Konsuln ernannt* [dictatorem dicere]; *in der Frühzeit auch magister populi* („Heerführer") *genannt, wählte sich später der ~ zu seiner Unterstützung einen magister equitum* (*urspr.* „Reiteroberst"); **b)** *pl. höchste Beamte für besondere Aufgaben, zB. feriarum Latinarum causa.* **3.** (*vkl., nkl.*) *in Karthago* = sūfēs (*s.d.*).

dĭctātōrĭŭs 3 (dĭctātŏr) diktatorisch, des *od.* eines Diktators [°*invidia* gegen den Diktator].

dĭctātrīx, īcĭs *f* (dĭctātŏr) (*Pl.*) (*scherzh.*) Gebieterin, Königin.

dĭctātūră, *ae f* (dĭctātŏr) **1.** Diktatur [*-am gerere* bekleiden]; / (*nkl.*) Suffetenamt *in Karthago.* **2.** das Diktieren [*Suet., Caes.* 77 *in scherzh. Doppelsinn*].

dĭctērĭŭm, ī *n* (*entw. hybride Bildung v.* dĭcō^{2} *od.* als dĭctērĭŭm *Fw.* ‹ *δηκτήριον zu δάκνω*) (*vkl., Ma.*) beißendes Bonmot, sarkastisches Witzwort.

dĭctĭō, ōnĭs *f* (dĭcō^{2}) **1.** das Sagen, Aussprechen, Vortragen (*alcis rei, zB.* °*testimonii* Ablegung, *multae* Festsetzung, *iuris cf.* iūrĭsdĭctĭō *bsd. ~ causae* Verteidigung, Verantwortung). **2.** (*meton.*) **a)** (*unkl.*) Orakel(spruch); **b)** (*Ta.*) Gespräch, Unterhaltung. **3. a)** rednerischer Vortrag, Rede [*oratoria, subita* aus dem Stegreif]; **b)** (*Qu.*) Übungsvortrag, Deklamation; **c)** Redeweise, Diktion [*Attica, popularis*]; **d)** (*nkl.*) Redewendung, Ausdruck (= *φράσις*).

dĭctĭtō 1. (*frequ. v.* dĭctō) oft sagen, zu sagen pflegen, nachdrücklich erklären (*abs. od. alqd, bsd. causas* Prozesse zu führen pflegen; °*alqm sanum od. sterilem* ausgeben für; *m. a.c.i.*).

dĭctō 1. (*frequ. v.* dĭcō^{2}) **1.** (*dcht.*) oft *od.* beständig sagen *od.* nennen (*alqd, zB. nomina*). **2. a)** (*zum Nachschreiben*) vorsagen, diktieren (*alqd u. alci alqd, zB. epistulam*); (*P.P.P.*) *subst.* **dĭctātă**, ōrŭm *n* Diktat = (*den Schülern diktierte*) Aufgabe *od.* Lektion [*ediscere, reddere* hersagen, °*recinere* = *j-s* Worte nachbeten]; **b)** (*nkl.*) (diktierend) anfertigen, verfassen, aufsetzen [*carmina, testamentum, actionem alci*].

▶ **dĭctŭm**, ī *n* (*eigtl. P.P.P. v.* dĭcō^{2}) **1.** Aussage, Äußerung, Wort [*nullum meum; m. adi. u. häufiger m. adv., zB.* °*ridiculum, breve u. breviter*]; °*dicta dare* = sagen, verkünden; *dicto citius s.* cĭtŭs. **2. a)** Ausspruch, Spruch, Sentenz [*Catonis*]; **b)** Witzwort, Bonmot [*lepidum*]; *dicta dicere in alqm* Witze über *jd.* machen. **3.** (*dcht.*) Orakelspruch, Weissagung. **4.** Befehl, Vorschrift [*dicto audientem esse alci jd.* aufs Wort gehorchen]. **5.** (*nkl.*) Versprechen, Zusage.

dĭctŭs *P.P.P. v.* dīcō^{2}.

Dĭctўnnă, *ae f* (*Δίκτυννα* = „Göttin vom Dikteberg", *volkset. an δίκτυον* „Netz" *angeschlossen*) *u.* **Brĭtŏmărtĭs**, *ĭs f Βριτόμαρτις* = „süße Jungfrau") *kretisch-minoische Göttinnen, m. Artemis identifiziert.* **Dĭctўnnēŭm**, ī *n* (*Δικτυνναῖον*) *ihr* Tempel (*bei Sparta*).

dĭdĭcī *s.* dĭscō.

dĭ-dĭdī *s.* dīdō.

dī-dĭtŭs *P.P.P. v.* dīdō.

Dīdō, ūs *od.* ōnĭs *f* (*Διδώ*), *auch* Ĕlĭs(s)ă, *T. des tyrischen Königs* Bēlus, *Gründerin u. Königin v. Karthago. Tragischer Freitod* (*Vergil, Aen.* IV). — *Cf.* V.-B. III, 2.

dī-dō, dĭdĭdī, dĭdĭtŭm 3. (‹ dĭs-dō, √*dhē- „setzen") (*unkl.*) verteilen (*alqd*); / verbreiten; *mediopass.* sich verbreiten [*rumor*].

dī-dūcō, dūxī, dŭctŭm 3. (dĭs) **1.** auseinanderziehen, -dehnen (*alqd*); *bsd.* weit aufsperren *od.* aufreißen, öffnen [*pugnum,* °*ōs,* °*rictum* das Maul, °*fores palatii*]. **2. a)** (*gewaltsam*) auseinanderreißen, spalten, teilen (*alqd u. alqm, alqm ab alqo,* °*terram* auflockern, °*harenam* wegräumen, °*hostem* zerstreuen); *klass. meist* /: *bsd.* **b)** in Parteien spalten [°*vulgum,* °*matrimonium* auflösen, *animum* zerstreuen = ablenken]; **c)** (*Worte*) in der Aussprache trennen [*vastius* zu weit]; **d)** *mil.* **α)** auseinanderziehen, entfalten [*copias, naves*]; **β)** (*pejorativ*) zersplittern.

dīdŭctĭō, ōnĭs *f* (dīdūcō) **1. a)** (*Se.*) Ausdehnung; **b)** / Weiterführung *e-r* Folgerung [*rationis*]. **2.** (*Se.*) Trennung.

dĭēcŭlă, *ae f* (*demin. v.* dĭēs) (*vkl., nkl.*) kurze Frist; *klass. nur* Zahlungsfrist.

dī-ērēctŭs 3 (*adv.* **-ē**; dĭs + ērĭgō; *dī- vl. durch vulgäre Kontamination v.* dī-rēctŭs *u.* ē-rēctŭs *zu erklären*) (*Pl.*) „geradewegs in die Höhe gerichtet" = gekreuzigt; *abi ~* geh zum Henker.

dĭēs
1. Tag; **2. a)** Tageslicht; **b)** Ereignisse, Werk des Tages, Tagesmarsch; **3. a)** Termin; **b)** Briefdatum; **4. a)** Schicksals-, Todestag; **b)** Geburtstag; **5. a)** Frist; **b)** Zeit (-dauer).

dĭēs, ēī *m* (*bei Ci. im sg. als* „Termin, Zeitraum, Briefdatum, Frist" *f, sonst m*) (*idg.* *d[i]jēŭs; *cf.* Dĭēspĭtĕr; dēŭs; *Ζεύς*) **1.** Tag (*Zeitabschnitt, u. zw. sowohl v. Sonnenaufgang bis Sonnenuntergang, v. den Römern in zwölf Stunden geteilt, als auch v. einem Sonnenaufgange zum andern*) [*hic, hodiernus, quattuor continui dies, festus* Festtag, *medius* Mittag]; *multo die* hoch am Tage; *ad multum diem* (*od.* °*diei*) bis spät in den Tag; °*in diem dormire* in den Tag hinein; °*de die* am (hellen) Tage; *diem ex* (*od. de*) *die v.* einem Tag zum andern; *in dies v.* Tag zu Tag, täglich; *~* ātĕr, nĕfāstŭs, rĕlĭgĭōsŭs *s. die adi.* **2.** (*meton.*) **a)** (*dcht., nkl.*) Tageslicht, -helle [*diem videre* das Licht der Welt erblicken]; **b)** Ereignisse (*od.* Geschäfte) des Tages [*dies Alliensis*]; *bsd.* **α)** (*nkl.*) Wetter *des Tages;* **β)** (*nkl., dcht.*) Tagewerk [*diem exercere od. disponere*]; **γ)** (*Li.*) Tagereise, Tagesmarsch; **δ)** (*dcht.*) (*personif.*) Tagesgott. **3.** (*f!*) festgesetzter *od.* bestimmter Tag [*certa, constituta, ex ea die,* °*ante diem* vor der Zeit]; *bsd.* **a)** Termin [*pecuniae* Zahltag, *stipendii* der Soldzahlung, °*indutiarum* letzter Tag des Waffenstillstandes, *diem* °*dare od.* °*statuere alci jd. e-n* Termin bestimmen, *diem dicere alci jd.* auf *e-n* bestimmten Tag vor Gericht laden, *diem obire* den Termin einhalten]; **b)** Briefdatum [*~ Nonarum Aprilium*]. **4. a)** (*nkl., dcht.*) Schicksalstag, Tag des Unterganges [*diem Ilio proferre*]; *klass. nur:* Todestag [*supremus;* °*diem obire* sterben]; **b)** Geburtstag [*dies natalis, dies meus od.* °*natalicius*]; *klass. auch* Fiebertag [*dies tuus*]. **5.** (*synekd.*) (*f!*) **a)** Frist, Aufschub [*diem perexiguam postulare, diem sumere ad deliberandum*]; **b)** Zeit(dauer) [*dies levat luctum,* °*longa dies*]. — *******dies irae, dies illa* (*Prophetia Sophoniae der Vulgata* = *Zephanja* 1, 15: [Luther] „Denn dieser Tag ist ein Tag des Grimmes"), *Anfang e-s Hymnus auf das Weltgericht* (*13. Jh.*), *Bezeichnung der Sequenz der Totenmesse.*
F. *altl.: gen. sg.* dĭē *u.* dĭī, *dat.* dĭē.

Dĭēs-pĭtĕr, trĭs *m* (*cf.* dĭēs; *alter nom. zu* Iŭppĭtĕr) (*unkl.*) Vater Jupiter.

****dieta**, *ae f* **1.** = dĭaetă. **2.** Tagung; Tagereise › *nhd.* Diäten = Tagegelder (*wohl* ‹ dĭēs *u. v.* 1. *zu unterscheiden*).

dĭf-fāmō 1. (dĭs, fāmă; *cf.* īn-fāmō) (*dcht., nkl.*) *etw. od. jd.* unter die Leute bringen; Gerüchte verbreiten, *jd.* verunglimpfen (*alqd u. alqm*).

dĭffĕrēns, ĕntĭs *s.* dĭffĕrō (*am Ende*).

dĭffĕrĕntĭă, *ae f* (dĭffĕrēns) Verschiedenheit, Unterschied; *auch pl.; insb.* (*meton.*) Spezies (*Ggs.* gĕnŭs).

dĭffĕrĭtās, ātĭs *f* (dĭffĕrō) (*Lu.*) = [dĭffĕrĕntĭă.]

▶ **dĭf-fĕrō**, dĭstŭlī, dīlātŭm, dĭffĕrrĕ **1.** (*trans.*) **a)** auseinandertragen, verbreiten (*alqd, zB. ignem,* °*ulmos* verpflanzen, °*hiemem* ringsum ausbreiten); **b)** (*unkl.*) gewaltsam zerstreuen, zerreißen [*classem, nubila*]; / (*Com.*) *jd.* verblüffen (*alqm*); **c)** / (*unkl.*) überall bekannt machen, ins Gerede bringen (*alqd, zB. rem* sermonibus; *selten auch alqm; m. a.c.i.*); **d**) aufschieben, verschieben, verzögern, *jd.* hinhalten *od.* vertrösten (*alqd u. alqm, zB. supplicium in aliud tempus, regem in posterum diem,* °*se* = säumen, *tempus* Frist geben; *m.* °*inf.*). **2.** (*intr.*) (*nur im Präsensstamm!*) verschieden sein, sich unterscheiden (*abs. od. ab alqo u. a re v. jd. u. v. etw., selten cum re od. m.* °*dat.*; *inter se; re* durch, in *etw.*); (*impers.*) **differt** es ist ein Unterschied (*aliquid, plurimum, paulum, nihil differt* es ist einiger ..., kein Unterschied; *m. inter, zB. multum differt inter meam opinionem et tuam, od. m. indir. Frages.*); (*part. praes.*) *adi.* **differēns,** *entis* verschieden, unähnlich (*abs. od. ab alqo*); *subst. n* (*Qu.*) Verschiedenheit, Abweichung.

dif-fertus 3 (*dis* + *P.P.P. v. farciō*) vollgepfropft, -gestopft, wimmelnd *v.*, voll *v.* (*m. abl., zB. provincia praefectis -a*).

▶ **dif-ficilis,** ĕ (*m.* °*comp., sup. -illimus; adv. s. u.*) (*dis, facilis*) **1.** schwer (zu tun), schwierig, beschwerlich, mühsam [*res, quaestio,* °*iter; alci* für *jd.*; *m. 2. supin., zB. dictu,* °*intellectu; m. ad alqd, zB. ad* °*fidem, ad docendum*]; *difficile od.* °*in difficili est* es ist schwer (*m. inf. od. a.c.i.*). **2.** (*v. Örtlichkeiten, Verhältnissen, Zeiten*) unzugänglich, gefährlich, mißlich, ungünstig [*palus, locus, transitus, tempus anni, condicio*]. **3.** (*v. Pers. u. Charakter*) mürrisch, eigensinnig, pedantisch, spröde, empfindlich, launisch [°*senex,* °*natura,* °*puella,* °*bilis* giftig; *in alqm od. m.* °*dat., zB. pater in liberos,* °*Penelope procis*].
F. *adv. difficulter, selten difficiliter,* (*nkl.*) °*difficile, meist non* (*od. haud*) *facile.*

▶ **difficultās,** *ātis f* (*difficilis*) **1.** Schwierigkeit, Beschwerlichkeit, Hindernis (*alcis rei, zB. rerum, tempestatis* Widrigkeit, *loci* Unzugänglichkeit). **2.** Mangel, Not, Verlegenheit [*navium, omnium rerum*]; *bsd.* Geldnot [*rei nummariae, nummaria* Mangel an Bargeld]. **3.** (*v. Pers. u. Charakter*) Eigensinn, mürrisches *od.* pedantisches Wesen. — (*gen. pl. -um u.* °*-ium*).

diffidēns, *entis* (*adv.* **-enter,** *auch m. comp.*) (*eigtl. part. praes. v. diffidō*) mißtrauisch, ängstlich.

diffidentia, *ae f* (*diffidēns*) Mißtrauen (*alcis j-s, alcis rei* zu, auf, gegen *etw.*); *bsd.* Mangel an Selbstvertrauen.

dif-fidō, *fisus sum* 3. mißtrauen, kein Vertrauen haben, an *etw.* zweifeln *od.* verzweifeln (*alci u. alci rei, zB. sibi,* °*virtuti militum; m.* °*abl.; m. a.c.i.*).

dif-findō, *fidī, fissum* 3. (zer)spalten, zerschlagen, gewaltsam zerteilen (*alqd, zB. saxum,* °*portas* sprengen, *coniunctionem* auflösen); (*nkl., dcht.*) *diem* den Prozeß *od.* die Gerichtsverhandlung auf einen späteren Termin verschieben; *nihil hinc -ere possum* ich muß deiner Meinung durchaus zustimmen.

dif-fingō, *finxī, fictum* 3. (*dcht.*) umbilden [*ferrum* umschmieden]; / umgestalten, abändern.

dif-fisus *part. pf. v. diffīdō.*

dif-fiteor, — 2. (*dis, fateor*) (*unkl.*) in Abrede stellen, leugnen (*alqd; m. a.c.i.*).

dif-flāgitō 1. (*Pl.*) ungestüm verlangen.

dif-flō 1. (*unkl.*) auseinanderblasen (*alqd*).

dif-fluō, *fluxī,* — 3. (*fluxi?*) **1.** auseinanderfließen, sich fließend ausbreiten [*Rhenus in plures partes diffluit*], *auch* überströmen [*extra ripas*]; / (*v. d. Rede*) *diffluens* zerfließend, weitschweifig. **2.** / **a**) (*v. Leblosem*) (*nkl., dcht.*) zerfließend vergehen, sich auflösen, (in nichts) verschwinden [*iecur, vires*]; *pf.* verschwunden sein, dahin-, wegsein; **b**) (*v. Pers.*) in Üppigkeit verkommen [*luxuriā* in Saus u. Braus, *otio,* °*divitiis*].

dif-fringō, *frēgī, frāctum* 3. (*vkl., nkl.*) zerbrechen, -schmettern (*alqd u. alqd alci*).

dif-fūdī *s. diffundō.*

dif-fugiō, *fūgī, fugitūrus* 3. auseinanderfliehen, zerstieben, sich zerstreuen, sich flüchten (*ex loco od. bloß* °*loco; in, ad alqd*); *dcht. auch* / [*stellae,* °*sollicitudines*].

diffugium, *ī n* (*diffugiō*) (*Ta.*) das Auseinanderstieben, Entfliehen [*proximorum*].

dif-funditō 1. (*vkl., nkl.*) überallhin ausgießen; / verschleudern, verschwenden.

> **dif-fundō**
> **1.** ausgießen, -schütten; **2. a**) aus-, verbreiten; zerstreuen; **b**) erheitern, zerstreuen; **3.** (*P.P.P.*) *adi.* **diffūsus** ausgedehnt; weitschweifig; zerstreut.

dif-fundō, *fūdī, fūsum* 3. **1.** (*Flüssiges*) ausgießen, ausströmen (*od.* hinströmen) lassen (*alqd, zB. aquam,* °*vinum* = [*vom Faß*] abziehen); *dcht. vielfach* / [*animam in arma cruore* das Leben mit dem quellenden Blute auf die Rüstung verströmen]; *mediopass. u. se diffundere* zerfließen, sich ergießen [*sanguis per venas in omne corpus,* °*medicamentum in venas*]. **2.** / **a**) ausdehnen, aus-, verbreiten, zerstreuen, *eigtl. u. /, im act. fast nur dcht.* (*alqd u. alqm, zB.* °*comas* flattern lassen, °*oblivionem sensibus* einflößen, °*bellum in aevum* bis auf ferne Zeiten berühmt machen, °*alqd in ora virorum* unter die Leute bringen); *klass. mediopass.* sich ausbreiten [*rami, lux, longe lateque*]; *bsd.* °(*vom Haar*) im Winde flattern, °(*v. Geschlechtern*) sich verzweigen [*per Latium*]; **b**) (*meist dcht.*) erweitern (*Ggs. contrahere frontem*) = erheitern, erfreuen, erleichtern [°*vultum,* °*animum munere Bacchi,* °*dolorem flendo* dem Schmerze Luft machen]; *klass. nur mediopass.* sich erheitern, sich erleichtert fühlen (*re* durch *etw., zB. bonis amicorum*). **3.** (*P.P.P.*) *adi.* **diffūsus** 3 (*m. comp.; adv.* **-ē**) **a**) ausgedehnt, sich weit erstreckend [*platanus ramis -a* breitästig]; **b**) / **α**) weitschweifig, ausführlich [*ius civile, vocis sonus* gedehnt; °*opus* reichhaltig]; **β**) zerstreut, ohne Zusammenhang.

diffūsilis, (*diffundō*) (*Lu.*) sich leicht verbreitend.

diffūsiō, *ōnis f* (*diffundō*) (*Se.*) Heiterkeit [*animi*].

dif-fūsus *P.P.P. v. diffundō.*

dif-fututus 3 (*futuō*) (*Ca.*) durch häufigen Beischlaf geschwächt, verhurt [*mentula*].

digamma *indecl. n u. ae f* (*Fw.* ‹ *τὸ δίγαμμα*) Digamma, *altgriechischer, dem W-Laut entsprechender, früh verschwundener u. nicht ins Alphabet übernommener, v. dem engl. Philologen Bentley* († *1742*) *entdeckter Buchstabe* (*F, dem lat. F ähnlich*); *daher meton.* Zinsbuch, Kontobuch (*weil es die Aufschrift F.* = *fēnus* trug).

Digentia, *ae f Bach bei dem Sabinergute des Horaz* (*j. Licenza*).

dī-gerō, *gessī, gestum* 3. (‹ **dis-gerō*) **1. a**) (*dcht., nkl.*) trennen, (ab)teilen (*alqd, zB. insulas; alqd in alqd, zB. Nilus digestus in septem cornua*); **b**) (*vkl., dcht.*) (*Pflanzen*) verpflanzen [*arborem per agros*]; **c**) (*nkl.*) (*vom Magen*) verdauen [*cibos*]. **2. a**) (*ordnend*) ein- *od.* verteilen (*alqd in alqd, zB. ius civile in genera,* °*mala per annos* auf die Jahre, °*populum ab annis* nach den Jahren, °*novem volucres in belli annos* auf ebenso viele Jahre deuten, °*carmina in numerum* nach der Zahl; *übh.* ordnen [°*capillos*]; **b**) ordnungsmäßig eintragen *od.* buchen [*tabulas, nomina in codicem, mandata alcis* in gehöriger Ordnung erledigen]; *auch* (*nkl., dcht.*) nach der Ordnung (*od.* Zeitfolge, der Reihe nach) durchnehmen *od.* erzählen, erklären, deuten [*omina,* °*annos*].

digesta, *ōrum n* (*digestus, P.P.P. v. dīgerō*) die Digesten, *Titel jur. Schriften* (*Ge.*); *bsd.* ♀ *die 533 n. Chr. erschienenen Auszüge aus den Werken röm. Juristen* (*auch Pandekten genannt*), *Hauptbestandteil des Corpus iuris civilis.*

digestiō, *ōnis f* (*dīgerō*) **1.** Einteilung; Aufzählung *der einzelnen Punkte* (*als rhet. Figur* = *μερισμός*). **2.** (*nkl.*) Verdauung.

digitālis, ĕ (*digitus*) (*nkl.*) **1.** zum Finger gehörig. **2.** fingerdick [*foramen v. e-m* Zoll]. — ***subst.* **-is,** *is f* Fingerhut (*Pflanzengattung; Blätter u. Samen offizinell*).

digitulus, *ī m* (*demin. v. digitus*) Fingerchen.

▶ **digitus,** *ī m* (*wohl* ‹ **dic-itus zu dicō*[2] „zeigen" = *δείκ-νυμι, eigtl.* „Zeiger"; *cf. nhd.* „Zehe") **1.** Finger [~ *pollex,* °*index* Zeigefinger, °*medius od.* °*impudicus* Mittelfinger, °*minimus; extremus* Fingerspitze]; *numerare digitis* (*od.* °*per digitos*) an den Fingern abzählen *od.* berechnen (*daher novi tuos digitos* = deine Fertigkeit im Rechnen); *digito alqd* (*de*)*monstrare* (*od. digitum intendere ad alqd*) *m.*

dem Finger auf *etw.* zeigen; *bsd. in sprichw. Redensarten*: (uno) *digito tangere alqm* = sanft berühren *od.* anfassen; *digito caelum attingere* = heilfroh sein; *ne digitum quidem porrigere od. proferre* keinen Finger rühren, nichts unternehmen; *extremis digitis rem attingere* = oberflächlich. **2.** (*meton.*) **a)** *pl.* (*nkl., dcht.*) Gestikulation [*digitis loqui*]; **b)** (*bei Abstimmungen u. Versteigerungen*) das Handzeichen [*digitum tollere*; *-o liceri*]; **c)** (*Maß*) Fingerbreite, Zoll = $^1/_{10}$ pes = *etwa* 19 *mm*; *sprichw. non digitum (transversum) discedere a re* keinen Fingerbreit abweichen. **3.** (*nkl., dcht.*) Zehe [*in digitos arrigi*]. **4.** EN *Dĭgĭtī Idaeī* (*Übersetzung v.* Δάκτυλοι Ἰδαῖοι), *cf. dăctўlŭs*.

dī-glădĭŏr 1. (*dĭs, glădĭŭs*) erbittert kämpfen, sich herumschlagen (*cum alqo, inter se, de re*); *auch* / = sich in den Haaren liegen.

dignātĭō, *ōnĭs f* (*jünger dī-*; *dīgnō*) (*wohl nur nkl.*) **1.** Würdigung, Achtung. **2. a)** Anerkennung; **b)** Rang, Ehre, Stellung.

▶ **dignĭtās,** *ātĭs f* (*jünger dī-*; *dīgnŭs*) **1.** Würdigkeit zu *etw.*, Tüchtigkeit, Verdienst [*consularis* zum Konsul]. **2. a)** (*abs.*) Würde, *v. Pers. u. u. Sachen*; **b)** würdevolle Schönheit, Adel der Gestalt, würdevolles Aussehen *od.* Wesen, *bsd.* männliche Schönheit (*Ggs. vĕnŭstās*) [°*corporis, virilis*]; *auch v. Sachen*: α) das Imposante, Pracht, Glanz [*porticus, ludos cum dignitate facere*]; β) Erhabenheit [*sententiae* eines Gedankens]; **c)** innere Ehre, sittliche Würde, Ehrenhaftigkeit, Ehrgefühl [*dignitati servire, cum dignitate agere* ehrenhaft, *res non habet dignitatem* verträgt sich nicht *m.* der Ehre]. **3.** (*meton.*) **a)** äußere Ehre: Achtung, Ansehen, Autorität (*alcis, zB. familiae*); *otium sine dignitate* würdelos, *dignitate crescere, magna cum dignitate vivere* in hoher Achtung stehen, *non est meae dignitatis* es ist unter meiner Würde (*m. inf.*); **b)** Stellung, Rang, Ehre, Stand [*equestris, regia, altiorem gradum dignitatis consequi*]; **c)** Ehrenstelle, Amt [*dignitatis insignia, summa cum dignitate esse* ein hohes Amt bekleiden]; **d)** (*meton.*) Würdenträger [*aderant dignitates*]. **F.** *gen. pl. dīgnĭtātŭm*, °*-ĭŭm*.

dīgnō 1. (*jünger dī-, denom. v. dīgnŭs*) (*vkl., nkl.*) würdigen (*alqm re*); *klass. nur* P. gewürdigt werden (re einer Sache, *zB. laude*).

dīgnŏr 1. (*jünger dī-*; *denom. v. dīgnŭs*) (*dcht., nkl.*) **1.** würdigen (*alqm re, zB. honore*; *alqm filium* jd. für würdig halten, sein Sohn zu sein). **2.** (*m. inf.*) sich entschließen, sich herbeilassen, Lust haben, geruhen.

dī-gnōscō (*u.* **dī-nōscō**), (*g*)*nōvī*, — 3. (⟨ **dĭs-gnōscō*, *s. nōscō*; *eigtl.* „auseinander-kennen") (*dcht., nkl.*) unterscheiden, *übh.* erkennen (*alqd u. alqm*; *alqd re etw. v. etw. od.* an *etw.*, *zB. curvo rectum*).

▶ **dīgnŭs** 3 (*jünger dī-*; *m.* °*comp. u. sup.*; *adv.* **-ē**) (⟨ **dĕc-nŏs*, *eigtl.* „geziert"; *dĕcĕō*) **1.** würdig, wert, *etw.* verdienend, zu *etw.* befähigt *od.* berechtigt. **2.** (*v. Sachen, selten v. Pers.*) passend, angemessen, geziemend, entsprechend: **a)** *selten abs.* [*dignos punire* die Straffälligen, *digna timere* die verdiente Strafe, °*dignas grates persolvere*]; *dignum est* es schickt sich, ziemt sich (*m. inf. od. a.c.i.*); **b)** *meist m. abl.* [*me, populo Romano, laude*], *unkl. m. gen.*; *m. pro* = im Verhältnis zu, *zB. poena pro factis eorum digna*, *selten m. ad* zu, *zB. ad imitandum*; *m.* °*2. supin.*, *zB. dictu, memoratu*; *m. qui c. coni.*, *m. ut*, *m.* °*inf.* [*carmina digna legi*].

▶ **dī-grĕdĭŏr,** *grĕssŭs sŭm* 3. (*grădĭŏr*) **1.** auseinandergehen = sich trennen, weggehen, scheiden (*abs. od. ab alqo u. a, ex re, zB.* °*a marito, ex eo loco*; *m.* °*bloßem abl.*, *zB. viā*). **2.** / (*in der Rede*) abweichen, abschweifen (*a, de re, zB. a u. de causa*).

dīgrĕssĭō, *ōnĭs f u.* **dīgrĕssŭs,** *ūs m* (*dīgrĕdĭŏr*) das Weggehen, Trennung, Abschied (*abs. od. m. ab alqo u. a re*); / (*i. d. Rede*) Abschweifung (*a re*), Episode.

dī-grĕssŭs *part. pf. v. dīgrĕdĭŏr.*

diiūdĭcātĭō, *ōnĭs f* (*diiūdĭcō*) Entscheidung.

dī-iūdĭcō 1. **1.** entscheiden, über *etw.* ein Urteil fällen: **a)** (*intr.*) = die Entscheidung treffen (*inter duas sententias*; *m. indir. Frages.*); **b)** (*trans.*) (*alqd, zB. controversias*). **2.** *etw.* unterscheiden (*alqd, zB. recta ac prava*; *alqd a re, zB. vera a falsis*).

dī-iŭngō, diiūnctĭō *u. a. s. dĭsiŭngō usw.*

▶ **dī-lābŏr,** *lāpsŭs sŭm* 3. auseinandergleiten: **1. a)** (*nkl., dcht.*) auseinanderfallen, zerfallen; **b)** *übh.* sich auflösen [°*nix* schmilzt, °*nebula* verzieht sich, °*in aquas* zerrinnen]; **c)** / zerfallen, verfallen, vergehen, verschwinden [*res familiaris*, °*vectigalia*, °*male parta male dilabuntur* unrecht Gut gedeihet nicht]. **2. a)** (*v. Flüssen u. Gewässern*) auseinanderfließen, abfließen, zerrinnen; / **b)** (*nkl.*) sich zerstreuen, zerstieben, entweichen, sich aus dem Staube machen, *bsd. v. Soldaten* = desertieren (*ab, ex, de re, zB. a signis, ab ordinibus, ex praesidiis, de montibus*; *in, ad alqd, zB. in oppida, ad praedam*; *m. 1. supin.*, *zB. praedatum*); (*v. Feuer*) *ignis per culinam dilabitur* verbreitet sich in; **c)** entgleiten, entschwinden [*de mea memoria*], °(*v. d. Zeit*) verlaufen, verfließen [*dilapso tempore*].

dī-lăcĕrō 1. **1.** (*nkl., dcht.*) zerfleischen, zerreißen (*alqm u. alqd*). **2.** / [*rem publicam* zerrütten, *alqm* = hart treffen].

dī-lāmĭnō 1. (*dĭs* + *denom. v. lāmĭnă*) (*dcht.*) entzweispalten [*nuces*].

dī-lănĭō 1. zerfleischen, zerfetzen (*alqm u. alqd, zB. cadaver alcis*, °*comas* zerraufen).

dī-lăpĭdō 1. (*dĭs* + *denom. v. lăpĭs*) (*vkl., nkl.*) Steine hierhin *u.* dahin werfen, *m.* Steinen belegen; / verschleudern, verschwenden.

dī-lărgĭŏr 4. reichlich verschenken, freigebig austeilen (*alci alqd, zB.* °*pecuniam*).

dīlātĭō, *ōnĭs f* (*dĭffĕrō*) **1.** Verzögerung, Aufschub (*alcis rei, zB. comitiorum*); *dilationem* °*recipere* vertragen, dulden. **2.** (*Suet.*) das Hinhalten *e-s Amtsbewerbers*.

dī-lātō 1. (*dĭs* + *denom. v. lātŭs²*) ausbreiten, ausdehnen, erweitern (*alqd, zB. manum*, °*castra, litteras* gedehnt aussprechen); *auch* /, *zB. orationem, bsd. etw. i. d. Rede* breit ausspinnen, ausführlich behandeln (*alqd*).

dīlātŏr, *ōrĭs m* (*dĭffĕrō*) (*Ho.*; *spätl.*) Zauderer.

dī-lātŭs *P.P.P. v. dĭffĕrō.*

dī-laudō 1. in jeder Hinsicht loben (*m. acc.*).

dīlēctŭs¹ *s. dīlĭgō.*

▶ **dīlēctŭs²,** *ūs m* (*dīlĭgō*) **1.** *mil.* Aushebung, Rekrutierung [*provincialis* in der Provinz], *-um habere od.* °*instituere* abhalten, vornehmen; (*meton.*) (*Ta.*) die Rekruten. **2.** = *dēlēctŭs*.

dī-lēxī *s. dīlĭgō.*

dī-līdō, —— 3. (*laedō*) (*Pl.*) zerschlagen.

▶ **dīlĭgēns,** *ĕntĭs* (*m. comp. u. sup.*; *adv.* **-ĕntĕr**) (*eig. part. praes. v. dīlĭgō*; *Ggs. nĕglĕgēns*) **1.** achtsam, aufmerksam, sorgfältig, pünktlich, gewissenhaft, *v. Pers.* [*homo, alqd diligentissime facere*]; *seltener v. Sachen* [*accusatio, scriptura*]; *entweder abs. od. alcis rei* [*officii* pflichtgetreu, °*veritatis* wahrheitsliebend, *imperii* in seinen Feldherrnpflichten]; *auch in re* [*in omnibus rebus*] *u. ad alqd* in bezug auf *etw.* [*ad te custodiendum*]; *selten alci rei* [*equis alendis*]. **2.** sparsam, wirtschaftlich [*pater*; *in re*].
F. *abl. sg. -ī*; *pl. n -ĭă, gen. -ĭŭm.*

▶ **dīlĭgĕntĭă,** *ae f* (*dīlĭgēns*) **1. a)** Aufmerksamkeit, Sorgfalt, Pünktlichkeit, Umsicht, Gewissenhaftigkeit, Vorsicht (*m. gen. subi., zB.* °*Epaminondae*; *mea*; *m. gen. obi., zB. testamentorum* bei Abfassung v. Testamenten, *sacrorum* bei Veranstaltung v. Opfern; *auch in re*, °*erga u.* °*circa alqd*); *diligentiam adhibere ad u. in alqd, conferre in alqd, praestare*; **b)** (*rhet.*) sprachliche Genauigkeit. **2.** Sparsamkeit, Wirtschaftlichkeit.

▶ **dī-lĭgō,** *lēxī, lēctŭm* 3. (*dĭs* + *lĕgō²*; *eig.* „auslesen"; *cf. ĭntĕllĕgō, nĕglĕgō*) **1.** (*i. d. Überlieferung nicht v. dēlĭgō¹ zu unterscheiden*) *Soldaten* ausheben; (*P.P.P.*) *subst.* **dīlēctī,** *ōrŭm m* Elitetruppen. **2.** hochachten, hochschätzen, verehren, zu schätzen wissen, lieben (*klass. stets, nkl. meist v. der nichtsinnlichen Liebe*) (*alqm, zB. regem sicut parentem, se ipsum*; *alqd alcis, zB. Caesaris consilia, alqd in alqo*); *bsd.* (*P.P.P.*) *adi.* **dīlēctŭs** 3 lieb, wert, teuer (*alci*); *subst. m* (*dcht.*) Liebling.

dī-lōrĭcō 1. (*dĭs* + *denom. v. lōrīcă*) ein Kleid auseinander-, aufreißen [tunicam].

dī-lūcĕō, — — 2. (*nkl.*) licht *od.* klar sein; *nur* / [fraus]; *auch m. a.c.i.*

dīlūcēscō, *lūxī,* — 3. (*incoh. v. dīlūcĕō*) **1.** (*nkl., dcht.*) licht *od.* hell werden, (*vom Tag*) aufgehen, erscheinen. **2.** *impers. dilucescit* es wird Tag, es tagt (*auch* /).

dīlūcĭdŭs 3 (*m. comp.*; *adv.* **-ē**) (*dīlūcĕō*) (*nkl.*) licht, klar, deutlich, *klass. nur* / [*verba*].

dīlūcŭlŭm, *ī n* (*dīlūcĕō*) Morgendämmerung, Tagesanbruch [*primo -o*].

dīlūdĭŭm, *ī n* (*eig.* „Unterbrechung der Kampfspiele" *nach dīlātiō u.ä.*; *lūdŭs*) (*dcht.*) Ruhetag (*der Gladiatoren*); / Galgenfrist.

dī-lŭō, *ŭī, ūtŭm* 3. (*Vermengung v. lăvō* 1. „waschen" *u. lŭō* 3. „lösen") **1. a)** (*durch e-e Flüssigkeit*) erweichen, zergehen lassen [*lateres aquā*]; **b)** / vermindern, verscheuchen [*molestias, °curas mero*]. **2. a)** (*dcht.*) auflösen [*mella Falerno*]; **b)** (*dcht.*) verdünnen [*vinum*]; **c)** (*nkl.*) durch Lösung bereiten [*venenum mischen*]; **d)** / auflösen, lockern [*amicitiam*]; (*e-e unwahre Behauptung*) entkräften [*crimen widerlegen*]; **e)** / (*Pl.*) *etw.* deutlich auseinandersetzen [*mihi, quod rogavi, dilue*]. **3.** (*P.P.P.*) *adi. dīlūtŭs* 3 (*m. comp. u. sup.*; *adv. comp.* **-ĭŭs**) **a)** (*nkl.*) eingeweicht, feucht; **b)** zersetzt, verdünnt [*vinum*].

dīlŭvĭēs, *ēī f* (*nkl., dcht.*) *u.* **dīlŭvĭŭm,** *ī n* (*unkl.*) (*dīlŭō*) Überschwemmung, Sintflut; / Verderben. — ****-ium* Eiszeit, Diluvium (*erstes Auftreten des Menschen*).

dīlŭvĭō 1. (*denom. v. dīlŭvĭŭm*) (*Lu.*) überschwemmen.

dĭmăchae, *ārŭm m* (*Fw.* ‹ διμάχαι) (*Cu.*) Reiter, die auch zu Fuß kämpfen (*makedonische Sonderformation*).

dī-mānō 1. auseinanderfließen; sich ausbreiten (*ad alqd*).

dīmēnsĭō, *ōnĭs f* (*dīmētĭŏr*) Ausmessung, Ausmaß, (*mathem.*) Berechnung [*quadrati*]; / (*Qu.*) metrische Messung, Quantität [*vocum, pedum*].

dī-mētĭŏr, *mēnsŭs sŭm* 4. ver-, aus-, abmessen (*alqd, zB. caelum, terram, syllabas*); *part. pf. dīmēnsŭs auch pass.* abgemessen, abgesteckt (*ad alqd* nach *etw.*), *mil. auch* = regelrecht, regelmäßig.

dī-mētō 1. *u.* **dī-mētŏr** 1. abgrenzen, abstecken (*alqd, zB. °locum castris*).

dīmĭcātĭō, *ōnĭs f* (*dīmĭcō*) hitziges Kämpfen, gefährlicher Kampf, *auch pl.* (*non parva, cum alqo, proelii* in der Schlacht, *universae rei od. °universa* Entscheidungsschlacht); / das angestrengte Kämpfen, Ringen um *od.* für *etw.*, das Risiko (*alcis rei, zB. capitis, vitae*); *auch* Kampf *m.* Worten.

▶ **dī-mĭcō** 1. (*t.t. der Fechterspr., eig.* „m. den Waffen herumfuchteln", *pf. dcht. auch -ŭī*) **1.** *m. blanker Waffe* kämpfen, fechten, streiten [*proelio e-e* Schlacht schlagen, *armis, acie u. °in acie, ex equo* zu Pferde; *°cum alqo u. °adversus alqm, inter se; pro re, zB. pro salute patriae; de re* um *etw., zB. de vita*]. **2.** / **a)** um *etw. od.* für *etw.* kämpfen *od.* ringen [*de civitate, de capite od. °capite; pro legibus*]; *auch* = *etw.* (*de re*) aufs Spiel setzen; **b)** sich mühen, sich anstrengen (*m. ut*).

dīmĭdĭātŭs 3 (*P.P.P. v. °dīmĭdĭō* 1. „halbieren"; *dĭs* + *denom. v. mĕdĭŭs*) halb, zur Hälfte genommen [*mensis, °procellunt in mensam -i m.* dem Oberkörper].

▶ **dīmĭdĭŭs** 3 (*wahrsch. Rückbildung aus dīmĭdĭō* 1.; *s. dīmĭdĭātŭs*) halb, zur Hälfte, *klass. nur m. pars verbunden, unkl. auch m. anderen subst.* [*°spatium, °pretium*]; *subst.* **dīmĭdĭŭm,** *ī n* = *dīmĭdĭă pārs od.* (*nkl.*) *bloß* **dīmĭdĭă,** *ae f* Hälfte, *bsd.* halber Ertrag (*m. gen., zB. °tributi*); *abl. mens. dimidio* um die Hälfte, *zB. minor* nur halb so groß; *sprichw.* (*Ho.*) *dimidium facti, qui coepit, habet* = ἀρχὴ τὸ ἥμισυ παντός frisch gewagt ist halb gewonnen.

dī-mĭnŭō, (*ŭī*), *ūtŭm* 3. (*vkl., nkl.*) zerschlagen, zerspalten (*alci alqd, zB. caput*); *öfter* = *dēmĭnŭō.*

dīmĭnūtĭō = *dēmĭnūtĭō.*

dī-mīsī *s. dīmĭttō.*

dīmĭssĭō, *ōnĭs f* (*dīmĭttō*) **1.** Aussendung (*alcis*). **2.** Verabschiedung, Dienstentlassung [*remigum*].

dī-mĭssŭs[1] *P.P.P. v. dīmĭttō.*

dīmĭssŭs[2], *nur dat. ŭī m* (*dīmĭttō*) Entlassung.

dī-mĭttō
1. ausschicken, entsenden; 2. a) (*Versammlung*) auflösen; b) von sich wegschicken; c) aus dem Dienst entlassen; 3. gehen-, laufenlassen; 4. (*Schüler*) entlassen; 5. a) fahren-, fallenlassen; b) verlieren; aufgeben; c) *jd. zuliebe etw.* aufgeben; d) (*Gelegenheit*) ungenutzt lassen.

dī-mĭttō, *mīsī, missŭm* 3. **1.** nach verschiedenen (*od.* allen) Seiten ausschicken, umherschicken, entsenden (*abs.*; *meist alqos u. alqd, circum u. per alqd, ad alqm, ad u. in alqd, zB. alium alio, nuntios circum od. per agros, litteras ad amicos, °aciem* [*oculorum*], *in omnes partes* umherblicken; *ab, ex, selten de loco, °loco, zB. custodiā*). **2. a)** (*Versammlungen*) entlassen, auflösen [*concilium, senatum °convivium* aufheben, *°ludos* beenden]; **b)** *v.* sich wegschicken *od.* weggehen lassen, entlassen [*filium a se, legatos domum, milites in oppidum, °uxorem od. °alqam e matrimonio* verstoßen, sich v. ihr scheiden (lassen), *concubinam* (*Pl.*) *sich v.* e-r Freundin trennen, *creditorem* (*nkl.*) befriedigen, bezahlen]; **c)** verabschieden, aus dem Dienst entlassen (*alqm, zB. nautas, legionem*). **3.** (*e-n Gefangenen*) freigeben [*hostem ex manibus, alqm °impunitum*]; (*nkl.*) (*e-n Verbrecher*) laufen lassen, ungeschoren lassen. **4.** (*Schüler*) entlassen (*alqm*); *eine Schule* schließen [*°scholam*]. **5.** (*Sachen*) **a)** fahren- *od.* fallenlassen, wegwerfen (*alqd, zB. °chlamydem, librum e manibus* aus der Hand legen, *°cibum ex ore*); *meist* **b)** / verlieren, aufgeben, auf *etw.* verzichten [*victoriam, °provinciam, libertatem, spem, ius suum, oppugnationem* aufheben, *°oblivione alqd* sich *etw.* aus dem Sinn schlagen, vergessen]; **c)** *alci alqd jd.* zuliebe *etw.* aufgeben, preisgeben [*iracundiam suam rei publicae, °tributum alci* erlassen]; **d)** (*eine Gelegenheit*) unbenutzt lassen [*occasionem*].

dĭm-mĭnŭō *altl.* (*Com.*) = *dĭmĭnŭō.*

dī-mŏvĕō, *mōvī, mōtŭm* 2. (*meist dcht., nkl.*) auseinanderschieben, zerteilen, trennen (*m. acc., zB. °aëra, °rubum* hindurchschlüpfen durch, *°cinerem* durchwühlen, *°terram aratro* durchfurchen, *°populum* sich hindurchdrängen durch, *°ora* öffnen); *insb. v. etw.* losmachen, entfernen, vertreiben (*alqm u. alqd a od. de re, seltener re, zB. °faciem litore* abwenden v.); / *rem publicam de suis possessionibus*; *auch* abtrünnig machen [*°socios fide*].

Dĭndȳmă, *ōrŭm n u.* **Dĭndȳmŭs** *u. °-ŏs, ī m* (Δίνδυμα *u.* -μος) *Geb. in Phrygien, wo die Göttermutter Kybele als* **Dĭndȳmēnē,** *ēs f* (Δινδυμήνη) *verehrt wurde.*

dī-nōscō *s. dignōscō.*

dī-nŏtō 1. unterscheiden.

dīnŭmĕrātĭō, *ōnĭs f* (*dīnŭmĕrō*) Aufzählung; *bsd.* (*rhet.*) (= μερισμός) Aufzählung der Teile eines Ganzen.

dī-nŭmĕrō 1. ab-, aufzählen (*alqd, zB. syllabas*), *bsd.* (*Geld*) auszahlen; *übh.* (*Zeitabschnitte*) berechnen [*annos*].

dĭōbŏlārĭs, *ē* (*Fw.* ‹ διώβολον + *lat. Suffix*) (*Pl.*) für 2 Obolen käuflich [*scortum* Zweigroschenhure].

Dĭŏclētĭānŭs, *ī m*: *C. Vălĕrĭŭs* ~, *röm. Kaiser v. 284—305 n.Chr., Neuordner des Reiches, lebte nach seiner freiwilligen Abdankung noch bis 316 in seinem Palast bei Salona (s.d.).*

Dĭō(n), *ōnĭs m* (Δίων) *v. Syrakus (409—354 v.Chr.), Schwager des jüngeren, Schwiegersohn des älteren Dionysios, Verehrer Platos. Sein Versuch, dessen Idealstaat in Syrakus zu verwirklichen, scheiterte.*

dĭoecēsĭs, *ĭs f* (*Fw.* ‹ διοίκησις) Diözese: **1.** Verwaltungsbezirk *innerhalb e-r Provinz,* Distrikt. **2.** (*spätl. u.* **) Kirchensprengel, Diözese, Bistum.

dĭoecētēs, *ae m* (*Fw.* ‹ διοικητής) Verwalter *der königlichen Einkünfte* [*regius*].

Dĭŏgĕnēs, *ĭs m* (Διογένης) **1.** *der bekannte Kyniker* (ὁ κύων) *aus Sinope (404—323 v.Chr.).* **2.** *Stoiker, Schüler des Chrysipp, 155 v.Chr. als Gesandter i. Rom. Cf.* V.-B. III, 3 *u.* 5.

Dĭŏmēdēs, *ĭs m* (Διομήδης) *S. des Tydeus, Held vor Troja, sagenhafter Gründer von Arpi in Apulien (s.d.)*; *adi.* **Dĭŏmēdēŭs** 3 des Diomedes [*°aves seine wegen übermäßiger Trauer um seinen Tod in Reiher verwandelten Gefährten, campus bei Arpi, °insulae Inselgruppe a. d.*

Küste v. Apulien]. *Cf.* V.-B. III, 3 *u.* 5.

Diōn *s. Diō.*

Diōnă, *ae u.* **Diōnē,** *ēs f* (*Διώνη* / zu *Δίς, Διός* = „Göttin des hohen Himmels") *Titanin, T. des Okeanos u. der Tethys, bei Homer v. Zeus Mutter der Aphrodite, später auch* = *Aphrodite; in Dodona als Gemahlin des Zeus u. Quellgottheit verehrt; bei den Römern von Jupiter Mutter der Venus u. Stammutter des Julischen Geschlechts; dcht. auch* = Venus. *Cf.* V.-B. I, 1. — *adi.* **Diōnaeŭs** 3 [°*mater* = Venus, Mutter des Äneas, °*Caesar* als Nachkomme des Äneas, °*antrum* der Venus heilig].

Diŏnȳsiŭs, *ī m* (*Διονύσιος*) *Herrscher v. Syrakus:* **1.** *d. Ä.,* † *367 v.Chr.* **2.** *d. J., 343 v.Chr. vertrieben.*

Diŏnȳsiŭs Ĕxiguŭs *skythischer Mönch, später röm. Abt* († *um 540 n. Chr.*), *schuf die Grundlagen für die christliche Zeitrechnung* (*ante u. post Christum natum*).

Diŏnȳsŭs, *ī m* (*Διόνυσος*) *urspr. thrakischer Gott* = Bacchus (*röm. auch Lībĕr*), *Gott des Weines, S. des Zeus u. der Thebanerin Semele; adi.* **Diŏnȳsiŭs** 3; *subst.* **-ă,** *ōrŭm n* Bacchusfest.

diōtă, *ae f* (*Fw.* ⟨ *διώτη u. δίωτος* zweihenkelig) (*Ho.*) zweihenkliger Weinkrug (= *ămphŏră*).

Dīphilŭs, *ī m* (*Δίφιλος*) *aus Sinope, Dichter der neuen Komödie; nach ihm Plautus „Casina" u. „Rudens".*

dīplōmă, *ătis n* (*Fw.* ⟨ *δίπλωμα, eig.* „zweifach Gefaltetes") **1.** Urkunde auf zwei zusammengelegten Blättern. **2. a)** (*nkl.*) Begnadigungsschreiben; Bürgerrechtsurkunde; **b)** (*i. republikanischer Zeit*) Geleitbrief, Reisepaß, *vom Senat für die in die Provinz Reisenden ausgestellt;* **c)** (*i. d. Kaiserzeit*) Paß zur Benutzung der Staatspost; **d)** (*nkl.*) *übh.* Diplom, Ernennungs-, Bestallungs-, Beglaubigungsurkunde; Patent.
F. *Cf.* V.-B. III, 6. — *dat. u. abl. pl. auch* °*diplomatibus.*

dīpsăs, *ădis f* (*Fw.* ⟨ *διψάς*) (*nkl., dcht.*) *eine Giftschlange.*

dīptȳchŭm, *ī n* (*Fw.* ⟨ *δίπτυχος* „doppelt zusammengelegt") (*spätl., Eccl.*) (zusammenklappbare) Schreibtafel, Verzeichnis. — ** zweiflügeliger Altar.

Dīpȳlŏn, *ī n* (*Δίπυλον*) *Doppeltor im nw. Teil Athens* (*bedeutende Ausgrabungen; Fundort der „Dipylonvasen"*).

dīpȳrŏs, *ŏn* (*Fw.* ⟨ *δίπυρος*) (*Ma.*) zweimal gebrannt.

dīrae, Dīrae *s. dirŭs.*

Dīrcē, *ēs f* (*Δίρκη*) Quelle Dirke (*w. v. Theben*); *cf.* V.-B. I, 1. — *adi.* **Dīrcaeŭs** 3 *auch* / = °thebanisch, böotisch (°*cycnus* = Pindar).

dīrēctiō, *ōnis f* (*dīrĭgō*) (*nkl.*) das Hinrichten auf *etw.*, Richtung.

dīrēctōriŭm, *ī n* (*dīrēctōr* Lenker, Leiter, *zu dīrĭgō*) (*spätl.*) vorgeschriebene Route. — ****1.** *in der katholischen Liturgie* das Kalendarium *m. Anweisungen für die Messe.* **2.** Vorstand, leitende Behörde.

dī-rēctŭs[1] *P.P.P. v. dīrĭgō.*

dīrēctŭs[2] 3 (*m.* °*comp.*; *adv.* **-ē** *u.* **-ō**) (*eig. P.P.P. v. dīrĭgō* „gerade gerichtet") **1.** in gerader Richtung, gerade [*aes, iter, via*]; *adv. directē u. -ō* = *in directum* in gerader Richtung [*gubernare*]. **2.** waagerecht, horizontal [*trabes, paries* in einem rechten Winkel schneidend]. **3.** senkrecht, vertikal, aufrecht, senkrecht abfallend [*fossa directis lateribus, directe ad perpendiculum*]. **4.** / direkt = geradezu, geradeaus, ohne Umschweife, schlicht [*verba, oratio* direkte Rede, *directe u. directo dicere*]; *auch* streng [*ratio, senex*].

dīr-ēmī *s. dīrĭmō.*

dīr-ēmptŭs[1] *P.P.P. v. dīrĭmō.*

dīrēmptŭs[2], *ūs m* (*dīrĭmō*) Trennung.

dīrĕptiō, *ōnis f* (*dīrĭpiō*) Ausplünderung, Raub (*alcis rei, zB. urbis, pecuniae; alcis, zB. sociorum*).

dīrĕptŏr, *ōris m* (*dīrĭpiō*) Plünderer.

dī-rĕptŭs *P.P.P. v. dīrĭpiō.*

dī-rēxī *s. dīrĭgō.*

dīr-ĭbĕō, —, *ĭbitŭm* 2. (*dīs, hăbĕō, eig.* „auseinanderhalten") sondern, sortieren [*tabellas* die Stimmtäfelchen].

dīrĭbĭtiō, *ōnis f* (*dīrĭbĕō*) Sonderung, Sortierung (*u.* Zählung) der Stimmtäfelchen.

dīrĭbĭtŏr, *ōris m* (*dīrĭbĕō*) (Sonderer *u.*) Zähler der Stimmtäfelchen [*tabellarum*].

dīrĭbĭtōriŭm, *ī n* (*dīrĭbĭtŏr*) (*nkl.*) Gebäude in Rom, *urspr. f. Stimmzählungen, später f. Austeilung v. Geschenken u. Löhnung.*

dī-rĭgēscō = *dērĭgēscō.*

dī-rĭgō, *rēxī, rēctŭm* 3. (*dīs, rĕgō*) **1.** geraderichten, geademachen, *bsd.* in gerader Linie aufstellen (*alqd, zB. flumina* regulieren, °*vicos* gerade Straßen bauen, *aciem,* °*frontem* eine gerade Front formieren, *regiones lituo* die Richtungen abgrenzen, *finem* regulieren *od.* als gerade Grenze angeben, *arbores in quincuncem* schachbrettförmig pflanzen, °*gladios a iugo* in gerader Richtung anbringen); *abs.* °*contra dirigere* sich dagegen aufstellen. **2. a)** (*nach einem Ziel*) hinwenden, hinlenken (*alqd, zB. iter, opera* in die gehörige Richtung bringen; *ad od. in alqd, zB. cursum ad litora; m.* °*dat.*); *auch* / [*cogitationes ad alqd,* °*orationem in alqm*]; **b)** (*dcht.*) (*Geschosse*) abschießen, schleudern [*hastam in alqd,* (*prägn.*) °*vulnera* verwundende Pfeile entsenden]. **3. a)** (*abs.*) = die Richtung wohin nehmen [*in frontem* Front machen, °*planities hinc dirigens* sich ausdehnend]; **b)** / *etw.* nach *etw.* einrichten, bestimmen, bemessen (*alqd ad alqd, zB. vitam ad rationis normam; auch alqd re, zB. officium utilitate, utilitatem honestate*).
F. *2. sg. pf.* (*Ve.*) *dīrēx(s)tī* (*synk.*) = *dīrēxistī.*

▶ **dīr-ĭmō,** *ēmī, ēmptŭm* 3. (⟨ **dīs-ĕmō*) **1.** auseinandernehmen, trennen, sondern, scheiden [*corpus,* °*urbs flumine dirempta; alqd a re, zB.* °*urbem a continenti*]; *Pers.* (*Ta.*) verfeinden. **2.** / **a)** *etw.* unterbrechen, stören, vereiteln [*rem susceptam,* °*auspicium, tempus* Aufschub verursachen]; (*abs.*) störend dazwischenkommen [*nox diremit*]; **b)** aufheben, abbrechen [*proelium, veterem coniunctionem*]; *bsd.* (*Streit*) schlichten, beilegen [*controversiam,* °*litem*].

▶ **dī-rĭpiō,** *rĭpŭī, rĕptŭm* 3. (*răpiō*) **1.** (*vkl., dcht.*) auseinanderreißen, zerreißen (*alqm u. alqd*). **2.** / **a)** plündern, ausplündern, berauben, *bsd. mil.* (*alqd, zB. domum, provincias, impedimenta; auch alqm, zB. Eburones*); **b)** raubend wegschleppen, rauben (*alqd, zB. bona, frumentum ex horreis*); **c)** (*nkl., dcht.*) herab-, wegreißen, (ent)reißen (*alqd ab, ex re, zB. ferrum a latere, insigne ex capite; auch* °*re, zB. ensem vaginā,* °*alci alqd, zB. arma militibus*).

dīrĭtās, *ātis f* (*dīrŭs*) **1.** (*nkl., dcht.*) schreckliches Unglück, grausiges Schicksal. **2.** / grausige Härte, Grausamkeit.

dī-rŭmpō, *rūpī, rŭptŭm* 3. **1.** zerreißen, zerbrechen, zerschlagen (*alqd, zB.* °*alci caput, nubem*); (*v. Pers.*) *dīrŭptŭs* gebrechlich. **2. a)** *sē dīrŭmpĕrē* = sich die Lunge aus dem Halse schreien; **b)** *mediopass.* **dīrŭmpī** (*umgangssprachlich*) (*vor Ärger, Neid, Bosheit*) bersten, (zer-) platzen (*abs. od. m. abl., zB. dolore*); **c)** *etw.* (gewaltsam) abbrechen, auflösen [*amicitiam*].

dī-rŭō, *rŭī, rŭtŭm* 3. niederreißen, einreißen, zerstören (*alqd, zB.* °*muros, urbem,* °*arbusta* entwurzeln, °*agmina* zersprengen, °*Bacchanalia* aufheben); / *aere dirui* (*v. Soldaten*) Abzug an der Löhnung erleiden, / (*am Spieltisch*) [*aere dirutus* bankrott].

▶ **dīrŭs** 3 (*m.* °*comp. u.* °*sup.*) (*rituales Dialektwort* ⟨ **dvei-rŏs zu* √‾**dvei-* „fürchten"; *cf. δείδω, δει-νός*) (*meist dcht., nkl.*) **1.** unglückverkündend, unheilvoll, grauenvoll, grausig [°*omen,* °*exsecratio,* °*carmen,* °*preces* Verwünschungen, °*religio* ehrfurchtsvolle Heiligkeit, °*deae,* °*sorores* = Erinnyen, Furien]. **2.** / *übh.* gräßlich, schrecklich, *v. Sachen u. Pers.* [°*serpens,* °*dira fremere* furchtbar knirschen]. **3.** *subst.* **dīrae,** *ārŭm f* **a)** unheilvolle Vorzeichen (*auch* °**dīră,** *ōrŭm n*); **b)** Verwünschungen, Flüche, Fluchformeln; **c)** ♀ Erinnyen, Furien (*auch sg.*).

dīs[1]**-** *praev.* (*Nbf. zu* **dvīs*: **a)** entzwei; **b)** = *bĭs* zweimal; *cf. δίς, nhd.* „**zer-**") (*vor b, d, g, l, m, n, v u.* [*seltener*] *vor r:* [*Ersatzdehnung*] *dī-; vor f assimiliert zu dif-; vor Vokalen* [*Rhotazismus*] *dir-, vor sc, sp, st vl. vereinfacht zu dī-*) entzwei, auseinander: **1.** (*Trennung od. Entfernung*) zer-, ver-, fort-, weg- [*discurro*]. **2.** (*Verneinung*) un- [*dissimilis*]. **3.** (*Verstärkung; meist i. d. Umgangssprache*) ganz, völlig [*distaedet*].

dīs[2], *dītis m u. f u.* **dītis,** *ĕ* (*m.* °*comp. u. sup.*) (*cf. dīvĕs*) **1.** (*klass. nur sup.*) = *dīvĕs.* **2. Dīs,** *Dītis m* (*Übersetzung* ⟨ *Πλούτων*) Pluto, *Gott der Unterwelt* [*Dis pater*]; / (*meton.*) (*Ve.*) Unterwelt. — **Teufel, Antichrist.

F. s. dīvēs.

dis-călcĕātŭs 3 (*dis-* + *P.P.P. v. calcĕō*) (*nkl.*) unbeschuht, *v. Pers.*

****discantus,** *i m* (*eig.* „Auseinandergesang") hohe Gegenstimme zum *cantus firmus*; Sopran.

dis-cēdō

1. a) auseinandergehen; b) sich zerstreuen; c) *v. einer Meinung* abweichen; d) zerfallen; 2. a) weggehen, sich entfernen; b) *mil.* abziehen; c) *v. jd.* abfallen; d) (*aus einem Kampf, Prozeß*) *als etw.* hervorgehen; e) *v. etw.* abgehen, -weichen; f) verschwinden.

dis-cēdō, *cessī, cessūm* 3. **1. a)** auseinandergehen, sich trennen [°*in duas partes,* °*inter se,* *terra od. caelum discedit* öffnet sich, spaltet sich, *nubes* zerreißen]; **b)** sich zerstreuen [*hostes*]; **c)** (*bei Abstimmungen im Senat*) *in sententiam alcis* der Meinung *j-s* sich anschließen [*in alia omnia* der ganz entgegengesetzten Ansicht beitreten]; **d)** (*vkl., nkl.*) (*log. od. gramm.*) zerfallen in [*in tres partes*]. **2. a)** weggehen, sich entfernen (*abs. od. ab alqo, zB. a Caesare; a, ex, de re, zB. ab urbe, a signis* aus dem Glied treten, *ab armis* die Waffen niederlegen, *a bello* den Kriegsschauplatz verlassen, *de convivio*; *m.* °*bloßem abl., zB. templo, amicis*; *auch in, ad alqd*; *m. 1. supin., zB. cubitum* schlafen gehen); **b)** *mil.* abmarschieren, abziehen, aufbrechen (*abs. od. Tarracone, a Gergovia, ex hibernis*); **c)** (*feindl.*) *v. jd.* abfallen, *jd.* untreu werden (*ab alqo, zB. ab amicis, a duce*); **d)** (*aus einem Kampf od. Prozeß*) irgendwie hervorgehen *od.* davonkommen [*superior, infecta re, aequo Marte, sine detrimento, ab iudicio liberatus* freigesprochen, *alcis iniuria impunita discedit* geht straflos aus]; **e)** / *v. etw.* abgehen *od.* abweichen (*a re, zB. ab officio, a voluptate, a se* sich selbst aufgeben *od.* außer sich geraten, [*vom Redner*] *a proposito* vom Thema abschweifen; *selten de u. e re, zB. de iure suo* seinem Rechte *etw.* vergeben, *e vita* scheiden); *auch* (*in der Beurteilung*) *ab alqo* = *v. jd.* absehen, *jd.* ausnehmen (*auch a re, zB. a fraterno amore*); **f)** (*v. Leblosem*) verschwinden, schwinden, vergehen [*memoria ex animo alcis*].

discĕptātĭō, *ōnis f* (*discĕptō*) **1.** Erörterung, Debatte, Verhandlung (*alcis rei* über, *m. etw., zB. iuris verborum* Wortstreit; *cum alqo m. jd.*). **2. a)** (*nkl.*) richterliche Entscheidung, Urteil; **b)** Streitfrage, -punkt.

discĕptātŏr, *ōris m* (*fem.* **-trix,** *icis*) (*discĕptō*) Schiedsrichter(in), Vermittler(in) (*alcis rei, zB. iuris*; *auch* °*de re*).

dis-cĕptō 1. (*dis* + *intens. v. căpiō*) **1.** (*v. den Parteien*) *über eine streitige Sache* debattieren, verhandeln ([*abl. abs.*] °*multum invicem disceptato*; *cum alqo, inter se*; *meist de re, zB. de controversiis*). **2.** (*vom Richter*) **a)** *e-e streitige Sache* untersuchen *od.* ins reine bringen, *etw.* entscheiden; **b)** (*abs.*) Richter *od.* Schiedsrichter sein [*inter alqos*]; **c)** (*trans.*) *alqd, zB. controversias* schlichten, beilegen. **3.** / *re* auf *etw.* beruhen, *v. etw.* abhängen [*in uno proelio fortuna populi Romani disceptat*].

▶ **dis-cĕrnō,** *crēvī, crētūm* 3. **1.** (*unkl.*) absondern, trennen, scheiden (*alqd, zB. fines eorum*; *alqd a re etw. v. etw.*); *telas auro m.* Goldfäden durchziehen, *litem arvis* den Streit fernhalten *v.*, *discreta sedes* abgelegen. **2.** / **a)** unterscheiden (*alqd, zB. alba et atra*; *alqd a re, zB. auditorem a iudice*); **b)** entscheiden, beurteilen (*alqd*; *m. indir. Frages.*).

dis-cĕrpō, *psī, ptūm* 3. (*cărpō*) **1.** zerpflücken, zerstückeln, stückweise zerreißen (*alqm, zB. regem u. alqd, zB. animum*). **2.** / **a)** (*v. den Winden*) (*dcht.*) zerstreuen, vernichten; **b)** (*rhet.*) *in der Rede* zerstückeln; **c)** (*Ca.*) *m. Worten* herunterreißen, schmähen (*alqm dictis*).

dis-cēssī *s. discēdō.*

discēssĭō, *ōnis f* (*discēdō*) **1.** (*vkl., nkl.*) das Auseinandergehen, Trennung [*plebei a patribus*]; *auch* (*Te.*) *zweier Eheleute.* **2.** (*im Senat*) Abstimmung (*durch e-e Art Hammelsprung*) [*-nem facere* vornehmen, ~ *fit* es wird abgestimmt, *in sententiam alcis*]. **3.** (*Ta.*) *mil.* Abmarsch.

dis-cēssūm *P.P.P. v. discēdō.*

discēssŭs, *ūs m* (*discēdō*) **1.** (*selten*) das Auseinandergehen [*caeli* = Wetterleuchten]. **2.** das Weggehen, Abgang, Trennung, Scheiden, *bsd.* Abreise; *mil.* Abmarsch [*Dyrrhachio, solis, e vita* Tod]; (*euphem.*) = Verbannung.

dis-cĭdī[1] *s. discīdō.*

dī-scĭdī[2] *s. discindō.*

discĭdĭŭm, *ī n* (*dī-?*; *discindō, eigtl.* „das Auseinanderreißen") **1.** Trennung, Auflösung (*alcis rei, zB. affinitatum* der Verschwägerungen; *alcis j-s u. v. jd., zB. coniugis, tuum v.* dir). **2. a)** Trennung *e-s Liebespaares od.* Ehescheidung; **b)** Zerwürfnis [*civile* gewöhnliches, *belli* kriegerisches].

dis-cīdō, *cīdī, cīsūm* 3. (*caedō*) (*Te., Lu.*) zerhauen.

discīnctŭs 3 *s. discingō.*

dī-scindō, *scidī, scissūm* 3. (*dī-?*) zerspalten, zerreißen, zerschneiden [*tunicam* aufreißen]; / plötzlich abbrechen *od.* lösen [*amicitiam*].

dis-cingō, *cīnxī, cīnctūm* 3. (*cīnxī, cīnctūm?*) (*meist dcht., nkl.*) **1.** losgürten, aufgürten, entgürten [°*tunicam*]; P. sich entgürten (lassen), / = sich *etw.* entreißen lassen; / (*dcht.*) entwaffnen. **2.** (*P.P.P.*) *adi.* **discīnctŭs** 3 **a)** ungegürtet (*mil.* entwaffnet), *bsd.* = α) ohne Waffe i. der Tunika *als Zeichen der Trauer*; β) *m.* blankem Schwert ohne Scheide u. Wehrgehenk *als mil. Strafe*; **b)** / (*dcht.*) ungebunden, locker, leichtfertig, *v. Pers. u. Sachen* [*nepos, otia*].

▶ **discĭplīnă,** *ae f* (*discĭpŭlŭs*) **1. a)** schulmäßiger Unterricht, Unterweisung [*pueriIis, puerum alci in -am tradere* in die Lehre, *-am adhibere alci* angedeihen lassen, *res, quarum* ~ est die lehrbar sind; *alcis j-s, zB.* °*parentum*; *alcis rei* in *etw., zB. multarum artium*]; (*meton.*) **b)** Kenntnis, Wissen, Bildung, Kunst [*homo summā -ā*]; **c)** Lehrmethode, System (*alcis j-s, zB. Stoicorum, Druidum*); **d)** *einzelnes* Unterrichtsfach, wissenschaftliches Fach [*iuris civilis* Rechtswissenschaft, °*militaris u. bellica* Kriegswissenschaft, *dicendi* Rhetorik, *magorum* Mantik, *memoriae* Mnemotechnik]; *pl.* Wissenschaften, *bsd. die praktischen* Fächer [*-is erudiri*]; **e)** Unterrichtsanstalt, Schule, *bsd.* Philosophenschule [*urbs plena Graecarum -arum*]. **2.** / **a)** Erziehung, Zucht [*vetus, domestica*]; **b)** Kriegszucht, Manneszucht, Disziplin; (*meton.*) **c)** Lebensweise, Grundsätze [*maiorum, meretricia* Mätressenwirtschaft; *-ae sanctitas* Ehrlichkeit in Handel u. Wandel]; **d)** Ordnung, Einrichtung [*sacrificandī* Ritus]; *bsd.* Staatsverfassung [*civitatis*].

discĭpŭlă, *ae f* (*discĭpŭlŭs*) (*vkl., nkl.*) Schülerin.

▶ **discĭpŭlŭs,** *ī m* (**dis-cĭpiō* „fasse geistig auf"; *căpiō* [*Ggs. praecĭpiō, eig.* „nehme *etw.* vor", *dann* „schreibe vor, lehre"]; *v. den Alten m. discō in Verbindung gebracht*) Schüler (*auch* /).

dī-scissŭs *P.P.P. v. discindō.*

dis-cīsŭs *P.P.P. v. discīdō.*

dis-clūdō, *sī, sūm* 3. (*claudō*) voneinander abschließen, auseinanderhalten, absondern, trennen (*alqd, zB. tigna*; *alqd a re, zB. Arvernos ab Helvetiis*); °*morsūs roboris* = öffnen.

▶ **discō,** *dĭdĭcī,* — 3. (*-isc-?*) (*wohl* < **dĭ-dc-scō*; *cf.* διδάσκω, *dŏcĕō*) lernen, *übh.* kennenlernen, erfahren, *pf.* kennen, wissen, verstehen (*abs. od. alqd, zB. litteras, militiam, palaestram* gymnastischen Unterricht haben; *alqd ab, selten de, ex alqo etw. v. jd., zB. virtutem a od. ex patre, rem ex testibus, auch apud alqm*; *m. inf., zB. saltare, u. a.c.i.*; *m. indir. Frages.*); *fidibus* (*sc. canere*) das Saitenspiel lernen; (*part. praes.*) *subst.* **discēntēs,** *ĭŭm m* (*nkl.*) Schüler, Lehrlinge; (*dcht.*) *auch* untersuchen, erforschen; (*prägn.*) *etw.* studieren (*alqd, zB. ius civile*); (*v. Anwälten*) sich über *e-e* Sache instruieren lassen [*causam*].

discŏbŏlŏs, *ī m* (*Fw.* < δισκοβόλος) (*nkl.*) Diskuswerfer (*als Bildwerk, bsd. d. Myron, nur in Kopien erhalten*).

dis-cŏlŏr, *ōris* verschiedenfarbig, bunt [*signa*; °*alci rei*]; / verschieden(artig), unähnlich, ungleich (*auch alci*). [*-iūm*).
F. *abl. sg. -ī,* (*pl. neutr. -ĭă, gen.*

dis-cŏndūcō, —— 3. (*Pl.*) nicht zuträglich sein, schaden [*nil huic rei*].

dis-cŏnvĕnĭō, —— 4. (*dcht., nkl.*) nicht übereinstimmen, schlecht passen; (*auch impers.*) es besteht eine Verschiedenheit [*inter alqos*].

dĭscŏrdābĭlĭs, ĕ (*dĭscŏrdō*) (*Pl.*) nicht übereinstimmend.

▶ **dĭscŏrdĭă,** *ae f* (*dĭscŏrs*) **1. a)** Uneinigkeit, Zwietracht, Zwist, *auch pl.* (*alcis j-s*); **b)** (*Ta.*) Meuterei. **2.** (*meton.*) **a)** (*dcht.*) Gegenstand des Streites, Zankapfel; **b)** ♀ (*personif.*) (*dcht.*) (*weiblicher*) Dämon der Zwietracht (= Ἔρις).

dĭscŏrdĭōsŭs 3 (*dĭscŏrdĭă*) (*Sa.*; *spätl.*) händelsüchtig.

dĭscŏrdō 1. (*denom. v. dĭscŏrs*) **1. a)** uneins sein, in Zwist leben, (*prägn.*) nicht mittun wollen (*abs. od. cum alqo, secum, inter se*); **b)** (*Ta.*) meutern. **2.** / nicht übereinstimmen, abweichen, kontrastieren (*cum alqo*, °*alci*).

dĭs-cŏrs, *cŏrdĭs* (*cŏr*) **1. a)** uneinig, zwieträchtig, *v. Pers.* (*cum alqo u.* °*alci*; *ad alqd od. re* zu, durch, in *etw.*); / *auch v. Sachen* (*nkl., dcht.*) feindlich, widerstrebend, unharmonisch [*venti*]; **b)** *mil.* (*Ta.*) meuterisch. **2.** / nicht übereinstimmend, entgegengesetzt, ungleich, verschieden [*inter se*; *re* durch *etw.*]; °*fetus* Zwitter, Zwiegestalt.
F. *sg. abl. -ī*; *pl. neutr. -ĭă, gen. -ĭŭm.*

dĭscrĕpăntĭă, *ae f u.* (*nkl.*) **dĭscrĕpātĭō,** *ōnĭs f* (*dĭscrĕpō*) Disharmonie, Mißhelligkeit, Widerspruch (*inter alqos*; *alcis rei* in *etw.*).

dĭscrĕpĭtō 1. (*intens. v. dĭscrĕpō*) (*Lu.*) gänzlich verschieden sein.

▶ **dĭs-crĕpō,** *āvī,* — 1. **1.** (*v. Musikinstrumenten*) nicht harmonieren [*tibiae*]. **2.** / **a)** nicht übereinstimmen, abweichen, in Widerspruch stehen (*abs., inter se od. cum alqo, cum re u. ab alqo, a re*; *m. dat. sibi, sonst unkl., zB.* °*nepoti,* °*Delphis* = *m.* delphischen Orakeln; *de re, in re, re*); (*v. Sachen*) (*dcht., nkl.*) *auch* streitig *od.* unentschieden sein [*causa*]; **b)** (*impers.*) (*dcht., nkl.*) **dĭscrĕpăt** man ist uneins, man streitet darüber (*inter scriptores*; *de re*; *m. a.c.i. bzw. quin*; *m. indir. Frages.*).

dĭscrētĭm *adv.* (*zu dĭscrētŭs* 3, *eigtl. P.P.P. v. dĭscĕrnō*) (*nkl.*) abgesondert, getrennt.

▶ **dī-scrībō,** *scrīpsī, scrīptŭm* 3. (*dī-?*; *eigtl.* „auseinanderschreiben" = das eine hierhin, das andere dorthin schreiben) **1.** einteilen, abteilen, ordnen (*alqd, zB. urbis partes ad incendia*; *bsd. alqd in alqd, zB. annum in duodecim menses*); *auch Pers.* einteilen, einreihen [*milites in legiones*]; (*prägn.*) *ea pars, quae prima discripta est* der bei der Gliederung zum ersten gemacht worden ist. **2.** (*Te., Li.*) zuteilen, verteilen unter, anweisen [*Asiae civitates proportione*; *alqd alci u. in alqos, zB. frumentum populo*]. **3.** = *dēscrībō.*

dĭs-crīmĕn
1. a) (*concr.*) Scheidelinie, -wand; **b)** Abstand, Entfernung; **c)** Zwischenraum; **2. a)** Unterschied; **b)** Entscheidung; **c)** entscheidender Augenblick, Wendepunkt; höchste Gefahr; Krise.

dĭs-crīmĕn, *ĭnĭs n* (= κρίμα zu *cĕrnō* < **crīnō, eigtl.* „der trennende Zwischenraum") **1. a)** (*concr.*) (*meist dcht.*) Scheidelinie, Scheidewand, Scheide, *v. Rückgrat, Landengen u.ä.* [°~ *facere od. dare inter alqd od. m. dat. etw.* scheiden *od.* teilen; °*compositum* ~ Scheitel, gescheiteltes Haar, °*parvum leti* der schmale Rand des Todes]; **b)** (*abstr.*) (*dcht.*) Abstand, Entfernung [*aequum*]; *bsd.* (*in der Musik*) °Intervall [°*septem discrimina vocum pulsare* = die siebensaitige Leier schlagen]; **c)** (*nkl.*) Zwischenraum [*agminum* zw. den Abteilungen]. **2.** / **a)** Unterschied [*nullum,* ~ *habere* zeigen, °*haud in magno discrimine ponere* kein großes Gewicht darauf legen; *alcis rei od. inter alqd* zw. *etw., zB. nationum, inter bonos et malos*]; (*meton.*) Unterscheidungsgabe, -vermögen [*non est* ~ *in vulgo*]; **b)** Entscheidung [*belli, summae rei* Hauptentscheidung, *parvae rei* im kleinen]; *in discrimine esse od. versari* der Entscheidung unterliegen; °*in* ~ *venire* zur Entscheidung kommen, *in* ~ *adducere od. deducere, vocare* zur Entscheidung kommen lassen; *bsd.* Entscheidungskampf [*extremum*]; **c) α)** entscheidender Augenblick, kritischer Zeitpunkt, Wendepunkt [°*in ultimo -ne vitae esse* in den letzten Zügen liegen, *ad ipsum* ~ *eius temporis* gerade in jenem kritischen Augenblick]; **β)** (höchste) Gefahr, Risiko, Bedrängnis, Not [*rerum, rem in* ~ *dare etw.* riskieren, *in* ~ *vocari od. in summo -ne esse* auf dem Spiele stehen]; **γ)** (*v. Pers.*) Spannung [*in summo discrimine esse m. indir. Frages.* aufs äußerste gespannt sein]; **δ)** Ausschlag [~ *dare*]; **ε)** (*dcht.*) Mittel zur Entscheidung, Probe [*discrimine aperto*].

dĭscrīmĭnō 1. (*denom. v. dĭscrīmĕn*) trennen, scheiden (*alqd*), *auch* (*ein Land*) durchschneiden [*Etruriam*]; / (*nkl.*) *etw.* (*geistig*) unterscheiden.

dī-scrīpsī *s. dīscrībō.*

dīscrīptĭō, *ōnĭs f* (*dī-?*; *dīscrībō*) Einteilung, Verteilung, Gliederung (*m. gen., zB. civitatis*); *oft* = *dēscrīptĭō.*

dī-scrīptŭs[1] *P.P.P. v. dīscrībō.*

dīscrīptŭs[2] 3 (*dī-?*; *dīscrībō*) = *dēscrīptŭs.*

dĭs-crŭcĭō 1. (zer)martern, quälen (*alqm*); *se -are u. mediopass.* (*meist vkl., nkl.*; *m. u. ohne animi*) sich ängstigen, sich abhärmen [*amore*].

dĭs-cŭmbō, *cŭbŭī, cŭbĭtŭm* 3. (**cŭmbō*; *cf. cŭbō*) **1.** sich niederlegen, *v. mehreren od.* (*nkl.*) *v. einem einzelnen unter mehreren.* **2. a)** sich zu Tisch legen [*discumbitur* man geht zu Tisch]; **b)** schlafen gehen.

dĭs-cŭpĭō, *pīvī, pītŭm* 3. (*unkl.*) sehnlich wünschen (*m. inf.*).

dĭs-cŭrrō, (*cŭ*)*cŭrrī, cŭrsŭm* 3. **1.** auseinanderlaufen, -reiten, -fahren, sich zerstreuen (*abs. od. in loco, in locum, circa vias, ad arma u.ä.*, °*in cornua* sich verteilen auf). **2.** (*nkl., dcht.*) hin u. her laufen, reiten, fahren; (*v. Sachen*) sich verbreiten.

dĭscŭrsātĭō, *ōnĭs f* (*dĭscŭrsō*; *nkl.*) das Hin- *u.* Herlaufen.

dĭscŭrsō 1. (*intens. v. dĭscŭrrō*) (*nkl.*) hin *u.* her laufen; *auch* /.

dĭs-cŭrsŭm *P.P.P. v. dĭscŭrrō.*

dĭscŭrsŭs, *ūs m* (*dĭscŭrrō*) (*nkl., dcht.*) das Auseinanderlaufen, Hin- *u.* Herlaufen, -fahren, -reiten, -segeln; das Zappeln [*piscis*]; *pl.* Zickzack- *od.* Schlangenlinien; *bsd.* Streifzug, *mil.* Schwenkung nach den Flanken.

dĭscŭs, *ī m* (*Fw.* < δίσκος) Diskus (*aus Stein, Bronze od. Eisen, oft i. der Mitte durchbohrt*); (*nkl.*) Teller, Platte.

dĭs-cŭssī *s. dĭscŭtĭō.*

dĭscŭssĭō, *ōnĭs f* (*dĭscŭtĭō*) (*nkl.*) **1.** Erschütterung. **2.** *seminis* = *ēiăcŭlātĭō.* **3.** (*spätl.*) / Untersuchung, Prüfung, Streit.

dĭs-cŭtĭō, *cŭssī, cŭssŭm* 3. (*quătĭō*) **1. a)** zerschlagen, zerschmettern, zertrümmern (*alqd, zB.* °*columnam,* °*iubas capiti* die Helmbüsche am Haupte zerfetzen); **b)** (*nkl., dcht.*) auseinanderjagen, verjagen, vertreiben, verscheuchen (*alqd, zB. concilium, nivem* nach beiden Seiten auseinanderwerfen, *discussa nive* als der Schnee geschmolzen war; *umbras*). **2.** / hintertreiben, vernichten, beseitigen, vereiteln [*periculum,* °*ebrietatem, captiones* widerlegen, *alcis cunctationem* ein schnelles Ende machen]; °*res est discussa* die Sache zerschlug sich. **3.** (*spätl.*) *e-e Sache* diskutieren, erörtern.

dĭsērtŭs 3 (*m. comp. u. sup.*; *adv.* **-ē** [*m.* °*sup.*] *u. altl.* **-ĭm**) (*wohl* < *dĭssērtŭs, P.P.P. v. dĭssĕrō*[2]) **1.** (*v. Pers.*) redegewandt, beredt [*orator, avus*]; *übh.* (*Ca.*) gewandt (*alcis rei* in *etw.*). **2.** (*v. der Rede*) wohlgeordnet, klar, deutlich, bestimmt [*oratio, -e scribere,* °*-e saltare* ausdrucksvoll].

▶ **dĭs-ĭcĭō,** *ĭēcī, ĭēctŭm* 3. (*ĭăcĭō, eigtl.* „auseinanderwerfen") **1.** zerstören, zertrümmern, zerstückeln (*alqd, zB. antennas,* °*arcem,* °*ossa* zerschmettern, °*membra* zerreißen, °*frontem securi* zerhauen). **2. a)** auseinandertreiben, zerstreuen, zersprengen [*phalangem,* °*nebulam* verscheuchen, °*capillos* zerraufen, °*disiecta comas m.* fliegendem Haar]; **b)** (*P.P.P.*) *adi.* **dĭsĭēctŭs** 3 **α)** zerstreut [*manus*]; **β)** (*v. Sachen*) zerstreut liegend *od.* stehend, vereinzelt [*aedificia*], ausgedehnt, weitläufig [*urbs*], °*harenae* Flugsand, °ungeordnet; **γ)** (*v. Pers.*) (*Hi.*) zerstreut wohnend. **3.** / (*nkl., dcht.*) zunichte machen, vereiteln, hintertreiben [*rem, pacem* stören]; *bsd.* verschwenden, vergeuden [*rem familiarem*].

dĭsĭēctō 1. (*intens. v. dĭsĭcĭō*; *Lu.*) zersprengen, zerstreuen.

dĭsĭēctŭs[1] 3. *s. dĭsĭcĭō.*

dĭsĭēctŭs[2], *ūs m* (*dĭsĭcĭō*) (*Lu.*) das Zerstreuen.

dīsiūnctĭō, *ōnis f* (*dīsiūngō*) **1.** Trennung, Scheidung (*alcis j-s u. v. jd.*). **2.** / **a)** Verschiedenheit, Ungleichheit, Abweichung [*sententiae*]; **b)** α) (*dial. t.t.*) Gegensatz, disjunktive Schlußform *od.* Satzform (*aut — aut*; *Ggs. cōniūnctĭō*); β) (*rhet. t.t.*) Asyndeton.

dis-iŭngō *u.* (*älter*) **dī-iŭngō,** *iūnxī, iūnctŭm* 3. (*eigtl.* „auseinanderknüpfen") **1.** losbinden, abspannen [*iumenta*]. **2.** *übh.* (*auch* /) trennen, scheiden, entfernen; / entfremden (*alqm u. alqd*; *alqm ab alqo, alqd a re, zB. filium a familiaritate alcis, se a corpore* sich freimachen; °*alqd re od.* °*alci rei, zB. Italis oris*); *auch* unterscheiden [*insaniam a furore*]. **3.** (*P.P.P.*) *adi.* **dīsiūnctŭs** 3 (*m. comp. u. sup.*; *adv.* **-ē**) **a)** getrennt, entlegen, fern *v.*, außer dem Bereich *v. etw.* liegend [*loca*; *a re v. etw.*; *oft* /, *zB. mores a scelere disiuncti*]; **b)** / α) abweichend, verschieden (*a re*); β) (*dial. t.t.*) entgegengesetzt, disjunktiv [*disiunctius dici* zu sehr in Gegensätzen]; γ) (*rhet. t.t.*) unzusammenhängend, abrupt.

dīs-mărītŭs, *ī m* (δίς; *hybride Bildung* = *bĭmărītŭs*) (*Pl.*) Doppelgatte.

dis-pālēscō, — — 3. (*incoh. v. dispălŏr*) (*Pl.*) weithin bekannt werden.

dis-pālŏr 1. (*unkl.*) zerstreut *od.* überall umherschweifen (*nur im part. pf. gebräuchlich*) (*abs. od. in loco*).

dis-păndō, *pāndī, pānsŭm* 3. (*nkl., dcht.*) ausspannen, ausbreiten (*alqd*).

dis-păr, *păris* ungleich, verschieden, unähnlich, kontrastierend [*colores* abstechend, *proelium* ungleicher Waffengattungen; *abs. od. inter se, m. dat., selten m. gen., zB. sui*].
F. *abl. sg.* **-ī** *u.* °**-ĕ**; *pl. neutr.* **-ĭă**, *gen.* **-ĭŭm.**

dispărātŭm, *ī n* (*P.P.P. n v. dispărō*) (*rhet. t.t.*) kontradiktorischer Gegensatz [*sapere — non sapere*].

dis-părĭlĭs, *ĕ* (*adv.* °**-ĭtĕr**) ungleich, verschieden(artig).

dis-părō 1. (*entweder Kompositum v. părō 1. od. denom. v. dispăr*) absondern, trennen (*alqm u. alqd ab alqo u. a re*).

dis-pārtĭō *u.* **-ĭŏr** = *dispĕrtĭō.*

dī-spēctŭs¹ *P.P.P. v. dīspĭcĭō.*

dīspēctŭs², *ūs m* (*dī-?*; *dīspĭcĭō*) (*Se.*) allseitige Erwägung *od.* Berücksichtigung.

dis-pēllō, *pŭlī, pŭlsŭm* 3. auseinandertreiben, zerstreuen; *auch* / (*alqm u. alqd*; *alqd a re, caliginem ab animo*).

dispĕndĭŭm, *ī n* (*dīspĕndō¹*, *Ggs. cōmpĕndĭŭm*) (*unkl.*) Einbuße an Geld, überflüssiger Aufwand; / Verlust, Schaden [*morae* Zeitverlust].

dis-pĕndō¹, —, *pēnsŭm* 3. (*vkl.*) auseinanderwiegen, ab-, verwiegen; / (*spätl.*) *übh.* austeilen.

dis-pĕndō², —, *pĕssŭm* 3. *u.* (*vulgär*) **-pĕnnō,** — — 3. (*vkl., dcht.*) = *dīspăndō.*

dispēnsātĭō, *ōnis f* (*dīspēnsō, eigtl.* „genaues Abwiegen") **1.** genaue, gleichmäßige Verteilung [°*inopiae* des geringen Vorrates]. **2. a)** Verwaltung, Bewirtschaftung [*aerarii*]; **b)** (*meton.*) Amt des Schatzmeisters, Intendantur [*regia* beim König]. — **Dispens; Sündenerlaß.

dispēnsātŏr, *ōris m* (*dīspēnsō*) Verwalter, Wirtschafter; *bsd.* Schatzmeister, Intendant, Kassierer.

dispēnsātōrĭŭs 3 (*dīspēnsātŏr*; *spätl.*) zur Verwaltung des Hauses gehörig. — ****subst.* **-um,** *i n* (= *pharmacopoea* [*Fw.* <φαρμακοποιΐα]) Arzneibuch *m. Vorschriften für die Bereitung der Medikamente.*

dispēnsō 1. (*intens. v. dīspĕndō¹*) **1.** (*im richtigen Verhältnis*) verteilen, austeilen (*alqd, zB.* °*ducentos nummos,* °*oscula per natos*). **2.** / sorgsam einteilen, ordnen, regulieren (*alqd, zB.* °*annum intercalariis mensibus,* °*victoriam* Anordnungen für die Ausnutzung des Sieges treffen); *bsd.* verwalten, bewirtschaften [°*pecuniam* die Kriegskasse]; *abs.* (*dcht.*) haushalten. — dispensieren: **a)** **befreien; **b)** ***Arzneien herstellen *u.* abgeben.

dis-pĕrcŭtĭō, — — 3. (*Pl.*) zerschmettern [*cerebrum*].

dis-pĕrdō, *dĭdī, dĭtŭm* 3. ganz zugrunde richten, verderben (*alqm, zB.* °*cives, u. alqd, zB. possessiones,* °*libellum* verhunzen, °*miserum carmen* ein erbärmliches Lied herunterleiern). **P.** *meist ersetzt durch dīspĕrĕō.*

dis-pĕrĕō, *ĭī,* —, *īrĕ* ganz zugrunde gehen, verloren gehen, *v. Pers. u. Sachen*; (*dcht.*) *dispeream, ni* ich will des Todes sein, wenn nicht...; (*Com.*) *disperii* mit mir ist's aus.

▶ **dī-spĕrgō,** *rsī, rsŭm* 3. (*dī-?*; *spărgō*) **1.** (*dcht., nkl.*) zerstreuen, ausstreuen (*alqd, zB. corpus per agros, rorem late* verspritzen, *ossa* zerschmettern). **2.** / verbreiten, ausbreiten, verteilen [°*rumores* ausstreuen, *multa perniciosa,* °*vitam in auras* aushauchen; *alqd in alqd*; *m.* °*a.c.i.* das Gerücht aussprengen]. **3.** (*P.P.P.*) *adi.* **dispērsŭs¹** 3 (*adv.* **-ē** *u.* °**-ĭm**) zerstreut, versprengt, vereinzelt, an vielen Orten stattfindend, hier u. da, *v. Pers. u. Sachen* [*homines, bellum*].

dispērsĭō, *ōnis f* (*dīspĕrgō*) Zerstörung [*urbis*].

dispērsŭs¹ 3 *s. dīspĕrgō.*

dispērsŭs², *abl. ū m* (*dīspĕrgō*) Zerstreuung.

dis-pĕrtĭō *u.* (*selten*) **-tĭŏr** 4. (*pārtĭō*) **1. a)** zerteilen, zerlegen, verteilen (*alqd, zB.* °*exercitum per oppida*; *alqd inter se*; *alqd in alqd*); *auch* einteilen (*alqd, zB. tempora voluptatis laborisque* streng voneinander scheiden; *alqd in alqd, zB. coniecturam in quattuor genera*); **b)** *jd. etw.* zuteilen *od. unter mehrere etw.* verteilen (*alci alqd, zB. pecuniam iudicibus*). **2.** *mediopass.* (*Pl.*) auseinandergehen [*etiam dispertimini?* wollt ihr wohl auseinander!].

dispērtĭtĭō, *ōnis f* (*dīspĕrtĭō*) Zerteilung [*urbis*].

dispĕssŭs 3 *s. dīspĕndō².*

dī-spĭcĭō, *spēxī, spēctŭm* 3. (*dī-?*; *spēxī?*; *spĕcĭō*) **1.** (*abs.*) **a)** die Augen öffnen (*od.* wieder öffnen); (wieder) sehen können; **b)** (*Pl.*) umherspähen. **2.** (*intr.*) (*Lu.*) sich umsehen. **3.** (*trans.*) **a)** (*Lu., nkl.*) deutlich erblicken; wahrnehmen (*alqd, zB. nequit ullam dispicere oculus rem*); **b)** / (*geistig*) erkennen, durchschauen, einsehen, ausfindig machen, ermitteln (*alqd u. alqm, zB. verum*; *insidiatorem et petitum insidiis*; *m. indir. Frages.*); **c)** erwägen, prüfen [*res Romanas*].

displĭcēntĭă, *ae f* (*dīsplĭcĕō*) (*Se.*) Unzufriedenheit [*sui m.* sich selbst].

dis-plĭcĕō, *ŭī,* (*ĭtŭm*) 2. (*plăcĕō*) mißfallen, nicht behagen (*alci j-m*; *m. inf. od. a.c.i.*); (*impers.*) *displicet alci de re jd.* ist *m. etw.* nicht einverstanden; *sibi displicere* mißvergnügt sein, *auch* unpäßlich sein.

dis-plōdō, *sī, sŭm* 3. (*vkl., dcht.*) auseinanderschlagen, zersprengen; **P.** platzen.

dis-pŏlĭō 4. (?) (*Pl., Epid.* 93) glätten, polieren [*virgis dorsum dispoliet meum* = mich verprügeln].

▶ **dis-pōnō,** *pŏsŭī, pŏsĭtŭm* 3. **1.** an verschiedenen Orten aufstellen *od.* verteilen (*alqd u. alqos, zB.* °*lapides intervallis, cohortes, signa ad omnes columnas*). **2. a)** planmäßig *od.* in Ordnung, aufstellen *od.* verteilen (*alqos u. alqd in loco, zB. tormenta in muris,* °*vigilias per urbem*), *mil.* in Schlachtordnung aufstellen [°*aciem*]; **b)** *übh.* ordnen, in Ordnung bringen, gut einrichten [*Homeri libros antea confusos,* °*diem* die Geschäfte des Tages, °*fata sibi* gestalten, °*ministeria in equites* verteilen an; *alqd ad, in alqd etw.* für *etw.* passend machen]; **c)** (*rhet. t.t.*) ordnen, anordnen; **d)** (*dcht.*) geordnet darstellen. **3.** (*P.P.P.*) *adi.* **dispŏsĭtŭs¹** 3 (*adv.* **-ē**) wohlgeordnet, *m.* richtiger Disposition, *v. Sachen u.* (*nkl.*) *Pers.* [*verba,* °*vir m.* geordnetem Vortrag, °*-e dicere*].

dispŏsĭtĭō, *ōnis f* (*dīspōnō*) planmäßige Anordnung, kunstgerechte Gliederung; *bsd.* (*rhet. t.t.*) Disposition.

dispŏsĭtūră, *ae f* (*dīspōnō*) (*Lu.*) Stellung (*auch pl.*).

dispŏsĭtŭs¹ 3 *s. dīspōnō.*

dispŏsĭtŭs², *abl. ū m* (*dīspōnō*; *Ta.*) die gehörige Anordnung.

dis-pŏsŭī *s. dīspōnō.*

dis-pŭdĕt, *ŭīt,* — 2. *impers.* (*Com., nkl.*) sich sehr schämen (*m. inf.*).

dis-pŭlī *s. dīspĕllō.*

dis-pŭlsŭs *P.P.P. v. dīspĕllō.*

dis-pŭngō, *pūnxī, pūnctŭm* 3. (*pūnxī, pūnctŭm?*) (*nkl.*) durchgehen, prüfen [*rationes* die Rechnungen].

dispŭtābĭlĭs, *ĕ* (*dīspŭtō*) (*Se.*) worüber sich viel sagen läßt.

dispŭtātĭō, *ōnis f* (*dīspŭtō*) wissenschaftliche Untersuchung, Abhandlung (*alcis rei od. de re* über *etw.*); *bsd.* wissenschaftliches *od.*

philosoph. Streitgespräch, Disputation.

dĭspŭtātĭuncŭlă, *ae f* (*demin. v. dĭspŭtātĭō*) (*nkl.*) (kurze) Abhandlung.

dĭspŭtātŏr, *ōrĭs m* (*dĭspŭtō*) gründlicher Denker, der in Gesprächsform eine Sache erörtert, Diskussionsredner.

dĭspŭtātrix, *trīcĭs f* (*dĭspŭtātŏr*) (*Qu.*) im Disputieren bestehend; *subst.* Dialektik (*Übers. v.* διαλεκτική τέχνη).

▶ **dĭs-pŭtō** 1. **1.** (*Pl.*) ins reine bringen, genau berechnen (*alqd cum alqo*). **2.** / nach allen Seiten wissenschaftlich (*bsd. philos.*) erörtern *od.* untersuchen, disputieren (*abs. od. intr. de re, zB. de voluptate, ad alqd, contra alqd; trans. fast nur Neutra wie multa, haec, id u. a.; m. a.c.i.; m. indir. Frages.*); *in utramque partem od. in contrarias partes* für *u.* wider sprechen, *in alcis sententiam* für *j-s* Meinung, *in nullam partem* für keine Partei.

dĭs-quīrō, — — 3. (*quaerō*) (*Ho., spätl.*) untersuchen.

dĭsquīsītĭō, *ōnĭs f* (*dĭsquīrō*) Untersuchung, *bsd.* vor Gericht (*alcis rei*).

dĭs-rŭmpō = *dīrŭmpō.*

dis-saepĭō, *psī, ptŭm* 4. (wie durch einen Zaun) trennen, abschließen (*alqd re etw.* durch *etw.*).

dĭssaeptĭō, *ōnĭs f* (*dĭssaepĭō*) (*nkl.*) das Ziehen e-r Zwischenwand; / Trennung (*alcis rei, zB. iuris humani* [?]; *cf. dĭssērtĭō*).

dĭssaeptŭm, *ī n* (*dĭssaepĭō*) (*Lu.*) Zwischenwand. [*oculos*].

dĭs-sāvĭŏr 1. (*Qu. Ci.*) abküssen

dĭs-sĕcō, *sĕcŭī, sĕctŭm* 1. (*nkl.*) zerschneiden [*alqm serrā jd.* zersägen].

dĭs-sēdī *s. dĭssĭdĕō u. dĭssīdō.*

dĭs-sēmĭnō 1. aussäen (*alqd*); *klass. nur* / verbreiten [*sermonem*].

dĭs-sēnsī *s. dĭssēntĭō.*

dĭssēnsĭō, *ōnĭs f u.* (*Ve.*) **dĭssēnsŭs,** *ūs m* (*dĭssēntĭō*) **1.** Meinungsverschiedenheit [*in -one esse,* ~ *est inter alqos od. alci cum alqo, de re*]. **2. a**) Uneinigkeit, Zwietracht, Spaltung [*civilis* Bürgerkrieg, *alcis j-s u. m. jd., zB. civium*]; **b**) / Widerspruch *v. Pers. u. Sachen* = Unvereinbarkeit [*-io utilium cum honestis*].

dĭs-sēnsŭm *P.P.P. v. dĭssēntĭō.*

dĭssēntānĕŭs 3 (*dĭssēntĭō*) nicht übereinstimmend (*alci rei*).

▶ **dĭs-sēntĭō,** *sēnsī, sēnsŭm* 4. **1.** verschiedener Meinung sein, nicht beistimmen (*abs. od. inter se, ab u. cum alqo, a u. cum re; m. °dat., zB. condicionibus* = nicht einwilligen in, *sibi in re* nicht konsequent bleiben). **2. a**) feindlich gesinnt sein, streiten (*abs. od. ab alqo*); **b**) / (*meist v. Leblosem*) abweichen, in Widerspruch stehen (*a u. cum re, zB. a more maiorum, ipsum a se, °cum scripto*); *auch* (*Lu.*) *impers. dissentit* es steht in Widerspruch *m. a.c.i.*

dĭs-sĕrēnāscĭt, *nāvĭt,* — 3. (*incoh. v. °dĭs-sĕrēnăt* „es ist heiter"; *sĕrēnŭs*) *impers.* (*Li.*) es heitert sich auf.

dĭs-sĕrō[1], *sēvī, sĭtŭm* 3. **1.** (*vkl.*) in Abständen aussäen. **2.** / in Zwischenräumen in die Erde setzen [*taleas*].

▶ **dĭs-sĕrō**[2], *sĕrŭī, sĕrtŭm* 3. *mündl.* auseinandersetzen, erörtern *od.* seine Gedanken entwickeln, besprechen, einen Vortrag halten (*abs., zB. ars bene disserendi, od. de re, zB. de immortalitate animorum; unkl. alqd, zB. °seditiosa* aufrührerische Reden halten, *aber klass. multa, eadem u.ä.; cum alqo, pro re, contra alqd; m. a.c.i.; m. indir. Frages.*); *impers.* / (*Lu.*) *disseritur inter eos* eine Besprechung findet zw. ihnen statt.

dĭs-sĕrpō, — — 3. (*Lu.*) unmerklich sich ausbreiten.

dĭssērtātĭō, *ōnĭs f* (*dĭssērtō*) (*nkl.*) Erörterung. — ***wissenschaftl. Abhandlung zur Erlangung der Doktorwürde.

dĭssērtĭō, *ōnĭs f* (*-s-?; dĭssĕrō*[1]*?*) allmähliche Auflösung [*iuris humani* (?)]; *cf. dĭssaeptĭō.*

dĭssērtō 1. (*intens. v. dĭssĕrō*[2]) (*vkl., nkl.*) gründlich erörtern *od.* disputieren (*abs., de re u. alqd*).

dĭs-sērtŭs *P.P.P. v. dĭssĕrō*[2].

dĭs-sĕrŭī *s. dĭssĕrō*[2].

dĭs-sēvī *s. dĭssĕrō*[1].

dĭssĭcĭō (*dcht.*) = *dīsĭcĭō.*

dĭs-sĭdĕō, *sēdī,* — 2. (*sĕdĕō; eigtl.* „auseinandersitzen") **1. a**) (*Ho.*) schief sitzen [*toga dissidet impar*]; **b**) (*meist dcht.*) *v. etw.* entfernt *od.* getrennt, entlegen sein (*°alci rei, zB. castris* [*dat.*!], *°sceptris nostris* fern unserm Zepter = uns nicht untertan). **2.** / **a**) uneinig sein, in Zwist liegen (*inter se, ab od. cum alqo, zB. a populo Romano, a se ipso* m. sich selbst uneins sein, *m. dat., zB. plebi; de re u. in re;* [*prägn.*] *°in Arminium ac Segestem* in die Parteien des Arm. *u.* S. zerfallen sein); **b**) (*v. Sachen*) widersprechen, widerstreben, zu *etw.* nicht passen (*inter se, a re u. cum re, zB. temeritas dissidet a sapientia*); (*part. praes.*) *adi.* **dĭssĭdēns,** *ēntĭs* (*selten*) widerspenstig, gegnerisch.

dĭs-sīdō, *sēdī,* — 3. **1.** (*dcht.*) sich getrennt lagern. **2.** / *m. jd.* zerfallen (*°abs. u. ab alqo*).

dĭssĭgnātĭō, *ōnĭs f* (*-sīgn-?; dĭssĭgnō*) = *dēsĭgnātĭō.*

dĭssĭgnātŏr, *ōrĭs m* (*-sīgn-?; dĭssĭgnō*) (*unkl.*) **1.** Anordner. **2. a**) Bestattungsordner; **b**) Platzanweiser im Theater.

dĭs-sĭgnō 1. (*-sīgn-?*) **1.** entsiegeln; / enthüllen (*alqd*). **2. a**) (an)ordnen, einrichten; **b**) (*pejorativ*) anrichten, anstiften; *cf. dēsĭgnō.*

dĭs-sĭlĭō, *sĭlŭī, sŭltŭm* 4. (*sălĭō; dcht., nkl.*) auseinander-, zerspringen, bersten; / sich auflösen, zerrinnen.

▶ **dĭs-sĭmĭlĭs,** *ĕ* (*m. comp., sup. -illĭmŭs* 3; *adv.* °**-ĭtĕr**) unähnlich, ungleichartig, verschieden (*abs. od. m. gen. u. dat.; auch inter se, °in alqm* gegen *jd.*, im Vergleich *m. jd.; re* durch, an, in *etw.; m. ac, atque od. et*).

dĭssĭmĭlĭtūdō, *ĭnĭs f* (*dĭssĭmĭlĭs*) Unähnlichkeit, Verschiedenheit (*alcis rei, zB. locorum; auch a re*); *-nem habere cum re.*

dĭssĭmŭlābĭlĭtĕr *adv.* (*dĭssĭmŭlō*) (*Pl.*) unvermerkt.

dĭssĭmŭlāntĕr *adv.* (*-lāns, part. praes. v. dĭssĭmŭlō*) insgeheim, unvermerkt; *non* ~ unverhohlen.

dĭssĭmŭlāntĭă, *ae f* (*-lāns, part. praes. v. dĭssĭmŭlō*) Verstellung.

dĭssĭmŭlātĭō, *ōnĭs f* (*dĭssĭmŭlō*) **1.** (*Ta.*) das Unkenntlichmachen, Maskierung [*sui*]. / **2.** Verstellung, Ironie (*quam Graeci* εἰρωνείαν *vocant*) [*°ira et simulatio* verhaltener Groll]. **3.** (*Pli.*) absichtliches Übersehen.

dĭssĭmŭlātŏr, *ōrĭs m* (*dĭssĭmŭlō*) (*nkl., dcht.*) Verleugner, Heuchler [*cuius rei lubet, simulator ac* ~ ein Meister der Verstellung].

▶ **dĭs-sĭmŭlō** 1. **1.** (*Ov.*) *etw.* unkenntlich machen, verstecken (*alqd, zB. capillos; alqd re etw.* durch, *m.*, unter *etw.*). **2.** / **a**) sich stellen, als sei *etw.* nicht der Fall, was in Wirklichkeit ist = sich verstellen, sich unwissend stellen (*abs. od. de re*); *non dissimulare* kein Blatt vor den Mund nehmen; **b**) (*trans.*) α) *etw.* verbergen, verhehlen, verheimlichen, verleugnen (*alqd, zB. iram, scelus, °deum od. °deam* die göttliche Gestalt ablegen, *°se -are* seine wirkliche Gestalt unter einer fremden verbergen; *m. a.c.i.* = sich stellen, als ob nicht; *m. indir. Frages.*); β) (*nkl.*) (*absichtlich*) übersehen *od.* ignorieren (*alqm u. alqd, zB. consulatum alcis j-s* Ernennung zum Konsul).

dĭssĭpābĭlĭs, *ĕ* (*dĭssĭpō*) zerteilbar [*ignis*].

dĭssĭpātĭō, *ōnĭs f* (*dĭssĭpō*) **1.** Zerstreuung [*civium*]; Zersplitterung, Verschleuderung [*praedae*]. **2.** (*rhet. t.t.*) Zerlegung eines Begriffes in einzelne Teile.

▶ **dĭs-sĭpō** (*altl.* **dĭs-sŭpō**) 1. (*altl. sŭpō* 1. „werfen") **1.** auseinanderwerfen, zerstreuen, verteilen, ausbreiten (*alqd, zB. fratris membra, °venenum per ossa; mediopass. °aquam rivis* sich in Bäche zerteilen; *alqd* [*in*] *loco, zB. ignem in castris od. °totis castris, auch in locum* zerstreuen nach, *zB. aliud alio*), *oft auch* /, *zB. discordiam.* **2. a**) (*feindl. od. gewaltsam*) auseinandertreiben, zersprengen [*°phalangem, hostes*]; **b**) *übh.* (*prägn.*) zerstören, zertrümmern, vernichten, *oft* / [*statuam, cuncta*]; *bisw. auch alqm;* **c**) / α) (*Gerüchte*) aussprengen *od.* verbreiten [*rumores*]; β) (*Besitz*) verschleudern, vergeuden [*possessiones, patrimonium*]. **3.** (*P.P.P.*) *adi.* **dĭssĭpātŭs** 3 zerstreut, zersprengt [*hostes, homines* = ungesellig; *durch Enallage auch fuga, cursus*]; / zusammenhanglos [*oratio, orator in instruendo* Redner, der den Stoff nicht ordnet].

dĭs-sĭtŭs *P.P.P. v. dĭssĕrō*[1].

dĭssŏcĭābĭlĭs, *ĕ* (*dĭssŏcĭō*) (*nkl., dcht.*) **1.** (*pass.*) unvereinbar [*res*]. **2.** (*act.*) trennend, scheidend [*Oceanus*].

dĭssŏcĭātĭō, *ōnĭs f* (*dĭssŏcĭō*) (*nkl.*)

Trennung.

dis-sŏcĭō 1. **1.** (*dcht.*) (*räuml.*) trennen, scheiden [*montes*]. **2.** / (*in der Gesinnung*) trennen [*amicitias* auflösen, °*causam suam v.* der Sache der übrigen trennen]; *bsd. alqd a re* unterscheiden [*disertos a doctis*]; / entfremden, entzweien [*animos civium*, °*legionem a legione*]; *P.P.P. dissŏcĭātŭs* 3 ungesellig (lebend).

dissŏlūbĭlĭs, ĕ (*dissŏlvō*) auflösbar, zerlegbar.

dissŏlūtĭō, ōnĭs *f* (*dissŏlvō*) **1.** Auflösung [°*navigii* das Zerfallen, *mors est ~ naturae*]. **2.** / **a)** Abschaffung, Aufhebung [*legum*]; **b)** Widerlegung [*criminum*]; **c)** Schwäche, Energielosigkeit [*animi*]; **d)** (*rhet. t.t.*) Asyndeton (*Weglassung der Konjunktionen*; *Bedeutungslw.* < διάλυσις).

dissŏlūtŭs 3 (*m. comp. u. sup.*; *adv.* **-ē**) (*eig. P.P.P. v. dissŏlvō*) **1.** aufgelöst, zerlegt, gelockert, locker [*navigium*]. **2.** / **a)** (*v. der Rede*) ungebunden, regellos [*oratio*]; *bsd.* ohne Konjunktionen [*-e dicere*]; *subst.* **-ŭm,** ī *n* (= *dissŏlūtĭō*) Asyndeton; **b)** (*vom Charakter*) energielos: **α)** nachlässig, gleichgültig, sorglos [*animus*; *in re* in *etw.*; *in alqm* gegen *jd.*]; **β)** locker = leichtsinnig, ausschweifend, liederlich [*liberalitas*].

dis-sŏlvō, *sŏlvī, sŏlūtŭm* 3. **1.** auflösen, zerlegen, lockern (*alqd, zB. scopas*, °*pontem* abbrechen, °*membra* ausrenken, °*aes* schmelzen; *auch* / °*frigus*; *orationem*, °*versum* ohne periodische Verbindung lassen); °*dissolvi* aus den Fugen gehen. **2.** / **a)** *etw.* abschaffen, aufheben, vernichten [*societatem, leges*, °*potestatem regiam*]; **b)** widerlegen, entkräften (*alqd, zB. criminationem*; *utrumque dissolvitur* läßt sich widerlegen); **c)** los-, ablösen, losmachen, freimachen (*alqd, zB.* °*stamina*); / (*v. Geschäften od. Verdrießlichkeiten*) befreien (*alqm, zB. dissolvi me* ich bin fertig; *-ere pro sua parte, sc.* se sich für seinen Teil aus *etw.* lösen = sich vergleichen); *mediopass.* sich losmachen, loskommen; **d)** bezahlen, abzahlen (*alqd, zB. aes alienum*; *alci alqd, zB. pecuniam publicam civitati*; *nomen* den Schuldposten).

dis-sŏnŭs 3 (*eig.* „verschieden tönend") **1.** unharmonisch, verworren [*voces*]. **2.** / (*nkl.*) nicht übereinstimmend, abweichend, verschieden (*re* durch, in, an *etw.*, *zB. moribus*; *a re v. etw.*, *zB. a re Romana*).

dis-sŏrs, *rtĭs* (*Ov.*) nicht gemeinsam *m. jd.*, *Ggs. cōn-sōrs* (*ab alqo*).

dis-suādĕō, *suāsī, suāsŭm* 2. widerraten, abraten (*alqd, zB. legem*; *de re, zB. de captivis*; °*alci alqd*; *m.* °*inf. od.* °*a.c.i.* P.; *m. ut, ne*).

dissuāsĭō, ōnĭs *f* (*dissuādĕō*) das Abraten, Gegenrede [*rogationis* Rede gegen den Antrag].

dissuāsŏr, ōrĭs *m* (*dissuādĕō*) der *v. etw.* abrät [°*legis* Redner gegen das Gesetz].

dis-suāvĭŏr 1. = *dissāvĭŏr*.

dis-sultō 1. (*intens. v. dissĭlĭō*) (*nkl., dcht.*) **1.** auseinander-, zerspringen, bersten [*ripae*]; / *nach* allen Seiten sich verbreiten [*crepitūs fulmine* = krachen]. **2.** abspringen, -prallen [*tela*].

dis-sūltŭs *P.P.P. v. dissĭlĭō.*

dis-sŭō, *suī, sūtŭm* 3. (*eig.* „[*Genähtes*] auftrennen") / **1.** (*Ov.*) weit öffnen [*sinum*]. **2.** allmählich auflösen [*amicitiam*].

dissŭpō 1. (*altl.*) = *dissĭpō*.

dis-taedĕt, — — 2. *impers.* (*Com.*) ganz überdrüssig sein [*me tui*].

distāntĭă, *ae f* (*dī-?*; *distō, eig.* „das Auseinanderstehen") **1.** (*nkl.*) Abstand, Entfernung. **2.** / Verschiedenheit [*morum*].

dis-tĕndō, *tĕndī, tĕntŭm u. tēnsŭm* 3. **1.** auseinanderspannen, ausdehnen, ausstrecken (*alqm u. alqd, zB.* °*bracchia, aciem*). **2.** (*dcht.*) *bis zur Gespanntheit, d. h.* ganz anfüllen [*nectare cellas*]. **3.** *mil.* getrennt halten, *d. h.* an mehreren Punkten zugleich in Atem halten [*hostes*]. **4.** / (*nkl.*) teilen, zerstreuen [*curas in duo bella, animos* verwirren, zu keinem Entschluß kommen lassen]. **F.** (*vulgärsprachlich*) (*Pl.*) *distĕnnītĕ* = *distĕndĭtĕ*.

distĕntŭs[1] 3 (*m. comp.*) (*eig. P.P.P. v. distĕndō*) (*nkl., dcht.*) ganz angefüllt, strotzend [*lacte capellae*]; zum Platzen voll [*cena*].

distĕntŭs[2] 3 (*m. comp. u. sup.*) (*eig. P.P.P. v. distĭnĕō*) vielfach beschäftigt, in Atem gehalten (*re* durch *etw.*, *zB.* **negotiis**; **de re** wegen *etw.*; °*circa alqd*).

dis-tĕntŭs[3] *P.P.P. v. distĕndō u. distĭnĕō.*

dis-tĕrmĭnō 1. (*dcht., nkl.*) abgrenzen, scheiden (*alqm u. alqd*).

distĭchŏn *u.* **-ŭm,** ī *n* (*Fw.* < δίστιχον) (*nkl., dcht.*) Distichon (*bsd. Verbindung v. Hexameter u. Pentameter*).

dī-stĭmŭlō 1. (*dī-?*) (*Pl.*) (*eig.* „zerstechen") / zugrunde richten [*bona*].

distĭnctĭō, ōnĭs *f* (*dī-?*; *stīnct-?*; *distĭnguō*) **1.** *act.* Absonderung, Unterscheidung, Scheidung, Bestimmung (*alcis rei, zB. generum, ingenui et illiberalis ioci*; *alcis rei a re, zB. veri a falso*); *bsd.* (*rhet. t.t.*) **a)** Wechsel im Kasus u. Genus bei demselben Wort; **b)** Einschnitt in der Rede, Pause. **2.** *pass.* Unterschied, Verschiedenheit [*causarum*, °*pennarum* Zeichnung, *vocum* Tonfarbe; *auch inter alqd*].

distĭnctŭs[1], *abl.* ū. *m* (*dī-?*; *stīnct-?*; *distĭnguō*) (*Ta., dcht.*) Abwechslung in der Farbe, die Zeichnung [*pinnārum*].

distĭnctŭs[2] 3 (*dī-?*; *stīnct-?*) (*m. comp.*; *adv.* **-ē**) (*eig. P.P.P. v. distĭnguō*) **1.** streng gesondert, gehörig abgeteilt, unterschieden, *übh.* verschieden, mannigfaltig [*genera delictorum*]. **2. a)** (*nkl., dcht.*) bunt [*herbae floribus -ae*]; **b)** mannigfaltig geschmückt [*caelum astris*]; **c)** (*v. Rede u. Redner*) deutlich, bestimmt, klar [*sermo, orator, -e dicere*].

dī-stīnctŭs[3] *P.P.P. v. distĭnguō.*

dis-tĭnĕō, *tĭnŭī, tĕntŭm* 2. (*tĕnĕō*) **1.** auseinanderhalten, trennen (*alqd, zB.* °*freta*; *alqd re etw.* durch *etw., zB. tigna fibulis*; °*alqm od. alqd a re, zB.* °*a domo* fernhalten *v.*, *ab oppugnatione* sichern gegen); / °*senatum* in zwei Parteien spalten. **2. a)** *jd.* an der Konzentrierung seiner Kräfte hindern [*copias alcis*, °*regem* zur Zersplitterung seiner Kräfte zwingen]; P. *munitionibus distineri* auf den Schanzwerken verteilt sein; **b)** / *j-s* Aufmerksamkeit *od.* Tätigkeit vielseitig in Anspruch nehmen (*alqm bello*); *bsd.* im P. [*distineri occupationibus, novis legibus, dolore*]; *cf. auch distĕntŭs*[2]; **c)** *etw.* verzögern, verhindern [*pacem*].

dī-stĭnguō
1. verschieden, bunt färben; **2. a)** bunt machen, verzieren; **b)** trennen, unterscheiden.

dī-stĭnguō, *stinxī, stinctŭm* 3. (*dī-?*; *stīnxī, stīnctŭm?*) (*eig.* „steche auseinander"; *cf. instīgō*; στίζω; *nhd.* „sticken, stechen") **1.** (*dcht., nkl.*) verschieden färben, (bunt) bemalen (*alqd, zB. autumnus lividos racemos distinguet* bläulich färben, *nigram medio frontem distinctus ab albo m.* einer Blesse mitten auf der schwarzen Stirn, *fasciam caeruleam albo m.* weißen Streifen versehen). **2.** / **a)** mannigfach verzieren, schmükken, bunt machen [*pocula gemmis, caelum stellis*, °*vestem auro* besetzen *od.* durchwirken]; *bsd.* Abwechslung in *etw.* bringen (*alqd, zB.* °*pinnae fastigium muri distinguunt, orationem verborum insignibus*]; *bsd.* im Tempo *od.* in der Tonart wechseln lassen; **b)** gehörig abteilen, trennen, (ab)sondern, unterscheiden (*alqm u. alqd, zB. fortes ignavosque, oratorum genera aetatibus*; *alqd a re etw. v. etw., zB. vera a falsis, auch* [*dcht.*] *alqd re, zB. falsum vero*; *m. indir. Frages.*); (*prägn.*) *locum* genau bezeichnen *od.* bestimmen; *insb.* (*gramm. t.t.*) (*nkl.*) *m.* Satzzeichen versehen, interpungieren [*versum, exemplaria*]; *cf. auch distĭnctŭs*[2].

▶ **dī-stō,** — — 1. (*dī-?*) **1.** (*räuml.*) auseinanderstehen, getrennt *od.* entfernt sein (*abs., zB. longo spatio, od. a re v. etw., zB. a mari*; *auch m.* °*abl., zB. foro*). **2.** / **a)** (*zeitl.*) (*nkl., dcht.*) auseinanderliegen [*quantum Codrus distet ab Inacho*]; **b)** sich unterscheiden (*inter se, a re v. etw., zB. a genere alcis*; *dcht. m. dat., zB. scurrae distabit amicus*); *impers.* **distăt** es ist ein Unterschied (*m. indir. Frages., zB. utrum ... an*).

dis-tŏrquĕō, *tŏrsī, tŏrtŭm* 2. (*unkl.*) verdrehen [*oculos*]; / martern, quälen (*alqm u. alqd*); *cf. auch distŏrtŭs.*

distŏrtĭō, ōnĭs *f* (*distŏrquĕō*) Verdrehung, Verzerrung, Verrenkung [*membrorum*].

distŏrtŭs 3 (*m. comp. u. sup.*) (*eig. P.P.P. v. distŏrquĕō*) verdreht, verrenkt, verzerrt, verwachsen [*homo*, °*crura*]; *klass. meist* / verschroben [*genus enuntiandi*].

distrăctĭō, ōnĭs *f* (*distrăhō*) Trennung [*animorum*]; / Zwiespalt, Zerwürfnis.

distrāctus 3 (*m. comp. u. sup.*) (*eig. P.P.P. v. distrahō*) zerteilt, zerstreut.

dis-trahō, *trāxī, tractum* 3. **1. a)** auseinanderziehen, zerreißen, zersprengen, zerstreuen (*alqd, zB. materiam* zerbrechen, °*comam* zerraufen, °*turmas* auflösen; *mediopass. acies* dehnt sich aus; *auch alqm u. alqos, zB. pugnantes* trennen, *hostem* zersplittern); **b)** / (*Ta.*) *alqm famā jd.* in Verruf bringen. **2. a)** (*nkl.*) (*Güter, Waren*) einzeln losschlagen, verkaufen [*agros, merces*]; **b)** (*gramm. t.t.*) den Hiatus zulassen [*voces*]. **3.** / **a)** (*Verbindungen*) auflösen, aufheben, zerreißen, trennen [°*concilium Boeotorum*]; *bsd.* (*Streit*) schlichten, beilegen [*controversias*]; **b)** (*Freunde*) entzweien; *distrahi* sich entzweien *m. jd.* **4.** *etw.* hintertreiben *od.* vereiteln (*alqd*). **5.** / *etw. od. jd.* nach verschiedenen Richtungen hinziehen, schwankend machen (*alqm od. animum alcis in deliberando, in contrarias partes, rem publicam* in Parteien spalten); *bsd. in contrarias sententias distrahi zw.* verschiedenen Meinungen schwanken; *abs. distrahi* in Zweifel geraten, *m.* sich nicht einig sein. **6.** / *jd. od. etw. v. etw.* losreißen, (gewaltsam) trennen (*alqm ab alqo, zB. socium a rege, auch* = *j-n j-m* entfremden; *alqm a re, zB. a complexu suorum*; *alqd a re, zB. sapientiam a virtute*).

▶ **dis-tribuō,** *buī, būtum* 3. **1.** verteilen, austeilen, zuteilen (*alqd, zB. pecus viritim*; *alci alqd, zB. praedam militibus, frumentum od. pecunias civitatibus* zu liefern *od.* zu zahlen auferlegen, *hiberna exercitui* anweisen; *alqd in alqos, zB. milites in legiones* unter die Legionen, *auch alqd in alqd*); *bsd.* (*Truppen*) auseinanderlegen *od.* dislozieren [*exercitum*]. **2.** einteilen (*alqd, zB. triennium ita*; *alqd in alqd*; *copias in tres partes*); *bsd.* logisch einteilen, ordnen [*causam in crimen et in audaciam*]; (*P.P.P.*) *adi.* **distribūtus** 3 (*m. comp.*; *adv.* -**ē**) eingeteilt: α) abteilungsweise; β) in logischer Ordnung [-*e scribere*].

distribūtiō, *ōnis f* (*distribuō*) **1.** Verteilung (*alcis rei, zB. caeli*); *bsd.* (*rhet. t.t.*) Auflösung eines Begriffes (= διαίρεσις). **2.** (log.) Einteilung [*totius accusationis*].

dis-tribūtus *P.P.P. v. distribuō.*

districtus[1], *ūs m* (*dī-?*) (*distringō*) (*spätl.*) Umgebung der Stadt; (Bann-)Bezirk.

districtus[2] 3 (*dī-?*) *s. distringō.*

dī-stringō, *strīnxī, strictum* 3. (*dī-?*; *strīnxī?*) **1.** (*unkl.*) auseinanderziehen, -zerren, ausdehnen (*alqm u. alqd*; *radiis rotarum districtus* auf Radspeichen *m.* ausgerenkten Gliedern gespannt). **2.** / **a)** *mil.* (*nkl.*) (*den Feind*) an verschiedenen Punkten zugleich beschäftigen [*copias regias*]; **b)** (*geistig*) auf die Folter spannen [*districtus* v. widerstreitenden Gefühlen gequält]; **c)** (*nkl.*) (*geistig*) vielseitig in Anspruch nehmen (*alqd re, zB. negotiis*; [*prägn.*] *curam* sorgenvolle Spannung bewirken). **3.** (*P.P.P.*) *adi.* **districtus** 3 (*m. comp.*) **a)** vielseitig beschäftigt *od.* gebunden, verhindert (*re* durch *etw., zB. a causis*); **b)** = *dēstrictus.*

dis-truncō 1. (*Pl.*) auseinanderhauen, zerhauen.

dis-tulī *s. differō.*

distŭrbātiō, *ōnis f* (*disturbō*) Zerstörung [*Corinthi*].

dis-turbō 1. **1.** auseinandertreiben, -jagen [*contionem gladiis*]. **2.** / **a)** zertrümmern, zerstören (*alqd, zB. villam*); **b)** zersprengen, vernichten, *auch* hintertreiben [°*nuptias, legem*].

disyllăbus 3 (*Fw.* ‹ δισύλλαβος) (*Qu.*) zweisilbig.

ditĕ *n zu dītis, s. dīs*[2].

ditēscō, —— 3. (*incoh. zu dīs*[2]) (*dcht., spätl.*) reich werden.

dithўrămbicus 3 (*Fw.* ‹ διθυραμβικός) dithyrambisch [*poëma*].

dithўrămbus, *ī m* (*Fw.* ‹ διθύραμβος) Dithyrambus, *Preislied zu Ehren des Dionysos* (*Bacchus*), *später auch anderer Götter.*

ditiae, *ārum f* (*altl.*) = *dīvitiae.*

ditiō *falsche Schreibung für diciō.*

ditis, ditior, ditissimus *s. dīs*[2].

ditō 1. (*denom. v. dīs*[2]) (*unkl.*) bereichern (*alqm re, zB. socios praemiis belli*); *auch* /; P. reich werden.

diū[1] *adv.* (*adv. erstarrter loc. sg. zu diēs*; *cf. interdiū*) (*vkl., nkl.*) bei Tage [*noctu diuque, noctu et diu*].

▶ **diū**[2] *adv.* (*altl. durch Jambenkürzung diū* ‹ *diū*) (*wohl identisch mit diū*[1] „bei Tage" › „den [ganzen] Tag lang, lange") **1.** *pos.* lange, längere Zeit (hindurch) [*vivere, satis diu* lange genug, *parum diu* zu kurze Zeit]; *seltener* seit langer Zeit. **2.** *comp.* **diūtius** (*altl.* **diūtius**) **a)** länger (*meist m. folg. quam*); **b)** längere Zeit (= *diū*) *od.* allzulange. **3.** *sup.* **diūtissimē** (*-ū-?*) am längsten *od.* sehr lange; *quam diutissime* möglichst lange.

diŭrnus 3 (*zu diū*[1] *nach nocturnus*) **1.** zum Tag gehörig, bei Tage, Tage... [*iter, opus* Tagewerk, °*lumen* Tageslicht, °*currus* Sonnenwagen]. **2.** zu einem Tage gehörig, einen Tag dauernd, täglich, Tages..., Tage... [°*cibus* Tagesration]. **3.** *subst.* **a) diurnum,** *ī n* α) (*sc. frūmentum*) (*Se., spätl.*) Tagesration; β) (*sc. commentāriolum*) (*Ju., spätl.*) Tagebuch, Journal (*über die häuslichen Angelegenheiten, v. e-m Sklaven geführt*); **b) diurna,** *ōrum n* (*sc. ācta pōpulī*) Tageschronik, Amtsblatt, Zeitung; *cf. ăcta.*

dius[1] *adv.* (*-ū-?*; *wohl urspr. gen. temp. v. diēs*; *cf. adv. nox* „nachts") (*Pl.*) bei Tage.

dius[2] 3 (*wahrscheinl. unter griech. Einfluß* — δῖος „göttlich" — ‹ **dīvios*) (*unkl.*) himmlisch, göttlich, herrlich; *cf. Fidius*; *subst.* **dium,** *ī n* Himmelsraum; *sub dīo u. sub diū* unter freiem Himmel; *cf. dīvus.*

diūtinus *u.* **diūtinus** 3 (*adv.* °-**ē** *u.* -**ō**) (*diū*[2], *cf. crāstinus, prīstinus u.a.*) langwierig, lange dauernd [*labor, servitus*].

diūturnitās, *ātis f* (*diū-?*) (*diūturnus*) lange Dauer, Länge [*memoriae*]; *abs.* Länge der Zeit, dauernder Besitz.

diūturnus 3 (*diū-?*) (*m. comp.*) (*diū*[2]; *nach nocturnus*) lange dauernd, anhaltend, lange [*silentium, molestiae*]; *auch v. Pers.* langlebig.

dī-vāricō 1. auseinanderspreizen, *j-m* die Arme *u.* Beine ausspreizen (*alqm*).

dī-vellō, *vellī u.* °*vulsī od.* °*volsī, vulsum* 3. **1. a)** (*dcht., nkl.*) auseinanderreißen; zerreißen, aufreißen (*alqm u. alqd, zB. corpus, vulnus*); **b)** / zerreißen, gewaltsam trennen, aufheben, vernichten [*res copulatas*, °*somnum* stören; P. *auch v. Pers., zB. divellor dolore*]. **2.** losreißen, wegreißen (*alqm u. alqd ab alqo u. a re, zB. liberos a complexu parentum, auch m.* °*bloßem abl.*); / *se -ere u. mediopass.* sich *v. etw.* losreißen [*a voluptate, auch m. abl.*].

dī-vēndō, *-didī, ditum* 3. (-ē-?) einzeln verkaufen *od.* versteigern [*bona*].

dī-verberō 1. (*nkl., dcht.*) auseinanderschlagen, zerhauen (*alqd, zB. umbras ferro, fluctus* zerteilen, *auras* durchschneiden).

dī-verbium, *ī n* (*verbum*; *fehlerhafte Übersetzung v.* διάλογος) (*nkl.*) Dialog *in einem Bühnenstück* (*Ggs. canticum*).

dīversitās, *ātis f* (*dīversus*) (*nkl.*) **1.** Verschiedenheit, Unterschied (*m. gen.*). **2. a)** (*concr.*) Abzeichen; **b)** Gegensatz, Widerspruch (*m. gen. od. inter*).

dīversor, dīversōrium = *dēv...*

dī-versus

1. *nach der entgegengesetzten Seite gewandt*: **a)** abgekehrt, gegenüberliegend; **b)** abgelegen, fern; **c)** feindlich; **d)** (*völlig*) verschieden; **2.** *nach verschiedenen Seiten gewandt*: **a)** auseinanderlaufend; **b)** verstreut, vereinzelt; **c)** uneinig.

dī-versus (*altl. dīvorsus*) 3 (*m.* °*comp. u.* °*sup.*; *adv.* -**ē**) (*eig. P.P.P. v. divertō*) **1.** nach der entgegengesetzten Seite gewandt: **a)** abgekehrt, gegenüberliegend [*iter, aciem diversam in duas partes constituere*, °*diversa petere* die entgegengesetzte Richtung einschlagen, °*in diversa od.* °*in -um* nach der entgegengesetzten Richtung, °*e diverso v. od.* auf der entgegengesetzten Seite; *a re, zB. regio a flumine*; *m. dat., zB. e diverso hostibus* den Feinden gegenüber]; **b)** (*nkl., dcht.*) abgelegen, fern [*oppida, diverso terrarum distineri* in entlegenen Winkeln der Erde]; *auch v. Pers.*; **c)** (*nkl.*) feindlich, gegnerisch [*acies, factio od. pars od. partes* Gegenpartei]; *subst.* °-**um,** *ī n* Gegenpartei; °*e diverso* im Gegenteil; **d)** / entgegengesetzt = völlig verschieden, widersprechend [*studia*, °*in diversa mutare* umstimmen, °*per diversa* aus ganz verschiedenen Gründen, *diverse dicere* bald so, bald anders; *re od.* °*alcis rei* durch, in, an *etw., zB. moribus u.* °*morum*; *ab alqo u. a re, zB.* °*litterae ab his -ae, auch m.* °*dat., m. folg.* °*quam*].

2. nach verschiedenen Seiten gewandt: **a**) hierhin und dorthin führend [°*plures diversae semitae erant*, °*diversi abierunt*, *proelium* wo an verschiedenen Stellen gekämpft wird, °*fuga* nach verschiedenen Seiten hin, °*pauci paulo divorsius conciderant* ziemlich weit voneinander]; *subst.* °*in diversum od.* °*in -a* nach verschiedenen Richtungen [*abire*]; **b**) zerstreut, vereinzelt, einzeln, jeder für sich [°*legati diversi bellum gerunt*]; **c**) / (*v. Pers.*) (*nkl.*, *dcht.*) uneinig, zwieträchtig [*componere diversos*]; *auch* °wetterwendisch, unschlüssig, unstet [*animi*].

divĕrtĭcŭlŭm = *dēvĕrtĭcŭlŭm*.

divĕrtĭŭm = *dīvŏrtĭŭm*.

dī-vĕrtō, *tī*, *sŭm* 3. (*altl.* *dīvŏrtō*) (*vkl.*, *nkl.*) auseinandergehen; / verschieden sein [*Pl.*: *divortunt mores virgini longe ac lupae*]; *mediopass.* (*Se.*) *ad alios -i* e-n Abstecher machen; abschweifen; *cf.* *dēvĕrtō*.

▶ **dīvĕs**, *ĭtĭs* (*m. comp. u. sup.*) (*gen. sg. auch unter Schwund des v zw. gleichen Vokalen* 〉 *dītĭs*; *hieraus Neubildung des nom.* *dīs u. dītĭs*; *s. dīs*[2]; *zu dīvŭs, also eig.* „unter dem Schutz der Götter stehend") **1.** reich, *v. Pers.* [*homo, mulier, rex*]; (*meist dcht., nkl. v. Sachen*) reichlich, fruchtbar, einträglich *u.ä.* [°*gaza*, °*terra*, °*insulae* = *beatorum insulae*, °*Nilus* wasserreich, °*epistula* vielversprechend, °*lingua* beredt, °*spes* überschwenglich, °*bellum* lohnend, *divitior dithyrambus*]; *klass. nur abs.*, *seit Li. m.* °*abl.*, *zB.* *exemplis*; *dcht. m. gen.*, *zB.* *opum*. **2.** / (*dcht.*) kostbar, köstlich, prächtig [*cultus* Kleidung, Schmuck]. **F.** *dīvĕs* 〉 (*bsd. dcht.*) °*dīs*, *neutr.* °*dītĕ*; *abl. sg.* *dīvĭtĕ u.* °*-ī* (*u. dītī*); *pl. neutr.* *dītĭă*, *gen.* *dīvĭtŭm* (*u. dĭtĭŭm*); *comp.* *dīvĭtĭŏr u. dĭtĭŏr*, *sup.* *dīvĭtissĭmŭs u. dĭtissĭmŭs*.

dī-vĕxō 1. (*vkl.*) auseinanderzerren (*alqd*); *klass. nur* / mißhandeln, zerstören (*alqd*, *zB.* *agros*).

Dīvĭcĭăcŭs, *ī m* **1.** *Fürst der Äduer, Freund Cäsars; Gegner seines Bruders Dumnorix.* **2.** *Fürst der Suessionen.*

dīvĭdĕndŭs, *ī m* (*eig. Gerundivum v. dīvĭdō, sc. nŭmĕrŭs*) (*spätl.*) (*math. t.t.*) der Dividendus; Zähler in der Bruchrechnung.

dīvĭdĭă, *ae f* (*dīvĭdō*) (*unkl.*) Zerwürfnis; / Kummer, Verdruß.

> **dī-vĭdō**
> **1. a**) trennen, scheiden, (ab)sondern; **b**) unterscheiden; **2. a**) (zer-)teilen, zerlegen; **b**) (planmäßig) einteilen; **c**) verteilen, zuteilen.

dī-vĭdō, *vīsī*, *vīsŭm* 3. (*cf.* *vĭdŭă*; *nhd.* „Witwe") **1.** (*mehrere Ganze voneinander*) **a**) trennen, scheiden, (ab)sondern, fernhalten (*alqd u.* °*alqos*, *zB.* °*urbis partes viis*, °*turbidos*; *alqm od. alqd ab alqo od. a re od. bloß* °*re etw. v. etw.*, *zB.* *filium ab uxore*, *arcem ab urbe*); **b**) / unterscheiden [*legem bonam a mala*, °*dignitatem ordinum* im Rang der Stände einen Unterschied aufstellen]. **2.** (*ein Ganzes in Teile*) (zer-)teilen, zerlegen, trennen (*auch* / [*Pl.*: = *fŭtŭō*]) [*omne corpus dividi potest*; *alqd*, *zB.* *copias*, °*panem gladio*, °*frontem ferro* spalten, °*alqm medium* mitten durchhauen, °*animum nunc huc nunc illuc* = bald diesen, bald jenen Entschluß fassen; (*prägn.*) °*muros* brechen; °*alqd cum alqo etw. m. jd.* teilen]; °*gemma dividit aurum* ist in Gold gefaßt; *bsd.* (*Li.*) halbieren [*omnis dividit insulam*]; (*pol.*) in Parteien spalten [*populum in duas partes* in zwei Parteien]; **b**) planmäßig einteilen (*alqd*, *zB.* °*omnia temporibus* nach der Zeit, *urbem*, °*annum ex aequo*, °*iter* in zwei Tagereisen zurücklegen; *alqd in partes*, *zB.* *exercitum in tres partes od. tripartito*), *bsd.* (*log.*) gliedern [*orationem in duas partes*, °*verba* die Wörter in Silben]; **c**) verteilen, zuteilen, austeilen, *auch* / (*alqd*, *zB.* *agrum*, °*partes* die Rollen, *bona viritim*, *copias hiematum od. in hiberna* in die Winterquartiere verlegen; *alqd alci u.* °*inter od.* °*per alqos*, *zB.* *praedam militibus*, °*carmina citharā* Lieder auf der Leier gliedern = vortragen, spielen). — ****divide et impera* (*Goethe*: „Entzwei' u. gebiete"; *Heine*: „Trenne u. herrsche"), *angeblich auf Ludwig XI. v. Frankreich zurückgehende Devise.* **F.** *inf. pf. act.* °*dīvīssĕ synk.* = *dīvīsissĕ*.

dīvĭdŭŭs 3 (*dīvĭdō*) **1.** teilbar [*corpus*]. **2.** (*unkl.*) geteilt, getrennt [*aqua* das sich in zwei Arme teilt].

dīvīnātĭō, *ōnĭs f* (*dīvīnō*) **1.** Sehergabe, Divination; Ahnung, Vermutung. **2.** (*jur. t.t.*) Bestimmung des Anklägers *aus der Zahl der Bewerber.*

dīvīnĭtās, *ātĭs f* (*dīvīnŭs*) **1.** Göttlichkeit, göttliche Natur. **2. a**) (*meton.*) göttliche Weisheit; **b**) / übermenschliche Vollkommenheit, unübertreffliche Meisterschaft.

dīvīnĭtŭs *adv.* (*dīvīnŭs*) **1.** *v.* Gott her, durch göttliche Fügung. **2. a**) durch göttliche Eingebung [*scire alqd*]; **b**) / himmlisch, vortrefflich, herrlich [*loqui*].

dīvīnō 1. (*denom. v. dīvīnŭs*) weissagen, prophezeien, *übh.* ahnen, erraten (*abs. od. alqd*, *zB.* *hoc*, °*nihil boni*; *de re*, *zB.* *de belli diuturnitate*; *m. a.c.i.*; *m. indir. Frages.*).

▶ **dīvīnŭs** 3 (*m. comp. u. sup.*; *adv.* **-ē**) (*dīvŭs*) **1.** göttlich [*animi divini sunt* göttlichen Ursprungs, °*tela* des Gottes, *scelus* gegen die Götter, *iura* natürliches Recht]; *res divina* (*od. subst.* *dīvīnŭm*, *ī n*) gottesdienstliche *od.* heilige Handlung, Opfer; *pl.* *res divinae*: α) Gottesdienst, Kultus; β) (*im Ggs. zu res humanae* „Moral") alles, was Gott u. die Welt umfaßt; die natürlichen Dinge; *oft* = Physik *od.* Metaphysik; *auch* das Naturrecht (*i. Ggs. zu res humanae* = das positive Recht). **2.** gotterfüllt, gottbegeistert, inspiriert, prophetisch, *als adi. meist dcht.* [°*poëta*, °*vates*, °*carmen*, *mens*; *auch m.* °*gen.*, *zB.* °*futuri*]; *subst.* **dīvīnŭs**, *ī m* Seher, Prophet, *auch* Traumdeuter; °**-ă**, *ae f* Seherin. **3.** / göttlich = übernatürlich, übermenschlich, unvergleichlich, vortrefflich, erhaben, genial [*Epicurus*, *nihil ratione divinius*, *dona divinissima*; *in re* in *etw.*, *zB.* *homo in dicendo -us*; °*divina Aeneis* (*Statius*, *Theb.* XII, 816; *Vorbild für die wahrscheinlich auf Boccaccio zurückgehende Bezeichnung v. Dantes* *Commedia als divina Commedia*)]; *insb.* °kaiserlich [*domus* Kaiserpalast]. — ***litterae -ae* Theologie; Bibel; *subst.* *-us*, *i m* Theologe.

dī-vīsī *s. dīvĭdō.*

dīvīsĭō, *ōnĭs f.* (*dīvĭdō*) (*meist vkl., nkl.*) **1. a**) Teilung [*orbis terrae*]; *auch obszön*; **b**) (*spätl.*) (*math. t.t.*) Division. **2. a**) (*auch klass.*) Einteilung, *bsd. als log. u. rhet. t.t.* = Disposition, Gliederung; **b**) Verteilung [*agrorum*].

dīvīsŏr, *ōrĭs m* (*dīvĭdō*) **1.** (*nkl.*) Verteiler (*alcis rei*). **2. a**) Verteiler der Äcker *unter die Kolonisten*; **b**) Geldverteiler, *bsd. zur Bestechung bei Wahlen*; **c**) (*spätl.*) (*math. t.t.*) Divisor, Teiler; Nenner *i. d. Bruchrechnung.*

dīvīsŭs[1] 3 (*m. comp.*) (*eig. P.P.P. v. dīvĭdō*) (*Lu.*) getrennt.

dīvīsŭs[2], *ūs m* (*dīvĭdō*) (*nkl.*) das Teilen, *nur dat. sg.* [*facilis -ui* leicht teilbar; *-ui esse* verteilt werden].

dī-vīsŭs[3] *P.P.P. v. dīvĭdō.*

Dīvĭtĭăcŭs, *ī m* = *Dīvĭcĭăcŭs*.

▶ **dīvĭtĭae**, *ārŭm f* (*dīvĕs*) Reichtum, großer Besitz, Schätze, *auch* Kostbarkeiten, Kleinodien *u.ä.* [*divitiarum cupidus*, °*templum divitiis inclutum*]; / (*selten*) Fülle, Fruchtbarkeit [*aquarum* Wasserreichtum], *bsd. an Gedanken u. Worten* [*ingenii*, *verborum*].

Dīvŏdūrŭm, *ī n Hptst. der Mediomatriker i. Gallia Belgica an der Mosel, später Mediomatrica, dann Mettis, j.* Metz.

dī-vŏlgō 1. = *dīvŭlgō*.

dīvŏrsŭs 3 (*altl.*) *s. dīvĕrsŭs*.

dī-vŏrtĭŭm, *ī n* (*dīvŏrtō*; *cf.* *dēvŏrtĭŭm*) **1.** Scheidung, Trennung, *auch* / [*doctrinarum*]. **2.** (*meton.*) (*örtl.*) **a**) Weg- *od.* Wasserscheide [*itinerum*, *fluminum*]; **b**) (*Ta.*) Grenzscheide [*inter Europam Asiamque*]; *auch* °Seitenweg, °(*v. Flüssen*) Bogen. **3.** / **a**) Ehescheidung (*kein Rechtsgeschäft, sondern freiwillige Vereinbarung*; *Ggs.* *rĕpŭdĭŭm*) [*divortium facere cum uxore* die eheliche Gemeinschaft aufheben]; **b**) Bruch *od.* Trennung *eng Verbundener*, *bsd.* Auflösung *e-s* Liebesverhältnisses.

dī-vŏrtō (*altl.*) *s. dīvĕrtō*.

dī-vŭlgō 1. **1.** bekanntmachen, veröffentlichen (*alqd*, *zB.* *librum*); / *etw.* allen preisgeben (*alqd ad omnium libidines*). **2.** (*P.P.P.*) *adi.* **dīvŭlgātŭs** 3 (*m. sup.*) **a**) gemein, gewöhnlich [*magistratus*]; **b**) (*nkl.*, *dcht.*) weitverbreitet.

dīvŭlsĭō, *ōnĭs f* (*dīvĕllō*) (*nkl.*, *spätl.*) Zerreißung, Trennung.

▶ **dīvŭs 1.** *adi.* 3 (〈 *altl.* deivŏs „Gott", *Rückbildung aus dem gen. sg. des urspr. Paradigmas dēŭs, dīvī* [〈 *dei-*

vī], dīvō, dĕūm „Gott"; *cf.* dĕūs) (*nkl., dcht.*) göttlich, himmlisch [*parens*]; *auch* / [*sententia*]; *bsd.* vergöttert, unter die Götter erhoben; *Beiname der römischen Kaiser nach ihrem Tode, zB. divus Augustus.* **2.** *subst.* **a) dīvŭs,** *ī m* Gott (*selten*) = dĕūs; **b) dīvă,** *ae f* Göttin; / (*dcht.*) Geliebte; ***(*modernes Fw.*) gefeierte Sängerin *od.* Schauspielerin; **c) dīvŭm,** *ī n* der freie Himmel [*nur sub divo* im Freien *u.* °*sub divum rapere* ans Licht ziehen].

F. *gen. pl. des subst.* dīvōrŭm *u.* (*meist*) dīvŭm *od.* °dīvōm; *cf.* V.-B. VI, 2 *u.* 7.

dīxī *s.* dīcō².

dō

1. a) (dar)reichen, übergeben; **b)** weihen, opfern; **c)** (*Geld*) zahlen, entrichten; **d)** (*Geiseln u. ä.*) stellen; **e)** anbieten; **f)** übertragen; **g)** widmen; **2. a)** gewähren, vergönnen; **b)** (*jur. t.t.*) stattgeben; **c)** zugestehen; **d)** *jd. etw.* zu Gefallen tun; **3.** bestimmen, angeben; **4.** *jd. etw.* zuschreiben; **5. a)** *etw. von* sich geben; **b)** (*Beweis, Probe*) ablegen; **c)** hervorbringen, bewirken, machen; **d)** (*Spiele*) veranstalten; **6. a)** wohin *od.* wozu bringen; **b)** *refl. od. mediopass.* sich begeben; sich zeigen; sich fügen.

dō, dĕdī, dătŭm, dărĕ 1. (*cf. altind.* dá-dāti „gibt", δίδωμι; *in den Komposita vielfach m.* √ *dhē- „setzen" *vermengt*) geben: **1. a)** (dar)reichen, spenden, *bsd.* übergeben, einhändigen, überlassen, preisgeben (*selten abs., meist alqd u. alci alqd, zB. dextram, puero donum,* °*soporem* Schlaftrunk, *civitatem* das Bürgerrecht, *fidem inter se, agros* austeilen, *oscula, librum foras* herausgeben, *ius iurandum* leisten; *alqd ad alqd od. in alqd* zu, für *etw., zB. filiam in matrimonium, auch m. dat. des Zweckes, zB. alci alqd dono od. muneri* zum Geschenk, °*doti*; *auch m. acc. gerund., zB. urbem militibus diripiendam*; *m.* °*inf., zB. dare bibere*); *epistulam od. litteras alci* dem Boten zur Besorgung übergeben, *ad alqm od. alci* an *jd.* richten *od.* schreiben, (*selten*) *jd.* einhändigen [*tabulario*]; *manūs alci* die Hände zur Fesselung hinhalten = sich für besiegt erklären, *abs.* = nachgeben, *iugulum od. cervices alci* hinhalten; *vela ventis* die Segel hissen, °*equo frena od. habenas* schießen lassen; (*hostibus*) *terga dare* = fliehen; *subst.* °**dāns,** dāntĭs *m* Geber; °**dătŭm,** *ī n* (*unkl.*) Gabe, Geschenk, Spende; **b)** (*nkl., dcht.*) (*den Göttern*) darbringen = weihen, opfern [*deo signa, tura divis*; *Weiheformel*: *do, dono, dico*]; / [*patriae sanguinem*]; **c)** (*Geld*) zahlen, entrichten [*pecuniam, ratio acceptorum et datorum* der Einnahmen *u.* Ausgaben; *auch abs.*]; / (*Strafe*) leiden *od.* büßen [*poenas alci alcis rei* für *etw.*]; **d)** (*Truppen, Zeugen, Geiseln u. a.*) stellen [*obsides, testem, vadem*]; **e)** (*Li.*) geben wollen, anbieten, *nur praes. u. impf.* [*ducentos equites*]; **f)** übertragen, anweisen, erteilen [*negotium, provinciam, alci bellum gerendum, consulatum, auch* = verschaffen]; **g)** widmen (*alci alqd, zB. annos studiis*); *bsd.* α) *dare operam* (*Stellung!*) *alci rei* Mühe auf *etw.* verwenden [*rei familiari*; *m. ut, ne*]; β) *se dare* sich widmen, sich hingeben (*alci, zB. adversariis*; *alci rei, zB. labori, libidinibus, naves se vento dant*; *auch ad, in alqd, zB. in eam exercitationem, in sermonem* sich einlassen auf). **2. a)** gewähren, vergönnen, bewilligen, gestatten, einräumen (*alci alqd, zB.* °*aditum petentibus, iter per provinciam, veniam* Erlaubnis *od.* Verzeihung, Gnade gewähren, *tempus colloquio,* °*senatum* Audienz beim Senat, *optionem* freie Wahl lassen, *tempus* Zeit lassen, *locum* Platz machen; *m. ut, ne*; *m.* °*inf. bzw.* °*dat. c. inf., zB. da nobis abire*); **b)** (*jur. t.t.*) *praetor iudicium dat* läßt zu, *vindicias dare s. vindiciae, litem secundum* (zugunsten) *eam partem* entscheiden, °*iura dare* Recht sprechen, °*datur* es ist erlaubt (*m. inf.*); **c)** (*bsd. als philos. t.t.*) (*Behauptungen*) zugestehen (*alqd, zB. omnia*; *m. a.c.i., zB. do mortem esse malum*); **d)** *alqd alci od. alci rei jd. etw.* zu Gefallen tun, um einer Sache willen *etw.* tun [°*da hoc mortuae*; *alqd famae etw.* auf den Ruf geben, *aliquid coronae* um der Zuhörer willen tun]; *alci alqm* aus Rücksicht auf *jd. jd.* begnadigen, *jd.* verzeihen [*reum populo*]. **3.** *etw.* angeben *od.* bezeichnen, bestimmen, nennen (*alqd, zB. locum colloquio*; *alci alqd, zB. diem, tempus, viam defensionis*; *m. indir. Frages.*, P. *m.* °*n.c.i., zB. Aeneas signum eripuisse datur* = *dicitur*); *condiciones alci* die Bedingungen vorschreiben, *nomen dare* sich melden, sich freiwillig erbieten (*bsd. zum Kriegsdienst*). **4.** *jd. etw.* zuschreiben *od.* beilegen [*tantum ingenio*]; *bsd.* (*m. praed. dat.*) als *etw.* auslegen *od.* anrechnen (*alci alqd laudi od. vitio, crimini* zum Vorwurf machen). **5. a)** (*dcht.*) *etw. v.* sich geben, hören *od.* sehen lassen [*lacrimas, fumum* aufsteigen lassen, *colorem* ausstrahlen, *voces, verba*]; **b)** / *documentum u. specimen dare* Beweis geben, Probe ablegen; **c)** hervorbringen, erzeugen, entstehen lassen (*alqd, zB.* °*lacrimas* vergießen, °*segetes frumenta dant*); *meist* / verursachen, bewirken, erregen, machen (*klass. selten*) (*alqd, zB.* °*impetum in hostem,* °*cuneum* bilden, °*ruinam* einstürzen, °*saltum* einen Sprung tun; *alci alqd, zB.* °*amplexum* umarmen, *spem*); *bsd. m. praed. adi. od. part., zB.* °*alqm ferocem dare* machen, °*hostes victos dare*; **d)** (*Feste, Spiele*) veranstalten, geben, *zB. ludos populo, fabulam* aufführen lassen (*vom Bühnendichter*). **6. a)** *jd. od. etw.* wohin (*od.* wozu) bringen, richten, werfen, tun (*alqm, zB.* °*praecipitem* kopfüber stürzen, *u. alqd, zB. calculum* [*im* **Brettspiel*] ziehen; *alqm od. alqd in, selten ad alqd, zB.* °*alqm ad terram* schleudern, *legiones in fugam* in die Flucht treiben, *vela in altum* in See stechen, *alqm ad iniurias* bloßstellen, *hostes in conspectum* sehen lassen; [*dcht.*] *m. dat., zB. bracchia cervici* um den Nacken schlingen, *monstrum catenis* in Ketten legen); **b)** *sē dărĕ* (*od. mediopass.* dărī) sich begeben, sich werfen, sich stürzen, kommen, treten [°*obvium* in den Wurf kommen, *in viam* sich auf den Weg machen; *dcht. m. dat., zB. tecto* aufs Dach springen]; *insb.* sich zeigen (*alci, zB. populo*), *auch* / [°*se facilem* gefällig sein, °*prout res se dat* wie es sich so macht]; (*prägn.*) sich willig zeigen, sich fügen [*iudices se dant*]; *auch* (*meist dcht.*) sich hingeben, *jd.* zu Willen sein [°*da modo te, se alci*]; *cf.* 1 g, β. — *meist* ****detur* (*Abk.* d.; *auf Rezepten*) man gebe; *datum* (*Abk.* d.) „gegeben, ausgefertigt", *Einleitungsformel auf Urkunden u. Briefköpfen, später im Dt. subst.* („Zeitangabe, Zeitpunkt"); *de dato* (*Abk.* d.d.) (*auf Urkunden*) vom Tag der Ausstellung an. — *do, ut des* „ich gebe, damit du (mir *etw.*) gibst", *Vertragsformel des röm. Rechts, von Bismarck auf die Politik übertragen.* — *do, ut facias* „ich gebe, damit du (für mich *etw.*) verrichtest", *Formel des röm. Rechts für Werkverträge.*

F. *altl.*: dănūnt = dānt; dān = dāsnĕ? dătīn = dătĭsnĕ? dăbĭn = dăbĭsnĕ?; *conī. praes.* dŭim, dŭĭs, dŭĭt, dŭīnt (*urspr. aoristisch*).

▶ **dŏcĕō,** dŏcŭī, dōctŭm 2. (*Kausativum zu* dĕcĕō; *cf.* δοκέω, δοκεῖ, δόξα, dīscō) **1.** lehren, unterrichten, unterweisen (*abs. od. alqm, zB. adulescentulos,* °*aves* abrichten; *alqd, zB. ius civile*; *alqm alqd, zB. puerum artem*; *alqm re bei Angabe e-s Instrumentes, zB. fidibus* im Saitenspiel, *armis* im Fechten; *alqm de re* über *etw.* belehren; *m. adv., zB. alqm Latine, sc. loqui*; *m. inf., zB. alqm fidibus canere*; *m. a.c.i.*; *m. indir. Frages.*). **2. a)** *jd. v. etw.* benachrichtigen *od.* in Kenntnis setzen (*alqm alqd*; *alqm de re, zB. de adventu suo*; *m. a.c.i. od. indir. Frages.*); P. Mitteilung erhalten; **b)** *übh.* zeigen, dartun, auseinandersetzen, berichten (*abs., zB. ut supra docuimus, od. alqd*; *m. a.c.i.*); **c)** (*den Richter od. Rechtsanwalt, eine Behörde*) vom Stande einer Sache unterrichten, den Sachverhalt vortragen (*alqm alqd, zB. causam, u. alqm de re, zB. senatum de caede fratris*). **3.** (*ein Drama*) einüben *od.* aufführen (lassen) [*fabulam*]. **4.** Unterricht erteilen, Vorträge *od.* Vorlesungen halten (*abs., zB. Romae, mercede* gegen Honorar).

F. *In der Bedeutung* „belehren" *wird das* P. *meist durch* dīscĕrĕ *alqd ersetzt*; „gelehrt in *etw.*" *doctus re* (*unkl. rem*).

dŏchmĭŭs, *ī m* (*Fw.* < δόχμιος) der

Dochmius (*ein Versfuß m. der Grundform* ⏑ – – ⏑ –).

dŏcĭlĭs, ĕ (*m.* °*comp.*) (dŏcĕō) **1.** gelehrig, bildsam, gewandt, *v. Menschen, Tieren u. Sachen* [*iudex, equus, ingenium,* °*capilli* geschmeidig; *ad alqd* zu, für, in *etw., auch m.* °*abl. u.* °*gen.*]. **2.** (*Pr.*) leicht begreiflich, faßlich [*usus*].

dŏcĭlĭtās, ātĭs *f* (dŏcĭlĭs) Gelehrigkeit, Empfänglichkeit (*ad alqd* für *etw.*); *insb.* (*nkl.*) [*animi*] Milde, Sanftmut.

dŏcĭmĕn(tŭm) = dŏcŭmĕn(tŭm).

dŏctŏr, ōrĭs *m* (dŏcĕō) Lehrer (*alcis rei* in *etw., zB. sapientiae;* °*palaestricus*). — ** *u.* ***Universitätslehrer, Gelehrter; ~ *gentium Apostel Paulus als* Lehrer der Heiden; *quattuor doctores* = Ambrosius, Augustin, Gregor I. *u.* Hieronymus. — *höchster akademischer Grad* (*Abk. Dr., bei ev. Theologen D.*; Dr. h. c. = *honoris causa* ehrenhalber; *pl.* Dres. = *doctores, oft fälschlich v. einzelnen gebraucht, die mehrere Doktordiplome erhalten haben*).

▶ **dŏctrīnă,** *ae f* (dŏctŏr) **1.** Belehrung, Unterricht, Unterweisung (*alcis rei* in *etw., zB. honestarum rerum*). **2.** *meton.* **a**) Lehrfach, einzelne Wissenschaft *od.* Kunst; *pl.* Wissenschaften; *bsd.* Philosophie [*liberales, dicendi* Rhetorik, *subtilior* Theorie]; **b**) Gelehrsamkeit, wissenschaftliche Bildung [*omni doctrinā ornatus*]; *bsd.* °philosophische Grundsätze.

dŏctŭs[1] *P.P.P. v.* dŏcĕō.

▶ **dŏctŭs**[2] 3 (*m. comp. od. sup.*; *adv.* **-ē**) (*eigtl. P.P.P. v.* dŏcĕō) **1. a**) *durch Unterricht u. Studium* gebildet *od.* (gut) geschult, *übh.* wissenschaftlich gebildet, gelehrt, *v. Pers.* [°*homo,* °*puella, civitas; re* in *etw., zB. Graecis litteris; unkl.*: *alqd u. alcis rei, in re, ad alqd; m.* °*inf., zB. tibiis canere*]; *bisw. auch v. Sachen* [*voces, sermones,* °*lingua* beredt, °*frons*]; *subst.* **dŏctŭs,** ī *m* (*klass. nur im pl.*) Gelehrter [*doctissimi* die größten Gelehrten]; **b**) *m.* der griechischen Literatur vertraut. **2.** (*meist unkl.*) *durch Erfahrung* geübt, gewitzigt, geschickt, klug [*usu od.* °*aetate,* °*manus,* °*ad alqd, m.* °*inf.*].

▶ **dŏcŭmĕn,** ĭnĭs *n* (*Lu.*) *u.* **dŏcŭmĕntŭm,** ī *n* (dŏcĕō) **1.** (*abstr.*) Lehre, Belehrung, *bsd.* Warnung (*alcis rei* vor *etw., zB.* °*periculi; documentum esse alcis rei u. -o esse alci m. a.c.i. od. indir. Frages., bzw. m. ut, ne; -um dare*). **2.** (*concr.*) warnendes Beispiel, Beweis, Probe [*eloquentiae,* °*sui* v. sich]. — **(beweisende) Urkunde; *antiquum* ~ das Alte Testament.

Dōdōnă, *ae f* (Δωδώνη) **1.** *Gebirgsst. i. Epirus m. uraltem Eichenhain u. Zeusorakel.* **2.** (*meton.*) °**a**) der Eichenhain *v.* ~; °**b**) die Priesterschaft *v.* ~; *adi.* **Dōdōnaeŭs** 3 (*fem. auch* °**Dōdōnĭs,** ĭdĭs; *cf.* V.-B. III, 1, b; III, 4, b *u.* 5). (*Bedeutsame Ausgrabungen v. Burg u. Tempelbezirk; besterhaltenes antikes Theater.*)

dōdrāns, ăntĭs *m* (< *dē-quădrāns *eigtl.* „fehlend ein Viertel"; *cf.* dĕūnx) **1.** drei Viertel *eines Ganzen* [°*heres ex dodrante* Erbe zu drei Vierteln des Vermögens; °*solvere -antem* drei Viertel seiner Schulden bezahlen]. **2. a**) $^3/_4$ as; **b**) (*nkl.*) $^3/_4$ Fuß; **c**) (*nkl.*) $^3/_4$ Morgen; **d**) (*nkl.*) Dreiviertelstunde.

dōdrāntārĭŭs 3 (dōdrāns) um drei Viertel ermäßigt [*tabulae* Schuldbücher, in denen drei Viertel der Schulden getilgt waren].

dŏgmă, ătĭs *n* (*Fw.* < δόγμα) *philos.* Lehrsatz. *Cf.* V.-B. III, 6. — **Glaubenssatz; christl. Glaubenslehre (*nach katholischer Lehre die durch Bibel u. Tradition geoffenbarte Wahrheit*).

Dŏlābĕllă, *ae m cogn. in der röm. gēns* Cŏrnēlĭă: *P.* Cŏrnēlĭŭs ~, *Schwiegersohn Ciceros.*

dŏlābră, *ae f* (dŏlō[1]; *cf. cogn.* Dŏlābĕllă, *eigtl.* „kleine Axt") (*nkl.*) Spitzhacke, Brechaxt.

dŏlēntĕr *adv.* (*comp.* dŏlĕntĭŭs) (dŏlēns, *part. praes. v.* dŏlĕō) schmerzlich, *m.* Wehmut.

▶ **dŏlĕō,** lŭī, lĭtūrŭs 2. (*eigtl.* „zerrissen sein" *zu* dŏlō[1]; *cf.* φρενοδαλής „sinnesgestört") **1. a**) (*von Körperteilen*) schmerzen, wehe tun (*abs., zB. pes dolet; od. alci, zB. oculi mihi dolent*); **b**) / (*v. Sachen*) wehe tun = betrüben (*alci, zB. dictum mihi; impers. dolet mihi, quod* es tut mir leid, daß). **2.** (*seelisch*) Schmerz empfinden über *etw.*, bedauern, ärgerlich sein (*abs., zB. tacui cum dolerem; alqd, zB. casum alcis,* [*selten*] *alqm; re, de re, ex re, zB. laude alienā, de Hortensio; auch in re* bei *etw., propter alqd* wegen *etw.,* °*pro re* schmerzlich besorgt sein für *etw.*; *m. quod od. a.c.i., auch m. si u. cum*); °*numquam doliturus* unempfindlich.

dōlĭārĭs, ĕ (dōlĭŭm) (*Pl.*) dick wie ein Faß [*anus*].

dōlĭŏlŭm, ī *n* (*demin. v.* dōlĭŭm) (*vkl., nkl.*) Fäßchen.

dŏlĭtūrŭs *part. fut. v.* dŏlĕō.

dōlĭŭm, ī *n* (dŏlō[1]) Faß, Weinfaß *zum Gären des jungen Weines, aus Ton od. Holz* [*de dolio haurire*]; *Sprichw.* (*Pl.*) *in pertussum ingerimus dicta dolium* wir gießen Worte in das durchlöcherte (Danaiden-)Faß = wir reden umsonst.

dŏlō[1] 1. (*zu* √‾*del- „spalten, behauen"; *cf.* δαιδάλλω „kunstvoll bearbeiten") **1.** *m.* der Axt bearbeiten *od.* zimmern, behauen, zuhauen (*alqd, zB. robur, auch alqm*). **2.** / **a**) roh herausarbeiten [*illud opus*]; **b**) (*dcht.*) durchprügeln; *obszön* = fŭtŭō.

dŏlō[2], ōnĭs *m* (*Fw.* < δόλων) (*unkl.*) **1.** Dolch, Stilett, Stockdegen; / Stachel *der Fliege.* **2.** Vordersegel *e-s Schiffes.*

Dŏlŏpēs, ŭm *m* (Δόλοπες) *kl. Volk am Pindos; ihr Land* **Dŏlŏpĭă,** *ae f.*

▶ **dŏlŏr,** ōrĭs *m* (dŏlĕō) **1.** (*körperlicher*) Schmerz [*corporis, pedum, articulorum* Rheuma]. **2.** / (*seelischer*) Schmerz: **a**) Betrübnis, Kummer; Groll, Ärger, Unmut, Unwille, Erbitterung, Leidenschaft [*animi, in dolore esse od. dolore affici; alcis rei u. ex re* über *etw., zB. iniuriae,* °*ex civibus amissis, dolorem capere ex re; dolori esse alci jd.* Kummer machen]; **b**) (*meton.*) α) (*dcht.*) Gegenstand des Kummers; β) (*nkl.*) Äußerung des Ärgers; **c**) Pein, Qual, *bsd.* Kränkung [°*dolore incensus*]. **3.** (*rhet. t.t.*) wehmütiger Ton der Rede, Rührung, Pathos.

dŏlōrōsŭs 3 (dŏlŏr) (*spätl.*) schmerzhaft; schmerzensreich [***mater Maria*].

dŏlōsŭs 3 (dŏlŭs) (*adv.* **-ē**) trügerisch, (arg)listig, tückisch, ränkevoll, *v. Pers. u. Sachen, oft dcht.* [°*mulier,* °*ars, -e agere; m.* °*inf.*].

▶ **dŏlŭs,** ī *m* (*cf.* δόλος) **1.** Trug, Betrug, Arglist, Täuschung, Ausflüchte (*alcis j-s, fraus ac dolus; dolo u. per dolum* hinterlistigerweise). **2. a**) (*meton.*) (*dcht., nkl.*) Täuschungsmittel (*bsd. Netze u. Irrgänge*); **b**) (*jur. t.t.*) *dolus malus* arglistige Täuschung, Betrug. — ***(*im Strafrecht*) ~ *directus* Vorsatz; ~ *eventualis* bedingter Vorsatz.

dŏmābĭlĭs, ĕ (dŏmō) (*dcht.*) bezwingbar, überwindlich.

dŏmĕstĭcātĭm *adv.* (dŏmĕstĭcŭs) (*Suet.*) in Privathäusern.

▶ **dŏmĕstĭcŭs** 3 (dŏmŭs) **1.** häuslich, des Hauses, Haus..., Familien... [*parietes, usus* Verkehr, *difficultas* Not, *officia* im häuslichen Kreise (betätigte), *tempus* im Hause verbracht, *iudicium* seiner Umgebung, °*-us otior* zu Hause]; *homo* ~ *od. subst.* **-ŭs,** ī *m* Familienglied *od.* Hausfreund, *übh.* Freund, *pl.* Familie, Umgebung *od.* Hausgesinde [*sermones domesticorum*]. **2. a**) privat, persönlich, eigen, eigentümlich [*res* Privatsachen, *exemplum* aus der eigenen Erfahrung]; **b**) einheimisch, heimatlich, inländisch, national, innerer [*bellum, mos, sermo, hostis* im eigenen Lager, *crudelitas* gegen die Mitbürger; *subst. domestica n* vaterländische Geschichte]; *auch* innerlich = in der eigenen Brust [*Furiae*].

****domicella,** *ae f* = dŏmĭnĭcĕllă die junge Herrin; Jungfrau Maria; junges Mädchen [*mea dominicella* > *frz.* mademoiselle > Mamsell].

dŏmĭcēnĭŭm, ī *n* (dŏmŭs, cēnă) (*Ma.*) Mahlzeit zu Hause.

▶ **dŏmĭcĭlĭŭm,** ī *n* (*vl.* < dŏmĭ-cŏlĭŭm „das Haus bewohnen"; dŏmŭs, cŏlō) Wohnung, Wohnsitz, Wohnort (*alcis, zB. dei; -um collocare od.* °*sibi constituere in loco*), *oft* = Haus, Gehöft, Palast, Residenz *u.ä.*; Sitz [*imperii, superbiae*].

▶ **dŏmĭnă,** *ae f* (dŏmĭnŭs) **1.** Herrin im Hause, Hausfrau. **2. a**) Herrin, Gebieterin (*bsd. dcht. ehrender Beiname v. Göttinnen, zB. Venus*); / [*iustitia* ~ *virtutum*]; **b**) (*nkl.*) Dame aus dem kaiserlichen Hause; **c**) (*dcht.*) α) Geliebte; β) ~ *Urbs* Gebieterin der Welt (= Rom).

dŏmĭnāns, *āntĭs m (part. praes. v. dŏmĭnŏr)* **1.** *adi. (m. comp.) (Lu.)* herrschend. **2.** *subst. m (nkl.)* Gebieter, Despot.

▶ **dŏmĭnātĭō,** *ōnĭs f (dŏmĭnŏr)* **1.** Herrschaft *(alcis j-s u.* über *jd., alcis rei* einer Sache *u.* über, in *etw., zB. Darei, cupiditatum, auch in alqd, zB. rationis in libidinem, in re* in *etw., zB. in iudiciis).* **2. a)** Alleinherrschaft, Gewaltherrschaft, Despotismus [*regia; unius* Monarchie]; **b)** *(meton.) pl.* die Herrscher, Herren.

dŏmĭnātŏr, *ōrĭs m (dŏmĭnŏr)* Beherrscher *(m. gen.).*

dŏmĭnātrīx, *īcĭs f (dŏmĭnātŏr)* Beherrscherin *(m. gen.).*

▶ **dŏmĭnātŭs,** *ūs m = dŏmĭnātĭō; insb. (nkl., spätl.)* Dominat, *absolutes röm. Kaisertum seit Diokletian (cf. dŏmĭnŭs) im Ggs. zum Prinzipat des Augustus.*

dŏmĭnĭcŭs 3 *(dŏmĭnŭs)* **1.** *(nkl.)* herrschaftlich; kaiserlich. **2.** *(Eccl.)* des Herrn; *dies -a u. subst. dominica (sc. dies)* Sonntag [***-a in palmis* Palmsonntag; ***cena -a* Abendmahl; ***oratio -a* Vaterunser; ***corpus -um* Hostie].

dŏmĭnĭŭm, *ī n (dŏmĭnŭs)* Herrschaft: **1.** *(nkl.) (im engeren Sinne)* Eigentum(srecht), dingliches Eigentum. **2.** *(nkl.) im weiteren Sinne)* **a)** Herrschaft, Gewalt; **b)** *pl. (meton.)* Gebieter. **3.** Gelage, Gastmahl.

▶ **dŏmĭnŏr** 1. *(denom. v. dŏmĭnŭs)* **1.** Herr sein, herrschen, *bsd.* den Herrn spielen, tyrannisieren *(abs., zB. dominandi studium od. in re, zB. °in urbe, in iudiciis; inter alqos; in alqm, zB. in suos; °alci; m. °bloßem abl.); auch /* die größte Geltung haben, die größte Kraft zeigen, *zB. eloquentia in libero populo maxime dominatur, °(vom Unkraut)* wuchern, *dominantia nomina (Ho.)* eigentliche *(ohne Metapher).* **2.** *(dcht.) pass.* beherrscht werden.
F. *inf. praes. altl. dŏmĭnārĭēr.*

▶ **dŏmĭnŭs,** *ī m (dŏmŭs)* **1.** Hausherr; *auch (Pl.)* der Sohn des Hauses, der junge Herr; *pl.* Herrschaft = Herr und Frau. **2. a)** Eigentümer, Besitzer, Inhaber *(alcis rei, zB. aedificii, navis);* **b)** Veranstalter *e-s Schauspiels od. Gladiatorenspiels od. Festes, e-r Auktion u.ä.;* Bauherr; Gastgeber [*°convivii, epuli*]. **3.** / **a)** Gebieter, Chef, *bsd.* Zwingherr, Despot *(alcis u. alcis rei, zB. Siculorum, comitiorum, °vitae necisque* über Leben *u.* Tod); **b)** *(nkl., dcht.)* **α)** *(als Titel)* Herr; **β)** = Kaiser, dem als *dominus* (Herr über Untertanen) *et deus* Anbetung geschuldet wird; *cf. dŏmĭnātŭs;* **γ)** Geliebter, Gatte. **4.** *adi.* 3 *(dcht.)* herrschaftlich, des Herrn, gebietend [*torus, manus, supercilium*]. **5.** *(Eccl.)* Christus; Gott. — **Lehnsherr. — *Dominus vobiscum* der Herr sei mit euch *(i. d. katholischen Liturgie Gruß des Priesters an die Gemeinde).*

(**dŏmĭō**), — *dŏmĭtŭm* 4. *(vl. Scherzbildung zu dŏmī) (Pl., Men. 105) domi domitus sum* = ich habe zu Haus gehaust.

dŏmĭ-pŏrtă, *ae f (dŏmŭs, pŏrtō) (dcht.)* Hausträgerin *(Schnecke).*

Dŏmĭtĭānŭs, *ī m: T. Flāvĭŭs ~, röm. Kaiser, 81—96, ermordet. Cf. auch Dŏmĭtĭŭs* (2b).

Dŏmĭtĭŭs 3 **1.** *Name e-r pleb., seit Augustus patriz. gēns m. den Familien der Ā(h)ēnŏbărbī* („Rotbärte") *u. Călvīnī* („Kahlköpfe"). **2.** *adi.* **a) Dŏmĭtĭŭs** 3, *bsd. via Domitia, v. Cn. Dŏmĭtĭŭs A., dem Besieger der Allobroger, um 120 v.Chr. angelegt;* **b) Dŏmĭtĭānŭs** 3 des Domitius, *bsd.* **α)** des *L. Dŏmĭtĭŭs Āēnŏbărbŭs, e-s Feldherrn des Pompejus; subst.* **-ūs,** *ī m* Soldat des Domitius; **β)** des *Cn. Dŏmĭtĭŭs Călvīnŭs, e-s Legaten Cäsars.*

dŏmĭtō 1. *(intens. v. dŏmō) (nkl., dcht.)* bezähmen, bändigen.

dŏmĭtŏr, *ōrĭs m (dŏmō)* Bändiger [*equorum*]; / Bezwinger, Überwinder [*Persarum, °maris*].

dŏmĭtrīx, *īcĭs f (dŏmĭtŏr) (dcht., nkl.)* Bändigerin; / Überwinderin.

dŏmĭtŭs [1] *P.P.P. v. dŏmō.*

dŏmĭtŭs[2], *abl. ū m (dŏmō)* Zähmung, Bändigung *(m. gen.).*

dŏmnă, dŏmnŭs *synk. = dŏmĭnă, dŏmĭnŭs.*

▶ **dŏmō,** *mŭī, mĭtŭm* 1. *(cf. δαμάω, nhd.* „zähmen"; *dŏmŭs)* **1.** zähmen, bändigen [*beluas*]; *bsd.* dressieren, zureiten [*equos*]. **2.** / überwältigen, bezwingen, überwinden, zügeln, auftreiben *(alqm u. alqd, zB. gentes, libidines, °terram rastris* urbar machen, *°arborem* veredeln, *°uvas prelo* keltern, *°carnem* gar kochen, *°ulmum in burim* zu einem Pflugsterz krümmen).

dŏmŭ-ĭtĭō, *ōnĭs f (= dŏmŭm ĭtĭō) (dcht.)* Heimkehr.

> **dŏmŭs**
> **1.** Haus, Wohnsitz; **2.** *(v. Tieren)* Nest, Höhle *u.a.;* **3. a)** Hausgemeinschaft, Familie; **b)** Hauswesen; **c)** Heimat; **4.** *adv.* **a)** *domum* nach Hause; **b)** *domo* von zu Hause; **c)** *domi* zu Hause.

dŏmŭs, *ūs f (cf. δόμος, nhd.* „Zimmer") **1.** Haus *als Wohnung u. Sitz einer Familie, meist aus mehreren Gebäuden bestehend; daher /* Wohnsitz, Behausung, Aufenthalt, *bsd.* Palast [*regia, °meretricia, Plutonis; alqm domo eicere, ex domo in domum migrare, domo alcis uti* bei *jd.* Wohnung nehmen]. **2.** / *(dcht., nkl.) (Behausung v. Tieren)* Nest, Höhle, Loch, *cornea* Schale der Schildkröte *u. a.; auch v. den Wohnsitzen der Götter.* **3.** *(meton.)* **a)** Hausgenossen(schaft), Familie, Angehörige [*nostra, tota domus mea te salutat*]; *insb.* Philosophenschule, Sekte [*°Socratica*]; **b)** Hauswesen, Hausstand, -halt [*°domūs officia exsequi* besorgen]; **c)** Heimat, Vaterland, -stadt [*a domo abesse*]. **4.** *adv.* **a) dŏmŭm** *(pl.* **dŏmōs**) nach Hause, ins Haus, in die Heimat, heim [*proficisci, reditio; domum meam od. tuam, omnes domos suas discedunt*]; *bsd. domum abducere alqm jd.* auf seine Seite *od.* zu seiner Partei *od.* an sich ziehen; **b) dŏmō** von Haus, aus der Heimat [*°profugus*]; **c) dŏmī** *u. (selten)* **dŏmŭī** zu Hause, im Hause, in der Heimat, daheim [*domi meae od. tuae, suae, alienae, domi Caesaris*]; *bsd. °domi bellique od. militiaeque* im Krieg *u.* Frieden *(auch °belli domique, °domi belloque u. a.); domi habeo alqd* ich habe *etw.* selbst reichlich genug, *°bonae domi artes* seine persönlichen guten Eigenschaften; *°domi parta dignatio* selbsterworben.
F. *sg.: altl. gen. -ī; dat. auch °-ū u. °-ō; abl. -ō, selten -ū; loc. -ī; pl. gen. -ŭŭm (u. -ōrŭm); acc. -ōs, seltener -ūs.*

dōnābĭlĭs, *ĕ (dōnō) (Pl.)* beschenkenswert.

dōnārĭŭm, *ī n (dōnŭm; eigtl.* „etw. für Weihgeschenke Bestimmtes") *(nkl., dcht.)* **1.** Weihgeschenk. **2.** Opferaltar, Tempel.

dōnātĭō, *ōnĭs f (dōnō)* Schenkung *u. concr.* Gabe, *bsd.* Ehrengeschenk.

dōnātīvŭm, *ī n (dōnātŭs, P.P.P. v. dōnō)* Geldgeschenk *des Kaisers an die Soldaten.*

dōnātŏr, *ōrĭs m (dōnō; nkl.)* Schenker. — **Stifter *(v. Kunstwerken für die Kirche);* Stifterfigur *(auf Bildnissen des Mittelalters u. der Renaissance).*

Dōnātŭs, *ī m: Aelĭŭs ~, um 350 n.Chr., Vfssr. lat. Grammatiken* („Donaten"), *die bis zum Ende des Mittelalters verwendet wurden.*

▶ **dōnĕc,** *(vkl., nkl.)* **dōnĭcŭm,** *(Lu.)* **dōnĭquĕ** *cj. (wohl* < **dō-nĕ-quŏm, urspr.* „bis zu dem Zeitpunkt, wann"; **dō* „hinzu"; *nĕ verstärkend; quŏm = cŭm*[2] „wann"; *quĕ wohl verallgemeinernd; cf. dēnĭquĕ, quăndō)* **1.** *(meist m. ind.) (nkl., dcht.)* solange als, *zB. (Ov.) donec eris sospes (od. felix), multos numerabis amicos.* **2.** *(m. ind. u. coni.) (klass. selten, bisw. m. vorhergehendem usque eo, eo usque)* solange bis, bis daß, bis endlich.

▶ **dōnō** 1. *(denom. v. dōnŭm)* **1. a)** schenken, verschenken *(abs. od. alqd; alci alqd, zB. praedam militibus); bsd. den Göttern etw.* weihen *od.* opfern [*°caput Iunoni*]; / **b)** *jd. etw.* verleihen, vergönnen, überlassen *(alci immortalitatem; m. °inf.);* **c)** *etw. jd.* zuliebe aufgeben *od.* opfern, abtreten *(alqd; alci alqd, zB. inimicitias rei publicae);* **d)** *jd. etw. (e-e Schuld)* erlassen, Verzicht auf *etw.* leisten [*alci aes alienum, °causam jd.* den Prozeß ersparen]; / *(dcht., nkl.) jd.* zuliebe *etw.* ungestraft lassen *od.* verzeihen, *jd.* begnadigen *(klass. condonare)* [*damnatum populo Romano, patrem filio*]. **2.** beschenken *(alqm, zB. amicos; alqm j-n m. etw., zB. milites armis, °servum libertate, alqm civitate); non donatus* unbeschenkt. — **geben; verzeihen.

▶ **dōnŭm,** *ī n (cf. altind. dānam; δῶ-ρον; zu dō)* **1.** Gabe, Geschenk, Spende [*°militare, nuptiale; °donum* *alci dare, alqd dono dare* zum Geschenk machen]; °*dona ultima* die letzte Liebesgabe für Gestorbene, *bsd.* Totenopfer. **2.** Opfer(gabe), Weihgeschenk [°*turea* Weihrauchopfer; *alcis j-s u.* für *jd.* = °*alci, zB. tempus*; °*alcis rei* für *etw.*].

dŏrcăs, *ădĭs f (Fw.* ‹ δορκάς) *(dcht.)* Reh, Gazelle; / *Kosename für ein Mädchen.*

Dōrēs, *ŭm u. (spätl.)* **Dōriēnsēs,** *ĭŭm m (*Δωριεῖς, *et. ungedeutet)* die Dorer, *nach der Überlieferung der zuletzt eingewanderte der vier Hauptstämme der Griechen (Dorische Wanderung), tatsächlich Vereinigung mehrerer Stämme; adi.* **Dōricŭs** *u.* °**Dōriŭs** 3 *(fem. auch* °**Dōris,** *ĭdĭs)* dorisch [*aedes Dorica* (*Vi.*) in dorischem Stil]; *(dcht.) auch* = griechisch, ernst, gemessen.

Dōris, *ĭdĭs u.* °*ĭdŏs f (*Δωρίς, *et. zu* δῶρον Gabe [des Meeres]) *T. des Okeanos (Ocĕănŭs) u. der Tethys, Gemahlin des Nereus, Mutter der 50 Nereiden; (meton.) (dcht.)* = Meer [*amara*]. *Cf.* V.-B. III, 1 a *u.* b; 4, b *u.* 5.

▶ **dŏrmĭō** 4. *(altl. fut.* -*ĭbō*; *cf.* καταδαρθάνω „schlafe ein") **schlafen** [°*in lucem* in den Tag hinein, *dormitum* (°*abire*) *se. conferre* schlafen gehen; *cum alqo, cum alqa* bei *jd.*]; *non omnibus dormio (sprichw.)* ich übe nicht gegen alle gleiche Nachsicht; / untätig *od.* unbekümmert sein; *(prägn.) (Pl.) v. Todesschlaf.*

dŏrmītātŏr, *ōrĭs m (dŏrmītō) (Pl.)* Phantast, Träumer.

dŏrmītō 1. *(intens. v. dŏrmĭō)* **1.** schläfrig sein, einschlafen wollen. **2.** / **a)** *(Ov.) lucerna dormitat* ist dem Erlöschen nahe; **b)** schlafen = gedankenlos sein, sich gehen lassen [*sapientia dormitans*].

dŏrmītŏr, *ōrĭs m (dŏrmĭō) (Ma.)* Schläfer.

dŏrmītōrĭŭs 3 *(dŏrmītŏr) (nkl.)* Schlaf... [*cubiculum*]; *subst.* **-ŭm,** *ī n* Schlafzimmer, **Schlafsaal *der Mönche.*

dŏrsŭm, *ī n u. (Pl., klass. vereinzelt)* **dŏrsŭs,** *ī m (et. ungedeutet)* **1.** Rücken *der Lasttiere, (selten)* Rücken *od.* Buckel *der Menschen* [*equi, aselli,* °*testudinum* Schale]. **2.** / *alles* Rückenähnliche, flach Erhöhte: **a)** *(dcht.) (beim Pfluge)* Rücken des Scharbaumes; **b)** Bergrücken, Kamm [*iugi,* °*nemoris*]; *(dcht., nkl.) auch* Riff, °*vadi* Sandbank, °*saxeum* Steindamm.

dŏrўphŏrŏs *u.* **-ŭs,** *ī m (Fw.* ‹ δορυφόρος) **1.** Speerträger. **2. a)** *(nkl.)* Leibwächter *(pl.* Leibwache, *Garde der persischen Könige)*; **b)** *Bronzestatue, bsd. die nur in Marmorkopien erhaltene des Polyklet, schon frühzeitig als Kanon bezeichnet, weil der Künstler in ihr den Kontrapost (das harmonische Gegeneinanderspielen v. Standbein u. Spielbein) kanonisch, d. h. mustergültig darstellte. Cf.* V.-B. II, 1.

▶ **dōs,** *dōtĭs f (= dor.* δῶτις; *zu dō)* **1.** Mitgift, Heiratsgut, Aussteuer [*filiae dotem* °*dare, conficere, dotem dicere* zusagen]. **2.** / **a)** *übh.* Gabe, Mitgabe [*verborum*]; **b)** *(nkl., dcht.)* Gabe = Begabung, Talent, treffliche Eigenschaft, *auch pl.* [*ingenii, naturae, corporis*].

*****dosis,** *is f* (‹‹ δῶσις) Menge *e-r* Arzneigabe; *~ letalis* tödliche Menge, *bsd. e-s Giftstoffes.*

Dŏssĕnnŭs, *ī m (urspr. etr. EN, von den Alten m. volkset. Anlehnung an dŏssŭm, Vulgärform für dŏrsŭm, als* „Freßsack" *verstanden) komische Figur der röm. Atellane.*

dōtālĭs, *ĕ (dōs)* zur Mitgift gehörig, als Mitgift [*praedium,* °*regia* bräutliche Burg, °*Tyrii* das karthagische Reich als Aussteuer].

dōtō 1. *(dōs) (nkl., dcht.) (e-r Tochter) e-e* Aussteuer geben, *sie* ausstatten [*filiam, re m. etw.*]; *auch* / *(P.P.P.) adi.* **dōtātŭs** 3 *(m. sup.)* reichlich ausgestattet, reich [*coniux, filia*]; *auch* / *dotatissimā formā v.* strahlender Schönheit.

drăchmă *u. altl.* **drăchŭmă,** *ae f (Fw.* ‹ δραχμή) Drachme, *griech. Silbermünze im Werte eines röm. dēnārĭŭs.*
F. *gen. pl.* -*ārŭm u. (meist)* -*ŭm*; *cf.* V.-B. VI, 1.

drăch(ŭ)mĭssō 1. *(drăchmă) (Pl.)* für eine Drachme arbeiten.

drăcō, *ōnĭs m (Lw.* ‹ δράκων) **1.** Schlange, Drache; *bsd. e-e in vornehmen röm. Familien als Lieblingstier gehaltene ungiftige Schlange.* **2.** Drache *als Gestirn am nördlichen Himmel.*

Drăcō, *ōnĭs m (*Δράκων, *identisch m.* δράκων) *athen. Aristokrat, der auf Veranlassung seiner Standesgenossen 621 v. Chr. das geltende Strafrecht schriftl. fixierte. Die Härte s-r Gesetze wurde sprichw.*

drăcōnĭ-gĕnă, *ae m u. f (drăcō, gīgnō) (dcht.)* drachenentstammt, schlangengeboren [*urbs* = Theben].

drāmă, *mătĭs n (Fw.* ‹ δρᾶμα, *eigtl.* „Handlung, Schauspiel") *(spätl.)* Drama. — ***dramatis personae* Personenverzeichnis.

drāpĕtă, *ae m (Fw.* ‹ δραπέτης) *(Pl.)* entlaufener Sklave.

draucŭs, *ī m (wohl gall. Fw.) (Ma.)* junger Athlet (der sich für Geld *v.* Männern mißbrauchen läßt).

drŏmăs, *ădĭs m (Fw.* ‹ δρομάς, *eigtl.* „laufend") *(nkl.)* Dromedar.

drōpăx, *ăcĭs m (Fw.* ‹ δρῶπαξ) *(Ma.)* Pechpflaster *(Enthaarungsmittel).* [*j.* Durance.]

Drŭĕntĭă, *ae m Nbfl. der Rhone,*

Drŭĭdae, *ārŭm u.* **Drŭĭdēs,** *ŭm m* (‹‹ **dru-vid* „eichenkundig"; *gall.* **dru-* „Eiche", **vid-* „wissen") Druiden *(Priester der alten Kelten).*

Drūsŭs, *ī m (wohl zu gall.* *drūto- „tollkühn") *cogn. i. der gēns Līvĭă u. der gēns Claudĭă*: **1.** *M. Līvĭŭs ~ Gegner des C. Gracchus.* **2.** *M. Līvĭŭs ~, S. v. 1., suchte als Volkstribun (91 v. Chr.) einige Gesetzesvorschläge der Gracchen zu erneuern.* **3.** *Claudĭŭs Nĕrō ~, meist bloß Drusus genannt, Stiefsohn des Augustus, Statthalter in Germanien, † 9 v. Chr.; adi.* **Drūsiānŭs** 3 [*fossa -a Kanal zw. Rhein u. Yssel.*] — **Drūsillă,** *ae f Name v. Frauen i. d. Familie der Drusi.*

Drўăs, *ădĭs f (*Δρυάς) *(meist pl.* -*ădĕs, ŭm)* Baumnymphe; *dat. pl. Dryasin, acc. Dryadas. Cf.* V.-B. III, 1, d *u.* e.

dŭālĭs, *ĕ (dŭō; nkl.)* zwei enthaltend; *~ numerus* Dual.

dŭbĭĕtās, *ātĭs f (spätl.)* = *dŭbĭtātĭō.*

Dūbĭs, *ĭs m Nbfl. des Arar (Saône), j.* Doubs.

dŭbĭtābĭlĭs, *ĕ (dŭbĭtō) (Ov., spätl.)* zweifelhaft.

dŭbĭtāntĕr *adv. (dŭbĭtāns, part. praes. v. dŭbĭtō)* **1.** zweifelhaft. **2.** zaudernd, *m.* Bedenken.

dŭbĭtātĭō, *ōnĭs f (dŭbĭtō)* **1.** Zweifel, Ungewißheit (*alcis j-s, zB. iudicis; alcis rei* an, in *etw., zB. criminum,* = *de re*; *dubitatio est m. indir. Frages., negativ m. quin*); *dubitationem afferre* Zweifel verursachen, *tollere* aufheben; *-em habere* bezweifelt werden (können); *sine (ulla) dubitatione* unzweifelhaft, unstreitig. **2.** das Schwanken, Unschlüssigkeit, Zaudern (*alcis j-s, alcis rei* gegen, hinsichtlich, wegen, bei *etw., zB. belli, auch in re*); *sine dubitatione* unbedenklich.

▶ **dŭbĭtō** 1. *(intens. v. altl.* **dŭbō* 1. *ds.*; *dŭbĭŭs)* **1. a)** an *od.* über *etw.* zweifeln, *etw.* bezweifeln (*abs. od. de re, zB. de fide alcis, auch im* P., *zB. de hac re dubitatur*; *m. acc. klass. nur die Neutra id, haec, nihil u.ä., daher im* P. *id dubitatur od. dubitandum est, vereinzelt non dubitandus,* °*parens non dubitatus* unzweifelhaft; *m. indir. Frages., bsd. -ne, an, utrum ... an, -ne ... an,* °*num*; *negativ m. quin*; *m.* °*a.c.i.*); **b)** *(selten)* erwägen, überlegen [*restat, ut hoc dubitemus, uter ... Roscium occiderit*]. **2.** *(im Entschluß)* schwanken, Bedenken tragen, zögern — *meist in negativen Sätzen — (abs., zB. cur dubitas?, od. m. inf., gelegentlich auch quin, zB. hoc facere non dubito, dubitandum tibi non est, quin hoc facias).*

dŭbĭŭs
1. *(act.)* schwankend, zweifelnd; 2. *(pass.)* **a)** zweifelhaft, unentschieden, zweideutig; **b)** bedenklich, gefährlich; **c)** *subst.* **dŭbĭŭm** Zweifel; Gefahr.

dŭbĭŭs 3 *(adv.* **-ē**) *(altl.* **dŭbō* 1., *denom. v.* **dŭbŭs* [*m. i-Erweiterung*] › *dŭbĭŭs*; *eig.* „zwischen zwei Möglichkeiten schwankend"; *zu dŭō*) **1.** *(act.) (i. der Überzeugung od. im Entschluß)* schwankend, zweifelnd, ungewiß, unschlüssig; *v. Pers. (alqm od. animum alcis dubium facere*; °*alcis rei, zB. vitae od. salutis* am Leben verzweifelnd; °*~ inter spem metumque* schwankend *zw.*; *m. indir. Frages., negiert m. quin*; *m. a.c.i.*); °*dubium esse* zweifeln, schwanken = *dŭbĭtārĕ.* **2.** *(pass.)* **a)** zweifelhaft; unentschieden, unsicher, ungewiß, streitig, zweideutig, *v. Sachen* [*res, eventus,* °*aurae* unsicher, °*caelum* trübe, °*lux* Zwielicht, °*nox* Dämmerung, °*cena* reiches Mahl, bei dem man nicht weiß, was man zuerst essen soll]; *selten v. Pers.* [°*socii* unzuverlässig, *in alqm* gegen *jd.*]; *oft Litotes*: *non od. haud dubius* unzweifelhaft, ganz gewiß [*non dubium est, quin*]; *bsd. adv. haud dubie*; **b**) bedenklich, mißlich, gefährlich, *dcht. auch* gefährdet [*dubiae res* Lage, °*pinus* Schiff, °*aeger* bedenklich krank; *m.* °2. *supin., zB. mons ascensu dubius*]; *subst.* °*dŭbĭă, ōrŭm n* gefährliche Lage (= *res dubiae*); **c**) *subst.* **dŭbĭŭm,** *ī n* **α**) Zweifel; **β**) Gefahr, gefährliche Lage (*s.* 2, *b*); *sine dubio* unstreitig, (= °*procul dubio*); *in dubio esse* zweifelhaft sein *od.* auf dem Spiele stehen; *in dubium venire* zweifelhaft werden (*alci j-m*; *impers. in dubium venit de re* man wird bedenklich in bezug auf *etw.*), *in dubium vocare* (*od. revocare*) *alqd etw.* bezweifeln (= *in dubio ponere*) *od.* aufs Spiel setzen, gefährden (= *in dubium devocare*).

dŭcātŭs, *ūs m* (*dŭx*) (*nkl.*) Feldherrnwürde, Kommando.

dŭcēnārĭŭs 3 (*dŭcēnī*) zweihundert enthaltend; *index* (*procurator*) *m.* einem Vermögen (Einkommen *od.* Gehalt) *v.* 200 000 Sesterzen.

dŭcēnī 3 *num. distr.* (*gen. pl. oft -ŭm*; *dŭcēntī*; *nach vīcēnī gebildet*) **1.** je zweihundert. **2.** (*nkl., dcht.*) zweihundert (auf einmal); *cf.* V.-B. VI, 5.

dŭcēntēsĭmŭs 3 *num. ord.* (*dŭcēntī*) der zweihundertste; *subst.* **-ă,** *ae f* (*sc. pārs*) (*nkl.*) $^1/_{200}$; Abgabe *od.* Steuer v. $^1/_2$%.

▶ **dŭ-cēntī** 3 *num. card.* (*dŭŏ, centŭm*) zweihundert; (*synekd.*) = unzählige, tausend.
F. *gen. -ōrŭm, -ārŭm u. -ŭm*; *cf.* V.-B. VI.

dŭcēntĭē(n)s *num. adv.* (*dŭcēntī*) zweihundertmal; / (*Ca.*) „tausendmal".

****ducissa,** *ae f* Herzogin.

dūcō
1. a) hinter sich her ziehen; **b**) hervor-, herausziehen; **c**) einziehen, einatmen; **d**) anziehen, an sich ziehen; **e**) verziehen; **f**) bilden, gestalten; **g**) hinziehen, verschleppen; **2. a**) führen; **b**) ab-, weg-, hinführen; *etw.* ab-, herleiten; **c**) herbeiführen; **d**) mitbringen, mitnehmen; *mil.* anführen; *abs.* marschieren; **e**) *jd.* zu *etw.* veranlassen; **f**) *jd.* zum besten halten; **3. a**) berechnen, schätzen; **b**) *etw.* zu *etw.* rechnen, zählen; **c**) *rationem ducere* in Betracht ziehen; **d**) glauben, für *etw.* halten.

dūcō, *dūxī, dŭctŭm* 3. (*altl. abdoucit*; *cf. nhd.* „ziehen") **1. ziehen** (*alqd u. alqm*): **a**) hinter sich her ziehen *od.* schleppen, fahren, *klass. selten* [*carros*, °*aratrum*]; *P.* gezogen werden = fahren; **b**) hervor-, herausziehen, *klass. nur sortem od. sortes* aus der Urne ziehen, *alqm od. alqd sorte ducere* auslosen, °*mucronem* zücken, °*ferrum vagina*, °*sidera de caelo* herabziehen; / *anhelitūs, fletum* hervorstoßen, °*verba* hervorstammeln *u.a.*; **c**) einziehen, *bsd.* einatmen [*aera spiritu*, °*tura naribus* Weihrauchdüfte, °*somnos* genießen]; *auch* (*dcht.*) (ein)schlürfen, in vollen Zügen trinken [*pocula Lesbii*]; **d**) **α**) anziehen, an sich ziehen [°*frena manu*, °*arcum* spannen, °*ubera* saugen *od.* melken, °*remos* rudern]; / **β**) (*nkl., dcht.*) *etw.* bekommen, annehmen, gewinnen, an sich reißen [*cicatricem, colorem* = sich färben, *pallorem, nomen*]; **γ**) an sich locken, verlocken, reizen, *auch* fesseln, ergötzen (*alqm re jd.* durch *etw., zB. animos, fabellarum auditione duci* angezogen werden); **e**) verziehen [*ōs* das Gesicht, °*vultum ad suspiria*]; **f**) **α**) (*meist unkl.*) ziehend bilden *od.* gestalten, verfertigen, schaffen [°*lineam*, °*litteram in pulvere*, °*orbem* beschreiben; °/ *alapam alci jd.* eine Ohrfeige geben]; **β**) (*dcht.*) (*beim Spinnen*) Fäden ziehen, *d.h.* spinnen [*filum, stamina, lanas*], (*Metall*) strecken; **γ**) (*dcht.*) *künstlerisch* gestalten, schaffen, verfertigen [*ocreas argento*; *vivos ducent de marmore vultus*]; *bsd.* °dichten, verfassen [*carmina*]; **δ**) (*Bauten, Gräben, Mauern, Straßen*) ziehen = aufführen [*murum, parietem, vallum, viam, fossam*, °*cloacam in Tiberim*, °*arcum*]; **g**) **α**) / *etw.* in die Länge ziehen, hinziehen, verschleppen [*bellum longius, diem ex die*, °*vitam longius* verlängern; *P. res longius ducitur* zieht sich länger hin]; **β**) (*selten*) *jd.* hinhalten (*alqm*); **γ**) (*e-e Zeit*) verleben *od.* zubringen [*aetatem in litteris*, °*noctem ludo*]. **2. führen, leiten**: **a**) führen (*abs., zB. nullo ducente* ohne Führer, *od. alqm, zB. puerum manu, equum loro*; *selten alqd*); **b**) **α**) wegführen, hinführen, hinbringen (*alqm ab, ex de re in od. ad, per alqd, ad alqm u.a., zB. servum ex silva in castra ad consulem, iumenta ad urbem*; *m.* 1. *supin.*); (*umgangssprachl.*) *se ducere* „sich fortmachen, sich drücken" [°*a Gadibus*]; **β**) (*ę-e Gattin*) heimführen *od.* heiraten [*uxorem domum* (*Com.*); *alqam uxorem od. in matrimonium od. bloß ducere, zB.* °*ex plebe* eine Plebejerin; °*coniuges ducunt* sie heiraten; °*qui ducit* der Bräutigam]; **γ**) (*Wasser*) wohin leiten [*aquam ex montibus per agros alcis in urbem*]; **δ**) (*gerichtlich*) *jd.* abführen [*alqm in carcerem od. in vincula, ad mortem*]; **ε**) (*e-n Festzug*) aufführen, veranstalten [*alci funus*, °*alci pompam*, °*choros* Reigen aufführen, tanzen]; **ζ**) (*dcht., nkl.*) (*v. Leblosem*) wohin führen: *via od. iter ducit alqo* [*ad od. in urbem, Romam*]; **η**) / *etw.* ableiten, herleiten, entnehmen (*alqd a re, zB. nomen od. verbum ab eundo*, °*principium od. originem od. genus ab alqo od.* °*re*; *auch* °*alqd ex re*); *P. oratio ducitur a re* beginnt *m. etw.*; °*ductus ab alqo* herstammend *v. jd.*; **c**) (*dcht., nkl.*) herbeiführen = *klass. ădducĕrĕ, auch* / [*equum*; *v. Gestirnen diem, noctem*]; / verursachen, bewirken [*soporem*]; **d**) **α**) *m.* sich führen, mitnehmen, mitbringen [*alqm comitem, mulieres secum*, °*uxorem in convivium*]; **β**) *mil.* (*Truppen*) **αα**) wohin führen, marschieren lassen [*exercitum in fines Suessionum, cohortes ad munitiones, subsidio* zur Hilfe]; **ββ**) anführen, kommandieren [*exercitum, primum pilum*]; *bsd.* an der Spitze *e-s* Zuges stehen [*agmen ducere* den Vortrab bilden, *Ggs. agmen claudere*]; / *familiam* der Erste sein in, an der Spitze stehen; **γγ**) voranmarschieren lassen [*sex legiones expeditas*]; **δδ**) *abs.* (*vom Feldherrn*) marschieren, ziehen, rücken [*in Etruriam*, °*contra hostem*]; (*nkl.*) (*v. Truppen*) vorausmarschieren, den Vortrab bilden; **e**) / *jd.* zu *etw.* (an)treiben *od.* bewegen, veranlassen, verleiten [*alqm ad credendum, quo quemque ducebat voluntas*]; *bsd. P. duci re* sich v. etw. leiten *od.* bestimmen lassen [*laude, gloria*, °*caritate patriae ductus* aus Liebe; °*ventre*]; **f**) (*Com., dcht.*) *jd.* an der Nase herumführen, zum besten haben. **3.** (*aus e-r Rechnung od. Überlegung*) **den Schluß ziehen**: **a**) berechnen, schätzen, veranschlagen (*alqd, zB. nonaginta medimnum milia duximus, alqd parvi*; *alqm, zB. oratores in ratione non ducere* nicht mitrechnen *od.* in Betracht ziehen); **b**) *etw.* unter *od.* zu *etw.* rechnen *od.* zählen [*alqd in bonis, alqm in hostium numero*]; **c**) *rationem alcis od. alcis rei ducere* Rücksicht auf *etw.* nehmen, *etw.* ins Auge fassen [*officii*; *suam rationem* an seinen eigenen Vorteil denken]; **d**) glauben, meinen, für *etw.* halten *od.* ansehen (*alqm u. alqd, pro nihilo, haec pro falsis*, °*modestiam in conscientiam* für ein schlechtes Gewissen; *m. dopp. acc., zB. alqd turpe*; *m. dat., zB. alqd* °*laudi* zum Lobe anrechnen, *despicatui* für verächtlich halten; *m. gen. pretii, zB. alqd pluris* höher achten; *m. gen. qual., zB.* °*id continentis debet duci* als Genügsamkeit gelten; *m. a.c.i.*); *P. auch* für *etw.* gelten (*m. dopp. nom., zB. miles poena dignus ducitur*).
F. *imp. dūc* (*altl. dūcĕ*); *pf.* (*synk.*) °*dūxtī* = *dūxīstī*.

dŭctĭlĭs, *ĕ* (*dūcō*) (*Ma.*) künstlich geleitet [*ductile flumen aquae* = *aquae ductus*].

dŭctĭm *adv.* (*dŭctŭs, P.P.P. v. dūcō*) (*Pl.*) in vollen Zügen.

dŭctĭtō 1. (*intens. v. dŭctō*) (*Pl.*) **1.** wegführen (*alqm*); *insb.* heimführen, heiraten (*alqam*). **2.** / anführen, betrügen.

dŭctō 1. (*intens. v. dūcō*) (*vkl., nkl.*) **1.** mit sich führen [*equites in exercitu*]. **2. a**) *restim ductare* = *cŏrdăcĕm dūcĕrĕ* den Kordax tanzen (*weil ein Seil durch die Hände des Tanzenden lief*); **b**) (*eine Konkubine*) heimführen. **3.** *mil.* **a**) marschieren lassen; **b**) anführen, kommandieren (*m. acc.*). **4.** / anführen, zum besten haben (*alqm re, zB. dolis*).

dŭctŏr, *ōrĭs m* (*dūcō*) **1.** (*nkl., dcht.*) Führer [*itineris*]. **2.** *mil.* Anführer, Heerführer; °*ordinum* Zenturio; (*dcht.*) *auch* Fürst, König (*m. gen.*).

dŭctŭs[1] *P.P.P. v. dūcō.*

dŭctŭs[2], *ūs m* (*dūcō*) **1. a**) (*act.*) das Ziehen (*alcis rei, zB. muri* das Aufführen, der Bau *e-r* Mauer, °*aquae od. aquarum* Wasserleitung); **b)** (*pass., eig.* „das Gerichtetsein“) Richtung, Zug [*-ūs ōrĭs* Gesichtszüge, °*litterarum* Schriftzüge; *-ūs muri* Linie der Mauer]; **c)** / (*Qu.*) α) innerer Zusammenhang (*e-s Theaterstücks*); β) (= *cĭrcŭmdŭctĭō*) Periode. **2.** *mil.* Führung, Leitung, Kommando [*se ad ductum Pompei applicare; alcis ductu* unter *j-s* Anführung, (*nkl.*) *auch* auf *j-s* Antrieb]. — ***(*med. t.t.*) Ausführungsgang *e-r Drüse.*

▶ **dū-dŭm** *adv.* (*dū-* „lange“; *cf.* δήν, *dor.* δάν ‹ *δϝᾱν; *-dŭm demonstr. Partikel, cf. dŭm; dū-dŭm* = πάλαι δή) **1.** seit längerer Zeit, lange, längst [°*hoc* ~ *tibi dixi*]; *bsd. iam dudum* schon längst (*dcht. auch* = sofort, doch endlich); (*selten*) *quam dudum* seit wie lange?; wie lange (ist's her, daß)? [*quam dudum nihil habeo, quod ad te scribam*]. **2.** vor einer Weile, neulich, jüngst; *iam dudum* vorhin schon.

Dŭēlĭŭs, Dŭēllĭŭs = *Dŭīlĭŭs.*

dŭēllātŏr, *ōrĭs m* (*altl.*) = *bĕllātŏr.*

dŭēllĭcŭs 3 (*altl.*) = *bĕllĭcŭs.*

dŭēllŭm, *ī n* (*altl., dcht. u. i. Gesetzesformeln*) = *bĕllŭm.* — **Zweikampf, Duell.

Dŭīl(l)ĭŭs 3 *Name e-r pleb. gēns: C.* ~, *als Konsul 260 v.Chr. Besieger der Karthager bei Mylä* (*Gedenksäule: Columna rostrata*).

dŭĭm, *dŭīs, dŭĭt, dŭīnt* (*altl.*) *s. dō.*

dŭlcēdō, *ĭnĭs f* (*dŭlcĭs*) **1.** (*nkl., dcht.*) Süßigkeit, Süße, süßer Geschmack [*vini, mellis*]. **2.** / Reiz: **a)** Lieblichkeit, Wonne, Zauber [*gloriae, orationis*]; **b)** Lust, Trieb, Verlangen [*praedae*], Sinnenlust.

dŭlcēscō, — — 3. (*incoh. zu dŭlcĭs*) süß werden [*uva*].

dŭlcĭārĭŭs 3 (*dŭlcĭă, ōrŭm n* „Zukkerwerk“; *dŭlcĭs*) Kuchen..., Zukker...; *pistor* ~ Konditor.

dŭlcĭcŭlŭs 3 (*demin. v. dŭlcĭs*) süßlich, lieblich, süß [*potio*]; *caseus* ~ *Kosewort.*

dŭlcĭ-fĕr, *ĕră, ĕrŭm* (*dŭlcĭs, fĕrō*) (*vkl.*) süß.

▶ **dŭlcĭs,** *ĕ* (*m. comp. u. sup.; adv.* **dŭlcĭtĕr** *u.* [*acc. sg. n.*] °*dŭlcĕ*) (*cf.* γλυκύς *wohl* ‹ *δλυκύς *durch Angleichung der Artikulationsstelle an die des folgenden* κ) **1.** süß *v. Geschmack, Ggs. ămārŭs* [°*mel,* °*aqua* Süßwasser, °*olivum* frisches]; *subst.* **dŭlcĕ,** *ĭs n* (*dcht.*) Süßigkeit, *bsd.* süßer Wein, (*klass. nur pl.* **-ĭă,** *ĭŭm n* Süßigkeiten). **2.** / **a)** angenehm, lieblich, anziehend, *v. Pers. u. Sachen* [*libertas, orator; m.* 2. *supin., zB. auditu*]; **b)** lieb, geliebt, liebenswürdig, zärtlich [*amicus;* °*coniunx; bsd. in der Anrede: dulcissime frater*].

dŭlcĭtūdō, *ĭnĭs f* (*dŭlcĭs*) Süßigkeit (*selten*).

dūlĭcē *adv.* (*Fw.* ‹ δουλικῶς *m. Ersatz der griech. Adverbialendung durch die lat.*) (*Pl.*) wie ein frecher Sklave.

Dūlĭchĭŭm, *ī n u.* (*dcht.*) **Dūlĭchĭă,** *ae f* (Δουλίχιον) *Insel sö. v. Ithaka; adi.* **Dūlĭchĭŭs** 3 *auch* = °des Odysseus.

dŭm
I. *adv.* (*enklit.*) **1.** unterdessen; *nēdŭm* geschweige denn; **2. a)** (*nach imp. u. int.*) doch (nur); **b)** (*nach anderen Partikeln*) noch; **II.** *ci.* **1.** (*zeitl.*) **a)** während; **b)** solange als; **c)** solange bis, bis (daß); **2.** wenn nur.

dŭm (‹ **dōm acc. sg. n vom Pronominalstamm* **dŏ-; cf. acc. sg. f in quī-dăm u.a.*) **I.** *adv.* (*enklit.*) **1.** (*nachgestellt*) (*Pl.*) unterdessen; *nē dŭm* damit nicht unterdessen, (*seit Te.*) *nēdŭm* geschweige denn. **2. a)** (*an imp. u. int. angehängt*) doch, doch nur [*agedum, agitedum,* °*cedodum*]; **b)** (*an andere Partikeln gehängt*) noch [*nondum, nihildum, vixdum*]. **II.** *ci.* **1.** (*zeitl.*) **a)** während, *meist m. ind. praes., zB. dum haec geruntur*; **b)** solange als, *m. ind. aller Tempora, zB. aegroto, dum anima est, spes esse dicitur; haec faciebam* (*od. feci*), *dum licebat* (*od. licuit*); *dum civitas erit, iudicia fient*; **c)** solange, bis, bis (daß), *m. ind.* (*praes. pf., fut. II*) *u. bei finalem Nebensinn m. coni.* (*praes. u. impf.*), *zB. delibera hoc, dum ego redeo* (*od. rediero*); *Milo in senatu fuit eo die, dum senatus dimissus est; iratis ei subtrahendi sunt, in quos impetum conantur facere, dum* (= *ut interea* damit unterdessen) *defervescat ira.* **2.** (*in bedingten Wunschsätzen*) wenn nur, wofern nur, *m. coni., verneint dum ne; oft verstärkt dŭmmŏdŏ, s.d.* [*oderint, dum metuant*]. — ***m. coni.* weil ja, während doch; = *cum; dum ... dum m. coni.* = *sive ... sive.*

dūmētŭm, *ī n* (*dūmŭs*) wilde Hecke, Dickicht, Gestrüpp; *auch* /, *zB. Stoicorum dumeta* = abstruse Lehren.

▶ **dŭm-mŏdŏ** (*-ŏ?*) *ci. verstärktes dŭm* (II, 2), wenn nur, wofern nur, *m. coni., verneint dummodo ne.*

Dŭmnŏrīx, *īgĭs m Bruder u. Gegner des Äduers Diviciacus, Römerfeind.*

dūmōsŭs 3 (*dūmŭs*) (*dcht.*) mit Gestrüpp bewachsen [*rupes*].

dŭm-tāxăt *adv.* (*tăxăt wahrsch. coni. v.* **tăxō* 3. „abschätzen“, *also eig.* „sofern er [*sc. măgĭstrātŭs*] genau abschätzt“; *cf. tăxō* 1.) **1.** genau genommen, recht betrachtet. **2. a)** höchstens (nur), lediglich [*potestatem habere* ~ *annuam*]; (*Li.*) *non* ~ ... *sed etiam* nicht nur ... sondern auch; **b)** wenigstens, mindestens, wenn auch nur [*sint ista pulchriora,* ~ *aspectu*]. **3.** (*nkl., dcht.*) natürlich, selbstverständlich.

dūmŭs, *ī m* (*altl. dūsmŏs; cf. nhd.* „zer-zausen“) *oft pl.* Gestrüpp, Gebüsch.

▶ **dŭŏ,** *ae, ō num. card.* (*cf.* δύο, *nhd.* „zwei“) zwei, *auch* die zwei (genannten), beide, die beiden (*nicht selten* = *ămbō u. ŭtĕrquĕ*).
F. *gen. dŭōrŭm* (*altl. dŭŭm*), *dŭārŭm; dat. u. abl. dŭōbŭs, dŭābŭs; acc. dŭōs u. dŭŏ, dŭās.*

dŭŏ-dĕcĭē(n)s *num. adv.* zwölfmal.

dŭŏ-dĕcim *num. card. indecl.* (*dĕcĕm*) zwölf (~ *tabulae od. nur* ~ die Zwölftafelgesetze).

dŭŏdĕcĭmŭs 3 *num. ord.* (*dŭŏdĕcĭm*) der zwölfte.

dŭŏ-dēnī 3 *num. distr.* **1.** je zwölf. **2.** (*dcht.*) zwölf zusammen. (*gen. -ōrŭm u. -ŭm, cf.* V.-B. VI, 5).

dŭŏ-ēt-vīcēsĭmānī, *ōrŭm m* (*dŭŏētvīcēsĭmŭs* der 22.) (*Ta.*) Soldaten der 22. Legion.

dŭŏ-vĭrī, *ōrŭm m s. dŭŭmvĭrī.*

▶ **dŭ-plĕx,** *ĭcĭs* (*adv. dŭplĭcĭtĕr*) (‹ **-plăk-szuplăgă*[2] [= πλάξ] „Fläche“; *wohl weder m. plĭcō noch m. plĕctō verwandt*) **1. a)** doppelt, doppelt zusammengelegt *od.* zusammenlegbar; Doppel... [*amiculum* Doppelmantel, °*amictus,* °*tabellae* doppelte (künstlich ineinandergefügte) Schreibtafel]; **b)** zwiefach *od.* doppelt vorhanden, in zwei Teile zerfallend, geteilt [*fossa* Doppelgraben, *acies, opinio* geteilt, °*ficus* gespalten, °*ius* Brühe aus mehreren Bestandteilen]. **2. a)** (*dcht.*) beide, *im pl. u. sg.* [*duplices palmas od. manūs tendere, proles* beide Söhne, *Latonae genus* = *Apollo u. Diana*]; **b)** / (*nkl., dcht.*) (= *dŭplŭs*) doppelt so groß, doppelt so viel [*stipendium, frumentum* doppelte Ration]; *subst. dŭplĕx, ĭcĭs n* (*vkl., nkl.*) das Doppelte [*duplex dare alci*]. **3.** (*nkl., dcht.*) **a)** (*v. Wörtern*) zweideutig, doppelsinnig [*verbum*]; **b)** (*v. Pers.*) doppelzüngig, falsch [*Ulixes*].
F. *abl. sg. -ī u.* °*-ĕ; pl. neutr. -ĭă, gen. -ĭŭm.*

dŭplĭcārĭŭs 3 (*dŭplĕx*) (*vkl., nkl.*) doppelte Ration u. Löhnung erhaltend; *subst. m* Gefreiter.

dŭplĭcātĭō, *ōnĭs f* (*dŭplĭcō; nkl.*) Verdoppelung.

dŭplĭcō 1. (*denom. v. dŭplĕx, eig.* „doppelt machen“) **1.** (*dcht.*) zusammenbiegen, krümmen [*virum dolore, poplitem*]; P. sich krümmen [*vulnere* infolge einer Wunde]. **2. a)** verdoppeln [*numerum,* °*stipendium alci, cursum,* °*bellum* erneuern]; *verba* Worte doppelt setzen (*rhet. t.t.* = unmittelbar nacheinander wiederholen *od.* durch Zusammensetzung bilden); **b)** / vergrößern, vermehren, erhöhen [*gloriam,* °*duplicata nimbo flumina* angeschwollen].

dŭplĭō, *ōnĭs f* (*dŭplŭs; nach tālĭō*) (*nkl., spätl.*) das Doppelte, doppelter Ersatz (*als Strafe*).

dŭ-plŭs 3 (*dŭŏ;* √**pel-* „falten“; *cf.* διπλοῦς, *nhd.* „zwiefältig“) zweifach, doppelt so groß *od.* so lang, noch einmal soviel [*pars, intervallum*]; *subst.* **dŭplŭm,** *ī n* das Doppelte, doppelter Betrag, zweifacher Ersatz; *poenam dupli subire od. in duplum ire* noch einmal soviel Strafe zahlen; **-ă,** *ae f* (*sc. pĕcūnĭă*) (*vkl., nkl.*) der doppelte Preis, doppeltes Kaufgeld.

dŭ-pŏndĭŭs, *ī m* (*dŭŏ, pŏndŭs*) ein Zweiasstück; ~ *tuus* zwei As deines Vermögens.

dūrābĭlĭs, *ĕ* (*m. comp.*) (*dūrō*) (*nkl., dcht.*) dauerhaft, dauernd haltbar.

dūrăcĭnŭs 3 (*dūrŭs, ăcĭnŭs*) (*vkl., nkl.*) hartschalig.

dūrāmĕn, *ĭnĭs n* (*dūrō*) (*nkl., dcht.*) Verhärtung.

dūrāmĕntŭm, *ī n* (*dūrō*) (*nkl.*) Dauerhaftigkeit.

dūrātĕŭs 3 (*Fw.* ‹ δουράτεος) (*Lu.*) hölzern [equus].

dūrēscō, *rūī,* — 3. (*incoh. zu dūrŭs*) hart *od.* steif werden, sich verhärten (re durch *etw.*, *zB.* *frigoribus* = gefrieren, °*situ* durch Brachliegen neue Kraft gewinnen); / (*Qu.*) verknöchern.

dūrētă, *ae f* (-ū-?; -ē?; *spanisches Fw.*) (*Suet.*) hölzerne Badewanne.

dūrĭtās, *ātis f* (*dūrŭs*) Härte, Unfreundlichkeit.

dūrĭtĕr *adv. s. dūrŭs.*

dūrĭtĭă, *ae u.* (*nkl., dcht.*) **-tiēs,** *ēī f* (*dūrŭs*) **1.** (*dcht.*) Härte [*ferri*]. **2.** / **a**) Abhärtung, harte *od.* strenge Lebensweise [*corporis, duritiae studere od. se dare*]; **b**) Hartherzigkeit, Gefühllosigkeit, Strenge [*animi*]; **c**) (*nkl.*) Druck, drückende Last, Beschwerden [*imperii, legum*].

dūrĭŭscŭlŭs 3 (*demin. v. dūrĭŭs, comp. n v. dūrŭs*) (*Pli.*) *etw.* steif [*versus*].

dūrō
I. 1. (*trans.*) **a**) härten, fest machen; **b**) trocknen, dörren, rösten; **c**) abhärten, abstumpfen; **2.** (*intr.*) **a**) hart werden; **b**) sich verhärten; **II. 1.** (*trans.*) *etw.* aushalten; **2.** (*intr.*) **a**) ausdauern, aushalten; **b**) fortdauern, (fort)bestehen.

dūrō 1. (*denom. v. dūrŭs*) **I. 1.** (*trans.*) **a**) härten, hart *od.* fest machen [°*caementa calce,* °*lac* zum Gerinnen bringen, °*pellem cortice* zu hartem Leder machen, °*aerea saecula ferro* zu hartem Eisen machen]; °*duratus* hart, gefroren; **b**) (*dcht., nkl.*) trocknen, dörren, rösten [*pisces sole, Cererem in foco* backen]; **c**) / abhärten, stählen, an Strapazen gewöhnen (*alqm u. alqd, zB.* °*exercitum,* °*membra; re* durch, *m. etw., zB. se labore*]; (*pejorativ*) (*dcht., nkl.*) abstumpfen, unempfindlich machen (*alqd ad alqd etw.* gegen *etw., zB. ad omne facinus duratus*). **2.** (*intr.*) (*nkl., dcht.*) **a**) hart werden [*in scopulos* zu Klippen]; *bsd.* trocken werden; **b**) / sich verhärten [*ad u. contra alqd* gegen *etw., in necem alcis* zu der Ermordung *j-s*]. **II.** (*unkl.*) **1.** (*trans.*) *etw.* aushalten [*laborem*]. **2.** (*intr.*) **a**) ausdauern, aushalten, *v. Pers., selten v. Sachen* [*sub love, unam hiemem in castris* einen Winter lang, *vinum durat per annos* hält sich]; **b**) fortdauern, währen, (fort)bestehen, bleiben, noch vorhanden sein, (*v. Pers.*) leben [*bellum durat, Troïā durante, hiemem* den Winter hindurch, *colles durant* ziehen sich ununterbrochen fort, *libertas brevi duratura* kurzdauernd].

Dūrŏcŏrtŏrŭm, *ī n Hptst. der Remer, später Rēmī genannt, j.* Reims.

Dŭrrăchĭŭm, *ī n* = *Dўr(h)ăchĭŭm.*

dūrŭī s. *dūrēscō.*

dūrŭs
1. a) hart; **b**) herb; hartklingend; schwerfällig; unschön; ungebildet; **2. a**) abgehärtet; ausdauernd; **b**) gefühllos, hartherzig; **c**) (*Wetter, Jahreszeit*) rauh, streng; (*Zustände*) drückend.

dūrŭs 3 (*m. comp. u. sup.*; *adv.* **dūrē** *u.* °**dūrĭtĕr**) (*wohl dissim.* ‹ **dreu-rŏs* „kernholzhart, baumstark"; *cf.* δρῦς „Eiche") **1. a**) hart [°*ferrum,* °*ovum* hartgekocht, °*ōs* Knochen, Gebein, °*cutis* ausgetrocknet, °*collis* steinig, °*alvus* Verstopfung, °*-um cacare* verstopft sein]; **b**) / (*für die Sinne*): **α**) (*für den Geschmack*) (*vkl., dcht.*) herb [*sapor*]; **β**) (*für das Ohr*) hartklingend, rauh, schwerfällig, *bsd. in der Rhetorik* [*verbum, compositio*]; **γ**) (*für das Auge*) ungefällig, unschön, steif, *bsd. v. Werken der Kunst* [*signa* Statuen; *auch v. Künstler*]; **δ**) / (*für das innere Gefühl*) plump, roh, ungebildet, *v. Pers. u. Sachen* [*poëta durus et rusticus,* °*dure dicere; re* an, in *etw., zB. et oratione et moribus; m. inf., zB. componere versūs* hart im Versbau]; *insb.* (*unkl.*) unverschämt, frech [*ōs* Mund, *vultu* im Gesicht]. **2. a**) (*körperlich*) abgehärtet, ausdauernd, derb, *v. Menschen u. Tieren* [*Spartiatae,* °*iuvenci;* (*dcht.*) *auch v. Sachen, zB.* °*messorum ilia*]; *auch* °durch Leiden geprüft; **b**) (*pejorativ*) unempfänglich (*ad alqd* für *etw., zB. ad haec studia*); *übh.* unempfindlich, gefühllos, hartherzig, unbeugsam, *v. Pers. u. Sachen* [*iudex, animus,* °*superbia* spröde, °*cautes,* °*imperium* schonungslos; *in alqm od. alci* gegen *jd., zB. in plebem,* °*durius consulere in alqm, durius consulere vitae* Hand an sich legen, °*mollibus imperiis* verhärtet gegen]; *bisw. auch* enthaltsam, sparsam, knauserig [*pater*]; **c**) **α**) (*v. Wetter u. Jahreszeiten*) rauh, unfreundlich, streng [*hiems, anni tempus*]; **β**) (*v. Sachen, Zuständen u.ä.*) beschwerlich, mühselig, drückend [°*servitus, solum* schwer zu bearbeiten, °*iter,* °*cura; m.* °2. *supin., zB. plaga dura cultu*]; °*durum est m. inf.* es ist ein hartes Stück Arbeit; *subst.* °**dūră,** *ōrŭm n* (= *rēs dūrae*) bedrängte Lage, Not, Elend; *insb.* mißlich, gefährlich, *auch* ungünstig, unglücklich [*tempora rei publicae, condiciones* ungünstig, °*valetudo*].

dŭŭmvĭrātŭs, *ūs m* (*dŭŭmvĭrī; nkl.*) Duumvirat.

dŭŭmvĭrī *u.* **dŭŏvĭrī,** *ōrŭm m* (*dŭŭmvĭrī Rückbildung aus dŭŭmvĭrŭm* [*sententia*]; *dŭō, vĭr*) Duumvirn, Kommission *v.* zwei Männern: **1.** *zu Rom:* **a**) ~ *perduellionis* zwei Untersuchungsrichter bei Hochverrat; **b**) (*Li.*) ~ *navales zur Überwachung der Ausrüstung der Kriegsschiffe;* **c**) (*Li.*) ~ *aedi faciendae od. dedicandae* für Bau *od.* Weihung eines Tempels; **d**) (*Li.*) ~ *sacrorum od. sacris faciundis* für die Aufsicht über die Sibyllinischen Bücher; *seit 367 bestand diese Kommission aus 10, seit Sulla aus 15 Priestern; s. dĕcĕmvĭrī u. quīndĕcĭmvĭrī.* **2.** *in den Munizipien u. Kolonien duumviri* (*iuri dicundo*) Bürgermeister [*municipiorum*]. — *Cf.* V.-B. VI, 2.

▶ **dŭx,** *dŭcĭs m* (*u. f*) (*dūcō*) **1. a**) Führer(in), Leiter(in), *allg. v. Menschen u. Tieren* (*alcis j-s, zB.* °*gregis vom Hirten wie vom Leittier gesagt, agminis*); **b**) = Wegweiser [*viae*]; **c**) °Wagenlenker; **d**) / Führer *od.* Leiter (*alcis rei* zu, bei, in *etw.*), Ratgeber, (*pejorativ*) Rädelsführer [°*facti, impietatis, sceleris; duce alqo* unter *j-s* Führung *od.* Leitung, *zB. naturā duce*]. **2. a**) Anführer, Feldherr, Befehlshaber [*hostium, latronum; duce alqo* unter *j-s* Kommando]; *auch* Haupt *einer Partei;* **b**) (*dcht.*) Herrscher, Fürst, Kaiser. — **Graf, Herzog; *pl.* die Großen des Reiches.

dūxī *s. dūcō.*

dŷnămĭs, *ĭs f* (*acc. -ĭn; Fw.* ‹ δύναμις) (*Pl.*) eine Menge [*olivi*].

dŷnăstēs, *ae m* (*Fw.* ‹ δυνάστης) Machthaber, Herrscher, *bsd.* Vasallenfürst *eines kleinen* (*nichtgriechischen*) *Landes;* / *pl. pol.* einflußreiche Männer. *Cf.* V.-B. I, 2.

Dўrr(h)ăchĭŭm *u.* (*Ca.*) **Dŭrrăchĭŭm,** *ī n* (Δυρράχιον) *Küstenst. in Illyrien, früher* 'Επίδαμνος (*Epidamnus*), *italienisch* Durazzo, *albanisch* Durres; *Einw. u. adi.* **Dўr-r(h)ăchīnŭs** (3).

E

E, e[1] (*Abk.*) **1.** = ēmĕrĭtŭs. **2.** = ēvŏcātŭs. **3. ***e.c.** = ĕxĕmplī causā; *s.* ĕxĕmplŭm. **4. ***e.o.** = ĕx ŏffĭcĭō; *s.* ŏffĭcĭŭm. **5. E.Q.R.** = ĕquĕs Rōmānŭs.

ē[2], **ĕx**
I. *in der Komposition* **1. a)** aus-, heraus-; **b)** empor-, er-; **2. a)** völlig, ganz; **b)** sehr, ziemlich; **3.** ent-, ver-; **4.** *vor Titeln*: ehemaliger, Ex-; **II.** *prp. b. abl.* **1.** (*räuml.*) **a)** aus, aus ... heraus; aus *od.* von ... herab (hinab); aus *od.* von ... herauf (hinauf); von ... her; **b)** *nach Verben des Nehmens*, **c)** *des Vernehmens*: von; **d)** *zur Angabe des Ausgangspunktes einer Handlung*: von, aus, auf, an; **2.** (*zeitl.*) **a)** von ... an; seit; **b)** unmittelbar nach; **c)** von ... her; **3. a)** (*Herkunft*) aus, von, von seiten; **b)** (*partitiv*) von, unter; **c)** (*Stoff*) aus, von; **d)** (*Ursache*) aus, wegen, infolge von, durch; **e)** (*Übergang*) von, aus; **f)** gemäß, zufolge, nach, kraft, in Hinsicht auf; **g)** *in adv. Wendungen.*

▶ **ē**[2], ĕx (*urspr. nur* ĕx; *cf.* ἐξ, ἐκ) **I.** *in der Komposition* (*Zusammensetzungen m. adi. sind verbal bedingt*) **ĕx-, ĕc-, ē-** (*vor Vokalen, h u. c, p, t*: ex-; *vor f*: ec [ecfero] *od. assimiliert* [effero, efficio]; *nach ex- kann der Stammanlaut s ausfallen* [exsto, exto]; *sonst* ē-; *inschriftlich u. in Esquiliae dissim. zu* es-): **1. a)** aus-, heraus- [exeo]; **b)** empor-, er- [exstruo]. **2. a)** völlig, ganz [evito]; **b)** sehr, ziemlich [edurus]. **3.** ent-, ver- [exarmo; exaresco]. **4.** (*spätl. u.* **) *vor Titeln*: gewesener, ehemaliger, Ex- [exconsul]. **II.** *prp. b. abl.* **ĕx**; **ē** (*nur vor Konsonanten außer h*) **1.** (*räuml.*) **a)** aus, aus... heraus, [*venire ex urbe, extorquere arma e manibus, alqd deponere ex memoria, exire e vita* = sterben, °*canere ex ore divino* = mit]; *bsd.* aus *od.* von ... herab (hinab) [*impetum ex loco superiore facere* aus *od.* von ... herauf (hinauf), aus ... empor [*surgere e lectulo, collis ex planitie editus*]; *übh.* von ... aus, von ... her [*signum dare e mari*]; **b)** *b. den Verben* „wegnehmen, erbeuten, empfangen" *u.ä.* [*pecuniam ex aerario od. ex amicis accipere, agrum capere ex hoste*]; **c)** *bei den Verben* „hören, vernehmen, ausfragen" *u.ä.*, *oft* = aus dem Munde *j-s* [*haec audivi od. accepi ex amico, intellegere ex sermone alcis, quaerere alqd ex philosopho*]; **d)** *prägn. zur Bezeichnung der Seite, v. der eine Handlung ausgeht*; *im Dt. Frage „wo?", zB. ex equo pugnare* zu Pferde, *ex cruce Italiam cernere* am Kreuz, *ex vinculis causam dicere* in Fesseln, *mulieres ex muro pacem a Romanis petierunt* auf der Mauer, *Rhenus oritur ex Alpibus* in den Alpen, *ex corporibus occisorum pugnare* auf den Leichen stehend, *ex ea parte est Hibernia* auf dieser Seite, *una ex parte; ex omnibus partibus u.ä.*; *so bsd.* α) *bei* „hängen" (*intr. u. trans.*) [*pendēre ex arbore, suspendere alqd ex quercu*]; β) *bei laborare* leiden an einem Körperteile [*ex pedibus*]; γ) *b. triumphare od. triumphum agere, victoriam reportare* (*od. ferre, parĕre u.a.*) *ex alqo* über *jd.*; δ) *bsd. ex itinere* auf dem Marsche, unterwegs *u. ex fuga* auf der Flucht. **2.** (*zeitl.*) **a)** von ... an, seit [*ex eo die ad hunc diem, ex adulescentia tua, ex quo* seit(dem), °*ex multo* seit lange]; *auch v. der Zukunft, zB. hunc iudicem ex kalendis Martiis non habebimus* von ... an; **b)** unmittelbar nach, sogleich nach [*ex praetura urbem relinquere, ex intervallo* nach einiger Zeit]; *bsd.* α) *alius* (*aliud*) *ex alio* einer (eins) nach dem anderen, *diem ex die v.* Tag zu Tag; β) *copiam ex inopia nancisci, otium ex labore*; γ) *mediopass. refici od. se reficere* (*recreari, requiescere*) *ex labore od. ex periculis*; **c)** (*Ursprung aus früherer Zeit*) von ... her, *zB. ceteri ex veteribus bellis agro multati.* **3.** / **a)** (*Herkunft, Abstammung*) aus, von, von seiten [*filius ex serva* (*od. ex improbo patre*) *natus, liberos habere ex femina, esse ex Ithaca* (*od. ex Fabia gente, ex plebe*), *praesidia ex provincia* ausgehoben in, *multi ex coloniis* gebürtig aus, *Vettius e Marsis, soror ex matre* mütterlicherseits; °*puer ex aula* Page; (*et. Herkunft*), *zB. urbem constituit, quam e suo nomine Romam iussit nominari*; **b)** (*partitiv*) von, unter [*unus ex multis od. ex nobis, maior ex Pompei filiis, audacissimus ex omnibus*; *ähnlich cortex ex arboribus, pars ex Rheno* Rheinarm, *Fulginius ex primo hastato legionis XIV* aus dem ersten Manipel der *hastati, vir ex eodem studio* Berufskamerad, Kollege]; **c)** (*Stoff*) aus, von [*Cupido e marmore*]; *auch* / *homo totus ex fraude factus*; *bsd. v. Geldmitteln u. -quellen, zB. muros restituere ex hostium praeda, domum ex aerario aedificare* aus Staatsmitteln; °*largiri ex alieno*; **d)** (*Beweggrund, Ursache*) aus, wegen, infolge von, durch, an, in, *zB. nobilis ex doctrina, ex vulnere aeger, ex re publica clarus* wegen seiner Verdienste um den Staat, °*flumen ex nivibus creverat* infolge der Schneefälle, *laborare ex renibus* (*od. ex invidia, cf.* 1, d, β), *alqd nominare ex re* nach *etw.*, *ex quo* (*od. qua ex re, quibus ex rebus*) *fit od. efficitur* daher kommt es, *ex ea od. eadem causa*, °*timor ex imperatore* Furcht vor, *ex virtute nobilitas* Verdienstadel; *ex eo, quod od. quia* deshalb weil; **e)** (*Übergang aus einem Zustand in den anderen*) aus [*amicus ex hoste factus est*, °*nymphae fuerunt e navibus*]; **f)** (*Gemäßheit, Regel, Standpunkt*) gemäß, zufolge, kraft, nach, in Hinsicht auf [*consilium capere ex loci natura* (*od. ex re et ex tempore* nach den Umständen; ****ex tempore* aus dem Stegreif), *iudicare* (*od. aestimare u. a.*) *alqd ex re etw.* beurteilen nach *etw.*; *e natura* naturgemäß, *ex libidine* nach Willkür, °*ex ordine* nach der Reihe, *res peragere ex sententia* nach Wunsch [*minus ex sententia* nicht nach Wunsch]; *bsd. ex usu esse* vorteilhaft sein (****ex usu* sogenannt), *e re alcis* (*e re mea, tua u. a.*) *esse* zu *j-s* Besten sein, *e re publica esse* (*od. magistratum gerere u.ä.*) im Interesse des Staates, *ex ratione alcis rei m.* Rücksicht auf *etw.* [*libertatis*]; **g)** (*in adv. Wendungen*) *e* (*od. ex*) *contrario* im Gegenteil, *e regione* (*m. gen. od. dat.*) *u. ex adverso* (*m. dat.*) gegenüber, °*ex composito* verabredetermaßen, *ex improviso u. ex inopinato* unversehens, *e vestigio* sogleich, *ex professo* ausdrücklich (****auch v.* Amts wegen, berufsmäßig), *ex memoria* auswendig, *ex animo* von Herzen, aufrichtig, *ex parte* teilweise, *magna ex parte* zum großen Teil (*cf.* 1, d); *ex voto* auf Grund *e-s* Gelübdes (*Formel auf Weihgeschenken u. Votivtafeln*; *antiker Brauch über Mittelalter u. Renaissance i. der kath. Kirche noch heute erhalten*), ***ex usu* nach Sitte, nach dem Brauch; *ex toto* vollkommen; *ex abrupto* plötzlich, unversehens; *ex nunc v.* jetzt ab. — ***ex quo* weil, sobald; ***ex oft* = *a, de od. per u.* = *abl. instr.*

ĕā *adv.* (*abl. fem. v.* ĭs, *sc.* pārtĕ *od.* vĭā) dort, da, daselbst (*Korrelativ* quā wo). die, diese

ĕādĕm *adv.* (*abl. sg. f v.* īdĕm) **1.** (*sc.* viā) ebenda(selbst) (*Korrelativ* quā wo). **2.** (*sc.* ŏpĕrā) **a)** (*Com.*) ebenso; **b)** zugleich; (*Pl.*) ~ ... ~ bald ... bald.

ĕămpsĕ (*Pl.*) = ĕăm ĭpsăm.

ĕā-prŏptĕr (*unkl.*) = prŏptĕrĕā.

ĕăpsĕ (*Pl.*) = ĕā ĭpsā.

ĕā-tĕnŭs *adv.* (*sc.* pārtĕ, *abl. sg. f v.* īs) soweit, insoweit, insofern, nur so weit, *m. folg.* quoad *od.* °quā als, ut daß, *zB.* verba persequar eatenus, ut ea non abhorreant a more nostro.

ĕbĕnŭm, ī *n* (ĕbĕnŭs) (*nkl., dcht.*) Ebenholz.

ĕbĕnŭs, ī *f* (*Fw.* ‹ ἔβενος, *ägypt. Wort*) (*nkl., dcht.*) Ebenholz(baum); (*meton.*) Gestell *v.* Ebenholz.

ē-bĭbō, bĭbī, — 3. (*unkl.*) austrinken, leeren (*alqd, zB.* aquam, ubera aussaugen, Nestoris annos so viele Becher, wie Nestor Jahre gelebt hat); / vertrinken, verprassen; durch Trinken vergessen.

ē-bītō, — — 3. (*Pl.*) ausgehen.

ē-blāndĭŏr 4. erschmeicheln (*alqd; m.* ut); *part. pf.* eblanditus (*auch pass.*) durch Schmeicheleien gewonnen [suffragia].

ĕbŏrĕŭs 3 (ĕbŭr) (*nkl.*) aus Elfenbein.

ēbrĭĕtās, ātĭs *f* (ēbrĭŭs) Trunkenheit, Rausch.

ēbrĭŏlŭs 3. (*demin. v.* ēbrĭŭs) (*Pl.*) angetrunken.

ēbrĭōsĭtās, ātĭs *f* (ēbrĭōsŭs) Trunksucht.

ēbrĭōsŭs (ēbrĭŭs) **1.** *adi.* 3 (*m.* °*comp.*) trunksüchtig; / (*Ca.*) saftreich [acina]. **2.** *subst.* ~, ī *m* Trunkenbold.

ēbrĭŭs (*et. ungedeutet*; *Ggs.* sōbrĭŭs) **1.** *adi.* 3 **a)** (be)trunken, berauscht (*re v.*, durch *etw.*); **b)** / (*dcht.*) im Rausch gesprochen, frei [verba]; taumelnd [vestigia]; liebestrunken [ocellus]; übersatt [saturitate]; überreichlich [cena]; gesättigt, getränkt *m. etw.* [lana]; betäubt *v. etw.* [curis]. **2.** *subst. pl.* **-ī,** ōrŭm *m* Betrunkene.

ē-bŭllĭō 4. (bŭllă) (*intr. u. trans.*) **1.** (*nkl.*) hervorsprudeln; animam den Geist aufgeben, sterben. **2.** / *m. etw.* den Mund vollnehmen, prahlen (*alqd, zB.* virtutes; *m.* quod).

ĕbŭlŭm, ī *n* (*cf. ahd.* attuh, *nhd.* „Attich") (*unkl.*) Zwergholunder.

ĕbŭr, ŏrĭs *n* (*ägypt. Fw., vl. durch phönikisch-karth. Vermittlung*; *cf.* ἐλ-έφας) **1.** (*Ju.*) Elefant. **2.** Elfenbein; (*meton.*) (*dcht.*) Elfenbeinschnitzerei, -bild, -flöte, -scheide, -stuhl, -sessel *u.ä.*

ĕbŭrātŭs 3 (ĕbŭr) (*Pl.*) *m.* Elfenbein ausgelegt [lecti].

ĕbŭrnĕŏlŭs 3 *demin.* = ĕbŭrnĕŭs.

ĕbŭrnĕŭs *u.* (*nkl., dcht.*) **-nŭs** 3 (ĕbŭr) **1.** elfenbeinern [dens Elefantenzahn, signum]. **2. a)** (*meton.*) *m.* Elfenbein ausgelegt [°ensis *m.* Elfenbeingriff]; **b)** / (*dcht.*) weiß wie Elfenbein [colla].

Ĕbŭrōnēs, ŭm *m germ. Volk zw. Rhein u. Schelde*; *Hptst.* Ădŭātŭcă. *Cf.* V.-B. III, 1, e.

Ĕbŭrōvīcēs, ŭm *m Zweig der* Aulercī (*i. d. Normandie*).

ĕc[1] (*i. d. Komposition*) *s.* ē, ĕx.

ĕc[2] *proklitische Pronominalpartikel* (*wohl* ‹ *ed-), *zB. in* ĕccĕ, ĕcquĭs, ĕcquăndō.

ē-căstŏr *int.* (-ō-?; ē- *wohl Rufpartikel*) (*Com.*) bei Kastor (*nur v. Frauen gebrauchte Beteuerungsformel*).

ĕcbăsĭs, ĭs *f* (*Fw.* ‹ ἔκβασις) (*spätl.*) das Entkommen. — **♀ captivi „Flucht des Gefangenen", *ältestes mittelalterliches Tierepos, um 940 in Toul in lat. Hexametern aufgezeichnet, Vorbild v.* „Reineke Fuchs".

Ĕcbătănă, ōrŭm *n* (Ἐκβάτανα) *Hptst. v. Medien, j.* Hamadan.

▶ **ĕc-cĕ** *int.* (*wohl* ‹ *ĕd [*vl.* = īd] + cĕ, *Demonstrativpartikel wie in* hī-c, sī-c *u.ä.*; *cf.* cĕ-dŏ[1]) siehe! sieh da! *bald alleinstehend* [revocabat et, ecce, Cleanthum respicit], *bald m. nom.* [ecce tuae litterae da ist ja ein Brief von dir!], *bald* (*Com., nkl.*) *m. acc.* [ecce me da bin ich!], *bald m. einem vollen Satz* [ecce video senem, quem quaero], *bisw. m.* subito, repente, *oft m. dat. ethicus* tibi [ecce tibi nuntius da kommt (dir) auf einmal die Nachricht]; *im Anschluß an das Vorhergehende* sed ecce, ecce autem; *als Übergangsformel* ecce aliud. — ***ecce homo (*Joh.* 19, 5; *Luther*: „Sehet, welch ein Mensch!") Christus m. der Dornenkrone, *häufige Passionsdarstellung seit 1450.*
F. (*Com.*) *oft m. e-m pron. verschmolzen*: ĕccăm, ĕccĭllăm, ĕccĭstŭm, ĕccĭstă *u.a.*

ĕccĕ-rĕ *adv.* (-rē?; *vl.* ‹ ĕccĕ rĕm) fürwahr! da haben wir's!

ĕccĭllăm, ĕccăm, ĕccŭm *s.* ĕccĕ.

ĕcclēsĭă, ae *f* (*Fw.* ‹ ἐκκλησία) (*Pli.*) griech. Volksversammlung. — (*Eccl.*) Kirche (*Gemeinde* [NT] *u. Gebäude*); **maior Hauptkirche, Dom; *i. d. kath. Dogmatik*: ~ militans die (*i. d. Welt*) kämpfende, ~ triumphans die (*im Jenseits*) triumphierende Kirche; ♀ *i. d. m.a. Kunst* das NT (*als gekrönte Frauengestalt paarweise m. d. Synagoge als besiegter Frauengestalt* = AT) *dargestellt.*

ĕcclēsĭăstĭcŭs 3 (*Fw.* ‹ ἐκκλησιαστικός) (*Eccl.*) kirchlich; ♀ (*i. d. Vulgata*) das Buch Jesus Sirach.

ĕccōs *s.* ĕccĕ.

ĕcdĭcŭs, ī *m* (*Fw.* ‹ ἔκδικος) Staatsanwalt.

ĕc-dūrŭs 3 = ēdūrŭs.

ĕcf = ĕff...

ĕchĕnēĭs, nēĭdĭs *f* (*Fw.* ‹ ἐχενηΐς; ἔχω, ναῦς) (*nkl., dcht.*) *ein Fisch, der sich angeblich an den Schiffen festsaugt, um sie aufzuhalten,* „Schiffshalter", Makrelenart.

ĕchĭdnă, ae *f* (*Fw.* ‹ ἔχιδνα) (*Ov.*) Natter, Schlange, *bsd. Attribut der Erinnyen.* — **Ĕchĭdnă,** ae *f Ungeheuer der Unterwelt, oben schöne junge Frau, unten Riesenschlange*; *M. des Kerberos, der Hydra v. Lerna u. anderer Ungetüme*; *adi.* **Ĕchĭdnēŭs** 3 [°canis Kerberos].

Ĕchīnădēs, ŭm *f* (Ἐχινάδες, *eig.* „Igelinseln") Echinaden, *Inselgruppe an der Südwestküste Akarnaniens. Cf.* V.-B. III, 1, e.

ĕchīnŭs, ī *m* (*Fw.* ‹ ἐχῖνος) (*unkl.*) **1.** Seeigel. **2.** / **a)** (*Vi.*) Echinus, *wulstartiger Bestandteil des dorischen Kapitells*; **b)** Spülnapf.

Ĕchīōn, ŏnĭs *m* (Ἐχίων) *V. des Pentheus*; *adi.* **Ĕchīŏnĭŭs** 3 *auch übh.* °thebanisch, böotisch; *patron.* **Ĕchīŏnĭdēs,** ae *m* (Pentheus).

ēchō, ūs *f* (*Fw.* ‹ ἠχώ) (*dcht., nkl.*) Widerhall, Echo; ♀ *böotische Nymphe. Cf.* V.-B. III, 2.

ēchŏĭcŭs 3 (ēchō; *spätl.*) widerhallend; **-i versus Gedichte, *in denen das Echo als Stilmittel verwendet wurde,* Echoverse.

ĕclīpsĭs, ĭs *f* (*Fw.* ‹ ἔκλειψις) (*nkl.*) das Ausbleiben; Sonnen- *od.* Mondfinsternis.

ĕclŏgă, ae *f* (*Fw.* ‹ ἐκλογή) (*vkl., nkl.*) auserlesenes Schriftstück, *bsd.* kleines Gedicht; *insb.* Ekloge = bukolisches Gedicht.

ĕclŏgārĭŭs 3 (ĕclŏgă; *eig. adi.*) zur Auswahl gehörig; *subst. pl.* **-ī,** ōrŭm *m* ausgewählte Stellen *zum Vorlesen.*

ĕc-quăndō *adv.* (*wohl* ‹ *ĕd-; *s.* ĕccĕ) **1.** *interr.* wann denn? (*dir. u. indir.*). **2.** *indef.* wohl jemals [°ecquandone; ~ nisi außer].

ĕc-quī, -quae *u.* **-quă, -quŏd** *u.* **ĕc-quĭs, -quĭd** (*meist subst.*) (*wohl* ‹ *ĕd-; *s.* ĕccĕ) **1.** *pron. interr.* etwa jemand *od.* (irgend)einer? wohl jemand? wohl irgendeiner?, *dir. u. indir.* (ob wohl jemand *od.* einer), *zB.* ecqui(s) est iudex, qui istud credat? ecquid interest inter haec edicta? quaero, ecquod bellum gesserimus; *verstärkt durch angehängtes* nam: ĕcquĭsnăm, ĕcquīnăm *usw.* **2.** *adv.* **a)** ĕcquĭd (*dir.*) denn etwa?; denn wohl; (*selten*) warum wohl?; (*indir.*) ob wohl, ob etwa [ecquid animadvertis horum silentium?; ecquid placeant, me rogas]; **b)** (*vkl., dcht.*) **ĕcquī** (*dir.*) wohl irgendwie?; (*ind.*) ob wohl irgendwie; **c)** ĕcquō wohin wohl?

ĕcstăsĭs, ĭs 3 (*Fw.* ‹ ἔκστασις) (*Eccl.*) Entzückung, Ekstase.

ĕctȳpŭs 3 (*Fw.* ‹ ἔκτυπος) (*nkl.*) herausgeschnitten, in erhabener Arbeit.

ĕcŭlĕŭs, ī *m* (*demin. v.* ĕquŭs) Pferdchen, Füllen; (*meton.*) hölzernes Folterpferd, Folter.

ĕcŭs *s.* ĕquŭs.

ĕdācĭtās, ātĭs *f* (ĕdāx) Gefräßigkeit.

ĕdāx, ācĭs (*m.* °*sup.*) (ĕdō[1]) gefräßig, *v. Menschen u. Tieren*; / (*v. Leblosem*) (*dcht.*) verzehrend, nagend [ignis, curae; alcis rei, *zB.* rerum].
F. *abl. sg.* -ī; *pl. neutr.* -ĭă, *gen.* -ĭŭm.

ē-dēntō 1. (dēns) (*Pl.*) zahnlos machen.

ēdēntŭlŭs 3 (*demin. v.* ē-dēns) (*Pl.*) zahnlos; / alt [vinum].

ĕdĕpŏl *int.* (*u.* -ō; *wohl* ‹ *ē de[iv]ĕ pŏl[lūx]; *cf.* ēcăstŏr) (*Com.*) bei Pollux! bei Gott! (*v. Männern u. Frauen, nach Varro urspr. nur v. Frauen verwendete Schwurformel*).

ĕdĕră, ae *f* = hĕdĕră.

Ĕdēssă, ae *f* (Ἔδεσσα) **1.** *St. in Mesopotamien.* **2.** *St. in Makedonien*; *adi.* **Ĕdēssaeŭs** 3.

ēdī *s.* ĕdō[1].

▶ **ē-dīcō,** dīxī, dīctŭm 3. **1.** aussagen, verkündigen, bekanntmachen, veröffentlichen (*alqd u. alci alqd*; *m.*

a.c.i.; *m. indir. Frages.*). **2.** (*v. Beamten u. Behörden, bsd. vom Prätor*) *etw.* öffentlich *od.* amtlich ankündigen *od.* festsetzen, verordnen, verfügen (*alci alqd, zB. comitia,* °*diem comitiis,* °*certamen in eam noctem;* °*de re* Verfügungen treffen über *etw.*; *m. ut, ne, zB. tribuni plebis edixerunt, ut senatus adesset kal. Febr.*; *m. indir. Frages.*).
F. *imp.* ēdīc *u.* (*dcht.*) ēdīcĕ.

ēdictiō, ōnis *f* (ēdīcō) Bekanntmachung.

ēdictō 1. (*intens. v.* ēdīcō) (*Com.*) offen heraussagen.

▶ **ēdictum,** ī *n* (ēdīcō) **1.** (*Se.*) Ausspruch, Satz. **2.** öffentlicher *od.* amtlicher Befehl, Bekanntmachung, Verordnung, Verfügung [*-um proponere, constituere*]; *bsd.* **a)** *praetoris* das prätorische Edikt [*edictum perpetuum* das *im Laufe der Zeit aus den prätorischen Edikten hervorgegangene* gemeingültige Edikt *od.* Gewohnheitsrecht]; **b)** (*Ne.*) das zensorische Edikt. **3.** (*nkl., dcht.*) Anschlag über die öffentlichen Spiele.

ē-dictus *P.P.P. v.* ēdīcō.

ē-didī *s.* ēdō².

ēdim *altl. coni. praes. v.* ēdō¹.

ēdiscō, didicī, — 3. (-dī-?) auswendig lernen (*alqd, zB. versūs, libellum ad verbum*); *übh.* genau erlernen *od.* kennen lernen [°*linguas*; *m.* °*inf*]; *pf.* kennen, wissen.

ē-disserō, seruī, sertum 3. ausführlich besprechen *od.* erörtern (*alqd, zB. res gestas*; *alci alqd*; *m. indir. Frages.*).

ēdissertō 1. (*intens. v.* ēdisserō) (*vkl., nkl.*) = ēdisserō.

ēditicius 3 (ēditus, *P.P.P. v.* ēdō²) vorgeschlagen [*iudices* die ausgelosten *od.* aus den Tribus gewählten 125 Geschworenen, *von denen der Angeklagte 75 ablehnen konnte*].

ēditiō, ōnis *f* (ēdō²) **1.** (*nkl.*) **a)** Herausgabe einer Schrift [°*libri*]; **b)** *concr.* Ausgabe *eines Buches.* **2.** / **a)** Angabe, Bericht [*discrepans*]; **b)** (*jur. t.t.*) Vorschlag [*tribuum der vier Tribus, aus denen die Richter gewählt od. ausgelost wurden* (*cf.* ēditicius)]. — ***~ *castigata e-e* (*v. anstößigen Stellen*) gereinigte Ausgabe; ~ *princeps* Erstausgabe.

ēditor, ōris *m* (ēdō²) (*dcht., spätl.*) **1.** Erzeuger. **2.** Veranstalter *e-s öffentlichen Schauspiels.* — ***Herausgeber *e-s Buches.*

ē-ditus *P.P.P. v.* ēdō².

ēditus² 3 (*m. comp. u.* °*sup.*) (*eig. P.P.P. v.* ēdō² „herausgehoben") hoch emporragend, hoch [*collis ex planitie,* °*conclave* im Obergeschoß, °*arbor* aufgeschossen; / °*viribus editior* stärker an Kraft]; *subst.* **-um,** ī *n* (*nkl.*) Anhöhe.

ē-dīxī *s.* ēdīcō.

▶ **edō¹,** ēdī, ēsum 3. essen, verzehren, genießen; *meist vom Menschen gesagt,* (*v. Tieren*) fressen, abweiden (*abs., zB.* °*amor edendi* Eßlust, °*penuria edendi* Mangel an Speisen; *alqd, zB. multos modios salis,* °*agellos* abfressen); / (*v. Leblosem*) zernagen, zerstören, an *etw.* nagen [*robigo culmos od. ignis carinas, flamma medullas edit*].
E. √‾*ed- *athematisches* *ed-mi (= *altind,* ádmi) später *durch* edō *ersetzt*; *cf.* ἔδομαι, *nhd.* „essen."
F. (*altl.*): **1.** *coni. praes.* ēdim, ēdīs, ēdit, ēdīmus, ēdint. **2.** *athematische Kurzformen*: ēssĕ, ēst, ēssēm; ēstur (ĕ-?).

ē-dō²
I. 1. a) von sich geben; **b)** aushauchen, (*Töne*) ausstoßen; **2. a)** gebären; (*Lebloses*) hervorbringen; **b)** (*Schrift*) veröffentlichen; **3.** (*Gerüchte*) verbreiten; **4. a)** (*Befehl*) erlassen; **b)** (*vor Gericht*) angeben, nennen; **c)** angeben, namhaft machen, verraten; **d)** (*Orakel*) verkünden; **5.** *etw.* verursachen, bewirken, vollbringen, anrichten; **II.** (in die Höhe) heben.

ē-dō², didī, ditum 3. (*Vermengung v.* dō 1. „geben" *u.* √‾*dhē- „setzen") **I.** herausgeben: **1. a)** v. sich geben, zum Vorschein bringen (*alqd u. alqm, zB.* °*cuniculus armatos edidit* brachte zutage; *mediopass. Maeander editur in sinum maris* ergießt sich, fällt); **b)** aushauchen [*animam, vitae spiritum* sterben]; (*Töne*) ausstoßen *od.* hören lassen [*clamorem, voces* Klagen, °*hinnitūs* wiehern]. **2. a)** gebären [*geminos,* °*geminum partum,* °*alqm partu*; P. *in lucem edi* zur Welt kommen], °(*v. Männern*) erzeugen [°*editus alqo j-s* Sohn *od.* Nachkomme]; °(*v. Leblosem*) hervorbringen [*fruges, innumeras species*]; **b)** (*Schriften*) veröffentlichen [*librum* (*in vulgus*), °*orationem*]. **3.** (*Gerüchte*) verbreiten, aussprengen (*alqd in vulgus*). **4. a)** (*Befehle*) ergehen lassen, befehlen [*imperium*]; *subst. edita, orum n* (*Ov.*) Befehle; **b)** (*vor Gericht*) angeben, nennen, vorschlagen [*iudices, iudicium, tribūs*; *cf.* ēditiō]; **c)** *übh.* angeben, namhaft machen, befehlen (*alqm u. alqd, zB. auctorem rei,* °*consilia hostium* verraten, °*bella* besingen; *alci alqd, zB. postulata consulibus*; *m. a.c.i.*; *m. indir. Frages.*); **d)** (*Orakel*) verkünden, verkündend bestimmen [*oraculum*; °*ita ex fatalibus libris editum erat*]. **5.** / *etw.* verursachen, bewirken, verrichten, verüben, vollbringen, anrichten (*alqd, zB. facinus, ruinas* Verwüstungen, *proelium* liefern, °*annuam operam* ein Jahr dienen, °*operam in re e-n* Dienst leisten bei *etw.*, °*exemplum patientiae* geben, °*exemplum in alqm* an *jd.* ein Exempel statuieren); *bsd.* (*nkl.*) (*v. Beamten*) Spiele veranstalten [*ludos, glatiatores* auftreten lassen]. **II.** in die Höhe heben [(*Ti.*) *corpus super equum* sich aufs Pferd schwingen]; *bsd.* (*P.P.P.*) *adi.* **ēditus** 3; *s.d.* — ***ed. *Abk. für* edidit, edd. *Abk. für* ediderunt (*auf Büchertiteln zur Bezeichnung der Herausgeber*).

ē-doceō, docuī, doctum 2. **1.** gründlich lehren; *übh.* genau berichten (*alqm u. alqd, alqm alqd, zB.* °*iuventutem mala facinora, imperitos causam alcis*; *alqm m. inf., m. a.c.i., m. indir. Frages.*); / *auch v. Leblosem* [*ratio edocuit, ut ...,* °*fama satis edocuerat m. a.c.i.*]. **2. a)** *jd. v. etw.* benachrichtigen *od.* in Kenntnis setzen (*alqm alqd u. de re*; *m. a.c.i. u. indir. Frages.*); **b)** P.P.P. edoctus genau unterrichtet in *od. v. etw.* (*alqd, zB.* °*artes belli,* °*cuncta, omnia per legatos*; *in u. de re*; *m. a.c.i. u. indir. Frages.*).

ē-dolō 1. **1.** (*nkl.*) *etw.* zurecht zimmern. **2.** / vollenden, fertig machen (*alqd*).

ē-domō, muī, mitum 1. völlig (be-) zähmen, bändigen (*alqm u. alqd*); / bezwingen, bewältigen.

Ēdōnī, ōrum *m* (Ἠδωνοί) *thrakisches Volk w. v. Strymon m. orgiastischem Bacchuskult*; *adi.* °**Ēdōnus** 3 *auch* thrakisch (*fem. auch* °**Ēdōnis,** idis; *subst.* Bacchantin).

ē-dormiō 4. **1.** (*intr.*) ausschlafen. **2.** (*trans.*) verschlafen: **a)** durch Schlafen vertreiben [*crapulam*]; **b)** schlafend hinbringen [°*Ilionam* in der Rolle der schlafenden Ilione seinen Rausch ausschlafen].

ēdormīscō, — — 3. (*incoh. v.* ēdormiō) (*Com.*) ausschlafen, verschlafen.

ēducātiō, ōnis *f* (ēducō¹) Erziehung, Ernährung (*alcis, zB. liberorum*), (*v. Tieren*) das Auf-, Großziehen; *auch* /.

ēducātor, ōris *m* (ēducō¹) Erzieher, *auch* (*Ta.*) Hofmeister.

ēducātrix, īcis *f* (ēducātor) Erzieherin, *auch* /.

▶ **ē-ducō¹** 1. (*ablautend zu* dūcō *wie* dīcō: dicō; *zur Bed. vgl. nhd.* „erziehen") **1.** (*physisch*) aufziehen, großziehen, ernähren, *Menschen u. Tiere* (*alqm u. alqd, zB.* °*filium,* °*filiam clam,* °*canem,* / *eloquentiam,* °*senectam alcis jd.* im Alter ernähren); (*dcht.*) (*v. leblosen subi.*) hervorbringen, wachsen lassen [*ager herbas, novus annus pomum*]; P. aufwachsen [*domi alcis*]. **2.** (*geistig u. sittlich*) erziehen (*alqm liberaliter,* °*inter arma, ad turpitudinem*].

ē-dūcō²
1. herausziehen; **2. a)** heraus-, hinausführen; **b)** mitnehmen; **c)** (*Truppen*) ausrücken lassen; **3. a)** emporführen; **b)** rühmen; **4.** (*Bauten*) errichten; **5.** großziehen; **6.** (*Zeit*) zubringen.

ē-dūcō², dūxī, ductum 3. **1.** herausziehen (*alqd ex re, zB. gladium e vagina* zücken, *u.* °*alqd re, zB. telum corpore*); *bsd. sortem* losen (*auch abs.*; *trans.* = auslosen, *zB. alqm ex urna*). **2. a)** heraus-, hinausführen (*alqm u. alqd, zB. omnes suos secum, aquam od. lacum* ableiten; *alqm ab, ex, de re in alqd od. ad alqm, zB. uxorem, ex urbe rus*]; **b)** mitnehmen [*legatos, naves ex Sicilia*], *bsd.* in die Provinz; **c)** (*Truppen*) ausrücken lassen [*exercitum castris u. ex castris,* °*copias ex navibus od. ex classe* ausschiffen, landen lassen]; (*vom Feldherrn*) *abs. m.* dem Heere ausrücken, ausmarschieren [*Caesar ex hibernis eduxit*]; (*Schiffe*) auslaufen lassen [*naves ex portu*];

(*Bauwerke*) vorschieben [*turrem*]; (*nkl.*) *in ein Gewässer* [*molem in Rhenum*]; (*Angeklagte*) vor Gericht ziehen, schleppen [*alqm in ius, ad consules*]. **3. a)** (*dcht.*) emporführen, in die Höhe ziehen [*aulaea* aufziehen, *alqm superas sub auras*]; **b)** / erheben, rühmen (*alqd in astra*). **4.** (*dcht., nkl.*) (*Bauten*) errichten [*pyramides instar montium, turrem sub astra*]. **5.** / = ēdūcō¹ [*filium a parvulo, °alqm severā disciplinā*]. **6.** (*dcht.*) (*eine Zeit*) zubringen, verleben [*annos*].

ĕdūlĭs, ĕ (ēdō¹) (*dcht., nkl.*) eßbar; *subst.* **ĕdūlĭă**, *ĭūm n* Eßwaren.

ē-dūrō 1. (*nkl.*) **I.** (*trans.*) abhärten. **II.** (*intr.*) aus-, fortdauern.

ēdūrŭs 3 (*wohl Rückbildung aus* ēdūrō I) (*dcht.*) recht hart [*pirus*]; / hart, unbarmherzig [*ōs*].

ē-dūxī *s.* ēdūcō².

Ĕĕtĭōn, *ōnĭs m* ('Ηετίων) *V. der Andromache*; *adi.* **Ĕĕtĭōnēŭs** 3 des Eetion.

ĕffāfĭlātŭs 3 *s.* ĕxfāfĭllō.

ĕf-fărcĭō, —, *fĕrtŭm* 4. vollstopfen, ausfüllen (*alqd re, zB. intervalla saxis*); (*P.P.P.*) *adi.* **ĕf-fĕrtŭs** 3 (*m. sup.*; *vkl., dcht.*) vollgestopft, voll [*arva* reiche].

ĕffātŭm, *ī n* (ĕffŏr) Ausspruch: **1.** Prophezeiung (*alcis*). **2.** (*philos.*) Satz, Behauptung (ἀξίωμα).

ĕf-fēcī *s.* ĕffĭcĭō.

ĕffĕctĭō, *ōnĭs f* (ĕffĭcĭō) **1.** Ausübung [*artis*; *recta* gute Tat]. **2.** wirkende Kraft *od.* Ursache.

ĕffĕctīvŭs 3 (ĕffĕctŭs, *P.P.P. v.* ĕffĭcĭō) (*Qu.*) bewirkend, auf der Wirkung beruhend.

ĕffĕctŏr, *ōrĭs m* (ĕffĭcĭō) Schöpfer, Urheber, Ursache, *auch* / (*alcis rei, zB. mundi, dicendi*).

ĕffĕctrīx, *īcĭs f* (ĕffĕctŏr) Schöpferin, Urheberin; *auch* / (*alcis rei, zB. voluptatum*).

ĕffĕctŭs¹ 3 (*eigtl. P.P.P. v.* ĕffĭcĭō) (*nkl.*) verarbeitet, entwickelt (*Ggs.* ĭncŏhātŭs).

ĕffĕctŭs², *ūs m* (ĕffĭcĭō) **1.** Ausführung, Vollendung (*alcis rei, zB. °operis, °consiliorum*; *alqd ad effectum adducere etw.* verwirklichen, zur Tat werden lassen; *in effectu esse* auf einer Tätigkeit beruhen *od.* (*Li.*) bald vollendet sein, im Bau sein; *etiam sine effectu* auch ohne zur Tat zu werden). **2. a)** (*Li.*) Ausführbarkeit; **b)** Wirksamkeit; (*meton.*) (*Qu.*) wirksame Kräfte, Substanzen. **3.** Wirkung, Erfolg, Effekt (*alcis rei, zB. eloquentiae, herbarum*; *°sine ullo effectu* ohne daß *etw.* dabei herauskommt).

ĕf-fĕctŭs³ *P.P.P. v.* ĕffĭcĭō.

ĕf-fēmĭnō 1. (fēmĭnă) zum Weibe machen: **1.** weibliches Geschlecht beilegen (*alqd e-r* Sache, *zB. aëra*). **2.** verweichlichen, entnerven (*alqm u. alqd, zB. corpus, animum*). **3.** (*P.P.P.*) *adi.* **ĕffēmĭnātŭs** 3 (*m. °comp. u. sup.*; *adv.* **-ē**) weibisch, weichlich [*°corpus, opinio*]; *subst. m* = cĭnaedŭs.

ĕf-fĕrbŭī *s.* ĕffĕrvēscō.

ĕf-fĕrcĭō, *fĕrsī, fĕrtŭm* 4. = ĕffărcĭō.

ĕffĕrĭtās, *ātĭs f* (ĕffĕrŭs) (*dcht., spätl.*) Wildheit, Roheit.

ĕf-fĕrō¹ 1. (*denom. v.* fĕrŭs) wild machen, verwildern lassen, *oft* / (*alqm u. alqd, zB. °speciem oris, animos, mores, °ingenia* roh machen); *P.* wild werden, verwildern [*terra efferatur* wird unwirtlich]; / (*nkl.*) *auch* erbittern (*alqm re* durch *etw., zB. dolore, irā*; *ad alqd* zu *etw., zB. ad odium*); (*P.P.P.*) *adi.* **ĕffĕrātŭs** 3 (*m. °comp. u. °sup.*) verwildert, °grimmig [*gentes, °mores*].

ĕf-fĕrō²

1. a) heraustragen, -bringen, entfernen; **b)** zu Grabe tragen, bestatten; **c)** (*Früchte*) tragen, hervorbringen; **d)** (*mündl.*) ausdrücken, aussprechen; **2. a)** zu weit führen; **b)** (*v. Zorn*) fort-, hinreißen; **3. a)** emporheben; **b)** erheben, erhöhen; hochmütig machen; *refl.* hoch-, übermütig werden; **c)** rühmen, preisen.

ĕf-fĕrō², *ĕxtŭlī, ēlātŭm, ĕffĕrrĕ* **1.** heraustragen: **a)** heraustragen, -bringen, -schaffen, wegtragen, entfernen (*alqd, zB. °aquam, cibaria sibi domo* für sich mitnehmen, *°sua* sein Geld mitnehmen, *pedem od. se* sich entfernen, *°laborem* Mühe aufbieten; *alqd ex, de, a re, zB. tela ex aedibus, de templo v.* ... herab, *frumentum ab Ilerda* aus der Umgegend *v.*; *alqd m. bloßem abl., zB. pedem portā* den Fuß vor das Tor setzen, *°caput antro* hervorstrecken aus, *°se tectis* das Haus verlassen; *alqd ad alqm, ad u. in alqd*); *mil. °signa* ausrücken, *zB. e castris* abziehen; **b)** *jd.* zu Grabe tragen, begraben [*alqm °publice, bsd. mit °funere, °amplo funere u.ä.*, / *rem publicam*]; **c)** / (*vom Boden*) *Frucht* tragen, hervorbringen, *abs.* Ertrag geben [*fruges, cum decumo* zehnfach]; / erzeugen [*°clamorem, °genus acre virorum, alqd ex se*]; **d)** (*mündl.*) ausdrücken, aussprechen [*sententias verbis*]; *bsd.* (*Geheimnisse*) ausplaudern [*clandestina consilia, alqd foras*]; (*Gerüchte*) verbreiten, aussprengen (*alqd in vulgus*). **2.** über das Ziel hinausführen: **a)** (*Li.*) zu weit führen [*Furium cursus longius extulit* der Ritt, *ad novissimam aciem efferri*]; **b)** / **α)** (*v. Affekten*) fortreißen, hinreißen [*dolor alqm effert*]; *bsd. mediopass.* sich hinreißen lassen (*re v. etw., zB. iracundiā, voluptate*); **β)** (*dcht.*) bis zu Ende ertragen [*malum patiendo*]. **3.** emportragen: **a)** emporheben, heraufführen (*alqm in murum, °bracchia, pulverem* aufwirbeln, *°palmas caelo* [*dat.*!], *°flammas* Fackeln aufstecken *als Signal auf dem Schiffe, °diem mortalibus*]; *se efferre u. mediopass. efferri* emporsteigen, *zB. °ad sidera*, (*vom Pferde*) sich bäumen; / zum Vorschein kommen, aufkommen [*virtus in adulescentia se effert*]; **b)** erheben, erhöhen [*turrim in altitudinem, °alqd aggere*]; *meist* /, *zB. patriam demersam, alqm ad summum imperium, °alqm supra leges, °alqm honore et pecuniā* auszeichnen, *°alqm in summum odium jd.* höchst verhaßt machen; *bsd.* / = stolz *od.* hochmütig machen (*alqm od. animum alcis*); *se efferre od. mediopass.* stolz *od.* übermütig werden, sich überheben, sich brüsten [*animus alcis altius se effert*; *re* durch, über *etw., zB. °opibus, °scelere, victoriā*; *in re* in *etw., zB. in potestate* in seiner amtlichen Stellung]; *cf. auch* ēlātŭs; **c)** (*m. Worten*) erheben, rühmen, preisen (*alqm u. alqd maximis laudibus, versibus*).

ĕf-fĕrsī *s.* ĕffĕrcĭō.

ĕffĕrtŭs 3 *s.* ĕffărcĭō.

ĕf-fĕrŭs 3 (*dcht., nkl.*) wild, verwildert, roh, *v. Pers. u. Sachen* [*Dido, facta, tyranni*].

ĕf-fĕrvēscō, *fĕrbŭī* (*u.* fĕrvī), — 3. siedend aufwallen, sieden [*aquae, °sidera* flackern empor; *in alqd* auf, über *etw.*]; / aufbrausen (*re* durch, *v.*, in *etw., zB. iracundiā*).

ĕf-fĕrvō, — — 3. (*dcht., nkl.*) = ĕffĕrvēscō; / herausbrausen [*Aetna in agros*], (*v. Lebendem*) hervorströmen, ausschwärmen [*apes*].

ĕf-fētŭs 3 (*nkl.*) durch viele Geburten erschöpft [*parens*]; *klass. nur* / erschöpft, geschwächt, kraftlos [*corpus, °vires, °agri*; *re* durch *etw., zB. °annis*; *°alcis rei* unempfänglich für *etw., zB. veri*).

ĕffĭcācĭtās, *ātĭs f* (ĕffĭcāx) Wirksamkeit, Erfolg.

ĕffĭcāx, *ācĭs* (*m. comp. u. sup.*; *adv.* **-ĭtĕr**) (ĕffĭcĭō; *nkl., dcht.*) wirksam, erfolgreich, nachhaltig, *v. Pers. u. Sachen* [*preces, Hercules* tatenreich; *ad u. in alqd od. alci rei* zu, für, auf *etw.*, *in re* bei *etw.*; *adversus u. contra alqd* gegen *etw.*; *m. inf.*]; *bsd.* (*v. Pers.*) praktisch [*parum* unpraktisch]; (*abl. sg.* -ī; *pl. neutr.* -ĭă, *gen.* -ĭŭm).

ĕffĭcĭēns, *ĕntĭs* (*m. °comp.*; *adv.* **-ĕntĕr**) (*eigtl. part. praes. v.* ĕffĭcĭō) bewirkend, wirksam [*res, causa* Entstehungsgrund; *alcis rei, zB. utilitatis* nutzbringend]; *adv.* wirksam, *m.* Erfolg; *subst.* **ĕffĭcĭĕntĭă**¹, *ĭūm n* (*Qu.*) bewirkende Dinge.

ĕffĭcĭĕntĭă², *ae f* (ĕffĭcĭēns) Wirksamkeit.

ĕf-fĭcĭō

1. a) hervorbringen; **b)** zustande bringen, bilden; **c)** aufbringen, auftreiben; **d)** *jd. zu etw.* machen; **2. a)** zuwege bringen, durchsetzen, vollenden, bewirken; **b)** (*phil. t.t.*) beweisen, schließen.

ĕf-fĭcĭō, *fēcī, fĕctŭm* 3. (făcĭō) **1.** herausbringen: **a)** hervorbringen, *bsd.* (*vom Acker*) tragen [*plurimum*; *abs. cum octavo* achtfach]; / (*v. Zahlen*) ausmachen, betragen (*alqd, zB. °viginti milia armatorum*; *P.* herauskommen, *zB. maior summa efficitur*]; **b)** (*m. concr. obi.*) zustande bringen, schaffen, bauen, herstellen, bilden (*alqd, zB. pontem, turres, opus, unam legionem ex duabus, homines*

immani magnitudine, °*iter e-n* Weg zurücklegen, °*viam* bahnen, *fluvius insulam efficit*); **c**) (*Erforderliches*) zusammenbringen, aufbringen, auftreiben [*cohortes, classem, pecuniam*]; **d**) (*m. praed. acc.*) zu *etw.* machen (*alqm meliorem od. consulem, montem arcem*; *im* P. *m. praed. nom.*; *auch alqm ex u.* °*de alqo, zB.* °*puerum de virgine*). **2.** zu Ende bringen: **a**) (*m. abstr. obi.*) zuwege bringen, durchsetzen, vollenden, bewirken, verursachen [*tantam utilitatem, magnas rerum commutationes, tantos progressūs* machen, *unum consilium Galliae e-n* einheitlichen Kriegsplan; *alqd in alqo etw.* an *jd.* verüben, *zB. maleficia in eorum coniugibus*; *alqd ab alqo etw. v. jd.* erlangen; *m. ut, ne, verneint vereinzelt auch m. quin, zB. effici non potest, quin eos oderim* es ist nicht anders möglich, als daß; *auch abs., zB. res u. causae efficientes*]; **b**) (*philos. t.t.*) beweisen, dartun, schließen (*alqd ex re; m. a.c.i., auch m. ut*); *hoc od. ita od. ex quo efficitur* daraus folgt *od.* ergibt sich.
F. *altl.*: *coni. pf.* ĕffēxīs; *inf. praes.* P. ĕffīērī.

ĕffĭgĭă, *ae f* (*altl.*) = *ĕffĭgĭēs.*

ĕffĭgĭēs, *ēī f* (*ĕffĭngō*) **1. a**) Nachbildung, plastisches Bild, Bildnis, Bildwerk, *sowohl* Brustbild *wie* Gemälde *od.* Standbild (*abs. od. alcis u. alcis rei, zB.* °*Veneris,* °*deorum,* °*avium,* °*argentea, sacra*); *auch* (*dcht.*) Puppe *bei der Zauberei*; **b**) Schattenbild, Schemen, *auch* °Traumbild; **c**) (*dcht., nkl.*) *die dem Original entsprechende* Gestalt, Erscheinung, Figur [*Herculis, humana, apri*]. **2.** / Abbild, Ebenbild (*alcis u. alcis rei, zB. patris, virtutum nostrarum, antiquitatis*). **3.** Phantasiebild, Ideal [*iusti imperii*]; *auch* (*concr.*) Verwirklichung eines Ideals.

ĕf-fĭngō, *fīnxī, fictŭm* 3. **1.** (*dcht.*) über *etw.* hinstreichen, *etw.* streicheln [*manūs alcis*]. **2.** weg- *od.* abwischen [*sanguinem e foro spongiis*]. **3.** bildend schaffen *od.* ausprägen, nachbilden [*oris lineamenta,* °*alqm coloribus od. cerā od. aere*]. **4.** / nachahmen, ausdrücken, darstellen, veranschaulichen (*alqm u. alqd, zB.* °*Horatium,* °*sensūs mentis re od. per alqd*); *bsd.* (*in Worten*) schildern [*mores alcis*] *od. im Geiste* ein Bild *v. etw.* entwerfen, *auch* in Bilder kleiden [*rem animo*].

ĕf-fĭō *s. ĕffĭcĭō.*

ĕfflăgĭtātĭō, *ōnĭs f* (*ĕfflāgĭtō*) dringendes Verlangen, ungestümes Fordern (*alcis u. alcis rei, auch ad alqd*).

ĕfflăgĭtātŭs, *ūs m* = *ĕfflāgĭtātĭō* (*nur im abl. sg.*).

ĕf-flăgĭtō 1. dringend verlangen, ungestüm fordern (*alqd, zB. epistulam, misericordiam alcis*; *alqd ab alqo, zB.* °*signum pugnae a ducibus*; *m. ut, ne, ab alqo ut*); *bsd. jd.* dringend zu *etw.* auffordern (*alqm, m. ut, ne*).

ĕfflātŭs, *ūs m* (*ĕfflō*) (*Se.*) das Aufkommen eines Windes.

ĕf-flĕō, *ēvī, ētŭm* 2. (*Qu.*) sich ausweinen [*oculos*].

ĕfflīctĭm *adv.* (*ĕfflīgō*) (*vkl., nkl.*) heftig.

ĕfflīctō 1. (*intens. v. ĕfflīgō*) (*Pl.*) totschlagen.

ĕf-flīgō, *flīxī, flīctŭm* 3. totschlagen, umbringen (*alqm*).

ĕf-flō 1. **1.** ausblasen, aushauchen [*animam* das Leben = sterben, °*ignes ore*]; *abs.* (*dcht.*) sterben. **2.** (*dcht.*) ausdünsten; *colorem* verlieren. **3.** (*dcht.*) aussprühen.

ĕf-flōrēscō, *flōrŭī,* — 3. erblühen, hervorsprießen, *nur* / (*re* durch *etw.* aufblühen, *zB. adulescentia ingenii laudibus*; *ex re* entstehen, eine Frucht *v. etw.* sein, *zB. utilitas ex amicitia*; *ad alqd* zu *etw.* sich entwickeln, *zB. ad summam eloquentiae gloriam* zu einem vorzüglichen Redner).

ĕf-flŭō, *flūxī,* — 3. (*flŭxī?*) **1. a**) (her)ausfließen, entströmen (*abs., zB. vita una cum sanguine,* °*ne effluat aura* entschlüpft; *ex re, in alqd, zB.* °*in mare* münden); **b**) / überfließen [*genus dicendi effluens*]. **2.** / **a**) (*nkl., dcht.*) den Händen entfallen *od.* entgleiten, *übh.* herausfallen (*abs., zB. sinus togae*; *alci rei, zB. urnae manibus effluunt*; *ex re*); **b**) **α**) in die Öffentlichkeit dringen, bekannt werden; **β**) vergessen werden (*abs. od. alqd ex animo alcis effluit v. jd.*); **γ**) verschwinden, vergehen, sich verlieren, *pf.* dahin sein [*mens alci effluit* = *jd.* vergißt, was er sagen will]; *bsd.* (*v. der Zeit*) unbenutzt verfließen, verrinnen [*aetas*].

ĕfflŭvĭŭm, *ī n* (*ĕfflŭō*) (*nkl.*) Ausfluß.

ĕf-fōcō 1. *falsche Schreibung für ŏf-fōcō.*

ĕf-fŏdĭō, *fōdī, fŏssŭm* 3. **1.** ausgraben, aufgraben (*alqd, zB. ferrum, oculos od.* °*lumen alci* ausstechen, auskratzen); *bsd.* (*prägn. m. effiziertem obi.*; *nkl., dcht.*) durch Ausgraben bilden, aufgraben [*portum, lacum*]. **2. a**) (*nkl.*) umgraben, umwühlen [*agrum*]; **b**) (*prägn.*) durchwühlen [*domos*].
F. *altl.*: *inf. praes.* P. *ĕx- od. ĕcfŏdīrī.*

(ĕf-fŏr), *fātŭs sŭm* 1. **1.** aussprechen, (aus)sagen (*abs. od. alqd, zB. verbum,* °*nefanda,* °*talia*; °*alci alqd jd. etw.* erzählen; *auch* (*vkl.*) *pass.* ausgesprochen werden). **2.** (*t.t. der Augurensprache*) *durch Aussprechen heiliger Formeln* weihen [*templum*]; *alqd alci rei etw. zu etw.* weihen *od.* bestimmen, *zB.* °*locum templo*; *auch pass., bsd. part. pf.* **ĕffātŭs** 3 (*durch die Auguren*) abgegrenzt, geweiht. **3.** (*dial. t.t.*) *etw.* als Satz (ἀξίωμα) aufstellen, formulieren; *cf. ĕffātŭm.*
F. *das def. Verbum erscheint in nur wenigen Formen, bsd. ĕffātŭr, ĕffābŏr, ĕffābĕrĕ, ĕffabimŭr,* (*imp.*) *ĕffārĕ,* (*inf.*) *ĕffārī, ĕffātū, ĕffātŭs, ĕffāndŭs.*

ĕffrāctārĭŭs, *ī m* (*ĕffrĭngō*) (*Se.*) Einbrecher.

ĕf-frāctŭs *P.P.P. v. ĕffrĭngō.*

ĕf-frēgī *s. ĕffrĭngō.*

ĕffrēnātĭō, *ōnĭs f* (*ĕf-frēnō* 1. „abzäumen", *frēnŭm*) Zügellosigkeit.

ĕf-frēnātŭs 3 (*eigtl. P.P.P. v. ĕf-frēnō* 1. „abzäumen"; *frēnŭm*) **1.** (*Li.*) abgezäumt, ohne Zaum [*equus*]. **2.** / (*m. comp. u. sup.*; *adv.* **-ē**) zügellos, unbändig, *v. Pers. u. Sachen* [*homo,* °*libido, vox*].

ĕf-frēnŭs 3 (*wohl Rückbildung aus* **ĕf-frēnō* 1. „abzäumen"; *frēnŭm*) (*nkl., dcht.*) = *ĕffrēnātŭs.*

ĕf-frĭcō, — — 1. (*nkl.*) abreiben.

ĕf-frĭngō, *frēgī, frāctŭm* 3. (*frāngō*) aufbrechen [*ianuam,* °*carcerem*]; (*dcht.*) *auch* zerschmettern [*cerebrum*].

▶ **ĕf-fŭgĭō,** *fūgī, fŭgĭtūrŭs* 3. **1.** (*intr.*) aus *etw.* entfliehen, entkommen (*abs. od. ex, de, a re,* °*re, zB.* °*ex vinculis, e proelio, e u. de manibus, a ludis,* °*patriā*; °*ad,* °*in alqd*); (*dcht.*) *auch v. Sachen, zB. sagitta* entfliegt. **2.** (*trans.*) einer Sache entfliehen *od.* entgehen, *etw.* vermeiden, *auch jd.* entfliehen *od.* entgehen, *bsd. j-s Nachstellungen* (*alqm, zB.* °*hostem, equitatum Caesaris*; *alqd, zB. manūs alcis,* °*invidiam*; *m.* °*ne u.* °*quin*; *auch* P., *zB. haec morte effugiuntur*; / *impers. me effugit* es entgeht mir, ich beachte nicht [*nihil te effugiet* du wirst nichts vergessen].

ĕffŭgĭŭm, *ī n* (*ĕffŭgĭō*) **1.** (*dcht.*) das Entfliehen, Flucht (*alcis*). **2.** (*meton.*) **a**) (*nkl.*) Ausweg zur Flucht [*in publicum, sanguinis* Abfluß]; **b**) Mittel *od.* Gelegenheit zur Flucht (*alcis rei, subi. u. obi., zB. pennarum*; *effugium alci dare*).

ĕf-fŭlgĕō, *fūlsī,* — 2. (*nkl., dcht.*) hervorleuchten, -schimmern [*aurora*; *re v. etw.* erglänzen, *zB. auro*]; / *auch v. Pers.*
F. *Bei Dichtern auch ĕffŭlgĕrĕ* 3. (*zB. Verg. Aen.* 8, 677).

ĕf-fūltŭs 3 (*eigtl. P.P.P. v. fūlcĭō*) (*dcht.*) auf *etw.* gestützt *od.* liegend (*re, zB. foliis*).

ĕf-fūndō
1. a) aus-, vergießen; *refl. u. mediopass.* sich ergießen; **b**) ausschütten, ausleeren; **c**) heraus-, hinaussenden, -treiben; **d**) loslassen, fahrenlassen; **e**) (*Leben*) aushauchen; **f**) (*Leidenschaften*) die Zügel schießen lassen; **2. a**) werfen, schleudern; (*Töne, Klagen*) von sich geben; **b**) niederwerfen; **c**) (*Besitz*) verschleudern.

ĕf-fūndō, *fūdī, fūsŭm* 3. **1.** ausgießen: **a**) (*Flüssiges*) ausgießen, vergießen [°*vinum in barathrum, lacrimas, sanguinem,* °*bitumen* hervorquellen lassen, °*vires* Wassermassen]; *se effundere u. mediopass.* sich ergießen [°*in mare,* °*lacrimae* fließen herab], (*v. Regen, Schnee, Hagel u. a.*) sich entladen [°*nimbus,* °*imber nubibus,* °*grando*; / °*tempestas Mycenis effunditur* bricht *v.* M. her hervor, °*telorum vis*]; *bsd.* überströmen, über seine Ufer treten [°*Tiberis super ripas effusus*]; **b)** (*feste Dinge*) ausschütten [°*anulos*, °*nummorum saccos* ausleeren]; / sein Herz ausschütten (*alci j-m*, vor *jd.*, *zB. effudi vobis omnia, quae sentiebam*); **c)** (*e-e Menschenmenge*) heraus-, hinaussenden, -schicken, -treiben [*omnem equitatum*, °*universos in hostem*, °*auxilium castris* aus dem Lager (*abl.*), °*currūs in hostes* anstürmen lassen]; *se effundere u. mediopass.* sich ergießen = hinausströmen, -eilen [*omnis multitudo*, °*vulgus oppido* (*abl.*), °*castris u.* °*ex castris*, °*in fugam, obviam* entgegeneilen]; (*nkl.*) *auch* herbeiströmen, *bsd.* = (*ein Land*) überschwemmen (*in alqd, zB. in Graeciam*); **d)** *etw.* loslassen, fahrenlassen [°*sinum togae* = entfalten, °*habenas manibus*, °*iubam cervice equina* herabwallen lassen *v.*, °*effusus crinem m.* fliegendem Haar; / °*impetum in hostem* e-n stürmischen Angriff machen auf, °*odium omne*, °*irarum habenas* dem Rachegefühl freien Lauf lassen]; **e)** (*Atem, Leben*) aushauchen [*extremum spiritum*, °*animam*, °*vitam*]; **f)** (*Leidenschaften*) die Zügel schießen lassen [*furorem in alqm*, °*iram*; *auch se effundere in libidine od. in largitione* sich gehen lassen in *etw.*]; *meist mediopass.* (*meist dcht., nkl.*) sich einer Sache ganz hingeben (*in alqd, zB.* °*in lacrimas*, °*in socordiam*, °*in venerem*, °*in Romanos* den Römern unbedingt ergeben sein, °*in vinum*, °*in cachinnos* sich vor Lachen ausschütten, *in iocos*; *selten ad alqd, zB.* °*ad luxuriam u.* °*alci rei, zB.* °*lacrimis*). **2.** fortschleudern: **a)** (*nach allen Seiten hin*) werfen, *od.* schleudern [*tela*]; / (*meist dcht., nkl.*) **α)** (*Töne*) *v.* sich geben, hören lassen [°*tuba sonum effundit, in coronam effunditur* dringt in die Menge]; **β)** (*Worte, Klagen*) ausstoßen [°*pectore voces, questūs in aëra*]; **γ)** (*auch klass.*) (*Früchte*) in Menge hervorbringen, spenden [*fruges, segetes*; / *copiam oratorum*]; **b)** (*meist nkl., dcht.*) niederwerfen, hinstrecken [°*alqm solo* auf den Boden, °*iuvenem harenā* auf den Sand, °*currum* umstürzen]; *bsd.* (*vom Pferde*) *den Reiter* abwerfen [°*equitem super od. per caput*]; **c)** (*Besitztum*) verschleudern, vergeuden, durchbringen [*aerarium*, °*reditūs publicos in dies festos*; / °*supremum auxilium, gratiam* verscherzen, °*laborem*].

ĕffūsĭō, *ōnis f* (*ĕffūndō*) **1.** das Ausgießen *od.* Sichergießen, Erguß (*alcis rei, zB. atramenti, aquae*). **2.** / (*v. lebenden Wesen*) **a)** das Herausströmen [*hominum ex oppidis*]; **b)** Verschwendung, maßlose Freigebigkeit, *auch pl.* (*alcis u. alcis rei, zB. pecuniarum*; *in alqm*); *übh.* (*Li.*) maßlose Sucht (*alqd faciendi etw.* zu tun); **c)** Ausgelassenheit [*animi in laetitia*].

▶ **ĕffūsŭs** 3 (*eigtl. P.P.P. v. ĕffūndō*) (*m. comp. u.* °*sup.*; *adv.* **-ē**) **1.** (*nkl., dcht.*) weit ausgedehnt, weit [*loca*]; *adv.* weit *u.* breit, weithin [*agrum* -*e vastare*]. **2.** *mil.* (*v. Truppen*) zerstreut, unordentlich, nicht in Reih *u.* Glied [*agmen*; *auch fuga u. caedes* wild; -*e fugere*]. **3.** (*nkl., dcht.*) losgelassen, *bsd.* (*vom Haar*) aufgelöst, wallend [*comae*], (*vom Zügel*) verhängt [*habenae*; *auch -o cursu* in gestrecktem Laufe]. **4.** / **a)** (*Qu.*) (*vom Ausdruck*) lax; **b)** verschwenderisch [*homo*, -*e donare*; *in re u.* °*re* in *etw.*, *zB. in largitione*]; **c)** (*v. abstr.*) übertrieben [*sumptus*, -*e exsultare*].

ĕf-fūtĭō 4. (*denom. v. fūtis* „Gießkanne"; *zu fŭndō*) herausschwatzen, in den Tag hinein schwatzen (*abs. od. alqd u.* de *re*); *bsd.* (*Te.*) Geheimnisse ausplaudern.

ĕf-fŭtŭō, *tŭī, tūtŭm* 3 (*auch ĕc-*) (*dcht.*) verhuren: **1.** durch Unzucht erschöpfen [*ecfututa latera*]. **2.** d. U. durchbringen [*aurum*].

*****e.g.** *Abk.* = *exempli gratiā* zum Beispiel (*cf. ĕxĕmplŭm*).

ē-gĕlĭdŭs 3 (*eigtl.* „entkältet") (*nkl., dcht.*) **1.** lau. **2.** kühl.

ĕgēns, *ĕntis* (*m. comp. u. sup.*) (*eigtl. part. praes. v. ĕgĕō*) bedürftig, dürftig, arm, ärmlich, *v. Pers. u.* (*selten*) *v. Sachen*, *zB.* °*insula* (*abs. od. m. gen.*, *zB.* °*cultorum, verborum*); *subst. m* armer Teufel, Proletarier, Lump. *Cf.* V.-B. VIII.

ĕgēnŭs 3 (*ĕgĕō*) (*unkl.*) *einer Sache* bedürftig, arm an *etw.* (*alcis rei u.* °*re*, *zB. omnium* jeglicher Hilfe); *abs.* hilflos, elend, mißlich [*res* Lage]; *subst.* der Arme.

▶ **ĕgĕō**, *ŭī*, — 2. (*cf. altnord.* ekla „Mangel") **1.** *abs.* Mangel *od.* Not leiden, darben [*egebat? immo locuples erat*]. **2.** *m. Objekt* (*abl. od. gen.*) **a)** nötig haben [*omnibus rebus, consilio u. consilii*]; **b)** entbehren, nicht besitzen [*auctoritate*, °*rationis*]; **c)** (*dcht.*) nach *etw.* verlangen, sich sehnen [*pane, plausoris*].

Ēgĕrĭă, *ae f* (*etr.*; *volkset. m. ē-gĕrō*[1] *in Verbindung gebracht*) *als Geburtsgöttin verehrte Quellnymphe, Beraterin des Königs Numa*; *Kultstätten im Hain der Diana bei Aricia u. m. den Camenae vor der Porta Capena.*

ē-gĕrō[1], *gĕssī, gĕstŭm* 3. (*nkl., dcht.*) **1.** hinaus-, heraustragen, -bringen, fortschaffen, *auch gewaltsam* fortschleppen (*alqd, zB. nivem, humum* auswerfen, *fluctūs* ausschöpfen; *alqd ex re, zB. pecuniam ex aerario*). **2.** ausspeien, *v.* sich geben [*aquam vomitu*]; P. münden. **3.** / **a)** vertreiben [*dolorem lacrimis, noctem* verbringen]; **b)** *alqd re etw. v. etw.* entleeren [*castra rogis*].

ĕgĕrō[2] (?), *ōnis m* (*ēgĕrō*[1]; *Lu.*) *jd.*, der *etw.* fortschafft.

▶ **ĕgĕstās**, *ātis f* (*ĕgĕō*) **1.** *abs.* Dürftigkeit, bittere Armut, Not [*vitam in egestate degere*]. **2.** (*m. gen.*) Mangel an *etw.* [°*frumenti, animi* an Charakter].

ēgĕstĭō, *ōnis f* (*ēgĕrō*[1]; *nkl.*) das Wegschaffen, Plünderung; (*med. t.t.*) Stuhlgang.

ēgĕstŭs, *ūs m* (*ēgĕrō*[1]; *Se.*) Stuhlgang.

ēgī *s. ăgō.*

ē-gignō, — — 3. (-ī-?) (*Lu.*) hervorbringen; P. hervorwachsen.

▶ **ĕgō** *u. nach IKG* **ĕgŏ** *pron. pers. der 1. Pers. sg.* (*pl. s. nōs*) (*cf.* ἐγώ, *nhd.* „ich"; *nom. nur bei Hervorhebung*; *die casus obliqui* vom Stamm me [= με; *nhd.* „mich"]; *gen.* mĕī, *dat.* mĭhī, *acc. u. abl.* mē [*altl.* mēd]; *oft verstärkt durch* -mĕt *u.* -ptĕ; *s.d.*) **1.** ich. **2. a)** *dat. mihi nicht selten als dat. ethicus, zB.* °*quid mihi Celsus agit?*; **b)** (*meton.*) **α)** *ad me* in mein Haus, zu meiner Familie; **β)** *a me* aus meinem Haus; aus meiner Tasche [*a me solvere*]. **F.** *dat. sg. oft* › *mī.*

▶ **ē-grĕdĭŏr**, *grĕssŭs sŭm* 3. (*grădĭŏr*) **1.** (*intr.*) heraus-, hinausgehen, -kommen, sich entfernen (*abs.*, *zB.* °*eccum egreditur*, °*foras, obviam* entgegenkommen, *od. ex, a re, zB. ex u.* °*ab urbe*; *ex cubiculo*; *extra alqd, zB. extra munitiones*; *re, zB. portis*, °*ordine* aus dem Glied; *in u. ad alqd, zB. ad portam* zum Tor hinausgehen]. **2. a)** (*v. Truppen*) ausrücken, abziehen (*abs. od.* [*ex*] *castris, ad proelium*, °*in pacata, praesidio pabulatoribus* zum Schutz für); **b)** (*naut. t.t.*) **α)** aussteigen, landen [(*e*) *navi, in terram*]; **β)** absegeln [*e portu*]; **c)** / *vom Thema* abschweifen [*a proposito*]; **d)** (*nkl., dcht.*) hinaufsteigen [*ad summum montis*]. **3.** (*trans.*) **a)** (*nkl.*) verlassen [*urbem, portum*]; **b)** über *etw.* hinausgehen, *etw.* überschreiten (*alqd, zB. flumen, munitiones*, °*finem mundi*); *auch* / (*nkl.*) [*modum, altitudinem moenium* überragen, *annum sextum, praeturam* über die Prätur hinauskommen]. **F.** *altl.*: *inf. praes. ēgrĕdīēr.*

▶ **ē-grĕgĭŭs** 3 (*adv.* **-ē**) (*ē grĕgĕ, eigtl.* „aus der Herde ausgelesen") **1.** auserlesen, hervorragend, vorzüglich, ausgezeichnet, außerordentlich, *v. Pers. u. Sachen* [*vir, virtus, locus -e munitus, -e fortis*; *re* durch, an *etw.*, *zB. pietate*; *in re* in *etw.*, *zB. in bellica laude*; *in alqm* gegen *jd.*; *ad alqd u.* °*alci rei* zu *etw.*, *zB.* °*ad cetera*]. **2.** (*nkl.*) ehrenvoll, rühmlich, *adv. m.* Ehren [-*e absolvi*; *alci* für *jd.*]; *subst.* **-ŭm**, *ī n* (*selten*) rühmliche Tat, Ruhm [*publicum* Ehre des Staates]; *pl.* Vorzüge, Tugenden.

ēgrĕssĭō, *ōnis f* (*ēgrĕdĭŏr*) (*nkl.*) das Herausgehen; / Abschweifung vom Thema (= παρέκβασις).

ē-grĕssŭs[1] *part. pf. v. ēgrĕdĭŏr.*

ēgrĕssŭs[2], *ūs m* (*ēgrĕdĭŏr*) **1.** das Herausgehen, Ausgang, *bsd.* Erscheinen in der Öffentlichkeit; (*meton.*) (*Ta.*) die aus dem Hause gehenden Leute. **2. a)** (*naut. t.t.*) das Auslaufen *od.* die Landung (*v. Schiffen*), das Anlandgehen; *mil.* (*nkl.*) Abmarsch, Aufbruch; (*Ov.*) das Fortströmen *od.* Entweichen *der Winde*; **b)** (*concr.*) (*nkl.*) Ausgang *als Ort* [*egressūs obsidere*]; (*v. Flüssen*) Mündung; **c)** (*rhet.*) (*nkl.*) Abschweifung *vom Thema*; *libero -u memorare* in freier Rede.

ē-gŭrgĭtō 1. (*gŭrgĕs*; *Pl.*) herausschütten.

ĕhĕm *int.* (*Schallwort*; *cf. nhd.* „hm") (*Com.*) ha!; sieh da!

ēheu *int.* (*Schallw.*) (*unkl.*) o!, ach!, wehe!

ĕhŏ(dūm) *int.* (*cf. altind.* áha, ahō) (*Com.*) he!, heda!, holla!, hör mal!

ei *int.* (*Schallw.*) (*vkl.*, *dcht.*) ach!, wehe!; *oft ei mihi* = *vae mihi*!

ēiă *u.* **hēiă** *int.* (*Fw.* ‹ εἶα) **1.** (*Verwunderung*) (*Com.*) ei! [*eia vero* ei der tausend!, potztausend!]. **2.** (*Aufmunterung*) wohlan!, frischauf!

*****eiaculatio,** *onis f* (*med. t.t.*) Samenerguß; *praecox* vorzeitig.

ē-iăcŭlŏr 1. (*nkl.*, *dcht.*) herausschleudern, -werfen [*aquas*]; *se eiaculari* emporschießen.

ē-ĭcĭō
1. heraus-, hinauswerfen, ausstoßen; **2. a)** von sich geben, ausspeien; **b)** (*naut. t.t.*) *rasch* landen; (*P.P.P.*) *adi.* **ēiĕctŭs** schiffbrüchig; **c)** auspfeifen.

ē-ĭcĭō, *iēci, iēctŭm* 3. (*iăcĭō*) **1.** heraus-, hinauswerfen, ausstoßen, vertreiben, verdrängen, verbannen, *oft auch* / (*alqm u. alqd*, *zB. tyrannum, uxorem* verstoßen, *cadaver* den Hunden *u.* Vögeln zum Fraß vorwerfen, *linguam* herausstrecken, *vocem* hervorstoßen, *brevia illa* stoßweise aussprechen, *superstitionem* ausrotten, °*armum* ausrenken, verstauchen; *alqm u. alqd ex, de, a re*, *zB. ex castris, ex u.* °*de senatu*, ° *e u.* °*de civitate, ex patria od.* °*e re publica* = verbannen, °*memoriam ex animo, de collegio, a suis penatibus*; *auch m. bloßem abl.*, *zB. alqm domo*, °*insulā*; *in u. ad alqd*, *zB. alqm in exsilium*); *bsd. se eicere* hinauseilen, hervorbrechen [°*foras, e navi in terram*; / *voluptates se eiciunt* brechen hervor]. **2. a)** ausspeien, *v.* sich geben [°*sanguinem*, *χολήν*, °*mare eicit beluam*; / *sentinam huius urbis*]; **b)** (*naut. t.t.*) *rasch od. notgedrungen* anlegen, landen (lassen) [*navem eo od. in terram*, °*ad Chium*]; P. stranden [*navis eiecta in litore od.* °*ad Baleares*]; (*P.P.P.*) *adi.* **ēiĕctŭs** 3 schiffbrüchig [*eiecta manus naufragorum*]; *meist subst. m*; **c)** (*e-n Schauspieler u. a.*) auspfeifen, auszischen [*citharoedum*; P. = durchfallen]; / verwerfen, abweisen (*alqd*, *zB. sententiam alcis*).

eid. (*Inschr.*) = eidūs *ältere Schreibung für* Īdūs.

ē-iēci *s.* ēĭcĭō.

ēiĕctāmēntŭm, *ī n* (ēiĕctō; *nkl.*) Auswurf [*maris*].

ēiĕctĭō, *ōnĭs f* (ēĭcĭō) Vertreibung, Verbannung.

ēiĕctō 1. (*intens. v.* ēĭcĭō) (*dcht.*) heraus-, auswerfen (*alqd*); *bsd.* ausspeien [*cruorem ore*].

ēiĕctŭm, *ī n* (ēiĕctŭs, *P.P.P. v.* ēĭcĭō) (*Pli.*) Vorsprung [*duo baptisteria velut eiecta*].

ē-iĕctŭs[1] *P.P.P. v.* ēĭcĭō.

ēiĕctŭs[2], *ūs m* (ēĭcĭō) (*Lu.*) das Hervorstoßen (*des Atems*).

ēiĕr... = ēiūr...

ēiŭlātĭō, *ōnĭs f u.* **ēiŭlātŭs,** *ūs m* (ēiŭlō) lautes Geheul, Wehgeschrei.

ēiŭlō 1. (*d. i.* ējj-; *zu int.* ei; *eigtl.* „ei rufen") laut heulen, wehklagen.

ēiūrātĭō *u.* **ēiĕrātĭō,** *ōnĭs f* (ēiūrō; ēiĕrō) (*nkl.*) das feierliche Entsagen; *bsd. consulum* die feierliche Amtsniederlegung (Rechenschaftseid) der Konsuln; / [*bonae spei*].

ē-iūrō *u.* (*älter*) **ē-iĕrō** 1. (*d. i.* ējjĕrō *nach* pēiĕrō, *wohl v. d. kürzeren Ablautstufe* -iŭsō) **1.** *etw.* abschwören, sich sichtlich *v. etw.* lossagen, förmlich ablehnen (*alqd*, *zB. bonam copiam* sein Vermögen abschwören, sich als bankrott erklären; *alqm iniquum od. iudicem iniquum* jd. als Richter *od.* einen Richter als befangen ablehnen, *forum od. provinciam sibi iniquum* [-*am*] als parteilich ablehnen). **2. a)** (*nkl.*) (*ein Amt*) feierlich niederlegen [*magistratum*]; *abs.* den Rechenschaftsbericht leisten; **b)** / (*nkl.*) sich förmlich *v. etw.* lossagen [*patriam*].

ēiŭsdĕm-mŏdī (*īdĕm, mŏdŭs*) *v.* derselben Art, ebenso beschaffen.

ēiŭs-mŏdī (*īs, mŏdŭs*) derart(ig), so beschaffen, solcher; so.

ē-lābŏr, *lāpsŭs sŭm* 3. **1.** herausgleiten *od.* -schlüpfen, *auch* herabgleiten, *v. lebenden subi.* (*abs. od. ex re*, *zB. animal ex utero*). **2.** (*v. Sachen*) unbemerkt entgleiten *od.* entfallen (*abs.*, *zB. sica elapsa est*; *od. ex, de re u. re*, *zB.* °*gladius e manu, e u.* [*de*] *manibus, fastigio* herabgleiten v.; °*cuspis super galeam alcis* fährt an dem Helm vorbei). **3.** (*med. t.t.*) (*nkl.*) (*v. Gliedern*) verrenkt werden [*artūs in pravum*]. **4. a)** fliehend entrinnen, entkommen, *v. lebenden subi.*, / *auch v. Sachen* (*abs. od. e proelio*, °*ex u.* °*de caede, e u. de manibus alcis, omni suspicione, alci u.* °*alci rei*, *zB. mihi*, °*telis, auch* °*alqd*, *zB. vim ignium*; / *verbum ex ore alcis, causa mihi elapsa est* ist verloren worden, *rei publicae status e manibus elapsus est* ist ein Spielball des Zufalls geworden); / **b)** schwinden, vergehen, aufhören [*assensio omnis*, °*usitatae res facile e memoria elabuntur* entfallen]; *bsd.* = vergessen werden; **c)** ohne Strafe davonkommen, *bsd. vor Gericht* (*abs.*, *zB. reus elapsus est od. ex iudicio*); **d)** (*nkl.*) in etw. geraten (*in alqd*, *zB. in servitutem*). **5.** (*Ve.*) hinaufschlagen [*ignis frondes elapsus in altas*].

ē-lăbōrō 1. **1.** (*trans.*) (*nkl.*, *dcht.*) sorgfältig ausarbeiten, ausführen, bereiten (*alqd*, *zB. saporem verschaffen*); *klass. nur* P., *meist* (*P.P.P.*) *adi.* **ēlăbōrātŭs** 3 **a)** sorgfältig (ausgearbeitet) [*versus*]; **b)** gekünstelt [*concinnitas*]; **c)** (*nkl.*) (*v. Pers.*) durchgebildet (*in re*). **2.** (*intr.*) sich eifrig bemühen, sich (erfolgreich) anstrengen (*abs. od. in re*, *zB. in litteris*; °*alqd*; *m.* ut, ne; *m.* °*inf.*).

ē-lāmĕntābĭlĭs, *ĕ* kläglich [*gemitus*].

ē-lănguēscō, *lăngŭī*, — 3. (*vkl.*, *nkl.*) erschlaffen, ermatten, *v. Pers. u. Sachen*; / ins Stocken geraten [*res, arbor* geht ein].

ē-lārgĭŏr 4. (*Pers.*) spenden, vergeuden.

ēlātĭō, *ōnĭs f* (ĕffĕrō) **1.** (*nkl.*) das Hinaustragen, Erhebung. **2.** / **a)** Aufschwung, Schwung [*animi, orationis*]; *auch* Leidenschaftlichkeit; **b)** Überordnung (*Ggs. sŭbmĭssĭō*).

ē-lātrŏ 1. (*dcht.*, *spätl.*) herausbellen, -poltern.

ē-lātŭs[1] *P.P.P. v.* ĕffĕrō[2].

ēlātŭs[2] 3 (*m.* °*comp. u.* °*sup.*; *adv.* **-ē**) (*eig. P.P.P. v.* ĕffĕrō) **1.** (*eig.*) (*nkl.*) hochgehoben, hoch [*gestus elatior* sit die Gebärden mit den Händen sollen mehr nach oben gehen]. **2.** / **a)** (*vom Ton*) (*Qu.*) hoch [*modi*]; **b)** (*v. Rede u. Redner*) erhaben, pathetisch [*verba -e loqui u. dicere*]; **c)** (*nkl.*) stolz, übermütig [*elatius se gerere*].

Ĕlăvĕr, *ĕrĭs n l. Nbfl. des Liger, j.* Allier.

ē-lāvō 1. *praes. erst seit 6. Jh. n.Chr.*; *s.* ē-lŭō.

Ĕlĕă, *ae f* (*'Ελέα, lat. Velia*) *St. i. Lukanien, Geburtsort der Philosophen Parmenides u. Zeno, Sitz der Eleatischen Schule*; *Einw.* **Ĕlĕātēs,** *ae m*; *adi.* **Ĕlĕātĭcŭs** 3.

ēlĕcĕbră, *ae f* (ēlĭcĭō) „Entlockerin" *des Geldes* (*v. e-r meretrix*).

ēlēctĭlĭs, *ĕ* (ēlĭgō) (*vkl.*, *nkl.*) auserlesen.

ēlēctĭō, *ōnĭs f* (ēlĭgō) Auswahl, Wahl (*alcis u. alcis rei, subi. u. obi.*, *zB.* °*ducis, verborum* des Ausdrucks, °*trium condicionum* zwischen *od.* unter drei Bedingungen); °*-ones vitiatarum* Entscheidungen vergewaltigter Mädchen (*Wahl zw. Hinrichtung der Verführer u. Ehe mit ihnen*); *auch m.* ex; (*spätl.*) Kaiserwahl.

ēlĕctō[1] 1. (*intens. v.* ēlĭcĭō) (*Pl.*) herauslocken.

ēlēctō[2] 1. (*intens. v.* ēlĭgō) (*Pl.*) auswählen.

****elector,** *oris m* Wähler, Kurfürst.

Ĕlĕctră, *ae f* (*'Ηλέκτρα*) **1.** *Plejade, T. des Atlas.* **2.** *T. des Agamemnon, Schwester des Orestes.*

ēlĕctrŭm, *ī n* (*Fw.* ‹ *ἤλεκτρον*) (*nkl.*, *dcht.*) **1.** Bernstein; (*meton.*) *pl.* Bernsteintropfen. **2.** Elektron, *Legierung v. vier Teilen Gold u. einem Teil Silber.*

ēlēctŭs[1] 3 (*m.* °*comp. u. sup.*; *adv.* **-ē**) (*eig. P.P.P. v.* ēlĭgō) (aus)erlesen, ausgesucht [*milites*, °*verba*]; *subst. m u. f*; *adv.* m. Auswahl.

ēlēctŭs[2], *ūs m* (ēlĭgō) (*Ov.*) Wahl [*necis*].

ē-lēctŭs[3] *P.P.P. v.* ēlĭgō.

ēlĕēmŏsўnă, *ae f* (*Fw.* ‹ *ἐλεημοσύνη* Mitleid, Erbarmen) (*Eccl.*) Almosen.

▶ **ēlĕgāns,** *ăntĭs* (*m. comp. u. sup.*; *adv.* **-ăntĕr**) (*eig. part. praes. v.* *ēlĕgō 1. „wähle aus" = ēlĭgō 3. *wie* ēdŭcō 1.: ēdūcō 3.) **1.** (*v. Pers.*) wählerisch (*nkl. auch pejorativ*), geschmackvoll, fein, kunstsinnig, elegant [°*poëta*, °*mulier, familia*; *re u. in re*, *zB. verbis, in iudicio*]; (*vom Redner*) *auch* korrekt; *subst. m pl.* feine Leute, gebildete Redner. **2.** / (*v. Sachen*) geschmackvoll, gewählt, fein, geschickt, gründlich [*artes*]; *eleganter saltare od. scribere*; (*rhet.*)

auch korrekt [*eleganter Latine loqui*], logisch [*eleganter dividere*].

ēlĕgāntĭă, *ae f* (ēlĕgāns) **1.** (feiner) Geschmack, Kunstsinn, *bsd.* feines Benehmen, feine Manieren (*alcis u. alcis rei, zB. adulescentis,* °*vitae,* °*ingenii,* °*cenarum;* °*elegantiae arbiter*). **2. a)** Feinheit *in der Dialektik* [*in divisione*]; **b)** wissenschaftliche Gründlichkeit, geschmackvolle Form [*doctrinae,* °*horum commentatorium*]; **c)** (*rhet.*) Korrektheit, logische *od.* sprachliche Richtigkeit [*verborum*].

ĕlĕgē(ī)ă *u.* **ĕlĕgīă,** *ae f* (*Fw.* ‹ ἐλεγεία) (*dcht., nkl.*) elegisches Gedicht, Elegie.

ĕlĕgēūm *u.* **-gēŏn,** *ī n* (*Fw.* ‹ ἐλεγεῖον) (*Pl.*) elegisches Gedicht.

ĕlĕgī, *ōrūm m* (*Fw.* ‹ ἔλεγοι) (*dcht., nkl.*) elegische Verse (*Verbindung des Hexameters u. Pentameters*), Elegie.

ē-lēgī *s.* ēlĭgō.

ē-lēgō 1. (*nkl.*) letztwillig vermachen.

Ĕlĕlēūs, *ĕī m* (Ἐλελεύς, *v. int.* ἐλελεῦ) der Jubelnde (*Beiname des Bacchus*); (*patron.*) **Ĕlĕlēĭdĕs,** *ŭm f* = Bacchantinnen.

ĕlĕmĕntārĭūs 3 (ĕlĕmĕntŭm) (*nkl.*) zu den Anfangsgründen gehörig.

▶ **ĕlĕmĕntŭm,** *ī n* (*meist pl., et. ungedeutet; Grundbed.* [*sg.*] *wahrsch.* „Buchstabe") **1.** (*nkl.*) Buchstaben, Alphabet. **2.** *sg.* (*philos. t.t.*) Urstoff, Grundstoff, Element. **3.** *pl.* / **a)** Anfangsgründe, Grundlehren; Anfänge [°*prima*], *bsd.* **α)** (*nkl., dcht.*) *im Lesen u. Schreiben* [*pueros elementa docere*]; **β)** (*in Kunst u. Wissenschaft*) [*loquendi,* °*doctrinae*]; *bsd.* (*Qu.*) *-a decem Aristotelis* die Kategorien; **b)** (*dcht.*) *übh.* Anfänge, Keime [°*Romae, cupidinis*]; **c)** (*meton.*) (*Qu.*) Elementarschüler [*prima*].

ĕlēmŏsȳnă (-mŏsĭnă) = ĕlĕēmŏsȳnă.

ĕlĕnchŭs, *ī m* (*Fw.* ‹ ἔλεγχος) (*nkl., dcht.*) **1.** Tropfenperle (*als Ohrgehänge*). **2.** Register.

ĕlĕphāntŭs, *ī u.* (*nkl., dcht.*) **ĕlĕphās** (ĕlĕphāns), *āntĭs m* (*Fw.* ‹ ἐλ-έφας ‹ *ägypt.* āb, ābu) Elefant; (*meton.*) (*Ve.*) Elfenbein; (*Lu.*) Elephantiasis (*Krankheit*).

Ēlēŭs *s.* Ēlĭs.

Ēleusīn, *īnĭs f* (Ἐλευσίς, *später -σίν*) Eleusis *im nordw. Attika, Mittelpunkt des Kultes der Demeter u. Persephone* (*Kore*) *u. der Eleusinischen Mysterien; m. Athen durch die Heilige Straße verbunden, j.* Elevsis; *adi.* **Ēleusīnĭūs** [*sacra -a*] *u.* **-nŭs** 3.

Ēleuthĕrĭă, *ōrŭm n* (Ἐλευθέρια „Befreiungsfest" *zur Erinnerung an den Sieg bei Plataä zu Ehren des* Ζεὺς ἐλευθέριος, *alljährlich begangen*) die Eleutherien [*Pl.*: *-a agitare*].

ēlĕvātĭō, *ōnĭs f* (ēlĕvō) das Aufheben; / (*Qu.*) ironische „Lobeserhebung", Verhöhnung.

ē-lĕvō 1. **1.** auf-, emporheben, aufrichten [*summam contabulationem*]. **2.** / vermindern: **a)** erleichtern, mildern [*aegritudinem, suspiciones*]; (*pejorativ*) schwächen, beeinträchtigen (*alqm u. alqd, zB.* °*auctoritatem alcis,* °*index indiciumque levabatur* verlor an Glaubwürdigkeit); **b)** verkleinern, herabsetzen [*alcis facta*].

Ēlĭăs, *ădĭs s.* Ēlĭs.

ē-lĭcĭō, *lĭcŭī, lĭcĭtŭm* 3. (*lăcĭō* 3. „locken"; *cf. lăcĕssō*) **1.** heraus-, hervorlocken, *auch* herbeilocken, (*obi. lebende Wesen,* °/ *auch Lebloses*) [*nostros,* °*omnes od. extra muros, hostes* °*ad u.* °*in proelium; alqm ex re, zB. hostem ex paludibus*]. **2.** *durch Zauberformeln* herbeirufen *od.* bannen, her-, herauf- *od.* herabzaubern [*inferorum animas,* °*Manes,* °*aquas pluvias*]. **3.** / **a)** *jd.* zu *etw.* verlocken, reizen (*alqm ad alqd, zB. ad disputandum*); **b)** *etw.* zutage fördern, hervorbringen, -holen, erregen, *Sachen u. abstr.* [*ferrum e terrae cavernis,* °*venas fontis,* °*sonos nervorum,* °*misericordiam,* °*studia civium*]; **c)** *etw.* entlocken, abgewinnen, abnötigen (*alqd u. alci alqd, zB. sententiam alcis, responsum; alqd ab, ex alqo, zB. de re*); **d)** *etw.* ermitteln *od.* erforschen [*causam alcis rei*].

Ēlĭcĭŭs 3 (*wohl erst sekundär zu ēlĭcĭō gezogen, weil man glaubte, den Blitz Jupiters durch Zeremonien herabzaubern zu können*) *Beiname Jupiters* (= Ζεὺς καταιβάτης der [*im Blitz*] Herniederfahrende).

ē-līdō, *sī, sŭm* 3. (*laedō*) **1.** herausschlagen, -stoßen, -treiben (*alqm u. alqd, zB. aurigam e curru,* °*spumam* emporspritzen, °*morbum nervis* aus dem Körper vertreiben, °*oculi elisi* heraustretende); (*Lu.*) (*imago*) *retrorsum eliditur* wird zurückgeworfen; *bsd.* (*gramm. t.t.*) (*Ge.*) durch Synkope ausstoßen *od.* elidieren [*litteras*]. **2.** zerschlagen, zerschmettern, zermalmen, zerquetschen (*alqm u. alqd, zB.* °*cognatos,* °*angues manu, naves tempestate,* °*fauces* erwürgen, °*aëra* zerteilen); / vernichten [*omnes nervos virtutis* ertöten, *aegritudine elidi* vergehen].

▶ **ē-lĭgō,** *lēgī, lēctŭm* 3. (*lĕgō*[2]; *eig.* „auslesen") **1. a)** (*vkl., nkl.*) ausjäten, ausraufen [*steriles herbas*]; **b)** / [*stirpes superstitionis*]. **2.** / aussuchen, auswählen (*abs. od. alqm u. alqd, zB. milites, minima malorum; alci alqd, zB.* °*sibi sedem; alqd ex od. de re,* °*re aus etw., zB. ex omnibus legionibus fortissimos viros; alqd ad alqd u.* [*selten*] *alci rei etw.* zu *etw., zB. locum ad pugnam,* °*locum morti; m. dopp. acc., zB. alqm legatum; m. indir Frages.*); *cf. auch* ēlēctŭs[1].

ē-līmĭnō 1. (*līmĕn*) (*vkl., dcht.*) **1.** über die Schwelle setzen, aus dem Haus treiben [*extra aedes coniugem*]. **2.** / ausplaudern [*dicta foras*].

ē-līmō 1. ausfeilen, kunstvoll bearbeiten [°*catenas ex aere;* / *rationes* Grundsätze]; / *etw.* Wissenschaftliches verfertigen, ausarbeiten (σχόλιον *e-e* Denkschrift).

ē-lĭnguĭs, *ĕ* (*lĭnguă, eig.* „ohne Zunge"; *nach* ἄγλωσσος) sprachlos, stumm [*testis*]; / nicht redegewandt.

ē-lĭnguō 1. (*ĕx* + *denom. v. lĭnguă nach ĕx-ănĭmō*) (*Pl.*) *jd.* die Zunge abschneiden.

ē-lĭquō 1. (*nkl., dcht.*) klären, durchseihen; / *etw.* lispeln [*alqd plorabile*].

Ēlĭs, *ĭdĭs f* (Ἦλις) *westlichste Ldsch. der Peloponnes m. gleichnamiger Hptst. u. dem heiligen Bezirk Olympia. — Einw. u. adi.* **Ēlēūs** *od.* **Ēlĭŭs** (3) (*fem. auch* **Ēlĭăs,** *ădĭs*) elisch, olympisch.

F. *acc.* Ēlĭm *u. -ĭn, -ĭdĕm; abl. -ī u. ĭdĕ. Cf.* V.-B. III, 1, a *u.* b; III,4,b.

ē-līsī *s.* ēlīdō.

ēlīsĭō, *ōnĭs f* (ēlīdō) (*nkl.*) das Herausstoßen, Auspressen; (*spätl.*) (*gramm. t.t.*) Elision.

Ēlīssă, *ae f zweiter Name der Dido.*

ē-līsŭs P.P.P. *v.* ēlīdō.

ē-līx, *ĭcĭs m* (*zu lĭquĕō*) (*nkl., dcht.*) Wasserfurche *in Kornfeldern zur Ableitung des Wassers.*

ēlīxŭs 3 (*cf. lĭquĕō*) (*unkl.*) gesotten, gekocht; / stark schwitzend [*balneator*].

ĕllĕbŏr... = hĕllĕbŏr...

ĕllīpsĭs, *ĭs f* (*acc. -ĭn; Fw.* ‹ ἔκλειψις) (*Qu.*) (*gramm. t.t.*) Auslassung *e-s Wortes,* Ellipse (*rein lat.* dētrāctĭō).

ĕl(l)ŏps = hĕlŏps.

ĕllŭātĭō, ĕllŭō, ĕllŭŏr = hĕllŭ...

ĕllŭm, ĕllăm (‹ ĕm illŭm, illăm) da ist er, sie; *s.* ĕm.

ē-lŏcō 1. verpachten, verdingen [*fundum; gentem* zinsbar machen].

ēlŏcūtĭō, *ōnĭs f* (ēlŏquŏr) rednerischer Ausdruck, Diktion, Stil; (*Qu.*) *-onis ratio* Stillehre.

ēlŏcūtōrĭŭs 3 (*ēlŏcūtŏr; cf. ēlŏcūtrīx*) (*Qu.*) den Stil betreffend; *subst.* **-ă,** *ae f* (= ῥητορική) Redekunst.

ēlŏcūtrīx, *īcĭs f* (*ēlŏcūtŏr zu ēlŏquŏr*) (*Qu.*) Redekunst.

ēlŏgĭŭm, *ī n* (*Lw.* ‹ ἐλεγεῖον *unter Anlehnung an* λόγος *u.* ēlŏquĭŭm; *cf.* āntĕlŏgĭŭm = πρόλογος) Ausspruch: **1.** Spruch, (rühmende) Inschrift (*auf Grabsteinen, Ahnenbildern u.a.*) (*alcis, zB. Solonis, in sepulcro incisum*); *auch* (*Pl.*) Pasquill *an e-r Haustür.* **2.** Zusatz *im Testament,* Klausel, Kodizill. **3.** (*nkl.*) Schuldregister *e-s Verbrechers;* (*Eccl.*) Sündenregister.

▶ **ēlŏquēns,** *ĕntĭs* (*m. comp. u. sup.; adv.* °**-ĕntĕr**) (*eig. part. praes. v.* ēlŏquŏr) beredt, *wer alle Eigenschaften des vollkommenen Redners besitzt; cf.* dĭsĕrtŭs *u.* fācŭndŭs [*Antonius disertos ait se vidisse multos, eloquentem omnino neminem*]; *subst. m* der vollkommene Redner. (*abl. sg. -ī; pl. neutr. -ĭă, gen. -ĭŭm*).

ēlŏquĕntĭă, *ae f* (ēlŏquēns) Beredsamkeit; *übh.* Aussprechen des Gedachten [*acutissime sine eloquentia cogitare*]. — **Kunst, lat. zu reden u. zu schreiben; *vulgaris* ~ das Dichten i. der Muttersprache.

ēlŏquĭŭm, *ī n* (ēlŏquŏr) (*nkl., dcht.*) **1.** = ēlŏcūtĭō. **2.** = ēlŏquĕntĭă.

ē-lŏquŏr, *lŏcūtŭs sŭm* 3. heraussagen, aussprechen, äußern (*abs. u. alqd, zB. unum* nur das eine; *m. a.c.i.*); *bsd.* (*rhet.*) vortragen, ausdrücken, reden [*cogitata praeclare,* °*eloquendi varietas*].

ēlōtŭm = ēlautŭm; *s.* ēlŭō.

ēlūcēns, *ĕntis* (*m. sup.*) (*eig. part. praes. v.* ēlūcĕō) (*vkl.*) hervorleuchtend.

ē-lūcĕō, *lūxī,* — 2. hervorleuchten, -glänzen (*abs. od. in, ex re, inter alqos, inter ceteros* die übrigen überstrahlen); / in die Augen fallen, sichtbar werden, sich auszeichnen, *v. Pers. u. Sachen* (*alqs virtutibus, alcis eloquentia, alqd elucet in od. ex alqo*).

ēlūctābilis, ĕ (ēlūctŏr; *Se.*) überwindbar.

ē-lūctŏr 1. (*dcht., nkl.*) **1.** (*intr.*) sich hervorringen, *m.* Mühe hervorbringen [*aqua,* / *verba*]. **2.** (*trans.*) sich aus *etw.* herausarbeiten, *etw.* m. Mühe überwinden (*alqd, zB. nives, difficultates*).

ē-lūcŭbrō *u.* **-brŏr** 1. *etw.* bei Licht ausarbeiten *od.* schreiben (*alqd, zB. librum*).

ē-lūdificŏr 1. (*Pl.*) *jd.* zum besten haben.

ē-lūdō, *sī, sūm* 3. **1.** (*intr.*) **a)** spielend heraustreten *od.* heranplätschern, *v. Flut od. Meer*; **b)** (*vom Fechter*) einem Hieb ausweichen, ihn parieren (*abs., zB. rudibus* [*abl.*!] *m.* Rapieren); (*nkl.*) *übh.* ausweichen, sich dem Kampf ständig entziehen. **2.** (*trans.*) **a)** (*vkl., dcht.*) (*im Spiel*) *jd. etw.* abgewinnen [*alqm anulum*]; *jd.* im Spiel besiegen (*alqm, zB. militem in alea*); **b)** (*dcht., nkl.*) **α)** (*vom Fechter*) ausweichen, parieren (*alqd, zB. hastas, vulnera* Stöße); **β)** *übh.* ausweichen, zu entgehen suchen (*alqm, zB. nostros; alqd, zB. pugnam,* °*vim legis*); **c)** *m. jd.* sein Spiel treiben, *jd.* verspotten, verhöhnen, zum besten haben (*alqm u. alqd, zB.* °*Cynicum* abfertigen, °*paucitatem hostium*); **d)** (*nkl.*) *etw.* vereiteln (*alqd re, zB. quietem bello*), *etw.* hintertreiben [*gloriam eius*].

ē-lūgĕō, *lūxī,* — 2. (*intr.* [*Li.*] *u. trans.*) die übliche Zeit trauern *bzw. jd.* betrauern [*filium, patriam*].

ē-lūmbis, ĕ (*lūmbŭs*) (*nkl.*) lendenlahm; / (*rhet.*) lahm, schleppend.

ē-lŭō 3. (*lŭō; lăvō*) **1.** (*trans.:* ēlŭō, —, ēlūtūm) **a)** auswaschen, abwaschen, reinigen (*alqm u. alqd, zB.* °*se,* °*patinas, sanguinem,* °*corpus; re m. etw.*); **b)** / tilgen, entfernen [*sordes alcis, maculas furtorum, amicitias* allmählich auflösen, °*crimen*]. **2.** (*intr.:* ēlŭō, ēlāvī, ēlautūm) (*Pl.*) **a)** (sich) baden; **b)** Schiffbruch leiden [*in mari*]; **c)** sein Vermögen verbaden; durch Verschwendung sich ruinieren.

ē-lūtŭs[1] *P.P.P. v.* ēlŭō.

ēlūtŭs[2] 3 (*m. comp.*) (*eig. P.P.P. v.* ēlŭō) (*dcht., nkl.*) saftlos, kraftlos.

ēlŭviēs, *ēī f* (ēlŭō) **1. a)** (*nkl., dcht.*) Ausfluß, Überschwemmung (*abs. od. alcis rei, zB. maris*); **b)** / Wellengrab, Grab [*civitatis*]. **2.** (*nkl.*) (*meton.*) **a)** (*übergetretene*) Lache; **b)** (*ausgespülte*) Schlucht. **3.** (*Ju.*) Abzugsjauche.

ēlŭviō, *ōnis f* (ēlŭō) Überschwemmung, *auch pl.* (*alcis rei, subi. u. obi., zB. aquarum, terrarum*).

Ēlўsiŭm, *ī n* (Ἠλύσιον πεδίον) *Gegend am Westrand der Welt, später in der Unterwelt lokalisiert* (*Inseln der Seligen*), *wohin die Lieblinge der Götter entrückt wurden; adi.* -sĭŭs 3.

ĕm *int.* (*apokopierter imp. v.* ĕmō ‹ ĕmĕ = nimm) (*meist nur altl.*) da! sieh da! da haben wir's! (*abs., bsd. vor imp., od. m. acc., zB.* em *illum, illam* › ellum, *ellam* da ist er, sie).

*****em.** *Abk. für* ēmĕrĭtŭs; *s.* ēmĕrĕō.

ē-măcĕrō 1. (*măcĕr*) (*nkl.*) ausmergeln.

ĕmācitās, *ātis f* (*ĕmāx*) (*nkl.*) Kaufsucht.

ēmăncipātiō, *ōnis f* (*ēmăncipō*) (*jur. t.t.*) **1.** Entlassung *e-s Sohnes* aus der väterlichen Gewalt. **2.** Abtretung v. Grundstücken [*per aes et libram in Gegenwart v. 5 Zeugen*].

ē-măncipō 1. (*jur. t.t.*) **1.** (*nkl.*) *e-n Sohn förmlich* aus der väterlichen Gewalt entlassen, für selbständig erklären [*filium*]. **2. a)** *ein Kind* aus seiner Gewalt entlassen *u.* einem anderen überlassen [*filium in adoptionem*]; **b)** (*nkl.*) *ein Grundstück e-m anderen* [*per aes et libram*] *förmlich* abtreten [*agrum*]. **3.** / ganz überlassen, käuflich abtreten (*alqm u. alqd, zB. tribunatum; alci alqd, zB.* °*se,* °*miles emancipatus feminae*).

ē-măncō 1. (*măncŭs; Se.*) verstümmeln.

ē-mănĕō, *mānsī, mānsūm* 2. (*nkl., dcht.*) ausbleiben.

ē-mānō 1. **1.** (*dcht., nkl.*) herausfließen [*fons inde*]. **2.** / **a)** entspringen, hervorgehen, entstehen, ausgehen *v. etw., v. Pers. u. Sachen* [*Academia hinc*]; **b)** sich verbreiten, bekanntwerden [*sermo latius, suspicio*]; (*nkl.*) *impers. emanat* es wird bekannt (*m. a.c.i.*).

ē-mărcēscō, *cŭī,* — 3. (*nkl.*) dahinschwinden.

Ēmăthiă, *ae f* (Ἠμαθία) Südmakedonien; Nordthessalien; *dcht.* = Makedonien *od.* Thessalien; *adi.* °**Ēmăthiŭs** 3 (*fem. auch* °**Ēmăthis,** *idis; subst. pl.* **Ēmăthidēs,** *ūm f* die Pieriden, die Musen).

ē-mātūrēscō, *rŭī,* — 3. (*dcht., nkl.*) völlig reif werden; / sich mildern, nachlassen [*ira alcis*].

ĕmāx, *ācis* (*ĕmō*) kauflustig, kaufsüchtig.

ĕmblēmă, *ătis n* (*Fw.* ‹ ἔμβλημα, *eig.* „Einlage") **1. a)** (*vkl.*) eingelegte Arbeit; Mosaik; **b)** (*Qu.*) / Einschiebsel (*i. e-r Rede*). **2.** Relief (*an Gefäßen*).

F. *Cf.* V.-B. III, 6.

ĕmbŏlĭŭm, *ī n* (*Fw.* ‹ ἐμβόλιον, *eig.* „Einschiebsel") pantomimisches Zwischenspiel, Intermezzo; / *pl.* Liebeshändel (*alcis*).

ĕmbŏlŭs, *ī m* (*Fw.* ‹ ἔμβολος) (*Vi.*) Kolben *im Wasserdruckwerk.* — ***verschleppter Fremdkörper i. d. Blutbahn.

ēmĕndābilis, ĕ (ēmĕndō) (*nkl.*) verbesserlich [*error*].

ēmĕndātiō, *ōnis f* (ēmĕndō) Verbesserung; (*nkl.*) Besserung (*alcis u. alcis rei*).

ēmĕndātŏr, *ōris m* (ēmĕndō) Verbesserer (*alcis u. alcis rei*); Sittenrichter.

ēmĕndātrix, *īcis f* (ēmĕndātŏr) Verbesserin.

ē-mĕndīcō 1. (*nkl.*) erbetteln.

▶ **ē-mĕndō** 1. (*denom. v. mĕndūm*) *v.* Fehlern befreien, verbessern, *etw. od.* an *etw.* bessern, vervollkommnen (*alqd, zB. alcis libros, civitatem; alqd re, zB.* °*arte fortunam*); (*P.P.P.*) *adi.* **ēmĕndātŭs** 3 (*m.* °*comp. u.* °*sup.; adv.* **-ē**) fehlerfrei, korrekt, *v. Sachen, selten v. Pers.* [*vir,* °*vita, -e loqui*].

ē-mĕntiŏr, *mĕntītŭs sūm* 4. erlügen, erdichten, vorgeben (*abs.* falsche Aussagen machen; *alqd, zB. auspicia; m. dopp. acc., zB.* °*alqm auctorem rei jd.* fälschlich angeben als; *in alqm* eine Lüge erdichten gegen *jd.*; *m. a.c.i.*); *part. pf.* ēmĕntītŭs *auch pass.* erdichtet, erlogen [*auspicia*].

ē-mĕntŭs *part. perf. v.* ēmīnīscŏr.

ē-mĕrcŏr 1. (*nkl.*) erkaufen (*alqd, zB. aditum principis*); bestechen.

ē-mĕrĕō, *rŭī, rĭtūm u.* (*nkl., dcht.*)

ē-mĕrĕŏr, *rĭtŭs sūm* 2. **1.** (*dcht.*) (sich) *etw.* verdienen (*alqd, zB. libertatem; m. inf.*); *bsd.* sich Verdienste erwerben (*alqm* um *jd.*); *subst.* ēmĕrĭtŭs, *ī m* ein verdienter Mann (*pl.* verdiente Leute). **2.** *mil.* ausdienen, abdienen, *auch* / [*stipendia*]. **3.** *part. pf.* **ēmĕrĭtŭs** 3 ausgedient: **a)** (*act.*) (*nkl., dcht.*) [*miles*]; / alt *od.* unbrauchbar geworden [*equus, aratrum, rogus* ausgebrannt]; *subst. m* Veteran; **b)** (*pass.*) [°*stipendiis emeritis, tempus* beendigt, zu Ende gegangen]. — ***emeritus emeritiert; ♀ (*Abk.* em.) entpflichteter Hochschullehrer; Geistlicher im Ruhestand.

ē-mĕrgō, *rsī, rsūm* 3. **1.** (*trans.*) (*dcht.*) auftauchen lassen [*vultūs e gurgite* emporheben]; *klass. nur* sē ēmĕrgĕrĕ *od. mediopass.* auftauchen, emporkommen, zum Vorschein kommen (*abs. od.* ex re, °re, *zB.* **e** *flumine*; / °*ex malis* sich emporarbeiten aus, °*ab admiratione* sich erholen *v.*). **2.** (*intr.*) **a)** auftauchen [*equus ex flumine*]; / **b)** sichtbar werden, sich zeigen, entstehen [*bella, res emergit* wird klar]; *bsd.* (*nkl.*) (*v. Gestirnen*) aufgehen; **c)** (*aus übler Lage*) sich heraus- *od.* emporarbeiten, sich aufraffen, aufleben (*abs., zB. dolor;* **ex,** *selten* **de re,** *zB.* **ex** *vitiis, de paludibus*).

ē-mētiŏr, *mēnsŭs sūm* 4. **1.** (*dcht., nkl.*) ausmessen, abmessen [*spatium oculis*]. **2.** / **a)** (*nkl., dcht.*) (*e-n Raum*) durchwandern, -ziehen, zurücklegen, (*e-e Zeit*) verleben (*alqd, zB. ingens spatium, iter, silvas, gentes* Länder, *terminos* überschreiten); *part. pf. emensus;* (*klass.*) *auch pass., zB. toto spatio emenso; bsd.* (*nkl.*) *alqm jd.* überleben [*quinque principes*]; **b)** **α)** (*M.A.*) zumessen, austeilen [*duodecim frumentationes*]; **β)** *jd. etw.* zukommen lassen (*alci alqd, zB. voluntatem tibi emetiar* ich werde es an gutem Willen nicht fehlen lassen).

ē-mĕtō, —, *mĕssūm* 3. (*dcht.*) abmähen [*frumentum*].

ĕmī *s.* ĕmō.

ē-mĭcō, *mĭcŭī* (*mĭcāvī*), *mĭcātūm* 3. (*nkl.*, *dcht.*) **1.** hervorzucken, -blitzen, -schießen, -springen, -fahren, -brechen [*fulgur, sanguis, magna vis aquae, cor* schlägt, pulsiert, *pavor*; (*ex*) *re* aus, *v. etw.*, *zB. flamma ex oculis* sprüht, *telum nervo* schnellt ab *v.*, *carcere* hervorrennen aus, *solo* vom Boden emporspringen; *in alqd*, *zB. in auras*]. **2.** / **a**) (*v. Örtlichkeiten*) emporragen, *bsd. vom Felsen*; **b**) hervorleuchten, *v. Pers. u. Sachen* [*vir, gloria*; *re* durch *etw.*, *zB. magnitudine animi*].

ē-mĭgrō 1. auswandern, ausziehen [*ex domo od. domo alcis, domo* die Heimat verlassen, / *e vita* scheiden aus].

ēmĭnă = *hēmĭnă*.

ēmĭnātĭō, *ōnĭs f* (*ēmĭnŏr*; *Pl.*) Androhung.

ēmĭnēns, *ēntĭs* (*m. comp. u.* °*sup.*) (*eigtl. part. praes. v. ēmĭnĕō*) **1.** hervorragend, vorspringend [*promunturium, genae*]; *subst. n* Vorsprung; *bsd.* (*i. der Malerei*) scharf hervortretend [*effigies*; *auch* /]. **2.** / (*nkl.*) **a**) ausgezeichnet, glänzend, *v. Pers. u. Sachen* [*oratores, eloquentia*; *re* durch *etw.*, *zB. dignitate*]; **b**) *subst.* α) *pl. m* **-tēs,** *ĭūm* hervorragende Persönlichkeiten; β) *pl. n* **-tĭă**[1], *ĭūm* Glanzpartien *in einer Rede*.

ēmĭnĕntĭă[2], *ae f* (*ēmĭnēns*) **1.** das Hervorragen, (*concr.*) das Hervorragende, Erhöhung, *bsd.* körperliche Gestalt [*-am habere* körperlich hervortreten]. **2. a**) (*i. der Malerei*) Licht(partien); **b**) (*nkl.*) (*v. Pers.*) hervorragende Talente. — **Erhabenheit, Hoheit; ***Eminenz, *Titel der Kardinäle*.

▶ **ē-mĭnĕō,** *ŭī*, — 2. (*cf. mĭnae* ⟨ **menae*; *ablautend mōns*; *zu* √ **men-* „emporragen") **1.** heraus-, hervorragen, vorspringen (*abs.*, *zB. promunturium, columna*; *od. ex re u.* °*re*, *zB. ex terra, e dumis,* °*aqua, auch ab ramis,* °*extra alqd,* °*super alqd*; *in alqd*, *zB. in mare*; °*ferrum per costas*; *inter ceteros, inter omnes* die übrigen, alle überragen). **2.** / **a**) hervortreten, sichtbar werden *od.* sein, sich zeigen [°*patris animus*, °*vox* klingt heraus; *in alqo u. in od. ex re, auch bloß re*, *zB.* °*auctoritas in rege, animus contemnendis doloribus*]; **b**) sich auszeichnen, sich hervortun, *v. Pers. u. Sachen* [*Demosthenes, nomen regium*; *re* durch *etw.*, *zB. nobilitate*; *in re* in *etw.*, *zB. in omni genere dicendi*; *inter omnes*].

ē-mĭnīscŏr, *mēntŭs sūm* 3. (*zu mĕmĭnī*) (*unkl.*) aussinnen (*alqd*).

ē-mĭnŏr 1. (*Pl.*) drohend aussprechen.

ē-mĭnŭs *adv.* (*mănŭs, cf. cōmmĭnŭs*) *v.* fern, aus *od.* in der Ferne, *mil.* in Schußweite [*pugnare, hastis uti*]; (*dcht.*) *übh. v.* ferne, fern.

ē-mīrŏr 1. (*dcht.*) sich verwundern, anstaunen (*alqd*).

ēmĭssārĭūm, *ī n* (*ēmĭssŭs, P.P.P. v. ēmĭttō*) Abzugsgraben, Kanal.

ēmĭssārĭŭs, *ī m* (*ēmĭssŭs, P.P.P. v. ēmĭttō*) Sendbote, Späher, Spion. — *adi.* (*Vulg.*) *equus* Zuchthengst, Beschäler.

ēmĭssīcĭŭs 3 (*ēmĭssŭs, P.P.P. v. ēmĭttō*) (*Pl.*) spähend [*oculi*].

ēmĭssĭō, *ōnĭs f* (*ēmĭttō*) **1.** das Schleudern *od.* Werfen, Wurf [*lapidum*]. **2.** das Laufenlassen [*anguis*].

ēmĭssŭs, *ūs m* (*ēmĭttō*; *Lu.*) das Entsenden.

ē-mĭttō
1. a) aussenden, *mil.* ausrücken lassen; **b**) (*Geschosse*) werfen, schießen, schleudern; (*Töne*) ausstoßen; **c**) (*Pers.*) ausstoßen, verjagen; **2. a**) freilassen; **b**) (*Sklaven*) freigeben; **c**) *etw.* fallen lassen.

ē-mĭttō, *mīsī, mĭssūm* 3. **1.** herausschicken: **a**) aussenden, abschicken, *mil.* ausrücken lassen, entsenden (*alqm u. alqd*, *zB. servum, tabulas*; *ad alqm* zu *jd.*, *in alqm* gegen *jd.*, *in alqd* in, nach *etw.*, *ex re* aus *etw.*, *zB.* °*paucos in ripam, essedarios ex silvis*; *m. 1. sup.*, *zB. cohortes ex statione pabulatum*); **b**) (*Lebloses*): α) (*Geschosse*) abschießen, werfen, schleudern [*pila*, °*hastam in fines alcis*; / *aculeum in alqm jd.* stechen, *maledicta*]; β) (*Flüssiges*) ablaufen lassen [*lacum*, °*aquam ex lacu*, °*lacrimas* vergießen]; γ) (*Schriften*) herausgeben, *klass. selten* [°*librum*]; δ) (*Töne, Worte*) ausstoßen, hören lassen [*vocem, dictum*]; ε) (*nkl.*) *animam* den Geist aufgeben; **c**) (*Pers.*) *gewaltsam* ausstoßen, ausweisen, verjagen (*alqm ex urbe od. ex domo alcis*). **2.** loslassen: **a**) freilassen, freigeben, *bsd. Pers. aus einem Rechtsverhältnis* (*alqm*, *zB. servum, debitorem, hostem*; *alqm re u. ex, de re*, *zB. urbe, ex vinculis, ex urbe, e u. de carcere, e u. de manibus, ex obsidione, auch alqm per vallum,* °*sub iugum*); **b**) (*e-n Sklaven*) *manu* aus seiner Gewalt, (*e-n Schuldner*) *librā et aere liberatum*; *cf. librā*; **c**) *mil.* frei abziehen lassen; **d**) *etw.* fahren- *od.* fallen lassen [*arma manu,* °*caseum ore*].

▶ **ĕmō,** *ēmī, ēmptūm* 3. (*altl. coni. pf. ēmpsim*; *idg.* **em-* „nehmen", *im Lat. urspr. Bed. nur aus int. ĕm u. den Komposita ădĭmō, sūmō u. a. ersichtlich*) **1. a**) kaufen, durch Kauf erwerben, erstehen (*abs. od. alqm u. alqd*, *zB. servos, frumentum*; *alqd ab u. de alqo*, *zB. domum de od. a vicino*; *alqd ex u. de re*, *zB. mancipia ex u. de praeda*; *m. abl. u. gen. pretii bzw. m. adv.*, *zB. alqd grandi pecunia, magno, parvo, pluris, minoris,* °*care, bene*); *subst.* **ēmptūm,** *ī n* Kauf, Kaufkontrakt [*ex empto* dem Kaufvertrag zufolge], °*ēmptă, ae f* (gekaufte) Sklavin; *qui emerant od.* °*ementes* Käufer; **b**) pachten [*decumas*]. **2.** / *jd. od. etw.* (durch Bestechung) erkaufen *od.* für sich gewinnen, bestechen (*alqm u. alqd*, *zB. iudices pecuniā, sententias iudicum*).

ē-mŏdĕrŏr 1. (*dcht.*) ermäßigen (*alqd*).

ē-mŏdŭlŏr 1. (*Ov.*) besingen, feiern [*Musam*].

ēmŏlĭmĕntŭm, *ī n* = *ēmŏlŭmĕntŭm*.

ē-mōlĭŏr 4. **1.** (*Pl.*) zustande bringen. **2.** (*Se.*) aufwühlen [*fretum*].

ē-mŏllĭō 4. (*nkl.*, *dcht.*) **1.** erweichen, schlaff machen (*alqd*, *zB. fundas et amenta*). **2.** / **a**) *etw.* mildern [*mores*]; **b**) schwächen, verweichlichen (*alqm*, *zB. exercitum*; *re* durch *etw.*).

ēmŏlŭmĕntŭm, *ī n* (*urspr. Wort der Bauernspr.*: „Mahlgewinn"; *ē-mŏlō* 3. „ausmahlen") Vorteil, Nutzen, Gewinn, *auch pl.* (*alcis u. alcis rei*, *zB.* °*-a pacis* Segnungen; *alci emolumento esse jd.* Nutzen bringen).

ē-mŏnĕō, — — 2. ermahnen, auffordern (*alqm*; *m. ut*).

ē-mŏrĭŏr, *mŏrtŭŭs sūm* 3. (*altl. inf. ēmŏrīrī*) absterben, dahinscheiden, *v. Pers. u. Sachen* [*vir clarus*, / °*terra*]; / vergehen, verlöschen [*laus,* °*amor*].

ēmŏrtŭālĭs, *ĕ* (*ēmŏrtŭŭs, part. pf. v. ēmŏrĭŏr*) (*Pl.*) Sterbe... [*dies*].

ē-mŏvĕō, *mōvī, mōtūm* 2. (*nkl.*, *dcht.*) hinausschaffen, wegschaffen, entfernen (*alqm u. alqd ex, de re u. re*, *zB.* °*plebem de medio, curas* verscheuchen, *culpas* tilgen, *postes cardine* aus den Angeln heben, *fundamenta tridenti* erschüttern; ausrenken; *mens emota* verrückt).
F. *pf.-Formen* (*synk.*) *ēmōstī, ēmōstis*.

Ĕmpĕdŏclēs, *ĭs m* (Ἐμπεδοκλῆς) *griech. Philosoph aus Akragas* (*Agrigent*) (*um 450 v. Chr.*). *Cf.* V.-B. III, 3 *u.* 5.

ĕmphăsĭs, *ĕōs f* (*acc. -īm, abl. -ī*; *Fw.* ⟨ ἔμφασις) (*Qu.*) Kraft des Ausdrucks, Emphase.

ĕmpīrĭcŭs 3 (*Fw.* ⟨ ἐμπειρικός) (*spätl.*) der Erfahrung folgend; *klass. nur subst. pl.* **-ī,** *ōrŭm m* Empiriker, empirische Ärzte.

ĕmplāstrŭm, *ī n* (*Fw.* ⟨ ἔμπλαστρον) (*vkl.*, *nkl.*) (*med. t.t.*) Pflaster.

ĕmpŏrĭŭm, *ī n* (*Fw.* ⟨ ἐμπόριον) Handelsplatz, Markt.

ĕmpŏrŏs, *ī m* (*Fw.* ⟨ ἔμπορος) Großkaufmann; ♀ *Komödie des Philemon* (*v. Plautus im Mercator nachgebildet*).

ēmptīcĭŭs 3 (*ēmptŭs, P.P.P. v. ĕmō*) (*vkl.*, *nkl.*) gekauft.

ēmptĭō, *ōnĭs f* (*ĕmō*) Kauf, Ankauf, das Erstehen (*auf e-r Auktion*) (*alcis rei*, *zB.* °*agrorum*; *emptionem facere* abschließen); (*meton.*) Kauf = gekaufte Sache.

ēmptĭtō 1. (*frequ. v. ĕmō*) (*vkl.*, *nkl.*) aufkaufen (*alqd*); / durch Bestechung erwerben.

ēmptŏr, *ōrĭs m* (*ĕmō*) Käufer *in einem einzelnen Falle* (*alcis rei*).

ēmptŭs *P.P.P. v. ĕmō*.

ē-mūgĭō 4. herausbrüllen; / (*Qu.*) (*v. Redner*).

ē-mŭlgĕō, —, *mŭlsūm* 2. (*nkl.*, *dcht.*) abmelken; / ausschöpfen (*alqd*); *auch obszön* [*emulso labra notata sero*].

ēmūnctĭō, *ōnĭs f* (*ēmūngō*) (*Qu.*) das Naseputzen.

ēmūnctŭs 3 (*ēmūngō*) (*nkl.*, *dcht.*)

ausgeschneuzt, scharf witternd; *homo -ae naris* ein gewitzter Kopf.
ē-mundō 1. (*nkl.*) gründlich säubern (*alqm u. alqd, zB. obscena*).
ē-mungō, *munxī, munctum* 3. (*Bed.-Lw.* < ἀπομύττω „ausschneuzen; / betrügen") (*unkl.*) ausschneuzen: **1.** *se -ere u. mediopass.* sich die Nase putzen. **2.** / *jd.* betrügen (*alqm; alqm re jd.* um *etw., zB. argento*).
ē-muniō 4. (*nkl., dcht.*) **1.** aufführen [*murum*]. **2.** stark befestigen [*locum, postes obice versperren*]; *bsd.* gangbar machen, *m.* Wegen versehen [*silvas ac paludes*].
ē-munxī *s. ēmungō*
ēmussitātus 3 (*wohl* < **exāmussitātus zu āmussis*) (*Pl.*) genau abgemessen, tadellos.
ēmūtātiō, *ōnis f* (*ēmūtō*) (*Qu.*) Umänderung.
ē-mūtō 1. (*dcht., nkl.*) umändern.
ēn (*int.*) (= *griech.* ἤν „siehe da") **1.** (*hinweisend*) siehe! siehe da! da hast du, da habt ihr, das ist nun (*m. nom., auch acc., auch m. vollem Satze, zB.* en causa *u.* en causam, en ego da bin ich; en cui tu liberos committas; en cur ex oratore arator factus sit; *bisw. m. dat. ethicus* tibi *od.* vobis). **2.** (*auffordernd*) (*beim imp.*) (*nkl., dcht.*) wohlan! auf! [*en accipe, en age*]. **3.** (*fragend*) *in dir. u. indir. Fragen* wohl?, etwa?; ob wohl, ob etwa [°*en umquam?*].
ēnārrābilis, *ē* (*-nārr-?; ēnārrō*) (*nkl., dcht.*) erzählbar.
ēnārrātiō, *ōnis f* (*-nārr-?; ēnārrō*) (*nkl.*) **1.** *syllabarum* das Skandieren. **2.** Interpretation (*eines Textes*).
ē-nārrō 1. (*-ā-?*) bis zu Ende (*od.* erschöpfend) erzählen *od.* beschreiben (*alqd u. alci alqd*); *bsd.* (*nkl.*) interpretieren [*poëmata*].
ē-nāscor, *nātus sum* 3. heraus-, hervorwachsen [*rami; ex re, in re, zB.* °*in puppi; in latitudinem*]; / (*nkl.*) entstehen (*insula*).
ē-nātō 1. **1.** (*dcht., nkl.*) herausschwimmen, sich schwimmend retten (*abs. od.* ex re, *zB.* e concha, ex naufragio; *in alqd, zB.* in terram). **2.** *aus einer mißlichen Lage* sich heraushelfen.
ē-nāvigō 1. **1.** (*intr.*) (*nkl.*) absegeln, hinausfahren; *klass. nur* / (*abs. od.* ex re, *zB.* e cotibus). **2.** (*trans.*) (*nkl., dcht.*) durchfahren, befahren [*undam*].
ĕncaustus 3 (*Fw.* < ἔγκαυστος) (*Ma.*) eingebrannt, enkaustisch (*v. dem antiken Malverfahren m. durch Wachs gebundenen Farben, die heiß aufgetragen od. durch e-n heißen Spachtel m. dem Malgrund verschmolzen wurden* [*Mumienbildnisse, Wandgemälde in Pompeji u. Herkulaneum*]).
Ĕncĕlădus, *ī m* ('Εγκέλαδος) *Gigant.*
****encomium,** *i n* Lobrede, Loblied
ĕncyclios, *ŏn* (*Fw.* < ἐγκύκλιος) (*Vi.*) e-n Kreis bildend; ~ (*doctrinarum omnium*) *disciplina* umfassende (enzyklopädische) Bildung in allen Wissenschaften (= ἐγκύκλιος παιδεία).
ĕndŏ *altl. prp.* (*ĕn* „in"; *dŏ* „zu"; *cf. dō-nĕc, indĭgĕnă*) in; ~ *caelo locare* in den Himmel versetzen.
ĕndŏ-plōrō 1. (*altl.*) = *implōrō.*
ĕndrŏmis, *idis f* (*acc. sg. auch -idă, -idam; acc. pl. -idăs*) (*Fw.* < ἐνδρομίς) (*dcht.*) warmer Wollüberwurf.
Ĕndymiōn, *ōnis m* ('Ενδυμίων) *Geliebter der Selene* (*Luna*), *v. ihr in ewigen Schlaf versenkt.*
ē-nĕcō, *nĕcuī* (*u. nĕcāvī*), *nectum* 1. (*vkl., nkl.*) zu Tode quälen, umbringen, erwürgen, ersticken (*alqm*); *klass. nur* / *u. nur P.P.P.* **ēnectus** 3 fast getötet, völlig erschöpft (*re* durch *etw., zB. siti*; / *provincia*).
ēnĕrvis, *ĕ* (*Rückbildung aus ēnĕrvō*) (*nkl.*) entnervt, unmännlich; / kraftlos, matt.
ē-nĕrvō 1. (*ē* + *denom. v. nĕrvus*) entnerven, / entkräften, lähmen (*alqm u. alqd*); *bsd.* (*P.P.P.*) *adi.* **ēnĕrvātus** 3 kraftlos, weichlich, matt, *v. Pers. u. Sachen* [*orator, sententia*].
Ĕngŏnăsi(n) *m indecl.* (*Fw.* < ὁ ἐν γόνασι) der Kniende (*Sternbild*), *später u. noch j.* Herkules *genannt.*
ēnicō 1. (*altl. fut. ex.* ēnicāssō) = ēnĕcō.
▶ **ē-nim** (*wohl erstarrter acc. e-s pron. demonstr.; cf.* ἔνη [*sc.* ἡμέρα] „der übermorgige Tag", κεῖνος < *κε + ενος; ἐ-κεῖνος; *năm*) **1.** *adv.* (*bekräftigend*) *oft an 1. Stelle; cf. ēnimvērō; meist altl. u. dcht.*) in der Tat, fürwahr, sicherlich, *auch ironisch; at enim, sed enim* aber freilich; (*Com.*) *quia enim* weil ja, weil wirklich. **2.** *ci.* (*nie am Satzanfang, meist nach dem ersten Wort des Satzes*) **a)** (*erklärend*) nämlich; **b)** (*begründend*) denn; **c)** zum Beispiel; **d)** (*bei Erwiderungen*) ja, denn, *zB. tune istud dixisti? audivi enim a fratre*; **e)** *quid enim?* was denn?, wieso?
ĕnim-vērō *adv.* (ja) wahrhaftig, in der Tat; (°*ironisch*) (aber) freilich.
Ĕnīpeus, *ĕī u.* °*ĕōs m* ('Ενιπεύς) **1.** *Fl. in Thessalien; im Mythos Flußgott; cf.* V.-B. II, 3. **2.** *Flüßchen, am Olymp entspringend.*
ē-nĭtĕō, *tuī,* — 2. (*dcht., nkl.*) hervorleuchten, erstrahlen, *klass. nur* /, *v. Pers. u. Sachen* (*re* durch *etw., in re* in *etw., zB.* °*virtus Catonis in bello enituit*).
ēnĭtēscō, *nĭtuī,* — 3. (*incoh. v. ēnĭtĕō*) (*unkl.*) = *ēnĭtĕō.*
ē-nītŏr, *nīxus u. nīsus sum* 3. **1.** (*intr.*) **a)** (*unkl.*) emporstreben, sich heraus- *od.* emporarbeiten, emporklimmen (*abs. od. in alqd, zB. in verticem montis; per alqd, zB. per fluctus*); **b)** / sich anstrengen, sich bemühen, eifrig nach *etw.* streben (*in re u. ad alqd, zB. ad dicendum; m. ut, ne; m.* °*inf.*); *auch* °*pass., zB. a fautoribus enixum est* es wurde darauf hingearbeitet. **2.** (*trans.*) **a)** (*unkl.*) gebären, (*v. Tieren*) werfen (*abs. od. alqm, zB. fetum; enixus auch pass.* = geboren); **b)** (*nkl.*) ersteigen (*alqd, zB. aggerem*); **c)** / erstreben, erreichen (*aliquid; m. ut*).
ē-nĭtuī *s. ēnĭtĕō u. ēnĭtēscō.*
ēnīxus 3 (*m.* °*comp. u.* °*sup.*) (*eigtl. part. pf. v. ēnītŏr*) (*nkl.; klass. nur adv.* **-ē**) angestrengt, eifrig [°*studium, -e iuvare*].
Ĕnnă, Ĕnnaeus, Ĕnnēnsis *s. Hĕnnă.*
Ĕnnius, *ī m: Q.* ~, *aus Rudiä in Kalabrien* (*239—169 v. Chr.*), *Schöpfer des römischen Epos* (*Ännālēs, die Geschichte Roms v. Äneas bis auf seine eigene Zeit, i. Hexametern*), *Vfssr. v. Tragödien, Komödien, saturae u. a.; v. den Scipionen gefördertes sprachschöpferisches Genie.*
ĕnnŏsigaeus, *ī n* (*Fw.* < ἐννοσίγαιος) Erderschütterer; *Bein. Poseidons* (*Neptuns*).
ē-nō 1. **1.** herausschwimmen; (*vkl., nkl.*) sich durch Schwimmen retten. **2.** / (*dcht.*) entfliegen.
ēnōdātiō, *ōnis f* (*ēnōdō; eigtl.* „Auflösung *e-s* Knotens") Entwickelung, Erklärung [*nominum*].
ēnōdātus 3 (*m.* °*comp.; adv.* **-ē**) (*eigtl. P.P.P. v. ēnōdō*) deutlich, ausführlich.
ēnōdis, *ĕ* (*Rückbildung aus ēnōdō*) (*nkl., dcht.*) knotenlos, glatt(stämmig); / geglättet [*elegi*].
ē-nōdō 1. **1.** (*vkl., nkl.*) entknoten. **2.** / entwirren, etymologisch erklären (*alqd, zB. nomina*).
ē-nōrmis, *ĕ* (*-ō-?; adv.* **-itĕr**) (*Hypostase aus ē nōrmā*) (*nkl.*) **1.** unregelmäßig [*vicus*]. **2.** übermäßig, ungeheuer [*gladius*].
ēnōrmitās, *ātis f* (*-ō-?; ēnōrmis*) (*nkl.*) **1.** Unregelmäßigkeit. **2.** ungeheure Größe.
ĕ-nōs *altl. acc. des pron. nōs* [*enos Lases iuvate Beginn des carmen Arvale*].
ē-nōtēscō, *nōtuī,* — 3. (*nkl.*) allgemein bekannt werden.
ē-nŏtō 1. (*nkl.*) aufzeichnen.
ēns, *entis* (*nach Quintilian v. Cäsar gebildetes part. praes. v. sum*) seiend; *als subst. n pl. entia Lehnübersetzung aus* τὸ ὄν, τὰ ὄντα: „das Ding". — **(*philos. t.t.*): ~ *reale* das wirklich Existierende, ~ *realissimum* = Gott als höchste Wirklichkeit.
ēnsiculus, *ī m* (*demin. v. ēnsis*) (*Pl.*) kleines Schwert.
ēnsi-fĕr *u.* **ēnsi-gĕr,** *ĕră, ĕrum* (*ēnsis; fĕrō; gĕrō*) (*dcht.*) schwerttragend, -führend.
▶ **ēnsis,** *is m* (*cf. altind.* asíh „Schwert") (*unkl.*) zweischneidiges Langschwert (*Ggs. gladius*).
ĕntĕrŏcēlē, *ēs f* (*Fw.* < ἐντεροκήλη) (*nkl., Ma.*) Enterozele, Darmbruch; *adi. -licus* 3 mit einem D.
ĕnthĕātus *u.* **ĕnthĕus** 3 (*Fw.* < ἐνθέατος, ἔνθεος) (*Ma.*) (gott-)begeistert; begeisternd.
ĕnthymēmă, *ătis n* (*Fw.* < ἐνθύμημα) bündiger Gedanke; (*log. t.t.*) Enthymem, abgekürzter Schluß, *bsd.* Schlußfolge aus dem Gegenteil.
****ēntitas,** *atis f* (*cf.* ens) Entität, das Wesen *e-s Dinges.*
ē-nūbō, *nūpsī, nūptum* 3. (*nūptum?*) (*Li.*) (*aus einem Stand in e-n anderen od. aus e-r Stadt in e-e*

andere) heraus- *od.* wegheiraten (*v. Frauen*) (*abs. od.* e, *zB.* e patribus aus dem Patriziat).

ē-nŭclĕō 1. (ĕx + *denom. v.* nŭclĕŭs) **1.** (*nkl.*) entkernen. **2.** / **a**) genau erläutern [rem]; *übh.* sorgfältig behandeln [suffragia mit voller Überzeugung abgeben]; **b**) austüfteln, spitzfindig ausführen [argumenta]; **c**) (*P.P.P.*) *adi.* **ēnŭclĕātŭs** 3 (*adv.* **-ē**) bündig, rein sachlich [genus dicendi, -e disputare].

ēnŭmĕrātĭō, ōnis *f* (ēnŭmĕrō) **1.** Aufzählung [malorum]. **2.** (*rhet. t.t.*) Rekapitulation, zusammenfassende Wiederholung.

▶ **ē-nŭmĕrō** 1. **1.** ausrechnen, berechnen [dies]. **2.** aufzählen [luniam familiam ordine].

ēnūntĭātĭō, ōnis *f* (ēnūntĭō) Aussage; Satz.

ēnūntĭātīvŭs 3 (ēnūntĭātŭs, *P.P.P. v.* ēnūntĭō) (*Se.*) zur Aussage gehörig, ausgesagt.

ēnūntĭātrīx, īcis *f* (*ēnūntĭātŏr) (*Qu.*) die *m.* Worten *etw.* ausdrückt [ars].

ēnūntĭātŭm, ī *n* (*eigtl. P.P.P. n v.* ēnūntĭō) Satz.

▶ **ē-nūntĭō** 1. **1.** (*Geheimes*) ausplaudern, verraten (*abs. od.* alqd, *zB.* mysteria; alci alqd, *zB.* Ciceroni dolum). **2.** *etw.* aussagen, aussprechen, *m. Worten* ausdrücken (alqd, *zB.* rem verbis; *m. indir. Frages.*).

ēnŭptĭō, ōnis *f* (-ū-? ēnūbō) (*Li.*) das Wegheiraten *e-r Frau* (gentis aus *e-r* gēns *in eine andere*).

ē-nūtrĭō 4. (*dcht., nkl.*) ernähren, auf-, großziehen.

▶ **ĕō**[1] (*erstarrter abl. v.* is) *adv.* **1. a**) (*örtl.*) **α**) daselbst, dort, *selten* [eo loci an dem Orte, *klass. nur* / res erat eo iam loci, ut es war so weit gekommen]; **β**) dahin, dorthin, (*bei e-m* tempus historicum) hierher [eo venire *od.* nuntiare]; / **αα**) bis zu dem Punkte, so weit [rem eo adducere, ut; eo *od.* usque eo progredi; (*nkl.*) *m. gen., zB.* eo furoris venire; *m.* ut]; **ββ**) (*additiv*) (noch) dazu [eo accedit alqd *od. m.* quod *bzw.* ut]; **b**) (*zeitl.*) so lange (*m. folg.* dum, quoad, donec bis). **2.** / **a**) (*kausal*) deswegen, deshalb, darum (*m. folg.* quod *od.* quia, ut *u.* quo *m. coni., zB.* haec eo feci, ut tibi probarer *od.* quia iussus a te eram); **b**) (*beim comp.*) desto, um so [eo magis; *m. folg.* quod *od.* quoniam, si, ut, ne]; *bsd.* **quō ... ĕō** je ... desto.

> **ĕō**[2]
> **I.** *v. Lebewesen* **1. a**) gehen, kommen; **b**) *mil.* marschieren, ziehen; **c**) wandern, reisen, fahren; **2.** auf *etw.* losgehen, an *etw.* gehen; **II.** *v. Leblosem* **1.** gehen; fließen; fliegen; **2.** in *etw.* übergehen, zu *etw.* werden; **3.** vonstatten gehen; **4.** vergehen.

ĕō[2], iī *u.* °īvī, ĭtŭm, īrĕ (‹ *ĕjō; *cf.* εἶ-μι) gehen: **I.** (*v. lebenden Wesen*) **1. a**) gehen, kommen, *zunächst zu Fuß u. zu Lande* (*abs. od. m. adv., zB.* °celeriter, hinc, eo; re *m. od.* auf *etw., zB.* °pedibus, eodem itinere auf demselben Wege, *auch* = °von ... her, aus, *zB.* sacris vom Opfer kommen, portis aus den Toren gehen; *m. acc., zB.* °viam, °iter, infitias ire leugnen, °suppetias ire zu Hilfe kommen, °exsequias *od.* °pompam funeris alci an *j-s* Leichenbegängnis teilnehmen; ab alqo ad alqm; ab, ex, de re, *zB.* ex curia; in *u.* ad alqd, *zB.* in Capitolium, in malam rem zum Henker gehen, in ius *u.* ad iudicium vor Gericht gehen, ad arma *od.* ad saga zu den Waffen greifen, *auch* per urbem, sub terras *od.* °supra deos pietate übertreffen an *u. a.*; *m. dat., zB.* subsidio zu Hilfe, °viro zum Manne, °caelo zum Himmel; *m. 1. supin., zB.* cubitum, venatum; *m.* °*inf.*); P. *impers.*: itur man geht, itum est *u. a.*; **b**) einhergehen; *bsd. mil.* **α**) marschieren, ziehen, rücken [per fines, contra hostes, in *u.* ad hostem, maximis itineribus in Eilmärschen]; **β**) in ordines sich in Reih *u.* Glied stellen; **c**) wandern, reisen; reiten (equo *bzw.* equis; *auch abs.*); fahren [curru, °bigis in albis], abfahren, segeln [°navi *u.* °navibus, in portum, intro einlaufen], fliegen [°altum in die Luft], treten [°contra alqd einer Sache entgegentreten], eindringen [°in viscera terrae], weggehen, ankommen *u. a.*; *oft auch* / [pedibus in alcis sententiam ire der Meinung *j-s* beitreten (*bei Abstimmungen im Senat*), *Ggs.* in alia omnia ire für die entgegengesetzte Meinung stimmen; in duplum ire noch einmal soviel Strafe zahlen, °per leges ire sich die Gesetze gefallen lassen, °per exempla cognata Beispiele nachahmen]. **2.** auf *etw.* losgehen, anrücken (ad, in, contra alqd, obviam *m. dat.*); *meist* / an *etw.* gehen (in alqd, *zB.* in consilium zur Beratung, in suffragium zur Abstimmung schreiten, °praeceps in causam sich kopfüber in die Sache stürzen, °in scelus ein Verbrechen begehen; *m. 1. sup., zB.* °se remque publicam perditum ire, °dominationem raptum); *auch* (*nkl., dcht.*) *in einen Zustand* geraten [in lacrimas in Tränen ausbrechen]. **II.** (*v. Leblosem u. abstr.*) (*fast durchweg unkl.*) **1.** gehen, (*v. Flüssen u. Flüssigkeiten*) fließen [°astra per caelum eunt, telum it longius fliegt, °hasta per corpus geht, dringt, fumus in auras steigt empor, °sanguis naribus strömt aus der Nase, funis retro geht zurück, °sudor in artus bricht hervor, pugna ad pedes it man beginnt zu Fuß zu kämpfen]. **2.** (*nkl., dcht.*) in *etw.* übergehen, zu *etw.* werden (in alqd, *zB.* sanguis it in sucos, odia in perniciem ibunt). **3.** (*v. Verhältnissen*) vonstatten gehen, verlaufen [res melius ire incipit, °valetudo it in melius bessert sich]. **4.** (*unkl.*) vergehen, (ent)schwinden [dies, gratior it dies, mores eunt praecipites verfallen]. **5.** (*Ve.*) dauern [si non tanta quies iret herrschte]. **III.** *1. supin.* + īrī = *inf. fut.* P. [vos laudatum iri spero *eigtl.* ich hoffe, daß man dazu übergehen wird, euch zu loben]. — **eo in placitum ich beschließe.
F. *pf.-Formen synk.*: īstī, īstīs, īssĕ(m), °īt = iīt; *part. praes.* iēns, eŭntis; *altl. praes.* īn = īsnĕ?

e.o. *Abk. für* ĕx ŏffĭcĭō; *s.* ŏffĭcĭŭm.

▶ **ĕōdĕm** *adv.* (*erstarrter abl. v.* īdĕm) **1.** ebendahin, an dieselbe Stelle [~ proficisci; / ~ intendere]; (*additiv*) ebendazu [addere, *auch* /]. **2.** ebendort [eodem loci an derselben Stelle, an *einem* Punkte, / noch in derselben Lage, ebenso].

****eo ipso** ebendadurch, *v.* selbst, selbstverständlich; *s.* ĭpsĕ.

ĕōpsĕ *adv.* (*altl.*) = ĕō ĭpsō.

Ĕōs *u.* **Ēōs** *f indecl.* (*hom.* ἠώς, *att.* ἕως) (*dcht.*) Morgenröte (*lat.* Aurōră); *adi.* **Ĕōŭs** *u.* **Ēōŭs** 3 **a**) morgendlich, in der Frühe; **b**) östlich, morgenländisch; **c**) *subst. m* **α**) Morgenstern; **β**) der Orient, die Orientalen.

Ĕpămīnōndās, ae *m* (Ἐπαμεινώνδας) *ber. Feldherr der Thebaner, Sieger bei Leuktra 371, gefallen bei Mantinea 362 v.Chr. Cf.* V.-B. I, 3.

ĕpăphaerĕsĭs, is *f* (*Fw.* ‹ ἐπαφαίρεσις) (*Ma.*) *das* wiederholte Wegnehmen.

ē-pāstŭs 3 (ĕx + *part. pf. pass. v.* pāscŏr) (*Ov.*) aufgefressen.

Ĕpēŭs, ī *m* (Ἐπειός) *Erbauer des trojanischen Pferdes.*

ĕphēbŭs, ī *m* (*Fw.* ‹ ἔφηβος) Ephebe, junger Mann *v. 16—20 Jahren* (*meist v. Griechen*).

ĕphēmĕrĭs, ĭdis *u.* ĭdŏs *f* (*Fw.* ‹ ἐφημερίς) Tagebuch, Wirtschaftsbuch. *Cf.* V.-B. III, 1, b *u.* d, 4, b.

Ĕphĕsŭs *u.* °**-ŏs,** ī *f* (Ἔφεσος) *Seest. in Ionien m. Tempel der Artemis* (Diana), *e-m der 7 Weltwunder*; *Einw. u. adi.* **Ĕphĕsĭŭs** (3).

ĕphĭppĭātŭs 3 (ĕphĭppĭŭm) auf gesatteltem Pferd reitend [eques].

ĕphĭppĭŭm, ī *n* (*Fw.* ‹ ἐφίππιον) Reitdecke, Sattel.

ĕphŏrŭs, ī *m* (*Fw.* ‹ ἔφορος) Ephor (*e-r der 5 höchsten Beamten in* Sparta).

Ĕphŏrŭs, ī *m* (Ἔφορος) *aus Kyme in der Äolis* (*um 340 v.Chr.*), *schrieb* (*in novellistischer Form*) *die erste Universalgeschichte der Griechen.*

Ĕphўră, ae *u.* **-ē,** ēs *f* (Ἐφύρα) *alter Name für Korinth*; *adi.* **Ĕphўraeŭs** *u.* **Ĕphўrēĭŭs** 3 korinthisch; *cf.* V.-B. I, 1.

ĕpĭbātă, ae *m* (*Fw.* ‹ ἐπιβάτης) (*nkl.*) Schiffssoldat.

Ĕpĭchărmŭs, ī *m* (Ἐπίχαρμος) *Komödiendichter* (*ca. 525—450 v. Chr.*) *in Syrakus*; *Hauptvertreter der dorisch-sizilischen Komödie* (*Mythentravestie*).

ĕpĭchīrēmă, ătis *n* (*Fw.* ‹ ἐπιχείρημα) (*Qu.*) (*rhet. t.t.*) ein nicht ganz korrekter Syllogismus.

ĕpĭchўsĭs, is *f* (*acc.* -in; *Fw.* ‹ ἐπίχυσις) (*vkl.*) Gefäß zum Eingießen.

Ĕpĭclērŭs, ī *f* (*Fw.* ‹ ἐπίκληρος „Erbtochter") *Titel einer Komödie des Menander.*

ĕpĭcōpŭs 3 (*Fw.* ‹ ἐπίκωπος) *m.* Rudern versehen.

Ĕpĭcrătēs, ĭs *m* (ἐπικρατής) der Übergewaltige (*Spitzname des Pompejus*).
ĕpĭcrŏcŭs 3 (*Fw.* ‹ ἐπίκροκος) (*vkl.*) *m.* feinen Einschlagfäden; / dünn (*scherzh. v. einer Suppe*).
Ĕpĭcūrŭs, ī *m* (᾿Επίκουρος) *aus Samos* (*342—270 v.Chr.*), *seit 323 in Athen, Gründer der Epikureischen Schule* (*Grundsatz* λάθε βιώσας); *adi.* **Ĕpĭcūrēŭs** 3 epikureisch (*subst. m* der Epikureer).
ĕpĭcŭs 3 (*Fw.* ‹ ἐπικός) episch [*poēta*]; *subst.* **ĕpĭcī,** ōrŭm *m* epische Dichter.
Ĕpĭdămnŭs *u.* °**-ŏs,** ī *f* (᾿Επίδαμνος) das spätere Dўrrhăchĭŭm.
Ĕpĭdaurŭs *u.* °**-ŏs,** ī *f* (᾿Επίδαυρος) *weltber. Kurort an der Ostküste v. Argolis, Kultstätte des Asklepios* (*Äskulap*); *besterhaltenes antikes Theater*; *Einw. u. adi.* **Ĕpĭdaurĭŭs** (3) (*subst.* = Äskulap).
ĕpĭdĕrmĭs, ĭdĭs *f* (*Fw.* ‹ ἐπιδερμίς) (*spätl.*) (*mehrschichtige*) Oberhaut.
ĕpĭdīctĭcŭs 3 (*Fw.* ἐπιδεικτικός) Prunk... [*ōrātiō*].
ĕpĭdĭpnĭs, ĭdĭs *f* (*Fw.* ‹ ἐπιδειπνίς) (*Pe., Ma.*) Nachtisch, Dessert.
Ĕpĭgŏnī, ōrŭm *m* (᾿Επίγονοι „die Nachgeborenen") die Epigonen, Söhne der „Sieben gegen Theben" (*Titel einer v. Accius übersetzten Tragödie des Aischylos*).
ĕpĭgrămmă, ătĭs *n* (*Fw.* ‹ ἐπίγραμμα) **1.** Inschrift *od.* Aufschrift *auf Statuen, Weihgeschenken u.ä.* **2.** Epigramm = Sinngedicht.
F. *gen. pl.* -ătōn; *cf.* V.-B. III, 6.
ĕpĭgrŭs, ī *m* (*Fw. zu* ἐπικρούω „einen Nagel einschlagen") (*nkl.*) hölzerner Nagel.
ĕpĭlēpsĭă, *ae f* (*Fw.* ‹ ἐπιληψία „Fallsucht"; *reinlat.* mŏrbŭs cōmĭtĭālĭs; *s.d.*) (*spätl.*) Epilepsie.
ĕpĭlŏgŭs, ī *m* (*Fw.* ‹ ἐπίλογος) Schluß einer Rede, Schlußrede, Epilog.
ĕpĭmēnĭă, ōrŭm *n* (*Fw.* ‹ ἐπιμήνια) (*Ju.*) monatl. Deputat (*f. d. Sklaven*).
Ĕpĭmēthēŭs, ĕī *m* (᾿Επιμηθεύς, *eig.* „der Nachherüberlegende") *Bruder des Prometheus, m. Pandora vermählt*; *patron.* **Ĕpĭmēthĭs,** ĭdĭs *f* T. des Epimetheus (= Pyrrha, *Gattin des Deukalion*).
ĕpĭnīcĭă, ōrŭm *n* (*Fw.* ‹ ἐπινίκια) (*Suet.*) Siegeslieder.
ĕpĭphănĭă, *ae f* (*Fw.* ‹ [ἡ] ἐπιφάνεια) *u.* ōrŭm *n* (*Fw.* ‹ [τὰ] ἐπιφάνεια, *sc.* ἱερά) (*spätl.*) (Fest der) Erscheinung (Christi) („Epiphanias[fest]" ‹τῆς ἐπιφανείας).
ĕpĭphōnēmă, ătĭs *n* (*Fw.* ‹ ἐπιφώνημα) (*nkl.*) Ausruf.
ĕpĭphŏră, *ae f* (*Fw.* ‹ ἐπιφορά) (*nkl.*; *reinlat.* dēstĭllātĭō) Schnupfen, Katarrh.
ĕpĭ-raedĭŭm *u.* **-rēdĭŭm,** ī *n* (ἐπί + *raedă od.* rēdă) (*nkl., dcht.*) Zugriemen *a. der Kutsche.*
Ĕpīrŭs *u.* **-ŏs,** ī *f* (῎Ηπειρος; ♀ „Festland", *Bezeichnung der urspr. v. Illyriern bewohnten Ldsch. durch die Griechen auf Kerkyra*) *Gebirgsldsch. an der Westküste Nordgriechenlands*; *Einw.* **Ĕpīrōtēs,** *ae m* Epirot; *adi.* **Ĕpīrōtĭcŭs** 3 *u.* **Ĕpīrēnsĭs,** ē. *Cf.* V.-B. II, 1(*bzw.* I, 2).
ĕpĭscŏpŭs, ī *m* (*Fw.* ‹ ἐπίσκοπος „Aufseher"; *reinlat.* Chrĭstĭānae lēgĭs āntĭstĕs) (*spätl.*) Bischof.
ĕpĭstŏlă, *ae f* = ĕpĭstŭlă.
ĕpĭstŏlārĭs, ē (ĕpĭstŏlă) zum Brief gehörig [*chartae* -es Briefpapier].
ĕpĭstŏlĭŭm, ī *n* (*Fw.* ‹ ἐπιστόλιον) (*dcht., nkl.*) Briefchen.
▶ **ĕpĭstŭlă,** *ae f* (*Lw.* ‹ ἐπιστολή) **1.** Sendung, Zusendung [*litteras tuas pluribus epistulis accepi*]. **2.** (*nkl.*, *auch pl.*) (*privater*) Brief, Zuschrift (*alcis u. ab alqo, ad alqm*; °*epistularum commercium* Briefwechsel; *epistulam ad alqm dare od. scribere, mittere* an *jd.* richten; *ab epistulis* Geheimschreiber). **3.** (*nkl.*) kaiserlicher Erlaß, Reskript.
ĕpĭstўlĭŭm, ī *n* (*Fw.* ‹ ἐπιστύλιον) (*vkl., nkl.*) der auf den Säulen ruhende *u.* den Oberbau tragende Querbalken, Architrav.
ĕpĭtăphĭŭm, ī *n* (*Fw.* ‹ ἐπιτάφιον) (*Inschr.*) Grabschrift; Gedenktafel für e-n Verstorbenen.
ĕpĭtăphĭŭs, ī *m* (*Fw.* ‹ ἐπιτάφιος, *sc.* λόγος) Leichenrede.
ĕpĭthălămĭŭm, ī *n* (*Fw.* ‹ ἐπιθαλάμιον) (*Qu.*) Brautlied.
ĕpĭthēcă, *ae f* (*Fw.* ‹ ἐπιθήκη) (*Pl.*) Zusatz, Zugabe.
ĕpĭthĕtŏn, ī *n* (*Fw.* ‹ ἐπίθετον) (*Qu.*) Beiwort, Epitheton. **~ *ornans* *formelhaft wiederholtes* „schmückendes" Beiwort, *bsd. in der antiken Dichtung.*
ĕpĭ-tŏgĭŭm, ī *n* (ἐπί + tŏgă) (*Qu.*) ein über die Toga gezogenes Gewand.
ĕpĭtŏmă, *ae u.* **-ē,** ēs *f* (*Fw.* ‹ ἐπιτομή) Auszug aus einem Schriftwerk, Abriß. *Cf.* V.-B. I, 1.
ĕpĭtŏnĭŏn, ī *n* (*Fw.* ‹ ἐπιτόνιον) (*vkl., nkl.*) Hahn *an einer Röhre.*
Ĕpĭtrĕpŏntĕs (οἱ ἐπιτρέποντες „die Anheimstellenden") Das Schiedsgericht, *Titel e-r Komödie des Menander.*
ĕpĭtўrŭm, ī *n* (*Fw.* ‹ ἐπίτυρον) (*vkl., nkl.*) Olivensalat.
ĕpŏdĕs, ŭm *m* (*et. ungedeutet*) (*dcht., nkl.*) *eine Art Seefische.*
ĕpōdŭs *u.* **-ŏs,** ī (*Fw.* ‹ ἐπῳδός, *eig.* „Nachgesang") **1.** *m* (*sc.* στίχος) (*spätl.*) kürzerer Vers, der *als clausula auf e-n längeren folgt*; *pl.* (-ōē) *später auf das ganze Epodenbuch des Horaz übertragen.* **2.** *f* (*nkl.*) (*irrtümlich an* ἡ ἐπῳδός, *den auf Strophe u. Antistrophe folgenden 3. Teil des griech. Chorliedes, angeschlossen*) *Gedichtform m. abwechselnd längeren u. kürzeren Versen*, die Epode, *v. Horaz nach dem Vorbild des Archilochos in die römische Literatur eingeführt. Cf.* V.-B. II, 1.
Ĕpŏnă, *ae f* (*gall.* epo- = *lt.* ĕquŭs) (*nkl., dcht.*) (*urspr. kelt.*) Göttin der Pferde *u.* Esel.
ĕpŏps, ĕpŏpĭs *m* (*Fw.* ‹ ἔποψ) (*dcht.*) Wiedehopf (*cf.* ŭpŭpă).
Ĕpŏrĕdĭă, *ae f* (*zu gall.* epo- = ĕquŭs) *100 v.Chr. v. d. Römern gegründete Kolonie nördl. v. Turin, j.* Ivrea.
ĕpŏs *n indecl.* (*Fw.* ‹ ἔπος) (*dcht.*) Heldengedicht, Epos.
ē-pōtō 1. **1. a)** austrinken; *klass. nur P.P.P.* **ēpōtŭs** 3 ausgetrunken [*poculum, venenum*]; **b)** / (*dcht.*) (*v. leblosen subi.*) einsaugen [*tyron tyrische* Purpurfarbe]. **2.** (*Pl.*) versaufen [*argentum*].
▶ **ĕpŭlae,** ārŭm *f* (*altes sakrales Wort, et. unklar*) **1.** Gerichte, Speisen [*mensas conquisitissimis epulis exstruere*]. **2.** Mahl(zeit), *bsd.* kostbares Mahl, Festmahl, Festschmaus [°*epulis deditus*]; / Genuß, Augenweide [°*dare epulas oculis*].
ĕpŭlārĭs, ē (ĕpŭlae) beim Mahle, bei Tisch [*accubitio, sacrificium* mit einem Essen verbunden].
ĕpŭlātĭō, ōnĭs *f* (ĕpŭlŏr) (*meist nkl.*) Festschmaus.
ĕpŭlō, ōnĭs *m* (ĕpŭlŭm) **1.** Ordner des Festmahls (*seit 198 v.Chr. tresviri, später septemviri, zu Cäsars Zeiten decemviri epulones* Priesterkollegien zur Ausrichtung des *m. öffentl. Spielen verbundenen* Festmahls). **2.** Fresser.
ĕpŭlŏr 1. (ĕpŭlae) **1.** (*intr.*) speisen, schmausen [*more Persarum*]. **2.** (*dcht., nkl.*) (*trans.*) verzehren (*alqm*).
ĕpŭlŭm, ī *n* (*cf.* ĕpŭlae) Festmahl.
ĕquă, *ae f* (ĕquŭs) Stute; °*equae pullus* Füllen.
▶ **ĕquĕs,** ĭtĭs *m u. f* (‹ *ĕquŏt-s; *cf.* ἱππό-της, *zu* ĕquŭs) **1.** Reiter (*fem.* Reiterin); *auch* °*adi.*; *insb.* **a)** *mil.* Kavallerist; *pl.* (*u.* °*sg. coll.*) Reiterei, Kavallerie; **b)** (*dcht.*) Pferd. **2.** Ritter [*Romanus*]; *coll.* Ritterstand, Ritterschaft; (*meton.*) Klasse der Gebildeten. — **Springer (*im Schachspiel*).
▶ **ĕquĕstĕr,** trĭs, trĕ, (*selten*) (*nkl.*) **ĕquĕstrĭs,** ē (ĕquĕs *od.* ĕquŭs) **1.** die Reiterei betreffend, beritten, zu Pferde, Reiter... [*copiae*; *pugna u. proelium* Reitertreffen, *auch* Wagenkampf, *terror v.* der Reiterei verursacht]. **2.** ritterlich, Ritter... [*census*, °*anulus, ordo* Ritterstand, Ritterschaft]; *subst. m* (*Ta.*) Ritter; *equestria, ium n* (*sc.* lŏcă) Sitze der Ritter *i. den Schauspielen.*
F. *abl. sg.* -ī; *pl. neutr.* -ĭă, *gen.* -ĭŭm.
▶ **ĕ-quĭdĕm** *adv.* (*verstärktes* quĭdĕm, *Vorsilbe nicht sicher gedeutet*) allerdings, in der Tat, freilich, ich meinerseits.
ĕquīlĕ, ĭs *n* (ĕquŭs) (*vkl., nkl.*) Pferdestall.
ĕquīnŭs 3 (ĕquŭs) vom Pferd, Pferde..., Roß... [*saeta* Roßhaar, °*pecus* Pferde].
ĕquĭr(r)ĭă, ōrŭm *u.* ĭŭm *n* (-īrĭă?; *wohl haplol.* ‹ *ĕquī-cĭrrĭă, *assimiliert* ‹ * ĕquī-cŭrrĭă *zu* ĕquŭs *u.* cŭrrō) (*vkl., dcht.*) Pferderennen (*in Rom zu Ehren des Mars am 27. Februar u. 14. März*).
ĕquĭtābĭlĭs, ē (ĕquĭtō) (*nkl.*) für Reiterei geeignet.
▶ **ĕquĭtātŭs,** ūs *m* (ĕquĭtō) **1. a)** (*nkl.*) das Reiten; **b)** *mil.* Reiterei, Kavallerie [*magnus*]; (*nkl.*) *pl.* Reiterabteilungen. **2.** die Ritter, Ritterschaft.
ĕquĭtō 1. (ĕquĕs) **1. a)** reiten, *mil.* als Reiter dienen [*in exercitu alcis*]; / **b)** (*dcht.*) (*vom Wind*) daherstürmen, -brausen; **c)** (*Ju.*) = fŭtŭō [*in vices*]. **2.** plänkeln (*contra alqm*).

ĕquŏlă, *ae f* (*demin. v.* ĕquă) (*vkl.*) kleine Stute; / *v. e-r Frau.*

ĕquŭlĕŭs, *ī m* = *ĕcŭlĕŭs.*

▶ **ĕquŭs** *u.* **ĕcŭs**, *ī m* (= ἵππος; *kelt.* epo-; *cf.* Ēpŏnă) **1. a)** Pferd, Roß [*publicus*, (*in*) *equo vehi* reiten, *equo uti* zu Pferde sitzen, °*ex equo pugnare*, *equo merere* bei der Kavallerie dienen, *alqm ad equum rescribere doppeldeutig*: „zur Reiterei versetzen" *od.* „in den Ritterstand erheben"]; *bsd.* ~ *Troianus* das trojanische Pferd / = Verschwörung, geheime Nachstellung; **b)** Hengst (*Ggs.* ĕquă); **c)** (*dcht.*) *bipes* Seepferd. **2.** *pl.* **a)** (*Ve.*) Gespann, *bsd.* °Kampfwagen (ἵπποι), *auch* °Wettrennen *zu Pferde u. zu Wagen*; **b)** Reiterei [*equi virique u. equi viri* Reiterei *u.* Fußvolk; *sprichw. equis viris* m. aller Macht].
F. *gen. pl.* -ōrŭm *u.* °-ŭm, °-ōm; *cf.* V.-B. VI, 2 *u.* 7.

ĕr, ērĭs *m* (*acc. auch* ērĭm; < *hēr = χήρ *ds.*; *cf.* hircŭs, hīrtŭs) (*Pl.*) Igel.

ĕră, *ae f* (*cf.* ĕrŭs) (*vkl.*, *dcht.*) Hausfrau [*maior* Frau des Hauses, *minor* Tochter des Hauses]; / Herrin, *bsd.* die Geliebte.

ē-rādīcō 1. (*rādīx*) (*Com.*) *m.* der Wurzel ausreißen; / ausrotten.

ē-rādō, *sī*, *sŭm* 3. (*unkl.*) aus-, abkratzen (*alqm albo senatorio* in der Senatorenliste streichen), *bsd.* rasieren [*genas*]; / vertilgen, in Vergessenheit bringen (*alqd*, *zB. cupidinem*).

ĕrănŭs, *ī m* (*Fw.* < ἔρανος „gemeinsame Mahlzeit, Beitrag, Liebesdienst") (*nkl.*) Hilfsverein, Sammlung für die Armen.

Ĕrătō, *ūs f* (Ἐρατώ) *Muse der lyrischen Dichtung, bsd. des Liebesliedes*; *übh.* (*Ve.*) Muse. *Cf.* V.-B. III, 2.

Ĕrătŏsthĕnēs, *ĭs m* (Ἐρατοσθένης) *vielseitiger griech. Gelehrter* (*275 bis 194 v.Chr.*) *aus Kyrene, Leiter der alexandrinischen Bibliothek.*

ĕrcīscō, **ĕrctŭm** *s.* hĕrc...

Ĕrĕbŭs, *ī m* (Ἔρεβος) *Gottheit der unterweltlichen Finsternis, S. des Chaos u. der Nyx* (*lat.* Nŏx „Nacht"); (*meton.*) °finstere Unterwelt, Totenreich. — **Hölle.

Ĕrĕchthĕŭs, *ĕī m* (Ἐρεχθεύς) *athen.*, *in Gestalt e-r Schlange verehrter Heros*; *v. Athene erzogen, der er den Burgtempel* (*das Erechtheion*) *zu Athen erbaute* (*nach seiner Zerstörung durch die Perser zw. 420 u. 408 m. der ber. Korenhalle neu erbaut*); *adi.* **Ĕrĕchthēŭs** 3 *auch* °athenisch; *patron.* °**Ĕrĕchthīdae**, *ārŭm m* (Ἐρεχθεῖδαι) *Nachk. des Er.* = die Athener (*fem.* °**Ĕrĕchthĭs**, *ĭdĭs T. des Er.* = Oreithyia *u.* Prokris).
F. *Cf.* V.-B. II, 3 (*bzw.* III, 1, b *u.* 4, b).

ērēctĭō, *ōnĭs f* (ērĭgō) (*nkl.*) Aufrichtung, Aufstellung [*tignorum*].

ē-rēctŭs[1] *P.P.P. v.* ērĭgō.

ērēctŭs[2] 3 (*m. comp.*; *adv.* °-ē) (*eig. P.P.P. v.* ērĭgō) **1.** in die Höhe gerichtet, emporstehend, aufrecht [*status*, °*incessus*]. **2.** / **a)** erhaben, hochherzig [°*ingenium*]; **b)** (*pejorativ*) hochmütig; **c)** erwartungsvoll, aufmerksam [*iudices*]; **d)** mutig, entschlossen [*animus*].

ĕrēmītă, *ae m* (*Fw.* < ἐρημίτης) (*spätl.*) Einsiedler, Eremit.

ē-rēpō, *psī*, *ptŭm* 3. (*unkl.*) **1.** (*intr.*) **a)** heraus-, hervorkriechen; **b)** emporkriechen, -klettern. **2.** (*trans.*) **a)** durchkriechen [*agrum*]; **b)** erklettern [*montes*].
F. *coni. plqpf.* (*synk.*) (*Ho.*) ērēpsēmŭs = ērēpsīssēmŭs.

ērēptĭō, *ōnĭs f* (ērĭpĭō) Entreißung, Raub.

ērēptŏr, *ōrĭs m* (ērĭpĭō) Räuber (*alcis rei*, *zB. libertatis*).

ē-rēptŭs *P.P.P. v.* ērĭpĭō.

ĕrēs *s.* hērēs.

Ĕrĕtrĭă, *ae f* (Ἐρετρία) *St. auf Euböa*; *Einw.* **Ĕrĕtrĭēnsĭs**, *ĭs m*; *adi.* **Ĕrĕtrĭcŭs** 3 *u.* **Ĕrĕtrĭēnsĭs**, *ĕ*, *auch* **Ĕrĕtrĭăcŭs** 3.

ē-rēxī *s.* ērĭgō.

▶ **ērgā** *prp. b. acc.* (*cf.* ērgō; *bei den Com. noch oft nachgestellt*): **1.** (*räumlich*) (*vkl.*, *nkl.*) gegenüber = ădvērsŭs. **2.** / gegen = gegenüber, *m.* Rücksicht auf *in freundl. u.* (*unkl.*) *feindl. Sinne* [*fides erga populum Romanum*, *summus erga nos amor*, *crudelitas erga nobiles*, °*cautus erga alqm*].

ērgăstērĭŭm, *ī n* (*Fw.* < ἐργαστήριον) (*nkl.*) Werkstätte.

ērgăstŭlŭm, *ī n* (*wohl Lw.* < ἐργαστήριον *m. lat. Suffix nach* vīncŭlŭm *u.ä.*) Arbeitshaus, Zuchthaus *für Sklaven, in alten Zeiten auch für insolvente Schuldner*; (*meton.*) (*nkl.*, *dcht.*) Sträflinge.

▶ **ērgō** (*wohl* < *ē rĕgō „aus der Richtung") **1.** *prp. b. vorangehendem gen.*; (*klass. selten*) wegen, um ... willen, auf Grund v. [°*virtutis ergo donari*, °*victoriae ergo donum alci dare*]; ***obsidis ergo* als Geisel. **2.** *adv.* (*im Vers auch* ērgŏ) **a)** (*bsd. im Syllogismus*; *cf.* ătquī) folglich, also, daher, deshalb; *häufig auch im Enthymem* (*argumentum ex contrariis*, *zB. ergo pueri hoc potuerunt, viri non poterunt?*); **b)** *in Fragen* (*bsd. unwilligen*) [*quid ergo?*] *u. in Aufforderungen* (*bsd. beim imp. u. coni. hortat.*) also = denn, so ... denn, nun; (*bei Wiederaufnahme e-s durch Zwischensätze unterbrochenen Gedankenganges*) also = wie gesagt. — ***ergo bibamus* „drum laßt uns trinken!" *Refrain ma. Trinklieder*; *vgl. auch Goethes* „*Ergo bibamus*".

ĕrīcē, *ēs f* (*Fw.* < ἐρείκη) (*nkl.*) Heidekraut, Erika (*in der botanischen Fachsprache wird die Betonung auf der vorletzten Silbe bewahrt, in der nhd. Alltagssprache, in Anlehnung an den Vornamen, fälschlich auf die erste Silbe verschoben*).

Ĕrīchthŏnĭŭs, *ī m* (Ἐριχθόνιος) **1.** *att. Heros, vielfach m. Erechtheus identifiziert* (*s.d.*), *Erfinder des Ackerbaues u. des Viergespannes*; *adi.* **Ĕrīchthŏnĭŭs** 3. **2.** *troischer Heros, S. des Dardanos, V. des Tros.*

ērīcĭŭs, *ī m* (ērī-?; ēr) **1.** (*vkl.*, *nkl.*) Igel. **2.** / spanischer Reiter (*Balken m. eisernen Spitzen*).

Ĕrīdănŭs, *ī m* (Ἠριδανός) *myth. Strom im äußersten Westen, galt später* (*dcht.*) *als alter Name des Po* (= Pădŭs).

ĕrī-fŭgă, *ae m* (ĕrŭs, fŭgĭō) (*dcht.*) seinem Herrn entlaufen.

▶ **ē-rĭgō**, *rēxī*, *rēctŭm* 3. (*rĕgō*) **1.** aufrichten, emporheben (*alqm u. alqd*, *zB. iacentem*, *hominem* dem Menschen einen aufrechten Gang geben, *aures* spitzen, *oculos od.* °*ōs u.* °*vultūs* aufschlagen, °*proboscidem* emporstrecken, °*scopulos* emportürmen, °*alnos solo* aufwachsen lassen aus, °*fluctūs sub auras* emporschleudern); *se erigere u.* (*nkl.*) *mediopass.* sich aufrichten, empor-, aufsteigen; *bsd.* (*nkl.*, *dcht.*) in die Höhe hinaufführen [*viam in arcem*]. **2. a)** (*Bauten*) errichten *od.* aufführen [*turres*, °*pontem*, °*castra*]; **b)** (*nkl.*) *mil.* (*Mannschaften*) hinaufrücken lassen [*aciem in adversum collem*]. **3.** / (*geistig*) **a)** erregen, spannen (*alqm u. alqd*, *zB. animum ad audiendum*, °*paenitentiam* hervorbrechen lassen, °*dolor erigitur* bricht hervor); **b)** aufmerksam machen [*auditorem*]; **c)** aufrichten = ermutigen (*alqm u. alqd*, *zB. afflictam provinciam*, *animum od. animos*, °*spem od. spes*; *alqm ad od. in alqd*, *zB.* °*ad cupiditatem rei*); *bsd. se erigere u.* (*nkl.*, *dcht.*) *mediopass.* sich ermannen, wieder Mut fassen.

Ērĭgŏnē, *ēs f* (Ἠριγόνη) *T. des Atheners Ikaros, die aus Gram über die Ermordung ihres Vaters sich erhängte u. als Gestirn* (*Virgo* Jungfrau) *an den Himmel versetzt wurde*; *cf.* V.-B. I, 1; *adi.* **Ērĭgŏnēĭŭs** 3.

ĕrīlĭs, *ĕ* (ĕrŭs *u.* ĕră) (*vkl.*, *dcht.*) des Herrn *od.* der Hausfrau [*concubina*, *filius u. filia* vom Hause, *pensum* für die Hausfrau zu verarbeiten].

Ērīnnē, *ēs u.* -ă, *ae f* (Ἤριννα) *griech. Dichterin, wohl v. der Sporadeninsel Telos* (*4. Jh. v.Chr.*).

Ĕrīnȳs, *ȳŏs f* (Ἐρινύς) (*dcht.*) Rachegöttin (*lat.* Fŭrĭă; *s.d.*); *bsd.* Kriegsfurie; / Verderben, Fluch, Geißel (*Troiae*); (*meton.*) Wut. — *Durch Athene versöhnt, wurden die Erinnyen* (Ĕrīnȳĕs), *die Göttinnen der Rache, die vor allem die Muttermörder verfolgten, als* Eumĕnĭdēs (*s.d.*) *zu Wahrerinnen der Rechtsordnung.* **F.** *Cf.* V.-B. III, 1, a *u.* b.

Ĕrīphȳlă, *ae u.* °-ē, *ēs f* (Ἐριφύλη) *veranlaßte, durch das Halsband der Harmonia* (*s.d.*) *v. Polyneikes bestochen, ihren Gatten Amphiaraos zur Teilnahme am Zuge der Sieben gegen Theben.*

> **ē-rĭpĭō**
> **1.** herausreißen, -ziehen; **2. a)** entreißen; **b)** rauben; **c)** wegnehmen; **d)** (*vom Tod*) dahinraffen; **3.** retten, befreien aus *od.* vor *etw.*; (*refl.*) sich entziehen.

ē-rĭpĭō, *rĭpŭī*, *rēptŭm* 3. (*răpĭō*) **1.** herausreißen, wegreißen, herausziehen (*alqd*, *zB.* °*telum alcis* aus der Scheide; *alqm u. alqd ex, de re*, *zB.* °*equitem ex equo*, °*torrem ab igne*, *faces e od. de manibus alcis*, °*vocem ab ore loquentis* = selbst sogleich das Wort ergreifen; *auch* °*alqd re*, *zB. ferrum vaginā*; °*alqd alci u. alci rei*, *zB.* °*oculos alci*). **2. a)** entreißen (*alci alqd*, *zB. gladium*;

alci alqd ex od. de re, zB. °victoriam e od. de manibus); **b**) rauben, gewaltsam *od.* widerrechtlich wegnehmen, entziehen (*alqd alci, zB. °aurum Gallis, °concubinam, °vitam, °alqm oculis* entrücken, *°se alci = jd.* entfliehen; *alqd ab alqo, zB. hereditatem a liberis, °virginem ab alqo v. j-s* Seite reißen, entführen); **c**) benehmen, *zB. alci dolorem od. timorem*; P. verloren gehen [*usus navium eripitur*]; **d**) (*vom Tode*) hinraffen [*°alqm de sinu civitatis*]; *meist* P. vom Tode hingerafft werden [*Scipio ereptus vivit tamen, °fato eripi*]. **3.** retten *od.* befreien aus *od.* vor *etw.*, bewahren vor *etw.* (*alqm u. alqd ex, a re, zB. ex manibus hostium, ex periculis, se ex infamia; selten m. bloßem abl., zB. se flammā* = der Verurteilung entgehen; *alqm u. alqd, m. dat., zB. °se hosti, °alqm fatis od. pugnae; m. ne, zB per eos, ne causam diceret, se eripuit* entzog er sich der gerichtlichen Verhandlung); (*prägn.*) (*Ve.*) *eripe fugam* = fliehe, solange es möglich ist.

ē-rōdō, *ōsī, ōsūm* 3. abnagen [*vites*]; / (*nkl.*) zerfressen.

ērŏgātiō, *ōnis f* (*ērŏgō*) Ausgabe, Auszahlung [*pecuniae*]; (*concr.*) (*Ta.*) *necessitas erogationum* die notwendigen Ausgaben.

ē-rŏgitō 1. (*vkl., nkl.*) ausfragen, erforschen (*ex alqo m. indir. Frages.*).

ē-rŏgō 1. **1.** ausgeben, verausgaben [*pecuniam ex aerario; in alqd* für *etw., zB. in classem*]. **2.** (*nkl.*) eintreiben [*tributa*].

ĕrrābundŭs 3 (*ĕrrō*[1]) (*nkl., dcht.*) umherirrend, -schweifend, *v. Pers. u. Sachen* [*agmen, vestigia*].

errare humanum est *s.* ĕrrō[1].

ĕrrātĭcŭs 3 (*ĕrrātŭs, P.P.P. v. ĕrrō*[1]) umherirrend, unstet [*°homo* Vagabund, *°Delos* umherschwimmend]; / sich nach allen Seiten schlängelnd [*lapsus*].

ĕrrātiō, *ōnis f* (*ĕrrō*[1]) das Irregehen, Verirrung, Abweichung.

ĕrrātŏr, *ōris m* (*ĕrrō*[1]) der Umherirrende; / (*Ov.*) (*vom Mäander*).

ĕrrātŭm, *ī n* (*eig. P.P.P. n v. ĕrrō*[1]) Irrtum, Verirrung, Fehler, *auch moralisch* (*alcis*). — ****pl. errata* Druckfehler; Druckfehlerverzeichnis.

ĕrrātŭs, *ūs m* (*ĕrrō*[1]) (*dcht.*) Irrfahrt, *auch pl.*

ĕrrō[1] 1. (*cf. nhd.* „irren") **1. a**) umherirren, -schweifen, *v. Menschen u. Tieren, auch v. Sachen* (*abs. od. circum villas, °omnibus terris u.a.; errantes stellae* Planeten, *Lehnübers.* ⟨ πλάνητες); (*trans.*) (*dcht.*) *etw.* irrend durchstreifen [*litora*, P. *erratae terrae*]; / **b**) (*dcht.*) sich überall verbreiten [*ignis pulmonibus imis*]; **c**) schwanken, unstet *od.* unsicher sein, *bsd. part. praes.* [*°oculi* unstete, *°sententia*]. **2.** sich verirren, den (rechten) Weg verfehlen (*abs., zB. °erranti viam monstrare, od. viā* vom Wege abkommen; / *oratio*). **3.** / sich irren, aus Irrtum fehlen, *auch moralisch* sich vergehen [*vehementer, valde; sprichw. cuiusvis hominis est errare* (*s.* **); *re u. in re* in *etw.*; *alqd klass. nur als n e-s pron. od. allgem. adi., zB. hoc, illud, multa u.ä., dcht. auch °tempora* in der Zeitrechnung]. — ***errare humanum est* „Irren ist menschlich" *uralte antike Weisheit; der sprichw. Formulierung am nächsten: Hieronymus ep. 57, 12: „errasse humanum est et confiteri errorem prudentis".*

ĕrrō[2], *ōnis m* (*ĕrrō*[1]) (*dcht., nkl.*) Landstreicher, Vagabund, *auch / v. einem ungetreuen Liebhaber.*

ĕrrōnĕŭs 3. (*ĕrrō*[2]) (*nkl.*) sich umhertreibend.

▶ **ĕrrŏr**, *ōris m* (*ĕrrō*[1]) **1.** das Umherirren: **a**) Irrfahrt (*alcis j-s, auch °navium, °pelagi* auf dem Meere); **b**) (*concr.*) α) (*Ov.*) Irrgang *des Labyrinths*; β) (*nkl., dcht.*) Windung *e-s Flusses* [*errorem volvere* im Zickzack fließen]; **c**) (*Lu.*) unstete Bewegung *der Atome*; **d**) / Ungewißheit, Zweifel, Schwanken [*°errorem facere alci* jd. irremachen; *alcis rei* in, über *etw., zB. temporum; m. °indir. Frages.*]. **2.** das Abirren: **a**) das Abweichen vom rechten Wege [*°alqm ex errore in viam reducere; °viae od. °viarum* das Verfehlen des Weges *od.* der Straßen]; **b**) (*dcht.*) (*v. Geschossen*) Fehlschuß, Fehlwurf [*iaculi*]; **c**) / Irrtum, unrechte Auffassung, Mißverständnis, Täuschung [*in errore perseverare, errore duci* in einem Irrtum befangen sein, *per errorem* aus Irrtum; *alcis j-s, zB. senatūs; alcis rei e-r* Sache, in, über *etw., opinionis* irrige Meinung, *nominis*]; **d**) (*meton.*) Täuschung = das Täuschende, *insb.* α) Wahn, Verblendung [*mentis, °fanaticus*]; *bsd.* (*dcht.*) Liebeswahn; β) Mißgriff, Versehen, Fehler (*alcis j-s*); *bsd.* αα) (*Qu.*) sprachl. Fehler; ββ) sittliche Verirrung, Vergehen [*errorem alcis corrigere, °errorem alci detrahere*]. **3.** ♀ (*personif.*) (*Ov.*) Verblendung *als Dämon* (= *Ἄτη*). — (*Zusatz*) *Nach röm. Recht ist error Anfechtungsgrund im Zivil- u. Entschuldigungsgrund im Strafrecht* [*in negotio* (*Geschäftsart*), *in obiecto* (*Geschäftsgegenstand*), *in persona*].

ē-rŭbēscō, *rŭbŭī*, — 3. **1.** (*intr.*) erröten, rot werden; (*Ov.*) sich rot färben; *klass. nur* / schamrot werden, sich schämen (*abs. od. in re, auch re* über *etw., °propter alqd; m. °inf.*). **2.** (*trans.*) **a**) (*Ve.*) scheuen, achten (*alqd, zB. iura fidemque*); **b**) (*dcht., nkl.*) *ērŭbēscēndŭs* 3 einer, dessen man sich zu schämen hat [*amores* gemeine Liebschaften].

ērūcă, *ae* (*nkl., dcht.*) (*et. unklar*) **1.** Kohlraupe. **2.** Rauke (*Kohlart, galt als Aphrodisiakum*).

ē-rūctō 1. (*-ŭ-?*) **1.** (aus)rülpsen, ausspeien (*abs. od. alqd, zB. °saniem, / sermonibus caedem* [in der Trunkenheit] drohen sie *m.* Mord). **2.** (*dcht., nkl.*) auswerfen, ausstoßen [*Aetna scopulos eructans*].

▶ **ē-rŭdiō** 4. (*rŭdis; eigtl.* „aus dem rohen Zustande herausbringen") unterrichten, (aus)bilden, unterweisen, (be)lehren (*abs. od. alqm, zB. puerum, exercitum* schulen; *alqm re u. in re, ad alqd, zB. filium doctrinis, in iure civili, in re militari, ad maiorum instituta; °alqm alqd, zB. prolem artes; alqm de re* aufklären über *etw., zB.* de omni re publica; *m. °inf.; m. indir. Frages.*); (*P.P.P.*) *adi.* **ērŭdītŭs** 3 (*m. °comp. u. sup.; adv.* **-ē**) gebildet, gelehrt, kenntnisreich, fein, *v. Pers. u. Sachen* [*homo, saecula* aufgeklärte, *oratio* gelehrte Sprache (*Ggs. popularis*), *-e disputare; re u. in re* in *etw.*; *m. °inf.*]; *subst. pl. m* Männer vom Fach.

ērŭdītiō, *ōnis f* (*ērŭdiō*) Unterricht, Ausbildung (*alcis*); (*meton.*) Bildung, Gelehrsamkeit.

ērŭdītŭlŭs 3 (*demin. v. ērŭdītŭs*) (*Ca.*) angelernt, ausgebildet.

ērŭdītŭs 3 *s. ērŭdiō.*

ē-rŭī *s. ērŭō.*

▶ **ē-rŭmpō**, *rūpī, rŭptŭm* 3. **1.** (*trans.*) **a**) (*dcht.*) heraus- *od.* hervorbrechen lassen [*fontibus dulces liquores*], *auch* = °durchbrechen [*nubem, pontum*]; **b**) *se erumpere* herausstürzen, hervorbrechen [*portis foras*], / °endlich zu *etw.* führen [*ad bellum*]; **c**) / (*Gefühle*) ausschütten *od.* an *jd.* auslassen [*°gaudium, stomachum in alqm*]. **2.** (*intr.*) **a**) heraus-, hervorbrechen, -stürmen, *v. Pers. u. Sachen* (*abs., zB. Catilina erupit, od. ex, a re, zB. ex latebris ab oppido v.* der Stadt her, *selten re, zB. castris; ad u. in alqm, in alqd, zB. ad Catilinam, °in populatores; °per hostes* sich durchschlagen); **b**) *mil.* einen Ausfall machen [*°duabus simul portis*]; **c**) / (*v. Zuständen u. a.*) plötzlich losbrechen, zum Ausbruch *od.* ans Licht kommen [*tempestas, odium, °seditio, ex avaritia erumpit audacia* entspringt, *in alqm* gegen *jd., in alqd* in, gegen *etw., zB. vitia alcis erumpunt in amicos; auch in re, zB. furor in meo consulatu erupit*]; **d**) / plötzlich zu *od.* in *etw.* übergehen *od.* ausschlagen, ausarten (*ad u. in alqd, zB. ad u. in perniciem alcis, °ad ultimum seditionis, nox in scelus erupit; haec quo sint eruptura, timeo*); *unkl. auch v. Pers.* = in *etw.* ausbrechen [*alqs erumpit in furorem, in iurgia* in Schimpfworte, *ad minas* in Drohungen]; (*rhet.*) (*Qu.*) plötzlich *v. etw.* ablenken *od.* abschweifen.

ē-rŭō, *rŭī, rŭtŭm, rŭ(ĭ)tūrŭs* 3. **1. a**) (her)ausgraben, -scharren (*alqm u. alqd, zB. mortuum, °aurum terrā* aus der Erde, *°pinum radicibus m.* der Wurzel); **b**) (*nkl., dcht.*) *etw.* aufgraben, aufwühlen [*terram, aquam remis, latus hastā* durchbohren]; **c**) *jd.* aufstöbern, aufjagen (*alqm, zB. servum inde*); *meist* / ausfindig machen, ermitteln (*alqd u. °alqm, zB. argumenta, °ludos; alqd ex re u. °re, memoriam rei ex annalium vetustate; m. indir. Frages.*). **2. a**) (*dcht., nkl.*) ausreißen, entwurzeln [*quercum, alci oculos*]; **b**) / *alqm re jd.* aus *etw.* herausreißen [*alqm difficultate pecuniariā; hoc mihi erui non potest* dies lasse ich mir nicht ausreden]; **c)** (*nkl., dcht.*) *v.* Grund aus zerstören, verheeren, umstürzen, beseitigen (*alqd, zB. civitatem, memoriam*).

ē-rūpī *s.* *ērŭmpō.*

ērŭptiō, *ōnis f* (ērŭmpō) Ausbruch [*Aetnaeorum ignium;* ° / *vitiorum*]; *bsd. mil.* Ausfall (*alcis j-s, ex oppido, eruptionem facere*).

ē-rŭptŭs *P.P.P. v.* ērŭmpō.

ĕrŭs, *ī m* (*et. ungedeutet*) **1.** Hausherr, Herr. **2.** / (*dcht.*) Gebieter, Beherrscher, Eigentümer [*dives, caelestis*].

ē-rŭtŭs *P.P.P. v.* ērŭō.

ĕrvŭm, *ī n* (< *ĕr[ĕ]vŏm; *cf.* ὄροβος „Kichererbse"; *nhd.* Erbse; *Lw. aus unbekannter Spr. d. östl. Mittelmeerraumes*) (*unkl.*) Erve (*Wickenart*).

Ĕrўcīnŭs 3 *u.* **Ĕrўcŭs mōns** *s.* *Ĕrўx.*

Ĕrўmănthŭs, *ī m* (Ἐρύμανθος) **1.** *Geb. an der Nordwestgrenze Arkadiens; adi.* **Ĕrўmănthĭŭs** 3 (*fem. auch* °**Ĕrўmănthĭs,** *ĭdĭs; cf.* V.-B. III, 1, a *u.* e). **2.** *Nbfl. des Alpheios.*

Ĕrўsĭchthōn, *ŏnĭs m* (Ἐρυσίχθων) *S. des Triopas in Thessalien, wurde wegen seines Frevels im Hain der Demeter v. dieser m. ewigem Heißhunger bestraft; cf.* V.-B. III, 1, b.

Ĕrўthēă, *ae f* (Ἐρύθεια) *Insel an der Mündung des Guadalquivir; s.* *Gērўŏn; adi. fem.* °**Ĕrўthēĭs,** *ĭdĭs* [*praeda* die entführten Rinder] (*cf.* V.-B. III, 1, b *u.* e).

ĕrўthīnŭs, *ī m* (*Fw.* < ἐρυθῖνος) (*nkl., dcht.*) rote Meerbarbe.

Ĕrўthrae, *ārŭm f* (Ἐρυθραί) *Küstenst. in Ionien, Chios gegenüber; Einw. u. adi.* **Ĕrўthraeŭs**[1] (3) (*subst.* **Ĕrўthraeă,** *ae f, sc. tĕrră* das Gebiet *v.* Erythrä).

Ĕrўthrŭs, *ī m* (Ἐρυθρός „der Rote") *myth. K. im südl. Asien, nach dem das Erythräische Meer* (ὁ Ἐρυθραῖος πόντος *od.* ἡ Ἐρυθρὰ θάλασσα, *lat. mărĕ* °*Ĕrўthraeŭm od. rŭbrŭm = Indisches Meer m. Arabischem u. Persischem Meerbusen*) *benannt sein sollte; adi.* **Ĕrўthraeŭs**[2] 3 (Ἐρυθραῖος) (*dcht.*) erythräisch: **a)** im persischen Meerbusen (gefischt) [*lapilli* Perlen]; **b)** indisch [*litus; dens* Elfenbein; *triumphi* des Bacchus].

Ĕrўx, *ўcĭs m* (Ἔρυξ) **1.** Berg (*auch Ĕrўcŭs mōns*) *u. St. an der Nordwestküste Siziliens m. altem Kult der Aphrodite; adi.* **Ĕrўcīnŭs** 3 (*subst.* **Ĕrўcīnă,** *ae f = Venus -a*). **2.** *Heros des Ortes, S. der Aphrodite (Venus), v. Herakles erschlagen.*

ēscă, *ae f* (ē-?; ĕdō[1]) Essen, Speise, Gericht; Futter, Nahrung; *bsd.* Lockspeise, Köder, *auch* / [*voluptas esca malorum*].

ēscārĭŭs 3 (ē-?; ēscă) (*unkl.*) **1.** Eß...; *subst.* **-ă,** *ōrŭm n* Eßgeschirr. **2.** zum Köder gehörig.

ē-scĕndō, *scĕndī, scēnsŭm* 3. (*scăndō*) **1.** (*intr.*) emporsteigen (*in alqd, zB. in currum, in rostra,* °*in navem* sich einschiffen); *bsd. v. der Küste nach dem Innern* hinaufziehen, -reisen [*Delphos*]. **2.** (*trans.*) (*nkl.*) besteigen (*alqd, zB. equum, suggestum*).

ēscēnsĭō, *ōnĭs f* (ēscĕndō) (*nkl.*) Landung [*escensionem facere, a navibus in terram*].

ē-scēnsŭs[1] *P.P.P. v.* ēscĕndō.

ēscēnsŭs[2], *abl. ū m* (ēscĕndō) (*nkl.*) das Ersteigen, Aufstieg.

ēschătŏcōllĭŏn, *ī n* (*Fw.* < ἐσχατοκόλλιον) (*Ma.*) die letzte Seite (*einer Schrift*).

ēscĭt, *ēscŭnt* (*altl. incoh. zu ĕst, sŭnt*) er ist, sie sind (vorhanden); (*selten*) (*Lu.*) = ĕrĭt, ĕrŭnt.

ēscŭlĕntŭs 3 (ē-?; ēscă) eßbar [*frustum*]; *subst.* **-ă,** *ōrŭm n* Speisen.

ēscŭlētŭm = *aescŭlētŭm.*

ēscŭlĕŭs, ēscŭlŭs = *aescŭl...*

ēsĭlĭō = *ĕxsĭlĭō.*

ēsĭtō 1. (*frequ. v.* ĕdō[1]) (*vkl., nkl.*) (zu) essen (pflegen).

Ēsquĭlĭae, *ārŭm f* (*wohl:* ĕx, cŏlō, *eigtl.* „Außensiedlung, *Vorstadt*") *der größte Hügel Roms, als Richt- u. Begräbnisplatz benutzt, v. Mäcenas in Parkanlagen umgewandelt; adi.* **Ēsquĭlīnŭs** *u.* **-lĭārĭŭs,** °**Ēsquĭlĭŭs** 3.

ĕssĕ *s.* sŭm.

ĕssĕdă, *ae f u. pl.* (*nkl.*) = ĕssĕdŭm.

ĕssĕdārĭŭs, *ī m* (ĕssĕdŭm) Wagenkämpfer: **1.** *als gallischer od. britannischer Krieger.* **2.** (*nkl.*) *als röm. Gladiator.*

ĕssĕdŭm, *ī n* (*kelt. Wort* < *ĕnsĕd-ŏn; *en = lat. in u.* √sed- „sitzen") **1.** *mil. zweirädriger* Streitwagen *der Gallier u. Britannier.* **2.** (*bei den Römern*) Reisewagen, *a. bei den Gladiatorenkämpfen benutzt.*

ĕssĕntĭă, *ae f* (*nach Seneca zuerst v. Cicero gebrauchte Lehnübersetzung v.* οὐσία; *ĕssēns part. praes. v. ĕssĕ* [*Grammatikerbildung*]) das Wesen *e-r* Sache. — ****als philos. t.t.* das Sosein (*Ggs. existentia*); konzentrierter Auszug, Essenz (*urspr. Alchimistenausdruck*).

ēssĭtō, ēssŭr... (ē-?) = *ēsĭtō, ēsŭr...*

ēstrĭx, *īcĭs f = ămbēstrĭx.*

ēstŭr *s.* ĕdō[1].

ēsūdō = *ĕxsūdō.*

ēsŭrĭālĭs, *ĕ* (ēsŭrĭō[1]) (*Pl.*) Hunger...

ēsŭrĭō[1] 4. (*desid. v.* ĕdō[1]) essen wollen, hungrig sein, hungern, Hunger haben, *bisw. auch* (*vkl.*) Hunger leiden; / (*unkl.*) nach *etw.* lüstern sein, gierig verlangen (*alqd; auch P. alqd esuritur alci*).

ēsŭrĭō[2], *ōnĭs m* (ēsŭrĭō[1]) (*Pl.*) Hungerleider.

ēsŭrītĭō, *ōnĭs f* (ēsŭrĭō[1]) (*dcht., nkl.*) das Hungern, Hungerleiden.

ēsŭrītŏr, *ōrĭs m* (ēsŭrĭō[1]) (*Ma.*) Hungerleider.

ēsŭs *P.P.P. v.* ĕdō[1].

> **ĕt**
> **1.** *adv.* **a)** auch, gleichfalls; **b)** sogar, selbst; **2.** *ci.* und, und auch, und ferner; (*im Deutschen oft nicht oder durch attributive Wendungen übersetzt*); *besondere Bedeutungen:* α) und somit; und daher; β) und überhaupt; γ) und zwar, nämlich; δ) und wirklich, und allerdings; ε) und doch, und trotzdem; ζ) sondern; η) nun aber; ϑ) wie, als (*statt ăc u. ătquĕ*); ι) als, da; **et non** (*Ggs. neque*) und nicht; **et ... et** sowohl ... als auch; **et ... neque** einerseits ... andererseits nicht; **neque ... et** einerseits nicht ... andererseits aber.

ĕt (*cf.* ἔτι „darüber hinaus") **1.** *adv.* **a)** (*hinzufügend od. vergleichend*) (*klass. nicht häufig*) auch, gleichfalls; = *quŏquĕ* [°*salve et tu, et ille, et nunc, nam et*]; **b)** (*steigernd*) sogar, selbst, = *ĕtĭăm* [°*timeo Danaos, et dona ferentes*]. **2.** *ci.* (*zur Verbindung v. Begriffen u. Sätzen*) und, (*vermehrend*) und auch, und so auch, und ferner, und zugleich, und noch außerdem [*Castici pater regnum in Sequanis multos annos obtinuerat et a senatu amicus appellatus erat*]. *Zu beachten:* **a)** *das Polysyndeton bei Aufzählungen* [*at sunt morosi et anxii et iracundi et difficiles senes*]; **b)** et *nach multi (pauci, unus), im Deutschen unübersetzt* [*multae et magnae difficultates* viele große Schwierigkeiten, *multi et graves dolores* viele schlimme Schmerzen, *multae et splendidae victoriae* viele große Siege, *unus et perangustus aditus*]; **c)** et *im Hendiadyoin* [*ardor et impetus* hitziger Angriff, *ratio et cogitatio* vernünftiges Denken, *clamor et admiratio* laute Bewunderung, *poscere et flagitare* entschieden verlangen, *relinquere et deserere* treulos verlassen, *aequus et par* vollkommen gleich]. *Besondere Bedeutungen:* **α)** und somit, und so (denn), und daher, und folglich, und nun [*pons est interruptus et reliqua multitudo equitum interclusa*]; **β)** (*kurz abschließend*) und überhaupt, kurz [*Chrysippus et Stoici*]; **γ)** (*erklärend*) und zwar, nämlich, das heißt = *et quĭdĕm* [*errabas et vehementer errabas*]; **δ)** (*bestätigend*) und wirklich, und in der Tat, und allerdings = *ĕt vērō, ĕt prōfĕctō* [*eum interficere conatus est et fecisset, nisi ille effugisset*]; **ε)** (*kontrastierend*) und doch, und dabei, und trotzdem = *ĕt tămĕn* [*canorum illud in voce non amisi et videtis annos*]; *so bsd. in unwilligen Fragen* [*et quisquam dubitabit, quin* und da will noch jemand zweifeln?]; **ζ)** (*adversativ nach Negationen*) sondern = *sĕd* [*nulla nobis societas cum tyrannis et potius summa distractio est*]; **η)** (*im Syllogismus*) nun aber = *ătquī* [*qui in morbo sunt, sani non sunt; et omnium insipientium animi in morbo sunt: ergo omnes insipientes insipiunt*]; **ϑ)** (*statt des häufigeren ăc* [*ătquĕ*] *nach Ausdrücken der Gleichheit u. Ähnlichkeit*) [*par, idem, similis, alius, aeque u. a.*] wie, als [*non idem interitus est animorum et corporum; aeque amicos et nosmet ipsos amemus*]; **ι)** (*nkl., dcht.*) (*statt des klass. cum inversivum*) als, da *nach vorausgehendem nondum, iam, vix u.ä.* [°*vix prima inceperat aestas et Anchises dare vela iubebat*]; **d) et non** (*im Ggs. zu neque Negation e-s einzelnen Begriffs*) und nicht, [*dicam eos miseros, qui nati sunt, et non eos, qui mortui sunt*]; e) (*korrespondierend*) **et ... et** sowohl ... als auch, teils ... teils [*amicitia et prodest et delectat*, (*selten*) **-que ... et** [°*laudesque et grates egit*] *u.* **et ... -que** [*officia et servata praetermissaque*], **et ... neque** einerseits (wohl) ... anderseits nicht *u.* **neque ... et** einerseits nicht ... anderseits aber, nicht nur nicht ... sondern (auch) [*et rem agnosco nec hominem novi*].

ĕt-ĕnīm *ci.* (*klass. stets im Satzanfang, namentlich dcht. auch nachgestellt*): **1.** (= ĕnīm) nämlich, denn; *bei Weiterführung der Begründung auch* = ja auch, außerdem ja, ferner. **2.** (*versichernd, selten*) und allerdings.

ĕtēsĭae, *ārŭm m* (*Fw.* < ἐτησίαι, *eigtl.* „Jahreswinde") Passatwinde, *bsd. die auf dem Ägäischen Meere 14 Tage lang in den Hundstagen wehenden Nordwinde.*

ĕtēsĭŭs 3 (*Fw.* < ἐτήσιος) (*Lu.*) jährlich.

ēthĭcē, *ēs u.* **-că,** *ae f* (*Fw.* < ἠθική) (*nkl.*) Ethik, Moralphilosophie.

ēthĭcŭs 3 (*m. gr. adv.* **-cōs**; *Fw.* < ἠθικός, *adv.* -κῶς) (*nkl., dcht.*) ethisch.

ēthŏlŏgĭă, *ae f* (*Fw.* < ἠθολογία) (*nkl.*) Sittenschilderung, Charakterdarstellung.

ēthŏlŏgŭs, *ī m* (*Fw.* < ἠθολόγος) Charakterdarsteller, Possenreißer [*mimus et -us*].

▶ **ĕtĭăm** (< ĕt + ĭăm, *eigtl.* „auch noch") **1.** *adv.* **a)** (*zeitl.*) noch, noch immer (*v. Vergangenheit, Gegenwart u. Zukunft*), *zB. quamdiu etiam furor iste tuus nos eludet? nostrā etiam memoriā, etiam nunc od. nunc etiam* auch jetzt noch, *etiam tum od. tum etiam* auch damals noch, *non od. nondum etiam* immer noch nicht, *vixdum etiam* auch jetzt kaum; **b)** noch einmal, wieder, *zB. dic etiam clarius; bsd. etiam atque etiam* immer wieder [*rogare, considerare*]; **c)** (*in Antworten*) ja, allerdings [*aut etiam aut non* entweder ja *od.* nein]; *bsd.* ach ja! ach richtig! **2.** *ci.* **a)** (*steigernd*) auch, sogar, selbst, auch noch, *bald vor bald hinter dem betonten Worte stehend, zB. doctissimus etiam u. etiam doctissimus; atque etiam* und sogar, *quin etiam* ja sogar, *etiam non* auch nicht (*bisw.* = nē ... quĭdĕm); *bisw.* = auch nur; **b)** (*beim comp.*) noch, *zB. etiam maior, magis etiam*; **c)** (*in unwilligen Fragen*) noch obendrein, gar, auch noch, *zB. etiam rides?*; **d)** (*vermehrend*) ferner, außerdem, überdies, dazu, *zB. addam et illud etiam; accedit etiam*; **nōn sōlŭm** (*od.* **mŏdŏ**) **... sĕd** (*od.* **vērŭm**) **ĕtĭăm** nicht nur ... sondern auch.

ĕtĭăm-dŭm *adv.* (*Com.*) auch jetzt noch.

ĕtĭăm-nŭnc *u.* **ĕtĭăm-nŭm** *adv.* **1.** auch jetzt noch, noch immer, *auf die Gegenwart des Redenden od. Schreibenden bezogen* [*etiamnunc sunt qui deum esse negent; nullus* ~ noch keiner, *nihil* ~ nichts weiter; *bisw.* (*v. vergangenen Ereignissen*) damals noch, *lebhafter als* ĕtĭămtŭm. **2.** (*nkl.*) ferner, außerdem. **3.** (*Pl.*) nochmals, noch mehr [*abscede* ~].

▶ **ĕtĭăm-sī** *ci.* auch wenn, wenn auch, *m. ind. u. coni., bisw. auch ohne Verb; insb.* (*korrigierend in Hauptsätzen, selten*) indessen, gleichwohl (= *quămquăm correctivum*).

ĕtĭăm-tŭm *u.* **ĕtĭăm-tŭnc** *adv.* **1.** (auch) damals noch, immer noch, *auf die Vergangenheit bezogen.* **2.** (*Te.*) damals erst.

Ĕtrūrĭă, *ae f Ldsch. an der Westküste Italiens* (*im 6./5. Jh. v. Chr. vom Po bis Kampanien*), *j.* Toscana; *Einw. u. adi.* **Ĕtrūscŭs** (3).

▶ **ĕt-sī** *ci.* wenn auch, wenn schon, obgleich, *m. ind. u. coni.*; *m. folgendem at, attamen, at certe u. a.*; *bisw. auch ohne Verb*; *insb.* (*korrigierend in Hauptsätzen*) indessen, gleichwohl, jedoch [*nunc do poenas temeritatis meae; etsi quae fuit illa temeritas!*].

ĕtўmŏlŏgĭă, *ae f* (*Fw.* < ἐτυμολογία) (*vkl., nkl.*) Ableitung eines Wortes, Etymologie.

e͡u *int.* (*Fw.* < εὖ) (*Com., Ho.*) gut! schön! vortrefflich!

e͡uān *u.* **e͡uhān** *int.* (*Fw.* < εὐάν) (*vkl., dcht.*) **1.** *Jubelruf der Bacchantinnen.* **2.** = Băcchŭs.

Euăndĕr, *drī u.* °**Euăndrŭs,** *ī m* (Εὔανδρος) *S. des Hermes* (Mĕrcŭrĭŭs) *u. der Seherin Carmenta, führte v. Pallantion i. Arkadien eine Kolonie nach Italien u. gründete in der Gegend des späteren Rom die erste Siedlung* (Pălläntēŭm).

e͡uāngĕl... = ēvāngĕl...

e͡uāns, *āntĭs* (= εὐάζων, *cf.* euān) (*dcht., nkl.*) euan! rufend [*orgia* unter Jubelruf die Orgien feiernd].

e͡uăx *int.* (*wohl Fw.* < *εὐάξ) (*Pl.*) juchhei!; Triumph!

Euboeă, *ae f* (Εὔβοια) *Insel a. der Ostküste Mittelgriechenlands; adi.* **Eubŏĭcŭs** 3 euböisch, *auch* °α) Euböa gegenüberliegend; °β) kumäisch [*urbs -a* = *Cūmae* (*euböische Kolonie!*); *carmen* Spruch der Sibylle v. Cumae].

e͡uchărīstĭă, *ae f* (*Fw.* < εὐχαριστία) (*Tert.*) Danksagung; (*Eccl.*) das heilige Abendmahl; Hostie.

Euclīdēs, *ĭs m* (Εὐκλείδης) **1.** *treuer Anhänger des Sokrates, Stifter der Philosophenschule der Megariker.* **2.** *gr. Mathematiker in Alexandria um 300 v. Chr.* (*Lehrbuch* Στοιχεῖα [Elemente] *bis in die Neuzeit nachwirkend*).

eugĕ (*vkl., dcht.*) *u.* **eugē** (*Te.*) (*-gae schlechte Schreibung*) (*Fw.* < εὖγε); **eugĕpae** (*Pl.*) (*wohl* < eugĕ + păpae) *int.* = eu.

e͡uhān, e͡uhāns = e͡uān, e͡uāns.

Euhēmĕrŭs, *ī m* (Εὐήμερος) *griech. Philosoph aus Messene* (*um 300 v. Chr.*), *Vfssr. der* Ἱερὰ ἀναγραφή („Heilige Urkunde", *v. Ennius ins Lat. übersetzt*); *in ihr werden die Gottheiten, soweit es sich nicht um personifizierte Naturkräfte handelt, als Menschen gedeutet, die nur wegen ihrer hohen Verdienste als Götter verehrt würden* (*Euhemerismus* = *rationalistische Mythendeutung*).

Eu(h)ĭăs, *ădĭs f* (Εὐιάς) (*dcht.*) Bacchantin.

Eu(h)ĭŭs, *ī m* (Εὔιος, *cf.* e͡uŏe) (*dcht.*) *Bein. des Bacchus.*

e͡uhŏe (*dcht.*) *s.* e͡uŏe.

eulŏgĭă, *ae f* (*Fw.* < εὐλογία) (*Augustin.*) Geschenk; gesegnetes Brot *od.* Mahl; Segen.

Eumĕnēs, *ĭs m* (Εὐμένης) **1.** *Feldherr Alexanders des Großen.* **2.** *Name zweier Könige v. Pergamon.*

Eumĕnĭdēs, *ŭm f* (Εὐμενίδες) die gnädigen Göttinnen, *euphem. Bezeichnung der Erinnyen* = *lat.* Fŭrĭae; *cf.* Ĕrīnўs, fŭrĭă.

Eumŏlpŭs, *ī m* (Εὔμολπος) *myth. Stifter der Mysterien der Demeter zu Eleusis; seine Nachk.* **Eumŏlpĭdae,** *ārŭm m* (*patron.*) *alte Priesterfamilie in Athen.*

ĕŭmpsĕ (*altl.*) = ĕŭm ĭpsŭm.

eunūchŭs, *ī m* (*Fw.* < εὐνοῦχος *eigtl.* „Betthüter") Kastrat, Eunuch; ♀ *Titel e-r Komödie des Terenz.* — **Kämmerer *am Hof v. Byzanz.*

e͡uŏe *u.* **e͡uhŏe** *int.* (*Fw.* < εὐοῖ) (*nkl., dcht.*) juchhe! (*Jubelruf der Bacchantinnen*).

Euphŏrbŭs, *ī m* (Εὔφορβος) *Trojaner; in seiner Gestalt wollte Pythagoras* (*Seelenwanderungslehre*) *den Trojanischen Krieg erlebt haben.*

Euphŏrĭōn, *ōnĭs m* (Εὐφορίων) *aus Chalkis* (*um 250 v. Chr.*), *hellenistischer Dichter, Vorbild der röm. Neoteriker, u. Bibliothekar bei Antiochos dem Großen.*

Euphrātēs, *ĭs u. ī m* (Εὐφράτης) der Euphrat; *acc.* **-ēm** *u.* **-ēn**; *abl.* **-ĕ**.

Eupŏlĭs, *ĭdĭs m* (Εὔπολις) *Dichter der älteren att. Komödie* (*um 425 v. Chr.*); *acc.* -*līm u.* °-*līn*; *abl.* -*lī u.* °-*lĭdĕ*; *Cf.* V.-B. III, 4, b.

Eurīpĭdēs, *ĭs m* (Εὐριπίδης) *athen. Tragiker* (*485 od. 480 bis 406 v. Chr.*); *cf.* V.-B. III, 3; *adi.* **Eurīpĭdēŭs** 3.

eurīpŭs *u.* **-ŏs,** *ī m* (*Fw.* < εὔριπος) **1.** Meerenge; *bsd.* **Eurīpŭs** die Meerenge *zw. Euböa u. dem griech. Festland.* **2.** / Wassergraben, Kanal; *bsd.* (*nkl.*) Graben, *der um den Zirkus ging.*

Eurōpă, *ae u.* °**-ē,** *ēs f* (Εὐρώπη) *T. des phönikischen Königs Agenor, die Zeus in Stiergestalt von Sidon nach Kreta entführte* (*cf.* V.-B. I, 1) *u. der nach ihr benannte* Erdteil Europa; *adi.* **Eurōpaeŭs** 3.

Eurōtās, *ae m* (Εὐρώτας) *Hauptfluß der lakonischen Ebene um Sparta. Cf.* V.-B. I, 3.

eurōŭs 3 (eurŭs; *Suffix nach* Ĕōŭs) (*Ve.*) südöstlich, *übh.* östlich.

eurŭs, *ī m* (*Fw.* < εὖρος) (*unkl., meist dcht.*) **1.** Südostwind. **2. a)** Ostwind; **b)** Sturmwind.

Eurўdĭcē, *ēs f* (Εὐρυδίκη) *Gattin des Orpheus, durch einen Schlangenbiß getötet. Als sich Orpheus, der sie mit Plutos Einwilligung aus der Unterwelt zurückholen wollte, gegen das Verbot nach ihr umsah, mußte sie in die Unterwelt zurückkehren*

(*Marmorrelief i. Neapel, um 420 v.Chr.*). *Cf.* V.-B. I, 1.
Eurȳstheūs, *ĕī m* (Εὐρυσθεύς) *myth. K. v. Mykene; er legte dem Herakles auf Heras Befehl die zwölf Arbeiten auf.*
F. *Cf.* V.-B. II, 3.
euschēmē *adv.* (*Fw.* ‹ εὐσχήμως *adv. zu* εὔσχημος *m. lat. Suffix*) (*Pl.*) *m.* allem Anstand.
Eutĕrpē, ēs *f* (Εὐτέρπη) *Muse der Tonkunst, m. Flöte dargestellt.*
Eutrăpĕlŭs, ī *m* (εὐτράπελος) der Gewandte, Witzige (*Bein. des röm. Ritters P. Volumnius*).
euxīnŭs 3 (*Fw.* ‹ εὔξεινος) gastlich; **Pŏntŭs Euxīnŭs** (*auch* °*mare u.* °*aequor -um,* °*undae u.* °*aquae -ae u.ä.*) das Schwarze Meer (*früher Ăxēnŭs; s.d.*).
▶ **ē-vādō**, *vāsī, vāsŭm* 3. **1.** (*intr.*) **a)** heraus-, hervorgehen, -kommen (*abs. od.* *ex re, zB. ex balneis; selten re, zB.* °*silvā; ad alqm, in alqd, zB.* °*in terram* landen, °*in mare* münden; *supra castra* über das Lager hinaus); **b)** hinaufsteigen, emporklimmen (*in, ad alqd, zB. in haec loca,* °*ad auras; adverso colle* den Hügel gerade hinanstürmen); **c)** entkommen, entgehen, entrinnen (*ab alqo, zB. ab iniustis iudicibus; ex re, zB. e periculo, ex morbo, auch* °*re;* °*alci rei, zB. pugnae; ad alqm; in ultimam aciem*); **d)** / (*v. Sachen*) irgendwie ablaufen *od.* ausschlagen, ausfallen, enden, in Erfüllung gehen [*somnium verum evasit,* °*pestilentia in longos morbos evasit* endigte *m.*; *alqd alci bene od. male, aliter evadit*]; **e)** (*v. Pers.*) als *etw.* hervorgehen = sich zu *etw.* entwickeln, schließlich *etw.* werden [*Albucius perfectus Epicureus evasit*]. **2.** (*trans., meist unkl.*): **a)** (*einen Raum*) passieren, über *etw.* hinausgehen (*alqd, zB.* °*media castra,* °*tot urbes,* °*totum spatium* durchfliegen); **b)** *etw.* ersteigen, erklimmen [°*ardua,* °*gradus altos*]; **c)** entkommen, entgehen, entrinnen (*alqd, zB.* °*insidias*).
F. 2. *sg. pf.* (*synk.*) (*Ho.*) [ēvāstī].
ēvăgātiō, ōnĭs *f* (ēvăgŏr) (*nkl.*) Ausbreitung.
ē-vāgīnō 1. (‹ ē *vāgīnā*) (*sc. trăhō*) (*nkl.*) aus der Scheide ziehen [*gladium*]; P. aus der Scheide fahren.
ē-văgŏr 1. **1.** (*intr.*) **a)** (*nkl.*) umherschweifen [*late; auch* /]; **b)** *mil.* (*Li.*) schwenken, ausschwärmen; **c)** / **α)** sich verbreiten, um sich greifen [°*vis morbi, appetitus*]; **β)** (*nkl.*) *vom Thema* abschweifen. **2.** (*trans.*) (*nkl., dcht.*) *etw.* überschreiten [*ordinem*].
ē-vălēscō, *vălŭī,* — 3. (*nkl., dcht.*) **1.** erstarken. **2.** / **a)** sich steigern, wachsen (*in alqd* zu *etw., zB. in tumultum, adusque bellum*); **b)** zur Geltung gelangen; **c)** *pf.* imstande sein (*m. inf.*).
ē-vălĭdŭs 3 (*nkl., dcht.*) ganz stark.
ē-vānēscō, *vānŭī,* — 3. verschwinden, vergehen, sich verlieren, *eig. u.* / [*vinum* verdunstet, *memoria alcis; re* durch *etw.*; *in alqd* in *etw., zB.* °*in auras* sich auflösen].
ēvăngĕlĭcŭs (*Eccl.*: *ēŭăngĕl...*) 3 (*Fw.* ‹ εὐαγγελικός) zum Evangelium gehörig.
ēvăngĕlistă (*Eccl.*: *ēŭăngĕl...*), *ae m* (*Fw.* ‹ εὐαγγελιστής) Evangelist; Prediger.
ēvăngĕlĭŭm (*Eccl.*: *ēŭăngĕl...*), *ī n* (*Fw.* ‹ εὐαγγέλιον) Evangelium; christl. Lehre. — **Evangelienbuch.
ēvānĭdŭs 3 (ēvānēscō) (*nkl., dcht.*) (ent)schwindend, verlöschend, vergehend [*amor*]; (*v. Pers.*) hinfällig.
ē-vānŭī *s.* ēvānēscō.
ēvăpŏrātiō, ōnĭs *f* (ēvăpŏrō 1. ausdünsten; *văpŏr*) (*nkl.*) Ausdünstung.
ē-vāsī *s.* ēvādō.
ē-vāstō 1. (-ā-?) (*nkl.*) völlig verwüsten (*alqd, zB. agrum*).
ē-vāsŭm *P.P.P. v.* ēvādō.
ē-vĕhō, *vēxī, vĕctŭm* 3. **1. a)** hinausführen, -bringen, -schaffen, fortschaffen (*alqd ex re in alqd, zB. omnia plaustris ex fanis, classem in altum*); **b)** (*nkl.*) *mediopass.* **evehi** *u.* (*selten*) *se evehere* **α)** hinausfahren, -reiten, -segeln, *v. Pers. u. Sachen* [*curru, equo, ex portu* auslaufen, *mari Aegaeo* aus dem Ägäischen Meer]; (*v. Flüssen*) abfließen [*ad mare*]; **β)** *feindl.* losreiten *od.* losfahren (*in alqm* gegen *jd., in alqd* gegen *etw.*); / *v.* irgendwo ausgehen (*auch klass.*: *eloquentia ex Piraeo evecta est*); **γ)** (*nkl.*) über *etw.* hinausgehen *od.* -fahren (*alqd, zB. ōs amnis* an der Mündung vorbei, *fama insulas evehitur* dringt über die Inseln hinaus); / (*nkl.*) *auch* = *etw.* überschreiten, übersteigen [*opes privatum modum evehuntur*]; **δ)** (*nkl.*) sich hinreißen lassen [*spe vanā*], (*v. der Rede*) zu weit gehen [*inconsultius*]. **2.** (*nkl., dcht.*) emporführen, -bringen, erheben, *im act. meist* / [*alqm honoribus od. ad consulatum, ad deos*]; *mediopass.* hinauffahren, -reiten [*equo, per auras* sich emporschwingen].
ē-vĕllō, *vĕllī* (*u. nkl.* °*vŭlsī*), *vŭlsŭm* 3. heraus-, ausreißen, -ziehen, *auch* abreißen, losreißen (*alqm u. alqd, zB. arborem, truncos* entwurzeln; *alqd ex re u.* °*re, zB. poma ex arboribus,* °*quercum terrā; alci alqd j-m etw., zB. linguam Catoni*); *oft* /, *zB. suspicionem ex animo, meist* = vernichten, (ver)tilgen, beseitigen [*consules ex fastis, alqd ex hominum memoria, actiones alcis* umstoßen].
▶ **ē-vĕnĭō**, *vēnī, vĕntŭm* 4. **1.** (*unkl.*) heraus-, hervorkommen [*merses profundo, pulchrior evenit*]. **2.** / **a)** sich ereignen, eintreten [*pax; quidquid evenerit, idem in litteras meas evenit* ist *m.* meinem Brief vorgegangen]; *impers. evenit, ut* es geschieht, daß; **b)** eintreffen, in Erfüllung gehen [*res praedicta evenit*]; **c)** (*m. dat.*) *jd.* widerfahren, begegnen (*alci; m. ut od. m.* °*inf.*); **d)** (durch das Los, *sorte*) zufallen, zuteil werden [*provincia*]; **e)** irgendwie ausfallen *od.* ablaufen, ausgehen, enden [*bene, prospere,* °*ex sententia, auspicia secunda ei evenerunt*]. — ** = *fīō* (werden).
F. *altl. coni. praes.*: ēvĕnăt, -nănt.
ē-vĕntĭlō 1. (*nkl.*) durch Schwingen reinigen (*alqd, zB. terrestrem spiritum*).
ēvĕntŭm, *ī n* (*eig. P.P.P. n v.* ēvĕnĭō) **1.** Ausgang, Erfolg, Ergebnis. **2.** Ereignis, Begebenheit. **3.** (*t.t. der Physiker; Lu.*) das äußerlich Zufällige.
ē-vĕntŭs[1] *P.P.P. v.* ēvĕnĭō.
▶ **ēvĕntŭs**[2], *ūs m* (ēvĕnĭō) **1. a)** Ausgang, Erfolg, Entscheidung, Ergebnis [*bonus, malus; abs. u. alcis rei, zB. pugnae; selten alcis, cf.* 3.]; **b)** (*prägn.*) günstiger Ausgang, Erfolg; **c)** (*nkl., dcht.*) ungünstiger Ausgang [*impiorum fratrum*]; (*im Drama*) Katastrophe; Ziel [*Homerus semper ad eventum festinat*]. **2.** Vorfall, Ereignis. **3.** Schicksal, Los (*alcis u. alcis rei, zB. amici, navium; oft pl.* = Wechselfälle). **4.** ♀ *Bonus Eventus* (*vkl., nkl.; Inschr.*) *urspr. ländliche* Gottheit des Gedeihens der Feldfrüchte, *später übh.* des guten Erfolgs.
ē-vĕrbĕrō 1. (*nkl., dcht.*) **1.** aufpeitschen, (schlagend) emportreiben [*mare remis*]. **2. a)** heftig schlagen, zerschlagen [*clipeum alcis, ōs alcis hastis*]; **b)** abschütteln [*cineres alis*].
ē-vĕrgō, — — 3. (*Li.*) hervorsprudeln lassen.
ēvĕrrĭcŭlŭm, *ī n* (ēvĕrrō) Kehrbesen, *auch* / (*m. Anspielung auf den Namen* „*Verres*").
ēvĕrrō, (*vĕrrī*), *vĕrsŭm* 3. **1.** (*vkl., nkl.*) ausfegen (*alqd*). **2.** / rein ausplündern [*fanum*].
ēvĕrsĭō, ōnĭs *f* (ēvĕrtō) das Umwerfen [*columnae*], *übh.* Zerstörung [*tectorum*]; / Umsturz, Zerrüttung [*patriae, vitae*].
ēvĕrsŏr, ōrĭs *m* (ēvĕrtō) Zerstörer, *eig. u.* / [*civitatis*].
ē-vĕrsŭs *P.P.P. v.* ēvĕrrō *u.* ēvĕrtō.
▶ **ē-vĕrtō**, *rtī, rsŭm* 3. **1.** (*Com., dcht.*) umkehren, umdrehen [*cervices*], *bsd.* (*Wogen*) aufwühlen [*aequora ventis*]. **2.** umstürzen, umwerfen [*statuam, navem,* °*arborem* umwerfen *od.* fällen]. **3. a)** zerstören, niederreißen [*domum, urbem*]; **b)** / zugrunde richten, zerrütten, zu Fall bringen (*alqd u. alqm, zB. leges, civitates, amicitiam, aratores* die Domänenpächter finanziell ruinieren); **c)** *jd.* vertreiben [°*totos in aequor* stürzen]; / *alqm re jd.* aus *etw., zB. bonis od. fortunis jd.* um sein Vermögen *od.* um sein Besitztum bringen, *sedibus v.* Haus *u.* Hof vertreiben.
ēvēstīgātŭs 3 (*eig. P.P.P. v.* *ē-vēstīgō) (*dcht., nkl.*) aufgespürt, erforscht.
ēvĭdēns, ĕntĭs (*m. comp. u. sup.; adv.* **-ĕntĕr**) (*eig. part. praes. v.* °ē-vĭdĕŏr „völlig erscheinen"; *s.* ēvĭdĕntĭă) **1.** sichtbar [*mensura*]. **2.** / **a)** augenscheinlich, einleuchtend, offenbar [°*causa*]; **b)** (*nkl.*) hervorragend, glänzend [*quaestus* auffallend].
ēvĭdĕntĭă, *ae f* (ēvĭdēns) **1.** (*nkl.*) (*eig. u.* /) Ersichtlichkeit. **2.** / (*rhet. t.t.*) (*adi. u. subst. nach* ē-lūcēns *v. Ci. als Übersetzung v.* ἐνάργής *u.*

ἐνάργεια *gebildet*) Veranschaulichung *einer Person od. Sache*, Evidenz.

ē-vigilō 1. durchwachen: **1.** (*intr.*) **a)** (*nkl.*) aufwachen, erwachen, wachen; **b)** / wach bleiben, unermüdlich tätig sein [*curae et cogitationes meae*]. **2.** (*trans.*) **a)** (*Ti.*) durchwachen [*noctem*]; **b)** bei Nacht sorgfältig ausarbeiten [*consilia evigilata cogitationibus* genau erwogene Pläne].

ē-vīlēscō, *luī*, — 3. (*vīlis*; *nkl.*) wertlos werden.

ē-vinciō, *vinxī, vinctum* 4. (*vinxī, vinctum?*) (*nkl., dcht.*) **1.** binden, fesseln. **2.** umbinden, umwinden (*alqd re, zB. caput diademate, tempora ramis*).

ē-vincō, *vīcī, victum* 3. (*nkl., dcht.*) **1.** völlig besiegen, die Oberhand gewinnen über, *auch* / (*alqm u. alqd, zB. Aeduos, difficultates, angusta* glücklich überstehen). **2.** / **a)** (*v. Örtlichkeiten*) über *etw.* hinausgelangen, *etw.* gewaltsam durchbrechen [*Charybdim remis*]; **b)** *jd.* überreden, bewegen, erweichen (*alqm*); *bsd.* P. sich bewegen lassen [*lacrimis, donis; ad u. in alqd* zu *etw., zB. ad miserationem, in gaudium*]; **c)** *etw.* (*siegreich*) durchsetzen, es dahin bringen (*m. ut, ne*); **d)** unumstößlich dartun *od.* beweisen *m. a.c.i.*; **e)** (*jur. t.t.*) auf gerichtlichem Wege wiedererlangen (*alqd od. alqm*).

ē-virō 1. (*vir*) (*unkl.*) entmannen, entkräften (*alqm u. alqd*).

ē-viscĕrō 1. (*-ī-?*) (*viscĕra*; *eig.* „ausweiden") (*unkl.*) zerfleischen, zerreißen [*columbam*]; / auswaschen [*terras*].

ēvītābilis, ĕ (*ēvītō*[1]) (*dcht., nkl.*) vermeidbar, entrinnbar [*telum*].

ēvītātiō, *ōnis f* (*ēvītō*[1]) (*nkl.*) das Vermeiden.

ē-vītō[1] 1. vermeiden, ausweichen, entgehen, *oft* / (*alqd, zB. °hastam, suspicionem, °periculum fugā*).

ē-vītō[2] 1. (*ē + denom. v. vīta*) (*unkl.*) das Leben rauben (*alqm*).

ēvŏcātiō, *ōnis f* (*ēvŏcō*) (*unkl.*) Aufruf; *bsd.* Vorladung eines Schuldners.

ēvŏcātŏr, *ōris m* (*ēvŏcō*) Aufwiegler (*servorum*).

▶ **ē-vŏcō** 1. **1. a)** heraus-, hervor-, herbeirufen (°*alqm foras od.* °*e curia, ad se*); **b)** (*relig. t.t.*) (*Tote*) aus der Unterwelt zitieren, aus dem Grab erwecken [°*manes, alqm ab inferis, °proavos sepulcris*]; **c)** *mil. jd.* zum Kampf herausfordern (*alqm ad pugnam*); **d)** (*relig. t.t.*) (*die Gottheiten einer belagerten Stadt*) auffordern, diese zu verlassen [*deos*]. **2. a)** (*amtlich*) zu sich berufen, vorladen, *bsd. Untergebene* [*alqm ad colloquium, principes*]; **b)** *mil.* **α)** (*Soldaten*) zum Kriegsdienst aufbieten [*centuriones ad bellum*]; (*P.P.P.*) *subst.* *ēvŏcātī m* Freiwillige, Veteranen (*ausgediente Soldaten, die in Notzeiten aufgeboten wurden*); **β)** (*Truppen*) abberufen, abkommandieren, irgendwohin beordern [*legiones ex hibernis ad fines Treverorum*]; **c)** *jd.* zu *etw.* erheben [*alqm ad honorem jd.* in ein Ehrenamt berufen; *familiam e tenebris in lucem*]. **3.** / **a)** *etw.* hervorrufen, erwecken, erregen (*alqd, zB. probitatem praemiis, °alci risum* abnötigen); **b)** *jd.* zu *etw.* verlocken [*cupiditas multos longius evocavit* lockte zu weit weg].

ēvoe *s.* *euoe*.

ē-vŏlō 1. **1. a)** hervorfliegen, *bsd.* aus dem Nest ausfliegen, *übh.* wegfliegen (*abs. od. ex re, zB. aquila ex quercu evolat*); **b)** entfliehen, enteilen (*abs. od. ex vinculis*, / *e poena* der Strafe entgehen). **2.** hervorbrechen, -stürzen, eilen [*hostes ex omnibus partibus silvae*]. **3.** emporfliegen = sich emporschwingen, sich zu *etw.* Hohem aufschwingen [*altius*].

ēvŏlūtiō, *ōnis f* (*ēvŏlvō*) das Aufschlagen *e-s Buches* = das Lesen [*poëtarum*].

ē-vŏlvō, *vōlvī, vŏlūtum* 3. (*im Vers auch ēvŏlŭām, ēvŏlŭissĕ*) **1. a)** (*nkl., dcht.*) heraus-, hinauswälzen, hervorwälzen, -rollen (*alqm u. alqd, zB. per humum; alqd ex re od. m. bloßem abl., in u. ad alqd*); *auch etw.* (*v. sich*) abwälzen, (*Gewässer*) entströmen lassen [*fluctūs in mare, aquas per campos*]; **b)** se evolvere *u. mediopass.* sich hinauswälzen, hinausrollen, (*v. Gewässern*) entströmen; sich aus *etw.* herauswickeln = sich heraushelfen [*ex his turbis*]; (*auch klass.*) einer Hülle entkleidet werden (re, *zB. integumentis dissimulationis* = entlarvt werden); **c)** vertreiben, verdrängen (*alqm sede patria, ex clandestina praeda* berauben); **d)** (*vom Rauch*) emporwirbeln lassen [*fumum ex tuguriis*]; *mediopass.* aufwirbeln, aufsteigen; **e)** (*Spindeln*) abspinnen [*fusos*]; **f)** (*Pl.*) auftreiben [*argentum*]. **2. a)** auseinanderrollen, aufrollen (*alqd, zB. volumen epistularum*, °*vestem* auseinanderschlagen); *bsd.* (*ein Buch*) aufschlagen, öffnen [*librum*], / lesen, studieren [*poëtas*, °*versūs*, °*antiquitatem*]; **b)** / entwickeln, deutlich machen, enthüllen, darstellen, schildern (*alqd, zB. rem accuratius in litteris, exitum criminis* ermitteln); *auch* (*dcht., nkl.*) *etw.* überdenken, überlegen [*haec* sein Geschick].

ē-vŏmō, *uī, ītum* 3. ausspeien, *v.* sich geben (*abs. od. alqd, zB. conchas, °venenum*); / ausstoßen, ausschütten [*pestem* sich *e-s* verbrecherischen Menschen entledigen]; *bsd.* (*Worte*) ausstoßen [*orationem in alqm* gegen *jd.*].

ē-vŏrtō, *rtī, rsum* 3. = *ēvĕrtō*.

ē-vŭlgō 1. (*nkl.*) veröffentlichen, bekannt machen (*alqd, zB. ius civile; m. a.c.i.*); *bsd.* preisgeben [*pudorem* Schamgefühl].

ēvŭlsiō, *ōnis f* (*ēvĕllō*) das Herausreißen [*dentis* Zahnziehen].

▶ **ĕx** *s.* ē.

****ex abrupto** (*s. abrumpo*) unversehens, plötzlich.

ĕx-ăcĕrbō 1. (*nkl.*) *jd.* bitter treffen; *bsd.* völlig erbittern, aufbringen, erzürnen (*alqm od. animum alcis, auch alqd, zB. odium; alqm re, zB. hostes contumeliis; alqm in alqm jd.* gegen *jd.*).

ĕxāctiō, *ōnis f* (*ĕxĭgō*) **1.** Vertreibung [*regum*]. **2.** Eintreibung, Erhebung [°*pecuniarum*]; *bsd.* **a)** Besteuerung [*capitum atque ostiorum*]; **b)** *pass.* (*concr.*) Steuer, Einnahme; Abgabe [*prior*]. **3.** Beaufsichtigung, Leitung *öffentlicher Bauten durch die Behörde* [*operum publicorum*].

ĕxāctŏr, *ōris m* (*ĕxĭgō*) **1.** (*Li.*) Vertreiber [*regum*]. **2.** Einkassierer, *bsd.* Steuererheber; / (*nkl.*) *promissorum* strenger Mahner an die Erfüllung der Versprechungen. **3.** (*nkl.*) Aufseher, *auch* Vollstrecker (*alcis rei, zB. supplicii*).

ĕxāctŭs[1] 3 (*m. comp. u. sup.*; *adv.* **-ē**) (*eig. P.P.P. v. ĕxĭgō*) (*nkl., dcht.*) genau, pünktlich, *v. Pers. u. Sachen* [*vir, cura*]; *auch* vollkommen (*alcis rei* in *etw., zB. artis*).

ĕxāctŭs[2], *ūs m* (*ĕxĭgō*) (*Qu.*) Vertrieb, Verkauf.

ĕx-āctŭs[3] *P.P.P. v. ĕxĭgō.*

ĕx-ăcŭō, *ăcŭī, ăcūtum* 3. **1. a)** (*nkl.*) schärfen, wetzen [*vallos* zuspitzen, *dente*]; **b)** / [*vim oculorum et ingenii aciem, mucronem tribunicium in alqm*]. **2.** / (auf)reizen, aufstacheln, antreiben (*alqm u. °alqd, zB. °regem adversus Romanos, °palatum* den Appetit; *alqm ad u. in alqd jd.* zu *etw., zB. °animos in bella*).

ĕx-ădvĕrsum (*u. -vŏrsum*) *u.* **-sŭs** **1.** *adv.* (*Com., nkl.*) genau gegenüber (*abs. u. alci rei, zB. ei loco*). **2.** *prp. b. acc.* gegenüber [*eum locum, °Thrasybulum*].

ĕxaedĭfĭcātiō, *ōnis f* (*ĕxaedĭfĭcō*) **1.** (*nkl.*) Aufführung *e-s Gebäudes*. **2.** / Aufbau, vollendete Ausführung [*historiae*].

ĕx-aedĭfĭcō 1. **1.** aus-, aufbauen, *e-n Bau* aufführen (*alqd, zB. oppidum, villam, Capitolium*); / vollenden [*opus*; °*ignaviam* sein Lotterleben fortführen]. **2.** (*Pl.*) (*im Wortspiel m. ex aedibus*) *jd.* hinausbefördern [*me*].

ĕxaequātiō, *ōnis f* (*ĕxaequō*) (*nkl.*) das Einebnen; / Gleichstellung, Gleichheit.

ĕx-aequō 1. **1.** (*nkl.*) einebnen, gleichmachen (*alqd, zB. °oris cutem ad speciem levitatis* = glatt scheren, *periculum* gleich verteilen; *alqd alci rei, zB. °tumulos tumulis* = Haufen auf Haufen türmen). **2.** / auf gleiche Stufe stellen [*iura*; °*facta dictis* = angemessen *od.* in einer ihrer würdigen Weise darstellen]. **3. a)** gleichstellen *od.* vergleichen (*alqm alci u. cum alqo, alqd alci rei u. cum re, zB. °se dis, se cum inferioribus; bonis exaequari* gleichkommen); **b)** (*dcht.*) gleichkommen, erreichen (*alqm u. alqd, zB. Sabinas*).

ĕxaerĕsĭmŭs 3 = *ĕxhaerĕsĭmŭs*.

ĕx-aestŭō 1. **1.** (*intr.*) (*nkl., dcht.*) aufwallen, aufbrausen, (*vom Meer*) wogen, branden, (*durch Hitze*) erglühen [*fervore solis*]; / (*v. Leidenschaften*) erglühen, aufbrausen [*mens irā, ignis* Liebesflamme]. **2.** (*trans.*) (*Lu.*) aufwallend ausströmen lassen [*aestūs*].

ĕxăggĕrātiō, *ōnis f* (*ĕxăggĕrō*) **1.** (*nkl.*) Aufhäufung; Häufung. **2.** / Erhebung [*animi*].

ĕx-ăggĕrō 1. **1.** (*nkl.*) aufdämmen,

m. Dammerde ausfüllen [*planitiem humo*]. **2.** aufhäufen, vermehren [*rem familiarem*; °/ *mortem morti* Tod auf Tod häufen]. **3.** / **a)** vergrößern, steigern [°*alcis iuventam honoribus* in jungen Jahren zu hohen Ehren bringen]; **b)** (*durch Worte*) rühmend erheben, (*pejorativ*) auf Kosten der Wahrheit erheben, übertreiben [*alcis beneficium verbis*]; **c)** (*rhet. t.t.*) erhöhen [*orationem* einen höheren Schwung geben]; **d)** (*geistig*) erheben [*animum virtutibus*].

ĕxăgĭtātŏr, ōris *m* (ĕxăgĭtō) Tadler.

▶ **ĕx-ăgĭtō** 1. **1.** (*dcht.*) (*ein Wild*) aufscheuchen [*leporem*]. **2.** / **a)** *jd.* umhertreiben, (ab)hetzen, verfolgen (*alqm*, P. *a tota Graecia exagitari*); **b)** aufrütteln, wecken; **c)** (*pejorativ*) α) beunruhigen, quälen, verfolgen [*alqm bello od. formidine*]; *auch etw.* nicht ruhen lassen [*dissensionem*], *etw.* vielfach besprechen [°*rem vulgi rumoribus*]; β) (*m. Worten*) leidenschaftlich angreifen, geißeln, tadeln, verspotten, laut mißbilligen (*alqm u. alqd, zB. nobilitatem, fraudes alcis*); γ) aufwiegeln, aufreizen (*alqm u. alqd, zB.* °*plebem,* °*rem publicam seditionibus*); *bsd.* (*eine Leidenschaft*) erregen *od.* wiedererwecken [*maerorem,* °*odium*].

ĕxăgōgă, *ae f* (*Fw.* ‹ ἐξαγωγή) (*Pl.*) Ausfuhr, Transport.

ĕx-ălbēscō, *bŭī,* — 3. **1.** (*Ge.*) weiß werden. **2.** / erbleichen, erblassen.

ĕxălō 1. = ĕxhālō.

ĕx-ămbŭlō 1. (*Pl.*) herausspazieren, hinausgehen.

▶ **ĕxāmĕn,** *ĭnis n* (‹ **eks-ag-smen* „das Heraustreiben"; *ăgō*) **1.** Schwarm *v. Insekten* (*bsd. apium* Bienenschwarm, *eig.* „der *zur Gründung e-s Stocks* herausgeführte"); *übh.* Schwarm = Schar, Haufe, Menge [*servorum*]. **2.** (*dcht., nkl.*) Zünglein an der Waage (*eig.* „das Heraustreiben" [*aus der Ruhelage*], „Ausschlag") [*duae aequato examine lances*]. **3.** (*meton.*) (*dcht.*) Untersuchung, Prüfung [*legum,* ~ *servare* anstellen]. — **Urteil; Gottesurteil.

ĕxāmĭnātĭō, ōnis *f* (ĕxāmĭnō; *nkl.*) das Abwiegen; / Prüfung, Untersuchung.

ĕxāmĭnātŏr, ōris *m* (ĕxāmĭnō; *spätl.*) Prüfer.

ĕxāmĭnō 1. (*denom. v.* ĕxāmĕn, *eigtl.* „die Waage ins Gleichgewicht bringen") *etw. auf der Waage* abwiegen (*alqd paribus ponderibus od. aurificis staterā, taleas ad certum pondus*); / abwägen, untersuchen, prüfen (*alqd, zB. verborum pondera*; *alqd re etw.* m. *od.* nach *etw., zB. omnia verborum momentis*).

ĕx-ămŭssĭm *adv.* (*ămŭssis*) (*vkl., nkl.*) nach dem Richtscheit; genau, pünktlich.

ĕx-ănclō 1. (ex + *Lw.* ‹ ἀντλέω „schöpfen"; *cf. ăntlĭă, sĕntīnă*) **1.** (*vkl.*) ausschöpfen, austrinken. **2.** / bis ans Ende aushalten *od.* ertragen [*labores,* °*annos belli*].

ĕxăngŭĭs, ĕ = ĕxsăngŭĭs.

ĕxănĭmālĭs, ĕ (ĕxănĭmō) (*Pl.*) **1.** (*pass.*) entseelt. **2.** (*act.*) tödlich [*curae*].

ĕxănĭmātĭō, ōnis *f* (ĕxănĭmō) Besinnungslosigkeit, Entsetzen, Beklemmung, Angst.

ĕx-ănĭmĭs, ĕ *u.* (*bsd. im pl.*) **ĕx-ănĭmŭs** 3 (*wohl Rückbildung aus ĕxănĭmō*) (*dcht., nkl.*) atemlos: **1.** (*meton.*) leblos, entseelt, tot, *v. Pers. u. Sachen* [*iuvenis, bos, corpus*]. **2.** / entsetzt, betäubt [*metu*].

ĕx-ănĭmō 1. **1.** (*dcht.*) luftleer machen [*folles*]. **2.** des Atems berauben; *nur* P. außer Atem kommen [*cursu*; *oft im P.P.P., zB.* °*exanimatus currit*; / *verba exiliter exanimata* gelispelt]. **3. a)** (*meton.*) töten, umbringen, *auch* / (*alqm re, zB. servum verberibus* zu Tode prügeln, *se taxo*); P. sterben (*exanimatus* entseelt, tot); **b)** / aus der Fassung bringen, erschrecken, entmutigen, ängstigen [*alqm metu od. conscientiā*].

ĕx-ănĭmŭs 3 *s.* ĕxănĭmĭs.

ĕx-āntĕ (*auch getr.*) *prp. b. acc.* von ... an [*diem*].

ĕx-āntlō 1. (*neu an* ἀντλέω *angeschlossen statt der lautgesetzlich einwandfreien Umformung* ‹ -tl: ĕxănclo; *s.d.*).

▶ **ĕx-ārdēscō,** ārsī, (ārsŭm) 3. (-ă-?) **1.** sich entzünden, sich erhitzen (*v. Stoffen, zB. materies*); *auch* erglühen [°*dies*; / *pro patria* ins Feuer gehen, sich opfern]. **2.** / **a)** (*v. Pers.*) entbrennen, erglühen, leidenschaftlich ergriffen werden (*re, zB. dolore, amore, desiderio, irā* ergrimmen; *contra alqm* gegen *jd.*; °*in alqm* für *jd.* in Liebe entbrennen; *ad, in alqd* zu, für *etw., zB. ad spem,* °*in seditionem*); **b)** (*vom Redner*) *m.* Feuer sprechen; **c)** (*v. Zuständen, Affekten u.ä.*) entbrennen, ausbrechen, auflodern [*bellum, illud tempus,* °*ignes* Zorn]; **d)** (*vom Preise*) (*Suet.*) steigen, anziehen [*in immensum*].

ĕx-ārēscō, ārŭī, — 3. vertrocknen, versiegen [*fons, lacrimae*]; / verschwinden, sich verlieren [*vetus urbanitas* der gute Ton alter Schule].

ĕx-ārmō 1. (*nkl.*) entwaffnen (*alqm, zB. cohortes*); abtakeln [*navem*]; / entkräften (*alqd, zB. accusationem*).

ĕx-ārō 1. **1.** herauspflügen, ausgraben (*alqm u. alqd, zB. puerum, multa sepulcra*); / durch Ackerbau gewinnen (*alqd, zB. multum frumenti*). **2. a)** (*unkl.*) aufpflügen, durchfurchen [*terram, frontem rugis m.* Runzeln überziehen]; **b)** / die Wachstafel m. dem Griffel durchfurchen, *d. h.* schreiben, (flüchtig) entwerfen, konzipieren [*exemplum litterarum in codicillis,* °*librum*].

ĕx-ārsī *s.* ĕxārdēscō.

ĕx-āscĭō 1. (ĕx + *denom. v.* āscĭă) (*Pl.*) (*m. der Axt*) sorgfältig behauen; / ausklügeln, genau durchdenken.

ĕx-āspĕrō 1. (*nkl., dcht.*) aufrauhen: **1. a)** (*med. t.t.*) entzünden, angreifen [*fauces*]; **b)** (*das Meer*) aufwühlen [*mare fluctibus*]; **c)** (*dem Ton nach*) rauh machen [*vocem*]. **2.** / **a)** (*e-e Pers.*) roh machen, verwildern lassen (*alqm*); P. verwildern [*tot malis*]; **b)** (*durch die Darstellung*) in ein schlechtes Licht setzen [*rem verbis*]; **c)** erbittern, aufreizen, aufhetzen (*alqm, zB. Ligures, animum alcis*).

ĕx-auctōrō 1. (*nkl.*) *jd.* verabschieden, entlassen [*militem, se* den Dienst quittieren]; / *jd.* (*schimpflich*) verabschieden, kassieren (*alqm*).

ĕx-audĭō 4. **1. a)** *etw.* heraushören (*bei Geräusch*); **b)** deutlich hören, vernehmen, verstehen (*abs. u. alqm od. alqd, zB. Torquatum, vocem alcis*); P. zu *j-s* Ohren dringen. **2.** / (*nkl., dcht.*) erhören, Gehör schenken (*alqm u. alqd, zB. monitorem, preces*; P. Gehör finden); *auch* auf *etw.* hören, gehorchen (*alqd, zB. quod imperatur*). — **(*)*Exaudi i. d. evang. Kirche Name des Sonntags nach Himmelfahrt, nach dem Eingangsvers Ps.* 26 (27), 7: *Exaudi, Domine.*
F. *pf.-Formen* (*synk.*) ĕxaudīssĕ = ĕxaudīvīssĕ; *altl. impf.* -*ibām.*

ĕx-augĕō, — — 2. (*unkl.*) stark vermehren, verstärken.

ĕxaugŭrātĭō, ōnis *f* (ĕxaugŭrō) (*Li.*) Aufhebung der Weihe, Profanierung (*alcis rei, zB. sacellorum*).

ĕx-augŭrō 1. (*vkl., nkl.*) *etw.* der Weihe entkleiden, profanieren (*alqd, zB. fanum*).

ĕx-auspĭcō 1. (*Pl.*) (*unter günstigen Vorzeichen, d. h.*) glücklich herauskommen [*ex vinculis*].

ĕx-băllĭstō 1. (ex + *denom. v.* băllĭstă) (*Pl.*) über den Haufen schießen; / zum besten haben [*im Wortspiel*: *Ballionem ex-ballistabo*].

ĕx-bĭbō = ēbĭbō.

*****exc.** = ĕxcūdĭt; *s.* ĕxcūdō.

ĕx-caecō 1. blenden (*alqm*); / (*Ov.*) (*Flüsse, Quellen*) verstopfen [*flumina*].

ĕx-călcĕō 1. (*nkl.*) „entschuhen", *pedes* ~ *u. mediopass.* die Schuhe ausziehen; (*P.P.P.*) *subst.* **ĕx-călcĕātī,** ōrŭm *m* mimische Schauspieler (*m. Sandalen statt auf cothurni od. socci*).

ĕx-călcĭō = ĕxcălcĕō.

ĕxcăndēscēntĭă, *ae f* (ĕxcăndēscēns, *part. praes. v.* ĕxcăndēscō) Jähzorn.

ĕx-căndēscō, dŭī, — 3. / (*vkl., nkl.*) erglühen; *klass. nur* / aufbrausen, in Jähzorn geraten [*irā*].

ĕx-căntō 1. (*vkl., dcht.*) heraus-, hervor-, herabzaubern (*alqm u. alqd, zB. puellas, sidera voce*).

ĕx-cărnĭfĭcō 1. zu Tode foltern (*alqm*); / (*vkl., nkl.*) auf die Folter spannen (*alqm*).

****ex cathedra** (*Petri*) vom Stuhl Petri aus, *v. Dekreten des Papstes in Ausübung seines Amtes*; / *v.* maßgebender Stelle aus; *cf.* căthĕdră.

ĕxcăvātĭō, ōnis *f* (ĕxcăvō) (*nkl.*) Aushöhlung.

ĕx-căvō 1. aushöhlen (*alqd ex re*); *dcht. auch obszön* = paedicō.

ĕx-cēdō
1. (*intr.*) **a)** heraus-, hinaus-, weg-

gehen; **b)** scheiden, weichen; **c)** (*in eine Zeit*) fallen; **d)** in *etw.* übergehen; **e)** (*vom Thema*) abschweifen; **f)** hervortreten, -ragen; **2.** (*trans.*) **a)** räumen, verlassen; **b)** (*Maß und Zeit*) überschreiten.

ĕx-cēdō, *cēssī, cēssŭm* 3. **1.** (*intr.*) a) heraus-, hinaus-, weggehen, sich entfernen, *bsd.* auswandern; **b)** / *v. od.* aus *etw.* scheiden *od.* weichen (*abs. od.* e re, *zB. ex urbe, ex acie* entkommen, *ex proelio* aufgeben, °*e memoria* entschwinden; *auch extra alqd, zB.* °*extra vallum*; *meist m. bloßem abl., zB. patriā, oppido, loco* die Stellung aufgeben, °*possessione* den Besitz aufgeben, °*palmā* auf den Preis verzichten; *in alqd, zB.* °*in Boeotiam,* °*ad deos* zu den Göttern eingehen); *e pueris* aus dem Knabenalter treten; (*e, ex*) *vitā* sterben; *insb. abs.* (*nkl.*) verschwinden [*cura, pestis*], *auch* (*Ta.*) sterben; **c)** (*Li.*) (*in eine Zeit*) fallen [*in annum insequentem*]; **d)** (*nkl.*) (*v. Sachen*) in *etw.* übergehen, zu *etw.* ausschlagen (*in alqd, zB. res excessit in altercationem, res ad patres excessit* verbreitete sich auch zu den Patriziern); **e)** (*nkl.*) (*vom Thema*) abschweifen [*paulum ad rem enarrandam*]; **f)** (*v. Pers.*) (*nkl.*) vordringen [*in Pontum*]; (*v. Leblosem*) hervorragen, -treten [°*nulla pars ultra excedit*]; / (*nkl.*) hervorragen, sich erheben [*ultra alqd* über *etw.* hinaus, *re* durch *etw.*, *eo laudis* zu solchem Ruhme]. **2.** (*trans.*) (*meist unkl.*) **a)** *etw.* räumen *od.* verlassen (°*alqd, zB. urbem*); **b)** *etw.* überschreiten [°*fines provinciae,* °*Tiberis alveum excessit*]; / °**α)** *abs.* über das Maß hinausgehen; **β)** *etw.* überschreiten, -steigen, *bsd. ein gewisses Maß* (*alqd, zB.* °*modum,* °*tempus finitum,* °*fidem,* °*equestre fastigium*).
F. *altl. coni. pf.*: *excēssis.*

ĕxcĕllēns, *ēntis* (*eigtl. part. praes. v.* ĕxcĕllō) **1.** (*nkl.*) emporragend [*tumulus*]. **2.** / (*m.* °*comp. u. sup.*; *adv.* **-ēntĕr**) ausgezeichnet, vorzüglich, vortrefflich, prächtig, *v. Pers. u. Sachen* [*dux, ingenium, res excellenter gestae, inter alqos, zB. inter aequales*; *in re* in *etw., zB.* °*in vitiis*; *re* durch *etw., zB. doctrinā*]. (*abl. sg.* -ī; *pl. neutr.* -ĭă, *gen.* -ĭŭm).

ĕxcĕllĕntĭă, *ae f* (ĕxcĕllēns) das Hervorragen: **1.** (*meton.*) höhere Stellung; *concr. pl.* hervorragende Persönlichkeiten. **2.** / **a)** Erhabenheit [*animi*]; **b)** Vortrefflichkeit, Vorzüglichkeit, Vorzug *od.* Vorzüge (*lat. nur sg.!*) (*alcis j-s u. vor jd., zB. reliquarum animantium*; *alcis rei* in *etw., zB. ingenii*); *propter u.* °*per excellentiam* (= κατ' ἐξοχήν) vorzugsweise. — ***vestra* Ew. Hoheit.

▶ **ĕx-cĕllō,** — — 3. *u.* (*unkl.*) **ĕx-cĕllĕō,** *ŭī,* — 2. (*cf. cĕlsŭs*) hervorragen, emporragen (*cf.* ĕxcĕllēns, ĕxcĕlsŭs); *als verbum finitum nur* / sich auszeichnen, sich hervortun (*abs. od. re* durch *etw., in re* in *etw., zB. iustitiā, in omni genere artium*; *alci* vor *jd., zB. ceteris, auch praeter od.* °*super ceteros,* °*ante alios, inter omnes*).

ĕxcĕlsĭtās, *ātis f* (ĕxcĕlsŭs) / Erhabenheit (*animi*).

ĕxcĕlsŭs 3 (*m. comp. u.* °*sup.*; *adv.* **-ē**) (*eigtl. P.P.P. v.* ĕxcĕllō) **1.** emporragend, hoch [*mons, porticus*]; *subst.* **ĕxcĕlsŭm,** *ī n* Höhe, hochgelegener Punkt, hoher Standpunkt [°*ab excelso aspicere*]. **2.** / **a)** ausgezeichnet, glänzend [*homo, animus,* °*-e florere*]; *subst.* **-ŭm,** *ī n* hoher Rang, hohe Stellung *od.* Würde [*in excelso esse*]; **b)** (*rhet. t.t.*) erhaben [*orator, -e dicere*].

ĕx-cēpī *s.* ĕxcĭpĭō.

ĕxcēptĭō, *ōnĭs f* (ĕxcĭpĭō) **1.** Ausnahme, Einschränkung, Klausel [*sunt in tota lege duae exceptiones*; *cum -ne* nur bedingt, *zB. laudare alqm*; *sine ulla -ne* unbedingt, schlechthin]. **2.** (*jur. t.t.*) Einrede, *d. h.* Einwendung *od.* Protest *des Beklagten gegen den Kläger* [*-nem dare alci, -ne excludi*]. — ***~ *plurium* (*sc. constupratorum*) Einrede des Mehrverkehrs *bei Vaterschaftsklagen.*

ĕxcēptĭŭncŭlă, *ae f* (*demin. v.* ĕxcēptĭō) (*Se.*) kleine Einschränkung.

ĕxcēptō 1. (*intens. v.* ĕxcĭpĭō) **1.** herausnehmen [*mullos de piscina*]. **2.** (*Se.*) auffangen. **3.** zu sich hinaufziehen [*singulos*]. **4.** (*dcht.*) (*Luft*) einatmen [*auras*].

ĕx-cēptŭs *P.P.P. v.* ĕxcĭpĭō.

ĕx-cĕrnō, *crēvī, crētŭm* 3. (*nkl., dcht.*) aussondern [*alqm ex numero*].

ĕx-cĕrpō, *psī, ptŭm* 3. (*cărpō*) **1.** (*dcht., nkl.*) herauspflücken, -nehmen [*semina pomis*]. **2.** / **a)** auslesen, auswählen (*alqd ex re, zB. ex malis minima*); *auch* (*Qu.*) als vorzüglich hervorheben [*paucos*]; **b)** (*schriftl.*) *e-n* Auszug machen, exzerpieren (*abs. od. alqd, zB.* °*nomina,* °*librum, auch* °*alqm*; *alqd ex libro alcis, zB.* °*multa ex Ciceronis epistulis*); **c)** ausscheiden, (aus)streichen, weglassen (*alqm u. alqd ex, de re,* °*re, zB. alqd de numero,* °*se numero*).

ĕx-cēssī *s.* ĕxcēdō.

ĕx-cēssŭs[1] *P.P.P. v.* ĕxcēdō.

ĕxcēssŭs[2], *ūs m* (ĕxcēdō) **1.** Weggang, Abzug, *bsd.* das Scheiden *aus dem Leben* (*e vita od. vitae*); Tod [*Romuli*]. **2.** / (*rhet. t.t.*) (*nkl.*) Abschweifung *vom Thema,* Digression. **3.** (*spätl.*) ~ *mentis* Ekstase, Vision. — **Frevel, Sünde; Exzeß.

ĕxcĕtră, *ae f* (*durch etr. Vermittlung Lw.* ⟨ ἔχιδνα; ĕx- *vl. durch* ĕxcĭtārĕ *beeinflußt*) (*unkl.*) Schlange; / *Schimpfwort für ein* durchtriebenes Weib.

ĕx-cĭdī[1] *s.* ĕxcĭdō[1].

ĕx-cīdī[2] *s.* ĕxcīdō[2].

ĕxcīdĭō, *ōnĭs f* (ĕx-scĭndō; *cf.* ĕxcīdĭŭm) *od.* **ĕxcĭdĭō,** *ōnĭs f* (ĕxcīdō[2]) (*Pl.*) Zerstörung.

ĕxcīdĭŭm, *ī n* (ĕxscĭndō; *cf.* ĕxcīdĭō) (*unkl.*) Zerstörung, Vernichtung, Untergang, Fall (*alcis rei u. alcis, zB. arcis, legionum*); (*concr.*) *pl.* Trümmer, Ruinen [*fumantia -a Troiae*].

ĕx-cĭdō[1], *cĭdī,* — 3. (*cădō*) **1. a)** heraus-, herabfallen (*abs. od.* e, de, a re, *zB. gladius de manu, anulus a digito,* [*dcht.*] *auch* °*re, zB. puppi*; *in alqd* in, auf *etw., zB. in* °*flumen*; *alci j-m* ausfallen, entfallen, *zB. cornua cervis, litterae alci in via exciderunt*; °*vox per auras excidit* klang herab); **b)** (*Li.*) (*v. Los*) aus der Urne herauskommen [*sors, nomen alcis sorte excidit*]; **c)** (*selten*) (*Pr.*) sterben. **2.** / **a)** entschlüpfen, entwischen (*alci u. ex re od.* °*re, zB. verbum alci od. ex ore alcis, libellus me invito excidit* kommt heraus, °*vinclis* entkommen); **b)** (*dem Gedächtnis*) entfallen, vergessen werden (*alqd alci od.* °*de memoria od. ex animo alcis,* °*animo,* °*pectore excidit*; *m.* °*ut, zB. excidit, ut optarem* ich vergaß zu wünschen); (*v. Pers.*) (*part. praes.*) *adi. od. subst.* **ĕxcĭdēns,** *ēntĭs* (*Qu.*) vergeßlich; **c)** entschwinden, verloren gehen, untergehen [*mens alci excidit,* °*spes*]; *bsd.* (*dcht., nkl.*) (*v. Pers.*) die Besinnung verlieren. **3. a)** (*rhet. t.t.*) (*Qu.*) ausgehen auf [*versus in breves* (*sc. syllabas*)]; **b)** (*Ho.*) herabsinken, ausarten in *od.* zu [*libertas in vitium*]. **4.** (*unkl.*) *e-r Sache* verlustig gehen, *etw.* einbüßen (*re, zB. regno, vitā, ausis* verfehlen, nicht erreichen; *auch de re*).

ĕx-cīdō[2], *cīdī, cīsŭm* 3. (*caedō*) **1. a)** heraus-, aushauen, -hacken, -schneiden, -brechen, *übh.* abhauen, abschneiden (*alqd, zB. arborem* fällen, *portas* einhauen, sprengen); **b)** (*nkl., dcht.*) kastrieren (*alqm, zB. se od. alqd, zB. genitalia*); **c)** *etw.* aus *etw.* (heraus-)brechen, -schneiden (*alqd ex re u.* °*re, zB. lapides e terra,* °*columnam rupibus*; *alci alqd, zB.* °*linguam*); **d)** aushöhlen [*saxum,* °*rupem in antrum* zu einer Höhle aushauen]. **2.** zerstören, vernichten, ausrotten (*alqd u.* °*alqm, zB. domos,* °*exercitum,* °*gentem*). **3.** / entfernen, vertilgen [*tempus ex animo* verbannen, °*multorum statūs* (Wohlstand), °*causas bellorum,* °*vitium irae* ausrotten, °*alqm numero civium* ausstoßen aus].

ĕx-cĭĕō, —, *cĭtŭm* 2. (*vkl., dcht.*) *u.* (*sekundär*) **ĕx-cĭō,** *cīvī,* — 4. (*dcht., nkl.*) **1. a)** in Bewegung setzen, aufscheuchen, *auch* herausrufen (*alqm u. alqd, zB. comites, leonem, ventos*; *alqm ex re, zB. e cubilibus*; *re, bsd. P.P.P.* ĕxcĭtŭs 3, *zB. sedibus*; *a re* = abrufen, wegholen, *zB. consulem ab urbe*; *in u. ad alqd*); **b)** (*etw. Lebloses*) erschüttern [*tellurem*]; **c)** (*somno od. ex somno*) aufwecken; P. erwachen. **2. a)** *jd.* kommen lassen, entbieten, berufen (*alqm Romā, foras, animas sepulcris* zitieren); **b)** (*vor Gericht*) vorladen; **c)** (*e-e Menge*) zu *etw.* aufrufen, aufbieten, zu Hilfe rufen, *bsd. zum Kampfe* [*milites mercede, reges bello* zum Kriege]. **3.** / **a)** *jd.* aufschrecken *od.* erschrecken, (an)reizen, aufrütteln (*alqm od. animum u. mentem alcis, iuventutem largitionibus; alqm ad alqd, zB. hostes ad dimicandum*); **b**) *etw.* hervorlocken, erregen, verursachen, erzeugen (*alqd, zB. semina per artus, terrorem; alci alqd, zB. lacrimas* entlocken, *ipse sibi molem* berghohe Wogen).

ĕxcindō = *ĕxscindō.*

ĕx-cĭō *s. excĭeō.*

ĕx-cĭpĭō
1. a) herausnehmen; **b**) ausnehmen, eine Ausnahme *m. etw.* machen; **c**) ausbedingen; **d**) von *etw.* befreien; **2. a**) auf-, abfangen; **b**) abwehren; **c**) abfangen, aufgreifen; **d**) hören, aufschnappen; **e**) nach-, mitschreiben; **f**) auf sich nehmen; **3. a**) empfangen; **b**) bei sich *gastlich* aufnehmen; **c**) *jd.* in Anspruch nehmen; **d**) *etw. irgendwie* auslegen, auffassen; **e**) *jd.* bevorstehen; **4. a**) *etw.* fortsetzen; **b**) sich unmittelbar an *etw.* anschließen; **c**) *jd.* ablösen.

ĕx-cĭpĭō, *cēpī, cēptŭm* 3. (*căpĭō*) **1. a**) herausnehmen (*alqm u. alqd ex re, zB. natantes e mari* auffischen, °*laticem* schöpfen); / **b**) ausnehmen, eine Ausnahme *m. etw.* machen (*alqd u. alqm, zB. neminem, °clipeum sorti v.* der Verlosung ausnehmen, *excepto alqo m.* Ausnahme *j-s, zB. patribus exceptis;* ° *excepto, quod m.* der Ausnahme, daß, *m. ne u. quominus*); **c**) α) als Bedingung festsetzen, ausbedingen (*alqd; meist m.* ut, ne, *zB. lex excepit, ut od.* ne ...); β) (*gerichtlich*) einen Einwand erheben *bezüglich e-r Sache* (*alqd, zB. iniquitatem actionis*); **d**) (*Li.*) *v. etw.* befreien [*alqm servitute*]. **2. a**) (*etw. Fallendes, Sinkendes*) auffangen (*alqm u. alqd, zB. °moribundum, sanguinem paterā, °porticus arcton excipit* = liegt nach Norden; °*se pedibus od. °in pedes* sich aufrecht erhalten, °*se poplitibus* in die Knie sinken, auf die Knie fallen); *bsd. etw. Anstürmendes* [°*aprum venabulo* abfangen, *tela m.* dem Schilde auffangen]; **b**) α) = abwehren, abhalten [*vim fluminis* brechen, *impetum* dem Angriff standhalten; *auch °alqm = jd.* im Kampfe bestehen]; β) *m. etw.* abstützen *od.* unterstützen (°*alqm manibus, °corpus alcis* tragen, °*vestem regalem* die Schleppe tragen); **c**) α) (*feindl.*) abfangen, aufgreifen, gefangennehmen [*servos in pabulatione, uros* einfangen; °*litteras, navem*]; β) (*dcht., nkl.*) (*prägn.*) treffen [*aves* im Fluge erlegen, *alqm in latus* verwunden]; *übh.* (*nkl.*) überfallen, angreifen [*incautum*]; γ) / *etw.* erhaschen (*alqd, zB. laudem, °voluntates* [Zuneigung] *hominum*); **d**) (*m. den Sinnen*) α) (*nkl., dcht.*) (*m. den Ohren*) vernehmen, hören, (*pejorativ*) (*auch klass.*) aufschnappen, belauschen [°*sermonem alcis, rumores, °casus futuros* erlauschen; *alqd ex alcis ore od. oratione*]; β) (*nkl.*) (*m. den Augen*) wahrnehmen [*vestigia*]; **e**) (*Suet.*) nachschreiben, *zB. orationem* [*notis* stenographisch]; **f**) / *etw.* auf sich nehmen, übernehmen, sich aufbürden [°*iugum, °equus regem tergo excipiebat* ließ aufsitzen]; / aushalten, erdulden (*alqd, zB. pericula, °rem publicam* die Verteidigung des Staates, °*partes* eine Rolle, *alcis °inimicitias* sich zuziehen). **3. a**) empfangen, aufnehmen (*alqm u. alqd clamore od. plausu, °manu m.* Handschlag, *clipeo* auf den Schild nehmen, *alqm cum cohortibus* an sich ziehen, °*adventum alcis* feiern); *auch v. Örtlichkeiten* [°*silva alqm excipit, castra eos. exceperunt, °lupanar (virginem)*]; **b**) *jd.* (*gastlich*) bei sich aufnehmen, beherbergen, bewirten [*alqm ex fuga; alqm od. alqm °hospitio*]; **c**) (*v. Zuständen*) (*nkl., dcht.*) *jd.* in Anspruch nehmen [*dolor od. voluptas alqm excipit*]; **d**) (*nkl.*) *etw. irgendwie* auslegen, auffassen [*sententiam gravius*]; **e**) *jd.* bevorstehen, *jd.* erwarten, *jd.* begegnen (*alqm, zB. eventus, °bellum grave, °casus*). **4. a**) *etw.* fortsetzen, fortführen [°*proelium dubium, memoriam viri, °gentem* fortpflanzen]; **b**) sich unmittelbar an *etw.* anschließen, auf *etw.* folgen (*alqm, zB. °aestas hiemem excipit, Herculis vitam immortalitas excepit; oft abs., zB. °turbulentior annus excepit*); **c**) (*in e-r Tätigkeit*) *jd.* ablösen (*alqm, zB. legionem*); *bsd.* nach *jd.* das Wort nehmen *od. jd.* erwidern (*alqm, zB. hunc excepit Labienus; auch abs., zB. °tum sic excepit Iuno*).

ĕxcīsĭō, *ōnĭs f* (*ĕxcīdō*[2]) Zerstörung [*tectorum*].

ĕx-cīsŭs *P.P.P. v. ĕxcīdō*[2].

ĕx-cĭtō
1. a) aufscheuchen; **b**) aufwecken; **c**) aufschrecken; **d**) heraus-, herbeirufen; **e**) hervorrufen, verursachen; **2. a**) aufstehen lassen; **b**) (*Gebäude*) errichten; **c**) (*Feuer*) anfachen; (*Leidenschaften*) erregen; **3. a**) aufrichten, trösten; **b**) anfeuern; **4.** (*P.P.P.*) *adi.* **ĕxcĭtātŭs** stark, lebhaft.

ĕx-cĭtō 1. **1. a**) aufscheuchen, herausjagen (*alqm, zB. °cervum; ex od. a re, °re* aus, *v. etw.*); **b**) (*e-n Schlafenden*) aufwecken [°*dormientem, alqm °somno od. e u. de somno; / memoriam flagitii* wecken = erneuern, °*aras* die schlummernde Glut auf dem Altar]; *P.* erwachen; **c**) (*e-n Wachenden*) aufschrecken, aufstören (*bsd. P. excitatus °nuntio od. conscientiā sceleris*), (*nkl.*) (*eine Wache*) anrufen *od.* alarmieren [*vigiles*]; **d**) *jd.* heraus-, hervor-, herbeirufen, entbieten [*alqm a porta, praesidium Romanorum; alqm a mortuis od. ab inferis* heraufrufen, zitieren]; *bsd.* (*gerichtlich*) aufrufen [*testem, reum u. a.; auch /, zB. testem ex annalium monumentis* aus der Geschichte aufbieten]; **e**) *etw.* hervorrufen, verursachen [*plausum, risūs; alci alqd, zB. fletum etiam inimicis*]; *cf. auch* 2 c. **2. a**) sich erheben lassen, aufstehen lassen *od.* heißen (*alqm u. alqd, zB. legatos, °pulverem agris* aufwirbeln; *bsd. mil.* °*triarios* die [knieenden] Triarier zum Kampfe); *P.* aufstehen, aufsteigen [*sarmenta excitantur* schießen in die Höhe; *auch /, zB. excitata fortuna* das steigende Glück]; **b**) (*Gebäude*) errichten [*turres ex materia, °sepulcrum*]; **c**) (*Feuer*) anfachen, anlegen [*ignem, incendium; / bellum*]; / (*Leidenschaften, Affekte*) erregen, wecken (*alqd, zB. motūs in animis hominum, alcis libidines, °iras; alci alqd, zB. °invidiam*). **3.** (*geistig*) **a**) (*Betrübte u.ä.*) aufrichten, trösten, [*maestum senem, afflictos*]; **b**) anfeuern, antreiben, aufrütteln, begeistern (*alqm, zB. viros u. alqd, zB. studia hominum; alqm ad u. °in alqd, zB. diffidentes ad spem od. ad laetitiam*). **4.** (*P.P.P.*) *adi.* **ĕxcĭtātŭs** 3 (*m.* °*comp. u.* °*sup.; adv.* **-ē**) heftig, stark, lebhaft [*sonus, °clamor*]. — **-*are ad vitam* wiedererwecken *v.* den Toten.

ĕxclāmātĭō, *ōnĭs f* (*ĕxclāmō*) Ausruf, *bsd. als rhet. Figur; übh.* (*Ta.*) Ausspruch.

ĕx-clāmō 1. **1.** (*intr.*) laut (auf-) schreien [*maius* lauter, °*maxumum* sehr laut, *quam maxime;* °*alci j-m* zurufen]; *bsd.* laut applaudieren. **2.** (*trans.*) **a**) laut ausrufen (*m. dir. Rede; m. a.c.i. bzw. m.* ut, ne; *m. indir. Frages.*); **b**) (*unkl.*) laut *jd.* bei Namen nennen (*alqm, zB. Ciceronem* in den Ruf „Cicero" ausbrechen); **c**) (*nkl.*) *etw.* laut vortragen (*alqd, zB. cantica*).

ĕx-clūdō, *sī, sum* 3. (*claudō*) **1. a**) ausschließen, aussperren, nicht einlassen (*abs. od. alqm, bsd.* = nicht heimkehren lassen; *alqm a re, zB. a portu, a domo sua; alqm re, zB. foro, moenibus*); **b**) (*nkl.*) (*e-n Ort*) trennen, absondern [*locum*]. **2.** / **a**) fernhalten, abhalten (*alqd, zB. °fervidos ictūs* Sonnenstrahlen); *bsd. jd. v. etw.* ausschließen = nicht zu *etw.* gelangen lassen [*alqm °colloquio, ab hereditate* enterben, *virtutem a summo bono*]; **b**) *etw.* beseitigen, verhindern, unmöglich machen (*alqd, zB. omne discrimen* aufheben, *cupiditatem, actiones*); **c**) *jd. v. etw.* abschneiden, an *etw.* verhindern, *bsd. mil.* [*exercitum; alqm a re u. re, zB. a re frumentaria, alqm °reditu, hostem maritimā orā*]. **3.** *aus e-r Hülle* befreien: **a**) (*nkl.*) heraussehen lassen, herausstrecken [*exclusis auribus*]; **b**) ausbrüten [*pullos ex ovis od. in nido*]; °*mediopass.* ausschlüpfen.

ĕxclūsĭō, *ōnĭs f* (*ĕxclūdō*) (*Te.*) Ausschließung, Abweisung.

ĕx-clūsŭs *P.P.P. v. ĕxclūdō.*

ĕxcōgĭtātĭō, *ōnĭs f* (*ĕxcōgĭtō*) das Ausdenken, Ersinnen; (*meton.*) Vermögen des Erfindens.

ĕxcōgĭtātŏr, *ōrĭs m* (*ĕxcōgĭtō*) (*Qu.*) der sich *etw.* ausdenkt, aussinnt.

ĕxcōgĭtātŭs 3 (*m. sup.*) (*eigtl. P.P.P. v. ĕxcōgĭtō*) (*Suet.*) ausgesucht, vorzüglich.

ĕx-cōgĭtō 1. ausdenken, ersinnen, erfinden, ergründen (*abs. u. alqd, zB. novam rationem, omnia* alles mögliche, *ferreas manus tuendis urbibus* zum Schutz der Städte; *alqd in alqm* für *od.* gegen *jd., zB. honores in filium, supplicium in parricidas*; *alqd ad alqd etw.* zu, für *etw., zB. ad avaritiam* zur Befriedigung der Habgier; *m. ut*; *m. indir. Frages.*).

ĕx-cŏlō, *cŏlŭī, cŭltŭm* 3. **1.** (*unkl.*) sorgfältig bebauen *od.* bearbeiten [*regionem, lanas*]. **2.** (*nkl., dcht.*) (aus)schmücken [*parietes marmoribus*], verfeinern [*opera* fein ausarbeiten, *hirsutas genas* glätten, rasieren; / *orationem*]. **3.** / **a**) (*geistig od. ethisch*) (aus)bilden, veredeln, vervollkommnen, verfeinern (*alqm u. alqd, zB. puerum od. animum pueri, re* durch *etw., zB. se philosophiā*); **b**) (*nkl.*) erhöhen, zu Ansehen bringen (*alqm od. alqd, zB. gloriam*); **c**) (*dcht.*) *jd.* verehren, anbeten (*alqm, bsd. deos*).

ĕxcŏmmūnĭcātĭō, *ōnĭs f* (ĕxcŏmmūnĭcō) (*Eccl.*) Kirchenbann.

ĕx-cŏmmūnĭcō 1. (*Eccl.*) in den Bann tun, exkommunizieren.

ĕx-cŏncĭnnō 1. (*Pl.*) gehörig herrichten.

ĕx-cōnsŭl, *ĭs m* (*spätl.*) gewesener Konsul.

ĕx-cŏquō, *cōxī, cŏctŭm* 3. (*unkl.*) **1.** herauskochen, -schmelzen [*vitium metallis* die Schlacken ausscheiden]. **2.** auskochen [*ferrum* ausglühen, *harenas in vitrum* zu Glas schmelzen]. **3.** austrocknen [*terram* auswittern lassen]. **4. a**) (*Pl.*) aussinnen (*alci malum*); **b**) (*Se.*) ängstigen [*mentem*].

ĕx-cōrs, *cōrdĭs* (cŏr) unverständig, einfältig, dumm, *v. Pers. u.* °*Sachen.*

F. *Cf.* cōncōrs.

ĕxcrēmēntŭm, *ī n* (ĕxcērnō) (*nkl.*) Ausscheidung, Auswurf [*narium*, °*oris* Speichel; *abs.* Kot, Exkrement].

ĕxcrĕō = ĕxscrĕō.

ĕx-crēscō, *crēvī, crētŭm* 3. (*nkl.*) heraus-, auf-, emporwachsen (*in alqd* zu *etw.*); / überhandnehmen.

ĕxcrŭcĭābĭlĭs, *ĕ* (ĕxcrŭcĭō) (*Pl.*) die Folter verdienend.

ĕx-crŭcĭō 1. martern, foltern (*alqm re, zB. legatum igni, omni supplicio*); *übh.* (*physisch*) plagen, peinigen [*fumo od.* °*doloribus excruciari*]; / (*seelisch*) peinigen, quälen, ängstigen [*libido animum alcis excruciat,* °*sese animi* in der Seele].

ĕxcŭbĭae, *ārŭm f* (ĕxcŭbō) das Liegen im Freien: **1.** (*Pl.*) außerehelicher Verkehr, Seitensprung. **2.** das Wachen, Wachehalten, *bsd. mil.* (*alcis j-s, zB. consulis* Wachsamkeit, °*canum* die Hut, °*divum vom ewigen Feuer auf den Altären*; °*excubias agere* Wache halten, *alci* bei *jd.*). **3.** (*meton.*) Wachtposten, Wache [°-*as transire* die Wachtposten passieren].

ĕxcŭbĭtŏr, *ōrĭs m* (ĕxcŭbō) Wächter, *bsd. mil.* Wachtposten.

ĕxcŭbĭtrīx, *īcĭs f* (ĕxcŭbĭtŏr) (*Se.*) Wächterin.

ĕxcŭbĭtŭs, *ūs m* (ĕxcŭbō) (*nkl.*) die Wache.

ĕx-cŭbō, *cŭbŭī, cŭbĭtŭm* 1. draußen *od.* auswärts liegen *od.* lagern *od.* schlafen [*in agris,* °*ante domum*]; *insb. mil.* Wache halten, auf Wache sein [*pro castris, ad mare,* °*per muros*; / °*Cupido in genis* verweilt gern]; / wachsam, besorgt sein [*pro alqo*]. — **die Vigilien halten (*im Kloster*).

ĕx-cūdō, *dī, sŭm* 3. **1.** (*dcht., nkl.*) herausschlagen (*alci alqd, zB. scintillam silici*). **2.** / ausbrüten [*pullos,* °*ova*]. **3. a**) (*unkl.*) durch Schlagen bereiten, *bsd.* schmieden [*ferrum*]; / kunstvoll gestalten, verfertigen, meißeln, prägen [*aera, ceras recentes* Zellen aus frischem Wachs]; **b**) *schriftl.* ausarbeiten (*aliquid* 'Ἡρακλειδεῖον *etw.* in der Art des Herakleides, °*librum*). — ****editionem* drucken. — *excudit* (*Abk.* exc.) „hat es gestochen *od.* verfertigt" (*Vermerk auf Kupferstichen, Holzschnitten u.ä. hinter dem Namen des Verlegers* [*Stechers*]).

ĕx-cŭlcō 1. **1.** (*Pl.*) *etw.* austreten, heraustreiben [*furfures*]. **2.** festtreten, fest (ein)stampfen.

ĕx-cūrātŭs 3 (cūrō) (*Pl.*) wohlgepflegt, *v. Pers.*; wohl hergerichtet [*victus* ein leckeres Mahl].

ĕx-cŭrrō, (*cŭ*)*cŭrrī, cŭrsŭm* 3. **I.** (*intr.*) **1. a**) hinaus-, herauslaufen, -stürmen, hervorlaufen, -eilen (*abs. od. ex re, domo, ad alqm, in alqd, zB.* °*in publicum, foras*; / *campus, in quo excurrere virtus potest* sich tummeln, sich zeigen); **b**) einen Ausflug, eine Reise machen [*in Pompeianum*]; **c**) (*Qu.*) (*vom Redner*) rasch auf die Zuhörer zulaufen; **d**) *mil.* hervorbrechen, einen Ausfall machen [*ex Africa,* °*omnibus portis*; °*in fines alcis* einfallen; / *oratio pariter cum sententia excurrit* hält gleichen Schritt *m.*]. **2. a**) (*nkl.*) entspringen [*fons ex cacumine*]; **b**) (*rhet. t.t.*) abschweifen [*oratio longius*]; **c**) (*Qu.*) (*v. Versen*) ausgehen auf [*in quattuor syllabas*]; **d**) (*nkl., dcht.*) (*v. Örtlichkeiten*) vorspringen [*paeninsula ab intimo sinu in altum; regio usque ad rubrum mare excurrit* erstreckt sich; *klass. nur* / (*in der Rede*) *alia quasi immoderatius excurrentia*]. **II.** (*trans.*) (*Te.*; *spätl.*) durchlaufen [*excurso spatio*].

ĕxcŭrsĭō, *ōnĭs f* (ĕxcŭrrō) das Hinaus-, Hervorlaufen: **1.** das rasche Vorschreiten *des Redners auf die Zuhörer*; *übh.* das Umhergehen. **2.** (*nkl.*) Ausflug *aufs Land,* Abstecher. **3.** *mil.* **a**) Ausfall (*alcis j-s, zB. hostium*; *excursionem ex oppido facere*; / *orationis*); **b**) Einfall, Streifzug, Angriff (*alcis j-s, zB.* °*barbarorum*). **4.** (*Qu.*) (*rhet. t.t.*) **a**) Abschweifung; **b**) Spielraum [*libera adiciendi* ~].

ĕxcŭrsŏr, *ōrĭs m* (ĕxcŭrrō) Kundschafter.

ĕx-cŭrsŭm *P.P.P. v.* ĕxcŭrrō.

ĕxcŭrsŭs, *ūs m* (ĕxcŭrrō) **1.** (*nkl.*) das Auslaufen *v. Schiffen* [*navigiorum*]. **2.** (*Ve.*) das Ausschwärmen *v. Bienen.* **3.** (*Pli.*) Ausfluß [*huius fontis*]. **4.** *mil.* Ausfall, Überfall, Streifzug. **5.** (*nkl.*) Abschweifung *im Reden.*

ĕxcūsābĭlĭs, *ĕ* (ĕxcūsō) (*dcht., nkl.*) verzeihlich [*delictum*].

ĕxcūsātĭō, *ōnĭs f* (ĕxcūsō) **1.** Entschuldigung, Rechtfertigung (*alcis j-s*; *alcis rei e-r* Sache, *zB. peccati*; *excusationem accipere* gelten lassen); (*meton.*) *pl.* -es Entschuldigungsgründe. **2.** Ablehnung, Weigerung (*alcis j-s, alcis rei e-r* Sache, *zB. legationis obeundae*). **3.** Entschuldigung als Ausrede, Vorwand [*excusatione aetatis uti* (wegen) hohen Alters].

ĕxcūsātŭs 3 (*m. comp. u. sup.*; *adv.* -**ē**) (*eig. P.P.P. v.* ĕxcūsō) (*nkl.*) entschuldigt, gerechtfertigt; (*comp. adv.*) *excusatius* mit besserer Entschuldigung.

▶ **ĕx-cūsō** 1. (ex + *denom. v. causă*; *vl. als Konträrbildung zu ăccūsō u. ĭncūsō Hypost. aus ĕx causā* [*sc.*] dūcō) **1.** entschuldigen, rechtfertigen (*alqm jd., zB.* se, *alqd etw., zB. tarditatem litterarum*; *alci u. apud alqm* bei *jd., se alci u. apud alqm*; *alqm de re jd.* wegen *etw., zB. de consilio*; *m. quod u.* °*a.c.i.,* **P.** *m. n.c.i., zB. Lysiades excusatur Areopagites esse* wird damit entschuldigt, daß er). **2.** (*prägn.*) *etw.* als Entschuldigungsgrund anführen, vorschützen, sich *m. etw.* entschuldigen (*alqd, zB. morbum,* °*valetudinem,* °*vires* die geringen Streitkräfte; *alci* bei *jd.*; *m. quod u. a.c.i.*); *abs.* sich entschuldigen. **3.** (*nkl.*) *etw. m.* Entschuldigungsgründen ablehnen *od.* abschlagen (*alqd*); *se -are od. mediopass.* sich *e-r* Sache entziehen (*alci rei*).

ĕxcūsŏr, *ōrĭs m* (ĕxcūdō) (*Qu.*) Kupferschmied.

> **ĕx-cŭtĭō**
> **1. a**) abschütteln; **b**) (her)ausstoßen, -schlagen; **c**) (hin)abwerfen; (hin-)auswerfen; **d**) (her)auspressen, entlocken; **e**) entreißen; **2. a**) (*Pfeil, Lanze*) abschießen, schleudern; **b**) vertreiben, -stoßen; **3. a**) schütteln; **b**) (*Gewand*) ausbreiten; **c**) durchsuchen; **4.** (*P.P.P.*) *adi.* **ĕxcŭssŭs a**) straff, ausgestreckt; **b**) wohl erwogen.

ĕx-cŭtĭō, *cŭssī, cŭssŭm* 3. (*quătĭō*) **1.** herausschütteln: **a**) (her-)abschütteln, durch Schütteln entfernen (*alqd, zB.* °*poma,* °*crinem flagrantem,* °*amplexūs*); **b**) *etw.* (her)ausstoßen, -schlagen, -reißen (°*alci oculum*); **c**) abschütteln = (hin)abwerfen, -stoßen, -reißen, -auswerfen, herunterschlagen, -stürzen, -reißen (*alqm u. alqd, zB.* °*equitem equus excutit,* °*imbrem* den Regen aus der Wolke; *alqd ex re u.* °*re, zB.* °*ancoram e navi,* °*pulverem digitis,* °*onus visceribus* die Leibesfrucht abtreiben; *in alqd, zB. litteras in terram,* °*alqm solo* auf die Erde); **P.** heraus-, herabfallen, -stürzen [°*magister curru excutitur*]; **d**) (*unkl.*) heraustreiben, auspressen

[sudorem, lacrimas]; / entlocken, abnötigen (*alci alqd, zB. risum, cogitata*); **e**) entreißen [°*agnam dentibus lupi*; / *alci alqd, zB. studia de manibus, opinionem*, °*sensum* die Besinnung nehmen]; *auch* °*alqm re* berauben [*alqm sceptris*; *P. navis excussa magistro*]. **2.** wegschütteln: **a**) *mil.* (*nkl.*) abschießen, schleudern [*glandem, hastas tormentis*]; **b**) (*unkl.*) gewaltsam entfernen, vertreiben, verstoßen, verbannen, *meist* / (*alqm u. alqd, zB. Teucros, Chloën* die Liebe zu Chloë, *Senecam* ausmerzen, aus dem Kreis der Lektüre streichen, *Iunonem* den Rat der Iuno, *opinionem* ausrotten, *foedus* umstoßen; *alqd ex, de re od. re, zB. iuventutem ex tota Italia* aufbieten aus, *metum de corde* verscheuchen, *hasta clipeo excussa* abgeprallt *v.*); *se excutere* sich pakken; *P. excuti cursu* verschlagen werden, *somno* aus dem Schlaf gestört werden *od.* auffahren. **3.** auseinanderschütteln: **a**) (*meist dcht.*) heftig hin *u.* her bewegen, schütteln (*alqd, zB.* °*caesariem*, °*pennas*; *nubes excussae* vom Sturm geschüttelt); (°*Kleider*) klopfen, vom Staub reinigen; **b**) schüttelnd entfalten (*bsd. ein Gewand*), ausbreiten, ausstrecken [°*pallium*, °*rudentes* auseinanderrollen, °*bracchia*]; **c**) / durchsuchen, visitieren, genau untersuchen, erforschen (*alqm, zB. unumquemque* ins Verhör nehmen, °*puellas*; *alqd, zB. omnes ineptias alcis*, °*delata*). **4.** (*P.P.P.*) *adi.* **ĕxcŭssŭs** 3 (*m. sup.*; *adv.* **-ē**)(*nkl.*) **a**) ausgestreckt, straff; *adv.* -ē *m.* ausgestrecktem Arm, *m.* voller Kraft; **b**) wohl erwogen [*consilium*].
F. *altl. coni. pf. act.*: ĕxcŭssīt.

ĕx-dŏrsŭō 1. (ĕx- + *denom. v.* dŏrsŭm) (*vkl., nkl.*) entgräten.

ĕxĕ... *auch* = ĕxsĕ...

ĕx-ĕdō, ēdī, ēsŭm 3. **1.** (*Com.*) aus-, aufessen, verzehren (*alqd*); *sprichw.* (*Te.*) *tute hoc intristi, tibi omne exedendum est* was man sich eingebrockt hat, muß man auch ausessen; / *alqm j-s* Vermögen durchbringen. **2.** (*nur v. Leblosem*) zerfressen, zernagen [*vetustas posteriores partes versiculi exēdit*]; *bsd.* aushöhlen [°*locum*, °*molem* unterwühlen]; / aufreiben, zerstören, vernichten, *bsd. geistig* [*aegritudo exest animum*, °*animum cogitationibus* quälen].
F. *altl.*: *supin.* ĕxĕssŭm; *coni. praes. act.* ĕx-ēdīnt; *athematische Kurzformen wie bei* ĕdō[1].

ĕxĕdră, *ae f* (*Fw.* ‹ ἐξέδρα) *in griech. Gymnasien m. Sitzen versehene halbrunde Erweiterung der Säulengänge; in röm. Privathäusern ähnlich gebautes* Konversations- *od.* Gesellschaftszimmer, Rotunde. — ***bei ma. Bauten* = Apsis.

ĕxĕdrĭŭm, *ī n* (*Fw.* ‹ ἐξέδριον) Nische *m.* Sitzplätzen, kleine Rotunde.

ĕx-ĕffĭcĭō, fēcī, fĕctŭm 3. (*Pl.*) ganz vollenden.

ĕx-ēgī *s.* ĕxīgō.

ĕx-ēmī *s.* ĕxīmō.

ĕxĕmplăr *u.* (*Lu.*) **-ārĕ**, *āris n* (ĕxĕmplārĭs) **1.** Abschrift, Kopie [°*Graecum* eines griech. Klassikers]. **2.** Abbild, Ebenbild (*alcis, zB. sui*). **3.** Muster, Vorbild, Ideal [*antiquae religionis*, °*vitae morumque*, *ad -ar alcis* nach Art *j-s*].
F. *abl. sg.* -ī; *pl. nom.* -ĭă, *gen.* -ĭŭm.

ĕxĕmplārĭs, ĕ (ĕxĕmplŭm) (*nkl.*) als Abschrift dienend; *subst.* **-ēs**, *ĭum* (*m? f? sc. litterae?*) Abschriften.

ĕxĕmplŭm
1. *concr.* **a**) Abbild, Probe; **b**) Abschrift; **c**) Konzept; **d**) Inhalt (*v. Schriften*); **e**) (*in der Kunst*) Nachbildung; **2.** *abstr.* **a**) Vorbild, Beispiel; **b**) Präzedenzfall; **c**) Verfahren, Norm; **3. a**) gutes *od.* böses Beispiel; **b**) warnendes Beispiel; **4.** Beispiel *zur Erläuterung.*

ĕxĕmplŭm, *ī n* (‹ *ĕx-ĕm-lŏm „das *aus einer Menge gleichartiger Dinge* Herausgenommene"; ĕxīmō) Muster: **1.** *concr.* **a**) Abbild, Probe *v. etw.* [°*purpurae, hominum* Exemplar]; **b**) Abschrift, Kopie [*litterarum*, °*alqd pluribus exemplis scribere*]; **c**) Konzept *zu einer Schrift*; **d**) (*meton.*) Wortlaut, Inhalt *v. Schriften* [*epistolarum, litterae allatae sunt eodem exemplo*]; **e**) (*in der Kunst*): **α**) Kopie = Nachbildung, Konterfei, Ebenbild, Porträt [*imperii veteris*, °*Alexandrini Phari*]; **β**) Modell; **γ**) Original [*animale* ein lebendiges]. **2.** *abstr.* **a**) Vorbild *für das Verhalten*, Beispiel *zur Nachahmung*, Ideal [*illustre, pessimum*; *alcis j-s, zB. fortissimi viri*; *alcis rei, zB. virtutis. severitatis* (*in*) *exemplo esse* als Vorbild dienen; *exemplum edere od. prodere*, °*dare* ein Beispiel geben; *exemplum (sibi) petere ex od. ab alqo, capere de u. ab alqo, sumere ab alqo* sich an *jd.* ein Muster nehmen; *hoc exemplo* auf dieses Beispiel hin; *exempli causā* um als Muster zu dienen]; **b**) Präzedenzfall [*nullo exemplo* ohne Präzedenzfall, *huius urbis iura et exempla* Rechtsbestimmungen *u.* Präzedenzfälle]; **c**) Verfahren, Maßregel, Vorgang, Norm, Art *u.* Weise [*more et exemplo populi Romani* nach Sitte *u.* Brauch, *omnes eodem exemplo vivunt* auf dieselbe Weise, °*exemplo nubis* wie eine Wolke]. **3.** (*prägn.*) **a**) gutes *od.* böses Beispiel [*exemplo esse alci jd.* ein gutes Beispiel geben]; **b**) warnendes Beispiel, exemplarische Strafe [*severitatis*, °*novissimum* äußerste Strafe; *exemplum edere od. statuere in alqm* ein Beispiel an *jd.* statuieren, *jd.* exemplarisch bestrafen; *exemplo esse* zur Warnung dienen]. **4.** Beispiel *zur Erläuterung od. zum Beweis* [*luculentum, magnum, recens, alcis j-s, zB. regum*; *alcis rei e-r* Sache *od.* für *etw.*, *exempla rerum* tatsächliche Beispiele]; *exemplum afferre od. proferre, referre, commemorare, ponere, exemplo uti* ein Beispiel anführen; *exempli causā u. gratiā* beispielsweise, zum Beispiel (*nur in Verbindung m. afferre od. ponere alqd, proferre od. nominare alqm*). — ** *exempli causa u. gratia übh.* = zum Beispiel (*Abk.* e.c. *u.* e.g.).

ĕx-ēmptŭs *P.P.P. v.* ĕxīmō.

ĕxĕntĕrō 1. (*Lw.* ‹ ἐξεντερίζω) (*vkl., nkl.*) **1.** ein Tier ausweiden [*leporem*]. **2.** / **a**) (*scherzh.*) ausleeren [*marsuppium*]; **b**) martern, quälen.

ĕx-ĕō
1. (*intr.*) **a**) heraus-, hinaus-, weggehen; *mil.* abmarschieren; (*Schiffe u. Wasser*) auslaufen; **b**) aus *etw.* austreten, *etw.* verlassen; **c**) *als Ergebnis* hervorgehen; **d**) (*v. der Zeit*) ablaufen; **e**) emporsteigen; **f**) bekannt werden; **2.** (*trans.*) **a**) *etw.* überschreiten; **b**) *e-r Sache* ausweichen, entgehen.

ĕx-ĕō, *iī* (*selten* °*īvī*), *ĭtŭm, īrĕ* **1.** (*intr.*) **a**) **α**) heraus-, hinausgehen, ausziehen weggehen sich entfernen, *oft* / (*abs., zB. cum canibus venaticis, obviam* entgegenkommen; *abs. oft* = abreisen, verreisen; *ab alqo, zB. nummi ab alqo exeunt*; *ex, de, a re, selten re, zB. e balneo, e od. de finibus suis*, °*ex u. de navi* sich ausschiffen, *domo*, °*sede*; *ad alqm*; *in locum, zB. in agrum Romanum*; *m. 1. supin., zB.* °*praedatum*); **β**) landen, an Land gehen [*in locum, zB. in terram*; *auch in loco, zB. Ostiae*]; **γ**) *mil.* abmarschieren, ins Feld ziehen, ausrücken [*a Capua, castris, ex portu* absegeln, °*ad pugnam*, °*in aciem, in provinciam* einbrechen; *oft abs.*]; **δ**) (*. Schiffen*) auslaufen; °(*v. Flüssigkeiten*) herausfließen, hervorströmen; °(*v. Gewässern*) entspringen *od.* austreten *od.* münden; °(*v. Gewächsen*) hervorwachsen, ausschlagen; (*vom Los*) aus der Urne herauskommen [*sors od. nomen alcis exit*; *v. Pers.* = durch das Los gewählt werden]; **b**) / aus *etw.* scheiden *od.* austreten, *etw.* verlassen *od.* aufgeben [*ex, de re, selten re, zB. ex u. de vita* sterben, *e patriciis* durch *Adoption* (*aus einer patr.*) *in eine pleb. gens* übertreten, *aere alieno* aus den Schulden herauskommen, *studio gloriae* aufgeben, °*memoriā* vergessen werden, *ex u. de potestate* (*sc. mentis*) den Verstand verlieren, °*servitio* entgehen]; **c**) (*v. Kunstgegenständen u. literarischen Erzeugnissen*) *als Ergebnis* hervorgehen, zum Vorschein kommen [*libri ita exeunt* fallen so aus, °*currente rota urceus exit* kommt heraus]; **d**) (*v. der Zeit*) ablaufen, zu Ende gehen [*annus exit, hieme exeunte*]; *auch* (*dcht., nkl.*) *auf eine Zeit* fallen [*sacrum Florale in Maias Calendas*]; **e**) (*dcht., nkl.*) emporsteigen, -ragen [*arbos ad caelum, curribus auras in aetherias*]; **f**) unter die Leute kommen, bekannt werden, sich verbreiten [°*fama, oratio mea*, °*in turbam exit* es verbreitet sich das Gerücht, *m. a.c.i.*]. **2.** (*trans.*) (*unkl.*) **a**) über *etw.* hinausgehen, *etw.* überschreiten, *auch* / (*alqd, zB. limen, modum, lubricum iuventae*); **b**) *e-r Sache* ausweichen *od.* entgehen (*alqd, zB. vim viribus*

Gewalt *m.* Gewalt brechen).
F. *altl. pf. act.* ĕxīt; (*vereinzelt, nkl.*) *fut. act.* ĕxiĕt.
ĕxĕq... = ĕxsĕq...
*****exequatur** = ĕxsĕquātŭr (*zu* ĕxsĕquŏr) „er vollziehe"; ♀ Bestätigung *e-s ausländischen Konsuls.*

ĕx-ĕrcĕō
1. a) umhertreiben, tummeln lassen; **b)** (*Land*) bearbeiten; **c)** *jd.* intensiv beschäftigen; **d)** beunruhigen; **2. a)** üben, ausbilden; **b)** *mil.* exerzieren; **c)** *etw.* betreiben, verrichten, bearbeiten, handhaben, (*Land*) bestellen; (*Affekte*) *jd.* fühlen lassen.

ĕx-ĕrcĕō, *ŭī, ĭtŭm* 2. (ărcĕō, ărx; *Bedeutungsentwickelung umstritten*) **1. a)** (*unkl.*) in (rastlose) Bewegung setzen, umhertreiben, tummeln (*alqm u. alqd, zB. iumentum, turbinem* kreisen lassen, *bracchia od. linguas litibus* emsig rühren, *aquas* strömen lassen, *undas* aufwühlen); *mediopass.* sich tummeln, umherstreifen, (*v. Gewässern*) rastlos strömen; **b)** (*dcht., nkl.*) (*Land*) bearbeiten, pflügen [*solum vomere*]; **c)** *jd.* unaufhörlich beschäftigen, in Atem halten, *meist pejorativ* [°*tauros,* °*famulas longo penso, milites operibus od. in munitionibus*]; **d)** beunruhigen, quälen, plagen, (*v. Affekten auch*) beherrschen [°*ambitio animos hominum exercet; alqm re, zB. omnibus iniquitatibus,* °*curis,* °*fatis,* °*odio; de re* bezüglich *e-r* Sache, *zB. mediopass. exerceri de praedio* sich placken *m.*]. **2. a)** üben, ausbilden (*alqm u. alqd, zB. iuventutem, corpus, memoriam, vires,* °*ingenium; alqm re u. in re jd.* in *etw., zB. armis, luctando, hoc genere pugnae, in optimis rebus, in his dictionibus; alqm ad alqd jd.* zu *etw.*); *bsd. se exercere u. mediopass.* sich üben [*exercentes = qui exercentur, ludicra exercendi* Sport]; **b)** *mil.* exerzieren, ausbilden [*copias, remiges iuvenes (in) armis*]; **c)** α) (*m. abstr. obi.*) eine Tätigkeit ausüben *od.* betreiben, *etw.* verrichten, sich *m. etw.* beschäftigen [*artem, ius civile, medicinam, negotia,* °*facundiam,* °*verba* die Wortkunst, *iudicium* Gericht halten, *quaestionem* anstellen, *inimicitias cum alqo* in Feindschaft *m. jd.* stehen, °*gratiam aut inimicitias in re* walten lassen, °*labores* verrichten, °*pacem* halten, °*vices* abwechselnd den Dienst versehen, °*balatum* blöken, °*cantūs* ertönen lassen]; *bsd.* (*Affekte*) an *jd.* auslassen, *jd.* fühlen lassen [°*iras,* °*odium; alqd in alqm u. in alqo, zB. crudelitatem etiam in mortuo; ähnlich auch* °*suam vim in alqo,* °*fervidam adulescentiam* auslassen]; β) (*m. concr. obi.*) *etw.* handhaben *od.* anwenden [*arma*], (*Land, Äcker*) bestellen *od.* bebauen [°*praedia rustica*], (*Bergwerke*) ausbeuten [°*metalla auri*], *etw.* betreiben [°*cauponam,* °*armorum officinas* in Betrieb setzen], bearbeiten [°*ferrum* schmieden, °*telas* spinnen], verwalten [*vectigalia*], leiten [*choros*], °*diem* sein Tagewerk verrichten, °*arma contra patriam* führen, °*hymenaeos* feiern, °*legem* geltend machen *u. a.*

▶ **ĕxĕrcĭtātĭō,** *ōnĭs f* (ĕxĕrcĭtō) **1.** Übung (*alcis j-s u. alcis rei, zB. iuventutis, corporis, ingenii*), *bsd.* Leibesübung, Sport; *auch pass.* Geübtheit, Gewandtheit (*alcis rei u. in re* in *etw., zB. iuris civilis, in armis, in dialecticis*). **2.** Ausübung (*alcis rei, zB. stuprorum, virtutum*).
ĕxĕrcĭtātrīx, *īcĭs f* (ĕxĕrcĭtātŏr Lehrmeister; ĕxĕrcĭtō) (*Qu.*) Gymnastik, Sport.
ĕxĕrcĭtātŭs 3 (*m. comp. u. sup.*; *adv.* **-ē**) (*eigtl. P.P.P. v.* ĕxĕrcĭtō) **1.** eingeübt, geschult, wohlerfahren, *geistig u. körperlich* [*homo, exercitus; abs. od. re* durch *etw., zB. proeliis; in re* in *etw., zB. in armis, in dicendo; ad alqd* zu, in *etw., zB. ad pulsandos homines*]. **2.** hart geprüft, vielgeplagt, *v. Pers. u. Sachen* (*abs. u. re* durch *etw., zB. animus curis,* °*Syrtes noto* gepeitscht).
ĕxĕrcĭtĭŭm, *ī n* (ĕxĕrcĕō; *nkl.*) eifrige Beschäftigung, *bsd.* militärische Übung, das Exerzieren [*equitum*]. — **Übungsaufgabe; *pl.* geistliche Übungen, Exerzitien.
ĕxĕrcĭtō 1. (*intens. v.* ĕxĕrcĕō) (*nkl.*) **1.** anhaltend üben. **2.** ausüben (*alqd*).
ĕxĕrcĭtŏr, *ōrĭs m* (ĕxĕrcĕō) (*vkl., nkl.*) Sportlehrer, Trainer.
ĕxĕrcĭtŭs[1] 3 (*m. comp.*; *adv.* °**-ĭūs**) (*eigtl. P.P.P. v.* ĕxĕrcĕō) **1.** (*nkl., dcht.*) geübt, geschult (*re* durch *etw., ad alqd* zu *etw.*; *m. inf.*). **2.** geplagt, hart mitgenommen, mühevoll, *v. Pers. u. Sachen* (*re* durch *etw., zB.* °*curis*).

▶ **ĕxĕrcĭtŭs**[2], *ūs m* (ĕxĕrcĕō) **1.** (*Pl.*) Übung. **2.** *mil.* **a)** geübte Mannschaft, kriegstüchtiges Heer [°*pedester,* °*terrestris,* °*navalis; alcis j-s; exercitum* °*scribere u. cogere, (com)parare u. a.*]; *pl. auch* Truppen, Korps; **b)** (*im Ggs. zur Reiterei*) Fußvolk, Infanterie; **c)** (*im Ggs. zur Seemacht*) (*Li.*) Landheer, -macht [*classis et exercitus*]. **3.** / Schar, Schwarm, Bande [*perditorum civium,* °*corvorum*]. **4.** / (*Pl.*) Unruhe, Qual.
F. *gen. pl.* -*ŭŭm u.* °-*ūm*.
ĕxēsŏr, *ōrĭs m* (ĕxĕdō) (*Lu.*) „Zerfresser", Zerstörer [*moerorum, v. der Flut*].
ĕxēsŭs 3 (*eigtl. P.P.P. v.* ĕxĕdō) (*dcht.*) zernagt, verwittert, zerklüftet [*mons*].
ĕx-fāfĭllō 1. (-ă-?; *vl.* ĕx + *denom. v. Dialektwort* *fāfĭllă „Fügung" [*cf.* fābĕr], *in der Bed.* = ĕxsĕrō; *v. alten Grammatikern volkset.* păpĭllă *gleichgesetzt; cf.* ĕxpăpĭllātŭs) (*Pl. Mil.* 1180) aus dem Gewand hervorstrecken, bis zur Brust entblößen [*nur P.P.P.*: *exfafillato bracchio*].
ĕx-fŏdĭō = ĕffŏdĭō; ĕxfr... = ĕffr..., ĕx-fŭtŭō = ĕffŭtŭō, ĕxgĭgnō = ēgĭgnō; ĕxhaerĕd... = ĕxhērĕd...
ĕxhaerĕsĭmŭs 3 (*Fw.* < ἐξαιρέσιμος) ausschaltbar [*dies* Schalttag].
ĕxhālātĭō, *ōnĭs f* (ĕxhālō) Ausdünstung, *auch pl.*
ĕx-hālō 1. **1.** (*trans.*) **a)** ausdünsten, aushauchen (*v. leblosen subi. unkl.*) (*alqd, zB. nebulas*); (*v. Pers. auch klass.*) [*vinum od. crapulam* verfliegen lassen, nüchtern werden]; **b)** (*dcht.*) ausatmen [*animam u. vitam* = sterben, *auch abs.*]. **2.** (*intr.*) (*Ov.*) heraufwehen [*de vallibus*].

▶ **ĕx-haurĭō,** *hausī, haustŭm* 4. (*part. fut. act.* [*Se.*] *auch hausūrŭs*) **1. a)** herausschöpfen (*alqd, zB. sentinam; alqd ex re*); **b)** *übh.* herausheben, -graben, fortschaffen [°*humum ligonibus; alqd ex re, zB. praedam ex agris*]; **c)** / (be)nehmen, entziehen (*alci alqd, zB. dolorem, sibi vitam manu*). **2. a)** ausschöpfen, (aus)leeren, austrinken (*alqd, zB.* °*fossas, poculum,* °*uber* ausmelken); / **b)** erschöpfen, arm machen, aufreiben (*alqm, zB.* °*plebem impensis, bsd.* = aussaugen, *zB.* °*socios; alqd, zB.* °*patriae facultates,* °*corpora cursu, vires*); **c)** *etw.* vollenden, durchführen [*mandata,* °*aes alienum* abzahlen, abtragen]; *bsd.* (*nkl., dcht.*) (*Mühen, Gefahren*) durchmachen, überstehen [*aspera belli, omnes casūs, noctem*].
ĕxhĕdră, ĕxhĕdrĭŭm = ĕxĕdr...
ĕxhērēdātĭō, *ōnĭs f* (ĕxhērēdō) (*Qu.*) Enterbung.
ĕx-hērēdō 1. (*wohl Hypost. aus* ĕx hērēdĭbŭs [ĕxĭmō]) enterben (*alqm, zB. filium*).
ĕx-hērēs, *ēdĭs* (*wohl Rückbildung aus* ĕxhērēdō) *v.* der Erbschaft ausgeschlossen, enterbt (*abs. od. alcis rei, zB. paternorum bonorum*); / (*Pl.*) (*scherzh.*) *exheredem alqm facere vitae suae jd.* das Lebenslicht ausblasen.

ĕx-hĭbĕō
1. a) herausholen, herbeibringen; **b)** herausgeben; **2. a)** darbieten, sehen lassen; **b)** *etw.* verwirklichen, beweisen; **c)** verursachen; **d)** unterhalten, erhalten.

ĕx-hĭbĕō, *ŭī, ĭtŭm* 2. (ĕx- + hăbĕō, *eigtl.* „heraus-, hinhalten, darbieten") **1. a)** herausholen, herbeischaffen, -bringen, zur Stelle schaffen (*alqm u. alqd*), *bsd. als jur. t.t.* eine Person (*zum Verhör, zur Bestrafung u. a.*) herschaffen, stellen [*fratres,* °*testem*]; **b)** herausgeben, ausliefern, verabfolgen lassen, *bsd. etw. Verstecktes od. widerrechtlich Zurückgehaltenes* [*servum; alci alqd, zB. omnia integra;* °*ad exhibendum formulam accipere* die Klageformel auf Herausgabe, *auch* /]; **c)** (*nkl., dcht.*) darbringen, liefern, stellen [*librum*]; gestatten, gewähren [*liberam contionem*]. **2.** / **a)** darbieten, vorführen, erscheinen *od.* sehen lassen, (vor)zeigen, erkennen lassen (*alqd u. alci alqd, zB. librarium illud legum, populo Romano philosophiam,* °*notam linguae* verraten, °*linguam paternam* die böse Zunge des Vaters verraten, °solidum decus wahren Glanz zeigen, °ore sonos hören lassen, °dea Pallada exhibuit = gab sich als Pallas zu erkennen, °Thetis exhibita est zeigte sich als Thetis, °veritatem ermitteln, se auctorem auftreten als, °se alci nudas); **b)** (unkl.) etw. betätigen, verwirklichen, ausüben, beweisen, erweisen (alqd, zB. virtutem; alci alqd, zB. regi gratum animum; promissa exhibent fidem = erfüllen sich; se tribunum, se pro fratre hostem); **c)** verursachen, bereiten, machen [alci molestiam, °vias tutas sichern]; **d)** (nkl.) in der Existenz erhalten, unterhalten (alqm, vitam stupri patientiā):

ĕx-hĭlărō 1. aufheitern (alqd, °alqm heiter stimmen); P. ein heiteres Aussehen bekommen [miraris exhilaratam esse servitutem nostram].

ĕxhŏdĭŭm = ĕxŏdĭŭm.

ĕx-hŏrrēscō, hŏrrŭī, — 3. erschaudern, sich entsetzen [metu vor; abs. od. in alqo vor jd.; °alqd vor etw., zB. vultūs alcis].

ĕxhŏrtātĭō, ōnĭs f (ĕxhŏrtŏr) (meist nkl.) Ermunterung, Ermahnung, auch pl.

ĕxhŏrtātīvŭs 3 (ĕxhŏrtātŭs, part. pf. v. ĕxhŏrtŏr) (Qu.) ermunternd.

ĕx-hŏrtŏr 1. (dcht., nkl.) ermuntern, ermahnen, ermutigen, anfeuern (alqm; m. ut, ne); auch aufreizen, aufhetzen (alqm in alqm u. in alqd, zB. cives in hostem).

ĕxī... auch = ĕxsī...; **ĕxĭbĕō** = ĕxhĭbĕō; **ĕxĭcō** = ĕxsĕcō.

ĕx-ĭgō
1. a) heraus-, hinaustreiben, verjagen; **b)** (Schwert) schwingen; **c)** (Waffe) hineinstoßen; **d)** verkaufen; **2. a)** eintreiben; **b)** fordern; **c)** nach etw. fragen; **3. a)** abmessen, -wiegen; **b)** untersuchen, prüfen; **c)** beraten; **4. a)** fertigbringen; **b)** (Zeit) verleben; **c)** festsetzen.

ĕx-ĭgō, ēgī, āctŭm 3. (ăgō) **1.** forttreiben: **a)** heraus-, hinaustreiben, vertreiben, verjagen (alqm, zB. reges; °alqd, zB. aquas ins Meer ergießen; alqm ex re u. selten re, zB. °domo, hostes [e] campo, regem e civitate); auch /, zB. °otium stören, °senectam telis austreiben; **b)** (Ov.) (ein Schwert) schwingen [ensem]; **c)** (dcht.) (Waffen) ganz hineinstoßen, durchstoßen [ensem per medium iuvenem od. hastam cervice]; **d)** (nkl., dcht.) (Waren) vertreiben, verkaufen [agrorum fructūs]. **2.** hereinholen: **a)** (schuldige Gelder, Abgaben u.ä.) eintreiben, einkassieren [°portorium, vectigalia, frumentum; alqd ab alqo, zB. pecunias a civitatibus; / piacula ab alqo, °supplicium ab u. de alqo od. alci an jd. vollziehen]; auch (Leute) requirieren [pedites od. nautas, °vigilias]; **b)** übh. etw. fordern, verlangen [viam den Bau einer Straße, °omnia sarta tecta; alqd ab u. °de alqo, a teste veritatem, promissum die Erfüllung des Versprechens; m. ut; abs. °res ita exigit]; bsd. (v. den Zensoren u. Ädilen) e-n Bau beaufsichtigen [aedes privatas velut publicum opus]; **c)** (nkl., dcht.) etw. wissen wollen, nach etw. fragen [rei causam, ab alqo, cur...]. **3.** (nach e-m Maßstab ausführen) abmessen: **a)** (dcht., nkl.) genau abmessen od. abwiegen [columnas ad perpendiculum, °pondus rei]; **b)** / untersuchen, prüfen, beurteilen (alqd, zB. °rationem saporum; meist alqd ad alqd etw. nach, an etw., zB. °ius ad veritatem od. ad nostras leges); °exacta referre das Ergebnis; **c)** (nkl., dcht.) beraten, überlegen, erwägen [talia secum, haec inter se]. **4.** ausführen: **a)** (dcht., nkl.) zustandebringen, vollenden (alqd, zB. monumentum, carmina, commentarios, annum quattuor spatiis); / **b)** (e-e Zeitspanne) zurücklegen, verleben [°diem supremum]; P. vergehen, ablaufen, zu Ende gehen [temporibus exactis, ante exactam hiemem, exactā aetate hochbetagt]; **c)** etw. (scharf) bestimmen od. festsetzen, einrichten (alqd, zB. °tempus; alqd ad alqd etw. nach etw., zB. °cultum suum ad luxuriam); non satis exactum est es ist nicht ausgemacht, es steht nicht fest (m. indir. Frages.).

ĕxĭgŭĭtās, ātĭs f (ĕxĭgŭŭs) **1.** Kleinheit, Enge [pellis, castrorum]. **2.** / Geringfügigkeit, geringe Zahl [copiarum]; Kürze [temporis], Dürftigkeit [°fisci].

▶ **ĕxĭgŭŭs** 3 (m. °comp. u. °sup.; adv. **-ē**) (eigtl. „knapp zugewogen"; ĕxĭgō 3a) **1.** klein od. gering an Größe, Umfang, Länge, knapp, unansehnlich, eng, kurz, beschränkt, unbedeutend [castra, fines, spatium, civitas, °toga]; subst. **ĕxĭgŭŭm,** ī n (nkl., dcht.) ein Geringes, Kleines, Wenigkeit [campi, temporis], bsd. (cf. 3) kurze Zeit. **2.** mager, hager, schmächtig [corpus, °mus winzig]. **3.** (v. der Zeit) kurz [tempus, dies Frist; curriculum vitae, nox]. **4.** (quantitativ) gering, unbedeutend, spärlich, wenig, dürftig [pars populi, °copiae, °pulvis; frumentum -e triginta dierum habere auf knapp 30 Tage; -e dicere de re m. wenigen Worten]. **5.** (qualitativ) gering, unbedeutend, schwach, unwirksam, belanglos [laus, fructus, °facultates, °conamen, °vox dünn, °elegi].

ĕx-īlī s. ĕxĕō.

ĕxīlĭs, ĕ (m. °comp.; adv. **-ĭtĕr**) (< *ĕx-ăg-slĭs; cf. ĕxĭgŭŭs; ĕxĭgō 3a) mager, dürr, dünn, schmächtig, stets pejorativ, klass. nur v. Sachen [bovis cor, °femur]; / gehaltlos, kümmerlich, armselig [solum u. °ager magerer Boden, °res beschränkte Mittel, legiones nicht vollzählig, °vox dünn, verba exiliter exanimata nur gelispelt]; bsd. v. Stil, Rede, Redner kraftlos, trocken [oratio, °orator].

ĕxīlĭtās, ātĭs f (ĕxīlĭs) Dürftigkeit: **1.** (Qu.) Feinheit des Tons, Diskant. **2.** (v. der Rede) Trockenheit (Ggs. ūbertās).

▶ **ĕxĭlĭŭm** (ĕxŭl) **1.** Verbannung, sowohl freiwillige [°voluntarium] wie erzwungene = Landesverweisung [alqm exilio multare od. afficere, in -o esse, in exilium pellere (°expellere) od. eicere, °mittere, in -um ire od. pergere, de -o alqm °revocare od. reducere, ab od. de -o °redire u. °reverti]. **2. a)** Verbannungsort, Exil; auch Zufluchtsstätte; **b)** (Ta.) die Verbannten. — **Ausland, Fremde (Elend).

ĕxĭm s. ĕxĭndĕ.

▶ **ĕxĭmĭŭs** 3 (adv. **-ē**) (ĕxĭmō) **1.** ausgenommen [tu unus illi eximius fuisti, cui consuleret]. **2.** ausnehmend: **a)** (Qu.) ein besonderer; **b)** außerordentlich, ungemein, ausgezeichnet, fast nur in lobendem Sinne [ingenium, virtutes; -e diligere alqm].

ĕx-ĭmō, ēmī, ēmptŭm 3. (ĕmō) **1.** heraus-, (hin)wegnehmen, auch / (alqd ex od. de re, zB. amicitiam ex rerum natura, biduum ex mense; °alqd re, zB. anulum digito abziehen v., caput ponto herausheben aus; auch °alci alqd, zB. dentem ziehen); bsd. aus einer Zahl od. Liste wegnehmen, streichen, ausstreichen (alqd u. alqm, zB. nomen alcis de tabulis, alqm ex od. de reis od. °de numero proscriptorum, °numero beatorum, °memori aevo aus dem Andenken der Nachwelt). **2.** ausnehmen, ausscheiden [neminem, °se hominibus sich absondern v.]. **3.** v. etw. losmachen od. befreien, jd. einer Sache entziehen, entheben (alqm u. alqd ex od. de re, auch bloß re, zB. alqm ex culpa, cives °[ex] servitute, agrum de vectigalibus, °urbem [ex] obsidione, °rem miraculo des Wunderbaren entkleiden; auch °alqm u. alqd alci rei, zB. alqm °crimini, °poenae; auch alqm in alqd, zB. °in libertatem in Freiheit setzen). **4.** (Zeit) verbrauchen, verschleppen [diem dicendo, dicendi tempus calumniā]. **5.** (eine Last od. ein Übel) entfernen, beseitigen, j-m abnehmen (alqd, zB. °religionem, °labem tilgen, °famem epulis stillen; id, quod me angebat; alci alqd, zB. °curas, °animis onus); (Ta.) alci non eximitur, quin jd. läßt es sich nicht ausreden, daß.

ĕxĭn = ĕxĭndĕ.

ĕx-ĭnānĭō 4. (ĭnānĭs) ausleeren (alqd, zB. navem ausladen, °aciem entblößen; °alqd re v. etw. entblößen, zB. regionem frumento); / ausplündern od. aussaugen [agros, omnes gentes].

ĕx-ĭndĕ (< *ĕx-ĭmdĕ; cf. ĭndĕ), verkürzt **ĕxĭm** u. **ĕxĭn** adv. **1.** (räuml.) (Pl., Ta.) v. da, v. daher, v. da aus. **2.** (zeitl. u. anreihend, bsd. aufzählend) **a)** hierauf, alsdann, (so)dann, nachher, klass. selten; **b)** (nkl.) v. da an, seitdem. **3.** (folgernd) (vkl., nkl.) infolgedessen, daher.

ĕxĭntĕrō = ĕxĕntĕrō.

ĕx-īrĕ s. ĕxĕō.

ĕxĭstĕntĭă = ĕxsĭst...

ĕxĭstĭmātĭō, ōnĭs f (ĕxĭstĭmō) **1.** Beurteilung, Urteil, Meinung [°communis, omnium, vulgi; de alqo über jd., v. jd., zB. °militum de imperatore]. 2. (pass.) Ruf [bona, integra], prägn. guter Ruf, guter Name, Achtung (alcis, zB. Verris; alcis -nem violare od. laedere, offendere). 3. (in Geldsachen) Kredit [debitorum].

ĕxīstĭmātŏr, ōrĭs m (ĕxīstĭmō) Beurteiler, Kritiker; auch Kenner, Sachverständiger.

▶ **ĕx-īstĭmō** (altl. ĕxīstŭmō) 1. (aestĭmō) 1. genau abschätzen, schätzen, (ver)anschlagen (alqd; m. gen. pretii, zB. magni, parvi, pluris, minoris, tanti, °non flocci). 2. / a) beurteilen, für etw. halten, erachten (m. praed. acc., zB. alqm hostem od. sapientem, alqd verum; m. gen. poss., m. gen. od. abl. qual.; m. adv. od. prp., zB. utcumque haec existimata erunt, in numero aliquorum, zB. hostium rechnen od. zählen unter); P. für od. als etw. gelten (m. praed. nom., zB. scribae existimantur mercennarii); b) entscheiden, (be)urteilen (abs. od. de re, zB. de ingeniis, de scriptoribus; ex re nach etw., zB. ex eventu de alcis consilio; m. indir. Frages.); bene de re ein günstiges Urteil haben über, eingenommen sein für etw.; male de re ein Vorurteil haben, eingenommen sein gegen [de omnibus bonis]; (part. praes. act.) subst. **ĕxīstĭmāntēs,** ĭūm m Kunstrichter, Kritiker; c) als Sachkundiger der Meinung sein, meinen, glauben, denken [sic, aliter, hoc, illud, quod, quid, meist m. a.c.i., im P. m. n.c.i., zB. ea disciplina in Britannia reperta esse existimatur].

ĕxīstō = ĕxsīstō.

ĕxĭtĭābĭlĭs u. **ĕxĭtĭālĭs,** ĕ (ĕxĭtĭŭm) unheilvoll, verderblich, v. Pers. u. Sachen [°tyrannus, bellum; alci für jd.].

ĕxĭtĭō, ōnĭs f (ĕxĕō) (Pl.) das Herauskommen, Ausgang [ex utero].

ĕxĭtĭōsŭs 3 (m. °comp.) (ĕxĭtĭŭm) unheilvoll, verderblich, v. Sachen u. °Pers. [coniuratio, °Otho; alci (rei) u. in alqd für].

▶ **ĕxĭtĭŭm,** ī n (ĕxĕō) 1. (Pl.) Ausgang. 2. (Pl.) das Entkommen. 3. / schlimmer Ausgang, Untergang, Verderben, Vernichtung, Sturz, v. Pers. u. Sachen [°adulescentum, urbis; alci exitio esse]; pl. schwere Unglücksfälle od. Leiden; meton. (concr.) Verderben = Verderber, Zerstörer [°Achilles Troiae ~].
F. gen. pl. (dcht.) auch -ūm (cf. V.-B. VI).

ĕx-ĭtŭm P.P.P. v. ĕxĕō.

▶ **ĕxĭtŭs,** ūs m (ĕxĕō) 1. das Heraus-, Hinausgehen, Ausgang (alcis j-s, zB. singulorum hominum exitūs asservare). 2. a) (meton.) α) die Möglichkeit hinauszugehen [omni exitu interclusi]; β) (concr.) Ausgang = Ausgangspunkt, Ausweg [angustus portarum, portūs]; / Veranlassung [multos exitūs alci dare ad alqd]; b) / Ausgang = Schluß, Abschluß, Ende, Ziel, (i. der Tragödie auch) Katastrophe [belli, °vitae, orationis, oppugnationis, fabulae; exitus eventusque, ad exitum spei pervenire das Ziel seiner Wünsche erreichen]; c) Lebensende, Tod, Untergang (alcis, zB. Caesaris; bonum od. talem exitum habere); d) Ausgang = Erfolg, Ergebnis, Resultat, übh. Schicksal [rerum, victoriae; incertus, bonus, melior; °sine exitu esse]; sprichw. (Ov.) exitus acta probat.

ĕxlĕcĕbră = ēlĕcĕbră.

ĕx-lēx, lēgĭs an kein Gesetz gebunden (v. Pers.).

*****ex libris** („aus den Büchern"); Exlibris Bücherzeichen, s. lībĕr[1].

ĕx-līdō, ĕxlŏquŏr, ĕx-mŏvĕō = ē-...

ĕx nĭhĭlō nĭhĭl s. nĭhĭl.

****ex nunc** s. nŭnc.

ĕx-ŏbsĕcrō 1. (Pl.) inständig bitten; m. ut.

ĕx-ŏcŭlō 1. (ŏcŭlŭs) (vkl., nkl.) die Augen ausschlagen.
F. altl. fut. 2. Pers. pl. ĕxŏcŭlāssĭtĭs.

ĕxŏdĭŭm, ī n (Fw. ‹ ἐξόδιον) (vkl., nkl.) Ausgang, Enge; bsd. heiteres Nachspiel in den Atellanen, auch = Atellane.

ĕx-ŏlēscō, ŏlēvī, (ŏlētŭm) 3. (altl. pf. -ŏlŭērĕ) (zu ălō; cf. ădŏlēscō) 1. heranwachsen; nur (P.P.P.) adi. **ĕxŏlētŭs** 3 erwachsen, reif [virgo]; bsd. (obszön) (zur Unzucht reif), liederlich, feil; subst. m Lustknabe. 2. (nkl.) vergehen, verschwinden, außer Gebrauch od. aus der Mode kommen, bsd. (P.P.P.) adi. **ĕxŏlētŭs** 3 veraltet [odium, amictūs Graeci, instituta; re durch etw., bsd. vetustate].

ĕxŏlō = ĕxŭlō; **ĕxŏlvō** = ĕxsŏlvō.

ĕx-ŏnĕrō 1. (unkl.) entlasten: 1. ausladen, entladen (alqd, zB. °navem, ventrem, colos abspinnen); se exonerare (v. Flüssen) sich ergießen. 2. / a) fortschaffen, sich j-s entledigen (alqm u. alqd, zB. multitudinem in proximas terras, exonerari laborum meorum partem fateor mir abgenommen wird); b) erleichtern, befreien (alqm u. alqd, zB. conscientiam suam, se sich eines Geheimnisses entledigen; alqd re etw. v. etw., zB. civitatem metu).

ĕxŏptābĭlĭs, ĕ (ĕxŏptō; vkl., dcht.) wünschenswert.

ĕx-ŏptō 1. 1. (Pl.) ausersehen, auswählen. 2. herbeiwünschen, ersehnen (alqd, zB. °imperium, °adventum alcis; alci alqd, zB. inimico pestem, °sibi gloriam; m. inf. u. ut); (P.P.P.) adi. **ĕxŏptātŭs** 3 (m. comp. u. sup.) erwünscht, lieb, willkommen [nuntius].

ĕxōrābĭlĭs, ĕ (m. °comp.) (ĕxōrō) leicht zu erbitten, nachgiebig [°Orcus, iracundia; re durch etw.].

ĕxōrābŭlŭm, ī n (ĕxōrō) (vkl., nkl.) Bitte.

ĕxōrātŏr, ōrĭs m (ĕxōrō) (Te., nkl.) Bittsteller. — **Fürsprecher.

ĕxŏrbĕō = ĕxsŏrbĕō.

ĕxŏrcĭsmŭs, ī m (Fw. ‹ ἐξορκισμός; Tert.) Beschwörung der bösen Geister. — **Exorzismus, Teufels- od. Dämonenbannung im Namen Christi, noch heute Teil der kathol. Liturgie.

ĕx-ōrdĭŏr, ōrsŭs sŭm 4. 1. (ein Gewebe) anfangen, „anzetteln" [pertexe, quod exorsus es]. 2. / anfangen, beginnen (abs., bsd. °anheben zu reden; a re m. etw.; alqd, zB. °bellum, °preces; alqd a re etw. m. etw., zB. °bellum a causa nefanda; m. inf., zB. scribere); (part. pf. pass. pl. n) subst. **ĕxōrsă,** ōrŭm n (dcht., nkl.) das Beginnen; Einleitungen [longa].

ĕxōrdĭŭm, ī n (ĕxōrdĭŏr) 1. (Qu.) Anfang e-s Gewebes, der Zettel. 2. / Anfang, Beginn (alcis rei, zB. huius mali, vitae); pl. (dcht.) die ersten Anfänge; insb. (rhet.) Einleitung einer Rede od. Abhandlung, auch pl. [dicendi].

****ex oriente lux** s. ŏrĭēns.

ĕx-ŏrĭŏr, ŏrtŭs sŭm 4. 1. a) (unkl.) sich erheben, aufstehen, v. Pers., im feindl. Sinne = hervorbrechen, -kommen [insidiatores]; b) (v. Gestirnen) aufgehen, aufsteigen [canicula, °sol]. 2. / a) plötzlich od. unvermutet, m. Gewalt hervor-, losbrechen [°ventus a mari, °amnis entspringt]; b) (v. Pers.) auftreten, zum Vorschein kommen, erscheinen [repentinus Sulla nobis exoritur, °exoriare aliquis nostris ex ossibus ultor]; (prägn.) wieder hochkommen, sich erholen; c) (v. Sachen u. abstr.) auftauchen, eintreten, entstehen, sich Bahn brechen [°flamma, amor, °fletus, mulieris libido, edictum, °fama alcis rei od. de re]; d) v. jd. od. aus etw. entstehen, entspringen, herrühren [ab alqo u. ex re, zB. honestum ex virtutibus exoritur].
F. Der ind. praes., coni. impf. u. imp. gehen (unkl.) nach der 3. Konjugation.

ĕxōrnātĭō, ōnĭs f (ĕxōrnō) 1. Ausschmückung, Verzierung. 2. (rhet. t.t.) a) Redeschmuck; b) Prunkrede (= λόγος ἐπιδεικτικός).

ĕxōrnātŏr, ōrĭs m (ĕxōrnō) Ausschmücker [rerum]; glänzender Redner (Ggs. nārrātŏr einfacher Erzähler).

ĕxōrnātŭlŭs 3 (demin. v. ĕxōrnātŭs, P.P.P. v. ĕxōrnō) (Pl.) reich geschmückt.

ĕx-ōrnō 1. 1. (vkl., nkl.) ausrüsten, ausstatten, m. etw. versehen od. ausstaffieren (alqm u. alqd re, zB. vicinitatem armis). 2. a) etw. ordnen od. anordnen, zurüsten, herrichten [°nuptias, °convivium, °aciem aufstellen; °abs. Anordnungen treffen, zB. providenter pro rei copia]; b) ausschmücken, (ver)zieren, verschönern, (heraus)putzen (alqm u. alqd, zB. domum, triclinium, orationem; re durch, m. etw., zB. °servum veste regia, urbem signis); c) verherrlichen, zu Ehren bringen [°alqm praeturā, philosophiam falsā gloriā].

ĕx-ōrō 1. 1. jd. anflehen, durch Bitten bewegen od. erweichen (alqm, zB. °deos, °populum; °alqm a re jd. durch Bitten v. etw. abbringen; m. ut, ne, verneint m. quin); P. sich erbitten lassen. 2. (dcht.) sich etw. erbitten, erflehen (alqd, zB. amorem, pacem deum; m. ut).

ĕxŏrs = ĕxsŏrs.

ĕxōrsă, ōrŭm *n s.* ĕxōrdĭŏr.

ĕxōrsŭs, ūs *m* (ĕxōrdĭŏr) (*selten*) Beginn, Anfang; erster Teil [*orationis*].

ĕxŏrtŭs, ūs *m* (ĕxŏrĭŏr) (*nkl.*) **1.** Aufgang, *bsd. eines Gestirns* [*siderum*]. **2.** / Erhebung auf den Thron. **3.** Ursprung.

ĕx-ŏs, ŏssĭs (*Lu.*) knochenlos.

ĕx-ōscŭlŏr 1. (*nkl.*) abküssen, innig küssen (*alqm u. alqd*); / *m.* Lob überhäufen.

ĕx-ŏssō 1. (ĕxŏs) (*vkl., dcht.*) entgräten; (*P.P.P.*) *adi.* **ĕxŏssātŭs** 3 biegsam [*pectore -o*].

ĕxōstră, *ae f* (*Fw.* ‹ ἐξώστρα) Rollmaschine *im Theater, durch die das Innere des Hauses sichtbar gemacht wurde*; / *in -a* auf offener Bühne = vor aller Augen.

ĕx-ōsŭs 3 (ōdī) (*nkl., dcht.*) **1.** (*act.*) grimmig hassend, voll Haß gegen (*alqm u. alqd, zB. Troianos, patrios mores*). **2.** (*pass.*) verhaßt (*alci, zB. universis*).

ĕxōtĭcŭs 3 (*Fw.* ‹ ἐξωτικός) (*vkl., nkl.*) ausländisch; *Graecia -a* Großgriechenland; *subst.* **-ūm,** ī *n* ausländisches Gewand.

ĕx-pāllēscō, *lŭī,* — 3. (*unkl.*) ganz erblassen, erbleichen [*toto ore; alqd* vor *etw.* zurückschrecken].

ĕx-pāllĭātŭs 3 (*Pl.*) des Mantels beraubt.

ĕx-pāllĭdŭs 3 (*Suet.*) sehr bleich.

ĕx-pālpŏr *u.* **-ō** 1. (*Com.*) schmeichelnd erbitten; schmeicheln.

ĕx-păndō, *pāndī, pāssŭm u. pānsŭm* 3. (*nkl.*) ausspannen, ausbreiten [*fores* weit öffnen]; *se -ere u. mediopass.* sich ausbreiten; / (*Lu.*) ausführlich darlegen.

ĕx-păpĭllātŭs 3 (*păpĭllă*) (*Pl. Mil. 1180; fehlerhafte Grammatikerschreibung; s.* ĕxfăfĭllō) bis zur Brust entblößt.

ĕxpătĭŏr = ĕxspătĭŏr.

ĕx-pătrō 1. (*Ca.*) verhuren, vergeuden.

ĕx-păvēscō, *pāvī,* — 3. (*nkl.*) sich entsetzen (*abs. od. ad alqd u. alqd* vor *etw., zB. elephantos*).

ĕxpĕctātĭō, ĕxpĕctō = ĕxspĕct...

ĕx-pĕctŏrō 1. (pĕctŭs) (*vkl., dcht.*) aus dem Herzen reißen [*sapientiam*]. — ******expectorans*** den Auswurf fördernd; *subst. -antia* den Auswurf fördernde Mittel.

ĕx-pĕcŭlĭātŭs 3 (*Pl.*) des Vermögens beraubt.

ĕx-pĕdĭō
I. (*trans.*) **1. a)** losbinden; **b)** befreien; **c)** (*Geschoß*) schleudern; **d)** (*Lästiges*) abstreifen; **e)** erledigen; **f)** ermöglichen; **2.** darlegen, berichten; **3. a)** instand setzen; herbeischaffen; **b)** *mil.* kriegs-, kampfbereit machen; **II.** (*intr.*) **1.** sich bereitmachen; **2.** ablaufen; **3.** nützen.

ĕx-pĕdĭō 4. (*Konträrbildung zu* cŏmpĕdĭō) entfesseln: **I.** (*trans.*) **1. a)** losmachen, losbinden, lösen (*alqd u. alqm, zB. nodum, °subtemen* abwickeln, *°alqm illigatum; alqd ex re u. °re, zB. se ex laqueis, °caput laqueis*); **b)** / freimachen, befreien, retten (*alqm, zB. °se hinc; alqm a re od. re, zB. ab omni occupatione, aere alieno* schuldenfrei machen); *bsd. jd.* in schwieriger Lage durchhelfen [*°alqm per acuta belli* glücklich hindurchführen]; *se -ire u. °mediopass.* sich heraushelfen, entkommen; **c)** (*dcht.*) (*Geschosse*) schleudern [*discum*]; **d)** (*Lästiges*) abstreifen, abtun [*°curas*]; (*Schwierigkeiten*) überwinden [*°quod instat*]; **e)** (*schwierige Geschäfte*) abwickeln, erledigen, besorgen [*negotia, rem frumentariam* die Verproviantierung ordnen, *°consilia sua, nomina sua* seine Schulden bezahlen]; **f)** *etw.* unter schwierigen Verhältnissen ausfindig machen, ermöglichen [*°iter fugae e-n* Ausweg, *sibi locum* sich Raum schaffen, *°alimenta arcu* sich verschaffen]. **2.** (*unkl.*) (*i. Rede od. Schrift*) entwickeln, darlegen, erzählen, berichten (*alqd, zB. omnem famam, morbi causam, pauca e multis dictis* enträtseln; *auch* de re, *zB. ea de caede; m. indir. Frages.*). **3. a)** in Bereitschaft setzen, herbeischaffen, instand setzen (*alqd, zB. virgas, °vela, arma, °Cererem canistris* Brot aus den Körben); **b)** (*mil. t.t.*) *etw. od.* sich zum Kampf bereit *od.* fertig machen, in Kriegsbereitschaft setzen (*alqm, zB. °remiges, milites, legiones, bsd. se, zB. ad °pugnam, ad °oppugnationem urbis; alqd, zB. arma, naves, classem* segelfertig machen); **c)** (*Pl.*) *se expedire* sich entwickeln *od.* so *u.* so ablaufen [*amoris artis eloquar quemadmodum (se) expediant; cf.* II, 2]. **II.** (*intr.*) **1.** (*Ta.*) sich bereitmachen, ausziehen [*ad bellum*]. **2.** (*Pl.*) sich entwickeln, ablaufen; *cf.* I, 3c. **3.** zuträglich, förderlich sein, zustatten kommen, nützen (*alci, zB. multitudini; meist impers.* **ĕxpĕdĭt** *m. inf. od. a.c.i., m. °ut; subi. nur n e-s pron. od. allgemeinen adi., zB. id, idem, nihil, aliud*). — *Cf. auch* ĕxpĕdītŭs.
F. *pf.-Formen* (*synk.*): ĕxpĕdīssĕ(m), ĕxpĕdīstī *u.ä.*; *altl. fut.* -pĕdībō.

ĕxpĕdītĭō, ōnĭs *f* (ĕxpĕdĭō) Feldzug *od.* Unternehmung *gegen den Feind* [*°hiberna; milites in -nem mittere u. educere*].

ĕxpĕdītŭs 3 (*m. comp. u. sup.*; *adv.* **-ē**) (*eig. P.P.P. v.* ĕxpĕdĭō „losgemacht, frei") **1.** (*v. Pers.*) **a)** leichtgekleidet, -bewaffnet, -bepackt, *m.* leichtem Gepäck, ohne Gepäck, *bsd. mil.* [*pedites*]; *auch °*hochgeschürzt; *subst. m* Leichtbewaffneter *od.* nicht *m.* Gepäck Belasteter; **b)** kampfbereit, schlagfertig, *bsd. mil., auch v. Schiffen* [*cohortes, manus* Mannschaft, *navis, classis*]; **c)** ungehindert *v.* Geschäften, ungebunden; **d)** *übh.* rüstig, geschwind, leicht [*-e navigare od. se conferre alqo*]; *daher* bereit *od.* fertig (*ad alqd, zB. ad caedem, ad dicendum*); *subst. m* rüstiger Fußgänger. **2.** (*v. Sachen*) **a)** unbehindert, bequem, leicht, bereit [*°via, iter, locus, receptus, negotia* in Ordnung gebracht, *senatūs consultum* unbeanstandet, *°alqd in expedito habere* in Bereitschaft haben, *°in expedito esse* leicht sein]; *auch* = sicher [*fides, victoria* entschieden, *nomen* sicherer Schuldposten, *pecunia expeditissima* flüssige Gelder]; geläufig *od.* fließend [*oratio*]; (*nkl.*) *expeditum est m. inf.* es ist leicht; **b)** (*s.* 1b) (*v. Schiffen*) schlagfertig.

ĕx-pĕllō, *pŭlī, pŭlsŭm* 3. **1. a)** heraus-, hinaus-, wegtreiben, -jagen, -stoßen, ausstoßen, *Lebendes u. Lebloses, vielfach* / = vertreiben, verjagen (*bsd. aus einem Besitz, Fürsten vom Thron, mil. aus e-r Stellung*) (*alqm u. alqd, zB. collegam, pecus portā, °ratem* vom Ufer abstoßen, *°naturam furcā, °sagittam arcu* abschießen; *ex re od. re, zB. alqm [ex] urbe, e castris, alqm e patrimonio, °segetem ex radicibus* ausreißen, *regem regno, alqm possessionibus, °iuvencos monte* vom Berg weg, *selten a re, zB. °naves a litore in altum*; / *oft* = berauben: *alqm re, zB. vitā, °potestate, regno, °animā jd.* das Leben nehmen; *selten in alqd, zB. alqm in provinciam* zum Rückzug in die Provinz zwingen, *°se in auras* sich ans Licht der Welt drängen); **b)** (*vom Meer*) ans Land werfen, auswerfen [*classem in litus, °corpora, °margarita, °alqm naufragio*]; P. Schiffbruch leiden, *auch* /. **2. a)** verbannen (*alqm civitate, patriā, °finibus patriis*; [*P.P.P.*] *subst.* **ĕxpŭlsī,** ōrŭm *m* die Verbannten); **b)** (*aus der Familie od. Ehe*) ausstoßen, verstoßen [*filiam, uxorem e matrimonio*]. **3.** / (*Stimmungen od. Zustände*) vertreiben, verscheuchen, beseitigen [*°famem, °quietem, °morbum, °somnum, °spem, omnem dubitationem, memoriam alcis rei* = *etw.* vergessen machen, *°vitam* sich das Leben nehmen].

ĕx-pĕndō, *pĕndī, pĕnsŭm* 3. **1. a)** *etw.* abwiegen (*°alqm u. alqd, bsd. Geld od. Edelmetalle, zB. expendantur, non numerentur pecuniae; °aurum auro* gegeneinander aufwiegen); **b)** / (*geistig*) abwägen, erwägen, prüfen, beurteilen (*alqm u. alqd, zB. testem, argumenta, voluptates, °ire expenso gradu m.* gemessenen Schritten; *alqd re etw.* nach *etw., zB. °causam meritis*). **2. a)** (*Geld*) zur Auszahlung abwiegen = auszahlen, bezahlen, ausgeben [*pecuniam, auri pondo centum*]; (*P.P.P.*) *adi.* **ĕxpēnsŭs** 3 ausgezahlt; *alci alqd expensum ferre* für *jd. etw.* als ausbezahlt eintragen, *d.h. etw.* für *jd.* verbuchen [*muneribus* unter der Rubrik „Geschenke", *°sumptui* als Ausgabe für die Wirtschaft]; *subst.* **ĕxpēnsŭm,** ī *n* Ausgabe [*tabulae od. codex accepti et expensi* Hauptbuch *od.* Kassenbuch für Einnahme *u.* Ausgabe]; **b)** (*nkl., dcht.*) ausleihen [*nummos*]; *°pecunias sine fenore expensas ferre* ohne Zinsen ausleihen; / *alci legionem expensam ferre* überlassen. **3.** / (*unkl.*) *poenas od. supplicia alci* büßen *od.* leiden *od.* erdulden (*alcis rei* für *etw., zB. scelerum; °scelus* für den Frevel büßen).

ĕxpĕrgē-făcĭō, *fēcī, făctŭm* 3., P. -fīō, *făctŭs sŭm, fĭĕrī* (ĕxpĕrgō[1] 3. „sich aufmachen") **1.** (*nkl.*) aufwecken, erwecken; *-fieri* aufwachen. **2.** / **a)** *aus der Ruhe od. dem Taumel* erwecken, ermuntern (se — zur Besinnung kommen); **b)** (*dcht.*) ins Leben rufen, hervor-, entlocken [*musaea mele*]; begehen [*flagitia*].

ĕx-pērgīscŏr, ĕxpĕrrēctŭs sŭm 3. ([*Lu.*] *part. pf.* ĕxpĕrgĭtŭs „erwacht"; *incoh. zu* ĕxpĕrgō[1] 3. „sich aufmachen") aufwachen, erwachen [*somno*]; / *aus Untätigkeit od. Taumel* erwachen, sich ermuntern [*experrecta nobilitas*].

ĕxpĕrgō[2] = ĕxspĕrgō.

ĕxpĕrĭēns, ĕntĭs (*m.* °*comp. u. sup.*) (*eig. part. praes. v.* ĕxpĕrĭŏr) **1.** unternehmend, tätig, geschäftig [*arator,* °*ingenium*]. **2.** (*dcht.*) **a)** ausdauernd [*Ulixes*]; **b)** gewöhnt an (*alcis rei, zB. laborum*).

ĕxpĕrĭēntĭă, *ae f* (ĕxpĕrĭēns) **1.** Versuch, Probe (*alcis rei, zB. patrimonii amplificandi*). **2.** (*meton.*) (*nkl., dcht.*) Erfahrung, Übung (*alcis rei* in *etw., zB. multarum rerum*).

ĕxpĕrīmēntŭm, *ī n* (ĕxpĕrĭŏr) **1.** (*nkl.*) Versuch, Probe [*experimentis cognoscere alqd*]; (*meton.*) Versuchsobjekt *od.* Probestück [*veneni* für Gift]. **2.** Beweismittel, Erfahrungsbeweis [*maximum*]; *übh.* (*nkl.*) Beweis [*ingenii*]; *auch* Erfahrung [*superiorum proeliorum* aus den früheren Schlachten].

▶ **ĕx-pĕrĭŏr,** pĕrtŭs sŭm 4. (*zu* πεῖρα ⟨ *περja „Erfahrung, Versuch"; *cf.* cŏmpĕrĭō, pĕrīcŭlŭm) **1.** *abs.* einen Versuch machen [*iterum, experiendi potestas*]. **2.** (*trans.*) *etw.* versuchen *od.* erproben, prüfen (*alqm u. alqd, zB. amicos, fortunam belli, vim veneni in servo, vires suas cum alqo* gegen *jd.*; *m. indir. Fragesatz*). **3. a)** (*im Kampf*) sich *m. jd.* messen, *m. jd.* anbinden (*abs., zB. inter se; od.* °*alqm, zB. Romanos*); **b)** *m. jd.* gerichtlich streiten *od.* rechten (*abs., zB.* °*legibus* gerichtlich, *summo iure; od. cum alqo; de re, zB. de tantis iniuriis*). **4.** / *etw.* riskieren, es auf *etw.* ankommen lassen (*alqd, zB. omnia de pace* alle Mittel versuchen, *extremum auxilium,* °*ultima od.* °*extrema* das Äußerste, *rei eventum* abwartend versuchen, °*licentiam* sich erlauben, °*imperium* aufs Spiel setzen, °*spem* sich der Hoffnung hingeben, °*libertatem* benutzen, genießen, °*iudicium populi Romani* es auf die Entscheidung des röm. Volkes ankommen lassen; *m. inf. od. m. ut*). **5.** (*meton.*) **a)** *durch eigene Erfahrung* kennenlernen, an sich erfahren, erleben (*abs., zB. experiendo cognoscere alqd, expertus scio* aus Erfahrung, *de me experior* ich sehe es an mir; *alqd, zB. alcis vires; alqd in re etw.* an *etw.*; *m. dopp. acc., zB.* °*alqm fortem inimicum; m. a.c.i. u. indir. Frages.*); **b)** (*Unangenehmes*) erleiden, durchmachen, bestehen [*accusandi molestiam,* °*alteram fortunam*]. — *Cf. auch* ĕxpĕrĭēns *u.* ĕxpĕrtŭs.

ĕx-pĕrrēctus *part. pf. v.* ĕxpĕrgīscŏr.

▶ **ĕx-pērs,** pĕrtĭs (pārs) unteilhaftig, an *etw.* unbeteiligt *od.* nicht teilnehmend, ohne Anteil (*alcis rei u.* °*re, zB. dignitatis, periculorum,* °*famā atque fortunis*); / ledig, frei *v. etw.* ohne *etw.* (*alcis rei, zB. humanitatis, rationis* unvernünftig, °*litterarum Graecarum* unkundig, °*viri u.* °*thalami* unverheiratet).

ĕx-pērtŭs[1] *part. pf. v.* ĕxpĕrĭŏr.

ĕxpērtŭs[2] 3 (*m.* °*sup.*) (*eig. part. pf. v.* ĕxpĕrĭŏr) (*fast nur nkl., dcht.*) **1.** (*act.*) in *etw.* erfahren [°*expertis credere;* °*alcis rei u.* °*re* in *etw., zB. belli, certaminibus*]. **2.** (*pass.*) erprobt, bewährt, *v. Pers. u. Sachen* [°*exercitus,* °*artes;* °*re* durch, in *etw.*].

ĕxpĕtēndŭs 3 (*eig. Gerundiv v.* ĕxpĕtō) erstrebenswert, wünschenswert.

ĕxpĕtēns, ĕntĭs (*eig. part. praes. v.* ĕxpĕtō) begehrlich, lüstern.

ĕxpĕtēssō, — — 3. (*intens. v.* ĕxpĕtō) (*Pl.*) begehren, verlangen.

ĕxpĕtībĭlĭs, ĕ (ĕxpĕtō) (*Se.*) wünschbar, erstrebbar.

▶ **ĕx-pĕtō,** īvī, ītŭm 3. **1.** (*trans.*) **a)** erstreben = zu erreichen suchen, aufsuchen [*Asiam, mare medium terrae locum expetit* strebt hin nach dem Mittelpunkt, °*medicum*]; **b)** / verlangen, erstreben = begehren, nach *etw.* trachten *od.* streben (*alqd u. alqm, zB. pecuniam, gloriam, vitam alcis; sibi alqd, zB. consilium, alqam sibi* freien um; *alqd ab alqo, zB.* °*auxilium a sociis, poenas alcis rei ab alqo jd.* für *etw.* bestrafen *od.* an *jd.* Rache nehmen für *etw.*; *m. inf. u. a.c.i.; m.* °*ut, ne*). **2.** (*intr.*) (*vkl., nkl.*) *jd.* widerfahren, *jd.* treffen (*in alqm, zB. omnes belli clades in eum expetunt*). **3.** (*abs.*) (*Pl.*) dauern, ausreichen [*bono si quid male facias, aetatem* (ewig) *expetit*]. — *Cf. auch* ĕxpĕtēns *u.* ĕxpĕtēndŭs. **F.** *pf.-Formen* (*synk.*) ĕxpĕtīssĕ(m), ĕxpĕtīstī *u.ä.*

ĕxpĭātĭō, ōnĭs *f* (-pī-?; ĕxpĭō) Sühnung, Sühne [*fanorum, scelerum*].

ĕxpīlātĭō, ōnĭs *f* (ĕxpīlō[1]) Ausplünderung, Beraubung (*alcis u. alcis rei, zB. civium, Asiae*).

ĕxpīlātŏr, ōrĭs *m* (ĕxpīlō[1]) Plünderer.

ĕx-pīlō[1] 1 (*cf.* cŏm-pīlō) ausplündern, berauben (*alqm u. alqd, zB. regem, fanum;* / [*Ov.*] *oculos genis* herausreißen aus den Höhlen).

ĕx-pīlō[2] 1. (*vkl.*) (die Haare) ausraufen.

ĕx-pīngō, pīnxī, pīctŭm 3. **1.** (*dcht., nkl.*) ausmalen, schminken [*genas*]. **2.** / anschaulich schildern (*alqd, zB. regiones*).

ĕx-pĭō 1. (-ī-?) **1. a)** *etw. m. Sünde Beflecktes* durch Sühne reinigen (*alqm u. alqd, zB. cruores; alqd re etw.* durch *etw., zB.* °*filium pecuniā publicā; alqd a re etw. v. etw., zB. forum a sceleris vestigiis; alqd in alqm etw.* an *jd.* rächen = *jd.* für *etw.* büßen lassen, *zB. di scelera tua in nostros milites expiaverunt*); **b)** ein Unrecht *u.ä.* wieder gutmachen *od.* wieder ausgleichen [*iniurias alcis, incommodum virtute*]; *bsd.* (*Verbrechen*) sühnen = büßen, abbüßen (lassen), strafen [*scelus supplicio,* (*prägn.*) °*poenas* durch Verbüßung der Strafe sich *v.* seiner Verschuldung reinigen]. **2. a)** (*Wunderzeichen*) durch Sühnung unschädlich machen, die bösen Folgen *v. etw.* abwenden (*alqd, zB. prodigia*); **b)** (*Gottheiten od. göttlichen Zorn*) durch Sühnopfer versöhnen, besänftigen [*manes mortuorum poenis,* °*iram caelestium*]; *übh. etw.* befriedigen [*cupiditates,* °*dolor expiatur* kühlt sich ab].

ĕxpīr... = ĕxspīr...

ĕx-pīscŏr 1. (pīscĭs) *eig.* herausfischen; *nur* / ausforschen [°*nihil* nicht weiter forschen; *alqd ab alqo*].

ĕxplānābĭlĭs, ĕ (ĕxplānō) (*Se.*) deutlich, artikuliert [*vox*].

ĕxplānātĭō, ōnĭs *f* (ĕxplānō) **1.** Verdeutlichung (*auch als rhet. Figur*). **2. a)** Auslegung, Erklärung, Deutung (*alcis j-s; alcis rei, zB. portentorum*); **b)** (*nkl.*) deutliche Aussprache [*verborum*].

ĕxplānātŏr, ōrĭs *m* (ĕxplānō) Ausleger, Erklärer.

ĕx-plānō 1. **1.** (*nkl.*) ebenen; eben ausbreiten. **2.** / **a)** verdeutlichen, erläutern, deutlich auslegen, in klarer Übersicht darstellen (*abs. od. alqd u. alci alqd, zB. rem obscuram interpretando,* °*carmen;* °*pauca de moribus alcis*); **b)** (*Pli.*) deutlich aussprechen [*verba*]. **3.** (*P.P.P.*) *adi.* **ĕxplānātŭs** 3 (*m.* °*comp.; adv.* **-ē**) **a)** geebnet, glatt [*oratio*]; **b)** deutlich [*rem -e definire, vocum impressio* Fähigkeit, deutlich zu artikulieren].

ĕx-plaudō = ĕxplōdō.

ĕx-plēmēntŭm, *ī n* (ĕxplĕō) (*nkl.*) Ausfüllung(smittel); *bsd.* (*Pl., nkl.*) Sättigungsmittel; Futter.

> **ĕx-plĕō**
> **1.** (aus-, an)füllen; **2. a)** (*Zahl, Maß*) voll erreichen; **b)** ergänzen; **3. a)** (*Wünsche*) befriedigen; **b)** zustande bringen; **c)** (*Aufgaben*) erfüllen; **d)** (*Zeiten*) vollenden, überstehen; **4.** (*P.P.P.*) *adi.* **ĕxplētŭs** vollständig.

ĕx-plĕō, plēvī, plētŭm 2. (*historisch nur Komposita; cf.* cŏm-plĕō, plēnŭs) **1.** ausfüllen, voll-, anfüllen, füllen (*alqd, zB. rimas,* °*cavernas, munitionem* vollständig besetzen; *alqd re u.* °*alcis rei, zB. paludem cratibus atque aggere; auch alqm re, zB.* °*bovem frondibus* sättigen). **2.** / **a)** (*Zahlen od. Maße*) voll erreichen, vollständig betragen [°*copiae explent quattuor milia od.* °*numerum quattuor milium,* °*centurias od.* °*tribūs* die volle Anzahl der Stimmen bekommen, °*quadraginta annos od.* °*quadragesimum annum* volle 40 Jahre erreichen]; **b)** (*Unvollständiges*) vervollständigen, ergänzen [*quod deest od. quod deperiit, damna* ersetzen, wieder gutmachen]. **3. a)** (*Leidenschaften, Wünsche*) sättigen, befriedigen, stillen [*sitim,* °*alcis spem, libidinem, animum* sein Mütchen kühlen; *alqd re, zB.* °*dolorem lacrimis*]; P. °*expleri* (*tuendo*) sich satt sehen; **b)** zustande bringen, ausführen [*vitam beatam cumulate* vollkommen glücklich machen, *damnationem* die Verurteilung durch Ergänzung der

Zahl der Richter ermöglichen]; **c)** (*Pflichten, Aufgaben*) erfüllen, Genüge tun [*officium*, °*mortalitatem* sein Los als Sterblicher]; **d)** (*meist dcht., nkl.*) (*Zeiten*) erfüllen = vollenden *od.* überstehen [°*menses*, °*supremum diem*, *expletum annum habere* ein volles Jahr]. **4.** (*P.P.P.*) *adi.* **ĕxplētŭs** 3 vollständig, vollkommen [*expletus omnibus suis partibus*].
F. *pf.-Formen* (*synk.*) *ĕxplēssĕ(m)*, *ĕxplērăm*, *ĕxplērĭt u.ä.*

ĕxplētĭō, *ōnĭs f* (*ĕxplĕō*) Vervollständigung (*alcis rei*).

ĕx-plētŭs *P.P.P. v. ĕxplĕō.*

ĕx-plēvī *s. ĕxplĕō.*

ĕxplĭcātĭō, *ōnĭs f* (*ĕxplĭcō*) das Aufrollen [*rudentis*]; / Entwicklung, Erklärung, *bsd.* Auslegung, Deutung (*alcis j-s, alcis rei e-r* Sache, *zB. verborum, vocabuli ac nominis* etymologische Erklärung); (*meton.*) Talent, e-n Gegenstand klar auseinanderzusetzen [*in disserendo*].

ĕxplĭcātŏr, *ōrĭs m* (*ĕxplĭcō*) Erklärer (*alcis rei*).

ĕxplĭcātrīx, *īcĭs f* (*ĕxplĭcātŏr*) Erklärerin (*alcis rei*).

ĕxplĭcātŭs[1], *ūs m* (*ĕxplĭcō*) Erörterung, Lösung, *auch pl.* [*difficiles -ūs habere*].

ĕxplĭcātŭs[2] 3, **ĕxplĭcĭtŭs** 3 *s. ĕxplĭcō.*

ĕxplĭcĭt (*lĭbĕr*) (*spätl.*, ** *u.* ***) das Buch ist zu Ende, *wohl Abk. für ĕxplĭcĭtŭs* (*ĕst*) „ist abgewickelt" (*od. intr. praes. act.* 3. *nach ĕxplĭcŭĭt*, *ĕxplĭcĭtŭm* [*v. ĕxplĭcō*] *antithetisch zum Anfangsvermerk* „*ĭncĭpĭt*"); *Anfang des Schlußvermerks e-r Buchrolle, dann e-r Handschrift od. e-s Frühdrucks.*

ĕx-plĭcō
1. a) entfalten, aufrollen; **b)** herauswickeln; **c)** (*räuml.*) ausdehnen; *mil.* entwickeln; **2. a)** entwirren; **b)** glücklich durchführen; **c)** erlösen, retten; **d)** erklären; **3.** (*P.P.P.*) *adi.* **ĕxplĭcātŭs a)** geordnet; **b)** klar.

ĕxplĭcō, *cāvī, cātŭm u. cŭī* (*seit Ve.*), *cĭtŭm* 1. (*s. cŏm-plĭcō, ĭm-plĭcō*) **1. a)** entfalten, auseinanderrollen, aufrollen, ausbreiten (*alqd, zB. vestem, volumen od. librum* aufschlagen, °*pennas*, °*orbes* sich aufrollen [*v. der Schlange*]; °*frontem* glätten, *intellegentiam suam* entfalten); **b)** herauswickeln, loswickeln [*se ex laqueis*]; **c)** (*räuml.*) ausdehnen, ausbreiten [*forum usque ad atrium Libertatis*]; P. sich ausbreiten; *bsd. mil.* entwickeln, entfalten [°*ordines*, °*agmen*, *se turmatim*, °*classem*]; P. sich entwickeln. **2.** / **a)** (*Verworrenes*) entwirren, in Ordnung bringen [*alcis negotia od. rationes* Rechnungen, °*rem frumentariam* ordnen]; **b)** (*Schwieriges*) abwickeln = glücklich durchführen, bewerkstelligen [*consilium, praecepta* ausüben, °*iter* zurücklegen, °*nihilo plus* herausbringen]; *auch* entziffern, ausfindig machen [*illius Verrucios*]; *bsd.* (*eine Schuld*) abtragen [*nomen, solutionem*, °*sumptūs* bestreiten]; **c)** (*Gefährdetes*) erlösen, befreien, retten [*rem publicam, Siciliam multis cinctam periculis, se istinc* sich aus der Affäre ziehen]; **d)** (*mündl. od. schriftl.*) *etw.* Unklares entwickeln = auseinandersetzen, erklären, darlegen (*alqd, zB. res gestas narrando, vitam alcis, causas rerum, alci scholam aliquam jd. e-n* kunstgerechten Vortrag halten, *Graecas orationes* in freier Übersetzung wiedergeben, paraphrasieren; *auch alqm, zB.* °*imperatores* das Leben der Feldherren; *de re* sich aussprechen, sich auslassen, *zB. de rerum natura*; *m. a.c.i. u. indir. Frages.*). **3.** (*P.P.P.*) *adi.* **ĕxplĭcātŭs** 3 (*m. comp. u.* °*sup.*; *adv.* **-ē**): **a)** geordnet, geregelt [*provincia*]; **b)** deutlich, klar, sicher [*litterae tuae, -e dicere*]; **ĕxplĭcĭtŭs** 3 leicht auszuführen [*adv. comp. explicitius reverti*]. — **(*)*explicite* (*-zite*) (*Ggs.* [*Ci.*] *ĭmplĭcĭtē* „verwickelt, verworren") ausdrücklich, deutlich.

ĕx-plōdō, *sī, sŭm* 3. (*plaudō*) **1.** (*nkl., dcht.*) schlagend forttreiben [*noctem explaudentibus alis*]. **2.** *jd.* auszischen, auspfeifen [*histrionem sibilis*]; / *etw.* mißbilligen, verwerfen [*sententiam*].

ĕxplōrātĭō, *ōnĭs f* (*ĕxplōrō*) (*nkl.*) Erkundung, Spionage [*occulta*]; / Erforschung [*veri*].

ĕxplōrātŏr, *ōrĭs m* (*ĕxplōrō*) **1.** (*unkl.*) Kundschafter, Späher, Spion. **2.** (*meist pl.*) (*mil. t.t.*) Aufklärungstruppen, Spähtrupp. **3.** (*Suet.*) ~ *viae* Vorreiter *aus dem Gefolge des Kaisers, der bei dessen Reisen für die vorherige Beseitigung v. Hindernissen zu sorgen hatte.*

ĕxplōrātōrĭŭs 3 (*ĕxplōrātŏr*) (*nkl.*) Kundschafter... [*corona, v. Caligula gestiftet*].

▶ **ĕx-plōrō** 1. (*urspr. Ausdruck der Jägerspr.: das Wild aus den Schlupfwinkeln* „herausschreien", *d.h.* „aufstöbern") **1.** ausspähen; *bsd. mil.* auskundschaften, ausfindig machen, rekognoszieren (*abs. od. alqd, zB. locum castris idoneum*, / *egressūs alcis*; *m. indir. Frages.*); *abl. abs.* °(*ante*) *explorato* nachdem man (vorher) Kundschaft eingezogen hatte. **2.** / **a)** ausforschen, erforschen, ermitteln (*alqd, zB. alcis consilia, regis animum* Gesinnung, *fugam* eine Gelegenheit zur Flucht ausfindig machen; *de re* über *etw.* Nachforschungen anstellen, *zB.* °*de voluntate alcis*; *m. a.c.i. u. indir. Frages.*); **b)** (*dcht., nkl.*) (*die Beschaffenheit einer Sache*) prüfen, untersuchen, erproben [*portas, robora* die Festigkeit, *epulas gustu*]. **3.** (*P.P.P.*) *adi.* **ĕxplōrātŭs** 3 (*m. comp. u. sup.*; *adv.* **-ē**) gewiß, sicher, ausgemacht, zuverlässig, stichhaltig [*victoria, spes, litterae a timore -ae* Sicherheit gewährend, *-e cognoscere*]; *mihi exploratum est* es steht für mich fest (*m. a.c.i.*); *alqd exploratum od. pro -o habere* sicher wissen.

ĕx-plōsī *s. ĕxplōdō.*

ĕxplōsĭō, *ōnĭs f* (*ĕxplōdō*) (*unkl.*) das Auszischen, Auspfeifen [*ludorum*].

ĕx-plōsŭs *P.P.P. v. ĕxplōdō.*

ĕx-pŏlĭō[1] 4. **1.** (*unkl.*) glätten, polieren [*libellum pumice*]. **2.** / **a)** ausbilden, verfeinern (*alqm litteris*); **b)** (*vom Redner*) glätten, ausschmücken (*alqd*). **3.** (*P.P.P.*) *adi.* **ĕxpŏlītŭs** 3 (*m. comp. u. sup.*) **a)** (*dcht., nkl.*) glatt, blank [*dens*]; **b)** / ausgebildet, verfeinert [*vir omni vitā -us*].

ĕxpŏlĭō[2] 1. = *ĕxspŏlĭō.*

ĕxpŏlītĭō, *ōnĭs f* (*ĕxpŏlĭō*[1]) **1.** das Glätten, Anstreichen *eines Hauses* [*urbana* des Hauses in der Stadt]. **2.** (*rhet.*) Ausschmückung *od.* Ausmalung *der Rede.*

ĕx-pōnō
1. heraus-, hinaussetzen; **2. a)** öffentlich ausstellen; **b)** vor Augen stellen; **3.** (*Kinder*) aussetzen; **4.** ausschiffen; **5.** zur Verfügung stellen; **6.** preisgeben; **7.** auseinandersetzen, darlegen; **8.** (*P.P.P.*) *adi.* **ĕxpŏsĭtŭs a)** offen daliegend; **b)** bloßgestellt; **c)** *jedermann* zugänglich; **d)** leutselig.

ĕx-pōnō, *pŏsŭī, pŏsĭtŭm* 3. **1.** heraus-, hinaussetzen, offen hinstellen, auslegen (*alqm u. alqd, zB.* °*scalas* Schiffstreppen aus-, anlegen, °*pisces insuper* auf den Rasen; *alqd in loco, zB. copias in collibus, herbam in sole*; °*alqm orbe* ausstoßen aus). **2. a)** öffentlich zur Schau stellen [*vasa Samia*, °*rem venditioni*]; **b)** / vor Augen stellen [*rem ante oculos, vitam in oculis omnium, vitam iuventuti ad imitandum* zur Nachahmung]; *bsd.* (*Belohnungen*) aussetzen [*praemium*]. **3.** (*vkl., nkl.*) (*Kinder*) aussetzen [*pueros in proxima alluvie*]. **4.** (*naut. t.t.*) landen (*trans.*), an Land setzen, ausschiffen, ausladen [*milites* (*ex*) *navibus od.* °*de puppibus, frumentum*; *alqm in loco od. in locum, zB.* °*copias in Africa*, °*in litus, exercitum in terram*; *auch ad locum*]; P. landen (*intr.*). **5.** (*Geld, Unterstützung u.a.*) aussetzen = zur Verfügung stellen [*magnam pecuniam alci*, °*commeatūs per urbes*]. **6.** *etw. e-m Übel* aussetzen = bloßstellen, preisgeben (*alci alqd, zB.* °*provinciam barbaris*); *klass. nur* P. *expositum esse* (*alci rei, zB. cupiditati et voluptatibus, hostium viribus*; *ad u.* °*in alqd* zu *etw., zB. alci ad praedandum*, °*ad invidiam*). **7.** auseinandersetzen = *mündl. od. schriftl.* darlegen, darstellen, mitteilen, erörtern (*abs., zB. sicuti exposui*; *alqd, zB. rem breviter, orationem a Catone habitam, m. dopp. acc.* [*summum bonum vacuitatem doloris*]; *alci alqd*; *de re* handeln *od.* Mitteilung machen *v. etw., zB.* °*de vita imperatorum*; *m. a.c.i. u. indir. Frages.*). **8.** (*P.P.P.*) *adi.* **ĕxpŏsĭtŭs** 3 (*adv.* °**-ē**) **a)** (*dcht.*) offen *od.* frei daliegend [*Sunion*]; **b)** bloßgestellt, preisgegeben (*alci u. alci rei, cf. oben* 6); **c)** jedermann zur Benutzung überlassen, zugänglich, gemeinnützig, *v. Sachen u. Pers.*; *auch* (*nkl., dcht.*) allen verständlich; alltäglich, naheliegend; **d)** (*nkl., dcht.*) leutselig [*homo*].
F. *altl. pf. act. ĕxpŏsīvĭt*; *P.P.P.*

(*synk.*) (*dcht.*) *ĕxpŏstŭs* = *ĕxpŏsĭtŭs.*

ĕx-pŏrrĭgō *u.* (*Com.*) **ĕxpŏrgō,** *rēxī, rēctŭm* 3. **1.** (*Pers.*) hervorstrecken [*labellum*]. **2.** (*unkl.*) ausdehnen, ausbreiten, *bsd. mil.* [*equites, munitiones*]; glätten [*frontem* = freundlich sein].

ĕxpŏrtātĭō, *ōnĭs f* (*ĕxpŏrtō*) **1.** Ausfuhr, Export [*rerum, mercium*]. **2.** (*Se.*) Verbannung.

ĕx-pŏrtō 1. **1.** hinaustragen, fortschaffen (*alqm u. alqd, zB.* °*Dareum clauso vehiculo, sua omnia; alqd ex re u.* °*re, zB. signa ex fanis,* °*corpora tectis*). **2.** (*Waren*) ausführen, *Ggs. importare* [*aurum ex Italia*]. **3.** verbannen [*portentum in ultimas terras*].

ĕx-pŏscō, *pŏpŏscī,* — 3. (*-ōsc-?*) **1. a)** *etw.* dringend *od.* ungeduldig fordern *od.* verlangen, erbitten (*abs. od. alqd, zB. signum proelii; alqd ab alqo, auch m. ~ e-s pron.*: *alqm alqd, zB. id cives; m. ut, ne; m.* °*inf. u.* °*a.c.i.*); **b)** (*dcht.*) (*v. Sachen*) *etw.* erfordern [*nec opes exposcere magnas*]. **2.** (*nkl.*) *j-s* Auslieferung verlangen (*alqm, zB. Hannibalem*). **3.** (*relig. t.t.*) *etw. durch Gebet u. Gelübde v. den Göttern* erflehen, erbitten (*alqd, zB.* °*pacem precibus; alqd ab alqo, zB. victoriam a dis;* °*alci alqd etw.* für *jd., zB. pacem Teucris*); *selten jd.* anflehen (*alqm, zB.* °*plebem precibus*).

ĕxpŏsĭtīcĭŭs 3 (*ĕxpŏsĭtŭs, P.P.P. v. ĕxpōnō*) (*Pl.*) ausgesetzt [*puella*].

ĕxpŏsĭtĭō, *ōnĭs f* (*ĕxpōnō*) **1.** (*Iust.*) Aussetzung *eines* Kindes [*infantis*]. **2.** Darlegung, Schilderung, Entwickelung [*rerum, summi boni* Definition]. **3.** (*Vulg.*) Auslegung, Erklärung.

ĕxpŏsĭtŭs 3 *s. ĕxpōnō.*

ĕxpŏstŭlātĭō, *ōnĭs f* (*-pŏst-?; ĕxpŏstŭlō*) **1.** Verlangen, Forderung (*alcis j-s*). **2.** Beschwerde, Vorwurf, (*alcis j-s, cum alqo* gegen *jd.*; *expostulationes facere* vorbringen).

ĕx-pŏstŭlō 1. (*-pōst-?*) **1. a)** dringend verlangen *od.* fordern (*alqd, zB.* °*primas sibi partes; alqd ab alqo; m.* °*ut, ne; m.* °*a.c.i.*); **b)** (*nkl.*) *alqm j-s* Auslieferung verlangen [*ad supplicium*]. **2.** sich beschweren, *jd.* zur Rede stellen (*abs., zB. vehementer; cum alqo alqm od. alqd u. de re* bei *jd.* über *jd. od.* über *etw.*; *m. a.c.i.*; *m. indir. Frages.*).

ĕx-pŏsŭī *s. ĕxpōnō.*

ĕxpōtō = *ēpōtō.*

ĕx-prĕssī *s. ĕxprĭmō.*

****expressis verbis** *s. ĕxprĭmō.*

ĕx-prĕssŭs *P.P.P. v. ĕxprĭmō.*

ĕxprĕtŭs 3 (*Pl., Bacch. 446*) *Et. u. genaue Bedeutung ungeklärt*; = *ĕxprĕssŭs?*

ĕx-prĭmō
1. auspressen; **2.** *etw. aus etw.* herauspressen; **3. a)** in die Höhe heben; **b)** deutlich aussprechen; **c)** *etw.* erpressen; *jd. etw.* abnötigen; **4. a)** *künstlerisch* (ab)bilden, gestalten; **b)** nachahmen; **c)** (*mit Worten*) wiedergeben; **d)** schildern; 5. (*P.P.P.*) *adi.* **ĕxprĕssŭs a)** (heraus)gepreßt; **b)** deutlich artikuliert; **c)** anschaulich.

ĕx-prĭmō, *prĕssī, prĕssŭm* 3. (*prĕmō*) **1.** (*nkl., dcht.*) *e-n Gegenstand* ausdrücken, auspressen [*spongiam, madidas imbre comas; nasum* sich die Nase putzen]. **2.** (*unkl.*) *etw. aus einem Gegenstande* herausdrücken, -pressen (*alqd, zB. lacrimulam, spiritum* = sich erhängen; *alqd ex re, zB. sucum e semine*). **3. a)** emportreiben, in die Höhe heben [*agger turres expresserat*]; **b)** (*in der Aussprache*) kräftig hervorstoßen, deutlich aussprechen [*litteras,* °*verba; cf. auch* 5b]; **c)** / *etw.* erpressen *od.* erzwingen, *jd. etw.* abnötigen (*alqd, zB. vocem* ein Wort, °*veritatem tormentis; alqd ab alqo, zB. nummos blanditiis ab amico; auch alci alqd, zB.* °*laetitiam* entlocken; *m. ut*). **4. a)** (*unkl.*) *künstlerisch* (*in Wachs, Metall, Farbe u. a.*) abbilden, gestalten, darstellen [*imaginem in cera, simulacra ex auro, concubitūs varios Venerisque figuras, litteras* abdrücken, *vestis exprimit singulos artūs* läßt plastisch hervortreten]; **b)** / (*im Benehmen u.ä.*) nachbilden, genau wiedergeben, nachahmen [*oratorem imitando, vitia imitatione ex alqo expressa*]; **c)** (*m. Worten*) wiedergeben (*alqd verbis od. oratione, dicendo*); *bsd.* übersetzen [*verbum e verbo* Wort für Wort, *alqd Latine uno verbo*]; **d)** *übh. m. Worten* ausdrücken = darstellen, anschaulich schildern [*mores alcis, omnes libidines alcis, in Platonis libris omnibus fere Socrates exprimitur; m. a.c.i. u. indir. Frages.*]. **5.** (*P.P.P.*) *adi.* **ĕxprĕssŭs** 3 (*m. comp.; adv.* °**-ē**) **a)** herausgequetscht, gepreßt [*litterae*]; **b)** deutlich artikuliert; **c)** *übh.* deutlich, anschaulich, handgreiflich [*sceleris vestigia,* °*-e dicere*]. — ***expressis verbis m.* ausdrücklichen Worten, ausdrücklich.

ĕxprŏbrātĭō, *ōnĭs f* (*ĕxprŏbrō*) (*vkl., nkl.*) das Vorwerfen, Vorwurf (*alcis rei; auch alci alcis rei*).

ĕxprŏbrātŏr, *ōrĭs m* (*ĕxprŏbrō*) (*nkl.*) Tadler.

ĕxprŏbrātrīx, *īcĭs f* (*ĕxprŏbrātŏr*) (*Se.*) Tadlerin; (*attr.*) vorwerfend, vorwurfsvoll [*memoria*].

ĕxprŏbrō 1. (*ĕx + denom. v. prŏbrŭm*) Vorwürfe machen, *jd. etw.* vorwerfen *od.* vorhalten, *auch* vorwurfsvoll erwähnen *od.* aufzählen (*abs. od. alqd, zB. casus bellicos,* °*nudum corpus; alci alqd jd. etw., zB. vitia puellis; alci de re jd.* wegen einer Sache, *zB.* °*de uxore; m. a.c.i.*).

****ex professo** *s. prŏfĭtĕŏr.*

ĕx-prōmō, *prōmpsī, prōmptŭm* 3. **1. a)** (*vkl., nkl.*) hervorholen, -nehmen, -bringen (*alqd, zB. apparatūs supplicii*); **b)** (*dcht.*) (*Töne*) hervorstoßen [*maestas voces* laut werden lassen]. **2.** / **a)** *etw.* an den Tag legen, deutlich zeigen, betätigen (*alqd, zB. suum odium, vim eloquentiae; alqd in alqm u. in alqo od. in re etw.* gegen *jd.*, an *jd., zB. crudelitatem in inimico*); **b)** (*m. Worten*) *etw.* darlegen, vortragen, sich äußern (*alqd, zB.* °*causas belli,* °*sententiam* Vorschlag; *m. a.c.i.*; *m. indir. Frages.*). **3.** (*P.P.P.*) *adi.* **ĕxprōmptŭs** 3 (*Te.*) gleich, bei der Hand, bereit [*malitia atque astutia*].

ĕxpŭgnābĭlĭs, *ĕ* (*-ŭ-?; ĕxpŭgnō*) (*nkl., dcht.*) einnehmbar [*urbs*].

ĕxpŭgnātĭō, *ōnĭs f* (*-ŭ-? ĕxpŭgnō*) Erstürmung, Eroberung, Einnahme (*alcis j-s; alcis rei, zB. urbis*); / Überfall.

ĕxpŭgnātŏr, *ōrĭs m* (*-ŭ-? ĕxpŭgnō*) Erstürmer, Eroberer [*urbis,* / *pudicitiae*].

ĕxpŭgnāx, *ācĭs* (*-ŭ-?*) (*m. comp.*) (*ĕxpŭgnō; Ov.*) bezwingend, wirksam [*herba*].

▶ **ĕx-pŭgnō** 1. (*-ŭ-?; altl. inf. fut. act. ĕxpŭgnāssĕrĕ*) **1. a)** erstürmen, erobern, einnehmen (*alqd, zB. castellum, oppidum vi od. per vim, naves, villas* eindringen in); **b)** (*Belagerte*) zur Übergabe zwingen [*obsessos*]; *übh. jd.* überwältigen, überwinden, besiegen, unterwerfen, unterjochen, vergewaltigen (*alqm, zB. regem, stipendiarios,* °*tyrannos*); **c)** / *etw.* überwinden, brechen, vernichten [*animum* sich selbst bezwingen, *alcis pudicitiam,* °*decus muliebre,* °*quaestiones* hintertreiben]. **2.** *etw.* erzwingen, erpressen (*alqd, zB. fortunas alcis, sibi legationem* sich erkämpfen, °*coepta* durchsetzen; *m. ut*). **3.** / (*Qu.*) *m.* Worten angreifen [*assumptionem*].

ĕx-pŭlī *s. ĕxpĕllō.*

ĕxpŭlsĭō, *ōnĭs f* (*ĕxpĕllō*) Vertreibung (*alcis, zB. civium*), *auch pl.*

ĕxpŭlsō 1. (*intens. v. ĕxpĕllō*) (*Ma.*) forttreiben, -schlagen; *bsd.* (*e-n Ball*) (ab)schlagen.

ĕxpŭlsŏr, *ōrĭs m* (*ĕxpĕllō*) Vertreiber (*alcis j-s; alcis rei* aus *etw., zB. bonorum*).

ĕx-pŭlsŭs *P.P.P. v. ĕxpĕllō.*

ĕxpŭltrīx, *īcĭs f* (**ĕxpŭltŏr v.* **pŭltŭs, altem P.P.P. v. pĕllō; cf. pŭltō*) Vertreiberin [*vitiorum*].

ĕxpŭō = *ĕxspŭō.*

ĕx-pŭngō, *pūnxī, pūnctŭm* 3. (*pŭnxī, pŭnctŭm?*) (*unkl.*) **1. a)** ausstreichen [*nomen* (*im Schuldbuch*)]; **b)** aus dem Dienst entlassen [*manipulum*]; **c)** / aus dem Wege räumen [*pupillum*]; **d)** / aufheben, ausgleichen, tilgen [*munus munere*]. **2.** (*ein Verzeichnis*) prüfend durchgehen, revidieren (*durch Streichung der Untüchtigen u. Verstorbenen*).

ĕxpŭrgātĭō, *ōnĭs f* (*ĕxpŭrgō; Pl.*) Rechtfertigung, Entschuldigung.

ĕx-pŭrgō 1. **1. a)** (*nkl.*) reinigen, säubern (*alqm* = *jd.* heilen); **b)** / [*sermonem*]. **2.** / (*vkl., nkl.*) rechtfertigen, entschuldigen (*alqm u. alqd, zB. se, obiecta*).

ĕxpŭrĭgātĭō *u.* **ĕxpŭrĭgō** = *ĕxpŭrgātĭō u. ĕxpŭrgō.*

ĕx-pŭtēscō, — — 3. (*Pl.*) verfaulen.

ĕx-pŭtō 1. **1.** (*nkl.*) ausputzen, beschneiden. **2.** (*unkl.*) erwägen, ergründen (*alqd, zB. rem; auch m. indir. Frages.*).

▶ **ĕx-quīrō,** *sīvī, sītŭm* 3. (*altl.* *ĕxquaerō; quaerō*) **1. a)** heraus-, aussuchen, auswählen, aufsuchen (*alqm u. alqd, zB.* °*antiquam matrem,* °*terras, verba ad* [nach] *sonum; alci alqd, zB. singulares honores*); **b)** durchsuchen (°*omnia terrā marique*). **2.** / **a)** untersuchen, prüfen (*alcis facta, tabulas,* °*frigus*); **b)** *etw.* erforschen, ergründen, ermitteln [*veritatem, verum, ambages*]; *bsd.* nach *etw.* sich erkundigen *od.* fragen (*alqd, zB. consilium alcis, sententias* abfragen; *alqd ab od. ex alqo, zB. pretia, m. indir. Frages.*); *auch* (*vkl., nkl.*) peinlich befragen [*quolibet cruciatu per me exquire*]; **c)** verlangen, erwarten, erbitten (*alqd, zB. alcis consilium* Rat, °*equum; alqd ab alqo, zB. haec non nimis a Graecis* in solchen Dingen stelle ich an die Gr. keine hohen Ansprüche). **3.** (*P.P.P.*) *adi.* **ĕxquīsītŭs** 3 (*m. comp. u. sup.*; *adv.* **-ē**) auserlesen, ausgezeichnet, *bsd.* sorgfältig, tief durchdacht [*magister, verba, dicendi genus, rationes* scharfsinnige Gründe, *munditia* gesucht, *-e disputare*]; *subst.* **ĕxquīsītă,** *ōrŭm n* Erkundigungen.
F. *pf.-Formen* (*synk.*) *ĕxquīsīssĕ(m), ĕxquīsīstī u. a.*

ĕx-rādīcĭtŭs *adv.* (*rādīx*) (*Pl.*) mitsamt der Wurzel.

ĕx-săcrĭfĭcō 1. (*dcht.*) ein Opfer darbringen (*re m. etw.*).

ĕx-saevĭō, — — 4. (*Li.*) austoben.

ĕx-sănguĭs, *ĕ* **1.** blutlos, ohne Blut [*corpora mortuorum,* °*umbrae u.* °*animae*]. **2.** / **a)** leblos, ohnmächtig [*homines*]; **b)** / (*unkl.*) kraftlos, erschöpft, matt [*senectus, orator u. scripta* saft- *u.* kraftlos]; **c)** (*dcht.*) entseelt, tot [*corpus; re* durch, *v. etw., zB. metu, multis vulneribus*]. **3.** (leichen)blaß, (toten)bleich, fahl [°*color,* °*ōs,* °*genae*]; *auch act.* (*dcht.*) bleich machend [*herba, cuminum*].

ĕx-sănĭō 1. (*sănĭēs*) (*nkl.*) *v.* Eiter *od.* Jauche reinigen.

ĕx-sărcĭō, —, *sărtūrŭs* 4. (*unkl.*) ausflicken; / ersetzen, erstatten (*alqd re*).

ĕx-sătĭō 1. (*nkl., dcht.*) = *ĕxsătūrō.*

ĕx-sătŭrābĭlĭs, *ĕ* (*ĕxsătūrō*) (*Ve.*) zu sättigen; *non* ~ unersättlich [*pectus*].

ĕx-sătūrō 1. **1.** (*dcht.*) völlig sättigen (*alqm re, zB. cibo vinoque*). **2.** / völlig befriedigen, stillen (*alqm u. alqd, zB. alcis* °*libidinem; alqd re etw.* durch, *m. etw., zB.* °*numina odiis*).

ĕxscĕndō, ĕxscēnsĭō, ĕxscēnsŭs = *ēscĕndō, ēscēns...*

ĕx-scĭndō, *scĭdī, scĭssŭm* 3. ausreißen; *nur* / ausrotten, zerstören, vernichten (*alqd u.* °*alqm, zB. urbem, curiam,* °*socios,* °*virtutem ipsam*).

ĕx-scrĕō 1. (*nkl., dcht.*) sich räuspern.

ĕx-scrībō, *scrīpsī, scrīptŭm* 3. **1. a)** abschreiben (*abs. u. alqd, zB. litteras*); **b)** (*nkl.*) abzeichnen, abmalen. **2.** aufschreiben, aufzeichnen [°*sacra omnia*].

ĕx-scŭlpō, *psī, ptŭm* 3. ausmeißeln; **1. a)** *m. dem Meißel* ausmeißeln, *m. dem Grabstichel* ausstechen, *m. dem Messer* ausschnitzen (*alqd ex re, zB. simulacrum e quercu*); **b)** (*Ne.*) wegmeißeln, auskratzen, beseitigen [*versūs*]. **2.** / (*vkl.*) *durch Fragen etw.* herauspressen [*verum ex alqo*].

ĕx-sĕcō, *sĕcŭī, sĕctŭm* 1. **1. a)** heraus-, ausschneiden, wegschneiden (*alqd, zB. linguam, fundum armarii, auch* °*alqm* ein Kind aus dem Mutterleibe; / *pestem*); **b)** (*prägn.*) entmannen, kastrieren (*alqm;* °*testes*). **2.** (*Ho.*) herausschinden, -schlagen [*quinas mercedes capiti mtl.* 5% Zinsen aus dem Kapital].

ĕxsĕcrābĭlĭs, *ĕ* (*adv. -ĭtĕr*) (*ĕxsĕcrŏr*) (*nkl.*) **1.** (*pass.*) fluchwürdig, verwünscht [*nomen*]. **2.** (*act.*) verfluchend [°*carmen* Verwünschungsformel, °*ira atque odium* = tödlich].

ĕxsĕcrātĭō, *ōnĭs f* (*ĕxsĕcrŏr*) Verfluchung, Verwünschung (*m. gen. subi. u. obi.*); *bsd. unter Verwünschungen ausgesprochener* feierlicher Schwur. — **kirchl. Verfluchung, Bann.

ĕxsĕcrātŭs 3 (*eig. part. pf. v. ĕxsĕcrŏr bzw. P.P.P. v. ĕxsĕcrō; s.d.*) verflucht, verwünscht, abscheulich.

ĕx-sĕcrŏr (*vkl. u. ** auch* **-ō**) 1. (*săcĕr*) **1.** (*trans.*) verfluchen, verwünschen (*alqm u. alqd, zB. consilia alcis*); (*part. pf.*) *adi.* **ĕxsĕcrātŭs** 3 (*m. sup.*) *auch pass.* verflucht (*alci v. jd., zB. populo Romano; columna -a* Säule des Fluchs); *bsd.* (*Ho.*) *etw.* feierlich schwören *unter Verwünschungen* [*hoc, haec*]. **2.** (*intr.*) fluchen, Flüche *od.* Verwünschungen ausstoßen (*in alqm* gegen *jd.,* °*in caput alcis; m. ut*).

ĕx-sĕctĭō, *ōnĭs f* (*ĕxsĕcō*) das Ausschneiden, Abschneiden (*alcis rei, zB. linguae*).

ĕxsĕcūtĭō, *ōnĭs f* (*ĕxsĕquŏr*) (*nkl.*) **1.** Ausführung, Vollziehung. **2. a)** Gerichtsbarkeit *in e-r Sache* (*alcis rei, zB. negotii*); **b)** Verwaltung, vollziehende Gewalt [*Syriae* in Syrien].

ĕxsĕcūtŏr, *ōrĭs m* (*ĕxsĕquŏr*) (*nkl.*) Vollstrecker, Rächer.

ĕx-sĕcūtŭs *part. pf. v. ĕxsĕquŏr.*

ĕxsĕquĭae, *ārŭm f* (*ĕxsĕquŏr*) Leichenbegängnis, -feier (= *feierliche Begleitung durch die Angehörigen; cf. fūnŭs, pŏmpă*), Bestattung [*funeris alcis; exsequias alcis prosequi od.* °*alci ire jd.* zu Grabe geleiten, °*exsequias alci facere od. dare u. a.*]; (*meton.*) (*nkl.*) Leiche, die irdischen Überreste *j-s.*

ĕx-sĕquĭālĭs, *ĕ* (*ĕxsĕquĭae*) (*dcht.*) Leichen... [*carmen* Totenlied].

▶ **ĕx-sĕquŏr,** *sĕcūtŭs sŭm* 3. **1.** (*unkl.*) zum Grabe geleiten [*alqm omni laude*]. **2. a)** (*nkl.*) (*feindl.*) verfolgen [*alqm ferro ignique*]; **b)** (*nkl.*) gerichtlich verfolgen = *etw.* rächen, ahnden, strafen (*alqd, zB. violata iura, rem atrocem*). **3.** / **a)** α) *einer Sache* nachgehen, *etw.* erstreben [*aeternitatem,* °*sua consilia,* °*suam spem*]; β) (*sein Recht*) geltend machen [*ius suum armis*]; γ) (*Li.*) *etw.* zu ermitteln suchen, erforschen (*alqd quaerendo od. sciscitando; m. indir. Frages.*); δ) (*Ca.*) *einer Partei* anhängen [*sectam alqam*]; **b)** bis zum Abschluß fortsetzen, ausführen, vollziehen, vollstrecken [*alqd usque ad extremum,* °*imperium od. mandata alcis, officia,* °*scelus,* °*pompas* begehen, °*mortem* sich selbst töten]; **c)** (*m. Worten*) durchgehen, ausführlich berichten, beschreiben, angeben (*alqd verbis, numerum subtiliter,* °*dona mellis; m. indir. Frages.*); **d)** (*Übel*) mitmachen, erdulden [*fatum Pompei unā*].

ĕx-sĕrcĭō = *ĕxsărcĭō.*

ĕx-sĕrō, *sĕrŭī, sĕrtŭm* 3. **1. a)** (*dcht., nkl.*) heraus-, hervorstrecken, emporheben (*alqd, zB. linguam, enses; alqd ex re u. re etw.* aus *etw., zB.* °*caput ponto*); **b)** (*Körperteile*) entblößen [*umeros,* °*mammam,* °*papillam*]. **2.** / **a)** losmachen, erlösen, befreien (*alqm re jd. v. etw., zB. alqm vinculis, se aere alieno*); **b)** (*nkl., dcht.*) offenbaren, zeigen, fühlen lassen (*alqd, zB. haec exserit narratio; alqm, zB. principem* seine Macht als Fürst).

ĕxsĕrtō 1. (*iterat. v. ĕxsĕrō*) (*dcht., nkl.*) wiederholt hervorstrecken [*ora*].

ĕx-sībĭlō 1. **1.** auszischen, auspfeifen (*alqm*). **2.** (*nkl., dcht.*) hervorzischen [*dirum quiddam*].

ĕx-sĭccō 1. **1.** austrocknen, ausdörren [*arbores*]; (*P.P.P.*) *adi.* **ĕxsĭccātŭs** 3 vertrocknet; / trocken [*genus dicendi*]. **2.** (*unkl.*) austrinken, leeren [*lagoenas*].

ĕx-sĭcō 1. = *ĕxsĕcō.*

ĕx-sīgnō 1. (*-ī-?*) (*vkl., nkl.*) Punkt für Punkt aufzeichnen, aufschreiben [*sacra omnia*].

ĕx-sĭlĭō, *sĭlŭī, sŭltŭm* 4 (*pf.* °*auch sĭlīvī u. sĭlīī; sălĭō*) **1.** (*unkl.*) hinaus-, herausspringen, hervorspringen (*ex re u. re, zB. piscis e mari, oculi* treten heraus). **2.** (*Com.*) nach vorn springen [*huc foras*]. **3.** aufspringen, emporspringen (*abs. od. de,* °*ex re u.* °*re, zB. de u.* °*ex sella,* °*gremio,* °*stratis;* / °*arbor ad caelum exsilit* strebt auf, wächst).

ĕxsĭlĭŭm, *ī n falsche Schreibung für ĕxĭlĭŭm.*

ĕx-sĭlŭī *s. ĕxsĭlĭō.*

ĕxsĭstĕntĭă, *ae f* (*ĕxsĭstō*) (*spätl., Eccl.*) Dasein, Existenz; *als philos. t.t.* das bloße Dasein *im Ggs. zum Sosein* (*ĕssĕntĭă*).

▶ **ĕx-sĭstō,** *stĭtī,* — 3. **1. a)** heraus-, hervorgehen, -treten, -kommen, *auch* / (*abs. od. ex, a, de re, zB. e latebris, ex arvis, anguis ab ara, ab inferis v.* den Toten auferstehen, *de terrā; auch re, zB. speluncā*); **b)** auf-, emportauchen [°*armati terrā* aus der Erde]; **c)** (*nkl.*) *mil.* hervorbrechen [*ex collibus*]. **2. a)** (*entstehend od. wachsend*) hervorkommen, zum Vorschein kommen [*arbor ex pavimento*]; **b)** / α) (*v. Pers.*) auftreten, erscheinen, sich zeigen, werden (*alqs exsistit crudelis in alqm,* °*hic vir magnus exstitit* hat sich groß gezeigt; *meist m. einem nomen agentis, zB.*

patronus causae, auch dominus ex od. de rege, ex amicis inimici exsistunt; m. abl. qual., zB. alqs exsistit excellenti animo); β) (*v. Sachen, bsd. Zuständen, u.ä.*) eintreten, entstehen, aufkommen, werden [*lacus repente exstitit,* °*aestus, vis, irarum ardor, ex luxuria avaritia exsistit* erwächst aus, *alqd verum exsistit* stellt sich als wahr heraus]; *pf. auch* vorhanden sein, stattfinden; *exstiti oft* = *fui* (** = *sum*). **3.** (*log. t.t.*) *sich* ergeben [*ex quo exsistit, ut; exsistit illud m. ut od. a.c.i.*].

ĕxsŏlētŭs = *ĕxŏlētŭs; s. ĕxŏlēscō.*

ĕxsŏlō = *ĕxŭlō.*

ĕxsŏlūtiō, *ōnĭs f* (*ĕxsŏlvō*) (*nkl.*) Erlösung, Befreiung.

ĕx-sŏlvō, *sŏlvī, sŏlūtŭm* 3. **1. a)** (*im eigtl. Sinn unkl., auch* /) auflösen, lösen, losmachen, losbinden (*alqd, zB.* °*vincula,* °*nexum* entwirren, °*famem* vertreiben, °*obsidium* aufheben); **b)** (*nkl.*) öffnen [*venas, bracchia ferro* die Adern an den Armen, *alvus exsoluta* Durchfall]; **c)** (*Lu.*) erklärend auflösen, erklären [*exsolvere nobis, quare*]. **2.** / erlösen, befreien (*alqm re, zB.* °*poenā,* °*curis, se occupationibus od.* °*suspicione,* °*se corpore,* °*plebem aere alieno* schuldenfrei machen). **3.** / **a)** (*Schulden, Verpflichtungen*) (ab)bezahlen, abtragen [*nomina sua,* °*aes alienum,* °*stipendium praeteritum* den rückständigen Sold, °*legata; alci alqd, zB.* °*mercedem*]; **b)** (*Streit*) aufheben [*certamen*]; **c)** *etw.* leisten, erfüllen [°*ius iurandum,* °*vota,* °*fidem,* °*promissum*]; *bsd.* (*nkl.*) (*Dank*) abstatten [*grates, gratiam*], (*Wohltaten*) vergelten [*beneficia*], (*Strafe*) büßen [*poenas alcis rei morte*].

ĕx-sŏmnĭs, *ĕ* (*sŏmnŭs*) (*dcht., nkl.*) schlaflos, wach; *Euhias* die nächtlich schwärmende.

ĕx-sŏrbĕō, *ŭī u.* (*selten*) *sŏrpsī,* — 2. **1. a)** ausschlürfen, einsaugen (*alqd, zB. vestis sanguinem exsorbuit, civilem sanguinem* bis auf die Neige trinken); **b)** / verschlucken, verschlingen, auskosten [*praedas, multorum difficultatem* den Eigensinn, °*multas arbores* wegspülen; °*vectigal* verschwenden]. **2.** (*Ju.*) aussaugen, entkräften [*viros, sc. concubitu*].

ĕx-sŏrs, *sŏrtĭs* (*dcht., nkl.*) ohne Los (*cf. ĕxpĕrs*): **1.** nicht mitlosend, *d. h. e-r Sache* unteilhaftig *od.* beraubt, *v. etw.* ausgeschlossen (*alcis rei, zB. amicitiae, periculi, praedae, secandi* unfähig zu schneiden). **2.** dem allgemeinen Lose nicht unterworfen, *d. h.* auserlesen, außergewöhnlich [*equus, honores*]. **F.** *abl. sg. -ī, pl. neutr. -ĭă, gen. -ĭŭm.*

ĕx-spărgō = *ĕxspĕrgō.*

ĕx-spătĭŏr 1. (*dcht., nkl.*) *v.* der Bahn abschweifen, *übh.* sich ausbreiten; (*v. Gewässern*) über die Ufer treten; / *v. Thema* abschweifen.

ĕxspĕctātĭō, *ōnĭs f* (*ĕxspĕctō*) Erwartung, Spannung, Sehnsucht, Neugierde; *auch* (*pejorativ*) Furcht (*alcis j-s, subi. u. obi.; zB. omnium; alcis rei* [*obi.*], *zB.* °*visendi Alcibiadis; auch* de re, *zB.* de *sermone Bibuli; in exspectatione alcis rei esse* auf *etw.* gespannt sein, *exspectationem sui facere u. afferre; praeter u.* °*contra -nem* wider Erwarten); *insb.* (*pass.*) das Erwartetwerden [*in -ne esse* erwartet werden, in Aussicht stehen].

▶ **ĕx-spĕctō** 1. (*eigtl.* „nach *etw.* ausschauen") **1.** (*intr.*) warten, abwarten, harren, *zB. paucos dies,* °*Carthagine* sich aufhalten; *meist m. dum,* °*quoad,* °*donec; m. si* ob, ob nicht; *m. ut, selten nach negiertem Verbum m. quin; m. indir. Frages.* **2.** (*trans.*) **a)** *etw. od. jd.* erwarten, auf *etw.* warten *od.* harren, *e-r Sache* entgegensehen (*alqm u. alqd, zB. legatos, auxilia Germanorum, adventum alcis, ventum* günstigen Wind, °*cenantes comites* abwarten, bis sie mit Essen fertig sind; *alqd ab alqo od. ab, ex re, zB. praemia a rege; m. a.c.i.* = sicher annehmen, daß); *bisw. auch* (*dcht., nkl.*) *v. Sachen* [*fruges maturitatem exspectant*]; *auch* = (*dcht., nkl.*) *etw.* voraussehen, erfordern, verlangen [*oleae falcem rastrosque exspectant*]; **b)** auf *etw.* (*in Hoffnung od. Furcht*) gespannt sein, *etw.* vermuten, *bald* = befürchten, *bald* = (er)hoffen, ersehnen, wünschen [*maiorem Galliae motum,* °*graviora, alcis auxilium,* °*complexus meos ardenter,* °*mortem* wünschen]; **wollen; **c)** (*nkl.*) bevorstehen (*alqm exspectat tranquilla senectus od. fatum* der Tod). **3.** (*P.P.P.*) *adi.* **ĕxspĕctātŭs** 3 (*m.* °*comp. u. sup.*) erwartet (*ad alqd* zu, für *etw., zB. ad amplissimam dignitatem; subst.* [*dcht.*] *ante exspectatum* ehe man es erwartete); *bsd.* willkommen, erwünscht [*adventus; alci j-m, zB. omnibus*].

ĕx-spĕrgō, *spĕrsī, spĕrsŭm* 3. (*spărgō*) (*dcht.*) über *u.* über bespritzen; zersprengen, -streuen.

ĕx-spēs *indecl.* (*unkl.*) hoffnungslos (*abs. od. alcis rei* ohne Hoffnung auf *etw., zB. vitae*).

ĕxspīrātĭō, *ōnĭs f* (*ĕxspīrō*) Ausdünstung (*terrae*).

ĕx-spīrō 1. (*dcht., nkl.*) **1.** (*trans.*) aushauchen [*flammam* ausspeien, *auras od. animam* den Geist aufgeben]. **2.** (*intr.*) **a)** verscheiden, sterben; *auch* / vergehen; in Vergessenheit geraten; **b)** (keuchend) herausfahren [*vis ventorum*].

ĕx-splĕndēscō, *dŭī,* — 3. (*nkl.*) hervorleuchten; / sich glänzend hervortun.

ĕx-spŏlĭō 1. ausplündern, gänzlich berauben (*alqd, zB. urbem,* °*corpus; alqm u. alqd re, zB. Pompeium exercitu*).

ĕx-sprētŭs = *ĕxprētŭs.*

ĕx-spŭō, *spŭī, spūtŭm* 3. (*unkl.*) ausspeien (*alqd*); / *etw. v.* sich geben, loslassen [*miseriam ex animo verbannen aus*].

ĕxstăsĭs, *ĭs f* = *ĕcstăsĭs.*

ĕx-stĕrnō 1. (*cf. cōnstĕrnō*[1]) (*dcht.*) *jd.* heftig erschrecken, scheu machen (*alqm, zB. equos*); P. scheu werden, sich entsetzen, außer Fassung geraten.

ĕx-stĭllēscō, — — 3. (*-ī-?*) (*incoh. v. ĕxstĭllō*) (*dcht.*) zu triefen beginnen, ausfließen [*oculi*].

ĕx-stĭllō 1. (*-ī-?*) (*vkl., nkl.*) stark triefen [*oculi; lacrumis* in Tränen zerfließen].

ĕxstĭmŭlātŏr, *ōrĭs m* (*ĕxstĭmŭlō*) (*Ta.*) Aufwiegler, Rädelsführer (*alcis u. alcis rei*).

ĕx-stĭmŭlō 1. (*nkl., dcht.*) aufstacheln, aufhetzen (*alqm u. alqd*).

ĕx(s)tĭnctĭō, *ōnĭs f* (*-ĭnc-?*) (*ĕx[s]tĭnguō*) das Auslöschen; *klass. nur* / Vernichtung, Zerstörung.

ĕx(s)tĭnctŏr, *ōrĭs m* (*-ī-?*) (*ĕx[s]tĭnguō*) „Auslöscher" [*incendii*]; / Vertilger, Zerstörer, Unterdrücker [°*regiae domūs, coniurationis*].

▶ **ĕx-(s)tĭnguō,** (*s*)*tīnxī,* (*s*)*tīnctŭm* 3. ([*s*]*tīnxī,* [*s*]*tīnctŭm?*) (*stĭnguō*) **1. a)** auslöschen, löschen [°*ignem, incendium aquā, faces accensas,* °*cinerem,* / °*sitim* löschen = stillen]; *mediopass.* erlöschen; **b)** (*nkl.*) austrocknen, aufsaugen [*aquam rivis, sucum*]. **2. a)** (*vkl., nkl.*) *jd.* umbringen, töten [*liberos, multos ferro*]; *klass. nur mediopass.* umkommen, zugrunde gehen, *bsd. vor der Zeit* [°*Dareo exstincto, exstinctus* entseelt, tot]; **b)** vertilgen, (aus)tilgen, vernichten, unterdrücken [*alcis infamiam, invidiam, furorem, imperium*]; *mediopass.* zugrunde gehen, untergehen. **3.** *etw.* in Vergessenheit bringen, verstummen machen [*crimina sua; ea, quae antea scripserat*]; *mediopass.* in Vergessenheit geraten, verstummen [*rumor*]. **F.** *pf.-Formen* (*synk.*) *ĕxstīnxtī* = *ĕxstīnxīstī,* °*ĕxstīnxĕ(m)* = *ĕxstīnxīssĕ(m); altl. pf. coni. act. ĕxstīnxīt* = *ĕxstīnxĕrīt.*

ĕx-stĭrpō 1. (*stĭrps*) (*nkl., dcht.*) ausrotten (*alqd, zB. arbores*); *klass. nur* / [*vitia, humanitatem ex animo*].

ĕx-stĭtī *s. ĕxsīstō.*

ĕx-stō, — — 1. **1.** heraus-, hervorstehen, -ragen *v. Pers. u. Sachen* (*ex u.* °*de,* °*a re u. bloß* °*re, zB. milites exstant ex aqua,* °*ferrum de pectore, re* durch, *m. etw., zB.* °*cervi summis vix cornibus ex nive exstant,* °*signa exstantia* erhaben gearbeitete). **2.** / **a)** sich deutlich zeigen, in die Augen fallen, vorhanden sein, existieren, *v. Sachen, seltener v. Pers.* [*dum populi Romani nomen exstabit, heres alci*]; *impers. ĕxstăt* es stellt sich klar heraus (*m. a.c.i. od. indir. Frages.*); **b)** noch vorhanden sein, noch existieren [*epistulae Philippi,* °*domina exstat* lebt noch]. — ** = *sŭm.*

ĕxstrūctĭō, *ōnĭs f* (*ĕxstrŭō*) Erbauung [*tēctōrŭm*]; (*concr.*) Bau.

▶ **ĕx-strŭō,** *strūxī, strūctŭm* 3. **1. a)** aufhäufen, auftürmen [*rogum, acervum librorum,* °*divitias in altum*]; **b)** (*prägn.*) beladen *m.* [*mensas epulis; mensa exstructa* reichbesetzte Tafel; °*focum lignis* Holz auf dem Herde aufschichten]. **2.** *einen Bau* in die Höhe führen, aufbauen *od.* erbauen, errichten [*aedificium, sepulcrum,* °*altitudinem muri,* °*villa turribus exstructa* überbaut *m.*; / *excellentiam virtutum*]; (*prägn.*) *mare* im Meer Bauten aufführen; °*consessu exstructo resedit* auf erhöhtem Altan, °*exstructus altis tapetibus* liegend *od.* gebettet auf hohem Polster.

ĕx-sūcus 3 (*nkl.*) saftlos [*iuvenis*; / *orator*].

ĕx-sūdō 1. (*nkl., dcht.*) **1.** (*intr.*) abfließen [*umor*]. **2.** (*trans.*) *etw.* ausschwitzen; / im Schweiß seines Angesichts *etw.* durchführen (*alqd, zB. certamen, laborem, causas* Prozesse).

ĕx-sūgō, *xī, ctŭm* 3. (*altl. fut. act.* ĕxsūgēbō) (*unkl.*) aussaugen (*alqd*); (*P.P.P.*) *adi.* **ĕxsūctŭs** 3 ausgemergelt.

ĕxsŭl, ĕxsŭlō *falsche Schreibung für* ĕxŭl, ĕxŭlō.

ĕxsŭltābŭndŭs 3 (ĕxsŭltō) (*nkl.*) frohlockend, jauchzend.

ĕxsŭltāns, *āntĭs* (*m. comp. u. sup.*; *adv.* **-āntĕr**) (*eigtl. part. praes. v.* ĕxsŭltō) (*nkl.*) **1.** hüpfend (*v. Wörtern, die nur aus kurzen Silben bestehen*). **2.** ausgelassen, maßlos, *bsd. rhet.*

ĕxsŭltātĭō, *ōnĭs f* (ĕxsŭltō) das Frohlocken; (*meton.*) ausgelassene Fröhlichkeit, Jubel, Jauchzen; *auch* (*nkl.*) übermütiges Betragen.

ĕxsŭltĭm *adv.* (ĕxsŭltō) (*Ho.*) in ausgelassenen Sprüngen.

▶ **ĕxsŭltō** 1. (*sāltō*) **1. a)** hoch aufspringen [*equus ferocitate* sich bäumen, °*Salii,* °*cor* klopft, °*solo* vom Boden zurückprallen]; **b)** (*dcht.*) (*v. Gewässern u.ä.*) aufwallen, aufbrausen, emporsprudeln [*vada, medicamen*]; (*Qu.*) hüpfen [*syllabae i. Wörtern m. nur kurzen Silben*]; **c)** (*nkl., dcht.*) sich ausgelassen tummeln [*Amazon, Britannorum copiae per catervas* wogten scharenweise auf *u.* nieder]; *klass. nur* /, *bsd. v. Rede u. Redner* sich frei ergehen, sich ganz seinem Schwunge überlassen [*oratio in eo campo exsultat, Demosthenes audacius*]. **2.** frohlocken, (auf)jauchzen, jubeln (*abs. od. re* infolge, vor, wegen *etw., zB. laetitiā, gaudio, victoriā*; *in re od.* °*re* über, bei *etw., zB. in alterius ruinis,* °*luctu alcis*; *m. quod*); *bsd.* (*pejorativ*) leidenschaftlich *od.* übermütig sein, prahlen, sich trotzig gebaren, *v. Affekten u. Pers.* [*animus effuse, Hannibal, abs. od.* °*re, zB.* °*rebus gestis*].

ĕx-sŭltŭs *P.P.P. v.* ĕxsĭlĭō.

ĕxsŭpĕrābĭlĭs, *ĕ* (ĕxsŭpĕrō) (*dcht.*) zu überwinden; *non* ~ unbezwingbar [*saxum*].

ĕxsŭpĕrāntĭă, *ae f* (ĕxsŭpĕrāns, *part. praes. v.* ĕxsŭpĕrō) das Hervorragen; / Vorzüglichkeit [*virtutis*].

ĕx-sŭpĕrō 1. (*nkl.*) **1.** (*intr.*) **a)** sich hoch erheben, hoch emporschlagen, -steigen [*flammae,* / *violentia alcis* flammt auf]; **b)** / hervorragen (*abs. od. re* durch *etw. zB. virtute*), *bsd. im Kampfe* die Oberhand behalten. **2.** (*trans.*) **a)** emporragen über *etw.* [*angues undas*]; **b)** *etw.* überschreiten *od.* übersteigen, passieren (*alqd, zB. angustias, solum Helori* hinausfahren über); **c)** / überragen: **α)** übersteigen, übertreffen, über *etw.* hinausgehen [*omnium ingenia* alle Begriffe, *summum Iovem* Jupiters Macht; *alqm re, zB. Tarquinios superbiā*]; **β)** *etw.* überwinden, bewältigen (*alqd, zB. consilium caecum*); **γ)** (*zeitl.*) *etw.* überleben, überdauern.

ĕx-sūrdō 1. (*sŭrdŭs*) (*dcht., nkl.*) taub machen [*aures*]; / betäuben, abstumpfen [*palatum*].

ĕx-sŭrgō, *sŭrrēxī, sŭrrēctŭm* 3. **1.** sich erheben, aufstehen, sich (hoch) aufrichten, *v. Pers., auch v.* °*Leblosem* aufsteigen; *bsd. mil.* sich aus kniender Stellung erheben, *auch* losbrechen [°*ex insidiis,* °*in collem* hinaufrücken]. **2.** / **a)** (*nkl.*) (*feindl.*) gegen *etw.* sich erheben *od.* aufstehen, sich empören (*abs., zB. plebs rursus exsurgit; contra od. adversus alqd*); **b)** sich erholen, wieder zu Kräften *od.* zu Ansehen kommen [*res publica, causa alcis*].

ĕxsŭscĭtātĭō, *ōnĭs f* (ĕxsŭscĭtō) (*A. ad Her.*) Ermutigung, Aufmunterung.

ĕx-sŭscĭtō 1. **1. a)** *e-n Schlafenden* aufwecken (*alqm*); **b)** (*dcht.*) anfachen [*flammas*]. **2.** / erregen [*animos,* °*se* sich ermannen].

ĕxtă, *ōrŭm n* (*vl. unter Schwund des c haplol. vereinfacht* < *ĕx-sĕ[c]tă *v.* ĕxsĕcō) **1.** die (edleren) Eingeweide *der Opfertiere* (*Herz, Lunge, Leber*), *aus denen geweissagt wurde* [°*exta deo dare* darbringen, °*laeta od.* °*tristia* Glück *od.* Unglück verkündend]. **2.** (*meton.*) (*Com.*) Opferschmaus.

ĕx-tābēscō, *bŭī,* — 3. **1.** (*dcht., nkl.*) sich gänzlich abzehren [*corpus*]. **2.** / nach *u.* nach (ver)schwinden, sich verlieren [*opiniones vetustate*].

ĕxtārĭs, *ĕ* (ĕxtă) (*Pl.*) zum Kochen der Eingeweide dienlich [*aula*].

ĕx-tĕmplō *adv.* (< ĕx tĕmplō „vom Beobachtungsplatz der Auguren aus"; *cf.* tĕmplŭm) sofort, augenblicklich.

ĕxtĕmpŏrālĭs, *ĕ* (ĕx tĕmpŏrĕ „aus dem Augenblick heraus") (*nkl., dcht.*) aus dem Stegreif, unvorbereitet, extemporiert, Stegreif...; *bsd. rhet. t.t.* [*facultas, figurae, successus* im Extemporieren, *fortuna* das gelegentliche Extemporieren, *rhetor* Stegreifredner].

ĕxtĕmpŏrālĭtās, *ātĭs f* (ĕxtĕmpŏrālĭs) (*Suet.*) die Fähigkeit zur Stegreifrede *od.* -dichtung.

ĕx tĕmpŏrĕ *s.* ĕ[2] II, 3, f *u.* tĕmpŭs; *cf.* ĕxtĕmpŏrālĭs.

ĕxtĕmpŭlō (*Pl.*) = ĕxtĕmplō.

ĕx-tĕndō, *tĕndī, tĕntŭm u. tēnsŭm* 3. **1.** ausdehnen, ausspannen, ausstrecken (*alqd, zB. bracchium, digitos,* °*pennas* die Flügel, °*rostrum* vorstrecken; *alqd in, ad alqd*); *auch* (*dcht., nkl.*) der Länge nach zu Boden strecken [*alqm harenā* in den Sand]; *mediopass.* sich ausstrecken *od.* °lang hingestreckt daliegen [°*toto antro*]. **2. a)** (*dcht.*) ausbreiten, verbreiten [*virtutem factis* den Ruhm der Tapferkeit, *nomen in ultimas oras*]; *mediopass.* sich ausbreiten [*ignis per latos campos extenditur*]; **b)** sich erstrecken lassen, verlängern [°*munimenta castrorum*; / °*spem suam in Africam quoque,* °*fenus in usuras* ausgeliehenes Kapital durch Zinsen erhöhen]; *bsd.* (*nkl.*) *mil.* = auseinanderziehen, sich entwickeln lassen [*cornua aciei, aciem in radicibus montis, agmen ad mare*]; *mediopass.* sich ausdehnen, sich erstrecken; **c)** (*nkl., dcht.*) *übh.* erweitern, vergrößern, *auch* / [*agros, stagna, epistulam, pretia usque eo* steigern, *cupiditas gloriae extenditur* wächst]. **3.** (*meist unkl.*) anspannen, anstrengen [°*se supra vires, se magnis itineribus* in Gewaltmärschen vorrücken, °*itinera extenta* weite *od.* starke Märsche, (*Ve.*) *avidos cursūs* im gestreckten Lauf eilen]. **4.** (*zeitl.*) hinziehen, verlängern [°*pugnam ab hora tertia ad noctem,* °*luctūs in aevum,* °*curas in annum venientem* verschieben].

ĕxtĕntĕrō (*vulgär*) = ĕxĕntĕrō.

ĕxtĕntō[1] 1. (*intens. v.* ĕxtĕndō) (*Lu., spätl.*) ausdehnen, ausstrecken [*nervos*].

ĕxtĕntō[2] 1. (= ĕxtĕmptō) (*Pl.*) versuchen, erproben; ein Probestück machen (*vl. in obszönem Wortspiel m.* ĕxtĕntō[1] „sich dicktun").

ĕx-tĕntŭs[1] *P.P.P. v.* ĕxtĕndō.

ĕxtĕntŭs[2] (*m. sup.*; *adv.* **-ē**) (*eig. P.P.P. v.* ĕxtĕndō) (*nkl., dcht.*) ausgedehnt, weitläufig [*castra*]; (*zeitl.*) fern [*-o aevo*].

ĕxtĕnŭātĭō, *ōnĭs f* (ĕxtĕnŭō) **1.** (*nkl.*) Verdünnung [*aëris*]. **2.** (*rhet. t.t.*) Verkleinerung, verkleinernde Darstellung (= μείωσις).

ĕx-tĕnŭō 1. **1. a)** dünn machen, verdünnen, klein *od.* kleiner machen [*aëra, cibum dentibus* zerkleinern; (*Vi.*) *crassitudines columnarum* die Dicke der Säulen verringern]; *mediopass.* dünn werden, sich verdünnen, zerfließen [*in* °*aquas* zu Wasser]; **b)** (*nkl.*) *mil.* auseinanderziehen [*aciem, agmen*]. **2.** / verkleinern, vermindern, schwächen, einschränken (*alqd, zB. sumptūs, crimen,* °*curas*); *bsd.* (*in der Darstellung*) verkleinern, schmälern, herabsetzen [°*famam belli, bellicas laudes*]; *censum* zu niedrig angeben. **3.** (*P.P.P.*) *adi.* **ĕxtĕnŭātŭs** 3 (*m. sup.*) (*unkl.*) gering, schwach, zusammengeschmolzen [*vestigia, copiolae*].

ĕxtĕr
1. (*pos.*) ausländisch, auswärtig; **2.** (*comp.*) **ĕxtĕrĭŏr** weiter draußen liegend, nach außen gelegen; **3.** (*sup.*) **ĕxtĭmŭs, ĕxtrēmŭs a)** der äußerste, entfernteste, (*auch zeitl.*) letzte; **b)** (*graduell*) der, das äußerste, größte, geringste, ärgste.

ĕxtĕr (*spätl.*) *u.* **ĕxtĕrŭs,** *ĕră, ĕrŭm* (*wohl* < *ĕx + tĕrŏs *zu* ĕx) **1.** (*pos.*) (*klass. nur pl.*) außen befindlich, auswärtig, ausländisch [*nationes, gentes*]; *subst.* ĕxtĕrī, *ōrŭm m* (*nkl.*) Fremde, Ausländer. **2.** (*comp.*) **ĕxtĕrĭŏr,** *ĭŭs* der äußere, weiter draußen *od.* auf der Außenseite (befindlich), nach außen zu gelegen [*collis, vallum*; °*exteriorem ire alci* zur Linken *j-s* gehen]. **3.** (*sup.*) **ĕxtĭmŭs** (*älter* **ĕxtŭmŭs**) 3 (*zu ĕx wie intĭmŭs zu ĭn*) (*selten*) *u.* **ĕxtrēmŭs** 3 (*wie sŭprēmŭs u. pŏstrēmŭs Analogiebildung zu dē-mŭs*) **a)** der äußerste, entfernteste, letzte [*oppidum Allobrogum, agmen, gentes*]; *auch* (*zeitl.*) der letzte [°*aetas, mensis consulatūs, extrema manus non accessit operi*]; *oft partitiv*: der letzte Teil, das Ende, der Schluß, Ausgang [*extremus pons od. annus* Ende, *in extrema oratione* im letzten Teil, am Schluß, *extrema hieme* am Ende, Ausgang, *ad extremum tumulum* am Rande des Hügels, *extremi digiti* Fingerspitzen]; *subst.* **ĕxtrēmī**, ōrŭm *m* die Nachhut; **ĕxtrēmŭm**, ī *n* Ende, der äußerste Punkt *od.* Ort (*alcis rei, zB. mundi, anni*; *extremum habere* ein Ende haben; *in extremo erat* am Schluß des Briefes stand, °*ab extremo ordiri* v. hinten anfangen); *auch pl.* **-ă**, ōrŭm *n* [*agri*]; *dcht.* = Lebensende, Tod; *adv.* *extremo u.* °*extremum* endlich, zuletzt, zum letzten Mal; *ad extremum* bis zuletzt [*contendere*] *u.* am Ende, zuletzt, schließlich (*bsd. in Aufzählungen* = dēnĭquĕ); **b)** / (*graduell*) der äußerste [°*extrema pati*, °*perventum erat ad extrema* zum Äußersten, *ad extremum* für den äußersten Fall]; *bsd.* **α)** = der größte, höchste [*fames, periculum, extremum bonorum*]; *auch* = nur im höchsten Notfall angewandt [*senatūs consultum, auxilium* das letzte Mittel]; **β)** = der geringste, niedrigste, schlechteste, verächtlichste [*spes salutis, sors*, °*extremus Ligurum*]; **γ)** = der ärgste, gefährlichste, schlimmste [*fortuna* größte Not, *defensio, res publica in extremo sita* in der höchsten Gefahr, *in extremis suis rebus*, °*per omnia extrema* durch das äußerste Elend].

ĕx-tĕrĕbrō 1. **1.** (her)ausbohren [*aurum*]. **2.** (*Pl.*) *etw.* erzwingen (*m. ut*).

ĕx-tĕrgĕō, *tērsī, tērsŭm* 2. **1.** (*vkl., nkl.*) aus-, abwischen (*alqd, zB. manūs*). **2.** / ausfegen, rein ausplündern [*fanum*].

▶ **ĕxtĕrĭŏr**, ūs *s.* ĕxtĕrŭs.

ĕx-tĕrmĭnō 1. über die Grenzen treiben, vertreiben, verjagen, *bsd.* verbannen (*alqm, zB. reges; alqm ab alqo; alqm ex, de re u. re, zB.* [*ex, de*] *civitate*); / entfernen, abweisen (*alqd, zB. auctoritatem*).

▶ **ĕxtĕrnŭs** 3 (ĕxtĕr; *gebildet wie ĭntĕrnŭs zu ĭntĕr*) außen befindlich: **1.** (*vom Einzelwesen aus betrachtet*) der äußere, äußerlich [*tepor, causa v.* außen hinzutretend, *res u. bona* Güter, welche die Außenwelt gewährt]; *subst.* **ĕxtĕrnă**, ōrŭm *n* Außendinge, äußere Erscheinungen. **2.** (*v. Staat od. v. der Familie aus betrachtet*) (*Ggs.* ĭntĕstīnŭs, dŏmĕstĭcŭs, prŏprĭŭs): auswärtig, ausländisch, fremd(artig) [*populus, bellum* im Ausland, °*inveterati moris externa mutatio, malum* Kriegsnot, *victoria* über auswärtige Feinde, °*amor e-s* Ausländers *od.* zu einem Ausländer]; *subst.* **ĕxtĕrnŭs**, ī *m* Fremdling, Auswärtiger; *pl.* Fremde; **ĕxtĕrnă**, ōrŭm *n* die auswärtigen Dinge, Ausland, Fremdes, fremde Beispiele, Fremdartiges.

ĕx-tĕrō, *trīvī, trītŭm* 3. (*unkl.*) **1.** herausreiben [*ignis extritus*]. **2.** zerreiben [*opus poliat lima, non exterat*]; / zertreten, zermalmen, zerquetschen.

▶ **ĕx-tĕrrĕō**, *rŭī, rĭtŭm* 2. **1.** (*Wild*) aufschrecken, aufscheuchen [°*armenta*, / *freta conchā*]. **2.** *übh.* heftig erschrecken, einschüchtern (*alqm, dcht. auch alqd, zB.* °*amnem*; *alqm re jd.* durch *etw.*, °*ad alqd* durch Einschüchterung zu *etw.* bringen); *bsd. P.P.P.* **ĕxtĕrrĭtŭs** 3 erschreckt, bestürzt, verblüfft (*re* durch *etw.*, *zB. repentino periculo*, °*monstris*).

ĕxtĕrsŭs, ūs *m* (ĕxtĕrgĕō) (*Pl.*) das Auswischen [*linteum -ui* (?) zum Auswischen].

ĕxtĕrŭs 3 *s.* ĕxtĕr.

ĕx-tĕxō, — — 3. (*Pl.*) (ein Gewebe auftrennen); °/ (*scherzh.*) *jd.* Geld abnehmen, *jd.* schröpfen [*illum*].

ĕxti... *auch* = ĕxsti...

ĕx-tĭmēscō, *tĭmŭī*, — 3. (ĕx + *incoh. v.* tĭmĕō) Angst bekommen, besorgt *od.* bestürzt sein, (sich) sehr fürchten (*intr. u. trans.*) (*re* durch *etw.*, *zB. equi sibilis extimescunt* werden scheu durch das Pfeifen; *alqm u. alqd, zB. tyrannum, alcis potentiam*; *de re, zB. de fortunis communibus*; *m.* ne daß, *quod* weil; *m.* °*inf.*).

ĕxtĭmŭs 3 *s.* ĕxtĕr.

ĕxtĭ-spĕx, *ĭcis m* (ĕxtă, spĕcĭō) Eingeweideschauer, Zeichendeuter (= hărŭspĕx).

ĕxtĭspĭcĭŭm, ī *n* (ĕxtĭspĕx) (*nkl.*) Eingeweideschau, Opferschau (= hărŭspĭcīnă).

ĕxtō = ĕxstō.

▶ **ĕx-tŏllō**, ĕxtŭlī (°*selten* ĕxsŭstŭlī), — 3. **1.** (*unkl.*) herausnehmen, -setzen [*meā domo patriā pedem*]. **2.** empor-, aufheben, erheben (*alqm u. alqd, zB.* °*se ex strage hominum, pugionem alte*); *oft* / erhöhen (*alqm honoribus* zu Ehrenstellen, °*alqm supra ceteros*). **3. a)** (*m. Worten*) lobend erheben, preisen, rühmen (*alqm u. alqd verbis od. laudibus in, ad caelum, zB. meritum alcis*); **b)** *alqm od. animum alcis jd.* aufrichten *od.* ermutigen, *j-s* Selbstgefühl erhöhen [*se magis* nach Höherem streben]; (*pejorativ*) *jd.* übermütig machen [°*animum alcis ad superbiam*]; **c)** (*Ta.*) verschönern [*hortos magnificentiā*]; **d)** (*Pl.*) verschieben [*res serias in alium diem*].

ĕx-tŏrquĕō, *tŏrsī, tŏrtŭm* 2. **1.** herausdrehen, -winden, entwinden (*alqd e, de re, zB. gladium e, de manibus alcis*; *alci alqd, zB. sicam alci de manibus*). **2.** *ein Glied* ausrenken, verrenken (*alqd, zB.* °*talum*; *alqm, zB. in servilem modum*); *bsd.* (*Te., Li.*) *jd.* foltern (*alqm*). **3.** / *jd. etw.* entwinden, entreißen, abnötigen, gewaltsam entziehen (*alci alqd, zB. victoriam hosti, beneficium, regnum*; *auch alqd ab alqo, zB. frumentum*; *m. ut*); *bsd.* (*Geld*) erpressen (*decem talenta*), (*geistig*) benehmen (*alci errorem, veritatem*).

ĕx-tŏrrĭs, ĕ (*wohl zu tĕrrā* „außer Landes" *wie ahd.* elilenti) landesflüchtig, heimatlos, verbannt (*abs. od. m. abl., zB.* °*patriā*, °*agro Romano, hinc*).

ĕxtŏrtŏr, ōrĭs *m* (ĕxtŏrquĕō) (*Te.*) Erpresser.

▶ **ĕxtrā** (*abl. sg. fem. v.* ĕxtĕr, *sc.* vĭā; *cf.* ĭntrā) **1.** *adv.* **a)** außen, außerhalb, auswendig, *zB. et in corpore et extra, extra excedere* hinausragen, *quae extra sunt* die Außenwelt; / **b)** *extra quam* außer; *extra quam si* außer wenn; °*extra quam qui eorum* ausgenommen die *v.* ihnen, die; **c)** (*Se.*) außerdem, überdies. **2.** *prp. b. acc.* **a)** außerhalb, außer, vor, *zB.* °*esse extra portam, extra provinciam*; *oft* /, *zB. esse extra periculum, extra coniurationem* = der Verschwörung fernstehen; *auch* (*Frage* „*wohin?*") aus ... hinaus, über ... hinaus, *zB. progredi extra munitiones*; / **b)** außer = ausgenommen, *m.* Ausnahme *v.*, *zB. omnes extra ducem*; **c)** über ... hinaus = ohne Beziehung auf, ohne, gegen *etw.*, frei *v. etw.*, *zB. extra iocum* ohne Scherz, *extra modum* über die Maßen, *extra ordinem, extra consuetudinem*.

****extractum**, *i n* (*eig.* [*P.P.P. n.*] *subst. v.* ĕxtrăhō „Herausgezogenes" *m. Genuswechsel, urspr. Alchimistenausdruck*) Auszug *des Wesentlichen*, Extrakt [****carnis* Fleischextrakt].

ĕx-trăhō, *trāxī, trāctŭm* 3. **1. a)** herausziehen, -reißen (*alqd, zB. ferrum*; *alqd ex re u.* °*re, zB. telum e corpore*, °*puerum alvo*); *auch* /, *zB. errorem stirpitus* ausreißen, *religionem ex animis*; **b)** (*nkl., dcht.*) heraus-, hervorführen, herausschleppen, -nötigen, -locken [*copias in aciem, alqm rure in urbem, alqm ad honorem* emporbringen, *alqm cubili*]; / *etw. Verborgenes* ans Licht ziehen [*scelera in lucem*]; **c)** / befreien, retten [*urbem ex periculis*]. **2. a)** in die Länge ziehen, hinziehen, aufschieben [*res variis calumniis*, °*obsidionem*; *alqd ad, in alqd, zB.* °*bellum in tertium annum*, °*proelium ad noctem*]; **b)** (*Zeit*) verschleppen, nutzlos hinbringen [*triduum disputationibus*]; *unkl. übh.* hinbringen, zubringen [*noctem vigiliis*]; **c)** (*nkl.*) hinhalten (*alqm*).

ĕxtrānĕŭs 3 (ĕxtrā) **1.** außen befindlich, der äußere, *bisw. auch* äußerlich, *v.* außen kommend [*res, ornamenta*]. **2.** (*klass. selten*) auswärtig, ausländisch, fremd [°*voluptates* außereheliche]; *subst. m* (*nkl.*) Ausländer, Fremdling, der Fernerstehende.

ĕxtrā-ōrdĭnārĭŭs 3 (ĕxtrā-?; *Hypost. aus* ĕxtrā ōrdĭnĕm) **1.** außerordentlich, außergewöhnlich [*pecuniae* nicht aus den gewöhnlichen Einnahmen herrührend, *honor, munus* außer der Ordnung übertragen; *cupiditates* unnatürliche]. **2.** *mil.* (*nkl.*) auserlesen [*equites*]; *subst.* **ĕxtrāōrdĭnārĭī**, ōrŭm *m* (*od. milites -i*) Elitetruppe, *auserlesene Formation, die neben der porta praetoria od. extraordinaria des Lagers* *ihre Zelte hatte.* — ***-*us* außerordentlicher Professor.

ĕxtrāriŭs 3 (*ĕxtrā*) = *ĕxtrānĕŭs.*

ĕxtrēmitās, *ātis f* (*ĕxtrēmŭs*) das Äußerste: **1. a)** äußerer Umkreis [*mundi*, °*lacūs* Einfassung]; **b)** äußerste Grenze [*regionum*]. **2. a)** (*geom. t.t.*) Fläche; **b)** (*Qu.*) (*rhet. t.t.*) *pl. -tates* Extreme; **c)** (*Ge.*) (*gramm. t.t.*) Endung.

▶ **ĕxtrēmŭs** 3 *s. ĕxtĕr.*

ĕx-trīcō 1. (*ĕx* + *denom. v. trīcae*) (*unkl.*) aus einer Verstrickung herauswickeln, -winden; *mediopass.* sich herauswickeln [*cerva plagis extricata*]; / *m.* Mühe ausfindig machen, auftreiben, beschaffen [*nummos, nihil de alqo* keine Nachricht über *jd.*].

F. *Bei Pl. auch als dep. -ŏr.*

ĕxtrīn-sĕcŭs *adv.* (< **ĕxtrīm-*; *ĕxtĕr*; *gebildet wie ōlīm*; *cf. intrīnsĕcŭs*) **1.** *v.* außen (her) [*bellum* ~ *imminens* vom Ausland her]. **2.** an *od.* auf der Außenseite, außen [*columna* ~ *inaurata*]. **3.** (*Eutr.*) außerdem.

ĕxtrūdō, *sī, sūm* 3. **1.** hinausstoßen, -treiben, zurückdrängen (*alqm ex re, zB.* °*ex aedibus,* °*domo a se*; *in alqd, zB. in viam*; / *alqd, zB. mare aggere* hinausdrängen). **2.** / **a)** sich vom Halse schaffen (*alqm u. alqd, zB.* °*mercem*); **b)** (*Lu.*) verdrängen.

ĕxtrŭō = *ĕxstrŭō.*

ĕx-tūbĕrō 1. (*tūbĕr*[1]) (*nkl.*) emporwölben.

ĕx-tŭdī *s. ĕxtŭndō.*

ĕx-tŭlī *s. ĕffĕrō u. ĕxtŏllō.*

ĕxtŭmĕ-făctŭs 3 (*ĕxtŭmĕō, făcĭō*) aufgeschwollen.

ĕx-tŭmĕō, — — 2. (*Pl.*) aufschwellen.

ĕxtŭmŭs 3 = *ĕxtĭmŭs* (*s. ĕxtĕr*).

ĕx-tŭndō, *tŭdī,* (*tūsŭm*) 3. (*unkl.*) **1.** herausschlagen: **a)** *in Metall* (heraus)treiben, *bsd.* in Relief bilden, anfertigen [*ancilia*]; **b)** mühsam zustande bringen, erfinden [*artem alci*]; *übh.* verschaffen, erringen [*honorem alci*]; **c)** herauspressen; / abnötigen [*ex pectore gratiam*]; **d)** vertreiben [*fastidia*]. **2.** zerschlagen [*calcibus frontem* einschlagen].

ĕx-tŭrbō 1. gewaltsam hinausjagen, vertreiben (*alqm, zB.* °*hostem,* °*Octaviam* verstoßen; / *auch alqd, zB.* °*spem pacis* vereiteln, *mentem alcis* außer Fassung bringen; *alqm ex re u. re, zB. homines e possessionibus*).

ĕx-ūbĕrō 1. (*ūbĕrō* 1. befruchten; *ūbĕr*[2]) (*unkl.*) **1.** (*v. Gewässern*) reichlich hervorströmen, aufwallen [*amnis spumis* schäumt empor]. **2.** / **a)** in reicher Fülle vorhanden sein, wuchern [*lucrum*; *ex re* aus *etw.* hervorquellen]; **b)** *v. etw.* überströmen, an *etw.* Überfluß haben (*re, zB. fetu pecorum*).

ĕx-ŭī *s. ĕxŭō.*

▶ **ĕxŭl,** *ŭlis m, f* (*eig.* „umherschweifend" *zu ἀλάομαι* „schweife umher"; *cf. ămb-ŭlō*) **1.** verbannt, landesflüchtig (*freiwillig* = ausgewandert); *subst. m* der Verbannte, *attr.* heimatlos; *f* (*dcht., nkl.*) [*non alia* ~]. **2.** / (*dcht.*) *v. etw.* ausgeschlossen, ohne *etw.* [*mentis domūsque*].

ĕxŭlcĕrātĭō, *ōnis f* (*ĕxŭlcĕrō*) (*nkl.*) das Aufreißen (und Eiternlassen) einer Wunde.

ĕx-ŭlcĕrō 1. (*ŭlcŭs*) **1.** (*nkl.*) zum Eitern bringen *od.* wund machen. **2.** / **a)** verschlimmern (*alqd, zB. gratiam alcis* verbittern, °*dolorem*); **b)** erbittern, aufbringen (*alqm u. animum alcis*; *re* durch *etw.*).

ĕxŭlō 1. (*ĕxŭl*) **1.** verbannt sein *od.* im Ausland leben. **2.** / *domo exulo* ich darf nicht nach Hause; *res publica exulat* besteht nicht mehr; (*dcht.*) *auch* als Verbannter umherirren. — **eine Auslandsreise machen.

ĕxŭltābŭndŭs, ĕxŭltātĭō, ĕxŭltĭm, ĕxŭltō = *ĕxsŭlt...*

ĕx-ŭlŭlō 1. (*dcht.*) **1.** aufheulen. **2.** (*P.P.P.*) *adi.* **ĕxŭlŭlātŭs** 3 **a)** *m.* Heulen gerufen *od.* geweckt; **b)** (*mediopass.*) aufheulend.

ĕx-ŭnctŭs *P.P.P. v. ĕxŭng(u)ō.*

ĕxŭndātĭō, *ōnis f* (*ĕxŭndō*) (*nkl.*) Überschwemmung.

ĕx-ŭndō 1. (*nkl., dcht.*) **1.** hinausfluten [*in litora* an das Ufer angeschwemmt werden]. **2.** überströmen; sich reichlich ergießen [*ex re*]; überreichlich vorhanden sein.

ĕx-ŭng(u)ō,—, *ŭnctŭm u.* **-ŭng(u)ŏr** — 3. (*ŭnctŭm?*) (*Pl.*) durch Salben verschmieren, *m.* Salben sein Vermögen durchbringen.

> **ĕx-ŭō**
> 1. ausziehen; **2. a)** (*im eig. Sinn*) *etw.* ausziehen, ablegen; **b)** *etw.* ablegen, aufgeben; **3. a)** *jd. oder etw.* entkleiden, entblößen; **b)** *jd.* berauben.

ĕx-ŭō, *ŭī, ūtŭm* 3. (< **ĕx-ŏvō*; *et. unsicher, vl. eig.* „den Schuh ausziehen"; *cf. ĭnd-ŭō*) **1.** ausziehen (*alqm u. alqd ex od.* °*de re, se ex laqueis* losmachen, °*hordea de palea* enthülsen); *bsd.* / *hominem ex homine* alles menschliche Gefühl verleugnen; *mihi ex animo exui non potest* ich lasse mir den Glauben nicht nehmen (*m. a.c.i.*). **2. a)** (*im eig. Sinn unkl.*) *etw.* ausziehen *od.* ablegen (*alqd, zB. vestem, alas*; *alci alqd, zB. clipeum, sibi vincula* abstreifen; *alqd re etw. v. etw., zB. ensem umero*); **b)** / *etw.* ablegen *od.* aufgeben, beseitigen, sich *einer Sache* entledigen (*alqd, zB.* °*hominem* die Menschengestalt, *omnem humanitatem,* °*servitutem* abschütteln, °*amicitiam* aufgeben, °*pacem u.* °*fidem* brechen, °*promissa* nicht halten, °*patriam* sich lossagen *v.*, °*iussa* nicht beachten, °*animam* aushauchen; *auch* °*alqm jd.* beseitigen, *zB. Lepidum*). **3. a)** (*im eig. Sinn unkl.*) *jd. od. etw.* ausziehen = entkleiden, entblößen (*alqm u. alqd, zB. lacertos*; *alqd re, zB. membra pellibus*); **b)** / *jd.* berauben, *jd.* zwingen, *etw.* im Stich zu lassen (*alqm re, zB. hostem armis* zwingen, die Waffen wegzuwerfen, *praedā,* °*se tunicā intimā,* °*se iugo* sich des Joches entledigen, °*se monstris* die unnatürliche Gestalt ablegen); *mediopass. abs.* sich entkleiden, *zB.* °*exuimur*; **P.** *exui re, zB.* °*omnibus fortunis*; *m.* °*acc. graecus, zB. exui cornua* verlieren, °*unum pedem exuta vinclis* an dem einen Fuß entblößt.

ĕx-ŭrgĕō, — — 2. (*Pl.*) ausdrücken, -pressen.

ĕx-ūrō, *ŭssī, ŭstŭm* 3. (*ŭssī, ŭstŭm?*) **1.** (*vkl., dcht.*) herausbrennen [*genas, scelus igni* tilgen]. **2. a)** völlig verbrennen, einäschern [°*villas, oppida, alqm vivum*]; **b)** / (*dcht., nkl.*) **α)** austrocknen, ausdörren, vertrocknen [*paludem*]; (*vom Durst*) brennend quälen, verschmachten lassen [*fatigatos*]; **β)** erhitzen [*vestigia*]; / zur Liebe entflammen (*alqm*); **γ)** wegätzen, zerfressen [*venenum exurit ferrum*]; **δ)** (*v. Sorgen*) zermürben.

ĕxŭstĭō, *ōnis f* (*-ū-?*; *ĕxūrō*) Verbrennung, Brand [*terrarum*].

ĕx-ūtŭs *P.P.P. v. ĕxŭō.*

ĕxŭvĭae, *ārŭm f u.* (*dcht.*) **ĕxŭvĭŭm,** *ī n* (*ĕxŭō*) **1.** (*unkl.*) abgezogene *od.* abgelegte Haut *der Tiere, bsd. der Schlangen*; *auch* Fell [*serpentis, leonis*; *exuvias ponere* sich häuten]. **2.** (*unkl.*) abgelegte Kleidung (*alcis j-s*); (*dcht.*) *auch* = Haar [*capitis*]. **3.** *die dem Feind abgezogene* Waffenrüstung, Beute *als Zeichen des Sieges u. der Ehre* (*alcis, zB. Achillis, alcis exuviis ornatus*; / *nauticae* erbeutete Schiffsschnäbel); / (*dcht.*) Beute [*virgineae*], *bsd.* °Jagdbeute.

F

F. (*Abk.*) = fīlĭŭs *u.* (*bsd. auf Grabinschriften*) = fēcĭt; **FF.** = fēcērūnt; **V.F.** = vīvŭs fēcĭt; **F.C.** = făcĭūndŭm cūrāvĭt; **F.I.** = fĭĕrī iŭssĭt. — **FL.** = Flāvĭŭs, Flāvĭā trĭbū. — **FL.P.** = flāmĕn pĕrpĕtŭŭs. — **FR.** *od.* **FRU.** = frūmĕntŭm, frūmĕntārĭŭs. — **F.** (*als Beiname v. Legionen*) = Fĭdēlĭs *od.* Fēlix (**F.F.** = Flāvĭă Fĭdēlĭs). — *F als Aufschrift auf Kontobuch* (= FENUS) *s.* dĭgămmă.

Fab. = Făbĭā (trĭbū) *aus der Fabischen Tribus.*

făbă, ae *f* (*wohl redupliziertes Lallwort m. der Bedeutung des Schwellenden; cf.* Făbĭŭs) **1.** Bohne, *bsd.* Sau-, Feldbohne. **2.** (*Ma.*) (*meton.*) Bohnenbrei.

făbālĭs, ĕ (*fābă*) (*vkl., dcht.*) *v.* Bohnen, Bohnen... [*stipula*].

Făbārĭs, ĭs *m* (*sab.* Fārfărŭs) *Nebenflüßchen des Tiber, j.* Farfa (*acc.* -ĭm, *abl.* -ī).

fābĕllă, ae *f* (*demin. v.* fābŭlă) **1.** kleine Erzählung. **2.** (*nkl., dcht.*) Fabel, Märchen. **3.** (kleines) Schauspiel [*Terentii*].

▶ **făbĕr¹,** brī *m* (< **dhăbh-rŏs zu* √**dhab-* „passend fügen"; *slawisch* *dobro „passend"; *cf. nhd.* [*niederdeutsch*] „deftig") **1. a)** Künstler *od.* Handwerker (Zimmermann, Tischler, Schmied, Steinmetz *u. a.*), *meist m. einem bestimmenden adi., zB.* ~ *tignarius*, °*ferrarius, aerarius u. a.* (*auch m.* °*gen., zB. aeris, marmoris, eboris* Künstler *od.* Arbeiter in Elfenbein; *auch* / = Schmied, *zB.* °*sprichw. suae quisque fortunae faber est*); **b)** *pl.* Bauhandwerker, *mil.* Pioniere [*praefectus fabrum* Werkmeister, *mil.* Feldzeugmeister]. **2.** (*Ov.*) Sonnenfisch.
F. *gen. pl.* făbrōrŭm *u.* (*bsd. mil.*) făbrŭm (*cf.* V.-B. VI, 2).

făbĕr², bră, brŭm (*m. sup.; adv.* **-brē**) (*sekundär zu* făbĕr¹; *adi. dcht. seit Ov., adv. seit Pl.*) kunstfertig, meisterhaft, geschickt [*ars*]. *Cf.* făbrēfăcĭō.

Făbĭŭs 3 (*wohl zu* făbă) *Name e-r uralten patriz.* gēns, *die 477 v. Chr. im heldenhaften Kampf gegen Vei bis auf einen Knaben am Cremera vernichtet wurde:* **1.** *Q.* ~ Măxĭmŭs Vĕrrūcōsŭs Cūnctātŏr, *Gegner Hannibals,* † 203 *v. Chr.*; (Ennius: „*Unus homo nobis cunctando restituit rem.*"). **2.** *Q.* ~ Măxĭmŭs Pĭctŏr, *geb. um 250 v. Chr., Vfssr. des ersten röm. Geschichtswerkes (in griech. Sprache).* **3.** *Q.* ~ Măxĭmŭs Ăllŏbrŏgĭcŭs, *cons. 121 v. Chr., Besieger der Allobroger; adi. auch* **Făbĭānŭs** 3 [*legiones*]; *subst.* **Făbĭānī,** ōrŭm *m* Soldaten des Fabius.

făbrē *adv. s.* făbĕr².

făbrē-făcĭō, fēcī, făctŭm 3., P. -fĭō, făctŭs sŭm, fĭĕrī (*vkl., nkl.*) kunstvoll verfertigen, geschickt bearbeiten [*argentum, alqd ex aere*].

făbrĭcă, ae *f* (*făbĕr*) **1.** Werkstätte *od.* Fabrik eines *faber, bsd.* Schmiede. **2.** Kunst *od.* Handwerk eines *faber, bsd.* Baukunst; (*meton.*) **a)** (*nkl.*) Ausübung *e-r Kunst,* Praxis [*aerariae artis*]; **b)** (*nkl.*) Kunstfertigkeit, Geschicklichkeit; **c)** kunstvolle Bearbeitung *od.* Verarbeitung [*ferri*]; **d)** kunstvoller Bau [*membrorum*]; **e)** (*Com.*) Kunstgriff, List. — **Bauhütte.

făbrĭcātĭō, ōnĭs *f* (*făbrĭcŏr*) **1.** (*act., nkl.*) das Bauen [*aedificiorum*]. **2.** / (*pass.*) **a)** kunstvoller Bau [*hominis*]; **b)** / Kunstgriff; künstliche Veränderung, kunstvolle Gestaltung (*in re, zB. in oratione*).

făbrĭcātŏr, ōrĭs *m* (*făbrĭcŏr*) Bildner, Werkmeister [*operis,* °*mundi*]; / (*dcht.*) Urheber [*doli*]; Ursache [*leti*].

Făbrĭcĭŭs 3 *röm. Gentilname:* **1.** *Q.* ~ *Lŭscĭnŭs, Sieger über Pyrrhus, gepriesen als Muster altröm. Rechtlichkeit u. Unbestechlichkeit.* **2.** *pōns Făbrĭcĭŭs, ursprünglich aus Holz, seit 62 v. Chr. aus Stein aufgeführte Brücke v. dem linken Tiberufer nach der Tiberinsel.* — *adi. auch* **Făbrĭcĭānŭs** 3 [*venenum*].

▶ **făbrĭcŏr** *u.* (*nkl., dcht.*) **făbrĭcō** 1. (*denom. v.* făbrĭcă) **1.** verfertigen *od.* herstellen, *bsd.* zimmern, schmieden, bauen (*alqd, zB. gladium,* °*moenia; part. pf.* făbrĭcātŭs *auch pass.*). **2.** / **a)** bilden [*verba* neue Wörter]; **b)** (*Com.*) *etw.* Böses aussinnen.
F. *altl. inf. praes.* P. făbrĭcārĭĕr = făbrĭcārī.

făbrīlĭs, ĕ (*făbĕr¹*) des Künstlers *od.* Handwerkers, Künstler..., Schmiede... [°*follis* Blasebalg, °*opera* Schmiedearbeit, °*dextra* kunstfertig]; *subst.* °*făbrīlĭă, ĭŭm n* Schmiedearbeiten, Bildwerke.

fābŭlă¹, ae *f* (*demin. v.* făbă) (*Pl.*) kleine Bohne.

fābŭlă²
1. Gerede, Tagesgespräch; **2. a)** Gegenstand des Geredes; **b)** Unterhaltung; **3. a)** Erzählung; **b)** Fabel; **c)** Märchen, Sage; **4. a)** Fabel *od.* Gegenstand der Dichtung; **b)** Drama, Epos; **5.** (*umgangssprachlich*) dummes Geschwätz.

fābŭlă², ae *f* (< **bhā-dhlā zu fŏr, dor.* φāμί = φημί) **1.** (*unkl.*) Gerede der Leute, Tagesgespräch, *auch pl., fast stets pejorativ* [*urbis, fabulam fieri od.* esse Stadtgespräch werden *od.* sein]. **2. a)** (*meton.*) (*nkl.*) Gegenstand des Geredes, Stoff zum Gerede; **b)** (*nkl.*) Wechselrede, Unterhaltung [*tempus fabulis conterere; sprichw.: lupus in fabula* wenn man vom Wolf spricht (ist er nicht weit)]. **3.** (*meton.*) **a)** erdichtete Erzählung, Geschichte [°*non longa est fabula*]; *bsd.* (*Qu.*) ~ *nutricularum* Ammenmärchen; **b)** (*nkl., dcht.*) äsopische Fabel [*haec* ~ *significat*]; **c)** Märchen, Sage, Mythus, *pl.* Mythologie [*fabulae ferunt od. produnt* = *in fabulis est* die Sage berichtet; *alcis v. jd., zB. Herculis*]; *adi.* (*dcht.*) *fabulae Manes* das nichtige Reich der Schatten. **4. a)** (*Ho.*) Fabel *od.* Gegenstand der Dichtung, Sujet, Vorwurf (= ὑπόϑεσις); **b)** (*meton.*) **α)** Drama, dramatische Dichtung, Schauspiel, Bühnenstück, Stück [*fabulam agere* ein Stück geben = aufführen (*v. den Schauspielern*), *dare* zur Aufführung bringen (*vom Dichter, auch docere* einüben), *ēdere* geben = aufführen lassen (*v. dem die Kosten tragenden Veranstalter*)]; °**β)** Epos, Heldengedicht, *zB. Homers Ilias.* **5.** (*umgangssprachlich*) **a)** (*verächtlich*) Komödie, Posse, Geschichte = Begebenheit [*composita* verabredete *od.* reine Komödie; °*fabulae!* dummes Zeug!]; **b)** (*Com.*) *quae haec est* ~? was ist hier los? — ***fabula docet* (*cf. oben* 3b) die Fabel lehrt = die Moral von der Geschichte ist...

fābŭlārĭs, ĕ (*fābŭlă²*) (*nkl.*) sagenhaft, Sagen... [*historia* Heroengeschichte].

fābŭlātŏr, ōrĭs *m* (*fābŭlŏr*) (*nkl.*) Erzähler; *bsd.* Fabeldichter.

fābŭlŏr *u.* (*Pl.*) **-ō** 1. (*denom. v.* fābŭlă²) (*unkl.*) plaudern, schwatzen, sich unterhalten (*cum alqo, inter se, de re*); *auch pejorativ* schwätzen.

fābŭlōsŭs 3 (*m. comp. u. sup.; adv.* **-ē**) (*fābŭlă²*) (*nkl., dcht.*) **1.** sagenreich [*carmina Graecorum*]; *bsd.* **a)** (sagen)berühmt [*Hydaspes*]; **b)** die Sagen *od.* Mythen liebend [*antiquitas*]. **2.** / wunderbar, unglaublich [*monstra*]; *subst. pl. n fabulosa et immania* unerhörte

Entsetzlichkeiten.

făcēssō, cēssīvī *u.* cēssī, cēssītūm 3. (*intens. v. făcīō*) **1.** (*trans.*) (*vkl., dcht.*) ausrichten, ausführen [*iussa, praecepta* befolgen]; *klass. nur pejorativ* (*Übles*) bereiten, schaffen, verursachen (*alci periculum, alci negotium jd.* Schwierigkeiten machen). **2.** (*intr.*) sich entfernen, sich packen [°*propere* (*ex*) *urbe*, °*hinc Tarquinios*]; / (*nkl.*) beiseite gesetzt werden [*amicitia facessit*].

făcētĭă, *ae f* (*făcētŭs*) **1.** *sg.* (*vkl., nkl.*) Scherz, Witz. **2.** *pl.* drollige Einfälle, witzige Bemerkungen *des gewandten Weltmannes*; (*pejorativ*) beißender Witz, Sticheleien.

făcētŭs 3 (*m.* °*comp. u. sup.*; *adv.* **-ē**) (*zu făx, eigtl.* „glänzend") **1.** fein, zierlich, anmutig, elegant, graziös *im Äußeren u. im Benehmen, bsd. in Kleidung u.* (*v. Redner u. Rede*) *im Ausdruck* [*vir*, °*mulier, orator, oratio, sermo*]; *subst.* -ūm, ī *n* (*Ho.*) Anmut, Grazie. **2.** (*dcht.*) freundlich, artig. **3.** witzig, launig, geistreich [*poēta*, °*sal*, *alqd* -*e dicere*].

▶ **făcĭēs**, *ēī f* (*altl. gen.* -*ĭē*; *zu făcĭō wie spĕcĭēs zu spĕcĭō*) **1.** äußere Erscheinung, das Äußere, Aussehen, Figur, Form, *v. Pers. u. Sachen, concr. u. abstr., bsd. dcht. u. nkl.* [*pulchra, grata*, °*miserabilis, alcis u. alcis rei, zB. Homeri*, °*oris, civitatis*]. **2. a)** (*unkl.*) Art, Beschaffenheit [*laborum, in hederae faciem* nach Art]; **b)** (*nkl.*) äußerer Schein *im Ggs. zur Wirklichkeit* [*publici consilii facie* unter dem Schein]. **3. a)** Antlitz, (Gesichts-)bildung *in physischer Beziehung, edler als ōs* [*facies homini tantum est, ceteris animantibus ōs*; °*cicatricosa*; *alcis j-s*]; *dcht. auch* Kopf *v. Tieren*; **b)** (*prägn.*) (*dcht.*) schönes Gesicht; **c)** (*dcht.*) Schönheit, Anmut. — ***facies Hippocratica* (hippokratisches Gesicht) Gesichtsausdruck der Sterbenden (*nach der Beschreibung im Corpus Hippocraticum*).

făcĭlĭs
1. (*pass., nur v. Sachen*) leicht *zu tun, zu machen u.a.*; **2.** (*act., meist v. Personen*) **a)** gewandt; **b)** willig, freundlich, leutselig; **3.** *adv.* **făcĭlĕ** **a)** leicht, mühelos; **b)** sicher, unstreitig; **c)** gern; **d)** angenehm.

făcĭlĭs, ĕ (*m. comp. u. sup. făcĭllĭmŭs*; *adv. făcĭlĕ s.* 3.) (*făcĭō*; *eigtl. pass.* „tunlich"; *sekundär* [*wie ăgĭlĭs*] *auch act.*) **1.** (*pass., nur v. Sachen*) leicht (*zu tun od. auszuführen, zu erlangen*), mühelos [*ascensus, aditus, iter*, °*victus* leicht zu erlangen, °*favor* leicht zu gewinnen, °*humus* leicht zu bestellen, °*iactura* leicht zu verschmerzen, °*remedium* gelinde, °*cibus* leicht verdaulich, °*somnus* schnell kommend, °*iugum* leicht zu ertragen, °*saevitia* leicht zu bezwingen; *alci* für *jd., zB. homini ingenioso*; *ad alqd u.* °*alci rei* zu, für *etw., zB. ad credendum*; *m. 2. supin., zB. dictu, cognitu*; *m.* °*inf., zB. corrumpi*; *selten m. ut, zB. ei fuit facillimum, ut procederet*]; *v. Verhältnissen auch* günstig, bequem, *zB. res*; *subst.* °*in facili esse* leicht sein, °*e facili m.* Leichtigkeit. **2.** (*act., meist v. Pers.*) **a)** gewandt, geschickt [*ad dicendum*, °*in inventione*, °*victu* den Lebensunterhalt leicht findend]; *unkl. auch v. Sachen* [*manus, oculi* munter]; (*v. Sachen*) *auch* °geschmeidig [*cera* bildsam]; **b)** willig, umgänglich, freundlich, leutselig, gefällig, nachgiebig, gütig [*pater, civis*, °*nymphae*, °*aures*; *re u. in re* in *etw., zB.* °*sermone, in hominibus audiendis*; *ad u.* °*in alqd od.* °*alci rei* zu *etw.* willig *od.* bereit, *zB. ad concedendum*, °*ad gaudia*, °*dii faciles in tua vota*]. **3.** *adv.* **făcĭlĕ** (*m. comp. u. sup.*); *nkl.* -*ĭtĕr*; *altl.* *făcŭl*: **a)** leicht, mühelos, ohne Umstände, bequem [*alqd ediscere*]; **b)** sicher, unstreitig, ohne Widerrede, *meist beim sup.* [*facile doctissimus*, **-e** *notus* wohlbekannt; *auch bei den Verben des Übertreffens, zB. facile omnibus antecellere*]; *bei Zahlen* gut *u.* gern [*facile mille homines*]; *m. Negation*: *non* (*od. haud*) *facile* schwerlich, kaum; **c)** bereitwillig, gern [*credere alci alqd, facillime audiri*]; **d)** angenehm, behaglich [°*vivere, nusquam facilius sum*]. — ***facilis ad* leicht empfänglich für; *facile ut* vielleicht, daß.

făcĭlĭtās, *ātis f* (*făcĭlĭs*; *eigtl.* „Tunlichkeit") **1.** (*pass.* „was sich leicht tun läßt") (*nkl.*) Leichtigkeit, leichte Bewerkstelligung [*camporum* Zugänglichkeit, Passierbarkeit des Geländes]. **2.** (*act.* = „Eigenschaft dessen, der *etw.* leicht zuwege bringt") **a)** (*nkl.*) Leichtigkeit *in der Auffassung*, leichte Auffassung, (*rhet.*) Gewandtheit *od.* Geläufigkeit, Fertigkeit *im Vortrage* [*oris* in der Aussprache, *verborum, extemporalis* im Extemporieren]; (*meton.*) das leicht Hingeschriebene *od.* Hingeworfene; **b)** Trieb *od.* Neigung zu *etw.*, Anlage (*alcis rei zu etw.*); **c)** Leutseligkeit, Freundlichkeit, Gefälligkeit, Gutmütigkeit, Duldsamkeit, Nachsicht (*alcis j-s*; *alcis rei u. in re* in *etw., zB. sermonis, in audiendo*); °(*pejorativ*) Willfährigkeit [*prava*]; Leichtsinn.

făcĭnŏrōsŭs *u.* **-nĕrōsŭs** 3 (*m.* °*comp. u. sup.*) (*făcĭnŭs*) verbrecherisch, ruchlos, lasterhaft, *v. Pers. u. Sachen* [*civis*, °*animus*]; *subst. m* Verbrecher.

▶ **făcĭnŭs**, *ŏrĭs n* (*făcĭō*) **1.** (auffallende) Tat *od.* Handlung [*nefarium; praeclārum*]. **2.** Schandtat, Übeltat, Verbrechen [*inauditum*; -*us facere u. committere*, (*in se*) *admittere, suscipere*, °*patrare, obire*]. **3.** (*meton.*) **a)** (*Lu.*) verbrecherische Absicht *od.* Gesinnung; **b)** (*dcht.*) Werkzeug des Verbrechens, *zB.* Giftbecher; **c)** (*nkl.*) Verbrecher, Bösewicht [*catervas omnium facinorum circum se habere*]. **4.** (*Com.*) **a)** (*concr.*) ein Prachtstück; **b)** (*abstr.*) Ding, Sache, Umstand.

făcĭō
I. (*trans.*) tun, machen; **1. a)** *abs. od. mit pronom. Objekt*; **b)** *etw. mit jd.* anfangen, vornehmen; **2.** (*concr. etw.*) machen; **a)** verfertigen; **b)** (*künstlerisch*) bilden, bauen; **c)** (*Schriften*) verfassen; **d)** (*Geld*) verdienen; **e)** (*Stoffe*) be-, verarbeiten; **f)** (*Soldaten, Geld*) aufbringen, -treiben; **g)** (*Weg*) zurücklegen; (*Zeit*) zubringen; **3. a)** zustande bringen, ausführen; **b)** (er)leiden; **4.** erregen, verursachen, hervorrufen, bewirken; **5.** *jd. etw.* verschaffen, gewähren, verleihen; **6.** Sonderkonstruktionen: **a)** (*m. Objektsacc. u. Prädikatsnomen im acc.*) zu *etw.* machen, ernennen, erwählen; **b)** *jd. redend od. handelnd* einführen, darstellen; (*etw. tun od. sagen*) lassen; **c)** (*m. Objektsacc. u. Prädikatsnomen im gen.*) *jd.* zu *j-s* Eigentum machen; **d)** (*m. gen. pretii*) schätzen, achten; **e)** - **g)** (*m. ut od. bloßem coni.*) bewirken, dafür sorgen; **h)** (*m. a.c.i.*) den Fall setzen, annehmen, voraussetzen; **II.** (*refl.*) sich *irgendwohin* auf den Weg machen; **III.** (*intr.*) **1.** tun, handeln, machen; **2.** *irgendwie* verfahren, sich benehmen (*mit adv. Bestimmungen*); **3.** *cum u. ab alqo* es *mit jd.* halten, *j-s* Partei ergreifen; **4.** opfern; **5.** zu *etw.* dienen, passen, wohl bekommen.

făcĭō, *fēcī, factūm* 3. (*k-Erweiterung der* √ **dhē-* „setzen, stellen, legen"; *cf. dō, ăd-d-ō usw.*; *fēc-ī* = ἔ-θη-κα; τί-θη-μι; *in lokaler Grundbedeutung* [*cf. magni facio, facio m. a.c.i.* „den Fall setzen, daß"] *durch pōnō, stătŭō u.ä. verdrängt*) **I.** (*trans.*) tun, machen: **1. a)** *abs., zB. hoc perfacile est factu*; *od. mit e-m durch das n e-s pron. od. allgem. adi. ausgedrückten Objekt, zB. quid faciam? nihil feci, quod paeniteat*; *oft m. adv. Bestimmung, zB. multa iocose facere, si quid es facturus* wenn du *etw.* gegen mich ausrichten willst; **b)** *etw. m. jd.* vornehmen, anfangen, *zB. quid facies huic homini?* (*Pl.*: *quid eo fecisti puero?*); °*nescit, quid faciat auro od.* °*de praeda*; **c)** *an Stelle eines vorhergehenden spezielleren Verbums* (*wie nhd.* „tun" *u.* ποιεῖν), *zB. Demosthenes, si illa pronuntiare voluisset, splendide facere potuit*. **2.** (*etw. concr.*) machen: **a)** (er)zeugen, verfertigen, hervorbringen, schaffen, bereiten (*alqm u. alqd, zB. hominem, scuta ex cortice, aggerem, aes alienum* Schulden machen; *alci alqd, zB. anulum regi*, °*sibi viam* bahnen); **b)** (*künstlerisch*) bilden, bauen, anlegen, errichten [*vasa aurea, signa de marmore, templa, classem, monumentum, olivetum* anlegen, *pontem in flumine* schlagen über, *castra* aufschlagen]; **c)** (*Schriften*) abfassen, verfassen, schreiben [*syngraphas, litteras ad alqm, librum de alqo, orationem, epigramma, versūs* dichten]; **d)** (*Geld*) prägen [*argentum*] *od.* erwerben, verdienen, gewinnen [°*magnas pecunias ex* *metallis, rem* Vermögen, *praedam* (°*ab alqo*), *stipendia* Sold verdienen = Kriegsdienste tun]; **e**) (*Stoffe*) bearbeiten, verarbeiten [*ebur, lanam*]; **f**) (*Soldaten od. Geld*) auf die Beine bringen, auftreiben [*cohortes, manum, tributum, summam* aufbringen]; **g**) (*nkl.*) (*eine Strecke*) zurücklegen [*viginti stadia*]; (*nkl.*) (*Zeit*) zubringen, vollenden [*tria quinquennia*]. **3. a**) (*etw. abstr.*) tun, machen, ausführen, zustande bringen, leisten (*alqd, zB. omnia amici causā, caedem,* °*exempla in alqm* Exempel an *jd.* statuieren, °*gratulationem* abstatten, *deditionem* sich ergeben, °*opus* Feldarbeit verrichten, *facinus* verüben, *scelus od. iniuriam* begehen, *impetum in alqm, imperata* ausführen, *promissum* erfüllen, *vota* Gelübde tun, *sumptum* Aufwand machen, *comitia* anstellen, *iudicium* ein Urteil abgeben *od.* Gericht halten, *iter* eine Reise unternehmen *od.* marschieren, seinen Weg nehmen, *mentionem facere* Erwähnung tun [*de od. gen.*]; *alci alqd, zB. insidias* bereiten, *vim* Gewalt antun *od.* anwenden, *iniuriam* zufügen, *medicinam jd.* heilen); *bsd.* (*Feste, Opfer u. a.*) veranstalten, feiern, begehen [°*mysteria, ludos, sacra*]; (*Worte*) sagen, reden [*verba* eine Rede halten]; (*Geschrei*) erheben [*clamorem*]; (*Schlachten*) liefern [*pugnam*]; (*Geschäfte, Berufe*) betreiben, ausüben [*argentariam* ein Bankgeschäft, *mercaturam*]; **b**) (*Schaden, Schiffbruch*) (er)leiden [*damnum, naufragium, auch vitae finem* den Tod finden; aber *iacturam facere* über Bord werfen, aufopfern]. **4.** *etw.* erregen, verursachen, hervorrufen, bewirken, *bsd. Affekte, Zustände, Verhältnisse* (*alqd, zB. admirationem alcis rei, spem, timorem, coniurationem, initium od. finem rei* Anfang *od.* Ende machen; *alci alqd, zB.* °*desiderium* einflößen, °*fidem* verschaffen, *suspicionem,* °*audaciam hosti* erwecken); *bellum* Krieg anfangen (*aber auch* Krieg führen, bekriegen [*alci*]), *fugam alcis jd.* in die Flucht schlagen (*selten* die Flucht ergreifen), (*Freundschaft, Bündnisse u.ä.*) schließen [*amicitiam, foedus, pacem*]. **5.** *jd. etw.* verschaffen *od.* gewähren, verleihen, geben (*alci alqd, zB. magnas opes, favorem, delicti gratiam* Verzeihung, °*transitum* den Durchzug gestatten, *orationi audientiam* Gehör verschaffen, *alci negotia* Schwierigkeiten machen, *alci potestatem od. copiam alcis rei* Gelegenheit *od.* Erlaubnis zu *etw.* geben, °*nomen od. cognomen alci rei*). **6.** Sonderkonstruktionen: **a**) (*m. Objektsacc. u. Prädikatsnomen im acc., sog. dopp. acc.*) **α**) zu *etw.* machen *od.* ernennen, erwählen [*filium heredem, alqm oratorem jd.* zu einem Redner *od.* aus *jd.* einen Redner machen, *alqm consulem,* °*alqm testem* zum Zeugen nehmen, *alqm reum* anklagen, *certiorem* benachrichtigen (*de alqa re*), °*alqm avem* verwandeln in, *alqm ex amico amicissimum,* °*Siciliam provinciam, alcis iniurias irritas* vereiteln, °*alqd planum* aufklären, *alqd reliquum* übriglassen, *alqd missum* aufgeben, fahrenlassen; *selten m. adv.* °*rem palam* offenbar machen]; **β**) (*prägn.*) *alqm facere jd.* zum Konsul machen, *aber nur im* P. [*si ille factus esset*]; **γ**) *se facere alqm* sich für *etw.* ausgeben [*locupletem; unum ex iis feci, qui...* ich tat, als wäre ich einer v. denen, die...]; **b**) (*jd. in e-r Schrift od. bildlichen Darstellung*) redend *od.* handelnd einführen, darstellen, (*etw.* tun *od.* sagen) lassen (*m. a.c.p. od. a.c.i., zB. Homerus Polyphemum cum ariete colloquentem facit*); **c**) (*m. Objektsacc. u. Prädikatsnomen im gen.*) *jd.* zu *j-s* Eigentum machen [*tota Asia populi Romani facta est, alqd* °*suae dicionis od.* °*potestatis suae, arbitrii sui etw.* in seine Gewalt bringen, *alqm* °*sui iuris jd.* sich untertan machen, °*optionem Carthaginiensium* die Wahl den K. überlassen]; *das pron. poss. steht im acc., zB. terram suam facere*; **d**) (*m. gen. pretii od. pro re*) schätzen, achten (*alqd magni, pluris, plurimi, parvi, minoris, tanti u. a., pro nihilo, alqd* °*lucri* als Gewinn ansehen, *rem aequi bonique m. etw.* zufrieden sein); **e**) **α**) (*m. ut od. bloßem coni., m.* ne, *m.* °*a.c.i.*) bewirken, dafür sorgen, sich dazu entschließen, verschulden [*splendor vester facit, ut peccare sine rei publicae periculo non possitis; invitus feci, ut Flamininum e senatu eicerem; fecisti, ne cui iniuria inferretur*]; **β**) (*formelhaft*) *fac* (*ut*) *m. coni. als Schärfung des Imperativs, zB. fac* (*ut*) *venias* mach, daß du kommst; *fac sciam* laß mich ja wissen; *verneint fac ne, zB. fac, ne quid omittas*; **f**) (*Umschreibung zur Hervorhebung*) [*facio libenter, ut per litteras tecum colloquar*]; **g**) *facere non possum, ut* es ist mir unmöglich, *etw.* zu tun; *facere non possum, quin* ich muß durchaus; **h**) (*m. a.c.i.*) den Fall setzen, annehmen, voraussetzen [*fac ita esse; faciamus deos non esse*]; *auch* sich stellen, als ob [*facio me alias res agere*]. **II.** (*refl.*) (*nkl.*) (*se*) *facere alqo* sich irgendwohin auf den Weg machen [*homo meus coepit ad stelas facere*]. **III.** (*intr.*) **1. a**) tun, handeln, tätig sein [*facere nunc aude*]; **b**) (*Te.*) Feldarbeit verrichten (= *ŏpŭs făcĕrĕ*); **c**) (*dcht., nkl.*) (*euphem.*) **α**) = *mēiō od. cācō*; **β**) = *fŭtŭō*. **2.** irgendwie verfahren, sich benehmen (*m. adv. Bestimmungen, zB. bene, male, recte, arroganter, benigne alci jd.* wohltun; *cum multa crudelitate, contra leges, e re publica* im Sinne des Staates). **3.** *cum u. ab alqo* es *m. jd.* halten, auf *j-s* Seite stehen, *j-s* Partei ergreifen [*omnes cum senatu faciunt; hoc facit a me* dies spricht für mich; *Ggs. facere contra od. adversus alqm* gegen *jd.* Partei ergreifen]. **4.** opfern (*abs., zB.* °*pro populo; od. alci, zB. Iunoni; re m. etw., zB.* °*vitulā, selten alci alqd, zB.* °*Iovi pocillum*). **5.** (*nkl., dcht.*) für *etw. od.* zu *etw.* dienen *od.* nützen, passen, wohl bekommen (*alci* [*rei*], *zB. aqua mihi non facit; dura corona capiti meo non facit; ad alqd* zu *etw., auch als med. t.t.* gut anschlagen).

F. P. *fīō, fāctŭs sŭm, fĭerī*; — *altl.*: *imp.* °*făcĕ* = *făc*; *fut. făcĭēm*; *coni. pf. făxīm, făxis, făxit usw.* [*di faxint*]; *fut. ex. făxō*; *coni. plqpf. făxēm*; (*formelhaft*) *făxĭtŭr* = *făctŭm ĕrĭt*.

făctĕŏn *indecl.* (*scherzh. wie griech. adi. verb. gebildet*) = *făcĭēndŭm* [*quare* φιλοσοφητέον *et istos consulatūs non flocci facteon*].

▶ **făctĭō**, *ōnĭs f* (*făcĭō*) **1.** (*Pl.*) das Tun, Handeln, Treiben. **2.** (*meton.*) das Recht *etw.* zu tun *od.* zu machen [*testamenti* Recht zur Errichtung eines Testaments]. **3. a**) *pol.* Umtriebe, Parteiwesen, Parteiungen [°*amicis officia sine factione praestare*]; **b**) (*meton.*) *pol.* Anhang, Partei, (*pejorativ*) = Rotte, Clique, *bsd.* oligarchische *od.* aristokratische Partei [~ *nobilium od. paucorum*]; **c**) (*nkl.*) Verschwörung, Aufstand [*militaris*]; (*meton.*) aufständischer Volkshaufe; **d**) (*nkl.*) **α**) eine *der vier* Artistencliquen, *die nach den Farben benannt wurden* [*albata, russata, veneta, prasina*]; **β**) *histrionum od. pantomimorum* Theaterclaque.

făctĭōsŭs 3 (*m.* °*comp. u.* °*sup.*) (*făctĭō*) **1.** (*Pl.*) zum Handeln aufgelegt [*linguā* mit dem Munde rasch bereit]. **2.** parteiisch, herrschsüchtig; mit großem Anhang; einflußreich; *subst. m* Parteiführer, -gänger, unruhiger Kopf.

făctĭtō 1. (*iterat. v. făcĭō*) gewöhnlich machen, gewöhnlich *od.* gewerbsmäßig (be)treiben (*alqd, zB. accusationem, sacrificia* gewöhnlich feiern); *m. dopp. acc. jd.* wieder *u.* wieder zu *etw.* machen *od.* einsetzen [*alqm heredem*]; (*P.P.P.*) *adi.* **făctĭtātŭs** gewöhnlich, üblich, herkömmlich.

făctō 1. (*intens. v. făcĭō*) (*Pl.*) machen, verrichten.

făctŏr, *ōrĭs m* (*făcĭō*) (*vkl., nkl.*) Verfertiger; *bsd.* (*sc. pilae*) (*Pl.*) der den (*ihm zugeworfenen*) Ball schlägt *od.* weiter wirft. — **Schöpfer, Gott.

▶ **făctŭm**, *ī n* (*eigtl. P.P.P. n v. făcĭō*) **1.** *vollendete* Tat, Handlung, Werk, Verfahren, Benehmen [*consilia et facta, dicta factaque*]; *alcis, zB. Dolabellae; meum; m. adv.* (*wenn noch als P.P.P. empfunden*) *u. adi.* [*bene, male, turpiter; laudabile, pulcherrimum*]; *auch* Tatsache. **2.** Vorfall, Ereignis, Geschichte [°*mirabile*]. **3.** (*vkl., nkl.*) *bonum factum!* (*Ausruf u. Eingangsformel v. Dekreten u. Edikten*) Glück auf! — ** *de facto* tatsächlich.

F. *gen. pl. făctōrŭm u.* °*făctŭm, cf.* V.-B. VI.

făctŭs[1] *P.P.P. v. făcĭō u. part. pf. v. fīō.*

făctŭs[2] 3 (*m.* °*comp.*) (*eigtl. P.P.P.*

v. *făcĭō*) **1.** (*Pl.*) geschehen [*factius nihilo facit* er macht es um nichts „geschehener" = es nützt ihm nichts]. **2. a)** (*v. Pers.*) **α)** zu *od.* für *etw.* geschaffen [*ad libidines alcis*, °*miles amori -us*]; **β)** gebildet [°*homo ad unguem* ~ vollkommen]; **b)** (*v. Sachen*) **α)** kunstvoll verarbeitet [*argentum*; *cf. auch fābrĕ-făctŭs*]; **β)** kunstvoll, kunstgerecht [*oratio*].

făcŭlă, *ae f* (*demin. v. făx*) (*vkl.*) Kienspan, Fackel.

▶ **făcŭltās,** *ātis f* (*altl. făcŭl* = *făcĭlĭs*, *eigtl.* „Tunlichkeit") **1.** Möglichkeit, Gelegenheit, *etw. zu tun* (*abs. od. alcis rei, auch ad alqd, zB. fugae, rei bene gerendae, ad dicendum*; *m. ut, zB. est in alqo facultas, ut* ...); *facultatem alcis rei dimittere* fahrenlassen, *relinquere alci* übriglassen, *dare od. facere alci, concedere, facultas offertur* bietet sich; *bsd.* Möglichkeit der Verfügung *über etw.* [*sumptuum*]. **2.** Erlaubnis [*itineris faciendi*]. **3. a)** Kraft, *etw. zu vollbringen*: **α)** (*Te.*) *körperliche*; **β)** *geistige*: Fähigkeit, Geschick(lichkeit), Anlage, Talent [*ingenii*; *alcis rei in, zu etw., zB. dicendi* im Reden, *selten in re*]; *bsd.* Rednertalent, Beredsamkeit [*facultate copiosus*]; **b)** *übh.* Aufgabe [*oratoris*], *v. Sachen* auch Verwendbarkeit [*praeclara facultate esse*]. **4. a)** (vorhandener) Vorrat, Fülle (*alcis rei, zB. nummorum, virorum*); **b)** *pl.* **α)** *übh.* Hilfsmittel, -quellen (*alcis j-s, zB. Italiae*; *alcis rei* zu *etw., zB. belli* = Kosten); **β)** *bsd.* Geldmittel, Vermögen, Vermögensumstände [*pro facultatibus dare*; *alcis j-s, ad alqd* zu *etw.*]. — **Fakultät; ~ *alternativa* (*jur. t.t.*) Ersetzungsbefugnis, *durch die ein Vertragsschuldner sich v. der geschuldeten Leistung durch eine bestimmte andere befreien kann*; ~ *docendi* Lehrbefähigung *an höherer Schule od. Universität.*

fācŭndĭă, *ae f* (*fācŭndŭs*) (*unkl.*) Redegabe, Beredsamkeit; (*concr.*) Redner.

fācŭndĭtās, *ātĭs f* (*fācŭndŭs*) (*Pl.*) Zungenfertigkeit.

fācŭndŭs 3 (*m. comp. u. sup.*; *adv.* **-ē**) (*fōr*; *cf. fē-cŭndŭs, vĕrē-cŭndŭs*) (*unkl.*) redegewandt, beredt, *v. Pers. u. Sachen*; *pejorativ*: zungenfertig; (*v. Sachen auch*) geläufig [*lingua*].

faecĕŭs 3 (*eigtl.* „aus Hefe"; *faex*) / (*Pl.*) unflätig, unsauber [*mores*].

faec(ŭ)lă, *ae f* (*demin. v. faex*) (*nkl., dcht.*) Weinsteinsalz (*als Arznei od. Würze*); *cf. faex 2a.*

faelēs *u.* **-ĭs** = *fēlēs u. -ĭs.*

faen... = *fēn...*

Faesŭlae, *ārŭm St. nö. v. Flōrēntĭă, urspr. etr. Siedlung, j.* Fiesole; *Einw. u. adi.* **Faesŭlānŭs** (3).

faex, *cĭs f* (*et. ungedeutet*) **1. a)** (*nkl., dcht.*) Bodensatz *gegorener Flüssigkeiten*, Hefe, *bsd.* Weinhefe, *auch als Gesichtsschminke verwendet*; **b)** / **α)** (*pejorativ*) Abschaum, Auswurf [*populi, plebis*]; **β)** (*meton.*) (*Ma.*) dies *sine faece* wolkenloser Tag; **γ)** (*dsgl.*) (*Ma.*) Boden *e-r Kassette*. **2.** (*nkl., dcht.*) **a)** Weinstein *od.* Weinsteinsalz (= *faecŭlă*); **b)** Bodensatz *trockener Gegenstände* [*terrena*].

fāgĭnĕŭs 3 (*unkl.*) *u.* (*dcht.*) **fāgĭnŭs** 3 (*fāgŭs*) buchen, aus Buchenholz.

fāgŭs, *ī f* (*idg.* *bhāgos „Rotbuche"; = *φηγός, dor. φᾱγός* „Eiche"; = *nhd.* „Buche") Buche; (*meton.*) (*dcht.*) Buchenholz.

****faida,** *ae f* (*germ.*) Fehde.

fălă, *ae f* (*vorgr.-etr. Fw., eigtl.* „hoch") **1.** (*vkl.*) Belagerungsturm. **2.** (*Ju.*) *hölzerne* Säule *an der spina des Circus zur Aufnahme der ōva* (*s.d.*).

fălārĭcă, *ae f* (*fălă*) (*unkl.*) die Falarica: **1.** (iberischer) Wurfspeer. **2.** Brandpfeil.

fălcārĭŭs, *ī m* (*fălx*) Sichelmacher, -schmied [*inter -os* in der Sichelmacherstraße].

fălcātŭs 3 (*fălx*) **1.** (*nkl.*) *m.* Sicheln versehen, Sichel... [*currus*]. **2.** (*dcht.*) sichelförmig gekrümmt [*ensis*].

fălcĭ-fĕr, *fĕră, fĕrŭm* (*fălx, fĕrō*) (*dcht.*) **1.** eine Sichel tragend [*manus, deus* = Saturn]. **2.** *m.* Sicheln versehen [*currus* Sichelwagen].

fălcō, *ōnĭs m* (*eigtl.* „krummkrallig", *identisch m. fălcō* „säbelbeinig" *zu fălx*; *ahd.* falcho *Lw. aus dem Lat.*) (*spätl.*) Falke.

****falconarius,** *i m* Falkner.

fălĕrae = *phălĕrae.*

Fălĕrĭī, *ōrŭm m St. in Südetrurien, n. v. Rom*; *Einw. u. adi.* **Fălĭscŭs** (3) [*vĕntĕr -us s. venter*; *subst.* **-ŭm,** *ī n* Gebiet *v.* Falerii].

Fălĕrnŭs 3 [*āger Gebiet im nw. Kampanien am mōns Măssĭcŭs*]; *subst.* **Fălĕrnŭm,** *ī n* **a)** (*sc. vīnŭm*) Falernerwein; **b)** (*sc. praedĭŭm*) falernisches Landgut *des Pompejus.*

Fălĭscŭs 3 *s. Fălĕrĭī.*

făllācĭă, *ae f* (*făllāx*) Täuschung, Betrug, Intrige; *pl. auch* Verstellungskünste.

făllācĭ-lŏquŭs 3 (*făllāx, lŏquŏr*) (*Accius b. Ci.*) betrügerisch redend.

făllāx, *ācĭs* (*m.* °*comp. u. sup.*; *adv.* **-ĭtĕr**) (*făllō*) betrügerisch, täuschend, ränkevoll, *v. Pers. u. Sachen* [*homo, spes*; °*alcis rei in etw., zB. amicitiae*].
F. *abl. sg. -ī*; *pl. neutr. -ĭă, gen. -ĭŭm u.* °*-ŭm.*

fallō
1. zu Fall bringen; 2. a) täuschen, betrügen; b) *etw.* nicht leisten, versagen; c) *etw. täuschend* nachmachen; d) unwirksam machen; e) *der Aufmerksamkeit j-s* verborgen bleiben, entgehen.

făllō, *fĕfĕllī,* — 3. (*fălsŭs* 3 *gewöhnl. adi.*; *P.P.P. durch dēcĕptŭs ersetzt*) (*et. nicht sicher gedeutet, vl. zu φηλός* „betrügerisch") **1.** (*nkl., dcht.*) zu Fall bringen, ausgleiten lassen [*glacies fallit pedes*]. **2.** / **a)** täuschen, betrügen, hintergehen (*abs., zB. fallendo nocere* durch Betrug, °*murus fallit* gewährt keinen Schutz; *meist alqm u. alqd, zB. cives suos, spem od. opinionem alcis jd.* in seiner Hoffnung *od.* Vermutung täuschen; *auch v. Sachen, zB. spes od. opinio alqm fallit jd.* täuscht sich in, *dies od. tempus alqm fallit jd.* irrt sich in); *impers. me fallit* ich täusche mich, ich weiß nicht; *mediopass.* sich täuschen, sich irren [*sapiens in nulla re fallitur*]; *bsd. nisi fallor* wenn ich mich nicht täusche = *nisi me fallo* = *nisi me fallit animus* = *nisi me fallit*; *nisi me omnia fallunt* = *nisi tota re fallor* wenn ich mich nicht gänzlich täusche; **b)** *etw.* nicht leisten, nicht erfüllen, versagen [°*depositum* veruntreuen, °*promissum*, °*ius iurandum*]; *klass. nur fidem fallere* die Treue brechen [°*dominorum dextras* die ihren Herren angelobte Treue]; **c)** (*prägn.*) (*Ve.*) *etw. täuschend* nachmachen [*alcis faciem dolo*]; **d)** (*dcht.*) unwirksam machen [*omen*]; *auch* unkenntlich, unfühlbar machen, vergessen machen, verkürzen [*furta, sua terga lupo* seine Gestalt unter der eines Wolfes, *laborem* nicht fühlen lassen, *amorem* unterdrücken, *horas sermonibus* sich vertreiben]; **e) α)** (*dcht., nkl.*) *der Aufmerksamkeit j-s* entgehen *od.* verborgen bleiben, *v. jd.* unbemerkt *od.* unentdeckt bleiben, *v. lebenden Wesen u. v. Leblosem* (*abs., zB. speculator per biennium fefellerat, aetas fallit* vergeht unbemerkt, *sagitta longe fallit* kommt unbemerkt aus weiter Ferne; *alqm u. alqd, zB. ducem, deos, epistula fallit ignaros* ist unverständlich, °*oculos*; *m. part., wie λανθάνω, oft durch* „heimlich, unvermerkt" *zu übersetzen, zB. hostis fallit incedens* der Feind kommt unbemerkt heran, *Pan te fefellit vocans* lockte dich heimlich; *nequiquam fallis dea* [= *λανθάνεις θεὰ οὖσα*] du suchst vergeblich deine Gottheit zu verbergen); **β)** *alqm* (*non*) *fallit* es entgeht *jd.* (nicht), *jd.* weiß nicht (weiß recht wohl) (*m. a.c.i., vereinzelt m. quin*).

fălsārĭŭs, *ī m* (*fălsŭs*) (*vkl., nkl.*) Fälscher, *bsd. eines Testaments.*

fălsĭ-dĭcŭs 3 (*fălsŭs, dīcō²*) (*unkl.*) lügenhaft.

fălsĭ-fĭcŭs 3 (*fălsŭs, făcĭō*) (*Pl.*) falsch handelnd.

fălsĭ-iūrĭŭs 3 (*fălsŭs, iūrō*) (*Pl.*) falsch schwörend.

fălsĭ-lŏquŭs *u.* **-lŏcŭs** 3 (*fălsŭs, lŏquŏr*) (*vkl., nkl.*) lügenhaft (*m. gen. obi., zB. quarum rerum*).

fălsĭmōnĭă, *ae f* (*fălsŭs*) (*Pl.*) Betrügerei.

fălsĭ-părēns, *ēntĭs* (*Ca.*) einen erdichteten Vater habend [~ *Amphitryoniades* der fälschlich *S.* des *Amphitryon* Genannte].

fălsō *adv. v. fălsŭs.*

▶ **fălsŭs** 3 (*m.* °*sup.*; *adv.* **-ō**, *selten* °**-ē**) (*eig. P.P.P. v. făllō*) **1.** (*medial*) **a)** (*vkl., nkl.*) sich irrend; ~ es du irrst; **b)** irrig, nichtig, unbegründet; *klass. nur v. abstr.* [*spes*]. **2.** (*pass.*) **a)** falsch, gefälscht, erdichtet, *v. Sachen* [*litterae, Caesaris commen-*

tarii, °*crimen*]; **b**) (*v. Sachen*) unecht, nachgemacht, nicht wirklich [°*crines*]; **c**) (*v. Pers.*) untergeschoben [*testis, iudex*, °*genitor*]; *subst.* **fălsŭm,** *ī n* Unwahrheit, Lüge, Irrtum [*-um dicere, scribere, sentire* falsche Gedanken hegen, *iudicare* falsches Urteil abgeben, °*tela in falsum iacĕre* vergeblich]; *adv.* **fălsō** fälschlich, irrtümlich [*respondere alqd, memoriae prodere alqd*]; *auch als abgekürzter Satz*: falsch! **3.** (*act.*) täuschend, (be)trügerisch, lügenhaft, heuchlerisch [*testis, accusator*; *dcht. auch v. Sachen, zB. lingua, ōs, imago* Trugbild, *avis* trügerisches Vorzeichen, *fides* unzuverlässig]; *subst.* **a**) (*dcht.*) **fălsŭs,** *ī m* Lügner; Betrüger; **b**) (*nkl.*) **fălsŭm,** *ī n* Fälschung, Betrug, Heuchelei [*falsi damnatus*]. — ***falsa demonstratio nocet* eine unrichtige — aber vom Vertragspartner richtig verstandene — Erklärung beeinträchtigt (die Gültigkeit des Vertrages) nicht (*alter röm. Rechtsgrundsatz in ma. Formulierung*).

fălx, *cīs f* (*gen. pl.* -*cĭŭm*; *et. unklar*) **1.** Sense, Sichel. **2.** (*unkl.*) Winzer-, Gartenmesser, Hippe. **3.** *mil.* **a**) (*Ge., Lu.*) Sichel am Streitwagen; **b**) Mauerhaken, -brecher [*muralis*].

▶ **fāmă,** *ae f* (*cf. dor.* φάμā = φήμη, φημί, fōr; *klass. nur im sg.*) **1.** Gerede der Leute, Gerücht, Sage; geschichtliche Überlieferung, Tradition [*incerta*; *alcis j-s*, bei *jd.*, *zB. omnium mortalium*; *alcis rei v.*, über *etw.*, *zB. circumventi exercitūs*; *de re, zB. de victoria Caesaris*]; *fama est* geht, °*tenet od.* °*obtinet* herrscht, besteht, *nuntiat od.* °*affert, perfertur u.a.* (*m. a.c.i.*), *alqd famā accipere* durch Hörensagen vernehmen; *bsd.* (*dcht.*) **Fāmă** *als Göttin des Gerüchts, T. der Terra.* **2.** öffentliche Meinung, Volksstimme [*popularis, forensis*]. **3. a**) Ruf, Leumund [*bona*, °*mala, integra, turpis*; *alcis u. alcis rei, zB. sapientiae*]; **b**) (*prägn.*) **α**) guter Ruf, guter Name, Ruhm, Berühmtheit [*rerum gestarum, posteritas famaque* Ruhm bei der Nachwelt; *famam alcis laedere, defendere*; (*v. Frauen*) *famae* °*parcere* sich den guten Ruf erhalten]; **β**) (*unkl.*) der schlechte Ruf [*famā moveri, fama atque invidia* gehässige Nachrede].

fămēlĭcŭs 3 (*fămēs*) (*unkl.*) hungrig, verhungert; *subst.* ~, *ī m* Hungerleider.

▶ **fămēs,** *ĭs f* (*et. ungedeutet*) **1.** Hunger [°*fame interire* verhungern; *famem tolerare od. sustentare, perferre* Hunger leiden, *explere u. depellere od.* °(*pro*)*pellere* stillen]. **2.** Hungersnot [*in fame*]. **3. a**) (*Te.*) Armut *od.* Dürftigkeit (*v. der rednerischen Ausdrucksweise auch klass.*) [*ieiunitas et fames*]; **b**) (*dcht.*) Gier *od.* heißes Verlangen nach *etw.* (*alcis rei, zB. auri*); **c**) ♀ (*dcht.*) *personif.* Dämon des Hungers = Λιμός.
F. *abl. sg.* (*dcht.*) *fămē* (*m. langem e!*).

fāmĭgĕrātĭō, *ōnĭs f* (*fāmă, gĕrō*; *Bildung nach aedĭfĭcātĭō u.ä.*) (*Pl.*) Geschwätz der Leute.

fāmĭgĕrātŏr, *ōrĭs m* (*fāmă, gĕrō*; *Bildung nach aedĭfĭcātŏr u.ä.*) (*Pl.*) Schwätzer.

▶ **fămĭlĭă,** *ae f* (*et. ungedeutet*; *cf. fămŭlŭs*) **1.** die *gesamte* Hausgenossenschaft (*d.h. alle der Vollgewalt des Hausherrn* — *pater familiās* — *unterstehenden Glieder der röm. Kleinfamilie, Herrschaft u. Dienerschaft zusammen*) [*mater familiās u. -ae* Hausfrau, *filius u. filia -ās u. -ae* Sohn *u.* Tochter vom Hause, die noch nicht majorenn sind]. **2. a**) Gesinde, Sklaven, leibeigene Dienerschaft [*familiam armare*, ~ *rustica u. urbana*]; **b**) Hörige *eines Mächtigen od. eines Tempels* [*Orgetorix familiam suam undique coēgit ad decem milia hominum*]; **c**) Familie (= Linie *od.* Zweig *e-r gens, durch cogn. bezeichnet*) [*vetus, illustris, Marcellorum*]; **d**) (*nkl.*) = *gēns* [*Iunia*]; **e**) Truppe, Bande, *bsd. v. Gladiatoren* [*gladiatoria, maximam gladiatorum -am comparare, -am ducere* = an der Spitze stehen]; **f**) / *die auf einen Stifter zurückgehende* Philosophenschule, Sekte [*Peripateticorum*]; / (*Qu.*) (*v. Schriften*) Kanon. **3.** Vermögen, Besitz [*familiam herciscere* die Erbschaft teilen]. — ***familia pontificia* der päpstliche Hofstaat.
F. *Alter gen. sg. fămĭlĭās* (= *fămĭlĭae*) = [*pater od. mater familias* (*u. familiae*)].

▶ **fămĭlĭārĭs,** *ĕ* (*m. comp. u. sup.*; *adv.* **-ĭtĕr**) (*fămĭlĭă*) **1.** (*vkl., nkl.*) zum Gesinde gehörig, Sklaven...; *subst. m* (*unkl.*) Sklave, Diener; *pl.* Gesinde. **2.** häuslich, Haus... [*lares, servus*, °*copiae* Vermögen]; *res -is* Hauswesen, Hausstand, *bsd.* Vermögen (*alcis*), *pl.* Vermögensverhältnisse. **3.** zur Familie gehörig, Familien... [*funus* in der Familie, °*consilium* aus der Familie, °*pecuniae* Privatvermögen]; *res familiares* Familienangelegenheiten. **4.** / **a**) (*v. Pers.*) vertraut, bekannt [*homo; alci, zB. mihi*]; *subst. m u. f* Vertraute(r), Freund(in) (*alcis j-s, zB. eius, meus, Caesaris familiarissimus* bester Freund); **b**) (*v. Sachen*) vertraut, vertraulich, freundlich [*sermo*, °*iura* Rechte der Freundschaft]; *bsd. adv. familiariter* [*vivere cum alqo*, °*uti alqo* freundschaftlichen Umgang *m. jd.* haben, *esse* sich wie zu Hause fühlen]; / (*Pli.*) *alqd alci -e est etw.* ist bei *jd.* Sitte *od.* Brauch. **5.** (*relig. t.t.*) einheimisch, vaterländisch [*pars* der für den eigenen Staat geltende Teil der Leber, *fissum* Einschnitt an dem auf den Staat bezüglichen Teil des Leberlappens].
F. *abl. sg. -ī* (*auch des subst.*), *pl. neutr. -ĭă, gen. -ĭŭm u.* (*unkl.*) *-ŭm.*

fămĭlĭārĭtās, *ātĭs f* (*fămĭlĭārĭs*) vertrauter Umgang, innige Freundschaft (*alcis m. jd.*; *mihi cum alqo* ~ *est od. intercedit*); (*meton.*) (*nkl.*) Hausfreunde.

fāmōsŭs 3 (*m.* °*comp. u.* °*sup.*; *adv.* °**-ē**) (*fāmă*) **1.** (*pass.*) **a**) (*nkl., dcht.*) berühmt, ruhmvoll [*victoria, urbs*]; **b**) berüchtigt, verrufen [°*largitio*]; *subst.* **-ă,** *ae f* (*dcht.*) Dirne [*me ad famosas mater vetuit accedere*]. **2.** (*act.*) (*nkl., dcht.*) ehrenrührig, verleumderisch [*libellus* Schmähschrift, Pasquill].

fămŭl *altl.* = *fămŭlŭs.*

fămŭlă, *ae f* (*fămŭlŭs*) (*dcht.*) Dienerin, Sklavin; *auch* Tempeldienerin; *klass. nur* /, *zB. virtus famula fortunae est.*

fămŭlārĭs, *ĕ* (*fămŭlŭs*) eines Sklaven, Sklaven... [*vestis* Sklaventracht, *iura -ia dare* (*Ov.*) zu Sklaven machen].

fămŭlātŭs, *ūs m* (*fămŭlŏr*) Dienstbarkeit, Knechtschaft, *auch* /.

fămŭlŏr 1. (*fămŭlŭs*) dienstbar sein, dienen (*abs. od.* °*alci u.* °*alci rei*).

▶ **fămŭlŭs,** *ī m* (*et. ungedeutet*; *cf. fămĭlĭă*) Diener, Sklave; *pl.* Gesinde; *auch* (*dcht.*) *adi.* dienend [*aqua*]; (*dcht.*) *auch* Gehilfe *od.* Geselle [*Volcani* = Kyklop], Begleiter *u.ä.* — ***Student, der einem Hochschullehrer assistiert, *bsd.* im Krankenhaus tätiger Medizinstudent.
F. *gen. pl. fămŭlōrŭm u.* °*fămŭlŭm* (*cf.* V.-B. VI, 2).

fānātĭcŭs 3 (*fānātŭs, part. pf. v. fānŏr*) *v. e-r* Gottheit in Raserei versetzt, begeistert, rasend, enthusiastisch, fanatisch, *v. Pers. u. Sachen* [°*Galli* Kybelepriester, *philosophi*, °*carmen*, °*error* = Wahnsinn].

făndŭm, făndŭs *s. fōr.*

Fānnĭŭs 3 *Name e-r pleb. gēns*; *adi. auch* **Fānnĭānŭs** 3.

fānŏr 1. (*fānŭm*) (*Maecenas b. Se.*) umherrasen.

făntăs... = *phăntăs...*

▶ **fānŭm,** *ī n* (‹ **fās-nŏm*; *eig.* „der für eine heilige Handlung bestimmte Ort", *cf. ablautend fērĭae* [= die dafür bestimmten Tage], *fēstŭs*; *antike Ableitung v. fōr volkset.*) Heiligtum, Tempel; *übh.* geweihter Ort (*alcis, zB.* °*Veneris, Herculis*).

Fānŭm, *ī n* (*vollständig* ~ *Fortunae*) *Küstenst. Umbriens an der Mündung des Metaurus, j.* Fano.

fār, *fārrĭs n* (*fār?*) (‹ **fărr*; *altes idg. Wort für die Halmfrucht*; *cf. altnord.* barr „Korn, Gerste"; *got.* bariz „eins", *also urspr. vl.* „Einkorn" [*Weizenart*]) (*unkl.*) **1.** Dinkel, Spelt (*Weizenart, ältestes Brotkorn der Römer*), *auch pl.* **2.** (*meton.*) **a**) Schrot, Mehl, *bsd.* Opferschrot, -mehl [*pium*]; **b**) aus Spelt Gebackenes, Brot [*farris libra*].
F. *abl. sg. fārrĕ*; *pl.* (*selten*): *nom. fārră, gen. fārrĭŭm.*

fārcīmĕn, *ĭnĭs n* (*fārcĭō*; *vkl., nkl.*) Wurst.

fārcĭō, *fārsī, fārtŭm* 4. (*wohl zu* φράσσω „umschließe, friedige ein") (voll)stopfen, füllen (*alqd re, zB. pulvinum rosā*); / (*Se.*) *se -ire* sich vollfressen.

Fārfărŭs, *ī m s. Fābărĭs.*

fārfĕrŭm, *ī n* (*et. unklar*; *vl. Dialektwort*) (*Pl.*) Huflattich.

fărīnă, *ae f* (‹ **fărrīnā*; *cf. got.* barizeins „aus Gerste"; *fār eig.* „Dinkelmehl") (*unkl.*) Mehl; / *nostrae farinae* unseres Schlages.

fărmăc... = *phărmăc...*
fărrāgō, *inis f* (*făr*) (*unkl.*) Mischfutter; / vermischter Inhalt; Bagatelle.
fărrātŭs 3 (*făr*) (*unkl.*) aus Getreide gemacht; *m.* Brei gefüllt; *subst.* **-ă,** *ōrŭm n* Mehlspeise.
(**fărs** *od.* **fărtĭs**), *fărtĭs f* (*fărcĭō*) (*Com.*) Füllung [*scherzh. non vestem amatores amant mulieri', sed vestis fartim*]; / (*scherzh.*) Hackepeter [*fartem facere ex hostibus*].
F. *acc. sg.* -*ĕm u.* -*ĭm.*
fărsi *s. fărcĭō.*
fărtŏr, *ōrĭs m* (*fărcĭō*) (*unkl.*) Geflügelmäster, -händler.
fărtŭs *P.P.P. v. fărcĭō.*
▶ **fās** *n* (*als fā-s alter s-Stamm zu fā-rī, fōr, eig.* „Ausspruch", *bsd.* „göttlicher Ausspruch") (*indecl., nur im nom. u. acc. sg.*) **1.** göttliches Gesetz, Gebot, göttliches Recht, heilige Ordnung *od.* Pflicht, *Ggs. nĕfās* [*contra ius fasque* gegen menschliches u. göttliches Recht], *unkl. auch* = *iūs* [*gentium*]; ♀ *als Gottheit* (*nkl., dcht.*) *personif.* [*hoc audiat Fas*]. **2.** das Sittlichgute, Erlaubte [*fas non putare* es für unerlaubt halten, °*ultra fas* mehr als billig, °*per omne fas et nefas* im Guten *u.* Bösen]; *bsd.* **fās ĕst** es ist durch das Sittengesetz geboten, erlaubt, recht, man darf, (*auch*) es ist möglich (*alci j-m*, für *jd.*; *m. inf. u. a.c.i.*; *m.* 2. *supin., zB. dictu*). **3.** (*meist dcht.*) Schicksal, Verhängnis [*fas est* es ist vom Schicksal bestimmt, *m. inf. u. a.c.i.*].
făscĕōlă, *ae f* = *făscĭōlă.*
făscĭă, *ae f* (*făscĭs*) **1.** Binde, Band, Bandage. **2. a)** Schenkelbinde; **b)** *pl.* (*Iust.*) (= *zōnă*) Leibgurt *od.* -schurz; **c)** (*dcht., nkl.*) Busenband, Büstenhalter; **d)** Schuhband; **e)** (*nkl.*) Kopfbinde, Diadem; **f)** Gurt [*lecti cubicularis* Bettgurt]; **g)** (*Pl.*) *pl.* Wickelbinden *für Säuglinge.* **3.** / (*Ju.*) Wolkenkamm. [delweise.]
făscĭātĭm *adv.* (*făscĭs*) (*Qu.*) bün-
făscĭcŭlŭs, *ī m* (*demin. v. făscĭs*) Bündelchen, Paket, Päckchen [*epistularum, florum* Blumenstrauß].
făscĭnātĭō, *ōnĭs f* (*făscĭnō; nkl.*) Beschreiung, Behexung.
făscĭnō 1. (*făscĭnŭm; dcht., nkl.*) beschreien, behexen *durch böse Worte, Zauberformeln od. bösen Blick* [*agnos, basia mala lingua*]; ***auch* betören, verführen.
făscĭnŭm, *ī n u.* **-ŭs,** *ī m* (*eig.* „Behexung"; *als Zauberwort wie βάσκανος* „behexend" *wohl thrakisches Fw.*; *cf. făscĭnō* = *βασκαίνω*) (*nkl., dcht.*) das männliche Glied (*als Amulett gegen Behexung getragen*).
făscĭō 1. (*făscĭă*) (*dcht., nkl.*) einwickeln, umwinden.
făscĭŏlă, *ae f* (*demin. v. făscĭă*) kleine Binde *od.* Bandage, *bsd.* Schenkelbinde.
▶ **făscĭs,** *ĭs m* (*cf. făscĭă; weitere Analyse unsicher*) **1.** (*unkl.*) Bündel, Paket [*sarmentorum, epistularum*]. **2. a)** (*unkl.*) Bürde, Last (*alqm fasce levare*); *bsd.* Kriegsgepäck; **b)** *pl.* **α)** die Faszes, Rutenbündel (*m. dem Richtbeil, den höchsten Magistraten als Zeichen der Strafgewalt vorangetragen*) [*fasces et secures habere* sich vorantragen lassen, *fasces* °*praeferre alci*, °*submittere u.* °*demittere alci* vor *jd.* senken, *klass. nur* / *jd.* den Vorzug geben]; **β)** (*meton.*) Konsulat, Konsulargewalt [-*es alci dare*; °-*es corripere* an sich reißen]; *übh.* (*dcht., nkl.*) höchste Ehrenstellen, hohe Ämter *od.* Würden (*abl. sg.* -*ĕ*, *gen. pl.* -*ĭŭm*).
făsēlŭs = *phăsēlŭs.*
făsmă = *phăsmă.*
făssŭs *part. pf. v. fătĕŏr.*
făstī, *ōrŭm m s. făstŭs²*.
făstīdĭō 4. (*denom. v. făstīdĭŭm*) **1.** (*unkl.*) (*physisch*) Widerwillen empfinden (*alqd* vor *etw., zB. vinum*). **2.** / **a)** verschmähen *od.* sich für *etw.* zu vornehm dünken (*alqd u.* °*alqm, zB. alcis amicitiam od.* °*preces; in re etw.* auszusetzen haben an *etw., zB. in recte factis; nkl. m. inf.*; *m. a.c.i.* [moralischen] Widerwillen empfinden, daß); **b)** / (*Pl.*) vornehm tun, sich brüsten [*gloriosus fastidit*].
făstīdĭōsŭs 3 (*m.* °*comp. u.* °*sup.*; *adv.* **-ē**) (*făstīdĭŭm*) **1. a)** (*vkl.*) (*physisch*) voll Ekel, voll Widerwillen; / **b)** stolz zurückweisend, überdrüssig (*alcis rei, zB. litterarum Latinarum*); **c)** widerwillig, unwillig, ärgerlich; **d)** wählerisch, heikel, spröde, verwöhnt, *v. Pers. u. abstr.* [*Crassus,* °*in caelum* -*e recipi* erst nach strenger Prüfung; *in re* in *etw., zB. in causis recipiendis*]; *übh.* dünkelhaft, aufgeblasen. **2.** (*dcht.*) Ekel erregend, widerwärtig [*aegrimonia*].
▶ **făstīdĭŭm,** *ī n* (*wohl aus* **făstĭtīdĭŭm haplol. vereinfacht; făstŭs¹* + *taedĭŭm*) (*dcht. auch pl.*) **1.** Ekel, Überdruß *gegen einen Genuß* (*alcis rei* an, gegen *etw., zB. cibi* Appetitlosigkeit). **2.** / (*geistig*) **a)** Abneigung, Geringschätzung, Antipathie (*alcis j-s subi. u. obi.* = gegen *jd., zB. Campanorum; alcis rei* gegen *etw., zB. domesticarum rerum;* -*um afferre alci jd.* einflößen, °*fastidio esse alci jd.* zuwider sein); **b)** verwöhnter Geschmack; **c)** schnöder Stolz, Dünkel, Blasiertheit (*alcis u. alcis rei*; ~ *alcis non posse ferre*); **d)** Nörgelei, Pedanterie.
făstīgātŭs 3 (*adv.* **-ē**) (*eig. P.P.P. v. făstīgō* 1. „schräg zulaufen lassen"; *cf. făstīgĭŭm*) **1. a)** ansteigend; **b)** (*nkl.*) in eine Spitze auslaufend [*collis in acutum acumen* -*us*]; **2.** abgedacht, schräg [*collis leniter* -*us*].
făstīgĭŭm, *ī n* (⟨ **fārstīgĭŭm; cf. nhd.* „Borste") **1.** schräge Richtung: **a)** *nach unten*: Abdachung, Senkung, Neigung, Gefälle [*tenui fastigio* in mäßiger Abdachung *od.* in stumpfem Winkel, °*cloacas fastigio in Tiberim ducere*]; *auch*: *relative* Tiefe, der Grund [*scrobium* der Gruben]; **b)** *nach oben*: Steigung, Erhebung [°*lene,* °*altius terrae* ziemlich bedeutendes Hochland]. **2.** Giebel, Giebelfeld [*aedificii*]; *bsd.* Vordergiebel *od.* Frontispiz [*templi, Capitolii*]; *synekd.* Tempel; / [*operi* ~ *imponere* das Werk zum Abschluß bringen *od.* krönen]. **3. a)** (*nkl.*) Höhepunkt, Spitze, Gipfel [*montis, moenia* = Zinne, *summi operis* oberster Rand]; **b)** Oberfläche, Niveau [*fontis,* °*aquae* Spiegel]. **4.** / **a)** (*nkl.*) hohe Stellung, Würde, *bsd.* Gipfel *menschlicher Größe* [*mortale* e-s Sterblichen, *muliebre, pari fastigio stare* auf gleicher Höhe stehen, *altior fastigio alcis* für die Stellung *j-s* zu hoch]; **b)** (*Ve.*) Hauptpunkt [*summa sequar fastigia rerum*].
făstōsŭs 3 (*făstŭs¹*) (*nkl., dcht.*) **1.** kalt, spröde [*moecha*]. **2.** köstlich, prächtig.
făstŭs¹, *ūs m* (⟨ **fārstŭs; eig.* „das Aufgerichtetsein"; *cf. făstīgĭŭm, nhd.* „barsch") (*dcht., nkl.*) Dünkel, Stolz, Hochmut, *oft pl.* (*alcis j-s*); *bsd.* stolze Verachtung, Sprödigkeit, Kälte [*erga alqd* gegen *etw., zB. erga patrias epulas*].
făstŭs² 3 (*fās; wie iūstŭs: iūs; nur m. diēs verbunden, meist pl.*): **I. diēs făstī** Gerichtstage (*eig.* „Spruchtage", *an denen das Sakralrecht dem Prätor gestattete,* „Recht zu sprechen" [= *lege agere*]), *im röm. Kalender mit F. bezeichnet.* **II.** (*subst.*) *pl.* **făstī,** *ōrŭm m* **1.** Gerichtstage [*omnibus fastis legem ferre*]. **2.** (*meton.*) Verzeichnis der Gerichtstage, *305 v.Chr. v. Cn. Flāvĭŭs veröffentlicht.* **3.** *übh.* Kalender (*Verzeichnis der dies fasti u. nefasti*); ♀, die **Fasten,** *Ovids poetischer Festkalender.* **4. a)** (*dcht.*) Jahrbücher der Geschichte, Annalen; **b)** Konsularfasten (*Verzeichnis der höchsten Magistrate jedes Jahres, v. 508 v. Chr. bis 354 n. Chr., meist făstī cōnsŭlārēs od. wegen ihres Aufbewahrungsortes auch făstī Căpĭtōlīnī genannt, Marmortafeln, die auf Anordnung des Augustus an seinem Triumphbogen auf dem Forum Romanum aufgestellt wurden, j. auf dem Kapitol*).
F. *acc. des subst.*: *făstōs u.* °*făstŭs.*
▶ **fātālĭs,** *ĕ* (*adv.* **-ĭtĕr**) (*fātŭm*) **1. a)** vom Geschick bestimmt [*necessitas; ad alqd* zu *etw.*, in Beziehung auf *etw., zB. annus ad interitum huius urbis* ~]; *adv.* durch Schicksalsbeschluß [*fataliter definitum est*]; **b)** des Schicksals, Schicksal... [*vis,* °*libri* die Sibyllinischen, °*deae* Parzen, °*responsum* Schicksalsspruch]. **2.** (*dcht.*) (*pejorativ*) verhängnisvoll, verderblich, tödlich [*lignum, iudex v. Paris, dies* Todestag].
▶ **fătĕŏr,** *făssŭs sŭm* 2. (*denom. v. part. pf.* **fătŏs* = *φα-τός zu fōr, fātŭs sŭm*) (ein)gestehen, bekennen (*abs. od. alqd, zB. verum; alci alqd; de re* ein Bekenntnis ablegen *v., zB. de facto turpi; m.* °*inf.*; *m. a.c.i. od. indir. Frages.*); / (*nkl., dcht.*) *etw.* zeigen, verraten, zu erkennen geben [*iram vultu, deum sich als Gott*].
F. *altl. inf. praes.* °*fătērĭĕr* = *fătērī.*
fātĭ-cănŭs 3 *u.* **fātĭ-cĭnŭs** 3 (*fātŭm, cănō*) (*Ov.*) schicksalkündend, weissagend [*sortes*].
fātĭ-dĭcŭs 3 (*fātŭm, dīcō²*) weissagend [*ănŭs*]; *subst. m* Wahrsager.
fātĭ-fĕr, *fĕră, fĕrŭm* (*fātŭm, fĕrō*) (*dcht.*) todbringend, tödlich [*ferrum*].

fătīgātĭō, *ōnĭs f* (*fătīgō*) (*nkl.*) Ermüdung (*alcis j-s u. alcis rei* infolge *v. etw., zB. continui laboris*); *bsd.* (*m. Worten*) Neckerei.

▶ **fătīgō** 1. (*denom. v.* **fătĭ-ăgŏs* „bis zur Erschöpfung treiben"; *cf. ăffătĭm; ăgō*) **1. a)** (*nkl., dcht.*) abhetzen [*equos*]; **b)** *übh.* müde machen, ermüden, *körperlich u. geistig* (*alqm u.* °*alqd re, zB. itinere, multo labore,* °*dentem in dente* unaufhörlich reiben). **2.** / **a)** hart mitnehmen, quälen, plagen (*alqm re, zB.* °*fame, verberibus, animum alcis,* °*terga iuvencorum hastā* anstacheln; auch *alqm de re*); °*silvas* unablässig durchjagen, °*messes* (das Unkraut) nicht aufkommen lassen, °*dextram osculis* abküssen, °*remigio diem noctemque* Tag *u.* Nacht unablässig rudern, °*pectora hostium ruinis* zur Verzweiflung bringen; **b)** (*dcht.*) unaufhörlich antreiben, zusetzen [*socios, Martem* zum Kampf drängen]; **c)** (*nkl., dcht.*) (*m. Bitten u.ä.*) bestürmen, mürbe machen (*alqm u. alqd, zB. deos, aures alcis; alqm re; alqm de re; m. ut, ne*).

fātĭ-lŏquă, *ae f* (*fātŭm, lŏquŏr*) (*Li.*) Wahrsagerin.

fătĭm *acc. zu *fătĭs, ĭs f* Ermüdung; *s. ăffătĭm.*

fătiscō, — — *u.* **fătīscŏr,** — — 3. (*fătīgō*) (*unkl.*) bersten, klaffen, Risse bekommen [*naves rimis, ianua* öffnet sich, *aes* zerspringt]; / erschlaffen, müde werden [*seditio* legt sich, *scriptores copiā* erliegen der Menge der Fälle].

fătŭĭtās, *ātĭs f* (*fătŭŭs*) Albernheit, Einfalt.

▶ **fātŭm,** *ī n* (*eig. part. pf. pass. n v. fōr:* „das Gesprochene, der Spruch") **1. a)** Götterspruch, Weissagung, *meist pl.* [*fata Sibyllina, fata* °*implere* in Erfüllung gehen lassen; °*sic erat in fatis* so stand es im Buch des Schicksals]; **b)** (*Ve.*) Götterwille, *meist pl.* [*Iovis, contra fata deum*]. **2.** (*meton.*) Weltordnung, Schicksal *im allgem.* (= εἱμαρμένη *u.* μοῖρα), (*auch pl.*) [*necessitas fati*]. **3.** Schicksal (*e-s einzelnen od. e-r Gemeinschaft*): **a)** Geschick, Verhängnis, Bestimmung, *bsd.* natürlicher Tod, *oft pl.* [°*inevitabile,* °*novissima* die letzten Augenblicke; *alcis u. alcis rei, zB. civitatis; fato* °*cedere u.* °*concedere e-s* natürlichen Todes sterben = °*fato obire od. fato* °*fungi,* °*perfungi;* °*fata alcis proferre j-s* Leben verlängern; °*fata iubent od. vetant, negant m. a.c.i.*]; *alcis od. alci fatum est* es ist *jd.* vom Schicksal bestimmt (*m. ut od. a.c.i.*); **b)** unabwendbares Unglück, Unheil, Verderben, *bsd.* gewaltsamer Tod [*omen fati* Ahnung des Todes, °*fata Troiae od. Troiana* Untergang Trojas]; (*concr.*) (*pl.*) Unglücksdämonen [*duo illa rei publicae paene fata*]. **4.** (*personif.*) (*dcht.*) **Fātă,** *ōrŭm n* Schicksalsgöttinnen, Parzen.

fătŭŏr[1] 1. (*fătŭŭs*) (*Se.*) albern [schwatzen.]

fătŭŏr[2] 1. (*-ă-?*) (*denom. v. Fătŭŭs* [*-ă-?*] *Beiname des Faunŭs*) (*nkl.*) begeistert sein.

fātŭs *part. pf. v. fōr.*

fătŭŭs 3 (*wohl eig.* „[vor den Kopf] geschlagen"; *cf. bāt[t]ŭō*) albern, einfältig, töricht, fade, *v. Pers. u. Sachen* [*puer, litterae*]; / *dem Geschmack nach* fade [°*placenta*]; *subst.* (*nkl., dcht.*) **-ŭs,** *ī m u.* **-ă,** *ae f* Narr, Närrin.

▶ **faucēs,** *ĭŭm f* (*im* °*sg. nur abl. faucĕ; et. ungedeutet*) **1. a)** (*unkl.*) Schlund, *übh.* Rachen, Kehle, Hals [*ōs devoratum fauce lupi haerebat*]; **b)** / **α)** (*dcht.*) Heißhunger [*fauce improbā incitari*]; **β)** (*bildlich*) Rachen [*alqm eripere ex faucibus belli*]; **γ)** (*dsgl.*) (*nkl.*) *faucibus alqm urgere jd.* auf dem Nacken sitzen (*v. feindlichen Heeren od. Heerführern*); *klass. nur: fauces defensionis premere* die Verteidigung unmöglich machen; *faucibus alqs premitur* das Messer sitzt *jd.* an der Kehle. **2. a)** enger Eingang *od.* Zugang (*alcis rei, zB. macelli, portūs,* °*portae,* °*Orci*); **b)** (*archit. t.t.*) (*Vi.*) schmaler Gang (Korridor) *im Peristylhaus;* **c)** Engpaß, Schlucht [°*angustissimae, Etruriae*]; **d)** (*nkl., dcht.*) Flußmündung [*siccae*]; **e)** Landenge, Isthmus [*Graeciae bei Korinth*]; (*nkl.*) *auch* Meerenge, Sund [*Hellesponti*]; **f)** Kluft, Höhle, Tiefe [*terrae,* °*pestiferae*], *bsd.* Krater [°*Aetnae*]

Faunŭs, *ī m* (*et. ungedeutet, vl. identisch m. ill. Daunŭs; cf. Lŭpĕrcŭs*) *sagenhafter K. v. Latium, V. des Lătīnŭs* (*Ov.: Faunĭgĕnă*), *nach seinem Tode als weissagender Gott des Feldes u. Waldes verehrt, später m. d. Πάν gleichgesetzt; pl.* °**Faunī,** *ōrŭm m nackte Walddämonen in Bocksgestalt;* °**Faună,** *ae f Frau od. Schwester des Faunus* (****seit dem 18. Jh. allegorisches Titelstichwort auf Lehrbüchern der Zoologie, danach synonymisch für „Tierwelt"*).

Faustă, *ae f s. Faustŭs.*

Faustĭtās, *ātĭs f* (*faustŭs*) *Göttin der Fruchtbarkeit u. des Flursegens.*

Faustŭlŭs, *ī m Hirt des Amulius, Pflegevater des Romulus u. Remus.*

▶ **faustŭs** 3 (*adv.* **-ē**) (⟨ **făvĕs-tŏs zu făvĕō*) beglückend, günstig, gesegnet, *bsd. v.* guter Vorbedeutung [*dies,* °*omen; Eingangsformel quod bonum, faustum, felix fortunatumque sit* möge es gut, günstig, glücklich *u.* gedeihlich sein; *alci für jd.*].

Faustŭs, *ī m* (*faustŭs*) *röm. cogn.*: **L. Cŏrnēlĭŭs Sŭllă Faustŭs,** *S. des Diktators;* **Faustă,** *ae f seine Zwillingsschwester.*

fautŏr, *ōrĭs m* (*altl. făvĭtŏr zu făvĕō*) Gönner, Beschützer (*m. gen. od. dat., zB. Antonii, honori alcis*); *bsd.* (*abs.*) (*unkl.*) Claqueur, gedungener Beifallklatscher (*im Theater*).

fautrīx, *īcĭs f* (*fautŏr*) Gönnerin, Beschützerin (*alcis u. alcis rei*); *adi.* gewogen, günstig.

fautŭm *P.P.P. v. făvĕō.*

faux, *cĭs f s. faucēs.*

făvĕă, *ae f* (*făvĕō*) (*Pl.*) Lieblingssklavin.

▶ **făvĕō,** *fāvī, fautŭm* 2. (*cf. ahd.* goumen „sorgen für") **1.** günstig *od.* gewogen *od.* geneigt sein, begünstigen, (*v. Göttern*) *auch* gnädig sein (*abs., zB.* °*di faveant,* °*venti faventes* günstige; *alci u. alci rei, zB. illi virgini,* °*Sullanis partibus, alcis gloriae, rebus Gallorum,* °*orationi alcis* nicht übelnehmen, °*operi m.* Lust betreiben; °*pro alqo*). **2.** (*nkl., dcht.*) Beifall klatschen, applaudieren [*clamor od. turba faventium*]. **3.** (*bei religiösen Handlungen*) (*linguā od. linguis, ore*) *m.* dem Mund e-r Sache gewogen sein, *d.h.* andächtig schweigen (= εὐφημεῖν) [*linguis animisque m.* Mund *u.* Herz andächtig sein]; *übh.* (*abs.*) (*dcht.*) still sein, schweigen. **4.** (*dcht.*) (*m. inf. od. a.c.i.*) begehren, wünschen. **5.** (*nkl.*) *di faveant, ut* (*ne*) gebe der Himmel, daß (nicht) ...

făvīllă, *ae f* (*-ī-?;* ⟨ **fŏvīllă zu fŏvĕō*) (*unkl.*) glimmende Asche; *übh.* Asche; / Funke, Ursprung [*venturi mali*].

făvĭtŏr *s. fautŏr.*

făvōnĭŭs, *ī m* (⟨ **fŏvōnĭŭs zu fŏvĕō*) der laue Westwind, Zephir.

▶ **făvŏr,** *ōrĭs m* (*făvĕō*) **1.** Gunst, Begünstigung, Anerkennung, Gewogenheit, (*pejorativ*) Protektion (*m. gen. subi. u. obi.* = *in alqm, zB. populi,* °*nominis;* °*in favorem alcis venire,* °*favorem alci conciliare*). **2.** Beifall, Applaus, *bsd. im Theater.* **3.** (*dcht.*) andächtige Stille, Andacht.

făvōrābĭlĭs, *ĕ* (*m. comp.; adv.* **-ĭtĕr**) (*nkl.*) **1.** (*pass.*) begünstigt, beliebt (*re* durch, wegen *etw.*). **2.** (*act.*) empfehlend, einnehmend, gewinnend [*oratio*]; *adv.* m. Beifall.

făvŭs, *ī m* (*et. ungedeutet*) Honigwabe, -scheibe, -kuchen; (*dcht.*) (*meton.*) Honig.

▶ **făx,** *făcĭs f* (*cf.* φώψ „Licht" = φάος) **1.** Fackel, *meist aus Kienholz, sowohl zum Leuchten als zum Anzünden* [*facem incendere, extinguere,* °*collucentes faces* Fackelzug, -schein; *facem praeferre alci, v. Sklaven gesagt, die ihrem Herrn statt einer Laterne die Fackel vorantrugen; auch* / *ad libidinem* verleiten, verführen]. **2. a)** (*dcht.*) Fackel *als Attribut der Furien u. des Cupido;* **b)** Hochzeitsfackel [*nuptialis,* °*marita*]; (*meton.*) (*dcht.*) Hochzeit, Vermählung [*te face sollemni iunget sibi*]; **c)** Leichenfackel, *bsd.* zum Anbrennen des Scheiterhaufens [°*funesta,* °*utraque* Hochzeits- *u.* Leichenfackel]; **d)** Brandfackel [*ardentes faces in tecta iacere;* / *faces furoris*]; (*meton.*) Urheber, Anstifter [*belli*]. **3. a)** feurige Lufterscheinung: Sternschnuppe, Meteor [*caelestis,* °*stella facem ducens* Komet]; **b)** (*dcht.*) Licht der Gestirne [*Phoebi, luna face crescens*]. **4.** / **a)** Flamme, Glut, Feuer, *meist pl.* [*faces dicendi* flammende Beredsamkeit, *omnes faces invidiae alcis subicere* die Glut des Hasses gegen *jd.* auf alle Weise schüren, *corporis facibus inflammari ad omnes cupiditates* durch glühende Sinnlichkeit]; *bsd.* (*dcht.*) Liebesglut [*mutua face torrere alqm*], Zornesglut; **b)** Qual [*faces dolorum* brennende Schmerzen].

F. *gen. pl. făcĭŭm.*

făxĭm *u.* **făxō** *s. făcĭō.*

fĕbrārĭŭs = fĕbrŭārĭŭs.

fĕbrĭcĭtō 1. (-brī-?; fĕbrĭs) (nkl.) fiebern.

fĕbrĭcŭlă, ae f (-ī-?; demin. v. fĕbrĭs) leichtes Fieber, Fieberanfall.

fĕbrĭcŭlōsŭs 3 (auch -ī-?; fĕbrĭcŭlă) (dcht., nkl.) fiebrig.

▶ **fĕbrĭs,** ĭs f (eig. „Hitze" zu fŏvĕō) Fieberanfall, Fieber [in febrim incidere, febrim habere, febri carere, cum febri domum redire]; ♀ personif. Göttin des Fiebers.
F. acc. sg. fĕbrĭm, später -ĕm, abl. fĕbrī, später -ĕ; gen. pl. fĕbrĭŭm.

fĕbrŭārĭŭs 3 (fĕbrŭŭs 3 „räuchernd", sekundär zu fĕbrŭŭm) zur Reinigung gehörig; subst. **Fĕbrŭārĭŭs,** ī m Reinigungs- u. Sühnemonat, Februar, bis 450 v. Chr. der letzte, später der zweite Monat des Jahres; adi. zum Februar gehörig [mensis, Nonae].

fĕbrŭŭm, ī meist pl. -ă, ōrŭm n (urspr. wohl „Räucherung"; cf. hom. θέειον „Schwefel" als Räuchermittel m. Unheil bannender Kraft; cf. fīmŭs, fūmŭs) (dcht., nkl.) rel. t.t.: 1. (Unheil abwehrendes) Reinigungs- u. Sühnemittel. 2. Reinigungs- u. Sühnefest (jährl. im Febr. gefeiert).

***fec. = fēcĭt (Abk. F.) „hat es gemacht" (zu făcĭō) häufiger Zusatz zur Signatur des bildenden Künstlers.

fēcī s. făcĭō.

fēcŭndĭtās, ātĭs f (fēcŭndŭs) 1. Fruchtbarkeit [mulieris, °terrae; / des Geistes, zB. volo se efferat in adulescente ~]; ♀ personif. (nkl.) Göttin der Fruchtbarkeit. 2. / (nkl.) reicher Vorrat, Fülle [lactis].

fēcŭndō 1. (denom. v. fēcŭndŭs) (nkl., dcht.) befruchten (alqd re etw. durch etw.).

fēcŭndŭs 3 (m. comp. u. °sup.; adv. °-ē)(cf. fē-līx) 1. fruchtbar, ergiebig, v. lebenden Wesen, Pflanzen, der Erde u.a. [°coniux, °gens, °lepus trächtig, terra; °alcis rei u. °re v. etw., zB. provincia annonae od. metallis]. 2. / a) reich [seges, °ingenium, °pectus erfinderisch; °alcis rei u. °re an etw., zB. saecula culpae -a]; b) reichlich, üppig, voll [quaestus, °fons wasserreich]. 3. (act.) (dcht.) befruchtend [imbres, calices begeisternd, -ae verbera dextrae die die Frauen angeblich fruchtbar machenden Riemenhiebe der luperci].

fĕfēllī s. făllō.

fĕl, fĕllĭs n (cf. χόλος, χολή; nhd. „Galle") 1. Gallenblase, Galle der Menschen u. Tiere. 2. (Ov.) galliger Saft; bsd. Schlangengift, übh. Gift [veneni, vipereum]. 3. / (unkl.) Galle: a) = Bitterkeit, Gehässigkeit [plurimum fellis in scribendo habere]; b) = Zorn [atrum].

fēlēs u. **fēlĭs,** ĭs f (Lw. aus unbekannter Spr., vl. des Alpengebiets) Katze (auch Marder, Iltis); / (Pl.) Räuber [virginalis].

fēlīcātŭs 3 = fĭlĭcātŭs.

fēlīcĭtās, ātĭs f (fēlīx) 1. (nkl.) Fruchtbarkeit [terrae]. 2. / a) α) Glück, Glückseligkeit, auch pl. [in scelere nulla potest esse felicitas; alcis u. alcis rei, zB. Croesi, °rei publicae]; (meton.) Gefühl des Glücks; β) ♀ (personif.) Göttin des Glücks (ihr Tempel auf dem Esquilin); b) glücklicher Erfolg, Segen, auch pl. [summa; alcis j-s, zB. Caesaris; alcis rei in etw., zB. rerum gestarum, auch in re, zB. in recipiendis civitatibus].

▶ **fēlīx**[1], īcĭs (m. comp. u. sup.; adv. **-ĭtĕr**) (altes Wort der Sakral- u. Bauernspr., eig. „säugend" zu fēl[l]ō; cf. fēmĭnă, θηλή „Mutterbrust") 1. (nkl., dcht.) fruchtbar, ergiebig [regio, silvae Obstpflanzungen, limus befruchtend]; v. Früchten = köstlich [poma]. 2. / a) glücklich, beglückt, vom Glück begünstigt, gesegnet, v. Pers. u. Sachen, selten in bezug auf innere Güter; v. Sachen auch erfolgreich [°Sulla Felix, °aetas Jugendzeit, °seditio; in re in etw., zB. in bello; auch a re, zB. ab omni laude; °re durch, in etw.; °alcis rei in bezug auf etw.; m. °inf.]; adv. feliciter, zB. navigare, felicius m. mehr Glück; als Zuruf feliciter Glück auf!; b) (act.) beglückend, glückbringend, günstig, auch gnädig [quod felix fortunatumque sit! in Gottes Namen, °mālum = heilkräftig; alci, zB. tibi mihique].
F. abl. sg. -ī (als subst. -ĕ); pl. neutr. -ĭă, gen. -ĭŭm.

fēlīx[2] = fĭlĭx.

fēl(l)ātŏr, ōrĭs m (Ma.), **fēllātrīx,** īcĭs f (Inschr.) (fēl[l]ō) = qui (quae) penem lambit.

fēl(l)ō 1. (idg. √*dhē- u. dhē-l „saugen, säugen"; cf. θηλή „Mutterbrust", fēmĭnă, fīlĭŭs) (dcht.) saugen [/ = penem lambo].

Fĕlsĭnă, ae f s. Bŏnōnĭă.

fēmĕllă, ae f (demin. v. fēmĭnă) (Ca.) Frauenzimmer, „Dämchen".

▶ **fēmĭnă,** ae f (eig. part. praes. medii zu √*dhē- „saugen, säugen", also „säugend od. sich saugen lassend" = θημένη v. θῆσθαι „saugen, melken"; cf. fēl[l]ō) 1. a) Frau, Weib als Geschlechtsbezeichnung, Ggs. măs [et mares deos et feminas esse]; b) (v. Tieren) Weibchen [canis ~ Hündin]; c) als adi. (nkl., dcht.) weiblich [turba]. 2. a) (als Schimpfwort) (nkl.) = weibischer Mensch; b) (gramm. t.t.) (Qu.) das weibliche Geschlecht; c) (archit. t.t.) (Vi.) tornus femina Zapfenpfanne (Ggs. t. masculus Zapfen).

fēmĭnăl, ālĭs n (fēmĭnă; nkl.) = cŭnnŭs [glabellum].

fēmĭnālĭă, ĭŭm n (fēmĭnĭs; s. fĕmŭr) (Suet.) Binden um die Oberschenkel, Unterhosen.

fēmĭnĕŭs 3 (fēmĭnă) (dcht., nkl.) 1. weiblich, Weiber..., Frauen... [manus, vox]. 2. a) v. Weibern herrührend od. ausgehend [ululatus]; b) Weiber betreffend [venus od. amor Liebe zum Weibe, poena an einem Weibe vollzogen, Marte -o cadere v. der Hand e-s Weibes]; c) weibisch, unmännlich [amor].

fēmĭnīnŭs 3 (fēmĭnă) (gramm. t.t.) (vkl., nkl.) weiblich [genus -um].

fĕmŭr, mĭnĭs u. (seit. Ci.) mŏrĭs n (alter r/n-Stamm; et. ungedeutet) Oberschenkel, Schenkel.

fēnĕbrĭs, ĕ (fēnŭs) (nkl.) die Zinsen (od. die Schulden) betreffend, Zins(en)... [lex Zinsengesetz, res od. malum Schuldenwesen, Wucher, pecunia auf Zins ausgeliehen].

fēnĕrātĭō, ōnĭs f (fēnĕrō) Wucher.

fēnĕrātō adv. (fēnĕrātŭs, P.P.P. v. fēnĕrō) (Pl.) m. Wucherzinsen, d.h. zu deinem (seinem usw.) großen Schaden.

fēnĕrātŏr, ōrĭs m (fēnĕrō) Geldverleiher, Kapitalist; (pejorativ) Wucherer.

fēnĕrŏr u. (unkl.) **-ō** 1. (fēnŭs) **1.** auf Zinsen ausleihen [pecuniam binis centesimis zu 2% mtl. = 24% jährlich]. **2.** Wucher treiben. **3.** / (unkl.) Gewinn bringen, reichlich ersetzen.

fĕnĕstĕllă, ae f (demin. v. fĕnĕstră) (nkl., dcht.) Fensterchen, Pförtchen; **Fĕnĕstĕllă** (Ov.) kleines Tor in Rom.

▶ **fĕnĕstră,** ae f (seit Ve., altl. fēstră, wahrsch. etr. Fw.) Maueröffnung, Luke: **1.** Fenster (m. Gittern od. Läden, später m. Marienglas, erst i. d. Kaiserzeit m. Glas verschlossen) [°patula offen, °iuncta geschlossen]; auch / [-ae animi]. **2.** Schießscharte [ad tormenta mittenda]. **3.** übh. (dcht.) Öffnung [-am dare ein Loch machen]. **4.** / Gelegenheit, Weg zu etw.

fēnĕŭs 3 (fēnŭm) (nkl.) aus Heu; klass. nur / homines Strohmänner.

fēnĭcŭlārĭŭs 3 (fēnĭcŭlŭm) Fenchel-... [♀ campus = Spanien].

fēnĭcŭlŭm, ī n (zu fēnŭm; Benennung nach dem Heuduft) (vkl., nkl.) Fenchel.

fēnīlĭă, ĭŭm n (fēnŭm) (nkl., dcht.) Heuboden.

fēnŭm, ī n (Inschr. häufig hyperurban -ae-, hdschr. auch -oe; et. unklar) Heu; / (sprichw. -um edere od. esse Heu fressen = dumm wie ein Ochse sein); °-um in cornu habere bösartig wie ein stößiger Stier sein (dem man in Rom zur Warnung der Passanten Heu um die Hörner band).

fēnŭs, ŏrĭs n (hdschr. u. inschr. oft hyperurban -ae-; zu fē-līx wie τόκος „Zins": τίκτω) (nur sg.) **1.** Zinsen [grande, tolerabile; °pecuniam sine fenore credere alci]; pecuniam °fenori od. fenore dare auf Zinsen ausleihen, fenore °sumere od. °accipere gegen Zinsen aufnehmen od. erhalten; iniquissimo fenore versuram facere eine Anleihe gegen unbillige Zinsen aufnehmen; / cum fenore reddere alqd. **2.** (meton.) a) (nkl.) die (durch Zinsen anwachsenden) Schulden, Schuldenlast [fenore obrui]; b) (vkl., nkl.) das (gegen Zinsen ausgeliehene) Kapital od. Geld [-us in agris collocare]; c) das Ausleihen v. Geld gegen Zinsen, (pejorativ) Wucher(geschäft) [°fenore lacerare homines].

fēnŭscŭlŭm, ī n (demin. v. fēnŭs) (Pl.) hübsche Zinsen.

fĕră, ae f s. fĕrŭs.

fĕrālĭs, ĕ (wohl zu *dhvēsā „Seele, Gespenst"; cf. mhd. getwas „Gespenst") **1.** (nkl., dcht.) den Toten gehörig, Toten..., Leichen... [car-

men, reliquiae = Asche, *papilio* auf Grabmälern dargestellt]. **2.** *subst.* **Fērāliă,** *ĭūm n* Totenfest, *zu Rom jährlich am 21. Febr., dem Schlußtag der dies parentales, gefeiert; / übh.* (*Ta.*) Leichenbestattung, Totenkult. **3.** (*sekundär; Ov., nkl.*) todbringend, verderblich; schrecklich, finster [*dona, tenebrae*].

fĕrāx, *ācis* (*m. comp. u. sup.; adv.* °**-ĭtĕr**) (*fĕrō; eig.* „reichlich tragend") fruchtbar, ergiebig, reich, produktiv, *klass. nur v. Sachen* [*ager; selten m.* °*gen. od.* °*abl., zB. arborum, oleo; / locus de officiis ferax*].

fĕrbŭī *s. fĕrvĕō.*

fĕrctūm, *ī n s. fĕrtūm.*

fĕrcŭlūm *u.* **fĕrīcŭlūm,** *ī n* (*fĕrō*) **1.** Traggestell, Tragbahre, Trage, *zB. für die Götterbilder bei Prozessionen* [~ *pomparum*], *für die Trophäen bei Triumphen, für die Totenasche u. Grabspenden u.a.* **2.** (*dcht., nkl.*) Auftrage-, Speisebrett, Tablett; (*meton.*) (*bei Tisch*) Gang, Gericht.

▶ **fĕrē** *adv.* (*altl. durch Jambenkürzung auch* **-ĕ**) (*zu fīrmūs*) **1.** so ziemlich, etwa, fast, beinahe, *bsd. bei Zahl- u. Zeitangaben, meist dem zugehörigen Wort nachgestellt* [centum *fere pedites, eodem fere tempore; nemo fere* so gut wie niemand]. **2.** in der Regel, meistens, gewöhnlich [*fit fere, itinera nocte fere faciemus*]; *non fere* nur ausnahmsweise.

fĕrēntārĭūs, *ī m* (*wohl v. Aoristpart.* **fĕrēns zu fĕrĭō; cf. pārēns*) (*unkl.*) (= *ĭăcŭlātŏr*) (*meist pl., sg. coll.*) (*leichtbewaffneter, meist berittener*) Wurfschütze, Plänkler; (*scherzh.*) (*Pl.*) Helfer in der Not.

Fĕrēntīnūm, *ī n* **1.** (*auch* Fĕrēntĭūm) *St. i. Etrurien, südöstlich vom lacus Volsiniensis.* **2.** *St. der Herniker in Latium.* **3.** *Gegend am Westfuß des mons Albanus m. heiligem Hain der latinischen Göttin* **Fĕrēntīnă,** *ae f u. Quelle* (*caput*) der *aqua Ferentina*; *adi. u. Einw.* **Fĕrēntīnās,** *ātis* (*cf.* V.-B. IX).

Fĕrētrĭūs, *ī m* (*eig. wohl* „Schleuderer" *des Blitzes bzw. des silex als dessen steinernen Symbols; cf. fĕrēntārĭūs; antike Ableitung v. fĕrētrūm ist Volkset.*) *Beiname Jupiters, dem die spolia opima* (*s. ŏpīmūs*) dargebracht wurden.

fĕrētrūm, *ī n* (*Lw.* < φέρετρον; *cf. fĕrō*) (*vkl., dcht.*) Trage, Bahre, *bsd.* Totenbahre.

▶ **fĕrĭae,** *ārūm f* (*alter sakraler Ausdruck; altl. fēsĭae; zu fēstūs, fānūm; s.d.*) **1.** geschäftsfreie Tage, Fest-, Feiertage (= *diēs fēstī*) [*novendiales; forenses* Gerichtsferien; *Latinae* Bundesfest der latinischen Städte, *auf dem Albanerberge gefeiert; ferias habere od. per novem dies* °*agere*]. **2.** (*meton.*) (*dcht.*) Ruhe, Frieden [*longae*]. **3.** (*scherzh.*) (*Pl.*) *esuriales* Hungerferien, Fasten. — ***sg. feria, ae f* (*Rückbildung*) Markt; Wochentag, *zB. secunda* Montag *od.* 2. Feiertag.

fĕrĭātūs 3 (*part. pf. v. fĕrĭŏr* 1. „feiern, müßig sein") **1.** feiernd, müßig, *v. Pers. u.* °*Sachen* [*deus,* °*male* zur Unzeit, °*machaera,* °*toga* nicht benutzt; *a re v. etw.* frei, *zB. a negotiis publicis*]. **2.** (*nkl.*) festlich [*dies* Feiertag].

fĕrĭcŭlūm *s. fĕrcŭlūm.*

fĕrīnūs 3 (*fĕră*) (*dcht., nkl.*) *v. u.* an wilden Tieren, des Wildes [*caro* Wildbret, *caedes* Weidwerk]; *subst.* **fĕrīnă,** *ae f* Wildbret.

▶ **fĕrĭō,** — — 4. (*cf. ablautend fŏrō* 1., *nhd.* „bohren") **1.** schlagen, stoßen, stechen, *übh.* treffen (*abs., zB.* °*contra* seinerseits wieder einhauen; *alqm u. alqd, zB. adversarium,* °*alqm sagittā od. telo, parietem,* °*murum ariete* erschüttern, *frontem* sich vor die Stirn schlagen, °*mare,* °*caper cornu ferit* stößt, °*uvas pede* treten, °*venam* öffnen, °*retinacula ferro* zerhauen, °*subtemen* festschlagen); (*prägn.*) *carmina ferire* zur Laute singen, °*verba palato* hervorbringen; / °*clamor ferit aethera* = dringt zum Himmel, °*sidera* reichen bis zu, *alqd ferit* °*oculos od. sensum od. animum* macht Eindruck auf, *medium* ~ die Mittelstraße innehalten; *multa, quae fortuna ferit* was den Schlägen des Schicksals ausgesetzt ist. **2. a)** (*nkl., Inschr.*) schlagen = prägen [*asses; Abk. III VIR A.A.A.F.F. s. triūmvĭr*]; **b)** schlachten, *im eig. Sinne unkl.* [*porcum*]; (*prägn.*) (= *fĕrĭēndō ĕffĭcĕrĕ*) *foedus -ire* ein Bündnis (*unter Schlachtung eines Opfertieres*) schließen; **c)** erlegen, töten [*hostem,* °*leonem*]; *bsd. alqm securi* hinrichten, enthaupten; **d)** (*Com., Pr.*) *jd.* um *etw.* prellen, betrügen (*alqm* **re**). **F.** *pf. u. supin. durch ĭcī, ĭctūm v. ĭcō od. pĕrcŭssī, pĕrcŭssūm v. pĕrcŭtĭō ersetzt; altl. impf. fĕrībānt.*

fĕrĭŏr 1. (*denom. v. fĕrĭae*) (*vkl., spätl.*) feiern, müßig sein; *cf. fĕrĭātūs.*

fĕrĭtās, *ātis f* (*fĕrūs*) Wildheit, Roheit, Grausamkeit, *v. Tieren, Menschen u.* °*Sachen* [°*tauri Scytharum,* °*Scythici soli*].

fĕrmē *adv.* (< **fĕrĭmē, sup. v. fĕrē*) (*häufig bei Pl.; Li., Ta.; nicht bei C. u. in Ciceros Reden*) = *fĕrē.*

fĕrmēntūm, *ī n* (√**bher-* „aufwallen"; *cf. nhd. dial.* „Bärme" = Bierhefe) **1. a)** (*nkl.*) Gärung; **b)** / (*Pl.*) Erbitterung, Zorn, Wut. **2. a)** (*nkl.*) Gärungsmittel, Sauerteig, Ferment [*panis nullo -o* ungesäuertes]; **b)** (*meton.*) (*dcht.*) gegorenes Getränk, Malz, Malzbier.

fĕrō

I. 1. a) *etw.* an, bei, in sich tragen; **b)** schwanger sein; **c)** *prae se ferre* vor sich her, zur Schau tragen; **d)** ertragen; **2. a)** herumtragen; **b)** (*in Wort u. Schrift*) verbreiten; für *etw.* ausgeben; rühmen, preisen; **3. a)** forttragen; **b)** erhalten, gewinnen, ernten; **c)** rauben, entführen; **II. 1. a)** (*tragend*) bringen; **b)** herbei-, hin-, überbringen; **c)** (*Schuldiges*) darbringen, entrichten; **d)** (*Opfergaben*) darbringen, weihen; **2.** hinterbringen, melden; **3. a)** anbieten; **b)** (*Stimme*) abgeben, (*Antrag*) einbringen; **4.** erfordern; **5.** (*Früchte*) hervorbringen; **6.** verbuchen; **III. 1. a)** *rasch* (da)hinbringen-, -tragen; **b)** fortreißen; hinreißen (*pos. u. neg.*); **2.** *refl. od. meist mediopass.* sich schnell *wohin* begeben, (dahin-) eilen, stürzen.

fĕrō, *tŭlī, lātūm, fĕrrĕ* (*synk.: fĕrs, fĕrt, fĕrtĭs; fĕr, fĕrtō[tĕ]; fĕrrĭs; fĕrrĕm u. fĕrrĕr usw.; altl. pf. auch tĕtŭlī*) (*cf.* φέρω, *nhd.* „gebären, Bahre"; *pf. v. altl. tŭlō; cf. tŏllō; supin.* < **tlātūm; cf.* τλητός) **I.** tragen: **1. a)** *etw.* tragen, *bsd.* eine (leichte) Bürde *od.* Last, *bsd.* an, bei, in sich tragen (*alqm u. alqd, zB. regem lecticā,* °*retia, onus umeris,* °*census suos corpore* sein Vermögen, °*rami poma ferentes*); *arma ferre posse* waffenfähig sein; *arma ferre contra od.* °*adversus,* °*in alqm,* °*signa in hostem* gegen *jd.* ziehen *od.* auf *jd.* losgehen, *ebenso* °*signa infesta ad urbem Romam; / alqm (in) oculis* wie seinen Augapfel lieben, *nomen u. cognomen* führen, °*alienam personam* eine fremde Rolle spielen, °*nomen alcis ad sidera od. ad, in astra* erheben, verherrlichen, P. sich tragen lassen [*lecticā, curru*]; **b)** (*unkl.*) (*ventrem*) *ferre* schwanger sein, *alqm m. jd.* schwanger gehen; **c) prae se ferre** *etw.* vor sich her tragen [*pugionem*]; / zur Schau tragen, offen zeigen, verraten [*scelus,* °*notas perturbationis, dolorem aperte,* (*Ggs. alqd obscure od.* °*clam* verheimlichen); *m. a.c.i. od. indir. Frages.*]; **d)** (*Übel*) **α)** ertragen, erdulden, aushalten (*alqd, zB. sitim, casūs adversos,* °*militiam et bella, vetustatem* [*vom Wein*] = sich halten; *alqd ab alqo; auch alqm, zB. hos consules; m. a.c.i.*); *bsd. non od. vix ferendus* unerträglich, unausstehlich, unzulässig, *v. Pers. u. Sachen* [*homo, facinus*]; **β)** *m. adv. Zusätzen, zB. alqd facile od. toleranter, aequo animo u. a. ferre, loco ignominiae* als Schimpf aufnehmen; *bsd. alqd aegre od. moleste, graviter ferre* über *etw.* sich ärgern, sich gekränkt fühlen, *etw.* übelnehmen (*alqd, selten de re; m. quod od. a.c.i.*). **2. a)** herumtragen (P. herumgehen); **b)** / **α)** (*mündl. od. schriftl.*) verbreiten, überall erzählen (*alqd, zB.* °*vera, rem omnibus sermonibus* besprechen, °*sicut fama fert* wie die Rede geht, *ut Graeci ferunt, ut fertur* wie es heißt); **β)** *alqm jd.* allgemein als *etw.* bezeichnen, für *etw.* ausgeben [*alqm omnium artium inventorem,* °*se consulem* für *e-n* Konsul gelten wollen]; **γ)** *ferunt* man erzählt *od.* berichtet, man sagt, es soll (*m. a.c.i.*); P. in aller Leute Händen *od.* in aller Munde sein [*alcis scripta od. libri feruntur,* °*fama fertur,* °*vivus per ora feror* ich lebe im Munde des Volkes]; *bsd. fertur u. feruntur pers. m. n.c.i.* = *fĕrūnt m. a.c.i.*; **δ)** rühmen, preisen (*alqm u. alqd summis laudibus od.* °*praecipuā laude; bsd.* P., *zB.* °*quā famā nunc Romani feruntur*). **3.** forttragen: **a)** *etw.* fort-, wegtragen, wegschaffen, mitnehmen, *im eigtl. Sinne meist unkl.* [°*nihil ex certamine, partem praedae*]; *oft* /, *zB.* °*spem tui* v. dir hoffen, *imagines ex re* (*rhet.*) entlehnen *v.*, °*ne id quidem tacitum a Turno tuli* nicht einmal dazu hat Turnus mir gegenüber geschwiegen; **b**) (*Beute, Gewinn, Lohn*) davontragen = erhalten, erlangen, gewinnen, ernten (*alqd, zB. praemium, palmam, fructum laboris,* °*veniam,* °*gaudia* Genuß empfinden, °*damna* Schaden erleiden; *alqd ab, ex alqo u. ex re, zB. responsum ab alqo, fructūs ex re publica*); *bsd.* °*suffragia od. puncta* die Stimmen erhalten, *centuriam, tribūs plerasque* die Stimmen der meisten Tribus bekommen, *repulsam* bei der Bewerbung durchfallen; **c**) gewaltsam davontragen = hinwegraffen, rauben, entführen, entreißen (*alqm u. alqd, zB.* °*Daphnin fata tulere,* °*venti maria ac terras secum ferunt*); *bsd.* °*ferre et agere* (= ἄγειν καὶ φέρειν) ganz ausplündern (*alqd u. alqm*). **II.** bringen: **1. a**) *etw.* (*tragend*) bringen (*alqd, alqd alci u. ad alqm, zB.* °*venenum,* °*dona ad regem od. ad, in naves, alqd secum etw.* bei sich haben, *matri complexum od.* °*amplexum* umarmen [wollen]; **b**) herbei-, hinbringen, überbringen (*alqd u. alci alqd, zB.* °*epistulam,* °*dextram* Händedruck; / *opem od. auxilium, subsidium* Hilfe bringen, °*alci fidem* Glauben schenken, °*vim alci* Gewalt antun; °*omnia sub auras* ans Tageslicht bringen); **c**) (*Schuldiges*) darbringen, entrichten (*alci alqd, zB.* °*tributum* [= φόρον φέρειν], °*suprema cineri* die letzte Ehre erweisen); **d**) (*dcht.*) (*Opfergaben u. Bitten*) darbringen, weihen [*tura altaribus, preces, Iunoni*]. **2.** (*mündl.*) hinterbringen, melden, berichten, *meist unkl.* (*alci alqd, zB.* °*responsa Turno*; *m. a.c.i., zB.* °*fama mihi tulit te venisse*); / °*commentarii ad senatum missi ferebant m. a.c.i.,* °*quid fert iste tumultus* was bedeutet? **3. a**) antragen, anbieten [*condicionem*]; **b**) (*pol. od. jur. t.t.*) *suffragium ferre* seine Stimme abgeben (*in der Volksversammlung*), *sententiam ferre* (*v. Richtern u. Kollegien*); (*Gesetze, Anträge*) einbringen *od.* beantragen, *etw.* vorschlagen [*legem od. rogationem ferre, auch bloß ferre ad populum de re etw.* beim Volke beantragen, *selten* (*Li.*) = *perferre* durchsetzen; *alqd contra od. in alqm, privilegium de alqo; m. ut, ne od. m. indir. Frages.*]; *legem ferre* vorschlagen; *auch iudicem ferre* vorschlagen, *iudicem ferre alci* (*Li.*) dem Angeklagten einen Richter vorschlagen, *übh. jd.* verklagen *od.* anklagen (*auch* /). **4.** / (*m. abstr. subi.*) *m.* sich bringen, erfordern, verlangen, gestatten (*alqd, zB. res od. tempus hoc fert; dic, quid od. quae causa ferat; meist m. ita, sic, ut, zB. mea opinio ita fert, si vestra voluntas feret; m. ut, zB. natura od. consuetudo fert, ut*). **5.** hervorbringen, erzeugen [*terra od. ager fruges fert,* °*miracula*]; *meist* / (*v. Ländern, Städten, Zeitaltern*), *zB. Graecia od. illa aetas multos viros* (*oratores od. tyrannos*) *tulit*; *bsd.* (*meist abstr.*) verursachen, schaffen [*alci perniciem,* °*animos* Mut machen, °*fidem* Bestätigung bringen, °*alci plagam* versetzen]. **6.** *im Rechnungsbuch Ausgaben u. Einnahmen* eintragen, verbuchen [*acceptum et expensum*]. **III.** (*tragend*) in Bewegung setzen: **1. a**) rasch (da)hintragen, -führen, -treiben, fort-, hinreißen, *im eigtl. Sinne meist unkl.* (*alqd, zB.* °*membra,* °*pedem od. gradum* kommen, gehen, *pedem retro* zurückgehen, °*gradūs ingentes* große Schritte machen; °*manūs ad colla od. caelo* ausstrecken; *auch abs., zB. quo ventus fert* wohin der Wind treibt = nach der Windrichtung, °*ventus ferens* günstiger, °*equi ferentes* die durchgehenden, °*quocumque pedes ferent, via od. iter fert in locum od. extra murum ad portum* geht, führt, *quo cuiusque animus fert, eo discedunt,* °*si feret flatus* wenn wir einmal im Zuge sind; [*dcht.*] *m. inf., zB. animus fert dicere formas* treibt [mich] zu sagen); **b**) / führen, fortreißen, *zB.* °*rem in maius od. supra quam fieri potest* übertreiben, *alqm u. alqd laudibus in od. ad caelum,* °*si maxime animus ferat* wenn die Lust sich noch so sehr regt; P. (*v. der Leidenschaft*) hingerissen werden *od.* sich hinreißen lassen [*scelere, odio in alqm; in gutem Sinne studio ad rem publicam*]. **2. se ferre** *od.* (*meist*) *mediopass.* **ferri** sich rasch bewegen, (dahin)eilen, (sich) stürzen, fortstürzen, fortstürmen, *auch* (*bsd. v. Leblosem*) fahren, fliegen, steigen, sich erheben, sich schwingen, sich senken *u. a.* [*se ferre obviam alci* entgegeneilen, °*equo ferri* reiten, °*pennā ferri* fliegen, *ferri cursu in hostem, flumine* stromabwärts treiben, *omni cogitatione ad alqd* alle seine Gedanken auf *etw.* richten, *Rhenus citatus fertur* fließt schnell, °*saltu supra venabula* springen, °*alia verba ad eundem intellectum feruntur* gehen über in]; / °*ore se ferre* sich brüsten, *se* °*suasorem* öffentlich auftreten.

fĕrōcĭă, *ae u.* **fĕrōcĭtās**, *ātis f* (*fĕrōx*) wilder *od.* trotziger Mut, Kampflust, Unerschrockenheit, *v. Pers., Tieren u. abstr.* [*iuvenum, Romana, equi, animi*]; *bsd.* (*pejorativ*) Unbändigkeit, Zügellosigkeit.

fĕrōcŭlŭs 3 (*demin. v. fĕrōx*) (*vkl., nkl.*) wild, unbändig.

Fērōnĭă, *ae f* (*-ē- i. griech. Umschrift, wohl infolge falscher Et.*) (*urspr. etr. Gentilgottheit*) *altitalische Erd- u. Totengottheit, bsd. verehrt* **a**) *am Sorakte in Etrurien*; **b**) *in der Nähe der St. Anxur* (*Tarracina*) *im südl. Latium.*

▶ **fĕrōx**, *ōcis* (*m. comp. u.* °*sup.*; *adv.* **-ĭtĕr**) (*wohl eigtl.* „wild blickend": *fĕrŭs* + **-ōcs zu ŏcŭlŭs*; *cf.* -ωψ; *ātr-ōx*) (*meist v. Pers.*): **1.** (*dcht., nkl.*) mutig, unerschrocken [*vir, atrocissime stare pro Romana societate*]. **2.** (*pejorativ*) wild, trotzig, unbändig, zügellos [*oratio,* °*aetas ferox currit* enteilt unaufhaltsam; *re* durch, mit, in, über *etw., zB.* °*viribus,* °*verbis* Maulheld; °*alcis rei* in, in bezug auf *etw., zB. linguae; alci* gegen *jd., zB.* °*patribus*].
F. *abl. sg.* -ī; *pl. neutr.* -ĭă, *gen.* -ĭŭm.

fĕrrāmĕntŭm, *ī n* (*fĕrrŭm*) eisernes Werkzeug, *pl. auch* Waffen.

fĕrrārĭŭs 3 (*fĕrrŭm*) zum Eisen gehörig, Eisen... [°*faber* Schmied]; *subst.* **-ĭŭs**, *ī m* (*nkl.*) Schmied; **-ĭă**, *ae f* (*sc. fŏdīnā*) Eisengrube, -bergwerk.

fĕrrātĭlĭs, *ĕ* (*fĕrrŭm*) (*Pl.*) *m.* Eisen versehen; gefesselt; *genu' ferratile* gefesselte Sklaven.

fĕrrātŭs 3 (*fĕrrŭm*) (*unkl.*) **1.** *m.* Eisen beschlagen [*hasta, calx* sporenbewehrt]; *bsd.* geharnischt [*gens*]; *subst. pl. m* Geharnischte. **2.** eisenhaltig [*aquae*]. **3.** eisern [*obices portarum*].

fĕrrĕ *s. fĕrō.*

fĕrrĕŭs 3 (*fĕrrŭm*) **1.** eisern, aus Eisen [*clavus, manus* Enterhaken, °*imber* Regen *v.* Geschossen = °*seges -a telorum*]. **2.** / **a**) (*nkl., dcht.*) fest, stark, unerschütterlich [*ferrei corporis animique v. Cato, somnus* Todesschlaf; *in re* in *etw., zB. in patientia laboris*]; **b**) hart, gefühllos, grausam, frech, *v. Pers. u. Sachen* [°*proles* eisernes Zeitalter, *virtus, ōs* unverschämt, °*sors* drückend]; **c**) (*rhet.*) hart im Ausdruck, unbeholfen [*scriptor*].

fĕrrĭ-crĕpīnŭs 3 (*-pī-? fĕrrŭm, crĕpō*) (*Pl.*) eisenklirrend; (*scherzh.*) *insulae -ae* Gefängnis.

fĕrrĭ-tĕrĭŭm, *ī n* (*fĕrrŭm, tĕrō*) (*Pl.*) (*scherzh.*) = *ĕrgăstŭlŭm*, „Eisenreibwerk".

fĕrrĭ-tĕrŭs 3 (*fĕrrŭm, tĕrō*), **fĕrrĭ-trībāx**, *ācis* (*-trī-? fĕrrŭm,* τρίβω) (*Pl.*) „der Eisen abscheuernde" (= der gefesselte Sklave).

fĕrrūgĭnĕŭs (*unkl.*) *u.* (*Lu.*) **fĕrrūgĭnŭs** 3 (*fĕrrūgō*) rostfarbig; *übh.* dunkelfarbig, schwärzlich [*hyacinthus, cymba Charonis*].

fĕrrūgō, *ĭnis f* (*fĕrrŭm; wie aes: aer-ūgō*) (*nkl., dcht.*) Eisenrost; (*meton.*) dunkelbraune Farbe; *übh.* dunkle Farbe, Schwärze, *bsd.* Purpurfarbe.

▶ **fĕrrŭm**, *ī n* (*wohl* < **fersŏm*; *Lw. aus vorderasiatischer Spr., wohl durch etr. Vermittlung*) **1.** Eisen *als Rohstoff* [*fabrica ferri*]. **2.** (*meton.*) **a**) (*dcht.*) eisernes Gerät: Ketten [*homines in ferrum conicere*]; Beil, Messer, Schere, Pflug(schar), Brenneisen, Riegel, Schreibgriffel, Eisenpanzer, Pfeil- *od.* Lanzenspitze [*ferro resecare capillos*]; **b**) eiserne Waffe: Schwert, Spieß, Dolch, Speer [*-um stringere* blank ziehen, *cum ferro venire; ferro ignique od.* °*igni ferroque, flammā ac ferro u. a. m.* Feuer *u.* Schwert, *zB. fines vastare*]. **3.** / **a**) Waffengewalt [*ferro od. cum ferro m.* bewaffneter Hand]; **b**) / (*dcht.*) Gefühllosigkeit, Härte [*ferrum in pectore gerere*]; c) (*dcht.*) eisernes Zeitalter.

fĕr(r)ūmĭnō 1. (*fĕr-ūmĕn* [*-rr- sekundär nach fĕrrŭm*] „Bindemittel, Kitt"; *cf. cōn-fĕrvē-făcĭō, fĕr-mĕntŭm*) (*nkl.*) zusammenkitten, -leimen, -löten; / (*Pl.*) [*labra in labris*].

▶ **fĕrtĭlĭs,** ĕ (*m. °comp. u. sup.*; *adv.* **-ĭtĕr**) (*fĕrō*) **1.** tragfähig, fruchtbar, ergiebig, *klass. nur v. Sachen u. nicht* / [*ager*, / *°urbs* reich; *alcis rei u. °re* an *etw.*, *zB. fructuum*, *°copia omnium rerum*; *°alci* für *jd.*]. **2.** (*dcht.*) befruchtend, segenspendend [*Nilus, Bacchus*].

fĕrtĭlĭtās, ātis *f* (*fĕrtĭlis*) Fruchtbarkeit, Ergiebigkeit, *auch der Frauen* [*agrorum*; *alcis rei*, (*nkl.*) *auch* an *etw.*, *zB. odorum*].

fĕrtŭm *u.* (*altl.*) **fĕrctŭm,** ī *n* (*vl. eigtl. P.P.P. v.* **fĕrgō* „backen") (*unkl.*) Opferkuchen *aus Gerstenschrot, Öl u. Honig.*

fĕrŭlă, ae *f* (*et. ungedeutet*; *Verbindung m. fĕrĭō sicher volkset.*) (*dcht., nkl.*) Pfriemenkraut (*griech.* νάρθηξ) (*in seinem Stengel holte Prometheus das Feuer vom Himmel*); (*meton.*) Gerte, Stange; Stock (*als Stütze, chirurgische Schiene od. Züchtigungsmittel*). — ***(pontificalis)* Hirtenstab *des Papstes.*

▶ **fĕrŭs** 3 (*cf.* θήρ, *lesb.* φήρ, *nhd.* „Tier") **1. a)** wild, ungezähmt [*bestia, belua*]; **b)** (*v. Pflanzen*) (*dcht., nkl.*) wildwachsend, Wald... [*fructus*], (*v. Örtlichkeiten*) (*dcht.*) öde [*loca, silvae*]; **c)** *subst.* **fĕră,** ae *f u.* (*dcht.*) **fĕrŭs,** ī *m* wildes Tier, Wild [*multa genera ferarum*; ° / (*Gestirn*) *magna minorque ferae* die beiden Bären]; *übh.* Tier [*ferarum ritu*]. **2.** / wild: **a)** roh, ungeschlacht [*homines, vita*]; **b)** hart, gefühllos, grausam [*°tyrannus, facinus*; *°alci* gegen *jd.*].
F. *comp., sup., adv. durch die Formen v. fĕrōx ersetzt*: *fĕrōcĭōr, fĕrōcissĭmŭs, fĕrōcĭtĕr.*

fĕrvē-făcĭō, fēcī, făctŭm 3. (*fĕrvĕō*) siedend heiß *od.* glühend machen [*iacula*].

fĕrvēns, ĕntis (*m. comp. u. sup.*; *adv.* **-ĕntĕr**) (*eigtl. part. praes. v. fĕrvĕō*) = *fĕrvĭdŭs.*

▶ **fĕrvĕō,** fĕrbŭī, — 2. *u.* (*vkl., dcht.*)
fĕrvō, fĕrvī, — 3. (*Erweiterung v.* √**bher-* „aufwallen" *in fĕr-mĕntŭm*; *fĕrvĕō Neubildung nach călĕō*) **1.** (*v. Flüssigem*) (*unkl.*) sieden, kochen [*medicamen aëno*]; *klass. nur part. praes. fĕrvēns* (*s.d.*). **2.** (*dcht.*) (auf)wallen, brausen, branden, toben [*pontus, aequor*; *auch litora flammis* wogen *v.* Lichtern; / *Pindarus*]. **3.** (*v.* Nichtflüssigem) (*dcht., nkl.*) **a)** glühen, brennen [*humus*]; **b)** / **α)** (*v. e-r Örtlichkeit*) wimmeln [*Leucate Marte v.* der aufgestellten Flotte, *apes de bove* schwärmen hervor aus]; **β)** / (*in Leidenschaft*) (er-) glühen, (ent)brennen (*re u. a re* durch, *v. etw.*, *zB. alqs avaritiā fervet*; *animus ab ira*); *bsd.* eifrig *od.* mit Feuer betrieben werden [*opus fervet*].

fĕrvēscō, — — 3. (*incoh. v. fĕrvĕō*) (*unkl.*) sich erhitzen, glühend werden.

fĕrvĭdŭs 3 (*m. comp. u. °sup.*) (*fĕrvĕō*) **1.** (*v. Flüssigem*) siedend, kochend [*aqua*]; *übh.* (*dcht.*) wallend, wogend, brausend, brandend [*aequor, mustum* gärend]. **2.** (*v. Nichtflüssigem*) siedend heiß, glühend, brennend [*pars mundi*, *°axis*, *°sabulum*]; / hitzig, heißblütig, feurig, leidenschaftlich, wütend, *v. Sachen u.* (*dcht., nkl.*) *Pers.* [*animus*, *°iuvenis irā*].

fĕrvō 3. *s. fĕrvĕō.*

fĕrvŏr, ōris *m* (*fĕrvĕō*) **1. a)** das Sieden, Kochen *v. Flüssigem*; *übh.* das Wogen, Wallen, Brausen [*maris*], *oft pl.*; **b)** siedende Hitze, Glut [*mundi*, *°solis*], *bsd.* Sonnenglut, *auch pl.* **2.** / Leidenschaft, Feuer, Unruhe [*aetatis* des jugendlichen Alters, *mentis*, *°fervorem ponere*].

Fĕscĕnnĭă, ae *f u.* **-ĭŭm,** ī *n faliskisches Städtchen im südl. Etrurien* (*cf. etr. Gentilnamen Fēscĕnnă*); *adi.* **Fĕscĕnnīnŭs** 3; *bsd. carmina od. versūs improvisierte Spott- u. Neckverse in dialogischer Form, bsd. auf Hochzeiten, urspr. in etr. Spr.*

▶ **fĕssŭs** 3 (*fătīscŏr*; *Rückbildung aus dē-fĕssŭs, um den Gleichklang m. făssŭs, part. pf. v. fătĕōr zu vermeiden*) müde, matt, erschöpft, erschlafft, *v. lebenden Wesen u.* (*nkl., dcht.*) *Sachen* [*°viator, milites*, *°equus*, *°aetas* Altersschwäche, *°naves* morsch, *°artus* krank, schwach, *°res* (*pl.*) mißliche Verhältnisse, Mühsal; *re u. de re* durch *etw.*, *zB. °itinere, de via*; *auch* = *einer Sache* müde, *zB. °vitā od. °vivendo* lebensmüde, *°ab undis*; *°alcis rei*, *zB. rerum* der (*bzw. v.* den) Mühseligkeiten].

fĕstīnābŭndŭs 3 (*-ē-? fēstīnō*) (*nkl.*) eilend, eilfertig.

fĕstīnāntĕr (*fēst-?*) *adv.* (*m. °comp.*); (*fēstīnāns, part. praes. v. fēstīnō*) (*nkl.*) eilends, in Hast, übereilt.

fĕstīnātĭō, ōnis *f* (*-ē-? fēstīnō*) Eile, Hast, Ungeduld, Eilfertigkeit (*alcis j-s*; *alcis rei* in, bei *etw.*); *pl.* eilige Fälle.

fĕstīnātō (*-ē-?*) *adv.* (*m. comp.*) (*fēstīnātŭs, P.P.P. v. fēstīnō*) (*nkl.*) = *fēstīnāntĕr.*

▶ **fĕstīnō** 1. (*-ē-?*; *denom. v. *fĕstĭō, ōnis, Erweiterung zu *fēstī- in cōn-fēstīm*) **1.** (*intr.*) eilen, sich beeilen, sich sputen, (*pejorativ*) sich übereilen, *v. Pers. u. Sachen* [*milites, oratio*; *abs. od. ad, in alqd*, *zB. oratio festinat ad singulare Antonii factum*, *°in provinciam*; *in re* bei *etw.*; *m. inf.*; *zB. ex urbe fugere*]. **2.** (*trans.*) (*nkl., dcht.*) *etw.* beschleunigen, sich *m. etw.* beeilen [*iter, alci mortem*; *auch P.*, *zB. nec virgines festinantur* werden nicht zu früh verheiratet]; (*prägn.*) *etw.* eilends tun (bereiten, herstellen, vollbringen *u.ä.*), *zB. vestes* eilig anlegen.

fĕstīnŭs 3 (*-ē-?*; *Rückbildung aus fēstīnō*) (*dcht.*) eilend, eilfertig, hastig.

fēstīvĭtās, ātis *f* (*fēstīvŭs*; *eigtl.* „Festfreude") **1.** (*vkl., nkl.*) Heiterkeit, fröhliche Stimmung; Vergnügen; (*Kosewort*) (*Pl.*) *mea* ~ meine Wonne, liebster Schatz. **2.** heiterer Witz, Humor, gute Laune. **3.** (*v. der Rede*) Aufputz, Redeschmuck, *auch pl.* **4.** (*spätl.*) Festivität, Festlichkeit.

fēstīvŭs 3 (*m. comp. u. °sup.*; *adv.* **-ē**) (*fēstŭs*) **1.** (*vkl.*) festlich, festlich gestimmt. **2.** / **a)** heiter, fröhlich, lustig [*°convivium*, *°in festivo loco*]; **b)** witzig, launig, scherzhaft, drollig, humoristisch, *v. Pers. u. Sachen, bsd. vom Redner u. v. der Rede* [*homo, poëma, sermo, oratio*]; **c)** (*v. Pers., nach Charakter u. Benehmen*) herzig, gemütlich [*pater, puer*]; **d)** *übh.* hübsch, niedlich, fein, nett, *v. Pers. u. Sachen, auch ironisch* [*°femina, copia librorum* eine hübsche Anzahl].

fēstră *s. fĕnēstră.*

fĕstūcă, ae *f* (*et. unklar*; *vl. m. fĕrŭlă verwandt*) **1. a)** (*vkl., nkl.*) Grashalm, Halm; **b)** / (*Pl.*) Stäbchen *des Prätors, mit dem er den Sklaven zum Zeichen der Freilassung schlug.* **2.** (*auch fīstūcă*) Ramme [*tigna fistucis adigere* einrammen].

▶ **fēstŭs** 3 (*zu fānŭm, fērĭae*; *urspr. sakrales Wort*) **1.** festlich, feierlich, Fest..., Feier... [*dies* Festtag, *diem festum agere* feiern]; (*Kosewort*) (*Pl.*) *meu' festus dies.* **2. a)** (*dcht. u. nachaugust.*) zum Festtage gehörig [*vestitus, corona*]; **b)** (*dcht.*) festlich geschmückt [*domus*]; **c)** fröhlich, freudig [*voces, plebs*]. **3.** *subst.* **fēstŭm,** ī *n* (*dcht., nkl.*) Festtag, Fest, Festlichkeit, Feier [*-um celebrare u. agere*], *auch pl.*

Fēstŭs, ī *m, vollst. S. Pŏmpēĭŭs* ~, *röm. Gramm. d. 2. od. 3. Jh.n.Chr., Vfssr. e-s Auszuges aus dem verlorenen Lexikon des Vĕrrĭŭs Flāccŭs* (*1. Jh.n.Chr.*), *nur fragmentarisch erhalten.*

fētĕō = *foetĕō.*

fētĭālĭs, is *m* (*zu *fētis* < **dhētis, altes sakralrechtliches Wort* „Satzung, Vertrag"; *cf.* θέσις) Kriegsherold; *pl.* **Fētĭālēs,** ĭŭm *m* die Fetialen, *Kollegium v. 20 Priestern in Rom für die Sicherung der völkerrechtlichen Beziehungen des röm. Staates* (*Kriegserklärungen, Friedensschlüsse, Bündnisse*); *adi.* **-ĭs,** ĕ [*ius, caerimoniae*].
F. *abl. des subst. -ĕ, des adi. -ī*; *pl. neutr. -ĭă, gen. -ĭŭm.*

fētĭdŭs, fētŏr = *foet...*

fētūră, ae *f* (*fētŭs²*) Fortpflanzung, Zeugung, Zucht [*°aetas feturae habilis*]; (*meton.*) (*dcht., nkl.*) Nachwuchs, Jungvieh.

fētŭs¹ 3 (*cf. fē-cŭndŭs, fē-līx*) **1.** (*dcht., nkl.*) **a)** *-ă* (*v. lebenden Wesen*) befruchtet, schwanger, trächtig [*pecus, vulpes*]; **b)** / *ager* bestellt. **2. a)** / fruchtbar, ergiebig (*abs., zB. °arvum*; *re* reich an *etw.*, voll *v.*, angefüllt *m. etw.*, *zB. terra frugibus -a*, *°machina armis*); **b)** *-ă* (*dcht.*) die geboren *od.* Junge geworfen hat, säugend [*lupa, ursa* Bärin mit ihren Jungen, *°apes* Mutterbienen]; *subst.* **°fētă,** ae *f*

Muttertier, -schaf.

fētŭs[2], *ūs m* (*cf. fē-cŭndŭs, fē-līx*) **1. a)** (*v. Tieren u.* [*nkl.*] *Menschen*) das Gebären, Werfen, Geburt [*labor bestiarum in fetu; pl.* °Zeugungsvorgänge]; (*v. der Erde*) Fruchtbarkeit [*terrae*]; **b)** (*meton.*) (*Ve.*) Produktionskraft, Wachstum [*fetūs adimere arbori*]. **2.** (*concr.*) die Frucht: **a)** (*vom Erdboden*) Erzeugnis, Ertrag [*terrae, fetūs ēdere od.* °*dare* vom Acker]; **b)** (*v. Pflanzen*) (*dcht.*) Trieb, Sproß [*croceus, olivae, nucis* Pfropfreis der Walnuß]; *auch* Frucht, Saat [*-ūs triticei*]; **c)** (*v. Tieren u.* °*Menschen*) Leibesfrucht, Kind, Sproß, Junges, *pl.* junge Brut [°*cervae* Kitz, °*suis* Ferkel, Frischling, °*ovium* Lämmer]. **3.** / Frucht, Ertrag [*oratorum* Zuwachs an Rednern, *animi* Geistesfrucht; °*Musarum*].

****feudalis**, e Lehns… [*bona*].

****feudum**, *i n* Lehen; Dienst.

*****fiat** (*zu fīō*) (*auf Rezepten*) es werde bereitet.

fĭbĕr, *brī m* (*wohl germ. Lw., eigtl.* „der Braune“; *cf. nhd.* Biberach) (*unkl.*) Biber.

fĭbră, *ae f* (*wohl* ⟨ **fīs-rā zu fīlŭm*) **1.** Faser *od.* Fiber *an Pflanzen* (*bsd.* Wurzelfaser) [*stirpium, radicis*]. **2.** Lappen *an den Eingeweiden, bsd. der Leber*; *pl.* (*dcht., nkl.*) Eingeweide [*Promethei*].

fībŭlă, *ae f* (⟨ **fīvī-bŭlā, *fī[g]vĕ-blā zu fīgō, altl. fīvō; eigtl.* „Mittel zum Zusammenheften“) **1.** (*in der Baukunst*) Klammer, Bolzen, Spannriegel. **2.** (*unkl.*) Fibel, Spange, Schnalle, Agraffe. **3.** (*med. t.t.; nkl., dcht.*) Infibulationsring (*der zur Verhinderung des Beischlafs durch die Vorhaut gezogen wurde*).

fīcēdŭlă, *ae f* (*im Vers auch -ĕ-; fīcŭs*) (*unkl.*) Feigendrossel (*Grasmückenart*).

fīcētŭm, *ī n* (*fīcŭs*) (*unkl.*) Feigenpflanzung; / Feigwarzen, Kondylome.

fīcōsŭs 3 (*fīcŭs*) (*dcht.*) voller Feigwarzen.

fictĭlĭs, *ĕ* (*fingō*) tönern, irden [*figura*]; *subst.* **fictĭlĕ**, *is n* (*nkl., dcht.*) irdenes Geschirr, Tongefäß.

fictĭō, *ōnis f* (*fingō*) (*nkl., dcht.*) **1.** Bildung, Gestaltung (*alcis rei*). **2.** (*rhet. t.t.*) **a)** Bildung *od.* Umbildung *e-s Wortes*; **b)** Personifikation; **c)** erdichteter Fall, Fiktion.

fictŏr, *ōris m* (*fingō*) Bildner, Gestalter: **1. a)** Bildhauer [*pictores fictoresque*]; **b)** Opferkuchenbäkker. **2.** / **a)** (*Pl.*) Schöpfer, Urheber [*fortunae*]; **b)** (*Ve.*) *fandi* Lügenmeister [*Ulixes*].

fictrīx, *īcis f* (*fictŏr*) Bildnerin, Gestalterin.

fictūră, *ae f* (*fingō*) (*vkl., nkl.*). Bildung, *bsd.* Wortbildung; Erdichtung, Gestaltung.

fictŭs[1] *P.P.P. v. fingō.*

fictŭs[2] 3 (*adv.* **-ē**) (*eigtl. P.P.P. v. fingō*) **1. a)** gebildet, geformt [*signum ex auro -um*]; **b)** / erdichtet, erlogen, erheuchelt, verstellt [*dii, fabula, narrationes v. den äsopischen Fabeln; adv. fictē* zum Schein]; *subst.* **fictŭm**, *ī n* (*dcht.*) Erdichtung, Trug, Lüge, Märchen [*ficta rerum* lauter Lügen]. **2.** (*act.*) heuchlerisch, falsch [*testis*]; *subst. m* (*Ho.*) Heuchler.

fīcŭlă, *ae f* (*-ŭs, ī f?; demin. v. fīcŭs*) (*Pl.*) kleine Feige.

fīcŭlnŭs 3 (*fīcŭlă*) (*unkl.*) vom Feigenbaume, Feigen… [*truncus*].

fīcŭs, *ī u.* (*jünger*) *ūs* (*wie σῦκον Lw. aus Mittelmeer- od. kleinasiatischer Spr.*) **1.** *f* Feigenbaum. **2.** (*vkl., dcht.*) **a)** *f* Feige [*ficus prima* = Reifezeit der Feigen, Herbstanfang]; **b)** *f* (*scherzh.*) *vom Gesäß*; **c)** *m* Feigwarze, Kondylom.

F. *sg. dat. immer -ō, pl. meist nach der 2. Deklin.; dat. u. abl. pl. fast nur fīcīs.*

fīdĕī-cŏmmissŭm, *ī n* (*fīdēs*[1]; *P.P.P. v. cŏmmittō, eigtl.* „das zu treuen Händen Überlassene“) (*nkl.*) Fideikommiß (*testamentarische Verfügung, durch die ein Erblasser eine gesetzlich zugelassene Person als Erben in dem Vertrauen einsetzt, daß sie das Erbe einer bestimmten gesetzlich nicht zugelassenen Person übergibt*).

fĭdēlĕ *adv. s. fĭdēlĭs.*

fĭdēlĭă, *ae f* (⟨ **fĭdēs-līā, wie fīscŭs zu πίθος*) (*unkl.*) Gefäß *aus Ton od. Glas*, Topf, *bsd.* Tünchgefäß; *Sprichwort*: *duo parietes de eadem fidelia dealbare* zwei Fliegen mit einer Klappe schlagen.

▶ **fĭdēlĭs**, *ĕ* (*m.* °*comp. u. sup.; adv.* **-ĭtĕr** *u.* °**-ē**) (*fĭdēs*[1]) **1.** (*v. lebenden Wesen u. abstr.*) treu, getreu, zuverlässig, aufrichtig, *bsd.* anhänglich [*amicus, coniux,* °*canis, urbs, animus; alci u. in alqm j-m u.* gegen *jd., auch in alqo u.* °*alcis, zB. domino, in amicos*]; *subst. m* der Getreue, Vertraute. **2.** / (*v. Sachen*) sicher, fest, *auch* haltbar, dauerhaft [*navis,* °*auris,* °*oculi,* °*pons*]; *adv. fideliter auch* (*unkl.*) tüchtig, gehörig [*discere artes*]. — **rechtgläubig; *subst. m* Christ; Vasall.

fĭdēlĭtās, *ātis f* (*fĭdēlĭs*) Treue, Zuverlässigkeit, Pflichttreue (*alcis j-s; erga alqm* gegen *jd.*). — **Lehnstreue, Treueid. — ***Fidulität (*inoffizieller Teil e-r student. Kneipe od. e-s Kommerses*).

Fīdēnae, *ārŭm* (*u.* **Fīdēnă**, *ae*) *f sab. St. in Latium am l. Tiberufer, nördl. v. Rom; Einw. u. adi.* **Fīdēnās**, *ātis* (*cf.* V.-B. IX).

fīdēns, *ēntis* (*m. comp. u.* °*sup.; adv.* **-ēntĕr**) (*eigtl. part. praes. v. fīdō*) zuversichtlich, getrost, beherzt, dreist, entschlossen [*homo, animus,* °*animi* im Herzen; °*re, zB. viribus*].

F. *abl. sg. -ī u.* °*-ĕ; pl. neutr. -ĭă, gen. -ĭŭm.*

fīdēntĭă, *ae f* (*fīdēns*) Selbstvertrauen, Zuversicht.

fĭdēs[1]
I. *subi.*: **1.** (*act.*) Glaube, Vertrauen; **2.** (*neutral*) **a)** (Pflicht)Treue, Redlichkeit, Zuverlässigkeit; **b)** Schutz, Beistand; **c)** Ehrenwort, Versprechen, Eid; **3.** (*pass.*) **a)** Vertrauen, Glaubwürdigkeit, Kredit; **b)** der christliche Glaube; **II.** *obi.*: **1.** (*act.*) Beglaubigung, Garantie, Bestätigung; **2.** (*neutral*) Gewißheit, Zuverlässigkeit (*einer Sache*); **3.** (*pass.*) **a)** Sicherheit, Unverletzlichkeit; **b)** Glaubwürdigkeit (*einer Sache*).

fĭdēs[1], *ĕī f* (*fīdō*) **I.** *subi.*: **1.** (*act.*) Glaube, Vertrauen, Zutrauen, *das jd. hegt*, Überzeugung (*alcis rei* Glaube an *etw.*); *fides alcis rei fieri non poterat* man konnte *etw.* nicht glauben; *fides fit alci* es wird *j-m* glaublich; *fidem facere* (*alci*) Glauben erwecken (bei *jd.*), *jd.* überzeugen; *fidem habere* (*od. tribuere, adiungere,* °*dare,* °*addere*) *alci od. alci rei jd. od.* e-r Sache Glauben *od.* Vertrauen schenken (*Ggs.* °*negare* versagen); *cum fide* vertrauensvoll. **2.** (*neutral*) **a)** Treue, Pflichttreue, Ehrlichkeit, Redlichkeit, Zuverlässigkeit, Gewissenhaftigkeit (*alcis j-s; alcis rei* in *etw.*, *zB. rerum et verborum* in Wort *u.* Tat; *in u. erga alqm* gegen *jd.*; *fides summa, egregia, spectata, vetus, mutua, nulla*); *fidem* °*colere u. servare, praestare alci, Ggs. violare od. laedere, fallere*; *iudicia de mala fide* wegen Veruntreuung; *in fide manere* treu bleiben; °*cum fide od. bonā fide* gewissenhaft, aufrichtig; (*ex*) *bonā fide* auf Treu u. Glauben, nach bestem Wissen, ernstlich; ♀ (*personif.*) Göttin der Treue; **b)** *der von j-s Treue u. Gewissenhaftigkeit zu erwartende* Schutz, Obhut, Beistand, *zB. in fidem alcis* °*venire,* °*se conferre, se permittere* sich unter *j-s* Schutz stellen; *in fidem et potestatem alcis se permittere* sich *jd.* auf Gnade *u.* Ungnade ergeben; *in alcis fide esse* unter *j-s* Schutz stehen; *alqm in fidem* °*accipere od. recipere*; **c)** Ehrenwort, (*eidliche*) Zusage, Eid, Schwur, Versprechen, *zB. fidem dare alci jd.* sein Wort geben, °*fidem dare et accipere* sich gegenseitig das Wort auf *etw.* geben; *fidem* (*con*)*servare od.* °*exsolvere* sein Wort halten *od.* einlösen (*Ggs.* °*mutare od. violare, fallere, frangere* sein Wort brechen, *prodere* preisgeben); *fidem interponere od. fidem suam obligare* sein Wort verpfänden, *fide meā* auf mein Wort; *per fidem* [*fallere alqm*] treuloserweise; *cf.* pĕr. **3.** (*pass.*) **a)** Vertrauen, *das jd. genießt*, Glaube, *den jd. findet*, Glaubwürdigkeit *od.* Kredit (*bsd. in Geldsachen*), *zB. alqs fidem habet jd.* findet Glauben *od.* Vertrauen = *alci fides est*; *alcis* (*rei*) *fidem imminuere*; *alcis fides concidit j-s* Kredit sinkt, *de foro sublata est, alqm deficit*; *homo sine re et sine fide* ohne Vermögen *u.* ohne Kredit; **b)** (*spätl.*) der christliche Glaube [*Christianorum*]. **II.** (*obi.*) **1.** (*act.*) Beglaubigung, Garantie, Bestätigung, Gewährleistung, Erfüllung, Beweis (*alcis rei e-r* Sache), °*alci rei fidem addere etw.* bestätigen *od.* beglaubigen; °*fides alcis rei penes alqm est jd.* hat *etw.* zu bestätigen (*od.* zu verantworten); °*tum manifesta fides* da bestätigte es sich offen; °*ad fidem alcis rei* zum Be-

weise *e-r* Sache; °*dictis addere fidem* die Worte in Erfüllung gehen lassen. **2.** (*neutral*) Gewißheit, Zuverlässigkeit *e-r Sache*, Aufrichtigkeit *e-s Verhältnisses*, *zB. librum ad historiae fidem scribere* der historischen Wahrheit gemäß; °*fidem reportare* zuverlässige Nachricht. **3.** (*pass.*) **a)** Sicherheit, Unverletzlichkeit, *zB. fides pacis* der verbürgte *od.* garantierte Friede; *bsd.* persönliche Sicherheit, freies Geleit, *zB. fidem dare alci*; **b)** Glaublichkeit, Glaubwürdigkeit (*alcis rei e-r* Sache, *zB. tabularum, orationis fidem imminuere*); *res fidem habet* ist glaublich; *alci rei fidem facere od. afferre* eine Sache glaublich machen (*Ggs. fidem demere od. abrogare*; °*res fide maior* unglaublich, °*fidem excedere* unglaublich sein). — **das christliche Glaubensbekenntnis.
F. *altl.*: *gen. sg.* -ēī, -ēs, -ē; *dat. sg.* -ē.

fidēs² (*u.* **fidis**), *is f* (*in klass. Zt. aus σφίδη entlehnt; der pl.* [*s.* 1b] *urverwandt m.* σφίδες „Darmsaiten“, *altes Lw. aus nichtidg. Spr.*) **1. a)** *sg.* (*dcht., nkl.*) Darmsaite, Saite *an Musikinstrumenten*; **b)** *pl.* **fidēs**, *ium* (*dcht. auch sg., zB. fidem sumere*) Saiteninstrument, Lyra; Saitenspiel [*fidibus canere* die Laute schlagen]. **2.** (*stets sg.*) (*unkl.*) Leier *als Gestirn.*

fīdī *s. findō.*

fidi-cen, *inis m* (*fidēs², canō*) Lautenspieler; / (*dcht.*) (lyrischer) Dichter [*Romanae lyrae*].

fidicina, *ae f* (*fidicen*) (*Com.*) Lautenspielerin.

fidicinius 3 (*fidicen*) (*Pl., Rud. prol. 43*) des Lautenspielers [*ludus* Musikschule].

fidicula, *ae f* (*demin. v. fidēs²*) **1.** kleine Laute, *klass. stets pl.* **2.** (*nkl.*) *Folterwerkzeug aus Stricken, durch die die Glieder des Delinquenten aus den Gelenken gerissen wurden.*

Fidius, *ī m* (*fidēs¹*) Gott der Treue: *Dius F.* (*aus dius² umgebildet*) = *Ζεὺς πίστιος m. der sab. Gottheit Sēmō Sancus, später auch m. Herkules identifiziert*; *bsd. Beteuerungsformeln*: *per Deum Fidium* beim wahrhaftigen Gott!, *me Dius Fidius* (*sc. iuvet*) so wahr mir Gott helfe! bei Gott!; *cf. dius², mēdius Fidius.*

fīdō, *fīsus sum* 3. (< *bheidhō = πείθομαι) trauen, vertrauen, sich verlassen, bauen auf *jd. od. etw.* (*alci, selten alqo, zB. nemini,* °*pedestri Marte*; *alci rei u. re, zB.* °*fugae u. fugā*; *m.* °*a.c.i.* = zuverlässig glauben, daß; [*dcht.*] *m. inf.* = sich getrauen, wagen, *zB. pugnam committere*).

▶ **fīdūcia**, *ae f* (**fīd-ūcus zu fīdō wie cad-ūcus*: *cadō*) **1.** (*act.*) **a)** Vertrauen, zuversichtlicher Glaube (*abs. od. alcis rei* zu, auf, an *etw., zB. sui od. rerum suarum* Selbstvertrauen, *victoriae*; *fiduciam habere*); **b)** Selbstgefühl, Mut [°*vana*]. **2.** (*pass.*) (*vkl., nkl.*) Zuverlässigkeit [*minima*]. **3.** (*jur. t.t.*) **a)** Überlassung *e-s Eigentums* auf Treu *u.* Glauben (*durch Scheinverkauf*), Verpfändung [*formula fiduciae*]; **b)** (*meton.*) (*durch Scheinverkauf*) anvertrautes Gut, Unterpfand, Depositum [*fiduciam accipere, iudicium fiduciae* Prozeß wegen Vorenthaltung des Unterpfandes]; **c)** (*i. der Form eines Scheinverkaufs gegebene*) hypothekarische Sicherheit; **d)** / (*dcht.*) Sicherheit, Bürgschaft [*vitae nostrae*].

fīdūciārius 3 (*fīdūcia*) auf Treu *u.* Glauben anvertraut [*opera* kommissarisches Amt, °*dominatio*].

▶ **fīdus** 3 (*m.* °*comp. selten u. sup.*; *adv.* °**-ē**, *sup.* *fīdissimē*) (*fīdō*) = *fidēlis* (*unkl. v. Sachen*) (*alcis rei* für, gegen *etw., zB. statio male fida carinis* unsicher für, tückisch, *mons fidus nivibus* den Schnee festhaltend).

fierī *s. fīō.*

figlīnus 3 *s. figulus.*

figō
1. (an)heften, befestigen; **2. a)** öffentlich anschlagen; **b)** (*als Trophäe*) aufhängen; **c)** (*Bauwerke*) errichten; **d)** fest einprägen; **3. a)** (hin)einschlagen; **b)** *etw.* fest auf *etw.* richten; **4. a)** durchbohren, erlegen; **b)** (*m. Worten*) treffen.

fīgō, *fīxī, fīxum* 3. (*altl. fīvō* < **dhīgō od.* [?] **dhīgvō*; *cf. nhd.* „Deich“ *u.* „Teich“) **1.** heften, anheften, stecken, befestigen, fest anschlagen *od.* anschmieden (*alqm u. alqd, zB.* °*acus comas figit*; *in re u.* °*in, ad rem,* °*alci rei, dcht. meist* °*re, zB. hominem in cruce od.* °*in crucem u.* °*cruci,* °*cristas vertice* als Schmuck, °*arborem cacumine montis* einwurzeln); / °*oscula* küssen (*in re u. alci rei*), °*vestigia* bedächtig einherschreiten; *P.* fest haften (bleiben), *zB. telum figitur (in) pectore*; / °*alqs fixus manet* bleibt wie angeheftet stehen, °*fixus in silentium* in Schweigen versunken; *bsd. fixum esse* unumstößlich sein [*illud fixum sit*]. **2. a)** (*zur Bekanntmachung*) öffentlich anschlagen [*legem in Capitolio,* °*senatūs consultum aere publico*]; **b)** (*als Weihgeschenk od. Trophäe*) aufhängen, weihen [°*arma in postibus,* °*clipeum postibus*; *alci alqd jd. etw., zB.* °*dona divo columnā*]; **c)** (*Bauwerke*) errichten, erbauen [*crucem in illo loco u. alci* für *jd.*; °*domos* sich häuslich niederlassen; / °*modum figere alci rei e-r* Sache ein Ziel setzen]; **d)** / fest einprägen (*alqd* °*penitus animo u. alqd in animo*; *m. a.c.i.*). **3. a)** *etw. Spitzes* (hin)einschlagen, -stoßen, -bohren (*alqd, zB. clavum*; *alqd in re u.* °*re, zB. mucronem in hoste od.* °*pectore,* °*dentes in acumine* einbeißen, °*robora rostro* anhacken, °*in lumina figi* in die Augen gestochen werden, *auch virus in venas* einspritzen); **b)** *etw.* fest *od.* anhaltend auf *etw.* richten (*alqd in re u.* °*in rem,* °*re, zB.* °*oculos od.* °*lumina,* °*vultūs in terrā u.* °*in terram*; / *mentem od. studia, operam, curam in re*). **4. a)** (*dcht., nkl.*) durchbohren, erlegen, verwunden, treffen (*alqm u. alqd, zB. cervam, pectus*; *alqd re, zB. hominem telo*); **b)** /, *zB. adversarios m.* Witzreden treffen, *alqm maledictis.*
F. *P.P.P.* (*Lu.* 3, 4) *fictus.*

figulāris, *ē* (*figulus*) (*vkl., nkl.*) Töpfer... [*rota*].

figulus, *ī m* (*fingō, eig.* „Bildner“) (*unkl.*) Töpfer (*adi. figulinus u. figlinus* 3).

Figulus, *ī m röm. cogn., s. Nigidius.*

▶ **figūra**, *ae f* (*fingō*) Bildung: **1. a)** äußere Gestalt *od.* Form, Äußeres, Figur [*hominis u. humana, muliebris, navium, formae* Bildung der Gestalt]; **b)** (*prägn.*) schöne Gestalt, Schönheit [*hospitae*; °*dei*]. **2. a)** Gebilde, Bild = bildliche Darstellung [*fictilis* Tonfigur]; **b)** (*dcht.*) Schatten *eines Verstorbenen*, Schemen (εἴδωλον); **c)** (*philos. t.t.*) (*Se.*) Urbild, Idee (= ἰδέα); *pl.* (*Lu.*) *-ae Epicuri* Atome; **d)** / Gestaltung = Beschaffenheit, Art *u.* Weise, Charakter [°*vocis* Gepräge der Stimme, Art der Ausbildung, *dicendi, orationis*; °*pereundi* Todesart; (*erot.*) *pl.* °*Veneris* Positionen]; **e)** (*rhet. t.t.*) Redefigur [*sententiarum et verborum*]; *auch* (*Se.*) Ironie, (*nkl.*) Anspielung *od.* Allegorie. — **Symbol. — ****figura etymologica Verbindung e-s Verbs m. e-m stamm- od. sinnverwandten subst. als obi., zB. facinus facere.*

figūrātiō, *ōnis f* (*figūrō*) (*nkl.*) Gestaltung; / Einbildung, Vorstellung.

figūrō 1. (*figūra*) **1.** gestalten, bilden, formen [*corpus, mundum,* °*anūs in volucres* verwandeln; / °*os tenerum pueri*]. **2.** / (*nkl.*) **a)** sich *etw.* (*in der Phantasie*) ausmalen [*inanes species animo*]; **b)** (*rhet. t.t.*) *m.* Redefiguren ausschmücken [*orationem*].

fīlātim *adv.* (*fīlum*) (*Lu.*) fadenweise.

fīlēx = *fīlix.*

▶ **fīlia**, *ae f* (*fīlius*) Tochter (*alcis j-s, zB. fratris* Nichte); / (*dcht.*) Sproß [*Massilia Graium filia*].
F. *dat. u. abl. pl. fīliīs u.* (*falls die Deutlichkeit es erfordert*) *fīliābus, bsd. fīliīs et fīliābus* Söhnen u. Töchtern.

fīlicātus 3 (*fīlix*) m. Farnkrautmuster verziert, *übh.* kunstvoll gearbeitet [*lances*].

fīliola, *ae f* (*demin. v. fīlia*) Töchterchen; *ironisch* = weibischer Mensch.

fīliolus, *ī m* (*demin. v. fīlius*) Söhnchen.

▶ **fīlius**, *ī m* (*zu fēlō 1. säugen*; *eig.* „Säugling“) Sohn [*parvus*; *alcis j-s, zB. regis* Prinz, *sororis* Neffe]; *pl. übh.* Kinder; *auch* / Sprößling, Sproß [°*fortunae* Glückskind, *terrae* = Mensch *v.* unbekannter Herkunft, unbedeutender *od.* hergelaufener Mensch, °*Celtiberiae* Bewohner; — (*voc. sg. mī fīlī*).

fīlix, *icis* (*et. ungedeutet*) (*nkl., dcht.*) Farnkraut; *übh.* Unkraut; *daher Schimpfwort*; / *v. den männlichen Schamhaaren.*

****filtrum**, *ī n* (< *ahd.* filz) Durchseihgerät aus Filz, Filter.

fīlum, *ī n* (< **fīs-lom*; *cf.* βιός „Bogensehne“, *fībra*) **1. a)** Faden, *gesponnen od. im Gewebe*, Garn [°*filum* *pollice deducere*, °*velamina filo pleno* dickfädig, grob; *sprichw.* °*tenui filo pendēre* an einem seidenen Faden hängen]; **b)** (*dcht.*) Lebensfaden, *den die Parzen dem Menschen spinnen* [°*trium sororum*, *auch pl.*, *zB.* °*extrema*]; **c)** (*dcht.*) Staubfaden; **d)** (*dcht.*) Faser *v. Blumen, Pflanzen*; **e)** (*meton.*) (*nkl.*, *dcht.*) (*sg. u. pl.*) Gespinst, Gewebe [*caput velatum filo m.* einer wollenen Binde]. **2.** (*Ov.*) Saite [*lyrae, fila sonantia*]. **3.** / **a)** (*unkl.*) Gestalt, äußere Bildung [*corporis, mulieris*]; **b)** (*v. der Rede*) Form, Art *u.* Weise, Manier der Behandlung [*uberius* ausführlichere Behandlung, *orationis*].

Fimbriă, *ae m röm. cogn.*, *cf. Flā-* [vĭŭs 2.]

fimbriă, *ae f* (*et. nicht klar*) Franse, Troddel; *pl.* Gekräusel [*cincinnorum* der Haarlocken].

fimbriātŭs 3 (*fimbriă*) (*vkl.*, *nkl.*) *m.* Fransen.

fimŭm, *ī n u.* **fimŭs**, *ī m* (*vl. zu foetēō*; *cf.* θύω, *lesb.* θυίω „brause, tobe, rauche"; *sŭf-fīō*) (*nkl.*, *dcht.*) Dünger, Mist; / Kot, Schmutz, Unrat.

fīnālĭs, *ĕ* (*fīnĭs*) (*spätl.*) End..., endgültig.

findō, *fĭdī*, *fissŭm* 3. (*cf. nhd.* „beißen; bitter") **1.** (*klass. selten*) *etw.* spalten, zerspalten, (zer)teilen, sprengen (*alqd*, *zB.* °*lignum*, °*saxa*, / °*mensem Aprilem*; *alqd re*, *zB.* °*agros sarculo* umbrechen). **2.** *mediopass. od.* °*se -ere* **a)** sich spalten, sich teilen, *zB. hac insula quasi rostro finditur Fibrenus* (*fluvius*), °*via se findit in ambas partes*; **b)** (*vkl.*, *dcht.*) bersten, (zer)platzen, *zB. abs. findor* ich möchte (vor Ärger) zerspringen. **3.** / (*dcht.*) *etw.* durchfurchen, -strömen, -segeln, -fliegen [*terras vomere, aequor, aëra*].

> **fingō**
> **1.** streicheln; **2. a)** bilden, formen, gestalten; **b)** bauen; *künstlerisch* schaffen, darstellen; **c)** (*Haar*) ordnen, frisieren; **3. a)** gestalten; *durch Unterricht* ausbilden; **b)** umbilden, (*m. doppeltem acc.*) zu *etw.* machen; **4. a)** sich *etw.* vorstellen, einbilden; **b)** ersinnen, erdichten, *fälschlich* vorgeben.

fingō, *finxī*, *fictŭm* 3. (*altl. auch finctŭm*; < **dhinghō*; *cf.* τεῖχος, τοῖχος, *nhd.* „Teig") **1.** (*vkl.*, *dcht.*) streichelnd berühren, streicheln [*manus aegras manibus amicis*]. **2. a)** *künstlich* bilden, formen, gestalten, bildend schaffen *od.* verfertigen, *bsd. in Ton u. Wachs* (*alqm u. alqd*, *zB. ceram*; *alqd ex, de re*, *zB.* °*pocula de humo*; *alqd in alqd etw.* zu, nach *etw.*, *zB.* °*in omnes formas*, °*in artus* zu Gliedern); *bsd.* °*corpora linguā* zurechtlecken; **b)** bauen [*aves fingunt nidos*, °*daedala tecta*] *u.* künstlerisch bilden, schaffen, darstellen [°*simulacra*, *Alexander a Lysippo fingi volebat*, *ars fingendi* Bildhauerkunst, Plastik]; (*dcht.*) *auch carmina, versūs* dichten; **c)** (*dcht.*) (*das Haar*) ordnen, frisieren [*comas*, *se alci* sich für *jd.*; / *vitem putando* zustutzen]; P. °sich frisieren lassen, *übh. etw.* zurechtmachen, -legen, einrichten, schmücken [*se alci* sich für *jd.*, *vultum* (*Ov.*) liebäugeln, (*C.*) sein Gesicht *od.* sich verstellen]. **3.** / **a)** α) bilden, gestalten, *zB.* (*dcht.*) *sui cuique mores fingunt fortunam hominibus* jeder ist seines Glückes Schmied, *sermonem ad voluntatem alcis*, *se fingere ad alqd* sich nach *etw.* richten [*ad arbitrium alcis*, *auch* ex *forma rei publicae*]; β) (*vom Redner*) *animos audientium* bearbeiten; γ) *durch Unterricht* ausbilden (*alqm u. alqd*, *zB. ingenium*); *bsd.* (*dcht.*) (*Tiere*) dressieren, zähmen [*equum docilem*; *m. inf.*; / °*corda*]; **b)** umbilden, umwandeln, neu schaffen [*vitam*]; (*m. dopp. acc.*) zu *etw.* machen, *meist dcht.* [°*alqm miserum*, °*se pavidum* sich feige stellen]. **4. a)** (*im Geiste*) sich *etw.* vorstellen *od.* denken, einbilden (*alqd u. sibi alqd*, *zB. animo od. cogitatione imaginem alcis rei*; *auch alqm*, *zB. ceteros ex sua natura* beurteilen; *m. a.c.i.*); *oft finge* denke dir [*ohne tibi*!], *fingite, fingamus m. a.c.i.*; **b)** α) ersinnen, erdichten (*alqd*, *zB. verba*, °*crimina in alqm*, °*sibi somnia*; *auch* auf *etw.* sinnen, *zB.* °*profectionem* an die Abreise denken; *m. a.c.i.*); β) trügerisch verstellen [*vultum*]; γ) fälschlich vorgeben [*nihil, ficto sermone*].

fīniēns, *entĭs m* (*eig. part. praes. v. fīniō*; *sc. orbĭs*) Gesichtskreis, Horizont, *auch pl.*

▶ **fīniō** 4. (*denom. v. fīnĭs*) **I.** (*trans.*) **1.** eine Grenze setzen: **a)** begrenzen, abgrenzen (*alqd*, *zB. imperium alcis*, °*cavernas* schließen); **b)** / *e-r Sache* Grenzen setzen, *etw.* einschränken, beschränken [*cupiditates*, °*censuram*]; **c)** *etw.* festsetzen, bestimmen (*alqd*, *zB. diem*, °*locum*, *latitudinem silvae*; *alqd alci u. alci rei*, *zB. modum sepulcris novis*; *alqd re etw.* durch, nach *etw.*, *zB.* °*spatia temporis numero noctium*; *m. ut, ne*); **d)** (*philos. t.t.*; *nkl.*) definieren, logisch abgrenzen [*philosophiam*; *praecepta*]. **2.** ein Ende setzen: **a)** (be)endigen, beenden [*bellum*, °*vitam* ein Ende machen, *meist gewaltsam*, *selten* = sterben, °*sitim* stillen, °*iras*]; P. ein Ende nehmen, aufhören; **b)** (*rhet. t.t.*) periodisch abschließen [*verba, sententias*]. **3.** (*P.P.P.*) *adi.* **fīnītŭs** 3 (*adv.* **-ē**) begrenzt, bestimmt; beschränkt (*adv. m.* Einschränkung, mäßig); beendet. **II.** (*intr.*) (*nkl.*, *dcht.*) ein Ende haben: **1.** zu reden aufhören, schließen. **2.** enden = sterben.
F. *pf.-Formen* (*synk.*) *fīnīssĕ(m)* = *fīnīvissĕm, fīnīstī u.ä.*

> **fīnĭs**
> **1. a)** Grenze; **fīnĕ** *m. gen.* bis an *etw.*; **b)** *pl.* Gebiet; (*v. Privaten*) Grundstücke; **c)** Schranke, Maß u. Ziel; **d)** Ziel, Zweck; **e)** Definition; **f)** das Höchste, Gipfel; **2.** (*zeitl.*) **a)** Ende, Ausgang; **b)** Lebensende.

fīnĭs, *is m* (*selten f*) (*wohl* < **fig-snis*, *eig.* „festgesteckter Grenzpfahl"; *fīgō*) **1. a)** Grenze, Grenzlinie [*Galliae*], *meist pl.* [*Macedoniae*, *fines imperii propagare od. proferre* erweitern, *regere od. terminare* bestimmen, *violare* verletzen]; *quem ad finem?* bis wie weit? wie lange?; *usque ad eum finem* bis so weit, so lange; *bsd. abl.* **fīnĕ** *m. gen.* (*unkl.*) bis an *etw.* [*genūs, inguinum*]; **b)** (*meton.*) *pl.* Gebiet, Land, Mark *eines Volkes* [*Carthaginiensium, lati, primi u. extremi* äußerstes Grenzgebiet]; *auch* (*v. Privaten*) Grundstücke, -besitz [*dominos finibus pellere*]; **c)** / Schranke, Einschränkung, Maß *u.* Ziel [°*humanae naturae, ingenii*, *finem od. fines alci constituere*, °*sine ulla fine* unumschränkt]; **d)** Ziel, *bsd.* (*Ve.*) *in der Rennbahn od.* (*Ve.*) Standort *der Schiffe bei einer Regatta*; / (*auch klass.*) Zweck, Bestimmung *e-r Sache* [*domūs ~ est usus*]; *auch* (*meist nkl.*, *dcht.*) Absicht *j-s* [°*ad od. in eum finem*; °*eā fini, ut* in der Absicht]; **e)** (*Qu.*) Erklärung, Definition; **f)** das Äußerste, Höchste, Gipfel, Vollendung (= τὸ τέλος) (*alcis rei*, *zB. honorum* der Ehrenämter, *bonorum* höchstes Gut, *malorum* höchstes Übel). **2.** (*zeitl.*) **a)** Ende, Ausgang, Schluß [*discordiarum, vitae od. vivendi*, *alqd ad finem adducere* zu Ende führen]; °*finem capere* zu Ende sein = °*in fine esse*; *finem facere m. gen. od. dat.* einer Sache ein Ende machen; °*sine fine* endlos, unaufhörlich = °*nulla cum fine*; **b)** (*nkl.*, *dcht.*) Lebensende, Tod [*Neronis, finis adest*]. — ***(*früher*) Schlußvermerk *in Druckwerken*.
F. (*abl. sg.* -ĕ *u.* °-ī; *gen. pl.* -iŭm).

fīnītē *adv. s. fīniō* I, 3.

▶ **fīnitimŭs** (*älter* **fīnitŭmŭs**) 3 (*zu fīnĭs*) **1.** angrenzend, benachbart (*abs.*, *zB. provincia*, °*bellum* in der Nachbarschaft; *alci u. alci rei*, *zB. Belgis*); *subst.* **-ī**, *ōrŭm m* Grenznachbarn. **2.** / nahestehend, -verwandt, sehr ähnlich (*abs.*, *zB. dialecticorum scientia*; *od. alci u. alci rei*, *zB. metus aegritudini -us est*).

fīnītĭō, *ōnĭs f* (*fīniō*) (*nkl.*) Begrenzung; / Erklärung, Definition.

fīnītīvŭs 3 (*fīnītŭs*, *P.P.P. v. fīniō*) (*Qu.*) auf Bestimmung, Erklärung beruhend.

fīnītŏr, *ōrĭs m* (*fīniō*, *eig.* „Abgrenzer") **1.** Feldmesser, Geometer; *auch scherzh.* / (*Pl.*) *vom Prologsprecher*. **2.** (*Se.*) Horizont.

fīnītŭmŭs *s. fīnitimŭs*.

finxī *s. fingō*.

> **fīō**
> **1. a)** geboren, erschaffen werden; **b)** geschehen, sich ereignen, entstehen; **2. a)** (*m. Prädikatsnomen*) *jd. od. etw.* werden, zu *etw.* werden; **b)** (*m. gen. poss.*) *j-s* Eigentum werden; **c)** *P. v. facio*: **zu** *etw.* ernannt werden; (*m. gen. pretii*) geschätzt werden; (*impers.*) geopfert werden.

fīō, *factŭs sŭm*, *fĭerī* (*fīō nach fīs*; *zu* √**bhū-* *in fŭī*) werden: **1.** entstehen: **a)** geboren *od.* erzeugt, geschaffen werden (*auch* sein), *meist v.*

lebenden Wesen [°*homo fieri non potest formosior*]; **b)** (*v. Zuständen u. Ereignissen*) geschehen: **α)** entstehen, sich ereignen, stattfinden, geschehen, erfolgen, eintreten, zustande kommen [*clamor, fletus gemitusque, magna lapidatio* es fällt ein Hagel *v.* Steinen, *commutatio rerum*]; °*fit mihi timor* kommt über mich; *quo facto* nachdem dies geschehen war = hierauf, infolgedessen, deshalb, trotzdem; **β)** *quid* °*mihi od.* (de) *me fiet* was wird (*od.* soll) aus mir werden?; *quid illo argento fiet* was wird man *m.* jenem Geld anfangen?; *si quid mihi fiat* wenn mir *etw.* zustoßen sollte; *Pompeio melius est factum m.* P. hat es sich gebessert; **γ)** *ut fit* wie es so geht, wie gewöhnlich, *ut fere fit, ut fieri solet*; **fit, ut** es ereignet sich, daß, *zB. saepe fit, ut adulescentes aut pueri moriantur*; *quibus rebus factum est, ut* ... daher kam es, daß; **fieri (non) potest, ut** es ist möglich (unmöglich), daß; möglicherweise (unmöglich); **fieri non potest, quin** *od.* **ut non** es ist notwendig, daß (= °*fieri aliter non potest, quam ut*), notwendigerweise, durchaus; **δ)** (*arithm. t.t.*) (*nkl.*) herauskommen, betragen [*quid fit* was kommt heraus?]; **ε)** (*logisch*) folgen, hervorgehen [*ita fit, ut* daraus folgt, daß]; **ζ)** (*als Ersatz für das fehlende praes., impf., fut. I* P. *v. făcĭō*) gemacht werden, getan *od.* bewirkt, verfertigt werden *u.ä., zB. pons fit, testudo ex ligno, senatūs consultum, insidiae alci fiunt, proelium* wird geliefert, °*statua alci fit* wird errichtet, *potestas fit alci* wird erteilt; *ab alqo v. jd., zB. initium pugnae fit ab hostibus.* **2.** werden *m. hinzugefügtem Prädikatsbegriff,* zu *etw.* werden: **a)** *m. Prädikatssubst. od. -adi., selten adv.* [*alqs fit vindex libertatis od. dominus, inimicus alci, clarus, fortis ex timido, palam* offenbar, *obviam alci* begegnen, entgegenkommen]; **b)** (*m. gen. poss.*) *j-s* Eigentum werden [*haec domus facta est patris, aber mea, tua usw.*]; **c)** (*im Sinne des* P. *v. făcĭō*) **α)** zu *etw.* ernannt, erwählt werden (*m. praed. nom., zB. alqs fit consul,* °*praetor a populo*); **β)** (*m. gen. pretii*) geschätzt werden [*magni ab alqo, pluris, plurimi, tanti u.a.*]; **γ)** (*meist impers.*) geopfert werden [°*fit diis, fit pro populo*; *m. abl., zB.* °*unā hostiā fit* es wird nur ein Tier geopfert]. **F.** (*altl., dcht.*): *imp. fī, pl. fītĕ.*

fīrmāmĕn, *ĭnĭs n* (*-ī-?; fīrmō*) (*Ov.*) Stütze (= *fīrmāmĕntŭm*).

fīrmāmĕntŭm, *ī n* (*-ī-?; fīrmō; Bed.-Lw. nach* στερέωμα) **1. a)** Befestigungsmittel, Stütze [*-o esse* als Stütze dienen]; **b)** / **α)** Stärke [*rei publicae, totius accusationis*]; **β)** Stützpunkt einer Beweisführung *od.* Behauptung, Hauptbeweis, Hauptpunkt. **2.** (*Augustin*) „der über der Erde befestigte Himmel", Himmelsgewölbe, Firmament (*Luther*: „Feste").

fīrmātŏr, *ōrĭs m* (*-ī-?; fīrmō*) (*nkl.*) Befestiger [*disciplinae militaris, paci*].

fīrmĭtās, *ātĭs u.* **fīrmĭtūdō,** *ĭnĭs f* (*fīrm-?; fīrmŭs*) Festigkeit, Stärke, Dauerhaftigkeit (*alcis rei, zB. operis*); / Standhaftigkeit, Ausdauer, Kraft [*animi,* °*exercitūs*].

fīrmĭtĕr *adv. v. fīrmŭs.*

▶ **fīrmō** 1. (*-ī-?; denom. v. fīrmŭs*) **1.** (*nkl.*) befestigen, fest machen, *im eig. Sinne* [*aestuaria aggeribus*]. **2.** / **a)** sichern: **α)** *mil.* (*alqd, zB. domum,* °*aditūs urbis*; *alqd re, zB.* °*turres praesidiis*; [*prägn.*] °*stationes,* °*subsidia* starke Posten, starke Reserven aufstellen); **β)** (*physisch*) (*nkl., dcht.*) *gradum* festen Fuß fassen, *vestigia pinu* den Schritt sichern durch, *soporem*; **γ)** *übh.* dauerhaft *od.* zuverlässig machen [*amicitiam, bsd. pol., zB. rem publicam,* °*concordiam et pacem,* °*civitates obsidibus* sich der Treue der Staaten durch Geiseln versichern]; **b)** (*Körper u. Geist*) stärken, kräftigen, stählen [*corpus,* °*valetudinem, animum alcis consilio*]; P. stark werden, sich stärken [*aetas firmata* Mannesalter]; **c)** *jd.* ermutigen, ermuntern, gefaßt machen (*alqm od. animum alcis re, zB.* °*alloquio*; *alqm ad u. in alqd* zu *etw.*); P. sich fassen, sich ermannen [°*ex terrore*]; °*firmatus animo u. animi* (im Herzen) fest entschlossen; **d)** (*e-e Behauptung u.ä.*) bekräftigen, bestätigen [°*fidem* ein Versprechen, *alqd iure iurando*; *m. a.c.i. meist* = fest behaupten]; **e)** beweisen, dartun [*naturam fati ex divinationis ratione*].

Fīrmŭm, *ī n St. in Picenum, südl. v. Ancona, j.* Fermo; *Einw. u. adi.* **Fīrmānŭs** (3).

▶ **fīrmŭs** 3 (*-ī-?*) (*m. comp. u. sup.*; *adv.* **fīrmē,** *selten* **fīrmĭtĕr**) (*eig.* „gestützt"; *cf. altind.* dhāráyati „hält, trägt, stützt"; *lat.* fĕrē, fĕrmē, frētŭs) **1.** fest, stark, kräftig, tüchtig, *pass.* = festgefügt, dauerhaft, *bsd. physisch, auch* = gesund, *v. Pers., Sachen, abstr.* [*vir, bsd. mil. exercitus,* °*ordines* festgeschlossen; *vires, muri,* °*vinum* haltbar, *acta Caesaris* dauernd gültig, *firme od. firmiter insistere*; *ad alqd* zu *etw.*, in Beziehung auf *etw., zB. ad dimicandum*; *in re* in *etw., zB. in suscepta causa*; *a re* von seiten, *zB.* °*ab equitatu*; *contra u. adversus alqd, auch* °*alci rei* gegen *etw.*; *m.* °*inf.* = imstande]. **2.** / (*geistig*) fest: **a)** = standhaft, beharrlich konsequent [*accusator, animus, opinio*]; **b)** = zuverlässig, vertrauenswürdig, sicher, bestimmt, *v. Pers. u. Sachen* [*socii, consilium, auxilium, litterae m.* sicheren Nachrichten, *candidatus m.* sicherer Aussicht auf Erfolg, *iudicium* reifes Urteil].

fīscālĭs, *ĕ* (*fīscŭs*) (*nkl.*) zur Staatskasse gehörig, fiskalisch.

fīscĕllă, *ae f* (*wohl demin. v. *fīscŭlŭs*; *fīscŭs*) (*unkl.*) geflochtenes Körbchen; *bsd. als Käseform.*

fīscĭnă, *ae f* (*fīscŭs*) geflochtener Korb, *bsd.* Obstkorb.

fīscŭs, *ī m* (*vl.* < **fīd-s-cŏs; cf. fĭdēlĭă*) **1.** (*nkl.*) geflochtener Korb; *klass. nur* Geldkorb, Kasse [~ *cum pecunia*]. **2.** (*meton.*) (*Ju.*) Geld. **3. a)** (*zur Zeit der Republik*) Staatskasse, Staatsgelder (= *aerarium*); **b)** (*in der Kaiserzeit*) kaiserliche Privatkasse, Fiskus. — **königl. Domäne.

fĭssĭlĭs, *ĕ* (*fĭndō*) (*unkl.*) spaltbar; gespalten [*lignum*]; (*scherzh.*) (*Pl. Aul. 440*) *non fissile auferres caput* du hättest jetzt kein Loch im Kopf.

fĭssĭō, *ōnĭs f* (*fĭndō*) das Spalten, Zerschlagen [*glebarum*].

fĭssŭm, *ī n* (*eig. P.P.P. n v. fĭndō*) Spalt, Einschnitt, *bsd. in der Leber* [*iecorum*].

fĭssŭs *P.P.P. v. fĭndō.*

fĭstūcă, *ae f s. fĕstūcă.*

fĭstŭlă, *ae f* (*et. nicht geklärt*) **1.** Röhre, hohles Rohr; *bsd.* Rohr *einer Wasserleitung.* **2.** *aus e-m hohlen Rohrstengel hergestellter Gegenstand, bsd.* **a)** Hirtenpfeife, -flöte (σῦριγξ); **b)** (*Pers.*) Schreibfeder, Griffel. **3.** (*med. t.t.*) (*vkl., nkl.*) Fistel [*puris* Eiterbeule].

fĭstŭlātŏr, *ōrĭs m* (*fĭstŭlō*) Pfeifer, *der dem Redner auf der Flöte die richtige Tonhöhe angab.*

fĭstŭlātŭs 3 (*eig. P.P.P. v. fĭstŭlō*) (*Suet.*) *m.* Röhren versehen, hohl.

fĭstŭlō *u.* **-ŏr** 1. (*denom. v. fĭstŭlă*) (*spätl.*) auf der Hirtenflöte blasen.

fĭstŭlōsŭs 3 (*fĭstŭlă*) (*vkl., nkl.*) porös.

fĭsŭs *part. pf. v. fīdō.*

fĭtillă, *ae f* (*fī-?; et. ungeklärt*; *vl. Dialektwort*) (*nkl.*) Opferbrei.

fīxī *s. fīgō.*

fīxŭs[1] 3 (*adv.* °**-ē**) (*eig. P.P.P. v. fīgō*) fest, bleibend, unabänderlich, bestimmt [*vestigium, bonum*; *fixum est* es ist fest beschlossen].

fīxŭs[2], *ūs m* (*fīgō*; *nkl.*) das Einschlagen [*-u vectium*].

fīxŭs[3] *P.P.P. v. fīgō.*

flābĕllĭ-fĕră, *ae f* (*flābĕllŭm, fĕrō*) (*Pl.*) Fächerträgerin.

flābĕllŭlŭm, *ī n* (*demin. v. flābĕllŭm*) (*Te.*) kleiner Fächer.

flābĕllŭm, *ī n* (*demin. v. flābrŭm*) (*vkl., dcht.*) Fächer, Wedel; *-a caudae pavonis* die ausgebreiteten Fittiche des Pf.; *klass. nur* / *-um seditionis* Blasebalg.

flābĭlĭs, *ĕ* (*flō, eig.* „hauchbar") luftförmig.

flābrŭm, *ī n* (*flō*) (*dcht., spätl.*) *meist pl.* das Wehen [*ventorum*]; (*concr.*) wehende Winde.

flāccĕō, — — 2. (*denom. v. flāccŭs*) (*spätl.*) schlaff, matt sein; *klass. nur* / die Flügel hängen lassen, nachlassen.

flāccēscō, — — 3. (*incoh. v. flāccĕō*) (*spätl.*) erschlaffen, ermatten; *klass. nur* / [*oratio*].

flāccĭdŭs 3 (*m. comp.*) (*flāccŭs*; *nkl., dcht.*) matt, kraftlos.

flāccŭs 3 (*et. nicht klar*) (*vkl.*) schlaff, schlapp; *klass. nur prägn.*, schlappohrig; ♀ *cogn. in mehreren röm. gentes* [*Q. Horatius Flaccus*].

flăgĕllō 1. (*denom. v. flăgĕllŭm*) (*nkl., dcht.*) peitschen, schlagen (*alqm u. alqd, zB. robora*; *alqm re jd. m. etw. u. in alqd* auf *etw.*); / (*Ma.*) *arca flagellat opes* treibt das Geld an, sich zu vermehren.

flăgĕllŭm, *ī n* (*demin. v. flăgrŭm*) **1. a)** Peitsche *zum Antreiben der Tiere* [°*flagello insonare m.* der

Peitsche knallen]; **b**) Geißel, Knute *zum Züchtigen der Sklaven* [°*flagellis caedere alqm*]; / (*dcht.*) *als Attribut des bösen Gewissens*. **2.** / **a**) (*Ve.*) Wurfriemen *am Wurfspieß*; **b**) (*Pers.*) Stock *zum Antreiben des Kreisels*. **3.** (*vkl., dcht.*) Ranke des Weinstocks. **4.** (*Ov.*) *pl.* Fangarme *des Polypen*.

flāgitātiō, *ōnis f* (*flāgitō*) ungestüme Forderung, dringende Mahnung (*alcis j-s*).

flāgitātŏr, *ōrīs m* (*flāgitō*) ungestümer Forderer *od.* Mahner (*alcis rei, zB.* °*pugnae*; [*vkl., nkl.*] *vom Gläubiger*).

flāgitiōsŭs 3 (*m.* °*comp. u. sup.*; *adv.* **-ē**) (*flāgitiŭm*) schändlich, schmählich, schimpflich, *bsd.* ausschweifend, *v. Pers. u. Sachen* [*greges hominum, vita, libidines*; *alci* für *jd.*].

▶ **flāgitiŭm**, *ī n* (*zu flāgitō*; *urspr. als t.t. der Militärjustiz* „Ausprügelung" [°*-um militare* = (*sŭpplĭcĭŭm*) *fŭstŭārĭŭm*] *u. später als Ausdruck der Volksjustiz* „öffentliche [*nächtliche*] Beschimpfung" *unter Absingen v. Schmähliedern*; *cf. flagrŭm*) **1. a**) ehrlose *od.* gemeine Handlung, Schandtat, schimpfliches Vergehen, Niederträchtigkeit (*alcis, zB. adulescentium*; *-um facere u. committere*); **b**) Ausschweifung, wüstes Leben; **c**) (*Ta.*) Verletzung der soldatischen Ehre (*Meuterei, Feigheit, Verrat u.ä.*); **d**) *pl.* schandbare Äußerungen *od.* Behauptungen. **2.** (*meton.*) **a**) Lasterhaftigkeit [*flagitium alqm exagitat*]; **b**) Schande, Schimpf [°*nec gloriā nec flagitio moveri, alqd -um putare* für schimpflich halten]. **3.** (*vkl., nkl.*) Schandbube [*catervas flagitiorum circum se habere*].

flāgitō 1. (*urspr.* „ausprügeln; öffentlich ausschimpfen"; *s. flāgitĭŭm*; *dehnstufig zu flăg-rŭm*) **1.** (*Pl.*) *jd.* öffentlich ausrufen lassen. **2. a**) leidenschaftlich *od.* dringend fordern, ungestüm verlangen, auf *etw.* dringen (*abs., zB. posco atque etiam flagito*; *alqd, zB. arma, testes*; *alqd ab alqo od. alqm alqd, zB. Aeduos frumentum, praemia a civibus*; *m. ut, ne*); **b**) (*Ta.*) *j-s* Auslieferung verlangen [*ministros in tormenta*]. **3.** (*v. abstr. subi.*) *etw.* dringend fordern, notwendig machen [*res ipsa severitatem flagitat*; *m.* °*inf.*]. **4.** zu wissen verlangen [*crimen ab adversario*; *m. indir. Frages.*]. **5.** (*Ta.*) *jd.* vor Gericht fordern, belangen (*alqm*). **6.** (*nkl.*) unsittliche Anträge stellen, sich an *jd.* vergreifen wollen [*iuvenem*; *ancillam alienam*].

E. *Die Bed.-Entwicklung ist umstritten.*

flăgrāns, *āntĭs* (*m.* °*comp. u. sup.*; *adv.* °**-āntĕr**) (*eig. part. praes. v. flăgrō*) **1.** (*nkl., dcht.*) brennend, flammend, *im eig. Sinn* [*domus*]. **2.** / **a**) (*dcht.*) leuchtend, funkelnd, strahlend [*oculi*; *re v. etw., zB. clipeo et armis*]; **b**) *vor Leidenschaft* glühend = heiß, heftig, leidenschaftlich, erregt, *v. Pers. u. Sachen* [*multitudo, cupiditas,* °*amor*; *re v. etw., zB. studio laudis*].

F. *abl. sg. -ī u.* °*-ĕ*; *pl. neutr. -ĭă*; *gen. -ĭŭm*.

flăgrāntĭă, *ae f* (*flăgrō*) **1.** Glut [*oculorum*]. **2.** / **a**) glühende Liebe [*materna*]; **b**) (*Pl.*) *flagitii als Schimpfwort* Schandbube.

flăgrī-trībă, *ae m* (*trī-?*; *flăgrum* + $\tau\varrho\acute{\iota}\beta\omega$) (*Pl.*) (*scherzh.*) „Geißelreiber", oft geprügelter Sklave, *pl.* „Prügelbrut".

▶ **flăgrō** 1. (*cf.* φλέγω, *nhd.* „blaken") **1.** brennen, lodern, *im eig. Sinne klass. selten* [°*ignes, naves*]. **2.** / **a**) (*dcht.*) glänzen, funkeln [*lumina nymphae*]; **b**) lodern, *bsd.* (*in od. v. Leidenschaft*) glühen, entbrannt sein, *v. Pers. u. Sachen* [*alqs flagrat amore, studio litterarum* begeistert sein für, *invidiā* glühend gehaßt werden, °*inopiā* schwer heimgesucht werden v., *infamiā* ganz verrufen sein; °*bellum flagrat* tobt, °*libertas* der Sinn für Freiheit glüht, *vitia libidinis apud alqm flagrant* lodern *in jd.* auf, *Italia bello flagrat* in Italien lodert die Kriegsflamme, *convivia flagrant stupris flagitiisque* bei den Gelagen herrschten Unzucht *u.* schandbare Lüste; *m.* °*inf.* = heftig verlangen]. *Cf. auch flăgrāns*.

flăgrŭm, *ī n* (*zu altnord.* blak „Schlag") (*vkl., nkl.*) Geißel, Peitsche, Knute (*klass. flăgĕllŭm*).

flāmĕn[1], *ĭnĭs m* (*zu got.* blōtan „verehren, opfern") Flamen, Priester *einer bestimmten Gottheit* (3 *maiores* [*cf. Dĭālĭs, Mārtĭālĭs, Quĭrīnālĭs*] *aus patriz. u.* 12 *minores aus pleb. Geschlechtern für geringere Götter, auch göttlich verehrte Kaiser*).

flāmĕn[2], *ĭnĭs n* (*flō*) (*vkl., dcht.*) **1.** das Wehen *des Windes* [*ventorum*]. **2.** (*meton.*) **a**) Wind, Luftzug; **b**) Blasen auf der Flöte, *pl.* Flötentöne.

flāmĭnĭcă, *ae f* (*flāmĕn*[1]) (*sc. ŭxōr*) (*nkl., dcht.*) Gattin eines Flamen (*bsd. des Dĭālĭs*).

Flāmĭnīnŭs *s. Quīnctĭŭs*.

flāmĭnĭŭm *u.* °**-mōnĭŭm**, *ī n* (⟨ **flāmĭ[nĭ]mōnĭŭm haplol. gekürzt*; *flāmĕn*[1]) Amt *e-s* Flamen.

Flāmĭnĭŭs 3 *Name einer pleb. gēns*: *C.* ~, *Vorkämpfer der plebs, legte als Zensor 220 die via Flaminia u. den circus Flaminius an, fiel als cons. 217 am Trasimenischen See*; — *adi. auch* **Flāmĭnĭānŭs** 3.

▶ **flămmă**, *ae f* (*altl. gen. -āī*; ⟨ **flăg-mā zu flăgrō*) **1.** Flamme, loderndes Feuer, Lohe [*flammam concipere* Feuer fangen, *ferro flammāque m.* Feuer *u.* Schwert]. **2.** (*meton.*) Fackel [*flammam alci de manibus extorquere*]. **3.** (*dcht.*) Blitz [*trifida*]; Stern, Sternschnuppe, Hitze, Glut, Licht, Glanz, Schein [*solis*]. **4.** / **a**) Feuer, Glut, Hitze, *zB.* °*des Fiebers od. des Giftes, bsd. der Leidenschaften, bisw.* = Gier [*oratoris, belli, amoris turpissimi, gulae* Heißhunger, °*ultrix* Rachgier]; **b**) (*dcht.*) Eifersucht; **c**) (*dcht.*) Liebesglut; (*meton.*) die Geliebte; **d**) höchste Gefahr, Verderben [*flammā se eripere*]; (*meton.*) der Verderber.

flămm(ĕ)ārĭŭs, *ī m* (*flămmĕŭm*) (*Pl.*) (Rotfärber) Weber *v.* Brautschleiern.

flămmĕŏlŭm, *ī n* (*demin. v. flămmĕŭm*) (*Ju.*) kleiner Brautschleier.

flămmēscō, — — 3. (*incoh. v. flămmă*) (*Lu.*) feurig werden.

flămmĕŭm, *ī n* (*flămmĕŭs*) (*unkl.*) der (feuerrote) Brautschleier *der Römerinnen*; *übh.* das Feuerrote [*alqd -ei im Regenbogen*].

flămmĕŭs 3 (*flămmă*) flammend, feurig [*stella,* °*lumina* Augen *od.* Blitz]; / (*dcht., nkl.*) feuerrot, glänzend.

flămmĭ-fĕr, *fĕră, fĕrŭm* (*flămmă, fĕrō*) (*dcht., nkl.*) flammentragend, flammend, brennend, feurig, heiß [*pinus, aestus, hinnitus* glutatmend].

flămmō 1. (*denom. v. flămmă*) (*dcht., nkl.*) **1.** (*intr.*) (*nur part. praes. act.*) flammen, brennen [*flammans* = *flammeus*]. **2.** (*trans.*) anzünden, in Flammen setzen, verbrennen (*alqm u. alqd*); / entflammen, entzünden, erhitzen [*arrogantia flammat alqm, flammatus amore*]; *flammatus auch* feuerrot [*toga*].

flămmŭlă, *ae f* (*demin. v. flămmŏ*) Flämmchen.

flāmōnĭŭm, *ī n s. flāmĭnĭŭm*.

flăscō, *ōnĭs m* (*germ. Lw. der röm. Soldatenspr.*) (*spätl.*) Weinflasche.

flātŭs, *ūs m* (*flō*) **1. a**) (*nkl., dcht.*) das Blasen, Wehen *des Windes, auch pl.* [*boreae*]; Wind, Sturm [*aestivus*]; *klass. nur* /, *zB. fortunae* Hauch des Glückes; **b**) (*nkl.*) (lautlose) Blähung. **2.** (*nkl., dcht.*) **a**) das Atmen; *bsd.* Schnauben *der Rosse* [*equorum*]; (*meton.*) Atem; **b**) das Blasen der Flöte, Flötenspiel. **3.** (*meton.*) (*dcht.*) Aufgeblasenheit, Hochmut, *meist pl.* [*flatūs remittere*].

flāvĕō, — — 2. (*denom. v. flāvŭs*) (*nkl.*) goldgelb sein; (*part. praes.*) *adi.* **flāvēns**, *ēntĭs* (*dcht.*) = *flāvŭs*.

flāvēscō, — — 3. (*incoh. v. flāvĕō*) (*dcht., nkl.*) gelb werden, sich gelb färben; *bsd.* sich blond färben.

Flāvĭŭs 3 *Name e-r* (*urspr. sab.*) *gēns*: **1.** *Cn.* ~, *urspr. Sekretär des Appius Claudius, später kurulischer Ädil*; *er gab den ersten röm. Kalender heraus* (*cf. fāstŭs*[2], II, 2) *u. publizierte zuerst die röm. Prozeßformeln* [*ius civile Flavianum*]. **2.** *C.* ~ *Fīmbrĭă, Konsul 104 v.Chr., tüchtiger Redner*. **3.** *C.* ~ *Fīmbrĭă, Parteigänger des Marius, endete durch Selbstmord*. **4.** *T.* ~ *Vĕspăsĭānŭs, Kaiser 69—79*. **5.** *gleichnamiger S. v. 4, Tĭtŭs, Kaiser 79—81*. **6.** *T.* ~ *Dŏmĭtĭānŭs, Bruder v. 5, Kaiser 81—96*. — *adi. auch* **Flāvĭānŭs** 3.

▶ **flāvŭs** 3 (*cf. flōrŭs, nhd.* „blau") (*dcht., spätl.*) gelb *in allen Abstufungen, bald* goldgelb, rotgelb, rötlich [*aurum, mel, cera, Ceres, Tiberis* lehmiggelb]; *bald* gelblich, blaßgelb, blond [*harena*; *color* helle Hautfarbe]; *subst.* ~, *ī m* Goldfuchs = Golddenar; *cf. aurĕŭs*.

flēbĭlĭs, *ĕ* (*m.* °*comp.*; *adv.* **-ĭtĕr**) (*flĕō*) **1.** (*pass.*) beweinenswert, jammervoll [*species, vigiliae*; °*alci* für *jd.*]. **2.** (*act.*) **a**) (*dcht.*) Tränen verursachend, schmerzend [*ultor*]; **b**) α) (*v. Pers.*) weinend, jammernd

[°sponsa, flebiliter respondere unter Tränen]; β) (v. Sachen) kläglich, rührend [vox, gemitus].

flěctō
1.a) biegen, beugen, krümmen; b) etw. verändern, umwandeln; c) (gramm. Wörter) formen, bilden; d) (geistig) umstimmen; e) umsegeln; 2.a) (trans.) drehen, wenden; b) (intr.) sich wohin wenden, umkehren; 3. (P.P.P.) adi. **flěxŭs a)** gebogen, gekrümmt; b) (sonus) weich = moll.

flěctō, ěxī, ěxŭm 3. (et. ungedeutet) **1. a)** biegen, beugen, krümmen [alqd, zB. membra, °arcum = spannen, °salignas crates flechten, °ulmum in burim zu e-m Krummholz; (prägn.) °anguis flectit sinūs windet sich in Krümmungen]; mediopass. sich krümmen, sich beugen [°in gyrum im Kreise herumfliegen; (prägn.) °in anguem zu einer sich windenden Schlange werden]; **b)** / jd. od. etw. verändern, e-r Sache eine andere Richtung geben, etw. umwandeln (alqm a re jd. v. etw. abbringen, e-r Sache abwendig machen, zB. °a proposito; alqd, zB. °iter od. viam die Marschrichtung ändern, °fata deum, °fatum das drohende Verhängnis abwenden, vocem modulieren); **c)** (gramm. t.t.) α) (Qu.) dehnen [syllabam]; β (nkl.) formen, bilden [verba; hoc vocabulum de Graeco flexum est]; **d)** (geistig) umstimmen, rühren (alqm od. alcis animum, mentes hominum oratione od. donis); auch jd. für od. zu etw. geneigt machen [ad deditionem]; **e)** etw. umsegeln [promunturium]. **2. a)** (trans.) drehen, wenden [equos die Pferde od. den Wagen wenden lassen]; se flectere sich wenden [sinistrorsus nach links]; übh. lenken, richten, auch / [currum de foro in Capitolium, °amnes, °habenas, °iuga habenis, °oculos od. °lumina a re ad alqm od. in alqd, °alqm in vitium zum Bösen hinwenden, °flexo in meridiem die als es auf Mittag ging]; / (Ta.) auf etw. beziehen od. deuten [versūs in Tiberium]; **b)** (intr.) (nkl.) sich wenden: α) = umkehren; β) = sich wohin od. zu etw. wenden, marschieren, ziehen (a od. ex re ad, in alqd, zB. ex Gabino in colles Tusculanos); auch /, zB. ad sapientiam. **3.** (P.P.P.) adi. **flěxŭs¹** 3 **a)** (dcht.) gebogen, gekrümmt, gewunden [°aes, cannae geflochten, comae gekräuselt]; **b)** / sonus Mollton, melancholischer Ton.

flēmĭnă, ŭm n (wohl Lw. ⟨ φλεγμονή „Entzündung, Geschwulst", cf. flăgrō) (Pl., nkl.) Krampfadern.

▶ **flĕō,** ēvī, ētŭm 2. (⟨ *bhlē-jō; cf. nhd. „plärren", „blöken"; Grbd. unklar; schon vulgärlt. verdrängt durch plōrō, plăngō, lăcrĭmōr) **1.** (intr.) **a)** weinen, (dcht. v. der Nachtigall) klagen, meist abs., auch de re; °alci vor jd.; **b)** (v. Leblosem; dcht.) tränen, träufeln; **c)** (Suet.) (v. Pferden) laut wiehern. **2.** (trans.) **a)** etw. beweinen od. beklagen, klass. selten (alqm u. alqd, zB. °mortuos vivosque, casum rei publicae; m. °a.c.i.); auch °P. [°flendus beweinenswert]; / **b)** (dcht.) unter Tränen vortragen; **c)** (dcht., nkl.) weinend bitten.
F. pf.-Formen °synk.: flēssĕ(m), flēstī, flēmŭs = flēvĭmŭs u.ä.

▶ **flētŭs,** ūs m (flĕō) **1.** das Weinen od. Wehklagen; Jammer [fletum movere alci bis zu Tränen rühren, magno fletu unter lautem Weinen; alcis j-s, zB. mulierum]. **2. a)** Rührung; **b)** (meton.) Tränen, Tränenstrom, auch pl. [fletum abstergere alci, °ora fletibus rigare].
F. dat. sg. flētŭī u. °flētū.

flēvī s. flĕō.

Flēvŭm, ī n Kastell der Friesen a. d. späteren Zuydersee.

flěx-ănĭmŭs 3 (flěctō) (dcht.) **1.** herzrührend. **2.** gerührten Herzens.

flěxī s. flěctō.

flěxĭbĭlĭs, ĕ (flěctō) **1.** biegsam, geschmeidig, elastisch [materia; / vocis genus]. **2.** / **a)** lenksam [aetas; ad alqd, zB. ad bonitatem]; **b)** unbeständig [animus].

flěxĭlĭs, ĕ (flěctō) (dcht., nkl.) = flěxĭbĭlĭs.

flěxĭ-lŏquŭs 3 (flěxŭs¹, lŏquŏr) zweideutig (redend) [oraculum].

flěxĭō, ōnĭs f (flěctō) **1.** Biegung, Krümmung [laterum]; bsd. Wegkrümmung. **2.** / **a)** pl. krumme Wege, Ausflüchte [flexiones quaerere]; **b)** Modulation der Stimme, des Gesangs [vocis, modorum, delicatiores in cantu flexiones Koloraturen].

flěxĭ-pēs, pědĭs (flěxŭs¹) (Ov.) krummfüßig, sich rankend [hedera].

flěxŭōsŭs 3 (m. °sup.; adv. °-ē) (flěxŭs²) voll Krümmungen, gewunden [iter].

flěxūră, ae f (flěctō) (dcht., nkl.) Krümmung, Biegung.

flěxŭs¹ 3 s. flěctō 3.

flěxŭs², ūs m (flěctō) **1. a)** Biegung, Krümmung, Windung, medial u. pass. [°longus, °viae, °vallium, °capillorum das Kräuseln, °flexūs pati sich krümmen lassen]; **b)** Seitenweg, Umweg [°itineris]; **c)** Bogen des Rennfahrers um die meta im Zirkus; auch °/; **d)** (Qu.) Seitenwendung des Körpers, das Ausweichen. **2.** / **a)** Wendung, Übergang, Modifikation; auch (Qu.) Modulation der Stimme; **b)** (meton.) Wendepunkt [rerum publicarum, aetatis Lebenswende, °autumni ~ Spätherbst]; **c)** (gramm. t.t.) (Qu.) Flexion, Flexionsform; **d)** (rhet. t.t.; Qu.) pl. Wendungen des Redners, um die Sache zum Vorteil zu wenden [mille flexūs et artes].

flīctŭs, ūs m (flīgō) das Anschlagen, Anprall.

flīgō, — — 3. (cf. φλίβω „drücke, quetsche") (vkl.) schlagen, zu Boden schlagen.

flō 1. (cf. nhd. „blähen") **1.** (intr.) blasen, wehen, vom Winde [ventus], (v. Pers.) mit dem Munde blasen (Pl.) [simul flare sorbereque hau factu facile, sprichw. v. etw. Unmöglichem], (v. der Flöte) (Ov.) ertönen. **2.** (trans.) **a)** (vkl., dcht.) (hervor)blasen [flammam]; **b)** (dcht., nkl.) herwehen [pulvis vento flatus]; **c)** (Ov.) (die Flöte) blasen [tibiam]; **d)** m. dem Blasebalg (Metalle) schmelzen, (Geld) gießen [pecuniam, argentum].

flŏccŭs, ī m (cf. nhd. „Blahe" = Plane, Wagendecke; grobe Leinwand) (vkl., nkl.) Flocke, Faser; / Kleinigkeit [non flocci facio od. °pendo alqd, alqm es ist mir gleichgültig, ich mache mir nichts aus jd.].

Flōră, ae f (flōs; cf. Χλῶρις) (vl. urspr. sab.) Göttin der Blumen u. des Frühlings; ihr Tempel lag in der Nähe des Circus maximus; adi. **Flōrālĭs,** ĕ [sacrum = Flōrālĭă]; subst. **Flōrālĭă,** ĭŭm u. °ĭōrŭm n Fest der Flora, vom 28. April bis 3. Mai; adi. -ālĭcĭŭs 3. Cf. V.-B. X.

*****floreat** (zu flōrĕō) „er (sie, es) blühe"; s. vivat, crescat, floreat.

flōrēns, ēntĭs (m. comp. u. sup.; adv. °**-ēntěr**) (eig. part. praes. v. flōrĕō) **1.** blühend, eig. u. / [°corona, °iuventa; re durch, an etw., zB. aetate, meist = glänzend ausgestattet m. etw., zB. opibus, honoribus, ingenio]. **2.** / **a)** jugendlich blühend; **b)** mächtig, angesehen, einflußreich, ausgezeichnet, v. Pers. u. Sachen, abs. od. m. abl. [civitas, dignitas, rebus florentissimis zur Zeit des höchsten Glanzes od. auf der Höhe des Glücks]; **c)** (v. der Rede u. dem Redner) blumenreich [orator, orationis genus].
F. Cf. V.-B. VIII.

Flōrěntĭă, ae f St. am Arno, j. Firenze (Florenz); Einw. u. adi. **Flōrěntīnŭs** (3).

****florenus** u. **-inus,** i m zuerst 1252 in Florenz geprägte Goldmünze (Fiorino d'oro), später der nach ihrem Muster in Deutschland geprägte Gulden.

▶ **flōrĕō,** ŭī, — 2. (denom. v. flōs) **1.** blühen, in Blüte stehen, v. Pflanzen [arbor, °segetes; (meton.) auch terra, °vinea; °floret annus es ist Blütezeit]. **2.** / **a)** (nkl., dcht.) prangen, glänzen, schimmern, strotzen [re v. etw., zB. ager autumno floret]; (vom Wein) auf dem Faß schäumen [vina]; **b)** α) angesehen od. mächtig sein, in glänzenden Verhältnissen leben, auf der Höhe der Macht od. des Glücks stehen (abs. od. in re, zB. in administratione rei publicae, in patria, in re militari als Feldherr); β) sich hervortun, sich auszeichnen, etw. in reichem Maße besitzen od. genießen (re, zB. °aetate ac viribus, bellica laude, acumine ingenii, °genae florentes die ersten Barthaare).

flōrēscō, — — 3. (incoh. v. flōrĕō) aufblühen, erblühen, eig. u. / [puleium, iustitia alcis; re durch etw.; ad alqd zu etw., zB. ad summam gloriam]; / auch = in glänzende Verhältnisse kommen.

flōrĕŭs 3 (flōs) (dcht.) **1.** aus Blumen (bestehend) [serta]. **2.** blumig, blumenreich [rura].

flōrĭdŭlŭs 3 (demin. v. flōrĭdŭs) (Ca.) schön blühend.

flōridŭs 3 (*m. comp.*; *adv.* °-ē) (*flōs*) **1. a)** (*meist dcht.*) blühend [°*pinus*]; *subst. pl. n* **florida et varia** (*Ci.*) eine bunte Blumenfülle; / **b)** (*dcht., nkl.*) blühend, in Jugendfrische [*aetas, puellula, forma*]; **c)** (*v. der Rede u. dem Redner*) blühend, blumig [°*oratio, Demetrius est floridior*]. **2.** (*vkl., dcht.*) aus Blumen (bestehend), blumenreich.

flōri-fĕr, ĕră, ĕrŭm (*flōs, fĕrō*) (*dcht., nkl.*) Blumen tragend.

flōri-lĕgŭs 3 (*flōs, lĕgō²*) (*Ov.*) Blütenstaub *od.* Honig sammelnd [*apes*].

flōrŭs 3 (*wohl nicht zu flōs, sondern als flō-rŭs ablautend u. m. anderem Suffix* = *flā-vŭs*) (*unkl.*) rotgelb, goldgelb; / blond [*crines*].

Flōrŭs, *P. Ānnĭŭs Vfssr. e-s Auszugs aus der röm. Geschichte (nach Livius); vl. identisch m. dem unter Hadrian lebenden Dichter u. Rhetor gleichen Namens (od. L. Ānnaeŭs F.).*

▶ **flōs,** *flōrĭs m* (*cf. mhd.* „bluost", *nhd.* „Blüte") **1. a)** Blume, Blüte [°*rosae, alqd floribus ornare*]; **b)** (*meton.*) (*dcht., nkl.*) α) Blütenstaub, Honig [*apis fert collectos flores*]; β) *pl.* Blumengewinde, Kränze. **2.** / **a)** blühender Zustand, Glanzzeit, Höhepunkt [*litterarum, virium, Graeciae, aetatis* die besten Jahre]; **b)** α) Jugendblüte, -kraft, -frische [°*iuventae*, °*in primo flore exstingui*]; β) Jungfräulichkeit; Unberührtheit [°*castum amisit polluto corpore florem*]; γ) (*meton.*) junge Mannschaft, Kern [*nobilitatis*]; **c)** bester Teil *e-s Ganzen*, Glanz, Schmuck, Zier(de), Kleinod, Krone [*Gallia est flos Italiae, dignitatis* ausgezeichnete Würde, ~ °*Bacchi* (= *vini*) Geist, Kraft]; (*Lu.*) Schimmer [*flammae*]; (*rhet.*) Glanz des Redeschmucks, *pl.* Glanzpunkte [*verborum sententiarumque*]; **d)** (*dcht.*) die ersten zarten Barthaare, -schmuck, Flaum. — ****flores* getrocknete Blüten *v. Arzneipflanzen* [*Arnicae*].
F. (*gen. pl. flōrŭm*).

flōscŭlŭs, ī *m* (*demin. v. flōs*) **1.** Blümchen, Blütchen, *übh.* Blüte. **2.** / Zierde, Schmuck; *pl.* Zierate; *bsd.* (*v. der Rede*) das Beste [*ex omni orationis genere flosculos carpere*]; *auch* = schmückender Ausdruck, schöne Redewendung (*aber nicht pejorativ* = „Floskel"!). **3.** (*Se.*) *die aus e-r Schrift exzerpierte* Sentenz.

flūctĭ-frăgŭs 3 (*-ūct-?; flūctŭs, frăngō*) (*Lu.*) wellenbrechend.

flūctĭ-gĕr, ĕră, ĕrŭm (*-ūct-?; flūctŭs, gĕrō*) (*dcht.*) Wellen ertragend.

flūctĭ-sŏnŭs 3 (*-ūct-?; flūctŭs, sŏnō*) (*dcht.*) wellenrauschend.

flūctŭātĭō, ōnĭs *f* (*-ūct-?; flūctŭō, eig.* „das Hin- u. Herwogen") (*nkl.*) unruhige Bewegung; / schwankende *od.* wechselnde Stimmung [*animorum*].

flūctŭō *u.* (*meist nkl.*) °**flūctŭŏr** 1. (*-ūct-?; denom. v. flūctŭs*) **1.** (*nkl., dcht.*) wogen, wallen, fluten [*mare*; / *turba fluctuans, tellus aere renidente fluctuat* blitzt]; / (*v. Leidenschaften*) unruhig, bewegt sein, aufbrausen [*ira*; *auch v. Pers., zB. magno curarum aestu*]. **2.** in der See treiben, *v. Pers., Schiffen u. Sachen* [*mare fluctuantibus commune est*]; / schwanken, wanken, unschlüssig sein [°*acies, oratio, sententia*, °*inter spem metumque*; *in re* in *etw.*].

flūctŭōsŭs 3 (*-ūct-?; flūctŭs*) (*vkl., nkl.*) wogend, stürmisch.

▶ **flūctŭs,** *ūs m* (*-ūct-?; flŭō*) **1. a)** (*Lu.*) das Fluten *od.* Wogen; Strömung [*aquae*]; *auch* (*sexuell*) *fluctūs* (= *seminis ictum*) *ciere*; **b)** (*concr.*) hochgehende Woge *od.* Flut *sg. u. pl.* [*maris, fluctūs sedare u. excitare*; *sprichw. excitare -ūs in simpulo* viel Lärm um nichts machen (Sturm im Wasserglas)]. **2.** / (*meist pl.*) Unruhen, Gefahren [°*civiles* des *pol.* Lebens, *contionum* stürmische Versammlungen, *populi* stürmische Leidenschaften, *emergere e fluctibus servitutis*].

flŭēns, ēntĭs (*adv.* °-**ēntĕr**) (*eig. part. praes. v. flŭō*) **1.** fließend, (*v. festen Gegenständen*) triefend [*buccae* salbentriefend]. **2.** / **a)** gleichmäßig (dahin)fließend, gleichförmig, *bsd. v. der Rede* [*oratio*]; **b)** einförmig *od.* eintönig (hinfließend) [*oratio*]; **c)** (*v. Körperteilen, Kleidern u. a.*) schlaff (herabhängend) [*buccae*, °*vestitus* schleppend].
F. *abl. sg. -ī u. -ĕ; pl. neutr. -ĭă, gen. -ĭŭm* (*cf.* V.-B. VIII).

flŭēntĭ-sŏnŭs 3 (*flŭēntŭm, sŏnō*) (*Ca.*) *v.* Wogen umbraust [*litus*].

flŭēntŭm, ī *n* (*flŭēns*) (*dcht., nkl.*) Strömung, Flut, *nur pl.* [*Xanthi*].
F. *gen. pl. -ōrŭm u. -ŭm* (*cf.* V.-B. VI).

flŭĭdŭs 3 (*flŭō*) (*nkl., dcht.*) **1.** fließend, flüssig [*cruor*], (*v. festen Dingen*) triefend [*sanguine v.* Blut]. **2.** / **a)** (*v. Gewändern*) niederwallend [*vestis*]; **b)** schlaff, schlotternd, weich [*lacerti*]; **c)** erschlaffend [*calor*].

flŭĭtō 1. (*intens. v. flŭō*) **1.** (*dcht.*) (*v. Flüssigkeiten*) hin *u.* her fließen, wogen [*undae*]; / (*v. Gewändern u.a.*) wallen, flattern [*vela*]; *auch* schlaff herabhängen [*lora*]. **2.** (*v. festen Dingen*) *m.* den Wellen treiben [*navis in alto*]. **3.** / (*nkl., dcht.*) **a)** wanken *od.* schwanken *in eig.* Sinn [*testudo, miles* in Reih *u.* Glied]; **b)** (*geistig*) schwanken, wankend werden, *v. Pers. u. abstr.* (*abs., zB. fides alcis, u. re* durch, in *etw., zB. caesā sorte*).

▶ **flūmĕn,** *ĭnĭs n* (*flŭō*) **1.** fließendes Wasser, Strömung, Flut [°*curvum*, °*vivum* Flußwasser; *flumine secundo* stromabwärts, *adverso* stromaufwärts]; *pl.* Gewässer [°*Scamandri*]. **2.** (*meton.*) **a)** ein Fluß, Strom [~ *Rhodanus*; *m.* °*gen.*: ~ *Hebri*]; **b)** / Strom = flüssige Masse [*sanguinis*, °*lacrimarum*]; **c)** (*meton.*) Gegend an einem Fluß [*flumen colere*]; **d)** (*personif.*) (*dcht.*) Flußgott. **3.** / **a)** Strom der Rede [*orationis, inanium verborum* leerer Wortschwall]; **b)** reiche Fülle [*ingenii*].

Flūmĕntānă pŏrtă, *ae f das Flußtor in der Servianischen Mauer, das vom forum boarium an den Tiber führte*; *scherzh.* ein Landgut vor dem Flußtore.

flūmĭnĕŭs 3 (*flūmĕn*) (*Ov.*) im *od.* am Fluß befindlich, Fluß... [*avis*].

flŭō
1. a) fließen, strömen; **b)** *v. etw.* triefen, naß sein; **2. a)** (*v. Nichtflüssigem*) hervorströmen; **b)** (*Menschenmassen*) sich ergießen; **3. a)** (*Lehren*) sich ausbreiten; **b)** herrühren, ausgehen *v. etw.*; **c)** dahinfließen; **d)** vonstatten gehen; **e)** (*Rede*) ruhig dahinfließen; **f)** auf *etw.* hinauslaufen; **g)** (*Zeit*) vergehen; (*Kräfte, Pers.*) erschlaffen; **h)** (*Gewand*) niederwallen.

flŭō, *flūxī,* (*flūxŭm*) 3. (*flūx...?; supin. vor Pl. flūctŭm* [-ū-?]; < **bhleugvō, wohl eig.* „schwellen"; *cf.* φλύζω „auf-, überwallen") **1. a)** fließen, strömen, rinnen, *v. Flüssen u. Flüssigkeiten* [*Rhodanus, fluvius sanguine*, °*sudor*; *de re in alqd, per alqd, sub re u.a.*]; **b)** *v. etw.* triefen *od.* naß sein [*buccae v.* Schminke; *re v. etw., zB.* °*sudore*]; / (*dcht.*) überaus reich *od.* ergiebig an *etw.* sein [*multo fluentes Baccho vites*]. **2. a)** (*v. nicht flüssigen Gegenständen*) hervorströmen, entströmen [*multa a luna fluunt*, °*viscera* quellen hervor, °*rami* wuchern; *ex re u.* °*re* aus *etw., zB. oratio ex ore alcis*]; **b)** (*dcht., nkl.*) (*v. Menschenmengen*) sich ergießen [*turba fluit castris od. ad regia tecta od. in alqm* gegen *jd.*]. **3.** / **a)** (*v. abstr.*; *zB. Lehren, Übeln*) sich ausbreiten, um sich greifen, Anklang finden [*Pythagorae doctrina longo lateque fluxit*, °*clades in populum*]; **b)** entstehen, herrühren, ausgehen *v. etw.* [*ab, ex re, zB. ab isto capite fluit omnis ratio, ex eodem fonte*]; **c)** / dahinfließen, -strömen [°*cuncta fluunt* = πάντα ῥεῖ ist im ewigen Wechsel]; **d)** vonstatten gehen [°*prospere, res ad voluntatem alcis, causae ab aeterno in aeternum*]; **e)** (*v. der Rede od. dem Redenden*) gleichmäßig *od.* ruhig (*auch* einförmig, planlos) dahinfließen *od.* fortgehen [*oratio libere*, (*Herodotus*) *sine ullis salebris*]; **f)** auf *etw.* hinauslaufen, irgendwo hinauswollen [*res fluit ad interregnum*]; **g)** (*dcht.*) (*v. der Zeit*) verfließen, entfliehen [*tempora tarda*]; / (*auch klass.*) zerfließen, zerrinnen, sich verlieren, vergehen (*v. Gliedern, Kräften, Pers.*) erschlaffen [°*vires lassitudine, voluptas corporis*; °*alqs fluit luxu* lebt in Saus u. Braus *od. mollitie* geht ganz auf in]; **h)** (*dcht.*) (*vom Haar u. Gewand*) niederwallen [*crines*]; *übh.* (*auch gelegentl. klass., v. Pers. u. Sachen*) niedersinken, entsinken [*arma od. gladii de manibus*, °*moriens ad terram*, °*poma fluunt* fallen nach u. nach ab].

flŭŏr, ōrĭs *m* (*flŭō*; = ῥεῦμα) (*nkl.*) Strömung, Ausfluß, *bsd. als med. t.t.* [*albus*].

flūtō 1. (*Lu.*) = *flŭĭtō*.

flŭvĭālĭs, ĕ (*flŭvĭŭs*) (*dcht., nkl.*) = *flŭvĭātĭlĭs*.

flŭvĭātĭlĭs, ĕ (*flŭvĭŭs*) in *od.* an Flüssen (befindlich *od.* wachsend,

lebend), Fluß... [testudo, °piscis, °ana Wildente].
flūvidūs 3 (*im Vers flūv- nach ūvĭdūs*) (*nkl.*) = flūĭdūs.
flūvĭūs, ī *m* (*urspr. adi.*; flŭō) Fluß, Strom, *nur geographisch* [Eurotas]; (*meton.*) (*dcht., nkl.*) Flußwasser (*sg. u. pl.*), Strömung [fluvio secundo], Flußgott [corniger].
F. *voc. sg* flŭvĭĕ *u.* °-ŭs (*Verg. Aen.* 8, 77); *gen. pl.* -ōrŭm *u.* °-ŭm, *cf.* V.-B. VI, 2.
flūxī *s.* flŭō.
flūxŭs[1] 3 (-ŭ-?; *m.* °*comp.*; *adv.* °-ē) (*eig. P.P.P. v.* flŭō) **1.** (*nkl.*) fließend, flüssig. **2.** / **a)** (*nkl., dcht.*) herabwallend, flatternd [crines]; **b)** (*nkl.*) schlaff herabhängend [arma, habena]; / schlaff [corpus, animus]; **c)** (*unkl.*) haltlos, charakterlos, schwankend, unsicher [animus, res humanae, fides]; **d)** (*meist nkl.*) zerfallend, verfallend [°muri, °murorum zerfallende Teile]; *meist* / [res zerrüttetes Vermögen, °wankende Macht, °mens senio -a altersschwach, °studia erfolglos].
flūxŭs[2], ūs *m* (-ŭ-?; flŭō) (*nkl.*) das Fließen [aquarum; / sanguinis Verblutung].
fōcālĕ, is *n* (fōx, *vulgär* = faux; *nkl., dcht.*) Halstuch, Halsbinde.
fōcŭlō *u.* **fōcĭl(l)ō** 1. (fŏvĕō) (*nkl.*) (*durch Wärme*) wiederbeleben; *auch* /.
fōcŭlŭm, ī *n* (*auch* /; fŏvĕō) (*Pl.*) Wärmemittel; Geschirr zum Wärmen *der Speisen,* Schmortopf.
fōcŭlŭs, ī *m* (*demin. v.* fŏcŭs) kl. Opferpfanne, -herd; (*nkl.*) *übh.* kleiner Herd; Herdfeuer.
▶ **fōcŭs,** ī *m* (*et. unklar*) **1.** (*unkl.*) Pfanne; *bsd.* Opferpfanne [dis tura in focos dare]; Brandaltar. **2. a)** Feuerstätte *des Hauses,* Herd, *bsd. im Atrium des Hauses* [ad focum sedere], *dcht. auch pl.*; *bsd.* Kamin [°ligna super foco large reponere]; **b)** (*meton.*) (*Pr. u. spätl., unter Verdrängung v.* ĭgnĭs) Feuer, Glut. **3.** (*Ve.*) Brandstätte des Scheiterhaufens. **4.** (*meton.*) Haus *u.* Hof [arae focique die Heiligtümer der Tempel *u.* Häuser], Heim, Familie [alqm focis patriis eicere].
fōdī *s.* fŏdĭō.
fōdĭcō 1. (*intens. v.* fŏdĭō) **1.** (*dcht., nkl.*) stechen, stoßen [latus in die Seite]. **2.** / beunruhigen, kränken, wehe tun (*abs. od. m. acc.*).
fŏdīnă, ae *f* (*verselbständigt aus* aurĭfŏdīnă *u.ä.*; fŏdĭō) (*nkl.*) Grube, Bergwerk.
▶ **fŏdĭō,** fōdī, fŏssŭm 3. (*eig.* „stechen, stochern"; *cf. nhd.* „Bett" [*eig.* „Grube zum Schlafen"]) **1. a)** (*Ma.*) stochern [oră sich im Mund]; **b)** stechen; *auch* / (alqm *u.* alqd re, *zB.* elephantos stimulis, °equum calcaribus), (*vom Schmerz*) wühlen; **c)** (*nkl., dcht.*) durchbohren (°alqm hastā, °repugnantes einhauen in; *auch obszön*); (*dcht.*) ausstechen [lumina alci]. **2.** graben (*abs. od.* alqd = durch Graben fertigstellen [°fossam, puteum]; *auch* [*nkl.*] ausgraben [argentum], umgraben *od.* aufwühlen [°terram, °vineam, °murum untergraben; [*abs.*] *subst.* °fodientes Minierer).
foecŭnd ... = fēcŭnd ...
foedĕrātŭs 3 (*eig. P.P.P. v.* °foedĕrō 1. „durch ein Bündnis zusammenschließen"; foedus[2]) verbündet, *v. Pers. u. Sachen* [civitas, solum]; *auch subst. pl.* **foedĕrātī,** ōrŭm *m* die Verbündeten.
foedĭ-frăgŭs 3 (foedŭs[2], frăngō) vertragsbrüchig.
foedĭtās, ātĭs *f* (foedŭs[1]) Häßlichkeit, *physisch* [mulieris, vestitūs] *u. moralisch* = Schändlichkeit [hominis, animi Niederträchtigkeit].
foedō 1. (*denom. v.* foedŭs[1]) **1.** (*unkl.*) verunstalten, entstellen (alqm *u.* alqd, *zB.* ora alcis); *bsd.* [agros] verwüsten; *auch* übel zurichten, blutig schlagen (alqm verberibus, alcis crines zerraufen, ora unguibus zerkratzen, volucres ferro töten, lumen trüben). **2. a)** (*dcht.*) besudeln, beflecken [omnia contactu suo]; **b)** / schänden, entehren (alqm scelere, °annus clade multiplici foedatus).
▶ **foedŭs**[1] 3 (*m. comp. u. sup.*; *adv.* -ē) (*vl. zu* πιθ-ηκος *u.* πίθων „Affe" *v.* *πιθος „häßlich") häßlich, *physisch u. moralisch* = garstig, scheußlich, abscheulich, gräßlich, schändlich, schmählich, *v. Pers. u. Sachen* [homo, vultus, monstrum, bellum, condiciones, °foedissime perire; alci für *jd., zB.* luxuria senectuti; in re; *m. 2. supin., zB.* dictu, °inceptu].
▶ **foedŭs**[2], ĕrĭs *n* (*wohl zu* fīdŭs) **1.** Staatsvertrag, Bündnis *zw. Staaten u. Völkern* [duorum populorum, °aequum auf gleichem Fuß geschlossen]; *pl.* (*dcht.*) Bündnistafeln, *übh.* friedliches Einvernehmen; -us facere *od.* icere, ferire, °pangere cum alqo schließen; frangere *od.* rumpere, violare brechen; °accipere annehmen, °petere suchen; ex foedere kraft des Bündnisses (*Ggs.* contra foedus). **2.** (*selten*) Vertrag, Verbindung, Übereinkunft *zw. einzelnen* [scelerum zu Verbrechen, °coniug(i)ale, °thalami *od.* lecti Ehebund, °sociale Genossenschaft, amorum *od.* °Veneris Liebschaft, °caelestia Ehen der Götter; °non aequo foedere amantes unglücklich Liebende]. **3.** (*meton.*) **a)** (*dcht.*) Bestimmung, Gesetz, Anordnung [naturae, Parcarum]; **b)** (*dcht.*) Verheißung, Zusage [contra data foedera].
foen... = fēn...
foenĭcŏptĕrŭs = phoenĭcŏptĕrŭs.
foetĕō, —— 2. (*vl. m* fĭmŭm *verwandt*) (*vkl., nkl.*) stinken; / Ekel verursachen [foetet tuo' mihi sermo mich ekelt deine Rede an].
foetĭdŭs 3 (*m.* °*comp.*) (foetĕō) übelriechend, stinkend.
foetŏr, ōrĭs *m* (foetĕō) Gestank; / *pl.* (*Augustus b. Suet.*) Modergeruch [reconditorum verborum].
foetŭs = fētŭs[1,2].
fŏlĭātŭs 3 (fŏlĭŭm; *nkl., dcht.*) aus (wohlriechenden) Blättern gemacht; *subst.* **-ŭm,** ī *n* (*sc.* ŭnguĕntŭm) Parfüm.
▶ **fŏlĭŭm,** ī *n* (*cf.* φύλλον) Blatt (*v. Pflanzen*); *pl.* (*dcht.*) Laub, Kranz.
fŏllĭcŭlŭs, ī *m* (*demin. v.* fŏllĭs) **1.** kleiner Ledersack, Schlauch. **2.** (*Suet.*) Luftball. **3.** (*vkl., nkl.*) Hülse; Hülle.
fŏllĭs, ĭs *m* (√*bhel- „aufblasen, schwellen"; *cf.* φαλλός, *nhd.* „Bolle"; „Ball") lederner Schlauch: **1.** Ledersack. **2.** (*Pl.*) Übungsball *der Faustkämpfer.* **3.** (*Ma.*) Hohlball, Luftball, Ballon. **4.** lederner Blasebalg [taurinus]; / (*Ju.*) Lunge. **5.** (*unkl.*) lederner Geldbeutel. **6.** (*spätl.*) *minderwertige versilberte Bronzemünze der späteren Kaiserzeit,* der Follis.
fŏllĭtĭm *wahrsch. falsche Schreibung f.* fŏllĭtŭm; *s.* fŏllĭtŭs.
fŏllĭtŭs 3 (fŏllĭs) (*Pl. Epid. 351*) *m.* einem Geldsack versehen.
fōmĕntŭm, ī *n, meist pl.* (< *fŏvĕmĕntŭm; fŏvĕō) **1.** (*nkl., dcht.*) Umschlag, *warm od. kalt*; *auch* Verband *für Wunden.* **2.** / **a)** (*Ho.*) frigida curarum -a die Sorgen, *die den Geist für Höheres unempfindlich machen*; **b)** Linderungsmittel, Besänftigung [dolorum, °animis fomenta adhibere].
fōmĕs, ĭtĭs *m* (< *fŏvĕ-mĕs; *eig.* „Reisig zum Feueranmachen"; fŏvĕō) (*dcht., nkl.*) Zündstoff, Zunder.
▶ **fōns,** fŏntĭs *m* (*zu altind.* dhanayati „rennt, läuft") **1. a)** Quelle, Born [frigidus, aquae dulcis]; **b)** (*meton.*) (*dcht.*) Quellwasser, *übh.* Wasser [ignes fontibus restinguere]. **2.** / Quelle = Ursprung, Ursache, Anfang, Urheber [gloriae, philosophiae]. **3.** (*personif.*) ♀ Quellgott (*adi.* **Fōntĭnālĭs,** ĕ dem Quellgott geweiht: °porta „Quelltor" *am Quirinal*; **Font.** [*Inschr.*] = **Fōntĭnālĭă,** ĭŭm *n* Fest des Quellgottes *am 13. Oktober*). — **fons (sacer) Taufe.
fŏntānŭs 3 (fōns) (*dcht., nkl.*) der Quellen, Quell... [unda, numina].
Fŏntēĭŭs 3 *Name einer pleb. gēns:* M. Fŏntēĭŭs, *Legat Sullas, 69 v. Chr. v. Cicero verteidigt; adi. auch* **Fŏntēĭānŭs** 3.
fŏntĭcŭlŭs, ī *m* (*demin. v.* fōns) (*nkl., dcht.*) kleine Quelle, Brünnlein.
Fŏntĭnālĭs, ĕ *s.* fōns.
▶ **fŏr,** fātŭs sŭm 1. (< *fā-jŏr; *cf. dor.* φᾶμι = φημι, fābŭlă) (*fast nur altl. u. dcht.*) sprechen, sagen, verkünden, erzählen, *auch* besingen (*abs. od.* alqd; °alci *u.* °ad alqm; *m. indir. Frages.*); *bsd. abs.* °weissagen; fando audire vom Hörensagen wissen; °fandus sagbar = erlaubt, recht; non fandus unaussprechlich; *subst.* °**fāndŭm,** ī *n* Recht [memor fandi et infandi des Rechts und Unrechts].
F. *def.*; *in Prosa fast nur:* fando audire; *bei Dichtern:* fātŭr, fābŏr, fātŭs ĕrăm *u.* ĕrăt, fātŭs; *imp.* fārĕ, *inf.* fārī (*u.* fārĭĕr), fāndŭs, fāndō, fātū.
fŏrābĭlĭs, ĕ (fŏrō) (*nkl., dcht.*) durchbohrbar, verwundbar (re durch *etw., zB.* ictu).
fŏrāmĕn, ĭnĭs *n* (fŏrō) Bohrloch; *übh.* Loch, Öffnung, Gang [°cribri, tibiarum, °cloacae].
▶ **fŏrās** *adv.* (*acc. pl. v.* *fŏră = θύρα

Türflügel; *cf.* fŏrĭs¹) **1.** vor die Tür, hinaus, heraus [alqm foras mittere]. **2. a)** *Scheidungsformeln*: (*Pl.*) i ~, mulier, (*Ma.*) uxor, vade ~; **b)** in die Öffentlichkeit [alqd efferre *od.* dare bekanntmachen]; **c)** (*i. der Vulgärspr.*) (*Pl.*) = fŏrīs² draußen, auswärts [cenare].

fŏr-cēps, ĭpĭs *m u. f* (‹ **formŭ-cāpēs, altl.* fŏrmŭs heiß [*cf.* θερμός] + căpĭō) (*unkl.*) Feuerzange, *übh.* Zange *als Werkzeug, Marterwerkzeug u.* (*zahn*)*ärztl. Instrument.*

fŏrdĕŭm, ī *n dial.* (*nach Qu.* „*altl.*") = hŏrdĕŭm.

fŏrdŭs 3 (‹ **fŏrīdŭs zu fĕrō, vl. Erweiterung v. *fŏrŏs* = φορός „tragend, fruchtbar") (*unkl.*) trächtig [bos]; *subst.* **fŏrdă,** ae *f* trächtige Kuh.

fŏrĕ, fŏrĕm *s.* fŭō.

fŏrēnsĭs, ĕ (fŏrŭm) **1.** zum Markte gehörig, Markt... [res, turba *od.* °factio Schreier auf dem Markte, Marktgesindel]. **2. a)** öffentlich [vestitus Ausgehanzug, Staatskleid]; **b)** gerichtlich, Gerichts... [causa, feriae -es Gerichtsferien; °Mars die öffentliche Beredsamkeit]. **3.** *subst.* ~, ĭs *m* (*vkl., nkl.*) öffentl. Redner, Rechtsanwalt; **-ĭă,** ĭŭm *n* (*Suet.*) Prunkgewänder.

Fŏrēntŭm, ī *n St. i. Apulien, j.* Forenzo.

fŏrfĕx, ĭcĭs *m u. f* (‹ *fŏrcēps über fŏrpĕx durch Metathese u. Assimilation*) (*nkl., dcht.*) Zange, Barbierschere.

fŏrĭcă, ae *f* (*sc.* tăbĕrnă, *eigtl.* „die draußen befindliche"; **fŏrā* Türflügel) (*Ju.*) öffentlicher Abort.

▶ **fŏrĭs¹,** ĭs *f* (*cf.* θύρα Tür, θυρίς Fenster, *nhd.* „Tor") Türflügel, einflügelige Tür [cubiculi, forem aperire *u.* claudere]; *meist pl.* **fŏrēs,** ĭŭm (*zunächst Flügeltür*), Tür *e-s Zimmers od. des Hauses* [cubiculi, aedis; fores aperire *u.* claudere, °obserare, °refringere; (*Com.*) foris crepuit *od.* -es crepuerunt = es kommt *jd.* heraus; *pl. auch* (*Ov.*) Türflügel]; / Zugang, Eingang (alcis rei zu, in *etw., zB.* amicitiae, °caeli).

▶ **fŏrīs²** *adv.* (*erstarrter loc. bzw. abl. pl. v. *fŏrā* „Türflügel") **1.** *v.* draußen, *v.* außen her [°venire]. **2.** draußen = vor der Tür, außerhalb des Hauses, bei anderen Leuten; *übh.* auswärts [cenare]. **3. a)** außerhalb des Senats; **b)** im Ausland; **c)** im Lager, im Kriege; **d)** i. den Händen anderer = verschuldet.

fŏrmă
1. (*abstr.*) **a)** Form, Gestalt, Figur; **b)** Antlitz; **c)** schöne Gestalt, Schönheit; **d)** Art, Beschaffenheit; **2.** (*concr.*) **a)** Bild; **b)** mathem. Figur; **c)** Letter; **d)** Entwurf *od.* Fassung *e-s Schriftstücks*; **e)** Erscheinung; **f)** Ideal(bild); **g)** (*log. t.t.*) Spezies, Art; **h)** Modell; Gepräge *auf Münzen*; **i)** Redefigur; (*gramm.*) Flexionsform.

fŏrmă, ae *f* (*vl.* -ō- *u. die inschriftlich bezeugte Länge sekundär; altl. gen.* -āī; *et. unsicher; vl. über das Etr. aus* μορφή *entlehnt*) **1.** (*abstr.*) **a)** Form, Gestalt, Figur, das Äußere [°imperatoria, beluae, homines formā inter se similes]; *auch v. leblosen Dingen* [navium, °aratri, ingenii]; **b)** Gesichtsbildung, Antlitz [forma reliquaque figura]; **c)** (*prägn.*) schöne Gestalt, Schönheit [puer formā excellens; (*meton.*) (*Te.*) elegans formarum spectator schöner Frauen]; **d)** / Art, Beschaffenheit, Einrichtung, Gepräge, Charakter [formam, quod χαρακτῆρ Graece dicitur, exponere; vitae, rei publicae Verfassung, pugnae Kampfweise, °formae scelerum Arten]; civitatem in provinciae formam redigere zur Provinz machen. **2.** (*concr.*) **a)** Gebilde, Bild, Abbildung (alcis *u.* alcis rei, *zB.* formas mulierum in arena describere); *auch* = Büste [clarissimi viri]; **b)** math. Figur [geometrica, °formas in pulvere describere]; **c)** Letter, Type, Zeichen *v. Buchstaben* [unius et viginti formae litterarum]; **d)** Entwurf *od.* Fassung *e-s Schriftstücks* [senatūs consulti], Umriß *einer Zeichnung, auch* / [philosophorum Abriß des Systems der Philosophie]; **e)** (*dcht.*) Erscheinung, Vision [magnorum luporum Werwölfe, ferarum Tierkreis, deorum Göttererscheinungen]; **f)** (*philos.*) das *im Geiste entworfene* Ideal, Bild, *übh.* Vorstellung [viri boni, beatae vitae]; **g)** (*log. t.t.*) Spezies, Art (*Ggs.* gĕnŭs) [generis illius duae sunt formae]; **h)** Modell, *bsd.* (*dcht.*) Leisten [sutorum], (*nkl., dcht.*) Gepräge *od.* Stempel *auf Münzen* [nummi]; **i)** (*rhet.*) Redefigur = σχῆμα [sententiarum orationisque]; b) (*vkl.*) (*gramm. t.t.*) Form, Flexionsform.

fŏrmālĭs, ĕ (*vl.* -ŏ-; fŏrmă; *nkl.*) förmlich; an eine Form *od.* ein Formular gebunden; epistula Verfügung *des Landesherrn.* — ***adv.* formaliter förmlich, in aller Form.

fŏrmāmĕntŭm, ī *n* (*vl.* -ŏ-; fŏrmō) (*Lu.*) = fŏrmātĭō.

fŏrmātĭō, ōnĭs *f* (*vl.* fŏrm-; fŏrmō) (*nkl.*) Gestaltung, Bildung [columnarum; / morum].

fŏrmātŏr, ōrĭs *m* (*vl.* fŏrm-; fŏrmō) (*nkl.*) Bildner (alcis rei).

fŏrmātūră, ae *f* (*vl.* -ŏ-; fŏrmō) (*Lu.*) = fŏrmātĭō.

Fŏrmĭae, ārŭm *f Küstenst. im südl. Latium an der via Appia, j.* Formia; *in der Umgegend wuchs ein vortrefflicher Wein; Einw. u. adi.* **Fŏrmĭānŭs** (3) (*subst.* **-ŭm,** ī *n Ciceros Landgut bei Formiä*).

fŏrmīcă, ae *f* (*wohl dissim.* ‹ **mŏrmīcă; cf.* μύρμηξ) Ameise.

fŏrmīcīnŭs 3 (fŏrmīcă) (*Pl.*) Ameisen...

fŏrmīdābĭlĭs, ĕ (fŏrmīdō¹) (*nkl., dcht.*) furchtbar, grausig [Orcus; alci].

fŏrmīdō¹ 1. (*denom. v.* fŏrmīdō²) Grausen empfinden, sich fürchten, sich entsetzen (°*intr. u. trans.*) (alqm *u.* alqd vor *etw., zB.* alcis iracundiam; *m.* °*inf.*); *P.P.P.* **fŏrmīdātŭs** 3 (*dcht., nkl.*) gefürchtet (alci *v. jd., zB.* nautis; re *u.* de re durch, wegen *etw.*); °aquae -ae Wasserscheu.

▶ **fŏrmīdō²,** ĭnĭs *f* (*wohl dissim.* ‹ **mŏrmīdō; cf.* μορμώ „Schreckgespenst") **1.** Grausen, peinigende Furcht, Angst, Entsetzen, *auch pl.* (alcis *j-s u.* vor *jd., zB.* bonorum hominum, tyranni; alcis rei vor *etw., zB.* calamitatis; formidinem alci inicere *u.* °addere]. **2.** religiöse Ehrfurcht, heiliger Schauer. **3.** (*meton.*) (*meist dcht.*) Schreckbild (*auch* /); *bsd.* Wild-, Vogelscheuche.

▶ **fŏrmīdŏlōsŭs** *u.* **-dŭlōsŭs** 3 (*m.* °*comp. u. sup.*; *adv.* **-ē**) (fŏrmīdō²) **1.** furchterregend, furchtbar, grausig, *v. Pers. u. Sachen* [°hostis, bellum; alci für *jd.*]. **2.** (*vkl., nkl.*) ängstlich, scheu, furchtsam (alcis vor *jd., zB.* hostium).

▶ **fŏrmō** 1. (*vl.* fŏrmō; *denom. v.* fŏrmă) **1.** *einen Stoff* formen, gestalten, bilden (alqm *u.* alqd, *zB.* ceram, °lapsos capillos ordnen; alqd in alqd *etw.* zu *etw., zB.* signum in muliebrem figuram als Frau darstellen, °alqm in anguem zur Schlange gestalten; *auch* /, *zB.* °animum iudicum auf die (Gemüter der) Richter einwirken). **2. a)** / (*nkl., dcht.*) gehörig einrichten, ordnen [regnum]; **b)** (*durch Unterricht od. Gewöhnung*) ausbilden, veredeln, unterweisen, zu *etw.* anleiten, abrichten, *meist unkl.* (alqm *u.* alqd, *zB.* liberos, °ingenia; alqm re durch *etw., zB.* °pectus praeceptis; ad *u.* in alqd zu *etw., zB.* °boves ad usum agrestem, °collegas in suos mores). **3.** (*synekd.*) **a)** *etw. aus einem Stoffe* verfertigen, schaffen, herstellen (alqd, *zB.* °signum, °classem bauen; e re aus *etw.,* in alqd zu *etw.*); *klass. fast nur* /, *zB.* deorum notiones in animis hominum, °gaudia tacitā mente sich vorstellen, sich einbilden; °novam personam schaffen, darstellen, *vom Schauspieldichter*); **b)** (*Qu.*) (*m. der Zunge*) bilden = aussprechen [verba recte].

fŏrmō(n)sĭtās, ātĭs *f* (*vl.* fōrm-; fŏrmō[n]sŭs) Formvollendung, Schönheit *der Gestalt od. des Benehmens.*

▶ **fŏrmō(n)sŭs** 3 (*m. comp. u. sup.*; *adv.* °**-ē**) (*vl.* fōrm-; fŏrmă) schön, wohlgestaltet, *bsd. v. Pers., selten v. Sachen u. abstr.* [virgo, forma, °pecus].

fŏrmŭlă, ae *f* (*vl.* -ŏ-; *demin. v.* fŏrmă) **1.** Form *od.* Gestalt; (*prägn.*) (*Pl.*) Schönheit. **2.** / Regel, Vorschrift, Verordnung, / Richtschnur, Norm, Schema, Grundsatz, Maßstab [ad formulam vivere; alcis, *zB.* Stoicorum; alcis rei, *zB.* dicendi, consuetudinis]; *übh.* herkömmliche Zustände *od.* Beschaffenheit [antiqua imperii ~]. **3. a)** (*Li.*) Vertrag(sbestimmung), *bsd. zwischen Senat u. Bundesgenossen* [ex formula dem Vertrage gemäß, in sociorum formulam referre unter den üblichen Bedingungen als Bundesgenossen aufnehmen]; **b)**

(*Li.*) *zensorisches* Steuerformular, Tarif, Taxe [*censendi, censum agere ex formula*]; **c)** (*jur. t.t.*) Rechtsformel [*testamentorum, stipulationum, sponsionis*]; *bsd. die vom Prätor dem Richter aus dem prätorischen Edikt als Verfahrensnorm angegebene* Klageformel; *übh.* gerichtliches Verfahren [*formulā °cadere od. °excidere* den Prozeß verlieren]. — **Glaubensformel.

fōrmŭlārĭŭs, *ī m* (*vl.* -ō-; *fōrmŭlă*) (*Qu.*) Kenner der Rechtsformeln, Rechtsanwalt.

fŏrnācālĭs, *ĕ* (*fŏrnāx*) (*unkl.*) zu den Öfen (*bsd.* Backöfen) gehörig [*dea*]; *subst.* **Fŏrnācālĭă,** *ĭŭm n* Fest der Ofengenossenschaften zu Ehren der *dea* ~ *im Februar* (*cf.* V.-B. X).

fŏrnācŭlă, *ae f* (*demin. v. fŏrnāx*) (*nkl.*) kleiner Ofen; / (*Ju.*) *v. dem grimmigen Kopf des Tiberius.*

fŏrnāx, *ācis f* (*fŏrnŭs* = *fŭrnŭs*; *cf.* θέρμασσα „Ofen" *zu* θερμός „warm") **1.** Ofen; *bsd.* Back-, Kalk-, Lehm-, °Schmelzofen. **2.** (*dcht.*) Esse *des Vulcanus*; Feuerschlund *des Ätna.* **3.** (*dcht.*) (*personif.*) ♀ die Ofengöttin.
F. *gen. pl. fŏrnācĭŭm.*

fŏrnĭcātĭō, *ōnĭs f* **1.** (*fŏrnĭx*) (*nkl.*) Wölbung, Schwibbogen. **2.** (*fŏrnĭcō*) (*Eccl.*) Hurerei; Unzucht.

fŏrnĭcātŭs 3 (*fŏrnĭx*) gewölbt [*paries*; °*via* Schwibbogenstraße *am Marsfelde*].

fŏrnĭcō *u.* **-ŏr** 1. (*fŏrnĭx* 2 e) (*Eccl.*) huren, ehebrechen.

fŏrnĭx, *ĭcĭs m* (*eigtl.* „Kuppelofenwölbung"; *fŏrnŭs* = *fŭrnŭs*; *cf. fŏrnāx*) **1.** Wölbung, Gewölbe, Bogen *als archit. t.t.*; *dcht. auch pl.* [°*lapideus, parietis,* °*pontis*; / °*caeli*]. **2. a)** Schwibbogen, *eigtl.* Bogen größeren Ausmaßes; **b)** Ehrenbogen (*fälschlich als* „Triumphbogen" *bezeichnet*; *cf. ărcŭs*) [*Fabii od. Fabi(an)us, v. Q. Fabius Maximus Allobrogicus* auf der *via sacra* errichtet]; **c)** (*Li.*) *mil.* überwölbte Ausfallspforte; **d)** (*Li.*) überwölbter Weg, *bsd.* Zugang *zu e-m forum in Rom*; **e)** (*nkl., dcht.*) unterirdisches Gewölbe, Kellerkneipe, Bordell; / (*Suet.*) = *pāthĭcŭs.* — ***(*med. t.t.*) *jeder gewölbeartig gebaute* Körperteil, *bsd.* das Scheidengewölbe.
F. *gen. pl. -ĭŭm.*

fŏrō 1. (*denom. v.* **bhŏrā* „das Bohren"; *cf. fĕrĭō*) (*vkl., nkl.*) (durch)bohren (*alqd*).

Fŏrōiūlĭēnsĭs *s. fŏrŭm.*

fŏrpĕx, *ĭcĭs f* (*Metathese v. fŏrcĕps*) (*unkl.*) Feuerzange.

▶ **fŏrs** *f* (*nur im nom. u. abl. sg. fŏrtĕ gebräuchlich*) (*fĕrō*) **1.** blinder Zufall, das Ungefähr [*ut fors fert* wie der Zufall es mit sich bringt, °*forte quadam an divinitus*]. **2.** (*personif.*) (*dĕă*) **Fŏrs,** *gen. Fŏrtĭs* Schicksalsgöttin; *Fors Fortuna* die günstige Schickung; = Glücksgöttin der kleinen Leute [*aedis Fortis, forte fortunā* zur guten Stunde]. **3.** *adv.* **a)** (*dcht.*) (*nom.*) **fors** vielleicht, *fors* et vielleicht auch; **b)** (*abl.*) *fŏrtĕ* **α)** zufällig, *v.* ungefähr; *verstärkt forte temere* auf gut Glück; **β)** (*enklit. nach si, sin, nisi, ne*) vielleicht, etwa, möglicherweise; *adv. si forte* (*sc. contingit*) günstigenfalls, eventuell.

fŏrs-ăn *adv.* (⟨ *fŏrs, ăn*; *m. coni. u. ind.*) (*unkl.*) = *fŏrsĭtăn.*

fŏrsĭt *adv.* (⟨ *fŏrs sĭt*) (*dcht.*) = *fŏrsĭtăn.*

▶ **fŏrsĭtăn** (⟨ *fŏrs sĭt, ăn*) (*m. coni. u.* °*ind.*) vielleicht, möglicherweise; *auch rein adv. ohne Verb* [*spe forsitan recuperandae libertatis*].

▶ **fŏrtăssĕ** *u.* (*selten*) **fŏrtăssĭs** *adv.* (-ā-?; *zu fŏrs, Bildung unklar*) **1.** vielleicht, vermutlich, hoffentlich (*meist m. ind.*; *auch rein adv. ohne Verb, zB. fretus fortasse familiaritate sua*). **2.** (*bei Zahlen*) etwa, ungefähr [*sexta* ~ *hora, nemo* ~ *u. a.*].

fŏrtĕ *adv. s. fŏrs.*

fŏrtĭcŭlŭs 3 (*demin. v. fŏrtĭs*) recht mutig, standhaft.

▶ **fŏrtĭs,** *ĕ* (*m. comp. u. sup.*; *adv.* **-ĭtĕr**) (*altl. fŏrctŭs*; *cf. gall. Brigantēs*) **1. a)** (*physisch*) stark, kräftig, rüstig, tüchtig, *klass. selten u. fast nur v. Pers.* [°*soror* stramm, °*filia* gesund, °*coloni,* °*Falernum,* °*remedium u.* °*herba* stark, wirksam, °*fortius curari* durch stärkere Mittel, °*loris fortiter uti* stärker anziehen]; **b)** dauerhaft, fest [*ligna,* °*pons*]; **c)** (*nkl.*) stark *an Streitkräften* [*accessione virium*]; *übh.* mächtig, einflußreich [°*oppidum*]. **2.** (*v. geistiger Stärke*) tapfer, mutig, unerschrocken, beherzt, entschlossen, energisch, heldenhaft, *übh.* ehrenhaft, wacker, brav, *bsd. v. Pers. u. Gesinnung, v. Sachen* = Mut verratend [*vir,* °*aper,* °*Etruria, animus, oculi,* °*arma*; *v. abstr., zB. consilium, oratio, factum*; *fortiter agere od. dicere*; *re u. in re, zB.* °*manu* persönlich tapfer, *in dicendo*; *ad alqd* zu *etw.,* in bezug auf *etw., zB. ad pericula*; *contra alqd* gegen *etw.*; *alci* gegen *jd.*; *m.* °*inf.*]; *subst. m* der Tapfere, Held [*sprichw. fortes fortuna adiuvat* wer wagt, gewinnt]; *n* °*fortia* Heldentaten. **3.** (*dcht.*) (*pejorativ*) gewaltsam [*facinus*]. — ***adv. auch forte* stark, sehr.

▶ **fŏrtĭtūdō,** *ĭnĭs f* (*fŏrtĭs*) **1.** (*dcht., nkl.*) Stärke, Körperkraft [*hircorum*]. **2.** Tapferkeit, Mut, Unerschrockenheit, Energie, *stets lobend* (*alcis*); *pl.* tapfere Taten, Beweise *v.* Tapferkeit.

fŏrtŭĭtū *m* (*nur abl. zu fŏrtŭĭtŭs* 3, *sekundär nach cāsū*) (*spätl.*) = *fŏrtŭĭtō.*

▶ **fŏrtŭĭtŭs** 3 (*fŏrs*) (*adv.* **-ō**) zufällig, durch Zufall veranlaßt, planlos [*bonum,* °*malum* unverschuldet, *oratio* aus dem Stegreif, °*caespes* das erste beste Rasenstück]; *subst. n pl.* Zufälligkeiten, Geschenke des Zufalls; *adv.* **fŏrtŭĭtō** zufälligerweise, aufs Geratewohl.
F. *im Hexameter auch*: *fŏrtvĭtŭs.*

> **fŏrtūnă**
> 1. Schicksal, Glück; 2. (*personif.*) Schicksals-, Glücksgöttin; 3. a) *j-s* Geschick, Los; b) (*v. Sachen*) Glück (= Ausgang, Erfolg); c) *j-s* äußere Lage, Stand; *pl.* Hab und Gut, Vermögen.

fŏrtūnă, *ae f* (*zu fŏrs*; *vl. urspr. adi., aus* **fŏrtŭs entwickelt*; *cf. fŏrtĕ fŏrtūnā u. Fŏrs Fŏrtūnă*) **1.** Schicksal, Geschick, Zufall, Glück *als die überirdische Macht, die* (*nach persönlicher Gunst od. Ungunst*) *die menschlichen Angelegenheiten bestimmt* [*fortuna in omni re dominatur, caeca est, fortunam temptare u. experiri*]. **2.** (*personif.*) **Fŏrtūnă** Schicksals-, Glücksgöttin *m. alten Kulten in Latium u. Rom* (*zB. in Antium*; *Fortuna Primigenia in Praeneste, ihr Tempel v. Sulla erbaut*; *ad Tres Fortunas nach den 3 Tempeln der F. benannte Gegend an der porta Collina in Rom*), *seit 1. Jh. v. Chr. der* Τύχη *gleichgesetzt* [*F. populi Romani u.* °*urbis Romanae* Schutzgeist, °*Fortunae filius* Glückskind, °*Fortunae ludus od.* °*pilum*]. **3. a)** *j-s* Geschick *od.* Los, *insofern sie vom Glück abhängen od. verliehen sind* [*prospera, adversa, utraque* Glück *u.* Unglück, *altera* Wechsel des Glückes]; *als vox media je nach dem Zusammenhange bald* = Glück, günstiges Geschick, *bald* = Unglück, Mißgeschick, Unfall; *pl.* glückliche *od.* unglückliche Umstände *od.* Verhältnisse, Glücks- *od.* Unglücksfälle, Glück [*civitatis, alcis fortunas laudare od. accusare, per fortunas provide* = um Himmels willen]; **b)** (*v. Sachen*) Glück = Verlauf, Ausgang, Erfolg [*belli* Kriegsglück, *pugnae*]; **c)** *j-s* äußere Lage *od.* Verhältnisse, *bsd.* **α)** Lebensstellung, Stand, Herkunft [°*magna,* °*humilis, infima est* ~ *servorum*]; **β)** (*meist pl.*) Glücksgüter, Vermögen, Habseligkeiten, Habe, Hab *u.* Gut [*ad beate vivendum nihil opus est fortunis, expellere alqm omnibus fortunis*; *auch sg., zB. gratiā fortunāque crescere*; *bsd.* = Vermögensklasse].

fŏrtūnō 1. (*denom. v. fŏrtūnă*) **1.** beglücken, segnen (*alci alqd, zB. patrimonium tibi di fortunent,* °*horam* huldvoll bescheren). **2.** (*P.P.P.*) *adi.* **fŏrtūnātŭs** 3 (*m. comp. u. sup.*; *adv.* **-ē**) **a)** beglückt, *äußerlich* glücklich *od.* selig, *v. Pers. u. Sachen* [*homo, res publica, exitus od. mors alcis,* °*vita, -e vivere,* °*insulae od.* °*nemora* Inseln *od.* Haine der Seligen, Elysium; *re* durch *etw.*; *alcis rei in etw., zB. laborum*]; *subst. m* Glückskind; **b)** begütert, wohlhabend [*homo,* °*oppidum*]; *subst. m* ein reicher Mann.

fŏrŭlī, *ōrŭm m* (*demin. v. fŏrŭs*) (*nkl., dcht.*) Büchergestell, -schrank.

> **fŏrŭm**
> 1. freier Platz; 2. a) öffentlicher Platz, Markt(platz); b) *spez.* das *fŏrŭm Rōmānŭm*; c) andere Plätze (*fora*) in Rom; 3. a) Marktflecken, Handelsplatz; b) Kreisstadt *einer Provinz*; 4. a) Geschäftsleben,

Geld- u. Wechslergeschäfte; b) öffentliches Leben, Staatsgeschäfte; Gerichtsverhandlungen.

fŏrŭm, *ī n* (*coll. n zu fŏrŭs wie vāllŭm: vāllŭs, wohl eigtl.* „Umplankung") **1.** (*vkl.*) freier Platz vor dem Grabe [*sepulcri*]. **2. a)** öffentlicher Platz *e-r Stadt*, Marktplatz, Markt, *der Mittelpunkt des gesamten öffentlichen u. geschäftlichen Lebens* [°*statua Praeneste in foro statuta*]; **b)** das *fŏrŭm Rōmānŭm od. nur fŏrŭm* (*längliches Viereck zw. Kapitol u. Palatin; sein nö. Teil das comitium, auf dem die Volksversammlungen abgehalten wurden*); **c)** *andere fora in Rom*: *bŏ(v)ārĭŭm* Rindermarkt, Viehmarkt *zw. Circus Maximus u. Tiber*, °*(h)ŏlĭtōrĭŭm* Gemüsemarkt *zw. Kapitol u. Tiber*, °*pĭscā(tō)rĭŭm* Fischmarkt *unweit des Vestatempels*, *cŏquīnŭm* (*Pl.*), *auf dem man Köche mieten konnte*, °*cŭppēdĭnĭs* Naschmarkt *an der via sacra; die Zahl der fora in Rom wuchs m. dem Wachstum der Stadt, bsd. unter den Kaisern* [~ *Iūlĭŭm* (Cäsars), *Augŭstī*, *Trāiānī*, *Nĕrvae*]. **3.** (*außerhalb Roms*): **a)** Marktflecken, Handelsplatz [°*rerum venalium, omnia provinciae fora*]; *daher eine Reihe v. Ortsbezeichnungen*: *Fŏrŭm Ăppĭī s. Ăppĭŭs; Fŏrŭm Aurēlĭī s. Aurēlĭŭs; Fŏrŭm Cŏrnēlĭī u. Cŏrnēlĭŭm s. Cŏrnēlĭŭs; Fŏrŭm Găllōrŭm zw. Mutina u. Bononia; Fŏrŭm Iūlĭī od. Iūlĭŭm sw. v. Nizza, v. Cäsar angelegt, j.* **Fréjus**; *adi.* *Fŏrōiūlĭēnsĭs, ĕ*; **b)** Kreisstadt *e-r Provinz* [*civitates in idem forum convenientes*]. **4. a)** Geschäftsleben, Verkehr, Geld- *u.* Wechslergeschäfte, *zB. in foro versari* Geldgeschäfte treiben; (*v. Sachen*) auf dem Geldmarkte gang *u.* gäbe sein; *sublata erat de foro fides* Kredit, *foro* °*cedere* bankrott werden, *verba de foro arripere* Worte *v.* der Straße aufgreifen; **b)** öffentliches Leben, Staatsangelegenheiten, Staatsgeschäfte [*in foro esse* am öffentlichen Leben teilnehmen, *m.* Staatsangelegenheiten sich beschäftigen, *foro carere od.* °*de foro decedere* sich vom öffentlichen Leben zurückziehen]; **c)** Gerichtsverhandlungen, Prozesse [*-um non attingere* nicht als Redner vor Gericht auftreten, *-um* °*indicere* Zeit *u.* Ort für die Gerichtssitzungen bestimmen]; *bsd.* (*außerhalb Roms*) Gerichtstag, *zB. -um agere* halten (*vom Statthalter, zB. Tarsi*).

fŏrŭs, *ī m* (*eigtl.* „Planke"; *cf. nhd.* „Barren") **1.** (*vkl., nkl.*) Schiffsgang *zw. den Ruderbänken, klass. nur pl.* [*per foros cursare*]. **2.** *pl.* *fŏrī*: **a)** (*Li.*) *die durch Gänge abgeteilten* Sitzreihen; Zuschauerplätze *im Theater u. im Zirkus*; **b)** (*Ve.*) Gänge *zw.* den Bienenzellen; / Zellen. **3.** (*Augustus b. Suet.*) *-us aleatorius* Spielbrett.

▶ **fŏssă,** *ae f* (*fŏdĭō*) **1.** Graben, *teils um Wasser abzuleiten* (= Abzugsgraben, Kanal, *auch schiffbarer* [°*navigabilis*, °*Drusiana*]), *teils um einen Platz zu befestigen* [*urbem vallo atque fossā cingere, munire; fossam viginti pedum ducere od.* °*facere*; *auch pl. v.* nur einem Graben, *zB.* °*fossae Cluiliae*]. **2. a)** (*nkl., dcht.*) Grube, Loch; **b)** (*vkl., dcht.*) Mauerfurche *zur Bezeichnung des Umfangs einer zu gründenden Stadt*; **c)** Flußbett [*Rheni*]; **d)** (*dcht.*) **α)** = *cŭnnŭs*; **β)** = After *e-s Kinäden*.

fŏssĭō, *ōnĭs f* (*fŏdĭō*) das Umgraben [*agri*].

fŏssŏr, *ōrĭs m* (*fŏdĭō*) (*dcht., nkl.*) der „Gräber", Landmann, *bsd.* Winzer; / grober, ungebildeter Mensch.

fŏssūră, *ae f* (*fŏdĭō*) (*nkl.*) das Graben; (*meton.*) der Graben.

fŏssŭs *P.P.P. v. fŏdĭō.*

fōtŭs *P.P.P. v. fŏvĕō.*

fŏvĕă, *ae f* (*et. ungedeutet*) **1.** (*dcht.*) Grube. **2.** Fallgrube *zum Fangen wilder Tiere* [*ursos foveis capere; in foveam incidere*].

fŏvĕō, *fōvī, fōtŭm 2.* (*kausativ; eigtl.* „brennen machen"; *cf. altind.* dáhati „brennt"; *fāvīllă*) **1. a)** warmhalten, (er)wärmen (*alqm u. alqd, zB. gallinae pullos pennis fovent,* °*aras ignibus* Opferfeuer auf den Altären unterhalten, °*alqm gremio od. sinu* liebevoll auf den Schoß nehmen); **b)** (*nkl., dcht.*) warm baden, *bsd. zur Heilung* [*artūs, corpus in unda*]; **c)** (*Ve.*) *amplexu* umarmen (*alqm*). **2.** / **a)** *übh.* warten, pflegen (*alqm, zB. matrem, se luxu* es sich gut gehen lassen, °*colla* = stützen); **b)** (*dcht.*) *Örtlichkeiten* nicht verlassen, sich unausgesetzt *irgendwo* aufhalten [*castra, progeniem nidosque* die Brut *u.* das Nest hüten; *larem sub terra* das Lager haben]; **c)** / (*nkl., dcht.*) *jd. od. etw.* begünstigen, unterstützen, fördern (*alqm u. alqd, zB. inimicum alcis, Caesaris in nos amorem, bella* in die Länge ziehen, *spem* aufrecht *od.* lebendig erhalten, *auch* die Aussichten *j-s* begünstigen; *alqm re, zB. clamore et plausu*).

frāctĭō, *ōnĭs f* (*frăngō*) (*Eccl., spätl.*) das Brechen [*panis*]; Bruch [*articulorum -ones*].

frāctūră, *ae f* (*frăngō*) (*vkl., spätl.*) das Zerbrechen; *bsd.* (*med. t.t.*) Knochenbruch, Fraktur.

frāctŭs[1] *P.P.P. v. frăngō.*

frāctus[2] 3 (*m.* °*comp.*; *adv.* °**-ē**) (*eigtl. P.P.P. v. frăngō*) schwach, matt, kraftlos [*animus,* °*dicendi genus, fractior animo* entmutigter]; *bsd.* (*dcht., nkl.*) weibisch, weichlich [*vox*].

▶ **frăgĭlĭs,** *ĕ* (*m.* °*comp. u.* °*sup.*; *adv.* °**-ĭtĕr**) (*frăngō*) **1. a)** (*nkl., dcht.*) zerbrechlich, brüchig, morsch [*ramus, materia, myrtus* zart, *aquae* Eis]; **b)** / gebrechlich, hinfällig, *übh.* schwach, kraftlos [*corpus,* °*gloria divitiarum* vergänglich, *fortuna*]. **2.** (*cf. frăgŏr*) (*dcht.*) knatternd, prasselnd *beim Brennen* [*laurus, manus* knackend].

frăgĭlĭtās, *ātĭs f* (*frăgĭlĭs*) **1.** (*nkl., spätl.*) Zerbrechlichkeit. **2.** / Hinfälligkeit, Schwäche [*naturae, generis humani*].

frăgmĕn, *ĭnĭs n* (*nkl., dcht.*) = *frăgmĕntŭm.*

frăgmĕntŭm, *ī n* (*frăngō*) Bruchstück, Splitter; (*meist*) *pl.* Trümmer [*lapidis,* °*panis* Brocken, °*navigii*]; *bsd.* (*nkl.*) Reisig.

frăgŏr, *ōrĭs m* (*frăngō*) **1.** (*Lu.*) das Zerbrechen. **2.** (*meist nkl., dcht.*) das Krachen, Prasseln, Getöse, Lärm [°*tectorum quae diruebantur,* °*aequoris,* °*caeli* Donner *od.* Wolkenbruch, °*aridus* des dürren Holzes]; *auch* (*nkl.*) lauter Beifall.

frăgōsŭs 3 (*adv.* °**-ē**) (*frăgŏr*) (*nkl., dcht.*) **1.** brüchig, zerbröckelt; / uneben, rauh, holperig [*silvae,* / *oratio*]; *subst.* **-ă,** *ōrŭm n* Unebenheiten. **2.** tosend, brausend [*torrens*].

frăgrāntĭă, *ae f* (*frăgrāns, s. frăgrō*) (*nkl.*) Wohlgeruch.

frăgrō 1. (*cf. nd.* „Bracke" = Spürhund) (*nkl., dcht.*) duften, stark riechen (*re* nach *etw., zB. unguento*); (*part. praes.*) *adi.* **frăgrāns,** *āntĭs* (*m. comp. u. sup.*; *adv.* **-āntĕr**) wohlriechend, duftend.

frāgŭm, *ī n* (*et. ungedeutet*) (*dcht., nkl.*) Erdbeere.

frămĕă, *ae f* (*germ. Fw.*) **1.** Wurfspieß *der Germanen*. **2.** (*Isid., Vulg.*) = *rŏmphaeă.*

frăngō

1. a) (zer)brechen; **b)** (*Früchte, Getreide*) mahlen, zerquetschen; **2. a)** (*Vertrag*) brechen; **b)** entmutigen; **c)** schwächen; **d)** bändigen, bezähmen; **e)** *jd.* rühren, erweichen.

frăngō, *frēgī, frāctŭm 3.* (*cf. nhd.* „brechen) **1. a)** brechen, zerbrechen, zerknicken, *auch* zerschmettern, zertrümmern, zerstückeln (*alqd, zB. anulum aureum, consulis fasces, cervices civium Romanorum* den Hals brechen, *crus od. bracchium jd. od.* sich das Bein, den Arm brechen, °*ianuam* aufbrechen, °*navem* Schiffbruch leiden, °*patinam od. glebas rastris* zerschlagen; *auch* °*alqm jd.* zerschmettern; *alci alqd, zB. crura*); P. (zer)brechen (*intr.*), zerschellen, zerspringen [*fluctus frangitur a saxo* bricht sich an]; *bsd.* (*v. Schiffen*) scheitern [*fractae naves* Schiffbruch], / °*fracti sonitūs tubarum* gebrochen, dumpf; **b)** (*dcht.*) (*Getreide, Früchte*) zermalmen, mahlen, zerquetschen [*fruges saxo, cererem machina* (Mühle) *frangit*]. **2.** / **a)** (*Versprechen u.ä.*) brechen [*fidem, foedus,* °*mandata* nicht richtig ausrichten; *auch dignitatem suam* verletzen]; **b)** beugen, entmutigen, demütigen (*alqm u. alcis animum, Clodium, frangi contumeliā*); **c)** schwächen, entkräften, lähmen (*alcis vim od. vires, opes, se laboribus, alcis consilia* vereiteln, *soriten* widerlegen); *bsd. se frangere u. mediopass.* nachlassen, sich verlieren [*calor se frangit, Graeciae nomen frangitur* kommt herunter]; / (*dcht.*) (*e-e Zeit*) kürzen [*diem morantem mero*]; **d)** bändigen, bezähmen, überwinden (*alqm u. alqd, zB. nationes, libi-*

dines, °concitatos animos, se sich selbst bezwingen, frangi metu]; e) jd. rühren, erweichen, bewegen, erschüttern (alqm, zB. °virum den harten Sinn des Mannes brechen; alqm re, zB. misericordiā).

▶ **frātĕr,** trīs m (cf. att. φράτηρ „Mitglied e-r φρατρία"; nhd. „Bruder") 1. Bruder (alcis, geminus u. °gemellus Zwillingsbruder); pl. (dcht., nkl.) die Dioskuren Kastor u. Pollux, uxoris ~ Schwager, °uxor fratris Schwägerin; (dcht. auch v. Tieren); pl. (nkl.) auch Geschwister [fratrum incestus]. 2. a) Geschwisterkind, Vetter sowohl v. väterlicher (eig. ~ patruelis) als v. mütterlicher Seite; b) Neffe (Ta.), Schwager, übh. Blutsverwandter, Stammverwandter; Mitbürger [Suessiones fratres Remorum]; c) / α) (als Kosewort) lieber Freund; (Pl.) Geliebter; auch (nkl., dcht.) v. gleichartigen Sachen [fratres libri eines Verfassers; nummi]; β) (Ehrentitel) Bundesgenosse [Aedui fratres saepe a senatu appellati]. — **Ordensbruder; pl. Klosterbrüder; -es minores Minoriten.

frātĕrcŭlō 1. (denom. v. frātĕrcŭlŭs) als Brüder heranwachsen; / (Pl.) -abant papillae (v. den mammae puerorum? cf. sŏrōriō).

frātĕrcŭlŭs, ī m (demin. v. frātĕr) (dcht.) Brüderchen (auch Kosewort).

frātĕrnĭtās, ātis f (frātĕrnŭs) (nkl.) Brüderlichkeit, Brüderschaft; auch v. Verbündeten.

frātĕrnŭs 3 (adv. -ē) (frātĕr) 1. brüderlich, des Bruders od. der Brüder, Bruder... [nomen, amor Liebe des Bruders od. zum Bruder, fraterne facere als Brüder]. 2. a) (dcht.) übh. verwandtschaftlich, bsd. vetterlich [caedes Verwandtenmord; fraterna peto die Waffen des Vetters Achill]; b) / innig befreundet [amor in nos, fraterne amari ab alqo].

frātri-cīdă, ae m (frātĕr, caedō) Brudermörder.

fraudātĭō, ōnis f (fraudō) Betrügerei, Übervorteilung.

fraudātŏr, ōris m (fraudō) Betrüger [°praedae].

fraudō 1. (altl. coni. pf. fraudāssis; denom. v. fraus) 1. jd. betrügen od. hintergehen, übervorteilen, jd. etw. vorenthalten (abs. od. alqm, zB. pupillum; alqm re, zB. °milites praedā). 2. etw. unterschlagen (alqd, zB. stipendium, fraudata restituere das unterschlagene Geld, °nuptias nicht gewähren).

fraudŭlĕntĕr s. fraudŭlĕntŭs.

fraudŭlĕntĭă, ae f (fraudŭlĕntŭs; Pl.) Neigung zum Betrügen, betrügerischer Sinn.

fraudŭlĕntŭs 3 (m. °comp. u. °sup.; adv. °**fraudŭlĕntĕr**) (fraus) betrügerisch, arglistig, v. Pers. u. Sachen [°dux, venditio].

▶ **fraus,** fraudis f (altl. frūs; cf. frūstrā, nhd. „Trug[bild], Traum") 1. a) Betrug, Täuschung, Hinterlist, Tücke, auch pl. = Schliche [°per fraudem agere, sine fraude = ehrlich, fraudem facere senatūs consulto (hinterlistig) umgehen od. verletzen; alcis j-s u. an jd., gegen jd.; alcis rei Umgehung e-r Sache, zB. °iuris iurandi]; b) (Com.) meton. Betrüger, Gauner. 2. Selbsttäuschung, Irrtum, Verblendung [in fraudem incidere, alqm in fraudem impellere]. 3. Schaden, Nachteil, (böswillige) Beeinträchtigung, bsd. im juristischen Sinne [alci fraudi esse schaden, sine fraude alcis esse od. fieri ohne Schaden, gefahrlos, bsd. ohne Strafe]. 4. Verbrechen, Frevel [inexpiabiles fraudes concipere od. suscipere]. F. gen. pl. fraudĭŭm u. °fraudŭm.

frausŭs 3 (part. pf. v. *fraudŏr; fraudō) (Pl.) der etw. ausgeheckt hat [metuo, ne quam fraudem frausu' sit].

frăxĭnĕŭs 3 (nkl., dcht.) u. **frăxĭnŭs**[1] 3 (dcht.) (-ā-?) (frăxĭnŭs[2]) eschen, aus Eschenholz [hasta].

frăxĭnŭs[2], ī f (-ā-?) (cf. nhd. „Birke", Flußname Beresina = Birkenfluß; Bedeutungswandel, da in Südeuropa die Birke nicht beheimatet ist) (nkl., dcht.) Esche; (meton.) der eschene Speer.

Frĕgĕllae, ārŭm f Volskerst. am Liris; Einw. u. adi. **Frĕgĕllānŭs** (3).

Frĕgēnae, ārŭm f St. im südl. Etrurien, w. v. Rom.

frēgī s. frăngō.

frĕmĕbŭndŭs 3 (frĕmō) (unkl.) rauschend, (vor Wut) schnaubend.

frĕmĭdŭs 3 (frĕmō) (Ov.) tobend [turba].

▶ **frĕmĭtŭs,** ūs m (frĕmō) dumpfes Getöse, Lärm, Toben, v. lebenden Wesen u. Sachen, auch pl., insb. Rauschen, Brausen, Schnauben, Summen, Brummen, Gemurmel, bisw. auch Jauchzen; bsd. unwilliges Murren [militum, equorum, °apum, armorum Waffengeklirr, terrae in der Erde, maris murmurantis].

▶ **frĕmō,** ŭī, (ĭtŭm) 3. (cf. nhd. „brummen") 1. (dcht.) dumpf tosen, dröhnen, lärmen, toben, v. lebenden Wesen u. Sachen, insb. rauschen, brausen, schnauben (auch vor Wut u. Zorn), summen, brummen, murmeln, bisw. auch jauchzen. 2. (mißbilligend) murren [°omnes magno ore fremunt klagen laut od. jubeln laut, °equus schnaubt, wiehert, °leo brüllt, °lupus heult, °venti, °saxa, °animis vor Wut knirschen, tota provincia murrt]. 3. (dcht. u. nkl.) auch trans. = etw. erschallen lassen od. äußern [haec, arma laut nach Waffen verlangen]; (Li.) auch m. a.c.i. = murrend erklären od. laut klagen, daß.

frĕmŏr, ōris m (frĕmō) (dcht.) das Murmeln, Stimmengewirr.

frĕmŭī s. frĕmō.

frēnātŏr, ōris m (frēnō) (dcht., nkl.) Lenker; auch /.

frēndō, —, frē(n)sŭm 3. (spätl. auch **frēndĕō,** — — 2.) (cf. nhd. „Grind") 1. m. den Zähnen knirschen, bsd. vor Wut, v. Pers. u. Tieren (m. u. ohne dentibus, °aper, °irā); (prägn.) m. °a.c.i. 2. (vkl., nkl.) (unter Zähneknirschen) zermalmen, zerreiben, schroten (alqm od. alqd).

frĕnētĭcŭs = phrĕnētĭcŭs.

frēnī, ōrŭm s. frēnŭm.

frēnō 1. (denom. v. frēnŭm) 1. (nkl., dcht.) aufzäumen [equos, ōs equi; (prägn.) equites frenati m. aufgezäumten Rossen]. 2. / im Zaum halten: a) (dcht.) lenken, regieren [gentes iustitiā]; b) zügeln, bändigen [furorem alcis legibus, °voluptates temperantiā].

Frĕntānī, ōrŭm m samnitisches Volk an der Adria; adi. **Frĕntānŭs** 3.

▶ **frēnŭm,** ī n (pl. auch -ī, ōrŭm m) (< *frē-nŏm eig. „das, womit man [ein]hält"; wohl zu frē-tŭs, fīrmŭs) 1. Zaum, Zügel, Gebiß im Maul des Pferdes, auch / [frenum °inhibere od. °ducere u. °retinere anziehen, frenos °dare u. °remittere schießen lassen, frenum °accipere u. frenos recipere den Zügel sich gefallen lassen = sich fügen, frenos adhibere od. inicere alci anlegen, frenum od. frenos mordere / = seinem Gegner die Zähne zeigen]; / auch (dcht.) Steuer des Schiffes, Zügel der Regierung. 2. (nkl.) das Band, bsd. (med. t.t.) das Vorhautbändchen (auch demin. frēnŭlŭm, ī n).
E. Nach den Alten als *frĕnd-(s)nŏm zu frĕndō.

▶ **frĕquēns,** ēntis (m. comp. u. °sup.; adv. **-ēntĕr**) (eig. „gestopft voll"; cf. fărcĭō, φράσσω „dränge aneinander, verstopfe") 1. a) häufig, zahlreich, in Menge anwesend, fast nur v. Pers., meist adi., selten adv. [cives frequentes in forum convenerunt, senatus gut besucht, beschlußfähig, fast vollzählig, °legatio aus zahlreichen Personen bestehend, °lotus häufig wachsend, °Romam frequenter migratum est in großer Zahl, v. vielen]; b) dicht bevölkert, vielbesucht, belebt, bsd. v. Örtlichkeiten (abs., zB. theatrum); m. abl. od. °gen. = m. etw. angefüllt, reichlich versehen, dicht besetzt, voll v. etw. [°loca custodiis, °mons silvae]. 2. (zeitl.) a) (act. v. Pers.) häufig anwesend, ständig [alqs frequens Romae est, alqs ~ °contionibus häufig bei V., °conviva fast täglicher Gast, auditor Platonis fleißiger, frequentem esse cum alqo, in re etw. häufig anwenden od. tun]; b) (pass. v. Sachen) häufig, wiederholt, gewöhnlich, zahlreich [honores, pocula, °familiaritatem frequentiorem reddere inniger]; adv. frequenter häufig, oft.
F. abl. sg. -ī; pl. neutr. -ĭă, gen. -ĭŭm.

frĕquēntātĭō, ōnis f (frĕquēntō) Häufung, häufiger Gebrauch [argumentorum]; auch (A. ad Her.) Zusammenfassung der Hauptpunkte e-r Rede.

frĕquēntātīvŭs 3 (frĕquēntō; Ge.) eine Wiederholung anzeigend [verba].

▶ **frĕquēntĭă,** ae f (frĕquēns) 1. (v. Pers.) zahlreiche Versammlung, (starker) Andrang, große Menge [civium, °vulgi]. 2. (v. Sachen) Häufigkeit, Menge, Masse [rerum, sepulcrorum].

frĕquēntō 1. (denom. v. frĕquēns) 1. a) zahlreich od. in großer Menge besuchen od. aufsuchen bzw. oft od. regelmäßig besuchen od. aufsuchen (alqd, zB. domum alcis, °loca minus frequentata; seltener alqm, zB.

°*Marium* dem M. scharenweise zuströmen, °*Bacchum* umschwärmen); **b**) (*Pl.*) *auch umgekehrt jd.* häufig bei sich sehen (*alqm*). **2.** (*Feste*) in Scharen feiern [*ludos, dies festos*]; (*nkl.*) *auch* (*v. einzelnen*) mitfeiern, *m.* seiner Gegenwart beehren [*alcis exsequias*]. **3. a**) zahlreich versammeln, in großer Anzahl zusammenbringen [*populum, scribas ad aerarium,* °*copias sagittariis* verstärken; / *multa acervatim*]; **b**) (*Örtlichkeiten*) bevölkern, *m.* Menschen besetzen, beleben [*solitudinem Italiae, locum cultoribus,* °*contiones legibus agrariis* durch das Einbringen *v.* Agrargesetzen ein zahlreiches Publikum zu den V. herbeiziehen; / *orationem luminibus verborum*]. **4.** *etw.* oft tun, häufig gebrauchen [*verbi translationem, „Hymenaee" frequentant* rufen immer wieder H.].

frēsŭs 3 *s. frendō.*

frĕtēnsĭs, ĕ (*frĕtŭm*) zur Meerenge (*v. Sizilien*) gehörig [*mare*].

▶ **frĕtŭm,** ī *n* (*fĕrvĕō*; *cf. nhd.* „Brodem") **1. a**) Meerenge, Sund, Kanal [*fretorum angustiae,* °*nostri maris et Oceani* Straße *v.* Gibraltar = ~ *Gaditanum od.* °*Hesperium, freto pervehi* fahren über]; *bsd.* **b**) Straße *v.* Messina (= ~ °*Siculum od. Siciliense, Siciliae, ad Messanam*). **2.** (*unkl.*) **a**) *übh.* Meer, Meeresflut, *oft pl.* [*Caspium, aestuosum*]; **b**) Brandung, Strömung. **3.** / **a**) (*pl.*) (*Lu.*) Jahresströmung [*anni*] *als Übergangszeit v. der Kälte zur Wärme*; **b**) (*dcht., nkl.*) das Überschäumen [*adulescentiae*].

frĕtŭs[1], ūs *m* (*wohl nach aestŭs*) = *frĕtŭm* (*klass. nur abl. sg. frĕtū*).

frētŭs[2] 3 (*eig.* „gestützt auf"; *cf. θρᾶ-νος, θρῆνυς* „Schemel"; *zu fīrmŭs*) auf *etw.* vertrauend *od.* sich verlassend, im Vertrauen auf *etw.*, (*pejorativ*) pochend, trotzend (*m. abl., höchst selten* [*vkl., nkl.*] *m. dat., zB. diis, multitudine militum,* °*discordiae hostium*; *m.* °*a.c.i.*).

frĭcō, cŭī, c(ā)tŭm 1. (*cf. frĭō, frī-vŏlŭs*) (*unkl.*) reiben, abreiben, frottieren [*costas arbore* am Baum]; (*auch erot.*)

frĭctŭs 3 *s. frīgō.*

frīgĕfăctō 1. (-ē-?; *intens. zu frīgĕ-făcĭō* „abkühlen"; *Pl.*) kühlen.

frīgĕō, (*frīxī*), — 2. (= *ῥιγέω* ‹ **σριγέω*) **1.** (*unkl.*) kalt *od.* erstarrt sein, frieren [*manus*]; (*dcht.*) *auch* = tot sein: *frigens* der Tote. **2.** / **a**) schlaff *od.* matt sein, gleichgültig, untätig sein, (*v. Leblosem auch*) stocken, machtlos sein [*iudicia,* °*vires in corpore,* (*sprichw.* [*Te.*] *sine Cerere et Libero friget Venus*]; **b**) *m.* Kälte aufgenommen werden, unbeachtet bleiben, *v. Pers. u. Sachen* [*Antonius, contio prima Pompei*; *ad alqm* vor, bei *jd.*].

frīgĕrō 1. (*denom. v. frīgŭs*) (*Ca.*) kühlen, erfrischen.

frīgēscō, — — 3. (*incoh. v. frīgĕō*) (*unkl.*) kalt werden, erkalten, frösteln [*pedes manusque*]; / erstarren, erschlaffen (*re v.*, durch *etw.*).

frīgĭdārĭŭs 3 (*frīgĭdŭs*) (*nkl., dcht.*) **1.** abkühlend, zum Kaltbaden [*cella*]. **2.** *subst.* **-ĭŭm,** ī *n* **a**) Abkühlungsraum *im röm. Bad*; **b**) Kühlraum *zum Aufbewahren v. Speisen.*

frīgĭdĕ-făctō 1. (*frīgĭdŭs*) (*Pl.*) (ab-)kühlen.

frīgĭdŭlŭs 3 (*demin. v. frīgĭdŭs*) (*dcht.*) *etw.* kalt *od.* / matt [*singultus*].

▶ **frīgĭdŭs** 3 (*m. comp. u. sup.*; *adv.* °**-ē**) (*frīgĕō*) **1.** kalt, kühl, *unangenehmes Gefühl der Kälte auslösend* (= frostig, *zB. flumen, locus,* °*Praeneste,* °*annus* Jahreszeit = Winter); *od.* (*selten*) *das angenehme Gefühl der Kühle auslösend* [°*umbra,* °*Tempe*]; (*dcht.*) *auch* erstarrt = tot [*membra, lumina* die gebrochenen]. **2. a**) (*dcht., nkl.*) Kälte bringend, eisig; / Schauer erregend, schauerlich [*sidera, mors, cymba Stygia*]; **b**) / kalt = **α**) ohne Wärme *u.* Feuer, matt, schlaff, lässig, lau, stumpf, *v. Pers. u. Sachen* [*accusator,* °*virgo non frigida, litterae, in dicendo,* °-*ē agere*; °*in alqd u.* °*alci rei*, zu, für *etw., zB. in Venerem*]; **β**) fade, trivial [*verba, iocus*].

frīgō, *frixi, frictŭm* (*u. spätl. frīxŭm*) 3. (**fĕrgō* 3. „backen"; *cf. fĕr(c)tŭm*) (*vkl., nkl.*) rösten, dörren (*alqd, zB. fabas*).

▶ **frīgŭs,** ŏrĭs *n* (‹ **srīgŏs* = *ῥῖγος*; *cf. frīgĕō*) **1. a**) Kälte, *die Frieren od.* Frost *verursacht* [*frigora caloresque vitare, tolerare,* °*pati,* °*picta Spartani frigora saxi* der bunte kalte Estrich]; *selten* **b**) (*dcht.*) Kühlung, angenehme Frische [*umbrae, opacum*]; *pl.* kalte Tage, kaltes Wetter *od.* Klima [*propter frigora frumenta matura non erant*]; **c**) Winterkälte; (*dcht.*) Winter [*frigore u. frigoribus* im Winter]. **2.** / **a**) (*dcht.*) Kälte des Todes, Tod [*letale*]; **b**) (*dcht.*) eisiger Schrecken, Schauder, Entsetzen [*Aeneae solvuntur frigore membra*]; **c**) (*meton.*) (*dcht.*) ein kaltes Land [*non habitabile*]; **d**) / (*v. Pers.*) Kälte = **α**) (*unkl.*) Lauheit, Lässigkeit (*alcis*); **β**) (*dcht., nkl.*) kühle Aufnahme, *übh.* Ungnade [*frigore alqm ferire*]; **e**) (*v. Sachen*) (*Qu.*) Fadheit [*argumentorum*].

frīgŭttĭō 4. (*Schallwort*) (*unkl.*) zwitschern; / lispeln; stottern.

frīngĭllŭs, ī *m* (*cf. frīgŭttĭō, φρυγίλος* „kl. Vogel") (*vkl., dcht.*) Fink *od.* Spatz.

frĭō 1. (√‾*bhri- „schneiden, schaben"; *cf. frĭcō*) (*unkl.*) zerreiben, zerbröckeln.

Frĭsĭī, ōrŭm *m* die Friesen, *westgerm. Volk*; *adi.* **Frĭsĭŭs** 3.

frĭt *n* (*nom. u. acc.*: *wohl Schallwort*) (*vkl.*) Körnchen.

frĭtĭllă = *fĭtĭllă.*

frĭtĭllŭs, ī *m* (*vl. Schallwort*; *cf. frĭtĭnnĭō vom Klappern der Würfel*) (*nkl., dcht.*) Würfelbecher.

frĭtĭnnĭō 4. (*Schallwort*) (*unkl.*) zwitschern; / quietschen.

frīvŏlŭs 3 (*eig.* „zerbrechlich"; *cf. frĭcō, frĭō*) (*nkl., dcht.*) **1.** wertlos, armselig; *bsd.* läppisch, albern. **2.** *subst.* **-ă,** ōrŭm *n* **a**) armseliger Hausrat; **b**) nichtssagende Worte, Kleinigkeiten.

frīxī *s. frīgō.*

frŏndātŏr, ōrĭs *m* (*zu frōns*[1]) (*dcht., nkl.*) Baumscherer; *auch* Winzer.

frŏndĕō, — — 2. (*denom. v. frōns*[1]) (*dcht., nkl.*) belaubt sein, grünen [*silvae*]; *bsd. part. praes. frŏndēns* belaubt, grünend [*ilex, aurum* der goldene Zweig].

frŏndēscō, — — 3. (*incoh. v. frŏndĕō*) sich belauben, ausschlagen [*arbores,* °*virga*].

frŏndĕŭs 3 (*frōns*[1]) (*dcht.*) belaubt, Laub... [*tecta* Laubdächer = belaubte Bäume]; *cuspis* Zahnstocher aus Holz.

frŏndĭ-fĕr, ĕră, ĕrŭm (*frōns*[1], *fĕrō*) (*vkl., dcht.*) belaubt.

frŏndōsŭs 3 (*frōns*[1]) (*unkl.*) reichbelaubt [*lucus, mons*].

▶ **frōns**[1], ŏndĭs *f* (*et. unklar*) **1.** Laub, Laubwerk; °*nigra* Nadeln; *auch pl.* **2.** (*meton.*) **a**) *pl.* (*dcht., nkl.*) belaubte Bäume; **b**) (*dcht.*) Laubkranz, -krone, -dach [*funerea* Zypressenkranz]; *bsd.* Lorbeerkranz *der Triumphatoren*; (*gen. pl. frondium*).

frōns[2]
1. Stirn; **2. a**) Gesicht(sausdruck); **b**) Stirn-, Vorderseite, Front; **c**) (*bei Messung der Äcker*) Breite; **d**) (*bei Bücherrollen*) Außenrand, erste Seite; **e**) das Äußere.

frōns[2], ŏntĭs *f* (*altl. auch m*) (*eig.* „hervorragender Körperteil"; *cf. ags.* brant „hoch, steil") **1.** Stirn *der Menschen u. Tiere* [*hominis, cervi,* °*adversis frontibus* Stirn gegen Stirn, *frontem contrahere* runzeln, °*remittere u.* °*explicare* glätten]; (*prägn.*) (*meist dcht.*) = freche Stirn. **2. a**) (*Stirn als Ausdruck der Stimmung*) Gesicht, Gesichtsausdruck [°*sollicita,* °*verissimā fronte* mit dem aufrichtigsten Gesicht; °*pristina* der frühere Ernst, *proterva* freche Stirn, Frechheit; °*urbana* Dreistigkeit des Städters, *fronte sententiam occultare od. libidines tegere*; °*salvā fronte* ohne Scham]; **b**) / Stirnseite, Vorderseite, Front, *bsd. mil.* [°*aedium* Fassade, *navium, castrorum*; °*laevi cornūs, collis in frontem fastigatus* nach vorn, °*in frontem dirigi u.* (*intr.*) *dirigere* sich in Front aufstellen; *bsd. a* (*in*) *fronte* (*v.*) vorn, *zB. castra a fronte nudare*; °*dextra fronte* auf dem rechten Flügel]; **c**) (*bei Messung der Äcker*) vordere breite Seite, Breite [°*mille pedes in fronte* in die Breite (*Ggs. in agrum* in die Tiefe); **d**) (*bei Bücherrollen*) **α**) (*dcht., nkl.*) Außenrand [*frontes geminae* die beiden äußeren Ränder, *meist beschnitten, m. Bimsstein poliert u. gefärbt*: *frontes pumice polire*]; **β**) (*Ov.*) die erste Seite [*versūs in prima fronte libelli praeponere*]; **e**) (*nkl., dcht.*) das Äußere, der erste Anblick, Schein [*utrum fronte an mente* ob es nur äußerlich *od.* ob es ihm wirklich ernst ist; *bsd. prima frons* der erste Anschein, *zB. primā fronte multos decepit*].
F. *gen. pl. frŏntĭŭm.*

frŏntālĭă, ĭŭm *n* (*frōns*[2]) (*nkl.*) Stirnschmuck *der Pferde.*

Frŏntīnŭs, ī *m* (*vollständig*: *S. Iūlĭŭs* ~) *tüchtiger Feldherr in Britannien u. Germanien, 97 n.Chr. Direktor der Wasserversorgung in Rom* (*curator* *aquarum*); *Konsul, Vfssr. v. Schriften über die Feldmeßkunst u. über die Wasserleitungen Roms.*

frŏntō, *ōnĭs m* (*frōns*[2]) breitstirnig; ♀ *cogn.*: **M. Cŏrnēlĭŭs Frŏntō** *aus Cirta, Rhetor, cons. 143 n.Chr., Erzieher v. Mark Aurel.*

frūctŭārĭŭs 3 (*frūctŭs*) (*unkl.*) fruchtbringend [*ager* Pachtzins einbringend].

frūctŭōsŭs 3 (*m.* °*comp. u. sup.*; *adv.* °**-ē**) (*frūctŭs*) fruchtbar, ertragreich [*ager, praedium*]; / einträglich, ergiebig, nützlich [*philosophia*].

▶ **frūctŭs,** *ūs m* (*altl. gen.* ī; *frŭŏr*) **1.** Nutznießung, Nutzung (*alcis rei, zB. fundi*); *bsd. usus* (*et*) *fructus* Nießbruch; / Genuß [*animi* geistiger; *alcis rei v. etw., zB. studiorum*; *fructum capere ex re* Genuß *v. etw.* haben, °*oculis* eine Augenweide]. **2.** (*concr.*) *sg.* **a)** Ertrag; *pl.* Erzeugnisse *der Pflanzungen, auch des Viehes u. der Bergwerke* [*fruges reliquique fructūs, praediorum, metallorum, ex arboribus, fructum ēdere* Ertrag geben]; **b)** (*selten*) Kapitalzinsen, Renten [*pecuniae*]. **3.** / Nutzen, Vorteil, Gewinn, guter Erfolg [*divitiarum, laborum, vitae superioris, fructum capere od. percipere ex re* ziehen, *alci fructum ferre od. fructui esse* Vorteil bringen. — ***fructa, orum n* Gutserzeugnisse.

frūgālĭs, *ĕ* **1.** (*frūx*) (*nkl.*) Frucht... [*maturitas*]. **2.** *klass. nur comp.*

frūgālĭŏr, *ĭūs* (*sup. frūgālissĭmŭs* 3; *adv.* °**-ĭtĕr**) *zu* **frūgī** (*s.d.*).

frūgālĭtās, *ātĭs f* (*frūgālĭs*) **1.** (*nkl.*) Vorrat an Früchten. **2.** Wirtschaftlichkeit, Ordnungsliebe, Sparsamkeit; *übh.* Biederkeit, Besonnenheit, Solidität, solides Leben (*alcis, zB. hominum novorum; frugalitatem maximam virtutem iudico*). **3.** (*v. d. Rede*) strenges Maßhalten [*eloquentiae*].

▶ **frūgēs,** *ŭm f s. frūx.*

frūgī *indecl.* (*erstarrter dat. v. frūx, als adi. gebraucht; cf. frūgālĭs* 2) wirtschaftlich, ordnungsliebend, sparsam; *übh.* bieder, besonnen, brav, solide, *v. Pers. u.* °*Sachen* [*colonus, alqs frugi od. bonae frugi est u. fit u. existimatur,* °*atrium* einfach]. — *cogn.* **Frūgī** *s. Călpŭrnĭŭs.*

frūgĭ-fĕr, *fĕrā, fĕrŭm u.* (*Lu.*)

frūgĭ-fĕrēns, *ĕntĭs* (*frūx, fĕrō*) fruchttragend, fruchtbar, ergiebig, *klass. nur vom Boden* [*ager,* °*messes,* °*numen* = *Cĕrēs; re* an *etw., zB.* °*alimentis*]; / = nutzbringend [*philosophia*].

frūgĭ-lĕgŭs 3 (*frūx, lĕgō*[2]) (*Ov.*) Früchte sammelnd [*formica*].

frūgĭ-părŭs 3 (*frūx, păriō*) (*Lu.*) fruchtbringend.

frūmĕntārĭŭs 3 (*frūmĕntŭm*) **1. a)** den Proviant betreffend, Getreide-..., Korn... [*navis* Proviantschiff, *lex* Getreidegesetz, *quaestus* Getreidehandel, *praedo* Korndieb, *res* Verpflegung, Verproviantierung]; **b)** *subst.* **-ŭs,** *ī m* **α)** Getreidehändler; *pl. mil.* (*Hi.*) Proviantkolonne; **β)** (*nkl.*) geheimer Polizeispion; **-ă,** *ae f* (*sc. āctĭō*) Getreideverhandlung. **2.** getreidereich [*provincia*].

frūmĕntātĭō, *ōnĭs f* (*frūmĕntŏr*) **1.** das Getreideholen, Verproviantierung, das Furagieren; (*meton.*) *pl.* Proviantkolonnen. **2.** (*nkl.*) Getreideausgabe, -spende.

frūmĕntātŏr, *ōrĭs m* (*frūmĕntŏr*) (*Li.*) Getreidehändler; -lieferant; *bsd. mil.* Furier.

frūmĕntŏr 1. (*denom. v. frūmĕntŭm*) Getreide *od.* Proviant, *bzw.* Futter holen, furagieren [*milites frumentatum mittere*].

▶ **frūmĕntŭm,** *ī n* (*frŭŏr, eig.* ,,Genußmittel") **1.** Getreide, Korn, *sowohl das noch auf dem Halm stehende* (= Saaten, *meist pl., zB. frumenta in agris propter frigora matura non erant*) *als auch das schon eingeerntete*; *bsd.* (*nkl., dcht.*) Weizen [*frumenti magnus numerus, -um imperare alci*]. **2.** (*meton.*) **a)** *pl.* Getreidearten [*frumenta serere*]; *auch* (*Ve.*) Getreidekörner [*grandia*]; **b)** Verproviantierung (*alqm -o intercludere*).

frūnīscŏr, *nītŭs sŭm* 3. (< *frūg-nī-scŏr zu frŭŏr*) (*vkl., nkl.*) genießen; *m. abl. u. acc.*

▶ **frŭŏr,** (*selten frūctŭs u.* °*frŭĭtŭs sŭm, meist ersetzt durch ūsŭs sŭm od. frūctŭm rĕī cēpī*; *part. fut. frŭĭtūrŭs*) 3. (< **frūg-vŏr*; *cf. nhd.* [,,ge-] brauchen") **1.** *etw.* genießen, sich an *etw.* erfreuen, in *etw.* schwelgen, *oft* = haben, benutzen (*abs. od. m. abl., altl. m. acc., zB. voluptate,* °*ingenium, amicitiae recordatione* sich *m.* Vergnügen erinnern, *vitā, se* die Früchte seiner Anstrengungen genießen; *aber in voluptatibus fruendis, ad voluptates fruendas u.a.*). **2. a)** *j-s* Umgang genießen (*alqo, zB. Attico*); **b)** (*jur. t.t.*) den Nießbrauch *od.* die Nutznießung *v. etw.* haben, Nutzen *v. etw.* ziehen (*re, zB. certis fundis,* °*agrum fruendum locare*).

Frŭsĭnō, *ōnĭs m* (*St. der Herniker in Latium, j.* Frosinone; *Einw. u. adi.*

Frŭsĭnās, *ātĭs* (*cf.* V.-B. IX).

frūstil(l)ātĭm *adv.* (-ū-?; *frūstŭm*) (*Com.*) brocken- *od.* stückweise.

▶ **frūstrā** *adv.* (*seit Ci. u. Lu. Analogiebildung nach cōntrā u.ä. für älteres -ă; wahrsch. nom. pl. od. adv. acc. pl. v.* **frūstrŭm* ,,Täuschung" *zu fraus*) **1.** (*vkl., nkl.*) irrtümlich, irrig [*frustra esse* sich (in seinen Plänen) getäuscht sehen, ~ *habere alqm jd.* in seiner Erwartung täuschen]. **2. a)** vergeblich, nutzlos, umsonst [*telum* ~ *mittere, legati* ~ *discesserunt* ohne *etw.* ausgerichtet zu haben; ~ *esse* mißlingen; °*frustra habere alqd etw.* vernachlässigen]; **b)** grundlos, zwecklos [*tempus* ~ *conterere*].

frūstrāmĕn, *ĭnĭs n* (*frūstrō*; *Lu.*) Täuschung.

frūstrātĭō, *ōnĭs f* (*frūstrō*) (*unkl.*) Täuschung, Irreführung *j-s* (*alcis*), Vorspiegelung *od.* Vereitelung *e-r Sache* (*alcis rei*); *bsd.* das Hinhalten, absichtliche Verzögerung (*alcis, zB. Gallorum; alcis; alcis rei, zB. legis tollendae*).

frūstrātŭs, *ūs m* (*frūstrō*; *Pl.*) Täuschung; *-ui habere alqm jd.* zum besten haben.

frūstrŏr 1. (*inf. praes. altl. frūstrārĭĕr*; *frūstrā*) **1.** (*vkl., nkl. auch* **-ō** 1.) *jd.* täuschen, hintergehen, irreführen, *bsd.* vergeblich hinhalten, Winkelzüge machen (*abs. od. alqm u. alqd, zB. se ipsum, spem alcis*; / °*spes frustratur alqm,* °*clamor frustratur hiantes* erstirbt im offenen Munde; *alqm re*); P. (*Li.*) vom Auge getäuscht werden, *d. h.* das Ziel verfehlen, daneben schießen. **2.** (*nur dep.*) (*nkl., dcht.*) vereiteln (*alqd, zB. improbas spes hominum od. exspectationem alcis*).

frūstŭlĕntŭs 3 (*kaum frūst-; frūstŭm*) (*Pl.*) voller Stückchen (Fleisch) [*aqua* Fleischbrühe].

frūstŭm, *ī n* (*kaum frūst-; zu fĕrĭō; cf. nhd.* ,,Brosamen") Brocken, Bissen, Stückchen [*-a esculenta*]; *bsd. pl.* °Fleischstücke; (*scherzh.*) (*Pl.*) ~ *pueri!* du halbe Portion!; *pl.* (*nkl.*) allzu kleine Teile *in der log. Gliederung* [*in partes, non in frusta dividere*].

frŭtĕx, *ĭcĭs m* (*cf. mhd.* briezen = ,,knospen") **1.** (*unkl.*) Strauch, Busch, *meist pl., coll. auch* Strauchwerk, Gesträuch. **2.** (*Suet.*) Stammende *e-s Baumes m. frischen Trieben.* **3.** (*Schimpfwort*) (*vkl., nkl.*) Klotz = Dummkopf.

frŭtĭcētŭm, *ī n* (*frŭtĕx*) (*dcht., nkl.*) Gesträuch, Gebüsch [*artum* Dikkicht].

frŭtĭcŏr *u.* (*nkl.*) **-ō** 1. (*frŭtĕx*) (Zweige) treiben, ausschlagen [*arbor*].

frŭtĭcōsŭs 3 (*m. comp. u. sup.*) (*frŭtĕx*) (*nkl., dcht.*) **1.** voll Gebüsch [*litora*]. **2.** buschig [*vimina* Weidengebüsch].

▶ **frūx,** *frūgĭs f* (*nom. sg. nur altl. u. dcht.*; *frŭŏr*) **1.** Frucht, *welche die Erde hervorbringt* [*non omnem frugem in omni agro reperimus*], *fast nur pl.* **frūgēs,** *ŭm f* Acker-, Feldfrüchte, *bsd.* Hülsenfrüchte *u.* Getreide [*ubertas frugum et fructuum,* °*medicatae* Zauberkräuter; *sg.* °*tosta* = Brot, (*meton.*) (*dcht.*) Mehl, Opferschrot = *mola salsa*]; (*dcht.*) Baumfrucht = *frūctŭs od. bācā* **2.** / **a)** (*sg. u. pl.*) = Ertrag, gute Wirkung, Nutzen, Wert [*magnae fruges industriae,* °*carmina expertia frugis* ohne (lehrhaften) Gehalt]; **b)** sittliche Tüchtigkeit [*ad bonam frugem se recipere* sich bessern, vernünftiger werden]; **c)** *dat. sg. frūgī* (*auch bonae frugi*) *als adi.* (*s.d.*).

fū *int.* (*Naturlaut des Abscheus*; = φῦ) (*Pl.*) pfui!

fŭām, *fŭās, fŭăt usw. s. fŭō.*

fūcīnă, *ōrŭm n* (*fūcŭs*[1]; *Qu.*) *m.* Orseille (*statt Purpur*) gefärbte Stoffe.

Fūcīnŭs lăcŭs *m größter See in den Abruzzen* (*im Gebiet der Marser*), *j. Lago di Celano.*

fūcō 1. (*denom. v. fūcŭs*[1]) **1.** (*nkl., dcht.*) färben (*alqd re, zB. vellera colore*). **2.** schminken, aufschminken [°*corpora,* °*colorem stercore crocodili*]. **3.** / aufputzen, (ver)fälschen, *bsd.* (*P.P.P.*) *adi.* **fūcātŭs** 3 (*m. comp. u. sup.*; *adv.* °**-ē**) [*nitor,* °*vetustas, omnia fucata et simulata*].

fūcōsŭs 3 (*fūcŭs*[1]) geschminkt, /

verfälscht, unecht, Schein... [*merx, amicitia*].

fūcŭs[1], *ī m* (*Lw.* < φῦκος „Meertang, rote Schminke", *aus dem Hebr. stammend*) **1.** (*nkl.*) Orseille (*violettrot färbende Steinflechte*). **2.** (*meton.*) *jeder* rote Farbstoff: **a**) (*dcht.*) Purpur(farbe) [*Tyrius*]; **b**) (*Ve.*) (*rötliches*) Bienenharz; **c**) (*dcht., nkl.*) *rote* Schminke. **3.** / (falscher) Aufputz, Schein, Falschheit [*sine fuco et fallaciis*, °*fucum facere* täuschen, *alci jd.*].

fūcŭs[2], *ī m* (*cf. nd.* „Bau" = Bremse) (*unkl.*) Drohne.

fūdī *s. fundō*[2].

fūfae *int.* (*fū*) (*Pl.*) pfui!

Fūfiŭs 3 *Name e-r pleb. gēns: Q. Fūfiŭs Călēnŭs, Volkstribun 61 v. Chr., Legat Cäsars.*

▶ **fŭgă**, *ae f* (*cf. fŭgĭō*, φυγή) **1. a**) Flucht, das Entfliehen, Entrinnen [°*praeceps*, °*trepida* hastig, *pl.* °*celeres* Eilmärsche; *alcis j-s, zB. regis, aber Italiae* durch Italien, *ab urbe*; *alqm in fugam conicere od.* (°*con*)*vertere od. dare, fugā salutem petere* sein Heil in der Flucht suchen]; *fugam facere* (*selten*) die Flucht *j-s* (*alcis*) verursachen, *jd.* in die Flucht schlagen, (*meist*) °*die* Flucht ergreifen = *fugam capere od. petere, fugae se dare od. se mandare*; in (*bzw.* **ex**) *fuga* auf der Flucht; **b**) (*meton.*) Gelegenheit *od.* Möglichkeit (Weg, Mittel) zur Flucht [°*alci fugam claudere*; *alcis rei* vor *etw., zB. morbi*]; *bisw. auch* (*nkl., dcht.*) Unordnung (*od.* Verwirrung) bei der Flucht. **2.** (freiwillige) Verbannung, Exil (*alcis, zB. Metelli*); (*meton.*) (*Ov.*) Verbannungsort. **3.** / Scheu vor *etw.*, Abneigung gegen *etw.* (*alcis rei, zB. laboris, dolorum, bellandi*). **4.** (*dcht.*) Schnelligkeit, Eile, rascher Lauf [*equorum, temporum, fugā* in Eile, schleunig].

fŭgāx, *ācĭs* (*m.* °*comp. u.* °*sup.*; *adv. comp.* °**-iŭs**) (*fŭgĭō*) (*unkl.*) **1.** flüchtig, zum Fliehen geneigt, schnell fliehend, scheu, *v. Pers. u. Tieren*, / *auch v. Sachen* [*dux, ferae, pedes, anni*; *alcis rei* vor *etw.* fliehend = *etw.* vermeidend *od.* verschmähend, *zB. ambitionis*]. **2. a**) (*dcht.*) vor Männern fliehend = spröde [*Pholoë*]; **b**) / vergänglich [*bona*].
F. *abl. sg.* **-ī**; *pl. neutr.* **-iă**, *gen.* **-iŭm**.

fūgī *s. fŭgĭō*.

fŭgiēns, *ĕntĭs* (*eigtl. part. praes. v. fŭgĭō*) fliehend; (*m. gen.*) *laboris* arbeitsscheu.

fŭgĭō
1. (*intr.*) **a**) fliehen, entlaufen; **b**) enteilen; **c**) (landes)flüchtig werden; in die Verbannung gehen; **d**) (ent)schwinden; **2.** (*trans.*) **a**) *jd. od.* vor *jd.* fliehen; **b**) entfliehen; **c**) *etw.* (ver)meiden; **d**) verschmähen; **e**) unbekannt, unbemerkt bleiben.

fŭgĭō, *fūgī, fŭgĭtūm* 3. (*cf.* φεύγω, φυγή = *fŭgă*) **1.** (*intr.*) **a**) fliehen, entfliehen, entlaufen (*bsd. v. Sklaven*), entkommen, *auch* (zu) entfliehen (suchen), *v. Pers., bsd. im Kriege v. Soldaten, u. v. Tieren* (*abs. od. m. adv., zB.* °*hinc, longe*; *ab alqo, zB. a crudelissimo hoste*; *ab*, *ex re od. bloß* °*re, zB. ex oppido, ex caede, domo*; *ad alqm, ad u. in alqd, zB. in provinciam*; / *a turpitudine* sich fernhalten *v.*; **b**) (*dcht.*) forteilen, enteilen; *auch v. Sachen, zB. Schiffen, Wagen, Wolken, Geschossen, Flüssen, bsd. v. Örtlichkeiten* dem Blicke enteilen, zurückweichen [*portus fugiens ad litora*]; **c**) (landes)flüchtig werden *od.* sein, *bsd.* in die Verbannung gehen [°*a Troia*, °*ex patria*]; **d**) / (*meist dcht.*) (ent)schwinden, vergehen [°*tempus*, °*vires*, °*oculi* die brechenden, °*mensis* geht zu Ende, *vinum fugiens* ein leichter, der sich nicht hält]. **2.** (*trans.*) **a**) *jd. od.* vor *jd., etw. od.* vor *etw.* fliehen (*alqm u. alqd, zB.* °*hostem*, °*arma Iovis*); **b**) entfliehen, entgehen, entrinnen (*alqm u. alqd, zB.* °*insidiatorem*, °*manus heredis*); (*meist dcht.*) *v. Sachen, zB.* °*vox fugit Moerim* versagt M., °*vigilantia fugit alqm* fehlt *jd.*; *auch* zu entfliehen *od.* zu entgehen suchen; **c**) / *etw.* meiden, vermeiden, sich von *etw.* fernhalten (*alqd, zB. conspectum od. conventūs hominum, dedecus*, °*caelum* das Tageslicht; *m. ne*; *auch m.* °*inf.*); **d**) verschmähen, nicht mögen, sich verbitten (*alqm u. alqd, zB.* °*iudicem* ablehnen, °*senatūs iudicium*; *m. inf., zB.* °*fuge quaerere*); **e**) *der Wahrnehmung j-s* entgehen = unbekannt *od.* unbemerkt bleiben (*alqm u. alqd, zB. Ciceronem, alcis scientiam*; *m. inf. u. a.c.i.*; *m. indir. Frages.*); *pf. fūgit alqm jd.* hat vergessen (*m. inf.*; *zB. scribere de hac re*).

fŭgĭtāns, *āntĭs* (*eigtl. part. praes. v. fŭgĭtō*) (*Te., spätl.*) fliehend, scheu vor, *m. gen.* [~ *est litium* Prozessieren ist ihm zuwider].

▶ **fŭgĭtīvŭs** 3 (*fŭgĭtō*) flüchtig geworden, entflohen, *auch* / [°*servus*, °*canis*; *ab alqo, zB. a domino*, / *a iure et a legibus*]; *subst. m* Ausreißer, entlaufener Sklave (*alcis j-s*); *auch Schimpfwort für Sklaven.*

fŭgĭtō 1. (*intens. v. fŭgĭō*) **1.** (*intr.*) (*Te., spätl.*) eilig fliehen. **2.** / (*trans.*) **a**) *etw.* meiden, scheuen (*alqd, zB. quaestionem*; *auch* °*alqm*); **b**) *m.* °*inf.* (*Te., Lu.*) sich scheuen, *etw.* zu tun.

fŭgĭtŏr, *ōrĭs m* (*fŭgĭō*) (*Pl.*) Ausreißer, Flüchtling.

fŭgĭtūm *P.P.P. v. fŭgĭō.*

▶ **fŭgō** 1. (*denom. v. fŭgă*) **1.** in die Flucht schlagen, *bsd. mil.* (*alqm, zB. magnos exercitus*; *oft fundere atque fugare*, °*fugare et fundere* völlig schlagen). **2.** vertreiben, verjagen, verscheuchen (*alqm u.* °*alqd, zB. Clodium ab altaribus*, °*nubes*, °*timorem*); *bsd.* (*dcht.*) *jd.* in die Verbannung treiben [*Musa mea me fugavit*].

fŭī *s. sŭm u. fŭō.*

fŭlcīmĕn, *ĭnĭs n* (*fŭlcĭō*) (*Ov.*) Stütze, Pfeiler.

fŭlcĭō, *lsī, ltūm* 4. (*cf.* φάλαγξ, *nhd.* „Balken") **1.** stutzen, emporhalten, tragen (*alqd, zB. porticum, vitem*; *alqd re, zB.* °*caelum vertice*); *fultus re* auf *etw.* gestützt *od.* gelehnt, auf *etw.* stehend [°*pravis male talis*]. **2. a**) (*dcht.*) befestigen, verwahren, versperren [*ianuam serā*]; festtreten [*pedibus pruinas*]; **b**) / aufrechthalten, nicht sinken lassen, unterstützen [*rem publicam labentem, alqm litteris* in der Gesinnung bestärken].

fŭlcrŭm, *ī n* (*fŭlcĭō*) (*dcht., spätl.*) Gestell des Bettes *od.* Speisesofas, *übh.* Bett, Speisesofa.

fŭlgēns, *ĕntĭs* (*m. comp. u. sup.*; *adv.* **-ĕntĕr**) (*eigtl. part. praes. v. fŭlgĕō*) (*nkl.*) glänzend, strahlend; *auch* /.

▶ **fŭlgĕō**, *fŭlsī*, — 2. *u.* (*dcht.*) **fŭlgō**, — — 3. (*im Ablaut zu flăgrō*) **1.** blitzen [*Iove od. caelo fulgente* wenn es blitzt; / *v. e-m gewaltigen Redner, wie Perikles*]; *impers. fŭlgĕt* es blitzt. **2.** / **a**) *übh.* glänzen, strahlen, funkeln, schimmern, *v. Pers. u. Sachen* (*alqs fulget armis u.* °*in armis, tecta auro et ebore*, °*luna*, °*dies*]; **b**) (*nkl., dcht.*) *vor anderen* glänzen, sich hervortun (*re* durch *etw., zB. honoribus*; *in alqo* in, an *jd.* sich auf glänzende Weise zeigen, *zB. fulgebat iam in adulescentulo indoles virtutis*).

fŭlgĕtrŭm, *ī n* (*-ē-? fŭlgĕō*) (*nkl.*) Wetterleuchten.

fŭlgĭdŭs 3 (*fŭlgĕō*) (*dcht.*) blitzend, schimmernd.

fŭlgŏr, *ōrĭs m* (*fŭlgĕō*) **1.** das Blitzen, Blitz, Wetterleuchten = *fŭlgŭr*. **2.** / **a**) heller Glanz, das Leuchten, Schimmer (*alcis rei, zB. candelabri*, °*armorum*, °*oculorum*); **b**) / Glanz, Ruhm, Auszeichnung [*nominis Romani*].

fŭlgŭr, *ŭrĭs n* (*abl. sg.* [*Lu.*] *auch* **-ĕrĕ**, *pl. auch fŭlgŏră*; *fŭlgĕō*) **1.** Blitz, Wetterleuchten, *auch pl.*; (*dcht.*) einschlagender Blitz = *fulmen*[1] [*feriunt summos fulgura montes*]. **2.** / (*dcht.*) Glanz, Schimmer, das Funkeln (= *fŭlgŏr*).

fŭlgŭrālĭs, *ĕ* (*fŭlgŭr*) die Blitze betreffend [*libri* über Deutung *u.* Sühnung der Blitze].

fŭlgŭrātĭō, *ōnĭs f* (*fŭlgŭrō*) (*Se.*) Wetterleuchten.

fŭlgŭrātŏr, *ōrĭs m* (*fŭlgŭrō*) **1.** (*vkl.*; *Inschr.*) der Blitzschleuderer. **2.** der die Blitze deutende Priester.

fŭlgŭrītŭs 3 (*P.P.P. v. fŭlgŭrĭō* 4. *denom. v. fŭlgŭr* „blitzen") (*vkl., nkl.*) vom Blitz getroffen [*arbores*].

fŭlgŭrō 1. (*denom. v. fŭlgŭr*) **1.** (*unkl.*) blitzen (*intr.*) [*Iove tonante fulgurante* wenn es blitzt *u.* donnert]; *impers. fŭlgŭrăt* es blitzt; / *v. einem gewaltigen Redner u. seiner Rede.* **2.** (*Se.*) (*P.P.P.*) *adi.* **fŭlgŭrātŭs** 3 vom Blitz getroffen; *subst.* **-ă**, *ōrŭm n* vom Blitz getroffene Gegenstände.

fŭlĭcă, *ae f* (*cf.* φαληρίς, *nhd.* „Belche") (*nkl., dcht.*) Wasserhuhn, Bläßhuhn.

fūlĭgō, *ĭnĭs f* (*cf. altind. dhūlī* „Staub") **1.** Ruß; (*Qu.*) *lucubrationum* der Lampe bei den nächtlichen Studien. **2.** (*Ju.*) Augenbrauenfarbe.

fŭlĭx, *īcis f (dcht.)* = *fŭlĭcă.*

fŭllō, *ōnis m (et. unklar) (vkl., nkl.)* Tuchwalker; *auch obszön.*

fŭllōnĭŭs 3 *(fŭllō) (vkl., nkl.)* zum Tuchwalker gehörig [*saltus*]; *(Pl.) (scherzh. u. wohl obszön)* [*cras mihi potandus fructus est fullonius*]; *subst.* **-ĭă,** *ae f* Tuchwalkerhandwerk.

▶ **fŭlmĕn**[1], *inis n* (< **fŭlgmĕn zu fŭlgĕō*) **1.** Blitz(schlag), Wetterstrahl, [*fulmen cadit u. decidit, Iuppiter fulmina iacit u. emittit, fulmine percuti*]; *(dcht.) auch* leuchtender Blitz. **2.** / **a)** *(Ov.)* feuriger Hauch, glühender Atem; **b)** zerschmetternder Schlag, unwiderstehliche Kraft, *auch pl.* (*alcis u. alcis rei, zB. verborum, °dictatorium* des Diktators; *fortunae* Schicksalsschlag, *auch bloß fulmen, zB. °duo fulmina domum perculerunt*); **c)** *(dcht.)* harte Strafe. **3.** *(meton.) (v. Pers.)* unwiderstehlicher Kriegsheld [*duo fulmina nostri imperi, Cn.* et *P. Scipiones*] *(s. fŭlmĕn*[2]*).*

fŭlmĕn[2], *inis n (fŭlcĭō)* / Stütze (*nur Ci., pro Balbo 34; wahrsch. Fehldeutung; s. fŭlmĕn*[1] *3).*

fŭlmĕntă, *ae f (fŭlcĭō; vkl.)* Stütze, *bsd. (Pl.)* Absatz *am Schuh.*

fŭlmĭnātĭō, *ōnis f (fŭlmĭnō) (Se.)* das Blitzeschleudern, Blitz.

fŭlmĭnĕŭs 3 *(fŭlmĕn*[1]*) (dcht.)* zum Blitz gehörig, des Blitzes [*ignes, ictus* Blitzstrahl, Donnerschlag]; / mörderisch, alles zerschmetternd [*ensis, Mnestheus*].

fŭlmĭnō 1. *(denom. v. fŭlmĕn*[1]*) (dcht., nkl.)* **1.** *(intr.)* blitzen (*u.* donnern), Blitze schleudern; *(impers.) fulminat* es blitzt; / wie ein Ungewitter toben [*bello*]. **2.** *(trans.) m.* dem Blitz treffen; *auch* /.

fŭlsī *s. fŭlcĭō u. fŭlgĕō.*

fŭltūră, *ae f (fŭlcĭō) (nkl., dcht.)* Stütze; / Stärkung *des Leibes durch Speise.*

fŭltŭs *P.P.P. v. fŭlcĭō.*

Fŭlvĭăstĕr, *trī m* ein zweiter Fulvius (im Lügen).

Fŭlvĭŭs 3 *Name einer pleb. gēns aus Tusculum:* **1.** *M. ~ Flāccŭs, cons. 125 v. Chr., Anhänger der Gracchen.* **2.** *M. ~ Nōbĭlĭōr besiegte als Konsul 189 v. Chr. den Ätolischen Bund, Kunstliebhaber, Gönner des Ennius.* **3.** *M. ~ Bŏmbălĭō, V. der Fŭlvĭă, der Todfeindin Ciceros, die zuerst mit dem berüchtigten Clodius, zuletzt m. dem Triumvirn Antonius verheiratet war.*

fŭlvŏr, *ōris m (fŭlvŭs) (Ca. 64, 100)* das Rotgelb (*wahrsch. falsche Konjektur für überliefertes fŭlgŏr*).

fŭlvŭs 3 (*wohl im Ablaut zu flāvŭs*) *(dcht., nkl.)* braungelb, rotgelb, bräunlich; *auch* blond; *übh.* funkelnd, schimmernd.

fūmārĭŭm, *ī n (fūmŭs) (nkl., dcht.)* Rauchkammer.

fūmĕŭs 3 *(fūmŭs) (dcht.)* rauchig; im Rauch aufbewahrt [*vinum*].

fūmĭdŭs 3 *u.* **fūmĭ-fĕr,** *fĕră, fĕrŭm (fūmŭs, fĕrō) (dcht.)* Rauch bringend, rauchend, dampfend.

fūmĭfĭcō 1. *(denom. v. fūmĭfĭcŭs) (Pl.)* räuchern.

fūmĭ-fĭcŭs 3 *(fūmŭs, făcĭō) (vkl., dcht.)* Rauch machend, rauchend, dampfend [*mugitus*].

fūmō 1. *(denom. v. fūmŭs)* rauchen, dampfen, qualmen [*°tura, °taurus sub vomere, domus fumabat* der Schornstein; *re v. etw., zB. arae sacrificiis*]; / *°campi pulvere fumant.*

fūmōsŭs 3 *(fūmŭs)* **1.** *(vkl., dcht.)* voll Rauch, dampfend, qualmend [*focus, December, weil dann viel Feuer gemacht wird*]. **2.** verräuchert, rauchgeschwärzt, rußig [*imagines* Ahnenbilder *im Atrium, °perna* geräuchert].

▶ **fūmŭs,** *ī m (cf. θῡμός* „Gemütswallung, Mut" *u. in ursprünglicher Bed. θῡμιάω* „rauche") **1.** Rauch, Dampf, Qualm, Brodem, Dunst [*niger; alcis rei, zB. ganearum; significationem fumo facere, fumo atque ignibus significare*]; *pl.* Rauch-, Dampfwolken *od.* -säulen, °Nebel. **2.** / **a)** *(Pl.)* dummes Geschwätz, Unsinn; **b)** *sprichw.*: α) *(nkl., dcht.) vendere fumum od. fumos m.* betrügerischen Mitteilungen *od.* leeren Vorspiegelungen abspeisen; β) *(Ho.) alqd in fumum et cinerem vertere* in Rauch aufgehen lassen, *d. h.* verprassen; γ) *(Pl.) flamma fumo proxima est* erst Rauch, dann Feuer. **3.** *(Ma.) (meton.) fumi Massiliae* geräucherter Wein aus Marseille.

fūnālĭs, *ĕ (fūnĭs)* **1.** zum Seil *od.* Strick gehörig; *bsd.* aus einem Strick gemacht [*cereus* Wachsfackel] *od. (nkl., dcht.)* an der Leine gehend [*equus* Handpferd]. **2.** *subst.* **fūnālĕ,** *is n* **a)** *(Li.)* Strick *od.* Schnur *an der Schleuder*; **b)** Pech-, Wachsfackel; *(coll.) (dcht.)* Kandelaber *od.* Kronleuchter.

fūn-ămbŭlŭs, *ī m (fūnĭs, ămbŭlō) (vkl., nkl.)* Seiltänzer.

fūnctĭō, *ōnis f (fŭngŏr)* Verrichtung, Besorgung (*m. gen. subi. od. obi.; zB. corporis, operis*).

fūnctŭs *part. pf. v. fŭngŏr.*

fŭndă, *ae f (et. ungedeutet, kaum zu fŭndō*[2]*)* **1.** Schleuder(riemen) [*°lapides fundā mittere*]. **2.** *(meton.)* **a)** geschleudertes Geschoß, Schleuderstein [*in adversum ōs fundā vulnerari*]; **b)** / *(Ve.) trichterförmiges* Wurfnetz; **c)** *(Pl., spätl.)* Geldsäckchen, -beutel.

fŭndāmĕn, *inis n (fŭndō*[1]*) (dcht., spätl.)* Grund(lage), *oft pl.* [*fundamina alcis rei ponere*].

▶ **fŭndāmĕntŭm,** *ī n (fŭndō*[1]*)* Unterbau, Grund, Fundament, *meist pl.* (*alcis rei, zB. turrium; fundamenta iacere, selten ponere* den Grund legen, *alci rei u. alcis rei* zu *etw., zB. urbi, domūs; domum od. urbem a fundamentis °disicere od. diruere* von Grund aus); / Grundlage, Grund, *meist pl.* [*pietas omnium -um est*]; *auch* Grundforderung.

fŭndātŏr, *ōris m (fŭndō*[1]*) (dcht., nkl.)* Gründer [*urbis*].

Fŭndī, *ōrum m St. im südl. Latium; in der Nähe wuchs guter Wein; j.* Fondi; *Einw. u. adi.* **Fŭndānŭs** (3).

fŭndĭtō 1. *(intens. v. fŭndō*[2]*) (vkl., nkl.)* (hin)schleudern, niederstrekken; / über die Lippen kommen lassen [*istaec verba*].

fŭndĭtŏr, *ōris m (fŭndă)* Schleuderer, *sg. auch coll.* [*Balearis*].

fŭndĭtŭs *adv. (fŭndŭs)* **1. a)** *v.* Grund aus [*monumenta delere*]; **b)** / gänzlich, völlig [*vincere*]. **2. a)** *(Lu.)* im Grunde, in der Tiefe; **b)** *(Ca.)* im Innersten.

fŭndō[1] 1. *(denom. v. fŭndŭs)* **1.** *(vkl., dcht.) m.* einem Boden versehen (*alqd u. alqd re, zB. navem, puppim carinā, robora fundatura naves* die den Boden der Schiffe bilden sollen). **2.** / gründen: **a)** *(dcht.)* begründen, den festen Grund zu *etw.* legen (*alqd, zB. arces, urbem; alci alqd, zB. sedem Veneri*); *bsd. °navem ancorā* am Grunde befestigen; **b)** *etw. schon Bestehendes* (be)festigen, sichern [*nostrum imperium, °urbem legibus, °pecuniam villis* sicher anlegen in]; *(P.P.P.) adi.* **fŭndātŭs** 3 *(m. °comp. u. sup.)* fest begründet [*familia*].

> **fŭndō**[2]
> **1. a)** (aus)gießen, vergießen; *mediopass.* sich ergießen; **b)** *(Erz)* schmelzen; *etw. aus Erz* gießen; *(Geschosse)* schleudern; vergeuden; **2. a)** ausströmen lassen; **b)** *(Worte, Töne)* hören lassen; **c)** hervorbringen; **d)** aus-, verbreiten; **e)** *(Feinde)* vertreiben; **f)** niederwerfen.

fŭndō[2], *fūdī, fūsŭm* 3. (< **ghŭ-n-d-ō; cf. *χέϝω, nhd.* „gieße") **1. a)** *(Flüssigkeiten)* (aus)gießen, vergießen, fließen *od.* sich ergießen lassen [*sanguinem e patera, °merum humi, °amnem urnā, °fletūs; auch °pateram inter cornua*]; *mediopass. (nkl., dcht.)* sich ergießen, fließen, strömen [*flumen late, nimbi ab aethere*; / *homines per agros fusi*]; / **b)** *(v. festen Dingen)* α) *(nkl.) (Erz)* schmelzen [*aera*]; *(meton.) etw. aus Erz* gießen [*glandes*]; β) ausschütten, in Menge herabwerfen *od.* ausstreuen [*°nuces, °segetem in Tiberim; mediopass. °crines fusi* herabwallende, *°barba in pectore fusa*]; / *(dcht.) (Geschosse)* schleudern [*tela*; / *°convicia in alqm*]; γ) *(dcht.)* verschwenden, vergeuden [*opes,* / *labores*]; δ) *(Ti.)* benetzen [*tempora multo mero*]. **2. a)** ausströmen lassen [*°vitam cum sanguine*]; **b)** *(Worte, Töne u.ä.)* hören lassen [*°vocem, sonos inanes, versūs od. carmen* dichten, *°preces*]; **c)** hervorbringen, gebären, *mühelos od. reichlich* erzeugen (*alqm u. alqd, zB. alqm ex utero, ova fundunt fetum, terra fruges*); **d)** ausbreiten, verbreiten (*alqd, zB. °lumen, °umbras*; / [*Qu.*] [*rhet.*] *etw.* ausführlich darstellen); *se fundere u. mediopass.* sich ausbreiten, sich ausdehnen [*vitis in omnes partes, °acies* zerstreut sich]; **e)** *(Feinde)* vertreiben, werfen [*°hostes de iugis*]; *bsd.* aus dem Felde schlagen [*copias hostium, bsd. oft °fundere atque fugare*; / *per legem fundi* eine

Niederlage erleiden, °*fusus* besiegt]; **f**) (*dcht.*, *nkl.*) zu Boden strecken, niederwerfen (*alqm od. corpus humi od. resupinum*); *mediopass.* sich ausstrecken, sich lagern [*humi, per herbam, in herba*].

▶ **fŭndŭs,** *ī m* (*cf.* πυθμήν, *nhd.* „Boden") **1. a**) Grund *od.* Boden *e-s Gegenstandes, bsd. e-s Gefäßes od. Behälters* [°*dolii, armarii*], *auch des Meeres* [°*maris*, °*fundo v.* Grund auf], (*des Ätna*) [°*imo fundo aestuare*], *e-s Hügels* [°*collis* = Grundfläche]; / °*res fundo vertere v.* Grund aus; / **b**) Maß *u.* Ziel, Grenze [*largitio fundum non habet* ist bodenlos]; **c**) (*jur. t.t.*) Autorität [*alqs fit fundus legis od. legi* bestätigt *od.* genehmigt, autorisiert ein Gesetz]. **2.** (*Ma.*) (*meton.*) Pokal. **3.** (*meton.*) Grundstück, Landgut *m. den zugehörigen Gebäuden*; *coll.* Grundbesitz, *auch pl.* [*Falernus*; *alcis, zB. populi Romani* = Gebiet *v.* Capua].

fūnĕbrĭs, *ĕ* (< **fūnĕs-rĭs*; *cf. fūnĕstŭs*; *zu fūnŭs*) **1.** zum Leichenbegängnis gehörig, Leichen..., Toten... [*epulum*, °*cupressus*, °*frons* Totenkranz *aus Zypressenzweigen*]; *subst.* **fūnĕbrĭă,** *ĭŭm n* Leichenbegängnis. **2.** / (*nkl.*, *dcht.*) **a**) todbringend [*sacra* Menschenopfer, *bubo* todverkündend]; **b**) *übh.* verderblich, unheilvoll [*bellum*].

fūnĕrĕŭs 3 (*fūnŭs*) (*dcht.*) = *fūnĕbrĭs.*

fūnĕrō 1. (*fūnŭs*) (*dcht.*, *nkl.*) **1.** bestatten. **2.** töten (*alqm*).

fūnĕstō 1. (*denom. v. fūnĕstŭs*) *durch Blutvergießen* beflecken, entweihen (*alqd, zB. curiam*; *alqd re, zB. templa hostiis humanis*).

fūnĕstŭs 3 (*m. comp. u.* °*sup.*) (*fūnŭs*) **1.** (*dcht.*, *nkl.*) durch eine Leiche befleckt [*agri, manus*]. **2. a**) (*dcht.*, *Li.*) in Trauer versetzt [*familia, domus*]; **b**) (*dcht.*) tödlich, mörderisch, blutdürstig [*securis, tabes veneni*]; **c**) / trauervoll, verderblich, unheilvoll, unselig, *v. Sachen u.* (*Eutr.*) *Pers.* [*dies, tribunatus*, °*Caligula*; *alci u. alci rei* für *jd. u.* für *etw., zB. rei publicae pestis*].

fŭngĭnŭs 3 (-*ĭ*-?; *fŭngŭs*) (*Pl.*) *v.* Pilzen.

▶ **fŭngŏr,** *fūnctŭs sŭm* 3. (*cf. altind.* *bhunktē* „genießt"; *altl. m. acc.*, *später, aber wohl urspr., meist m. abl.*) **1.** verwalten, verrichten, besorgen, ausführen, vollbringen (*re, zB. munere*, °*consulatu*, °*honoribus* bekleiden, *officio*, °*more barbarorum* beobachten, °*sacris* darbringen; °*alqd, zB.* °*militare munus, ad suum munus fungendum, in omni munere fungendo, aber hoc munere fungendum est*; *muneris fungendi causā, species alienae fungendae vicis*); (*unkl.*) *in zahlreichen Verbindungen, zB.* °*dapibus* das Mahl halten *od.* beendigen, °*sumptu* bestreiten, °*lacrimis* weinen, °*sepulcro* begraben, °*morte od.* °*vita* sterben, °*Nestor ter aevo functus* der drei Menschenalter sah, °*virtute* an den Tag legen, °*gaudio* bezeigen, °*stipendio functum esse* ausgedient haben. **2.** (*dcht.*, *nkl.*) **a**) (*pejorativ*) erleiden, überstehen [*laboribus, periculis, fato* den Tod]; **b**) (*auch v. Sachen*) erlangen, finden [*fato* sein Lebensziel erreichen, *sepulcro* ein Begräbnis erhalten]; *bsd.* (*dcht.*) (*part. pf.*) *subst.* **fūnctī** = **dēfūnctī** die Vollendeten, die Verstorbenen.

fŭngŭs, *ī m* (*wohl Lw.* < σπόγγος) Pilz; *als Schimpfwort* (*Pl.*) = Dummkopf; / (*Ve.*) Lichtschnuppe (*am Lampendocht*).

fūnĭcŭlŭs, *ī m* (*demin. v. fūnĭs*) dünnes Seil, Schnur.

fūnĭs, *ĭs m* (*vereinzelt f, et. unklar*) Seil, Tau, Strick, Leine [*ancorarius* Ankertau, °*per extentum funem ire vom Seil des Seiltänzers*]; *sprichw.*: °*funem ducere* (*vom Seilziehen*) = befehlen, herrschen, *aber* °*funem sequi* = gehorchen, dienen; °*funem reducere* seine Meinung ändern; °*ne currente retro funis eat rotā* = damit sich der Spieß nicht umdreht.
F. *abl. sg.* -*ĕ*, *gen. pl.* -*ĭŭm*.

▶ **fūnŭs,** *ĕrĭs n* (*et. ungedeutet*) **1. a**) Leichenbegängnis, (*als Ganzes*; *cf. pŏmpă, ĕxsĕquĭae*), Bestattung, Leichenfeier, -zug (*alcis j-s, zB. virorum fortium*; *-us facere alci*, ~ *ducitur* setzt sich in Bewegung, *funere efferri* feierlich bestattet werden, *paterno funeri iusta solvere* dem Vater die letzte Ehre erweisen); **b**) *pl.* (*meton.*) **α**) Gebräuche bei der Bestattung [°*suprema*]; **β**) (*dcht.*) großes Sterben, Sterblichkeit. **2.** (*meton.*) **a**) Totenbahre; **b**) (*dcht.*, *nkl.*) Leiche, Leichnam, *auch v. Tieren* (*alcis, zB. senum*; *lacerum*); *pl. auch* die Schatten der Abgeschiedenen, Manen; **c**) (*dcht.*) Tod [*sub ipsum funus* schon dem Tode nahe]; *bsd.* Totschlag, Mord [*funera ēdere* morden, *genti funera movere* ein Blutbad]; **d**) / (*v. Sachen*) Grab, Untergang, Verderben, *auch* °*pl.* [°*lacrimosa Troiae*]; (*meton.*) (*v. Pers.*) Zerstörer [*rei publicae*].

▶ **fŭō, fŭī, fŭtūrŭs, fŏrĕ** (*cf. altind.* bhavati „ist, wird"; *altl. pf.* **fū-ai*, *Umformung des alten Aorist* **fū-m* = ἔ-φυν; *cf. nhd.* „bin; bauen") **1.** (*vkl.*, *nkl.*) werden; *klass. nur fŏrĕ, auch* „geschehen werden". **2.** sein (*als Ergänzung v. ĕssĕ*): **a**) *alle Formen des pf.-Stammes u. fŭtūrŭs*; **b**) *coni. impf. fŏrĕm, fŏrēs usw.* (*nkl.*) = *ĕssĕm, -ēs usw.*; (*Pl.*) *auch* = *fŭĭssĕm, -ēs usw.*; **c**) (*vkl.*, *nkl.*) *coni. praes. fŭăm, fŭās usw.* = *sĭm, sīs usw.*; **d**) *inf. fut. fŏrĕ* = *fŭtūrŭm, ăm, ŭm ĕssĕ.* **3.** *fŭtūrŭs* 3 (zu)künftig; *subst.* **fŭtūrŭm,** *ī n u.* (*Ci.*) **-ă,** *ōrŭm n* die Zukunft. — ***fŏrĕ* = *ĕssĕ u. fĭĕrī.*

▶ **fūr,** *fūrĭs m u. f* (*vl. Lw.* < φώρ; *zu fĕrō*) Dieb, Diebin [°*verborum, nocturnus*]; *übh. als Schimpfwort* Schurke, Spitzbube.
F. *gen. pl. fūrŭm.*

fūrātĭm *adv.* (*fūr*) (*Pl.*) diebischerweise.

fūrāx, *ācĭs* (*m.* °*comp. u. sup.*; *adv.* **-ĭtĕr**) (*fūrŏr*[2]) diebisch, *v. Pers. u. Sachen* [*homo, manus*].
F. *abl. sg.* -*ī*; *pl. neutr.* -*ĭă*, *gen.* -*ĭŭm*.

fŭrcă, *ae f* (*et. unklar*) **1.** zweizackige Gabel; *insb.* Heu- *od.* Mistgabel [/ *furcā expellere od. removere alqm* = m. aller Gewalt]; *sprichw.* (*Ho.*) *naturam expellas furcā, tamen usque recurret.* **2. a**) (*dcht.*, *nkl.*) gabelförmiger Stützpfahl *für Häuser, Reben u.a.*; **b**) Gabelholz, Halsblock, *bei Auspeitschung u. Kreuzigung v. Sklaven u. Verbrechern benutzt* [°*ire sub furcam* in schimpfliche Knechtschaft geraten]; **c**) (*Pl.*) Trageholz (*für Lasten*).

fŭrcĭ-fĕr, *ĕrī* (*fŭrcă, fĕrō, eig.* „Gabelholzträger") **1.** *m* Galgenstrick, *bsd. Schimpfwort für Sklaven.* **2. -ă,** *ae f* (*Pe.*) = *mĕntŭlă.*

fŭrcĭllă, *ae f* (*demin. v. fŭrcă*) (kleine) Gabel, Heugabel; °Stützstange [*furcillā extrudi* = *m.* aller Gewalt].

fŭrcĭllō 1. (*denom. v. fŭrcĭllă*) (*Pl., Pseud.* 631) *m.* der Heugabel zu Leibe gehen [*fidem* den Kredit untergraben; *od.* „stützen"?].

fŭrcŭlă, *ae f* (*demin. v. fŭrcă*) (*nkl.*) gabelförmiger Stützpfahl; (*meton.*) (*pl.*) gabelförmiger Engpaß, Schlucht [*Caudinae*].

fŭrĕntĕr *adv.* (*fŭrēns part. praes. v. fŭrō*) rasend, wütend [*irasci*].

fŭrfŭr, *ŭrĭs m* (*et. unklar*) (*unkl.*) *meist pl.* Kleie.

fŭrĭă, *ae f* (*fŭrō*) **1.** (*dcht.*, *nkl.*) **a**) Wut, Raserei, Wahnsinn, wahnsinnige Leidenschaft, *meist pl.* [*muliebres, furias concipere* in Wut geraten; *alcis, zB. Aiacis, ventorum*]; **b**) Liebeswut, Brunst [*in furias ruere*]; **c**) Verzückung, Begeisterung [*Cassandrae* Weissagungen]. **2.** *personif.* ♀ Furie, Rachegöttin, *meist pl.* **Fŭrĭae,** *ārŭm f* (*m. den* Ἐρινύες *verschmolzen, den* [*drei*] *Töchtern der Erde od. der Nacht, den unterirdischen Rächerinnen allen Unrechts, bsd. der Frevel gegen die Bande des Blutes* [*alcis* für *u.* gegen *jd., zB. sororis* die das v. *od.* an der Schwester begangene Verbrechen strafen, *auch alcis rei, zB. scelerum*]). **3.** *meton.* (*v. Pers.*) fluchbeladener Mensch, böser Dämon [°*belli, religionum, Furiae Catilinae* der böse Geist des C.].

fŭrĭālĭs, *ĕ* (*adv.* °**-ĭtĕr**) (*fŭrĭă*) **1.** wütend, wahnsinnig; (bacchantisch) begeistert [*vox*, °*Erichtho*; °*malum* entsetzlich]. **2.** (*dcht.*) in Raserei versetzend [*vestis*]. **3.** zu den Furien gehörig, der Furien, Furien... [*taedae*, °*membra*].

Fŭrĭānŭs 3 *s. Fŭrĭŭs.*

fŭrĭbŭndŭs 3 (*fŭrō*) wütend, rasend [*homo*, °*taurus*]; *bsd.* begeistert [*praedictio* enthusiastisch].

Fŭr(r)īnă, *ae f röm. Göttin unbekannter Funktion, v. Cicero fälschlich m. den Furien in Verbindung gebracht.*

fūrīnŭs 3 (*fūr*) (*Pl.*) Diebes... [*forum*].

fŭrĭō 1. (*denom. v. fŭrĭă*) (*dcht.*) in Raserei versetzen; (*P.P.P.*) *adi.* **fŭrĭātŭs** 3 = *fŭrĭōsŭs.*

fŭrĭōsŭs 3 (*m.* °*comp. u.* °*sup.*; *adv.* **-ē**) (*fŭrĭă*) wütend, rasend, unsinnig, leidenschaftlich, *v. Pers. u. Sachen* [*mulier*, °*orator, cupiditas*;

re durch *etw.*, *zB. scelere*]; *bsd.* (*act.*) (*dcht.*) begeisternd [*tibia*].

Fūriŭs (*altl. Fūsiŭs*) 3 *Name einer patriz. gēns*: *M.* ~ *Cămillŭs* (*urspr. etr. cogn.*), *Eroberer v. Veji 396 u. Falerii 394 v.Chr. u. Besieger der Gallier 390*; *subst.* **Fūriānī** *m* die Soldaten des Camillus.

furnāriă, *ae f* (*furnŭs*) Bäckerei.

furnŭs, *ī m* (*cf. fornāx*) (*unkl.*) Ofen, *bsd.* Backofen, Backhaus.

▶ **fŭrō,** — — 3. (*et. mehrdeutig, vl.* < **dhŭsō*; *cf. lesb.* θύλω „rase, stürme") **1.** (*dcht.*, *nkl.*) dahinstürmen, sich stürzen [*per urbem*]. **2.** / **a)** wüten, rasen, toben (*abs. od. re v.*, durch, vor *etw.*, *zB. audaciā, libidinibus*; *m. innerem obi.*: °*furorem* die Wut austoben, °*id* darüber; °*in alqm, contra alqd*; *m. a.c.i.*, *zB. Clodius furebat se vexatum esse* war wütend darüber, daß; *m.* °*inf.*, *zB. Tydides furit te reperire* sucht dich mit rasender Wut); (*dcht.*) *auch v. Sachen* [*tempestas, venti, ardor edendi*]; **b)** (*dcht.*, *nkl.*) rasend verliebt sein (*alqo u. in alqo in jd.*); **c)** (*dcht.*) (*prophetisch od. bacchantisch*) begeistert *od.* entzückt sein, schwärmen, *auch nicht pejorativ* [°*dulce mihi furere est*].
F. *pf. durch īnsānīvī* ersetzt.

▶ **fŭrŏr**[1], *ōrĭs m* (*fŭrō*) **1.** Wut, Toben, Raserei, Wahnsinn, Tollheit, blinde Leidenschaft, Verblendung (*alcis*, *zB. Clodii*), (*dcht.*) *auch v. Sachen*, *zB. caeli marisque* Aufruhr der Elemente; *furore captus od. impulsus*; *pl.* Wutausbrüche, Äußerungen der Wut; *dcht. auch personif.*: **Fŭrŏr** als Rachegeist, Schreckgespenst [*nocturnus*]. **2.** (*meton.*) **a)** (*dcht.*) Kampfwut, Raserei der Kämpfenden; *ebenfalls personif. Fŭrŏr im Gefolge des Mars*; **b)** Erbitterung, Grimm; **c)** (*dcht.*) Liebeswahnsinn, Brunst, Geilheit, *v. Menschen u. Tieren* (*alcis j-s u.* zu, *m. jd.*); (*meton.*) die Geliebte; *pl.* Liebesgeschichten; **d)** (*nkl.*, *dcht.*) Gier *nach Besitz* [*lucri*]. **3.** (*prophetische od. bacchantische*) Begeisterung, *auch nicht pejorativ* [*sine furore poëta esse non potest*].

fūrŏr[2] 1. (*denom. v. fūr*) **1.** stehlen, heimlich entwenden (*abs. od. alqd*, *zB. librum*; *alqd alci u. ab alqo*; *alqd ex loco*, *zB.* °*pecuniam ex templo*). **2.** / **a)** *etw.* erschleichen [*civitatem*, °*speciem alcis* annehmen]; **b)** (*dcht.*, *nkl.*) *jd. etw.* entziehen [*oculos labori, patri equos* heimlich vor dem V. verbergen]; **c)** (*Ta.*) (*im Krieg*) Handstreiche ausführen.

fūrtĭ-fĭcŭs 3 (*fūrtŭm, făcĭō*) (*Pl.*) diebisch.

fūrtīm *adv.* (*fūr*) verstohlen, heimlich, unversehens [*proficisci*].

fūrtīvŭs 3 (*adv.* °**-ē**) (*fūrtŭm*) (**1.** (*unkl.*) gestohlen, entwendet [*lana*]. **2.** / verstohlen, heimlich [*iter*, °*amor*, °*victoria* erschlichen, °*vir* geheimer Liebhaber].

fūrtŭm, *ī n* (*fūr*) **1.** Diebstahl [*-um facere* verüben, *furti damrari*; *alcis rei*, *zB. librorum*] **2.** (*meton.*) gestohlenes Gut, der Raub, *meist pl.* [*furta exportare*, °*ligurrire* heimlich naschen; *alcis j-s*, *zB. praetoris*]. **3.** (*meist nkl.*, *dcht.*) **a)** Heimlichkeit; *bsd.* (*auch pl.*) heimliche Liebschaft, heimliche Rendezvous *od.* Verabredungen (*alcis*, *zB.* °*mariti*, °*tori* Ehebruch); **b)** Hinterlist, Gaunerei, *pl.* Schliche (°*alcis j-s*, °*furto* heimlich, verstohlen); **c)** (*im Krieg*) Handstreich, Kriegslist [°*hostem furtis decipere*]; **d)** (*Qu. Cicero*) geheimer Vorwand [*cessationis*].

fūrtŭs, *ūs m* (*fūr*) (*Ju.*) Diebstahl.

fūrŭncŭlŭs, *ī m* (*demin. v. fūr*) **1.** kleiner Dieb, elender Spitzbube. **2.** / (*nkl.*) (*med. t.t.*) akut-eitrige Entzündung.

fūrvŭs 3 (< **dhŭs-vŏs zu fŭscŭs*) (*dcht.*, *nkl.*) dunkel, schwarz, finster [*equus* Rappe, *alae* des Schlafes; *antra* Unterwelt].

fŭscĭnă, *ae f* (*et. ungedeutet*) Dreizack, *bsd. des Neptun.*

fŭscō 1. (*denom. v. fŭscŭs*) (*dcht.*, *nkl.*) schwärzen, bräunen.

fŭscŭs 3 (*m.* °*comp.*) (< **dhŭs-kŏs*; *cf. engl.* dusk „trübe") dunkel, schwärzlich (schwarzbraun, -gelb, -grau) [*purpura*, °*lanterna* nicht „durchsichtig"]; / (*vom Ton*) dumpf, heiser [*vox*].

fūsĭlĭs, *ĕ* (*fūndō*[2]) geschmolzen, gegossen, flüssig [*argilla*, °*aurum*].

fūsiō, *ōnis f* (*fūndō*[2]) Ausguß, Ausfluß (*alcis u. alcis rei*); / Verbreitung.

fūstĭs, *ĭs m* (*cf. mhd.* busch „Knüttel") Knüttel, Stock [*fustibus od. fusti alqm male mulcare od.* °*percutere*, °*necare*]; *bsd.* °*pl.* Knüppelholz.
F. *abl. sg. fūstĕ u. fūstī*; *gen. pl. fūstĭŭm.*

fūstĭ-tŭdīnŭs 3 (*-tŭdīnŭs?*; *fūstĭs, tŭndō*) (*Pl.*) *m.* dem Stock schlagend; (*scherzh.*) *insula -a* Arbeitshaus.

fūstŭārĭŭm, *ī n* (*fūstĭs*) (*s. sŭpplĭcĭŭm*) das Totprügeln *als mil. Strafe.*

fūsŭs[1], *ī m* (*et. nicht klar*) (*dcht.*, *nkl.*) Spindel, *bsd. der Parzen.*

fūsŭs[2] 3 (*m.* °*comp.*; *adv.* **-ē**) (*eig. P.P.P. c. fūndo*[2]) hingegossen: / **1. a)** (*dcht.*) lang hingestreckt, *v. Pers.* [*humi, membra toro*]; **b)** (*v. Sachen*) ausgedehnt [*campi in omnem partem -i, coronae per colla -ae* liegend]. **2.** (*v. Haar u. Gewand*) (*dcht.*, *nkl.*) fliegend, wallend [*crines, toga* übermäßig weit]. **3.** (*vom Körper*) (*Li.*) fleischig, stark [*Gallorum corpora*]. **4.** (*v. der Rede*) ruhig, gleichmäßig [*oratio, orationis od. sermonis genus*]; *bsd.* ausführlich, weitläufig, redselig, *v. Pers. u. Sachen* [°*Herodotus*, °*-e disputare u. dicere*].

fūsŭs[3] *P.P.P. v. fūndō*[2].

fūtātīm *adv.* (*fŭndō*[2]?; *Pl.*) reichlich, häufig.

fūtĭlĭs *u.* **fūttĭlĭs,** *ĕ* (*vl. zu fūndō*[2]) **1.** (*dcht.*) durchlässig [*canis* nicht stubenrein; *glacies* zerbrechlich]. **2.** / unzuverlässig, eitel, nichtig, wertlos, vergeblich, *v. Pers. u. Sachen* [*haruspices, sententia*]; *subst. m* unzuverlässiger Mensch; *adv.* °**-ē** eitel, unnütz.

fūtĭlĭtās *u.* **fūttĭlĭtās,** *ātĭs f* (*fūtĭlĭs*) Nichtigkeit, *bsd.* leeres Geschwätz.

fŭtŭō, *tŭī, tūtŭm* 3 (*dcht.*) (*vulgär*; *cf. băttŭō*) geschlechtlich beiwohnen, huren, den Beischlaf ausüben (*abs. u. alqam*).

▶ **fŭtūrŭs** 3 *s. fŭō.*

fŭtūtĭō, *ōnĭs f* (*fŭtŭō*) (*dcht.*) Beischlaf, Geschlechtsverkehr.

fŭtūtŏr, *ōrĭs m* (*fŭtŭō*) (*Ma.*) Beischläfer.

fŭtūtrĭx, *īcĭs f* (*fŭtūtŏr*) (*Ma.*) Tribade; *auch adi.* lüstern, geil [*manus*].

G

G, g *erst seit Mitte des 3. Jh. v.Chr. ins röm. Alphabet aufgenommen, vorher durch C wiedergegeben* [*cratia*]. — *Als Abk.* (*auf Inschr.*) **1.** (*statt C*) = *Gāiŭs*. **2.** (*bei Legionszahlen*) **a**) = *Găllĭcă*; **b**) = *Gĕmĭnă*. **3. a**) **G.I.** = *Gĕrmānĭă Īnfĕrĭŏr*; **b**) **G.S.** = *G. Sŭpĕrĭŏr*. **4. a**) **G. L.** = *Gĕnĭō lŏcī*; **b**) **G.P.R.F.** = *Gĕnĭō pŏpŭlī Rōmānī fēlīcĭtĕr*.

Găbălī, ōrŭm *m kelt. Völkerschaft in den Cevennen.*

găbătă, ae *f* (*Fw. aus e-r orientalischen Spr.*) (*Ma.*) Schale, Schüssel.

Găbĭī, ōrŭm *m St. ö. v. Rom, berühmt durch alten Kult der Juno*; *Einw. u. adi.* **Găbīnŭs** (3) [*via -a* Straße nach Gabii; °*saxum -um* Tuffstein; *cinctus -us eigentümliche* (*urspr. rituelle*) *Gürtung der Toga, bei der man den sonst über die l. Schulter zurückgeschlagenen Zipfel unter dem r. Arm durchzog u. damit den Kopf bedeckte*].

Găbīnĭŭs 3 *Name einer pleb. gēns*: *A.* ~, *Volkstribun 67 v.Chr.* [*lex -a Antrag auf Übertragung des Oberbefehls gegen die Seeräuber an Pompejus*].

Gādēs, ĭŭm *f alte phönikische St. im sw. Spanien, j.* Cadiz (*acc.* -ēs *u.* -īs); *Einw. u. adi.* **Gādītānŭs** (3); **-ītānae** *laszive* Tänzerinnen aus ~.

gaesŭm, ī *n* (*gall. Fw.*; *cf. nhd.* „Ger") *schwerer* Wurfspieß *der Gallier*.

Gaetūlī, ōrŭm *m Nomadenvolk i. Algerien*; *adi.* **Gaetūlŭs** 3 (*dcht.*) afrikanisch.

Gāiŭs, ī *m* (*im Vers auch dreisilbig*) **1.** *röm. Vorname, Abk. C.*; *voc. Gāī*. **2.** (*Qu.*) *Gāiŭs u. Gāiă Bezeichnung v. Bräutigam u. Braut*. **3.** *röm. Jurist unter Hadrian u. Mark Aurel*; *Hdschr. seiner Institutionum commentarii IV* (*Einführung ins röm. Zivilrecht*) *1816 v. Niebuhr in e-m Palimpsest v. Verona entdeckt*. **4.** (*bei nachaug. Historikern*) = *röm. Kaiser C. Călīgŭlă*; *adi. -iānŭs* 3.

Gălaesŭs, ī *m Flüßchen in Unteritalien, j.* Galaso.

Gălătae, ārŭm *od.* **Găllŏ-graecī,** ōrŭm *m kleinasiatische Kelten, um 275 v.Chr. eingewandert, 235 v. Attalus I. besiegt u. auf die Ldsch.* **Gălătĭă** (*od.* **Găllŏgraecĭă**), ae *f am mittleren Halys beschränkt*; *25 v.Chr. röm. Provinz*. — *Cf. Cĕltae, Gālli.*

Gălătēă, ae *f* (*Γαλάτεια*) *Nereide, v. Polyphem vergeblich umworben.*

gălbă, ae (*gall. Lw.*) **1.** *f* (*Suet.*) Larve des Eschenspinners. **2.** *m* (*Suet.*) Schmerbauch; ♀ *cogn. der gēns Sŭlpĭcĭă*; *bsd. Ser. Sŭlpĭcĭŭs Gălbă* (*5 v.Chr. bis 69 n.Chr.*), *röm. Kaiser 68—69*; *subst.* **Gălbĭānī,** ōrŭm *m* Anhänger des Galba.

gălbănĕŭs 3 (*gălbănŭm*) (*Ve.*) aus *od. v.* Galban [*odores*].

gălbănŭm, ī *n* (*Lw.* < *χαλβάνη, sem. Ursprungs*) (*nkl.*) Galban(um), *wohlriechendes Harz*.

gălbĕŭm, ī *n u.* **-ĕŭs,** ī *m* (*cf. gălbă*) (*vkl., nkl.*) *m.* Heilmitteln getränkte Armbinde.

gălbīnātŭs 3 (*gălbīnŭs*) (*Ma.*) *m. e-m* galbium, *d.h.* modisch *od.* weibisch gekleidet.

gălbīnŭs 3 (*gălbŭs — gall. Lw.* — „gelber Vogel, *vl.* Goldammer") (*dcht., nkl.*) grüngelb; / weichlich; *subst.* **-ŭm,** ī *n* grüngelbes Modegewand *der Männer*.

gălbŭlŭs, ī *m* (*demin. v. gălbŭs, s. gălbīnŭs*) (*dcht., nkl.*) *Vogel m. grüngelbem Gefieder, vl. Goldammer.*

gălĕă, ae *f* (*Lw.* < *γαλέη* „Wiesel, Marder") Lederhelm, *m. Metall beschlagen*; *übh.* Helm.

Gălēnŭs, ī *m* (*Γαληνός*) *aus Pergamon,* † *um 200 n.Chr. in Rom, Leibarzt des Kaisers Mark Aurel, vielseitiger griech. Schriftsteller, anerkannte med. Autorität bis zum Beginn der Neuzeit.*

gălĕō 1. (*denom. v. gălĕă*) (*nkl.*) *m.* dem Helm bedecken, den Helm aufsetzen; *klass. nur* (*P.P.P.*) *adi.* **gălĕātŭs** 3 *m.* Helm [*Minerva*].

gălĕōtae, ārŭm *m* (*Γαλεῶται v. γαλεώτης* „bunte Eidechse") Wahrsager (*in Sizilien*).

gălērĭcŭlŭm, ī *n* (*demin. v. gălērŭm*) (*dcht., nkl.*) kleine Fellkappe; / kleine Perücke.

gălērītŭs 3 (*gălērŭm*) (*unkl.*) *m.* einer Fellkappe bedeckt.

gălērŭm, ī *n u.* **gălērŭs,** ī *m* (*Fw.* < **γαληρός zu γαλέη*; *cf. gălĕă*) (*unkl.*) Pelzkappe; / Perücke.

Gălĭlaeī, ōrŭm *m* Bewohner *v.* Galiläa.

găllă, ae *f* (*eig.* „*kugeliger Auswuchs*"; *cf. altind.* gulma „Geschwulst") Gallapfel.

Găllă[1] *s. Găllī*[1].

Găllă[2] *s. Găllī*[2].

Găllaecĭă, ae *f Ldsch. im nw. Spanien, die heutige Provinz* Galicia; *Einw.* **Găllaecī,** ōrŭm *m.*

Găllī[1], ōrŭm *m* (*cf. Cĕltae, Gălătae*) *lat. Gesamtname aller kelt. Stämme, bsd. in Frankreich, Belgien u. Oberitalien*: Gallier, Kelten; *sg.* **-ŭs,** ī *m u.* **-ă,** ae *f*; *ihr Land* **Găllĭă,** ae *f* Gallien: **I. Găllĭă cĭsălpīnă** *od.* **cĭtĕrĭŏr** (*od. tŏgātă*) = Oberitalien; *es zerfiel nach der Lage diesseits od. jenseits des Po in* **Găllĭă cĭspădānă** *u.* **trānspădānă. II. Găllĭă trānsălpīnă** *od.* **ŭltĕrĭŏr** (*od. cŏmātă od. brācātă od. pl. Găllĭae*) = Gallien, Frankreich: **1. Găllĭă Bĕlgĭcă**; *seit Augustus das ganze nordöstl. Gallien.* **2. Găllĭă Cĕltĭcă** *od.* **Lŭgdūnēnsĭs** *zw. Loire, Seine u. Marne.* **3. Āquītānĭă** = *Südwestgallien bis zur Loire.* **4. Găllĭă Nārbōnēnsĭs** *od.* **Prōvĭncĭă** = *Provence bis zur Rhone, seit 121 v. Chr. römisch.* — *adi.* **a**) **Găllĭcŭs** 3 gallisch [*ager* gallisches Gebiet, *ein Küstenstrich Umbriens zu beiden Seiten des Metaurus*; *copiae* Truppen der Gallier, *bellum* Krieg der Römer gegen die Gallier]; *subst.* **găllĭcă,** ae *f* (*sc. sŏlĕă*) gallische Holzsandale, Galosche; **b**) **Găllĭcānŭs** 3 *m.* Gallien *od. m.* den Galliern (zufällig) zusammenhängend [*legiones röm.* Legionen in Gallien *od. aus dem ager Gallicus*; *s. o.*]; **c**) **Găllŭs** 3 gallisch [°*mulieres*, °*credulitas*].

Găllī[2], ōrŭm *m* (*Γάλλοι, vl. aus dem Phrygischen stammend*) *kastrierte Priester der Kybele*; *sg.* **-ŭs,** ī *m*; (*scherzh.*) **-ă,** ae *f*; *adi. -ĭcŭs* 3; *turba -a* = Priester der Isis.

găllĭāmbŭs *u.* **-ŏs,** ī *m* (*acc. -ŏn*) (*Găllī*[2]; *ĭāmbŭs*) (*dcht., nkl.*) *ein v. den Galli beim Kybelekult gesungenes Lied*, Galliambus; *adi. Găllĭămb(ĭc)ŭs* 3 galliambisch [*metrum -um* = *katalektischer ion. Tetrameter a minore, zB. Ca.*, 63].

găllĭcă, ae *f s. Găllī*[1].

găllīnă, ae *f* (*găllŭs*) Henne, Huhn; *bei Pl. als Kosewort*; (*nkl.*) *ad Gallinas* Hühnerhof (*Landgut bei Rom*).

găllīnācĕŭs 3 (*găllīnă*) Hühner... [*gallus* Haushahn].

găllīnārĭŭs 3 (*găllīnă*) für die Hühner, Hühner... [*silva Fichtenwald in Kampanien*]; *subst. m* Hühnerwärter.

Găllŏ-graecĭă, Găllŏ-graecŭs *s. Gălătae.*

găllŭs, ī *m* (*Lw. aus vorderasiatischer Spr.*) Hahn, Haushahn [°*galli od. gallorum cantus* Hahnenschrei]; *sprichw.* (*Se.*) *gallus in suo sterquilino plurimum potest* jeder ist Herr in seinem Haus.

Găllŭs, ī *m* **1.** Gallier (*s. Găllī*[1]). **2.** Kybelepriester (*s. Găllī*[2]). **3.** *röm. cogn.*: *C. od. Cn. Cŏrnēlĭŭs Găllŭs aus Forum Iulii in Gallien* (*69—26 v.Chr.*), *galt als Schöpfer der röm. Elegie.*

****Gambrinus** *sagenhafter Bier-*

brauer Karls d. Gr. u. Erfinder des Bieres.

gămēliōn, ōnĭs *m* (*Fw.* ⟨ γαμηλιών) *siebenter Monat des attischen Kalenders* (Januar/Februar).

gānĕă, *ae f u.* (*altl.*) **gānĕŭm,** ī *n* (*vulgär, unbekannter Herkunft*) Kneipe, Bordell; (*meton.*) Schlemmerei.

gānĕō, ōnĭs *m* (*gānĕă*) Schlemmer, Wüstling.

găngăbă, *ae m* (*persisches Lw.*; *Cu.*) Lastträger.

Găngărĭdae, ārŭm *u.* **-dĕs,** ŭm *m* (*acc. -ăs*) *Volk an der Mündung des Ganges.*

Găngēs, ĭs *m Hauptfl. Vorderindiens*; *adi.* **Găngētĭcŭs** 3 vom Ganges, *übh.* (*dcht.*) indisch (*fem. auch* **Găngētĭs,** ĭdĭs).
F. *acc. Găngēm u. Găngēn*; *abl. Găngē.*

gannĭō, — — 4. (*vom Naturlaut der Hunde u. Füchse*) (*unkl.*) kläffen; / (*vom Menschen*) belfern.

gannītŭs, ūs *m* (*gannĭō*) (*dcht.*, *nkl.*) Gekläff (*kleiner Hunde*); / Belfern *v. Menschen.*

Gănўmēdēs, ĭs *m* (*gen. auch* -ī, *acc. auch* -ēn) (Γανυμήδης) *S. des Tros, v. Zeus in Gestalt e-s Adlers in den Olymp entführt u. an Hebes Statt zu seinem Mundschenk erhoben*; *adi.* -mēdēŭs 3 (*Marmorgruppe im Vatikan, wohl nicht unmittelbar als Kopie auf eine Bronzegruppe des Leochares zurückzuführen.*) *Cf.* V.-B. III, 3.

Gărămantĕs, ŭm *m Volk im Inneren Afrikas* (*cf.* V.-B. III, 1, e); *adi.* **Gărămanthĭs,** ĭdĭs *f* (*dcht.*) = libysch, afrikanisch.

garrĭō 4. (*Schallwort*) **1.** (*intr.*) schwatzen, plaudern, *meist pejorativ*; *bisweilen aber auch*: vertraulich plaudern. **2.** (*trans.*) (her)plappern (*alqd, zB. plura,* °*fabellas* zum besten geben, °*libellos* leicht hinschreiben); ° / *v. Tieren, zB. v. Fröschen.*

garrŭlĭtās, ātĭs *f* (*garrŭlŭs*) (*nkl.*, *dcht.*) Geschwätzigkeit; *auch v. Tieren.*

garrŭlŭs 3 (*garrĭō*) (*unkl.*) geschwätzig, schwatzhaft, *v. Pers.*, *Tieren u. Sachen, fast immer pejorativ* [*anus, lingua, cicada, rivus, hora* Plauderstunde]; *subst. m* Schwätzer.

gărŭm, ī *n* (*Fw.* ⟨ γάρον) (*nkl.*, *dcht.*) pikante Fischsauce.

Gărumnă, *ae m Hauptstrom Aquitaniens, j.* Garonne, *bzw.* Gironde; *subst.* **Gărumnī,** ōrŭm *m Stämme an der Garonne.*

> **gaudĕō**
> 1. sich freuen, *auch*: Schadenfreude haben; 2. *briefl. Begrüßungsformel*: gegrüßt sein; 3. *etw.* gerne sehen *od.* hören, lieben (*lat. m. abl.*).

gaudĕō, gāvīsŭs sŭm 2. (⟨ *gāvīdĕō; *cf. dor.* γαθέω = *att.* γηθέω) **1.** sich (innerlich) freuen (*Ggs. laetōr*), froh sein, Vergnügen an *etw.* finden (*abs.*, *zB. in communi laetitia gaudere, in sinu od.* °*in se* sich ins Fäustchen lachen; *re, selten de re* über *etw.*, *zB. correctione,* °*ingenio suo* sich seinem Hange nach Herzenslust überlassen, *de Bursa*; *alqd nur bei neutralem pron. u. innerem obi.*, *zB.* °*id* darüber, deshalb, °*quid u.* °*quod* worüber, °*dolorem alcis* Schadenfreude empfinden über; *m. quod od. a.c.i.*; *m.* °*inf. u.* °*part.*, *zB.* °*funem manu contingere gaudent,* °*gaudet potitus* er freut sich über den Raub, °*gaudent scribentes* sie schreiben nach Herzenslust). **2.** (*dcht.*) (*in briefl. Begrüßungsformel*) gegrüßt sein (= *salvērĕ*, χαίρειν), *zB. Celso gaudere refer* grüße C. von mir. **3.** (*dcht.*, *nkl.*) (*v. leblosen subi.*) *etw.* lieben, gern sehen *od.* hören [*scaena gaudet miraculis, auriculae gaudent praenomine*]. — ***Gaudeamus igitur* (So laßt uns fröhlich sein!) *Anfang e-s bekannten, auf e-n ma. lat. Gesang zurückgehenden Studentenliedes, j. Fassung v. Kindleben* (*1781*).

▶ **gaudĭŭm,** ī *n* (*gaudĕō*) **1.** innere Freude, Vergnügen (*Ggs. laetitia*), *oft pl.* [*gaudio lacrimare, gaudiis exsultare, gaudio esse alci jd.* Freude machen; *alcis j-s u.* über *jd.*, *alcis rei* über *etw.* = **ex re**, *zB. civium, victoriae*]; *pl.* Äußerungen der Freude [*feminarum*]. **2.** (*nkl.*, *dcht.*) Genuß, sinnliche Lust, *bsd.* Liebesgenuß, Wollust, *meist pl.* [*gaudia corporis*]. **3.** (*meton.*) (*dcht.*) Wonne = Gegenstand der Freude, Liebling, *meist pl.* (*alcis, zB. heredis tui, tua*).

Gaugămēlă, ōrŭm *n Ort in Assyrien, j.* Irbil (*Sieg Alexanders d. Gr. 331 v. Chr.*).

gaulŭs, ī *m* (*Fw.* ⟨ γαυλός; *Pl.*) kahnförmige Trinkschale.

Gaurŭs, ī *m vulkanisches Geb. Kampaniens, j.* Monte Gauro.

gausăpă, *ae f*; **gausăpĕ,** ĭs *u.* **gausăpŭm,** ī *n*; **-ēs,** ĭs *m* (*Fw.* ⟨ γαυσάπης, *aus e-r Balkanspr. stammend*) (*unkl.*) **1.** Fries. **2.** (*meton.*) **a)** Abwischtuch; **b)** Tafeltuch; **c)** Kleid.

gausăpātŭs 3 (*gausăpă*) (*nkl.*) *m.* Fries bekleidet; zottig.

gausăpīnŭs 3 (*gausăpă*) (*Ma.*; *Pe.*) aus Fries; *subst.* **-ă,** *ae f* Gewand aus Fries.

gāvīsŭs *part. pf. v. gaudĕō.*

găză, *ae f* (*Fw.* ⟨ γάζα, *aus dem Persischen stammend*) **1.** Schatz (-kammer) ausländischer, *bsd.* orientalischer Fürsten [°*Persica, regia, Macedonum*]. **2. a)** *pl.* (*dcht.*) Kleinodien; Reichtum, Vermögen; **b)** (*dcht.*) ländlicher Besitz, Vorrat [*agrestis*].

Găză, *ae f* (Γάζα) *Hafenst. in Palästina, sw. v. Jerusalem, j.* Gasa.

Gĕlă, *ae f* (Γέλα) *dor. St. an der Südwestküste Siziliens am reißenden* **Gĕlās,** *ae m*; *Einw.* **Gĕlēnsēs,** ĭŭm *m*; *adi.* **Gĕlōŭs** 3 [*campi*].

gĕlăsīnŭs, ī *m* (*Fw.* ⟨ γελασῖνος *zu* γελάω) (*Ma.*) Grübchen.

▶ **gĕlĭdŭs** 3 (*m. comp. u.* °*sup.*; *adv.* °-**ē**) (*gĕlū*) **1.** eiskalt, eisig, *übh.* kalt, kühl, frisch [*aqua,* °*umor* Eis, °*nemus,* °*focus* ohne Feuer; *adv.* °-ē *m.* kalter Ruhe]; *subst.* **gĕlĭdă,** *ae f* (*sc. ăquă*) (*Ho.*) kaltes Wasser. **2.** (*dcht.*) kalt (machend), starr [*mors, terror*].

Gĕllĭŭs 3 *Name e-r röm. gēns*: *A. Gellius röm. Schriftsteller, geb. um 130 n. Chr.*, † *nach 170* (*Noctes Atticae in 20 Büchern m. umfangreichen Zitaten u. Auszügen verlorengegangener Werke, bsd. der republikanischen Zeit*).

gĕlō 1. (*denom. v. gĕlū*) (*dcht.*, *nkl.*) zum Gefrieren bringen; *P.P.P. gelatus* gefroren, eiskalt.

Gĕlōŭs 3 *s. Gĕlă.*

gĕlū, ūs *n* (*meist im abl. sg.*) (*dcht.*, *nkl.*) *u.* (*Lu.*) **gĕlŭm,** ī *n* (*cf. nhd.* „kalt") **1.** Frost [*gelu rigere*]. **2. a)** (*meton.*) Eis(decke), gefrorener Schnee; **b)** / Kälte, Erstarrung.

gĕmĕbundŭs 3 (*gĕmō*) (*Ov.*) seufzend, stöhnend.

gĕmellĭ-pără, *ae f* (*gĕmellŭs, părĭō*) (*Ov.*) Zwillingsmutter [*dea Latona*].

gĕmellŭs 3 (*demin. v. gĕmĭnŭs*) **1.** = *gĕmĭnŭs* (*meist dcht.*), *klass. sehr selten* [*legio* Doppellegion]. **2.** (*dcht.*) wie Zwillinge ähnlich [*uniones, par nobile fratrum*].

gĕmĭnātĭō, ōnĭs *f* (*gĕmĭnō*) Verdoppelung [*verborum*].

gĕmĭnō 1. (*denom. v. gĕmĭnŭs*) **1.** (*trans.*) **a)** verdoppeln (*alqd, zB.* °*manipulos,* °*mercedem,* °*aera* zusammenschlagen); *klass. selten u. nur im P.P.P. gĕmĭnātŭs* verdoppelt, doppelt [*sol, victoria* Doppelsieg]; **b)** wiederholen, unmittelbar aneinanderreihen [*geminata verba*; °*consulatūs*]; **c)** (*dcht.*, *nkl.*) zu einem Paar vereinigen, paaren [*castra legionum*]; *mediopass.* sich paaren (*alci m. jd.*, *zB. agni tigribus*). **2.** (*intr.*) (*Lu.*) doppelt sein.

▶ **gĕmĭnŭs** 3 (*m.* °*sup.*; *altl. sup.* -*nissŭmŭs*; *adv.* °-**ē**) (*et. ungedeutet*) **1.** Zwillings... [*fratres,* °*proles* Zwillingsgeschlecht, °*frater germanus* ~ leiblicher Zwillingsbruder]; *subst. m* Zwilling, Zwillingsbruder; *pl. Gemini Gestirn* Zwillinge; *gemini* (*spätl.* = δίδυμοι) die Hoden. **2.** / **a)** doppelt, zweifach, beide, ein Paar, Doppel..., (*klass. selten*) [*lumen,* °*pes u.* °*pedes,* °*portae,* °*nares*]; **b)** (*Ov.*) doppelt gestaltet [*Centauri, figura*]. **3.** (*wie Zwillinge*) ähnlich *od.* gleich [*audacia, memoria gemina litteraturae* eine zweite Buchstabenschrift].

▶ **gĕmĭtŭs,** ūs *m* (*altl. gen.* -ī; *gĕmō*) **1.** das Seufzen, Stöhnen, Ächzen, Wehklagen, *oft pl.* [*gemitūs* °*edere u.* °*dare* ausstoßen, °-*ūs de alto corde petere* tief aufseufzen; *alcis j-s, zB. Philoctetae, auch* °über, um *jd.*, *zB. ereptae virginis*; *alcis rei* über, um *etw.*, *zB. vulnerum*]. **2. a)** (*dcht.*) (*v. Tieren u. Sachen*) Getöse, Gebrüll, Dröhnen *u.ä.* [*equi, maris*]; **b)** (*meton.*) (*Ve.*) Betrübnis, Trauer (*alcis rei* über *etw.*).

▶ **gemmă,** *ae f* (*et. unklar*) **1.** Knospe, Auge *e-r Pflanze, bsd. des Weinstocks.* **2.** / **a)** geschnittener Edelstein, Gemme; **b)** (*dcht.*, *nkl.*)

Perle; c) (*meton.*) α) (*Ve.*) *m.* Edelsteinen besetzter *od.* aus *e-m* Halbedelstein gefertigter Becher [*gemmā bibere*]; β) (*Ov.*) Siegelring, Siegel [*gemmam imprimere, gemmā signari* (*vom Brief*)]. **3.** / (*Ov.*) Auge *im Pfauenschweif.*

gĕmmātŭs 3 (*gĕmmă*) (*nkl., dcht.*) *m.* Edelsteinen *od.* Perlen besetzt [*anulus*].

gĕmmĕŭs 3 (*gĕmmă*) **1.** aus Edelsteinen [*trulla*]. **2.** / **a)** (*unkl.*) *m.* Edelsteinen geschmückt [*iuga*]; **b)** (*nkl., dcht.*) wie Juwelen glänzend.

gĕmmĭ-fĕr, *fĕră, fĕrŭm* 3 (*gĕmmă, fĕrō*) (*nkl., dcht.*) **1.** Perlen *m.* sich führend [*mare*]. **2.** *m.* Edelsteinen *od.* Perlen geschmückt.

gĕmmō 1. (*denom. v. gĕmmă*) **1.** Knospen treiben [*vitis*]. **2.** (*dcht.*) *m.* Edelsteinen besetzt sein, *v.* Edelsteinen funkeln [*monilia*], / (wie Edelsteine) glänzen.

▶ **gĕmō,** *ŭī,* (*ĭtŭm*) 3. (*eigtl.* „bedrückt, beklommen sein"; *cf.* γέμω „voll sein, strotzen") **1.** (*intr.*) **a)** seufzen, stöhnen, ächzen, *v. Pers., selten v. Tieren* [°*multum u.* °*multa* laut, °*acerbe* bitter; *m.* °*a.c.i.*]; **b)** (*dcht., nkl.*) (*v. Tieren u. Sachen*) krächzen, brüllen, wiehern, girren, dumpf tönen, sausen, tosen, dröhnen, knarren *u.ä.* **2.** (*trans.*) *etw.* beseufzen, beklagen, betrauern, über *etw.* seufzen (*alqd u.* °*alqm, zB. malum, haec,* °*Ityn*); *auch* P., *zB. hic status gemitur.*

Gĕmōnĭae (**scālae**), *ārŭm f* (*etr. Gentilnamen enthaltend, volkset. an gĕmō angelehnt*) *Treppe am Kapitol, über die man die Leichen hingerichteter Verbrecher schleifte u. dann i. den Tiber warf.*

gĕmŭī *s. gĕmō.*

▶ **gĕnă,** *ae f* (*meist pl.*; *cf.* γένυς „Kinn, Kinnbacke", *nhd.* „Kinn") **1.** Wange; (*synekd.*) *übh.* Backe. **2.** (*dcht., nkl.*) Augenhöhle [*genis oculos expilare*], *übh.* Auge [*genas fodere*].

Gĕnăvă, *ae f nördl. Grenzst. der Allobroger, j.* Genf.

gĕnĕālŏgĭă, *ae f* (*Fw.* ⟨ γενεαλογία) (*spätl.*) Geschlecht, Sippe; Abstammung.

gĕnĕālŏgŭs, *ī m* (*Fw.* ⟨ γενεαλόγος) Vfssr. *v.* Stammbäumen, Genealoge.

▶ **gĕnĕr,** *ĕrī m* (⟨ **gĕmĕrŏs nach gēns, gĕnĭtŏr u. sŏcĕr umgeformt*; *cf.* γαμβρός) Verschwägerter: **1. a)** Schwiegersohn (*alcis, zB. regis*); **b)** (*dcht.*) Verlobter *od.* Liebhaber der Tochter. **2.** (*selten*) (*nkl.*) Schwager. **3.** (*nkl.*) Mann der Enkelin *od.* Urenkelin.

gĕnĕrālĭs, *ĕ* (*adv.* **-ĭtĕr**) (*gĕnŭs*) **1.** zum Geschlecht *od.* zur Gattung gehörig, Gattungs... [*constitutio*]. **2.** allgemein, die ganze Gattung betreffend [°*quaestio, decorum*]; *adv.* im allgemeinen, überhaupt (*alqd generaliter definire, Ggs. specialiter*). — **öffentlich; *subst.* ~, *is f* Dirne; **-e,** *is n* Universität. — ****Generalissimus* Höchstkommandierender (*sup. seit 17. Jh.*).

gĕnĕrāscō, — — 3. (*incoh. v. gĕnĕrō*) (*Lu.*) erzeugt werden, sich der Gattung des Erzeugers anpassen.

gĕnĕrātĭm *adv.* (*gĕnŭs*) **1.** klassenweise, nach Gattungen (Stämmen, Gruppen) [*omnibus* ~ *gratias agere*]. **2.** im allgemeinen, überhaupt [*de re* ~ *loqui*].

gĕnĕrātĭō, *ōnĭs f* (*gĕnĕrō*) (*nkl., spätl.*) **1.** Zeugungsfähigkeit. **2.** Generation, Menschenalter. — ***~ *aequivoca od. spontanea* Urzeugung.

gĕnĕrātŏr, *ōrĭs m* (*gĕnĕrō*) Erzeuger, Schöpfer (*alcis,* °*equorum* Züchter); *bsd.* Stammvater, Ahnherr.

▶ **gĕnĕrō** 1. (*denom. v. gĕnŭs*) **1.** (er-)zeugen, erschaffen, hervorbringen, *klass. nur Pers., ein gewählter Ausdruck* [*deus hominem generavit,* °*ranas,* °*arbor ex radice generata*]; P. abstammen, *bsd.* P.P.P. *gĕnĕrātŭs* entsprossen *v. jd.,* Sprößling *j-s* (*ab alqo bzw. alqo, zB.* °*a principibus*]. **2.** / (*nkl.*) (geistig) schaffen, erfinden [*ignem, poema*].

▶ **gĕnĕrōsŭs** 3 (*m.* °*comp. u.* °*sup.*; *adv.* °**-ē**) (*gĕnŭs*) **1.** adlig, aus edlem Geschlecht, vornehm, *v. Pers., oft* / [*virgo,* °*atrium* ahnenreich; *re* durch *etw., zB.* °*Maeoniā domo*]. **2.** / **a)** (*v. Tieren u. Sachen*) *v.* edler Rasse *od.* Art, edel, vorzüglich [°*pecus,* °*vinum, forma dicendi,* °*insula metallis* -*a* gepriesen wegen]; **b)** (*v. Gesinnung*) edelmütig, hochherzig [°*condiscipuli, animus,* °**-e** *perire*].

gĕnĕsĭs, *ĭs f* (*acc.* -*ĭm u.* -*ĭn, abl.* -*ī*) (*Fw.* ⟨ γένεσις) (*nkl., dcht.*) **1.** Schöpfung; ♀ Genesis = 1. Buch Mose. **2.** Konstellation, Horoskop.

gĕnĕstă, *ae f* = *gĕnĭstă.*

gĕnĕthlĭăcŭs 3 (*Fw.* ⟨ γενεθλιακός) (*unkl.*) zur Geburt *od.* zum Geburtstag gehörig; *subst.* **-ŭs,** *ī m* Horoskopsteller; **-ŏn,** *ī n* Geburtstagsgedicht.

gĕnĕtīvŭs 3 (*gĭgnō*) (*nkl., dcht.*) angeboren [*imago* ursprünglich, *nomen* Stammname; *nota* Muttermal]; (*gramm. t.t.*) (*casus*) Genetiv.

gĕnĕtrīx, *īcĭs f* (*gĕnĭtŏr*) (*nkl., dcht.*) Erzeugerin, Mutter; *bsd.* ~ *magna deum* = Kybele; *Venus* ~ *Ahnfrau der Julier* (*ihr Tempel auf dem Forum Iulium*); / Schöpferin (*abs. u. alcis, zB. frugum* = *Ceres*; *virtutum*).

gĕnĭālĭs, *ĕ* (*adv.* °**-ĭtĕr**) (*gĕnĭŭs*) **1.** dem Genius heilig, *bsd.* hochzeitlich, ehelich [*lectus* Ehebett, °*praeda* für das Ehebett]; *subst. gĕnĭālĭs, ĭs m* (*sc. tŏrŭs*) (*Li.*) Ehebett. **2.** (*dcht., nkl.*) (den Genius erfreuend =) fröhlich, festlich, heiter [*serta, tori* Festkissen, *hiems* zur Freude einladend, *festum genialiter agere*].

gĕnĭcŭlātŭs 3 (*gĕnĭcŭlŭm, demin. v. gĕnū*; °/ Knoten *an e-r Pflanze*) knotig [*culmus*].

gĕnĭstă, *ae f* (*wohl etr. Fw.*) (*dcht., nkl.*) Ginster.

gĕnĭtābĭlĭs, *ĕ* (*gĭgnō*) (*unkl.*) die Zeugung fördernd, befruchtend.

gĕnĭtālĭs, *ĕ* (*adv.* **-ĭtĕr**) (*gĭgnō*) (*dcht., nkl.*) zur Zeugung gehörend, erzeugend, befruchtend, der Geburt, Geburt... [*vis, semina, dies* Geburtstag, *dea* Geburtsgöttin, *membra* Geschlechtsteile, *arvum* für die Empfängnis geeignet]; *subst. Gĕnĭtālĭs, ĭs f* Geburtsgöttin (*Beiname der Diana*); *gĕnĭtālĕ, ĭs n* (*vastum v. der mentula*), *auch coll.* = *gĕnĭtālĭă, ĭŭm n* Geschlechtsteile.

gĕnĭtīvŭs 3 = *gĕnĕtīvŭs.*

▶ **gĕnĭtŏr,** *ōrĭs m* (*gĭgnō*) (*meist dcht.*) Erzeuger, Vater (*abs. u. alcis, zB.* °*deum,* °*profundi* des Meeres); / (*dcht., nkl.*) Schöpfer, Urheber, Gründer [*urbis*; *usus* schaffend].

gĕnĭtūră, *ae f* (*gĭgnō*) (*nkl.*) Zeugung; Geburtsstunde; Nativität.

gĕnĭtŭs *P.P.P. v. gĭgnō.*

gĕnĭŭs, *ī m* (*voc.* -*ī*; *gĭgnō*; *cf. got.* kuni „Geschlecht") (*unkl.*) **1.** Genius (*urspr.* „der Erzeuger" *als Symbol des männlichen Samens, dann* [*meton.*] *die Verkörperung der männlichen Kraft u. Genußfähigkeit*), der Schutzgeist des Mannes, *der ihn durch sein ganzes Leben begleitet u. seine Freuden u. Sorgen m. ihm teilt; bei ihm schwor man, ihm opferte man, bsd. am Geburtstag u. am Hochzeitstag, Blumen u. Wein* (*jeder Frau stand statt des Genius ihre eigene Juno zur Seite*) [*genio indulgere od. bona multa facere* sich *etw.* gönnen, *genium vino curare* sich *m.* Wein gütlich tun, *genium suum defraudare od. belligerare cum genio suo* sich das Beste versagen]. **2.** Schutzgeist *v.* Vereinigungen (*Völkern, Staaten, Städten, Genossenschaften, Familien, Vereinen, Legionen, Herden u. a.*), *auch v. Orten* [*loci*]. **3.** der Dämon *eines jeden Menschen* (*in der Spätzeit durch Vermengung des röm. Glaubens an den eigenen Genius m. dem griechischen an den* δαίμων *des einzelnen, den* μυσταγωγὸς τοῦ βίου *nach Menander*). **4.** / (*Pl.*) Gönner, Gastgeber.

gĕnō 3. (*altl.*) = *gĭgnō.*

gens
1. a) Geschlecht; **b)** Abkömmling; **c)** (*selten*) = *gĕnŭs*: Geschlecht; Gattung *v. Tieren*; **2. a)** Volk(sstamm); **b)** Gemeinde; **c)** Gegend, Gau; **d)** (*pl.*) Ausland, Barbaren; **3.** (*Eccl.*) (*meist pl.*) die Heiden.

gēns, *gĕntĭs f* (*gĭgnō, cf. nhd.* „Kind") Stamm: **1. a)** die *gēns* = Geschlecht, Sippe, Verband mehrerer Familien (*urspr. nur v. Patriziern, zB. Cornelia*; °*sine gente v.* niederem Stande, ohne Ahnen; / *tota illa gens Academicorum* Sippschaft); *patres maiorum gentium* Senatoren aus alten patriz. Familien, *minorum gentium* aus pleb. Familien, deren Ahnen erst unter *Tarquinius Priscus* in den Senat gekommen waren; / *di maiorum u. minorum gentium* höhere *u.* niedere Götter; *ähnlich Stoicus maiorum gentium*; **b)** (*dcht.*) (*meton.*) Abkömmling, Sproß [*deum* ~ *Aeneas*]; **c)** (*selten*) = *gĕnŭs*: **α)** Geschlecht [~ *humana* Menschengeschlecht, °*prisca mortalium,*

°*aurea*]; β) Gattung, Art *v. Tieren* [*ovium, apum* Schwarm, Volk, *umida ponti* Robben]. **2. a**) Volksstamm, Volk, Völkerschaft, °*auch* Völkerstamm [*Thracum, Gallorum u. Gallica, gentes ac nationes* Stämme *u.* Einzelvölker, °*ius gentium* Völkerrecht]; *oft gen. pl. gentium* in aller Welt [*ubi gentium, longe gentium* in weiter Ferne]; **b**) Gemeinde [*omnes eius gentis cives*]; **c**) Landschaft, Gegend, Gau [°*Cataonia, quae gens iacet supra Ciliciam*]; **d**) *pl.* (*nkl.*) Ausland, Barbaren (= *klass. exterae gentes*). **3.** (*Eccl.*) (*auch pl.*) die Heiden.

gĕntĭānă, *ae f* (*vl. illyr. Herkunft*) (*nkl.*) Enzian.

gĕntĭcŭs 3 (*gēns*) (*Ta.*) einem Volke eigen, national [*mos*].

gĕntīlĭcĭŭs 3 (*gĕntīlis*) **1.** zu einer gēns gehörig, Geschlechts... [*sacrificia,* °*nomen*]. **2.** (*nkl.*) national, Volks... [*vocabulum*]. **3.** (*spätl.*) heidnisch.

gĕntīlis, *ĕ* (*gēns*) **1. a**) (*nkl., dcht.*) zu derselben Sippe (*gēns*) gehörig [*nomen, manus*]; **b**) *subst. m* Angehöriger derselben gens; Verwandter, ein Gentile (*alcis, zB. deorum, tuus*). **2.** (*nkl.*) aus demselben Stamm, zum selben Volk gehörig, national, vaterländisch [*nationes, religio*]; *subst. m* (*Ge.*) Landsmann. **3.** (*spät*) barbarisch, nichtrömisch; *subst. gĕntīlēs, ĭŭm m* Barbaren, Nichtrömer. **4.** (*Eccl.*) heidnisch; *libri gentiles* antike Autoren; *subst. gĕntīlēs m* Heiden.

gĕntīlĭtās, *ātis f* (*gĕntīlis*) **1.** Sippenverwandtschaft; (*nkl.*) *auch* (*meton.*) die Gentilen; *pl.* Gentilverbände. **2.** (*spätl.*) Volkstum, Nationalität. **3.** (*Eccl.*) Heidentum; (*meton.*) antike Religion; die Heiden.

gĕnū, *ūs n* (*cf.* γόνυ, *nhd.* „Knie") Knie [°*per tua genua te obsecro,* °*alci genua amplecti, ad genua alcis procumbere,* °*genu submittere u. ponere* das Knie beugen (*alci* vor *jd.*), °*alqm ad genua admittere* zum Fußfall zulassen; °*genūs orbis* Kniescheibe]; *bsd.* °Knie = Kräfte [*dum genua virent*].
F. *dat. sg. gĕnŭī u.* °*genū; pl.* °*gēnŭa zweisilbig* = *gĕnvă; dat. u. abl. gĕnĭbŭs u.* °*gĕnŭbŭs.*

Gĕnŭă, *ae f Handelsst. am Ligurischen Meerbusen, j.* Genova.

gĕnŭālĕ, *ĭs n* (*gĕnū*) (*Ov.*) Kniebinde, *meist pl.*

gĕnŭī *s. gīgnō.*

gĕnŭīnŭs[1] 3 (*adv.* **-ē**) (*gīgnō; cf. īngĕnŭŭs*) angeboren, natürlich [*virtutes, -ē rescribere* offenherzig]; / (*Ge.*) unverfälscht, echt [*Plauti fabula*].

gĕnŭīnŭs[2] 3 (*gĕnă*) zu den Wangen gehörig [*dens* Backenzahn]; *subst.* ~, *ī m* (*dcht.*) Backenzahn.

> **gĕnŭs**[1]
> **1. a**) Geburt, Abstammung, Herkunft; **b**) hohe Geburt, Adel; **2. a**) Stamm, Volk, Nation; **b**) Familie, Haus (*soziologisch*); **c**) Nachkommenschaft; Sprößling; **3. a**) natürliches Geschlecht; **b**) grammatisches Geschlecht; **4.** Gattung, Klasse, Art; Art u. Weise, Hinsicht, Beziehung.

gĕnŭs[1], *ĕris n* (*gīgnō,* = γένος) Geschlecht: **1. a**) Geburt, Abstammung, Herkunft [*nobile,* °*magnum, summum,* °*patricium,* °*plebeium; alcis j-s,* °*Graecus genere v.* Geburt, *avus paterno od. materno genere* väterlicherseits *od.* mütterlicherseits, *genus* °*trahere od.* °*ducere ab alqo v. jd.* abstammen]; **b**) (*prägn.*) hohe Geburt, Adel [*virtute, non genere populo commendari*]. **2.** (*meton.*) **a**) Stamm, Volk, Nation [*Graecorum,* °*bellicosum*]; **b**) Familie, Haus [*Marcellorum,* °*Fabium, amplissimum, auctores generis mei* meine Ahnen, °*genus prodere* fortpflanzen]; **c**) (*dcht.*) Nachkommenschaft [*Aeaci*]; (*v. einzelnen*) Nachkomme, Sprößling, Kind, Sohn, Enkel [*Iapeti* = Prometheus, *Adrasti* = Diomedes, *deorum*]. **3. a**) natürliches Geschlecht [*virile, muliebre,* °*mixtum*]; **b**) (*nkl.*) grammatisches Geschlecht [*femininum; tria genera*]. **4.** (*coll.*) Gattung, Klasse, Art, Gesamtheit: **a**) *v. Menschen* [*hominum, humanum,* °*mortale, colonorum*]; *auch* = Rasse, Schlag, Kaste, Stand, Zunft, (*pejorativ*) Sippe, Sorte, *abs.* Menschenschlag; **b**) *v. Tieren* [*ferarum,* °*pecudum*]; *auch* = Rasse [*equarum*]; **c**) *v. Sachen* [*cibi,* °*frugum, artium, alia id genus* anderes derartiges, *aliquid id genus etw.* Derartiges; *genere, non numero bzw. magnitudine* qualitativ, nicht quantitativ]; *auch* = α) Fach [*elaborare in utroque genere*]; β) Gattungsbegriff, allgemeiner Fall; *insb.* αα) (*philos., bsd. log. t.t.*) Gattung, Hauptabteilung [*genus universum in quattuor species od. partes dividere*]; ββ) / Art *u.* Weise, Verfahrensweise, (eigentümliche) Beschaffenheit, Wesen [*novum et inauditum genus, alio od. uno genere* auf andere *od.* gleiche Weise; *alcis rei, zB. praedandi, argumentandi* der Beweisführung, *scribendi od. scripturae, dicendi* Ausdrucks-, Redeweise, Stil, Sprache; °*vitae od. vivendi* Lebensweise]; *bsd.* Hinsicht, Beziehung, Verhältnis, Lage [*in omni genere diligens*].

gĕnŭs[2], *ūs m od. n* (*dcht.*) = *gĕnū.*

gĕōgrăphĭă, *ae f* (*Fw.* < γεωγϱαφία) Erdbeschreibung, Geographie.

gĕōmĕtrēs, *ae m* (*Fw.* < γεωμέτϱης) Land-, Feldmesser; Mathematiker. *Cf.* V.-B. I, 2.

gĕōmĕtrĭă, *ae f* (*Fw.* < γεωμετϱία) Feldmeßkunst; Geometrie, Mathematik.

gĕōmĕtrĭcŭs 3 (*adv.* °**-ē**) (*Fw.* < γεωμετϱικός) geometrisch [*forma* Figur; *rationes* Beweise]; *subst.* **-ă**, *ōrŭm n* Geometrie.

gĕōrgĭcŭs 3 (*Fw.* < γεωϱγικός) (*nkl., dcht.*) den Landbau betreffend, landwirtschaftlich; *subst.* **Gĕōrgĭcă**, *ōrŭm n Vergils Dichtung vom Landbau* [*georgicōn libri* = γεωϱγικῶν βιβλία]. *Cf.* V.-B. II, 4.

Gĕrgŏvĭă, *ae f St. der Arverner, v. Cäsar 52 v. Chr. erfolglos belagert.*

Gĕrmānĭă, *ae f* (*wohl keltischer Name*) **1.** Germanien; *pl.* Ober- und Niedergermanien (***Kurzbezeichnung der Monographie des Tacitus* < De origine et situ Germanorum >. — ****Verkörperung des politisch geeinten Deutschland in Dichtung u. bildender Kunst*); *Einw.* **Gĕrmānŭs**, *ī m, meist pl.* **Gĕrmānī**, *ōrŭm m* Germanen. **2.** *adi.* **a**) **Gĕrmānĭcŭs** 3 germanisch [°*sermo, bellum m.* den Germanen]; *subst. Ehrenname für siegreiche Kriegführung in G., bsd. des Drusus Claudius Nero, des Bruders des Tiberius; ferner* (*sc. nŭmmŭs*) (*Ju.*) *Goldmünze m. Kopf Domitians;* **b**) **Gĕrmānŭs** 3 [°*herbae*]; **c**) **Gĕrmānĭcĭānŭs** 3 (*nkl.*) in Germanien stationiert [*exercitus*]. — ****Germanismus fälschlicher Gebrauch e-r* deutschen Spracheigentümlichkeit *i. e-r fremden Sprache.*

gĕrmānĭtās, *ātis f* (*gĕrmānŭs*) **1.** Bruderschaft, Schwesterschaft, Brüderlichkeit; *stuprum germanitatis m.* der leiblichen Schwester. **2.** / (*Li.*) gemeinsame Abstammung, nahe Verwandtschaft *v. Städten.*

gĕrmānŭs 3 (*m. sup.; adv.* **-ē**) (*urspr. subst.* **-ŭs, -ă** „Bruder, Schwester *v.* denselben Eltern"; *cf. i.; gĕrmĕn*) **1.** leiblich, echt, recht, *v. Geschwistern od. Stiefgeschwistern* [*frater, soror*]; *subst.* (*vkl., dcht.*) **gĕrmānŭs**, *ī m* leiblicher Bruder, **gĕrmānă**, *ae f* leibliche Schwester (*erst seit Ne. u. Ve. auch m. nur e i n e m gemeinsamen Elternteil*). **2.** / **a**) (*vkl., dcht.*) brüderlich, schwesterlich, geschwisterlich, verschwistert [*casus*]; **b**) echt, wahr, wirklich [*ironia* pure Ironie, *iustitia, germane rescribere* aufrichtig].

gĕrmĕn, *ĭnis n* (*dissim.* < **gĕn-mĕn; gīgnō*) das Erzeugte: **1.** (*dcht., nkl.*) Leibesfrucht, *bsd.* Sprößling, Abkömmling [*generosum*]; (*coll.*) Geschlecht, Stamm. **2.** (*v. Pflanzen*) Keim, Auge, Knospe, Zweig [*alienā ex arbore*]; / (*dcht.*) Keim [*virtutis*].

gĕrmĭnō 1. (*denom. v. gĕrmĕn*) (*dcht., nkl.*) keimen, hervorsprossen, ausschlagen.

> **gĕrō**
> **1. a**) tragen; **b**) an sich tragen, mit sich führen; **c**) *prae se gerere* offen an den Tag legen, zeigen; **d**) in sich tragen, hegen, empfinden; **e**) auf sich tragen; **f**) *se gerere* (+ *adv.*) sich betragen, sich benehmen; **2. a**) ausführen, besorgen, betreiben; **b**) *bellum gerere* Krieg führen; **c**) (*Amt*) bekleiden; **d**) (*Staat*) leiten, verwalten; **e**) (*Geschäfte*) machen; **f**) *rem gerere* eine Tat vollbringen; *subst. pl. res gestae* Taten, Kriegstaten; **g**) (*Zeit*) verbringen, verleben.

gĕrō, *gĕssī, gĕstŭm* 3. (< **gĕsō; et. ungedeutet*) **1. a**) tragen (*alqd, zB.* °*onus,* °*spolia prae se; alqd in locum* hintragen, hin-, herbeischaffen, *zB.* °*saxa in muros*);

b) (*unkl.*) (gewohnheitsmäßig) an sich tragen, *m.* sich führen, *bsd. Kleidung, Waffen, Schmuck* [°*vestem*, °*arma*, °*galeam in capite*, °*servitii signum cervice*; / °*nomen*]; c) / *prae se gerere alqd etw.* offen an den Tag legen *od.* zeigen [*utilitatem*, °*animum altum*]; *personam alcis j-s* Rolle spielen, *jd.* repräsentieren [*civitatis*; *auch* °*regem* sich benehmen wie]; *part. praes. gĕrēns oft* = „mit", *zB.* °*monstrum centum oculos gerens*]; d) / in sich tragen, hegen, nähren, empfinden [°*animum fortem*, °*curam pro alqo*, *amicitiam u. inimicitias cum alqo*, °*odium in alqm*; *abs.* °*aliter atque animo gessit* anders als er im Herzen gesinnt war]; *alci morem gerere* sich *jd.* fügen, *jd.* willfährig sein; *cf.* mōs; e) (*dcht.*) auf sich tragen [*terra urbes silvasque*]; *auch* = hervorbringen [*silva frondes*]; f) / **sē gĕrĕrĕ** (*m. adv. od. adv. Ausdruck*) sich betragen, sich benehmen, sich zeigen [*ita od. sic in tribunatu, honeste*, °*excellentius* eine hervorragende Stellung einnehmen; *pro cive* als (wie) ein Bürger; °*se medium* sich neutral verhalten, °*se dis minorem* sich den Göttern unterordnen]. **2.** a) ausführen, vollziehen, ausüben, verrichten, besorgen, betreiben, tun (*alqd*, *zB. labores in foro*, *rem mandatam*, *alqd in colloquio* verhandeln; *abs. spes gerendi etw.* Großes auszuführen); P. geschehen, sich zutragen [*dum haec geruntur* während dieser Vorgänge, *his rebus gestis* nach diesen Vorfällen, *quid negotii geritur* was geht vor?]; b) (*Krieg*) führen [*bellum cum alqo m. jd.* = gegen *jd.* = *adversus, in alqm*, *selten* = in Verbindung *m. jd.*; °*proelia* liefern]; c) (*Ämter*) bekleiden [*magistratūs*, *consulatum*, *imperia*, *honores*]; d) *rem publicam* den Staat leiten *od.* verwalten, *bsd.* für den Staat kämpfen [°*bene*, °*prospere*, °*feliciter*]; *auch comitia gerere* Wahlen leiten *od.* (ab)halten; e) (*Geschäfte*) machen [*negotium bene od. male*; *negotii gerentes* Geschäftsleute]; f) *rem gerere* eine Tat vollbringen, *übh.* handeln; *subst. res gesta* Vorfall, Ereignis, *pl.* **rēs gĕstae** (*selten* °*gĕstă*, *ōrŭm n*) (**Tatenberichte; *gesta Romanorum* Taten der Römer, *lat. geschriebene moralisierende Anekdoten u. Novellensammlung des 13. u. 14. Jh.*) Taten, *bsd.* Kriegstaten (*alcis j-s*, *zB. Scipionis*; *m. adv.*, *zB. bene, fortiter, prospere*, *u. m. adi.*, *zB. multae, magnae, praeclarissimae*); *bsd.* α) (*vom Feldherrn*) kommandieren, das Kommando haben [*in Africa*]; β) (*v. Soldaten*) kämpfen [*rem comminus u. eminus*]; γ) *m. adv.*: *rem bene (male)* eine Sache gut (schlecht) ausführen, ein gutes (schlechtes) Geschäft machen, sein Vermögen gut (schlecht) verwalten; *bsd.* siegreich sein (eine Niederlage erleiden); g) (*nkl.*) (*eine Zeit*) hinbringen, verleben [*aetatem cum alqo*, °*tempus primae adulescentiae*, °*sexagesimum aetatis annum* im 60. Jahre stehen].

gĕrŏntĭcōs *adv.* (*Fw.* ‹ γεροντικῶς) (*Augustus b. Se.*) nach Greisenart.

gĕrră, *ae f* (*Lw.* ‹ γέρρον) (*unkl.*) Rutengeflecht; *pl.* *gĕrrae* / Possen, Lappalien.

gĕrrēs, *ĭs m* (*et. unklar*) (*dcht.*, *nkl.*) *kleiner minderwertiger Seefisch.*

gĕrrĭnŭm, *ī n* (*gĕrrae*) (*Pl.*) Narrenkleid (?).

gĕrrō, *ōnĭs m* (*gĕrrae*) (*Te.*) Possenreißer.

gĕrŭlĭ-fĭgŭlŭs, *ī m* (*gĕrŭlŭs*, *fĭgŭlŭs*) (*Pl.*) Helfershelfer [*flagitii*].

gĕrŭlŭs 3 (*gĕrō*) (*unkl.*) tragend; *subst.* ~, *ī m* Träger; Bote.

gĕrūsĭă, *ae f* (*Fw.* ‹ γερουσία) (*nkl.*) Altersheim *für verdiente Mitbürger i. gr. Städten.*

Gērўŏn, *ŏnĭs* (Γηρυών) *u.* **Gērўŏnēs**, *ae m* (Γηρυόνης) *dreileibiger Riese auf der südsp. Insel Erythēa* (Ἐρύθεια), *Besitzer großer Rinderherden, die ihm Herkules entführte.*

gĕssī *s.* gĕrō.

****gesta** (*Romanorum*) *s.* gĕrō.

gĕstāmĕn, *ĭnĭs n* (*gĕstō*) (*dcht.*, *nkl.*) **1.** Last, Bürde, Kleidung, Schmuck, Bewaffnung (*alcis*, *zB. Priami*). **2.** (*meton.*) Trage, Bahre [*lecticae*]; *bsd.* Sänfte.

gĕstātĭō, *ōnĭs f* (*gĕstō*) **1.** (*act.*) (*spätl.*) das Tragen. **2.** (*pass.*) (*nkl.*) Ausfahrt; (*meton.*) Promenade, Allee, Reitbahn.

gĕstātŏr, *ōrĭs m* (*gĕstō*) **1.** (*nkl.*) Träger. **2.** (*Ma.*) der Ausgefahrene, der Reisende.

gĕstātōrĭŭs 3 (*gĕstō*) (*nkl.*) zum Tragen dienend; *sella -a* Sänfte.

gĕstĭcŭlātĭō, *ōnĭs f* (*gĕstĭcŭlŏr*) (*nkl.*) pantomimische *od.* ausdrucksvolle Bewegung, Geste.

gĕstĭcŭlŏr 1. (*denom. v. gĕstĭcŭlŭs*, *demin. v. gĕstŭs*) (*nkl.*) **1.** (*intr.*) gestikulieren. **2.** (*trans.*) pantomimisch *od.* durch Gesten ausdrücken.

gĕstĭō[1], *ōnĭs f* (*gĕrō*) Ausführung [*negotii*].

gĕstĭō[2] 4. (*altl. impf. -ībānt*) **1.** (*gĕstŭs*) (*Ge.*) gestikulieren. **2.** (*gĕrō*) a) (*intr.*) ausgelassen sein, frohlocken, übermütig sein (*abs.*, *zB. laetitia gestiens* ausgelassene; *od. re* durch, infolge *v. etw.*, *zB. nimia voluptate*, °*libertate dialogorum* sich im Dialog frei ergehen); b) (*trans.*) *etw.* heftig verlangen, sehnsüchtig wünschen; *auch m. inf. od. a.c.i.*, *zB. senatum delere*.

gĕstĭtō 1. (*frequ. v. gĕstō*) (*vkl.*, *spätl.*) zu tragen pflegen [*anulum*].

gĕstō 1. (*intens. v. gĕrō*) **1.** (*trans.*) a) tragen, fahren (*alqm u. alqd*, *zB.* °*puerum in manibus*, °*regem lecticā*, *caput affixum in pilo*, *in utero* [*sc. pārtŭm*] schwanger *od.* trächtig sein; / [*Com.*] *in sinu od. in oculis* abgöttisch lieben); b) P. (*nkl.*) sich tragen lassen, fahren, *equo* reiten; c) (*Kleidung, Schmuck, Waffen*) an sich tragen, *m.* sich führen [*scutum laevā*, °*electra*]; d) (*vkl.*, *nkl.*) *etw.* herbeischaffen [*irritamenta gulae ex Italia*]; e) (*vkl.*, *nkl.*) als Neuigkeit *etw.* hinterbringen [*crimina*]. **2.** (*intr.*) (*Suet.*) sich tragen *od.* fahren lassen.

gĕstŏr, *ōrĭs m* (*gĕrō*) (*Pl.*) Zuträger, Neuigkeitskrämer.

gĕstŭs[1] *P.P.P. v.* gĕrō.

gĕstŭs[2], *ūs m* (*gĕrō*) **1.** Haltung *od.* Bewegung [*corporis*, °*ĕdendi* beim Essen; °*avium* das Schwingen der Vögel *im Flug*]. **2.** (*coll.*) Gebärdenspiel, Gestikulation, *im sg.*, *der pl. nur v. mehreren Personen* [*histrionum*, *gestum agere*].

Gĕtae, *ārŭm m* (Γέται) *thrak. Reitervolk in der heut. Ukraine*; *sg.* **Gĕtă** *u.* **Gĕtēs**, *ae m*, *auch röm. cogn.*; *adi.* **Gĕtĭcŭs** 3 (*adv.* °**-ē**).

geumă, *ătĭs n* (*Fw.* ‹ γεῦμα) (*Pl.*) Kostprobe.

gĭbbă, *ae f* (*gĭbbŭs*) (*nkl.*) Buckel, Höcker.

gĭbbĕr[1], *ĕră*, *ĕrŭm* (*gĭbbŭs*) (*vkl.*, *nkl.*) buckelig.

gĭbbĕr[2], *ĕrĭs m u. n* (*gĭbbŭs*) (*vkl.*, *nkl.*) Buckel, Höcker.

gĭbbŭs, *ī m* (*cf. norwegisch* keiv „schief") Buckel; Rundung; Geschwulst.

Gĭgās, *ăntĭs m* (Γίγας) Gigant; *pl.* **Gĭgăntēs**, *ŭm* (*acc. -ăs*), *schlangenfüßige Riesen, Söhne der Erde* (Γαῖα); *als sie wie die Titanen den Himmel stürmen wollten, wurden sie v. Zeus m. Hilfe der übrigen Götter besiegt* (*Gigantomachie, dargestellt u. a. auf dem großen Fries des Pergamonaltars*). *Cf.* V.-B. III, 1, e. *adi.* **Gĭgăntēŭs** 3 gigantisch, der Giganten [°*bellum*]; / °riesig.

▶ **gīgnō**, *gĕnŭī*, *gĕnĭtŭm* 3. (*gi-?*) (*praes. redupliziert für altl.* gĕnō = γί-γν-ομαι; gĕnō *zu* ἐ-γεν-όμην; *cf.* gĕn-ŭs, nāscŏr) **1.** (er)zeugen, gebären, *vom Manne wie v. der Frau*, *v. Menschen u. v. Tieren* (*alqm*, *zB. Iuppiter Herculem genuit*, *Venus Aeneam*; *pisces ova gignunt* legen; *alqm ex u.* °*de alqo od. ex u.* °*de re jd.* aus, *m. jd.*, aus *etw.*, *zB. deus animum ex sua mente genuit*, *alqm ad alqd jd.* zu *etw.*]; *auch* / = schaffen; P. erzeugt *od.* geboren werden, *bsd. P.P.P.* °*genitus v. jd.* entsprossen, *j-s* Sohn *od.* Sprößling [*Maiā*, (*ex*) *matre*, *de semine Iovis*]. **2.** / a) (*v. Sachen*, *bsd. v. der Erde u. v. Pflanzen*) hervorbringen [*terra omnia gignit*]; P. entstehen, wachsen [*quae in terris gignuntur*]; *bsd. subst.* °*gīgnĕntĭă*, *ĭŭm n* Gewächse, Geschöpfe; b) verursachen, bewirken, herbeiführen [*permotionem animorum*, °*iram*]; P. entstehen.

gĭlvŭs 3 (*wohl. gall. Lw.*; *cf. nhd.* „gelb") (*unkl.*) isabellfarbig, *nur v. Pferden.*

gĭngīvă, *ae f* (*cf.* γόγγ-ρος „Auswuchs, Knorren") (*dcht.*, *nkl.*) Zahnfleisch, *auch pl.*

gĭnnŭs *s.* hinnŭs.

gĭrrēs = gĕrrēs.

glăbĕllŭs 3 (*demin. v. glăbĕr*) (*nkl.*) glatt (rasiert), unbehaart.

glăbĕr, *bră*, *brŭm* (‹ **glădh-rŏs*; *cf. nhd.* „glatt, Glatze") (*unkl.*) glatt, kahl (*Ggs. pĭlōsŭs* behaart); *subst.* **-brī**, *ōrŭm m* enthaarte Sklaven,

Lustknaben.
glăbrāriă, *ae f* (*glăbĕr*; *Ma.*) (*m. scherzh. Doppelbedeutung v. einer Frau*) **1.** glattgeschorene Sklaven liebend. **2.** / des Vermögens beraubt.
glăciālis, *ĕ* (*glăciēs*) (*dcht., nkl.*) eisig, eiskalt, Eis... [*hiems*].
▶ **glăciēs,** *ēī f* (*zu gĕlū*) (*dcht., nkl.*) Eis [*lubrica* Glatteis], *pl.* Eisfelder; (*meton.*) Kälte; / Sprödigkeit, Härte.
glăciō 1. (*denom. v. glăciēs*) (*dcht., nkl.*) in Eis verwandeln (*alqd, zB. nives*).
glădĭātŏr, *ōrĭs m* (*glădĭŭs*) **1.** Gladiator, Fechter (*meist Sklaven od. Kriegsgefangene, auch Verbrecher, in Fechterschulen v. Fechtmeistern — cf. lānĭstă — ausgebildet*). **2.** / (*als Schimpfwort*) Bandit. **3.** (*meton.*) *pl.* Gladiatorenkämpfe, -spiele [*gladiatores dare u.* °*ēdere*; *gladiatoribus* bei den Gladiatorenspielen].
glădĭātōrĭŭs 3 (*glădĭātŏr*) der Gladiatoren, Gladiatoren..., *bsd.* bei Gladiatorenspielen [*ludus*, *familia* Fechtergruppe, Gladiatorenbande, *locus* Schauplatz bei den Gladiatorenkämpfen]; *subst.* **glădĭātōrĭŭm,** *ī n* (*sc. auctōrāmĕntŭm*) (*Li.*) Handgeld *für Freie, die sich als Gladiatoren anwerben ließen.*
glădĭātūră, *ae f* (*glădĭātŏr*) (*Ta.*) Gladiatorenkampf.
glădĭŏlŭs, *ī m u.* **-ŭm,** *ī n* (*demin. v. glădĭŭs*) (*nkl.*) kleines Schwert.
▶ **glădĭŭs,** *ī m u.* (*v. Quintilian getadelt*) °**-ŭm,** *ī n* (*wohl kelt. Lw.*) **1.** kurzes, zweischneidiges Schwert, *zu Hieb u. Stoß gleich geeignet* (*Ggs. ēnsĭs*), *entweder an einem Lederriemen* (*băltĕŭs*) *über der Schulter od. an einem umgeschnallten Gürtel* (*cĭngŭlŭm*) *an der rechten Seite getragen*; *nur Feldherren u. Zenturionen, die keinen Schild führten, trugen es an der linken Seite* [*gladium* (*de*)*stringere u. educere* ziehen, zücken, °*condere* einstecken]; *sprichw. ignem gladio scrutari* m. dem Schwert im Feuer stochern, *vl.* = einen Aufgeregten reizen *od.* Öl ins Feuer gießen. **2. a)** *übh.* Waffe, Waffen, *meist bildlich, zB. plumbeo gladio ingulari m.* schwachen Beweisen widerlegt werden; **b)** (*meton.*) α) Mord(tat) [*licentia gladiorum*]; β) Gladiatorenkampf [*locare ad gladium*].
glaebă, *ae f* (*besser bezeugt als glēbă*; *cf. lit.* glóbti „umfassen"; *verwandt m. glŏbŭs*) **1.** Erdscholle, -kloß [*agri*]. **2. a)** (*meton.*) (*dcht., nkl.*) Acker, Feld, Boden; **b)** / Klumpen, Stück, Stückchen (*alcis rei, zB. sevi ac picis*).
glaebŭlă, *ae f* (*demin. v. glaebă*) (*nkl., dcht.*) **1.** ein Stückchen Acker. **2.** ein Klümpchen.
glaesŭm, *ī n* (*germ. Wort*; *ahd.* glās „Bernstein") (*nkl.*) Bernstein.
glăndĭ-fĕr, *fĕră, fĕrŭm* (*glāns, fĕrō*) Eicheln tragend [*quercus*].
glăndĭōnĭdă, *ae m* (*Pl.*) = *glăndĭŭm*.
glăndĭŭm, *ī n* (*glāns*) (*vkl., nkl.*) Drüsenstück (*v. Schweinehals als Leckerbissen*).
glăndŭlae, *ārŭm f* (*demin. v. glāns*) **1.** (*nkl.*) Mandeln, Drüsen *am Hals.* **2.** (*nkl., Ma.*) = *glăndĭŭm*.
glāns, *glăndĭs f* (*cf. βάλανος*) **1.** jede Kernfrucht; *bsd.* Eichel, *insb.* die eßbare [°*glande vesci* Eicheln essen]. **2.** / **a)** (*eichelförmige*) Schleuderkugel *aus Ton od. Blei, auch coll.* [°*glande pugnare*]; **b)** (*nkl.*) (*med. t.t.*) °~ (*penis*) Eichel *am männl. Glied.* — (*gen. pl. glăndĭŭm*).
glārĕă, *ae f* (*dissim.* < **grārējā zu grā-nŭm*) Kies, grober Sand, *bsd.* Schotter.
glārĕōsŭs 3 (*glārĕă*) (*vkl., nkl.*) voller Kies *od.* Steinchen.
glaucĭnă, *ōrŭm n* (*glaucĭŏn, Fw.* < *γλαύκιον* Schöllkraut) (*Ma.*) Schöllkrautsalbe.
glaucōmă, *ătĭs n u.* (*altl. u. vulgär*) **glaucūmă,** *ae f* (*Fw.* < *τὸ γλαύκωμα*) **1.** (*nkl.*) (*med. t.t.*) grüner Star. **2.** / (*Pl.*) blauer Dunst [*glaucumam obicere alci ob oculos* vormachen].
glaucŭs 3 (*Fw.* < *γλαυκός*) (*nkl., dcht.*) blaugrau, *auch* graugrün, grünlich, bläulich; *dcht. auch* leuchtend, funkelnd.
Glaucŭs, *ī m* (*Γλαῦκος*) *böotischer Fischer, in e-n wahrsagenden Meergott verwandelt.*
glēbă, glēbŭlă *s. glaebă, glaebŭlă.*
glēsŭm, *ī n* = *glaesŭm*.
glīs, *glīrĭs m* (*zu γαλ-έη* „Wiesel"; *cf. gălĕă*) (*unkl.*) Haselmaus, Siebenschläfer.
glīscō, — — 3. (*et. unklar*) **1.** aufflammen, entglimmen [*ignis gliscit oleo*]. **2.** / **a)** entbrennen [°*invidia*, °*violentia*]; **b)** allmählich zunehmen *od.* wachsen, überhand nehmen [°*bellum*, °*negotia*; *auch v. Pers., zB. singuli gliscunt* wachsen an Reichtum *od.* Macht].
glŏbōsŭs 3 (*glŏbŭs*) kugelförmig, rund [*terra*].
▶ **glŏbŭs,** *ī m* (*cf. glaebă, nhd.* „Kolben") **1.** Kugel, Ball [*terrae*]. **2. a)** Feuerkugel, Meteor [*in caelo*]; **b)** (*nkl., dcht.*) Klumpen [*sanguinis, nubium*]; **c)** / (*nkl., dcht.*) Haufe, dichte Schar *od.* Rotte *v. Menschen* [*armatorum, ingens*]; *bsd.* (*pol.*) Verein, Klub, (*pejorativ*) Clique [*nobilitatis, coniurationis*].
glŏmĕrāmĕn, *ĭnĭs n* (*glŏmĕrō*; *Lu.*) zusammengeballtes Kügelchen; *pl.* runde Atome.
glŏmĕrō 1. (*denom. v. glŏmŭs*) (*unkl.*) **1.** zu einem Knäuel zusammenballen, aufwickeln, ballen [*terram in speciem orbis, lanam in orbes*; *alqd re etw.* dicht vermengen *m. etw., zB. frusta mero*; / *annus glomerans* (*se*) der Kreislauf des Jahres]; *mediopass.* sich zusammenballen. **2.** / zusammendrängen, -häufen, verdichten [*legiones in testudinem, manum bello* zum Kampfe, *aquam, saxa sub auras* wirbelnd in die Lüfte schleudern, *agmina fugā* sich in Rudeln auf der Flucht zusammendrängen, *gressūs superbos* stolz einhertraben]; *se -are u. mediopass.* sich zusammendrängen [*circum alqm*].
glŏmŭs, *ĕrĭs n* (*im Vers auch -ō-*; *cf. glŏbŭs, nhd.* „klemmen") (*vkl., dcht.*) Knäuel [*lanae*].
▶ **glōrĭă,** *ae f* (*et. unklar*) **1.** Ruhm, Ehre, Anerkennung [*excellens, gloriā alqm afficere, alci gloriae esse jd.* zum Ruhme gereichen; *alcis j-s u.* bei *jd., zB. Caesaris, mea, posteritatis* bei der Nachwelt; *alcis rei* e-r Sache, in *od.* wegen e-r Sache, *zB. rerum gestarum, conservati regis, auch in re, zB. in re militari*]; °*pl.* Gelegenheiten zum Ruhme. **2.** (*meton.*) **a)** (*concr.*) (*v. Sachen u. Pers.*) (*nkl.*) Gegenstand des Ruhmes, Zierde, Stolz [*gloria frontis* stolzer Stirnschmuck]; **b)** *pl.* (*vkl., nkl.*) Ruhmestaten, Heldentaten [*veteres Gallorum -ae*]. **3. a)** Ruhmsucht, Ehrgeiz [*gloriā duci u. elatus*]; **b)** (*pejorativ*) Ruhmredigkeit, Prahlerei [*ostentatio et gloria*]. — ***gloria in excelsis Deo* = Ehre sei Gott in der Höhe, *Lobgesang der christl. Liturgie* (*nach Luc.* 2, 14). — ****Ad maiorem Dei gloriam* (*Abk.* A.M.D.G.) = Zur größeren Ehre Gottes, *Wahlspruch der Jesuiten*; *Formel auf Inschriften u. als Vorspruch in Büchern.*
glōrĭātĭō, *ōnĭs f* (*glōrĭŏr*) Ruhmredigkeit, Prahlerei.
glōrĭfĭcātĭō, *ōnĭs f* (*glōrĭfĭcō*) (*Eccl.*) Verherrlichung, Anerkennung.
glōrĭfĭcō 1. (*denom. v. glōrĭfĭcŭs* ruhmreich; *glōrĭă, făcĭō*) (*Eccl.*) rühmen, verherrlichen.
glōrĭŏlă, *ae f* (*demin. v. glōrĭă*) ein bißchen Ruhm.
▶ **glōrĭŏr** 1. (*denom. v. glōrĭă*) sich rühmen, sich brüsten, prahlen (*abs. od. re, zB. victoriā suā, auch alqo, zB. illo socero*; *de re* viel Rühmens *v. etw.* machen, *zB. de suis beneficiis*; *in re* seinen Ruhm in *etw.* setzen *od.* suchen, *zB. in virtute*; *ad alqm* bei, vor *jd., zB. ad amicos*; *m. acc. nur v. neutralem pron., zB. haec, idem*; *m. a.c.i., selten m. quod*; *m.* °*inf.*), *gloriandus* 3 rühmenswert.
glōrĭōsŭs 3 (*m. comp. u. sup.*; *adv.* **-ē**) (*glōrĭă*) **1.** ruhmvoll, rühmlich [*factum, mors*; *alci* für *jd.*]. **2.** ruhmsüchtig, ehrgeizig. **3.** prahlerisch [*Miles* ♀ *Titel e-r Komödie des Plautus*; °*nihil gloriosum* kein prahlerisches Wort].
glōssă, *ae f* (*Fw.* < *γλῶσσα*) (*spätl.*) = *glōssēmă*. — ****Erklärung** *e-r* Textstelle, Kommentar.
glōssārĭŭm, *ī n* (*Fw.* < *γλωσσάριον*) (*Ge.*) Wörterbuch, in dem veraltete *u.* fremde Wörter erklärt werden.
****glossator,** *oris m* Vfssr. v. Glossen; *pl. Juristen v. Bologna, die das Corpus iuris m. Randnotizen u. Verweisen versahen.*
glōssēmă, *ătĭs n* (*gen. pl. -ătŭm u. -ătōrŭm*) (*Fw.* < *γλώσσημα*) (*vkl., nkl.*) veraltetes *od.* fremdartiges Wort, das durch ein bekanntes erklärt werden muß; Glossem.
glūbō, (*psī, ptŭm*) 3. (< **gleubhō*; *cf. γλύφω* „schnitzen, aushöhlen") (*vkl., dcht.*) abschälen [*grana de cortice* herausschälen]; *auch obszön*

[Lesbia glubit Remi nepotes]; / berauben (alqm).

glūtĕn, ĭnis u. **glūtinŭm,** ī n (< *gloit-; cf. γλοιός „klebrig"; nhd. „Kleie, Kleister") (unkl.) Leim.

glūtinātŏr, ōris m (glūtinō 1. „zusammenleimen" zu glūtĕn) Buchbinder.

glūttiō u. **glūtiō** 4. (cf. gŭlă) (unkl.) hinunterschlürfen.

Glўcĕră, ae f (Γλυκέρα) Hetärenname (bsd. die Geliebte Menanders); bei Horaz u. Tibull Name v. fingierten Geliebten.

Gnaeŭs, ī m (altl. Gnaivŏs = naevŭs) Vorname (abgekürzt Cn.).

gnārĭtās, ātis f (gnārŭs) (nkl.) Kenntnis [locorum].

gnārŭris, ĕ (altl.) = gnārŭs.

gnārŭs 3 (cf. nārrō, ignōrō; γνώριμος) **1.** kundig, erfahren, m. etw. bekannt (abs. od. alcis rei, zB. rei publicae). **2.** (nkl.) (pass.) bekannt (alci).

Gnăthō, ōnis m (γνάθος „Kinnbacke") Name eines Schmarotzers bei Terenz; übh. Schmarotzer.

gnātŭs, gnāvŭs u.ä. (altl.) = nātŭs, nāvŭs usw.

Gnĭdŭs, Gnĭdiŭs s. Cnĭdŭs.

gnōmē, ēs f (Fw. < γνώμη) (nkl.) Sinnspruch, Sartenz, Gnome.

gnōmōn, ŏnis (Fw. < γνώμων) (nkl.) Zeiger der Sonnenuhr.

Gnōs(s)ŭs u. **-ŏs,** ī f (Κνωσός) Seest. Kretas, Residenz des Minos, des Vaters der Ariadne; Einw. **Gnōsiŭs,** ī m (fem. auch **Gnōsiăs,** ădis u. **Gnōsis,** ĭdis = Kreterin, cf. V.-B. III, 1, b; III, 4, b u. 5); adi. **Gnōsiŭs** u. **Gnōsiăcŭs** 3 aus od. v. Gnosus, übh. kretisch.

gnōstĭci, ōrŭm m (Fw. < γνωστικοί) (spät) die Gnostiker (Anhänger der religiösen Bewegung der Gnosis).

gōbiŭs u. **-iō,** ōnis m (Fw. < κωβιός, aus e-r Mittelmeerspr. stammend) (unkl.) Gründling (Fisch).

gŏngĕr = cŏngĕr.

gŏnŏrrhoeă, ae f (Fw. < γονόρροια) (spätl.) Gonorrhoe od. Tripper (den man als nimia profusio seminis ansah).

Gŏrdiŭm, ī n (Γόρδιον) Residenz der phrygischen Könige.

Gŏrdiŭs, ī m (Γόρδιος) sagenhafter K. v. Phrygien, bekannt durch den v. ihm um das Joch seines Wagens geschlungenen u. v. Alexander d. Gr. 333 m. dem Schwert durchhauenen Knoten.

Gŏrgiās, ae m (Γοργίας) aus Leontini in Sizilien, Schüler des Empedokles, Sophist, seit 427 v. Chr. Lehrer der Redekunst u. Begründer der Kunstprosa in Athen. Cf. V.-B. I, 3.

Gŏrgō, ŏnis u. °ūs f (Γοργώ), meist pl. **-ŏnēs,** ŭm die 3 schlangenhaarigen Töchter des Phorkys (lat. -cŭs); der schrecklichsten, der allein sterblichen Mĕdūsă (od. nur Gŏrgō) schlug Perseus das Haupt, dessen Blick in Stein verwandelte, ab; aus ihrem Blut entsprang das Flügelroß Pegasos (-us); das abgeschlagene Medusenhaupt trug Athene auf ihrem Panzer od. Schild (daher Gŏrgō meton. Gorgonen- od. Medusenhaupt). Cf. V.-B. III, 2; III, 1, b u. e; adi. **Gŏrgŏnĕŭs** 3 (equus = Pegasus; lacus die durch den Hufschlag des Pegasus entstandene Quelle Hippocrene; s.d.).

Gŏrgŏbĭnă, ae f St. der ausgewanderten gallischen Bojer im Gebiet der Häduer.

Gŏrtўnă, ae f u. **Gŏrtўn,** ўnŏs f (Γόρτυνα u. Γόρτυν) die südkretische St. Gortyn, minoische Gründung (inschriftl. erhaltene Gesetze); Einw. **Gŏrtўniŭs,** ī m; adi. **Gŏrtўniŭs** u. **Gŏrtўniăcŭs** 3, auch übh. kretisch.

gōrўtŭs, ī m = cōrўtŭs.

Gŏtŏnēs, ŭm m germ. Volk an der unteren Weichsel (Goten?).

grăbātŭs, ī m (jünger grăbāttŭs, makedonisches Lw.) niedriges Ruhebett, bsd. für Kranke.

Grăcchŭs, ī m cogn. der gēns Sĕmprōniă (s. Sĕmprōniŭs): Tib. Sĕmprōniŭs Grăcchŭs (erschlagen 133 v. Chr.) u. sein Bruder C. Sĕmprōniŭs Grăcchŭs (121 getötet), Söhne der Cŏrnēliă, ber. Agrarreformer. — adi. **Grăcchānŭs** 3 gracchisch, der Gracchen.

grăcĭlis, ĕ (m. comp., sup. grăcĭllĭmŭs; adv. **-itĕr**) (altl. f auch -lă) (dissim. < crăcĭlis; eigtl. „abgemagert"; cf. altnord. horr „Magerkeit") (unkl.) **1.** schlank, dünn, (meist pejorativ) schmächtig, mager, hager, dürr, v. Pers., Tieren u. Sachen [puer, capella, comae, vox dünn, fein]. **2.** / **a)** knapp, dürftig [vindemia, ager]; **b)** (v. Rede u. Redner) einfach, schlicht [praefatio, orator].

grăcĭlĭtās, ātis f (grăcĭlis) **1.** Schlankheit, (pejorativ) Magerkeit [corporis, °crurum]. **2.** / (rhet.) (Qu.) Einfachheit, Schlichtheit [narrationis].

grācŭlŭs, ī m (-ă-?) (Schallwort; cf. nhd. „krähen") (unkl.) Dohle.

grădārĭŭs 3 (grădŭs) (vkl., nkl.) Schritt für Schritt gehend, im Schritt.

grădātim adv. (grădŭs) **1.** schrittweise [pervenire aliquo]. **2.** / stufenweise, nach u. nach [honores ~ assequi].

grădātiō, ōnis f (grădŭs) **1.** (Vi.) Errichtung v. Stufen, Stufe [scalarum]. **2.** Steigerung (als Redefigur = κλῖμαξ).

grădātŭs 3 (grădŭs) (nkl.) abgestuft.

grădiŏr, grĕssŭs sŭm 3. (grĕssŭs < *grăssŭs nach den Komposita umgebildet; cf. litauisch gridiju „gehen") schreiten, fest einhergehen [fidenti animo ad mortem]; (dcht.) auch fahren.

Grādīvŭs, ī m (aus metr. Gründen einmal bei Ov. -ă-; ungedeutetes Fw. unbekannter — vl. ill. od. thrakischer — Herkunft; die antike Ableitung v. grădiŏr ist volkset.) (nkl., dcht.) Beiname des Mars.

grădŭs
1. a) Schritt, Tritt; **b)** das Nahen; **2. a)** Kampfstellung (v. Fechtern); **b)** Stellung, Standpunkt; **3. a)** Stufe, Sprosse, pl. Treppe, Leiter; Sitzreihe (im Theater); **b)** Haarflechte; **c)** (mus. t.t.) Tonstufe; **4. a)** Grad (v. Verwandtschaft u.a.); **b)** Rang, Würde.

grădŭs, ūs m (grădiŏr) **1. a)** Schritt, Tritt [°magnus, °suspenso gradu auf (den) Zehen; gradum facere tun, °ferre lenken, °proferre vorwärts gehen, °referre zurückgehen, °sistere od. °sustinere anhalten, °corripere beschleunigen, °addere einen Schritt rasch nach dem anderen tun]; bsd. mil. °pleno gradu im Sturmschritt, °gradum conferre handgemein werden, auch zum Gespräch zusammenkommen, °gradum inferre in hostes gegen den Feind vorrücken; auch / [°gradum facere ex aedilitate ad censuram; alcis rei zu od. in etw., zB. °reditūs mei zu meiner Rückkehr, primus gradus imperii zur Ausbreitung der Herrschaft, °amoris in der Liebe]; **b)** (dcht.) das Nahen [mortis]. **2. a)** (v. Fechtern u. Kriegern) (dcht., nkl.) Kampfstellung [de gradu pugnare stehenden Fußes]; **b)** / Stellung, Standpunkt [alqm gradu depellere od. movere (demovere), de gradu deicere jd. aus seiner (vorteilhaften) Stellung verdrängen od. aus der Fassung bringen]. **3.** (meton.) **a)** Stufe, Sprosse, pl. Treppe, Leiter [scalarum, °templi]; auch (nkl.) stufenförmige Sitzreihe (im Theater), Tribüne; **b)** (nkl.) Haarflechte; **c)** (mus. t.t.) Tonstufe [sonorum]. **4.** / **a)** Grad [societatis humanae]; bsd. v. Verwandtschaften, Reihenfolgen, Alters- u. Zeitstufen [necessitudinum, officiorum, °heres tertio gradu, aetatis, temporum, °gradibus od. °per gradus stufenweise]; **b)** Rang, Würde [senatorius, summus, imus, ad altiorem gradum dignitatis pervenire]. — ***Gradus ad Parnassum = Stufe zum Parnaß, Titel e-r zuerst 1698 von dem Jesuitenpater P. Alter herausgegebenen lat.-gr. Poetik; auch Titel musikalischer Studienwerke.

Graecī, ōrŭm m (Γραικοί, vl. urspr. Stamm um Dōdōnă; griech. Gesamtname Ἕλληνες) **1.** die Griechen; selten sg. **-ŭs,** ī m Grieche; **-ă,** ae f Griechin. **2.** adi. **a)** **Graecŭs** 3 griechisch [mos, historia, litterae], bisw. pejorativ = Graecŭlŭs; subst. **Graecŭm,** ī n das Griechische, die griechische Sprache [e Graeco in Latinum convertere; auch pl. cum Graecis Latina coniungere] (***Graecum Nachweis der zum Studium bestimmter Fächer erforderlichen Kenntnisse im Griechischen); adv. **Graecē** griechisch, in griechischer Sprache [scribere, scire griechisch sprechen können, nescire]; **b)** **Graecŭlŭs** 3 (demin. v. Graecŭs) griechisch, klass. für gewöhnlich pejorativ od. ironisch [°negotium so echt griechisch = erbärmlich, kleinlich, Graeculi homines die guten Leute in Griechenland]; subst. m „Griechlein"; c) (vkl., *nkl.*) **Graecānicŭs** 3 nach Art der Griechen [*toga*].

Graeciă, *ae f* (*gr.* Ἑλλάς; *cf.* *Graecī*) **1.** Griechenland (*im engeren Sinn*). **2.** (*im weiteren Sinn*) *alles v. Griechen bewohnte Land einschließlich der griech. Kolonien*: **a**) in Kleinasien; **b**) in Unteritalien [*Magna Graecia, auch maior* ~]. **3.** (*meton.*) = die Griechen.

graecissō 1. (*Fw.* ‹ γραικίζω) (*Pl.*) griechische Art nachahmen.

graecŏr 1. (*Graecŭs*) (*dcht.*, *nkl.*) auf griechische Art leben (*pejorativ*).

Graecŏstăsĭs, *is f* (*Fw.* ‹ γραικόστασις) Griechenstand, *offene Halle unweit der Kurie, wo fremde, bsd. griechische Gesandte die Entscheidungen des Senats erwarteten. Cf.* V.-B. III, 4, a.

Graecŭlŭs, Graecŭs *s. Graecī.*

Grāiī *u.* **Grāī,** *ōrŭm u. ŭm m* (Γραῆς) (*altl. u. dcht.*) = *Graecī* (*bsd. als Heldenvolk der Vorzeit*); *adi.* **Grāiŭs** 3 [*poeta*].

Grāiŏcĕlī, *ōrŭm m kelt. Volk in den Grajischen Alpen*; *Hptst.* *Ocēlŭm.*

Grāiŭ-gĕnă, *ae m* (*Grāiŭs*[1], *gignō*) (*dcht.*) Grieche *v.* Geburt (*gen. pl.* -*ŭm*), *cf.* V.-B. VI, 6.

Grāiŭs[1] 3 *s. Grāiī.*

Grāiŭs[2] 3 grajisch [*Alpes* -*ae* die Grajischen Alpen *zw. Mont Çenis u. Aosta*].

grăllātŏr, *ōris m* (*grăllae* „Stelzen"; *grădĭŏr*) (*vkl.*, *nkl.*) Stelzenläufer.

grāmă, *ae f* (*kaum zu ion.* γλήμη „Augenbutter") (*vl. Pl. Curc. 318*) Augenbutter.

grāmĕn, *inis n* (‹ *ghras-men; *cf. nhd.* „Gras") (*nkl.*, *dcht.*) **1.** Gras [*graminis herba* Grashalm], *bsd.* = Grünfutter, *dcht. auch* = Rasen [*tenerum*]; *pl.* °Wiesen. **2. a**) Weide [*graminis immemor*]; **b**) Pflanze, Kraut [*mala* Giftpflanze, *auch coll.*]; (*pejorativ*) Unkraut.

grāminĕŭs 3 (*grāmĕn*) **1.** (*dcht.*, *nkl.*) *m.* Gras bewachsen [*campus*]; aus Gras *od.* Rasen [*ara, sedile* Rasenbank]. **2.** aus Rohr [*hasta* aus Bambusrohr].

grămmătĭcŭs (*Fw.* ‹ γραμματικός) **1.** *adi.* 3 (*adv.* -**ē**) (*vkl.*, *dcht.*) sprachwissenschaftlich, grammatisch [*ars, tribūs* die Zünfte der Grammatiker]; *adv.* nach den Regeln der Grammatik [*scribere*]. **2.** *subst.* **a**) -**ŭs,** *ī m* Sprachkundiger, Gelehrter, Philologe; *auch* Kritiker; **b**) -**ă,** *ae* (*Qu.* -**ē,** *ēs*) *f u.* -**ă,** *ōrŭm n* Grammatik, Philologie.

grămmătistă, *ae m* (*Fw.* ‹ γραμματιστής) (*nkl.*) Elementarlehrer.

grānārĭŭm, *ī n* (*grānŭm*) Kornboden, Speicher, *meist pl.*

grănd-aevŭs 3 (*grăndis, aevŭm*) (*unkl.*) hochbetagt.

grăndēscō, — — 3. (*incoh. zu grăndis*) (*dcht.*, *nkl.*) groß werden, wachsen.

grăndĭcŭlŭs 3 (*demin. v. grăndis*) (*Com.*) ziemlich groß; ziemlich erwachsen.

grăndĭ-fĕr, *fĕră, fĕrŭm* (*grăndis, fĕrō*) sehr einträglich [*arationes*].

grăndĭ-lŏquŭs 3 (*grăndis, lŏquŏr*) **1.** großsprecherisch; *subst. m* Prahler. **2.** (*v. Rednern u. Dichtern*) erhaben, feierlich *im Stil.*

grăndĭnăt 1. *impers.* (*grăndō*) (*vkl.*, *nkl.*) es hagelt.

grăndĭō, — — 4. (*altl. fut.* -*ībō*; *grăndis*) (*vkl.*) vergrößern.

▶ **grăndĭs,** *ĕ* (*m. comp. u.* °*sup.*; *adv.* °-**ĭtĕr** (*eigtl.* „aufgeschossen, schwellend"; *cf.* βρένθος „Stolz") **1.** groß, kolossal, gewaltig [*cervus, saxum,* °*līber* umfangreicher Bericht, °*membra, litterae* Unzialbuchstaben]; *v. Feldfrüchten* (*dcht.*) großkörnig [*frumenta, hordea*; *auch* °*elementa* grob]. **2.** (*v. lebenden Wesen*) herangewachsen, erwachsen [*filia,* °*bestia*]. **3.** bejahrt, *m. u. ohne natu od.* °*aevo*; *auch aetas* hohes Alter. **4. a**) (*an Zahl, Inhalt, Wert*) groß = zahlreich [°*peditatus*], bedeutend, stark [*pondus argenti, pecunia, fenus*]; **b**) / bedeutend, wichtig, gewaltig, großartig [*res, vitium, exemplum* schlagend, °*solacium*]; *bsd.* (*v. Pers.*) erhaben, edel; (*v. Rede u. Redner*) feierlich [*carmen, orator, genus dicendi,* °*grandius sonare* erhabener singen; *re m.*, in *etw.*, *zB. verbis*].

grăndĭ-scāpĭŭs 3 (*grăndis, scāpŭs*) (*Se.*) großstämmig.

grăndĭtās, *ātis f* (*grăndis*) Größe; *klass. nur* / Erhabenheit [*verborum*].

grăndō, *inis f* (*cf. altkirchenslawisch gradŭ ds.*) Hagel [°*saxea* Steinhagel]; *pl.* Hagelwetter.

Grānīcŭs, *ī m* (Γρανικός) *Fl. in Mysien* (*Schlacht 334 v. Chr.*).

grānĭ-fĕr, *fĕră, fĕrŭm* (*grānŭm, fĕrō*) (*Ov.*) Körner schleppend [*formicae*].

grānŭm, *ī n* (*cf.* γί-γαρ-τον „Weinbeerkern", *nhd.* „Korn, Kern") **1. a**) (*vkl.*, *dcht.*) Korn [*hordei*]; **b**) Kern [*fici,* °*uvae*]. **2.** / (*Ov.*) Beere. — ****cum grano salis m. e-m* Körnchen Salz, *d. h. m. etw.* Witz, nicht ganz wörtlich gemeint, *m.* Einschränkung.

grăphĭārĭŭs 3 (*grăphĭŭm*) (*Suet.*) zum Schreibgriffel gehörig; *theca* -*a od. subst.* (*Ma.*) -**ŭm,** *ī n* Griffelbüchse.

grăphĭcŭs 3 (*adv.* -**ē**) (*Fw.* ‹ γραφικός) (*vkl.*, *nkl.*) **1.** malerisch; fein. **2.** (*v. Pers.*) leibhaftig.

grăphĭŭm, *ī n* (*Fw.* ‹ γραφίον) (*dcht.*, *nkl.*) Schreibstift, Griffel.

grăssātŏr, *ōris m* (*grăssŏr*) Herumtreiber: **1.** (*Cato bei Ge.*) Müßiggänger, Nachtschwärmer. **2.** Wegelagerer, Bandit.

grăssātūră, *ae f* (*grăssŏr*) (*nkl.*) nächtliches Herumschwärmen; Banditentum.

grăssŏr 1. (*intens. v. grădĭŏr*) (*unkl.*) **1.** rüstig losschreiten, dahinschreiten [*miles recto limite*]. **2.** umherschwärmen, sich herumtreiben, *bsd. nachts* [*iuvenes in Subura*]. **3.** / **a**) *jd.* zu Leibe gehen, auf *etw.* erpicht sein [*ad gloriam viā virtutis*; *in alqm u. in alqd, zB. in possessionem agri publici*]; **b**) *irgendwie* zu Werke gehen, verfahren (*meist pejorativ*) [*iure, non vi* den Weg des Rechts, nicht der Gewalt verfolgen, *licentiā, cupidine atque irā, obsequio* nachgiebig, servil; *in alqm* gegen *jd.*, *m. jd.*]; **c**) hart (*od.* ungestüm) zu Werke gehen, wüten, *v. Pers.*, / *auch v. Sachen* (*adversus u. in alqm od. in alqd, auch in alqo*; *re m. etw.*, *zB. ferro in homines*); *auch abs.* wüten [*vis grassabatur*].

grātēs *f pl.* (*nur nom. u. acc.*, °*abl. grātĭbŭs u. nur in feierlichen Formeln*; *grātŭs*) Dank [*alci grates agere,* °*grates summas agere od.* °*dicere,* °*referre*; *bisw.* °*grates agere atque habere* Dank sagen *u.* wissen]; / (*dcht.*) Dankfest [-*es superis decernere*].

> **grātĭă**
> **1. a**) Anmut, Liebreiz; *personif.* Göttin der Anmut; **b**) Gunst, Beliebtheit; **c**) Freundschaft, Liebe; **2. a**) Gefälligkeit, Gunst, Gnade; **b**) Freude, Lust (*an etw.*); **c**) *abl.* **grātĭā** (*nachgestellt*) aus Rücksicht auf, um ... willen; **d**) Dank; **e**) **grātīs** *adv.* unentgeltlich, umsonst.

grātĭă, *ae f* (*grātŭs*) Gefälligkeit: **1. a**) (*dcht.*, *nkl.*) Anmut, Liebreiz, Liebenswürdigkeit, Grazie (*alcis u. alcis rei, zB. formae, sermonis Attici*); *personif.* **Grātĭă,** *ae f* Göttin der Anmut, *meist pl.* **Grātĭae** (Χάριτες) Chariten, *lat.* die drei Grazien, *Töchter des Zeus* (Ἀγλαΐα, Εὐφροσύνη, Θάλεια, *lat.* *Aglăĭē, Euphrŏsўnē, Thălīă*), *Begleiterinnen der Aphrodite* (*Venus*); **b**) Gunst (*in der man bei anderen steht*), Beliebtheit, Einfluß, Geltung, Ansehen, Kredit (*alcis j-s, apud alqm* bei *jd.*; *homo summā gratiā, gratiā plurimum posse od. valere apud alqm, in gratia esse od. alci gratia est apud alqm u. cum alqo* bei *jd.* beliebt sein, *alqm apud populum in gratia ponere* beliebt machen, *gratiam inire od. parĕre ab alqo u. apud od. ad alqm u.* °*alcis* sich *j-s* Gunst erwerben); **c**) gutes Einvernehmen, Freundschaft, Liebe (*cum alqo u.* °*alcis m. jd.*; *esse in gratia cum alqo*); *in gratiam redire cum alqo* sich *m. jd.* wieder aussöhnen, *in gratiam restituere* (*od. reconciliare, reducere*) *alqm cum alqo jd. m. jd.* wieder aussöhnen, *cum bona gratia* in aller Güte *od.* Liebe, °*cum mala gratia* in Haß. **2. a**) Gunst (*die man anderen erweist*), Gefälligkeit, Gefallen, Huld, Gnade, Zuneigung, Freundlichkeit, (*pejorativ*) Parteilichkeit [*gratiam exercere* erweisen; *gratiae causā* aus Gunst *od.* Gefälligkeit, aus Höflichkeit, aus persönlichen Rücksichten]; *gratiam alcis rei facere alci jd.* in einer Sache Gnade erweisen, *zB. dicendi jd.* gnädig das Wort gestatten, *iuris iurandi jd.* vom Eid in Gnaden entbinden, *delicti* Gnade für Recht ergehen lassen; **b**) Freude, Lust, *selten* (°*alcis rei* an *etw.*, *zB. armorum,* °*cum gratia consulis* zur Freude des Konsuls); **c**) *abl.* **grātĭā** (*dem abhängigen gen. nachgestellt*) aus Rücksicht auf *jd. od.*

etw., *jd.* zuliebe, *meist* (= *causā*) um *j-s* willen [*hominum, amicitiae*; *aber meā, tuā, nostrā, vestrā gratiā*]; **d)** Dank, Erkenntlichkeit (*pro re*, *selten alcis rei* für *etw.*); *gratias agere alci pro re od. ob alqd* (*auch de alqo*; *m. quod od. cum, m.* °*a.c.i.*) *jd.* Dank für *etw.* sagen [*maximas, singulares, incredibiles*]; *gratiam habere alci pro re jd.* Dank wissen, dankbar (gesinnt) sein [*bonam, iustam, debitam*]; *gratiam referre* (*seltener persolvere, reddere*) *alci pro re* durch die Tat sich dankbar erweisen, *auch* Vergeltung *für etw. Erlittenes* üben; *gratiam debere alci jd.* Dank schulden; °*gratiam alcis rei referre* Dank *od.* Lohn davontragen; **e) grātīs** (*älter grātīīs*) (*abl. pl.*, *eigtl.* „für bloßen Dank") *adv.* unentgeltlich, umsonst [*habitare, frumentum dare*]; *auch* (*Ph.*) zwecklos [*anhelans*]. — ***gratia* (*abl.*) *Dei v.* Gottes Gnaden; *gratias* (*agamus Deo*) = lasset uns Gott danken, (*urspr. klösterliches*) *Dankgebet nach Tisch.*

Grātidius 3 *Name einer röm. gēns aus Arpinum*: *Grātīdia, ae f Großmutter Ciceros.*

grātificātiō, *ōnis f* (*grātificor*) Gefälligkeit; (*meton.*) (*concr.*) Schenkung, Landanweisung [*Sullana*].

grātificor 1. (*grātus, faciō*) **1.** (*intr.*) willfahren, sich gefällig erweisen (*alci u.* °*alci rei*, *zB. tibi*; *pro alqo*; *de re v. etw.* gern geben; *alqd*: *nur n e-s pron. od. allg. adi.*, *zB. hoc* darin, *nihil* in nichts). **2.** (*trans.*) *etw.* freudig darbringen *od.* gewähren, (auf)opfern (*alqd alci u. alci rei*, *zB. populo et sua et aliena*).

grātiīs = *grātis s. grātia* (2, e).

grātiōsus 3 (*m. comp. u. sup.*) (*grātia*) **1.** Gunst erweisend, gefällig, freundlich, *v. Pers.* [*scriba*; *in re* in, bei *etw.*, *zB. in dando*; *ad alqd*]. **2.** (*nkl.*) (*v. Sachen*) aus Gnade gegeben [*missio*]. **3.** Gunst genießend, beliebt, angesehen, einflußreich, *v. jd.* begünstigt, *v. Pers. u. Sachen* [*cives, causa*; *alci u. apud alqm*, *zB. apud publicanos*; *in re* in, bei *etw.*, *zB. in provincia*]; *subst. m* Günstling.

grātis *adv. s. grātia* (2, e).

grātor 1. (*denom. v. grātus*) (*nkl.*, *dcht.*) = *grātulor.*

grātuītus 3 (*adv.* **-ō**) (*grātis*) umsonst, unentgeltlich, uneigennützig, *v. Sachen*, *selten v. Pers.* [*liberalitas, amicitia*, °*cicatrices* unbelohnt, *milites* Freiwillige, °*furor v.* selbst entstehend]; *bsd.* nicht erkauft [*suffragia, comitia* ohne bezahlte Stimmen]; *adv. grātuītō* umsonst, ohne Vorteil.

grātulābundus 3 (*grātulor*) (*nkl.*) beglückwünschend (*alci*).

grātulātiō, *ōnis f* (*grātulor*) **1.** die an den Tag gelegte Freude [*signum Dianae in suis sedibus cum summa gratulatione civium reponere*]. **2. a)** Glückwunsch [~ *fit*, °*mutua gratulatione fungi* sich gegenseitig beglückwünschen; *alcis j-s*; *alcis rei* zu, wegen *etw.*, *zB.* °*victoriae*]; **b)** der *jd.* zuteil gewordene Glückwunsch (*alcis*, *zB. Murenae, mea*); **c)** (*meton.*) Freude über eigenes Glück: α) Siegesfreude; β) Ehrentag, Freudentag, *pl.* Freudenfeste, lauter Jubel. **3.** freudige Danksagung [*maxima gratulatione in templum ingredi*]; *bsd.* öffentliches Dankfest [*gratulationem decernere alci, alcis rei* wegen *etw.*, *zB. rei publicae bene gestae*].

grātulātor, *ōris m* (*grātulor*) (*Ma.*) Gratulant.

▶ **grātulor** 1. (*denom. v.* **grātī-tulos*; *grātēs* + *tulō*, *altl. praes. v.* [*tē*]*tulī*) **1.** *jd.* seine freudige Teilnahme *an einem glücklichen Ereignis od. Erfolg* ausdrücken, *bsd.* Glück wünschen [*gratulatum venire*; *abs. od. inter se, alci u. alci rei*, *zB. amico, felicitati alcis*, *auch sibi* = sich herzlich freuen; *alci alqd jd.* zu *etw.*, *zB. illius diei celebritatem*; *alci de alqo u. de re* wegen einer Sache, *zB. de reditu*; *alci in re jd.* bei *etw.*, *zB. in hoc od. qua in re tibi gratulor*; *m. quod u. cum od. m. a.c.i.*, *auch m. acc. des P.P.P.*, *zB. Brutus Ciceroni recuperatam libertatem est gratulatus*]. **2.** (*unkl.*) freudig danken [*dis immortalibus, alcis iudicio*].

▶ **grātus** 3 (*m. comp. u. sup.*; *adv.* **-ē**) (*urspr. sakrales Wort*; *cf. altind.* gūrtáh „willkommen") **1.** (*dcht.*) anmutig, lieblich, hold, *v. Pers. u. Sachen* [*Venus, Antium, dies, carmen*]; / freundlich gesinnt (*abs. od. alci*); *adv.* -*ē* (*selten, meist nkl.*, *dcht.*) m. Vergnügen, gern [*meminisse*]. **2.** dankenswert, erwünscht, willkommen, teuer, wert, lieb, *wenn auch nicht erfreulich*, *cf. ista veritas etiamsi iucunda non est, mihi tamen grata est*; *selten v. Pers.* [°*conviva*], *meist v. Sachen* [*victoria*; *alci* für *jd.*, *zB. oratoribus*, *aber* °*gratae in vulgus leges* dem Volke; *re* durch *etw.*, *in re* in, bei *etw.*]; *gratum alci* (*alqd*) *facere jd.* (*m. etw.*) einen Gefallen tun [°*gratius* einen größeren, *gratissimum* den größten Gefallen]. **3.** dankbar, erkenntlich, *v. Pers. u. Sachen* [*homo, animus, memoria* dankbare Erinnerung, *grate facere alqd*, °*male gratus* undankbar; *alci od. in, erga, adversus alqm* gegen *jd.*, *zB. gratum se praebere parentibus*, *pro re* für *etw.*, *zB. pro beneficiis*].

Graupius mōns *m Geb. od. Berg in Caledonia* (*Schottland*).

gravāmen, *inis n* (*gravō*; *spätl.*) Beschwerlichkeit, drückende Last. — *** *pl.* Beschwerden; *Gravamina nationis Germanicae* = Vorwürfe *gegen Übergriffe der Kirche im 15. u. 16. Jh.*

gravanter *adv.* (*gravāns, part. praes. v. gravor*) (*nkl.*) = *gravātē.*

gravastellus, *ī m* (-*ast*-?) *s. rāvistellus.*

gravātē *u.* (*Lu.*, *Li.*) **gravātim** *adv.* (*gravātus, part. pf. v. gravor*) ungern [*non od. haud* ~ ohne viele Umstände].

gravēdinōsus 3 (*gravēdō*) verschnupft.

gravēdō, *inis f* (*gravis*, *eig.* „Gliederschwere") Stockschnupfen (*Ggs. dēstillātiō nārium*).

grave-olēns, *entis* (*auch getr.*; *dcht.*) stark *od.* übel riechend [*Avernus*].

gravēscō, — — 3. (*incoh. zu gravis*) (*nkl.*, *dcht.*) schwer werden [*fetu v.* Früchten strotzen]; / sich verschlimmern [*valetudo, malum*].

graviditās, *ātis f* (*gravidus*) Schwangerschaft.

gravidō[1], *ōnis f* (*Ca.*) = *gravēdō.*

gravidō[2] 1. (*gravidus*) (*vkl.*, *nkl.*) schwängern; *klass. nur* / = befruchten [*terram seminibus*].

gravidus 3 (*gravis*) **1.** schwanger, trächtig, *v. Pers.*, °*Tieren u.* °*Sachen* [°*virgo ex eo compressu -a est facta*, °*pecudes*, °*venter*, °*alvus*, °*uterus*; °*vento* vom Winde]; *subst.* (*vkl.*, *nkl.*) *gravida, ae f e-e* Schwangere. **2.** / (*meist dcht.*) voll, beladen, reich (*abs.*, *zB.* °*arista*, °*nubes* regenschwer, *uber* strotzend, *fetus* voller Ertrag; *re v.*, an, *m. etw.*, *zB.* °*pharetra sagittis*, °*urbs bellis*).

> **gravis**
> **I.** (*act.*) **1.** schwer *v. Gewicht*, wuchtig; **2. a)** drückend, lästig, beschwerlich; **b)** schlimm, traurig; hart, streng; **c)** heftig, stark; **d)** widerlich; **e)** (*Stimme, Töne*) tief, dumpf; **f)** ungesund; **3. a)** (ge)wichtig, bedeutsam; **b)** angesehen, (ehr)würdig; **c)** erhaben, feierlich; **d)** ernst, charakterfest, besonnen; **II.** (*pass.*) **1.** schwer beladen; **2. a)** hochbetagt; **b)** schwerfällig; **3. a)** schwanger; **b)** verdrießlich, mürrisch.

gravis, *e* (*m. comp. u. sup.*; *adv.* **-iter**) (*cf.* βαρύς) **I.** (*act.*) schwer lastend: **1.** schwer *v. Gewicht*, wuchtig [*onus, valvae*, °*pondus*, °*graviter cadere*]; °*aes* ein Pfund schwerer Kupferbarren, *übh.* vollwichtiges Geld; / °*pretium* hoher Preis; *bsd.* (*vom Boden*) (*dcht.*) schwerschollig = fett [*terra*], (*v. Speisen*) schwer verdaulich [*cibus*, °*cena*], (*v. Pers.*) (*dcht.*) groß, stark. / **2.** (*pejorativ*) **a)** drückend, lästig, beschwerlich, mühevoll [*labor, usurae*, °*sol*, °*militia, senectus*, °*vita*; *alci* für *jd.*; *m. 2. supin.*, *zB. dictu*, °*auditu*]; *auch v. Pers.* = lästig, unangenehm [*adversarius*]; **b)** schwer zu tragen = schlimm, traurig, schmerzlich, hart, streng, grausam [*crudelitas, superbia, tormenta*, °*supplicium*, °*poena, senatus consultum, graviter* °*consulere od. vindicare in alqm, alqd gravius statuere in alqm*; *subst.* °*gravia n* hartes Geschick, harte Strafe]; *auch v. Pers.*, *zB. iudex*; **c)** schwer = heftig, stark, gewaltig [°*tempestas*, °*ictus*, °*graviter ferire alqm*; *klass. nur* / *vulnus, inimicitiae*, °*curae*, °*graviter saucius, graviter dolere*]; **d)** (*dcht.*) (*für die Sinne*) widerlich, ekelhaft, abstoßend, *bsd.* (*vom Geruch*) stark, stinkend [*odor, hircus, grave olere*]; **e)** (*v. Stimme u. Tönen*) tief, Baß...; (*dcht.*) *übh.* dumpf [*vox*, °*sonus, graviter sonare*]; **f)** ungesund, gefährlich [°*locus, anni tempus*, °*solum*, °*caelum*]. **3.** (*im lobenden Sinne*) **a)** gewichtig, wichtig, bedeutsam, gewaltig, *v. Pers. u. Sachen* [°*historicus, testis, auctor, res, causa, auctoritas, argumentum, persona* wichtige Rolle, *testimonium* schwer belastend, *gravissime iudicare de alqo* eine sehr hohe Meinung *v. jd.* haben]; **b)** (*v. Pers.*) angesehen, (ehr)würdig, einflußreich [*homo aetate et meritis -is*]; **c)** (*v. Sachen*) erhaben, feierlich, majestätisch [*numen*]; *bsd.* (*rhet., auch v. Pers.*) nachdrücklich, eindringlich, wirksam [*oratio u. orator*, °*carmen* episches Gedicht, *graviter tractare alqd od. dicere*]; **d)** (*in sittlicher Beziehung*) ernst, charakterfest, gesetzt, konsequent, streng, besonnen, *v. Pers. u. Sachen* [*homo, consul, ordo* Stand, *sententia, genus epistularum, omnes gravioris aetatis* alle Bejahrten]. **II.** (*pass.*) schwer belastet: **1.** beschwert, schwer beladen [°*arbor* fruchtbeschwert, *navigia*; *re m., v. etw., zB. agmen praedā*, °*miles armis* schwerbewaffnet; / *vulnere*, °*morbo*, °*aetate*, °*malis annisque* gebeugt *v.*, °*vino* trunken]. **2.** *abs.* **a)** (*dcht., nkl.*) vom Alter gebeugt, hochbetagt; **b)** (*nkl.*) schwerfällig, ungelenk [*comitatus*]; **c)** (*nkl.*) hartleibig [*corpus*]. **3. a)** (*dcht., nkl.*) schwanger [*sacerdos Marte* v. Mars, *uterus*]; **b)** verdrießlich, verdrossen; *klass. nur adv.* **-ĭtĕr** ungern, *zB. graviter accipere alqd, graviter ferre od. habere alqd (od. m. quod od. a.c.i.).*

Grăviscae, *ārŭm f sumpfiger Ort südl. v. Tarquinii, bekannt durch guten Wein.*

▶ **grăvĭtās,** *ātĭs f* (*grăvĭs*) **1.** Schwere, (schweres) Gewicht, Last [*armorum, navium*; / °*annonae* hoher Preis, °*sumptuum* Höhe der A.]. / **2.** (*pejorativ*) **a)** Druck, Belastung; *bsd.* **α)** (*Ov.*) Schwangerschaft; **β)** Beschwerlichkeit, Unannehmlichkeit [*temporum, belli, morbi* Heftigkeit, °*odoris* Widrigkeit]; **γ)** Ungesundheit, schädlicher Einfluß [°*loci. caeli*]; **δ)** Härte, Strenge, Gewalt, Trotz [*legum, responsi, verborum*]; **ε)** (*körperlich*) Schwerfälligkeit, krankhafter Zustand, Mattigkeit [*corporis, sensuum*, °*senilis* Altersschwäche]. **3.** (*im lobenden Sinne*) **a)** Bedeutung, Bedeutsamkeit, Größe, Ansehnlichkeit, Wichtigkeit, Einfluß [*civitatis, imperii*]; **b)** Kraft, Nachdruck, Wirkung [*sententiarum*]; **c)** sittlicher Ernst, Würde, Erhabenheit, Feierlichkeit, *v. Pers. u. Sachen* [*parentis*, °*Lacedaemoniorum*]; *bsd. v. Rede u. Redner* [*orationis, oratoris, sententiarum, dicendi*]; *auch* Selbstgefühl.

grăvō 1. (*denom. v. grăvĭs*) (*dcht., nkl.*) **1.** beschweren, beladen, belasten, drücken (*alqm u. alqd, zB. onus membra; re, zB. alqm sarcinis*). **2.** / **a)** *etw.* erschweren, verschlimmern [*invidiam matris*]; **b)** *jd.* belästigen, bedrücken [*labor od. officium gravat alqm*]; *bsd. P.P.P. grăvātŭs re m. od.* durch *etw.* beschwert, *bsd. physisch* [*somno, vino, vulneribus* bedeckt, *telis* überschüttet, *gravata ebrietate mens* umnebelt]. *Cf. auch grăvŏr.*

grăvŏr 1. (*grăvō*) **1.** (*intr.*) (= *mediopass. v. grăvō*) **a)** sich beschwert fühlen, verdrießlich sein (*abs. od. re, zB.* °*militiā* nicht gern Soldat sein; °*ob alqd*); **b)** sich weigern, Schwierigkeiten machen (*abs., zB. primo gravari coepit od. m. inf. od. quod*). **2.** (*trans.*) (*unkl.*) verweigern, ungern übernehmen *od.* ertragen (*alqm u. alqd, zB. matrem* lästig finden, *aspectum civium*; *operam alci*; *equitem* abwerfen).

grĕgālĭs, *ĕ* (*grĕx*) **1. a)** (*nkl.*) zur Herde *od.* zum großen Haufen gehörig; **b)** (*nkl.*) *v.* gewöhnlicher Sorte [*poma*]; **c)** gemein = eines gemeinen Soldaten [°*amiculum*, °*militia* Gamaschendienst]; *subst. m* (*Inschr.*) der Gemeine. **2.** zum selben Haufen gehörig; *nur subst.* **-ēs,** *ĭŭm m* Kameraden, Bekannte, (*pejorativ*) Spießgesellen (*alcis, zB. Catilinae*).

grĕgārĭŭs 3 (*grĕx*) (*nkl.*) zur Herde gehörig; *klass. nur* / gemein = zu den gemeinen Soldaten gehörig [*milites* Gemeine, °*militia* Gamaschendienst].

grĕgātĭm (*grĕx*) *adv.* herden-, scharen-, haufenweise.

▶ **grĕmĭŭm,** *ī n* (*eig.* „Umfassung *m.* den Armen" *u. dann* „Körperstelle, an die man das Zusammengeraffte drückt, um es zu tragen"; *wohl zu altind.* grāmah „Schar, Haufe") **1.** Schoß [*in gremio matris sedere*; / °*sterni gremio telluris* = auf die Erde, °*in gremio alcis iacēre* sich an *jd.* anschmiegen]. **2.** / Schoß: **a)** = *Ort, an dem jd. od. etw. Ruhe u. Sicherheit findet, zB.* °*filias gremiis matrum abducere*, °*rem in deorum gremiis ponere* der Fürsorge der Götter überlassen; **b)** = das Innerste, Herz *e-r Sache* [*medio Graeciae gremio contineri* mitten in Griechenland liegen]; **c)** (*Eccl.*) Armvoll, Bündel, *bsd.* Garbe.

grĕssŭs[1] *part. pf. v. grădĭŏr.*

grĕssŭs[2], *ūs m* (*grădĭŏr*)(*dcht., nkl.*) **1.** das Schreiten, Schritt, Gang, *auch pl.* [*languidus, gressum anteferre* vorausgehen, *inferre* hineingehen, *comprimere* stillstehen]. **2.** / **a)** Fahrt des Schiffes; **b)** *pl.* Gang *der Rede* [*orationis*].

▶ **grĕx,** *grĕgĭs m* (*Lu. u. spätl. auch f*) (*cf. dor.* ἀ-γρέ-τᾱς „Sammler" *zu* ἀγείρω) **1.** Herde, *bsd.* (*Ggs. ărmĕntă*) *v. Kleinvieh* [*pecoris*, °*suillus*, °*bovillus*, °*cervorum* Rudel, °*avium* Schwarm]. **2.** / **a)** Schar, Kreis, Rotte, *oft verächtlich* = gemeiner Haufe [*amicorum*, °*spadonum*, °*feminarum*]; *bsd.* (*Com., nkl.*) Schauspielertruppe, *mil.* (*nkl.*) geschlossener Haufe [*gregem facere*]; **b)** geschlossene Gesellschaft, (*pol.*) Klub, Zunft, (*philos.*) Sekte [*philosophorum*, (*Ho.*) *Epicuri de grege porcum, in grege adnumerari*]; **c)** (*vkl., dcht.*) Menge *v. Leblosem* [*virgarum*].
F. *gen. pl.* grĕgŭm.

grōmă, *ae f* (*unter etr. Vermittlung Lw.* < γνώμων „Zeiger [*an der Sonnenuhr*], Feldmeßinstrument") (*Grom.*) Meßinstrument der Feldmesser.

grōmătĭcŭs 3 (*grōmă*) (*nkl.*) das Feld- *od.* Lagerabmessen betreffend; *subst.* **-ī,** *ōrŭm m* Feldmesser *als Schriftsteller*, Gromatiker.

grŭĭs, *ĭs f* (*Ph.*) = *grūs.*

grŭmŭs *u.* **grŭmmŭs,** *ī m* (*cf. nhd.* „Krume") (*nkl., dcht.*) Erdhaufe, Erdhügel.

grŭndĭō *u.* **grŭnnĭō** 4. (*Schallwort*) (*unkl.*) grunzen.

grŭndĭtŭs *u.* **grŭnnĭtŭs,** *ūs m* (*grŭndĭō*) das Grunzen [*suis*].

grūs, *grŭĭs f u.* (*vereinzelt*) *m* (*aus Schallwurzel*; *cf.* γέρανος; *nhd.* „Kranich") Kranich. — (*gen. pl. grŭŭm*).

grȳps, *grȳpĭs u.* (*spätl.*) *grȳphĭs f* (*Fw.* < γρύψ) (*nkl., dcht.*) Greif (*Fabelwesen m. Löwenleib, Flügeln u. Adlerkopf*).
F. *acc. pl.* -*ăs*, *gen. pl.* -*ŭm*.

gŭbĕrnābĭlĭs, *ĕ* (*gŭbĕrnō*) (*Se.*) lenkbar, leitbar.

gŭbĕrnācŭlŭm *u.* (*dcht. synk.*) **gŭbĕrnāclŭm,** *ī n* (*gŭbĕrnō*) **1.** Steuer (-ruder). **2.** / (*klass. meist pl.*) Lenkung, Leitung, Regierung [*civitatum, ad rei publicae -a accedere u. sedere, alqm a -is deicere*].

gŭbĕrnātĭō, *ōnĭs f* (*gŭbĕrnō*) Steuerung (*alcis rei, zB. navis*); / Lenkung, Leitung, Regierung (*alcis j-s subi. u. obi., zB. senatūs*; *alcis rei, zB. tui consilii*).

gŭbĕrnātŏr, *ōrĭs m* (*gŭbĕrnō*) Steuermann; / Lenker, Leiter [*rei publicae*].

gŭbĕrnātrīx, *īcĭs f* (*gŭbĕrnātŏr*) Lenkerin [*civitatum*].

▶ **gŭbĕrnō** 1. (*Lw.* < κυβερνάω, *aus unbekannter — wohl nichtidg. — Quelle stammend*) steuern [°*navem*], *abs.* das Steuerruder führen; / lenken, leiten, regieren (*alqd, selten alqm, zB. civitatem, motum fortunae*).

gŭbĕrnŭm, *ī n* (*nur pl.*; *Lu.*) = *gŭbĕrnācŭlŭm.*

****g(u)erra,** *ae f* (*germ.*) Streit, Krieg.

gŭggă, *ae m* (*wohl pun. Lw. unbekannter Bed.*) (*nur Pl., Poen.* 977) [*guggast homo*].

▶ **gŭlă,** *ae f* (*cf. nhd.* „Kehle") Speiseröhre, Schlund, *übh.* Kehle [*gulam obtorquere* zuschnüren, *gulam laqueo frangere* = *jd.* erdrosseln]; (*meton.*) Schlemmerei [°*irritamenta gulae* des Gaumens]. — ***Cerberi* Höllenschlund.

gŭlōsŭs 3 (*gŭlă*) (*dcht., nkl.*) gefräßig, genußsüchtig; / wählerisch [*lector* literarischer Feinschmecker].

gŭmĭă, *ae m* (*umbr. Lw., cf.* γέμω „bin voll") (*dcht., nkl.*) Schlemmer, Leckermaul.

gŭm..., gŭn... = *gym..., gyn...*

gŭrdŭs 3 (*wohl iberisches Lw.*) (*Laberius b. Qu.*) dumm, tölpelhaft.

gŭrgĕs, *ĭtĭs m* (*cf. vŏrō*) **1.** Strudel, Wirbel, *übh.* reißende Strömung [*Rheni fossa gurgitibus redundat*]. **2.** (*dcht.*) *übh.* Meer, Flut, tiefes Wasser, Gewässer [*caeruleus, Hiberus*]. **3.** / **a)** (*dcht.*) verschlingender Abgrund, Schlund, *verächtlich* = Pfuhl [*Stygius*]; *klass. nur* / [*omnium vitiorum*]; **b)** (*meton.*) **α)** Freßsucht [*vitium gurgitis*]; **β)** (*v. Pers.*)

Schlemmer, Prasser [~ *ac vorago patrimonii*].

gŭrgŭlĭō, *ōnĭs m* (*cf.* **gŭrgĕs**) **1. a)** Schlund, Kehle; **b)** / (*Pl.*) Rausch. **2.** *s.* *cŭrcŭlĭō*; (*Pers.* 4,38) = *mĕntŭlă*.

gŭrgŭlĭōnĭŭs 3 (*gŭrgŭlĭō*) (*nur Pl., Mil.* 13 [?]) zum Schlund *od.* Rausch gehörig; *campi* Rauschgefilde = Zecherei (*cf.* *cŭrcŭlĭōnĭŭs*).

gŭrgŭstĭŭm, *ī n* (*gŭrgĕs, eig.* „Schlund") ärmliche Wohnung, dunkle Kneipe.

gūrus = *gȳrŭs*.

gūstātōrĭŭm, *ī n* (*gūst-?; sc. vās; gūstō*) (*nkl.*) Eßgeschirr, Schüssel.

gūstātŭs, *ūs m* (*gūst-? gūstō, eig.* „das Kosten") **1.** Geschmackssinn; / *verae laudis gustatum non habere* echtes Lob nicht zu würdigen wissen. **2.** Geschmack *einer Sache* [*acerbus; alcis rei, zB. pomorum*].

gūstō 1. (*-ū-?; iterat. v.* *geusō; *cf.* γεύομαι, *nhd.* „kiesen") kosten, schmecken, *v. einer Sache* (*bsd. Speise*) ein weniges genießen (*alqd, zB. aquam*; *abs.* einen Imbiß zu sich nehmen); / *etw.* zu schmecken bekommen, genießen, versuchen, erproben, kennen lernen (*alqd, zB. physiologiam primis ut dicitur labris, studia litterarum sensu* Geschmack finden an, *Metrodorum* eine kurze Zeit hören).

gūstŭs, *ūs m* (*gūst-?; cf.* **gūstō**) (*nkl., dcht.*) **1.** das Kosten *od.* Schmecken [*gustu explorare cibum*]; / Probe, Vorgeschmack; (*meton.*) das Vorgericht. **2.** Geschmack *einer Sache*.

gŭttă, *ae f* (*et. ungedeutet*) **1.** Tropfen [*imbrium, sprichw.* °*gutta cavat lapidem*]. **2.** / **a)** (*dcht.*) tropfenartiger Punkt *od.* Fleck *am Tierkörper, zB.* an Bienen, Eidechsen, Schlangen; **b)** (*Vi.*) (*archit. t.t.*) Tropfen (*als Zierat unter dem Geison u. unterhalb der Triglyphen des dor. Baustils*); **c)** (*Pl.*) ein bißchen [~ *certi consili*].

gŭttātĭm *adv.* (*gŭttă*) (*vkl., nkl.*) tropfenweise.

gŭttātŭs 3 (*gŭttă*) (*spätl.*) gesprenkelt; (*Ma.*) *Numidicae -ae* Perlhühner.

gŭttŭlă, *ae f* (*demin. v.* *gŭttă*) (*Pl.*) ein Tröpfchen.

gŭttŭr, *ŭrĭs n* (*altl. auch m*) (*et. ungeklärt*) (*unkl.*) Gurgel, Kehle [*guttur alcis frangere jd.* das Genick brechen]; (*scherzh.*) *inferior* After; / Schlemmerei.

gŭtŭs, *ī m* (*schlechte Schreibung*: *gŭttŭs*) (*Lw.* ‹ κῶθος) (*unkl.*) enghalsiger Krug (*bsd. zu Libationen*).

Gȳărŏs *u.* **-ŭs,** *ī f* (Γύαρος) *kl. Kykladeninsel, in der Kaiserzeit Verbannungsort*; *cf.* V -B. II, 1.

Gȳās *u.* **Gȳēs,** *ae m* (Γύης) *ein hundertarmiger Riese*; *cf.* V.-B. I,2 u. 3.

Gȳgēs, *īs u. ae m* (Γύγης) *K. v. Lydien (um 700 v. Chr.); sein Glück war sprichw.*

F. *Cf.* V.-B. III, 3 *u.* 5.

gȳmnăsĭărchŭs, *ī m* (*Fw.* ‹ γυμνασίαρχος) Vorsteher einer Sportschule.

gȳmnăsĭŭm, *ī n* (*Fw.* ‹ γυμνάσιον) Gymnasium, *öffentlicher* Sportplatz *od.* Schule für Leibesübungen, Ringschule, *später auch Mittelpunkt des geistigen Lebens, bsd. Versammlungsort der Philosophen u. Rhetoren*; *übh.* Tummelplatz *der Jugend* [*scherzh.* °*alqm habere -um jd.* tüchtig verprügeln, ~ *flagri* „Tummelplatz der Geißel" *v. einem oft verprügelten Sklaven*]. — ***♀ *v. den Humanisten stammende Bezeichnung der aus den ma. Kloster- u. Lateinschulen hervorgegangenen höheren Schulen.*

gȳmnăstĭcŭs 3 (*Fw.* ‹ γυμναστικός) (*Pl.*) gymnastisch [*exercitus* Turnübung].

gȳmnĭcŭs 3 (*Fw.* ‹ γυμνικός) gymnastisch, turnerisch [*ludi, certamen*].

gȳnaecēŭm *u.* **-īŭm,** *ī n* (*Fw.* ‹ γυναικεῖον) *od.* (*nkl.*) **gȳnaecōnītĭs,** *ĭdĭs f* (*Fw.* ‹ γυναικωνῖτις) Frauenwohnung, *der innere Teil des griech. Hauses.*

gȳpsō 1. (*denom. v.* *gȳpsŭm*) (*nkl.*) *m.* Gips überziehen; *bsd.* (*P.P.P.*) *adi.* **gȳpsātŭs** 3 (*m. sup.*): *manūs gypsatissimae* (*Ci.*) *wie Schauspieler in Frauenrollen sie zu haben pflegten*; *pes -atus* (*dcht.*) Sklavenfuß, *weil man die Füße für den Verkauf angeblich weiß anstrich.*

gȳpsŭm, *ī n* (*Fw.* ‹ γύψον) (*unkl.*) Gips; (*meton.*) (*Ju.*) Gipsbild.

gȳrŭs, *ī m* (*Fw.* ‹ γῦρος) **1.** (*dcht., nkl.*) **a)** Kreislinie; / Kreis(bewegung), Ring, Windung [*gyros trahere* (*v. der Schlange*) sich winden, *ducere* kreisen (*bsd. v. Vögeln*)]; **b)** (*beim Reiten*) Volte *bzw.* Kurbette [*in gyros ire od. gyrum carpere* im Kreise laufen, *equi gyros dant*; *gyros variare* Achter reiten]. **2. a)** (*meton.*) (*Pr.*) Reitbahn [*gyrum pulsare equo* das Roß in der Bahn tummeln]; *klass. nur* / *in gyrum rationis duci* an der Longe der Vernunft gehen = sich *v.* der V. leiten lassen; **b)** / (*dcht. v. der Zeit*) Kreislauf, Zeitlauf [*bruma trahit diem interiore gyro* in kleinerem Kreise].

Gȳthēŭm, -īŭm *u.* **-ĭŭm,** *ī n* (Γύθειον *u.* Γύθιον) *St. u. Hafen in Lakonien, Arsenal v. Sparta.*

H

H, h. (*Abk.*) **1. a)** = *hīc*[1] *u. seine casus obliqui*; **b)** = *hāstātā (cohors)*; **c)** = *hērēs*; **d)** = *hōrā*. **2.** *H.C.* = *Hīspāniă cītĕriōr*. — *H.S.* = *hīc sītŭs ēst*. — *H.S.S.* = *hīc sītī sŭnt*. — *H.H.* = *hērēdēs*. — *H.E.T.* = *hērēs ēx tēstāmēntō*. — *HS s. sēstērtĭŭs*.

****habeas corpus** = du sollst den Körper haben (*Eingangsspruch alter Haftbefehle*).

****habeas tibi** = meinetwegen.

▶ **hăbēnă,** *ae f* (*hăbĕō, eig.* „Halter") **1.** (*dcht.*) Riemen *bsd.* **a)** *der Schleuder*; *übh.* Schleuder; **b)** Schnur der Peitsche; *übh.* Peitsche, Knute, Geißel. **2.** (*klass. stets pl.*) **a)** Zügel [*habenas °effundere, °laxare, °immittere* schießen lassen, *°habenis immissis* im Galopp, *habenas adducere u. °premere* anziehen; *auch* /, *zB. amicitiae habenas adducere od. remittere, °classi habenas immittere m.* vollen Segeln fahren]; **b)** / *pl.* (*dcht.*) Lenkung, Leitung, Regierung [*rerum* des Staates].

hăbĕō

I. 1. a) *etw.* halten, festhalten; **b)** *etw.* an sich tragen, anhaben; **2. a)** *etw.* behalten; **b)** (*Schriften*) *etw.* enthalten; **c)** (*Reden*) halten; **d)** abhalten, veranstalten; **3. a)** *jd.* in *einem Zustand* (er)halten; **b)** *jd. irgendwie* behandeln; **4.** (*m. Prädikatsnomen*) für *etw.* halten, ansehen; **5.** *refl.* sich verhalten; **II. 1.** *abs.* vermögend sein; **2. a)** (*trans.*) *etw.* in Besitz, in seiner Gewalt haben; **b)** *uxorem habere* zur Frau haben; **c)** bewohnen, beherrschen, *mil.* besetzt halten; **d)** (*Vieh*) halten, züchten; **e)** zu erdulden, zu erleiden haben; **3.** wissen, kennen; **4.** (*m. dopp. acc.*) *etw.* als *etw.* haben; **5.** *jd.* ergriffen haben; **III. 1. a)** *etw.* an *od.* in sich haben, enthalten; **b)** *mit obi. im acc.* = *nachdrückl. Umschreibung des Verbalbegriffs* (*odium habere* = hassen); **2.** (*m. inf.*) vermögen, können; **3. a)** *etw.* bei sich *od.* um sich haben; **b)** *etw.* mit sich bringen, erfordern; **4.** (*m. neutr. des Gerundivums*) müssen.

hăbĕō, *ŭī, ĭtŭm* 2. (*result. zu căpĭō*; *cf. got.* gabei „Reichtum, Habe") **I. halten: 1. a)** *etw.* in *od. m.* der Hand halten, festhalten [*°iaculum manibus*]; *klass. fast nur* / [*alqm °in custodia, °milites in armis* zu bleiben nötigen, *°pecora intra silvas* stehen lassen]; (*dcht.*) *auch v. Sachen, bsd. v. Örtlichkeiten* = gefangen halten, umschließen, beherbergen [*Tartara habent alqm*]; **b)** *etw.* an sich tragen, anhaben, tragen [*tunicam, coronam in capite, °gladios*; / *°hos vultus, feminae duplices papillas habent*]. **2. a)** *etw.* behalten, bewahren [*sibi alqd etw.* für sich behalten, *zB. hereditatem, honores*; *bsd. Ehescheidungsformel*: *°res tuas tibi habe, coniugem suas res sibi habere iussit* er verstieß seine Frau *od.* ließ sich v. seiner Frau scheiden]; *alqd secum* geheimhalten; **b)** (*v. Schriften*) *etw.* enthalten [*epistula nihil habet*]; **c)** (*Reden*) halten, (*mündlich*) vortragen, *zB. orationem, sermones cum alqo de re, voces, dialogum* schreiben, *verba* sprechen [*cum alqo* sich unterreden]; **d)** (*Versammlungen u.ä.*) (ab-)halten [*contionem, consilia, senatum*]; *übh. etw.* abhalten *od.* veranstalten, vornehmen, verrichten [*censum, dilectum, auspicia, quaestionem de re, gratulationem* abstatten, *iter* irgendwohin marschieren, *alci honorem jd.* Ehre erweisen *od.* Honorar zahlen, Ehrensold geben, *rationem* berechnen, kalkulieren]; (*Zeit*) zubringen, verleben [*adulescentiam*]. **3. a)** *jd. od. etw. in einem Zustand* erhalten [*alqm in magno honore, alqm °sollicitum* in Aufregung halten, *alqm °suspectum* im Verdacht haben, *°falsum alqm* irreführen, *mare infestum* unsicher machen]; *bsd. m. P.P.P. zur Hervorhebung des dauernden Zustandes, zB. portas clausas habere, vectigalia redempta* in Pacht haben; *aciem instructam habere*; **b)** *jd.* irgendwie behandeln, *m. adv. od. adv. Ausdruck, klass. selten* [*alqm liberalissime* sehr ehrenvoll; *alqm °bene, °male* ausschelten, *exercitum °luxuriose*; *alqm °levi imperio e-e* gelinde Herrschaft über *jd.* ausüben, *°omnes nullo discrimine* alle gleich behandeln]. **4.** (*m. praed. Bestimmung*) für *etw.* halten *od.* ansehen, zu *etw.* rechnen (*selten act. m. dopp. acc., zB. deos aeternos et beatos*), *häufig P.* für *etw.* gehalten werden *od.* gelten *m. dopp. nom., zB. Cato clarus atque magnus habetur*; *m. pro, zB. alqm pro amico, alqd pro certo od. pro explorato*; *m.* (*in*) *loco od.* (*in*) *numero alcis, zB. alqm* (*in*) *deorum numero*; *m. in c. abl., zB. alqm °in summis ducibus, °dona omnia in benignitate, unkl. m. inter c. acc., selten m. gen. pretii, zB. alqd magni*; *oft m. dat. des Zweckes, zB. alqd religioni* sich ein Gewissen aus *etw.* machen, *°duritiam voluptati* als eine Lust betrachten, *alqm ludibrio jd.* zum besten haben; *m. gen. qual., zB. alqs habetur magnae auctoritatis* gilt als ein Mann *v.* großem Ansehen; *m. adv., zB. satis habere* sich begnügen (*m. inf.*), *parum habere* nicht damit zufrieden sein (*m. inf.*). **5.** (**se**) **habere** (*selten P. haberi*) sich verhalten, beschaffen sein, (*v. Pers.*) sich befinden (*m. adv., zB. bene, belle, male, praeclare, aliter, sic, ita, quoquo modo res se habet, ut nunc res se habet, se graviter* schwerkrank sein; [*selten*] *bene habet* es steht gut). **II. besitzen: 1.** *abs.* Besitzungen *od.* Vermögen haben, wohlhabend sein [*in Bruttiis, in nummis* Barvermögen, *in praediis urbanis* städtische Grundstücke, *°cupiditas od. °amor habendi* Habsucht]. **2. a)** (*trans.*) *etw.* in Besitz *od.* in seiner Gewalt haben, als Eigentum innehaben, *bsd. äußere Güter* [*uxorem, nullum servum, rem* Vermögen, *potestatem, alqm in potestate*]; **b)** (*dcht.*) zur Frau haben = *uxorem od. in matrimonio habere* (*alqam, zB. suas sorores*); **c)** (*dcht., nkl.*) bewohnen, *auch* beherrschen, *mil.* besetzt halten [*Capuam, urbem Romam a principio reges habuere*]; *auch abs.* wohnen, sich aufhalten = *hăbĭtārĕ* [*ibi*]; **d)** (*dcht.*) (*Vieh*) halten, züchten [*pecus, pecora habens* Viehzüchter]; **e)** (*pejorativ*) *etw.* zu erdulden haben, erleiden, *m. etw.* behaftet sein [*febrem, °vulnus, aes alienum, °suspicionem adulterii* im Verdacht stehen, *iudicium* angeklagt *od.* verklagt sein]. **3.** geistig haben = wissen, kennen (*alqd, zB. consilia nostra, tantum habeto* so viel wisse; *m. indir. Frages., zB. non habeo, quo me recipiam od. quid dicam od. scribam*); *sic habere* überzeugt sein (*abs. od. m. a.c.i.*). **4.** (*m. dopp. acc.*) *etw.* als *etw. od.* zu *etw.* haben, an *jd. etw.* haben [*alqm °collegam, testem, fidelem comitem, alqm acerbum* an *jd.* einen erbitterten Feind; *auch m. acc. gerund., zB. Castoris templum tuendum*]. **5.** / (*nkl., dcht.*) (*von Zuständen, Affekten, Schicksalen u.ä.*) *jd.* ergriffen (befallen, überkommen, getroffen) haben, fesseln, beherrschen [*alqm somnus habet, cura, terror pectora habebat*]. **III. haben: 1. a)** *etw.* an *od.* in sich haben, enthalten, umfassen; zeigen, hegen [*ea regio montes non habet, annus res gestas habet* hat aufzuweisen, *alqs habet satis eloquentiae, iudicium* Urteilskraft]; *virtus hoc habet, ut* besitzt die Eigentümlichkeit; *Caesar hoc habebat, ut* hatte die Eigenschaft (*od.* Gewohnheit) an sich, (*in*) *animo habere* wollen,

beabsichtigen (*m. inf.*; *aber* °*alqm in animo habere j-s* eingedenk sein); **b**) (*zur nachdrücklichen Umschreibung des einfachen Verbalbegriffs*) [*odium in alqm, studium erga alqm*]. **2.** (*m. inf.*) vermögen, können [*haec habeo dicere od. pro certo affirmare, nihil habeo ad te scribere*]. **3. a**) *etw.* bei sich *od.* um sich haben, zur Seite *od.* auf seiner Seite haben [*alqd secum od. circa se, zB. duos servos, equitatum, fluvium a dextra*]; **b**) / *etw. m.* sich bringen, notwendig *m. etw.* verbunden sein, *etw.* verursachen, erfordern [*res habet facilem explicationem, pons magnum circuitum habebat, magnam admirationem* hervorrufen = bewundert werden]. **4.** (*nkl.*) (*m. neutr. des Gerundivums*) müssen [*habeo respondendum, nihil excusandum*]. — ** **1.** *zur Umschreibung des fut.* [*dicere habemus = dicemus*]. **2.** (*schon Eccl.*) müssen [*cantare habes* du mußt singen]. **3.** *omne habere* die ganze Habe.
F. *altl.*: *hăbēssīt = hăbŭĕrīt*; *hăbēn = hăbēsnĕ*.

hăbĭlĭs, ĕ (*m.* °*comp. u. sup.*; *adv.* °**-ĭtĕr**) (*hăbĕō*) **1.** handlich, leicht zu handhaben, *übh.* leicht, bequem, lenksam, geschmeidig, elastisch, *v. Sachen* (*klass. selten*) [°*currus*, °*papillae*; *ad alqd u.* °*alci rei* zu, für *etw.*, *zB. calceus ad pedem*; *re* durch, wegen *etw.*]. **2.** / passend, geeignet, tauglich, anstellig, behende, *v. Pers. u. Sachen, physisch u. geistig* [°*puella*, °*gens equis tantum* ~ nur zum Reiten; *in re* in *etw.*, *zB. in iisdem rebus*; °*alci* für jd.].

hăbĭlĭtās, ātis *f* (*hăbĭlis*) geschickte Anlage [*corporis*].

hăbĭtābĭlĭs, ĕ (*hăbĭtō*) bewohnbar, wohnlich [*regio*].

hăbĭtātĭō, ōnis *f* (*hăbĭtō*) **1.** Wohnung [*habitationis merces* Miete]. **2.** (*Suet.*) Hausmiete [*annua*].

hăbĭtātŏr, ōris *m* (*hăbĭtō*) **1.** Bewohner [°*tertiae contignationis, mundi* nette Mieter; *auch in hac domo*]. **2.** Einwohner *e-s Landes.*

▶ **hăbĭtō** 1. (*frequ. v. hăbĕō*) **1.** (*trans.*) (*nkl., dcht.*) bewohnen (*alqd, zB. urbes, silvas*); *auch* P. (= als Wohnsitz dienen), *klass. nur vereinzelt, zB. haec pars urbis frequentissime habitatur* ist am dichtesten bevölkert. **2.** (*intr.*) **a**) wohnen, *meist v. einzelnen gesagt* (*abs., zB.* °*bene* bequem, *triginta milibus* für 30 000 As, *quanti habitas* wieviel Miete zahlst du?; *in urbe, in via* an der Landstraße, *ruri, apud alqm, cum patre, ibi*; P. [*impers.*], *zB. in luna habitari* auf dem Mond gebe es Bewohner); **b**) / *irgendwo* heimisch sein, stets sein *od.* bleiben, verkehren; sich eifrig *m. etw.* beschäftigen [*in foro, oculi mei in vultu alcis habitant* ruhen stets auf, °*quies habitat* herrscht; *in eo genere rerum*].

hăbĭtūdō, īnis *f* (*hăbĕō*) (*vkl., nkl.*) Gestalt, das Äußere [*corporis*].

hăbĭtŭrĭō 4. (*desid. v. hăbĕō*) (*Pl.*) haben wollen; begehren.

▶ **hăbĭtŭs**[1], ūs *m* (*hăbĕō*) **1.** (*nkl.*) Haltung *od.* Stellung *des Körpers.* **2.** Aussehen, äußere Erscheinung, Gestalt [*muliebris*, °*virginis*; °*oris* Gesichtsbildung]. **3.** Tracht, Kleidung [*virginalis*, °*cultus habitusque*, °*messoris*, °*suo habitu vitam degere* in der eigenen Haut stecken]. **4. a**) Befinden, Zustand, Lage, Beschaffenheit, Stimmung, Gesinnung, *physisch u. geistig* [*optimus, Italiae*, °*locorum, animi*, °*corporis, naturae* Anlage]; **b**) Eigentümlichkeit, Eigenschaft [*de habitu alcis memorare*]; **c**) (*nkl.*) Verhalten, Gesinnung [*provinciarum*]. — ***habitum mutare* ins Kloster gehen.

hăbĭtŭs[2] 3 (*m. comp. u. sup.*) (*eigtl. P.P.P. v. hăbĕō*) (*Com.*) wohlbeleibt.

hăbrŏtŏn... *s. ăbrŏtŏn...*

hāc *adv.* (*sc. părtē od. viā*; *hīc*[1]) auf dieser Seite, auf diesem Wege, hier (*klass. selten*); (*dcht., nkl.*) *hac ... hac od. illac* hier ... dort; (*Te.*) *hac atque illac* überall.

hāc-tĕnŭs *adv.* (< **hāc* [*părtē*] *tĕnus*) **1.** (*nkl., dcht.*) (*räuml.*) bis hierher, bis dahin, so weit, *zB. hactenus Euxini pars est Romana*; *bisw. in Tmesis, zB. hac dominum tenus est illa secuta suum.* **2.** (*nkl., dcht.*) (*zeitl.*) bis jetzt, bis zu diesem Zeitpunkt, *zB. hactenus potui, nunc vulnus me conficit.* **3. a**) (*in Rede od. Schrift abschließend od. abbrechend*) bis hierher, so weit, genug davon, *zB. sed* (*haec*) ~, *nunc ad ostenta veniamus*; **b**) / bis zu dem Grade, zu diesem Zweck, *meist beschränkend* (nur) insoweit, nur in der Beziehung *m. folgendem quatenus od. quoad, quā, quod* als, *ut* daß, *ne* daß nicht, (*nkl.*) *si* wenn, *zB.* ~ *reprehendet, si qui volet, non amplius.*

Hădrĭă *u.* **Ădrĭă,** *ae* **1.** *f* **a**) *St. im südöstlichen Picenum, j.* Atri; *Einw. u. adi.* **Hădrĭānŭs** (3); **b**) *St. zw. der Mündung des Po u. der Etsch, nach der das Adriatische Meer* [*mare Hădrĭānŭm od. Hădrĭātĭcŭm*, °*Hădrĭăcŭm*, °*Hădrĭă*; *s.* 2] *benannt ist*; *Einw. u. adi.* **Hădrĭānŭs** (3). **2.** *m* (ὁ Ἀδρίας) (*dcht.*) das Adriatische Meer.

Hădrĭānŭs, ī *m*: *P. Aelĭŭs* ~, *geb. 76 n. Chr., Kaiser 117—138*; *Villa Hadriani große Villenanlage bei Tivoli, großartige Ruinenstätte*; *Mausoleum Hadriani, v. den Päpsten als Festung umgebaut, j.* Engelsburg.

Hădrūmētŭm, ī *n* = *Ădrūmētŭm.*

haedĭlĭă, *ae f* (*haedŭs*) (*Ho.*) Geißlein, Zicklein.

haedĭllŭs, ī *m* (*demin. v. haedŭs*) (*Pl.*) Böckchen, *Kosewort.*

haedīnŭs 3 (*haedŭs*) *v.* jungen Ziegenböcken [*pelliculae*].

Haedŭī, ōrŭm *m s. Aedŭī.*

haedŭlŭs, ī *m* (*demin. v. haedŭs*) (*Ju.*) Ziegenböckchen.

haedŭs, ī *m* (*cf. nhd.* „Geiß") Böckchen, junger Ziegenbock; *auch coll.*; / (*pl.*) (*dcht., nkl.*) *zwei Sterne im Zeichen des Fuhrmanns, mit deren Aufgang im Oktober die Herbststürme beginnen.*

Haemŏnĭă, *ae f* (Αἱμονία) *älterer dcht. Name Thessaliens*; *adi.* °**Haemŏnĭŭs** 3 (*dcht.*) thessalisch [*iuvenis* Jason, *puer u. heros* Achilles, *artes* Zauberkünste, *culter* Zaubermesser *der Medea*, *puppis* Argo]; *subst.* **Haemŏnĭs,** ĭdis *f* (Αἱμονίς) (*dcht.*) Thessalierin.

Haemŭs *u.* **-ŏs,** ī *m* (Αἷμος) der Balkan *in Nordthrakien.*

haerĕō
1. hängenbleiben, haften; **2. a**) festsitzen, verweilen; **b**) *an etw.* festhalten, auf *etw.* beharren; **c**) sich anhängen; **d**) *wie gebannt* stehenbleiben; **e**) stocken, steckenbleiben; ratlos sein.

haerĕō, *haesī, haesŭm* 2. (< **ghais-ejō*; *nur litauische idg. Parallele*) **1.** hängenbleiben, haften, steckenbleiben, kleben, sitzen bleiben, *auch* / (*abs., zB.* °*hasta haeret*, °*hic terminus haeret* dieses Ziel steht fest, *auch* = °fest zusammenhängen [*intr.*], *zB.* °*frondes male haerentes* lockere; *in re* in, auf, an *etw.*, *zB.* °*navis in vado haeret, in equo* sattelfest sein, im Sattel sitzen, *in vestigio* sich nicht vom Fleck rühren, *in oculis* immer vor Augen schweben, *in poena* endlich von der Strafe ereilt werden, °*in criminibus* sich verfangen, °*in luto* in der Tinte sitzen; *ad rem, zB. stomachus ad linguae radices*; *selten m. dat., zB. dolor animo*; *nkl., oft dcht. m. abl., zB.* °*osculo alcis* an *j-s* Munde m. Küssen; °*complexibus od. in complexu alcis jd.* fest umschlungen halten; °*vulnus haeret sub gutture* sitzt); (*impers.*) *haeret in alcis mente od. alci in animo jd.* hegt den festen Glauben (*m. a.c.i.*). **2.** / **a**) (*meist unkl.*) irgendwo festsitzen, sich dauernd aufhalten, verweilen [*hic*, °*circa muros urbis*]; **b**) fest an *etw. od.* an *jd.* hängen, bei *etw.* beharren, *v. etw.* nicht loskommen können (*in re, zB. in causa, in eadem sententia*, °*in virgine*, °*in desiderio*, [*feindl.*] *in tergo alcis jd.* auf dem Nacken sitzen; *auch* °*apud alqm, zB. apud fidicinam*; *selten m. dat., unkl. m. abl., zB.* °*alci od.* °*lateri alcis jd.* nicht v. der Seite gehen; °*telae* am Webstuhl, °*cupidine virginis*, °*proposito* eng m. der Handlung des Dramas zusammenhängen); **c**) ein (bloßes) Anhängsel bilden, sich anhängen [*in turba*]; **d**) *wie angewurzelt od. festgebannt* stehenbleiben [°*alqs territus haeret*, °*lingua metu haeret*, °*animo* staunen; *sprichw. hic aqua haeret* hier hapert es]; **e**) / α) (*dcht.*) stocken, aufhören [*amor, victoria Graium*]; β) ratlos sein, schwanken [*haerebat nebulo*; *in re, zB. in nominibus*; *m. indir. Frages.*]

haerēscō, — — 3. (*incoh. v. haerĕō*) (*Lu.*) hängen- *od.* steckenbleiben.

haerĕsĭs, ĭs *u.* °-ĕōs *f* (*Fw.* < αἵρεσις, *eigtl.* „das Erwählte"; *rein lat. sectă*) **1.** Lehrart, Dogma. **2.** Philosophenschule, Sekte; *scherzh. vom Beruf e-s Bankiers*

[Vestoriana]. **3.** (*spätl., Eccl.*) *v. der Kirche abweichendes* Dogma, Irrlehre; Sekte.
F. *Cf.* V.-B. III, 1, a; III, 4, a.
haerĕtĭcŭs 3 (*Fw.* ‹ αἱρετικός) (*Eccl.*) ketzerisch; *subst. m* Ketzer.
haesī *s. haereō.*
haesĭtābŭndŭs 3 (*haesītō*) (*Pli.*) verlegen stotternd.
haesĭtāntĭă, *ae f* (*haesītō*) das Stocken [*linguae* das Stottern].
haesĭtātĭō, *ōnis f* (*haesītō*) das Stocken *beim Reden, Stottern*; / Unentschlossenheit.
haesĭtātŏr, *ōris m* (*haesītō*) (*Pli.*) der Unentschlossene.
haesĭtō 1. (*intens. v. haereō*) **1.** festhängen, festsitzen, steckenbleiben (*abs. od. in re, zB.* °*in vadis; auch* /). **2.** / **a)** stottern [*linguā*]; **b)** unschlüssig *od.* verlegen sein, schwanken, zaudern [*cum haesitaret Catilina* als C. nicht mit der Sprache herauswollte; °*inter spem et desperationem,* (*nkl.*) *de re* = über *etw.* hin *u.* her beraten; *m. indir. Frages.*].
haesūs *P.P.P. v. haereō.*
hăhae, hăhăhae *int. des Lachens* (*cf. căchinnŭs*) (*Com.*) haha!
hălăgŏră, *ās f* (*Fw.* ‹ ἅλς + ἀγορά) (*Pl.*) der Salzmarkt.
hălcēdō, hălcȳōn = *ălcēdō, ălcȳōn.*
hālēc = *ăllēc.*
hălĭāĕtŏs (-*ūs*) *u.* **hălĭaeētŏs** (-*ūs*), *ī m* (*Fw.* ‹ ἁλι-άετος *u.* ἁλι-αίετος) (*nkl., dcht.*) Seeadler, Fischadler, *in den Nisos v. Megara, der V. der Skylla, verwandelt wurde.*
Hălĭcărnāsŭs *u.* **-nāssŭs** (-°*ŏs*), *ī f* (Ἁλικαρνασός) *dor. Kolonie in Karien, Geburtsort Herodots sowie des Rhetors u. Historikers Dionysios u. des Dichters Kallimachos; Residenz des Mausolos, dessen Grabmal zu den 7 Weltwundern zählte; Einw. u. adi.* **-sēnsis** (*ĕ*), **-seūs,** *ĕī u.* **-siūs** (3).
hălĭeutĭcŭs 3 (*Fw.* ‹ ἁλιευτικός) (*nkl.*) zum Fischen gehörig; *subst.* **-ă,** *ōn n Lehrgedicht Ovids.*
hālĭtŭs, *ūs m* (*hālō*) (*dcht., nkl.*) **1.** Hauch, Atem. **2.** Dunst, Dampf [*tenuis* Luftzug].
hăllēc, hăllēx[1] = *ăllēc.*
hăllēx[2] = *ăllēx*[1]; *aber* *** (*med. t.t.*) **hallex,** *icis od.* (*anatomisch*) **hallux,** *ucis m* die große Zehe.
hăllūc ... = *ălūc ...*
*****hallux** *s. hăllēx*[2].
hālō 1. (*m. sekundärem h* ‹ **ăn-slō*; *cf. ănhēlō*) (*dcht.*) **1.** (*intr.*) **a)** hauchen, wehen [*aurae, quae de gelidis halabant vallibus*]; **b)** duften (*re v. etw., zB. sertis*). **2.** (*trans.*) aushauchen, ausdünsten [*graves auras*].
hălŏphăntă, *ae m* (*im Vers auch hā-*; *Fw.* ‹ ἁλοφάντης, *Scherzbildung nach sȳcŏphāntă, eigtl.* „Angeber derjenigen, die verbotenerweise Salz ausführen") (*Com.*) Halunke, Gauner.
hălōs, *ō m* (*acc. -ō*; *Fw.* ‹ ἅλως, ω „Tenne") (*Se.*) Hof *um Sonne od. Mond.*
hălōsis, *acc. -īn f* (*Fw.* ‹ ἅλωσις) Eroberung.
hăltērēs, *ŭm m* (*acc. -ērăs*; *Fw.* ‹ ἁλτῆρες) (*Ma.*) Hanteln.
Hălȳs, *yŏs m* (Ἅλυς) *größter Fl. Kleinasiens, j.* Kisil-Irmak.
F. *acc. Hălym u. -yn, abl. Hălyĕ.*
hāmă, *ae f* (*Fw.* ‹ ἅμη; Herkunft des h umstritten) (*nkl., dcht.*) Feuereimer.
hămădrȳăs, *ădis f* (*dat. pl. -ăsin, acc. pl. -ădăs*) (*Fw.* ‹ ἁμαδρυάς) (*dcht.*) Baumnymphe, *deren Dasein an die Lebensdauer des v. ihr bewohnten Baumes geknüpft war. Cf.* V.-B. III, 1, b, d, e.
hāmātĭlis, *ĕ* (*hāmō* 1. „angeln"; *hāmŭs*) (*Pl.*) *m.* Angeln (geschehend) [*piscatus* das Angeln].
hāmātŭs 3 (*hāmō* 1. „angeln"; *hāmŭs*) **1.** (*Ov.*) *m.* Haken versehen [*sentis* stachelig]. **2.** hakenförmig, gekrümmt [*corpora,* °*ensis*]. **3.** / (*Pli.*) eigennützig; *munera* Köder. — **-*a lorica* Kettenhemd.
Hămĭlcăr, *ăris m pun. Name*: ~ *Barcas, V. Hannibals, karth. Heerführer, gest. 228 v. Chr.*
hāmĭōtă, *ae m* (*hāmŭs*) (*vkl.*) Angler.
Hămmōn, *ōnis m* (Ἄμμων; *ägypt.* Amūn) *urspr. Lokalgott v. Theben in Oberägypten, später widderköpfiger libysch-ägypt. Orakelgott, v. den Griechen als Zeus Ammon, v. den Römern als Iuppiter Hammon verehrt; sein Heiligtum in der Oase* **Hămmōnĭūm** (*j.* Schiwah); (*Einw.* **Hămmōnĭī,** *ōrŭm m*).
hāmŭlŭs, *ī m* (*demin. v. hāmŭs*) (*Pl.*) der kleine Haken [*piscarius* Angel]; (*nkl.*) *als chirurgisches Instrument.*
hāmŭs, *ī m* (*et. unklar*) **1.** Haken [*ferreus*]; *beim Kettenpanzer pl.* (*Ve.*) Ringel. **2. a)** (*dcht.*) Widerhaken; **b)** Angel(haken) [*pisces hamo capere*]; *auch* / (*meton.*) (*Ho.*) Köder; **c)** (*Ov.*) gekrümmter Bügel des Schwertgriffs; **d)** *pl.* (*Ov.*) Krallen *des Habichts*; **e)** (*Ov.*) Dorn *od.* Stachel *am Strauch.*
Hănnĭbăl, *ălis m pun. Name*: *karth. Feldherr 247—183*; (*appell.*) = Todfeind *der Römer* [*alter* ~]. — „*Hannibal ad* (*nicht ante*) *portas*" *röm. Schreckensruf im 2. Pun. Krieg*; / *zitiert bei drohender Gefahr.*
hăpălŏpsis, *ĭdis f* (*Fw.* ‹ ἁπαλός + ὄψον) (*Pl.*) *erdichteter Name e-s Gewürzes.*
hăphē, *ēs f* (*Fw.* ‹ ἁφή „das Berühren") (*Ma.*) (*meton.*) feiner Sand, *mit dem sich die Ringer bestreuten, um besser zufassen zu können*; (*Se.*) *übh.* Staub.
hăpsis = *ăbsis.*
hără, *ae f* (*cf. cŏ-hōrs, hŏr-tŭs*) Stall, *bsd.* Schweinestall, Kofen; *bei Pl. als Schimpfwort* [~ *suis*].
hărēn... *s. ărēn...*
hărĭŏlă (*ărĭŏlă*), *ae f* (*hărĭŏlŭs*) (*Pl.*) Wahrsagerin.
hărĭŏlātĭō (*ărĭŏlātĭō*), *ōnis f* (*hărĭŏlŏr*) (*vkl., nkl.*) Wahrsagung.
hărĭŏlŏr (*ărĭŏlŏr*) 1. (*hărĭŏlŭs*) wahrsagen; *auch* (*pejorativ*) (*Com.*) faseln.
hărispĕx = *hărŭspĕx.*
hărĭŏlŭs (*ărĭŏlŭs*), *ī m* (*demin. v.* **hărĭŭs*; *cf. hărŭ-spĕx*) Wahrsager.
Hărmŏdĭŭs, *ī m* (Ἁρμόδιος) *einer der Mörder des Hipparch*; *cf. Ăristŏgītōn*; (*meton.*) (*Se.*) Tyrannenmörder.
hărmŏnĭă, *ae f* (*Fw.* ‹ ἁρμονία) Einklang *od.* Harmonie: *in der Musik,* (*Lu.*) *zw. Seele u. Geist,* (*Lu.*) *im Geschlechtsverkehr*; (*nkl.*) Sphärenharmonie [*caeli*]; *auch pl.*
Hărmŏnĭă, *ae f* (Ἁρμονία) *T. des Ares u. der Aphrodite, Gattin des Kadmos. Bei ihrer Hochzeit hatte sie v. den Göttern ein v. Hephaistos angefertigtes Halsband erhalten, an dem für jeden Besitzer Verderben hing*; *cf. Ĕrĭphȳlă.*
hărpă, *ae f* (*germ. Lw.*) (*spätl.*) Harfe.
hărpăgō[1], *ōnis m* (°*hărpăgă, ae f* *Fw.* ‹ ἁρπάγη „Haken" *zu* ἁρπάζω) Hakenstange (*zum Niederreißen der Mauern*), Enterhaken (*zum Entern der Schiffe*); / (*Pl.*) *Schimpfwort.*
hărpăgō[2] 1. (*Fw.* ‹ ἁρπαγή „Raub"; *cf. hărpăgō*[1]) (*Pl.*) rauben (*abs.*; *alqd, alci alqd*).
hărpăstŭm, *ī n* (*Fw.* ‹ ἁρπαστόν *zu* ἁρπάζω) (*Ma.*) kleiner fester Fangball.
hărpăx, *ăgis* (*acc. -ăgă*; *Fw.* ‹ ἅρπαξ) (*nkl.*) räuberisch; / 2 *erdichteter Name in Plautus' Pseudolus.*
hărpē, *ēs f* (*Fw.* ‹ ἅρπη) (*nkl., dcht.*) Sichelschwert.
Hărpŏcrătēs, *is m* (Ἁρποκράτης; *ägypt.* Harpechrat = „Horus das Kind") *der eben geborene ägypt. Sonnengott, in Rom als Genius des Schweigens betrachtet u. daher als Kind m. Finger am Mund dargestellt*; / (*Ca.*) *-em reddere alqm* jd. Schweigen auferlegen.
Hărpȳĭă, *ae f* (Ἅρπυια, *eigtl.* „Rafferin") Harpyie, *menschenraubender Sturmdämon, halb Weib halb Vogel*; *später pl. gefräßige Ungeheuer, Verkörperungen des alles wegraffenden Hungers.*
Hărūdēs, *ŭm m germ. aus Nordjütland stammendes Volk zwischen Neckar u. Bodensee.*
hārŭnc (*Com.*) = *hārŭm*; *s. hĭc*[1].
hărŭndĭ-fĕr, *fĕră, fĕrŭm* (*hărŭndō, fĕrō*) (*Ov.*) schilftragend [*caput*].
hărŭndĭnētŭm, *ī n* (*hărŭndō*) (*vkl., nkl.*) Röhricht.
hărŭndĭnĕŭs 3 (*hărŭndō*) (*unkl.*) aus Rohr (bestehend), *m.* Schilf (bewachsen) [*silva* Röhricht, *carmen* Hirtenlied].
hărŭndĭnōsŭs 3 (*hărŭndō*) (*Ca.*) schilfreich [*Cnidus*].
hărŭndō, *ĭnis f* (*et. ungedeutet*) (*unkl.*) **1.** Schilfrohr, Bambus(rohr), *auch pl.* [*casae ex harundine textae*]. **2.** (*meton.*) *aus Rohr gefertigter* Gegenstand: **a)** Rohrkranz *od.* Rohrbüschel *auf dem Kopf des Priapus*; **b)** Rohrpfeife *od.* Hirtenflöte, Schalmei (= *fīstŭlă*); **c)** Pfeil(schaft); **d)** Leimrute *des Vogelstellers*; **e)** Angelrute [*moderator harundinis* Angler]; **f)** Rohrbündel (*als Vogelscheuche*); **g)** Stock; **h)** Steckenpferd; **i)** Kamm *des Webstuhls*; **k)** Schiene *des Chirurgen*; **l)** Schreibfeder; / Stil [*tristis*].

hărŭ-spĕx, *spĭcĭs m (cf.* χορδή „Darm", *nhd.* „Garn"; *eigtl.* „aus Darm Gedrehtes"; *spĕcĭō)* Opferschauer *(der aus den Eingeweiden der Opfertiere weissagte, in Rom wie die gesamte Mantik etr. Herkunft)*; *übh.* Wahrsager, Seher. — *(gen. pl. hărŭspĭcŭm).*

hărŭspĭcă, *ae f (hărŭspĕx) (Pl.)* Opferbeschauerin, Weissagerin.

hărŭspĭcīnŭs 3 *(hărŭspĕx) (dcht., nkl.)* die Opferschau betreffend [*libri*]; *subst.* **-ă,** *ae f* Opferschau.

hărŭspĭcĭŭm, *ī n (hărŭspĕx) (dcht., nkl.)* (Kunst der) Eingeweideschau.

Hăsdrŭbăl, *ălĭs m pun. Name (bsd. karth. Heerführer:* **1.** *Schwiegersohn des Hamilkar Barkas.* **2.** *Bruder Hannibals, fiel 207 v. Chr. am Metaurus bei Sena Gallica).*

hăstă, *ae f (cf. nhd.* „Gerte") **1.** Stange, Pfahl, Schaft, *bsd.* Lanzenschaft [*graminea v.* Bambusrohr, *amentata*], *auch (Ov.)* Thyrsusstab [*pampinea*]. **2.** *(synekd.)* **a)** Spieß, Speer, Lanze, *die lange, mit Eisen beschlagene Stoß- u. Wurflanze der Reiterei, aber auch der Infanterie (cf. hăstātŭs) (sprichw. hastam abicere* die Flinte ins Korn werfen); **b)** *hasta pura (nkl., dcht.)* Lanze ohne eiserne Spitze, *Auszeichnung für Tapferkeit*; **c)** *hasta recurva (Ov.)* Haarpfeil *zum Ordnen des Haares der Braut*; **d)** *(dcht., nkl.)* = Zepter (σκῆπτρον) *als Attribut v. Göttern, Priestern, Königen.* **3.** *(die aufgesteckte Lanze als Symbol der staatlichen Macht)*: **a)** *(meton.)* = Auktion, *auch* Verpachtung *v. Staatseinkünften (durch die Prätoren)* [*publica, privata, venditionis, emptio ab hasta, bonorum publicorum, Pompei* Versteigerung der Güter des P.; °*ius hastae* Auktionsrecht; *hastam ponere* eine Auktion abhalten; °*sub hasta vendere od.* °*hastae subicere* öffentlich versteigern, *bsd. eingezogene Güter geächteter Bürger, aber auch Güter v. Privatpersonen*; *auch* öffentlich verpachten; *ad hastam publicam accedere* an einer Versteigerung *od.* Verpachtung teilnehmen]; **b)** *(Ma., Suet.)* Auktion *(durch das Zentumviralgericht)*; *hastam centumviralem cogere* das Z. einberufen. **4.** / *(dcht.)* = *mĕntŭlă.*

hăstātŭs 3 *(hăstă)* **1.** *(Ta.) m.* einem Speer *(od. m.* Speeren) bewaffnet [*acies*]. **2.** *subst.* **hăstātŭs,** *ī m* **a)** *(nkl.)* Speerträger, *auch* Lanzenreiter; **b)** *(bei den Römern) meist pl.* **-ī,** *ōrŭm* die Hastaten = Legionssoldaten des ersten Gliedes, *meist in zehn Manipeln* [*primus hastatus* der erste Manipel (die 1. Kompanie) *bzw.* der Zenturio des ersten Manipels der Hastaten; °*alci sextum ordinem hastatum assignare jd.* das Kommando des sechsten Hastatenmanipels übertragen].

hăstīlĕ, *ĭs n (hăstă)* **1.** *(nkl., dcht.)* Stange, Pfahl, *bsd.* Stütze *der Reben.* **2. a)** Lanzenschaft, Schaft des Wurfspießes [*hastili niti*]; **b)** *(synekd.) (dcht.)* Wurfspieß, Speer, Lanze [*lato ferro* breitschneidige]; **c)** *(meton.) (dcht.)* Ast *od.* Zweig [*myrtus densis hastilibus horrida*].

****hastiludium,** *i n* Turnier.

hăstŭlă, *ae f (vulgärlat. an hăstă angelehnt)* = *ăssŭlă.*

Hătrĭă = *Hădrĭă.*

hau[1] = *au*[1].

▶ **haud** *u.* **haut** *(hau*[2] *altl. u. nur vor cons.) adv. (et. ungedeutet)* nicht (eben), nicht gerade *(verneint meist nur einzelne Begriffe, bsd. um diese in das strikte Gegenteil zu verwandeln [Litotes], zB. haud facile = difficillime)*; *v. Verben verbindet es sich klassisch vorwiegend nur mit scio (haud scio an* vielleicht, *haud scio an non* schwerlich).

haud-dŭm *adv. (nkl. seit Livius)* noch nicht, *sowohl v. der Gegenwart als v. der Vergangenheit.*

haud-quāquăm *adv.* keineswegs, durchaus nicht [~ *contemnere,* ~ *dubius,* ~ *stolide*].

haurīō
1. a) (heraus)schöpfen; **b)** *(Blut)* vergießen; **c)** (ent)nehmen; **d)** heraufholen; **2. a)** einsaugen, trinken; **b)** austrinken; **c)** verschlingen, verzehren; **d)** genießen; erdulden; **e)** verwunden; **f)** *(geistig, sinnlich)* in sich aufnehmen; **g)** vollenden.

haurīō, *hausī, haustŭm* 4. *(m. sekundärem h zu αὔω* „schöpfe") schöpfen: **1. a)** *(Flüssigkeiten)* (heraus)schöpfen *(alqd, zB. aquam galeā; alqd ex, de, a re, zB. aquam ex puteo od. de dolio, selten re, zB. eodem fonte)*; **b)** *(Blut)* vergießen [*sanguinem,* °*cruorem* ausströmen lassen]; **c)** / entnehmen, nehmen, entlehnen [*sumptum ex aerario,* °*alqd ex vano* aus unzuverlässigen Quellen]; **d)** *(dcht.)* heraufholen, (auf)sammeln [*pulverem palmis, terram* aufwerfen, *suspiratūs* tief aufseufzen]. **2. a)** *(dcht.) (Flüssigkeiten) m. dem Munde* einziehen, einsaugen, trinken [*vinum, venenum, auras* einatmen; / *lucem* das Tageslicht erblicken = geboren werden]; **b)** *(dcht.) (ein gefülltes Gefäß)* austrinken, leeren [*pateram*]; **c)** / *(nkl.)* verschlingen, in die Tiefe ziehen [*arbores in profundum*; P. *auch* versinken]; / *(nkl., dcht.)* verzehren, entkräften, *(Besitz)* durchbringen [*flamma multos hausit, sua* sein Vermögen vertun, *provincias* aussaugen]; **d)** *(Freude, Schmerz u.ä.)* genießen, empfinden, erdulden [*voluptatem,* °*gaudium oculis, dolorem*]; **e)** *(nkl., dcht.) (Körperteile)* durchbohren, verwunden [*pectora ferro,* / *pavor haurit corda*]; **f)** *(m. den Sinnen od. dem Geist* gierig in sich aufnehmen *od.* (er)fassen, gründlich kennenlernen [*strepitum* vernehmen, *alqd cogitatione,* °*omnes partes philosophiae*]; **g)** *(nkl., dcht.)* vollenden, zu Ende bringen [*sol medium orbem hausit*].
F. *altl. impf. haurībānt; part. fut. act. (dcht.) auch hausūrŭs.*

hauscīō = *haud scĭō.*

hausī *s. haurĭō.*

haustrŭm, *ī n (haurĭō) (Lu.)* Schöpfrad.

haustŭs[1] *P.P.P. v. haurĭō.*

haustŭs[2], *ūs m (haurĭō)* **1.a)** das Schöpfen, *bsd.* das Wasserschöpfen [*aquae*]; **b)** *(jur. t.t.)* das Schöpfrecht, Recht der Quellenbenutzung. **2.** *(meton.) (dcht.)* Geschöpftes [*aquarum* geschöpftes Wasser]; *bsd.* eine Handvoll [*arenae*]. **3.** / *(nkl., dcht.)* **a)** das Einatmen [*caeli* der Luft, *aetherius* ätherischer Hauch]; **b)** das Trinken; *(concr.)* Trunk, Schluck [*aquae, Bacchi*; / *Pindarici fontis*].

haut, haut... = *haud, haud...*

hăvē *s. ăvē.*

hăvĕō = *ăvĕō.*

*****h.c.** = *honoris causa*; *s. hŏnŏr.*

h.e. *Abk.* = *hōc ĕst* = das ist *(d.i.).*

Hĕautŏntīmōrŭmĕnŏs, *ī m* (ἑαυτὸν τιμωρούμενος) Der Selbstpeiniger *(Lustspiel des Terenz) (v. Ci., Tusc. 3,65 m.* „*ipse se poeniens*" *übersetzt).*

hĕbdŏmăs, *ădĭs f (acc. sg. -mădă) (Fw.* < ἑβδομάς) Anzahl v. sieben Tagen, *bsd.* der siebente *(kritische)* Tag *bei Krankheiten* [*quarta* der 28. Tag]; *cf.* V.-B. III, 1, b. — ****hebdomada,** *ae f (schon Ge.)* Woche.

Hēbē, *ēs f* (Ἥβη) *gr. Göttin der Jugend, T. der Hera (Juno), Schenkin der Götter, Gattin des Herakles (Hercules); lat. Iŭvĕntās.*

hĕbĕn... = *ĕbĕn...*

hĕbĕō, — — 2. *(hĕbēs) (nkl., dcht.)* stumpf sein [*ferrum*]; / matt, träge sein, nicht mehr tätig sein, *v. Pers. u. Sachen* [*homo, sanguis* stockt].

hĕbĕs, *ĕtĭs (m. comp. u. sup.) (et. ungedeutet)* **1.** stumpf, abgestumpft [*tela, cornua lunae*]. **2.** / **a)** *(v. Sinnen, Empfindungen, Geisteskräften)* stumpf, schwach [*sensus, aures,* °*oculi, memoria*]; **b)** *übh.* stumpf = schwach, matt, träge, schwerfällig, ohne Feuer, *v. Pers. u. Sachen* [°*miles ad sustinendum laborem,* °*ōs* ohne Appetit, *dolor* kalte Teilnahme, *rhetorica* oberflächlich]; **c)** stumpfsinnig, blöde, dumm [*homo, ingenium*; °*in re, zB. in suo negotio*].
F. *abl. sg. -ī; pl. neutr. -ĭă (gen. -ĭŭm?).*

hĕbēscō, — — 3. *(incoh. v. hĕbĕō) (nkl.)* stumpf werden; *klass. nur* / ermatten, erlahmen, *v. Sachen u.* °*Pers.* [*acies mentis,* °*sidera* erblassen].

hĕbĕtātĭō, *ōnĭs f (hĕbĕtō) (nkl.)* Abstumpfung.

hĕbĕtō 1. *(denom. v. hĕbĕs) (nkl., dcht.)* stumpf machen, abstumpfen [*hastam*]; / abstumpfen, schwächen *(alqd u. alqm, zB. vires rei publicae, sidera* verdunkeln).

Hĕbraeŭs 3 (Ἑβραῖος) *(nkl.)* hebräisch, jüdisch.

Hĕbrŭs, *ī m* (Ἕβρος) *Hauptfl. Thrakiens, j.* Maritza; *(meton.)* °Thrakien.

Hĕcăbē, *ēs f* = *Hĕcŭbă.*

Hĕcătē, *ēs u.* **-ă,** *ae f* (Ἑκάτη) *alte — urspr. wohl karische — chthonische dreigestaltige Göttin der Jagd, der Wege u. der Zauberei, bald Artemis (lat. Diana), bald Persephone (lat. Proserpina) gleich-*

gesetzt; *cf.* V.-B. I, 1; *adi.* °**Hĕcătēĭŭs** 3 [*carmina* Zaubersprüche]; *fem. auch* °**Hĕcătēĭs**, *ĭdĭs u. ĭdŏs.*
hĕcătŏmbē, ēs *f* (*acc.* -ēn) (*Fw.* ‹ ἑκατόμβη) (*unkl.*) *urspr.* Opfer *v.* 100 Ochsen; *übh.* großes öffentl. Opfer, Hekatombe.
Hēctŏr, ŏrĭs *m* (Ἕκτωρ) *S. des Priamos u. der Hekabe, Gemahl der Andromache, Held v. Troja, v. Achill im Zweikampf getötet*; *cf.* V.-B. III, 1, b; *adi.* **Hēctŏrĕŭs** 3 des Hektor, *auch* = (*Ve.*) troisch.
Hĕcŭbă, *ae f* (Ἑκάβη) *Gemahlin des Priamos, Mutter v. 19 Söhnen* (*darunter Hektor u. Paris*), *nach der Eroberung Trojas Sklavin des Odysseus*; / (*appell.*) (*Ma.*) ein altes garstiges Weib.
F. *Selten nach dem Griechischen*: *Hĕcăbē, ēs f.*
Hĕcȳră, *ae f* (ἑκυρά) Die Schwiegermutter (*Lustsp. v. Terenz*).
hĕdĕră, *ae f* Efeu (*cf. prĕ-hēndō, praedă*) (*pl.* Efeuranken), *dem Bacchus heilig, aber auch dem Apollo u. den Musen geweiht, daher Efeukranz für ausgezeichnete Dichter; oft coll.*
hĕdĕrī-gĕr, *gĕră, gĕrŭm* (*hĕdĕră, gĕrō*) (*Ca.*) Efeu tragend.
hĕdĕrōsŭs 3 (*hĕdĕră*) (*Pr.*) reich an Efeu.
hēdȳchrŭm, *ī n* (*Fw.* ‹ ἡδύχρουν) Balsam, Parfüm.
hē͡ī *int.* = *ē͡ī*.
hē͡iă *int.* = *ē͡iă*.
hē͡ic (*altl.*) = *hīc*².
hēiŭl... = *ēiŭl...*
hēlcĭārĭŭs, *ī m* (*hēlcĭŭm hybride Bildung zu* ἕλκω „ziehe" + *lat. Suffix* „Kumt, *Halsbügel der Zugtiere*") (*Ma.*) Treidler.
Hĕlĕnă, *ae u.* °-**ē**, -*ēs f* (Ἑλένη) *T. des Zeus u. der Leda, Gemahlin des Menelaos, v. Paris nach Troja entführt, mythische Veranlassung zum Trojanischen Krieg.*
Hēlĭădĕs, *ŭm f* (Ἡλιάδες) *die drei Töchter des Helios* (*Sol*), *Schwestern Phaetons; ihre Tränen in Bernstein, sie selbst in Pappeln verwandelt* [°*nemus Heliadum* Pappelhain, °*lacrimae Heliadum* Bernstein].
hĕlĭcă, *ae f* (*Fw.* ‹ ἑλίκη *v.* ἑλίσσω) Schneckengewinde.
Hĕlĭcē, *ēs f* (Ἑλίκη) der Große Bär; (*meton.*) (*Se.*) der Norden.
Hĕlĭcōn, *ōnĭs m* (Ἑλικών) *Bergzug i. Böotien, den Musen heilig*; (*meton.*) (*Ov.*) Dichtkunst; *adi.* -*nĭŭs* 3; *subst.* °-**nĭădĕs**, *ŭm f* die Musen. **F.** *Cf.* V.-B. III, 1, b.
hēlĭŏcămīnŭs, *ī m* (*Fw.* ‹ ἡλιοκάμινος) (*nkl.*) nach der Sonnenseite gelegenes Zimmer.
Hēlĭŏpŏlĭs, *ĭs f* (Ἡλίου πόλις) **1.** *St. i. Unterägypten m. Sonnentempel u. Priesterschule.* **2.** *St. in Coelesyrien, j.* Baalbek; *viele Ruinen, bsd. der unter Caracalla vollendete Tempel des Baal-Helios* (*Iuppĭtĕr Hēlĭŏpŏlītānŭs*). (*acc.* -*īm*, *abl.* -*ī*.)
hēlĭŏtrŏpĭŭm, *ī n* (*Fw.* ‹ ἡλιοτρόπιον) (*spätl.*) Heliotrop: **1.** Sonnenwendblume. **2.** Bandjaspis (*Halbedelstein*).
Hēllānĭcŭs, *ī m* (Ἑλλάνικος) *Logograph aus Mytilene auf Lesbos um 450 v. Chr.*
Hēllās, *ădŏs u. ădĭs f* (*nkl.*) *der klass. u. seit 1833 wieder übliche Name für Griechenland* (*lat. Graecĭă*).
Hēllē, *ēs f* (Ἕλλη) *T. des Athamas u. der Nephele, floh m. ihrem Bruder Phrixos auf einem Widder m. goldenem Vließ vor ihrer Stiefmutter Ino u. ertrank in der — später nach ihr „Hellespont" genannten — Meerenge.*
hĕllĕbŏrōsŭs 3 (*hĕllĕbŏrŭs*) (*auch* **ĕllĕbŏr...**) (*Pl.*) der viel Nieswurz braucht, nicht recht bei Verstand, toll.
hĕllĕbŏrŭs, *ī m u.* -**ŭm**, *ī n, auch* **ĕllĕbŏrŭs** *u.* -**ŭm** (*Fw.* ‹ ἑλλέβορος *u.* ἐλλέβορος) (*unkl.*) Nieswurz (*Heilmittel gegen Epilepsie u. Geisteskrankheiten; Brechmittel*).
Hēllēspŏntŭs, *ī m* (Ἑλλήσποντος = „Meer der Helle"; *cf.* Hēllē) Hellespont, *j.* Dardanellen; *subst.* **Hēllēspŏntĭŭs**, *ī m* Anwohner des Hellespont; *adi.* **Hēllēspŏntĭŭs** *u.* °**Hēllēspŏntĭăcŭs** 3.
hĕllŭātĭō, *ōnĭs f* (*hĕllŭŏr*) Schwelgerei, Schlemmerei (*alcis j-s*).
hĕllŭō, *ōnĭs m* (*et. ungedeutet*) Schwelger, Prasser, Verprasser (*abs. od. alcis rei, zB. patriae* der öffentlichen Gelder).
hĕllŭŏr 1. (*denom. v. hĕllŭō*) schwelgen, prassen, schlemmen, *auch* / (*abs. od. re in etw., zB. quasi libris*).
hĕlŏps, *ŏpĭs m* (*Fw.* ‹ ἔλλοψ) (*unkl.*) *eine Art* Stör.
Hēlōtae, *ārŭm m* = *Hīlōtae*.
hĕlŭ... = *hĕllŭ...*
hĕlvĕllă, *ae f* (*hĕlvŭs* isabellfarben; *cf. gĭlvŭs*) Küchenkraut, Grünzeug.
Hĕlvētĭī, *ōrŭm m kelt. Volk in der heutigen Schweiz; adi.* **Hĕlvētĭŭs** *u.* **Hĕlvētĭcŭs** 3.
Hĕlvĭŭs 3 *Name einer pleb. gēns.*
hĕm *int.* (*cf. ēhĕm*) hm! ei! o!
hēmĕrŏdrŏmŭs, *ī m* (*Fw.* ‹ ἡμεροδρόμος) (*nkl.*) „Tagläufer", Eilbote, Kurier.
F. *nom. pl.* *hēmĕrŏdrŏmŏe*, *cf.* V.-B. II, 1.
hēmĭcĭllŭs, *ī m* (*Fw.* ‹ ἡμι- „halb", κιλλός „Esel") Halbesel (*Schimpfwort*) (?).
hēmĭcrānĭă, *ae f* (*Fw.* ‹ ἡμικρανία) (*nkl.*) Hemikranie, halbseitiger Kopfschmerz, Migräne.
hēmĭcȳclĭŭm, *ī n* (*Fw.* ‹ ἡμικύκλιον) **1.** (*nkl.*) Halbkreis. **2.** / **a)** (halbrunder) Lehnsessel; **b)** (*nkl.*) (halbrunde) Gartenbank.
hēmīnă, *ae f* (-*ī*-?) (*Fw.* ‹ ἡμίνα) (*unkl.*) halber Sextarius, Becher, Viertelchen (ca. 0,25 *Liter*).
hēmīnārĭŭm, *ī n* (-*ī*-?; *hēmīnă*) (*Qu.*) Geschenk vom Maß einer *hēmīnă*.
hēmĭstĭchĭŭm, *ī n* (*Fw.* ‹ ἡμιστίχιον) (*nkl.*) Halbvers.
hēmĭtrĭtaeŏs *u.* -**ŭs**, *ī m* (*Fw.* ‹ ἡμιτριταῖος, *sc.* πυρετός) (*dcht.*, *nkl.*) das ($2^1/_2$ Tage dauernde) Wechselfieber; *adi.* ~ 3 am Wechselfieber leidend.
hĕndĕcăsȳllăbŭs, *ī m* (*Fw.* ‹ ἑνδεκασύλλαβος) (*nkl.*, *dcht.*) elfsilbiger Vers, Elfsilbler.
Hĕnĕtī, *ōrŭm m* = *Vĕnĕtī*.
Hĕnnă, *ae f* (Ἔννα) *St. in Sizilien m. Heiligtum der Demeter* (Ceres); *Einw.* **Hĕnnēnsēs**, *ĭŭm m*; *adi.* **Hĕnnēnsĭs**, *ĕ u.* °**Hĕnnaeŭs** 3.
hēpătĭārĭŭs 3 (*hēpăr, ătĭs n* „Leber", *Fw.* ‹ ἧπαρ) (*Pl.*) Leber... [*morbus*].
hēptēris, *ĭs f* (*Lw.* ‹ ἑπτήρης) (*nkl.*) Siebenruderer, Siebendecker.
hĕră, *ae f* = *ĕră*.
Hērăclēă *u.* -**īă**, *ae f* (Ἡράκλεια, *eig.* „Heraklesstadt") **1.** *Seestadt in Lukanien* (*Schlacht 280 v.Chr.*). **2.** ~ *Mīnōă nordw. v. Agrigent.* **3.** ~ *Pōntĭcă* (= am Schwarzen Meer) *in Bithynien.* **4.** ~ *Trăchīnĭă w. v. den Thermopylen.* **5.** ~ *Sīntĭcă am Strymon; Einw. u. adi.* **Hērăclēōtēs**, *ae* (*cf.* V.-B. I, 2) *u.* **Hērăclēēnsĭs** (*ē*).
Hērăclīdēs, *ae m* (Ἡρακλείδης): ~ *Pōntĭcŭs aus Heraklea am Pontus, Schüler des Plato u. Aristoteles, griech. Philosoph um 340 v.Chr., den sich Cicero zum Vorbild nahm.*
F. *Cf.* V.-B. I, 2.
Hērăclītŭs, *ī m* (Ἡράκλειτος) *aus Ephesos* (*um 500 v. Chr.*), *Philosoph der Ionischen Schule.*
Hēraeă, *ōrŭm n* (τὰ Ἡραῖα) Herafest.
▶ **hĕrbă**, *ae f* (*vl. eig.* „hervorstechender Trieb"; *cf. nhd.* „Grat, Gräte") **1. a)** Halm *od.* Stengel, junger Sproß *des Grases* [°*graminis*, °*caespitis*]; **b)** (*sg. u. pl.*) junges Gras, Rasen, *auch* Grasplatz, *pl.* Grasweide, Anger, Trift [*in herba recumbere*, °*armenta per herbas errant*, °*multa* üppiger Graswuchs]; **c)** (*sg. u. pl.*) junge Saat [°*frumenta in herbis sunt, herbae non fallaces*, °*altae in segetibus herbae*]. **2. a)** Kraut, Pflanze, *oft coll.* [*stirpes et herbae* Pflanzen *u.* Kräuter, °*herbis vivere*]; **b)** Küchenkraut [*herbas condire*]; **c)** Heilkraut [°*vulnus herbis curare*, °*salutaris*]; **d)** (*dcht.*, *nkl.*) Unkraut [*mala, sterilis*]; **e)** (*dcht.*, *nkl.*) Zauberkraut [*potens, -ae Hecataeae*].
hĕrbārĭŭs 3 (*hĕrbă*) (*nkl.*) Kräuter...; *subst.* -**ŭs**, *ī m* Botaniker; -**ŭm**, *ī n* (*spätl.*) Pflanzen- *od.* Kräuterbuch. — *** Sammlung (gepreßter) getrockneter Pflanzen.
hĕrbēscō, — — 3. (*incoh. zu hĕrbă*) Halme treiben, hervorsprießen [*viriditas*].
hĕrbĕŭs 3 (*hĕrbă*) (*Pl.*) grasgrün; grün unterlaufen [*oculi*].
hĕrbĭdŭs 3 (*hĕrbă*) (*unkl.*) grasreich, Gras...
hĕrbĭ-fĕr, *fĕră, fĕrŭm* (*hĕrbă, fĕrō*) (*dcht.*, *nkl.*) grasreich, kräuterreich.
hĕrbĭ-grădŭs 3 (*hĕrbă, grădĭŏr*) (*dcht.*) im Grase wandelnd (*v. der Schnecke*).
hĕrbōsŭs 3 (*hĕrbă*) (*vkl.*, *dcht.*) gras-, kräuterreich [*campus, ara* aus Rasen, *moretum* aus Kräutern].
hĕrbŭlă, *ae f* (*demin. v. hĕrbă*) Kräutlein, Pflänzchen.
hĕrcēŭs 3 (*Fw.* ‹ ἑρκεῖος, ἕρκειος) (*nkl.*, *dcht.*) zum Vorhof gehörig; *Iuppĭtĕr* ♀ (Ζεὺς ἑρκεῖος) *Beschützer v. Haus, Hof, Herd* (*Altar im Vorhof*).
hĕrcīscō, — — 3. (*cf. hĕrctŭm*) die Erbschaft teilen; *fast nur in der Ver-*

bindung familia herciscunda Erbschaftsteilung.
hĕrcīŭs 3 = *hĕrcēŭs.*
hĕrclĕ *s. Hĕrcŭlēs.*
hĕrctŭm, *ī n (et. ungedeutet)* Teilung (des Erbes); *nur: -um ciere* die Erbschaft teilen; *s. cĭĕō.*
Hĕrcŭlānĕŭm, *ī n ('Ηράκλειον) St. in Kampanien, durch den Ausbruch des Vesuv 79 n.Chr. in einem gewaltigen Schlammbrei begraben, der sich schnell verhärtete; in der Villa suburbana eine Bibliothek v. 1860 Papyrusrollen entdeckt (vorwiegend Schriften des epikureischen Philosophen Philodemos); adi.* **Hĕrcŭlānēnsis,** *ĕ u.* **Hĕrcŭlānĕŭs** 3; *subst. in Herculanensi* im Gebiet v. ~.
Hĕrcŭlēs, *is u. ī m ('Ηρακλῆς) Herakles, S. des Zeus u. der Alkmene, der Gemahlin des Amphitryon, der berühmteste Held der griech. Sagenwelt, Ideal der männlichen Tugend [columnae Herculis an der Meerenge von Gibraltar]; Beteuerungsformeln (nur v. Männern gebraucht): hĕrclĕ (urspr. voc. des o-Stammes Hĕrclŏ-); mĕhĕrclĕ (-ē?), (mĕ)hĕrc(ŭ)lēs [wohl ⟨ (ĭtă) mē Hĕrcŭlēs (iŭvĕt, ŭt)]* beim Herkules! (= bei Gott!), wahrhaftig, fürwahr; *cf.* V.-B. III, 3 *u.* 5; *adi.* **Hĕrcŭlĕŭs** 3 [°*labor,* °*urbs die v. H. erbaute St. Herculaneum in Kampanien,* °*litora* bei Herculaneum, °*Trachin* v. H. erbaut, °*hospes* = Kroton, *der den H. aufnahm,* °*arbor die dem H. heilige* Silberpappel, °*gens* die *gēns Fabia, die sich von H. ableitete*].
Hĕrcy̆nĭă sĭlvă, *ae f od.* °*săltŭs Hĕrcy̆nĭŭs m (-y̆-?) Gesamtheit der deutschen Mittelgebirge vom Rhein bis zu den Karpaten, auch Rauhe Alb, Taunus od. Westerwald u.a.*
hĕrĕ *adv.* = *hĕrī.*
hērēdĭtārĭŭs 3 *(hērēdĭtās)* **1.** erbschaftlich, Erbschafts... [*auctio*]. **2.** erblich, ererbt, geerbt, *auch* / [*cognomen,* °*imperium*].
hērēdĭtās, *ātis f (hērēs)* Erbschaft: **1.** *(abstr.)* = das Erben [*-te possidere alqd*]. **2.** *(concr.)* = das Erbe [*-tem accipere od. relinquere, adire u. cernere* antreten]; *sprichw. (Pl.)* ~ *sine sacris* Vorteil ohne Mühe. — *(gen. pl. -ŭm u. -ĭŭm).*
hērēdĭŭm, *ī n (hērēs) (vkl., nkl.)* Erbgut.
Hĕrĕnnĭŭs 3 *röm. Gentilname:* **Auctŏr ăd Hĕrĕnnĭŭm** *anonymer Vfssr. e-s unter den Werken Ciceros überlieferten Lehrbuches der Rhetorik, das einem ~ gewidmet ist (ca. 85 v. Chr.).*
▶ **hērēs,** *ēdĭs m u. f (⟨ *ghērō-ē-d[ŏ]-; eig.* „Empfänger des verwaisten Besitzes, Erbempfänger"; *das 1. Glied zu χῆρος „beraubt", χήρα* „Waise, Witwe", *zum 2. vgl. altind. ā-dā-* „in Empfang nehmen") **1.** Erbe, Erbin [*secundus* Beierbe, substituierter Erbe, *heredem alqm facere od. scribere od. (testamento) instituere; alcis, zB. Caesaris, heredem esse alcis u. alci; alcis rei, zB. bonorum omnium;* ~ °*ex asse* Universalerbe, ~ *ex dimidia parte,* ~ °*ex dodrante* Dreiviertelerbe, *ex triente u.ä.*]. **2.** / **a)** Nachfolger [*Academiae,* °*regni*]; **b)** *(scherzh.) (Pl.)* Besitzer, Herr; *(dcht.)* Nachwuchs [*geminus heres* zwei Nachwachsende, *v. den Köpfen der Hydra*]. — *(gen. pl. hērēdŭm).*
▶ **hĕrī** *adv. (cf. χθές, nhd.* „gestern") gestern; / *(nkl., dcht.)* jüngst, neulich.
hĕrī-fŭgă = *ĕrīfŭgă.*
hĕrīlĭs, *ĕ* = *ĕrīlis.*
Hĕrmae, *ārŭm m ('Ερμαῖ, pl. v. 'Ερμῆς, dem Götterboten der gr. Sage u. Beschützer der Wege)* die Hermen, *viereckige Pfeiler m. (Hermes-)Kopf u. aufgerichtetem Phallos, in den griech. Städten auf den Straßen, öffentlichen Plätzen u. vor den Hauseingängen.*
F. *nom. sg. Hĕrmēs u. -ă, ae m; cf.* V.-B. I, 2.
Hĕrmaeŭm, *ī n ('Ερμαῖον, eig.* „Tempel des Hermes") **1.** *Flecken i. Böotien.* **2.** *(Suet.) ein Pavillon.*
Hĕrmăgŏrās, *ae m ('Ερμαγόρας) griech. Rhetor zu Rom im 1. Jh. v.Chr., Begründer eines besonderen rhet. Systems;* **-gŏrēī,** *ōrŭm m seine Schüler.*
Hĕrmăphrŏdītŭs, *ī m ('Ερμαφρόδιτος) nach e-r jüngeren Sage S. des Hermes u. der Aphrodite, der m. der Quellnymphe Salmakis in einen Leib (zum Mannweib) verwuchs;* Zwitter.
Hĕrm-ăthēnă, *ae f ('Ερμῆς, 'Αθηνᾶ) Doppelbüste des Hermes u. der Athene auf einem Sockel.*
Hĕrmĕrăclēs, *is m ('Ερμηρακλῆς) Doppelbüste des Hermes u. des Herakles auf einem Sockel od.* Herakles-büste.
Hĕrmēs, *ae m s. Hĕrmae.*
Hĕrmĭnŏnēs, *ŭm m germ. Völkergruppe zu beiden Seiten der mittleren Elbe.*
Hĕrmĭŏnē, *ēs f ('Ερμιόνη)* **1.** *T. des Menelaos u. der Helena.* **2.** *Küstenst. in Argolis; adi.* **Hĕrmĭŏnĭcŭs** 3.
Hĕrmŭndŭrī, *ōrŭm m (-dŭ-?) germ. Volk i. Thüringen u. Franken.*
Hĕrmŭs, *ī m ("Ερμος) goldführender Hauptfl. Lydiens.*
hĕrnĭă, *ae f (cf. hărŭ-[spĕx]) (nkl., dcht.)* Nabel-, Leistenbruch.
Hĕrnĭcī, *ōrŭm m (vl. zu sab. herna = săxŭm) Völkerschaft im östl. Latium; Hptst. Ănāgnĭă; adi.* **Hĕrnĭcŭs** 3.
hĕrnĭōsŭs 3 *(hĕrnĭă) (nkl., dcht.)* an einem Bruch leidend.
Hērō, *ūs f ('Ηρώ) Priesterin der Aphrodite zu Sestos, Geliebte Leanders.*
F. *Cf.* V.-B. III, 2. *acc. auch* °*Hērōn.*
Hērōdēs, *is m Name mehrerer jüdischer Fürsten;* Herodes der Gr. *(37—4 v.Chr.), K. v. Judäa; -is dies (Pers.)* Sabbat.
Hērŏdŏtŭs, *ī m ('Ηρόδοτος) aus Halikarnaß (um 484—424 v. Chr.),* „Vater der (griechischen) Geschichtsschreibung".
hērōĭcŭs 3 *(Fw. ⟨ ἡρωικός)* der Heroen, heroisch, mythisch [*tempora* Zeiten der Sage]; *(meton.) (nkl., dcht.)* episch [*carmen, poëta*].
hērōīnē, *ēs (pl. nom. -ae; Fw. ⟨ ἡρωίνη) (Pr.) u.* **hērōĭs,** *ĭdĭs f (Fw. ⟨ ἡρωίς) (dcht., nkl.)* Halbgöttin, Heroine; *pl.* **Hērōĭdĕs,** *ŭm Heroinenbriefe Ovids.*
F. *Cf.* V.-B. III, 1, b, d, e; III, 4, b.
▶ **hērōs,** *ōĭs m (Fw. ⟨ ἥρως) (dcht., nkl.)* Heros, Halbgott; *klass. nur* / Held, Ehrenmann, Koryphäe *auf pol. od. wissenschaftlichem Gebiet* [*heros ille noster Cato*]; *cf.* V.-B. III, 1, b *u.* e.
hērōŭs 3 *(Fw. ⟨ ἡρῷος)* **1.** *(dcht.)* = *hērōĭcŭs.* **2. a)** *adi.* episch [*versus* = daktylischer Hexameter, *pes* = Daktylus, °*carmen* Epos]; **b)** *subst. (nkl.)* **α)** **-ŭs,** *ī m* epischer Vers, Hexameter; **β)** *pl.* **-ă,** *ōrŭm n* epische Gedichte.
hĕrūcă = *ērūcă.*
hĕrŭs, *ī m* = *ĕrŭs.*
Hēsĭŏdŭs, *ī m ('Ησίοδος) epischer Dichter aus Askra in Böotien (um 700 v. Chr.); adi.* **Hēsĭŏdēŭs** *u.* **-dīŭs** 3.
Hēsĭŏnē, *ēs u.* **-ă,** *ae f ('Ησιόνη) T. des Troerkönigs Laomedon, Gattin des Telamon (cf. Lāŏmĕdōn). Cf.* V.-B. I, 1.
Hĕspĕrŭs *u.* °**-ŏs,** *ī m ("Εσπερος)* Abendstern (= *stēllă Vĕnĕrĭs*); *adi.* °**Hĕspĕrĭŭs** 3 *(fem. auch* **Hĕspĕrĭs,** *ĭdĭs)* abendlich, abendländisch, westlich [*undae, fretum*]; *bsd. (im Sinne der Griechen)* °italisch [*terra, Latium*], *(im Sinne der Römer)* °spanisch, westafrikanisch; *subst.* **Hĕspĕrĭă,** *ae f (sc. tĕrră) (dcht.)* Abendland (Italien, Spanien, Westafrika); **Hĕspĕrĭdĕs,** *ŭm f (αἱ 'Εσπερίδες Νύμφαι)* die Hesperiden, *die 3 od. 4 Töchter der Nacht (od. des Atlas u. der Hesperia), die auf einer Insel des Okeanos den Baum m. den goldenen Äpfeln [Hesperidum māla] bewachten. — Cf.* V.-B. III, 1, b.
hĕstĕrnŭs 3 *(hĕrī)* gestrig [*dies,* °*Iacchus u.* °*merum* gestern getrunken]; *adv. hĕstĕrnō (sc. dĭē) (selten)* = *hĕrī* gestern.
hĕtaerĭă, *ae f (Fw. ⟨ ἑταιρία) (nkl.)* Geheimbund, Verein.
hĕtaerĭcē, *ēs f (Fw. ⟨ ἑταιρική* Kameradschaft) *(Ne.) (aus vollbürtigen Makedoniern gebildete)* Garde zu Pferde.
heu *int. (der Verwunderung od. des Schmerzes od. der Klage)* [*heu me miserum*]; *klass.* = *ēheu.*
heurĕtă *od.* **-ēs,** *ae m (Fw. ⟨ εὑρετής) (Pl.)* Erfinder.
hēus *int. (des Anrufs od. Zurufs; Naturlaut)* he! heda! holla!; *meist m. folg. voc.* [°*heus, Syre!*]; *m. folg. Frage od. (seltener) Aufforderung, od. m. Mitteilung* [°*heus! heus! aperite ostium*].
hĕxăclīnŏn, *ī n (Fw. ⟨ *ἑξάκλινον) (Ma.)* sechssitziges Sofa.
hĕxămĕtĕr, *tră, trŭm (Fw. ⟨ ἑξάμετρος) (metr. t.t.)* sechsfüßig [*versus*]; *subst.* **-tĕr,** *trī m (nkl.)* daktylischer Hexameter.
hĕxăphŏrŏn, *ī n (Fw. ⟨ ἑξάφορον) (Ma.)* e-e v. 6 Mann getragene Sänfte.
hĕxăpy̆lŏn, *ī n (Fw. ⟨ ἑξάπυλον) (Li.)* Tor *m.* sechs Durchgängen *(in Syrakus).*
hĕxĕrĭs, *is f (Fw. ⟨ ἑξήρης) (Li.)* Sechsruderer, Sechsdecker. *Cf.*

V.-B. III, 4, a.
hĭātŭs, *ūs m* (*hĭō*) das Klaffen: **1.** Öffnung, Kluft, Schlund, *bsd. e-r Höhle* [°*terrae, oris,* °*tenebrosus*]. **2.** geöffneter Mund; (*dcht.*) Rachen *v.* Tieren. **3.** (*meton.*) **a)** (*rhet. t.t.*) Hiat(us), *Zusammentreffen zweier Vokale*; **b)** (*dcht.*) pomphafte Ankündigung *od.* Aufschneiderei; **c)** (*nkl.*) Schnappen nach *etw.*, Gier (*alcis rei, zB. praemiorum*).
Hĭbēriă, *ae f* (Ἰβηρία) (*dcht., nkl.*) **1.** Land der Iberer (*des Volkes am Ebro, der ältesten Einwohner Spaniens*), (*dcht.*) *übh.* Spanien; *Einw.* **Hĭbēr,** *ēris u.* **Hĭbērŭs,** *ī m* Hiberer, *dcht. übh.* Spanier (*gen. pl.* -*ōrŭm u.* °-*ŭm*); *adi.* **Hĭbērĭcŭs** *u.* °**Hĭbērŭs** 3 iberisch, *übh.* °spanisch [°*piscis* Makrele, °*funes* aus spanischem Pfriemenkraut gedreht, °*pastor triplex* = Geryon]. **2.** *Landschaft südl. vom Kaukasus*; *Einw.* **Hĭbērŭs,** *ī m.*
hībĕrnācŭlŭm, *ī n* (*hībĕrnō*) **1.** (*nkl.*) Winterzelt, -wohnung. **2.** *pl.* Winterlager, -quartiere = *hībĕrnă* (*s.d.*).
Hĭbĕrnĭă, *ae f* Irland, *j.* Eire.
hībĕrnō 1. (*denom. v. hībĕrnŭs*) überwintern, in Winterquartieren liegen, *mil. v. Pers. u. Sachen* [*milites, naves*].
▶ **hībĕrnŭs** 3 (*etwa* = χειμερινός „winterlich"; *cf. hĭĕms*) **1. a)** winterlich, Winter... [*mensis,* °*expeditio,* °*annus* Winterzeit, °*legio* in Winterquartieren liegend]; **b)** (*dcht.*) stürmisch, rauh, kalt [*noctes, flatus*]. **2.** *acc. sg. n* = *adv.* **hībĕrnŭm** (*Pl.*) heftig [*increpuit*]. **3.** *subst.* **a) hībĕrnŭm,** *ī n* (*Pl.*) Sturm; **b) hībĕrnă,** *ōrŭm n* **α)** Winterlager, -quartiere [-*a* °*aedificare u. constituere, legiones in hiberna deducere, exercitum in hibernis collocare*]; (*meton.*) **β)** Wintermagazine; **γ)** Aufenthalt im Winterlager, *übh.* (*dcht.*) Winter(zeit) [*hibernis peractis*].
Hĭbērŭs 1. *adi.* 3 (*dcht.*) spanisch; *s. Hĭbēriă.* **2.** *subst. m* **a)** der Ebro; °**b)** Spanier = *Hĭbēr* (*s. Hĭbēriă*).
hĭbiscŭm, *ī n* (*vl. als Gallizismus der Poebene v. Vergil übernommen*) (*nkl., dcht.*) *u.* (*spätl.*) **hĭbiscŭs,** *ī f* (*daraus wohl* ἴβισκος) Eibisch (*eine Malvenart*).
hĭbrĭdă *schlechtere Schreibung für hўbrĭdă.*

hĭc¹, haec, hŏc
pron. demonstr. dieser, diese, dieses; **1.** (*räuml.*) hiesig, hier anwesend; unser; **2.** (*zeitl.*) heutig, jetzt anwesend; unser; **3.** vorliegend, in Rede stehend; **4.** *s. u.*; **5.** *hic ... ille* dieser ... jener; der eine ... der andere; **6.** folgender; **7.** ein solcher; **8.** *hŏc* (*nom. od. acc.*) so viel; **9.** *hoc est* das heißt; **10.** *hŏc* (*abl.*) desto; dadurch.

hĭc¹, haec, hŏc (*im Vers auch hīc* [= *hīcc nach Analogie v. hŏcc*], *hōc* [= *hŏcc*]; < *hĕ-cĕ, hae-cĕ, hŏc-cĕ für hŏd-cĕ*; — *altl. Formen*: *pl. nom. m hīscĕ, f haec*; *gen. hōrŭnc, hārŭnc*; *dat. hībŭs.* — *verstärkt fragend*: *hĭcĭnĕ u. hīcĭnĕ, haecĭnĕ, hōcĭnĕ* ((< **ghe-, gho-* + *deiktisches -cĕ*) *pron. demonstr.* dieser, diese, dieses (*d.h. dem Sprechenden in Raum, Zeit od. Vorstellung am nächsten stehende Pers. od. Sache*); (*griech.* ὅδε; *Ggs. illĕ*): **1.** (*räuml.*) hiesig, anwesend, mein, unser, *oft bloß durch* hier, dort, da *zu übersetzen, zB. hic locus* diese Stelle, wo ich bin (*od.* wir sind), *haec urbs* unsere Stadt, *hic M. Antonius* der mitanwesende, °*hunc hominem* = me, *per hanc dextram* bei meiner Rechten; *haec* die Zustände unseres Staates, unser Weltall. **2.** (*zeitl.*) jetzig, heutig, gegenwärtig, unser, *zB. hic dies, per hos annos* in den letzten Jahren, *hoc triduo* in den letzten drei Tagen, *haec* die jetzigen Zustände. **3.** der in Rede stehende, vorliegende, uns beschäftigende, unser, *zB. haec causa.* **4.** *bei subst. statt eines gen.* (*meist obi.*), *zB. hic dolor* der Schmerz darüber, *hic timor* die Furcht davor. **5. hĭc ... illĕ**: **a)** (*bei Hinweis auf zwei bereits genannte Gegenstände*) dieser ... jener, der letztere ... der erstere; *selten verweist hic auf den zuerst genannten Gegenstand, und zwar nur dann, wenn derselbe dem Redenden näher steht, zB. cave Catoni anteponas Socratem, huius enim facta, illius dicta laudantur*; **b)** (*ohne Beziehung auf zwei genannte Nomina*) der eine ... der andere, *zB. homines diversissimis studiis ducuntur: hic honoribus petendis, ille divitiis quaerendis operam dat*; *dcht. auch hic ... hic*; *cf. auch ille.* **6. a)** *zurückweisend auf das soeben Gesagte, zB. haec habui, de amicitia quae dicerem*; **b)** *hinweisend auf das Folgende* = folgender, *zB. eius belli causa haec fuit.* **7.** ein derartiger, solcher, *zB. haec gratia* (ein so schlechter *od.* so guter); °*ne fueris hic tu* werde du nicht ein solcher; *so auch determinativ, stärker als is, zB. quam quisque norit artem, in hac se exerceat.* **8.** *neutr.* **hŏc** (*nom. od. acc.*) **a)** (nur) so viel, *zB. hoc constat od. certum est*; **b)** *m. gen. partitivus, zB. hoc honoris* dieser Grad *v.* Ehre, °*hoc copiarum,* °*hoc terrae* dieses Stück Land, °*hoc ad te litterarum dedi* diesen Wisch *v.* einem Brief, °*quid hoc hominis od. negotii est* was ist das für ein Mensch *od.* für eine Sache?; *hoc commodi est, quod* das Gute ist dabei, daß; °*hoc noctis* in dieser Nachtzeit; **c) hoc est** das heißt, *zB. honor amplissimus, hoc est consulatus*; **d)** *auf eine folgende Epexegese* (*inf., a.c.i., Satz m. quod, quin, ut, ne*) *hinweisend, zB. hoc intellego, omnium ora in me conversa esse.* **9.** *neutr.* **hōc** (*abl.*) **a)** *als abl. mensurae beim comp.* = desto, um so, *stärker als ĕō, zB. hōc maior*; *quō ... hōc* je ... desto; **b)** = *hāc rē* (*wenn keine Zweideutigkeit entsteht*), *zB. hoc igitur cognito*; *bsd. als abl. instrum.* dadurch, *u. als abl. causae* deshalb, deswegen (*m. folgendem quod*). **10.** (*unkl.*) **hōc** *adv.* = *hūc*.— ** **1.** *fast* = *bestimmter Artikel* der, die, das. **2.** irdisch. **3.** *haec et haec* alles mögliche. **4.** *ad hoc* (eigens) zu diesem Zweck.
▶ **hīc²** *adv.* (*altl.* heic; *urspr. loc. v. hĭc¹*) **1.** (*räuml.*) hier, auf dieser Stelle, in dieser Gegend, *wo der Sprechende sich befindet, selten in historischer Erzählung* dort, da = *ĭbī* [*hic Romae*]; *hīc ... illīc, hīc ... hīc* hier ... dort, an einem Ort ... an dem anderen. **2.** (*zeitl.*) jetzt, nunmehr, *auch* da nun, hierauf [*hic illi flentes rogare coeperunt*]. **3.** / hierbei, bei dieser Gelegenheit [*hic videre licet*]; *auch* (*conc.*) unter solchen Umständen, bei alledem, trotzdem, *u.* doch [*hic tu me etiam gloriari vetas*], *bsd. bei Fragen der Verwunderung* [*hic vos dubitatis tantam iniuriam vindicare?*]. — **auf Erden.
hīcĕ, haecĕ, hōcĕ *verstärktes hĭc¹.*
Hĭcĕtās, *ae m* (Ἱκέτης) *Pythagoreer aus Syrakus, der zuerst die Lehre v. der Kreisbewegung der Erde aufgestellt haben soll.*
hĭcĭnĕ, haecĭnĕ, hōcĭnĕ (*interr.*) = *hĭc¹* + *-nĕ⁴*; *s. hĭc¹.*
hĭĕmālĭs, *ĕ* (*hĭĕms*) winterlich, Winter... [*vis* Winterkälte, °*aquae* die sich im Winter gesammelt haben]; *übh.* stürmisch [*navigatio*].
hĭĕmō 1. (*denom. v. hĭĕms*) **1. a)** (*dcht., nkl.*) überwintern; **b)** *mil.* Winterquartiere beziehen, im Winterquartier liegen [*in Gallia, cum legione*; *aquae hiemant* sammeln sich im Winter]. **2.** (*nkl., dcht.*) stürmen [*mare*].
Hĭempsăl, *ălĭs m numidischer Königsname*: **1.** *S. des Micipsa*; *Enkel des Masinissa.* **2.** *Freund des Pompejus.*
▶ **hĭĕms,** *hĭĕmĭs f* (*auch -mps*; *cf.* χιών „Schnee", χειμών „Sturm", *bīmŭs*) **1.** Winter, *auch pl.* [*durissima, hieme et aestate*]. **2.** (*dcht.*) (*meton.*) Kälte, Frost [*letalis, / amoris mutati* das Erkalten der Liebe]. **3.** (*synekd.*) (*dcht.*) Jahr [*plures*]. **4.** Unwetter, Sturm, Regen(wetter), Regenzeit [*vis frigorum hiemumque*]; *personif.* (*dcht.*) ♀ *Gott der Stürme u. Ungewitter* [*glacialis*].
Hĭĕrō(n), *ōnĭs m* (Ἱέρων) *syrakusanischer Königsname*: **1.** ~ I., *477 bis 466 v. Chr., Förderer der griech. Dichter Pindar, Simonides u. Aischylos.* **2.** ~ II., *269—214 v. Chr., im 2. Pun. Krieg erst Gegner, dann Verbündeter der Römer*; *adi.* -*ōnĭcŭs* 3.
hĭĕrŏnīcae, *ārŭm m* (*Fw.* < ἱερονῖκαι) (*Suet.*) Sieger in den (heiligen) Festspielen.
Hĭĕrŏsŏlўmă, *ōrŭm n* (*u.* °-**mă,** *ae f*) Jerusalem, *70 n. Chr. v. Titus erobert u. zerstört*; *adi.* **Hĭĕrŏsŏlўmĭtānŭs** *u.* (*scherzhafter Beiname des Pompejus*) **Hĭĕrŏsŏlўmārĭŭs** 3 = Held v. Jerusalem.
hĭētō 1. (*intens. v. hĭō*) (*Com.*) den Mund aufsperren, gaffen.
▶ **hĭlărĭs,** *ĕ* (*adv.* °-**ĭtĕr**) *jünger für hĭlărŭs.*
hĭlărĭtās, *ātĭs u.* (*Pl.*) **-tūdō,** *ĭnĭs f* (*hĭlărĭs*) Heiterkeit, Fröhlichkeit, Frohsinn.
hĭlărō 1. (*denom. v. hĭlărŭs*) erheitern, aufheitern, *auch* / (*alqm u. alqd, zB. convivas, sensum voluptate*).
hĭlărŭlŭs 3 (*demin. v. hĭlărŭs*) recht

heiter.

▶ **hilărŭs** 3 (*m. comp. u.* °*sup.*; *adv.* **-ē**) (*Lw.* ‹ ἱλαρός) heiter, fröhlich, vergnügt, *v. Pers. u. Sachen* [*homo, vultus, -e vivere u. loqui*].

hillă, *ae f* (*demin. v. hīră*) (*unkl.*) *meist pl.* die kleinen Därme, Eingeweide; (*meton.*) Würstchen.

Hīlōtae, *ārum m* Εἱλῶται) Heloten, Leibeigene, spartanische Staatssklaven; *Nachkommen der v. den Spartiaten unterworfenen Urbevölkerung.*

hīlŭm, *ī n* (*et. nicht sicher gedeutet*; *vl.* = *fīlŭm*; *cf. nĭhĭl*) (*vkl., dcht.*) Fäserchen; / (*meist m. e-r Negation*) *etw.* Geringes [*non hilum* nicht das Geringste].

Hīlŭr... (-ī-?) = *Illўr...*

Hīmĕră, *ae* **1.** *m* (Ἱμέρας) *Name zweier Flüsse in Sizilien.* **2.** *f* (Ἱμέρα) *St. an der Nordküste Siziliens; j. Ruinenstätte; dcht. auch* **Hīmĕră,** *ōrŭm n.*

▶ **hinc** *adv.* (‹ **hīm-cĕ*; *hīc*[1]) **1.** (*räuml.*) *v.* hier (aus), *v.* dieser Stelle, aus dieser Gegend, *wo der Sprechende sich befindet, selten in historischer Erzählung v.* dort, *v.* da = *indĕ* [*via hinc est Romam*]; *im Deutschen oft auf die Frage „wo?“* = hier, auf dieser Stelle *od.* Seite [*hinc pudicitia pugnat, illinc stuprum*; / *hinc incipiam*]; *bsd. hinc atque illinc, hinc illincque* = auf beiden Seiten; *hinc ... illinc, hinc ... hinc* auf dieser ... auf jener Seite. **2.** (*unkl.*) (*zeitl.*) *v.* jetzt an, (*in historischer Erzählung*) hierauf, darauf, dann [*hinc se misit ad undas*]. **3.** / infolgedessen, daher, aus diesem Grund [°*hinc illae lacrumae*].

hinnĭō 4. (*lautmalendes Wort*) (*dcht., nkl.*) wiehern.

hinnītŭs, *ūs m* (*hinnĭō*) das Wiehern, *auch pl.* [*equorum, hinnitum* °*tollere u.* °*edere*].

hinnŭlĕŭs *u.* **hīnŭlĕŭs,** *ī m* (*Lw.* ‹ ἔνελος „Hirsch“, *m. hinnŭs vermischt*) (*unkl.*) **1.** Mauleselfüllen. **2.** *männl.* Hirschkalb *od.* junger Rehbock.

hinnŭlŭs, *ī m* (*demin. v. hinnŭs*) (*vkl., nkl.*) junger Maulesel.

hinnŭs, *ī m* (*Fw.* ‹ ἴννος; ‚h‘ *nach hinnĭō*) (*unkl.*) Maulesel [*ex equo et asina fit hinnus, also Kreuzung aus Pferdehengst u. Eselstute*; *Ggs. mūlŭs*]; **ginnŭs,** *ī m* (*Fw.* ‹ γίννος, *unerklärt*) (*nkl., Ma.*) kleiner, verkrüppelter Maulesel.

hĭō 1. (‹ **ghĭā-jō*; = *lit.* žió-jŭ „gähne“; *cf. hīscō*) **1.** (*intr.*) **a)** klaffen, offenstehen, gähnen, einen Riß haben [*concha,* °*venae*]; **b)** (*nkl., dcht.*) (*v. Menschen u. Tieren*) den Mund auftun, den Rachen *od.* den Schnabel aufsperren [*canis jappt*]; **c)** (*dcht.*) (*vor Staunen*) gaffen, staunen (*ad alqd* über *etw.*); **d)** / nach *etw.* schnappen *od.* lechzen, gierig trachten [*domus hiare ac poscere aliquid videtur*; *bsd. part. praes. hians* gierig, *zB.* °*corvus*]; **e)** (*v. der Rede*) zusammenhanglos *od.* lückenhaft sein [°*hians compositio* lückenhafter Aufbau, *hiantia loqui*]; *bsd.* (*Qu.*) den Hiat zulassen [*oratio hiat*]. **2.** (*trans.*) (*dcht.*) *m.* geöffnetem Munde hervorbringen [*fabulam* (aus der Maske) herausschreien, *carmen* zart ertönen lassen]. — **(*im Tode*) den Mund aufsperren.

hīppăgōgōe, *ōn f* (*acc.* -*ūs*) (*Fw.* ‹ *αἱ* ἱππαγωγοί) (*Li.*) Pferdetransportschiffe.

Hīppō, *ōnĭs m Städtename*: ~ *rēgĭŭs* (Ἵππων βασιλικός) *an der Küste Numidiens, phönikische Gründung, später röm. Provinzialhptst., j. Ruinenstätte bei Bone, Algerien.*

hīppŏcĕntaurŭs, *ī m* (*Fw.* ‹ ἱπποκένταυρος) Kentaur (*Fabelwesen, halb Pferd, halb Mensch*).

Hīppŏcrătēs, *ĭs m* (Ἱπποκράτης) *aus Kos, berühmtester Arzt des Altertums, geb. um 460 v. Chr., gest. um 366*; *adi.* **Hīppŏcrătĭcŭs** 3; *Corpus Hippocraticum Sammlung v. 53 Schriften aus den Ärzteschulen v. Kos u. Knidos (in ihm auch der sog. Hippokratische Eid* [*Hippocratis iusiurandum,* Ἱπποκράτους ὅρκος = *Leitsätze verantwortungsvollen ärztlichen Handelns*]). — ***facies Hippocratica s. făcĭēs.* — *Cf.* V.-B. III, 3 *u.* 5.

Hīppŏcrēnē, *ēs f* (Ἵππου κρήνη, *eigtl.* „Quelle des Rosses [*nämlich des pegasus*]“) *Musenquell am Helikon* (*cf. Gŏrgō*).

Hīppŏdămē, *ēs u.* **Hīppŏdămīă** *od.* **-ēă,** *ae f* (Ἱπποδάμη, -δάμεια) **1.** *T. des Oinomaos v. Pisa, Gattin des Pelops, M. des Atreus u. des Thyestes.* **2.** *Gattin des Peirithoos.*

hīppŏdămŭs, *ī m* (*Fw.* ‹ ἱππόδαμος) (*Ma.*) Rossebändiger; / Reiter.

hīppŏdrŏmŏs *u.* **-ŭs,** *ī m* (*Fw.* ‹ ἱππόδρομος) (*unkl.*) Rennbahn, Zirkus.

Hīppŏlўtē, *ēs f* (Ἱππολύτη) *Königin der Amazonen, Gattin des Theseus, M. des Hippolytos.*

Hīppŏlўtŭs, *ī m* (Ἱππόλυτος) *S. des Theseus, wurde wegen Verschmähung der Liebe s-r Stiefmutter Phaidra v. dieser verleumdet u. v. seinen eigenen Rossen zu Tode geschleift. Er wurde aber v. Asklepios wieder zum Leben erweckt u. v. Artemis nach Latium gebracht. Dort wird er als Gott Virbius im Hain der Diana v. Aricia verehrt.* — *Cf. Vĭrbĭŭs.*

hīppŏmănĕs, *ĭs n* (*Fw.* ‹ [τὸ] ἱππομανές *zu* ἱππομανής „rossig“) (*dcht., nkl.*) **1.** Brunstschleim rossiger Stuten. **2.** Auswuchs *auf der Stirn neugeborener Füllen.* (*Beides als Zaubermittel zu Liebestränken benutzt*).

Hīppōnăx, *ăctĭs m* (Ἱππῶναξ) *aus Ephesos, Vfssr. v. Spottgedichten (um 540 v. Chr.), Erfinder des Choliambos od. Skazon (Hinkjambus)*; *adi.* **Hīppōnăctēŭs** 3; *auch* / = beißend, Spott...; *subst.* **-ēī,** *ōrŭm m* Hinkjamben; *cf. scāzōn.*

hīppŏpērae, *ārŭm f* (*Fw.* ‹ ἱπποπῆραι) (*Se.*) Packsattel eines Reiters.

hīppŏpŏtămŭs, *ī m* (*Fw.* ‹ ἱπποπόταμος) (*nkl.*) Flußpferd, Nilpferd.

hīppŏtŏxŏtă, *ae m* (*Fw.* ‹ ἱπποτοξότης) berittener Bogenschütze; *pl.* leichte Kavallerie.

hīppūrŏs *od.* **-ŭs,** *ī m* (*Fw.* ‹ ἵππουρος) (*nkl., dcht.*) *ein Fisch* (Goldkarpfen?).

hīr *n indecl.* (?) (*et. ungedeutet*) (*vkl., dcht.*) die hohle Hand (?).

hīră, *ae f* (*cf. hĕrnĭă, hărŭ-spĕx*) (*vkl., nkl.*) leerer Darm; *pl.* Eingeweide.

hīrcīnŭs 3 (*hīrcŭs*) (*unkl.*) vom Bock, bocksledern, Bocks... [*folles*]; wie ein Bock stinkend [*alae*].

hīrcŏsălĭŭs, *ī m* (*hīrcŭs, sălĭō*) (*Pl.*) springender Bock (?).

hīrcōsŭs 3 (*hīrcŭs*) (*unkl.*) stinkend wie ein Bock [*ōsculum*]; *subst.* **-ī,** *ōrŭm m* Stinkböcke.

hīrcŭs, *ī m* (*cf. hīrtŭs*; *ēr*) (*unkl.*) Ziegenbock; (*meton.*) Bocksgestank [*hircum olere*]; *sprichw. mulgere hircos* töricht handeln *od. etw.* Unmögliches tun; / (*Schimpfwort*) geiler Bock.

hīrnĕă, *ae f* (*et. unklar*) (*vkl.*) Schenkkanne; Krug.

hīrnĭōsŭs 3 = *hĕrnĭōsŭs.*

Hīrpīnī, *ōrŭm m* (*osk.-sab. hĭrpŭs* „Wolf [des Mars]“ *zu hīrcŭs*) *südlichste Völkerschaft Samniums*; *adi.* **Hīrpīnŭs** 3, *auch röm. cogn.*

hīrqu... = *hīrc...*

hīrsūtŭs 3 (*m.* °*comp.*) (*cf. hīrtŭs*) stachelig, borstig [*bestiae spinis -ae,* °*frondes*]; *übh.* (*meist nkl., dcht.*) struppig, rauh, *bsd. vom Haar* [*tunica* hären, °*capilli,* °*ora* bärtig]; / (*nkl., dcht.*) roh, ungebildet, schmucklos [*Getae, annales*].

Hīrtĭŭs 3 (*hīrtŭs*) *röm. Gentilname*: *A. Hīrtĭŭs, Legat Cäsars, Freund Ciceros*; *als cons. siegte er 43 v.Chr. im Kampf gegen Antonius bei Mutina, fiel aber in der Schlacht.* — *Er hat Cäsars Bellum Gallicum das 8. Buch hinzugefügt*; *adi.* **Hīrtĭānŭs** *u.* **Hīrtīnŭs** 3.

hīrtŭs 3 (*vl.* ‹ **ghĕr-tŏs* „starrend“; *cf. hŏrrĕō*) = *hīrsūtŭs.*

hīrūdō, *ĭnĭs f* (*et. ungedeutet*) **1.** (*unkl.*) Blutegel. **2.** / Blutsauger [*aerarii*].

hīrŭndĭnīnŭs 3 (*hīrŭndō*) (*unkl.*) Schwalben... [*nidus*].

hīrŭndō, *ĭnĭs f* (*wohl zu hĭrrĭō* 4. „girren“, *Schallwort*; *cf. nhd.* „girren, gurren“) (*unkl.*) Schwalbe, *galt als Frühlingsbote* [*veris praenuntia*]; / (*Pl.*) *Kosewort.*

hīscō, — — 3. (*incoh. v. hĭō*; *cf.* χάσκω) **1.** (*intr.*) **a)** (*vkl., dcht.*) sich öffnen, klaffen [*tellus*]; **b)** den Mund auftun, mucksen [*hiscere non audeo*]. **2.** (*trans.*) (*dcht.*) sagen, vorbringen [*nihil* kein Wort, *reges* besingen].

Hīspălĭs, *ĭs f Handelsst. in Hispania Baetica, j.* Sevilla; *Einw.* **Hīspălĭēnsēs,** *ĭŭm m.*

Hīspānĭă, *ae f* (*Inscr. auch Spānĭă*; *gr.* Ἰβηρία, *hellenistisch* Σπανία; ‚i‘ *in* [*H*]*ispania vl. der iberische Artikel*) **1.** *subst.* Spanien = die ganze Pyrenäische Halbinsel: *Hīspānĭă cĭtĕrĭŏr od. Tărrăcōnēnsĭs u. ūltĕrĭŏr od. Lūsĭtānĭă ĕt Baetĭcă, daher pl. Hispaniae (duae)* die beiden spanischen Provinzen; *Einw.* **Hīspānŭs,** *ī m* Spanier. **2.** *adi.* **a) Hīspānŭs** *u.* **Hīspānĭcŭs** 3 spanisch; *auch* aus Spaniern bestehend [*equites*]; **b) Hīspānĭēnsĭs,** *ĕ* spanisch

= *m.* Spanien zufällig zusammenhängend *od.* in Spanien stationiert [*legatus* römischer Legat in Spanien, *bellum* Krieg unter Römern in Spanien, °*exercitus* römisches Heer in Spanien].

hispidus 3 (*wohl osk.-umbr. Lw.*; *cf.* *hircūs, hirtūs*) (*nkl., dcht.*) rauh, struppig [*facies, ager m.* Unkraut überzogen].

hister, *trī m* (*etr. Lw.*) (*nkl.*) *Grundform v. histriō.*

Hister (**Ister**), *trī m* (Ἴστρος) die untere Donau (*Ggs. Dānuvius*).

▶ **historia,** *ae f* (*Fw.* ‹ ἱστορία) **1. a)** Forschung, Untersuchung [*curiosus in omni historia*]; **b)** Kenntnis, Kunde, Wissen [*nihil historiā dignum* wissenswert]. **2. a)** Bericht, Erzählung *v. etw., bsd.* °Reisebeschreibung; **b)** (*meton.*) (*dcht.*) Gegenstand der Erzählung [*nobilis* Stadtgespräch]. **3. a)** Geschichte (*abstrakt*) = Geschichtsforschung, -schreibung, historische Kenntnis, geschichtliche Darstellung [*prima historiae lex est, ne quid falsi dicere audeat, fides historiae* historische Wahrheit, *Graeca od. rerum Graecarum od. Romanarum*]; **b)** Geschichte (*concr.*) **α)** = Geschichtswerk, *pl. v.* größerem Umfang [*belli Italici, Graeca* in griechischer Sprache, *historiam od. historias* °*scribere*]; (*spätl.*) *historia Augusta* Sammlung v. Biographien der röm. Kaiser *v. Hadrian bis Numerianus*; *scriptores historiae Augustae* ihre (angeblichen) Vfssr.; **β)** (*meist pl.*) geschichtlich beglaubigte Erzählung, geschichtliche Angabe [*omnes historiae prodiderunt*]; **γ)** (*meist pl.*) Anekdote; Erzählung; *bsd.* Sage, Mythe, *pl.* Mythologie.

historicē, *ēs f* (*Fw.* ‹ ἱστορική, *sc.* τέχνη) (*Qu.*) Erklärung der Schriftsteller.

historicus 3 (*adv.* °**-ē**) (*Fw.* ‹ ἱστορικός) geschichtlich, historisch [*genus* geschichtlicher Stil]; *subst. m* Geschichtsforscher, Historiker.

historiographus, *ī m* (*Fw.* ‹ ἱστοριογράφος) (*spätl.*) Historiograph, Geschichtsschreiber.

Histria (**Istria**), *ae f* (Ἰστρία) Istrien, *Halbinsel am nördlichen Ende des Adriatischen Meeres*; *Einw.* **Histrī** *u.* **Histriānī**, *ōrum m*; *adi.* **Histricus** 3.

histricus 3 (*hister*) (*Pl.*) zu den Schauspielern gehörig [*imperator eig.* Direktor der Schauspielertruppe, Theaterdirektor, *imperium* Theaterdirektion].

histriō, *ōnis m* (*hister*) Schauspieler [°*aulae od.* °*aulicus* Hofschauspieler]; °*m. u.* °*ohne tragicus* Tragöde [°*histriones et comoedi*]. — **Gaukler, Spielmann.

histriōnālis, *e* (*histriō*) (*Ta.*) schauspielerisch, Schauspieler... [*modi, studium*].

histriōnia, *ae f* (*sc. ars*; *histriō*) (*vkl., nkl.*) Schauspielkunst.

hiulcō 1. (*denom. v. hiulcus*) (*dcht.*) spalten, rissig machen [*agros*].

hiulcus 3 (*adv.* **-ē**) (*aus adi.* **hiulus zu hiō*) **1.** (*dcht.*) klaffend, rissig [*arva*]. **2.** / **a)** (*Pl.*) lechzend, gierig; **b)** (*v. der Rede*) unzusammenhängend [*voces*]; *bsd.* durch häufigen Hiatus unschön [*-e loqui*].

*****h.l.** *Abk.* = *hōc locō* an diesem Ort.

*****h.m.** *Abk.* = *huius mēnsis* dieses Monats.

hōc (*zu hic*[1]) **1.** (*unkl.*) *adv.* = *hūc.* **2.** = *eō* desto [*maior*].

▶ **hō-diē** *adv.* (‹ **hō diē* „an diesem Tage"; *Vokalkürzung durch Tonanschluß*) **1. a)** an diesem Tage, heute [*Kalendae Ianuariae hodie sunt*]; *hodie mane* heute früh; / **b)** heutzutage, in unserer Zeit [*caudam antiqui penem vocabant; at ~ penes est in obscenis*]; **c)** noch heute, noch heutzutage, noch bis auf den heutigen Tag [*ille mons ~ sacer nominatur*]; **d)** *hodieque*: **α)** und noch heute, und auch noch heute; **β)** (*nachaug.*) auch noch heute, noch heutzutage, *klass. hodie quoque.* **2.** sogleich, auf der Stelle, *klass. selten* [*non dices ~?*]. **3.** (*Com.*) (*bei Drohungen u. Beteuerungen*) je, jemals [*si sensero hodie* ... wenn ich jemals merke, daß ...].

hodiēque *s. hodiē.*

hodiernus 3 (*hodiē, cf. hesternus*) **1.** heutig [*ad hodiernum diem*]; *subst.* **-um,** *ī n* (*nkl.*) das Heute. **2.** jetzig [*sermo*].

hol... *s. ol...*

Homēr(on)ida, *ae m* (Ὁμηρ[ων]ίδης) (*Pl.*) Nachahmer Homers, Homeride.

Homērus, *ī m* (Ὅμηρος) *ältester griech. Dichter*; *adi.* **Homēri(c)us** *u.* °**Homēriacus** 3.

homi-cīda, *ae m u. f* (*homō, caedō*) **1.** Mörder, Mörderin, *stets abs.* **2.** (*im epischen Stil*) (*dcht.*) männermordend = ἀνδροφόνος [*Hector*].

homicīdium, *ī n* (*homicīda*) (*nkl.*) Mord, Totschlag.

homilia, *ae f* (*Fw.* ‹ ὁμιλία) (*Isid.*) Rede vor dem Volk. — **Bibelauslegung, Predigt.

> **homō**
> **1.** Mensch (*als Gattungsbegriff*); **2.** Mensch (*als Träger menschlicher Eigenschaften*): **a)** ein schwacher Mensch; **b)** ein guter Mensch; **c)** *in der Anrede*: guter Mann, Freund; **d)** Mann, Ehemann; **3. a)** Mann *in gesellschaftl., ethnischer und politischer Hinsicht mit entsprechenden Attributen*; **b)** Bewohner; **c)** Sklave; **4.** *statt e-s pron.*; **5.** *pl.* Leute; Kolonisten; Soldaten; **6.** Manneskraft.

homō, *inis m* (*altl. -mōnis usw.*; *ältere Form hemō* [*cf. nēmō*]; *cf. got.* guma „Mann", *nhd.* „Bräuti-gam") **1.** Mensch (*als Gattungsbegriff im Ggs. zu den unsterblichen Göttern u. vernunftlosen Tieren*), *pl.* die Menschen, Leute, Personen, Menschheit, Mitmenschen, Welt [°*rex hominumque deumque, genus hominum* Menschengeschlecht, *~ adulescens, ~ nemo u. nemo ~* kein Mensch, *~* °*servus* Sklavenseele, *monstrum hominis* Ungeheuer *v.* einem Menschen, *post hominum memoriam* seit Menschengedenken, °*paucorum hominum esse m.* nur wenigen verkehren, *numquam inter homines fuisse* nie *m.* der großen Welt umgegangen sein, *cum inter homines esset* bei Lebzeiten, °*hominem exuere* die Menschengestalt ablegen]. **2.** (*prägn.*) **a)** ein schwaches Menschenkind [*homo sum*]; **b)** ein Mensch, der menschlich fühlt [*hominem ex homine tollere jd.* das nehmen, was ihn zum Menschen macht]; **c)** (*meist Com.*) (*familiär*) *oft in der Anrede*: Freund, guter Mann; **d)** (*im Ggs. zum Weib*) Mann, Ehemann. **3. a)** Mann (*m. Rücksicht auf seine menschlich-gesellschaftlichen Verhältnisse od. seine persönlichen Vorzüge u. Schwächen*) [*~ plebeius* Mann aus dem einfachen Volk, *~ novus* Mann ohne Ahnen (***Neuling; Emporkömmling), *dives, improbus, callidus, ignavus, doctus, ~ Romanus* ein Römer, *~ Graecus* ein Grieche]; *verächtlich* Kerl, Person; (*prägn.*) rechter Mann, Mann *v.* Verstand *od.* Geschmack (Schönheitssinn, Wort, Charakter); **b)** Einwohner, Bewohner; **c)** Sklave, Bursche (*alcis j-s*). **4.** (*bei nachdrücklicher Hervorhebung statt e-s pron.*): **a)** *statt is od. ille*: er, sie, es, der eben Genannte [*nosti ōs hominis* = *ōs eius*]; **b)** *statt hic* = ich. **5.** *pl.* **a)** die Angehörigen, Leute, Personal [*tui homines*]; **b)** Kolonisten *m.* ihren Familien; **c)** *mil.* Soldaten, Fußvolk [*capti multi homines equitesque, mille homines* tausend Mann]. **6.** (*Ma.*) Mannes-, Zeugungskraft. — **Lehnsmann, Vasall. — ****homo faber* = der Mensch als Handwerker (*sowohl in bezug auf seine Fähigkeit, sich technische Hilfsmittel zu schaffen, wie als Gegensatz zum Akademiker, Angestellten od. Beamten*); *homo oeconomicus der* (*Gegenwarts-*)*Mensch, der sein Handeln nur wirtschaftlicher Zweckmäßigkeit unterordnet*; *homo sapiens* der (*m. Verstand begabte*) Mensch, *einzige Art der Gattung* „Mensch" (*Homo*); *ad hominem* auf die Bedürfnisse u. Möglichkeiten des Menschen abgestimmt.

homoeomeria, *ae f* (*acc. -ān*; *Fw.* ‹ ὁμοιομέρεια) (*Lu.*) Ähnlichkeit der Teile.

homoeoteleuton, *ī n* (*Fw.* ‹ ὁμοιοτέλευτον = *similiter dēsinēns*) (*spätl., bei Qu. griech.*) (*metr. t.t.*) ähnlich klingender Ausgang *aufeinanderfolgender Kola* = Reim.

homōnyma, *ōrum n* (*Fw.* ‹ ὁμώνυμα) (*Qu.*) gleichlautende Wörter (*verschiedener Bedeutung*), Homonyme.

homullus, *ī m* (*demin. v. homō*) Menschlein, Schwächling; erbärmliches Geschöpf.

homunciō, *ōnis u.* **homunculus,** *ī m* = *homullus.* — ****Homunkulus* Retortenmensch (*nach Goethe, Faust II*).

honestāmentum, *ī n* (*honestō*) (*nkl.*) Schmuck, Zierde.

▶ **honestās,** *ātis f* (*honestus*) **1. a)** Ehre, Ansehen, guter Name [*omnem honestatem amittere*]; **b)** *pl.* Auszeichnungen (*alqm honestatibus* privare); (meton.) angesehene Personen, Honoratioren [omnes honestates civitatis]. 2. a) Ehrbarkeit, Anstand, Anständigkeit, Würde [vitae]; b) (philos. t.t.) Sittlichkeit, Tugend, auch Schamgefühl [tota honestas quattuor virtutibus continetur]; c) (v. Sachen) Schönheit [testudinis].

hŏnĕstō 1. (hŏnĕstŭs) ehren, auszeichnen, zieren, adeln (alqm u. alqd, zB. civem honore, domum).

▶ **hŏnĕstŭs** 3 (m. comp. u. sup.; adv. -ē) (wohl v. altem *hŏnŏs, ĕrĭs n zu hŏnŏs) 1. in Ehre stehend, geehrt, angesehen, achtbar, ansehnlich, bsd. v. guter Familie, vornehm, v. Pers. u. Sachen [homo, familia, locus Familie, honesto loco natus, °honeste genitus; re durch etw., zB. °fascibus prunkend m.]; subst. -ī, ōrŭm m Männer aus gutem Hause, angesehene Leute. 2. a) Ehre bringend od. verdienend, ehrenvoll, ehrenhaft [dies, funus, laudatio, vita honeste acta, honestum est es macht od. bringt Ehre]; b) ehrbar, schicklich, würdig [nomen, studia, °res standesgemäße Mittel, °divitiae m. Ehren erworben od. zum anständigen Leben hinreichend; m. 2. supin., zB. factu]; subst. -ŭm, ī n Anstand, Ehre, Würde; c) sittlich gut, tugendhaft [vita, honeste vivere]; subst. -ŭm, ī n das Sittlichgute, Sittlichkeit, Tugend (= hŏnĕstās 2, b). 3. (v. Sachen) (dcht., nkl.) schön, hübsch, wohlgestaltet, edel [facies, palla; subst. -ŭm, ī n etw. Schönes, das Schöne]; klass. nur = schönklingend [oratio, nomen].

hŏnŏr
1. a) Ehre, die jd. erwiesen wird; Ehrung, Auszeichnung; b) Hochachtung, Verehrung; c) personif. Gott der Ehre; d) Ehrenamt; e) Ehrentitel; f) Ehrensold, Honorar; Opfer(gabe); 2. a) Ehre, in der jd. steht; Ansehen, Ruhm; b) Zierde, Schönheit.

hŏnŏr u. (älter) **hŏnōs**, ōrĭs m (et. ungedeutet) 1. a) Ehre, die jd. erwiesen wird; Ehrenbezeigung, Ehrung, Auszeichnung, Anerkennung [magnus, amplissimus, °supremus letzte = sepulturae ~; alcis j-s; alcis rei, zB. aetatis dem Alter gebührend; honore afficere alqm od. honorem praefari od. dicere „m. Verlaub" od. „entschuldige das harte Wort" (veraltet: „halten zu Gnaden") sagen, um einen anstößigen Ausdruck zu entschuldigen]; honoris causā (***Dr. h.c. = Doktor ehrenhalber, v. Universitäten verliehener akademischer Grad) od. gratiā ehrenhalber, in allen Ehren, aus persönlichen Rücksichten (alcis jd. zu Ehren = °in honorem alcis); b) (dcht.) Hochachtung, Verehrung, Scheu [templum miro honore colere]; c) (personif.) (dcht.) Honor Gott der Ehre [aedes Honoris et Virtutis; sie standen in Rom nebeneinander vor der porta Capena]; d) (meton.) Ehrenamt [tribunicius, °curulis, regni Königswürde, honores petere u. °capere, ad honores ascendere, honoris gradus Ehrenstufe, cursus honorum]; e) (nkl.) Ehrentitel [militaris]; f) α) Ehrensold, -geschenk, Honorar [medici; medico honorem habere honorieren]; °β) Lobeserhebung, Kompliment; γ) (nkl., dcht.) (relig. t.t.) Opfer (-gabe), Ehrenfest [aris honorem imponere, honores mactare Opfertiere, honorem Baccho dicere ein Loblied]; auch Totenfeier. 2. a) Ehre, in der jd. steht; Ansehen, Berühmtheit, Ruhm, Glanz [alcis honori invidere, °pugnae Kriegsruhm, alqs summo honore est propter ingenium, honori esse alci jd. Ehre bringen, in honore esse apud alqm, alqd in honorem adducere zu Ehren bringen]; b) (meton.) (dcht.) Ehre bringender Gegenstand; Zierde, Schönheit, Reiz, Anmut [silvarum = Laubschmuck, ruris = Früchte, cinctus honore caput m. dem Kranz]. — **Lehen; Fürstenwürde.

hŏnōrābĭlĭs, ĕ (hŏnōrō) ehrenvoll, ehrenhaft.

hŏnōrārĭŭs 3 (hŏnŏr) ehrenhalber geschehend (od. gegeben, gewählt), als Ehrenbezeigung gewährt, Ehren-..., v. Pers. u. Sachen [arbiter, vinum Ehrenwein, delectare -um est geschieht den Zuhörern zu Ehren]; subst. -ŭm, ī n (nkl.) freiwilliges Ehrengeschenk, ~ decurionatūs Abgabe an den Fiskus für die Ratsherrenwürde.

hŏnōrātŭs 3 (m. comp. u. °sup.; adv. °-ē) (eig. P.P.P. v. hŏnōrō) 1. geehrt, geachtet, angesehen, v. Pers. u. Sachen [vir, senectus, °Achilles gefeiert, berühmt]; bsd. m. e-m Ehrenamt bekleidet, hochgestellt [filius, senex]; subst. m Würdenträger. 2. (nur v. Sachen) ehrenvoll [°militia, °decretum, °rus Ehrenacker]. — ***subst. honoratiores die mehr als andere Geehrten (Honoratioren).

hŏnōrĭ-fĭcŭs 3 (m. comp. u. sup.; adv. -ē) (hŏnŏr, făcĭō) Ehre bringend, ehrenvoll, ehrend [senatūs consulta, alqm -e tractare; alci für jd.].
F. comp. hŏnōrĭfĭcentĭŏr; sup. hŏnōrĭfĭcentissĭmŭs.

hŏnōrō 1. (denom. v. hŏnŏr) ehren, auszeichnen (bsd. Ehrenämter verleihen); verherrlichen (alqm u. alqd, zB. °hominem sellā curuli, °virtutem, °diem, °tumulum durch Totenopfer).

hŏnōrŭs 3 (hŏnŏr) (nkl., dcht.) ehrenvoll, ansehnlich.

▶ **hŏnōs**, ōrĭs m s. hŏnŏr.

hŏplŏmăchŭs, ī m (Fw. < ὁπλόμαχος) (nkl.) der schwerbewaffnete Gladiator.

▶ **hōră**, ae f (Lw. < ὥρα) 1. (eine bestimmte abgemessene) Tageszeit, Stunde (bei den Römern der 12. Teil des v. Sonnenaufgang bis Sonnenuntergang reichenden Tages, je nach den Jahreszeiten verschieden; jedoch fiel die sechste Stunde des Tages stets auf unseren Mittag u. die sechste Stunde der Nacht stets auf unsere Mitternacht; hora quarta etwa 10 Uhr, septima etwa 13 Uhr, decima etwa 16 Uhr, quota hora est? wieviel Uhr ist es?, °natalis, legitimae die dem Redner gesetzlich zustehenden, in hora innerhalb einer Stunde, in horam vivere in den Tag hineinleben, in [singulas] horas u. °in horam v. Stunde zu Stunde, stündlich). 2. (synekd.) (dcht.) Zeitabschnitt, übh. Zeit, oft pl. [crastina, brevis, recte vivendi]. 3. (nkl., dcht.) Jahreszeit [verni temporis]. 4. (meton.) pl. Uhr, Uhrwerk (alqm ad horas mittere zu den Sonnen- od. Wasseruhren, machinatione horae moventur). — **horae canonicae die Horen, die (7) Gebetsstunden der Geistlichen u. Mönche; ab hora ad horam einmal am Tage.

Hōrae, ārŭm f (Ὧραι) die (drei) Horen, Töchter des Zeus u. der Themis, die Göttinnen der (3 schönen) Jahreszeiten.

hōraeŏs u. **-ŭs** 3 (Fw. < ὡραῖος) (Pl.) rechtzeitig eingesalzen, mariniert.

Hŏrātĭŭs 3 röm. Gentilname: 1. Nach altröm. Sage wurde der Streit über die Vorherrschaft zw. Rom u. Alba Longa entschieden durch den Sieg der drei röm. Horatier über die drei albanischen Kuriatier. 2. P. Hŏrātĭŭs Cŏclĕs s. Cŏclĕs. 3. Q. Hŏrātĭŭs Flaccŭs, geb. 8. Dez. 65 v. Chr. zu Venusia, gest. 27. Nov. 8 v. Chr., größter Lyriker Roms (Vfssr. v. Oden u. Epoden, Satiren u. Episteln; durch Vergil Mitglied des Kreises um Maecenas).

hŏrdĕācĕŭs u. **-cĭŭs** 3 (hŏrdĕŭm) (vkl., nkl.) Gersten... [pānĭs].

hŏrdĕārĭŭs 3 (hŏrdĕŭm) 1. zur Gerste gehörig. 2. (Suet.) der Gerste ähnlich = aufgebläht [rhetor].

hŏrdĕĭă, ae f (vl. f v. adi. hŏrdĕĭŭs) (Pl.) unbekannter Fisch.

hŏrdĕĭŭs 3 (cf. hŏrdĕĭă) (Pl.) = hŏrdĕācĕŭs.

hŏrdĕŭm, ī n (cf. κριθή, nhd. „Gerste", wohl nach den langen stachligen „Grannen" zu hŏrrĕō) Gerste (dcht. oft pl.).

hŏrĭă u. (demin.) **hŏrĭŏlă**, ae f (et. unklar) (vkl., nkl.) Fischerkahn.

hŏrīzōn, ontĭs m (acc. -tĕm u. -tă) (Fw. < ὁρίζων „begrenzend") (nkl.) Gesichtskreis, Horizont.

hŏrnōtĭnŭs 3 (hŏrnŭs, cf. diū-tīnŭs) heurig, diesjährig [vinum].

hŏrnŭs 3 ([abl.] adv. -ō) (< *hōiōrīnōs v. hō iōrō „in diesem Jahr"; abl. v. hīc[1]; hōră [ὥρα], nhd. „Jahr"; cf. nhd. „heuer") (vkl., dcht.) diesjährig, heurig; -ō heuer, in diesem Jahr.

hŏrŏlŏgĭŭm, ī n (Fw. < ὡρολόγιον) Uhr (Sonnen- od. Wasseruhr).

hŏrrĕndŭs 3 (eig. Gerundiv v. hŏrrĕō) 1. (nkl., dcht.) schaudervoll, schrecklich [monstrum]. 2. (Ve.) erstaunlich, bewundernswert.

▶ **hŏrrĕō**, ŭī, — 2. (cf. altind. hársatē „wird starr, sträubt sich, schaudert"; cf. hĭrtŭs) 1. (intr.) a) (dcht., nkl.; klass. fast nur /) starr sein, (empor)starren, (v. Haaren) sich sträuben [°setae, °comae, °hastae; re v. etw. starren od. struppig sein, m. etw. Starrem dicht bedeckt sein, zB. °seges horret aristis, °mare fluctibus wogt stürmisch, °verba *minis* strotzen *v.*]; *part. praes. act.* **hŏrrēns,** ĕntĭs (*nkl., dcht.*) (empor-) starrend, stachelig, struppig [/ *umbra* düsterer]; *auch obszön*; **b)** (*meist v. lebenden Wesen, eig.* „eine Gänsehaut bekommen") **α)** (*vor Frost*) schaudern, zittern, frieren; **β)** (*vor Furcht*) schaudern, beben, sich entsetzen [*animo, cogitatione,* °*timore*]. **2.** (*trans.*) **a)** zurückschaudern vor (*alqm* vor *jd., alqd* vor *etw., zB. crimen, alcis crudelitatem*; *m. inf., zB.* °*dicere, progredi*; *m. indir. Frages.*; *m.* °*ne* daß); °**b)** *etw.* anstaunen (*alqd*).

hŏrrēscō, rŭī, — 3. (*incoh. v. hŏrrĕō*) (*dcht., klass. meist nur* /) **1. a)** starr werden, starren [°*comae* sträuben sich, °*segetes* wogen, *mare* wallt auf; *re v.*, durch *etw., zB.* °*saetis*]; **b)** / schaudern, zittern (*abs. od.* °*re* durch *etw., zB.* °*ferae terrore mortis*). **2.** (*trans.*) schaudern vor (°*alqd* vor *etw., zB. morsūs*; *m. inf. od.* °*part., zB. progredi od.* °*referens*).

hŏrrĕŭm, ī *n* (*et. ungedeutet*) **1.** Vorratskammer (*dcht. auch v. Bienen* [Bienenstock], *Ameisen, Mäusen*). **2.** Scheuer, Scheune, Speicher, Magazin, *auch* / [*Capua* ~ *agri Campani est*]; *für Wein* (*dcht., nkl.*) Lager.

hŏrrĭbĭlĭs, ĕ (*m. comp.*; *adv.* °**-ĭtĕr**) (*hŏrrĕō*) **1.** schauerlich, schrecklich, entsetzlich, *v. Sachen u.* °*Pers.* [*fulgor, casus,* °*Charon*; *alci* für *jd.*; *m. 2. supin., zB.* °*dictu*]. **2.** erstaunlich [*celeritas*]; *auch* (*Pe.*) ehrwürdig [*secretum*].

hŏrrĭdŭlŭs 3 (*demin. v. hŏrrĭdŭs*) **1.** (*vkl.*) starrend, strotzend, straff [*papillae*]. **2. a)** (*Ma.*) struppig; **b)** / schmucklos, ungehobelt [*oratio* ungefeilt]; **c)** (*Pers.*) vor Kälte schaudernd [*comes*].

▶ **hŏrrĭdŭs** 3 (*m. comp.*; *adv.* **-ē**) (*hŏrrĕō*) **1.** starrend, struppig, rauh [*capillus, barba,* °*sus* borstig, °*mare* wildempört, *campus* unkultiviert; *re v. etw.* starrend, *m. etw.* dicht bedeckt, *zB.* °*silva dumis -a*]. **2.** / **a)** (*äußerlich*) ungeschmückt, wild; / wild, roh, ungebildet, ungeschliffen, tölpelhaft, *bsd. v. dem Benehmen u. der Rede* [°*miles,* °*ingenium,* °*numerus Saturnius* ungeregelt, *horride vivere*]; **b)** (*lobend*) schmucklos, einfach, schlicht, *meist v. der Rede* [°*genus,* °*oratio,* °*verba, modus dicendi*]. **3. a)** (*dcht.*) (*vor Kälte*) schaudernd, zitternd, (*v. Sachen*) schaurig, eiskalt [*December*]; **b)** / (*meist unkl.*) schauderhaft, entsetzlich, grausig [*aspectus,* °*procella,* °*furor,* °*fata belli*; *re* durch *etw.*].

hŏrrĭ-fĕr, fĕră, fĕrŭm (*hŏrrĕō, fĕrō*) (*dcht.*) schaurig (kalt) [*boreas*]; / schrecklich [*Erinys*].

hŏrrĭfĭcō 1. (*denom. v. hŏrrĭfĭcŭs*) (*dcht., nkl.*) **1.** rauh *od.* uneben machen [*mare* aufwallen lassen]. **2.** erschrecken, Schauder einflößen (*alqm re*).

hŏrrĭ-fĭcŭs 3 (*hŏrrĕō, făcĭō*) (*dcht., nkl.*) = *hŏrrĭbĭlĭs.*

hŏrrĭ-sŏnŭs 3 (*hŏrrĕō, sŏnō*) (*dcht.*) schrecklich tönend [*fretum* schaurig brausend, *cardo* grauenvoll kreischend].

▶ **hŏrrŏr,** ōrĭs *m* (*hŏrrĕō*) das Starren: **1.** (*nkl., dcht.*) Rauheit; / (*Qu.*) *ille horror dicendi* jene rauhe Sprache. **2.** (*dcht.*) **a)** Frostschauer, Kälte; **b)** Fieberschauer [*sine horrore esse,* °*frigidus horror membra quatit*]. **3.** / **a)** Schauder, Grausen, Entsetzen, Schreck [*horror alqm perfundit od.* °*perstringit od.* °*occupat*]; **b)** (*dcht.*) Wonneschauer [*divina voluptas atque horror*]; **c)** (*nkl.*) heilige *od.* religiöse Scheu, frommer Schauder, Ehrfurcht [*horrore animos imbuere od. alqm perfundere*]. — ****horror vacui* Abscheu (*der Natur*) vor dem leeren Raum (*auf Aristoteles zurückgehende Annahme*).

hŏrrŭī *s. hŏrrĕō u. hŏrrēscō.*

hŏrsŭm *adv.* (< **hō-vŏrsŭm* = *hūc vĕrsŭm*) (*Com.*) hierher.

hŏrtāmĕn, ĭnĭs *n* (*hŏrtŏr*) (*nkl., dcht.*) Ermunterung(smittel).

hŏrtāmĕntŭm, ī *n* (*hŏrtŏr*) (*nkl.*) Ermunterung(smittel).

hŏrtātĭō, ōnĭs *f* (*hŏrtŏr*) Ermunterung, Ermahnung (*alcis j-s, alcis rei* zu *etw.*); *auch im pl.* [*contiones hortationesque* anfeuernde Ansprachen].

hŏrtātīvŭs 3 (*hŏrtŏr*) (*Qu.*) zur Ermunterung dienlich [*genus* (*dicendi*)].

hŏrtātŏr, ōrĭs *m* (*hŏrtŏr*) Mahner, Anreger (*alcis j-s, zB. militum*; *alcis rei* zu *etw., zB. studii,* °*scelerum*; *auch ad alqd*; *hortatore alqo* auf *j-s* Anraten *od.* Antrieb); *bsd.* (*dcht.*) = κελευστής Rudermeister.

hŏrtātrīx, īcĭs *f* (*hŏrtātŏr*) (*unkl.*) Mahnerin, Anregerin.

hŏrtātŭs, ūs *m* = *hŏrtātĭō, klass. nur im abl. sg.*

hŏrtēnsĭ'ĭs 3 (*hŏrtŭs*) (*fast nur nkl.*) zum Garten gehörig; *subst.* **-ĕ(n)-sĭă,** ōrŭm *n* Gartengewächse, -früchte.

Hŏrtēnsĭŭs 3 *röm. Gentilname*: *Q. Hŏrtēnsĭŭs Hŏrtălŭs* (*114—50 v. Chr.*), *ber. Redner, Anhänger des Asianimus, Verteidiger des Verres, Rivale Ciceros*; *adi.* -*ĭānŭs* 3; *subst.* **-ĭānă,** ōrŭm *n Ciceros philos. Schrift* ‚Hortensius'.

▶ **hŏrtŏr** *u.* (*altl.*) **-ō** 1. (*altl. hŏrĭtŏr, intens. v. hŏrĭŏr 4.* „antreiben", *eigtl.* „Lust machen"; *cf.* χαίρω, *nhd.* „begehren, gern") **1.** ermuntern, antreiben, anfeuern, ermahnen, zureden (*abs., zB. hortante alqo* auf *j-s* Antrieb *od.* Zureden; *od. alqm u. animum alcis, zB. milites praeceptis,* °*equos,* °*vitulos* zähmen; *alqm ad alqd, selten* °*in alqd, zB. cives ad pacem,* °*in proelia*; *alqm de re, zB. de reconcilianda pace*; *alqd selten, zB. pacem*; *alqm alqd, aber nur n e-s pron. od. allgem. adi., zB. hoc vos hortor, milites pauca*; *meist m. ut, ne od. bloßem coni.*; *m. inf. u.* °*a.c.i.*). **2. a)** *mil.* die Soldaten ermutigen, eine ermutigende Ansprache halten [*milites*]; **b)** (*v. Sachen*) auffordern, zu *etw.* veranlassen [*tempus me ad hoc consilium hortatur* bestimmt mich zu diesem Entschluß].

hŏrtŭlŭs, ī *m* (*demin. v. hŏrtŭs*) Gärtchen; *pl. kl.* Park, Lustgarten; (*Suet.*) *collis hortulorum der spätere Mons Pincius, j.* Monte Pincio.

▶ **hŏrtŭs,** ī *m* (*eigtl.* „eingezäunter Ort"; *cf.* χόρτος „Gehege", *cō-hŏrs, nhd.* „Garten") Garten; *pl.* Park, Lustgarten [*Pompei*; °*collis hortorum* = *c. hortulorum m. den ber. horti Luculiani*; *s. hŏrtŭlŭs*]; *bsd.* Gemüsegarten, (*meton.*) (*unkl.*) Gemüse.

▶ **hŏspĕs,** ĭtĭs *m* (*u. selten* °*f*) (*gen. pl.* -*ŭm u.* °-*ĭŭm*) (< **hŏstĭ-pŏt-s* „Gast-herr"; *hŏstĭs*; *cf. pŏtĭs*) **1.** Gastfreund, *sowohl* Gast *als* Wirt [*ex Achaia*]; (*nkl.*) Quartiergeber *der Soldaten*; *auch* °*adi.* gastfreundlich [*Iuppiter* ~ = Ζεὺς ξένιος Beschützer des Gastrechts]. **2.** der Fremde, Fremdling, Ausländer; / *adi.* in *etw.* fremd *od.* unerfahren, *m. etw.* unbekannt [*in re u. alcis rei, zB. in agendo, huius urbis*].

hŏspĭtă, ae *f s. hŏspĭtŭs.*

hŏspĭtālĭs, ĕ (*m.* °*comp. u. sup.*; *adv.* °**-ĭtĕr**) (*hŏspĕs*) **1.** zum Gastfreund *od.* zu den Gastfreunden gehörig, des Gastfreundes, des Gastes, Gast... [°*cubiculum, sedes, caedes* Ermordung des Gastfreundes, *beneficia* gegen Gastfreunde]; *subst.* **-ĕ,** ĭs *n* (*nkl.*) Gastzimmer; *pl.* Gastwohnung (**Krankenhaus, Armenhaus, Herberge). **2.** gastlich, gastfreundlich [*domus, Iuppiter* Beschützer des Gastrechts = Ζεὺς ξένιος; / °*umbra* einladend, °*pectus* menschenfreundlich; *in alqm* gegen *jd.*].

hŏspĭtālĭtās, ātĭs *f* (*hŏspĭtālĭs*) Gastlichkeit, Gastfreundlichkeit.

hŏspĭtĭŭm, ī *n* (*hŏspĕs*) **1.** Gastfreundschaft, *auch zwischen Staaten* [*paternum, alcis j-s u. m. jd., zB. Lacedaemoniorum*; *-um cum alqo facere od. coniungere* schließen, *-um mihi cum alqo est od. intercedit*]; °(*meton.*) = Gastfreunde. **2.** (*meton.*) gastliche Aufnahme, Bewirtung [*liberale, agreste*; *alqm -o invitare* als Gast, *alqm -o re- od. accipere jd.* gastlich bei sich aufnehmen]. **3. a)** gastliches Haus *od.* Quartier, Herberge, Logis *bei einem Gastfreund* [°*publicum, -um parare,* °*in -um adducere alqm*]; *auch* Gastzimmer; **b)** / (*dcht., nkl.*) (*für Tiere*) Lager; **c)** (*scherzh.*) (*Pl.*) Einkehr, Unterkunft [*confidentiae dat.*].

hŏspĭtŏr 1. (*hŏspĕs*) (*nkl.*) als Gast einkehren; / sich irgendwo aufhalten.

hŏspĭtŭs 3 (*hŏspĕs*) **1.** (*nur sg. f u. pl. n*) (*dcht.*) **a)** fremd [*navis, aequora*; *alci* für *jd.*]; **b)** gastfreundlich, gastlich, *sowohl aufgenommen als aufnehmend* [*tellus*; *alci* für, gegen *jd., zB. unda* (*sc. gelu concreta*) *plaustris -a* Wagen tragend = über die Wagen fahren]. **2.** (*subst.*) **-ă,** ae *f* eine Fremde, ein (weiblicher) Gast; eine Wirtin.

hŏstĭă, ae *f* (*et. umstritten*; *vl. aber, wie schon die Alten gelehrt haben, wie hŏstĭō zu hŏstĭs als* „Vergeltung" *entsprechend dem Geschenkaustausch zw. Gast u. Gastgeber*) Opfertier, Schlachtopfer [*hostias* °*caedere u. immolare,*

°sacrificare, °mactare, hostiis immolare u. °rem divinam facere, hostiae maiores ausgewachsene, °humana Menschenopfer]. — **Hostie.

hŏstiātŭs 3 (*hŏstiă*) (*Pl.*) mit Opfertieren versehen.

hŏstīcŭs 3 (*hŏstĭs*) **1.** (*Pl.*) fremd, ausländisch. **2.** (*unkl.*) feindlich, dem Feinde gehörig, des Feindes [*ager*]; *subst.* **hŏstīcŭm,** *ī n* (*nkl.*) Feindesland.

hŏstĭ-fĭcŭs 3 (*adv.* °**-ē**) (*hŏstĭs, făcĭō, eigtl.* „feindlich handelnd", *nach hŏrrĭ-fĭcŭs u.ä.*) feindselig, feindlich [*bellum*].

▶ **hŏstīlĭs,** *ĕ* (*adv.* **-ĭtĕr**) (*hŏstĭs*) **1.** feindlich = dem Feinde *od.* zum Feinde gehörig, des Feindes, der Feinde, *klass. nicht häufig* [*terra,* °*arma, expugnatio, condiciones m.* den Feinden vereinbart, °*metus* vor dem Feinde, *bella m.* auswärtigen Feinden]. **2.** feindselig [*animus, odium,* °*loca hostiliter depopulari*]; *subst.* **hŏstīlĭă,** *ĭŭm n* (*nkl.*) Feindseligkeiten [*facere*].

Hŏstīlĭŭs 3 *röm. Gentilname*; *Tŭllŭs ~ 3. röm. König.*

hŏstīmēntŭm, *ī n* (*hŏstĭō*) (*vkl.*) Vergeltung.

hŏstĭō 4. (*et. umstritten; doch s. hŏstĭă*) (*vkl.*) vergelten [*hostire contra* = zurückschlagen].

▶ **hŏstĭs,** *ĭs m* (*u. f*) (*cf. nhd.* „Gast") **1.** (*vkl.*) Fremder, Fremdling [*Ci.*: *apud maiores nostros hostis is dicebatur, quem nunc peregrinum dicimus; daher Ausdrücke wie cives atque hostes, cives hostesque*]. **2.** Feind: **a)** Staatsfeind, Landesfeind, kriegführender Feind, Feindin (*Ggs. ĭnĭmīcŭs*) [*Pompeius saepius cum hoste conflixit quam quisquam cum inimico concertavit, alqm hostem iudicare; alcis j-s u. alcis rei, zB. Atheniensium, rei publicae; auch alci*]; *oft coll.* = die Feinde [*externus*]; **b)** / erbitterter Feind (*in Privatverhältnissen*), offener Gegner *od.* Widersacher, *auch* / [*omnium hominum,* °*bonorum* der Konservativen, *patriae* = Hochverräter; *veritatis*; *auch alci, zB. diis hominibusque*]; (*vor Gericht*) (*Pl.*) Prozeßgegner (= *ădvērsārĭŭs*); (*in der Liebe*) (*dcht.*) Nebenbuhler, Rivale. — **antiquus ~ der Teufel.

H.S. *Abk.* = *sēstērtĭŭs* (*s.d.*), *eigtl.* LLS (*d. h. lībră lībră sēmĭs*) *od.* IIS (*d. h. dŭō sēmĭs*), *woraus zuletzt* HS *entstand.*

****huba,** *ae f* (*germ.*) Hufe (*germ. Landmaß*).

▶ **hūc,** *altl. bzw. vulgär auch* **hōc** (*wohl* < **hoi-cĕ, loc. zu hĭc*[1]; *cf. ποῖ*) *adv.* **1.** (*räuml.*) hierher, hierhin, an den Ort, *wo der Sprechende sich befindet, selten in historischer Erzählung* dorthin, dahin = *ĕō* [*illinc huc veni; huc et illuc, huc* (*atque*) *illuc,* °*huc et huc* hierhin u. dorthin, hin und her, nach allen Seiten]. **2.** / hierzu, dazu, bis zu diesem Punkt *od.* Grad, so weit, für diesen Zweck [*huc pertinet, huc accedit timor od. quod ...; huc adde od.* °*adice; rem huc deduxi, ut ...; m.* °*gen., zB. huc arrogantiae venit*]; *bsd.* **hūc-ĭ-nĕ** *fragend* bis hierhin? so weit?, *zB. hucine omnia reciderunt?*; **hūc-ŭsquĕ** (*-ŭsquĕ?*) (*nkl.*) bis hierher, so weit.

hŭī *int.* (*-ī-?*; *lautmalend, urspr. Schnelligkeit u. Plötzlichkeit, dann — meist ironisch — Erstaunen u. Spott ausdrückend*) hui! ei! ach was!

hŭiŭscĕ-mŏdī *u.* **hŭiŭs-mŏdī** (*hĭc*[1], *mŏdŭs*) der Art, derartig [*id erat ~*].

▶ **hūmānĭtās,** *ātĭs f* (*hūmānŭs*) **1.** Menschlichkeit, Menschentum, menschliche Würde [*commune tamquam humanitatis corpus* die sittliche Gemeinschaft der Menschen, *omnem humanitatem exuisse*]. **2.** Menschlichkeit, Milde, Freundlichkeit, Höflichkeit, Humanität [*summa in alqm humanitate esse*]. **3.** edle, allgemeine Bildung, Geistes- u. Herzensbildung, *übh.* Sinn für Anstand u. Schicklichkeit, feiner Geschmack, Liebenswürdigkeit *im Benehmen* [*politior* feinere wissenschaftliche Bildung, *homo humanitatis expers, artes quae ad humanitatem pertinent* = *studia humanitatis ac litterarum*].

hūmānĭtŭs *adv.* (*hūmānŭs*) **1.** auf menschliche Art; *si quid mihi ~ accidisset* wenn mir *etw.* Menschliches begegnet wäre (*euphem.* = wenn ich gestorben wäre). **2.** (*Com.*) menschlich, *d. h.* leutselig, freundlich; *non ~* unmenschlich.

▶ **hūmānŭs** 3 (*m. comp. u. sup.*; *adv.* **-ē** *u.* **-ĭtĕr**) (*wahrsch. zu hŏmō, hŭmŭs; -ū- ist aber nicht zu erklären*) **1. a)** menschlich, den Menschen betreffend, der Menschen, Menschen... [*facies, genus* Menschengeschlecht, *hostia* Menschenopfer, °*dapes* Menschenfleisch, °*scelus* gegen die Menschen; *non humanus* übermenschlich, *zB. audacia; alqd humane od. humaniter facere* wie Menschen, *vivere* sein Leben genießen]; **b)** *subst.* **α)** **hūmānă,** *ōrŭm n* (*sg. -ŭm, ī n vkl., nkl.*) = *rēs hūmānae* menschliche Dinge (*od. Verhältnisse u.ä.*), Menschliches, Irdisches, irdische Güter *od.* Übel, Menschenschicksal, Lauf der Welt, *auch* Ethik [*omnia divina humanaque violare* göttliches u. menschliches Recht]; **β)** **hūmānŭs,** *ī m* (*dcht.*) = *hŏmō.* **2. a)** menschenwürdig, gebildet, fein, edel, kultiviert, *v. Pers. u. Sachen* [*adulescens, gens, voluptates*]; **b)** menschenfreundlich, mild, leutselig, höflich, human [*aequitas, litterae humaniter scriptae,* °*humane commodus* hübsch bequem (*ironisch* = höchst unbequem); *erga alqm* gegen *jd.*]; **c)** gelassen, gleichmütig, ruhig, ergeben (*alqd humane od. humaniter ferre od. loqui*). — ***-a militia* die streitende Christenheit.

hŭmātĭō, *ōnĭs f* (*hŭmō*) Beerdigung, Begräbnis.

hūmēctō, hūmĕō = *ūmēctō, ūmĕō.*

hŭmĕrŭs, *ī m* = *ŭmĕrŭs.*

hūmēscō, hūmĭdŭs = *ūmēscō, ūmĭdŭs.*

hŭmĭ-fĕr 3 = *ūmĭfĕr.*

▶ **hŭmĭlĭs,** *ĕ* (*m. comp., sup.* °*hŭmĭllĭmŭs*; *adv.* **-ĭtĕr**) (*hŭmŭs*; *eigtl.* „am Boden befindlich" *od.* „dem Boden nahe") **1. a)** niedrig, (*v. Wuchs u. Statur*) klein [*arbor, turris,* °*arcus,* °*statura,* °*avis volat humilis* niedrig *od.* tief]; **b)** (*dcht., nkl.*) (*v. Örtlichkeiten*) niedrig *od.* tief gelegen [*Forentum, solum*]; **c)** (*dcht., nkl.*) flach, seicht [*fossa*]. **2.** / **a)** (*v. Stand, Rang, Ansehen, Macht*) tiefgestellt, unbedeutend, unansehnlich, gering, schwach [*parentes,* °*fortuna, humili loco natus,* °*manŭs* Sklavenhände, *alqm humiliorem redigere* erniedrigen, herunterbringen]; *v. Sachen auch* alltäglich, gemein, dürftig, ärmlich [°*vestitus,* °*ars, verbum* unedel]; **b)** (*v. der Rede*) schmucklos, schwunglos, gewöhnlich [*oratio, sermo, genus dicendi*]; **c)** (*v. der Gesinnung*) kleinlich, gemein [*animus*]; **d)** (*v. der Gemütsstimmung*) **α)** kleinmütig, verzagt, feige [*mens, humili animo ferre alqd,* °*mulier,* °*pavor* entmutigend]; **β)** demütig, knechtisch, kriechend [*assentator, preces, humiliter* °*servire u. sentire*].

hŭmĭlĭtās, *ātĭs f* (*hŭmĭlĭs*) **1.** Niedrigkeit, (*v. Wuchs u. Statur*) Kleinheit [°*arborum, navium* niedriger Bau, *animalium* kleine Gestalt, *siderum* tiefer Stand]. **2.** / **a)** = niederer Stand, unedle Abkunft [*hominis,* °*generis*]; **b)** Unbedeutendheit, Schwäche, Ohnmacht, Erniedrigung; **c)** (*v. der Gemütsstimmung*) **α)** Niedergeschlagenheit, Verzagtheit, Kleinmut [*habet humilitatem metus* Furcht drückt nieder]; **β)** Unterwürfigkeit, knechtischer Sinn, Selbsterniedrigung; (*spätl. u.* **) (*als Tugend*) Demut.

hŭmō 1. (*hŭmŭs, eigtl.* „*m.* Erde bedecken") beerdigen; / (*Ne.*) bestatten (*d. h. verbrennen u. die Gebeine in e-r Urne bergen*) (*alqm u. alqd, zB. mortuum, corpus*).

▶ **hūmŏr,** *ōrĭs m* = *ūmŏr.*

▶ **hŭmŭs,** *ī f* (*wohl Umformung e-s alten konsonantischen Stammes, daher f; cf. ἡ χθών; χαμαί loc.* = *hŭmī; s.u.*) **1.** Erdboden, Boden, Erde [°*corpus humo mandare,* °*humum ore mordere* = *γαῖαν ὀδὰξ ἑλεῖν* „ins Gras beißen"]; *auch* Erde, *m. der man etw. bewirft* [*mortuos tegit humus iniecta*]. **2.** Boden *in Beziehung auf Fruchtbarkeit u. Vegetation* [°*pinguis,* °*sterilis,* °*pabulum humi* Gras, Kräuter]; (*dcht.*) *bisw.* Ackerland, Grund *u.* Boden. **3.** Fußboden [*lutulenta vino*]. **4.** (*dcht.*) (*meton.*) Gegend, Land [*grata Minervae* = Attika, *Punica*]; *bsd.* °Unterwelt. **5.** / (*dcht.*) (*in Rede u. Gedanken*) das Niedrige, Gemeine [*humum vitare, per humum repere*]. **6.** *adv.* **a)** **hŭmī** (*loc.* = *χαμαί*) auf dem Boden [*iacēre, ponere, condere* in der Erde]; *auch* auf die Erde, zu Boden = *ĭn hŭmŭm* [*prosternere,* °*se abicere*]; **b)** **hŭmō** vom Boden, von *od.* aus der Erde [*homines humo excitati,* °*fumare v.* Grund auf = aus Schutt u. Asche]; (*dcht.*) *auch*

(= hŭmī) °auf dem Boden [sedere, iacēre], auf der Erde [iacet resupinus = auf dem Rücken], in der Erde [condere alqm, figere plantas].

Hўăcinthĭă, ōrŭm *n* (*'Υακίνθια*) die Hyakinthien, *ein dreitägiges Fest im Juli in Sparta zu Ehren Apolls u. des von ihm geliebten* **Hўăcinthŭs** (*od.* **-ŏs**), ī *m* (*'Υάκινθος*) *begangen, der durch einen unglücklichen Diskuswurf von ihm getötet worden war und aus dessen Blut er die Blume hўăcinthŭs* (*s.d.*) *entsprießen ließ.* — *H. war wahrscheinlich eine vorgriech. Vegetationsgottheit.*

hўăcinthinŭs 3 (*Fw.* ‹ *ὑακίνθινος*) (*dcht.*) Hyazinthen... [flos].

hўăcinthŭs, ī *m* (*Fw.* ‹ *ὑάκινθος*; *cf.* văccĭnĭŭm) (*dcht., nkl.*) Hyazinthe (*violettblaue Schwertlilie* [*Iris*] *od. Garten-Rittersporn; nicht unsere H.*); *cf.* Hўăcĭnthĭă.

Hўădĕs, ŭm *f* (*'Υάδες, eigtl.* — *zu* ὕω — „die Regenbringerinnen", *volkset. als* „Wildschweine" *gedeutet*; *cf.* Sŭcŭlae) die Hyaden (*im Mythos Töchter des Atlas, Schwestern der Plejaden; sieben Sterne* (= *Kopf des Stieres*), *deren Aufgang im Mai den Anfang der Regenzeit bezeichnete*), Siebengestirn [°pluviae, °tristes]. — *Cf.* V.-B. III, 1, e.

hўaenă, ae *f* (*Fw.* ‹ *ὕαινα*) (*nkl., dcht.*) Hyäne.

hўălŭs, ī *m* (*Fw.* ‹ *ὕαλος*) (*Ve.*) Glas; color hyali glasgrüne Farbe. — **Trinkglas.

Hўblă, ae *u.* °**-ē,** ēs *f* (*"Υβλα*) *St. u. Berg in Ostsizilien; ihre kräuterreiche Umgegend lieferte vorzüglichen Honig; Einw.* **Hўblēnsĕs,** ĭŭm *m*; *adi.* **Hўblaeŭs** 3 [°apes, °mel].

hўbrĭdă, ae *m u. f* (*Fw. unbekannter Herkunft*) (*nkl., dcht.*) Mischling, Bastard *v. Menschen u. Tieren; auch* ♀ *röm. cogn.*

Hўdăspēs, ĭs *m* (*'Υδάσπης*) *l. Nbfl. des Indus im Pandschab, j.* Ihelum. **F.** *Cf.* V.-B. III, 3.

hўdră, ae *f* (*Fw.* ‹ *ὕδρα*) **1.** Wasserschlange; (*dcht.*) *übh.* Schlange. **2.** ♀ **a)** Lernaea *od. nur* Hydra *die vielköpfige Hydra vom See Lerna, v. Herakles erlegt*; **b)** *Ungeheuer mit 50 Köpfen, M. des Kerberos* (Cerberus); **c)** Gestirn (= Anguĭs).

hўdraulēs, ae *m* (*Fw.* ‹ *ὑδραύλης*) (*nkl.*) Wasserorgelspieler.

hўdraulicŭs, ī *m* (*Fw.* ‹ *ὑδραυλικός*) (*nkl.*) durch Wasser getrieben, hydraulisch [organa Wasserorgeln].

hўdraulŭs, ī *m* (*Fw.* ‹ *ὕδρ-αυλος*) Wasserorgel, *v. dem Mechaniker Ktesibios um 150 v. Chr. erfunden.*

hўdrĭă, ae *f* (*Fw.* ‹ *ὑδρία*) Wasserkrug; *übh.* Krug, Topf, Urne.

hўdrŏcēlē, ēs *f* (*Fw.* ‹ *ὑδροκήλη*) (*Ma.*) Hodenbruch.

hўdrŏchŏŭs *od.* **-ŏs,** ī *m* (*Fw.* ‹ *ὑδροχόος*; *eigtl.* „Wassergießer") (*Ca.*) Wassermann *als Gestirn.*

hўdrōpicŭs 3 (*Fw.* ‹ *ὑδρωπικός*) (*nkl., dcht.*) wassersüchtig.

hўdrōps, ōpĭs *m* (*Fw.* ‹ *ὕδρωψ*) (*nkl., dcht.*) Wassersucht.

hўdrŭs, ī *m* (*Fw.* ‹ *ὕδρος*) (*nkl., dcht.*) Wasserschlange; *übh.* Schlange (*pl. bsd. im Haar der Erinnyen* [*Furien*] *u. der Medusa*).

Hўgiă, ae *f* (*'Υγεία* ‹ *'Υγίεια*) *Göttin der Gesundheit.*

Hўlās, ae *m* (*"Υλας*) *jugendlicher Begleiter des Herakles auf der Argonautenfahrt, beim Wasserschöpfen in Mysien v. den Nymphen in den Quell hinabgezogen. Cf.* V.-B. I, 3.

hўlē, ēs *f* (*Fw.* ‹ *ὕλη*) (*nkl.*) Materie, Stoff; / schriftliche Materialien.

hўmēn, ĕnĭs *m* (*auch* -ȳ-) (*Fw.* ‹ *ὑμήν*; *cf. altind.* syûman „Band") (*spätl.*) Häutchen; *bsd.* (*med. t.t.*) Jungfernhäutchen; ♀ (*dcht.*) (*eigtl.* „der Verbindende") Gott der Ehe, Hochzeitsgott, *S. Apollos u. einer Muse, dargestellt als geflügelter Jüngling, Brautfackel u. Schleier in der Rechten*; (*meton.*) Hochzeitslied.

hўmĕnaeŭs *u.* **-ŏs,** ī *m* (*Fw.* ‹ *ὑμέναιος*) (*vkl., dcht.*) **1.** Brautlied, Hochzeitsgesang, *bei der Heimführung der Braut gesungen, auch pl.* [-on *od.* -um *od.* -ōs canere, cantare]. **2.** *meton.* **a)** Hochzeitsfeier, Hochzeit, Vermählung, *auch pl.*; (*v. Tieren*) Begattung; **b)** **Hўmĕnaeŭs** *u.* **-ŏs,** ī *m* (*'Υμέναιος*) Hochzeitsgott = Hўmēn; *auch* Hymen Hymenaeus.

Hўmēttŏs *u.* **-ŭs,** ī *m* (*'Υμηττός*) *Berg südöstlich v. Athen, ber. durch Marmor, Honig u. Thymian.* — *adi.* **Hўmēttĭŭs** 3.

hўmnŭs, ī *m* (*Fw.* ‹ *ὕμνος*) (*nkl.*) Lobgesang auf *e-e* Gottheit, Hymne; (*Eccl.*) geistliches Lied.

Hўpănĭs, ĭs *m* (*"Υπανις*) *Fl. i. der Ukraine, j.* Schwarzmeer-Bug. (*acc.* -ĭm, *abl.* -ī.)

hўpĕrbătŏn, ī *n* (*Fw.* ‹ *ὑπέρβατον*) (*nkl.*) (*rhet. t.t.*) künstliche Änderung der Wortfolge, Hyperbaton (*reinlat.* trānsgrĕssĭō).

hўpĕrbŏlē, ēs *f* (*Fw.* ‹ *ὑπερβολή*) (*nkl.*) (*rhet. t.t.*) Hyperbel, Übertreibung (*als Stilmittel*).

Hўpĕrbŏrĕī, ōrŭm *m* (*'Υπερβόρειοι u.* -*βόρεοι*) Hyperboreer, *nach griech. Mythos glückseliges Volk im hohen Norden „jenseits des Boreas", dem Dienste Apollos sich widmend.* — *adi.* **Hўpĕrbŏrĕŭs** 3 (*dcht.*) *auch* = nördlich.

Hўpĕrīdēs, ĭs *m* (*'Υπερείδης*) *einer der zehn att. Redner, Zeitgenosse des Demosthenes, Anhänger der makedonenfeindlichen Partei, auf Antipatros' Befehl 322 v. Chr. hingerichtet.* — *Unter den 1847 auf Papyri aufgefundenen Reden fehlt die berühmteste, die Verteidigungsrede für die Hetäre Phryne.* **F.** *Cf.* V.-B. III, 3 *u.* 5.

Hўpĕrīŏn, ŏnĭs *m* (*'Υπερίων, eigtl.* „Sohn der Höhe") **1.** *S. des Uranos u. der Gaia, Titane, V. des Helios* (*Sol*), *der Selene* (*Luna*) *u. der Eos* (*Aurora*). **2.** der Sonnengott *selbst* = S. des Hyperion. — *Cf.* V.-B. III, 1, b.

Hўpĕrm(n)ēstră, ae *u.* °**-ē,** ēs *f* (*'Υπερμνήστρα*) *die jüngste unter den Danaiden, die als einzige ihren Gatten am Leben ließ. Cf.* Dănăŭs.

hўpŏcaustŏn *u.* **-ŭm,** ī *n* (*Fw.* ‹ *ὑπόκαυστον*) (*nkl., dcht.*) Heizgewölbe unter dem Fußboden, Hypokausten.

hўpŏcrĭtēs *u.* **-ă,** ae *m* (*acc. auch* -ēn; *Fw.* ‹ *ὑποκριτής*) (*nkl.*) Mime (*der die Worte e-s Schauspielers m. Gebärden begleitete*); / (*spätl.*) Heuchler.

hўpŏdĭdăscălŭs, ī *m* (*Fw.* ‹ *ὑποδιδάσκαλος*) Unterlehrer.

hўpŏmnēmă, ătĭs *n* (*Fw.* ‹ *ὑπόμνημα*) (*unkl.*) schriftliche Bemerkung, Notiz. *Cf.* V.-B. III, 6.

hўpŏthēcă, ae *f* (*Fw.* ‹ *ὑποθήκη*) Unterpfand, Pfand, *bsd.* Hypothek.

Hўrcānĭă, ae *f* (*'Υρκανία*) *Ldsch. an der Südostseite des Kaspischen Meeres.* — *Einw.* **Hўrcānī,** ōrŭm *m* (*aber* Macedones Hyrcani *Bewohner der makedonischen Kolonie Hyrkania in Lydien*); *adi.* **Hўrcānŭs** *u.* **-ĭŭs** 3.

Hўstăspēs, ĭs *u.* ī *m* (*'Υστάσπης, pers.* Wischtaspa) *häufiger Name vornehmer Perser* (*zB. des Vaters v. Darius I.*; *daher* Dareus Hystaspis, *sc.* filius, *vl. der Fürst Wischtaspa, der Zoroaster* [*Zarathustra*] *beschützte u. dessen Glauben annahm*). *Cf.* V.-B. III, 3 *u.* 5.

hўstĕrĭcŭs 3 (*Fw.* ‹ *ὑστερικός v. ὑστέρα* „Gebärmutter") (*Ma.*) hysterisch.

I

I (*formal*) *röm. Zahlzeichen für* 1 (*unus u. primus*). — **I.H.F.C.** (*Abk. auf Inschr.*) = *ipsius heres faciundum curavit.*

Iacchus, *ī m* (Ἴακχος „der Jubelnde") *Kultname des ekstatischen Gottes der Eleusinischen Mysterien; später m. Dionysos* (*Bacchus*) *identifiziert*; (*meton.*) (*dcht.*) Wein.

> **iaceō**
> **1. a**) (da)liegen; **b**) ruhen; **c**) krank daliegen; **d**) zu Tische liegen; **e**) zu Boden gestreckt daliegen; **f**) (*Reisende*) *irgendwo* liegenbleiben; **g**) (*geograph.*) liegen; **2. a**) (*Gewänder*) (nach)schleppen; **b**) (*Augen*) gesenkt sein; **c**) in *etw.* versunken sein; **d**) niedergeschlagen sein; **e**) machtlos, ohnmächtig sein; **f**) brachliegen; (*wertmäßig*) niedrig stehen.

iaceō, *uī,* °*itūrus* 2. (*result. zu iaciō*) **1. a**) liegen, daliegen, sich gelagert haben, *meist v. lebenden Wesen* [*humi, ad pedes alcis u. alci, in limine,* °*in gremio alcis,* °*per silvam u.ä.*]; *auch v. Leblosem, klass. selten* [°*nix,* °*crines per colla*]; **b**) liegen = ruhen, schlafen [°*cubili,* °*ad quartam* bis 10 Uhr]; *auch v.* °*Toten*; **c**) krank zu Bett liegen, krank sein [°*sine spe iacet*]; **d**) zu Tisch liegen [*in conviviis, cum mulierculis*]; **e**) zu Boden gestreckt daliegen: **α**) (*v. Besiegten*) auf dem Boden liegen, zu Boden geschlagen sein [°*per me iacet inclitus Hector*]; *oft auch* /, *cf.* 2 d *u.* e; **β**) (*dcht.*) (*v. Leichen*) unbegraben daliegen; **γ**) tot daliegen, *bsd.* (im Kampf) gefallen sein [°*pro patria*]; *subst. iacentēs, ium m* die Gefallenen [*iacentibus* (auf die G.) insistere]; **f**) (*v. Reisenden*) *irgendwo* liegenbleiben, untätig sich aufhalten [*Brundisii*]; **g**) / (*v. Leblosem*) **α**) (*v. Örtlichkeiten*) liegen, gelegen sein, sich erstrecken = *situm od. positum esse,* (*v. Völkern*) wohnen [°*supra Ciliciam,* °*in campis*]; *bsd.* **αα**) (*dcht.*) flach *od.* frei daliegen; **ββ**) tief, unten liegen, unter *etw.* stehen [*domus depressa iacens,* °*sub re u. infra alqd*]; **β**) (*dcht.*) (*v. Bauten, Städten u. a.*) in Trümmern liegen [*iacet Ilion ingens*]. **2.** / **a**) (*dcht.*) (*v. Gewändern*) (nach)schleppen [*vestis, auch lora*]; **b**) (*dcht.*) (*v. den Augen u. Blicken*) gesenkt sein, am Boden haften [*oculi* fallen zu, *vultūs* sind kraftlos im Tode gesenkt]; **c**) in einem Zustand liegen, in *etw.* versunken sein [*in maerore,* °*in amore*; *auch v. Sachen, zB. officia in eodem silentio* liegen begraben]; **d**) mutlos, niedergeschlagen, gebrochen, hoffnungslos sein [*amicum iacentem od. iacentes militum animos extollere*]; **e**) machtlos *od.* ohnmächtig, ohne Einfluß *od.* Bedeutung sein, *v. Pers. u. Sachen* [*iacent hi suis testibus, ratio od. conclusio iacet*]; **f**) (*v. Leblosem*) **α**) brachliegen, unbeachtet, verachtet sein, hintangesetzt werden [*studium od. beneficia alcis, philosophia iacuit usque ad hanc aetatem*]; **β**) ganz aufhören, ins Stocken geraten sein [*omnis dilectus*]; **γ**) ungebraucht, unbenutzt sein [*pecunia alci*]; *selten* allgemein zugänglich sein [*verba iacentia*]; **δ**) (*dem Werte nach*) niedrig stehen, gedrückt sein [*pretia praediorum iacent*].

> **iaciō**
> **1.** werfen, schleudern; **2. a**) hinabwerfen; **b**) auswerfen; **c**) wegwerfen, ausstreuen; **3. a**) (*Drohung u. ä.*) ausstoßen; **b**) (*Äußerung*) fallenlassen; **4.** aufwerfen, aufführen.

iaciō, *iēcī, iactum* 3. (*cf.* ἵημι, *aor.* ἧκα) **1.** werfen, schleudern (*alqd, zB. saxa, tela* °*tormentis, aleas*; *alqd de od. ex re, zB. faces de muro*; *alqd in alqd od.* °*alci rei etw.* in, auf, gegen *etw., zB. lapides in hostes,* °*se mediis fluctibus* mitten in, °*pilam ponto* ins Meer einsenken). **2. a**) hinabwerfen, -stürzen [*se in profundum* in die Tiefe, °*arbor poma iacit* läßt fallen]; **b**) auswerfen [*ancoram*]; **c**) °*vestem* v. sich werfen, °*arma* wegwerfen, °*semen* ausstreuen, säen (*auch* den Pflänzling einsenken), °*oscula* Kußhände zuwerfen, °*odia in longum* weit hinausschieben. **3.** / **a**) (*Worte, Drohungen u.ä.*) schleudern, ausstoßen [*verba superba,* °*minas, iniuriam od. contumeliam in alqm*]; **b**) (*in der Rede*) eine Äußerung fallen lassen, vorbringen, sich äußern (*alqd, zB. voces, suspicionem, adulteria* renommieren *m.,* °*pacis condiciones* zur Sprache bringen; *de re, zB.* °*de lacu Albano*; *m. a.c.i.*). **4.** durch Aufwerfen bilden, aufwerfen, aufführen, errichten, bauen [*aggerem,* °*molem,* °*opus*]; *bsd.* °*fundamenta urbi* den Grund legen zu (/ *pacis*), °*salutem in arte* seine Hoffnung setzen auf.

iactāns, *antis* (*m.* °*comp.*; *adv.* °*-anter*) (*eigtl. part. praes. v. iactō*) (*klass. selten*) prahlerisch, sich überhebend, *v. Pers. u. Sachen.* (*Cf.* V.-B. VIII).

iactantia, *ae f* (*iactāns*) (*nkl.*) **1.** (*act.*) das Anpreisen [*sui* Selbstverherrlichung]. **2.** (*medial*) (*abs. od. alcis rei m. etw., zB. verborum*). **3.** (*pass.*) das Gerühmtwerden, (gewollter) Beifall.

iactātiō, *ōnis f* (*iactō*) **1.** (*act.*) **a**) (*nkl.*) das Hin- *u.* Herwerfen, das Schütteln, Erschüttern (*alcis rei, zB. cervicum, pennarum* das Schwingen); **b**) die gestikulierende Bewegung *des Redners* [*modica corporis, manūs*]; **c**) (*nkl.*) Prahlerei, Ruhmredigkeit (*alcis rei m. etw., zB. virtutis* prahlerisches Anpreisen). **2.** (*medial u. pass.*) das Hin- und Hergeworfenwerden: **a**) Erschütterung, Wanken, Schwanken [*navis*]; / **b**) (seelische) Erregung, Regung [*animi,* (*nkl.*) *auch* Wankelmut]; **c**) gezollter Beifall, gespendetes Lob [*iactationem habere in populo, bsd. popularis* Volksgunst].

iactātor, *ōris m* (*iactō*) Prahler (*alcis rei m. etw.*).

iactātus, *ūs m* (*nkl., dcht.*) = *iactātiō 1 a*).

iactitō 1. (*intens. v. iactō*) (*nkl., dcht.*) (öffentlich) vortragen [*ridicula*].

> **iactō**
> **1. a**) *wiederholt* werfen, schleudern; **b**) aus-, weg-, zuwerfen; **c**) (*Worte*) ausstoßen; **d**) *etw. wiederholt* zur Sprache bringen; **e**) *mit etw.* prahlen; **f**) *refl.* sich brüsten; **2. a**) hin und her werfen, schütteln; **b**) hin und her treiben, beunruhigen; **c**) gestikulieren; **d**) *refl.* sich *mit etw.* beschäftigen.

iactō 1. (*intens. u. frequ. v. iaciō*) **1. a**) wiederholt (immer wieder, *m.* Kraft, in Hast) werfen *od.* schleudern (*alqd, zB.* °*fulmina, argentum de muro,* °*se e muris,* °*basia* Kußhände zuwerfen, °*numeros* würfeln, *faces in tecta,* °*lumina in vultum alcis* richten auf); **b**) (*unkl.*) *arma* wegwerfen, *materiam* auswerfen, *frusta* zuwerfen, *semina* säen, *vulnera* austeilen, *odorem late* verbreiten; **c**) (*in der Rede*: *Worte, Drohungen u.ä.*) ausstoßen, vorbringen [*minas,* °*voces,* °*verba* verschwenden]; **d**) (*in der Rede*) *etw.* wiederholt zur Sprache bringen [*rem* °*sermonibus od.* °*in contione*; °*alqm beatum* laut glücklich preisen, °*fabulā iactaris in urbe* du bildest das Stadtgespräch]; **e**) *etw.* immer im Munde führen, *m. etw.* prahlen, auf *etw.* pochen (*alqd, zB. urbanam gratiam*, °*carmina alci* anpreisen; *m. a.c.i.*); **f) sē iāctārĕ** α) sich brüsten, großtun (*abs. od. in re, zB. in bonis Roscii; auch re, zB.* °*tribuniciis actionibus; de re wegen, zB. de Calidio;* °*se alci gegen jd.*); β) (*m. adv.*) sich benehmen, sich gebaren [*magnifice*]; *auch mediopass.* **2. a)** hin *u.* her werfen, schwingen, schütteln [°*bracchia*, °*cervicem* den Kopf schütteln, °*crines* flattern lassen, °*corpus in sanguine* wälzen, *aestu febrique iactari v.* Fieberhitze geschüttelt werden]; **b)** hin *u.* her treiben *od.* schleudern, tummeln (*alqm u. navem* auf dem Meere, °*pelago*, °*terris et alto; iactari fluctibus od. tempestate*); *oft* /, *zB.* °*curas pectore* wogen lassen, *opiniones se iactantes* sich durchkreuzend, *nummus iactatur* der Geldkurs ist nicht stabil, °*inter spem metumque iactari* schwanken; *oft* = übel mitnehmen, quälen, beunruhigen [*tellurem manibus; P. iactari multis iniuriis,* °*eodem morbo*]; **c)** (*vom Redner*) gestikulierend hin *u.* her bewegen [*manūs, se*], (*dcht.*) (*vom Tänzer*) rhythmisch bewegen [*manūs*]; **d)** / *se iactare od. mediopass.* sich viel *m. etw.* beschäftigen (*in re od. re, zB. in causis, forensi labore*); *abs. se etw.* unternehmen.

▶ **iāctūră**, *ae f* (*iăcĭō*) **1.** das Überbordwerfen *der Ladung, um einen Schiffbruch zu verhüten* [°*in mari iacturam facere, navem iacturā servare*]. **2.** / **a)** Aufopferung *v. etw. Wertvollem*, Verlust, Einbuße (*alcis u. alcis rei, zB. suorum, dignitatis*); *iacturam facere u.* °*accipere* Schaden leiden, *etw.* verlieren, hingeben, *um einen größeren Gewinn zu erlangen od. größeren Schaden zu verhüten* (*alcis rei, zB. rei familiaris, criminum* übergehen), *auch* = eine Niederlage erleiden; **b)** (*meton.*) (*sg. u. pl.*) Aufwand, Geldopfer, Opfer, Kosten.

iāctŭs[1] *P.P.P. v. iăcĭō.*

iāctŭs[2], *ūs m* (*iăcĭō*) **1.** das Werfen *od.* Schleudern, Wurf [*fulminum,* °*iactu in aequor se dare* sich hinabstürzen]. **2.** (*dcht., nkl.*) Wurf *im Würfelspiel* [*tesserarum, extremus*]. **3.** (*dcht., nkl.*) *mil.* Schußweite [*intra u. extra teli iactum, ad teli iactum venire* auf Schußweite].

iăcŭlābĭlĭs, *ĕ* (*iăcŭlŏr*) (*dcht.*) zum Werfen geeignet, Wurf... [*telum*].

iăcŭlātĭō, *ōnis f* (*iăcŭlŏr*) (*nkl.*) das Schleudern, Wurf (*abs. u. alcis rei, auch* /, *zB. dictorum v.* Bonmots).

iăcŭlātŏr, *ōrĭs m* (*iăcŭlŏr*) (*unkl.*) **1.** Schleuderer [*audax; re m. etw., zB. evolsis truncis*]. **2.** *mil.* Speerschütze, *auch coll.* [*Maurus*].

iăcŭlātrīx, *īcĭs f* (*iăcŭlātŏr*) (*dcht.*) Schleuderin [*Diana* als Jägerin].

iăcŭlŏr 1. (*denom. v. iăcŭlŭm*) **1.** (*intr.*) den Wurfspieß schleudern, Speere werfen [*totum diem;* / (*nkl.*) *probris in alqm* gegen *jd.* losziehen]. **2.** (*trans.*) (*nkl., dcht.*) **a)** *etw.* werfen *od.* schleudern (*alqd in alqm od. alci rei, zB. ignem in hostes od. puppibus;* / *verba in alqm* ausstoßen); **b) sē -ārī** sich stürzen; **c)** nach *etw.* schießen, *jd. od. etw.* erlegen [*cervos, arces sacras* mit dem Blitz treffen, *aëra disco* spalten]; **d)** / nach *etw.* jagen *od.* streben [*multa*].

iăcŭlŭs 3 (*iăcĭō*) **1.** (*Pl.*) zum Werfen geeignet, Wurf... [*rete*]. **2.** *subst.* **iăcŭlŭm**, *ī n* **a)** Wurfspieß, Speer; **b)** (*dcht.*) Wurfnetz.

iăiĕntācŭlŭm, *ī n* (-ē-?) = *iĕntācŭlŭm.*

iăiūnŭs *älter als iēiūnŭs.*

iăm
1. (*zeitl.*) **a)** schon, bereits; **b)** nun, nunmehr; **c)** sogleich, alsbald; **d)** *iam ... iam* bald ... bald; **e)** *non iam* nicht mehr; jetzt noch nicht; **2. a)** nunmehr, ferner, weiter, *steigernd* vollends; **b)** nun aber.

iăm *adv.* (*erstarrter acc. sg. f e-s Pronominalstammes *i-; cf. ĭs*) **1.** (*zeitl. v. Vergangenheit, Gegenwart, Zukunft*) **a)** schon, bereits, *zB. multi iam anni sunt* (*od. erant, fuerant*), *pater iam nunc domum redibit* (*od. redierit*), °*iam inde antiquitus* schon *v.* alters her, *iam diu* schon lange, *iam tum* schon damals; *bsd.* α) (*v. der Gegenwart*) schon jetzt, eben jetzt, soeben; β) (*v. der Vergangenheit*) soeben (erst), gerade (*cum iam* als eben, als gerade); γ) (*v. der Zukunft*) bald [°*iam te premet nox*]; **b)** nun, nunmehr, *v.* nun an [*metuunt homines imperiti, ne iam haec populus Romanus concedat*], *bsd. bei Befehlen u. Aufforderungen* [*sed iam age*]; *auch* = endlich, nachgerade [°*iam advesperascit*]; **c)** sogleich, alsbald, augenblicklich, schleunigst, dann bestimmt [*id tu iam intelleges, cum domum veneris*]; *bsd.* **iămiăm(quĕ)** jeden Augenblick, im nächsten Augenblick, ja nunmehr [*iamiam intellego, quid dicas*]; **d)** (*dcht.*) *iam ... iam* bald ... bald = *tum ... tum*; **e)** (*negativ*) **nōn** (*od. nihil, nemo, nullus*) **iăm** *u.* **iăm nōn** (*od. nihil, nemo, nullus*): α) nicht mehr, nicht länger, nicht weiter: β) jetzt (noch) nicht [*nihil iam spero, iam nequeo* ich kann nicht mehr, *vix iam* kaum mehr, kaum noch]. **2. a)** (*in Übergängen*) α) (*bei Weiterführung der Erzählung od. Darstellung zur Einführung eines Unterteiles*) nunmehr, nun, ferner, weiter, dann, außerdem [*videte iam cetera, venio iam ad aliam rem, iam illud quidem perspicuum est m. a.c.i.*]; *iam primum* zuerst nun; β) (*steigernd, beim Übergang zu etw. bsd. Wichtigem*) vollends, nun gar, sogar, wirklich, *verstärkt* **iăm vērō** [*iam vero illa etiam notiora*]; *iam ut* gesetzt, daß nun gar; **b)** (*im Untersatz des Syllogismus*) nun aber = *ătquī.*

iămbēŭs 3 *u.* **iămbĭcŭs** 3 (*Fw.* ⟨ *ἰάμβειος, ἰαμβικός*) (*dcht., nkl.*) jambisch [*trimeter*].

iămbŭs, *ī m* (*Fw.* ⟨ *ἴαμβος*) **1.** (*Ho.*) Jambus (◡ —). **2.** (*meton.*) jambischer Vers, jambisches Gedicht (= Spott- *od.* Schmähgedicht), *auch pl.*

Iānĭcŭlŭm, *ī n u.* **mōns Iānĭcŭlŭs**, *ī m* (*eig.* „dem Janus geweihter Berg") *Hügel Roms am rechten Tiberufer.*

Iānĭ-gĕnă, *ae m u. f* (*Iānŭs, gignō*) (*dcht.*) *S. od. T.* des Janus.

iānĭtŏr, *ōrĭs m* (*iānŭs*) Türhüter, Pförtner (*abs. od. alcis rei, zB.* °*caelestis aulae* = Janus, °*Orci* = Kerberos [*Cerberus*], *carceris* Kerkermeister). — **Küster; *caeli* = Petrus.

iānĭtrīx, *īcĭs f* (*iānĭtŏr*) (*vkl., nkl.*) Pförtnerin.

iănthĭnŭs 3 (*Fw.* ⟨ *ἰάνθινος*) (*nkl.*) veilchenfarbig, violett; *subst.* **-ĭnă**, *ōrŭm n* (*Ma.*) violette Kleider.

iăntō = *iĕntō.*

▶ **iānŭă**, *ae f* (*iānŭs*) **1.** Haustür, Tür [*ianuam* °*aperire u. claudere,* °*reserare, ianua patet*]. **2.** / Eingang, Zugang (*alcis rei* e-r Sache *od.* zu, in *etw., zB. Asiae,* °*Ditis, hac ianuā ingressus sum in causam*).

Iānŭārĭŭs 3 *s. Iānŭs.*

iānŭs, *ī m* (*cf. altind.* yānah *m* „Bahn", *n* „Gang") bedeckter Durchgang, Torbogen: **1.** Janusbogen, *nördl. vom Forum* (*im Frieden geschlossen, vor Augustus nur einmal* [*237 v. Chr.*], *unter Augustus dreimal*). **2.** eine *der drei überwölbten* Torhallen *am Forum* [*summus, medius* (*Sitz der Wechsler*), *imus*].

Iānŭs, *ī m* Janus, *der personif. Torbogen, altit. Gott jedes Ein- u. Ausgangs, auf dem As doppelköpfig dargestellt; adi.* °**Iānālĭs**, *ĕ* des Janus [*virga v.* Janus erhalten]; **Iānŭārĭŭs** 3 dem Janus gehörig *od.* geweiht [*mensis*]; *bsd.* zum Januar gehörig [*Kalendae, Nonae, Idus*]; *subst. m* Januar.

Iăpĕtŭs, *ī m* (*Ἰαπετός*) *S. des Uranos u. der Gaia, Titane, V. des Prometheus, des Epimetheus u. des Atlas; patron.* **Iăpĕtĭŏnĭdēs**, *ae m S. des* ~ (= Atlas).

Iāpȳx, *ȳgĭs m* (*Ἰᾶπυξ*) **1.** *Kreter, S. des Daidalos* (*Daedălŭs*); *Heros v.* **Iāpȳgĭă**, *ae f* Südapulien (= *Kalabrien* [*Călābriă, ae f*] *bis zum Vorgebirge Sallentinum*). **2.** der Japygier: **a)** (Süd-)Apulier, *bsd.* = *Daunus, myth. K. v. Apulien;* °**b)** Westnordwestwind, *weil er v. Japygien nach Epirus* (*Griechenland*) *wehte;* **c)** °*adi.* japygisch, (süd-)apulisch = **Iāpȳgĭŭs** 3.

F. *Cf.* V.-B. III, 1, b *u.* e.

Iāsō(n), *ŏnĭs m* (*Ἰάσων*) *Führer der Argonauten; adi.* **Iāsŏnĭŭs** 3 des Jason [°*carina* das Schiff Argo].

iăspĭs, *ĭdĭs f* (*Fw.* ⟨ *ἴασπις*) (*nkl., dcht.*) Jaspis (*Halbedelstein v. allerlei Farben, bsd. grün*).

F. *Cf.* V.-B. III, 4, b.

iātrălīptēs, *ae m* (*ī-?; Fw.* ⟨ *ἰατραλείπτης*) (*Pli.*) (Salben-), Badearzt.

ib. *u.* **ibd.** (*Abk.*) = *ĭbĭdĕm.*

Ĭbēr, Ĭbērŭs, Ĭbērēs *s. Hĭbēriă.*

▶ **ĭbĭ** *adv.* (*zum Pronominalstamm *i-, cf. ĭs*) **1.** (*räuml.*) da, dort, daselbst; *ubi ... ibi* wo ... da; *m.* °*gen., zB. loci; auch v. Pers.* = *in eo, apud eum, in iis, apud eos.* **2.** (*zeitl.*) da, damals, dann, alsdann; °*ibi demum* dann erst, °*ibi vero* dann vollends; (*pleonastisch*) (*Ci.*) *ibi tum.* **3.** / (*klass. selten*) dabei, darin, in diesem Punkt, bei dieser Gelegenheit

[°*illi ibi sunt* sind dabei = damit beschäftigt].

ibī-dĕm *adv.* (*cf. itī-dĕm u.a.*) ebendaselbst, an derselben Stelle; °(*bei Verben der Bewegung*) ebendahin; / ebendabei, ebendarin, bei derselben Gelegenheit. — ***(*Formel:*) ebenda (*statt Wiederholung e-r zitierten Buchangabe*).

ībĭs, *īs u. īdīs f* (*Fw.* ⟨ ἶβις) (*acc. -īm*) der Ibis, Wasservogel.

ĭbĭscŭm = *hĭbĭscŭm.*

ĭbrĭdă = *hĭbrĭdă* = *hȳbrĭdă.*

ībŭs *s. īs.*

Ībўcŭs, *ī m* (Ἴβυκος) *griech. Lyriker aus Rhegion* (*Regium*) (*um 540 v. Chr.*), *lebte am Hof des Polykrates v. Samos* (*Schillers* „Kraniche des I." *knüpfen an eine späthellenistische Novelle an*).

Īcărĭŭs, *ī m* (Ἰκάριος) **1.** *V. der Penelope; patron.* **Īcărĭs** *u.* **Īcărĭŏtĭs,** *ĭdĭs f T. des Ikarios* (= Penelope); *Icariotis auch adi.* = der Penelope. *Cf.* V.-B. III, 1, b *u.* 5. **2.** = *Īcărŭs* 2.

Īcărŭs, *ī m* (Ἴκαρος) **1.** *S. des Daidalos* (*Daedălŭs*), *der bei der Flucht aus Kreta seinen Tod in den Wellen fand u. der Sage nach sowohl dem südöstlichen Teil des Ägäischen Meeres* (*mare Īcărĭŭm*) *als auch der Insel* **Īcărĭă,** *ae f w. v. Samos den Namen gegeben hat.* **2.** (*od. Īcărĭŭs*) *Athener, der v. Dionysos* (*Bacchus*), *den er freundlich aufgenommen, die Rebe u. den Wein erhielt u. der erste Weinbauer in Attika wurde. Von Hirten, die ihre berauschten Gefährten für vergiftet hielten, erschlagen, wurde er als Ărctūrŭs od. Bŏōtēs, sein Hund als Hundsstern an den Himmel versetzt; adi.* **Īcărĭŭs** 3 [*canis*].

ĭcăs, *ădĭs f* (*Fw.* ⟨ εἰκάς) der 20. Tag *des Monats, Epikur zu Ehren gefeiert.*

ĭccĭrcō = *ĭdcĭrcō.*

ichneumōn, *ŏnĭs m* (*Fw.* ⟨ ἰχνεύμων) Pharaonsratte (*Raubtier an der Nordküste v. Afrika, bsd. in Ägypten*).

ĭcī *s. īcō.*

ĭcĭō (*nach den Komposita v. iăcĭō!*) *u.* **ĭcō** 3 *fehlerhafte Grammatikerformen für īcō.*

▶ **īcō,** *īcī, ictŭm* 3. (*def.*; *s.u.*; *cf. ictŭs²*) **1.** durch Stoß *od.* Schlag treffen, schlagen, stoßen (*alqm lapide,* °*fulmine od. e caelo,* °*dapes ictae* vom Blitz getroffen). **2.** (*prägn.*) *foedus icere* ein Bündnis (*unter Schlachtung eines Opfertieres*) schließen (*cum alqo*). **3.** / (*P.P.P.*) *adi.* **ictŭs¹** 3 (*nkl.*) schwer getroffen *od.* betroffen, beunruhigt, aufgeregt (*abs. od. re* durch, *v. etw., zB. novā re, metu, ululatibus* erschüttert, *caput* [*vom Wein*] umnebelt, berauscht, *vix ictus* oder kaum bewegt). **F.** *In Prosa sind nur die pf.-Formen gebräuchlich, bsd. īcī, īcĭssĕ, īcĕrăm, īcĕrās, am häufigsten ictŭs ĕst u. dgl. u. P.P.P. ictŭs.*

īcŏnĭcŭs 3 (*Fw.* ⟨ εἰκονικός) (*nkl.*) nach dem Leben dargestellt.

īcŏnĭsmŭs, *ī m* (*Fw.* ⟨ εἰκονισμός) (*Se.*) Abbildung, getreue Darstellung.

ictĕrĭcŭs 3 (*Fw.* ⟨ ἰκτερικός *zu* ἴκτερος [*lat. ictĕrŭs, ī m*] „Gelbsucht") (*nkl., dcht.*) gelbsüchtig.

ictĭs, *ĭdĭs f* (*acc. sg. -tĭm, acc. pl. -tĭdăs; Fw.* ⟨ ἴκτις) (*vkl., nkl.*) Frettchen.

ictŭs¹ 3 *s. īcō* 3.

▶ **ictŭs²,** *ūs m* (*īcō*) **1. a)** Schlag, Hieb, Streich, Stoß, Stich, Wurf [*gladii, gladiatorius,* °*sagittarum, pedis od.* °*calcis* Fußtritt, Hufschlag, *fulminis u.* °*fulmineus* Blitzstrahl, °*irritus u.* °*falsus* Fehlstoß, °*sine ictu* ohne zu treffen *od.* zu verwunden, °*ictibus* stoßweise]; *bsd.* Ruderschlag, *dcht. auch* Biß, Verwundung, Sturz *od.* Fall *eines Baumes,* (*solis*) Sonnenstrahl [*fervidi* glühende Pfeile, stechende Hitze]; **b)** (*nkl., dcht.*) (*pollicis*) Anschlag *od.* Taktschlag *beim Lautenspiel, daher auch* = °Takt; **c)** (*Ju.*) (*erot.*) [*resupina iacens multorum absorbuit ictūs*]; **d)** (*Lu.*) *seminis* ∼ Ejakulation. **2.** / **a)** Schlag, Streich, Schicksalsschlag [*calamitatis,* °*fortunae*], *auch* starker Reiz [*voluptatis*]; **b)** (*nkl.*) feindlicher Angriff [*uno ictu contendere, sub ictum dari* den feindlichen Angriffen ausgesetzt werden].

id. (*Abk.*) = *īdĕm od. ĭdĕm.*

Īdă, *ae u.* °**-ē,** *ēs f* (Ἴδη) **1.** *Waldgebirge in Phrygien u. Troas, sö. v. Troja, myth. Schauplatz des Parisurteils u. Hauptkultstätte der Kybele; adi.* °**Īdaeŭs** 3 *meist* = phrygisch, troisch [*mons, pastor u. iudex* = Paris, *mater od. parens deūm* = Kybele]. **2.** *Gebirge in der Mitte v. Kreta, auf dem Zeus erzogen wurde; adi.* **Īdaeŭs** 3 [*mons*]. — *Cf.* V.-B. I, 1.

Īdălĭŭm, *ī n* (Ἰδάλιον) *Bergzug u. St. im ö. Zypern m. Aphroditekult; adi.* **Īdălĭŭs** 3; *subst.* **Īdălĭă,** *ae f* (*sc. terra*) Gegend um Idalium; **Īdălĭē,** *ēs f* Aphrodite (Venus) *v.* Idalion.

ĭd-cĭrcō *adv.* (*vl. eig.* „das im Umkreis" *nach ĭd-ĕō; cf. quōcĭrcā*) darum, deshalb, deswegen, *sowohl auf das Vorhergehende bezüglich* [*non, si illum defendisti, idcirco te isti bonum civem putabunt*], *als auch auf einen folgenden Satz mit quod, quia, ut, ne, quo* (damit desto) *u.a.* [*tacetis idcirco, quia periculum vitatis*].

▶ **īdĕm, ĕădĕm, ĭdĕm** *pron. determ.* (*im n ĭd-ĕm* [= *altind.* idam „eben dies"] *ist wohl an ĭd verstärkendes -ĕm getreten* [*cf. aut-ĕm, ĭt-ĕm* ⟨ **ită-ĕm* „ebenso"]; *durch falsche Zerlegung* [*ĭ-dĕm*] *sind īdĕm u. ĕădĕm hinzugebildet worden*) **1.** (eben)derselbe, der nämliche, der gleiche, *subst. u. adi.* [*amicus est tanquam alter idem* das zweite Ich, *īdem velle atque īdem nolle, habitamus sub eodem tecto*]; *unus atque idem* (*od. idemque*) nur einer, *u.* zwar immer derselbe, ein *u.* derselbe; *idem ac* (*od. atque*), *et, qui* derselbe wie; *selten m. ut, quam, quasi, unkl. m. cum od. m. dat.* [°*in eadem mecum Africa geniti*]; *neutr. ĭdem m. gen.* dieselbe Art *od.* Masse, derselbe Grad [*idem iuris, eodem loci* auf derselben Stelle]. **2.** (*wenn demselben Subjekt ein neues Prädikat beigelegt wird*) **a)** zugleich, gleichfalls, auch, ebenso [*viros fortes eosdem bonos esse volumus; stulti iidem miseri sunt*]; **b)** (*beim Ggs.*) dennoch, gleichwohl [*multi, qui vulnera fortiter acceperunt, iidem dolorem morbi ferre non possunt*]. — ****idem* derselbe = *Formel für Wiederholung e-s zitierten Autorennamens.* **F.** *acc. sg. ĕŭndĕm, ĕăndĕm; gen. pl. ĕōrŭndĕm, ĕārŭndĕm; nom. pl. īīdĕm u.* °*ĕīdĕm od.* °*īdĕm; dat. u. abl. pl. īīsdĕm u.* °*ĕīsdĕm od.* °*īsdĕm.* — (*dcht.*) *abl. sg.* °*eodemque, eademque dreisilbig, acc. pl. eosdem zweisilbig.*

ĭdĕntĭdĕm *adv.* (*zw. dem Vorderglied ĭdĕm u. dem Hinterglied ĭdĕm unklares Zwischenglied*) immer wieder, zu wiederholten Malen.

▶ **ĭd-ĕō** *adv.* (*wohl eig.* „das aus dem Grunde") deswegen, darum, daher; *nach Bildung u. Gebrauch* = *ĭdcĭrcō.*

ĭd ĕst (*Abk. i.e.*) das ist, das heißt; *s. īs.*

IDIB. *Abk.* = *Īdĭbŭs; s. Īdūs.*

ĭdĭōmă, *mătĭs n* (*Fw.* ⟨ ἰδίωμα) (*spätl.*) das Eigentümliche im Ausdruck. — ***auch* Mundart, Sprache.

ĭdĭōtă *u.* **-tēs,** *ae m* (*Fw.* ⟨ ἰδιώτης) unwissender Mensch, Laie, Stümper, Ungebildeter. *Cf.* V.-B. I, 2.

Īdĭstăvĭsō cămpŭs *Talebene, in der Germanikus 16 n. Chr. den Arminius schlug, wahrscheinlich auf dem rechten Weserufer.*

īdōlŭm, *ī n* (*Fw.* ⟨ εἴδωλον) Bild: **1.** (*nkl.*) Schattenbild *e-s Verstorbenen,* Gespenst. **2.** (*stoischer t.t.*) Bild in der Seele = Vorstellung (*reinlat. spĕctrŭm*). **3.** (*Eccl.*) Götzenbild, Abgott.

Īdŏmĕnĕŭs, *ĕī u.* °*ĕŏs m* (Ἰδομενεύς) *S. des Deukalion, Enkel des Minos, K. in Kreta, einer der tapfersten Helden vor Troja. Cf.* V.-B. II, 3.

▶ **ĭdōnĕŭs** 3 (*adv.* **-ē**) (*et. ungedeutet*) **1.** (*act.*) geeignet, passend, tauglich, geschickt, fähig, *v. Pers. u. Sachen* (*abs., zB. dux, auctor* zuverlässig, *iudex* kompetent, *ventus, causa; m. dat., zB. locus castris,* °*puellis* willkommen; *meist ad alqd, zB. servi ad hoc negotium -i; m.* °*inf.; m. qui c. coni., zB. Laelii persona mihi idonea est visa, quae de amicitia dissereret; selten m.* °*ut*). **2.** (*pass.*) **a)** für *etw.* empfänglich, *e-r Sache* würdig *od.* wert [*natura* empfängliches Gemüt]; **b)** (*Sa.*) straffällig [*digni et idonei* Strafwürdige und Straffällige].
F. *comp. măgĭs ĭdōnĕŭs; sup. măxĭmē ĭdōnĕŭs.*

īdŏs *n indecl.* (*Fw.* ⟨ εἶδος) (*Se.*) Aussehen, Gestalt, Bild (*reinlat. spĕcĭēs*).

▶ **Īdŭs,** *ŭŭm f* (*wohl m. Varro etr. Fw.*) die Iden (*im März, Mai, Juli u. Oktober der 15., in den übrigen Monaten der 13. Tag* [*proximis Idibus, a.d. VII. Idus Septembres*]). *Die Iden waren oft Zahltermine für Zinsen u. Kündigungstermine für Kapitalien.*

ĭdyllĭŭm, *ī n* (*Fw.* ⟨ εἰδύλλιον, *eig.* „Bildchen") (*Pli.*) kl. Gedicht, *oft* *bukolischen Charakters,* Idylle.

i.e. *Abk.* = *īd ĕst* das ist, das heißt.

iĕcī *s. iăciō.*

iĕcŭr, *jünger* **iŏcŭr,** *iĕcŏrĭs u. iŏcĭnĕrĭs n* (*cf.* ἧπαρ) Leber, *bsd. wichtig für die Wahrsagungen der haruspices; von den Alten als Sitz der sinnlichen Liebe u. des Zornes betrachtet.*

iĕcŭscŭlŭm, *ī n* (*demin. v. iĕcŭr*) kl. Leber [*musculorum*].

iēiĕntācŭlŭm, *ī n* (*iēiĕntō* 1. = *iĕntō* 1.) = *iĕntācŭlŭm.*

iēiūnĭcōsŭs 3 (*iēiūnĭŭm*) (*Pl.*) ganz nüchtern, hungrig.

iēiūnĭtās, *ātĭs f* (*iēiūnŭs*) **1.** (*vkl., nkl.*) Nüchternheit. **2.** / **a)** (*v. Rede u. Stil*) Trockenheit (*alcis j-s, alcis rei* einer Sache); **b)** Mangel an Kenntnissen (*alcis rei* in *etw., zB. bonarum artium*).

iēiūnĭŭm, *ī n* (*iēiūnŭs*) (*dcht., nkl.*) **1.** das Fasten, *oft* = Fastenzeit, *dcht. meist pl.* [*~ ponere* unterlassen, *solvere* unterbrechen]. **2.** (*meton.*) (*dcht.*) **a)** Hunger [*-um sedare u. placare*]; **b)** Magerkeit *e-s Tieres.*

iēiūnŭs 3 (*m.* °*comp.*; *adv.* **-ē**) (*et. ungedeutet*) **1. a)** nüchtern, *m.* leerem Magen, *v. Pers. u. Sachen* [*homo,* °*corpus,* °*stomachus*]; **b)** (*meton.*) hungrig [*canes,* °*dens*]; (*dcht.*) durstig [*-a cupido* Durst]. **2.** / **a)** (*vom Acker*) mager, dürr, trocken [*ager*]; **b)** nach *etw.* hungrig *od.* verlangend, *e-r Sache* ermangelnd (*alcis rei, zB. aures huius orationis ieiunae* unbefriedigt durch); **c)** / α) (*bsd. v. Rede u. Redner*) trocken, fade, ohne Saft und Kraft [*oratio,* °*eloquentia, cognitio* unnütz, *ieiune dicere*]; β) armselig, dürftig, kärglich [*orationes,* °*sanies* wenig].

iĕntācŭlŭm, *ī n* (-ē-?; *iĕntō*) (*vkl., nkl.*) erstes Frühstück, Morgenimbiß.

iĕntō 1. (-ē-?; *et. unklar; m. iēiūnŭs verwandt?*) (*unkl.*) frühstücken, einen Morgenimbiß nehmen.

***i.f.** (*Abk.*) = *ĭpsĕ fēcĭt.*

▶ **ĭgĭtŭr** *cj.* (*klass. meist an 2. Stelle od. nach zusammenhängenden Worten, bei Suet. u. Ta. an 1. Stelle*) (*wohl entweder* < *ăgĭtŭr in enklitischer Stellung od.* < *quid agitur?* was ist los? was nun?) **1. a)** (*schlußfolgernd*) (*in Aussage- u. Fragesätzen*) also, somit, daher, demnach [*Laco quidam, cum hostis in colloquio dixisset: solem prae iaculorum multitudine non videbitis, in umbra igitur, inquit, pugnabimus*]; **b)** (*bei Aufforderungen*) also, so ... denn [°*agite igitur*]; **c)** (*im Schlußsatz des Syllogismus*) = *ergō* [*Sapiens numquam perturbatus est; atqui aegritudo perturbatio animi est: semper igitur ea sapiens vacabit*]. **2.** (*den durch Zwischenbemerkungen od. Zwischenglieder unterbrochenen Satz od. Gedanken wiederaufnehmend*) also, wie gesagt, sage ich [*sunt nonnullae disciplinae, quae ...; hae disciplinae igitur*]. **3.** (*zu einem Ganzen zusammenfassend*) kurz, mit einem Wort [*pro imperio, pro exercitu, pro provincia, ... pro his igitur omnibus rebus nihil aliud postulo*].

▶ **ī-gnārŭs** 3 (*m.* °*sup.*) (*ĭn*²*-gnārŭs*) **1.** (*act.*) unkundig, unwissend, unerfahren, *m. etw.* unbekannt (*abs. od. alcis rei u.* °*de re, zB. legum, orationis faciendae,* °*ante malorum* uneingedenk; *m. a.c.i. od. indir. Frages.*); *abs. auch* ohne *etw.* zu wissen, ahnungslos [*me ignaro* ohne mein Wissen, *omnibus ignaris* ohne daß *jd. etw.* ahnte, °*fors* blinder Zufall]. **2.** (*pass.*) (*nkl.*) unbekannt, fremd, Fremdling (*abs., zB. lingua; od. alci, zB. proles parenti -a*).

▶ **ignāvĭă,** *ae f* (*īgnāvŭs*) Trägheit, Lässigkeit, Mangel an Energie [°*aetatem per ignaviam agere*]; *insb.* Feigheit [*ignavia est contraria fortitudini*].

▶ **ī-gnāvŭs** 3 (*m. comp. u.* °*sup.*; *adv.* **-ē** *u.* °**-ĭtĕr**) (< **ĭn-gnāvŭs; s. nāvŭs*) **1.** träge, untätig, schlaff, lässig, matt, untüchtig, ohne Energie [*homo, senectus,* °*gravitas* unbeweglich, °*nemus* unfruchtbar, °*preces* tatenlos, °*palatum* sprachlos, °*letum* ruhmlos; *ad alqd od. m.* °*gen.* zu *etw.*]. **2.** träge machend, erschlaffend [*genus interrogationis,* °*frigus* erstarrend, °*hiems* arbeitslos]. **3.** feige, mutlos [*miles, animus*]; *subst. m* (*klass. nur pl.*) Feigling.

ĭgnēscō, — — 3. (*ī-? incoh. v. īgnĭs*) sich entzünden, in Brand geraten [*omnis mundus*]; / (*dcht.*) (*v. Leidenschaften*) entbrennen [*ira alci*].

ĭgnĕŭs 3 (*ī-?; īgnĭs*) **1.** feurig, glühend, flammend [*sidera,* °*arces* Himmelsburg, °*Chimaera* feuerschnaubend, °*aestas* sengend, °*sitis* brennend]. **2.** / **a)** (*nkl., dcht.*) feuerfarbig, glänzend [*color*]; **b)** (*dcht.*) hitzig, glühend (heiß) [*furor*]; **c)** (*dcht.*) blitzschnell.

ĭgnĭcŭlŭs, *ī m* (*ī-?; demin. v. īgnĭs*) **1.** (*nkl.*) Flämmchen, Funke. **2.** / **a)** *pl.* erste Anfänge, Keime [*virtutum, viriles* Funken männlicher Sinnesart]; **b)** Glut [*desiderii*].

ĭgnĭ-fĕr, *fĕră, fĕrŭm* (*ī-?; īgnĭs, fĕrō*) (*dcht.*) feuertragend, feurig [*axis*].

ĭgnĭ-gĕnă, *ae m* (*ī-?; īgnĭs, gīgnō*) (*dcht.*) feuergeboren [*Bacchus*].

ĭgnĭ-pēs, *pĕdĭs* (*ī-?; īgnĭs*) (*dcht.*) feuerfüßig, schnell [*equi*].

ĭgnĭ-pŏtēns, *ĕntĭs* (*ī-?*) (*dcht.*) Beherrscher des Feuers [*Vulcanus*].

> **ĭgnĭs**
> **1. a)** Feuer; **b)** Wacht-, Herd-, Opferfeuer; Feuersignal; **c)** Feuersbrunst; **2. a)** brennendes Scheit, Fackel; **b)** *pl.* Brände *zur Folterung*; **c)** Blitz(strahl); **d)** Stern; **e)** (*Krankheit*) Brand; **3.** Feuerglanz; **4. a)** Glut, Hitze; **b)** Feuer (*des Geistes*); **c)** Feuer *der Leidenschaft*; Liebesglut.

ĭgnĭs, *ĭs m* (*ī-?; cf. altind.* agni- *ds.*) **1. a)** Feuer, *oft pl.* [*ignem facere od.* °*accendere, restinguere, concipere u. comprehendere* Feuer fangen, *ignem ab igne capere* Feuer am Feuer anzünden, °*vivus* brennende Kohlen, *aquā et igni interdicere alci jd.* ächten]; *sprichwörtl.* = Feuerprobe [*amicitia igni perspecta* die die Feuerprobe bestanden hat]; **b)** Wachtfeuer (*bsd. im Lager*), Feuersignal [*significationem ignibus facere*], Herdfeuer, Opferfeuer, Feuer des Scheiterhaufens [°*ignes supremi od.* °*atri, alqm igni cremare od. necare*]; **c)** (*nkl.*) Feuersbrunst, *oft. pl.* [*deorum templis ignes inferre* in Brand stecken, *ferro ignique vastare m.* Feuer *u.* Schwert]. **2.** (*concr.*) **a)** Feuerbrand, brennendes Scheit, *auch* Fackel (*bsd.* °Hochzeitsfackel); / Feuerbrand, *v. e-m verderbenbringenden Gegenstand, zB.* °*parvus hic ignis* (= Hannibal) *incendium exsuscitabit*; **b)** *pl.* Brände *zur Folterung* [*ignes admovere alci*]; **c)** (*dcht.*) Blitz, Blitzstrahl; **d)** (*fast nur dcht.*) Stern, Gestirn [*Andromedae*]; **e)** (*dcht.*) *sacer ignis* Antoniusfeuer (*Krankheit m. bösartigen brandigen Geschwüren*). **3.** (*v. der Farbe*) feurige Farbe *od.* Röte, Feuerglanz, Glut, Schein, Schimmer, das Funkeln [*oculorum*], *bsd.* Sternenglanz [°*siderum,* °*lunae*], Fackelschein *u.ä.* **4. a)** (*dcht.*) Glut, Hitze [*solis, aëris*]; / **b)** Feuer [*ingenii et mentis*]; **c)** (*fast nur dcht.*) α) Feuer der Leidenschaft, Zornesglut, Wut; β) Glut der Begeisterung; γ) Liebesglut, glühende Liebe; (*meton.*) Flamme = Geliebte(r) [°*meus,* °*pulchrior*]; **d)** (*dcht., nkl.*) *zur Bezeichnung der schlimmsten Gefahren od. größten Schwierigkeiten* [*per ignes incedere od. currere*]. — **Höllenfeuer.
F. *abl. sg.* *īgnĕ u. īgnī* (*letzteres in manchen Ausdrücken verbindlich, zB. ferro ignique vastare, aquā et igni interdicere*).

ĭgnītŭs 3 (*ī-?; zu īgnĭs*) feurig, glühend.

▶ **ī-gnōbĭlĭs,** *ĕ* (*m.* °*comp. u.* °*sup.*; *adv.* °**-ĭtĕr**) (< **ĭn-gnōbĭlĭs; s. nōbĭlĭs*) unbekannt, unberühmt, unbedeutend, *v. Pers. u. Sachen* [*homo, civitas, argentaria*]; *bsd. v.* unbekannter *od.* niederer Herkunft, gewöhnlich [°*virgo, familia*].

▶ **ignōbĭlĭtās,** *ātĭs f* (*īgnōbĭlĭs*) Ruhmlosigkeit (*alcis*); *insb.* niedere Herkunft, niedriger Stand [*uxoris*].

ignōmĭnĭă, *ae f* (*ĭn*²*- + nōmĕn m. Anlehnung an* [*g*]*nōscō; eigtl.* „Aberkennung des guten Namens" *durch den Zensor* [*nota censoria*] *bzw.* „Degradation" *durch den Feldherrn*) Schimpf, Beschimpfung, Schande, Schmach (*alcis j-s u.* für *jd., zB. senatūs,* °*familiae; alcis rei* wegen *e-r* Sache, *zB. amissarum navium*); *bsd.* (*s.o.*) *die durch richterliches Urteil od. zensorisches Edikt ausgesprochene* Strafe des Verlustes *od.* der Schmälerung der bürgerlichen Ehre; *cf. īnfāmĭă* [*alqm ignominiā afficere u. notare, ignominiam accipere od. suscipere, habere,* °*iniungere od. inurere alci; alcis j-s od. jd.* angetan].

ignōmĭnĭōsŭs 3 (°*adv.* **-ē**) (*īgnōmĭnĭă*) **1.** schimpflich, ehrenrührig [*dominatio*]. **2.** (*v. Pers.*) (*nkl.*) durch öffentliche Beschimpfung gebrandmarkt, entehrt.

ignōrābilis, ĕ (*m.* °*comp.*; *adv.* °**-iter**) (*ignōrō*) unbekannt.

ignōrantia, *ae f* (*ignōrāns, part. praes. v. ignōrō*) Unkenntnis, Unwissenheit *als dauernder Zustand, meist selbstverschuldete* mangelnde Kenntnis (*alcis j-s, zB.* °*lectorum, tua*; *alcis rei, zB. loci,* °*bonarum rerum* der Leckerbissen).

ignōrātiō, *ōnis f* (*ignōrō*) **1.** Unbewußtheit, Unfreiwilligkeit. **2.** Unkenntnis, (*auch unverschuldete*) Unwissenheit, *auf einen einzelnen Fall od. auf spezielle Tatsachen bezogen*; *oft* (= *ignōrantia*) dauernde Unkenntnis *e-r Sache* (*alcis gen. subi. od. obi., zB. regis*; *alcis rei, zB. veritatis, futurorum*).

▶ **ignōrō** 1. (*denom. v. adi.* **ignōrus, ablautend dazu ignārus*) **1. a)** unkundig *od.* unwissend sein, nicht kennen, nicht wissen (*abs. od. alqd, zB. consuetudinem alcis, eventum belli*; *auch alqm jd. v. Person* nicht kennen, *meist* den Charakter *j-s* nicht kennen, *zB. Lucullum*; *auch de alqo, zB. de filio*; *m. a.c.i. od. indir. Frages., verneint selten m. quin*; *m.* °*inf.*); *P.* unbekannt *od.* unbemerkt bleiben (*ab alqo, zB. fuga ab omnibus ignorabatur*); **b)** *non ignorare* recht wohl wissen; **c)** (*selten*) nicht kennen wollen, verkennen, verleugnen, ignorieren (*alqm u. alqd, zB. alcis benevolentiam*). **2.** (*P.P.P.*) *adi.* **ignōrātus** 3 **a)** ungekannt, unbekannt, unerkannt [*sepulcrum alcis,* °*ars* Unkenntnis der Kunst; *ab alqo j-m, v. jd.*]; **b)** (*Sa., Ta.*) unbemerkt; **c)** unbewußt, unfreiwillig, unverschuldet (*Ggs. voluntarius*).

(**ignōscēns,** *entis*), *nur comp.* **-entior,** *ōris* (*eigtl. part. praes. v. ignōscō*) (*Te.*) versöhnlich.

▶ **i-gnōscō,** *gnōvī, gnōtum* 3. (< **in-gnōscō*; *wohl praev. in*¹- + *gnōscō*; *s. nōscō*) verzeihen, Nachsicht haben *od.* üben (*abs., zB. ignoscendi ratio* das Verzeihen; *alci u. alci rei, zB. mihi,* °*Cethegi adulescentiae*; *alci alqd nur beim neutr. e-s pron. od. allg. adi., zB. hoc populo Romano, mihi omnia*; *m. quod od. si*); *insb. jd.* begnadigen, für schuldlos erklären; (*Gerundiv*) *adi.* **ignōscendus** 3 (*dcht.*) verzeihlich [*dementia*].
F. *pf.-Formen synk.*: *ignōrit* = *ignōverit u.ä.*

i-gnōtus¹ *P.P.P. v. ignōscō.*

▶ **i-gnōtus**² 3 (*m.* °*comp. u. sup.*) (< **in-gnōtus*; *s. nōtus*; *cf.* ἄγνωτος) **1.** (*pass.*) **a)** unbekannt, fremd, *v. Pers. u. Sachen* [*homo, gens, ius*; *alci j-m, zB.* °*barbari omnibus gentibus -i*; *in vulgus* beim Volk unbekannt; *subst. m, zB. noti ignotique* Bekannte *u.* Unbekannte]; **b)** unbemerkt, ungewohnt [°*forma*], unerhört; **c)** (*selten*) *v.* niedriger Herkunft, ohne bekannte Ahnen [*Phryx*]; *auch subst. m.* **2.** (*act.*) unkundig, unbekannt m. = *ignārus, meist subst. m* [*ignotis alqd notum facere*].

i-gnōvī *s. ignōscō.*

Iguvium, *ī n alte St. im westlichen Umbrien, j.* Gubbio (*1444 Entdeckung der 7 Tabulae Iguvinae m. Kultvorschriften, des ältesten Sprachdenkmals in umbrischer Spr.*). — *Einw.* **Iguvīnī,** *ōrum u.* **Iguvīnātēs,** *ium m, adi.* **Iguvīnus** 3.

iī *s. eō*².

īle, *is,* **īleum** *u.* **īlium,** *ī n* (*selten, dcht.*) (*sg. zu īlia*) Scham.

Ilerda, *ae f St. in Hispania Tarraconensis, Hauptst. der* **Ilergētēs,** *um m, röm. Kolonie, j.* Lerida.

īlex, *icis f* (*Lw. aus e-r Mittelmeerspr.*) (*unkl.*) Steineiche, *übh.* Eiche; (*meton.*) (*Ma.*) Eicheln.

īlia, *ium n* (*cf.* ἴλια „die Scham") (*unkl.*) Unterleib, die Weichen [*ilia ducere od. trahere* keuchend atmen]; *übh.* (*dcht.*) Eingeweide *u.* Magen, *auch* = Scham.
F. *Cf. īle*; *dat. u. abl. pl. ilibus.*

Ilia, Iliacus, Iliās *u.ä. s. Ilium.*

ilicet *adv.* (< **īre licet, noch getr. bei Pl.*; *cf. scī-licet*) **1.** (*Com.*) laßt uns gehen!, es ist vorbei, es ist aus, es ist zu spät; weg damit! **2.** (*dcht.*) (= *ilicō*) sogleich, sofort, auf der Stelle.

īlicētum, *ī n* (*īlex*) (*Ma.*) (Stein-) Eichenwald.

▶ **i-licō** *adv.* (< **en-stlocōd*; *in*¹-, *locus*) **1.** (*räuml.*) (*Com.*) auf der Stelle, an dem Orte, dort [*sta* ~]. **2.** (*zeitl.*) auf der Stelle, sogleich, sofort.

Iliēnsēs¹, *ium m ein Volk auf Sardinien.*

īlignus 3 (*-īlign-?*) (*īlex, an līgnum angeglichen*) (*Com., Ho.*) *v.* der Steineiche, Eichen... [*glans*].

Iliŏn, *ī n s. Ilium.*

Iliona, *ae u.* **-ē,** *ēs f* (Ἰλιόνη) **1.** *älteste T. des Priamos*; *auch Titel eines Dramas des Pacuvius.* **2.** (*nur* **-a**) = Hekabe (*Hecuba*).

Ilīthyia, *ae f* (Εἰλείθυια) (*urspr. vorgriech. Göttin*) *T. des Zeus u. der Hera* (= *Iūnō Lūcīna*), *Geburtshelferin.*

Ilium *u.* °**Iliŏn,** *ī n u.* °**Iliŏs,** *ī f* (Ἴλιον, Ἴλιος) *dcht. Name des Homerischen Troja, der Hauptst. der Troer in Troas* (*cf. Trōs*), *v. Trōs u. seinem S. Ilos gegründet, Sitz des Priamos.* — *adi.* **Iliacus** 3, **Iliēnsis,** ĕ, °**Ilius** 3 ilisch, troisch, trojanisch (*fem. auch* °**Iliās,** *adis, subst. f* die Ilias *Homers, das Epos vom Trojanischen Krieg*). *Einw.* **Iliēnsēs**², *ium u.* °**Iliī,** *ōrum m* Troer, Trojaner; *sg. auch* °**Iliadēs,** *ae m* der Troer (= Ganymed[es]), *fem.* °**Iliās,** *adis u.* **Ilia,** *ae* die Troerin, Trojanerin, *bsd.* Rhea Silvia (*s.d.*), *die Stammutter Roms* (*patron.* °**Iliadēs,** *ae m S.* der Ilia = Romulus *od.* Remus).

illā *adv. s. ille.*

il-lābefactus 3 (*in*²- + *P.P.P. v. lābefaciō*) (*dcht.*) unerschüttert, unerschütterlich.

il-lābor, *lāpsus sum* 3. hineingleiten, -schlüpfen, -sinken, sich einschleichen (*abs. od. in, ad alqd, zB. in hominum animos, ad sensus, auch* °*alci rei, zB. urbi*); *bsd.* (*dcht.*) einstürzen [*orbis* Himmelsgewölbe].

il-labōrātus 3 (*in*²- + *P.P.P. v. labōrō*) (*nkl.*) **1.** unbearbeitet. **2.** ungezwungen, mühelos.

il-labōrō 1. (*Ta.*) sich abmühen bei *etw.* [*domibus* (*abl.*) beim Bau *v.* Häusern].

illāc (*illīc*¹, *sc. parte od. viā*) **1.** (*Com.*) auf jener Seite, da, dort. **2.** dorthin [*facere* zu jener Partei gehören].

il-lacessītus 3 (*Ta.*) ungereizt, unangefochten.

il-lacrimābilis, ĕ (*dcht.*) **1.** (*pass.*) unbeweint. **2.** (*act.*) nicht weinend: durch Tränen unerweicht, unerbittlich.

il-lacrimō *u.* **-mor** 1. **1.** bei *od.* über *etw.* weinen, *etw.* beweinen (*abs. od. alci rei u.* °*alqd, zB. alcis morti od.* °*mortem*; *m.* °*a.c.i.*). **2.** / (*Ho.*) dazu weinen.

il-laesus 3 (*in*²- + *P.P.P. v. laedō*) (*nkl., dcht.*) unverletzt, unangefochten.

il-laetābilis, ĕ (*dcht.*) unerfreulich, traurig [*ora*].

il-laqueō 1. (*laqueus*) verstricken, umgarnen, *nur* / (*alqm, alqm re, zB. periculis*); *bsd.* zum Treubruch verführen.

il-lātus *P.P.P. v. inferō.*

il-laudātus 3 (*dcht., nkl.*) ungelobt, ruhmlos; *bsd.* fluchwürdig.

il-lautus 3 *s. illūtus.*

> **ille**
> *pron. demonstr.* **1.** (*räuml.*) **a)** jener; **b)** dort (befindlich), dortig; **2.** (*zeitl.*) damalig, früher; **3.** schon genannt; **4.** *s.u.*; **5.** der bekannte, berühmte; **6.** *hic ... ille* der erstere ... der letztere; der eine ... der andere; **7.** *vorweisend*: folgender; **8.** *zurückweisend*: er, sie, es, derselbe; **9.** *illud* (nur) so viel; **10.** *adv. illa* dort; *illo* dorthin.

ille, *a, ud* (*Umfärbung des gemeinit. ollus* [*s.d.*] *bzw. des jüngeren olle nach is, iste usw.*; *cf. ultrā*) **jener,** *pron. demonstr. der 3. Pers.* (= ἐκεῖνος), *dem Redenden nach Raum, Zeit od. in der Vorstellung entfernt Liegendes bezeichnend* (*Ggs. hic*¹): **1.** (*räuml.*) **a)** jener; **b)** dort befindlich, dortig, entlegen, abwesend, jenseitig, *oft bloß durch* dort, da *zu übersetzen, zB. ille exercitus* das feindliche, *illa ripa* das jenseitige; *si illos, quos iam videre non possumus, neglegis, ne his quidem, quos vides, consuli putas oportere?* **2.** (*zeitl.*) damalig, früher, vergangen, *zB. ille dies, illi consules* die damaligen, *quae illa scelera vidistis* was habt ihr damals Verbrecherisches gesehen?; °*ex illo* seitdem; *auch auf die ferne Zukunft weisend* [*illa dies*]. **3.** (*in der Rede zurückweisend*) (schon) früher erwähnt, schon genannt, *zB. ille alter filius.* **4.** *bei subst. statt eines gen.* (*meist obi.*), *zB. ille dolor* der Schmerz darüber, *illa fama* die Kunde davon. **5.** der bekannte, berühmte *od.* berüchtigte, sprichwörtliche (*meist nachgestellt*), *zB. magnus ille Alexander, illa Medea*; *hic ille est* das ist der bekannte *od.* vorzügliche; *bsd. illud Socratis od. Socraticum* der bekannte Ausspruch des S., *illud Homeri od. Homericum* das be-

kannte Wort aus Homer. **6.** *hic ... ille* dieser ... jener: **a)** der erstere ... der letztere; **b)** der eine ... der andere, *cf.* *hīc*[1]; *auch hic et* (*od. atque*) *ille* dieser *u.* jener, mancher (*auch ille et ille*); *ille aut ille* der *od.* der, Hinz *od.* Kunz. **7.** folgender, *namentlich n* (*nur bei nachdrücklicher Gegenüberstellung*) [*cum multa dura sunt, tum* *illud* *imprimis, quod*]. **8.** (*bei Zurückweisung auf einen schon genannten Begriff*) er, sie, es, derselbe, *stärker als is, bsd. häufig bei Dichtern, zB.* *ego, quae sunt oratori communia cum philosophis, non mutuor ab* *illis*; *bsd.* **a)** *in Verbindung m.* *quidem* allerdings, freilich (... *sed*), *zB.* *amicum tuum cives non* *illi* *quidem oderunt, sed certe non probant*; **b)** (*bsd. bei Dichtern*) *das Subjekt m. Nachdruck wiederholend* [*sic oculos, sic* *ille* *manus, sic ora ferebat*]; **c)** *ille in der orat. obl. meist für die 2. Pers. der oratio recta* (*īs für die 3.*). **9.** *neutr.* **illŭd**: **a)** so viel *od.* nur so viel [*illud constat od. certum est*]; **b)** *auf eine folgende Epexegese* (*inf., a.c.i., Satz m. quod, quia, ut, ne*) *hinweisend, zB.* *illud* *intellego, omnium ora in me conversa esse.* **10.** (*unkl.*) *adv.* **a)** **illā** (*sc. viā od. pārtē*) auf jener Seite, dort, *auch* dorthin; **b)** **illō** (*sc. lŏcō*) dahin, dorthin; / dahin = zu jener Sache [*eodem illo pertinere*].
F. *gen. sg. illīŭs, dcht. meist illĭūs, altl. illī; dat. sg. illī.*

illĕcĕbră, *ae f* (< **īn-lăcĕbră*; *lăciō,* — — 3. verlocken; *cf. illĭciō*) Lockung, Verführung, Anreiz, Reiz (*alcis j-s u. alcis rei obi. u. subi., zB. iuventutis, libidinum*); *meton.* Gabe der Verführung; (*Pl.*) Lockvogel.

illĕcĕbrōsŭs 3 (*m. comp.*; *adv.* **-ē**) (*illĕcĕbră*) (*vkl., nkl.*) verführerisch.

illĕctŭs[1] 3 angelockt; *s. illĭciō.*

illĕctŭs[2], *ūs m* (*illĭciō*) (*Pl., nkl.*) Lockung.

il-lēctŭs[3] 3 (*īn*[2]*- + P.P.P. v. lĕgō*[2]) (*dcht., nkl.*) ungelesen.

il-lĕpĭdŭs 3 (*adv.* **-ē**) (*unkl.*) unfein, abgeschmackt, witzlos.

il-lēvī *s. illĭnō.*

illĕx, *ĭcis m u. f* (*illĭciō*) (*vkl., nkl.*) Verführer(in), Lockvogel.

il-lēxī *s. illĭciō.*

illī *adv.* (*altl. loc. v. illĕ*) (*Com.*) dort; / dabei, in jener Sache.

il-lībātŭs 3 (*īn*[2]*- + P.P.P. v. lībō*) unvermindert, ungeschmälert, unverletzt [*divitiae,* °*virginitas*].

il-lībĕrālĭs, *ĕ* (*adv.* **-ĭtĕr**) **1.** eines freien Mannes unwürdig, unedel, gemein, unanständig, *v. Pers. u. Sachen* [*homo, quaestus, iocandi genus*]. **2.** unhöflich, ungefällig (*in alqm* gegen *jd.*). **3.** (*Li.*) knauserig, knickerig.

illībĕrālĭtās, *ātis f* (*illībĕrālis*) unedles Benehmen: **1.** Ungefälligkeit. **2.** Knauserei.

▶ **illĭc**[1], *aec, ūc* (*Schlußsilbe des n* [= *illŭcc*] *fast stets u.* — *in falscher Analogie* — *die des m* [= *illĭcc*] *oft lang gemessen*; *altl.*: *nom. pl. m illīscĕ, abl. pl. illīscĕ, nom. pl. f illaec*) (*illĕ + -cĕ*) (*vkl., nkl., im n auch vulgär*) jener da; *m. fragendem -nĕ*: *illĭcinĕ* (< **illĭcĕnĕ*).

illīc[2] *adv.* (*loc. v. illĭc*[1], *cf. hīc*[2]) **1. a)** an jenem Ort, dort, daselbst, da; **b)** (*dcht.*) in jener Welt, im Jenseits. **2.** / **a)** (*nkl., dcht.*) auf jener Seite, bei jenem Menschen *od.* Manne; **b)** (*vkl., nkl.*) in jener Sache, bei dieser Gelegenheit.

il-lĭcĭō, *lēxī, lēctŭm* 3. (*lēxī?*) (*lăcĭō* 3. „verlocken"; *cf. lăcēssō*) anlocken, herbeilocken; *klass. nur pejorativ* verlocken, verführen, lüstern machen (*alqm, zB.* °*milites*; *alqm re* durch *etw., zB.* °*praemio*; *alqm ad, in alqd, zB.* °*populum ad bellum, coniugem in stuprum*; *m. ut od. bloßem coni.*; *m.* °*inf.*).

il-lĭcĭtātŏr, *ōris m* (*Vermischung v. lĭcĭtŏr* 1. „bieten" *u. illĭciō*) Scheinbieter, Scheinkäufer (*v. jd., der nur zum Schein bietet, um den Preis höher zu treiben*).

il-lĭcĭtŭs 3 (*adv.* **-ē**) (*nkl.*) unerlaubt, unzulässig; *subst. neutr. pl.* Unerlaubtes.

illĭcō *adv.* = *īlĭcō.*

il-līdō, *sī, sŭm* 3. (*īn*[1] + *laedō*) **1.** (*vkl., dcht.*) hineinschlagen, -stoßen (*alqd alci rei u. in alqd, zB. dentes labellis, pilam vadis* in die Untiefen schmettern). **2.** (*nkl., dcht.*) anschlagen, anstoßen, *etw. absichtlich* gegen *etw.* schlagen (*alqd alci rei u. ad rem, zB. caput foribus*; *saxis illidi* auf Felsen geraten). **3.** zerschlagen, zerschmettern [*serpentem*].

il-lĭgō 1. **1.** anbinden, anknüpfen, festbinden, befestigen, fest anbringen an *od.* in *etw.* (*alqd, zB.* °*manūs post tergum*; *alqd re etw.* durch, *m. etw., zB.* °*antennas funibus*; *alqm u. alqd in re u. in rem,* °*alci rei, zB. litteras in iaculo,* °*iuga tauris* den Stieren auflegen, °*aratra iuvencis* die Stiere an den Pflug spannen; *auch* /, *zB. paeana in solutam orationem* einfügen in; *bsd. alqd re etw.* an, in *etw.* binden *od.* knüpfen, fügen, *zB. sententiam verbis*). **2.** / **a)** *jd.* an *etw.* fesseln, ketten, durch *etw.* verpflichten (°*alqm stupro,* °*foedere se cum Romanis*); **b)** *jd.* verwickeln *od.* verstricken, umgarnen, an freier Bewegung hindern, hemmen (*alqm re, zB. personas graves sermonibus,* °*alqm lento veneno* unschädlich machen durch, *illigari angustis disputationibus* in kleinlichen Untersuchungen befangen sein, °*illigatus praedā* beladen).

illĭm *adv.* (*erstarrter acc. e-s i-Stammes zu illĕ*) **1.** (*räuml.*) *v.* dort. **2.** (*zeitl.*) (*Sa.*) *v.* da an.

il-līmĭs, *ĕ* (*līmŭs*[1]) (*Ov.*) schlammfrei, rein [*fons*].

illĭnc (*adv.* < **illĭm-cĕ*) **1.** *v.* jener Seite her, *v.* dort [*illinc huc veni*], *im Deutschen oft* (*auf die Frage „wo?"*) auf jener Seite, dort, *zB. illinc cupiditas pugnat, hinc veritas*; *illinc ... hinc* dort ... hier. **2.** / °**a)** (*zeitl.*) seit jener Zeit [*illinc usque ad nostram memoriam*]; **b)** ~ *facere* zu jener Partei gehören.

il-lĭnō, *lēvī, lĭtŭm* 3. **1.** (*dcht., nkl.*) *etw.* aufstreichen, streichend auftragen, auf *etw.* streichen (*alqd alci rei, zB. collyria oculis* die Augen einreiben m., *alqd chartis etw.* auf das Papier hinschmieren, *aurum vestibus* einweben in, *nives agris* die Fluren mit Schnee überziehen; *auch alci alqd, zB. sociis ceram* Wachs den Gefährten in die Ohren streichen). **2.** (*klass. selten*) *etw. m. etw.* bestreichen *od.* überziehen, *auch* / (*alqd re, zB. fuco* schminken, °*pocula ceris*).

il-lĭquĕfăctŭs 3 flüssig gemacht, geschmolzen, in Fluß gebracht [*voluptates*].

il-līsī *s. illīdō.*

il-līsus *P.P.P. v. illīdō.*

il-lĭttĕrātŭs 3 (*m. sup.*) ungelehrt, ohne wissenschaftliche Bildung, *bsd. ohne Sprach- u. Literaturkenntnisse* [*servus*], (*v. Sachen*) unwissenschaftlich. — ***subst. m* [Laie.]

illō *s. illĕ.*

illōc = *illūc*; *s. illĭc*[1].

il-lŏcābĭlĭs, *ĕ* (*īn-*[2], *lŏcō* 1.) (*Pl.*) nicht an den Mann zu bringen [*virgo*].

il-lōtŭs 3 = *illūtŭs.*

illūc[1] *s. illĭc*[1].

▶ **illūc**[2] *adv.* (*illĭc*[1]; *gebildet wie hūc zu hīc*[1]) **1.** (*räuml.*) **a)** dorthin, dahin, an jenen Ort, in jene Gegend [*hinc illuc venit*; *huc* (*et*) *illuc,* °*illuc et illuc* hierhin *u.* dorthin, nach allen Seiten]; **b)** in jene Welt, ins Jenseits [*illuc ferri*]. **2.** (*vkl., nkl.*) (*zeitl.*) bis dahin [*illuc usque fidus*]. **3.** / dahin, dorthin: **a)** = *ad od. in illum od. illos* [*illuc facere* zu jener Partei halten]; **b)** (= *ad od. in illud, ad illam rem*) zu jener Sache, zu jenem Punkt, zum Thema, zur Sache [*sed illuc redeamus*].

il-lūcĕō, — — 2. (*vkl., spätl.*) auf *etw.* leuchten [*capiti*].

il-lūcēscō, *lūxī,* — 3. **1.** (*intr.*) **a)** zu leuchten beginnen, anbrechen [*sol, dies*]; (*impers.*; *seit Li.*) *illucescit* es wird Tag, es wird hell, es tagt; **b)** / hervorleuchten, wie ein Licht aufleuchten, sich zeigen [*vox consulis populo Romano in tenebris illuxit*]. **2.** (*trans.*) (*Pl.*) *jd.* bescheinen (*alqm, zB. mortales*).

▶ **il-lūdō,** *sī, sŭm* 3. **1.** (*dcht.*) **a)** an *etw.* hinspielen (*alci rei, zB. palla talis* umspielt); **b)** *etw.* spielend hinschreiben [*chartis* spielend zu Papier bringen]. **2.** / **a)** *m. etw.* spielen = sein Spiel *od.* seinen Spott treiben; *jd. od. etw.* verspotten, verhöhnen (*alci u. alci rei, alqm, in alqm, alqd, zB.* °*capto, dignitati alcis, miseros, in Albutium, praecepta rhetoricorum*; *abs.* spotten); P. verspottet werden (*ab alqo*); **b)** *jd.* täuschen, betrügen (*alqm u.* °*alci, zB.* °*Cretenses,* °*Neroni*; *abs.* sein täuschendes Spiel treiben); **c)** (*dcht., nkl.*) *jd.* übel mitspielen, sich an *jd. od. etw.* vergreifen, *etw.* mutwillig beschädigen, verderben (*m. dat. u. acc., zB. pecuniae* mutwillig durchbringen, *corpus alcis, alcis matri u. pueritiae*).

illūmĭnātē *adv.* (*vom P.P.P. v. illūmĭnō*) lichtvoll, klar [*dicere*].

il-lūminō 1. (*zu lūmĕn*) erleuchten, erhellen [*sol lunam*]; *meist* / schmücken, verherrlichen, Glanz verleihen, *bsd. als rhet. t.t.* [*orationem sententiis*]; (*nkl., dcht.*) *auch etw.* ins rechte Licht setzen, aufklären, *zB. fidem alcis.*

il-lūnis, ĕ (*in-*², *lūnă*) (*nkl.*) ohne Mondschein [*nox*].

Illūricūs, Illūrii = *Illyr...*

il-lūsī *s. illūdō.*

illūsiō, *ōnis f* (*illūdō*) Verspottung, Ironie (*als rhet. Figur*).

illūstrāmentā, *ōrūm n* (*illūstrō*) (*Qu.*) Verschönerungsmittel.

illūstrātiō, *ōnis f* (*illūstrō*) (*wohl nur nkl.*) (*rhet. t.t.*) Anschaulichkeit, anschauliche Darstellung.

▶ **illūstris,** ĕ (*m. comp. u.* °*sup.*; *adv. im comp.* **illūstriūs**) (*wohl Rückbildung aus illūstrō*) **1.** erleuchtet, hell, licht, strahlend [*stella, solis candor,* °*nox sideribus*]. **2.** / **a**) (*für den Verstand*) einleuchtend, deutlich, klar, anschaulich, offenbar [*exemplum, oratio, illustrius dicere de re*]; **b**) glänzend, hervorstechend, auffallend, merkwürdig, *v. Pers. u. Sachen*; **c**) berühmt, allgemein bekannt [*civitas, factum, nomen alcis*]; *übh.* ausgezeichnet, hervorragend, bedeutend [*adulescens, causa, ingenium*; *re* durch *etw., zB.* °*homines honore ac nomine -es, gloriā militari*]; (*pejorativ*) berüchtigt [*furtum*]; **d**) vornehm, erlaucht, aus edlem Geschlecht, angesehen [*vir, familia, illustri loco natus*]; *subst. m* der Vornehme.

▶ **il-lūstrō** 1. **1.** erleuchten, erhellen [*templum Iovis candelabri fulgore*]. **2.** / **a**) ans Licht bringen, aufdecken, offenbaren [*consilia alcis*]; P. ans Licht kommen; **b**) anschaulich machen, aufhellen, erklären, erläutern [*ius obscurum, verum, philosophiam Latinis litteris*]; **c**) Glanz verleihen, verherrlichen, preisen, feiern (*alqm u. alqd, zB. consulem laudibus, alcis nomen, orationem sententiis*); P. gefeiert werden, zu hohem Ruhme gelangen.

il-lūsūs *P.P.P. v. illūdō.*

illūti(bi)lis, ĕ (-*lūō*¹) (*Pl.*) durch Waschen nicht zu beseitigen [*odor*].

il-lūtūs 3 (-*lūō*¹; *cf. lāvō* 3., *lautūs*) **1.** (*vkl., nkl.*) ungewaschen, unrein, schmutzig [*echinus* nicht vom Seewasser gereinigt]; / unanständig [*sermo*]. **2.** (*Ve.*) nicht abgewaschen [*sudor*].

il-lŭviēs, *ēī f* (*unkl.*) **1.** (*in-*², *lāvō*) Schmutz, *bsd. an Menschen u. Tieren* [*illuvie obsitus*]. **2.** (*in*¹, *lāvō*) Überschwemmung [*aquarum*]; (*meton.*) überströmendes Wasser [*placida*]; *übh.* Morast, aufgeweichter Boden, Kot.

Illyrii, *ōrūm m Volk idg. Spr., als dessen Kern Griechen u. Römer nur die Stämme im Bergland östlich der Adria rechneten; dies hieß daher lat.* **Illyricūm,** *ī n od.* **Illyriă,** *ae f* Illyrien; *nach seiner Unterwerfung durch Rom* (*9 n. Chr.*) *wurde es romanisiert u. zerfiel in die Provinzen Dălmātiă u. Pānnŏniă; adi.* **Illyriūs** *u.* **Illyricūs** 3 illyrisch (*fem. auch* °**Illyris,** *idis, als subst.* Illyrien).

Ilōtae, *ārūm m* = *Hīlōtae.*

Ilūs, *ī m* (Ἶλος) **1.** *S. des Tros, V. des Laomedon, K. v. Troja.* **2.** = *Iūlūs.*

Ilvă, *ae f Insel an der Küste von Etrurien, j.* Elba.

imāginārĭūs 3 (*imāgō*) (*nkl.*) **1.** (*Inschr.*) zum Bild(nis) gehörig, Bildnis... [*pictor* Porträtmaler]. **2.** scheinbar, Schein... [*fasces, militia*].

imāginātiō, *ōnis f* (*imāginŏr*) (*nkl.*) Einbildung, Vorstellung, Phantasie, Traum.

imāginŏr 1. (*denom. v. imāgō*) (*nkl.*) sich einbilden, sich vorstellen, träumen (*alqd*).

imāginōsūs 3 (*imāgō*) (*Ca.*) voller Einbildungen.

imāgō
1. Bild, Bildnis (*Plastik u. Gemälde*); 2. Ahnenbild; 3. Ebenbild; 4. a) Schatten(bild); b) Traumbild; c) Trugbild; d) Echo; e) Vorspiegelung; 5. Erscheinung, Anblick; 6. Gleichnis; 7. a) (*philos.*) Vorstellung; b) Gedanke.

imāgō, *inis f* (*cf. imi-tŏr, ablautend zu aemŭlūs*) **1.** Bild, Bildnis, *sowohl der Plastik* (= Statue, Büste) *als der Malerei* (= Gemälde, Porträt) *und des Spiegels* (= Spiegelbild, Widerschein), *bsd.* Brustbild *e-s Menschen, oft* / [*expressa,* °*cerea, ficta* Büste, *picta* Porträt; *alcis u. alcis rei, zB. avi, corporis alcis,* °*eloquentiae*]; *auch* Kopie, Faksimile [*tabularum*]. **2.** Ahnenbild, Wachsmaske *der Vorfahren, meist pl.* [*ius imaginum*: *es bestimmte, daß nur diejenigen Ahnenbilder* (*imagines, cerae*) *m. tituli in besonderen Schränken im Atrium verwahren durften, von deren Vorfahren mindestens einer ein kurulisches Amt* (*vom Ädilen aufwärts*) *verwaltet hatte*; *bei feierlichen Leichenzügen wurden sie v. Männern, die den dargestellten an Figur glichen, vor dem Gesicht getragen*; *imagines maiorum, fumosae, homo multarum imaginum*]. **3.** Abbild, Ebenbild. **4. a**) Schattenbild, Schatten *der Abgeschiedenen in der Unterwelt,* Schemen [*mortuorum*]; **b**) Traumbild [*somni*]; **c**) Trugbild, Truggestalt, *übh.* bloßer Schein, Phantom [*vana,* °*coniugis, equitis Romani, rei publicae*]; **d**) Echo, *m. u. ohne vocis*; **e**) (*nkl.*) Vorspiegelung [*imagine pacis decipere alqm*]; *auch* Vorwand. **5.** (*meton.*) (*dcht.*) Erscheinung, Anblick, Gestalt [*matris, insepultorum*]. **6.** (*rhet. t.t.*) (*nkl., dcht.*) Gleichnis, Vergleich, bildliche Darstellung [*hac ego compellor imagine*]. **7.** Bild im Geiste (*meist dcht., nkl.*): **a**) (*philos.*) Vorstellung *od.* Idee von *etw.,* Begriff [°*recentes rerum*]; **b**) *übh.* Gedanke an *etw.,* Einbildung [*periculi,* °*tantae pietatis*].

imāgŭncŭlă, *ae f* (*demin. v. imāgō*) Bildchen.

imbēcillitās, *ātis f* (*imbēcillūs*) **1.** Schwäche, *physische, aber auch v. Sachen* [*corporis, materiae* des Bauholzes]. **2. a**) Kränklichkeit, Krankheit (*alcis, zB. matris*); **b**) / Haltlosigkeit, Mangel an Energie, Mutlosigkeit (*alcis u. alcis rei, zB. magistratuum, consilii*); (*meton.*) Gefühl der Schwäche.

▶ **im-bēcillūs** 3 *u.* °**-is,** ĕ (*m. comp.,* °*sup. imbēcillissimūs*; *adv. nur im comp.* **-iūs**) (*vl. zu bācŭlūm*) **1.** schwach, schwächlich, kraftlos, gebrechlich, *physisch, v. Pers. u. Sachen* [*senex,* °*oculi,* °*aetas*; *subst. m*]; *auch v. Heilmitteln, Speisen u. Getränken* schwach, unwirksam [*medicina,* °*vinum*]. **2. a**) kränklich [*filius*]; **b**) / (*bsd. geistig*) haltlos, ohnmächtig, energielos, unselbständig, schwankend, *v. Pers. u. Sachen* [*accusator,* °*suspicio, imbecillius assentiri* auf minder entschiedene Weise].

▶ **im-bēllis,** ĕ (*m.* °*comp. u.* °*sup.*) (*bēllūm*) **1. a**) unkriegerisch, dem Kriege abgeneigt, zum Kriege untauglich [*exercitus,* °*iuventus,* °*telum* = kraftlos]; **b**) *übh.* feige [*strenui et imbelles, res imbelles* feiges Benehmen]. **2.** (*klass. selten*) friedlich, ruhig, still, *auch* wehrlos, schwach [°*annus,* °*cervi*].

▶ **imbĕr,** *bris m* (*cf. ablautend ὄμβρος*) **1.** Platzregen, *einzelner* Regenguß, Gewitterregen [°*densissimus, lapidum u.* °*lapideus* Steinregen, °*tortus* Hagel, Schloßen; / °*telorum od.* °*ferreus* Hagel *v.* Geschossen, °*aquae u. bloß* °*imber* Strom *v.* Tränen]; *pl.* Regentropfen, -ströme, -wetter. **2.** (*dcht.*) *übh.* Unwetter, Gewitter. **3.** (*nkl., dcht.*) (*meton.*) Regenwasser, *bsd. zur Bewässerung*; *übh.* Wasser, Feuchtigkeit [*aequoris, fluminis*].
F. *abl. sg. imbrī u. imbrĕ*; *gen. pl. imbriūm.*

im-bĕrbis, ĕ *u.* **-ūs** 3 (*in-*², *bărbă*) bartlos [*adulescentulus*].

im-bĭbō, *bĭbī,* — 3. (*nkl.*) in sich hineintrinken; *klass. nur* / sich aneignen, fassen (*alqd, zB. spem, animo malam opinionem de alqo*); *bsd.* sich *etw.* vornehmen (*alqd*).

im-bītō, — — 3. (*Pl.*) hineingehen.

imbrĕx, *icis f* (*u.* °*m*) (*imbĕr*) (*unkl.*) **1.** Hohlziegel *zur Ableitung des Regenwassers*; (*meton.*) Dach *v.* Hohlziegeln. **2.** / **a**) Beifallsklatschen *m.* hohlen Händen; **b**) Rippenstück [*porci* Schweinerippchen].

imbricus 3 (*Pl.*) *u.* **imbri-fĕr,** *fĕră, fĕrūm* (*dcht., nkl.*) (*imbĕr, fĕrō*) regenbringend, regnerisch [*auster*].

im-būō, *ŭī, ūtūm* 3. (*et. ungeklärt*) **1.** *m. etw.* benetzen, befeuchten, tränken, in *etw.* eintauchen (*alqd, zB.* °*aram,* °*vestem*; *alqd re, zB. gladium sanguine,* °*ōs nectare*). **2.** / **a**) erfüllen *m.* (*alqm admiratione, opinione deorum,* °*pectora pietate*); **b**) (*pejorativ*) beflecken, besudeln, vergiften [*gladium scelere*]; **c**) an *etw.* gewöhnen (*medio-pass. od. se -ere* sich gewöhnen), *m. etw.* vertraut machen, zu *etw.*

heranbilden (*alqm u. alqd re, zB. se studiis, animum tenerum turpissimis cupiditatibus; °ad alqd; m. °inf.*); **d)** (*dcht.*) °*etw.* einweihen = beginnen, zuerst kennenlernen *od.* versuchen [*opus, terras vomere* zum erstenmal pflügen, *exemplum* das erste Beispiel geben].

imitābilis, ĕ (*m. °comp.*) (*imitor*) leicht nachzuahmen, *v. Pers. u. Sachen* [*subtilitas; non* ~ unnachahmlich].

imitāmen, *inis* (*Ov.*) *u.* **imitāmentum,** *ī n* (*nkl.*) = *imitatio.*

imitātiō, *ōnis f* (*imitor*) **1.** (*abstr.*) **a)** Nachahmung (*alcis u. alcis rei, zB. veterum Romanorum, exempli*), (*pejorativ*) Nachäffung; **b)** (*nkl.*) Nachahmungstrieb. **2.** (*concr.*) (*nkl.*) Nachahmung, Kopie, Übersetzung.

imitātor, *ōris m* (*imitor*) Nachahmer, (*pejorativ*) Nachäffer (*alcis u. alcis rei*).

imitātrix, *icis f* (*imitator*) Nachahmerin.

▶ **imitor** 1. (*part. pf. auch pass.; cf. imago, ablautend zu aemulus*) **1. a)** nachahmen, (*pejorativ*) nachäffen (*abs. od. alqm u. alqd, zB. oratorem, alcis consuetudinem; alqm in re, zB. in adeundis periculis; simulacra* nachgemachte [*s.o.*]); **b)** nachahmend darstellen, nachbilden, -machen [*chirographum; pulchritudinem Coae Veneris; putre solum arando* durch Pflügen auflockern]. **2.** (*v. Leblosem*) gleichkommen, ähnlich sein [*umor potest imitari sudorem*]; *bsd. part.* °*imitans u.* °*imitatus* ähnlich [*metas* kegelförmig, *lunam* mondförmig, *violas* wie mit Violen gefärbt, *triumphos* ähnlich wie bei einem Triumphzug]. **3. a)** (*dcht.*) *etw.* durch *etw.* anderes ersetzen, *zB. ferrum sudibus* Knüttel statt der Schwerter gebrauchen, *pocula vitea fermento atque sorbis*; **b)** *etw.* übersetzen [*exprimere quaedam verba imitando*]. **4.** (= μιμεῖσθαι) noch nicht Dagewesenes darstellen, ausführen, *zB. alqd penicillo, °capillos aere, °gaudium, °maestitiam* zeigen.

im-māculātus 3 (*in-*², *P.P.P. v. maculo*) (*spätl.*) unbefleckt. — ***Immaculata in der kath. Kirche Ehrenname für Maria.*

im-mādēscō, *dui,* — 3. (*nkl., dcht.*) naß *od.* feucht werden (*re v. etw., zB. lacrimis*).

▶ **im-mānis,** ĕ (*m. comp. u. sup.; adv.* °**-ē** *u.* [*spätl.*] **-iter**) (*manes; Bedeutungsentwicklung ähnlich wie nhd.* „ungeheuer[lich], Ungeheuer“) **1.** unnatürlich (*od.* erschrecklich, übermäßig) groß, ungeheuer, riesig, unermeßlich, gewaltig, außerordentlich *nach Größe u. Menge, auch nach Kraft u. Wirkung, v. Lebendem u. Leblosem* [*belua, °corpus* Riesenleib, *°fluvius, poculum* Humpen, *pecunia, praeda, magnitudo, libidines; adv.* °**-ē**, *zB. spirare; °immane quantum* ungemein, gewaltig, *zB. discrepare*]. **2.** (*dem Wesen u. Charakter nach*) **a)** (*v. Pers.*) unmenschlich, teuflisch, grausig [*hostis, Verres, gens*], (*v. Tieren*) wild [*bestia*]; **b)** (*v. Leblosem*) entsetzlich, furchtbar, schrecklich, grausig [*natura, facinus, scelus, crudelitas*].

immānitās, *ātis f* (*immanis*) **1.** (*nkl.*) ungeheuere Größe. **2.** (*v. Wesen u. Charakter*) Unmenschlichkeit, Furchtbarkeit, Entsetzlichkeit, Wildheit, Roheit (*alcis u. alcis rei, zB. Verris, barbariae, verborum* unerhörte Neuerung im Sprachgebrauch). **3.** *meton.* Scheusal, Unmensch(en) [*in hac immanitate versari* unter solchen Unmenschen leben].

im-mānsuētus 3 (*m. °comp. u. °sup.*) ungezähmt, unbändig, roh, wild [*gens* ungebildet, *°ventus* stürmisch].

immātūritās, *ātis f* (*immaturus*) **1.** (*nkl.*) Unreife. **2.** Voreiligkeit.

im-mātūrus 3 **1.** (*nkl.*) unreif [*uva*], (*Pl.*) (*v. Geschwüren*); (*v. Pers.*) noch nicht erwachsen, noch nicht mannbar [*puella*]. **2.** / zu früh [*mors*].

im-mediātus 3 (*in-*², *medius*) (*spät*) unvermittelt. — **unmittelbar.

im-medicābilis, ĕ (*dcht.*) unheilbar [*vulnus, telum* das e-e unheilbare Wunde verursacht].

im-meiō, — — 3. in *etw.* hineinharnen; (*Pers.*) / *vulvae vom Beischlaf* [*patriciae* m. e-r vornehmen Dame].

im-memor, *oris* uneingedenk: **1.** *abs.* **a)** vergeßlich [*ingenium* Vergeßlichkeit]; **b)** undankbar [*posteritas*]; **c)** gefühllos, pflichtvergessen. **2.** *m. obi.*: *etw.* nicht bedenkend, *etw.* vergessend, um *etw.* unbekümmert, ohne Rücksicht auf *etw.* (*alcis u. alcis rei, zB. coniugis, dignitatis suae*).

F. *abl. sg.* -*ī u.* -*ĕ*, *pl. neutr. fehlt, gen.* -*um.*

im-memorābilis, ĕ **1.** (*pass.*) **a)** (*Pl.*) nicht erwähnenswert; **b)** (*Lu.*) unermeßlich [*spatium*]. **2.** (*act.*) (*Pl.*) schweigsam.

im-memorātus 3 (*dcht.*) unerwähnt, noch nicht erzählt, *bsd.* neu, unbekannt.

immēnsitās, *ātis f* (*immensus*) Unermeßlichkeit, unermeßliche Größe [*camporum*].

▶ **im-mēnsus** 3 (*part. pf. v. metior*) unermeßlich (groß), unendlich, ungeheuer, *bsd. räuml. u. zeitl.* [*mare, °spatium, °nox, °messes* reiche]; *subst.* **immēnsum,** *ī n* das Unermeßliche, unermeßlicher Raum, ungeheure Strecke [*loci; in od. °ad -um od. bloß °immensum adv.* ins unendliche, ungeheuer, ungemein (*weit*), *zB. crescere*].

im-merēns, *entis* (*unkl.*) nicht verdienend = unschuldig [*hospites* harmlose].

im-mergō, *mersī, mersum* 3. eintauchen, untertauchen, versenken (*alqm u. alqd in alqd od. °alci rei, °re, zB. in flumen, °se alto* in die Tiefe tauchen); / versenken, tief hineinstecken [*°manum in os leonis, °prolem visceribus* verschlingen]; *se immergere od. mediopass.* sich einschleichen, eindringen [*in contionem;* / *in alcis consuetudinem* sich bei *jd.* einnisten].

im-meritus 3 (*mereor, mereo*) (*unkl.; klass. nur adv.* **-ō**) **1.** (*medial*) der etwas nicht verdient hat (*m. inf., zB. mori*); *bsd.* unschuldig, ohne Schuld [*gens, paries*]. **2.** (*pass.*) unverdient, unverschuldet [*triumphus*]; *adv. immerito* ohne Verdienst, *m.* Unrecht (*non od. haud -o m.* Recht).

im-mersābilis, ĕ (*merso*) (*Ho.*) unversenkbar (*re* durch, in *etw., zB. undis*).

im-mētātus 3 (*meto*²) (*Ho.*) unvermessen [*iugera*].

im-migrō 1. einwandern, einziehen (*in alqd, zB. in paternos hortos;* / *avaritia in rem publicam immigravit*).

▶ **im-mineō,** — — 2. (*cf. ē-mineo, mentum u. ablautend mons*) **1. a)** herein- *od.* herüberragen, über *etw.* sich hinneigen (*abs., zB. °nemus desuper, °luna* steht hoch am Himmel; *alci rei* über *etw., zB. °caelum orbi*); **b)** (*v. Örtlichkeiten*) (*meist nkl., dcht.*) über *etw.* emporragen, (*e-n Ort*) beherrschen, bedrohen, hart angrenzen (*abs. od. alci rei, zB. °tumulus urbi, °montes itineri*). **2.** / (*v. Pers.*) **a)** *jd.* auf dem Nacken sitzen, *jd.* hart bedrängen (*abs., zB. hostes, auch* = drohend gegenüberstehen, herandrängen; *alci u. alci rei, zB. °fortuna nobis* verfolgt); **b)** nach *etw.* begehrlich trachten *od.* streben, auf *etw.* lauern (*alci rei, zB. fortunis civium, °occasioni, °deditioni* geneigt sein zu; *in od. ad alqd, zB. °in occasionem exercitus opprimendi, ad caedem*); **c)** (*v. Unglück u. Gefahren*) über *j-s* Haupte schweben, nahe *od.* drohend bevorstehen, bedrohen, drohen [*bellum, mors cotidie; alci u. alci rei;* (*meist unklass.*) *auch v. Pers., zB. °imminens princeps od. dominus* der künftige]; *subst. °imminentia, ium n* die drohende Zukunft.

im-minuō, *uī, ūtum* 3. **1.** vermindern, verringern, verkleinern, schmälern (*alqd, zB. copias, membra imminuta* verkrüppelt, *verbum* verkürzen; *alqd de re etw.* an *etw., zB. nihil de voluptate*). **2.** / **a)** schwächen, entkräften, beschränken, beeinträchtigen (*alqd, zB. °animum libidinibus, libertatem, °pacem* hintertreiben, stören); **b)** °*alqm jd.* geringschätzig behandeln.

imminūtiō, *ōnis f* (*imminuo*) **1.** Verminderung, Verkleinerung; Verkrüppelung [*corporis*]. **2.** / **a)** Schmälerung, Beeinträchtigung [*dignitatis*]; **b)** (*rhet. t.t.*) scheinbar verkleinernder Ausdruck, Litotes [*non minime* = *maxime*].

im-misceō, *miscuī, mixtum* 2. (-*mi-*?; *od. misceo, miscui, mixtum?*) (*nkl., dcht.*) **1.** hinein-, einmischen, einmengen, *auch* einreihen, einflechten, verbinden, verknüpfen (*alqm u. alqd m. dat., zB. aquam pici, pedites equitibus, ima summis, manus manibus* ins Handgemenge kommen; *bsd. mediopass. u. se immiscere, zB. mediis armis, nubi od. nocti* in der Wolke *od.* in der

Nacht verschwinden). **2.** / **a**) *etw.* mit *etw.* verflechten *od.* verknüpfen, vereinigen (*alqd alci rei u. cum re, zB. vitia virtutibus*); **b**) *mediopass. u. se immiscere alci rei* sich auf *etw.* einlassen, an *etw.* teilnehmen [*periculis alcis, foro et contionibus, colloquiis* sich in Unterredungen einlassen].
F. *inf. praes.* P. *altl. immiscērier = immiscēri.*

im-miserābilis, ĕ (*Ho.*) erbarmungslos, ohne Erbarmen.

im-misericors, cordis (*adv.* °**-iter**) unbarmherzig.

immissio, ōnis *f* (*immitto*) **1.** (*spätl.*) das Hineinlassen, Einführen. **2.** das Wachsenlassen [*sarmentorum*].

im-mītis, ĕ (*m. comp. u. sup.*) (*nkl., dcht.*) herb, unreif [*uva*]; *meist* / unsanft, hart, streng, wild, *v. Pers. u. Sachen* [*tyrannus, lupus, caedes* unmenschlich, *sanguis* grausam vergossen].

im-mitto
1. a) hineinschicken; **b**) vorgehen, vorrücken lassen; **c**) (*Wasser*) hin(ein)leiten; **d**) (*Zügel*) schießen lassen; **e**) (*Geschosse*) abschießen; **f**) (*jur. t.t*) *jd.* in den Besitz *von etw.* setzen; **g**) *etw.* in *etw.* einsetzen, hineintreiben; **2. a**) anstiften, anspornen; **b**) *j-m etw.* zufügen; **3.** wachsen lassen; **4.** (*P.P.P.*) *adi.* **immissus** (*Haar*) lang herabwallend.

im-mitto, mīsī, missum 3. **1. a**) hineinschicken, -senden, hineinlassen (*alqm u. alqd in, ad alqd, zB. servos ad spoliandum fanum, °corpus in undas* sich hineinstürzen, *collum in laqueum* eine Schlinge um den Hals legen, *auch °alci rei, zB. Terea flammis* hineinschleudern in, *coronam caelo* versetzen an); **b**) vorgehen *od.* vorrücken lassen, *bsd. mil.* [*equitatum in hostes, equum in alqm* anspornen gegen, *naves in hostium classem* treiben lassen, *navem in terram* auf das Land auflaufen lassen, °*arietes in aedificia* spielen lassen, °*iuga* das Gespann hinschießen lassen]; *se immittere od. mediopass.* sich hineinstürzen *od.* -werfen, eindringen [°*in specum, in medios hostes,* °*superis* sich begeben unter, °*equo in hostes* hineinsprengen]; **c**) (*Wasser*) hineinleiten, hinleiten [*aquam canalibus,* °*mare in lacum*]; **d**) (*fast nur dcht., nkl.*) (*die Zügel*) schießen lassen, *auch* / [°*frena od. habenas equo od.* °*classi m.* vollen Segeln fahren]; **e**) (*Geschosse*) hineinschleudern, abschießen [*tela tormentis,* °*ignes in silvam*]; **f**) (*jur. t.t.*) *jd.* in den Besitz *v. etw.* setzen, *vom Prätor gesagt* (*alqm in bona od. in possessiones alcis*); **g**) *etw.* in *etw.* einsetzen *od.* einfügen, einlassen, hineintreiben [*trabes,* °*plantas* einpfropfen; *alqd in alqd u.* °*alci rei, zB. tigna in flumen* einrammen, °*aurum filis* einweben]; / *etw.* einfließen lassen, sich *etw.* entschlüpfen lassen [*senarium*]. **2. a**) (*feindselig*) auf *od.* gegen *jd.* loslassen = aufhetzen, anstiften, anstellen, anspornen [*canes,* °*indices, servos in rem publicam,* °*alqm alci*]; **b**) *j-m etw.* verursachen *od.* erregen, zufügen, antun wollen (*alqd alci u. in alqm, zB. iniuriam, timorem,* °*curas*). **3.** (*unkl.*) emporschießen lassen, wachsen lassen [*vitem, laxos funes* lang schießen lassen; *cf.* 1*d*]; **P.** aufwachsen. **4.** (*P.P.P.*) *adi.* **immissus** 3 (*vom Haar*) lang herabwallend *od.* -hängend [*barba, capilli*].

▶ **immō** *adv.* (*klass. stets im Satzanfang, nkl. auch nachgestellt; altl. in Verbindung m. anderen adv. auch -ŏ, zB. immŏ vērō; verstärkt oft immo vero, auch immo certe od. etiam, mehercle u. a.*) (*et. ungedeutet*): **1.** (*bestätigend*) aber ja, gewiß doch, allerdings. **2.** (*ablehnend*) nein im Gegenteil, keineswegs. **3.** (*steigernd*) ja vielmehr, ja sogar, *zB. causa igitur non bona est? immo optima.*

im-mōbilis, ĕ (*m.* °*comp.*) **1.** unbeweglich [*terra*]. **2.** / (*nkl., dcht.*) **a**) unerschütterlich, empfindungslos [*homo immobilior scopulis;* °*re* durch, für *etw., zB. lacrimis*]; **b**) untätig, ruhig, still [*Ausonia*].

immōbilitās, ātis *f* (*immōbilis*) (*nkl.*) Unbeweglichkeit [*aquae*].

immoderātio, ōnis *f* (*immoderātus*) Unmäßigkeit, Maßlosigkeit [*verborum*].

im-moderātus 3 (*m.* °*comp. u.* °*sup.*; *adv.* **-ē**) **1.** unermeßlich, unendlich [*cursus*]. **2.** / maßlos, unmäßig, übertrieben, zügellos, regellos, *v. Pers. u. Sachen* [*mulier, tempestas, -e vivere u. moveri*].

immodestia, ae *f* (*immodestus*) (*vkl., nkl.*) Maßlosigkeit, Unbescheidenheit, ungebührliches Benehmen; *bsd. mil.* Ungehorsam, Disziplinlosigkeit, Insubordination.

im-modestus 3 (*adv.* °**-ē**) **1.** unmäßig, maßlos [°*-e gloriari*]. **2.** unbescheiden, ungebührlich, frech, *v. Pers. u. Sachen* [°*fautores, genus iocandi*].

im-modicus 3 (*adv.* **-ē**) (*nkl., dcht.*) übermäßig groß *od.* lang [*rostrum, oratio*]; / maßlos, zügellos, ungebührlich, übertrieben [*homo, lingua, cupido, -e gloriari; re m.,* durch *etw., zB. saevitiā; in re u. alcis rei* in, bei *etw., zB. in augendo numero*].

im-modulātus 3 (*Ho.*) unmelodisch [*poëma*].

im-moenis, ĕ (*Pl.*) *altl.* = *im-* [*mūnis.*]

immolātio, ōnis *f* (*immolo*) Opferung; *pl.* Opferhandlungen [°*nefandae* Zauberopfer].

immolātor, ōris *m* (*immolo*) der Opfernde.

im-mōlitus 3 (*part. pf. v.* **immōlior; pass. nach in-aedificātus*) (*nkl.*) hineingebaut (*in alqd* in, auf *etw.*).

▶ **im-molo** 1. (*in*[1] + *denom. v. mola; eigtl.* „[das Opfertier] *m.* Opferschrot bestreuen") feierlich opfern (*abs. od. alci, zB. Iovi; alqd od. re etw., zB. animalia,* °*bubus; alci alqd od. re j-m etw., zB. diis hostias u. hostiis,* °*Dianae agnā*); / (*dcht.*) hinopfern, dem Tode weihen, töten (*alqm, zB. alqm vulnere*).

im-morior, mortuus sum 3. (*nkl., dcht.*) in *od.* auf, über, bei *etw.* sterben = *mori in re* (*alci rei, zB. sorori* auf der Leiche der Schwester, *studiis* sich totarbeiten).

im-moror 1. (*nkl.*) bei *etw.* verweilen *od.* sich aufhalten = *morari in re, auch* / (*alci rei u. in re*).

im-morsus 3 (*mordeo*) (*dcht.*) **1.** derb gebissen [*collum*]. **2.** / gebeizt, gereizt [*stomachus*].

▶ **im-mortālis,** ĕ (*adv.* **-iter**) **1.** unsterblich [*deus, animus*]; *subst. m* Unsterblicher, Gott, *pl.* Götter, *bsd.* die Unsterblichen = *die aus 10000 auserlesenen Kriegern bestehende* persische Garde, *die immer vollzählig erhalten wurde.* **2.** / **a**) unvergänglich, unvergeßlich, unauslöschlich [*gloria,* °*immortales gratias agere alci* überschwenglichen Dank, *-iter gaudere* unendlich]; **b**) (*Pr.*) glückselig wie die Götter, selig.

immortālitās, ātis *f* (*immortālis*) **1.** Unsterblichkeit, *auch pl.* [*animorum, hominum*]. **2. a**) (*meton.*) α) (*Cu.*) der unsterbliche Teil des Menschen, die Seele; β) Vergötterung; **b**) / Unvergänglichkeit [*rei publicae*]; *bsd.* unsterblicher Ruhm [~ *mortem consequitur*]. **3.** (*Com.*) höchstes Glück, Seligkeit.

im-mōtus 3 (*in-*[2] + *P.P.P. v. moveo*) (*nkl., dcht.*) **1.** unbewegt, unbeweglich, ruhig [*acies, frondes, dies* windstill; *a re* geschützt vor *etw.*]. **2.** / **a**) ungestört [*pax*]; **b**) unerschütterlich, unabänderlich, sicher, fest [*vultus; alci immotum animo sedet, ne ...*]; **c**) unerschüttert, ungerührt [*animus*].

im-mūgio 4. (*dcht.*) darin *od.* dazu brüllen, erdröhnen [*Aetna cavernis; re v. etw., zB. luctu*].

im-mulgeo, — — 2. (*unkl.*) hineinmelken (*alqd alci rei, zB. ubera labris*).

immunditia, ae *f* (*immundus*) (*vkl., nkl.*) Unreinlichkeit. — **Unanständigkeit.

im-mundus 3 (*m.* °*comp. u.* °*sup.*; *adv.* **-ē**) (*klass. selten*) unsauber, unrein, schmutzig, *übh.* ekelhaft, widrig, *auch* / [*humus,* °*canis,* °*popina,* °*dicta,* °*visus* unzüchtig].

im-mūnio 4. (*Ta.*) hineinbauen [*praesidium immunivit* er ließ in ihrem Gebiet ein Kastell anlegen].

▶ **im-mūnis,** ĕ (*in-*[2], *mūnus; cf. com-mūnis; eigtl.* „nicht dienstbereit") **1. a**) frei *v.* Leistungen, *bsd. an den Staat* (*klass. fast nur abs., selten m. gen. od. abl. u. a re*); **b**) abgabenfrei, tribut-, steuerfrei, *v. Pers. u. Sachen* [*civitas, agri, m. gen., zB.* °*portoriorum*]. **2.** / (*dcht., nkl.*) frei *v.* Beiträgen: **a**) zu einem gemeinsamen Mahl nichts beisteuernd (= ἀσύμβολος); **b**) ohne Geschenke zu geben [*immunis placui Cinarae*]; schmarotzend. **3.** (*nkl.*) frei *v.* öffentlichen Diensten (*bsd.* Kriegsdienst) *od.*

Ämtern [*centuria*; *m. gen. od. abl.*, *zB. militiā, militarium operum*]. **4. a)** (*meton.*) pflichtvergessen [*virtus*, °*Grai*]; **b)** (*fast nur dcht. u. nkl.*) *v. etw.* frei *od.* befreit, verschont, unberührt, ledig, rein (*m. gen.*, *zB. omnium rerum*, °*belli*; *auch m.* °*abl. u.* °*a re*; °*tellus* unbebaut).

immūnitās, *ātis f* (*immūnis*) **1.** das Freisein *v.* Leistungen *od.* Diensten, *bsd.* Steuerfreiheit (*abs.*, *zB. immunitatem dare alci*; *alcis j-s*, *alcis rei v. etw.*, *zB. omnium rerum v.* allen Leistungen). **2. a)** *übh.* Vergünstigung, Privilegium; **b)** / das Befreitsein *v. etw.* [*magni muneris*].
F. *gen. pl. immūnitātum u. -ium.*

im-mūnītus 3 **1.** (*nkl., dcht.*) unbefestigt, ohne Mauern [*oppidum*]. **2.** (*v. Straßen*) ungepflastert [*via*].

im-murmurō 1. (*nkl., dcht.*) hineinmurmeln *od.* -rauschen, zumurmeln (*abs. od. alci rei*, *zB. silvis*).

immūtābilis[1], *ĕ* (*immūtō*) (*Pl.*) verändert.

im-mūtābilis[2], *ĕ* (*m. comp.*) unveränderlich, *v. Pers. u. Sachen.*

immūtābilitās, *ātis f* (*immūtābilis*[2]) Unveränderlichkeit.

immūtātiō, *ōnis f* (*immūtō*) Veränderung, Vertauschung [*ordinis, verborum*]; *bsd.* (*rhet. t.t.*) Metonymie.

immūtātus[1] 3 *P.P.P. v. immūtō.*

im-mūtātus[2] 3 (*in-*[2] + *P.P.P. v. mūtō*) unverändert.

im-mūtēscō, *mūtuī*, — 3. (*nkl., dcht.*) verstummen.

im-mūtō 1. **1.** verändern, umwandeln, umgestalten; (*pejorativ*) verschlechtern (*alqm u. alqd*, *zB. hominem, animum alcis, alqd de institutis*). **2.** (*rhet. t.t.*) **a)** *etw.* metonymisch gebrauchen (*alqd*, *zB. verba*; *alqd pro re etw.* statt *etw.*, *zB. Africam pro Afris*); **b)** allegorisch gebrauchen (*immutata oratio* = ἀλληγορία Allegorie).

im-mūtuī *s. immūtēscō.*

IMP. (*Abk.*) = *imperium od. imperātor.*

*****imp.** (*Abk.*) = *imprimatur*; *s. imprimō.*

im-pācātus 3 (*nkl., dcht.*) unfriedlich, unruhig [*Hiberi*].

im-pāctus *P.P.P. v. impingō.*

im-pār, *paris* (*adv.* °**-iter**) **1.** ungleich, verschieden, *quantitativ in bezug auf Größe, Zahl, Zeitdauer u.ä.*, *auch* / [°*uri, numerus, intervalla*, °*vires*; *re* an *etw.*, *zB. magnitudine*]; *bisw. auch* °*qualitativ* (= *dispār*) ungleichartig, verschieden, *zB.* °*arma*, °*fata*, °*acer coloribus* ~ verschiedenfarbig, maserig. **2. a)** (*v. Zahlen*) ungerade [*numerus*, °*Musae* = Neunzahl, °*ludere par impar* Gerade *od.* Ungerade spielen]; °*modi impares od. versūs impariter iuncti* elegisches Distichon; **b)** (*dcht.*) schief sitzend [*toga*]. **3.** (*der Kraft od. Bedeutung nach*) ungleich: **a)** nicht gewachsen, nachstehend, schwächer, unterlegen (*abs. od. alci u.* °*alci rei*, *zB.* °*Achilli*, °*bello*; *re* in, an *etw.*, *zB.* °*consilio et viribus*); *selten* = überlegen [*imparibus certare*]; **b)** nicht ebenbürtig, *v. Pers. u. Sachen* (*abs.*, *zB.* °*genus*, °*impari iuncta erat m.* einem nicht ebenbürtigen Mann; / *moralisch cum impari iungi*; *re* an *etw.*, in bezug auf *etw.*, *zB.* °*materno genere*).
F. *abl. sg. -ī u.* °*-ĕ*; *pl. neutr. -ia*, *gen. -ium.*

im-parātus 3 (*m. sup.*) unvorbereitet, ungerüstet, wehrlos, *v. Pers. u. Sachen* [*tribunus, res publica*; *re u. a re* an, in, in bezug auf *etw.* = *m. etw.* nicht versehen, *zB. omnibus rebus, a pecunia*].

impartiō, -ior = *impertiō, -ior.*

im-pāstus 3 (*in-*[2] + *P.P.P. v. pāscō*) (*dcht.*) ungefüttert, hungrig, gefräßig [*leo*].

im-patibilis, *ĕ* = *impetibilis.*

im-patiēns, *entis* (*m. comp. u. sup.*; *adv.* **-enter**) (*nkl., dcht.*) **1.** unfähig, *etw.* zu ertragen *od.* auszuhalten, *auch e-r Sache* nicht mächtig *od.* nicht gewachsen (*alcis rei*, *zB. vulneris, veritatis, irae, viri* männerfeindlich). **2.** *abs.* **a)** im Zorn seiner nicht Herr, ungeduldig [*animus*]; *adv. m.* Ungeduld; **b)** (*stoischer t.t.*) leidenschaftslos.

impatientia, *ae f* (*impatiēns*) (*nkl.*) **1.** Unvermögen, *etw.* zu ertragen (*alcis rei*, *zB. silentii*), *bsd.* Ungeduld (*alcis rei* bei *etw.*); *auch* Schwäche. **2.** (*stoischer t.t.*) Leidenschaftslosigkeit (= ἀπάθεια).

im-pavidus 3 (*adv.* **-ē**) (*nkl., dcht.*) unerschrocken, furchtlos [*vir, leo, poculum -e exhaurire*].

▶ **impedīmentum,** *ī n* (*impediō*) **1.** Hindernis (*alcis rei e-r* Sache *od.* bei, für *etw.*, *zB. naturae*; *-um superare, facere u. inferre alci, impedimento esse alci u. alci rei* hinderlich sein, hindern (*ad alqd* in bezug auf, an *etw.*, *zB. ad pugnam*; *m. quominus u. ne*). **2.** *pl.* Gepäck, Reisegepäck *e-s Privatmannes*; *bsd. mil.* Bagage; *auch* (*m. Einschluß der Lasttiere u. Troßknechte*) Troß, Train, *bsd.* Packpferde.

▶ **im-pediō** 4. (*wie compediō*: *compedēs*) **1.** (*unkl.*) umwickeln, umflechten, festhalten, umwinden, *Pers. u. Sachen, im eig. Sinne* [*pedes, crura alci*; *alqm u. alqd re*, *zB. alqm amplexu, caput myrto, loricam clipeique onus hastā* festspießen, *orbes orbibus* verschlungene Kreise bilden, *auch* Lagen von Erz fest aufeinanderfügen]. **2. a)** (*Örtlichkeiten*) unzugänglich machen, (ver)sperren [*locum, iter*, °*saltum munitionibus*]; **b)** *jd. od. etw.* verwickeln, verwirren [*se*, °*se verbis, mentem dolore*]; **c)** / aufhalten, verhindern, (be)hindern, hemmen, zurück-, abhalten, im Wege stehen (*abs.* = Hindernisse bereiten; *alqm u. alqd*, *zB. nihil me impedit, equitatum, profectionem od. iter alcis, studia*; *alqm od. alqd re* durch *etw.*, *zB. comitia auspiciis*; *alqm a od. in re*, °*re*, *ad alqd* in, an, bei *etw.*, *zB. in iure suo, se a suo munere* sich in seiner Tätigkeit stören lassen, *ad fugam capiendam*; *m. quominus, seltener m. ne bzw. quin, selten m. inf.*).
F. *pf.-Formen synk.*: °*impedīssē(m)* = *impedīvissē(m) u.a.* — (*Lu.*) *m. Tmesis* [*inque pediri*].

impedītiō, *ōnis f* (*impediō*) Verhinderung, Hemmung [*curarum*].

impedītus 3 (*m.* °*comp. u. sup.*) (*eig. P.P.P. v. impediō*) **1.** gehindert, gehemmt, aufgehalten, *v. Pers. u. Sachen* (*re* durch *etw.*, *zB. inopiā*; *impeditis omnium animis* da die Gedanken aller *m.* der Abfahrt beschäftigt waren); *bsd.* in seinen Bestrebungen gehemmt. **2. a)** (*v. Örtlichkeiten*) versperrt, unzugänglich, unwegsam [°*saltus, flumen* schwer passierbar, *silva*]; **b)** / schwerbepackt, schwerfällig, *bsd. mil.* nicht schlagfertig *od.* noch nicht kampffähig, *Ggs. expedītus* [*comitatus, milites*, °*agmen propter onera -um, naves* nicht segelfähig; / °*oratio* schwerfällig]; **c)** schwierig, beschwerlich, in mißlicher Lage [*iter, rei publicae tempora*; *alci* für *jd.*, *ad alqd* in bezug auf *etw.*].

im-pēgī *s. impingō.*

▶ **im-pellō,** *pulī, pulsum* 3. **1. a)** (*dcht.*) *etw.* anstoßen, *etw. od.* an *etw.* stoßen *od.* schlagen, treffen (*alqm u. alqd*, *zB. alqm gladio, aures* das Ohr treffen, *portas manu*); **b)** stoßend bewegen, fortstoßen, -treiben, antreiben, jagen, schütteln, schwingen (*alqd*, *zB.* °*remos*, °*navem remis*, °*sagittam nervo* abdrücken, °*mugitibus auras* erschüttern; *alqm in hunc casum* stürzen, °*legentem* [auf]stören); **c)** α) (*nkl.*) (*e-n Feind*) zum Weichen bringen [*hostes, aciem*]; β) (*prägn.*) *jd.* den letzten Stoß geben, *jd.* über den Haufen werfen, niederwerfen, zu Fall bringen [*praecipitantem od.* °*ruentem* den schon Fallenden = einen Unglücklichen noch unglücklicher machen, °*res alcis*]. **2.** / *jd.* zu *etw.* antreiben, veranlassen, bewegen, verleiten (*abs. od. alqm ad, in alqd*, *zB. ad bellum, ad scelus, ad iniuriam faciendam, in fraudem, in eam mentem*; *m. ut, ne*; *m.* °*inf.*); **P.** sich hinreißen *od.* verleiten lassen (*bsd. P.P.P. impulsus re* durch *etw.* veranlaßt, *zB. irā* aus Zorn).

▶ **im-pendeō,** — — 2. **1.** herüberhängen, über *etw.* hängen *od.* schweben (*abs.*, *zB. mons impendet*; *alci rei*, *zB. gladius cervicibus od. Saxum Tantalo impendet*). **2.** / (*v. Übeln, Gefahren*) über *j-s* Haupt schweben, drohend bevorstehen, drohen [*tempestas, periculum, fatum*; *alci u. in alqm*, *zB. terrores omnibus u. in omnes*; *ab alqo v.* seiten *j-s*, *zB. bellum a Parthis impendebat*].

im-pendī *s. impendō.*

impendiōsus 3 (*impendium*) (*Pl.*) großen Aufwand machend, verschwenderisch.

impendium, *ī n* (*impendō*) **1.** Aufwand, Kosten, Unkosten, *oft pl.* [*sine impendio, impendio* °*publico u.* °*privato*]. **2.** (*nkl.*) Verlust, Schaden, Einbuße [*tantulum*]. **3.** die auf einem Darlehn haftenden Unkosten = Zinsen; *auch* /. **4.** *adv. impendiō* (*beim comp.*) bedeutend, bei weitem [*impendio magis* weit mehr].

▶ **im-pendō,** *pendī, pēnsum* 3. (*eig.*

„abwiegen") **1.** (*Kosten*) aufwenden *od.* verwenden, (*Geld*) ausgeben [*sumptum, pecuniam in alqd* für *etw., zB. in res vanas*]. **2.** / (*Mühe, Zeit u.ä.*) anwenden, verwenden [*operam, curam, alqd in u. ad alqd od.* °*alci rei u.* °*in re, zB.* °*vitam usui alcis*].

im-pĕnĕtrābĭlis, ĕ (*nkl.*) undurchdringlich (*alci rei u. adversus alqd* für *etw.*); / unüberwindlich [*pudicitia*].

impēnsa, *ae f* (*impēnsus, sc. pĕcūnia*) **1.** Aufwand, Kosten, Unkosten = *impĕndĭum, auch pl.* [*impensam facere in alqd u.* °*praestare alci,* °*sine impensa od. nullā impensā* ohne Kosten, °*impensā alcis* auf *j-s* Kosten, °*publica* Staatskosten; *alcis rei e-r* Sache *od.* an *etw., zB. pecuniae, auch* °für *etw., zB.* °*cenarum*]. **2.** / (*dcht., nkl.*) Aufopferung *od.* Verwendung *e-r Sache zu e-m Zweck* [*officiorum, meis impensis* auf Kosten meines guten Namens].

im-pēnsus¹ *P.P.P. v. impĕndō.*

impēnsus² 3 (*m.* °*comp. u.* °*sup.*; *adv.* **-ē**) (*eig. P.P.P. v. impĕndō*) **1.** (*vom Preis*) teuer, kostspielig, hoch [*pretium, impenso pretio od.* bloß °*impenso, zB. vendere alqd,* °*impensius m.* größerem Aufwand]. **2.** / reichlich, ungemein, bedeutend, groß, nachdrücklich, angelegentlich, inständig, heftig, dringend [*voluntas* entschieden, °*amor; bsd. adv. impense* °*cupere od.* °*rogare, nunc ego facio id impensius* angelegentlicher; (*vkl., nkl. u.* **) = *Elativ* sehr, *zB. impense improbus*].

▶ **impĕrātor,** *ōris m* (*impĕrō*) **1.** Gebieter, Herr, Herrscher (*alcis rei, zB. gentium omnium,* °*vitae,* °*Macedoniae*). **2.** Oberfeldherr, Höchstkommandierender, Feldherr, *dem das imperium übertragen ist u. der den Krieg suis auspiciis führt, im Gegensatz zu dŭcēs u. dŭctōrēs.* **3.** siegreicher Feldherr (*Ehrentitel, den das Heer od. der Senat u. das Volk nach einem großen Sieg verlieh, meist dem Namen nachgestellt, zB. Cn. Pompeio imperatori*). **4.** *Beiname Juppiters.* **5.** (*nkl.*) *seit Cäsar Titel der röm. Herrscher, dem Namen vor- od. nachgestellt* [~ *Augustus, Otho* ~]; (*abs.*) = röm. Kaiser. — ****Impera tor Rex* (*Abk. I.R.*) Kaiser *u.* König (*Titel Wilhelms II.*).

impĕrātōrius 3 (*impĕrātor*) **1.** feldherrlich, des *od.* eines Feldherrn, Feldherrn... [*laus, ius, labor,* °*forma* imponierend, *partes* Rolle]. **2.** (*nkl.*) kaiserlich [*uxor, decus*].

impĕrātrix, *icis f* (*impĕrātor*) Gebieterin, „Generalin".

impĕrātum, *ī n s. impĕrō.*

im-pĕrcēptus 3 (*m. comp.*) (*in-² + P.P.P. v. pĕrcipiō*) (*dcht., nkl.*) **1.** undurchschaut, unentdeckt. **2.** unbegreiflich.

im-pĕrcō, — — 3. (*parcō*) (*Pl.*) schonen (*alci*); (*abs.*) sich schonen.

im-pĕrcussus 3 (*in-² + P.P.P. v. pĕrcutiō, eig.* „nicht angestoßen") (*Ov.*) geräuschlos [*pedes*].

im-pĕrditus 3 (*in-² + P.P.P. v. pĕrdō*) (*dcht.*) nicht getötet, noch verschont.

im-pĕrfēctus 3 (*m.* °*comp.*; *adv.* °**-ē**) (*in-² + P.P.P. v. pĕrficiō*) **1.** unvollendet, unvollständig, unvollkommen [*corpus,* °*commentarius, res* unverrichtet]; *subst.* **-um,** *ī n.* **2.** (*dcht., nkl.*) unverdaut [*cibus*; / *verba*]. **3.** (*Se.*) sittlich unvollkommen (*Ggs. sapiēns*).

im-pĕrfossus 3 (*in-² + P.P.P. v. pĕrfodiō*) (*Ov.*) undurchbohrt.

impĕriālis, ĕ (*impĕrium*) (*spätl.*) kaiserlich, Kaiser...

impĕriōsus 3 (*m. comp. u. sup.*; *adv.* °**-ē**) (*impĕrium*) **1.** gebietend, herrschend, mächtig [*populus,* °*virga* die Fasces, °*sibi* sich selbst beherrschend]. **2.** (*pejorativ*) herrisch, tyrannisch, despotisch, hart [*philosophus,* °*aequor* stürmisch]; *auch als cogn. in der gēns Mānlia; s. Mānlius.*

impĕrītia, *ae f* (*impĕrītus*) (*nkl.*) Unerfahrenheit, Ungeschick (*alcis*).

impĕrītō 1. (*intens. v. impĕrō*) (*unkl.*) **1.** (*intr.*) gebieten, befehlen, beherrschen, kommandieren (*alci, zB. ceteris, oppido, equis* zügeln). **2.** (*trans.*) *etw.* befehlen, verlangen (*alqd, zB. id, aequam rem*). — ** Kaiser sein.

▶ **im-pĕrītus** 3 (*m.* °*comp. u.* °*sup.*; *adv.* **-ē**) unerfahren, unkundig, ungeschickt, einfältig (*abs., zB. homo, -e dicere u. facere*; *alcis rei u.* °*in re in, m. etw., zB. iuris civilis*); *subst.* **-us,** *ī m* Laie, Pfuscher (*bsd. pl.*).

impĕrium
1. Befehl, Auftrag; **2. a)** Befehlsgewalt; **b)** Herrschaft, Regierung; **c)** Amtsgewalt, *mil.* Oberbefehl; **3. a)** Beamter, Behörde, Befehlshaber; **b)** Amtsführung, -jahr; **4.** Herrschaftsgebiet, Reich.

impĕrium, *ī n* (*impĕrō*) **1.** Befehl, Vorschrift, Auftrag (*alcis j-s, zB. regis; alcis rei* einer Sache, *zB. decumarum* Auflegung *v.* Zehnten; *-um accipere* empfangen, °*abnuere, imperio alcis parēre, ad imperium* auf Befehl). **2. a)** Macht *od.* Recht zu befehlen, Gewalt (*alcis j-s od.* über *jd.* = *in alqm, zB.* °*custodiae* über die Gefängnisse, *in suos, domesticum* im Hause; *summum od. summa imperii* höchste Gewalt); **b)** höchste Gewalt im Staate, Herrschaft, Regierung, Hegemonie *eines einzelnen od. eines Volkes* (*alcis j-s u.* über *jd., zB. regis, Persarum, orbis terrarum* Weltherrschaft; *imperio potiri, de imperio decertare, alqm sub imperium alcis redigere, in imperio esse* herrschen, regieren, *imperio alcis* unter *j-s* Regierung); *auch* / *animi*; *pl.* Hoheitsrechte, Herrschertaten [*saeva, novis -is studere* nach Veränderung der Herrschaft streben]; **c)** Amtsgewalt, Staatsamt [°*pro imperio* von Amts wegen, *in imperio esse, insignia imperii*]; *bsd.* α) (*selten*) Zivilgewalt, *bsd. richterliche Befugnisse u. Strafgewalt* [*praetorium, civile*]; β) (*meist*) Militärgewalt, Oberbefehl, militärisches Kommando [*belli, navium, maritimum* zur See, *summa -i* Oberkommando, *cum imperio* mit dem Oberbefehl bekleidet, als Oberfeldherr, *alqm imperio praeficere, imperia magistratusque* Militär- und Zivilbehörden *od.* Ämter *od.* Würden im Krieg und Frieden]. **3. a)** (*meton.*) Beamter, Behörde, Befehlshaber, *nur pl.* [*lictores et imperia*]; **b)** Amtsführung, Amtsdauer, Amtsjahr [*alcis, haec gesta sunt in meo imperio*]. **4.** Herrschaftsgebiet, Reich, Staat [°*Persarum*]; *bsd.* Römisches Reich [*Romanum, populi Romani, nostrum, imperii fines propagare*]. — **Kaisertum; Reichsoberhaupt.

im-pĕriūrātus 3 (*in-² + P.P.P. v. pĕriūrō*) (*Ov.*) bei dem man keinen Meineid zu schwören wagt [*aquae* Wasser der Styx].

im-pĕrmissus 3 (*in-² + P.P.P. v. pĕrmittō*) (*Ho.*) unerlaubt [*gaudia*].

▶ **im-pĕrō** 1. (*in¹ + pārō²*; *eig.* „hinein-bereiten, anschaffen") **1.** befehlen, gebieten, anordnen (*abs.* = Befehle erteilen, *zB. vis imperandi, alqo imperante* auf *j-s* Befehl, *ad imperandum vocari* zum Befehlsempfang, *zB. domi* wegen der Mahlzeit Anordnung treffen; *alci, zB. tribunis militum*; *alqd, zB. multa*; *alci alqd, zB. puero cenam* die Besorgung der Mahlzeit; *m. ut, ne od. bloßem coni.*; *m. a.c.i.*; *Klass. fast nur bei pass. od. deponentialem inf.*; *m.* °*inf.*; *m. indir. Frages.*; *im P. selten auch persönlich wie iuberi*); *subst.* **impĕrātum,** *ī n* Befehl, Order, Auftrag [*-um facere* = gehorchen, sich unterwerfen]. **2.** *jd.* eine Leistung *od.* Lieferung auferlegen, *etw.* zu liefern *od.* zu stellen befehlen (*alci alqd, zB. civitatibus naves, obsides, sociis frumentum*). **3.** über *jd.* herrschen, gebieten, befehligen, den Oberbefehl *od.* das Kommando haben, *jd.* beherrschen (*abs., zB. in pace, Fonteio imperante* unter dem Kommando des F.; *alci u. alci rei, zB. sibi ipsi,* °*omnibus gentibus,* / °*animo, cupiditatibus,* °*arvis* = bearbeiten); (*nkl.*) *auch* römischer Kaiser sein.
F. °*impĕrassim altl.* = *impĕrāvĕrim.*

im-pĕrpĕtuus 3 (*Se.*) unbeständig.

im-pĕrspicuus 3 (*Pli.*) undurchschaubar, versteckt.

im-pĕrtĕrritus 3 (*in-² + P.P.P. v. pĕrtĕrrĕō*) (*dcht.*) unerschrocken.

im-pĕrtiō *u.* (*unkl.*) **-ior** 4. (*partiō² u. partior*) **1.** zuteilen, *jd.* seinen Anteil zukommen lassen, gewähren, schenken, widmen (*alci alqd jd. etw. od. de re v. etw., zB. civitatem, partem oneris, salutem jd.* grüßen lassen, *se talem alci* sich zeigen *od.* erweisen). **2.** (*vkl., nkl.*) *alqm re jd. m. etw.* ausrüsten, *zB. aetatem puerilem doctrinis* bekannt machen mit; (*P.P.P.*) *subst. pl.* **impĕrtīta,** *ōrum n* (*Li.*) Vergünstigungen, Konzessionen.
F. *pf.-Formen synk.*: *impĕrtīstī* = *impĕrtīvīstī u.a.*

im-pĕrturbātus 3 (*dcht., nkl.*) ungestört, ruhig.

im-pĕrvius 3 (*dcht., nkl.*) unwegsam, unpassierbar [*iter, amnis, lapis ignibus -us* feuerfest].

ĭmpĕtĕ *s.* *ĭmpĕtŭs.*

ĭm-pĕtĭbĭlĭs, ĕ (*pătĭbĭlĭs*) unerträglich [*dolor*].

ĭmpĕtīgō, *ĭnĭs f* (*ĭmpĕtō; cf. ĭmpĕtŭs, eig.* „Befall") (*nkl.*) chronischer Hautausschlag *m.* Pustelbildung, Räude, *an Menschen u. Tieren.*

ĭm-pĕtō, — — 3. (*unkl.*) anfallen, angreifen, beschuldigen (*alqm*).

ĭmpĕtrābĭlĭs, ĕ (*m. comp.*) (*ĭmpĕtrō*) (*unkl.*) **1.** (*pass.*) leicht erreichbar, leicht zu erlangen [*pax, venia*]. **2.** (*act.*) leicht erreichend; überzeugend [*orator*]; ersprießlich [*dies*].

ĭmpĕtrātĭō, *ōnĭs f* (*ĭmpĕtrō*) Auswirkung, Vergünstigung.

ĭmpĕtrĭō 4. (*sakrale Nebenform zu ĭmpĕtrō m. Desiderativbdtg., fast nur P.P.P.*) (durch günstige Wahrzeichen) zu erlangen suchen (*alqd, zB. magnas res*).

▶ **ĭm-pĕtrō** 1. (*altl. inf. fut. act. ĭmpĕtrāssĕrĕ; pātrō*) **1.** (*vkl., nkl.*) ausführen, zustandebringen. **2.** erreichen, erlangen, erwirken, auswirken, durchsetzen (*abs. od.* de re in betreff *e-r* Sache das Gewünschte erlangen, Gehör finden, Erfolg haben, *zB. de indutiis; alqd etw., zB. pecuniam; alci alqd, zB. civitatem; alqd ab alqo, zB. veniam a dictatore,* °*ab animo -are non potuit* er konnte es nicht über sich bringen; *m. ut, ne; m.* °*inf. u. a.c.i.*).

▶ **ĭmpĕtŭs,** *ūs m* (*nach praepĕs dcht. gen. sg. -pĕtĭs, abl. sg. -pĕtĕ; dat. sg. -ū; pl. klass. nur nom. u. acc. belegt; zu ĭmpĕtō; cf. ἐμ-πεσεῖν*) **1.** das Vorwärtsdrängen, ungestümes Vordringen, stürmischer Lauf, *bsd.* Anlauf, Ansturm, Ungestüm, *v. Sachen auch* Wucht, Schwung (*alcis u. alcis rei, zB. militum, navis* das Vorbeischießen, *hastae* Schwung, *caeli* rascher Umlauf der Himmelskörper, *maris u. fluminis* starke Strömung, *ventorum* Anprall, Stoßwinde; *impetum capere* einen Anlauf nehmen, ansetzen; *auch* /, *zB. rerum* der Ereignisse). **2.** das feindliche Anrennen, Angriff, Überfall, *auch* / [*primus, nocturnus, hostium; impetum facere od.* °*dare in alqm u. in alqd* einen Angriff auf *etw.* machen, losstürmen, angreifen, *auch* /, *zB. in alcis bona; alcis impetum ferre od. sustinere*]. **3.** / Ungestüm, Heftigkeit: **a)** Begeisterung, heftiges Verlangen, Begierde, Drang, Eifer [*divinus* Enthusiasmus, °*sacer, animi, imperii delendi*]; °~ *mihi est* es treibt mich (*m. inf.*); **b)** Aufwallung *des Gemüts,* Leidenschaft (-lichkeit), leidenschaftliches Wesen [*animi,* °*gaudentium* Freudenrausch, °*impetu magis quam consilio*]; **c)** (*meton.*) (*nkl.*) rascher Entschluß, Laune (*alcis, zB. barbarorum; alcis rei, zB. regis occidendi*); **d)** Schwung *der Rede* [*dicendi, orationis*].

F. *s.o.; gen., dat., abl. pl. durch die Formen v. ĭncŭrsĭō ersetzt.*

ĭm-pĕxŭs 3 (*ĭn-*[2] + *P.P.P. v. pĕctō*) (*dcht., nkl.*) ungekämmt, struppig, wirr [*barba*]; / schmucklos, rauh [*antiquitas*].

ĭmpĭĕtās, *ātĭs f* (*-pĭ-?; ĭmpĭŭs*) Pflichtvergessenheit, Ruchlosigkeit, Gottlosigkeit, *bsd.* Mangel an Ehrfurcht (*in alqm*), (*nkl.*) *in principem* Majestätsbeleidigung.

ĭm-pĭgĕr, *gră, grŭm* (*adv.* °*ĭmpĭgrē*) unverdrossen, rastlos, rüstig, unermüdlich, *v. Pers. u. Sachen* [*iuvenis,* °*ingenium,* °*alqd impigre exsequi; in re, zB. in itineribus; ad alqd, zB. ad labores belli;* °*alcis rei; m.* °*inf.*].

ĭmpĭgrĭtās, *ātĭs f* (*ĭmpĭgĕr*) Unverdrossenheit.

ĭm-pingō, *pēgī, pāctŭm* 3. (*pāngō*) **1.** hinein-, einschlagen, *etw.* an *od.* gegen *etw.* schlagen *od.* stoßen *od.* werfen, *etw. m. etw.* schlagen *od.* stoßen (*alqd alci u. alci rei, zB. alci fustem jd. m.* dem Stock schlagen, °*calcem jd. e-n* Fußtritt geben, *dentes arbori,* °*impingi saxis od. vadis* auf Felsen *od.* in Untiefen geraten); *auch etw.* anschlagen *od.* anheften [°*alci compedes* anlegen; *impactus est fugitivo uncus* in den Hals geschlagen; *alci titulum -ere* Täfelchen *m. Namen u. Herkunft e-s Sklaven;* / (*Te.*) *alci dicam* anhängen]. **2.** / **a)** (*nkl., dcht.*) wohin treiben *od.* jagen [*hostes litoribus od. in vallum*]; P. auf *etw.* stoßen; **b)** / *jd. etw.* aufdrängen *od.* aufnötigen, vorhalten, *meist im Scherz* [*alci calicem mulsi* vor die Nase halten].

ĭm-pĭō 1. (*-pĭ-?; ĭmpĭŭs*) (*vkl., nkl.*) *m.* Schuld beflecken; *se -are* sündigen.

▶ **ĭm-pĭŭs** 3 (*pĭ-?*) (*adv.* **-ē**) pflichtvergessen, gewissenlos, unehrerbietig, gottlos, ruchlos, *ohne Scheu dem Heiligen u. Ehrwürdigen gegenüber, v. Pers. u. Sachen* [*cives, bellum,* °*turba* Gesindel, °*dii* die bei Zauberei und Verwünschungen angerufen werden, *impie dicere u. facere; in u.* °*erga alqm*]; *subst. m* Frevler, Bösewicht, Verräter.

ĭm-plācābĭlĭs, ĕ (*adv. comp.* °**-ĭŭs**) unversöhnlich, unerbittlich, *v. Pers. u. Sachen* (*abs. od. alci u. in alqm, alci rei*).

ĭm-plācātŭs 3 (*dcht.*) unbesänftigt, unversöhnlich, (*gula*) unersättlich.

ĭm-plăcĭdŭs 3 (*dcht.*) unsanft, kriegerisch, wild.

ĭm-plĕctō, —, *ĕxŭm* 3 (*nkl., dcht.*) hinein-, einflechten, verflechten (*alqd re etw. m. etw.* durchflechten; *m. acc. graecus, zB. Eumenides implexae crinibus angues* die sich Schlangen ins Haar eingeflochten haben); / *implexus luctu* ganz in Trauer verloren.

> **ĭm-plĕō**
> **1. a)** anfüllen, vollgießen; **b)** anfüllen *m. etw.* (*m. abl. u. gen.*); **2. a)** sättigen, stillen; **b)** befruchten, schwängern; **3. a)** vollzählig *od.* vollständig machen; **b)** (*Maß u. Zeit*) ganz ausfüllen; vollenden; **c)** (*Amt, Stellung*) ausfüllen; **d)** *etw.* vollbringen.

ĭm-plĕō, *ēvī, ētŭm* 2. **1. a)** anfüllen, erfüllen, vollgießen, -schütten, *sehr oft* / (*alqd, zB.* °*fossas,* / °*aures alcis jd.* in den Ohren liegen, °*vestigia alcis* treten in; *auch alqm, zB.* °*nuntius Turnum implet* nimmt ganz in Anspruch); **b)** anfüllen *m.* (*alqd m. abl. u. gen., selten* de re, *zB.* °*pateram mero,* °*vela ventis* schwellen *m., ollam denariorum;* / erfüllen *m., zB. animum spe,* °*omnia potestatis suae*). **2. a)** (*dcht., nkl.*) sättigen (P. sich sättigen, *Bacchi* am Wein), *klass. nur* / [*se sanguine regum*]; *bsd.* = *etw.* befriedigen *od.* stillen, *e-r Sache* Genüge tun, *klass. selten* [°*dolorem suum lacrimis,* °*amorem*]; **b)** (*dcht.*) schwängern, befruchten [*uterum generoso semine, Thetidem Achille* zur Mutter Achills machen]. **3. a)** (*nkl., dcht.*) *etw.* vollzählig *od.* vollständig machen, ergänzen [*cohortes, luna orbem implet* = *impletur* es wird Vollmond]; **b)** (*ein Maß, eine Zeit*) ganz ausfüllen, voll erreichen, vollenden [*sex milia armatorum, annum, quadraginta annos, finem vitae* = sterben]; **c)** (*nkl.*) (*eine Stelle*) ausfüllen, *jd.* in seinem Amt vertreten [*locum principem, censorem*]; **d)** / *etw.* vollbringen, ausführen, *klass. selten* [*alqs promittit quod non possit implere,* °*fata* die Prophezeiung erfüllen, °*partes* seine Pflicht].

F. *pf.-Formen synk.:* °*ĭmplēssĕ(m)* = *ĭmplēvĭssĕ(m),* °*ĭmplērŭnt* = *ĭmplēvērŭnt u. a.*

ĭmplĭcātĭō, *ōnĭs f* (*ĭmplĭcō*) **1.** Verflechtung [*nervorum*]. **2.** / **a)** Einfügung [*locorum communium*]; **b)** Verwickelung, Verwirrung [*rei familiaris*].

ĭmplĭcātŭs 3 (*eigtl. P.P.P. v. ĭmplĭcō*) verwickelt, verworren; / verschlossen.

ĭmplĭcĭscŏr, — 3. (*zu ĭmplĭcō wie prŏfĭcīscŏr zu prŏfĭcĭō*) (*Pl.*) sich verwirren, in Verwirrung geraten.

ĭmplĭcĭtē *adv.* (*zu ĭmplĭcĭtŭs 3 P.P.P. v. ĭmplĭcō*) verwickelt, verworren. — ** (in *etw.*) mit inbegriffen, einschließlich.

ĭmplĭcĭtō 1. (*intens. v. ĭmplĭcō*) (*Pli.*) verwickeln [*delphinus varios orbes -at* schwimmt in mannigfaltigen Kreisen].

> **ĭm-plĭcō**
> **1. a)** (hin)ein-, verwickeln; **b)** *etw. m. etw.* eng verbinden, verknüpfen; **c)** in *e-n Zustand* verwickeln, verstricken; **d)** verwirren; **2. a)** *etw.* um *etw.* schlingen; **b)** *etw.* umwickeln, umfassen.

ĭm-plĭcō, *āvī* (*u. ŭī*), *ātŭm* (*u. ĭtŭm*) 1. (< **ĭm-plĕcō; cf. plĕctō, plĭcō*) **1. a)** hinein-, einwickeln, verwickeln, verflechten, verschlingen [*ordines stipitum inter se,* °*nodos in semet ipsos,* °*acies inter se* untereinandermischen, °*alqm laqueis* in Schlingen, °*orbes* verworrene Kreise schlingen, °*se dextrae alcis* sich anschmiegen an]; *mediopass.* sich verwickeln [*remis m.* den Rudern, °*in complexum alcis,* °*tela implicantur* verfangen sich]; / **b)** *etw. m. etw.* eng verbinden *od.* verknüpfen, unzertrennlich an *etw.* knüpfen *od.* ketten, binden, fesseln (*alqd cum* re, *zB. fidem cum pecuniis Asiaticis*; *alqd alci rei, zB. vim suam hominum naturis* tief einsenken in, °*ignem ossibus* Liebesfeuer; P. *implicari re, zB. impudentiā inscientiā implicatā* verbunden *m.*); **c)** in *e-n* Zustand verwickeln, verstricken (*alqm re, zB.* °*bello se societate, auch alqm incertis responsis*); P. *bzw. mediopass.* in *etw.* verwickelt *od.* verstrickt werden, in *etw.* geraten, sich auf *etw.* einlassen (*re, zB. negotiis, erroribus,* °*periculo, aliquo genere vitae* sich an *e-n* Lebensberuf binden, *familiaritatibus* freundschaftliche Verbindungen anknüpfen, *multarum aetatum oratoribus* in Berührung kommen *m., morbo u. in morbum implicitus* in eine Krankheit gefallen, *tantis rebus implicatus* in so großer Verlegenheit); **d)** verwirren, in Unordnung bringen (*alqm u. alqd, zB.* °*tanti errores nos implicant,* °*aciem, animos*). **2.** (*dcht.*) **a)** *etw.* um *etw.* wickeln *od.* schlingen, winden [*bracchia collo, lacertos circa colla*]; **b)** *etw.* umwickeln, umwinden, umschlingen, umfassen, einfassen (*alqm u. alqd, zB. pedes; alqd re, zB. crinem auro, se rosā*).

implōrātiō, *ōnis f* (*implōrō*) das Anflehen, Hilferuf (*m. gen. subi. u. obi., zB. illius, deorum*).

▶ **im-plōrō** 1. **1.** *unter Tränen u. Klagen* rufen [*nomen filii*]. **2.** anrufen, anflehen (*alqm u. alqd, zB. deos, leges* sich berufen auf, *alcis auxilium od. misericordiam; selten alqm alqd, zB. Romanos auxilium;* [*nkl.*] *alqm ad od. in auxilium*). **3.** *etw.* erflehen *od.* erbitten (*alqd, zB.* °*caelestes aquas; alci alqd etw.* für *jd., zB. auxilium urbi; alqd ab alqo, zB. auxilium a rege; m. ut, ne*).

im-plūmis, *ĕ* (*plūma*) (*dcht., nkl.*) ungefiedert, nackt, kahl [*pulli, fetus*].

im-pluō, *uī*, — 3. (*unkl.*) hineinregnen, auf *etw.* herabregnen (*alci rei, zB. silvis*); (*scherzh.*) *alci malum -it* es regnet Hiebe für *jd.*

impluviātus 3 (*impluvium*) (*Pl.*) *entweder* viereckig (*v. der Form des* *implūvium*) *od.* regengrau [*vestis -a* Regenmantel?].

impluvium, *ī n* (*impluō*) *der viereckige, v. e-m Säulengang umschlossene ungedeckte Raum des cavaedium m. Becken zum Auffangen des Regenwassers, das* Impluvium.

im-polītus 3 (*adv.* **-ē**) **1.** (*nkl.*) ungeglättet, unbehauen [*lapis*]. **2.** / **a)** (*rhet.*) ungefeilt, schmucklos, schlicht, *v. Rede u. Redner; übh.* ungebildet, unausgebildet [*ingenium, genus hominum*]; **b)** unvollendet [*res*].

im-pollūtus 3 (*unkl.*) unbefleckt, *v. Pers. u. Sachen* [*virginitas*].

im-pōnō
1. a) *etw.* in, auf, an *etw.* setzen, legen, stellen, hinlegen; **b)** einschiffen; **2. a)** *jd. als Wächter u.ä.* einsetzen; **b)** *etw.* aufstellen; **c)** (*Krone, Kranz*) aufsetzen; **d)** *jd. etw.* aufbürden; **e)** *jd.* hintergehen, täuschen; **3. a)** ansetzen, anlegen; **b)** anbringen; **c)** (*Geld*) aufwenden; **d)** (*Zügel*) anlegen; **e)** (*Namen*) beilegen; **f)** (*Böses*) *jd* zufügen; **g)** ein Ende *od.* Ziel setzen.

im-pōnō, *posuī, positum* 3. (*altl.: pf. -posīvī, inf. pf. -posīsse*) **1. a)** *etw.* in *od.* auf, an *etw.* setzen *od.* legen, stellen, bringen, hineinlegen, -setzen (*alqm u. alqd in rem, zB.* °*dextram in caput alcis, mortuos in rogum, alqm in plaustrum, alqm in perditam causam* hineinziehen in; *selten alqd in re, zB.* °*coloniam in agro Samnitium; alqd alci u.* °*alci rei, zB. mortuo coronam,* °*dona aris,* °*alqm caelo* versetzen in); **b)** (*Pers. u. Sachen*) einschiffen, verladen, *m. u. ohne in naves* [*legiones, exercitum Brundisii*]. **2. a)** (*Pers. als Wächter, Aufseher, Herrscher u. a.*) einsetzen, anstellen, über *etw.* setzen [*alqm vilicum,* °*custodem in hortis, Atheniensibus triginta viros,* °*nullo quasi imposito* als ob niemand angestellt wäre]; **b)** *etw.* aufstellen [°*montes altos*]; **c)** *jd. od. e-r Sache etw.* aufsetzen (*alqd alci u. alci rei, zB. victori coronam, fastigium operi incohato*); / **d)** (*etw. Lästiges*) *jd.* auf(er)legen, aufbürden (*alci alqd, zB. bovi onus, alci laborem od. negotium, populo tributa, leges duras, vectigal agris publicis, consulem populo;* °*impositum est alci m. inf.*); **e)** *jd. e-n* Bären aufbinden = *jd.* hintergehen, täuschen, *bsd. e-n Leichtgläubigen* (*alci, zB. Catoni; auch v. Sachen, zB. res mihi imposuit*). **3. a)** (*nkl., dcht.*) anlegen, ansetzen *im eigtl. Sinne* [*claves portis* stecken in, *manum calathis,* / °*supremam manum alci rei, zB. bello*]; / **b)** anlegen, anbringen [*turres portis od. super aggerem*]; **c)** (*Geld*) an *etw.* wenden [*impensam alci rei*]; **d)** (*Zügel*) anlegen [*frenos animo*]; **e)** (*e-n Namen u.ä.*) beilegen (*alci u. alci rei nomen m. gen. od. acc. des Namens, zB. labori nomen inertiae,* °*filio Philippum nomen, cognomen alci, fraudi speciem iuris*); **f)** (*Böses*) *jd.* antun *od.* zufügen, beibringen (*alci alqd, zB. vulnus, vim, rei publicae plagam pestiferam*); **g)** (*dcht., Li.*) *finem u. modum* ein Ende *od.* Ziel setzen, beendigen (*alci rei, zB. orationi*).
F. *P.P.P.* °*impostus synk.* = *impositus*.

im-portō 1. **1.** *Fremdes aus dem Ausland* einführen [*vinum ad se, commeatūs in urbem;* / *artes,* °*linguam Graecam*]. **2.** / (*Schlimmes*) *jd.* zufügen *od.* verursachen, aufbürden (*alci alqd, zB. calamitatem, suspicionem* erregen bei *jd.*).

importūnitās, *ātis f* (*importūnus*) Rücksichtslosigkeit, Schroffheit (*alcis, zB. hominis; alcis rei, zB. sceleris*).

im-portūnus 3 (*m. comp. u. sup.; adv.* **-ē**) (*Konträrbildung zu opportūnus*) ungünstig: **1. a)** (*v. Örtlichkeiten*) unzugänglich [*locus, sedes; alci rei* für, zu *etw., zB.* °*machinationibus*]; **b)** (*v. d. Zeit*) ungünstig [*tempus*]; **c)** / (*nkl., dcht.*) ungelegen, lästig, beschwerlich, mißlich [*pauperies, importunum est m. inf.*]. **2.** (*v. Pers. u. ihrem Benehmen*) rücksichtslos, schroff, unverschämt, zudringlich, frech [*tyrannus, libido, importune insistere*].

im-portuōsus 3 (*m. sup.*) (*nkl.*) hafenlos [*mare, litus*].

im-pos, *potis* (*potis*) (*nkl.*) nicht mächtig [*animi*].

im-positus *P.P.P. v. impōnō.*

im-possibilis, *ĕ* (*nkl.*) unmöglich.

impostor, *ōris m* (< **impositor zu impōnō 2e*) (*spätl.*) Betrüger. — ****pl. impostores* (*docti*) Gelehrte, die Fälschungen publizieren.

im-posuī *s. impōnō.*

▶ **im-potēns**, *entis* (*m. comp. u. sup.; adv.* °**-enter**) **1.** machtlos, ohnmächtig, schwach [*homo,* °*fortuna* wankelmütig]; *subst. m* der Schwache. **2.** (*einer Sache*) nicht mächtig, nicht Herr (*alcis rei, zB.* °*irae,* °*elephanti impotentius regebantur* ließen sich kaum noch lenken). **3.** seiner selbst nicht mächtig = zügellos, leidenschaftlich, despotisch, ungestüm, vermessen, maßlos, *v. Pers. u. Sachen* [*homo, animus, laetitia, inhumanitas,* °*Aquilo* rasend; °*alci* gegen *jd.; mit* °*inf.*].
F. *abl. sg. -ī u.* °*-ĕ; pl. neutr. -ia, gen. -ium.*

impotentia, *ae f* (*impotēns*) **1.** (*Te.*) Unvermögen; Dürftigkeit. — ***Impotenz [*coeundi; generandi*]. **2.** Zügellosigkeit, Leidenschaftlichkeit (*alcis, zB.* °*mulieris, animi,* / °*astri* rasende Glut); *bsd.* Despotismus.

impraesentiārum *adv.* (*wohl* < *in praesentiā rērum, eigtl.* „bei der gegenwärtigen Lage der Dinge") (*unkl.*) für jetzt, vorderhand.

im-prānsus 3 (*vkl., dcht.*) ohne Frühstück, nüchtern.

imprecātiō, *ōnis f* (*imprecor*) (*nkl.*) Verfluchung.

im-precor 1. (*nkl., dcht.*) *jd.* (Gutes) *od.* (Böses) anwünschen, fluchen (*alci bene, alci alqd, zB. diras, litora litoribus contraria*).

im-pressī *s. imprimō.*

impressiō, *ōnis f* (*imprimō*) **1.** (*nkl.*) das Eindrücken, Abdrücken, Abdruck *i. Wachs u.ä.*; (*spätl.*) *nummorum* Prägung. **2.** / **a)** (*rhet. t.t.*) **α)** Artikulation [*vocum*]; **β)** *pl.* Hebungen *u.* Senkungen *beim oratorischen Numerus*; **b)** (*philos. t.t.*) *pl.* Eindrücke *der Erscheinungen auf die Seele*. **3. a)** (*vkl., nkl.*) *mil.* das *feindl.* Eindringen, Überfall, Angriff (*alcis, impressionem facere od.* °*dare in alqm u. in alqd, alcis impressionem non ferre*); **b)** / *impressione evertere alqm.*

*****impressum** (*eigtl. P.P.P. n v. imprimō:* „das Aufgedrückte, Aufdruck") *in Druckschriften kurze Angabe über Herausgeber, Verleger, Erscheinungsort u. -zeit.*

im-pressus *P.P.P. v. imprimō.*

▶ **im-primis** (< *in primis, eigtl.* „unter

den Ersten") *adv.* in erster Linie [*doctus* ~ gelehrt wie wenige; *auch beim sup., zB. homo* ~ *improbissimus*].

im-primō, *pressī, pressum* 3. (*premō*) **1.** hinein-, eindrücken, einprägen, aufdrücken, abdrücken, *oft* / (*alqd als affiziertes u. als effiziertes obi., zB.* °*pollicem,* °*hastam* aufstemmen, *sulcum* ziehen, °*osculum; alqd in re, selten in rem, zB. sigillum in cera; bsd. als philos. t.t.*: Ideen *od.* Begriffe in die Seele pflanzen [*speciem in animo od. in mente*]; *alqd alci rei, zB.* °*anulum litteris,* °*signum pecori,* °*aratrum muris* über die Mauer gehen lassen; *bsd.* / *rem menti* einprägen, *memoriam tabulis publicis* eingraben); P. *auch* Eindrücke erleiden *od.* bekommen [*animus quasi cera imprimitur*]. **2.** *etw.* mit *etw.* Ein- *od.* Aufgedrucktem bezeichnen, *m.* einem eingedrückten Zeichen versehen (*alqd re, zB.* °*tabellas signo suo,* °*crater impressus signis m.* erhabenen Figuren; / *totam Italiam vestigiis flagitiorum* in ganz Italien die Spuren zurücklassen). — ****imprimere litteras* schreiben, *libros* drucken. — *imprimatur* (es möge gedruckt werden): *sowohl* (*Abk. imp.*) Druckerlaubnis *durch Autor od. Verleger wie bischöfliche* Druckerlaubnis *für religiöse Schriften.*

im-probābilis, ĕ (*adv.* -*ĭtĕr*) (*nkl.*) verwerflich.

imprŏbātiō, *ōnis f* (*imprŏbō*) Mißbilligung (*abs. od. m. gen. subi. od. obi.*).

imprŏbitās, *ātis f* (*imprŏbŭs*) Schlechtigkeit, Unredlichkeit (*alcis u. alcis rei*); *bsd.* Schelmerei, Frechheit [*simiae*].

im-prŏbō 1. mißbilligen, verwerfen, umstoßen, tadeln (*alqm u. alqd, zB.* testem als Z., *consilium, iudicium*).

imprŏbŭlŭs 3 (*demin. v. imprŏbŭs*) (*Ju.*) *etw.* dreist.

▶ **im-prŏbŭs** 3 (*m.* °*comp. u. sup.*; *adv.* -**ē**) **1.** unter dem rechten Maß bleibend: nicht gut, schlecht: **a**) *v.* schlechter Beschaffenheit, unbrauchbar [°*merx, coquus, defensio*], **b**) moralisch schlecht, böse, unredlich, nichtswürdig, boshaft, *v. Pers. u. Sachen* [*homo, factum, facinus, furtum, lucrum, mores, testamentum* ungesetzlich, *improbe facere*]; *subst. m* Bösewicht, Schuft, Verräter (*als Schimpfwort auch* = Trotzkopf, Grobian *u.ä.*). **2.** das rechte Maß überschreitend: **a**) (*dcht., nkl.*) maßlos, übermäßig, übertrieben, unsinnig [*labor, rabies ventris, spes hominum* ausschweifend]; **b**) / α) frech, unverschämt, schamlos, zudringlich, dreist [*ōs,* °*puer* = Amor, °*fortuna* launisch, °*advena* stets kampflustig, *v. Tieren auch* = °gefräßig, unersättlich, gierig, *zB.* °*lupus,* °*aquila*]; β) (*dcht.*) unanständig, schamlos, lüstern [*verba, carmina; satureia* geil machend].

im-prōcērŭs 3 (*nkl.*) *v.* niedrigem Wuchs, unansehnlich.

im-prōdictŭs 3 (*in-*² + *P.P.P. v. dicō*) nicht verlegt [*dies*].

im-prŏfessŭs 3 (*in-*² + *part. pf. v. prŏfitĕor*) (*nkl.*) **1.** (*act.*) der sich nicht bekannt hat (*bsd. zum Judentum*). **2.** (*pass.*) (*beim Zollamt*) nicht deklariert.

im-prōmptŭs 3 (*nkl.*) nicht rasch, nicht schlagfertig, ungewandt, *v. Pers.* [*linguā*].

im-prŏpĕrātŭs 3 (*in-*² + *P.P.P. v. prŏpĕrō*) (*Ve.*) unbeschleunigt, langsam [*vestigia*].

im-prŏpriŭs 3 (*adv.* -**ē**) (*nkl.*) uneigentlich, unpassend; *subst.* -**ă**, *ōrum n* unpassende Ausdrücke.

im-prŏspĕr(**ŭs**), *ĕră, ĕrum* (-*ō*-?; *adv.* -**ĕrē**) (*nkl.*) unheilvoll, unglücklich.

im-prōvidŭs 3 **1.** (*nkl.*) nicht voraussehend, nicht(s) ahnend, ahnungslos [*hostes; alcis rei, zB. certaminis*]. **2.** (*adv.* °-**ē**) unvorsichtig, unbekümmert [*senex;* °*alcis rei* um, wegen *etw., zB.* °*futuri*].

▶ **im-prōvisŭs** 3 (*m.* °*comp.*; *adv. s. u.*) (*in-*² + *P.P.P. v. prōvidĕō*) unvorhergesehen, unvermutet, urplötzlich [*adventus*]; *subst.* °-**ŭm,** *ī n* unvermutetes Ereignis, *pl.* unvorhergesehene Fälle; *adv.* (*auch klass.*) *de u. ex improviso u. bloß* **imprōvisō** unversehens, unvermutet [-*o aggredi alqm*].

im-prūdēns, *ēntis* (*m.* °*comp. u.* °*sup.*; *adv.* -**ēntĕr**) **1.** ahnungslos, unversehens [*hostes imprudentes aggredi, alqo imprudente* ohne *j-s* Wissen *od.* Vermuten]. **2.** unabsichtlich [*imprudens hoc feci, imprudenter illud factum est*]. **3.** *einer Sache* unkundig, in *etw.* unerfahren (*alcis rei, zB.* °*maris, legis; m.* °*a.c.i.*). **4.** (*unkl.*) unklug, unverständig, unvorsichtig; *adv. selten* (*klass.*) [-*enter facere*]; *subst. m* (*Ph.*) der Unverständige.
F. *abl. sg. attr.* -*ī, praed.* -*ĕ*; *pl. neutr.* -*iă, gen.* -*iŭm.*

imprūdēntiă, *ae f* (*imprūdēns*) **1.** Ahnungslosigkeit (*alcis*). **2.** Unabsichtlichkeit, Absichtslosigkeit (*alcis rei, per* -*am* unversehens, unabsichtlich). **3.** Unkenntnis (*alcis u. alcis rei*); *auch* Unklugheit. **4.** Unachtsamkeit, Unvorsichtigkeit, Unüberlegtheit, Übereilung (*alcis u. alcis rei*).

im-pūbēs, *ĕris u.* (*nkl., dcht.*)

im-pūbis, ĕ unerwachsen, unreif, jugendlich, keusch [*filius, puer,* °*corpus,* °*gena u.* °*māla* bartlos, °*anni* junge]; *subst. pl.* **impūbĕrēs** *u.* **impūbēs** *m* die Kinder, Knaben.
F. *abl. sg. impūbĕrĕ u.* °*impūbĕ*; *gen. pl. impūbĕrŭm u.* °*impūbiŭm.*

▶ **im-pŭdēns,** *ēntis* (*m. comp. u. sup.*; *adv.* -**ēntĕr**) unverschämt, schamlos, *v. Pers. u. Sachen* [*homo, mendacium, impudenter loqui, in re, ad alqd*]; / *pecunia* unverschämt viel Geld. (*Cf.* V.-B. VIII.)

impŭdēntiă, *ae f* (*impŭdēns*) Unverschämtheit, Schamlosigkeit, Frechheit (*alcis u. alcis rei*).

impŭdicitiă, *ae f* (*impŭdicŭs*) Unzüchtigkeit, Unkeuschheit, Unzucht; *bsd.* = παιδεραστία Päderastie.

im-pŭdicŭs 3 (*m.* °*comp. u. sup.*; *adv.* °-**ē**) unzüchtig, unkeusch, *v. Pers. u. Sachen* [*mulier, homo, domus*]; *bsd. v. Päderasten;* °*digitus* Mittelfinger.

impūgnātiō, *ōnis f* (-*ŭ*-?) (*impūgnō*) Bestürmung [*domūs*].

im-pūgnō 1. (-*ŭ*-?) angreifen, bestürmen (*abs. od. alqd u. selten alqm, zB.* °*patriam,* °*terga hostium*); / bekämpfen, anfeinden, gegen *etw.* ankämpfen, *bsd. m. Worten* (*alqm u. alqd, zB.* °*plebem, dignitatem alcis,* °*opus* kritisieren).

im-pūli *s. impĕllō.*

impŭlsiō, *ōnis f* (*impĕllō*) = *impŭlsŭs; bsd.* (*rhet. t.t.*) Anregung [*ad hilaritatem*].

impŭlsŏr, *ōris m* (*impĕllō*) Antreiber, Anreger (*alcis rei* zu *etw.*; *alqo impulsore* auf *j-s* Betreiben).

im-pŭlsŭs¹ *P.P.P. v. impĕllō.*

impŭlsŭs², *ūs m* (*impĕllō, fast nur im abl. sg. gebräuchlich*) äußerer Anstoß, äußere Einwirkung [*scutorum,* °*saxi* Sturz]; / Antrieb, Trieb, Anregung (*alcis, zB. deorum, libidinum, meus*), *bsd.* plötzlicher Einfall.

▶ **im-pūnĕ** *adv.* (*comp.* °*impūniŭs, sup.* °*impūnissimē*) (*cf. pūniō, poenā*) **1.** ungestraft, straflos, ohne Strafe [~ *facere alqd*]; ~ esse (*od. abire*) ungestraft bleiben, straflos ausgehen (*alci*); ~ °*ferre* ungestraft durchkommen (*alqd m. etw., zB. iniurias*). **2.** / ohne Schaden, ohne Gefahr [*in otio esse*].

impūnitās, *ātis f* (*adi. impūnis,* ĕ *Rückbildung aus adv. impūnĕ*) Straflosigkeit (*alcis u. alcis rei, zB. peccandi; a re, zB. a iudicio*); / Zügellosigkeit, Ungebundenheit [*gladiorum*].

im-pūnitŭs 3 (*m.* °*comp. u.* °*sup.*; *adv.* -**ē**) (*in-*² + *P.P.P. v. pūniō*) ungestraft, straflos [*iniuria,* °*alqm u. alqd impunitum dimittere*]; / zügellos, ungebunden [*libertas, mendacium* frech].

impūrātŭs 3 (*m. sup.*) (*impūrŭs*) (*Com., nkl.*) schmutzig, schuftig; *ille* ~ jener Schuft.

impūritās, *ātis u.* (*Pl.*) **impūritiă,** *ae f* (*impūrŭs*) Lasterhaftigkeit, Unflätigkeit (*alcis*), *auch pl.*

im-pūrŭs 3 (*m.* °*comp. u. sup.*; *adv.* -**ē**) **1.** (*dcht., nkl.*) unrein, schmutzig [*corpus, alvus*]. **2.** / (*moralisch*) schmutzig, lasterhaft, gemein, abscheulich, *bsd.* unzüchtig, wollüstig, *v. Pers. u. Sachen* [*homo, mulier,* °*adulterium*].

impŭtātŏr, *ōris m* (*impŭtō*) (*Se.*) „der Anrechner", der Selbstgerechte (*der sich damit brüstet, anderen Gutes zu tun*).

im-pŭtātŭs 3 (*in-*² + *P.P.P. v. pŭtō*) (*dcht., nkl.*) unbeschnitten [*vinea* = ungepflegt].

im-pŭtō 1. (*nkl., dcht.*) **1. a**) (*kaufmännisch*) anrechnen, in Rechnung bringen; **b**) (*meton.*) (*Ma.*) *jd. etw.* schenken, widmen [*alci nectar, alci otia*]. **2.** / (*als Schuld od. Verdienst*) anrechnen, zuschreiben (*alci alqd, zB. beneficium, equis natum* den Tod des Sohnes).

īmŭlŭs 3 (*demin. v.* īmŭs) (*Ca.*) der allerunterste, zu allerunterst [*auricilla*].

▶ **īmŭs** 3 (*Entsprechung nur in osk.* imad-en = *lat.* ăb īmō; *sonst et. ungeklärt; imus trat häufig an die Stelle des mehr literarischen* īnfĭmŭs; *s.* īnfĕrŭs) der unterste, niedrigste, tiefste: **1.** (*räuml.*) [sedes, °*conviva* der zuunterst liegende, °*lectus*, °*dii u.* °*tyrannus* der Unterwelt]; *bisw.* = der innerste [*penetralia*]; *meist partitiv* = der unterste Teil, Grund, Boden, Tiefe [*dolium* Boden des Fasses, *in imo mari* in der Tiefe des Meeres, °*cauda* Ende, °*antrum* Tiefe, °*regnum* äußerste Grenze, °*ad manes imos* tief hinab zu]; *subst.* **īmŭm,** ī *n* das Unterste, Grund, Boden, Tiefe, °Unterwelt, *auch pl.* [°*summa et ima miscere, ab u.* °*ex imo v.* unten an, zuunterst, °*ab imo suspirare* tief, °*ab imo vertere v.* Grund aus, °*imō* unten, in der Tiefe]. **2.** (*zeitl.*) (*dcht.*) der letzte [*mensis*]; *subst.* °**īmŭm,** ī *n* Ende, Schluß [*ad imum* bis zuletzt, zuletzt noch]. **3.** (*nach Rang, Grad, Reihenfolge*) (*dcht., nkl.*) der unterste, der niedrigste [*insignes et imi* Hoch *u.* Niedrig].

> **in-, in¹**
> **A.**: **in-** *praev.* **1.** (*Ortsangabe: wo?*) in, an, auf, bei (*incolo*); **2.** (*Richtung: wohin?*) hinein, ein- (*incurro*); **B. in** *prp.* **I.** *b. abl.* **1.** (*räuml.*) in, an, auf; **b**) in, innerhalb; **2.** (*zeitl.*) in, innerhalb; während, zur Zeit *e-r Sache*; **3.** (*bei Angabe v. Zuständen*) in, an, bei; (*Zugehörigkeit*) unter, zu; (*Beziehung*) hinsichtlich, an, bei, gegen; **II.** *b. acc.* **1.** (*räuml.*) in, auf, nach, zu; **2.** (*zeitl.*) (bis) in ... hinein; (*bei Angabe der Zeitdauer, -grenze*) auf, für; **3. a**) (*Ausdehnung, Richtung*) in, nach; **b**) (*Ein-, Verteilung*) in; **c**) (*Übergang in e-n anderen Zustand*) in, zu; **d**) (*Zweck, Absicht*) zu, für, wegen; **e**) gegen, mit Rücksicht auf; **f**) (*modal*) in, gemäß, auf, nach, wie.

in-, in¹ (*Voll- od. Teilassimilation wie bei* in-²; *altl.* ĕn; *cf.* ἐν; *nhd.* „in-", „in"): **A.**: **in-** *praev.* (*in verbalen Zusammensetzungen*): **1.** (*bei Verben der Ruhe; Frage:* „wo?") in, an, auf, bei [*incolo, insum*]. **2.** (*b. Verben der Bewegung; Frage:* „wohin?") hinein, ein- [*incurro, incīdo, incīdo*]. **B.**: **in** *prp.* **I.** *b. abl.*: **1.** (*räumlich zur Bezeichnung der Ruhe, meist auf die Frage* „*wo?*"; *bei* pōnō, lŏcō, cŏllŏcō *u.ä. bezeichnet das Lat. ebenfalls die Ruhelage* [*am Ende der Bewegung*], *während bei den entsprechenden dt. Verben* „*wohin?*" *gefragt wird*): **a**) in, an, auf, *zB. in urbe vivere; anulum in digito habere* an, *populus in fluvio* in *od.* an; *arx in monte sita* auf; *ponere alqd in mensa, in tabula nomen scriptum erat, cohors in statione erat; pontem facere in flumine* über den Fluß, *navem tenere in ancoris* vor Anker; *in Sequanis* im Lande der S., *in barbaris* bei den Barbaren, *navigare in Italia* an der Küste von Italien, *in armis* esse unter Waffen stehen, °*in vinculis et catenis esse* in Fesseln *u.* Banden, *in custodiis teneri*; *in oculis (situm) esse* vor Augen stehen *od.* liegen, *commentari in auribus alcis* vor den Ohren *j-s*; **b**) = innerhalb, *zB. copias in castris continere, in spatio trium milium od. in tribus milibus passuum* innerhalb eines Raumes *v.* 3 (*röm.*) Meilen; **c**) (*meist dcht.*) (*v. der Kleidung* = cŭm), *zB.* °*esse in veste domestica, excubare in armis,* °*horridus in iaculis*; **d**) *in manibus esse u. habere s.* mănŭs. **2.** (*zeitl.*) **a**) in = innerhalb, im Verlauf v., während, *auch bei uneigentlichen Zeitbestimmungen, zB. in multis annis, in sex mensibus, in bello civili, horum in imperio*; **b**) *bis in die, ter in anno*; **c**) *in pueritia, in consulatu*; **d**) *bei Angabe der Zeitlage, bsd.* = zur Zeit *od.* bei Gelegenheit *einer Sache, zB. in fame* zur Zeit der Hungersnot, *in praesentiā* unter den gegenwärtigen Umständen, °*in tali tempore* unter solchen Umständen, °*in tempore venire* zur rechten Zeit (= ἐν καιρῷ), *in bello* in Kriegszeiten, während des Krieges, *in pace, in rebus secundis od. adversis, in funere amici eum vidi* bei Gelegenheit, *in imbri* während des Regens *u.a.*; *so auch m. ger.* = bei, *zB. in ridendo, in bellis gerendis.* **3.** / **a**) **α**) *bei Angabe v. Zuständen u. Verhältnissen, in denen jd. od. etw. sich befindet* = in, an, bei, unter, *zB.* esse *in calamitate* (*od. in maximis luctibus, in spe, in timore, in periculo*), °*in summa paupertate mori, amicus certus in re incerta cernitur* (*Ennius*), esse *magnis in laudibus* in hohen Ehren stehen (*od. in dubio, in tuto, in incerto*), *feminam in matrimonio habere* zur Frau haben, esse *in eadem sententia* (*od. in eadem pulchritudine* ebenso schön sein, *in vitio* fehlerhaft *od.* unrecht sein), *in hoc loco sunt res nostrae* stehen auf dem Punkt *u. a.*; **β**) *hac in re od. in hoc* hierin, hierbei, *qua in re, in quo, quibus in rebus*; (*res*) *in eo est, ut* es ist *od.* steht auf dem Punkt, daß; **γ**) *prägn. statt eines Adverbialsatzes, zB. studiis hominum praesertim in re bona non obsistemus* zumal wo es sich um *etw.* Gutes handelt; *bsd. oft in caus. od. conc. Bedeutung* (= wegen *od.* trotz), *zB. in vulnere lamentari, in summa prudentia tamen deceptus es*; **b**) *bei Angabe der Pers. od. Sache, an der etw. sich findet od. zeigt* = in, an, bei, *zB.* est *in alqo summa humanitas* (*od. virtus, consilium*), *hoc cernitur od. cognoscitur in avibus* (*od. in senibus, in morbis*), *in alqo laudo modestiam; quantum in me est* soviel an mir liegt; **c**) *bei Angabe der Zugehörigkeit zu einer Personengruppe od. Sachkategorie* = unter, zu, *zB. habere od. numerare alqd in bonis od. alqm in bonis civibus, dolor in maximis malis ducitur, sapientissimus in Graecis*; *selten auch* = °zugleich *m., zB. multum in eo amisimus*; **d**) *bei Angabe der Beziehung* = in betreff, bezüglich, hinsichtlich, an, bei, gegen, *zB. audax in convocandis hominibus, rudis (od. exercitatus) in armis, damnandus in uno facto, laudare od. vituperare alqm in re* (*cf.* 3, a, β). **II.** *b. acc.* (= εἰς): **1.** (*räuml. auf die Frage* „*wohin?*"; *die Bewegung bezeichnet das Lat. auch bei* ădvĕnĭō, cŏnvĕnĭō, nūntĭō *u.ä., während bei den entsprechenden Verben im Dt.* „*wo?*" *gefragt wird*) in ... hinein, in, in ... hinauf, auf, in ... hinab, nach, nach ... hin, zu, *zB. in urbem redire, anulum abicere in mare, proficisci in Asiam, ascendere in arcem od. in caelum, in septentriones spectare* nach Norden hin, *tollere alqm in umeros; in provinciam advenire, in oppidum convenire, in Asiam Antigono nuntiat, abdere in silvas (u. in silvis)*; *auch bei subst., zB. adventus in castra, conscensio in naves, iter in Hispaniam*; *sehr oft auch* /, *zB. accipere alqm in civitatem od. in amicitiam, venire in suspicionem, alqm in ius vocare, incidere in morbum od. in invidiam, suspicio in vos recidit* fällt auf euch zurück; *gelegentlich prägnante Konstruktionen bei Verben der Ruhe* [*alqm in carcerem asservare, adesse in senatum, in potestatem senatūs esse* (= *venisse et in potestate esse*) sich in der Gewalt des S. befinden, *alci in mentem est* es fällt *jd.* ein, *ut in funebrem pompam* wie bei der Beerdigung, *in medium relinquere* unentschieden lassen *u. a.*]. **2.** (*zeitl.*) **a**) in ... hinein, bis in ... hinein, *zB. bellum in hiemem ducere, in lucem (od.* °*in multum diei) dormire* bis in den hellen Tag; *über in diem vivere cf.* 2, d; **b**) auf, für, *sowohl bei Angabe des Zieles od. der Zeitgrenze* [*solis defectiones in multos annos praedicere, alqd in aliud tempus differre, in longiorem diem* für eine spätere Zeit] *als auch der Zeitdauer* [°*magistratum in annum creare, sancire alqd in omne tempus* für alle Zeit, *in futurum* für die Zukunft, *in tempus* für den Augenblick]; **c**) *in (singulos) dies v.* Tag zu Tag, täglich [*crescere, praefectos mutare*], ebenso *in (singulos) annos od. menses, in (singulas) horas u. a.*; **d**) *in diem* in den Tag hinein [*vivere*], nur für einen Tag, nur für heute [*adesse*], *v.* Tag zu Tag = auf die Zukunft [*poenas reservare*], alle Tage [*rapto vivere*], auf den bestimmten Tag [°*fundum emere*]. **3.** / **a**) *bei Angabe von Ausdehnungen od. Richtungen im Raum* = in, nach, *zB. sex pedes patēre in longitudinem (od. in altitudinem, in latitudinem),* °*crescere in latum* in die Breite, °*in altum,* °*in obliquum* schräg, °*in rectum* geradeaus; *in omnes partes,* / *in utramque partem disputare* für *u.* wider, *in maius* mit Übertreibung; **b**) (*Einteilung od. Verteilung*) in, *zB. Gallia divisa est in partes tres, agrum in iugera dena (od. annum in duodecim menses) discribere,* *causam distribuere in crimen et in audaciam; ähnlich bei distributiven Angaben* = unter, an, auf, für, *zB.* *centenos sestertios in socios* (*od. in viros, in capita* an jede einzelne Person) *distribuere,* °*frumentum assibus in modios aestimatum est;* **c)** (*Übergang aus einem Zustand in einen anderen*) in, zu, *zB. mutare* (*od. convertere, redigere*) *alqm in avem* (*od.* °*in adversa*) verwandeln in, °*in piscem desinere, Himera in mulieris figuram formata* als Weib dargestellt; **d)** α) (*Zweck od. Ziel, Absicht od. Bestimmung*) auf ... hin, zu, für, wegen, *zB.* °*legionem in praesidium mittere* als Besatzung, *sumptum facere in classem, in colloquium od. in funus venire, tres viros in consilium dare* als Beiräte, *cives in coloniam mittere* um eine Kolonie zu gründen, *multos in alqm od. in rem testes citare, ad praetorem in ius adire* um sich Recht sprechen zu lassen, *in eam rationem loqui* zugunsten dieser Auffassung, °*alqd offerre in dotem* (*od.* °*in gratiam alcis jd.* zu Gefallen), °*se parare in nefas* (*od.* °*in verba* zum Reden), °*cedrum urere in lumina* zur Erleuchtung, °*armare alqm in fata* zum Verderben, °*in mea vulnera pugno* ich trachte nach meinem eigenen Leid, °*mittere alqm in imperium magnum* um ein großes Reich zu erwerben, °*in hoc* (*od.* °*in haec, in id*) dafür, dazu, deswegen (*zB. speculator in id missus*), *in speciem* zum Schein; β) = in Erwartung *od.* Hoffnung auf *etw.*, *zB. facere alqd in spem pacis;* γ) *zur Bezeichnung einer Wirkung od. eines Ergebnisses, zB. in familiae luctum nubere, in incertum* (*eventum*) aufs ungewisse, *in orbem pugnare od. defendere* in ein Karree zusammengetreten; δ) = °hinsichtlich, *zB. crater ingens in pondera;* **e)** *bei Angabe der Gesinnung od. Handlungsweise gegenüber e-m obi.* = gegen, *m.* Rücksicht auf (*freundl. u. feindl.*), *zB. liberalis in milites, aequus in cives; peccare* (*od. saevire, animadvertere*) *in alqm, carmen scribere* (*od. orationem habere*) *in Caesarem, lex est scripta in eos* gegen sie, *pietas in deos, merita in rem publicam* Verdienste um; **f)** (*modal; ähnlich wie d*) in, gemäß, auf, nach, wie, *zB. villas in urbium modum aedificare* nach Art *v.* Städten, wie Städte, *mirum* (*od. mirandum*) *in modum* auf wunderbare Weise, *hostilem in modum* auf feindliche Art, *in eandem* (*od. hanc*) *sententiam loqui* in demselben (*od.* diesem) Sinne, *pax convenit in has leges* unter folgenden Bedingungen, *senatūs consultum fit in haec verba* mit diesen Worten, *iurare in verba alcis,* °*in universum* im allgemeinen, im ganzen, *in vicem* wechselweise, *in rem esse* förderlich sein, *in vulgus* = *vulgo,* °*in numerum ludere* nach dem Takt, °*in morem* nach Sitte, *in quantum* inwieweit, *in tantum* insoweit, °*in faciem hederae* efeuähnlich, °*in plumam* wie ein Gefieder, °*in barbarum* nach Art eines Barbaren. — ***in via m. gen.* nach Art; *oft statt abl.*: *in gladio interficere m.* dem Schwert, *in tempore parvo* nicht lange.

ĭn-² *praev.* (*oft Voll- od. Teilassimilation: vor l* > *īl-,* vor *r* > *īr-; vor b, p, m* > *īm-; vor gn* > *ī-, d. h. zu gutturalem Nasal; vor f u. s* > *īn-; cf. nĕ- in nĕfās, nĕquĕ usw.;* ἀ-, ἀν- *privativum, nhd.* „un-", „ohn-") *Negation in Zusammensetzungen meist m. adi. od. adv.* = nicht, ohne [*in-nocens, in-famis, in-urbanus, im-probus, i-gnotus; dazu: im-probitas, im-probare*].

****in abstracto** (*zu ābs-trăhō*) im allgemeinen (*Ggs. in concreto*).

ĭn-ăccēssŭs 3 (*īn-²* + *P.P.P. v. ăccēdō*) (*dcht., nkl.*) unzugänglich [*vertex Alpium; alci rei* für *etw.*, *zB. radiis solis*]; *subst. n pl. inaccessa mapalium* unzugängliche Wohnungen.

ĭn-ăcēscō, *ăcŭī,* — 3. (*nkl., dcht.*) sauer werden, / verdrießen (*alci jd.*).

Ĭnăchŭs, *ī m* (Ἴναχος) *Fl. i. Argolis, j.* Najo; *im Mythos Stromgott u. ältester K. v. Argos, V. der Io.* — *adi.* **Ĭnăchĭŭs** 3 *v.* Inachos stammend [°*iuvenca u.* °*bos* = Io], *übh.* °argivisch, griechisch; *fem. auch* °**Ĭnăchĭs,** *ĭdĭs; patron.* **Ĭnăchĭdēs,** *ae m* Nachkomme des Inachos (= Epaphos *als Enkel,* Perseus *als Argiver*); *fem.* **Ĭnăchĭs,** *ĭdĭs u.* °*ĭdŏs f* Io. *Cf.* V.-B. III, 1, b *u.* e; III, 4, b *u.* 5.

ĭn-ăds..., **ĭn-ădt...** = *īn-ăss..., īn-ătt...*

ĭn-ădūstŭs 3 (*-ūst-?*) (*dcht.*) nicht angebrannt, nicht versengt [*corpus*].

ĭn-aedĭfĭcō 1. **1.** anbauen, in *od.* an, bei *etw.* aufbauen [*tecta* daranbauen; *alqd alci rei od. in re od. in rem, zB. sacellum in domo*]. **2.** zubauen, verbauen, verbarrikadieren [*portas*].

ĭn-aequābĭlĭs, *ĕ* (*adv.* °**-ĭtĕr**) **1.** (*vkl., nkl.*) ungleich = uneben [*colles*]. **2.** / ungleichmäßig, -förmig [*motus*].

ĭn-aequālĭs, *ĕ* (*m. comp. u. sup.; adv.* **-ĭtĕr**) **1. a)** (*nkl., dcht.*) uneben, schief [*loca, mensa* wacklig]; **b)** (*dcht.*) uneben machend [*tonsor* der Stufen schneidet, *procella* das Meer aufwühlend]. **2.** / ungleich [*varietas*]: **a)** (*dcht.*) ungleich groß [*portūs, calices* bald volle, bald halbvolle]; **b)** (*dcht., nkl.*) wechselnd, wechselvoll, veränderlich, unbeständig [*varietas, autumni*].

ĭnaequālĭtās, *ātĭs f* (*īnaequālĭs*) (*vkl., nkl.*) Ungleichheit, Unähnlichkeit.

ĭn-aequātŭs 3 (*īn-²* + *P.P.P. v. aequō*) (*Ti.*) ungleich.

ĭn-aequō 1. eben *od.* gleich (hoch) machen [*fossas m.* der Straße].

ĭn-aequŭs 3 (*Pl.*) = *īnīquŭs.*

ĭn-aestĭmābĭlĭs, *ĕ* (*adv.* °**-ĭtĕr**) **1.** (*nkl.*) nicht schätzbar, unberechenbar [*animus multitudinis*]. **2.** (*nkl.*) *v.* unschätzbarem Wert, außerordentlich, unvergleichlich [*bonum*]. **3.** (*philos. t.t.*) wertlos, nicht beachtenswert.

ĭn-aestŭō 1. (*Ho., spätl.*) in *etw.* aufbrausen (*alci rei*).

ĭn-ăffēctātŭs 3 (*īn-²* + *P.P.P. v. ăffēctō*) (*nkl.*) ungekünstelt, ungeziert.

ĭn-ăgĭtābĭlĭs, *ĕ* (*ăgĭtō*) (*Se.*) bewegungsunfähig.

ĭn-ăgĭtātŭs 3 (*īn-²* + *P.P.P. v. ăgĭtō*) (*Se.*) unbewegt; / nicht beunruhigt [*terroribus*].

ĭn-ălpīnŭs 3 (*Ălpēs*) (*unkl.*) in den Alpen wohnend; *subst. pl. m* Alpenbewohner, -völker.

ĭn-ămābĭlĭs, *ĕ* (*m. comp.*) (*unkl.*) nicht liebenswürdig, verhaßt, widerlich [*palus* = Styx, *regnum* = Unterwelt].

ĭn-ămārēscō, — — 3. (*Ho.*) bitter werden; / anekeln [*epulae*].

ĭn-ămbĭtĭōsŭs 3 (*Ov.*) nicht ehrgeizig [*rura* anspruchslos].

ĭnămbŭlātĭō, *ōnĭs f* (*īnămbŭlō*) das Auf- und Abgehen; / (*Ca.*) Hin- *u.* Herschaukeln [*lecti*].

ĭn-ămbŭlō 1. auf- *u.* abgehen, umhergehen, spazieren gehen.

ĭn-ămoenŭs 3 (*dcht., nkl.*) unerfreulich, reizlos.

ĭnānĭae, *ārŭm f* (*īnānĭs*) (*Pl.*) (*scherzh.*) die Leere.

ĭnānĭ-lŏgĭstă, *ae m* (*hybrid* < *īnānĭs* + λογιστής) (*nur Pl. Pseud.* 255) Phrasendrescher.

ĭnānĭ-lŏquŭs 3 (*īnānis; lŏquŏr*) (*Pl.*) vergeblich redend.

ĭn-ănĭmālĭs, *ĕ* (*nkl.*) = *īnănĭmŭs.*

ĭnānĭmĕntŭm, *ī n* (*nī-?*) (*Scherzbildung nach ēxplēmĕntŭm; īnānĭs*) (*Pl.*) Leere.

ĭn-ănĭmŭs 3 unbeseelt, leblos; *subst. n* (*sg. u. pl.*).

ĭnānĭō 4. (*denom. v. īnānĭs*) (*nkl., dcht.*) leer machen.

▶ **ĭn-ānĭs,** *ĕ* (*m.* °*comp. u. sup.; adv.* **-ĭtĕr**) (*et. ungedeutet; īn- wohl privativum*) **1.** leer, ledig, inhaltlos, *fast nur abs., oft* / [*vas, litterae* ohne Inhalt, *navis* unbeladen, unbemannt, *basis* ohne Inschrift, *agri* unbebaut, *equus* ohne Reiter, *corpus* tot, °*umbra* körperlos, °*inania Tartara od.* °*regna* das Reich der körperlosen Schatten, °*laeva* ohne goldenen Ring, °*lumina* blind, °*vulnus* klaffend; *ab alqo od. alqo, a re* ohne *etw.*, *zB.* °*cultoribus,* °*re utili; auch alcis rei, zB.* °*lymphae*]; *subst.* **ĭnānĕ,** *ĭs n* leerer Raum, *bsd.* Luftraum [*infinitum; auch* °*pl.*]. **2. a)** (*dcht.*) *m.* leerem Magen, nüchtern, hungrig [*venter*]; **b)** *m.* leeren Händen [*legati inanes ad regem reverterunt*]; **c)** arm, unbemittelt [*civitas*]; *bsd.* ausgeplündert [*Sicilia*]. **3.** / **a)** leer; **b)** gehaltlos, wertlos, nichtssagend [*nomen, delectamentum, syngrapha* ungültig]; *subst. n* °das Unwesentliche; **c)** eitel, nichtig, unnütz, grundlos, vergeblich, erfolglos [*cogitationes,* °*credulitas,* °*alqm inaniter angere*]; *subst. inania n* Nichtigkeiten, leerer Dunst, °blinder Lärm [°*honoris,* °*famae*]; **d)** eingebildet, selbstgefällig, prahlerisch [*homo, animus,* °*ambitio, inaniter loqui*]; *subst. m pl.* (*v. Dichterlingen*) eitle Narren.

ĭnānĭtās, *ātis f* (*ĭnānis*) leerer Raum; / Eitelkeit, Nichtigkeit.

ĭn-ărātŭs 3 (*ĭn-*² + *P.P.P. v. ărō*) (*dcht.*) ungepflügt, brach (liegend).

ĭn-ārdēscō, *ārsī,* — 3. (*-ā-?*) (*dcht., nkl.*) **1.** sich einbrennen (*alci rei* in *etw.*). **2.** sich entzünden, erglühen (*re* durch, *v. etw.*); meist / leidenschaftlich entbrennen.

ĭn-ārēscō, *ārŭī,* — 3. (*vkl., nkl.*) (ver)trocknen, versiegen, *auch* /.

Ĭnărĭmē, *ēs f* (= εἰν 'Αρίμοις „im Arimerland", *dem verschieden lokalisierten Ort des Kampfes zw. Zeus u. Typhōeus*) = *Aenārĭă* (*s.d.*), *j.* Ischia.

ĭn-ărtĭfĭcĭālĭs, *ē* (*adv.* **-ĭtĕr**) (*Qu.*) (*rhet. t.t.*) nicht kunstgerecht.

ĭn-ăscēnsŭs 3 (*ĭn-*² + *P.P.P. v. ăscēndō*) (*Pli.*) nicht bestiegen, nicht betreten.

ĭn-ăssuētŭs 3 (*dcht.*) ungewohnt, ungewöhnlich.

ĭn-ăttĕnŭātŭs 3 (*ĭn-*² + *P.P.P. v. ăttĕnŭō*) (*Ov.*) ungeschwächt.

ĭn-audāx, *ācis* (*Ho.*) zaghaft [*raptor*].

ĭn-audĭō 4. hören *od.* vernehmen, gelegentlich erfahren (*alqd, alqd de re u. ex alqo; m. a.c.i.*).
F. *pf.-Formen synk.*: *ĭnaudīssĕ(m)* = *ĭnaudīvissĕ(m) u. a.*

ĭn-audītŭs 3 (*ĭn-*² + *P.P.P. v. audĭō*) **1.** ungehört, bis jetzt noch unbekannt [°*hostis, verbum,* °*volucres; alci v. jd., zB. nemini* = jedem zu Ohren gekommen]; / unerhört, beispiellos, noch nicht dagewesen [*agger*]. **2.** (*nkl., dcht.*) unerhört = unverhört [*alqm inauditum punire*].

ĭn-augŭrō 1. **1.** (*intr.*) (*vkl., nkl.*) Augurien anstellen; *abl. abs. inaugurato* nach *od.* unter Anstellung *v.* Auspizien. **2.** (*trans.*) (durch Augurien, *d. h.*) feierlich einweihen, weihen [*templum,* °*locum*], (*e-n Priester*) einführen [*flaminem*].

ĭn-aurēs, *ĭŭm f* (*Hypost.* ⟨ *ĭn aurĭbŭs* [*sc. part. praes. v. ĕssĕ* = ὄντα]; *wohl Bed.-Lw.* ⟨ ἐνώτιον) (*vkl., nkl.*) Ohrgehänge, -klips.

ĭn-aurō 1. (*aurŭm*) **1.** (*klass. nur P.P.P.*) vergolden [*statua -ata,* °*vestem m.* Gold durchwirken]. **2.** / (*scherzh.*) *jd.* in Gold fassen, überaus reich machen (*alqm*).

ĭn-auspĭcātŭs 3 (*m. sup.*) (*nkl., klass. nur adv.* **-ō**) ohne Anstellung *v.* Auspizien (gutgeheißen *od.* angenommen) [*lex*].

ĭn-ausŭs 3 (*ĭn-*² + *part. pf. pass. v. audĕō*) (*dcht., nkl.*) ungewagt, unversucht (*alci v. jd.; nil inausum linquere*).

ĭnb... = *imb...*

****inbeneficio** 1. zu Lehen geben; belehnen.

*****inc.** (*Abk.*) = *incidit; s. ĭncĭdō*².

ĭn-caedŭŭs 3 (*caedō*) (*dcht.*) ungehauen, nicht abgeholzt [*silva*].

ĭn-călēscō, *lŭī,* — 3. (*nkl., dcht.*) warm *od.* heiß werden, (*re* durch *etw., zB. toga lacrimis incaluit* wurde *v.* heißen Tränen benetzt); / erglühen, entbrennen, gereizt *od.* begeistert werden [*animus, deus, mulier; re* durch, in *etw., zB. vino, laetitiā; alci* für *jd., zB. deo; ad alqd* zu, für *etw.*).

ĭn-călfăcĭō, — — 3. (*dcht.*) erwärmen (*alqd*).

ĭn-călĭdŭs 3 (*adv.* **-ē**) unklug, *bsd.* nicht weltklug, *v. Pers.* [°*iuvenis*].

ĭn-căndēscō, *dŭī,* — 3. (*dcht., nkl.*) **1.** weiß werden. **2.** erglühen, sich entzünden (*re* durch *etw.*).

ĭn-cānēscō, *nŭī,* — 3. (*dcht.*) weißgrau schimmern.

****incantatrix,** *icis f* Zauberin, Hexe.

ĭn-căntō 1. (*unkl.*) **1.** eine Zauberformel gegen *jd.* hersagen [*carmen malum*]. **2.** durch Zaubersprüche weihen (*alqd, zB. vincula* Liebesknoten).

ĭncānŭs 3 (*Rückbildung aus ĭncānēscō*) (*dcht., nkl.*) ganz grau.

ĭncărnātĭō, *ōnis f* (*ĭncărnō*) (*Eccl.*) Fleischwerdung, Menschwerdung (Christi), Inkarnation.

ĭn-cărnō 1. (*zu căro*¹) (*Eccl.*) zu Fleisch machen; *bsd.* (*P.P.P.*) *adi.*

ĭncărnātŭs 3 fleischgeworden.

ĭn-căssŭm = *ĭn căssŭm; s. căssŭs.*

ĭn-căstīgātŭs 3 (*ĭn-*² + *P.P.P. v. căstīgō*) (*Ho.*) ungezüchtigt, ungetadelt.

ĭn-cautŭs 3 (*m. comp.; adv.* **-ē**) **1.** (*act.*) **a)** unvorsichtig, unbedachtsam, sorglos [*homo,* °*iuvenis, incaute sequi; ab alqo* vor, gegen *od.* um *jd., a re, zB. a fraude; ad alqd* in bezug auf *etw.*]; **b)** (*nkl., dcht.*) unbekümmert (*alcis rei* um *etw., zB. futuri*). **2.** (*pass.*) (*nkl., dcht.*) **a)** unbehütet, ungesichert, unsicher [*iter; alci v. jd.*]; **b)** unvermutet.

▶ **ĭn-cēdō,** *cēssī, cēssŭm* 3. **1.** (*intr.*) **a)** einherschreiten, -gehen, *bsd. um gesehen od. beobachtet zu werden od. zu imponieren* [°*magnifice,* °*superbus,* °*equis* einherreiten, °*propius* herantreten; *in loco, ad u. per alqd, inter alqos u. a.*]; **b)** *mil.* marschieren, (her)anrücken, vorrücken [*agmen; cum signis; ad, in alqd, in alqm, zB. in hostes*]; / **c)** (*v. Zuständen*) auftreten, eintreten, anbrechen, hereinbrechen, um sich greifen (*meist abs., zB.* °*tenebrae,* °*commutatio* Umschlag der Stimmung; *selten in alqd u. in alqm, zB. vis morbi od. pestilentia in castra od. in Poenos incessit* brach herein); *bsd.* (*nkl.*) (*v. Nachrichten, Gerüchten*) sich verbreiten, gehen [*rumor*]; **d)** (*v. Affekten*) *jd.* überkommen, befallen, ergreifen (*abs.* = aufkommen, eintreten, *zB. timor, cura, religio, auch* °*valetudo adversa; alci, zB. patribus, omnium animis*). **2.** (*trans.*) (*nkl.*) **a)** *etw.* betreten, beschreiten (*alqd, zB. scaenam*); **b)** (*v. Zuständen u. Affekten*) befallen, überkommen (*alqm od. alcis animum, zB. omnes patres*; sich ausbreiten *b. jd. od.* unter *jd., zB. legiones seditio*).

ĭn-cĕlĕbrātŭs 3 (*ĭn-*² + *P.P.P. v. cĕlĕbrō*) (*unkl.*) unveröffentlicht (*ab alqo*).

ĭn-cēnātŭs 3 (*ĭn-*² + [*mediales*] *part. pf. v. cēnō*) (*vkl.*) der noch nicht gegessen hat, hungrig.

ĭn-cēndī *s. ĭncēndō.*

ĭncēndĭārĭŭs, *ī m* (*ĭncēndĭŭm*) (*nkl.*) Brandstifter, Mordbrenner.

▶ **ĭncēndĭŭm,** *ī n* (*ĭncēndō*) **1. a)** Brandstiftung, (*concr.*) Brand, Feuersbrunst, Feuer, *oft pl.* [*-um facere od. excitare,* °*conflare* anlegen, *restinguere* löschen, °*-um vomere* Feuer speien; *alcis rei, zB. urbis*]; **b)** (*meton.*) **α)** (*dcht.*) Feuerbrand, Fackel [*incendia poscere*]; **β)** °Brandschaden. **2.** / **a)** (*v. Leidenschaften*) Feuer, Glut [*cupiditatum, animorum* der Begeisterung]; *bsd.* (*dcht.*) Liebesglut; **b)** äußerste Gefahr, Verderben, Vernichtung, Untergang [*urbis, civitatis, belli* Greuel].

▶ **ĭn-cēndō,** *cēndī, cēnsŭm* 3. (⟨ **căndō; cf. căndĕō*) **1. a)** anzünden, in Brand stecken, *auch* verbrennen, einäschern [*oppidum, vicum, odores,* / °*venas* heiß machen]; *auch* °*aram* den Altar = Feuer auf dem Altar, °*altaria,* °*agros m.* Feuer verwüsten; P. in Brand geraten; **b)** erleuchten, erhellen [*luna incenditur radiis solis*]. **2.** / **a)** entzünden, entflammen, in Wut versetzen, aufregen (*alqd, zB. alcis iram od. cupiditatem; alqm re od. ad alqd, zB. studio litterarum, iuventutem ad facinora,* °*equum calcaribus* anspornen); P. entbrennen, *bsd. P.P.P. incensus* entflammt [*libidine*]; **b)** aufhetzen, (auf)reizen, erbittern (*alqm od. alcis animum, in alqm* gegen *jd.*); **c)** (*unkl.*) steigern, vergrößern [*vires*]; **d)** (*dcht., nkl.*) *m. etw.* erfüllen [*caelum clamore*].

ĭn-cēnō 1. (*nkl.*) darin speisen.

ĭncēnsĭō, *ōnis f* (*ĭncēndō*) Brand (-stiftung); Einäscherung [*Capitolii*].

ĭncēnsŭs¹ 3 (*m.* °*comp.*) (*eigtl. P.P.P. v. ĭncēndō*) entbrannt, heiß; / (*vom Redner*) feurig; (*v. Leidenschaften*) heiß, hitzig [*libido*].

ĭn-cēnsŭs² 3 (*ĭn-*² + *P.P.P. v. cēnsĕō*) vom Zensor nicht (ab)geschätzt; *auch subst. m.*

ĭn-cēnsŭs³ *P.P.P. v. ĭncēndō.*

ĭn-cēpī *s. ĭncĭpĭō.*

ĭncēptĭō, *ōnis f* (*ĭncĭpĭō*) **1.** das Anfangen, Beginnen (*alcis rei*). **2.** (*Te.*) das Vorhaben.

ĭncēptō 1. (*intens. v. ĭncĭpĭō*) (*Com.*) **1.** (*trans.*) *etw.* beginnen, anfangen (*alqd, zB. iter; m. inf.*). **2.** (*intr.*) *m. jd.* anbinden (*cum alqo*).

ĭncēptŏr, *ōris m* (*ĭncĭpĭō*) (*Te.*) der *etw.* beginnt [*mearum voluptatum*].

▶ **ĭncēptŭm,** *ī n u.* (*nkl.*) **ĭncēptŭs,** *ūs m* **1.** das Anfangen, Beginn, °*ab -o v.* Anfang an. **2.** (*meton.*) das Vorhaben, Unternehmen [*prosperum; alcis j-s*].

ĭn-cēptŭs *P.P.P. v. ĭncĭpĭō.*

ĭn-cĕrnō, *crēvī, crētŭm* 3. (*unkl.*) darüberstreuen [*piper cum sale*].

ĭn-cērō 1. (*cērā; cf. cērātŭs*) (*unkl.*) *m.* Wachs überziehen; / (*scherzh.*) *genua deorum* (*durch Berühren u. Küssen*) schmierig machen = inbrünstig zu den Göttern flehen.

ĭncĕrtō¹ 1. (*denom. v. ĭncĕrtŭs*) (*vkl.*) *jd.* ungewiß machen (*alqm u. alcis animum*).

ĭncĕrtō² *adv. v. ĭncĕrtŭs.*

▶ **ĭn-cĕrtŭs** 3 (*m. comp. u. sup.; adv.*

°-ē u. °-ō) **1.** (*pass., meist v. Sachen*) **a)** ungewiß, unsicher; unentschieden, unzuverlässig [*iter, rumor, spes, exitus, victoria, °securis m.* unsicherer Hand geschlagen, °*luna* trübe, °*vultus* verstört, °*crines* ungeordnet, °*sol* unbeständig, °*menses* veränderlich, °*ōs* unverständlich, lallend]; **b)** unerkennbar, nicht recht zu unterscheiden [*infans -us masculus an femina esset*]; *subst.* **incĕrtŭm,** ī *n* Ungewisses, Ungewißheit, Unsicherheit, Unbestimmtheit (*alqd in -o °relinquere, ad -um revocare* in Frage stellen, °*in -o esse* in Ungewißheit sein, °*in -o habere* unentschlossen sein, °*in -um creari* auf unbestimmte Zeit); *pl. incerta* Wechselfälle [*belli*]. **2.** (*act. v. Pers.*) unschlüssig, ratlos, in Ungewißheit, nicht sicher wissend, schwankend, unkundig [*consul, mens, alcis rei, zB. °rerum suarum, °sententiae; m. indir. Frages.*].

in-cĕssī *s. incēdō u. incēssō.*

incĕssō, cēssī, — 3. (*intens. v. incēdō; pf. ist m. Bedeutungsverschiebung v. incēdō übernommen, praes. sekundäre Ergänzung zu incēssī m. Anlehnung an lăcēssō*) (*nkl., dcht.*) auf *jd.* losgehen, *jd.* anfallen, angreifen (*alqm u. alqd, zB. muros; alqm re, zB. pilis; P. alqs iaculis incessitur*); / (*mit Worten*) angreifen, schmähen, anklagen, bedrohen [*alqm dictis od. criminibus*].

in-cĕssŭm *P.P.P. v. incēdō.*

incĕssŭs, ūs *m* (*incēdō*) **1.** das Einherschreiten, -gehen, Gangart, Gang, *auch pl.* [°*citus, longus, °erectus, psaltriae*]. **2.** (*Ta.*) **a)** das feindliche Vorrücken, Vordringen, Einfall *in ein Land*; **b)** (*meton.*) Marschlinie, Route [*tres -ūs*]. **3.** (*Ta.*) Eingang, Zugang [*alios incessūs claudere*].

incēsti-fĭcŭs 3 (*incēstŭs*[1], *făciō*) (*Se.*) sich verunreinigend, *e-e* böse Tat begehend.

incēstō 1. (*denom. v. incēstŭs*[1]) (*unkl.*) beflecken, verunreinigen [*classem funere*], *bsd. als Sexualdelikt* (*alqm u. alqd, zB. filiam, thalamos novercae*).

▶ **in-cēstŭs**[1] 3 (*adv.* **-ē**) (*căstŭs*) **1.** *moralisch u. religiös* befleckt, unrein [*ōs; °concessa apud Iudaeos, quae nobis incesta*]. **2.** unzüchtig, unkeusch, blutschänderisch [°*iudex = Paris, flagitium, stuprum*]. **3.** *subst.* **a)** *m* (*Ho.*) der Frevler; **b)** **incēstŭm,** ī *n* Unzucht, *bsd.* Blutschande [*facere od. °committere, alcis m. jd., incesto liberare* freisprechen *v.*].

incēstŭs[2], ūs *m* (*altl. căstŭs, ūs* „geschlechtliche Enthaltsamkeit"; *căreō*) **1.** Geschlechtsverkehr *m.* Vestalinnen. **2.** Blutschande.

inchŏō 1. = *incŏhō.*

> **in-cĭdō**[1]
> **1. a)** hinfallen, in *od.* auf *etw.* fallen; **b)** (*in eine Zeit*) fallen; **2.** sich in *etw.* hineinstürzen; **3.** überfallen, angreifen; **4.** (*Übel*) *jd.* befallen; **5.** in *etw.* geraten; auf *jd.* stoßen; **6.** vorfallen, sich zutragen.

in-cĭdō[1], *cidī*, — 3. (*cădō*) **1. a)** hinfallen, in *od.* auf *etw.* fallen (*abs., zB. °tela incidunt* schlagen ein, treffen; *in alqd, zB. in foveam; alci rei, zB. °capiti alcis; °ad terram, °super agmina; °alqm*); **b)** (*in eine Zeit*) fallen [*in hunc diem inciderunt mysteria*]. **2.** (*absichtlich*) sich hineinstürzen in *etw.* (°*alci rei, zB. castris*); *bsd.* (*v. Flüssen*) sich ergießen in [°*flumini*]. **3.** (*feindlich*) überfallen, angreifen (*alci, zB. °ultimis; in alqm, zB. °in hostem*). **4.** (*v. Zuständen, Affekten, Übeln*) *jd.* befallen *od.* überkommen, *jd.* begegnen *od.* widerfahren (*alci, zB. terror incidit exercitui; selten in alqm, zB. °pestilentia in urbem; °alqm = jd. ergreifen*). **5.** / (*unvermutet*) in *etw.* geraten, auf *jd.* stoßen *od.* treffen (*in alqm u. in alqd, zB. in Caesarem, in manus latronum, in alienum* an den Unrechten kommen, °*oculi incidunt in alqm u. in alqd, in insidias, in morbum, in suspicionem, in aes alienum; inter °catervas hostium* geraten unter; *selten ad alqd faciendum* auf *etw.* verfallen); *in mentionem alcis rei* auf *etw.* zu sprechen kommen; *in sermonem hominum* ins Gerede der Leute kommen, *in sermonem* auf einen Gegenstand zu sprechen kommen (*od.* zufällig zu dem Gespräch anderer kommen); *incidit alci in mentem* es fällt *jd.* ein. **6.** (*v. Begebenheiten*) vorfallen, sich ereignen, sich zutragen [°*bellum, °periculum, casus, °mentio incidit de uxoribus* es kam das Gespräch auf die Frauen]; *impers.* (*nkl.*) *forte ita incidit, ut.*

> **in-cīdō**[2]
> **1. a)** einschneiden; **b)** einhauen, -graben; **c)** (aus)schneiden; **2. a)** beschneiden; **b)** zerschneiden; **c)** teilen; **d)** unterbrechen, abbrechen; **e)** wegnehmen.

in-cīdō[2], *cīdī, cīsŭm* 3. (*caedō*) **1.** einschneiden: **a)** Einschnitte in *etw.* machen, *etw. m.* einem Einschnitt *od. m.* Einschnitten versehen (*alqd, zB. arborem, °manum* verwunden, *pulmo incisus m.* einem Einschnitt); **b)** (*m. scharfen Werkzeugen*) einhauen, eingraben, einmeißeln, einritzen (*alqd in alqd u. in re, zB. leges in aes, nomina in tabula od. in basi; °alqd alci rei, zB. amores arboribus*); **c)** *prägn.* **α)** (*nkl., dcht.*) *etw. m.* (eingegrabener) Schrift versehen (*alqd re, zB. tabulam litteris, marmora notis*); **β)** (*dcht.*) durch Einschneiden *etw.* herstellen, (aus)schneiden [*dentes* Zähne in die Säge schneiden]. **2. a)** beschneiden, verschneiden [*arbores, °vites; / alci pinnas* stutzen = *j-s* Aufschwung lähmen; (*media*) kurz abtun]; **b)** zerschneiden, durchschneiden, durchhauen [*linum, °funem* kappen, °*alci venas* öffnen]; / **c)** teilen, absetzen [*voces*]; **d)** unterbrechen, abbrechen, stören [*poëma, °sermonem alci* das Wort abschneiden, °*novas lites* verhüten]; **e)** (*nkl.*) (*die Hoffnung*) benehmen, rauben [*omni spe incisā*]. — *** *incidit* „hat eingeschnitten *od.* gestochen", *auf Kupferstichen Zusatz zum Namen des Stechers.*

incīlĕ, is *n* (< **en-kaid-sli- zu caedō*) (*unkl.*) Abzugskanal, -graben, *auch* /.

incīlō 1. (*wohl denom. v. incīlĕ, eigtl.* „einen Einschnitt machen") (*dcht.*) schelten, tadeln.

in-cingō, *cīnxī, cīnctŭm* 3. (*cīnxī, cīnctŭm?*) (*dcht., nkl.*) **1.** (um)gürten (*alqm re jd. m. etw., zB. cinctu Gabino*); *mediopass.* sich umgürten, sich bekränzen [*lauro*]. **2.** / umgeben, umschließen (*alqm u. alqd re, zB. urbes moenibus*).

in-cĭnō, — — 3. (*cănō*) (*unkl.*) ertönen lassen, anstimmen.

▶ **in-cĭpĭō,** *incēpī, incēptum* 3. (*pf. act. meist durch coēpī u. bei pass. inf. durch coēptŭs sŭm ersetzt; căpiō*) anfangen, beginnen: **1.** (*intr.*) seinen Anfang nehmen, begonnen *od.* eröffnet werden [*ver; a re u. °re m. etw., zB. °principium anni mense Decembri; m. inf., zB. arcem oppugnare*]; *bsd.* anfangen = zu reden beginnen (*a re m. od.* bei *etw., zB. a love*). **2.** (*trans.*) *etw.* anfangen *od.* beginnen, unternehmen, *klass. selten, dcht. u. nkl. häufig* (*alqd, zB. °iter, °pulcherrimum facinus*); *pers. P. klass. selten* [°*scelera incepta sunt, oppugnatio incepta*]. — **(*)*incipit* = es beginnt (*Vermerk am Anfang v. Handschriften u. Frühdrucken.* — *Ggs. explicit*).

incĭpissō, — — 3. (*intens. v. incĭpiō*) (*Pl.*) eifrig beginnen.

incīsē *u.* **incīsim** *adv.* (*incīdō*[2]) zerschnitten, (*rhet. t.t.*) kurzgegliedert [*dicere*].

incīsiō, ōnis *f u.* **incīsŭm,** ī *n* (*incīdō*[2]) (*rhet. t.t.*) Abschnitt *od.* Glied *einer Periode* (= κόμμα).

in-cīsŭs *P.P.P. v. incīdō*[2].

incĭtāmĕntŭm, ī *n* (*incĭtō*) Reizmittel, Anreiz, / *oft* Antrieb, Triebfeder, Sporn (*alcis rei* einer Sache *u. obi.* zu *etw., zB. laborum, auch* [*nkl.*] *ad alqd, zB. ad honeste moriendum*); *meton.* (*nkl.*) (*v. Pers.*) Anstifter(in).

incĭtātĭō, ōnis *f* (*incĭtō*) **1.** (*act.*) Anregung, Erregung [*populi, animi iudicis*]. **2.** (*pass.*) **a)** schnelle Bewegung, Schwung [*solis, / orationis*]; **b)** innerer Trieb, Drang [*mentis, animi*].

incĭtātŭs 3 (*m. comp. u. sup.; adv.* **-ē**) (*incĭtō*) angetrieben [*equo -o* im Galopp, *navis*]; *übh.* schnell, rasch, schleunig, lebhaft, *mil.* im Sturmschritt [*-i fugā* in eiliger Flucht; *bsd. v. der Rede, zB. cursus orationis*]; °/ erregt, aufgebracht.

▶ **in-cĭtō** 1. **1.** in schnelle Bewegung setzen, antreiben, beschleunigen [*equum calcaribus*]; *mediopass. u. se incitare* vorwärts eilen, stürzen, *v. Pers. u. Sachen* [*milites se ex castris incitant, motūs siderum incitantur, in alqm* lossegeln gegen *jd.*]. **2.** / **a)** antreiben, anspornen, anfeuern, reizen (*alqm u. alqd, zB. cives, animum u. mentem alcis, Pythiam* begeistern; *alqm re jd.* durch *etw., zB. pollicitationibus; ad, selten in alqd,* *zB. mentem alcis ad spem praedae*); **b**) (*pejorativ*) aufwiegeln, aufreizen, (an)reizen, aufbringen gegen *jd.* (*alqm u. animum alcis irā, ad arma,* °*dolorem* aufstacheln; *in u. contra alqm, zB. in consules*); **c**) (*prägn.*) *etw.* vergrößern, steigern [°*poenas* verschärfen, *eloquendi celeritatem*].

incitŭs[1] 3 (*P.P.P. v.* **in-ciĕō*) (*dcht.*) stark bewegt, schnell [*hasta*].

in-citŭs[2] 3 (*in-*[2] + *P.P.P. v. ciĕō*) (*vkl., dcht.*) unbewegt, *alqm ad incitas* (*sc. calces* Steine im Brettspiel) *redigere jd.* schachmatt setzen, in die höchste Verlegenheit bringen.

in-cīvīlis, ĕ (*adv.* **-ĭtĕr** *m. comp.*) (*nkl.*) ungebührlich, tyrannisch, hart [*ingenium*].

inclāmitō 1. (*intens. v. inclāmō*) (*Pl.*) *jd.* anschreien.

in-clāmō 1. laut rufen *od.* schreien, anrufen, anschreien, *j-m* zurufen, *trans. u. intr.* (*abs. od. alqm u.* °*alci, zB. comitem suum saepius; puellae; m. ut, ne; m. indir. Frages.*); *bsd.* um Hilfe (an)rufen, *meist abs.*

in-clārēscō, *rŭī,* — 3. (*nkl.*) bekannt *od.* berühmt werden (*re* durch *etw.*).

in-clēmēns, *ĕntis* (*m. comp.; adv.* **-ĕntĕr**) (*vkl., nkl.*) schonungslos, hart, *v. Pers. u. Sachen* [*dictator, verbum*].

inclēmentiă, *ae f* (*inclēmēns*) (*nkl., dcht.*) Schonungslosigkeit, Härte (*alcis u. alcis rei; caeli* rauhes Klima).

inclīnābilis, ĕ (*inclīnō*) (*Se.*) sich leicht neigend [*animus in pravum*].

inclīnātiō, *ōnis f* (*inclīnō*) **1.** Neigung, Biegung, Krümmung, das Sich-Bücken (*alcis, corporis*). **2.** (*rhet. t.t.*) *vocis* Heben u. Senken der Stimme. **3.** / **a**) Zuneigung [*animi, voluntatis u. voluntatum, ad u. in alqm*]; **b**) Veränderung, Wechsel, Wendung (*alcis rei, zB. rerum, temporum, ad alqd, zB. ad meliorem spem*), *bsd.* (*Ta.*) veränderte Stimmung.

inclīnātŭs 3 (*m. comp.*) (*eigtl. P.P.P. v. inclīnō*) **1.** geneigt, sich neigend [*dies* zum Sonnenuntergang]. **2.** *vox* tief, hohl; *aber auch* steigend *u.* sinkend, wechselnd. **3.** / **a**) abwärts gehend, sinkend, gesunken [*fortuna, res*]; **b**) (*nkl.*) zu *etw.* geneigt, *jd.* zugetan, *jd. od.* für *etw.* günstig gestimmt (*ad u. in alqd, zB. ad pacem; ad alqm, zB. ad Poenos*).

in-clīnō
1. neigen, beugen, biegen; 2. *refl.* **a**) sich neigen; **b**) ins Wanken kommen, weichen; **3. a**) hinneigen, (hin)lenken, (hin)wenden; **b**) zum Sinken, zu Fall bringen; **c**) den Ausschlag, eine entscheidende Wendung geben.

in-clīnō 1. (*cf. clīnātŭs*) **1. a**) (*nkl., dcht.*) neigen, beugen, (abwärts) biegen (*alqd, zB. genua, malum* den Mast niederlassen, *aquas ad litora* hinleiten, *cursūs* im Bogen fliegen, *oculos* schließen); **b**) zum Beischlaf hinlegen [*alqam, se cum liberta od. mediopass.*]. **2.** (*intr., se -are u. mediopass.*) sich neigen (*in u. ad alqd, zB. in unum locum;* °*fretum aestu inclinatur* die Strömung geht in der Meerenge abwärts); *bsd.* **a**) (*auch klass.*) *sol u. dies* (°*meridies*) *inclinatur* neigt sich zum Untergang *od.* zum Abend [*in postmeridianum tempus*]; **b**) (*Li.*) *mil.* ins Wanken kommen, weichen, *zB. acies inclinat(ur)* [*in fugam*]; / *timore inclinari.* **3.** / **a**) hinneigen, (hin-) wenden, lenken, (*alqd in, ad alqd, zB. omnem culpam in alqm jd.* zuschieben, °*onera a pauperibus in divites* wälzen); *bsd.* die Ansicht *od.* die Neigung *j-s* hinwenden, für *etw.* geneigt machen *od.* günstig stimmen [°*animos in eam causam od. in hanc sententiam*]; (*intr., se -are u. mediopass.*) sich hinneigen, geneigt sein (*alqs od. alcis animus u. sententia inclinat[ur] ad alqm od.* °*in alqm, ad alqd,* °*alci rei, zB. ad Stoicos, ad pacem,* °*in regiam stirpem; sententiae inclinant eo, ut* die Stimmung ist dafür; *m.* °*inf.*); **b**) zum Sinken *od.* zu Fall bringen, herunterbringen, beeinträchtigen [*eloquentiam,* °*fraus rem inclinat*]; (*intr., se -are u. mediopass.*) sinken, sich zum Schlechten wenden [*res inclinata est* ist halb verloren, *fortuna* schlägt um]; **c**) den Ausschlag *od.* eine entscheidende Wendung geben (*alqd* einer Sache).

inclĭtŭs 3 = *inclŭtŭs.*

▶ **in-clūdō,** *sī, sŭm* 3. (*claudō*) **1.** einschließen, einsperren (*alqm u. alqd in rem u. bsd. P.P.P. inclusus, in re, zB. consulem in carcerem u. in carcere, animus in corpus u. in corpore inclusus; auch alqm u. alqd re, zB. se moenibus, selten alci rei u. intra alqd*); *übh.* umschließen, einengen [*alqm angustiis temporis* einschränken], °*umringen od.* umgeben [°*Teucros densā coronā, bracchia pinnā* bedecken]. **2.** / *etw.* in *etw.* (*als in einen Rahmen od. in eine Form*) (hin)einfügen *od.* fassen, hineinbringen, irgendwo anbringen [°*ebur buxo* umrahmen *m.,* °*ebur auro* durchwirken *m.,* °*alqd aere* einfassen *m., orationem in epistulam* als Episode einfügen, °*tempora fastis* verzeichnen in, °*germen* einpfropfen, *praeconium numeris* die Ruhmesverkündigung in Rhythmen, *alqd in formam rei* der Idee *e-r* Sache anpassen, *mea salus inclusa est in salute populi* ist enthalten in, beruht auf]. **3. a**) verschließen, (ver)sperren, *übh.* (*bsd.* /) hemmen (*alqd etw., alci alqd, re* durch *etw., zB.* °*viam,* °*iter, vocem od.* °*vocis iter*); **b**) / (*nkl., dcht.*) (*zeitl.*) schließen = (be)endigen [*crastina fata dies includet*]. — ***includi* Nonne werden; *subst. inclusa, ae f* Nonne.

inclūsiō, *ōnis f* (*inclūdō*) Einschließung, Einsperrung.

****inclusive** *adv.* (*Abk. incl.*) einschließlich.

in-clūsŭs *P.P.P. v. inclūdō.*

in-clŭtŭs 3 (*m. sup.*) (*cf.* κλυτός, *cluĕō*) (*unkl.*) viel genannt, weit berühmt, *altl. u. meist dcht., v. Pers. u. Sachen* [*Hector, urbs; re* durch *etw., zB. armis*].

in-cŏāctŭs 3 (*nkl.*) ungezwungen.

incŏctŭs[1] 3 (*incŏquō*) (*dcht.*) eingekocht, gefärbt.

in-cŏctŭs[2] 3 (*in-*[2] + *P.P.P. v. cŏquō*) (*Pl.*) ungekocht.

in-cōgitābilis, ĕ (*Pl.*) *u.* **in-cōgitāns,** *āntis* (*Te.*) (*cōgitō*) unbedachtsam, unbesonnen.

incōgitāntiă, *ae f* (*incōgitāns*) (*Pl.*) Unbedachtsamkeit.

in-cōgitātŭs 3 **1.** (*Pl.*) unbedacht [*animus*]. **2.** (*Se.*) **a**) unüberlegt [*opus*]; **b**) undenkbar [*supplicia*].

in-cōgitō 1. (*Ho.*) sich *etw.* gegen *jd.* ausdenken [*fraudem socio*].

in-cŏgnitŭs 3 (-ō-?) **1. a**) unbekannt, *v. Pers. u. Sachen* [*frater, res,* °*sagitta* ungeahnt; *alci, zB. vocabula nobis*]; *subst. n* (*sg. u. pl.*), *zB. incognita pro cognitis habere*; **b**) nicht erkennbar, *bsd. philos.* **2.** (*jur. t.t.*) ununtersucht [*res, bsd. -ā causā* ohne gerichtliche Untersuchung]. **3.** (*Li.*) nicht (*als Eigentum*) anerkannt [*incognita venierunt* die von niemandem als Eigentum in Anspruch genommenen Sachen].

▶ **in-cŏhō** 1. (*urspr. Wort der Bauernsprache, eigtl.* „anschirren" *zu cŏhŭm, ī n* „Halter", *vl. auch* „Riemen") **1.** (nur) anfangen, (bloß) beginnen (= nicht zum Abschluß bringen), einleiten, den Grund zu *etw.* legen (*abs. od. alqd, zB.* °*comoediam; ut natura hominem incohavit, ita a sapientia absolvi debet;* °*annum* antreten, °*aras* errichten, weihen, °*luna incohatur* es ist Neumond). **2.** / **a**) *schriftl. od. mündl.* zu beschreiben *od.* zu schildern beginnen, zu reden anfangen, *etw.* einleiten (*alqd, zB. philosophiam* das Studium der Philosophie; *de oratoribus*); **b**) (*Ta.*) *die Sache im Senat* zur Sprache bringen (*abs. od. de re*). **3.** (*P.P.P.*) *adi.* **incŏhātŭs** 3 (nur) angefangen, unvollendet, unvollständig [*opus, officium, quaestio*]; *subst. n, zB. perfecta anteponuntur incohatis.*

▶ **incŏlă,** *ae m u.* °*f* (*incŏlō*) **1.** Einwohner, Bewohner, *auch v. Tieren* (*abs. u. alcis rei, zB. urbis,* °*stagni, totius mundi* Weltbürger); (*dcht.*) *auch adi.* = (ein)heimisch [*aquilones, turba*]. **2.** der nicht eingebürgerte Insasse (= μέτοικος; *Ggs. civis*).

▶ **in-cŏlō,** *cŏlŭī, cŭltŭm* 3. **1.** (*trans.*) bewohnen, *v. Völkern u. Gesamtheiten* (*alqd, zB. urbem, terram*); *auch im* P. **2.** (*intr.*) wohnen, seßhaft sein, *nur m. prp. cis, trans, inter, prope* [*cis Rhenum, inter mare et Alpes*] *u. adv., zB. ibi, proxime*; (*part. praes.*) *subst.* **incŏlēntēs,** *ĭŭm m* (*nkl.*) Einwohner.

▶ **in-cŏlŭmis,** ĕ (*m.* °*comp. u. sup.*; ‹ **ĕncălămis, wohl m. călămĭtās, clādēs verwandt*) unverletzt, unversehrt, wohlbehalten, noch am Leben, *v. Pers. u. Sachen, körperlich u. geistig* [*legio,* °*vita* fleckenlos].

incŏlŭmitās, *ātis f* (*incŏlŭmis*) Unversehrtheit, wohlbehaltener Zustand, Sicherheit, Wohlbefinden (*alcis u. alcis rei, zB. mundi; ab alqo v.* seiten *j-s*).

in-cŏmitātŭs 3 (*in-*[2] + *P.P.P. v. cŏmitō*) (*unkl.*) unbegleitet, ohne

Geleit (*abs. od. alci v. jd.*).

in-cōmĭtĭō 1. (*Hypost. aus in cōmitium* [*dūcō*]) (*Pl.*) *jd.* zwingen, vor den Komitien zu erscheinen; / öffentl. beschimpfen.

in-cŏmmĕndātŭs 3 (*in-*² + *P.P.P. v. cŏmmĕndō*) (*Ov.*) nicht (zur Schonung) empfohlen [*tellus* den Winden preisgegeben].

incŏmmŏdĕstĭcŭs 3 (*scherzh. Vermengung v. in-cŏmmŏdŭs u. dŏmĕstĭcus*) (*Pl.*) lästig.

incŏmmŏdĭtās, *ātis f* (*incŏmmŏdŭs*) **1.** Unbequemlichkeit, Unannehmlichkeit. **2.** (*Pl.*) Unhöflichkeit. **3.** (*Te.*) Nachteil, Schaden.

incŏmmŏdō 1. (*denom. v. incŏmmŏdŭs*) beschwerlich fallen (*abs. od. alci*).

▶ **incŏmmŏdŭm,** *ī n* (*incŏmmŏdŭs*) **1.** Unbequemlichkeit, Unannehmlichkeit (*alcis rei, zB. loci, -o tuo* so daß es dir unangenehm wäre). **2.** Nachteil, Schaden, *übh.* Unglück, Not (*alcis j-s, zB. amicorum; -o alcis* zu *j-s* Schaden, *zB. rei publicae; de re* bezüglich einer Sache; *multis -is affici, -um capere od. accipere* [er]leiden; *ferre, afferre od. dare alci jd.* zufügen); *bsd. mil.* Niederlage, Schlappe.

in-cŏmmŏdŭs 3 (*m. comp. u.* °*sup.*; *adv.* **-ē** *m. comp. u. sup.*) **1.** unbequem, unangenehm, lästig, beschwerlich [°*iter, statio, colloquium, valetudo* Unpäßlichkeit, *-e venire od. navigare* zur Unzeit]. **2.** unfreundlich, *meist v. Pers.* [*pater, vox; re* durch, *in etw.; alci* gegen *jd.*].

in-cŏmmūtābĭlĭs, *ĕ* (*adv.* °**-ĭtĕr**) unveränderlich [*status*].

in-cŏmpărābĭlĭs, *ĕ* (*nkl.*) unvergleichlich.

in-cŏmpĕrtŭs 3 (*in-*² + *P.P.P. v. cŏmpĕrĭō*) (*nkl.*) unerforscht, unsicher [*res; m. indir. Frages.*].

in-cŏmpŏsĭtŭs 3 (*adv.* **-ē**) (*nkl., dcht.*) ungeordnet [*agmen* nicht gehörig geschlossen, *gladiator* nicht in gehöriger Stellung, *pes* stolpernd]; / kunstlos, plump [*versus* holperig; *in re* in *etw.*].

in-cŏmprĕhēnsĭbĭlĭs, *ĕ* (*nkl.*) unfaßbar; unendlich.

in-cōmptŭs 3 (*m.* °*comp.*) **1.** ungepflegt [*ungues* unbeschnitten, °*caput* wüst, °*signa* ungeputzt]. **2. a)** (*dcht., nkl.*) ungekämmt [*capilli*], *auch v. Pers.*; **b)** / kunstlos, schlicht, einfach [*oratio,* °*versus*]; **c)** (*Ta.*) (*vom Charakter*) schlicht.

in-cŏncĕssŭs 3 (*in-*² + *P.P.P. v. cŏncēdō*) (*dcht., nkl.*) **1.** unerlaubt, verboten. **2.** versagt, unmöglich (*alci m. inf.*).

in-cŏncĭlĭō 1. (*Pl.*) **1.** verführen, ins Unglück bringen, Unannehmlichkeiten bereiten (*alqm*). **2.** betrügerisch an sich bringen (*alqd*).

in-cŏncĭnnŭs 3 (*adv.* °**-ē** *u.* °**-ĭtĕr**) unharmonisch, plump, ungereimt, *v. Pers. u.* (*dcht., nkl.*) *v. Sachen* (*in re* in *etw.*).

****in concreto** (*zu cōncrēscō*) im Einzelfall (*Ggs. in abstracto*).

in-cŏncŭssŭs 3 (*in-*² + *P.P.P. v. cŏncŭtĭō*) (*nkl.*) unerschüttert, unerschütterlich [*pax* ungestört; *re* durch *etw.*].

in-cŏndĭtŭs 3 (*adv.* **-ē**) (*in-*² + *P.P.P. v. cŏndō*) **1.** ungeordnet [°*acies,* / °*libertas, -e cogitare*]. **2. a)** einfach, schlicht; **b)** kunstlos, plump, *bsd. v. der Rede* [*verba, dicendi genus*]; **c)** (*nkl.*) (*v. Pers.*) ungebildet, roh.

in-cōnfūsŭs 3 (*in-*² + *P.P.P. v. cōnfūndō*) (*nkl.*) nicht verwirrt; / nicht außer Fassung.

in-cŏngrŭēns, *ēntis* (*nkl.*) inkonsequent, ungereimt.

incōnsĕquēntĭă, *ae f* (°*in-cōnsĕquēns* inkonsequent) (*Qu.*) Inkonsequenz.

incōnsīdĕrāntĭă, *ae f* (°*incōnsīdĕrāns* unbesonnen) Unbesonnenheit, Verblendung.

in-cōnsīdĕrātŭs 3 (*m.* °*comp. u. sup.*; *adv.* **-ē**) **1.** (*pass., v. Sachen*) unüberlegt, übereilt [*cupiditas, -e agere*]. **2.** (*act., v. Pers.*) unbesonnen [*homo; in re* in *etw.*].

in-cōnsōlābĭlĭs, *ĕ* (*dcht., nkl.*) untröstlich [*vulnus* durch keinen Trost heilbar].

in-cōnstāns, *āntis* (*m. comp. u.* °*sup.*; *adv.* **-āntĕr**) unbeständig, wankelmütig, schwankend, *v. Pers. u. Sachen* [°*testis, litterae*]; *bsd.* inkonsequent, nicht folgerichtig (*meist adv., zB. -anter loqui*).

incōnstāntĭă, *ae f* (*incōnstāns*) Unbeständigkeit, Wankelmut (*alcis u. alcis rei, zB.* °*rerum*); *bsd.* Inkonsequenz [*testimonii*].

in-cōnsŭltŭs¹ 3 (*in-*² + *P.P.P. v. cōnsŭlō*) **1.** (*nkl.*) unbefragt [*senatus*]. **2.** (*dcht.*) unberaten, ratlos. **3.** (*m.* °*comp. u.* °*sup.*; *adv.* **-ē**) unüberlegt, unbesonnen, *v. Pers. u. Sachen* [*homo, ratio* Verfahren].

in-cōnsŭltŭs², *abl. ū m* (*in-*², *cōnsŭlō*) (*Pl.*) das Nichtbefragen; *meo -u* ohne mich befragt zu haben.

in-cōnsūmptŭs 3 (*in-*² + *P.P.P. v. cōnsūmō*) (*Ov.*) unverbraucht [*pars turis*]; / unvergänglich, ewig [*iuventa*].

in-cŏntāmĭnātŭs 3 (*in-*² + *P.P.P. v. cŏntāmĭnō*) (*vkl., nkl.*) unbefleckt, rein.

in-cŏntĕntŭs 3 (*in-*² + *P.P.P. v. cŏntĕndō*) ungespannt [*fides* Saite].

in-cŏntĭnēns, *ēntis* (*unkl.*; *klass. nur adv.* **-ēntĕr**) nicht enthaltsam, ungenügsam, unmäßig [°*manus* frech, °*Tityos* lüstern, *-enter facere*].

incŏntĭnĕntĭă, *ae f* (*incŏntĭnēns*) Ungenügsamkeit, Begehrlichkeit.

****in contumaciam** *eigtl.* „wegen Unbotmäßigkeit" *gegen e-e gerichtl. Vorladung* = in Abwesenheit (verurteilen, ein Versäumnisurteil erlassen); *s. cŏntŭmācĭă.*

in-cŏnvĕnĭēns, *ēntis* (*unkl.*) nicht übereinstimmend, unähnlich.

in-cŏquō, *cŏxī, cŏctŭm* 3 (*nkl., dcht.*) **1.** in *etw.* hinein- *od.* darunterkochen (*alqd, zB. erucas; alqd re etw. m. od. in etw., zB. radices Baccho* in Wein). **2.** *etw.* kochend eintauchen, färben [*vellera incocta rubores — gr. acc. — m.* Purpur gefärbt]. **3.** tüchtig kochen, braten.

in-cŏrpŏrālĭs, *ĕ* (*nkl.*) unkörperlich.

in-cŏrrēctŭs 3 (*in-*² + *P.P.P. v. cŏrrĭgō*) (*Ov.*) unverbessert.

in-cŏrrŭptŭs 3 (*m.* °*comp. u.* °*sup.*; *adv.* **-ē**) (*in-*² + *P.P.P. v. cŏrrŭmpō*) **1.** unverdorben, unversehrt [*sucus et sanguis, virgo* rein, °*vita* unbescholten, *animus* unvernichtbar, dem Verderben nicht ausgesetzt]. **2.** / **a)** unverfälscht, echt, lauter [*litterae, consuetudo* Sprachgebrauch]; **b)** unbefangen, aufrichtig [°*iudicium, -e iudicare*]; **c)** unbestochen, unbestechlich [*testis;* °*adversus alqm*].

in-crēb(r)ēscō, *b(r)ŭī,* — 3. häufig werden, zunehmen, überhandnehmen, sich verbreiten, *oft* / [*auster, ventus, numerus*]; °*increbruit proverbio* es ist zum landläufigen Sprichwort geworden (*m. a.c.i.*).

in-crēbrō 1. (*crēbĕr*) (*Pl.*) häufig tun.

▶ **in-crēdĭbĭlĭs,** *ĕ* (*adv.* **-ĭtĕr**) **1. a)** unglaublich [*res,* °*fama; incredibile est m. a.c.i. od. indir. Frages.; m. 2. supin., zB. dictu, auditu*]; *subst. n pl. incredibilia* (*nkl.*) unglaubliche Dinge; **b)** / außerordentlich, erstaunlich [*celeritas, vis ingenii*]; *adv.* (*nkl.*) *incredibile quantum* ganz außerordentlich. **2.** (*Pl.*) unglaubwürdig, unzuverlässig, *v. Pers.*

in-crēdŭlŭs 3 (*dcht., nkl.*) ungläubig [*patronus*].

incrēmĕntŭm, *ī n* (*incrēscō*) **1.** Wachstum. **2.** / **a)** Zuwachs, Vermehrung [*vitis, multitudinis;* °*in incremento esse* wachsen, zunehmen, *-um afferre alci rei etw.* vermehren]; **b)** (*nkl.*) Nachwuchs, Ergänzung [*exercitum -o renovare*]; **c)** / (*dcht., nkl.*) Stamm, Same [*populi futuri, ducum* Pflanz-, Übungsschule]; Zinsen; **d)** (*dcht.*) Sprößling, Sproß [*Iovis*].

incrĕpĭtō 1. (*intens. v. incrĕpō*) **1.** (*intr.*) (*dcht.*) laut rufen *od.* zurufen, *bsd.* **a)** *ermunternd*; **b)** *alci jd.* anfahren, schelten. **2.** (*trans.*) **a)** anfahren, (aus)schelten, laut tadeln, höhnen (*alqm u. alqd, zB. Belgas,* °*pertinaciam alcis; re m. etw., zB. vocibus*); **b)** (*dcht.*) *jd. etw.* vorwerfen (*alci alqd; m. quod* weil, daß).

in-crĕpō, *ŭī, ĭtŭm, vkl. u. nkl. auch āvī, ātŭm* 1. **1.** (*intr.*) **a)** (*klass. selten*) rauschen, sausen, rasseln, klappern, lärmen, krachen [°*arma increpuere, increpat discus,* °*mālis* knirschen, °*corvorum exercitus* fliegt rauschend heran]; **b)** (*dcht.*) laut zurufen, zuschreien; **c)** / laut werden, sich regen [*suspicio tumultūs, quidquid increpuerit* bei dem geringsten Geräusch]. **2.** (*trans.*) **a)** (*dcht., nkl.*) *etw.* ertönen (*od.* erdröhnen, erschallen, hören, verlauten) lassen (*alqd, zB. lyram digitis, manūs* Beifall klatschen; *alci alqd jd. etw.* zurufen); **b)** *jd.* hart anfahren, schelten, höhnen (*alqm, zB. Caesarem,* °*equitem nomine; m. dopp. acc.* [*nkl.*], *zB. alqm desertorem;* °*alqm alcis rei jd.* wegen einer Sache, *zB. avaritiae; m. a.c.i. bzw.* °**ut, ne**; *m. indir. Frages.; m. quod* weil, daß);

c) *etw.* unter lauten Schmähungen vorwerfen, tadeln (*alqd, zB. alcis perfidiam;* °*alci alqd; alqd in alqm etw.* scheltend äußern gegen *jd.; m. a.c.i.*); **d**) (*dcht.*) *etw.* bejammern, unwillig klagen über *etw.* (*alqd, zB. aevum*); **e**) (*dcht.*) *jd.* ermuntern, antreiben (*alqm, zB. morantes, boves stimulo*).

in-crēscō, *crēvī,* — 3. (*nkl., dcht.*) **1.** einwachsen, anwachsen, in *od.* an *etw.* wachsen (*abs., zB. insula increvit; alci rei, zB. squamae cuti*). **2.** empor-, aufwachsen [*seges iaculis increvit* schoß auf zu]. **3.** / wachsen, zunehmen [*flumina, ira, dolor*]; *auch* (*v. Pers.*) an Macht wachsen.

in-crētus 3 *P.P.P. v. incernō.*

in-cruentātus 3 (*in-*[2] + *P.P.P. v. cruentō*) (*dcht., nkl.*) unblutig, nicht *m.* Blut befleckt.

in-cruentus 3 (*nkl.*) unblutig, ohne Blutvergießen [*proelium*]; (*v. Pers.*) unverwundet, ohne Verlust [*miles, exercitus*].

incrūstātiō, *ōnis f* (-ū-?) (*incrūstō*) (*nkl.*) Marmorverkleidung *der Wände,* Inkrustation.

in-crūstō 1. (-ū-?) (*in-*[1] + *denom. v. crūsta; eigtl.* „*m.* einer Kruste überziehen") (*unkl.*) **1.** beschmutzen [*vas*]. **2.** *die Wände m.* Marmorplatten verkleiden.

incubitō 1. (*intens. v. incubō*) (*vkl., dcht.*) bebrüten; *auch obszön.*

in-cubitus *P.P.P. v. incubō u. incumbō.*

in-cubō, *uī, itum* (*sekundär āvī, ātum*) 1. **1. a**) (*dcht., nkl.*) in *od.* auf *etw.* liegen (*alci rei, zB. cortici, stramentis, ovis od. nido* brüten; *super alqd*); *auch v.* °*Sachen* [*nox ponto od. mari incubuit* hatte sich gelagert über]; **b**) (*unkl.*) *an einem Ort* sich aufhalten, daliegen [*Erymantho*]; **c**) *an e-m heiligen Ort, bsd. im Tempel eines Gottes* sich zum divinatorischen Schlaf niederlegen, *d. h. um durch Träume göttliche Offenbarungen zu erhalten* [*in fano dei*]. **2.** / **a**) (*eigtl.* „auf einem Schatz liegen") *etw.* geizig *od.* sorgsam bewachen, eifrig hüten (*alci rei, zB. pecuniae,* °*auro*); (*Se.*) / über *etw.* brüten, *e-r* Sache nachhängen [*dolori suo*].

in-cubuī *s. incubō u. incumbō.*

incubus, *ī m* (*eigtl.* „Auflieger"; *incubō; spätl.*) Alp, nächtlicher Dämon. — **Buhlteufel *der Hexen.*

in-cūdō, *dī, sum* 3. (*dcht.*) schmieden, bearbeiten [*lapis incusus* frisch geschärft].

in-culcō 1. (*calcō*) **1.** (*nkl.*) fest eintreten, einstampfen. **2.** / (*in die Rede*) einschalten, einflicken (*alqd, zB. Graeca verba*), *bsd.* (*pejorativ*) hineinstopfen; *inculcatus* (*prägn.*) *m.* vielen Einschiebseln (versehen), *m.* Zusätzen bereichert. **3.** / **a**) *etw.* einschärfen, fest einprägen, einbleuen (*alqd alci od. memoriae alcis; m. a.c.i. bzw. ut*); **b**) aufdrängen, aufnötigen (*alqd alci u. alci rei, zB. se auribus alcis*).

in-culpātus 3 (*in-*[2] + *P.P.P. v. culpō*) (*dcht., nkl.*) unbescholten, untadelig, *v. Pers. u. Sachen* [*comes, vita*].

in-cultus[1] 3 (*m.* °*comp. u.* °*sup.; adv.* -*ē*) (*in-*[2] + *P.P.P. v. colō*) **1.** unangebaut, unkultiviert, öde [*agri, via* ungebahnt]; *subst. n pl.* -*a, ōrum* (*nkl., dcht.*) öde Stätten. **2.** / **a**) ungeordnet, schmucklos, einfach [°*versus* ungefeilt, uneben, *inculte dicere*]; **b**) ungepflegt: **α**) (*im Äußeren*) vernachlässigt, verwildert [*homines, corpus,* °*comae*]; **β**) (*geistig*) ungebildet, ohne Bildung, roh, *v. Pers. u. Sachen* [°*Gaetuli, vita, inculte vivere; re* in *etw.*].

in-cultus[2], *ūs m* (*nkl.*) **1.** (*äußerlich od. physisch*) Mangel an Pflege, Vernachlässigung; *bsd.* Unsauberkeit. **2.** (*geistig*) Mangel an Bildung.

in-cultus[3] *P.P.P. v. incolō.*

> **in-cumbō**
> 1. sich an *od.* auf *etw.* legen, lehnen; **2. a**) sich auf *jd. od.* in *etw.* stürzen, eindringen; **b**) auf *od.* über *etw.* hereinstürzen; **3. a**) sich auf *od.* über *etw.* neigen; **b**) sich *e-r Sache* widmen; **4. a**) auf *jd.* lasten; **b**) *e-r Sache* den Ausschlag geben.

in-cumbō, *cubuī, cubitum* 3. (**cumbō; cf. cubō*) **1.** sich auf *od.* an *etw.* legen, lehnen, stemmen, stützen (*in alqd, bsd. in gladium* sich in das Schwert stürzen; °*alci rei, zB.* °*ferro,* °*remis* sich in die Riemen legen = schnell rudern, °*loco* hinsinken auf, °*tecto* sich niederlassen). **2. a**) (*nkl., dcht.*) (*feindl.*) sich in *etw.* stürzen, auf *jd.* losstürzen *od.* losgehen, eindringen (*abs., zB. a fronte, hasta; in alqm u. in alqd, zB. in hostes, in Macedoniam*); **b**) (*nkl., dcht.*) auf *od.* über *etw.* hereinstürzen, hereindringen, -brechen (*in alqd u. alci rei, zB. in litus, pelago*), *bsd. v. Krankheiten, Stürmen u.ä.* [*cohors febrium terris incubuit, tempestas silvis*]. **3. a**) (*dcht., nkl.*) sich über *jd. od. etw.* hinneigen *od.* sich herabbeugen, sich strecken [*toro, lecto, super alqm, ad alqd*]; *auch* = dicht an *etw.* stehen *od.* stoßen [*silex ad amnem*]; **b**) / sich auf *etw.* (ver)legen *od.* werfen, sich *e-r Sache* zuwenden *od.* widmen, sich *etw.* angelegen sein lassen (*in od. ad alqd, zB. omni studio in od. ad bellum, in alcis cupiditatem j-s* ehrgeizige Wünsche unterstützen; °*alci rei, zB. rogandis legibus; m.* °*inf. od.* °*ut*); *bsd.* sich hinneigen zu [*ad virum bonum, eodem*], *auch v. Sachen* sich zuwenden [*uni spes successionis incubuit*]. **4. a**) *jd. m.* voller Gewalt treffen, auf *jd.* schwer lasten (*in alqm u. alci, zB. oratio incumbit iudici od. in me unum,* °*invidia alci*); **b**) (*nkl., dcht.*) *einer Sache* den Ausschlag geben (*alci rei, zB. fato* beschleunigen).

incūnābula, *ōrum n* (*eigtl.* „Einbettung"; *v.* **in-cūnō* 1.; *cf. cūnābula*) **1.** (*Pl.*) Windeln, Wickelbänder. **2.** / Wiege: **a**) (*nkl.*) = erste Kindheit [*inde ab incunabilis*]; **b**) = Geburtsort [*nostra*]; **c**) = Ursprung [*urbis, oratoris, doctrinae* Anfangsgründe].

in-cūrātus 3 (*in-*[2] + *P.P.P. v. cūrō*) (*Ho.*) ungeheilt, unheilbar [*ulcus*].

in-cūria, *ae f* (*zu cūra*) **1.** Mangel an Sorgfalt, Leichtsinn (*alcis j-s; alcis rei in od.* bei *etw., zB. rei necessariae*). **2.** Mangel an Pflege.

incūriōsus 3 (*m.* °*comp.; adv.* °-*ē*) (*incūria*) (*nkl.*) **1.** (*act.*) sorglos, nachlässig, gleichgültig, leichtsinnig (*abs., zB. castra -e ponere; in re od. alcis rei u. alci rei, zB. famae, serendis frugibus*). **2.** (*pass.*) vernachlässigt, nachlässig behandelt [*historia*].

> **in-currō**
> **I. 1.** in *etw.* hineinlaufen, gegen *etw.* (an)rennen; **2.** *mil.* gegen *jd.* anstürmen, *jd.* angreifen; **II. 1.** *jd.* begegnen; auf *etw.* stoßen; **2.** in *etw.* hineinreichen, an *etw.* stoßen; **3.** (*in e-n Zustand*) geraten, verfallen; **4. a**) (*Ereignis*) eintreten; **b**) in eine Zeit fallen; **c**) *jd.* (be)treffen.

in-currō, *currī u.* (*selten*) *cucurrī, cursum* 3. **I.** absichtlich laufen gegen: **1.** in *etw.* hineinlaufen, an *od.* gegen *etw.* rennen (*abs., zB. nusquam* nirgends angreifen; *in alqd, zB. in columnas* [*sprichw.*] *m.* dem Kopf gegen die Wand rennen; °*alci rei*); *bsd.* (*nkl.*) (*v. Flüssen*) dahin-, einherströmen. **2.** (*feindl., bsd. mil.*) gegen *jd.* heran-, anstürmen, *jd.* angreifen (*abs. od. in alqm, zB. in Romanos; selten alci;* °*alqm, zB. novissimos*); / *m.* Worten angreifen = gegen *jd.* losziehen [*in tribunos, in famam alcis*]; *auch* einen Einfall machen, einfallen [*in agrum alcis*]. **II.** zufällig laufen gegen: **1. a**) *jd.* begegnen *od.* auf *jd.* stoßen (*in alqm*); **b**) / *in oculos* zu Gesicht kommen, in die Augen fallen; **c**) (*beim Lesen, Reden, Schreiben*) auf *etw.* stoßen, *unwillkürlich* auf *etw.* zu sprechen kommen (*in alqd, zB. in memorabilem annum suum*). **2.** (*v. Örtlichkeiten*) in *etw.* hineinreichen, an *etw.* stoßen [*agri incurrunt in publicum Cumanum*]. **3.** (*in e-n Zustand*) geraten *od.* verfallen (*in alqd, zB. in morbos, in odia hominum, in crimen, in hominum facetorum urbanitatem* sich dem Witz der Spötter aussetzen). **4. a**) (*v. Zeit u. Ereignissen*) eintreffen, eintreten [*tempus od. tempora*]; **b**) in eine Zeit fallen *od.* treffen [*in eum diem, in etesias*]; *auch* mitwirken [*tempora et personae*]; **c**) *jd.* treffen *od.* betreffen, bei *jd.* eintreten (*in alqm, zB. casus in sapientem potest incurrere*).

incursiō, *ōnis f* (*incurrō*) das Herbeilaufen: **1.** Anlauf, Andrang, Anprall [*atomorum*]. **2.** (*feindl.*) Angriff, Einfall, Streifzug (*alcis, zB. hostium; incursionem facere in alqd*).

incursitō 1. (*intens. v. incurrō*) (*Se.*) **1. a**) (*absichtlich*) auf *jd.* losgehen; **b**) (*zufällig*) gegen *jd.* anrennen. **2.** / anstoßen.

incursō 1. (*intens. v. incurrō*) **1. a**)

(*dcht., nkl.*) (*zufällig*) auf *jd. od. etw.* stoßen (*alci rei, zB. rupibus*); **b)** / (*nkl.*) sich aufdrängen [*oculis vel auribus*]. **2. a)** (*vkl., nkl.*) (*absichtlich*) in *etw.* einfallen *od.* Streifzüge machen (*in alqd u. alqd, zB. Romanorum in agros od. agros*); *übh.* (*bsd. mil.*) gegen *etw.* anstürmen, auf *jd.* eindringen *od.* sich stürzen (*in alqd u. alqd, zB. in hostem, aciem; auch* P., *zB. agmen incursatur ab equitibus*); **b)** befallen [*dolor in alqm incursat* geht auf *jd.* über]; **c)** sich an *jd.* vergreifen (*in alqm*).

in-cūrsūm *P.P.P. v.* īncŭrrō.

incŭrsŭs, *ūs m* (*īncŭrrō*) **1.** (*nkl., dcht.*) Andrang, Ansturm. **2.** Angriff: **a)** *v. Tieren*; **b)** *mil., auch* Einfall, Überfall. **3.** (*Ov.*) Anlauf, Plan.

in-cŭrvō 1. (*cŭrvŭs*) **1. a)** krümmen, biegen (*alqd, zB. bacillum, °arcum*); P. (*Se.*) gebückt gehen; **b)** (*Ma.*) = *paedīcō.* **2.** / (*Se.*) niederbeugen [*magnum animum non incurvat* (*paupertas*)].

incŭrvŭs 3 (*Rückbildung aus īn-cŭrvō*) (einwärts) gekrümmt, krumm [*bacillum, °falx*], *v. °Pers.* gebückt.

incūs, *cūdĭs* (*īncūdō*) Amboß, *oft* /, *zB. eandem incudem tundere* immerfort dasselbe tun, *versūs incudi reddere* umschmieden, umarbeiten, *°iuvenes in studiorum incude positi* = die noch in der Ausbildung stehen. — *gen. pl.* **-ŭm.**

incūsātiō, *ōnĭs f* (*īncūsō*) Beschuldigung.

incūsō 1. (*wohl Hypost. aus in causam* [*dūcō*]) beschuldigen, anklagen, sich über *jd. od. etw.* beschweren (*alqm u. alqd, zB. milites, °alcis iniurias; alqm alcis rei u. ob alqd, zB. superbiae; m. quod; m. °a.c.i.*).

in-cŭssī *s.* īncŭtĭō.

in-cŭssŭs¹ *P.P.P. v.* īncŭtĭō.

incŭssŭs², *abl. ū m* (*īncŭtĭō*) (*nkl.*) das Anschlagen [*armorum*].

in-cūstōdītŭs 3 (*cūst-?*) (*īn-² + P.P.P. v. cūstōdĭō*) (*nkl., dcht.*) **1.** unbewacht, ungehütet, *v. Pers. u. Sachen, auch* / [*obsides, urbs* unbesetzt, *amor* nicht geheimgehalten, *observatio dierum* nicht beobachtet, unterlassen]. **2.** (*act.*) unvorsichtig.

incūsŭs 3 (*Ve.*) *P.P.P. v.* īncūdō.

in-cŭtiō, *cŭssī, cŭssŭm* 3. (*quătĭō*) **1.** (*nkl., dcht.*) *etw.* an *od.* gegen *etw.* (an)schlagen *od.* (an)stoßen (*alqd in rem od. alci rei, zB. scipionem in caput, arietem muro*). **2.** (*nkl.*) *etw.* (hin)schleudern, (hin)werfen, hinüberschleudern [*tela, grandinem* herabschleudern, *nuntium alci* zuschleudern]. **3.** / (*Affekte u.ä.*) einjagen, einflößen (*alci alqd, zB. timorem, errorem, °pudorem, °minas* äußern, *°vim ventis* verleihen).

indāgātiō, *ōnĭs f* (*īndāgō¹*) Erforschung (*alcis rei, zB. veri*).

indāgātŏr, *ōrĭs m* (*īndāgō¹*) (*vkl., nkl.*) *eigtl.* Aufspürer (*des Wildes*); / Erforscher.

indāgātrix, *īcĭs f* (*īndāgātŏr*) Erforscherin [*virtutis*].

indāgō¹ 1. (*īndāgō²*) (*eigtl. vom Jagdhund*) aufspüren (*abs., zB. canis natus ad indagandum; alqd, zB. °bestiarum cubilia*); / erforschen, entdecken [*sepulcrum alcis, °amores*].

indāgō², *īnĭs f* (*Ausdruck der Jägerspr.*: < **īnd[ŭ]-ăgō; ăgō; cf. ămbāgēs*) (*nkl., dcht.*) Umzingelung (*od.* Umstellung, Einschließung) *des Waldes od. des Wildes,* Kesseltreiben, Treibjagd, *auch* / [*Samnites dissipatos velut indagine agere*].

ind-audĭō 4. (*īndĕ*) *altl.* = *īnaudĭō.*

▶ **in-dĕ** *adv.* (< **īm-dĕ; īm altl. acc. v. īs* [*cf. īntĕr-īm*]; *-dĕ wie ἔνθέν-δε; dē*) **1.** (*räuml.*) **a)** von dort, daher [*inde in urbem rediit; °inde loci v.* jener Stelle aus]; **b)** *v.* (= auf) dieser Seite [*a qua parte exercitus cedebat, inde se consul devovit*]; **c)** (*auf Sachen od. °Pers. bezüglich* = *ex eo, ex eis u. a.*) daraus, davon, daher, *zB. fontem invenerunt aquamque inde hauserunt; °apud Graecos indeque perlapsus ad nos Hercules habetur deus.* **2.** (*zeitl.*) *v.* da an, seitdem, hierauf, dann, danach = *deinde* [*accusatus indeque damnatus est*]; *bsd. iam inde a u. °inde a* von … an, *zB. iam inde a principio, °a teneris v.* zarter Jugend an. **3.** (*kausal*) deshalb, daher, infolgedessen, *klass. selten* [*°inde fit, ut* daher kommt es, daß].

in-dēbĭtŭs 3 (*dcht.*) nicht gebührend, unverdient.

indĕcēns, *ĕntĭs* (*m. comp. u. sup.*; *adv.* **-ĕntĕr**) (*part. praes. v. īndĕcĕō*) (*nkl., dcht.*) unschicklich, unanständig [*risus*]; häßlich.

indĕcĕntĭă, *ae f* (*īndĕcēns*) (*nkl.*) Unschicklichkeit.

in-dĕcĕō, — — 2. (*Pli.*) übel anstehen (*alqm*).

in-dēclīnābĭlĭs, *ĕ* **1.** (*nkl.*) unbeugsam, fest [*animus*]. **2.** (*Gramm.*) undeklinierbar.

in-dēclīnātŭs 3 (*īn-² + P.P.P. v. dēclīnō*) (*dcht.*) unverändert, treu, *v. Pers. u. Sachen* (*alci* gegen *jd.*).

in-dĕcōrĭs, *ĕ* (*dĕcŭs*) (*dcht.*) unrühmlich, schmählich, *v. Pers. u. Sachen* (*alci* für *jd.*); *indecoris genus* (*acc. graecus*) unedel v. Geschlecht.

indĕcōrō 1. (*Ho.*) (*īndĕcōrĭs; nach dēdĕcōrō gebildet*) entstellen, schänden.

in-dĕcōrŭs 3 (*adv.* **-ē**) **1.** unschön, häßlich [*°forma, °motus*]; *subst.* **-ă,** *ae f* ein unschönes Weib. **2.** (*sittlich*) unanständig, unrühmlich, *v. Sachen u. °Pers.* (*alci* für *jd.*).

in-dēfătīgābĭlĭs, *ĕ* (*dēfătīgō*) (*Se.*) unermüdlich.

in-dēfătīgātŭs 3 (*īn-² + P.P.P. v. dēfătīgō*) (*Se.*) unermüdet.

in-dēfēnsŭs 3 (*īn-² + P.P.P. v. dēfĕndō*) (*nkl.*) unverteidigt, unbeschützt, *v. Pers. u. Sachen* [*miles, urbs*].

in-dēfĕssŭs 3 (*dcht., nkl.*) unermüdet, unermüdlich (*re* durch *etw.*).

in-dēflētŭs 3 (*īn-² + P.P.P. v. dēflĕō*) (*Ov.*) unbeweint.

in-dēflĕxŭs 3 (*īn-² + P.P.P. v. dēflĕctō*) (*vkl., nkl.*) ungebeugt; ungeschwächt.

in-dēiĕctŭs 3 (*īn-² + P.P.P. v. dēĭcĭō*) (*Ov.*) nicht niedergeworfen, ohne einzustürzen [*domus*].

in-dēlēbĭlĭs, *ĕ* (*dcht., nkl.*) unvertilgbar, unvergänglich.

in-dēlībātŭs 3 (*īn-² + P.P.P. v. dēlībō*) (*dcht.*) ungeschmälert, unberührt [*opes*].

in-dĕmnātŭs 3 (*īn-² + P.P.P. v. dămnō*) unverurteilt, ohne Urteil(sspruch) [*civis, alqm -um interficere*].

in-dĕmnĭs, *ĕ* (*dămnŭm*) (*nkl.*) schadlos, ohne Verlust.

in-dēplōrātŭs 3 (*īn-² + P.P.P. v. dēplōrō*) (*Ov.*) unbeweint.

in-dēprăvātŭs 3 (*īn-² + P.P.P. v. dēprăvō*) (*Se.*) unverdorben.

in-dēprĕhēnsĭbĭlĭs, *ĕ* (*dēprĕhĕndō*) (*nkl.*) unbemerkbar.

in-dēprēnsŭs 3 (*īn-² + P.P.P. v. dēprĕndō*) (*dcht.*) unfaßbar, unbegreiflich [*error*].

ind-ēptŭs *part. pf. v.* īndĭpīscŏr.

in-dēsĕrtŭs 3 (*Ov.*) nie verlassen = unvergänglich.

in-dēstrīctŭs 3 (*īn-² + P.P.P. v. dēstrīngō*) (*Ov.*) ungestreift, unverletzt.

in-dētōnsŭs 3 (*īn-² + P.P.P. v. dētŏndō*) (*Ov.*) ungeschoren, *m.* wallendem Haar.

in-dēvītātŭs 3 (*īn-² + P.P.P. v. dēvītō*) (*Ov.*) unvermeidlich, unausweichbar [*telum*].

indĕx, *ĭcĭs m u. f* (< **īn-dĭc-s; īndīcō¹*) **1.** (*v. Pers.*) **a)** Entdecker (-in); **b)** Anzeiger(in), Angeber(in) (*alcis u. alcis rei, zB. proditoris, sceleris*); *bsd.* (*pejorativ*) Verräter, Denunziant, Spion; **c)** (*Pli.*) Fachmann. **2.** (*meton.*) (*v. Sachen*) **a)** *adi.* anzeigend, verratend; *subst.* Anzeige *od.* Anzeichen; Kennzeichen, Beweis (*alcis rei, zB. stultitiae, °desperationis*); Zeigefinger (= *°digitus index*); **b)** Titel *e-s Schriftwerkes* [*libri, °orationis*], Aufschrift *e-s Gemäldes u.ä.* [*tabula cum indice*]; **c)** kurzer Inhalt, Resümee [*legis*]; **d)** (*vkl., nkl.*) Verzeichnis, Etikett, Register, Katalog [*poetarum, rerum gestarum*]; **e)** (*Ov.*) Probierstein. — ****index* [*librorum prohibitorum*] Verzeichnis *derjenigen Bücher, deren Lektüre den Katholiken lt. päpstlichem Entscheid verboten ist* (*erste Veröffentlichung 1559*). — *gen. pl.* īndĭcŭm.

Indĭă, *ae f* Indien, *bsd.* Vorderindien, *Land am Indus* (*s.d.*) *u. Ganges, durch Reichtum u. kostbare Produkte berühmt.* — *Einw.* **Indŭs,** *ī m* Inder (*auch* °Äthiopier, °Araber), *bsd.* indischer Elefantenführer; *adi.* **Indĭcŭs** 3 *u.* °**Indŭs** 3 indisch [°*dentes* Elfenbein, °*conchae* Perlen].

indĭcātiō, *ōnĭs f* (*īndĭcō¹*) (*vkl., nkl.*) Preisangabe, Taxe.

in-dīcēns, *ĕntĭs* (*īn-² + part. praes. v. dīcō²*) (*vkl., nkl.*) nicht sagend; *abl. abs. indicente me* ohne daß ich es sage, ohne mein Geheiß, ohne Warnung.

▶ **indĭcĭŭm,** *ī n* (*īndĕx*) **1.** Anzeige, Angabe, Aussage, *bsd. vor Gericht,* (*pejorativ*) Verrat, Denunziation [*falsum, -um facere* machen; *alcis j-s, zB. servi; alcis rei, zB. coniurationis*]. **2.** (*meton.*) **a)** Protokoll *über die gemachten Anzeigen* [*commutare* fälschen]; **b)** Erlaubnis zur Anzeige *od.* zur Aussage *od.* Angaben zu machen [*postulare, dare alci*]; **c)** Denunziationsprämie [*partem indicii accipere*]. **3.** / Kennzeichen, Merkmal, Beweis *für etw. bisher Unbekanntes* [*certum, manifestum; alcis rei, zB. sceleris*]; *indicio esse alcis rei od. alci rei u. de re* zum Beweis für *etw.* dienen (*m. a.c.i. od. m. indir. Frages.*); *auch* (*Suet.*) = Denkmal.

▶ **ĭndĭcō**[1] 1. (*Schwundstufe zu īndīcō*[2]) **1.** *etw. Verborgenes* anzeigen, angeben, aussagen, entdecken, verraten (*auch* [*pejorativ*] = denunzieren), *bsd. vor Gericht, oft* / *v. Sachen; auch übh.* = melden, sagen (*abs. od. alqd, zB. furtum, alqm, zB. conscios, se* sich verraten, sich offenbaren [*alci*], sich zeigen, wie man ist; / *vultus indicat mores; de re* über *etw.* Aufschluß geben, *zB.* °*de coniuratione; alqd re etw.* durch *etw., zB. dolorem lacrimis; alci alqd jd. etw., zB. rem omnem domino; m. a.c.i., im P. auch m. n.c.i., zB. scutorum multitudo deprehendi posse indicabatur; m. indir. Frages.*). **2.** (*vom Verkäufer*) den Preis *e-r Sache* angeben, taxieren [*fundum alci*].

▶ **īn-dīcō**[2], *dīxī, dictum* 3. **1.** ansagen, ankündigen, öffentlich bekanntmachen, bestimmen, *bsd. durch Herold od. Beamte* (*alqd, zB. supplicationem,* °*diem comitiis, concilium Bibracte* nach Bibrakte einberufen, °*exercitum Pisas* beordern; *alci alqd jd. etw., zB. bellum Antiocho od.* / *templis deorum* den Krieg erklären; *m. a.c.i. bzw. ut, ne*). **2.** (*nkl.*) (*Leistungen*) auf(er)legen (*alci alqd, zB. tributa gentibus, senatoribus pondus argenti*).

īndīctiō, *ōnis f* (*īndīcō*[2]) (*nkl.*) **1.** Ankündigung, *bsd. kaiserliche* Verfügung *einer Auflage.* **2.** (*meton.*) außerordentliche Steuer. **3.** (*spätl.*) Indiktion, *d. h. Zyklus v. 15 Jahren, der auf e-r Grundsteuerperiode gleichen Zeitumfangs beruhte* (***weitverbreitete Zeitrechnung des M.A.*).

īndīctus[1] 3 *P.P.P. v. īndīcō*[2].

in-dictus[2] 3 (*in-*[2] + *P.P.P. v. dīcō*[2]) **1.** (*unkl.*) ungesagt, (noch) nicht gesagt, ungenannt [*carminibus* (*Ve.*) unbesungen]. **2.** (*jur. t.t.*) unverhört [*indictā causā* ohne Verhör, ohne Verteidigung, *zB. condemnare od. occidere alqm*].

Īndicus 3 *s. Īndia.*

indi-dem *adv.* (< **indē-dem, cf. idem*) ebendaher, ebenfalls aus [*Ameriā*]; / von derselben Person *od.* Sache [*scelus indidem ortum*].

in-didī *s. indō.*

in-differēns, *entis* (*adv.* °*-enter*) sich nicht unterscheidend; gleichgültig, indifferent; *bsd.* (*stoischer t.t.*) weder gut noch böse (*ἀδιάφορος*).

indifferentia, *ae f* (*indifferēns*) (*nkl.*) das Nichtverschiedensein, Gleichheit.

indi-gena, *ae m u. f* (< **indu-gena; genō*) (*nkl., dcht.*) eingeboren, einheimisch, inländisch, *v. Menschen, Tieren u. Sachen; meist subst. m* Eingeborener, Inländer.

indigentia, *ae f* (*indigēns*) **1.** Bedürfnis, Not. **2.** Ungenügsamkeit, unersättliches Verlangen.

ind-igeō, *guī,* — 2. (*indu* + *egeō*) **1.** an *etw.* Mangel haben (*re, rerum*); *abs.* bedürftig sein. **2.** bedürfen, nötig haben, brauchen (*m. gen. od.* [*nkl., klass. selten*] *abl., zB. cibi, tui consilii,* °*cibo,* °*medicinā,* °*pecuniā*). **3.** nach *etw.* verlangen, *etw.* vermissen [*auri*]. **4.** (*part. praes.*) *adi.* **indigēns,** *entis* bedürftig, notleidend (*auch subst. m*), (*v. Sachen*) unvollständig, unzulänglich.

indigēs[1], *etis* (*wohl* < **indu-ages; agō = incolō*) (*dcht., nkl.*) eingeboren, einheimisch; altrömisch; *subst. m* einheimischer Heros, Stammvater [*Aeneas*]; *pl. patrii dii -etes* die einheimischen Götter (*urspr. wohl Könige u. Stammväter des Volkes; Ggs. Novēnsilēs dīvī*).

indigēs[2], *is* (*indigeō*) (*vkl.*) bedürftig.

in-dīgestus 3 (*adv.* **-ē**) (*in-*[2] + *P.P.P. v. dīgerō*) (*nkl., dcht.*) ungeordnet [*moles*].

indignābundus 3 (*jünger -dign-; indignor*) (*nkl.*) voller Unwillen, entrüstet (*m. dir. Rede u. indir. im a.c.i.*).

indignāns, *antis* (*jünger -dign-; m. sup.; adv.* **-anter**) (*eigtl. part. praes. v. indignor*) (*dcht., nkl.*) unwillig, entrüstet, ungeduldig, *v. Pers. u. Sachen* [*pectus, verba*].

indignātiō, *ōnis f* (*jünger -dign-; indignor*) **1. a)** Unwille, Entrüstung (*alcis j-s,* °*alcis rei* über *etw.; indignationem* °*movere* erregen); **b)** *meton.* **α)** (*nkl.*) Äußerung des Unwillens, *auch pl.;* **β)** (*rhet. t.t.*) Erregung des Unwillens. **2.** (*Qu.*) das Unwillen Erregende, die Unanständigkeit.

indignātiuncula, *ae f* (*jünger -dign-; demin. v. indignātiō*) (*Pli.*) Anflug *v.* Entrüstung.

indignitās, *ātis f* (*jünger -dign-; indignus*) **1. a)** (*v. Pers.*) Unwürdigkeit, Niederträchtigkeit (*alcis*); *bsd.* **α)** empörendes Benehmen *j-s* [*accusatoris*]; **β)** unwürdige Behandlung, Zurücksetzung; **b)** / (*v. Sachen*) das Unwürdige *od.* Empörende *e-r Sache,* Schmach [*iniuriae*]. **2.** (*meton.*) (= *indignātiō*) Unwille, Entrüstung (*alcis j-s;* °*alcis rei* über *etw.*).

▶ **indignor** 1 (*jünger -dign-; denom. v. indignus*) *etw.* für unwürdig *od.* empörend halten, über *etw.* entrüstet sein, sich entrüsten (*abs. od. alqd, zB.* °*factum,* °*vicem alcis,* / °*fluvius pontem indignatur; selten de re; m. a.c.i. u. quod; m.* °*si; m.* °*inf.*); (*ger.*) *adi.* **indignandus** 3 (*dcht.*) worüber *jd.* (*alci*) entrüstet sein muß, *j-s* Unwillen verdienend. — *Cf. auch indignāns.*

▶ **in-dignus** 3 (*jünger -dign-*) (*m. comp. u. sup.; adv.* **-ē**) **1.** unwürdig, unwert, *pass.* = *etw.* nicht verdienend, *act.* = zu *etw.* ungeeignet, unberechtigt, (*v. Sachen, selten v. Pers.*) *auch* unangemessen, ungeziemend, unverdient: **a)** *abs., zB. dignos indignosque laudare, indigna poena,* °*poëta* unfähig, °*amor* unverdient, °*scripta* gehaltlos, °*hiems* zu hart, *indignissime interfici; subst. indigna n* unwürdiges Los, unverdientes Geschick, unverdiente Strafe, Unverschuldetes; *daher indignum est* es ist unangenehm, es ist eine Ungerechtigkeit *od.* zu hart; es ziemt sich nicht (*m. inf. u. a.c.i.*); **b)** *meist m. abl.* [*me, cive Romano, laude*]; *m.* °*gen., zB. avorum; m.* °*2. supin., zB. relatu; m. qui c. coni., zB. indigni estis, quibus opem feramus; m.* °*ut od. m.* °*inf.* **2.** (*abs.*) **a)** unschuldig, nicht straffällig [*homo*]; **b)** (*pejorativ, v. Sachen*) schmachvoll, empörend, schändlich [*facinus, fortuna, mors*]; *bsd.* (*als parenthetischer Ausruf*) *indignum facinus! u. bloß indignum!* empörend! welche Schmach!; *indignum est* (*m. inf. od. a.c.i.; cf.* 1a) es ist *od.* wäre schändlich, empörend, wenn *od.* daß. **3.** (*meton.*) *indigne ferre* (*od. pati*) *m.* Unwillen ertragen, unwillig *od.* entrüstet sein (*alqd; m. a.c.i. od. quod*).

indigus 3 (*Rückbildung aus indigeō nach prōdigus u.ä.*) (*dcht., nkl.*) bedürftig (*abs. od. alcis rei*).

in-dīligēns, *entis* (*m. comp.; adv.* **-enter**) nachlässig, saumselig, unpünktlich, *v. Pers.* (*indiligentius m.* weniger Sorgfalt); *bsd.* (*Com.*) leichtsinnig *in der Vermögensverwaltung.*

indīligentia, *ae f* (*indīligēns*) Nachlässigkeit, Sorglosigkeit, Saumseligkeit (*alcis j-s, alcis rei in etw., zB. litterarum missarum*).

ind-ipīscor, *eptus sum* 3. (*altl. -ō; indu* + *apīscor*) (*unkl.*) erreichen, erlangen, einholen (*alqd, zB. navem*).

in-dīreptus 3 (*in-*[2] + *P.P.P. v. dīripiō*) (*nkl.*) ungeplündert, nicht ausgeplündert.

in-disciplīnātus 3 (*in-*[2] + *disciplīnā*) (*Eccl.*) zuchtlos, liederlich.

in-discrētus 3 (*in-*[2] + *P.P.P. v. discernō*) (*unkl.*) **1.** ungetrennt, unzertrennlich (*sanguis* Fleisch u. Blut = Kinder, *voces* durcheinanderschreiend). **2.** ununterscheidbar [*proles, alci* für *jd.*]. **3.** ohne Unterschied, einerlei, gleichgültig.

in-disertus 3 (*adv.* **-ē**) unberedt, wortarm, *v. Pers. u. Sachen* [*homo, prudentia*].

in-dispositus 3 (*adv.* **-ē**) (*in-*[2] + *P.P.P. v. dispōnō*) (*nkl.*) ungeordnet, unordentlich.

in-dissolūbilis, *e* unauflöslich, *v. Pers. u. Sachen.*

in-dissolūtus 3 (*in-*[2] + *P.P.P. v. dissolvō*) unaufgelöst.

in-distinctus 3 (*di-?; stinc-?; adv.* **-ē**) (*nkl., dcht.*) ununterschieden, verworren, unklar [*defensio*].

ĭn-dĭtŭs *P.P.P. v.* ĭndō.

ĭn-dīvĭdŭŭs 3 **1.** (*nkl.*) ungeteilt; / gleichmäßig [*pietas*]. **2.** (*nkl.*) unzertrennlich *v. jd.* **3.** (*Bed.-Lw.* < ἄτομος) untrennbar, unteilbar [*corpus*]; *subst.* **-ŭm,** *ī n* Atom (**Einzelding; *später* Einzelwesen).

ĭn-dīvīsŭs 3 (*īn-*² + *P.P.P. v. dīvĭdō*) (*vkl., nkl.*) ungeteilt; *pro -o* zu gleichen Teilen, gleichmäßig.

ĭn-dīxī *s.* ĭndīcō².

ĭn-dō, *dĭdī, dĭtŭm* 3. (*īn-*¹ + √ *dhē- „setzen"; τίθημι, *făcĭō*) (*vkl., nkl.*) **1. a)** hineintun, -setzen, -legen, -stecken (*alqd in alqd od. alci rei, zB. guttam vini in ōs, venenum potioni, alqm lecticae*); **b)** *etw.* einführen [*novos ritus*]; **c)** (*Affekte u.ä.*) verursachen, einflößen, bewirken (*alci alqd, zB. hostibus pavorem*). **2. a)** *etw.* an *od.* auf *etw.* legen *od.* setzen, beigeben [*ignem in aram, alci custodes, castella rupibus* erbauen auf, *pontes* darüberschlagen]; **b)** / (*Namen*) beilegen (*alci nomen od. cognomen, zB. Superbo; ex od. a re v.*, nach *etw., zB. ex victoria*).

ĭn-dŏcĭlĭs, *ĕ* **1.** (*v. Lebendem*) **a)** ungelehrig [*homo*, °*grex* keine Lehre annehmend, °*collum* unfügsam; *m.* °*inf.*]; **b)** (*dcht., nkl.*) ungebildet, unwissend, unkundig, unerfahren, *dcht. auch v.* °*Sachen, zB. guttur.* **2.** (*v. Leblosem*) **a)** unlehrbar [*disciplina usūs*]; **b)** (*dcht.*) ungelernt, kunstlos, einfach [*via, numeri*].

ĭn-dŏctŭs 3 (*m. comp. u. sup.*; *adv.* **-ē**) ungelehrt, ungebildet, nicht wissenschaftlich gebildet [*multitudo*; *m.* °*gen., zB. pilae* im Ballspiel; *m.* °*inf.*]; *v. Sachen auch* ungeschickt, roh; *subst. m* der Ungebildete, Laie, Pfuscher.

ĭndŏlĕntĭă, *ae f* (*īndŏlēns* „unempfindlich"; *dŏlĕō*) Unempfindlichkeit gegen Schmerz.

ĭndŏlēs, *ĭs f* (< **īndŭ-ălēs*; *ălō*) **1.** natürliche Beschaffenheit [°*arborum*]. **2.** *die der Entwicklung fähigen* Naturanlagen, angeborene Fähigkeiten, Talent, *bsd.* angeborener Charakter, *klass. nur im sg.* [*bona, animi ingeniique; alcis rei u. ad alqd* zu *etw., zB. virtutis, ad dicendum*].

ĭn-dŏlēscō, *lŭī,* — 3. (*īn-*¹ + *incoh. zu dŏlĕō*) **1.** (*nkl.*) Schmerz empfinden, weh tun (*abs., zB. oculi indolescunt*); *trans.* (*v. Pers.*) *etw.* schmerzlich empfinden (°*alqd, zB. tactum hominem velut vulnera*). **2.** / sich betrüben (*abs. od.* °*alqd u.* °*re* über *etw., zB. id ipsum, nostris malis; m. a.c.i. u. quod*).

ĭndŏlōrĭă, *ae f* = *īndŏlĕntĭă.*

ĭn-dŏlŭī *s.* ĭndŏlēscō.

ĭn-dŏmābĭlĭs, *ĕ* (*Pl.*) unbezähmbar.

ĭn-dŏmĭtŭs 3 (*īn-*² + *P.P.P. v. dŏmō*) **1. a)** ungezähmt, ungebändigt, wild, *v. Pers. u. Tieren* [*pastores,* °*equus*; / °*ager* unbebaut]; **b)** / unbezwungen, *v.* °*Völkern* [*gentes*], *klass. nur v. Geist u. Gefühlen* [*ingenia Gallorum, libido*]. **2.** (*nkl., dcht.*) unbezwinglich, unüberwindlich, unbändig, *v. Pers. u. Sachen* [*Hercules, amor*].

ĭn-dŏrmĭō 4. **1.** (*dcht., nkl.*) auf *etw.* schlafen (*alci rei, zB. saccis*). **2.** / *etw.* verschlafen = *etw.* nachlässig betreiben (*alci rei, zB. tantae causae, tempori* den richtigen Zeitpunkt verschlafen; *auch in re, zB. in isto homine colendo*).

ĭn-dōtātŭs 3 **1.** (*unkl.*) unausgestattet, ohne Mitgift, arm [*virgo*]. **2.** / **a)** *ars* arm, ohne die Mitgift der Beredsamkeit; **b)** (*dcht.*) *corpora* ohne Totengaben.

ĭndŭ *altl. prp. b. abl.* = *noch älterem ĕndŏ* (*s.d.*; *cf.* ἔνδινα „Eingeweide"), *sonst nur noch als praev. in ĭndāgō, ĭndĭ-gĕnă, ĭndĭgĕō, ĭndĭgēs*¹*, ĭnd-ŏlēs, ĭndŭō.*

ĭn-dŭbĭtābĭlĭs, *ĕ* (*nkl.*) unzweifelhaft.

ĭn-dŭbĭtātŭs 3 (*adv.* **-ē**) (*īn-*² + *P.P.P. v. dŭbĭtō*) (*nkl.*) unzweifelhaft, außer Zweifel [*mors*].

ĭn-dŭbĭtō 1. (*dcht.*) an *etw.* zweifeln (*alci rei*).

ĭn-dŭbĭŭs 3 (*nkl.*) unzweifelhaft [*innocentia*].

> **ĭn-dūcō**
> **1. a)** *etw.* über *etw.* ziehen, (*Kleider, Waffen*) anziehen; **b)** *etw.* mit *etw.* überziehen; **c)** (*Geschriebenes*) durchstreichen; **2. a)** hineinführen; **b)** *mil.* anführen; (*als Gattin*) heimführen; *jd.* zum Verhör vorführen; **c)** öffentlich auftreten lassen; **d)** (*Neues*) aufbringen; **e)** (*Person*) redend *od.* handelnd einführen; **3.** *jd.* zu *etw.* bewegen, veranlassen.

ĭn-dūcō, *dūxī, dŭctŭm* 3. (*altl. fut. ĭndūxīs*) **1. a)** *etw.* über *etw.* ziehen (*alqd, zB. novum tectorium,* °*caliginem* ringsum verbreiten, °*cortex inductus* darüberwachsend, °*favilla inducta* bedeckend; °*alqd super alqd, zB. coria super lateres;* °*alqd alci rei, zB. pontem flumini* schlagen über, / *umbram terris* verbreiten über); *bsd.* (*Kleidungsstücke, Waffen*) anziehen (*alqd, zB.* °*sibi calceum; alqd in alqd u.* °*alci rei, zB. tunicam in lacertos,* °*humanam formam membris* Menschengestalt annehmen); P. °*tunicā inducitur artūs* (*gr. acc.*); **b)** *etw. m. etw.* überziehen (*alqd re, zB. scuta pellibus*); **c)** *Geschriebenes* (*auf der Wachstafel*) *m. umgekehrtem Griffel* überziehen = ausstreichen, durchstreichen [*nomina* Schuldposten]; / aufheben, rückgängig machen, tilgen [*senatūs consultum*]. **2. a)** hineinführen, -bringen, einführen (*alqm u. alqd in alqd u.* °*alci rei, zB. legatos in regiam,* °*filiae novercam* ins Haus bringen); *oft* / [*discordiam in civitatem*]; **b)** (*nkl., dcht.*) (*Truppen als Anführer*) in den Kampf führen [*milites subruendo vallo*]; (*als Gattin*) heimführen [*Lolliam*]; *jd.* (*als Zeugen od. Beklagten*) zum Verhör vorführen (*alqm*); **c)** öffentlich auftreten lassen, auf die Bühne (*od.* in die Arena) bringen; aufführen [*gladiatores,* °*elephantos in circum,* °*comoediam*]; *auch* /, *zB. rationem Epicuri, causam* vorbringen, spielen; **d)** / (*etw. Neues*) einführen = aufbringen [*consuetudinem, deum* den Glauben an Gott, *novum morem in rem publicam*]; **e)** (*Pers. in e-m Schrift- od. Bühnenstück*) redend *od.* handelnd einführen [*gravem personam; m. part., zB. Tiresiam deplorantem caecitatem suam*]; **f)** *etw.* in das Rechnungsbuch eintragen, verrechnen [*alqd in rationibus, pecuniam in rationes; alci alqd, zB. agrum alci pecuniā ingenti j-m* anrechnen für]. **3.** *jd.* zu *etw.* bewegen, veranlassen, (*zu etw. Schlechtem*) verleiten, verlocken (*alqm od. alcis animum ad, in alqd, zB.* °*ad bellum, ad credendum, in spem meliorem, in peccatum; m. ut, ne; m.* °*inf.*); *bsd. P.P.P. inductus re* = aus, infolge [*falsa spe, cupiditate*]; *bisw. auch* = täuschen, hintergehen. **4.** (**in**) **animum inducere** es über sich gewinnen, sich zu *etw.* entschließen, den Entschluß fassen (*alqd, nur id, quod, nihil u.ä.*; *m. inf.*; *m.* °*a.c.i.* = sich zu dem Glauben entschließen, sich überzeugen; *m. ut, ne bzw.* °*quin od.* °*quominus*).

ĭndŭctĭō, *ōnĭs f* (*ĭndūcō*) **1. a)** Einführung (*alcis*), das Zuleiten [*aquarum* = Bewässerung]; **b)** (*rhet. t.t.*) *personarum* Einführung redender Personen (= προσωποποιΐα); **c)** das Auftreten(lassen) im Zirkus [*iuvenum armatorum*]. **2. a)** Verleitung zu *etw.* (*alcis rei, zB. erroris* Irreführung); **b)** Neigung, Hinneigung zu *jd.* [*animi* Zug des Herzens]; **c)** fester Vorsatz, Entschluß. **3.** (*philos. u. rhet. t.t.*) Induktion(sbeweis), induktive Beweisführung, *Schluß vom Besonderen* (*aus einer Reihe v. Beispielen od. Tatsachen*) *auf das Allgemeine* = ἐπαγωγή (*Ggs. dēdŭctĭō als* „Deduktion" *nicht antik*).

ĭndŭctŏr, *ōrĭs m* (*ĭndūcō*; *eigtl.* „Hineinzieher, Einführer") (*Pl.*) (*scherzh.*) *-es nostri tergi* die uns Schläge überziehen.

ĭndŭctŭs¹, *abl. ū m* (*ĭndūcō*) Antrieb [*huius persuasu et inductu*].

ĭndŭctŭs² 3 (*eigtl. P.P.P. v. ĭndūcō*) (*Pli.*) eingeführt, *übh.* fremd, gesucht [*sermo; Ggs. pătrĭŭs*].

ĭn-dŭctŭs³ *P.P.P. v.* ĭndūcō.

ĭndŭcŭlă, *ae f* (*ĭndŭō*) (*Pl.*) Frauenunterkleid.

ĭndŭ-grĕdĭŏr, — 3. (*Lu.*) = *ĭngrĕdĭŏr.*

ĭndŭī *s.* ĭndŭō.

ĭndŭlgēns, *ĕntĭs* (*m. comp. u. sup.*; *adv.* **-ĕntĕr**) (*eigtl. part. praes. v. ĭndŭlgĕō*) nachsichtig, gütig, gnädig, *v. Pers. u. Sachen* [°*pater, nomen; in alqm* gegen *jd.*]. *Cf.* V.-B. VIII.

ĭndŭlgĕntĭă, *ae f* (*ĭndŭlgēns*) Nachsicht, Güte, Gnade (*alcis j-s u. gegen jd.* = *in alqm, zB. principis, filiarum,* °*Hannibalis in captivos -a*; / °*fortunae,* °*caeli* Milde des Klimas); *bsd.* nachsichtige Liebe, Zärtlichkeit. — (*Eccl.*) Ablaß; ** *auch* Lossprechung vom Bann.

****indulgentiarius,** *i m* Ablaßhändler.

▶ **ĭndŭlgĕō,** *dŭlsī, dŭltŭm* 2. (*Et. u. Grbd. unklar*) **1.** (*intr.*) **a)** nachsichtig (gewogen, geneigt, gefällig) sein, nachgeben, *jd.* begünstigen, *aus Güte od. Schwäche* (*alci u.*

alci rei, zB. Aeduorum civitati, °ardori legionum, °ordinibus die Reihen weiter auseinanderrücken, *animo od. sibi* sich gehenlassen, sich [zu] viel herausnehmen); **b)** *e-r Sache* nachhängen *od.* sich hingeben, frönen (*alci rei, zB. °dolori, novis amicitiis, °vino, aleae* ein Spieler sein); **c)** für *etw.* sorgen, *etw.* pflegen (*alci rei, zB. valetudini, °sibi* sich gütlich tun). **2.** (*nkl.*) (*trans.*) *etw. aus Gunst od. Schwäche* gewähren, bewilligen, gestatten (*alci alqd, zB. sanguinem suum* zum Opfer bringen, *solacium*; *se* [*Ju.*] [*v. einem pathicus*] sich *jd.* preisgeben [*tribuno*]).

indūmentum, *ī n* (*induō*) (*spätl.*) Anzug, Kleidung; / Brühe [*boletorum*].

induō
1. a) *etw.* anziehen, -legen; **b)** *mediopass.* sich *etw.* anziehen; **c)** *refl.* sich in *etw.* kleiden; sich verwickeln; sich in *etw.* stürzen; **2. a)** *etw. m. etw.* umgeben; **b)** *jd. etw.* beilegen; **c)** (*sibi*) *alqd. etw.* annehmen; **d)** sich auf *etw.* einlassen.

induō, *uī, ūtum* 3. (⟨ **indū-ovō, vl. eigtl.* „in eine Hülle schlüpfen"; *cf.* *exuō*) **1. a)** *etw.* anziehen, anlegen, *Kleidungsstücke, auch Waffen u. Schmuck,* (sich) *m. etw.* bekleiden (*alqd, selten sibi alqd, zB. °vestem, °loricam, sibi torquem, galeam* aufsetzen, *anulum* anstecken, *°scalas* über die Achsel nehmen *od.* den Kopf durch die Leiter stecken, *alci alqd j-m etw., zB. °anulum articulis, °umeris purpuram, / beluae formam hominum*; [*dcht.*] *°arbor se induit* kleidet sich *m.* Obst, *°homines in vultus ferarum* verwandeln); **b)** *mediopass.* **indui** sich *etw.* anziehen *od.* anlegen (*bsd. oft part. pf. indūtus m. etw.* angetan *od.* bekleidet), *re u. °rem, zB. muliebri veste, galeā, °chlamydem, °bracas, °aures aselli*; **c) sē induere**: α) *in alqd* sich in *etw.* kleiden *od.* hüllen [*venti se in nubem, °arbor se in florem*]; / in *etw.* (hinein)geraten *od.* sich verwickeln [*se in laqueos*]; β) *re* in *etw.* hineinstürzen *od.* fallen, an *etw.* hängenbleiben [*°hastis, vallis* = sich aufspießen, *°mucrone* sich in das Schwert stürzen; / *confessione sua* sich in seinem eigenen Geständnis fangen]. **2.** / **a)** *alqd re etw. m. etw.* umgeben, bedecken, versehen [*°animum bonis artibus, °cratera coronā* bekränzen, *klass. nur mediopass., zB. dii specie humani induti*]; **b)** *alci alqd jd. etw.* zuteilen *od.* beilegen [*sibi cognomen, °sibi novum ingenium* annehmen, *°alci speciem latronis jd.* als Räuber auftreten lassen]; **c)** (*sibi*) *alqd etw.* annehmen *od.* anlegen, sich *etw.* aneignen [*°spem, personam iudicis* die Rolle des Richters spielen, *personam philosophi* den Philosophen spielen, *°proditorem* den Verräter spielen]; **d)** (*nkl.*) auf *etw.* eingehen *od.* sich einlassen [*hostilia adversus alqm* unternehmen, *societatem, munia ducis* übernehmen].

indū-pědiō 4. (*Lu.*) = *impĕdiō.*

indūpěrātŏr, *ōris m* (*altl.*) = *impĕrātor.*

in-dūrēscō, *ruī,* — 3. (*dcht., nkl.*) hart werden, sich verhärten, erstarren [*saxo* zu Stein]; / sich abhärten [*corpus usu indurescit*]; *pf.* unerschütterlich treu zu *jd.* halten (*pro alqo, zB. pro Vitellio*); (*abs.*) festbleiben.

in-dūrō 1. (*dcht., nkl.*) hart machen, (ver)härten (*alqd, zB. nives, ora cornu* zu Horn); / härten, stählen (*alqd re etw.* durch *etw., zB. alcis timorem resistendo*).

Indūs, *ī m* **1.** *s. Indĭă.* **2.** der Indus, *j.* Sind, *Hauptfl. des Pandschab.*

indūsiāriūs, *ī m* (*indū-?*; *indūsium* Übertunika; *induō?*) (*Pl.*) Hersteller v. Übertuniken.

indūsiātŭs 3 (*indū-?*; *indūsium* Übertunika; *induō?*) (*Pl., nkl.*) *m.* einer Übertunika bekleidet.

▶ **indūstrĭă,** *ae f* (*-ū-?*; *wohl f v. indūstriūs* [*sc. ŏpĕră*]) eifrige Tätigkeit *od.* Beharrlichkeit, reger Fleiß, Betriebsamkeit, *bsd.* Unternehmungsgeist, *auch pl.* (*alcis j-s, zB. civium*; *alcis rei od. in re* in, bei *etw., zB. in agendo*); *de u. °ex industria* (*auch bloß °industriā*) absichtlich, vorsätzlich; *sine -a* unabsichtlich.

indūstriūs 3 (*-ū-?*; *m. °comp.*; *adv.* **-ē**) (⟨ **endŏ-strŭōs m. Umformung nach den adiect. auf -ĭūs*; *indū, strŭō*; *eigtl.* „daheim schaffend") tätig, fleißig, beharrlich in der Arbeit, betriebsam (*abs. od. in re, zB. in rebus gerendis*).

▶ **indūtiae,** *ārum f* (*et. unklar*) Waffenstillstand [*trium dierum, -as facere cum alqo* schließen, *dare alci* bewilligen, *°per -as* während der Zeit des Waffenstillstandes]; / (*vkl., nkl.*) *übh.* Stillstand, Ruhe.

Indūtūs[1] *P.P.P. v.induō.*

(**Indūtūs**[2]), *dat. sg. -ūī, abl. pl. -ibūs m* (*induō*) (*vkl., nkl.*) das Anziehen des Kleides; *concr.* Anzug, Kleidung.

indūviae, *ārum f* (*induō*) (*vkl., nkl.*) Kleidung.

in-dūxī *s. indūcō.*

in-ēbriō 1. (*ēbriūs*) (*nkl.*) trunken machen, berauschen; / (*Ju.*) *aurem* die Ohren vollschwatzen.

in-ĕdiă, *ae f* (*ĕdō*[1]) das Nichtessen, Hungern, Fasten (*freiwillig od. aufgenötigt*).

in-ēditūs 3 (*in-*[2] + *P.P.P. v. ēdō*[2]) (*Ov.*) noch nicht herausgegeben [*cura* = Schriften].

in-ĕffĭcāx, *ācis* (*m. comp. u. sup.*) (*nkl.*) unwirksam, schwach.

in-ēlăbōrātūs 3 (*in-*[2] + *P.P.P. v. ēlăbōrō*) (*Se.*) nicht ausgearbeitet.

in-ēlĕgāns, *āntis* (*adv.* **-āntĕr**) unfein, geschmacklos [*ratio, °sermo, ineleganter dividere* unlogisch].

in-ēluctābilis, *ĕ* (*eigtl.* „beim Ringen unüberwindlich") (*dcht., nkl.*) unabwendbar, unvermeidlich [*fatum*].

in-ēmĕndābilis, *ĕ* (*nkl.*) unverbesserlich, unheilbar.

in-ēmŏriŏr, — — 3. (*Ho.*) bei *etw.* sterben [*spectaculo dat.!*].

in-ēmptūs 3 (*in-*[2] + *P.P.P. v. ĕmō*) (*nkl., dcht.*) ungekauft [*dapes, corpus* ohne Lösegeld, *consulatus* nicht erkauft].

in-ēnārrābilis, *ĕ* (*-nārr-?*) (*nkl.*) unbeschreiblich, unerklärlich [*tabes, labor*].

in-ēnōdābilis, *ĕ* (*ēnōdō*) unlösbar; / unerklärlich [*res*].

in-eō
1. (*intr.*) **a)** in *etw.* hineingehen; **b)** (*zeitl.*) anfangen, beginnen; **2.** (*trans.*) **a)** *etw.* betreten; **b)** (*v. Tieren*) bespringen; **c)** (*eine Zeit*) beginnen; **d)** (*Amt*) antreten, übernehmen; **e)** (*Geschäft, Vertrag*) (ab-) schließen; **f)** (*Pläne*) schmieden.

in-ĕō, *iī* (*selten °īvī*), *itum* 4. **1.** (*intr.*) **a)** (*vkl., nkl.*) in *etw.* hineingehen *od.* einziehen (*in alqd, zB. in urbem*); **b)** (*zeitl.*) anfangen, beginnen [*ineunte vere* bei Frühlingsanfang, *ab ineunte adulescentia*]; *iniens aetas* Jugend [*ab ineunte aetate* vom Eintritt ins bürgerliche Leben an]. **2.** (*trans.*) **a)** *etw.* betreten (*alqd, zB. °urbem, cubile, viam*), *auch etw.* besuchen [*convivia*]; / *°iter* antreten, *°somnum* einschlafen, *viam* einschlagen; *oft auch* P. [*Hispania a Romanis inita est*]; **b)** (*vkl., nkl.*) (*v. Tieren*) bespringen [*vaccam*]; *auch im* P.; **c)** (*eine Zeit*) beginnen *od.* antreten, *bsd.* P. [*initā aestate od. tertiā vigiliā*]; **d)** (*e-e Tätigkeit od. ein Amt*) antreten, beginnen, übernehmen, sich auf *etw.* einlassen [*magistratum, consulatum, °sacerdotium, bellum, proelium, °suffragia* zur Abstimmung schreiten, abstimmen, votieren; *°cursūs* anstürmen]; **e)** (*Geschäfte, Verträge*) eingehen, (ab)schließen [*societatem cum alqo*]; **f)** (*Entschlüsse, Pläne*) fassen, schmieden [*consilium alcis rei od. de re*; *m. inf. od. indir. Frages.*]; *rationem* eine Maßregel ergreifen, *bsd. alcis rei*: *entweder etw.* berechnen (= *numerum inire* Zählung vornehmen) [*°interfectorum*] *od. etw.* überlegen (*auch de re*); **g)** *gratiam ab alqo u. °apud od. °ad alqm* bei *jd.* Gnade finden *od.* sich beliebt machen.
F. *pf.*-Formen *zsgz.*: *inissĕ(m) u.ä.*

inĕptiae, *ārum* (*selten sg. °-ă, ae*) Albernheit *in Reden u. Handeln*) *f* (*inĕptūs*) Albernheiten, Geschwätz, Unsinn (*alcis, aniles* Altweibergewäsch); *bsd.* alberne Ansichten, törichte Liebhabereien, (*beim Schreiben*) übertriebene Ziererei, Geschmacklosigkeit.

inĕptiō 4. (*denom. v. inĕptūs*) (*vkl., dcht.*) albern reden, Unsinn schwatzen.

▶ **in-ĕptūs** 3 (*m. comp. u. °sup.*; *adv.* **-ē**) (*āptūs*) **1.** (*Ho.*) / unbrauchbar, untauglich [*chartae* Makulatur]. **2.** / **a)** (*meist v. Sachen*) unpassend, ungereimt [*res, iocus, negotium*]; **b)** (*meist v. Pers.*) albern, läppisch, töricht [*Graeculus, inepte disserere*]; *subst. pl. m* Leute *v.* schlechtem Geschmack, Pedanten.

in-ĕquitābilis, *ĕ* (*Cu.*) für Reiterei ungeeignet [*campi*].

in-ĕrmis, ĕ *u.* **in-ĕrmus** 3 (*ărmă*) **1. a)** unbewaffnet, wehrlos, ungerüstet; **b)** (*nkl.*) *v.* Truppen entblößt, schutzlos, *v. Pers. u. Sachen* [*miles*, °*legatus* ohne Heer, °*ager*]. **2.** / [°*senectus* kinderlos, °*carmen* niemand verletzend; *in re* in *etw.* nicht gut beschlagen, *zB. in philosophia*].

in-ĕrrāns, *ăntis* (*in-*[2] + *part. praes. v. ĕrrō*) nicht (umher)irrend, feststehend [*stellae* Fixsterne].

in-ĕrrō 1. (*nkl.*, *dcht.*) in *od.* an *od.* auf *etw.* umherirren (*alci rei*, *zB. montibus*; / *oculis* vor den A. schweben).

▶ **in-ĕrs**, *ĕrtis* (*m. comp. u. sup.*) (*ărs*) **1.** ungeschickt, untüchtig, unfähig, nutzlos [°*poëta*, °*versus* kunstlos]. **2. a)** untätig, träge, schlaff, kraftlos, schwach, *v. Pers. u. Sachen, oft* / [*homo, senectus, otium*, °*vita* tatenlos, °*aqua* stehend, °*glebae* unfruchtbar, °*terra* unbeweglich, °*stomachus* nicht verdauend, °*corpora* wehrlos, °*caro* ohne Saft *u.* Kraft, °*voces* eitel, nichtig, °*tempus u.* °*horae* der Muße]; **b)** unnütz, bedeutungslos [*querelae*]. **3.** *meton.* **a)** (*dcht.*) träge machend, erschlaffend [*frigus, somnus*]; **b)** (*meist nkl.*, *dcht.*) unmännlich, mutlos, verzagt, schüchtern, *v. Pers. u.* °*Sachen* [*homo*, °*pecora* scheu, °*corda*, °*letum* ruhmlos, °*furtum* feig = *v.* Feigheit zeugend]; *subst. m* Feigling. **F.** *abl. sg.* *-ī u.* °*-ĕ*; *pl. neutr.* *-iă*, *gen.* *-iŭm*.

inĕrtiă, *ae f* (*inĕrs*) **1.** Ungeschicklichkeit, *auch pl.* **2. a)** Untätigkeit, Trägheit, Verdrossenheit (*alcis* j-s, *laboris* Unlust an der Arbeit); **b)** Feigheit.

in-ērŭdītŭs 3 (*m.* °*sup.*; *adv.* °*-ē*) ungebildet, unwissenschaftlich, roh, *v. Pers. u. Sachen.*

in-ēscō 1. (*in-*[1] + *denom. v. ēscă*) (*vkl.*, *nkl.*) ködern; *meist* / = verführerisch anlocken (*alqm re*).

in-ĕssĕ *s. insŭm.*

in-euschēmē *adv.* (*in-*[2] + *Fw.* εὐσχήμως *m. lat. adv.-Endung*) (*Pl.*) ohne Anstand.

in-ēvĕctŭs 3 (*in-*[1] + *part. pf. v. ēvĕhōr*) (*Ve.*) hinaufgefahren, -gestiegen.

in-ēvītābilis, ĕ (*dcht.*, *nkl.*) unvermeidlich, unausweichbar [*fulmen*].

in-ēvŏlūtŭs 3 (*in-*[2] + *P.P.P. v. ēvŏlvō*) (*Ma.*) unaufgerollt, ungeöffnet [*liber*].

in-ĕxcītābilis, ĕ (*ĕxcitō*) (*Se.*) unerweckbar [*somnus* tief].

in-ĕxcitŭs 3 (*in-*[2] + *P.P.P. v. ĕxciō*) (*dcht.*) nicht aufgeregt, ruhig, friedlich.

in-ĕxcūsābilis, ĕ (*dcht.*, *nkl.*) unentschuldbar.

in-ĕxcŭssŭs 3 (*in-*[2] + *P.P.P. v. ĕxcŭtiō*) (*Ve.*) unerschüttert, unerschrocken.

in-ĕxĕrcitātŭs 3 **1.** (*nkl.*) unbeschäftigt. **2.** ungeübt [*miles, histrio*; *ad alqd, zB. ad dicendum*].

in-ĕxhaustŭs 3 (*in-*[2] + *P.P.P. v. ĕxhauriō*) **1.** (*nkl.*) unerschöpft, ungeschwächt [*pubertas*]. **2.** (*dcht.*) unerschöpflich [*metalla*].

in-ĕxōrābilis, ĕ unerbittlich [*iudex*, / °*disciplina* unerbittlich streng, °*odium* unversöhnlich, °*fatum* unabwendbar; *in u. adversus alqm* gegen *jd.*, °*alci rei* für *etw.*, *zB. delictis*].

in-ĕxpĕdītŭs 3 (*m. comp.*) (*nkl.*) verwickelt [*pugna*].

in-ĕxpĕrrēctŭs 3 (*in-*[2] + *part. pf. v. ĕxpĕrgīscōr*) (*Ov.*) nicht erwacht, unerweckbar.

in-ĕxpĕrtŭs 3 (*nkl.*, *dcht.*) **1.** (*medial*) in *etw.* unerfahren, *m. etw.* unbekannt, *e-r Sache* noch ungewohnt (*abs. od. alci rei*, *zB. bonis*, *u. alcis rei*, *zB. lasciviae*, *ad alqd*). **2.** (*pass.*) (*v. Sachen*) **a)** unversucht, unerprobt, unbewährt [*fides, legiones*, *alqd inexpertum relinquere*; *re* in *etw.*, *zB. bellis*]; **b)** unbekannt [*genus quaestionis*].

in-ĕxpiābilis, ĕ (*-pi-?*; *ĕxpiō*) **1.** unsühnbar [*religiones, scelus*]. **2.** unversöhnlich [*homo*; / *auch* = unaustilgbar, *zB.* °*odium*].

in-ĕxplēbilis, ĕ unersättlich, *meist* / [*libido*; *alcis rei* in *etw.*, *zB.* °*laudis*].

in-ĕxplētŭs 3 (*in-*[2] + *P.P.P. v. ĕxplĕō*) (*dcht.*) ungesättigt, unersättlich, maßlos [*-us lacrimans* unaufhörlich].

in-ĕxplīcābilis, ĕ (*adv.* °*-itĕr*) **1.** (*nkl.*) unentwirrbar, unauflöslich [*vinculum*]. **2.** / **a)** unausführbar [*legatio*, °*via* ungangbar, °*morbus* unheilbar, °*bellum* endlos, °*facilitas* erfolglos]; **b)** unerforschlich, unerklärlich [*res*].

in-ĕxplīcitŭs 3 (*in-*[2] + *P.P.P. v. ĕxplĭcō*) (*dcht.*) unerklärlich, dunkel [*Platones*].

in-ĕxplōrātŭs 3 (*nkl.*) unerkundet, ununtersucht, unbekannt [*vadum*]; *adv.* **-ō** ohne vorher Kundschaft eingezogen zu haben [*proficisci*].

in-ĕxpūgnābilis, ĕ (*-ū-?*) **1.** (*nkl.*, *dcht.*) uneinnehmbar, unüberwindlich, *v. Pers. u. Sachen* [*urbs, arx, incolae*; / *via* ungangbar, *gramen* unausrottbar]. **2.** (*v. Pers.*) unerschütterlich, fest.

in-ĕxspĕctātŭs 3 unerwartet [*hostis, vis*].

in-ĕxstīnctŭs 3 (*-ī-?* *in-*[2] + *P.P.P. v. ĕxstīnguō*) (*Ov.*) unausgelöscht [*ignis*]; / unauslöschlich, unstillbar, unersättlich [*fames, libido, nomen* unvergänglich].

in-ĕxsŭpĕrābilis, ĕ (*m. comp.*) **1.** (*nkl.*) unübersteigbar, unersteigbar [*Alpes*]. **2.** / **a)** (*nkl.*, *dcht.*) unüberwindlich [*vis fati*]; *subst. n pl.* Unmögliches; **b)** (*nkl.*) unübertrefflich.

*****in extenso** (*zu ĕxtĕndō*) der ganzen Ausdehnung nach, ausführlich, vollständig.

in-ĕxtrīcābilis, ĕ (*adv.* **-itĕr**) (*ĕxtrīcō*) (*unkl.*) unentwirrbar [*error*].

in-făbrē *adv.* (*făbĕr*[2]) (*unkl.*) ungeschickt, unkünstlerisch [*vas ~ factum*].

in-făbrĭcātŭs 3 (*in-*[2] + *P.P.P. v. făbrĭcō*) (*dcht.*, *nkl.*) unbearbeitet, roh [*robora*].

infăcētiae, *ārŭm f* (*infăcētŭs*) (*Ca.*) Geschmacklosigkeiten.

in-făcētŭs 3 (*adv.* °*-ē*) witzlos, geschmacklos, unfein, plump, *v. Pers. u. Sachen* [*homo, mendacium*].

****in facto** (*s. făctŭm*) in der Tat, tatsächlich.

in-făcŭndŭs 3 (*m. comp.*) (*nkl.*) unberedt, sprachlich ungewandt.

▶ **infāmiă**, *ae f* (*infāmis*) **1.** übler Ruf, Schande, Schimpf, Schmach (*alcis j-s*, *alcis rei* einer Sache *od.* wegen einer Sache, *zB. duarum legionum*; *infamiam habere, inferre, sarcire, infamiā flagrare*). **2. a)** Verlust der bürgerlichen Rechte (= *ignōmĭniă*; *s.d.*); **b)** *meton.* (*concr. v. Pers.*) (*Ov.*) Schandfleck [*nostri infamia saecli*].

▶ **in-fāmis**, ĕ (*fāmă*) verrufen, übel, berüchtigt, *v. Pers. u. Sachen* [*mulier, domus*, °*digitus* Mittelfinger, °*carmen* Zauberformel; *re* durch, wegen *etw.*, *zB. vitiis*, *auch* °*ob alqd*]; *meton.* üblen Ruf bringend, entehrend, schmachvoll [*pax, tabella*, °*nuptiae*].

in-fāmō 1. (*vl. Hypost.* < *in fāmăm* [*sc. rĕdĭgō*]; *cf. dĭffāmō*) **1.** in üblen Ruf *od.* in Schande bringen (*alqm u. alqd*; *re* durch *etw.*, *zB. criminibus*). **2.** (*selten*) (*nkl.*) verdächtigen, verleumden (*alqm u. alqd*).

in-făndŭs 3 (*in-*[2] + *ger. v. fōr*) **1.** (*dcht.*) unsagbar, unsäglich, unerhört [*dolor, amor*]. **2.** (*pejorativ*) abscheulich, entsetzlich, ruchlos, *fast nur v. Sachen* [°*stuprum, caedes*]. **3.** *subst.* (*nkl.*, *dcht.*) **a)** *m infandi* Ruchlose; **b)** *n pl.* Untaten; **c)** (*als Ausruf eingeschoben*) *infandum!* o Schmach! o Greuel! o Schrecken!

▶ **in-fāns**, *ăntis* (*m. comp. u. sup.*) (*in-*[2] + *part. praes. v. fōr*; *eigtl.* „nicht sprechend, nicht reden könnend") **1.** stumm [*Croesi filius*, °*statua*]. **2. a)** noch nicht sprechend, lallend, stammelnd [°*ōs*]; **b)** unberedt, ohne Redegabe [*infantissimus existimor*]. **3.** sehr jung, zart, noch klein [*puer, pupilla*]; *subst.* **infāns**, *ăntis m u. f* das kleine Kind *etwa bis zum 7. Jahre*, *auch* (*nkl.*) Kind im Mutterleibe. **4. a)** (*Ov.*) kindlich, des Kindes, Kindes... [*ossa, ora*]; **b)** / kindisch, läppisch [*omnia fuere infantia*]. — **Page; Prinz; Chorknabe. **F.** *abl. sg. adi.* *-ī*, *subst.* *-ĕ*; *pl. neutr.* *-iă*, *gen.* *-iŭm u.* °*-ŭm*.

infăntārĭŭs 3 (*infāns*) (*Ma.*) sich mit Kindern abgebend, kinderlieb.

infăntiă, *ae f* (*infāns*) **1. a)** (*Lu.*) Unvermögen zu sprechen; **b)** Mangel an Redegabe (*alcis*). **2.** (*nkl.*) **a)** Kindheit, Jugend; **b)** kindisches Wesen.

infăntīlis, ĕ (*infāns*) (*nkl.*) **1.** kindlich. **2.** noch klein [*uterus*].

in-fărciō = *in-fĕrciō*.

in-fătīgābilis, ĕ (*fătīgō*) (*nkl.*) unermüdlich.

in-fătŭō 1. (*fătŭŭs*) betören (*alqm re jd.* durch *etw.*).

in-faustŭs 3 (*nkl.*, *dcht.*) **1.** (*act.*) unheilvoll [*nomen, auspicium*]. **2.** (*pass.*, *v. Pers.*) nicht vom Glück begünstigt [*bellis* in seinen Kriegen].

infēcī *s. infĭciō.*

īnfěctŏr, *ōrĭs m* (*īnfĭcĭō*) Färber.
īnfěctŭs[1] 3 (*P.P.P. v. īnfĭcĭō*) gefärbt.
īn-fěctŭs[2] 3 (< **īn-făctŭs, īn-*[2] + *P.P.P. v. făcĭō*) **1. a)** ungetan, ungeschehen [*alqd pro infecto habere* für ungeschehen halten, °*alqd infectum reddere* rückgängig machen, °*facta atque infecta* Dichtung *u.* Wahrheit]; **b)** (*nkl.*) unvollendet, unausgeführt, unfertig, *auch* = °nichtig [°*pensum,* °*sacra*]; *infectā re* unverrichteter Sache (*auch pl.*) = °*infecto negotio*; *infectā* °*pace od. victoriā* ohne zustande gebracht zu haben; *infecto* °*bello* ohne den Krieg fortzusetzen. **2.** (*nkl.*) unausführbar, unmöglich (*alci* für *jd.*). **3.** (*nkl., dcht.*) unbearbeitet, ungeprägt, roh [*aurum* gediegenes, °*argentum* in Barren].
īnfēcŭndĭtās, *ātĭs f* (*īnfēcŭndŭs*) (*nkl.*) Unfruchtbarkeit.
īn-fēcŭndŭs 3 (*m. comp.*; *adv.* **-ē**) (*nkl., dcht.*) unfruchtbar, *auch* / [*ager, fons*; *re* an *etw.*].
īnfēlīcĭtās, *ātĭs f* (*īnfēlīx*) **1.** (*Qu.*) Unfruchtbarkeit. **2.** / Unglück, Elend (*in re* in, bei *etw.*).
īnfēlīc(ĭt)ō 1. (*īnfēlīx*) (*Com.*) unglücklich machen, strafen.
īn-fēlīx, *īcĭs* (*m. comp. u. sup.*; *adv.* °**-ītĕr**) **1. a)** (*vkl., dcht.*) unfruchtbar, unergiebig [*tellus frugibus*]; **b)** *arbor* ~ unfruchtbarer (*d. h. keine eßbaren Früchte tragender*) Baum = Galgen, *den unterirdischen Göttern geweiht* [°*arbori infelici suspendere alqm*]. **2.** unglücklich, *sowohl* (*pass.*) = unglückselig, elend, *als auch* (*act.*) = kein Glück bringend, unheilvoll, unselig, *v. Pers. u. Sachen* [*homo,* °*forma puellae,* °*thalamus,* °*Erinys*]; *subst. m* der Unglückliche.
F. *abl. sg. -ī u.* °*-ĕ*; *pl. neutr. -ĭā, gen. -ĭŭm.*
īnfēnsō 1. (*denom. v. īnfēnsŭs*) (*Ta.*) feindselig behandeln, beunruhigen [*pabula* das Furagieren]; *abs.* zürnen, erbittert sein.
īnfēnsŭs 3 (*m.* °*comp.*; *adv.* **-ē**) (*P.P.P. v. *īn-fēndō, cf. dē-fēndō*) feindlich *der Gesinnung nach* = feindselig, erbittert, aufgebracht, gehässig, *v. Pers.*; / *auch v. Sachen* [°*hostis,* °*rex, animus,* °*valetudo* schlecht, °*servitium* drückend; *re* durch *etw.*; *alci u. alci rei, zB.* °*opes principibus -ae* gefährlich].
īnfěrbŭī *s. īnfervēscō.*
īn-fěrcĭō, *rsī, rsŭm* 4. (*klass. nur praes.*; *fărcĭō*) hineinstopfen [*verba* einflicken].
īnfěrī *s. īnfěrŭs.*
īnfěrĭae, *ārŭm f* (*altl. īnfěrĭŭs* 3 „dargebracht, geopfert"; *īnfěrō, in der Bed. durch īnfěrī beeinflußt*) Totenopfer [*-as alci afferre od.* °*facere,* °*dare,* °*instituere*].
▶ **īnfěrĭŏr,** *ĭŭs s. īnfěrŭs u. īnfrā.*
īnfěrnālĭs, *ĕ* (*īnfěrnŭs*) unterirdisch [*Pluto*]. — **teuflisch, höllisch.
īnfěrnŭs 3 (*adv.* °**-ē**) (*īnfěrŭs*) **1.** unten befindlich, der untere [*partes,* °*stagna* unten im Lande]. **2.** (*dcht., nkl.*) unterirdisch: **a)** unter der Erde (befindlich) [*gurges*]; **b)** zur Unterwelt gehörig, der Unterwelt entstiegen [*tenebrae, rex* = Pluto, *Iuno* = Proserpina, *palus* = Styx, *lacus* = Avernersee]; **c)** *subst.* **α) īnfěrnŭs,** *ī m* (*Vulg., Ambr.*) die Hölle; ***auch* der Teufel; **β) īnfěrnī** *m* (*dcht.*) = *īnfěrī*; **γ) īnfěrnă,** *ōrŭm n* (*nkl., dcht.*) Unterwelt; (*Eccl.*) (***auch sg. -ŭm*) Hölle.

īn-fěrō
1. a) herein-, hineintragen; **b)** *etw.* in *od.* an *od.* auf *etw.* setzen, legen; **2.** (*Tote*) bestatten; (*Opfer*) darbringen; **3. a)** (*Rechnung*) eintragen; **b)** (*in d. Rede*) vorbringen, äußern; **4. a)** (*Böses*) zufügen; **b)** *in-ferre bellum* Krieg anfangen, erklären; **c)** *refl. od. mediopass.* (sich) stürzen; eindringen; **5. a)** einjagen, einflößen; **b)** (*rhet.*) folgern.

īn-fěrō, *īntŭlī, īllātŭm, īnfěrrě* **1. a)** herein-, hineintragen, -bringen, -schaffen, -werfen, -setzen, *auch* / (*alqm u. alqd in alqd u. alci rei, zB. regem in aciem,* °*ligna in ignem, vinum od. Graecas litteras in Latium* einführen in, verpflanzen nach, °*spolia templo,* °*imperium in Persidem* übertragen auf, °*fontes urbi* hineinleiten in, *manūs alci u. in alqm* Hand an *jd.* legen, °*gressum alci* auf *jd.* losgehen); **b)** *übh. etw.* auf *od.* an *etw.* setzen, an *etw.* legen (*alqm in equum* aufs Pferd setzen, *scalas ad moenia,* °*alqm in scopulum* treiben an). **2. a)** (*Tote*) *irgendwo* beisetzen *od.* bestatten [°*corpus sepulcro od. eodem*]; **b)** (*dcht.*) (*Opfer, Gaben*) darbringen *od.* opfern [*inferias, honores Anchisae*]. **3. a)** (*Rechnungen*) aufstellen *od.* eintragen [*rationes*]; *auch etw. jd.* in Rechnung stellen [°*alqd rationibus, sumptum civibus*]; **b)** (*in der Rede*) vorbringen, äußern [*crimina* erheben, °*mentionem rei* erwähnen, *sermonem de re* das Gespräch auf *etw.* bringen]; *auch etw.* vorgeben, anführen [*causam,* °*causam alci* eine Sache gegen *jd., causam belli alci* einen Vorwand zum Kriege gegen *jd.* suchen]. **4. a)** (*Böses*) zufügen, antun, verursachen (*alqd alci, seltener in alqm, zB. calamitatem, periculum, dolorem, iniuriam, mortem, poenam* verhängen über, °*morsūs* versetzen, *ictum e-n* Streich gegen *jd.* führen); **b)** *mil.* **α) běllŭm alci** *m. jd.* Krieg anfangen [*Antiocho, patriae, seltener contra patriam*; *so auch arma inferre alci*]; *abs.* (den) Krieg anfangen, offensiv vorgehen; **β) běllŭm ĭn alqd** den Krieg nach einer Gegend verlegen, hinspielen [*in Italiam, in patriam*; *so auch proelium in castra*]; **γ) sīgnă** (*auch aquilam, vexillum, pugnam*) die Feldzeichen wohin tragen = zum Angriff vorrücken, angreifen (*alci u. in alqm od. in alqd, zB. hostibus u. in hostes, urbi u. in urbem, portae, selten adversus alqm*); **c) sē īnfěrrě** *od. mediopass.* (sich) stürzen, sich werfen, sich begeben, eindringen, einfallen, *abs.* einherschreiten (*in alqd u. alci rei, zB. in urbem,* °*in medios enses,* °*praesidiis,* °*foribus* zur Tür hineingehen, *in vitae discrimen* sein Leben aufs Spiel setzen, °*se alci* sich *jd.* nähern, °*se socium* sich als Gefährten anreihen). **5. a)** (*Affekte*) erregen, einjagen, einflößen, zufügen (*alqd alci, auch in alqm, zB. terrorem exercitui u. in exercitum, metum, misericordiam*); *übh. etw.* herbeiführen, verursachen [*tumultum, moram*]; **b)** (*rhet.*) folgern, schließen [*deinde infertur:* „*ille igitur occidit*"].
īn-fěrsī *s. īnfěrcĭō.*
īn-fěrsŭm *P.P.P. v. īnfěrcĭō.*

īnfěrŭs
I. *pos.* **1.** unten befindlich; **2.** unterirdisch; **II.** *comp.* **īnfěrĭŏr 1.** (*räuml.*) tiefer gelegen; **2.** (*zeitl.*) später, jünger; **3.** geringer, untergeordnet; **III.** *sup.* **īnfĭmŭs a)** (*räuml.*) der unterste, tiefste; **b)** der geringste.

īnfěrŭs 3 (< **ndheros*; *idg.* „*dh*" *m. Anlautsbehandlung* > *f, da man* „*in*" *fälschlicherweise als prp. empfand*; *cf. nhd.* „*unter*") **I.** *pos.* **1. a)** (*vkl.*) unten befindlich, der untere [°*loca*]; **b) mărĕ īnfěrŭm** (*bisw. auch nur īnfěrŭm*) das Tyrrhenische Meer (*Ggs. mare superum* die Adria). **2.** unterirdisch; *dii inferi* Götter der Unterwelt [°*flumina -a* Flüsse der Unterwelt); *subst.* **īnfěrī,** *ōrŭm u.* °*-ŭm m* die Unterirdischen, Verstorbenen, *auch* = Unterwelt [*ad inferos descendere, apud inferos esse, ab inferis exsistere od. alqm evocare, excitare* aus der Unterwelt]. **II.** *comp.* **īnfěrĭŏr,** *ĭŭs* **1.** (*räuml.*) tiefer *od.* niedriger gelegen (*Ggs. sŭpěrĭŏr*) [*pars, locus* Vertiefung, Senkung des Terrains, *ex inferiore loco dicere* unten, nicht auf dem Tribunal, *labrum* Unterlippe, *Germania,* °*versus* = Pentameter, °*in inferius ferri* nach unten, in die Tiefe]; *subst.* °*inferiores m* Bewohner des unteren Stadtteiles; °*inferiora n* die unteren Teile [*muri*]. **2.** / (*zeitl.*) später, jünger [*aetate*]. **3.** (*an Zahl, Kraft, Rang, Wert*) schwächer, geringer, nachstehend, untergeordnet, (*im Kampfe*) unterlegen [*gradus, ordo, ordines* die unteren Zenturionenstellen, *numerus, genus hominum, foedus, ius, causa*; *alqo als abl. comp.* *jd.* nachstehend, *zB. Alexandro*; *re als abl. limit.* an, in *etw., zB. virtute, numero navium, acie od. proelio inferiorem discedere* eine Schlacht verlieren; *in re* in, bei *etw., zB. in agendo*]. **III.** *sup.* **1. īnfĭmŭs** 3 (< **ndhemos*; *Anlautsbehandlung v.* „*dh*" *wie bei īnfěrŭs*; *s. o.*) **a)** (*räuml.*) der unterste, niedrigste, tiefste [*solum, ab infimo solo* unten vom Boden an, *lectus, auricula* Ohrläppchen]; *oft partitiv* = der unterste Teil, das untere Ende [*mons* Fuß des Berges, *ara* der unterste Teil des Altars, °*aequora* Tiefen des Meeres, *in infimo mari* auf dem Meeresgrunde]; *subst. infimum n, zB. ab infimo* von unten auf, ganz unten; **b)** / (*v. Rang, Wert, Beschaffenheit*) der schlechteste, geringste [*faex populi, homo infimo loco natus, preces* die demütigsten]; *subst. m* der Niedrigste, Geringste [*nemo infimus* keiner, auch der Geringste nicht], *bsd. pl.* **2. imŭs** 3 (*m. īnferŭs et. nicht verwandt*) *s.d.*

in-fĕrvēscō, *ferbŭī,* — 3. (*unkl.*) zu sieden beginnen, aufbrausen.

īn-fēstō 1. (-ē-?; *denom. v. īnfēstŭs*) (*nkl., dcht.*) beunruhigen, unsicher machen, gefährden, angreifen (*alqd u. alqm, zB. munitiones; alqm re, zB. hostem unguibus*).

▶ **īn-fēstŭs** 3 (-ē-?) (*m. comp. u. sup.; adv.* **-ē**) (*et. ungedeutet*) **1.** (*pass.*) beunruhigt, Angriffen ausgesetzt, gefährdet, bedroht, unsicher, *oft* / [*iter, via;* / *vita, salus; re* durch *etw., zB.* °*terra serpentibus -a; ab alqo, zB.* °*regio a Samnitibus*]; *alqd infestum* °*facere od.* °*reddere, habere* unsicher machen, beunruhigen [*mare, viam*]. **2.** (*act.*) **a)** beunruhigend, bedrohlich, feindselig, feindlich, aufsässig, *v. Pers. u. Sachen* [*hostis, provincia, oculi,* °*vulnus* tödlich; *alci, selten in alqm* gegen *jd., zB. urbes huic imperio*]; *subst. n pl.* °Gefahren, Unglück; **b)** *mil.* kampfbereit, schlagfertig, zum Angriff formiert [*exercitus, pilum* geschwungen, *hasta* gefällt, °*mucro* gezückt, *infesto agmine proficisci* in Angriffskolonnen formiert, *infestis signis inferri od. impetum facere* im Sturm].

īnfĭcētŭs 3 *u.* **īnfĭcētĭae** = **īnfăcētŭs** *u.* **īnfăcētĭae.**

in-fĭcĭō, *fēcī, fēctŭm* 3. (*făcĭō*) **1. a)** (*dcht., nkl.*) *etw. m. einer Substanz* anmachen = versetzen, mischen, (*m. einer Flüssigkeit*) tränken, benetzen (*alqd re, zB.* °*mel fronde*); **b)** / *puerum artibus* ausrüsten *od.* bekannt machen *m.*, einweihen in. **2.** färben, bemalen [*se vitro,* °*arma sanguine* röten, °*pallor ora* überzieht, °*fumus diem* verdunkelt]. **3. a)** (*nkl., dcht.*) vergiften [°*herbas,* °*Allecto venenis infecta m.* vergifteten Schlangenhaaren (angetan)]; **b)** / vergiften, verpesten, beflecken (*alqd, zB. teneros animos,* °*spolia* durch Berührung entweihen; *alqm u. alqd re, zB. alcis animum deliciis od. languore, hoc quod infectum est* die jetzige Ansteckung = der bereits angerichtete Schaden, °*scelus infectum* Schandfleck der Sünde).

in-fĭdēlĭs, *ĕ* (*m.* °*comp. u. sup.; adv.* **-ĭtĕr**) **1.** untreu, treulos, unehrlich [*socii, provincia; alci* gegen *jd.*]; *subst. m;* **2.** (*Eccl. u.* **) ungläubig, heidnisch.

īnfĭdēlĭtās, *ātīs f* (*īnfĭdēlĭs*) **1.** Untreue, Treulosigkeit, Unzuverlässigkeit (*alcis* j-s, *alcis rei, zB. amicitiarum*). **2.** (*Vulg.*) Unglaube.

in-fĭdŭs 3 treulos, unzuverlässig, unsicher, *v. Pers. u. Sachen* [*amicus, gens,* °*pax,* °*portus* tückisch; *re* durch, von, in *etw., zB. ingenio; alci* gegen *jd., zB.* °*nobis*].

in-fīgō, *fīxī, fīxŭm* 3. **1.** hineinheften, -bohren, -stoßen, -schlagen (*alqd, zB. signum* in die Erde stoßen, °*vulnus* beibringen; *alqd in alqd u. alci rei, auch in re u.* °*re, zB. gladium hosti in pectus,* °*hominem scopulo* aufspießen *od.* schmettern an); P. *auch* eindringen, steckenbleiben. **2.** / einprägen, befestigen, fest auf *etw.* richten [*animum in patriae salute*]; *bsd. P.P.P.* befestigt, eingeprägt [*res in hominum sensibus infixa*]; *subst.* °*infixum, i n* (*Ta.*) fester Entschluß [*vitandi arma Romana*].

īnfĭmātĭs *od.* **-mās,** *mātīs m* (*īnfĭmŭs*) (*Pl.*) Angehöriger der untersten Volksklasse.

▶ **īnfĭmŭs** 3 *s.* **īnfĕrŭs.**

in-fĭndō, *fĭdī, fĭssŭm* 3. (*dcht.*) einschneiden (*alqd alci rei, zB. sulcos telluri;* / *sulcos* [*mari*] das Meer durchfurchen).

īnfīnītās, *ātīs f* (**īnfīnĭs* „ohne Grenzen") Unendlichkeit, unendliche Weite [*locorum*]; *abs.* Weltall.

īn-fīnītĭō, *ōnĭs f* (*Neubildung Ciceros als Übersetzung v.* ἀπειρία *m. Anschluß an īnfīnītŭs*) Unendlichkeit.

▶ **īn-fīnītŭs** 3 (*m. comp.; adv.* **-ē**) **1.** unbegrenzt: **a)** (*räuml.*) grenzenlos, unendlich, *zB. altitudo, loca;* **b)** (*zeitl.*) endlos, unaufhörlich, *zB. tempus* Ewigkeit, *odium;* **c)** (*der Zahl nach*) zahllos, unendlich (viel), *zB. multitudo, rapinae;* **d)** (*dem Maß od. Grad nach*) unermeßlich, *zB. pondus, silva* Stoff, *magnitudo, potestas* unbeschränkt; *subst.* **īnfīnītŭm,** *ī n* das Unendliche, Unermeßliche, (*nkl.*) (*m. gen.*) unendliche Menge [*auri*]; *adv.* **-ē** grenzenlos, bis ins Unendliche [*partes dividere, concupiscere*]. **2.** unbestimmt: **a)** (*philos. u. rhet. t.t.*) allgemeingültig, allgemein, abstrakt [*res, quaestio, distributio, coniunctiones* unbestimmte Aussagen]; *adv.* **-ē** in unbestimmter Allgemeinheit [*referre de re*]; **b)** (*gramm. t.t.*) (*vkl., nkl.*) *verbum -um od. modus -us* der Infinitiv.

īnfīrmātĭō, *ōnĭs f* (*-fīrm-?; īnfīrmō*) Entkräftung: **1.** = Widerlegung [*rationis*]. **2.** = Ungültigmachung [*rerum iudicatarum*].

īnfīrmĭtās, *ātīs f* (*-fīrm-?; īnfīrmŭs*) **1.** (*physisch*) Schwäche, Ohnmacht, Gebrechlichkeit (*alcis, zB. puerorum; alcis rei, zB. corporis*). **2.** (*nkl.*) Unpäßlichkeit, Krankheit. **3.** (*meton.*) (*nkl.*) das schwache Geschlecht (*Weiber od. Kinder*). **4.** / geistige Schwäche: °**a)** Mangel an Talent; **b)** Charakterschwäche, Wankelmut, Kleinmut, Unselbständigkeit (*alcis, zB. Gallorum; alcis rei, zB. animi, ingenii, iudiciorum* Unzuverlässigkeit (der Gerichte = der Richter).

īnfīrmō 1. (*-fīrm-?; denom. v. īnfīrmŭs*) **1. a)** (*nkl.*) schwächen, entkräften (*alqm u. alqd, zB. corpus, legiones commeatibus*); **b)** / erschüttern, *zB. fidem testium, alqs conscientiā scelerum infirmatur* wird des Haltes beraubt. **2.** / **a)** widerlegen (*alqm u. alqd, zB. res leves*); **b)** für ungültig erklären [*legem*].

▶ **in-fīrmŭs** 3 (*-fīrm-?*) (*m. comp. u. sup.; adv.* **-ē**) **1.** schwach, kraftlos, ohnmächtig, *phys. od. an Zahl u. Umfang, v. Pers. u. Sachen* [*homo, senex, corpus, classis, valetudo; re* durch, an *etw., zB. corpus annis -um; ex re* infolge *e-r* Sache, *zB. ad resistendum*]. **2.** (*nkl.*) unpäßlich, angegriffen, abgespannt [*caput*]. **3.** / **a)** geistig schwach, *bsd.* mutlos, kleinmütig, unselbständig [*reus, exercitus, animus*]; **b)** (*moralisch*) unzuverlässig [*multitudo, fides*]; *subst. m;* **c)** (*dcht.*) abergläubisch. **4.** (*v. Sachen*) gering, unbedeutend, wertlos, ungültig [°*causa, res ad probandum -a,* °*senatūs consultum*].

in-fĭt *od.* **-fīt** (*zu fīō*) (*unkl.*) er fängt an (*abs. od. re m. etw., zB. his vocibus; m. inf., zB. fari*); (*prägn.*) er hob an zu reden (*alci* zu *jd.; m. a.c.i.*).

(**īnfĭtĭae**), *acc. ās f* (*zu* **in-fĭtŭs* < **īn-fătŭs; zu fōr; cf.* ἄφατος) (*vkl., nkl.*) das Leugnen; *nur in der Verbindung infitias ire* ableugnen (wollen), in Abrede stellen (= *īnfĭtĭārī*); *fast immer verneint* = zugestehen, anerkennen (*abs. od. alqd; m. a.c.i.*).

īnfĭtĭālĭs, *ĕ* (*īnfĭtĭae*) ablehnend [*quaestio*].

īnfĭtĭātĭō, *ōnĭs f* (*īnfĭtĭŏr*) das Leugnen (*abs. od. alcis; alcis rei, zB. facti*).

īnfĭtĭātŏr, *ōrĭs m* (*īnfĭtĭŏr*) „Ableugner", *bsd. derjenige, der vor Gericht Ausflüchte macht, um sich seinen Schuldverpflichtungen zu entziehen.*

īnfĭtĭŏr 1. (*īnfĭtĭae*) leugnen, in Abrede stellen, nicht anerkennen (*abs. od. alqd, zB. crimen,* °*rem manifestam, auch* °*alqm amicum; m. a.c.i.*).

*****in flagranti** (*sc. crimine*) (*s. flăgrāns*) auf frischer Tat, *bsd. des Ehebruchs* [ertappt] (*nach Cod. Fust.* 9, 13, 1).

īnflămmātĭō, *ōnĭs f* (*īnflămmō*) das Anzünden, Brandstiftung, Brand [*-nem inferre tectis* die Brandfackel tragen in]; / Glut, Erregung [*animorum*].

▶ **in-flămmō** 1. **1.** in Flammen setzen, anzünden, anstecken (*alqd, zB. urbem, classem, anima inflammata* feurige Luft; *alqd re od. ex re etw.* an *etw., zB. taedas iis ignibus, qui ex Aetna erumpunt*). **2.** / entflammen, entzünden, erregen, reizen (*alqm, zB. civem, od. alcis animum; alqd, zB. odium, libidinem; alqm in alqm jd.* gegen *jd., zB. populum in improbos; alqm re, zB. cupiditate honorum; alqm ad alqd, zB. ad gloriam*); (*prägn.*) in feuriger Rede über *etw.* (*alqd*) sprechen.

īnflātĭō, *ōnĭs f* (*īnflō*) das Aufblähen, Blähung [*-nem habere* verursachen]; / (*med. t.t.*) (*nkl.*) Blähung; (*Suet.*) *praecordiorum* Brustfellentzündung.

īnflātŭs[1] 3 (*m.* °*comp. u.* °*sup.; adv.* **-ē**) (*eig. P.P.P. v. īnflō*) **1.** aufgeblasen, geschwollen, strotzend [*collum,* °*amnis*]. **2.** / **a)** stolz [°*iuvenis; re* durch, auf *etw.*, *zB.* *cives laetitiā*]; **b**) zornig, aufgebracht, erregt [*animus*; *re* durch, über *etw.*]; **c**) übertrieben [*alqd inflatius perscribere*]; *bsd.* (*rhet.*) (*nkl.*) schwülstig, breit [*oratio*].

īnflātūs², *ūs m* (*īnflō*) **1.** das Blasen [*tibicinis*]. **2.** / Anhauch, Eingebung [*divinus*].

īn-flēctō, *flēxī, flēxūm* 3. **1.** (einwärts) beugen, biegen, krümmen (*alqd, zB. bacillum*, °*cervicem*; / *oculos alcis* auf sich ziehen); *se inflectere u. mediopass.* sich biegen, sich krümmen, einen Bogen bilden [*sinus ex alto ad urbem*]. **2.** / **a**) (*die Stimme*) modulieren [*vocem ad miserabilem sonum*]; **b**) / *sonus inflexus* der herabgestimmte *od.* mildere Ton der Rede, die mittlere Tonart; / *orationem* der Rede einen milderen Ton *od.* eine künstliche Richtung geben; **c**) (*das Recht*) beugen = verdrehen [*ius*]; *übh. etw.* ändern, verändern [*cursūs sui vestigium, suum nomen e Graeco* verändernd ableiten, umwandeln, *magnitudinem animi* vermindern]; **d**) (*den Sinn*) rühren, bewegen [*alqm u. animum od.* °*sensūs alcis*, °*alqm precibus*]; P. sich rühren lassen.

īn-flētūs 3 (*īn-*² + *P.P.P. v. flēō*) (*dcht.*) unbeweint [*turba*].

īn-flexibilis, *ě* (*dcht.*, *nkl.*) unbeugsam.

īnflexiō, *ōnis f* (*īnflēctō*) **1.** das Beugen *od.* Biegen, Biegung [*laterum* Haltung]. **2. a**) Windung, Gewinde, die Ranken [*helicis*]; **b**) / (*gramm. t.t.*) Abwandlung, Umbildung [*verborum*].

īnflexūs, *ūs m* (*īnflēctō*) (*dcht.*, *nkl.*) Biegung, Krümmung [*vicorum*]; / Veränderung.

īn-flīgō, *flīxī, flīctūm* 3. **1.** hineinschlagen, *etw.* an *od.* auf, gegen *etw.* schlagen *od.* stoßen *od.* schleudern (*alqd alci rei u. in alqd, zB. securim rei publicae*, °*cratera viro*, / *verbum in alqm*). **2.** (*prägn.*) **a**) *etw. durch Schlagen* zufügen, beibringen (*alci alqd, zB. mortiferam plagam*); **b**) *übh. etw.* zufügen, antun [*turpitudinem*].

īn-flō 1. **1.** (*vkl.*, *nkl.*) *etw.* in *etw.* hineinblasen [*aquam in ōs*]. **2.** aufblasen, (blasend) (an)schwellen *od.* aufschwellen lassen, (auf)blähen (*alqd, zB. faba inflat ventrem*, °*pellem*, °*buccas alci* gegen *jd.*); *P.P.P. inflatus* angeschwollen, aufgedunsen [°*Inachus venas*]. **3. a**) (*ein Instrument*) blasen (*alqd, zB. tibias*); *abs. tibicen inflat* bläst, beginnt zu blasen; **b**) (*einen Ton, Signale u. a.*) blasen = blasend hervorbringen, angeben [*sonum*, °*classica inflantur* ertönen]; **c**) / *abs.* (*vom Schriftsteller*) *paulo inflavit vehementius* er schlug *e-n* volleren Ton (*in s-r Darstellung*) an. **4. a**) aufblähen, stolz *od.* hochmütig machen (*alqm u. animum alcis*; *re* durch *etw.*, *zB.* °*falso nuntio*, °*falsa spe ad insolentiam*; *bsd. P.P.P. inflatus re* aufgeblasen durch *etw.*); **b**) durch Blasen anfachen; / ermutigen, anfeuern, *m.* Selbstvertrauen *od.* Zuversicht erfüllen, begeistern (*alqm u. alqd, zB. poëtam divino spiritu*, °*alcis spem mendaciis* steigern).

īn-flŭō, *flūxī, flūxūm* 3. (*flūxī, flūxūm?*) **1.** hineinfließen, -strömen, sich ergießen (*abs. od. in alqd, zB. Rhenus in Oceanum*; *auch alqd, zB. lacum*; *selten* / *ad alqd*; °*alci rei*). **2.** / **a**) (*v. Pers.*) *in großer Anzahl* eindringen [*copiae in Italiam influentes*]; **b**) unvermerkt eindringen, sich einschleichen (*in alqd, zB. oratio in sensus audientium, alqd u. alqs in alcis aures od. in animos omnium*).

īn-fŏdiō, *fōdī, fōssūm* 3. eingraben, vergraben, verscharren (*alqm u. alqd, zB.* °*hominem mortuum*, °*fruges*; *alqd in alqd u.* °*alci rei, zB. taleas in terram*, °*corpora terrae* beerdigen).

īnfōrmātiō, *ōnis f* (*īnfōrmō*; *eig.* „Abformung") **1.** (*philos. t.t.*) Vorstellung, Begriff (*alcis rei, zB. dei*): **a**) die im Geist a priori vorhandene Vorstellung [*antecepta animo od. in animo insita*]; **b**) die a posteriori gewonnene Vorstellung. **2.** Erläuterung, Deutung [*verbi*]. **3.** (*Augustin.*, *Vulg.*) Unterweisung, Belehrung.

īn-fōrmis, *ě* (*m. comp.*; *fōrmă*) (*unkl.*) **1.** ungestaltet, formlos. **2.** ungestalt, unschön, häßlich, *v. Pers. u. Sachen* [*Scylla, alveus, monstrum, hiems*; *re* durch *etw.*].

īn-fōrmō 1. **1. a**) (*nkl.*, *dcht.*) formen, bilden, gestalten (*alqd, zB. clipeum*); **b**) / wohl organisieren [*animus a natura bene informatus*]. **2.** / im Geiste bilden: **a**) im Geist sich *etw. a priori* vorstellen; *informatum esse* als Idee vorhanden sein [*in animo hominum informatas esse deorum notiones*]; **b**) sich *a posteriori etw.* vorstellen, sich denken [*deos ne coniecturā quidem informare posse*]. **3.** ein Bild *v. jd. od. v. etw.* entwerfen, *etw.* darstellen, schildern (*alqm u. alqd, zB. oratorem, causam*; *m. indir. Frages.*). **4.** heran-, ausbilden, unterrichten (*alqm ad alqd, zB. aetatem puerilem ad humanitatem*; *re* durch *etw.*, *zB. artibus*).

īn-fōrō 1. (*Pl.*, *Curc.* 401) (*Hypost. aus „īn fōrūm" [sc. dūcō]*; *Augenblicksbildung nach īncōmītiō* 400 *u.* 401) auf das Forum bringen, *d. h.* anklagen (*im obszönen Wortspiel m. īn-*¹ + *fōrō* 1. „anbohren").

īn-fōrtūnātūs 3 (*m. comp. u. sup.*) unglücklich, *v. Pers.*

īn-fōrtūnium, *ī n* (*fōrtūnă*) (*unkl.*) Unglück, (*bsd. euphem.*) Züchtigung, Prügel.

▶ **īnfrā** (*abl. sg. f synk.* < **īn-fĕrād*; *īnfĕrūs*) **I.** *adv.* **1.** *pos.* **a**) (*räuml.*) unten, unterhalb, darunter [*partes quae infra sunt*, °~ *descendere* tief hinabsteigen, (*bei Tisch*) ~ *esse* = zur Rechten liegen]; **b**) (*dcht.*) in der Unterwelt; **c**) (*in Schriften u. Reden*) weiter unten, nachher [*alqd ~ scribere od. dicere*]; **d**) (*zeitl.*) (*nkl.*) später; **e**) / (*Rang*) (*nkl.*) *alqm ut multum infra despectare* als geringer, als unter ihm stehend; *auch m.* °*quam*. **2.** *comp.* (*dcht.*, *nkl.*) **īnfĕriūs** weiter unten, niedriger, tiefer, zu tief [*currere, persequi* erzählen]. **II.** *prp. b. acc.* **1.** (*räuml.*) unterhalb, unter (*Ggs. sūprā*), *zB.* ~ *eum locum*, ~ *oppidum*, (*bei Tisch*) ~ *alqm cubare* = zur Rechten; *auch auf die Frage „wohin"*, *zB.* °*vestis infra genua descendit*. **2.** (*zeitl.*) nach, später als, nachfolgend, *zB. Homerus non ~ Lycurgum fuit*. **3.** / (*Größe, Rang, Wert*) geringer als, nachstehend, *zB. alqd ~ se esse arbitrari, poëtae secundi vel ~ secundos*.

īnfrāctiō, *ōnis f* (*īnfrīngō*) das Zerbrechen [*animi* Kleinmut, Niedergeschlagenheit].

īnfrāctūs 3 (*m.* °*comp.*) (*eigtl. P.P.P. v. īnfrīngō*) **1. a**) zerbrochen, gebrochen; **b**) (*Ov.*) umgebogen, gekrümmt, *zB. cornu*. **2.** / **a**) geschwächt, entkräftet [*vires*, °*veritas* verfälscht]; **b**) entmutigt, niedergebeugt, kleinmütig, *v. Sachen u.* °*Pers.* [°*Venus, animus*]; **c**) (*rhet. t.t.*) abgehackt, abgerissen [*infracta loqui* in abgehackten, kurzen Sätzen reden].

īn-frāgilis, *ě* (*dcht.*, *nkl.*) ungeschwächt [*vox*].

īn-frēgī *s. īnfrīngō*.

īn-frĕmō, *ŭī*, — 3. (*dcht.*) brummen; knirschen; grunzen; schnauben.

īnfrēnātūs¹ 3 *P.P.P. v. īnfrēnō*.

īn-frēnātūs² 3 (*īn-*² + *P.P.P. v. frēnō*) (*nkl.*) ungezäumt, ohne Zaum [*equites* auf ungezäumten Pferden].

īn-frēnd(ĕ)ō, — — 3. (2.) (*dcht.*, *nkl.*) knirschen [*dentibus*].

īn-frēnis, *ě u.* **īn-frēnūs** 3 (*frēnūm*) (*dcht.*, *nkl.*) = *īn-frēnātūs*².

īn-frēnō 1. **1.** (*nkl.*, *dcht.*) aufzäumen, anschirren [*equum, currūs* das Gespann]. **2.** / im Zaum halten, bändigen (*alqm u.* °*alqd*).

īn-frĕquēns, *ēntis* (*m. comp. u.* °*sup.*) **1. a**) *der Zahl nach* nicht häufig, nicht zahlreich, in geringer Anzahl versammelt *od.* anwesend [*cives, copiae*]; *bsd.* schwach besucht [*senatus* nicht beschlußfähig]; **b**) (*v. Örtlichkeiten*) schwach bevölkert *od.* bewohnt, wenig besucht *od.* belebt [*colonia, theatrum*; *subst.* °*infrequentissima urbis* die einsamsten Teile der Stadt; *re* durch, an *etw.*, *zB.* °*signa armatis -tia* schwach besetzt]. **2.** (*zeitl.*) *v. Pers.* selten *od.* nicht oft anwesend *od.* erscheinend = lässig [°*deorum cultor*; °*alcis rei in etw.*, *zB. rei militaris* im Dienst; / (*Pl.*) (*scherzh.*) ~ *militia* Dienst *bei der Hetäre*].

īnfrĕquentiă, *ae f* (*īnfrĕquēns*) **1.** geringe Anzahl, (*v. Versammlungen*) schlechter Besuch, geringe Beteiligung [*senatūs*]. **2.** (*v. Örtlichkeiten*) (*Ta.*) Einsamkeit, Öde [*locorum*].

īn-frīngō, *frēgī, frāctūm* 3. (*frāngō*) **1. a**) *etw.* umbrechen, (mitten) einknicken, *übh.* abbrechen, zerbrechen, zerknicken (*alqd, zB.* °*hastam*, °*violas*, °*vestes* zerreißen, *remus infractus* im Wasser [*durch die Strahlenbrechung*] wie abgebrochen aussehend); / **b)** (*rhet. t.t.*) *den Rhythmus od. die Periode* kurz abbrechen, unterbrechen, verstümmeln [*numeros, verborum ambitum*]; **c)** schwächen, entkräften, lähmen, vereiteln, beugen (*alqd, selten alqm, zB.* °*animum od. spem alcis, vim militum, impetum od. conatūs alcis, florem dignitatis,* °*ius consulis, potentiam* untergraben, °*tributa* herabsetzen). **2.** (*vkl., dcht.*) *etw.* an *etw.* zerschlagen (*alqd alci rei, zB. cratera viro, lumbos liminibus* an der Schwelle wund reiben). — *Cf. auch infrāctūs.*

in-frōns, *ondis* (*Ov.*) unbelaubt, ohne Strauch *u.* Baum [*ager*].

in-frūctuōsus 3 (*nkl.*) unfruchtbar; / erfolglos, unnütz [*militia, preces*].

in-frūnītus 3 (*in-*[2] + *part. pf. v. frūnīscor*) (*nkl.*) ungenießbar, albern.

in-fūcātus 3 (*P.P.P. v.* **in-fūcō*) geschminkt; / übertüncht, nur *m.* einem äußeren Firnis überzogen [*vitia*].

īnfula, *ae f* (*et. ungedeutet*) Inful, *weiße Kopfbinde m. scharlachroten Streifen, mit der vitta um die Stirn gewunden; Kopfschmuck der Priester, Vestalinnen, Schutzflehenden, sowie der Opfertiere; in der späteren Kaiserzeit wurde sie auch vom Kaiser u. den Magistraten getragen;* / Ehrenzeichen, unantastbare Zierde [*imperi Romani*]. — ** = Mitra (*veraltet auch* = Kasel).

īnfulātus 3 (*īnfula*) (*nkl.*) m. *e-r infula* geschmückt.

in-fulciō, *fulsī, fultum* 4. (*nkl.*) hineinstopfen [*alci cibum*]; / einfügen, anbringen [*omnibus locis hoc verbum*].

in-fundō, *fūdī, fūsum* 3. **1. a)** hinein-, eingießen, einschütten, *übh. etw.* in *od.* auf, über *etw.* gießen *od.* schütten (*alqd, zB.* °*nimbum desuper,* °*nix infusa* dicht gefallener, °*pontus infusus* überströmend; *alci alqd, zB. vinum,* °*poculum* einschenken; *alqd in alqd u.* °*alci rei, selten in re, zB. aquam in vas,* °*ratibus vim sagittarum* die Kähne überschütten *m.,* °*gemmas litoribus* den Strand *m.* Perlen übersäen, °*umeris capillos infusus* die Schultern umwallt v., *animus in mundo infusus* verbreitet in); *mediopass.* sich ergießen; **b)** / in *etw.* (hin)einströmen *od.* eindringen lassen, Eingang verschaffen, verbreiten über *etw.* [*vitia in civitatem*]; *mediopass.* hinein-, einströmen, sich hineinergießen, eindringen, sich eindrängen, sich verbreiten [*homines in alienum genus infunduntur,* °*infusus populus* zahlreich versammelt]. **2.** (*dcht., nkl.*) hingießen, hinschütten, hinstrecken auf *od.* über *etw.*; *bsd. P.P.P. infusus* °in *od.* über *etw.* hingegossen, sich um *od.* an *etw.* schmiegend (*alci rei, zB. collo mariti* den Gatten umschlingend). — *** (*P.P.P.*) *subst.* **infusum,** *i n* Aufguß.

in-fuscō 1. **1.** (*dcht.*) schwärzen, dunkel färben [°*vellera maculis* dunkel sprenkeln, *barba infuscat pectus* beschattet, bedeckt]. **2.** / **a)** trüben, verdunkeln, verderben, entstellen, beflecken (*alqd re, zB.* °*gloriam saevitiā*); **b)** (*nkl.*) klanglich dämpfen [*vox naturā infuscata* belegt]; **c)** sprachlich entstellen.

Ingaevōnēs, *um m* Ingwäonen, *westgermanischer Völkerstamm.*

in-gemēscō, *muī,* — 3. = *ingemīscō.*

in-geminō 1. (*dcht.*) **1.** (*trans.*) verdoppeln, wiederholen (*alqd, zB. ictūs, terrorem* vermehren), *bsd. etw.* wiederholt ausrufen. **2.** (*intr.*) sich verdoppeln, sich wiederholen, sich vermehren [*clamor, curae; re, zB. hastis* Speer auf Speer schleudern, *plausu* doppelten Beifall klatschen].

ingemīscō, *muī,* — 3. (*incoh. v. ingemō*) **1.** (*intr.*) aufseufzen, bei *od.* über *etw.* seufzen *od.* stöhnen (*abs. od. in re, auch* °*ad alqd; alci rei od.* °*re, zB.* °*aratro* unter dem Pflug, °*morti u.* °*morte alcis*). **2.** (*trans.*) *jd. od. etw.* beseufzen, laut bedauern (*alqm u. alqd, zB. Dolabellam,* °*interitum alcis; m. a.c.i.*).

in-gemō, — — 3. (*dcht.*) = *ingemīscō.*

ingemuī *s. ingemīscō.*

in-generō 1. einpflanzen (*alqd u. alci alqd, zB. hominibus mores*); *P.P.P. ingeneratus* angeboren (*alci*); *übh.* schaffen, *zB.* °*societas, quam ingeneravit natura.*

****ingeniarius** *u.* **-erius,** *i m* (*zu ingenium*) Festungsbaumeister.

ingeniātus 3 (*ingenium*) (*vkl., nkl.*) von Natur geartet [*lepide*].

ingeniōsus 3 (*m. comp. u. sup.; adv.* **-ē**) (*ingenium*) **1.** (*Ov.*) *v.* Natur zu *etw.* geeignet (*ad alqd u. alci rei, zB. ager ad segetes*). **2.** (*v. Pers. u. abstr.*) geistreich, talentvoll, erfinderisch, scharfsinnig, pfiffig [*homo, poëta, defensio, -e tractare alqd; in re* in *etw.,* °*ad u.* °*in alqd od.* °*alci rei*].

ingenitus 3 *P.P.P. v. ingignō.*

ingenium

1. Naturanlage, Begabung; **2. a)** Charakter, Sinnesart; **b)** angeborener Mut, Energie; **c)** Verstand, Intelligenz; **d)** geistige Beweglichkeit; **e)** Genie, Talent; **3. a)** Genie, Talent (*Person*); **b)** kluger Einfall; **4.** (*v. Sachen*) natürliche Beschaffenheit.

ingenium, *ī n* (*ingignō*) **1.** (*v. Menschen, auch v. Tieren*) natürliche Begabung, Naturanlage, geistige Anlagen. **2. a)** individueller Charakter, Naturell, Gemütsart, Sinnesart, Temperament [*bonum, malum,* °*mobile,* °*placidum, acerrimum* sanguinisch, *lenissimum* phlegmatisch; *alcis, zB. mulierum;* °*suo ingenio vivere*]; **b)** (*nkl., dcht.*) angeborener Mut, Energie, Entschlossenheit [*virile, ingenium redit alci*]; **c)** natürlicher Verstand, Denkkraft, Scharfsinn, Intelligenz, Begabung [*acre, tardum, ingenii acumen* Scharfsinn, *extremi ingenii esse* ein Schwachkopf sein, *sine ingenio iudicare*]; **d)** Phantasie [*animi atque ingenii motūs* Beweglichkeit des Geistes *u.* der Phantasie]; **e)** schöpferischer Geist, Genie, Talent [*magnum ingenium = multum ingenii, homines magnis ingeniis praediti od. ingeniis excellentes* große Geister, *natura et* ~ natürliches Talent, *ingenii sollertia* gewandter Geist, *ingenii monumentum* Geistesprodukt, *ingenii venditandi causā* um sein Talent an den Mann zu bringen]. **3.** (*meton.*) **a)** (*concr.*) Genie, Talent = geistreicher Mensch, genialer Mann [*magna od. excellentia ingenia*]; **b)** (*nkl.*) kluger Einfall, geistreiche Erfindung, Intrige (*alcis*). **4.** (*v. Sachen*) (*nkl., dcht.*) natürliche Beschaffenheit, Natur [*corporis, loci, montis*]. — **Technik, komplizierte Maschine; Kriegsgerät; Geschütz.

▶ **in-gēns,** *entis* (*m.* °*comp. u.* °*sup.*) (*wohl in-*[2] + *gēns in der älteren aus gignō ersichtlichen Bed.* „Entstehung"; *also eigtl.* „wovon es kein Entstehen gibt") ungeheuer, ungeheuer groß, riesig, gewaltig, außerordentlich, *eigtl. u.* / [*aper, campus, numerus, gloria, metus; re u.* °*alcis rei* durch, an, in *etw., zB.* °*viribus,* °*animi*].

ingenuitās, *ātis f* (*ingenuus*) **1.** Stand eines Freigeborenen, edle Geburt (*alcis*). **2.** (*meton.*) Wesen eines freigeborenen Mannes, Freimut, Aufrichtigkeit, offener Charakter.

▶ **ingenuus** 3 (*adv.* **-ē**) (*ingignō*) **1.** (*dcht.*) einheimisch, nicht fremd [*fontes*]. **2.** (*vkl., dcht.*) angeboren, natürlich [*indoles*]. **3. a)** v. freien Eltern geboren, freigeboren [*homo*]; *subst. m* der Freie; **b)** (*meton.*) eines freigeborenen Mannes würdig: **α)** edel, anständig, standesgemäß [*animus, vita, studia, artes, -e educari*]; **β)** aufrichtig, offen(herzig), großmütig [*homo, fastidium, -e confiteri*]. **4.** (*dcht.*) überfein, verzärtelt, schwächlich [*vires*].

in-gerō, *gessī, gestum* 3. **1.** (*unkl.*) hineintun, -tragen, -bringen, in *od.* auf *etw.* tragen *od.* bringen, werfen, gießen, schütten (*alqd, zB. lapides, tela, vinum; alqd in alqd u. alci rei, zB. aquam in salinas, iacula in hostem, se omnium oculis* sich zeigen). **2. a)** (*unkl.*) (*Worte u.ä.*) ausstoßen, schleudern, zurufen [*convicia od. probra in alqm; m. a.c.i.*; in Worten vorbringen *od.* anführen, einwerfen]; **b)** (*nkl., dcht.*) *jd. etw.* antun *od.* zufügen, beibringen, *bsd. pejorativ* [*vulnus, verbera; osculum alci geben*]; **c)** aufdrängen, aufnötigen (*alqm, zB. medicum; bsd. jd. als Richter; alci alqd, zB.* °*nomen,* °*omnia imperia*).

F. *imp.* (*dcht.*) *inger statt ingere.*

in-gignō, *genuī, genitum* 3. einpflanzen (*alci alqd, zB. homini cupiditatem veri videndi*); *P.P.P. ingenitus* 3 angeboren (*alci; subst. n pl.* [*nkl.*] die angeborenen Vorzüge).

F. *klass. nur pf. act. u. P.P.P. bezeugt.*

in-glōriōsus 3 (*vkl., nkl.*) = *inglōrius.*

in-glōrius 3 (*glōria*) unrühmlich, ruhmlos [*homo, vita,* °*imperium;*

°*alcis rei* in *etw.*, *zB. militiae*].

in-gluviēs, *ēī f* (**in-glŭō zu glŭttiō; cf. gŭlă*) (*dcht., nkl.*) Kropf *der Vögel, übh.* Schlund, Kehle, (*meton.*) Gefräßigkeit, / Unersättlichkeit.

ingrātĭ-fĭcŭs 3 (*ingrātŭs, făcĭō*) (*vkl.*) undankbar.

in-grātiīs *u.* (*selten*) **in-grātis** *adv.* wider Willen, ungern [*extorquere alci alqd*].

ingrātĭtūdō, *īnĭs f* (*ingrātŭs*) (*nkl.*) Undankbarkeit.

in-grātŭs 3 (*m. comp. u. sup.*; *adv.* **-ē**) **1.** unangenehm, unlieb, unwillkommen, zuwider, unerfreulich, lästig, *v. Pers. u. Sachen* [*oratio, liberalitas*; *alci non* ~ bei *jd.* wohl gelitten]; -ē ungern. **2. a)** undankbar, unerkenntlich, *v. Pers. u. Sachen* [*homo, cives, patria, ingrate abuti re*; °-*e alqd ferre* sich für *etw.* undankbar zeigen; *in re* in, bei *etw.*, *zB. in gratia referenda*; *in u. adversus alqm* gegen *jd.*; °*alcis rei* für *etw.*]; *subst. m* der Undankbare; **b)** (*v. Sachen*) nicht *m.* Dank aufgenommen, unersprießlich [°*labor* wenig lohnend].

in-grăvēscō, — — 3. **1.** (*nkl., dcht.*) schwerer werden; *bsd.* schwanger werden. **2.** / **a)** schwerfälliger werden, sich beschwert fühlen [*corpora*; *re* durch *etw.*]; **b)** ernsthafter werden [*studium*]; **c)** (*pejorativ*) drückender *od.* lästiger (schlimmer, ärger, ernster, mißlicher) werden, sich verschlimmern, zunehmen, steigen [*annona, morbus, bellum, malum,* °*fames* Hungersnot]; (*nkl.*) (*v. Pers.*) kränker werden; **d)** es immer ärger treiben.

in-grăvō 1. (*nkl., dcht.*) beschweren, belasten (*abs. od. alqm u. alqd*); / verschlimmern, steigern (*alqd*).

▶ **in-grĕdĭŏr,** *grĕssŭs sŭm* 3. (*grădĭŏr*) **1.** einherschreiten, -gehen, marschieren [*tarde,* °*pedibus* zu Fuß, *vestigiis patris* in die Fußstapfen des Vaters treten, °*proelii vestigiis* den Sieg ausnutzen, °*campo* im Gefilde]; *abs.* den Weg antreten. **2.** hineingehen, in *etw.* gehen *od.* treten, eintreten, einrücken, einziehen: **a)** (*intr.*) *abs. od. intra u. in alqd, zB. intra fines, intra munitiones, in urbem, in vitam tamquam in viam*; °*alci rei, zB. castris*; / in *etw.* eintreten = *etw.* anfangen *od.* beginnen, sich auf *etw.* einlassen, sich *e-r Sache* zuwenden, auf *etw.* zu sprechen kommen [*in causam, in orationem, in spem libertatis,* °*in rem publicam* sich dem Staatsdienst zu widmen beginnen; *selten ad alqd* = zu *etw.* entschlossen sein]; *bsd.* (*abs.*) °zu reden beginnen, anheben; **b)** (*trans.*) **α)** *etw.* betreten *od.* beschreiten (*alqd, zB. domum, curiam, pontem, mare* in See stechen, °*aethera pennis* durchfliegen, °*aethera curru* durchfahren, *iter od. viam* einschlagen); **β)** (*feindl.*) auf *jd.* losgehen, *jd.* angreifen (*alqm, auch gerichtlich*); **γ)** / *etw.* anfangen *od.* beginnen, zu *etw.* sich anschikken, sich auf *etw.* einlassen (*alqd, zB. disputationem, consulatum* antreten, *periculum*; *m. inf., zB. dicere*).

ingrĕssĭō, *ōnĭs f* (*ingrĕdĭŏr*) = *ingrĕssŭs.*

in-grĕssŭs[1] *part. pf. v. ingrĕdĭŏr.*

ingrĕssŭs[2], *ūs m* (*ingrĕdĭŏr*) **1.** das Einherschreiten, Gang, / Gang der Rede; (*meton.*) freie Bewegung [*ingressu prohiberi* keinen freien Schritt tun können]. **2. a)** Eintritt, Einzug, Zugang (*alcis j-s*; *alcis rei u. in alqd* in, auf *etw.*, *zB. fori,* °*in castra*); **b)** (*nkl.*) (*feindl.*) Einfall [*hostilis*]. **3.** / (*nkl., dcht.*) Anfang, Beginn (*alcis rei*; *ingressūs capere* seinen Anfang nehmen).

in-grŭō, *ŭī,* — 3. (*wie cŏn-grŭō* < **-ghrăvō od. *-ghrŭvō; cf. hom.* ἔχρα[ϝ]ον „überfiel, bedrängte") (*unkl.*) auf *jd. od. etw.* hereinbrechen *od.* losstürzen; / *jd.* befallen, bedrängen (*abs., zB. periculum, morbus* bricht aus; *in alqd od. alci rei, zB. pestilentia in boves*).

inguĕn, *īnĭs n* (= ἀδήν „Drüse") **1.** (*meist pl. inguină, ŭm*) (*nkl., dcht.*) die Weichen. **2. a)** (*dcht.*) Unterleib; *pl.* Geschlechtsteile, *auch* = *mĕntŭlă*; / *sg.* Brunst; **b)** Geschwulst *in der Leistengegend.*

in-gŭrgĭtō 1. (*Hypost.* < *in gŭrgĭtĕm* [*sc. dĕmĭttō*]) **1.** (*vkl., nkl.*) in einen Strudel *od.* in die Tiefe hinabstürzen. **2.** / *se ingurgitare* (*u. mediopass. -ari*) **a)** sich (wie in einen Strudel) stürzen (*in alqd, zB. in flagitia* in *e-n* Strudel des Lasters; *in copias alcis* in *j-s* Reichtum schwelgen); **b)** (*abs.*) sich vollfressen u. -saufen.

in-gŭstātŭs 3 (-*gūst-*?) (*in-*[2] + *P.P.P. v. gŭstō*) (*Ho.*) noch nie (vorher) gekostet *od.* genossen [*ilia rhombi*].

in-hăbĭlĭs, *ĕ* (*nkl.*) **1.** schwer zu handhaben, unhandlich, plump [*telum, pondus* unbequem; *re* durch *etw.*; *ad alqd* zu *etw.*, *zB. ad remittendum*]. **2.** / untauglich, ungeschickt, unfähig, *v. Pers. u. Sachen* [*mulier, valetudo*; *alci* für *jd.*; *ad alqd u. alci rei* zu *etw. zB. asinus oneri ferendo* ~].

in-hăbĭtābĭlĭs, *ĕ* unbewohnbar [*regio*].

in-hăbĭtō 1. (*nkl., dcht.*) (*trans. u. intr.*) bewohnen; wohnen; (*part. praes.*) *subst.* **inhăbĭtāntēs,** *ĭŭm m* Bewohner, Einwohner.

in-haerĕō, *haesī,* — 2. **1.** in *od.* an *etw.* festhängen *od.* haften, festsitzen, sich festgesetzt haben, haften- *od.* steckenbleiben, kleben (*abs., zB. lingua* ist angewachsen; *in re u. ad alqd, alci u. alci rei, zB. ad saxa*). **2.** / **a)** festsitzen [*malum in visceribus*], °*tergo fugientis jd.* auf dem Nacken sitzen, °*alci jd.* treu ergeben sein, °*oculis* immer vor Augen schweben; °*re, zB. animo alcis*; **b)** / in *etw.* begründet sein *od.* seine Wurzel haben [*in nervis* im innersten Wesen einer Sache].

inhaerēscō, *haesī, haesūrŭs* 3. (*incoh. v. inhaerĕō*) = *inhaerĕō.*

in-haesī *s. inhaerĕō u. inhaerēscō.*

inhaesūrŭs *part. fut. v. inhaerēscō.*

in-hālō 1. *jd. etw.* zuhauchen (*alci alqd, zB. popinam*). — *** (*med. t.t.*) einatmen, inhalieren.

in-hĭbĕō, *ŭī, ĭtŭm* 2. (*hăbĕō*) **1. a)** zurück-, anhalten (*alqm u. alqd, zB.* °*socios manu,* °*equos*); **b)** (*naut. t.t.*) (*ein Schiff*) rückwärts rudern, *ohne zu wenden* [*navem* °*retro od. remis*; *abs.* °*remis inhibere od. bloß inhibere*]; *auch* = zu rudern aufhören [*remiges inhibent*]; **c)** / *jd. od. e-r Sache* Einhalt tun, aufhalten, hemmen, hindern (*alqm u. alqd, zB.* °*loqui volentem* nicht zu Worte kommen lassen, °*impetum victoris,* °*cursum* haltmachen, °*spem* dämpfen, °*tela* ruhen lassen, °*cruorem* stillen; *m.* °*ne, quominus, quin*; *m.* °*inf.*) (** verbieten, untersagen). **2.** *etw.* anwenden, gebrauchen, ausüben (*alqd, zB.* °*damnum* Geldstrafe; *alqd alci u. in alqm etw.* gegen *jd., zB. nobis supplicia,* °*imperium* [Gewalt] *in deditos*).

inhĭbĭtĭō, *ōnĭs f* (*inhĭbĕō*) das Hemmen [*remigum* das Rückwärtsrudern].

in-hĭō 1. **1. a)** bei *etw.* den Mund aufsperren, gaffen, *bsd. vor Staunen od. Neugierde* [°*turba*]; **b)** nach *etw.* schnappen (*alci rei, zB. uberibus lupinis*). **2.** / **a)** (*unkl.*) gierig nach *etw.* trachten, auf *etw.* begierig lauern (*abs. od. alci rei u. alqd, zB. alcis opibus, lucro*); **b)** nach *etw.* neugierig hinstieren, *etw.* angaffen (*abs. od. alci rei u.* °*alqd, zB. reclusis pecudum pectoribus,* °*postes*).

inhŏnēstō 1. (*denom. v. inhŏnēstŭs*) (*Ov.*) entehren, schänden (*alqd*).

in-hŏnēstŭs 3 (*m.* °*comp. u. sup.*; *adv.* **-ē**) **1. a)** unsittlich, unanständig, schändlich, schmutzig, *v. Pers. u. Sachen* [*homo, libido*; *m.* °*2. supin., zB. factu*]; **b)** ehrlos, unrühmlich, *v. Pers. u. Sachen* [°*vita, mors,* °*pax*; *re* durch *etw., zB.* °*matre* verunehrt durch]; **c)** (*vom Stand*) niedrig, gering. **2.** (*vkl., dcht.*) (*äußerlich*) häßlich, garstig [*virgo, vulnus*].

in-hŏnōrātŭs 3 (*m.* °*comp. u.* °*sup.*) **1.** ungeehrt, ohne Ehrenamt, unangesehen, unansehnlich, *v. Pers. u. Sachen* [*homo, vita,* °*triumphus*]. **2.** (*nkl.*) ohne Ehrengabe, unbeschenkt [*alqm -um dimittere*].

in-hŏnōrĭfĭcŭs 3 (*Se.*) ehrenrührig.

in-hŏnōrŭs 3 (*nkl., dcht.*) ungeziert, ungeputzt [*signa*].

in-hŏrrĕō, — — 2. (*nkl.*) starren [*acies*].

inhŏrrēscō, *rŭī,* — 3. (*incoh. v. inhŏrrĕō*) **1.** (*nkl., dcht.*) **a)** starr werden, emporstarren, sich sträuben [*messis campis* starrte *v.* Ähren, *aper armos* (*griech. acc.*) die Borsten am Bug; / *hiems*]; **b)** aufwogen, sich kräuseln, erbeben, erzittern, *bsd. vom Meer vor dem Sturm* [*mare, aër*; *re* durch, mit, in *etw., zB. tenebris*]. **2.** / (*vor Furcht od. Schreck*) erschauern, zusammenfahren *od.* erbeben, sich entsetzen [*civitas*; *re* durch, bei, über *etw., zB.* °*vacuis* über die Leere].

in-hŏspĭtālĭs, *ĕ* (*unkl.*) ungastlich.

inhŏspĭtālĭtās, *ātĭs f* (*inhŏspĭtālĭs*) Ungastlichkeit.

in-hŏspĭtŭs 3 (*dcht., nkl.*) = *in-hŏspĭtālĭs.*

inhūmānĭtās, *ātĭs f* (*inhūmānŭs*) **1.** Unmenschlichkeit, Grausamkeit, Gefühllosigkeit, Barbarei. **2. a)** Roheit, Mangel an Bildung; **b)** Unhöflichkeit, Unfreundlichkeit, Mangel an Lebensart, Lieblosigkeit; c) Knauserei, schmutziger Geiz.

in-hūmānus 3 (*m. comp. u.* °*sup.*; *adv.* **-ē** *u.* **-iter**) **1.** unmenschlich, grausam, gefühllos, barbarisch, *v. Pers. u. Sachen* [*homo, scelus, -e facere*]. **2. a)** roh, ungebildet, unkultiviert; **b)** unhöflich, unfreundlich, rücksichtslos, ungefällig [*-iter respondere*].

in-hūmātus 3 (*in-*² + *P.P.P. v. humo*) unbeerdigt, unbegraben, *v. Pers. u. Sachen* [*rex, corpus*].

in-ibi *adv.* **1.** (*räuml.*) dort, gerade da. **2.** (*vkl., nkl.*) (*der Zahl nach*) darunter, darin, dabei. **3.** (*zeitl.*) schon nahe daran, vor der Tür stehend [*hoc inibi est*].

in-iciō
1. a) hineinwerfen, -schleudern; **b)** einjagen, einflößen; **c)** *etw.* verursachen; **d)** ins Gespräch bringen; **2. a)** auf *od.* an *od.* über *etw.* werfen, legen; **b)** (*Kleider*) überwerfen, anlegen; **c)** (*Fesseln*) anlegen; **d)** *manum in-icere* Hand an *jd. od. etw.* legen.

in-iciō, *iēcī, iectum* 3. (*altl. fut. iniēxit; iaciō*) **1. a)** in *etw.* werfen, hineinwerfen, -stürzen, -schleudern, -legen, -bringen, -tun, -schaffen (*alqd, zB.* °*semen, lapides,* °*tela, tigna* einziehen, °*verba* = dreinreden; *alqm u. alqd in alqd u. alci rei, zB. milites in naves* an Bord bringen, einschiffen); *se inicere* sich in *etw.* werfen *od.* stürzen [*in* °*ignem, in medios hostes, animus se alqd inicit* versenkt sich in *etw.*]; / **b)** (*Affekte*) einjagen, einflößen, beibringen (*alci alqd, zB. terrorem, metum, spem,* °*curam* Neugier, °*admirationem sui*); **c)** *übh. etw.* verursachen, hervorrufen, bewirken [°*certamen, civitati tumultum,* °*alci rei moram, alci mentem, ut ...*]; **d)** (*im Gespräch od. in e-r Rede*) einfließen lassen, erwähnen (*alqd in sermone, alci nomen alcis,* °*mentionem de re; auch abs.*; *m. a.c.i.*). **2. a)** auf *od.* an, über *etw.* werfen *od.* legen (*alqd, zB. materiam* Gebälk, *manus ferreas* Enterhaken anlegen; *alqm u. alqd alci rei, zB. alcis cervicibus laqueum,* °*alcis collo bracchia,* °*flumini pontem* schlagen über, °*alci terram jd.* beerdigen, *securim petitioni alcis* die Axt legen an); **b)** (*Kleider*) über-, umwerfen, anlegen (*alci pallium,* °*sibi vestem*); **c)** (*Fesseln*) anlegen [*alci catenas od. animo vincula*]; **d) mānum** *od.* °*mānūs alci* **α)** gewaltsam Hand an *jd.* legen (/ °*quieti alcis*); **β)** *jd.* vor Gericht laden *od.* schleppen (*alci*); **γ)** / *jd.* Einhalt gebieten [*mihi veritas ipsa manum iniecit*]; **δ)** *etw. durch Handanlegung — ohne richterliche Entscheidung* — als Eigentum in Besitz nehmen, für sein Eigentum erklären, Besitz von *etw.* ergreifen, sich *j-s* bemächtigen (*alci u. alci rei, zB.* °*virgini,* °*spoliis alcis*).

iniectiō, *ōnis f* (*iniciō*) (*nkl.*) **1.** das Anlegen [*manūs* gewaltsame Besitzergreifung]. **2.** (*med. t.t.*) Injektion, Einspritzung; *bsd.* Einlauf.

in-iectus¹ *P.P.P. v. iniciō.*

iniectus², *ūs m* (*meist nur abl. sg.* -*ū*; *iniciō*) (*dcht., nkl.*) **1.** das Hineinwerfen, -fügen [/ *animi in corpus*]. **2.** das Daraufwerfen (*alcis rei, zB. vestium*).

in-ii *s. ineō.*

inimīcitia, *ae* (*meist pl.* **inimīcitiae**, *ārum*) *f* Feindschaft *od.* Gegnerschaft *in Privatverhältnissen*, feindschaftliches Verhalten *od.* Verhältnis, Feindseligkeiten [*inimicitias cum alqo* °*exercere od. gerere, habere, suscipere; inimicitiae alci sunt od. intercedunt cum alqo*].

inimīcō 1. (*denom. v. inimīcus*) (*dcht., nkl.*) verfeinden, entzweien [*urbes*].

▶ **in-imīcus** 3 (*m. comp. u. sup.*; *adv.* **-ē**) (*amīcus*) **1.** (*act.*) **a)** feindlich, feindselig, abgeneigt, *bsd. in Privatverhältnissen, v. Pers. u. Sachen* [*homo, consul, gens, animus, animorum motūs, inimice agere cum alqo; alci gegen jd., zB. Clodio, huic imperio*]; *subst.* **α) inimīcus**, *ī m* persönlicher Feind [*inimicissimus* größter *od.* ärgster Feind, Todfeind; *alcis u. alci, zB. Caesaris u. Caesari, auch alcis rei, zB. salutis communis*]; — ** der Teufel („der altböse Feind"); **β) inimīca**, *ae f* Feindin; **b)** (*v. Sachen*) (*meist nkl., dcht.*) ungünstig, nachteilig, verderblich, verhängnisvoll [*consilia,* °*imber; alci u. alci rei, zB.* °*odor nervis -us*]; (*dcht.*) *auch* = *hostīlis* [*tela, castra*]. **2.** (*pass.*) nicht beliebt, verhaßt [*nomen,* °*gener; alci, zB.* °*dis*].

in-imitābilis, *e* (*nkl.*) unnachahmlich.

in-intellegēns, *entis* unverständig, ohne Vernunft.

inīquitās, *ātis f* (*inīquus*) **1.** Unebenheit *des Bodens*, Ungleichheit *der Lage* [*loci,* °*locorum*]. **2.** / **a)** Ungleichheit [*condicionis der Lage*]; **b)** Schwierigkeit, Ungunst, Mißlichkeit [*rerum, temporum*]; **c)** Unbilligkeit, Ungerechtigkeit, Härte (*alcis, zB. tribuni; alcis rei, zB.* °*exitii*). — *gen. pl.* -*ūm.*

▶ **in-īquus** 3 (*m. comp. u. sup.*; *adv.* **-ē**) (*aequus*) **1.** uneben, ungleich, schief, abschüssig *od.* ansteigend, *bsd. vom Terrain* [*locus,* °*mons*]. **2.** / **a)** (*vom Kampf*) ungleich [°*certamen,* °*pugna* Fußvolk gegen Reiterei]; / ungünstig, unbequem, nachteilig, beschwerlich, schwierig, (*v. d. Zeit*) ungelegen [*locus, defensio, sors* ungleich bemessen, *tempus, inique comparare alqd cum re* unpassend; *alci* für *jd., zB. nostris*]; **b)** (*dcht., nkl.*) übermäßig, zu groß, zu stark [*pondus* zu schwer, *sol* Sonnenhitze, *hiems* streng, *spatia* zu eng]; **c)** unbillig, ungerecht, parteiisch [°*iudex, condicio, inique pacisci, per aequa per iniqua* durch billige oder unbillige Zugeständnisse, so oder so]; **d)** abgeneigt, feindselig, feindlich, gehässig, *bsd.* neidisch, *v. Pers. u. Sachen* [°*caelestes, animus,* °*fata; alci u. alci rei,* °*in alqm*]; *subst.* **α) inīquus**, *ī m* Gegner, Feind, Widersacher (*aequi et iniqui* Freund *u.* Feind); **β) inīqua**, *ae f* Feindin; **e)** nicht gelassen, unwillig, mißgestimmt, ungeduldig [*animus* Unwille, Widerwille, *animo iniquissimo m.* dem größten Widerwillen; *alci rei* bei, über *etw., zB.* °*vitiis alcis*].

in-ire *s. ineō.*

initiālis, *e* (*initium*) (*nkl.*) anfänglich.

initiāmenta, *ōrum n u.* **initiātiō**, *ōnis m* (*initiō*) (*nkl.*) Einweihung in e-n Geheimdienst.

initiō 1. (*denom. v. initium, eigtl.* „Eingang gewähren") **1.** einweihen *in e-n geheimen Gottesdienst, bsd. in die Mysterien* (*alqm bzw. alqam re jd.* in *etw., zB. mysteriis,* °*Bacchis, sacris, alqm Cereri eo ritu*). **2.** / einführen [°*puerum* in die Bürgerliste eintragen lassen; °*aliis studiis initiari* andere Wissenschaften lernen].

▶ **initium**, *ī n* (*ineō*) **1.** Eingang, Anfang, Beginn, *örtlich u. zeitl.* (*alcis rei, zB. silvae, belli, veris, dicendi; auch alcis, zB. Remorum* des Gebietes der Remer); *pl.* die Anfänge, *auch* = Herkunft, Ursprung [*exigua, obscura*]; *initium sumere od. facere a re m. od.* bei *etw.*; *initium rei ducere a* (*selten* ex) *re etw.* ausgehen *od.* beginnen lassen *v. od. m. etw.*; *initium rei oritur od. nascitur, proficiscitur a re etw.* geht aus *v. etw.*; *initio* anfangs, anfänglich; *in initio* im Anfang [*orationis*]; *ab initio v.* Anfang an, *zeitl. rem ab -o exponere.* **2.** *pl.* **initia**, *ōrum n*: **a)** (*physikalisch*) Grundstoffe, Elemente; / **b)** Anfangsgründe *e-r Wissenschaft* [*philosophiae, operum* der Handarbeiten]; **c)** (*philos. t.t.*) Prinzip [*cognoscendi* Erkennungsprinzip]; **d)** (*Cu.*) Auspizien, *m. denen man alles begann*; **e)** (*nkl.*) Regierungsantritt [*Tiberii*]; **f)** (Einführung in einen) Geheimkult, Mysterien [*Cereris, Bacchi*]; (*meton.*) Kultgeräte der Geheimdienste.

in-itus¹ *P.P.P. v. ineō.*

initus², *ūs m* (*ineō*) (*dcht., nkl.*) 1. das Herankommen, Ankunft. 2. / Anfang. 3. Begattung; / Liebe.

iniūcunditās, *ātis f* (*iniūcundus*) Unannehmlichkeit.

in-iūcundus 3 (*m.* °*comp. u.* °*sup.*; *adv.* **-ē**) unangenehm, unerfreulich, *v. Pers. u. Sachen* (*alci* für *jd., zB. labor nobis -us*); *bsd.* unfreundlich (°*adversus alqm*).

in-iūdicātus 3 (*in-*² + *P.P.P. v. iūdicō*) (*vkl., nkl.*) unentschieden.

in-iungō, *iūnxī, iūnctum* 3. **1.** (*nkl.*) hineinfügen (*alqd in alqd, zB. tigna in asseres* einzapfen in). **2. a)** (*nkl.*) anfügen, anschließen (*alqd alci rei, zB. aggeres muro m.* der Mauer verbinden, *tecta muro iniuncta* die bis an die M. reichen); / **b)** (*unkl.*) *etw.* zufügen *od.* antun (*alci iniuriam*); **c)** *jd. etw.* auferlegen *od.* aufbürden (*alci* °*onus od. servitutem, inimicos*).

in-iūrātus 3 unvereidigt.

▶ **iniūria**, *ae f* (*f v. iniūrius*) **1.** *zugefügtes od. erlittenes* Unrecht, Rechtsverletzung, Ungerechtigkeit (*alcis j-s u. gegen jd., zB. praetoris, mea v.* mir *od.* mir zugefügt; *alcis rei e-r* Sache *od. als gen. epexeg.* in *etw.* bestehend, *zB. iudicii, legatorum* *violatorum*); *iniuriam accipere, facere u. imponere alci*, °*ulcisci, decernere* ein ungerechtes Urteil fällen; *iniuriā m.* Unrecht (°*haud iniuriā* nicht ohne Grund); *per iniuriam* widerrechtlich. **2. a)** Gewalttat [*Verris, sociorum* gegen die Bundesgenossen, *alqm ab iniuria defendere od. prohibere*]; *bsd.* (*Pl.*) Vergewaltigung, Verführung *e-s unbescholtenen jungen Mädchens u.* (*dcht., nkl.*) Verführung *übh.*; / (*nkl., dcht.*) (*v. Sachen*) Schaden, Verletzung, Zerstörung [*vinculorum*]; *sine damno* ohne Schaden zu nehmen; **b)** *pers.* Beleidigung *in Wort od. Tat*, Entehrung, Kränkung, Beschimpfung; (*als jur. t.t.*) Injurie, *meist pl.* (*alcis j-s, als gen. subi. u. obi.*; *actio iniuriarum* Injurienklage, -prozeß). **3.** (*meton.*) (*Li.*) *m.* Unrecht Erworbenes, widerrechtlicher Besitz [*iniuriam obtinere*]. **4.** (*nkl., dcht.*) Rache für erlittenes Unrecht, Strafe [*-am exercere; alcis rei* für *etw.*, *zB. caedis; alcis* an *jd.*, *zB. consulis*].

iniūriōsus 3 (*iniūria*) (*m.* °*comp. u.* °*sup.*; *adv.* **-ē**) ungerecht, widerrechtlich (handelnd), *v. Pers. u. Sachen* [*civis, vita*, °*pes* höhnend, °*venti* mutwillig; *in alqm* gegen *jd.*].

in-iūrius *u.* (*Com.*) **in-iūrus** 3 (*iūs*) ungerecht, *v. Pers. u. Sachen, klass. selten.*

in-iussū *abl. sg.* (*iussū*) ohne Befehl *od.* Auftrag (*alcis, zB. populi, suo*).

in-iussus 3 (*in-*[2] + *P.P.P. v. iubeō*) ungeheißen, aus freien Stücken.

iniūstitia, *ae f* (*iniūstus*) Ungerechtigkeit, ungerechtes Vorgehen, *bsd.* ungerechte Härte (*alcis*).

in-iūstus 3 (*m.* °*comp. u. sup.*; *adv.* **-ē**) **1.** ungerecht, widerrechtlich, *v. Pers. u. Sachen* [*homo, bellum*, °*regna* unrechtmäßig erworben, °*dens* des Neides, *iniuste facere*]; *subst.* **iniūstum**, *ī n* (*Ho.*) Ungerechtigkeit. **2.** / (*v. Sachen*) hart, drückend, lästig [*onus*, °*fasces*].

inl..., inm... = *ill..., imm...*

****in memoriam** (*m. Namen des Toten*) zum Gedenken an ...

in-nābilis, *ē* (*in-*[2]; *nō*) (*Ov.*) (undurchschwimmbar); *unda* auf der man nicht schwimmen kann.

in-nāscor, *nātus sum* 3. **1.** *naturgemäß* in *od.* an, auf *etw.* wachsen (*abs. od. alci rei u. in re, zB.* °*filix agris*, °*murex innatus* angewachsen; / *in animi elatione*). **2.** naturgemäß entstehen; *bsd.* (*P.P.P.*) *adi.* **innātus** 3 angeboren, natürlich [*cupiditas, iracundia; alci u. in re, zB. in animis hominum*].

in-nātō 1. **1. a)** hineinschwimmen; **b)** / (*dcht., nkl.*) hineinströmen, sich in *etw.* ergießen (*in alqd, zB. in concham hiantem, auch* °*alqd u.* °*alci rei, zB. fluvium, freto*). **2.** (*dcht., nkl.*) auf *od.* in *etw.* schwimmen *od.* fahren, *etw.* befahren (*abs.* obenauf schwimmen, / *innatans* oberflächlich; *alci rei u. alqd, zB. aquae, lacum*). [lich, persönlich.]

*****in natura** in Natur, *d.h.* wirk-

innātus 3 *s. innāscor.*

in-nāvigābilis, *ē* (*nkl.*) nicht schiffbar [*Tiberis*].

in-nectō, *nexuī, nexum* 3. (*dcht., nkl.*) **1.** umschlingen, umknüpfen, umbinden (*alqd, zB. comas; alqd re etw. m. etw., zB. colla auro* m. *e-m* goldenen Kollier, *umeros amictu*; *alqd alci rei etw.* um *etw.* schlingen *od.* knüpfen, *zB. diadema capiti*, / *fraudem clienti; mediopass. cervicibus* umfassen). **2.** verschlingen, verknüpfen, verbinden [*ramos inter se*; / *causas morandi* nacheinander vorbringen, *Hyrcanis per affinitatem innexus* mit den H. verbunden]. **3.** *jd.* in *etw.* verwickeln *od.* verstricken (*alqm alci rei, zB. conscientiae alcis*).

in-nītor, *nīxus od.* °*nīsus sum* 3. **1.** sich auf *od.* an *etw.* stützen *od.* lehnen, stemmen. **2.** / (*nkl.*) auf *etw.* beruhen (*re, selten in alqd u. alci rei, zB. scuto*, °*alis* schweben auf, °*columnis* ruhen auf; / °*uni viro*, °*incolumitate alcis*).

in-nō 1. **1.** (*dcht.*) **a)** hineinschwimmen (*alqd, zB. fluvium*); **b)** befahren [*lacūs*]. **2. a)** auf *etw.* schwimmen, fahren [*beluae*]; **b)** (*abs.*) obenauf schwimmen; **c)** (*dcht.*) dahinströmen [*Maricae litoribus*].

▶ **in-nocēns**, *entis* (*m.* °*comp. u. sup.*; *adv.* °**-enter**) (*in-*[2] + *part. praes. v. noceō, eigtl.* „nicht schadend") **1.** unschädlich, harmlos [*epistula*, °*vinum*]. **2.** schuldlos, ohne Schuld [*servus*, °*sanguis*]; *subst. m* der Unschuldige. **3.** unsträflich, rechtschaffen, unbescholten, *bsd.* uneigennützig [*praetor*; °*alcis rei in etw., zB. factorum*]. — *Cf.* V.-B. VIII.

innocentia, *ae f* (*innocēns*) **1. a)** Unschuld; Unschädlichkeit, Harmlosigkeit; **b)** Schuldlosigkeit. **2.** Rechtschaffenheit, Unbescholtenheit, *bsd.* Uneigennützigkeit. **3.** (*meton.*) die Unschuldigen.

in-nocuus 3 (*adv.* **-ē**) (*noceō*) **1.** (*act.*) (*dcht.*) **a)** unschädlich [*herba*]; sicher [*litus*]; **b)** unschuldig, unsträflich, rechtschaffen [*-e vivere*]. **2.** (*pass.*) (*nkl.*) **a)** unbeschädigt, unangefochten [*carinae; iter*].

in-nōtēscō, *tuī*, — 3. (*nkl., dcht.*) bekannt werden (*re* durch *etw.*).

in-novō 1. erneuern; / *se ad alqd* sich *e-r* Sache *v.* neuem hingeben.

in-noxius 3 (*adv.* **-ē**) (*unkl.*) **1.** (*act.*) **a)** unschädlich, harmlos, *v. Pers. u. Sachen* [*herba*]; **b)** unschuldig, schuldlos, rechtschaffen [*servus, causa* Sache der Unschuldigen; *alcis rei* einer Sache *od.* an *etw., zB. consilii, auch abl. crimine*]. **2.** (*pass.*) **a)** unbeschädigt, unverletzt, ungefährdet, *v. Pers. u. Sachen* [*navigia, alqs innoxius aetatem agit*]; **b)** unverschuldet, unverdient [*paupertas, mors*].

in-nūbilus 3 (*Lu.*) unbewölkt.

in-nūbis, *ē* (*nūbēs*) (*dcht.*) wolkenlos, heiter [*dies*].

in-nūbō, *nūpsī, nūptum* 3. (*nūptum?*) (*nkl., dcht.*) (in eine Familie) einheiraten [*quo* wohinein = in welche Familie; *thalamis nostris* (*dat.*) als Gattin an meine Stelle treten].

in-nūbus 3 (*ablautend zu nūbō*) (*dcht.*) unverheiratet, ledig [*Phoebe*]; / jungfräulich [*laurus, weil Daphne, in e-n Lorbeerbaum verwandelt, unvermählt blieb*].

****in nuce** (*zu nux, nucis*) = in der Nuß, *d. h.* im Kern, kurz *u.* bündig (*wohl nach einer falsch interpretierten Stelle des älteren Plinius, laut der Cicero eine Miniaturausgabe der Ilias* [*in nuce*] *gehabt habe*).

in-numerābilis, *ē* (*adv.* **-iter**) unzählig, zahllos, *übh.* massenhaft, unendlich, *v. Pers. u. Sachen, im sg. u. pl.* [*homines, pecunia*, °*hostis*]; *adv.* *-iter* unzählige Male, auf unzählige Arten.

innumerābilitās, *ātis f* (*innumerābilis*) Unzählbarkeit, zahllose Menge [*atomorum*].

in-numerālis, *ē* (*numerus*) (*Lu.*) unzählig. [*numerābilis.*]

in-numerus 3 (*unkl.*) = *in-*

in-nuō, *uī*, — 3. (*vkl., nkl.*) zuwinken (*abs. od. alci; re m. etw.*).

in-nūptus 3 (*-nūpt-?*) (*in-*[2] + *P.P.P. v. nūbō*) (*dcht.*) **1.** unverheiratet, unvermählt [*puella, Phoebe*]; *subst.* **-a**, *ae f* Jungfrau. **2.** unselig [*nuptiae, eigtl.* eine Ehe, die keine Ehe ist = γάμος ἄγαμος].

in-nūtriō 4. (*nkl.*) bei *etw.* aufziehen (*alqm alci rei*); P. bei *od.* auf, in, unter *etw.* aufwachsen (*alci rei, zB. mari* am Meer, *pessimis* in allen Lastern).

Īnō, *ūs u. ōnis f* (Ἰνώ) *T. des Kadmos, Gattin des Athamas, Stiefmutter des Phrixos u. der Helle. V. Hera m. Wahnsinn geschlagen, stürzte sie sich m. ihrem Sohn Melikertes ins Meer u. wurde zur Meergöttin Leukothea* (*s. Melicerta, Leucothea*); *adi.* **Īnōus** 3 der Ino. **F.** *Cf.* V.-B. III, 2.

in-oblītus 3 (*in-*[2] + *part. pf. v. oblīvīscor*) (*Ov.*) nicht vergessend, eingedenk [*mens*].

in-obrutus 3 (*in-*[2] + *P.P.P. v. obruō*) (*Ov.*) unüberschüttet, nicht verschlungen.

in-obsequēns, *entis* (*dcht., nkl.*) ungehorsam (*alci rei, zB. arti*).

in-observābilis, *ē* (*dcht., nkl.*) unmerklich [*error*].

in-observantia, *ae f* (*nkl.*) **1.** Unachtsamkeit. **2.** Unordnung, Unregelmäßigkeit.

in-observātus 3 (*in-*[2] + *P.P.P. v. observō*) (*dcht., nkl.*) unbeobachtet.

in-offēnsus 3 (*adv.* **-ē**) (*dcht., nkl.*) **1.** unangestoßen, ohne Anstoß [*pes*]. **2.** / ungehindert, ungestört, frei [*mare* klippenlos, *cursus honorum* ununterbrochen].

in-officiōsus 3 pflichtwidrig, *bsd.* lieblos [*testamentum*]; (*v. Pers.*) ungefällig (*in alqm*).

in-olēns, *entis* (*Lu.*) geruchlos.

in-olēscō, *olēvī, olitum* 3. (*in-*[1] + *incoh. v. olō* < **olēscō*; *cf. adolēscō*) (*dcht., nkl.*) in *etw.* (hin)einwachsen, *m. etw.* verwachsen (*abs. od. alci rei, zB. libro* in den Bast).

in-ōminātus 3 (*part. pf. v.* **in-ōminor* 1.) (*Ho.*) fluchbeladen [*cubilia*].

in-opertus 3 (*nkl.*) unverhüllt [/ *veritas*].

▶ **inopia**, *ae f* (*inops*) **1. a)** Mittellosigkeit, Mangel, Armut, Not [*magna, publica* allgemeine Geldknappheit; *alcis j-s, zB.* °*aliorum inopiam levare; alcis rei* an *etw., zB. cibi, aquae,* °*loci* Platzmangel, *consilii* Ratlosigkeit]; **b)** Mangel an Nahrungsmitteln, Hungersnot, Hunger [*annonae, frumentaria*]. **2. a)** geringe Zahl, Menge [°*argenti,* °*iuniorum*]; **b)** Hilflosigkeit, Ratlosigkeit, Verlegenheit; **c)** (*meton.*) **α)** (*v. Pers.*) ratlose Leute, hilflose Personen; **β)** (*rhet.*) Gedankenarmut.

▶ **īn-ŏpīnāns,** *ăntĭs* (*adv.* °**-āntĕr**) (*īn-*[2] + *part. praes. v. ŏpīnŏr*) nicht(s) ahnend, ahnungslos (*alqm -tem aggredi od. opprimere, alqo -te* wider *j-s* Vermuten).

īn-ŏpīnātŭs 3 (*adv.* °**-ō**) (*īn-*[2] + *part. pf. v. ŏpīnŏr*) **1.** (*act.*) (*nkl., selten*) = *īnŏpīnāns*. **2.** (*pass.*) unvermutet, unverhofft, unerwartet [*res, malum, bellum; alci* für *jd.*]; *subst.* **-ŭm,** *ī n etw.* Unvermutetes [*nihil -i; ex inopinato* unversehens].

īn-ŏpīnŭs 3 (*wohl Rückbildung aus īnŏpīnātŭs; cf. nĕc-ŏpīnŭs*) (*dcht., nkl.*) unvermutet.

īnŏpĭōsŭs 3 (*īnŏpĭă*) (*Pl.*) bedürftig [*consilii*].

īn-ŏps, *ŏpĭs* (*cf. ŏps, cōpĭă*) **1. a)** (*nkl.*) machtlos, unvermögend, ohnmächtig (*dcht. m. inf.*); *subst. m* der Machtlose; **b)** hilflos, ratlos (*milites inopes a duce relicti,* °*senecta*). **2. a)** mittellos, arm, dürftig, bedürftig, *e-r Sache* ermangelnd, *v. etw.* entblößt, ohne *etw., v. Pers. u. Sachen* (*abs., zB. amicus,* °*insula, aerarium* erschöpft, leer; *alcis rei, selten re u. a re, zB. consilii* ratlos, °*somni* schlaflos, °*mentis* ohne Verstand, *verborum u. verbis, amicorum u. ab amicis,* °*rerum* an Gehalt); *subst. m* der Arme; **b)** / (*v. Sachen*) arm an Worten *od.* Gedanken, mager [*lingua, oratio*]; *übh.* dürftig, armselig, gehaltlos [*vita,* °*animus,* °*res* Besitzung, Reich, °*versūs*].
F. *abl. sg. -ī* (*subst. -ĕ*); *pl. neutr. fehlt, gen. -ŭm.*

īn-ŏptātŭs 3 (*Se.*) unerwünscht.

īn-ōrātŭs 3 (*īn-*[2] + *P.P.P. v. ōrō*) (*vkl., spätl.*) nicht vorgetragen; *nur inoratā re* ohne die Sache vorgetragen zu haben [*zB. reverti*].

īn-ōrdĭnātŭs 3 (*adv.* °**-ē**) (*īn-*[2] + *P.P.P. v. ōrdĭnō*) ungeordnet, nicht in Reih *u.* Glied stehend [°*exercitus*]; *subst.* **-ŭm,** *ī n* die Unordnung [*alqd ex -o in ordinem redigere*].

īn-ōrnātŭs 3 (*adv.* °**-ē**) (*īn-*[2] + *P.P.P. v. ōrnō*) schmucklos, schlicht, einfach, *v. Pers. u. Sachen* [*mulier,* °*verba*]; / (*Ho.*) ungepriesen.

īn-ōtĭōsŭs 3 (*Qu.*) vielbeschäftigt.

Īnōŭs 3 *s. Īnō.*

inp... = *imp...*

***in praxi** in der Praxis, im gewöhnlichen Leben, tatsächlich.

***in puncto** (*eigtl.* „im Punkt") hinsichtlich, was ... betrifft; *in puncto puncti* in sexueller Hinsicht.

▶ **inquăm** *verb. def.* (*cf. altl. imp. insĕquĕ od. insĕcĕ* = ἔννεπε < * ἐν-σεπε „sag an") **1.** sage ich — *auch als pf. historicum gebraucht* —, *oft auch durch* antworten, entgegnen, einwenden, fortfahren, ausrufen *zu übersetzen; nur bei direkter Rede u. stets eingeschoben* (*bzw. nachgestellt*); *selten m. dat.* [°*inquii puellae*] *od. ad alqd.* **2.** *bisw. in lebhafter Darstellung ausgelassen* [*Capius olim: Non omnibus dormio*], *bisw. auch wiederholt; auch pleonastisch gesetzt* [°*Tullius exclamat: Adspice, imperator, inquit,* ...]. **3.** *bei nachdrücklicher Wiederholung eines Wortes:* sage ich *od.* ich betone es *od.* ich wiederhole es [*virtus, virtus inquam conciliat amicitias*]. **4.** *selten bei Wiederaufnahme des Satzanfanges od. des ganzen Gedankens* (*bsd. nach Parenthesen*) *od. bei bündiger Zusammenfassung.* **5.** *bei der Occupatio* (*d.h. der Einführung eines voraussichtlichen Einwurfs*): *inquies od. inquit* sagt man, wird man sagen, heißt es [*Quid ad istos ineptias abis? inquies*].
F. *Häufige Formen: inquăm, inquĭs, inquĭt, inquĭūnt, fut. inquĭēs u. inquĭĕt; selten inquĭmŭs, inquĭăt, inquĭēbăt, inquĭī, inquīstī; altl. imp. inquĕ u. inquĭtō.*

īn-quĭēs, *ētĭs* (*nkl. u. selten*) = *inquĭētŭs.*

inquĭētō 1. (*denom. v. inquĭētŭs*) (*nkl.*) beunruhigen, behelligen (*alqm*); / erschweren [*victoriam*].

īn-quĭētŭs 3 (*m. comp. u. sup.*) unruhig, *v. Pers. u. Sachen* [*homo, ingenium, Hadria; re* durch *etw., zB.* °*urbs actionibus -a*].

inquĭlīnŭs, *ī m* ((< **in-quĕl-īnŏ-s v. cŏlō; s.d.*) **1. a)** Insasse, Mieter; **b)** / (*nkl.*) fremdbürtiger *od.* eingewanderter Bürger [*Cicero ~ civis urbis Romae*]. **2.** Mitbewohner *e-s fremden Hauses,* Hausgenosse.

īn-quĭnō 1. (*cf. caenŭm*) **1.** (*nkl., dcht.*) überstreichen, -tünchen [*parietem limo*]; *auch* /. **2. a)** verunreinigen, beschmutzen (*alqd re*); **b)** / beflecken, besudeln, beschimpfen, verunglimpfen [*famam alcis, se -are od. mediopass. vitiis od. libidinibus,* °*tempus aureum aere* verfälschen, °*innoxios* anschwärzen]; (*P.P.P.*) *adi.* **inquĭnātŭs** 3 (*m. comp. u. sup.; adv.* **-ē**) beschmutzt, schmutzig, unrein, *eigtl. u.* / [*aqua cadaveribus, vita flagitiis, verba* unedel]; *bsd.* (*v. der Rede*) unrein = inkorrekt [*oratio, inquinate loqui*].

▶ **īn-quīrō,** *sīvī, sītŭm* 3. (*quaerō*) **1.** aufsuchen, nach *etw.* suchen (*alqm u. alqd, zB.* °*auctorem,* °*sedes;* / *veram honestatem*). **2.** / **a)** untersuchen, erforschen, nachforschen, nach *etw.* forschen (*in alqd u. alqd, zB. in omnia, rem, omnia,* °*vitia, in alqm* in bezug auf *jd., zB. nimium in se,* °*de re; m. indir. Frages.*); **b)** (*jur. t.t.*) Beweise *od.* Beweismittel zur Klage sammeln, beschaffen (*abs. od. in alqm* gegen *jd., zB. in competitores; de re*). — ***inquisito* nach erfolgter Untersuchung.
F. *pf.-Formen selten synk.: inquīsīssĕ(m)* = *inquīsīvīssĕ(m).*

inquīsītĭō, *ōnĭs f* (*inquīrō*) **1.** (*vkl., nkl.*) das Aufsuchen [°*militum*]. **2.** / **a)** (*philos. t.t.*) Untersuchung, Erforschung [*veri*]; **b)** (*jur. t.t.*) Untersuchung = das Aufsuchen der nötigen Beweismittel zur Klage gegen *jd.* (*alcis j-s u.* gegen *jd., zB. accusatoris, candidati*).

inquīsītŏr, *ōrĭs m* (*inquīrō*) **1.** (*nkl., dcht.*) Spitzel, Spion. **2.** / **a)** (*philos. t.t.*) Forscher, Erforscher; **b)** (*jur. t.t.*) der Kläger (*od.* sein Anwalt), der Beweismittel *für e-e Klage* sammelt; Untersuchungsrichter.

īn-quīsītŭs[1] *P.P.P. v. inquīrō.*

īn-quīsītŭs[2] 3 (*īn-*[2] + *P.P.P. v. quaerō*) (*Pl.*) ununtersucht.

īn-quīsīvī *s. inquīrō.*

inr... = *irr...*

in-saepĭō, —, *saeptŭm* 4. (*Se.*) einzäunen.

īn-sălūbĕr, *brĭs, brĕ u.* **īn-sălūbrĭs,** *ĕ* (*m. comp. u. sup.; adv.* **-ĭtĕr**) (*nkl.*) ungesund [*cibus; alci rei* zu *etw., zB. potui*].

īn-sălūtātŭs 3 (*īn-*[2] + *P.P.P. v. sălūtō*) (*dcht., nkl.*) ungegrüßt, ohne Abschiedsgruß (*Verg. Aen.* 9, 288 *in Tmesis: inque salutatam linquo*).

īn-sānābĭlĭs, *ĕ* (*m.* °*comp.*) unheilbar [*morbus*]; / (*nkl.*) unverbesserlich, unvermeidlich [*contumeliae*].

īnsānĭă, *ae f* (*īnsānŭs*) **1.** Wahnsinn, Tollheit, Raserei (*alcis j-s, alcis rei* einer Sache *od.* in, bei *etw., zB.* °*belli* Kriegswut). **2.** (*meton.*) **a)** tolles Treiben *od.* Benehmen, exzentrisches Wesen; *pl.* tolle Streiche; **b)** (*dcht.*) dichterische Begeisterung *od.* Verzückung [*amabilis*]; **c)** unsinnige Übertreibung *od.* Verschwendung (Aufwand) (*alcis rei* in *od.* auf *etw., zB. libidinum* irrsinnige Ausschweifungen).

īnsānĭō 4. (*denom. v. īnsānŭs*) wahnsinnig *od.* toll sein, unvernünftig sein *od.* handeln, rasen, außer sich sein, *meist abs., auch v. Sachen, zB. v. Meer* (*re* durch *od.* über *etw.,* infolge *e-r* Sache, *zB.* °*stultitiā,* °*statuas emendo* wie toll versessen sein auf den Ankauf *v.* Statuen; *in re* in, bei *etw.;* °*in alqd* auf *etw.* versessen sein, °*in alqm* hinter *jd.* her sein *od.* sein Vermögen unsinnig an *jd.* verschwenden, *zB. in libertinas; m.* °*acc. des inneren Objekts, zB.* °*errorem similem* auf ähnliche Art toll sein, °*sollemnia* ein Narr sein nach der Mode; °*insaniens sapientia* unweise Weisheit); *bsd.* begeistert sein, schwärmen, sich toller Freude hingeben.
F. *pf.-Formen synk.: īnsānīssĕ(m)* = *īnsānīvīssĕ(m), īnsānīstī u. a.; altl. impf.: īnsānībăt.*

īnsānĭtās, *ātĭs f* (*īnsānŭs*) Ungesundheit, krankhafter Zustand.

▶ **īn-sānŭs** 3 (*m. comp. u. sup.; adv.* °**-ē**) *eigtl.* „(geistig) ungesund": **1.** (*pass.*) **a)** wahnsinnig (*als krankhafter Zustand*); *subst.* **-ī,** *ōrŭm m* die Irren; **b)** / verrückt, toll, *v.* Leidenschaften beherrscht, unvernünftig [*homo, contio*]; **c)** (*dcht.*) (*v. Sachen*) tobend, rasend, *zB. fluctus, ventus, forum* toll lärmend; *re* durch *etw.,* infolge einer

Sache, *zB. flagitiis; subst. m* der Narr; **d)** (*dcht.*) verzückt, begeistert [*vates*]; **e)** / unsinnig groß, übermäßig *od.* übertrieben groß, heftig [*moles*, °*montes, cupido*, °*amores*]. **2.** (*act.*) (*dcht., nkl.*) toll *od.* wahnsinnig machend [*aqua*].

īn-sătĭābĭlĭs, ĕ (*m. comp.; adv.* °**-ĭtĕr**) **1.** (*pass.*) **a)** (*nkl., dcht.*) unersättlich [*lupus*]; **b)** / [*cupiditas*]; **c)** (*nkl.*) re nicht befriedigt durch *etw.* [*eo, quod fortuna spondet*]. **2.** (*act.*) nicht sättigend; / nicht übersättigend, keinen Überdruß verursachend [*pulchritudo, gaudium*].

īn-sătĭĕtās, *ātĭs f* (*Pl.*) Unersättlichkeit.

īn-sătŭrābĭlĭs, ĕ (*adv.* **-ĭtĕr**) (*sătŭrō*) unersättlich [*abdomen*].

īn-scĕndō, *scĕndī, scēnsŭm* 3. (*scăndō*) **1.** (*intr.*) hinein-, hinaufsteigen, besteigen, betreten (*in alqd, zB. in lectum*). **2.** (*trans.*) (*vkl., nkl.*) besteigen (*alqd, zB. equum*); / *alqam* bespringen, begatten [*prostratam mulierem*].

īnscēnsĭō, *ōnĭs f* (*īnscĕndō*) (*vkl., nkl.*) das Besteigen, Einsteigen [*in naves* das Anbordgehen].

īnscēnsŭs, *ūs m* (*īnscĕndō*) (*nkl.*) das Bespringen [*equarum*].

īn-scĭēns, *ĕntĭs* (*adv.* **-ĕntĕr**) **1.** nicht wissend, ohne Wissen (*alqo insciente* ohne *j-s* Wissen). **2. a)** unverständig, einfältig; **b)** (*Te.*) ungeschickt (*klass. nur adv. -enter facere*); **c)** unabsichtlich [*contra foedera facere*].

īnscĭĕntĭă, *ae f* (*īnscĭēns*) **1. a)** Unkenntnis (*abs. od. m. gen. obi., zB. locorum*; °*rerum* Mangel an Weltkenntnis); **b)** Unverstand (*m. gen. subi., zB. vulgi*). **2.** (*philos. t.t.*) das Nichtwissen, *das zur Erforschung der Wahrheit treibt.*

īnscītĭă, *ae f* (*īnscītŭs*) **1.** Ungeschick(lichkeit), Unfähigkeit, Unverstand, *als dauernder Zustand, stets pejorativ* (*abs. od. alcis j-s, zB. gubernatoris; alcis rei* in *etw.*, in bezug auf *etw., zB. belli, temporis* im Gebrauch der Zeit). **2.** (*nkl., dcht.*) Unkenntnis, Mangel an Verständnis = *īnscĭĕntĭă* (*alcis j-s, alcis rei e-r* Sache, in *etw.*, in bezug auf *etw.* = *erga alqd*).

īn-scītŭs 3 (*m. comp. u.* °*sup.; adv.* **-ē**) **1.** ungeschickt, unverständig [°*mulier, klass. nur v. Sachen, zB. quid est inscitius quam...*]. **2.** (*nkl.*) unkundig, unwissend; *subst. inscitiores* die Ignoranten.

▶ **īn-scĭŭs** 3 (*adv.* °**-ē**) **1.** unwissend, unkundig, *stets pejorativ* [*medicus; selten alcis rei e-r* Sache, in *etw., zB.* °*culpae* sich nicht bewußt, frei *v.*; *m. indir. Frages.; niemals mit a.c.i.*]; *subst. m* der Unkundige, Laie, Uneingeweihte. **2.** ohne es zu wissen *od.* zu ahnen, unbewußt, absichtslos [*inscii hoc fecistis, alqm inscium opprimere* unversehens, *alqo inscio* ohne *j-s* Wissen, *non od.* °*haud inscius* wohl wissend].

īn-scrībō, *scrīpsī, scrīptŭm* 3. **1. a)** *etw.* in *od.* auf *etw.* schreiben *od.* als Inschrift setzen (*alqd, zB. epigramma, litteras; alqd in re u. alci in re u. alci rei, zB. nomen in basi tropaeorum, in statua od. statuae*; / *in animo* ~ *etw.* einprägen, *zB. orationem; in fronte alcis inscriptum est* es steht *jd.* auf der Stirn geschrieben); **b)** *jd. etw.* zuschreiben *od.* beilegen (*alci alqd, zB. sibi nomen philosophi*); **c)** (*dcht.*) *jd.* als Urheber *v. etw.* bezeichnen [*deos sceleri* als Vorwand für den Frevel gebrauchen, *dextra leto inscribenda est* ist als Ursache deines Todes zu bezeichnen]. **2. a)** *etw. m.* einer Inschrift *od.* Aufschrift versehen, beschreiben (*alqd, zB. statuam*, °*glandem; alqd re, zB. columnam litteris*, °*flores inscripti nomina regum m.* Königsnamen bezeichnet); **b)** (*e-n Brief*) adressieren (*alci alqd, zB. epistulam patri*); **c)** (*ein Buch*) betiteln [*librum, librum artis suae nomine, liber inscribitur* hat den Titel, *zB. Hortensius; librum alci j-m* widmen *od.* zueignen]; **d)** (*dcht., nkl.*) kenntlich machen, deutlich bezeichnen (*alqm, zB. sua quemque deorum inscribit facies*); **e)** (*prägn.*) (*nkl., dcht.*) brandmarken.

īnscrīptĭō, *ōnĭs f* (*īnscrībō*) **1.** das Daraufschreiben, Aufschreiben [*nominis*]. **2.** (*concr.*) Aufschrift, Inschrift, (*bei Büchern*) Titel [*statua cum inscriptione, libri*]. **3.** (*nkl.*) (*prägn.*) Brandmarkung [*frontis*].

īn-scrīptŭs 3 (*īn-*[2] + *P.P.P. v. scrībō*) (*nkl.*) **1.** ungeschrieben. **2.** nicht im geschriebenen Recht erwähnt.

īn-scŭlpō, *scŭlpsī, scŭlptŭm* 3. eingraben, einschnitzen, einmeißeln (*alqd in re od.* °*alci rei, selten re, zB. sortes in robore*); / tief einprägen (*alqd in mentibus od. in animo*).

īn-sĕcābĭlĭs, ĕ (*sĕcō*) (*nkl.*) unzerschneidbar, unteilbar [*corpora* Atome].

īn-sĕcō[1], *sĕcŭī, sĕctŭm* 1. *etw.* einschneiden, aufschlitzen, *auch etw.* zerschneiden *od.* durchschneiden (*alqd, zB.* °*cutem e-n* Einschnitt in die Haut machen); *subst.* (*nkl.*) **īnsĕctă,** *ōrŭm n* (*Bedeutungslehnwort* ‹ *sg.* ἔντομον) Insekten, Kerbtiere.

īnsĕcō[2] (*īnsĕquō*; *imp. īnsĕcĕ od. īnsĕquĕ*; *pf. īnsĕxĭt*; *cf. īnquăm*) (*altl.*) ansagen.

īnsĕctātĭō, *ōnĭs f* (*īnsĕctŏr*) **1.** Verfolgung (*alcis j-s, zB.* °*hostium, principum*). **2.** / (*nkl.*) Verhöhnung, Angriff auf *jd., pl.* Spottreden.

īnsĕctātŏr, *ōrĭs m* (*īnsĕctŏr*) (*nkl.*) Verfolger, Gegner [*plebis*]; / Tadler, Eiferer *gegen etw.* [*vitiorum*].

īnsĕctŏr (*altl. -ō*) 1. (*intens. v. īnsĕquŏr*) heftig *od.* andauernd verfolgen (*alqm, zB. aves*, / °*herbam rastris* das Unkraut gründlich ausjäten; [*nkl.*] *pass. insectatus ab alqo*); / bedrängen, verhöhnen, verunglimpfen (*alqm u. alqd, zB. innocentiam alcis; auch* [*Ho.*] *jd.* schulmeistern; *alqm re, zB. maledictis*).

īn-sĕcūtŭs *part. pf. v. īnsĕquŏr.*

īnsēdābĭlĭtĕr *adv.* (*sēdō*) (*Lu.*) unstillbar.

īn-sēdī *s. īnsĭdĕō u. īnsīdō.*

īn-sĕgĕstŭs 3 (*sĕgĕs*) (*Pl.*) ungesät.

īn-sĕnēscō, *sĕnŭī,* — 3. (*dcht., nkl.*) in *od.* bei *etw.* altern (*alci rei, zB. libris*).

īn-sēnsĭlĭs, ĕ (*Lu.*) empfindungslos.

īn-sĕpărābĭlĭs, ĕ (*sĕpărō*) (*nkl.*) unzertrennlich.

īn-sĕpŭltŭs 3 (*īn-*[2] + *P.P.P. v. sĕpĕlĭō*) unbegraben, ohne Begräbnis [*sepultura* = das eigentlich keins ist, unselig].

▶ **īn-sĕquŏr,** *sĕcūtŭs sŭm* 3. **1.** auf dem Fuße nachfolgen, unmittelbar *od.* sogleich darauf folgen, *räuml. od. zeitl. od. der Reihe nach* (*meist abs., zB. Caesar omnibus copiis insequebatur, verba insequentia, anno insequenti u.* °*-ĕ*, °*somnus insequitur* tritt sofort ein; *alqm u. alqd, zB.* °*agmen*, / °*alqd oculis e-r* Sache *m.* den Augen folgen). **2.** (*feindl.*) verfolgen, nachsetzen (*abs. od. alqm, zB. hostem gladio*). **3.** / angreifen, *zB. alqm* °*bello*, °*saxum morsibus; bsd.* m. Worten verfolgen = verhöhnen, gegen *etw.* eifern [°*familiares alcis, vitae alcis turpitudinem*]. **4.** (*eine Tätigkeit*) fortsetzen, dabei verharren (*abs., zB. longius* die Sache *od.* seinen Weg weiter verfolgen; *alqd, zB.* °*arva* dauernd pflegen; *m. ut od.* °*inf.* sich bemühen, sich daranmachen). **5.** (nachfolgend) erreichen, ereilen [*mors alqm insequitur*]. **F.** *part. praes. īnsĕquēns im abl. sg. -ĕ, aber als adi. -ī u.* °*-ĕ. Cf.* V.-B. VIII.

▶ **īn-sĕrō**[1], *sēvī, sĭtŭm* 3. **1.** (*unkl.*) einsäen, -pflanzen, dazwischenpflanzen (*alqd, zB. frumentum; alqd in alqd u. alci rei, zB. ramos terrae*). **2. a)** (*unkl.*) *etw.* pfropfen [*piros, vitem, pirus insita* veredelt; *alqd re etw. m. etw., zB. arbutum fetu nucis*]; **b)** / α) einverleiben (*alqd in alqd, zB. alqm in Calatinos* = adoptieren; °*insitus* eingeschoben); *auch* vereinigen (*alqd alci rei etw. m. etw., zB. corpora animis*); β) (geistig) einpflanzen, einprägen (*alqd, zB. novas opiniones*); *bsd.* (*P.P.P.*) *adi.* **īnsĭtŭs** 3 angeboren, angestammt, eingewurzelt, eigen [*virtus, natura* Volkscharakter; *in re u. alci od. alci rei, zB. in animis nostris, militibus; selten in alqd*]; / *auch* in der Sache liegend.

īn-sĕrō[2], *sĕrŭī, sĕrtŭm* 3. **1. a)** (hin-)einfügen, -stecken, -tun, -bringen (*alqd, zB.* °*telum* hineinstoßen, °*fenestras* in die Wand einlassen, °*bracchia* hineinzwängen, °*trecentos* [*in das Schiff*] hineinpacken; *alqd in alqd u. alci rei, zB. collum in laqueum, cibum alci in os, falces longuriis*, °*catenam collo* um den Hals legen, °*pellem auro m.* Gold belegen, °*gemmas soleis* einlegen in; / *oculos in curiam od.* °*in pectora alcis* eindringen lassen in); **b)** (*t.t. der Webersprache*) (*nkl., dcht.*) den Einschlag [*subtemen*] *m.* dem Weberschiffchen [*radiis*] durch den Aufzug schießen. **2.** / (*nkl., dcht.*) **a)** einflechten, einschalten, *bsd. in der Rede* [*querelas, iocos historiae, nomen famae* berühmt machen]; *se inserere* sich einmischen (*abs. od.*

in alqd u. alci rei, zB. in circulos, fortunae sich in eine hohe Stellung eindrängen); **b)** einreihen, beigesellen, aufnehmen *od.* versetzen unter (*alqm u. alqd, m. dat., zB. vatibus, Caesaris decus stellis*).

īnsertō 1. (*intens. v.* īnserō²) (*dcht., nkl.*) hineinstecken [*sinistram clipeo*].

īn-sertus *P.P.P. v.* īnserō².

īn-seruī *s.* īnserō².

īn-serviō 4. **1.** (*Ta.*) *als Untertan od. Vasall* dienstbar sein [*rex inserviens*]. **2.** / dienen: **a)** *jd.* zu Willen, gefällig sein, sich fügen, nachgeben (*alci, zB. optimatibus;* [*Pl.*] *alqm, zB. amantem;* °*temporibus* sich fügen in); **b)** *einer Sache* ergeben sein, *etw.* eifrig betreiben *od.* fördern (*alci rei, zB.* °*studiis alcis, suis commodis*).

F. *pf.-Formen synk.*: īnservīsse(m) = īnservīvisse(m) *u.a.*; *altl. fut.*: īnservībis.

īn-sessum *P.P.P. v.* īnsīdeō *u.* īnsīdō.

īn-sēvī *s.* īnserō¹.

īn-sībilō 1. (*dcht.*) hineinpfeifen, -sausen, *vom Wind* (*alci rei in etw.*).

īn-sideō, sēdī, sessum 2. (sedeō) **1.** (*intr.*) **a)** in *od.* auf *etw.* sitzen *bzw.* liegen (*in re u. alci rei, zB. equo,* °*toro,* °*manus capulo* liegt fest am Griff); / **b)** in *etw.* fest sitzen *od.* haften, herrschen (*abs., zB.* °*dolor; in re od. alci rei, in alqo, zB. in optimo*); **c)** (*abs.*) irgendwo seßhaft sein, sich befinden [*penates penitus insident*]. **2.** (*trans.*) (*nkl., dcht.*) **a)** *mil. etw.* besetzt halten [*locum, fauces*]; *auch im* P.; **b)** (*Ta.*) bewohnen [*ea loca*].

▶ **īnsidiae,** ārum *f* (īnsīdeō; *urspr. Wort der Militärspr.; cf.* ἐνέδρα, ἔνεδρον „Hinterhalt“; *gall.* essědum) **1.** Hinterhalt *sowohl als Ort als auch* (*selten*) *als Truppenabteilung* [*locus ad insidias aptus, copias in insidiis collocare od.* (*dis*)*ponere, alqm* °*ex insidiis adoriri, insidias alci tendere u. locare, collocare, ponere u.a.*]. **2.** / **a)** Nachstellung(en), Hinterlist, heimlicher Kunstgriff (*bsd. auch des Redners*), heimtückischer Anschlag, Attentat, Falle, Tücke, Heimtücke [*insidias alci facere od. parare, tendere, ponere, struere u.ä., in insidias incidere; per insidias od.* (*ex*) *insidiis* hinterlistigerweise; *alcis j-s u.* gegen *jd.*; *alcis rei* in betreff einer Sache, *zB. caedis, incendiorum*]; **b)** (*pass.*) Überlistung, *die jd. erleidet* (*alcis, zB. doctissimi hominis*).

īnsidiātor, ōris *m* (īnsidior) Soldat im Hinterhalt; / Wegelagerer, Bandit [*viae,* °*imperii*]; *auch* (*Ho.*) Erbschleicher.

īnsidior 1. (*denom. v.* īnsidiae) **1.** (*abs.*) im Hinterhalt liegen, *alci jd.* im Hinterhalt auflauern. **2.** / **a)** *jd.* nach dem Leben trachten (*abs. u. alci,* [*nkl.*] *auch alqm, zB. puellam*); **b)** *jd.* nachstellen, auf *jd. od. etw.* lauern, es auf *jd. od. etw.* abgesehen haben (*alci u. alci rei, zB.* °*Piraeo* einen Handstreich beabsichtigen gegen, *somno maritorum; ungewöhnlich* [*trans.*] *in legatis insidiandis*).

īnsidiōsus 3 (īnsidiae) (*m. comp. u.* °*sup.; adv.* **-ē**) hinterlistig, tückisch, gefährlich, *v. Pers. u. Sachen* [*amicus, bellum* °*alci* gegen *od.* für *jd.*]; (*v. Sachen*) *auch* gefährdet [*locus,* °*iter*].

▶ **īn-sīdō,** sēdī, sessum 3. **1.** (*intr.*) **a)** (*nkl., dcht.*) auf *etw.* sich (nieder-)setzen *od.* sich niederlassen (*in re u. alci rei, zB. in dorso equi, digiti membris* sich eindrücken in); **b)** (*nkl.*) *mil. irgendwo* in Stellung gehen *od.* als Ansiedler sich niederlassen [*iugis*]; **c)** / sich festsetzen, sich einprägen, Wurzel fassen [*semen in locis insedit, oratio in animo od. in memoria u.* °*memoriae*]. **2.** (*trans.*) (*nkl.*) *etw.* besetzen, *irgendwo* sich niederlassen (*alqd, zB. Capitolium; auch im* P.); *bsd. mil.* (*seit Li.*) besetzen [*saltum, viam*].

▶ **īnsigne,** is *n* (-sign-?; īnsignis) **1.** Kennzeichen, Abzeichen, Wahrzeichen, *oft pl., meist* / [°*morbi, veri* Kriterium]. **2.** **a)** Abzeichen *e-s Amtes od. Standes u.ä.*, Ehrenzeichen, Zierat, Auszeichnung [*regium od.* °*regni* = Diadem, Krone, *imperatoris od. imperii, sacerdotum,* °*praeturae, militaria u.* °*militiae* Dienstauszeichnungen; °*inimicum* des Feindes]; **b)** Wappen *od.* Verzierung *im Schild; (bei Schiffen)* Flagge *od.* Wappenfigur *am Vorderteil,* Admiralsflagge [*navem ex insigni cognoscere*]; **c)** Zierde, Schmuck [*verborum* Glanzpunkte]; *bsd. pl.* Prachtstücke, *zB. Statuen* [*penatium, deorum*]; **d)** Signal [*nocturnum*], *bsd. mil.*

F. *abl. sg.* -ī; *pl. nom.* -ia, *gen.* -ium.

īn-signiō 4. (-sign-?; *denom. v.* signum) (*nkl., dcht.*) **1.** einprägen, aufprägen. **2.** **a)** kenntlich machen, bezeichnen; **b)** auszeichnen, zieren, herausputzen (*alqm u. alqd re, zB. Postumium notā, clipeum auro*); *klass. nur P.P.P. u.* (*P.P.P.*) *adi.* **īnsignītus** 3 (*s.d.*).

F. *impf. altl.* īnsignībat.

▶ **īnsignis,** e (*m.* °*comp. u.* °*sup.; adv.* **-iter**) (-sign-?; *wohl Rückbildung aus* īnsigniō) **1.** gekennzeichnet, an einem Abzeichen kenntlich *od.* erkennbar, auffallend *durch gute od. üble Eigenschaften, v. Pers. u. Sachen; auch* = geschmückt, geziert, *bzw.* = gebrandmarkt (*abs., zB.* °*vestis,* °*insigniter ornari; re* durch *etw., zB.* °*uxores auro et purpurā* -es; *ad alqd* in bezug auf *etw., zB. ad deformitatem* auffallend häßlich). **2.** / auffallend, hervorstechend, ausgezeichnet, außerordentlich: glänzend, herrlich *od.* (*pejorativ*) anstößig [*latrones,* °*Homerus* gefeiert, *magnitudo animi, odium; re* durch *etw., zB.* °*pietate et armis; ad alqd* in bezug auf *etw., auch* °*a re, zB. ab arte*].

īnsignītus¹ 3 (*m.* °*comp.; adv.* **-ē**) (-sign-?; *eigtl. P.P.P. v.* īnsigniō) **1.** kenntlich, deutlich, charakteristisch [*imago, notae veritatis; re u. a re* durch *etw.*]. **2.** / auffallend, ausgezeichnet, außerordentlich, beispiellos, *meist pejorativ v. Sachen u.* °*Pers.* [*iniuriae, insignite improbus*].

īn-signītus² 3 (sign-?; signum) (*vkl.*) *m. e-r* Fahne (versehen).

īnsile, is *n* (*et. unklar*) (*Lu.*) Teil des Webstuhls (*vl.* Spule).

īn-siliō, luī (*u.* °līvī), — 4. (saliō) (*trans. u. intr., klass. nur in alqd*) hinein-, hinaufspringen [*in phalangas;* °*alci rei u.* °*alqd, zB. tauros;* / (*Pl.*) *in malum cruciatum*]; (*spätl.*) bespringen, begatten.

īnsimulātiō, ōnis *f* (īnsimulō) Beschuldigung, Anklage (*alcis j-s, alcis rei, zB. criminis*).

īn-simulō 1. *fälschlich od. irrtümlich* beschuldigen *od.* anklagen, verdächtigen, *fast immer außergerichtlich* (*alqm u. alqd, zB. mulierem,* °*malitiam alcis; alcis rei* einer Sache, *zB. alqm proditionis; re* durch *etw., zB.* °*falso crimine; m. a.c.i.*).

īn-sincērus 3 (*dcht., spätl.*) unrein, verdorben [*cruor moderndes*].

īnsinuātiō, ōnis *f* (īnsinuō) eindringlicher Eingang *e-r Rede, bsd.* Empfehlung.

īn-sinuō 1. (*Hypost.* < īn sinum [*sc.* dēmittō]) **1.** (*trans.*) (*nkl., dcht.*) in den Bausch der Toga stecken [*manus*]; / *etw.* (*in e-e Lücke*) eindringen lassen [*ordines suos, opes insinuantur alci* fallen *jd.* zu; / *mores feris gentibus* einpflanzen, beibringen]. **2.** (*intr.*) *se insinuare od.* °*mediopass.* sich eindrängen, eindringen (*abs. od. inter alqd, zB. inter equitum turmas; in alqd u.* °*alci rei, zB. in forum,* °*cunctis pavor insinuat* überkommt alle); *meist* / sich einschleichen, sich einschmeicheln (*alci* bei *jd.* = sich in *j-s* Wohlwollen festsetzen, *zB. plebi; in alqd* in *etw., zB. in alcis familiaritatem od. consuetudinem, in sermonem alcis* sich auf feine Art in ein Gespräch einlassen, *in antiquam philosophiam* sich einleben, tief eindringen in).

īn-sipiēns, entis (*m.* °*comp. u.* °*sup.; adv.* **-enter**) (sapiēns) unverständig, töricht, albern; *subst. m* der Tor.

F. *abl. sg.* -ī *u.* (*bsd. subst.*) -e; *pl. neutr.* -ia, *gen.* -ium. *Cf.* V.-B. VIII.

īnsipientia, ae *f* (īnsipiēns) Unverstand, Torheit.

> **īn-sistō**
> **1. a)** sich in *od.* auf *etw.* (hin)stellen, hintreten; **b)** festen Fuß fassen; **c)** *etw.* betreten, (*Weg*) einschlagen; **d)** (*Weg, Verfahren*) einschlagen; *etw.* eifrig betreiben; **2.** *jd.* verfolgen, nachsetzen; **3. a)** stehenbleiben; **b)** (*in d. Rede*) innehalten; **c)** bei *etw.* verweilen, verharren.

īn-sistō, stitī, — 3. **1. a)** sich in *od.* auf *etw.* (hin)stellen, hintreten (*in re od. alci rei, zB. in iugo, iacentibus* auf die Gefallenen, °*ramis* sich niederlassen auf; *alcis vestigiis in j-s* Fußstapfen treten, *bsd.* /; [*dcht.*] *auch* °*re, zB. margine ripae*); *selten* auf *etw.* stehen [*in manu Cereris simulacrum insistebat;* / *in tanta gloria* auf einem so großen Felde des Ruhmes]; **b)** fest auftreten, festen Fuß fassen [*firmiter,* °*firme,*

°*digitis* mit den Zehen auftreten = sich auf die Zehen stellen]; **c)** (*vkl.*, *nkl.*) *etw.* betreten, (*e-n Weg*) einschlagen [*viam, iter, prägn. vestigia pedum primis plantis* die ersten Schritte machen]; **d)** / *e-n Weg od. ein Verfahren* einschlagen [*viam domandi, rationem pugnae*]; *etw.* eifrig betreiben, sich *e-r Aufgabe* unterziehen (*alqd u.* °*alci rei, zB. negotium,* °*spei* sich hingeben; *abs.* °*sic institit ore* also begann er zu sprechen); *bsd.* sich eifrig auf *etw.* verlegen, sich *e-r Sache* zuwenden (*in od. ad alqd, zB. in bellum Treverorum,* °*in exitium insistitur* man besteht auf; *m.* °*inf.*, *zB. oppidum oppugnare*). **2.** (*nkl.*) (*feindl.*) *jd.* verfolgen *od. jd.* nachsetzen (*abs. od. alci, zB. hostibus;* / *bellum moenibus insistit*). **3. a)** stehenbleiben, stillstehen, haltmachen, *v. Pers. u. Sachen* [*stellae*]; **b)** (*in der Rede*) innehalten, *vom Redner u. v. der Rede* [*orator u. oratio paululum insistit*]; **c)** α) bei *etw.* fest verharren *od.* beharren, verweilen (*alci rei u. in re, zB. singulis peccatorum gradibus, in rebus singulis; m. inf., zB. loqui*); β) Anstand nehmen, zweifeln [*in reliquis rebus*].

īnsīticĭus 3 (*īnsĕrō*[1]) (*vkl.*, *nkl.*) (aus dem Ausland zu uns) verpflanzt, ausländisch.

īnsĭtiō, *ōnis f* (*īnsĕrō*[1]) **1.** das Pfropfen; *pl.* Arten des Pfropfens. **2.** (*meton.*) (*Ov.*) Zeit des Pfropfens.

īnsĭtīvus 3 (*īnsĕrō*[1]) **1.** (*Ho.*) gepfropft, veredelt [*pira*]. **2.** / **a)** *v.* auswärts eingeführt, fremd [*disciplina*]; **b)** unecht, untergeschoben [*Gracchus*].

īnsĭtŏr, *ōris m* (*īnsĕrō*[1]) (*dcht.*, *nkl.*) (*eigtl.* „Pfropfer") Gärtner.

***__in situ__ (*sĭtŭs*[1]) **1.** (*med. t.t.*) in natürlicher Lage (*v. Körperorganen*). **2.** (*archäologischer t.t.*) in ursprünglicher Lagerung.

▶ **īnsĭtus** 3 *P.P.P. u.* (*P.P.P.*) *adi. v. īnsĕrō*[1]; *s.d.*

in-sŏcĭābĭlis, *ĕ* (*nkl.*) unvereinbar, unverträglich [*gens; m. dat., zB. generi humano*].

(**in-sōlābĭlis**, *ĕ*), *nur adv.* **-ĭtĕr** (*sōlŏr*) (*dcht.*) untröstlich.

▶ **in-sŏlēns**, *ĕntis* (*m.* °*comp. u.* °*sup.*; *adv.* **-ĕntĕr**) (*in-*[2] + *part. praes. v. sŏlĕō*) **1.** *e-r Sache* ungewohnt, an *etw.* nicht gewöhnt, *in etw.* ein Neuling (*abs., zB.* °*alqs* ~ *emiratur* fassungslos; *alcis rei, zB. infamiae; auch in re, zB. in dicendo*). **2. a)** ungewöhnlich, auffallend [*verbum*]; **b)** übertrieben, unmäßig, zügellos [°*laetitia, insolenter abuti re*]; *bsd. m. etw.* verschwenderisch umgehend (*in re, zB. in re aliena m.* fremdem Eigentum); **c)** (*vom Benehmen*) übermütig, keck, dreist, unverschämt, rücksichtslos, *v. Pers. u. Sachen* [*homo, ostentatio, alacritas,* °*ludus* grausam, *insolenter se efferre; in re*]; **d)** wider die Gewohnheit, selten [*alqd insolenter evenit*].
F. *abl. sg. ī u.* °*-ĕ; pl. neutr. -ĭă, gen. -ĭŭm.*

īnsŏlĕntĭa, *ae f* (*īnsŏlēns*) **1.** Ungewohntheit *e-r Sache* [*fori,* °*rerum secundarum* ungewöhnliches Glück]. **2. a)** Ungewöhnlichkeit, Neuheit [*loci, dominatūs*]; **b)** auffallendes Wesen *od.* Benehmen, *bsd.* das Affektierte in der Diktion [*verborum*]; **c)** Übertreibung, *bsd.* Verschwendung [*huius saeculi*]; **d)** Übermut, Rücksichtslosigkeit, Unverschämtheit (*alcis u. alcis rei, zB. Antonii,* °*sermonis*).

īnsŏlēscō, — — 3. (*incoh. zu īnsŏlēns*) (*nkl.*) übermütig werden, sich überheben.

in-sŏlĭdus 3 (*Ov.*) haltlos, schwach [*herba*].

in-sŏlĭtus 3 **1.** (*act.*) *e-r Sache* ungewohnt, an *etw.* nicht gewöhnt, *m. etw.* nicht vertraut (*abs., zB. feminas insolitas in virorum conventum prodire cogis* gegen ihre Gewohnheit; *meist alcis rei, zB.* °*tumultūs; auch ad alqd, zB. exercitus ad laborem*). **2.** (*pass.*) (*v. Sachen*) **a)** unbekannt, befremdlich, fremd [*res,* °*facies,* °*genus pugnae,* °*motus* nie empfunden; *alci j-m, zB. loquacitas mihi -a*]; **b)** ungewöhnlich = selten [*verbum, victoria*].

in-sŏlūbĭlis, *ĕ* **1.** (*spätl.*) unauflösbar [/ *vinculum*]. **2.** / (*nkl.*) **a)** unbezahlbar [*creditum*]; **b)** unwiderlegbar [*signum*].

īnsŏmnĭa, *ae f* (*īnsŏmnis*) Schlaflosigkeit; (*meton.*) schlaflose Nacht [*insomniis fatigari; insomniis carere* keine schlaflosen Nächte haben].

in-sŏmnis, *ĕ* (*sŏmnŭs; cf.* ἄυπνος) (*nkl.*, *dcht.*) schlaflos; *auch v. Sachen, zB. nox* durchwacht.

in-sŏmnĭum[1], *ī n* (*īn*[1] + *sŏmnĭŭm; v. Vergil geschaffenes Bed.-Lw.* ‹ ἐν-ύπνιον) (*nkl.*, *dcht.*) Traum (-bild).

īnsŏmnĭum[2], *ī n* (*īnsŏmnis*) (*nkl.*, *dcht.*) = *īnsŏmnĭă*.

in-sŏnō, *ŭī*, — 1. (*nkl.*, *dcht.*) **1.** (*intr.*) (dabei) ertönen *od.* erschallen, sich hören lassen, *bsd.* erdröhnen, rauschen, brausen, schwirren *u.ä.* [*aether, unda, ventus; re* durch, *v., m. etw., zB. calamis agrestibus insonat ille* er bläst auf der Hirtenflöte, *flagello m.* der Peitsche knallen]; *abs.* laut husten. **2.** (*trans.*) *etw.* ertönen *od.* erschallen lassen [*verbera* die Peitsche].

in-sōns, *sŏntis* (*unkl.*) unschuldig [*insontes sontesque iugulare; alcis rei* an *etw., zB. sanguinis fraterni, auch re, zB. crimine regni*]; / unschädlich, ohne zu schaden [*Cerberus*].
F. *abl. -ī bzw. -ĕ; pl. neutr. -ĭă, gen. -ĭŭm.*

in-sōpītus 3 (*īn-*[2] + *P.P.P. v. sōpĭō*) *u.* **in-sŏpŏr**, *ōris* (*dcht.*) schlaflos, stets wach [*draco*].

***__in spe__ (*eigtl.* „in der Hoffnung") zukünftig.

īnspĕctĭō, *ōnis f* (*īnspĭcĭō*) (*nkl.*) **1.** Durchsicht, Prüfung. **2.** Überlegung.

īnspĕctō 1. (*intens. v. īnspĭcĭō*) bei *etw.* zuschauen, zusehen, *klass. nur intr. u. nur im abl. abs.*: *inspectante alqo* vor *j-s* Augen [*inspectantibus nobis*]; °*trans. alqd etw.* erblicken, anblicken.

īnspĕctŏr, *ōris m* (*īnspĭcĭō*) (*nkl.*) Beschauer; (*spätl.*) „Untersucher" *der Äcker in den Provinzen* (*zur Errechnung der Steuer*) (*die moderne Bed. unantik*).

in-spĕctus[1] *P.P.P. v. īnspĭcĭō.*

īnspĕctus[2], *ūs m* (*īnspĭcĭō*) (*nkl.*) Betrachtung.

in-spērāns, *āntis* (*īn-*[2] + *part. praes. v. spērō*) nicht hoffend, wider Erwarten [*insperanti mihi accidit*].

in-spērātus 3 (*m. comp. u.* °*sup.*; *adv.* °**-ō**) (*īn-*[2] + *P.P.P. v. spērō*) unverhofft, *auch* (*bsd. v. Übeln*) unerwartet, unvermutet [*pecunia,* °*pax, malum*]; (*subst.*) *adv.* °*ex insperato* unverhofft, unvermutet.

in-spĕrgō, *rsī*, *rsŭm* 3 (*spărgō*) daraufstreuen, -spritzen [*molam et vinum;* / °*naevos corpore inspersos* sich vorfindende].

in-spĭcĭō, *spĕxī*, *spĕctŭm* 3. (*spĕxī?; spĕcĭō*) **1. a)** (*meist dcht., nkl.*) in *etw.* hineinschauen, -blicken, -sehen, auf *etw.* hinsehen (*in alqd u.* °*alqd, zB.* [*in*] °*speculum, in mentem suam ipse*); **b)** *etw. Geschriebenes* einsehen, Einsicht in *etw.* nehmen = *etw.* (nach)lesen (*alqd, zB. leges,* °*litteras, bsd.* °*libros* [*Sibyllinos*]). **2. a)** *etw.* besichtigen, besehen, beschauen, in Augenschein nehmen (*bsd. als Käufer od. Opferschauer*) (*abs. od. alqd, zB. signum, candelabrum,* °*exta*); *bisw. übh.* °*etw.* sehen *od.* wahrnehmen, erblicken; **b)** mustern, inspizieren, *bsd. mil.* [°*milites, viros, equos, arma,* °*classem*]; **c)** / (*geistig*) betrachten, untersuchen, prüfen, erwägen [°*res sociorum, alqm a puero j-s* Leben v. Jugend auf; *m. in dir. Frages.*].

in-spīcō 1. (*īn-*[1] + *denom. v. spīcă*) (*Ve.*) *etw.* zuspitzen, rings einschneiden [*faces*].

īnspīrātĭō, *ōnis f* (*īnspīrō*) (*spätl.*) das Einhauchen [*animae*]; die Eingebung [*litteraria, divina*].

in-spīrō 1. (*nkl., dcht.*) **1.** (*intr.*) hineinblasen, in *od.* auf *etw.* blasen *od.* wehen (*alci rei, zB. conchae*). **2.** (*trans.*) **a)** *etw.* einhauchen, einblasen [*animam*]; / einflößen, eingeben (*alci alqd, zB. venenum, se alci; bsd. Affekte, zB. fortitudinem, occultum ignem*); **b)** *durch Anblasen* entfachen: / α) (*Affekte*) anfachen; β) *jd.* begeistern [*vatem; bsd. P.P.P. inspiratus*].

in-spŏlĭātus 3 (*nkl., dcht.*) unberaubt [*arma* vor Plünderung bewahrt].

in-spŭō, *ŭī*, *ūtŭm* 3. (*nkl.*) hineinspucken, ausspucken.

in-spŭrcō 1. (*Se.*) besudeln.

in-spūtō 1. (*Pl.*) *jd.* anspucken (*alqm*).

in-stăbĭlis, *ĕ* ohne festen Stand: **1.** (*pass.*) (*dcht., nkl.*) zum Stehen ungeeignet, unbetretbar [*tellus*]. **2.** (*act.*) **a)** (*nkl., dcht.*) nicht feststehend, schwankend, haltlos [*pedes, hostis* nicht standhaltend, *gradus* unsicher, *ad alqd* in bezug auf *etw.*]; **b)** / unstet, unbeständig, veränderlich [*motūs,* °*fortuna*].

īnstāns, *āntis* (*m. comp.*; *adv.* °**-āntĕr**) (*eigtl. part. praes. v. īnstō*) **1. a)** unmittelbar bevorstehend, drohend [bellum, °periculum]; b) gegenwärtig [tempus]; subst. n im sg. u. pl. gegenwärtige Lage. 2. (nkl.) dringend, drohend, heftig [tyrannus, sibi instans vorwärts eilend]. Cf. V.-B. VIII.

īnstāntiă, ae f (īnstāns) 1. (nkl.) das Drängen; / Heftigkeit der Rede; emsiger Fleiß. — **beharrliche Verfolgung (e-r Rechtssache); zuständige Stelle, Instanz. 2. unmittelbare Nähe, Gegenwart.

instăr n indecl. (erstarrter inf. praes. īnstāre, eigtl. „das Einstehen", d.h. das Sich-Einstellen des Züngleins an der Waage; [meton.] = α) gleiches Gewicht; β) gleiche Größe od. Zahl; γ) gleiche Bedeutung, Ähnlichkeit). 1. (abs.) (Vk.) Gehalt, Betrag, Gestalt, Aussehen [quantum instar in ipso! „welche würdevolle Erscheinung in ihm selbst!", wie stattlich er selbst!]. 2. (m. gen. e-s subst.) eigtl. der Gehalt v. etw. (alcis od. alcis rei instar esse od. habere od. obtinere das Aussehen, die Größe, die Bedeutung v. etw. haben, so groß od. so viel, so gut sein wie etw., so viel gelten wie, zB. navis urbis ~ habet; Plato mihi ~ omnium est; hos dies ~ vitae esse puto diese Tage achte ich einem ganzen Leben gleich); oft zu übersetzen durch: nach Art von, gerade wie, gleichwie, soviel od. so gut wie, statt, anstatt [equum montis ~ aedificare, epistula ~ voluminis so groß wie ein Buch, °~ veris vultus tuus populo affulget, ~ deorum]; (bei Zahlen) = ungefähr [°milites duarum ~ legionum].

***in statu nascendi** im Stadium der Entstehung.

in-stătūrŭs part. fut. v. īnstō.

instaurātiō, ōnis f (instaurō) Erneuerung, Wiederholung [ludorum].

instaurātīvŭs 3 (instaurātus, P.P.P. v. instaurō) erneuert, wiederholt [ludi].

in-staurō 1. (eigtl. sakrales Wort = in *staurō [sc. pōnō] instand setzen; *staurŏs = σταυρός „Ständer"; cf. rĕstaurō) 1. (dcht., nkl.) etw. anstellen, ins Werk setzen, veranstalten [sacrum diis, choros]. 2. wieder od. von neuem veranstalten, erneuern, bsd. Spiele, Opfer, Festlichkeiten in feierlicher Weise [ludos, °sacra, ferias Latinas]. 3. übh. erneuern: a) = wiederholen [scelus, caedem, °bellum]; b) (dcht., nkl.) = wiederherstellen, auffrischen [animos].

in-stĕrnō, strāvī, strātŭm 3. (nkl., dcht.) 1. etw. als Decke darauflegen, darüberbreiten [pontes altos, pulpita tignis das Gerüst aufschlagen]. 2. bedecken, überdecken (alqd re, bsd. equum m. einer Schabracke belegen, satteln); mediopass. sich bedecken od. umhüllen [pelle leonis].

instīgātŏr, ōrīs m (instīgō) (nkl.) Antreiber, Aufwiegler.

instīgātrīx, īcis f (nkl.) (instīgātor) Aufwieglerin.

in-stīgō 1. (ablautend zu instinguō; klass. nur abs. te instigante) antreiben, anspornen [°canes, °deā instigante auf Antrieb der Göttin]; aufreizen, aufhetzen, heimlich aufwiegeln (alqm in alqm jd. gegen jd., zB. °Romanos in Hannibalem, °milites contra rem publicam, °alqm in arma zum Kampf; auch °alqd, zB. °amores, °iram erregen; m. °inf.).

in-stillō 1. (-stī-?) 1. hinein- od. daraufträufeln [oleum lumini, °merum in ignes]; / einflüstern, beibringen [°praeceptum auriculis]. 2. (dcht.) etw. benetzen, auf etw. träufeln (alqd, zB. guttae saxa instillant).

instīmŭlātŏr, ōrīs m (instīmŭlō) Aufreizer zu etw., Anstifter [seditionis].

in-stīmŭlō 1. (dcht., nkl.) anstacheln, nur / = anreizen, anspornen (alqm verbis).

instīnctŏr, ōrīs m (-stīnct-?) (īnstīnguō) (nkl.) „Anreizer", Anstifter (alcis rei zu etw., zB. belli).

in-stīnctŭs[1] P.P.P. v. īnstīnguō.

īnstīnctŭs[2], ūs m (-stīnct-?) (īnstīnguō) Anreiz, Anregung, Antrieb, Eingebung, Inspiration, klass. nur im abl. sg. (alcis j-s, alcis rei e-r Sache, zB. mentis; divino instinctu concitari). — **~ naturae Naturtrieb.

in-stīnguō, stīnxī, stīnctŭm 3. (stīnxī, stīnctum?) (nkl.) anreizen, antreiben, anfeuern, begeistern (alqm; klass. nur P.P.P. instinctus re, zB. furore).

in-stīpŭlŏr 1. (Pl.) sich ausbedingen, festsetzen.

īnstītă, ae f (< *īn-stātā v. īnstō) (dcht., nkl.) Falbel, Besatz, Volant an der oberen Tunika verheirateter Damen; (meton.) vornehme röm. Dame.

in-stītī s. īnsīstō u. īnstō.

instītiō, ōnis f (īnstō) Stillstand [stellarum].

īnstītŏr, ōrīs m (< *īn-stātŏr v. īnstō) (dcht., nkl.) Krämer, Trödler, Hausierer; / (Qu.) [eloquentiae].

īnstītōrīŭm, ī n (īnstītŏr) (Suet.) Laden e-s Krämers.

in-stītŭō

1. hin(ein)stellen, hinbringen; 2. a) errichten, (er)bauen; b) (Truppen) aufstellen; 3. jd. zu etw. bestellen, einsetzen; 4. a) veranstalten, unternehmen; b) beginnen, sich entschließen; 5. a) etw. neu einsetzen, einführen; b) ordnen; 6. unterrichten, (aus)bilden.

in-stītŭō, ŭī, ūtŭm 3. (stătŭō) 1. (unkl.) a) hinein-, hinstellen, hinbringen (alqd, zB. amphoram in die Räucherkammer, vestigia pedis fest auftreten); b) / alqd in animum sich in den Kopf setzen, alqm in animum jd. in sein Herz schließen, argumenta in pectus erwägen. 2. a) den Bau v. etw. beginnen, etw. aufführen, errichten, einrichten (er)bauen, anlegen (alqd, zB. turres, pontem, opus, naves, fossas, °templum Phoebo, pila anfertigen, amphoram herstellen; auch codicem ein Hauptbuch anlegen); b) mil. (Truppen) aufstellen, formieren [copias, aciem, duas legiones]. 3. jd. zu od. als etw. bestellen, anstellen od. einsetzen [alqm heredem od. liberis tutorem, sibi amicum, remiges ex provincia einstellen]. 4. / a) etw. veranstalten, einrichten, unternehmen, in Angriff nehmen (abs. od. alqd, zB. delectum, iter, viam, iudicium, quaestionem de morte alcis, amicitiam cum alqo schließen, condicionem aufstellen, sermonem anknüpfen, consilium fassen); b) (m. inf.) anfangen, beginnen, sich vornehmen, sich entschließen, beabsichtigen [dicere, castra munire, historias scribere]. 5. a) etw. (Neues od. Besonderes) einsetzen od. einführen, einrichten, festsetzen, bestimmen [legem, sacrificia, dies festos, °ludos, portorium vini, honores alci, poenam in alqm, instituta ratio eingeführte Art; m. ut, zB. institutum est, ut es ist herkömmlich, daß; m inf. u. °a.c.i.]; b) etw. (schon Vorhandenes) ordnen, organisieren, regulieren [civitatem, °civitatis mores, °familia bene instituta gut gezogenes Personal]. 6. jd. für einen bestimmten Zweck unterrichten, unterweisen, (aus)bilden, heranbilden (alqm, zB. adulescentes; alqm re jd. in etw., zB. puerum litteris Graecis, ad alqd zu etw., zB. ad humanitatem; m. °inf. u. °a.c.i. = lehren); bsd. (nkl.) (Tiere) abrichten, dressieren [elephantos].

īnstĭtūtiō, ōnis f (īnstĭtŭō) 1. Einrichtung, Anordnung [rerum, institutionem suam conservare seinen Gewohnheiten treu bleiben]. 2. Anweisung, Unterweisung, Unterricht, Schule [puerilis, °Cynica; alcis j-s, zB. doctoris; alcis rei u. de re in etw.]; (meton.) Unterrichtsmethode. 3. (spätl.) **Īnstĭtūtiōnēs** Titel kurzgefaßter Rechtssysteme, bsd. die in 4 Büchern v. e-r Kommission Justinians verfaßten Institutionen, die als Einführung in die Rechtswissenschaft den ersten Teil des Corpus iuris civilis bilden.

īnstĭtūtŏr, ōrīs m (instĭtŭō) 1. (nkl.) der etw. betreibt [sordidissimorum artificiorum]. 2. (spätl.) Schöpfer; Lehrer.

▶ **instĭtūtŭm**, ī n (eigtl. P.P.P. n v. īnstĭtŭō) 1. Einrichtung, Herkommen, Sitte, Gewohnheit, Brauch [vetus, meretricium; alcis j-s, zB. praetoris, instituta maiorum colere; contra -um, ex -o dem Herkommen gemäß, -o suo nach seiner bisherigen Gewohnheit]; auch Grundsatz [meo -o usus sum]. 2. Unternehmen, Vorhaben, Absicht, Plan [alcis -a laudare, -a absolvere begonnene Arbeiten]. 3. Anweisung, Unterweisung, Unterricht; meist pl. philosophische Lehrmeinungen, Grundsätze, Wahrheiten, auch Unterrichtsmethoden [Pythagoreorum, philosophiae]. 4. (nkl.) Verordnung [ex -o Tiberii].

in-stĭtūtŭs P.P.P. v. īnstĭtŭō.

▶ **in-stō**, stĭtī (stātūrŭs) 1. (trans. u. intr.) 1. (unkl.) in od. auf etw. stehen od. stehenbleiben, sich festsetzen (in re u. re, zB. in medio triclinio, iugis die Höhen besetzen; rectam instas viam du bist auf dem rechten Wege, du hast ganz recht). **2. a)** andringen, nachsetzen, *abs.* [*cum legionibus, a fronte, cupidius*]; **b)** auf *jd.* eindringen, *jd.* hart zusetzen, *jd.* bedrängen, *auch* / (*alci u.* °*alqm, zB. hostibus u..* °*hostes, fugientibus,* °*vestigiis* auf dem Fuße folgen); **c)** / *jd. m.* Bitten *od.* Forderungen bestürmen (*abs. od. alci; m. ut*). **3.** / in der Nähe sein, drohend bevorstehen, drohen, *v. der Zeit u. v. Zuständen* [*dies,* °*hiems, bellum,* °*senectus; alci, zB. iudicium mihi*]. **4.** (*klass. selten*) *etw.* eifrig betreiben, auf *etw.* bestehen, *etw.* beharrlich verlangen (*alci rei u.* °*alqd, zB.* °*operi,* °*currum alci* den Bau *e-s* Wagens für *jd.* eifrig betreiben; *auch* de re hinsichtlich *e-r* Sache, *zB. de Milone; m. ut; m. inf.* = beharren, fortfahren, sich beeilen, *zB. poscere; m.* °*a.c.i.*). — *Cf. auch* īnstāns.

īnstrātŭs¹ 3 *P.P.P. v.* īnstĕrnō.

in-strātŭs² 3 (*īn-² + P.P.P. v.* stĕrnō) (*Ve.*) unbedeckt [*cubile* nackter Boden].

in-strēnŭŭs 3 (*adv.* **-ē**) **1.** (*Com.*) untätig, lässig. **2.** (*nkl.*) unentschlossen, feige.

in-strĕpō, *ŭī, ĭtŭm* 3. (*dcht., nkl.*) ächzen, knarren.

in-strĭngō, *strīnxī, strīctŭm* 3. (*strīnxī?*) (*nkl., dcht.*) umbinden (*alqd gemmis* einfassen *m.*).

īnstrūctĭō, *ōnĭs f* (*īnstrŭō*) **1.** das Aufstellen *od.* Ordnen [*militum*]. **2.** (*nkl.*) Errichtung, Bau [*novi balinei*]. [*convivii*].

īnstrūctŏr, *ōrĭs m* (*īnstrŭō*) Ordner

īnstrūctŭs¹, *ūs m* (*īnstrŭō*) Ausstattung, Rüstzeug, *auch* /; *nur im abl. sg.*

īnstrūctŭs² 3 (*m. comp. u. sup.; adv. comp.* **īnstrūctĭŭs**) (*eigtl. P.P.P. v. īnstrŭō*) **1.** aufgestellt, geordnet. **2.** (wohl)gerüstet, gut ausgestattet [*exercitus, navis, aedes* möbliert, *horti m.* dem Inventar, °*ludos instructius facere* prächtiger; *ad alqd* zu *etw.* geeignet, *zB.* °*ad irritandas cupiditates*]. **3.** / **a)** *m. etw.* ausgerüstet *od.* versehen (*re u. a re, zB. domus rebus necessariis -a, copiae omnibus rebus,* °*vitiis instructior* reicher an); **b)** unterrichtet, unterwiesen (*abs., zB. vir ita instructus; re od. in u. a re, zB. his rebus, in iure civili, a philosophia* vom Standpunkt der Philosophie aus, *a doctrina; ad alqd* zu *etw., zB. ad dicendum*).

īn-strūctŭs³ *P.P.P. v.* īnstrŭō.

▶ **īnstrūmĕntŭm,** *ī n* (*īnstrŭō*) **1. a)** Gerät(e), Gerätschaften, Werkzeug(e), Handwerkszeug, Rüstzeug, *meist sg. coll., selten pl.* (*alcis u. alcis rei, zB. aratorum, militare, belli, rusticum*); **b)** Reisegeräte; **c)** Hausgerät, Inventar [*Verris,* °*culinarum*]; **d)** (*dcht.*) Kleidung, Schmuck; **e)** (*nkl.*) Zierate an Büchern. **2.** / **a)** Beweismittel, Urkunde, Zeugnis (*alcis rei* für *etw., zB. tribunatūs*); / **b)** Hilfsmittel, Requisiten [*regni,* °*luxuriae, ad obtinendam sapientiam,* °*flagitiosi operis -a* = *gĕnītālĭă;* °*oratoris* Künste *u.* Fertigkeiten]; **c)** Vorrat [*causarum*].

in-strŭō
1. hineinbauen; **2.** erbauen; **3. a)** geordnet aufstellen; **b)** *jd.* zu *etw.* anstellen; **4.** *etw.* ausrüsten, herrichten; **5. a)** *etw. mit etw.* ausrüsten; **b)** *jd.* mit Kenntnissen ausrüsten; **c)** *abs.* unterrichten.

in-strŭō, *strūxī, strūctŭm* 3. **1.** hineinbauen, -fügen, darauflegen (*alqd, zB. tigna; alqd in alqd, zB. contabulationes in parietes*). **2.** *etw.* aufbauen, erbauen, aufführen, errichten, anlegen [°*aedes,* °*muros, machinationem,* °*aggerem,* °*tuguria conchis* aus M.). **3.** / **a)** ordnen, geordnet aufstellen, *fast nur mil.* in Schlachtordnung aufstellen [*copias, aciem, exercitum in aciem,* °*mensas,* °*insidias* legen]; **b)** *jd.* zu *etw.* anstellen, vorbereiten [*multitudinem hominum, alqm ad caedem alcis*]. **4. a)** *etw.* ausrüsten *od.* ausstatten = herstellen *od.* herrichten, einrichten, die nötigen Vorkehrungen zu *etw.* treffen, veranstalten, bereiten [°*epulas,* °*convivium, classem* bemannen, °*agrum m.* landwirtschaftlichem Gerät versehen]; **b)** / *accusationem* die zur Klage nötigen Beweise herbeischaffen. **5. a)** *etw. m. etw.* ausrüsten *od.* versehen, ausstatten (*alqm u. alqd re, zB. milites armis, amicum consiliis idoneis, naves omnibus rebus,* °*vias copiis* besetzen, °*fidem gemmis* schmücken *m.,* °*se irā; alqm ad alqd jd.* zu *etw., zB. se ad iudicium* sich vorbereiten zu); **b)** *jd. zu e-m bestimmten Zweck m.* Kenntnissen ausrüsten [*alqm artibus od. doctrinā, in iure civili*]; **c)** (*unkl.*) *abs.* unterweisen, unterrichten (°*alqm; m.* °*indir.* Frages.). — *Cf. auch* īnstrūctŭs.

īnsuāsŭm *s.* suāsŭm.

īn-suāvĭs, *ĕ* (*m. comp. u. sup.*) unangenehm, ohne Reiz [*vita*], *v. Pers.* (*Ho.*) ungefällig.

Īnsŭbrēs, *ŭm u. ĭŭm m Keltenstamm im Transpadanischen Gallien, Hptst.* Mĕdĭōlānŭm (Mailand); *sg.* Īnsŭbĕr, *brĭs m.*

in-sūdō 1. (*nkl., dcht.*) bei *etw.* schwitzen (*alci rei, zB. libellis*).

īnsuē-făctŭs 3 (*zu* īnsuēscō; *cf.* ăssuē- făcĭō) daran gewöhnt, dazu abgerichtet [*equi*].

in-suēscō, *suēvī, suētŭm* 3. (*unkl.*) **1.** (*intr.*) sich an *etw.* gewöhnen (*ad alqd u. alci rei, zB. ad disciplinam, corpori alcis; m. inf.*). **2.** (*trans.*) *jd.* an *etw.* gewöhnen (*alqm hoc, ut...*); P. *ita insuetus sum.*

in-suētŭs¹ 3 **1.** (*act.*) *e-r Sache* ungewohnt, in *etw.* ungeübt (*abs. od. alcis rei u. ad alqd,* °*alci rei, zB. laboris, ad onera portanda,* °*moribus Romanis; m.* °*inf., zB. vinci*). **2.** (*pass.*) (*nkl., dcht.*) ungewöhnlich [*iter, limen* fremd; °*neutr. pl. als adv., zB. -a rudere*].

īnsuētŭs² 3 *P.P.P. v.* īnsuēscō; *s.d.*

▶ **īnsŭlă,** *ae f* (*et. nicht geklärt; vl. entsprechend antiker Deutung* < **ĕn sălō* „im Meer [befindlich]" = ἡ ἐν ἁλὶ οὖσα; *cf.* sălŭm) **1.** Insel; °*-ae fortunatorum* (μακάρων νῆσοι) (*Pl.*) *od. divites* (*Ho.*) Inseln der Seligen. **2. a)** = Νῆσος, *Name e-s Stadtteils v. Syrakus;* °**b)** ~ (*Allobrogum*) *Gebiet zw. Rhône u. Isère.* **3.** / großes Haus *ohne Vorhof u. Nebengebäude, bsd.* einzeln stehendes Mietshaus (*alcis j-s*); *auch* Häuserblock.

īnsŭlānŭs, *ī m* (*īnsŭlă*) Inselbewohner.

īnsŭlārĭs, *ĕ* (*īnsŭlă*) (*spätl.*) Insel...; *subst. pl.* **-ēs,** *ĭŭm m* (*Just.*) Bewohner eines Mietshauses.

īnsŭlsĭtās, *ātĭs f* (*īnsŭlsŭs*) Abgeschmacktheit (*alcis u. alcis rei, zB. villae* geschmacklose Anlage); *auch* (*nkl.*) Ungeschliffenheit.

in-sŭlsŭs 3 (*m.* °*comp. u.* °*sup.; adv.* **-ē**) (*sălsŭs*) **1.** (*nkl.*) ungesalzen, unschmackhaft. **2.** / geschmacklos, witzlos, fade, albern, *v. Pers. u. Sachen* [*homo, alqd -e dicere*]; *gula* die an unschmackhaften Gerichten Geschmack findet; *subst.* **-ae,** *ārŭm f* (?) alberne Frauenzimmer.

īnsŭltātĭō, *ōnĭs f* (*īnsŭltō*) (*nkl.*) **1.** (*rhet. t.t.*) Anlauf. **2.** Verhöhnung.

in-sŭltō 1. (< **in-săltō; intens. v.* īnsĭlĭō) **1.** (*dcht.*) in *etw.* hineinspringen (*alci rei, zB. aquis* ins Wasser). **2. a)** (*unkl.*) in *od.* auf *etw.* umherspringen *od.* sich tummeln, tanzen, (*vom Roß*) stampfen (*alci rei, zB. busto, fluctibus* über die Fluten; *alqd etw.* in wildem Taumel durchtanzen, *zB. nemora*); **b)** / verhöhnen, verspotten, seinen Übermut auslassen (*m. dat. u.* °*acc., auch in alqd, zB.* °*casibus alcis,* °*alcis cubiculum, in rem publicam*); *abs. auch* (*dcht.*) höhnen, frohlocken.

īnsŭltūră, *ae f* (*īnsŭltō*) (*Pl.*) das Aufspringen aufs Pferd.

▶ **in-sŭm** (*pf. fŭī, altl. infŭī*), *īnĕssĕ* **1.** in *od.* auf, bei, an *etw.* sein *od.* sich befinden (sich vorfinden, liegen) [*homines non inerant in urbe; auch* °*alci rei, zB. comae fronti*]. **2.** / innewohnen, anhaften, *auch* = beruhen; *im Dt. oft m.* „besitzen, haben" *zu übersetzen* (*in alqo u. in re, selten m. dat., zB. auctoritas in oratione u. orationi,* °*Caesari multos Marios inesse*).

in-sūmō, *sūmpsī, sūmptŭm* 3. aufwenden, auf *etw.* verwenden *od.* anwenden (*alqd, zB.* °*operam; alqd in rem u.* °*in re,* °*alci rei, zB. teruncium in alqm,* °*paucos dies reficiendae classi*).

in-sŭō, *sŭī, sūtŭm* 3. hinein-, einnähen [°*plumbum, alqm in culleum*]; (*dcht.*) *auch* einsticken [*aurum vestibus*].

in-sŭpĕr **1.** *adv.* **a)** oben darauf, oben darüber (*alqd ~ inicere od. inmittere*); **b)** (*nkl.*) *v.* oben her; **c)** / (*nkl. seit Livius*) überdies, noch obendrein, noch dazu, *auch m. etiam* [*poenas ~ expetere; m.* °*quam*]. **2.** (*vkl., nkl.*) *prp. b. acc.* = sŭpĕr.

in-sŭpĕrābĭlĭs, *ĕ* (*nkl., dcht.*) **1.** unübersteigbar, ungangbar [*Alpium transitus, via*]. **2.** / unüberwindlich [*gens bello ~, fatum* unentrinnbar; *valetudo* unheilbar].

in-sŭrgō, *sŭrrēxī, sŭrrēctŭm* 3.

(*dcht., nkl.*) **1.** sich erheben, sich aufrichten, aufstehen, *v. Lebendem* [Entellus, equus; remis sich *m.* Macht in die Riemen legen]; (*dcht.*) *auch v. Leblosem* sich erheben, aufsteigen [collis, tenebrae campis]. **2.** / **a)** (*feindl.*) sich gegen *jd.* erheben (alci, *zB.* suis regnis); **b)** aufstreben (*nach pol. Macht*), mächtiger werden, wachsen; *auch* (*dcht. od. rednerisch*) einen höheren Schwung nehmen, *v. Pers. u. Sachen.*

in-sŭsurrō 1. einflüstern, zuflüstern (*abs. od.* alci, in *u.* ad aurem alcis, alci alqd, *zB.* cantilenam *m. a.c.i.*).

in-tābēscō, bŭi, — 3. (*nkl., dcht.*) schmelzen (re durch *od. v. etw.*); / sich verzehren, vergehen.

in-tāctilis, ĕ (*Lu.*) unberührbar, unfühlbar.

in-tāctŭs¹ 3 (in-² + *P.P.P. v.* tāngō) (*unkl.*) **1. a)** unberührt, unangetastet, *v. Pers. u. Sachen* [seges, boves vom Joch noch unberührt, Britannus unbezwungen, bellum -um trahere ohne Entscheidung hinziehen; nix noch ungeschmolzen]; *bsd.* (*v. Örtlichkeiten*) noch unbetreten [saltus; / = noch unbesungen], (*v. jungen Mädchen*) jungfräulich, keusch [virgo, Pallas]; (*v. Pers.*) noch kräftig, noch frisch [iuventus], (*v. geistigen Stoffen*) noch unbehandelt [locus; carmen Dichtungsart]; **b)** unantastbar [thesauri]. **2. a)** unversehrt, unverletzt, unverwundet [miles ~ profugit, intactum alqm dimittere, muri, urbs ungeplündert, vires ungeschmälert, regio vom Kriege verschont]; **b)** re *u.* a re *v. etw.* verschont geblieben, nicht betroffen, frei [corpus ferro, homo infamiā *od.* cupiditate, animus religione für religiöse Gefühle unzugänglich, ab alieno imperio]; **c)** unversucht [nihil intactum pati *od.* relinquere, honor noch nicht angetreten].

in-tāctŭs², ūs *m* (*Lu.*) Unberührbarkeit.

in-tāminātŭs 3 (*wohl* < -*tāg-s-mĭnātŏs; *cf.* cŏn-tāmĭnō) (*Ho.*) unbefleckt, fleckenlos [honores].

intēctŭs¹ 3 *P.P.P. v.* intĕgō.

in-tēctŭs² 3 (*nkl.*) **1. a)** ungedeckt, unbedeckt [domus ohne Dach]; **b)** unbekleidet, nackt [homo, corpus], *bsd.* durch keine Rüstung beschützt. **2.** / offenherzig, aufrichtig (alci gegen *jd.*).

intĕgĕllŭs 3 (*demin. v.* intĕgĕr) ziemlich unangetastet.

in-tĕgĕr
1. **a)** unversehrt, unverletzt; **b)** unverletzlich; **2. a)** (*Speisen u. ä.*) frisch, unvermischt, rein; **b)** *physisch* ungeschwächt, frisch; (*Mädchen*) unberührt, keusch; **c)** unvermindert, unverändert; **d)** noch unerledigt, unentschieden; **3. a)** noch ein Neuling; **b)** geistig gesund, vernünftig; **4.** unverdorben, unbescholten, lauter.

in-tĕgĕr, grā, grūm (*m. comp. u. sup.*; *adv.* **intĕgrē**) (< *ĕn-tăgrŏs; in-², tăngō) unberührt, unangetastet: **1. a)** unversehrt, unverletzt, unbeschädigt, unverwundet [monumentum, signum Siegel, munitiones, milites integros pro sauciis arcessere, loca *v.* Plünderung verschont geblieben; re *u.* a re an, in, *v., v.* seiten *etw., zB.* °gens a cladibus belli verschont geblieben v., coniuges a petulantia alcis integras servare unangefochten; ad alqd in bezug auf *etw., zB.* ad pacem]; **b)** unverletzlich, unantastbar [ius]; **c)** *subst.* **intĕgrŭm,** ī *n* unverletzter Rechtszustand, früherer *od.* alter Zustand (alqd in integrum restituere, *zB.* praedia, alqm in -um restituere *jd.* wieder in seine Rechte einsetzen; *adv.* de *u.* ab *od.* °ex integro *v.* neuem, *v.* frischem, *zB.* ordiri). **2. a)** (*v. Speisen u.ä.*) α) (*dcht.*) frisch [aper]; β) unvermischt, rein [°vinum, °fons, *klass. nur* /, *zB.* integra contaminatis anteponere, integre dicere sprachrichtig]; **b)** (*physisch*) α) (*dcht.*) (*v. jungen Mädchen*) jungfräulich, keusch [Diana, filia, virgo]; β) ungeschwächt, bei voller Kraft, frisch, gesund, blühend [milites, corpus, valetudo, aetas, vires, °sanguis jugendlich frisch; °alcis rei in bezug auf *etw., zB.* °aevi in der Blüte der Jahre]; *auch* = nüchtern; *subst. pl.* **intĕgrī,** ōrŭm *m* gesunde Leute, *bsd.* frische Truppen; **c)** unvermindert, ungeschmälert, unverkürzt, ungeschwächt, unverändert, vollständig, voll, noch ganz, *noch keines seiner Teile beraubt* [possessiones, regnum, fines, fructūs, annus, °dies, existimatio; re integrā *u.* rebus integris als alles noch gut stand; ~ °famā et fortunis im vollen Besitz seines Rufes *u.* Vermögens]; **d)** noch unerledigt *od.* unentschieden, noch frei [res, causa, consilium, °offensiones nicht beigelegt, rem testibus integram reservare]; *subst.* **intĕgrŭm,** ī *n* freie Hand, freie *od.* volle Gewalt [-um sibi reservare de re sich freie Hand wahren, -um dare alci; res *od.* de re in integro est die Sache ist noch unerledigt, haec non iam in integro nobis sunt das können wir nicht mehr ungeschehen machen; alci integrum non est *m. inf. od.* ut es steht nicht mehr in *j-s* Gewalt]. **3.** (*geistig*) **a)** noch ein Neuling [discipulus; a re *u.* °alcis rei in *etw., zB.* °a populi suffragiis, °urbis unbekannt *m.*]; **b)** geistig gesund, vernünftig, vorurteilsfrei, unbefangen, leidenschaftslos, unparteiisch [homo, °animus, °mens, iudicium, quaestio]. **4.** (*moralisch*) unverdorben, unbescholten, sittenrein, rein, lauter, unschuldig, *bsd.* unbestechlich, *v. Pers. u. Sachen* [homo, iudex, vita, °consulatus uneigennützig, integrum se servare, integre versari; a re unschuldig an *etw., zB.* a °coniuratione].

intĕgĭmĕntŭm, ī *n* = intĕgŭmĕntŭm.

in-tĕgō, tēxī, tēctŭm 3. bedecken, überdecken (alqd re, *zB.* scrobem viminibus); / (*Li.*) schützen [Romanos vallo].

intĕgrāscō, — — 3. (*incoh. v.* intĕgĕr) (*Te.*) sich erneuern.

intĕgrātiō, ōnis *f* (intĕgrō) (*Te., spätl.*) Erneuerung, Wiederherstellung *eines Ganzen* [amoris].

intĕgritās, ātis *f* (intĕgĕr) **1.** Unversehrtheit [corporis]; *bsd.* (*spätl.*) Jungfräulichkeit [virginalis]. **2.** / **a)** geistige Frische; **b)** Gesundheit [valetudinis]; **c)** Reinheit: α) [sermonis Latini]; β) Keuschheit [mulieris]; γ) Redlichkeit, Unbescholtenheit, Lauterkeit, *bsd.* Uneigennützigkeit [hominis, vitae].

intĕgrō 1. (*denom. v.* intĕgĕr) wiederherstellen: **1. a)** (*Ta.*) (*ein Glied*) wiedereinrenken [artum elapsum]; **b)** (*Lu.*) ergänzen [mare]. **2. a)** (*geistig*) auffrischen [animum]; **b)** (*nkl., dcht.*) erneuern [seditionem, lacrimas, carmen].

intĕgŭmĕntŭm, ī *n* (intĕgō) **1.** (*nkl.*) Decke, Hülle [lanx cum integumentis decidit de mensa]. **2.** / Hülle, Maske [frontis]; (*Pl.*) Schutz, Schirm; ständiger Begleiter [corporis illius].

intĕllēctŭālis, ĕ (*adv.* **-itĕr**) (intĕllēctŭs) (*spätl.*) geistig.

intĕl-lēctŭs¹ *P.P.P. v.* intĕllĕgō.

intĕllēctŭs², ūs *m* (intĕllĕgō) **1.** das Wahrnehmen, Erkennen, Empfinden. **2.** das geistige Verständnis: **a)** (*act.*) Verständnis, Erkenntnis, Vorstellung, Idee (alcis rei, *zB.* boni et mali; deorum Gotterkenntnis); **b)** (*pass.*) das Verstandenwerden, Sinn, Bedeutung, *die in etw., bsd. e-m Wort liegt,* Begriff [intellectum habere verstanden werden; -u carere unverständlich sein].

intĕllĕgēns, ēntis (*adv.* **-ēntĕr**) (*eigtl. part. praes. v.* intĕllĕgō) **1.** einsichtig, verständig, kundig (*abs., zB.* orator, iudicium, intellegenter audiri *m.* Verstand; alcis rei *u.* in re, *zB.* cuiusvis generis, in hisce rebus). **2.** sich *auf j-s Charakter od. e-e Wissenschaft od. Kunst* verstehend, *d.h.* sach-, kunstverständig [dicendi existimator]; *subst. m* Kenner, Sachverständiger (*abs. od.* alcis rei). *Cf.* V.-B. VIII.

intĕllĕgēntiă, ae *f* (intĕllĕgēns) **1.** Verstand, Einsicht, Erkenntnisvermögen [deus intellegentiam in animo inclusit, communis *u.* popularis der gesunde Menschenverstand; alcis *j-s, zB.* audientium, res intellegentiam alcis fugit übersteigt die Fassungskraft *j-s,* res in -am alcis cadit ist *jd.* verständlich]. **2. a)** Kenntnis, Verständnis, Kennerschaft (alcis rei *u.* in re, *zB.* iuris civilis, in rusticis rebus); *bsd.* Kunstverstand, Geschmack; **b)** (*meton.*) Begriff, Vorstellung, Idee, *meist pl.* [obscurae; alcis rei *v. etw., zB.* animi].

intĕllĕgĭbilis, ĕ (intĕllĕgō) (*nkl.*) verständlich, begreiflich, denkbar.

intĕl-lĕgō
1. wahrnehmen, erkennen (*mit Sinnen u. Verstand*); **2. a)** einsehen, begreifen; **b)** sich auf *etw.* verstehen;

abs. Kenner sein; **c)** *jd.* richtig zu beurteilen wissen; **d)** sich *etw.* denken; sich *etw.* unter *etw.* vorstellen.

ĭntĕl-lĕgō, *lēxī (dcht. lēgī), lēctŭm 3. (ĭntĕr + lĕgō², eigtl.* „wähle dazwischen“; *cf. dīligō, nĕglĕgō, [jüngeres] ĭntĕr-lĕgō)* **1.** wahrnehmen, merken, erkennen, empfinden, fühlen: **a)** *(dcht.) rein sinnlich, zB. ignes;* **b)** *m. den Sinnen u. dem Verstand (abs. od. alqd, m. a.c.i. u. indir. Frages., im P. m. n.c.i., zB. de gestu intellego, quid respondeas; in istis studiis viventi non intellegitur, quando obrepat senectus* man merkt nicht; *°intellegor falsus esse; alqd ex re u. selten re etw.* aus *od.* an *etw., zB. hoc ex litteris tuis intellegi potest od. intellegendum est; ex quo intellegitur m. a.c.i. od. indir. Fragesatz* hieraus erhellt). **2.** *(rein geistig)* **a)** *(vermittelst des Erkenntnisvermögens)* einsehen, verstehen, erkennen, begreifen, *bisw. auch* = wissen *(abs., zB. homo ad intellegendum et ad agendum natus est* zum Denken u. Handeln, *intellegendi auctor* Meister im Denken; *alqd, zB. Graece scripta, rei sententiam, res difficilis intellectu, °pars parum intellecta* wenig verständlich, *ex se intellegi* sich *v.* selbst verstehen; *m. a.c.i. od. indir. Frages., zB. intellego, quid loquar* ich weiß wohl); **b)** sich auf *etw.* verstehen, Verständnis *v. etw.* haben *[nihil, non multum in re]; abs.* Kenner *od.* Sachverständiger sein; **c)** *(nkl.) alqm j-s* Wesen *od.* Charakter verstehen *od.* begreifen, *jd.* richtig zu beurteilen wissen; **d)** sich *etw.* denken, sich einen Begriff *v. etw.* machen *[haec res facilius intellegi quam explanari potest]; bsd. etw.* unter *etw.* verstehen, sich *etw.* unter *etw.* vorstellen *(m. dopp. acc., im P. m. dopp. nom., zB. quem intellegimus sapientem?, sanguinem quid intellegis?; selten alqd in re, zB. illa est εὐταξία, in qua intellegitur ordinis conservatio).*
F. *(altl.) pf.-Formen synk.: ĭntēllēxtī = ĭntēllēxīstī, coni. plqpf. ĭntēllēxēs.*

ĭntēllĭg ... *schlechtere Schreibung für ĭntēllĕg ...*

Ĭntĕmĕlĭī *(-mĭlĭī), ōrŭm m ligurische Völkerschaft am Ostabhang der Seealpen; Hptst. Albĭntĭmĭlium, ī n* (*j.* Ventimiglia).

ĭn-tĕmĕrātŭs 3 *(ĭn-² + P.P.P. v. tĕmĕrō) (nkl., dcht.)* unbefleckt, unverletzt, unentweiht *[corpus, castra]; bsd.* unvermischt, lauter *[vinum].*

ĭn-tĕmpĕrāns, *āntĭs (m. °comp. u. sup.; adv.* **-āntĕr**) maßlos, zügellos, leidenschaftlich, frech, *v. Pers. u. Sachen [homo, animus, adulescentia, intemperanter opibus suis uti; in re* in *etw., zB. °in augendo].*

ĭntĕmpĕrāntĭă, *ae f (ĭntĕmpĕrāns)* Unmäßigkeit, Zügellosigkeit, *meton.* Sittenlosigkeit *(alcis, zB. °civitatis* Anarchie; *alcis rei in etw., zB. libidinum, °vini* im Weintrinken).

ĭn-tĕmpĕrātŭs 3 *(m. comp. u. sup.; adv.* **-ē**) unmäßig, maßlos, übertrieben *[perpotatio, -e vivere; -ā °nocte* mitten in der Nacht]; *v. Pers. auch* ungehalten.

ĭntĕmpĕrĭae, *ārŭm f (cf. ĭntĕmpĕrĭēs) (vkl., nkl.)* **1.** Unwetter. **2.** / Tollheit, Unsinn.

ĭn-tĕmpĕrĭēs, *ēī f* **1.** Übermaß, Unmäßigkeit *[°solis* der Sonnenwärme, *°aquarum* des Regens, *°ebrietatis* in der Trunkenheit]. **2. a)** *(nkl.)* unbeständige Witterung, schlechtes Wetter *[verna, °caeli* ungesundes Klima; / *(Pl.)* Unwetter = Unglück]; **b)** Zügellosigkeit, *bsd.* Widersetzlichkeit *(alcis, zB. amici, °cohortium).*

ĭn-tĕmpĕstīvŭs 3 *(adv.* **-ē**) unzeitig *[epistula, -e agere od. accedere].*

ĭn-tĕmpĕstŭs 3 *(eigtl.* „unzeitig“; *altl. tĕmpĕstŭs* „rechtzeitig“; *tĕmpŭs)* **1. a)** *nox -a* dunkle, tiefe Nacht, Mitternacht; **b)** *(Ve.) ♀a* die unheimliche, düstere Göttin der Nacht, *die Mutter der Furien.* **2.** *(Ve.)* ungesund *[Graviscae].*

ĭn-tĕmptātŭs 3 *(ĭn-² + P.P.P. v. tĕmptō) (dcht., nkl.)* unangetastet, unberührt; / unversucht *[iter, nil -um relinquere]; v. Pers.* undurchschaut *[puella].*

ĭn-tĕndō
1. a) (an)spannen; **b)** *etw. m. etw.* überspannen; **c)** *(Geist)* anstrengen; **d)** *(Eifer)* steigern; **2. a)** ausspannen, ausstrecken; **b)** *etw.* wohin richten; *(Waffe)* zücken, *(Geschoß)* abschießen; **c)** *etw.* an *etw.* legen; **d)** *(Aufmerksamkeit)* auf *etw.* richten; *(Tätigkeit)* gegen *jd.* richten; **e)** sich wohin wenden; **f)** *etw.* anstreben; **g)** behaupten.

ĭn-tĕndō, *tĕndī, tĕntŭm 3.* **1. a)** (an-)spannen, straff anziehen *(alqd, zB. °arcum, chordas, °venti vela intendunt* blähen, schwellen); **b)** *etw. m. etw.* überspannen, überziehen *(alqd re, zB. tabernacula velis, °bracchia duro tergo m.* hartem Leder [den Cästus] umwinden, *°locum sertis m.* Gewinden bekränzen); **c)** / anspannen = anstrengen *[animum];* **d)** *(nkl.)* vermehren, verstärken, steigern *[officia* den Diensteifer, *alcis curam, tenebrae se intendunt* nimmt zu, wächst]. **2. a)** ausspannen, ausstrecken *[dextram ad statuam, °coronas postibus* an den Türen, *°bracchia remis* zum Rudern, *°manūs verberibus ultro* entgegenstrecken]; **b)** *übh. etw.* wohin richten, wenden, lenken *(alqd in alqm od. in u. ad alqd, selten alci rei, zB. °tela in patriam, °oculos in vultum legentis, °iter in Italiam, signa legionum cervicibus civium); bsd. (eine Waffe)* zücken, *(Geschosse)* abschießen *[arma, °telum in iugulum, °sagittam bello* zum Kampf]; **c)** *(dcht., nkl.) etw.* an *etw.* legen *od.* fügen, *auch* / *(alqd alci rei, zB. vincula collo* um den Hals winden, *telum nervo* den Pfeil an die Sehne legen, *bracchia ventis* die Segelstangen nach dem Wind drehen; *nubes se intendunt, sc. caelo* überziehen den Himmel, *numeros nervis* die Saiten melodisch stimmen); **d)** / **α)** *(den Geist, die Aufmerksamkeit u.a.)* eifrig wohin richten *od.* lenken *(in u. ad alqd, selten alci rei, zB. animum, mentem, considerationem, sensūs, °cogitationes, °curam in suos, ad pugnam, ad id unum u.ä.);* **β)** *(eine Tätigkeit)* gegen *jd.* richten, *jd. m. etw.* bedrohen, *jd. etw.* zuzufügen suchen *(alqd alci u. in alqm, zB. facinus in alienum hominem, periculum in omnes, litem u. actionem* anzuhängen suchen, *°dolum* anzetteln, *°probra in iuvenem);* **e)** *(intr.)* **α)** seine Richtung wohin nehmen, sich wohin wenden, gehen, ziehen *[in locum, eo, quocumque];* **β)** / sein Streben auf *etw.* richten, wohin streben *od.* zielen *[alcis dicta huc od. eo intendunt];* **γ)** *(nkl.)* seine Aufmerksamkeit auf *etw.* richten, auf *etw.* achten, lauern *(in u. ad alqd, zB. ad nuptias Cleopatrae);* **f)** *etw.* anstreben *od.* beabsichtigen *(alqd, zB. °longiorem fugam; quod animo intenderat; m. inf., zB. fugā salutem petere; selten m. ut);* **g)** behaupten, versichern, zu beweisen suchen *(abs., zB. quomodo nunc intendit; alqd, zB. falsum; m. a.c.i.).*

ĭntēnsĭō, *ōnĭs f (ĭntĕndō) (nkl.)* Spannung.

ĭntēntātĭō, *ōnĭs f (ĭntēntō) (Se.)* das Ausstrecken nach *etw.*

ĭn-tēntātŭs[1] 3 = *ĭntĕmptātŭs.*

ĭntēntātŭs[2] 3 *P.P.P. v. ĭntēntō.*

ĭntēntĭō, *ōnĭs f (ĭntĕndō)* **1.** das Gespanntsein: **a)** Spannung *[corporis];* **b)** Anstrengung, Bemühung *[animi];* **c)** *(mus. t.t.) (nkl.)* Spannungsgrad *des Tones,* Stimmung; **d)** Vorhaben, Absicht *(alcis j-s, zB. adversariorum);* **e)** *(nkl.)* Hebung, Steigerung *[vocis; doloris].* **2.** das Hingerichtetsein: / **a)** (angestrengte) Aufmerksamkeit, Sorge, Sorgfalt *(abs. od. alcis j-s, alcis rei* auf *etw., zB. °lusūs);* **b)** *(nkl.)* gerichtlicher Angriff, Anklage.

ĭntēntō 1. *(intens. v. ĭntĕndō)* **1.** drohend ausstrecken, *(eine Waffe)* zücken *(alqd, zB. °stipitem; alqd in alqm od. alci* auf, gegen *jd., zB. gladium in consulem).* **2.** / **a)** *jd. etw.* androhen, drohen, *jd.* bedrohen *m. etw. (alci alqd, zB. arma Latinis);* **b)** *(nkl.) jd. m. e-r* gerichtlichen Beschuldigung drohen *[crimen invicem].*

ĭntēntŭs[1], *ūs m (ĭntĕndō)* das Ausstrecken *[palmarum].*

▶ **ĭntēntŭs**[2] 3 *(m. °comp. u. °sup.; adv. °-ē) (eigtl. P.P.P. v. ĭntĕndō)* **1.** angespannt, gespannt *[chorda].* **2.** / **a)** groß, heftig, stark; **b)** gespannt = voll Erwartung, aufmerksam, *abs. v. Pers. u. Sachen [milites, oculi, °-e contemplari]; insb.* auf *etw.* aufmerksam *od.* achtsam *(in u. ad alqd, zB. °in omnem occasionem, in u. ad pugnam; selten adversus alqd, °alci rei, in re, zB. °ludo; m. indir. Frages.);* **c)** *(nkl.)* eifrig *m. etw.* beschäftigt *od.* auf *etw.* bedacht *(abs. od. alci rei u. ad alqd, re, zB. operi, veneri, muniendis castris);* **d)** *(nkl.)* schlagfertig, kampfbereit, gerüstet = *intentus proelio od. ad proelium [exercitus];* **e)** *(nkl., dcht.)*

(*v. abstr.*) angestrengt, eifrig, rastlos [*cura*]; **f**) (*Ta.*) streng, stramm [*disciplina*].

in-tentūs³ *P.P.P. v. intendō.*

in-tĕpĕō, — — 2. (*dcht.*) lau sein.

intĕpēscō, *pŭī,* — 3. (*incoh. v. intĕpĕō*) (*nkl., dcht.*) lau *od.* warm werden.

intĕr-, intĕr
I. (*in der Komposition*) **1. a**) zwischen (hinein); **b**) mitten (drinnen); **2.** hin u. wieder; **3.** unter, zugrunde, nieder; **II.** *prp. b. acc.* **1.** (*räuml.*) inmitten, zwischen (*zweien*), unter (*mehreren*); **2.** (*zeitl.*) zwischen, während, innerhalb; **3.** unter, zwischen, vor; *inter nos, inter se* untereinander, einander, gegenseitig.

intĕr-, intĕr (*comp. v. in*; *cf. nhd.* „unter" = „zwischen") **I. inter-** (*in der Komposition*) **1. a**) zwischen (hinein) [*intermitto*; *interrex*]; **b**) mitten (drinnen) [*intersum*; *interea*]. **2.** hin u. wieder, v. Zeit zu Zeit [*interviso*]. **3.** unter, zugrunde, nieder [*intereo*; *interficio*]. **II.** *prp. b. acc.* (*bisw. auch nachgestellt*): **1.** (*räuml.*) **a**) inmitten, in der Mitte, (*bsd. v. zweien*) zwischen, (*v. mehreren*) unter = umgeben v., *zB.* °*is ager inter urbem et Tiberim est, inter equites proeliari, spatium inter se relinquere,* °*erat inter planitiem mons* mitten in der Ebene, °*canere inter nemus* im Wald; *seltener* (*dcht., nkl.*) *bei Verben der Bewegung auf die Frage „wohin?"* = zwischen hinein, unter, *zB. inter medios hostes se conicere, inter retia venire* in die Netze; **b**) *bei Namen v. Stadtteilen*: *inter falcarios* in der Sichelmacherstraße, *inter lignarios* in der Holzhändlerstraße; *so auch* (*jur.*) *inter sicarios accusare* (*od. defendere*) wegen Mordes; **c**) *inter manus* unter (*od. m.*, in, auf) den Händen, *zB.* esse, *habere alqd, auch* = durch Handreichung [*aggerem proferre*]; / °*inter manus esse* vor Augen liegen. **2.** (*zeitl.*) **a**) zwischen, *zB. inter horam tertiam et quartam, inter binos ludos*; **b**) während, innerhalb, im Verlauf *v.*, bei, *zB. inter noctem, inter cenam, inter haec negotia,* °*inter arma regum* bei den kriegerischen Unternehmungen, °*inter verba* mitten im Redefluß; *auch m.* °*ger.*, *zB. inter ludendum*; *cf.* 3, c. **3.** / unter, zwischen: **a**) (*bei Angabe einer Anzahl od. Klasse*) **α**) *inter homines esse* = auf Erden weilen, *inter mulieres versari, inter feras aetatem degere,* °*haberi inter socios,* °*inter exempla esse* als Beispiel dienen; **β**) (*beim sup. statt des gen. part.*), *zB. peritissimus inter duces*; **γ**) (*bei Verben des Teilens u. Zuteilens*), *zB. bona dividere* (*od. distribuere, partiri*) *inter se*; **δ**) (*bei der Entscheidung zw. Parteien od. Gegenständen*), *zB. iudicare inter Marcellos et Claudios* (*od. inter has sententias*); **b**) (*bei Angabe des freundl. od. feindl. Verkehrs*), *zB. amicitia nisi inter bonos esse non potest, inter Hectorem et Achillem ira fuit, pacem conciliare inter duas civitates, hoc inter omnes constat*; **c**) (*bei Angabe v. Umständen, Zuständen, Verhältnissen*) = unter, bei, während, in (*cf.* 2, b), *zB. inter has turbas senatus habitus est,* °*inter gaudia,* °*inter vilia* in ärmlichen Verhältnissen, °*inter haec parata* während dieser Vorbereitungen, °*inter haec u.* °*inter quae* inzwischen, unterdessen (= *intĕrēā*); **d**) (*bei Angabe eines Unterschiedes* [*bei interesse, differre, discrimen u.ä.*], *zB. inter hominem et beluam hoc interest, discrimen est inter gratiosos cives atque fortes*; *ähnlich* [*nkl., dcht.*] *bei Angabe des Schwankens der Entscheidung zw. zwei Dingen*) = zwischen, *zB. inter spem et metum haesitare, inter bellum et pacem dubitare*; **e**) (*bei Angabe des Vorzugs*) = unter, vor, *zB. eminere od. praestare inter omnes*; *bsd.* °*inter paucos* (*zB. insignis*) unter wenigen = wie nur wenige, ganz besonders, vorzüglich, °*inter cetera* (°*inter cuncta od. omnia*) vor allem, besonders; **f**) (*zur Bezeichnung der Wechselseitigkeit* [*Reziprozität*]): **inter nos, inter vos, inter se** (*inter ipsos*) untereinander, einander, gegenseitig, *zB. inter nos amamus* wir lieben einander *od.* wir lieben uns [*inter se colloqui u.ä.*]; *haud procul inter se* (*ab*)*esse* voneinander.

intĕr-aestŭō 1. (*nkl.*) an Krämpfen leiden; asthmatisch sein.

intĕrāmēntă, *ōrŭm n* (*zu intĕr unter Anlehnung an* [ἡ] ἐντερόνεια; *Suffix nach ărmāmēntă u.ä.*) (*Li.*) inneres Holzwerk der Schiffe.

Intĕr-ămnă, *ae f* (*intĕr-ămnŭs, eigtl.* „*zw.* Flüssen liegend") **1.** *St. im südl. Umbrien, vom Nar u. einem Kanal umflossen, Geburtsort des Tacitus, j.* Terni. **2.** *St. der Volsker im südl. Latium oberhalb der Mündung des Casinus in den Liris*; *Einw. u. adi.* **Intĕrămnās,** *ātĭs* (*cf.* V.-B. IX).

intĕr-ăptŭs 3 (*Lu.*) miteinander verbunden, *in Tmesis.*

intĕr-ārēscō, — — 3. vertrocknen, versiegen.

intĕr-bĭbō, — — 3. (*Com.*) austrinken.

intĕr-bītō, — — 3. (*baetō*; *cf. bītō*) (*Pl.*) untergehen.

intĕrcālāris, *ĕ u.* **intĕrcālārĭŭs** 3 (*intĕrcălō*) eingeschaltet, Schalt... [°*dies*]; *mensis der* (*vor Caesars Kalenderreform alle 2 Jahre zw. d. 23. u. 24. Febr. eingeschobene*) Schaltmonat; *intercalares Kalendae priores* der erste Tag des ersten der *beiden im J. 46 v. Chr. zusätzlich eingeschobenen* Schaltmonate.

intĕr-călō 1. (durch Ausrufen) einschalten [*diem, mensem*; *abs.* einen Schalttag einschieben; P. *intercalatur* es findet eine Einschaltung statt]; / (*Li.*) aufschieben [*poenam*].

intĕrcăpēdō, *ĭnĭs f* (*intĕr-cĭpĭō*; *Stammvokal nach căpĭō*; *nom. wegen Anklang an pēdō verpönt*) Unterbrechung (*alcis rei, zB.* °*scribendi*).

▶ **intĕr-cēdō,** *cēssī, cēssŭm* 3. **1.** dazwischengehen, °-kommen, -einherziehen [*impedimenta inter singulas legiones intercedebant*]. **2. a**) (*räuml.*) dazwischen liegen (sich erstrecken) [*palus*]; **b**) (*zeitl.*) dazwischen vergehen, *pf.* dazwischen liegen [*una nox*]; **c**) (*v. Ereignissen*) dazwischenkommen, -eintreten, -vorfallen [*magni casus* Zwischenfälle]. **3.** (*v. Pers.*) **a**) hindernd dazwischentreten, sich widersetzen [/ *cupiditas alcis*]; *bsd.* (*amtlich*) Einspruch erheben, sein Veto einlegen, protestieren, *bsd. v. den Volkstribunen* (*abs., zB. tribunus intercessit*; *alci* gegen *jd. u. alci rei* gegen *etw.*, *zB. consulibus, legi*; *m. quominus u.* °*ne*); P. *interceditur* es findet Einspruch statt, °es steht *etw.* im Wege; **b**) (*als Vermittler*) eintreten, sich ins Mittel legen (*abs. u. pro alqo*); **c**) für *jd.* sich verbürgen *od.* gutsagen (*pro alqo, auch m. acc. der Geldsumme, zB. magnam pecuniam*). **4.** / **a**) (*v. Sachen*) *m.* im Spiele sein; **b**) (*v. Verhältnissen*) *zw. Pers. od. Sachen* bestehen, stattfinden, herrschen [*inter alqos od. alci cum alqo amicitia, necessitudo,* °*aemulatio*].

intĕr-cēpī *s. intĕrcĭpĭō.*

intĕrcēptĭō, *ōnĭs f* (*intĕrcĭpĭō*) Wegnahme [*poculi*].

intĕrcēptŏr, *ōrĭs m* (*intĕrcĭpĭō*) (*nkl.*) einer, der *etw.* unterschlägt [*praedae*].

intĕr-cēptŭs *P.P.P. v. intĕrcĭpĭō.*

intĕr- cēssī *s. intĕrcēdō.*

intĕrcēssĭō, *ōnĭs f* (*intĕrcēdō*) **1.** (*Ge.*) das Dazwischentreten, das Dazukommen. / **2. a**) Einspruch, Protest *e-s Beamten, bsd.* Veto *der Volkstribunen*; **b**) *meton.* Interzessionsrecht. **3.** Vermittlung, *bsd.* Bürgschaft, Kaution [*pecuniarum*].

intĕrcēssŏr, *ōrĭs m* (*intĕrcēdō*) **1.** der Protestierende, *jd.* der Einspruch erhebt *u.* (dadurch) *etw.* verhindert [°*legis, dictaturae*]. **2.** Vermittler, Bürge.

intĕr-cēssŭm *P.P.P. v. intĕrcēdō.*

intĕr-cīdō¹, *cīdī, cīsŭm* 3. (*caedō*) **1.** in der Mitte durchschneiden, -stechen, -graben (*alqd, zB. montem,* °*pontem* abbrechen, °*venas fontis* abgraben, °*colles vallibus intercisi* durchschnitten *v.*, °*valles spatio intercisae* getrennt durch). **2.** (*nkl.*) *aus e-m Ganzen* herausschneiden, *bsd.* aus *e-m* Rechnungsbuch Blätter herausschneiden und es so verfälschen.

intĕr-cĭdō², *cĭdī,* — 3. (*cădō*) **1. a**) (*nkl.*) dazwischenfallen, dazwischen niederfallen, *bsd. v. Geschossen* (*abs. od. m. inter, zB. nullum telum vanum inter arma et corpora intercidit*); **b**) / dazwischen vorfallen *od.* sich zutragen. **2.** (*dcht., nkl.*) **a**) verloren *od.* zugrunde gehen, umkommen, abhanden *od.* außer Gebrauch kommen [*litterae, multi casibus, claves portarum, verba temporibus*]; **b**) (dem Gedächtnis) entfallen, vergessen werden, *m. u. ohne memoriā* [*nomina*; *alci alqd*].

intĕr-cĭnō, — — 3. (*cănō*) (*Ho.*) dazwischen singen (*alqd medios actus* in den Zwischenakten inmitten der Handlung).

intĕr-cĭpiō, *cēpī, cĕptŭm* 3. (*căpĭō*) **1.** mitten auf dem Weg auf- *od.* wegfangen, gefangennehmen, wegnehmen (*alqm u. alqd, zB. complures hostes in fuga, pila, epistulam, naves, commeatūs* Transporte, °*hastam* = *v.* der einem anderen zugedachten Lanze getroffen werden, *venenum* wegnehmen *od.* das für einen anderen bestimmte Gift erhalten, °*a suis interceptus* abgeschnitten *v.*); *auch* unterschlagen [*litteras*]. **2.** / (*nkl., dcht.*) **a)** *etw.* in der Mitte unterbrechen *od.* abschneiden (*alqd, zB. iter medium, loca opportuna, viam* versperren); **b)** entreißen *od.* rauben, entziehen (*alqd u. alci alqd od. alqm, alqd ab alqo, zB. agrum, gloriam, alqm neci, usum aurium, spem anni* vernichten); **c)** *jd.* vor der Zeit *od.* unverhofft wegraffen, umbringen (*alqm, zB. regem veneno, Cererem* die Saat vernichten).

intĕrcīsē *adv.* (*īntĕrcīsŭs P.P.P. v. īntĕrcīdō*[1]) unterbrochen, nicht zusammenhängend, *m.* Trennung zusammengehöriger Wörter [*dicere alqd*].

īntĕr-cīsŭs *P.P.P. v. īntĕrcīdō*[1].

▶ **intĕr-clūdō,** *sī, sŭm* 3. (*claudō*) **1.** *jd. etw.* versperren, verlegen, abschneiden, nehmen (*alqd, zB.* °*mare; meist alci alqd, zB. viam, fugam, commeatum;* / °*animam,* °*vocem, aditum voluptatis*). **2.** *jd.* durch *etw.* einschließen (*alqm re, zB. angustiis et duobus exercitibus*). **3. a)** *jd. v. etw.* abschneiden *od.* trennen (*meist alqm ab alqo u. re od. bei Örtlichkeiten a re, zB. hostem commeatu od. frumento, pabulatione, traiectu, legiones a castris, selten Hibero*); **b)** / *jd.* (ver)hindern (*alqm; intercludor dolore, quominus ad te scribam*).

intĕrclūsĭō, *ōnĭs f* (*īntĕrclūdō*) **1.** Absperrung, Hemmung [*animae*]. **2.** (*rhet. t.t.*) Parenthese.

intĕr-clūsŭs *P.P.P. v. īntĕrclūdō.*

intĕr-cŏlŭmnĭŭm, *ī n* (*cŏlŭmnă*) Säulenabstand, Interkolumnium.

intĕr-cŭrrō, (*cŭ*)*cŭrrī, cŭrsŭm* 3. **1. a)** dazwischenlaufen, sich dazwischenwerfen; / **b)** sich ins Mittel legen; **c)** sich einmischen, dazukommen (*abs. u. alci rei, zB. dolor his laboriosis exercitationibus intercurrit*). **2.** (*Li.*) in der Zwischenzeit wohin eilen [*Veios*].

intĕrcŭrsō 1. (*intens. v. īntĕrcŭrrō*) (*nkl., dcht.*) **1.** dazwischenlaufen, sich dazwischenwerfen. **2.** dazwischenliegen (*bei Lu. in Tmesis*).

intĕrcŭrsŭs, *abl. ū m* (*īntĕrcŭrrō*) (*nkl.*) die schnelle Dazwischenkunft.

intĕr-cŭs, *cŭtĭs* (*Hypost. aus dem als adi. empfundenen „intercutem" in der Phrase „aquam inter cutem habere"*) unter der Haut befindlich (*aqua* ~ Wassersucht). (*abl. sg. intĕrcŭtĕ.*)

▶ **intĕr-dīcō,** *dīxī, dīctŭm* 3. **1. a)** Einspruch erheben, untersagen, verbieten (*abs. od. alci re, zB. Romanis omni Galliā* den Aufenthalt in G., °*feminis purpurae usu,* °*domo* das Haus verbieten; *auch alci alqo jd.* den Verkehr *m. jd.* untersagen, *zB.* °*socero* [*dat.*] *genero* [*abl.*]; P. *meretriciis amoribus interdictum iuventuti;* °*alci alqd, zB. voluptatem, klass. nur bisw. im P. persönlich, zB. praemio interdicto; m. ne od. ut ne; m.* °*inf. u.* °*a.c.i.*); **b)** *alci aquā et igni interdicere* verschärfte Verbannung *od.* Acht über *jd.* aussprechen; *sacrificiis* vom Gottesdienst ausschließen; (*P.P.P.*) *adi.* °*interdictus* 3 verboten, versagt [*spes*]. **2. a)** (*jur. t.t.*) (*vom Prätor*) einen gebietenden *od.* verbietenden Zwischenspruch, ein Interdikt, erlassen, einstweilig verfügen, verordnen, *bsd. bei Klagen über den Besitz* (*de re, zB. de fossis, de vi; m. ut, ne*); **b)** *übh.* verordnen, befehlen, einschärfen (*alci m. ut*).

intĕrdĭctĭō, *ōnĭs f* (*īntĕrdīcō*) **1.** (*nkl.*) Verbot [*finium*]. **2.** ~ *aquae et ignis* verschärfte Verbannung.

intĕrdĭctŭm, *ī n* (*īntĕrdīcō*) **1.** Verbot, Einspruch (*alcis j-s, zB. Caesaris; alcis rei, zB. sceleris, auch de re, zB. de vi*). **2.** Interdikt, Zwischenspruch, einstweilige Verfügung des Prätors [*interdicto contendere cum alqo*].

intĕr-dĭctŭs *P.P.P. v. īntĕrdīcō.*

▶ **intĕr-dĭū** *u.* (*vkl., nkl.*) **-dĭŭs** (*-dĭūs?*) *adv.* bei Tage, den Tag über.

intĕr-dīxī *s. īntĕrdīcō.*

intĕr-dō, —, *dătŭm, dărĕ* (*Lu.*) dazwischen geben, verteilen; *cf. īntĕrdŭō.*

intĕrdŭctŭs, *ūs m* (**īntĕr-dūcō*) Trennungszeichen, Interpunktion.

▶ **intĕr-dŭm** *adv.* zuweilen, manchmal, mitunter (~ ... ~, *saepe od. modo* ... ~ bald ... bald).

intĕr-dŭō, —— 1. (*coni. praes. -dŭīm; altl.* = *īntĕrdō*) (*Pl.*) dafür geben [*floccum non interduim* dafür gebe ich keinen Pfifferling].

▶ **intĕr-ĕā** (*abl. sg. fem. v. īs*) **1.** (*zeitl.*) unterdessen, inzwischen. **2.** indessen, jedoch [*milites signum labefactabant, illud interea nulla ex parte lababat*]; *bsd. cum interea* während doch.

intĕr-ēmī *s. īntĕrĭmō.*

intĕr-ĕmō 3. (*dcht.*) = *īntĕrĭmō.*

intĕrēmptŏr, *ōrĭs m* (*īntĕrĭmō*) (*nkl.*) Mörder.

intĕr-ēmptŭs *P.P.P. v. īntĕrĭmō.*

▶ **intĕr-ĕō,** *iī, ĭtūrŭs, īrĕ* untergehen, zugrunde gehen, umkommen, sterben, vergehen, verloren gehen, eingehen, verschwinden, *v. Lebendem u. Leblosem, oft* / [*homo, exercitus, navis, litterae, ignis, Carthago a stirpe, res publica, vita, usus tormentorum* wird vereitelt; *re* durch *etw., zB. naufragio, fame, ferro; ab alqo v. jd.* getötet werden; *interearn si* (*Ho.*) ich will des Todes sein, wenn].

F. *pf.-Formen zsgz.*: *īntĕrīssĕ*(*m*) *u.a.*

intĕr-ĕquĭtō 1. (*nkl.*) dazwischenreiten (*abs. od. alqd, zB. ordines*).

intĕr-ēssĕ *s. īntĕrsŭm.*

intĕrēst *s. īntĕrsŭm.*

intĕrfātĭō, *ōnĭs f* (*īntĕrfŏr*) das Dazwischenreden *od.* Ins-Wort-Fallen, Unterbrechung *e-r Rede.*

intĕr-fēcī *s. īntĕrfĭcĭō.*

intĕrfĕctĭō, *ōnĭs f* (*īntĕrfĭcĭō*) (*unkl.*) Ermordung (*alcis*).

intĕrfĕctŏr, *ōrĭs m* (*īntĕrfĭcĭō*) Mörder *e-r bestimmten Person, fast stets m. gen., zB. Caesaris,* / *rei publicae.*

intĕrfĕctrīx, *īcĭs f* (*īntĕrfĕctŏr*) (*nkl.*) Mörderin.

▶ **intĕr-fĭcĭō,** *fēcī, fĕctŭm* 3. (*făcĭō*) **1.** niedermachen, töten, umbringen, ermorden (*alqm suā manu,* °*veneno,* °*fame u.ä.*); *übh.* (*bsd. Lebloses*) vernichten, zugrunde richten, aufreiben [°*exercitum, herbas*]. **2.** (*vkl., nkl.*) *jd. e-r* Sache berauben (*alqm re, zB. vitā et lumine*).

intĕr-fĭō, *fĭĕrī* (*Pl., Lu.*) umkommen, zugrunde gehen.

intĕr-flŭō, *flūxī,* — 3. (*flŭxī?*) (*nkl.*) dazwischenfließen, *zw. od.* durch *etw.* fließen (*abs., zB. fretum interfluit, od. m. acc., zB. Naupactum et Patras; selten m. dat.*).

intĕr-fŏdĭō, —, *fŏssŭm* 3. (*Lu.*) untergraben, durchbohren [*pupillas*].

(**intĕr-fŏr**) 1. *def.* (*nkl., dcht.*) dazwischenreden, ins Wort fallen (*abs. od. alqm*).

F. *Gebräuchliche Formen: īntĕrfātŭr, -fārī, -fāntī, -fāntĕ, -fātŭs.*

intĕr-fŭgĭō, —— 3. (*Lu.*) dazwischen fliehen; *in Tmesis.*

intĕr-fŭī *s. īntĕrsŭm.*

intĕr-fūsŭs 3 (*īntĕr* + *P.P.P. v. fŭndō*) (*dcht.*) dazwischen fließend (strömend) (*abs. u. alqd zw. etw., zB. Cycladas; genas maculis -us* die Wangen [*m.* Blut] befleckt).

intĕr-ĭăcĕō, —— 2. (*nkl.*) dazwischenliegen (*abs. od. m. dat., zB. campus Tiberi ac moenibus interiacens; auch m. acc. od. inter*).

intĕr-ĭbī *adv.* (*vkl., nkl.*) unterdessen.

intĕr-ĭcĭō (*u.* **-ĭăcĭō**), *iēcī, iĕctŭm* 3. (*iăcĭō*) **1.** (*räuml.*) **a)** dazwischenwerfen, -legen, -stellen, -setzen, -einfügen (*alqm u. alqd, zB. cohortes, rubos* dazwischenpflanzen; *m. inter, zB. sagittarios inter equites*); *mediopass.* dazwischentreten, *pf.* dazwischen liegen [*nasus oculis interiectus est*]; **b)** einmischen, einmengen [*preces et minas, pleraque Latino sermone*]. **2.** (*der Zeit nach*) einschieben, -fügen [*librum in der* Zwischenzeit schreiben, °*moram*]. **3.** (*P.P.P.*) (*adi.*) **intĕrĭĕctŭs**[1] 3 dazwischen liegend, -befindlich (*abs., zB. saepes; od. m. dat. od. inter, zB. aër inter mare et caelum; auch m.* °*acc.*); *longo spatio navigationis interiecto* auf einem weiten Weg zur See, *spatio mediocri -o* in geringer Entfernung, °*aequalibus intervallis -is* in gleichen Zwischenräumen; / in der Mitte stehend, *bsd.* (*zeitl.*) nach Verlauf *e-r Zeit, stets abl. abs., zB. interiecto anno, -o brevi spatio* nach kurzer Zeit, *hac longā -ā morā* nachdem hierüber geraume Zeit verstrichen war.

intĕrĭĕctĭō, *ōnĭs f* (*īntĕrĭcĭō*) (*nkl.*) (*rhet. u. gramm. t.t.*) **1.** Einschaltung [*brevis*]. **2.** Parenthese. **3.** Interjektion.

intĕrĭĕctŭs[1] 3 *s. īntĕrĭcĭō.*

intĕrĭĕctŭs[2], *ūs m* (*īntĕrĭcĭō*) das

Dazwischentreten: **1.** (*räuml.*) [*terrae zw. Sonne u. Mond*]. **2.** (*Ta.*) (*zeitl.*) eingetretener Verlauf [*noctis*], Zwischenzeit, gestattete Frist [*paucorum dierum*].

intĕr-iī *s. intĕrĕō.*

▶ **intĕr-īm** (*intĕr* + [*altl. acc. sg. v. is*] *im*; *cf. indĕ*) *adv.* **1.** unterdessen, inzwischen. **2. a)** einstweilen, vorläufig, *klass. selten*; **b)** (*nkl.*) bisweilen = *intĕrdŭm*; ~ ... ~ bald ... bald; **c)** (*adversativ*) (*meist vkl., nkl.*) bei alledem, jedoch, doch.

intĕr-īmō, *ēmī, ēmptŭm* 3. (*ĕmō, eigtl.* „mitten aus der Tätigkeit wegnehmen") **1.** töten, aus dem Weg räumen, beseitigen (*alqm, zB. civem Romanum, °uxorem laqueo*). **2.** / **a)** *jd. m.* Todesangst erfüllen; **b)** *etw.* zugrunde richten, aufheben [*sacra*].

▶ **intĕrĭŏr,** *ĭŭs, gen. ōrĭs* (*comp. v.* **intĕrŏs zu intĕr*; *cf.* ἔντερα „Eingeweide", *ĕxtĕr*[*ŭs*]; *adv.* **-iŭs**); *sup.* **intĭmŭs** 3 (*cf. altind.* antama- „der nächste"; *adv.* °**-ē**) **I.** *comp.* **1. a)** der innere, mehr nach innen gelegen *od.* im Inneren befindlich, von innen stammend (*Ggs. ĕxtĕrĭŏr u. ĕxtĕrnŭs*) [*pars aedium, vestis* Unterkleid, *fossa* der Stadt näher, *portus* der innere Teil des Hafens, *epistula* Mitte des Briefes, *oratio interius insistit* in der Mitte, °*nota Falerni* tiefer im Keller aufbewahrt = ein älterer Jahrgang]; **b)** dem Mittelpunkt *od.* dem Ziel näher [°*gyrus* kleiner, kürzer, °*rota* das der zu umfahrenden Zielsäule nähere Rad; *alci rei* einer Sache näher *od.* zu nahe, *zB. ictibus tormentorum u. periculo vulneris entweder* innerhalb der Schußweite *od.* zu nahe, um verwundet zu werden, *d.h.* außerhalb der Schußweite]; *subst. interiores m* die Feinde in der Stadt; *interiora n* das Innere, die inneren Teile [*aedium,* °*urbis*]; **c)** mehr im Innern des Landes gelegen, binnenländisch [*nationes, Gallia*]; *subst. interiores m* die Bewohner des Binnenlandes. **2.** / **a)** enger, vertrauter, inniger [*amicitia, societas,* °*consilia* geheime; *interius* ein engeres Band [*est eiusdem esse civitatis*]; **b)** tiefergehend, eine tiefere Forschung verlangend, gründlicher [*litterae, vis vocabuli* tieferer Sinn]. — **II.** *sup.* **1.** der innerste [*Macedonia* der innerste Teil *v.* M., °*spelunca* der tiefste Teil, °*angulus* der geheimste]. **2.** / **a)** am tiefsten eindringend, die eindringendste Forschung verlangend, gründlich [*disputatio* erschöpfend, *philosophia* das Zentralgebiet der Ph.]; **b)** der geheimste [*cogitationes*]; **c)** der wirksamste [°*vires*]; **d)** der vertrauteste, engbefreundet, *v. Pers. u. Sachen* [*amicus, familiaritas*; *alci, zB. Clodio*]; *adv.* °*intimē* herzlichst, am angelegentlichsten [*uti alquo m. jd.* in vertraulichem Verkehr stehen]; *subst.* **-ŭs,** *ī m* Busenfreund (*alcis*).

intĕr-īrĕ *s. intĕrĕō.*

intĕrĭtĭō, *ōnĭs f* (*intĕrĕō*) Untergang, Tod (*alcis*), *klass. selten.*

intĕr-ĭtūrŭs *part fut. v. intĕrĕō.*

▶ **intĕrĭtŭs,** *ūs m* (*intĕrĕō*) Untergang, Vernichtung, *v. Pers. u. Sachen* (*abs. od. m. gen., zB. optimatium* Sturz, *legum*).

intĕr-iūngō, *iūnxī, iūnctŭm* 3. (*nkl., dcht.*) **1.** (untereinander) verbinden [*dextras*]. **2.** (*Zugtiere*) *e-e* Weile abspannen, rasten lassen [*lassos equos*]; (*abs.*) rasten [*medio die*].

intĕrĭŭs *s.* **1.** *intĕrĭŏr.* **2.** *intrā.*

intĕr-lābŏr, *lāpsŭs sŭm* 3. (*dcht.*) dazwischen (hin)gleiten *od.* fließen, *auch in Tmesis* [*aquae*].

intĕr-lătĕō, — — 2. (*Se.*) dazwischen verborgen sein.

intĕr-lĕgō, — — 3. (*jünger als intĕllĕgō*) (*dcht.*) hier *u.* da abbrechen, *auch in Tmesis* [*frondes*].

intĕr-lĭnō, *lēvī, lĭtŭm* 3. **1.** (*nkl.*) in den Zwischenräumen bestreichen *od.* überziehen, kitten [*caementa luto*]. **2.** (*Urkunden*) *durch Ausstreichen v. Wörtern* fälschen [*testamentum*].

intĕrlŏcūtĭō, *ōnĭs f* (*intĕrlŏquŏr*) (*nkl.*) Einwurf (*vor Gericht*).

intĕr-lŏquŏr, *lŏcūtŭs sŭm* 3. (*vkl., nkl.*) ins Wort fallen, unterbrechen (*abs. od. alci*); *bsd.* (*jur. t.t.*) einen Einwurf machen.

intĕr-lūcĕō, *lūxī,* — 2. (*unkl.*) **1. a)** dazwischen hervorschimmern, durchschimmern [*terrena animalia* (*im Bernstein*)]; **b)** *impers. noctu interlucet* es wird plötzlich hell *u.* sogleich wieder dunkel. **2. a)** durchsichtig sein *infolge mangelnder Dichtigkeit* [*corona militum*]; **b)** / sich zeigen (*abs. od. aliquid interlucet inter* ein klarer Unterschied zwischen ... tritt hervor).

intĕr-lūnĭŭm, *ī n* (*lūnă*; *eigtl.* „Zwischenzeit *zw.* dem alten *u.* dem neuen Mond") (*nkl., dcht.*) Neumond(szeit), Mondwechsel.

intĕr-lŭō, — — 3. (*-lŭō*[1]) (*vkl., nkl.*) zwischen *etw.* fließen, *etw.* durchströmen (*alqd, zB. fretum, quod Capreas et Surrentum interluit*).

intĕr-mēnstrŭŭs 3 (*wohl Hypost.* < *intĕr mēnstrŭă*) zwischen zwei Monaten [*tempus* Zeit des Mondwechsels]; *subst.* **-ŭm,** *ī n* Neumond, Mondwechsel.

ĭn-tĕrmĭnātŭs[1] 3 (*ĭn-*[2] + *P.P.P. v. tĕrmĭnō*) unbegrenzt [*magnitudo*].

intĕr-mĭnŏr 1. (*unkl.*) **1.** (an)drohen (*m. a.c.i.*). **2.** unter Drohungen untersagen; (*part. pf. pass.*) *adi.*

intĕrmĭnātŭs[2] 3 versagt [*cibus*].

intĕr-mĭscĕō, *mĭscŭī, mĭxtŭm* 2. (*-mĭ-?*) (*nkl., dcht.*) dazumischen, beimischen, *etw.* unter *etw.* mischen *od.* stecken (*alqd alci rei, zB. turbam indignorum dignis, se hostibus*; *alqd re etw. m. etw.* vermischen).

intĕr-mīsī *s. intĕrmĭttō.*

intĕrmissĭō, *ōnĭs f* (*intĕrmĭttō*) das Nachlassen, zeitweiliges Aussetzen, Unterbrechung (*alcis rei, zB. officii* Unterlassung, *epistularum* des Briefwechsels, *verborum* das Abgebrochene der Sätze); *auch* Verfall [*eloquentiae*].

intĕr-mĭttō
1. (*trans.*) **a)** dazwischentreten lassen; *P.* dazwischenliegen; **b)** *einen Raum* dazwischen offen lassen; **c)** unterbrechen, zeitweilig aussetzen; **d)** (*eine Zeit*) verstreichen lassen; **e)** (*Amt*) zeitweilig unbesetzt lassen; **2.** (*intrans.*) zeitweilig nachlassen, aussetzen.

intĕr-mĭttō, *mīsī, missŭm* 3. **1.** (*trans.*) **a)** dazwischentreten lassen, *P.* dazwischenliegen [°*valle intermissā* da ein Tal dazwischen lag, *nocte intermissā* da die Nacht inzwischen eingetreten war]; **b)** *einen Raum* dazwischen leer *od.* offen (unbesetzt) lassen; *meist P.P.P.* [*mediocribus spatiis intermissis* in mäßigen Abständen, *hoc spatio intermisso* in dieser Entfernung, *perexiguo spatio inter se intermisso* voneinander, *opus est intermissum* hat eine Lücke, *per intermissa moenia urbem intrare* durch die Lücken der Mauern]; *bsd. alqd intermittitur re od. a re etw.* wird freigelassen *v. etw.* [*planities collibus od. pars oppidi a flumine intermissa*]; **c)** / *etw.* (*bsd. eine Tätigkeit*) unterbrechen = zeitweilig aussetzen *od.* ruhen lassen (*alqd, zB. iter, studia, libertatem* das freie Wort zeitweilig unterdrücken, °*verba intermissa* abgebrochen; *m. inf., zB. obsides dare*); *mediopass.* zeitweilig nachlassen, aussetzen, ruhen [*negotia forensia, ventus* legt sich, *flamma* läßt nach]; **d)** (*eine Zeit*) vorbeigehen *od.* ungenutzt verstreichen lassen [*breve tempus, diem, noctem*; *intermisso spatio* nach Verlauf einiger Zeit, *brevi tempore intermisso* nach kurzer Frist; *bei vorhergehender Negation m. quin, zB. nullum tempus intermiserunt, quin legatos mitterent*]; *bsd. P.*: *tempus intermittitur a re u. ad alqd v. etw. u.* für *etw., zB. ab opere od. a labore* = man hört *m.* der Arbeit auf, *nulla pars nocturni temporis ad laborem intermittitur* jede Stunde der Nacht wird ununterbrochen zur Arbeit benutzt; **e)** (*ein Amt*) zeitweilig unbesetzt lassen *od.* suspendieren [*magistratum*]. **2.** (*intr.*) zeitweilig nachlassen, aussetzen, eine Pause machen [*flumen, hostes non intermittunt subeuntes* rücken unaufhörlich heran, *sic canere coepisse, ut nihil intermitterent* ohne abzusetzen].

intĕr-mŏrĭŏr, *mŏrtŭŭs sŭm* 3. **1.** (*nkl.*) unvermerkt hinsterben. **2.** / **a)** (*nkl.*) ohnmächtig werden; **b)** (*unkl.*) allmählich verschwinden *od.* zugrunde gehen, erlöschen [*ignis*]; *klass. nur* (*part. pf.*) *adi. intermortuus* 3 (wie) abgestorben *od.* tot [*memoria, reliquiae coniurationis*].

intĕr-mŭndĭă, *ōrŭm n* (*mŭndŭs*; *Bed.-Lw.* < μετα-κόσμια) Intermundien, *nach Epikur die zw. den Welten liegenden, v. den Göttern bewohnten* Zwischenwelträume.

intĕr-mūrālĭs, *ĕ* (*Li.*) *zw.* den Mauern befindlich [*amnis*].

intĕr-nātŭs 3 (*nāscŏr*) (*nkl.*) dazwischen gewachsen (*alci rei, zB. herbae saxis internatae*).

intĕrnĕcĭō *u.* **-nĭcĭō,** *ōnĭs f* (*intĕr-*

nĕcō) Niedermetzelung *od.* Vertilgung *e-s Heeres od. Volkes, übh.* völliger Untergang, gänzliche Vernichtung [*Gallorum, ad internecionem caedi u. deleri* vernichtend geschlagen werden].

intĕrnĕcīvŭs 3 (intĕrnĕcō) alles vernichtend, mörderisch, Vernichtungs... [*bellum*].

intĕr-nĕcō 1. (*vkl., nkl.*) hinmorden, vernichten.

intĕr-nĕctō, — — 3. (*dcht.*) verknüpfen, durchschlingen [*crinem auro*].

intĕrnĭcĭō *s.* intĕrnĕcĭō.

intĕr-nĭtĕō, — — 2. (*nkl.*) dazwischen hervorleuchten *od.* hindurchscheinen [*sidera, gemmae*].

intĕr-nōdĭŭm, ī *n* (nōdŭs) (*unkl.*) Raum *zw.* zwei Gelenken *od.* Knoten, Gelenkhöhle [*crurum* Schenkelröhren].

intĕr-nōscō, nōvī, — 3. voneinander unterscheiden [*geminos, blandum amicum a vero; m. indir. Frgs.*].

intĕr-nūntĭō 1. (*Li.*) *v.* beiden Seiten Boten schicken, unterhandeln (*abs.; m. indir. Frgs.*).

intĕrnūntĭŭs, ī *m u.* **intĕrnūntĭă**, ae *f* (*wohl Rückbildung* aus intĕrnūntĭō) Unterhändler(in), Vermittler(in) [*Iovis, °pacis*].

intĕrnŭs 3 (*adv.* **-ē**) (intĕr) (*nkl., dcht.*) der innere, im Innern (*bsd.* des Hauses *od.* des Staates) befindlich, einheimisch, inländisch [*ara, discordiae*]; *subst.* **intĕrnă**, ōrŭm *n* innere Angelegenheiten.

in-tĕrō, trīvī, trītŭm 3. (*unkl.*) hineinreiben, einbrocken, *auch /.*

intĕr-ōscĭtō 1. (*Te.*) unterdessen gähnen; / die Hände in den Schoß legen.

intĕrpĕllātĭō, ōnĭs *f* (intĕrpĕllō) Unterbrechung *im Reden* (*bei Qu. als rhet. Figur*); *übh.* Störung [*sine ulla -ne*].

intĕrpĕllātŏr, ōrĭs *m* (intĕrpĕllō) der *eine Rede* stört *od.* unterbricht.

▶ **intĕr-pĕllō** 1. (*cf.* ăppĕllō[1]) **1.** *jd.* in die Rede fallen, *jd. od. etw.* unterbrechen (*alqm u. alqd, zB. dicentem*); *abs.* dazwischenreden, Einspruch erheben [*°tempus interpellando trahere*]. **2.** *etw.* einwenden (*alqd*). **3.** (*meist nkl.*) *jd. m.* Bitten *od.* Fragen bestürmen (*alqm*). **4.** *übh.* störend unterbrechen, stören, aufhalten, *auch* hintertreiben (*alqm in iure suo, victoriam* vereiteln, *°saxum alveum amnis interpellat* sperrt; *m. ne u. quominus; m. °inf.*) **5.** (*Dig.*) unsittliche Anträge stellen (*alqam* an *jd., zB. mulierem*).

intĕrpŏlātĭō, ōnĭs *f* (intĕrpŏlō) **1.** (*nkl.*) hier *u.* da angebrachte Veränderung, Umgestaltung. **2.** (*Tert.*) Täuschung. **3.** **Verfälschung *e-s Textes* durch Einschaltung *v. Wörtern, Sätzen od. Abschnitten.*

intĕrpŏlātŏr, ōrĭs *m* (*Eccl., spätl.*) Verderber.

intĕrpŏlĭs, ĕ (*Rückbildung aus* intĕrpŏlō) (*vkl., nkl.*) (*eigtl. v. Kleidungsstücken*) neu hergerichtet, auf jung zurechtgemacht [*veteres mulieres*].

intĕr-pŏlō 1. (*zu* pŏlĭō *wie* ŏccŭpō 1. *zu* căpĭō 3.) **1.** neu herrichten, *bsd. abgetragene Kleider* auffrischen [*togam praetextam*]. **2.** / betrügerisch ausstaffieren, *bsd.* (ver)fälschen (*abs. u. alqd, zB. tabulas; bsd. v. Schriften, zB. °priorem textum*).

intĕr-pōnō
1. dazwischensetzen, -legen, -stellen; **2. a)** einschieben, -schalten; **b)** (*in d. Rede*) einschieben; **c)** unterschieben; **d)** (*Zeit*) dazwischen verstreichen lassen; **3. a)** *jd. als Helfer u.ä.* hinzuziehen; *refl.* sich einmischen; **b)** *etw.* geltend machen; **c)** (*Gründe*) vorschützen; **d)** als Pfand einsetzen.

intĕr-pōnō, pŏsŭī, pŏsĭtŭm 3. **1.** dazwischensetzen, -legen, -stellen (*alqm u. alqd, zB. °elephantos, pilas* Pfeiler; *alqd m. dat. od. inter, zB. °auxilia equitatui*). **2. a)** einschieben, einschalten (*°regem, °menses intercalarios; m. indir. Frgs.*); **b)** (*in der Rede*) einschieben [*nullum verbum*]; **c)** unterschieben [*falsas tabulas*], (*durch Einschaltungen*) (ver)fälschen [*rationes populorum*]; **d)** (*eine Zeit*) dazwischen eintreten *od.* verstreichen lassen [*spatium ad recreandos animos*]; P. dazwischen eintreten *od.* liegen, *bsd. P.P.P., zB. paucis diebus interpositis* nach Verlauf weniger Tage, *hoc spatio interposito* mittlerweile. **3. a)** *jd. als Helfer od. Vermittler, Teilnehmer* zuziehen, benutzen [*accusatorem, testes*]; *bsd.* **sē intĕrpōnĕrĕ** sich einmischen, den Vermittler machen (*abs. od. alci rei u. in alqd, zB. se °bello, se in pacificationem, °se scriptis Caesaris, se audaciae alcis* sich widersetzen; *m. quominus u.* ne); **b)** / *etw.* eintreten *od.* obwalten lassen, geltend machen, einsetzen, einlegen (*alqd, zB. auctoritatem suam, certius iudicium, decretum* Entscheidung treffen, *°pactiones* anknüpfen, *°moram* verursachen, *nullā interpositā dubitatione* ohne weiteres Bedenken, *nulla suspicio interponitur* liegt vor); **c)** (*Gründe*) anführen, vorschützen [*causam, causā interpositā* unter dem Vorwand]; **d)** (*sein Wort, Eide u.ä.*) als Pfand einsetzen, zum Pfand geben [*ius iurandum, fidem suam in alqd u. in re* sein Wort auf *etw.* geben, *omni fide interpositā* trotz aller Versprechungen].

intĕrpŏsĭtĭō, ōnĭs *f* (intĕrpōnō) **1.** (*Vi.*) das Dazwischensetzen [*columnarum -ones* Säulenstellungen]. **2.** / **a)** das Einschieben, Einschaltung, *bsd. in die Rede* [*certarum personarum, °novorum*]; **b)** *meton.* Einschiebsel, *bsd.* Parenthese.

(**intĕrpŏsĭtŭs**, ūs) *m* (intĕrpōnō) das Dazwischentreten [*terrae*]; *nur im abl. sg. gebräuchlich.*

▶ **intĕrprĕs**, prĕtĭs *m u. f* **1.** Vermittler(in), Unterhändler(in) (*alcis j-s, zB. °divūm* = Merkur; *alcis rei, zB. °harum curarum v. Juno als Ehestifterin; alqo interprete* durch *j-s* Vermittlung, *zB. °linguā -te* mittels der Sprache). **2. a)** Dolmetsch(er) [*per interpretem od. sine -te colloqui cum alqo*]; **b)** Ausleger, Deuter [*poëtarum, °extorum, caeli* Astrologe, *comitiorum* ob die Komitien gültig sind *od.* nicht, *°deorum* = Wahrsager]; **c)** Übersetzer. — (*gen. pl.* intĕrprĕtŭm.)

intĕr-prĕssī *s.* intĕrprĭmō.

intĕr-prĕssŭs *P.P.P. v.* intĕrprĭmō.

intĕrprĕtātĭō, ōnĭs *f* (intĕrprĕtŏr) **1.** Erklärung, Deutung (*alcis, zB. pontificum; alcis rei, zB. iuris, verborum*); *auch /* = Beurteilung, Entscheidung. **2.** Übersetzung [*foederis*], *auch concr.* = das Übersetzte.

▶ **intĕrprĕtŏr** 1. (*denom. v.* intĕrprĕs) **1.** (*intr.*) (*Pl.*) den Mittler abgeben, zu Hilfe kommen [*memoriae alcis*]. **2.** (*trans.*) **a)** auslegen, erklären, deuten (*abs. od. alqd, zB. religiones, insolitum verbum, somnia, portenta; de re* eine Erklärung *v. etw.* geben, *zB. de liberalitate alcis; alqd ex re* aus *etw.* auf *etw.* schließen, *zB. consilium ex necessitate* aus der Notwendigkeit auf den Vorsatz; *m. a.c.i.* = zur Erklärung sagen, die Erklärung aufstellen; *m. indir. Frgs.*); *part. pf. interpretatus auch pass.*; **b)** übersetzen, *bsd. frei, bloß nach dem Sinne* (*abs. od. alqd, zB. epistulam, scriptores, u. ex re, zB. ex Graeco carmine; pass. °ut ex libris interpretatum nobis est*). **3.** *etw.* begreifen *od.* verstehen, auffassen [*alcis sententiam od. voluntatem, auch °alqm j-s* Charakter *od.* Handlungsweise begreifen]. **4.** *jd. od. etw.* irgendwie beurteilen, *etw.* für *etw.* ansehen, *etw.* in *etw.* hineinlegen [*bene dicta male, alcis verba mitiorem in partem, omnia alio modo, alcis felicitatem grato animo* freudig anerkennen; *m. dopp. acc., zB. °hominem simulatorem, sapientiam eam* unter Weisheit *etw.* derartiges verstehen]. **5.** (*Li.*) über *etw.* sich bestimmt aussprechen *od.* entscheiden (*m. indir. Frgs.*).

intĕr-prĭmō, prĕssī, prĕssŭm 3. (prĕmō) (*Pl.*) eindrücken, zerdrücken.

intĕrpūnctĭō, ōnĭs *f* (-ŭ-?) (intĕrpŭngō) Trennung *der Wörter* durch Punkte [*verborum*].

intĕr-pŭngō, —, pŭnctŭm 3. (pŭnctŭm?) durch Punkte abteilen *od.* trennen, Punkte *zw.* die Wörter setzen; (*P.P.P.*) *adi.* **intĕrpūnctŭs** 3 gehörig abgeteilt, unterschieden [*intervalla, clausulae in orationibus -ae*]; *subst.* **-ă**, ōrŭm *n* Abteilungen (*-a verborum* kleinere Pausen, *argumentorum* Absätze).

intĕr-quĭēscō, quĭēvī, — 3. dazwischen (aus)ruhen, eine Pause machen, *v. Pers. u. Sachen* [*orator, lites; paulum*].

intĕr-rēgnŭm, ī *n* Zwischenregierung, Interregnum (*in der Königszeit: nach dem Tod e-s Königs Regierung e-s Interrex für 5 Tage; in der Zeit der Republik: nach dem Tod od. Ausscheiden e-s Konsuls od. bei Abwesenheit des Konsuls Zwischenregierung e-s ge-*

wählten Interrex) [-um °inire Interrex werden, res ad -um venit od. adducitur es kommt zu einem Interregnum].

ĭntĕr-rēx, rēgis *m* Zwischenkönig, Reichsverweser [interregem prodere *u.* creare]; *cf.* ĭntĕrrēgnŭm.

ĭn-tĕrrĭtŭs 3 (ĭn-² + *P.P.P. v.* tĕrrĕō) (*nkl., dcht.*) unerschrocken, furchtlos [vultus, classis = ohne Unfall; alcis rei vor *etw., zB.* leti; ad omnia in bezug auf alles].

ĭntĕrrŏgātĭō, ōnĭs *f* (ĭntĕrrŏgō) **1.** Befragung, Frage [facilis; alcis *j-s, zB.* Socratis]. **2.** (*jur. t.t.*) **a)** Verhör [°testium]; **b)** (*Se.*) Kontrakt. **3.** (*rhet. t.t.*) (*Qu.*) Frage *als Redefigur.* **4.** (*dial. t.t.*) Schluß, Syllogismus [fallax].

ĭntĕrrŏgātĭŭncŭlă, ae *f* (*demin. v.* ĭntĕrrŏgātĭō) kurze *od.* unbedeutende Frage; *bsd.* kurze Frage *des* Richters *od.* Dialektikers [angustae peinliche]; *auch* Schlußfolgerung.

▶ **ĭntĕr-rŏgō** 1. **1.** fragen, befragen (*abs. od.* alqm, *zB.* hospitem Graece; alqm de re, *zB.* de flagitiis alcis; alqm alqd *nur* sententiam *e-n* Senator um seine Meinung befragen, *sonst nur, wenn das Objekt das Neutrum e-s pron. od. allg. adi. ist, zB.* alqm nihil *od.* quaedam geometrica); *auch* /, *zB.* °vestros oculos; (*P.P.P.*) *n subst.* **ĭntĕrrŏgātŭm,** ī Frage [ad interrogata respondere auf die Frage]. **2.** (*jur. t.t.*) **a)** verhören [testes; alqm de re]; **b)** gerichtlich belangen, anklagen = reum facere, *m. u.* °*ohne* lege, legibus [°legibus ambitūs; °alcis facti]. **3.** (*Se.*) (*dial. t.t.*) schließen, einen Schluß ziehen, *abs.*

ĭntĕr-rŭmpō, rūpī, rŭptŭm 3. **1.** auseinanderreißen, zerreißen, mitten abbrechen (alqd, *zB.* pontem, °venas öffnen). **2.** / **a)** (*Reden u.ä.*) abbrechen [orationem, voces interruptae abgebrochene], (*Handlungen*) unterbrechen, *übh.* stören [iter amoris mei, consuetudinem, colloquia, °opera interrupta stokkend]; **b)** trennen, vereinzeln, *bsd. P.P.P., zB.* °ignes interrupti einzelne.

ĭntĕrrŭptē *adv.* (ĭntĕrrŭptŭs, *P.P.P. v.* ĭntĕrrŭmpō) *m.* Unterbrechungen [non ~ narrare in gehörigem Zusammenhang].

ĭntĕrrŭptĭō, ōnĭs *f* (ĭntĕrrŭmpō) / (*Qu.*) das Abbrechen *mitten i. der Rede.*

ĭntĕr-saepĭō, psī, ptŭm 4. **1.** verstopfen, verwahren (alqd, *zB.* °specum). **2. a)** absperren [foramina]; **b)** / abschneiden (alqd, *zB.* legionem; alqd a re, *zB.* °urbem vallo ab arce; alci alqd, *zB.* °Romanis conspectum exercitūs den Anblick des [abziehenden] Heeres entziehen).

ĭntĕr-scĭndō, scĭdī, scĭssŭm 3. auseinanderreißen, einreißen, abbrechen [aggerem, °venas öffnen]; / trennen [Chalcis freto interscinditur].

ĭntĕr-scrībō, scrīpsī, scrīptŭm 3. (*nkl.*) dazwischenschreiben; (*prägn.*) durch Zusätze verbessern.

ĭntĕr-sĕrō¹, sēvī, sĭtŭm 3. (*nkl., dcht.*) dazwischensäen, -pflanzen (alqd alci rei).

ĭntĕr-sĕrō², — — 3. (*unkl.*) dazwischen-, einfügen, einschieben [oscula verbis; causam als Grund anführen, *m. a.c.i.*].

ĭntĕr-sĭstō, stĭtī, — 3. (*Qu.*) mitten innehalten, absetzen, *v. Redner u. der Rede.*

ĭntĕr-sĭtŭs 3 (*nkl., dcht.*) dazwischen liegend.

ĭntĕrspīrātĭō, ōnĭs *f* (°ĭntĕr-spīrō 1. dazwischen Atem holen) Atempause.

ĭntĕr-stĕrnō, strāvī, strātŭm 3. (*nkl.*) dazwischenstreuen, -streichen, -legen.

ĭntĕr-stĭnctŭs 3 (stĭnc-? *cf.* īnstĭnctŭs) (*nkl.*) hier *u.* da *m. etw.* besetzt [medicaminibus mit Pflastern wie besät].

ĭntĕr-stĭnguō, —, stĭnctŭm 3. (stĭnc-?) (*Lu.*) auslöschen; P. erlöschen.

ĭntĕr-strĭngō, — — 3. (*Pl.*) zuschnüren [alci gulam].

ĭntĕr-sŭm
1. dazwischen sein, liegen, sich befinden (*räuml. u. zeitl.*); 2. sich unterscheiden; 3. dabeisein, an *etw.* teilnehmen; 4. *impers.* interest es ist daran gelegen, es ist von Interesse.

ĭntĕr-sŭm, fŭī, ĕssĕ **1.** dazwischen sein, liegen, sich befinden, *räuml. u. zeitl.* (*abs., zB.* murus, una nox; inter alqd *zw. etw., zB.* fluvius inter eas civitates interest, quadraginta sex anni inter primum et sextum eius consulatum intersunt). / **2.** sich unterscheiden (ab alqo *u.* a re, *zB.* illa visa a falsis, *m. gen., zB.* τὸ νεμεσᾶν interest τοῦ φθονεῖν; in re in, bei *etw.*); *meist m. dem n e-s pron. od. allgem. adi. als subi.* **ĭntĕrēst** (hoc, quid, multum *u.ä.*) es ist ein *od.* macht einen Unterschied *zw. od.* in, bei *etw.* [inter me et te, inter meam sententiam et tuam, in his rebus nihil omnino interest; *m. indir. Frgs.*]. **3.** bei *etw.* zugegen sein, an *etw.* teilnehmen, *e-r Sache* beiwohnen (alci rei *od.* in re, *zB.* pugnae *u.* in pugna, convivio, in testamento faciendo). **4.** *impers.* **ĭntĕrēst** es ist daran gelegen, es liegt *jd.* daran, es liegt in *j-s* Interesse, es ist *v.* Wichtigkeit (Wert, Bedeutung) für *jd.* (*abs. od.* alcis, *zB.* omnium nostrum, eius, salutis communis, *aber* meā, tuā, suā, nostrā, vestrā; *die Sache, an der jd. liegt, wird ausgedrückt durch das n e-s pron., zB.* hoc, illud, quod, *od. durch den inf. u. a.c.i., zB.* magni meā interest unā nos esse, *od. durch indir. Frgs., zB.* nihil meā interest, quid homines imperiti de me loquantur, *selten durch* ut, ne; in re bei *etw.*; ad alqd, *selten* alcis rei in Rücksicht auf *etw.*, für *etw., zB.* ad nostram laudem). — ***subst.* interesse (*jur. t.t.*) der erlittene Schaden (= id quod eius interest = Unterschied *zw. der Vermögenslage e-s Gläubigers u. dem schädigenden Ereignis*), *Ausgangspunkt für das dt. Fw.* „Interesse".

ĭntĕr-tĕxō, tĕxŭī, tĕxtŭm 3. (*nkl., dcht.*) **1.** dazwischen einweben *od.* einflechten (alqd alci rei, *zB.* flores hederis). **2.** *etw. m. etw.* durchweben (alqd re, *zB.* auro).

ĭnter-trăhō, trāxī, trāctŭm 3. (*Pl.*) entziehen (alci alqd).

ĭntĕr-trīmēntŭm, ī *n* (*ĭntĕr-tĕrō) **1.** (*nkl.*) Abgang *vom Metall durch Abreiben od. Einschmelzen,* Abnutzung. **2.** / Verlust, Schaden.

ĭntĕr-tŭrbō 1. (*Com., nkl.*) Verwirrung, Unruhe stiften.

ĭntĕr-ŭtrāsquĕ *adv.* (*Lu.*) *zw.* beiden hin *od.* durch.

▶ **ĭntĕr-văllŭm,** ī *n* (văllŭs; *Hypost. aus* „inter vallos", *eigtl.* „Zwischenraum *zw.* [zwei] Schanzpfählen") **1.** (*räuml.*) Zwischenraum, Entfernung, Abstand [exiguum, par; alcis rei, *zB.* signi, locorum et temporum, *auch m. gen. des Maßes, zB.* viginti milium passuum; a re *v. etw., zB.* ab urbe]; °ex intervallo *v.* fern. **2.** (*zeitl.*) Zwischenzeit, Pause, Frist [longum *u.* multum, litterarum mearum, °annuum regni Interregnum, ex tanto -o nach so langer Zeit, ex -o nach geraumer Zeit, °per -a zeitweilig, sine -o ohne abzusetzen]; *bsd.* Haltepunkt *in der Rede* [-o dicere *m.* Pausen]. **3.** / **a)** Unterschied (*m.* inter, *zB.* inter consilium et dementiam); **b)** (*mus. t.t.*) Intervall [sonorum].

ĭntĕr-vĕllō, vĕllī *u.* vŭlsī, vŭlsŭm 3. (*nkl.*) **1.** mitten herausreißen (alqd ex re). **2.** (*prägn.*) hier *u.* da ausrupfen [barbam].

▶ **ĭntĕr-vĕnĭō,** vēnī, vĕntŭm 4. **1.** dazwischenkommen, -treten, *während e-s Vorganges* sich einstellen *od.* erscheinen, *mittlerweile* eintreten (*abs. od.* alci rei *u.* alci, *zB.* alcis orationi, °mulieri, °plangor verbo intervenit = nach jedem Wort schlug sie sich an die Brust); *pf. zwischen mehreren* bestehen [affinitas]. **2.** / **a)** *durch sein Eintreten etw.* unterbrechen, stören, hindern (*abs., zB.* casus mirificus; alci rei *u.* °alqd, *zB.* °hiems rebus gerendis, °ludorum dies cognitionem); *auch* alci *jd.* in den Weg treten *od.* widerfahren [fortuna sapienti]); **b)** (*vermittelnd od. hindernd*) einschreiten, sich ins Mittel legen, *v. Pers. u. Sachen* (*abs. od.* alci rei, *zB.* °rebus humanis einwirken auf; *m.* ne).

ĭntĕrvĕntŏr, ōrĭs *m* (ĭntĕrvĕnĭō) der störende Besucher.

ĭntĕr-vĕntŭm *P.P.P. v.* ĭntĕrvĕnĭō.

ĭntĕrvĕntŭs, ūs *m* (ĭntĕrvĕnĭō) **1.** Dazwischenkunft (alcis *u.* alcis rei, *zB.* Flacci, noctis Eintritt). **2.** (*nkl.*) Vermittlung, Beistand.

ĭntĕr-vĕrtō, rtī, rsŭm 3. **1.** *unter der Hand* auf die Seite bringen, unterschlagen [donum, consulatum *jd.* entziehen]. **2. a)** (*nkl.*) durchbringen, verschwenden [pecuniam]; **b)** *etw.* übergehen [interversā aedilitate]; **c)** (*Pl.*) *jd.* um *etw.* bringen [alqm muliere].

ĭntĕr-vīsō, sī, sŭm 3. **1.** nach *etw. v.* Zeit zu Zeit sehen (*abs., zB.*

°domum nach Hause [gehen u.] nachsehen, od. m. indir. Frgs.). 2. jd. v. Zeit zu Zeit besuchen (alqm).

ĭntĕr-vŏlĭtō 1. (Li.) dazwischen umherfliegen.

ĭntĕr-vŏmō, — — 3. (Lu.) dazwischen ergießen, v. sich geben.

ĭntĕr-vŏrtō (altl.) = ĭntĕrvĕrtō.

ĭn-tĕstābĭlĭs¹, ĕ (-tēst-?) (m. comp.) (tĕstŏr) (unkl.) 1. zeugnis- u. testamentsunfähig. 2. / ehrlos, infam, verächtlich, (v. Sachen) auch abscheulich, verabscheuenswürdig [periurium; re durch etw., zB. saevitiā].

ĭn-tĕstābĭlĭs², ĕ (-tēst-?) (tĕstĭs²) (Pl.) 1. zeugungsunfähig. 2. in scherzhaftem Doppelsinn m. ĭntĕstābĭlĭs¹.

ĭn-tĕstātŭs¹ 3 (-tēst-?) (tĕstŏr) 1. ohne Testament (gemacht zu haben); intestatō (abl.) mori ohne Testament. 2. (Pl.) nicht durch Zeugen überführt.

ĭn-tĕstātŭs² 3 (-tēst-?) (tĕstĭs²) (Pl.) = ĭntĕstābĭlĭs².

▶ **ĭntĕstīnus** 3 (ĭntŭs) innerlich, im Inneren befindlich (in der einzelnen Person, in der Familie, im Staat); bsd. im Innern der Seele, subjektiv (Ggs. ŏblātŭs objektiv) od. v. innen stammend, bsd. einheimisch (Ggs. ĕxtĕrnŭs) [bellum, discordiae, °caedes Verwandtenmord, dolor u. luctus in der Familie]; subst. **ĭntĕstīnŭm,** ī n 1. Darm [medium Zwerchfell, °duodenum Zwölffingerdarm, °caecum Blinddarm, °rectum Mastdarm]; meist pl. Eingeweide in der Bauchhöhle (Ggs. ĕxtă). 2. pl. (Pl.) eingelegte Arbeit des Kunsttischlers (?).

ĭn-tĕxō, tĕxŭī, tĕxtŭm 3. 1. a) hinein-, einweben, -sticken (alqd, zB. vimina ineinanderflechten; alqd alci rei, zB. °aurum vestibus); / b) etw. in od. m. etw. verweben, verflechten, einfügen, bsd. in der Rede (alqd alci rei u. in re, zB. parva magnis; venae toto corpore intextae); c) jd. redend einführen (alqm). 2. (dcht., nkl.) etw. umflechten, umwinden, umschlingen, umschließen, umkleiden, umgeben, auch / (alqd, zB. hederae truncos intexunt; alqd re, zB. hastas foliis, °alci latera frondibus, turres coriis überziehen, bedecken).

ĭntĭbŭm, ī n (Lw. < ἔντυβον, wahrsch. aus dem Ägyptischen stammend) (nkl., dcht.) wilde Zichorie, (kultiviert) Endivie.

▶ **ĭntĭmŭs** 3 s. ĭntĕrĭŏr.

ĭn-tĭngō (älter -tĭnguō), tīnxī, tīnctŭm 3. (tĭnxī, tĭnctŭm?) (unkl.) eintauchen [calamum, faces sanguine].

ĭn-tŏlĕrābĭlĭs, ĕ (m. °comp. u. °sup.; adv. -ĭtĕr) 1. (Li.) unwiderstehlich [vis Romanorum]. 2. unerträglich, v. Pers. u. Sachen, auch / [tyrannus, frigus, libido; alci für jd.].

ĭn-tŏlĕrăndŭs 3 = ĭntŏlĕrābĭlĭs.

ĭn-tŏlĕrāns, āntĭs (m. °comp. u. °sup.; adv. -āntĕr) (nkl., klass. nur adv.) 1. (act.) unfähig, etw. zu ertragen, unduldsam, v. Pers. u. Sachen (alcis rei, zB. laboris, aequalium unduldsam gegen); bsd. abs. im adv. unmäßig, maßlos [intoleranter gloriari]. 2. (pass.) unerträglich (alci für jd., zB. servitus victis).

ĭntŏlĕrāntĭă, ae f (ĭntŏlĕrāns) Unerträglichkeit, bsd. maßloses Benehmen (alcis u. alcis rei, zB. regis).

ĭn-tŏnō, ŭī, (°ātŭm) 1. 1. (intr.) a) (dcht.) losdonnern, übh. laut donnern [Iuppiter ab alto; / Fortuna grollt]; (impers.) intonat es donnert; b) / sich donnernd vernehmen lassen, laut ertönen od. erschallen [erdröhnen, krachen, rasseln, rauschen, tosen], v. Pers. u. Sachen [vox tribuni, °Aeneas, °polus; re m. etw., zB. °ore, °armis]. 2. (trans.) (nkl., dcht.) a) laut ertönen lassen, m. Donnerstimme rufen [haec]; auf der Laute besingen [tumultūs]; b) (mediopass.) sausend herniederfahren [hiems intonata Eois fluctibus in die östlichen Fluten].

ĭn-tōnsŭs 3 (ĭn-² + P.P.P. v. tŏndĕō) (unkl., meist dcht.) 1. ungeschoren, m. langem Haar od. Bart, v. Pers. u. Sachen [Cato der Bärtige, d. h. an alter Römersitte hängend; Getae, Cynthius langgelockt; m. acc. graecus: intonsus comas m. ungeschorenem Haupthaar]. 2. / (v. Bäumen) dichtbelaubt, (v. Bergen) dichtbewaldet.

ĭn-tŏrquĕō, tŏrsī, tŏrtŭm 2. (klass. selten) 1. a) hineindrehen, einflechten [°angues capillis in das Haar]; b) etw. hineinbohren in etw. [hastam °equo od. °tergo]; c) übh. flechten, winden, wickeln [°paludamentum circum bracchium, °capilli intorti gekräuselt, °oculos rollen]. 2. schwingen, schleudern [°iaculum alci auf, gegen jd., °navem wirbeln; klass. nur /, zB. contumelias]. 3. nach einer Seite drehen, übh. herumdrehen [°ramos]; bsd. verdrehen [mentum in dicendo schief ziehen, °talum verrenken; / mores verderben].

▶ **ĭntrā** (abl. sg. fem. < *ĭntĕrād; cf. ĭntĕrĭŏr) I. adv. 1. (nkl.) innerhalb, inwendig, zB. intra forisque. 2. comp. **ĭntĕrĭŭs** a) (dcht.) mehr nach innen, weiter drinnen; b) / oratio insistit interius mitten im Lauf = ist zu kurz. II. prp. b. acc. (selten nachgestellt) 1. (räuml.) a) innerhalb, im Bereich v., zB. °intra vallum et foris, intra parietes, °intra se in seinem Inneren, bei sich [meditari]; bsd. = diesseits, zB. intra montem Taurum regnare; b) bei Verben der Bewegung auch auf die Frage „wohin?" = in ... hinein, zB. intra munitiones se recipere, abdere ferrum intra vestem = unter, legiones intra fossam reducere hinter den Graben. 2. (zeitl.) innerhalb, binnen, während, vor Ablauf, zB. intra decem annos, °intra iuventam mitten im Jugendalter; m. quam (als, da), zB. °intra decimum diem, quam venerat. 3. (bei Zahl-, Maß- u. Grenzbestimmungen) a) innerhalb, innerhalb der Schranken, beschränkt auf, zB. intra modum, °intra verba peccare nur m. Worten, °intra fortunam manere innerhalb der Grenzen seines Standes, °domus intra paucos libertos nur aus wenigen Freigelassenen bestehend; b) (nkl.) unter, weniger als [intra centum]. — **intra muros nichtöffentlich, geheim.

ĭntrābĭlĭs, ĕ (ĭntrō²) (Li.) zugänglich [ōs fluvii].

ĭn-trāctābĭlĭs, ĕ (m. comp.) (nkl., dcht.) schwer zu behandeln; bsd. unbändig, wild, rauh [genus bello -e, bruma hart].

ĭn-trāctātŭs 3 (ĭn-² + P.P.P. v. trāctō) 1. unbehandelt [equus nicht zugeritten]. 2. (dcht.) unversucht [scelus].

ĭn-trācūrsŭs 3 (ĭn-² + P.P.P. v. trā[ns]cŭrrō) (Se.) nicht durchlaufen.

ĭn-trĕmō, — — 3. u. (incoh.) **ĭntrĕmīscō,** mŭī, — 3. (nkl., dcht.) erzittern, erbeben, v. Pers. u. Sachen [genua timore].

ĭn-trĕpĭdŭs 3 (adv. -ē) (nkl., dcht.) unerschrocken, unverzagt, v. Pers. u. Sachen [dux, vultus, hiems ruhige Winterquartiere, -e se recipere in Ruhe u. Ordnung; alci gegen jd.].

ĭn-trĭbŭō, — — 3. (Trajan b. Plinius) (e-m Grundbesitz) e-e Reallast auferlegen.

ĭn-trīcō 1. (wohl Hypost. aus „ĭn trīcās [sc. ĭndūcō]"; trīcae) in Verlegenheit bringen (alqm).

ĭntrīn-sĕcŭs adv. (<< *ĭntrĭm [acc. sg. m v. *ĭntĕrŭs 3] + sĕcŭs, cf. ĕxtrīnsĕcŭs) 1. inwendig, im Inneren [~ in natura]. 2. (Suet.) einwärts, nach innen.

ĭn-trītŭs 3 (eigtl. „unabgerieben") noch ungeschwächt [cohortes a labore -ae].

ĭntrō¹ adv. (< *ĭntĕrōd, abl. sg. m v. *ĭntĕrŭs; cf. ĭntĕrĭŏr) hinein, herein [~ ire, alqm ~ vocare].

▶ **ĭn-trō²** 1. (denom. v. ĭntrā) 1. (intr.) a) hineingehen, eintreten (abs., auch /, bsd. v. Zuständen, zB. °dolor, °somnus; ad alqm, intra od. in, ad alqd, zB. intra praesidia, in portum, °in sinus einlaufen, °ad munimenta, / in possessionem bonorum); b) / (geistig) = in etw. eindringen (in alqd, zB. in rerum naturam, in alcis familiaritatem sich auf einen vertrauten Fuß m. jd. stellen; magis tiefer, in suum animum in sich gehen; °segnitia cum otio intravit schlich sich ein). 2. (trans.) a) etw. betreten, mil. in etw. einrücken, eindringen (alqd, zB. urbem, curiam, °maria befahren, °portum erreichen, °medullas durchdringen); auch im P., zB. domus est intrata; b) / (nkl.) (v. Affekten) alqm od. animum alcis jd. ergreifen od. befallen [metus pavidos]; c) (prägn.) (Ma.) durchstechen [aprum].

ĭntrō-dūcō, dūxī, dŭctŭm 3. 1. a) hinein-, einführen, (Truppen) einrücken lassen (alqm, zB. legatos, copias; alqm u. alqd in alqd u. °ad alqm, zB. exercitum in fines); b) / etw. einführen [philosophiam in domos, ambitionem in senatum]; alqm auch jd. vorlassen [°ad regem]. 2. / a) etw. einführen = zuerst zur Geltung bringen od. anordnen

ne intraveris - tritt nicht ein

(*alqd, zB. consuetudinem*); **b)** *etw. in der Rede* vorführen *od.* anführen (*alqd, zB.* °*ficta narratio introduci solet*); **c)** e-n Satz als Behauptung aufstellen, behaupten, erklären (*m. a.c.i.*).

intrōductio, *ōnis f* (*intrōdūcō*) das Einführen, Zuführung (*alcis, zB. mulierum*).

▶ **intrō-eō,** *iī, itum, īre* hineingehen, eintreten, *mil.* einziehen, einrücken (*abs. od. ad alqm, zB.* °*ad amicam; in alqd, selten alqd* = betreten, *zB. in urbem, domum,* / *in vitam*). **F.** *pf.-Formen zsgz.*: *introīsse(m) u.ä.*

intrō-fĕrō, *tulī, —, fĕrrĕ* hineintragen, -bringen (*alqm u. alqd, zB. cibum; ad alqm, in alqd*).

intrō-grĕdiŏr, *grĕssus sum* 3. (*grădior*) (*dcht., nkl.*) hineingehen, eintreten.

intrō-ii *s. introeō.*

intrō-itum *P.P.P. v. introeō.*

intrŏitus, *ūs m* (*introeō*) **1.** Eingang, Eintritt, Einzug, Einmarsch, (*v. Schiffen*) das Einlaufen (*alcis u. alcis rei, zB. militum, navium; in alqd, zB. in portum*). **2.** / **a)** Anfang, Vorspiel, *bsd.* Einleitung [*defensionis*]; **b)** (*Pli.*) Antritt *e-s Amtes* [*sacerdotii*]; **c)** (*meton.*) Eingang *als Ort*, Zugang, Öffnung (*alcis rei, zB. portus*). — **Eingangsgebet *od.* -gesang, Introitus; Eintrittsgeld.

intrō-mittō, *mīsī, missum* 3. hineinschicken, einmarschieren lassen, einlassen, vorlassen (*alqm, zB. legiones,* / *auch alqd, zB. voluptates; ad alqm, in alqd*).

intrōrsum *u.* **-sus** *adv.* (< *altl. intrō-vŏrsum u. -vorsus, eigtl.* „einwärts gewandt"; *cf. ădversus*) **1.** nach innen zu, hinein, ins Innere [°*hostes ~ in castra accipere*]; *bsd.* landeinwärts. **2.** (*nkl., dcht.*) innerlich, inwendig, drinnen [*homo ~ turpis*].

intrō-rumpō, *rūpī, ruptum* 3. herein-, einbrechen [*hostes ea introruperunt* dort].

intrōspectō 1. (*intens. v. intrōspiciō*) (*Pl.*) hineinschauen.

intrō-spiciō, *spēxī, spectum* 3. (*spēxī?*) (*speciō*) **1.** in *etw.* hineinschauen, -blicken, -sehen, auf *etw.* hinsehen, hinblicken *od. etw.* beschauen, besichtigen. **2.** / prüfend betrachten, mustern (*in alqd u. alqd, zB. in speculum, introspice in mentem tuam ipse* sieh in deine eigene Brust; *mentem alcis, alqm a puero,* °*aliorum felicitatem*).

intrōsum (*Lu.*) = *intrōrsum.*

intrō-tulī *s. intrōfĕrō.*

intrō-vocō 1. hereinrufen (*alqm*).

intubum, *ī n* = *intibum.*

▶ **in-tueŏr** (*nachaug. tuitus sum*) 2. *u.* (*vkl., nkl.*) **in-tuŏr** 3. **1. a)** auf *etw.* hinschauen, hinblicken, *etw.* anschauen, anblicken, ansehen, aufmerksam betrachten (*in alqm u. alqm, in alqd u. alqd, zB. in summos homines, deos patrios, solem adversum, terram* zu Boden sehen); *auch übh.* erblicken, sehen; **b)** / (*Pli.*) liegen nach [*cubiculum montes intuetur*]. **2. a)** bewundernd nach *jd. od. etw.* sehen; anstaunen (*alqm u. alqd, zB. Pompeium sicut aliquem de caelo delapsum*); **b)** (*geistig*) betrachten, erwägen (*se ipsum, rerum naturam, libidines alcis*); **c)** *etw.* berücksichtigen, beachten (*alqd, zB. voluntatem audientium, speciem pulchritudinis; m. indir. Frages.*).

in-tulī *s. inferō.*

in-tumēscō, *muī,* — 3. (*nkl., dcht.*) **1.** anschwellen [*venter, vulnus; re v.*, durch *etw., zB. corpus ulceribus*]. **2.** / **a)** sich aufblasen, sich überheben [*superbiā*]; **b)** zornig werden (*alci gegen jd.*); **c)** zunehmen, wachsen [*vox repercussu*].

in-tumulātus 3 (*in-*[2] + *P.P.P. v. tumulō*) (*Ov.*) unbeerdigt.

intumus 3 (*altl.*) = *intimus.*

in-tuŏr 3. *s. intueŏr.*

in-turbātus 3 (*Pli.*) nicht bestürzt.

in-turbidus 3 (*Ta.*) **1.** (*pass.*) nicht beunruhigt, ruhig [*iuventa; re* durch *etw.*]. **2.** (*act.*) zu keinen Unruhen neigend, friedfertig, *v. Pers.* [*vir*].

▶ **intus** *adv.* (< **en-tos*; *cf.* ἐντός) **1.** (*vkl., nkl.*) *v.* drinnen, *v.* innen her [*~ exire*]. **2. a)** innen, drinnen, inwendig (*abs., zB. extra et ~ hostem habere; m. in c. abl. od.* °*bloßem abl., zB. ~ in corpore*); **b)** daheim, zu Hause [*estne frater ~*]; *auch* in der Stadt, im Lager *u.ä.* [*frumentum ~ est,* °*aurum ~ positum* im Kasten]; **c)** im Inneren, im Herzen [*cupiditates ~ in animis inclusae; ~ canere s. canō 2a*]. **3.** (*dcht., nkl.*) nach innen, hinein [*alqm ~ ducere*].

in-tūtus 3 (*nkl.*) **1.** (*pass.*) ungeschützt, unverwahrt, schutzlos [*castra; subst. intuta moenium* die schwachen Stellen]. **2.** (*act.*) unsicher, unzuverlässig [*amicitia; intutum est m. inf.*].

inula, *ae f* (*Lw.* < ἑλένιον *m. Metathese u. volkset. Anlehnung an inuleus*) (*nkl., dcht.*) Alant (*volkstümliche Arzneipflanze u. Genußmittel*).

inuleus, *ī m* = *hinnuleus.*

in-ultus 3 (*in-*[2] + *part. pf. v. ulcīscor*) **1.** ungerächt, *v. Pers. u. Sachen* [°*cives inulti perierunt,* °*tellus*]. **2.** ungestraft, straflos (*alqm inultum esse pati od. sinere, hostibus inultis* ohne daß die Feinde gestraft werden); *auch* = unangefochten [°*odium* ungesättigte Rachsucht].

in-umbrō 1. (*unkl.*) **1.** (*trans.*) beschatten, verdunkeln (*alqd*); / in den Schatten stellen [*P. legatorum dignitas inumbratur*]. **2.** (*intr.*) dunkeln [*inumbrante vespera* da der Abend mit seinen Schatten anbrach].

inundātiō, *ōnis f* (*inundō*) (*nkl.*) Überschwemmung.

in-undō 1. **1.** (*trans.*) **a)** *etw.* überschwemmen, überfluten [°*Tiberis campum,* °*vestro sanguine Enna inundabitur;* / (*nkl.*) *v. Lebendem, zB. Cimbri Italiam inundaverunt*]; **b)** *abs.* **α)** (*nkl.*) Überschwemmungen anrichten [*imbres omnibus campis* auf den Feldern]; **β)** (*Ve.*) (ins Gefilde) strömen [*Troes*]. **2.** (*intr.*) (*Ve.*) *v. etw.* überfließen [*re, zB. sanguine*].

in-ungō *u.* **-guō,** *unxī, unctum* 3. (*unctum?*) (*unkl.*) einsalben, einreiben, bestreichen [*oculos*]; (*P.P.P.*) *subst. pl. inuncta, ōrum n* „Gefettetes" [*conchis* aus dem Ölfläschchen = Bohnen in Öl]; *mediopass.* sich salben.

in-urbānus 3 (*adv.* **-ē**) unstädtisch: **1.** unfein, ungebildet, unartig, *v. Pers. u. Sachen.* **2. a)** ungefällig; **b)** geschmacklos, witzlos [*homo,* °*dictum*].

in-urgeō *u.* **-urgueō,** *ursī,* — 2. (*Lu.*) auf *jd.* eindringen.

in-ūrō, *ussī, ustum* 3. (*ussī, ustum?*) **1.** (*nkl., dcht.*) einbrennen (*alqd u. alci rei alqd, zB. notam vitulo*). **2.** / **a)** *m. etw.* kennzeichnen *od.* bezeichnen, (*pejorativ*) brandmarken (*alqm u. alqd re, zB. signa probitatis domesticis notis veritatis m.* den inneren Merkmalen der Wahrheit versehen); **b)** tief eindrücken *od.* einprägen, anhängen (*alqd alci u. alci rei, zB.* °*famam superbiae alci, maculam genti, notam turpitudinis vitae alcis*); *bsd.* (*Übel*) verursachen *od.* zufügen (*alci dolorem, rei publicae mala, leges* aufdrängen). **3. a)** (*dcht., nkl.*) *etw.* anbrennen *od.* brennen, erhitzen [*sanguis inustus vulnere*]; **b)** **α)** (*Qu.*) *m.* dem Brenneisen brennen = frisieren [*comas*]; **β)** / *calamistris m.* erkünsteltem Redeschmuck versehen, „aufputzen".

in-ūsitātus 3 (*m. comp.*; *adv.* **-ē**) ungebräuchlich, ungewöhnlich (= noch neu *od.* selten) [*res, verbum, ratio belli; alci, zB. lepos nostris oratoribus -us*].

in-ūtilis, *e* (*m.* °*comp. u.* °*sup.*; *adv.* **-iter**) **1.** unnütz, unbrauchbar, untauglich, unzuträglich, *v. Pers. u. Sachen* [*milites,* °*poëta,* °*corpus* kampfunfähig; *alci* für *jd., zB. possessori; alci rei u. ad alqd* zu *od.* für *etw., zB. bello u. ad pugnam, ad rem gerendam*]. **2.** nachteilig, schädlich, verderblich [*civis,* °*aurum, alci* für *jd., zB. rei publicae*].

inūtilitās, *ātis f* (*inūtilis*) **1.** (*Lu.*) Unbrauchbarkeit. **2.** Schädlichkeit, Verderblichkeit.

Inuus, *ī m* (*et. ungedeutet*) *urspr. selbständiger Gott m. unbekannter Funktion, später Pan od. Faunus gleichgesetzt*; *Castrum* (*Inuī*) *altlatinische Küstenst. in Latium.*

in-vādō

1. a) gewaltsam eindringen; **b)** (*Ort*) betreten; **c)** *etw.* kühn unternehmen; **2. a)** auf *etw.* losgehen; **b)** (*m. Worten*) *jd.* anfahren; **c)** (*Affekte, Krankheit*) *jd.* überkommen; *abs.* hereinbrechen; **d)** raubend überfallen; **e)** umarmen.

in-vādō, *sī, sum* 3. **1. a)** *gewaltsam* hineingehen, hineindringen, *v. Pers. u. Sachen, zB. ignis, classis* (*abs. od. in alqd u.* °*alqd, zB. in eas urbes cum exercitu,* °*portus*); **b)** (*dcht.*) (*e-n Ort*) betreten, (*nach e-m Ort*) gelangen (*alqd, zB viam, urbem*); **c)** (*dcht., nkl.*) (*etw. Gefährliches*) kühn unternehmen, sich an *etw.* machen (*alqd, zB. proelium, Martem clipeis*). **2. a)** *stürmisch od. feindlich* auf *etw.* losgehen *od.* eindringen, *jd. od. etw.* angreifen (*in* *alqm u. in alqd, auch alqm u. alqd, zB. in hostes u. hostes, °castra, fines, in collum alcis jd.* stürmisch um den Hals fallen; *cf.* 2e); *auch im* P., *zB.* °*hostes invaduntur*; **b)** (*nkl., dcht.*) *jd.* (*m. Worten*) anfahren, zur Rede stellen [*alqm minaciter*]; **c)** (*v. Affekten, Übeln, Krankheiten*) befallen, überkommen (*in alqm u. in alqd, auch alqm u. alqd, selten alci, zB. pestis in vitam,* °*morbus in corpus alcis* befällt *jd., furor improbis, alqm* °*metus od.* °*libido*); *auch abs.* = hereinbrechen, einreißen, sich verbreiten [*terror,* °*desidia*]; **d)** raubend überfallen *od.* angreifen, *etw.* an sich reißen (*in alqd, auch alqd, zB. in alcis praedia od. fortunas, in Marii nomen* sich anmaßen, °*dictaturam*); **e)** (*Pe.*) stürmisch umarmen [*alqm basiolis; cf.* 2a].

in-vălēscō, *lŭī,* — 3. (*nkl.*) erstarken, die Oberhand gewinnen, *v. Pers. u. Sachen* [*rex opibus, libido, verba temporibus* kommen mehr in Gebrauch].

in-vălĭdŭs 3 (*m. comp. u. sup.*) (*nkl., dcht.*) kraftlos, schwach, kränklich, *v. Pers., Tieren u. Sachen, auch* / zu schwach zum Widerstand [*milites, vires, moenia; re* durch, an *etw., zB. vulnere;* °*adversus alqm; ad alqd* zu *etw., zB. homo senectā ad munera corporis -us*]; *subst. m* der Schwache, Kranke.

in-vāsī *s. invādō.*

invāsĭō, *ōnis f* (*invādō*) (*spätl.*) Angriff; Vergewaltigung (*e-r Frau*); gewaltsame Besitznahme.

invāsŏr, *ōris m* (*invādō*) (*spätl.*) Angreifer; Eroberer.

in-vāsŭs *P.P.P. v. invādō.*

invĕctīcĭŭs 3 (*invĕhō*) (*nkl.*) eingeführt, nicht einheimisch; / seicht [*gaudium*].

invĕctĭō, *ōnis f* (*invĕhō*) **1.** Einfuhr *v. Waren* [*mercium*]. **2.** Einfahrt [*eodem flumine*].

invĕctīvŭs 3 (*invĕhor*) (*spätl.*) schmähend; *subst.* **-ae,** *ārŭm f* (*sc. ōrātiōnēs*) *v. Ciceros Catilinarien.*

in-vĕhō
1. (*act.*) **a)** hinein-, heranführen, -bringen; **b)** einführen, importieren; **2.** (*mediopass.*) **a)** hineinfahren, -reiten *u. a.*; **b)** auf *jd. od. etw.* losgehen, eindringen; **c)** (*m. Worten*) gegen *jd.* losziehen; **d)** auf *od.* über *etw.* fahren, reiten.

in-vĕhō, *vēxī, vĕctŭm* 3. **1.** (*act.*) **a)** hinein-, heranführen, -fahren, hineinbringen, -tragen (*alqd, zB.* °*frumenta* [in die Scheunen] einfahren, °*flumen aquas* bringt *m.* sich, *Euphrates novos agros* schwemmt an; *alqd in alqd u.* °*alci rei, zB. pecuniam in aerarium,* °*mare opes litoribus* wirft an den Strand, °*terrae motus mare fluminibus* läßt eindringen in; / *bellum totam in Asiam* über ganz Asien bringen); **b)** (*Waren*) einführen, importieren [°*vinum in Galliam*]; **c)** / (*Übel*) über *jd.* bringen, *jd.* verursachen *od.* zufügen (*alqd u. alci alqd, zB. divitiae avaritiam*); P. hereinbrechen. **2.** *mediopass.* (*nebst part. praes. invĕhēns*) *u.* (*selten*) *sē invĕhĕrĕ* **a)** hineinfahren, -reiten, -segeln, -fließen, -fliegen, *meist m. abl., wie curru,* °*navi, equo u.ä.* (*abs. od. in alqd, auch alqd u.* °*alci rei, zB. in Capitolium, in portum* einlaufen, *auch* °*ad ostium portūs,* °*urbem,* °*lyra mare* schwimmt ins Meer, °*moenia triumpho* triumphierend in die Mauern einziehen, °*portae patenti* einziehen in); (*nkl.*) (*v. Flüssen*) einherfließen, heranströmen; **b)** *ungestüm od. feindl.* auf *jd. od.* auf *etw.* losgehen *od.* eindringen, *jd.* angreifen (*abs., zB. hostes, fluctus; od. in alqm u. in alqd, auch* °*alci rei, zB. in phalangem, navibus*); **c)** / (*m. Worten*) auf *od.* gegen *jd.* losziehen, sich gegen *jd.* ereifern (*in alqm u. in alqd, zB. vehementer in Pompeium,* °*multis verbis in perfidiam alcis;* °*multa* vielfach, °*nonnulla* mannigfach); **d)** auf *od.* über *etw.* fahren *od.* reiten (*m. abl. od. dat., zB. nantibus beluis, curru od. equo per urbem,* °*corpori patris vehiculo*).

in-vĕndĭbĭlĭs, *ĕ* (*-vēnd-?*) (*Pl.*) unverkäuflich.

in-vĕnĭō
1. a) auf *etw.* kommen, *etw.* (vor)finden; **b)** *beim Lesen* auf *etw.* stoßen; **c)** *jd.* irgendwie finden; **d)** (*zufällig*) *etw.* bekommen, gewinnen; **2.** *etw.* ausfindig machen, ermitteln, entdecken, erfinden, ermöglichen; **3.** *refl. od. mediopass.* sich dareinfinden.

in-vĕnĭō, *vēnī, vĕntŭm* 4. **1. a)** auf *etw.* kommen *od.* treffen, *etw.* finden, vorfinden, auffinden, *meist zufällig, bisw. auch durch absichtliches Suchen* (*s.u.*) = *rĕpĕrĭō* (*alqm u. alqd, zB. amicum in provincia,* °*hostem populabundum, vestigium, argenti venas*); P. gefunden werden = sich finden, sich zeigen, erscheinen; **b)** *in Büchern* geschrieben finden, *beim Lesen* auf *etw.* stoßen [*nullam litteram in libris de hac re;* °*apud auctores invenio m. a.c.i.*]; **c)** *jd.* irgendwie (be)finden *od.* erfinden (*m. dopp. acc., im* P. *m. dopp. nom., zB. alqm fidum, ipsis durior inventus est*); **d)** (*zufällig od. gelegentlich*) *etw.* bekommen *od.* erlangen, gewinnen, erwerben, sich zuziehen (*alqm u. alqd, zB. emptorem,* °*opes,* °*fraude culpam, nomen od. cognomen ex re,* °*mortem manu* durch feindliche Hand). **2.** *etw.* ausfindig machen: **a)** (*unabsichtlich od. absichtlich, bsd. durch eigenes Nachdenken*) = ermitteln, erfahren, entdecken, erfinden, herausbringen, erdenken, ersinnen (*alqd, zB. coniurationem, causam morbi, remedium,* °*viam* Mittel *u.* Wege; *alqd ex alqo, auch m. a.c.i.; m. indir. Frages.; inventum est* man fand *od.* man kam darauf, *m. a.c.i.*); **b)** = bewerkstelligen, ermöglichen, schaffen, begründen [*artes,* °*viam ferro* sich bahnen]. **3.** (*nkl., dcht.*) *se invenire od. mediopass.* sich dareinfinden.

invĕntārĭŭm, *ī n* (*invĕnĭō*) (*spätl.*) Vermögens- *od.* Nachlaßverzeichnis.

invĕntĭō, *ōnis f* (*invĕnĭō*) **1.** (*nkl.*) das Finden, Auffinden. **2.** das Finden *durch Nachdenken,* das Erfinden; *bsd.* (*als rhet. t.t.*) Erfindung. **3.** (*meton.*) **a)** Erfindungsgabe; **b)** (*concr.*) (*nkl.*) Erfindung = das Erfundene.

invĕntĭŭncŭlă, *ae f* (*demin. v. invĕntĭō*) (*Qu.*) wertlose Erfindung.

invĕntŏr, *ōris m* (*invĕnĭō*) Erfinder, Schöpfer, Begründer, Urheber (*alcis rei, zB. tormentorum,* °*scelerum* Anstifter, *Stoicorum* Gründer).

invĕntrīx, *īcis f* (*invĕntŏr*) Schöpferin (*alcis rei*).

invĕntŭm, *ī n* (*invĕnĭō*) **1.** Erfindung (*concr.*), Entdeckung (*alcis, zB. deorum, meum; m. adv., zB. bene*); *bsd. pl.* Lehren, Ansichten, Forschungen [*Zenonis*]. **2.** *pl.* (*Ho.*) das Erworbene.

in-vĕntŭs *P.P.P. v. invĕnĭō.*

in-venŭstŭs 3 (*adv.* °**-ē**) **1.** ohne Anmut, *v. Pers. u. Sachen.* **2.** (*Te.*) (= *Lucian:* ἀναφρόδιτος εἰς τὰ ἐρωτικά) unglücklich in der Liebe.

in-verĕcŭndŭs 3 (*m. comp. u. sup.;* °*adv.* **-ē**) (*unkl.*) unverschämt, schamlos, rücksichtslos, *v. Pers. u. Sachen; auch* (*Ho.*) (*act.*) [*deus* = *Bacchus, der schamlos alles ausplaudert*].

in-vĕrgō, —— 3. (*dcht.*) (*eigtl.* „hinneigen") *als relig. t.t.* daraufgießen (*alqd u. alci rei alqd, zB. vina fronti*); / (*Pl.*) (*scherzh.*) [*invergere liquores*].

invĕrsĭō, *ōnis f* (*invĕrtō*) **1.** (*Qu.*) Umstellung [*verborum*]. **2.** / **a)** Ironie; **b)** (*Qu.*) Allegorie.

in-vĕrtō, *tī, sŭm* 3. **1. a)** umwenden, umkehren, umdrehen (*alqd, zB. anulum,* °*litteras,* °*annus inversus* das sich [zum Ende] neigende); **b)** (*dcht.*) (*Land*) umpflügen [*solum vomere*], (*vom Wind*) aufwühlen [*mare*], (*vinaria*) umstülpen, einschenken (*alci rei in etw., zB. Allifanis* in die allifanischen Humpen). **2.** / **a)** verdrehen, verschlechtern, verderben [*ordinem,* °*mores*]; **b)** übel deuten [°*virtutes*] *u.* ironisch gebrauchen [*verba*]; **c)** (*nkl.*) verändern, umgestalten, *bsd. etw. m.* anderen Worten ausdrücken.

in-vĕspĕrāscit, —— 3. (*Li.*) es wird Abend *od.* dunkel.

invēstīgātĭō, *ōnis f* (*invēstīgō*) Erforschung [*veri, naturae*].

invēstīgātŏr, *ōris m* (*invēstīgō*) Aufspürer, Erforscher [*coniurationis, rerum obscurarum*].

▶ **in-vēstīgō** 1. *die Fährte od. ein Wild* aufspüren (*abs. od. m. acc.*); / auskundschaften, erkunden, erforschen, ausfindig machen (*alqm u. alqd, zB. verum, coniurationem, omnes conatus alcis; auch de alqo* = nach *jd.* Nachforschungen anstellen; *m. indir. Frgs.*).

in-vēstĭō 4. (*nkl.*) bekleiden.

****investitura,** *ae f* Investitur.

invĕtĕrāscō, *rāvī,* — 3. (*incoh. v. invĕtĕrō*) **1.** alt werden, *v. Pers. u.* °*Sachen.* **2.** / **a)** irgendwo sich einnisten, sich einbürgern [*exercitus populi Romani in Gallia* gewöhnt sich ein, *consuetudo, opinio, macula in nomine alcis; inveteravit, ut es* ist

herkömmlich, daß; *alci rei m. etw.* verwachsen, *zB. honor huic urbi inveteravit*]; **b**) veralten = auf die lange Bank geschoben werden.
F. *pf.-Formen synk.*: *īnvĕtĕrārīt* = *īnvĕtĕrāvĕrīt*, *īnvĕtĕrāssĕ(m)* = *īnvĕtĕrāvīssĕ(m)*.

īnvĕtĕrātĭō, *ōnīs f* (*īnvĕtĕrō*) Einwurzelung; (*meton.*) eingewurzelter Fehler.

īn-vĕtĕrāvī *s. īnvĕtĕrāscō u. īnvĕtĕrō.*

īn-vĕtĕrō 1. (*vĕtŭs*) alt machen, *e-r Sache* Dauer verschaffen (*alqd, zB.* °*novitatem*); P. alt werden, / einwurzeln, sich festsetzen [*opinio*]; *bsd.* (*P.P.P.*) *adi.* **īnvĕtĕrātŭs** 3 alt, eingewurzelt, altgewohnt [*consuetudo, amicitia,* °*auctoritas*].

▶ **īn-vĭcĕm** *adv.* (*auch getr.*; *vĭcīs*) **1.** (*nicht bei Ci.*) abwechselnd, wechselweise, umschichtig [*defatigatis ~ integri succedunt*; °*Etrusci multis ~ casibus victi victoresque fuerunt*; *hi ~ in armis sunt, illi domi remanent*]. **2.** (*nkl. seit Li.*) **a**) einander, einer den anderen, untereinander, gegenseitig, auf beiden Seiten [*copiae ~ inter se gratulantes, multae ~ clades*]; **b**) (*nkl., dcht.*) umgekehrt, andrerseits, dagegen, meinerseits (deinerseits *usw.*), *zB. requiescat tandem Italia, uratur ~ Africa.*

īn-vīctŭs 3 (*m.* °*sup.*) (*īn-*[2] + *P.P.P. v. vīncō*) unbesiegt *u.* unbesieglich, unüberwindlich, *v. Pers. u. Sachen* [*Caesar,* °*Medea* unerbittlich, *animus, defensio* unwiderleglich, °*fides* unerschütterlich, °*invicta sibi quaedam facere* sich gewisse unübersteigbare Schranken setzen; *alci* für *jd., zB. civibus hostibusque*; *ab alqo v. jd., zB. ab hostibus*; *re* durch *od.* an, in *etw., a re v.* seiten *e-r* Sache, *ad u.* °*in alqd* in bezug auf *etw.,* für *etw.*; °*adversus alqd* gegen *etw. od. e-r* Sache gegenüber, *zB. adversus libidines*].

īnvĭdĕntĭă, *ae f* (*īnvĭdēns*; *s. īnvĭdĕō*) (*philos. t.t.*) das Beneiden, Scheelsucht, Neid.

▶ **īn-vĭdĕō,** *vīdī, vīsŭm* 2. **1.** (*vkl., Ca.*) *etw. m.* bösem Blick ansehen = durch hämische Blicke Unheil bringen (*alqd, zB. florem liberum*; *abs.* [*Ca.*]: *ne quis malus invidere possit*). **2.** / **a**) beneiden, mißgönnen (*abs. od. alci u. alci rei, zB. amicis, tibi, divitiis tuis*; *alci rei alcis jd.* um *etw., zB. honori fratris*; *selten alci in re, zB. tibi in purpura Tyria*; *unkl.*: °*alci alqd od.* °*re od.* °*alcis rei*; *m. quod od.* °*ut u.* °*ne*; °*alci m. inf. u. a.c.i.*); P. *klass. stets impers. invidetur alci u. alci rei, unkl. auch* °*pers.* [*invideor*], *bsd.* (*Gerundiv*) **īnvĭdĕndŭs** 3 (*nkl., dcht.*) beneidenswert [*aula*]; (*part. praes.*) *subst.* **īnvĭdēns,** *ĕntīs m* der Neider; **b**) (aus Neid *od.* Mißgunst) *jd. etw.* versagen, vorenthalten, verweigern, entziehen [°*umbras collibus*; *m.* °*inf. u.* °*a.c.i.*; *m.* °*ne*]. — *Cf. īnvīsŭs*[2].

Invidia

1. a) (*act.*) Neid, *den jd. hegt,* Mißgunst; **b**) Neider; **c**) Grund zum Neid; **2.** (*pass.*) Neid, *der gegen jd. gehegt wird,* Haß, Mißgunst; **3. a**) das Gehässige *e-r Sache,* Anfeindung; **b**) Gegenstand des Neides.

īnvĭdĭă, *ae f* (*īnvĭdĕō*) **1. a**) (*act.*) Neid, *den jd. hegt* = Mißgunst, Eifersucht (*abs. od. alcis j-s, zB. deorum invidiam movere*; °*sine invidia* gern; °*erga alqm* gegen *jd.*); *auch pl.*; °*absit verbo invidia m.* Verlaub zu sagen, unberufen; (*meton.*) **b**) (*dcht.*) der Neider, neidische Person(en) [*invitā invidiā*]; *personif. Invidia der v. den Furien in die Unterwelt gestoßene* Dämon des Neides; **c**) °Grund zum Neid [*quae tandem invidia est? m. a.c.i.*]. **2.** (*pass.*) Neid, *der gegen jd. gehegt wird* = das Beneidetwerden *od.* Verhaßtsein, Haß, Mißgunst, Unwille *gegen jd.,* Unzufriedenheit *m. jd.,* Mißkredit (*bsd. öffentlicher* = Unpopularität) [*haec res tibi magnam invidiam afferet od. conflabit, in invidia esse od. invidiam habere* verhaßt sein, *alqm in invidiam vocare od. adducere* verhaßt machen, *hoc ei magnae invidiae erat* das wurde ihm sehr übelgenommen, *in magnam invidiam venire od. incidere* sehr verhaßt werden, *invidiā premi od. ardere* angefeindet *od. v.* Mißgunst verfolgt werden; °*decemviralis* gegen die D.; *alcis j-s od.* bei *jd., zB. vulgi*; *alcis rei* wegen *e-r* Sache, über *etw., zB. illius temporis*]. **3. a**) das Gehässige *e-r Sache* (*alcis rei, zB. huius facti, nominis regii*); *auch* = Anfeindung, üble Nachrede, Vorwurf (*alcis rei e-r* Sache *od.* wegen *etw., zB. crudelitatis*); **b**) (*meton.*) Gegenstand des Neides [*invidiae aut pestilentiae possessores* die Besitzer *v.* beneideten *od.* ungesunden Grundstücken].

īnvĭdĭōsŭs 3 (*m. comp. u. sup.*; *adv.* **-ē**) **1.** (*act.*) neidisch, mißgünstig [*homo,* °*dea, -e criminari alqd*]; *auch* (*Ov.*) gehässig = aufsässig. **2.** (*pass.*) **a**) (*dcht., nkl.*) beneidet, beneidenswert [*homo, voluptas*; °*alci* Gegenstand des Neides für *jd., zB. dea formosis -a*]; **b**) gehässig = **α**) Haß *od.* Unwillen erregend, in Mißkredit bringend, blamierend [*opes, damnatio, crimen*; *abs. od. alci u. in alqm, zB. iudicibus, in milites*]; **β**) = verhaßt, mißliebig, widerwärtig, verrufen [°*Venus, nomen sapientiae*; *abs. od. apud alqm, zB. apud bonos*; *a re* infolge *v. etw.*].

īnvĭdŭs 3 (*īnvĭdĕō*) neidisch, mißgünstig, eifersüchtig, *auch* / [*imperator,* °*taciturnitas*; *alci u. alci rei* auf *etw., zB.* °*aegris,* °*nox coeptis nostris -a* ungünstig]; *subst. m* der Neider (*m. gen., zB. laudis*). — ** der Teufel.

īn-vĭgĭlō 1. **1.** (*nkl., dcht.*) bei *od.* in, über *etw.* wachen (*alci rei, zB. malis* bei der Krankheit). **2.** / *etw.* überwachen, auf *etw.* bedacht sein (*alci rei, zB. rei publicae*; *auch* °*pro re*).

īn-vĭŏlābĭlĭs, *ĕ* (*nkl., dcht.*) unverletzlich, *v. Pers. u. Sachen.*

īn-vĭŏlātŭs 3 (*adv.* **-ē**) (*īn-*[2] + *P.P.P. v. vĭŏlō*) **1.** unverletzt, unversehrt, ungekränkt, *v. Pers. u. Sachen* [*nuntius, inviolatā vestrā amicitiā* unbeschadet eurer Freundschaft]. **2.** unverletzlich [*tribunus plebis*].

īn-vīsĭtātŭs 3 (*īn-*[2] + *P.P.P. v. vīsĭtō*) **1.** (*Qu.*) unbesucht [*civitas*]. **2.** ungesehen, noch nie gesehen [°*animalia*; *alci v. jd., zB. Galli alienigenis -i*]; *bsd.* unbekannt, ganz neu, selten [*forma*].

īn-vīsō, *vīsī,* (*vīsŭm*) 3. **1. a**) nach *etw.* sehen, nachsehen, *etw.* besichtigen (*alqd, zB. domum alcis*); **b**) *jd. od. etw.* besuchen, aufsuchen [°*parentes,* °*Delum*]. **2.** (*Ca.*) *etw.* erblicken [*colles*].

īn-vīsŭs[1] 3 (*īn-*[2] + *P.P.P. v. vĭdĕō*) (noch nie) gesehen [*sacra*; *alci v. jd.*].

▶ **īnvīsŭs**[2] 3 (*m.* °*comp. u.* °*sup.*) (*eigtl. P.P.P. v. īnvĭdĕō*) **1.** (*pass.*) verhaßt, *auch* hassenswert, *v. Pers. u. Sachen* [*persona illa,* °*cypressi,* °*alqm invisum habere jd.* hassen; *alci* (bei) *jd., zB. dis hominibusque, auch* °*apud alqm*]. **2.** (*act.*) (*dcht.*) hassend, feindlich gesinnt [*fratres* grollende; *alci*].

īn-vīsŭs[3] *P.P.P. v. īnvĭdĕō.*

īnvītāmĕntŭm, *ī n* (*īnvītō*) Lockmittel, Lockung, Reiz (*alcis j-s*; *alcis rei e-r* Sache *u.* zu *etw.* = *ad alqd, zB.* °*libidinis* sexuell).

īnvītātĭō, *ōnīs f* (*īnvītō*) Einladung (*alcis j-s als gen. subi. u. obi., zB. hospitis*; *in Epirum*; *alcis rei u. ad alqd* zu *etw.*); / Aufforderung [*ad dolendum*].

īnvītātŏr, *ōrīs m* (*īnvītō*) (*Ma.*) „Einlader" (*Angestellter, der die Einladungen zu Gelagen vorzunehmen hatte*).

(**īnvītātŭs,** *ūs*) *m* = *īnvītātĭō* (*nur im abl. sg.*).

▶ **īn-vītō** 1. (*altl. fut. īnvītāssītīs*; *urspr. wohl* „genießen lassen, bewirten"; *cf. vīs* „du willst") **1. a**) einladen, zu Gast bitten (*abs. od. alqm, zB. comites alcis*; *alqm ad alqm, zB. ad me*; *alqm in u. ad alqd, zB. in provinciam, domum suam, ad cenam*; *alqm re, zB. hospitio*; *m. ut*; *m.* °*inf.*); **b**) *jd.* bewirten, verpflegen [*alqm liberaliter od. benigne,* °*legatos hospitaliter per domos*; *alqm magnis poculis jd.* tüchtig zutrinken]; *bsd.* (*vkl., nkl.*) *se invitare* sich gütlich tun, es sich gut schmecken lassen [*cibo vinoque*]. **2.** / **a**) zu *etw.* auffordern (*alqm, zB. vultus vestri me invitant*; *alqm ad u. in alqd, zB. ad pacem, ad* °*dimicandum*); **b**) reizen, (ver-)locken, verleiten [*militem praemiis ad proditionem,* °*somnos* herbeilocken, *invitatus gloriā*; *m. ut*; *m.* °*inf.*].

▶ **īn-vītŭs** 3 (*m.* °*comp. u. sup.*; *adv.* **-ē** *m. comp. u. altl.* **-ō**) (*wohl urspr.* „nicht wollend"; *cf. vīs* „du willst", *īnvītō*) unwillig, unfreiwillig, wider Willen, ungern, *v. Pers. u.* (*selten*) *v. Sachen, selten attrib.* [*tanti honores a civibus invitis tributi sunt*], *meist praed.* [*magister hoc fecit invitus, invito despondet iuveni filiam suam*] *od. subst.* [*ab* *invitis nihil exigemus*]; *bsd.* (*abl. abs.*) *alqo invito* gegen *od.* ohne *j-s* Willen, zu *j-s* Verdruß, *zB. me invito, abiit parentibus invitissimis* ganz gegen den Willen der Eltern; (*dcht.*) *auch* erzwungen, ungern geleistet [*invitā ope*].

in-viŭs 3 (*viā*) (*nkl., dcht.*) unwegsam, ungangbar, *auch* unzugänglich [*saltus, semita, maria, templa; alci* für *jd., zB. via virtuti -a*]; *subst.* **inviă,** *ōrŭm n* unwegsames Gelände.

invŏcātiō, *ōnis f* (*invŏcō*) (*nkl.*) Anrufung.

invŏcātŭs[1] 3 *P.P.P. v. invŏcō.*

in-vŏcātŭs[2] 3 (*in-*[2] + *P.P.P. v. vŏcō*) **1.** ungerufen, *bsd.* °uneingeladen, *v. Pers. u. Sachen* [*hospites, somnia*]. **2.** (*Pl.*) *auch im Wortspiel m. invŏcātŭs*[1].

in-vŏcō 1. **1.** anrufen, zu Hilfe rufen (*alqm u. alqd, zB.* °*deos testes od.* °*in auxilium,* °*opem deorum;* °*alci u. adversus alqm* gegen *jd.*). **2.** (*vkl., nkl.*) benennen, nennen (*alqm dominum*).

invŏlātŭs, *ūs m* (*invŏlō*) (*selten*) Flug.

invŏlĭtō 1. (*intens. v. invŏlō*) auf *od.* über *etw.* flattern (*alci rei, zB. comae umeris involitant*).

in-vŏlō 1. **1.** (*vkl., nkl.*) hineinfliegen. **2.** / *feindl.* sich auf *etw.* stürzen (*alqd, zB.* °*castra,* °*cupido animos* ergreift; °*ad alqm*); / sich *e-r Sache* stürmisch bemächtigen (*in alqd u. alqd, zB. in possessionem vacuam,* °*pallium* wegnehmen).

invŏlūcrĕ, *is n* (*invŏlvō*) (*Pl.*) Hülle, *bsd.* Frisiermantel.

invŏlūcrŭm, *ī n* (*invŏlvō*) **1.** Hülle, Decke (*alcis rei, zB. candelabri, clipei*); *auch* (*Pl.*) Serviette. **2.** / Hülle [*simulationum*].

invŏlūtŭs 3 (*m.* °*sup.*) (*eigtl. P.P.P. v. invŏlvō*) in Dunkel gehüllt, schwer verständlich [*res*].

in-vŏlvō, *vŏlvī, vŏlūtŭm* 3. **1.** hinein-, *auch* hinan-, hinaufwälzen *od.* -rollen (*alqd, zB. cupas* daraufrollen, °*silvas secum m.* sich fortwälzen, -reißen; °*alqm u. alqd alci rei, zB.* °*Olympum Ossae; P.* °*aris* niederstürzen auf); / °sich einschleichen, eindringen [*iniquitas*]. **2.** einwickeln, einhüllen, verhüllen, bedecken, *auch* / (*alqd, zB. caput,* °*manum ad digitos usque,* °*diem; alqd re, zB.* °*caput alcis veste,* °*vera obscuris* das Wahre in dunkle Worte, *bellum pacis nomine* verstecken unter, *se laqueis interrogationis* sich verstricken in, *se litteris* sich in die Wissenschaften vergraben); *mediopass.* sich hüllen.

invŏlvŭlŭs, *ī m* (*f?*) (*invŏlvō*) (*Pl.*) Wickelspinner.

in-vŭlnĕrābĭlĭs, *ĕ* (*vŭlnĕrō*) (*Se.*) unverwundbar.

in-vŭlnĕrātŭs 3 (*in-*[2] + *P.P.P. v. vŭlnĕrō*) unverwundet.

iō (*Fw.* < *ἰώ*) (*unkl.*) *int. des Schmerzes* o! ah! ach! ha!, *auch der Freude od. Lust* juchhe! [*io triumphe!*].

Īō, *ūs u. ōnis f* (*'Ιώ*) *T. des argivischen Königs Inachos, Geliebte des Zeus. V. Hera wurde sie in eine Kuh verwandelt u. v. Argos bewacht; später irrte sie, v. einer Bremse gejagt, bis nach Ägypten, wo sie die Menschengestalt wiedererhielt u. als Isis verehrt wurde. Cf.* V.-B. III, 2. — *adi.* **Īōnĭŭs** 3 (*'Ιώνιος*), *dcht.* **Īŏnĭŭs** 3 (*episch 'Ιόνιος*).

iŏcātiō, *ōnis f* (*iŏcŏr*) Scherz, *auch pl.*

****iocator,** *oris m* Gaukler; Spielmann.

iŏcĭnĕrĭs *gen. sg. v. iŏcŭr;* *. iĕcŭr.*

iŏcŏr 1. (*denom. v. iŏcŭs*) **1.** (*intr.*) scherzen, spaßen, schäkern (*cum alqo m. jd., de re* über *etw., in re* bei *etw., in alqd* auf *etw.* scherzend anspielen). **2.** *prägn.* (*trans.*) (*klass. nur bei n e-s pron.*) scherzend sagen, spöttisch vorbringen [*haec,* °*obscena,* °*permulta in alqd*].

iŏcōsŭs 3 (*m.* °*comp.; adv.* **-ē**) (*iŏcŭs*) scherzhaft, schalkhaft, kurzweilig, neckisch, *v. Pers. u. Sachen* [°*Maecenas* Schalk, *res, iocosius scribere*].

iŏcŭlārĭs, *ĕ* (*adv.* °**-ĭtĕr**) (*iŏcŭlŭs*) scherzhaft, possierlich, schnurrig, *v. Sachen* [*licentia*]; *subst.* **iŏcŭlāriă,** *ĭŭm n* (*nkl., dcht.*) Späße, Schnurren.

iŏcŭlārĭŭs 3 (*iŏcŭlŭs*) (*Te.*) spaßhaft.

iŏcŭlātŏr, *ōrĭs m* (*iŏcŭlŏr*) Spaßmacher, Witzbold; (*spätl.*) *scenici -ores* Mimen.

iŏcŭlŏr 1. (*denom. v. iŏcŭlŭs*) (*Li.*) = *iŏcŏr.*

iŏcŭlŭs, *ī m* (*demin v. iŏcŭs*) (*Pl.*) kleiner Scherz.

iŏcŭr *s. iĕcŭr.*

▶ **iŏcŭs,** *ī m* (*eigtl.* „Rederei, Schwatzen"; *cf. ahd.* jehan „sagen") **1.** Scherz, Spaß [°*ioca atque seria od. ioca seria agere,* °*alci iocos dare u. movere jd.* belustigen, °*hospes multi ioci* spaßiger, *per iocum od.* °*ioco* im Scherz; *extra iocum od. remoto ioco* Scherz beiseite]. **2.** (*meton.*) **a)** (*dcht., nkl.*) Gegenstand des Scherzes (*alqs od. alqd iocus est*); **b)** (*vkl., dcht.*) (*personif.*) *Iŏcŭs* Gott des Scherzes (*Γέλως*) **3.** / **a)** Kurzweil, Zeitvertreib, Spiel; (*meton.*) **b)** (*nkl., dcht.*) scherzhaftes Gedicht, Scherzlied; **c)** (*dcht., nkl.*) Liebesspiel [*dulces gemitus aptaque verba ioco*]; **d)** (*vkl., nkl.*) Kinderspiel, Kleinigkeit.
F. *pl. iŏcī m u. iŏcă n.*

Iōlcŭs *u.* °**-ŏs,** *ī f* (*'Ιωλκός*) *thessalische St. auf Magnesia; Ausgangspunkt des Argonautenzuges.* — *adi.* **Iōlcĭăcŭs** 3.

Iōnĕs, *ŭm m* (*-ē-?*) (*"Ιωνες*) die Ionier, *einer der vier Hauptstämme der Griechen; adi.* **Iōnĭŭs** *u.* °**Iōnĭcŭs** [°*motūs -ī* (laszive) ionische Tänze], °**Iōnĭăcŭs** 3 (*auch dcht.* **Iŏnĭŭs** 3 [*episch 'Ιόνιος*], *bsd. mare Ionium, dcht. auch bloß Ionium* das Ionische Meer (*zw. Sizilien, Süditalien u. Griechenland*); *subst.* **Iōnĭă,** *ae f* (*'Ιωνία*) Ionien, *Ldsch. an der Westküste Kleinasiens.*

Iŏrdānēs, *is m* (*Ta.*) der Jordan.

iōtă *n indecl.* (*ἰῶτα*) *das griech. Jota;* / (*Ma.*) Strich [*unum de titulo tollere iota potes*].

Iŏvĭs *s. Iuppĭtĕr.* — ** *im späten MA. auch nom.* = *Iuppiter.*

Īphĭgĕnīă, *ae f* (*'Ιφιγένεια*) *T. Agamemnons.*

> **ipsĕ**
> **1.** selbst, persönlich; **2.** (*zur Hervorhebung der persönl. Bedeutung*) er = Herr, Meister *etc.*; **3.** (*zur Umschreibung des Besitzverhältnisses*) eigen; **4. a)** von selbst, freiwillig; **b)** an u. für sich, allein schon; **5.** (*steigernd*) sogar; **6.** gerade, eben, genau, lediglich; **7.** (*et*) *ipse od. ipse quoque, atque ipse* gleichfalls, auch, seinerseits.

ipsĕ, *ă, ŭm* (*sg. gen. -īŭs, dat. -ī; altl.: nom. sg. m ipsŭs, acc. sg. eŭmpsĕ, eămpsĕ; sup.* [*scherzh.*] *ipsissimŭs; et. nicht sicher gedeutet, wohl* < **is-psĕ; in der Flexion an illĕ, istĕ angeglichen*) **1.** selbst, persönlich, leibhaftig, *Determinativpron., subst. u. adi., e-n Gegenstand od. e-e Pers. im Ggs. zu anderen nachdrücklich hervorhebend, zB. rex ipse aderit. Wenn ipse neben e-m Possessivpron. steht, so ergibt sich der Kasus, in dem es zu stehen hat, aus dem im Gedanken liegenden Gegensatz* [*Cato Uticae mortem sibi ipse conscivit* (*Ggs.* „*kein anderer*"); *veritas se ipsa defendit; nosce te ipsum; Lentulum omnibus ac mihi ipsi antepono*]. *Doch bezieht der Lateiner nicht selten das ipse auf das Subjekt; wo man des Gegensatzes wegen einen anderen Kasus erwarten sollte, bsd. wenn es dem Personalpron. vorausgeht* [*Nemo est, qui ipse se oderit*]; *stets ist dies der Fall bei per me ipse, per se ipse u.ä.* [*virtus per se ipsa placet*]. *Aber nach memet, vobismet, vosmet u. a. steht ipse fast stets in gleichem Kasus* [*arcem per nosmet ipsos defendimus*]. **2.** (*bei Hervorhebung der persönlichen Bedeutung*) Er = Hausherr (*fem.* Hausfrau), Herr, Meister, Gebieter, Hauptperson, Autorität, *cf. bsd. das pythagoreische ipse dixit αὐτὸς ἔφα; lora tenebat ipse* (= Nero); (*Ca.*) *suam norat ipsam* Herrin. **3.** (*zur Umschreibung e-s Possessivverhältnisses*) eigen, *im gen.* [*mea ipsius domus* mein eigenes Haus, *nostra ipsorum decreta* unsere eigenen Beschlüsse; *illi homines ipsorum lingua Celtae appellantur*] *od. im nom., wenn die Pers. des Subjekts m. der des pron. poss. eine u. dieselbe ist* [*eam fraudem vestra ipsi virtute vitastis; ille imprudens suus ipse accusator fuit*]. **4. a)** *v.* selbst, aus freien Stücken, freiwillig, ohnehin [*res ipsa se aperuit; cur incitas me ipsum currentem?, ipse per se* ganz aus eigenem Antrieb]; **b)** an *u.* für sich (= *per se ipse*), allein schon, bloß [*aliud est ars ipsa, aliud quod propositum est arti; indagatio ipsa rerum habet oblectationem*]; **c)** *dem deutschen hervorhebenden* schon *entsprechend* [*saepe metus ipse affert calamitatem*]. **5.** (*steigernd*) selbst = sogar = etiam, *klass. höchst selten* [*ipsa virtus contemnitur*]. **6.** gerade, eben, genau, lediglich, eigentlich [*triginta dies ipsos Athenis fui* genau, *sub ipso vallo* dicht unter dem Wall, *post ipsum proelium ingens tempestas coorta est* unmittelbar nach, *ex ipsa caede fugere* unmittelbar aus, *in ipso vado*

eben noch in der Furt, *nunc dicam de accusatione ipsa* die eigentliche Anklage, *nunc ipsum* gerade jetzt, *tum ipsum* gerade damals, *sub ipsa profectione* im Augenblick der Abfahrt, *vita ipsa* das nackte Leben, °*ad ipsum mane* bis an den lichten Morgen]. **7. ipse,** (*seit Li.*) **ipse quoque** *od.* (**et**) **ipse, atque ipse** gleichfalls, ebenfalls, auch, seinerseits, *wenn e-m zweiten Begriff dasselbe Prädikat wie e-m anderen beigelegt wird* (= ĭtĕm) [*frater meus Romae est, ego ipse quoque propediem Romam proficiscar. Dareus, cum caedi suos videret, mori voluit* (et) *ipse*]. — ****ipse fecit* (*Abk. i.f.*) = „hat es selbst gemacht", *Formel vor od. hinter der Signatur des Künstlers.*
F. *gen. sg.* (*dcht.*) *auch* ĭpsĭūs.

ĭr = hīr.

*****I.R.** (*Abk.*) = *Imperator Rex.*

▶ **īră,** *ae f* (⟨ *eisā; *cf.* οἶμα „stürmischer Drang", οἶστρος „Wut, Viehbremse, Stachel") **1. a)** Zorn, Erbitterung, Wut (*abs., zB. alqd per iram facere* im Zorn, *irā commotus od. impulsus, incensus, inflammatus,* °*alci irae esse jd.* verhaßt sein; *alcis j-s u.* gegen *jd.* = *in od. adversus alqm, zB. Iovis, in Romanos; alcis rei gen. obi.* wegen *od.* über *etw., zB.* °*fugae, sua* gegen sich, °*paterna* gegen den Vater); *auch pl.* Äußerungen *od.* Ausbrüche *v.* Zorn [*graves, caelestes* der Götter, *irarum ardor*]; **b)** Heftigkeit [*belli,* °*ventorum*]. **2.** (*meton.*) **a)** (*Ov.*) Ursache *od.* Grund zum Zorn; **b)** (*dcht.*) Liebeswut, heftige Begierde; **c)** (*nkl.*) Kampfeswut.

▶ **īrācŭndĭă,** *ae f* (*īrācŭndŭs*) **1.** Neigung zum Zorn, Jähzorn = hitziges Temperament [*-am cohibere od. sedare, excitare*]. **2.** Zornesausbruch, *auch pl.* [*alcis rei* über *etw., zB. doloris*].

īrācŭndŭs 3 (*m.* °*comp. u.* °*sup.; adv.* **-ē**) (*īrā; cf. fā-cŭndŭs*) jähzornig, aufbrausend, hitzig, *v. Pers. u.* (*selten*) *v. Sachen* [*senex, victoria,* -*e agere; in u.* °*adversus alqm, zB. in se*].

▶ **īrāscŏr,** — — 3. (*incoh. zu īrā*) zürnen, *sowohl* zornig werden, in Zorn geraten *als* zornig sein (= *īrātŭm ĕssĕ*) (*abs. od. alci u. alci rei, zB. amicis, improbitati candidatorum,* °*montibus* wüten gegen; °*taurus in cornua irascitur* = stößt wütend *m.* seinen Hörnern).
F. *pf. ersetzt durch īrātŭs fŭī od. sŭscēnsŭī.*

▶ **īrātŭs** 3 (*m. comp. u. sup.; adv.* °**-ē**) (*īrā*) erzürnt, zornig, *v. Pers. u. Sachen* [*deus, animus,* °*mare* stürmisch, °*preces* Flüche, °*venter* hungrig; *abs. od. alci, zB. senatui; ob alqd, de re u. de alqo, zB. de vilico;* °*propter alqd*].

▶ **īrĕ** *s.* ĕō².

īrĭm *s.* ĕr.

Īrĭs, *ĭdĭs f* (Ἶρις) *T. des Thaumas, Personifikation des Regenbogens, Botin der Götter.*
F. *acc.* Īrĭm *u.* -ĭn; *voc.* Īrĭ; *abl.* Īrĭ *u.* -ĭdĕ. *Cf.* V.-B. III, 1, b *u.* 4, b; III, 5.

īrōnīă, *ae f* (*Fw.* ⟨ εἰρωνεία) Ironie, *auch als rhet. Figur* [*per ironiam*].

īrōnĭcŭs 3 (*adv.* **-ē**) (*Fw.* ⟨ εἰρωνικός) (*spätl.*) ironisch, spöttisch.

Īrŏs, *ī m* = Īrŭs.

ĭrquŭs = hĭrcŭs.

ĭr-rāsŭs 3 (*ĭn-*² + *P.P.P. v. rādō*) (*Pl.*) ungeschoren.

ĭr-rătĭōnālĭs, *ĕ* (*nkl.*) **1.** unvernünftig. **2.** mechanisch [*usus*].

ĭr-raucēscō, *rausī,* — 3. (*raucŭs*) heiser werden.

ĭr-rĕlĭgātŭs 3 (*ĭn-*² + *P.P.P. v. rĕlĭgō*) (*Ov.*) nicht zurückgebunden (*m. griech. acc. comas*).

ĭr-rĕlĭgĭōsŭs 3 (*adv.* **-ē**) (*nkl.*) gottlos, unehrerbietig.

ĭr-rĕmĕābĭlĭs, *ĕ* (*rĕmĕō*) (*dcht.*) keine Rückkehr gewährend [*unda*]; un(auf)lösbar [*error*].

ĭr-rĕmĕdĭābĭlĭs, *ĕ* (*rĕmĕdĭŭm*) (*nkl.*) unheilbar; unversöhnlich.

ĭr-rĕpărābĭlĭs, *ĕ* (*nkl., dcht.*) unwiederbringlich, unersetzlich [*tempus*].

ĭr-rĕpĕrtŭs 3 (*ĭn-*² + *P.P.P. v. rĕpĕrĭō*) (*dcht.*) nicht (auf)gefunden, unentdeckt [*aurum*].

ĭr-rēpō, *psī,* (*ptūm*) 3. **1.** hineinkriechen, -schleichen, in *od.* auf *etw.* kriechen (*abs. od. ad alqm, in alqd, auch* °*alqd u.* °*alci rei*). **2.** / **a)** sich einschleichen, sich einnisten (*abs. od. in alqd u.* °*alqd,* °*alci rei, zB. in mentes hominum, in testamenta locupletium* eingeschmuggelt werden); **b)** (*Ta.*) Einfluß gewinnen, sich beliebt machen.

ĭr-rĕprĕhēnsŭs 3 (*ĭn-*² + *P.P.P. v. rĕprĕhĕndō*) (*Ov.*) untadelig [*responsum*].

ĭr-rĕquĭētŭs 3 (*nkl., dcht.*) rastlos, unablässig, *v. Pers. u. Sachen* [*dea, bella*].

ĭr-rĕsĕctŭs 3 (*ĭn-*² + *P.P.P. v. rĕsĕcō*) (*Ho.*) unbeschnitten [*pollex*].

ĭr-rĕsŏlūtŭs 3 (*ĭn-*² + *P.P.P. v. rĕsŏlvō*) (*Ov.*) unaufgelöst [*vincula*].

ĭr-rētĭō 4. (*wohl Hypost. aus ĭn rētĕ* [*sc. īndŭcō*]) **1.** (*nkl., dcht.*) im Netz fangen. **2.** / fangen, verwickeln (*alqm u. alqm re, zB. adulescentem illecebris corruptelarum, se erroribus* sich verstricken).
F. *pf.-Formen synk.: ĭrrētīssĕ(m)* = *ĭrrētīvīssĕ(m).*

ĭr-rĕtŏrtŭs 3 (*ĭn-*² + *P.P.P. v. rĕtorquĕō*) (*Ho.*) nicht zurückgewandt [*oculus*].

ĭr-rĕvĕrēns, *ēntĭs* (*adv.* **-ēntĕr**) (*nkl.*) unehrerbietig, gleichgültig (*alcis rei* gegen *etw.*).

ĭrrĕvĕrēntĭă, *ae f* (*nkl.*) (*ĭrrĕvĕrēns*) Mangel an Ehrfurcht, Unbescheidenheit (*alcis j-s, alcis rei* gegen *etw.* = *adversus alqd*).

ĭr-rĕvŏcābĭlĭs, *ĕ* (*m.* °*comp.; adv.* **-ĭtĕr**) (*nkl., dcht.*) **1.** unwiderruflich, *auch* / [*verbum*]. **2.** / **a)** unveränderlich [*casus*]; **b)** unversöhnlich [*natura alcis*].

ĭr-rĕvŏcātŭs 3 (*ĭn-*² + *P.P.P. v. rĕvŏcō*) (*dcht.*) nicht wieder aufgefordert.

ĭr-rīdĕō, *rīsī, rīsŭm* 2. **1.** (*intr.*) bei *etw.* lachen, spotten [*in re tanta*]. **2.** (*trans.*) auslachen, verlachen, verspotten, zum besten haben (*alqm u. alqd, zB. legatos, Romam*); *auch im P.*

ĭrrīdĭcŭlŭm, *ī n* (*ĭrrīdĕō*) (*Pl.*) Spott, Gespött.

(**ĭr-rīdĭcŭlŭs** 3) *nur adv.* **-ē** unwitzig [*-e dicere*].

ĭrrĭgātĭō, *ōnĭs f* (*ĭrrĭgō*) Bewässerung, *auch pl.* (*alcis rei, zB. agri*).

ĭr-rĭgō 1. **1. a)** (*vkl., dcht.*) (*eine Flüssigkeit*) wohin leiten [*imbres;* / *quietem alci per membra* über *jd.* verbreiten]; **b)** bewässern, überschwemmen [*Aegyptum, hortulos fontibus*]. **2.** / **a)** (*dcht., nkl.*) erquicken [*fessos artūs*]; **b)** (*scherzh.*) (*Pl.*) *alqm plagis jd.* verprügeln.

ĭrrĭgŭŭs 3 (*ĭrrĭgō*) (*nkl., dcht.*) **1.** (*act.*) bewässernd [*fons*]. **2.** (*pass.*) bewässert, feucht [*hortus; re* durch, *m. etw.;* / *corpus mero -um habere* sich die Kehle *m.* Wein spülen].

ĭrrīsĭō, *ōnĭs f* = *ĭrrīsŭs.*

ĭrrīsŏr, *ōrĭs m* (*ĭrrīdĕō*) Verhöhner, Spötter (*abs. od. m. gen., zB. orationis*).

ĭrrīsŭs, *ūs m* (*ĭrrīdĕō*) Verspottung, Verhöhnung, Hohn (*alcis j-s gen. subi. u. obi.; irrisui esse* [*alci*] zum Gespött dienen, °*ab irrisu linguam exserere* zum Spott).

ĭrrītābĭlĭs, *ĕ* (*ĭrrītō*) reizbar, leicht erregbar [°*genus vatum*].

ĭrrītāmĕn, *ĭnĭs n* (*dcht.*) = *ĭrrītāmĕntŭm.*

ĭrrītāmĕntŭm, *ī n* (*ĭrrītō*) (*nkl., dcht.*) Reizmittel, / = Lockung (*alcis rei e-r* Sache *u.* zu *etw., zB. gulae, libidinum, malorum* zum Bösen).

ĭrrītātĭō, *ōnĭs f* (*ĭrrītō*) (*nkl.*) **1.** Reizung, Anreiz [*animorum*]. **2. a)** Erbitterung; **b)** Verlockung [*conviviorum*].

ĭrrītātŏr, *ōrĭs m* (*ĭrrītō*) (*nkl.*) Reizer, Anreizer.

▶ **ĭr-rītō**¹ 1. (*altl. fut. ĭrrītāssīs; intens. v.* **ĭr-rĭō* 4.; *cf.* ὀρίνω „setze in Bewegung, errege, reize zum Zorn") **1.** (*nkl.*) reizen [*dentes*]; / erregen, verursachen [*tussim*]. **2.** / (*nkl., dcht.*) **a)** *zur Leidenschaft* (*bsd. zum Zorn*) reizen *od.* aufreizen, *übh.* (*geistig*) anregen (*alqm, ingenia puerorum; alqm ad u. in alqd jd.* zu *etw., zB. ad iram, ad certamen; m. inf.*); **b)** erbittern, aufbringen (*alqm u. alqd, zB. Venerem verbis, animum alcis; alqm in alqm jd.* gegen *jd., zB. ad iram, ad certamen; m. inf.*); **c)** *e-n Zustand* gewaltsam erregen *od.* hervorrufen, verursachen (*alqd, zB. hominis iram, amores, vitia*).

ĭrrĭtō² 1. (*denom. v. ĭrrĭtŭs*) (*spätl.*) ungültig machen, brechen [*pactum*].

▶ **ĭr-rĭtŭs** 3 (*rătŭs*) **1.** ungültig [*testamentum, irritum facere alqd*]. **2.** / (*nkl.*) **a)** (*v. Sachen*) vergeblich, ohne Erfolg, unwirksam, unnütz [*remedium, ictus* Fehlstoß]; *subst.* **ĭrrĭtŭm,** *ī n* Vergebliches, Mißlingen, *auch pl.* [*alqd ad irritum redigere* vereiteln, *ad u. in irritum cadere* fehlschlagen]; **b)** (*v. Pers.*) nichts ausrichtend, unverrichteter Sache [*legati irriti redierunt; alcis rei* unglücklich *od.* getäuscht in *etw., zB. legationis, spei*].

ĭrrŏgātĭō, ōnĭs *f* (ĭrrŏgō) Auferlegung [*multae e-r* Strafe].

ĭr-rŏgō 1. (*altl. fut.* ĭrrŏgăssĭt) **1.** *etw.* gegen *jd.* beim Volke beantragen (*alqd u. alci alqd, zB. privilegium, lex irrogata* Ausnahmegesetz). **2. a)** (*Strafen*) *m.* Genehmigung des Volkes auferlegen, verhängen (*alci* °*supplicium*); **b)** (*nkl., dcht.*) *übh. etw.* auferlegen *od.* zuerkennen (*alci alqd, zB. sibi mortem, plus labori* verwenden auf).

ĭr-rōrō 1. (*dcht.*) **1.** betauen, *übh.* benetzen, besprengen [*terras, crinem aquis*]; *bsd.* (*abs.*) Regen bringen [*Africus*]. **2.** / (*trans. u. intr.*) träufeln (*alci rei alqd, zB. liquores capiti; intr. lacrimae foliis irrorant* fallen wie Tautropfen auf).

ĭr-rūctō 1. (-ū-?) (*Pl.*) hinein-[rülpsen [*alci in ōs*].

ĭrrŭmātĭō, ōnĭs *f* (ĭrrŭmō) (*Ca.*) = *actio irrumandi.*

ĭrrŭmātŏr, ōrĭs *m* (ĭrrŭmō) (*dcht.*) = *qui irrumat.*

ĭrrŭmō 1. (*et. ungedeutet*) (*dcht.*) = *fascinum in ōs alterius insero;* (*Ggs. fēl(l)ō*); / gemein behandeln, täuschen.

ĭr-rŭmpō, *rūpī, rŭptŭm* 3. **1.** hinein-, einbrechen, hineinstürmen, einen Einfall machen, *auch* / = eindringen (*abs. od. in alqm* in, gegen *jd., zB. in medios hostes, ad alqm* zu *jd.; in alqd u. alqd,* °*alci rei, zB. in castra, in animos hominum,* [*in*] *domum alcis,* °*Italiam,* °*thalamo* ins Gemach). **2.** / sich hindernd in *etw.* eindrängen, *etw.* gewaltsam unterbrechen [*in fletum alcis,* °*quietem alcis*].

ĭr-rŭō, *rŭī,* — 3. hineinstürzen, -rennen, eindringen, auf *jd. od.* auf *etw.* losstürzen, *auch* / (*abs. od. in alqm u. in alqd, zB. in privatos, in aciem, in odium alcis, ne quo irruas* damit du nicht über *etw.* strauchelst); / *auch* sich in *etw.* eindrängen [*in alienum locum*].

ĭr-rūpī *s.* ĭrrŭmpō.

ĭrrŭptĭō, ōnĭs *f* (ĭrrŭmpō) Einfall Einbruch (*alcis, in alqd*).

ĭr-rŭptŭm *P.P.P. v.* ĭrrŭmpō.

ĭr-rŭptŭs 3 (ĭn-[2] + *P.P.P. v.* rŭmpō) (*Ho.*) unzerrissen, unzerreißbar [*copula*].

Īrŭs *u.* **-ŏs,** ī *m* (Ἶρος) *Beiname e- Bettlers auf Ithaka; sprichw.* (*dcht.* = Bettler.

ĭs, ĕă, ĭd (*altl.: dat. sg. f* ĕae, *acc. sg. m* ĭm, *nom. pl. m* ĕī *u.* ī; *dat. abl. pl.* ĕīs, īs *u.* ĭbŭs; *die klass. Formen* īī *u.* īīs sind *einsilbig; cf. got.* i-s = er, i-ta = es; — *pron.* *i-*Stamm m.* *e-*Stamm gemischt.* **1.** (*pron. determinativum*) **ĭs, qu.** der(jenige), welcher, *zB. Caesar legatos misit ad eas civitates, quas superioribus annis pacaverat. Bei besonderem Nachdruck kann der Relativsatz voranstehen* [*qui palan est adversarius, eum facile cavendo evites*]; *quō ... ĕō* je ... desto. **2.** (*pron. demonstr. u. pers. meist der 3., aber auch der 1. u. 2. Person, subst. u. adi.*) **a)** derselbe, dieser, der, er, der genannte, *auf etw. Genanntes od. hinlänglich Angedeutetes* (*Pers. od. Sachen*) *zurückweisend, zB. hostes adsunt, fortiter eis resistemus; peto, ut filium meum diligas, erit id mihi pergratum;* **b)** ein solcher, derartiger, *auf e-n folgenden Konsekutivsatz hinweisend* [*non is sum, ut mea me maxime delectent; ea est gens Romana, quae victa quiescere nesciat*]; *bisw. auch durch* ein *od. gar nicht auszudrücken* [*habetis eum consulem, qui decretis vestris parere non dubitet*]; **c)** *bei subst. statt e-s gen. subi. od. obi., zB. is numerus* = *eorum numerus, is metus* die Furcht davor, *ea mentio* die Erwähnung dieser Sache; **d) ĭsquĕ, ĕt ĭs, ātquĕ ĭs** und zwar, und noch dazu (*verneint* **nĕc ĭs**), *zB. unam rem explicabo eamque maximam; erant in Torquato plurimae litterae neque eae vulgares;* **e)** *neutr.* **ĭd: α) ĭd quŏd** was *in erklärenden Parenthesen bei Beziehung auf ein Verbum od. e-n ganzen Gedanken, zB. si nos, id quod debet, patria nostra delectat;* **β) ĭd ĕst** das heißt, *ein vorhergehendes subst. erklärend, zB. mollitia animi, id est laborum fuga;* **γ)** *m. gen. quantit., zB.* °*id hostium e-e* solche Zahl *v.* Feinden, °*id honoris* ein solches Maß *v.* Ehre, °*id aetatis* esse in dem Alter stehen, *homo id aetatis v.* solchem Alter, *id temporis* = *eo tempore, ad id loci od. locorum* bis dahin, bis jetzt, °*post id locorum* darauf; **δ)** °*ad id* bis jetzt, °*in id* dazu, deswegen, *ex eo* daraus, daher, *eo* dadurch = *ea re;* °*in eo est, ut* (*seit Ne. u. Li.*) (*stets impers.*) die Sache steht auf dem Punkte, daß; *jd.* ist im Begriff, *etw.* zu tun [*iam in eo erat, ut milites in muros ascenderent*]; **f)** *gen.* **ēiŭs** (*d.i.* ĕjjŭs) = *nicht refl.* sein, ihr [*Caesar eiusque amici*].

Īsără, *ae m Nbfl. der Rhône, j.* Isère.

Īsaurĭă, *ae f gebirgige Ldsch. Kleinasiens: der sw. Teil v. Lykaonien.— Einw.* **Īsaurī,** ōrŭm *m; adi.* Īsaurĭcŭs *u.* °Īsaurŭs 3.

īsēlāstĭcŭs 3 (*Fw.* ⟨ εἰσελαστικός) (*nkl.*) zum Einzug gehörig [*certamen* Wettkampf zu Ehren des einziehenden Siegers]; *subst.* **-ŭm,** ī *n* (kaiserliches) Geschenk für den einziehenden Sieger.

Īsĭs, ĭdĭs *u.* ĭs *f* (Ἶσις) *altägyptische Göttin, Schwester u. Gattin des Osiris, v. den Griechen mit der Io od. anderen Göttinnen gleichgesetzt, in Rom* (*bsd. seit Vespasian*) *eifrig verehrt; adi.* -ĭăcŭs 3; *subst.* **Īsēŭm** (**-ŏn**), ī *n* (Ἴσειον) Isistempel.

F. *acc.* Īsĭm *u.* -ĭn; *voc.* Īsĭ; *abl.* Īsĭ *u.* -ĭdĕ. *Cf.* V.-B. III, 1, b *u.* **4,** b; III, 5.

Īsmēnŭs *u.* °**-ŏs,** ī *m* (Ἰσμηνός) *Fl. in Böotien, durch Theben fließend; adi.* **Īsmēnĭŭs** 3 (*dcht.*) = thebanisch; *subst.* **Īsmēnĭs,** ĭdĭs *f* Thebanerin.

Īsŏcrătēs, ĭs *u.* ī *m* (Ἰσοκράτης) *436 bis 338 v.Chr.), Schüler des Gorgias, ber. athen. Rhetor. Cf.* V.-B. III, 3 *u.* 5. — *adi.* **Īsŏcrătēŭs** *u.* **-ĭŭs** 3.

Īssă, *ae f* (Ἴσσα) *Insel an der dalmatischen Küste, j. Lissa; adi.* **Īssaeŭs** *od.* **Īssăĭcŭs** 3 *u.* **Īssēnsĭs,** ĕ; *Einw.* **Īssaeī,** ōrŭm *u.* **Īssēnsēs,** ĭŭm *m.*

īssĕ, īssă (*vulgär*) = ĭpsĕ, ĭpsă.

Īssŭs, ī *f* (Ἰσσός) *Seest. in Kilikien an der syrischen Grenze* (*Sieg Alexanders d. Gr. 333 v.Chr.*).

ĭstāc *adv.* (*abl. sg. f v.* ĭstĭc[1]) (*Com.*) auf dieser Seite.

ĭstāc-tĕnŭs *adv.* (*Pl.*) bis dorthin.

Istaevŏnēs *od.* **Istvaeŏnēs,** ŭm *m westgerm. Stammesverband.*

ĭstĕ, *ă, ŭd* (*wahrsch. erstarrter nom. sg. m* ĭs + *Pronominaladv.* -tĕ; *cf.* ὅ-τε, τό-τε, tū-tĕ „du da"; *pron. demonstr. der 2. Pers., daher oft mit* tuus *u.* vester *verbunden od. m. ihnen wechselnd*) **1.** dieser (da), jener (dort), dein, euer. **2.** (*in Briefen, Reden od. Dialogen auf Verhältnisse od. Örtlichkeiten beim Empfänger od. Partner deutend*) dortig [*iste locus* diese Stelle, wo du bist (*od.* ihr seid), *istae res* die Verhältnisse bei euch, *ista arma* die du jetzt trägst, *ista militia* dein dortiger, *Plato iste* eben *v.* dir genannt; *quamdiu furor iste tuus nos eludet?*]. **3.** (*m. Nebenbegriff des Verächtlichen od. ironisch*) der da, ein solcher; *oft auch* = der Angeklagte [*Mars alter, ut isti volunt* diese Leutchen; *quid istius decreta proferam* dieses Menschen, *sc.* des Antonius?; *istae copiae*].

F. *gen. sg.* ĭstĭŭs *u.* (*dcht.*) ĭstĭŭs; *dat.* ĭstī.

ĭstĕr (*etr. Wort für* lūdĭō; *cf.* hĭstĕr) (*Li.* VII, 2, 6) Pantomime.

Īstĕr, trī *m* = Hīstĕr.

Īsthmŭs *u.* °**-ŏs,** ī *m* (ἰσθμός Landenge) Landenge, *bsd.* der Isthmus = Landenge *v.* Korinth; *cf.* V.-B. II, 1; *adi.* **Īsthmĭŭs** 3; *subst.* **Īsthmĭă,** ōrŭm *n* die Isthmischen Spiele (*alle zwei Jahre auf der Landenge v. Korinth in dem heiligen Fichtenhain dem Poseidon* [*Neptun*] *zu Ehren gefeiert*).

ĭstī *adv.* (*loc. v.* ĭstĕ) (*Pl., dcht.*) dort.

ĭstĭc[1]**, aec, ŏc** *u.* **ŭc** (*durch enkl.* -cĕ *verstärktes* ĭstĕ; *in der Flexion durch* hĭc[1] *beeinflußt*) = ĭstĕ; *abl.* ĭstōc (*beim comp.*) desto.

ĭstĭc[2] *adv.* (*loc. v.* ĭstĭc[1]) **1.** dort, da, an jener Stelle, *wo du bist od. ihr seid,* bei dir *od.* bei euch, *bsd. in Briefen.* **2.** / hierbei, dabei, bei dieser Sache, *die du erwähnst* (~ esse ganz Ohr sein).

ĭstĭm *adv.* (*acc. sg. v.* ĭstĕ; *cf.* ōl-ĭm) = ĭstĭnc.

ĭstĭmŏdī *altl.* = ĭstĭŭsmŏdī.

ĭstĭnc *adv.* (*acc. sg.* ĭstĭm + -cĕ) **1.** *v.* dort, *v.* da, *wo du bist od. ihr seid, v.* deiner *od.* eurer Seite [*qui ~ veniunt, ~ pecunia est* auf deiner Seite steht das Geld]. **2.** / **a)** (*vkl., dcht.*) davon [*~ auferre* davon wegnehmen = *v.* diesen Fehlern]; **b)** (*vkl.*) *v.* dannen, fort *v.* hier! [*ilico istinc!* schnell fort *v.* hier!].

ĭstĭŭs-mŏdī (*auch getr.*) (= tālĭs) *v.* solcher Art, so beschaffen.

ĭstō(c) *adv.* (*abl. sg. m v.* ĭstĕ, *bzw.* [*vkl., nkl.*] *v.* ĭstĭc[1]) **1.** dorthin, dahin (wo du bist, wo ihr seid). **2.** ĭstō darein, da hinein. **3.** ĭstōc (*vkl., nkl.*)

v. dannen.

ĭstōrsŭm *adv.* (*ĭstō* + *vōrsŭm*) (*Te.*) dorthin (gewandt).

Ĭstrī, Ĭstriă = *Hĭstrī, Hĭstriă.*

ĭstŭc[1] *neutr. v.* *ĭstic*[1].

ĭstŭc[2] *adv.* (*istē*; *cf. hūc*) **1.** dahin, dorthin, *wo du bist od. ihr seid,* auf deine *od.* eure Seite [*~ proficisci, accedere*]. **2.** / (*Com.*) zu der Sache, dazu [*~ ibam ut* ich wollte eben davon reden].

▶ **ĭtă** *adv.* (*zum Pronominalstamm *i-*; *cf. ĭs*) **1.** (*qualitativ*) **a)** so, auf diese Weise = derart, so beschaffen, *meist bei Verben* [*multos annos ita vixi* so, wie es im vorhergehenden angegeben ist, *res ita evenit ut dixi, quae cum ita sint, res ita est od. se habet* die Sache verhält sich so]; *bsd. m. ut consecut.* [*calamitatem ita tuli, ut nemo querentem me audierit*]; **b)** (*vergleichend*) **α)** *ita ... ut* so (beschaffen) ... wie; **ut** (*od.* **sicut,** *quomodo, quemadmodum u.a.*) **... ita** wie ... so [*ut sementem feceris, ita metes*]; *oft auch* = zwar ... aber, wenngleich ... so doch [*omnia ut invitis, ita non adversantibus patribus transacta sunt*] *od.* = wie ... so auch, sowohl ... als auch [*Hercules ut Eurysthei filios, ita suos configebat sagittis*]; **β) ut quisque** *m. sup.* **..., ita** *m. sup.* je *m. comp.* (jemand) ..., desto *m. comp.* [*ut quisque amplissimus est, ita plurimos amicos habet*]; **c)** (*bei Wünschen u. Schwüren*) *ita ... ut* so wahr ... wie, so wahr ich wünsche, daß ... so gewiß, *zB.* *ita vivam, ut maximos sumptus facio* so wahr ich lebe, ich mache sehr großen Aufwand; *in derartigen Sätzen wird ut auch weggelassen od. die Versicherung m. ita parenthetisch eingeschoben, zB. ita vivam — magnopere te desideravi; sollicitat — ita me dii iuvent — me tua valetudo*; **d)** (*in Frageformeln*) **itane** *od.* *itane est?* also wirklich?, *itane vero od. tandem?* ist's denn wirklich so?; **quid ita**? wieso? inwiefern?; *auch rhetorisch fragend* (= *enim im Aussagesatz*), *zB.*: *Accusatis Roscium; quid ita? quia de manibus vestris effugit*); **e)** folgendermaßen, also [*orator ita dixit, ita censeo od. existimo*]; *bsd. m. folgendem a.c.i., zB. ita velim existimes te nihil gratius facere posse*; **f)** (*in Antworten*) *ita, ita est, ita vero est, ita profecto* so ist es = ja, jawohl, allerdings; *ita non u. non est ita* nein; **g)** (*bereits Angegebenes hervorhebend od. zusammenfassend*) unter solchen Umständen, infolgedessen, demnach, daher [*pater aegrotare coepit et ita mortuus est*]; *bisw. in Schlußsätzen* = folglich (*meist ita fit, ut*); **h)** (*die zeitl. od. logische Folge nachdrücklich hervorhebend*) da, dann, erst dann, so ... denn [*his omnibus rebus diligenter consideratis ita denique soleo agere*]; **i)** (*einschränkend*) **ita ... ut** *od.* **si** (*od. ut non, ne tamen*) unter der Bedingung *od.* Voraussetzung, *m.* der Beschränkung, (nur) insofern, nur insoweit ... daß *od.* wenn [*homines ita nati sunt, ut virtutem studiose colerent; legati ita admissi sunt, ne tamen iis senatus daretur*]; *nicht selten* = zwar ... aber, *zB.* *nostri imperatores ita de Mithridate triumpharunt, ut ille pulsus regnaret.* **2.** (*quantitativ*) so sehr, in solchem Grade, dermaßen = *tăm od. ădĕō*[2] [*ita cunctos formido ceperat, ita multi, ita raro*]; **ita non** so wenig [*captivus minis ita non est motus, ut subrideret*]; **non ita** *od.* **haud ita** (*bei adi. u. adv.*), **non ita valde** (*bei Verben*) nicht eben, nicht gerade, nicht sonderlich [*non ita longum intervallum, non ita multo post od. ante*].

Ĭtăliă, *ae f* **1.** (*auch °terra Italia*) Italien, *urspr. nur die sw. Spitze der Halbinsel*; *meton.* = die Bewohner v. Italien. **2.** *subst.* **a) Ĭtălŭs,** *ī m* Italer, Italiker, *pl.* **Ĭtălī,** *ōrŭm u. ŭm die alten eingeborenen* Bewohner *v.* Italien, *wohl als* „junge Rinder" *zu vĭtŭlŭs, nach dem Stiergott Mārs benannt* (*fem.* °**Ĭtălĭs,** *ĭdĭs*); **b) Ĭtălĭcī,** *ōrŭm m* die italischen Völkerschaften *der historischen Zeit.* **3. a)** *adi.* **Ĭtălĭcŭs** 3 [*socii, bellum od. tumultus* Bundesgenossenkrieg] *u.* °**Ĭtălĭŭs,** °**Ĭtălŭs** 3 *auch* = römisch; **b)** *subst.* **Ĭtălĭcă,** *ae f* (*sc. ūrbs*) **α)** *St. in Hispania Baetica*; *Einw. u. adi.* **Ĭtălĭcēnsĭs** (*ĕ*); **β)** *Name der samnitischen St. Corfinium während des Bundesgenossenkrieges.*

F. *Das I ist kurz, im Vers auch lang.*

▶ **ĭtă-quĕ 1.** *adv.* (= *ĕt ĭtă, betont itaque*) und so, *zB.* *eodem te rediturum dixeras itaque fecisti.* **2.** *ci.* (*betont itaque*) infolgedessen, daher, demnach, also, *klass. stets im Satzanfang*; *bisw. bei Wiederaufnahme des unterbrochenen Gedankens* = also, wie gesagt; *auch Häufung °itaque ergo.*

▶ **ĭtĕm** *adv.* (< *ĭtă* + *-ĕm*, *cf. aut-om*; *ĭdĕm*) **1.** (*vergleichend*) ebenso, auf gleiche Weise, *alleinstehend od. korrespondierend m. ut, quemadmodum, quasi auch ut ... sic*; *item u.a.* [*fecisti item ut praedones*]; *et item u. itemque u.* ebenso, *u.* auch. **2.** gleichfalls, ebenfalls, desgleichen, auch, *bei gleichem Prädikat für verschiedene Subjekte* [*adsunt Thebani, Athenienses item*]; *bsd. non item am Satzende in Gegensätzen* [*tibi hic liber probatur, mihi non item*]. **3.** (*gleiche Dinge anreihend*) ebenso, gleichermaßen, auch [*solis defectionem itemque lunae praedicuntur in multos annos*]. **4.** (*vkl.*) *v.* der Art, dergleichen [*lapides substernendi sunt aut quid item*].

> **itĕr**
>
> **1. a)** (*abstr.*) das Gehen, Gang; **b)** Reise, Marsch; **c)** Tagereise, Tagemarsch; **d)** Durchgangsrecht, freier Durchzug; **2. a)** (*concr.*) Weg, Straße; **b)** Mittel u. Wege, Weg, Verfahren; Gang, Fortgang.

ĭtĕr, *itinĕris n* (*v. īrē*) Weg: **1. a)** (*abstr.*) das Gehen, Gang [*itinera egressusque alcis explorare* Schritt *u.* Tritt]; **b)** Reise, Marsch, Fahrt [*~ facere* eine Reise *od.* einen Marsch machen, den Weg nehmen, reisen, marschieren, °*pergere, ingredi, intermittere, die ac nocte continuare*; *iter habere* auf dem Wege sein *od.* eine Reise, den Marsch vorhaben; *alcis j-s, zB. Herculis*; *ad alqm* zu *jd.*, *~ Romam, Asiae* = *in Asiam, per Graeciam*; *in itinere bzw. ex itinere* auf dem Marsch, während der Reise, unterwegs]; *bisw. auch* = Flug, (*nkl.*) (*v. Flüssen*) Lauf; **c)** (*meton.*) Tagereise, Tagemarsch *als Wegstrecke od. Längenmaß* [*paucorum dierum* wenige Tagemärsche; *iustum* normal, *magnum* forciert, Eilmarsch; *quam maximis itineribus in Galliam contendere*]; **d)** (*meton.*) das Recht, irgendwo zu gehen, freier Durchgang, freie Passage, Durchzug [*controversiae itinerum* über das Durchzugsrecht, *iter per provinciam dare alci*]. **2. a)** (*concr.*) Weg, *der nach e-m Ort od. Ziel führt,* Straße, Bahn [*directum, longum, angustum, facile, difficile, pedestre*; *erant omnino itinera duo, quibus itineribus Helvetii domo exire possent*; *hoc iter ad portum fert*; *~* °*facere* bahnen, °*ferro aperire*]; *auch* (*Li.*) Straße *in e-r Stadt*; **b)** / **α)** Weg, *zB.* *omnibus patet ~ ad civitatem* zum Bürgerrecht, °*ad honores*; **β)** Art *u.* Weise, Verfahren, Methode, Mittel *u.* Wege, Ausweg [*patiamur illum nostris itineribus ire* unsere Wege einschlage; *alcis rei, zB.* °*salutis* Weg zum Heil, °*nova itinera eloquentiae*]; **γ)** Gang, Fortgang, Bahn (*alcis rei, zB. ~ amoris interrumpere* versperren).

ĭtĕrātĭō, *ōnĭs f* (*ĭtĕrō*) Wiederholung; *auch obszön* (*Pe.*) [*non fuit contentus iteratione m.* der einen Wiederholung]; *bsd.* (*rhet. t.t.*) [*verborum*].

ĭtĕrātō *adv.* (*eigtl. P.P.P. abl. sg. v. ĭtĕrō*) (*Just.*) = *ĭtĕrŭm.*

ĭtĕrō 1. (*denom. v. ĭtĕrŭm*) **1.** *etw.* zum zweitenmal tun *od.* vornehmen, wiederholen (*alqd, zB.* °*pugnam,* °*voces* nachsprechen, °*aequor* aufs neue befahren, °*cursūs* wiederaufnehmen, °*tumulum* wiedererrichten, °*mella v.* neuem besingen, °*vellera lanae muricibus* zweimal färben, °*ortūs* = wiederum aufgehen, °*ianua nullis iterata v.* niemand wieder passiert); *mediopass.* sich wiederholen, sich erneuern [°*fortuna Troiae iteratur*]. **2. a)** (*agrum*) nochmals umbrechen *od.* pflügen; **b)** (*spätl.*) zweimal beschlafen [*mulieres*]; **c)** *übh. etw.* wiederholen [*saepe eadem alci,* °*fortunam questibus* wiederholt beklagen]; **d)** (*rhet. t.t.*) (*Worte od. Wendungen*) öfters wiederholen [*verba*].

▶ **ĭtĕrŭm** *adv.* (*eigtl. subst. n v. *ĭ-tĕrōs, comp. zum pron. Stamm *i-* „der andere"; *cf. ĭs*) **1.** zum zweitenmal, abermals, wiederum [*~ consul, semel ... iterum ... tertio, semel atque ~ od. semel iterumque* ein paarmal, zu wiederholten Malen; °*~ iterumque* immer wieder, mehrmals]. **2.** (*nkl., seit Li.*) (*im Ggs.*) andrerseits, dagegen.

Ĭthăcă, *ae u.* °**-ē,** *ēs f* (*'Ἰθάκη*) *Insel im Ionischen Meer, j.* Ithaki (*wahrsch.*)

Heimat des Odysseus (lat. Ŭlixēs). Cf. V.-B. I, 1. — Einw. u. adi. **Ĭthăcŭs** (3) u. **Ĭthăcēnsĭs** (ĕ).

ĭtĭdĕm adv. (‹ *ĭtă-dĕm) ebenso, gleichfalls.

ĭtĭnĕr, ĕrĭs n (altl.) = ĭtĕr.

ĭtĭnĕrārĭŭs 3 (ĭtĕr; spätl.) zur Reise gehörig; subst. **-ŭm,** ĭ n Straßen- u. Stationenverzeichnis der Kaiserzeit, Reisebeschreibung.

ĭtĭō, ōnĭs f (ĕō²) das Gehen, Gang, Reise [obviam ~, domum ~ das Nachhausegehen].

Ĭtĭŭs pŏrtŭs m Hafen der gallischen Moriner, vl. das heutige Boulogne.

ĭtō 1. (intens. v. eō²) gehen [ad cenas].

ĭtŭm P.P.P. v. ĕō².

Ĭtūraeī, ōrŭm m Bewohner der Ldsch. Ituräa in Cölesyrien; ber. Bogenschützen. — adi. **Ĭtūraeŭs** 3.

ĭtŭs, ūs m (ĕō²) das Gehen, Gang [itus et reditus Abreise u. Rückkehr].

Ĭtȳs, ȳĭs u. °ȳŏs m (Ἴτυς) u. (Ca.) **Ĭtȳlŭs,** ī m (Ἴτυλος) S. des Tereus, v. seiner Mutter Prokne getötet u. dem Vater zum Mahl vorgesetzt (cf. Philŏmēlă); acc. Ĭtȳm u. -ȳn, abl. -ȳ.

iŭbă, ae f (eigtl. „die Wallende" zu iŭbĕō) 1. Mähne des Löwen, u.a.; / (Se.) scherzh. v. buschigem Haupthaar. 2. (meton.) (dcht.) a) Kamm am Kopf der Schlange; b) Helmbusch aus Pferdehaaren.

Iŭbă, ae m Könige v. Numidien: 1. Juba I., Anhänger des Pompejus, v. Cäsar 46 v.Chr. bei Thapsus geschlagen, tötete sich selbst. 2. Juba II., S. v. 1., erhielt v. Augustus das väterliche Reich vergrößert zurück, Bibliophile u. Vfssr. v. historischen Schriften.

iŭbăr, ărĭs n (et. ungedeutet) (dcht.) strahlender Glanz, helles Licht, bsd. der Himmelskörper [lunae]; (meton.) Stern (bsd. Morgenstern), Sonne. — abl. sg. -ĕ.

iŭbātŭs 3 (zu iŭbă) (unkl.) m. Kamm od. Mähne (versehen) [leo, anguis].

iŭbĕō
1. verordnen, gebieten, heißen, milder auffordern; 2. alqm. salvere iubere jd. grüßen (lassen); 3. (t.t. des Staatsrechtes) a) beschließen, genehmigen; b) jd. zu etw. wählen, erklären; 4. (med. t.t.) ärztlich verordnen.

iŭbĕō, iŭssī, iŭssŭm 2. (‹ *ioudhéjō, eigtl. „setze in Bewegung, rüttle auf"; = altind. yōdháyati „verwickelt in Kampf") 1. befehlen, heißen, verordnen, gebieten, verlangen, (milder) auch auffordern, ernstlich bitten (abs., zB. lex aut iubet aut vetat; alqm u. °alci; alqd, fast nur neutr. v. pron. u. allgem. adi., zB. id, quod nihil, multa, cf. unten 3a); de re in bezug auf etw.; meist m. a.c.i., zB. Caesar milites castra munire od. Caesar captivos vinciri iussit; m. bloßem inf. act. nur dann, wenn die den Auftrag erhaltende Pers. selbstverständlich od. unbestimmt ist, zB. dux castra munire iussit, lex recte facere iubet; °alci alqd facere; im P. m. n.c.i., zB. decemviri libros Sibyllinos inspicere iussi sunt, Decius in castra duci iussus est; m. ut od. ut ne od. m. bloßem coni. klass.: nur in dem unter 3a bezeichneten Fall; (umgangssprachlich; Com.) auch m. bloßem coni.; **iubeor** mir wird befohlen, ich soll (m. n.c.i.); P.P.P. **iŭssŭs** 3 bei °Sachnamen anbefohlen, geboten, verordnet [°honores, °poena, °mors, °sacra]. 2. alqm salvere (od. salvum esse od. valere) iubere jd. grüßen (lassen), v. jd. Abschied nehmen. 3. (als t.t. des Staatsrechts v. der Volksversammlung, dem Senat, übh. der Obrigkeit) a) etw. beschließen od. genehmigen, einführen (alqd, zB. legem, pactionem, rogationem, bellum alci gegen jd., provinciam alci für jd., °tributum alci auferlegen, / °volucres regna iubentes die ihm die Herrschaft zuerkennen; m. ut, ut ne, seltener m. a.c.i., zB. °[Formel] velitis iubeatis, Quirites, ut M. Tullius in civitate ne sit; senatus dictatorem dici iussit); b) (nkl.) jd. zu etw. wählen od. erklären (m. acc. od. dopp. acc., zB. regem, alqm regem od. imperatorem). 4. (prägn.) (med. t.t.) ärztlich verordnen [aegrotus, qui iussus sit vinum sumere]. F. altl.: fut. iŭssō, iŭssĭt; ind. pf. iūstī; coni. pf. iŭssĭm.

iūbĭlaeŭm, ī n (Fw. ‹ hebr. jōbēl „Widderhorn; Freudenschall" in Form u. Bed. m. iūbĭlō vermischt) (spätl.) Jubelzeit, -feier.

iūbĭlō 1. (cf. ĭō, nhd. „jauchzen") (vkl., spätl.) 1. laut u. wild lärmen. 2. jauchzen, frohlocken.

iūcŭndĭtās, ātĭs f (iūcŭndŭs) 1. Annehmlichkeit, das Anziehende (alcis rei, zB. agri, vitae; dare se iucunditati dem Vergnügen). 2. (bsd. v. Pers.) Liebenswürdigkeit, gute Laune, Frohsinn (alcis, auch naturae des Charakters, °Isocratis Charme der Rede). 3. Beliebtheit, pl. Gefälligkeiten.

▶ **iūcŭndŭs** 3 (m. comp. u. sup.; adv. -ē) (‹ *iŭvĭcōndŏs zu iŭvō; eigtl. „förderlich") 1. erfreulich, angenehm, ergötzlich, anziehend, ansprechend [cena, amor, -e vivere, -ius bibere m. größerem Genuß; abs. od. alci für jd., ad alqd zu, für etw.; mit 2. supin., zB. auditu]. 2. (v. Pers.) liebenswürdig, jovial, heiter [vir, -e esse bei Stimmung sein]. 3. beliebt (alci bei jd., zB. populo).

Iūdaeă, ae f (Ἰουδαία) Judäa, im weiteren Sinne = ganz Palästina; Einw. **Iūdaeŭs,** ī m Jude; adi. **Iūdāĭcŭs** 3 jüdisch.

▶ **iūdĕx,** ĭcĭs m u. (selten) f (‹ *ious-dĭk-s „der das Recht weist") 1. Richter [bonus, iustus, levis, corruptus; iudicem dare alci bestellen, vom Prätor; ferre alci j-m vorschlagen, vom Kläger; iudicem reicere ablehnen, dicere angeben, wen man zum Richter haben will, vom Beklagten; alcis rei u. de re in, über etw., zB. vitae necisque; in alqm u. inter alqos; te iudice vor deinem Richterstuhl]. 2. a) (Li.) Schiedsrichter; b) / Beurteiler, Kenner, Kritiker [eorum studiorum]. — ** Amtmann; Verwalter; Stadtrichter.

iūdĭcātĭō, ōnĭs f (iūdĭcō) 1. richterliche Untersuchung (bsd. der vorgebrachten Entschuldigung). 2. Urteil, Spruch.

iūdĭcātrīx, īcĭs f (*iūdĭcātŏr) (Qu.) Richterin; adi. beurteilend [ars].

iūdĭcātŭm, ī n (eigtl. P.P.P. n v. iūdĭcō) richterliches Urteil, Richterspruch; (meton.) gerichtlich festgesetzte Summe.

iūdĭcātŭs, ūs m (iūdĭcō) Richteramt.

iūdĭcĭālĭs, ĕ (iūdĭcĭŭm) gerichtlich, bei Gericht üblich, Gerichts... [causa, genus dicendi].

iūdĭcĭārĭŭs 3 (iūdĭcĭŭm) gerichtlich, Gerichts... [controversiae Streitigkeiten über das Gerichtsverfahren, lex Gesetz über Gerichtsstand u. -verfahren].

iūdĭcĭŭm
1. (jur. t.t.) a) gerichtliche Untersuchung; b) Gerichtsstätte, -ort; c) Gerichtshof, Richterkollegium; d) pl. Gerichtsbarkeit, Richteramt; e) Prozeß; 2. richterliches Urteil, Spruch; 3. a) Urteil, Meinung; b) Urteilskraft; c) (ästhetisch) Geschmack; d) Überlegung.

iūdĭcĭŭm, ī n (‹ *ious-dĭk-ĭŏm „Rechtweisung") 1. (jur. t.t.) a) gerichtliche Untersuchung od. Verhandlung [publicum in Strafsachen, bsd. bei Vergehen gegen die Allgemeinheit, privatum in Zivilsachen, ~ facere u. exercere Gericht (ab)halten; alqm in ~ adducere u. deducere, vocare verklagen; ~ dare u. reddere zulassen, vom Prätor, committere anstellen; alcis rei u. de re wegen, über etw., zB. iniuriarum, furti, repetundarum u. de pecuniis repetundis, °capitis u. de capite über od. auf Leben u. Tod]; (meton.) b) Gerichtsstätte, -ort [°in -um venire, in -o vor Gericht]; c) Gerichtshof, Richterkollegium [~ pecuniā temptare, -a sortiri]; d) pl. Gerichtsverfassung, Rechtspflege, Gerichtsbarkeit, Richteramt; auch (Qu.) Gerichtsreden; e) Prozeß, Rechtsstreit [~ habere e-n Prozeß haben = verklagt sein, ~ vincere gewinnen, capitis Kapitalprozeß]. 2. richterliches Urteil, Richterspruch, Entscheidung, Erkenntnis (alcis j-s, zB. °populi, senatūs, °Paridis; de alqo über jd.; alcis rei u. de re über etw., zB. °de capite fortunisque alcis; alcis rei / auch e-r Sache, zB. voluntatis die vom eigenen Willen getroffene Entscheidung; ~ facere u. dicere ein Urteil fällen, alcis rei od. de re; ~ fit de alqo). 3. / a) Urteil, Ansicht, Meinung, Überzeugung (alcis j-s, zB. vulgi, animi innerste Überzeugung; de alqo über jd., zB. de Pompeio; alcis rei u. de re über etw., zB. dignitatis meae, de senectute; suo -o uti seiner Überzeugung folgen; iudicio aus Überzeugung, omnium -o nach allgemeinem Urteil, meo iudicio nach meiner Ansicht); auch freier Entschluß; (meton.) b) Urteilskraft, -vermögen, -fähigkeit [~

habere = urteilsfähig sein]; **c**) Einsicht, *bsd.* (*ästhetisch*) Geschmack [*homo in omni -o elegantissimus, magni -i esse*]; **d**) Überlegung [*-o alqd facere m.* Vorbedacht, absichtlich]. — ** Gottesurteil; das Jüngste Gericht.

iūdicō
1. a) (*gerichtlich*) untersuchen, richterlich entscheiden, Recht sprechen, urteilen; **b**) (*trans.*) *jd.* verurteilen, *e-e Sache* entscheiden; **2. a**) (*intr.*) über *etw.* urteilen, entscheiden; glauben, meinen; **b**) (*trans.*) *jd. od. etw.* beurteilen, für *etw.* halten, erklären.

iūdicō 1. (*denom. v. iūdēx*) **1. a**) (*gerichtlich*) untersuchen, Recht sprechen, Richter sein, richterlich entscheiden, das Urteil sprechen (*abs., zB. iudicandi potestas, qui iudicat* der Richter, *bsd.* der Prätor, *alci tabellas dare ad iudicandum* zur Abstimmung; *de re; alqd, zB. verum od. falsum* ein richtiges *od.* falsches Urteil fällen, *rem od. im allg. res* das Richteramt ausüben, *ob rem iudicandam pecuniam accipere* als Richter; *alqd contra alqm jd.* in *etw.* verurteilen; *alci alqd u. alcis rei jd.* wegen *od.* zu *etw.* verurteilen, *zB. alci perduellionem u. perduellionis, alci vel capitis pecuniae; m. a.c.i. u. indir. Frages., zB. iudicavit deberi dotem od. quantum cuique tribuendum esset*); **b**) (*trans.*) *jd.* verurteilen, *e-e Sache* entscheiden (*alqm, P. alqs iudicatur; alqd, zB. lites, causas; res iudicata* abgeurteilte Sache, Präzedenzfall; *pecuniae iudicatus* zu *e-r* Geldsumme verurteilt). **2.** / **a**) (*intr.*) **α**) über *etw.* urteilen *od.* entscheiden, beschließen, bestimmen [*recte, de alqo u. de re, zB. de instantibus; ex alqo de ceteris v. jd.* auf die übrigen schließen; *sibi ipsi* eigenmächtig sich selbst ein Urteil anmaßen; *m. a.c.i. u. indir. Frages.*]; *iudicatum est* es ist entschieden, steht fest; **β**) glauben, meinen, der Meinung sein, die Ansicht haben (*de alqo u. de re, zB. vere de senectute; m. a.c.i., im P. auch m. n.c.i., zB. nos bene emisse iudicati sumus*); **b**) (*trans.*) **α**) *jd. od. etw.* beurteilen, schätzen, taxieren (*alqm u. alqd re u. ex re* nach *etw., zB. rem pondere, hominem ex suo ingenio; ex quo iudicari potest* man kann daraus schließen, *m. a.c.i. od. indir. Fragesatz*); **β**) für *etw.* halten (*m. dopp. acc., zB. alqm idoneum, locum opportunissimum*); **γ**) *jd. od. etw.* öffentlich für *etw.* erklären (*alqm hostem* für *e-n* Feind des Vaterlandes, *Galliam Antonii provinciam*).

iŭgālis, ĕ (*iŭgŭm*) (*unkl.*) **1.** im Joch gehend, Joch..., Zug..., Spann... [*equus*]; *subst.* **iŭgālēs**, *iŭm m* Gespann [*gemini* Zweigespann]. **2.** / ehelich, hochzeitlich, Ehe..., Braut... [*taeda, lectus vinculum* Ehebund, *nox* Brautnacht, *ignes* Feuerbrand]. **3.** *ŏs iugale* Jochbein.

iŭgārĭŭs 3 (*iŭgŭm*) = *iŭgālis*; *klass. nur vicus iugarius e-e Straße in Rom am Südfuß des Kapitols, benannt nach der* Ehestifterin *Iuno Iuga, die dort ein Heiligtum hatte.*

iŭgātĭō, ōnĭs *f* (*iŭgō*) das Anbinden der Reben an Querbalken.

iūgĕrŭm, ī *n* (*Neubildung nach iūgĕră, ŭm v. sg. *iūgŭs, ĕrĭs n; cf.* ζεῦγος „Gespann"; *iŭgŭm*) ein Morgen Landes (= ¼ *Hektar*).
F. *pl. gen. iūgĕrŭm* (*cf.* V.-B. VI, 1); *dat. u. abl. meist iūgĕrĭbŭs.*

iūgĭs, ĕ (*iŭngō*) **1.** (*vl.*: *iūgēs, ĕtĭs*) zusammengespannt; *nur iuge* (*bzw. iuges*) *auspicium* (*veraltete Wendung bei Ci., div.* 2, 77) vereintes Auspizium (*wenn die Ochsen bei e-r m. Auspizien unternommenen Fahrt noch zusammengespannt vor dem Wagen misteten u. dadurch das Auspizium störten*). **2.** (*vkl., spätl.*) beständig, fortdauernd [*thensaurus*]; *klass. nur* (*vom Quellwasser*) immer sprudelnd, nie versiegend [*aqua, puteus*].

iū-glāns, *glăndĭs f* (= *lŏvĭs glāns, altes Bed.-Lw.* < Διὸς βάλανος „Kastanie") Walnuß *als Baum u. Nuß.*
F. *gen. pl. iūglăndĭŭm.*

iŭgō 1. (*denom. v. iŭgŭm*) (*vkl., nkl.*) jochartig verbinden; *klass. nur* / verbinden, verknüpfen [*virtutes inter se*]; *bsd.* (*dcht.*) ehelich verbinden, vermählen (*alqm u. alqam alci*).

iŭgōsŭs 3 (*iŭgŭm*) (*Ov.*) gebirgig [*silva*].

iŭgŭlae, *ārŭm f* (*cf. iŭgŭlŭm*) (*vkl.*) Sterngürtel *des Orion.*

iŭgŭlātĭō, ōnĭs *f* (*iŭgŭlō*) (*nkl.*) das Erdolchen.

iŭgŭlō 1. (*denom. v. iŭgŭlŭm*) **1.** die Kehle durchschneiden, abstechen, (ab)schlachten [*suem, hominem, °pecudes in flammam* geschlachtet den Flammen weihen]. **2. a**) *übh.* erdolchen, ermorden, *hinterlistig u. heimlich* [*centurionem*]; *abs.* morden = Morde begehen; **b**) / vernichten, verderben, stürzen, zuschanden machen (*alqm u. alqd, zB. alqm factis decretisque, causam Pompeianorum;* [*Ma.*] *Falernum; curas* den Kummer).

iŭgŭlŭm, ī *n u.* (*vereinzelt, unkl.*) **-ŭs**, ī *m* (*eigtl.* „Verbindungsstück"; *iŭngō*) **1.** (*nkl.*) Schlüsselbein. **2.** (*synekd.*) **a**) Kehle [~ *alcis petere* = *jd.* erstechen wollen; ~ *alci dare od. °offerre od. °porrigere* = sich töten lassen]; **b**) (*nkl.*) / Hauptsache [~ *petere* angreifen]; ~ *causae* Hauptpunkte.

iŭgŭm
1. a) Joch; **b**) Gespann; **2.** (Ehe-, Sklaven-)Joch; **3. a**)-**d**) Querholz, -balken; **c**) Bergrücken, Anhöhe, Berg.

iŭgŭm, ī *n* (*cf.* ζυγόν, *nhd.* „Joch"; *iŭngō*) **1. a**) Joch, *Krummholz an der Deichsel, das auf den Nacken der Zugtiere* (*bsd. der Ochsen u. Pferde*) *gelegt wird, oft pl.* [*bestiis iuga imponere, °~ tauris solvere od. °equis demere*]; **b**) (*meton.*) Gespann *v. Ochsen u. Pferden* [*multis od. singulis iugis arare*]; / ein Paar [*impiorum v.* Schurken]. **2.** / **a**) Joch; **b**) (*dcht.*) Ehejoch; **c**) Sklavenjoch, *auch* / [*servile, °~ pati u. °accipere* sich gefallen lassen, *°exuere* abschütteln, *°iugo premere* = knechten, unterjochen, unterdrücken]; **d**) *zur Bezeichnung e-r Gemeinschaft der Tätigkeit od. der Liebe, Freundschaft u.ä., zB. °~ pariter ferre* die Mühen des Lebens zu gleichen Teilen mittragen, *°par ~ caritatis; bisw.* = Eifer, Pflicht. **3.** Querholz, -balken, *zwei Dinge verbindend; bsd.* **a**) *mil. das aus 3 Lanzen in der Form* Π *gebildete* Joch, *unter welchem besiegte Feinde waffenlos durchkriechen mußten* [*exercitum sub iugum mittere, copias sub iugo (e)mittere* unter dem Joch entlassen]; **b**) Querholz an der Waage; *übh.* Waage **α**) *als Gestirn;* **β**) *an der Deichsel* [*plaustri*]; **c**) (*Ov.*) Webebaum [*tela iugo vincire*]; **d**) (*Ve.*) Ruderbank [*per longa iuga sedere*]; **e**) / Gebirgszug, Kamm, Bergrücken, Bergkette, *übh.* Anhöhe, Berg [*summum, Alpium, iugis se recipere od. alqo pervenire* über die Höhen hin; / *sapientiae*].

Iŭgŭrthă, *ae m Alleinherrscher Numidiens, war im Krieg mit Rom (112 bis 106 v. Chr.) anfangs siegreich, wurde aber schließlich von Marius geschlagen, 106 von dem mauretanischen König Bocchus an die Römer ausgeliefert und im Tullianum umgebracht; adi.* **Iŭgŭrthīnŭs** 3.

Iūlēŭs 3 **1.** des Iulus [°*mons* Albanergebirge]. **2.** des Julius Caesar [°*Kalendae* 1. Juli]. **3.** des Augustus [°*Carina*]. **4.** kaiserlich [°*habenae* die römische Herrschaft].

Iūlĭŭs 3 *Name e-r patrizischen gēns m. der Familie der Caesares, aus der bsd. C. Iulius Caesar stammte* (*cf. Caesăr*); *außerdem:* **Iūlĭă**, *ae f* **1.** *einzige Tochter Cäsars, m. Pompejus vermählt, schon 54 v. Chr. gestorben.* **2.** *einzige Tochter des Augustus v. seiner zweiten Gemahlin Scribonia, geb. 39 v. Chr., nacheinander m. Marcellus, Agrippa, Tiberius vermählt, ihrer Ausschweifungen wegen v. Augustus verbannt, gest. 14 n. Chr.; adi.* **Iūlĭŭs** 3 [*lex, mensis* der Juli (*früher Quinctīlis, Geburtsmonat Cäsars*), *portus Kriegshafen zw. Bajä u. Puteoli in Kampanien*] *u.* **Iūlĭānŭs** 3 [*milites* Cäsars Soldaten].

Iūlŭs, ī *m* (*durch* Ἴουλος *beeinflußt, seit Ve. dreisilbig*) **1.** *S. des Äneas u. der Krëusa* = *Ascănĭŭs, Stammvater der gens Iulia; adi.* **Iūlēŭs** 3 julisch, des Iulus. **2.** (*dcht.*) = Cäsar. — *Cf. Iūlēŭs* 3.

▶ **iūmĕntŭm**, ī *n* (*altl. iouxmĕntŭm; cf. iūgĕrŭm*) Zugtier, Lasttier, *pl.* (*bisw. auch sg. coll.*) Zug-, Lastvieh [*-a agere, sarcinaria, °iuncta* Zweigespann].

iūncĕŭs 3 (*iūncŭs*) (*unkl.*) aus Binsen, Binsen... [*vincula*]; / binsenschlank.

iūncōsŭs 3 (*iūncŭs*) (*nkl., dcht.*) voller Binsen [*litora*].

iūnctim *adv.* (*iūnctŭs, P.P.P. v. iŭngō*) **1.** vereint, beisammen. **2.** (*nkl.*) gleich nacheinander.

iūnctĭō, ōnĭs *f* (*iŭngō*) Verbindung

[verborum].

iūnctūră, *ae f* (iūngō) **1.** Verbindung, *abstr. u. (meist) concr.* = Band [*tignorum* Querband *od.* Riegel, Fuge], Gelenk [°*genuum*], Naht [°*verticis*], °Schwimmhaut, °*laterum iuncturae* Gürtelschnalle. **2.** / **a)** (*Ov.*) Verwandtschaft [*generis*]; **b)** (*gramm. u. rhet. t.t.*) (*nkl., dcht.*) Zusammensetzung *e-s Wortes*; Zusammenfügung *der Worte i. d. Rede.*

iūnctūs[1] *P.P.P. v. iūngō.*

iūnctūs[2] 3 (*m.* °*comp. u.* °*sup.*; *adv.* **iūnctim** *s.d.*) **1.** zusammengefügt, vereinigt, vereint [*camera fornicibus -a, oratio* wohlgefügt, rhythmisch; *cum re u. alci rei, auch re m. etw., zB. sapientia eloquentiae -a,* °*ponto iunctior* näher]. **2. a)** (*nkl., dcht.*) angrenzend, benachbart [*Italia Dalmatis, arctos aquilonibus* = Nordpol]; **b)** (*nkl., dcht.*) verwandt, *übh.* befreundet, vertraut [*sanguine* blutsverwandt; *alci, zB. frater tibi amore*]; *subst.* (*Ta.*) *iunctissimi m* die nächsten Angehörigen.

iūncūs, *ī m* (*et. nicht sicher gedeutet*) (*dcht., nkl.*) Binse.

> **iūngō**
> **1. a)** (*Tiere*) ins Joch spannen, anschirren; **b)** (*Wagen*) bespannen; **2. a)** anschließen; **b)** verbinden, vereinigen; **3. a)** (*Truppen*) zusammenstoßen lassen; **b)** vermählen; **c)** (*gramm. t.t.*) (*Wörter*) zusammensetzen; **d)** zustande bringen, (*Freundschaft, Frieden*) schließen, stiften.

iūngō, *iūnxī, iūnctūm* 3. (*-n- sekundär; cf.* ζεύγ-νυμι) **1. a)** (*dcht., nkl.*) (*Tiere*) ins Joch spannen, anschirren [*tauros, equos ad currum u. curru (dat.!)* an den Wagen, *iumenta iuncta* Zweigespann, *iuncti boves* Ochsengespann, *equi iuncti* bespannter Wagen, *iuncti leones* Löwengespann]; **b)** (*Wagen*) bespannen [°*currum albis equis, reda equis iuncta*]. **2.** / **a)** anfügen, anschließen [*alqd ad alqd u. alci rei, auch se ad alqm u. alci*]; **b)** zusammenfügen, -koppeln, *übh.* verbinden, vereinigen, *Pers. u. Sachen, auch* / (*alqm u. alqd, zB. naves, carros, tigna inter se,* °*opes* die Macht, °*manūs u.* °*dextras* sich begrüßen, sich die Hand geben, °*oscula* sich küssen, °*iungit oscula* küßt sie, °*corpus u.* °*abs.* liebend sich verbinden, miteinander schlafen, °*urbem* die beiden Stadtteile, °*fenestras* schließen, °*fluvium ponte* eine Brücke schlagen; *alqm u. alqd cum alqo u. selten alci, cum re u. alci rei, zB. dolorem cum alqo* teilen, *consuetudines od. amicitias cum alqo m. jd.* gemein haben, *cursum equis* Schritt *m.* den Pferden halten; *mediopass.* sich verbinden, sich vereinigen (*cum alqo u. alci, zB. foedere od. societate*). **3. a)** *mil.* (*nkl.*) Truppen zusammenstoßen lassen [*exercitūs, castra; copias od. arma alci* zu *jd.* stoßen, *sibi alqm od. alcis exercitum, se cum alqo od. alci, alcis castris sua*]; **b)** (*dcht., nkl.*) durch Liebe *od.* Ehe vereinigen, ehelich verbinden, vermählen (*alqm cum alqo u. selten alci, zB. feminam secum matrimonio od. conubio od. nuptiis; mediopass. cum impari od. amanti iungi*); **c)** (*gramm. t.t.*) (*Wörter*) zusammensetzen, durch Zusammensetzung bilden [*verba*]; **d)** (*rhet. t.t.*) (*Qu.*) Wörter durch *e-e* rhythmische Klausel binden [*verba in exitu iungantur*]; **e)** (*prägn.*) (*nkl., dcht.*) vereinigend zustande bringen (*alqd, zB. pontem* schlagen, bauen); *klass. nur* / (*Freundschaft, Frieden u.ä.*) schließen, eingehen, stiften [*amicitiam od. societatem, pacem cum alqo*]. — *Cf. auch iūnctūs.*

Iūniānūs 3 *s. Iūniūs.*

▶**iūniōr** *comp. v. iūvenīs.*

iūnipĕrūs, *ī f* (*et. unklar*) (*unkl.*) Wacholder(strauch).

Iūniūs 3 (*et. wohl zu Iūnō; urspr. röm. Vorname*) **1.** *Name e-r alten patriz. gēns, die 509 v.Chr. ausstarb; später Name e-r vornehmen pleb. gēns; s. Brūtūs u. Iūvēnālis.* **2.** (*mēnsis*) Juni; *adi.* **Iūniānūs** 3 nach einem Junius benannt.

Iūnō, *ōnīs f* (*vl. m. iūvĕnīs verwandt*: „die Jugendliche") *urspr. altitalische Geburtsgöttin* (~ *Lūcīnă*), *Fruchtbarkeits- u. Ehegöttin, älteste T. des Saturnus u. der Rhea (bei den Etruskern Stadtgöttin, zB. v. Vei), später der griech. Hērā gleichgesetzt u. als Himmelskönigin* (~ *Rēgīnă*), *Schwester u. Gemahlin Jupiters verehrt; den Troern u. dem Äneas war sie erbitterte Feindin; adi.* **Iūnōnĭūs** 3 *u.* °**Iūnōnālĭs,** *ĕ der Juno gehörig od. geweiht* [°*ales* = Pfau, °*custos* = Argus, °*mensis u.* °*tempus* = der Juni]; *subst.* **Iūnōnĭ-cŏlă,** *ae m u. f* (*cŏlō*) Verehrer(in) der Juno; °**Iūnōnĭ-gĕnă,** *ae m* (*gīgnō*) *S.* der Juno (= *Vŭlcānūs*).

iūnxī *s. iūngō.*

Iū-ppĭtĕr (*u. Iū-pĭtĕr*), *Iŏvīs m* (*urspr. voc.* = Ζεῦ πάτερ; *daneben nom. Dĭēspĭtĕr; cf. ill.* Δειπάτυρος, *altind.* Dyâuspitā, *ahd.* Ziu; *cf. dĕūs, dĭēs*) **1.** *älteste, aus vorgeschichtlicher Zeit ererbte Gottheit der Römer, Gott des himmlischen Lichts; S. des Saturnus u. der Rhea, Bruder des Neptunus u. des Pluto, Bruder u. Gemahl der Juno, später dem Zeus völlig gleichgesetzt; König der Götter, Vater der Götter u. Menschen, Iuppiter optimus maximus als oberster röm. Nationalgott; heilig waren ihm der Adler u. die Eiche.* **2. a)** (*meton.*) (*dcht.*) Himmel, Luft, Klima [*sub Iove* unter freiem Himmel]; *auch* °Regen, Hagel; **b)** *der Planet* Jupiter.

Iūră, *ae m, auch Iura mons m* Juragebirge, *Grenze zw. den Sequanern u. den Helvetiern.*

iūrātŏr, *ōrīs m* (*iūrō*) (*vkl., nkl.*) vereidigter Taxator (*bsd. als Gehilfe des Zensors*).

iūrātūs 3 (*m.* °*sup.*) (*eigtl. P.P.P. v. iūrō*) vereidigt [*iudices,* °*magistratūs*]. — ***subst. m* Geschworener, Schöffe; Stadtrat.

iūrĕ-cōnsūltūs *s. cōnsūltūs*[1].

iūrgĭūm, *ī n* (*iūrgō*) Wortwechsel, Zank, Streit [*in iurgio respondere, iurgio* °*lacessere alqm od. contendere cum alqo*]; *pl. auch* Händel, Vorwürfe; *insb.* (*selten*) Streit vor Gericht, Prozeß.

iūrgō 1. (*altl. iūrĭgō; zu *iūrĭgōs; iūs + ăgō*) **1.** (*nkl.*) *e-n* Rechtsstreit führen, prozessieren [*apud aediles, adversus alqm*]. **2.** / **a)** (*intr.*) zanken, streiten *m. Worten* (*inter se,* °*cum alqo, m.* °*quod*); **b)** (*trans.*) (*dcht.*) *jd.* (aus)schelten (*alqm verbis*).

iūrĭdĭcĭālĭs, *ĕ* (*iūrĭdĭcūs*) rechtlich, gerichtlich [*constitutio*].

iūrĭ-dĭcūs 3 (*iūs + dīcō*[2]) (*nkl.*) Recht sprechend; (*subst.*) *m* Richter.

iūrīs-dĭctĭō, *ōnīs f* **1.** Zivilgerichtsbarkeit [*urbana et peregrina* = des *praetor urbanus u. peregrinus*]. **2.** (*meton.*) (*nkl.*) Gerichtsbezirk.

iūrīs-prūdĕntĭă, *ae f* (*auch getr.*) (*Ulp.*) Jurisprudenz, Rechtswissenschaft.

****iurista,** *ae m* Jurist.

> **iūrō**
> **1. a)** (*intr.*) schwören; **b)** *in alqd* sich zu *etw.* verschwören; **2.** (*trans.*) **a)** *etw.* (be)schwören; **b)** bei *jd. od. etw.* schwören (*m. acc.*); **c)** *etw.* abschwören.

iūrō 1. (*denom. v. iūs*[2]) **1.** (*intr.*) **a)** schwören, *e-n* Eid ablegen [*ex animi sententia,* °*iurantia verba* Worte des Schwurs; *per alqm* bei *jd., zB. per deos,* °*per sidera; in alqd* auf *etw.* schwören, *zB.* °*in acta principis* Verordnungen, *in verba alcis* auf die *v. jd.* vorgesprochene Eidesformel den Eid der Treue schwören, °*in verba magistri* auf den Lehrer schwören, ihm blind folgen]; **b)** (*dcht.*) *in alqd* sich zu *etw.* verschwören, *zB. in facinus, in se quisque* ein jeder für sich, °*in alqm* sich gegen *jd.* verschwören; *m. a.c.i. u.* °*inf.* **2.** (*trans.*) **a)** *etw. m.* Schwur bekräftigen, eidlich aussagen, eidlich geloben (*alqd, zB. ius iurandum* einen Eid, *falsum u.* °*falsa* unwissentlich falsch schwören, *morbum* schwören, daß man krank [gewesen] sei, *id in litem* zugunsten *s-s* Prozesses; *m. a.c.i.*); (*P.P.P.*) *subst.* **iūrātă,** *ōrūm n* Beschworenes, eidlich Versichertes; **b)** unter Eid *jd.* zum Zeugen der Wahrheit anrufen, bei *jd. od. etw.* schwören (*m. acc., zB. Iovem lapidem* beim Juppiterstein, *s. lapis;* °*deos,* °*maria aspera;* °*arae iurandae* an denen geschworen werden muß, °*palus dis iuranda* beim Styx, bei dem die Götter schwören müssen); **c)** (*unkl.*) *etw.* abschwören [*calumniam* schwören, daß man nicht böswilligerweise klage].

iūrŏr 1. (*denom. v. iūs*[2]; *nur im pf.-Stamm*) schwören [*Regalus iuratus missus est ad senatum* nachdem er geschworen hatte].

iūs[1], *iūrīs n* (*cf.* ζύμη Sauerteig, *nhd.* [*slaw. Lw.*] „Jauche") Brühe, Tunke, *auch* Suppe [*nigrum* schwarze Suppe *der Spartaner*]; *Verrinum* (*zweideutig*) Rechtsprechung des Verres *u.* Saubrühe. — *gen. pl. iūrūm.*

iūs²
1. *das objektive* Recht; **a**) *im allgem.*; **b**) *bestimmte Rechtsnormen wie ius gentium* Völkerrecht *u. ä.*; **2.** *das subjektive* Recht; **a**) Befugnis, Berechtigung; **b**) Vorrecht, Privileg; Gewalt, Macht.

iūs², *iūris n* (*altl. ious; wohl* < **iovos; cf. altind.* yoh „Heil") **1.** das objektive Recht = *Inbegriff der v. Menschen geschaffenen Rechtssatzungen u. Gesetze* (*Ggs. fās*), *meist sg.*: **a**) *im allgem.*: *ius ac fas* menschliches *u.* göttliches Recht, *contra ius fasque* gegen Recht *u.* Pflicht, °*ius bonumque* Recht *u.* Gerechtigkeit, *iura dare od. condere* eine Verfassung geben; **b**) *im bsd.*: **α**) Recht *als Inbegriff v. Rechten u. Rechtsnormen* einer *Art* [*ius gentium* Völkerrecht, *hospitii* Gastrecht, *civile* bürgerliches Recht, *publicum* Staatsrecht, Strafrecht, *humanum od. hominum* Naturrecht, *divinum* Sakralrecht, *iura Siculorum od. Quiritium od. Romana* politische Rechte, *pontificum*]; *bsd.* Rechtsformeln der Juristen *als* Gesetzsammlung [*praetorium*]; **β**) *Recht als Gegenstand richterlicher Entscheidung*: *summum ius* (das strengste *u.* schärfste Recht) *summa iniuria, summo iure agere cum alqo* nach dem Buchstaben des Gesetzes *m. jd.* verfahren, *iure uti* nach der Strenge des Gesetzes verfahren, *ius dicere od. reddere* Recht sprechen (*vom Richter*), *ius petere* sich Recht sprechen lassen, °*iura dare alci jd.* Rechtssprüche erteilen, *ius od. de iure respondere alci jd.* Rechtsbelehrung *od.* Rechtsbescheide erteilen; **γ**) (*meton.*) Gericht *als Gerichtsstätte* [*in ius ire od. adire,* °*duci, in ius vocare od.* °*rapere alqm*]. **2.** das subjektive Recht = **a**) *im allgem.* rechtliche Befugnis, Berechtigung, Anspruch auf *etw.*, *übh.* Rechtsverhältnisse, *sg. u. pl.* [*ius suum tenere od. obtinere contra alqm, ius suum persequi od. armis exsequi* geltend machen, *nullum ius* Rechtlosigkeit, *iura communia* gleiche Rechte, *ius est m. ut od. inf.* es ist Rechtens, man hat das Recht, *ius fasque est* man hat das Recht *u.* die Pflicht, man darf *u.* soll, *iure m.* Recht, *iure meritoque m.* vollem Recht = *optimo od.* °*iusto iure od. meo, tuo, suo usw. iure*; *alcis j-s, zB. civium, meum*; *alcis rei e-r* Sache, *zB. legis od. civitatis* die durch das Gesetz *od.* das Bürgerrecht gewährte Berechtigung, *imperii* Hoheitsrecht, *auch obi.* = zu *od.* auf *etw., zB. sententiae dicendae,* °*caeli* Anspruch auf den Himmel]; **b**) *im bsd.* **α**) Vorrecht, Gerechtsame, Privilegium, *v. Pers. u. Sachen* (*alcis u. alcis rei, zB. populi,* °*metallorum* zur Anlage *e-s* Bergwerks, °*trium liberorum* Vorrechte der Väter *v.* drei *od.* mehr ehelichen Söhnen); **β**) Gewalt, Macht (*alci ius de alqo dare, sui iuris esse* sein eigener Herr sein, *alqm* °*proprii iuris facere jd.* unabhängig machen, *alqm sui iuris facere jd.* sich untertan machen *od.* sich unterwerfen, *iuris alcis esse* unter *j-s* Macht stehen; *ius alqd faciendi, zB. agendi cum populo, ius alcis od. in alqm* über *jd., zB.* °*militum,* °*corporis,* °*in aequora* über das Meer). — *gen. pl. iūrŭm.*

▶ **iūs iūrandŭm**, *iūris iūrandī n* (*auch zus., aber auch durch Partikeln getrennt, zB. ius igitur iurandum; eigtl.* „Eidesformel") Eid, Schwur, *auch* Huldigungseid *der Bürger* [~ °*concipere e-e* Eidesformel abfassen, *dare alci jd.* ein eidliches Versprechen geben, *accipere* sich schwören lassen, °*servare* halten, *violare* brechen, *-o obstringere alqm jd.* eidlich verpflichten].

iūssi *s. iŭbĕō.*

▶ **iūssŭm**, *ī n* (*eigtl. P.P.P. n v. iŭbĕō*) **1.** Befehl, Geheiß, *meist im pl. u. nie im abl. sg., wofür iūssū eintritt* [*iussa efficere; alcis, zB. deorum; iussa* °*abnuere od.* °*exuere* den Gehorsam verweigern]. **2.** (*Ov.*) ärztliche Verordnung [*medicorum*]. **3.** Volksbeschluß, Verordnung.

iūssūs¹ *P.P.P. v. iŭbĕō.*

(**iūssūs²**, *ūs*) *m* (*iŭbĕō*) = *iūssŭm, nur abl. sg.* **iūssū** *alcis* auf *j-s* Befehl (*od.* Geheiß), *zB.* °*populi, meo.*

iūstĭfĭcātĭō, *ōnis f* (*iūstĭfĭcō; Eccl.*) Rechtfertigung.

iūstĭfĭcō 1. (*denom. v. iūstĭfĭcŭs; Eccl.*) **1.** recht handeln (*alqm* gegen *jd.*). **2.** rechtfertigen; *meist* (*P.P.P.*) *adi.* **iūstĭfĭcātŭs** 3 (*m. comp.*).

iūstĭ-fĭcŭs 3 (*iūstŭs, făciō*) (*Ca.*) recht tuend.

Iūstīnĭānŭs, *ī m oström.* Kaiser *v. 527—565* (*Kodifizierung des röm. Rechts im Corpus iuris m. Hilfe e-s v. Tribĭnĭānŭs geleiteten Juristenkollegiums*).

Iūstīnŭs, *ī m röm. Historiker des 2. od. 3. Jh. n. Chr.* („*Epitome*", *im Mittelalter viel benutzter Auszug aus der verlorenen Universalgeschichte des Pompeius Trogus, e-s Zeitgenossen des Livius*).

▶ **iūstĭtĭă**, *ae f* (*iūstŭs*) **1.** Gerechtigkeit [*iustitia in suo cuique tribuendo cernitur; alcis j-s u. alcis rei, zB. poenae*]. **2.** (*meton.*) **a**) Billigkeitsgefühl; **b**) (*concr.*) gerechtes Verfahren; **c**) *personif.* ♀ Göttin der Gerechtigkeit = *Δίκη.*

iūstĭtĭŭm, *ī n* (*iūs, stō; Bildung wie sōl-stĭtĭŭm*) **1.** **a**) Einstellung aller Rechtsgeschäfte, Stillstand der Gerichte [*decernere od. edicere, indicere* ankündigen, °*remittere* aufheben]; **b**) / (*Li.*) *übh.* Stillstand [*omnium rerum* aller Geschäfte]. **2.** (*nkl.*) Landestrauer.

▶ **iūstŭs** 3 (*m. comp. u. sup.*; *adv.* **-ē**) (*altl. iovĕstōs : iūs wie scĕlĕstŭs : scĕlŭs*) **1.** gerecht, Gerechtigkeit übend, *bisw.* = billig *od.* ehrlich, *v. Pers. u. Sachen* [*vir, iudex, imperium, iuste facere; in alqm* gegen *jd., zB. in socios*]; *subst. iūstŭm, ī n* Gerechtigkeit. **2.** (*fast nur v. Sachen*) **a**) rechtmäßig, gesetzmäßig, recht [*uxor legitime, hostis* der das Recht hat, Krieg zu führen; *dies* gesetzlich bestimmt, *-a arma capere m.* Recht, *iustius m.* mehr Recht]; / **b**) gebührend, herkömmlich, (wohl)begründet [*poena, triumphus, odium, causa* triftig]; *subst.* **iūstă**, *ōrŭm n* das Gebührende; herkömmliche Gebräuche, Förmlichkeiten [°*militaria, ludorum, iusta praebere servis*]; *bsd.* die letzten Ehren *bei Totenbestattungen* [*funebria, iusta facere alci*]; Totenopfer, Totenfeiern; **c**) richtig, ordentlich, gehörig, vollständig [*numerus, altitudo, iter* normaler Tagesmarsch, °*plus iusto* mehr als recht, über Gebühr].

Iūtŭrnă, *ae f* (*vl. etr. m. Gentilformans -nă*) *Quellnymphe, Schwester des Turnus.*

iūtŭs *P.P.P. v. iŭvō.*

Iŭvāvŭm, *ī n* (*wohl illyr. Name*) *röm. St. in Noricum an der Stelle des heutigen Salzburg.*

iŭvātūrŭs *part. fut. v. iŭvō.*

iŭvĕnālĭs, *ĕ* (*adv.* **-ĭtĕr**) (*nkl., dcht.*) = *iŭvĕnīlĭs; ludi -es od. subst.* **-ĭă**, *ĭŭm n v. Nero geschaffene* (*urspr. theatralische*) Spiele.

Iŭvĕnālĭs, *ĭs m: röm. cogn.: D. Iūnĭŭs* ~ *röm. Satiriker* (*etwa 60—140 n. Chr.*).

iŭvĕncă, *ae f* (*iŭvencŭs*) (*vkl., dcht.*) junge Kuh, Färse; / junges Mädchen.

iŭvencŭs 3 (*iŭvĕnĭs; cf. nhd.* „*jung*") (*unkl.*) jung; *subst. m* junger Stier; / junger Mensch.

iŭvĕnēscō, — — 3. (*incoh. zu iŭvĕnĭs*) (*dcht., nkl.*) **1.** zum Jüngling werden, heranwachsen, *auch v. Tieren.* **2.** wieder jung werden, sich verjüngen.

iŭvĕnīlĭs, *ĕ* (*m.* °*comp.*; *adv.* **-ĭtĕr**) (*iŭvĕnĭs*) jugendlich, rüstig, *bisw. pejorativ* [*iocus, licentia,* °*amor* Verlangen].

▶ **iŭvĕnĭs**, *ĭs m u. f* (*cf. altind. voc.* yuvan „jung") **1.** *adi.* (*comp. iūnĭŏr u. seit Se. iŭvĕnĭŏr* jung, jugendlich, *im pos. unkl.* [*maritus, anni* Jugendjahre]. **2.** *subst.* **a**) *m* junger, kräftiger Mann (*etwa zw. 20 u. 45 J.*) *oft auch* = *ădŭlēscēns,* (*dcht.*) Sohn [*Telluris*]; *comp. pl.* **iūnĭōrēs**, *ŭm m* junge Mannschaft, jüngere Altersklasse *der Legion* (*Ggs. sĕnĭōrēs* Reserve); **b**) (*Suet.*) *iuvenes utriusque sexūs* junge Leute beiderlei Geschlechts; **c**) (*dcht.*) *f* junges Mädchen, junge Frau.

F. *abl. sg. iŭvĕnĕ, gen. pl. iŭvĕnŭm.*

iŭvĕnīx, *īcĭs f* (*cf. iŭvĕnĭs*) (*Pl.*) junge Kuh, Färse.

iŭvĕnŏr 1. (*denom. v. iŭvĕnĭs*) (*Ho.*) den Jüngling spielen, tändeln.

iŭvĕntă, *ae f* (*iŭvĕnĭs*) (*nkl., dcht.*) **1.** Jugend, Jugendzeit, -alter [*robur iuventae, a iuventa v.* Jugend auf]. **2.** (*meton.*) **a**) Jugendkraft, -frische, -mut; **b**) Jugend = junge Leute [*docilis*]; **c**) erstes Barthaar, Flaum [*prima*]; **d**) (*personif.*) *Iuventa* Göttin der Jugend (= *Ἥβη*).

iŭvĕntās, *ātĭs f* (*iŭvĕnĭs*) **1.** (*dcht.*) = *iŭvĕntă.* **2.** (*personif.*) *Iŭvĕntās* Göttin der Jugend (= *Ἥβη*).

▶ **iŭvĕntūs**, *ūtĭs f* (*iŭvĕnĭs*) **1.** Jugend, Jugendzeit, -alter, *meist* rüstiges

Mannesalter (*vom 25. od. 30. bis etwa 45. Jahre*). **2.** (*meton.*) Jugend = junge Leute, junges Volk, *bsd.* junge *od.* waffenfähige Mannschaft *vom 18. bis 45. Jahre* [°*Romana*, °*delecta, patriam iuventute orbare*; *prīncēps iuventutis s. prīncēps*].

▶ **iŭvō,** *iūvī,* (*nkl. iūtūm, iŭvātūrŭs*) (*et. ungedeutet*) **1. a)** unterstützen, helfen, fördern (*abs., zB. deo iuvante m.* Gottes Hilfe; *alqm u. alqd, zB. rem publicam, causam alcis,* °*onera alcis* erleichtern; *alqm in re* in, bei *etw., re* durch, mit *etw., zB. amicum pecuniā, exercitum commeatu; ad alqd* zu *etw.* beitragen, *zB. non multum ad summam victoriae*); P. *iuvor* mir wird geholfen [°*amici viatico a me iuvabuntur*]; **b)** (*impers.*) *quid iuvat?* was hilft *od.* frommt es? (*m. inf. od. a.c.i.*). **2. a)** erfreuen, erheitern, ergötzen, behagen (*alqm, iudicium alcis me iuvat,* °*multos castra iuvant; auch im* P., *zB. aures iuvantur*); **b)** (*impers.*) **iŭvăt** (*alqm*) es freut *od.* erfreut (*jd.*), es macht (*jd.*) Freude *od.* Vergnügen (*m. inf. u. a.c.i.*).

F. *pf.-Form* (*dcht.*) *iŭĕrīnt* = *iŭvĕrīnt.*

▶ **iŭxtā** (-ū-?) (< **iŭgĭstā* [*sc. viā*], *abl. sg. f sup. v.* **iŭgŏs* „eng verbunden"; *cf. iŭngō*) **1.** *adv.* **a)** dicht daneben, nahe dabei, *zB.* ~ *consistere,* °~ *accubare; selten* (*dcht., nkl.*) *auf die Frage „wohin?"* = in die Nähe, *zB.* ~ *accedere*; **b)** / (*meist vkl., nkl.*) auf gleiche Art, gleichmäßig, ebenso(gut, -sehr, -viel), ohne Unterschied [°*plebi patribusque* ~ *carus,* °*horum vitam mortemque* ~ *aestimo; oft m. ac, et, -que, zB.* °*iuxta rei publicae ac sibi consulere,* °*iuxta ac si* gerade wie wenn (*m. coni.*); *selten m.* °*cum od. m.* °*dat., zB.* °*iuxta mecum omnes intellegitis* ebensogut wie ich]. **2.** *prp. b. acc.* (*bei Ta. u. Ve. auch nachgestellt*) **a)** dicht neben, dicht bei [°*sepeliri* ~ *viam, castra habere* ~ *murum*]; °*selten auf die Frage „wohin?"* = bis dicht in die Nähe, *zB. provehi Ceraunia iuxta*; / **b)** (*nkl.*) (*v. Zeit, Reihenfolge, Rang*) unmittelbar nach, nächst, *zB.* ~ *deos in tua manu positum est imperium*; **c)** (*Ta.*) unmittelbar vor, gegen [~ *finem vitae*]; **d)** (*Ta.*) (*zur Bezeichnung v. Annäherung u. Ähnlichkeit*) nahe an, nahezu, beinahe zu, *zB.* ~ *alqd esse e-r* Sache nahestehen *od.* nahekommen, ~ *seditionem erant od. ventum est*; **e)** (*nkl.*) nach = gemäß, zufolge, *zB.* ~ *praeceptum.*

iŭxtim (-ū-?) *adv.* (*cf. iŭxtā*) (*nkl., dcht.*) in der Nähe, daneben.

Ĭxīōn, *ŏnĭs m* (*'Iξίων*) *K. der Lapithen in Thessalien, wegen Frevels gegen Hera* (*Juno*) *in der Unterwelt auf ein beständig sich drehendes feuriges Rad geschmiedet*; *adi.* **Ĭxīŏnĭŭs** *3*; *patron.* **Ĭxīŏnĭdēs,** *ae m S. des Ixion* (= *Peirĭthŏŏs, lat. Pīrĭthŏŭs*).

K

K. (*Abk.*) = *Kaesō* (*röm. Vorname*).

Kal. = *Kălĕndae* (*s. Călĕndae*).

Kărthăg... *s. Cărthăg...*

kŏppă *gr. Buchstabe, später Zahlzeichen* = 90.

L

L. (*Abk.*) **1.** (*als Vorname*) = *Lūcĭŭs*. **2.** (*als Zahlzeichen*) = 50. **3.** (*als Gewichtsbezeichnung*) = *lībră* (*röm. Pfund*). — ***£ = Pfund Sterling.

****l.a.** (*Abk.*) = *lege artis*; *s. lēx.*

lăbărŭm, *ī n* (*gall. Wort*; *cf. nhd.* „Lappen") (*spätl.*) *die v. Konstantin dem Gr. zur Reichsfahne u. Kaiserstandarte erhobene u. m. dem Christogramm geschmückte röm. Kriegsfahne.*

lăbāscō, — — 3. (*incoh. v. lābō*) (*vkl., dcht.*) ins Wanken kommen; / nachgeben.

lăbĕă, *ae f* (*unkl., vulgär*) = *lābĭŭm*.

lābēcŭlă, *ae f* (*demin. v. lābēs*) Fleckchen; / kleiner Schandfleck [*labeculam aspergere alci*].

lăbĕ-făcĭō, *fēcī, făctŭm* 3. (P. *-fīō, făctŭs sŭm, fĭĕrī*) **1.** wankend machen, erschüttern [*partem muri*, °*iaculum* lockern, °*ossa* erweichen]. **2.** / **a)** zugrunde richten, stürzen; **b)** *in der Gesinnung* erschüttern.

lăbĕfăctātĭō, *ōnĭs f* (*lăbĕfăctō*) (*nkl.*) Erschütterung.

lăbĕfăctō 1. (*intens. v. lăbĕfăcĭō*) **1.** wankend machen, erschüttern (*alqd, zB. signum vectibus*, °*onus gravidi ventris* abtreiben, °*chartam a vinclis* = öffnen); P. wanken, schwanken. **2.** / **a)** zugrunde richten, untergraben, schädigen (*alqm u. alqd, zB. leges, alcis fidem jd.* in seiner Treue wankend machen); **b)** (*vkl., dcht.*) *jd. in der Gesinnung* wankend machen, *bsd.* aufwiegeln (*alqm, zB. primores, od. animum alcis*; *m. griech. acc.*: *labefactatus animum amore v.* der Liebe Gewalt erschüttert).
F. *altl. inf. praes.* P. *lăbĕfăctārĭĕr.*

lăbĕllŭm¹, *ī n* (*demin. v. lăbrŭm¹*) kleine Lippe, *auch* (*Pl.*) *als Kosewort.*

lăbĕllŭm², *ī n* (*demin. v. lābrŭm²*) [kleines (Opfer-)Becken.]

Lăbĕō, *ōnĭs m* (♀ dicklippig, *zu lăbĕă*) *röm. cogn.*: *Q. Ăntistĭŭs Lăbĕō, berühmtester Jurist der augusteischen Zeit, überzeugter Republikaner, Gründer der Prokulianischen Rechtsschule.*

lăbĕōsŭs 3 (*lăbĕă*) (*Lu.*) *m.* dicken Lippen.

Lăbĕrĭŭs 3 *Name einer pleb. gēns zu Rom*: *D. Laberius, röm. Ritter u. vorzüglicher Mimendichter, gest. 43 v. Chr.*

lābēs, *is f* (*lābŏr¹*) das Dahingleiten: **1.** Fall, Sturz, *bsd.* °*terrae* Erdrutsch [°*labem dare* sinken, einstürzen; °*inposui pede pellibus labes vom Samenerguß*; °/ *mali* das Hereinbrechen des Unglücks]. **2.** / **a)** Untergang, Verderben, *auch pl.* [*rei publicae*]; (*meton.*) = verderbliche Pers. *od.* Sache [*Verres ~ imperii*]; *auch* = Mißgriff [*labem facere in re*]; **b)** (*dcht.*) entstellender Fleck, *bsd.* Schmutzfleck, *auch* Klecks [*sine labe toga*]; **c)** / Schandfleck, Schande, Schmach [*huius saeculi, labem inferre od.* °*imponere od. aspergere alci u. alci rei* anhängen, *labem* °*abolere* tilgen]; (*meton.*) (*v. Pers.*) Schande, Schandstück [*caenum illud ac ~*].

Lăbĭēnŭs, *ī m cogn. des T. Ăttĭŭs* (*s.d.*).

lăbĭŭm, *ī n* (*vkl., nkl.*) = *lăbrŭm¹*.

lăbō 1. (*intens. zu lābŏr¹*) **1.** wanken, schwanken, dem Falle nahe sein [*signum*, °*acies*, °*naves* schaukeln, °*littera* die Hand (Handschrift) zittert]. **2.** / **a)** schwanken, dem Untergang nahe sein, *v. Sachen* [*res publica*, °*res* Glück, °*fortuna populi Romani*, °*memoria* ist untreu]; **b)** (*v. Pers. od. Gesinnung u. Ansichten*) unentschieden *od.* unsicher, unzuverlässig sein [*cohortes*, °*animus od. consilium alcis*].

> **lābŏr¹**
> **1.** sich senken, (ein)sinken; verfallen; **2. a)** hinab-, herabgleiten, -schweben; **b)** dahingleiten, -schweben; **c)** entgleiten, entschlüpfen; **d)** sterben; in Vergessenheit geraten; (*Zeit*) vergehen; **e)** ausgleiten, straucheln; **f)** (*moralisch*) straucheln, fehlen, fallen; **g)** in *etw.* verfallen, geraten.

lābŏr¹, *lāpsŭs sŭm* 3. (*eigtl.* „schlaff herabhängen"; *cf. nhd.* „schlaff, schlapp, schlafen") **1.** (*nkl., dcht.*) sich senken, sinken, einsinken [*fundamentum, aedificia, oculi* brechen im Tode]; / sinken = verfallen, in Verfall geraten [*res publica, mores magis magisque*, °*lapsum genus* Verfall des Volkes, °*lapsis rebus* im Unglück]. **2.** gleiten, schweben, *v. Pers. u. Sachen, klass. selten u. fast nur* /: **a)** hinab-, herabgleiten, -schweben, -sinken, -fallen [°*deus pennis per auras*, °(*ex*) *equo*, °*deus polo* vom Himmel, °*lacrimae genis od. in genas* rinnen herab, °*mella truncis* träufeln herab *v.*, °*arma super corpus*; / °*per iter declive senectae* hinabgleiten]; **b)** dahingleiten *od.* -schweben, dahinfliegen, -fließen *u.ä.* [°*anguis circum tempora* schlängelt sich, °*flumen minimo sono*, °*venenum in viscera* dringt ein, °*frigus per inguen* verbreitet sich]; *klass. nur* /, *zB. oratio placide labitur, orator longius labitur* schweift ab; **c)** (*nkl., dcht.*) entgleiten, entschlüpfen, entschwinden, *auch* / [*viscera* fallen heraus, *e manibus alcis, vox* entschlüpft, *manus in vanum* haut in die Luft, *recto itinere* abkommen *v.*, *mente labi* den Verstand verlieren]; **d)** (*dcht.*) **α)** = sterben; **β)** entfallen, in Vergessenheit geraten [*vultus pectore alcis*]; **γ)** (*v. der Zeit*) entrinnen, vergehen, enteilen [*aetas, anni fugaces*]; **e)** (*nkl., dcht.*) ausgleiten, straucheln [*ex rupe, pede*]; **f)** / **α)** (*geistig od. moralisch*) straucheln, fallen = fehlen, sich irren, sich vergehen (*abs. od. in re* in, bei *etw.*, *zB. in officio*; *re, per alqd u.a.*, *zB.* °*errore u. per errorem*, °*imprudentiā u. propter imprudentiam, hac spe lapsus* in der Hoffnung getäuscht); **β)** dem Falle nahe sein (*alqm labentem excipere et sustinere, rem publicam labentem fulcire*); **g)** / (*in einen Zustand*) allmählich geraten *od.* verfallen, zu *etw.* sich hinneigen, *v. Pers. u. Sachen* [*labor eo, ut assentiar Epicuro*; *ad u. in alqd, zB. ad mollitiam, ad opinionem*, °*in vitium*, °*in luxuriam*].
F. *inf. praes.* P. (*dcht.*) *lābiĕr* = *lābī*.

> **lăbŏr²**
> **1.** Arbeit; **a)** Mühe, Anstrengung; **b)** das vollbrachte Werk; **2.** Beschwerlichkeit, Strapaze; **3.** Arbeitskraft, Ausdauer; **4.** Not, Unglück, Plage, Mühsal.

lăbŏr² (*u. altl., dcht. lăbōs*), *ōrĭs m* (*eigtl.* „das Wanken unter einer Last"; *lābō*) **1.** Arbeit: **a)** *abstr.* = Mühe, Anstrengung, angestrengte Tätigkeit [*forensis*; *alcis u. alcis rei, zB. militum, corporis et animi*; *fugiens laboris* arbeitsscheu, *res erat magni laboris, laborem suscipere od. subire, alci imponere, laborem sumere* Mühe verwenden; *cum labore, sine labore* mühelos]; **b)** (*selten*) *concr.* = *das durch die Anstrengung zustande gebrachte* Werk = *opus* [*multorum mensium labor interiit*, °*anni* Jahresertrag, °*boum u.* °*hominum* bestellte Felder, °*mulierum* Frauenarbeit, *bsd.* Kleider] *od.* = Leistung [*rei militaris*]; *auch* °Geschäft, Beruf. **2.** Beschwerlichkeit, Strapaze, *sg. u. pl.* [*belli, itineris, operis* der Belagerung, *labores* °*pati u. tolerare, multo labore fatigatus, per laborem* unter Strapazen]; *bsd.* anstrengender Marsch, Feldarbeit, °Kampfspiel, °Kampf, *übh.* Unternehmung, Tat. **3.** Arbeitsamkeit, Arbeitskraft, -fähigkeit, Ausdauer [°*Herculeus, iumenta magni laboris, summi laboris esse* höchst ausdauernd sein]. **4.** Not, Ungemach, Unglück, Plage, Mühsal [*multis laboribus perfungi*, °*solis u.* °*lunae* Sonnen- *u.* Mondfinsternis, °*Troiae u.* °*Iliaci* = Zerstörung]; *dcht. auch* Schmerz [*Lucinae* Wehen], Kummer, Krankheit (*auch v. Tieren u. Pflanzen*); *personif.* (*Ve.*) *Labōs* Dämon der Mühsal *od.* Not *in der Unterwelt.*

****laboratorium,** *ī n* Arbeits- *u.* Forschungsstätte (*zunächst für alchimistische Versuche*).

lăbōri-fĕr, *fĕră, fĕrŭm* (*lăbŏr*², *fĕrō*) (*dcht.*) Anstrengungen *od.* Mühe ertragend [*Hercules, iuvencus*].

lăbōrĭōsŭs 3 (*m. comp. u.* °*sup.*; *adv.* **-ē**) (*lăbŏr*²) **1. a)** (*v. Sachen*) mühsam, beschwerlich [*exercitatio corporis, -e docere* mühselig]; **b)** (*v. Pers. u.* °*Sachen*) geplagt, sich abmühend [*cohors Ulixei, aegritudo* quälender Gram]. **2.** (*v. Pers.*) arbeitsam [*homo*].

▶ **lăbōrō** 1. (*lăbŏr*²) **1.** (*intr.*) **a)** arbeiten, sich anstrengen, auf *etw.* bedacht sein, danach streben (*abs. od. alci* für *jd.*, *zB. sibi, od. pro re, zB. pro salute alcis; de alqo u. de re; in re m. etw.* beschäftigt sein; *id* darauf hinarbeiten; *m. ut, ne; m. inf.* = sich darum kümmern, begierig sein, *zB.* °*sociis prospicere, klass. nur negativ; m. indir. Frages.*); **b)** an *etw.* leiden, *v. etw.* geplagt *od.* bedrückt werden, sich in Not *od.* in Gefahr befinden, Schwierigkeit haben (*abs., zB. milites, triremes* leiden Schaden, *Luna* ist in Not [*wenn Mondfinsternis eintritt*], °*silvae* beugen sich unter der Last des Schnees, *laboranti subvenire; das Übel u. die Krankheit stehen klass. im abl., zB. morbo, febri,* °*fame, pestilentiā,* °*odio apud hostes,* °*utero* schmerzhafte Wehen haben; *der leidende Körperteil sowie übh. der Ursprung des Leidens wird m. ex, selten a bezeichnet, zB. ex capite, ex pedibus, ex alvo, ex aere alieno, a re frumentaria; bei geistigen Krankheiten, Affekten meist ex, zB. ex invidia;* °*ab avaritia; de u. pro alqo* wegen *j-s* in Sorge sein; *in re m. etw.* in Bedrängnis sein, *zB. in re familiari,* °*laborant duae in uno* sind in den einen Mann verliebt); P. *nur impers.* **2.** °(*trans.*) (*dcht., nkl.*) *etw.* bearbeiten *od.* verfertigen (*alqd, zB. nardum, frumenta* Getreide anbauen, *vestes auro m.* Gold durchwirken).

lăbōs, *ōrĭs m s. lăbŏr*².

lābrŭm¹, *ī n* (*cf. nhd.* „Lefze, Lippe") Lippe [*superius u.* °*inferius* Ober- *u.* Unterlippe, *primis od. primoribus labris attingere od. gustare alqd etw.* nur oberflächlich kennenlernen]; / Rand *e-s Gefäßes od. Grabens* [*cornūs, fossae, a labris* am Rande].

lābrŭm², *ī n* (*Schnellsprechform aus* °*lăvābrŭm zu lăvō*) **1.** °Becken, Wanne. **2. a)** Badewanne; *meton.* (*dcht.*) Bad, *pl. -a Dianae* = Waldteich; **b)** Kufe *zum Austreten der Trauben.*

lābrŭscă ūvă *od.* **vītĭs,** *auch subst. f* (*lā-?, -ū-?; et. ungedeutet*) (*nkl., dcht.*) wilde Rebe, wilder Wein; *subst.* **-ŭm,** *ī n ihre Frucht.*

lăbўrinthŭs *u.* **-thŏs** *m* (*Fw.* ⟨λαβύρινθος⟩) Labyrinth (*bsd. das m. vielen Irrgängen in Gnosos auf Kreta, der Sage nach v. Daidalos erbaute Gebäude*); *adi.* °**lăbўrinthēŭs** 3.

▶ **lăc,** *lăctĭs n* (*-ā-?; wohl = lăcc, aber nicht sicher belegt; nach Varro* ⟨ **lăct; altl. lăctĕ;* = γάλα⟩ **1.** Milch [*lacte vivere u. vesci;* °*lac dare* säugen; *auch zu Libationen gebraucht*]. **2. a)** (*meton.*) (*Ov.*) Milchfarbe; **b)** / (*dcht., nkl.*) Milchsaft *v. Pflanzen* [*herbarum, veneni* Saft *v.* Giftkräutern].

Lăcaenă, *ae f* (*Λάκαινα*) Lakonierin, Spartanerin; *auch* °*adi.* = spartanisch.

Lăcĕdaemōn, *ŏnĭs f* (*Λακεδαίμων*) Sparta, *Hptst. v. Lakonien am Eurotas; Einw. u. adi.* **Lăcĕdaemŏnĭŭs** (3) Lakonier, Spartaner, lakonisch, spartanisch (*cf. Lăcō u. Spărtĭātēs*).

F. *acc. Lăcĕdaemŏnĕm u.* °*-ă; loc. -ĕ u.* °*-ī.*

lăcĕr, *ĕră, ĕrŭm* (*cf.* λακίς „Fetzen") (*nkl., dcht.*) **1.** (*pass.*) zerfetzt, zerrissen, zerfleischt, verstümmelt [*homo, vestis, currus* zerbrochen, *corpus; m. griech. acc.* °*ora* im Antlitz]. **2.** (*act.*) zerfleischend [*morsus*].

lăcĕrātĭō, *ōnĭs f* (*lăcĕrō*) Zerfleischung, Zerfetzung, *auch pl.* [*corporis, genarum*].

lăcĕrnă, *ae f* (*wahrsch. zu lăcĕr, vl. m. etr. Suffix*) mantelartiger Überwurf (*bsd. bei Regenwetter u. Kälte getragen*), *oft m. Kapuze.*

lăcĕrnātŭs 3 (*lăcĕrnă*) (*nkl., dcht.*) *m. e-r lacerna* bekleidet.

▶ **lăcĕrō** 1. (*denom. v. lăcĕr*) **1. a)** zerfetzen, zerreißen, zerfleischen (*alqm u. alqd, zB. corpus alcis,* °*genas,* °*vestem,* °*cornua* zerbrechen, °*navem u.* °*pontem* zertrümmern, beschädigen, °*crines u.* °*capillos* zerzausen, °*laceratus comas* sich ausraufend; *alqm u. alqd re, zB.* °*servum verberibus,* °*tergum virgis*); **b)** / (*nkl.*) verhunzen, zerstückeln, *zB. canticum, orationem.* **2.** / **a)** (*m. Worten*) verunglimpfen, heruntermachen, schelten, (ver)lästern (*alqm* °*probris od.* °*maledictis,* °*carmina alcis; haec te lacerat oratio*); **b)** tiefe Wunden schlagen, zugrunde richten, zerrütten, ruinieren, peinigen [°*rem publicam largitionibus, patriam omni scelere, aegritudo alqm od. animum alcis lacerat*]; **c)** (*Vermögen*) vergeuden, durchbringen, verschleudern [*pecuniam, bona patria ventre*].

lăcĕrtă, *ae f* (*eigtl.* „die Biegsame, Bewegliche" *zu lăcĕrtŭs*) **1.** (*nkl., dcht.*) Eidechse. **2.** Bastardmakrele.

lăcĕrtōsŭs 3 (*lăcĕrtŭs*) muskulös [*centurio,* °*colonus*].

lăcĕrtŭs, *ī m* (*eigtl.* „der Biegsame, Bewegliche" *zu* λακτίζω „zappele" *u.* ληκάω = βινέω) **1. a)** Muskeln des Oberarms, *meist pl.* Muskeln [°*militum,* °*exercitatio lacertos expressit*]; *übh. der muskulöse* Oberarm [*Milonis,* °*bracchia et lacerti* Ober- und Unterarme], (*dcht.*) *übh.* Arm [*lacertos excutere* schwingen]; / **b)** (*Ov.*) Schere *des Skorpions;* **c)** *pl.* Kraft, Stärke [°*Augusti* Herrscherarm]; *klass. nur* männliche Kraft der Rede [*oratoris, in Lysia sunt saepe lacerti*]. **2.** (*dcht., nkl.*) = *lăcĕrtă.*

▶ **lăcēssō,** *īvī u. iī, ītŭm* 3. (*intens. v. altl. lăcĭō* „locken"; *eigtl.* „bestrikken"; *cf. lăquĕŭs, nhd.* „locken") **1.** *jd.* reizen *od.* herausfordern, nekken, anfallen, *oft* / (*alqm, zB. hostem,* °*leonem* den löwenmutigen Feind, °*deos* [*precibus*] *m.* Bitten behelligen, °*pacem* stören; *alqm re jd.* durch *od. m. etw., zB. iniuriā* feindselig behandeln, °*ventos ictibus* = vor dem wirklichen Kampf Hiebe in die Luft tun, °*aera sole lacessita v.* der Sonne bestrahlt, °*pelagus carinā* kühn befahren, *regna ferro* bekämpfen *m.; re u. ad alqd* zu *etw., zB. proelio u. ad proelium, scripto u. ad scribendum* zum Schreiben, °*voce* zum Gesang). **2.** (*herausfordernd*) *etw.* beginnen, erregen, versuchen (*alqd, zB. proelium, sermones,* °*ferrum* die Waffen ergreifen).

F. *pf.-Formen synk.: lăcēssīssĕ(m) = lăcēssīvīssĕ(m), lăcēssīstī u.a.*

lăchănĭzō 1. (*-ī-? vulgäre Neubildung* ⟨ λάχανον „Küchenkraut") (*Suet.*) = *lănguĕō.*

Lăchĕsĭs, *ĭs f* (*Λάχεσις*) *eine der drei Moiren* (*Parzen*). *Cf.* V.-B. III, 1b *u.* 4a.

lăcĭnĭă, *ae f* (*cf. lăcĕr*) Zipfel *an Kleidungsstücken* [°*togae;* / *laciniā obtinere alqd* nur am Zipfel = *m.* genauer Not festhalten].

Lăcĭnĭŭm, *ī n Vorgeb. in Bruttium, südl. v. Kroton, in der Nähe ber. Tempel der Iuno Lacinia* (*Säulentrümmer; daher heutiger Name des Vorgeb. Capo delle Colonne*); *adi.* **Lăcĭnĭŭs** 3 [*diva -a meton.* = Tempel der I. L.].

Lăcō *u.* °**-ōn,** *ōnĭs m* (*Λάκων*) Lakonier, Lakedämonier, Spartaner [*Laconis illa vox*]. *Cf.* V.-B. III, 1e. — *adi.* **Lăcōnĭcŭs** 3 (*fem. auch* °**Lăcōnĭs,** *ĭdĭs*) lakonisch, spartanisch; *subst.:* **Lăcōnĭcă,** *ae u.* **-ē,** *ēs f die peloponnesische Ldsch.* Lakonien (*cf.* V.-B. I, 1); **Lăcōnĭcŭm,** *ī n* (*sc. bălnĕŭm*) Schwitzbad *in einer Badeanstalt;* (*Pl.*) lakonisches Gewand.

▶ **lăcrĭmă,** *ae f* (*altl. dăcrŭmă; Lw.* ⟨ δάκρυμα⟩ **1.** Träne [*lacrimas profundere u.* °*effundere* vergießen, °*dare* spenden, *tenere* sich der Tränen enthalten = °*lacrimis abstinere, cum lacrimis* unter Tränen; °*hinc illae lacrimae* (*Te., Andr.* 126) daher diese Tränen, *fast sprichw. v. Cicero wiederholt* = da liegt der Hund begraben; °*alcis u. alcis rei* um *jd.*, um *etw., zB. Creusae, rerum*]. **2.** / (*nkl., dcht.*) Tropfen: **a)** ausgeschwitzte Flüssigkeit, Harztropfen, Harz [*turis* Weihrauchkörner, *Heliadum* Bernstein]; **b)** (*vkl.*) Tropfen des männlichen Samens. — ***Lacrimae Christi* („Christustränen") *urspr. Wein v. den Hängen des Vesuvs, benannt nach* *dem Kloster auf e-m Vorsprung des Vulkans.*

lăcrĭmābĭlĭs, ĕ (*lăcrĭmō*)(*nkl., dcht.*) **1.** beweinenswert [*bellum*]. **2.** kläglich [*gemitus*].

lăcrĭmābundŭs 3 (*lăcrĭmō*) (*nkl.*) weinend.

lăcrĭmō 1. (*denom. v. lăcrĭmă*) weinen [*gaudio, lacrimans* unter Tränen, °*multum u. -a* sehr, heftig]; / (*dcht.*) (*v. Pflanzen*) Tränen schwitzen, herabträufeln, *bsd. P.P.P. lăcrĭmātŭs* [*myrrhae*].

lăcrĭmōsŭs 3 (*lăcrĭmă*) (*nkl., dcht.*) tränenreich, *auch* vielbeweint, jammervoll [*oculi, voces* kläglich, *carmen* Trauergesang, *poëma* rührselig, *fumus* Tränen erregend].

lăcrĭmŭlă, *ae f* (*demin. v. lăcrĭmă*) Tränchen; (*Te.*) *falsa* Krokodilsträne.

lăcrŭm... (*altl.*) = *lăcrim...*

Lăctāntĭŭs, *ī m*: *L. Cae(cĭ)lĭŭs Fĭrmĭānŭs* ~ *ber. Kirchenschriftsteller um 300 n. Chr.*, „*Cicero Christianus*".

lăctĕ *altl.* = *lăc.*

lăctēns, *ēntĭs* (*part. praes. v. lăctĕō* „saugen", *denom. zu lăc*) **1. a)** saugend [*Romulus*, °*vitulus*, °*annus* gleichsam ein Säugling]; **b)** *subst.* °*lăctēntēs, ĭŭm* α) *m* Säuglinge; β) *f* (*sc. hŏstĭae*) noch säugende Tiere. **2.** (*unkl.*) (*v. Pflanzen*) milchig, saftig [*ficus*].
F. *Cf.* V.-B. VIII.

lăctĕŏlŭs 3 (*demin. v. lăctĕŭs*) (*dcht.*) milchweiß [*puellae*].

lăctēs, *ĭŭm f* (*lăc*) **1.** (*nkl.*) „Milch", *Samenflüssigkeit männlicher Fische.* **2.** (*dcht.*) Eingeweide der Tiere, Gekröse, (*scherzh.*) *vom Menschen.*

lăctēscō, — — 3. (*incoh. zu lăctĕō, cf. lăctēns*) zu Milch werden, sich in Milch verwandeln.

lăctĕŭs 3 (*lăc*) **1.** (*dcht.*) milchig [*umor* Milch]. **2. a)** (*Ve.*) voller Milch [*ubera* strotzend]; **b)** (*Ma.*) saugend, Milch trinkend [*porcus, verna*]; **c)** (*meton.*) α) milchweiß [°*colla, orbis od.* °*via* Milchstraße]; β) (*Qu.*) milchrein, goldrein [*Livii ubertas*].

lăctĭtō 1. (*intens. v. lăctō*[1]) (*Ma.*) säugen.

lăctō[1] 1. (*lăc*) (*dcht., nkl.*) **1. a)** Milch geben [*ubera*]; **b)** Milch saugen [*puer, vitulus*]. **2.** aus Milch bestehen; *metae lactantes* Käse.

lăctō[2] 1. (*intens. v. lăcĭō, cf. lăcēssō*) (*vkl.*) an sich locken, betrügen.

lăctūcă, *ae f* (*lăc*) (*nkl., dcht.*) Lattich, Kopfsalat.

lăctūcŭlă, *ae f* (*demin. v. lăctūcă*) (*nkl.*) zarter Kopfsalat.

lăcūnă, *ae f* (*lăcŭs*) **1. a)** (*unkl.*) Loch, Vertiefung, Senkung, Grube, *bsd. im Boden*; **b)** (*Ov.*) Grübchen; **c)** (*nkl., dcht.*) Tiefe, Abgrund, Schlund. **2. a)** (*dcht., nkl.*) Lache, Tümpel, Sumpf; *auch* Teich, See; **b)** / Ausfall, Verlust, Mangel [*lacunam rei familiaris explere*]. — ***maris* Lagune.

lăcūnăr, *ārĭs n* (⟨ **lăcūnārĕ n v.* **lăcūnārĭs, ĕ* „*m.* Vertiefungen versehen"; *lăcūnă*) getäfelte Decke, Kassettendecke.
F. *abl. sg. -ī; pl. nom. -ĭă, gen. -ĭŭm.*

lăcūnō 1. (*denom. v. lăcūnă*) (*nkl., dcht.*) vertiefen; *bsd. m.* einer getäfelten Decke schmücken.

lăcūnōsŭs 3 (*lăcūnă*) lückenhaft.

▶ **lăcŭs**, *ūs m* (*cf.* λάκκος ⟨ *λάκϝος „Vertiefung, Teich") **1.** *künstliches Wasserbecken*: **a)** Trog, Wanne, Kübel; **b)** Kufe *für gekelterten Wein od. gepreßtes Öl* (= 20 *cullei*); **c)** (*Ve.*) Lösch-, Kühltrog *der Schmiede* [*aera lacu tingere*]; **d)** (*nkl., dcht.*) Bassin; *siccus* ~ (*Pr.*) ausgetrockneter Brunnentrog *v. etw. Unnützem.* **2.** *natürliches Wasserbecken*: See [*Lucrinus, Lemannus*], *auch* Lache, Sumpf, *übh.* (*dcht.*) Wasser, Gewässer; Flußbett [*altus* tiefe Flut].
F. *dat. u. abl. pl. lăcŭbŭs öfter als* °*lăcĭbŭs.*

laecăsĭn *d.i.* λαικάζειν = *fēllārĕ* (*Pe.*; *bei Ma. griechisch*): ~ *dico* [*frigori* = die Kälte kann mir ..., *derb für* ich schere mich nicht um ...].

▶ **laedō**, *sī, sŭm* 3. (*et. ungeklärt*; *Grbd.* „stoßen, schlagen, drücken" *wohl nur in den Komposita erhalten*) **1.** (*dcht.*) verletzen, versehren, beschädigen (*alqm u. alqd, zB. deam, hiems frondes*; *re* durch *etw., zB. hominem vulnere, ferrum robigine, collum zonā* = sich erhängen). **2.** / verletzen, schädigen [*fidem, famam alcis opprobrio*, °*pudorem* das Schamgefühl, °*amores*, °*foedus u.* °*oscula* entweihen]; *meist* = kränken, beleidigen, *auch* lästig fallen, betrüben (*abs. od. alqm u. alqd, zB. neminem iniuste*, °*pectus alcis, auch v. Sachen, zB.* °*tua me infortunia laedent* wird mich erschüttern, °*via laedit* ist beschwerlich *od.* langweilig).

Laelĭŭs 3 *Name einer pleb. gēns zu Rom*: *C. Laelius Săpĭēns, Freund des jüngeren Scipio; ihn machte Cicero zur Titelperson seiner Schrift De amicitia.*

laenă, *ae f* (*Lw.* ⟨ χλαῖνα „Oberkleid", *wohl durch etr. Vermittlung*) langhariger Wollmantel, *urspr. Kleidungsstück der Priester.*

Lāĕrtēs, *ae u.* (*selten*) *ĭs m* (Λαέρτης) *V. des Odysseus*; *cf.* V.-B. I, 2 *u.* III, 3. — *patron.* **Lāĕrtĭădēs**, *ae m* (= Odysseus); *adi.* **Lāĕrtĭŭs** 3 [°*heros* = Odysseus, °*regna* = Ithaka].

laesī *s. laedō.*

laesĭō, *ōnĭs f* (*laedō*) Verletzung; (*rhet. t.t.*) das absichtliche Reizen *des Gegners.*

Laestrȳgŏnĕs, *ŭm m* (Λαιστρυγόνες) *menschenfressendes Riesenvolk im fernen Westen od. Norden* (*v. den Römern in die Gegend v. Formiae versetzt*) (*sg. -ōn, ŏnĭs*); *cf.* V.-B. III, 1b *u.* **e**; *adi.* **Laestrȳgŏnĭŭs** 3 [°*amphora* Krug formianischen Weines].

laesūră, *ae f* (*laedō*) (*Vulg., Tert.*) Verletzung; / Schädigung, Beeinträchtigung.

laesŭs *P.P.P. v. laedō.*

laetābĭlĭs, *ĕ* (*laetŏr*) erfreulich.

laetātĭō, *ōnĭs f* (*laetŏr*) Frohlocken, Jubel.

laetĭfĭcō 1. (*denom. v. laetĭfĭcŭs*) **1.** erfreuen [*sol terram*]. **2.** befruchten, fruchtbar machen [*Indus agros aquā*].

laetĭ-fĭcŭs 3 (*laetŭs, făcĭō*) (*dcht.*) [erfreulich.]

▶ **laetĭtĭă**, *ae f* (*laetŭs*) **1.** laute, lebhafte Freude, Fröhlichkeit, Jubel (*Ggs. gaudĭŭm*) [°*gaudium atque laetitiam agitare* sich der Freude *u.* Fröhlichkeit hingeben, *laetitiā alqm afficere* = *laetitiam dare u. afferre alci*; *alcis rei* um, über *etw., zB. victoriae* Siegesfreude; (*dcht.*) = Liebesglück. **2.** (*meton.*) **a)** (*dcht., nkl.*) erfreulicher Anblick = Schönheit, Anmut [*nostrorum temporum*]; **b)** (*nkl.*) Fruchtbarkeit, üppiger Wuchs, Üppigkeit [*pabuli*]; **c)** (*dcht.*) (*personif.*) *Laetĭtĭă* Dämon der Freude.

▶ **laetŏr** 1. (*denom. v. laetŭs*) sich freuen, fröhlich sein, Freude empfinden *u. auch äußerlich* zeigen, frohlocken (*Ggs. gaudĕō*) (*abs., zB. laetans* = *laetus, laetanti animo*, °*laetantia loca* lachende Fluren; °*non longum laetabere* deine Freude wird nicht lange dauern, °*laetandus* erfreulich, *zB. casus alcis*; *re u. de re* über, wegen *etw., ex re* infolge *v. etw., zB. Caesaris morte, de communi salute*; *in re* in *od.* bei, an *etw., zB. in omnium gemitu*; *m. acc. klass. nur beim neutr. v. pron. u. allg. adi., zB. id, utrumque*; *m. quod u. a.c.i.*).

> **laetŭs**
> **1.** (*pass.*) froh, vergnügt; **2.** (*act.*) erfreulich, beglückend; **3. a)** fruchtbar, üppig, blühend; **b)** (*Tiere*) wohlgenährt; **c)** (*rhet.*) glänzend, von großer Fülle.

laetŭs 3 (*m. comp. u.* °*sup.*; *adv.* **-ē**) (*et. ungedeutet*; *vl. Grbd.* „fett, fruchtbar"; *s.* 3a) **1.** (*pass.*) erfreut, froh, fröhlich, vergnügt, heiter, *v. Lebendem u. Leblosem* [*homo, conviva*, °*pecus* munter, *animus, vultus*, °*sonus* Jubelruf, °*sedes* Wohnsitze der Seligen, *laetissimis animis excipi m.* größter Freude; *oft praed.* = *m.* Freuden, willig, gern; *re m. etw., zB.* °*fronte, auch* °*animi* im Herzen; *re u.* °*de re* über *etw., zB.* °*origine novae urbis*, °*victore Caesare* über den Siegesruhm des Augustus; °*alcis rei u.* °*ob alqd*; °*in arma* zum Kampf; *selten m. quod od. a.c.i.*]. **2.** (*act.*) erfreuend, erfreulich, beglückend, glückverheißend [*facta, res rusticae*, °*Venus* gnädig, °*exta v.* glücklicher Vorbedeutung; °*alci* für *jd., zB. nomen militibus -um*]; *subst.* °*laeta, orum n* frohe Ereignisse, Glück. **3. a)** fruchtbar, üppig, blühend, herrlich, glücklich [*segetes*, °*tellus* fett, °*flumina* reichlich, °*res* blühendes Glück; °*alcis rei u. re* reich an *etw., zB. colles frondibus -i*]; **b)** (*dcht.*) (*v. Tieren*) wohlgenährt, gemästet, feist [*armenta*]; **c)** (*vom Redner u. v. der Rede, vom Dichter*) blühend, eine reiche Fülle zeigend [*genus verborum*, °*Homerus*, °*stilus*].

▶ **laevŭs** 3 (*adv.* **-ē**) (*cf.* λαιός; *Grbd.* „gekrümmt") **1. a)** linker, links, links liegend, *klass. selten statt sinister* [*manus*, °*pes*, °*latus*, °*amnis* linke Seite des Flusses, °*a parte laeva*]; **b**) *subst.* **α**) **laevă,** *ae f* linke Hand, die Linke, linke Seite [*ad laevam* zur Linken = °*a laeva, dextrā laevāque* rechts *u.* links, °*laevam petere* nach links steuern]; **β**) °**laevŭm,** *ī n* linke Seite, *bsd.* linker Flügel [*in laevum flectere*]; **γ**) °*laevă, ōrŭm n* linke Gegend *od.* Seite [*maris, -a tenere* sich links halten]. **2.** / **a**) (*dcht.*) linkisch, ungeschickt, unbesonnen [*homo, tempus* Unzeit, *non* ~ gewandt]; **b**) (*dcht.*) **α**) (*in der Auguralsprache lag bei Südorientierung nach röm. Ritus zur Linken der Osten, die glückbringende Weltgegend; daher:*) glückbringend, günstig, glücklich [*numina* gnädige Götter, *omen, laevum intonare* zur Linken]; **β**) (*im Aberglauben lag bei Ostorientierung nach griech. Vorbild zur Linken der Norden; daher:*) unheilbringend, ungünstig, unglücklich [*picus, numina* feindliche].

lăgălōpēx, *ĕcĭs f* (?) (*Fw.* ‹ *λαγαλώπηξ *zu* λαγώς „Hase" *wegen der langen Ohren*) (*Ma.* 7,87,1) *ein Vogel* [*aurita*].

lăgănŭm, *ī n* (*Fw.* ‹ λάγανον) (*nkl., dcht.*) Plinse, dünner, in Öl gebackener Kuchen.

lăgēnă, *ae f* = *lăgōnă.*

lăgēŏs, *ī f* (*Fw.* ‹ λάγειος) (*dcht., nkl.*) Hasenwein, *eine griech. Rebenart, nach der Farbe der Trauben benannt.*

lăgōĭs, *ĭdĭs f* (*Fw.* ‹ λαγωίς) (*Ho.*) *wahrsch.* Schneehuhn.

lăgōnă *u.* **lăgūnă,** *ae f* (*schlechtere Schreibung lăgoenă; Fw.* ‹ λάγυνος) Henkelgefäß *aus Ton od. Glas, m. weitem Bauch u. engem Hals, bsd.* Weinflasche, -krug.

lăgūncŭlă, *ae f* (*demin. v. lăgōnă*) (*nkl.*) Fläschchen.

lāĭcŭs, *ī m* (*Fw.* ‹ λαϊκός „zum Volk gehörig") (*Eccl.*) ein Laie .— ***adi.* 3 weltlich; *subst.* ein Laienbruder.

Lāĭs, *ĭdĭs, ĭdŏs f* (Λαΐς) *Name zweier ber. Hetären in Korinth.*
F. *acc. Lāĭdĕm u. -dă, abl. -dĕ.*

Lāĭŭs, *ī m* (Λάϊος) *V. des Oidipus* (*Ödipus*), *Gemahl der Iokaste, K. v. Theben. — patron.* **Lāĭădēs,** *ae m* (= Ödipus).

lălĭsĭō, *ōnĭs m* (*afrikanisches Wort*) (*nkl., dcht.*) Füllen des Waldesels.

****L.A.M.** (*Abk.*) = *liberalium artium magister.*

lāmă, *ae f* (*et. nicht sicher gedeutet*) (*dcht.*) Sumpf, Morast, Pfütze.

lămbĕrō 1. (*lămbō*) (*vkl.*) (be)lekken; *sprichw. meo me ludo -as* du zahlst mir *m.* gleicher Münze.

lămbĭtŭs, *ūs m* (*lămbō*) (*spätl.*) das Lecken.

lămbō, *lămbī, lămbĭtŭm* 3. (*Schallwurzel *lab-* „lecken" *m. Nasalinfix, cf. nhd.* schlamp[f]en) lecken, belecken, *trans. u. intr.* (*alqm u. alqd, zB.* °*lupa linguā pueros*); / (*nkl., dcht.*) (*v. Sachen*) züngelnd *od.* leicht berühren, umzüngeln [*sidera, flamma tectum, hederae lambunt imagines* „umranken"]; *vom Fluß* bespülen [*loca*].

lāmĕllă, *ae f* (*demin. v. lāmĭnă*) (*nkl.*) Metallblättchen.

lāmĕntă, *ōrŭm n* (*selten sg. -ŭm, ī; vl. zur Schallwurzel *la-* „bellen"; *cf. lātrō*[1]) Wehklagen, Jammern (*alcis*).

lāmĕntābĭlĭs, *ĕ* (*lāmĕntŏr*) **1.** (*dcht.*) (*pass.*) beklagenswert [*regnum*]. **2.** (*act.*) jammernd, kläglich [*vox, funus m.* Trauerklagen verbunden].

lāmĕntārĭŭs 3 (*lāmĕntŏr*) (*Pl.*) Klagen erregend.

lāmĕntātĭō, *ōnĭs f* (*lāmĕntŏr*) das Wehklagen, *auch pl.*

lāmĕntŏr 1. (*denom. v. lāmĕntŭm*) **1.** (*intr.*) laut wehklagen, jammern (*v. Pers., zB.* °*mulieres; in re* bei *etw., zB. in vulnere*). **2.** (*trans.*) laut beklagen, bejammern (*alqm u. alqd, zB.* °*matrem, caecitatem; m.* °*a.c.i.*).

lāmĕntŭm, *ī n s. lāmĕntă.*

lămĭă, *ae f* (*Fw.* ‹ λαμία „Gespenst", *eigtl.* „die Gefräßige") (*nkl., dcht.*) Vampir; *meist pl.* schöne Unholdinnen, *die Kindern u. jungen Leuten das Blut aussaugen* (*et. u. sachlich den röm. lĕmŭrēs verwandt; s.d.*).

Lămĭă, *ae m cogn. in der gēns Aelia; adi.* **Lămĭānŭs** 3 [*horti* auf dem Esquilin].

lāmĭnă, (*synk.*) **lāmnă** (*u. lămmĭnă*), *ae f* (*et. ungeklärt*) **1.** dünne Platte *od.* Scheibe *v. Metall, Holz u.a.*, Blatt, Brett, Tafel, Blech, ungemünzte Barren [°*ferrea*, Eisenblech, °*argentea*, °*plumbi*, °*fulva* Goldblech, *in lamina scribere* auf Erztafeln, °*serrae* Blatt der Säge, *ardentes od.* °*candentes -ae* glühende Eisenplatten als Folter- *od.* Brandmarkungsmittel]. **2. a**) (*Cu.*) Brustplatte *e-s Pferdes*; **b**) Eisenklammer [*tigna laminis religare*]; **c**) (*dcht., nkl.*) Schwertklinge; **d**) (*Ho.*) (*verächtlich*) Blech = Geld; **e**) (*Ov.*) die noch weiche Nußschale.

lāmĭrŭs = *lămy̆rŭs.*

lămpădă, *ae* (*vkl., nkl.*) *u.* **lămpăs,** *ădĭs f* (*unkl.*) (*acc. sg. auch -ădă, acc. pl. auch -ădăs; Fw.* ‹ λαμπάς) Fakkel, Leuchte; (*meton.*) *auch* Leuchter; / Glanz, Schimmer, Licht, Strahl, *bsd.* Sonnen-, Tageslicht [*prima*]; (*Se.*) *auch* Meteor. — *Cf.* V.-B. III, 1b *u.* e.

Lămpsăcŭm, *ī n u.* **Lămpsăcŭs,** *ī f* (Λάμψακος) *St. in Mysien am Hellespont, Hauptsitz des Kultes des Priapos; Einw. u. adi.* **Lămpsăcēnŭs** (3).

Lămŭs, *ī m* (Λάμος) *myth. K. der Lästrygonen, Erbauer v. Formiä.*

lămy̆rŭs, *ī m* (*nkl., dcht.*) *unbekannter Seefisch.*

▶ **lānă,** *ae f* (*cf. dor.* λᾶνος *n ds., ahd.* wolla, *lat. ablautend vĕllŭs*) **1.** Wolle [°*mollis; sprichw.* °*de lana caprina rixari* um „Ziegenwolle" = *de nihilo* um eine Nichtigkeit; *ähnlich im dt. Sprichw.* um des Kaisers Bart streiten]. **2.** (*meton.*) (*unkl.*) **a**) aus Wolle Gefertigtes: Wollkleid [*lanae tinctae murice*], Wollfaden [*lanas ducere*], Wollappen; wollene Stoffe; **b**) Wollespinnen [*lanae deditus*]. **3.** / **a**) (*dcht., nkl.*) das Wollene *an Früchten u. Pflanzen, bsd.* Baumwolle; **b**) (*Ve.*) *vellera tenuia lanae* Schäfchenwolken *am Himmel.*

lānārĭŭs, *ī m* (*lānă*) (*vkl., nkl.*) Wollarbeiter.

lānātŭs 3 (*lānă*) (*nkl., dcht.*) Wolle tragend, *m.* Wolle bekleidet, wollig [*capra*]; *m.* Wolle umwickelt [*solea*]; *subst.* **-ae,** *ārŭm f* Wollträger = Schafe.

lăncĕă, *ae f* (*kelt. Lw.*) (*nkl.*) Lanze, Speer (*v. den Spaniern entlehnt, in der Mitte m. einem Riemen versehen*).

lăncĭnō 1. (*lăcĕr*) (*nkl., dcht.*) zerfleischen; / verschlemmen [*paterna bona*].

lānĕŭs 3 (*lānă*) wollen [*pallium*]; / (*Ca.*) weich wie Wolle.

Lăngŏbărdī, *ōrŭm m. germ. Volk skandinavischer Herkunft, seit dem 2. Jh. v. Chr. an der Unterelbe. Später wanderten sie nach Ungarn, schließlich nach Norditalien.*

lăngu̯ē-făcĭō, — — 3. (*lăngu̯ĕō, făcĭō*) einschläfern, beruhigen (*alqm*).

lăngu̯ĕō, *gu̯ī,* — 2. (*-gu-* [*sprich gv*] *sekundär aus -g-; cf.* λήγω „lasse ab, höre auf", *lăxŭs*) matt *od.* abgespannt, schlaff, träge sein, / *auch* untätig, lässig, gleichgültig sein, erschlaffen, die Flügel hängen lassen, *v. Pers. u. Sachen* [*homo, iuventus,* °*corpus,* °*flos* welk, °*hyacinthus* welkend, °*amor* erkaltet; *re* durch *etw., in re* in *etw., de u. e re* infolge *v. etw., zB. otio, in otio, e od. de via*]; *auch* langweilig sein [*ea solitudo languet*]; (*part. praes.*) *adi.* **lăngu̯ēns,** *ēntĭs* matt, schlaff [*senatus, populus*]; *cf.* V.-B. VIII; *auch subst. n pl.*

lăngu̯ēscō, *gu̯ī,* — 3. (*incoh. v. lăngu̯ĕō*) matt, schlaff, träge werden, ermatten, abnehmen, *körperlich u. geistig, auch* / (*nkl.*) lässig *od.* gleichgültig, lau werden, *v. Pers. u.* °*Sachen* [*orator,* °*corpus,* °*animi,* °*flos* verwelkt, °*luna* verdunkelt sich, °*vinum od.* °*Bacchus in amphora* wird milder, °*favor* erkaltet, °*dolor; re* durch, *m. etw., zB. corpore;* °*Veneris motu*].

lăngu̯ī *s. lăngu̯ĕō u. lăngu̯ēscō.*

lăngu̯ĭdŭlŭs 3 (*demin. v. lăngu̯ĭdŭs*) schon welk [*corona*]; / (*Ca.*) wohlig matt [*somni*].

▶ **lăngu̯ĭdŭs** 3 (*m. comp.; adv.* **-ē**) (*lăngu̯ĕō*) matt schlaff, träge, / *auch* untätig, lässig, gleichgültig, *v. Pers. u. Sachen* [*philosophus, animus,* °*flumen* träge fließend, °*aqua* schwach, °*ventus* lind, °*vinum* mild, °*quies* einschläfernd, °*voluptates* erschlaffend, *languide in opere versari; re* durch *etw., zB. vigiliis*].

lăngu̯ŏr, *ōrĭs m* (*lăngu̯ĕō*) Mattigkeit, Schlaffheit, Erschlaffung, *insb.* krankhafte Entkräftung [*aquosus* die erschlaffende Wassersucht], *körperlich u. geistig,* / *auch* Trägheit, Untätigkeit, Lässigkeit, Gleichgültigkeit, Sorglosigkeit, *v. Pers., selten v. Sachen* [*languore fessus; alcis u. alcis rei, zB. militum, scriptorum* Langweiligkeit]; *auch* (*Ho.*) Schwermut.

lănĭātĭō, *ōnĭs f* (*Se.*) *u.* **lănĭātŭs,** *ūs m* (*lănĭō*) Zerfleischung, Zerreißung (*alcis j-s u.* durch *jd., zB. ferarum*); *concr. pl.* °Menge blutiger Wunden.

lăniēnă, *ae f* (*etr. Fw.*; *cf. lăniŭs*) (*vkl.*, *nkl.*) Fleischbank, Fleischerladen.

lānificĭŭm, *ī n* (*lānificŭs*) (*nkl.*) Wollarbeit.

lāni-ficŭs 3 (*lānă*, *făciō*) (*nkl.*, *dcht.*) Wolle verarbeitend *od.* spinnend, webend [*ars* Webekunst, *sorores* Parzen].

lānigĕr, *gĕră*, *gĕrŭm* (*lānă*, *gĕrō*) (*nkl.*, *dcht.*) Wolle tragend, wollig [*greges*, *apex m.* Wolle umwunden]; *subst. m* Widder, Lamm.

lănĭō[1] 1. (*vl. denom. v. lăniŭs*; *s.u.*) zerfleischen, zerstückeln, zerfetzen, in Stücke zerreißen (*alqm u. alqd*, *zB. hominem*, *tunicam*, °*genas* zerkratzen, °*crinem* zerraufen; / °*carmina m.* Worten herunterreißen; *alqd re*, *zB.* °*ōs unguibus*; °*vestem a corpore* losreißen; *medio-pass. m.* °*griech. acc.*, *zB.* [*Ve.*] *genas manu laniatus* sich die Wangen zerfleischend).
E. *vl. wegen seiner Bed. Rückbildung zu lăniātŭs.*

lănĭō[2], *ōnĭs m* (*lănĭō*[1]) (*nkl.*) Fleischer; / (*spätl.*) Henker.

lănĭōnĭŭs 3 (*lănĭō*[2]) (*Suet.*) Fleischer ..., Henkers ... [*mensa*].

lāni-pēs, *pĕdĭs* (*lānă*) (*nkl.*) *eigtl.* „wollfüßig"; die Füße *m.* Wolle umwickelt [*senex*].

lănistă, *ae m* (*wohl etr. Lw.*) Gladiatorenmeister; / (*pejorativ*) Aufhetzer, Aufwiegler [*-a Cicerone v.* C. aufgehetzt].

lānitĭŭm, *ī n* (*lānă*) (*nkl.*, *dcht.*) Ertrag an Wolle; Wolle.

lănĭŭs, *ī m* (*etr. Lw.*) **1.** (*unkl.*) Fleischer [*ad lanium pendere* in einem Fleischerladen]. **2.** / (*Pl.*) **a)** Opferschlächter; **b)** Henker.

lantĕrnă, *ae f* (*Lw.* ⟨ λαμπτήρ „Kandelaber, Leuchter", *wohl durch etr. Vermittlung*) Laterne, Lampe.

lantĕrnārĭŭs, *ī m* (*lantĕrnă*) Laternenträger; / Spießgeselle [*Catilinae*].

****lantgravius,** *i m* Landgraf.

lānūgō, *ĭnĭs f* (*lānă*) (*nkl.*, *dcht.*) **1.** das Wollige *od.* die Wolle *an der Leinwand, an Früchten, Kräutern u.ä.* **2.** Bartflaum, der erste sprossende Bart [*prima*]. — ** (*med. t.t.*) Wollhaarflaum *des menschlichen Fetus.*

Lānŭvĭŭm, *ī n alte latinische St. am Albaner Berge m. Tempel der Iuno Sospita, j.* Civita Lavigna; *Einw. u. adi.* **Lānŭvīnŭs** 3 (*subst.* **-ŭm,** *ī n* Landgut bei Lanuvium).

lānx, *lăncĭs f* (*cf.* λέκος *ds.*) **1.** Schüssel, Schale [°*rotunda*]. **2.** Waagschale (*alqd in altera librae lance ponere*).

Lāŏcŏŏn, *ŏntĭs m* (Λαοκόων) *Priester des Poseidon in Troja, der die Troer vor dem hölzernen Pferd warnte u. v. zwei Schlangen getötet wurde* (*Kopie der Laokoongruppe rhodischer Künstler 1506 in den Titusthermen in Rom gefunden, j. im Vatikan, falsche Ergänzung des r. Arms heute berichtigt*).
F. *Cf.* V.-B. III, 1, b.

Lāŏmĕdōn, *ŏntĭs m* (Λαομέδων) *V. des Priamos*; *adi.* **Lāŏmĕdŏntēŭs** *u.* **-tĭŭs** 3; *dcht. auch* trojanisch [°*heros* = Äneas]; *patron.* **Lāŏmĕdŏntĭădēs,** *ae m* = Priamos; *pl.* = die Trojaner.

lăpăthŭm, *ī n u.* **lăpăthŭs,** *ī m u. f* (*Lw.* ⟨ λάπαθος) (*nkl.*, *dcht.*) Sauerampfer.

lăpi-cīdă, *ae m* (*lăpĭs*, *caedō*) (*vkl.*, *nkl.*) Steinmetz.

lăpĭcīdīnae, *ārŭm f* (*lăpĭcīdă*) Steinbrüche; *bsd. als Strafort.*

lăpĭdārĭŭs 3 (*lăpĭs*) (*vkl.*, *nkl.*) Stein... [*latomiae -ae* Steinbrüche].

lăpĭdātĭō, *ōnĭs f* (*lăpĭdō*) Steinwürfe, *auch pl.* [*magna* Hagel *v.* Steinen]; / (*spätl.*) Steinigung.

lăpĭdātŏr, *ōrĭs m* (*lăpĭdō*) Steinschleuderer.

lăpĭdēŭs 3 (*lăpĭs*) steinern, Stein... [°*murus*, *imber* Steinhagel]; / (*Pl.*) versteinert (*vor Entsetzen*).

lăpĭdō 1. (*lăpĭs*) (*nkl. seit Livius*) **1.** (*trans.*) steinigen, nach *jd. od. etw. m.* Steinen werfen (*alqm u. alqd*). **2.** (*impers.*) *lapidat* es regnet Steine (*pf. lapidavit u. lapidatum est m. u. ohne de caelo*).

lăpĭdōsŭs 3 (*lăpĭs*) (*unkl.*) **1.** steinig, voller Steine [*montes*, *ager*]. **2.** hart wie Stein [*panis*, *corna*].

lăpĭllŭs, *ī m* (*demin. v. lăpĭs*) (*nkl.*, *dcht.*) **1.** Steinchen, Kiesel. **2. a)** Stimmstein [*nivei atrique*]; **b)** Marmorstückchen *für Mosaikarbeiten*; **c)** Edelstein, *auch* Perle, *pl.* Geschmeide [*nivei viridesque* Perlen *u.* Smaragde].

▶ **lăpĭs,** *ĭdĭs m* (*vkl. auch f*; *abl. sg.* [*Lu.*] *lăpĭdī*; *cf. ablautend* λέπας „kahler Fels, Berg") **1.** Stein *entweder coll. als Stoff* (*im Ggs. zu Holz, Metall u. a.*) *od.* (*im Ggs. zu săxŭm*) ein kleinerer Stein [°*emporium lapide sternere* pflastern, ~ °*quadratus* Quadern, *lapides iacere od. conicere od. fundā mittere*, *eminus lapidibus pugnare*, ~ °*ardens* Meteor, °*vivus* Feuerstein, °*bibulus* Bimsstein]. **2. a)** (*dcht.*) Marmor [*Parius*, *varii* bunte Mosaiksteinchen]; **b)** (*meton.*) *aus Stein Verfertigtes*: **α)** (*dcht.*, *nkl.*) Tisch, Tischplatte [*albus* aus weißem Marmor]; **β)** (*nkl.*) Meilenstein, *in einer Entfernung von je 1 röm. Meile an den Heerstraßen aufgestellt* [*ad quintum lapidem v. Rom aus*]; **γ)** (*nkl.*) Grenzstein [*sacer*]; **δ)** (*dcht.*) Grabstein; **ε)** Steintritt *des praeco beim Sklavenverkauf*; *daher* / *tribunos de lapide emere* in aller Öffentlichkeit sich erkaufen, bestechen. **3.** (*dcht.*) Edelstein, *auch* Perle [*clari*]. **4.** / (*vkl.*, *dcht.*) Stein = dummer *od.* gefühlloser Mensch, Klotz. **5.** *Iuppiter* ~ ein Donnerkeil, *den man beim Schwur als Symbol i. der Hand hielt* [*Iovem lapidem iurare*]. — ***lapis niger Stein auf dem Forum Romanum, unter dem ein Monument mit der ältesten röm. Inschrift entdeckt wurde.* — *lapis lazuli* Lasurstein (*dunkelblauer Halbedelstein*).

Lăpĭthă *u.* **-ēs,** *ae m* (Λαπίθης), *pl.* **-ae** die Lapithen, *tapferes Bergvolk in Thessalien, berühmt durch den Kampf m. den Kentauren auf der Hochzeit des Peirithoos* (*lat. Pirĭthŏŭs*) *u. der Hippodameia* (*i. der bildenden Kunst oft dargestellt, so v. Pheidias i. den Metopen des Parthenons*).
F. *gen. pl. Lăpĭthŭm* = *Lăpĭthārŭm*; *cf.* V.-B. I, 2 *u.* VI.

lăppă, *ae f* (*et. ungedeutet*) (*nkl.*, *dcht.*) Klette.

****lapsi,** *orum m* (*eigtl. P.P.P. v. lābŏr*[1]) = Abgefallene, *d. h. Christen, die in den Verfolgungen seit Decius ihrem Glauben untreu geworden waren.*

lāpsĭō, *ōnĭs f* (*lābŏr*[1]) das Abgleiten; / Neigung zum Schlimmen.

lāpsō 1. (*intens. v. lābŏr*[1]) (*nkl.*, *dcht.*) wiederholt ausgleiten *od.* wanken.

lāpsŭs[1] *part. pf. v. lābŏr*[1].

▶ **lāpsŭs**[2], *ūs m* (*lābŏr*[1]) **1.** das Gleiten, gleitende (= gleichmäßige) Bewegung, *zB.* Flug, Lauf *der Flüsse u. Gestirne*, Gefälle *od.* das Fließen, das °Schlüpfen *der Schlangen* [*lapsu diffugere* entschlüpfen], das Ranken *der Reben*, das °Rollen *der Räder*, das °Schwimmen *u. a.* **2.** Fall, Sturz [*terrae* Erdrutsch, °*equi*]. **3.** / Fehltritt, Verstoß, Versehen [*multi populares -ūs* gegen die Volksgunst]. — **~ *calami* Schreibfehler, ~ *linguae* das Sichversprechen.

lăqueăr *u.* **-ārĕ,** *ārĭs n* (*v.* **lăqueārĭs*, *ĕ adi. zu lăcŭs*) (*dcht.*, *nkl.*) = *lăcūnăr*; *meist pl.*

lăqueātŭs 3 (*P.P.P. v. lăqueō* 1. „täfeln" *zu* **lăqueŭs* 3" aus einer Vertiefung bestehend") getäfelt, *m.* getäfelter Decke versehen [*templum*].

lăquĕŭs, *ī m* (*et. ungedeutet*; *cf. lăcĕssō*) Strick, Schlinge, Fessel [*collum inserere in laqueum*, °*laqueo gulam frangere alcis jd.* erdrosseln]; / Fallstrick, Falle, *meist pl.* [*legum*, *Stoicorum* Trugschlüsse].

Lār, *Lărĭs m* (*Lăr?*) der Lar: **1.** *meist pl.* **Lărēs,** *ŭm u.* (*selten*) *ĭŭm* (*altl. Lăsēs*) die Laren, Hausgötter (*Geister der Grundstücke, Kreuzwege, Straßen u. Haine, dann Schutzgötter des Hauses, vergötterte Seelen der Verstorbenen*) [*Lares* °*viales*, °*rurales*, °*compitales*]; *neben diesen Lares privati gab es auch L. publici od. urbani, die die Obhut über den ganzen Staat hatten*; *zu ihnen gehörten bsd. Romulus, Remus u. Acca Larentia.* **2.** (*meton.*) *meist sg.* **a)** Haus, Wohnung, Heimat, Herd [*familiaris* eigener Herd, °*certus* fester Wohnsitz, *ad larem suum reverti*, °*sine lare* ohne eigenen Herd]; **b)** (*dcht.*) Nest *der Vögel*, Stock *der Bienen*; **c)** (*Ho.*) philosophische Schule *od.* Sekte.

lārdŭm, *ī n* = *lārĭdŭm.*

Lārentālĭă, *ĭŭm n Fest zu Ehren der Acca Larentia, die Romulus u. Remus erzog.*

Lārēntĭă *od.* **-tīnă,** *ae f der Name verschiedener altröm. Göttinnen*; *eine v. ihnen* (*s. Ăccă Lārēntĭă*) *ist die im Arvalkult verehrte Lărŭm mātĕr*; *doch ist die Quantitätsverschiedenheit* (*Lā-*, *Lă-*) *nicht geklärt.*

lārgi-fĭcŭs 3 (*-ā-?*; *lārgŭs*, *făcĭō*) (*Lu.*) reichlich.

lārgĭ-flŭŭs 3 (-ā-?; *lārgŭs, flŭō*) (*Lu.*) reichlich fließend [*fons*].

lārgĭ-lŏquŭs 3 (-ā-?; *lārgŭs, lŏquŏr*) (*Pl.*) geschwätzig [*lingua*].

▶ **lārgĭŏr** 4. (-ā-?; *denom. v. lārgŭs*) **1.** reichlich geben *od.* schenken, reiche Spenden austeilen, freigebig spenden, *meist aus eigennützigen Absichten od. zu pol. Zwecken* (*abs. od. alqd u. alci alqd, zB. bona,* °*ex u.* °*de alieno v.* fremdem Gute). **2. a)** (*abs.*) (*pejorativ*) bestechen [°*plebem largiundo incendere*]; **b)** / gewähren, einräumen, gestatten, zugestehen (*alqd u. alci alqd, zB. civitatem, populo libertatem,* °*honores* erweisen, °*rei publicae iniurias* verzeihen; *m. ut*). **F.** *impf. dcht. lārgībăr; fut.* (*Pl.*) *lārgībĕrĕ; part. pf. lārgītŭs dcht. auch pass.*

lārgītās, *ātĭs f* (-ā-?; *lārgŭs*) Freigebigkeit [*muneris*].

lārgĭtĕr *adv. s. lārgŭs.*

▶ **lārgĭtĭō,** *ōnĭs f* (-ā-?; *lārgĭŏr*) **1.** das reichliche Geben *od.* Schenken, Freigebigkeit *aus Verschwendung od. aus eigennützigen Absichten* [°*aedilicia, largitione alcis voluntatem consectari; alcis j-s, zB.* °*magistratuum, u.* °an *jd.* = *in alqm, zB.* °*latronum, in cives*]. **2. a)** *jede dem Volke bewiesene Freigebigkeit, wie Spiele, Austeilung v. Getreide, Geld, Öl u. a.,* reiche Schenkung *od.* Spende; **b)** Bestechung [*turpis, effusa, regum appellandorum* für Königstitel]. **3.** *übh.* Verleihung (*alcis rei, zB. civitatis* des Bürgerrechts). **4.** (*meton.*) (*nkl.*) kaiserliche Spendenkasse.

lārgītŏr, *ōrĭs m* (-ā-?; *lārgĭŏr*) **1.** (*nkl.*) Spender [*pecuniae, praedae*]; *als adi.* freigebig [*dux*]. **2.** (*pejorativ*) *abs.* „Spendierer", „Bestecher".

▶ **lārgŭs** 3 (-ā-?; *m.* °*comp. u. sup.*; *adv.* **lārgē** *u. klass. selten* **lārgĭtĕr**) (*et. ungedeutet*) **1.** (*v. Pers.*) freigebig [*homo, large donare; re m. etw., zB.* °*promissis, aber* °*vir -us animo v.* freigebigem Charakter; *m.* °*inf.*); *pl. auch subst. m.* **2.** (*v. Sachen*) **a)** reichlich, ergiebig, viel [*lux,* °*vinum,* °*aether* weit ausgebreitet, °*large procedere* weit, *largiter posse a ud alqm*]; **b)** (*dcht.*) reich an e*w. [*opum*].

lārĭdŭm, *ī n* (*cf.* λαρινός „gemästet"; *vl. m. laetŭs u. lārgŭs verwandt*) (*unkl.*) Speck; *auch* fettes Pökelfleisch.

Lārīnŭm, *ī n St. i. Samnium, j.* Larino; *Einw. u. adi.* **Lārīnās,** *ātĭs* (*cf.* V.-B. IX).

Lārĭs(s)ă, *ae f* (Λάρισα) **1.** *St. in Thessalien* (*Pelasgiotis*), *noch j.* Larissa; *adi.* **Lārīsaeŭs** 3; *Einw.* **Lārīsaeī,** *ōrŭm u.* **Lārīsēnsēs,** *ĭŭm m.* **2.** *St. n. vom Malischen Busen* (ἡ κρεμαστή). **3.** *eine Burghöhe v. Argos.*

Lārĭŭs 3 (*lăcŭs*) *m See in Oberitalien, an dessen Südufer Cōmŭm, der Geburtsort des Plinius; j.* Lago di Como.

lārĭx, *ĭcĭs f* (*Lw. aus idg. Alpenspr.*) (*nkl.*) Lärche.

lārs, *lārtĭs m* (*etr. Fw.*) Herr, Fürst (*etr. Titel od. Beiname, zB. lars Tolumnius*).

lārŭă (*altl.*) *u.* **lārvă,** *ae f* (*wohl zu Lār*) **1.** (*vkl., nkl.*) Gespenst, *böser Geist eines Verstorbenen*; Gerippe; (*Schimpfwort*) Fratzengesicht [°*etiam loquere, larua?*]. **2.** (*dcht., nkl.*) (*meton.*) Larve, Maske *der Schauspieler.*

lārŭālĭs (*altl.*) *u.* **lārvālĭs,** *ĕ* (*lārŭă*) (*nkl., dcht.*) gespensterhaft.

lārŭātŭs 3 (*altl.*) *u.* **lārvātŭs** 3 (*lārŭă*) (*vkl., dcht.*) behext.

lăsānŭm, *ī n* (*Lw.* ⟨ λάσανον) (*dcht., nkl.*) Nachtgeschirr; Kochgeschirr.

lăsăr... = *lăsĕr...*

lăscīvĭă, *ae f* (*lăscīvŭs*) **1.** Lustigkeit, Fröhlichkeit, fröhlicher *od.* scherzhafter Mutwille, Ausgelassenheit [*iuvenalis, hilaritas et* ~; *alcis, zB.* °*piscium*]. **2.** (*pejorativ*) (*nkl.*) Ungebundenheit, Zügellosigkeit; *bsd.* Ausschweifungen, unsittliches Leben. **3.** Geziertheit *des Stils od. im Ausdruck.*

lăscīvĭbŭndŭs 3 (*lăscīvĭō*) (*Pl.*) voll Mutwillen.

lăscīvĭō 4. (*lăscīvŭs*) **1.** lustig *od.* ausgelassen sein, schäkern [°*fugā* munter davonhüpfen]. **2.** zügellos sein, sich überheben [*plebs,* °*luxu*].

lăscīvŭs 3 (*m. comp. u.* °*sup.*; *adv.* °**-ē**) (*Weiterbildung v. adi.* **lăs-kŏs*; *cf.* λιλαίομαι ⟨ ***λιλάσ-ιομαι „begehre", *nhd.* „Lust") **1.** (*dcht.*) lustig, fröhlich, mutwillig, ausgelassen, schäkernd [*puella* kokett, *hedera* üppig rankend, *carmina u. poëta* tändelnd, spielend]. **2.** (*pejorativ*) ungebunden, zügellos, übermütig, *klass. selten* [°*amores*]; *bsd.* ausschweifend, wollüstig, geil, schlüpfrig [°*haedus,* °*corporis motus,* °*oscula,* °*pictura*]. **3.** (*nkl.*) (*v. der Rede*) geziert *im Ausdruck,* überladen.

lăssĕr- *od.* **lăsĕrpīcĭ-fĕr,** *fĕră, fĕrŭm* 3 (*lăsĕr-?; lăsĕrpīcĭŭm, fĕrō*) (*Ca.*) Laserpicium tragend.

lăssĕr- *od.* **lăsĕrpīcĭŭm,** *ī n* (*lăsĕr-?*; ⟨ *lăc sīrpīcĭŭm* = Saft der Sirpepflanze [*Wolfsmilchart*]; *volkset. an pix, pīcĭs angelehnt u. falsch abgeteilt, so daß sich der Pflanzenname lăsĕr ergab*) (*vkl., nkl.*) **1.** (*als Arznei u. Gewürz verwandter*) Saft der Sirpepflanze. **2.** Sirpepflanze.

Lăsēs *altl.* = *Lărēs*; *s. Lăr.*

lăssĭtūdō, *ĭnĭs f* (*lăssŭs*) Ermüdung, Müdigkeit, Ermattung (*alcis j-s, zB. militum; lassitudine confici*).

lăssō 1. (*denom. v. lăssŭs*) (*nkl., dcht.*) müde *od.* matt machen, ermüden, *auch* / (*alqm u. alqd, zB. corpus; re* durch *etw.*); P. müde werden, ermatten.

lăssŭlŭs 3 (*demin. v. lăssŭs*) (*Ca.*) todmüde.

lăssŭs 3 (⟨**lăd-tŏs*; *cf. got.* letan = *nhd.* „lassen"; *vulgär, unkl.*) müde, matt, erschöpft, *körperlich u. geistig* abgespannt, *v. Pers. u. Sachen* [*miles, stomachus* schwach, *ōs* lechzend, *lumina* brechend, *res* mißliche Lage; *re* durch *etw., zB. itinere*; *auch de re, a re*; *alcis rei, zB. maris et viarum*].

lăstaurŭs, *ī m* (*Fw.* ⟨ λάσταυρος) (*Suet.*) liederlicher, unzüchtiger Mensch.

lătĕbră, *ae f* (*lătĕō*) **1.** das Verborgensein, Verborgenheit [*in balneis publicis homini togato* ~ *non est*]. **2. a)** Schlupfwinkel, Versteck [*latebris se occultare; alcis j-s, zB.* °*ferarum; alcis rei* in *etw., zB.* °*silvarum, auch einer Sache, zB.* °*uteri* Höhle, °*animae* geheimer Sitz des Lebens]; **b)** / **α)** Zuflucht, Zufluchtsort, *sg. u. pl.* [*suspicionum,* °*dulces*]; **β)** Ausflucht, Entschuldigung, Hintertür [*mendacii, in mirificam -am se conicere*].

lătĕbrĭcŏlă, *ae m* (*lătĕbră, cŏlō*) (*Pl.*) Besucher gemeiner Kneipen.

lătĕbrōsŭs 3 (*m.* °*comp. u.* °*sup.*; *adv.* **-ē**) (*lătĕbră; unkl.*) voller Schlupfwinkel, versteckt [*loca* Bordelle, *pumex* porös].

lătēns, *ĕntĭs* (*adv.* **-ĕntĕr**) (*eigtl. part. praes. v. lătĕō*) verborgen, unsichtbar, heimlich [*res,* °*periculum,* °*latenter amare*]. *Cf.* V.-B. VIII.

▶ **lătĕō,** *ŭī,* — 2. (*cf.* λανθάνω; λήθω, *dor.* λᾱ́-θ-ω) **1.** verborgen sein, sich verborgen halten, *v. Pers. u. Sachen, klass. nie mit* °*dat. od.* °*acc.* [*in silvis, in occulto, triduo in paludibus,* °*post clipeum, apud alqm, verstärkt abditum latere*; /, *zB. bellum sub nomine pacis latet*]. **2. a)** im stillen leben (*abs. od. inter alqos, zB.* °*bene qui latuit, bene vixit*); **b)** / **α)** sicher *od.* geborgen sein [°*sub umbra amicitiae Romanae,* °*portus* ist sicher vor den Winden; *apud alqm, zB. apud amicum*]; **β)** unbekannt bleiben, übersehen werden [*factum, nihil;* °*alqm, zB. res Hannibalem latuit*]; *impers. latet* es ist unbekannt (*m. indir. Frages. u.* °*a.c.i.*; *unkl., m. acc. u. dat.*); *bsd.* ein Geheimnis sein *od.* bleiben (*m. indir. Frages.*).

lătĕr, *ĕrĭs m* (*Grbd.* „Platte"; *cf. lātŭs*[3]) Ziegel(stein), *sg. auch coll.* [*parietes lateribus u. latere exstruere*]. — *Im Ggs. zum gebrannten Ziegelstein* (*testă*) *ist later bsd. der an der Sonne getrocknete.*

lătĕrāmĕn, *ĭnĭs n* (*wahrsch. zu lătŭs*[3]) (*Lu.*) Seitenwände.

Lătĕrānŭs, *ī m cogn. in mehreren röm. gentes: Plautii Laterani* (*auf dem Caelius stand ihr prächtiges Haus, Lateranae aedes, später basilica Laterana; der ganze Komplex v. Konstántin dem Bischof v. Rom geschenkt, j.* il Laterano).

lătercŭlŭs, *ī m* (*demin. v. lătĕr*) **1.** = *lătĕr.* **2.** / (*vkl.*) Plinse (*Backwerk*).

lătĕrīcĭŭs 3 (-*īcĭŭs*?; *lătĕr*) aus Ziegeln (gemacht), Ziegel... [*turris*]; *subst.* **-ŭm,** *ī n* Ziegelwerk, -bau.

lătĕrīcŭlŭs, *ī m* = *lătercŭlŭs.*

lătēscō, —— 3. (*incoh. v. lătĕō*) (*dcht.*) sich verbergen.

lătĕx, *ĭcĭs m* (*Lw.* ⟨ λάταξ, „Tropfen, Neige Wein") (*nkl., dcht.*) Flüssigkeit, Naß, Saft, *oft pl.* [*Lethaei fluminis*]; *bsd.* Wasser [*occulti -ices*], Fluß [*copia laticum*], Wein [*meri*], Öl [*Palladii -ices*], Wermut [~ *absinthii*].

Lătĭālĭs, Lătĭăr, Lătĭārĭs *s. Lătĭŭm.*

lătĭbŭlum, ī *n* (*lăteō*) Schlupfwinkel, Versteck.

lāti-clāvius 3 (*lātŭs*[2], *clāvŭs*) (*nkl.*) *m.* einem breiten Purpurstreifen (*an der Tunika der Senatoren, ihrer Söhne u. der Militärtribunen*) versehen [*tunica, tribunus*]; *auch subst. m* Senator, Patrizier.

lātĭfundium, ī *n* (*lātŭs*[2], *fŭndŭs*) (*nkl.*) großer Landbesitz.

Lătīnitās, Lătīnŭs *s. Lătium.*

lātiō, ōnis *f* (*lātŭs*[1]) das Bringen [*auxilii* Hilfeleistung, *legis* Gesetzesvorschlag, -antrag, °*suffragii* Stimmrecht].

lătĭtātiō, ōnis *f* (*lătĭtō*) (*Qu.*) das Sichversteckthalten.

lătĭtō 1. (*intens. v. lăteō*) sich versteckt halten, *v. Pers. u. Sachen* [*homo,* °*aper, res*], *bsd. auch, um nicht vor Gericht zu erscheinen.*

lātĭtūdō, inis *f* (*lātŭs*[2]) **1.** Breite [*fossae, mille passus in latitudinem patere*]; *übh.* Ausdehnung, Größe Umfang [*possessionum*]. **2.** / **a)** breite Aussprache [*verborum*]; **b)** Fülle des Ausdrucks.

Lătium, ī *n* (*falls idg.*, = „Ebene" [*im Ggs. zum sabinischen Hochland*] *u. m. lātŭs*[2] *u. lătŭs*[3] *verwandt*) **1.** Latium, *anfangs das Land zw. Tiber u. Pontinischen Sümpfen, Heimat der Latiner, später Ldsch. Mittelitaliens, zu der außer dem* ~ *antiquum auch die Gebiete der Äquer, Herniker, Volsker u. Aurunker gehörten; Mutterland Roms, daher* (*bsd. dcht.*) *für Rom selbst u. für das Römische Reich,* (*meton.*) = die Latiner. **2.** *Ableitungen: subst.* **a) Lătīnŭs,** ī *m* **α)** der Latiner, Bewohner Latiums, *pl.* die Latiner, *auch solche Personen, die das ius Latii* (*cf. Lătīnĭtās*) besaßen; **Lătīnă,** ae *f* Latinerin, latinische Frau *od.* latinisches Mädchen; **β)** *myth. K. zu Laurentum in Latium, Schwiegervater des Äneas;* **γ)** *myth. K. v. Alba Longa;* **b) Lătīniēnsis,** is *m* (*selten*) = *Lătīnŭs;* **c) Lătīnitās,** ātis *f* **α)** reiner lateinischer Ausdruck, gute lateinische Sprache, gute Latinität; **β)** das latinische Recht *der latinischen Gemeinden* (*Selbstverwaltung u. Steuerfreiheit; Zwischenstufe zw. dem Recht des cīvīs Rōmānŭs u. dem des pĕrĕgrīnŭs* [*ohne cōnūbium, aber m. cŏmmĕrcium*]). — *adi.* **a) Lătīnŭs** 3 (*adv.* **-ē**) **α)** zu Latium gehörig, latinisch [*via, feriae Latinae s. fēriae*]; *auch* lateinisch = römisch [*lingua u. sermo, litterae* römische Literatur, *poëtae, scriptores, convertere in Latinum* ins Lateinische übersetzen, *bene* (*od. optime, eleganter, male*) *Latine loqui, diligenter Latine loqui* ein gewähltes Latein sprechen, *Latine scire* Latein verstehen]; (*prägn.*) **β)** gut lateinisch, korrekt [*locutio, Latine loqui*]; **γ)** / deutlich, ernstlich, ehrlich; **b)** (*dcht., nkl.*) **Lătius** 3 = *Lătīnŭs;* **c) Lătiāris,** ē *u.* (*dcht., nkl.*) **Lătiālis,** ē zu Latium gehörig, latinisch, *bsd. Iuppiter Latiaris als Beschützer des Latinerbundes; davon Lătiăr,* āris *n* Fest des Iuppiter Latiaris; **d) Lătīniēnsis,** ē (*selten*) = *Lătīnŭs* [*ager*].

Lătō, ūs *u.* (*meist*) **Lătōnă,** ae *f* (*Λητώ, dor. Λατώ*) *M. des Apollo u. der Artemis* (*lat. Diana*); *adi.* **Lătōŭs, Lătōius, Lētōius, Lătōnius** 3 (*fem. auch* **Lătōis,** idis); *subst.*: **Lătōŭs** *u.* **Lătōius,** ī *m* = Apollo; **Lătōiă,** ae, **Lătōis** *u.* **Lētōis,** idis *u.* idos *f* = Diana; **Lătōnĭ-gĕnă,** ae *m u. f* (*gignō*) Kind der Latona (= Apollo *od.* Diana).

lătŏmiae, ārŭm *f* = *lautŭmiae.*

Lătōnă, ae *f s. Lătō.*

lātŏr, ōris *m* (*lātŭs*[1]) Antragsteller [*legis*]. — **Überbringer [*legis* = Moses].

lātrātŏr, ōris *m* (*lātrō*[1]) (*dcht., nkl.*) Beller = Hund; ~ *Aniebis* (*weil m. Hundekopf dargestellt; s. Anūbis*); / Maulheld.

lātrātŭs, ūs *m* (*lātrō*[1]) (*unkl.*) das Bellen, *auch pl.* [*canum*]; / Gekläff, Gezänk.

lātrīnă, ae *f* (⟨ **lăvātrīnă, eigtl.* „Bad" *zu lăvō*) (*vkl., nkl.*) Abort, Kloake; (*spätl.*) Bordell.

lātrō[1] 1. (*im Vers auch -ā-; cf. lāmĕntă*) **1. a)** (*intr.*) bellen, kläffen; **b)** *trans.* (*unkl.*) anbellen (*alqm u. alqd, zB. cervinam pellem*); *subst. lātrāns,* ăntis *m* (*dcht.*) Beller = Hund; / **c)** (*v. Menschen*) schimpfen, schreien, zanken, poltern, *bsd. v. schlechten Rednern* [*ad clepsydram*]. **2. a)** (*trans.*) (*dcht.*) *alqm jd.* beschimpfen, *alqd* herausknurren [*verba*]; **b)** (*Lu.*) ungestüm fordern; **c)** (*dcht., nkl.*) (*v. Sachen*) lärmen, (*v. Wogen*) heulen, (*vom Magen*) knurren.

▶ **lătrō**[2], ōnis *m* (*Lw.* ⟨ *λάτρων* „Söldner" *zu λάτρον* „Sold") **1.** (*vkl.*) **a)** gedungener Diener, Söldner; **b)** (*dcht.*) Soldat *od.* Bauer, *Stein im Brettspiel.* **2.** Straßenräuber, Wegelagerer, Bandit [*locus plenus latronum; alcis* bei, für *jd.*; *alcis rei* in, auf *etw., zB. itinerum* auf den Landstraßen]; *auch* (*nkl., dcht.*) Mörder (*alcis*). **3.** (*nkl.*) (*im Krieg*) Freibeuter, Freischärler [*latrones magis quam iusti hostes*]. **4.** (*Ve.*) (*im Hinterhalt lauernder*) Jäger.

▶ **lătrōcĭnium,** ī *n* (⟨ **lātrōnĭ-cĭnium; lătrō*[2]) **1.** (*nur in einem Plautusfragment*) Kriegsdienst. **2.** Räuberei, Straßenraub, *auch* (*nkl.*) Seeräuberei (*alcis rei* in, auf *etw., zB. itinerum atque agrorum*). **3. a)** Raubzug, Beutezug; **b)** Spitzbüberei, *sg. u. pl.* [*tribunorum, per -a*]. **4.** (*meton.*) Räuberbande, Raubgesindel [*hic non iudicium, sed* ~ *est*]. **5.** (*Ov.*) Brettspiel.

lătrōcĭnŏr 1. (*cf. lătrōcĭnium*) **1.** (*Pl.*) Kriegsdienste tun. **2.** Straßenraub (*auch* Seeräuberei) treiben.

lătrūncŭlārius 3 (*lătrūncŭlŭs*) (*Se.*) zum Brettspiel gehörig [*tabula* Spielbrett].

lătrūncŭlŭs, ī *m* (*demin. v. lătrō*[2]) **1.** Straßenräuber, elender Bandit. **2.** / (*vkl., nkl.*) Stein *im Brettspiel.*

lătŭmiae, ārŭm *f* = *lautŭmiae.*

lātūră, ae *f* (*lātŭs*[1]) (*nkl., dcht.*) das Tragen *v.* Lasten.

lātŭs[1] 3 *P.P.P. v. fĕrō.*

▶ **lātŭs**[2] 3 (*m.* °*comp. u. sup.*; *adv.* **-ē**) (*vl.* ⟨ **stlātŏs; cf. stlāt[t]ārius; altslavisch* stilati „ausbreiten") **1.** breit [*via, flumen, clavus; m. acc. der Ausdehnung, zB. agger trecentos pedes latus*]. **2.** *übh.* ausgedehnt, weit, groß, geräumig, umfangreich [*fines, regio, solitudines,* °*agri;* °*crescere in latum* sich erweitern]. **3.** / **a)** (*v. der Aussprache*) breit; *subst.* **lātă,** ōrŭm *n* breite Aussprache [*alcis lata imitari*]; **b)** (*v. der Rede*) weitläufig, ausführlich, *auch* reichhaltig, (*Pli.*) gedankenreich [*oratio, disputatio, quaestio*]; **c)** (*dcht., nkl.*) (*v. Pers.*) breitspurig, sich spreizend. **4.** *adv.* **lātē** (*m. comp. u. sup.*) **a)** breit, weit, weit *u.* breit, *auch* weithin [*vagari,* °*vallis late patens, ire in breiter Front, longe lateque u. late longeque* weit *u.* breit, *quam latissime* so weit als möglich; (*dcht., nkl.*) *auch bei* °*subst., zB. late tyrannus, Germaniae latissime victor; auch* /, *zB. ars late patet, formido latius crescit* breitet sich weiter aus]; / **b)** (*v. der Rede*) weitläufig, ausführlich [*fuse lateque dicere de re, latius ad alqm perscribere*]; **c)** (*dcht., nkl.*) reichlich, stark [*opibus latius uti* allzureichlich, verschwenderisch].

> **lătŭs**[3]
> **1.** Seite (*des Körpers*); **2. a)** nächste Umgebung, Vertraute, Freunde; **b)** Verwandtschaft, Seitenlinie; **c)** Nachbarschaft; **3.** Brust, Lunge; **4.** Körper, Leib; **5.** (*v. Sachen*) **a)** Seite(nfläche -wand); **b)** *mil.* Flanke; **c)** (*math. t.t.*) Seite.

lătŭs[3], ĕris *n* (*ablautend zu lātŭs*[2]) **1.** Seite *des menschlichen u. tierischen Körpers* [*lateris dolor* Seitenstechen, *a latere u.* °*in latus* seitwärts, °*lateri alcis (ad)haerere jd.* nicht *v.* der Seite gehen, / *jd.* auf dem Nacken sitzen; °*lateri alcis se admovere* sich an *jd.* drängen; °~ *dare alci jd.* eine Blöße geben, sich bloßstellen; °~ *mutare* sich auf die andere Seite werfen, ~ °*alcis u.* °*alci tegere jd.* die Seite decken = *jd.* als Begleiter zur (linken) Seite gehen; °*artifices lateris* Ballettänzer; *beim Redner: virilis lateris flexio u. inflexio als Gestus*]. **2.** (*nkl., dcht.*) **a)** nächste Umgebung *j-s* = die Vertrauten *od.* nächststehenden Freunde [*a latere alcis esse* die nächste Umgebung *j-s* bilden]; **b)** Verwandtschaft, Seitenlinie; **c)** *übh.* Nachbarschaft, Nähe [*hostes ab latere* an den Grenzen]. **3.** Seite *als Sitz der Kraft* = Brust, *beim Redner auch* Lungenkraft, Lunge, *meist pl.* [*forte,* °*invalidum, legem bonis lateribus suadere* aus voller Brust]; *auch* (*Ju.*) *v. der sexuellen Kraft* [*lateri parcere* die Kräfte schonen]. **4.** (*synekd.*) (*dcht.*) Körper, Leib [*fessum militiā,* ~ *deponere in arena od. in herba,* ~ *metiri* den Wuchs; *hoc latus* = ich]. **5.** / (*v. Sachen*) **a)** Seite = Seitenfläche, Flanke [*dexterum* ~ *castrorum, fossae* Seitenwand, °*navis* Breitseite *od.* Planken, °*mundi* Zone, °*in omne latus* nach allen Richtungen hin]; *bsd.* **b)** *mil.* Flanke eines Heeres [*dextrum exercitūs* ~, *hostem aperto latere aggredi; ab u.* °*ex latere* v. der Flanke her, in *od.* auf der Flanke]; **c)** (*math. t.t.*) (*nkl.*) Seite [*triangulum aequis lateribus constituere*].

lătŭscŭlŭm, *ī n* (*demin. v. lătŭs³*) (*dcht.*) die (kleine) Seite.

laudābĭlĭs, *ĕ* (*m. comp.*; *adv.* **-ĭtĕr**) (*laudō*) lobenswert, löblich, glücklich zu preisen, *v. Pers. u. Sachen* [*orator, vita*]; — (*sup. maxime laudabilis*).

laudātĭō, *ōnĭs f* (*laudō*) **1.** das Loben, Lob, Lobrede (*alcis j-s, gen. subi. u. obi., zB. Ciceronis* eine von *od.* auf Cicero gehaltene Lobrede). **2.** (*vor Gericht*) günstiges *od.* entlastendes Zeugnis [*gravissima, falsa*]. **3.** Leichenrede [°*funebris, mortui*]. **4.** Dankadresse, *v. einer Provinz für die Leistung e-s Statthalters an den Senat gesandt.*

laudātīvŭs 3 (*laudō*) (*nkl.*) lobend; *subst.* **-ă,** *ae f* Gattung der Lobreden.

laudātŏr, *ōrĭs m* (*laudō*) **1.** Lobredner, (*pejorativ*) Lobhudler (*alcis u. alcis rei, zB. pacis,* [*Ho.*] *temporis acti*). **2. a)** (*vor Gericht*) Entlastungszeuge; **b)** (*nkl.*) Leichenredner.

laudātrix, *īcis f* (*laudātŏr*) Lobrednerin [*vitiorum*].

laudĭcēnŭs, *ī m* (*laudō, cēnă*) (*Pli.*) der *e-e* Mahlzeit lobt, um dazu eingeladen zu werden, Schmarotzer; *pl. im Wortspiel m. Lāŏdĭcēnī, Einw. v. Lāŏdĭcēă in Großphrygien.*

▶ **laudō** 1. (*denom. v. laus*) **1. a)** loben, rühmen, preisen (*alqm u. alqd, zB. pueros, philosophiam, prägn.* °*haec* so hohe Reden führen; *alqd alcis jd.* wegen *etw.* = *alqm propter rem od. selten in re od. alqd in alqo, zB. sapientiam Socratis*; *alqs laudatur re jd.* wird gelobt *m.* Rücksicht auf *od.* wegen *etw., zB. gubernatoris ars utilitate, non arte laudatur*; *m. quod od.* °*inf.*); **b)** *etw.* gutheißen, billigen; **c)** (*dcht.*) *jd.* glücklich preisen [*agricolam*]; **d)** / (*dcht.*) *jd.* (*durch Lieder od. Gedichte*) verherrlichen, erheben [*numen*]. **2.** (*vor Gericht*) *einem Angeklagten* ein günstiges Zeugnis ausstellen, ihn entlasten (*alqm*). **3.** (*einem Verstorbenen*) eine Leichenrede halten (*alqm*). **4.** *jd.* lobend erwähnen; *übh. jd.* zitieren, nennen [*auctores, alqm auctorem*]. **5.** (*P.P.P.*) *adi.* **laudātŭs** (*m.* °*comp. u.* °*sup.*) gepriesen, gerühmt (°*alci v. jd., zB. dux cunctis -us*; *re* wegen *etw., zB.* °*virgo laudatissima formae dote*); *übh.* vortrefflich, schön, *v. Pers. u. Sachen* [°*virgo, artes*].
F. *inf. praes. P. altl. laudārĭĕr.*

▶ **laurĕă,** *ae f* (*laurĕŭs*) **1.** Lorbeerbaum, Lorbeer, *dem Apollo heilig.* **2.** (*meton.*) **a)** Lorbeerkranz, -zweig, -laub [°*laureā coronari,* °*lauream capillis ponere*] (*Schmuck Apollos u. seiner Priester, der Dichter, der Triumphatoren u. der Ahnenbilder*); **b)** Triumph, Sieg, Ruhm [*laureae cupidus,* °*lauream deportare*].

laurĕātŭs 3 (*laurĕă*) lorbeerbekränzt, mit Lorbeer umwunden *od.* geschmückt [°*litterae, auch bloß* °*laureatae* Siegesbericht; *fasces, lictores*].

Laurĕntŭm, *ī n alte St. in Latium sö. v. Ostia*; *Einw.* **Laurĕntēs,** *ĭŭm u.* °*ŭm m*; *adi.* **Laurēns,** *ĕntĭs u.* °**Laurĕntīnŭs** *od.* °**Laurĕntĭŭs** 3, *auch* = °latinisch.
F. *Laurēns* (*adi.*) *abl. sg. -ī u.* °*-ĕ, pl. neutr. -ĭă, gen. -ĭŭm.*

laurĕŏlă, *ae f demin.* = *laurĕă.*

laurĕŭs 3 (*laurŭs*) vom Lorbeerbaum, Lorbeer... [*corona*].

laurĭ-cŏmŭs 3 (*laurŭs, cŏmă*) (*Lu.*) *m.* Lorbeer belaubt [*montes*].

laurĭ-gĕr, *ĕră, ĕrŭm* (*laurŭs, gĕrō*) (*dcht.*) lorbeerbekränzt.

▶ **laurŭs,** *ī u.* (*meist dcht., nkl.*) °*ūs f* (*Lw. aus e-r Mittelmeerspr.*) = *laurĕă.*

laus
1. Lob, Ruhm; **2. a)** Lobrede; **b)** Ruhmbegierde; **c)** ruhmvolle Tat.

laus, *laudĭs f* (*eigtl.* „feierliche Nennung"; *cf. nhd.* „Lied") **1.** Lob, Ruhm, Anerkennung [*summa, bellica, laudis avidus u. cupidus, laudis amor u. studium* Ruhmbegierde; *alcis j-s, zB. Pompei*; *alcis rei e-r* Sache *od.* in, wegen *etw., zB. virtutis, huius victoriae, laudem adipisci, ferre* davontragen, *sibi parĕre, laudem habere* Lob verdienen, löblich sein, *laudem alcis rei habere* wegen *etw.* berühmt sein, *aber laudem de alqo habere* sich des Sieges über *jd.* rühmen können, *zB.* °*laudem de me nullus adulter habet, laudi esse* löblich sein, *hoc in laude tua pono* ich rechne dir dies als Lob an]; *bsd.* Kriegsruhm. **2.** *meton.* **a)** Lobeserhebung, Lobrede, Preis, *meist pl.* [*summae,* °*Augusti,* °*vini*; *alqd laudibus (ef)ferre u. extollere* preisen, erheben, *laudes et gratias agere alci jd.* Lob *u.* Dank sagen, *habere laudes de alqo* eine Lobrede auf *jd.* halten]; **b)** (*Cu.*) Ruhmbegierde [*laudi modum facere*]; **c)** löbliche Handlung, ruhmvolle Tat, Vorzug, *oft pl.* (*auch* = ruhmvolle Wirksamkeit), *zB. gloria harum laudum*; *Herculis od. Herculeas laudes praedicare* die Verdienste. — ***pl. laudes* Lobgesang; Gebet nach der Messe, *divinae* Gottesdienst. — *Prädikate bei der Doktorprüfung*: *cum laude* gut, *magna cum laude* sehr gut, *summa cum laude* ausgezeichnet.
F. *gen. pl. laudŭm u.* (*selten*) *laudĭŭm.*

lautĭă, *ōrŭm n* (*altl. dautĭă, vl. zu dō*) (*nkl.*) öffentliche Bewirtung (*fremder Gäste u. Gesandten in Rom*) [*locus lautiaque* Logis u. Verpflegung].

lautĭtĭă, *ae f* (*lautŭs*) Pracht, Eleganz, Luxus, luxuriöses Leben.

lautŭmĭae, *ārŭm f* (*Lw.* < λατομίαι) Steinbrüche, *oft als Strafort für Sklaven u. Gefangene, bsd. die in Syrakus* [*Syracusanae*]; (*in Rom*) Gefängnis, Kerker *am Forum* [*carcer lautumiarum*].

lautŭs¹ *P.P.P. v. lăvō.*

lautŭs² 3 (*m. comp. u.* °*sup.*; *adv.* **-ē**) (*eigtl.* „sauber gewaschen", *P.P.P. v. lăvō*) **1.** (*vkl.*) sauber, schmuck. **2.** / **a)** (*v. Sachen*) **α)** nett, elegant, *auch* stattlich, ansehnlich, nicht unbedeutend [*supellex,* °*cena, patrimonium, laute vivere* standesgemäß]; **β)** (*meist v. abstr.*) anständig, rühmlich [*negotium, liberalitas*]; **γ)** (*umgangssprachlich*) (*Com., dcht.*) köstlich, weidlich, prima [*lautissime emungere alqm*; *facete! lepide! laute!*]; **b)** (*v. Pers.*) vornehm, fein, elegant [*equites, valde iam lautus es* ein piekfeiner Herr].

lăvābrŭm, *ī n* (*lăvō*) (*Lu.*) Badewanne.

lăvācrŭm, *ī n* (*lăvō*) (*nkl.*) Badezimmer, Bad, Badewasser; (*spätl.*) Taufe.

lăvātĭō, *ōnĭs f* (*lăvō*) **1.** das Waschen, Baden, Bad [°*calida,* °*frigida*]. **2.** *meton.* **a)** Badewasser; **b)** (*dcht., nkl.*) Badegeschirr [*argentea*]; **c)** (*nkl.*) Badezimmer.

Lăvernă, *ae f* (*vl. urspr. etr. Gentilgottheit der Lăvĕrnī*) *röm. Unterweltsgottheit m. Altar u. Hain am Aventin, später als Göttin des Dunkels zugleich Schutzgöttin der Diebe u. Betrüger.*

Lāvīnĭă, *ae f T. des laurentischen Königs Latinus, zweite Gemahlin des Äneas*; **Lāvīnĭŭm,** *ī n alte St. in Latium südl. v. Rom, v. Äneas erbaut u. nach seiner Gattin Lavinia benannt*; *adi.* **Lāvīnĭŭs** *u.* °**Lāvīnŭs** 3.

▶ **lăvō,** *lāvī, lautŭm* (*lōtŭm*) *u. lăvātŭm* 1. (*dcht. praes. auch lăvō* 3.) (< **lŏvō*; *cf.* λούω „bade") **1. a)** (*trans.*) waschen, baden (*alqm u. alqd, zB. manūs, corpus,* °*boves in flumine,* °*lavatum ire* baden gehen); **b)** (*intr.* [*vkl., nkl.*] *u. mediopass.*) waschen, (sich) baden [°*calidā u.* °*frigidā* warm *u.* kalt, *Suebi lavantur in fluminibus,* °*rex lavans* im Bade]. **2.** / **a)** (*dcht.*) benetzen, begießen, befeuchten, bespülen [*vulnus, vultum lacrimis, v. Flüssen villam, pannos* abspülen]; **b)** (*vkl., dcht.*) wegwaschen, wegspülen [*cruorem, mala vino* vertreiben, *peccatum precibus* entschuldigen].
F. *part. fut. act.* °*lăvātūrŭs u.* °*lōtūrŭs.*

lăxāmĕntŭm, *ī n* (*lăxō, eigtl.* „Erweiterung") Erleichterung, Milderung, Erholung, Schonung, Rücksicht [°*nihil laxamenti hostibus dare*].

lăxĭtās, *ātĭs f* (*lăxŭs*) Geräumigkeit, Weite [*domūs*]; / (*nkl.*) Gelassenheit, Ruhe.

lăxō 1. (*denom. v. lăxŭs*) **1.** (*nkl., dcht.*) schlaff machen, lockern, lösen [*vincula epistulae, funes, claustra u. viam* öffnen, *habenis laxatis m.* verhängtem Zügel, / *dolor vocem laxat* entfesselt]; P. schlaff werden [*corpora rugis laxantur, humus* taut auf]. **2. a)** erweitern, ausdehnen, dehnen [*forum, manipulos u.* °*ordines* auseinanderziehen, °*foros* auf dem Verdeck Platz machen, °*laxatae custodiae* einzeln stehende Posten]; **b)** (*nkl.*) (*zeitl.*) verlängern *od.* ausdehnen [*necessitatem dicendi longiore dierum spatio*]. **3.** / **a)** *etw.* nachlassen, mildern, erleichtern, mäßigen (°*alci aliquid laboris,* °*annonam* ermäßigen, billiger machen, °*spiritum* sinken lassen, °*vis morbi laxatur*; *auch intr.* °*annona haud multum laxat* läßt nach); **b)** (*nkl.*) *etw.* nachlässig(er) betreiben (*alqd,* zB. pugnam, custodias); c) Erleichterung verschaffen, sich erholen lassen, beruhigen, befreien (alqm u. alqd, zB. animum curamque; alqd a re u. re etw. v. etw., zB. °animum ab assiduis laboribus).

lăxŭs 3 (m. °comp. u. sup.; adv. -ē) (lănguĕō) **1. a)** (nkl., dcht.) schlaff, locker, lose [habenae, frena, arcus, tunica, calceus schlotterig, compages gelockert, ianua offen, geöffnet, manus laxe vincire]; **b)** / zwanglos, uneingeschränkt, frei [°milites laxiore imperio habere, laxissimas habenas habere amicitiae, °annona laxior wohlfeilerer Getreidepreis, °laxius vivere od. esse sich ungebundener benehmen]. **2. a)** (räuml.) weit, weitläufig, geräumig, ausgedehnt [°spatium, °agmen gelockert, °neglegentiae locus freier Spielraum, laxe habitare]; **b)** / (zeitl.) geraum, lang [dies, diem laxius proferre weiter hinausschieben, pecuniam laxius curare nicht sogleich auf einmal, nach u. nach].

*****lb.** (Abk.) = lībră.

*****l.c.** (Abk.) = lŏcō cĭtātō.

lĕă, ae f (lĕō) (vkl., dcht.) = lĕaenă.

lĕaenă, ae f (Fw. < λέαινα) Löwin; dcht. auch Löwe.

Lĕāndĕr, drī m (Λείανδρος) Geliebter der Hero.

lĕbēs, ētis m (acc. pl. auch -ētăs) (Lw. < λέβης) (dcht.) Metallbecken, Kessel, Siegespreis od. Ehrengeschenk; auch Wasch-, Handbecken. Cf. V.-B. III, 1, e.

lĕctīcă, ae f (lĕctŭs[1]) Tragebett, Sänfte, bsd. auf Reisen gebraucht [cubare in lectica]; bsd. Totenbahre, Paradebett.

lĕctīcārĭŏlă, ae f (demin. v. lĕctīcārĭŭs, scherzh. Konträrbildung zu ăncīllārĭŏlŭs) (Ma.) Geliebte e-s Sänftenträgers.

lĕctīcārĭŭs, ī m (lĕctīcă) Sänftenträger.

lĕctīcŭlă, ae f (demin. v. lĕctīcă) **1.** kleine behagliche Sänfte. **2.** (Suet.) Ruhebett, Liege [lucubratoria zum Arbeiten u. Studieren (bei Nacht)]. **3.** (Ne.) (ärmliche) Totenbahre.

lĕctīcŭlŭs, ī m (demin. v. lĕctŭlŭs; nur Ca., 57, 7 O, wohl falsche Überlieferung) Bett, Lotterbett.

lĕctĭō, ōnis f (lĕgō[2]) **1. a)** (nkl.) das Sammeln [lapidum]; **b)** das Auslesen, Auswahl [iudicum]; Dichtung. **2. a)** das Lesen od. Durchlesen e-r Schrift [libri, epistulae]; **b)** Lektüre, Studium [librorum, °carminum]. **3.** meton. **a)** (nkl.) Lektüre = das Gelesene, Lesestoff, Text; pl. (Ge.) (als Büchertitel) Lesefrüchte, Erklärungen älterer Ausdrücke; **b)** (nkl.) Belesenheit. **4. a)** das Vorlesen e-s Buches od. Schriftstückes [versuum, sine lectione cenare]; **b)** (Li.) das Verlesen der Senatsliste durch den Zensor [~ senatūs].

lĕctĭstĕrnĭātŏr, ōris m (lĕctĭstĕrnĭŭm) (Pl.) der die Polster der Speisesofas zurechtlegt, Tafeldecker.

lĕctĭ-stĕrnĭŭm, ī n (zu lĕctŭm stĕrnĕrĕ die Polster ausbreiten) (nkl.) Göttermahl (für die auf Polster gelegten bekränzten Götterbilder; die Ausrichtung dieses kultischen Mahles erfolgte seit 196 v.Chr. durch die tresviri epulones).

lēctĭtō 1. (intens. v. °lēctō 1., frequ. v. lĕgō[2]) **1.** oft od. eifrig, aufmerksam lesen [Platonem studiose]. **2.** (Pli.) vorlesen [orationes].

lēctĭuncŭlă, ae f (demin. v. lēctĭō) leichte Lektüre, flüchtiges Lesen, auch pl.

lēctŏr, ōris m (lĕgō[2]) **1.** Leser e-s Buches od. e-r Schrift [lectorem delectatione aliqua allicere]. **2.** Vorleser, bsd. ein zum Vorlesen angestellter Sklave. — **Lectori salutem („Dem Leser einen Gruß") Begrüßungsformel für den Leser in alten Drucken; lector akademischer Lehrer.

lĕctŭlŭs, ī m (demin. v. lĕctŭs[1]) kleines od. liebes Bett: **1.** Bett [caelebs, °obscoenus eines Freudenmädchens]. **2.** Braut- od. Ehebett [°genialis, matrimonialis]. **3.** Lager, Liege: **a)** zum Schreiben u. Studieren; **b)** Speisesofa; **c)** (Ta.) Totenbahre, Paradebett.

▶ **lĕctŭs**[1], ī (selten °ūs) m (cf. λέκτρον „Lager", nhd. „liegen, Lager") **1.** Bett, Lager(stätte) zum Schlafen [cubicularis, °caelebs eines Junggesellen, °vacuus liebeleer, lecto teneri od. in lecto esse das Bett hüten]. **2.** Brautbett, Ehebett, [genialis od. °iugalis]. **3.** Lager, Liege zum Lesen, Schreiben, Meditieren. **4.** Speisesofa im triclinium, meist für drei Personen eingerichtet [°convivalis]. **4.** (nkl.) Leichenbett, Paradebett [funebris].

lēctŭs[2] 3 (m. comp. u. sup.; adv. °-ē) (eigtl. P.P.P. v. lĕgō[2]) ausgewählt, ausgesucht [pueri, °vinum; subst. °lēctī m erlesene Männer]; / ausgezeichnet, vortrefflich [femina].

lēctŭs[3] P.P.P. v. lĕgō[2].

Lēdă, ae u. °-ē, ēs f (Λήδα) Gemahlin des spartanischen Königs Tyndareos u. Geliebte des Zeus, durch diesen M. der Helena, der Klytaim(n)estra u. der Dioskuren (Kastor u. Polydeukes [lat. Pollux]); nach einer der späteren Sagen erzeugte Zeus in Gestalt eines Schwanes (in der Kunst der Antike u. der Renaissance oft dargestellt) m. Leda zwei Eier, aus deren einem Helena hervorging, während das andere Kastor u. Pollux umschloß; adi. °**Lēdaeŭs** 3 v. Leda stammend [Helena, dii die Dioskuren], auch °spartanisch.

lēgālĭs, ĕ (lēx) (nkl.) gesetzlich; (Tert.) vita den göttlichen Gesetzen gemäß, fromm.

lēgātārĭŭs 3 (lēgātŭm) (spätl.) im Testament bedacht; subst. m (Suet.) Vermächtnisinhaber.

▶ **lēgātĭō,** ōnis f (lēgō[1]) **1.** Gesandtschaft: **a)** (abstr.) = Amt eines Gesandten, Gesandtschaftsposten [legationem suscipere u. °administrare, obire; ad alqm, ad civitatem, in Achaiam]; ~ libera Wahlgesandtschaft, vom Senat einem Senator zur Besorgung v. Privatangelegenheiten in einer Provinz bewilligt u. m. den Rechten wirklicher Gesandten ausgestattet; ~ votiva zur Lösung eines Gelübdes unternommene; **b)** (concr.) α) entw. Auftrag, den ein Gesandter erhält, od. Antwort, die er zurückbringt, Gesandtschaftsbericht, Rapport [legationem renuntiare u. referre entw. den Auftrag eröffnen od. den Bericht erstatten]; β) die Gesandten, Gesandtschaftspersonal = legati [princeps legationis, legationes sociorum reverti iubentur]. **2.** die Stelle e-s Legaten beim Feldherrn od. beim Statthalter e-r Provinz, Stelle e-s Unterfeldherrn [legationem obire].

lēgātŏr, ōris m (lēgō[1]) (Suet.) Erblasser.

lēgātōrĭŭs 3 (?) (lēgātŭs) eines Legaten [provincia].

lēgātŭm, ī n (lēgō[1]) Legat, Vermächtnis.

▶ **lēgātŭs,** ī m (lēgō[1]) **1.** Gesandter, Botschafter, Bevollmächtigter (alcis, zB. regis; legatos mittere ad alqm od. in locum de re, zB. de pace). **2.** Legat: **a)** mil. = Unterfeldherr, der, vom Senat ernannt, vom Oberfeldherrn seinen Wirkungskreis erhielt (alcis j-s, alci bei jd.; legatus pro praetore der m. einem selbständigen Kommando betraute Legat); **b)** oberster Mitarbeiter u. Stellvertreter eines Statthalters, Unterstatthalter; **c)** (in der Kaiserzeit) α) Statthalter in einer kaiserlichen Provinz [~ Caesaris od. consularis]; β) (Suet.) Befehlshaber einer einzelnen Legion. — **päpstlicher Gesandter (meist in besonderer Mission).

****lege artis** s. lēx.

****legenda,** ae f Heiligenerzählung; L. aurea wichtigste spätmittelalterliche Legendensammlung.

lēgé-rŭpă, -rŭpĭō = lēgī...

lēgī s. lĕgō[2].

lēgĭ-fĕr, fĕră, fĕrŭm (lēx, fĕrō) (dcht., nkl.) Gesetze gebend [Ceres = Δημήτηρ θεσμοφόρος].

▶ **lĕgĭō,** ōnis f (lĕgō[2]; eigtl. „ausgehobene Mannschaft": quod leguntur milites in delectu, Varro) **1.** Legion, römische Heeresabteilung v. 4200—6000 Mann (Mommsen: „Armeekorps"), in republikanischer Zeit in 30 Manipel u. in der Schlachtaufstellung nach Altersklassen in hastati, principes u. triarii sowie 1200 velites (Leichtbewaffnete; seit dem 2. Punischen Krieg bis zum Ende der Republik) zerfallend; seit Marius: 10 Kohorten = 30 Manipel = 60 Zenturien, dazu 300 Reiter. Die Legion wurde anfangs v. einem Militärtribunen, später v. einem Legaten geführt, nach der Zahlenfolge [quarta] od. nach dem Schöpfer [°Claudiana] od. nach e-m Gott [Martia] benannt, ihr Heerzeichen war der Adler. **2.** (unkl.) (nichtröm.) Heer(haufe). **3.** (Pl.) Hilfsmittel [legiones parat].

lĕgĭōnārĭŭs 3 (lĕgĭō) zur Legion gehörig, Legions... [cohortes]; subst. m pl. Legionstruppen, Legionare (nicht Legionäre!).

lēgī-rŭpă, ae m (lēx, rŭmpō) (Pl.)

Gesetzesbrecher.

lēgi-rŭpiō, ōnis *f* (*lēx, rŭmpō*) (*Pl.*) Gesetzesverletzung, Übertretung.

▶ **lēgitimus** *u.* (*altl.*) **lēgitŭmus** 3 (*adv.* **-ē**) (*lēx*) **1.** gesetzmäßig, gesetzlich, legitim, *v. Pers. u. Sachen* [*liberi* eheliche, °*coniunx*, °*imperium, aetas ad petendum consulatum, -e imperare*]; (*subst.*) (*nkl.*) *legitima quaedam* gewisse gesetzliche Formalitäten. **2.** (*nkl.*) zum Gesetz gehörig, Gesetz... [*quaestiones* auf Grund *e-s* bestehenden Gesetzes geführt]. **3.** gebührend, gehörig, recht, echt [*numerus*, °*sonus* richtiger Ton *od.* Klang].

lĕgiŭncŭlă, ae *f* (*demin. v. lĕgiō*) (*Li.*) armselige Legion.

lēgō[1] 1. (*lēx*; *eigtl.* „eine gesetzliche Verfügung treffen") **1.** (*Rückbildung zu lēgātŭs*) **a)** *jd.* als Gesandten (ab)schicken abordnen (*alqm ad alqm od. in locum, zB. tres senatores in Africam ad regem*); **b)** *jd.* zum Legaten (*cf. lēgātŭs*) machen *od.* nehmen (ernennen, wählen) (*alqm, zB. Labienum; legari ab alqo* sich *v. jd.* zum Legaten machen lassen; *alqm alci jd. einem Magistrat* [*Feldherrn od. Statthalter*] als obersten Mitarbeiter *od.* Stellvertreter in der Kriegsführung *od.* Provinzialverwaltung beigeben, *zB. Messium Caesari*). **2.** durch ein Testament letztwillig verfügen; *bsd. jd. etw.* als Legat hinterlassen, testamentarisch (*testamento*) vermachen (*alci alqd, zB. uxori grandem pecuniam; alqd ab alqo etw.*, was *v. e-m* bestimmten Erben ausgezahlt werden soll, *zB. pecuniam a filio*).
F. *coni. pf.* (*altl.*) *lēgāssīt* = *lēgāvērit.*

> **lĕgō²**
> **1. a)** zusammen-, auflesen, sammeln; **b)** *dcht. spezielle Bedeutungen: s. u.*; **c)** auslesen, auswählen; **2. a)** (durch)lesen; **b)** vorlesen, verlesen; **c)** *e-e* Vorlesung halten *od.* hören.

lĕgō², lēgī, lēctŭm 3. (*cf.* λέγω „sammle") lesen: **1. a)** zusammenlesen, auflesen, sammeln [*conchas*, °*spolia caesorum, ossa* die Gebeine eines verbrannten Toten, *nuces*, °*olivam de ramis* abpflücken, °*alci capillos* ausraufen]; **b)** (*dcht., nkl.*) **α)** (*Fäden*) aufwickeln [*fila, stamen, extrema fila* spinnen *v. den Parzen, vela* einziehen, reffen]; **β)** (*Atem*) küssend auffangen [*ore extremum halitum*]; **γ)** (*Gespräche*) belauschen [*sermonem alcis*]; **δ)** *etw.* mustern [*omnes adversos*]; **ε)** (*Spuren, Wege*) verfolgen, folgen [*vestigia alcis, orbes tortos* die verschlungenen Nebenwege]; **ζ)** (*an der Küste*) hinsegeln, an *etw.* vorbeisegeln [*oram Italiae, promunturium* umsegeln, *vada* vorsichtig umfahren; / *oram litoris primi* nur die Hauptsachen berühren]; **η)** (*Orte*) durchwandern, durchfahren [*saltūs, aequor*]; **c)** auslesen, auswählen (*alqm u. alqd, iudices, virgines Vestales, alqm in senatum od. in patres*, °*milites* ausheben, °*vir virum legit* jeder wählt sich seinen Mann, *voluptates, nubendi condiciones*]; *bsd.* (*dcht.*) (*pejorativ*) stehlen, sich widerrechtlich aneignen [*sacra divum*; *cf. săcrĭ-lĕgŭs, săcrĭ-lĕgĭŭm*]. **2. a)** (*Geschriebenes*) lesen, durchlesen (*alqd, zB. librum, epistulam, testamentum, scriptum legimus apud scriptorem* man liest bei einem Schriftsteller; *auch alqm* = die Schriften *j-s, zB. Homerum*; *m. a.c.i.*); *subst.* **lĕgēns,** ĕntis *m* (*nkl., dcht.*) der Leser, *meist pl.*; **b)** laut vorlesen *od.* vortragen = *recitare* (*alqd u. alci alqd, zB. librum od. epistulam, senatum* die Senatorenliste verlesen (*vom Zensor*), °*princeps in senatu lectus est* ist als der Erste in der Senatorenliste verlesen worden); **c)** (*vkl., nkl.*) **α)** über *etw. e-e* Vorlesung halten; **β)** *apud alqm* bei *jd. e-e* Vorlesung hören [*legere Lucilii saturas apud alqm*].

lēgŭlēiŭs, ī *m* (*lēx*) (*verächtlich*) Gesetzeskrämer, trockener Jurist.

lĕgŭmĕn, ĭnis *n* (*lĕgō²*) Hülsenfrucht (*bsd.* Bohne *u.* Erbse).

Lĕmănnŭs lăcŭs *m* (-ē-?) der Genfer See.

lĕmbŭncŭlŭs, ī *m* = *lēnŭncŭlŭs²*.

lĕmbŭs, ī *m* (*Fw.* < λέμβος) (*unkl.*) Kahn, Nachen; *auch* Kutter, Jacht [*piraticus*].

lēmmă, ătis *n* (*Fw.* < λῆμμα) (*nkl., dcht.*) **1.** Stoff (*e-r Schrift*). **2.** Überschrift. **3.** Gedicht, *bsd.* Epigramm.

Lēmnĭ-cŏlă, ae *m* (*Lēmnŭs, cŏlō*) (*Ov.*) Bewohner *v.* Lemnos (= *Vŭlcānŭs*).

lēmnĭscātŭs 3 (*lēmnĭscŭs*) *m.* Bändern geschmückt; / *palma* höchster Preis (/ *für eine Mordtat*).

lēmnĭscŭs, ī *m* (*Fw.* < ληµνίσκος) (*unkl.*) Band (*am Kranze*), Schleife.

Lēmnŭs *u.* **-ŏs,** ī *f* (Λῆμνος) *vulkanische Insel im Norden des Ägäischen Meeres, dem Hephaistos* (*Vŭlcānŭs*) *heilig*; *Einw.* **Lēmnĭŭs,** ī *m* (*fem.* °**Lēmnĭăs,** ădis); *adi.* **Lēmnĭŭs** 3 *u.* °**Lēmnĭēnsĭs,** ĕ [°*pater* = Vulkan, °*furtum des Prometheus, der dem Hephaistos das Feuer aus Lemnos entwendete*].

Lĕmŏvīcēs, ŭm *m* (-ī-?) *kelt. Völkerschaft w. v. den Arvernern, m. der Hptst.* Augŭstŏrĭtŭm (*j.* Limoges).

lĕmŭrēs, ŭm *m* (*wohl zu* λαµυρός „gierig, gefräßig"; *cf. lămĭă*) (*unkl.*) abgeschiedene Seelen, Gespenster, Nacht-, Spukgeister (*während die guten Geister der Verstorbenen als lărēs verehrt wurden, fürchtete man die bösen als ruhelos umherirrende Gespenster*). *Um sie zu versöhnen u. aus den Häusern zu bannen, bewirtete man sie an den* **lĕmŭrĭă,** *ōrŭm n* (*im Vers -ŭ-*), *dem* Lemurenfest, *in Rom vom 9. bis 12. Mai gefeiert.*

lēnă, ae *f* (*wohl Lw.* < *arkadisch* ληναί „Bacchantinnen") **1.** (*Pl., dcht.*) Kupplerin. **2.** *adi.* / (an-) lockend, reizend.

Lēnaeŭs 3 (ληναῖος „zur Kelter gehörig) (*dcht.*) bacchisch [*pater* ~ Bacchus; *latices* Wein]; *auch subst.* = Bacchus.

lēnīmĕn, ĭnis *n* (*dcht.*) *u.* **lēnīmĕntŭm,** ī *n* (*nkl.*) (*lēnĭō*) Linderung(smittel), Beruhigung [*laborum*].

▶ **lēnĭō** 4. (*denom. v. lēnĭs*) **1.** (*trans.*) **a)** (*nkl., dcht.*) lindern, mildern, mäßigen; **b)** / besänftigen, beschwichtigen, begütigen (*alqm, meist alqd, zB. amicum consolatione*, °*tigres* zähmen, °*invidiam*, °*inopiam frumenti* weniger empfindlich machen); **c)** (*nkl.*) *jd.* nachgiebig machen [*saepius fatigatus lenitur*]. **2.** (*intr.*) (*Pl.*) sich besänftigen, sich mildern [*dum irae leniunt*].
F. (*dcht.*) *impf. lēnībăm, fut. lēnībō; pf. lēnīvī u. lēniī.*

▶ **lēnĭs,** ĕ (*m. comp. u. sup.*; *adv.* **-ĭtĕr**) ($\sqrt{}$**lē-* „nachlassen") **1. a)** lind, gelind, sanft, mild, *v. Sachen* [*ventus*, °*nardus* geschmeidig, °*clivus, fastigium* allmählich ansteigend, °*lene sonare* sanft tönen]; **b)** langsam [°*gradus, leniter iter facere*]; *bsd.* langsam fließend [°*stagnum*]; / langsam wirkend [*venenum* schleichend]. **2.** / (*v. der Gesinnung, geistig*) ruhig, gelassen, schonend, gemäßigt, *v. Pers. u. Sachen* [*populus Romanus*, °*deus* gnädig, *animus, oratio, verba, leniter* °*alloqui alqm od. dicere alqd, lenius lacessere* weniger hitzig, *lenius agere* nicht entschieden genug auftreten; *in alqm* gegen *jd.*].

lēnĭtās, ătis *f* (*lēnĭs*) Sanftheit, Milde [*vocis*, °*vini*]; (*vom Fluß*) Langsamkeit, Ruhe; / (*in der Gesinnung, geistig*) Sanftmut, Gelassenheit, Ruhe (*alcis u. alcis rei, zB. viri, animi, legum, auch in re, zB. in decernendo; in alqm* gegen *jd.*); *bsd.* (*v. der Rede*) das Sanfte, Ruhige [*verborum*].

lēnĭtūdō, ĭnis *f* (*lēnĭs*) = *lēnĭtās.*

lēnō, ōnis *m* (*lēnă*) Kuppler; / Verführer; *übh.* (*Iust.*) kupplerischer Unterhändler.

lēnōcĭnĭŭm, ī *n* (*lēnō*) **1.** Kuppelei, Gewerbe eines Kupplers; (*meton.*) Kupplerlohn. **2.** / **a)** Lockungsmittel, Lockung, *bsd.* lockender Schmuck, verführerischer Reiz [*corporum, cupiditatum*]; **b)** (*nkl.*) lockende Schmeichelei, verführerische Worte.

lēnōcĭnŏr 1. (*cf. lēnōcĭnĭŭm, eigtl.* „Kuppelei treiben") / **1.** in niedriger Weise schmeicheln, zu Willen sein, (*v. Sachen*) locken (*alci*). **2.** (*nkl.*) *etw.* künstlich verschönern, fördern (*alci rei, zB. insitae feritati arte, voluptati*).

lēnōnĭŭs 3 (*lēnō*) (*vkl., nkl.*) zum Kuppeln gehörig [*aedes*].

lēns, lĕntĭs *f* (*wie* λάθυρος „eine Hülsenfrucht" *Lw. unbekannter Herkunft*) (*vkl., nkl.*) Linse (*gen. pl. lĕntĭŭm*).

lĕntēscō, — — 3. (*incoh. v. lĕntĕō 2.* „langsam vonstatten gehen" *zu lĕntŭs*) (*dcht., nkl.*) zähe *od.* klebrig werden [*tellus ad digitos*]; / nachlassen [*curae*].

lĕntĭscĭ-fĕr, fĕră, fĕrŭm (*-ĭsc-?*) (*lĕntĭscŭs, fĕrō*) (*Ov.*) Mastixbäume tragend.

lĕntĭscŭs, ī *f u.* **-ŭm,** ī *n* (*-ĭsc-?*) (*vl.*

Lw. unbekannter Herkunft m. volkset. Anlehnung an lĕntŭs „biegsam") (*unkl.*) Mastixbaum; / Zahnstocher aus Mastixholz.

lĕntĭtūdō, *īnĭs f* (*lĕntŭs*) **1.** (*Vi.*) Zähigkeit, Biegsamkeit [*ulmi*]. **2.** (*nkl.*) Langsamkeit, Mangel an Rührigkeit (*alcis j-s*); / (*rhet.*) das Schleppende *od.* Steife *im Stil od. Vortrag.* **3.** Gleichgültigkeit, phlegmatisches Wesen.

lĕntō 1. (*denom. v. lĕntŭs*) (*dcht.*) biegsam machen, biegen, krümmen [*remum in unda*].

lĕntŭlŭs 3 (*demin. v. lĕntŭs*) ziemlich zähe; / *etw.* langsam (*im Bezahlen*).

Lĕntŭlŭs, *ī m* (*wahrsch. urspr. etr. EN*) *cogn. in der gēns Cŏrnēlĭă*; (*scherzh.*) **Lĕntŭlĭtās,** *ātĭs f* Lentulität = alter Adel der *Lĕntŭlī*.

lĕntŭs
1. a) klebrig; **b**) fest zusammenhaltend; **2.** biegsam, geschmeidig; **3. a**) langsam; träge; **b**) (*zeitl.*) langdauernd; **c**) langsam wirkend; **d**) (*Vortrag*) schleppend; **e**) ruhig, behaglich; gelassen; **f**) (*pejorativ*) gleichgültig, phlegmatisch; eigensinnig.

lĕntŭs 3 (*m. comp. u. °sup.*; *adv.* **-ē**) (*cf. nhd.* „lind, Linde") **1. a**) (*dcht.*) zäh, klebrig [*gluten, pice lentius*]; **b**) (*dcht.*) fest zusammenhaltend [*radix, pituita, bracchia* fest umschlungen haltend *od.* fest an den Körper gezogen]. **2.** (*dcht., nkl.*) biegsam, elastisch, geschmeidig [*vitis, salix, arcus, habenae* dehnbar, *verbera* Schläge *m.* geschmeidigen Ruten, *umor* geschmeidig machend]. **3.** / **a**) langsam, gemächlich, *bisw. lobend, meist tadelnd* = träge, schwerfällig, *v. Pers. u. Sachen* [*infitiator* lässig im Bezahlen, *negotium*, °*lentiorem spem facere* die Erfüllung der Hoffnung verzögern, °*marmor* ruhiges *od.* unbewegliches Meer, °*carbones* langsam brennende]; **b**) (*zeitl.*) (*dcht.*) langdauernd, anhaltend [*duellum, lentius spe* länger als man hoffte, *lentus abesto* bleib lange weg]; **c**) (*dcht., nkl.*) langsam wirkend, schleichend [*venenum, remedia, amor od. ignes* langsam zehrende Liebesglut]; **d**) (*rhet. v. Stil u. Vortrag*) schleppend, steif [*in dicendo*]; **e**) (*im lobenden Sinne*) ruhig, behaglich, gelassen, bedächtig, geduldig, *klass. selten* [*homo,* °*lentus in umbra* behaglich hingestreckt, °*lentus in suo dolore*]; **f**) (*pejorativ*) **α**) gleichgültig, unempfindlich, lau, phlegmatisch, indolent [*iudex,* °*Cupido* sich sträubend, °*amor* matt; *lente ferre od. dicere, agere*]; **β**) (*dcht., nkl.*) unbeugsam, eigensinnig, starrköpfig [*natura alcis, Nais* spröde].

lēnŭllŭs, *ī m* (*demin. v. lēnō*) (*Pl.*) Kuppler.

lēnŭncŭlŭs[1], *ī m* (*demin. v. lēnō*) (*Pl.*) Kuppler.

lēnŭncŭlŭs[2], *ī m* (*vl. demin. e-s Lw.* ‹ ληνός „Trog") Barke, Kahn.

▶ **lĕō,** *ōnĭs m* (*Lw.* ‹ λέων) Löwe; (*nkl., dcht.*) *auch als Gestirn.*

Lĕōnĭdās *u.* °**-ă,** *ae m* (Λεωνίδας) *K. v. Sparta, fiel als Verteidiger der Thermopylen gegen Xerxes 480 v. Chr.* **F.** *Cf.* V.-B. I, 3.

lĕōnīnŭs 3 (*lĕō*) (*vkl., nkl.*) eines Löwen, Löwen... [*cavum* Löwenhöhle].

Lĕŏntīnī, *ōrŭm m* (Λεοντῖνοι) *St. in Sizilien nw. v. Syrakus, j.* Lentini; *Einw. u. adi.* **Lĕŏntīnŭs** (3).

lĕpăs = *lŏpăs*.

▶ **lĕpĭdŭs** 3 (*m.* °*comp. u.* °*sup.*; *adv.* **-ē**) (*cf. lĕpōs*) niedlich, allerliebst, nett, anmutig, *bsd. der Umgangssprache angehörig* [°*puella,* °*pater,* °*lepidissime* ganz herrlich]; *auch ironisch od. pejorativ* zierlich, weichlich [*pueri, -e furari*]; *bsd.* witzig, launig, geistreich [°*dictum* Witz, °*versus*].

Lĕpĭdŭs, *ī m cogn. i. der gēns Aemĭlĭă*: *M. Aemilius Lepidus schloß nach Cäsars Ermordung m. Antonius u. Oktavian das zweite Triumvirat 43 v. Chr., wurde aber bald seiner Würden von Oktavian entkleidet u. starb 13 v. Chr.*

lĕpōs, *ōrĭs m* (*cf.* λεπτός „enthülst, fein, zart" *zu* λέπω „schäle ab") Feinheit, Anmut, das Gefällige *od.* Anziehende *im Benehmen u. Ausdruck*; *bsd.* heiterer, gefälliger *od.* geistreicher Witz, Humor [*admirabilis dicendi, scurrilis*].

lĕpră, *ae f* (*Fw.* ‹ λέπρα *ds. zu* λεπρός schuppig, rauh; aussätzig; λέπω schäle ab) (*nkl.*) Aussatz.

lĕprōsŭs 3 (*lĕpră*) (*Isid.*; *Eccl.*) aussätzig; *subst. pl. m* Aussätzige.

Lĕptĭs Măgnă (Λέπτις) *alte phönikische Kolonie an der Nordküste Afrikas* (*Tripolis*), *seit Trajan röm. Kolonie*; *von dem dort geborenen Kaiser Septimius Severus m. großartigen Bauten ausgestattet*; *eindrucksvolle Ruinen*; *Einw.* **Lĕptĭtānī,** *ōrŭm m*; *adi.* **Lĕptīnŭs** 3. **F.** *acc. Lĕptĭm u.* °*-in*; *abl. Lĕptī u.* °*-ē*.

lĕpŭs, *ŏrĭs m* (*iberisches Wort*) (*unkl.*) Hase; *auch als Kosewort* [*mi lepus*]; *klass. nur als Sternbild.* (*gen. pl. lĕpŏrŭm*).

lĕpŭscŭlŭs, *ī m* (*demin. v. lĕpŭs*) Häslein.

Lĕrnă, *ae u.* **-ē,** *ēs f* (Λέρνα) *See, Fl. u. Flecken bei Argos, wo Herakles die Hydra erlegte*; *adi.* **Lĕrnaeŭs** 3.

Lĕsbŏs *u.* **-ŭs,** *ī f* (Λέσβος) *äolische Insel an der ionischen Küste, südl. v. Troas, Geburtsland des Arion, Alkaios* (*Alcaeŭs*) *u. der Sappho. Cf.* V.-B. II, 1. — *adi.* **Lĕsbĭăcŭs** *u.* °**Lĕsbĭŭs,** °**Lĕsbōŭs** 3 (°*civis* = Alkaios, °*vates* = Sappho, °*barbiton* des Alkaios *u.* der Sappho, °*pes* sapphisches Versmaß, °*plectrum* alkäisches Maß, lyrisches Gedicht); *adi. u. subst.* **Lĕsbĭăs,** *ădĭs u.* **-bĭs,** *ĭdĭs f* lesbisch, Lesbierin.

lĕssŭs *m* (*altl.*) (*et. ungedeutet*) Totenklage (*nur acc. sg. lĕssŭm*).

lētālĭs, *ĕ* (*lētŭm*) (*nkl., dcht.*) tödlich, todbringend [*ensis, carmen* todverkündend, *sonus* Ruf der Eule]; *subst.* **-ĭă,** *ĭŭm n* tödliche Mittel.

lēthărgĭcŭs 3 (*Fw.* ‹ ληθαργικός) (*nkl., dcht.*) schlafsüchtig; *auch subst. m.*

lēthărgŭs, *ī m* (*Fw.* ‹ λήθαργος) (*nkl., dcht.*) Schlafsucht.

Lēthē, *ēs f* (♀ λήθη Vergessenheit) *Strom in der Unterwelt, aus dem die Seelen der Verstorbenen Vergessenheit alles Vergangenen tranken*; *adi.* **Lēthaeŭs** 3 zur Lethe *od.* zur Unterwelt gehörig [°*fluvius,* °*vincula* des Todes]; Vergessenheit bringend *od.* einschläfernd [°*papavera,* °*somnus* todbringend].

lētĭ-fĕr, *fĕră, fĕrŭm* (*lētŭm, fĕrō*) (*dcht., nkl.*) = *lētālĭs*.

lētō 1. (*denom. v. lētŭm*) (*dcht.*) töten [*corpora*].

Lētō, Lētōĭs *s. Lātō*.

▶ **lētŭm,** *ī n* (*wohl als* *lē-tŏm „Erschlaffung" *zur* $\sqrt{}$*lē- „nachlassen" *in lēnĭs*) Tod, *altl. u. dcht., klass. nur in gehobener Sprache* = *mŏrs* [~ *sibi parĕre*]; / (*Ve.*) Untergang, Vernichtung (*alcis res leto eripere*); *auch personif. als Dämon in der Unterwelt.*

Leucădĭă, *ae u.* **Leucăs,** *ădĭs f* (Λευκάς) **1.** *Insel u. St. im Ionischen Meer, an der Westküste Akarnaniens* (*nach Dörpfeld das homerische Ithaka*); *Einw. u. adi.* **Leucădĭŭs** 3 [°*deus* = Apollo]. **2.** *Leucăs dcht.* = *Leucātās*.

leucăspĭs, *ĭdĭs* (*Fw.* ‹ λεύκασπις) (*nkl.*) weiß beschildet [*phalanx*]. *Cf.* V.-B. III, 4, b.

Leucātās *u.* **-tēs,** *ae m* (Λευκάτας) *südl. Vorgebirge der Insel Leukas m. einem Tempel des Apollo. Cf.* V.-B. I, 2 *u.* 3.

Leucŏnĭcŭm, *ī n* (*Ma.*) (leukonische) Wolle (*als Kissenfüllung*; *nach einem gallischen Volk a. der Mosel benannt*).

leucŏnŏtŭs, *ī m* (*Fw.* ‹ λευκόνοτος) (*nkl.*) der weiße, helle, trockene Südwind, Südsüdwest.

leucŏphaeātŭs 3 (*Lw.* ‹ λευκόφαιος *m. lat. Suffix*) (*Ma.*) aschgrau gekleidet.

Leucŏthĕă, *ae u.* °**-ē,** *ēs f* (Λευκοθέα = weiße Göttin) *Kultname der Meergöttin Ino* (*s.d.*); *im röm. Bereich später m. der altitalischen Mātĕr Mātūtă gleichgesetzt. Cf.* V.-B. I, 1.

Leuctră, *ōrŭm n* (Λεῦκτρα) *Flecken in Böotien sw. v. Theben* (*Schlacht 371 v. Chr.*); *adi.* **Leuctrĭcŭs** 3.

lĕvāmĕn, *ĭnĭs u.* **lĕvāmĕntŭm,** *ī n* (*lĕvō*[2]) Linderungsmittel, Erleichterung [*doloris*; *alci levamento esse*]; (*meton.*) (*dcht.*) (*v. Pers.*) Trost = Tröster [*curae*].

lĕvātĭō, *ōnĭs f* (*lĕvō*[2]) **1.** (*Vi.*) das Hochheben [*onerum*]. **2.** / Erleichterung, Linderung [*aegritudinis*]; *übh.* Verminderung [*vitiorum*].

lēvī *s. lĭnō*.

lĕvĭcŭlŭs 3 (*demin. v. lĕvĭs*[2]) ziemlich leicht; / ziemlich eitel; (*nkl.*) ziemlich unbedeutend.

lĕvĭdēnsĭs, *ĕ* (*nach* **lĕvĭdŭs zu lĕvĭs*[2]) **1.** (*Isid.*) leichtgewebt, dünn. **2.** / geringfügig [*munusculum*].

lĕvĭ-fĭdŭs 3 (*lĕvĭs*[2], *fĭdēs*[1]) (*Pl.*) nicht ganz glaubwürdig, falsch.

lĕvĭ-pēs, *pĕdĭs* (*lĕvĭs*[2]) (*vkl., dcht.*) leichtfüßig.

lēvĭs[1], *ĕ* (*m.* °*comp. u.* °*sup.*) (‹ *lei-*-vĭs*; *cf.* λεῖος ‹ *λειϝος) **1. a**) glatt, geglättet [*corpuscula*, °*saxa*, °*hircus* zottenlos]; *subst.* °**lēvĕ**, *īs n* (*Ho.*) glatte Oberfläche; **b**) (*dcht.*, *nkl.*) blank, glatt poliert [*poculum*]. **2.** glatt, schlüpfrig [*limus*]. **3. a**) unbehaart, bartlos [*iuventas*, *senex* kahlköpfig]; **b**) jugendlich, zart [*umeri*]; *auch* geputzt. **4.** (*v. der Rede*) geschliffen, fließend [*oratio*, *concursus verborum*; (*subst.*) (*Ho.*) *levia sectari* nach Glätte streben].

lĕvīs[2]
1. leicht *v. Gewicht*; **2. a**) leichtbewaffnet; **b**) leicht (*dem physischen Gehalt nach*); **3. a**) flüchtig, geschwind; **b**) mild, sanft; **c**) unbedeutend, gering; **d**) leichtsinnig, unzuverlässig.

lĕvīs[2], *ĕ* (*m. comp. u. sup.*; *adv.* **-ĭtĕr**) (*wohl* < **lĕgvīs*; *cf.* ἐλαχύς „gering") **1.** leicht *v. Gewicht*, nicht drückend [°*pondus*, *materia*, °*pluma*, *armatura* leichte Bewaffnung, (*meton.*) die Leichtbewaffneten; °*sit tibi terra levis als Inschrift auf Grabsteinen*, *pila levius cadunt m.* geringerer Kraft; / *leviter ferre alqd* willig; *m.* °*inf.*]. **2. a**) (*nkl.*) leichtbewaffnet = °*leviter armatus* [*miles*, *ala* Schar]; *ähnlich* °*currus levis corpore* nur wenig belastet; **b**) (*dcht.*, *nkl.*) leicht *dem physischen Gehalt nach* [*terra* = mager, *humus*, *populi* die körperlosen Schatten]. **3.** / **a**) (*dcht.*, *nkl.*) flüchtig, geschwind [*cervus*, *cannae* schwank, *agmen* leichtbeweglich, ~ *cursu* in hurtigem Sprunge]; **b**) mild, sanft, gelind, schwach [*imperium*, *verba leviora*, *reprehensio* erträglich, *morbus*, °*malvae* leichtverdaulich, *levissime dicere* den gelindesten Ausdruck gebrauchen, °*leviter dolere* maßvoll; °*alci* gegen *jd.* milde gesinnt]; **c**) unbedeutend, unerheblich, geringfügig, seicht, ohne Einfluß, *v. Sachen*, *selten v. Pers.* [°*auctor*, *momentum*, *artes*, °*fama* schwach, *necessitudo* nicht schwer ins Gewicht fallend, *munimentum* leicht verschanztes Lager, *auditio u. rumor* unverbürgtes Gerücht, *pecunia alci levissima est* spielt bei *jd.* gar keine Rolle, °*leviter curare* sich wenig kümmern, °*alqd in levi habere etw.* für eine Kleinigkeit achten]; **d**) (*vom Charakter*) leichtsinnig, wankelmütig, charakterlos, unzuverlässig, haltlos, *v. Pers. u. Sachen* [*homo*, *iudices*, *animus*, *amicitia m.* leichtsinnigen Leuten, °*spes* unsicher, °*leviter velle* nicht ernstlich genug; *in re* in, bei *etw.*]; *adv. auch* leichthin, oberflächlich [*leviter significare*].

lĕvi-somnŭs 3 (*lĕvīs*[2]) (*Lu.*) *m.* leichtem Schlaf [*canum corda*].

lēvĭtās[1], *ātis f* (*lēvīs*[1]) Glätte [*speculorum*]; / (*rhet.*) fließender Ausdruck, Ungezwungenheit [*Graecorum*].

lĕvĭtās[2], *ātis f* (*lĕvīs*[2]) **1.** Leichtigkeit = leichtes Gewicht [*armorum*, °*naturalis avium* ~]. **2.** (*dcht.*) Beweglichkeit, Geschwindigkeit. **3.** / **a**) Leichtfertigkeit, Oberflächlichkeit, *oft pl.* [*amatoriae* in der Liebe, *comicae* leichtfertige Streiche in der Komödie]; **b**) (*vom Charakter*) Leichtsinn, Charakterlosigkeit, Haltlosigkeit, würdeloses Benehmen, *auch pl.* (*abs. od. alcis*, *zB. vulgi*, *iudiciorum* = *iudicum*; *in re* in *etw.*, *zB. in populari ratione*); **c**) (*v. Sachen*) Nichtigkeit, Unhaltbarkeit [*opinionis*].

lēvō[1] 1. (*denom. v. lēvīs*[1]) glätten, polieren [*corpus* (sich) depilieren, °*ferrum*]; / (*dcht.*) (*in Rede od. Schrift*) *aspera cultu*.

lĕvō[2]
1. a) leichter machen; **b**) leichter *od.* erträglich machen, vermindern; **2. a**) *v. etw.* befreien; **b**) schwächen; **c**) *etw.* abnehmen; **3. a**) in die Höhe heben, aufrichten; **b**) stärken, ermutigen.

▶ **lĕvō[2]** 1. (*denom. v. lĕvīs*[2]) **1. a**) (*dcht.*, *nkl.*) leichter machen, erleichtern [*colla serpentum* = v. dem Drachenwagen herabsteigen, *alqm fasce* = *jd.* das Bündel abnehmen; *bsd. alqam* eine Frau entbinden, P. entbunden werden]; **b**) / (*etw. Drückendes*) leichter *od.* erträglich machen, mildern, lindern, vermindern (*alqd*, *zB. metum alcis*, *inopiam*, *dolorem consolando*, *iniurias* beseitigen, °*malum vino*, °*vulnus* heilen, °*sitim* stillen, °*viam sermone* sich den Weg verkürzen, °*omen* weniger schrecklich machen, *annonam* ~, °*frugum pretia* billiger machen; *alci alqd jd. etw.*, *zB. metum*, *curas*). **2. a**) *v. etw.* befreien, erlösen, *e-r Sache* entheben (*alqm u. alqd re*, *zB. metu*, *hibernis v.* der Last der Winterquartiere, *se aere alieno*, *iumenta sarcinis*, °*corpora veste*, °*nemus fronde* entblättern); **b**) (*etw. Gutes*) verringern, schwächen, mindern [*alcis auctoritatem*]; **c**) (*dcht.*) *etw.* weg- *od.* abnehmen (*alqd u. alci alqd*, *zB. superpositum capiti decus*, *vincula*, *manicas*). **3. a**) (*dcht.*, *nkl.*) in die Höhe heben, emporheben, aufrichten (*alqm u. alqd*, *zB. saucium manu*, *membra cubito*); *bsd. se levare od. mediopass.* sich erheben [*pennis* auffliegen, sich aufschwingen, *se de caespite*]; **b**) / aufrichten = stärken, erquicken, erfrischen, (*geistig*) trösten, ermutigen (*alqm u.* °*alqd*, *zB. adventus tuus me levabit*, *animus levatur exercendo*, °*alqm auxilio* unterstützen, °*luctu alcis levari* sich weiden an). — ***mensam cenae* die Tafel aufheben, *de fonte* aus der Taufe heben.
F. *altl.*: *Fut.* II *act.* °*lĕvāssō* = *lĕvāvĕrō*.

lēvŏr, *ōrīs m* (*lēvīs*[1]) (*vkl.*, *nkl.*) Glätte [*vocis*].

lēx
1. a) *juristische* Formel; **b**) Vertrag, Kontrakt; **c**) Bedingung, Punkt *eines Vertrages*; **2.** Gesetzesvorschlag, Antrag *zu einem Gesetz*; **3. a**) Gesetz, gesetzliche Verordnung; **b**) *pl.* Verfassung; **4. a**) Regel, Vorschrift; **b**) Gewohnheit, Art; **5.** Beschaffenheit; **6.** Regelmäßigkeit, Ordnung.

lēx, *lēgīs f* (*lĕgō*[2]; *Dehnstufe wie rēx*: *rĕgō*) **1. a**) juristische Formel *für ein Geschäft* [*Manilianae venalium vendendorum leges* für Kaufverträge]; **b**) Vertrag *od.* Kontrakt [*mancipii* Kaufkontrakt, *operi faciundo* Baukontrakt, *censoria v.* den Zensoren *m. einem Pächter od. Lieferanten u.a.* abgeschlossen]; **c**) Bedingung *od.* Bestimmung, Punkt *eines Vertrages* [°*foederis*, *pacis*, °*legem accipere* annehmen, *leges pacis dicere od. scribere alci* die Friedensbedingungen *jd.* diktieren, *pax data in has leges* unter folgenden Bedingungen]; *bsd.* Friedensbedingung; *auch übh.* Bedingung [*homines ea lege nati sunt, ut* ...]. **2.** Gesetzesvorschlag, Antrag zu einem Gesetz [*legem ferre od. rogare* ein Gesetz einbringen, beantragen, *m. ut u. ne*, *perferre* durchsetzen, *promulgare* durch Anschlag öffentlich bekanntmachen, *sciscere u. iubere* genehmigen, *antiquare u. repudiare* verwerfen, ablehnen]. **3. a**) Gesetz, gesetzliche Verordnung (*od.* Bestimmung), *bsd. in Republiken* Volksbeschluß [*Canuleia*, *frumentaria*, *duodecim tabularum*, °*de supplicio*; *poena legis u. legis actio* die gesetzlich bestimmte *od.* vorgeschriebene, *lex est, ut* ..., *lex vetat od. iubet*, *leges dare alci* = abfassen, entwerfen *od.* erlassen = *scribere*, *facere*, *constituere*, *condere*, *sancire alci*; *legem abrogare* abschaffen, °*lege uti* den Schutz der Gesetze genießen, *auch* gesetzlich verfahren; *ex lege bzw. ex legibus*, *lege u. legibus* gesetzmäßig, *lege Cornelia* nach der *l. C.*]; **b**) *pl.* **α**) Verfassung [*leges patriae*, °*leges libertasque* republikanische Verfassung]; **β**) (*meton.*) das geschriebene Recht (*im Ggs. zum Herkommen*); **γ**) einzelne Bestimmungen *e-s Gesetzes* [*Furiae*, *Iuliae*]. **4. a**) Regel, Vorschrift, Bestimmung, *zB. einer Kunst*, *Wissenschaft u.a.* [*vitae*, *philosophiae u. philosophorum*, *historiae*, °*citharae*, °*dicendi u.* °*sermonis*, °*fati* Schicksalsbestimmung, *versibus certa lex est*, *legem alci statuere* für *jd. etw.* als Regel aufstellen]; **b**) Gewohnheit, Art, *nach der jd. lebt* [*mea lege utor*]. **5.** (*dcht.*) Art *u.* Weise, Beschaffenheit [*lex loci*]. **6.** (*dcht.*) Regelmäßigkeit, Ordnung [*sine lege* ungeordnet, regellos]. — **die Heilige Schrift; das Alte Testament; — *lex generalis* allgemeines Gesetz, ~ *specialis* Einzel- *od.* Sondergesetz; *lege artis* nach den Regeln der (ärztlichen) Kunst. (*gen. pl. lēgŭm.*)

lĕxĭs, *ĕōs f* (*Fw.* < λέξις) / (*dcht.*) Wort (*pl. lĕxis* = λέξεις).

lībāmĕn, *ĭnĭs n* (*lībō*) (*dcht.*) Opfer (-gabe, -guß); *bsd. prima -a* die *v.* der Stirn des Opfertieres abgeschnittenen Haare; / *tu nova servatae carpes libamina famae* du wirst meine Ehre zuerst opfern.

lībāmĕntŭm, *ī n* (*lībō*) **1.** Spende beim Opfer, Opfergabe, Opfer [*sacrificiorum*, °*alci -a solvere u. dare*]. **2.** / (*Se.*) Kostprobe; *pl.* Lesefrüchte [*varia illa libamen-*

ta].

Lĭbănŭs, ī *m* Libanon, *Hauptgebirge Syriens.*

lībārĭŭs, ī *m* (*lībŭm*) (*Se.*) Kuchenbäcker, -verkäufer.

lībātĭō, ōnĭs *f* (*lībō*) Trankopfer, *abstr.* Libation.

lībĕllă, ae *f* (*demin. v. lībră*) **1.** *röm.-kampanische Silbermünze im Wert v.* $^1/_{10}$ *Denar*; heres ex libella Erbe eines Zehntels des Nachlasses *od.* = ex asse Universalerbe (?). **2.** kleine Münze, *im Deutschen* Heller, Pfennig (*alci ne unam quidem libellam dare, ad libellam* auf Heller *u.* Pfennig = genau). **3.** (*nkl., Lu.*) Wasserwaage, Libelle.

lĭbĕllŭs, ī *m* (*demin. v. lĭbĕr¹*) **1.** Büchlein, kleine Schrift [*in libello scribere alqd*]; (*pl.*) (*dcht.*) Buchladen [*te quaesimus in omnibus libellis*]. *Meton.*: **2. a**) Verzeichnis [*mandatorum*]; **b**) Notizbuch, Heft (*alqd in libellum referre*). **3. a**) Brief, Schreiben [*libellum alcis habere*]; **b**) (*nkl.*) Klage(schrift), Anklage, *auch* Denunziation [*libelli coniurationem nuntiantes*]; **c**) Eingabe, Petition [*libellum componere*]; **d**) (*nkl.*) Schmähschrift, Spottschrift [*famosus*]. **4.** Programm *zu einem Schauspiel*, Theaterzettel [*gladiatorum*]. **5.** öffentliche Bekanntmachung, Anschlag, *bsd. über Versteigerungen* [*libellos deicere* abnehmen = die Beschlagnahme aufheben].

▶ **lĭbēns** (*altl. lŭbēns*), ĕntĭs (*m.* °*comp. u. sup.*; *adv.* **-ĕntĕr**) (*lĭbĕt*) gern, willig, freudig, mit Vergnügen, mit Lust [*libenter* = *animo libenti bzw. animis libentibus, libenter dare u. cenare, libenter esse* guter Laune sein, *libentius* lieber]; *auch* nach freiem Belieben, ungeniert. — *Cf.* V.-B. VIII.

lĭbĕntĭă (*altl. lŭb...*), ae *f* (*lĭbēns*) (*vkl., nkl.*) Fröhlichkeit, Vergnügen, sinnliche Lust; *auch personif.*②.

Lĭbĕntīnă, ae *f* = *Lŭbĕntīnă.*

▶ **lĭbĕr¹,** brī *m* (< **lŭbrŏs zu* √‾ **leubh-* „abschälen"; *cf. nhd.* „Laub, Laube") **1.** Bast *unter der Baumrinde* [°*arborum, trunci libro aut cortice obducuntur*]. **2.** *meton.* (*weil man anfänglich auf Bast schrieb*) **a**) Buch, Schrift, Aufsatz, Abhandlung (*alcis j-s, zB. Platonis libros legere, -i Punici,* °*carminum* Zauberbücher, *librum scribere de re, zB. de senectute*); *auch* Buch = Kapitel *einer größeren Schrift* [*tres de officiis libri*]; **b**) (*nkl.*) Schreiben, Brief, Bericht, *auch* (*nkl.*) Verfügung, Erlaß; **c**) Verzeichnis, Register, Katalog; **d**) (*Qu.*) Rede, Gedicht, Komödie; **e**) *pl.* Religionsbücher [*Etruscorum, Sibyllini; libros adire u. inspicere*]; *auch* Augural- *u.* Rechtsbücher.

Lībĕr², bĕrī *m* (*lībĕr³, lībĕrī*) *altitalischer Gott der Zeugung u. Anpflanzung, später m. Bacchus identifiziert, vl. aber auch v. Anfang an dem gr. Dionysos* (= *Sohn des Zeus*) *gleichgesetzt*: Gott des Weines (*cf. Lyaeŭs*); (*meton.*) (*dcht.*) Wein, (*prägn.*) Kraft des Weines.

> **līber³**
> **1.** frei, unbeschränkt; **2.** frei *von Sorgen, Geschäften u.a.*; **3.** freimütig, unbefangen; dreist, rücksichtslos; **4.** frei *v. etw.*, ohne *etw.*; **5.** freigeboren, unabhängig; *subst. pl. liberi* die (freigeborenen) Kinder (*Ggs. Diener*); **6.** zügellos.

lībĕr³, ĕra, ĕrŭm (*m. comp. u. sup.*; *adv.* **-ē**) (< **leudhĕrŏs* = ἐλεύθερος = „zum Volk gehörig, *v.* rechtmäßiger Geburt"; *cf. nhd.* „Leute") **1.** frei *v. Fesseln*, ungebunden, unbeschränkt, *v. Pers. u. Sachen* [*sapiens semper est liber,* °*bracchia* ungefesselt, °*pes* entfesselt, °*campus* offen, unbesetzt, °*mare* offen, *caelum* freie Luft, *pabulatio, custodia* freie Haft im Hause eines angesehenen Bürgers, *conclave* ein beliebiges, °*mandata* unbeschränkte Vollmacht, *consulatus* frei verfügbar, °*libero mendacio uti* frischweg lügen, °*quaestio* allgemein = an keine bestimmte Person *od.* Zeit gebunden, °*sententiae* zwangfreie Abstimmung, °*fenus* durch kein Gesetz beschränkter Wucherzins, °*paenitentia* ungehemmt, *iudicium senatūs* unbefangen, °*liberum habere alqd etw.* in seiner freien Gewalt haben; *alci rei jd. od.* einer Sache freistehend, gestattet]; *adv. auch* freiwillig [*libere vendere alqd*]. **2.** sorgenfrei [*tempus*], geschäftsfrei [*otia*], unverpfändet [*res familiaris*], steuer- *od.* abgabenfrei, dienstfrei [~ *ab omni sumptu*], *v.* Bewohnern *od.* Besuchern frei [°*aedes,* °*lectulus e-s* Junggesellen]. **3.** freimütig, ungezwungen, offen, unbefangen, dreist, rücksichtslos, *im guten u. üblen Sinn* [*vox, oratio, libero ore loqui,* °*dolor* Äußerung des Unwillens; *libere dicere*]. **4.** frei *v. etw.*, ledig, ohne *etw.* (*ab alqo, zB. provincia a praedonibus; a re u. re,* °*alcis rei v. etw., zB. animus a spe, a Persarum dominatione, omni metu,* °*fati* an keinen Schicksalsspruch gebunden). **5.** freigeboren, politisch frei, unabhängig, selbständig [*homo, civitas,* °*populus, Gallia, libere educare* nicht sklavisch]; *subst. m* der Freie, Freigeborene [*aut servos aut liberos conducere*]; *bsd. pl.* **lībĕrī,** ōrŭm *u.* ŭm *m* (*cf.* V.-B. VI, 2) die freigeborenen Kinder, *im Ggs. zu der Dienerschaft im Hause, übh.* Kinder, *m. Bezug auf die Eltern, ohne Rücksicht auf das Alter* [*parentes liberos amant, coniuges ac liberi* Weib *u.* Kind], *selten auch v. einem einzigen Kind.* **6.** (*pejorativ*) zügellos, ausschweifend [*turba temulentorum,* °*Cupido* schamlos, *libere vivere,* °*liberius maledicere*].

Lībĕră, ae *f* (*Lībĕr²*) **1.** = *Proserpina als Schwester des Bacchus* [*Ceres, Liber, Liberaque im Kult den griech. Göttern Demeter, Dionysos u. Kore gleichgesetzt; ihr gemeinsamer Tempel auf dem Aventin*]. **2.** = *Ariadne als Gattin des Bacchus.*

Lībĕrālĭă, ĭŭm *n* (*Lībĕr² u. Lībĕră*) Fest des Bacchus (*sowie der Ceres u. Libera; cf. Lībĕră*) *am 17. März, an dem die Jünglinge die toga virilis* empfingen. *Cf.* V.-B. X.

▶ **lībĕrālĭs,** ĕ (*m.* °*comp. u. sup.*; *adv.* **-ĭtĕr**) (*lībĕr³*) **1.** die Freiheit betreffend [*causa* Prozeß um Freiheitsrechte]. **2.** eines freien Mannes würdig: **a**) edel, hochherzig, anständig [°*ingenium,* °*facies* Gesichtsbildung, *liberaliter educari*]; *bsd. artes od. doctrinae, studia* die Künste *u.* Wissenschaften, die einem Freien zukommen; *in der Spätantike anfangs 9, seit etwa 400 n. Chr. 7 artes liberales*: *Grammatik, Rhetorik, Dialektik* (** = *trivium*); *Arithmetik, Geometrie, Musik, Astronomie* (** = *quadrivium*); (***liberalium artium magister akademischer Grad ursprünglich aller Fakultäten, später nur noch der Artistenfakultät; seit 1957 als magister artium* [*Abk. M.A.*] *an den Universitäten der Bundesrepublik einschließlich FU Berlin erneuert*); *bisw. auch* = vornehm [*victus, sumptus* standesgemäß, *liberaliter vivere*]; **b**) gütig, freundlich, höflich, zuvorkommend [*responsum, voluntas; liberaliter polliceri u. alqm oratione prosequi*]; **c**) freigebig, großzügig [*exercitum liberaliter habere*; (*gen.*) °*pecuniae m.* Geld; *in alqm* gegen *jd.*]; **d**) *v. Sachen* reichlich, stattlich [°*epulae,* °*liberalius sibi indulgere* sich reichlichere Genüsse gestatten].

▶ **lībĕrālĭtās,** ātĭs *f* (*lībĕrālĭs*) **1.** die dem freien Mann geziemende Denk- *u.* Handlungsweise: **a**) edle Gesinnung, Freundlichkeit, Güte, Höflichkeit; **b**) Freigebigkeit. **2.** (*meton.*) (*nkl.*) Schenkung, *meist pl.*

lībĕrātĭō, ōnĭs *f* (*lībĕrō*) Befreiung, *act. u. pass.* (*alcis rei v. etw., zB. culpae*); *bsd.* (*gerichtlich*) Freisprechung [*libidinosa; alcis rei v. etw.*].

lībĕrātŏr, ōrĭs *m* (*lībĕrō*) Befreier [*patriae*]; *als adi.* (*nkl.*) befreiend [*populus, animus populi Romani*].

▶ **lībĕrī,** ōrŭm *u.* ŭm *m* die Kinder (*s. lībĕr³* 5.).

▶ **lībĕrō** 1. (*altl. fut. lībĕrāssō; denom. v. lībĕr³*) **1.** befreien *v. Fesseln, aus der Sklaverei od. Gefangenschaft,* freilassen [*servos, pullos caveā*]. **2.** aus *od. v. etw.* befreien, (er)lösen, *auch* / (*alqm u. alqd ex re* aus *etw., zB. multos ex incommodis pecuniā; alqm u. alqd ab alqo v. jd., zB. patriam a tyranno, se a Venere* sich *v.* der Verpflichtung gegen Venus befreien; *alqm u. alqd a re u. re, zB. animum a corpore, alqm custodiā od. periculo, metu, exercitum od. urbem obsidione* entsetzen]. **3.** / **a**) *etw.* aufheben [°*obsidionem urbis*]; **b**) abgabenfrei machen [*Byzantios, agros*]; **c**) *fidem* sein Wort einlösen, das Versprechen erfüllen; °*nomina* die Schulden regulieren; **d**) (*eine Örtlichkeit*) *v.* Verbauung der freien Aussicht befreien [*templa liberata m.* freier Aussicht]; **e**) (*jur. t.t.*) freisprechen (*alqm jd., zB. Roscium; re* durch *etw., zB. iudicio; alqm re u. alcis rei jd. v. etw., zB. eodem crimine, culpā u.* °*culpae,* °*voti jd.* seines Gelübdes entbinden; *im P. m. n.c.i., zB. Milo liberatur non eo consilio profectus esse* wird *v.* der Beschuldigung freigesprochen, in der Absicht gereist zu sein, daß er...).

lībĕrtă, *ae f* (*lībĕrtŭs*) die Freigelassene [*Veneris* ehemalige Tempelsklavin der Venus].

> **lībĕrtās**
> **1.** Freiheit, Selbständigkeit, Unabhängigkeit; **2. a)** bürgerliche Freiheit; **b)** politische Freiheit (*im Sinne der Republik*), Autonomie; **3. a)** Freiheitssinn; **b)** Freimut, Unerschrockenheit; **4.** Zügellosigkeit.

lībĕrtās, *ātis f* (*lībĕr*[3]) Freiheit: **1.** *allg.* = **Selbständigkeit, Unabhängigkeit,** Unbeschränktheit [*libertas est facultas vivendi ut velis; alcis j-s, alcis rei* in *etw., zB.* °*omnium rerum*]; *nicht selten* = Erlaubnis [*loquendi; alci libertatem dare, ut quod velit faciat*]. **2. a)** bürgerliche Freiheit *des einzelnen im Ggs. zur Sklaverei od. Knechtschaft* [°*Romana, libertate uti* frei sein, *servos ad libertatem vocare* den Sklaven die Freiheit verheißen, *libertatem alci donare, eripere, conservare, imminuere, opprimere, amittere,* °*alqm e servitute in libertatem vindicare* befreien]; **b)** politische Freiheit *eines Volkes od. Staates im Ggs. zur monarchischen Verfassung od. fremder Oberherrschaft*; republikanische Verfassung, Volkssouveränität, Autonomie [*libertatem experiri*]. **3.** (*geistig*) **a)** Freiheitssinn [*innata*]; **b)** Freimütigkeit, Unerschrockenheit [°*ingenii,* °*linguae, multā cum libertate dicere alqd*]. **4.** (*pejorativ*) Ungebundenheit, Zügellosigkeit, Ausschweifung [*nimia, vitae ungebundenes* Leben]. **5.** *personif.* **Lībĕrtās** Göttin der Freiheit, *die zu Rom mehrere Tempel hatte* [*simulacrum u. templum Libertatis*].

lībĕrtīnŭs (*lībĕrtŭs*) **1.** (*urspr.*) **a)** *adi.* 3 zu den Freigelassenen gehörig [*homo,* °*pater*]; **b)** *subst.* **lībĕrtīnŭs,** *ī m S. e-s* Freigelassenen. **2.** (*später*) **a)** *adi.* freigelassen; **b)** (*subst.*) α) ~, *ī m* der Freigelassene *m. Rücksicht auf seine Stellung in der bürgerlichen Gesellschaft* [*Gracchus libertinos in urbanas tribus transtulit*]; β) **lībĕrtīnă,** *ae f* die Freigelassene.

▶ **lībĕrtŭs,** *ī m* (*lībĕr*[3]) Freigelassener *m. Bezug auf seinen früheren Herrn, daher regelmäßig m. einem gen. od. pron. poss. verbunden* [*Tiro libertus Ciceronis fuit, meus, tuus*].

****liberum arbitrium** Willens- *u.* Wahlfreiheit, freies Ermessen.

▶ **lĭbĕt** (*altl.* **lŭbĕt**), *lĭbŭit u. lĭbĭtŭm ēst* 2. (*cf. nhd.* „lieb", „erlauben") *impers.* es beliebt *od.* gefällt (*abs., zB. si libet, ut od. sicuti libet; alci u. m. inf., zB. mihi ~ plura scribere*); *oft abs.* = ich will, ich mag; *subst.* **lĭbĭtă,** *ōrŭm n* (*Ta.*) das Belieben, Gelüsten [*Caesarum*].

lĭbīdĭnŏr 1. (*lĭbīdō*) (*nkl., dcht.*) brünstig *od.* geil sein.

lĭbīdĭnōsŭs 3 (*m. comp. u. sup.; adv.* -*ē*) (*lĭbīdō*) **1.** genußsüchtig, wollüstig, ausschweifend [*tyrannus,* °*caper* geil, *voluptates*]. **2.** willkürlich, launenhaft, zügellos [-*e consulere in alqm*].

> **lĭbīdō**
> **1.** Begierde, Lust, Trieb; **2.** sinnliche Lust, Wollust; **3.** Willkür, Zügellosigkeit.

lĭbīdō (*altl.* **lŭbīdō**), *inis f* (*lĭbĕt*) **1.** Begierde, Lust, Verlangen, Trieb, Sucht [°*vitiosa; alcis j-s, zB. regum; alcis rei* nach *od.* zu, an *etw., zB. honoris, stupri, procreandi,* °*sanguinis* Blutdurst; ~ *alqm tenet od. invadit, libidines alcis frangere,* °*libidinem in armis habere* Vergnügen an den Waffen finden, °*libido est* = *libet; m.* °*inf.*), *abs. auch* Leidenschaft [*ex libidine sua*]. **2.** sinnliche Lust, Genußsucht, Wollust, Ausschweifung, Lüsternheit, *pl.* Lüste, Sinnlichkeit, Obszönitäten; *auch* Päderastie [*muliebris, impulsus libidinum, libidine incensus, libidini esse* zur Befriedigung der Lüsternheit dienen]. **3.** Willkür, bloße Laune, Zügellosigkeit, *pl.* Willkürlichkeiten (*alcis j-s, zB.* °*fortunae, iudicum* Parteilichkeit; *ad libidinem u.* [*ex*] *libidine* nach Laune, nach Belieben). — *** (*med. t.t.*) Trieb, *bsd.* Geschlechtstrieb; *neuerdings*: Grundantrieb aller, *bsd.* das Unbewußte durchströmenden Energie.

lĭbĭtă, *ōrŭm n s. lĭbĕt.*

Lĭbĭtīnă, *ae f* (*wahrsch. etr. Fw.*) **1.** *altit.* Totengöttin (*früh m. Venus in Verbindung gebracht; cf. Lŭbĕntīnă*), *aus deren Heiligtum alles zur Beerdigung Nötige gekauft od. gemietet wurde* [°~ *acerba*]. **2.** (*meton.*) **a)** Totenbahre, Leichengeräte; **b)** (*Ho.*) Tod (*carm.* 3, 30, 7).

lĭbĭtīnārĭŭs, *ī m* (*Lĭbĭtīnă*) (*nkl.*) Begräbnisunternehmer (*meist Freigelassene od. Sklaven*).

lĭbĭtŭs, *ūs m* (*lĭbĕt*) (*spätl.*) Gelüste. — ***ad libitum* nach Belieben.

▶ **lībō** 1 (*denom. v.* **lībā* < **loibā* = λοιβή „Spende") **1. a)** (*dcht.*) *zu Ehren e-s Gottes einen Teil* als Trankopfer ausgießen, ein Trankopfer spenden (*abs., zB. pateris et auro* aus goldenen Schalen, *in mensam; alci j-m, zB. Iovi; alqd etw., zB. pocula Bacchi; alci alqd, zB. vinum Lyaeo; altaria pateris* die Altäre durch Ausgießen aus den Schalen benetzen); **b)** *übh. etw.* opfern, weihen, *bsd. flüssige od. unblutige Gaben* (*alci alqd, zB. diis dapes od. fruges, uvam; auch* / °*alci lacrimas*). **2.** ein wenig *v. etw.* (weg)nehmen *od.* entnehmen, entlehnen, *auch* / (*alqd, zB.* °*liquores; alqd ex, a re, zB.* °*undas e fontibus, ex omnibus optima*). **3. a)** (*nkl., dcht.*) *etw.* leicht *od.* sanft berühren [*cibos digitis, oscula natae* den Mund leise küssen]; **b)** (*unkl.*) *etw. v. etw.* kosten *od.* genießen, nippen [*iecur* fressen, *panem, summa flumina* im Fluge trinken; / *artes* = oberflächlich kennenlernen]. **4.** (*nkl., dcht.*) vermindern, schwächen [*vires, virginitatem* rauben].

lībră, *ae f* (*et. ungedeutet*) **1. a)** Waage, *bsd. zum Abwiegen des Geldes;* °*libra et aes jur.* gültiger Kauf (*der darin bestand, daß der Käufer m. einem Geldstück* [*aes*] *an die Waagschale schlug*) [°*librā et aere mercari alqd* durch förmlichen Kauf = für bares Geld; °*librā et aere liberatum emittere* den aus der Hand des ersten Gläubigers Befreiten durch förmliche Schenkung freigeben; °*testamentum sine libra et tabulis facere* = ohne Beobachtung der herkömmlichen gesetzlichen Form]; **b)** Wasserwaage (*ad libram* = in gleicher Höhe); **c)** (*nkl., dcht.*) *Sternbild* Waage. **2.** (*meton.*) (*vkl., nkl.*) das römische Pfund (= *as,* 0,326 kg *schwer*), *in 12 Unzen eingeteilt* [*corona aurea librarum quinque*]. — **karolingisches Silberpfund.

lībrālĭs, *ĕ* (*lībră*) (*nkl.*) ein Pfund schwer.

lībrāmĕntŭm, *ī n* (*lībrō*) **1.** (*nkl.*) **a)** Gewicht, *concr.* = Gewichtstück [*plumbi* Bleigewicht]; **b)** Gefälle *des Wassers*; **c)** (*meton.*) Schwungriemen [*tormentorum*]. **2.** (*mathem.*) Horizontalebene, waagerechte Fläche.

lībrārĭă, *ae f* (*lībră*) (*Iu.*) Werkmeisterin, *die den Sklavinnen die Wolle zuwiegt.*

lībrārĭŏlŭs, *ī m* (*demin. v. lībrārĭŭs*) armseliger Bücherabschreiber, Kopist [-*i Latini* dürftige lateinische Literatur]; *meist* = *lībrārĭŭs.*

lībrārĭŭs 3 (*lībĕr*[1]) **1.** zu den Büchern gehörig, Bücher..., Buch... [*taberna* Buchladen, °*scriptor* Kopist, *scriba* Buchhalter]. **2.** *subst.* **a) lībrārĭŭs,** *ī m* Kopist, Schreiber, Sekretär, Buchhändler, *meist ein Sklave*; **b) lībrārĭŭm,** *ī n* Bücherkasten, -schrank.

lībrātŏr, *ōrĭs m* (*lībrō*) (*nkl.*) **1.** Wasserbaufachmann. **2.** *mil.* Steinschleuderer, Wurfschütze.

lībrīlĭs, *ĕ* (*lībră*) pfundschwer, pfündig [*funda* Schleuder für schwere Steine, Pfundschleuder].

lībrītŏr, *ōrĭs m* (*nkl.*) = *lībrātŏr* 2.

lībrō 1. (*denom. v. lībră, eigtl.* „*etw. m.* der Waage wiegen") **1.** im Gleichgewicht *od.* in der Schwebe halten *od.* bewegen [*terram ponderibus,* °*corpus in alas zw.* den Flügeln ins Gleichgewicht bringen = schwingend erheben]; *P.* sich in der Schwebe erhalten [°*vela librantur ab aura*]. **2.** (*nkl., dcht.*) *in der Gleichgewichtslage* schwingen, schleudern (*alqm u. alqd, zB. se od. corpus* sich schwingen, fliegen; *glandem, iaculum, saxa fundā, corpus in herba* ausstrecken); *bsd.* (*P.P.P.*) *adi.* **lībrātŭs** 3 (*m. comp.*) kräftig geschwungen, wuchtig [*ictus*]

lībŭm, *ī n* (*altes sakrales Wort; Rückbildung zu lībō in der Bed.* „als Opfer darbringen") (*vkl., dcht.*) Kuchen, *bsd.* Opferkuchen (*an Geburtstagen dem Genius u. den Göttern dargebracht*).

Lībŭrnĭă, *ae f Küstenland Illyriens zw. Istrien u. Dalmatien; Einw.*

Līburnī, ōrūm *m, bekannt durch ihre schnellen Seeräuberschiffe, nach deren Typ seit Cäsar die meisten röm. Kriegsschiffe gebaut wurden; adi.* **Līburnŭs** *u.* **Līburnicŭs** 3, *bsd.* Liburna (navis) *f* Liburnerjacht.

Libўă, ae *u.* °**-ē,** ēs *f* (Λιβύη) Libyen: **1.** *das ganze den Alten bekannte* Afrika. **2.** die Nordküste Afrikas; *Einw.* **Libўs,** ўŏs *m* Libyer; *adi.* **Libўcŭs** 3 *u.* °**Libўs,** ўŏs (*fem.* °**Libўssă,** ae *u.* °**Libўstis,** idis), °**Libўŭs** 3 libysch, afrikanisch.

licēns, ēntis (*m. comp.*; *adv.* **-ēntĕr**) (*eigtl. part. praes. v.* licēt) frei, ungebunden [dithyrambus, °vita]; *adv.* nach freiem Belieben [scribere]; (*pejorativ*) willkürlich, zügellos, frech, *meist adv.* [licentius cum domina vivere]; *cf.* V.-B. VIII.

▶ **licēntiă,** ae *f* (licēns) **1.** Freiheit = Ungebundenheit, Unbeschränktheit, *auch* Macht, Vorrecht [aliis alia ~ est dem einen ist dies, dem andern jenes gestattet, licentiam habere *u.* alci dare; alcis j-s, *zB.* poëtarum; alcis rei, *zB.* regni der Herrschergewalt, ludendi im *od.* beim Spielen, faciundi alqd, °necis et vitae civium Macht über Leben *u.* Tod]. **2.** Freiheit, *die man v. anderen erhält* = Erlaubnis, Vollmacht [licentiam alci dare *od.* permittere; alcis rei, *zB.* agundarum rerum, *selten* ad alqd]. **3.** Freiheit, *die jd. sich selbst nimmt* = Willkür, *übh.* Zügellosigkeit, Übermut, Leichtfertigkeit, Frechheit, *v. Pers. u. Sachen* [tyranni, scelerum, nocturni temporis durch die Nachtzeit begünstigt, °ponti das entfesselte Meer, vocis et linguae in Ton *u.* Sprache, ~ °figurarum Lizenz, °theatri; licentiam sibi sumere, alcis licentiam intercludere ein Ziel setzen]. **4.** *personif.* **Licēntiă** Göttin der Zügellosigkeit (Ὕβρις).

licēntiōsŭs 3 (*m. comp.*) (licēntiă) (*nkl.*) willkürlich; ausschweifend.

licĕō, cŭi, — 2. (*nur litauisch-lettische Parallelen*) **1.** feil sein, zum Verkauf stehen *od.* ausgeboten werden [horti; *m. gen. u. abl.* pretii]; *übh.* (*Ho.*) gelten, *bzw.* taxiert werden, wert sein [pluris]. **2.** (*nkl., dcht.*) (*eine Ware*) ausbieten [parvo pretio].

licĕŏr, citŭs sŭm 2. (*mediopass. v.* licĕō; *eigtl.* „für sich feilmachen") *bei einer Auktion* auf *etw.* bieten (*abs., zB.* nemo licebatur, °ad nutum licentium der Meistbietenden, contra ~ überbieten; alqd auf *etw., zB.* libros; *m. gen. bzw. abl.* pretii); *auch* (*Cu.*) einen Preis auf *etw.* setzen [capita hostium].

▶ **licĕt,** licŭit *u.* licitŭm ēst 2. (*altl. fut.* licēssit = licŭerit) (*eigtl.* „es steht zum Verkauf frei" *zu* licĕō) **1.** es steht frei, es ist erlaubt; *auch* (*abgeschwächt*) es ist möglich, man darf, man kann (*abs., zB.* dum ~ solange es vergönnt ist, per me licet meinetwegen; *m. inf. u. a.c.i., zB.* licet hoc videre, utrumque plebeium consulem fieri licet; *als subi. steht nur das neutr. eines pron. od. allgem. adi., zB.* hoc, quod, nihil; alci *m. inf. u. dat. od. a.c.i., zB.* Themistocli licuit esse otioso, civi Romano licet esse Gaditanum; *selten m. coni., zB.* sequatur licebit er mag folgen, °tibi liceat narres du magst erzählen, °licet adspicias du kannst sehen, °sciatis licet ihr mögt wissen]. **2.** *ci.* **a)** *m. Konzessivsatz im coni. praes. od. pf. verbunden*: mag immerhin, wenn auch, zugegeben daß, *bisw. a.* licebit [fremant omnes licet: dicam quod sentio]; **b)** *verstärkt* quamvis licet *m. coni.* wenn auch noch so sehr [quamvis licet insectemur Stoicos, metuo, ne soli philosophi sint]; **c)** (*dcht.*) *ohne verbum finitum bei adi. od. part., zB.* huic licet ingratae Tityrus ipse canat.

lichēn, ēnis *m* (*Fw.* < λειχήν) (*nkl., dcht.*) Flechte.

Licinĭŭs 3 (*zu* licinŭs „aufwärts gekrümmt") *Name einer pleb. gēns etr. Herkunft* (*etr.* lecne): **1.** L. ~ Crāssŭs (*140—91 v. Chr.*), *bedeutender Staatsmann u. ausgezeichneter Redner* (*cf. Ciceros Schrift* De oratore). **2.** M. ~ Crāssŭs Dīvĕs (*115—53 v. Chr.*), *Anhänger Sullas, im Sklavenkriege siegreich gegen Spartacus, schloß m. Pompejus u. Cäsar das erste Triumvirat 60, wurde 53 bei Carrhae v. den Parthern vernichtend geschlagen u. durch Verrat v. ihnen ermordet.* **3.** L. ~ Lūcŭllŭs Pōnticŭs (*106—56 v. Chr.*), *tüchtiger Feldherr im Kriege gegen die Bundesgenossen u. gegen Mithridates u. Tigranes, bekannt durch seinen sprichwörtlichen Reichtum* (*Kunst- u. Büchersammlungen, Tafelluxus*) *u. seine Sanierung der verschuldeten asiatischen Gemeinden* (*Senkung des Zinsfußes v. 48%₀ auf 12%₀!*), *mußte aber das Kommando an Pompejus abgeben; er starb im Wahnsinn 56.* **4.** L. ~ Mūrēnă, *zeichnete sich unter Lucullus im Kriege gegen Mithridates aus; als designierter Konsul 63 wegen Bestechung angeklagt, wurde er v. Cicero m. Erfolg verteidigt.* **5.** A. ~ Ărchĭās *s.* Ărchĭās.

licitātiō, ōnis *f* (licitŏr) das Bieten *auf Auktionen*, Gebot.

licitātŏr, ōris *m* (licitŏr) der Bieter *auf Auktionen.*

licitŏr 1. (*intens. v.* licĕŏr) (*vkl., nkl.*) = licĕŏr.

licitŭs 3 (licēt) (*nkl., dcht.*) erlaubt, vergönnt [sermo]; *subst.* **-ă,** ōrŭm *n* Erlaubtes.

licĭŭm, ī *n* (*et. ungeklärt*) (*nkl., dcht.*) (*t.t. der Webkunst*) der *od.* das Trumm, das Ende des alten Gewebes (*Querfäden*), *an das die Fäden des neuen Aufzugs* (*Längsfäden*) *geknüpft werden* [licia telae addere Garn auf den Webstuhl bringen, ein neues Gewebe beginnen = licia telis annectere]; *übh.* (*dcht.*) Faden, *auch* (*dcht.*) Band.

▶ **lictŏr,** ōris *m* (*līgō 3. = ligō²) Liktor, öffentlicher Diener *der höheren Magistrate; diesen trugen die Liktoren in einer Reihe, einer hinter dem anderen, bei ihren Ausgängen die fasces als Symbol „peinlicher Gerichtsbarkeit" voran u. vollstreckten ihre Befehle. Der Diktator hatte 24, der Konsul 12, der Prätor 6, der kaiserliche Legat 5 Liktoren; der flamen Dialis und jede Vestalin hatten je einen Liktor ohne fasces* [~ proximus *od.* primus der *dem Beamten* unmittelbar vorangehende *u.* dienstälteste ~; ° / proxumus ~ Iugurthae der treueste Leibwächter].

licŭī *s.* licĕō, liquĕō *u.* liquēscō.

lidō, — — 3. (*Lu.* V, 1001) = laedō.

liēn, ēnis *m* (*im Vers auch* liĕn *laut IKG*) (*cf.* σπλήν, splēn) (*vkl., nkl.*) Milz. [krank.]

liēnōsŭs 3 (liĕn) (*vkl., nkl.*) milz-

ligāmĕn, inis *u.* **ligāmĕntŭm,** ī *n* (ligō²) (*dcht., nkl.*) Band, Binde, Verband.

Ligārĭŭs 3 *röm. Gentilname*: Q. ~, *Parteigänger des Pompejus, v. Cicero erfolgreich verteidigt; adi. auch* **Ligāriānŭs** 3.

Ligĕr, ĕris *m* (*acc.* -im *u.* -ĕm, *abl.* -ī *u.* -ĕ) die Loire.

lignārĭŭs 3 (lign-?; lignŭm) (*nkl.*) zum Holz gehörig; *subst. m* Holzhändler; inter lignarios auf dem Holzmarkt *od.* in der Holzmarktstraße.

lignātiō, ōnis *f* (lign-?; lignŏr) das Holzfällen, -holen.

lignātŏr, ōris *m* (lign-?; lignŏr) Holzfäller, Holzhauer.

lignĕŏlŭs 3 (lign-?; *demin. v.* lignĕŭs) fein aus Holz gearbeitet [lychnuchus feiner Holzleuchter].

lignĕŭs 3 (lign-?; lignŭm) **1. a)** hölzern, *v.* Holz, Holz... [materia, turris]; **b)** (*Pl.*) auf eine Holztafel geschrieben. **2.** / (*dcht.*) dürr [coniux].

lignŏr 1. (-i-?; *denom. v.* lignŭm) Holz holen; (*Pl.*) *auch m. Nebenbedeutung* züchtigen.

▶ **lignŭm,** ī *n* (-i-?; *eigtl.* „Leseholz" *zu* lĕgō²) **1.** Holz *als Stoff* [calcei ex ligno facti]. **2. a)** Stück Holz, Scheit; **b)** *pl.* Brennholz, Kloben [lignorum inopia; *sprichw.* °ligna in silvam ferre = *etw.* Überflüssiges tun]. **3.** (*meton.*) **a)** (*Ho.*) Baum [triste]; **b)** (*nkl., dcht.*) *aus Holz Gemachtes*: **α)** Schaft *des Speeres od. Pfeiles*; **β)** trojanisches Pferd; **γ)** Schreibtafel; **δ)** Holzpuppe [mobile Marionette].

ligō¹, ōnis *m* (√*sleig- „schlagen") (*nkl., dcht.*) Hacke, Karst *zum Ackerbau.*

▶ **ligō²** 1. (*et. unklar*) (*nkl., dcht.*) **1. a)** binden (alqm *u.* alqd, *zB.* manūs post tergum); **b)** anbinden, festbinden [mulam anschirren, pisces in glacie ligati festgefroren]; **c)** ein Band um *etw.* schlingen, umbinden, umschlingen (alqd re, *zB.* vulnera veste, guttura laqueo zusammenschnüren, alqm spiris *v.* Schlangen). **2. a)** durch ein Band verbinden, vereinigen, *auch* / [dissociatā locis pace]; **b)** (*dcht.*) durch Vereinigung zustande bringen, knüpfen, schließen [pacta, conubia].

ligŭlă¹, ae *f* (*cf.* lingō, *nhd.* „Löffel")

(*nkl., dcht.*) Löffel.

lĭgŭlă², *ae f* (*volkset. an* līgō² *angeschlossen*) = lingŭlă¹. — **Zünglein, Zipfel.

Lĭgŭrēs, ŭm *m* (-ēs?; Λίγυες; *sg.* **Lĭgŭs**, *später* **-ŭr**, ŭrĭs *m u. f*) *nichtidg. Urbevölkerung Westeuropas, m. e-m idg. Stamm vermischt, i. historischer Zeit auf das w. Oberitalien* (Gallia cispadana), *die j. Riviera um Genua m. gebirgigem Hinterland, beschränkt; adi.* **Lĭgŭs**, ŭrĭs, **Lĭgŭstĭcŭs** *u.* **Lĭgŭstīnŭs** 3, *ihr Land* **Lĭgŭrĭă**, *ae f.*

lĭgŭrrĭō (*schlechter* ligūriō) 4. (lingō) (*unkl.*) *lüstern od. naschhaft an etw.* lecken, *etw.* belecken, *v. etw.* naschen (*alqd, zB.* pisces tepidumque ius, furta heimlich naschen); *auch vom Mundverkehr wie* λείχω *u.* λειχάζω. **2.** / nach *etw.* lüstern sein [improbissima lucra].

lĭgŭrrītĭō, ōnĭs *f* (lĭgŭrriō) Leckerhaftigkeit *des Feinschmeckers.*

Lĭgŭs, ŭrĭs *s.* Lĭgŭrēs.

lĭgŭstrŭm, ī *n* (*vl. zu* Lĭgŭs) (*dcht., nkl.*) Liguster, Rainweide (*ein Strauch*).

lĭlĭŭm, ī *n* (*wie* λείριον, *Lw. aus e-r Mittelmeerspr.*) **1.** (*unkl.*) Lilie, *bsd. die weiße* [candidum, album]. **2.** / *mil. Art v. trichterförmigen Fallgruben m. spitzen Pfählen in der Mitte.*

Lĭlўbaeŭm *u.* °**-ŏn**, ī *n* (Λιλύβαιον) *Vorgebirge u. St.* (*j.* Marsala) *in Westsizilien; adi.* **Lĭlўbītānŭs** *u.* °**Lĭlўbēĭŭs** 3.

līmă, *ae f* (< *[s]lī-mā „Werkzeug zum Glätten", *cf.* lēvĭs¹) (*unkl.*) Feile; künstlerische Ausarbeitung *einer Schrift* [ultima ~ scriptis alcis deest].

līmātŭlŭs 3 (*demin. v.* līmātŭs) wohlgefeilt; / = līmātŭs.

līmātŭs 3 (*m. comp.*) (*eigtl. P.P.P. v.* līmō¹) gefeilt; *klass. nur* / fein, verfeinert, sorgfältig ausgearbeitet, *bsd. v. Schriftstellern u. Schriftwerken* [homo oratione ~, librorum genus limatius mehr in streng philosophischer Form gehalten].

lĭmbŭlārĭŭs, ī *m* (lĭmbŭs) (*Pl.*) Bordürenmacher.

lĭmbŭs, ī *m* (< *lĕmbŏs; *cf. altind.* lámbatē „hängt") (*vkl., dcht.*) Bordüre, Saum *am Kleid od. am Gewebe.* — **Limbus *od.* Vorhölle, *Aufenthaltsort vorchristlicher Gerechter i. der Unterwelt.*

▶ **lĭmĕn**, ĭnĭs *n* (*wohl eigtl.* „Querholz"; *cf.* limĕs) **1. a)** Schwelle, Türschwelle, *übh.* Eingang, (*dcht.*) *auch pl.* [templi, aedium, °custos ad limina Türhüter, limen intrare]; **b)** (*synekd.*) (*nkl., dcht.*) Haus, Wohnung [sacrum *od.* deorum Tempel, sceleratum Wohnung der Gottlosen, regis *u.* regum Königspalast]; *auch* Gemach, *bsd.* Vorzimmer; **c)** (*Ve.*) Schranken *i. der Rennbahn.* **2.** / **a)** (*nkl., dcht.*) Eingang, Anfang(spunkt) (alcis rei, *zB.* portūs des Hafens der Ruhe, laborum); **b)** (*nkl.*) Grenze, Ende.

▶ **lĭmĕs**, ĭtĭs *m* (*eigtl.* „Quer-gang"; lĭmŭs² + *i-t „gehend"; *urspr.* „künstlich geschaffene quer verlaufende Bahn") (*meist nkl., dcht.*) **1. a)** Rain *als Ackergrenze,* Grenzrain, *auch* Furche *zw. zwei Feldern als Scheidelinie* [°ultra limites clientium salire]; *auch* Grenzzeichen [°ingens saxum agro limitem ponere]; **b)** *bestimmte, deutlich bezeichnete* Grenze *zwischen zwei Ländern, bsd.* befestigte Grenzlinie, Grenzwall, Limes, Reichsgrenze [°~ a Tiberio coeptus]; / = °Unterschied. **2.** *schmaler* Weg *od.* Pfad, Steig, Gleis, *bsd.* **a)** Feldweg; **b)** Fußweg *neben einer Landstraße* [°Appiae, °transversus Seiten-, Nebenweg; *auch* /, *zB.* ~ ad caeli aditum patet, °eundem limitem agere = dieselben Mittel gebrauchen]; *auch* °Bahn *eines Kometen,* °(fluminis) Flußbett, °(sectus) Tierkreis, °(curvus) Regenbogen.

līmō¹ (*denom. v.* līmă) **1.** (*nkl.*) feilen, glätten, polieren, abschleifen [gemmas, cornu wetzen]; (*scherzh.*) (*Pl.*) caput cum alqo sich *m. jd.* küssen. **2.** / **a)** feilen, glätten, verbessern, *bsd. Schriftwerke* (*alqd, zB.* ars alqd limat, stilus hoc maxime ornat et limat); **b)** genau erforschen, *bsd.* philosophisch untersuchen *od.* behandeln [veritatem]; **c)** abfeilen = vermindern, schmälern, beschränken (*alqd, zB.* °commoda alcis; alqd de alqo *u.* de re *etw. v. jd. od. v. etw.* wegnehmen, an *etw.* vermindern, *zB.* tantum de altero; se ad alqd sich auf *etw.* beschränken, *zB.* ad minutarum causarum genera auf Bagatellsachen). *Cf. auch* līmātŭs.

līmō² 1. (*denom. v.* līmŭs¹) (*Pl.*) *m.* Kot bespritzen [caput alci].

līmōsŭs 3 (līmŭs¹) (*nkl., dcht.*) schlammig [lacus, °iuncus an schlammigen Stellen wachsend].

lĭmpĭdŭs 3 (lĭmp-?) (*m. comp. u. sup.*) (*zu* lĭmpă = lўmphă) (*dcht. nkl.*) klar, hell, *nur v. Flüssigkeiten* [fons, aqua].

līmŭlŭs 3 (*demin. v.* līmŭs²) (*Pl.*) schielend [-is (*cf.* oculis) *m.* koketten Blicken].

līmŭs¹, ī *m* (< *loimŏs; *cf. nhd.* „Leim") (*klass. nur vereinzelt*) Schlamm, *der sich bsd. unten im Wasser ansetzt* [°ad limum bis auf den Grund (des Wassers), / °malorum]; *auch* °Lehm, Ton [princeps = aus dem Prometheus die ersten Menschen bildete]; *übh.* °Schmutz, *bsd.* °Bodensatz des Weines; °Mist.

līmŭs² 3 (*eigtl.* „schief [gebogen]") (*wohl zu ags.* lim „Glied, Zweig") (*unkl.*) schielend [oculus].

lĭmŭs³, ī *m* (*zu* lĭmŭs²) (*dcht.*) (*schräg m. Purpur besetzter*) Schurz *der Opferdiener.*

līnārĭŭs, ī *m* (līnŭm) (*Pl.*) Leineweber.

linctŭs *P.P.P. v.* lĭngō.

līnĕă, *ae f* (*sc.* rēstĭs „Schnur aus Leinen" *zu* līnŭm) **1.** Richtschnur, *bsd. der Zimmerleute u. Maurer* [lineā uti; ad lineam *od.* rectis lineis senkrecht, lotrecht]. **2. a)** Linie, Strich [lineam scribere *u.* (*i. der Malerei*) ducere]; (*sprichw.*) °nulla dies sine linea ohne Pinselstrich; **b)** *pl.* Skizze, Entwurf. **3. a)** (*nkl., dcht.*) *die m. Kreide od. Kalk ausgefüllte Linie vor den Schranken u. am Ende der Rennbahn;* **b)** / Grenzlinie, Grenze, Ziel, Schranke [lineas transire die Schranken überspringen, °mors ultima ~ rerum alles Irdischen]; **c)** (*unkl.*) Einschnitt (*zw. den Sitzreihen im Theater*), Barriere [*Ov., Am.* III, 2, 19: cogit nos linea iungi *wohl zweideutig*]. **4. a)** (*Pl., dcht.*) Angelschnur; **b)** (*pl.*) (*nkl.*) Netz. — **leinenes Untergewand; Alba.

līnĕāmĕntŭm, ī *n* (līnĕă) **1.** Linie, Strich, *auch mathem.* [~ in geometria]. **2.** *pl.* **a)** Umrisse, Skizze, Konturen, Grundriß *einer Zeichnung od. e-r Statue, eines Bauwerks u.ä.* [deorum adumbratorum]; **b)** Umrisse des Körpers, äußere Gestalt [corporis, animi], *bsd.* (*nkl.*) Gesichtszüge [filiae]; **c)** (*rhet.*) bloße Skizze *e-r Schrift* [Catonis; -a orationi attulit].

līnĕārĭs, ĕ (līnĕă) (*nkl.*) Linien...; ~ ratio Geometrie; ~ probatio der mathematische Beweis.

līneō 1. (*denom. v.* līnĕă) (*vkl., nkl.*) nach dem Lot einrichten. — **eine Handschrift ausmalen, *Buchstaben* zeichnen.

līnĕŭs 3 (līnŭm) linnen, aus Flachs [°amictus].

lĭngō, linxī, linctŭm 3. (*unkl.*) *etw.* (be)lecken (*alqd, zB.* mel), *auch vom Mundverkehr wie* λείχω, λειχάζω.

Lingŏnēs, ŭm *m* (*acc.* -ăs) *keltisches Volk auf dem Plateau v. Langres m. der Hptst.* Andematunnum (*später* Lingŏnēs, *j.* Langres); *sg. auch* °**Lingŏnŭs**, ī *m.* — *Cf.* V.-B. III, 1, e.

▶ **lĭnguă**, *ae f* (*altl.* dĭnguă; *cf. nhd.* „Zunge") **1.** Zunge *der Menschen u. Tiere* [linguam eicere *u.* °proserere, °linguā lambere alqd; *obszön* °homo malae linguae = fēllātŏr]. **2.** *meton.* **a)** Zunge = Rede, Redegabe, Beredsamkeit, *concr.* Ausspruch, Worte, Reden [libera, acerba, °magna vermessene, linguam moderari *u.* diligentissime continere, °linguam tenere schweigen, °linguae commercium Unterredung]; *bsd.* (*dcht.*) Stimme, Laut, Ton, Gesang, *bsd. v. Tieren* [volucrum]; **b)** (*pejorativ*) (*vkl., nkl.*) böse Zunge, Lästerzunge, Schmähsucht; Ruhmredigkeit [paterna]; Schwatzhaftigkeit. **3.** Sprache, *im Ggs. zu den Sprachen anderer Völker* [civitatis, Graeca, linguā Latinā loqui *u.* uti, linguae Persicae peritus, °utraque Griechisch *u.* Latein, eiusdem linguae esse einerlei Sprache haben]; **b)** Mundart, Dialekt, Idiom [Massilia a Graecis linguā dividitur]. **4.** (*nkl., dcht.*) Landzunge; *auch* Vorgebirge.

lĭnguārĭŭm, ī *n* (lĭnguă) (*Se.*) Zungenzoll (*scherzh.*) = *Strafe für unbesonnene Rede.*

lĭngŭlă¹, *ae f* (*demin. v.* lĭnguă, *eigtl.* „Zünglein") **1.** Landzunge. **2.** (*dcht., nkl.*) (zungenartig zugespitzter) Schuhriemen. **3.** (*Pl.*) (*Schimpfwort*) Schlappschwanz.

lĭngŭlă², *ae f Grammatikerschreibung für* lĭgŭlă¹.

līngŭlācă, *ae m f* (*līngŭlă*[1]) (*vkl.*) geschwätzig; Plappermaul.
liniă *usw.* = *līneă usw.*
lini-gĕr, *gĕră, gĕrŭm* (*līnŭm, gĕrō*) (*dcht.*) linnentragend, in Leinen gekleidet [*Isis, turba*].
linō, *lēvī u. līvī, lĭtŭm* 3. (*cf.* ἀλίνω „bestreiche") (*nkl., dcht.*) **1.** (*intr.*) auf *etw.* schmieren, aufstreichen. **2.** (*trans.*) bestreichen, beschmieren (*alqd u. alqd re, zB. spiramenta cerā, vinum* verpichen); *insb. alci labra jd.* das Maul schmieren = *jd.* hintergehen. **3. a)** besudeln, beschmutzen [*ora luto*; / *splendida facta foedo carmine*]; **b)** *Geschriebenes auf der Wachstafel m. dem breiten Ende des Griffels* ausstreichen; **c)** überziehen, bedecken [*tecta auro* vergolden, *corpora guttis* sprenkeln, punktieren].
▶ **linquō**, *līquī*, — 3. (*cf.* λιμπάνω; λείπω, ἔλιπον; *nhd.* „leihen") (*klass. selten*) zurücklassen: **1.** = hinterlassen [°*lupos apud haedos*]; *bsd.* (*m. dopp. acc.*) °*etw. in einem gewissen Zustand* lassen [°*alqd intactum*]; P. hinterbleiben. **2. a)** = verlassen, *v. jd. od. v. etw.* weggehen (*alqm u. alqd, zB. urbem, terram,* °*Penates,* °*dulces animas* das süße Leben aushauchen, °*lumen* = sterben); °**b)** *jd.* im Stich lassen (*alqm u. alqd*); **c)** *intr. u.* P. vergehen, schwinden, *bsd.* °ohnmächtig werden [°*animus linquit* die Besinnung schwindet, °*animo linqui u. bloß* °*linqui,* °*linquente animo,* °*linquentem animum revocare* sich *v.* der Ohnmacht erholen]. °**3.** *etw.* fahrenlassen [*habenas*]. **4.** (*dcht.*) *jd. etw.* überlassen (*alci alqd, zB. promissa procellis* nicht halten). **5.** *etw.* unterlassen, (bleiben) lassen, vermeiden, scheuen (*alqd, zB. linquamus haec*). **6.** *impers.* (*Lu.*) *linquitur, ut m. coni.* es bleibt übrig.
lintĕātŭs 3 (*lintĕŭm*) (*nkl.*) in Leinwand gekleidet [*legio*].
lintĕō, *ōnis m* (*lintĕŭm*) (*vkl., nkl.*) Leinweber.
lintĕŏlŭm, *ī n* (*demin. v. lintĕŭm*) (*vkl., nkl.*) leinenes Tüchlein.
lintĕr, *trīs f u.* °*m* (*älter lŭntĕr; et. ungedeutet*) **1. a)** Kahn, Nachen [*flumen lintribus iunctis transire*]; *in od. e lintre (luntre) loqui v. jd., der beim Reden m. dem Körper hin u. her schaukelt* (*Witzwort Cäsars*); **b)** (*sprichw.*) (*Ov.*) *navigat hinc aliā iam mihi linter aquā* = ich gehe jetzt zu *etw.* Neuem über; (*Ti.*) *in liquida nat tibi linter aqua* du hast jetzt eine gute Gelegenheit. **2.** (*vkl., dcht.*) Trog, Mulde, Butte.
F. *abl. sg. lintrĕ; gen. pl. lintrĭŭm.*
lintĕŭm, *ī n* (*lintĕŭs*) **1.** Leinwand, Leinentuch, Laken. **2.** *meton.* **a)** (*dcht.*) Segel, *meist pl.* [*lintea ventis dare*]; **b)** (*Ma.*) Vorhang; **c)** (*spätl.*) Lendentuch, Schurz.
lintĕŭs 3 (*līnŭm*) linnen, Leinwand... [*lorica,* °*liber* auf Leinwand geschriebene Chronik].
lintrīcŭlŭs, *ī m* (*demin. v. lintĕr*) kleiner *od.* elender Kahn.
līnŭm, *ī n* (*wahrsch. Lw. aus unbekannter nichtidg. Sprache*) **1.** Lein, Flachs [°*seges lini* Leinsaat]; *bsd.* Leinstengel. **2.** (*meton.*) *aus Flachs Gefertigtes*: **a)** Garn, Bindfaden, Schnur, *bsd. zum Zubinden der Briefe* [~ *tabellarum incidere*]; *bsd.* (*Ov.*) Angelschnur; **b)** (*dcht.*) Linnen, Leinwand, Leinentuch, *bsd. zum Durchseihen des Weines*; **c)** (*Ov.*) Seil, Tau; **d)** *pl.* (*dcht.*) Netz, Garn; *bsd.* **α)** Jagdnetz [*plagarum*]; **β)** Zugnetz *der Fischer.*
Līnŭs *u.* **-ŏs**, *ī m* (*Λίνος*) *S. des Apollo, griech. Sänger der Heroenzeit, Lehrer des Orpheus u. des Herakles.*
linxī *s. lingō.*
Lĭpără, *ae u.* **-ē**, *ēs f* (*Λιπάρα*) *die größte der Liparischen od. Äolischen Inseln im Nordosten v. Sizilien, j.* Lipari; *pl.* die Liparischen Inseln; *Einw. u. adi.* **Lĭpărēnsis**, (*ĕ*) *u.* **Lĭpăraeŭs** (3).
lippiō 4. (*denom. v. lippŭs*) triefäugig sein, *übh.* entzündete Augen haben; / (*Pl.*) (*scherzh.*) brennen [*lippiunt fauces fame* vor Hunger].
lippĭtūdō, *inis f* (*lippŭs*) Triefäugigkeit, Augenentzündung; *übh.* schlimme Augen.
lippŭs 3 (*eig.* „*m.* Fett beschmiert"; ⟨ **lipōs m. Affektgemination*; *cf.* λίπος „Fett") (*unkl.*) **1.** triefäugig, *übh.* augenkrank; / (halb) blödsinnig. **2.** saftig [*ficus*].
*****Liq.** (*Abk.*) = *Liquor* (*s. līquŏr*[1]).
lĭquē-făcĭō, *fēcī, făctŭm* 3., P. *-fīō, făctŭs sŭm, fĭĕrī* (*lĭquĕō*) **1.** (*nkl., dcht.*) flüssig machen, schmelzen, auflösen [*ceram*]; *klass. nur* (*P.P.P.*) *adi. lĭquĕfăctŭs* 3 flüssig, geschmolzen, aufgelöst [*glacies,* °*mella,* °*saxa* Feuer *od.* Lavaströme], *auch* geronnen, in Fäulnis geraten [°*viscera*]. **2.** / entnerven, schwächen (*alqm re, zB. languidis voluptatibus*).
lĭquĕō, *līquī od. lĭcŭī*, — 2. (⟨ **vlĭqu-*; *cf. altirisch* fliuch „feucht") **1.** (*dcht.*) flüssig *od.* klar sein, *fast nur part. praes.* °**lĭquēns**, *ĕntis* flüssig, klar, hell [*undae, campi* Wasserfläche(n), *fluvius* sanft hinfließend]. **2.** / klar *od.* deutlich, offenbar sein; *bsd. impers.* **lĭquĕt** es ist klar (*alci*; *m. a.c.i. u. indir. Frages.*); (*jur. t.t.*) (*non*) *liquet* die Sache ist (nicht) klar *od.* spruchreif [*mihi, iudici*].
lĭquēscō, *lĭcŭī*, — 3. (*incoh. v. lĭquĕō*) **1. a)** (*nkl., dcht.*) flüssig werden, schmelzen [*nix*]; *vom Wasser auch* (*nkl.*) hell *od.* klar werden; **b)** (*Ov.*) verwesen [*corpora*]. **2.** / **a)** (*dcht., nkl.*) vergehen [*fortuna*]; **b)** entkräftet *od.* weichlich werden (*re* durch *etw., zB. voluptate*).
līquī *s. linquō.*
lĭquī *s. lĭquĕō.*
lĭquĭdĭŭscŭlŭs 3 (*demin. v. lĭquĭdĭŏr, comp. v. lĭquĭdŭs*) (*Pl.*) *etw.* sanfter.
▶ **lĭquĭdŭs** 3 (*im Vers auch līqu-*) (*m. comp. u.* °*sup.*; *adv.* **-ē** *u.* **-ō**; *s.u.*) (*lĭquĕō*) **1. a)** (*dcht., nkl.*) flüssig, fließend, dünn; **b)** / [°*plumbum,* °*nymphae* Quellnymphen, °*odores* duftende Salben; / *v. der Rede*]; *subst.* **lĭquĭdŭm**, *ī n* (*dcht.*) Flüssigkeit, *bsd.* Wasser, *auch* Trunk, Getränk. **2. a)** (*dcht., nkl.*) klar, hell, durchsichtig, *bsd. v. Flüssigkeiten u. der Luft* [°*aqua,* °*aër,* °*caelum* heiter, °*nox,* °*aether* licht, °*nubes* leichtes Gewölk, °*iter* Bahn durch die Luft]; **b)** / durchsichtig, *v. der Rede.* **3. a)** (*dcht.*) rein, unvermischt [*Falernum, vox* reiner Ton]; **b)** / ungetrübt, lauter [*ingenium, voluptas,* °*mens* ruhig, heiter]; **c)** / klar = deutlich, gewiß, bestimmt [°*auspicium*]; **d)** *subst.* **lĭquĭdŭm**, *ī n* (*nkl.*) Gewißheit [*ad* ~ *perducere* zu klarer Vorstellung bringen]. **4.** *adv.* **a)** **lĭquĭdē** (*m. comp. u.* °*sup.*) **α)** (*nkl.*) rein, klar, hell; **β)** unbedenklich, zuversichtlich [*iudicare de re*]; **b)** **lĭquĭdō** (*comp. lĭquĭdĭŭs*) m. Gewißheit, unbedenklich [*dicere od. confirmare alqd,* °*discere ab alqo* erfahren *v. jd.*].
lĭquō 1. (*lĭquĕō*) (*nkl., dcht.*) **1.** flüssig machen, schmelzen [*aes*]. **2.** klären [*vinum* durchseihen]; / (*v. unnützen Worten*) reinigen.
lĭquŏr[1], *ōrĭs m* (*lĭquĕō*) **1.** (*abstr.*) flüssiger Zustand [*aquae*]; *auch* (*nkl.*) Klarheit, Durchsichtigkeit [*fluminis*]. **2.** (*concr.*) Flüssigkeit, *auch pl.* [*omnium*]; *bsd.* (*dcht.*) Saft, Schleim [*fluidus*], Rebensaft [*novus*], Wasser *od.* Meer [*medius* Meerenge *v.* Gades]; *pl.* (*dcht.*) Gewässer [*Pactoli*]. — ****Liquor* flüssiges Arzneimittel, ~ *cerebrospinalis* Gehirn-Rückenmarks-Flüssigkeit.
F. *Lu.* I, 453: *lĭquŏr.*
līquŏr[2], — — 3. (*lĭquĕō*) (*unkl.*) flüssig sein, fließen, rinnen [*flumina, glacies* schmilzt, *in lacrimas* in Tränen zerfließen, *guttae arbori* träufeln herab v.]; / vergehen.
Līris, *is m Fl. im sö. Latium, j.* Garigliano. (*acc. -īm u. -ĕm, abl. -ī*).
▶ **lis**, *lītĭs f* (*altl. stlis; et. ungeklärt*) **1.** Streit, Zank, Zwist [*lites sedare u.* °*componere* beilegen]. **2.** Rechtsstreit, Prozeß [*privata, decemviri litibus iudicandis, capitis* Kapitalprozeß, *litem habere cum alqo, intendere alci u. inferre in alqm* gegen *jd.* erheben, *orare* führen, *amittere u. perdere* verlieren, *obtinere* gewinnen, *dare secundum alqm* zugunsten *j-s* entscheiden, °*adhuc sub iudice lis est*]. **3.** Streitsache, Streitobjekt [°*litem in suam rem vertere* das Streitobjekt (als Richter) selbst behalten, °*litem lite resolvere* eine streitige Sache durch eine ebenso streitige Sache erklären wollen, *litem aestimare* die (*v.* dem schuldigen Teil zu zahlende) Entschädigungssumme festsetzen, *litem aestimatam solvere* die festgesetzte Entschädigungssumme bezahlen].
F. *gen. pl. lītĭŭm.*
lītănīă, *ae f* (*Fw.* ⟨ λιτανεία) (*spätl.*) Flehen, Bittgesang zu Gott; **Litanei: *gesprochenes od. gesungenes* Wechselgebet; Bußprozession.
lītātĭō, *ōnis f* (*lītō*) (*vkl., nkl.*) das Opfern *m.* günstigen Vorzeichen, das glückliche Opfer.
lĭtĕră, *ae f* (*älter*) = *lĭttĕră.*
lĭtĭ-cĕn, *ĭnĭs m* (*lĭtŭŭs, cănō*) Zinkenbläser, Zinkenist.
lītĭgātŏr, *ōrĭs m* (*lītĭgō*) Prozeßführender, prozessierende Partei.
lītĭgātŭs, *abl. ū m* (*lītĭgō*) (*nkl.*) Streit, Prozeß.
lītĭgĭōsŭs 3 (*lītĭgō*) **1.** (*v. Sachen*)

a) zänkisch [*disputatio*, °*forum* voller Prozesse]; **b)** streitig [*praediolum*]. **2.** (*v. Pers.*) prozeßsüchtig [*defensor*].

lītigiŭm, ī *n* (*lītigō*) (*vkl., nkl.*) ein bißchen Streit, Zank.

lītigō 1. (*līs, ăgō*) streiten, zanken (*abs. od. cum alqo, pro alqo*); *bsd.* prozessieren (*abs. od. in causis*, °*de re*).

lĭtō 1. (*wahrsch. denom. v.* **lĭtă, Lw.* < λιτή „Bitte") **1.** (*intr.*) **a)** *m.* günstigen Vorzeichen opfern (*abs., zB.* °*egregie, abl. abs.* °*non auspicato nec litato; alci, zB. Lentulo* Sühnopfer bringen; *re, zB. hostiā*); **b)** (*dcht., nkl.*) (*vom Opfer*) guten Ausgang versprechen [*victima non litat*]. **2.** (*trans.*) (*dcht., nkl.*) **a)** glücklich opfern [*sacris litatis* nach vollendetem Opfer]; **b)** *etw.* opfern, weihen; **c)** durch Opfer besänftigen [*sacris deos*]; **d)** / (*nkl.*) *etw.* sühnen, rächen [*interitionem alcis hac poena*].

lītŏrālis, ĕ (*lītŭs*) (*nkl., dcht.*) = *lītŏrēŭs* [*dii*].

lītŏrēŭs 3 (*lītŭs*) (*dcht.*) Ufer..., Strand... [*arena*].

littĕră
1. a) Buchstabe; **b)** *pl.* Alphabet; **c)** Handschrift; **2.** *pl.* schriftliche Aufzeichnungen; **3.** *pl.* **a)** Brief; **b)** Verfügung, Order; **c)** schriftlicher Bericht, Depesche; **d)** Kontrakt, Schuldverschreibung; **e)** Grabinschrift; **f)** amtliche(s) Schreiben, Akte(n), Dokument(e), Urkunde(n); **4.** *pl.* **a)** Schriften, Literatur; **b)** Wissenschaft(en); **c)** Gelehrsamkeit; **d)** Schriftstellerei.

littĕră *u.* (*älter*) **lītĕră,** *ae f* (*wohl* < *lītĕs-ā; eigtl.* „Angeschmiertes" *zu lĭnō*) **1. a)** Buchstabe [*grandis, maxima* Unzialbuchstabe, *salutaris d.i. A.* = *ăbsŏlvō, tristis d.i. C.* = *cŏndĕmnō, A littera*, °*formae u.* °*notae litterarum* Schriftzeichen, *nullam litteram ad alqm mittere* keine Zeile an *jd.* schreiben, *litteris parcere* das Papier sparen, *litteras discere apud alqm* bei *jd.* lesen lernen, *ad litteram* buchstäblich]; **b)** *pl.* Alphabet; *auch una et viginti litterae; litterarum ordine* in alphabetischer Ordnung; *auch* = Schrift [*epistula Graecis litteris scripta, litteras nescire* nicht schreiben können]; **c)** Handschrift *als Weise des Schreibens* = *manus* (*alcis, zB. fratris, tua*). **2.** *pl., selten dcht. sg.,* Geschriebenes, Schrift [*alqd litteris mandare u. consignare* schriftl. aufzeichnen, *litteris confisus* im Vertrauen auf die schriftl. Aufzeichnungen; *litteris u. per litteras* schriftl.]. **3.** *pl.* **a)** Schreiben, Brief, *auch* Briefe [*unae, binae, ternae, plures, fasciculus litterarum, litteras (ob)signare u. perlegere, ab alqo accipere, dare alci* einem Boten zur Überbringung übergeben, *dare ad alqm* an *jd.* schreiben, *reddere alci* dem Adressaten aushändigen; *alcis u. ab alqo j-s u. v. jd., zB. consulis u. a consule; ad alqm* an *jd., in alqm* gegen *jd., de alqo od. de re* über *jd. od.* über *etw.*; *per litteras* brieflich]; **b)** schriftliche Aufforderung, Verfügung, Order [*litteras mittere od. accipere m. ut, ne*]; **c)** schriftl. Bericht, *bsd.* Depesche [*-ae victrices*]; **d)** Kontrakt, Schuldverschreibung, Kaufkontrakt, *übh.* Rechnungsbücher, Listen; **e)** (*Ov.*) Grabschrift; **f)** amtliche(s) *od.* offizielle(s) Schreiben *od.* Schriftstück(e), *bsd.* **α)** Akte(n), Dokument(e), Urkunde(n) [*publicae* Urkunden, *auch* Kanzlei, Archiv; *litteras publicas corrumpere* fälschen, *de litteris corruptis accusari* wegen Urkundenfälschung]; **β)** Protokoll(e); **γ)** Dekret, Diplom, *bsd.* Bestallungsdekret. **4.** *pl.* **a)** Schriften *u.* Bücher *eines Volkes*, Schriftdenkmäler, Literatur *eines Volkes im ganzen* [*alqd ex litteris discere* aus Büchern, *alqd Latinis litteris mandare* ins Lateinische übertragen, *Graecas litteras discere*]; **b)** Wissenschaft(en) *im allg.* [*litteris imbuere u. instituere alqm, totum litteris se dare od. dedere, litterarum studia u. scientia* wissenschaftliche]; **c)** gelehrte Kenntnisse *od.* Gelehrsamkeit, wissenschaftliche Bildung, *bsd.* Belesenheit [*plurimae litterae in alqo sunt, litteras nescire* ohne wissenschaftliche Bildung sein]; **d)** Schriftstellerei.

littĕrārĭŭs 3 (*littĕră*) (*vkl., nkl.*) zum Lesen *u.* Schreiben gehörig, Elementar... [*ludus, magister*].

littĕrātŏr, ōrĭs *m* (*littĕră*) (*dcht., nkl.*) **1.** Elementarlehrer. **2.** Sprachgelehrter, Grammatiker. **3.** (*im Ggs. zu littĕrātŭs*) ein Halbgebildeter.

littĕrātōrĭŭs 3 (*littĕrātŏr*) (*nkl.*) grammatisch; *subst.* **-ĭă,** *ae f* Grammatik.

littĕrātūră, *ae f* (*littĕrae*) **1.** Buchstabenschrift: **a)** das Geschriebene; **b)** (*Ta.*) Alphabet [*Graeca*]. **2.** (*nkl.*) Sprachunterricht; Grammatik. — **Brief; wissenschaftliche Bildung (*nicht*: „Literatur"!).

littĕrātŭs 3 (*m.* °*comp. u.* °*sup.*; *adv.* **-ē**) (*littĕră*) **1. a)** (*vkl., nkl.*) mit Buchstaben bezeichnet, gebrandmarkt; **b)** *adv.* **-ē: α)** *m.* deutlichen Buchstaben, deutlich [*rationes -e perscriptae*]; **β)** buchstäblich, wörtlich [*-e respondere*]. **2.** in der Literatur bewandert; *übh.* gelehrt, gebildet, (*v. Sachen*) den gelehrten Studien *od.* Wissenschaften gewidmet [*homines* Schriftstellerwelt, Gelehrtenstaat, *otium* gelehrte Muße, *-e dicta* geistreiche Einfälle, *-e peritus* gelehrter Kenner, *litteratius Latine loqui* korrekter]; *subst. m* der Gelehrte. — **akademisch gebildet; *subst.* Student, Akademiker (*nicht*: „Literat"!).

littĕrŭlă, *ae f* (*demin. v. littĕră*) **1.** (kleiner) Buchstabe. **2.** *pl.* **a)** Briefchen; **b)** *etw.* Literaturkenntnis *od.* Schriftstellerei *od.* wissenschaftliche Bildung [*Graecae* ein bißchen Griechisch].

littŭs *schlechtere Schreibung für lītŭs.*

lĭtŭm *P.P.P. v. lĭnō.*

lĭtūră, *ae f* (*lĭnō*) **1.** das Ausstreichen *des Geschriebenen auf der Wachstafel m. dem breiten Ende des Griffels.* **2. a)** Korrektur, Verbesserung, Feile [*tabularum*]; (*meton.*) korrigierte Stelle [*nomen in correctura est*]; **b)** / **α)** (*dcht.*) Tränenfleck *auf dem Papier*; **β)** (*Ma.*) Makel, Runzel.

▶ **lītŭs,** ŏrĭs *n* (*et. ungeklärt*) **1.** Meeresufer, Strand, Gestade [°*Etruscum*; *sprichw.* °*litus arare* = sich vergeblich mühen, °*arenas in litus fundere* = *etw.* Unnützes tun]; *pl. omnia litora* alle Punkte der Küste. **2. a)** (*dcht.*) Ufer *e-s Flusses od. Sees* [*Maricae*]; **b)** (*synekd.*) (*dcht.*) Küstengegend; **c)** (*Suet.*) Landungsplatz.

lĭtŭŭs, ī *m* (*zu* **lĭ-tŭs* „Krümmung"; *cf. nhd.* „Glied") **1.** Krummstab *der Augurn*, Augurstab (**des Bischofs). **2. a)** *mil.* Zinke, Signalhorn *der Reiterei*; **b)** (*meton.*) Signal, *bsd.* / *zu Hader u. Aufruhr*; **c)** (*v. Pers.*) Veranlasser [*profectionis meae*].

līveō, — — 2. (*denom. v.* *[*s*]*lī-vŏs* „bläulich"; *cf. nhd.* „Schlehe", [*slaw.*] „Slibowitz") (*nkl., dcht.*) **1.** bleifarbig *od.* bläulich, blau, dunkel sein, *bsd. infolge v. Drücken, Stoßen, Schlagen*; *meist part. praes. līvēns* = *līvĭdŭs* [*plumbum, crura compedibus*]. **2.** / neidisch sein (*abs. od. m. dat.* = beneiden).

līvēscō, — — 3. (*incoh. v. līvĕō*) (*Lu.*) bleifarbig, bläulich werden.

lĭvī *s. lĭnō.*

līvĭdŭlŭs 3 (*demin. v. līvĭdŭs*) (*Iu.*) etw. neidisch.

līvĭdŭs 3 (*līvĕō*) (*m. sup.*) (*wohl nur dcht. u. nkl.*) bleifarbig, bläulich, blau, dunkel [*racemi*]; *bsd.* blaugedrückt, -geschlagen [*bracchia armis -a*]; / neidisch, mißgünstig.

Līvĭŭs 3 (*wohl etr.*) *röm. Gentilname*: **1.** *M.* ~ *Sălīnātŏr, schlug 207 v. Chr. gemeinsam m. C. Claudius Nero Hasdrubal am Metaurus; sein cogn. angeblich Spottname, weil er als censor die Salzsteuer erhöhte.* **2.** *u.* **3.** *M.* ~ *Drūsŭs u. Līvĭă Drūsĭllă s. Drūsŭs.* **4.** *Līvĭă od. Līvĭllă, Schwester des Germanicus.* **5.** *Līvĭŭs Andrŏnīcŭs, ein gefangener Grieche aus Tarent (um 240 v. Chr.), wurde wohl v. l. freigelassen; der älteste röm. Dichter. Seine Odyssee-Übersetzung (Odusia) in Saturniern galt noch zur Zeit des Horaz als Schulbuch.* **6. T. Līvĭŭs Pătăvīnŭs** (= „aus Padua"), *der große Historiker (59 v. Chr. bis 17 n.Chr.); von den 142 Büchern seiner röm. Geschichte v. der Erbauung Roms bis zum Tode des Drusus (9 v. Chr.) sind 35 (1—10, 21—45) erhalten; adi.* **Līvĭŭs** *bzw.* **Līvĭānŭs** 3.

līvŏr, ōrĭs *m* (*līvĕō*) (*unkl.*) bläuliche Farbe, blauer Fleck am Körper (*der durch Druck, Stoß, Schlag am Körper entstanden ist*); / blasser Neid, Scheelsucht.

lĭxă, *ae m* (*-ī-?*; *wohl etr. Fw.*) (*nkl.*) Marketender; *pl. bisw.* = der gesamte Troß.

lŏcālis, ĕ (*lŏcŭs*) (*vkl., spätl.*) örtlich [*adverbium -e*]. — ***casus localis* „Lokativ".

lŏcārĭŭs, ī *m* (*lŏcŭs*) (*Ma.*) Vermieter *v. Theaterplätzen.*

lŏcātĭō, ōnĭs *f* (*lŏcō*) **1.** (*Qu.*) Stellung [*verborum*]. **2.** Verpachtung,

Verdingung, Vermietung (*alcis* durch *jd.*, *zB. consulum*; *alcis rei*, *zB. praediorum*); (*meton.*) Pachtkontrakt [*locationem inducere* für ungültig erklären].

lŏcātŏr, *ōrĭs m* (*lŏcō*) Verpachter, Vermieter.

lŏcātŭm, *ī n s. lŏcō* 2b, *δ*.

lŏcellŭs, *ī m* (*demin. v. lŏcŭs*) Kästchen.

lŏcĭtō 1. (*intens. v. lŏcō*) (*Te.*) verpachten.

▶ **lŏcō** 1. (*denom. v. lŏcŭs*) **1.** stellen, legen, setzen, aufstellen, hinsetzen (*alqm u. alqd*, *zB. alqm primum* an die Spitze stellen, °*se medium* sich in die Mitte legen, *castra* aufschlagen; *alqd in re u.* °*re*, *stets auf die Frage „wo?"*, *zB. cohortes in fronte, milites in subsidiis, coloniam idoneo loco* ansiedeln, °*cornua in arbore* befestigen an, °*viros sedili* Platz nehmen lassen auf, °*membra tergo* sich auf den Rücken des Pferdes setzen; °*fundamenta alcis rei* den Grund zu *etw.* legen; *übh. etw.* °gründen, erbauen, errichten, *zB. urbem, moenia litore*). **2.** / **a**) stellen, setzen, *zB. omnem operam in litteris* verwenden auf, °*alqm in parte regni od. caeli jd.* Anteil geben an, *virtutem ita od. eo loco, ut* die Tugend so hoch schätzen, daß; *locatum esse in re* auf *etw.* beruhen, *zB. prudentia in delectu bonorum et malorum*; **b**) *etw.* unterbringen: α) (*vkl.*) (*ein Mädchen*) verheiraten; β) (*Ta.*) (*Soldaten*) einquartieren *od.* verlegen [*cohortes novis hibernaculis*]; γ) (*Geld*) auf Zins anlegen *od.* ausleihen [*pecuniam*, / °*beneficia apud gratos*; (*v. e-r Sache*) *se locare* sich verzinsen, *m. abl. pretii*]; δ) vermieten, verpachten [*domum, vectigalia, portorium, fundum alci*; *m. abl. pretii*, *zB.* °*agrum frumento* gegen den Zehnten]; *subst.* **lŏcātŭm**, *ī n* Vermietung, Verpachtung [*iudicia quae fiunt ex empto aut locato*]; ε) *eine Leistung an jd.* verdingen, in Akkord geben [°*murum*, °*aedem Salutis*, *bsd. m. gerund.*, *zB. statuam faciendam*] *od. auch eine Person zu etw.* [°*se, manum rigando hortos*, °*noctes v. Dirnen*].

F. *altl. coni. pf. lŏcāssīm*.

*****loco, loco citato, loco sigilli** *s. lŏcŭs*.

Lŏcrī, *ōrŭm m* (*m. dem Beinamen Ĕpĭzĕphȳrĭī*, *d.h. westlich*) *St. im südlichsten Italien, Kolonie der Ozolischen Lokrer*; *Einw.* **Lŏcrī**, *ōrŭm u.* **Lŏcrēnsēs**, *ĭŭm m.*

Lŏcrĭs, *ĭdĭs u.* °*ĭdŏs f* (*Λοκρίς*) *Ldsch. in Mittelgriechenland, teils am Malischen u. Euböischen Busen* (das Opuntische u. Epiknemidische Lokris), *teils am Korinthischen Busen* (das Ozolische L.); *cf.* V.-B. III, 4b; *Einw.* **Lŏcrī**, *ōrŭm* (*Λοκροί* [*Locrŏe*] *Titel e-r Komödie Menanders*) *u.* **Lŏcrēnsēs**, *ĭŭm m.*

lŏcŭlāmĕntŭm, *ī n* (*lŏcŭlŭs*) (*nkl.*) Regal, Bücherbrett; Büchse.

lŏcŭlŭs, *ī m* (*demin. v. lŏcŭs*) **1.** (*Pl.*) Plätzchen, kleines Gelaß. **2.** *pl.* **a**) kleines Behältnis, *bsd. für Kostbarkeiten*, Kästchen, Büchse; **b**) Geldkästchen, Schatulle [°*nummum in loculos demittere*; °*peculiares* Privatkasse]; **c**) (*Ho.*) Kapsel *m. Rechensteinen u. sonstigen Schulutensilien*. **3.** (*nkl.*) Sarg.

▶ **lŏcŭ-plēs**, *ētĭs* (*m. comp. u. sup.*) (*lŏcŭs* „Landbesitz" + *plē-t- zu plĕō*; *also = qui locum plenum habet*) **1.** begütert, reich, wohlhabend, bemittelt, *v. Pers. u. Sachen* [*homo, mulier, domus, urbs, munera* reichliche; *re* an *etw.*, *zB. copiis rei familiaris*]; *auch subst. m.* **2.** / (*meist v. Sachen*) **a**) reich ausgestattet, gesegnet, ergiebig [*lingua, Lysias oratione* ~ reich im Ausdruck, °*annus frugibus*]; **b**) (*v. Pers.*) glaubwürdig, zuverlässig [*testis, auctor* Gewährsmann].

F. *abl. sg. -ī u.* (*weniger gut*) *-ĕ*; *pl. neutr. -ĭă*, *gen. -ĭŭm u. -ŭm*.

lŏcŭplētātŏr, *ōrĭs m* (*lŏcŭplētō*) (*Eutr.*) wer bereichert.

lŏcŭplētō 1. (*denom. v. lŏcŭplēs*) bereichern (*alqm re*, *zB. homines fortunis*); *mediopass.* sich bereichern (*re*, *zB. praedā*); / reichlich ausstatten [*natura ipsa sapientem locupletat*].

lŏcŭs

1. Ort, Platz, Punkt, Stelle (*pl. loca*); 2. (*örtlich*) **a**) rechter Ort, rechte Stelle; **b**) angewiesener Ort, Posten, Stellung; **c**) Wohnung; **d**) Grundstück; **e**) (*besiedelter*) Ort, Gelände; **f**) Stelle, Punkt *in einer Aufzählung*; **g**) Stelle *im Buch* (*pl. loci*); **h**) Rang, Herkunft, Stellung; 3. (*zeitl.*) **a**) Zeit(raum); **b**) günstiger Zeitpunkt; **c**) Gelegenheit, Möglichkeit; Lage, Zustand, Umstände.

lŏcŭs, *ī m* (*altl. stlŏcŭs*; *cf. ablautend στέλλω*, *eigtl.* „stelle auf") **1.** Ort *od.* Platz, Punkt, Stelle, Raum, *pl.* **lŏcă** *n*, *selten* °*loci* [*locum urbi eligere*, °*loca luminis* Augenhöhlen, *castrorum, arduus, multis locis, suis locis* an günstigen *od.* geeigneten Punkten, *in unum locum convenire, locus senatūs habendi*, ~ *editus* Anhöhe, Hügel, *loca superiora* höher gelegene Punkte, Anhöhen; ~ *superior oft* = Rednerbühne *od.* Tribunal, *daher dicere ex loco superiore vom Redner od. vom Richter*, *ex inferiore loco dicere v. demjenigen, der eine Sache vor Gericht führt*, *ex aequo loco dicere im Senat od. in einem Privatgespräch*; *loca communia* öffentliche Orte *od.* Plätze, *d.h.* Tempel, Theater, Märkte]; *der gen. loci od.* °*locorum steht bei adv. bisw. pleonastisch* [*ubicumque loci*, *ebenso ad id loci od. locorum*]. **2.** (*örtlich*) **a**) (*prägn.*) rechter Ort, rechte Stelle, *zB. non est hic locus, ut loquamur = non est huius loci m. inf.*; (*in*) *loco* an rechter Stelle, *ad locum venire* an die gehörige Stelle; *bsd.* Körperstelle, an der ein Schlag *od.* Stoß tödlich ist [°*locum non percutere* die rechte Stelle nicht treffen]; **b**) angewiesener Platz, Posten, Stellung, *bsd. mil. u. in der Gladiatorenspr.*, *auch* / [*locum tenere od. relinquere, capere* Stellung nehmen, *loco u. selten ex loco cedere, milites in loco retinere* in ihrer Stellung, *suo loco pugnare* in günstiger Stellung, *suis locis uti* eine günstige Stellung haben, °*virtutis locum deserere*]; **c**) Wohnung, Wohnsitz [°*locum sub terra facere, loca et lautia s. lautĭă*, °*loca tacentia* Unterwelt, °*laetos locos devenire* in die Wohnsitze des Seligen]; **d**) ein Gut, Grundstück, Acker; **e**) Ort, Platz: α) Ortschaft (*Stadt, Insel u.a.*) [*Megaris est locus non longe a Syracusis*, ~ *munitus* befestigter Platz; °*deus loci* der einheimische Gott]; β) Gelände [*natura loci, aequus, iniquus, suo loco pugnare* auf günstigem Terrain]; γ) *pl.* Komplex *v.* Örtlichkeiten, Gegend [*loca patentia, saltuosa, ignota, frigida, locorum peritus*]; **f**) Stelle *in einer Reihenfolge*, Punkt *bei Aufzählungen* [*principem od. secundum locum obtinere, primo loco* an erster Stelle, erstens, *secundo loco* zweitens, *priore u. posteriore loco dicere* zuerst, später; *nunc meus locus est* jetzt bin ich an der Reihe; *abs. od. m. gen.*, *zB. dicendi* zu reden; °*sententiae loco disserere* in der Reihe der Abstimmung]; **g**) α) Stelle *in Schriften od. Reden*, *pl.* **lŏcī**, *selten* °*lŏcă n* [*multos poëtarum locos discere*]; β) Abschnitt *od.* Kapitel *einer Darstellung* (*bsd. der Rhetorik, Logik, Philosophie*), Gegenstand der Untersuchung, Punkt [*locus philosophiae gravissimus, alter erat locus cautionis, ut od. ne ...* der zweite Punkt, auf den man achtgeben muß]; γ) *pl. lŏcī* Hauptlehren, -stücke *einer Wissenschaft*, Sätze, Beweisquellen, *rhet. u. philos.* [*quattuor loci honestatis*; *loci communes* rednerische Gemeinplätze, Ausführungen allgemeinen Inhalts, *auch* rednerische Glanzpartien]; **h**) Rang, *den entweder die Geburt verleiht*, *oft* = Herkunft, Geburt, *od. den man einnimmt bzw. jd. einräumt* = Ansehen, Stellung, Würde [*honoris, oratorum locum tenere*; *quem locum apud regem obtines?*; *senatorius, equester, ascendere in summum locum civitatis, nobili* (*od. summo, obscuro, infimo*) *loco natus od. ortus*]; *bsd.* α) **lŏcō** *u.* **in lŏcō** *m. gen. od. pron.* wie, ganz wie, als, anstatt [*parentis loco colere alqm, filii loco esse, testimonii loco esse, praedae loco habere alqd* als Beute betrachten, *alqm nullo loco numerare*]; β) Stelle, Posten *in der Staatsverwaltung od. im Heer*, *pl. loca* [*quinque augurum loca, in locum pervenire* avancieren, *alqm loco movere* seiner Stelle entsetzen, *in locum alcis succedere*]; **i**) *loci od. loca* (= *τόποι*) = *vŭlvă bei Mensch u. Tier* [*semen in locis insedit*]. **3. a**) (*zeitl.*) (*vkl., nkl.*) Zeitraum, Zeit [*interea loci* inzwischen, *postea loci* hinterdrein, *ad id locorum = ad id tempus*, *ad locum* alsbald]; **b**) (*prägn.*) günstiger Zeitpunkt [*loco u. in loco* zu rechter Zeit, *übh.* gehörig]; **c**) / α) Gelegenheit, Möglichkeit, Veranlassung (*abs. od. alcis rei u. alci rei*, °*ad alqd* zu *etw.*, *zB.* °*seditionis*, °*ad fugam, locum obiurgandi quaerere*, °*locum morti invenire* zum Sterben, °*locum mendacio* *facere* Veranlassung geben zu, *locum dare consilio od. mobilitati navium* Raum geben, *locum dare suspicioni* sich dem Verdacht aussetzen, *misericordiae locum relinquere* Mitleid walten lassen, *res locum habet* findet statt); β) Lage, Zustand, Umstände, Beziehung, Hinsicht, *zB. in eum locum adductus sum, ut ...; hoc loco* in dieser Hinsicht, *nullo loco* in keiner Beziehung. — ****loco* (*kaufmännisch*) hier, greifbar, lieferbar; *loco citato* an der angeführten Stelle (*e-s Buches*); *loco sigilli* (*meist auf Abschriften*) anstatt des Siegels. — *locus delicti* Tatort, *locus classicus* klassische Belegstelle.

lōcŭstă (*u. lō-; auch* **lūcŭstă**), *ae f* (< **lŏkŏs-tā zu lăcĕrtă* „Eidechse", *lăcĕrtŭs* „Muskel"; *eigtl.* „*m.* Gelenken versehen; springend"; *cf.* λῃκᾶν „hüpfen") (*vkl., nkl.*) Heuschrecke.

lŏcūtĭō, *ōnĭs f* (*lŏquŏr*) **1.** das Sprechen. **2.** Sprache, *bsd.* Aussprache [*Graeca*]. **3.** (*pl.*) (*nkl.*) Redensarten.

Lŏcūtĭŭs, *ī m s. Āiŭs.*

lŏcūtŭs *part. pf. v. lŏquŏr.*

lōdīcŭlă, *ae f* (*demin. v. lōdīx*) (*nkl.*) kleine gewebte Decke.

lōdīx, *īcĭs f* (*wohl kelt. Lw.; et. ungedeutet*) (*dcht., nkl.*) gewebte (Bett-) Decke.

lo͡edŭs, *ī m* (*altl.*) = *lūdŭs.*

lŏgēŭm *u.* **lŏgĭŭm,** *ī n* (*Fw.* < λογεῖον *u.* λόγιον) Archiv.

lŏgĭcă, *ōrŭm n* (*Fw.* < [τὰ] λογικά *bzw. subst. n pl. v. lŏgĭcŭs*) *u.* (*spätl.*) **-ă,** *ae u.* **-ē,** *ēs f* (*Fw.* < λογική [*sc.* τέχνη]) Logik (*rein lat. rătĭōnălĭs spĕcĭēs phĭlŏsŏphĭae*).

lŏgĭcŭs 3 (*Fw.* < λογικός) (*spätl.*) das Wort, die Vernunft, das Denken betreffend; logisch.

lŏgĭŭm, *ī n s. lŏgēŭm.*

lŏgŭs *u.* **lŏgŏs,** *ī m* (*Fw.* < λόγος) **1.** (*Com.*) Wort; *pl.* leere Worte, dummes Zeug. **2.** Scherzrede, Wortspiel. **3.** *pl.* (*nkl.*) Fabeln [*Aesopei*].

lŏlĭŭm, *ī n* (*et. ungedeutet*) (*unkl.*) Lolch, Schwindelhafer.

lŏllīgō (*u. lŏlīgō*), *ĭnĭs f* (*et. ungedeutet*) Tintenfisch.

lŏllīgŭncŭlă, *ae f* (*demin. v. lŏllīgō*) (*Pl.*) kleiner Tintenfisch.

Lŏllĭŭs 3 *röm. Gentilname: M. ~ Paullīnŭs, als Legat 16 v. Chr. v. den Germanen am Rhein geschlagen, Freund des Horaz; adi. auch* **Lŏllĭānŭs** 3.

lōmĕntŭm, *ī n* (*lăvō*) (*unkl.*) Waschmittel; Paste.

Lŏndĭnĭŭm, *ī n j.* London.

lŏng-aevŭs 3 (*lŏngŭs, aevŭm*) (*dcht., nkl.*) hochbetagt, bejahrt.

▶ **lŏngē** *adv. v. lŏngŭs* (*m. comp. u. °sup.*) **1.** (*räuml.*) **a)** weit, fern, *auch* weithin, *auf die Frage* „*wo?*" *u.* „*wohin?*" [*~ abesse, °gradi* weit ausschreiten, *°esse* (weit) entfernt sein, *longe lateque* weit *u.* breit; *auch* /, *zB. a vero longissime abesse; ab alqo u. a re* weit *v. etw.* entfernt, *zB. a mari; m. acc. der Ausdehnung, zB. tria milia passuum longe a castris*]; **b)** (*dcht.*) *v.* weitem, fernher, *klass. fast nur* / [*~ audire, °venire;* / *principia alcis rei ~ repetere* weit herholen]; **c)** (*steigernd*) (*nkl.*) weitaus, bei weitem, *klass. nur beim sup. sowie bei adi. u. verb. der Verschiedenheit u. des Vorzugs* [*~ maximus, °~ melior; ~ alius u. aliter, praestare, anteponere*]; **d)** / weitläufig, ausführlich [*longius dicere*]. **2.** (*zeitl.*) lange, *klass. fast immer in Verbindung m. Ausdrücken, die zeitl. Sinn haben* [*longius anno remanere, non longius triduo a castris abesse, °longius debere* schuldig bleiben, *~ ante, ~ post*].

lŏngĭnquĭtās, *ātĭs f* (*lŏngĭnquŭs*) **1.** (*räuml.*) **a)** (*nkl.*) Länge, Weite [*itineris*]; **b)** weite Entfernung, Abgelegenheit [*locorum*]. **2.** (*zeitl.*) lange Dauer, *bsd.* Langwierigkeit [*morbi, temporum*].

▶ **lŏngĭnquŭs** 3 (*m. comp. u. °sup.; adv. °*-**ē**) (*lŏngŭs m. Suffix -nquŏs wie in prŏp-ĭnquŭs* = *-απός in ἀλλοδ-απός*) **1.** (*räuml.*) **a)** (*nkl.*) lang, weit [*amnes m.* langem Lauf]; *subst. °***lŏngĭnquă,** *ōrŭm n* weite Strecken [*Tarenti*]; **b)** (weit) entfernt, entlegen, fernstehend, *v. Pers. u. Sachen* [*nationes, legatio* in ferne Gegenden, *°bella m.* einem *v.* fernher gekommenen Feind, *°cura* um fernliegende Gegenstände]. **2.** auswärtig, fremd [*homo, °piscis*]; *subst.*: *longinqui m* fernstehende Personen; *ex longinquo* aus der Ferne; (*nkl.*) *longinqua n* entfernte Punkte [*imperii*]. **3.** (*zeitl.*) **a)** langdauernd, langwierig [*dolor, longinquiore tempore* in längerer Zeit]; **b)** fern [*tempus, °spes*].

Lŏngīnŭs, *ī m cogn. in der gēns Cāssĭă, cf. Cāssĭŭs.*

lŏngĭtĕr *adv.* (*Lu.*) = *lŏngē.*

lŏngĭtūdō, *ĭnĭs f* (*lŏngŭs*) **1.** (*räuml.*) Länge [*agminis, in latitudinem* in die Länge *od.* der Länge nach; *auch pl., zB. immensitas longitudinum*]. **2.** (*zeitl.*) lange Dauer [*noctis, orationis*].

lŏngĭŭscŭlŭs 3 (*demin. zum comp. v. lŏngŭs*) ziemlich lang.

Lŏngŏbărdī = *Lăngŏbărdī.*

lŏngŭlŭs 3 (*adv. °*-**ē**) (*demin. v. lŏngŭs*) ziemlich lang *od.* weit.

lŏngŭrĭŭs, *ī m* (*lŏngŭs*) lange Stange, Latte.

> **lŏngŭs**
> **1.a)** (*räuml.*) lang, groß; **b)** geräumig, ausgedehnt, weit; **c)** (weit)entfernt; **d)** weitläufig; **2.** (*zeitl.*) lang, langdauernd, langwierig; langweilig; **3.** (*bei der Silbenmessung*) lang.

lŏngŭs 3 (*m. comp. u. sup.; adv.* -**ē** *u. °*-**ĭtĕr**) (< *[*d*]*lŏnghŏs; cf. nhd.* „lang") **1.** (*räuml.*) lang, groß [*°hasta, fuga longior* weitere, *navis* Kriegsschiff *im Ggs. zum rundbauchigen Handelsschiff, °antrum* tief, *°exilia* weite Irrfahrten, *°gradūs* lange Reihe *v.* Stufen, / *°manūs regum* weitreichend; *adv. °longum clamare* laut; *m. acc. der Ausdehnung, zB. °ratis pedes centum longa*]; *auch* hochgewachsen [*°homo* Hopfenstange]; **b)** (*dcht.*) geräumig, ausgedehnt, weit [*caelum, aequora;* / *ululatus* weithin tönend]; **c)** (*dcht., nkl.*) (weit) entfernt, entlegen [*navigatio, longa a domo militia*]; **d)** weitläufig [*epistula, longus od. nimium longus esse nolo, longum est* es wäre zu weitläufig *m. inf., zB. omnia enumerare; °ne longum faciam od. ne longum fiat* um mich kurz zu fassen]. **2.** (*zeitl.*) **a)** lang, *bsd. bei subst., die einen Zeitbegriff enthalten, übh.* langdauernd, (*pejorativ*) langwierig, langweilig [*tempus, aetas, spatium, °noctes, mensis uno die longior, dies longior* längere Frist, späterer Termin, *°morbus* chronisch, *°mors* langsam, *°spes* weitaussehend, *auch v. Pers. °longus spe* der noch lange zu leben hofft; *m. acc. der Ausdehnung, zB. mensis triginta dies longus est*]; *nihil longius est quam m. inf.* nichts ist langweiliger als; *nihil alci longius est od. videtur quam ut od. quam dum m. coni. jd.* kann die Zeit nicht erwarten, bis; **b)** *subst. °***lŏngŭm,** *ī n* lange Zeit [*in longum sufficere* für *od.* auf lange Zeit, *ex longo* seit langer Zeit]. **3.** (*bei der Silbenmessung*) lang = gedehnt [*syllaba*] (*Ggs. brĕvĭs*); *subst.* **lŏngă,** *ae f* eine Länge = lange Silbe. — *Cf. auch lŏngē.*

lŏpās, *ădĭs f* (*acc. pl. -ădăs; Fw.* < λεπάς) (*Pl.*) Napfschnecke.

lŏquācĭtās, *ātĭs f* (*lŏquāx*) Geschwätzigkeit.

lŏquācŭlŭs 3 (*demin. v. lŏquāx*) (*Lu.*) *etw.* geschwätzig.

lŏquāx, *ācĭs* (*m. comp. u. sup.; adv.* -**ĭtĕr**) (*lŏquŏr*) geschwätzig, redselig [*senectus* = *senēs, °ranae* die stets quakenden, *°loquaciter scribere alqd;* / *v. Sachen: epistula, °nidus* voll zwitschernder Jungen, *°testudo* tonreich, *°lymphae* murmelnd, plätschernd, *°oculi* ausdrucksvolle]. **F.** *abl. sg. -ī; pl. neutr. -ĭă, gen. -ĭŭm.*

lŏquēlă *u.* **-quēllă,** *ae f* (*lŏquŏr*) (*vkl., dcht.*) Rede, *gesprochenes* Wort; (*meton.*) Art zu reden, Sprache.

lŏquĕntĭă, *ae f* (*lŏquŏr*) (*nkl.*) Zungenfertigkeit.

▶ **lŏquĭtŏr** 1. (*intens. v. lŏquŏr*) (*vkl., nkl.*) sprechen.

lŏquŏr, *lŏcūtŭs sŭm* 3. (*altl. praes. lŏcŭntŭr*) (*et. ungeklärt*) **1.** (*intr.*) sprechen, reden [*homines loqui possunt, pecudes non item*], *bsd.* im Gesprächston reden [*aliter loquimini ac sentitis, libere u. liberius, pure Latineque, male* nachteilig, *°materia loquendi* des Gespräches, *finem loquendi facere, linguā °Graecā, Graecē, °digitis nutuque m.* Gestikulation; *auch v. Sachen, zB. °pinus* rauscht sanft, *ut consuetudo loquitur* wie man gewöhnlich sagt; *inter se, cum alqo, secum ipse* bei sich überlegen, *pro alqo* zu *j-s* Verteidigung *od.* in *j-s* Namen sagen *od.* statt *j-s* das Wort führen, *de re, coram alqo u. apud alqm, °ad alqm, apud populum et in senatu*]; / (*v. Sachen*) *bisw.* = deutlich zeigen [*res ipsa loquitur*]. **2.** (*trans.*) **a)** *etw.* sagen *od.* sprechen [*hoc, pauca apud alqm, vera, quid de Sulpicio loquar?; bisw. m. a.c.i., bsd. vulgo od. omnes loquuntur* es geht allgemein das Gerede]; **b)** *etw.* besprechen [*quid vineas testudinesque loquar?*]; **c)** (*meist dcht.*) rühmen, rühmend verkündigen, besingen [°*proelia coniugibus loquenda*, °*nil mortale*]; **d)** (*meist dcht.*) aussprechen, melden [°*nomen*, °*furta* ausplaudern]; **e)** *jd. od. etw.* immer im Munde führen (*alqm u. alqd, zB.* °*omnia magna, nihil nisi exercitus*).

lōrāmĕntŭm, *ī n* (*lōrŭm*) (*Iust.*) Riemen.

lōrārĭŭs, *ī m* (*lōrŭm*) (*vkl., nkl.*) Zuchtmeister *der Sklaven.*

lōrātŭs 3 (*lōrŭm*) (*Moretum 122*) *m.* Riemen gebunden.

lōrĕŭs 3 (*lōrŭm*) (*vkl., nkl.*) aus Riemen; (*scherzh.*) (*Pl.*) *vestra faciam latera lorea.*

lōrīcă, *ae f* (*lōrŭm, eigtl.* „Riemenpanzer") **1.** Panzer, *meist aus Leder, m. Erzstreifen od. Ringen belegt* [°*ferrea*]. **2.** / Brustwehr an Mauern, Schanzen *u.ä.*

lōrīcātŭs 3 (*eigtl. P.P.P. v. lōrīcō* 1. „panzern", *denom. v. lōrīcă*) (*vkl., nkl.*) gepanzert, Panzer... [*equites*].

lōrīcŭlă, *ae f* (*demin. v. lōrīcă*) (*nkl.*) kleine Brustwehr.

lōrĭ-pēs, *pĕdĭs m* (*lōrŭm*) (*vkl., nkl.*) „Riemenbein"; *attr.* humpelnd.

lōrŭm, *ī n* (⟨ **vlōrŏm; cf.* εὔληρα „Zügel") **1.** Lederriemen. **2.** *meton.* **a)** (*Ma.*) Gürtel der Venus; **b)** (*unkl.*) Zügel [*equum loro ducere, lora dare* schießen lassen, *media inter lora* mitten im Fahren]; **c)** Peitsche, Geißel (*alqm loris caedere*); **d)** (*dcht., nkl.*) Kapsel *m.* Amulett = *bŭllă.*

lōtĭŭm, *ī n* (*lōtŭs, P.P.P. v. lăvō*) (*vkl., nkl.*) Urin.

lōtŏs *u.* **lōtŭs,** *ī* (*Fw.* ⟨ λωτός) **1.** *f* **a)** Lotos(frucht); **b)** (*dcht.*) *die aus Lotosholz hergestellte* Flöte; **c)** (*Ve.*) Steinklee; *vl.* sizilischer Süßklee. **2.** *m italienische* Dattelpflaume.
F. *Cf.* V.-B. II, 1.

lōtŭm = *lautŭm*; *s. lăvō.*

****l.s.** (*Abk.*) = *loco sigilli.*

****L.S.** (*Abk.*) **1.** = *loco sigilli.* **2.** = *lectori salutem.*

Lŭă, *ae f* (*et. ungeklärt*) *altröm.* (*urspr. etr. od. sab.*) *Göttin, der zu Ehren nach der Schlacht erbeutete Waffen verbrannt wurden.*

lŭbēns, lŭbĕt, lŭbīdō = *līb...*

Lŭbĕntīnă, *ae f volkset. Umformung v. Lĭbĭtīnă* (= *Lĭbĭtīnă*); *Beiname der Venus als Göttin der sinnlichen Lust.*

lūbrĭcō 1. (*denom. v. lūbrĭcŭs*) (*dcht., nkl.*) schlüpfrig, glatt machen.

lūbrĭcŭs 3 (*zu *slūbrŏs; cf. nhd.* „schlüpfen, schlüpfrig") **1.** (*unkl.*) schlüpfrig, glatt [*glacies, anguis, conchylia* schleimig]; *subst.* °**lūbrĭcŭm,** *ī n* Schlüpfrigkeit [*lubrico itinerum* auf schlüpfrigen Wegen, *lubrico paludum* auf schlüpfrigem Sumpfboden]; *pl.* °schlüpfrige Stellen [*per lubrica surgere*]. **2.** / **a)** leicht beweglich, flüchtig, behende [°*membra, oculi*, °*amnis*, °*fortuna*, °*annus*]; **b)** unsicher, gefährlich, verführerisch [*via vitae, aetas puerilis*, °*forum*, °*vultus*; *m.* °*inf.*]; *subst.* **-ŭm,** *ī n* Unsicherheit [°*adulescentiae meae, in lubrico versari* sich auf schlüpfrigem Boden bewegen]; **c)** (*Ve.*) (*v. Pers.*) betrügerisch.

Lūcă[1], *ae f St. im nördl. Etrurien, j.* Lucca; *Einw. u. adi.* **Lūcēnsĭs,** (*ĕ*).

Lūcă[2] **bōs,** *Lūcae bŏvĭs m* (⟨ **Lūcā[n]s*) (*unkl.*) lukanischer Ochse = Elefant.

Lūcānĭă, *ae f Ldsch. an der Westseite v. Unteritalien*; *Einw.* **Lūcānī,** *ōrŭm m*; *adi.* **Lūcānŭs** *u.* °**Lūcānĭcŭs** 3.

lūcānĭcă, *ae f* (*Lūcānĭă, eigtl.* „Lukanerwurst") Rauchwurst.

lūcăr, *ārĭs n* (*lūcārĭs, ĕ altl. adi. zu lūcŭs*) (*nkl.*) **1.** Forststeuer, *die man urspr. zur Bezahlung der Schauspieler verwandte.* **2.** Schauspielergage.

lŭcĕllŭm, *ī n* (*demin. v. lŭcrŭm*) kleiner Gewinn, Profitchen.

▶ **lūcĕō,** *lūxī*, — 2. (*cf.* λευκός) **1.** (*intr.*) **a)** leuchten, hell sein [*stella, luna*, °*oculi*, °*lympha ad solum* ist durchsichtig bis zum Boden, °*semita per occultos calles* schimmert durch]; **b)** (*impers.*) *lūcĕt* es ist Tag; **c)** / klar, deutlich sein [*officia et studia, ornamenta in virtute posita*; *re* durch *etw.*]. **2.** (*trans.*) (*vkl.*) leuchten lassen [*huic lucebis novae nuptae facem*].

Lūcĕrēs, *ŭm m* (*urspr. etr. Gentilname* luxre): **1.** *die Angehörigen einer der drei ältesten Tribus in Rom* (*Etrusker od. Albaner neben Rāmnēs* [*Römer*] *u. Tĭtĭēs* [*Sabiner*]). **2.** *die Angehörigen der gleichnamigen Ritterzenturie.*

lŭcĕrnă, *ae f* (*lūcĕō*; *s.u.*) **1.** Öllampe, Leuchte *aus Ton od. Erz, dcht. auch* = Kerze [*lumen lucernae*, °*vivae* wacher Kerzenglanz, °*accessit numerus lucernis* weil Trunkene die Lichter doppelt sehen]. **2.** *meton. pl.* = (*dcht.*) **a)** nächtliches Gelage [*vino et lucernis*]; **b)** Nachtarbeit.
E. *Bildung unklar* (-ŭ-!); *Anlehnung an căvĕrnă, lăntĕrnă* u.ä.

lūcēscō *u.* **lūcīscō,** *lūxī*, — 3. (*incoh. v. lūcĕō*) (*dcht.*) zu leuchten anfangen [*sol, Nonae* brechen an]; *klass. nur impers. lūcēscĭt* es wird Tag [*ubi luxit*].

lūcī *s. lūx.*

lūcĭdŭs 3 (*m.* °*comp. u.* °*sup.*; *adv.* **-ē**) (*lūx*) (*meist nkl., dcht.*) **1.** leuchtend hell [°*sidera*, °*polus* erhellt, °*spicula* glänzend, °*lilia* glänzendweiß]. **2.** deutlich, klar, *v. Pers. u. Sachen, klass. nur adv.* [°*ordo, verbum -e definire*].

lūcĭ-fĕr, *fĕră, fĕrŭm* (*lūx, fĕrō*) **1.** (*vkl., dcht.*) lichtbringend [*lampas*, °*equi* der Mondgöttin]. **2.** (*prägn.*) ans Licht bringend [°*manus* der Lucina; *Diana Lucifera* = Ἄρτεμις φωσφόρος, *als Geburtsgöttin angerufen*]. **3.** *subst.* **Lūcĭfĕr,** *fĕrī m* **a)** Morgenstern *od.* Planet Venus; *im Mythos* (= Φωσφόρος, *eigtl.* „Lichtbringer") *S. der Aurora* (*Eos*) (**Luzifer, *Beiname des Teufels, des v. Gott abgefallenen Engels*); **b)** *meton.* (*dcht.*) Tag [*tres*].

lūcĭ-fŭgă, *ae m* (*lūx*; *fŭgĭō*) (*nkl.*) Nachtschwärmer.

lūcĭ-fŭgŭs 3 (*lūx, fŭgĭō*) **1.** (*dcht.*) lichtscheu [*blatta*]. **2.** / menschenscheu; *auch subst.*

Lūcīlĭŭs 3 *röm. Gentilname*: C. ~ (*etwa 180—102 v. Chr.*) *aus Suessa Aurunca, Freund des jüngeren Scipio, Begründer der röm. Satire*; *adi.* **Lūcīliānŭs** 3 [*sine vallo -iano* (*obszön*) = *sine veretro erecto*].

Lūcīnă, *ae f* (*lūx od. eher lūcŭs*) **1.** *Geburtsgöttin, Erscheinungsform der Juno, in deren Hain sie verehrt wurde,* [*Iuno* ~]; *v. den Dichtern der Artemis Eileithyia gleichgesetzt* [*Diana* ~]; *meton.* (*dcht.*) das Gebären, Geburt, *auch v. Tieren* [*Lucinam pati* kalben]. **2.** (*dcht.*) = Hekate *als Urheberin schwerer Träume.*

lūcīscō *s. lūcēscō.*

Lūcĭŭs, *ī m* (*lūx*) *röm. Vorname, abgek. L.*

lŭcmō(n), *ōnĭs m* (*synk.*) = *lŭcŭmō.*

lŭcrātīvŭs 3 (*lŭcrŭm*) gewinnbringend *od.* gewonnen, erübrigt [*sol*, °*opera*].

Lŭcrētĭă, *ae f s. Lŭcrētĭŭs.*

Lŭcrētĭŭs 3 *röm. Gentilname*: **1.** *Sp.* ~ *Trĭcĭpĭtīnŭs, röm. Senator*; *seine T.* **Lŭcrētĭă,** *ae f Gemahlin des Tarquinius Collatinus, wurde v. Sextus Tarquinius vergewaltigt.* **2.** *T.* ~ *Cārŭs* (*98 od. 97—55 v. Chr.*), *röm. Dichter, Vfssr. des philos. Lehrgedichts* De rerum natura.

lŭcrĭ-fĕr, *fĕră, fĕrŭm* (*lŭcrŭm, fĕrō*) (*Pl.*) gewinnbringend.

lŭcrĭfĭcābĭlĭs, *ĕ* (*lŭcrŭm, făcĭō*) (*Pl.*) gewinnbringend [*dies*].

lŭcrĭ-fŭgă, *ae m* (*lŭcrŭm, fŭgĭō*) (*Pl.*) einer, der den Gewinn flieht.

Lŭcrīnŭs (*m. u. ohne lăcŭs*) *m* Lukrinersee *bei Bajä, reich an Fischen u. Austern*; *adi.* **Lŭcrīnŭs** 3 *u.* **Lŭcrīnēnsĭs,** *ĕ.*

lŭcrĭ-pĕtă, *ae m* (*lŭcrŭm, pĕtō*) (*Pl.*) der Gewinnsüchtige.

lŭcrŏr *u.* (*Pl.*) **-ō** 1. (*lŭcrŭm*) gewinnen, profitieren, *oft pejorativ* [*auri pondo decem, lucretur indicia veteris infamiae* er mag sie gewinnen = ich will sie nicht erwähnen]; / (*dcht.*) erlangen, bekommen [*nomen ab Africa*].

lŭcrōsŭs 3 (*m. comp. u. sup.*) (*lŭcrŭm*) (*nkl., dcht.*) gewinnbringend, vorteilhaft.

▶ **lŭcrŭm,** *ī n* (⟨ **lŭ-tlŏm; cf. dor.* λαία ⟨ **λᾱϝιᾱ* „Beute"; *nhd.* „Lohn") **1.** Gewinn *od.* Vorteil, (*pejorativ*) Profit [*vendendi et emendi* beim Kauf *u.* Verkauf, *alci lucro u.* °*in lucro esse* für *jd.* vorteilhaft sein, *in lucro u. in lucris ponere* als Gewinn rechnen *od.* betrachten, *ad* ~ *revocare alqd* sich *etw.* zunutze machen; *lucri facere alqd etw.* gewinnen *od.* profitieren, *zB. tritici modos centum*, °*maleficium* ungestraft verüben; *de lucro vivere v.* anderer Leute Gnade leben]. **2.** (*meton.*) **a)** (*dcht.*) Gewinnsucht; **b)** (*dcht.*) *durch Gewinn erlangter* Reichtum, Gold.

lŭctāmĕn, *ĭnĭs n* (*lŭctŏr*) (*nkl., dcht.*) das Ringen (*auch* / *Veneris anhelum*); / Anstrengung, Bemühung.

lŭctātĭō, *ōnĭs f* (*lŭctŏr*) **1.** das Ringen, Ringkampf. **2.** / **a**) (*nkl.*) das Ankämpfen *gegen Schwierigkeiten*, Kampf; **b**) Wortstreit, Disput [*cum Academicis*].

lūctātŏr, *ōris m* (*lūctŏr*) (*unkl.*) Ringer; / (*vom Weine*) *dolosus*.

lūctĭ-fĕr, *fĕră, fĕrŭm* (*lūctŭs; fĕrō*) (*dcht.*) Traurigkeit bringend, verkündend, traurig.

lūctĭ-fĭcŭs 3 (*lūctŭs, făcĭō*) (*nkl., dcht.*) unheilschwanger, verderblich.

lūctĭ-sŏnŭs 3 (*lūctŭs, sŏnō*) (*Ov.*) traurig klingend, kläglich [*mugitus*].

lūctō (*altl.*) *u.* (*sekundär*) **lūctŏr** 1. (*denom. v. lūctă* „Ringkampf"; *cf.* λυγίζω „biege", *nhd.* „Locke") **1.** ringen, als Ringer kämpfen [*Olympiis*, °*luctando exerceri; cum alqo*]; (*dcht.*) *auch vom Beischlaf* [*nudatis mecum est luctata papillis*]. **2.** / **a**) (*gegen Schwierigkeiten od. Widerstand*) ringen, kämpfen, *übh.* sich abmühen, sich anstrengen (*cum alqo m. jd., cum re u.* °*alci rei m.*, gegen *etw., zB.* °*fluctibus; re m. etw., zB.* °*haedi cornibus; in re* in, bei *etw., zB.* °*in arido solo,* °*in turba* im Gedränge; *m.* °*inf.*); **b**) (*nkl., dcht.*) innerlich *m.* sich kämpfen; **c**) (*dcht.*) sich widersetzen, widerstreben [*oscula mihi luctanti abstulit*].

lūctŭōsŭs 3 (*m. comp. u. sup.; adv.* °**-ē**) (*lūctŭs*) **1.** jammervoll, unheilvoll, traurig [*bellum, exitium,* °*-e perire; alci* für *jd., zB. rei publicae*]. **2.** (*dcht.*) schwergeprüft [*Hesperia*].

lūctŭs¹ *P.P.P. v. lūgĕō.*

▶ **lūctŭs²,** *ūs m* (*lūgĕō*) **1.** Trauer [*luctus est aegritudo ex eius, qui carus fuerit, interitu acerbo; domesticus* Familientrauer, °*privatus,* °*publicus, luctum levare, abstergere; alcis j-s, zB. omnium nationum, auch* um *od.* über *jd.*, wegen *j-s, zB.* °*amissae sororis*]. **2.** *meton.* **a**) Trauerkleidung [*in luctu esse* Trauerkleidung angelegt haben, *luctum deponere*]; **b**) Äußerung der Trauer, *auch pl.* [*feminarum*]; *bsd.* °Totenklage; **c**) Trauerfall [*in maximos luctus incidere*]; **d**) (*meist dcht.*) Veranlassung zur Trauer; **e**) ♀ (*personif.*) (*dcht.*) Gott der Trauer.

F. *dat. u. abl. pl. lūctĭbŭs.*

lūcŭbrātĭō, *ōnis f* (*lūcŭbrō*) Arbeit bei Licht, Nachtarbeit, *abstr. u. concr.* (*alcis, zB. Ciceronis, anicularum* Geschwätz der alten Weiber beim Spinnrocken).

lūcŭbrātōrĭŭs 3 (*lūcŭbrō*) (*Suet.*) zum Studium bei Nacht dienlich [*lecticula*].

lūcŭbrō 1. (*denom. v.* **lūcŭbrŭm* „Kerze" *zu lūcĕō*) **1.** (*intr.*) (*vkl., nkl.*) bei Licht *od.* bei Nacht arbeiten [*ancillae*]. **2.** (*trans.*) *etw.* bei Licht ausarbeiten (*alqd, zB. opusculum*).

lūcŭlĕntŭs 3 (*m. comp. u.* °*sup.; adv.* **-tē** *u.* **-tĕr**) (*lūx*) **1.** hell, hübsch hell [*caminus*]. **2.** / stattlich, tüchtig, ansehnlich, *v. Sachen u. Pers.* [*patrimonium, scriptor, auctor* Gewährsmann, *-ter Graece scire*; (*rhet.*) treffend, *zB. -te scribere u. dicere*].

Lūcŭllŭs, *ī m cogn. in der gēns Licīniă, s. Licīnĭŭs; adi.* **Lūcŭllēŭs** *u.* **Lūcŭllĭānŭs** 3.

lūcŭlŭs, *ī m* (*demin. v. lūcŭs*) (*Suet.*) ein kleiner Hain.

lŭcŭmō, *ōnis m* (*etr. lauχme*) *etr. Magnat* (*meist pl.; v. den Römern in der Regel als EN angesehen*).

lŭcūnă = *lăcūnă.*

lūcŭs¹, *ī m* (*lūcĕō; cf. ahd.* lōh „bewachsene Lichtung") **1.** der einer Gottheit geweihte Hain (*alcis j-s, zB. Tiburni*). **2.** (*dcht.*) Wald, Gebüsch; *auch öfter vorkommender Ortsname, zB. Lucus Augusti, St. der Vokontier im Narbonensischen Gallien, östl. der Rhone.*

(**lūcŭs²**), *nur abl. ū m* (*lūcĕō*) (*vkl.*) Licht (?).

lŭcŭstă, *ae f s. lōcŭstă.*

lūdĭă, *ae f* (*lūdĭŭs*) (*dcht.*) **1.** Tänzerin (*auf der Bühne*). **2.** Frau e-s Fechters.

▶ **lūdĭbrĭŭm,** *ī n* (*lūdŭs*) **1.** Spielerei, Kurzweil, Spielzeug, -ball [°*Brutus ~ verius quam comes fuit; alcis, zB. fortunae*]; *oft verächtlich* Possenspiel. **2.** (*nkl.*) Blendwerk, Täuschung [*oculorum* optische Täuschung, *aurium*]. **3.** (*meton.*) Spott, Hohn [*ludibrio esse alci jd.* zum Spielball dienen, *zB. inimicis,* °*ludibrio habere alqm jd.* zum besten haben, °*per ~* spöttisch; *alcis rei* über, wegen *etw., zB.* °*credulitatis; pl.* Arten des Hohnes]. **4.** (*nkl.*) Entehrung [*corporum*].

lūdĭbŭndŭs 3 (*lūdō*) **1.** (*vkl., nkl.*) spielend, Kurzweil treibend, *übh.* lustig, guter Dinge. **2.** / leicht, mühelos, ohne Gefahr, unvermerkt [*~ omnia conficere od. in Italiam pervenire*].

lūdĭcĕr *od.* **-crŭs** (*nom. sg. m ungebräuchlich*), *cră, crŭm* (*lūdŭs*) **1.** kurzweilig, spaßhaft [°*ars -cra* Tanzkunst, *sermo, ars armorum,* °*certamen* Kampfspiel, °*res* Tändelei, °*praemia* im Wettkampf]; *subst.* (*dcht.*) **lūdĭcrŭm,** *ī n* Scherz, Tändelei, Kinderei, *auch* °Spielzeug. **2. a**) schauspielerisch, zum Schauspiel gehörig, Schauspieler..., Bühnen... [*ars,* °*spectaculum,* °*res* szenische Aufführung, Bühnendichtung]; **b**) *subst.* (*dcht., nkl.*) **lūdĭcrŭm,** *ī n* Schauspiel, Festspiel [*Olympiorum, Isthmiorum, ~ celebrare*], *auch im Zirkus.*

lūdĭfĭcābĭlĭs, *ĕ* (*lūdĭfĭcŏr*) (*Pl.*) foppend; voller Übermut.

lūdĭfĭcātĭō, *ōnis f* (*lūdĭfĭcŏr*) das Necken, Täuschung.

lūdĭfĭcātŏr, *ōris m* (*lūdĭfĭcŏr*) (*Pl.*) der *jd.* zum besten hat.

lūdĭfĭcātŭs, *ūs m* (*lūdĭfĭcŏr*) (*Pl.*) Fopperei, Gespött.

lūdĭfĭcŏr *u.* (*klass. selten*) **lūdĭfĭcō** 1. (*lūdŭs, făcĭō*) **1.** *jd.* necken, foppen, (ver)höhnen, zum besten haben (*abs.* = Possen treiben; *alqm, zB. hostes; alqm re, zB. hostem omnibus artibus belli*). **2.** (*nur -ŏr, Li.*) *etw.* durch List vereiteln, hintertreiben (*alqd, zB. priorem locationem*).

lūdī-măgĭstĕr, *trī m* (*auch getr.*) Schulmeister.

lūdĭō, *ōnis* (*nkl.*) *u.* **lūdĭŭs,** *ī m* (*lūdŭs*) **1.** Komödiant, (pantomimischer) Tänzer; / (*Suet.*) *triviales ex circo -i* gewöhnliche Possenreißer aus dem Zirkus. **2.** (*Iu.*) (*nur -ĭŭs*) = *glădĭātŏr.*

> **lūdō**
> **1.** (*intr.*) **a**) spielen; **b**) tanzen; **c**) körperliche Übungen machen; **d**) als Schauspieler auftreten; **e**) scherzen; **2.** (*trans.*) **a**) *etw.* spielen; **b**) *etw.* spielend betreiben; **c**) *jd.* necken, über *etw.* scherzen; **d**) *jd.* täuschen.

lūdō, *si, sŭm* 3. (< **loidō; cf.* λοιδορέω „schelte") spielen: **1.** *intr.* **a**) *m. etw.* spielen, sich durch ein Spiel belustigen [*re m. etw., etw., zB. pilā, aleā, talis, duodecim scriptis* auf dem Zwölffelderbrett, °*trocho; re* um *etw., zB. magnā pecuniā* hoch]; **b**) (*dcht.*) tanzen [*in numerum* nach dem Takt; *auch v. Sachen, zB. cymba ludit in lacu, iubae ludunt* flattern]; **c**) körperliche Übungen anstellen; **d**) (*nkl.*) in einem Schauspiel auftreten [*ludis elephanti luserunt*]; **e**) scherzen, spaßen, Kurzweil treiben, sich belustigen [*honesta exempla ludendi, arma ad ludendum sumere* zum Spaß, *ludens* im Scherz]; *bsd.* sich zum Zeitvertreib *m. etw.* beschäftigen (*re, zB. armis,* °*versu Syracosio* scherzhafte Lieder in Theokrits Ton versuchen); *bsd.* (*dcht.*) (*v. der sinnlichen Liebe*) *m.* einem Mädchen flirten [*in alqa*]; *auch* = *fŭtŭō.* **2.** (*trans.*) **a**) *etw.* spielen (*alqd, zB. aleam, par impar* Grade *od.* Ungrade, *proelia latronum* Schach, °*ludum insolentem* ein übermütiges Spiel treiben); **b**) *etw.* spielend (ohne Anstrengung, gemächlich) treiben *od.* betreiben (*alqd, zB. causam disputationemque,* °*carmina* spielend dichten, °*aliquid vacui,* °*laeta et iuvenilia,* °*opus* Häuschen bauen); **c**) *jd.* necken *od.* zum besten haben, über *etw.* scherzen (*alqm u. alqd, zB. Appium, verbum*); **d**) (*vkl., dcht.*) *m. jd.* sein Spiel treiben = *jd.* täuschen, hintergehen (*alqm, zB. vatem; alqm re, zB. falsis imaginibus, vana spe, dolis*); **P.** °sich täuschen.

> **lūdŭs**
> **1.** Spiel (*als Zeitvertreib, körperliche Übung*); **2.** Kriegsspiel, öffentliches Schauspiel, *pl.* Wettkämpfe, öffentliche Spiele; **3.** Zeitvertreib, Scherz, Laune; **4.** Kinderspiel = Kleinigkeit; **5.** Schule (*m. entsprechenden Attributen*).

lūdŭs, *ī m* (*altl. loidōs, loedŭs; cf. lūdō*) **1.** Spiel *als Zeitvertreib od. körperliche Übung* [*campestris* auf dem Marsfeld, °*militaris* der Soldaten, *bsd.* Waffenübungen; *ludum dare alci* vergönnen, einräumen, *zB. pueris, auch* / °*amori* sich dem Spiel der Liebe hingeben]. **2. a**) °Kriegsspiel (*Hor. carm.* I, 2, 37);

b) öffentliches Schauspiel [*publicus*], *meist pl.* öffentliche Spiele, Schauspiele, Wettkämpfe [*gladiatorii, circenses, scaenici, votivi* gelobte, *Apollinares, ludi* °*Floralia od. Megalesia, Olympia* (*Pl.*: *Olympii*); *ludis* an *od.* bei den Spielen, zur Zeit der Spiele; *ludos facere* veranstalten, *committere*]; (*meton.*) Schauspiel, Satire [*in Naevii ludo*]. **3.** Spiel, Kurzweil, Spaß *im Ggs. zum Ernst* [*ludo aetatis frui* die Freuden der Jugend genießen, ~ *Fortunae* Laune, *per ludum* im Scherz, scherzhaft, °*amoto ludo* Scherz beiseite]; *meton.* (*v. Pers.*) Gegenstand des Scherzes *od.* Spottes (*alqs alci* ~ *est*). **4.** Kinderspiel = Kleinigkeit [*oratio* ~ *est alci*; ~ *est m. inf., zB. illa perdiscere*; *per ludum* spielend, ohne Mühe]. **5.** Schule: **a**) Gladiatorenschule [~ *gladiatorius, gladiatores in ludo habere*]; **b**) (*Pl.*) *fidicinus* Musikschule; **c**) Elementarschule [*discendi, litterarum od.* °*litterarius, in ludum ire u.* °*itare, ludum aperire, habere u.* °*exercere* halten; *ludi magister u. magister ludi s. lūdĭ-măgĭstĕr*]. — ***ma.* geistliches Drama [*Ludus de Antichristo* „Spiel vom Antichristen", *lat. Versfestspiel aus dem 13. Jh. über den Triumph der Kirche*].

lŭēllă, *ae f* (-ē-?; *lŭēlă*?; *lŭō*[2]) (*Lu.*) Buße, Strafe.

lŭēs, *is f* (*lŭō*[2], *wohl eigtl.* „Auflösung", *cf.* λύα) **1.** (*unkl.*) ansteckende Krankheit, Seuche, Pest; (*meton.*) Stoff der Ansteckung, Schlangengift. **2.** / **a**) (*Schimpfwort*) Pest = Schandmensch; **b**) (*nkl.*) Unheil, Verderben, Unglücksschlag [*belli, asperrima in Sardianos* (*vom Erdbeben*)]. — ***(*med. t.t.*) = Syphilis.

Lŭgdūnŭm, *ī n Name mehrerer gallischer Städte; bsd. St. am Zusammenfluß des Arar* (*Saône*) *m. dem Rhodanus, j.* Lyon; *Einw. u. adi.* **Lŭgdūnēnsĭs,** (ē).

▶ **lūgĕō,** *lūxī, lūctŭm* 2. (⟨ **lougĕjō*; *cf.* λυγ-ρός) **1.** (*intr.*) trauern, in Trauer sein (*äußerlich u. konventionell*) (*Ggs. maereō*) [*senatus luget* hat Trauerkleider angelegt, °*campi lugentes* Trauergefilde in der Unterwelt; *pro alqo*]; *subst.* °*lūgĕntēs, ĭŭm m* die Trauernden. **2.** (*trans.*) betrauern, um *od.* über *etw.* trauern (*alqm u. alqd, zB. consulem, mortem fratris*; *m. a.c.i.*); P. betrauert werden.
F. *pf.-Formen synk.*: °*lūxtī* = *lūxistī*.

lūgŭbris, *ĕ* (*adv.* °**-itĕr**) (*lūgĕō*) **1.** zur Trauer gehörig, Trauer... [*sordes, lamentatio* Totenklage, °*sagum* gemeines, schmutziges Oberkleid]; *subst.* (*dcht.*) **lūgŭbrĭă,** *ĭŭm n* Trauerkleider [*ponere*]. **2. a**) (*nkl., dcht.*) in Trauer befindlich, trauernd [*genitor*]; **b**) / α) (*unkl.*) traurig, unheilvoll, unheilverkündend [*ales, adv.* °*lugubre rubere*; *re* durch *etw.*]; β) (*dcht.*) trauervoll, kläglich [*verba, ululatus*].

lŭī *s. lŭō*[2].

lŭĭtūrŭs *part. fut. v. lŭō*[2].

lŭmbĭ-frăgĭŭm, *ī n* (*lŭmbŭs, frăngō*) (*Pl.*) zerschlagene Lenden [~ *auferes* du wirst als Krüppel abziehen].

lŭmbrĭcŭs, *ī m* (*et. ungeklärt*) (*vkl., nkl.*) **1.** Spulwurm. **2.** Regenwurm; *als Schimpfwort f. e-n Emporkömmling* („du Wurm!").

lŭmbŭs, *ī m* (⟨ **lŏndhvŏs*; *cf. nhd.* „Lende") (*unkl.*) Lende; (*euphem.*) = Schamteile.

> **lūmĕn**
> **1.** Licht, brennende Kerze, Lampe, Fackel; **2.** Licht, Helligkeit; **3. a**) Tageslicht; **b**) Lebenslicht; **c**) Augenlicht; **4. a**) Auge; **b**) Fenster; **5. a**) Glanz; **b**) geistige Klarheit; **c**) Zierde, Vorbild; **d**) Glanz-, Hauptpunkt (*in Darstellungen, Beweisen*); **6.** Rettung, Heil.

lūmĕn, *ĭnĭs n* (⟨ **louks-mĕn zu lūcĕō*) **Licht: 1.** ein Licht verbreitender Körper [°*diurnum* = Sonne, °*caeli u.* °*mundi* = Sonne *od.* Mond]; *bsd.* = Leuchte, Lampe, brennende Kerze, Fackel [*lumini oleum instillare,* ~ °*accendere u.* °*exstinguere,* °*sub lumina prima* wenn die Lichter angezündet werden, *ad lumina* bei Licht]; *auch* °Wachtfeuer. **2.** Licht (*concr.*) = ausgestrahlte Helligkeit [*solis, lunae, lucernae, tabulas pictas in bono lumine collocare* in ein vorteilhaftes Licht stellen; / *maiorum gloria posteris* ~ *est*]. **3. a**) Tageslicht [°*caeli,* °*superum* der Oberwelt, °*obscurum* Zwielicht]; *auch* Tageslicht *in den Gebäuden* [*luminibus alcis obstruere j-m* das Licht verbauen]; *meton.* (*dcht.*) Tag [*supremum, quartum*]; **b**) (*dcht.*) Lebenslicht, Leben, *auch pl.* [*vitale,* ~ *videre u. linquere, alci adimere, sub luminis oras partu edere* ans Licht des Lebens *od.* zur Welt bringen]; **c**) Augenlicht, Sehkraft [~ *oculorum, luminis caecitas,* °*loca luminis* Augenhöhlen]. **4.** (*meton.*) Lichtöffnung: **a**) Auge [*lumina amittere od.* °*effodere alci,* °*supremum* das Brechen des Auges; / *mentis luminibus officere*]; **b**) Fenster [*iura luminum*]. **5. a**) Glanz, Helle [°*argenti*]; / **b**) (*geistig*) Klarheit, klare Einsicht [~ *adhibere alci rei* Licht in *etw.* bringen, Klarheit über *etw.* verbreiten]; **c**) Glanzpunkt, Zierde, Schmuck, *auch* leuchtendes Vorbild, *v. Pers. u. Sachen* [*Caesar clarissimum* ~ *omnium gentium, lumina civitatis* Zierden *od.* Notabilitäten der Bürgerschaft, *Corinthus totius Graeciae* ~, *lumina animi alcis* glänzende Vorzüge, °*lumina ducum* edelste Führer]; **d**) (*rhet.*) α) Glanz- *od.* Hauptpunkt der Beweisführung; β) *litterarum* ~ glanzvolle Darstellung in der Literatur; γ) *pl.* Tropen *u.* Figuren [*lumina orationis od. dicendi, verborum et sententiarum*]; *übh.* Vorzüge *e-s* guten Stils. **6.** Rettung, Heil (~ *alci od. alci rei esse*); *v. Pers.* Retter, Helfer [*gentium*]. — ***lumina ecclesiae* Kirchenväter.

lūmĭnārĭă, *ĭŭm n* (*lūmĕn*) Fensterläden.

lūmĭnōsŭs 3 (*lūmĕn*) (*nkl.*) lichtvoll, hell; *klass. nur* / = hervorstechend [*partes orationis*].

▶ **lūnă,** *ae f* (*wohl* ⟨ **louks-nā zu lūcĕō*) **1.** Mond, Mondschein [*nova, plena, crescit* nimmt zu, *senescit* nimmt ab, *deficit* verfinstert sich, *defectus lunae,* °*minor* abnehmend, *quarta* ~ der vierte Tag nach Neumond, °*per od.* °*ad lunam* bei Mondschein]; (*meton.*) (*Ve.*) Mondnacht [*roscida*]. **2.** (*dcht.*) Monat [*nova*]; *pl.* °Mondphasen. **3.** (*dcht.*) mondförmige Figur; *bsd.* halbmondförmiges Abzeichen *aus Elfenbein auf den Schuhen der patriz. Senatoren.* **4.** *personif. Lūnă* Mondgöttin = Σελήνη, *T. des Hyperion, später m. Diana gleichgesetzt, ihr Tempel auf dem Aventin.*

lūnārĭs, *ĕ* (*lūnă*) zum Monde gehörig, Mond... [*cursus* Mondbahn, °*equi*]; *bsd.* (*Ov.*) mondförmig [*cornua*].

lūnō 1. (*denom. v. lūnă*) (*nkl., dcht.*) (halb)mondförmig krümmen (*alqd, zB. arcum*); (*P.P.P.*) *adi.* **lūnātŭs** 3 halbmondförmig, sichelförmig [*pelta*]; *m.* einem (*elfenbeinernen*) Halbmond geschmückt [*pellis* Schuh].

lŭntĕr, lŭntrĭcŭlŭs = *lĭntĕr usw.*

lūnŭlă, *ae f* (*demin. v. lūnă*) (*Pl.*) halbmondförmiges Halsband.

-lŭō[1], *-lŭī, -lūtŭm* 3. (*nur in den Komposita v. lăvō* 1. *gebräuchlich*; *zu lăvō* 3.; *s. lăvō*; *cf. illūtĭbĭlĭs, illūtŭs*) = *lăvō*.

▶ **lŭō**[2], *lŭī, lŭĭtūrŭs* 3. (*eigtl.* „lösen"; *cf.* λύω) **1. a**) *etw.* büßen, abbüßen, sühnen (*alqd,* °*foedus* die Verletzung des Vertrages; *alqd re, zB. stuprum morte*); **b**) (*nkl., dcht.*) durch Buße abwenden [*pericula publica*]. **2. a**) (*nkl.*) bezahlen [*aes alienum*]; **b**) *poenam od. poenas luere* Strafe leiden (*alcis* für *jd., alcis rei u.* °*pro re* für *etw., zB. peccati*; *morte* durch den Tod, °*crucibus* am Kreuze).

lŭpă, *ae f* (*lŭpŭs*) **1.** (*nkl., dcht.*) Wölfin. **2.** / öffentliche Dirne.

lŭpānăr, *ārĭs n* (*lŭpă*) (*unkl.*) Bordell; / *als Schimpfwort.*

lŭpātŭs 3 (*lŭpŭs*) (*dcht., nkl.*) *m.* Wolfszähnen (*d. h. spitzen Stacheln*) versehen [*frena* Wolfsgebiß]; *subst.* **lŭpātă,** *ōrŭm n u.* **lŭpātī,** *ōrŭm m ds.*

Lŭpĕrcŭs, *ī m* (*zu lŭpŭs*; *Bildung u. genaue Bedeutung nicht geklärt*) *altröm. Hirten- u. Fruchtbarkeitsgott, Faunus gleichgesetzt*; *seine Priester* **Lŭpĕrcī,** *ōrŭm m*; *adi.* **-cālĭs,** *ĕ*; *subst.* **Lŭpĕrcăl,** *ālĭs n Grotte am Palatin, urspr. dem Pan geweiht*; *hier hatte der Sage nach die Wölfin Romulus u. Remus gesäugt*; **Lŭpĕrcālĭă,** *ĭŭm* (*u. -ĭōrŭm*) *n* Fest des Lupercus, *am 15. Februar gefeiert*; *an demselben liefen die Priester nach dem Opfer, nur mit den Fellen der geopferten Böcke als Schurz bekleidet, um den Palatin herum*; *verheiratete Frauen gingen ihnen gern entgegen u. ließen sich v.*

ihnen mit den Riemen schlagen, in dem Glauben, daß dies ihnen Segen für die Ehe bringe.

Lŭpiă, *ae f (m?) r. Nbfl. des Rheins, die heutige* Lippe.

lŭpillŭs, *ī m* (-*ī*-?; *demin. v. lŭpīnŭs*) (*Pl.*) kleine Wolfsbohne, Lupine.

lŭpīnŭs 3 (*lŭpŭs*) vom Wolf, des Wolfes *od.* der Wölfin, Wolfs... [*ubera*]; *subst.* **lŭpīnŭs,** *ī m u.* **lŭpīnŭm,** *ī n* (*unkl.*) Lupine, Wolfsbohne, *als Viehfutter verwandt; auch v. Kindern u. auf der Bühne als Geld benutzt,* Spielmarke [°*aera lupinis distant* = das Echte vom Falschen].

lŭpŏr 1. (*lŭpă*) (*vkl.*) *m.* Straßenmädchen huren.

▶ **lŭpŭs,** *ī m* (*cf.* λύκος, *nhd.* „Wolf") **1.** Wolf, *dem Mars heilig* [°*Martialis od.* °*Martius*]; *sprichw.*: *lupus in fabula* der Wolf kommt, wenn man *v.* ihm spricht; °*ovem lupo committere* den Bock zum Gärtner machen; °*lupus non curat numerum* der Wolf frißt auch die gezählten Schafe; °*lupus ultro fugiat oves* = mag auch die ganze Natur sich umkehren; °*lupi Moerim videre priores* = ich schweige, *weil nach altem Volksglauben derjenige die Stimme verlor, der einem Wolfe begegnete u. v. diesem zuerst erblickt wurde;* °*hac urget lupus, hac canis* = aus dem Regen in die Traufe kommen. **2. a)** (*unkl.*) Seebarsch (*gefräßiger Fisch*); **b)** (*meton.*) **α)** (*Li.*) Feuerhaken, Raubhaken [*ferreus*]; **β)** (*dcht.*) Wolfsgebiß eines Pferdezaumes (*cf. lŭpātī*).

lŭrcĭnābŭndŭs 3 (*lŭrcŏr* 1. — *schlechte Schreibung* „ch" — *fressen; s. lūrcō*) (*vkl.*) fressend.

lŭrcō, *ōnĭs m* (*lŭrcŏr* 1. — *schlechte Schreibung* „ch" — *fressen; cf.* λάρυξ „Schlund") (*vkl., nkl.*) Schlemmer, Wüstling.

lūrĭdŭs 3 (*et. nicht geklärt*) (*nkl., dcht.*) blaßgelb, leichenblaß, fahl [*pellis, Orcus, pallor*]; *auch* (*dcht.*) leichenblaß machend, bleich [*aconita*].

lūrŏr, *ōrĭs m* (*cf. lūrĭdŭs*) (*dcht., nkl.*) Leichenblässe.

lŭs-cĭnĭă, *ae f* (*vkl., dcht.*), (*demin.*) **lŭscĭnĭŏlă,** *ae f* (*vkl.*) *u.* **lŭscĭnĭŭs,** *ī m* (*dcht., nkl.*) (*et. ungedeutet*) Nachtigall.

lŭscĭtĭōsŭs 3 (-*cĭ*-?) (*lŭscŭs*) (*vkl.*) nachtblind, halbblind.

lŭscŭs 3 (*et. nicht geklärt*) **1.** (*Iu.*) beim Zielen ein Auge zudrückend. **2.** einäugig (*durch Gewalttat od. Unfall*). **3.** (*Ma.*) halbblind.

lūsī *s. lūdō.*

lūsĭō, *ōnĭs f* (*lūdō*) das Spielen, Spiel [*lusionibus delectari, pilae* Ballspiel, *deorum*].

Lūsĭtānĭă, *ae f südwestlicher Teil der Pyrenäenhalbinsel; Einw. u. adi.* **Lūsĭtānŭs** (3).

lūsĭtō 1. (*intens. v. lūdō*) **1.** (*vkl., nkl.*) spielen. **2.** (*Tert.*) scherzen, schäkern.

lūsŏr, *ōrĭs m* (*lūdō*) (*vkl., dcht.*) **1.** Spieler. **2.** *tenerorum ~ amorum* Dichter tändelnder Liebeslieder. **3.** (*Pl.*) Spötter.

lūsōrĭŭs 3 (*lūsŏr*) (*nkl.*) **1.** Spiel... **2.** kurzweilig. **3.** nichtig, ungültig. **4.** *subst.* **-ĭae,** *ārŭm f* (*sc. nāvēs*) Lustjachten.

lŭstră, *ae f* (*Pl.*) = *lŭstrŭm*[1] [(Bordell).]

lūstrālĭs, *ĕ* (*lūstrŭm*[2]) (*nkl., dcht.*) **1.** zum Sühnopfer gehörig [*sacrificium* Sühn-, Reinigungsopfer, *aqua* Weihwasser]. **2.** alle fünf Jahre geschehend [*certamen*].

lūstrātĭō, *ōnĭs f* (*lūstrō*) **1.** (*nkl.*) **a)** Sühnopfer, Sühnung (*alcis u. alcis rei*); **b)** Musterung [*populi Romani, classis*]. **2.** das Durchwandern, Reise durch *etw.* [*municipiorum, solis* Sonnenlauf].

lūstrĭcŭs 3 (*lūstrŭm*[2]) (*nkl.*) Reinigungs...; *dies -us* Lustral-, Namenstag (*8. bzw. 9. Tag nach der Geburt*).

▶ **lūstrō** 1. (*denom. v. lūstrŭm*[2]; *Bedeutungsentwicklung unklar*) **1.** beleuchten, erhellen [*sol cuncta suā luce lustrat*]. **2.** reinigen, durch Reinigungsopfer sühnen [*Capitolium, Romam, populum, coloniam,* °*alqm flammis*]; *mediopass.* sich reinigen [°*Iovi* zu Ehren Jupiters = dem Jupiter ein Sühnopfer darbringen]. **3. a)** (*weil die Musterung m. e-m Reinigungsopfer verbunden war*) mustern [*exercitum*]; **b)** (*dcht., nkl.*) (*weil beim Sühnopfer die Opfertiere um das Volk od. Heer herumgeführt wurden*) *jd. od. etw.* umgeben, umkreisen, umtanzen (*alqm u. alqd, zB. agros, ignem in equis* den Scheiterhaufen zu Pferde, *metas Pachyni* umfahren). **4. a)** (*dcht.*) genau besichtigen *od.* betrachten [*animas ad lumen ituras; alqm auch* nach *jd.* spähen]; **b)** (*geistig*) erwägen, prüfen [*omnia ratione animoque*]. **5. a)** durchwandern, bereisen, besuchen (*alqd, zB. Aegyptum, signiferum orbem,* °*vestigia alcis* verfolgen, °*aequor navibus* befahren); **b)** / (*dcht.*) *pericula* durchmachen, bestehen.

lŭstrŏr 1. (*lŭstrŭm*[1]) (*vkl.*) sich in Bordellen herumtreiben.

lŭstrŭm[1], *ī n* (*zu lŭtŭm*[1]) **1. a)** (*vkl.*) Morast, Pfütze; **b)** *übh.* (*dcht.*) Wildlager, Höhle des Wildes [*ferarum*]; *auch* Wald, Wildnis [*devia*]. **2.** / **a)** Bordell [*tempus in lustris consumere*]; **b)** *pl.* (*meton.*) wüstes *od.* ausschweifendes Leben [*lustris confectus, lustra in ea domo versantur*].

▶ **lūstrŭm**[2], *ī n* (< **louks-trŏm; Bedeutungswandel unklar; Grbd. wahrsch.* „Beleuchtung"; *cf. lūstrō*) **1.** Reinigungs-, Sühnopfer, *bsd.* das große Sühnopfer, *v. den Zensoren zu Rom alle fünf Jahre nach Beendigung ihrer Amtszeit auf dem Marsfeld durch Opferung eines Schweines, Widders u. Stieres vorgenommen* [*~ condere u. perficere* die Zensur beendigen, *sub ~* am Ende der Zensur]. **2.** (*meton.*) Lustrum = Zeitraum *v.* fünf Jahren [°*octavum claudere*]; *bsd. als* **a)** (*Pli.*) Pachtzeit; **b)** Steuer-, Finanzperiode; **c)** (*i. der Kaiserzeit*) *alle 5 Jahre abgehaltenes kapitolinisches Fest m. Spielen u. Wettkämpfen* [°*certamen Iovis Capitolini*].

lūsŭs[1] *P.P.P. v. lūdō.*

lūsŭs[2], *ūs m* (*lūdō*) (*nkl., dcht.*) das Spielen, Spiel [*aleae, ~ trigon* Ballspiel, *bacchantium* Bacchantenfest]; *bsd.* Spielerei, Kurzweil, das Scherzen, Tändelei, *oft pl.* [*per lusum* zum Zeitvertreib]; *bsd.* (*dcht.*) Liebeständelei, Liebesspiel.

Lŭtātĭŭs 3 *Name e-r pleb. gēns zu Rom.*

lūtĕŏlŭs 3 (*demin. v. lūtĕŭs*[2]) (*nkl., dcht.*) gelblich, gelb [*caltha*].

Lŭtētĭă, *ae f Hptst. der gall. Völkerschaft der Părīsĭī (darum auch L. Parisiorum), j.* Paris.

lŭtĕŭs[1] 3 (*lŭtŭm*[1]) **1.** (*dcht., nkl.*) **a)** schlammig, *auch* lehmig [*opus* Nest, *fluvius*]; **b)** aus Ton [*toreuma*]. **2.** (*unkl.*) von Kot, schmutzig, beschmutzt [*pes, corpus*]. **3.** / wertlos, geringfügig, nichtswürdig [*negotium* Bagatelle, *meretrix*].

lūtĕŭs[2] 3 (*lūtŭm*[2]) (*unkl.*) goldgelb, rötlich gelb, *übh.* gelb [*Aurora, pallor* fahl]; *auch* rosenfarbig, rosarot [*papaver*].

lŭtĭtō 1. (*intens. v. lŭtō*) (*Pl.*) besudeln.

lŭtō 1. (*denom. v. lŭtŭm*[1]) (*vkl., dcht.*) (*m. Salben*) beschmieren.

lŭtōsŭs 3 (*lŭtŭm*[1]) (*vkl., nkl.*) kotig, lehmig.

lŭtŭlēntŭs 3 (*lŭtŭm*[1]) kotig, schlammig, schmierig [*humus,* °*amnis*]; *bsd.* (*Ma.*) *m.* Salben beschmiert; / unrein, häßlich [*homo, vitia*].

lŭtŭm[1], *ī n* (*cf.* λῦμα „Schmutz"; *pŏl-lŭō*) **1.** Kot, Dreck, Schlamm [*in luto volutari*]; *sprichw. in luto esse* (*Pl.*) *od. haesitare* (*Te.*) in der Tinte sitzen; °*pro luto esse e-n* Dreck wert sein; / *auch als Schimpfwort.* **2.** Lehm [*contabulationem luto consternere*].

lūtŭm[2], *ī n* (*vl. m. lūrĭdŭs verwandt*) (*nkl., dcht.*) Wau, Gelbkraut (*ein Färbekraut*); (*meton.*) gelbe Farbe, Blässe.

lūx

1. (*das ausgeströmte*) Licht, Helligkeit; Glanz; **2. a)** Sonnen-, Tageslicht; Tag; **b)** Licht *der Gestirne*; **3.** Lebenslicht, Leben; **4.** Augenlicht; **5. a)** Licht des Geistes, Klarheit; **b)** (Licht der) Öffentlichkeit; **c)** Rettung, Heil.

lūx, *lūcis f* (*u. altl. m*) (*lūcĕō*) **1.** Licht, *das v. einem leuchtenden Körper ausströmt,* Helligkeit, *unkl. auch pl.* [*solis,* °*lunae, lychnorum, v.* °*aestiva* Sommer, °*lucem efflare v. den Sonnenrossen*]; *auch* °Glanz, Schimmer, Feuer, *v. Metallen, glänzenden Gegenständen u.a.* [*aeris, auri*]. **2. a)** Sonnenlicht, Tageslicht, heller Tag [*meridiana* Mittagslicht, *clara, multa* hoher Tag, *luce clarior* sonnenklar, *lux oritur* der Tag bricht an, *luce orta* nach Tagesanbruch, *sub lucem* gegen Tagesanbruch, *ante lucem* vor Tage, *prima luce* bei *od. m.* Tagesanbruch, *a prima luce v.* Tagesanbruch an, °*in lucem* bis zum hellen Morgen, *luce u. luci* am (hellen) Tag]; / Tag *als Zeitabschnitt, meist dcht.* [*centesima,* °*natalis,* °*omni luce* täglich]; **b)** (*dcht.*) Licht *der Sterne.* **3.** Lebenslicht, Leben, Dasein [°*aeterna,* °*ultima* Tod, *lucem aspicere u. intueri, alqm luce privare, in lucem ēdi od. suscipi* das Licht der Welt erblicken]. **4.** (*dcht.*) Augenlicht [*damnum lucis ademptae*]. **5.** / **a**) Licht des Geistes, Klarheit, Aufklärung, Deutlichkeit [*sententiae auctoris lucem desiderant, historia lux veritatis*]; **b**) (Licht der) Öffentlichkeit (*Ggs. tenebrae*) [*Isocrates luce forensi caruit, benefacta in luce collocari volunt, familiam e tenebris in lucem vocare* ans Licht ziehen]; *bisw. auch* = Ruhm [*lucem splendoremque fugere*] *od.* Glanzpunkt, Mittelpunkt [*haec urbs lux orbis terrarum*]; **c**) Rettung, Heil [*lux affulsit civitati, lucem afferre rei publicae,* °~ *Dardaniae* = Hektor, *lucem* °*reddere patriae*]; *auch als Kosewort* = Leben [*Terentia mea lux*].

F. *abl. sg. lūcĕ u.* (*altl.*) *lūcī*; *loc. lūcī* am hellen Tage (*cf. s.*).

lūxī *s. lūcĕō, lūcēscō u. lūgĕō.*

lŭxō 1. (*lŭxŭs²*) (*vkl., nkl.*) verrenken.

lŭxŏr 1. (-*ū-?*; *denom. v. lŭxŭs¹*) (*Pl.*) schwelgen.

▶ **lŭxŭrĭă,** *ae u.* **lŭxŭrĭēs,** *ēī f* (*lŭx-?*; *lŭxŭs¹*) Üppigkeit: **1.** üppiges Wachstum, Geilheit *v. Pflanzen u. Boden* [*in herbis inest* ~, °*segetum,* °*foliorum*; / *v. der Rede* = Überfülle]. **2.** / **a**) Prunksucht, Genußsucht, Schwelgerei [°*luxuriā diffluere, res ad luxuriam pertinentes*]; *bsd.* (*dcht.*) Weichlichkeit des Flötenspiels; (*meton.*) verschwenderische Gesellschaft [°*exercitum ex agresti luxuria colligere*]; **b**) (*Li.*) Zügellosigkeit *in Ausübung der Macht*; **c**) (*Com.*) Begierde, Geilheit, Schlüpfrigkeit; *personif.* ♀.

lŭxŭrĭō *u.* (*Li., Ov.*) **-ŏr** 1. (*lŭx-?*; *lŭxŭs¹*) **1.** (*dcht.*) üppig *od.* geil sein, üppig wachsen, *v. Pflanzen u. v. Boden* [*seges, pinguis humus*; / *v. der Rede, zB.* °*luxuriantia compescere* das Überladene]. **2.** / **a**) (*dcht.*) üppig strotzen, schwellen [*membra*; *re v. etw., zB. pectus toris v.* Muskeln]; **b**) mutwillig *od.* ausgelassen sein, ausschweifen, ausarten, *v. Pers. u. Sachen* [°*laetitia* steigt zu Kopf; *re v.*, durch, infolge *v. etw., zB.* °*animi otio, Capua felicitate*]; **c**) (*dcht.*) (*v. Tieren*) lustig (umher)springen [*equus, pecus*].

lŭxŭrĭōsŭs 3 (*lŭx-?*) (*m. comp. u.* °*sup.*; *adv.* **-ē**) (*lŭxŭrĭă*) **1.** üppig wachsend, geil, *v. Pflanzen u. v. Boden* [*frumenta,* °*vitis*]. **2.** / **a**) üppig, schwelgerisch, ausschweifend, wollüstig [*homo,* °*civitas, -e vivere u.* °*epulari*]; **b**) (*dcht., nkl.*) übertrieben, *auch* übermütig, mutwillig [*laetitia, amor*].

▶ **lŭxŭs¹,** *ūs m* (*lŭx-?*) (*wie schon v. den Alten vermutet, m. lŭxŭs² identisch; Grbd. also* „Ausrenkung", *vgl. das ähnliche Bild im Dt.* „das Verdrehtsein") Üppigkeit: **1.** (*nkl., dcht.*) üppige Fruchtbarkeit, Geilheit, *v. Pflanzen u. vom Boden* [*nimius zu* fette Nahrung]. **2.** / **a**) (*nkl.*) Ausschweifung, Liederlichkeit, Geilheit; **b**) übermäßiger Aufwand *od.* Prunk, Pracht, *auch* °*pl.* [°*aetatem per luxum agere,* °*luxus atque libido,* °*luxu fluere,* °*omnia antecapere luxu* durch Reizmittel der Üppigkeit, durch Raffinement]. — (*dat. sg. lŭxŭī u.* [*Ta.*] *-ū*).

lŭxŭs² 3 (< **lūgsŏs* „gebogen" *zu lŭctŏr*) (*vkl., nkl.*) verrenkt [*membra loco mota luxa dicuntur*].

Lȳaeŭs (Λυαῖος „Sorgenlöser", *Beiname des Dionysos*) **1.** *subst. m Beiname des Bacchus*; *meton.* (*dcht.*) = Wein [*Lyaeo solvere curas*]. **2.** (*Ve.*) *adi. latex* = Wein.

Lȳcaeŭs, *ī m* (Λύκαιον ὄρος) *Geb. im sw. Arkadien, Zeus u. Pan heilig*; *adi.* **Lȳcaeŭs** 3.

Lȳcămbēs, *ae m* (Λυκάμβης) *ein Parier, V. der Neobule, v. Archilochos durch seine Spottverse in den Tod getrieben*; *adi.* -*ēŭs* 3.

Lȳcēŭm *u.* **Lȳcīŭm,** *ī n* (Λύκειον) **1.** *das dem* 'Απόλλων Λύκειος *geweihte Gymnasion an der Nordseite Athens, in dem Aristoteles lehrte.* **2.** *das obere Gymnasium im Tusculanum Ciceros.* — *** *v. den Humanisten als Ehrenname der* Universitäten *verwendet.*

lȳchnŏbĭŭs, *ī m* (*Fw.* < λυχνόβιος *eigtl.* „bei Lampenlicht lebend") (*Se.*) Nachtschwärmer.

lȳchnūchŭs, *ī m* (*Fw.* < λυχνοῦχος) Lichthalter, Leuchte, Leuchter, Lampe, Licht = *lŭcĕrnă.*

Lȳcĭă, *ae f* (Λυκία) *Ldsch. im sw. Kleinasien, im Mythos Heimat des Sarpedon u. des Glaukos*; *Einw. u. adi.* **Lȳcĭŭs** (3) [°*deus* = Apollo (*Tempel in Patara*; *Ruinenstätte*); °*sortes* des Apollo, °*hasta u.* °*catervae* des Sarpedon]. (*Die Lykier waren ein v. Kreta eingewandertes Mittelmeervolk m. wohl nichtidg. Spr. — Felsengräber*; *bsd. Harpyiengrabmal v. Xanthos, Reliefs j. im Brit. Mus., in London*).

Lȳcīŭm, *ī n s. Lȳcēŭm.*

Lȳcŭrgŭs, *ī m* (Λυκοῦργος) *der ber. Gesetzgeber der Spartaner*; *nach antiker Überlieferung soll er um 820 v. Chr. seinem Volk nach kretischen Vorbildern eine Verfassung gegeben haben.*

Lȳdĭă, *ae f* (Λυδία) Lydien, *Ldsch. in der Mitte der Westküste Kleinasiens m. der Hptst. Sardes*; *Einw.* **Lȳdŭs,** *ī m* Lyder, *dcht. auch* Etrusker (*da nach der Sage eine Schar Lyder, unter der Anführung des Tyrrhenos, nach Etrurien gewandert war*); *adi.* **Lȳdĭŭs** *u.* °**Lȳdŭs** 3 lydisch, *dcht. auch* etruskisch [*gens*].

lȳgdŏs, *ī f* (*Fw.* < λύγδος) (*Ma.*) weißer parischer Marmor (*sonst lȳgdĭnŏs lăpĭs* = λύγδινος λίθος). *Cf.* V.-B. II, 1.

lȳmphă, *ae f* (*älter*: *lŭmpă*; *Lw.* < νύμφη „Nymphe") (*dcht.*) klares Wasser, Naß, *bsd.* Fluß- *u.* Quellwasser [*fluvialis*]; *auch personif. pl.* Quellnymphen [*liquidae, loquaces*]. — ***sacra* Taufwasser. — ***Lymphe, Gewebsflüssigkeit; Impfstoff.

lȳmphātĭcŭs 3 (*vkl., nkl.*) *u.* **lȳmphātŭs** 3 (*nkl.*) (*Bedeutungslw.* < νυμφόληπτος, *eigtl.* „*v.* den Wassernymphen ergriffen, begeistert, besessen") wahnsinnig, wie besessen, außer sich vor Furcht *od.* Schrecken [*homo, mens, pavor* panischer Schrecken; *nummus* (*Pl.*) *weil er gern aus dem Geldbeutel heraus will*].

Lȳncēŭs, *ĕī m* (Λυγκεύς) *Argonaut, sprichw. durch sein scharfes Auge*; *patron.* **Lȳncīdēs,** *ae m* = Perseus; *adi.* **Lȳncēŭs** 3 luchsäugig, scharfsichtig [*Lynceum* esse Augen haben wie ein Luchs].

F. *Cf.* V.-B. II, 3.

lȳnx, *lȳncis m u. f* (*Lw.* < λύγξ) (*nkl., dcht.*) Luchs [*fugax, Bacchi* des Bacchus, *dessen Wagen v. Luchsen gezogen wurde*].

F. *acc. sg. lȳncĕm u.* °*lȳncă*; *gen. pl. lȳncŭm*; *acc. lȳncēs u.* °-*ăs.*

lȳră, *ae f* (*Fw.* < λύρα) **1.** Leier, Laute, *meist siebensaitiges Instrument, der Sage nach v. Hermes (Merkur) erfunden u. dem Apollo geschenkt.* **2.** / **a**) (*dcht.*) *meton.* **α**) lyrische Dichtung *od.* Poesie [*imbellis, Romana*]; **β**) Gesangsweise, Gesang; **b**) / Leier *als Sternbild.*

lȳrĭcŭs 3 (*Fw.* < λυρικός) (*dcht., nkl.*) zur Leier gehörig, lyrisch [*vates*]; *subst. m* lyrischer Dichter; **-ă,** *ōrŭm n* Oden.

lȳrīstēs, *ae m* (*Fw.* < λυριστής) (*nkl.*) Lautenspieler.

Lȳsăndĕr, *drī m* (Λύσανδρος) *spartanischer Feldherr, eroberte 404 v. Chr. Athen.*

Lȳsĭăs, *ae m* (Λυσίας) *ber. athen. Redner z.Z. des Sokrates.*

Lȳsĭmăchŭs, *ī m* (Λυσίμαχος) *Feldherr Alexanders d. Gr.*

Lȳsĭppŭs, *ī m* (Λύσιππος) *ber. Bildhauer u. Erzgießer aus Sikyon zur Zeit Alexanders d. Gr.* (*neue Raumauffassung*; *Revision der Lehre v. den Proportionen*; *schlankere Figuren*; Apoxyomenos, Kairos. — *Erhalten nur röm. Kopien*).

M

M. (*Abk.*) **1.** (*Vorname*) = *Mārcŭs*, *aber* **M'.** = *Mănĭŭs*. **2.** (*als Zahlzeichen*) = 1000. **3.** (*in Ciceros Tuskulanen*) = *măgĭstĕr*.
măccĭs, *ĭdĭs f* (*Pl.*) *erfundener Gewürzname.*
Măcĕdŏnĕs, *ŭm m* (*Μακεδόνες*) *ill.-thrakischer Volksstamm m. dünner griech. Oberschicht* (*sg.* **-dō,** *ŏnĭs*), *Bew. v.* **Măcĕdŏnĭă,** *ae f* (*Μακεδονία*), *Ldsch. nördl. v. Thessalien*; *adi.* **Măcĕdō,** *ŏnĭs* (*nur bei Pers., zB. milites*) *u.* **Măcĕdŏnĭcŭs** 3 [*bellum, legiones röm.* Legionen in Makedonien; *auch cogn., zB. Metellus Mac.*], *auch* (*dcht.*) **Măcĕdŏnĭŭs** 3 [*Măcĕdŏnĭă sarissa*].
măcĕllārĭŭs, *ī m* (*măcĕllŭm*) (*vkl., nkl.*) Fleischwarenhändler.
măcĕllŭm, *ī n* (*Lw.* ⟨ *μάκελλον, aus dem Sem. stammend*) *u.* (*Ma.*) **-ŭs,** *ī m* Fleischmarkt, Marktplatz.
măcĕō, — — 2. (*măcĕr*) (*Pl.*) mager sein.
măcĕr, *cră, crŭm* (*m.* °*comp. u.* °*sup.*) (⟨ **mākrŏs* = *μακρός* = *nhd.* „mager"· *Grbd.* „lang im Verhältnis zur Dicke") mager, dürr, *v. Menschen u. Tieren, stets pejorativ* [°*bos*], / *vom Boden* = unergiebig [*solum*]; (*dcht.*) dünn [*libellus*]; abgehärmt.
Măcĕr, *crī m röm. cogn.*: **1.** *C. Licinius* ~, *Historiker um 70 v. Chr.* **2.** *Aemilius* ~ *aus Verona, Freund des Vergil u. Ovid.*
măcĕră = *măchaeră*.
măcĕrĭă, *ae f* (*cf. μάσσω* ⟨ **μάκjω* „kneten"; *eigtl.* „aus Lehm geknetete Mauer") Umfriedigung, Zaun, Lehmwand, *mil.* Notmauer, eilig aufgeworfene Verschanzung.
măcĕrō 1. (*zu măcĕrĭă*; *eigtl.* „durchkneten") (*fast nur unkl.*) **1.** mürbe machen, einweichen, wässern [*brassicam in aqua*]. **2.** / **a)** (*körperlich*) entkräften, schwächen (*alqm* °*fame od. siti*); **b)** (*geistig*) quälen [°*desiderio*, °*lentis ignibus*].
măcēscō, — — 3. (*incoh. v. măcĕō*) (*vkl., nkl.*) mager werden, abmagern.
măchaeră, *ae f* (*Fw.* ⟨ *μάχαιρα, wahrsch. aus dem Sem. stammend*) (*klass. nur vereinzelt*) Schwert, Weidmesser; / (*Pl.*) (*scherzh.*) = *mēntŭlă*.
măchaerŏphŏrŭs, *ī m* (*Fw.* ⟨ *μαχαιροφόρος*) Schwertträger, Trabant.
Măchāōn, *ŏnĭs m* (*Μαχάων*) *S. des Asklepios* (Äskulap), *ber. Arzt vor Troja*; *adi.* **Măchāŏnĭŭs** 3.
▶ **māchĭnă,** *ae f* (*Lw.* ⟨ *dor. μᾱχᾰνᾱ́* = *att. μηχανή*) **1.** Maschine, Werkzeug, *um etw. emporzuheben od. fortzubewegen, niederzureißen u.ä.* [*machinas promovere, machinā labefactare alqd, navalis* Schiffsmaschine, *um Schiffe ins Meer zu ziehen*; / *omnes machinas adhibere ad alqd* alle Hebel in Bewegung setzen]. **2. a)** Winde, Walze, Rolle, Hebel; **b)** (*Q. Cicero*) Schaugerüst *zur Ausstellung verkäuflicher Sklaven*; **c)** (*nkl.*) Bau, Werk [*belli* Kriegsgerät]; **d)** (*dcht., nkl.*) Belagerungsmaschine, *bsd.* grobes Geschütz; *auch* (beweglicher) Belagerungsturm. **3.** / Kunstgriff, List, Anschlag.
māchĭnāmĕntŭm, *ī n* (*māchĭnŏr*) (*nkl.*) **1.** Maschine. **2. a)** Marterwerkzeug; **b)** Gabelarm *am Geschütz*.
māchĭnātĭō, *ōnĭs f* (*māchĭnŏr*) Mechanismus, mechanisches Getriebe [*machinatione movere alqd, bestiarum* mechanische Fertigkeit]; (*meton.*) Maschine = *māchĭnă*, *eigtl. u.* / = Kunstgriff, List.
māchĭnātŏr, *ōrĭs m* (*māchĭnŏr*) **1.** (*nkl.*) Maschinenbauer, Ingenieur, Architekt [*operum, bellicorum tormentorum*, °*machinatore alqo* unter der baulichen Leitung *j-s*]. **2.** / Anstifter [*scelerum*].
māchĭnātrīx, *īcĭs f* (*māchĭnātŏr*) (*Se.*) Anstifterin [*malorum facinorum*].
māchĭnŏr 1. (*denom. v. māchĭnă*) **1.** künstlich bewerkstelligen (*alqd*). **2. a)** klug ersinnen, künstlich verfertigen, bewerkstelligen [*opera, versum atque cantum, alqd ad voluptatem*]; *part. pf.* (*nkl.*) *auch pass.* [*indicium machinatum est ab Autronio*]; **b)** heimlich (Böses) ersinnen *od.* im Schilde führen (*alqd alci od. in alqm, zB. pestem*).
māchĭnōsŭs 3 (*māchĭnă*) (*Suet.*) kunstvoll zusammengefügt [*navigium*].
măcĭēs, *ēī f* (*măcĕr*) Magerkeit, Dürre [*macie extabescere*, °*segetis*; / (*nkl.*) *auch v. der Rede*].
măcĭlēntŭs 3 (*măcĕō*) (*vkl., nkl.*) abgemagert.
măcrēscō, *cruī,* — 3. (*incoh. zu măcĕr*) (*unkl.*) mager werden, abmagern (*re* infolge einer Sache, *zB. rebus opimis alcis* bei).
măcrĭtūdō, *ĭnĭs f* (*măcĕr*) (*Pl.*) Magerkeit.
Măcrŏbĭŭs, *ī m lat. Schriftsteller um 400 n. Chr.* (*Kommentar zu Ciceros Somnium Scipionis*; *7 Bücher Sātŭrnālĭă*).
măcrŏchīr, *īrĭs m* (*Fw.* ⟨ *μακρόχειρ*) (*Ne.*) Langhand, *Beiname des Perserkönigs Artaxerxes I. Cf.* V.-B. III, 1, b.
măcrŏcŏllŭm, *ī n* (*Fw.* ⟨ *μακρόκολλον*) Großfoliopapier, bestes Papier.
măcruī *s. măcrēscō.*
mactābĭlĭs, *ĕ* (*măctō*) (*Lu.*) tödlich.
mactātŏr, *ōrĭs m* (*măctō*) (*dcht.*) Schlächter, Mörder.
mactātŭs, *abl. ū m* (*Lu.*) das Opfern, Schlachten.
mactĕ *s. măctŭs.*
mactō 1. (*denom. v. măctŭs*) **1.** *jd.* verherrlichen, ehrenvoll beschenken (*alqm re, zB. hospites honoribus*; *auch* ein Fest verherrlichen, *zB. Latinas lacte*). **2. a)** (*in der Opfersprache*) *einen Gott durch ein Opfer* ehren, *bsd.* versöhnen (*alqm re; zB. deos manes extis puerorum*); **b)** (*dcht., nkl.*) (*ein Tier*) opfern, als Opfer schlachten *od.* weihen (*alqd u. alci alqd, zB. agnum, taurum Neptuno*); / **c)** (*nkl.*) *jd. wie ein Opfertier* schlachten, als Totenopfer weihen (*alqm u. alqm alci od.* °*alci rei, zB. hostes Orco*). **3.** *jd. od. etw.* durch *etw.* Übles hinopfern, *m. e-m Unheil* zugrunde richten, vernichten (*alqm summo supplicio, Flaccum civitatis testimonio* = um jeden Preis verurteilen, *ius civitatis* aufheben).
mactŭs 3 (*vl. zu* **măgō* 3. „mehre") **1.** (*fast nur* — *meist erstarrter* — *voc. măctĕ*) verherrlicht; *macte virtute* (*esto*) Heil deinem Heldenmut!; *auch bei einem pl. behält man macte bei, zB. macte virtute, milites Romani, este*; *cf. auch* °*iuberem* (*te*) *macte virtute esse* ich würde dir zurufen: „Heil dir, daß du so brav bist!". **2.** (*Lu.*) = *măctātŭs*; getroffen wie ein Opfertier.
măcŭlă, *ae f* (*et. ungedeutet*) **1.** Fleck, Flecken, Punkt [°*maculis interfusa genas* (*griech. acc.*), °*equus maculis albis*, °*maculas auferre de vestibus*]; *bsd.* entstellendes Mal [*corporis*]. **2.** / **a)** bewohnter Fleck *od.* Ort [*in terrae maculis habitare*]; **b)** Schandfleck, Makel [*familiae, maculam concipere u. delere, maculis aspergere alqd*]; **c)** (*Ho.*) Fehler in der Darstellung. **3.** Masche *eines Netzes* [*reticulum minutis maculis*]. — *** ~ *lutea* der gelbe Fleck *i. der Netzhaut des Auges.*
măcŭlō 1. (*denom. v. măcŭlă*) **1.** (*unkl.*) fleckig machen, beschmutzen [*candorem corporis sanguine, vestem*]. **2.** / entehren, schänden [°*famam alcis, loca sacra stupro*].
măcŭlōsŭs 3 (*măcŭlă*) voller Flecken: **1.** (*unkl.*) gefleckt, fleckig, bunt [*lynx, fulgor* schillernd]. **2. a)** befleckt, beschmutzt [*vestis*]; **b)** / entehrt, schmachvoll, *v. Pers. u.*

Sachen [*senatores* übel berüchtigt, °*nefas* unnatürliche Laster].

mădĕ-făcĭō, *fēcī, făctŭm* 3.; P. *-fīō, făctŭs sŭm, fĭĕrī* (*mădĕō*) naß machen, befeuchten, tränken (*alqd u. alqd re, zB. gladios sanguine, P.P.P. madefactus re* [*dcht.*] *v. etw.* triefend, *m. etw.* gefärbt); / (*Pl.*) betrunken machen [*se vino*].

mădĕfăctō 1. (*intens. v. mădĕfăcĭō*) (*Pl.*) befeuchten.

mădĕō, *dŭī,* — 2. (⟨ **mădējō, eigtl.* „zerfließen"; *cf. μαδάω ds.*) **1. a)** naß sein, triefen (*re v. etw., zB. parietes vino,* °*nix* schmilzt); *part. praes. mădēns* = *mădĭdŭs* (*nkl. auch* betrunken); **b)** (*vkl., dcht.*) (*v. Speisen*) gar sein, weich sein [*semina exiguo igni*]. **2.** (*nkl., dcht.*) überströmen, übervoll sein [*pocula Baccho, homo Socraticis sermonibus*].

mădēscō, *dŭī,* — 3. (*incoh. v. mădĕō*) (*nkl., dcht.*) naß werden, triefen (*re v. etw., zB. genae lacrimis*).

mădĭdŭs 3 (*adv.* °**-ē**) (*mădĕō*) **1. a)** naß, feucht, triefend [°*vestis,* °*fossa* wasserreich; *re v. etw., zB. epistula aquā,* °*glebae auro* golddurchzogen]; *bsd.* salbentriefend [*comae*]; **b)** (*v. Speisen*) (*vkl., nkl.*) mürbe, gar; (*m. u. ohne vino*) (*unkl.*) betrunken. **2.** / (*Ma.*) voll, erfüllt *v. etw.* [*artibus, iocis*].

mădŏr, *ōrĭs m* (*mădĕō*) (*nkl.*) Nässe.

mădŭī *s. mădĕō u. mădēscō.*

mădŭlsă, *ae f* (*mădĕō*) (*Pl.*) Rausch (*od. m* Trunkenbold?).

Maeăndĕr, *drī u.* °**Maeăndrŏs** *u.* **-drŭs,** *ī m* (*Μαίανδρος*) **1.** *Fl. im nördl. Karien, zw. Myus u. Priene mündend, sprichw. wegen seiner zahlreichen Krümmungen.* **2.** (*appell.*) **a)** Windung, Umweg; / **b)** (*dcht.*) Falbel *od.* Besatz *des Gewandes m.* verschlungener Stickerei; **c)** (*in der Rede*) Umschweif; *adi.* **Maeăndrĭŭs** 3.

Maecēnās, *ātĭs m*: *C. Cĭlnĭŭs* ~ *aus altem etruskischem Adel, röm. Ritter, Vertrauter des Augustus, Gönner der Dichter (bsd. des Vergil u. Horaz), gest. 8. v.Chr.*; (*appell.*) *Beschützer der Kunst u. Wissenschaft (sprichw. schon bei Martial* 8, 55, 5) (*gen. pl.* -*ūm*); *adi.* **Maecēnātĭānŭs** 3.

maenă, *ae f* (*Lw.* ⟨ *μαίνη*) Sardelle; / (*Pl.*) *als Schimpfwort.*

Maenălŭs *od.* °**-ŏs,** *ī m u.* **Maenălă,** *ōrŭm n* (*Μαίναλον*) *Geb. u. St. im östl. Arkadien, Lieblingsaufenthalt des Pan*; *adi.* **Maenălĭŭs** 3 (*fem. auch* °**Maenălĭs,** *ĭdĭs*) *auch* arkadisch [°*deus* = Pan, °*versus* arkadische Hirtenlieder, °*ursa u.* °*arctos* = Kallisto).

maenăs, *ădĭs f* (*Fw.* ⟨ *μαινάς* die Rasende) (*dcht.*) Mänade, Bacchantin; *auch* Seherin *od.* begeisterte Priesterin *der Kybele od. des Priapos.* **F.** *Cf.* V.-B. III, 1, b *u.* e.

Maenĭŭs 3 *röm. Gentilname*: *C.* ~, *cons. 338 v. Chr., siegreich im Krieg gegen Antium, weshalb ihm die columna Maenia auf dem Forum zu Rom errichtet wurde; als Zensor 318 brachte er die ersten Balkone an den Häusern um das Forum herum an* (*daher maenĭānŭm, ī u. -ă, ōrŭm n* Balkon).

Maeŏnĭă, *ae f* (*Μαιονία*) *älterer Name für* Lydien, *dcht. auch* = Etrurien (*cf. Lȳdĭă*); *patron.* **a)** **Maeŏnĭdēs,** *ae m* α) = Lyder (*bsd.* = Homer, *der angeblich in Lydien geboren war*); β) = Etrusker; **b)** **Maeŏnĭs,** *ĭdĭs f* Lyderin (= Arachne *od.* Omphale); *adi.* **Maeŏnĭŭs** 3 α) = lydisch [°*mitra,* °*ripa* des Paktolos *od.* Kaystros), *bsd.* = °homerisch, *übh.* °episch, heroisch [*carmen*]; β) = °etruskisch [*nautae*].

Maeōtae, *ārŭm m* (*Μαιῶται*) *skythisches Volk am Asowschen Meere*; *adi.* **Maeōtĭŭs** 3 [°*unda,* °*tellus*]; *fem. auch* **Maeōtĭs,** *ĭdĭs u.* °*ĭdŏs* (*subst.* Asowsches Meer), *cf.* V.-B. III, 4, b; *patron.* °**Maeōtĭdae,** *ārŭm m* Anwohner des Asowschen Meeres.

▶ **maerĕō,** *rŭī,* — 2. (*cf. maestŭs, mĭsĕr, sonst et. unklar*) **1.** (*intr.*) trauern, sich grämen (*v. stiller Trauer*) (*Ggs. lūgĕō*) (*abs., zB. desine maerere; re* über *etw., zB. domo vacua; sibi* für *od.* bei sich; *mit a.c.i. od.* °*quod*); *part. praes. maerēns* = *maestŭs.* **2.** (*trans.*) *etw.* betrauern, über *etw.* trauern (*alqd, zB. mortem filii*); *prägn.* (*Ov.*) wehmütig ausrufen [*talia*].

▶ **maerŏr,** *ōrĭs m* (*maerĕō*) (*stille*) Trauer, Gram, Wehmut (*alcis j-s, alcis rei* über *od.* bei *etw., zB. funeris; maerore confici, in maerore iacēre, maerorem deponere*).

maestĭtĭă, *ae f* (*maestŭs*) Traurigkeit, Wehmut, Schwermut, *stärker als maerŏr* [*in -a esse, -ae resistere, orationis* düstere Färbung].

maestĭtūdŏ, *ĭnĭs f* (*maestŭs*) (*Com., nkl.*) = *maestĭtĭă.*

▶ **maestŭs** 3 (*m.* °*comp. u.* °*sup.*; *adv.* °**-ē** *u.* °**-ĭtĕr**) (*cf. maerĕō*) **1.** (*pass.*) traurig, niedergeschlagen, wehmütig, schwermütig, *v. Pers. u. Sachen* [*senex,* °*orator* finster, °*gemitus; re* durch *od.* über *etw., zB. desiderio alcis*]. **2.** (*dcht.*) (*act.*) **a)** trauerkündend, Trauer... [*vestis, avis*]; *auch* jammernd, klagend [*clamor* Jammergeschrei, *querellae* Klageruf]; **b)** betrübend [*tectum* unheilbringend, gefährlich].

măgālĭă, *ĭŭm n* (*pun. Fw.*) (*nkl.*) *in der Bed., aber nicht et.* = *măpālĭă.*

măgĕ *adv.* (*vkl., dcht.*) = *măgĭs.*

Măgĕtŏbrĭgă, *ae f s.* *Ădmăgĕtŏbrĭgă.*

măgĭcŭs 3 (*Lw.* ⟨ *μαγικός*) (*nkl., dcht.*) zauberisch, magisch, Zauber-... [*artes, deus* bei Zaubereien angerufen, *ōs* beschwörend, *lingua* zaubermächtig].

> **măgĭs**
> **1.** (*qualitativ*) mehr, in höherem Grade; **a)** *bei adi. u. adv. zur Umschreibung des comp.*; **b)** *bei Verben* stärker, besser, leichter *u.a.*; **c)** *bei subst.*; **d)** *non magis ... quam* ebensosehr ... wie; *bei negativem Sinn* ebensowenig ... wie; **e)** *m. abl. mensurae eo magis* desto mehr, um so mehr; **f)** *magis magisque* immer mehr; **2.** eher, lieber, vielmehr.

măgĭs (*adv. zu măg-nŭs*) **1.** (*qualitativ*) mehr, in höherem Grade, *meist m. folg. quam* „als": **a)** *bei adi. u. adv. zur Umschreibung des comp., meist wenn sie keinen eigenen comp. bilden, zB.* ~ *necessarius,* ~ *strenue, alqd* ~ *subtiliter quam dilucide dicere*; **b)** *bei Verben, oft auch* = stärker, heftiger, besser, leichter *u. a., zB.* ~ *intellegere, gaudere, rem* ~ *admirari quam probare,* (*ohne quam*) *nihil vidi magis* ganz *u.* gar nicht; **c)** *selten bei subst., zB.* ~ *vir* ein Mann in höherem Sinne des Wortes; **d)** *non magis ... quam*: α) ebensosehr ... wie, nicht nur ... sondern auch, *wenn beide Glieder bejahenden Sinn haben* [*Alexander non ducis magis quam militis munia exsequebatur*]; β) ebensowenig ... wie, *wenn beide Glieder einen negativen Sinn haben* [*tu non* ~ *aegrotus es quam ego*]; γ) nicht sowohl ... als vielmehr, *wenn das erste Glied als weniger bedeutend hingestellt wird* [*ius apud veteres Romanos non legibus* ~ *quam naturā valebat*]; **e)** *m. abl. mensurae*: α) *eo* (*od. hoc, tanto*) ~ desto mehr, um so mehr (*m. folg. quod, quo, quoniam, si, ut, ne*); *neque eo* ~ *u.* um nichts mehr = aber ebensowenig, *u.* dennoch nicht; β) *quo magis ... eo* (*magis*) je mehr ... desto (mehr); *quo minus ... eo magis* je weniger ... desto mehr, °*tam magis ... quam magis* um so mehr ... je mehr; γ) *impendio* ~ bedeutend mehr, *multo* ~ viel mehr; *nihilo* ~ ebensowenig; *solito* ~ mehr als gewöhnlich; **f)** *magis magisque, selten magis et magis,* °*magis ac* (*od. atque*) *magis,* °*magis magis* immer mehr; *auch das einfache magis bisw.* = immer mehr, *in dies* ~ *od. cotidie* ~ täglich mehr; °*magis minusve* mehr *od.* weniger. **2.** (= *pŏtĭŭs*) eher, lieber, vielmehr, *zB. hoc* ~ *ex aliis audivi quam ipse vidi; magis est, ut* (*od. quod*) ... *quam ut* (*od. quod*) es ist eher Ursache da, zu ... als zu ...

▶ **măgĭstĕr,** *trī m* (⟨ **măg-ĭs-tĕrŏs; doppelter comp. wie mĭn-ĭs-tĕr*) **1.** Vorsteher, Aufseher, Meister (*alcis u. alcis rei, zB. populi* Diktator, °*equitum* Reiteroberst *u.* Stellvertreter des Diktators, *navis* Kapitän [*bei Ho.* Schiffseigner, *bei Ve.* Steuermann], °*sacrorum* Oberpriester, °*militiae u.* °*rei militaris* Heerführer, *morum* = Zensor, *pecoris* Oberhirt, °*elephanti* Lenker, *cenandi* Symposiarch, Präside, *scripturae od. societatis* Direktor einer Steuerpachtgesellschaft); *auch* Bereiter, (*auf Landgütern*) Verwalter; Kurator der Konkursmasse. **2.** *wissenschaftlich gebildeter* Lehrer, Lehrmeister, *übh.* Lehrer, *auch* / [*eloquentiae, artium, litterarum Graecarum*]. **3.** / Führer, Berater, Ratgeber (*alci ducem et magistrum esse ad alqd faciendum*). — **Magister, *akademischer Grad*; *mensae* Truchseß; *sapientum* = Aristoteles; *pl. primi magistri* Elementarlehrer.

măgĭstĕrĭŭm, *ī n* (*măgĭstĕr*) **1.** Amt eines Vorstehers, Aufsicht, Leitung, Vorsitz (*alcis rei, zB. morum* Sittenaufsicht = Zensur, *conviviorum*, °*sacerdotii* Amt eines Oberpriesters). **2.** (*Pl., spätl.*) Erzieheramt, Lehramt. **3.** / (*Pl., dcht.*) Unterricht, Rat, Lehre, (*Tib.*) *in der Liebe.* — **Magisterwürde.

măgĭstră, *ae f* (*măgĭstĕr*) **1.** (*vkl.*) Leiterin, Vorsteherin. **2.** / Lehrerin, Lehrmeisterin [°*arte magistra m.* Hilfe der Kunst]; *oft* = Schule [*historia od. philosophia vitae ~ est*].

▶ **măgĭstrātŭs,** *ūs m* (*măgĭstĕr*) **1.** obrigkeitliche Würde, öffentliches (*nichtpriesterliches*) Amt [*magistratum adipisci, inire,* °*ingredi, gerere, obtinere; magistratūs et imperia* Zivil- *u.* Militärämter, Beamten- *u.* Offizierstellen]. **2.** *meton.* **a)** (Staats-)Beamter, Magistrat [*maiores u. minores* höhere *u.* niedere, *curules u. non curules, ordinarii u. extraordinarii, patricii u. plebeī; alqo magistratu* unter *j-s* Amtsführung]; **b)** *pl.* (*selten sg.*) Behörde, Obrigkeit, Magistratskollegium [*maximus, communis, summo magistratui praeesse* an der Spitze der Regierung stehen; *alcis, zB. Lacedaemoniorum*].

măgmĕntārĭŭs 3 (*măgmĕntŭm Fleischstücke als Zusatz zu den geopferten Eingeweiden;* **măgō* 3. „mehren") als Opferbeigabe geweiht.

Măgnă Graecĭă *s. Graecĭă.*

măgnănĭmĭtās, *ātĭs f* (*māgn-?; măgnănĭmŭs*) Hochherzigkeit, Seelengröße.

măgn-ănĭmŭs 3 (*māgn-?; măgnŭs*) hochherzig, *bsd.* mutig [*vir,* °*equus* edel]. [V.-B. VI.]
F. *gen. pl.* -*ōrŭm u.* -*ŭm, cf.*

Măgnēsĭă, *ae f* (Μαγνησία) **1.** *thess. Halbinsel sö. vom Ossa m. natürlichem Vorkommen v. Magnetsteinen.* **2.** *St. in Lydien am Sipylus.* **3.** *St. in Karien am Mäander, m. Artemistempel* (*erste französische Ausgrabungen schon 1842/43; Amazonenfries im Louvre*); *Einw.* **Măgnēs,** *ētĭs m* (*fem.* **Măgnēssă,** *ae u.* °**Măgnētĭs,** *ĭdĭs*); *adi.* **Măgnēs,** *ētĭs* magnetisch, *v.* Magnesia (*bsd. mit u. ohne lapis m* der Magnet), *auch* (*Lu.*) *Măgnēsĭŭs* 3 [*saxum* Magnet].
F. *Măgnēs*: *sg. abl.* -*ētĕ*; *pl. nom.* -*ētēs, gen.* -*ētŭm*; *acc.* -*ētăs. Cf.* V.-B. III, 1, b.

măgnĭ-dĭcŭs 3 (-*ā-?; măgnŭs, dīcō*[2]) (*vkl., nkl.*) prahlend.

măgnĭfĭcentĭă, *ae f* (*māgn-?; măgnĭfĭcŭs*) **1. a)** Großartigkeit, Pracht, Kostbarkeit [*villarum, ludorum, liberalitatis* glänzende Freigebigkeit]; **b)** (*meton.*) Pracht-, Prunkliebe [*publica, privata*]. **2. a)** Erhabenheit, Hoheit, (*rhet.*) Pathos [*verborum*]; **b)** Hochherzigkeit. **3.** (*pejorativ*) Prahlerei *in Worten u. Werken.* — ***Titel*: Hoheit; Magnifizenz.

măgnĭfĭcō 1. (-*ā-?; măgnĭfĭcŭs*) (*Com., nkl.*) hochschätzen; / rühmen, erheben (*alqm*). — ***Magnificat liturgische Vesperhymne der kath. Kirche* (*Vulg. Ev. Luc.* 1,46 *magnificat anima mea Dominum* „Meine Seele erhebt den Herrn", *Lobgesang der Maria*).

▶ **măgnĭ-fĭcŭs** 3 (*comp. măgnĭfĭcentĭōr, ĭŭs, sup. măgnĭfĭcentissĭmŭs* 3; *adv.* **-ē,** °**-ĕntĕr**) (*măgnŭs, făcĭō*) **1. a)** großartig, prachtvoll, prächtig, glänzend, *v. Sachen, selten v. Pers.* [*villa, apparatus,* °*factum* Großtat, °*vir factis magnificus, -e vivere u. vincere, consulatum magnificentissime gerere*]; **b)** (*v. Pers.*) (*nkl.*) prachtliebend (*abs. od. in re, zB. in suppliciis deorum*). **2.** (*v. der Rede*) schmuckreich, pathetisch, pomphaft [*dicendi genus,* °*-e laudare alqm*]. **3.** (*vom Charakter*) hochherzig, erhaben [*animus*]. **4.** (*v. Pers. u. v. der Rede*) (*vkl., nkl.*) prahlerisch, hochtrabend, *übh.* selbstbewußt [*adhortator, edicta* lobhudelnd, *-e loqui od. dicere; ex re* infolge *v. etw.*].

măgnĭlŏquĕntĭă, *ae f* (*māgn-?; măgnĭlŏquŭs*) erhabene Sprache *od.* das Pathetische des Ausdrucks [*hexametrorum*]; (*pejorativ*) (*nkl.*) Prahlerei [*legatorum*].

măgnĭ-lŏquŭs 3 (-*ā-?; măgnŭs, lŏquŏr*) (*nkl., dcht.*) erhaben, pathetisch; *meist pejorativ* prahlerisch, *v. Pers. u. Sachen.*

▶ **măgnĭtūdō,** *ĭnĭs f* (-*ā-?; măgnŭs*) **1.** Größe, *sowohl räumlich* = großer Umfang, Weite, Höhe [*mundi, corporis u. corporum, itineris* Länge, *aquae od. fluminis* hoher Wasserstand], *bsd.* Leibesgröße, *als auch numerisch* = große Menge, hoher Betrag [°*copiarum, pecuniae, aeris alieni, quaestūs*] *u. intensiv* = Stärke, Kraft, Gewalt [*frigoris, tempestatum; auch v. abstr., zB. animi* Größe des Geistes *od.* Mutes, *ingenii, amoris, poenae od. supplicii* Härte, *consilii* tiefe Einsicht, °*vulneris* Gefährlichkeit]. **2.** / **a)** Bedeutung, Wichtigkeit, Gewicht [*belli, beneficii,* °*rerum gestarum*]; **b)** hohe Stellung, Erhabenheit, Ansehen, Macht [°*rei publicae, populi Romani, imperii* Hoheit].

▶ **măgnŏpĕrĕ** *od.* **măgnō ŏpĕrĕ** (*eigtl.* „*m.* großer Bemühung") (*sup.* °**măxĭmŏpĕrĕ** *od.* °**măxĭmō ŏpĕrĕ**) (-*ā-?*) **1.** in hohem Grade, überaus, sehr, *auch* angelegentlich, ganz besonders, *nur bei Verben u. adi. Partizipien* [*laborare, perturbari, velle, expetendus, ungewöhnlich iucundus*]. **2.** *m. Negation non magnopere* nicht erheblich, nicht sonderlich, *fast nur bei Verben* [*non ~ mirari,* °*nullā ~ clade acceptā* ohne erheblichen Verlust].

> **măgnŭs**
> **1.** (*räuml.*) groß, umfangreich, weit, hoch, lang, breit, dick; **2.** (*quantitativ*) beträchtlich; viel; **3.** (*zeitl.*) **a)** lang; **b)** alt, bejahrt; *subst. maiores* der Senat, die Alten, Vorfahren, Ahnen; **4. a)** stark, kräftig, gewaltig; **b)** bedeutend, wichtig; **c)** hochstehend, angesehen, mächtig, ehrwürdig; **d)** (*lobend*) hochherzig, edel; (*tadelnd*) hochfahrend, vermessen; **e)** übertrieben.

măgnŭs 3 (*comp. māiōr, sup. măxĭmŭs* [*altl.* -*ŭmŭs*]) (*pos.* -*ā-?; măg-nŭs; cf. măg-ĭs; comp. māiōr, d. i. măjjŏr* < **măg-ĭŏr; sup.* -*ā-?;* < **măg-sĭmŭs*) **1.** (*räuml.*) groß, geräumig, umfangreich, *bsd.* weit, hoch, lang, breit, dick, stattlich [*domus, oppidum, littera* Buchstabe, *epistula, iter, aquae* groß *od.* hochgehend, stürmisch, °*urbem in maius restituere* größer wiederaufbauen]; *unkl.* körperlich groß, erwachsen, *v. Menschen u. Tieren.* **2.** (*quantitativ v. Zahl, Menge od. Gewicht*) beträchtlich, bedeutend, (*bei coll.*) *auch* zahlreich, viel, volkreich [*numerus, multitudo, populus* zahlreich versammelt, *pecunia*]; *magna pars* ein großer Teil [*magnā parte u. magnam partem* großenteils, °*maximā parte u. maximam partem* größtenteils]; *maior pars* Mehrzahl, Majorität; *bsd.* (*vom Preise*) hoch, teuer [*pretium, magni aestimare od. facere* hoch schätzen, *magni esse* viel gelten, *v.* hohem Werte sein, *magno vendere u. emere* teuer]. **3.** (*zeitl.*) **a)** (*dcht.*) groß, lang, beträchtlich [*tempus, menses*]; *klass. nur annus* das große Weltjahr *v. etwa 25 800 Jahren*; **b)** (*vom Alter*) alt, bejahrt, hoch [°*magno natu* bejahrt, hochbetagt, *filius maximo natu* der älteste, *filius maior* (*natu*) der ältere, *maximus* (*natu*) der älteste, *puer maior quam decem annos natus* über 10 Jahre alt, *non maior decem annis,* °*maior patria* das ältere *od.* frühere Vaterland]; **c)** *subst.* **māiōrēs,** *ŭm m*: **α)** (*natu*) die älteren Leute, die Alten, *bisw.* (*Li.*) = der Senat; **β)** Vorfahren, Ahnen. **4.** / **a)** (*v. intensiver Stärke*) stark, kräftig, heftig, gewaltig [*ventus,* °*gaudium, periculum, vox od. clamor* laut, *animus* hoher Mut, *offensio* schwer, *vinculum* enges Band, *usus od. consuetudo* lebhafter Verkehr, *argumentum* schlagender Beweis, *casus* reiner Zufall, *opinio* hohe Meinung, *preces* dringende Bitten, *studium* lebendiger Eifer, *suspicio* dringender Verdacht]; **b)** (*v. Bedeutung, Geltung*) hoch, ansehnlich, bedeutend, beträchtlich, wichtig [*labor* schwierig, *bellum, clades, iactura* schwerer Verlust, °*causa* wichtige Ursache, *iudicium* vielsagendes Urteil, *ratio* triftiger Grund, *scientia* umfassende Kenntnisse, *mercatura* ausgebreitet]; *magnum est* es ist eine große Aufgabe, *maximum est* es ist die Hauptsache (*m. inf.*); *quod maius est* was noch mehr sagen will; *subst. magna n* = *res magnae* große Dinge *od.* Taten; *maiora n* = *res maiores* wichtigere Dinge, höhere Ziele [*appetere*]; *maxima n* das Größte, Höchste; (*nkl.*) *in maius extollere od. celebrare* übermäßig, allzusehr preisen, *in maius augere* übertreiben; **c)** (*v. Pers.,* / *auch v. Sachen*) hochstehend, angesehen, mächtig, erhaben, ehrwürdig [*homo, Iuppiter optimus maximus als höchster römischer Nationalgott,* °*invidiā maior* über den Neid erhaben,

°*spectaculum* erhaben]; *bsd. als historischer Beiname, zB.* *Alexander Magnus, Pompeius Magnus*; **d**) (*v. der Gesinnung*) α) (*lobend*) hochherzig, hoch, edel, erhaben [*vir, animus, ingenium*]; β) (*tadelnd*) hochfahrend, stolz, vermessen, *v. Sachen* [*verba*, °*magna loqui*]; **e**) übertrieben, übermäßig, zu streng [*consulum imperia*]. — ***maior domus* Hausmeier; *maior villae* Gutsverwalter, -pächter.

Măgō, ōnis *m Name e-s vornehmen karth. Geschlechts: jüngster Bruder Hannibals.*

Măgōntĭăcŭm, ī *n* = *Mŏgōntĭăcŭm.*

măgūdăris *u.* **măgȳdăris**, is *f* (*Fw.* ‹ μαγύδαρις, *wahrsch. sem. Herkunft*) (*vkl., nkl.*) *wohl* Same *od.* Stengel *v. lāsĕrpīcĭŭm.*

măgŭs, ī *m* (*Fw.* ‹ μάγος, *iran. Herkunft*) **1.** Magier, *Mitglied einer persischen Priesterkaste.* **2.** *als appell.*: **a**) (persischer) Weiser *od.* Wahrsager; **b**) (*dcht.*) (*pejorativ*) Zauberer, Gaukler; *adi.* zauberisch, magisch [*ars*]. — ** *pl.* die Heiligen Drei Könige.

Măhărbăl, ălis *m Führer der punischen Reiterei, der nach der Schlacht bei Cannä zu Hannibal gesagt haben soll*: *Vincere scis, Hannibal, victoria uti nescis* (*Li.*, XXII, 51, 4).

Māiă, ae *f* (*d. i. Măjjă, wohl urspr.* „große Göttin" *od.* „Erde" [*cf. măg-nŭs, Māiŭs*]; *später der griech. Maia gleichgesetzt, der T. des Atlas, die durch Zeus M. des Hermes wurde*) *M. des Merkur, eine der Plejaden.*

māiālis, is *m* (*d. i. măjjālis, wohl zu Māiă als Erdgöttin*) **1.** (*vkl.*) kastrierter Eber. **2.** / *Schimpfwort.*

▶ **māiĕstās**, ātis *f* (*māiŭs; s. māiŏr*) **1.** Erhabenheit, Würde *od.* Größe, Hoheit, Ehrwürdigkeit, Ansehen, Glanz; *im allgem.* (*alcis, zB.* °*matronarum, deorum,* °*senatūs, patriae, auch loci, orationis*). **2.** Hoheit *des Staates,* (*in Republiken*) *des Volkes, bsd. des römischen Volkes,* (*in Monarchien*) *des Fürsten, bsd. des römischen Kaisers* [*populi Romani, regum, regia, consulis, alcis maiestatem conservare u. tueri, Ggs.* (im)*minuere* herabsetzen *od.* beleidigen, *crimen minutae maiestatis, lex de imminuta maiestate*]; *auch* (*Ne.*) Hegemonie [*imperii*]. **3.** Majestätsbeleidigung, Hoheitsverletzung, *auch* Gesetz wegen Majestätsbeleidigung, Hochverrat [*crimen u. lex od. iudicium maiestatis, maiestatis damnari u. condemnari, absolvi*]. **4.** (*meton.*) (*nkl., dcht.*) (*Titel des Kaisers*) Hoheit, Majestät [~ *tua v. Augustus*]. — ***Maiestas Domini* („die Herrlichkeit des Herrn") *frontale Darstellung des thronenden Christus i. der abendländischen Kunst, bsd. als Tympanonrelief.*

▶ **māiŏr, māiŭs** *s. măgnŭs.*

Māiŭs 3 (*d. i. Măjjŭs; nach e-m alten röm. Gott Māiŭs* „der Wachstum Bringende" *od.* „der Große" *benannt; cf. măg-nŭs, Māiă*) zum Mai gehörig, des Mai [*Nonae, Idus*]; *bsd.* (*mēnsis*) *Māiŭs m* Mai.

māiŭscŭlŭs 3 (*demin. v. māiŭs, s. māiŏr*) **1.** *etw.* groß [*cura*]. **2.** (*nkl.*) *etw.* größer. **3.** (*Te.*) *etw.* älter.

mālă, ae *f* (*et. nicht sicher gedeutet; cf. măxillă*) (*unkl.*) Kinnbacken, Kinnlade, *pl. übh.* Rachen *des Menschen u. der Tiere* [*hominis, leonis; malis alienis ridere s. ălĭēnŭs*]; / Wange, Backe, *meist pl.* [*decentes*].

mălăbăthrŏn = *mălŏ...*

mălăcĭă, ae *f* (*Fw.* ‹ μαλακία *zu* μαλακός „weich") Windstille auf dem Meere, Meeresstille.

mălăcissō 1. (*Fw.* ‹ μαλακίζω) (*Pl.*) geschmeidig machen.

mălăcŭs 3 (*Fw.* ‹ μαλακός) (*vkl.*) weich; gelenkig; / üppig.

****mala fide** (*jur. t.t.*) in böser Absicht; trotz besseren Wissens (*Ggs. bona fide*).

mălăxō 1. (*Fw.* ‹ μαλάσσω) (*nkl.*) geschmeidig machen.

mălĕ
1. schlecht, übel; verkehrt; unsittlich; 2. unglücklich, ungünstig; 3. zur Unzeit, am unrechten Ort; 4. a) zuviel, zu sehr; b) zu wenig, nicht recht; c) heftig, gehörig.

mălĕ, *adv. v. mălŭs*[1] (*comp.* **pēiŭs**; *sup.* **pĕssĭmē**, *altl. pĕssŭmē*) **1.** schlecht, übel, schlimm, böse, *physisch u. geistig, auch* nicht recht, verkehrt, (*sittlich*) = unsittlich, unehrenhaft, treulos [*olere, vivere* unsittlich, *auch* ärmlich, *dicere u. loqui* verleumden, ~ *facere alci jd.* unrecht tun, ~ *velle alci jd.* feindselig sein; *bsd. vom Befinden u. Ergehen, zB.* ~ *esse* schlecht stehen, ~ *alci est* es geht *jd.* schlecht, ~ *sit Antonio* den A. soll der Henker holen!, *alqm* ~ *habere jd.* belästigen, ~ *alci accidit* es ergeht *jd.* schlecht, ~ *accipere alqm jd.* übel mitspielen, ~ *audire ab alqo* in schlechtem Rufe bei *jd.* stehen, ~ *mereri de alqo jd.* schlechte Dienste leisten, ~ *agitur cum alqo jd.* ist schlimm daran; *bisw. auch* = *m.* Unrecht, ohne Grund, *zB. reprehendere alqd*]. **2.** (*vom Erfolg*) unglücklich, ungünstig, *auch* (*dcht.*) erfolglos, vergeblich [*rem od. negotium* ~ *gerere,* ~ *pugnare, res* ~ *cadit od.* °*vertit alci* läuft ab, fällt aus, °~ *mori* schmerzvoll, ~ *emere* (zu) teuer, ~ *vendere* zu billig]. **3.** (*dcht.*) zu unrechter Zeit, am unrechten Ort [~ *feriari*]. **4.** (*vom Maß u. Grad*) nicht gehörig: **a**) (*dcht.*) zuviel, zu sehr, allzu [*calceus* ~ *laxus,* ~ *parvus* verteufelt klein]; **b**) zu wenig, nicht recht, kaum noch [~ *scire alqd* sich schlecht auf *etw.* verstehen, ~ *sanus od. prudens* unklug, °~ *parens* ungehorsam, °~ *fidus* unzuverlässig, °~ *gratus* undankbar, °*digitus* ~ *pertinax* nur wenig sich sträubend]; **c**) (*bei pejorativen Ausdrücken*) stark, heftig, sehr [*odisse,* °*metuere, mulcare,* °~ *raucus* ganz heiser].

Mălĕă, Mălēă, ae *f u.* **Mălĕae**, ārum *f* (Μαλέα, Μάλεια, Μαλέαι) *Vorgeb. Lakoniens.*

mălĕ-dĭcāx, ācis (*auch getr.*) (*vkl., nkl.*) schmähsüchtig.

măl(ĕ)-dīcō, dīxī, dictum 3. lästern, schmähen (*abs. od. alci*); (*part. praes.*) *adi.* **mălĕdīcēns**, entis (*Pl.*) (*comp. u. sup. s. mălĕdĭcŭs*) schmähsüchtig.

mălĕdictĭō, ōnis *f* (*mălĕdīcō*) [Schmähung.]

mălĕdictŭm, ī *n* (*mălĕdīcō*) Schmähung, Injurie, üble Nachrede [*maledicta in alqm dicere u. conferre, conicere*].

mălĕdĭcŭs 3 (*adv.* **-ē**) (*mălĕ; dīcō*[2]; *cf. causĭ-dĭcŭs*) schmähsüchtig, verleumderisch [*homo, civitas, -e dicere u. loqui*].
F. *comp. mălĕdĭcēntĭŏr, sup. mălĕdĭcēntissĭmŭs; cf. mălĕdĭcō.*

mălĕ-făcĭō, fēcī, factum 3. (*Com., nkl.*) Böses zufügen (*alci*); *klass. nur* (*P.P.P.*) *subst.* **mălĕ-factŭm**, ī *n* Übeltat.

mălĕfactŏr, ōris *m* (*mălĕfăcĭō*) (*vkl., nkl.*) Übeltäter.

mălĕfĭcĭŭm, ī *n* (*mălĕfĭcŭs*) **1.** Übeltat, Frevel, Verbrechen [*maleficia committere u. admittere*]. **2.** Feindseligkeit, zugefügter Schaden [*sine -o* ohne irgend Schaden zu tun, *-i causā* in feindlicher Absicht]. **3. a**) (*nkl.*) Betrug; **b**) (*nkl.*) *pl.* Zaubermittel.

mălĕ-fĭcŭs 3 (°*comp. mălĕfĭcēntĭŏr,* °*sup. mălĕfĭcēntissĭmŭs; adv.* °**-fĭcē**) (*mălĕ, făcĭō*) **1.** übel handelnd, boshaft, gottlos [*homo,* °*natura*]; *subst. m* Übeltäter, Verbrecher. **2.** (*nkl.*) **a**) mißgünstig, feindselig; **b**) schädlich [*animalia -i generis*]; **c**) zauberisch; *subst.* **-ă**, ōrum *n* Zaubermittel.

****Malepartus** (*eigtl.* „übel erworben") *in der Tierfabel die Raubburg des Fuchses.*

mălĕ-suādŭs 3 (*suādĕō*) (*vkl., dcht.*) übelratend, verführerisch [*fames*].

Mălĕvĕntŭm, ī *n* (*vl. et. zu mālum*[1], *also Mălĕv...*) *alter Name für Bĕnĕvĕntŭm.*

mălĕ-vŏlēns, entis (*vŏlō*[2]) (*vkl.*) neidisch, mißgünstig; *sup. s. mălĕvŏlŭs.*

mălĕvŏlentĭă, ae *f* (*mălĕvŏlēns*) Übelwollen, Mißgunst, Haß, Neid; *bsd.* Schadenfreude.

mălĕ-vŏlŭs 3 (*sup. mălĕvŏlentissĭmŭs*) (*vŏlō*[2]) übelwollend, mißgünstig, *bsd.* neidisch, schadenfroh (*alci u. in alqm* gegen *jd.*); *subst. m* der Übelgesinnte, Mißgünstige.

Mālĭăcŭs sinŭs *m* (Κόλπος Μαλιακός) *Meerbusen an der Südküste Thessaliens.*

mālĭ-fĕr, fĕră, fĕrŭm (*mālŭm*[1], *fĕrō*) (*Ve.*) Äpfel tragend, obstreich [*Abella*].

mălĭfĭc... = *mălĕfĭc...*

mălignĭtās, ātis *f* (*mălĭ-?; mălignŭs*) (*vkl., nkl.*) **1.** Mißgunst, Bosheit (*alcis*). **2.** Knauserei (*alcis j-s, alcis rei* bei *etw., zB. praedae partitae*).

mălignŭs 3 (*mălĭ-?*) (*m.* °*comp. u. sup.*; *adv.* **-ē**) (*mălŭs* + **-gnō-* *zu gignō; Ggs. bĕnignŭs*) (*unkl.*) **1. a**) böswillig, mißgünstig, neidisch [*vulgus, aditus* verräterisch, *-e loqui*]; **b**) schädlich, verderblich [*leges, studia*]. **2. a**) unfruchtbar [colles]; **b**) (*v. Pers.*) **α**) knauserig [*dux, agrum plebi -e dividere*]; **β**) kalt, spröde; **c**) (*v. Sachen*) spärlich, kärglich, nicht nach Gebühr [*lux, aditus* schmal, *-e laudare*]. — ***spiritus* Teufel.

mălĭtĭă, *ae f* (*mălŭs*) **1.** Schlechtigkeit, Bosheit. **2. a**) Hinterlist, (*in Rechtssachen*) Schikane; **b**) (*scherzh.*) Schalkhaftigkeit, *auch pl.*

mălĭtĭōsŭs 3 (*m.* °*comp. u.* °*sup.*; *adv.* **-ē**) (*mălĭtĭă*) boshaft, hinterlistig, *v. Pers. u. Sachen* [*homo, iuris interpretatio, -e agere*].

mălĭvŏlentĭă, mălĭvŏlŭs = *mălĕvŏlentĭă, mălĕvŏlŭs.*

mallĕ *s. mālō.*

mallĕātŏr, *ōrĭs m* (*mallĕŭs*) (*Ma.*) Hauer, Pocher.

mallĕŏlŭs, *ī m* (*demin. v. mallĕŭs, eigtl.* „Hämmerchen") **1.** Setzling (*bsd.* des Weinstocks). **2.** Brandpfeil.

mallĕŭs, *ī m* (*cf. russisch* mólot *ds.*) (*unkl.*) Hammer, Schlegel.

▶ **mālō,** *mālŭī, mallĕ* (< **măgĭs-vŏlō*) **1.** lieber wollen, vorziehen (*abs. od. alqd, zB. hoc, nihil*; *alqd pro re, zB. incerta pro certis*; *m. quam, zB. bellum quam pacem*; *m.* °*abl. compar., zB. incruentas condiciones armis*; *m. inf. od. a.c.i. od. bloßem coni.*); *selten m. pleonastisch hinzugefügtem magis od. potius.* **2.** *alci* gewogener sein; *alci alqd jd. etw.* lieber gönnen [*amico omnia*].

mālŏbăthrŏn *u.* **-ŭm,** *ī n* (*Fw.* < μαλόβαθρον) (*nkl., dcht.*) indisches Zimmetöl, kostbares Salböl.

mālŭī *s. mālō.*

mālŭm[1], *ī n* (*Lw.* < *dor.* μᾶλον = *att.* μῆλον, *aus e-r Mittelmeerspr. stammend*) **1.** Apfel [*sprichw.* (*Ho.*) *ab ovo usque ad mala* = vom Anfang des Mahles bis zum Schluß desselben; / °～ *discordiae* Zankapfel]. **2.** (*Ve.*) Quitte [*aureum, canum,* (*nkl., dcht.*) *Cydonium*]; (*nkl.*) Granate [*granatum, eigtl.* „kernreich", *Punicum*]; (*Ve.*) Zitrone [*felix*]; *übh.* °*pl.* Obst.

▶ **mălŭm**[2], *ī n* (*mălŭs*[1], *eigtl.* „*etw.* Böses, Schlimmes") **1.** Übel (*Ggs. bŏnŭm*) [*dolor est* ～, *mors non est in malis*]. **2.** Fehler, Gebrechen, Mangel, Unvollkommenheit [°*bona aut mala* Vorzüge *od.* Fehler, *corporis*]; *bsd.* °Krankheit. **3. a**) Unglück, Unheil, Unfall, Leiden, *oft pl.* [*magnum, inopinatum,* °*externum* = Krieg, °*mala ingerere alci, alqs malum habet od. alci malum est* es ergeht *jd.* übel]; *sup. pĕssĭmŭm, ī n* größtes Unglück [°*pessimo publico* zum größten Unglück des Staates]; **b**) Gefahr [*subito malo perterreri*]; **c**) Schaden, Nachteil [*alci malo esse jd.* schädigen, °*malo rei publicae* zum Schaden *od.* Verderben des Staates]; **d**) Strafe, Züchtigung, Schläge [°*militibus* ～ *minitari*]; **e**) Beleidigung, Scheltwort; **f**) (*dcht.*) Schlechtigkeit, Untat, Laster [*fama veterum malorum, irritamenta malorum*]. **3.** *int. des Unwillens, eingeschaltet,* zum Henker! zum Teufel!, (*milder*) in aller Welt [*quae, malum, est ista voluntaria servitus?*].

mălŭs[1]

1. a) sittlich schlecht, böse; **b**) unehrlich, unzuverlässig; **2.** (*politisch*) zur Gegenpartei gehörig; **3.** schalkhaft; **4. a**) untauglich, mangelhaft; **b**) häßlich; **c**) (*im Kampf*) feige; **d**) gering, wertlos; **5.** (*Wirkung, Verhältnisse*) **a**) übel, schlimm, ungünstig; **b**) schädlich, verderblich; **c**) schimpflich; **d**) unglücklich.

mălŭs[1] 3 (*comp.* **pēiŏr,** *iŭs, sup.* **pĕssĭmŭs** [*pĕssŭmŭs*] 3; *adv.* **mălĕ,** *s.d.*) (*pos.* < **smălŏs*; *cf. nhd.* „schmal"; *comp. pēiŏr, d.i. pĕjjŏr* [*cf. italien.* **peggio**] < **pĕd-jŏs*; *sup.* < **pĕd-sĭmŏs*; *cf. pĕssŭm*) schlecht, *v. Pers. u. Sachen*: **1. a**) sittlich schlecht, böse, nichtswürdig, übelgesinnt, schlimm, arg [*homo, servus,* °*ingenium, conscientia,* °*gaudia* arge, *dolo malo* in böser Absicht]; **b**) unehrlich, unredlich, unzuverlässig, hinterlistig [*auctor,* °*ambitio* falscher Ehrgeiz, *mala fide agere cum alqo*]. **2.** (*politisch*) schlecht *od.* übelgesinnt = zur Gegenpartei gehörig, *meist* = demagogisch, demokratisch [*civis*]; *subst.* **mălī,** *ōrŭm m* (*je nach Standpunkt*) Volks- *od.* Adelspartei; Demagogen. **3.** (*vkl., dcht.*) schalkhaft, lose [*puella*]. **4. a**) (*äußerlich od. physisch, auch geschäftlich*) schlecht = untüchtig, untauglich, unbrauchbar, mangelhaft [*poëta,* °*sutor, versus, loquendi consuetudo,* °*pudor* falsche Scham; °*alci rei* zu *etw., zB. militiae*]; **b**) (*unkl.*) (*körperlich*) unschön, häßlich [*mulier, crus, in peius effingere* verhunzen]; **c**) (*im Kampf*) mutlos, feige [*boni malique*]; **d**) (*unkl.*) gering, wertlos [*vinum, peioribus ortus v.* niedrigeren Ahnen]. **5.** (*in bezug auf Wirkung, Verhältnisse, Zustände*) **a**) übel, böse, ungünstig [*valetudo* schlechtes Befinden, *nuntius* schlimme Nachricht, *in peiorem partem mutari* sich zum Schlimmen wenden, °*in peius ruere* sich verschlimmern, *malam opinionem habere de alqo jd.* für schlecht halten, °*falx* stumpf, °*scabies* widrig]; **b**) schädlich, verderblich, gefährlich [*venenum,* °*exemplum,* °*mos* Verfahren, °*gramina u.* °*herbae* giftig, °*ora* ungesund, °*avis u.* °*ales* unheilvoll, °*lingua* bezaubernd, behexend]; **c**) schimpflich, schädlich, *auch* schmähend [°*facinus,* °*querimoniae* schnöde, °*lustra* verrufen, °*carmen* Schmähgedicht]; **d**) unglücklich, traurig, unselig [*pugna,* °*exitus, auspicium*]; *mala res* °**α**) Züchtigung, Strafe [*abi in malam rem*]; **β**) üble Lage, Unglück, Leiden.

mālŭs[2], *ī f* (*cf. mālŭm*[1]) Apfelbaum, Obstbaum.

mālŭs[3], *ī m* (< **mādŏs,* **măzdŏs* = *ahd.* mast „Stange; Mastbaum") **1.** Mastbaum, Mast (*auch* °*arbor mali*). **2. a**) *aufrecht stehender* Eckbalken *der Türme*; **b**) (*dcht., nkl.*) (*im Zirkus u. Theater*) Mast, *an dem die ausgespannten Sonnensegel befestigt waren.*

malvă, *ae f* (*wie* μαλάχη, *Lw. aus e-r Mittelmeerspr.*) Malve (*auch als Laxativ*).

Mām. *Abk. des nur in der gēns Aemilia auch als Vorname geführten Namens Māmĕrcŭs.*

Māmĕrcŭs, *ī m* (< **Māmĕrt-kŏs*) **1.** *myth. S. des Mars u. der Silvia.* **2.** *Tyrann v. Katana auf Sizilien um 340 v. Chr.* **3.** *Vorname u. cogn. in der gēns Aemilia, deren myth. Stammvater M. ist.*

Māmĕrs, *rtĭs m* (*osk.*) = *Mārs*; *adi.* **Māmĕrtīnŭs** 3 zu Mars gehörig; *subst.* **Māmĕrtīnī,** *ōrŭm m* („Marssöhne") *kampanische Söldner, die sich 282 v. Chr. der St. Messana* [*civitas Mamertina*] *bemächtigten u. e-n Räuberstaat gründeten.*

mămillă, *ae f* (*demin. v. mămmă*) (*unkl.*) Brustwarze, Brust; Zitze; *auch* Kosewort.

mămillārĕ, *ĭs n* (*mămillă*) (*Ma.*) Büstenhalter.

mămmă, *ae f* (*Lallwort*) Brust, Busen, (*bei Tieren*) Euter, Zitze; / (*i. der Kinderspr.*) (*vkl., nkl.*) Mama; Mutter.

mămmĕātŭs 3 (*mămmă*) (*Pl.*) vollbrüstig [*amica* ～ Busenfreundin].

mămmĭcŭlă, *ae f* (*demin. v. mămmă*) (*Pl.*) (niedliches) Brüstchen.

mămmĭŭm, *ī n* (*Lw.* < μαμμίον, *das aber nur als „Mütterchen" belegt ist*) Brüstchen *als Kosewort* (*Pl., Pseud.* 180 [?]).

mămmōnă *od.* **-ās,** *ae m* (*Fw.* < μαμωνᾶς, *aram. Herkunft*) (*Eccl.*) Reichtum, Geld, Mammon.

mămmōsŭs 3 (*mămmă*) (*unkl.*) vollbusig.

Māmŭrĭŭs Vĕtŭrĭŭs *ein* (*etr.*) *Bronzekünstler, der nach dem Salierlied die ancilia des Marskultes angefertigt haben soll.*

Māmŭrră, *ae m* (*im Vers auch Mă-*) *reicher römischer Ritter aus Formiä*; (*appell.*) (*dcht.*) = wüster Schlemmer.

mānābĭlĭs, *ĕ* (*mānō*) (*Lu.*) einströmend [*frigus*].

mancĕps, *cĭpĭs u.* (*altl.*) *cŭpĭs m* (< **măn-căp-s zu mănŭs u. căpĭō*) **1.** Aufkäufer *v.* Staatsgütern (*bsd. v. konfiszierten Gütern der Proskribierten*) (*abs. od. alcis rei, zB. praedae*; *alcis* = der Güter *j-s*). **2.** Pächter öffentlicher Abgaben, Steuerpächter. **3.** (*nkl.*) Unternehmer öffentlicher Leistungen (*bsd. v. Bauten u. Wegeanlagen*). **4.** (*Pl.*) Bürge.
F. *gen. pl. mancĭpŭm.*

▶ **mancĭpĭŭm** *od.* **-cŭpĭŭm,** *ī n* (*mancĕps*) **1.** *streng röm.* Eigentumserwerb, förmlicher Kauf (*durch Handanlegen in Gegenwart v. fünf Zeugen*) [*mancipio dare bzw. accipere alqd etw.* in aller Form verkaufen *bzw.* kaufen, *lex mancipi(i)* Kaufkontrakt, *ius -i* Kaufrecht]. **2.** *meton.* **a**) Eigentum(srecht), Besitz [*ius -i* volles Eigentumsrecht, °*sui -i esse* sein eigener Herr sein]; **b**) Kaufsklave, Sklave (*auch* °Sklavin) [°*mancipia argento parare*; *alcis j-s*]; (*dcht., nkl.*) *auch* /.
F. *gen. sg. oft mancĭpī* (*bsd. in den*

jur. Ausdrücken res mancipi u. mancipi esse). *Cf.* V.-B. IV.

măncĭpō *u.* (*altl.*) **măncŭpō** 1. (*măncĕps*) (*unkl.*) zu eigen geben, in aller Form verkaufen, *cf. măncĭpĭŭm* (*alqm u. alqd, alci alqd, zB. servos actori publico; quaedam mancipat usus* = erwirbt); / hingeben [*saginae mancipatus* seiner Freßgier hingegeben, *corpus stupro*].

măncŭs 3 (⟨ **măn-kŏs eigtl.* „mit *e-m* Fehler der Hand behaftet"; *mănŭs*) **1.** verstümmelt, verkrüppelt, gebrechlich, *v. Pers.*; *subst. m* (*Li.*) Krüppel. **2.** / **a**) (*dcht.*) schwach, ohnmächtig [*fortuna; alci rei* für *etw.* untüchtig]; **b**) (*v. Sachen*) unvollständig, mangelhaft [*praetura, cognitio*].

măndātŏr, *ōrĭs m* (*măndō*[1]) (*nkl.*) Auftraggeber; Anstifter.

▶ **măndātŭm,** *ī n* (*măndō*[1]) **1.** Auftrag, Weisung, Befehl, Order (*alcis j-s, zB. consulis, meum, publicum; litterae mandataque* schriftliche *u.* mündliche Befehle; *~ dare alci, accipere od. habere ab alqo, exsequi, conficere,* °*efficere, alci referre*]. **2.** (*i. der Kaiserzeit*) **a**) Befehl des Kaisers, Mandat; **b**) (*dcht.*) anvertrauter Gegenstand, *bsd.* eingehändigtes Paket [*~ frangere* zerbrechen]; **c**) (*jur. t.t.*) Übernahme der unentgeltlichen Ausführung eines Geschäftes, Geschäftsauftrag [*iudicium mandati* wegen nicht erfüllten Geschäftsauftrags].

(**măndātŭs,** *ūs*) *m* = *măndātŭm, nur abl. sg.* **măndātū** im Auftrage (*alcis j-s, zB. Caesaris, tuo*).

▶ **măndō**[1] 1. (*vl. mănŭs* + √*dhē-, *eigtl.* „in die Hand legen") **1.** anvertrauen, überliefern, überlassen (*alqd u. alci alqd, zB.* °*filiam viro* zur Frau geben, *magistratūs, honores, alqd litteris* schriftlich aufzeichnen, °*carmina foliis, fruges vetustati* alt werden lassen, °*corpus terrae od.* °*humo* begraben, °*hordea sulcis* einsäen in; *alqm alci rei, zB. vinculis* gefangen setzen, *se fugae* = *vitam fugae* sein Heil in der Flucht suchen]; *bsd.* einprägen (*alqd menti u. memoriae* auswendig lernen, [*nkl.*] der Nachwelt überliefern). **2.** / auftragen, *mündl. od. schriftl.* anweisen, verordnen, befehlen (*alqd, zB. vasa* [*sc. emenda*] bestellen; *alci alqd, auch alci de re;* °*alqd ad alqm etw.* an *jd.* bestellen, *jd. v. etw.* benachrichtigen lassen; *m. ut, ne od. m. bloßem coni.*; *m.* °*inf. u.* °*a.c.i.*).

măndō[2], *măndī, mānsŭm* 3. (*cf.* μασάομαι ⟨ μαθιάομαι *ds.*) **1.** kauen, in *etw.* beißen (*abs. od. alqd, zB. cibum dentibus,* °*humum* ins Gras beißen = ὀδὰξ γαῖαν ἑλεῖν, *omnia minima* ganz klein kauen). **2.** (*vkl., nkl.*) (*prägn.*) essen, verzehren [°*lora* vor Hunger, °*pecus* zerfleischen].

măndră, *ae f* (*Fw.* ⟨ μάνδρα) (*dcht.*) **1.** Saumtierzug. **2.** (*im Brettspiel*) die geschlossene Reihe der niederen Figuren.

Măndūbiī, *ōrŭm m kelt. Volk w. v. Dijon m. der Hptst. Ălĕsiă.*

măndūcō *u.* **-ŏr** 1. (*denom. v. măndūcŭs*) (*vkl., nkl.*) kauen, kauend essen.

măndūcŭs, *ī m* (*măndō*[2]) (*vkl.*) Vielfraß (2 *komische Maskengestalt bei Umzügen u. in der Atellane*).

▶ **mānĕ** (**mānĭs u. altl. mānŭs* 3 „gut"; *cf. mānēs*) **1.** *subst. n* (*indecl., nur im nom., acc. u. abl. sg.*) der Morgen, die Frühe [°*novum, ~ est* es ist noch früh, *multo ~* frühmorgens, °*a mane* (*-nī*), °*ad ipsum mane* bis an den hellen Morgen]. **2.** *adv.* am Morgen, frühmorgens, früh [*hodie ~, cras ~, bene ~* sehr früh]. F. *loc.*: *mānī.*

▶ **mănĕō,** *mānsī, mānsŭm* 2. (*cf. ablautend* μένω) **1.** (*intr.*) **a**) bleiben, verbleiben, verweilen (*abs. od. in re, ad alqd u.ä., zB. in patria, in vita, in loco* die Stellung behaupten, *domi, ad exercitum; m. dum* bis); P. *manetur* man bleibt, *maneatur* man bleibe; *insb.* übernachten [*apud alqm, Casilini,* °*sub love frigido*]; **b**) (*v. Sachen od. Zuständen*) fortbestehen, noch vorhanden sein, (an-) dauern [°*monumenta ad nostram aetatem, omnia suo statu,* °*bellum; alci jd.* verbleiben, *zB.* °*munera certa vobis manent; m. praed. adi., zB. exercitus integer mansit*]; *bsd.* ungestört bleiben, feststehen [*maneat* es muß dabei bleiben, *m. a.c.i.*]; *part.* °*manens u.* °*mansurus* dauernd, beständig [*sepulcrum, amor*]; **c**) (*v. Pers.*) fest bei *od.* in *etw.* bleiben *od.* verharren, *e-r Sache* treu bleiben, *an etw.* festhalten (*in re u.* °*re, zB. in fide, in officio, in condicione,* °*promissis,* °*dictis; m. praed. adi., zB.* °*immotus manet*]; **d**) *jd.* sicher beschieden sein (*alci, zB. fatum*). **2.** (*trans.*) **a**) *jd. od. etw.* erwarten, abwarten, auf *etw.* warten (*alqm u. alqd, zB.* °*adventum hostium*); **b**) / (*v. Übeln u.ä.*) *jd.* unausbleiblich bevorstehen (*alqm, zB. fatum te manet,* °*mors,* °*omnes una manet nox; selten von etw. Gutem, zB.* °*victoria*). — **wohnen; = esse.

▶ **mānēs,** *ĭŭm m* (*f*) (*urspr. adi.*; *vl. zu altl. mānŭs* 3 „gut") **1. a**) die Manen, die *göttlich verehrten* Seelen der Verstorbenen [*dii manes* (*mortuorum,* °*Stygii*)]; *auch* **b**) (*nkl., dcht.*) *v. nur einer Pers.* [*Anchisae*]. **2.** *meton.* (*nkl., dcht.*) **a**) (*selten*) Leichnam [°*omnium ~ nudati*]; **b**) die unterirdischen Götter *od.* Mächte, *übh.* Unterwelt [*apud ~*]; **c**) der Genius *od.* Dämon *e-s* Menschen [*Verg., Aen. VI 743 quisque suos patimur ~* „Ein jeder büßt, wie es sein Dämon heischt"]. — D.M. (*auf röm. Grabsteinen*) *Abk. für Dīs Mānĭbŭs* den Totengöttern, den Seelen der Toten.

măngō, *ōnĭs m* (*wohl Fw.* ⟨ *μάγγων; *cf.* μάγγανον „Mittel zum Bezaubern *od.* Betrügen") (*nkl., dcht.*) **1.** betrügerischer Verkäufer, Händler. **2.** Sklavenhändler.

măngōnĭcŭs 3 (*măngō*) (*nkl.*) *e-s* betrügerischen Händlers [*quaestus*].

mānī *s. mānĕ.*

mănĭbiae = *mănŭbiae.*

mănĭcă, *ae f* (*substantiviertes adi. zu mănŭs*) **1.** langer Ärmel *an der Tunika, der bis über die Hand hinabging u. so zugleich unsere Handschuhe ersetzte.* **2.** (*vkl., dcht.*) Handfessel, -schelle. — **Handschuh; Manschette.

mănĭcātŭs 3 (*mănĭcă*) *m.* langen Ärmeln [*tunica*].

mănĭcŭlă, *ae f* (*demin. v. mănŭs*) (*vkl., nkl.*) Händchen.

mănĭfēstārĭŭs 3 (*-ē-?*; *mănĭfēstŭs*) (*Pl.*) **1.** (*v. Sachen*) handgreiflich, augenscheinlich. **2.** (*v. Pers.*) auf frischer Tat ertappt.

mănĭfēstātĭō, *ōnĭs f* (*-ē-?*; *mănĭfēstō*[2]) (*Eccl.*) Offenbarung.

mănĭfēstō[1] *adv. v. mănĭfēstŭs.*

mănĭfēstō[2] 1. (*-ē-?*) (*denom. v. mănĭfēstŭs*) (*nkl., dcht.*) offenbaren, deutlich zeigen (*alqm u. alqd*); P. sichtbar sein, erhellen (*intr.*).

▶ **mănĭfēstŭs** 3 (*-ē-?*) (*m.* °*comp. u.* °*sup.*; *adv.* **-ē** *u.* **-ō**) (*et. nicht sicher gedeutet; cf. īnfēstŭs*) handgreiflich: **1.** (*v. Pers.*) (*unkl.*) bei *etw.* ertappt, überführt, *etw.* sichtbar verratend [*nocens* Verbrecher, *alqm -um habere jd.* überführen; *alcis rei, zB. sceleris, ambitionis, vitae* sichtbar noch lebend; *m. inf., zB. dissentire m.* offenbar widerspruchsvollen Mienen]. **2.** (*v. Sachen*) augenscheinlich, offenbar [*res, peccatum,* °*forma* deutlich ausgeprägt, °*libido* deutlich empfunden, *facinus -o compertum, -o deprehendere* auf frischer Tat].

Mānīlĭŭs 3 *röm. Gentilname*: **1.** *M'. ~, cons. 149 v. Chr., bedeutender Jurist, Vfssr. der Schrift leges venalium vendendorum.* **2.** *C. ~, Volkstribun 66 v. Chr., Urheber der lex Manilia, durch die dem Pompejus der unumschränkte Oberbefehl gegen Mithridates erteilt wurde.*

mănĭplārĭs, *ĕ synk.* (*dcht.*) = *mănĭpŭlārĭs.*

mănĭplŭs, *ī m synk.* (*dcht.*) = *mănĭpŭlŭs.*

mănĭprĕtĭŭm, *ī n* = *mănŭprĕtĭŭm.*

mănĭpŭlārĭs, *ĕ u.* (*vkl., nkl.*) **-lārĭŭs** 3 (*mănĭpŭlŭs*) zu einem Manipel gehörig, der gemeinen Soldaten, Manipel... [°*miles, iudex* aus den gemeinen Soldaten erwählt]; *subst. m* Gemeiner [*meus* mein Manipel- *od.* Kriegskamerad].

mănĭpŭlātĭm *adv.* (*mănĭpŭlŭs*) (*vkl., nkl.*) manipelweise [*aciem ~ struere*]; *übh.* in kleineren Haufen, truppweise.

mănĭ-pŭlŭs, *ī m* (*mănŭs u.* **plĕō, cf. plēnŭs; eigtl.* „eine Hand füllend") **1.** (*unkl.*) Handvoll, Bündel [*feni*]. **2.** / *mil.* Manipel, *der dritte Teil einer Kohorte*; (*dcht.*) *übh.* Haufe, Schar [*furum*].

Mănĭŭs, *ī m röm. Vorname, abgekürzt M'.*

Mānlĭŭs 3 (*-ā-?*) *röm. Gentilname*: **1.** *M. ~ Căpĭtōlīnŭs, cons. 392, seine Rettung des Kapitols bei dem nächtlichen Überfall der Gallier v. der Sage ausgeschmückt. Beschützer der Plebejer, 384 des Hochverrats angeklagt u. vom Tarpejischen Felsen gestürzt.* **2./3.** *L. ~ Căpĭtōlīnŭs, Diktator 363 v. Chr., u. sein S. T. ~ Căpĭtōlīnŭs erhielten wegen ihrer Strenge den Beinamen Impĕrĭōsŭs; letzterer (auch Tŏrquātŭs genannt, weil er* *einem Gallier im Zweikampf die goldene Halskette* [tŏrquīs] *abgenommen hatte*) *ließ 340 v. Chr. seinen S. wegen militärischen Ungehorsams hinrichten; davon imperia Manliana später sprichw.* = strenge Befehle. — *adi. auch* **-liānŭs** 3; *subst.* **-liānŭm,** ī *n ein Landgut Ciceros.*

mānnŭlŭs, ī *m* (*demin. v. mānnŭs*) (*nkl., dcht.*) niedliches Pony.

mănnŭs, ī *m* (*wohl venetisches Lw., aus dem Illyrischen stammend*) (*dcht., nkl.*) gallisches Pony, Zelter.

Mānnŭs, ī *m* (*germanisch* = Mann) *erster Mensch in der germ. Sage.*

▶ **mānō** 1. (*et. unklar*) **1.** (*intr.*) **a**) (*dcht., nkl.*) fließen, strömen, rinnen, sich ergießen [*fons, amnis, imbres,* °*lacrimae alci gaudio manant; abs. od. ab, ex, de re, in u. ad, per alqd u.ä.,* / *pleno de pectore* entschwinden, vergessen werden]; **b**) *v. etw.* triefen (*re, zB. simulacrum multo sudore manat*); **c**) / α) entstehen, entspringen, herrühren (*ex, a re* aus, *v. etw., zB. honestas a partibus quattuor, haec omnis philosophia a Socrate manavit*); β) sich verbreiten, weiter um sich greifen [*aër per maria, malum per totam Italiam,* °*suspicio in plures*]; *bsd.* (*v. Gerüchten*) ins Publikum dringen [°*rumor tota urbe*]. **2.** (*trans.*) (*dcht., nkl.*) *etw.* ausströmen lassen, vergießen [*lacrimas, poëtica mella*].

mānsī *s. mănĕō.*

mānsĭō, ōnĭs *f* (*mănĕō*) **1.** das Verbleiben, Aufenthalt [*Formiis, in vita*]. **2.** *meton.* (*concr.*) (*nkl.*) Nachtquartier, Station, Tagereise. — ** *übh.* Wohnung.

mānsĭtō 1. (*intens. v. mănĕō*) (*nkl.*) sich aufhalten, wohnen [*sub eodem tecto, unā*].

mānstrūgă = *măstrūcă.*

mānsuē-făcĭō, fēcī, făctŭm 3.; P. -fīō, făctŭs sŭm, fĭĕrī (*mānsuēs, făcĭō*) **1.** (*Tiere*) zähmen, bändigen [*uros*]; *-fieri* (*nkl.*) zahm werden. **2.** / (*Menschen*) **a**) (*nkl.*) besänftigen [*plebem*]; **b**) gesitteter machen, kultivieren, bilden [*homines, alcis feritatem*].

mānsuēs, ĭs *u.* ētĭs (*mănŭs, suēscō*) (*vkl., nkl.*) an die Hand gewöhnt, zahm.

mānsuēscō, suēvī, suētŭm 3. (*nach cōnsuēscō rückgebildet aus mānsuētŭs*) (*unkl.*) **1.** (*intr.*) zahm werden; / sanft *od.* milder werden [*corda* sich erweichen lassen]. **2.** (*trans.*) zähmen; / *terram.*

▶ **mānsuētūdō,** ĭnĭs *f* (*mānsuētŭs*) **1.** (*nkl.*) Zahmheit [*elephantorum*]. **2.** / Sanftmut, Milde; Zivilisation (*alcis u. alcis rei, zB. populi Romani, animorum;* °*in alqm* gegen *jd.*); (*Eutr.*) *auch kaiserlicher Titel* [*tua* Ew. Gnaden].

mānsuētŭs 3 (*m. comp. u. sup.; adv.* **-ē**) (*mănŭs, suētŭs*) an die Hand gewöhnt: **1.** (*vkl., nkl.*) gezähmt, zahm, *v. Tieren* [*sus* Hausschwein]. **2.** / sanft, milde, gelassen, harmlos, *v. Pers. u. Sachen* [*homo, Musae,* °*manus,* °*litora* ruhig, °*-e oboedire* ohne Murren; *in re* in *od.* bei *etw.*].

mānsŭm *P.P.P. v. mănĕō.*

mānsūrŭs 3 *s. mănĕō.*

mānsŭs *P.P.P. v. măndō*[2].

măn-tēlĕ, ĭs *u.* **-tēlĭŭm,** ī *n* (< *mănŭs* + **-tĕrg-slŏ-m zu tĕrgō* „wische ab") (*unkl.*) Handtuch; Serviette; (*seit Ma.*) Tischtuch. **F.** *măntēlĕ: abl. sg. -ī; pl. nom. -ĭă, gen. -ĭŭm.*

măntēllŭm *u.* **-tēlŭm,** ī *n* (*wohl kelt. Lw.*) (*Pl.*) Decke, Hülle.

măntĭcă, ae *f* (*wohl kelt. Lw.*) (*unkl.*) *ein auf beiden Seiten herabhängender* Ranzen, Rucksack.

măntīlĕ = *măntēlĕ.*

Măntĭnēă, ae *f* (Μαντίνεια) *St. im ö. Arkadien* (*Sieg u. Tod des Epaminondas 362 v. Chr.*).

măntĭsă *od.* **-tĭssă,** ae *f* (*wohl etr. Lw.*) (*vkl., nkl.*) Zugabe, Zukost.

măntĭscĭnŏr 1. (*Scherzbildung; Bed. u. Et. unsicher*) (*Pl.*) *vl.*: tüchtig *etw.* draufgehen lassen.

măntō 1. (*frequ. v. mănĕō m. älterem supin. *măntŭm*) (*Com.*) (*intr.*) warten; (*trans.*) auf *jd.* warten.

Măntō, ūs *f* (Μαντώ) **1.** *Seherin, T. des Teiresias.* **2.** *weissagende it. Nymphe, durch den Flußgott Tiberinus M. des Ocnus; s.d. Cf.* V.-B. III, 2.

Măntŭă, ae *f St. am Mincius* (*j.* Mincio), *v. Etruskern gegründet, später im Bereich der kelt. Cenomanen, Heimat Vergils.*

mănŭālĭs, ĕ (*mănŭs*) (*nkl.*) eine Hand füllend, (*v. Steinen*) *m.* der Hand geworfen [*saxa*]; *subst.* **-ĕ,** ĭs *n* (*Ma.*) Bücherfutteral; (*spätl.*) *pl. -ia* Handbücher.

mănŭbĭae, ārŭm *f* (< **mănŭ-hăbĭae; mănŭs u. hăbĕō*) **1. a**) (*vkl., nkl.*) Kriegsbeute; **b**) der Erlös *der vom Quästor verkauften* Beute, Beuteertrag, Beutegelder — *ein Teil des Erlöses floß in die Staatskasse, ein anderer Teil fiel dem Feldherrn zu* = Beuteanteil des Feldherrn, *von diesem gewöhnlich zur Errichtung von Denkmälern, Tempeln u.ä. verwendet* [*porticum Catulus de manubiis Cimbricis fecit*]; *das übrige wurde unter die Soldaten verteilt* = Beuteanteil der Soldaten. **2.** / Raub(anteil), Beute, ungesetzlicher Gewinn, *bsd. e-s Beamten* [*manubias concedere alci od. sibi facere ex re*]. **3.** (*t.t. der Augurensprache*) *sg.* **-ă,** ae *f* (*nkl.*) Blitz- *u.* Donnerschlag.

mănŭbĭālĭs, ĕ (*mănŭbĭae*) (*Suet.*) Beute... [*pecunia*].

mănŭbĭārĭŭs 3 (*mănŭbĭae*) (*Pl.*) Beute... [*amicus* von dem ich Vorteil habe] (?).

mănŭbrĭŭm, ī *n* (*mănŭs*) Handhabe, Griff, Stiel [*aureum vasis*]; / (*Pl.*) *exemi e manu istis* ~ ich habe ihnen das Heft aus der Hand gewunden.

mănŭfēst... = *mănĭfēst...*

mănŭlĕārĭŭs, ī *m* (*mănŭlĕŭs*) (*Pl.*) Manschettenmacher, Ärmelschneider.

mănŭlĕātŭs 3 (*mănŭlĕŭs*) (*Pl., nkl.*) mit *od.* in langen Ärmeln.

mănŭlĕŭs, ī *m* (*mănŭs*) (*vkl., nkl.*) der (die Hand bedeckende) Tunikaärmel, Manschette.

mănūmĭssĭō, ōnĭs *f* (*mănūmĭttō*) **1.** Freilassung *eines Sklaven durch seinen Herrn.* **2.** / Erlaß der Strafe, Verzeihung.

mănū-mĭttō, *mīsī, mĭssŭm* 3. *e-n Sklaven* freilassen, *jd.* die Freiheit schenken (*alqm, zB. servum*).

mănū-prĕtĭŭm *u.* **mănŭs prĕtĭŭm,** ī *n* (*mănŭ-?*) (*mănŭs; eigtl.* „Entgelt [für die Arbeit] der Hand") Macherlohn, Arbeitslohn; / Lohn, Entgelt (*alcis rei* für *etw., zB. perditae civitatis*).

mănŭs

1. Hand, *auch* Arm; **2. a**) bewaffnete Hand; **b**) persönliche Tapferkeit; **c**) Handgemenge, Kampf; **d**) Gewalttat; **3. a**) Macht, Gewalt; **b**) väterliche Gewalt; **4. a**) Arbeit; **b**) Menschenwerk; **5. a**) Handschrift; **b**) (*Würfelspiel*) Wurf; **c**) (*Fechtkunst*) Hieb, Stich, Stoß; **6. a**) Handvoll, Schar; **b**) Dienerschaft; **c**) Handwerker *pl.*; **7.** *etw. Handähnliches* **a**) Rüssel (*des Elefanten*); **b**) Enterhaken.

▶ **mănŭs,** ūs *f* (*cf. ahd.* munt „Hand, Schutz"; *nhd.* „Vormund, Mündel") **1. a**) Hand *als Körperteil, auch* Arm, (*nkl.*) (*bei Tieren*) Tatze, *oft pl.* [*dextra,* °*sinistra, laeva, vas in manum bzw. in manus sumere, alqd in manu habere od. tenere, manu alqm ducere* an der Hand führen, *alqm in manus accipere* auf die Arme nehmen, *manibus alqd accipere, manibus alcis excipi jd.* in die Arme sinken, *manūs ad alqm od. ad caelum tollere* ausstrecken nach, erheben zu, *aber manūs tollere* die Hände über dem Kopf zusammenschlagen *als Zeichen der Verwunderung; meā* (*tuā usw.*) *manu* eigenhändig, *zB. epistulam scribere; sprichw.* °*manus manum lavat, alcis rei causā ne manum quidem vertere* keinen Finger um *etw.* rühren; °*compressis manibus sedere* die Hände in den Schoß legen; *manūs dare od. dedere eigtl.* sich fesseln lassen, / sich für besiegt erklären, nachgeben]; **b**) (*zum Teil* /): α) *in manibus habere* in den Händen haben *od.* halten, (*alqm*) *jd.* auf den Händen tragen = wert halten, / *etw.* unter der Feder haben = an *etw.* arbeiten, *m. etw.* beschäftigt sein [*librum, orationem, tabulam*]; β) *in manibus esse* in aller Händen sein, allgemein bekannt sein (*bsd. v. Schriften, zB. liber*), gegenwärtig sein, jetzt vorgehen, *od.* in *j-s* Hand liegen; *od.* unter der Feder sein [*oratio mihi in manibus est*]; γ) *ad manum esse* zur Hand sein, *ad manum habere* zur Hand haben; *ad manum accedere* an *jd.* herankommen, (*v. Tieren*) = aus der Hand fressen; δ) *inter manus* durch Handreichung, auf *od.* in den Händen; / °*inter manus esse* auf der Hand liegen; ε) *de manu facere m.* eigener Hand machen, *de manu in manum tradere* aus der eigenen Hand in eines anderen Hand = sehr sorgfältig; ζ) *per manus m.* den Händen [*trahere alqm*], *v.* Hand zu Hand [*tradere alqd*]; / *auch* v. Geschlecht zu Geschlecht, durch Vererbung [*religiones tradere*]; η) *manu m.* bloßen Händen [*vallum scindere*];

plenā manu dare m. vollen Händen geben; / *plenā manu laudes alcis in astra tollere; manu tenere* / = gewiß wissen, *manibus teneri* handgreiflich *od.* augenscheinlich sein. **2. a**) bewaffnete Hand, Faust [*manum u. manūs* °*conferre od. conserere* handgemein werden, °*militibus manu consulere* durch persönliches Mitkämpfen, *manu* °*iter facere m.* dem Schwert in der Hand]; *meton.* **b**) persönliche Tapferkeit, Stärke [*manu* °*fortis od.* °*promptus* persönlich tapfer, *manu superare od. vincere alqm*]; *pl.* °tapfere Taten [*Claudiae*]; **c**) Handgemenge, *übh.* Kampf, *sg. u. pl.* [°*ad manum u.* °*in manus venire od. accedere* handgemein werden, *res ad manus venit* es kommt zu offenem Kampf, °*proelium in manibus facere* im Handgemenge kämpfen, °*manum Teucris committere* handgemein werden m.; °*aequa manu u.* °*aequis manibus discedere* ohne Entscheidung]; **d**) Gewalttätigkeit, Gewalttat, *sg. u. pl.* [°*manu od.* °*manibus ulcisci od. vindicare alqd* gewaltsam, tätlich, *per manus m.* Gewalt]. **3. a**) Gewalt, Macht, Entscheidung, *sg. u. pl.* [*in alcis manus od. manum venire od. incidere, alqd in manu alcis ponere* der Entscheidung *j-s* anheimstellen, *in alcis manu esse* in *j-s* Hand *od.* Gewalt, *jd.* untertan sein, *victoriam alci ex manibus eripere, manum ad dimicandum expeditam habere* freie Hand haben]; **b**) α) Gewalt des Vaters über die Kinder *u.* Sklaven [*manu mittere s. mănūmīttō*]; β) Gewalt des Familienoberhaupts über die Ehefrau [*mulier viro in manum convenit*]. **4. a**) schaffende Hand = Arbeit, Tätigkeit [*nummos manu quaerere, usu manuque* durch tätige Ausführung, *res alcis in manibus sitae sunt* in seiner Hände Arbeit, °*manum ultimam od. summam imponere alci rei* die letzte Hand an *etw.* legen]; **b**) Menschenarbeit [*manu v.* Menschenhand, durch Menschenhände, künstlich (*im Ggs. zu naturā*), *zB. portus manu factus, oppidum manu munitum*]; (*dcht.*) *auch concr.* Arbeit = Werk, Kunstwerk [*artificis, artificium manus mirari*]. **5. a**) Handschrift [*alcis manum amare od. imitari, ad meam manum redii* nun schreibe ich selbst]; *auch* Stil *des bildenden Künstlers*; **b**) Wurf *beim Würfelspiel* [*bona manu lacerare* durch Würfelspiel]; **c**) (*i. der Fechtkunst*) (*Qu.*) Hieb, Stich, Stoß [*secunda* Nachstoß]. **6. a**) Handvoll, Schar; (*pejorativ*) Bande, Rotte; *mil.* bewaffnete Mannschaft [*magna, parva, funditorum, praedonum; manum cogere od. conducere*]; **b**) (*dcht.*) Dienerschaft; **c**) *pl.* Handwerksleute, Arbeiter zum Bau. **7.** / *etw. Handähnliches*: **a**) Rüssel *des Elefanten*; **b**) Enterhaken [*ferrea* Eisenhaken an Ketten]. — ** Urkunde, Eid; Handfeste (*schriftl. Versicherung m. eigenhändiger Unterschrift*); *-u quarta se expurgare* sich mit drei Eideshelfern reinwaschen. — ****manu propria* (*Abk. m.p.*) eigenhändig; *ad manus proprias* zu eigenen Händen.
F. *dat. sg. mănŭī u.* (*dcht.*) *-ū*; *pl. gen. -ŭūm*; *dat. u. abl. -ĭbŭs.*

măpālĭă, *ĭūm n* (*wohl pun. Fw.*) (*unkl.*) Hütten, Nomadenzelte; *meton.* Barackendörfer; / unnütze Dinge, dummes Zeug.

măppă, *ae f* (*pun. Fw.*; *eigtl.* „Stück Tuch") (*unkl.*) Serviette, Mundtuch *bei Tisch, auch* Tuch *zum Abwischen*; (*im Zirkus*) Signaltuch, Flagge. — ***mundi* Weltkarte, Landkarte.

Mărăthōn, *ōnĭs m* (*u.* °*f*) (Μαραθών) *Dorf an der Ostküste Attikas* (*Schlacht 490 v. Chr.*). *Cf.* V.-B. III, 1, b; *adi.* **Mărăthōnĭŭs** 3.

mărăthrŭm, *ī n* (*acc. pl. im Vers auch -ōs*; *Fw.* < μάραθρον) (*nkl., dcht.*) Fenchel.

****marca,** *ae f* Mark; Pfund [*argenti*].

Mārcĕllŭs, *ī m* (*et. zu Mārcŭs*) *röm. cogn.*, (*urspr. pleb.*) *Zweig in der gēns Claudia* (*cf. Claudĭŭs*): **1.** *M. Claudĭŭs* ~, das „Schwert Roms", *Eroberer v. Syrakus 212, 208 v. Chr. im Kampf gegen Hannibal gefallen. Da er Patron v. Sizilien gewesen war, wurde dort seiner Familie zu Ehren das Fest* **Mārcĕllĭă** *od.* **-ēă,** *ōrŭm n gefeiert.* **2.** *M. Claudĭŭs* ~, *Gegner Cäsars, nach der Schlacht bei Pharsalus flüchtig, v. Cäsar begnadigt* (*Ciceros Dankrede für dessen Begnadigung*: *pro Marcello*), *aber 45 auf der Rückreise nach Rom in Athen ermordet.* **3.** *M. Claudĭŭs* ~, *Neffe u. Adoptivsohn des Augustus, Gatte der Julia*; *zu seinen Ehren das v. Augustus vollendete theatrum -i*; *adi.* **Mārcĕllĭānŭs** 3.

mărcĕō, — — 2. (*zu* √*mĕr[ĕ]q- „morsch werden") (*dcht., nkl.*) welk sein, *meist* / schlaff *od.* matt, träge sein, *v. Pers. u. Sachen* [*homo, otia*; *re* durch *etw.*, *zB. pavore* durch Furcht gelähmt sein]; *part. praes. marcens* = *marcidus* [*pax* erschlaffend].

mărcēscō, *cŭī,* — 3. (*incoh. v. mărcĕō*) (*nkl., dcht.*) welk werden; *meist* / schlaff werden, erschlaffen [*civitas*; *re* durch *etw.*, *zB. vino* Katzenjammer haben].

mărcĭdŭs 3 (*mărcĕō*) (*dcht., nkl.*) welk [*lilia*]; *meist* / schlaff, matt, entnervt, *v. Pers. u. Sachen* [*re* durch *etw.*, *zB. vigiliis*].

Mārcĭŭs 3 (*et. zu Mārcŭs*) *röm. Gentilname*: **1.** *Ancŭs* ~, *nach der röm. Sage 4. röm. König.* **2.** *Cn.* ~ *Cŏrĭŏlānŭs* (*so genannt v. der Eroberung der Volskerstadt Cŏrĭŏlī 493 v. Chr.*), *sagenhafter Held der röm. Frühzeit.* **3.** *Q.* ~ *Rēx legte als Prätor 144 v. Chr. v. Tibur aus die ăquă Mārcĭă an, die Rom m. trefflichem Wasser versorgte.*

Mărcŏmănnī *u.* **-mănī,** *ōrŭm m suebische Völkerschaft zw. Main u. Donau, v. Marbod* (*etwa 8 v. Chr.*) *in das spätere Böhmen geführt, v. wo sie zur Zeit des Mark Aurel in das römische Reich einbrachen* (*Markomannenkrieg 166—180 n. Chr.*). — *adi.* **Mărcŏmănnĭcŭs** 3.

mărcŏr, *ōrĭs m* (*mărcĕō*) (*nkl.*) Welkheit; / Schlaffheit, Untätigkeit.

Mārcŭs, *ī m* (< **Mārt-kŏs zu Mārs*) *röm. Vorname, abgek. M.*

Mārdŏnĭŭs, *ī m* (Μαρδόνιος) (*pers.* Marduniya) *pers. Feldherr*; *Schwiegersohn des Dareios, Führer des ersten Zuges der Perser gegen Griechenland 492 v. Chr., fiel 479 bei Plataiai* (*lat. Plataeae*).

▶ **mărĕ,** *ĭs n* (*cf. nhd.* „Meer") **1.** Meer, die See [*tranquillum, vastum, magnum* hochgehend *od.* = Ozean, *nostrum* das Mittelländische, *superum* das Adriatische, *inferum* das Tyrrhenische, *externum* Atlantischer Ozean, *angustum* Meerenge, *secundo mari* am Meere entlang, *mari uti* befahren, °*maris deus* Neptun]; °*mari* zur See, *terrā marique* zu Wasser *u.* zu Lande (*selten terrā mari, terrā et mari, mari terrāque, mari atque terrā*), *auch et terrā et mari, et in terrā et in mari*; *sprichw.* °*aquas in mare fundere* = *etw.* ganz Unnötiges tun, °*maria montesque polliceri* goldene Berge versprechen, °*maria omnia caelo miscere* = Himmel *u.* Erde in Bewegung setzen. **2.** *meton.* **a**) (*dcht., nkl.*) Meer-, Seewasser; **b**) Meeresstrand [*ad mare descendere*].
F. *sg. abl. mărī u.* °*mărĕ*; *pl. mărĭă, gen. mărĭŭm.*

Mărĕă, *ae f* (Μαρέα) *See u. St. bei Alexandria*; *an seinen Ufern wuchs ein starker Wein*; *adi.* **Mărĕōtĭcŭs** 3 (*fem. auch* **Mărĕōtĭs,** *ĭdĭs* = Μαρεῶτις, *zB.* °*vites*; *acc. -ĭm, abl. -ī u. -ĭdĕ*) mareotisch; *subst.* °**Mărĕōtĭcŭm,** *ī n* mareotischer Wein.

****mar(e)scalcus,** *i m* (*germ.*) Pferdeknecht; Marschall.

mărgărītă, *ae f u.* (*nkl.*) **-tŭm,** *ī n* (*Fw.* < μαργαρίτης [*m!*], *aus dem Indischen stammend*) Perle.

mărgĭnō 1. (*denom. v. mărgō*) (*nkl.*) einrahmen, einfassen [*vias*].

mărgō, *ĭnĭs m u. f* (*cf. nhd.* „Mark" = Grenze) (*unkl.*) Rand, Einfassung [*extremus*; *alcis rei, zB. scuti*]; / Grenze, Mark [*imperii*]. — ****ad marginem* an den Rand (*Bemerkung in Schriftstücken*).

Mărīcă, *ae f altitalische Nymphe, der bei Minturnä am Liris ein Eichenhain geweiht war.*

mărīnŭs 3 (*mărĕ*) (*klass. selten*) = *mărĭtĭmŭs* [°*Venus* dem Meere entstiegen, °*fremitus* brüllende Wogen, °*ros marinus* Rosmarin].

mărīscŭs 3 (*Fw. unbekannter Herkunft*) (*unkl.*) *v.* der größeren — schlechteren — Sorte [*ficus*]; *auch subst.* **-ă,** *ae f* **1.** = *ficus marisca.* **2.** Feigwarze.

mărītă, *ae f s. mărītŭs.*

mărītālĭs, *ĕ* (*mărītŭs*) (*nkl., dcht.*) ehelich, Ehe...

▶ **mărĭtĭmŭs** *u.* (*altl.*) **-tŭmŭs** 3 (*mărĕ*) zum Meere gehörig, im *od.* am Meere (befindlich), Meer..., Meeres..., See..., Küsten... [*regio maritima* Küstenland, *ora* Seeküste, *officium* Seedienst, *imperium* Oberbefehl *od.* Hegemonie zur See, *res* Seewesen, *bellum* Seekrieg, *bsd.* Krieg gegen Seeräuber, *praedones* Seeräuber]; *subst.* **-ă,** *ōrŭm n* Küstenlandschaften.

mărītō 1. (*denom. v. mărītŭs*) (*unkl.*) vermählen (*alqm, zB. filiam, lex Iulia de maritandis ordinibus*); *auch* / einen Baum *m.* einer Rebe verbinden [*populos vitium propagine*].

▶ **mărītŭs** 3 (*et. ungeklärt*) **1.** *adi.* (*unkl.*) ehelich, verheiratet, Ehe... [*domūs* Häuser *v.* Eheleuten, *lex* Ehegesetz, *Venus* eheliche Liebe, *torus* Ehebett, *caedes* des eigenen Gatten]; *bsd.* (*v. Bäumen*) angebunden, *cf. mărītō.* **2.** *subst.* **a)** **mărītŭs,** *ī m* Ehemann, Gatte [°~ *turpis coniuge barbarā* des Barbarenweibes schmachvoller Ehemann], *auch v. Tieren*; (*dcht.*) *auch* Bräutigam; Freier; **b)** (*nkl., dcht.*) **mărītă,** *ae f* Ehefrau, Gattin; **c)** *pl.* (*nkl.*) **mărītī,** *ōrŭm m* Eheleute.

Mărĭŭs 3 *Name einer pleb. gēns: C.* ~ (*156—86 v. Chr.*), *Besieger Jugurthas 106 sowie der Teutonen 102 u. Cimbern 101, siebenmal Konsul, Gegner Sullas*; *adi.* **Mărĭŭs** [*lex*] *u.* **Mărĭānŭs** 3 [*consulatus*].

▶ **mărmŏr,** *ŏrĭs n* (*Lw.* ‹ μάρμαρος, ὁ „Stein", ἡ „Marmor") **1. a)** Marmor [°*Parium, simulacrum Cereris e marmore*]; **b)** (*dcht.*) *übh.* Stein. **2. a)** *meton.* **α)** Marmorart; **β)** (*nkl., dcht.*) Marmorblock, -denkmal, Kunstwerk aus Marmor, *auch* Meilenstein, Fußboden, Gebäude aus Marmor; *pl.* Marmorbrüche; Steinkrusten; **b)** / (*dcht.*) glänzende Meeresfläche [*infidum*]. — (*abl. sg.* -ĕ, *gen. pl.* -ŭm).

mărmŏrārĭŭs, *ī m* (*mărmŏr*) (*nkl.*) Marmorarbeiter.

mărmŏrĕŭs 3 (*mărmŏr*) **1.** marmorn, Marmor... [*signum, solum*]. **2.** / (*dcht.*) marmorweiß, -schimmernd, glänzend [*cervix, aequor, gelu* Eis].

Mărō, *ōnĭs m* (≗ *umbr. Beamtentitel* — „Dorfschulze" —, *wahrsch. Lw.* ‹ *etr.* maru) *röm. cogn.*; *cf. Vĕrgĭlĭŭs*; / *pl.* (*Ma.*) *appell.* = große Dichter.

Mărŏbŏdŭŭs, *ī m* Marbod, *K. der Markomannen*; *Tiberius wies ihm Ravenna als Aufenthaltsort an, wo er 37 n. Chr. starb.*

Mărōnēă *u.* **-īă,** *ae f* (Μαρώνεια) *Küstenst. in Thrakien, ö. v. Abdera, durch Wein berühmt*; *adi.* **Mărōnēŭs** 3.

mărră, *ae f* (*sem. Lw.*) (*nkl., dcht.*) Hacke *zum Jäten.*

Mărs, *Mărtĭs m* (*daneben Māvŏrs, osk. Māmĕrs, cf. Māmĕrtīnī*; *et. umstritten*) **1.** *röm. Wetter- u. Kriegsgott, dem der Frühlingsmonat März heilig war*; *später ganz m. dem griechischen Ares verschmolzen, als V. des Romulus auch Stammvater des röm. Volkes*; *geweiht waren ihm Wolf, Specht u. Eiche*; *Beiname Ŭltŏr*; *sein Tempel auf dem forum Augusti.* **2.** *meton.* **a)** Krieg, Kampf, Schlacht, Schlachtgetümmel [°*secundus,* °*adversus,* °*apertus* offene Feldschlacht, °*femineus* Kampf *m.* einem Weibe, °*Hectoreus* Kampf *m.* Hektor, °*alienus* Kampf *m.* einem fremden Volke, °*parentalis* zu Ehren des toten Erzeugers, °*collato Marte* im Handgemenge, °*Martem accendere* zum Kampfe anfeuern, °*Martem invadere* beginnen; / °*forensis* Rechtsstreit]; **b)** Kampfart [°*aequo Marte* unter gleichen Kampfverhältnissen; *meo, tuo, suo usw. Marte pugnare* auf eigene Faust]; **c)** Kriegsglück [*belli Mars, ancipiti Marte bellum gerere*; *pari od. aequo Marte* unentschieden, *zB. pugnare od. discedere*]; **d)** Tapferkeit [*patrius* vom Vater vererbt, *alci Marte secundum esse jd.* an Tapferkeit nachstehen]. **3.** der Planet Mars [*stella Martis*].

Mārsī[1], *ōrŭm m* (= **Mārtjī, zu Mārs*; *eigtl.* „die Kriegerischen") **1.** *sabellische Völkerschaft um den lacus Fucinus, sie galten als Zauberer*; *adi.* **Mārsŭs** 3 [°*duellum* Bundesgenossenkrieg] *u.* **Mārsĭcŭs** 3 [°*vinum*]. **2. Mārsŭs,** *ī m röm. cogn.*: *Dŏmĭtĭŭs Mārsŭs, angesehener Dichter der Augusteischen Zeit, Freund des Vergil, Tibull u. Horaz.*

Mārsī[2], *ōrŭm m germanisches Volk zw. Ruhr u. Lippe.*

mārsŭppĭŭm *u.* **mārsŭpĭŭm,** *ī n* (*wohl Lw.* ‹ μαρσίπιον) (*vkl., dcht.*) Geldbeutel, Börse.

Mărsўās *u.* °**Mărsўă,** *ae m* (Μαρσύας) *ein phrygischer Satyr, der auf der v. Athene erfundenen, aber wieder weggeworfenen Flöte so meisterhaft spielte, daß er den Kithara spielenden Apollo zum musikalischen Wettstreit herausforderte*; *er wurde besiegt u. lebendig geschunden.* (*Wiederholt in der bildenden Kunst dargestellt*: *auf der Akropolis i. Athen e-e Gruppe des Myron*; *die berühmte „Marsyas" genannte Statue auf dem römischen Forum war in Wirklichkeit ein Silen.*) *Cf.* V.-B. I, 3.

Mārtĭālĭs, *ĕ* (*Mārtĭŭs*) **1.** zu Mars gehörig, des Mars [*flamen, ludi -es zur Erinnerung an die Einweihung s-s Tempels,* °*lupi* dem Mars geweiht]. **2.** zur Martischen Legion (*legio Martia*) gehörig [*milites*]. **3.** *röm. cogn.*: *M. Vălĕrĭŭs Mārtĭālĭs* Martial, *der bedeutendste röm. Epigrammdichter aus Bidbilis in Spanien* (*etwa 40—98 n. Chr.*).

Mārtĭ-cŏlă, *ae m* (*Mārs, cŏlō*) (*Ov.*) Verehrer des Mars.

Mārtĭ-gĕnă, *ae m* (*Mārs, gĭgnō*) (*Ov.*) Sohn des Mars.

Mārtĭŭs 3 (*Mārs*) **1.** dem Mars gehörig *od.* geweiht, des Mars *od.* des März [°*lupus, legio* die Martische Legion, °*proles* = Romulus *u.* Remus, *campus* Marsfeld bei Rom, °*gramen* des Marsfeldes, °*miles* = römisch *nach dem Stammvater Mars, mensis* März, *Calendae* der erste März, *Nonae, Idus*]. **2.** *meton.* **a)** (*dcht., nkl.*) kriegerisch, Kriegs... [*Penthesilea, vulnera*]; **b)** zum Planeten Mars gehörig [*fulgor*].

mărtўr, *tўrĭs m u. f* (*Fw.* ‹ μάρτυρ) (*Eccl.*) Zeuge, *bsd.* Blutzeuge, Märtyrer(in).

mărtўrĭŭm, *ī n* (*Fw.* ‹ μαρτύριον) (*Eccl.*) Zeugnis, *bsd.* Blutzeugnis, Martertod, Martyrium.

măs (*-ă-?*), *mărĭs* (*et. ungeklärt*) **1.** *adi.* männlich, *v. lebenden Wesen* (*Ggs. fēmĭnă*) [*dii, homines, anguis*; *dcht. auch v. Pflanzen u. Sachen, zB.* °*vitellus* Eidotter, aus dem ein Männchen hervorgeht]; / (*dcht.*) mannhaft, kräftig, stark [*animus*]. **2.** *subst. m* Mann, (*bei Tieren*) Männchen; *dcht. auch* Knabe, Sohn [*marem eniti*].
F. *abl. sg. mărĕ*; *pl. neutr. mărĭă, gen. pl. mărĭŭm u.* °*mărŭm.*

măscŭlīnŭs 3 (*măscŭlŭs*) (*nkl., dcht.*) männlich [*membra* Geschlechtsteile]; *bsd.* (*gramm. t.t.*) männlich [*genus*].

măscŭlŭs 3 (*demin. v. măs*) (*unkl.*) männlich [*infans*]; *subst. m* Männchen, Mann; / mannhaft, mutig, energisch [*proles, libido e-r* masturbierenden Frau, *tura* Tropfweihrauch, *die vorzüglichste Sorte*].

Măsĭnĭssă, *ae m K. der Massylier in Numidien, seit 213 m. Karthago, später m. Rom verbündet, seit 201 K. v. ganz Numidien.*

măssă, *ae f* (*mă-?*; *Lw.* ‹ μᾶζα, μάζα „Fladen" *zu* μάσσω „knete") zusammengeknetete Masse, Teig, Klumpen [*picis,* ~ *coacta od.* ~ *lactis alligati* Käse]; *abs.* glühende Eisenmasse; (*dcht.*) *vom Chaos.*

Măssăgĕtae, *ārŭm m* (Μασσαγέται) *kriegerisches Nomadenvolk zw. Kaspischem Meer u. Aralsee.*

Măssĭcŭs (**mōns**) *m Berg zw. Latium u. Kampanien nahe bei Sinuessa, der vortrefflichen Wein trug, j.* Monte Massico; *adi.* **Măssĭcŭs** 3; *subst.* **-ŭm,** *ī n* Massikerwein; *pl.* **-ă,** *ōrŭm n* Gegend um den Massicus.

Măssĭlĭă, *ae f* (Μασσαλία) *St. an der Südostküste Galliens, phokäische Kolonie, j.* Marseille; *Einw. u. adi.* **Măssĭlĭēnsĭs** (ĕ).

Măssĭnĭssă, *ae m* = *Măsĭnĭssă.*

Măssўlī, *ōrŭm u.* °*ŭm m Bew. des ö. Numidiens* (*cf.* V.-B. VI, 3); *adi.* **Măssўlŭs** 3 (*dcht.*) *auch* numidisch.

măstīgĭă, *ae m* (*Fw.* ‹ μαστιγίας „Peitsche") (*Com.*) *jd.*, der dauernd Schläge bekommt *od.* verdient, Taugenichts.

măstrūcă, *ae f* (*wohl sardisches Fw.*) Schafpelz; *übh.* Pelz; (*Pl.*) *Schimpfwort.*

măstrūcātŭs 3 (*măstrūcă*) einen Pelz tragend.

măstŭrbātŏr, *ōrĭs m* (*mă-?*; *măstŭrbŏr*) (*Ma.*) Onanist.

măstŭrbŏr 1. (*-ă-?*; *et. nicht sicher gedeutet*) (*Ma.*) onanieren.

mătără, *ae u.* (*nkl.*) **mătărĭs** *od.* **-tĕrĭs,** *ĭs f* (*kelt. Fw.*) gallischer Wurfspieß.

mătĕllă, *ae f* (*unkl.*) *u.* **mătĕllĭō,** *ōnĭs m* (*demin. v. mătŭlă*) Topf, *bsd.* Nachtgeschirr [*Corinthius* aus Bronze]; *meton.* Allerweltshure.

▶ **mātĕr,** *trĭs f* (*cf.* μήτηρ, *nhd.* „Mutter") **1. a)** Mutter (*alcis j-s, zB. Xerxis,* ~ *familiae od. -ās* Hausfrau; *soror ex matre v.* mütterlicher Seite; °*matrem esse od. fieri de alqo* schwanger sein *od.* werden *v.*

jd.; °*matrem facere* schwängern); **b)** Muttertier, *zB.* Mutterschaf, -ziege, °~ *equorum* Stute; **c)** *v. Pflanzen* (*dcht.*, *nkl.*) = Mutterstamm, -stock [*plantas abscindere de corpore matrum*, *v. der Erde als Allmutter*]. **2. a)** (*dcht.*, *nkl.*) Gattin, Frau, Weib; **b)** *meton.* (*dcht.*) Mutterliebe, -herz. **3.** / *als Ehrentitel für ehrbare ältere Frauen, bsd.* (*meist dcht.*, *nkl.*) *v. Göttinnen* [°*Terra*, °*Matuta*, *Magna* ~ Kybele]; *cf. Mātrōnae*; *spöttisch in der Anrede* °*o mater* gute Alte. **4.** (*unkl.*) Mutterstadt [*Aricia*], Stammland, alte Heimat = μητρόπολις [°*haec terra, quam matrem appellamus*]. **5.** / Schöpferin [*natura* ~ *omnium rerum*, °*frugum* Ceres, °*florum* Flora, °*amorum* Venus]; *klass. fast nur v. abstr.* = Urheberin, Quelle [*sapientia*, ~ *bonarum artium*, *iuris et religionis*]. — ***prima*, *vetus* = Eva; *dolorosa* (= schmerzensreiche Mutter) Maria im Schmerz *um die Passion ihres Sohnes, als Andachtsbild aus dem Zusammenhang m. der Kreuzigungsgruppe gelöst.* — *gen. pl. mātrŭm.*

mātercŭlă, *ae f* (*demin. v. mātĕr*) Mütterchen, *oft als Kosename gebraucht.*

▶ **mātĕrĭă,** *ae u.* **mātĕrĭēs,** *ēī f* (*eigtl.* „Mutterstoff" *zu mātĕr*) **1.** Materie, Stoff [*rerum* Grundstoff der Dinge, °*pocula eiusdem materiae*]; *auch* (*dcht.*) Material *im Ggs. zur Arbeit* [*materiam superabat opus*]. **2. a)** (*dcht.*) Brand-, Brennstoff, Zunder; **b)** Baumaterial *aller Art, bsd.* Nutzholz, Bauholz [*arida*, °*viridis*, °*navalis* Schiffbauholz, *-am caedere* fällen, °*adgerere in locum*]; **c)** Balken [*bipedalis* zwei Fuß lange, *praeacuta*]; **d)** (*bei Bäumen*) Stammholz, Stamm [*vitis*]. **3.** (*nkl.*, *dcht.*) Vorräte, Lebensmittel [*omnem -am consumpsisse*; / ~ *ficti* Vorrat an erdichteten Vorwänden]. **4.** / **a)** Nahrung [*temeritati alcis -am dare*]; **b)** *geistiger od. künstlerischer* Stoff *od.* Gegenstand, *bsd. wissenschaftliche* Materialien (Gedanken, Daten, Tatsachen) (*alci rei u. ad alqd* zu *etw.*, *zB. artis*, *sermonum*, °*loquendi*, ~ *crescit alci* wächst *jd.* unter den Händen, °*pro materia* der Sache gemäß). **5.** Quelle, Ursache, Veranlassung = *causa* [*seditionis*, °*omnium malorum*, *-am dare od.* °*praebere alci rei* Anlaß zu *etw.* geben, *zB.* °*criminibus*]. **6.** Anlage *od.* Befähigung zu *etw.*, Talent (*alcis*, *zB. Catonis* zu einem Kato; *alcis rei u. ad alqd* zu *etw.*, *zB.* °*ingentis decoris*, °*ad audaciam*; °*materiā alcis perire* durch *j-s* unempfindlichen Charakter).

mātĕrĭālĭs, *ĕ* (*mātĕrĭă*) (*spätl.*) materiell. — **weltlich [*gladius*].

mātĕrĭārĭŭs, *ī m* (*mātĕrĭă*) (*Pl.*) Bauholzhändler.

mātĕrĭō 1. (*denom. v. mātĕrĭă*) aus Holz bauen [*aedes male materiatae v.* schlechtem Bauholz, baufällig].

mātĕrĭŏr 1. (*denom. v. mātĕrĭă*) Holz fällen *od.* holen.

mātĕrnŭs 3 (*mātĕr*) mütterlich, *v.* mütterlicher Seite, Mutter... [*sanguis*, °*genus*, °*res* Erbteil, °*aes u.* °*myrtus* der Mutter Venus heilig, °*arma v.* der Mutter Venus gebracht].

mātertĕră, *ae f* (< **mātrŏ-tĕrā*; *Komparativbildung zu mātĕr*) Schwester der Mutter (*Ggs. āmĭtă*), Tante.

măthēmătĭcŭs (*Fw.* < μαθηματικός) **1.** *adi.* 3 (*nkl.*) mathematisch [*ratio*]. **2.** *subst.* **a) măthēmătĭcŭs,** *ī m* Mathematiker; *auch* (*nkl.*) Astrologe, Sterndeuter; **b) măthēmătĭcă,** *ae f u.* **-ē,** *ēs f* (*sc. ārs*) Mathematik; *auch* (*Suet.*) (*nur -ā*) Astrologie.

Mātrae, *ārŭm f s. Mātrōnae.*

Mātrālĭă, *ĭŭm n* (*mātĕr*) *Fest zu Ehren der Mātĕr Mātūtă, in Rom am 11. Juni gefeiert. Cf.* V.-B. X.

mātrĭ-cīdă, *ae m* (*mātĕr*, *caedō*) Muttermörder.

mātrĭcīdĭŭm, *ī n* (*mātrĭcīdă*) Muttermord.

mātrĭmōnĭālĭs, *ĕ* (*mātrĭmōnĭŭm*) (*nkl.*) ehelich, Ehe...

▶ **mātrĭmōnĭŭm,** *ī n* (*urspr.* „Stellung einer *mātĕr fămĭlĭās*"; *mātĕr*) **1.** Ehe [*alqam in* ~ *ducere* heiraten, *vom Mann*; *alqam in -o habere* zur Frau haben; ~ *alcis tenere j-s* Ehefrau sein; *alqam alci in -um dare od. in -um u. in -o collocare* zur Frau geben; °*alqam secum od. sibi -o iungere* sich *m.* einer Frau ehelich verbinden, sie heiraten]. **2.** *meton. pl.* (*nkl.*) Ehefrauen.

mātrīmŭs 3 (*mātĕr*) dessen Mutter noch am Leben ist [*puer*].

mātrīx, *īcĭs f* (*mātĕr*) (*vkl.*, *nkl.*) **1.** Muttertier, Zuchttier. **2.** / **a)** Stamm, aus dem die Zweige kommen; **b)** Gebärmutter.

▶ **mātrōnă,** *ae f* (*mātĕr*) **1.** Frau *v.* Stande, ehrbare Hausfrau, Matrone, *oft* = vornehme Dame; (*dcht.*) *als Beiname der Juno* = Herrin, Gebieterin; *auch übh. alcis j-s* Gattin, Ehefrau. **2.** °**Mātrōnae** (*od. Mātrēs od. Mātrae*) *in Germanien, Gallien, Britannien u. Oberitalien* (*meist als Trias*) *verehrte Mutter- u. Ortsschutzgottheiten.*

Mātrŏnă, *ae f Nbfl. der Sequana, j.* Marne.

mātrōnālĭs, *ĕ* (*mātrōnă*) (*nkl.*, *dcht.*) einer Ehefrau zukommend, Frauen..., Matronen... [*decus*, *habitus* = Stola]; *fĕrĭae Mātrōnālēs* die Matronalien *am 1. März*, Fest der Frauen *zu Ehren der Iūnō Lūcīnă, die sie um Erhaltung der Ehe anflehten* (*cf.* V.-B. X).

măttĕă, *ae f* (*Fw.* < ματτύη) (*nkl.*, *dcht.*) Leckerbissen.

Măttĭăcī, *ōrŭm m* Chatten *a. der Eder*; *ihre Hptst.* **Măttĭŭm,** *ī n*; *adi.* **Măttĭăcŭs** 3 [°*fontes u.* °*aquae* das heutige Wiesbaden].

mătŭlă, *ae f* (*et. ungedeutet*) (*vkl.*) Topf, *bsd.* Nachtgeschirr; *auch als Schimpfwort.*

mātūrātē *adv.* (*mātūrātŭs P.P.P. v. mātūrō*) (*Pl.*) schleunig.

mātūrēscō, *rŭī*, — 3. (*incoh. zu mātūrŭs*) reif werden, reifen [*frumenta*]; / heranwachsen, sich entwickeln [*partus* die Leibesfrucht, °*puella*, °*nubilibus annis* zum heiratsfähigen Alter]; *auch* (*nkl.*) sich geistig immer mehr entwickeln.

mātūrĭtās, *ātĭs f* (*mātūrŭs*) **1.** Reife [*frumentorum*, *frugum*]. **2.** / **a)** völlige Entwicklung, Höhepunkt, Vollendung [*scelerum*, °*temporum* Höhe der Not]; *bsd.* (*geistig*) reifes Urteil [*senectutis*, *aetatis*]; **b)** rechte Zeit, richtiger Zeitpunkt [*gignendi*, *temporum* regelmäßiger Eintritt *od.* Umlauf der Zeiten].

▶ **mātūrō** 1. (*mātūrŭs*) **1.** (*trans.*) **a)** (*Früchte*) reif machen, zur Reife bringen [*uvas*]; *P.* reif werden, reifen; / **b)** (*Ve.*) *etw.* zur rechten Zeit verrichten [*multa*]; **c)** *etw.* befördern, beschleunigen, schnell zur Ausführung bringen (*alqd*, *zB. iter*, °*coepta*, *alci alqd*, *zB. consuli mortem*, °*necem* schnellen Tod bringen). **2.** (*intr.*) sich beeilen, eilen (*abs.*, *zB.* °*maturato opus est* Eile ist not; *ad alqd* zu einem Zweck; *m. inf.*, *zB.* °*iter pergere*; *auch* sich übereilen, *zB.* °*signum dare*).

mātūrŭī *s. mātūrēscō.*

▶ **mātūrŭs** 3 (*m. comp. u. sup.*; *adv.* **-ē**) (**mā-tū-rŏs zu* **mā-tū-* = „gelegene, gute Zeit"; *also eigtl.* „rechtzeitig"; *cf. Mātū-tă*, *mātūtīnŭs*) **1.** reif, *v. Früchten* [*poma*, °*seges messi* für die Ernte]. **2.** / **a)** reif: **α)** (*dem Alter nach*) erwachsen, mannbar [°*virgo*, °*aetas* das männliche Alter; *alci* für *jd. u. alci rei* zu *od.* für *etw.*, *zB.* °*progenies -a militiae*, °*virgo viro -a*]; *auch* im hohen Alter [°*senex*, °*aetas*, °*anni*; °*alcis rei u.* °*re* an *etw.*, *zB. aevi u. aevo*]; **β)** gehörig entwickelt *od.* ausgebildet, *zu seiner Bestimmung* tauglich *od.* geeignet, auf dem Höhepunkt stehend reif [°*partus u.* °*infans* zur Geburt reif, °*seditio* zum Ausbruch reif, °*imperia* zur Ausführung reif, °*causa belli* schon gültig, °*lux* volles, °*omnia matura sunt* alles ist gleichsam zur Ernte reif, °*missio* bevorstehend; *alci rei u. in alqd* zu *od.* für *etw.*, *zB.* °*aetas tantis rebus*; *re u.* °*alcis rei* an *etw.*, *zB.* °*animo et aevo* an Einsicht und Jahren, °*animi* an Verstand]; *bsd.* (*dcht.*, *nkl.*) hochschwanger [*venter*; *ex alqo v. jd.*, *zB. Roxane ex Alexandro*]; **b)** (*v. der Zeit*) zeitig: **α)** rechtzeitig [*tempus*, °*maturum videtur* es scheint an der Zeit, *satis mature* noch zeitig genug, *-e occurrere*]; **β)** frühzeitig, früh [*decessio*, *hiems*, °*honores*, °*sum maturior illo* ich bin früher als er auf dem Platz gewesen, *biduo maturius* zwei Tage zu früh]; *auch* schleunig, bald [°*victoria*, *iudicium* rasche *od.* prompte Rechtsentscheidung, *-e facto opus est* rasches Handeln ist nötig]; **γ)** vorzeitig, zu früh [°*-e decedere* sterben].

F. *comp. mātūrĭŏr*; *sup. mātūrĭssĭmŭs u. mātūrrĭmŭs*; *adv. mātūrē*, *mātūrĭŭs*, *mātūrĭssĭmē u. mātūrrĭmē.*

Mātūtă, *ae f* (*nach den Alten zu altl. mānŭs* gut *od. mātūrŭs*) *Beiname verschiedener altit. Göttinnen in Latium, bsd. als Mātĕr Mātūtă entweder* die Mutter, die Gutes getan hat

= Heilgöttin *od. Göttin der Frühe od. Morgenhelle, aber auch der Reife u. daher auch wie lūnō Lūcīnă Geburtsgöttin; später der griechischen Leukothea gleichgesetzt u. in Verbindung m.* Portunus *als Schiffahrtsgöttin verehrt; ihr Fest waren die* Mātrāliă. (*Bedeutsame Ausgrabungen ihres Tempels in Satricum südl. v. Rom.*)

mātūtīnŭs 3 (*adv.* °**-ō**) (*Mātūtă*) morgendlich, Morgen..., Früh... [tempus, °pruinae, °pater = Ianus als Gott des anbrechenden Tages, °equi der Aurora, °ales = der Hahn]. — **(hora) **-a** Morgenstunde, Mette.

Maurĕtāniă *u.* **Maurītāniă**, ae *f* (Μαυριτανία) *westlichste Ldsch. der Nordküste Afrikas, j. etwa* = Marokko; *Einw.* **Maurī** *u.* **Maurūsiī**, ōrūm *m* die Mauren, *ber. als Reiter u. Bogenschützen; adi.* **Maurŭs** *u.* **Maurūsiŭs** 3 *auch übh.* °afrikanisch *od.* °punisch.

Mausōlŭs, ī *m* (Μαύσωλος) *Tyrann v. Halikarnaß um 360 v. Chr., dessen Gattin Artemisia ihm ein prächtiges Grabmal* (**Mausōlēŭm**, ī *n; auch appell.*), *eines der 7 Weltwunder, erbauen ließ.*

māvŏlō (*coni.* māvĕlīm) *altl.* = [mālō.]

Māvŏrs, ŏrtĭs *m* (*altl., dcht.*) = Mārs; *adi.* °**Māvŏrtĭŭs** 3 = Mārtĭŭs [°proles die aus den Zähnen des *v.* Mars erzeugten Drachens entstandenen Thebaner; °moenia Rom, °tellus Thrakien]; *subst. m* °Marssohn = Meleager.

măxillă, ae *f* (*demin. v.* mālă) Kinnbacken; (*meton.*) (*Pers.*) Kinn.

▶ măxĭmē *u.* (*altl.*) **măxŭmē** (*-ā-?*; *sup. zu comp.* măgĭs) **1.** am meisten, im höchsten Grade, *bsd. zur Umschreibung von Superlativformen* [~ idoneus, ~ fidus; *bisw. pleonastisch beim sup., zB.* °res ~ gravissima omnium], *oft bei Verben* [°~ colere alqm, ~ cupere *u.* velle]; *selten bei subst.* [~ ludius Erzkomödiant]; *verstärkt durch* unus *u.* omnium *od.* unus omnium; multo ~ bei weitem am meisten, vel ~ am allermeisten, quam ~ so sehr als möglich, möglichst viel; *als Elativus* = sehr, überaus [praestare alci, confidere alci]. **2.** (*zur Hervorhebung e-s Begriffs*) besonders, hauptsächlich, in erster Linie [~ Athenienses a Xerxe petebantur, id ~ cupio; cum ... tum ~ sowohl ... als besonders; et ~ *od.* maximeque *u.* namentlich]. **3.** am liebsten, womöglich [°Iugurtham ~ vivum capere]. **4.** gerade, eben [cum ~ gerade jetzt *od.* gerade damals, nunc cum ~ jetzt mehr als je, tum cum ~]. **5.** im ganzen, ungefähr [hoc ~ modo, °in hunc ~ modum]. **6.** (*in Antworten der Umgangssprache*) jawohl, sehr gern.

măxĭmĭtās, ātĭs *f* (māx-?; māxĭmŭs) (*dcht.*) Größe.

măxĭmŏpĕrĕ *s.* măgnŏpĕrĕ.

măxĭmŭs (*u. altl.* **măxŭmŭs**) 3 *s.* măgnŭs.

Măxĭmŭs, ī *m* (*-ā-?*) *cogn. der Fabier, cf.* Făbĭŭs; *pl.* (*als appell.*) Männer wie Q. Fabius Maximus.

māzŏnŏmŭs, ī *m* (*Fw.* ‹ μαζονόμος, *eigtl.* „Brotkorb") (*vkl., dcht.*) korbartig geformte Schüssel für Speisen.

mĕātŭs, ūs *m* (mĕō) (*nkl., dcht.*) **1.** das Gehen, Bewegung, Gang, Lauf, Flug, Strömung [lenis ~ aquilae, spiritūs das Atemholen]. **2.** *metⁿ.* (*concr.*) Weg, *auch pl.* [meatūs caeli Bahnen der Gestirne], (*v. Flüssen*) Mündung, Arm.

mē-căstŏr (*Com.*) beim Kastor (*Schwurformel der Frauen*).

mēchănĭcŭs 3 (*Fw.* ‹ μηχανικός) (*nkl.*) zur Mechanik gehörig; *subst. m* Mechaniker; **-ă**, ae *f* (*spätl.*) Mechanik; **-ă**, ōrūm *n* (*nkl.*) Kunstwerke.

mēd *s.* ĕgō.

mĕddĭx *s.* mĕdĭx.

Mēdēă, ae *f* (Μήδεια) *T. des kolchischen Königs* Aiētēs (*lat.* Aeētēs), *Zauberin, m. deren Hilfe sich Iason des goldenen Vlieses bemächtigte. Sie folgte ihm nach Griechenland; als er ihr aber die korinthische Königstochter Krëusa vorzog, vernichtete sie die Nebenbuhlerin, tötete die eigenen mit Iason erzeugten Kinder u. entfloh auf einem Drachenwagen nach Korinth; später kehrte sie nach Kolchis zurück;* / ~ Palatina = Clōdĭă.

mĕdēlă, ae *f* (mĕdĕŏr) (*nkl.*) Heilung, Heilmittel; *auch* / Abhilfe.

mĕdĕŏr, — — 2. (√‾*mĕd- „ermessen", *bsd. vom ärztlichen Rat; cf.* mĕdĭtŏr) heilen, *vom Arzt gesagt, bisw. auch v. Heilmitteln* (*abs., zB.* °ars medendi, *subst. m* [*dcht., nkl.*] mĕdēns Arzt; *m. dat., zB.* morbo, vulneri); / helfen, abhelfen, vorbeugen [stultis, malo, inopiae, rei publicae afflictae, °labori erleichtern].

F. *pf. ersetzt durch* sānāvī.

Mēdĭă, ae *f* (Μηδία) Medien, *asiatische Ldsch. südl. u. sw. vom Kaspisee m. der Hptst. Ekbatana; Einw.* **Mēdī**, ōrūm *m dcht. auch* = Perser, Parther, Assyrer; *sg.* Mēdŭs = Perser; *adi.* **Mēdĭcŭs** *u.* °**Mēdŭs** 3 *auch* °persisch, assyrisch [flumen = Euphrat]; *subst.* **Mēdĭcă**, ae *f* (*sc.* hĕrbă) (*unkl.*) aus Medien eingeführter Klee = Luzerne.

mĕdĭāstrīnŭs, ī *m* (*-ā-?*; *-stīnŭs schlechtere Schreibung; v.* *mĕdĭăstĕr *zu* mĕdĭŭs) (*vkl., nkl.*) Hausknecht, Badediener.

mĕdĭcābĭlĭs, ĕ (mĕdĭcŏr) (*dcht., nkl.*) heilbar.

mĕdĭcāmĕn, ĭnĭs *n* (*klass. selten*) *u.* **mĕdĭcāmĕntŭm**, ī *n* (mĕdĭcŏr) **1.** Heilmittel, Medikament, *sowohl* Arznei, Medizin, *als auch* Pflaster, Salbe [°salubre, salutare, ~ dare ad alqd für *od.* gegen *etw.*, °~ sumere *u.* °bibere, °sacrum Zaubersalbe]. **2. a)** (*nkl.*) Giftmittel, Gifttrank, Gift [~ coquere *u.* epotare]; **b)** Abortivmittel [partum medicamentis abigere]; **c)** (*fast nur nkl., dcht.*) Schönheitsmittel [°faciei]; *bsd.* Färbemittel, Schminke; **d)** (*nkl., dcht.*) Zaubermittel, -trank; **e)** / Hilfsmittel, Mittel (alcis rei gegen *etw., zB.* doloris).

mĕdĭcātŭs[1] 3 (*m. comp. u. sup.*) (*P.P.P. v.* mĕdĭcō) (*nkl.*) heilkräftig; *cf.* mĕdĭcō.

mĕdĭcātŭs[2], ūs *m* (mĕdĭcŏr) (*dcht.*) Zaubermittel.

▶ mĕdĭcīnŭs (mĕdĭcŭs) **1.** *adi.* 3 (*vkl., nkl.*) zur Arzneikunst *od.* zum Arzt gehörig. **2.** *subst.* **mĕdĭcīnă**, ae *f*: **a)** (*sc.* ărs) Heilkunst [medicinam exercere *u.* °facere betreiben, facere alci *jd.* heilen]; **b)** (*Pl.*) (*sc.* ŏffĭcīnă) Quacksalberbude *od.* Sprechzimmer *e-s Arztes*; Klinik; **c)** (*sc.* rēs) Heilmittel, Arznei, Medizin [medicinam adhibere *u.* °dare]; *auch* (*dcht.*) Verschönerungsmittel [figurae]; / Hilfs-, Heilmittel (*abs. od.* alcis rei einer Sache *u.* gegen *etw., zB.* temporis, doloris; medicinam quaerere *u.* reperire alci rei).

mĕdĭcō 1. (*denom. v.* mĕdĭcŭs) (*nkl., dcht.*) **1.** *etw. m. irgendeiner Ingredienz* (*bsd. m. Kräutersäften*) versetzen *od.* vermischen, anmachen, künstlich zubereiten (alqd, *zB.* vinum, potio medicata Heiltrank, Mixtur, sedes medicatae *m.* Säften besprengte Stellen). **2. a)** färben [capillos, lanam fuco]; **b)** *m.* Heil- *od.* Zauberkräften versehen, bezaubern [amnem; *bsd. P.P.P.* mĕdĭcātŭs, *zB.* virga Zauberstab, fruges Zauberkräuter, somnus durch Zauberei verursacht].

mĕdĭcŏr 1. (*denom. v.* mĕdĭcŭs) (*unkl.*) heilen, *auch* / (alci *jd., zB.* senibus; alqd, *zB.* ictum).

Mēdĭcŭs 3 *s.* Mēdĭă.

▶ mĕdĭcŭs 3 (mĕdĕŏr) (*dcht., nkl.*) heilsam, Heil... [°ars Heilkunst]; *klass. nur subst.* **mĕdĭcŭs**, ī *m* Arzt.

mĕdĭĕtās, ātĭs *f* (mĕdĭŭs) Mitte, Mittelstellung; *auch* (*nkl.*) Hälfte (ex medietate zur Hälfte).

mĕdimnŭm, ī *n u.* (*vkl., nkl.*) **mĕdimnŭs**, ī *m* (*Fw.* ‹ μέδιμνος) attischer Scheffel (*ca. 52 Liter fassend* = *6 röm. modii*).

F. *gen. pl.* (*bei Maßangaben*) mĕdĭmnŭm (*cf.* V.-B. VI, 1).

▶ mĕdĭŏcrĭs, ĕ (*adv.* **-ĭtĕr** *m. comp.* mĕdĭŏcrĭŭs) (*eigtl.* „auf halber Höhe befindlich"; mĕdĭŭs + *altl.* ŏcrĭs „steiniger Berg"; *cf.* ὄκρις „Bergspitze, Kante", ăcĕr²) **1.** mittelmäßig, die Mitte haltend [°statura; *auch* /, *zB.* res, aditus ziemlich gut; *adv.* so ziemlich, leidlich, *zB.* mediocriter versatum esse in re]. **2. a)** (*pejorativ*) nur mäßig, nur unbedeutend, gering, *v. Pers. u. Sachen* [homo, orator, ingenium, pecunia, °mediocria gerere nichts *v.* Bedeutung; non ~ = groß, bedeutend, *zB.* diligentia; *adv.* nur wenig, in geringem Grade, *zB.* mediocriter perturbari, doctus, non mediocriter in hohem Grade]; *bsd.* (*in Beziehung auf den Stand*) (*nkl.*) niedrig, gewöhnlich [familia; *subst.* mediocres *m* Leute niederen Standes]; **b)** (*lobend*) gemäßigt, genügsam, gelassen [°vir, non ~ hochstrebend, alqd -iter ferre gelassen].

mĕdĭŏcrĭtās, ātĭs *f* (mĕdĭŏcrĭs) **1.** Mittelmäßigkeit, Unbedeutendheit [ingenii]. **2.** Mittelstraße, Mäßigung *in einer Sache* (*abs., zB.* mediocritatem tenere, °aurea; alcis rei *u.* in re in *etw., zB.* dicendi *u.* in dicendo). **3. a)** *pl.* gemäßigte Leidenschaften; **b)** (*rhet.*) (*Qu.*) mittlere Schreibart.

Mĕdĭōlānŭm *u.* **-ĭŭm**, ī *n* (*-ŏ-?*)

Hptst. der Insubrer im Transpadanischen Gallien, j. Mailand (*Milano*); *Einw. u. adi.* **-lānēnsis** (ē).

mĕdiŏximŭs (**-xŭmŭs**) 3 (*sup. zu mĕdiŏcrīs*) (*Pl.*) der mittelste.

mĕdĭtābŭndŭs 3 (*mĕdĭtŏr*) (*Iust.*) eifrig auf *etw.* (*alqd*) sinnend.

mĕdĭtāmĕntŭm, *ī n* (*mĕdĭtŏr*) (*nkl.*) das Sinnen auf *etw.*; *pl.* Vorübungen [*belli*].

mĕdĭtātiō, *ōnis f* (*mĕdĭtŏr*) **1.** das Nachdenken über (*alcis rei, zB. futuri mali*). **2.** Vorbereitung auf *etw.* [*muneris obeundi*]. **3.** / Vorübung, Vorstudium (*abs. od. alcis rei, zB.* °*dicendi*).

mĕdĭtātŭs 3 *s. mĕdĭtŏr.*

mĕdĭ-tĕrrānĕŭs 3 (*mĕdĭŭs, tĕrră*) binnenländisch, fern vom Meer [*regiones, urbs, homines*]; *subst. mĕdĭtĕrrānĕă, ōrŭm n* (*nkl.*) Binnenland, das Innere [*Galliae*].

▶ **mĕdĭtŏr** 1. (*cf.* μέδομαι „bin auf *etw.* bedacht"; *cf. mĕdĕŏr*) **1.** über *etw.* nachdenken *od.* nachsinnen, *etw.* überlegen, auf *etw.* sinnen *od.* bedacht sein (*alqd, zB. curiam; alci alqd, zB. pestem; de re, zB. de sua ratione; selten ad alqd, zB. ad praedam, ad dicendum; m. inf.* m. dem Gedanken umgehen, *zB.* °*in Persas proficisci; m. indir. Frages.*); (*part. pf. pass.*) *adi.* **mĕdĭtātŭs** 3 (*adv.* °**-ē**) überlegt, überdacht, ausgedacht [*scelus, commentatio* sorgfältig ausgearbeitet, °*oratio*]. **2.** auf *etw.* sich vorbereiten, sich üben, Vorübungen machen (*abs. od. alqd, zB.* °*versūs secum,* °*silvestrem Musam avenā*).

mĕdĭtŭllĭŭm, *ī n* (*mĕdĭŭs* + **tŏllĭŭm zu tĕllūs*) (*unkl.*) Binnenland; *übh.* Mitte, Mittelpunkt.

> **mĕdĭŭs**
> **1. a**) (*räuml.*) der mittlere, der mittelste, dazwischenliegend; **b**) (*zeitl.*) der mittlere, dazwischenliegend; **c**) in der Mitte stehend; mittelmäßig; unparteiisch; zweideutig; **2.** *subst.* **mĕdĭŭm a**) Mitte; **b**) Öffentlichkeit, Publikum; **c**) Gemeinwohl; **d**) Hälfte.

mĕdĭŭs 3 (*adv.* °**-ē**) (*cf.* μέσ[σ]ος, *nhd.* „mitten") **1.** *adi.* mitten: **a**) (*räuml.*) der mittlere, der mittelste, dazwischenliegend, -stehend [*digitus, pars urbis, locus* Mittelpunkt, Mitte, *zB. mundi od. terrae,* °*ignes* in der Mitte des Altars brennend, *acies* Zentrum, *insula -a u. -a insula* die in der Mitte zw. anderen gelegene Insel *od.* (*partitiv*) der mittlere Teil der Insel, *per mediam insulam* mitten durch die Insel, *in medio foro* mitten auf dem Markt, *per medios hostes* mitten durch die Feinde, *in medios hostes* mitten unter die Feinde; *alcis rei u. inter alqd* zw. *etw., zB. locus -us utriusque od. utrorumque castrorum od. earum regionum*]; / *oft* = der innerste, der tiefste [*hoc est ex medio iure civili* gehört zum innersten Wesen des Zivilrechts, *in medio dolore* im tiefsten Schmerz]; **b**) (*zeitl.*) der mittlere, dazwischenliegend [*tempus* Zwischenzeit, Pause, °*vix quinque horis mediis* kaum fünf Stunden nachher, °*medium esse* dazwischenfallen, -verfließen; *bsd. partitiv:* °*mediā aestate* im Hochsommer, *-a nox* Mitternacht, °~ *dies* Mittag, °*in medium diem dormire,* °*anni medii temporis* die mittleren Lebensjahre = *media aetas* Mannesalter, °*mediae pruinae* Mitte des Winters]; / *vom zeitl. Verlauf* = mitten in *od.* bei *od.* während [*in media oratione consurgere, in media pace* im tiefsten Frieden]; **c**) / **α**) in der Mitte stehend, die Mitte haltend [*officium* (*stoischer t.t.*) = weder gut noch böse, *medium quendam cursum tenere; inter alqd u.* °*alcis rei, zB. inter pacem et bellum medium nihil interest*]; **β**) (*unkl.*) mittelmäßig, ziemlich [*gratia non media* = außerordentliche]; *bsd.* gewöhnlichen Schlages [*plebs, sermones*]; **γ**) unparteiisch, neutral [*amici,* °*medium agere od.* °*se gerere* neutral bleiben; *ähnlich auch* °*res publica media est* ist Gemeingut]; **δ**) (*nkl.*) zweideutig, unentschieden [*responsum, medium partibus se praestare*]; **ε**) (*dcht.*) vermittelnd [*medium paci se offerre* als Vermittler, *fratris et sororis* zwischen]; **ζ**) (*dcht.*) dazwischenkommend, störend (*alqs medius occurrit od. venit* tritt hindernd in den Weg); **η**) (*nkl.*) halb, zur Hälfte [*pars, mediā tenus alvo*]. **2.** *subst.* **mĕdĭŭm,** *ī n* **a**) Mitte [°*sarcinas in medium conicere,* °*in medium accipere* in die Mitte nehmen; (*nkl., dcht.*) *m. gen., zB.* ~ *diei od. agminis, ad medium viae, medio temporis* unterdes; °*alcis rei auch* zwischen *etw., zB.* °*virtus est* ~ *vitiorum*]; *bsd.* Mittelpunkt, Zentrum [~ *ferire*]; / (*dcht.*) Mittelstraße [*medio tutissimus ibis, media sequi* einschlagen]; **b**) Öffentlichkeit, Publikum, / tägliches Leben, menschliche Gesellschaft, *fast nur m. prp.* [°*verba e medio sumere od. arcessere v.* der Straße, aus dem Publikum; *in medium proferre alqd etw.* bekanntmachen, zur Sprache bringen; *in medium vocare* vor das Publikum bringen, vor Gericht ziehen; *in medium venire u. procedere* sich öffentlich zeigen, öffentlich *od.* vor Gericht auftreten; *tabulae sunt in medio* liegen zu jedermanns Einsicht vor; *alqd in medio ponere* vor jedermann darlegen, bekanntmachen; *in medio u.* °*in medium relinquere alqd etw.* unentschieden lassen; *de medio recedere* aus dem Wege gehen; *de medio tollere* aus dem Wege räumen, *auch* abschaffen; *e medio pellere* aus der Gemeinschaft der Menschen fortschaffen; °*se e medio amovere* sich aus der großen Welt zurückziehen]; **c**) Gemeinwohl [°*in medium consulere* für das gemeine Beste sorgen, °*res cedit in medium* wird Gemeingut, °*alqd in medium dare* zu gemeinschaftlichem Gebrauch, für alle zugleich, °*res in medio sita u. posita* Gemeingut]; **d**) (*vkl., nkl.*) Hälfte.

mĕdĭŭs Fĭdĭŭs *s. Fĭdĭŭs.*

mĕdĭx, *ĭcĭs m* (*meist* **mĕdĭx tŭtĭcŭs**) (*mē ... tū ...?; osk.* ⟨ **medo-dik-s zu mĕdĭtŏr u. dīcō*[2]) Bundesoberhaupt (*der Osker*).

mĕdŭllă, *ae f* (*et. nicht sicher deutbar*) **1.** (*nkl., dcht.*) Mark *der Knochen u. Pflanzen, meist pl.* **2.** / **a**) Innerstes, Herz (*alci haerere in medullis u. alci inclusum esse medullis* recht am Herzen liegen); **b**) (*vkl., nkl.*) Kern = das Vortrefflichste [*suadae*]. — ***(*med. t.t.*) ~ *ossium* Knochenmark; ~ *spinalis* Rückenmark.

mĕdŭllĭtŭs *adv.* (*mĕdŭllă*) (*vkl., nkl.*) bis ins Mark, herzlich [*amare*].

mĕdŭllŭlă, *ae f* (*demin. v. mĕdŭllă*) (*Ca.*) zartes Mark.

mĕdŭs, *ī m* (*germ. Lw.; cf. ahd.* metu, μέθυ) (*Isid.*) Honigwein, Met, *ältestes idg. alkoholisches Getränk* [~ *quasi melus, quia ex melle fit*].

Mēdŭs, *ī m s. Mēdĭă.*

Mĕdūsă, *ae f* (Μέδουσα) *s. Gŏrgō; adi.* **Mĕdūsaeŭs** 3 [°*equus u.* °*praepes* = Pegasus, °*fons* = Hippokrene].

mĕfītis *s. mĕphītis.*

Mĕgaeră, *ae f* (Μέγαιρα) *eine der Erinnyen* (*Furien*); / (*spätl.*) (*appell.*) Megäre, böses Weib.

Mĕgălē, *ēs f* (Μεγάλη) die Große Göttermutter Kybele (*Magna mater*), *deren Kult 204 v. Chr. nach Rom gekommen war. Ihr Fest, die* **Mĕgălē(n)sĭă,** *ĭŭm n wurde zu Rom jährlich am 4. April gefeiert.*

Mĕgălē pŏlis *u.* **Mĕgălŏ-pŏlis,** *ĭs f* (Μεγάλη πόλις, Μεγαλόπολις) *St. in Südarkadien, Geburtsort des Polybios; Einw. u. adi.* **Mĕgălŏpŏlītānŭs** (3).

F. *sg. acc. Mĕgălēn pŏlīn u. Mĕgălŏpŏlīm, abl. Mĕgălŏpŏlī.*

Mĕgără, *ōrŭm n u.* (*selten*) **-ă,** *ae f* (τὰ Μέγαρα) *Hptst. der Ldsch. Megaris, w. v. Athen; Geburtsort des Philosophen Euklid; Einw.* **Mĕgărēnsis,** *ĭs u.* **Mĕgărĕŭs,** *ĕī u.* °*ĕŏs m; adi.* **Mĕgărĭcŭs** *u.* °**Mĕgărēŭs** 3 (*subst.* **Mĕgărĭcī,** *ōrŭm m* die Anhänger Euklids).

mĕgistānēs, *ŭm m* (*acc. -ās; Fw.* ⟨ μεγιστᾶνες) (*nkl.*) Würdenträger, Magnaten. *Cf.* V.-B. III, 1, e.

mĕhĕrc(ŭ)lē *u.* **-cŭlēs** *int. s. Hĕrcŭlēs.*

mēiō, — — 3. (*d.i. mējjō; cf.* ὀμείχω *ds.; mīngō*) (*dcht.*) harnen; / *vom angeschlagenen Nachtgeschirr; auch in sexueller Doppelbedeutung* [*ne ditior meiat eodem*].

▶ **mĕl,** *mĕllĭs n* (*cf.* μέλι, *ahd.* milsken „süßen") Honig [*melle dulcior* honigsüß]; °*mella Falerno diluta* Honigwein; / (*unkl.*) Süßigkeit, Süßes, Liebliches [*mella poëtica* Gedichte wie Honig]; *auch Kosewort* [°*meum mel*].

F. *abl. sg. mĕllĕ; pl. nom. u. acc. mĕllă, gen. u. dat. ungebräuchlich.*

Mĕlă, *ae m röm. cogn.: Pŏmpōnĭŭs* ~ *schrieb um 43 n. Chr. 3 Bücher Dē chōrŏgrăphĭā, das älteste erhaltene röm. Lehrbuch der Geographie.*

mĕlănchŏlĭcŭs 3 (*Fw.* ⟨ μελαγχολικός) „schwarzgallig", schwermütig, melancholisch.

mĕlăndrȳŭm, ī n (*Fw.* ⟨ μελάνδρυον) (*unkl.*) ein Stück eingesalzener Thunfisch.

mĕlănūrŭs, ī m (*Fw.* ⟨ μελάνουρος) (*unkl.*) Schwarzschwanz (*Seefisch*).

mĕlcŭlŭm, ī n (*demin. v.* mĕl) (*Pl.*) Honigpüppchen (*Kosewort*).

Mĕlĕăgĕr *u.* **Mĕlĕăgrŏs,** *grī m* (Μελέαγρος) *S. des* Oeneus (Οἰνεύς) *u. der* Althaea (Ἀλθαία) *Besieger des Kalydonischen Ebers.*

mēlēs *u.* **-līs,** *is f* (*wohl zu* fēlēs; *s.d.*) (*unkl.*) Marder *od.* Dachs.

Mĕlĭbœ̆ă, *ae f* (Μελίβοια) *St. auf Magnesia, Geburtsort des Philoktet; adi.* **Mĕlĭbœ̆ŭs** 3 [°*dux* = Philoktet, °*purpura* in Meliboea verfertigt].

Mĕlĭcĕrtă *u.* **-ēs,** *ae m* (Μελικέρτης) *S. des Athamas u. der Ino; als Meergott unter dem Namen Pălaemōn u. Pŏrtūnŭs verehrt (s.d.).*

mĕlĭcŭs 3 (*Fw.* ⟨ μελικός) **1.** (*dcht.*) musikalisch. **2.** lyrisch [*poēma*].

mĕlĭlōtŏs, ī m (*Fw.* ⟨ μελίλωτος), **mĕlĭlōtŏn** *u.* **-tŭm,** ī n (*Fw.* ⟨ μελίλωτον) (*dcht., nkl.*) Honig-, Steinklee.

mĕlĭmēlŭm, ī n (*Fw.* ⟨ μελίμηλον) (*unkl.*) in Honig eingemachtes Obst, *bsd.* Quitten.

mĕlīnă = *mellīnă*².

mēlīnŭm, ī n (*zu* Mēlŏs) (*vkl., nkl.*) Melisch-Weiß *als trockene Farbe u. als Schminke.*

▶ **mĕlĭŏr,** *iŭs comp. zu bŏnŭs.*

mĕlĭsphȳllŭm *u.* **mĕlĭssŏphȳllŏn,** ī n (*Lw.* ⟨ μελισσό-φυλλον, *eigtl.* „Bienenblatt") (*dcht., nkl.*), ****melissa,** *ae f* Melisse.

Mĕlĭssŭs, ī m (Μέλισσος): C. *Maecēnās* ~ *aus Spoletium, Freigelassener des Mäcenas, Bibliothekar des Augustus, Schriftsteller.*

Mĕlĭtă, *ae u.* °**-ē,** *ēs f* (Μελίτη) Malta; *adi.* **Mĕlĭtēnsĭs,** ĕ maltesisch [*vestis*]; *subst.* **Mĕlĭtēnsĭă,** *ĭŭm m* maltesische Teppiche *od.* Decken.

mĕlĭŭs *comp. zu bŏnŭs u. bĕnĕ.*

Mēlĭŭs 3 *s.* Mēlŏs.

mĕlĭŭscŭlŭs 3 (*demin. v.* mĕlĭŭs) (*vkl., nkl.*) *etw.* besser; *klass. nur adv.* **-ē;** *alci -e est* es geht *jd. etw.* besser.

mĕllă, *ae f* **1.** (*mĕl*) (*Pl.*) Honigtrank. **2.** (*et. unklar, Verbindung m.* mĕl *wohl volkset.*) (*Isid.*) syrische Bohne.

mĕllĭcŭlŭs 3 (*demin. v.* mĕl) (*Pl.*) honigsüß.

mĕllĭ-fĕr, *fĕră, fĕrŭm* (*mĕl, fĕrō*) (*dcht.*) Honig (ein)tragend [*apis*].

mĕllĭlă, *ae f* (*mĕllĭnă*¹) (*Pl.*) Honigpüppchen (*Kosewort*).

mĕllīnă¹, *ae f* (*mĕl*) (*Pl.*) Honigwein.

mĕllīnă², *ae f* (*mēlēs*) (*sc. pĕllĭs*) (*Pl.*) Sack aus Marderfell.

mĕllīnĭă, *ae f* (*mĕl*) (*Pl.*) Süßigkeit, Wonne (?).

mĕllītŭs 3 (*mĕl*) (*unkl.*) *m.* Honig versüßt, Honig... [*placenta* Honigkuchen]; / süß, allerliebst [*oculi, passer*].

mēlō, *ōnĭs* (-ō-?) *m* (*Kurzform* ⟨ *mēlŏpĕpō* ⟨ μηλοπέπων *eigtl.* „reifer Apfel") (*spätl.*) *e-e* Art Melone.

mĕlōdĭă, *ae f* (*Fw.* ⟨ μελῳδία) (*spätl.*) Melodie, Lied, Weise.

Melodūnŭm, ī n *gallische St. im Land der Senonen, j.* Melun.

mĕlŏs *n* (*Fw.* ⟨ μέλος) (*unkl.*) Gesang, Lied, Weise.

F. *dat. u. abl. sg.* °*mĕlō, acc.* °*mĕlŏs u. -ŭm; nom. pl.* °*mĕlē* (= τὰ μέλη).

Mēlŏs, ī *f* (Μῆλος) *südwestlichste Kykladeninsel, m. gleichnamiger Hptst., italienisch* Milo, *neugriech.* Milos (*Fundort der j. im Louvre befindlichen Venus v. Milo aus dem 1. Jh. v. Chr.*); *adi.* **Mēlĭŭs** 3.

Mĕlpŏmĕnē, *ēs f* (Μελπομένη „die Singende") *Muse der Tragödie, auch der Lyrik.*

mĕmbrānă, *ae f* (*mĕmbrŭm*) **1. a)** Häutchen, die zarte (innere) Haut *des animalischen Körpers od. der Vegetabilien;* **b)** (*dcht.*) äußere Haut, Balg *der Schlange.* **2.** (*dcht., nkl.*) Pergament, *zum Schreiben zugerichtete Tierhaut* (= *chărtă Pĕrgămēnă*); *pl.* Pergamentblätter, -tafeln. **3.** (*Lu.*) Oberfläche.

mĕmbrānĕŭs 3 (*mĕmbrānă*) (*dcht., nkl.*) aus Pergament.

mĕmbrānŭlă, *ae f* (*demin. v.* mĕmbrānă) (dünnes) Pergament; *meton.* Pergamentschrift.

mĕmbrātĭm (*mĕmbrŭm*) *adv.* **1.** (*dcht., nkl.*) gliedweise. **2.** / stückweise, einzeln, nach *u.* nach [~ *negotium gerere*]; *bsd.* (*rhet.*) in kleinen Sätzen *od.* Abschnitten [*dicere*].

▶ **mĕmbrŭm,** ī n (⟨ **mēms-rŏm*; *cf. hom. pl.* μῆρα „Schenkelteile") **1. a)** Glied *des tierischen Körpers; pl.* Glieder, Gliedmaßen [°*setosa -a* Borstenleib, *artus membrorum* Bau der Glieder]; **b)** *die männl. od. weibl. Genitalien* (°*sg.* der Phallus; *vollständig* ~ °*virile*). **2.** / **a)** Glied = Teil *eines organischen Ganzen* [°*ratis, philosophiae*]; **b)** Gemach, Zimmer; **c)** Teilnehmer *e-r Gesellschaft* [~ *convictūs mei*]; **d)** (*rhet. t.t.*) Teil der Rede, (kurzes) Satzglied, Kolon, Abschnitt.

mē-mēt *s. ĕgō u. mĕt.*

▶ **mĕmĭnī,** *inf.* **mĕmĭnĭssĕ,** *verb. def.* (⟨ **mé-mon-ai, altes redupl. pf.* = μέμονα) **1.** sich erinnern, eingedenk sein (*abs., zB. ut memini* soweit ich mich erinnere; *alcis, zB. vivorum, sui* an sich denken, *selten de alqo; alqm* sich noch auf *jd.* besinnen, *zB. Cinnam; alcis rei u. alqd, zB. constantiae, beneficia, selten* °*de re; m. a.c.i. bald pf. bald praes.; m. cum c. ind.; m. indir. Frages.*). **2.** daran denken *etw. zu tun,* nicht vergessen, *bsd. imp.* memento (*m. inf., zB. curare; m.* °*ut*). **3.** *mündl. od. schriftl.* erwähnen (*alcis u. alcis rei, auch de alqo, zB.* °*huius coniurationis, de exsulibus*). — ***memento mori* („gedenke, daß du sterblich bist") *Titel e-s alemannischen Gedichts des 11. Jhs., aber schwerlich die Quelle des Ausspruchs.*

Mĕmmĭŭs 3 *röm. Gentilname: C. Memmius, Prätor 58, Freund Ciceros u. des Dichters Lukrez, der ihm sein Lehrgedicht widmete; adi. auch* **Mĕmmĭānŭs** 3; *subst.* (*wie griech. patron.*) **Mĕmmĭădēs,** *ae f* (*Lu.*) ein Memmiade *od.* ein Memmius.

Mĕmnŏn, *ŏnĭs m* (Μέμνων) *S. des Tithonos* (*lat. -ŭs*) *u. der Ēŏs* (*lat. Aurōră*), *myth. K. der Äthiopier, v. Achill getötet. Seine Gefährten, die seinen Leichnam in Troas bestatteten, wurden wegen allzu großer Trauer in Vögel verwandelt; sie versammeln sich jährlich an seinem Grab u. klagen um ihren Herrn; adi.* **Mĕmnŏnĭŭs** 3 (*fem. auch* **Mĕmnŏnĭs,** *ĭdĭs*) des Memnon, *übh.* morgenländisch [*aves Memnoniae od. subst.* **Mĕmnŏnĭdēs** (Μεμνονίδες)]. — *Mit ihm wurden auch die zwei — einst zu einem Tempel gehörigen — sitzenden Kolossalstatuen, die Amenophis III. bei Theben in Oberägypten hatte errichten lassen, in Verbindung gebracht* [°*Memnonis saxea effigies*]. *Cf.* V.-B. III, 1, b.

▶ **mĕmŏr,** *ŏrĭs* (*adv.* **-ĭtĕr**) (*cf.* μέρμερος „was viel Sinnen erfordert"; *altnord. Riese* „Mimir") **1. a)** sich erinnernd, eingedenk (*abs. od. m. gen., zB. sui* ihrer Würde, *beneficii; m. indir. Frages.; / auch v. Sachen* = *etw.* berücksichtigend, *m.* Rücksicht auf, *zB.* °*cadus Marsi belli* ~, °*oratio maiestatis patrum* = Bedacht nehmend auf, *vox* ~ *libertatis* noch Freiheitssinn atmend, °*exemplum parum* ~ *legum humanarum* = unmenschlich, °*pectus* treues Gedächtnis, °*aevum* Erinnerung bei der Nachwelt); **b)** dankbar, erkenntlich [*homo, animus; abs. od. in alqm* gegen *jd., zB. in bene meritos*]; **c)** (*pejorativ*) (*dcht., nkl.*) unversöhnlich [*ira, poena* rächend]; **d)** (*dcht.*) vorsorgend, bedachtsam [*multo ante* ~ *provisa repones*]; **e)** *m.* gutem Gedächtnis (begabt) [*homo, orator*]. **2.** (*act.*) (*nkl., dcht.*) an *etw.* erinnernd *od.* mahnend (*abs., zB. versus, nota* bleibend; *alcis rei, zB. ingenium Numae* ~). **3.** *adv.* **mĕmŏrĭtĕr** *m.* gutem Gedächtnis [*multa* ~ *narrare de re,* ~ *enumerare philosophorum sententias*]; *auch* aus dem Gedächtnis, auswendig (*Ggs. de scripto*) [*multa* ~ *pronuntiare ex orationibus Demosthenis*].

F. *abl. sg. -ī; pl. neutr. ungebräuchlich, gen. -ŭm.*

mĕmŏrābĭlĭs, ĕ (*mĕmŏrō*) (*m. comp.*) **1.** (*Com.*) was erwähnt werden kann, denkbar. **2.** erwähnenswert, denkwürdig, merkwürdig, *v. Pers. u. Sachen* [*vir, virtus, res* Merkwürdigkeit; *re* durch, wegen *etw.*]. **3.** (*dcht.*) gerühmt, gepriesen [*nomen, numen*].

mĕmŏrāndŭs 3 (*unkl.*) erwähnenswert, merkwürdig. — ****subst. memorandum* (diplomatische) Denkschrift.

mĕmŏrātŏr, *ōrĭs m* (*mĕmŏrō*) (*unkl.*) Erzähler.

mĕmŏrātŭs¹ 3 (*m. sup.*) (*P.P.P. v. mĕmŏrō*) (*nkl.*) berühmt, merkwürdig.

mĕmŏrātŭs², *ūs m* (*mĕmŏrō*) (*unkl.*) Erwähnung, Erzählung.

mĕmŏrĭă
1. Gedächtnis; **2. a)** Erinnerung, Andenken *an jd.*; **b)** Gedanke *an etw.*; **c)** Bewußtsein; **3. a)** Zeit; **b)** Ereignis, Vorfall; **c)** Überlieferung, Tradition; **d)** Aufzeichnung; **e)** Geschichte.

mĕmŏrĭă, *ae f* (*mĕmŏr*) Gedächtnis: **1.** (*als Geisteskraft*) Erinnerungsvermögen [*bona, tanta, -ā vigere* ein starkes Gedächtnis haben, *-ae studere* üben, *alqd -ā complecti od. tenere* behalten, *alqd -ā repetere* sich ins G. zurückrufen, *alqd -ae mandare* sich merken, *ex -ā deponere alqd etw.* vergessen; *ex -ā* aus dem Kopf, *zB. narrare*]. **2. a)** Erinnerung, Andenken (*alcis j-s u.* an *jd.*, *zB. avi, nostri*; *alcis rei e-r* Sache, an *od.* für *etw.*, *zB. miseriarum*; *post hominum memoriam* seit Menschengedenken; *-ā dignus* = *mĕmŏrābĭlĭs*; *-am alcis rei excitare u. referre, retinere, repetere u. revocare* [*renovare, redintegrare*] sich *etw.* ins Gedächtnis zurückrufen = *redire in memoriam rei, memoria rei °excidit od. °abiit od. °abolevit etw.* ist vergessen worden); **b)** (*nkl.*) Gedanke *an etw. Zukünftiges* [*belli inferendi*]; **c)** (*Ta.*) Bewußtsein [*sceleris*]. **3.** durch Erinnerung Bewahrtes: **a)** Zeit [*patrum et avorum memoriā* zur Zeit, *-ā meā* zu meiner Zeit, *philosophi huius -ae, paulo supra hanc -am* kurz vor unserer Zeit]; **b)** (*concr.*) die im Gedächtnis haftende Sache, Ereignis, Vorfall [*recordatio veteris cuiusdam memoriae*]; **c)** *auf Erinnerung beruhende mündl. od. schriftl.* Überlieferung, Nachricht, Kunde, *auch* Sage, Tradition [*nulla, alcis j-s, zB. hominum* mündl. Zeugnis, *litterarum* schriftl. Zeugnis; *alcis rei v. etw.*, *zB. huius imperii v.* diesem Oberbefehl; *alqd -ā prodere u. accepisse de re* durch mündliche Überlieferung; *memoriā ac litteris* mündl. *u.* schriftl.]; **d)** schriftl. Aufzeichnung [~ *rerum gestarum* Geschichtsschreibung, *-ae prodere u. tradere alqd schriftl.* aufzeichnen, der Nachwelt überliefern, *-ae prodendus* der Aufzeichnung wert]; **e)** Geschichte *als Überlieferung*, geschichtlicher Bericht [*-am rerum Graecarum tenere, -am septingentorum annorum uno libro complecti, omnis rerum* ~ Weltgeschichte].

mĕmŏrĭālĭs, *ĕ* (*mĕmŏrĭă*) (*nkl.*) zum Gedächtnis gehörig [*libellus* Denkschrift].

mĕmŏrĭŏlă, *ae f* (*demin. v. mĕmŏrĭă*) das schwache Gedächtnis.

mĕmŏrĭtĕr *adv. v. mĕmŏr.*

▶ **mĕmŏrō** 1. (*denom. v. mĕmŏr*) **1.** (*Ta.*) *jd.* an *etw.* erinnern *od.* mahnen (*alqd, zB. foedus*). **2.** erwähnen, berichten, erzählen (*abs., zB. incredibile est memoratu* es klingt unglaublich; *alqm u. alqd, zB. laudes alcis*; *alci alqd*; *auch de re*; *m. a.c.i., im P. m. n.c.i.*; *m. indir. Frages.*); (*dcht.*) *auch* rühmen, preisen, anführen, [*vocabula*] gebrauchen. — ***auswendig lernen, memorieren.

Mĕmphĭs, *ĭdĭs f* (*Μέμφις*) *alte St. im nördl. Mittelägypten*; *adi.* **Mĕmphĭtĭcŭs** 3 *u.* °**Mĕmphītēs**, *ae* [*bos* der Apis] (*fem.* °**Mĕmphītĭs**, *ĭdĭs u. ĭdŏs*), *auch übh.* ägyptisch.
F. *sg. acc.* Mĕmphim *u.* -ĭn; *voc.* -ĭ; *abl.* -ĭ.

Mĕnăndĕr *u.* °**Mĕnăndrŭs**, *drī m* (*Μένανδρος*) *der bedeutendste Dichter der neueren attischen Komödie* (*ca. 342—290*), *Vorbild für Plautus u. bsd. Terenz*; *adi.* **Mĕnăndrēŭs** 3.

Mĕnăpĭī, *ōrŭm m belg. Volk zw. Maas u. Schelde.*

mĕndă, *ae f* (*nkl., dcht.*) = *mĕndŭm.*

mĕndācĭ-lŏquŭs (*u.* **-lŏcŭs**) 3 (*mĕndācĭŭm, lŏquŏr*) (*vkl., spätl.*) lügenhaft.

mĕndācĭŭm, *ī n* (*mĕndāx*) **1.** Lüge [~ °*dicere, redarguere, onerare alqm mendaciis jd.* die Hucke voll lügen]. **2.** / **a)** Sinnestäuschung [*oculorum, sensuum*]; **b)** (*dcht., nkl.*) Erdichtung, Fiktion [*poëtarum*].

mĕndācĭuncŭlŭm, *ī n* (*demin. v. mĕndācĭŭm*) kleine Lüge *od.* Unwahrheit.

mĕndāx, *ācĭs* (*m.* °*comp. u.* °*sup.*) (*mĕndŭm*; *in der Bed. nachträglich durch mĕntĭŏr beeinflußt*) **1.** lügnerisch, lügenhaft, unwahr [*homo*]; *subst. m* Lügner (°*sup.* großer Lügner). **2.** / **a)** täuschend, (be)trügerisch, *bsd. v. Sachen* [°*Parca*, °*speculum*, °*forma* Truggestalt, *visa*]; **b)** (*dcht.*) erlogen, erdichtet [*infamia*]; **c)** (*dcht.*) unverdient [*damnum*]; **d)** (*dcht.*) nachgemacht [*pennae*].
F. *abl. sg.* -ī; *pl. neutr.* -ĭă, *gen.* -ĭŭm.

mĕndīcābŭlŭm, *ī n* (*mĕndīcō*) (*vkl., nkl.*) Bettler(gestalt) (?).

mĕndīcātĭō, *ōnĭs f* (*mĕndīcō*) (*Se.*) das Betteln [*vitae um*].

mĕndīcĭtās, *ātĭs f* (*mĕndīcŭs*) Bettelarmut, -stab.

mĕndīcō *u.* **-cŏr** 1. (*denom. v. mĕndīcŭs*) (*unkl.*) betteln; *trans. etw.* erbetteln [*cibus mendicatus* Bettelbrot]; (*part. praes.*) *subst.*
mĕndīcăntēs, *ĭŭm m* Bettler, ** Bettelmönche.

mĕndīcŭlŭs 3 (*demin. v. mĕndīcŭs*) (*Pl.*) bettlerisch, Bettler...

mĕndīcŭs 3 (*m. sup.*; *adv.* °**-ē**) (*mĕndŭm*) **1. a)** bettelarm [*homo*]; **b)** *subst. m* Bettler; (*Te.*) Lump (*pl.* [*Ho.*] Bettelgeschmeiß = bettelnde Kybelepriester). **2.** / (*v. Sachen*) **a)** (*Ma.*) erbettelt [*prandia*]; **b)** armselig, ärmlich [*instrumentum*].

mĕndōsŭs 3 (*m. comp. u.* °*sup.*; *adv.* **-ē**) (*mĕndŭm*) **1.** (*pass.*) fehlerhaft, verkehrt [*homo, historia,* °*mores, mendose scribere*]. **2.** (*act.*) oft Fehler machend [*servus*; *in re in od.* bei *etw., zB. in Verrucii nomine*]. — **-*a cantilena* Schelmenliedchen.

mĕndŭm, *ī n u.* (*nkl., dcht.*) **mĕndă**, *ae f* (*cf. altind.* mindā „Gebrechen") Sprach-, Rechen-, Schreibfehler, *übh.* Versehen; (*dcht.*) körperliches Gebrechen.

Mĕnĕlāŭs, *ī m* (*Μενέλαος*) *S. des Atreus, jüngerer Bruder Agamemnons, Gemahl der Helena, K. v. Sparta*; *adi.* **Mĕnĕlāēŭs** 3.

Mĕnēnĭŭs 3 *Name einer patriz. gēns zu Rom*; *s. Agrĭppă*; *adi.* Mĕnēnĭ(ān)ŭs 3.

Mĕnĭppŭs, *ī m* (*Μένιππος*) *kynischer Popularphilosoph aus Gadara in Syrien* (*um 270 v. Chr.*), *Vfssr. beißender Satiren, die Varro in seinen saturae Menippēae nachahmte.*

Mĕnoetĭŭs, *ī m* (*Μενοίτιος*) *V. des Patroklos*; *patron.* **Mĕnoetĭădēs**, *ae m* = Patroklos.

> **mēns**
> **1 a)** das Denken, Verstand; **b)** Überlegung, Besinnung; **2. a)** Sinnesart, Denkweise, Gemüt, Charakter; **b)** Gewissen; **c)** Mut; **3.** Seele, Geist; **4. a)** Gedanke, Erinnerung; **b)** Meinung; **c)** Absicht.

mēns, *mĕntĭs f* (*cf. altind.* matih „Sinn, Gedanke, Meinung") **1. a)** das Denken; denkender Geist, Denkvermögen, Verstand [~ *regnum totius animi habet,* ~ *et ratio* Verstand *u.* Vernunft, ~ *et animus* Verstand *u.* Gemüt, *totus et mente et animo m.* ganzer Seele, *mente comprehendere u. complecti alqd* begreifen, fassen, *suae od. sanae mentis esse* bei gesundem Verstande sein, *suae mentis compos* bei vollem Verstande, *mente captus u.* °*mentis inops* verrückt]; **b)** Überlegung, Einsicht, Besinnung [~ *alci excidit jd.* verliert die Besinnung, *sine ulla mente*]; ♀ Gottheit der Besinnung(skraft); *ihr Fest am 8. Juni auf dem Kapitol.* **2. a)** Denkweise, Sinnesart, Gesinnung, Gemüt, Charakter, Herz, Geist [*bona, mala, prava, diversae*; *alcis j-s, zB. Gallorum, oft zur Umschreibung der Person, zB. civium mentes* = *cives, quorum mentes* = *quos, mentem alcis sanare* = *alqm*; *hoc nostrae mentis est* entspricht unserem Charakter, ~ *animi* Gesinnung des Herzens, *animi nostrae mentis* die Neigungen unseres Gemüts, *mens cuiusque is est quisque* die Denkart ist das Ich eines jeden]; **b)** das Gewissen [*mentem suam testem adhibere*]; **c)** / (*nkl., dcht.*) Affekt: Mut [*praedonum, mentem deponere* sinken lassen]; Zorn, Leidenschaft [*inflammata, mentem satiare*]. **3.** / Seele, Geist, inneres Wesen [*civitatis, publica* Staatsweisheit]. **4.** (*meton.*) *Ergebnis des Denkens*: **a)** Gedanke(n), Vorstellung, Erinnerung, *auch pl.* [*mentem inicere od. dare* Gedanken eingeben *od.* einflößen, *dii omnium mentes perspiciunt, hac mente* in diesem Gedanken, *in mentem venire* in den Sinn kommen, einfallen; *venit mihi in mentem alqd od. alcis rei, auch de re etw.* fällt mir ein, ich erinnere mich an *etw., auch m. inf., a.c.i., m. ut, m. indir. Frages.*]; **b)** Meinung, Ansicht [°*mihi longe alia mens est, mentem alcis sanare* umstimmen, °*eādem mente esse*]; **c)** Absicht, Plan, Entschluß (*alcis, zB.* °*deorum, mea*; *alcis rei, zB. muta iam istam mentem*; *hac od. eā mente* in dieser Absicht, in diesem Sinne). — (*gen. pl. mĕntĭŭm*).

▶ **mēnsă**, *ae f* (*vl. part. pf. pass. v. mētĭŏr — sc. etwa tăbŭlă —, also eigtl.* „die zugemessene Platte"; *urspr. gemein-it. Kultwort für den aus Speltmehl gebackenen Boden der*

Opfergaben [*Obst, Gemüse*], *der später durch e-e hölzerne Tischplatte ersetzt wurde*) **1.** Essen, Mahlzeit, Gericht(e), *auch pl.* [°*divites*, *secunda* Nachtisch, *Syracusiae* Gerichte, *Italicae* Schlemmereien, *de mensa mittere alci*; (*scherzh.*) °*mensas consumimus* (*v. den Trojanern, die, v. Hunger gepeinigt, den Boden der Opfergabe aufessen*); °*apud u.* °*super mensam* bei Tisch, während des Essens]. **2.** (*meton.*) der (*m. Speisen besetzte*) Tisch, Tafel: **a)** Eßtisch [*mensas cibis exstruere u.* °*onerare*, °*alqd mensis imponere* auftischen; *mensam tollere od.* °*auferre*, °*(re)movere* die Tafel aufheben]; **b)** Opfertisch; Altar [*sacra*, °*deorum*]; **c)** (*Ho.*) Verkaufsbank der Fischer, (*Suet.*) der Fleischer; **d)** Wechslertisch [*argentaria*, *publica* öffentliche Bank]. — ***mensa* (*academica*) studentischer Mittagstisch; Speisesaal.

mēnsārĭŭs, ī *m* (*mēnsă*) **1.** (*nkl.*) Wechsler, Bankier. **2.** öffentlicher Bankier *zur Regulierung der finanziellen Angelegenheiten des Staates, meist pl. tresviri od. quinqueviri.*

mēnsĭō, ōnĭs *f* (*mētĭŏr*) Messung [*vocum* Silbenmaß, Tonmessung].

▶ **mēnsĭs,** ĭs *m* (*cf.* μήν [< *μηνς], *got.* mēna) (*urspr.* „Mondmonat") Monat; *bsd.* (*med. t.t.*) (*nkl.*) (*meist pl.*) Menstruation [*mulierum*]. — *** *mensis currentis* (*Abk.* m.c.) des laufenden Monats.
F. *abl. sg.* mēnsē; *gen. pl.* mēnsŭm *u.* mēnsĭŭm, *auch* mēnsŭŭm.

mēnsŏr, ōrĭs *m* (*mētĭŏr*) (*unkl.*) Vermesser [*maris et terrae*]; *bsd.* Feldmesser; *auch* (*Pli.*) Baumeister.

mēnstrŭālĭs, ĕ (*mēnstrŭŭs*) (*vkl., nkl.*) monatlich, für *e-n* Monat.

mēnstrŭō 1. (*mēnstrŭŭs*) (*spätl.*) menstruieren.

mēnstrŭŭs 3 (*mēnsĭs*) **1.** (all-) monatlich [*usura*]; *subst.* **-ŭm,** ī *n* (*nkl.*) monatliche Amtsverrichtung, Monatsdienst. **2.** einen Monat dauernd, auf einen Monat berechnet [*vita*, *spatium*, *cibaria*]; *subst.* **-ŭm,** ī *n* (*Li.*) (*sc.* frūmĕntŭm) Lebensmittel auf einen Monat.

mēnsŭlă, ae *f* (*demin. v.* mēnsă) (*vkl., nkl.*) Tischchen.

mēnsūră, ae *f* (*mētĭŏr*) **1.** das Messen, Messung [*ex aqua* nach der Wasseruhr, *sub aurium mensuram cadere* vom Ohr (ab)gemessen werden können]. **2. a)** Maß, *m. dem man mißt* [*Phidus Argivus invenit mensuras et pondera*, °*modus mensurae* Art des Maßes]; **b)** Maß *als das durch Messen gefundene Ergebnis* = Größe, Umfang, Länge, Dicke [*itinerum* Wegmaß, °*bibendi* Zeitdauer, °*posterior* Länge der Hinterfüße, °*verborum* Quantität; / (*dcht., nkl.*) *legati* Charakter, Würde].

mēnsŭs *part. pf. v.* mētĭŏr.

mĕntă *u.* **mĕnthă,** ae *f* (*wohl wie* μίνθη *Lw. aus e-r südosteuropäischen Spr.*) Minze, *bsd.* Krauseminze.

mĕntĭō, ōnĭs *f* (*mēns, mĕmĭnī*) Erinnerung, Erwähnung (*alcis j-s subi. u. obi.*, *alcis rei* einer Sache *obi.*, *zB. plebis*; °*incidit de uxoribus mentio* das Gespräch kam auf die Frauen; *mentionem facere od.* °*inferre od.* °*movere alcis rei u. de re etw.* erwähnen); *insb.* Anregung, Vorschlag, beiläufiger Antrag, Anregung [*mentionem alcis rei facere od.* °*agitare etw.* vorläufig zur Sprache bringen, *zB. in senatu, auch de re, zB.* °*de Hernicorum defectione*].

▶ **mĕntĭŏr,** mĕntītŭs sŭm 4. (*altl. fut.* -ībĭtŭr, -ībĭmŭr; *denom. v.* mēns, *eigtl.* „sich *etw.* ausdenken") **1.** (*intr.*) **a)** ein Lügner sein, lügen, die Unwahrheit sagen, *v. Pers.*, / *auch v. Sachen* [*frons, oculi, vultus, oratio*; *apud alqm* bei *od.* vor *jd.*, gegen *jd.*; *de u. in re*]; *subst.* **mĕntĭēns,** ĕntĭs *m* (= ψευδόμενος) Trugschluß; **b)** zum Lügner werden, sein Wort nicht halten (°*alci*); **c)** (*dcht.*) (*vom Dichter*) frei erfinden, dichten, fabeln [*Homerus*]; **d)** (*Pl.*) sich täuschen, irren. **2.** (*trans.*) **a)** *etw.* erdichten, fälschlich vorbringen, / *auch v. Sachen* (*alqd, zB.* °*tantam rem*, °*nihil alci u. in alqm*, °*spem* täuschen; *m. a.c.i.*); *part. pf.* **mĕntītŭs** *auch pass.* (*unkl.*) erlogen, erdichtet, nachgemacht, trügerisch [*errores, figura*]; **b)** (*dcht., nkl.*) fälschlich vorgeben, vorspiegeln [*auspicium, se filium alcis* sich fälschlich ausgeben für]; **c)** (*nkl., dcht.*) *etw.* fälschlich sich aneignen, treulos versprechen *od.* zeigen (*alqd, zB. sacra* sich fälschlich für ein Weihgeschenk ausgeben [*vom Trojanischen Pferd*], *lana varios colores mentitur*).

Mĕntŏr, ŏrĭs *m* (Μέντωρ) *ber. Toreut* (*Künstler in getriebener Arbeit*) *um 350 v. Chr.*; / (*dcht.*) Silbergefäß *od.* Schale *m. getriebenen Reliefs*; *adi.* **Mĕntŏrĕŭs** 3.

mĕntŭlă, ae *f* (*et. ungedeutet*) (*dcht.*) männliches Glied; Phallus.

mĕntŭlātŭs 3 (*m. comp.*) (*mĕntŭlă*) (*dcht.*) *m. e-m* großen Phallus [*deus Priapo mentulatior non est*].

mĕntŭm, ī *n* (*cf.* ē-mĭnĕō) Kinn *der Menschen u. Tiere*; *meton.* (*dcht.*) Kinnbart, Bart.

mĕō 1. (*cf. polnisch* mijam „vorbeigehen"; *gall. Fl.-Name* Moenŭs „Main") (*nkl., dcht.*) gehen, wandeln, ziehen, strömen, sich bewegen, *fast nur v. Leblosem* [*exercitus, aqua u. amnis* fließt dahin, *triremis, spiritus libere meat* geht frei, *meantia sidera* Planeten; P. *iter navigiis meatur* wird befahren *v.*].

mĕphītĭs, ĭs *f* (*osk. Fw., et. ungedeutet*) (*unkl.*) schädliche Ausdünstung der Erde; ♀ *personif.* Gottheit der giftigen Dünste der Erde *od.* Schutzgottheit gegen sie.
F. *acc.* mĕphītīm.

mĕrăcŭs 3 *u. demin.* (*vkl., nkl.*)

mĕrăc(ŭ)lŭs 3 (*m. comp. u. sup.*) (*mĕrŭs*) (ziemlich) unvermischt, unverfälscht, rein [*vinum*; *auch* /, *zB. libertas*].

mĕrcābĭlĭs, ĕ (*mĕrcŏr*) (*Ov.*) käuflich.

▶ **mĕrcātŏr,** ōrĭs *m* (*mĕrcŏr*) **1.** Kaufmann, *bsd.* Großkaufmann. **2.** Aufkäufer [*signorum, provinciarum*].

mĕrcātōrĭŭs 3 (*mĕrcātŏr*) (*Pl.*) kaufmännisch [*navis* Handelsschiff].

mĕrcātūră, ae *f* (*mĕrcŏr*) Handel, *bsd.* Großhandel [*magna, quaestuosa, mercaturam facere* Handel treiben; / ~ *quaedam utilitatum* so eine Art Handel um seines Vorteils willen]; *pl.* Handelsgeschäfte; *auch* Einkauf.

mĕrcātŭs, ūs *m* (*mĕrcŏr*) **1.** Handel [*turpissimus*; *alcis rei*]. **2.** Markt *od.* Jahrmarkt, Messe [°*frequens*, -*um habere* abhalten, *ad -um proficisci*; *Olympiacus* Festversammlung *od.* Volksfest zu Olympia (= πανήγυρις)].

mĕrcēdārĭŭs, ī *m* (*mĕrcēs*) (*Se.*) Lohn-, Arbeitgeber.

mĕrcē-dōnĭŭs *mēnsĭs* (-ō-?) (*mĕrcēs* „Pachtgeld"; *also eigtl.* „[letzter] Pachtgeldzahlungsmonat"; *Bildung ungedeutet*) (*Inschr.*) Schaltmonat, *für gewöhnlich* (*mensis*) *ĭntĕrcălārĭs genannt*; *s.d.*

mĕrcēdŭlă, ae *f* (*demin. v.* mĕrcēs) **1.** armseliger Lohn. **2.** *pl.* geringe Einkünfte, erbärmliche Pachtgelder.

mĕrcēn(n)ārĭŭs 3 (-cĕnn-?; *mĕrcēs*) um Lohn *od.* für Sold gedungen, gemietet, bezahlt, bestochen [°*scriba, testis*, °*miles* Söldner, °*arma* die man um Sold ergreift, *liberalitas* erkauft, °*vincula* das *m.* Besoldung verbundene Amt eines *praeco* = besoldete Fesseln]; *subst. m* Lohnarbeiter, Tagelöhner, *bsd.* Söldner (*alcis j-s*).

▶ **mĕrcēs,** ēdĭs *f* (*mĕrx*) **1. a)** Lohn, Sold, Preis für *etw.* (*alcis j-s, alcis rei* für *etw.*, *zB. operae*, °*parricidii*; *mercedem accipere ab alqo, milites mercede conducere*, °*sine mercede* umsonst); **b)** (*pejorativ*) Sündengeld, Geld zur Bestechung [*lingua mercede astrictā*, °*proditionis*]. **2. a)** Verdienst, *auch pl.* [°*parvae, manuum mercede inopiam tolerare*]; **b)** Lehrgeld, Honorar, Gehalt, Gage [*rhetori magnam mercedem dare, mercede docere*]; **c)** Lehrgeld *od.* Lohn = Strafe, Schaden (*alcis* für *etw.*, *zB.* °*temeritatis*, °*spreti numinis*, °*mercede suorum* zum Nachteil der Ihrigen]. **3.** Miete, Pacht, Ertrag, Einkünfte [*annuae, praediorum, habitationum* Mietzins]; *pl. auch* (*dcht.*) Zinsen *eines Kapitals* [*capitis*]. **4.** / (*Ho.*) Bedingung [*non alia mercede bibam*]. — (*gen. pl.* -ŭm).

mĕrcīmōnĭŭm, ī *n* (*mĕrx*) (*vkl., nkl.*) Ware.

mĕrcŏr 1. (*denom. v.* mĕrx) **1.** (*intr.*) (*vkl., nkl.*) Handel treiben. **2.** (*trans.*) erhandeln, kaufen, erkaufen (*alqd, zB. panem, magno od. magnā pecuniā* teuer; *alci alqd jd. etw.*, *zB. canes*; *alqd ab u. de alqo etw. v. jd.*, *zB. fundum a u. de pupillo*; / *officia vitā*, °*alqd magno* reichlich belohnen); *part. pf.* mĕrcātŭs 3 *auch* (*pass.*) (*nkl., dcht.*) erkauft [*commeatus*].
F. *inf. praes.* (*altl.*) mĕrcārĭĕr =

mĕrcāri.

Mĕrcŭriŭs, ī *m* (*entweder* ‹ *etr.* *mercura; *urspr. etr. Gentilgottheit, 495 v. Chr. aus Falerii eingeführt; od. m. den Alten, seiner Funktion entsprechend, zu mĕrx, mĕrcārī*) **1.** *Gott des Handels, später als Götterbote, Seelenführer u. Musaget dem griech. Ἑρμῆς gleichgesetzt; S. des Jupiter u. der Maia, Ideal körperlicher u. geistiger Gewandtheit; dargestellt als blühender Jüngling m. Flügeln an den Füßen sowie an seinem Heroldstab und am Reisehut.* **2. a)** (*Ov.*) *ăquă Mĕrcŭriī* Quelle an der *via Appia*; **b)** *stēllă Mĕrcŭriī* der Planet Merkur; **c)** (*Li.*) *tŭmŭlŭs Mĕrcŭriī Anhöhe bei Neukarthago i. Spanien*; **d)** (*nkl.*) *prōmŭntŭrĭŭm Mĕrcŭriī* (Ἑρμαῖον) *Ostspitze des Busens v. Karthago, j.* Kap Bon; **e)** (*nkl.*) Herme (= *Hĕrmēs*; *s. Hĕrmae*); *adi.* **Mĕrcŭriālĭs, ĕ** des Merkur [°*viri* Glückskinder, *bsd. die Dichter als Günstlinge des M.*]; *subst.* **Mĕrcŭriālēs,** *ĭŭm m* Kollegium der Kaufleute *zu Rom.*

mĕrdă, *ae f* (*et. ungeklärt*) (*dcht.*) Kot, Exkremente.

mĕrēndă, *ae f* (*mĕrĕō; eigtl.* „Austeilung, Portion") (*vkl., nkl.*) Vesperbrot.

> **mĕrĕō**
> **1.** *etw.* verdienen, erwerben; **2.** (*Entgeld, Sold*) verdienen; **3. a)** *etw.* beanspruchen können, *e-r Sache* würdig sein; **b)** *etw.* verschulden, verwirken; **4.** (*meist dep.*) sich verdient machen.

mĕrĕō, *rŭī, rĭtŭm u.* **mĕrĕŏr,** *mĕrĭtŭs sŭm* 2. (*wohl eigtl.* „Anteil erhalten"; *cf.* μείρομαι, μέρος) verdienen: **1. a)** *etw.* verdienen, erwerben, gewinnen, *eigtl. u.* / (*alqd, zB. magnam pecuniam,* °*lucra, gratiam alcis,* °*alci alqd jd. etw.* einbringen; *alqd re, zB.* °*vina nardo*); **b)** *quid mereas* (*od. merearis od. merere u. mereri velis*), *ut* welcher Preis könnte dich wohl dazu bewegen, daß [*quid mereas, ut Epicureus esse desinas?*]. **2.** (*prägn.*) **a)** (*nkl.*) durch gewerbsmäßige Unzucht verdienen [*quid quaeque uno concubitu mereret*]; **b)** *mil. stipendia merere u. mereri od. bloß* ~ durch Kriegsdienst Sold verdienen, Kriegsdienste tun, als Soldat dienen [°*triplex* dreifachen Sold erhalten, *equo bzw. equis* als Reiter dienen, °*pedibus* zu Fuß, °*alqo imperatore u.* °*sub alqo imperatore*]. **3. a)** *etw.* beanspruchen können, *e-r Sache* würdig sein (*abs., zB. si mereor; alqd, zB. laudem, praemia, immortalitatem,* °*amorem; m. ut, zB. Socrates sese meruisse ait, ut amplissimis honoribus decoraretur; m.* °*inf. u. a.c.i.*); **b)** (*pejorativ*) *etw.* verschulden *od.* verwirken, sich zuziehen [*odium, fustuarium,* °*poenam scelere,* °*aliquid mali,* °*gravius* härtere Strafe, °*mortem;* °*scelus* verüben, auf sich laden; *m. ut u. cur c. coni.; m.* °*inf., zB. mori*]. **4.** (*meist dep.*) sich Verdienste um *etw.* erwerben, sich verdient machen [*bene, melius, optime, male, peius, pessime, mirifice u.ä.; de alqo u. de re, zB. de patria, non ita de vobis merui, ut* ... ich habe es nicht um euch verdient, daß ..., *bene meritus de alqo j-s* Wohltäter; *in re in od.* bei *etw., zB. in confirmanda re publica*]. **5.** (*part.*) *adi.* **a) mĕrēns,** *ĕntĭs* (*nkl., dcht.; spätl.* °*sup.*) es verdienend: (*im guten Sinne*) würdig, (*im üblen Sinne*) schuldig [*increpare u. laudare merentes*]; **b) mĕrĭtŭs** 3 (*m.* °*sup.*) α) (*act.*) (*dcht.*) es verdient habend: (*im guten Sinne*) würdig, (*im üblen Sinne*) schuldig, straffällig; β) (*pass.*) verdient, wohlverdient, gebührend [°*poena, praemium,* °*dona, iracundia*]; *cf. auch mĕrĭtō.*

mĕrĕtrīcĭŭs 3 (*mĕrĕtrīx*) (zu) einer Dirne gehörig, dirnenhaft, *v.* Freudenmädchen [*quaestus, amores*]; *subst.* **-ŭm,** *ī n* (*Suet.*) gewerbsmäßige Unzucht [*facere* treiben].

mĕrĕtrīcŭlă, *ae f* (*demin. v. mĕrĕtrīx*) niedliche *od.* (*verächtlich*) elende Dirne.

mĕrĕtrīx, *īcis f* (*eigtl.* „Verdienerin"; *mĕrĕō* 2a) Hetäre; Freudenmädchen; *auch adi.* — (*im Vers gelegentlich 2. Silbe lang*); (*gen. pl.* *-ŭm u.* °*-ĭŭm*).

mĕrgae, *ārŭm f* (*wohl zu* ἀμέργω „streife ab") (*Pl.*) zweizackige Getreidegabel.

mĕrgĕs, *ĭtis f* (*mĕrgae*) (*nkl., dcht.*) Ährenbündel, Garbe.

▶ **mĕrgō,** *mĕrsī, mĕrsŭm* 3. (‹‹ *mĕzgō = *altind.* májjati „taucht unter, sinkt unter") **1.** (ein)tauchen, untertauchen, versenken (*alqm u. alqd; alqd in rem, seltener in re u.* °*re, zB. pullos in aquam, se in flumen u. in mari; alqd sub rem, seltener sub re*); *bsd.* (*nkl.*) (*Schiffe*) in den Grund bohren [*naves*], (*Lebendes*) ersäufen (*alqm in aquam*), *mediopass.* untertauchen (*intr.*), versinken, untergehen [*navis,* ° *in flumine*]. **2. a)** *übh.* (*nkl., dcht.*) hineinsenken, -stecken [*caput in terram effossam, rostra in corpore* tief einschlagen, *alcis viscera in sua* verschlingen]; *mediopass.* (*v. Gestirnen*) untergehen [*sidera*]; **b)** (*dcht., nkl.*) verbergen, verstekken [*vultūs in cortice*]; **c)** / (*nkl., dcht.*) versenken *od.* stürzen [*se mergere u. mergi in voluptates, alqm malis od. funere acerbo, mersus vino somnoque* in Trunkenheit *u.* Schlaf versunken, *mersus rebus secundis m.* Glück überhäuft, *mersae res* versunkener Zustand, bodenlose Not, *usurae mergunt sortem* die Zinsen verschlingen das Kapital]; *bsd. jd.* ins Verderben stürzen.

mĕrgŭs, *ī m* (*Rückbildung zu mĕrgō*) (*unkl.*) Taucher (*ein Wasservogel*).

mĕrīdĭānŭs 3 (*mĕrīdĭēs*) **1.** mittägig, Mittags... [*tempus*]; (*nkl.*) *circulus* ~ Mittagslinie, *bsd.* Äquator („*Meridian*" *als Längenkreis gelehrte Entlehnung des 17. Jh.*). **2.** (*nkl.*) südlich [*regio, vallis*]; *subst. m* Süden.

mĕrīdĭātĭō, *ōnis f* (*mĕrīdĭō*) Mittagsruhe, -schläfchen, *auch pl.*

▶ **mĕrīdĭēs,** *ēī m* (*Hypost.* ‹ *loc. mĕrīdĭē, dissim.* ‹ **mĕdīī dĭē* „mitten am Tage") Mittag: **1.** = Mittagszeit [*ante u. post meridiem, meridie*]. **2.** *meton.* Süden [*ad meridiem vergere od. spectare,* °*a meridie* auf der Südseite].

mĕrīdĭō 1. (*mĕrīdĭēs*) (*dcht., nkl.*) Mittagsruhe halten.

Mĕrĭŏnēs, *ae m* (Μηριόνης) *Wagenlenker des Idomeneus vor Troja.*

mĕrĭtō[1] 1. (*intens. v. mĕrĕō*) verdienen, einbringen, *auch v. Sachen* (*alqd, zB. sestertia dena*).

▶ **mĕrĭtō**[2] *adv.* (*abl. v. mĕrĭtŭm*) (*sup. mĕrĭtissĭmō*) verdientermaßen, *m.* Recht [~ *laudari ab alqo,* ~ *commoveri re,* ~ *ac iure, iure meritoque, recte ac* ~].

mĕrĭtōrĭŭs 3 (*mĕrĕō*) (*nkl.*) womit man Geld verdient, gemietet, bezahlt, Miet..., Lohn... [*reda; balinea*]; *subst.* **mĕrĭtōrĭă,** *ōrŭm n* Mietwohnung *od.* Zimmer auf kurze Zeit; *klass. nur* = unzüchtig [*pueri* Lustknaben; °*scorta;* °*subst.* *-ŭm, ī n* Bordell].

▶ **mĕrĭtŭm,** *ī n* (*eigtl. P.P.P. n v. mĕrĕō*) **1.** (*vkl., nkl.*) der Verdienst = Lohn, verdiente Belohnung, (*pejorativ*) verdiente Strafe [*merita invenire*]. **2.** das Verdienst: **a)** = Würdigkeit (*pro u.* °*ex merito* nach Verdienst *od.* Würdigkeit, *alcis j-s*); / (*dcht.*) (*v. Sachen*) Bedeutung, Wert [*diei*]; **b)** Wohltat [*magnum; alcis j-s, in u. erga alqm* um *od.* gegen *jd., zB. Milonis erga Ciceronem*]; *bsd.* Gefälligkeit; **c)** (*pejorativ*) Schuld, Verschulden (*alcis j-s, zB. lugurthae; non meo merito, nullo meo merito* ohne mein Verschulden; °*in alqo* Vergehen an *jd.*).

mĕrĭtŭs 3 *s. mĕrĕō.*

Mĕrō, *ōnis m* (*mĕrŭm; s. mĕrŭs*) (*Suet.*) *Spottname des Kaisers Tiberius (Claudius Nero) = mĕrŏbĭbŭs.*

mĕrŏ-bĭbŭs 3 (*-ō-?*) (*mĕrŭm; bĭbō*) (*Pl.*) unvermischten Wein trinkend.

mĕrŏps, *ŏpis m* (*Fw.* ‹ μέροψ) (*dcht., nkl.*) Bienenspecht.

mĕrs *altl.* = *mĕrx.*

mĕrsī *s. mĕrgō.*

mĕrsō 1. (*intens. v. mĕrgō*) (*nkl., dcht.*) = *mĕrgō;* / *mediopass. civilibus undis mersari* sich in die Wogen der Politik stürzen.

mĕrsŭs *P.P.P. v. mĕrgō.*

mĕrtō 1. *altl.* = *mĕrsō.*

mĕrŭlă, *ae f* (‹‹ **mĕsŭlā; cf. nhd.* „Amsel") **1.** Amsel. **2.** (*unkl.*) Meeramsel (*ein Seefisch*).

mĕrŭlĕŭs 3 (*mĕrŭlă*) (*Pl.*) schwarz wie *e-e* Amsel.

mĕrŭs 3 (*cf.* μαρμαίρω schimmere) **1.** (*unkl.*) unvermischt, lauter, rein, *bsd. vom Wein* [*vinum, Bacchus, undae;* / *libertas* unbeschränkte, volle]; *subst.* **mĕrŭm,** *ī n* (*sc. vīnŭm*) (*nkl., dcht.*) nicht *m.* Wasser vermischter Wein, (*dcht.*) *übh.* Wein. **2.** / **a)** nichts weiter als [*monstra,* °*sermo* reiner Gesprächston, *merum bellum loqui v.* nichts als *v.* Krieg sprechen]; **b)** echt, wahr, unverfälscht [*principes*]; **c)** (*dcht.*) unbedeckt, nackt [*pes*].

▶ **mĕrx,** *cĭs f* (*vl. zu* $\sqrt{\ }$**merk-* „greifen, fassen") Ware, *oft pl.* [°*merces mutare* Tauschhandel treiben, °*femineae* weibliche Schmucksachen]; / (*Pl.*) Sache, Ding [*mala* ~]. (*gen. pl.* *-ĭŭm*).

mĕsŏchŏrŭs, ī m (*Fw.* ⟨ μεσόχορος) (*nkl.*) Chorführer; / Führer der Claque, Claqueur.

Mĕsŏpŏtămĭă, *ae f* (*Μεσοποταμία eigtl.* „Zwischenstromland") Mesopotamien.

mēsŏr = *mēnsŏr.*

Mĕssāl(l)ă, *ae m* (*-sāllă?*) *cogn. i. der gēns Văleriă; s. Văleriŭs. — adi.* **Mĕssāl(l)īnŭs** 3; *subst.* **Mĕssāl(l)īnă,** *ae f dritte Gemahlin des röm. Kaisers Claudius, wegen ihres schamlosen Lebens noch heute sprichwörtlich; als sie 48 n. Chr. öffentlich m. ihrem Liebhaber Silius Hochzeit feierte, ließ Claudius sie töten.*

Mĕssānă, *ae f* (*Μεσσάνα*) *St. in Sizilien, urspr. Zănclē, umbenannt nach den aus ihrer Heimat geflüchteten Messeniern, j.* Messina; *adi.* **Mĕssānĭŭs** *u.* **Mĕssēnĭŭs** 3.

Mĕssēnă, *ae u.* **-ē,** *ēs f* (*Μεσσήνη*) *Hptst. der Ldsch. Messenien im Südwesten d. Peloponnes. Cf.* V.-B. I, 1. *Einw. u. adi.* **Mĕssēnĭŭs** (3).

mĕssĭs, *īs f* (*mĕtō*[1]) **1.** Ernte [*messem facere*]; *auch* (*Ve.*) Honigernte. **2.** *meton.* **a)** (*dcht., nkl.*) Erntezeit; (*Ma.*) Jahr; **b)** Ernte = Ernteertrag, *bsd.* Getreide, *auch pl.* [°*opima,* °*spicea* Ährenfeld, °*satae* reife Saat; *auch* /, *zB.* ~ *Sullani temporis* vom Ertrag der Proskriptionen]. — (*acc.* mĕssĕm, *altl.* -īm, *abl.* -ĕ).

mĕssŏr, ōrĭs *m* (*mĕtō*[1]) Schnitter; / (*Pl.*) [*scelerum*].

mĕssōrĭŭs 3 (*mĕssŏr*) Schnitter... [*corbis*].

mĕssŭs *P.P.P. v. mĕtō*[1].

-mĕt (*et. ungedeutet*) *Suffix zur Hervorhebung eines pron. pers. u.* (*selten*) *poss.* = selbst, eigen [*egomet, memet*], *bsd. wenn noch īpsĕ folgt* [*mihimet ipsi*], *selten ipsemet.*

▶ **mētă,** *ae f* (*et. nicht geklärt*) **1.** Kegel, Pyramide [°*cupressus metas imitata*]; *bsd.* ~ *lactis od. lactans* (*Ma.*) Käse. **2.** Spitzsäule, Zielsäule *am oberen u. unteren Ende des Zirkus; beide Spitzsäulen mußten von den Wettfahrern siebenmal umfahren werden* [°*metam rotis evitare*; *auch* / *interiorem metam curru tenere* in der Rede nicht abschweifen, *ad metas haerere* zu Fall kommen, scheitern]; *dcht. übh.* Rennbahn. **3.** / **a)** (*dcht., nkl.*) vorspringender Ort, den man umfährt [*metas Pachyni lustrare* das Vorgebirge P. umfahren]; **b)** (*Li.*) Wendepunkt [*solis*]; **c)** (*vkl., dcht.*) Ziel, Grenze, Ende, *auch pl.* [*longarum viarum, aevi, mortis, metae rerum* der römischen Herrschaft, *nox mediam caeli metam contigerat* = es war Mitternacht, *utraque meta* Ausgangs- und Endpunkt]. **4.** (*Se.*) *Mētă sūdāns Springbrunnen vor dem Amphitheater in Rom (wegen seiner Ähnlichkeit m. einer meta im Zirkus).*

mĕtălēpsĭs, *īs f* (*acc.* -*īm*, *abl.* -*ī*; *Fw.* ⟨ μετάληψις) (*Qu.*) doppelte Metonymie [*messis*: Ernte ⟩ Erntezeit ⟩ Jahr].

▶ **mĕtāllŭm,** ī *n* (*Lw.* ⟨ μέταλλον) (*unkl.*) **1.** Metall [*auri, aeris*], *bsd.* Gold *u.* Silber; Geld [*libertas potior metallis*]. **2.** *meton.* Grube, Bergwerk, *bsd. pl.* [*pecunia ex metallis redit*]; *auch* (*nkl.*) Steinbruch.

mĕtămŏrphōsĭs, *īs f* (*Fw.* ⟨ μεταμόρφωσις) (*nkl., dcht.*) Verwandlung *der Gestalt*; *pl.* **Mĕtămŏrphōsēs,** *ēōn f Titel einer Dichtung Ovids u. e-s Romans des Apuleius.* **F.** *dat.* Mĕtămŏrphōsĕsīn, *acc.* -phōsīs. *Cf.* V.-B. III, 1, c *u.* d.

mĕtăphŏră, *ae f* (*Fw.* ⟨ μεταφορά) (*nkl.*) Bedeutungsübertragung, Metapher (*rein lat.* trānslātĭō).

mĕtăplăsmŭs, ī *m* (*Fw.* ⟨ μεταπλασμός) (*nkl.*) Umbildung; *bsd.* (*gramm. t.t.*) *Umwandlung der Kasusformen u. Ableitung der Formen v. e-m anderen Stamm.*

mĕtăthĕsĭs *f* (*Fw.* ⟨ μετάθεσις) (*spätl.*) (*gramm. t.t.*) Buchstaben- *bzw.* Lautumstellung.

mētātŏr, ōrĭs *m* (*mētŏr*) Vermesser *der Grenzen e-r Örtlichkeit* [*castrorum, urbis*].

Mĕtaurŭs, *m Fl. Umbriens* (*Schlacht 207 v. Chr.*), *j.* Metauro; *auch* °*adi.* [*-um flumen*].

Mĕtĕllŭs, ī *m* (≗ „Söldner", *wohl etr. Fw.*) *cogn. i. der gēns Caecĭlĭă.*

mĕthŏdĭcē, *ēs f* (*Fw.* ⟨ μεθοδική) (*Qu.*) der methodische Teil *der Grammatik*, die Methodik.

mĕthŏdŭs *od.* **-ŏs,** ī *f* (*Fw.* ⟨ μέθοδος) (*nkl.*) nach Grundsätzen geordnetes Forschungsverfahren, Methode.

Mēthȳmnă, *ae f* (*Μήθυμνα*) *St. auf Lesbos, Geburtsort Arions; Einw. u. adi.* **Mēthȳmnaeŭs** (3) (*fem. auch* °**Mēthȳmnĭăs,** *ădĭs*).

mĕtīcŭlōsŭs 3 (*-ī-?*) (*mĕtŭs*) (*vkl., nkl.*) **1.** furchtsam. **2.** fürchterlich.

▶ **mētĭŏr,** *mēnsŭs sŭm* 4. (*denom. v.* **mē-tĭs* „das Messen" = μῆτις „Rat, Klugheit"; *im Ablaut* μέτρον „Maß") **1.** messen, ausmessen, vermessen (*alqd, zB. agrum,* °*nummos* Geld *m.* Scheffeln messen, nicht zählen, *d.h.* steinreich sein; *pedes syllabis* nach Silben, °*annum* in Monate teilen); *part. pf.* mēnsŭs *auch pass.* (ab)gemessen [*spatia*]. **2.** zumessen, zuteilen (*alqd u. alci alqd, zB. militibus frumentum*). **3.** / **a)** (*dcht., nkl.*) durchmessen = durchwandern, durchfahren [*sacram viam, aequor curru*], *auch* (*eine Zeit*) zurücklegen [*duas partes lucis*]; **b)** (*geistig*) ermessen, beurteilen, schätzen (*alqd re etw. m. etw., zB. auribus; alqd re u.* °*ex re etw.* nach *etw., zB.* °*homines virtute, omnia voluptate* nach dem sinnlichen Vergnügen, *rem voluntate* auf den guten Willen sehen).

mĕtō[1], (*mĕssĕm fēcī*), *mĕssŭm* 3. (*cf.* ἀ-μάω, *nhd.* „mähen") **1. a)** mähen, abmähen (*abs., zB.* °*metentes* die Mäher; *alqd, zB.* °*pabula falce*); **b)** ernten, abernten (*abs., zB. in metendo occupatus; sprichw. ut sementem feceris, ita metes; alqd, zB.* °*farra,* °*flores* aussaugen); *abs. auch* (*dcht.*) Weinlese halten. **2.** / **a)** (*dcht.*) abhauen, abpflücken [*lilia virgā, farra* abfressen]; **b)** niederhauen, -metzeln (*alqm* °*gladio,* °*grandia cum parvis, vitam alcis*).

mētō[2] 1. (*dcht.*) = *mētŏr.*

Mĕtō(n), *ōnĭs m* (*Μέτων*) *Astronom zu Athen (um 440 v. Chr.), Begründer der nach ihm benannten Zeitrechnung (Zyklus v. 19 Jahren; daher scherzhaft annus Metonis* = unendlicher Zeitraum).

mĕtōpŏscŏpŏs, ī *m* (*Fw.* ⟨ μετωποσκόπος) (*Suet.*) „Stirnbeschauer", *der Schicksal u. Charakter eines Menschen aus dessen Stirn erschließt*; Phrenologe.

mētŏr 1. (*denom. v. mētă*) (*nkl., dcht.*) ein Ziel *od.* einen Raum abstecken *od.* abgrenzen [*castra, agrum*]; *part. pf.* mētātŭs *auch pass.* abgesteckt [*agellus*]; *übh.* messen, ausmessen [*caelum*]; / durchwandern [*nemoris alti densa loca*].

mĕtrētă, *ae f* (*Fw.* ⟨ μετρητής) (*unkl.*) **1.** Tonnenmaß *für Schiffsladungen,* Tonne. **2.** Wein- *od.* Ölgefäß (*einen* μετρητής = *40 l fassend*).

mĕtrĭcŭs 3 (*Fw.* ⟨ μετρικός) (*nkl.*) metrisch.

mētrŏpŏlĭs, *acc.* -*īm f* (*Fw.* ⟨ μητρόπολις) (*spätl.*) Mutterstadt; Hauptstadt *e-r Provinz.* — **Sitz e-s Erzbischofs. — (*abl.* -*ī*).

mētrŏpŏlītă, *ae m* (*Fw.* ⟨ μητροπολίτης) (*spätl.*) Metropolit, Erzbischof.

▶ **mĕtrŭm,** ī *n* (*Fw.* ⟨ μέτρον) (*unkl.*) Versmaß, Silbenmaß.

Mĕttĭŭs *u.* **Mĕttŭs** 3 *Name eines sagenh. sab. Geschlechts:* **1.** ~ *Cŭrtĭŭs, ließ sich z.Z. des Romulus in Rom nieder.* **2.** ~ *Fufetius, letzter Diktator v. Alba Longa.*

mĕtŭcŭlōsŭs 3 (*-tŭ-?*) = *mĕtīcŭlōsŭs.*

mĕtŭēns, *ēntĭs s. mĕtŭō.*

mĕtŭī *s. mĕtŭō.*

mētŭlă, *ae f* (*demin. v. mētă*) (*Pli.*) kleine Pyramide.

▶ **mĕtŭō,** *ŭī,* — 3. (*denom. v. mĕtŭs*) **1.** (*intr.*) (sich) fürchten, furchtsam sein (*abs., zB.* °*oderint, dum metuant; alci u. de alqo, alci rei u. de re* um, für, wegen *etw., zB.* °*de coniuge,* °*moenibus patriae, de vita, auch* °*pro alqo; ab alqo* vor *jd., zB.* °*ab Hannibale; m. ne, ne non, ut; m. indir. Frages.* = *m.* Besorgnis erwarten); *insb.* (*nkl.*) sich scheuen, Bedenken tragen (*m. inf., zB.* °*dimicare*). **2.** (*trans.*) **a)** *etw.* befürchten, sich vor *etw.* fürchten (*alqm u. alqd, zB. erum, insidias;* °*sibi alqd, zB. periculum; alqd ab u. ex alqo etw. v.* seiten *j-s, zB. insidias ab od. ex hostibus*); **b)** (*Te.*) Ehrfurcht vor *jd.* haben (*alqm*); **c)** (*dcht.*) sich hüten vor [*austrum*]. **3. a)** (*part. praes.*) **mĕtŭēns,** *ēntĭs* (*m.* °*comp.*) *etw.* fürchtend *od.* scheuend, vor *etw.* besorgt (*m. gen., zB. legum,* °*deorum* gottesfürchtig; *m.* °*inf.*); **b)** (*ger.*) **mĕtŭĕndŭs** 3 furchtbar, furchterweckend [*res; alcis rei* in bezug auf *etw., zB. belli* im Kampf]. **F.** *P.P.P. n* (*Lu.*) *nimis ante mĕtŭtŭm* was man vorher zu sehr gefürchtet hat.

mĕtŭs, *ūs m* (*et. ungeklärt*) **1. a)** Furcht, Befürchtung, Besorgnis [*magnus, vanus, hostilis* vor dem Feind, °*regius* vor dem König, °*alienus* vor anderen, *Parthicus* vor einem Krieg *m.* den Parthern, *is* ~

die Furcht davor; *alcis j-s, zB. Siculorum; alcis u. alcis rei obi.* vor *jd.*, vor *od.* °um *etw., zB.* °*hostium, mortis, auch ab u.* °*ex alqo u. a re, zB. a Philippo; de alqo u. de re* für *od.* um, wegen *etw., zB. de consule atque exercitu, selten pro re, zB. pro universa re publica, u. propter alqm; metus est* es ist zu befürchten, *m. ne u.* °*a.c.i.; metum alci afferre od. inferre,* °*inicere,* °*facere; alcis metum tollere u. removere; in metu esse u. metum habere* Furcht verursachen, gefürchtet werden, (*selten*) in Furcht sein, Furcht haben]; *pl.* Besorgnisse, Befürchtungen, Arten *od.* Äußerungen der Furcht [*omnes, alii, tales*]; **b**) (*Te.*) Ehrfurcht, religiöse Scheu. **2.** *meton.* **a**) (*nkl., dcht.*) Gegenstand der Furcht, Schrecken [*metus eius rimatur*]; **b**) kritische Lage, bedenklicher Zustand [~ *maximi belli*]; *pl. auch* °Rufe der Angst.

F. *sg. gen. altl.* mĕtŭīs; *dat.* °mĕtū.

▶ **mĕŭs** 3 (*pron. poss. der 1. Pers. sg., oft durch -mĕt od. -ptĕ verstärkt*) (< **mĕj-ŏs; cf.* mē; ἐμός) **1. a**) mein, *v. Pers. u. Sachen* [*domus, filius, amicus meus* mein Freund *od.* ein Freund *v.* mir, *epistulae meae* meine Briefe *od.* Briefe von mir; *auch obi.* = mĕī, *zB. amor meus* Liebe zu mir, °*iniuria mea* Unrecht gegen mich, °*crimina mea* Beschuldigungen gegen mich, *desiderium meum* nach mir, *amicitia mea m.* mir]; **b**) mein lieber *od.* teurer, mein Freund [*Nero* ~, *mi Attice*]; **c**) *v.* mir ausgehend *od.* abhängig, mich betreffend, mir zukommend [*pugnabo meo loco* auf einem mir günstigen Terrain, *meo iure* mit vollem Recht], *auch* üblich, gewöhnlich [*meo more*]; *cf.* suus. **2.** *subst.* **a**) *pl.* **mĕī** die Meinigen, meine Angehörigen (Verwandten, Gefährten, Freunde, Leute); **b**) **mĕă**, *ae f* (*Com.*) meine Liebe; (*Ov.*) *o mea; aber pars mearum* (*Ov.*) ein Teil meiner Verehrerinnen; **c**) **mĕŭm**, *ī n* meine Angelegenheit (Pflicht, Gewohnheit *u.ä.*) [*de meo dabo* aus meinen Mitteln]; **d**) *pl.* **mĕă**, *ōrŭm n* mein Eigentum, meine Habe, meine Angelegenheiten *od.* Interessen [*omnia mea mecum porto*].

F. *voc. sg.* mī (*u.* °mĕŭs), mĕă, mĕŭm; *voc. pl.* mĕī, mĕae, mĕă.

Mĕz(z)ĕntĭŭs, *ī m grausamer Tyrann v. Cäre od. Agylla in Etrurien in Vergils Aeneis, fiel im Kampf m. Äneas.*

mī 1. *voc. sg. v.* mĕŭs. **2.** (*dcht.*) *zsgz.* = mĭhī.

mĭă, *ae f* (*Fw.* < μία) (*Lu.*) eine [*Charitōn* ~ eine der Grazien].

mīcă, *ae f* ((< **smīk-ā zu* [σ]μικρός) (*nkl., dcht.*) **1.** Körnchen, Krümchen [*salis* ein paar Körner Salz *u.* / ein bißchen Verstand]. **2.** / *Name e-s kleinen Speisezimmers.*

Mĭcipsă, *ae m S. des Masinissa, K. v. Numidien, Oheim des Jugurtha.*

mĭcō, *cŭī*, — 1. (*eigtl.* „flimmern") **1.** zucken, zittern, zappeln, züngeln [*venae u. arteriae* pulsieren, schlagen, *anguis cervice,* °*equus auribus* spitzt die Ohren, °*lingua,* °*corda* klopfen]; *bsd.* (*digitis*) *micare* das Fingerspiel (j. Moraspiel) spielen (*sprichw. v. e-m grundehrlichen Menschen: dignus est, quicum in tenebris mices*). **2.** (*dcht., nkl.*) flimmern, schimmern, blitzen, funkeln [*gladii, stellae, aurum, oculi igne, alqs oculis*].

mictŭm *P.P.P. v.* mingō.

mictŭrĭō, — — 4. (*desid. v.* mingō) (*Ju.*) Wasser lassen (gehen), austreten.

Mĭdă (*unkl.*) *u.* **Mĭdās**, *ae m* (Μίδας) *myth. K. in Phrygien, berühmt durch seinen Reichtum u. seine Freundschaft m. Dionysos* (*Bacchus*).

migdilix (*Bildung u. Bed. unklar*) (*Pl., Poen.* 1033) doppelsprachig(?).

mĭgrātĭō, *ōnis f* (mĭgrō) Wanderung, Auswanderung, Umzug (*in locum*); *auch vom Tod als Wanderung in e-e andere Welt;* / (*rhet.*) Übergang eines Wortes *in e-e andere (übertragene) Bedeutung.*

▶ **mĭgrō** 1. (*denom. v. *mĭgv-rŏs* „den Ort wechselnd" *zu* ἀμείβω wechsle) **1.** (*intr.*) **a**) wandern, auswandern, ausziehen, übersiedeln (*abs. od. ab, ex, de loco, ad alqm u. in locum, zB.* °*a Tarquiniis Romam, ex urbe ad generum,* / *ex u. de vita* aus dem Leben scheiden, °*voluptas ab aure ad oculos migravit* ist übergegangen); **b**) (*dcht., nkl.*) (*v. Sachen*) sich verändern [*omnia migrant; in colorem marmoreum*]. **2.** (*trans.*) **a**) (*nkl.*) wegbringen, fortschaffen [*res migratu difficiles* schwer zu transportieren]; **b**) / übertreten, verletzen [*ius civile*].

F. *coni. pf. altl.* mĭgrāssīt = mĭgrāvĕrīt.

Mīlănĭōn, *ōnis m* (Μειλανίων) *Gemahl der Atalante, die er im Wettlauf durch List besiegt hatte. Cf.* V.-B. III, 1, b.

mīlĕ = millĕ.

▶ **mīlĕs**, *ĭtis m* (*u.* °*f*) (*et. unklar*) **1.** Soldat, Krieger [*veteranus, gregarius, legionarius; alcis j-s, zB. Caesaris*]; *auch v. Offizieren gebraucht; pl.* Truppen, *zB. dux milites refecit.* **2. a**) Fußsoldat, Infanterist [*milites equitesque*]; **b**) Gemeiner [*milites centurionesque*]; *auch* Kamerad; **c**) (*coll.*) Heer, *bsd.* Infanterie [°*multus*]. **3.** / **a**) (*Ov.*) Stein im Schachbrett; **b**) (*dcht.*) *f* Trabantin, Begleiterin (*alcis; nova* Neuling).

Mīlētŭs, *ī f ionische Handelsst. an der karischen Küste, Geburtsort des Thales; Einw. u. adi.* **Mīlēsĭŭs** (3); °*auch* schlüpfrig [*carmina*]; (*fem. auch* °**Mīlētis**, *ĭdis; cf.* V.-B. III, 1, b).

mīlĭă *s.* millĕ.

mīlĭārĭŭs[1] 3 = millĭārĭŭs.

mĭlĭārĭŭs[2] 3 (mĭlĭŭm) (*nkl.*) zur Hirse gehörig; *subst.* **-ĭŭm**, *ī n* hohes, schmales hirsenförmiges Gefäß, Badekanne.

mīlĭē(n)s = millĭē(n)s.

▶ **mīlĭtāris**, *ĕ* (*adv.* °**-ĭtĕr**) (mīlĕs) **1. a**) soldatisch, kriegerisch, militärisch, Soldaten..., Militär..., Kriegs... [*tribunus, dona, instrumentum* Kriegsgerät, °*arma* reguläre, *signa* Feldzeichen, *facinus* Waffentat, °*aetas* dienstfähiges Alter, *via* Heerstraße, *funus m.* militärischen Ehren, *disciplina* Kriegszucht, -kunst, *res* Kriegswesen]; *adv.* °*mīlĭtārĭtĕr* nach Soldatenart [*loqui*]; **b**) kriegserfahren [°*vir, iuvenis,* °*Daunias* kriegerisch]. **2.** (*nkl.*) *subst.* **a**) *m* = mīlĕs, *bsd. pl.*; **b**) *mīlĭtārĭă n* militärische Übungen.

mīlĭtārĭŭs 3 (*mīlĕs*) Soldaten...

▶ **mīlĭtĭă**, *ae f* (*mīlĕs*) **1. a**) Kriegsdienst(e), Felddienst, *klass. nur im sg.* [*militiam facere* Kriegsdienste tun, *detrectare, -ae vacatio;* °*militiae* im Krieg, im Feld, *bsd. domi militiaeque, et domi et militiae;* °*pl.* verschiedene Arten *v.* Kriegsdienst]; **b**) / = Dienst [*urbana scribendi,* °*haec mea ~ est; bsd.* °*v. Liebenden*]. **2.** (*nkl.*) Feldzug [*adversus Graecos*]. **3.** (*nkl., dcht.*) (*coll.*) die Soldaten, Miliz = *milites* [*-am cogere*]. — **Hofdienst, Ritterschaft; Schwertleite; *caelestis* die himmlischen Heerscharen.

mīlĭtō 1. (*denom. v.* mīlĕs) **1.** Kriegsdienste tun, Soldat sein, dienen = (*stipendia*) *merere* [*in exercitu alcis,* °*apud alqm,* °*sub alqo,* °*sub signis alcis,* °*mercede,* °*gloriae* für den Ruhm; *subst.* °*militantes m* Soldaten, Krieger]; (*trans.*) °*bellum militare* den Krieg mitmachen *od.* bestehen. **2.** / (*dcht., nkl.*) Dienste tun, dienen [*catulus militat in silvis, militat omnis amans*]. — **Lehnsdienste leisten.

mĭlĭŭm, *ī n* (< **mĕlījŏm zu* μελίνη) (*unkl.*) Hirse.

▶ **millĕ** *num. card.* (*sg. indecl.*), *pl.* **mīlĭă**, *ĭŭm n* ((< **smī* [*cf.* μία] *ghslī* [*cf. im Ablaut* χίλιοι] „eine Tausend-Einheit") **1.** *adi.* (*nur* millĕ) tausend [~ *pedites,* ~ *passūs*]; *übh.* (*dcht., nkl.*) unzählige [~ *nova consilia*]. **2.** *subst. m. gen.* ein Tausend, *pl.* Tausende: **a**) *im sg. nicht häufig* [~ *hominum,* ~ *passuum* = 1 *röm.* Meile (*etwa 1,5 km*)], *m. Prädikat im pl., seltener im sg.*; **b**) *im pl.* [*duo milia militum, cum tribus milibus equitum*]; *auch distributiv, da* millēnī *klass. ungebräuchlich war.*

millē(n)sĭmŭs 3 *num. ord.* (millĕ) der tausendste; *adv.* **-ŭm** zum tausendstenmal.

millĭārĭŭs 3 (millĕ) (*vkl., nkl.*) tausend Stück (*bsd.* Mann *od. röm.* Klafter) enthaltend [*ala*]; *klass. nur subst.* **millĭārĭŭm**, *ī n* Meilenstein = lăpĭs, *an den Heerstraßen in Entfernung v. jeweils 1 röm. Meile stehend* [*ad tertium -um*; (*nkl.*) *aureum* der vergoldete, *auf dem röm. Forum beim Saturnustempel v. Augustus errichtet*]; / (*nkl.*) *röm. Meile* (= 1000 *passūs* = *etwa* 1,5 km).

millĭē(n)s *adv. num.* (millĕ) **1.** tausendmal; / unzählige Male. **2.** (*sc.* sēstĕrtĭŭm) hundert Millionen Sesterze (*cf.* sēstĕrtĭŭs).

Mĭlō *u.* **Mĭlōn**, *ōnis m* **1.** (Μίλων) *Athlet aus Kroton um 520 v. Chr.* **2.** (*nur*) Mĭlō, *ōnis m röm. cogn.*: *T. Annĭŭs ~, Gegner des P. Clodius, den er 52 erschlug; trotz Ciceros Verteidigung nach Massilia verbannt; adi.* **Mĭlōnĭānŭs** 3; *subst.* **-ōnĭānă**, *ae f* (*sc.* ōrātiō) (*Ciceros*) Rede *prō Milōnē*.

Miltiădēs, *is u.* *ī m* (Μιλτιάδης) *S. des Kimon, Sieger bei Marathon 490 v. Chr.; sein Helm als Weihgeschenk im Zeustempel zu Olympia, 1953 bei Grabungen aufgefunden. Cf.* V.-B. III, 3 *u.* 5.

milŭīnŭs (*u. später* **milvīnŭs**) 3 (*milŭŭs*) zum Falken gehörig, falkenartig; / räuberisch, diebisch [*pullus* der junge Falke *od.* Geier = Dieb]; *subst.* **-ă,** *ae f* (*sc. fămēs*) (*Pl.*) Heißhunger.

milŭŭs, *später* **milvŭs,** *ī m* (*et. ungedeutet*) **1.** Gabelweihe, Taubenfalke. **2.** (*dcht., nkl.*) Meerweihe (*Raubfisch*). **3.** (*dcht., nkl.*) *Stern in der Nähe des Großen Bären.*

mīmă, *ae f* (*mīmŭs*) Schauspielerin *im Mimus.*

mīmĭămbī, *ōrŭm m* (*Fw.* ⟨ μιμίαμβοι) (*nkl., dcht.*) Mimiamben, *naturalistische Kleindramen im iambischen od. choliambischen Versmaß.*

mīmĭcŭs 3 (*adv.* °**-ē**) (*Fw.* ⟨ μιμικός) **1.** komödiantisch, schauspielerisch [*iocus*]. **2.** / (*nkl.*) affektiert, Schein...

Mimnĕrmŭs, *ī m* (Μίμνερμος) *Dichter aus Kolophon* (*um 620 v. Chr.*), *Begründer der erotischen Elegie.*

mīmŏgrăphŭs, *ī m* (*Fw.* ⟨ μιμογράφος) (*nkl.*) *Vfssr. mimischer Gedichte.*

mīmŭlă, *ae f* (*demin. v. mīmă*) (kleine) Schauspielerin.

mīmŭs, *ī m* (*Lw.* ⟨ μῖμος) **1.** Schauspieler im Mimus, Possenreißer [*mimorum greges*]. **2.** der Mimus, Posse, *dramatische Darstellung komischer Szenen aus dem gemeinen Volksleben, meist derb u. anstößig unter Tanz u. Flötenspiel, ohne Masken; das Mimenpersonal, bsd. der weibliche Teil, stand in üblem Rufe.* **3.** / Possenspiel, Farce [°*vitae humanae*]. — **Spielmann.

min[1] (*Ve., Catal. b. Qu.* VIII, 3, 28) *wohl absichtlich verstümmeltes Wort.*

min[2]**?** (*dcht.*) = *mihinĕ?*

mină, *ae f* (*Lw.* ⟨ μνᾶ) Mine (*griechische Rechenmünze: argenti etwa* = 78 DM, °*auri etwa* = 400 DM).

mĭnācĭae, *ārŭm f* (*mĭnāx*) (*Pl.*) Drohungen.

▶ **mĭnae,** *ārŭm f* (⟨ **mĕnae; Rückbildung aus den Komposita ē-mĭnĕō, prō-mĭnĕō usw.; cf. mōns*) **1.** (*dcht., nkl.*) Zinnen [*murorum*]. **2. a)** / Drohungen [*magnae; minas iactare; alcis j-s, zB. regis; alcis rei, zB. mortis*]; / (*dcht.*) *auch v. Tieren u. Sachen, oft* = Schrecken [*belli, murorum* drohender Bau, *mali* drohende Anzeichen]; **b)** (*Ho.*) Gewissensbisse (*personif.*).

mĭnāntĕr *adv.* (*mĭnāns, part. praes. v. mĭnŏr*[1]) (*Ov.*) drohend.

mĭnātĭō, *ōnĭs f* (*mĭnŏr*[1]) Drohung.

mĭnāx, *ācĭs* (*m.* °*comp. u.* °*sup.*; *adv.* **-ĭtĕr**) (*mĭnŏr*[1]) **1.** (*Ve.*) emporragend [*scopulus*]. **2.** / drohend, trotzig, *v. Pers. u. Sachen* [*homo, litterae,* °*pestilentia,* °*aequor;* °*alci, zB. oppositis foribus*].

F. *abl. sg.* -ī; *pl. neutr.* -ĭă, *gen.* -ĭŭm.

Mincĭŭs, *ī m Nbfl. des Po bei Mantua, den lacus Benacus* (Gardasee) *durchfließend, j.* Mincio.

mĭnctŭm *P.P.P. v. mĭngō.*

mĭnĕō, — — 2. (*cf. minae; Rückbildung aus den Komposita ē-mĭnĕō usw.*) (*Lu.*) ragen.

Mĭnĕrvă, *ae f* (⟨ *Mĕnĕrvă* = „die Kluge"; *cf.* μένος, *mēns*) **1.** Minerva, *T. Jupiters* (*nach Varro urspr. sab. Göttin des Handwerks u. der Kunstfertigkeit, die schon früh auf dem Quirinal verehrt wurde*), *trat mit Jupiter u. Juno auf dem Kapitol an die Stelle der älteren Trias lupiter, Mars, Quirinus; später wurde sie der griech.* Ἀθηνᾶ *gleichgesetzt als jungfräuliche Göttin der Weisheit, der Künste u. Wissenschaften, als Beschützerin der Städte im Frieden u. der Gewerbe, bsd. der weiblichen Handarbeiten, doch auch als Kriegsgöttin verehrt; ihr Tempel auf dem Aventin wurde v. Augustus erneuert; ihre Hauptfeste die quīnquātrūs; s.d.*). — *Die antike Herleitung ihres Namens v. mŏnĕō u. Deutung als* „Ratgebende" (= πολύμητις) [*dicta, quod bene moneat*] *ist nicht haltbar.* — *Sprichw. invitā Minervā* = ohne inneren Beruf; *crassā od. pingui Minervā* = hausbackenen Verstandes, ohne feinere Bildung. **2.** *meton.* (*dcht.*) **a)** Wollarbeit, *bsd. Spinnen u. Weben;* **b)** Ölbaum, Olive, Öl. **3.** (*Örtlichkeiten*) **a)** (*Ve.*) **Minervae arx** = *Mĭnĕrvĭŭm;* **b) Minervae promunturium** *Vorgeb. in Kampanien, Sitz der Sirenen.*

Mĭnĕrvĭŭm, *ī n* (*eigtl.* „Tempel der Minerva") *St. u. Burg im südl. Kalabrien, m. einem alten Tempel der Minerva.*

mĭngō, *mĭnxī, mĭnctŭm u. mĭctŭm* 3. (*mĭnxī, mĭnctŭm?; cf.* ὀμείχω *ds.*) (*dcht.*) harnen (*in alqd*).

mĭnĭātŭlŭs 3 (*demin. v. mĭnĭātŭs*) *etw.* zinnoberrot (gefärbt); *cerula -a* Rotstift.

mĭnĭātŭs 3 (*mĭnĭō* 1. „*m.* Zinnoberrot anstreichen"; *mĭnĭŭm*) zinnoberrot (gefärbt), rot [*cerula* = Rotstift].

▶ **mĭnĭmē, mĭnĭmŭs** *s. părŭm, părvŭs.*

mĭnĭnŭs 3 (*mĭnă*) (*Pl.*) eine Mine kostend; *im Wortspiel m. mĭnŭs*[2]: kahl, dürftig.

▶ **mĭnĭstĕr,** *trī m* (⟨ **mĭnŭs-tĕrŏs; mĭnŭs*[1]; *Ggs. măgĭstĕr*) Diener, Bedienter, Untergebener, *ein freier, aber einem Vorgesetzten untergeordneter Mann* (*alcis j-s, zB. Martis; alcis rei, zB.* °*cubiculi,* °*vini,* / °*ales fulminis* ~ der Adler, der Träger des Blitzes); *übh.* Helfer, Gehilfe (*alcis u. alcis rei, zB. consiliorum, legum* Vollstrekker, °*sermonum* Unterhändler, *auch alci rei, zB. huic facinori;* °*alqo ministro m. j-s* Hilfe); (*pejorativ*) Helfershelfer, Werkzeug [*libidinis,* °*sceleris*]. — **Hofbeamter; Truchseß.

mĭnĭstĕrĭālĭs, *ĕ* (*mĭnĭstĕrĭŭm*) (*spätl.*) den Dienst beim Kaiser betreffend. — ***subst. m* unfreier Dienstmann; Ministeriale.

▶ **mĭnĭstĕrĭŭm,** *ī n* (*mĭnĭstĕr*) (*nkl., dcht.*) **1.** Dienstleistung, Dienst, Amt *od.* Geschäfte *v. Dienern od. Untergebenen, auch v. Tieren* (*alcis, zB. servorum, iumentorum, nauticum* Matrosendienst; *alcis rei, zB. imperii, sceleris* Ausübung *od.* Beihilfe; ~ *alci facere, -o fungi, adhibere alqm ad ministerium*). **2.** *meton.* Gehilfe, *coll.* = Dienerschaft, *oft pl.* [*scribarum*]. — **Hilfsgerät; Amtsbezirk; Gottesdienst, Messe.

mĭnĭstră, *ae f* (*mĭnĭstĕr*) Dienerin, Gehilfin.

mĭnĭstrātŏr, *ōrĭs m* (*mĭnĭstrō*) **1.** Aufwärter, Diener (*bsd. bei Tisch*). **2.** Beistand, Ratgeber (*bsd. in Rechtssachen*). — **Mundschenk.

mĭnĭstrātrīx, *īcĭs f* (*mĭnĭstrātŏr*) Gehilfin (*alcis j-s*).

mĭnĭstrō 1. (*denom. v. mĭnĭstĕr*) **1. a)** bedienen, aufwarten, *bsd. bei Tisch* (*abs., zB. servi ministrant, P. ministratur maximis poculis* es wird aufgewartet *m.; alci u.* °*alci rei, zB. convivis,* °*velis* das Segelwerk bedienen); **b)** (*Speisen*) auftragen, (*Wein*) kredenzen (*alqd, zB.* °*cenam; alci alqd, zB. convivis pocula, Iovi bibere od.* °*nectar*). **2.** hergeben, verschaffen, schenken (*alqd u. alci alqd, zB. ardentes faces furiis Clodianis,* °*pecuniam,* °*arma imperio*). **3.** (*unkl.*) ausführen, besorgen [*res timide, iussa medicorum*]; *selten* (*nkl.*) *etw. m. etw.* versehen (*alqd re, zB. naves velis*). — **Ministrant sein.

mĭnĭtābŭndŭs 3 (*mĭnĭtŏr*) (*nkl., dcht.*) drohend, unter Drohungen.

mĭnĭtŏr *u.* (*vkl.*) **-ō** 1. (*intens. v. mĭnŏr*[1]) drohen, androhen.

mĭnĭŭm, *ī n* (*iberisches Fw.*) (*nkl., dcht.*) Mennig, Zinnober.

▶ **mĭnŏr**[1] 1. (*denom. v. minae*) **1.** (*Ve.*) emporragen [*scopulus in caelum minatur, machina minans* hochragend]. **2. a)** drohen, androhen (*abs.* = Drohungen ausstoßen, [*Ve.*] zu fallen drohen [*ornus minatur usque*]; *alci, zB. huic imperio; alci alqd jd. etw.* Schlimmes androhen, *zB.* °*malum* Schläge, *crucem,* [*dcht.*] *auch v. Sachen, zB. domus deflagrationem urbi; alci re jd. m. etw.* drohen, *zB. gladio, igni ferroque; m. a.c.i. fut.*); **b)** (*dcht.*) *etw.* prahlend verheißen, erwarten lassen [*multa et praeclara*]; **c)** (*Ho.*) bedrohen [*quodcumque minabitur arcus*].

▶ **mĭnŏr**[2] *comp. zu părvŭs.*

****minoritae,** *arum m* (= *fratres minores* „mindere Brüder") (gemäßigte Richtung der) Franziskaner.

Mīnōs, *ōĭs m* (Μίνως) *sagenh. K. v. Kreta, wegen seiner oft bewiesenen Gerechtigkeit nach seinem Tode m. seinem Bruder Rhadamanthys Richter in der Unterwelt. Die nachhom. Dichtung trübt sein Bild u. macht ihn zum Gemahl der Pasiphae, die in unnatürlicher Liebe zu einem Stier entbrennt* (*s. Mīnōtaurŭs*). *Bisw. werden* *zwei kretische Könige namens Minos unterschieden, Großvater u. Enkel. Cf.* V.-B. III, 1, b. — *patron.* °**Mīnōĭs,** *ĭdĭs f T. des M.* (= Ariadne); *adi.* **Mīnōĭŭs** *u.* **Mīnōŭs** 3, *auch* (*dcht.*) *übh.* kretisch.

Mīnōtaurŭs, *ī m* (Μινώταυρος) *S. der Pasiphae u. eines Meerstieres, menschenfressendes Ungeheuer, halb Mensch, halb Stier, v. Minos im Labyrinth zu Knossos (Gnosus) eingesperrt, v. Theseus m. Hilfe der Ariadne getötet.*

Mintŭrnae, *ārŭm f St. im südlichsten Latium, unweit der Mündung des Liris, m. sumpfigen Niederungen; adi.* **Mintŭrnēnsĭs,** ē.

Mĭnŭcĭŭs 3 *röm. Gentilname:* **1.** *Mĭnŭcĭă, Vestalin, 337 v. Chr. wegen Übertretung des Keuschheitsgebots lebendig begraben.* **2.** *M.* ~ *Fēlīx, röm. Schriftsteller u. christl. Apologet etwa des 3. Jh. (Dialog „Octāvĭŭs").* — *adi.* [*via v. Rom nach Brundisium*].

▶ **mĭnŭō,** *ŭī, ūtŭm* 3. (*cf.* μινύ-θω „mindere" *zu adi.* *μινυ-ς; *mĭnŭs*[1]) **1.** (*dcht.*) zerkleinern, zerspalten [*ligna*]. **2.** verkleinern, vermindern [*multitudinem* die Volksmenge, *sumptūs*, °*pretium frumenti*]; *se minuere, auch bloß minuere* = *mediopass.* abnehmen, nachlassen, fallen [*minuente aestu* bei eintretender Ebbe]. **3.** / schwächen, verringern, schmälern, beschränken, *einer Sache* Einhalt tun [*molestias, gloriam alcis, spem,* °*religionem* verletzen, *controversiam* mildern, *opinionem* ein Vorurteil bekämpfen, °*alci animos*; *selten* °*alqm jd.* schwächen, entmutigen].

mĭnŭs[1] *comp. zu pārvŭs u. pārŭm.*

mĭnŭs[2] 3 (*et. ungeklärt*) (*vkl.*) kahlbäuchig [*ovis*].

mĭnŭscŭlŭs 3 (*demin. v. mĭnŭs*[1]) ziemlich klein [*villa*], *etw.* kurz [*epistula*].

mĭnūtăl, *ālĭs n* (*mĭnūtŭs*) (*vkl., nkl.*) Ragout.

mĭnūtātĭm *adv.* (*mĭnūtŭs*) stückweise, nach *u.* nach, einzeln nacheinander (*alqd addere*).

mĭnūtĭă, *ae f* (*mĭnūtŭs*) (*nkl.*) Kleinheit.

mĭnūtŭlŭs 3 (*demin. v. mĭnūtŭs*) (*vkl., nkl.*) ganz klein.

mĭnūtŭs[1] *P.P.P. v. mĭnŭō.*

mĭnūtŭs[2] 3 (*m.* °*comp. u.* °*sup.*; *adv.* **-ē**) (*eigtl. P.P.P. v. mĭnŭō*) **1.** zerstückelt; *nur adv.* -ē detailliert [*grandia -e dicere*], *comp.* zu speziell [*rem minutius tractare*]. **2. a)** verkleinert, in verjüngter Gestalt, winzig [*gladius, litterae* kleine Schrift, *fruges* = Hülsenfrüchte?]; **b)** / unbedeutend, geringfügig [*philosophus, imperator, genus sermonis* niedere Redegattung, *plebes* der kleine Mann, *res* Kleinigkeit, *causa* Bagatellsache]. **3.** kleinlich [*animus, philosophus*]; *auch* kleinmütig.

minxi *s. mĭngō.*

Mĭnўās, *ae m* (Μινύας) **1.** *myth. Stammheros der Minyer, der reiche K. v. Orchomenos in Böotien.* **2.** **Mĭnўae,** *ārŭm m* die Minyer, *vormykenisches Volk im 3. Jt. zuerst in Thessalien, dann in Böotien (Hptst. Orchomenos), dcht.* = Argonauten. **3.** *patron.* °**Mĭnўēĭăs,** *ădĭs u.* °**Mĭnўēĭs,** *ĭdĭs f T. des Minyas (cf.* V.-B. III, 1, e). **4.** *adi.* **Mĭnўēĭŭs** 3 des Minyas.

mīrābĭlĭs, ĕ (*m.* °*comp. u.* °*sup.*; *adv.* **-ĭtĕr**) (*mīrŏr*) wunderbar: **1.** wunderlich, sonderbar [*res, homo, mirabiliter moratus* Sonderling; *mirabile est m. inf., a.c.i., indir. Frages.*]; *subst. mirabilia n* wunderliche Ansichten [*Stoicorum, quae* παράδοξα *nominantur*]. **2.** bewundernswert, erstaunlich, außerordentlich [*opus, mirabilem in modum, -iter cupere od. laetari*; °*alci* für *jd.*; *m. 2. supin., zB. auditu, dictu*; °*mirabile als Ausruf* = o Wunder!]; *v. Pers. auch* °verehrungswürdig. — ***subst.* **mirabilia,** *ium n* Wundertaten.

mīrābŭndŭs 3 (*mīrŏr*) (*nkl.*) voll Verwunderung.

▶ **mīrācŭlŭm,** *ī n* (*mīrŏr*) **1.** Wunder, Wunderding, *auch* (*dcht.*) Wundergestalt [~ °*magnitudinis* ein Wunder an Größe, *-a philosophorum* wunderbare Meinungen, °*alci -o esse jd.* Bewunderung einflößen]; *pl. auch* °Zauberkünste. **2.** (*Li.*) das Wunderbare *od.* Auffallende *einer Sache* [*rei, victoriae*].

mīrăndŭs 3 (*mīrŏr*) wunderbar, bewundernswert.

mīrātĭō, *ōnĭs f* (*mīrŏr*) Verwunderung.

mīrātŏr, *ōrĭs m* (*mīrŏr*) (*nkl., dcht.*) Bewunderer (*m. gen.*).

mīrātrīx, *īcĭs f* (*mīrātŏr*) (*dcht.*) Bewunderin; *attr.* bewundernd, sich verwundernd.

mīrĭ-fĭcŭs 3 (*sup.* [*Te.*] *-fĭcĭssĭmŭs,* [*spätl.*] *-fĭcēntĭssĭmŭs*; *adv.* **-ē**) (*mīrŭs, făcĭō*) = *mīrābĭlĭs.*

mīrĭmŏdĭs *adv.* (*nach mŭltĭmŏdĭs*; *mīrŭs, mŏdŭs*) (*Com.*) auf erstaunliche Art.

mīrmĭllō, *ōnĭs m* (*Inschr.*) = *mŭrmĭllō.*

▶ **mīrŏr** 1. (*denom. v. mīrŭs*) **1.** sich wundern, sich verwundern, staunen *über etw. Ungewöhnliches* (*abs. od. alqm u. alqd, zB. alcis neglegentiam*; *miratus* verwundert; *m. a.c.i. od. quod u. si, m. indir. Frages.*); (*prägn.*) verwundert fragen, gern wissen wollen [*miror, quo id evadat od. quid rei sit*]. **2.** *etw. Großartiges* bewundern, anstaunen (*alqm u. alqd, zB.* °*vasa caelata,* °*signa, puerorum formas*; °*alqm alcis rei jd.* wegen *etw.*); *bsd.* bewundernd verehren (*alqm u. alqd*).

▶ **mīrŭs** 3 (*adv.* **-ē**) (< **smei-rŏs*; *eigtl.* „[erstaunt] lächelnd"; *cf.* μει-δάω, *engl.* smile) **1.** wunderbar, erstaunlich, auffallend [*alacritas, desiderium,* °*poēma* wundervoll, °*tragoedus* entzückend, *mirum in modum, mirum non est* es ist kein Wunder; *mirum est, ut* es ist ein wunderbarer Fall, daß]; *auch* wunderlich, sonderbar [°*animalia miris modis* seltsame Gestalten]. **2.** *Besondere Verbindungen:* **a)** *mirum quantum od. mirum quam, auch mire quam adv.* (*ohne Einfluß auf die Konstruktion*) außerordentlich [*mirum quam inimicus erat*]; *daneben aber auch m. coni.*; **b)** (*dcht.*) (*als parenthetischer Ausruf*) *mirum* o Wunder!; *quid mirum* was Wunder? natürlich! **3.** (*vkl., dcht.*) *mirum nisi od. ni* es sollte mich wundern, wenn nicht = höchst wahrscheinlich [*mirum ni domi est*].

mīs *altl.* = *mĕīs* (*dat. pl. v. mĕŭs*).

Mīsărgўrĭdēs, *ae m* (*scherzh. Patronymikonbildung zu* μισαργυρία „Verachtung des Geldes") (*Pl.*) „Silberfeind" *als Name e-s Wucherers.*

mīscēllānĕă, *ōrŭm n* (*-ī-?*; *mīscēllŭs*) **1.** (*Ju.*) Mischgericht, *die geringste Gladiatorenkost.* **2.** (*Tert.*) die Miszellaneen, Schrift vermischten Inhalts.

mīscēllŭs 3 (*-ī-?*; *mīscĕō*) (*vkl., nkl.*) gemischt [*ludi*].

> **mīscĕō**
> **1. a)** (ver)mischen; **b)** vereinigen, verbinden; **2. a)** (*Getränke, Speisen*) *mischend* zubereiten; **b)** *durch Mischung* erzeugen; **3. a)** verwirren, in Unordnung bringen; **b)** *etw. m. etw.* erfüllen.

mīscĕō, *mīscŭī, mīxtŭm u.* °*mīstum* 2. (*-ī-?*; *cf.* μίσγω, μείγνυμι *ds.*) **1. a)** mischen, vermischen, (ver-)mengen, *oft* / (*alqd, zB.* °*res diversissimas*; *alqd re, auch* [*bsd.* /] *cum re, selten m. dat., zB.* °*picem sulpure,* °*lepōrem gravitate,* °*Graeca verbis Latinis,* °*sacra profanis,* °*vina cum Styge miscenda bibas* du sollst sterben, °*puellae mixtae pueris*); *P. od. mediopass.* gemischt werden *od.* sich (ver)mischen; **b)** *übh.* vereinigen, verbinden, verschmelzen [*mala cum bonis, alcis animum cum suo,* °*florentes res cum perditis,* °*consilia cum alqo, se cum alqo,* °*utile dulci,* °*alqm dis superis* zugesellen; °*numen Laribus* hinzufügen, °*circa regem misceri* sich scharen um, °*fors et virtus miscentur in unum* vereinigen sich, °*mixta corpora* aneinandergeschmiegt; *dcht. v. mehreren:* °~ *certamina od. proelia od. manūs* miteinander kämpfen, °*vulnera inter se* sich gegenseitig verwunden, *dextras* sich einander geben]; *bsd. v. fleischlicher Vereinigung* [*corpus cum alqa,* °*misceri u.* °*se miscere alci* sich in Liebe *m. jd.* vereinigen, °*mixta deo mulier*]; **c)** (*dcht.*) °*misceri alqo od. alqua re in jd.* verwandelt werden, *j-s* Gestalt annehmen [*mixtus Enipeo Taenarius deus*]. **2.** (*prägn.*) **a)** mischend zubereiten (*alci mulsum,* °*pocula,* °*aconita* Gifttränke aus Eisenhut); **b)** / *durch Mischung* erzeugen, erregen [*motūs animorum,* °*incendia,* °*aeratae acies ex tanto agmine miscentur* entstehen; *auch* °*mixtus matre Sabella* entsprossen *v.*]. **3.** / **a)** (*pejorativ*) verwirren, in Unordnung bringen, aufregen, umwälzen [°*caelum terramque* aufrühren, °*omnia maria caelo* zum Himmel türmen, *plura* mehr Unordnungen erregen, *plurima* vielerlei Unordnung anrichten]; **b)** (*nkl., dcht.*) *etw.* überall *m. etw.* erfüllen [*domum gemitu, pectora vario motu, campus pulvere miscetur*].

misĕllŭs 3 (*demin. v.* mĭsĕr) recht unglücklich, elend, erbärmlich [*homo*].

Misēnŭs, ī *m Signalbläser, Begleiter des Äneas; nach seinem Grab ist das Kap Misenum benannt; adi.* **Misēnŭs** 3; *subst.* **Misēnŭm,** ī *n* (*sc.* prōmŭntŭrĭŭm) *u.* °**Misēnŭs,** ī *m* (*sc.* mōns) *u.* °**Misēnă,** ōrŭm *n Vorgeb. u. St. in Kampanien bei Bajä, Stationsort der röm. Flotte, j.* Cap di Miseno; *adi.* **Misēnēnsĭs,** ĕ.

▶ **mĭsĕr,** ĕră, ĕrŭm (*m. comp. u. sup.*; *adv.* **-ē** *u.* °**-ĭtĕr**) **1. a)** elend, unglücklich, *Ggs.* bĕātŭs, *v. Pers. u. persönlich gedachten Sachen* [*vir, o me miserum* ich Armer!, °*plebs* armselig, *habere alqm miserrimum jd.* sehr plagen; °*alcis rei* wegen einer Sache, *zB. ambitionis*]; *auch* töricht, verblendet; **b)** (*v. Sachen*) jämmerlich, armselig, erbärmlich [*fortuna, condicio, praeda* ärmlich, °*mors* bitter, *-e vivere*; *miserum est m. inf.* es ist ein Elend; *als Ausruf miserum* entsetzlich!, wie schmerzlich!; *alci* für *jd.*]. **2.** (*dcht., nkl.*) krank, leidend [*caput*]. **3.** (*Te.*) (*moralisch*) nichtswürdig, abscheulich [*homo*]. **4.** (*dcht.*) leidenschaftlich, heftig, *bsd. v. Affekten* [°*amor,* °*furor, -e cupere u. amare*]. **5.** (*dcht.*) unglücklich machend, quälend [*fames, tumultus mentis*].

E. *Cf.* maerĕō, maestŭs; *im übrigen et. unklar; ohne Rhotazismus vl. wegen Dissim. zum suffixalen -r.*

▶ **mĭsĕrābĭlĭs,** ĕ (mĭsĕrŏr) (*m.* °*comp.*; *adv.* **-ĭtĕr**) **1.** (*pass.*) beklagenswert, jämmerlich, elend, *v. Pers. u. Sachen* [*pater, aspectus, alcis squalor, -iter emori*; *m. 2. supin., zB.* °*visu*]. **2.** (*act.*) jammernd [*vox,* °*carmen* Klagelied, *epistula -iter scripta*].

mĭsĕrāndŭs 3 (*selten*) (*eigtl. ger. v.* mĭsĕrŏr) beklagenswert.

mĭsĕrātĭō, ōnĭs *f* (mĭsĕrŏr) **1.** das Bedauern, Mitgefühl (*alcis j-s subi. u. obi.* = *m. jd.*). **2.** *meton.* (*rhet. t.t.*) rührender Vortrag, ergreifende Schilderung.

▶ **mĭsĕrĕŏr,** ĕrĭtŭs sŭm (*vkl. auch* mĭsĕrĕō, ŭī, ĭtŭm) 2. (*denom. v.* mĭsĕr) bemitleiden, sich *j-s* erbarmen (*abs. u. alcis od. alcis rei, zB. tui, fortunae alcis*). — ♀ *Name des jährl. Fastenopfers der deutschen Katholiken zur Linderung v. Hunger u. Not i. der Welt.* — Miserere (Erbarme dich!) *Anfang u. Bezeichnung des 50.* (*51.*) *Psalms in der Vulgata.*

mĭsĕrēscō, — — 3. (*incoh. v.* mĭsĕrĕō) (*dcht.*) Mitleid haben *m. jd.* [*regis*]; *auch impers.* **mĭsĕrēscĭt** mē es jammert mich [*aliorum*].

mĭsĕrĕt, — — 2. *u.* (*seltener*) **mĭsĕrētŭr** 2. (*impers. zu* mĭsĕrĕō *u.* -ŏr) *me alcis u. alcis rei* es jammert mich *j-s*, ich bedauere *jd. od. etw.* [*tui, rei publicae*].

▶ **mĭsĕrĭă,** *ae f* (mĭsĕr) **1.** Elend, Unglück, Not, *pl.* Leiden (*alcis j-s, zB. sociorum*; *in miseria esse, in miseriis versari, miseriae esse* Unglück bringen). **2. a)** (*vkl., nkl.*) Mühseligkeit, Beschwerde; **b)** Ängstlichkeit, Angst; **c)** (*personif.*) Mĭsĕrĭă das Elend, *T. des Erebus u. der Nox.*

▶ **mĭsĕrĭcŏrdĭă,** *ae f* (mĭsĕrĭcōrs) **1. a)** Mitleid, Mitgefühl, Barmherzigkeit (*abs. u. alcis j-s od. m. jd.*, gegen *jd., zB. populi, puerorum*; *alcis rei m. etw.*; *-ā commoveri, -am alci tribuere u. adhibere*); **b)** *meton.* das Jammern; **c)** (*pass.*) das Bemitleidetwerden, Mitgefühl anderer [*magnam -am habere* verdienen, *alqd magna cum -a pronuntiare* unter lebhafter Erweckung der Teilnahme]; *auch* mitleidswürdiger Zustand. **2.** (*nkl.*) (*personif.*) Mĭsĕrĭcōrdĭă *als Gottheit.*

mĭsĕrĭ-cōrs, *rdĭs* (*m. comp.*) (mĭsĕr, cŏr) mitleidig, barmherzig [*homo, animus, mendacium* aus Mitleid hervorgegangen; *in alqm, zB. in suos, selten in alqo, zB. in furibus; in re*]. **F.** *abl. sg. -ī*; *pl. neutr. -ĭă, gen. -ĭŭm.*

mĭsĕrĭtĕr (*dcht.*) *adv. v.* mĭsĕr.

mĭsĕrĭtŭs *part. pf. v.* mĭsĕrĕŏr.

▶ **mĭsĕrŏr** 1. (*denom. v.* mĭsĕr) beklagen, bejammern (*alqd u. alqm, zB. fortunam alcis, periculum, labores, liberos*; *m. a.c.i.*); (*nkl., dcht.*) *auch* = mĭsĕrĕŏr bemitleiden (*m. acc. od. gen.*).

mīsī *s.* mĭttō.

mīssă, *ae f* (mĭttō) (*spätl.*) **1.** Entlassung [*equorum*]. **2.** (*aus der formelhaften Aufforderung an die noch nicht zum Abendmahl zugelassenen Katechumenen*: ite, missa est [*contio*]) (*Isid., Eccl.*) liturgische Opferfeier, Messe. — **~ *lecta* stille M., *pontificalis* Pontifikalamt; *-arum sollemnia od.* ~ *sollemnis* feierliches Hochamt.

****missale,** *is n* Meßbuch (*seit 1570 Missale Romanum*).

mīssĭcĭŭs 3 (mĭttō) (*unkl.*) entlassen, abgedankt.

mīssĭcŭlō 1. (mĭttō) (*Pl.*) oft schicken.

****Missi dominici** *s.* mĭttō.

mīssĭlĭs, ĕ (mĭttō) (*nkl., dcht.*) werfbar, Wurf... [°*lapis u.* °*saxum* Schleuderstein, °*telum*]; *subst.* **missĭle,** ĭs *n* Geschoß (Wurfspieß, Pfeil *u. a.*), *meist pl.* **missilia,** *ium* [*missilibus pugnare*].

mīssĭō, ōnĭs *f* (mĭttō) **1.** das Abschicken, Sendung [*legatorum, litterarum*]. **2.** das Loslassen: **a)** Entlassung: **α)** Freilassung *eines Gefangenen*; **β)** Dienstentlassung, Abschied, *bsd. mil.* (*alcis, zB. nautarum; iusta, honesta*); **γ)** (*nkl., dcht.*) Befreiung der Gladiatoren *vom ferneren Fechten für einen Tag; daher* = Pardon, Gnade (*sine missione* = auf Leben *u.* Tod); **δ)** (*nkl.*) *sanguinis* Aderlaß; **b)** Schluß [*ludorum*].

mīssĭtō 1. (*iterat. v.* mĭttō) (*vkl., nkl.*) wiederholt schicken [*legatos*].

mīssŏr, ōrĭs *m* (mĭttō) (*dcht.*) Schütze.

mīssŭs[1] *P.P.P. v.* mĭttō.

mīssŭs[2], ūs *m* (mĭttō) **1.** das Schikken, Sendung, Auftrag (*nur abl. missu alcis* in *j-s* Auftrag, *zB. Caesaris*). **2.** (*nkl., dcht.*) Wurf, Schuß [*telorum*]. **3.** (*nkl.*) Gang (*der Gladiatoren*), Rennen (*der Rennwagen*).

°**mīstŭm** *P.P.P. v.* mīscĕō.

mĭtēllă, *ae f* (*demin. v.* mĭtră) (*dcht., nkl.*) **1.** *seidene* Kopfbinde, *v. griech. Frauen, später v. röm. Freudenmädchen u. Modenarren getragen.* **2.** (*med. t.t.*) (*nkl.*) Tragetuch *für e-n verletzten Arm*, Armtragetuch, -binder.

mĭtēllĭtă cēnă, *ae f* (mĭtēllă) (*Suet.*) Festmahl, *bei dem seidene Kopfbinden an die Gäste ausgeteilt wurden.*

mītēscō *u.* **mītīscō,** — — 3. (*incoh. zu* mītĭs) (*unkl.*) **1.** mild *od.* reif werden, reifen, *v. Früchten* [*uvae, mala*]; *übh.* weich werden [*herbae flammā* durch Kochen], den herben Geschmack verlieren [*aqua*]. **2.** / **a)** sich mildern, nachlassen, *v. Winter, Kälte u.ä., auch v. abstr.* [*hiems, saevitia caeli, seditio*]; **b)** (*geistig*) zahm, friedlich werden [*ferae, legio otio, malis hominum* bei den Leiden Erbarmen fühlen].

Mīthrās *u.* **-ēs,** *ae m altiranischer Lichtgott, später* = Sonnengott (= Sōl ĭnvĭctŭs). *Mit den röm. Legionen gelangte der Mithraskult in alle Provinzen, wo er sich mit den Landesreligionen vermischte.* — °**Mīthraeŭm,** ī *n* Kultraum des M. (*Reste in fast allen Provinzen* [*so in der Saalburg*] *aufgefunden, in Rom i. der Kirche* San Clemente *erhalten*). *Cf.* V.-B. I, 2 *u.* 3.

Mĭthrĭdātēs, ĭs *m* (Μιθριδάτης, *auf Münzen u. Inschriften Mithradates* = „Geschenk des Mithras") *Name der Könige v. Pontos*: ~ VI. *Eupator* (*etwa 132—63 v. Chr.*), *der erbittertste Römerfeind* (*drei Kriege*: 88—84, 83—81, 74—64), *zuletzt v. Pompejus besiegt, endete durch Selbstmord; adi.* **Mĭthrĭdātĭcŭs** *u.* °**Mĭthrĭdātēŭs** 3. *Cf.* V.-B. III, 3 *u.* 5.

mītĭ-fĭcō 1. (mītĭs, făcĭō) (*nkl.*) weich machen; *klass. nur*: verdauen [*cibum*].

mītĭgātĭō, ōnĭs *f* (mītĭgō) Milderung, Besänftigung.

mītĭgō 1. (mītĭs; *wie* pūr[ĭ]gō *zu* pūrŭs) **1.** reif machen, *bsd. Früchte* [*fruges*]; *übh.* weich *od.* locker machen [*cibum* weich kochen, *agrum* auflockern]. **2.** / **a)** (*Zustände, Affekte*) mildern, lindern, mäßigen [*frigus,* °*dolorem alcis, legis acerbitatem,* °*perfidiam meritis* entwaffnen]; **P.** milder werden; **b)** (*Tiere*) zähmen [°*bestias*]; / (*geistig*) besänftigen, beschwichtigen, versöhnen (*alqm od. alcis animum,* °*aures elephantorum ad sonum* gewöhnen an; *alqm in alqm u. alci jd. m. jd.* versöhnen).

▶ **mītĭs,** ĕ (*m. comp. u. sup.*; *adv.* °**-ē,** *comp.* °*-ĭŭs, sup. -issĭmē*) (*idg.* *mēi- „mild") **1.** mild, weich, *bsd. v. reifen Früchten* = süß, reif [°*fructus,* °*uva,* °*oliva,* °*sucus,* °*Bacchus* Wein], *vom Boden* = locker [°*solum*], *vom Klima* mild [°*caelum*]. **2.** / **a)** (*v. Zuständen, Affekten, abstr.*) sanft, gelind [*dolor, oratio, doctrina, mitissime appellare alqm*], *auch* °zärtlich [lacrimae]; *subst.* mitiora *n* sanftere Empfindungen; **b)** (*geistig*) zahm [°lupa], *übh.* mild (gestimmt *od.* gesinnt), sanft, ruhig, friedlich, gelassen, gnädig, *v. Pers. u. Sachen* [homo, °ingenium, °fluvius; in alqm u. °alci gegen *jd.*; °alqd in bezug auf *etw.*, *zB.* animum].

mītră, ae *f* (*Lw.* ‹ μίτρα) Kopfbinde, Turban *der Orientalen, in Griechenland u. Italien nur v. Frauen u. weibischen Männern getragen.* — **Bischofshut.

mītrātŭs 3 (mitrā) (*nkl., dcht.*) eine Mitra tragend.

mīttō
1. werfen, schleudern; schießen; stoßen; **2. a)** schicken, senden; **b)** geleiten; **c)** bereiten, einflößen; **d)** (*Völker, Länder*) *etw.* liefern; **e)** (*durch Boten*) sagen lassen, melden; **f)** entsenden, von sich geben; **3. a)** fortlassen; **b)** (*Versammlung*) aufheben; **c)** *aus dem Dienst* entlassen; **d)** freilassen, -geben; **e)** *etw.* fahrenlassen, aufgeben; **f)** *in der Rede etw.* übergehen; **4.** (*med. t.t.*) abzapfen.

mīttō, misi, missum 3. (*wohl* ‹ *smeitō; *cf. nhd.* „schmeißen") **1.** werfen, schleudern, schießen, stoßen, stürzen, *auch* / (alqm u. alqd, *zB.* tela, tela tormentis, °lapides fundā *od.* °manu, °sagittas eminus; *dcht. vom Würfelspiel* [tesseram würfeln, canem aut senionem]; alqm u. alqd ab, ex, de re u. in, ad, sub alqd u.ä., *zB.* °pueros in aquam, °alqm de ponte in undas, °corpus saltu ad terram auf den Erdboden hinabspringen, °panem cani hin-, vorwerfen, arma wegwerfen; / °alqm in iambos *jd.* zu Schmähliedern fortreißen, °alqm in fabulas ins Stadtgespräch bringen, alqm in possessionem einsetzen in; *mediopass. u.* se mittere sich werfen, sich stürzen, *zB.* vis aquae caelo mittitur strömt herab *v.*, se in flumen *od.* in aquas, se in foedera sich einlassen in; *feindl.* in alqm u. in possessiones alcis). **2. a)** schicken, senden (alqm u. alqd ad alqm an *jd.*, alci *j-m*, *zB.* legatos *od.* litteras ad regem, Atheniensibus auxilia; ex, de, a loco u. in, ad, sub alqd u.ä., *zB.* consulem ex Gallia in Hispaniam, damnatum in exsilium, alqm ad mortem *od.* °neci in den Tod senden, exercitum sub iugum unter das Joch schicken, °orbem sub leges = unterwerfen, iudices in consilium sich beraten lassen, °centurias in suffragium abstimmen lassen, °animas in pericula den Gefahren preisgeben; alqm de re *jd.* wegen *etw.*, *zB.* legatos de deditione; *m. dat. des Zweckes*, *zB.* equitatum praesidio *od.* auxilio u. a.; *m. 1. supin.*, *zB.* rogatum; *m.* ut *od.* qui *c. coni.*; *m.* °*inf.*); **b)** geleiten [°Mercurius animas in u. sub Tartara mittit]; **c)** bereiten [°funera Teucris]; einflößen, schenken [°mentem alci]; *jd. eine Schrift* widmen *od.* dedizieren [librum ad alqm, de re]; **d)** (*dcht.*) (*v. Ländern od. Völkerschaften*) *etw.* liefern *od.* stellen, *bsd.* Krieger *od.* Handelsartikel [India ebur mittit, milites]; **e)** (*durch Boten od. schriftl.*) sagen lassen *od.* melden, bestellen (ad alqm u. alci, *zB.* ad Caesarem, Attico, *auch* in Galliam, epistulam ad alqm einen Brief an *jd.* schreiben *od.* richten, °alci salutem einen Gruß; *m. a.c.i. bzw. m.* ut, ne *od. m. bloßem coni.*; *m. indir. Frages.*); **f)** / entsenden = *v.* sich ausgehen *od.* ausströmen lassen [luna mittit lucem in terras]; *v.* sich geben, hören lassen, äußern [vocem pro alqo u. apud alqm erheben, °preces ausstoßen, oratio ex ore alcis mitti videtur scheint zu kommen]. **3. a)** fortlassen, entlassen (alqm u. alqd, *zB.* mitte me [*Com.*] laß mich los!, °equos laufen lassen, °naves treiben lassen, °quadrigas aus den Schranken lassen; alqm ex re, *zB.* ex oppido, ex vinculis, °leonem e cavea); **b)** (*Versammlungen*) aufheben [senatum, °convivium]; **c)** α) *jd. aus einem Verhältnis* entlassen, *zB.* (*Te.*) *seiner Verlobten* aufsagen [hanc ut mittam] *od.* sich *v.* seiner Ehefrau scheiden (lassen) [*Suet.*: Lolliam Paulinam coniunxit sibi brevique missam fecit]; β) aus dem Dienst entlassen [tribunos, exercitum; *meist* alqm missum facere, *zB.* legiones missas f.]; **d)** *jd.* freilassen, freigeben [captivum, servum manu]; **e)** *etw.* fahrenlassen *od.* aufgeben (alqd, *zB.* °odium, °certamen beenden, misso officio ohne Rücksicht auf die Pflicht; *m. inf.*, *zB.* dicere); **f)** (*in der Rede*) *etw. m.* Stillschweigen übergehen [proelia, *auch* de re; *m.* quod = den Umstand übergehen, daß, *zB.* mitto, quod invidiam subire paratissimus fuisti]. **4.** (*med. t.t.*) (*nkl.*) sanguinem Blut abzapfen, einen Aderlaß vornehmen; *klass. nur* /. — **stellen, setzen, legen; (*P.P.P.*) *subst.* **missus,** ī *m* Bote, Gesandter, Legat; Engel; missi dominici Königsboten. [mīsistī. F. *2. Pers. sg. pf.* °mīstī *synk.* =]

mītŭlŭs, ī *m* (*Fw.* ‹ μυτίλος) (*unkl.*) (eßbare) Miesmuschel.

mīxtīm *adv.* (mix-?) (misceō) (*Lu.*) vermischt.

mīxtŭm *P.P.P. v.* misceō.

mīxtūră, ae *f* (-i-?) (misceō) (*unkl.*) Vermischung, Vereinigung; Begattung.

Mnēmŏnĭdēs, um *f* (*acc. pl.* -as; *patron. zu* Μνημόνη) *Töchter der Mnemone od. Mnemosyne* (= Musen). *Cf.* V.-B. III, 1, e.

Mnēmŏsўnē, ēs *f* (Μνημοσύνη) Göttin des Gedächtnisses, *v. Zeus Mutter der Musen.*

mnēmŏsўnŭm, ī *n* (*Fw.* ‹ μνημόσυνον) (*Ca.*) Andenken, Souvenir.

▶ **mōbĭlĭs,** ē (*m. comp. u. sup.*; *adv.* **-ĭtĕr**) (‹ *movibilis; moveō) **1.** beweglich, biegsam, *übh.* schnell, flink [turris, oculi, °rivi, °nervis alienis mobile lignum Hampelmann; *übh.* °horae flüchtig, vergänglich, -iter palpitare schnell, -iter excitari leicht]. **2.** / **a)** leicht erregbar [ardor]; **b)** wechselnd, schwankend [°caelum, °impetus]; (*meist tadelnd, bsd. vom Charakter*) wankelmütig, launenhaft [homo, animus, populus; in alqm *jd.* gegenüber; in re in, bei *etw.*, *zB.* in consiliis capiendis].

mōbĭlĭtās, ātis *f* (mōbilis) **1.** Beweglichkeit, *übh.* Schnelligkeit, Gewandtheit, *v. Pers. u. Sachen* [equitum, °animi, linguae]; *auch* (*Ov.*) *erot.* [sponda lascivā -tate tremat]. **2.** / (*Qu.*) [~ animi], *bsd.* (*tadelnd*) Unbeständigkeit, Wankelmut [°vulgi, °fortunae].

mōbĭlĭtō 1. (mōbilis) (*Com., Lu.*) beweglich, lebendig machen.

mŏdĕrābĭlĭs, ē (mōderor) (*Ov.*) gemäßigt.

mŏdĕrāmĕn, inis *n* (mŏderor) (*dcht., nkl.*) **1.** Lenkungsmittel, *bsd.* Steuerruder [navis]. **2.** Lenkung, Regierung [equorum, rerum des Staates].

mŏdĕrāmĕntŭm, ī *n* (mŏderor) (*nkl.*) Lenkungsmittel; Längenmessung [vocum].

mŏdĕrāntĕr *adv.* (mŏderāns, *part. praes. v.* mŏderor) (*Lu.*) *m.* Mäßigung.

mŏdĕrātīm *adv.* (mŏderātus) (*Lu.*) gemäßigt, allmählich.

mŏdĕrātĭō, ōnis *f* (mŏderor) **1. a)** das Zügeln [°cupiditatum, rei familiaris Einschränkung]; **b)** Leitung, Herrschaft (*m. gen.*, *zB.* rei publicae, mundi; *auch* in alqm, *zB.* divina in homines ~). **2.** Mäßigung: **a)** (*subjektiv*) das Maßhalten, taktvolles Benehmen (alcis *j-s*, in re in, bei *etw.*, *zB.* in omni vita); *bsd.* α) Milde, Schonung [imperii]; β) Selbstbeherrschung; γ) harmonische Abmessung [vocis ac corporis]; **b)** (*objektiv*) rechtes Maß, richtige Beschaffenheit, Harmonie [caeli, vocis Modulation *od.* Artikulation, numerorum ac pedum rhythmisches *u.* metrisches Gesetz].

mŏdĕrātŏr, ōris *m* (mŏderor) **1.** Lenker, Leiter [rei publicae, operis, °equorum, °harundinis = Fischer, °exercitus Anführer]. **2.** (*dcht., nkl.*) der *etw.* Mäßigende *od.* das gehörige Maß bei *etw.* Anwendende (*abs. od.* alcis rei), der Helfer.

mŏdĕrātrīx, icis *f* (mŏderātor) **1.** Lenkerin, Beherrscherin [omnium factorum, officii]. **2.** die Mäßigung übt [commotionum].

▶ **mŏdĕrātŭs** 3 (*m. comp. u. sup.*; *adv.* **-ē**) (*eigtl. part. pf. v.* mŏderor) **1.** (*v. Sachen*) gemäßigt, mäßig, maßvoll [convivium, otium, oratio]. **2.** (*v. Pers.*) besonnen, ruhig, charakterfest [senex, -e ius dicere; re u. in re, *zB.* pudore].

mŏdĕrnŭs 3 (*zu* mŏdŏ *wie* hŏdiernus *zu* hŏdiē) (*spätl.*) neu; jetzig.

▶ **mŏdĕrŏr** (*u. altl.* -ō) **1.** (*wohl denom. v.* *mŏdus, mŏderis *n* „Mäßigung"; *cf.* mŏdes-tus, mŏdus, ī *m*) **1.** mäßigen, im Zaume halten, zügeln (alci u. alci rei, *zB.* uxoribus, oratori prudenti, °linguae, °cursui navium langsamer segeln; *selten m. acc.*); *bsd. abs.* die rechte Mitte halten [inter ambitionem saevitiamque], maßgebend sein (in alqo bei *jd.*). **2.** lenken, leiten, handhaben (*abs. od. alqm u. alqd, zB.* °*habenas,* °*frena imperii; selten alci rei, zB. navi funiculo*). **3.** *etw.* nach *etw.* einrichten *od.* bestimmen (*alqd re u. ex re, zB. consilia non voluptate, sed officio, sententiam suam ex rei publicae tempestate*).

▶ **mŏdĕstĭă**, *ae f* (*mŏdĕstŭs*) **1.** Mäßigung, Besonnenheit, Milde, Schonung [°*modestiam habere,* °*sine modestia*]. **2. a)** Bescheidenheit, Anspruchslosigkeit (*in re u. alcis rei, zB. in dicendo*); *bsd.* Loyalität *der Gesinnung;* **b)** williger Gehorsam, (*bei Soldaten*) Subordination, Manneszucht [°*militum*]. **3.** Wohlverhalten, Sittsamkeit, Anstand, Ehrbarkeit [*vitae*]. **4.** (*stoischer t.t.*) Zeitgemäßheit (= εὐταξία). **5.** / (*nkl.*) Milde = gemäßigte Beschaffenheit [*hiemis*].

▶ **mŏdĕstŭs** 3 (*m. comp. u. sup.; adv.* **-ē**) (**mŏdŭs, ĕrĭs n; cf. mŏdĕrŏr*) **1.** gemäßigt, maßvoll, besonnen [*homo, ordo,* °*modeste uti re*]. **2. a)** bescheiden, anspruchslos [*adulescens, mores*]; **b) α)** gesetzlich, loyal [*civis, plebs*]; **β)** gehorsam, an Subordination gewöhnt, *bsd. mil.* [°*servitium, -e parēre*]. **3.** sittsam, ehrbar, anständig [*mulier,* °*oculi,* °*-e petere alqam*].

mŏdĭālĭs, *ĕ* (*mŏdĭŭs*) (*Pl.*) einen Scheffel fassend, eimergroß.

▶ **mŏdĭcŭs** 3 (*adv.* **-ē**) (*mŏdŭs*) **1.** das Maß innehaltend, mäßig [*pecunia, convivium,* °*acervus,* °*modice vinosus* kein großer Weintrinker, °*-e locuples* ziemlich wohlhabend, °*-e se recipere* in mäßigem Schritt]. **2. a)** mittelmäßig [*dicendi genus* mittlere Redegattung]; **b)** (*in gutem Sinne*) angemessen, passend, standesgemäß [°*supellex*]; **c)** unbedeutend, klein, gering, wenig, *klass. selten* [°*exercitus,* °*murus* niedrig, °*fossa* nicht tief, °*cibus* schmale Kost, °*hospitium* knapp, °*equites* nicht sehr reich; °*alcis rei* in bezug auf *etw., zB. virium*]. **3.** besonnen, gelassen, ruhig [*homo, severitas, -e agere od. dicere alqd;* °*re u.* °*alcis rei* in *etw., zB. severitate,* °*voluptatum*]. **4.** bescheiden, anspruchslos [*homo,* °*animus, -e disserere*]; *politisch auch* loyal.
F. *comp. măgĭs mŏdĭcŭs, sup. măxĭmē mŏdĭcŭs.*

mŏdĭfĭcātĭō, *ōnĭs f* (*mŏdĭfĭcō*) (*nkl.*) richtige Abmessung.

mŏdĭ-fĭcō 1. (*mŏdŭs, făcĭō*) **1.** gehörig abmessen (*alqd, zB. membra*). **2.** umformen [*verba rerum*].

mŏdĭŭs, *ī m* (*eigtl.* „zum Maß gehörig"; *mŏdŭs*) Scheffel (*röm. Getreidemaß v. ca. 8 Litern, 16 sextarii enthaltend*); *pleno modio m.* vollem Maße, reichlich.
F. *gen. pl. bei Maßangaben mŏdĭŭm, cf.* V.-B. VI, 1.

mŏdŏ
1. *adv.* **a)** (*zeitl.*) eben, eben noch, eben erst, jüngst; *modo ... modo* bald ... bald; **b)** (*modal*) nur, bloß; **c)** *beim comp.* nur noch; *auffordernd* doch nur; *u. a. besondere Verbindungen;* **2.** *ci. m. coni.* wenn nur, wofern nur.

mŏdŏ (*im Vers auch mŏdō, eigtl.* „*m.* Maßen"; *abl. sg. v. mŏdŭs m.* *gekürzter Länge nach dem* IKG) **1.** *adv.* **a)** (*zeitl.*) eben, eben noch, eben erst, jüngst [*milites ~ conscripti; ~ egens, nunc dives;* °*ex tanto ~ regno* unmittelbar nachdem er noch ein so großes Reich besessen hatte]; *bisw. auf eine ziemlich entfernte Zeit hinweisend, zB. ~* (*vor 70 Jahren*) *hoc malum in rem publicam invasit; selten* (*v. der Zukunft*) sogleich, gleich nachher, bald darauf [*vagabitur ~ tuum nomen longe;* °*cum negaret ... modo diceret*]; *korrespondierend:* **modo ... modo** bald ... bald [*~ ait, ~ negat*]; *bisw. rhet. verändert, zB.* °*~ ... interdum, ~ ... saepius,* °*~ tum od. deinde* erst ... dann, einmal ... dann *u. a.;* **b)** (*modal*) nur, bloß [*res delectationem ~ habet, non salutem*]; *in negativen Sätzen* auch nur [*numquam parvum ~ detrimentum acciderat*]; **c)** *besondere Verbindungen:* **α)** (*beim comp.*) nur noch [*~ magis* nur noch mehr]; **β)** (*auffordernd u. wünschend*) nur, doch nur, *beim imp. u. coni.* [*vide ~* sieh doch nur!, *veniat ~*]; **γ)** (*beim rel.*) *qui modo* wer überhaupt, soweit er nur, vorausgesetzt daß er nur [*servus nemo qui ~ tolerabili condicione servitutis est bzw. sit*]; **δ) si modo** *c. ind.* wenn überhaupt, vorausgesetzt nur daß [*istorum studiis, si ~ sunt studiosi, abs te satisfactum est*]; **modo ut** *c. coni.* nur vorausgesetzt daß (*verneint modo ne*); **ε) modo non** fast, beinahe [°*is senem per epistulas pellexit ~ non montes auri pollicens*]; **ζ) non ~ ... sed** (*od.* **verum**) **etiam** nicht nur ... sondern auch, **non modo ... sed** *entw. positiv* nicht nur ... nein sogar (*od.* nein vielmehr, sondern vielmehr) [*tu hanc legem datam esse non ~ scivisti, sed ipse dedisti*] *od. negativ* ich will nicht sagen ... sondern (auch) nur [*nemini exploratum est, quomodo corpus sese habiturum sit non ~ ad annum, sed ad vesperum*]; **non modo non ... sed etiam** nicht nur nicht ... sondern sogar [*dolor meus non ~ non minuitur, sed etiam augetur*]; **non modo (non) ... sed ne ... quidem** nicht nur nicht ... sondern nicht einmal [*non ~ divitiis tuis non invideo, sed ne gloriae quidem*]. **2.** *ci. m. coni.* wenn nur, wofern nur, *verneint modo ne* [*manent ingenia sensibus, ~ permaneat studium*].

mŏdŭlātĭō, *ōnĭs f* (*mŏdŭlŏr*) (*nkl.*) Takt, Rhythmus.

mŏdŭlātŏr, *ōrĭs m* (*mŏdŭlŏr*) (*nkl., dcht.*) Tonsetzer, Musiker.

mŏdŭlātŭs 3 (*eigtl. part. pf. v. mŏdŭlŏr*) (*adv.* **-ē**) taktmäßig, rhythmisch, melodisch [°*verba; klass. nur adv., zB. -e canere*].

mŏdŭlŏr 1. (*denom. v. mŏdŭlŭs*) **1.** nach dem Takte abmessen [°*sonum vocis pulsu pedum* zum Gesang den Takt *m.* den Füßen schlagen, *vocem auribus hominum* für das Ohr]. **2.** (*dcht., nkl.*) *etw.* taktmäßig singen, (*ein Instrument*) melodisch spielen (*alqd, zB. carmina avena* melodisch begleiten *m.*).

mŏdŭlŭs, *ī m* (*demin. v. mŏdŭs*) (*unkl.*) Maß [*homo moduli bipedalis* Männchen *v.* zwei Fuß]; *auch* Maßstab [*metiri se suo modulo*].

mŏdŭs
1. a) (rechtes) Maß, Größe; **b)** Maßstab; **c)** Zeitmaß, Takt, Melodie; **2.** Ziel, Grenze, Beschränkung; **3.** Mäßigung; **4.** Vorschrift, Regel; **5.** Art und Weise; **6.** (*gramm. t.t.*) Modus (= *jede Form des Verbums*).

mŏdŭs, *ī m* (√‾*med- „ermessen"; *cf. mĕdĭtŏr*) **1. a)** Maß *entweder abs.* = rechtes, passendes Maß, Normalmaß *od. concr.* = Größe, Länge, Umfang [*navium, certus agri ~,* °*pomorum* Menge, °*trunci* Umfang, °*lunae* Mondphase, / *humanarum virium*]; **b) α)** Maßstab, *klass. nur* / [*fortunae suae*]; **β)** / (*nkl.*) Stellung, Rang [*hominis praefecti*]; **γ)** Ebenmaß [*poëticus, oratorius*]; **c)** Zeitmaß, Takt, Rhythmus, *übh.* Melodie, Tonart, *meist pl.* [*tibicinis,* °*citharae, carmen modis lugubre,* °*modos dicere* ein Lied anstimmen]; *übh.* Musik [°*Pierii*]. **2.** / Ziel, Grenze, Beschränkung [*finis modusque; alcis rei e-r* Sache *od.* in *etw., zB. ludendi,* °*amoris; extra u. praeter modum, auch* °*supra modum* über Gebühr, °*sine modo* maßlos; *modum habere u. adhibere* Maß halten, sich beschränken; *modum facere od. statuere, constituere, imponere;* °*ponere alci jd.* ein Ziel *od.* eine Schranke setzen, ein Ende machen, *auch alci rei u. alcis rei, zB. magistratui, inimicitiarum*]. **3.** Maßhalten, Mäßigung [°*modus modestiaque, ~ et constantia, ~ vitae,* °*modum servare*]. **4.** (*meist nkl.*) Vorschrift, Regel [°*in modum venti* je nachdem der Wind geht, °*modum belli et pacis facere alci*]. **5.** Art *u.* Weise, Manier *od.* Form *e-r Handlung* [*vitae* Lebensweise, °*belli* Wendung, *vasa cuiusque od. cuiuscunque modi, homines eius modi,* °*si quis ~ est* wenn es noch möglich ist]; *modo u. in modum m. gen.* in der Weise *od.* nach Art *v.*, in der Eigenschaft *j-s*, wie *jd. od. etw.* [*oratoris modo* als Wortführer, °*pecorum* wie Hasen, wie Schafe, °*in vaticinantis modum; hoc modo od. ad u. in hunc modum* auf diese Weise, folgendermaßen, *mirum in modum* wunderbarerweise, *maiorem in modum* in höherem Grade, *nullo modo* keineswegs, keinesfalls, *aliquo modo* einigermaßen, *quodam modo* gewissermaßen, *multis modis* vielfach, *quibus modis* durch welche Mittel]; °*pl.* = *figurae Veneris.* **6.** (*vkl., nkl.*) (*gramm. t.t.*) *jede* Form des Verbums: Modus [*fatendi* Indikativ; *faciendi* Aktiv; *patiendi* Passiv]. — ** nach Art der Sequenzen durchkomponiertes Lied. — *~ procedendi* Verfahrensweise. — ****~ vivendi* erträgliche Form des (Zusammen-) Lebens.

moechă, *ae f* (*moechŭs*) (*dcht.*) Ehebrecherin; Dirne, Straßenmädchen [*bustuaria*]; *auch adi.*

moechissō 1. (*Fw.* < **μοιχίζω v. μοιχός*) (*Pl.*) *m. jd.* Ehebruch treiben, *jd.* vergewaltigen [*Casinam*].

moechŏr 1. (*denom. v. moechŭs*) (*dcht.*) Ehebruch treiben; huren.

moechŭs, *ī m* (*Fw.* < *μοιχός*) (*dcht.*) Ehebrecher; Hausfreund.

▶ **moenĭă**[1], *ĭŭm n* (*altl. auch sg. moenĕ* < **moi-nī*; *cf. mūnĭō, mū-rŭs*; *Beibehaltung des -oe- nach poenă*: *pūnĭō zur Differenzierung v. mūnĭō* „Leistungen") **1. a)** Ringmauer(n), Stadtmauer(n) [*moenibus urbem cingere*]; *auch* Mauerdamm; **b)** Festungswerke, *auch* fester Platz; **c)** / (*nkl.*) Schutzwehr [*Alpes ~ Italiae*]. **2. a)** die Gebäude einer Stadt *innerhalb der Mauern*, Stadt, Stadtteile [*Syracusarum ~ ac portus*, °*~ condere*]; **b)** / **α)** Gebäude, Haus, Palast [*Ditis*]; **β)** *übh.* Mauern, Wände [*navis* Schiffswände, *caeli*].

moenĭă[2], *ĭŭm n* (*altl.*) = *mūnĭă*.

moenimĕntŭm, *ī n* (*altl.*) = *mūnīmĕntŭm*.

moenĭō 4. (*altl.*) = *mūnĭō*.

Moenŭs, *ī m* der Main.

moerŭs, *ī m* (*altl.*) = *mūrŭs*.

Moesĭă, *ae f röm. Provinz an der unteren Donau, seit Domitian*: *~ superior* (*Serbien*) *u. ~ inferior* (*Nordbulgarien, Rumänien*); *Einw.* **Moesī**, *ōrŭm m*; *adi.* **Moesĭăcŭs** 3.

Mŏgŏntĭăcŭm, *ī n u.* °**-ŭs**, *ī f* (*-tĭă-?*) *röm. Standlager, unter Augustus an der Stelle e-r Siedlung der kelt. Vangionen errichtet, später Hauptquartier v. Germania superior; im 3. Jh. aufgelöst u. die zivile Siedlung zum municipium erhoben, j.* Mainz.

mŏlă, *ae f* (*mŏlō*) **1.** Mühlstein, *pl.* Mühle. **2.** *meton.* Schrot, *bsd.* gesalzenes Schrotmehl, Opferschrot *zum Bestreuen der Opfertiere* [*~ et vinum*, °*salsa u.* °*sancta*]. **3.** (*Pl.*) (*personif.*) ♀ (*gen. -ās*) Mühlgöttin.

mŏlāris, *ĕ* (*mŏlă*) (*nkl., dcht.*) **1.** Mühlstein..., so groß wie ein Mühlstein; zum Mahlen geeignet [*dens*]. **2.** *subst. ~, is m sc. lăpĭs* **a)** Mühlstein; / **b)** großer Stein, Felsblock; **c)** Backzahn (*abl. sg. -ī*).

▶ **mōlēs**, *is f* (*cf. μῶλος* „Anstrengung", *μόλις* „kaum"; *nhd.* [sich] mühen) **1.** (*nkl., dcht.*) Masse, Last, Wucht, Schwere, (*concr. u. abstr.*) [*ingens, rudis, vasta* plumpe Körpergröße, *saxorum*]. **2. a)** Koloß, Ungetüm [°*corporum*, °*Nemeaea* Untier]; große Maschine [°*urbem molibus oppugnare*, °*belli* Kriegsmaschine]; **b)** gewaltige Holz- *od.* Steinmasse: **α)** Steindamm, Mole [*~ fluctibus opposita, molem in mare iacere od.* °*agere* aufführen]; *bsd.* Grundbau aus Stein, *auf dem der aufgeschüttete agger ruht*; **β)** (*dcht.*) Klippe; **γ)** *~ naturalis obiecta* Sandbank; **c)** Riesenbau [°*mundi*, °*equi* des Trojanischen Pferdes, °*sepulcrum ingenti mole*, °*pinea* Flotte *v.* großen Schiffen]; **d)** (*dcht., nkl.*) die sich türmende Wogenmasse [*venti moles tollunt*]; **e)** / (*nkl.*) Heeresmasse, -macht [*tot gentium, densa mole ad muros ferri*]. **3.** / (*abstr.*) **a)** Schwere *od.* Größe, Stärke, Wucht [°*belli, mali, invidiae, molestiarum, pugnae* Kampfgewühl, °*mole sua ruere*]; **b)** (*nkl., dcht.*) Anstrengung *od.* Schwierigkeit, Mühe, Not [*magna, maiore mole pugnare, tantae molis erat m. inf.* so viel Mühe kostete es]. — **♀ *Hadriani* Engelsburg.

mŏlĕstĭă, *ae f* (*mŏlĕstŭs*) **1.** Beschwerlichkeit, Beschwerde, Belästigung *act. u. pass.* [*a molestiis vacuus od. liber, -am alci exhibere* verursachen, *sine molestiā tuā* ohne dich zu belästigen, *~ navigandi* Seekrankheit]. **2.** Unlust, Verdruß, Ärger [*animi, molestiā liberare alqm, -ā affici* sich ärgern, *auch* Mitgefühl haben]. **3.** das Gezwungene *od.* Affektierte im Ausdruck, *auch pl.* [*elegantia sine -a, nihil -ae habere*].

▶ **mŏlĕstŭs** 3 (*m.* °*comp. u. sup.*; *adv.* **-ē**) (*mōlēs*; *Kürzung des ō ungeklärt*) **1. a)** beschwerlich, lästig, peinlich, *v. Pers. auch* zudringlich [*homo, labor, provincia, nomen* schwer auszusprechender, *alci ~ sum* ich beunruhige *od.* belästige *jd.*]; **b)** (*dcht.*) verdrießlich; *klass. nur adv.* ungern [*moleste ferre alqd* über *etw.* unwillig sein, *m. a.c.i. od. quod u. si*]. **2.** gezwungen, affektiert *im Ausdruck* [*veritas*, °*verba*, °*-e scribere u.* °*incedere*].

mōlīmĕntŭm, *ī u.* (*nkl., dcht.*)

mōlīmĕn, *ĭnis n* (*mōlĭŏr*) **1.** Bemühung, Anstrengung [*magnum*, °*res est parvi -i* erfordert nur geringe Anstrengung, °*adminicula parvi molimenti* Maschinen von geringer Kraft, °*sceleris* frevelhaftes Bemühen, °*rerum* Staatsumwälzung]; *auch* Umständlichkeit, (*Ho.*) wichtigtuerische Miene. **2.** *meton.* (*Ov.*) gewaltiger Bau (= *mōlēs*).

> **mōlĭŏr**
> **1.** (*trans.*) **a)** (*eine Last*) fortbewegen; **b)** (*etw. Großes, Schwieriges*) ins Werk setzen, bauen; (*Zustände*) verursachen; **c)** unternehmen, planen; **2.** (*intr.*) sich in Bewegung setzen, aufbrechen; sich abmühen.

mōlĭŏr 4. (*mōlēs*) **1.** (*trans.*) **a)** (*nkl., dcht.*) **α)** (*eine Last*) *m.* Anstrengung fortbewegen [*navigia, naves a terra* losmachen, *montes sede sua* Berge versetzen, *currum* emportreiben, *corpus ex somno* reißen, *truncos arborum* herausreißen, *terram aratro* umwühlen, *fundamenta ab imo* einreißen, *gentes u. classem* mobil machen, *sabulum aegre* sich mühsam durch den Sand fortarbeiten]; **β)** (*dcht.*) *übh. etw.* schwingen *od.* schleudern [*ferrum, fulmina, sagittas in pectus* tief hineinschießen, *habenas* lenken]; **γ)** / (*Li.*) untergraben [*fidem* den Kredit]; **δ)** (*nkl., seit Li.*) (*ancoram*) lichten; (*e-n Verschluß*) sprengen [*portam, obices portarum, fores*]; **b)** / (*etw. Großes od. Schwieriges*) ins Werk setzen, bauen, errichten, aufführen, schaffen [°*opus*, °*muros*, °*arcem*, °*locum m.* Gebäuden versehen, °*flumen insulas molitur* bildet, *iter* den Weg fortsetzen, °*viam od.* °*aditum* sich bahnen, °*laborem* das mühsame Werk bestehen, °*fugam* bewerkstelligen, °*triumphos* zurüsten]; *bsd.* (*Zustände, Abstraktes*) verursachen, erzeugen, bereiten (*alqd, zB.* °*defectionem*, °*animum alcis* zum Krieg bestimmen; *alci alqd, zB. insidias consuli*, °*sibi imperium*); **c)** *etw.* unternehmen *od.* beabsichtigen, planen, auf *etw.* hinarbeiten (*alqd, zB.* °*defectionem, multa simul, multa in rem publicam* gegen, °*bellum Antipatro*; *m. inf.*). **2.** (*intr.*) sich in Bewegung setzen, sich rühren [°*hinc* aufbrechen, °*a terra* sich mühsam absetzen *v.*]; *bsd.* geschäftig sein, sich abmühen (*abs. od. de u. in re, zB. de occupando regno*; °*in insulam* sich heranarbeiten, °*adversus fortunam* ankämpfen].
F. *impf.* °*mōlībăr* (*dcht.*) = *mōlĭēbăr*.

mōlītĭō, *ōnis f* (*mōlĭŏr, eig.* „das Inbewegungsetzen") **1.** (*nkl.*) das Niederreißen [*valli*]. **2.** Zurüstung [*rerum, muneris*].

mōlītŏr, *ōris m* (*mōlĭŏr*) Unternehmer [°*ratis* Erbauer, *mundi* Schöpfer, °*caedis*]; (*Suet.*) *quasi rerum novarum* unter dem Vorwand, daß sie Hochverrat planten.

mōlītrix, *īcis f* (*mōlītŏr*) (*Suet.*) *quasi molitricem novarum rerum* unter dem Vorwand, sie plane Verrat.

mŏllēscō, — — 3. (*incoh. zu* °*mŏllĕō* „weich sein"; *mŏllis*) (*dcht., nkl.*) **1.** weich werden [*ebur*]. **2.** / **a)** sanft *od.* veredelt werden [*pectora artibus*]; **b)** verweichlicht werden, erschlaffen.

mŏllicĕllŭs *u.* **mŏllicŭlŭs** 3 (*demin. v. mŏllis*) (*dcht., nkl.*) recht zart, zärtlich [*manus*]; / zärtlich kosend [*versiculi*].

mŏllimĕntŭm, *ī n* (*mŏllĭō*) (*Se.*) Linderungsmittel.

▶ **mŏllĭō** 4. (*denom. v. mŏllis*) **1.** weich machen, erweichen, geschmeidig machen [°*artūs oleo*, °*ceram pollice, ferrum* schmelzen, °*herbas flammā* weich kochen, *agros u.* °*glebas* auflockern, °*humum foliis* weich polstern, °*lanam trahendo* spinnen]. **2.** / **a)** mildern: **α)** (*dcht.*) = veredeln [*fructūs feros colendo*]; °*vitia locorum* verbessern; **β)** = gelinder machen [*clivum* die Steilheit, °*poenam, verba usu*, °*opus* erleichtern]; **b)** verweichlichen (*alqm u. alqd, zB. vocem* weibisch machen; °*feroces animos, legionem*); **c)** besänftigen, mäßigen, bändigen, zähmen (*alqm u. alcis animum*, °*iras*, °*impetum*).
F. *impf. act.* (*dcht.*) °*mŏllībăm* = *mŏllĭēbăm*; *fut.* °*mŏllībō* = *mŏllĭăm*; *pf.-Formen synk.*: *mŏllīssĕ(m)* = *mŏllīvīssĕ(m) u.a.*

mŏlli-pēs, *pĕdis* (*mŏllis*) (*dcht.*) weichfüßig, schleppfüßig [*bos*].

> **mŏllis**
> **1. a)** weich, locker, zart; **b)** biegsam, geschmeidig, elastisch; **2. a)** sanft, mild; **b)** (*Gelände etc.*) sanft ansteigend *od.* abfallend; **c)** (*Kunstwerke*) weich, zart; **d)** (*geistig*) sanft, freundlich, gelassen; **e)** (leicht) empfänglich; nachgiebig; **f)** weichlich, schlaff; furchtsam, feige.

mŏllis, *ĕ* (*m. comp. u. sup.*; *adv.* **-ĭtĕr**) (<< **mŏldv-is* = **(ἀ)μαλδύς* *in* ἀμαλδύνω „schwäche") **1.** (*meist nkl., dcht., klass. fast nur* /) **a)** weich, mürbe, locker, zart [*cera*, °*solum*, °*pluma*, °*lanugo*, °*muscus*, °*aqua*, °*pratum* grasreich, °*venter* schlaff, *nidos molliter substernere*]; **b)** / biegsam, gelenkig, elastisch [*artūs digitorum*, °*crura*, °*collum*, °*bracchia*, °*torus*, °*aurum* geschmeidige Goldfäden, °*capilli* wallend, °*arcus* schlaff, ~ *in incessu*, °*molliter membra movere*]. **2. a)** sanft, mild, zart, *sinnlich u. geistig*; *bsd.* **α)** (*dcht.*) sanft sich bewegend, ruhig [*aurae u. zephyri* sanft wehend, *Euphrates*]; **β)** (*dcht.*) mild *für das Gefühl* [*teneris labellis molles morsiunculae*] *od. für den Geschmack* [*vinum, merum*], *für das Gehör* [*molliores flexiones in cantu*]; **γ)** *übh.* behaglich, angenehm [*senectus*, °*umbra*, °*somni*, °*otia*, °*molliter vivere in patria*]; **b)** (*v. Örtlichkeiten*) sanft ansteigend *od.* abfallend [*fastigium, litus*, °*clivus*]; **c)** (*v. künstlerischem Schaffen u. Kunstwerken*) weich, zart, lebendig [°*aera mollius excudere* mit weicherem Schmelz, *signum*]; (*rhet. u. dcht.*) weich, fließend [*oratio, versūs*]; **d)** (*innerlich, geistig*) sanft, gelind, freundlich, gelassen, ruhig, leidenschaftslos, *v. Sachen* [*oratio*, °*verba*, °*sermo* sanft einschmeichelnd, °*preces*, °*animus*, °*ira*, °*iussa od. imperia haud mollia* hart, *mollissimā viā consequi alqd* auf die schonendste Weise, °*rem in mollius referre* gelinder darstellen, *molliter ferre* mit Ergebung *od.* Resignation, °*aditus viri u.* °*tempora fandi* günstig]; *bsd. v. elegischer u. erotischer Dichtung auch* °zärtlich, rührend [*querelae, versūs, verba*]; (*rhet.*) *translationes quam mollissimae* möglichst wenig auffallend; **e)** für äußere Eindrücke leicht empfänglich, leicht erregbar, sentimental, nachgiebig [*homo, animus*, °*cor*, °*pectus*, °*auriculae* den Schmeicheleien leicht zugänglich; *ad u.* °*in alqd* für *etw.*, *zB. animus ad accipiendam offensionem*, °*in obsequium* leicht geneigt zu]; *in gutem Sinne* zartfühlend; **f)** (*pejorativ*) **α)** weichlich, schwach, schlaff, unmännlich, energielos, *v. Pers. u. Sachen* [*philosophus*, °*corpora Gallorum, disciplina*, °*inertia*, °*dolorem molliter ferre od. pati*; *in re*, *zB. in dolore*; *ad alqd* in bezug auf *etw.*]; *subst. m* verwöhnter Schwächling; **β)** furchtsam, feige [°*consul*, °*lepus*, °*imperia*]; **γ)** wollüstig, unzüchtig [*vir, molliter et delicate recubare*; °*in his mollibus castris* (*sc. amoris*)]; °*molles viri meist* = *pathici*.

mŏllĭtĭă, *ae u.* **mŏllĭtĭēs**, *ēī f* (*mōllis*) **1.** Geschmeidigkeit, Biegsamkeit, Beweglichkeit [*cervicum*]. **2. a)** Zartheit, Empfindsamkeit, *bsd.* Zärtlichkeit, Sanftmut [*animi*, °*pectoris, naturae*]; **b)** (*pejorativ*) **α)** Weichlichkeit, Schwäche, Mangel an Energie [*animi*, °*frontis* Mangel an Zuversicht]; **β)** Üppigkeit, Wollust [°*in mollitiis aetatulam agere*]; *oft euphem. v. widernatürlicher Unzucht* [°*corporis*].

mŏllĭtūdō, *ĭnis f* (*mōllis*) **1.** Weichheit [°*corporis*; *assimilis spongiis*]. **2.** / Zartheit [*humanitatis* Sanftmut].

mŏlō, *ŭī, ĭtŭm* 3. (*wohl* < **mĕlō*; *cf. nhd.* „mahlen, Mehl") **1.** mahlen [*cibaria molita* Mehl]. **2.** / (*nkl., dcht.*) = *fŭtŭō*.

Mŏlō, *ōnĭs m* (Μόλων) *s.* **Ăpŏllōnĭŭs**.

mŏlŏc(h)ĭnārĭŭs, *ī m* (*mŏlŏchĭnă* [*Fw.* < μολοχίνη] Malvenkleid) (*Pl.*) Schneider v. Malvenkleidern.

Mŏlŏssĭs, *ĭdĭs f* (Μολοσσίς) *Ldsch. i. ö. Epirus um Dodona*; *Einw.* **Mŏlŏssī**, *ōrŭm m illyrischer Herkunft*; *adi.* °**Mŏlŏssŭs** 3 (*subst. m* Molosserhund).

mōlȳ, *ȳŏs n* (*Fw.* < μῶλυ) (*nkl., dcht.*) Moly (*Wunderkraut gegen Bezauberung*). *Cf.* V.-B. III, 1, a.

mōmĕn, *ĭnĭs n* (< **mŏvĭmĕn zu mŏvĕō*) (*dcht.*) Bewegung (*als innewohnende Kraft*); Anstoß.

mōmĕntōsŭs 3 (*mōmĕntŭm*) (*Qu.*) nur augenblicklich.

> **mōmĕntŭm**
> **1. a)** Gewicht *in d. Waagschale*; **b)** Druck, Stoß; Anlaß; **c)** Kraftaufwand; Beweggrund; Bedeutung, Einfluß; **2. a)** Bewegung, Wechsel; Entscheidung; **b)** (*zeitl.*) Verlauf, Zeitraum, (*prägn.*) Augenblick.

mōmĕntŭm, *ī n* (< **mŏvĭmĕntŭm zu mŏvĕō*) **1.** Bewegungsmittel, bewegende Kraft: **a)** (*bei der Waagschale*) (*nkl.*) Gewicht, *klass. nur* /; **b)** bewegender Druck, Stoß, Ruck [°*arbores levi -o impulsae occiderunt*]; / Anstoß, Anlaß, Einwirkung [°*parva -a animum in spem impellunt*]; **c)** / **α)** Kraftaufwand, Nachhilfe [°*perleve*, °*Galli haud magno -o fusi sunt*]; **β)** Beweggrund, Ursache [*-a omnium officiorum perpendere*, °*parva -a animum impellunt*; *ad alqd*]; **γ)** (*dcht.*) Beförderungsmittel [*saluti alcis* ~ *praebere*]; **δ)** Wichtigkeit, Bedeutung, Wert, Wirkung [*parva -a* geringe Einflüsse, *magni od. parvi -i esse ad alqd* bedeutungsvoll *od.* bedeutungslos sein für *etw.*; *nullius -i esse apud alqm*, *zB. apud exercitum*; *res nihil od. aliquid -i habet*; °*consultatio levioris -i* minder wichtig; ~ *habere od. afferre ad alqd* entscheidend sein für *etw.*; °~ *facere ad alqd od. in re* Einfluß üben auf *u.* bei *etw.*, *zB. in regno dando*; °*parvum* ~ ein Weniges, das den Ausschlag gibt; *alqd nullius -i putare od. levi -o aestimare* gering anschlagen; °*maximi -i haberi*]; *meton.* ausschlaggebende Sache *od.* Person, *zB. argumentorum -a* entscheidende Beweise, °*alqs magnum in omnia* ~ *est* ist ausschlaggebend für. **2.** Bewegung [*-a sua sustentare* immerwährende Bewegungen haben]; *bsd.* **a)** (*nkl.*) Bewegung des Züngleins an der Waage = Ausschlag; *klass. nur* / =: **α)** Entscheidung [°*ex parvis saepe magnarum rerum momenta pendent*]; **β)** Veränderung, Wechsel [°~ *annonae facere*, °*levia fortunae -a*]; **b)** (*zeitl.*): **α)** (*dcht.*) Verlauf, Umlauf [*tempora certis -is decedentia*, *leonis* Kreisumlauf des Gestirns]; **β)** Zeitraum, Periode, Stadium [°*certa, natura parvis -is multa mutat*]; **γ)** (*prägn.*) schneller Verlauf, Augenblick, Moment [°*horae*, °*unius horae, occasionis* günstiger Augenblick; *-o temporis u. bloß -o* im Nu].

mŏmŏrdī *s.* *mŏrdĕō*.

Mŏnă, *ae f Insel zw. Britannien u. Irland*: **1.** *j.* Anglesy. **2.** *j.* Isle of Man.

mŏnăchă, *ae f* (*Fw.* < μοναχή) (*Hier.*) Nonne.

mŏnăchŭs, *ī m* (*Fw.* < μοναχός „einsam lebend") (*Eccl.*) Mönch.

mŏnărchĭă, *ae f* (*Fw.* < μοναρχία) (*spätl.*) Monarchie.

mŏnăstērĭŭm, *ī n* (*Fw.* < μοναστήριον „Einsiedelei") (*spätl.*) Kloster (-kirche). — **Stiftskirche; Hauptkirche, Münster, Dom.

mŏnaulŏs *u.* **-ŭs**, *ī m* (*Fw.* < μόναυλος) (*nkl., dcht.*) einfache Flöte.

mŏnēdŭlă, *ae f* (*et. unklar*) Dohle; *bei Pl. als Kosewort.*

▶ **mŏnĕō**, *ŭī, ĭtŭm* 2. (< **mŏnĕjō*; *Kausativum zu mĕmĭnī, also eigtl.* „*jd.* an *etw.* denken lassen"; *cf. nhd.* „mahnen") **1.** *jd.* an *etw.* erinnern *od.* mahnen, auf *etw.* aufmerksam machen (*abs. od. alqm de re u.* °*alcis rei*, *zB. de retinenda gratia alcis*, °*temporis*; *auch alqd beim n e-s pron. od. allgemeinen adi.*, *zB. hoc, quae, multa, pauca*; *m. a.c.i. u. indir. Frages.*). **2.** ermahnen, ermuntern, zureden, auffordern, zu *etw.* raten, (*negativ*) warnen, *auch v. Sachen* (*abs.*, *zB. bene monenti oboedire*; *alqm*, *zB. amicum*; *m. ut, ne od. bloßem coni.*; *selten m. inf.*, *zB.* [*ratio*] *ipsa monet amicitias comparare*); *subst.* **mŏnĭtă**, *ōrŭm n* Erinnerungen, Ermahnungen. **3. a)** (*v. göttlichen Eingebungen*) **α)** (*nkl., dcht.*) *jd. etw.* eingeben, *vatem* begeistern; **β)** *warnend* verkündigen, vorhersagen (*de re u.* °*alqd*; *m.* °*inf.*); *subst.* **mŏnĭtă**, *ōrŭm n* Prophezeiungen [*deorum*]; **b)** *jd.* unterweisen, belehren, *jd. etw.* zeigen [°*meliora*; *m. a.c.i.*]; **c)** (*Ta.*) zurechtweisen, strafen [*puerili verbere moneri*].

mŏnērĭs, *ĭs f* (*Fw.* < μονήρης) (*nkl.*) Einruderer, Eindecker.

mŏnērŭlă, *ae f* = *mŏnēdŭlă*.

Mŏnētă, *ae f* (*vl. urspr. Göttin e-r etr. gēns Mŏnētă*) **1.** (*m. sekundärer Anlehnung an mŏnĕō*) = *Mnēmŏsȳnē*; *s.d.* **2.** *Beiname der auf dem Kapitol verehrten Juno, in deren Tempel sich die Münze befand.* **3. mŏnētă**, *ae f* Münze: **a)** = Münzstätte; **b)** (*dcht., nkl.*) = gemünztes *od.* geprägtes Geld; **c)** (*dcht., nkl.*) = Gepräge; *auch* /.

mŏnētālĭs, *ĕ* (*mŏnētă*) zur Münze gehörig; *subst. m* Münzmeister; / Geldmann (*scherzh. v. e-m Gläubiger, der sein Geld zurückverlangt*).

mŏnīlĕ, *ĭs n* (**mŏnīlĭs* „zum Nacken gehörig"; *cf. altind.* mányā „Nakken") Halsband, Kollier (*für Frauen od.* °*Knaben u. Tiere*).
F. *abl. sg.* -*ī*; *pl. nom.* -*ĭă*, *gen.* -*ĭŭm*.

mŏnĭmĕntŭm = *mŏnŭmĕntŭm*.

mŏnĭtĭō, *ōnĭs f* = *mŏnĭtŭs*.

mŏnĭtŏr, *ōrĭs m* (*mŏnĕō*) **1.** der (*an*

etw.) erinnert (*abs. u. alcis rei* an *etw., zB. officii*). **2.** Rechtskonsulent (*alcis*). **3.** = *nōmenclātōr*. **4.** Mahner, Warner; *bsd.* Berater.

mŏnĭtōrĭŭs 3 (*mŏnĕō*) (*Se.*) mahnend, warnend.

mŏnĭtŭs, *ūs m* (*mŏnĕō*) **1.** (*dcht.*) Erinnerung, Ermahnung, Warnung; *klass. nur im abl. sg. mōnĭtū* (*alcis*). **2.** Weissagung, Götterwink, *göttl.* Warnung [*Fortunae*].

Mŏnoecŭs, *ī m* (μόνοικος, *eigtl.* „alleinwohnend") *Beiname des Herkules* (*arx u. portus Monoeci Vorgeb. u. Hafen a. d. ligurischen Küste, j.* Monaco).

mŏnŏgămĭă, *ae f* (*Fw.* ‹ μονογαμία „Ehe *m.* einer Frau") (*Eccl.*) Monogamie.

mŏnŏgrămmă, *ătis n* (μόνος „einzig" + γράμμα „Schriftzeichen, Buchstabe") (*spätl.*) ein Buchstabe, der mehrere in sich faßt, Monogramm.

mŏnŏgrămmŏs, *ŏn* (*Fw.* ‹ μονόγραμμος) aus bloßen Umrissen bestehend, bloß skizziert [*dii* unkörperliche, Schattengötter].

mŏnŏpŏdĭŭm, *ī n* (*Fw.* ‹ μονοπόδιον) (*nkl.*) Tischchen mit einem Fuß, Konsoltischchen.

mŏnŏpōlĭŭm, *ī n* (*Fw.* ‹ μονοπώλιον) (*nkl.*) Alleinverkauf(s-recht), Monopol.

mŏnŏptĕrŏs, *ŏn* (*nom. pl. -oe*; *Fw.* ‹ μονόπτερος, *eigtl.* „einflügelig") (*Vi.*) nur *m.* einer Reihe Säulen umgeben [*aedes monopteros* = *Rundtempel ohne Cella, in der Antike außerordentlich selten*].

mŏnŏsyllăbŭm, *ī n* (*Fw.* ‹ μονοσύλλαβον) (*oft pl.*) (*nkl., dcht.*) einsilbiges Wort.

mŏnŏtrŏpŭs, *ī m* (*Fw.* ‹ μονότροπος) (*Pl.*) alleinlebend, Einsiedler.

▶ **mōns**, *mŏntĭs m* (√*men- emporragen; cf. ē-mĭnĕō, prō-mĭnĕō, minae, mĕntŭm*) **1.** Berg, *coll.* Gebirge [~ *Iura, Pyrenaei montes*; *sprichw.* °*maria montesque* (*od.* °*montes auri*) *polliceri* goldene Berge versprechen]. **2. a)** *meton.* (*dcht.*) Fels, Gestein; *auch* °Felsstück, *pl.* °Berglehnen = Weinpflanzungen; **b)** / (*dcht.*) Berg = hochaufgetürmte Masse [°*aquae*, °*argenti*]. — **(*med. t.t.*) ~ *pubis* Schamberg, ~ *Veneris* Venusberg.

mōnstrābĭlĭs, *ĕ* (*mōnstrō*) (*Pli.*) bemerkenswert.

mōnstrātĭō, *ōnĭs f* (*mōnstrō*) (*vkl., nkl.*) das Zeigen.

mōnstrātŏr, *ōrĭs m* (*mōnstrō*) (*nkl., dcht.*) Wegweiser, Führer; *urbium* Cicerone; / Lehrer, Erfinder [*aratri*].

mōnstrātŭs 3 (*eigtl. P.P.P. v. mōnstrō*) (*Ta.*) hochangesehen (*alci* bei *jd.*), auffallend (*re* durch *etw.*).

▶ **mōnstrō** 1. (*altl. mōstrō, denom. v. mōnstrŭm*) **1.** zeigen, weisen, *bsd. durch Gesten* (*alqm u. alqd, alci alqd, zB.* °*iter, viam erranti*). **2.** (*m. Worten*) **a)** (*dcht.*) verordnen, vorschreiben [*piacula, alci herbam od. radicem*; *m. inf.*]; **b)** angeben, andeuten, bezeichnen, *klass. selten* (*alqd, zB.* °*abdita rerum*, °*militi Cremonam* vertrösten auf, °*signum* verheißen; *m.* °*inf. u. indir. Frages.*); *auch* unterweisen, lehren; **c)** (*Ta.*) (*gerichtlich wegen eines Vergehens*) anzeigen, angeben (*alqm, zB. dominum*).

▶ **mōnstrŭm**, *ī n* (‹ **mŏnĕstrŏm* „Weisung, Mahnung"; *mŏnĕō*) **1.** Wahrzeichen, Wunderzeichen *der Götter als widernatürliche u. gräßliche Erscheinung* [*monstra ac portenta*]. **2.** / **a)** Ungeheuer, Ungetüm, (*v. Charakter*) Scheusal, *meton.* °wunderbare Verwandlung; **b)** Ungeheuerlichkeit, unerhörte Tat, ungereimte Vorstellung [*monstra nuntiare u. dicere*]. — **Gespenst.

mōnstrŭōsŭs 3 (*m.* °*comp. u. sup.*; *adv.* **-ē**) (*mōnstrŭm*) **1.** ungeheuerlich, widernatürlich, unnatürlich [°*concubitus*]. **2.** abenteuerlich, seltsam [*bestia*].

mŏntānŭs 3 (*mōns*) **1.** auf Bergen befindlich *od.* lebend (wohnend, entspringend), Berg..., Gebirgs... [*homines*, °*oppida*, °*flumen*]; *subst.* **a) -ūs**, *ī m* Berg-, Gebirgsbewohner; *auch röm. cogn.*; **b) -ă**, *ōrŭm n* Gebirgs-, Berggegend. **2.** (*dcht.*) gebirgig [*Dalmatia*].

mŏntĭ-cŏlă, *ae m* (*mōns, cŏlō*) (*dcht.*) Bergbewohner.

mŏntĭ-fĕr, *ĕră, ĕrŭm* (*mōns, fĕrō*) (*Se.*) bergtragend.

mŏntĭ-văgŭs 3 (*mōns*) bergdurchschweifend.

mŏnt(ŭ)ōsŭs 3 (*mōns*) bergig, gebirgig [*loca*].

▶ **mŏnŭmĕntŭm**, *ī n* (*mŏnĕō*) Erinnerungszeichen: **1. a)** Denkmal, Andenken (*alcis j-s u.* an *jd., zB. regis*, °*maiorum* Trophäen; *alcis rei e-r* Sache *u.* an *etw., zB. clementiae tuae*; *-o esse*; *-i causā* als Andenken, zur Erinnerung); **b)** Votivgegenstand *od.* Siegesdenkmal (Tempel, Bildsäule *u.ä.*), *auch* Weihgeschenk (*alcis, zB. -a Cn. Pompei* das Theater des Pompejus, *-a maiorum* [*Clodii*] = die *via Appia*, ~ *senatūs* das Haus Ciceros, *das ihm der Senat bauen ließ*); **c)** Grabmal, Gruft, *bsd.* Familienbegräbnis, *m. u. ohne sepulcri* [*Scipionum*]. **2.** (*Te.*) Erkennungszeichen (*Ring u.ä.*) [*cistellam domo ecfer cum monumentis*]. **3.** / *pl.* Urkunden, Akten [*-a publica privataque, -a et litterae* schriftliche Denkmäler, *-a rerum* (*gestarum*) Geschichtswerke, *annalium* Jahrbücher der Geschichte, °*orationum* urkundlich aufbewahrte, noch vorhandene Reden]; *bsd.* Memoiren [*-is alcis commendari*]. — ****Monumenta Germaniae historica* (*Abk.* MGH) *Quellensammlung zur ma. dt. Geschichte*.

mŏră[1], *ae f* (*Fw.* ‹ μόρα) More (*Abteilung des spartanischen Fußvolkes zw. 400 u. 900 Mann*).

▶ **mŏră**[2], *ae f* (*cf. altirisch* maraim „bleibe") **1.** Aufenthalt, Verzögerung, Aufschub, *auch pl.* [*comitiorum, tridui, fluminis* durch den Fluß verursacht, *dicendi* weitläufige Reden; *moram temporis quaerere*, dum Zeit zu gewinnen suchen, bis; *paulum morae habere*, dum ein wenig warten müssen, bis; *res habet moram* erleidet; *moram alci rei od. alci inferre od. afferre*; *moram interponere*; °*moras agitare u.* °*moram trahere* länger zögern; °*nulla* ~ est es kann sogleich geschehen; *sine mora od. nullā interpositā morā* unverzüglich, sofort; °*inter moras* mittlerweile; °~ *longa est m. inf.* es würde zu lange aufhalten; est *alqd in mora, quominus od. ne etw.* verhindert, daß; *nihil in mora habere, quominus* nicht zögern, zu; *nulla* ~ *fit, quin*]. **2.** *meton.* **a)** (*nkl., dcht.*) (*auf dem Marsch*) Rast, Rasttag; **b)** (*in der Rede*) Pause. **3.** (*dcht., nkl.*) Zeitraum, Dauer [*annua, longa medii temporis* lange Zwischenzeit, *morā m.* der Zeit, allmählich]. **4.** (*nkl., dcht.*) Hindernis, Hemmnis, *auch pl.* [*clipei, restituendae Capuae*]; *v. Pers.* [*Abas pugnae* ~]. — ***in der Metrik der quantitierenden Poesie die Zeitdauer der Aussprache e-r kurzen Silbe*.

mōrālĭs, *ĕ* (*mōs*) moralisch, ethisch.

mŏrātŏr, *ōrĭs m* (*mŏrŏr*) **1.** Zögerer, Bummler, *bsd. mil.* (*nkl.*) Nachzügler, Marodeur. **2.** Verzögerer [°*publici commodi*]; *bsd.* (*vor Gericht*) Nebenkläger, Winkeladvokat; Lückenbüßer.

mŏrātŭs[1] 3 *part. pf. v. mŏrŏr*.

mōrātŭs[2] 3 (*mōs*) **1.** irgendwie gesittet *od.* geartet, beschaffen [*homo bene* ~, °*mulier male -a*, °*venter male* ~ unersättlich]. **2.** (*Ho.*) *fabula recte -a m.* richtiger Zeichnung der Charaktere. **3.** charaktervoll, charakteristisch [*poëma*]; *übh.* angemessen [*narratio*].

mŏrbĭdŭs 3 (*mŏrbŭs*) **1.** (*vkl., nkl.*) krank, siech [*corpus*]. **2.** (*Lu.*) krank machend, ungesund [*aër*].

mŏrbōsŭs 3 (*mŏrbŭs*) (*unkl.*) **1.** krank [*servus*]. **2.** = *păthĭcŭs*.

Mŏrbŏvĭă, *ae f* (*mŏrbŭs*) (*Suet.*) „Krankheitsland"; *abire -iam* zum Henker gehen.

▶ **mŏrbŭs** *ī m* (‹ **mŏr-bhŏs, eigtl.* „Kräfteverfall" *zu* √*mer- „aufreiben"; *cf.* μαραίνω „reibe auf", μαρασμός „Kräfteverfall") **1.** Krankheit, *körperlich u. geistig* [*corporis, animi*; *longus*, °*gravis*, °*levis*, °*difficilis* schwer zu heilen, *comitialis* Epilepsie, °*regius* Gelbsucht; *morbo mori u. interire, confici, implicari, affici, in morbum cadere od. incidere, ex morbo convalescere*]; *auch* / [°*caeli* ungesundes Klima]. **2.** (*geistig*) **a)** Gemütskrankheit, (krankhafte) Leidenschaft, krankhafter Zustand, *auch* (*vkl.*) Verdruß, Kummer; **b)** Wollust, Sucht; **c)** *personif.* (*dcht.*) *Morbi* Krankheitsdämonen *in der Unterwelt*.

mŏrdāx, *ācĭs* (*m. comp. u. sup.*; *adv.* **-ĭtĕr**) (*mŏrdĕō*) (*unkl.*) **1.** beißend, bissig, *v. Tieren* [*canis*], / *auch v. Sachen* [*ferrum* schneidende Axt, *urtica* stechend, *pumex* beizend, *limā mordaciter uti* scharf]. **2.** / **a)** bissig *m. Worten, v. Pers. u. Sachen* [*Cynicus, carmen*]; **b)** (*v. Geschmack*) bitter, scharf [*fel*].

▶ **mŏrdĕō**, *mŏmŏrdī, mŏrsŭm* 2.

(< *(s)mŏrdĕjō; *cf.* ἀμέρδω „beraube", *nhd.* „schmerzen") **1.** beißen (*abs., zB.* canes mordent; alqm *jd.*, alqd *etw. u.* in *etw., zB.* °iaculum, °humum ore]; *auch* stechen (*v. Insekten, Brennesseln u.ä.*), °kauen [pabula dente], °benagen [vitem]; *subst.* (*Ca.*) mŏrsă, ōrŭm *n* Bißchen, Stückchen. **2.** / **a**) (*dcht.*) (*v. Schnallen, Haken u. a.*) *etw.* ergreifen, fassen, zuhaken [fibula mordet vestem, iuncturas eingreifen in]; **b**) (*dcht.*) (*v. Flüssen*) bespülen [rura]; **c**) (*dcht.*) (*v. Hitze, Kälte u. a.*) verletzen, brennen, sengen [frigora parum cautos mordent]; **d**) *jd.* durchhecheln [°alqm dictis]; *übh.* kränken, wehe tun (*abs., zB.* paupertas mordet, *od.* alqm, *zB.* epistulae tuae me momorderunt, conscientiā morderi).

mŏrdĭcŭs *adv.* (mŏrdĕō) beißend, *m.* den Zähnen [~ auferre alqd abbeißen]; / verbissen, hartnäckig [~ tenere alqd *etw. od.* an *etw.* festhalten, *zB.* verba].

mŏrētŭm, ī *n* (*et. unklar, cf.* mŏrtārĭŭm) (*dcht.*) Mörsergericht, Kräuterkloß [herbosum].

▶ **mŏrĭbŭndŭs** 3 (mŏrĭŏr) **1. a**) im Sterben liegend [homo, °dextera erstarrend]; **b**) (*dcht., nkl.*) sterblich [membra]. **2.** (*Ca.*) tödlich, ungesund [sedes].

mōrĭ-gĕrŏr 1. (*klass. selten statt* mōrĕm gĕrō) *u.* (*Pl.*) **-ō** 1. *jd.* willfahren *od.* zu Willen sein (alci *u.* alci rei, *zB.* voluptati aurium); *auch* (*sexuell*) (*Suet.*) [Meleagro Atalanta ore].

mōrĭ-gĕrŭs 3 (mōs, gĕrō) (*unkl.*) willfährig, *bsd. sexuell* (*abs. u.* alci *u.* alci in re, *zB.* tibi morigera fuit in rebus omnibus).

mōrĭō, ōnĭs *m* (mōrŭs²) (*nkl., dcht.*) Narr, Hofnarr.

Mŏrĭnī, ōrŭm *m belgisches Küstenvolk zw. Schelde u. Lys.*

▶ **mŏrĭŏr,** mŏrtŭŭs sŭm, mŏrĭtūrŭs, mŏrī 3. (*cf.* ἄ-μβροτος „unsterblich") **1. a**) sterben (re *u.* ex re, *zB.* °morbo, fame, °[ex] vulnere, sua manu, desiderio; pro patria, in suo lectulo; ab alqo *v. jd.* getötet werden; *Schwurformel*: moriar, si *od.* ni ich will des Todes sein, wenn *od.* wenn nicht); *bsd.* / (*dcht.*) sterblich verliebt sein; **b**) *part.* α) *praes.* **mŏrĭēns** auf dem Totenbette [voces morientes eines Sterbenden]; β) (*part. pf.*) *adi.* **mŏrtŭŭs** 3 tot, nach dem Tode, *subst. m* Toter, Leiche [mortuum in domum inferre, alqm a mortuis excitare]; γ) (*part. fut.*) *adi.* (*dcht.*) **mŏrĭtūrŭs** 3 dem Tode verfallen *od.* geweiht. **2.** / (*v. Sachen*) absterben, entschwinden, erlöschen [°manus, °lumina brechen, °herba, °flamma, leges mortuae verschollene; (*Qu.*) *v. Wörtern, die veralten*].

F. *altl. auch nach der 4. Konj.*: mŏrīrī, -īmŭr *u. a.*

mŏrmȳr, ȳrĭs *f* (*acc. pl.* -ȳrăs; *Fw.* < μορμύρος) (*dcht., nkl.*) *unbekannter Seefisch.*

mōrŏlŏgŭs 3 (*Fw.* < μωρολόγος) (*Pl.*) närrisch redend, töricht.

▶ **mŏrŏr**¹ 1. (*denom. v.* mŏră²) **1.** *intr.* **a**) *eine Zeitlang* sich aufhalten, verweilen [diutius, ad Vesontionem, triduum in provincia, apud alqm, cum alqo; *auch* / in re bei *etw., zB.* in armis civilibus]; **b**) auf sich warten lassen, ausbleiben [auxilia]; (*part. pf.*) *subst. pl.* **mŏrātī,** ōrŭm *m* (*Li.*) Nachzügler, Marodeure; **c**) zögern, säumen (*abs. od. m. inf., zB.* alci bellum inferre; *auch m.* quominus *bzw.* °quin; °morando allmählich). **2.** *trans.* **a**) aufhalten, hinhalten, hindern, hemmen (*abs., zB.* °nullo morante da niemand hinderte, ne multis morer um es kurz zu machen, kurz; alqm *u.* alqd, *zB.* te, °Orcum warten lassen, iter *u.* impetum alcis, °alci lucem arte *j-m* das Leben künstlich fristen, alqm a re *jd.* an *etw.* hindern, *zB.* a fuga; *m.* quominus *bzw.* °quin); *insb.* **b**) **nihil moror**: α) (*nkl.*) *als Entlassungsformel des Konsuls im Senat* („ich will euch nicht weiter aufhalten, ihr seid entlassen") *sowie des freilassenden Richters* [C. Sempronium nihil moror]; °β) ich stehe nicht an, bin sogleich bereit (*m. inf. od.* quominus); γ) (*zustimmend*) meinetwegen mag *od.* mögen (*m. a.c.i., zB.* °nihil moror eos salvos esse); δ) °ich mache mir nichts aus *etw.*, will nichts wissen *v. etw.* (alqm *u.* alqd, *zB.* istius modi clientes, vina; *m.* quominus, *m. a.c.i. u. indir. Frages.*); **c**) (*dcht.*) fesseln, unterhalten (alqm *u.* alqd, *zB.* carmina aures alcis morantur).

mōrŏr² 1. (mōrŭs²) (*vkl., nkl.*) ein Narr sein; *oft im Wortspiel m.* mŏrŏr¹ [morari eum (*sc.* Claudium) desisse inter homines producta prima syllaba iocabatur (*sc.* Nero)] (*Suet., Nero 33*).

mōrōsĭtās, ātĭs *f* (mōrōsŭs) mürrisches Wesen, Eigensinn, Pedanterie.

mōrōsŭs 3 (*m.* °*comp. u.* °*sup.*; *adv.* **-ē**) (mōs; *eigtl.* „einer, der voll [schlechter] Sitten ist") mürrisch, eigensinnig, pedantisch, *v. Pers. u.* °*Sachen* [senes, °canities pedantisches Alter]; / (*nkl.*) (*v. Sachen*) hartnäckig [morbus].

Mŏrphĕūs, ĕī *u.* ĕŏs *m* (Μορφεύς *v.* μορφή, Traumgestalt) *hellenistischer* Traumgott (*S. des Schlafgottes Hypnos*). *Cf.* V.-B. II, 3.

▶ **mŏrs,** tĭs *f* (< *mrtis; *cf.* mŏrĭŏr) **1.** Tod, *sowohl der natürliche als der gewaltsame* [necessaria, voluntaria; ~ naturae finis est; mortem alci °afferre *u.* inferre, alci morti esse *j-m* den Tod bringen, morte multare *u.* °punire alqm, mortis poena, mortem sibi consciscere sich den Tod geben, mortem expetere den Tod suchen, obire *e-s* natürlichen Todes sterben, occumbere *e-n* gewaltsamen Tod finden, *bsd. in der Schlacht*, mortem deprecari um sein Leben bitten, °~ extrema *u.* suprema die letzten Augenblicke]; *pl.* Todesfälle, -arten [multae clarae mortes pro patria oppetitae]. **2.** *meton.* (*dcht.*) Leiche [campi morte conteguntur]. **3.** (*dcht.*) (Mord-)Blut [ensis multa morte *m.* strömendem Blut]. **4.** (*personif.*) Mors Todesgottheit (*griech.* Θάνατος), *T. des Erebus u. der Nox.*

F. *abl. sg.* mŏrtĕ *u.* °-ī; *gen. pl.* mŏrtĭŭm.

mŏrsĭūncŭlă, ae *f* (*demin. v.* mŏrsŭs) (*vkl., nkl.*) Biß, *bsd. beim Küssen.*

mŏrsŭs¹ *P.P.P. v.* mŏrdĕō.

mŏrsŭs², ūs *m* (mŏrdĕō) **1.** Biß [avium, serpentis, °morsu appetere alqd nach *etw.* beißen]; (*dcht.*) das Beißen der Speise, das Essen, Verzehren [mensarum]. **2.** das Fassen *od.* Festhalten *e-r Schnalle, e-s Ankers*; *meton.* (*Ve.*): uncus gebogener Zahn *des Ankers*, roboris Klemme *od.* Baumspalte, *die die Speerspitze einklemmt.* **3.** / **a**) (*Ma.*) das Beißen (*als scharfe Empfindung*) [aceti]; **b**) (*dcht.*) hämischer Angriff, Kränkung; **c**) Schmerz, Ärger, Verdruß (alcis rei *e-r* Sache *u.* über *etw., zB.* °animi, doloris; °exsilii).

▶ **mŏrtālĭs,** ĕ (*m.* °*comp.*) (mŏrs) **1.** sterblich [corpus, animal]; *subst. m* Sterblicher, Erdensohn, *bsd. im Ggs. zu den Göttern od. in Verbindung m.* nemo, multi, plurimi, omnes, cuncti. **2.** / **a**) (*v. Sachen*) vergänglich [°leges]; **b**) (*prägn.*) irdisch, menschlich, Menschen... [condicio vitae, °arma *v.* Menschenhand verfertigt, °cura Pflege des Menschen, °vulnus *v.* der Hand eines Menschen beigebracht, °malum natürlich]; *subst.* mŏrtālĕ *n*, *meist pl.* **mŏrtālĭă** *n* (*nkl., dcht.*) Menschliches, Menschenschicksal, menschliche Leiden. — **peccatum -e Todsünde.

mŏrtālĭtās, ātĭs *f* (mŏrtālĭs) **1.** Sterblichkeit, *übh.* Vergänglichkeit. **2. a**) (*nkl., dcht.*) sterbliche Natur, Zeitlichkeit [-tem explere das Zeitliche segnen]; *auch* menschliche Schwäche; **b**) (*concr.*) (*nkl.*) die Menschen.

mŏrtārĭŭm, ī *n* (*et. unklar*; *cf.* mŏrētŭm) (*vkl., nkl.*) Mörser.

mŏrtĭcīnŭs 3 (mŏrs) (*vkl., nkl.*) verreckt, abgestorben; (*als Schimpfwort*) Aas, Luder.

mŏrtĭ-fĕr(ŭs), fĕră, fĕrŭm 3 (mŏrs, fĕrō) (*adv.* °**-ē**) todbringend, tödlich [morbus, poculum]; *subst. pl.* **-ă,** ōrŭm *n* (*nkl.*) tödliche Stoffe.

mŏrtŭālĭă, ĭŭm *n* (mŏrtŭŭs) (*vkl.*) Totenlieder *der Klageweiber.*

mŏrtŭrĭō, — — 4. (mŏrs) gern sterben wollen.

▶ **mŏrtŭŭs** *s.* mŏrĭŏr. — De mortuis nil nisi bene („Über die Toten [sprich] nur gut") *wohl lat. Übersetzung e-s Spruches der Sieben Weisen.*

mōrŭlŭs 3 (*demin. v.* mōrŭs¹) (*Pl.*) tiefschwarz.

mōrŭm, ī *n* (*umstritten, ob Lw.* < μόρον, μῶρον *od. m. diesen urverwandt*) (*nkl., dcht.*) **1.** Maulbeere. **2.** Brombeere.

mōrŭs¹, ī *f* (*zu* mōrŭm) (*nkl., dcht.*) Maulbeerbaum.

mōrŭs² 3 (*adv.* **-ē**) (*Fw.* < μωρός) (*Pl.*) albern, närrisch; *subst.* **-ŭs,** ī *m* Narr; **-ă,** ae *f* Närrin.

mōs
1. Wille, Eigenwille; 2. Vorschrift, Gesetz, Regel; 3. Sitte, Gewohnheit, Brauch; 4. Art und Weise, Beschaffenheit; 5. *pl.* Sitten; **a**) Benehmen; **b**) Charakter.

mōs, *mōris m* (*vl. zu* μῶμαι „strebe"; *cf. ahd.* muot = *nhd.* Mut, Ge-müt) **1.** (*vkl., dcht.*) Wille *od.* Eigenwille *e-s Menschen* [*pervincere mores alcis* den Eigensinn]; *klass.* nur *morem gerere* willfahren *od.* zu Willen sein, sich fügen = *mōrigĕrāri* (*alci u. alci rei*). **2.** (*nkl., dcht.*) Vorschrift, Gesetz, Regel [*mores viris ponere, sine more* zügellos, *in morem* regelmäßig]. **3.** Sitte, Gewohnheit, Herkommen, Brauch [*antiquus, patrius; alcis u. alcis rei, zB. hominum,* °*sacrorum; alius alio more vivit,* °*in morem venire u.* °*vertere* zur Sitte werden, *contra morem maiorum,* °*supra morem* ungewöhnlich; *more bzw. moribus od.* °*ex, de more* nach der Sitte *od.* Gewohnheit, *zB. meo, more et exemplo* nach dem herkömmlichen Verfahren; *mos od. moris est alci u. alcis m. ut, auch m. inf. u. a.c.i.*]; (*pejorativ*) (*nkl.*) Unsitte. **4.** Art *u.* Weise, Beschaffenheit, Natur [*usitatus,* °*siderum; more u.* °*ad, in morem od.* °*in more alcis* nach Art *j-s,* wie *jd., zB. latronum,* °*turbinis*]; *bsd.* (*nkl.*) Mode = Tracht [*vestis*]. **5.** *pl.* Sitten = **a**) Benehmen, Lebenswandel [°*praefectus morum* Sittenrichter]; **b**) Gesinnung, Charakter, Individualität [*boni, mali, perditi, suavissimi; vir morum veterum v.* alter Biederkeit]; *übh.* Gesittung, *prägn.* gute *od.* (*meist*) schlechte Sitten [*his moribus* beim heutigen Zeitgeist]. — (*gen. pl.* mōrŭm).

Mŏsă, *ae m* die Maas.

Mŏsĕllă, *ae m* (*demin. v. Mŏsă*) *Nbfl. des Rheins, j.* Mosel.

Mōstĕllāriă, *ae f* (*mōstĕllŭm, *demin. v.* mōnstrŭm) Gespensterkomödie (*des Plautus*).

mōtiō, *ōnis f* (mŏvĕō) Bewegung; / Gemütsbewegung, Erregung, Affekt.

mōtiŭncŭlă, *ae f* (*demin. v.* mōtiō) (*nkl.*) leichter Fieberanfall.

mōtō 1. (*intens. v.* mŏvĕō) (*nkl., dcht.*) hin *u.* her bewegen (*alqd*).

mōtŏr, *ōris m* (mŏvĕō) (*Ma.*) Beweger [~ *fueras cunarum mearum* du hast mich einst gewiegt].

mōtŭs[1] *P.P.P. v.* mŏvĕō.

mōtŭs[2]
1. **a**) Bewegung; **b**) Lauf, Wendung; **c**) Erschütterung; **d**) Abreise; **e**) Körperbewegung, Geste, Tanz; **f**) *mil.* Schwenkung; **2. a**) Erregung, Leidenschaft; **b**) geistige Tätigkeit; **c**) Trieb, Antrieb; **3.** politische Bewegung, Aufstand; **4.** (*rhet. t.t.*) Tropus.

mōtŭs[2], *ūs m* (mŏvĕō) **1. a**) Bewegung *meist als Zustand* = das Sichbewegen *od.* Bewegtwerden (*alcis u. alcis rei, zB. remorum, siderum,* °*pedum,* °*oculorum,* °*hastarum*); **b**) Lauf, Gang, Wendung [*se movere ad motus fortunae* sich wenden, wohin das Glück sich neigt = den Mantel nach dem Winde hängen]; **c**) Erschütterung [*terrae* Erdbeben, °*Austri motūs* das Toben]; **d**) (*dcht.*) Aufbruch, Abreise (*alcis*); **e**) Körperbewegung, *bsd.* kunstmäßige, *klass. nur sg.* [*corporis,* °*palaestricus*]; *bsd.* α) Geste, Gestikulation *des Redners u. des Schauspielers;* β) (*nkl., dcht.*) taktmäßige Bewegung, Tanz [*motūs Ionici, motūs Cereri dare* Tänze aufführen]; γ) (*Ov.*) (*erotisch*) [*Veneris languescere motu*]; **f**) *mil.* (*nkl.*) Schwenkung [*militum*]. **2. a**) Gemütsbewegung, Erregung, Leidenschaft [*dulcis, iucundus, animi, mentis*]; **b**) geistige Tätigkeit, Regsamkeit, *pl.* Regungen [*animi u. mentis* Verstandestätigkeit, *celer cogitationis* schneller Gedankenflug]; **c**) Trieb, Antrieb, Begeisterung [°*divinus, sine motu animi*]. **3.** politische Bewegung, Aufstand, Aufruhr [°*servilis, urbanus, populi, Catilinae; motum afferre rei publicae*]; *selten in gutem Sinne* Erhebung [*Italiae*]; *auch* politische Umwälzung [°*Persarum imperium magno motu concutere*]. **4.** (*Qu.*) (*rhet. t.t.*) bildlicher Ausdruck, Tropus (= *immutatio verborum bei Ci.*). — ***motu proprio* („aus eigenem Antrieb") *Formel in Reskripten der Päpste, die auf deren eigene Anregung zurückgehen;* ♀ *Bezeichnung für diese Erlasse selbst.*

mŏvĕō
1. **a**) fortbringen, entfernen; **b**) (*intr.*) aufbrechen; **c**) vertreiben; **d**) *jd. von etw.* abbringen; **e**) herbeischaffen, holen; **2. a**) rühren, schütteln; **b**) *refl.* tanzen; (*Meer*) wogen; **c**) erwägen; **d**) verändern; **e**) *jd.* beeinflussen; **f**) *jd.* ängstigen; **g**) *jd.* rühren; **h**) begeistern; **i**) reizen; **k**) (*pol.*) in Aufruhr bringen; **l**) *jd.* antreiben; **m**) (*bsd. Zustand*) verursachen, anstiften, anregen.

mŏvĕō, *mōvī, mōtŭm* 2. (< **mŏvĕjō zu altind.* mīvati „bewegt") bewegen, in Bewegung setzen (*urspr. durch Fortschieben*): **1.** (*vom Ort*) bewegen: **a**) fortbringen, -schaffen, entfernen (*alqm u. alqd, zB.* °*feminas, turrim,* °*plumas* wegwehen, °*catulos leaenae* zu rauben suchen, °*mensam* die Tafel aufheben, *fluctibus moveri* fortgetrieben werden, °*copias od.* °*agmen* aufbrechen [lassen], *castra* das Lager abbrechen = aufbrechen, weitermarschieren, vorrücken, *signa* zum Kampfe ausrücken; *alqd loco od. re, de, ex, a re, in u. ad alqd, zB. fundamenta loco,* °*armenta stabulis* hinaustreiben aus, °*oculos a vultu alcis* abwenden *v.,* °*Martem in proelia m.* Kriegsmacht zum Kampfe ausziehen); **b**) **mŏvērĕ** *intr.* = **sē mŏvērĕ** *od.* (*selten*) (*mediopass.*) **mŏvērī** sich entfernen, aufbrechen, abmarschieren, weiterziehen [*hinc od. istinc, se loco u. ex eo loco, se ex urbe, ab urbe, ex Biturigibus in Aeduos,* °*in arma moveri* zum Kampfe ausrücken; °*res moventes* bewegliche Habe = *res quae moveri possunt*]; **c**) vertreiben, verjagen, verstoßen (*alqm, zB. veros heredes; alqm ex u. de re od. meist bloß re, zB. ex eo loco, senatu u. de senatu, possessionibus,* °*hostem statu* aus der Stellung werfen, *alqm loco* absetzen, °*verba loco* ausstreichen); **d**) / *jd. v. etw.* abbringen (*alqm* °*de sententia,* °*a vero*); **e**) herbeischaffen, holen [°*vina, pecuniam ab alqo* flüssig machen; / °*fatorum arcana* hervorholen = enthüllen]. **2.** (*an derselben Stelle*) hin *u.* her bewegen: **a**) rühren, schütteln, schwingen, erschüttern (*alqd, zB. caelum,* °*urnam u.* °*caput* schütteln, *omnes terras, omnia maria* Himmel *u.* Erde in Bewegung setzen, °*labra* beim Beten, °*bracchia in herbas* stecken, °*pennas* schwingen, °*crinem per aëra* flattern lassen, °*citharam u.* °*nervos* rühren, °*tympana* schlagen, °*biiem alci* erregen = zum Zorn reizen, °*agros* umbrechen, auflockern, bearbeiten, °*limum* aufwühlen, °*fluctūs* aufregen, °*mare* durchrudern; *bsd.* °*arma* zu den Waffen greifen, °*adversus alqm u.* °*pro alqo;* / *alcis sententiam od.* °*fidem* erschüttern); **b**) *se movere u. mediopass.* sich bewegen, *bsd.* tanzen, hüpfen, °(*vom Meere*) wogen [°*pontus movetur,* °*venae moventur* schlagen, pulsieren, °*gemma movetur de palmite* treibt, entwickelt sich, °*Cyclopem moveri* den Zyklopentanz aufführen, *se in nullam bzw. neutram partem movere* sich für keine Partei entscheiden]; *bisw. steht auch das act. intr., zB.* °*terra movet* bebt, *voluptas movens* Lust in Bewegung (*Ggs. stans* in Ruhe); **c**) (*nkl., dcht.*) (*geistig*) erwägen, bedenken, überlegen [*multa od. omne nefas animo, eadem* dieselben Pläne hegen]; **d**) (*nkl., dcht.*) verändern, verwandeln [*nihil, fatum imminens, nihil motum ex antiquo* keine Änderung am Hergebrachten]; **e**) auf *jd. od.* auf *etw.* Eindruck machen, *jd.* beeinflussen (*alqm u. alqd, zB. corpus, bsd.* übel beeinflussen, angreifen, *oculos, animos iudicum; alqm re, zB. consilio, beneficiis*); P. sich beeinflussen *od.* bestimmen lassen (*re* durch *etw., zB. populus gratiā, milites loci insolentiā moventur*); **f**) *jd.* bange machen, erschrecken, ängstigen (*alqm* °*metu poenae*); P. sich fürchten (*re, zB.* °*hostium clamore*), °(*v. Pferden*) scheu werden; **g**) *jd.* rühren [°*Manes fletu, lacrimae populum movent, precibus alcis moveri*]; **h**) begeistern (°*alqm thyrso*); **i**) (*meist nkl., dcht.*) reizen, erzürnen, erbittern [*animum alcis u. alci*]; **k**) (*pol.*) in Aufruhr bringen, beunruhigen, empören [*res, omnia*]; P. in Unruhe geraten, unruhig werden [°*civitas moveri coepit*]; **l**) *jd.* anregen *od.* antreiben, drängen (*alqm, alqm ad alqd, zB.*

ad bellum, °se movere ad alqd sich zu *etw.* anschicken; *m. ut u. m. °inf.*); P. sich bestimmen lassen; *subst. moventia n* Triebfedern; **m)** *etw.* (*bsd. einen Zustand*) hervorrufen, erzeugen, verursachen, anstiften (*alqd, zB. seditionem, bellum, dolorem, indignationem, risum* = sich lächerlich machen, *odium ad alqm* bei *jd.*; *alci alqd, zB. admirationem, suspicionem*); *bsd. übh. etw.* anfangen [*bellum, °cantūs* anstimmen, *°carmina a love* anfangen m. *od.* bei, *°pugna se moverat* war im Gange]; *etw.* anregen [*dii numen movent* geben einen Wink]; *bsd.* (*Verhandlungen*) in Gang bringen, *etw.* zur Sprache bringen [*consultationem, °historias* vortragen].

▶ **mŏx** *adv.* (*mittelkymrisch* moch „bald") **1.** (*v. d. Zukunft*) bald, nächstens, demnächst [~ *veniam, mihi scripsit mox se esse reversurum*; *quam mox* wie bald, *bsd. in indir. Frages.* = ob nicht bald, *zB. exspecto, quam mox Chaerea hac oratione utatur* ich bin neugierig, wie lange es dauern wird, bis]. **2.** (*nkl.*) (*v. der Vergangenheit u. in Aufzählungen*) bald darauf, hierauf [*mox deinde* bald darauf; *primo ... mox* zuerst ... alsdann, *primum ... deinde ... mox ... post*]. — **sofort; *mox ubi, mox ut* sobald als.

****m.p.** (*Abk.*) = *manu propria.*

mūcc... = *mūc...*

mūcĭdŭs 3 (*mūcŭs*) (*unkl.*) **1.** schimmelig. **2.** schleimig, rotzig.

Mūcĭŭs 3 *röm. Gentilname: C.* ~ *Scaevŏlă Held der röm. Frühzeit; er unternahm e-n Anschlag gegen den Etruskerkönig Porsenna; adi.* **Mūcĭŭs** *bzw.* **Mūcĭānŭs** 3.

mūcrō, *ōnĭs m* (*-ū-?*; *abl. sg.* [*Lu.*] *-ōnī*) (**mūk-rōs* „spitz"; *cf.* ἀμύττω „ritze") scharfe Spitze *eines Schwertes, Dolches, Messers*; *synekd.* Schwert, Degen, Dolch, Klinge; / (*Lu., nkl.*) Grenze, Ende [*anceps*], Spitze, Schneide [*defensionis tuae, tribunicius* Schärfe der Tribunenmacht].

mūcŭs, *ī m* (*cf.* **ēmŭngō**; ἀπο-μύσσω „schneuze") (*unkl.*) zäher Nasenschleim, Rotz.

mūgĭl *u.* (*selten*) **mūgĭlĭs,** *ĭlĭs m* (*wohl zu ē-mŭngō*) (*nkl., dcht.*) Meeräsche (*Seefisch*).

mūgĭnŏr 1. (*-ĭ-?*; *mūgĭō*) (*Com.*) laut murmeln; *klass. nur* / nachdenken, über *etw.* brüten, *übh.* zaudern.

mūgĭō 4. (*Erweiterung des Lallwortes mū* [*int.*]; *cf.* μύζω < **μύγ-jω* „bringe *m.* geschlossenen Lippen *e-n* Laut hervor"; *nhd.* „mucksen") **1.** brüllen, *v. Rindern* (*subst. °mūgĭentēs, ĭum m* Rinder); **2.** / **a)** (*dcht.*) (*v. Sachen*) (er)dröhnen, brausen, krachen, (*v. Trompeten*) schmettern; **b)** (*Ma.*) *tibi mugiet ille sophōs* er wird dir „Bravo!" zubrüllen.

F. *pf.-Formen synk.*: *mūgīssĕ(m)* = *mūgīvissĕ(m) u.ä.*

mūgītŭs, *ūs m* (*mūgĭō*) **1.** (*dcht., nkl.*) Gebrüll *der Rinder, auch pl.* **2.** das Dröhnen [*terrae*].

mūlă, *ae f* (*mūlŭs*) Mauleselin; *sprichw.* (*nkl.*) *cum mula pepererit* = niemals (*da die Mauleselin unfruchtbar ist*).

mŭlcĕō, *mŭlsī, mŭlsŭm* 2. (< **mōlkējō*; *cf.* μαλακός „weich"; *mŭlgĕō*) (*dcht., nkl.*) **1.** sanft streichen *od.* streicheln [*barbam manu*], *auch* belecken [*pueros linguā*]. **2.** / **a)** sanft berühren [*capillos virgā*]; (*vom Winde*) fächeln, sanft bewegen; **b)** / α) besänftigen, beschwichtigen, mildern (*alqm u. alqd, zB. socios verbis, iras, vulnera, corpus* sanft einwiegen); β) erfreuen, liebkosen, bezaubern (*alqm carmine, aethera cantu*).

Mŭlcĭbĕr, *bĕrĭs u. brĭs, auch bĕrī m* (*vl.* < **mŭlcēdhrōs zu mŭlcĕō, eigtl.* „Erweicher, Schmelzer der Metalle") (*dcht.*) *Beiname Vulkans*; *meton.* Feuer.

mŭlcō 1. (*altl. -cāssĭtĭs* = *-cāvĕrĭtĭs*; *zu mŭlcĕō*) **1.** (durch)prügeln, *m.* Schlägen übel zurichten, roh mißhandeln (*alqm u. alqm re, zB. male fustibus od. °virgis, °verberibus, °graculum* zerrupfen, *°alqm parte membrorum* an einem Teil); / übel zurichten [*°naves, scriptores*]. **2.** (*Pl.*) (*ein Übel*) wohl *od.* übel durchmachen [*miserias*].

mŭlctră, *ae f u.* **mŭlctrŭm** *od.* **mŭlctrārĭŭm,** *ī n* (*mŭlgĕō*) (*dcht., nkl.*) Melkkübel; / (*Ov.*) Milch.

mŭlgĕō, *mŭlsī, mŭlctŭm* 2. (< **mōlgējō*; *cf.* ἀμέλγω, *nhd.* „melke") (*unkl.*) melken; *sprichw. hircos* ~ *v. etw. Unmöglichem.*

▶ **mŭlĭĕbrĭs,** *ĕ* (*adv.* **-ĭtĕr**) (< **mŭlĭēs-rĭs zu mŭlĭĕr*) **1.** weiblich, Weiber..., Frauen... [*vestis, libido, voces, °sexus, °iniuria* Unrecht, dem ein Weib ausgesetzt ist, *°certamen* wegen der Weiber; *°muliebria pati* sich als Weiber gebrauchen lassen]; *subst.* (*nkl.*) **mŭlĭĕbrĭă,** *ĭŭm n* weibliche Scham. **2.** / weibisch, unmännlich [*sententia, -iter lamentari*].

mŭlĭĕbrōsŭs = *mŭlĭĕrōsŭs.*

▶ **mŭlĭĕr,** *ĕrĭs f* (*wohl* < **mŭl-ĭēsī, alter comp. zu mŏllĭs* < **mŏld-vĭs*) **1.** Weib [~ *°ancilla* weiblicher Dienstbote]. **2. a)** Ehefrau, *bsd. im Ggs. zu vĭrgō*; **b)** / (*Schimpfwort*) Memme.

mŭlĭĕrārĭŭs 3 (*mŭlĭĕr*) zu einem Weib gehörig, *v.* einem Weib gedungen [*manus*]; *subst. m* (*Ca.*) Schürzenjäger.

mŭlĭĕrcŭlă, *ae f* (*demin. v. mŭlĭĕr*) **1.** kleines, schwaches Weib. **2. a)** liederliches Frauenzimmer; **b)** / Memme.

mŭlĭĕrōsĭtās, *ātĭs f* (*mŭlĭĕrōsŭs*) Weibstollheit (= φιλογύνεια).

mŭlĭĕrōsŭs 3 (*mŭlĭĕr*) weibstoll.

mūlīnŭs 3 (*mūlŭs*) (*nkl., dcht.*) Maultier...; / stumpfsinnig [*cor*].

mūlĭō, *ōnĭs m* (*mūlŭs*) Maultiertreiber; *auch Schimpfwort.*

mūlĭōnĭŭs 3 (*mūlĭō*) zu einem Maultiertreiber gehörig, eines Maultiertreibers [*paenula*].

mŭllŭs, *ī m* (*Fw.* < μύλλος) Meerbarbe (*ein Fisch*).

mŭlsī *s. mŭlcĕō u. mŭlgĕō.*

mŭlsŭm *P.P.P. v. mŭlcĕō.*

mŭlsŭs 3 (< **mĕl-sōs, zu mĕl*) **1.** (*vkl., nkl.*) *m.* Honig versüßt, honigsüß; lieblich. **2.** *subst.* **a)** (*Pl.*) (*Kosewort*) **-ă,** *ae f* Liebchen; **b)** **-ŭm,** *ī n, sc. vīnŭm* Honigwein, Met.

mŭltă, *ae f* (*et. ungedeutet*) **1.** Strafe am Eigentum, *in der älteren Zeit an Vieh, später* Geldstrafe, -buße(*alqm -ā multare, -am alci dicere* auferlegen, *irrogare, sufferre*; *committere* verwirken, *petere* beim Volk beantragen). **2.** / (*Pl.*) Strafe durch Entbehrung [*vino viginti dies ut careat*].

mŭlt-ăngŭlŭs 3 (*mŭltŭs*) (*Lu.*) vieleckig.

mŭltātīcĭŭs 3 (*mŭltă*) (*Li.*) zur Geldstrafe gehörig, Straf..., Buß... [*pecunia*].

mŭltātĭō, *ōnĭs f* (*mŭltō*) Bestrafung [*bonorum* an den Gütern].

mŭltēsĭmŭs 3 (*mŭltŭs*) (*Lu.*) nur einer *v.* vielen; *pars* nur ein Bruchteil.

mŭltĭ-bĭbŭs 3 (*mŭltŭs, bĭbō*) (*Pl.*) versoffen [*anus*].

mŭltĭ-căvŭs 3 (*mŭltŭs, căvŭs*) (*Ov.*) (viel)löcherig [*pumex*].

mŭltīcĭŭs 3 (*wohl m. haplol. Dissimilation* < **multĭlīcĭŭs* „vielfädig" *zu mŭltŭs u. lĭcĭŭm*) (*dcht.*) feingewebt; *subst.* **-ĭă,** *ĭōrŭm n* feingewebte Gewänder.

mŭltĭfārĭăm *adv.* (*cf. bĭfārĭăm*) an vielen Orten *od.* Stellen, Seiten [*aurum* ~ *defodere*].

mŭltĭ-fĭdŭs 3 (*mŭltŭs, fĭndō*) (*nkl., dcht.*) vielgespalten [*faces*]; vielarmig [*Ister*].

mŭltĭ-fōrmĭs, *ĕ* (*mŭltŭs, fōrmă*) vielgestaltig.

mŭltĭ-fōrŭs 3 (*fōrō* 1. „bohre") (*dcht.*) viellöcherig [*buxus*].

mŭltĭ-gĕnĕrĭs, *ĕ* (*Pl.*) *u.* **mŭltĭgĕnŭs** 3 (*Lu.*) (*mŭltŭs, gĕnŭs*) vielartig.

mŭltĭ-iŭgŭs 3 (*nkl.*) *u.* **-gĭs,** *ĕ* (*mŭltŭs, iŭgŭm*) **1.** (*nkl.*) vielspännig [*equi*]. **2.** / vielfältig, zahlreich [*litterae*].

mŭltĭ-lŏquĭŭm, *ī n* (*mŭltŭs, lŏquŏr*) (*Pl.*) Geschwätzigkeit.

mŭltĭ-lŏquŭs 3 (*mŭltŭs, lŏquŏr*) (*Pl.*) geschwätzig.

mŭltĭ-mŏdĭs *adv.* (< *mŭltĭs mŏdĭs*) auf vielerlei Art, mannigfach.

mŭltĭ-plĕx, *plĭcĭs* (*adv.* °**-ĭtĕr**) (*mŭltŭs, -plĕx*; *cf. dŭplĕx*) **1.** vielschichtig [*°lorica*]; *bsd.* vielfach gewunden, verschlungen [*vitis serpit multiplici lapsu, °domus vom Labyrinth*]; *insb. übh.* (*nach Zahl u. Größe*) vielfältig, vielfach, zahlreich, stark [*corona*; *pl. °consulatūs*]. **2.** (*Li.*) vielmal so groß [*clades*; *m. quam, zB. damnum* ~ *quam pro numero est*]; *subst. n* das Vielfache, vielmal mehr. **3.** / **a)** vielseitig, vielerlei, reichhaltig [*res, °bellum, ingenium, °cura*]; *auch* (*v. Pers.*) vielseitig [*Plato, vir* ~ *in virtutibus*]; **b)** (*A. ad Her.*) vieldeutig [*verborum potestates*]; (*Ci.*) schwer zu ergründen [*hominum naturae*]; **c)** unbeständig, veränderlich [*ingenium, animus, natura*].

F. *abl. sg. -ī*; *pl. neutr. -ĭă, gen. -ĭŭm.*

mŭltĭplĭcābĭlĭs, *ĕ* (*mŭltĭplĭcō*)

(*dcht.*) vielfältig.

mŭltĭplĭcātĭō, *ōnis f* (*mŭltĭplĭcō*) (*nkl.*) Vervielfältigung, Vermehrung.

mŭltĭplĭcō 1. (*denom. v. mŭltĭplĕx*) vervielfältigen, vergrößern, vermehren (*alqd, zB.* °*exercitūs, aes alienum,* °*usuras* erhöhen, *gloriam*); P. wachsen.

mŭltĭ-pŏtēns, *ĕntis* (*mŭltŭs*) (*Pl.*) sehr mächtig.

mŭltĭ-sŏnŭs 3 (*mŭltŭs*) (*dcht.*) vieltönig, wortreich.

mŭltĭtūdō, *ĭnis f* (*mŭltŭs*) **1.** Menge, große Zahl [*militum, navium*], *auch* Übermacht [*multitudine fretus*]. **2.** Menschenmenge, *auch* Pöbel [*imperita, -nem armare*], *auch* gemeine Soldaten; *pl.* Pöbelhaufen.

mŭltĭ-văgŭs 3 (*mŭltŭs*) (*nkl., dcht.*) viel umherschweifend, nomadisierend.

mŭltĭ-vŏlŭs 3 (*mŭltŭs, vŏlō*) (*Ca.*) viel begehrend [*mulier*].

mŭltō 1. (*denom. v. mŭltă*) strafen, bestrafen (*alqm re entweder m. etw., zB. multā, poenā, morte, auch alqd, zB. consilia alcis; od. jd.* um *etw., zB.* °*parte agri; alci multari j-m* eine Strafe zu zahlen schuldig sein [*Veneri Erycinae*]).

mŭltŭm, *ī n* (*mŭltŭs*) (*comp. plūs, sup. plūrĭmŭm*) **I.** (*pos.*) **1.** *subst.* **a)** viel, ein großer Teil, eine große Menge, ein großes Stück (*m. gen. nur im nom. u. acc. sg., zB. militum, viae, vini, temporis;* °*in u.* °*ad multum diei* bis hoch in den Tag; ~ *posse u. valere* viel gelten, °~ *est* es nützt viel); **b)** *abl.* **mŭltō** um vieles, viel, bei weitem, *bsd. beim comp.* [~ *maior od. plures, magis, minus*], *viel seltener beim sup.* [*-o optimus, formosissimus*], *auch bei Wörtern m. komparat. Begriff, zB. -o aliter u. secus* ganz anders, *-o ante u. post* lange vorher *u.* nachher, *-o praestare, malle, anteponere u.ä.*]. **2.** *adv.* **a)** (*vom Grad*) (*dcht. auch multa*) sehr, weit, vielmals, *bei Verben* [~ *adiuvare, abesse, desiderare alqm; non* ~ nicht sonderlich, wenig, *zB. confidere*]; *selten beim comp. od. bei adi. im Positiv* [~ *maius, vir* ~ *bonus*]; **b)** (*zeitl.*) **α)** häufig [~ *esse od.* ~ *una esse cum alqo,* ~ *ventitare,* ~ *loqui de re,* ~ *in venationibus esse*]; **β)** lange [~ *morari*]. — **II.** (*comp.*) **plūs,** *plūris n* **1. a)** mehr, ein größerer Teil, eine größere Menge, ein größeres Stück [*plus alci debere, plus posse u. valere, plus est* es will mehr sagen, *plus minus(ve)* mehr *od.* weniger; *m. gen., zB. hominum, praedae; m. abl., zB. paulo od. multo plus, plus aequo* mehr als billig, *non plus quam* ebensoviel *u.* ebensowenig]; **b)** *plūris als gen. pretii* höher, teurer, *zB. vendere, emere, aestimare, esse, facere.* **2.** *adv. plūs* mehr, in höherem Grade, stärker [*amare, alqm plus plusque in dies diligere* immer mehr]; *bsd.* (*bei Zahlen m. u. ohne quam*) über, öfter, länger [*non plus quam semel, plus (quam) ducenti milites, plus (quam) decem dies abesse, numquam plus triduo Romae esse,* °*plus mediā parte* mehr als zur Hälfte]. — **III.** (*sup.*) **plūrĭmŭm,** *ī n* **1. a)** sehr viel *od.* das meiste, der größte Teil [*-um posse od. valere od. pollere, quam -um* möglichst viel, *cum -um u. ubi -um* höchstens; *m. gen., zB. auri, gravitatis*]; **b)** *plurimi als gen. pretii* am höchsten *od.* sehr hoch, am teuersten *od.* sehr teuer [*vendere, emere, aestimare, esse, facere*]. **2.** *adv. plūrĭmŭm* **a)** sehr viel, am meisten [*-um interest*]; **b)** (*zeitl.*) meistenteils, größtenteils [*Cypri vivere*].

mŭltŭs
I. (*pos.*) **1. a)** viel, zahlreich, häufig, *meist pl.:* viele; **b)** *subst.* **mŭltī** die Menge, der große Haufe; **mŭltă** vieles, vielerlei; 2. groß, stark, bedeutend; 3. (*räuml.*) groß, weit; 4. (*zeitl.*) vorgerückt, spät; 5. (*Rede, Redender*) ausführlich; **6.** eifrig, fleißig; *pejorativ* aufdringlich; **II.** (*comp.*) **plūrēs** mehr, die Mehrzahl; **III.** (*sup.*) **plūrĭmŭs** sehr viel; *meist pl.* **plūrĭmī** die meisten, sehr viele.

mŭltŭs 3 (*comp.* **plūrēs,** *sup.* **plūrĭmŭs;** *adv.* **mŭltŭm** *s.d.*) (*zu mŭltŭs cf. mĕlĭŏr,* μᾶλλον, *zu plūrēs, plūrĭmī cf.* πολύς, πλείων) **I.** (*pos.*) **1.** (*nach Zahl u. Menge*) **a)** viel, zahlreich, häufig (vorhanden), reichlich, *meist pl.* [*homines, anni, multa verba facere, multis verbis* weitläufig, *multi amici mei* viele *v.* meinen Freunden, *bene multi* recht viele, *minime multi* äußerst wenige; *m. einem anderen beigeordneten adi. durch* et *od. -que verbunden, zB. multa et gravia vulnera* viele schwere Wunden; *dagegen bei eingeordnetem adi. ohne* et, *zB. multi docti homines* viele Gelehrte, *multi fortes viri* viele Helden, *multa secunda proelia* viele Siege *u.a.*; *im sg. nur bei Stoffnamen u. abstr.* [*aurum, sanguis, labor, studium*; *dcht. auch sonst, zB.* °*multa avis,* °*multus miles* = *multi milites*]; **b)** *subst.* **α) mŭltī** *m* die Menge, der große Haufe, die gewöhnlichen Redner [*unus e multis, numerari in multis*]; **β) mŭltă** *n* vieles, vielerlei [*-a narrare; ne multa u. ne multis, sc. dicam* kurz, °*quid multa* wozu viele Worte? = kurz]. **2.** (*v. intensiver Fülle u. Kraft*) groß, stark, bedeutend [*pretium, industria, opera,* °*Lydia multi nominis* hochgefeiert, °*vita* inhaltreich, °*risus* inniges, °*amictus* dicht, °*pax* tief, °*multa morte* bei sicherem Tode; °*multum est* es ist *v.* Einfluß, es nützt sehr, *m. inf.*]. **3.** (*räuml.*) groß, weit [*-a pars Europae,* °*multus toro iacet* lang ausgestreckt]. **4.** (*zeitl.*) vorgerückt, spät [*-a nox* tiefe Nacht, *multo die* spät am Tage, *-a lux* heller Tag, *ad multum diem* bis weit in den Tag hinein, *multo mane* am frühen Morgen]. **5.** (*v. der Rede u. dem Redenden*) weitläufig, ausführlich [*oratio, sermo*]. **6.** eifrig, unablässig, fleißig (*alqs multus instat,* °*virtus* häufig bewährt, °*ars* vielfache, *multā linguā uti* häufig; *in re, zB. in agmine; multum est* man hört es oft); *pejorativ* aufdringlich, lästig, *v. Personen.* **II.** (*comp.*) **plūrēs,** *ă, gen. ĭŭm* (mehrere), mehr, die Mehrzahl, Majorität, *klass. stets m. comp. Sinn, so daß quam folgt od. ergänzt werden kann* [*plures quam quattuor senatores, pluribus verbis* weitläufiger, ausführlicher, *quid plura, sc. dicam* kurz; *unkl. auch ohne comp. Sinn* = *cōmplūrēs*]. **III.** (*sup.*) **plūrĭmŭs** 3 sehr viel *od.* der meiste [*aurum, salus,* °*silva* dichtester, °*coma* sehr üppig, °*sol* größte Sonnenglut, °*amnis* hoch angeschwollen, °*Aetna* der größte Teil des Ätna]; *meist pl.* **plūrĭmī,** *ae, ă* die meisten *od.* sehr viele [*hostes u. hostium, saecula; dcht. auch sg. statt pl., zB.* °*rosa*].

mūlŭs, *ī m* (*vl. kleinasiatisches Fw.*) **1.** Maultier (*Kreuzung v. Eselhengst u. Pferdestute; Ggs. hīnnŭs*). **2.** / (*Pl.*) **a)** Packesel (*v. e-m schwer bepackten Sklaven*); **b)** (*als Schimpfwort*) Kamel = Dummkopf (*auch bei Ca.*).

Mŭlvĭŭs pōns *die nördlichste Tiberbrücke Roms, über die die via Flaminia nach Etrurien führte, j.* Ponte molle.

Mŭmmĭŭs 3 *röm. Gentilname: L.* ~ *Ăchāĭcŭs, Eroberer Korinths* (*146 v. Chr.*).

Mūnātĭŭs 3 *röm. Gentilname: L.* ~ *Plăncŭs, Legat Cäsars in Gallien, Freund Cäsars u. Ciceros, später Anhänger des Antonius u.* (*seit 31 v.Chr.*) *des Oktavian, für den er 27 v.Chr. den Titel Augustus vorschlug.*

Mŭndă, *ae f St. in Hispania Baetica b. Corduba* (*Cäsars Sieg 45 v. Chr. beendete den Bürgerkrieg*).

mŭndānŭs, *ī m* (*mŭndŭs²; Bed.-Lw.* ‹ κόσμιος) Weltbürger, Kosmopolit. — ***adi.* 3 weltlich, irdisch.

mŭndĭtĭă, *ae u.* (*vkl., nkl.*) **mŭndĭtĭēs,** *ēī f* (*mŭndŭs¹*) **1.** (*vkl.*) Sauberkeit, Reinlichkeit; *pl.* Aufräumungsarbeiten [*urbanae*]. **2.** Zierlichkeit, Feinheit, Eleganz, *fast immer äußerlich; bsd.* **a)** eitler Prunk; **b)** Eitelkeit, Putzsucht; **c)** (*rhet.*) Zierlichkeit im Ausdruck; **d)** feine Lebensart, Anstand.

mŭndō 1. (*denom. v. mŭndŭs¹*) (*nkl., dcht.*) säubern, reinigen.

mŭndŭlŭs 3 (*adv.* [*nkl.*] **-ē**) (*demin. v. mŭndŭs¹*) geputzt, galant, zierlich.

mŭndŭs¹ 3 (*m.* °*comp. u.* °*sup.; adv.* °**-ē** *u.* °**-ĭtĕr**) (*eigtl. wohl* „gewaschen"; *cf. griech.* [*kyprisch*] μυλάσσασθαι „sich waschen") **1.** (*unkl.*) sauber, reinlich, rein, *nur v. festen Körpern* [*supellex, cena, liber pumice -us*]; (*subst.*) (*altl.*) *in mundo* (*esse, habere*) = *ĭn prŏmptū in* Bereitschaft (sein, haben). **2.** / zierlich, nett, fein, anständig, elegant, *fast immer äußerlich* [*homo,* °*cultus,* °*verba*].

▶ **mŭndŭs²,** *ī m* (*Et. u. Bedeutungsentwicklung bzw. -zusammenhang unklar; etr. Herkunft nicht ausgeschlossen; nach antiker Auffassung mŭndŭs² v. mŭndŭs¹ abzuleiten*) **1.** (*vkl., nkl.*) Toilettengeräte, Putz *der Frauen* [*muliebris*]. **2. a)** Welt, Weltall [*mundi ornatus,* °*triformis u.* °*triplex* = Erde, Himmel *u.* Meer]; *pl.* Weltkörper; **b)** (gestirnter) Himmel, Sternenhimmel [*lucens*]; **c)** (*dcht.*) **α)** Erde, Erdkreis [*pars* *mundi* Zone]; β) Menschheit, die Menschen [*fastos mundi evolvere*]; **d)** (*vkl., nkl.*) der Mundus, *runde Opfergrube* (*i. Rom*), *die als Eingang zur Unterwelt den unterirdischen Göttern geweiht war u. nur dreimal im Jahr geöffnet wurde* [*opacus*]. — ***(*philos. t.t.*): ~ *intelligibilis* die geistige Welt (der Ideen), die Welt der Dinge an sich; ~ *sensibilis* die sinnlich wahrnehmbare Welt, die Welt der Erscheinungen.

mūnĕrārĭŭs, *ī m* (*mūnŭs*) (*nkl.*) Spender eines Gladiatorenspiels.

mūnĕrī-gĕrŭlŭs, *ī m* (*mūnŭs, gĕrō*) (*Pl.*) Überbringer *v.* Geschenken.

mūnĕrō (*selten*), *meist* **mūnĕrŏr** 1. (*denom. v. mūnŭs*) **1.** schenken (*alci alqd*). **2.** beschenken (*alqm re*).

mūnĭă *n* (*cf. mūnĭs, cŏmmūnĭs*) (*klass. nur im nom. u. acc.*) Leistungen, Amtspflichten, Berufsgeschäfte (*abs. od. m. gen., zB. candidatorum,* °*belli pacisque; facere u. exsequi u.a.*).

mūnĭ-cĕps, *cĭpĭs m u. f* (*mūnĭă, căpĭō, eigtl.* „Bürgerpflichten übernehmend") **1.** Bürger(in) eines Munizipiums, Kleinstädter(in). **2.** Bürger(in) desselben Munizipiums, Mitbürger(in), Landsmann,(Landsmännin). — (*gen. pl. mūnĭcĭpŭm*).

mūnĭcĭpālĭs, *ĕ* (*mūnĭcĭpĭŭm*) **1.** zu einem Munizipium gehörig, kleinstädtisch, Munizipal... [*homo, dolor* Schmerz der Munizipalbürger]; *subst. m* Kleinstädter. **2.** / (*dcht.*) (*verächtlich*) spießbürgerlich.

mūnĭcĭpātĭm *adv.* (*mūnĭcĭpĭŭm*) (*nkl.*) munizipienweise.

▶ **mūnĭcĭpĭŭm,** *ī n* (*mūnĭcĕps*) Landstadt, *bsd. it. Kleinstadt m. eigenen Gesetzen, eigener Verwaltung u. röm. Bürgerrecht* (*m. u. ohne Stimmrecht in Rom*).

mūnĭfĭcĕntĭă, *ae f* (*mūnĭfĭcŭs*) (*nkl.*) Freigebigkeit (*in alqm* gegen *jd.*); *auch* Gnadenakt.

mūnĭfĭcō 1. (*denom. v. mūnĭfĭcŭs*) (*Lu.*) beschenken.

mūnĭ-fĭcŭs 3 (°*comp. -fĭcĕntĭŏr, sup. -fĭcĕntĭssĭmŭs; adv.* **-ē**) (*mūnŭs, făcĭō*) freigebig, mildtätig (*abs. od. in alqm u. in re, zB. in dando*).

mūnĭmĕntŭm, *ī u.* (*dcht., spätl.*) **mūnĭmĕn,** *ĭnĭs n* (*mūnĭō*) Schutzmittel: Verschanzung, Bollwerk [*saepes -a praebent, castra levi -o* leichtbefestigtes, °*corporis* = Panzer]; / (*nkl.*) Schutz, Stütze [*regni, ad imbres, -o esse* zur Deckung dienen, *alqd pro -o habere* in *etw.* seine Sicherheit haben].

▶ **mūnĭō** 4. (*denom. v. moenĭă*) **1.** (*intr.*) mauern, schanzen, *auch* Wege anlegen [°*muniendo fessus, materia ad muniendum idonea*]; *subst.* (*nkl.*) *munientes m* Schanzarbeiter, Bauleute. **2.** (*trans.*) **a)** (*Mauern*) bauen, (*Wege*) anlegen *od.* bahnen [*iter, viam;* / *alci viam accusandi od. ad consulatum*], (*eine Örtlichkeit*) gangbar machen [°*rupem, silvam*]; **b)** *etw.* ummauern *od.* befestigen [*Palatium, castra vallo atque fossā, locum hibernis* für die Winterquartiere; / °*sapientia munita* Bollwerk der W.]; **c)** verwahren, sichern, schützen, decken (*alqm u. alqd, zB. se, agmen; alqd re etw.* durch *etw., zB. imperium benevolentiā,* °*se ligneis moenibus; alqd contra u. adversus alqd od. a re* vor, gegen *etw., zB. contra iniurias, urbem ab incendio*).

F. *pf.* -ivi *u.* -iī; *pf.-Formen synk.*: *mūnīstī* = *mūnīvistī u.ä.*

mūnĭs, *ĕ* (*mūnŭs*) (*Pl.*) gefällig, verbunden [*gratus et munis*].

▶ **mūnītĭō,** *ōnĭs f* (*mūnĭō*) **1.** (*abstr.*) Befestigung; Mauerbau, Schanzarbeit [*castrorum, milites -ne prohibere, fossae* durch den Graben]; *auch* Gangbarmachung [*viarum* Wegebau, °*fluminum* Anlegung *v.* Brücken]. **2.** (*concr.*) Schanze, Festungswerk, Verteidigungslinie [*castrorum, operis* feste Schanze, *munitionem facere u. perducere*]; *meton.* Befestigungsmaterial [*-nis causā in silvas discedere*].

mūnītō 1. (*intens. v. mūnĭō*) bahnen [*sibi viam*].

mūnītŏr, *ōrĭs m* (*mūnĭō*) (*nkl., dcht.*) **1.** „Befestiger", Erbauer [*Troiae* = Apollo]. **2.** Schanzarbeiter. **3.** Mineur.

mūnītŭs 3 (*m. comp. u. sup.; adv.* °**-ē**) (*eigtl. P.P.P. v. mūnĭō*) befestigt, fest [*urbs, castra*]; °*subst.* (*Lu.*) *munita n* gebahnte Wege [*viāi* Damm der Zähne = Lippen]; / verwahrt, geschützt, sicher (*re* durch *etw., zB. oppidum naturā loci; in re od.* bei *etw.; contra alqd u. a re* vor *od.* gegen *etw., zB. contra cupiditatem alcis*).

> **mūnŭs**
> **1. a)** Obliegenheit, Aufgabe, Pflicht, Beruf, Amt, Dienst; **b)** Leistung, Abgabe; **2. a)** Gefälligkeit, Gnade; **b)** letzter Liebesdienst, Bestattung; **3. a)** Geschenk; **b)** Opfer(gabe); **c)** *Spende e-s Beamten an das Volk* = (Fest-, Schau)Spiele; **4. a)** Theater; **b)** Kosmos.

mūnŭs, *ĕrĭs n* (*cf. mūnĭă*) **1. a)** Obliegenheit, Aufgabe, Pflicht, Beruf, Amt, Dienst, Verrichtung, Posten, Stelle (*alcis, zB. servorum* Sklavendienst, *regis, civium, bestiae* Bestimmung, *legationis* Gesandtschaftsposten, *vitae, militiae od. militare* Kriegsdienst, *munera rei publicae* politischer Wirkungskreis; ~ *exsequi u. explere, munere fungi* versehen, *munere vacare* vom Kriegsdienst frei sein; ~ *alcis est es* ist *j-s* Aufgabe *od.* Bestimmung, *m. inf. od. ut*); **b)** Leistung, Last, Abgabe [~ *alci imponere* auferlegen, *liber ab omni munere, alci remittere*]. **2. a)** Gefälligkeit, Gunsterweisung, Gnade [°*tui muneris sum* ein Werk deiner Gnade, *munere fungi*; *bsd.* °*munere alcis rei m.* Hilfe *od.* vermittelst einer Sache, *zB. noctis*]; **b)** (*dcht., nkl.*) letzter Liebesdienst, Bestattung, *auch pl.* [*extremum, sollemne*]. **3. a)** Geschenk, Gabe, Gratifikation, *bsd. als pflichtmäßige Leistung od. zu einem bestimmten Zweck* [°*nuptiale,* °*divinum; alci* ~ *mittere,* °*alci alqd muneri mittere* zum Geschenk, °*alqm muneribus donare od. afficere; alcis j-s, zB. regis,* °*Bacchi* = Wein, °*Cereris* = Brot, °*Veneris* = Schönheit, °*maris* = Perlen, Purpur; *auch* /, *zB. opusculum* ~ *vigiliarum* Frucht; *alcis rei* an *etw., zB. pecuniae*]; **b)** (*dcht.*) Opfergabe, Opfer [*munera templis ferre*]; *bsd.* °Totenopfer; **c)** Spende eines Beamten (*bsd. der Ädilen*) an das Volk: Festspiel, öffentliches Schauspiel, *meist pl.* [*aedilicium, gladiatorium;* ~ *dare u. edere*]. **4. a)** (*dcht., nkl.*) Festspielhaus, *bsd.* Theater; **b)** / Prachtbau *des Weltalls* [*architectus tanti muneris*].

mūnŭscŭlŭm, *ī n* (*demin. v. mūnŭs*) kleines Geschenk, Angebinde [*alieni facinoris* aus fremdem Verbrechen erwachsender erbärmlicher Gewinn].

mūraenă, *ae f* = *mūrēnă*.

mūrālĭs, *ĕ* (*mūrŭs*) Mauer... [*falx* Mauerhaken, *pilum zur Verteidigung auf der Mauer, tormentum* zur Beschießung der Mauer, *corona* Mauerkranz *für den, der zuerst die Mauer einer feindlichen Festung erstiegen hatte*].

mūrēnă, *ae f* (*Fw.* < [σ]μύραινα) Muräne (*schmackhafter Seefisch*).

Mūrēnă, *ae m* (*urspr. etr., formal an mūrēnă angeglichen*) *cogn. in der gēns Lĭcĭnĭă, s. Lĭcĭnĭŭs.*

mūrĕx, *ĭcĭs m* (< **mūsăk-s* = μύαξ „Miesmuschel") (*nkl., dcht.*) **1. a)** Purpurschnecke *m. gewundener stacheliger Schale*; (*dcht.*) die Schale als Tritonshorn; **b)** *e-e* eßbare Stachelschnecke. **2. a)** *meton. die aus der Purpurschnecke hergestellte* Purpurfarbe [*Tyrius rubens*]; **b)** / *etw. Spitziges*: α) (*nkl.*) Fußangel [*ferreus*]; β) (*dcht.*) Felsenriff [*acutus*].

mūrĭă, *ae f* (*zu* μύρω < *μύρjω „fließe, lasse rinnen") (*unkl.*) Pökel, Salzlake.

mŭrĭātĭcŭs 3 (*mŭrĭă*) (*Pl.*) eingepökelt.

mūrĭ-cĭdŭs 3 (*vl. Bed.-Lw.* < τοιχ-ωρύχος) (*Pl., Epid.* 333) schlapp, energielos [*homo*].

mūrīnŭs 3 (*mūs*) (*vkl., nkl.*) von Mäusen, Mause... [*pellis* Marderfell].

mŭrmĭllō, *ōnĭs m* (*zu* μορμύλος „Art Seefisch") Gladiator *m. gallischem Helm, auf dessen Spitze sich als Abzeichen ein Fisch befand.*

▶ **mŭrmŭr,** *ŭrĭs n* (*redupl. Schallwort; cf.* μορμύρω, *nhd.* „murmeln, murren") das Murmeln, Gemurmel *sowohl des Beifalls als des Unwillens, dcht. auch pl.* / das Rauschen, Summen, Brausen, Tosen, Schmettern, dumpfes Getöse *u.ä.*

mŭrmŭrātĭō, *ōnĭs f* (*mŭrmŭrō*) (*nkl.*) das Murren.

mŭrmŭrĭllŭm, *ī n* (*demin. v. mŭrmŭr*) (*Pl.*) Gemurmel.

mŭrmŭrō 1. (*denom. v. mŭrmŭr*) murmeln, murren, brummen; *dcht. auch* rauschen, summen *u.ä.*; (*Pl.*) *intestina -ant* der Magen knurrt.

mūrŏ... = *myrŏ...*

mŭrră[1], *ae f* (*wie* μόρρια *Lw. aus dem Iranischen*) (*dcht.*) Flußspat, Achat; *met.* Murragefäß.

mŭrră[2], *ae f* (*Lw.* < μύρρα, *aus dem Semitischen stammend*) (*nkl., dcht.*) Myrrhenbaum; *meton.* Myrrhe,

Saft, der in Tropfen aus dessen Rinde dringt, zu Salben u. als Weinzusatz gebraucht.

murrĕŭs[1] 3 (*murră*[1]) (*dcht., nkl.*) aus Flußspat, Achat [*poculum*].

mŭrrĕŭs[2] 3 (*murră*[2]) (*dcht.*) *m.* Myrrhe parfümiert [*crines*]; myrrhenfarbig, dunkelgelb [*onyx*].

mŭrrh... = *murr...*

mŭrrĭnŭs[1] 3 (*murră*[1]) (*nkl., dcht.*) aus Flußspat, Achat; *subst. pl.* **-ă,** *ōrŭm n* Murragefäße.

mŭrrĭnŭs[2] 3 (*murră*[2]) (*vkl., nkl.*) aus Myrrhen bereitet, Myrrhen..., *m.* Myrrhen parfümiert; *subst.* **-ă,** *ae f* (*sc. pōtĭō*) *u.* **-ŭm,** *ī n* (*sc. vīnŭm*) *m.* Myrrhen angemachter Wein *v.* süßem Geschmack.

mŭrtētŭm, *ī n* (*mŭrtŭs*) (*unkl.*) Myrtengebüsch, -wäldchen, -hain; *pl.* **Mŭrtētă** *Örtlichkeit bei Bajä m. Schwefelbädern.*

mŭrtĕŭs 3 (*mŭrtŭs*) (*nkl., dcht.*) *v.* Myrten, Myrten... [*silva*]; / myrtenfarbig, kastanienbraun [*coma*].

mŭrtŭm, *ī n* (*Fw.* ‹ μύρτον, *sem. Ursprungs*) Myrtenbeere.

mŭrtŭs, *ī u. ūs f* (*Lw.* ‹ μύρτος; *sem. Ursprungs*) (*unkl.*) Myrte, *immergrüner Strauch, der Venus geweiht; meton.* Myrtenstab, -kranz, -hain; Speer aus Myrtenholz.

▶ **mūrŭs,** *ī m* (‹ **moi-rŏs; cf. moenĭă*[1]) Mauer [*murum °ducere*]; *bsd.* Stadtmauer, *meist pl.* [*°urbem muris saepire*]; *auch* Erdwall, Damm [*murum perducere, Alpium* Scheidewand]; *meton.* (*dcht.*) Stadt [*patrii muri*]; / Bollwerk, Schutz(wehr) [*tranquillitatis, Achilles Graiŭm* ~].

mūs, *mūrĭs m* (*cf.* μῦς, *nhd.* „Maus") Maus [*°rusticus* Feldmaus, *°urbanus* Stadtmaus], *auch* Ratte, Marder, Zobel *u.a.*; *auch als Kosewort*; ♀ *cogn. in der gēns Dĕcĭă, s. Dĕcĭŭs.* **F.** *gen. pl. mūrĭŭm, selten mūrŭm.*

Mūsă, *ae f* (*Lw.* ‹ Μοῦσα) **1.** Muse, *meist pl. Göttinnen aller nicht handwerklichen Künste, also bsd. des Gesanges, der Künste u. Wissenschaften, Töchter des Zeus u. der Mnemosyne, urspr. drei, dann neun (so bei Hesiod, der v. ihnen die Dichterweihe empfing); besondere Gebiete wurden den einzelnen erst später zugewiesen.* **2.** *als appell.* (*sg. u. pl.*) = Musenkunst: **a)** (*dcht.*) Musik, Gesang, Lied, Dichtung; **b)** Künste *u.* Wissenschaften, Gelehrsamkeit, Bildung [*agrestiores* Rechtswissenschaft *u.* Beredsamkeit, *mansuetiores* Philosophie].

mūsaeŭs 3 (*Mūsă*) (*dcht., nkl.*) dichterisch, musikalisch.

Mūsaeŭs, *ī m* (Μουσαῖος) *myth. Sänger u. Seher in Attika, Heros der Dichter.*

mŭscă, *ae f* (*cf.* μυῖα ‹ **μύσjα*) **1.** Fliege. **2.** / **a)** (*Pl.*) neugieriger *od.* ungebetener Gast; **b)** zudringlicher Mensch.

mŭscārĭŭm, *ī n* (*mŭscă*) (*nkl., dcht.*) Fliegenwedel; Kleiderbürste.

mūs-cĭpŭlă, *ae f u.* **-ŭm,** *ī n* (*mūs, căpĭō*) (*unkl.*) Mausefalle; / (*spätl.*) Fallstrick. — **-a Katze.

mŭscōsŭs 3 (*m. comp.*) (*mū-?*; *mŭscŭs*) moosig, bemoost.

mūscŭlŭs, *ī m* (*demin. v. mūs*) **1.** Mäuschen. **2.** / **a)** (*nkl.*) Muskel *am Körper*; **b)** Minierhütte (*eine Art Schutzdach, unter dem die Belagerer die feindliche Mauer untergruben*); **c)** (*vkl., nkl.*) Miesmuschel.

mŭscŭs, *ī m* (*mū-?; cf. nhd.* „Moos") (*unkl.*) Moos.

mūsēŭm, *ī n* (*Fw.* ‹ μουσεῖον) (*vkl., nkl.*) Musensitz (Akademie, Bibliothek, Museum).

mūsĭcă, *ae u.* (*nkl.*) **-ē,** *ēs f* (*Lw.* ‹ μουσική) Musik, Tonkunst, Gesang; *im weiteren Sinne* Poesie, Kunst *u.* Wissenschaft, höhere Bildung. *Cf.* V.-B. I, 1. — **~ *caelestis* Sphärenmusik. — ***~ *antiqua* alte Musik, ~ *nova* neue M., ~ *sacra* Kirchenmusik, ~ *viva* moderne Musik (*seit 1945*).

mūsĭcŭs 3 (*adv.* **-ē**) (*Lw.* ‹ μουσικός) **1.** die Musik betreffend, musikalisch [*leges, °certamen*], *auch* (*vkl.*) dichterisch [*ars*]; (*nkl.*) gelehrt, wissenschaftlich. **2.** *subst.* **a) -ŭs,** *ī m* Musiker, Tonkünstler; **b) mūsĭcă,** *ōrŭm n* Musik = *mūsĭcă, [ae f.]*

mūsĭŭm = *mūsēŭm.*

mŭssĭtō 1. (*intens. v. mŭssō*) (*unkl.*) **1.** murmeln, leise vor sich hinsprechen. **2.** sich nicht merken lassen, schweigend dulden [*iniuriam*].

mŭssō 1. (*Lw.* ‹ μύζω) (*unkl.*) leise vor sich hinsprechen [*inter se per metum*], (*v. Bienen*) summen; *meton.* sich bedenken, hinter dem Berge halten, schwanken (*abs. od. m. inf., zB. dicere; m. indir. Frages.*); (*v. Tieren*) zagen, bangen.

mŭstācĕŭm, *ī n* (*mŭstāx* „Lorbeerart"; *mŭstŭm*) (auf Lorbeerblättern gebackener Most-)Hochzeitskuchen; *sprichw. laureolam in mustaceo quaerere* sich auf eine wohlfeile Weise ein Lorbeerkränzchen, *d. h. e-n* leichten Sieg zu erhaschen suchen.

mŭstēlă *u.* **-ēllă,** *ae f* (*-ū-?; et. ungedeutet*) Wiesel.

mŭstēlīnŭs *u.* **-ēllīnŭs** 3 (*-ū-?*; *mŭstēlă*) (*vkl., nkl.*) Wiesel...

mŭstĕŭs 3 (*mŭstŭm*) (*vkl., nkl.*) mostähnlich; / neu, frisch.

mŭstŭlēntŭs 3 (*mŭstŭm*) (*vkl., nkl.*) mostreich.

mŭstŭs 3 (‹ **mŭs-tŏs, eigtl.* „feucht, naß"; *cf. mŭscŭs*) (*vkl.*) jung, frisch, neu; *subst.* **mŭstŭm,** *ī od. pl.* **-ă,** *ōrŭm n* (*unkl.*; *klass. nur* /) Most, junger Wein; *meton.* (*dcht.*) Weinlese, Herbst [*centum musta videre* = hundert Jahre].

mūtābĭlĭs, *ē* (*m. °comp.*; *adv. °-ĭtĕr*; *mūtō*) veränderlich, launisch, unbeständig, *v. Pers. u. Sachen* [*homo, °pectus* lenksam; *°varium et mutabile semper femina*].

mūtābĭlĭtās, *ātĭs f* (*mūtābĭlĭs*) Veränderlichkeit [*mentis*].

mūtātĭō, *ōnĭs f* (*mūtō*) **1.** Veränderung, Umwandlung [*rerum, locorum* Ortsveränderung, *castrorum* Verlegung]. **2.** (*pol.*) Umwälzung, Umsturz [*rerum* des Staates, *rei publicae*]. **3.** Gegenseitigkeit, Austausch [*officiorum*]. **4.** (*rhet. t.t.*) Vertauschung des Ausdrucks, Hypallage (ὑπαλλαγή).

****mutatis mutandis** *s. mūtō*[1].

mŭtĭlō 1. (*denom. v. mŭtĭlŭs*) **1.** (*nkl., dcht.*) verstümmeln [*aures, corpora securibus*]. **2.** / vermindern, verkleinern [*exercitum*].

mŭtĭlŭs 3 (*et. ungedeutet*) verstümmelt, gestutzt, abgestumpft (*alces cornibus -ae* an den Hörnern); / (*v. der Rede*) = abgehackt [*mutila loqui*].

Mŭtĭnă, *ae f urspr. etr. St. i. der Poebene an der via Aemilia, seit 183 v. Chr. röm. Kolonie, j.* Modena; *adi.* **Mŭtĭnēnsĭs,** *ē.*

mūtĭō 4. = *mŭttĭō.*

mūtō[1]
1. wegbewegen, entfernen, vertreiben; 2. wechseln, (ver-, um-) tauschen; **3. a)** eintauschen für; **b)** ändern; (*intr.*) sich ändern; **c)** verwandeln; **d)** umstimmen; **e)** verbessern *od.* verschlechtern.

mūtō[1] 1. (*altl. -tāssis* = *-tāvĕrĭs*; ‹ **moitājō denom. v. *moitŏs* „Tausch" = *griech.* [*sizilisch*] μοῖτος „Vergeltung, Dank") **1.** wegbewegen, entfernen, vertreiben (*alqm finibus, civitate* aus dem Staate jagen, *°arbores* verpflanzen, versetzen); *°mediopass. u. °se mutare* sich entfernen, fortschleichen, wegkommen [*hinc; re* v. *od.* aus *etw., zB. °habitu*]. **2.** wechseln, tauschen, vertauschen, umtauschen (*alqm, zB. ducem, °principem* den Herrn wechseln; *alqd etw. u. m. etw., zB. iumenta* die Pferde *od. m.* den Pferden wechseln, *sedem, locum od. solum* in die Verbannung gehen, *orationem od. genus eloquendi m.* dem Ausdruck wechseln, Abwechselung in die Rede bringen, *res inter se* Tauschhandel treiben, *°merces* verkaufen, *vestimenta u. vestem* sich umkleiden, *meist* = Trauerkleider anlegen, *personam* die Maske abwerfen = sich in seiner wahren Natur zeigen, *verba mutata* übertragene, *bsd.* metonymische; *alqd re u. pro re etw. m. od.* für, gegen *etw.* vertauschen, *zB. bellum pace, incerta pro certis, selten alqd cum re, zB. nomen legis cum amplificatione vectigalium*; *alqd cum alqo etw.* an *jd.* vertauschen, *zB. °mancipia vino cum mercatoribus* die Sklaven für Wein). **3. a)** eintauschen für (*alqd re, zB. °victrice patriā victam*); **b)** ändern, verändern, umgestalten [*testamentum, leges, vultum* die Miene verziehen, *°fidem* wortbrüchig werden, *nihil de re* nichts an *etw.*; *prägn.* seine Meinung ändern, *zB. neque nunc muto* = ich bleibe dabei, *°de uxore* in bezug auf]; *mediopass. u.* (*unkl.*) (*act.*) *intr.* sich ändern, umschlagen [*mens od. fortuna mutatur, °annona nihil mutavit* hat sich nicht geändert, *°mores u. animi mutant; in alqd* in *etw.* übergehen, *zB. res in advorsa mutantur*]; **c)** verwandeln [*°socios Ulixis, °alite od. in alitem mutari, °mutatus ab alqo* verschieden *v. jd.*; *im* P. *m. °griech. acc., zB. °faciem mutatus* im Gesicht]; **d)** umstimmen (*alqm od. animum alcis ad misericordiam*); **e)** (*altl., dcht.*) verbessern *od.* verschlechtern, verderben [*mentem, frontem* aufheitern, *aura mutata* widriger Wind, *res mutatae* Unglück, *vinum mutatum* umgeschlagener, kahmiger]. — ****mutatis mutandis* („nach Änderung des zu Ändernden") *m.* den erforderlichen Änderungen.

mūtō², *ōnis m* (*wohl etr. Fw.*) (*nkl., dcht.*) das männliche Glied.

mūtōnium *u.* **-tūnium**, *ī n* (*auch mŭ-*) (*mūtō²*) (*unkl.*) = *mūtō²*; **mūtōniātus** 3 (*dcht.*) (*auch mŭ-*) *m.* großem Penis (versehen).

mŭttiō 4. (*vom Schallstamm* *mŭt-) (*vkl., nkl.*) mucksen, leise *od.* kleinlaut reden.

mŭttītiō, *ōnis f* (*mŭttiō*) (*Pl.*) das Mucksen.

mŭttō, *ōnis m* = *mūtō²*.

mūtuātiō, *ōnis f* (*mūtuor*) das Borgen, Anleihe.

mūtuitāns, *antis* (*eigtl. part. praes. des intens. v. mūtuor*) (*Pl.*) einer, der borgen will.

mūtulus = *mītulus*.

mūtuniātus *s. mūtōnium.*

mūtuō¹ *adv. v. mūtuus.*

mūtuor 1. (*altl. auch mūtuō²*; *denom. v. mūtuus*) borgen, leihen (*abs. od. alqd u. alqd ab alqo, zB. pecuniam ab amico,* °*domum* mieten); / entlehnen (*alqd ab alqo u. a od.* °*de re, zB.* °*consilium ab amore, verbum a simili* metaphorisch reden).

▶ **mūtus** 3 (*vom Schallstamm* *mū-; *eigtl.* „nur unartikulierte Laute hervorbringend"; *cf. mŭttiō*) stumm: **1.** sprachlos, schweigend, *v. lebenden Wesen* [*homo, bestia*]. **2.** / (*v. Sachen*) still, lautlos [*locus, imago,* °*artes* über die man schweigt = die wenig Ruhm bringen]; *bsd.* (*gramm. t.t.*) (*Qu.*) *mutae consonantes* die Mutae, Explosivlaute (*g, c, k*; *b, p*; *d, t*).

▶ **mūtuus** 3 (*adv.* **-ō**, *selten* **-ē**) (*zu mūtō¹*) **1.** geborgt, geliehen [*pecunia, aes, frumentum*; *pecuniam mutuam dare alci j-m* leihen, *sumere ab alqo v. jd.* borgen, *exigere* als Darlehen fordern, *accipere* aufnehmen; *aes mutuum reddere*]; *subst.* **-uum**, *ī n* (*vkl., nkl.*) Darlehen; *klass. nur dat.* (*adv.*) *-ō* leihweise. **2.** wechselseitig, gegenseitig, beiderseitig [*beneficia, amor,* °*-a verba reddere* Worte wechseln]; *subst.* **mūtuum**, *ī n* Gegenseitigkeit [*in amicitia,* °*per -a* untereinander]; *adv.* **mūtuō**, *selten* **-ē** gegenseitig, wiederum [*alqm -o* °*diligere*]; *selten* abwechselnd = *vicissim* [*aestus maritimi -o accedentes et recedentes*]; *auch* gemeinsam [*error*].

Mycalē, *ēs f* (*Μυκάλη*) *Vorgeb. in Ionien, ö. v. Samos* (*Schlacht 479 v. Chr.*).

Mycēnae, *ārum u.* °**-a**, *ae f* (*Μυκῆναι, Μυκήνη*) *uralte vorgr. St. in Argolis, nördl. v. Argos, Königssitz der Atriden*; *Einw.* **Mycēnēnsēs**, *ium m*; *patron.* °**Mycēnis**, *idis f* (= Iphigenie); *adi.* **Mycēnaeus** 3. (*Ruinenstätte*; *Ausgrabungen seit 1874* [*Schliemann*]; *Schachtgräber vor dem Löwentor*; *Palastanlage auf der Burg, Kuppelgräber*; *seit 1950 Auffindung v. Schrifttafeln in Linear-B-Schrift*).

Myconos *u.* **-us**, *ī f* (*Μύκονος*) *Kykladeninsel nordöstl. v. Delos.*

Mygdōn, *ōnis m* (*Μύγδων*) *alter K. der Phryger, die nach ihm* **Mygdones**, *um m* (*Μυγδόνες*) = Phryger (*auch* Lydier) *genannt wurden*; *adi.* °**Mygdonius** 3 = thrakisch *od.* phrygisch [°*campi,* °*opes*].

Mylae, *ārum f* (*Μυλαί*) *Kastell an der Nordküste Siziliens* (*Seesiege des Duilius über die Karthager* [*260 v. Chr.*] *u. des Agrippa über S. Pompeius* [*36 v. Chr.*]).

myoparō, *ōnis m* (*acc. pl.* *-ōnas*; *Fw.* ‹ *μυοπάρων*) leichtes Kaperschiff.

myrīca, *ae u.* °**-ē**, *ēs f* (*Lw.* ‹ *μυρίκη*) Tamariske (*immergrüner Strauch*).

Myrmidones, *um m* (*Μυρμιδόνες*) *bei Homer Gefolgsleute Achills aus Phthia i. Thessalien. Cf.* V.-B. III, 1, e.

myrmillō, *ōnis m* = *murmillō*.

Myrō, *ōnis m* (*Μύρων*) *aus dem attisch-böotischen Grenzort Eleutherai*; *ber. att. Bronzegießer um 460 v. Chr.* (*nur röm. Kopien seiner Werke erhalten*: *Diskobol, Athene u. Marsyas*; *Perseus m. Haupt der Medusa*).

myrobalanum, *ī n* (*Fw.* ‹ *μυροβάλανον*; *cf. balanus*) (*nkl.*) Frucht der Behennuß u. das daraus bereitete Parfüm.

myrobrechārius, *ī m* (?) (*Fw.* ‹ *μύρον u. βρέχω m. lat. Suffix*) (*Pl.*) Parfümeriehändler.

myrobrechis (*nur acc. pl.* = *μυροβρεχεῖς v. -βρεχής*) (*Suet. Aug. 86*) salbentriefend, parfümiert [*cincinnos Bezeichnung des manierierten Stils des Mäcenas durch Augustus*].

myropōla, *ae m* (*Fw.* ‹ *μυροπώλης*) (*Com.*) Parfümeriehändler.

myropōlium, *ī n* (*Fw.* ‹ *μυροπώλιον*) (*Pl.*) Parfümerieladen.

myrothēcium, *ī n* (*Fw.* ‹ *μυροθήκιον*) Salbenbüchse.

myrhh... = *murr...²*.

myrt... = *murt...*

Myrtos, *ī f* (*Μύρτος*) *kleine Insel an der Südspitze v. Euböa*; *davon*: **Myrtoum mare** *Teil des Ägäischen Meeres zw. Attika u. Kreta.*

Mysia, *ae f* (*Μυσία*) *Ldsch. im nordw. Kleinasien zw. Troas u. Lydien* (*bzw. Phrygien*); *Einw.* **Mysus**, *ī m*; *meist pl.*; *adi.* **Mysius** *u.* °**Mysus** 3.

mystagōgus, *ī m* (*Fw.* ‹ *μυσταγωγός, eigtl.* „Einführer in die Mysterien") Fremdenführer *durch heilige Orte.*

mystērium, *ī n* (*Lw.* ‹ *μυστήριον*) Geheimnis (*alqd tamquam ~ tenere*); *pl.* Geheimkult, Mysterien (*bsd. die der Demeter* [*Ceres*] *in Eleusis*); / geheime Künste, Geheimlehren [*rhetorum u. dicendi -a aperire od. enuntiare*].

mystēs, *ae m* (*Fw.* ‹ *μύστης*) (*dcht., nkl.*) Priester bei den Mysterien; *meist pl.* *-ae* Eingeweihte, Mysten.

mysticus 3 (*Fw.* ‹ *μυστικός*) (*dcht.*) zu den Mysterien gehörig, geheimnisvoll [*vannus Iacchi*].

Mytilēnae, *ārum u.* °**-ē**, *ēs f* (*Μυτιλήνη*) *Hptst. der Insel Lesbos, j.* Mytilini; *Einw. u. adi.* **Mytilēnaeus** (3) *u.* °**Mytilēnēnsis** (*ē*).

mytilus, *ī m schlechte Schreibung für mītulus.*

myxa, *ae f* (*u.* **-us**, *ī*) (*Fw.* ‹ *μύξα*) (*nkl., dcht.*) (Schnauze für) Lampendocht.

N

N. (*Abk.*) = **1.** Nŭmĕrĭūs. **2.** nĕpōs. **3.** Nōnae. — **NF** (*Abk.*) = nĕfās.

năblĭūm, ī *n* (*Lw.* ⟨ νάβλα; *sem. Ursprungs*) *phönikisches Saiteninstrument.*

nāctūs *part. pf. v.* nāncīscŏr.

nae (*Versicherungspartikel*) *falsche Schreibung für* nē[1].

naenĭă, ae *f* = nēnĭă.

Naevĭūs 3 (*et. m.* Gnaeūs *u.* naevūs *wohl zu* [g]nātūs [an]geboren) *röm. Gentilname:* Cn. ~ *aus Kampanien, röm. Dramatiker u. Epiker, Schöpfer der fabula praetexta, Vfssr. des ersten nationalen Epos* (Bellum Poinicum [= 1. Punischer Krieg] *in Saturniern*), *wegen seiner freimütigen Äußerungen verbannt, starb um 201 v. Chr. in Utica; adi.* **Naevĭūs** 3 [porta Naevia *am Aventin*] *u.* **Naevĭānūs** 3 [Hector].

naevŭlūs, ī *m* (*demin. v.* naevūs) (*nkl.*) kleines Muttermal [mammarum ubera quasi quidam -i venustiores].

naevūs, ī *m* (*wohl zu* gīgnō; *cf.* Naevĭūs) Muttermal.

Nāĭăs, ădis *u.* **Nāĭs,** ĭdis *f* (Ναϊάς, Ναΐς) (*dcht.*) **1.** Wassernymphe, Najade. **2. a)** *übh.* Nymphe; **b)** *meton.* Wasser [Naida Bacchus amat]; *cf.* V.-B. III, 1, a, b, e; III, 4, b; *adi.* °**Nāĭcūs** 3 der Najaden.

▶ **nām** (*acc. sg. f des Pronominalstammes* *-nŏ-; *cf.* ĕnĭm) **1.** (*alte Versicherungspartikel*) (*klass. selten*) in der Tat, fürwahr, allerdings [nam mehercule ja wahrhaftig]. **2.** *ci.*: **a)** *bald begründend* = denn, *bald erklärend* = nämlich, *klass. stets im Satzanfang, dcht. auch nachgestellt; bisw. geht der begründende Satz voran, bsd. nach Anreden* [*cf. Hor. carm.* 3, 11, 1, *Verg. Aen.* I, 731]; **b)** = zum Beispiel; **c)** *bei Erwiderungen* ja, denn; ja, freilich, *zB.* Tune istud dixisti? nam audivi a fratre; **d)** (*rhet.*) *in der Praeteritio u. in der Occupatio.* **3.** (*enklitisch, bsd. an Fragewörter angehängt*) denn, doch, *zB.* quisnam wer denn? ubinam wo denn? quianam warum denn?, (*dcht.*) *auch vorangestellt od. v. dem Fragewort getrennt* [quis est nam ludus in undis?].

Nămnĕtēs, ŭm *m kelt. Volk a. der Loire i. der Gegend des heutigen Nantes.*

năm-quĕ (*verstärktes* nām, *meist am Satzanfang; bei Ci. nur vor Vokalen*) **1.** (*adv.*) wahrlich, freilich. **2.** (*ci.*) denn; nämlich.

▶ **nāncīscŏr,** nāctūs *u.* (*jünger*) nānctūs sūm 3. (nānctūs?) (*incoh. v. altl.* nānciō; *cf.* δι-ηνεκής „durch eine Strecke hindurchreichend, ununterbrochen", *redupl. Aorist* ἐν-εγκ-εῖν „tragen", *nhd.* „genug") zufällig erreichen, erlangen, bekommen (*alqm u. alqd, zB.* obsides, frumentum, portum, spatium Zeit gewinnen, spem morae, sorte provinciam Macedoniam; *auch* Übles, *zB.* °morbum, °febrim); *bsd.* zufällig finden, antreffen (*alqm* otiosum, idoneam tempestatem, °maleficam naturam die Ungunst der Natur erfahren); *part. pf.* na(n)ctus *auch* °*passivisch.*

nānūs, ī *m* (*Fw.* ⟨ νᾶνος) (*dcht., nkl.*) Zwerg.

năpaeūs 3 (*Fw.* ⟨ ναπαῖος) (*dcht.*) zum Waldtal gehörig; *subst.* **Năpaeae,** ārūm *f* Nymphen der Bergtäler.

Nār, Nāris *m* (♀ *wohl ill.* = Schwefel) *l. Nbfl. des Tiber in Umbrien, schwefelhaltig, j.* Nera.

Nārbō, ōnis *m* (ἡ Ναρβών, *daher f bei Ma.*) *u.* °**Nārbōnă,** ae *f* (-ă-?) *Handelsst. in der Provincia* (Gallia Narbonensis), *j.* Narbonne; *adi.* **Nārbōnēnsis,** ĕ.

nārcīssūs, ī *m* (*Fw.* ⟨ νάρκισσος) (*nkl., dcht.*) Narzisse [purpureus, sera comans].

Nārcīssūs, ī *m* (Νάρκισσος) **1.** *S. des böotischen Flußgottes Kephisos* (*Cephisus*); *er verschmähte die Liebe der Echo u. verliebte sich in sein eigenes im Wasser erblicktes Bild; zur Strafe wurde er in die Blume Narzisse verwandelt.* **2.** *Freigelassener u. Günstling des Kaisers Claudius.*

nārdīnūs 3 (*Fw.* ⟨ νάρδινος) (*nkl.*) *v.* Narden gemacht; *subst.* **-ūm,** ī *n* (*Pl.*) Nardenwein.

nārdūm, ī *n u.* **nārdūs,** ī *f* (*Fw.* ⟨ νάρδον, -ος, *durch phönikische Vermittlung aus dem Indischen entlehnt*) (*nkl., dcht.*) Narde; *meton.* Nardenöl, -wasser, -krem.

nārīs, is *f* (⟨⟨ *nāsīs; *altind. Dual* nāsā „die beiden Nasenlöcher = Nase") **1. a)** *sg.* (*nkl., dcht.*) Nasenloch, Nase; Nüster; **b)** *pl.* Nase, Nüstern [fasciculum ad nares admovere, °omnis copia narium wohlriechende Blumen, °naribus uti die Nase rümpfen, spotten]; *auch* Geruchssinn. **2.** / (*nkl., dcht.*) feine Nase, Scharfsinn, feines Urteil, *sg. u. pl.* [homo emunctae *od.* obesae naris]. — *gen. pl.* -ĭūm.

nărrābĭlĭs, ĕ (nā-?; nărrō) (*dcht.*) erzählbar.

nărrātĭō, ōnis *f* (nā-?; nărrō) Erzählung, *abstr.* = erzählende Mitteilung, *concr.* = das Erzählte [brevis; alcis rei *u.* de re, *zB.* rerum gestarum, de Scipione]; *bsd.* (*rhet. t.t.*) Darlegung des Sachverhalts.

nărrātĭŭncŭlă, ae *f* (nā-?; *demin. v.* nărrātĭō) (*nkl.*) kleine Erzählung, Anekdote.

nărrātŏr, ōris *m* (nā-?; nărrō) Erzähler.

nărrātūs, ūs *m* (nā-?; nărrō) (*nkl., dcht.*) = nărrātĭō.

▶ **nărrō** 1. (nā-?; *zu* gnārūs, *wohl m. Konsonantengemination bei gleichzeitiger Vokalkürzung*) **1.** kundtun, erzählen, berichten, *mündl. od. schriftl.* mitteilen (*alqd u.* de re, *zB.* °fabellam, de animo alcis, *auch* alci alqd; *m. a.c.i., im* P. *m. n.c.i. u. impers. m.* °*a.c.i.*; *m. indir. Frages.*). **2. a)** Nachricht bringen (bene *od.* male gute *od.* schlimme Nachricht bringen, de re); **b)** *übh.* erwähnen, nennen, sagen, *v. etw.* sprechen (*alqm u. alqd, zB.* Catulum et illa tempora, °filium narras mihi sprichst du mir *v.* meinem Sohn?, narra mihi sag mir einmal, narro tibi laß dir sagen).

nărthēcĭūm, ī *n* (*Fw.* ⟨ ναρθήκιον) Kremdose, Schminkkästchen.

nārūs 3 = gnārūs.

Nārўx, ўcis *f* (Νάρυξ) **1.** *St. der Opuntischen Lokrer in Mittelgriechenland; adi.* **Nārўcĭūs** 3 [°Locri die Lokrer aus Naryx, °heros = Aias (Aiax), *S. des Oïleus*]. **2.** *St. in Bruttium in Unteritalien, Kolonie der vorigen; adi.* **Nārўcĭūs** 3 [pix, urbs].

> **nāscŏr**
>
> **1. a)** geboren *od.* erzeugt werden, entstammen; **b)** (*v. Sachen*) entstehen, entspringen; **2.** (*v. Sachen*) wachsen, vorkommen; **3.** *part. pf.* **nātūs a)** geboren, entsprossen; **b)** zu *etw.* geschaffen; **c)** geartet; **d)** (*mit Zeitangabe*) alt; **e)** *subst.* **nātūs** Sohn, **nātā** Tochter, **nātī** Kinder; **4.** *part. fut.* **nāscītūrūs** *als jur. t.t. subst. m* das werdende Leben.

nāscŏr, nātūs sūm 3. (*altl.* gnāscŏr, gnātūs sūm; *cf.* gīgnō) **1. a)** geboren *od.* erzeugt werden, entstammen, *v. lebenden Wesen* [in urbe, sub alio caelo, in litteris = unter den Wissenschaften aufwachsen, in miseriam sempiternam zu ewigem Elend; alci für *jd.*; *m. bloßem abl. od. m.* ex *u.* °de, °ab alqo, *zB.* patre Marte, Musā matre, obscuris *od.* ex eisdem parentibus, °servā, ex filia alcis, amplissimā familiā, antiquo genere, °de paelice, °a principibus]; **b)** / (*v. Sachen u.*

abstr.) entstehen, entspringen, erwachsen, herrühren [dissensio, °alci aemulus nascitur ersteht; ab u. ex re, zB. facinus a cupiditate, collis a flumine erhebt sich; ex hoc nascitur, ut daraus folgt, daß]; bsd. (dcht.) (v. Gestirnen) aufgehen, erscheinen [nascens luna Neumondzeit]; (dcht.) (vom Wind) sich erheben, °(v. Pers.) beginnen, werden [nascens poëta]. **2.** (v. Sachen) wachsen, vorkommen, sich finden [plumbum ibi nascitur, °fraga humi nascentia]. **3.** part. pf. **nātŭs** 3 **a)** geboren, entsprossen (abs., zB. post hominum genus natum seit Menschengedenken, °Macedo natus v. Geburt; od. m. abl. u. ex alqo od. ex u. a re, cf. 1a); auch /, zB. sermo, qui natus est nobis uns angeboren = Muttersprache; **b)** zu etw. geschaffen, v. Natur zu etw. bestimmt (alci rei od. ad u. in alqd, zB. imperio zum Herrscher od. zum Feldherrn, °abdomini suo, °loca insidiis -a, ad dicendum zum Redner, bos ad arandum, °viri in arma, °lingua in periuria]; **c)** v. Natur beschaffen, geartet [°locus ita -us, pro re nata nach Beschaffenheit der Sache; °homo improbius natus (obszön) = mūtūnĭātŭs]; **d)** (m. acc. einer Zeitangabe) alt [viginti annos natus, maior od. minor sexaginta annos -us älter od. jünger als]; **e)** subst. °**nātŭs,** ī m Sohn; °**nātă,** ae f Tochter (abs. od. m. gen.); **nātī,** ōrŭm m Kinder (klass. nur im Ggs. zu parentes usw.) [nati et parentes, °parentes natique], (v. Tieren) (dcht.) Junge [bestiae ex se natos diligunt]. **4.** part. fut. (spätl.) **nāscitūrŭs** 3 (statt klass. nātūrŭs); als jur. t.t. subst. m „Leibesfrucht", d. h. das noch nicht geborene, aber schon gezeugte Kind (sprichw. ~ pro iam nato habetur).

Nāsīcă, ae m (nāsŭs) röm. cogn.; s. Scīpĭō.

Nāsō, ōnĭs m (nāsŭs; eigtl. „großnasig") röm. cogn.; s. Ŏvĭdĭŭs.

Nāsŏs u. **-ŭs,** ī f (νᾶσος dor. = νῆσος Insel) Stadtteil v. Syrakus (die Insel Ortygia). Cf. V.-B. II, 1.

năssă, ae f (< *năd-tā; cf. nōdŭs; nhd. „Netz") Fischreuse; / Netz, Schlinge.

năssĭtĕrnă, ae f (vl. etr. Fw., zumindest etr. Suffix) (vkl.) Gießkanne.

nāstūrcĭŭm, ī n (pl. auch nāstūrtĭă; nach antiker Et. „Nasenquäler" zu nāsŭs, tŏrquĕō) Kresse.

nāsŭs, ī m (vkl., nkl. auch -ŭm, ī n; cf. nārĭs) **1.** Nase [°aduncus, quasi murus oculis interiectus]; dcht. auch als Geruchssinn (alci nullus ~ est). **2.** / (dcht., nkl.) **a)** feine Nase, scharfes Urteil; **b)** Nase als Sitz des Spottes [naso suspendere alqm u. alqd = über jd. od. etw. die Nase rümpfen, spotten]; **c)** Tülle e-s Bechers.

Nāsŭs, ī f s. Nāsŏs.

nāsūtŭs 3 (m. comp. u. sup.; adv. **-ē**) (nāsŭs) (nkl., dcht.) großnasig; / naseweis, spöttisch.

nātālĭcĭŭs 3 (nātālĭs) zur Geburtsstunde od. zum Geburtstage gehörig, Geburts..., Geburtstags... [sidera, praedicta Nativitätsstellung, Horoskop]; subst. **nātālĭcĭă,** ae f (sc. cēnă) Geburtstagsschmaus (-am alci dare).

nātālĭs, ĕ (nātŭs²) **1.** Geburts... [°hora, °astrum, °humus u. °solum heimatlich, Heimat, °luno Geburtsgöttin]; dies Geburtstag, auch / [huius urbis], Jahrestag [reditūs mei]. **2.** subst. **nātālĭs,** ĭs m **a)** Geburtstag; **b)** (dcht.) Geburtsort; **c)** (dcht.) Geburtsgott, -genius; **d)** pl. (nkl., dcht.) Herkunft, Familie, Stand [splendidi, natalium splendor]. — (abl. sg. nātālī). — **~ (sc. dies) domini Weihnachten.

nătātĭō, ōnĭs f (nătō) das Schwimmen, Schwimmübung (auch pl.).

nătātŏr, ōrĭs m (nătō) (unkl.) Schwimmer.

▶ **nātĭō,** ōnĭs f (nāscŏr) **1.** (abstr.) Geburt, Abstammung [°natione Medus v. medischer Abkunft]; personif. **Nātĭō** Geburtsgöttin (v. Ardea). **2.** (concr.) Volksstamm, Völkerschaft, Volk, Nation [Syrorum, nationes et gentes, °eiusdem nationis esse ein Landsmann sein]. **3.** / Gattung, Klasse, Art, Sippschaft, oft ironisch [optimatium, Epicureorum, °rudis Menschenschlag]. **4.** (Tert.) pl. nationes die Heiden.

nătĭs, ĭs f (wohl im Ablaut zu νῶτος, νῶτον Rücken) (vkl., dcht.) Hinterbacke; pl. Gesäß (abl. sg. nătĕ).

nātīvŭs 3 (nātŭs²) **1.** geboren, durch Geburt od. auf natürlichem Wege entstanden [dii, verba Stammwörter]. **2.** angeboren, natürlich, ursprünglich [testae, sensus, malum Hunger, °sermo Muttersprache].

nătō 1. (frequ. v. nō) **1.** (intr.) **a)** schwimmen, umherschwimmen, v. Lebendem u. Leblosem [homo, pisces, ligna, °crura natantia Schwimmfüße; abs. od. in re, zB. in Oceano]; subst. (dcht.) **nătāntēs,** ĭŭm u. ŭm Schwimmtiere, Seetiere; **b)** / α) überströmen, überfließen, triefen, voll sein (abs. od. re v. etw., zB. °rura, pavimenta vino); β) (dcht.) wogen, wallen, schwanken [fluvius, segetes, vestis]; bsd. v. den Augen der Betrunkenen u. der Sterbenden; γ) (v. Pers.) ungewiß sein (abs. od. in re). **2.** (trans.) (dcht.) durchschwimmen [freta; auch P.].

nătrĭx, ĭcĭs f (cf. nhd. „Natter"; wohl eigtl. „die sich windende"; cf. nĕō; die lat. Bed.-Verengerung durch volkset. Anlehnung an nătō zu erklären) **1. a)** Wasserschlange; **b)** (dcht.) = mĕntŭlă (cf. ὄφις). **2.** / (Suet.) Schlange [~ populo Romano = Caligula nach dem Urteil des Tiberius]. — (gen. pl. -ŭm).

> **nātūră**
> **1. a)** Geburt; **b)** meist pl. Genitalien; **2. a)** natürliche Beschaffenheit, bsd. Gestalt, Naturell, Charakter; Naturtrieb; Naturgesetz, Weltordnung, Naturkraft; **b)** Weltall, Schöpfung; Grundstoff; Wesen, Ding.

nātūră, ae f (nāscŏr) **1. a)** Geburt [-ā filius od. °frater]; **b)** meton. (concr.) Geschlechtsteil, männl. u. weibl. (alcis), meist pl. Genitalien. **2.** Natur: **a)** (abstr.) α) natürliche Beschaffenheit einer Pers. od. Sache, Eigentümlichkeit (alcis u. alcis rei, zB. hominis od. humana, piscium, corporis, montis, rerum Wesen des Ganzen); naturā v. Natur [locus -ā munitus, insula -ā triquetra]; bsd. αα) Gestalt, Wuchs, Äußeres u.ä. [serpentium, fluminis Richtung]; ββ) (geistig) Naturell, Temperament, Charakter, Sinnesart, Gesinnung [tristis, crudelitas -ae, in -am vertere zur zweiten Natur werden, alcis ~ moresque]; bsd. menschliche Natur, Menschenherz [imbecilla est ~ ad contemnendam potentiam]; γγ) Naturtrieb, natürliches Gefühl [-ā victus]; β) Naturgesetz, Weltordnung, natürliche Möglichkeit [-ae ratio, ~ mundi od. rerum der Welt, -ae aptus naturgemäß, secundum -am, contra u. praeter -am, naturam vincere = sich übermenschlich anstrengen, -ae satisfacere od. concedere sterben, in rerum -ā est es ist möglich]; a natura v. der Natur [brevis nobis a natura vita data est]; γ) Naturkraft, Schöpferkraft der Natur, meist = deus [deorum, ~ cupiditates homini ingenuit]; **b)** (concr.) Natur = α) Welt, Weltall, Schöpfung, meist rerum natura [mens totius -ae, de rerum -ā disputare]; β) Grundstoff, Element, Substanz, Stoff [de naturis aliter sentire, duae Erde u. Wasser]; γ) Naturgebilde, Kreatur, Individuum, Ding [haec terrena mortalisque ~, °duplex Doppelgestalt, naturae rerum wirkliche Dinge]; δ) Organ [alvi ~ subiecta stomacho]; ε) (Lu.) (= φυσις) Geschlecht, Gattung [animantum].

▶ **nātūrālĭs,** ĕ (adv. **-ĭtĕr**) (nātūră) **1. a)** natürlich [portus, lex]; **b)** subst. **nātūrālĭă,** ĭŭm n: α) natürliche Dinge; β) (nkl.) Genitalien. **2. a)** leiblich (Ggs. ădŏptīvŭs) [pater, °filius]; **b)** (nkl.) außerehelich [liberi naturales natürliche Kinder, d. h. aus einem Konkubinat (Gs. legitimi)]. **3.** natürlich, angeboren, naturgemäß [motus, °bonitas, °pavor]. **4.** die Natur betreffend, Natur... [quaestio]

nātŭs[1] 3; ~, ī m s. nāscŏr.

▶ **nātŭs**[2], abl. ū m (nāscŏr) Geburt, Alter [°magno natu alt, bejahrt = grandis natu, natu maior älter, minor -u jünger, maximus -u der älteste = maximo natu, minimus -u der jüngste]; subst. maiores natu die älteren Leute.

nauărchŭs, ī m (Lw. < ναύαρχος) Schiffskapitän.

nauclērĭcŭs 3 (Fw. < ναυκληρικός) (Pl.) des Schiffsherrn [ornatus].

nauclērŭs, ī m (Fw. < ναύκληρος) (vkl., nkl.) Schiffsherr.

naucŭlă, ae f (nkl.) = nāvĭcŭlă.

naucŭlŏr 1. (denom. v. naucŭlă) (Ma.) auf e-m Schiffchen fahren.

naucŭm, ī n (et. ungedeutet) Nußschale, nur in sprichw. Redensarten: non nauci esse keine taube Nuß wert sein, non nauci habere od.

°*facere* keiner tauben Nuß für wert halten, geringschätzen; °*homo non nauci* ein Taugenichts.

nau-frăgĭŭm, *ī n* (*nāvis, frángō*) **1.** Schiffbruch [~ *facere* leiden, *-o perire u. interire*]. **2.** / **a)** Niederlage [°*maris* zur See, °*facere* erleiden]; **b)** Zusammenbruch, Ruin, Elend, Verarmung [*patrimonii, fortunarum, nobilitatis*]; **c)** *meton. pl.* Trümmer, Überreste [*-a Caesaris amicorum, -a rei publicae colligere*].

naufrăgŭs 3 (*naufrăgĭŭm*) **1.** (*pass.*) schiffbrüchig [*homo,* °*simulacra* Bilder des Schiffbruchs, °*corpora* durch Schiffbruch umgekommen]; *auch* / = ruiniert, verarmt, verzweifelt [*patrimonii*]; *subst. m* der Schiffbrüchige [*naufragorum manus*]. **2.** (*act.*) (*dcht.*) Schiffe zerschellend [*mare, monstra*].

naulŭm, *ī n* (*Fw.* ‹ ναῦλον) (*dcht., nkl.*) Fahrgeld, Frachtgeld.

naumăchĭă, *ae f* (*Fw.* ‹ ναυμαχία) (*nkl., dcht.*) Seegefecht (*als Schauspiel*), Naumachie; Ort des Seegefechts, *meist ein künstlicher Teich.*

naumăchĭārĭŭs, *ī m* (*naumăchĭă*) (*nkl.*) Kämpfer *i. e-r* Naumachie

nausĕă, *ae f* (*Lw.* ‹ ναυσία) **1. a)** Seekrankheit; **b)** (*unkl.*) Übelkeit, Erbrechen. **2.** / (*Ma.*) Ekel, (ekelerregende) Langeweile.

nausĕābŭndŭs 3 (*nausĕă*) (*Se.*) seekrank; an verdorbenem Magen leidend.

nausĕātŏr, *ōris m* (*nausĕō*) (*Se.*) ein Seekranker.

nausĕō 1. (*denom. v. nausĕă*) **1.** seekrank sein [*nauseans* seekrank]; *übh.* sich erbrechen. **2.** / **a)** sich ekeln; **b)** (*Ph.*) sich übel benehmen.

nausĕŏlă, *ae f* (*demin. v. nausĕă*) kleine Übelkeit.

nausi... = *nausĕ...*

▶ **naută,** *ae m* (*Lw.* ‹ ναύτης) Schiffer, Seemann: **1.** Matrose, *coll.* Schiffsmannschaft; (*dcht.*) *auch* Fischer, (*dcht.*) *auch v. Charon.* **2.** (*dcht.*) Schiffsherr, Kaufmann, Reeder. **3.** (*dcht.*) (Schiffs-)Passagier.

nautĕă, *ae f* (*Fw.* ‹ *ion.* ναυτία = ναυσία) (*Pl.*) Schiffsjauche.

nautĭcŭs 3 (*Lw.* ‹ ναυτικός) **1.** seemännisch, See..., Schiffs... [°*castra* Schiffslager, °*clamor* Zuruf der Seeleute, °*vela* für die Schiffe, °*pinus* Schiff]. **2.** *subst.* ~, *ī m* (*nkl.*) = *naută.*

nāvālĭs, *ĕ* (*nāvis*) **1.** zu Schiffe, zur See, See..., Schiffs... [°*materia* Schiffbauholz, *bellum* Seekrieg, °*corona* Schiffskrone *als Auszeichnung für einen Seesieg*; °*socius* ~ Matrose, *auch* Seesoldat, *meist pl.*]. **2.** *subst.* **nāvālĕ,** *īs n* **a)** (*dcht.*) Standort der Schiffe, Hafen; **b)** *pl.* **nāvālĭă,** *ĭŭm n* **α)** Schiffswerft, Werft, Dock; **β)** (*nkl.*) Takelwerk.

nāvĕ (*vkl., nkl.*) *adv. v. nāvŭs.*

nāvĭcŭlă, *ae f* (*demin. v. nāvis*) Kahn, Boot.

nāvĭcŭlārĭŭs 3 (*nāvĭcŭlă*; *vl. aber auch als subst. m Umbildung v. nauclērŭs* ‹ ναύκληρος) zum Schiffswesen gehörig; *nur subst.*: **1. nāvĭcŭlārĭă,** *ae f* (*sc. rēs*) Frachtschiffahrt, Reederei (*-am facere* treiben); **b) nāvĭcŭlārĭŭs,** *ī m* Frachtschiffer, Reeder.

nāvĭ-frăgŭs 3 (*nāvis, frăngō*) (*dcht.*) Schiffe zerschellend.

nāvĭgābĭlĭs, *ĕ* (*nāvĭgō*) (*nkl.*) schiffbar [*mare*].

nāvĭgātĭō, *ōnis f* (*nāvĭgō*) Schiffahrt, *auch* Seereise (*alcis rei* auf *etw., zB.* °*fluminis*); *meton.* Fahrgelegenheit [*prima*].

nāvĭgātŏr, *ōris m* (*nāvĭgō*) (*Qu.*) Schiffer.

nāvĭ-gĕr, *ĕră, ĕrŭm* (*nāvis, gĕrō*) (*nkl., dcht.*) Schiffe tragend, schiffbar.

nāvĭgĭŏlŭm, *ī n* (*demin. v. nāvĭgĭŭm*) (*unkl.*) = *nāvĭcŭlă.*

nāvĭgĭŭm, *ī n* (*nāvĭgō*) Schiff, Kahn, Floß.

▶ **nāvĭgō** 1. (*denom. v.* **nāv-ăgŏs* „das Schiff treibend"; *nāvis, ăgō*) **1.** (*intr.*) **a)** schiffen, segeln, fahren, *v. Schiffern u.* °*Schiffen* [*in mari,* °*navi,* °*ex portu, in Asiam,* °*ab Aegina*; / *belli impetus navigavit* ging los]; **b)** in See stechen, abfahren, kreuzen, / °schwimmen, (*prägn.*) °zur See dienen. **2.** (*trans.*) **a)** *etw.* durchsegeln, befahren [°*mare, terram*; *auch* P.]; **b)** (*Sa.*) durch Schiffahrt erwerben [*quae homines navigant*].

▶ **nāvĭs,** *īs f* (*urspr. konsonant. Stamm; Grbd. wohl* „[ausgehöhlter] Baumstamm"; *cf.* ναῦς) Schiff [*longa* Kriegsschiff, *oneraria* Lastschiff, °*mercatoria, actuaria, constrata m.* einem Verdeck, °*praetoria* Admiralschiff, *navem appellere* landen, *navem u. in navem conscendere, navem facere u. aedificare* bauen, *armare u.* °*instruere* ausrüsten, *deducere* vom Stapel lassen, *subducere* ans Land ziehen; *sprichw.* °*navibus et quadrigis* mit aller Macht]; *auch* / (*bsd. vom Staat*) ~ *rei publicae* Staatsschiff, *una est ~ bonorum omnium, in eadem nave esse* = dasselbe Schicksal haben. — **Kirchenschiff.

F. *acc. sg. nāvĕm u.* °*nāvīm*; *abl. nāvĕ u. nāvī*; *gen. pl. nāvĭŭm.*

nāvĭtă, *ae m* (*dcht.*; *Neubildung nach nāvis*) = *naută.*

nāvĭtās, *ātis f* (*nāvŭs*) Rührigkeit, Emsigkeit, Eifer.

nāvĭtĕr *adv. v. nāvŭs.*

nāvō 1. (*denom. v. nāvŭs*) *etw.* eifrig betreiben, emsig verrichten (*alqd, zB. opus, rem publicam* dem Staat eifrig dienen, *operam* sich erfolgreich bemühen, °*operam fortiter in acie* sich brav halten, *aliam operam* sich anderweitig betätigen; *operam od. studium alci* jd. beistehen, °*alci bellum* im Krieg Hilfe leisten; *benevolentiam in alqm* sein Wohlwollen gegen *jd.* betätigen).

nāvŭs 3 (*m.* °*comp., adv.* **nāvĭtĕr** *u. selten* °**nāvĕ**) (*altl. gnāvŭs, cf. ī-gnāvŭs; zu altnord.* knár „tüchtig, kräftig"; *vl. auf nōscō* ‹ *gnō-scō zurückzuführen entsprechend dem Bedeutungsverhältnis nhd.* kennen: können) rührig, emsig, eifrig, *v. Pers.* [*in re* in *od.* bei *etw.*]; *adv. auch* tüchtig, völlig [*naviter impudens*].

Năxŭs *u.* **-ŏs,** *ī f* (Νάξος) *größte, schon früh besiedelte, weinreiche Kykladeninsel, Kultstätte des Dionysos u. s-r Gemahlin Ariadne. Cf.* V.-B. II, 1. — *adi.* **Năxĭŭs** 3.

*****N.B.** (*Abk.*) = *nōtā bĕnĕ*; *s. nōtō.*

nē[1], *falsche Schreibung* nae (*Versicherungspartikel*; *urspr. instr. des Pronominalstammes* *no-; = νή „fürwahr"; *cf. năm, ĕnĭm*) fürwahr, wahrhaftig, wahrlich, ja, *stets an der Spitze des Satzes u. nur vor pron. pers. u. demonstr., am häufigsten in Hauptsätzen kondizionaler Perioden* [*ne ego, ne tu, ne ille, ne iste*].

> **nē**[2]
> **I.** *adv.* nicht; (*in Konzessivsätzen mit coni.*) gesetzt *od.* zugegeben, daß nicht; *ne ... quidem* nicht einmal; durchaus nicht; **II.** *ci.* (*mit coni.*) **1. a)** daß nicht; **b)** (*nach Ausdrücken der Besorgnis*) daß; **c)** (*nach Verben* „*hindern, untersagen, sich weigern, sich hüten*") daß *od. inf. m.* zu; **2.** (*in Finalsätzen*) damit nicht, auf daß nicht, um nicht.

nē[2] (*Verneinungspartikel*; *cf. altind.* nă „nicht"; *nhd.* „n-ein; n-icht"; *die urspr. lat. Negation, als adv.* „nicht", *als ci.* „daß nicht, damit nicht") **I.** *adv.* nicht **1.** *in Aussagesätzen* **a)** *in Zusammensetzungen wie nē-quăm, nē-quāquăm, nē-quīquăm*; **b) nē ... quĭdĕm** nicht einmal, selbst nicht, *meist steigernd* [*mortem ne divitissimi quidem effugere possunt*] *od. bloß vergleichend* auch nicht [*milites, cum regem fugientem vidissent, ne ipsi quidem substiterunt*]; *auch* und nicht einmal, und auch nicht = *ăc* (*od. ĕt*) *ne ... quidem* [*sapiens turpia non suscipiet rei publicae causa, ne res publica quidem pro se suscipi volet*]; *im Ggs.* = keineswegs, durchaus nicht [*is utitur consilio ne suorum quidem, sed suo*]; *der betonte Begriff steht zw. ne ... quidem* [*ne in templis quidem*], *aber v. größeren Wortverbindungen wird meist nur der Hauptteil zwischengestellt* [*ne si iudex quidem ero de ipso amico, contra ius iurandum faciam*]. **2.** *in Befehlssätzen* **a)** (*altl. u. dcht.*) *m. imp.* [*tu ne cede malis*]; *auch m. imp. fut. in Gesetzen* [*nocturna sacrificia ne sunto*]; **b)** *m. coni. praes. od. pf.* [*hoc ne feceris*]. **3.** *in Wunschsätzen* [*utinam ne venisset*]; *auch in Beteuerungen* [*ne vivam, si scio* ich will des Todes sein, wenn]. **4.** *in Konzessivsätzen m. coni.* = gesetzt *od.* zugegeben, daß nicht [*ne sit sane summum malum dolor: malum certe est*]. **II.** *ci.* (*m. coni.*) **1.** (*in Objektsätzen*) **a)** (*in abhängigen Begehrsätzen*) daß nicht [*oro te, ne venias* ich bitte dich, nicht zu kommen]; **b)** (*nach Ausdrücken der Furcht u. Besorgnis*) daß; *ne non* daß nicht [*vereor, ne brevi tempore fames in urbe sit*]; **c)** (*nach den Verben* „hindern, untersagen, sich weigern, sich hüten") daß *od. inf. m.* zu [*plura ne scribam, dolore impedior*]. **2.** (*in Finalsätzen*) damit nicht, (auf) daß nicht, um nicht, *verstärkt ut ne* [*nolo esse laudator, ne videar adulator*].

nĕ-[3] (*unbetonte Wortnegation, m. nē*[2] *verwandt; nur in Zusammensetzungen wie*: nĕquĕ, nĕgō, nĕsciō, nĕfās; nōlō, nīsī, nūllŭs).

▶ **-nĕ**[4] (*enklitische Fragepartikel, apokopiert zu* -n; *wohl ablautend zu* nē[1]) **1.** *in einfachen Fragen*: **a)** (*dir.*) α) = etwa, wohl, *meist unübersetzbar* [*totane urbs arsit?, meministine me hoc in senatu dicere?*]; β) *bisw.* = nōnnĕ, *bsd.* scisne, videsne, videmusne *u.ä.* [*videsne, ut in proverbio sit ovorum inter se similitudo?*]; γ) *bisw.* = nŭm [*fortemne possumus dicere illum Torquatum?*], *bsd.* quisquamne, quidquamne, umquamne; δ) *bisw. an fragende Partikeln od.* °*pron. gehängt* [*numne, anne, utrumne,* °*uterne,* °*quine,* °*quantusne*]; ε) *beim a.c.i.*: *in Fragen der Verwunderung od. des Unwillens* [*quemquamne fuisse tam furiosum, qui hoc crederet?*]; ζ) *alleinstehend* egōne ich?, doch ich nicht?; *itane* so?, also wirklich?; *ain' tu* (*vero*) ist das dein Ernst?; **b)** (*indir.*) ob (nicht), ob etwa (nicht), *od.* vielleicht (nicht), *zB. Epaminondas quaesivit, salvusne esset clipeus*. **2.** *in disjunktiven Fragen* (*dir. u. indir.*): **-nĕ ... ăn** *u.* °-nĕ ... -nĕ = ŭtrŭm ... ăn **a)** (*dir.*) -nĕ ... ăn, -nĕ ... nĕ: *1. Glied unübersetzt, 2. u. evtl. folgende Glieder*: oder [*quidquid terra profert, ferarumne an hominum causa gignit?*]; **b)** (*ind.*) -nĕ ... ăn, -nĕ ... nĕ, — ... -nĕ ob ... oder [*quaeritur, virtus suamne propter dignitatem an propter aliquos fructus expetatur*]; **-nĕ ... nĕcnĕ**, — ... nĕcnĕ ob ... oder nicht.

F. *In der Alltagsspr. wurde das ĕ v.* -nĕ *abgeworfen* (*apokopiert, zB.* credon' tibi?). *Auch ein vorhergehendes s fiel alsdann weg* [*ain'* = *aisne, viden'* = *videsne, satin'* = *satisne*]; — *tritt* -ne *an hic, haec, hoc, so entstehen die Formen hicine, haecine, hocine, selten hicne, haecne, hocne*.

Nĕāpŏlĭs, ĭs *f* (Νέα πόλις, *eigtl.* „Neustadt") (*acc.* -ĭm, *abl.* -ī) **1.** *Stadtteil v. Syrakus*. **2.** *Seestadt in Kampanien am Westabhang des Vesuvs, v. Kyme aus um 600 v. Chr. gegründet, seit 326 m. Rom verbündet, Lieblingssitz Vergils, j.* Napoli (Neapel); *Einw. u. adi.* **Nĕāpŏlĭtānŭs** (3) (*subst.* **-ŭm,** ī *n* Landgut *bei* ~).

▶ **nĕbŭlă,** ae *f* (‹ *nĕbhĕlā = νεφέλη; *cf. nhd.* „Nebel") **1.** Dunst, Nebel. **2.** (*dcht.*) **a)** Rauch *des Feuers*; **b)** Wolke, Gewölk; **c)** Oblate, dünne Kleider, dünnes Blech.

nĕbŭlō, ōnĭs *m* (nĕbŭlă) Windbeutel, Taugenichts; *auch* Schuft, Schurke.

nĕbŭlōsŭs 3 (*m.* °*comp.*) (nĕbŭlă) nebelig, trübe, dunkel [*caelum*].

▶ **nĕc** *u.* **nĕquĕ** (nĕ-[3] + -quĕ) **1.** nĕc (*altl.*) = nōn nicht (*klass. nur in Zusammensetzungen*: necne, necopinatus). **2.** *ci.* **a)** α) und nicht, auch nicht, *bei Verneinung des ganzen Satzes* [*Druides a bello abesse consuerunt neque tributa pendunt*]; β) (*nach vorhergehender Negation*) und, oder [*non temere nec fortuito nati sumus*]; (*nach vorhergehendem bejahenden Satz*) aber nicht, jedoch nicht [*nostri hostem in fugam dederunt neque persequi potuerunt*]; γ) und überhaupt nicht [*scilicet contempsi te nec potest fieri me quidquam superbius*]; δ) (*bei Hinzufügung e-r Erklärung*) und zwar nicht, (*e-s Grundes*) denn nicht, (*einer Folgerung*) und demnach nicht, (*e-r Bestätigung*) und wirklich nicht; ε) und nicht einmal, und auch nicht = (*ac*) *ne ... quidem*; **b)** *neque quisquam* und niemand, *neque quidquam* und nichts, *neque ullus* und keiner, *neque unquam* und niemals, *neque usquam* und nirgends; **c)** *neque is* (*bzw. neque id*) und zwar nicht [*erant in Torquato plurimae litterae neque eae vulgares*]; **d)** (*im Satzanfang*) *neque vero* aber nicht; *neque enim* denn nicht (*neque enim quisquam* denn niemand); *neque tamen* dennoch nicht (*neque tamen quisquam* jedoch niemand, *neque tamen ulla re* jedoch durch nichts); *neque etiam* und sogar nicht; **e) necne** (*bei indirekten, höchst selten direkten Disjunktivfragen*) oder nicht [*ex te quaero, utrum imperio ducis parere velis necne*]; **f) nec ... non** (*selten* nec non) und gewiß auch, und in der Tat [*rem diligenter tibi exposui neque tu haec non intellexisti*]; *bsd. häufig*: *neque enim non* denn wirklich, denn jedenfalls, *nec tamen non* dennoch aber; **g) neque aut ... aut** *u. neque vel ... vel* und weder ... noch; *auch et neque ... neque*; **h) nec ... nec** *u.* **neque ... neque** weder ... noch, wie nicht ... so auch nicht, so wenig ... ebensowenig [*neque excogitare neque pronuntiare multa possum*]; *auch* und weder ... noch = *et neque ... neque* [*avaritia insatiabilis est neque copia neque inopia minuitur*]; **i) neque ... et** (*od.* -que) einerseits nicht ... andererseits (aber), nicht ... sondern vielmehr, zwar nicht ... aber [*Augustus amicitias neque facile admisit et constantissime retinuit*]; **et ... neque** einerseits ... andererseits nicht, zwar ... aber nicht [*intellegitis Pompeio et animum praesto fuisse nec consilium defuisse*].

F. nĕc *u.* nĕquĕ *unterscheiden sich klass. weder in der Bedeutung noch im Gebrauch*.

nĕc-dŭm *u.* **nĕquĕ-dŭm** *ci.* und noch nicht, (aber *od.* auch) noch nicht.

▶ **nĕcĕssārĭŭs** 3 (*adv.* **-ō,** *selten* **-ē**) (*eigtl.* „unausweichlich"; nĕcĕssĕ) **1.** (*fast nur v. Sachen*) **a)** notwendig, nötig, *sowohl* = unumgänglich erforderlich, *als auch* unvermeidlich, notgedrungen [*egressus, rogatio, mors* auf Naturnotwendigkeit beruhend, natürlich; *alci* für *jd.*, *zB. senatori*; *ad alqd u. alci rei* zu *od.* für *etw.*, *zB. res ad vivendum -ae*]; *-um est* es ist notwendig, man muß (*m. inf. u. a.c.i., selten m. ut*); *subst. necessaria, orum n* die notwendigen Bedürfnisse, Lebensmittel; (*nkl.*) *-ae partes* die Genitalien; **b)** dringend, zwingend, unumstößlich [*res, causa, tempus* drängende Umstände, Not; *alci jd.* dringend am Herzen liegend]. **2.** (*v. Pers.*) *durch ein Verhältnis* eng verbunden *od.* nahestehend, *bsd.* verwandt, *auch* eng befreundet (*alci, zB. patri*; / *auch v. Sachen, zB. locus huic disputationi -us* in enger Verbindung stehend mit); *subst.* **-ŭs,** ī *m* naher Angehöriger, *bsd.* Verwandter, *auch* nahestehender Freund (Klient, Vertreter, Patron *u.ä.*) (*alcis, zB. patris, meus*); *subst.* **-ă,** ōrŭm *n pl.* eng Verbundenes. **3.** *adv.* **-ō,** *selten* **-ē** notwendigerweise, notgedrungen, unvermeidlich [*copias educere, demonstrare* unumstößlich].

F. *comp. magis necessarius, sup. maxime necessarius*.

▶ **nĕcĕssĕ** *u.* (*vkl., nkl.*) **nĕcĕssŭm** *u.* **-ŭs** (‹ *nĕ-cēd-tĭs [es ist] kein Ausweichen; nĕ[3]; cēdō[2]) notwendig; *nur in den Verbindungen*: **1. nĕcĕssĕ ĕssĕ** notwendig *od.* nötig sein, müssen (*nie m. einem subst. als subi., sondern nur m. neutr. pron., zB. hoc ipsum, quod*; *m. inf. od. a.c.i. od. dat. c. inf., zB. non* ~ *est omnes commemorare*; *corpus mortale aliquo tempore interire* ~ *est*; *homini* ~ *est mori*; *auch m. bloßem coni.*; *selten m. ut*). **2. nĕcĕssĕ hăbērĕ** für nötig halten, nötig haben, müssen (*m. inf.*).

▶ **nĕcĕssĭtās,** ātĭs *f* (nĕcĕssĕ) **1. a)** Notwendigkeit, Unvermeidlichkeit, Zwang (*abs., zB. necessitati parere od. servire* sich in die N. schicken, *necessitate coactus* notgedrungen; *alcis rei, zB. profectionis, naturae* Naturnotwendigkeit); **b)** unvermeidliche Folge; **c)** Verhängnis, Schicksal [*divina*; °*extrema od.* °*ultima* der unvermeidliche Tod]; *personif.* °*Necessitas, griech.* Ἀνάγκη. **2. a)** Notdurft [*ipsi naturae ac necessitati negare*]; **b)** Notlage, Not, Bedrängnis, Mühseligkeit [*rei* der Lage, *in magna necessitate esse*; *auch alcis, zB. patris*]; **c)** (*nkl.*) Mangel, Armut, Hungersnot; **d)** *pl.* notwendige Bedürfnisse, nötige Ausgaben *od.* Leistungen, Lasten [*corporis,* °*-tes ac largitiones*]. **3. a)** verbindende Kraft, fesselnde Macht [*paterni sanguinis*]; **b)** / (*selten*) enge Verbindung, nahes Verhältnis = nĕcĕssĭtūdō.

F. *gen. pl.* nĕcĕssĭtātŭm *u.* °-ĭŭm.

▶ **nĕcĕssĭtūdō,** ĭnĭs *f* (nĕcĕssĕ) **1.** (= nĕcĕssĭtās) Notwendigkeit, Unvermeidlichkeit, *klass. nicht häufig* [*alci* °*-nem imponere,* °*-nem demere* der N. entheben]. **2.** (*nkl.*) Notlage, Not, Bedrängnis [*rerum,* ~ *alci impendet, omnibus -inibus circumventus*]. **3. a)** nahes Verhältnis, enge Verbindung, *bsd.* Verwandtschaft, *auch* Freundschaft, Klientel *u.ä., pl.* freundschaftliche *od.* geschäftliche Beziehungen (*abs. od. m. gen., zB. amicitiae, regni m.* der Herrscherfamilie, *rerum* Zusammenhang, *privatae, -nem coniungere cum alqo,* ~ *intercedit alci cum alqo*; *alcis cum alqo, zB. quaestoris cum praetore* kollegiales Verhältnis); **b)** *concr. pl.* (*nkl.*) Verwandte,

Freunde (*alcis*).

nĕcĕssŭm *s. nĕcĕssĕ.*

nĕc-lĕgō *s. nĕglĕgō.*

nĕc-nĕ *s. nĕc* 2, e.

nĕc-nōn *s. nĕc* 2, f.

▶ **nĕcō** 1. (‹ **nĕkājō*; *cf. nĕx*) gewaltsam töten, (er)morden, umbringen (*alqm, alqm re, zB. fame, igni, verberibus* totpeitschen, *cum cruciatu*); / (*vkl., nkl.*) vernichten.
F. *pf. nĕcāvī u.* (*altl., dcht.*) *nĕcŭī; cf. ēnĕcō.*

nĕc-ŏpīnāns, *āntĭs* (*auch getr.; ŏpīnor*) nichts vermutend, ahnungslos, *v. Pers.*

nĕc-ŏpīnātŭs 3 (*adv.* **-ō**) (*ŏpīnor*) unvermutet, unerwartet, *v. Sachen* [*adventus*]; (°*ex*) *nec-opinato* unvermutet, wider Erwarten.

nĕc-ŏpīnŭs 3 (*Rückbildung aus nĕc-ŏpīnātŭs*) (*dcht.*) **1.** (*act.*) = *nĕcŏpīnāns.* **2.** (*pass.*) = *nĕcŏpīnātŭs.*

nĕctăr, *ărĭs n* (*Fw.* ‹ νέκταρ) **1.** Nektar, Göttertrank, *auch* (*Ov.*) Götterbalsam. **2.** / (*dcht.*) Süßes, Süßigkeit, Lieblichkeit, *bsd.* köstlicher Wein *od.* Trank.
F. *abl. sg. nĕctărĕ.*

nĕctărĕŭs 3 (*nĕctăr*) (*dcht.*) aus Nektar; süß wie Nektar [*aquae* Nektarquellen; *Falernum*].

▶ **nĕctō,** *nĕxŭī u. nĕxī, nĕxŭm* 3. (*wohl lat. Neubildung* ‹ **nĕdhō nach pĕctō; cf. nōdŭs, nŏssă*) (*i. eigtl. Bed. fast nur dcht., nkl.*) **1. a)** schlingen, (ver)knüpfen, (ver)flechten, *zu einem festen Ganzen* eng verbinden (*alqd u. alci alqd, zB.* °*flores,* °*coronam,* °*laqueum* drehen, °*bracchia* im Reigen verschlingen, °*vincula gutturi* um die Kehle, °*talaria pedibus* an die Füße binden, °*nodum trabe ab alta* hoch am Gebälk); **b)** (*dcht.*) umwinden, umschlingen (*alqd re, zB. bracchia nodis vipereis;* P. *nector caput olivā* ich umflechte mir das Haupt *m.* ...); **c)** (*jur. t.t.*) binden, fesseln, verhaften [*ob aes alienum*] = *jd.* in Schuldhaft geben (*alqm*); (*P.P.P.*) *subst.* **α)** (*Li.*) **nĕxŭs,** *ī m* der in Schuldhaft Befindliche, Schuldknecht; **β)** **nĕxŭm,** *ī n* Schuldverbindlichkeit (*alcis j-s, zB. civium*); *meton.* Eigentumsanspruch [*alcis nexa tollere*]; *cf. nĕxŭm.* **2.** / **a)** anknüpfen, anfügen (*alqd ex re, zB. causas alias ex aliis*); **b)** verknüpfen, verbinden [*omnes virtutes inter se nexae sunt*]; **c)** / (*nkl., dcht.*) anzetteln, ersinnen [*dolum, iurgia cum alqo* anfangen]; **d)** (*nkl.*) *jd.* verbinden, verpflichten (*alqm sacramento*).
F. *inf. praes.* P. *altl. nĕctiĕr* = *nĕctī.*

nē-cŭbī *ci.* (*m. coni.*) (*nē*², *s. ŭbĭ*) damit nicht irgendwo.

nē-cŭndĕ *ci.* (*m. coni.*) (*nē*², *s. ŭndĕ*) damit nicht irgendwoher.

nē-dŭm (*nē*²) **I.** (*altl.*) = *nē dŭm* damit nicht inzwischen (*cf. dŭm*). **II. 1.** *ci. m. coni.* (*nkl. auch nēdŭm ŭt*) geschweige denn, daß [°*secundae res sapientium animos fatigant, nedum milites corruptis moribus victoriae temperent*]. **2.** *adv.* (*in verkürzten Sätzen ohne Verbum*) geschweige (denn): **a)** (*nach negativem Satz*) noch viel weniger [*ne inermis quidem tanta multitudo, nedum armata sustineri potest*]; **b)** (*nach affirmativem Satz*) noch viel mehr [*adulationes victis graves sunt, nedum victoribus*]. **III.** (*unkl.*) (*am Satzanfang*) = *nōn sōlŭm* nicht nur [*nedum hominum humilium, sed etiam amplissimorum virorum consilia ... probari solent*].

nĕ-făcĭō, — — 3. (*nĕ*-³) (*Pl.*) anders handeln.

nĕ-făndŭs 3 (*m.* °*sup.*) (*nĕ*-³ + *Gerundiv v. fŏr*) unsäglich, ruchlos, greulich, *v. Sachen* [*scelus,* °*lues* unheilvoll]; *subst.* **-ŭm,** *ī n* (*dcht., nkl.*) Frevel.

▶ **nĕfārĭŭs** 3 (*adv.* **-ē**) (*nĕfās*) verrucht, gottlos, frevelhaft, *v. Pers. u. Sachen* [*homo, facinus, -e committere alqd; m. 2. supin., zB. visu*]; *subst.* **-ŭs,** *ī m* Frevler; **-ŭm,** *ī n* = *nĕfās.*

▶ **nĕ-fās** *n* (*indecl., nur im nom. u. acc. sg.; nĕ*-³) **1. a)** Frevel *gegen Gott u. Religion,* Gottlosigkeit, Greueltat, Ruchlosigkeit, Unrecht, Sünde [~ *est patriae bellum inferre, alqd* ~ *putare od. ducere od. habere, fas et* ~ Gutes *u.* Böses; *m. 2. supin., zB. dictu*]; *als Ausruf eingeschoben* (*dcht.*) *nefas!* entsetzlich! abscheulich!; **b)** *meton.* (*dcht.*) (*v. Pers.*) Scheusal (*zB. v. Helena*). **2.** (*im Dt. adj.*) **a)** (*relig.*) unerlaubt, vermessen (~ *est* man darf nicht, ~ *alci est jd.* darf nicht; *m. inf. u. a.c.i.*); **b)** (*dcht.*) unmöglich, versagt [*quidquid corrigere est* ~].

nĕ-făstŭs 3 (*nĕ*-³) **1.** (*nkl.*) (*relig.*) verboten, unheilig (*bsd.* dies gesperrter Tag, *an dem aus religiösen Gründen weder Gerichtssitzungen noch Komitien abgehalten werden durften*). **2.** / **a)** unheilvoll, Unglücks... [*dies, terra*]; **b)** (*v. Handlungen*) unheilig, sündhaft [*quae augur -a defixit*].

nĕgāntĭă, *ae f* (*nĕgō*) (*selten*) Verneinung.

nĕgātĭō, *ōnĭs f* (*nĕgō*) Verneinung, das Leugnen.

nĕgĭtō 1. (*intens. v. nĕgō*) beharrlich leugnen (*abs. od. m. a.c.i.*).

nĕglēctĭō, *ōnĭs f* (*nĕglĕgō*) Vernachlässigung, Gleichgültigkeit (*alcis j-s u.* gegen *jd., zB. amicorum*).

nĕglēctŭs¹, *ūs m* (*nĕglĕgō*) (*vkl., nkl.*) Vernachlässigung.

nĕglēctŭs² 3 (*eigtl. P.P.P. v. nĕglĕgō*) vernachlässigt, unbeachtet [°*castra, religio,* °*coma u.* °*capilli* ungepflegt].

nĕg-lēctŭs³ *P.P.P. v. nĕglĕgō.*

nĕglĕgēns, *ēntĭs* (*m.* °*comp. u.* °*sup.; adv.* **-ēntĕr**) (*eigtl. part. praes. v. nĕglĕgō*) **1.** nachlässig, gleichgültig, rücksichtslos (*abs., zB. dux, natura,* °*-enter facere alqd; alcis rei u. in re* gegen *od.* in *etw., zB. legum, officii* pflichtvergessen, *in amicis eligendis; in alqm* gegen *jd.*). **2.** verschwenderisch [*in sumptu*].

nĕglĕgēntĭă, *ae f* (*nĕglĕgēns*) **1.** Nachlässigkeit (*alcis j-s, alcis rei u. in re* in, bei *etw., zB. epistularum, in accusando*). **2.** Vernachlässigung, Geringschätzung, Gleichgültigkeit gegen *etw.* (*alcis u. alcis rei, zB. deum* [*gen. pl.*], °*sui* das Sichgehenlassen, *epistularum* kühle Zurückhaltung in den Briefen).

▶ **nĕg-lĕgō,** *lēxī, lēctŭm* 3. (°*selten coni. plqpf. -lēgĭssĕm; nĕc* + *lĕgō*²; *cf. dīlĭgō*) **1.** vernachlässigen, sich um *etw.* nicht kümmern (*alqm u. alqd, zB. suos, mandatum,* °*rem familiarem; selten de alqo; m. inf.* = verabsäumen; *m. a.c.i.* [*unkl.*] = gleichgültig zusehen, daß *etw.* geschieht). **2.** geringschätzen, ignorieren [°*deos, leges*]. **3.** *etw.* übersehen, ungestraft lassen [*iniurias alcis; m. a.c.i.*]; P. ungestraft bleiben.

▶ **nĕgō** 1. (*altl. coni. pf. -āssĭm;* **nĕg*[*ī*] „nicht, nein"; *cf. nĕgōtĭŭm*) **1.** (*intr.*) nein sagen [*ego aio, tu negas; alci jd.* eine abschlägige Antwort geben; *auch* °*alci rei, zB. petitioni*]. **2.** (*trans.*) **a)** verneinen, leugnen, bestreiten, sagen, daß nicht (*alqd, zB. rem, crimen; m. a.c.i., verneint auch mit quin;* P. *m. n.c.i. u. impers. m. a.c.i.*); *non negare* gern zugestehen; **b)** *etw.* abschlagen, verweigern (*abs. u. alci alqd, zB.* °*opem, nihil,* °*vela ventis* = die Segel einziehen, °*se vinculis* sich entziehen, °*se alci jd.* abweisen; *m. inf.; negativ m. quin*); /° *auch* (*dcht.*) *v. Sachen, zB. regio poma negat.*

nĕgōtĭālĭs, *ĕ* (*nĕgōtĭŭm*) geschäftlich [*pars*]; *bsd.* (*nkl.*) *locus* ~ (= τὸ πραγματικόν) öffentliche Tätigkeit.

nĕgōtĭātĭō, *ōnĭs f* (*nĕgōtĭŏr*) Großhandel, *bsd.* Bankgeschäft; (*i. d. Kaiserzeit*) *übh.* Handel(sgeschäft).

nĕgōtĭātŏr, *ōrĭs m* (*nĕgōtĭŏr*) Großhändler, *bsd.* Bankier; (*i. der Kaiserzeit*) *übh.* Kaufmann, Händler.

nĕgōtĭŏlŭm, *ī n* (*demin. v. nĕgōtĭŭm*) Geschäftchen; ein paar Aufträge.

nĕgōtĭŏr 1. (*denom. v. nĕgōtĭŭm*) **1.** Handels- *od.* Geldgeschäfte im großen treiben. **2.** (*nkl.*) *übh.* Handel treiben; *subst.* **nĕgōtĭāns,** *āntĭs m* = *nĕgōtĭātŏr.*

nĕgōtĭōsĭtās, *ātĭs f* (*nĕgōtĭōsŭs*) (*Ge.*) Vielgeschäftigkeit (*Übers. v.* πολυπραγμοσύνη).

nĕgōtĭōsŭs 3 (*m.* °*comp. u.* °*sup.*) (*nĕgōtĭŭm*) tätig, geschäftig [*homo, provincia,* °*dies* Alltag]; *v. Sachen auch* mühevoll; *subst. pl. m* (*Ta.*) Geschäftsleute.

nĕg-ōtĭŭm
1. a) Tätigkeit, Beschäftigung; **b)** Obliegenheit, Auftrag; **c)** schwieriges Geschäft, Schwierigkeit; **d)** *coll.* Geschäfte; **2. a)** Staatsgeschäfte, -dienst; **b)** Kampf; **c)** Geldgeschäft; **d)** Hauswesen; **e)** *übh.* Angelegenheit; *auch* Verhältnisse; **3.** Wesen.

nĕg-ōtĭŭm, *ī n* (‹ **nĕg'ōtĭŭm ĕst* „es ist nicht Muße"; *nĕg* ‹ **nĕgī* = *nē*³ + *ghī; cf.* οὐ-χί) **1. a)** Tätigkeit, Beschäftigung [°*quid tibi hic -i est* was hast du hier zu schaffen?; *quid -i mihi* est was habe ich zu tun?; *in -o esse* beschäftigt sein, *alci ~ est cum alqo jd.* hat es *m. jd.* zu tun; *in ipso -o* im Drange der Geschäfte selbst]; **b**) einzelne Beschäftigung, Verrichtung, Obliegenheit, Auftrag, Aufgabe [*privatum, domesticum, °servilia, °negotia quae ingenio exercentur; alcis j-s; ~ suscipere, conficere, °sustinere; ~ gerere u. agere* betreiben, *-o praeesse, -o desistere; ~ alci mandare, m. ut od. m. bloßem coni., m. °inf.; °infecto -o* unverrichteter Sache]; **c**) schwieriges Geschäft, Mühe, Unannehmlichkeit [*magnum ~ est* es hat große Schwierigkeit, *m. inf.*; *nihil -i est* es hat keine Schwierigkeit, *m. inf.*; *satis -i habere in re* genug zu tun haben *m. etw.*; *°alci ~ est cum alqo jd.* hat seine Not *m. jd.*; *°nihil -i habere* = Ruhe haben; *~ alci facessere od. exhibere jd.* zu schaffen machen; *°magno -o m.* großer Schwierigkeit; *°sine -o od. nullo -o* ohne viele Umstände]; **d**) *sg. oft coll.* (= *pl.*) Geschäfte, Obliegenheiten [*-um agere u. gerere* seine Geschäfte betreiben *od.* besorgen, *suum*]. **2. a**) Staatsgeschäft(e), Staatsdienst, *meist pl.* [*publicum u. publica, in -o* im Staatsdienst]; **b**) kriegerische Unternehmung, Kampf [*bellicum, -a bene gerere m.* Glück kämpfen]; **c**) Geld-, Handelsgeschäft, *sg. u. pl.* [*~ alcis gerere j-s* Geschäfte führen, *-i gerentes* Geschäftsleute]; **d**) häusliche Angelegenheit, *sg. u. pl.* Hauswesen [*°-orum curator, -um bene u. °male gerere* gut *u.* schlecht wirtschaften]; **e**) *übh.* Angelegenheit, *auch* (*sg. u. pl.*) Verhältnisse, Umstände [*asperum, aliena; alcis*]. **3.** *meton.* (*v. Menschen*) Ding, Stück, Wesen [*lentum*].

Nēlēūs, *ĕī m* (*Νηλεύς*) *K. v. Pylos in Messenien; V. Nestors* (*patron.* **Nēlīdēs,** *ae u.* **Nēlēiūs**); *adi.* **Nēlēūs** *u.* **Nēlēiūs** 3.

Nĕmausūs, *ī f keltische Siedlung im unteren Rhonetal, seit Augustus röm. Kolonie, j.* Nîmes (*gut erhaltene Bauten: Amphitheater, Aquädukt* [Pont du Gard], *Tempel* [Maison carrée]).

Nĕmĕă, *ae f* (*Νεμέα*) *Waldtal u. Ort in der nördl. Argolis, m. einem Hain des Zeus, wo alle zwei Jahre die Nemeischen Spiele* (**Nĕmĕă,** *ōrūm n*) *gefeiert wurden. In der Nähe soll Herkules den Nemeischen Löwen getötet haben; adi.* **Nĕmĕaeūs** 3.

Nĕmĕsĭs, *ĭs u. °ĕōs f* (*Νέμεσις*; ♀ Zuteilung) Göttin der Vergeltung. **F.** *acc. -ĭm u. -ĭn; abl. -ī; cf.* V.-B. III, 1, a *u.* b u. 4.

▶ **nēmō** (< **nĕ-hĕmō, eigtl.* „kein Mensch", *hŏmō*) niemand, keiner, *subst.* [*~ amicorum, nostrum, ex eis; nemo ignorat*], *bsd. bei adi., zB. ~ dives* kein Reicher, *~ doctus, ~ alius; als adi. nur bei Personennamen* [*~ hostis, ~ deus*]; *non ~* mancher [*non ~ miser mortem exoptat*]; *~ non* jedermann, jeder; *~ unus* kein einzelner.

F. *gen. klass. nūllīūs, abl. nūllō, nūllā, dat. nēmĭnī, acc. nēmĭnĕm.*

nĕmŏrālĭs, *ĕ* (*nĕmŭs*) (*dcht.*) zum Hain gehörig, waldig [*umbrae, antrum*]; *bsd.* = *Nĕmŏrēnsĭs.*

nĕmŏrēnsĭs, *ĕ* (*nĕmŭs*) zum Hain gehörig, waldig; *bsd.* ♀ zum Hain der Diana (bei Aricia) gehörig; *lacus ~ j.* Nemisee; *subst. in Nemorensi* auf dem Gebiet des Hains v. Aricia. — *Zwei Prunkschiffe, wohl aus der Zeit des Caligula, urspr. am Ufer des Kratersees befestigt, 1938 gehoben, 1944 im Krieg verbrannt.*

nĕmŏrĭ-cūltrīx, *īcĭs f* (*nĕmŭs*) (*Ph.*) Waldbewohnerin [*sus* Wildsau].

nemŏrĭ-văgūs 3 (*nĕmŭs*) (*Ca.*) im Walde umherschweifend.

nĕmŏrōsūs 3 (*nĕmŭs*) (*dcht., nkl.*) **1.** waldreich, waldig [*vallis*]. **2.** baumreich, schattig [*silva*].

nĕmpĕ *adv.* (*Pronominalstamm *nŏ- + -pĕ; cf. nām, quĭp-pĕ*) denn doch, doch wohl, doch sicherlich, offenbar, allerdings, *bsd. als Antwort auf eine Frage* [*quid volunt leges? nempe ut iis obtemperemus*]; *oft ironisch* = freilich, natürlich, (*m. Unwillen*) wohlverstanden.

▶ **nĕmūs,** *ŏrĭs n* (*cf. νέμος* „Wald"; *eigtl.* „*m.* Bäumen bestandene Lichtung") **1.** Hain, Wald, *m. Weiden für das Vieh* [*nemora silvaeque*]. **2.** (*dcht.*) Wald, Gehölz. **3.** *einer Gottheit* geweihter Hain, *bsd. der der Diana bei Aricia.* **4. a**) (*dcht.*) (*v. den Bäumen im Innenhof des röm. Hauses*) **Park**; **b**) (*dcht.*) Baum- *od.* Weinpflanzung; **c**) (*hyperbolisch*) (*Ov.*) mächtiger, waldartiger Baum [*ingens quercus, una nemus* sie allein ein ganzer Wald].

nēnĭă, *ae f* (*nach Ci., De leg.* 2,62 *Lw.* < *νηνία ds.; sonst nur νηνίατον* „eine phrygische Melodie zur Flöte" *bezeugt*) **1. a**) Leichengesang, Totenlied, *urspr. v. den Verwandten, später v. bezahlten Klageweibern zur Flöte gesungen*; **b**) *übh.* (*dcht.*) Trauerlied, Klagelied. **2. a**) (*dcht.*) Zauberlied, -formel; **b**) (*dcht.*) Lied, Volkslied, Gedichtchen; **c**) (*dcht.*) Schlummerlied, Kinderlied; **d**) / (*sprichw.*) (*Pl.*) *id fuit ~ ludo* das war das Ende vom Liede.

nĕō, *nēvī, nētŭm* 2. (*cf. νέω* „spinne", *nhd.* „nähen") (*nkl., dcht.*) spinnen [*stamina, fila*]; *auch* weben [*tunicam*].

nĕŏphўtūs, *ī m* (*Fw.* < *νεόφυτος, eigtl.* „frisch gepflanzt") (*Tert.*) Neubekehrter, Neophyt.

Nĕŏptŏlĕmūs, *ī m* (*Νεοπτόλεμος*) *S. des Achill, auch Pyrrhos* (*der Rothaarige*) *genannt.*

nĕōtĕrĭcī, *ōrūm m* (*Fw.* < *νεωτερικοί* „die Neueren") (*spätl.*) die Neoteriker, *röm. Dichterkreis des 1. Jh. v. Chr. der sich im Stil an die hellenistisch-alexandrinische Dichtung anschloß* (*der bedeutendste war Catull*).

nĕpă, *ae f* (*wohl afrikanisches Fw.*) **1.** Skorpion *als °Tier u. Gestirn.* **2.** (*dcht.*) Krebs *als Tier u. Gestirn*; (*gen. sg. altl. nĕpāī*).

Nĕphĕlē, *ēs f* (*Νεφέλη*) *M. des Phrixos u. der Helle; patron.* **°Nĕphĕlēĭs,** *ĭdĭs u. ĭdŏs f T. der N.* (= Helle); *cf.* V.-B. III, 1, a.

▶ **nĕpōs,** *ōtĭs m* (*cf. nhd.* „Neffe") **1.** Enkel (*alcis, ex filio od. ex filia*). **2. a**) (*dcht.*) Nachkomme, *bsd. pl.*; **b**) (*nkl.*) Neffe. **3.** *meton.* Verschwender, Wüstling.

Nĕpōs, *ōtĭs m röm. cogn.*: *Cŏrnēlĭŭs Nĕpōs, etwa 100—25 v. Chr., Freund des Cicero, Atticus, Catull, Vfssr. v. historischen Werken* (*bsd. de viris illustribus*).

nĕpōtātūs, *ūs m* (*nĕpōtŏr*) (*nkl.*) Schwelgerei.

nĕpōtŏr 1. (*denom. v. nĕpōs*) (*nkl.*) verschwenden, schwelgen.

nĕpōtŭlūs, *ī m* (*demin. v. nĕpōs*) (*Pl.*) Enkelchen [*Venerius* der Venus, *auch spöttisch*].

nēptĭs, *ĭs f* (*cf. nhd.* „Nichte"; *nĕpōs*) Enkelin; *°Veneris = Ino; °doctae neptes* die Musen; / (*spätl.*) Nichte. (*acc. sg. nĕptĕm u. °-ĭm, abl. -ĕ u. °-ī, gen. pl. -ĭŭm*).

Nĕptūnūs, *ī m* Neptun (*wahrsch. idg. Erbwort zu idg. *nĕptŭs* „Nässe, Feuchtigkeit"; *Neptun daher anfänglich nur Gott der Quellen u. Flüsse, durch Gleichsetzung m. Ποσειδῶν auch Herr der Seen u. Meere*), *S. des Kronos* (*lat. Saturnus*); *meton.* (*dcht.*) Meer; *patron.* **°Nĕptūnĭnē,** *ēs f* T. des Meeres (= Thetis); *adi.* **Nĕptūnĭūs** 3 des Neptun [*°proles, °moenia* = Troja, *das v. Poseidon befestigt war, °arva* = Meer, *°heros* = Theseus als S. *od.* Nachkomme Poseidons, *aquae* Quelle bei Terracina, *°dux* = Sextus Pompeius, *der sich hochmütig für einen* Sohn Neptuns *ausgab*].

nē-quăm *indecl.* (*comp.* **nēquĭŏr,** *sup.* **nēquĭssĭmūs**; *adv.* **nēquĭtĕr** *m. comp. u. sup.*) (*nē*[2] + *quăm* „nicht irgendwie [zu brauchen]") **1.** (*v. Sachen*) (*vkl., dcht.*) nichts wert [*piscis, libellus*]. **2.** (*v. Pers.*) nichtswürdig, Schuft, Schurke, *bsd.* liederlich, leichtsinnig [*homo, servus, nequiter cenare u. °bellum suscipere*].

▶ **nē-quāquăm** *adv.* (*nē*[2]; *quĭsquăm, eigtl.* „auf keine Weise") keineswegs, durchaus nicht.

▶ **nĕ-quĕ** *s. nĕc.*

nĕquĕ-dŭm *s. nĕcdŭm.*

▶ **nĕquĕō,** *īvī u. iī, ĭtŭm, īrĕ* (*-ītŭm?*) (*vl. aus impers. nĕquĭt* < *nĕquĕ ĭt* „es geht durchaus nicht" *zu verb. pers. umgebildet*; *cf. quĕō*) nicht können, nicht vermögen, *def., klass. nicht häufig* (*m. inf.*).
F. *nĕquĕō wird nach īrĕ* „gehen" *konjugiert* (*zB. nequit, nequeunt, nequeant, nequibam, nequierunt, nequieram, nequeuntes, nequitur u. a.*; *pf.-Formen zsgz.*: *nĕquĭssĕ[m], nĕquĭstī u.ä.*); *statt nequeo sagt Cicero stets non queo.*

▶ **nē-quīquăm** *adv.* (*nē*[2] + *abl. quīquăm* „nicht auf irgendeine Weise") **1.** vergeblich, erfolglos, umsonst [*~ deos od. auxilium alcis implorare*]. **2.** unnötigerweise, ohne Grund [*civitatem ~ exterrere*].

nĕquĭtĕr *adv. v. nēquăm.*

nēquitia, ae u. (dcht.) **nēquitiēs**, ēi f (nēquam) Nichtsnutzigkeit, Schlechtigkeit v. Pers., bsd. Liederlichkeit, Üppigkeit; Liebesspiel (alcis).

Nēreus, eī u. °eŏs m (Νηρεύς) S. des Okeanos u. der Gaia, der göttliche Meergreis, weissagekundig, m. seinen 50 Töchtern, den Nereiden, in der Tiefe des Ägäischen Meeres wohnend; patron. **Nērēis** (auch °Nērēis), idis u. °**Nērēinē** od. **Nērīnē**, ēs f Nereide; adi. **Nērēius** 3 des Nereus [°genetrix = Thetis, °nepos = Achill]. — In der bildenden Kunst werden die schönen Nereiden oft auf Meerungeheuern od. Tritonen reitend dargestellt.

F. Cf. V.-B. II, 3 (bzw. III, 1, b u. c; III, 4, b u. 5).

Nēritos u. **-us**, ī (Νήριτος) 1. m Geb. im nördl. Ithaka. 2. f Insel bei Ithaka; adi. **Nēritius** 3 = dem Odysseus gehörig (subst. m = Odysseus).

Nērō, ōnis m (urspr. sab. Name = „fortis ac strenuus") cogn. in der gēns Claudia: 1. C. Claudius ~, Sieger über Hasdrubal 207 v. Chr. am Metaurus. 2. Tib. Claudius ~, erster Gatte der Livia Drusilla; aus dieser Ehe stammten Tib. ~ (der spätere Kaiser Tiberius) u. Drūsus ~ (Vater des Kaisers Claudius). 3. Tib. Claudius Nērō (Kaiser 54—68); adi. **Nērōniānus** u. °**Nērōnēus**, °**Nērōnius** 3; subst. **Nērōnia**, ōrum n Spiele zu Ehren Neros.

Nerthus, ī f germ. Erd- u. Fruchtbarkeitsgöttin.

Nerva, ae m röm. cogn.; s. Cocceius.

Nervii, ōrum m belg. Volksstamm zw. Schelde u. Sambre; adi. **Nervicus** 3.

nervōsus 3 (m. comp. u. °sup.; adv. -ē) (nervus) 1. (dcht., nkl.) sehnig, muskulös [puella]; -ius illud = mentula. 2. / kraftvoll, kernhaft, bsd. vom Redner u. v. der Rede [scriptor, -e disserere].

nervulus, ī m (demin. v. nervus) nur pl. Kraft, ein bißchen Mühe.

▶ **nervus**, ī m (cf. νεῦρον) 1. Sehne, Muskel [nervos confirmare], pl. (dcht.) Glieder; b) (dcht.) das männliche Glied (Pl. pl.). 2. meton. a) Darmsaite, Saite eines musikalischen Instruments [nervos pellere schlagen]; pl. Saiteninstrument; b) (Ho.) Fäden od. Drähte der Marionetten [nervis alienis mobile lignum]; c) (dcht., nkl.) Sehne des Bogens od. der Wurfmaschine; d) (nkl., dcht.) Leder als Schildüberzug; e) (vkl., nkl.) Riemen zum Fesseln; meton. Fesseln, Gefängnis, sg. u. pl. [in nervis teneri]. 3. / pl. Sehnen, Nerven: a) Stärke, Kraft, Nachdruck, Energie, Schwung [omnibus nervis contendere, omnes nervos contendere, opes ac nervi Mittel u. Macht]; bsd. Kraft der Rede [~ oratorii u. forenses]; b) Spannkraft, Haupttriebfeder, Seele od. innerstes Wesen einer Sache [°coniurationis, nervi belli pecunia, vectigalia rei publicae nervi, nervos alcis rei elidere od. exsecare]. — ***nervus rerum = Geld, wohl studentische lat. Version v. Bions Ausspruch b. Diogenes Laertius IV, 48 τὸν πλοῦτον νεῦρα χρημάτων.

▶ **nē-sciō** 4. (nē-[3]) 1. a) nicht wissen, nicht kennen (abs. od. alqm u. alqd, zB. deos, °urbem et genus, auch de re; m. a.c.i. u. indir. Frages., zB. animus utrum anima sit an ignis, nescio); non nescire recht wohl wissen; b) **nescio an** (m. coni.) (eigtl. ich weiß nicht, ob nicht) vielleicht, möglicherweise, nescio an non schwerlich [nescio an hoc melius sit; bisw. adverbial ohne Verbum, zB. hoc diiudicari nescio an numquam, sed hoc sermone certe non potest]; c) (eingeschoben, ohne Einfluß auf die Konstruktion) α) **nescio quis** irgend jemand, ~ **qui** irgendein, ~ **quid** irgend etw. [talis fuit Athenis Timon nescio qui = mir sonst nicht weiter bekannt; misit ad Caesarem nescio quem]; oft = unbedeutend, beliebig, auch verächtlich [causidicus] od. außerordentlich, merkwürdig [nescio quod ingens malum]; β) nescio quando irgendwann; **nescio quomodo** od. **quo pacto** unwillkürlich, unbegreiflich, leider [nescio quo pacto ad praecipiendi rationem delapsa est oratio mea]. 2. nicht verstehen, nicht können (alqd, zB. linguam; Graece u. Latine, sc. loqui; m. inf., zB. quiescere).

F. (altl.) impf. nescībam, fut. nescībō; pf.-Formen synk.: nescisse(m) = nescī(v)isse(m) u.ä.

▶ **nē-scius** 3 (nē-[3]; sciō; cf. in-scius) 1. (act.) a) unwissend, ohne zu wissen od. zu ahnen, unkundig (abs. od. °alcis rei u. °de re, zB. fati, voti was sie wünschen solle; m. a.c.i. u. m. indir. Frages.); non ~ wohl kundig, auch °mit Vorbedacht; klass. fast nur in der Verbindung non nescium esse recht wohl wissen; b) (dcht., nkl.) nicht imstande, unvermögend, unfähig, auch v. Sachen (m. inf., zB. vinci, mansuescere; m. gen. gerund., zB. tolerandi); c) (dcht.) unempfindlich (m. inf. u. a.c.i.). 2. (unkl.) (pass.) unbekannt, unbewußt [ferrum, tributa; non nescium habere recht wohl wissen, m. a.c.i.].

Nessus, ī m (Νέσσος) Kentaur, v. Herkules getötet; mit seinem giftigen Blute tränkte Deianira (Δηϊάνειρα) das Festkleid des Herkules; adi. **Nessēus** 3 des Nessus.

Nestor, oris m (Νέστωρ) K. zu Pylos in Messenien, v. sprichw. Beredsamkeit [°sermo melle dulcior].

F. Cf. V.-B. III, 1, b.

nētus P.P.P. v. neō.

neu s. nēve.

****neuma**, ae f (Fw. ‹ νεῦμα „Wink") Neume, mittelalterliches Notenzeichen, zunächst ohne Linienverwendung (pl. Melodie), seit 12. Jh. zur nota quadrata entwickelt.

▶ **nē-uter**, tra, trum (stets dreisilbig gesprochen; nē-[3] + uter) 1. kein(er) (von beiden) [acies neutra, ~ consulum od. eorum, in neutram partem weder zum Schaden noch zum Heile]; pl. neutri keine v. beiden Parteien [neutris auxilia mittere neutral bleiben]. 2. (gramm. t.t.) sächlichen Geschlechts, sächlich; subst. **neutra** n sächliche Wörter. 3. (philos. t.t.) gleichgültig, indifferent [res weder gut noch böse].

F. sg. gen. neutrius (aber gramm. neutrī generis); dat. neutrī.

nē-utiquam adv. (auch getr. nē utiquam; bei Com. n'utiquam) keineswegs, durchaus nicht.

neutrālis, e (neuter) (gramm. t.t.) (Qu.) sächlich [nomen ein Neutrum].

neutrō adv. (neuter) (vkl., nkl.) nach keiner v. beiden Seiten.

neutr-ubi adv. (neuter; ubi) (vkl., nkl.) an keiner v. beiden Stellen.

▶ **nē-ve** u. **neu** ci. 1. und nicht, oder nicht, noch (leitet 2. Glied eines dir. od. indir. Aufforderungs- od. Finalsatzes [m. ne, ut] ein) [peto a te, ne abeas neve nos deseras; hortor, ut maneas in sententia neve pertimescas vim; hostibus obviam eamus neve perturbemur; hominem mortuum in urbe ne sepelito neve urito]. 2. **neu ... neu** damit (od. daß) weder ... noch = ut neve ... neve od. ne aut ... aut [milites obsecrat, neu se neu imperatorem tradant]; bisw. auch: und daß weder ... noch; weder ... noch (in Aufforderungssätzen).

nēvī s. neō.

nē-vīs, **nē-vult** (volt), **nē-vellēs** altl. s. nōlō.

▶ **nex**, necis f (cf. νέκυς „Toter") 1. gewaltsamer Tod, Mord, Hinrichtung (alcis j-s, gen. subi. u. obi., necem sibi consciscere sich umbringen, °ad necem duci, necem alci inferre u. °parare, potestatem vitae necisque habere in alqm über Leben u. Tod). 2. (nkl., dcht.) a) natürlicher Tod; b) meton. Blut des Erschlagenen.

nexī s. nectō.

nexilis, e (nectō) (vkl., dcht.) zusammengeknüpft [hedera verschlungen].

nexuī s. nectō.

nexum, ī n (eigtl. P.P.P. n v. nectō) feierliche Form des Darlehnsvertrages, Darlehen; meton. Schuldhörigkeit; cf. nectō.

nexus[1], ī m s. nectō.

nexus[2], ūs m (nectō) 1. Verknüpfung, Verschlingung [atomorum, °bracchiorum]; auch (dcht.) Umschlingung, Windung (zB. einer Schlange), °Fuge [operum]. 2. / a) (nkl.) Verbindung, Verwickelung, Zusammenhang [causarum latentium verborgener Kausalnexus]; b) (jur. t.t.) Schuldverpflichtung, auch Kaufvertrag [nexu se obligare]; meton. Schuldknechtschaft, cf. nectō u. nexum [°nexum inire, °nexu vinctus Schuldknecht, nexu proprius alcis]; übh. (nkl.) Verpflichtung.

nexus[3] P.P.P. v. nectō.

▶ **nī** (altl. nei; osk. nei nicht) adv. u. ci. 1. (vkl., dcht.) a) = nē[2] nicht (bsd. in quidni wie nicht? warum nicht?, nimirum u. wohl in nisi; s.d.); b) (final) daß nicht = nē² (*zB. Verg. Aen.* 3, 686: *iussa monent, ni teneant cursūs*). **2.** = sī nōn (*od.* nīsī) wenn nicht, wofern nicht [*plures cecidissent, ni nox proelio intervenisset*]; *bsd. bei Drohungen, Wetten, Beteuerungen, Verwünschungen, gerichtlichen Verpflichtungen* [*peream, ni ita est; sponsionem fecit, ni vir bonus esset*]; °*mirum ni domi esset* ich müßte mich sehr irren, wenn nicht ... = er ist sicherlich zu Haus.

Nīcaeă, *ae f* (Νίκαια) **1.** *St. in Bithynien, vorher Ăntĭgŏnēă* (*-nīă*), *v. Lysimachos nach dem Namen seiner ersten Gattin umbenannt, j.* Iznik (*325 n. Chr. Konzil, das die Lehre des Arius verdammte*); *Einw. u. adi.* **Nīcaeēnsis,** (ĕ). **2.** *St. in Ligurien, j.* Nizza.

Nīcaeŭs 3 (*Fw.* ⟨ νικαῖος siegreich, siegverleihend) (*Li.*) *Beiname Jupiters* (*rein lat. Iuppiter Victor* = Ζεὺς Νικαῖος).

nīcātŏr, *ōrĭs m* (*acc. pl.* -*ŏrăs*; *Lw.* ⟨ *makedonisch-griech.* νικάτωρ) (*nkl.*) Sieger; *pl. Beiname der Leibwache des Königs Perseus v. Makedonien.*

nīcētērĭŭm, *ī n* (*Fw.* ⟨ νικητήριον) (*Ju.*) Siegespreis.

nictō *u.* **-tŏr** 1. (*cf.* cōnīvĕō, *nhd.* „neigen") (*unkl.*) *m.* den Augen zwinkern; / zucken [*fulgura*].

nīdāmĕntŭm, *ī n* (*nīdŭs*) (*Pl.*) Baustoff zum Nest.

nīdĭ-fĭcŭs 3 (*nīdŭs, făcĭō*) (*dcht.*) nistend.

nīdŏr, *ōrĭs m* (⟨ **knīdōs zu hom.* κνίση ⟨ **κνιδ-σ-ā* Opferduft) Bratenduft, Fettdampf, Dunst [*ganearum*]; (*pejorativ*) Gestank [*foedus,* °*ex adusta pluma* Qualm].

nīdŭlŭs, *ī m* (*demin. v.* nīdŭs) Nestchen.

▶ **nīdŭs,** *ī m* (⟨ **nizdos*; *vl.* ⟨ **nī-* „nieder" + *sd zu sĕdĕō* „sitzen", *also eigtl.* „Ort zum Niedersitzen"; *cf. nhd.* „Nest") **1.** Nest, Horst [*nidum* °*facere od. construere, fingere*]. **2.** *meton.* (*dcht.*) die Jungen im Nest, junge Brut. **3.** / **a)** (*dcht.*) behaglicher Sitz, Haus [*nidum servare*]; **b)** (*dcht.*) Felsennest [*Acherontiae*]; **c)** (*Ma.*) Bücherschrank.

▶ **nĭgĕr,** *gră, grŭm* (*m.* °*comp. u.* °*sup.*) (*et. ungeklärt*) **1. a)** glänzend schwarz, dunkel(farbig) [°*crinis,* °*nox,* °*silva* Nadelwald, °*ilex* dunkelgrün, °*tignum* geschwärzt, °*ignes* düstere Glut des Scheiterhaufens]; *subst.* °**nigrŭm,** *ī n* schwarzer Fleck; **b)** (*v. Pers.*) (*nkl., dcht.*) sonnenverbrannt, gebräunt; **c)** ♀ *röm. cogn.* **2.** *meton.* (*Ve.*) verdunkelnd [*auster, imber*]. **3.** / **a)** (*dcht.*) unheilvoll, schrecklich [*formido, Tartara*]; **b)** boshaft, tückisch, böse [*homo,* °*hic niger est,* sal beißender Witz].

Nĭgĭdĭŭs 3 *röm. Gentilname: P.* ~ *Fĭgŭlŭs, Freund Ciceros, Grammatiker u. spitzfindiger Philosoph.*

nĭgrāns, *āntĭs* (*eigtl. part. praes. v.* nĭgrō) (*unkl.*) schwarz, dunkelfarbig [*iuvencus, aegis* Finsternis erregend].

nĭgrēscō, *gruī,* — 3. (*incoh. zu* nĭgrĕō 2. schwarz sein) (*unkl.*) schwarz werden.

nĭgrō 1. (*denom. v.* nĭgĕr) (*dcht.*) schwarz sein.

nĭgrŏr, *ōrĭs m* (*nĭgĕr*) (*unkl.*) Schwärze, Finsternis.

nĭgruī *s.* nĭgrēscō.

▶ **nĭhĭl** (*im Vers auch* nīhīl) *u.* (*unkl., meist dcht.*) **nīl,** *indecl., nur als nom. u. acc.* (⟨ **nĕ³-hīlŏm* nicht eine Faser, *cf.* hīlŭm) **1.** nichts [*virtute* ~ *est praestantius,* ~ *agere,* ~ *iustum,* ~ *hostile,* ~ *quidquam* gar nichts; *m. gen., zB.* ~ *pecuniae od. temporis, mali*]; *prägn.* = eine Null, *etw.* Bedeutungsloses *od.* Unhaltbares [~ *esse* eine Null sein, nichts gelten, nichts bedeuten, *alqm* ~ *putare,* ~ *dicere* nichts Begründetes]. **2. a)** *non nihil* manches, einiges [*temporis* einige Zeit]; *nihil non* alles [°*Atheniensis Alcibiadem nihil non efficere posse putabant*]; **b)** *nihil nisi* nichts als; *nihil aliud nisi* (*od.* °*quam, praeterquam*) nichts anderes als, nichts weiter als, *oft* = nur, lediglich, bloß [*multi homines nihil aliud nisi dormiunt*]; **c)** *hoc nihil ad me* (*m. u. ohne attinet*) geht mich nichts an, *hoc nihil ad rem* tut nichts zur Sache; **d)** *nihil est, quod* (*od. cur, quamobrem*) *m. coni.* es ist kein Grund (vorhanden), daß *od. inf. m.* zu; **e)** *nihil minus* (*in Antworten*) ganz *u.* gar nicht, durchaus nicht = *nihil sane.* **3.** *nihil adv.*: **a)** in keiner Hinsicht od. Weise, keineswegs [~ *te moror od. impedio,* ~ *perturbari, nonnihil* einigermaßen]; **b)** aus keiner Ursache [~ *nisi;* ~ *aliud nisi u. quam* aus keinem anderen Grund als]. *Cf. auch* nĭhĭlŭm.
F. *gen.* nūllĭŭs rĕī; *dat.* nūllī rĕī; *abl.* nūllō rē.

nĭhĭl-dŭm *adv.* noch nichts.

nĭhĭlō-mĭnŭs *adv. s.* nĭhĭlŭm (3, d).

nĭhĭlŭm (*ältere u. dcht. Form für* nĭhĭl, *sonst nur formelhaft*) *u.* °**nīlŭm** nichts, das Nichts (*im nom. u. dat. ungebräuchlich*): **1. nĭhĭlī** (*als gen. pretii*) für nichts [*facere* achten, schätzen, *putare, aestimare*; *esse* nichts wert sein; *homo nihili* ein Mensch ohne Wert, aber °*homo nihili factus* kastriert; °*verbum nihili*]. **2. nĭhĭlŭm** (*acc. meist m. ad u. in*: *ad -um venire* zu nichts werden, *ad -um redigere* auf ein Nichts reduzieren, zunichte machen, *in -um interire, in -um recidere u. occidere* in ein Nichts zerfallen); *auch* °*adv.* = *nihil* in keiner Beziehung, keineswegs. **3. nĭhĭlō** (*abl.*): **a)** (*als abl. pretii*) für nichts (*-o emere, aestimare* taxieren) *u.* (*abl. mensurae*) um nichts [*-o maior, -o segnius, -o plus u. magis* ebensowenig]; **b)** *pro nihilo* für nichts [*putare od. ducere od. habere* schätzen, achten, *esse* gelten]; **c)** *ex nihilo oriri*; °*de nihilo* aus nichts [*de -o nihil fit*], *auch* = ohne Grund, grundlos; **d)** *nĭhĭlō mĭnŭs u. sētĭŭs adv.* nichtsdestoweniger, trotzdem.

nīl (*unkl., meist dcht.*) *s.* nĭhĭl.

Nīlŭs, *ī m* (Νεῖλος) der Nil, *personif. als Flußgott*; / *als appell.* Wassergraben; *adi.* **Nīlĭăcŭs** 3, **Nīlōtĭcŭs** 3, °**-ōtĭs,** *tĭdĭs f* (*dcht.*) *auch* ägyptisch.

nīmbātŭs 3 (*nīmbŭs*) (*Pl.*) in Nebel gehüllt.

nīmbĭ-fĕr, *fĕră, fĕrŭm* (*dcht.*) sturmbringend, stürmisch.

nīmbōsŭs 3 (*nīmbŭs*) (*nkl., dcht.*) wolkig, regenbringend, stürmisch.

▶ **nīmbŭs,** *ī m* (*cf.* nĕbŭlă, ĭmbĕr) **1. a)** Wolke, Gewölk, *bsd.* (*dcht.*) Nebel (-hülle), *in die die Götter sich hüllen* (*im 4. Jh. als Heiligenschein v. der christl. Kunst übernommen*); **b)** (*dcht.*) Staub- *u.* Rauchwolke. **2. a)** Sturmwolke, Regenwolke; **b)** / = jähes Unglück. **3.** *meton.* Platzregen, Unwetter, Orkan, Sturm (/ °*glandis v.* Geschossen, °*ferreus v.* eisernen Geschossen). **4.** (*nkl., dcht.*) große Menge, dichte Schar [*peditum*].

nĭmĭĕtās, *ātĭs f* (*nĭmĭŭs*) (*nkl., spätl.*) Übermaß [*prunarum*].

nĭmĭŏpĕrĕ (*auch getr.* nĭmĭō ŏpĕrĕ) *adv.* zu sehr, überaus.

nī-mīrŭm *adv.* (*eigtl. eingeschobener Satz*: *nī mīrŭm* [es ist] nicht wunderbar, kein Wunder) allerdings, freilich, ohne Zweifel [*non parva res, sed* ~ *maxima*]; *bsd.* natürlich, *oft ironisch.*

▶ **nĭmĭs** *adv.* (*vl. nach sătĭs zu nĭmĭŭs hinzugebildet*) **1.** zu sehr, allzu, zu viel, *bei adi., adv. u. Verben* [~ *mollis, saepe, gaudere*; *m. gen., zB. insidiarum*]; *non nimis* nicht sonderlich. **2.** gar sehr, überaus [*oculi* ~ *arguti*].

▶ **nĭmĭŭs** 3 (⟨ **nĕ-mĭ-ŏs*; *cf.* ἀ-μείν-ων, *eigtl.* „nicht minder", *Litotes der Alltagssprache*; *cf.* mĭnŭs) **1.** zu groß, zu viel, übermäßig [*celeritas, vitis* zu üppig, °*sol*]; *bsd.* (*v. Pers.*) maßlos, übermütig (*in re, zB. in honoribus decernendis, auch alcis rei u.* °*re, zB.* °*sermonis,* °*pugnae,* °*vino*); *auch* °zu mächtig, zu gewaltig. **2.** (*Pl., Ma.*) sehr groß, sehr viel [*homo nimia pulchritudine*]. **3.** *subst.* **nĭmĭŭm,** *ī n* das Zuviel (°*alcis rei*; *abl. nimio beim comp.* bei weitem = *mŭltō, bsd.* °*nimio plus* allzusehr, gar zu sehr). **4.** *adv.* **a)** *nimium quantum* außerordentlich, gar sehr [*sales in dicendo n. q. valent*]; **b) nĭmĭŭm** *u.* °**nĭmĭō** = nĭmĭs.

nīngĭt *u.* **nīnguĭt,** *nīnxĭt,* — 3. (*nīnx-?*) (⟨ **snīnguĭt*; *cf.* νείφει, *nix, nhd.* „Schnee") (*nkl., dcht.*) *impers.* es schneit; / *pers. ningunt floribus rosarum* (*Lu.*) = sie streuen haufenweise Rosen.

nīnguĭs, *ĭs f* (*dcht., nkl.*) = nĭx.

Nīnŭs *u.* **-ŏs,** *ī* (Νίνος) **1.** *f* Ninive, *alte Hptst. v. Assyrien am Tigris.* **2.** *m sagenhafter Gründer des Assyrischen Reiches, Gemahl der Semiramis. Cf.* V.-B. II, 1.

nīnxĭt *s.* nīngĭt.

Nĭŏbă, *ae u.* °**Nĭŏbē,** *ēs f* (Νιόβη) *T. des Tantalos; wegen ihrer Überheblichkeit gegen Leto* (*lat. Latona*) *erschoß Apollo ihre sechs Söhne, Artemis* (*lat. Diana*) *ihre sechs Töchter; sie selbst wurde in Stein verwandelt. Cf.* V.-B. I, 1. *adi.* **Nĭŏbēŭs** 3 (*seit 5. Jh. v. Chr. häufige Darstellung in der bildenden Kunst; Niobidengruppe* (*Kopie nach griech. Original*) *i. den Uffizien in Florenz; gr. Original des*

5. Jh. (*Sterbende Niobide*) *im Thermenmuseum in Rom.*

nĭptră, ōrŭm *n* (*Fw.* ‹ νίπτρα) Waschwasser; ♀ *Tragödie des Pacuvius.*

▶**nĭ-sī** (*wohl* ‹ *nei-sei; nei *altl.* = nī „nicht", *gekürzt durch Tonanschluß*) **1.** wenn nicht, wofern, nicht, *als Satznegation* = außer wenn, es sei denn, daß (*Ggs.* sī nōn). **2. a)** *ohne eigenes Prädikat* (*bsd. nach Negationen od. in rhetor. Fragen*) außer, als [*Sparta nulla re nisi avaritia periit; quis istud credat nisi stultus?*]; *nihil aliud nisi* nichts weiter als; *cf.* nĭhīl; **nōn ... nĭsī** *od.* **nĭsī ... nōn** (*bei Klassikern stets getrennt*) = nur, bloß, lediglich [*amicitia esse non potest nisi inter bonos viros*]; *so auch nemo ... nisi, nihil ... nisi, nusquam ... nisi u.ä.* [*dicere bene nemo potest nisi qui prudenter intellegit*]; **b) nĭsī sī** außer wenn [*ego hinc abero, nisi si tu aliter censes*]; **nĭsī quŏd** außer daß, nur daß [*Tusculanum et Pompeianum valde me delectant, nisi quod me aere alieno obruerunt*]; **nĭsī fŏrtĕ** es müßte denn sein, daß *u.* (*ironisch*) **nĭsī vērō** es müßte denn gar sein, daß, *m. ind.* [*hostes facile vincetis, nisi forte existimatis eos vobis fortiores esse*]; *bisw. a. bloß* nĭsī.

Nīsŭs, ī *m* (Νῖσος) **1.** *K. in Megara, V. der Skylla, beide in Meervögel verwandelt; adi.* **Nīsēĭŭs** *u.* **Nīsaeŭs** 3 *v.* Nisos stammend; *patron.* °**Nīsēĭs**, ĭdĭs *u.* °**Nīsĭăs**, ădĭs *f T. des Nisos* (= Skylla). **2.** *Troer, Freund des Euryalus (in Vergils Äneis).*

nīsŭs¹ 3 *part. pf. v.* nītŏr².

nīsŭs² *u.* (*selten*) **nīxŭs**, ūs *m* (nītŏr²) **1.** das Anstemmen, festes Auftreten, *übh.* Anstrengung. **2. a)** (*nkl.*) das Hinaufklimmen, Emporsteigen [*per saxa*]; **b)** α) Schwung [°*tela nisu vibrare*]; β) (*dcht.*) Aufschwung, Flug; γ) (*v. Sternen*) Umschwung; **c)** (*nkl., dcht.*) Geburtswehen, das Gebären, *sg. u. pl.*; **d)** (*Ta.*) Drang zum Erbrechen. **3.** / (*nkl.*) Anlauf, Nachdruck; *suo -u* aus eigenem Drang.

nĭtēdŭlă *u.* (*älter*) **nĭtēlă**, ae *f* (*seit Ma. schlechtere Schreibung* -ĕll-) (*wohl zu* nītŏr² klettern *nach* fīcēdŭlă: fīcēlă) Haselmaus.

nĭtēns, ĕntĭs (*m.* °*comp.*) (*eigtl. part. praes. v.* nĭtĕō) (*klass. selten*) **1.** (*nkl., dcht.*) glänzend [*arma, astra*]. **2.** / **a)** (*dcht.*) prangend, schön [*taurus* feist, *campi; quā nulla nitentior femina*]; **b)** glänzend [*oratio*]. *Cf.* V.-B. VIII.

▶**nĭtĕō**, ŭī, — 2. (*wohl denom. v.* *nĭtŏs „glänzend") **1. a)** fett *od.* fettig sein [*alqs unguentis nitet*]; **b)** (*dcht., nkl.*) wohlgenährt *od.* feist sein, *v. Menschen u. Tieren* [*homo, taurus*]. **2. a)** *meton.* glänzen, blinken, strahlen [*arma,* °*aera; re v. etw., zB. purpurā,* °*auro*]; **b)** / glänzen, prangen: α) stattlich aussehen, hübsch sein; β) hervorstechen, in die Augen fallen [*res gestae alcis*]; *auch v. der Rede u. dem Redner*; γ) reichlich vorhanden sein, reichlichen Ertrag geben [*vectigal in pace nitet*].

nĭtēscō, — — 3. (*incoh. v.* nĭtĕō) (*nkl., dcht.*) fett werden [*armenta*]; *meton. u.* / erglänzen [*caelum, iuventus oleo*], glänzend hervorstechen.

nĭtĭdĭŭscŭlŭs 3 (*adv.* **-ē**) (*demin. v.* nĭtĭdĭŏr, *comp. v.* nĭtĭdŭs) (*Pl.*) (*v. Salböl*) schön glänzend [*caput*].

▶**nĭtĭdŭs** 3 (*m. comp. u. sup.*; *adv.* °**-ē**) (nĭtĕō) **1.** (*dcht., nkl.*) fett, wohlgenährt, feist, *v. Menschen u. Tieren* [°*iumenta,* °*rusticus*]. **2. a)** *meton.* glänzend, schimmernd [*pictura,* °*ebur,* °*dies* hell, sonnig; *re v. etw., zB.* °*coma nardo -a*]; **b)** / glänzend, prangend: α) (*im Äußeren*) stattlich, schön; β) üppig, strotzend, *bsd. v. Fluren u. Pflanzen* [*colles, campi*]; γ) schmuck, geschmackvoll, sauber, *v. Pers. u. Sachen* (*subst. m* °nettes Kerlchen); *auch* /, *bsd. v. der Rede* [*verba*].

Nĭtĭŏbrŏgēs, ŭm *m kelt. Völkerschaft in Aquitanien.*

nĭtŏr¹, ōrĭs *m* (nĭtĕō) **1.** (*Te.*) Wohlbeleibtheit [*corporis*]. **2.** Glätte, Glanz, Schimmer [*purpurae,* °*galeae,* °*diurnus* des Tages]. **3.** / **a)** (blendende) Schönheit, Eleganz, Reiz der äußeren Erscheinung (*alcis*); **b)** Glanz: α) Ansehen, Hoheit [°*generis, rerum* des Unternehmens]; β) (*v. der Darstellung*) Reiz, Zierlichkeit [*orationis,* °*descriptionum*].

> **nītŏr²**
> 1. sich stemmen, sich stützen; **2. a)** sich aufrichten; **b)** (*v. Kämpfenden*) Fuß fassen; **c)** klettern; **d)** vorwärts streben; **e)** sich anstrengen; **f)** in Wehen liegen; **3. a)** nach *etw.* trachten; **b)** auf *etw.* beruhen; sich auf *etw.* verlassen; **c)** sich eifrig bemühen; streben.

nītŏr², nīxŭs *u.* nīsŭs sŭm 3. (*cf.* cō-nīvĕō; *nhd.* „neigen") **1.** sich stemmen, sich stützen (*abs. od. re u.* °*in re od.* °*in alqd* auf *etw., zB. hastili,* °*genibus* knien, *mulierculā,* °*cubito* auf den Ellenbogen, *hastā u. in hastam,* °*in capulo,* °*in adversum* = *contra* sich entgegenstemmen, °*nixae aere trabes* durch eherne Säulen gestützt). **2.** sich *zu einer Bewegung* in die Höhe stemmen: **a)** sich aufrichten [*infantes simulac niti possunt,* °*humi, serpentes nituntur* fangen an zu kriechen]; **b)** (*v. Kämpfenden*) Fuß fassen, sich halten; **c)** emporklimmen, klettern, (*v. Fliegenden*) schweben [*saxis an, corporibus m.,* °*ad sidera,* °*gradibus* die Stufen hinaufsteigen, °*paribus alis* sich schwingen]; **d)** vorwärts streben [°*pennis in aëra*]; **e)** (*Suet.*) sich anstrengen, um seine Notdurft zu verrichten; **f)** (*dcht.*) in Wehen liegen. **3.** / **a)** nach *etw.* trachten, auf *etw.* hinarbeiten (*ad u.* °*in alqd, zB. ad gloriam,* °*in vetitum*); **b)** auf *etw.* beruhen, auf *etw.* sich verlassen (*in alqo, zB. in te; in re od. re, zB. salus civitatis nititur in vita alcis,* °*animo* auf seinen Mut); **c)** sich eifrig bemühen, sich anstrengen, streben (*abs. od. pro alqo u. pro re, zB.* °*pro libertate; contra alqd, zB.* °*contra verum* ankämpfen; *de re, zB. de causa regia; m. ut, ne; m. inf., zB. patriam recuperare; m. a.c.i.* = zu beweisen suchen, daß). **F.** *inf. praes.* (*dcht.*) nītĭĕr = nītī.

nĭtrātŭs 3 (nĭtrŭm) (*nkl., dcht.*) *m.* Natron vermischt.

nĭtrŭm, ī *n* (*Fw.* ‹ νίτρον) (*unkl.*) Laugensalz, Natron, Soda (*auch als Seife gebraucht*).

nĭvālĭs, ĕ (nĭx) (*nkl., dcht.*) **1.** schneeig, Schnee... [*dies, aqua,* °*ventus* Schneesturm, *aurae* Schneeluft]. **2. a)** beschneit [*mons*]; **b)** / schneeweiß [*columba*]; eiskalt [*osculum*].

nĭvārĭŭs 3 (nĭx) (*Ma.*) Schnee..., m. Schnee gefüllt [*colum -um, saccus -us* Schneedurchschlag, -sack *zum Durchseihen des Weins*].

nĭvātŭs 3 (nĭx) (*nkl.*) mit Schnee gekühlt [*potio*].

nī-vĕ¹ *ci.* oder wenn nicht.

nĭvĕ² *ci.* (*Lu.*) = nēvĕ.

▶**nĭvĕŭs** 3 (nĭx) (*dcht., nkl.*) Schnee... [*agger* Schneehaufe]; / schneeweiß [*columba, lac, luna* hell].

nĭvōsŭs 3 (nĭx) (*nkl., dcht.*) schneereich [*hiems*].

▶**nĭx**, nĭvĭs *f* (*cf.* nĭng[u]ĭt, *nhd.* „Schnee") **1.** Schnee. **2.** *meton.* **a)** (*dcht.*) Schneewasser; Schneekälte, kaltes Klima; **b)** *pl.* Schneegestöber, -massen; **c)** / *pl.* (*dcht.*) *capitis* schneeweißes Haar. (*gen. pl.* nĭvĭŭm).

Nīxī, ōrŭm *m* (nītŏr²) (drei) Geburtsgottheiten, *deren kniende Statuen sich zu Rom auf dem Kapitol befanden.*

nīxŏr 1. (*intens. v.* nītŏr²) (*dcht.*) = nītŏr².

nīxŭs¹ *part. pf. v.* nītŏr².

nīxŭs², ūs *m* = nīsŭs².

N.L. (*Abk.*) = nōn lĭquĕt.

nō 1. (‹ *snā-jō; *cf.* νή-χω *ds.*) **1.** schwimmen, *v. Lebendem u. Leblosem.* **2.** / (*dcht.*) segeln [*cymba*]; (*v. Bienen*) hin *u.* her wogen; fließen.

▶**nōbĭlĭs**, ĕ (*m. comp. u. sup.*; *adv.* °**-ĭtĕr**) (*abl. sg.* -ī, *vereinzelt* -ĕ) (‹ *gnōbĭlĭs *zu* [g]nōscō) **1.** (*vkl., nkl.*) kenntlich, kennbar [*gaudium* sichtbar]. **2. a)** (all)bekannt, *v. Pers. u. Sachen* [*gladiator, taurus Phalaridis*]; **b)** berühmt, gepriesen, gefeiert [*rhetor, oppidum,* °*bellum; re* durch *etw., in re* in *etw., ex re* infolge *v. etw.,* wegen *etw.*]; **c)** (*pejorativ*) berüchtigt, verrufen [°*scortum,* °*Caudina, pax*]. **3.** adlig, edel, vornehm, *v.* edler Herkunft, *auch* aristokratisch [*adulescens, mulier, gens*]; *subst. m* Adliger, *auch* Aristokrat, *meist pl.* die Nobiles, *d.h. die höchsten senatorischen Familien, die das ius imaginum besaßen.* **4.** vorzüglich, vortrefflich, rühmlich [*fundi, phalerae,* °*canis ad venandum*; *nie*: moralisch edel!]. — ***nobile officium* Ehrenpflicht *od.* Ehrenamt.

▶**nōbĭlĭtās**, ātĭs *f* (nōbĭlĭs) **1.** Berühmtheit (*alcis u. alcis rei, zB. summorum virorum, virtutis et generis*). **2. a)** Adel, adlige Geburt, vornehmer Stand *od.* Rang [*vetus,* *nova, vir summa nobilitate od. summae nobilitatis*]; **b**) *meton.* der Adel = die Adligen (*nōbilēs*); Aristokraten [*omnis ~ interiit; auch* (*Ta.*) ausländische Fürsten]. **3. a**) Vortrefflichkeit, Vorzüglichkeit [*signa summā nobilitate*]; **b**) (*nkl., dcht.*) adliger Sinn, Edelsinn [*mentis*].

nōbilitō 1. (*nōbilis*) **1.** (*nkl.*) bekanntmachen (*alqd, zB. famam*). **2.** berühmt *od.* berüchtigt machen (*alqm u. alqd, zB. virtutem u. crudelitatem alcis*); P. berühmt werden.

nŏcēns, *ĕntis* (*m. comp. u. sup.*; *adv.* °**-ĕnter**) (*eigtl. part. praes. v. nŏcĕō*) **1.** schädlich, verderblich, *stets abs.* [*caules*]. **2.** schuldig, verbrecherisch, *im juristischen Sinne; auch v. Sachen* = ruchlos [*homo, reus, victoria*]; *subst. m* der Schuldige, Übeltäter. *Cf.* V.-B. VIII.

▶**nŏcĕō,** *cŭī, citŭm* 2. (*cf. nĕcō*) **1.** schaden (*abs., zB.* °*nocendi artes* Künste des Unheils; *alcī u. alci rei, zB. hostibus, rei publicae; acc. neutr. e-s pron. u. allg. adi., zB. nihil, multum, od. inneres Objekt:* °*noxam* [*formelhaft*] eine böse Tat begehen). **2.** (*v. Sachen*) = hinderlich sein [*invidia alci nocet*]. **3.** (*nkl., dcht.*) sich an *jd.* vergreifen, *jd.* kränken.

nŏcīvŭs 3 (*nŏcĕō*) (*nkl., dcht.*) schädlich [*periculum*].

Nŏctĭ-fĕr, *fĕrī m* (*nŏx, fĕrō*) (*dcht.*) Abendstern.

nŏctĭlūcă, *ae f* (*nŏx, lūcĕō*) (*vkl., dcht.*) Nachtleuchte: **1.** Laterne. **2.** *Beiname der Luna* (= νυκτοφαίνουσα).

nŏctĭ-văgŭs 3 (*nŏx*) (*nkl., dcht.*) nachts umherschweifend.

▶**nŏctū** (*loc. v.* **nŏctŭs* = *nŏx*) **1.** (*vkl.*) (*abl.*) = *nocte* [*hac*]. **2.** nachts, bei Nacht [°*~ diuque*].

nŏctŭă, *ae f* (**nŏctŭŭs zu nŏx; sc. ăvis*) (*unkl.*) Nachteule, Käuzchen.

nŏctŭābŭndŭs 3 (**nŏctŭŏr* 1. „nächtlich reisen"; *zu nŏx*) zur Nachtzeit (reisend).

nŏctŭīnŭs 3 (*nŏctŭă*) (*Pl.*) vom Käuzchen [*oculi*].

▶**nŏctŭrnŭs** 3 (*nŏctū*) nächtlich, bei Nacht, Nacht... [°*vigiliae, fur,* °*Bacchus* bei Nacht verehrt]; *dcht. oft adi. statt adv., zB.* °*lupus gregibus -us obambulat*]; *subst.* ♀ (*Pl.*) Gott der Nacht. — ***subst.* **-um,** *ī n* Nokturn (*liturgisches Nachtgebet*).

nŏctŭ-vĭgĭlŭs 3 (*-tŭ?; nŏctū; vigilō*) (*Pl.*) bei Nacht wachend.

nŏcŭŭs 3 (*nŏcĕō*) (*dcht.*) schädlich.

nōdō 1. (*denom. v. nōdŭs*) (*nkl., dcht.*) (ver)knoten, in einen Knoten zusammenknüpfen, -schnüren [*crines in aurum, collum laqueo*].

nōdōsŭs 3 (*nōdŭs*) (*nkl., dcht.*) knotig [*stipes, robur* knorrig, *chiragra*]; / (*v. Pers.*) *m.* allen Rechtskniffen vertraut, verschmitzt.

nōdŭs, *ī m* (*cf. nĕctō, nāssă*) **1.** Knoten [*nodum* °*conectere u.* °*solvere,* °*alqm in nodum complecti jd.* eng umschlingen]. **2.** *meton.* (*dcht.*) **a**) Gürtel; **b**) Haarwulst [*crinem nodo substringere*]. **3. a**) Knöchel [*crura sine nodis*], *übh.* °Gelenk; **b**) (*nkl.*) Band *der Zunge* [*nodos linguae solvere*]; **c**) (*nkl., dcht.*) Knoten *od.* Knorren *am Holz* [*baculum sine nodo*]; **d**) (*dcht.*) Knospe *od.* Auge *an Pflanzen.* **4.** / **a**) einigendes Band, Verbindung, Fessel (*alcis rei, zB. amicitiae,* °*leti* Schlinge); **b**) (*dcht.*) Verbindlichkeit, *bsd.* bindender Eid [*nodos imponere*]; **c**) Verwicklung, Schwierigkeit, Hemmnis [*in difficilem nodum incidere* schwere Aufgabe, *nodum alcis rei* °*exsolvere od. expedire* lösen, beseitigen]; *meton.* (*dcht.*) (*v. Pers.*) *v. jd.*, der *etw.* erschwert *od.* hemmt [*pugnae*]; *auch* (*dcht.*) Verwicklung *im Drama.*

noenū' (*Lu.*) = (*altl.*) *noenūs* = *nōn* (*wie nūllūs als nachdrückliche Verneinung*).

noenŭm (⟨ *nĕ-*[3] + *oenŭm* = *ūnŭm*) (*altl.*) = *nōn.*

Nōlă, *ae f St. in Kampanien, hielt im 2. Punischen Krieg treu zu Rom; Sterbeort des Augustus; Einw. u. adi.* **Nōlānŭs** 3 (*subst.* **-ŭm,** *ī n* Gebiet *v.* Nola).

nōlă, *ae f* (*Scherzbildung v. nōlō*) (*Caelius b. Qu.*) die Spröde (*s. cŏă*).

▶**nōlō,** *lŭī,* — *nōllĕ* (*altl. nĕvīs, nĕvōlt, nĕvēllēs;* ⟨ **nĕ-vŏlō*) **1.** nicht wollen, sich weigern (*abs. od. alqd, zB.* °*centum iugera, id; m. inf., zB. parēre, bsd. noli, nolito, nolite m. inf. als Umschreibung des negierten imp., zB. noli putare* glaube ja nicht; *m. a.c.i.; m. bloßem coni., bsd. nollem, zB. nollem dixissem* hätte ich doch nicht gesagt!). **2.** *alci nolle jd.* abgeneigt sein, ein Vorurteil gegen *jd.* haben.

Nŏmăs, *ădis m u. f* (*νομάς, eigtl.* „weidend") Nomade, *pl.* **Nŏmădēs,** *ŭm m* Nomaden, wandernde Hirtenvölker, *bsd.* °Numidier (*sg. f* °Numidierin).

nōmĕn
1. a) Name; **b**) (*sprachl.*) Wort; **c**) Gentilname; **d**) Titel; **e**) Geschlecht, Volk, Person; **f**) berühmter Name, Ruhm; **2. a**) bloßer Name, Schein; **b**) Vorwand; **3. a**) (*im Schuldbuch*) (Name des) Schuldner(s); **b**) Schuld(posten); **4.** *abl.* **nomine a**) mit Namen; **b**) dem Namen nach; **c**) in *j-s* Namen; **d**) unter dem Namen; **e**) auf Grund; **f**) *meo nomine* ich meinerseits.

nōmĕn, *ĭnis n* (*cf. ὄνομα, nhd.* „Name") Name: **1.** Benennung: **a**) Name: **α**) [*paternum; ~ alci rei* °*dare od.* °*indere, imponere* geben, beilegen; *~ accipere a re, capere od. trahere, reperire, invenire ex alqo od. ex re*]; *~ alci est Gaio od. Gaius od. Gai jd.* heißt Gaius; *~ alci* °*dare od.* °*dicere Marco od. Marcum jd.* den Namen Markus geben; *litterae sine nomine* ohne Adresse *u.* Unterschrift; **β**) *nomen* (*v. mehreren nomina*) *dare,* °*ēdere,* °*profiteri* sich (*bsd. zum Kriegsdienst*) freiwillig melden; °*ad ~ non respondere* dem Aufruf keine Folge leisten; °*~ accipere* in die Wahlliste aufnehmen; **γ**) (*gerichtlich*) °*~ alcis deferre jd.* gerichtlich belangen, anklagen; (*vom Prätor*) *~ recipere* die Klage gegen *jd.* annehmen; **b**) (*sprachlich*) Wort, Ausdruck [*~ calamitatis* das Wort *calamitas*]; (*gramm. t.t.*) Nomen = Substantivum; **c**) Gentilname *eines freigeborenen Römers* [*Iulius*]; *bisw. auch* Vorname (= *praenōmĕn*) *u.* Beiname, Familienname (= *cōgnōmĕn*); **d**) Titel [*~ regium od. regis* Königstitel, *imperatoris od. imperii* Feldherrntitel]; **e**) *meton. der benannte Gegenstand:* **α**) gēns *od.* Geschlecht [*Fabium ~*]; **β**) Volk, Nationalität [*~ Nerviorum exstinguere, ~ Romanum* alles, was Römer heißt, die Römer, Römertum, *~ Latinum* die Latiner]; **γ**) (*nkl., dcht.*) Person, Held [*invisum, tanta nomina* so große Männer, *vestrum ~* = *vos*]; **f**) (*prägn.*) berühmter Name, Ruhm, guter Ruf [*populi Romani, maiorum, magnum ~ habere, zB. in oratoribus,* °*vulgus sine nomine* namenlos]; *auch* Rang, Würde [*regale*]. **2. a**) bloßer Name, Schein; **b**) Vorwand, Grund [*honestis nominibus certare* unter ehrenhaften Vorwänden, *per ~ militare* unter dem Vorwand des Kriegszustandes]. **3. a**) Name *od.* Rubrik eines Schuldners *im Schuldbuch;* **b**) *meton.* **α**) Schuldverschreibung, Schuldposten, Schuld(en) [*~ facere od. in tabulas referre e-n* Schuldposten eintragen, buchen, *~ solvere od. dissolvere, exsolvere, expedire* seine Schuld(en) bezahlen *od.* tilgen, *nomina exigere* Gelder eintreiben, °*~ in alium transcribere, pecunia mihi est in nominibus* ich habe Geld ausstehen; / *uno nomine* in e i n e m Posten, auf einmal, in Bausch *u.* Bogen]; **β**) Schuldner [*bonum, certum, lentum* schlechter Zahler]. **4.** *abl.* **nomine:** **a**) *m.* Namen, namens [*soror -ine Elpinice*]; **b**) (*bloß*) dem Namen nach [*alci -ine notum esse*]; **c**) in *j-s* Namen *od.* Auftrag [*senatūs,* °*Catilinae v.* seiten des K., *pecuniam accipere alcis -ine* auf *j-s* Namen]; **d**) unter dem Namen *od.* Titel, als [*obsidum* als Geiseln, *dotis* als Mitgift]; *oft* = unter dem Schein *od.* Vorwand [*classis -ine pecuniam exigere*]; **e**) auf Grund *od.* auf Veranlassung, *m.* Rücksicht auf [*rei publicae, alio -ine, hoc -ine damnari* aus diesem Grund, *eo -ine* deswegen]; **f**) *meo* (*tuo, suo usw.*) *nomine* ich meinerseits, für mich persönlich, aus Privatrücksichten [*alqm suo -ine odisse od. accusare*].

nōmĕn-clātĭō, *ōnis f* (*wohl wie nōmĕnclātŏr Rückbildung aus nōmĕn călārĕ; călō*[1]) (*Q. Ci.*) Benennung *m.* Namen.

nōmĕn-clātŏr *u.* **-cŭlātŏr,** *ōris m* (*s. nōmĕnclātĭō*) „Namennenner" (*Sklave, der seinem Herrn die Namen der ihm Begegnenden angeben mußte*).

nōmĕnclātūră, *ae f* (*s. nōmĕnclātĭō*) (*nkl.*) Namenverzeichnis.

Nōmĕntŭm, *ī n Städtchen nordöstl. v. Rom, j.* Mentana; *Einw. u. adi.* **Nōmĕntānŭs** (3) (*subst.* **-ŭm,** *ī n* Landgut *b.* Nomentum).

nōmĭnātĭm *adv.* (*nōmĭnō*) namentlich, bei Namen, ausdrücklich

[*milites* ~ *appellare*, ~ *praecipere*].
nōminātiō, *ōnis f* (*nōminō*) **1.** (*unkl.*) Nennung, Benennung. **2.** das Vorschlagen *od.* Vorschlag (*eines Kandidaten*) zu einem Amt.
nōminātīvūs 3 (*nōminō*) (*vkl., nkl.*) zur Nennung gehörig; (*gramm. t.t.*) *cāsūs* ~ *od. subst.* ~, *ī m* Nominativ.
nōminitō 1. (*intens. v. nōminō*) (*Lu.*) (be)nennen.
▶**nōminō** 1. (*denom. v. nōmĕn*) **1.** (be-)nennen, bezeichnen [*rem suo nomine, omnes res certis vocabulis; alqd ex, auch a re etw.* nach *etw., zB. filium ex patre, amicitiam ex amore*]; *auch* beim Namen rufen; P. heißen [°*insulae quae Cyclades nominantur* die sogenannten Kykladen], *prägn.* °nur dem Namen nach bekannt sein. **2.** namhaft machen, namentlich anführen *od.* erwähnen [*Sullam honoris causā, flumen*]. **3.** *prägn.* = rühmen. **4. a)** *jd. zu einem Amt* vorschlagen [*alqm dictatorem*]; **b)** (*nkl.*) *jd.* ernennen [*alqm dictatorem* zum D.]. **5.** (*nkl.*) *jd.* angeben, anklagen (*alqm apud dictatorem, alqm inter coniuratos*).
Nŏmĭŏs *u.* **-ūs**, *ī m* (*νόμιος* weidend) „der Hirt" (*Beiname Apollos, der die Herden des Admetos geweidet hatte*).
nŏmĭsmă, *ătĭs n* (*Fw.* ⟨ *νόμισμα*) (*dcht.*) **1.** Münze, Geldstück, *bsd.* Goldstück. **2.** Marke, *die die Ritter im Theater für Verabfolgung v. Wein usw. erhielten.*
nŏmŏs, *acc. ŏn m* (*Fw.* ⟨ *νόμος ds.*) (*Suet.*) Weise, Lied.
nŏmūs, *ī m* (*Fw.* ⟨ *νομός*) (*nkl.*) Bezirk, Kreis.
Non. (*Abk.*) = *Nōnae*.
▶**nōn** *adv.* (*altl. noenū*[1] [*s.d.*] *u. noenūm* ⟨ **nĕ-oinŏm* [*nĕ*-[3], *oinŏm* = *ūnŭm*] *eigtl.* „nicht eines", *cf. nhd.* „n-ein") **1. a)** nicht (*in Aussagesätzen vor dem Verb, wenn der ganze Satz verneint wird, sonst vor dem verneinten Wort*) [*filium tuum non vidi; nuntium non iucundum affers; non ego hoc dixi, sed tu*] (*bisw. m. dem verneinten Wort zu einem Begriff verschmelzend*) [*non corpus* ein Nichtkörper, *non amicus* Gegner, °*non sutor* Nichtschuster; *bsd. in der Litotes, zB. non parvus* = *maximus, non invitus* recht gern, *non raro* = *saepissime, non sine* = *cum, non parum* = *satis, non nolle* gern wollen, *non ignorare* recht wohl wissen *u.ä.*]; *beim sup.* = nicht eben, nicht gerade, *zB. homo non beatissimus* nicht gerade sehr reich; **b)** *besondere Verbindungen*: *non nemo* mancher, *nemo ... non* jeder (-mann); *non nullus* einiger, *nullus ... non* jeder, aller; *non nihil* etwas, *nihil ... non* alles; *non numquam* zuweilen, *numquam ... non* immer; *non nusquam* an manchen Orten, *nusquam ... non* überall; **c)** *non ... nisi u. nisi ... non* nur, lediglich, *cf. nĭsī*. **2.** (*in der Frage*) = *nōnnĕ*, *eine bejahende Antwort erwartend, oft auch Erstaunen ausdrückend.* **3.** (*dcht.*) *beim imp. u. coni. hortat. od. optat.* = *nē*[2] (*non petito, non sileas*), *klass. nur, wenn es zu einem einzelnen Begriff gehört* [*lictor non suae, sed tuae lenitatis apparitor sit*]. **4.** *non possum non* ich muß unbedingt (*m. inf., zB. te vituperare*). **5.** *et non* und nicht *verneint* (*im Ggs. zu nĕquĕ*) *ein einzelnes Wort od. betont die Verneinung stärker.* **6.** *ut non* daß nicht *steht* (*im Ggs. zu finalem nē*) *in Konsekutivsätzen.* **7.** *ne non* (= *ut*) daß nicht (*bei den Verben des Fürchtens*). **8.** *ac non u. et non* und nicht vielmehr; *nec ... non* und gewiß auch, und in der Tat; *cf. nĕc.* **9.** (*in Antworten*) nein, *fast stets m. Wiederholung des in der Frage betonten Wortes, zB. possumusne tuti esse? non* (*possumus*), *bsd. aut etiam aut non* entweder ja oder nein [*respondere*].
Nōnă, *ae f* (*nōnŭs*) *eine der Parzen; nach Varro die Göttin des für die Geburt entscheidenden neunten Monats* (*cf. Dĕcĭmă*).
Nōnae, *ārŭm f* (*Anfangstage der zweiten achttägigen Woche, bsd.* „*der 9. Tag vor den Iden*"; *nōnŭs*) die Nonen, *der fünfte bzw.* (*im März, Mai, Juli, Oktober*) *siebente Monatstag.*
nōnāgēni, *ae, ă num. distr.* (*nōnāgĭntā*) (*nkl.*) je neunzig.
nōnāgēsimūs 3 *num. ord.* (*nōnāgĭntā*) der neunzigste.
nōnāgiē(n)s *num. adv.* (*nōnāgĭntā*) neunzigmal (~ *sestertium* 9 Millionen Sesterzen).
nōnāgintā *num. card. indecl.* (⟨⟨ **nŏvĕnā-cŏntā*; *cf. ἐνενήκοντα*) neunzig.
nōnānūs 3 (*nōnŭs*) (*Ta.*) zur neunten Legion gehörig [*miles*]; *subst. m* Neuner (= Soldat der 9. Legion).
nōnārĭūs 3 (*nōnŭs*) (*dcht.*) zur 9. Stunde gehörig; *subst.* **-ă**, *ae f* (*sc. mĕrĕtrix*) öffentl. Dirne (*die erst nach der 9. Stunde ihrem Gewerbe nachgehen durfte*).
▶**nōn-dūm** *adv.* noch nicht [~ *etiam* noch immer nicht].
nōngēnti, *ae, ă num. card.* (⟨⟨ **nŏvĕn-cĕntī*) neunhundert.
nŏnnă, *ae f* (*Lallwort der Kindersprache*) **1.** (*späte Inschr.*) Kinderwärterin, Amme. **2.** (*Hier.*) Nonne.
▶**nōn-nĕ** *Fragepartikel*: **1.** (*in direkten Fragen*) nicht? (*stets eine bejahende Antwort erwartend, zB. nonne meministi?*); *alleinstehend* = nicht wahr? **2.** (*in indir. Fragen*) ob nicht, *klass. nur bei quaerere* [*Croesus ex Solone quaesivit, nonne se beatissimum putaret*].
nōn-nēmō (*auch getr.*) mancher, einige; *cf. nēmō.*
nōn-nihil (*auch getr.*) **1.** etwas, einiges; *cf. nihil.* **2.** *adv.* einigermaßen.
▶**nōn-nūllūs** (*auch getr.*) 3 mancher, der eine *u.* der andere [*culpa*]; *meist pl.* [*civitates*]; *auch subst. m* einige, manche; *bsd.* beträchtlich, ziemlich groß *od.* viel [*pars militum*].
nōn-nūmquăm (*auch getr.*) *adv.* zuweilen, manchmal.
nōnūs 3 (⟨⟨ **nŏvĕnŏs zu nŏvĕm*) der neunte; *subst. nōnă, ae f* (*sc. hōră*) die neunte Stunde (*etwa* = 15 Uhr, *die gewöhnliche Stunde des Essens*).
Nōrēiă, *ae f* (*St. i. der Steiermark* [*Niederlage der Römer 113 v.Chr.*]).
Nōrĭcūm, *ī n Alpenldsch. zw. Rätien u. Pannonien, ö. v. Inn u. Eisack; v. den kelt. Tauriskern bewohnt, 15. v.Chr. als kaiserliches Krongut verwaltet, unter Mark Aurel kaiserliche Provinz geworden; adi.* **Nōrĭcūs** 3 (*subst. Nōrĭcă, ae f* Frau aus Noricum).
nōrmă, *ae f* (*-ō-?; wohl unter etr. Vermittlung Lw.* ⟨ *γνώμονα, acc. v. γνώμων* „Kenner; Maßstab, Richtschnur") Winkelmaß; / Richtschnur, Maßstab, Regel, Vorschrift, *nur sg.* [*vitam dirigere ad normam rationis*].
nōrmālis, *ĕ* (*-ō-?; nōrmă*) (*nkl.*) nach dem Winkelmaß; *angulus* ~ rechter Winkel.
Nōrtĭă, *ae f* (*-ō-?*) *etr. Schicksalsgöttin.*
▶**nōs** *pron. pers., pl. zu ĕgō* (*gen. nōstrī* [*partit. nōstrūm, altl. auch nōstrōrūm*], *dat. u. abl. nōbīs, acc. nōs; cf. altind.* nas) **1.** wir. **2.** (*als pl. modestiae*) wir; *dcht. auch m. sg. verbunden* [*imperanti nobis*].
nōscĭtō 1. (*intens. v. nōscō*) (*unkl.*) **1.** bemerken, wahrnehmen, erkennen (*alqm*). **2.** wiedererkennen (*alqm facie*). **3.** (*Pl.*) betrachten, untersuchen.
▶**nōscō**, *nōvī, nōtŭm* 3. (*altl. gnōscō; cf. γιγνώσκω*) **1.** kennenlernen, erkennen, erfahren; *pf.* kennen, wissen, verstehen (*alqm u. alqd, zB. Caesarem bene, alcis facta, linguam Etruscam; alqm re u. de re jd.* an *etw., zB.* °*voce; m.* °*inf.; m.* °*indir. Frages.*); P. erkannt werden, kenntlich sein [°*voce*], *j-m* bekannt werden (*alci*); *subst.* °**nōtūm**, *ī n* die Erfahrung. **2.** (*unkl.*) (*bereits Gekanntes*) wiedererkennen (*alqm u. alqd, zB. res suas*). **3.** anerkennen, gelten lassen [*causam, hanc voluptatem*]. **4.** (*Ta.*) (*als Richter*) *etw.* untersuchen, erkennen [*causam, omnia quae a praetoribus noscebantur*].
F. *pf.-Formen synk.*: *nōssĕ(m)* = *nōvissĕ(m), nōstis* = *nōvīstis u.ä.*
nōs-mĕt *verstärktes nōs; s. -mĕt.*
▶**nōstĕr**, *tră, trūm pron. poss.* (*nōs*) **1.** unser, uns gehörig, *v. Pers. u. Sachen* [*pater, provincia, mare, amicus noster* unser Freund *u.* ein Freund *v.* uns; *auch obi.* = *nōstrī, zB. amor noster* Liebe zu uns, *iniuria -a* Unrecht gegen uns, °*proelia -a m.* uns]; *zeitl.* gegenwärtig [*aetas, tempora, memoria*]. **2.** uns günstig [*loca,* °*Mars,* °*numen*]; *cf. auch mĕūs u. sŭūs.* **3.** (*als pl. modestiae*) = *mĕūs* [°*conubia -a m.* mir; °*o noster!* mein Lieber!]. **4.** *subst.* **a) nōstĕr**, *trī m* der Unsrige, unser Angehöriger (Verwandter, Landsmann, Freund *u.ä.*), *meist pl.* (unsere Leute *u.ä.*); **b)** *pl.* **nōstră**, *trōrum n* das Unsrige, unser Eigentum, unser Vermögen; meine Schriften.
nōstrās, *ātĭs* (*nōstĕr; klass. nur pl.*) aus unserem Lande, inländisch, (ein)heimisch, unseres Volkes, *v. Pers. u. Sachen* [*philosophi, verba*]; (*pl. neutr. -iă, gen. -iŭm*).

nŏtă
1. (Kenn)Zeichen, Merkmal; **2. a)** Schriftzeichen, Buchstabe; **b)** In-

terpunktionszeichen; c) Abkürzung, Chiffre; d) *pl.* Schrift, Brief; e) Etikett *an Gefäßen*; f) Brandmal, Schandfleck; 3. zensorische Rüge; Schimpf; 4. ehrender Beiname; 5. Wink.

nŏtă, *ae f* (*wohl* < **gnō-tā*; *f des substantivierten P.P.P.* **gnō-tŏs* [*neben* **gnō-tŏs in nōtŭs²*]; [g]*nōscō*) **1.** Merkmal, Kennzeichen, Zeichen [*signa et notae*, °*notae oris* Gesichtszüge, °*notam ducere m.* dem Finger auf dem Tisch; *oft* / *scelerum, facinoris*]; *bsd.* (*dcht., nkl.*) (*am Körper*) ein Mal [~ *genitiva* Muttermal]; (*nkl.*) (*bei Münzen*) Gepräge, *auch* / [*animi* ~]; (*in Büchern*) Zeichen, *bsd. am Rande* [*notam apponere ad malum versum*]; °Vorzeichen, Wahrzeichen [*extorum*; / *veri, notam dare fulgore*]. **2. a)** Schriftzeichen, Buchstabe [*litterarum* Buchstabenzeichen]; **b)** Interpunktionszeichen [*librariorum*]; **c)** (*nkl.*) Abbreviatur, Chiffre [*per notas scribere*]; **d)** *pl. meton.* **α)** (*dcht.*) Schrift, Brief [*notas ab hoste accipere*]; **β)** (*dcht.*) Inschrift [*marmora notis publicis incisa*]; **γ)** (*nkl.*) Geheimschrift; **δ)** (*nkl.*) Kurzschrift [*verborum*]; **e)** (*nkl., dcht.*) Etikett *an Gefäßen, bsd. Weingefäßen*; *meton.* (*nkl., dcht.*) Weinsorte [*interior* ~ *Falerni*]; / Art, Qualität [°*alqm de meliore nota commendare v.* der vorteilhafteren Seite]; **f)** eingestochenes *od.* eingebranntes Mal, Brandmal [*notam inurere alci, notis compunctus* tätowiert], / Schandfleck, Flecken [*turpis temporum illorum*]. **3.** zensorische Rüge, Note [*censoria*, °*notam ascribere alci, censoriae severitatis notā inuri*]; *meton.* Herab- od. Zurücksetzung *durch eine nota censoria*; / Schimpf, Beschimpfung [°*mortuo notas adicere*]. **4.** (*Ov.*) ehrender Beiname [*notam trahere a re*]. **5.** (*Ov.*) gegebenes Zeichen, Wink [*notas reddere* erwidern]. — ***nota quadrata* Quadratnote, *mittelalterliche Notenform der Choralnotation* (*cf. neumă*).

nŏtābĭlĭs, *ĕ* (*m.* °*comp.*; *adv.* °**-ĭtĕr**) (*nŏtō*) **1. a)** bemerkenswert, denkwürdig; **b)** (*nkl.*) auffallend, (*pejorativ*) berüchtigt. **2.** / (*nkl.*) bemerkbar, merklich.

nŏtārĭŭs, *ī m* (*nŏtă*) (*nkl.*) Stenograph; (*spätl.*) *übh.* Schreiber. — **öffentlicher Schreiber, Schreiber (*der deutschen Kaiser*); ***Notar.

nŏtātĭō, *ōnĭs f* (*nŏtō*) Bezeichnung: **1.** Kennzeichnung [*tabularum* der Stimmtäfelchen *m. verschiedenfarbigem Wachs*; / °*vitae* Charakterisierung]. **2.** zensorische Rüge [*censoria*]. **3.** Bemerkung, Beobachtung, Beachtung [*naturae, notatione et laude dignus*]. **4.** Untersuchung bei der Wahl [*iudicum*]. **5.** Etymologie.

nŏtātŭs 3 (*m. comp. u. sup.*) (*eigtl. P.P.P. v. nŏtō*) **1.** gekennzeichnet, kenntlich. **2.** (*A. ad Her.*) bemerkbar (*alci*).

nōtēscō, *tŭī*, — 3. (*incoh. zu nōtŭs*) (*nkl., dcht.*) bekannt werden.

nŏthŭs 3 (*Fw.* < νόθος) (*unkl.*) **1.** unehelich (*Vater bekannt, Mutter Sklavin od. Konkubine*; *Ggs. spŭrĭŭs*); *subst.* Bastard, (*v. Tieren*) Mischling. **2.** / unecht, fremd, falsch.

nōtĭō, *ōnĭs f* (*nōscō*) **1.** (*Pl.*) das Kennenlernen [*quid tibi hanc notio est?* was hast du dich *m.* ihr bekanntzumachen?]. **2.** / **a)** offizielle Untersuchung *e-r Sache* [*pontificum*]; **b)** (zensorische) Rüge [*censoria*]. **3.** Kenntnis, Begriff *od.* Vorstellung *v. etw.* (*alcis j-s u. v. jd., zB. deorum, intellegentiae nostrae; rei u. de re*; ~ *insita* angeborener Begriff, Begriff *a priori*); *auch* Sinn, *den man einer Sache od. einem Worte unterlegt* [*verbo alia* ~ *subiecta est*].

nōtĭ-fĭcō 1. (*nōtŭs* + *făcĭō*) (*dcht.*) bekanntmachen, **melden, anzeigen.

▶**nōtĭtĭă,** *ae u.* (*nkl., dcht.*) **-tĭēs.** *ēī f* (*nōtŭs*) Bekanntschaft: **1.** (*pass.*) **a)** (*nkl., dcht.*) Bekanntsein, Gekanntsein [*intromissus propter -am* = als Bekannter, *plus -ae dare alci jd.* bekannter machen]; **b)** (*prägn.*) (*nkl.*) Ruf, Ruhm [*-ā non carere*]. **2.** (*act.*) **a)** Bekanntschaft *m. etw.*, Kenntnis *od.* Kunde *v. od.* über *etw.*, Wissen um *etw.* (*alcis u. alcis rei, zB.* °*locorum* Ortskenntnis, *corporis sui, notitiam feminae habere* [geschlechtlich] verkehren *m.*, °*in -am hominum od. populi pervenire od.* °*alqd perferre* zur allgemeinen Kenntnis); **b)** Begriff, Vorstellung *v. etw.* [*dei -am habere, rerum* allgemeiner Begriff].

nŏtō
1. a) kennzeichnen; **b)** auszeichnen; **c)** schreiben (*bes. in Kurzschrift*); **2. a)** aufzeichnen; **b)** erwähnen; **c)** (*ein Wort*) etymologisch erklären; **3. a)** wahrnehmen; **b)** sich *etw.* merken; **4. a)** (*v. Zensor*) rügen; **b)** tadeln, strafen.

nŏtō 1. (*wohl denom. v. nŏtă*) **1. a)** *m.* einem Kennzeichen versehen, kennzeichnen, bezeichnen (*alqd, zB. locum*, °*chartam* beschreiben, °*sentes crura notant* ritzen; *alqd re, zB. tabellam cerā*, °*genas ungue* zerkratzen, °*tempora cursu lunae* bestimmen *od.* rechnen nach); **b)** auszeichnen (*alqm decore*); **c)** (*nkl.*) schreiben [*verba, nomina*]; *bsd. m. Abkürzungen* schreiben. **2.** / **a)** *etw. schriftl.* anmerken *od.* aufzeichnen, bemerken [°*legem, caput*]; **b)** *m. Worten* bezeichnen, erwähnen [*res nominibus, alqd verbis Latinis* ausdrücken; *m. indir. Frages.*]; *auch* (*dcht., nkl.*) auf *jd. od. etw.* anspielen, sticheln (*alqm u. alqd*); **c)** (*ein Wort*) etymologisch erklären. **3. a)** (*m. Augen od. Ohren*) bemerken, wahrnehmen [*cantūs avium*, °*fumum, alqd ex vultu, genus* durch Beobachtung feststellen; *m. a.c.i.*; *m. indir. Frages.*]; **b)** (*dcht.*) (*geistig*) sich *etw.* merken *od.* einprägen [*numerum, dicta mente*]; (***NB = *nota bene* merke wohl, wohlbemerkt). **4. a)** (*vom Zensor*) *jd.* eine Rüge erteilen (*alqm, zB. furti nomine* wegen Diebstahls); **b)** *übh.* tadeln, strafen, beschimpfen (*alqm verbis, ignominiā* brandmarken; *alqd, zB. rem, intercessionem armis*, °*iuventutis irreverentiam*).

nōtŏr, *ōrĭs m* (*nōscō*) (*nkl.*) Kenner; Identitätszeuge, Autorität.

nōtōrĭŭs³ (*nōscō*) (*spätl.*) anzeigend, kundtuend; **offenkundig.

nōtŭī *s. nōtēscō.*

nŏtŭs¹, *ī m* (*Fw.* < νότος) (*dcht., nkl.*) Südwind (*stürmisch u. Regen bringend*); *übh.* Sturmwind; *pl.* Sturm.

▶**nōtŭs²** 3 (*m. comp. u. sup.*) (*eigtl. P.P.P. v. nōscō*) **I.** (*pass.*) **1. a)** bekannt, *v. Pers. u. Sachen* [°*miles* (*coll.*) *inter se, vada, alqd notum habere* kennen, wissen, *notum est* es ist allbekannt, offenkundig; *alci j-m, zB. alqm sibi od. alci alqd notum facere*; °*alcis rei* wegen *etw.*]; *auch* = bewährt, erprobt [*virtus*]; **b)** *subst.* **α)** *m* der Bekannte (*alcis, meus*); *f* die Bekannte; **β)** (*vkl., nkl.*) *nota n* Bekanntes, Offenkundiges. **2. a)** (*dcht.*) freundschaftlich, vertraut [*voces*]; **b)** (*dcht.*) gewöhnlich, gewohnt [*cubile, carmen ex noto fictum* aus ganz gewöhnlichen Ausdrücken]; **c)** (*prägn.*) **α)** (*nkl., dcht.*) berühmt, gepriesen, angesehen [*scriptor, Lesbos*]; **β)** berüchtigt, verrufen [*mulier*]. **II.** (*act.*) (*vkl., nkl.*) *m. etw.* bekannt (*alcis rei, zB. provinciae*).

nōtŭs³ *P.P.P. v. nōscō.*

nŏvācŭlă, *ae f* (**ksnŏvō* 1. scheren; *cf. nhd.* „schnöde") scharfes Messer, *bsd.* Rasier-, Schermesser; (*Ma.*) Dolch.

▶**Nŏvaesĭŭm,** *ī n röm. Militärlager nördl. v. Düsseldorf, j.* Neuß (*Ausgrabungen*: Lazarett [*valetudinarium*].

nŏvālĭs, *ĭs f* (*sc. tĕrră*) *u.* **nŏvālĕ,** *ĭs n* (*sc. sŏlŭm*) (*nŏvŭs*) (*unkl.*) Brachfeld, Neubruch; *übh.* Acker (*abl. sg. -ī*).

nŏvātrix, *īcĭs f* (*nŏvātŏr* „Erneuerer" *zu nŏvō*) (*Ov.*) Erneuerin (*alcis rei*).

nŏvĕllō 1. (*denom. v. nŏvĕllŭs*) (*nkl.*) neue Weinstöcke setzen.

nŏvĕllŭs (*demin. v. nŏvŭs*) **1.** *adi.* 3 (*klass. selten*) neu, jung = noch nicht ausgewachsen [*arbor*, °*vitis, prata*]; *übh.* neu, noch nicht lange vorhanden [°*oppida* neuerobert]. **2.** *subst.* **a)** (*nkl.*) **nŏvĕllae,** *ārŭm f* junge Bäume, *bsd.* junge Weinstöcke; **b) Nŏvĕllae** [*sc. leges*], *ārŭm f* die Novellen, *Teil des Corpus Iuris Civilis, eine erst nach dem Codex herausgegebene Sammlung späterer Gesetze Justinians*).

nŏvĕm *num. card. indecl.* (< **nŏvĕn*; *n* > *m nach sĕptĕm, dĕcĕm* = ἐννέα < ἐννέϜα, *nhd.* „neun") neun, *decem novem* (*C.*), *decem et novem* (*Li.*) neunzehn.

Nŏvĕmbĕr, *brĭs, brĕ* (*zu nŏvĕm, eigtl.* „der neunte", *cf. Dĕcĕmbĕr*) zum November gehörig, des Novembers [*mensis, kalendae*]; *subst. m* November.

F. *abl. sg.* -brī; *pl. neutr.* -brĭă; *gen.* -brĭŭm.

nŏvĕn- *u.* **nŏvĕm-dĭālĭs,** ĕ (nŏvĕm, dĭēs) **1.** neuntägig [*sacrum, sacrificium*]. **2.** (*nkl., dcht.*) am neunten Tage (stattfindend) [*sacrum u. bloß novendiale n* Opfer, das man am neunten Tage *nach der Beisetzung einer Leiche* brachte; *cena* Leichenschmaus, *pulveres* am neunten Tage *nach dem Tode* beigesetzt = noch frisch).

nŏvēnī, *ae, ă num. distr.* (nŏvĕm) (*nkl., dcht.*) je neun.

nŏvēnsĭdēs (*Varro*) *u.* (*seit Li.*) **nŏvēnsĭlēs dīvī** *m* (*entweder* nŏvŭs + īnsĭdĕō „neu eingesessen") neue (*d. h. fremde, v. den Römern aufgenommene*) Gottheiten (*Ggs.* īndĭgĕtēs; *s.* īndĭgēs[1]) *od.* (*nach den Alten zu* nŏvĕm) *sab.* Neungötterkreis.

nŏvĕrcă, *ae f* (nŏvŭs) Stiefmutter, *auch* °/.

nŏvĕrcālĭs, ĕ (nŏvĕrcă) (*nkl., dcht.*) stiefmütterlich; / lieblos, feindselig.

nōvī *s.* nōscō.

nŏvīcĭŭs 3 (nŏvŭs) neu; *bsd.* (*v. Sklaven*) noch neu im Hause; *subst. m* Neuling. — **Novize (*Mönch während der Probezeit*).

nŏvĭē(n)s *num. adv.* (nŏvĕm) (*vkl., nkl.*) neunmal.

Nŏvĭŏdūnŭm, *ī n Name kelt. Städte:* **1.** *Bĭtūrīgŭm, j.* Nouan *b.* Orleans. **2.** (*später Augŭstă Suēssĭōnŭm*) *j.* Soissons *an der Aisne.* **3.** *Aedŭōrŭm, j.* Nevers.

nŏvĭtās, *ātĭs f* (nŏvŭs) **1.** Neuheit, *meist abstr.* [*gratia novitatis* Reiz der N., °*anni* Frühjahr, Jahresanfang; *unkl., concr.* = *etw.* Neues]. **2.** das Neue *od.* Ungewöhnliche *einer Sache* [*pugnae,* °*periculi*]. **3.** neue Bekanntschaft, *meist pl.* **4.** junger Adel, die *homines novi* (*alcis, mea*). — ***pl.* Neuerscheinungen.

nŏvō 1. (*denom. v.* nŏvŭs) **1. a)** neu machen, erneuern [°*transtra,* °*vulnus* aufreißen, °*vulnus repetitum* wiederholt neue Wunden schlagen, *agrum* zweimal pflügen, °*agrum cultu* verjüngen]; P. sich erneuern; **b)** erfrischen, erquicken [*animum risu.* °*amorem*]. **2.** neu schaffen, erfinden [*verba,* °*tela* neue Waffen schmieden, °*tecta* neue Häuser bauen, °*honores* neue Verehrung aufbringen]. **3. a)** eine neue Gestalt geben, verändern [°*pugnam equestrem, alqd in legibus,* °*fidem* brechen]; **b)** *abs. od. res novare* die bestehende Verfassung umstürzen, Unruhen erregen; **c)** (*dcht.*) verwandeln [*faciem, formam*].

Nŏvŏcōmēnsēs, *ĭŭm m* Bewohner *v.* Nŏvŭm Cōmŭm; *s.* Cōmŭm.

nŏvŭs
1. a) neu; **b)** *subst.*: *novi* die Neuen; *novum* Neuerung; **2.** ungewöhnlich; **3.** unerfahren; **4.** ein neuer, ein anderer; **5.** *sup.* **nŏvissĭmŭs a)** der letzte, hinterste; **b)** (*zeitl.*) der letzte, jüngste; **c)** der äußerste, höchste; **6.** *adv.* **nŏvissĭmē** neuerdings, jüngst.

nŏvŭs 3 (*m. sup.*; *adv.* °-ē) (〈〈 *nĕvŏs; *cf.* νέος, *nhd.* „neu") **1. a)** neu, *was bisher noch nicht da war, Ggs.* vĕtŭs, *v. Pers. u. Sachen* [*amicus,* °*miles* Rekrut, °*maritus* Neuvermählter *od.* Bräutigam, *legiones* neu angeworbene, *res* Neuigkeit, *luna, imperia* Veränderung der Herrschaft, °*aestas* Vorsommer, *tabulae* neue Schuldbücher, *durch welche die Schuldposten aufgehoben od. herabgesetzt wurden*]; *auch* jung, frisch [*frumentum* eben geerntet, °*frons* grüner Zweig]; *novae res* Neuigkeiten, Neuerungen, *bsd.* Staatsumwälzung, Revolution [*novis rebus studere*]; *homo novus* Emporkömmling, Mann ohne Ahnen, Neuadliger; *novae tabernae* (*auch bloß novae, arum f*) die Wechslerbuden *auf der Nordseite des röm. Forums, die 210 v. Chr. nach einem Brande neu aufgebaut waren*; **b)** *subst.* **α)** *m novi veteresque* Rekruten *u.* gediente Soldaten; **β)** **nŏvŭm,** *ī n* Neuerung, neue Einrichtung, neuer Vorfall. **2.** ungewöhnlich, sonderbar, beispiellos [*scelus, genus pugnae od. dicendi*]; *novum est, ut* es ist ein ungewöhnlicher Fall, daß. **3.** (*nkl., dcht.*) unerfahren, *m. etw.* unbekannt (*abs.,* ◊*B. equus* [*klass.*] nicht zugeritten, °*nares* an den Geruch nicht gewöhnt; °*re in etw.,* °*ad alqd, zB. ad partus*). **4.** ein neuer *od.* anderer [*Camillus*]. **5.** *sup.* **nŏvissĭmŭs a)** der äußerste, letzte, hinterste [*agmen* Nachhut, °*acies* Hintertreffen, *histriones* unterste, °*cauda* Spitze des Schwanzes, °*crura* unterster Teil der Beine]; *subst. novissimi m* Nachhut; **b)** (*zeitl.*) der letzte, jüngste [*tempus, proelium*]; **c)** (*Ta.*) der äußerste, höchste [*casus, -a exspectare*]. **6.** *adv.* °**nŏvē** neu, *fast nur im sup.* **nŏvissĭmē** (*unkl.*) neuerdings, jüngst; *bsd.* °(*in der Reihenfolge*) zuletzt [*primum ... deinde ... novissime*]. — ***novissima verba* die letzten Worte (*e-s Sterbenden*).

▶**nŏx,** *nŏctĭs f* (*altl. gen.* nŏx 〈 *nŏctĕs [*zeitl.*] nachts; *cf.* νύξ, νυκτός, *nhd.* „Nacht") **1.** Nacht; *auch* Abend [*nocte u. de nocte* bei Nacht, nachts, *diem noctemque bzw. dies noctesque* Tag *u.* Nacht, *prima* ~ Einbruch der Nacht, *media* ~ Mitternacht, *sub noctem* spätabends, *(de) multa nocte* in tiefer Nacht, *ad multam noctem* bis tief in die Nacht; °*maritalis* Hochzeitsnacht]; *personif.* °Nŏx Göttin der Nacht, *T. des Chaos.* **2.** / **a)** Dunkelheit, *eigtl. u.* / [°*imber noctem ferens,* °*versūs noctem habent* Unklarheit]; **b)** (*dcht.*) Todesnacht, Tod [*aeterna, omnes una manet nox*]; **c)** (*dcht.*) Blindheit; **d)** (*dcht.*) Nachtruhe, Schlaf; *auch* **α)** (*dcht.*) (nächtlicher) Beischlaf; **β)** (*dcht.*) nächtliches Schwärmen, Geschrei; **e)** (*dcht.*) Unterwelt [*profunda*]. **3.** / **a)** (*dcht.*) Verblendung, Unverstand [*animi, caeca*]; **b)** unglückliche Lage, traurige Umstände [*nox rei publicae offusa*].

F. *abl. sg.* nŏctĕ, *gen. pl.* nŏctĭŭm.

nŏxă, *ae f* (nŏcĕō) **1.** (*nkl.*) Schaden (*im jur. Sinn*) [*noxae esse alci jd.* Schaden zufügen, *noxam nocere* eine böse Tat begehen]. **2.** *meton.* **a)** Schuld, Vergehen, Verbrechen (*alcis j-s*; *in noxa* esse schuldig sein, *in noxa comprehendi*); **b)** (*Li.*) Strafe [*noxam alci dare od. pecuniā luere, noxā liberari*].

nŏxĭă, *ae f* (nŏxĭŭs, *sc.* causă *od.* rēs; *eigtl.* „sträfliche Handlung") Schuld, Vergehen [*minima;* °*alci noxiae esse j-m* als Schuld angerechnet *od.* zur Last gelegt werden].

nŏxĭōsŭs 3 (*m. sup.*) (nŏxĭă) (*nkl.*) **1.** verschuldet, sündhaft [*corpus*]. **2.** schädlich [*animal*].

nŏxĭŭs 3 (nŏxă) (*nkl., dcht.*) **1.** schädlich, verderblich [*genus animalium, corpus; alci j-m*]. **2.** schuldig, strafbar [*homo* Übeltäter, *crimen, coniurationis*]; *subst. m* der Schuldige, Übeltäter.

F. *comp.* măgĭs nŏxĭŭs; *sup.* măxĭmē nŏxĭŭs.

nūbēcŭlă, *ae f* (*demin. v.* nūbēs) **1.** (*nkl.*) Wölkchen. **2.** / *frontis* auf der Stirn.

▶**nūbēs,** *ĭs f* (*abl. sg.* [*Lu.*] *auch* -ī; *zu* νυθός „dunkel"; *vl. urspr. coll.* „Gewölk") **1. a)** Wolke, Gewölk, *bsd.* Regenwolke; **b)** *meton.* (*nkl., dcht.*) Rauch-, Staubwolke [*pulveris, fumi*]. **2.** / **a)** (*nkl., dcht.*) dichte Schar *od.* Menge, Schwarm [*locustarum, peditum, telorum, nube facta* dichtgeschart, *belli* Schlachtgetümmel]; **b)** (*dcht.*) Dunkel, Dunst, Nebel; / Schleier, Hülle [*fraudibus nubem obicere*]; **c)** (*Qu.*) dünnes, durchsichtiges Kleid; **d)** (*nkl., dcht.*) finsteres Aussehen, ernste Miene [*nubem supercilio demere*]; **e)** traurige Lage, Unglück [*rei publicae,* °*belli* Wetterwolke des Krieges]; **f)** (*Ho.*) inhaltloser Schwulst [*nubes et inania captare*]. — (*gen. pl.* -ĭŭm).

nūbĭ-fĕr, *fĕră, fĕrŭm* (nūbēs, fĕrō) (*dcht., nkl.*) **1.** Wolken tragend [*Apenninus*]. **2.** Wolken bringend [*notus*].

nūbĭ-gĕnă, *ae m u. f* (nūbēs, gignō) (*dcht.*) Wolkenkind, -sohn (*bsd. Beiname der Kentauren, die Ixion m. e-r Wolke, der Zeus die Gestalt der Hera lieh, gezeugt hatte*).

nūbĭlĭs, ĕ (nūbō) heiratsfähig, mannbar [*filia,* °*virgo*].

nūbĭlōsŭs 3 (nūbĭlŭs) (*nkl.*) bewölkt, düster.

nūbĭlŭs 3 (nūbēs) (*dcht., nkl.*) **1. a)** wolkig, umwölkt [*caelum, annus*]; *auch* (*act.*) Wolken bringend [*auster*]; *subst.* **nūbĭlŭm,** *ī n* Gewölk, trübes Wetter, *oft pl.*; **b)** dunkel, trübe [*Styx, via taxō -a*]. **2.** / finster, düster = **a)** traurig [*vultus*]; **b)** ungünstig (*alci, zB. Parca mihi -a*); **c)** unglücklich [*tempora*].

▶**nūbō,** *nūpsī, nūptŭm* 3. (*nūptŭm?*; *vl.* 〈 *sneubhō „sich hingeben"; *cf.* cō-nūbĭŭm, νύμφη „Braut, junge Frau, Nymphe") **1. a)** *klass. nur intr.* (*v. der Frau*) heiraten, sich verheiraten (*abs., zB.* °*nubendi dies; alci, zB. Ciceroni; scherzh.* [*Pl.*] *v. einer meretrix: haec cotidie viro nubit; in familiam od.*

°*in domum* hineinheiraten in; *alqam nuptum dare od. collocare alci* an *jd.* verheiraten); **b)** (*P.P.P.*) *adi. nūptŭs* 3 „unzüchtig" [°*nupta verba*]; *nupta f* verheiratet (*alci u. cum alqo*); *subst.* (*nkl., dcht.*) Ehefrau, *auch* °Braut [*nova*; *alcis j-s*]. **2.** (*unkl.*) (*vom Mann*) heiraten: **a)** [*dotatae vetulae*; (*P.P.P.*) *adi.*, *zB. viri nupti*; ***nubere cum alqa*]; **b)** (*scherzh.*) (*Ma.*) [*uxori nubere nolo meae*] (*v. der Geldheirat*); **c)** (*Ma.*) *v. den pathici.*

nŭcĭ-frăngĭbŭlŭm, *ī n* (*nŭx, frăngō*) (*Pl.*) Nußknacker (*scherzh. v. e-m Zahn*).

nŭc(ŭ)lĕŭs, *ī m* (*eigtl. adi. zu nŭcŭlă, demin. v. nŭx*) Kern, *bsd.* Nußkern.

nŭ-dĭŭs *adv.* (**nŭ-* „nun" [*cf.* νῦν] + [*idg.*] djēŭs = *dĭēs*) *adv.* es ist jetzt der ... Tag, *stets m. e-r Ordinalzahl* [~ *tertius* vorgestern, ~ *quartus* vorvorgestern, ~ *tertius decimus* heute vor 12 Tagen].

▶ **nūdō** 1. (*denom. v. nūdŭs*) **1. a)** entblößen, entkleiden (*alqm u. alqd, zB. hominem, corpus, partem corporis,* °*Satyros agrestes* halbnackt auf die Bühne bringen); **b)** *im weiteren Sinne* bloßlegen, enthüllen [°*gladium* blankziehen, °*ventus nudat vada* (*sc. aquā*), °*messes* ausdreschen, / °*spatium* freimachen; *alqd re etw. v. etw.* entblößen, *zB.* °*telum vaginā*]; **c)** *mil. etw.* entblößen, unverteidigt lassen [*castra, murum defensoribus*; *auch* °*terga fugā*]. **2.** / berauben, plündern [*omnia, provinciam*; *m. abl., zB. hostem praesidiis* seiner Stützpunkte, *parietes ornamentis*; *prägn. alqm jd.* seiner Würde entkleiden]. **3.** verraten, an den Tag bringen [*animum,* °*voluntates hominum,* °*amorem alci*].

▶ **nūdŭs** 3 (‹ **nŏgv[ĕ]dŏs*; *cf.* γυμνός, *nhd.* „nackt"; *die starken einzelsprachlichen Abweichungen werden z. T. auf frühe tabuistische Entstellung des idg. adi. zurückgeführt*) **1. a)** bloß, nackt, entblößt, unbekleidet [°*homo,* °*Luperci, corpus, pars corporis*; *m.* °*griech. acc.*: *nudus membra*]; *im weiteren Sinne* unbedeckt, kahl, unbesetzt [*collis,* °*arbor,* °*stipes* ohne Laub, °*ensis, domus* leer, *subsellia* unbesetzt, leer]; *auch* (*dcht.*) unbeerdigt [*nudus iacebis in arena*]; **b)** (*nkl.*) leichtgekleidet, in bloßer Tunika, *auch* leichtbewaffnet; **c)** unbewaffnet, ungedeckt, unbesetzt [*dextra, nudo corpore pugnare* ohne Schild, °*caput u.* °*ora* ohne Helm]. **2.** / **a)** beraubt, leer *v.*, ohne *etw.* (*abs. od. re u.* °*alcis rei, ab alqo, a re, zB. urbs praesidio,* °*navis remigio, res publica a magistratibus*); **b)** *übh.* (*abs.*) mittellos, dürftig, arm, *auch* °hilflos, wehrlos [*senecta*]; **c)** allein, nur, lediglich [°*nomen, nuda si ista ponas* stellt man die Frage so nackt auf; *hoc nudum relinquitur* es bleibt die bloße Frage übrig, *m. indir. Frages.*]; **d)** einfach, ungeschminkt, *bsd. rhet.* [*Caesaris commentarii,* °*veritas,* °*verba* schlüpfrig].

nūgae, *ārŭm f* (*et. ungedeutet*) **1.** Possen, dummes Zeug, Lappalien, Flausen [*nugis delectari*], *bsd.* (*nkl.*) poetische Kleinigkeiten. **2.** *meton.* (*concr.*) Schwindler, Possenreißer [*meras nugas amicos habere*].

nūgātŏr, *ōris m* (*nūgŏr*) Schwätzer, Maulheld, Aufschneider.

nūgātōrĭŭs 3 (*nūgātŏr*) läppisch, wertlos, unnütz [*accusatio*; *auch nkl. v. Personen*].

nūgăx, *ācis* (*nūgŏr*) (*unkl.*) possierlich; *adv. sup.* (*Pl.*) *-ācissŭmē* höchst kurzweilig.

nūgĭ-gĕrŭlŭs, *ī m* (*nūgae*) (*Pl.*) Schnickschnackkrämer.

nūgĭ-vĕndŭs, *ī m* (*nūgae, vĕndō*) (*Pl.*) Schnickschnackverkäufer, Galanteriewarenhändler.

nūgŏr 1. (*denom. v. nūgae*) **1.** Possen treiben, dummes Zeug schwatzen; tändeln, scherzen, schäkern [°*cum alqo*]. **2.** (*Pl.*) aufschneiden, schwindeln.

▶ **nūllŭs** 3 (‹ **n[ĕ]-oīn[ŏ]lŏs* „nicht ein einziger"; *nĕ-*[3]) **1. a)** kein(er), keinerlei [*civis, urbs, dictum meum*; *bisw. m. gen., zB.* ~ *senatorum*]; **b)** *subst.* **nūllŭs** *m* (*im gen., dat., abl. sg., auch im pl.*) = *nēmō* keiner, niemand [*amor nullius, nulli suspectus, nullo resistente, nullis defendentibus*]; (*unkl.*) **nūllŭm** *n* = *nĭhĭl* nichts (*gen.* °*nullius* = *nullius rei, dat.* °*nulli* = *nulli rei, abl.* °*nullo* = *nulla re od. nullo loco, zB. nullius avarus* nach nichts begierig). **2. a)** *bei e-m subst. im abl.* = ohne [*nullo ordine* ohne (alle) Ordnung, *nullo comite* ohne Begleiter]; **b)** *nullus non* jeder, *non nullus* mancher (*cf. nōnnūllŭs*); *nullus unus* kein einzelner. **3. a)** (*bsd. in der Umgangssprache*) keineswegs, gar nicht, *stärker als nōn* [*misericordia tibi nulla debetur, quies et otium nulla sunt*]; **b)** (*im Dt. durch negative abstr. Substantive wiedergegeben*) *nullus metus* Furchtlosigkeit, *nulla religio* Gewissenlosigkeit, *nullum ius* Rechtsunsicherheit. **4.** / **a)** unbedeutend, gering, nichtssagend, wertlos, eine Null [*quam nullae sunt vires meae!, leges nullas putare,* °*patre nullo natus* unbekannt]; **b)** *nullum esse* verloren *od.* tot sein, dahin sein, zugrunde gegangen sein [*de mortuis loquor, qui nulli sunt*].
F. *gen. sg. nūllĭŭs u.* °*nūllī, dat. nūllī u.* °*nūllō,* °*-ae.*

nūllŭs-dŭm 3 (*nkl.*) (bis jetzt) noch keiner.

▶ **nŭm** (*cf.* νύν, νῦν) **1.** *adv.* (*nur noch in nŭnc, ĕtiămnŭm, ĕtiămnŭnc erhalten*) nun noch, jetzt. **2.** *Fragepartikel*: **a)** (*dir.*; *eine verneinende Antwort wird erwartet*) denn, wohl, etwa; doch wohl nicht, *oft im Deutschen gar nicht ausgedrückt* [*num me reprehendere audes?*]; *verstärkt nŭmquĭd u. nŭmnĕ* [*numquid duas habetis patrias?, numne Coriolanus arma contra patriam ferre debuit?*]; **b)** (*indir.*) ob (nicht), ob etwa (nicht), *zB. dic, num fidem ei habeas.*

Num. = *Abk. v. Nŭmĕrĭŭs.*

Nŭmă Pŏmpĭlĭŭs *m nach der röm. Überlieferung Sabiner aus Cures, zweiter röm. König* (*älteste Sakralgesetze*).

Nŭmăntĭă, *ae f St. der Keltiberer in Hispania Tarraconensis, 133 v. Chr. vom jüngeren Scipio Africanus zerstört*; *Einw. u. adi.* **Nŭmăntīnŭs** (3).

nŭmĕllă, *ae f* (*et. ungedeutet*) (*vkl., nkl.*) Halseisen (*für Sklaven u. Tiere*).

▶ **nūmĕn,** *ĭnis n* (‹ **neu-mĕn*; *cf.* νεῦμα, *eigtl.* „der durch Nicken *m.* dem Kopfe angedeutete Wille"; *nŭō*) **1.** Wink, Wille, Geheiß [*senatūs,* °*dominae*]. **2.** göttlicher Wille, Walten der Gottheit [*dei, deae, divinum, dii suo numine urbem defendunt*]. **3.** *meton.* **a)** (*dcht.*) Gott, Gottheit, göttliches Wesen [*simulacra numinum, reducere numen* das Palladium]; **b)** (*nkl., dcht.*) die Manen *geliebter Personen*; **c)** (*dcht.*) Orakel(spruch), *bsd. pl.*; **d)** (*nkl., dcht.*) (*v. Menschen*) Hoheit, Majestät, Schutzgeist, *bsd. der röm. Kaiser* [*Augusti, Othonis*].

nŭmĕrābĭlĭs, *ĕ* (*nŭmĕrō*) (*dcht.*) zählbar; (*prägn.*) leicht zählbar, klein [*populus*].

nŭmĕrātĭō, *ōnis f* (*nŭmĕrō*) (*nkl.*) Auszahlung, Barzahlung.

Nŭmĕrĭŭs, *ī m* (*wohl etr.*) *röm. Vorname, bsd. in der gēns Făbĭă*; *dazu* **Nŭmĕrĭānŭs** 3 des N.

nŭmĕrō[1] 1. (*denom. v. nŭmĕrŭs*) **1. a)** zählen [*singulos, pecus, alqm a se primum,* °*alqd per digitos* an den Fingern, °*ossa in alqo numerantur* lassen sich zählen, *senatum* auszählen, um die Beschlußfähigkeit festzustellen]; **b)** *prägn.* (*dcht., nkl.*) = haben [*multos amicos*]. **2. a)** aufzählen, auszahlen [*alci pecuniam, militibus stipendium*]; **b)** (*P.P.P.*) *adi.* **nŭmĕrātŭs** 3 bar [*dos, -am pecuniam habere* bei Kasse sein]; *subst.* **nŭmĕrātŭm,** *ī n* bares Geld [*-o solvere* bar bezahlen]; *auch* (*dcht.*) bezahlter Besitz. **3. a)** herzählen, einzeln anführen [°*auctores suos*; *m. indir. Frages.*]; *auch* (*dcht.*) erzählen [*amores divum*]; **b)** zu *od.* unter *etw.* zählen *od.* rechnen (*alqm u. alqd in aliquibus od. in re, inter alqos, zB. alqm in primis, alqd in bonis,* °*facta in gloria* das Verübte sich zum Ruhme rechnen, *alqm inter viros optimos*; *auch Platonem ex vetere Academia* zu); **c)** für *etw.* ansehen *od.* halten, gelten lassen (*m. dopp. acc., zB. stellas deos*; *P. m. dopp. nom., zB. ipsi principes numerantur*; *auch alqd in loco od. in parte beneficii numerare, alqd nullo loco* für nichts rechnen).

nŭmĕrō[2] *adv.* (*eigtl. abl. v. nŭmĕrŭs* „im Takt") (*Com.*) **1.** alsbald, geschwind, rechtzeitig. **2.** zu früh.

nŭmĕrōsŭs 3 (*m.* °*comp. u.* °*sup.*; *adv.* **-ē**) (*nŭmĕrŭs*) **1.** (*nkl.*) zahlreich [*amici, domus* Familie], volkreich [*civitas*], weitläufig. **2.** rhythmisch: **a)** (*in Musik u.* °*Tanz*) taktmäßig, harmonisch [°*bracchia -e ducere,* °*gressūs -e ponere*]; **b)** (*rhet.*) rhythmisch [*oratio,* °*orator, -e dicere*], *auch* (*Ov.*) rhythmenreich [*Horatius*].

nŭmĕrŭs
I. 1. Teil *e-s Ganzen*; **2. a)** Takt, Rhythmus; **b)** (*in d. Musik*) *pl.* Takte, Melodie; **c)** Versfuß; **d)** *pl.* Gänge *im Wettkampf*; **II. 1. a)** Zahl, Anzahl; **b)** Arithmetik; **c)** Ordnung; **d)** Zwischenraum; **e)** Truppenabteilung; **f)** Verzeichnis; **g)** Kanon; **2. a)** Rang, Geltung, Platz; **b)** Menge, Masse; **c)** bloße Zahl; **d)** (*gramm. t.t.*) Numerus.

nŭmĕrŭs, *ī m* (⟨ **nŏmĕsŏs, eigtl.* „das Zugeteilte"; *cf.* νέμω „teile aus") **I.** Glied: **1.** Teil *eines Ganzen,* Bestandteil [*omnes numeros habere* = vollkommen sein, *omnibus numeris expletus,* °*poëma omni numero elegans* in jeder Beziehung, °*numeris suis carere* mangelhaft sein]. **2.** geregelte Gliederung, schönes Verhältnis der Teile zum Ganzen: **a)** Takt, Rhythmus [°*bracchia in numerum tollere, histrio extra numerum se movet* außer dem Takt]; *bsd.* **α)** (*in der Rede*) rhythmischer Tonfall, Wohlklang, Harmonie [*oratorius, etiam in verbis solutis inest numerus* in der Prosa; / *alqd procedit in numerum* in richtiger Weise]; **β)** / (*im Betragen*) Takt, *auch pl.* [*nihil extra numeros facere* nichts Taktloses]; **b)** (*in der Musik*) *pl.* die Takte; *übh.* (*dcht.*) Melodie [*numeros memini, si verba tenerem*]; **c)** (*metrisch*) Versfuß, Vers, *pl.* Versbau, Versmaß [*numeri ac modi,* °*numeri graves* heroische Verse, °*impares* elegische, Distichon, °*lege soluti* freie Rhythmen]; **d)** (*nkl.*) *pl.* Gänge (*des sportlichen Wettkampfes*); (*dcht.*) *auch sexuell* [*me numeros sustinuisse novem*]. **II.** Zahl: **1. a)** Zahl, Anzahl, Menge; Klasse, Kategorie [*minimus, amicorum, victoriarum*]; *numerum inire* Zählung veranstalten, *deferre* die Zahl angeben, °*subtiliter exsequi* genau angeben, ~ *est quinque milium* beträgt, *navis habet suum numerum* die gehörige Zahl *v.* Leuten, *numero* der Zahl nach, im ganzen, *zB. decem -o tribuni*; *ad numerum* vollzählig, *zB. obsides mittere, aber m. gen.* = ungefähr, gegen; *unus ex nostro od. ex civium numero*; *in civium -o esse* zu den Bürgern gehören, *alqm (in) hostium -o ducere od. habere* zu den Feinden rechnen, °*numero sapientium haberi* unter die Weisen gezählt werden; *hunc ascribito ad tuum (= tuorum) numerum*; **b)** *meton. pl.* **α)** Arithmetik, *auch* Astrologie; **β)** (*Ov.*) *die m. Zahlen bezeichneten Würfel*; / **c)** (*Ov.*) Ordnung [*carmina in numerum digerere*]; **d)** (*dcht.*) Zwischenraum [*alqd paribus -is viarum dimetiri*]; **e)** (*nkl.*) Truppenabteilung [*sparsi per provinciam -i*], *meist* = Kohorte; **f)** *pl.* (*nkl.*) Verzeichnis, Liste, *bsd. mil.* Stammrolle; **g)** (*nkl.*) Kanon der klassischen Schriftsteller [*alqm redigere in -um*]. **2.** (*meton.*) **a)** Rang, Geltung, Platz, Stelle, Wert [*obtinere aliquem numerum, alqm numero aliquo putare* achten, schätzen, *nullo in oratorum -o* kein Redner *v.* Bedeutung, (*in*) *aliquo -o esse* in einiger Ehre *od.* Achtung stehen, *hunc in -um non repono* beachte ich nicht weiter]; *bsd.* (*in*) *numero m. gen.* in der Eigenschaft, anstatt, für, als [*legatorum, in deorum -o venerandus, privatus militis -o* als gemeiner Soldat]; *dcht. auch* Amt, Pflicht [*Veneri numeros suos eripere*]; **b)** Menge, Masse, Haufe, Vorrat [*frumenti, vini, impedimentorum*]; **c)** (*prägn.*) (*dcht.*) bloße Zahl, Null(en) [*nos numerus sumus*]; **d)** (*gramm. t.t.*) (*vkl., nkl.*) Numerus [*singularis*]. — ****numerus clausus* = beschränkte Zahl (*der Zulassung zu e-m Beruf, bsd. zum Studium od. e-m Studienzweig*).

Nŭmĭdĭă, *ae f* (Νομαδία) *Ldsch. Nordafrikas, das heutige* Ostalgerien (*u.* Tunis); *Einw.* **Nŭmĭdae,** *ārŭm m* nomadisierende Berberstämme, *sg.* **-ă,** *ae* (⟨ *acc.* Νομάδα) *bsd.* Jugurtha (*auch als adi.*); *adi.* **Nŭmĭdĭcŭs** 3 numidisch (*auch cogn. des Q. Caecilius Metellus, der den Jugurtha mehrfach besiegt hatte*). — *Cf.* Nŏmăs.

nŭmĭsmă, *ătĭs n* = nŏmĭsmă.

Nŭmĭtŏr, *ōrĭs m K. v. Alba, V. der Rea Silvia, Großvater des Romulus u. Remus.*

nŭmmārĭŭs 3 (*nŭmmŭs*) **1.** Geld..., Münz... [*theca, difficultas* Geldverlegenheit, *res* Geld-, Münzwesen]. **2.** / bestechlich, bestochen [*iudex, iudicium*].

nŭmmātŭs 3 (*m.* °*comp.*) (*nŭmmŭs*) *m.* Geld versehen, reich [*adulescens bene* ~].

nŭmmŭlārĭŭs *u.* (*demin.*) **-lārĭŏlŭs,** *ī m* (*nŭmmŭlŭs*) (*nkl., dcht.*) Geldmakler; *auch* Münzprüfer.

nŭmmŭlŭs, *ī m* (*demin. v. nŭmmŭs*) Geldstückchen; (*meist pl.*) elendes *od.* schnödes Geld, *-orum alqd etw.* Geld.

▶**nŭmmŭs,** *ī m* (*wahrsch. Lw.* ⟨ νόμιμος „gesetzlich, gültig"; *cf.* νόμισμα „Brauch, Geld, Münze", νόμος „Brauch", *westgriech.* „Münze") **1.** einzelnes Geldstück, Münze [*aureus, adulterinus*]; *pl.* bares Geld, Barvermögen [*nummorum aliquantum, habere in nummis* in barem Gelde, *in suis nummis versari od. esse* bares Vermögen haben]. **2.** Geldkurs [~ *iactatur* schwankt]. **3.** (*Com.*) *bestimmtes* (*griech.*) *Geldstück*: **a)** (*Pl.*) Didrachme (*zB. v. Tarent*); **b)** (*Te.*) (*Münzreduktion!*) Drachme. **4.** (*in Rom*) Sesterz (*gangbarste Silbermünze*) [*quinque milia nummum*]. **5.** / *zur Bezeichnung einer Kleinigkeit* = Groschen, Heller, Kreuzer [*ad nummum convenit* es stimmte auf Heller u. Pfennig].
F. *gen. pl. selten nŭmmōrŭm, meist nŭmmŭm, cf.* V.-B. VI, 1.

nŭm-nĕ *Fragepartikel s. nŭm.*

▶**nŭmquăm** *adv.* (⟨ **nĕ*^{3}*-ŭmquăm*) **1.** niemals, nie [~ *non* immer; *non* ~ zuweilen]. **2.** (*vkl., nkl.*) (*als starke Negation*) nimmer(mehr), sicherlich nicht.

Nŭmquăm-ĕrĭpĭdēs, *ae m* (*scherzh. Patronymikon*) (*Pl.*) Niemalslosslasser.

nŭm-quī *adv.* (*Pl.*) wohl auf irgendeine Weise.

nŭm-quĭd *Fragepartikel s. nŭm.*

nŭm-quĭd-năm (*dir.*) irgend etwas?; (*indir.*) ob (irgend) etwas.

nŭm-quĭs-năm denn noch jd.?

▶**nŭnc** *adv.* (⟨ **nŭm-cĕ*) **1.** (*zeitl.*) **a)** jetzt, nun, *v. der Gegenwart des Sprechenden* = *hŏc tĕmpŏrĕ* im gegenwärtigen Augenblick, zu unserer Zeit, heutzutage [*qui nunc sunt homines*; ~ *ipsum* eben jetzt; ~ *cum maxime* jetzt mehr als je; *etiam* ~ *od.* ~ *etiam* auch jetzt noch, immer noch; ~ *tandem,* ~ *demum*]; *selten v. der Vergangenheit* (*od. Zukunft*) *in lebhafter Schilderung, oft in or. obliqua*; **b)** *korrespondierend* (*nkl., dcht.*) *nunc ... nunc* bald ... bald *u.ä., zB.* °~ ... *modo,* °~ ... *iam,* °*modo ... interdum* ... ~. **2.** / **a)** (*beim Übergang zu etw. Neuem*) unter solchen Umständen, nun also, daher (*bsd. beim imp., zB. comparate nunc*); **b)** (*adversativ*) *meist* ~ *autem,* ~ *vero* nun aber, so aber (*oft nach dem Irrealis, zB. si tuum consilium secutus essem, omne periculum effugissem: nunc autem prostratus iaceo*).

nŭnc-ĭăm *adv.* (*Com.*) jetzt gleich.

nŭncĭ-nĕ (*Te.* = *nŭnc-nĕ*) jetzt?

nŭn-cŭbĭ *adv.* (= *nŭm ălĭcŭbī*) (*vkl.*) wohl irgendwo?, ob irgendwo.

nŭncŭpātĭō, *ōnĭs f* (*nŭncŭpŏ*) (*nkl.*) (feierliches) Aussprechen *od.* Darbringung *v. Gelübden* [*votorum*]; *auch* Einsetzung als Erbe.

nŭncŭpō 1. (*nŭn-?*) (*wohl denom. v. *nŏmŏ-căpŏs od. nŏmĭ-căpŏs zu nŏmĕn* [*n-Stamm* ⟩ *o-Stamm i. der Komposition*] + *căpĭō*) (*Wort der Ritualsprache*) **1.** feierlich aussprechen *od.* ankündigen, *bsd.* öffentlich erklären [*verba, vota* darbringen, *vota pro alqo,* °*adoptionem pro rostris*]. **2. a)** (be)nennen, *einen Gegenstand, der noch keinen Namen hat* [*alqd nomine dei*]; **b)** (*nkl.*) ernennen [*alqm heredem, alqam reginam*].
F. *altl. nŭncŭpăssĭt* = *nŭncŭpāvĕrĭt.*

nŭndĭnae, *ārŭm f s. nŭndĭnŭs.*

nŭndĭnālĭs, *ĕ* (*nŭndĭnae*) (*Pl.*) nur alle 9 Tage gemietet [*coquus*].

nŭndĭnātĭō, *ōnĭs f* (*nŭndĭnŏr*) das Markten, Schachern, Feilschen (*alcis rei m. od.* um *etw., zB. iuris, fortunarum*).

nŭndĭnŏr 1. (*denom. v. nŭndĭnae*) **1.** *intr.* **a)** (*nkl.*) handeln, schachern, feilschen; **b)** / (*scherzh.*) verkehren [*angues ad focum nundinantur*]. **2.** *trans. etw.* erschachern, *durch verwerfliche Mittel* erhandeln (*alqd u. alqd ab alqo, zB. senatorium nomen, ius*).

nŭn-dĭnŭs 3 (⟨ **nŏvĕn-dĭnŏs* „neuntägig"; *cf. nŏvĕm*; **dĭnŏm* „Tag" = *altind.* dinam *ds. zu dĭēs*) zu neun Tagen gehörig; *nur subst.*: **1. nŭndĭnae,** *ārŭm f, sc. fĕrĭae* **a)** der an jedem 9. Tag abgehaltene Markttag, Wochenmarkt [*dies nundinarum, nundinas obire* die Märkte besuchen]; **b)** *meton.* (*übh.*) Markt [*Capuae -ae rusticorum sunt*]; **c)** / Handel, Verkauf [*totius rei publicae, vectigalium*]. **2. nŭndĭnŭm,** *ī n* (*sc.*

tĕmpŭs) achttägige Woche; **trīnŭm nūndĭnŭm,** *ī n* (*Hypost. aus gen. pl.* = *trīnārŭm nūndĭnārŭm, sc. tĕmpŭs*) ein Zeitraum *v.* drei achttägigen Wochen = gesetzliche Frist *v.* drei Markttagen [°*comitia in tr. n. indicere* auf den 3. Markttag].

nŭnquăm = *numquam.*

nūntĭă, *ae f s. nūntĭŭs.*

nūntĭātĭō, *ōnĭs f* (*nūntĭō*) (*relig. t.t.*) Ankündigung eines Wahrzeichens *durch einen Augur.*

▶ **nūntĭō** 1. (*denom. v. nūntĭŭs*) verkündigen, melden, anzeigen, sagen lassen, *mündl. od. schriftl.* (*alqd u. alci alqd, zB. rem, pugnam, salutem jd.* grüßen, *qua re nuntiata* auf diese Nachricht hin; *auch de re, zB. de morte alcis; das Ziel der Meldung in locum u.* °*in loco, zB. in urbem, Romam; m. a.c.i.*; P. *meist impers. m. a.c.i., seltener persönl. m. n.c.i., zB. aquatores premi nuntiantur; m. ut, ne od. bloßem coni.* = den Befehl überbringen; *m. indir. Frages.*); *abl. abs. nuntiato* auf diese Nachricht *u.* °(*m. a.c.i.*) da die Nachricht einlief.

▶ **nūntĭŭs** (*vl.* < **nŏvĭ-vĕntĭŏs* „neu kommend" *nŏvŭs, vĕnĭō*) **1.** *adi.* 3 verkündigend, meldend, anzeigend [*rumor,* °*littera;* °*alcis rei, zB. prodigia malorum -a*]. **2.** *subst.* **a)** **nūntĭŭs,** *ī m* **α)** Bote, *bsd.* Kurier (*abs., zB. nuntios mittere ad alqm; alcis rei, zB. cladis*); **β)** Kunde, Meldung, Botschaft, Mitteilung, *auch* Befehl, Auftrag [*falsus,* ~ *affertur od. perfertur* wird gebracht, läuft ein, *nuntium mittere, accipere, audire; alcis u. alcis rei, zB. expugnati oppidi*]; *bsd.* Ehekontrakt *bzw.* Scheidebrief [*nuntium remittere uxori* die Ehe aufkündigen, sich scheiden *v.*, / *virtuti* der Tugend entsagen]; **b)** **nūntĭă,** *ae f* Botin, Verkünderin; **c)** (*unkl.*) **nūntĭŭm,** *ī n* Nachricht, Anzeige.

nŭō, *nŭī, nūtŭm* 3. (*Gramm., sonst nur in Komposita gebräuchlich, cf.* νεύω < **σνεύσω; nūmĕn*) nicken, winken.

▶ **nū-pĕr** (*sup. nūpĕrrĭmē*) *adv.* (*et. unklar*) **1.** neulich, jüngst, unlängst. **2.** ehemals, vor Zeiten [*nuper, id est paucis ante saeculis*].

nūpĕrŭs 3 (*nūpĕr*) (*Pl.*) neu, frisch gefangen, jüngst gekauft [*homo* ~ *et novicinus*].

nūpsī *s. nūbō.*

nūptă, *ae f* (*-ū-?*) *s. nūbō.*

▶ **nŭptĭae,** *ārŭm f* (*-ū-?; nūbō*) **1.** Hochzeit (*alcis j-s u. m. jd., zB. Caesaris; mulier multarum nuptiarum* oft verheiratet, °*nuptiarum expers* unverheiratet). **2.** (*vkl., nkl.*) außerehelicher Beischlaf [*-as facere cum alqa, cotidianis -is delectari*].

nŭptĭālĭs, *ĕ* (*-ū-?; nŭptĭae*) hochzeitlich, Hochzeits..., Ehe... [*donum,* °*cena,* °*pactio* Ehevertrag, °*tabulae* Eheurkunde].

nŭptŭ(ĕ)ō, — —, *tŭīrē u.* **nŭptŭrĭō,** — — 4. (*nūp-?; desid. v. nūbō*) (*nkl., dcht.*) heiratslustig sein.

nŭptŭm *P.P.P. v. nūbō.*

nŭrŭs, *ūs f* (< **snŭsŏs; cf.* νυός; *nhd.* [*veraltet*] Schnur) **1.** Schwiegertochter. **2.** (*dcht.*) *übh.* junge Frau. — (*dat. sg. nŭrŭī u.* °*-ŭ*).

▶ **nūsquăm** (*-ū-?;* < **nĕ³-ūsquăm*) *adv.* **1. a)** nirgends, an keinem Ort [~ *esse* nicht vorhanden sein]; **b)** (*vkl., nkl.*) nirgendsher [*auxilium* ~ *nisi a Lacedaemoniis petere*]; nirgendshin [~ *abire*]. **2.** / **a)** bei keiner Gelegenheit; **b)** zu nichts [°~ *alio natum* esse zu weiter nichts].

nūtātĭō, *ōnĭs f* (*nūtō*) (*nkl.*) das Schwanken.

nūtō 1. (*frequ. v. nŭō*) **1.** (*unkl.*) *m. dem Kopf* (zu)nicken *od.* winken; *bsd. v. Schläfrigen.* **2. a)** (*nkl.*) hin *u.* her schwanken, sich auf und nieder neigen, wanken, sich bewegen [*arbor, sedes terrae motu*]; **b)** (*nkl.*) schwanken, wanken [*acies nutat, princeps adhuc* sitzt auf dem Thron noch nicht fest, *urbs tanto discrimine* schwebt in so großer Gefahr]; **c)** in seinem Urteil schwanken [*in re*]; **d)** (*nkl.*) in der Treue wanken [*civitas*].

nūtrīcātŭs, *ūs m* (*nūtrīcŏr*) (*vkl.*) das Säugen.

nūtrīcĭŭs, *ī m* (*adi.* 3 °säugend; *nūtrīx*) Erzieher, Hofmeister (*alcis*); **-ĭŭm,** *ī n* (*Se.*) Ernährung, Pflege.

nūtrīcŏr *u.* (*vkl., nkl.*) **nūtrīcō** 1. (*nūtrīx*) säugen, (er)nähren *od.* pflegen; *klass. nur* / (*alqm u. alqd*).

nūtrīcŭlă, *ae f* (*demin. v. nūtrīx*) (*nkl., dcht.*) Amme; *klass. nur* / Ernährerin, Nährmutter.

nūtrīmĕn, *ĭnĭs n* (*dcht.*) = *nūtrīmĕntŭm.*

nūtrīmĕntŭm, *ī n* (*nūtrĭō*) (*meist pl.*) (*nkl., dcht.*) Nahrungsmittel, Nahrung; *klass. nur pl. u. nur* / [°*ignis* Brennstoffe, °*arida* aus dürrem Laub]; / *pl.* Nahrung, Zucht, Pflege.

nūtrĭō *u.* (*nkl., dcht.*) **nūtrĭŏr** 4. (*denom. v. *[s]nūtrī f* „säugende Frau") **1. a)** (er)nähren, füttern [°*puerum,* °*aprum glande, alqm lacte;* / °*terra herbas nutrit*]; P. ernährt werden *u.* sich nähren; **b)** säugen [°*lupa pueros*]; **c)** aufziehen, großziehen [°*silvam* aufwachsen lassen]. **2.** / hegen, warten, gedeihen lassen [*corpora,* °*amorem,* °*Ceres rura nutrit,* °*simultates* unterhalten, °*Graeciam* schonend behandeln, °*mens rite nutrita* gebildet].
F. *impf.* °*nūtrībăm statt nūtrĭēbăm; pf.-Formen synk. nūtrīssĕ(m)* = *nūtrīvīssĕ(m).*

nūtrītŏr, *ōrĭs m* (*nūtrĭō*) (*nkl., dcht.*) Ernährer, Erzieher.

nūtrīx, *īcĭs f* (*nūtrĭō*) **1.** Ernährerin, Amme [*cum lacte nutricis errorem sugere; auch* /, *zB.* °*tellus leonum* ~, *Sicilia* ~ *populi Romani* Kornkammer; *pl.* (*Ca.*) die Brüste]. **2.** / Nährerin, Förderin [*oratoris,* °*nox* ~ *curarum*]. — (*gen. pl. -ŭm*).

▶ **nūtŭs,** *ūs m* (*nŭō*) Neigung *nach unten*: **1.** Schwerkraft, Zentripetalkraft [*terrena suopte nutu in terram feruntur*]. **2. a)** das Nicken *od.* Winken, Wink [*nutu* durch Winken]; / **b)** Wink, Wille, Geheiß [*deorum, ad nutum alcis* auf den Wink *j-s*]; **c)** (*nkl.*) Zustimmung [*nutum suum annuere alci*].

nŭx, *nŭcĭs f* (*cf. nhd.* „Nuß") **1.** Nuß, *sowohl* Walnuß *als* Haselnuß [*nux cassa* taube Nuß, / Kleinigkeit], (*coll.*) Nüsse; *übh.* (*nkl., dcht.*) Frucht *m.* harter Schale (Kastanie, Mandel, Eichel). **2.** *meton.* **a)** (*nkl., dcht.*) Nußbaum; **b)** (*Ve.*) Mandelbaum.
F. *gen. pl. nŭcŭm.*

nўmphă, *ae u.* **-ē,** *ēs f* (*Fw.* < νύμφη; *cf. nūbō*) (*nkl., dcht.*) **1.** Braut, junge Ehefrau. **2.** Nymphe, *weibliche Gottheit niederen Ranges; die Nymphen, Töchter des Zeus, waren Naturgottheiten der Quellen, Wälder, Bäume, Berge usw.*; / (*Ma.*) Seewasser. *Cf.* V.-B. I, 1.

nўmphaeŭm, *ī n* (*Fw.* < νυμφαῖον) (*nkl.*) (den Nymphen geweihtes) Brunnenhaus, *urspr. m. e-r Quelle verbunden, i. der Kaiserzeit prunkvolle Anlage m. Säulenfassade, Nischen u. Bassin* (*cf. Sĕptīzōnĭŭm*).

Nўs(s)ă, *ae f* (*Νῦσα*) *myth. Ort, wo Dionysos* (*Bacchus*) *v. den Nymphen erzogen worden war, meist nach Indien verlegt; adi.* **Nўsaeŭs** 3 *auch übh.* °bacchisch (*f auch* **Nўsēĭs,** *ĭdĭs u.* °**Nўsĭăs,** *ădĭs*); *subst.* °**Nўseūs,** *ĕī u.* °*ĕŏs u.* **Nўsĭŭs,** *ī m* (*Beiname des Bacchus*); **Nўsĭ-gĕnă,** *ae m u. f* (*gīgnō*) in Nysa geboren.

O

ō *u.* **ōh** (*cf.* ὦ) *int.* o! ach! (*Ausruf bei lebhaften Gefühlsäußerungen*) *m. nom.* [*o magna vis veritatis!*] *od. m. acc.* [*o me miserum!*, *o urbem venalem!*] *od. m. voc.* [*o fortunate adulescens!*], *selten* (*dcht.*) *m. gen.* [*o mihi nuntii beati!*]; *auch steht es vor Fragen* [°*o quid agis?*], *vor Wunschsätzen* [°*o parcas supplicibus!*, °*o si* o wenn doch *m. coni.*], *bei Relativen* [*zB. Verg. Aen.* 1, 299]; *bisw.* (*dcht.*) *nachgestellt.*

F. *Beim Hiatus meist lang, selten verkürzt.*

Ŏărīōn, ōnis *m* (Ὠαρίων) (*Ca.*) = Ŏrīōn.

ŏb¹
I. (*in d. Komposition*) entgegen; **II.** *prp. b. acc.* **1.** (*räuml.*) **a**) gegen ... hin; **b**) gegenüber, vor; **2. a**) (*als Gegenwert*) für; **b**) um ... willen, wegen.

ŏb¹ (< *ŏpī; *cf.* ὄπιθεν „hinterher"; *im Ablaut zu* ἐπί) **I.** (*in der Komposition*) (*urspr.* ŏp- [ŏpĕrĭō]; *später* ŏb- *nur vor stimmhaften Verschlußlauten, dann verallgemeinert; vor* c *u.* f *assimiliert zu* ŏcc- *u.* ŏff-; *verkürzt zu* ŏ- [ŏmĭttō]; ŏps- > ŏs- [ŏstĕndō]) entgegen; gegen ... hin. **II.** *prp. b. acc.*: **1.** (*räuml.*) **a**) (*auf die Frage „wohin"?*) entgegen, gegen ... hin, *zB. ignis ob os offusus*; **b**) (*auf die Frage „wo"?*) gegenüber, vor, *zB.* °*orbis terrarum clauditur ob Italiam* vor Italien; *klass. nur ob oculos versari* vor Augen schweben. **2.** / **a**) als Gegenwert *od.* zum Entgelt für [°*pretium ob stultitiam fero*]; **b**) (*kausal*) um ... willen, wegen, im Interesse, *zB. alqm donare ob virtutem, ob rem publicam labores suscipere* (*od. interfici*); *m. gerund.*, *zB.* °*venire ob suos tutandos, pecuniam accipere ob rem iudicandam*; *bsd. m. causa u. res, zB. ob hanc* (*eam, illam*) *causam od. rem, quam ob causam od. rem, auch* °*ob hoc,* °*ob id ipsum* ebendeshalb, °*non ob aliud* aus keinem anderen Grund; *insb.* °*facere alqd ob rem* im Interesse der Sache *od.* mit Erfolg für die Sache.

****ob.**² (*Abk.*) = *obiit* starb (*auf alten Grabsteinen*).

ŏb-aerātŭs 3 (*m. comp.*) (*cf. aes ălĭēnŭm*) (*nkl.*) verschuldet; *klass. nur subst.* **-ī,** ōrŭm *m* Schuldner.

ŏb-ămbŭlō 1. **1.** (*Ve.*) entgegengehen [*lupus gregibus*]. **2.** (*unkl.*) **a**) umherstreifen, herumspazieren [*ante vallum*]; **b**) vor, bei *od.* an *etw.* umhergehen (*alci rei od. alqd, zB. muris, Aetnam*).

ŏb-ārmō 1. (*dcht., nkl.*) gegen den Feind bewaffnen (*alqd re etw. m. etw.*).

ŏb-ărō 1. (*Li.*) umpflügen (*alqd*).

ŏbbă, ae *f* (*vl. identisch m. der St. Obba b. Karthago*) (*unkl.*) größeres Tongefäß *m. breitem Boden u.* kleineres *m. weitem Bauch u. engem Hals, etwa* Karaffe.

ŏb-brūtēscō, tŭī, — 3. (*incoh. v. brūtŭs*) (*Lu.*) den Verstand verlieren, gefühllos werden.

ŏb-dō, dĭdī, dĭtŭm 3. (*wohl zu* √ *dhē „setzen") (*unkl.*) **1.** entgegenstellen [*latus apertum nulli malo* bloßstellen]. **2.** *etw.* vor *etw.* legen, vorschieben (*alqd alci rei, zB. pessulum foribus,* / *forem vocibus*); *übh.* verschließen [*fores*].

ŏb-dŏrmīscō, mīvī, — 3. (*incoh. v. ŏb-dŏrmĭō* 4.) einschlafen.

ŏb-dūcō, dūxī, dŭctŭm 3. **1.** gegen *etw.* führen *od.* aufstellen [*Curium* als Amtsbewerber gegen andere vorschieben]; / *als Zulage* noch zugeben [*posterum diem*]. **2. a**) *etw.* davorziehen, -legen (*alqd alci rei, zB. fossam castris,* °*vestem* über den Mund); **b**) *etw.* über *etw.* ziehen *od.* ausbreiten (*alqd alci rei, zB.* °*vestem corpori, tenebras rebus*; / *callum obducere alci rei cf. callum*); **c**) *etw. m. etw.* überziehen, bedecken (*alqd u. alqd re,* °*pascua iunco*; *abs.* °*cicatrix obducitur* verharscht, °*nocte obductā* unter dem Schleier der Nacht); (*P.P.P.*) *adi.* **ŏbdŭctŭs** 3 umwölkt [°*vultus,* °*frons*], vernarbt [*cicatrix,* °*luctus annis,* °*dolor* verhehlt, *obstructio* verdeckt, *vox uno sono -a* monoton]. **3.** einschlürfen, trinken [*venenum*]. **4.** (*dcht., nkl.*) runzeln [*frontem*].

ŏbdŭctĭō, ōnis *f* (*ŏbdūcō*) Verhüllung, *bsd.* des Kopfes bei der Hinrichtung [*capitis*].

ŏbdŭctō 1. (*intens. v. ŏbdūcō*) (*Pl.*) herzuführen, bringen [*scorta*].

ŏb-dūrēscō, rŭī, — 3. (*incoh. v. ŏbdūrō*) **1.** (*vkl., nkl.*) hart, steif werden. **2.** / = gefühllos *od.* unempfindlich werden, *v. Pers. u. Sachen* [*civitatis patientia*; *abs. od. ad u. contra alqd, zB. ad dolorem*; *auch alci rei*]. [*klass. selten.*]

ŏb-dūrō 1. *intr.* hart sein, aushalten,

ŏbĕlīscŭs, ī *m* (*Fw.* < ὀβελίσκος „kleiner Spieß") **1.** (*nkl.*) Spitzsäule, Obelisk. **2.** (*Augustin*) = *ŏbĕlŭs.*

ŏbĕlŭs, ī *m* (*Fw.* < ὀβελός Spieß) (*spätl.*) *liegender* Spieß, *gramm. Zeichen der Athetese e-r verdächtigen Textstelle.*

▶ **ŏb-ĕō,** ĭī *u.* °īvī, ĭtŭm, īrĕ (*pf. im Vers auch ŏbīt*) **1.** (*intr.*) **a**) an *od.* in, zu *etw.* hingehen (*in alqd, zB. in infera loca*); **b**) *e-r Sache* entgegengehen, begegnen [°*ad omnes hostium conatus*]; **c**) (*v. Gestirnen*) untergehen [*sol*]; / (*dcht., nkl.*) (*v. Pers.*) sterben. **2.** (*trans.*) **a**) an *etw.* herangehen [*flamma alqd obit* erreicht]; *meist* = *etw.* begehen [*ordines,* °*vigilias* inspizieren], besuchen, durchwandern [*provinciam, villas,* °*omnia curru* umkreisen, °*omnia visu* betrachten], an *etw.* teilnehmen [*comitia, nundinas*]; **b**) (*in der Rede*) *etw.* durchgehen [*omnes civitates oratione*]; **c**) (*dcht.*) (*v. Sachen*) *etw.* umgeben [*limbus chlamydem, mare terras, ora pallor* bedeckt]; **d**) / *etw.* antreten, übernehmen, sich *e-r Sache* unterziehen (*alqd, zB.* °*bellum, negotium, res suas* wahrnehmen, *vadimonium u. diem* einhalten, *locum et tempus* abwarten, *annum petitionis suae* sich um ein Amt in dem gesetzlich bestimmten Lebensjahr bewerben); *mortem od. diem* (*supremum*) *obire* eines natürlichen Todes sterben (*P. mors ob rem publicam obita, morte obitā* nach dem Tode).

F. *pf.-Formen zsgz.*: ŏbissĕ(m) = ŏbĭīssĕ(m) *u.ä.*

ŏb-ĕquĭtō 1. (*nkl.*) an *etw.* heranreiten [*usque ad portam*; *alci rei u. alqd, zB. castris, agmini* entlangreiten an].

ŏb-ĕrrō 1. (*nkl., dcht.*) **1.** an *etw.* hin *u.* her irren, herumirren (*abs. od. alci rei, zB. tentoriis*). **2.** / **a**) hin *u.* her gehen [*oculis* schweben vor]; **b**) irren [*chordā eādem* fehlgreifen auf].

ŏbēsĭtās, ātis *f* (*ŏbēsŭs*) (*nkl.*) Wohlbeleibtheit.

ŏb-ĕssĕ *s. ŏbsŭm.*

ŏb-ēsŭs 3 (*m. sup.*) (*eigtl. P.P.P. v. ŏb-ĕdō* „angefressen") (*dcht., nkl.*) **1.** abgezehrt, mager [*corpus*]. **2.** (*medial*) **a**) fett, feist, wohlgenährt [*turdus, terga*]; **b**) aufgedunsen, geschwollen [°*fauces*]; **c**) / unfein, dumm [*iuvenis non naris -ae*].

ŏbĕx *u.* **ŏb-ĭĕx,** ĭcis *m u. f* (*ŏbĭcĭō, eigtl.* „*etw.* Vorgeschobenes") (*nkl., dcht.*) **1.** Querbalken, Riegel [*portarum*]. **2. a**) Damm, Wall [*maria obices rumpunt* das Felsengestade, *saxi* Felswand]; **b**) Barrikade [*viarum*]; **c**) / Hindernis.

F. *Meist im pl.*; *im sg. nur abl. ŏbĭcĕ.*

obf... *s. off...*

ŏb-fŭī *s. ŏbsŭm.*

ŏb-gānnĭō 4. (*Com., nkl.*) *etw.* vorschwatzen.

ŏb-gĕrō, gĕssī, gĕstŭm 3. (*Pl., nkl.*) darbringen, darbieten.

ŏb-haerĕō, — — 2. (*Suet.*) in *etw.* fest steckenbleiben.

ŏbhaerēscō, *haesī, haesŭm* 3. (*incoh. v. ŏbhaerĕō*) (*nkl., dcht.*) an *od.* in *etw.* festhängen, stecken bleiben; / ans Herz wachsen.

ŏb-iăcĕō, *ŭī,* — 2. (*unkl.*) gegenüberliegen (*abs. od. alci rei, zB. pedibus*).

ŏb-ĭcĭō
1. entgegenstellen, -werfen; 2. entgegnen; 3. preisgeben; 4. *jd. etw.* einjagen, einflößen; 5. vor-, hinwerfen; 6. (*zum Schutze*) *etw.* vorhalten; 7. *jd. etw.* darbieten; 8. *jd. etw.* zum Vorwurf machen.

ŏb-ĭcĭō, *iēcī, iēctŭm* 3. (*altl. -iēxīm = -iēcĕrīm usw.; iăcĭō*) **1.** entgegenwerfen, -stellen, -halten (*alci alqd, zB.* °*pedites hosti, se telis hostium;* °*se ad currum* dem Gespann entgegenstürzen); *mediopass.* entgegentreten, *auch* sich zeigen [*difficultas, longurii obiecti* entgegenstehend; *oculis obici* plötzlich erscheinen]. **2.** entgegnen, einwenden [*id adversario*]. **3.** preisgeben, bloßstellen (*alqm u. alqd alci u. alci rei, selten ad u. in alqd, zB. legatum barbaris, se periculis u. ad omnes casus, se in dimicationes,* °*caput* der Gefahr darbieten). **4.** *jd. etw.* einjagen, einflößen, verursachen [*alci spem, terrorem, animo metum, errorem* vorspiegeln]. **5.** vorwerfen, hinwerfen, vorhalten [*corpus feris,* °*offam Cerbero,* °*praedam hosti* ausliefern, °*Erinyn animo* vorschweben lassen]; *P.P.P.* **ŏbiēctŭs** 3 vorliegend, vor *etw.* liegend, *auch* vorn befindlich [*silva,* °*cautes, insula portui*]. **6.** (*zum Schutze*) *etw.* vorhalten, davorlegen, -ziehen (*alqd, zB. scutum, portam u. fores* zuwerfen, *carros pro vallo; alqd alci rei u. contra alqd, zB. ericium portis, navem submersam faucibus* den Eingang durch ein versenktes Schiff sperren; / °*noctem peccatis* breiten über). **7.** *jd. etw.* darbieten [°*animis delenimentum*]. **8.** *jd. etw.* zum Vorwurf machen, (*tadelnd*) vorhalten (*alci alqd u. de alqo od. de re, zB. furtum, luxuriam, nobis de morte Caesaris, selten alqd in alqm; m. quod u. a.c.i.*); (*P.P.P.*) *subst.* **ŏbiēctŭm,** *ī n* Vorwurf.

ŏbiēctātĭō, *ōnĭs f* (*ŏbiĕctō*) Vorwurf (*alcis j-s*).

ŏbiēctō 1. (*intens. v. ŏbĭcĭō*) **1.** (*nkl., dcht.*) entgegenwerfen, -halten (*alqd alci rei, zB. caput fretis* in die Flut tauchen). **2.** / **a)** (*nkl., dcht.*) preisgeben, aussetzen (*alqm od. caput periculis, animam pro cunctis* opfern); **b)** vorwerfen, vorhalten (*alci alqd, zB. alci probra; m.* °*a.c.i.*).

ŏb-iēctŭs[1] *P.P.P. v. ŏbĭcĭō.*

ŏbiēctŭs[2], *ūs m* (*ŏbĭcĭō*) 1. das Entgegenstellen, Vorschieben [*plutei* vorgestellte Schirmwand]. 2. (*nkl.*) das Davorliegen [*paludis, montis* vorliegendes Gebirge]; *auch* Vorsprung [*molium*].

ŏbiēx, *ĭcĭs m u. f = ŏbēx.*

ŏb-iī *s. ŏbĕō.*

ŏb-īrāscŏr, — 3. (*nkl.*) ergrimmen über *etw.* (*alcri rei, zB. fortunae*).

ŏbīrātĭō, *ōnĭs f* (*ŏbīrāscŏr*) Ingrimm.

ŏbīrātŭs 3 (*eigtl. part. pf. v. ŏbīrāscŏr*) (*nkl.*) ergrimmt (*m. dat.*).

ŏb-īrĕ *s. ŏbĕō.*

ŏbĭtĕr *adv.* (*ŏb*) (*nkl.*) **1.** obenhin. 2. zufällig. 3. nebenbei, gelegentlich. 4. zugleich.

ŏb-ĭtŭs[1] *P.P.P. v. ŏbĕō.*

ŏbĭtŭs[2], *ūs m* (*ŏbĕō*) **1.** Untergang *der Gestirne* [*lunae*]. **2.** / **a)** Vernichtung [*Cimbrorum*]; **b)** das Hinscheiden, (*natürlicher*) Tod [*filiae*]; *pl.* (*nkl.*) Todesqualen, -kampf. **3.** (*vkl., nkl.*) Besuch.

ŏbiūrgātĭō, *ōnĭs f* (*ŏbiūrgō*) Tadel, [Verweis.]

ŏbiūrgātŏr, *ōrĭs m* (*ŏbiūrgō*) Tadler.

ŏbiūrgātōrĭŭs 3 (*ŏbiūrgātŏr*) scheltend, Schelt... [*epistula*].

ŏbiūrgĭtō 1. (*intens. v. ŏbiūrgō*) (*Pl.*) tüchtig schelten.

ŏb-iūrgō 1. (*altl. ŏbiūrĭgō*) **1.** tadeln, schelten (*abs. od. alqm u. alqd, zB. amicum, verecundiam alcis; alqm de u. in re, zB. filium de insolentia od. in hoc; m. quod; m. ut* = im Ton des Vorwurfs auffordern, daß). **2.** (*Pl.*) abmahnen [*me a peccatis*]. **3.** (*nkl.*) züchtigen, schlagen (*alqm verberibus*).

ŏb-lānguēscō, *lāngŭī,* — 3. (*incoh. v. lānguĕō*) ermatten, matt werden.

****oblata,** *ae f* (*eigtl. P.P.P. f. v. ŏffĕrō; sc. hostia*) „als Opfer dargebrachtes Abendmahlsbrot", (*bsd.* „die noch nicht geweihte") Hostie; Oblate.

ŏblātrātrīx, *īcĭs f* (*ŏblātrātŏr* „Anbeller"; *ŏblātrō*) (*Pl.*) kläffende Hündin (*v. e-r Frau*).

ŏb-lātrō 1. (*nkl.*) anbellen, anfahren, vorwerfen (*alqd*).

ŏb-lātŭs *P.P.P. v. ŏffĕrō.*

ŏblēctāmĕn, *ĭnĭs n* (*ŏblēctō*) **1.** (*dcht.*) = *ŏblēctāmēntŭm.* **2.** (*Ov.*) Beruhigungsmittel, Trost.

ŏblēctāmēntŭm, *ī n* (*ŏblēctō*) = *ŏblēctātĭō.*

ŏblēctātĭō, *ōnĭs f* (*ŏblēctō*) Ergötzung, angenehme Unterhaltung, Genuß, Lust [*vitae, senectutis, plenus oblectationis* genußreich].

▶ **ŏblēctō** 1. (*intens. v.* **ŏblĭcĭō; lăcĭō* „locken"; *cf. lăcēssō, dēlēctō*) **1.** ergötzen, zerstreuen, belustigen, angenehm unterhalten (*alqm u. alqd, zB. senectutem, se cum alqo; se re* sich durch *od. m. etw. u. in re* bei *etw.*); *mediopass.* sich ergötzen [*ludis*]. **2.** (*nkl., dcht.*) (*Zeit*) angenehm zubringen [*tempus studio*].

ŏblēnīmĕn, *īnĭs n* (*ŏblēnĭō*) (*dcht.*) Beruhigungsmittel.

ŏb-lēnĭō, — — 4. (*nkl.*) besänftigen.

ŏb-lēvī *s. ŏblĭnō.*

ŏblīcŭs 3 = *ŏblīquŭs.*

ŏb-līdō, *sī, sŭm* 3. (*laedō*) **1.** zusammendrücken, zudrücken [*collum duobus digitulis*]. **2.** (*nkl.*) zerquetschen, erwürgen.

ŏblīgātĭō, *ōnĭs f* (*ŏblīgō*) **1.** (*Just.*) das Gebundensein [*linguae* angewachsene Zunge]. **2.** (*jur. t.t.*) Verbürgung, Verpflichtung [*pecuniae, pro alqo*].

▶ **ŏb-līgō** 1. **1.** (*dcht., nkl.*) binden, fesseln, anbinden. **2.** / **a)** binden, einschränken (*alqm iudicio*); **b)** *jd. od. etw. e-s Vergehens* schuldig machen (*alqm od. ludos scelere*); *mediopass. od.* se *-are* sich *e-r Sache* schuldig machen (*re, zB. fraude, superstitione*). **3.** verbinden, zubinden [*vulnus,* °*venas,* °*oculos, auch alqm j-s* Wunde]. **4.** / **a)** verpflichten (*alqm re jd.* durch *etw., zB. hostes beneficio, milites sacramento,* °*vadem tribus milibus aeris* zur Bezahlung; *sibi alqm* sich *jd.* verpflichten, *zB. liberalitate*); **b)** verpfänden, zum Pfand geben (*alqd u. alci alqd, zB. praedia, fidem suam pro alqo, se alci,* °*caput votis* verwünschen); *auch* (*dcht.*) geloben, feierlich verheißen [*dapem*]; **c)** (*P.P.P.*) *adi.* **ŏblīgātŭs** 3 (*m.* °*comp.*) gebunden, verbunden: **α)** verpflichtet; **β)** verschuldet, *m.* Hypotheken belastet; **γ)** geweiht.

ŏb-līmō 1. (*līmō*[2]) **1.** verschlämmen, mit Schlamm überziehen [*agros*]. **2.** / (*dcht.*) verschlemmen, verprassen [*rem patris*].

ŏb-lĭnō, *lēvī, lĭtŭm* 3. **1.** bestreichen, beschmieren (*alqm u. alqd re, zB. cruore, unguentis;* P. *m. griech. acc., zB.* °*oblitus faciem*). **2.** / **a)** *m. etw.* überladen, erfüllen, bedecken [*facetias Latio m.* einem lateinischen Anstrich]; **b)** (*Ge.*) ausstreichen (*cf. ŏblĭttĕrō*); **c)** besudeln, beflekken [*vitam libidine,* °*alqm versibus atris* begeifern].

ŏblīquĭtās, *ātĭs f* (*ŏblīquŭs*) (*nkl.*) schiefe Richtung, Winkel, Ecke.

ŏblīquō 1. (*denom. v. ŏblīquŭs*) (*nkl., dcht.*) seitwärts *od.* schräg richten, schief stellen [*oculos, vela in ventum* = lavieren]; / gemildert aussprechen.

▶ **ŏb-līquŭs** 3 (*m.* °*comp. u.* °*sup.; adv.* **-ē**) (*cf. lĭcĭŭm, eigtl.* „Querfaden") **1.** seitlich, schräg, schief, querliegend, Seiten..., Quer... [*motus corporis,* °*temo, iter* Seitenweg, °*dens* seitwärts kauend, °*lux* schräg einfallend, *obliquo monte decurrere* den Berg auf einem Seitenweg hinabeilen, *-e ferri u. agi,* °*in u.* °*per obliquum* seitwärts, °*ex u.* °*ab obliquo v.* der Seite, seitwärts, °*per -a campi* auf Seitenwegen]. **2. a)** (*nkl., dcht.*) gekrümmt, gewunden [*ripae, cursus*]; **b)** (*dcht.*) schielend [*oculus*]; / scheel, neidisch [*invidia*]; **c)** (*v. der Rede*) **α)** (*nkl.*) verblümt, versteckt [*dicta, -e perstringere*]; **β)** (*gramm. t.t.*) (*vkl., nkl.*) abhängig, indirekt [*allocutio; casūs obliqui*].

ŏb-līsī *s. ŏblīdō.*

ŏb-līsŭs *P.P.P. v. ŏblīdō.*

ŏb-lītēscō, *lĭtŭī,* — 3. (*lătēscō*) sich verstecken, sich verbergen (*a re* vor *etw.*).

ŏb-lĭttĕrō 1. (< *ŏb lĭttĕrās* [*scrībō*] „über die Buchstaben schreiben, tilgen"; *cf. ŏblĭnō* 2b) *nur* / in Vergessenheit bringen, auslöschen (*alqd, zB. privatam offensionem,* °*adversam pugnam*); P. in Vergessenheit geraten.

ŏb-lĭtŭī *s. ŏblītēscō.*

ŏblĭtŭs *s. ŏblĭnō.* — **ŏblītŭs** *s. ŏblīvīscŏr.*

ŏblīvĭō, *ōnĭs f* (*ŏblīvīscŏr*) **1.** Vergessenheit, das Vergessen, *dcht. auch pl.* (*alcis u. alcis rei, zB. maiorum, amicitiae,* °*in oblivionem rei*

°*adduci od. venire etw.* vergessen, *alqd oblivioni °dare* anheimgeben, *alqd ab oblivione vindicare* der V. entreißen, *oblivione obrui, alqm oblivio rei capit jd.* vergißt *etw.*); *bsd.* (*nkl.*) Amnestie (*lex oblivionis*). **2.** (*nkl.*) Vergeßlichkeit.
ōblīviōsus 3 (ōblīviō) **1.** vergeßlich [*homo*]. **2.** (*Ho.*) sorgenstillend [*vinum*].
▶**ob-līvīscor,** *lītus sum* 3. (*wohl* ⟨ **ob-lēvīscor eigtl.* „in der Erinnerung überstreichen" *zu lēvis*[1]) **1.** vergessen (*abs. od. alcis, zB. Epicuri, u. alcis rei od. alqd, zB. iniuriarum u. iniurias, alia, m. inf., zB. vigilare; m. a.c.i. u. indir. Frages.*); *part. pf.* ōblītus (*dcht.*) *auch pass.* **2.** / nicht beachten (*m. gen., zB. paterni generis, consuetudinis suae, sui* sich selbst untreu werden); (*dcht.*) (*v. Sachen*) *etw.* nicht mehr haben.
ōblīvium, ī *n* (ōblīvīscor) (*dcht., nkl.*) = ōblīviō, *meist pl.*
ob-lōcō 1. (*Iust.*) verdingen (*alqd*).
oblocūtor, *ōris m* (oblōquor) (*Pl.*) „der Widersprecher"; ∼ *sum* widerspreche.
ob-longus 3 (*vkl., nkl.*) länglich [*aedificium*].
ob-loquor, *locūtus sum* 3. **1. a)** widersprechen (*abs. u. alci*); **b)** (*Ca.*) schimpfen, (*nkl.*) tadeln. **2.** (*dcht.*) dazu singen *od.* spielen [*avis; numeris septem discrimina vocum* zur Melodie die siebensaitige Leier erklingen lassen].
ob-luctor 1. (*nkl., dcht.*) gegen *etw.* ankämpfen, *e-r Sache* widerstehen (*abs. od. alci rei, zB. flumini, genibus harenae m.* den Knien sich auf den sandigen Boden stemmen).
oblūdiō 1. (*denom. v. *oblūdium; lūdō*) (*Pl.*) scherzen.
ob-mōlior 4. (*nkl.*) **1.** (*zur Verteidigung*) vorschieben (*alqd, zB. truncos*). **2.** *etw.* verbarrikadieren (*alqd*).
ob-murmurō 1. (*nkl., dcht.*) **1.** (*intr.*) „entgegenmurmeln", über *etw.* murren [*precibus meis*]. **2.** (*trans.*) *etw.* dabei murmeln.
ob-mūtēscō, *tuī*, — 3. (*incoh. v. mūtus*) verstummen, schweigen, die Sprache verlieren; / aufhören [*dolor animi*].
ob-nātus 3 (*eigtl. part. pf. v. *obnāscor*) (*nkl.*) angewachsen an *etw.* [*salicta ripis -a*].
ob-nītor, *nīxus sum* 3. (*nkl., dcht.*) sich entgegenstemmen (*re m. etw., zB. umeris; alci rei* gegen *etw., zB. scuto*); / Widerstand leisten, widerstreben (*abs. od. alci rei, auch contra alqd; m. °inf.* = sich anstrengen).
obnixus 3 (*adv.* **-ē**) (*eigtl. part. pf. v. obnītor*) (*unkl.*) standhaft, beharrlich (*m. inf.* = fest entschlossen).
obnoxiōsus 3 (obnoxius) (*vkl.*) unterwürfig, gehorsam.
▶**ob-noxius** 3 (*adv.* **-ē**) (⟨ *ob noxam* [*esse*] „in der Schuld sein") (*meist nkl., dcht.*) **1.** straffällig, *e-r* Strafe verfallen [°*caput*, °*bona debitoris; alcis rei* wegen *etw., zB.* °*pecuniae debitae*]; *bsd.* (*e-m Laster*) ergeben [*libidini*], (*e-s Vergehens*) schuldig, (*e-r Schuld*) verfallen (*alci rei, zB.* °*culpae*); *klass. nur abs.* [*obnoxius et supplex*]. **2. a)** *jd.* unterworfen *od.* untertan, knechtisch ergeben, *v. jd.* abhängig (*abs., zB.* °*alqm -um facere; alci u. alci rei, zB.* °*vobis*, °*uxoris amori*); **b)** °(*e-m Übel*) ausgesetzt, preisgegeben (*alci rei, zB. superstitioni, periculis, morbis;* °*-um est* es ist bedenklich *od.* gefährlich, *m. inf.*). **3.** *abs.* unterwürfig, knechtisch, sklavisch [°*homo*, °*animus*, °*servus atque* ∼]. **4. a)** in gedrückter Lage befindlich; **b)** demütig, schwach; **c)** / *jd.* verpflichtet *od.* verbunden, *bsd.* zu Dank verpflichtet (*alci, zB.* °*Crasso ex negotiis; alci rei, zB.* °*facies nullis gemmis obnoxia*). [*xime obnōxius.* F. *comp. magis obnōxius, sup. mā-*]
ob-nūbilus 3 (*dcht.*) umwölkt.
ob-nūbō, *nūpsī, nūptum* 3. (*nūptum?; vl.* ⟨ *nūbem ob*[*dūcō*]) (*unkl.*) verhüllen, umwinden [*comas amictu*]; *klass. nur in der Hinrichtungsformel: caput* ∼.
obnūntiātiō, *ōnis f* (obnūntiō) (*relig. t.t.*) Meldung böser Vorzeichen (*abs. od. alcis rei*).
ob-nūntiō 1. **1.** (*vkl., nkl.*) *bsd. etw.* Unangenehmes melden. **2.** (*relig. t.t.*) böse Vorzeichen melden *u. dadurch* Einspruch erheben gegen (*m. dat., zB. concilio, consuli*).
oboediēns, *entis* (*m.* °*comp. u.* °*sup.; adv.* °**-enter**) (*eigtl. part. praes. v.* oboediō) gehorsam, fügsam, willig [°*miles*, °*alqd oboedienter facere* gern; *alci u. alci rei, zB. naturae*, °*ventri* frönend; *selten ad alqd*], *v. Sachen* untertänig; *subst. m* der Untergebene.
oboedientia, *ae f* (oboediēns) Gehorsam (*alcis j-s, alcis rei* gegen *etw., zB. legum*).
▶**ob-oediō,** *īvī, ītum* 4. (*altl.* oboidiō; *audiō*) **1.** (*nkl., dcht.*) Gehör schenken, hinhören (*alci*). **2.** gehorchen, sich fügen (*alci u. alci rei, zB. magistratibus, voluntati*).
ob-oleō, *uī*, — 2. (*vkl., nkl.*) Geruch *v.* sich geben, *alium* nach Knoblauch riechen; / *marsuppium huic -et* sie riecht den Geldbeutel.
obolus, *ī m* (*Fw.* ⟨ ὀβολός) (*vkl., nkl.*) Obolus (*kl. griech. Münze* = $^1/_6$ *Drachme*).
ob-orior, *ortus sum* 4. sich erheben, aufgehen, sich zeigen, entstehen, losbrechen [°*tenebrae*, °*lacrimae alci* brechen hervor; / *lux liberalitatis alci oboritur*].
ob-rēpō, *rēpsī, rēptum* 3. **1.** (*unkl.*) herankriechen, heranschleichen. **2.** / **a)** (*abs. u. alci od. alci rei, / auch ad alqd, zB. ad honores* Ehrenstellen erschleichen); **b)** *jd.* überfallen, überraschen [*senectus adulescentiae*, °*vitia nobis*]; **c)** unvermerkt eindringen (*in alqd, zB. imagines in animos*).
obrēptō 1. (*intens. v.* obrēpō) (*vkl., nkl.*) beschleichen.
ob-rētiō 4. (*rēte*) (*Lu.*) ins Netz ziehen, verstricken.
obrigēscō, *riguī*, — 3. (*incoh. v.* obrigeō „starr sein") erstarren.
ob-rōdō, *rōsī, rōsum* 3. (*vkl., nkl.*) benagen.
obrogātiō, *ōnis f* (obrogō) (*A. ad H.*) Änderungsvorschlag *zu e-m Gesetz.*
ob-rogō 1. *ein Gesetz* (*dat.*) *ganz od. teilweise* aufheben [*antiquae legi, legibus Caesaris*].
▶**ob-ruō,** *ruī, rutum, ruitūrus* 3. **1.** überschütten, *m. einer Masse* (*Erde, Wasser u.a.*) überdecken (*alqm harenā od.* °*lapidibus*, °*telis*, °*montes nive*, °*nives Indiam obruunt*; P. *obrui* °*undis*); *bsd.* vergraben, versenken [*thesaurum*, °*alqm vivum*, °*semina sulcis*; / °*ventos otio* in Ruhe versenken]. **2.** / **a)** verhüllen, verbergen, *bsd.* verdunkeln, vergessen machen [*nomen alcis, alqd perpetua oblivione*]; **b)** überladen [*se vino*, °*vino epulisque obrui* sich überladen *m.*]; **c)** erdrücken, unterdrücken, überwältigen, *auch* vernichten, zugrunde richten (*alqm criminibus, verbis jd.* niederdonnern, *risus testem obruit* brachte außer Fassung); *bsd.* P. *obrui aere alieno* in Schulden versinken, *negotii magnitudine, ambitione et foro* in Bewerbungen *u.* Prozessen untergehen; **d)** (*nkl., dcht.*) verdunkeln = übertreffen [*famam alcis*].
obrussa, *ae f* (*Lw.* ⟨ ὄβρυζα *ds., -ον* reines Gold) Feuerprobe des Goldes; / (*Se.*) Prüfstein, Probe.
ob-rutus *P.P.P. v.* obruō.
ob-saepiō, *saepsī, saeptum* 4. (*vkl., nkl.*) verzäunen, versperren, verschließen [*iter alci*]; *klass. nur* /.
ob-saturō 1. (*Te.*) sättigen.
obscaen... = obscēn...
ob-scaevō 1. (*scaevus*) (*Pl.*) ein böses Vorzeichen melden.
obscēnitās, *ātis f* (obscēnus) Unanständigkeit, Anstößigkeit [*verborum, rerum*].
obs-cēnus *od.* **obs-caenus** 3 (*m. comp. u. sup.; adv.* **-ē**) (*urspr. t.t. der Auguralsprache* = prōdigiōsus, fūnestus, *später als Ausdruck der Gemeinsprache* = turpis, inhonestus; *Rückbildung aus *obscēnō 1.; vl. zu caenum*) **1.** *v.* böser Vorbedeutung, unheilvoll, verderblich [*omen*, °*volucris* Nachteule]. **2.** (*dcht., nkl.*) schmutzig, garstig, ekelhaft [*cruor, fetus* Mißgeburt, °*risus; vas* Nachttopf]; *auch* °monströs [*unda*]; *subst.* **-a,** *ōrum n* (*dcht., nkl.*) der Hintern; = excrēmenta. **3. a)** / unanständig, unzüchtig, unsittlich, anstößig, schamlos, zotig [°*sacerdos, versus, voluptas*, °*gestus*; °*flammae* Liebe, °*puellae* Straßenmädchen; *greges v. den Priestern der Kybele; cuius obscenius excitata natura*; °*-o verbo uti* Zoten reißen; °*viri* = pāthicī]; **b)** *subst.* α) **obscēnī,** *ōrum m* (*nkl.*) = pāthicī; β) (*dcht., nkl.*) **obscēnum,** ī *n* Scham(glied) [*virile*]; *pl.* **-a,** *ōrum* Schamteile; unzüchtige Handlungen; unzüchtige Worte, Lieder, Zoten.
obscoen... = obscēn...
obscūrātiō, *ōnis f* (obscūrō) Verdunkelung, Verfinsterung [*solis*], °Dunkelheit; *auch* /, *zB. voluptatis; pl.* unbemerkt bleibende Dinge.
obscūritās, *ātis f* (obscūrus) **1.** (*nkl.*) Dunkelheit [*latebrarum*]. **2.** / **a)** Verdunkelung [*lucis*; / *laudibus obscuritatem afferre*]; **b)** Unverständlichkeit, Unklarheit [*verbo-*

rum, somniorum, naturae]; c) (vom Stand) Unberühmtheit, Niedrigkeit (alcis u. alcis rei).

ŏbscūrō 1. (denom. v. ŏbscūrŭs) **1. a)** verdunkeln, verfinstern (alqd, zB. °caelum nocte, regiones); mediopass. sich verfinstern [sol, luna]; **b)** verhüllen, verbergen [nox coetus nefarios, magnitudinem periculi]. **2.** / **a)** undeutlich, unkenntlich machen (alqd ἀλληγορίαις); **b)** (litteram) undeutlich aussprechen; **c)** (in der Rede) verhüllen, undeutlich vortragen (alqd dicendo); **d)** in den Schatten stellen, zurückdrängen, in Vergessenheit bringen [alcis gloriam, nomen, °obscurata vocabula veraltete]; P. auch in den Hintergrund treten, ohne Bedeutung sein [memoria verliert sich].

▶**ŏbscūrŭs** 3 (m. comp. u. °sup.; adv. **-ē**) (< *ŏb-skūrŏs; eigtl. „bedeckt"; cf. nhd. „Scheuer, Scheune") **1.** (meist nkl., dcht.) dunkel, finster, ohne Licht [°caelum, °lucus, °nox, °aqua trübe, °lux u. °lumen Dämmerung od. Dunkelheit, °luna erblassend]; subst. °**ŏbscūrŭm,** ī n Dunkel, Finsternis, Schatten [noctis, lucis]. **2.** versteckt, verborgen, unbemerkt, unsichtbar, heimlich [°locus, °taberna Winkelkneipe, °ibant obscuri; -e perire insgeheim, alqd non -e ferre = sich etw. merken lassen]; auch (dcht.) unkenntlich, verkappt [Pallas]. **3.** / **a)** (v. der Rede) undeutlich, unklar, unverständlich [Heraclitus, oraculum, -e dicere u. disserere]; **b)** (vom Charakter) verschlossen, versteckt [homo, simultas, °vultus; °adversus alios]; **c)** unbekannt, unberühmt [nomen, °gens, obscuris parentibus od. obscuro loco natus, in obscuro °vitam agere in Niedrigkeit leben]; **d)** unsicher, trübe [spes].

ŏbscĕcrātĭō, ōnĭs f (ŏbsĕcrō) **1.** inständiges Bitten, Beschwörung (alcis, humilis); auch als Redefigur. **2.** öffentlicher Bettag, Bußtag [°obsecrationem facere]. **3.** (Iust.) feierliche Beteuerung m. Anrufung der Götter.

▶**ŏb-sĕcrō** 1. (săcrō) jd. bei allem, was ihm heilig ist, beschwören; inständig bitten, anflehen (abs., bsd. orare atque obsecrare; alqm cum multis lacrimis od. per amicitiam, pro salute alcis; m. dopp. acc., zB. illud unum te obsecro; m. ut, ne od. m. bloßem coni.); obsecro oft parenthetisch eingeschoben = ich bitte dich, hör mal, zB. nolite, obsecro, committere, ut ...

ŏb-sĕcŭndō 1. (m. dat.) = ŏbsĕquŏr.

ŏb-sĕcūtŭs part. pf. v. ŏbsĕquŏr.

ŏb-sēdī s. ŏbsĭdĕō u. ŏbsīdō.

ŏb-sēpĭō = ŏbsaepĭō.

ŏbsĕquēlă, ae f (unkl.) = ŏbsĕquĭŭm.

ŏbsĕquēns, ĕntĭs (m. comp. u. sup.; adv. **-ĕntĕr**) (eigtl. part. praes. v. ŏbsĕquŏr) (vkl., nkl.) willfährig, nachgiebig (abs. od. m. dat., zB. collegae gegen; alqd obsequenter facere); (v. d. Gottheit) gnädig. Cf. V.-B. VIII.

ŏbsĕquĕntĭă, ae f (selten) = ŏbsĕquĭŭm.

ŏbsĕquĭŭm, ī n (ŏbsĕquŏr) **1.** Willfährigkeit, Nachgiebigkeit, Fügsamkeit, Gefälligkeit, Gehorsam, meist pejorativ: Servilismus, Kriecherei (abs. od. alcis j-s, zB. °plebis, obi. °gegen jd. = in od. °erga alqm, zB. °regentis, in populum Romanum; auch °alcis rei, zB. °ventris = Schlemmerei, °desiderii Erfüllung des Verlangten; °iurare in alcis -um jd. den Eid der Treue leisten). **2. a)** (nkl., dcht.) Hingabe, Preisgabe [corporis], pl. bsd. in der Liebe = Beischlaf [~ alci venditare]; **b)** (nkl.) Gunstbezeigung [fortunae]; **c)** (meist nkl.) militärischer Gehorsam, Subordination [contra morem -i].

▶**ŏb-sĕquŏr,** sĕcūtŭs sŭm 3. **1.** willfahren, zu Willen od. gefällig sein, nachgeben, gehorchen (abs. od. alci u. alci rei, zB. °senatui, alcis voluntati, °legibus, °amori; m. ut). **2. a)** (Eutr.) (e-m Fürsten) huldigen; **b)** e-r Sache sich hingeben, sich v. etw. leiten lassen [cupiditati, studiis suis, irae].

ŏb-sĕrō[1] 1. (sĕră) (unkl.) verriegeln, verschließen [fores, / aures].

ŏb-sĕrō[2], sēvī, sĭtŭm 3. **1.** (Pl.) (aus)säen [frumentum]; / (scherzh.) pugnos ~ die Fäuste tanzen lassen, verprügeln; aerumnam in alqm jd. Kummer verursachen. **2.** besäen, bepflanzen [terram frugibus]; bsd. (P.P.P.) adi. **ŏbsĭtŭs** 3 (unkl.) ganz bedeckt, voll v. etw. (re, zB. loca virgultis, iter nivibus, homo aevo bejahrt).

ŏbsĕrvābĭlĭs, ĕ (ŏbsĕrvō) (nkl.) bemerkbar.

ŏbsĕrvāns, āntĭs (m. °comp. u. °sup.; adv. °**-āntĕr**) (eigtl. part. praes. v. ŏbsĕrvō) **1.** (nkl.) beobachtend [officiorum]. **2.** hochachtend, verehrend (alcis, zB. mei, auch alcis rei). Cf. V.-B. VIII.

ŏbsĕrvāntĭă, ae f (ŏbsĕrvāns) **1.** (nkl.) Beobachtung, Befolgung (alcis rei, zB. temporum). **2.** Hochachtung, Ehrerbietung (abs. od. alcis j-s, in alqm vor jd., gegen jd., zB. °in regem). **3.** (spätl.) Befolgung e-r Regel, bsd. relig. Gebräuche, Gottesdienst.

ŏbsĕrvātĭō, ōnĭs f (ŏbsĕrvō) **1.** Beobachtung, Wahrnehmung [siderum; m. indir. Frages.]; bsd. Gewissenhaftigkeit [in bello movendo]. **2.** (nkl.) Einhaltung [dierum]; meton. Regel [sermonis antiqui].

ŏbsĕrvātŏr, ōrĭs m (ŏbsĕrvō) (nkl.) Beobachter.

ŏbsĕrvĭtō 1. (intens. v. ŏbsĕrvō) eifrig beobachten (alqd, zB. stellarum motūs).

▶**ŏb-sĕrvō** 1. **1. a)** etw. aufmerksam beobachten (alqd, zB. motūs stellarum, °auspicia, °neque signa neque ordines achten auf, sese auf sich sehr aufmerksam sein; m. ut, ne; m. indir. Frages.); berechnen [dies natales], belauern [alcis occupationem auf die Zeit lauern, wo jd. zu tun hat]; **b)** (dcht.) hüten, bewachen [armenta]. **2.** / **a)** etw. beachten od. befolgen, sich nach etw. richten [leges, praecepta, imperium Kommando, diem einhalten; °observatum est, ut man sah darauf, daß]; **b)** jd. hochachten, (ver)ehren, schätzen [alqm ut patrem od. parentis loco].

▶**ŏb-sĕs,** sĭdĭs m u. f (eigtl. „sich einsetzend für jd."; ŏb, sĕdĕō) **1.** Geisel [obsides alci imperare, dare, accipere, °retinere; prägn. obsides dare m. a.c.i. durch Stellung v. Geiseln Sicherheit gewähren, daß]. **2.** / Bürge, Gewähr, Unterpfand (alcis rei für etw., zB. °coniugii; rei obsidem esse für etw. einstehen). — (gen. pl. ŏbsĭdŭm).

ŏbsĕssĭō, ōnĭs f = ŏbsĭdĭō.

ŏbsĕssŏr, ōrĭs m u. f (ŏbsĭdĕō) **1.** (vkl., dcht.) Bewohner [vivarum aquarum v. der Wasserschlange]; (scherzh.) solus ~ fori fui ich blieb allein auf dem Markt sitzen. **2.** Belagerer (abs. od. alcis rei, zB. curiae).

ŏb-sĕssŭs P.P.P. v. ŏbsĭdĕō u. ŏbsīdō.

ŏb-sēvī s. ŏbsĕrō[2].

▶**ŏb-sĭdĕō,** sēdī, sĕssŭm 2. (sĕdĕō) **1.** (intr.) (vkl., nkl.) an einem Ort sitzen, warten [domi]. **2.** (trans.) **a)** (unkl.) an od. auf etw. sitzen, sich aufhalten [umbilicum terrarum bewohnen]; **b)** (e-n Ort) besetzt halten = innehaben [locum, °insulam armis, omnes aditus, °palus salictis obsessa bedeckt m.]; **c)** / **α)** = beherrschen, in seiner Gewalt haben (alqm, °animum od. °aures alcis); **β)** bedrängen, einengen [alqm omnibus rebus, alcis tribunatum beschränken, °obsessae fauces verengt, geschwollen]; **d)** jd. od. e-n Platz einschließen, belagern, blockieren [alqm armis, oppidum]; selten = überwachen [urbem]; **e)** auf etw. lauern, die Zeit od. Gelegenheit abpassen zu od. für etw. (alqd, zB. stuprum).

ŏbsĭdĭālĭs, ĕ (ŏbsĭdĭŭm) (nkl.) Blockade... [corona Kranz aus Gras für die Entsetzung einer eingeschlossenen Truppe].

ŏbsĭdĭō, ōnĭs f (ŏbsĭdĕō) **1.** Belagerung, Blockade (alcis u. alcis rei, zB. nostrorum, urbis; urbem obsidione capere, alqm in obsidione habere od. °tenere; °obsidionem urbis solvere = urbem obsidione liberare entsetzen); auch Belagerungszustand. **2.** / **a)** (Iust.) Gefangenschaft an einem Orte; **b)** Not, Bedrängnis (alqm obsidione liberare od. ex obsidione eximere).

ŏbsĭdĭōnālĭs, ĕ (Inschr.) = ŏbsĭdĭālĭs.

ŏbsĭdĭŭm[1], ī n (ŏbsĕs) (Ta.) Geiselschaft (alqm obsidio dare als Geisel).

ŏbsĭdĭŭm[2], ī n (ŏbsĭdĕō) (vkl., nkl.) **1.** Einschließung, Blockade. **2.** (Pl.) Gefahr [tuo tergo ~ adesse = Prügel].

ŏb-sīdō, sēdī, sĕssŭm 3. **1.** (einen Ort) besetzen, bsd. mil. [viam, °pontem, °ianuam alcis umstellen]. **2. a)** (dcht.) (= ŏbsĭdĕō) belagern, einschließen; **b)** (Ti.) (durch Kauf) in seinen Besitz bringen; klass. nur / [vim regiae potestatis annehmen].

ŏbsīgnātŏr, ōrĭs m (-ī-?; ŏbsīgnō) Untersiegler einer Urkunde als Zeuge [testamenti, litterarum]; bsd. Testamentszeuge.

ŏb-sīgnō 1. (-ī-?) **1.** versiegeln, zusiegeln [*epistulam*, °*lagoenas*]. **2.** eine Urkunde untersiegeln [*tabulas, testamentum, litteras publico signo*]; *tabellis obsignatis agere cum alqo* wie vor Gericht aktenmäßig = in strengster Form (*eigtl.* „nach untersiegeltem Protokoll") *m. jd.* verhandeln; *auch* (*gerichtlich*) *die Sachen und Papiere eines Angeklagten* versiegeln. **3.** (*Lu.*) eindrücken, einprägen [*formam verbis* eine feste Gestalt geben]; *auch* /.

ŏb-sĭpō 1. (*altl.* sŭpō 1. werfen; *cf.* dissĭpō) (*Pl.*) ins Gesicht spritzen; / *aquolam* erquicken, Mut machen.

ŏb-sĭstō, *stĭtī,* — 3. **1.** sich entgegenstellen (*abs. od. alci* °*abeunti*; / °*alcis famae* verdunkeln); *pf.* entgegenstehen. **2. a)** (*feindl.*) sich widersetzen, bekämpfen (*alci, zB. Graecis; alci rei, zB. consensui, sceleri alcis, visis* nicht beipflichten; *m. ne od. quominus; m.* °*inf.*); **b)** (*in der Auguralsprache*) (*P.P.P.*) *subst. d. h.* **ŏbstĭtă,** *ōrŭm n* gegenüberstehende, vom Blitz getroffene Dinge.

ŏbsĭtŭs 3 *s.* ŏbsĕrō².

ŏbsŏlē-fīō, *făctŭs sŭm, fĭĕrī* (ŏbsŏlĕ-?) = ŏbsŏlēscō.

ŏbsŏlēscō, *lēvī,* — 3. (*incoh. v.* *ŏbsŏlĕō; *in der Bedeutung v.* ăbŏlēscō, ĕxŏlēscō *beeinflußt*) **1.** sich abnutzen; *nur* / veralten, Geltung *u.* Ansehen verlieren, seinen Glanz einbüßen, aus der Mode kommen [*splendor rei, oratio, vectigal*]. **2.** (*P.P.P.*) *adi.* **ŏbsŏlētŭs** 3 (*m. comp.; adv.* **-ē**) **a)** abgenutzt, abgetragen, schäbig [*vestis,* °*amiculum*]; **b)** (*dcht.*) verfallen, baufällig [*tectum*]; **c)** (*dcht.*) besudelt, schmutzig [*sordibus*]; **d)** veraltet, altväterisch [*verba*]; **e)** alltäglich, gemein [*oratio,* °*honores*].

ŏbsōnātŏr, *ōris m* (ŏbsōnō²) (*vkl., nkl.*) Einkäufer für die Küche.

ŏbsōnātŭs, *ūs m* (ŏbsōnō²) (*Com.*) Einkauf für die Küche.

ŏbsōnĭŭm, *ī n* (*Lw.* < ὀψώνιον *m. volkset. Anlehnung an das lat. praev.* ŏb) (*unkl.*) Zukost, *bsd.* Fische, Gemüse *u.* Obst; *pl. meton.* Fischspeisen.

ŏb-sŏnō¹ 1. (*Pl.*) dreinreden [*alcis sermoni*].

ŏbsōnō² *u.* (*Pl.*) **-ŏr** 1. (*Lw.* < ὀψωνέω; *cf.* ŏbsōnĭŭm) **1. a)** (*Com.*) *etw.* für die Küche als Zukost einkaufen (*alqd*); **b)** / [*famem* Hunger als Zukost]. **2.** (*Te.*) ein Gastmahl geben, schmausen.

ŏb-sŏrbĕō, *ŭī,* — 2. (*vkl., nkl.*) begierig einschlürfen.

ŏbstăcŭlŭm, *ī n* (ŏbstō) (*nkl.*) Hindernis.

ŏb-stătūrŭs *part. fut. v.* ŏbstō.

ŏbstĕtrīx, *īcis f* (< *ŏbstătrīx *zu* ŏbstō, *eigtl.* „Beisteherin *der kreißenden Frau*") (*unkl.*) Hebamme. **F.** *gen. pl.* ŏbstĕtrīcŭm.

ŏbstĭnātĭō, *ōnis f* (ŏbstĭnō) Festigkeit, Beharrlichkeit (*alcis u. alcis rei, zB sententiae* in seinen Grundsätzen, °*taciturna* beharrliches Schweigen); (*pejorativ*) Starrsinn.

ŏbstĭnātŭs 3 (*m. comp. u.* °*sup.; adv.* **-ē**) (*eigtl. P.P.P.v.* ŏbstĭnō) fest entschlossen, beharrlich, (*pejorativ*) hartnäckig [*voluntas,* °*silentium,* °*aures* verstockte, *-e negare;* °*certum atque obstinatum* est es ist fest beschlossen; *ad u.* °*in alqd* zu *etw., zB.* °*ad mortem,* °*ad decertandum,* °*in extrema;* °*pro alqo* jd. treuergeben; *adversus u.* °*contra alqd; m. inf., zB.* °*mori*].

ŏb-stĭnō 1. (< *ŏb-stănō *zu* stō; *cf.* dēstĭnō) (*unkl.*) auf *etw.* bestehen, fest beschließen (*ad alqd, zB. ad obtinendas iniquitates; m. inf., zB. mori*).

ŏb-stĭpēscō = ŏbstŭpēscō.

ŏb-stĭpŭs 3 (*eigtl.* „dagegen gedrängt" *zu* stīpō) (*meist dcht., nkl.*) seitwärts *od.* rückwärts geneigt [*caput auch* eingezogen, geduckt].

ŏbstĭtă, *ōrŭm n s.* ŏbsĭstō.

ŏb-stĭtī *s.* ŏbsĭstō *u.* ŏbstō.

▶**ŏb-stō,** *stĭtī, stătūrŭs* 1. entgegenstehen (*abs. od. alci u. alci rei*); *meist* / (*feindl.*) widerstehen, hinderlich sein, *auch* verbieten, *v. Pers. u. Sachen* (*abs. od. alci u. alci rei, zB. Miloni, nobis,* °*alcis consiliis,* °*difficultates mihi obstant,* °*Ilium diis obstitit* war verhaßt; *m. ne u. quominus, verneint auch m. quin*); *subst.* (*nkl.*) **ŏbstāntĭă,** *ĭŭm n* Hindernisse [*silvarum*].

ŏb-strĕpō, *pŭī, pĭtŭm* 3. **1.** entgegenrauschen, -brausen, -tönen, -lärmen (*abs., zB.* °*pluvia* plätschert, °*fremitus totā contione; alci rei, zB.* °*milites portis* an den Toren); P. (*dcht., nkl.*) *obstrepi re v. etw.* umrauscht werden. **2.** übertönen, überschreien, (*in der Rede*) *jd. durch Geschrei od. Lärm* unterbrechen (*abs. od. alci, zB.* °*contio decemviro obstrepuit*); P. (*trans.*) niedergeschrien werden [*res clamore militum obstrepuntur*]. **3.** / stören, hinderlich sein (*abs. od. m. dat., zB. alci litteris jd. m.* Briefen belästigen, °*alcis studiis*).

ŏb-strĭctŭs *P.P.P. v.* ŏbstrīngō.

ŏb-strĭgĭllō 1. (*schlechtere Schreibung* strīng-; *wohl zu* strĭgō) (*vkl., nkl.*) hinderlich sein, im Wege stehen.

▶**ŏb-strīngō,** *strīnxī, strīctŭm* 3. (*strīnxī?*) **1.** (*unkl.*) **a)** vor *etw.* vorbinden [*follem ob gulam*]; **b)** zubinden, (fest)binden [*ventos* eingeschlossen halten]. **2.** / **a)** *jd.* (*moralisch*) binden, verpflichten (*alqm u.* °*alqd re, zB. cives legibus,* °*milites sacramento, pactione,* °*fidem alcis* sich der Treue *j-s* versichern, °*fidem suam alci* sein Wort verpfänden, °*clementiam suam crebris orationibus* sich in zahlreichen Reden zur Milde verpflichten, °*se alci, alqm obstrictum habere* sich *jd.* verpflichtet haben, *fide obstrictum teneri* durch Eid gebunden sein; °*religione gentili obstringi* nach fremdem Brauche schwören, *m. a.c.i.*); **b)** (*in Übles*) verwickeln, verstricken (*alqm re, zB. scelere religione mendacii od.* °*conscientiā facinoris* belasten *m.; aere alieno obstrictus* verschuldet).

ŏbstrūctĭō, *ōnis f* (ŏbstrŭō) Einschließung.

ŏbs-trūdō = ŏbtrūdō.

ŏb-strŭō, *strūxī, strūctŭm* 3. **1.** entgegen- *od.* (da)vorbauen (*alqd etw., zB.* °*novum murum pro diruto; luminibus alcis j-m* die Fenster *od.* das Licht verbauen, *auch* /). **2.** *etw.* verrammeln, versperren, *übh.* verschließen, unzugänglich machen (*alqd, zB. portam,* °*valvas aedis, flumina magnis operibus,* / *perfugia improborum,* °*aures alcis* gegen Bitten taub machen; *alci alqd, zB. aditum ad alqd*).

ŏb-stŭpĕfăcĭō, *fēcī, făctŭm* 3. (P. *-fīō, făctŭs sum, fĭerī*) in Erstaunen setzen, betäuben, stutzig *od.* gefühllos machen (*alqm, zB.* °*hostes;* / *auch alqd, zB.* °*metus maerorem obstupefacit* stumpft ab); *mediopass.* = ŏbstŭpēscĕrĕ.

ŏb-stŭpēscō, *pŭī,* — 3. erstarren, betäubt, gefühllos werden (*re* durch *etw., zB.* °*terrore*); *bsd.* (er)staunen, stutzen, sich entsetzen (*re* über *etw., zB. aspectu alcis*). [betäubt.]

ŏb-stŭpĭdŭs 3 (*vkl., nkl.*) starr,

ŏb-sŭm, *ŏbfŭī, ŏbĕssĕ* (*altl. coni. praes.* ŏbsĭĕt) entgegen sein, hinderlich sein, schaden (*abs. od. alci u. alci rei, zB. Miloni, orationi, non obest m. inf.* es schadet nichts).

ŏb-sŭō, *sŭī, sūtŭm* 3. (*nkl., dcht.*) zu-, annähen (*alqd*).

ŏb-sŭrdēscō, *dŭī,* — 3. (*incoh. zu* sŭrdŭs) taub werden [*aures*]; / (*v. Pers.*) taub bleiben, den Mahnungen kein Gehör geben.

ŏb-taedēscit, — — 3. *impers.* (*incoh. zu* *ŏbtaedĕt) es ekelt *jd.* an.

ŏb-tĕgō, *tēxī, tēctŭm* 3. (*altl.*: ŏptĭgō) **1.** schützend bedecken (*alqd re, zB.* °*vehiculum pellibus*); / decken, schützen (*alqm militum armis od.* °*precibus*). **2.** verbergen [°*domum arboribus* umschatten]; *klass. nur* / bemänteln, verschleiern [*turpitudinem alcis obscuritate,* °*divina humanaque* geheimhalten; °*sui obtegens* sich verstellend].

ŏbtĕmpĕrātĭō, *ōnis f* (ŏbtĕmpĕrō) Gehorsam [*legibus* gegen die Gesetze].

ŏb-tĕmpĕrō 1. (*eigtl.* „sich *jd.* gegenüber mäßigen") willfahren, gehorchen, sich richten nach (*alci u. alci rei, zB. magistratibus, alcis voluntati od. imperio*).

ŏb-tĕndō, *tĕndī, tĕntŭm* 3. (*klass. selten*) **1. a)** davorspannen, (da)vorziehen, *etw.* vor *etw.* halten (°*alqd alci rei u. ante alqd, zB.* °*coria munientibus,* °*sudarium ante faciem;* °*obtentā nocte* unter dem Mantel der Nacht; °/ *alqd alci rei* über *etw.* setzen [*curis obtendit luxum* er zog ein Genußleben den Regierungsgeschäften vor]); **b)** *mediopass.* (*nkl.*) *e-r Sache* gegenüberliegen [*Britannia Germaniae obtenditur*]. **2.** / (*nkl.*) **a)** *etw.* vorschützen [*valetudinem corporis*]; **b)** verhüllen, einhüllen (*alqd re, zB. diem nube*); P. *natura alcis quasi velis quibusdam obtenditur* ist gewissermaßen verschleiert.

ŏb-tĕntŭs¹ *P.P.P. v.* ŏbtĕndō *u.* ŏbtĭnĕō.

ŏbtĕntūs², ūs *m* (ŏbtĕndō) (*nkl.*, *dcht.*) **1.** das Vorziehen, Vorstecken [*frondis* Schutz des Laubdaches]. **2.** / **a)** Verschleierung [*vitiis -ui esse* als Hülle dienen]; **b)** Vorwand, Deckmantel (*alqd -ui sumere; obtentum habere, quasi m. coni.; sub -u alcis rei, zB. eius cognominis*).

ŏb-tĕrō, *trīvī*, *trītūm* 3. **1.** zertreten, zermalmen, zerquetschen (*alqm*, *equitatus hostem* reitet nieder). **2.** / **a)** aufreiben [*hostium alam*, °*Graeciam bellis*]; *m.* Füßen treten, zuschanden machen [*populi libertatem, alcis calumniam*]; **b)** herabsetzen, schmälern [*alqm verbis, alcis* °*laudem invidiā, voluptates* verachten].
F. *pf.-Formen synk.* °*ŏbtrīssĕ(m)* = *ŏbtrīvīssĕ(m)*.

ŏbtĕstātĭō, *ōnĭs f* (-ē-?; *ŏbtĕstŏr*) **1.** Beschwörung *durch Anrufung einer Gottheit* [*legis, tua* ~ *tibicinis* deine feierliche Götterverehrung unter Flötenspiel]; °*meton.* Beschwörungsformel. **2.** (*nkl.*) inständiges Bitten, *auch pl.*

▶ **ŏb-tĕstŏr** 1. (-ē-?) **1.** (*nkl.*) zum Zeugen anrufen (*alqm u. alqd, zB. Iovem, deum hominumque fidem*). **2.** (*nkl.*) feierlich beteuern (*alqd; m. a.c.i.*). **3.** *unter Anrufung der Götter jd.* beschwören, inständig bitten [*senatum, alqm per omnes deos*, °*amicum eadem; alqm de re jd.* um *od.* wegen *etw.*; *m. ut, ne od. m. bloßem coni.*).

ŏb-tĕxō, *tĕxŭī*, *tĕxtŭm* 3. (*nkl.*, *dcht.*) darüber weben; / überziehen, bedecken [*caelum umbrā*].

ŏbtĭcēntĭă, *ae f* (ŏbtĭcĕō) (*nkl.*) das Schweigen (*als Redefigur* = ἀποσιώπησις).

ŏb-tĭcĕō, —— 2. (*tăcĕō*) (*Te.*) Schweigen beobachten.

ŏbtĭcēscō, *tĭcŭī*, — 3. (*incoh. zu ŏbtĭcĕō*) (*unkl.*) verstummen.

ŏb-tĭgī *s.* *ŏbtĭngō*.

ŏb-tĭnĕō
1. (*trans.*) **a)** festhalten; **b)** innehaben, einnehmen; **c)** *mil.* besetzt halten; **d)** (*ein Amt*) bekleiden; **e)** (*Erstrebtes*) bekommen, erlangen; **f)** behalten, behaupten; **g)** sich *gerichtlich* durchsetzen; **h)** (*Behauptung*) aufrechterhalten, beweisen; **2.** (*intr.*) sich behaupten.

ŏb-tĭnĕō, *tĭnŭī*, *tĕntŭm* 2. (*tĕnĕō*) **1.** (*trans.*) **a)** (*Pl.*) festhalten [*auris* mich bei den Ohren]; **b)** innehalten, im Besitz haben, einnehmen, *bsd.* bewohnen (*alqd, zB. suam domum* Heimat, *partem Galliae, imperium, potestatem, principem locum, proverbii locum* als Sprichwort gelten, *numerum deorum* zu den Göttern gehören, °*ea fama plerosque obtinet* hat die meisten Anhänger); **c)** *mil.* (*e-n Ort*) besetzt halten [*castra*, °*ripam armis, stationem* Stellung bezogen haben]; **d)** (*ein Amt u.ä.*) bekleiden *od.* verwalten [*magistratum, operam* Amt, *provinciam; auch exercitum* kommandieren]; **e)** eine erstrebte Sache erlangen, bekommen [*regnum, principatum Galliae*, °*veniam ab alqo*]; *abs.* °seinen Wunsch erreichen; **f)** *etw.* festhalten, beibehalten, behaupten, bewahren [*pontem, principatum, libertatem, hereditatem*, °*victoriam, veritatem* der Wahrheit den Sieg verschaffen, *legem* streng beobachten, *silentium* fortsetzen, *vocem* konservieren; *m. ut, ne*]; **g)** (*gerichtlich*) *ius suum contra alqm* durchsetzen, *causam od. litem* den Prozeß gewinnen; **h)** (*eine Behauptung*) aufrechthalten *od.* verteidigen, beweisen [*duas contrarias sententias, m. a.c.i.*]. **2.** (*intr.*) (*nkl.*) sich behaupten, die Oberhand behalten, Geltung haben [*gloria bonitatis in alqo, nulla pro socia obtinet* gilt als Genossin, *fama obtinuit*].

ŏb-tĭngō, *tĭgī*, — 3. (*tăngō*) **1.** zuteil werden, zufallen, *bsd.* (*pol. t.t. vom Auslosen v. Ämtern*) [*provincia alci sorte*]. **2.** widerfahren, zustoßen [*si quid obtigerit* wenn mir *etw.* Menschliches zustößt; *m. ut*].

ŏb-tŏrpēscō, *pŭī*, — 3. (*incoh. v. *ŏb-tŏrpĕō*) erstarren, starr *od.* gefühllos werden, *körperlich u. geistig* [*manus*, °*contio*].

ŏb-tŏrquĕō, *tŏrsī*, *tŏrtŭm* 2. (her-) umdrehen, zusammendrehen [°*obtorti per collum circulus auri* = *torques aureus*], *bsd.* *gulam od. collum alcis jd.* würgen.

ŏbtrĕctātĭō, *ōnĭs f* (ŏbtrĕctō) Mißgunst, Eifersucht, Anfeindung (*alcis j-s; alcis rei, zB. laudis*).

ŏbtrĕctātŏr, *ōrĭs m* (ŏbtrĕctō) Widersacher, Nebenbuhler, Neider (*alcis u. alcis rei, zB. laudum*).

ŏb-trĕctō 1. (*trăctō*) entgegenarbeiten, gegen *etw.* ankämpfen (*alci u. alci rei, zB. huic legi*; °*inter se*); *bsd.* (Verdienste) verkleinern, herabsetzen (*laudibus alcis, nkl. auch laudes*).

ŏb-trūdō, *trūsī*, *trūsŭm* 3. **1.** (*nkl.*) in *etw.* hineinstoßen. **2.** (*Pl.*) herunterwürgen, hastig verschlingen [*pernam*]. **3.** / **a)** (*Com.*) *jd. etw.* aufdrängen [*alci virginem; palpum alci jd.* durch aufgedrungene Liebkosungen hintergehen]; **b)** (*Ov.*) (*Kleider*) säumen [*carbasa pullo* Kleider schwarz einfassen].

ŏb-trūncō 1. (*unkl.*) in Stücke hauen, niederhauen [*regem, cervos comminus* den Genickfang geben].

ŏb-tŭdī *s.* *ŏbtŭndō*.

ŏb-tŭĕŏr, — 2. *u.* (*altl.*) **ŏb-tŭŏr**, — 3. (*Pl.*) hinsehen, ansehen; erblicken (*ad alqm u. alqm*).

ŏb-tŭlī *s.* *ŏffĕrō*.

ŏb-tŭndō, *tŭdī*, *tŭ(n)sŭm* 3. **1.** (*vkl.*, *spätl.*) gegen *od.* auf *etw.* schlagen (*alqd*). **2.** (*dcht.*, *spätl.*) *durch Schlagen* stumpf machen. **3.** / **a)** abstumpfen, betäuben [*aures alcis jd. m. etw.* in den Ohren liegen, *m. a.c.i.*; *vocem* sich heiser schreien; *auch mentem, ingenia*]; *bsd.* (*e-n Affekt*) mildern, schwächen [*aegritudinem*]; **b)** belästigen, behelligen (*abs., zB. non obtundam diutius; alqm re, zB. longis epistulis*). *Cf. auch ŏbtūsŭs*.

ŏbtūnsŭs 3 *s.* *ŏbtūsŭs*.

ŏb-tŭrbō 1. **1.** (*nkl.*) verwirren, in Unordnung bringen [*hostes, occurrentes*]. **2.** / **a)** (*vkl.*, *nkl.*) überschreien (*alqm*); *abs.* dagegen lärmen [*obturbabant patres*]; **b)** (*seelisch*) betäuben (*alqm j-s* Schmerz); **c)** unterbrechen, stören (*alqm, solitudinem*).

ŏbtŭrgēscō, *tŭrsī*, — 3. (*incoh. v. *ŏb-tŭrgĕō*) (*dcht.*) anschwellen.

ŏb-tūrō 1. (*denom. v. *tūrŏs* „geballt" *zu tŭ-mĕō*) verstopfen [*partes corporis*; / (*dcht.*) *aures alci* gegen *jd.* = *jd.* nicht hören wollen].

ŏbtŭrsī *s.* *ŏbtŭrgēscō*.

ŏbtūsŭs 3 (*m. comp.*) (*eigtl. P.P.P. v. ŏbtŭndō*) **1.** (*nkl.*, *dcht.*) abgestumpft, stumpf [*telum*]. **2.** / **a)** betäubt, ermüdet [°*aures*]; **b)** verdunkelt [°*acies stellarum*]; **c)** (*Qu.*) heiser; **d)** schwach, matt [°*ne obtusior sit usus genitali arvo*]; / oberflächlich [°*iurisdictio*]; **e)** (*geistig*) abgestumpft [*animi acies u.* °*vigor, homo ad alqd*]; **f)** (*Ve.*) verhärtet, gefühllos [*pectora*]; **g)** dumm [*quid potest dici obtusius?*].

ŏbtūtŭs, *ūs m* (ŏb-tŭĕŏr) das Anschauen, Hinsehen, Blick (*meist abs.*, *obtutum figere in re; m. gen. subi. u. obi.*, *zB. oculorum*, °*malorum*).

ŏb-ŭmbrō 1. (*nkl.*, *dcht.*) **1.** beschatten (*alqd, zB. templum*). **2.** *übh.* verdunkeln [*aethera telis*; / *nomen*]. **3.** / **a)** verhüllen, beschönigen [*crimen*]; **b)** schützen [*nomen reginae obumbrat (eum)*].

ŏb-ŭncŭs 3 (*dcht.*) einwärts gekrümmt [*rostrum*].

ŏb-ŭstŭs 3 (-ūst-?; *eigtl. P.P.P. v. ūrō*) (*dcht.*) angebrannt [*sudes* durch Brennen gehärtet, *glaeba gelu -a* angegriffen v.].

ŏb-vāgĭō 4. (*Pl.*) (vor)wimmern.

ŏb-vāllō 1. verschanzen [*locum*], *auch* /.

ŏb-vĕnĭō, *vēnī*, *vĕntŭm* 4. **1.** (*nkl.*) *absichtlich* bei *etw.* eintreffen *od.* sich einfinden [*pugnae* bei der Schlacht]. **2.** begegnen: **a)** eintreten, widerfahren [°*consuli vitium* bei den Auspizien]; **b)** / zuteil werden, *durch Zufall od. durch das Los* an *jd.* kommen [*alci provincia sorte*, °*pecunia hereditate*].

ŏb-vĕrsŏr 1. **1.** (*nkl.*) vor *od.* bei *etw.* sich umhertreiben, sich zeigen, erscheinen (*alci rei u. in re, zB. castris, Carthagini, in foro*). **2.** / vorschweben (*abs. od. alci rei, zB. honestae species animo*, °*species alci in somnis, alqd* °*oculis u. ante oculos*).

ŏb-vĕrtō, *vĕrtī*, *vĕrsŭm* 3. (*nkl.*, *dcht.*) **1.** entgegen-, zukehren, zuwenden (*alqd, zB. remos* dem Wasser zukehren, einsetzen, *cornua antennarum* dem Meer entgegenwenden; *alqd in od. ad alqd, auch alci rei, zB. corpora in regionem* sich kehren, *remos lateri* quer über Bord legen, um nicht mehr zu rudern). **2.** *mediopass.* **a)** sich (hin)wenden [*ad matrem*]; *bsd. mil.* Front machen [*in hostem*]; **b)** seine Neigung *od.* Aufmerksamkeit *e-r Sache* zukehren, entgegenkommen (*alci u. ad alqd, zB. Antonio, ad sanguinem et caedes*).

▶ **ŏb-vĭăm** *adv.* (⟨ *ŏb vĭăm eigtl.* „gegen den Weg") **1.** entgegen, *freundlich u. feindlich, bsd. bei den Verben* ire, prodire, venire, se ferre *u.ä.* (*abs. od.* alci, *zB.* consuli; alci obviam dari [*nkl.*] in den Wurf kommen). **2.** *bsd.* **obviam ire a)** entgegentreten, sich widersetzen [°periculis, cupiditati hominum]; **b)** (*nkl.*) (*e-m Übel*) abhelfen, steuern [timori, fraudibus]; **c)** (*Ta.*) *jd.* unterstützen [periclitanti].

ŏb-vĭgĭlō 1. (*Pl.*) wachsam sein.

▶ **ŏbvĭŭs** 3 (ŏbvĭăm) **1.** begegnend, entgegenkommend, entgegen, *freundl. u. feindl., bsd. bei den Verben* esse, fieri, °se dare begegnen, in den Weg treten, °ire, mittere *u.a.* (*abs., zB.* °nullo obvio hoste, °litterae unterwegs eintreffend, °flamina *u.* °aquilones entgegenwehend, widrig; alci, *zB.* consuli litteras obvias mittere, °classi in obvio esse der Flotte begegnen). **2.** *v. Sachen* (*nkl.*) im Wege liegend [montes itineri obvii, castra obvia ponere]. **3.** *subst. m* der Begegnende [obvios percunctari]. **4.** / **a)** (*nkl., dcht.*) preisgegeben, ausgesetzt [ventorum furiis]; **b)** (*nkl.*) zur Hand, in der Nähe [arripiunt quidquid obvium est]. **5.** (*nkl.*) freundlich, gefällig [homo, comitas].

ŏb-vŏlvō, vŏlvī, vŏlūtŭm 3. **1.** einwickeln, verhüllen [caput]. **2.** / (*dcht.*) bemänteln [vitium verbis].

ŏb-vŏrtō 3. (*altl.*) = ŏbvĕrtō.

ŏc-caecō 1. **1. a)** (*nkl.*) blenden [alqm pulvere effuso]; **b)** / verblenden [alqm, animos cupiditate]. **2. a)** (*vkl., nkl.*) dunkel machen, verdunkeln, verfinstern [diem]; **b)** / unverständlich machen [orationem]; **c)** unsichtbar machen, verdecken [terra semen occaecat].

ŏccăllātŭs 3 (ŏb, căllŭm) (*Se.*) dickhäutig; / gefühllos.

ŏc-căllēscō, căllŭī, — 3. (*incoh. v.* *ŏc-căllĕō) **1.** (*unkl.*) dickhäutig werden [rostro sich zum Rüssel verhärten]. **2.** / (*v. Pers.*) gefühllos werden.

ŏc-cănō, ŭī, — 3. (*nkl.*) dazu-, dazwischenblasen *mil.* [cornua tubaeque].

▶ **ŏccāsĭō**, ōnĭs *f* (ŏccĭdō[1]) **1.** günstige Gelegenheit, Gunst der Umstände, *verstärkt* occasio temporis [magna, minima, praeclara; alcis rei zu *etw., zB.* laudis, pugnandi, °liberandae Graeciae, *auch* ad alqd; occasionem habere *u.* nancisci, amittere, omittere, praetermittere, dimittere, alci dare *u.* °praebere; per occasionem bei Gelegenheit, occasione datā *od.* °oblatā bei gegebener Gelegenheit]. **2.** *mil.* Handstreich = occasio rei (bene) gerendae (res occasionis est es kommt dabei nur auf einen Handstreich an). **3.** (*Qu.*) anständiger Vorwand.

ŏccāsĭŭncŭlă, ae *f* (*demin. v.* ŏccāsĭō) (*Pl.*) hübsche Gelegenheit.

ŏc-cāsŭs[1] *P.P.P. v.* ŏccĭdō[1].

▶ **ŏccāsŭs**[2], ūs *m* (ŏccĭdō[1]) **1. a)** Untergang der Gestirne, *bsd. der Sonne* [°lunae, solis; solis occasu bei Sonnenuntergang]; **b)** *meton.* Abend *als Himmelsgegend*, Westen [°ad occasum ab ortu solis]; *dcht. auch pl.* **2.** / Verderben, Fall, Sturz, Ende [rei publicae]; *bsd.* (*Ne.*) Tod [Eumenis].

ŏccātĭō, ōnĭs *f* (ŏccō) das Eggen.

ŏccātŏr, ōrĭs *m* (ŏccō) (*vkl., nkl.*) „Egger"; *auch* /.

ŏc-cĕcĭnī *s.* ŏccĭnō.

ŏc-cēdō, cēssī, cēssŭm 3. (*vkl.*) entgegentreten.

ŏc-cēntō 1. (ŏb, căntō) (*vkl., nkl.*) (vor *j-s* Haus) ein Ständchen bringen *od.* ein Spottlied singen.

ŏc-cēpī *s.* ŏccĭpĭō.

ŏccēptō 1. (*intens. v.* ŏccĭpĭō) (*Pl.*) anfangen.

ŏc-cēptŭs *P.P.P. v.* ŏccĭpĭō.

▶ **ŏccĭdēns**, ĕntĭs *m* (*eigtl. part. praes. v.* ŏccĭdō[1]; *sc.* sol) Westen [ab oriente ad occidentem]; *meton.* (*nkl.*) Abendland.

ŏccĭdēntālĭs, ĕ (ŏccĭdēns) (*nkl.*) westlich [ventus Abendwind].

ŏc-cĭdī[1] *s.* ŏccĭdō[1].

ŏc-cīdī[2] *s.* occīdō[2].

ŏccīdĭō, ōnĭs *f* (ŏccīdō[2]) Niedermetzelung *od.* Vernichtung [occidione °caedere exercitum völlig aufreiben].

▶ **ŏc-cĭdō**[1], cĭdī, cāsŭm 3. (ŏb, cădō) **1.** (*vkl., nkl.*) niederfallen, hinfallen [arbores, alii super alios]. **2.** / **a)** (*v. Gestirnen*) untergehen [sol occidens Westen: vita occidens Lebensabend]; **b)** (*prägn.*) tot niederfallen, umkommen, *bsd.* im Kampf fallen [in bello pro patria, °dextrā suā, °ab alqo *v. j-s* Hand]; **c)** *übh.* untergehen, zugrunde gehen, verschwinden [nomen alcis; °occidi ich bin verloren].

▶ **ŏc-cīdō**[2], cīdī, cīsŭm 3. (ŏb, caedō) **1.** (*vkl.*) zu Boden schlagen [alqm pugnis]. **2.** totschlagen, niederhauen, töten, umbringen [filiam suam manu, °se]; *bsd.* in der Schlacht töten [alqm in proelio]; Truppenmengen niedermachen [copias hostium]; P. im Kampf fallen (*subst.* ŏccīsī *m* die Gefallenen). **3.** / (*dcht.*) **a)** (zu Tode) martern, peinigen (alqm; *bsd. durch Fragen u. Reden* [rogando *od.* legendo, fabulans *m.* deinem Geschwätz]); **b)** *jd.* verderben, zugrunde richten [occidit se et eum, quem defendit].

ŏccĭdŭŭs 3 (ŏccĭdō[1]) (*dcht., nkl.*) **1.** untergehend [sol, dies]; *meton.* westlich [aquae]. **2.** dem Tode nahe [senecta].

ŏccīllō 1. (ŏccō) (*Pl.*) zerschlagen [alci ōs].

ŏc-cĭnō, cĭnŭī *u.* cĕcĭnī, — 3. (ŏb, cănō) (*nkl.*) seine Stimme hören lassen (*bsd. v. Weissagevögeln*) *abs.* [avis, corvus].

ŏc-cĭpĭō, cēpī, cēptŭm 3. (*pf. auch* -coepī; *altl. fut. ex.* ŏccēpsō) (ŏb, căpĭō) (*vkl., nkl.*) **1.** (*trans.*) *etw.* anfangen, unternehmen (alqd, *zB.* magistratum antreten). **2.** (*intr.*) seinen Anfang nehmen [hiems].

ŏccĭpĭtĭŭm, ī *n* (ŏccĭpŭt *ds.*; ŏb, căpŭt) (*vkl., nkl.*) Hinterhaupt.

ŏccīsĭō, ōnĭs *f* (ŏccīdō[2]) Totschlag, Mord (alcis).

ŏccīsissŭmŭs 3 (*sup. v. P.P.P. v.* ŏccīdō[2]) (*Pl.*) ganz verloren.

ŏccīsŏr, ōrĭs *m* (ŏccīdō[2]) (*Pl.*) Totschläger, Mörder.

ŏc-cīsŭs *P.P.P. v.* ŏccīdō[2].

ŏcclāmĭtō 1. (*intens. v.* *ŏc-clāmō) (*Pl.*) laut schreien.

ŏc-clūdō, sī, sŭm 3. (*altl. pf.* ŏcclūstī; ŏb, claudō) **1. a)** verschließen, (zu)schließen [tabernas, °ostium]; **b)** einschließen, einsperren [°alqm apud se; nihil domi]. **2.** / (*Com.*) hemmen, Einhalt tun [linguam].

ŏccō 1. (*denom. v.* ŏccă „Egge" < *ŏkĭtā; *cf. ahd.* egida) (*unkl.*) eggen, *übh.* (*Land*) bestellen [segetem].

ŏc-cŭbō, bŭī, bĭtŭm 1. **1.** (*Pl.*) vor *etw.* liegen, Wache stehen. **2.** (*dcht., nkl.*) tot daliegen [morte, tumulo im Grab, umbris dem Tod erliegen].

ŏc-cŭbŭī *s.* ŏccŭbō *u.* ŏccŭmbō.

ŏc-cŭlcō 1. (călcō) (*vkl., nkl.*) niedertreten (alqm *u.* alqd).

ŏc-cŭlō, cŭlŭī, cŭltŭm 3 (*zu* cēlō) verdecken, verbergen, verstecken (alqm *u.* alqd, *zB.* captivum, vulnera, °virgulta multā terrā; alqd re *u.* °in, sub re, *zB.* feminas parietum umbris); / *etw.* verheimlichen, geheimhalten [puncta argumentorum].

ŏccŭltātĭō, ōnĭs *f* (ŏccŭltō) **1.** das Verbergen (*abs. od.* alcis rei). **2.** / Verheimlichung, (*als rhet. t.t.*) Übergehung = παράλειψις.

ŏccŭltātŏr, ōrĭs *m* (ŏccŭltō) „Verberger" [latronum Versteck].

▶ **ŏccŭltō** 1. (*altl.* -tāssĭs = -tāvĕrĭs) (*intens. v.* ŏccŭlō) **1.** verbergen, versteckt halten (alqm *u.* alqd, *zB.* se ibi; alqd re *u.* in re, *zB.* legionem silvis, alqd in terra, se post montem); *mediopass.* sich verborgen halten. **2.** / verheimlichen [flagitia, consilium; *auch* alqm = alcis nomen; *m. indir. Frages.*].

ŏc-cŭltŭs[1] *P.P.P. v.* ŏccŭlō.

▶ **ŏccŭltŭs**[2] 3 (*m. comp. u. sup.*; *adv.* **-ē** *u.* °**-ō**) (*eigtl. P.P.P. v.* ŏccŭlō) **1. a)** verborgen, versteckt, unbemerkt, *oft* / [°exitus, °iter, °febris schleichend, cupiditas, °alqs -us evadit unbemerkt, °alqs -us consedit in einem Versteck, -e proficisci heimlich, -e latēre, / -e dicere sich dunkel ausdrücken]; **b)** (*v. Pers. u. vom Charakter*) verschlossen [homo; °alcis rei *etw.* geheimhaltend, *zB.* consilii]. **2.** *subst.* **ŏccŭltŭm**, ī *n, meist pl.*: **a)** Versteck [-a templi *u.* °saltuum, in -um se abdere sich verbergen, ex -o invadere alqm; *adv.* °in occulto *u.* ex occulto *od.* °per occultum insgeheim]; **b)** Geheimnis, geheimer Gedanke [°pectoris, -a alci credere].

ŏc-cŭlŭī *s.* ŏccŭlō.

ŏc-cŭmbō, cŭbŭī, cŭbĭtŭm 3. niedersinken, (hin)fallen: **1.** sterben [honeste, °ante annos suos, °alcis ense]; *meist* mortem (*selten* °morte *u.* °morti) occumbere in den Tod gehen (*bsd. in der Schlacht*) [pro patria]. **2.** unterliegen (alci, *zB.* Rullo). **3.** (*Iust.*) (*v. Gestirnen*) untergehen [sol].

ŏccŭpātĭō, ōnĭs *f* (ŏccŭpō) **1.** Besetzung, Einnahme [fori]. **2.** / Beschäftigung, *pass.* = Inanspruchnahme, *bsd. durch Amtsgeschäfte, oft* = Behinderung, Abhaltung, *meist sg.* [maxima occupatione distineri; alcis *j-s, zB.* magistratuum; alcis rei *e-r* Sache *u. m. etw., zB.*

ambitionis Bemühungen bei der Amtsbewerbung, *urbis ac vitae* durch das öffentliche Leben, *temporum* Abhaltungen, Zeitumstände, *tantularum rerum m.* so geringfügigen Dingen, *rei publicae* (*gen. obi.*) Staatsgeschäfte, (*gen. subi.*) Staatswirren].

ŏccŭpātŭs 3 (*m. comp. u. sup.*) (*eigtl. P.P.P. v.* ŏccŭpō) **1.** (*v. Pers.*) beschäftigt (*abs.*, *zB. homo* vielbeschäftigt; *-a est* sie hat zu tun; *in re u.* °*re m. etw.*, *zB. in parando bello, in eo ... ut*). **2.** (*v. Sachen*) auf *etw.* beschränkt (*in re*, *zB. in singulis litteris*).

ŏc-cŭpō
1. a) einnehmen, besetzen; **b)** an sich reißen, sich aneignen; **c)** *jd.* fassen, ergreifen; **d)** angreifen, überfallen; **e)** erlangen, gewinnen; **f)** (*ein Geschäft*) rasch ausführen; **g)** stören, hindern; **2. a)** (*Affekte*) *jd.* erfassen, ergreifen; **b)** (*Gedanken*) *jd.* beschäftigen, fesseln; **3.** (*Geld*) anlegen, ausleihen; **4. a)** *e-r Sache* zuvorkommen; **b)** *jd.* zuerst anreden; **c)** *etw.* zuerst verrichten.

ŏc-cŭpō 1. (*altl. coni. pf.* -păssīs, īt; ŏb, căpĭō) **1. a)** (*e-n Ort*) einnehmen, besetzen, *bsd. mil.* (*alqd*, *zB. collem, loca superiora*, *dcht. auch* = ersteigen, erklimmen, *zB. cacumen, currum* besteigen; *alqd re*, *zB. urbem cohortibus, portum classe*); *übh.* (*unkl.*) *etw.* mit *etw.* anfüllen [*urbem aedificiis u. tectis* bebauen, *polum nube, alci ōs flammis j-m* die Glut ins Gesicht schleudern; / *aures criminibus*]; **b)** an sich reißen, sich aneignen, sich *e-r Sache* bemächtigen (*alqd*, *zB. naves, possessiones, regnum*, / °*honores*; *auch alqm* sich *j-s* bemächtigen, *jd.* für sich in Beschlag nehmen, *zB.* °*Telephum* durch Liebe erobern); *pf. auch* in Besitz haben, innehaben; **c)** *jd.* fassen *od.* ergreifen [*alqm per suos* ergreifen lassen, °*alqm amplexu* umarmen, °*feram* fangen, °*mors hominem* ereilt, °*iacentem manicis* fesseln]; **d)** (*dcht.*, *nkl.*) überfallen, angreifen, überrumpeln (*alqm, alqm gladio od. saxo*); **e)** *übh.* (*dcht.*) erlangen, gewinnen [*portum, aditum, cibum* auftreiben]; **f)** (*nkl.*, *dcht.*) (*ein Geschäft*) schleunig vollziehen, rasch ausführen [*facinus, liberum mortis arbitrium* in Eile benutzen]; **g)** (*nkl.*) *etw.* hindern, stören [*profluvium sanguinis*]. **2. a)** (*v. Zuständen, Affekten u.ä.*) *jd.* erfassen *od.* ergreifen [*alqm timor occupat*, °*pavor exercitum, occupatum esse aegritudine od. curis*, °*nox oculos* bedeckt, *fama occupat aures* erfüllt]; **b)** *jd. od. etw.* beschäftigen = fesseln, beherrschen [°*res occupat hominum cogitationes*, °*animum od.* °*manūs alcis*]; *cf. auch* ŏccŭpātŭs. **3.** (*Geld*) anlegen *od.* ausleihen [*pecuniam apud alqm od. alci grandi fenore*]. **4.** (*unkl.*) **a)** *einer Sache* zuvorkommen (*alqm u. alqd*, *zB. aprum telo* zuvor schießen, *diem fati* = sich das Leben nehmen, *gratiam alcis* vorher suchen, *iter* vorher besetzen, verlegen; *seit Li. auch m. inf.* = *m. etw.* zuvorkommen, *zB. alqs ferire occupat jd.* sucht den ersten Stoß zu tun); *auch P. occupor ab alqo jd.* kommt mir zuvor; **b)** *jd.* zuerst anreden (*alqm*); **c)** *etw.* zuerst verrichten [*ministerium*].

ŏc-cŭrrō
1. a) entgegenlaufen, begegnen; **b)** angreifen; **c)** *e-r Sache* beiwohnen; **2. a)** sich *j-m* darbieten, *j-m* einfallen; **b)** zu Hilfe kommen; **c)** *e-r Sache* entgegenarbeiten, abhelfen; **d)** entgegnen.

ŏc-cŭrrō, cŭrrī *u.* (*selten*) cŭcŭrrī, cŭrsŭm 3. **1. a)** entgegenlaufen, -eilen, begegnen, auf *jd. od.* zu *jd.* stoßen (*abs. od. alci*, *zB. hostibus*, °*obviam alci*; *auch alci rei*, *zB. signis*); **b)** feindl. auf *jd.* losgehen, *jd.* angreifen, *auch jd.* Widerstand leisten (*abs. od. alci u. alci rei*, *zB. armatis, duabus legionibus*); **c)** zu *etw.* hinkommen, bei *etw.* eintreffen, *e-r Sache* beiwohnen (*alci rei*, *auch ad alqd*, *zB.* °*neutri proelio, negotiis*, °*concilio u.* °*ad concilium, ad tempus*); *auch in etw.* hineingeraten [*aliis rebus* Verhältnisse, *graviori bello*]. **2.** / **a)** *j-m* sich darbieten, sich zeigen, vorkommen, vor die Seele treten (*abs.*, *zB. Atheniensium classes occurrebant* fielen ihm ein, °*nulla arbor occurrit* zeigte sich; *alci u. alci rei*, *zB.* °*desiderium quietis nobis, difficilior cogitatio ei, oculis, animo, menti, auch in mentem*); *impers. occurrit u. alci* (*ad animum*) *occurrit* es drängt sich der Gedanke auf, es fällt *jd.* ein; **b)** zu Hilfe kommen (*alcis exspectationi*); **c)** *e-r Sache* entgegenarbeiten, zuvorkommen (*alci rei*, *zB. alcis consiliis, discrepantiae* ein Mißverständnis lösen); *bsd. e-r Sache* abhelfen, Einhalt tun [°*utrique rei* beiden Übelständen]; **d)** (*m. Worten*) entgegnen, einwenden [*orationi alcis, occurritur alci a quaerentibus* es wird *jd. m.* der Frage entgegengetreten; *occurrit illud* es tritt mir der Einwand entgegen, *m. a.c.i.*; *quid occurrat, non videtis* was eingewendet werden kann].

ŏccŭrsātĭō, ōnīs *f* (ŏccŭrsō) (freundliches) Entgegenkommen [*popularis*]; *bsd.* Glückwunsch, *a. pl.* (*alcis*).

ŏccŭrsĭō, ōnīs *f* (ŏccŭrrō) (*nkl.*) Anfechtung [*fortunae*].

ŏccŭrsō 1. (*intens. v.* ŏccŭrrō) (*unkl.*) **1. a)** begegnen, auf *jd.* stoßen (*alci*); **b)** sich feindlich entgegenwerfen. **2.** heraneilen, -kommen, sich nähern [*portis*]; (*Pl.*) (*trans.*) *me occursant multae* mich überlaufen so viele Weiber. **3.** / widerstreben, entgegenwirken. **4.** / (*abs. od. animo*) einfallen.

ŏc-cŭrsŭm *P.P.P. v.* ŏccŭrrō.

ŏccŭrsŭs, ūs *m* (ŏccŭrrō) (*nkl.*, *dcht.*) **1.** Begegnung (*alcis*; *stipitis* Anstoßen an). **2.** das Herbeieilen.

Ŏcĕănŭs, ī *m* (Ὠκεανός) **1.** *nach gr. Mythos Gott des die Erdscheibe umströmenden Weltmeers, Gemahl der Tethys, V. der Meernymphen*; *patron.* °**Ŏcĕănītis**, ĭdīs *f* Meernymphe. **2.** Weltmeer, Ozean, *bsd. im Ggs. zum Mittelmeer* [*mare Oceanus, ostium -i* Straße v. Gibraltar].

ŏcĕllātŭs 3 (ŏcĕllŭs) (*vkl.*, *nkl.*) *m.* Augen versehen; *subst.* **-ī**, ōrŭm *m* Spielsteinchen (*wie die Würfel m. Augen bezeichnet*).

ŏcĕllŭs, ī *m* (*demin. v.* ŏcŭlŭs) **1.** (*vkl.*, *dcht.*) Äuglein. **2.** / **a)** *bildl. v. etw. Vortrefflichem*: Augapfel, Perle [*Italiae, villulae nostrae*]; **b)** (*Pl.*) *Kosewort* [*ocelle mi*].

Ŏcĕlŭm, ī *n St. der Grāiŏcĕlī in den Grajischen Alpen, j.* Oulx *in Piemont.*

ŏcĭmŭm, ī *n* (*Fw.* ‹ ὤκιμον) (*unkl.*) Basilienkraut, Basilikum.

ŏcĭŏr, ĭūs (*comp.*; ŏcĭssĭmŭs 3 *sup.*) (*wohl ablautend zu* ăcĕr[2]; *cf.* ὠκύς „schnell") **1.** (*nkl.*, *dcht.*) schneller, geschwinder, *v. Pers. u. Sachen* (*m.* °*inf.*). **2.** *adv. pos.* **ŏcĭtĕr** (*nkl.*) schnell; *comp.* **ŏcĭŭs** [*venire; serius ocius s.* sērŭs]; *auch* schleunigst, auf der Stelle; / °eher, leichter; *sup.* **ŏcĭssĭmē** (*nkl.*) am schnellsten.

ŏclĭ-fĕrĭŭs 3 (ŏcŭlŭs, fĕrĭō) (*Se.*) augenfällig.

Ŏcnŭs, ī *m* (Ὄκνος) *sagenhafter Erbauer der St. Mantua* (*s.d. u.* Mā̆ntō).

ŏcrĕă, ae *f* (*altl.* ŏcrĭs „scharf" *ablautend zu* ăcĕr[2]) (*unkl.*) Beinschiene, *meist pl.*

ŏcrĕātŭs 3 (ŏcrĕă) (*dcht.*, *nkl.*) *m.* Beinschienen (*od.* mit Gamaschen) bekleidet.

ŏctā- *u.* **ŏctōphŏrŏs**, ŏn (*Fw.* ‹ ὀκτά- *u.* ὀκτώ-φορος) *v.* acht Mann getragen [*lectica*]; *subst.* **-ŏn**, ī *n* eine *v.* acht Sklaven getragene Sänfte. — *Cf.* V.-B. II, 1.

Ŏctāvĭŭs 3 *röm. Gentilname*: **1. C.** ~ *vernichtete 62 v. Chr. die Reste der Katilinarier; er starb bei der Rückkehr aus seiner Provinz Makedonien 58 zu Nola.* **2. C.** ~ *nannte sich durch Cäsars Adoption C. Iūlĭŭs Caesăr Ŏctāvĭānŭs, der spätere Kaiser Augustus, geb. 63, röm. Kaiser 31 v. Chr. bis 14 n. Chr.* **3.** *Ŏctāvĭă, Schwester des Octavianus, zuerst m. C. Marcellus, dann m. dem Triumvir M. Antonius verheiratet, der sie Kleopatra zuliebe 32 verstieß, gest. 11 v. Chr.*; *adi.* **Ŏctāvĭŭs** *bzw.* **Ŏctāvĭānŭs** 3.

ŏctāvŭs 3 *num. ord.* (*wohl* ‹ *ŏctŏvŏs; *cf.* ὄγδο[ϝ]ος) **1.** der achte [*pars, legio*]; *adv.* °*octavum* zum achtenmal. **2.** *subst.* **-ŭs**, ī *m* (*sc.* lăpĭs) (*nkl.*) der achte Meilenstein (*v. Rom aus*); **-ă**, ae *f* (*sc.* pārs) (*nkl.*) der achte Teil, Achtel (*als Abgabe*); (*sc.* hōră) (*dcht.*) die achte Stunde; **-ŭm**, ī *n* (*sc.* grānŭm) achtfacher Ertrag.

ŏctĭē(n)s *num. adv.* (ŏctō) achtmal.

ŏctĭngĕntēsĭmŭs 3 *num. ord.* (ŏctĭngĕntī) der achthundertste.

ŏctĭngĕntī, ae, ă *num. card.* (ŏctō, cĕntŭm; *nach* sĕptĭngĕntī; *cf.* ὀκτακόσιοι) achthundert.
F. *Cf.* V.-B. VI.

ŏctĭ-pēs, pĕdĭs (*nach* ὀκτά-πους) (*dcht.*) achtfüßig [*cancer*].

ŏctĭplĭcātŭs 3 = ŏctŭplĭcātŭs.

ŏctō *num. card. indecl.* (*cf.* ὀκτώ, *nhd.* „acht") acht.

Ŏctōbĕr, brĭs, brĕ (ŏctō, *eigtl.* „der achte", *sc.* mēnsĭs; *cf.* Dĕcĕmbĕr) zum Oktober gehörend, des Oktobers [mensis der Oktober, *Kalendae, Idus, Nonae*].
F. *abl. sg.* -ī; *pl. neutr.* -ĭă, *gen.* -ĭŭm.

ŏctō-dĕcĭm *num. card. indecl.* (dĕcĕm) (*nkl.*) achtzehn.

Octodūrŭs, ī *m Hauptort des kelt. Bergvolkes der Veragrer im Wallis, j.* Martigny.

ŏctōgēnārĭŭs 3 (ŏctōgēnī) (*nkl.*) achtzig enthaltend; achtzigjährig.

ŏctōgēnī, *ae, ă num. distr.* (ŏctōgĭntā) (*vkl., nkl.*) je achtzig.

ŏctōgē(n)sĭmŭs 3 *num. ord.* (ŏctōgĭntā) der achtzigste.

ŏctōgĭē(n)s *num. adv.* (ŏctōgĭntā) achtzigmal.

ŏctōgĭntā *num. card. indecl.* (ŏctō; ‹ *ŏctŭāgĭntā *nach* sĕptŭāgĭntā?) achtzig.

ŏctō-iŭgĭs, ĕ (iŭgŭm) (*nkl.*) achtspännig; / (*verächtlich*) acht Mann hoch.

ŏctōnārĭŭs 3 (ŏctōnī) (*vkl., nkl.*) aus acht bestehend; *versus* achtgliedriger (jambischer) Vers, Oktonar.

ŏctōnī, *ae, ă num. distr.* (ŏctō) **1.** je acht [°*-os (asses) aeris* monatlich acht As]. **2.** (*dcht.*) acht auf einmal.

ŏctōphŏrŏs, ŏn *s.* ŏctăphŏrŏs.

ŏctŭplĭcātŭs 3 (ŏctŭplĕx achtfältig) (*Li.*) verachtfacht, achtmal mehr.

ŏctŭplŭs 3 (*Lw.* ‹ ὀκταπλοῦς; *cf.* dŭplŭs) achtfach [*pars*]; *subst.* **-ŭm,** ī *n* das Achtfache, achtfache Strafsumme [*poena -i*].

ŏctŭssĭs, ĭs *m* (ŏctō, ăssēs) (*Ho.*) acht Asse [*octussibus emptus* für acht As].

ŏcŭlārĭs, ĕ *u.* **-ārĭŭs** 3 (ŏcŭlŭs) (*spätl.*) Augen... [*medicus, medicina*].

ŏcŭlātŭs 3 (ŏcŭlŭs) (*vkl., nkl.*) **1.** *m.* Augen versehen, sehend [*testis* Augenzeuge]. **2.** sichtbar, augenfällig; *-ā die* (am sichtbaren Tage, *d.h.* am Zahltag) gegen bar [*vendere*].

ŏcŭlĕŭs 3 (ŏcŭlŭs) (*Pl.*) vieläugig [*Argus*].

ŏcŭlĭssĭmŭs 3 (*scherzh. sup. v.* ŏcŭlŭs) (*Pl.*) lieb (wie ein Augapfel).

> **ŏcŭlŭs**
> 1. a) Auge; b) Augenlicht; 2. a) (*bei Pflanzen*) Knospe; b) Leuchte; c) Perle = das Vorzüglichste.

ŏcŭlŭs, ī *m* (‹ *ŏquŭlŏs; *cf.* ătr-ōx; ὄμμα [‹ *ὄπμα]) **1.** **a)** Auge, *meist pl.* [*aperti, acuti; oculorum acies; oculos conicere u. convertere in alqd, oculos deicere de alqo u. a re* abwenden, °*demittere* niederschlagen, °*circumferre* umherblicken, *alqd oculis videre u. cernere, pascere oculos re* seine Augen an *etw.* weiden; *alqd ante oculos obversatur alci* schwebt vor Augen, *alqd alci od. sibi ante oculos ponere* vergegenwärtigen; *ante oculos alcis u. sub od. in oculis alcis* vor *j-s* Augen, in *j-s* Gegenwart, *in oculis esse od. vivere* allen sichtbar sein, *in oculis alcis u. alci esse* bei *jd.* sehr beliebt sein, *in oculis ferre od.* °*gestare alqm jd.* auf den Händen tragen, *res ante oculos od.* °*in oculis posita est* es ist augenscheinlich *od.* klar; / *oculi animi,* °*abesse ab oculis fori et curiae*]; **b)** (*meton.*) Augenlicht, Sehkraft, *meist pl.* [*oculos od. lumina oculorum amittere u. perdere,* °*veloci oculo percurrere alqd m.* schnellem Blick]. **2.** / **a)** (*dcht., nkl.*) (*bei Pflanzen*) Auge = Knospe; **b)** (*dcht.*) Leuchte [*mundi oculus v.* der Sonne]; **c)** Perle = das Vorzüglichste *in seiner Art, selten* [*oculi orae maritimae v. Karthago u. Korinth*]. — **Oculi *Name des 3. Fastensonntags (nach dem 1. Wort des Introitus).*

ōdēŭm *u.* **ōdīŭm²,** ī *n* (*Fw.* ‹ ᾠδεῖον) *Gebäude für musikalische Wettkämpfe,* Odeum.

▶ **ōdī,** *pf. inf.* ōdĭssĕ, ōsūrŭs (*pf. vereinzelt* °ōdīvī; *altl. part. pf.* ōsŭs; *s.d.*) *def.* (*vl. m.* ὀδύσσασθαι „zürnen" *verwandt*) hassen, (*dcht.*) *milder* nicht mögen, verschmähen [*vehementer; alqm u. alqd, zB. Clodium, servitutem; m.* °*inf.* = *nōllĕ*); *auch* °*etw.* verwünschen.

ōdĭō, — — 4. (*spätl.*) = ōdī.

ōdĭōsĭcŭs 3 (*Pl.*) *scherzh. Bildung* = ŏdĭōsŭs 3.

▶ **ŏdĭōsŭs** 3 (*m. comp. u.* °*sup.; adv.* **-ē**) (ŏdĭŭm¹) verhaßt, hassenswert, widerwärtig, lästig, anstößig, *v. Pers. u. Sachen* [*genus hominum, verba; alci j-m*]; *subst. -ă n* verdrießliche Geschichten; *insb.* langweilig [*orator*].

ōdĭssĕ *s.* ōdī.

> **ŏdĭŭm¹**
> 1. a) Haß; b) Abneigung, Widerwille; 2. widerwärtiges Benehmen; 3. Gegenstand *od.* Person des Hasses.

ŏdĭŭm¹, ī *n* (ōdī) **1.** **a)** Haß, Gehässigkeit, dauernde Erbitterung, Groll, Feindschaft, *auch pass.* = das Verhaßtsein, *oft pl.* [*acerbum, iniustum, odio incensus; alcis j-s u.* gegen *jd.* = *in od.* °*erga,* °*adversus alqm, zB. mulierum, nobilitatis, meum* mein Haß *u.* Haß gegen mich; *alcis rei* gegen *od.* wegen *etw., zB. voluptatis, defectionis* wegen, *inimicitiarum* entstanden aus; *odium mihi est cum alqo* Feindschaft besteht; *odio esse alci od. in odio esse alci u. apud alqm jd.* verhaßt sein; *odium habere* verhaßt sein, *aber odium alcis rei od. in alqm habere* Haß hegen gegen; *in odium alcis incurrere j-s* Haß auf sich laden; *vocare alqm in odium jd.* verhaßt machen; *magno odio in alqm ferri jd.* sehr hassen; *oft pl., zB. odia alcis in se convertere j-s* Haß sich zuziehen]; **b)** (*in milderem Sinne*) Abneigung, Widerwille, Antipathie [*suarum rerum* Unzufriedenheit *m.* seinen Verhältnissen]. **2.** *meton.* widerwärtiges Benehmen, Unausstehlichkeit (*alcis, zB. dictatoris*). **3.** (*concr.*) Gegenstand des Hasses, verhaßte Person [°*populi, odium hominis* verhaßter Mensch].

ōdĭŭm², ī *n s.* ōdēŭm.

▶ **ŏdŏr** *u.* (*altl.*) **ŏdōs,** ōrĭs *m* (*cf.* ὀδμή, ŏlĕō ‹ *ŏdĕō) **1.** Geruch, *der v. etw. ausgeht* [*suavis, taeter, alcis rei*]; (*selten*) (*unkl.*) Geruchssinn, Witterung *der Jagdhunde.* **2.** **a)** *meton. pl.* wohlriechende Stoffe, Räucherwerk, Spezereien, Salben [*odores incendere*]; *auch* °Zaubersalben; **b)** Gestank, schlechte Luft; **c)** (*dcht., nkl.*) Dunst *od.* Dampf, Qualm, Ausdünstung [°*culinarum*]. **3.** / Witterung *e-r Sache* = Ahnung, Vermutung [*odor alcis rei est* man munkelt *v. etw., zB. dictaturae; quodam odore suspicionis sentire* schon einigen Wind davon haben, daß, *m. a.c.i.; legum* schwache Hoffnung, *urbanitatis* schwache Spur].

ŏdōrātĭō, ōnĭs *f* = ŏdōrātŭs¹.

ŏdōrātŭs¹, ūs *m* (ŏdōrŏr) **1.** das Riechen, Geruch. **2.** Geruchssinn.

ŏdōrātŭs² 3 (*m. comp. u. sup.*) (ŏdŏr) (*nkl., dcht.*) wohlriechend, duftend [*cedrus, herbae, comae* parfümiert].

ŏdōrĭ-fĕr, fĕră, fĕrŭm (ŏdŏr, fĕrō) (*dcht., nkl.*) **1.** wohlriechend, duftend. **2.** Spezereien erzeugend [*gens* Perser].

ŏdōrō 1. (*denom. v.* ŏdŏr) (*nkl., dcht.*) *m.* Wohlgeruch erfüllen [*aëra fumis*].

ŏdōrŏr 1. (ŏdōrō) **1.** (*Pl.*) an *etw.* riechen, durch Riechen untersuchen [*pallam*]. **2.** (*dcht., nkl.*) *etw.* wittern (*alqd, zB. cibum*). **3.** / **a)** *etw.* ausspüren, erforschen, Wind *v. etw.* bekommen, *meist geringschätzig* [*alqd, zB. pecuniam; ex alqo jd.* auf den Zahn fühlen]; **b)** (*verächtlich*) nach *etw.* trachten [*decemviratum*]; **c)** (*Ta.*) an *etw.* nur riechen = sich oberflächlich *m. etw.* bekannt machen [*philosophiam*].

ŏdōrŭs 3 (*m. comp. u. sup.*) (ŏdŏr) (*nkl., dcht.*) **1.** wohlriechend. **2.** witternd [*canum vis*].

ŏdōs, ōrĭs *m s.* ŏdŏr.

Ŏdyssēă *u.* **-īă,** *ae f* (Ὀδύσσεια) die Odyssee (*Epos Homers u. lat. Bearbeitung durch Livius Andronicus*).

oecŏnŏmĭă, *ae f* (*Fw.* ‹ οἰκονομία; *so Ci., ad Att.* VI, 1) (*nkl.*) harmonische Gliederung *einer Rede od. eines Theaterstücks,* Disposition. — **Verwaltung.

oecŏnŏmĭcŭs 3 (*Fw.* ‹ οἰκονομικός) **1.** die Wirtschaft, den Haushalt betreffend; *subst.* ♀, ī *m* Der Haushalter (*Titel einer Schrift Xenophons*). **2.** (*Qu.*) (*rhet. t.t.*) gehörig, richtig [*dispositio causae*].

oecŏnŏmŭs, ī *m* (*Fw.* ‹ οἰκονόμος) (*spätl.*) Wirtschafter, Verwalter.

Oedĭpūs, ŏdĭs *u.* ī *m* (Οἰδίπους) *S. des Laïos u. der Iokaste, K. in Theben; auch Titel zweier Tragödien des Sophokles; sprichw.* (*Te.*) *Davo' sum, non Oedipus* ich bin kein Rätsellöser; *adi.* °**Oedĭpŏdīŏnĭŭs** 3 des Ödipus.
F. *Beste Formen: gen.* Oedĭpŏdĭs, *dat.* -ŏdī, *acc.* -ŭm, *abl.* -ŏdĕ.

Oenĕūs, ĕī *u.* ĕŏs *m* (Οἰνεύς) *K. v. Kalydon in Ätolien, V. des Meleagros u. des Tydeus, Veranstalter der Kalydonischen Jagd; cf.* V.-B. II, 3; *patron.* **Oenīdēs,** *ae m S. od. Nachkomme des Oineus* (= Meleager *u.* Diomedes); *adi.* **Oenēĭŭs** *u.*

Oenēŭs 3.

Oenŏmāŭs, ī *m* (Οἰνόμαος) *K. v. Pisa in Elis, V. der Hippodameia, Stammvater des Atridenhauses; Tragödie des Accius.*

oenŏphŏrŭm, ī *n* (*sc.* vās; *Fw.* ‹ οἰνοφόρον, *sc.* σκεῦος) (*dcht.*) Weinkorb, -krug.

oenŏpōlĭŭm, ī *n* (*Fw.* ‹ οἰνοπώλιον) (*Pl.*) Weinschenke.

Oenōtrŭs, ī *m* (Οἰνωτρός) *K. der Sabiner, nach dem Bruttium u. Lukanien* **Oenōtrĭă,** *ae f genannt wurden; adi.* **-ōtr(ĭ)ŭs** 3 (*dcht.*) = italisch, römisch.

oenŭs 3 (*altl.*) = ūnŭs.

oestrŭs, ī *m* (*Fw.* ‹ οἶστρος) (*nkl., dcht.*) **1.** Pferdebremse. **2.** / **a)** Raserei; Begeisterung; **b)** (*Hier.*) sinnliche Leidenschaft [*libidinis*].

oesŭs, ūs *m* (*altl.*) = ūsŭs.

oesȳpŭm, ī *n* (*Fw.* ‹ οἴσυπον) (*dcht., nkl.*) (*aus dem Fettschmutz der Schafswolle hergestelltes*) Heil- u. Schönheitsmittel.

Oetă, *ae u.* °**Oetē,** ēs *f* (Οἴτη) *Geb. in Südthessalien; cf.* V.-B. I, 1; *adi.* **Oetaeŭs** 3; *subst. m* = Herakles (*sein Flammentod auf dem Öta*).

ŏfĕllă, *ae f* (*demin. v.* ŏffă) (*Ma.*) Bissen, Stückchen.

ŏffă, *ae f* (*et. ungedeutet*) Bissen; *bsd.* Mehlkloß, Knödel [*pultis*]; Geschwulst; Klumpen, formlose Masse.

ŏffātĭm *adv.* (ŏffă) (*Pl.*) bissen-, stückweise.

ŏf-fēcī *s.* ŏffĭcĭō.

ŏf-fectŭs *P.P.P. v.* ŏffĭcĭō.

ŏf-fendī *s.* ŏffĕndō.

ŏffĕndĭcŭlŭm, ī *n* (ŏffĕndō) (*nkl.*) Anstoß, Hindernis.

> **ŏf-fĕndō**
> **1.** (*intr.*) **a)** anstoßen, sich stoßen; **b)** verunglücken, eine Niederlage erleiden; **c)** Anstoß erregen *od.* nehmen; (*Sache*) anstößig sein; **2.** (*trans.*) **a)** *etw.* anstoßen; **b)** auf *etw. od. jd.* stoßen, *jd. od. etw.* (an-)treffen; **c)** verletzen, beleidigen.

ŏf-fĕndō, fendī, fēnsŭm 3. (ŏb-fĕndō, *cf.* dē-fĕndō) **1.** *intr.* **a)** anstoßen, sich stoßen (*in re u.* °*alci rei, zB.* °*navis in scopulis; auch abs.*); / **b)** verunglücken, einen Unfall (*bsd. eine Niederlage*) erleiden [*naves in redeundo, apud iudices* = verurteilt werden; *offenditur* man kommt zu Schaden, *in exercitu offensum est* das Heer ist zu Schaden gekommen]; **c)** anstoßen: **α)** Anstoß erregen, verstoßen, *etw.* versehen, *j-s* Gunst verscherzen (*abs. od. in re, zB. in eo ... quod, nihil* in nichts, *aliquid* in *etw., apud plebem de aerario*); **β)** Anstoß an *etw.* nehmen, unzufrieden sein *m.* (*in alqo u. in re, alqd in alqo* an *etw.* bei *jd.* Anstoß nehmen); **γ)** (*v. Sachen*) anstößig sein [*consulare nomen*]. **2.** *trans.* **a)** *etw.* (*bsd. einen Körperteil*) anstoßen, *etw.* an *etw.* stoßen (*alqd, zB.* °*caput od.* °*pedem* sich *m.* dem Kopf *od.* am Fuß stoßen, °*scuta strepunt offensa* beim Anstoßen, °*pes offensus* strauchelnd, °*vocis offensa imago* der anprallende Schall des Echos; *alqd ad alqd, zB.* °*pedem ad lapidem*); **b)** / (*unerwartet*) auf *jd. od. etw.* stoßen, *jd. od. etw.* antreffen *od.* finden (*alqm u. alqd, zB. multos inimicos apud inferos, eundem bonorum sensum; m. dopp. acc., zB. alqm imparatum*); **c)** **α)** verletzen, beschädigen [*latus vehementer*]; / **β)** unabsichtlich wehe tun, lästig fallen (*alqm od. animum alcis, amicum, statuae populi oculos offendunt, animum in alqo* sich durch *jd.* beleidigt fühlen); P. an *etw.* Anstoß nehmen, über *etw.* unwillig sein (*in re u.* °*re*); **γ)** (*P.P.P.*) *adi.* **ŏffēnsŭs**[1] 3 (*m. comp.*): **αα)** gekränkt, aufgebracht, erzürnt (*alci, auch in alqm, zB. offensā in eum militum voluntate* sooft die Stimmung der Soldaten gegen ihn gereizt war; *re* durch *od.* über *etw.*); **ββ)** verhaßt, anstößig, zuwider [*ordo senatorius; alci, zB. civibus*]; *subst.* ŏffēnsŭm, ī *n* Verstoß.

ŏffēnsă, *ae f* (ŏffĕndō) Anstoß: **1.** (*nkl.*) Unbequemlichkeit, unangenehmer Zufall [*sine offensa*]. **2.** / **a)** (*nkl.*) Anfall einer Krankheit, Unpäßlichkeit [*leves -ae*]; **b)** (*nkl., dcht.*) Kränkung, Beleidigung [*offensas ense vindicare, mea* mir zugefügte]; **c)** Ungnade, Ungunst, gespanntes Verhältnis, Unwille [*in magna -a esse apud alqm; alcis rei* wegen *od.* über *etw.*].

ŏffēnsātĭō, ōnis *f* (ŏffēnsō) (*nkl.*) das Anstoßen, Verstoß.

ŏffēnsātŏr, ōris *m* (ŏffēnsō, *eigtl.* „Strauchler") (*Qu.*) Stümper.

ŏffēnsĭō, ōnis *f* (ŏffĕndō) **1.** das Anstoßen an *etw.* [*pedis*]; *meton.* Gegenstand *od.* Ort, wo man anstoßen kann = Vorsprung. **2.** / **a)** Erkrankung, Unpäßlichkeit [*gravis, corporis*]; **b)** Anstoß, *den jd. gibt od. nimmt,* Ärgernis: **α)** Mißstimmung, Verdruß, Abneigung, Ungnade, Ungunst [*populi* des Volkes *u.* beim Volke, *res -nem affert* erregt, *-ni alci esse, in -nem alcis irruere od.* (*v. Sachen*) *cadere, -nem habere ad alqd* Widerwillen gegen *etw.* haben]; *pl.* krankhafte Abneigungen; **β)** Mißkredit, gesunkene Achtung [*ordinis senatorii, iudiciorum*]; **γ)** Widerwärtigkeit, Unglücksfall, *bsd.* Niederlage [*belli* im Kriege, *iudicii* vor Gericht].

ŏffēnsĭuncŭlă, *ae f* (*demin. v.* ŏffēnsĭō) **1.** kleine Beleidigung [*animi tui*]. **2.** kleine Widerwärtigkeit [*-am accipere in re* erleiden].

ŏffēnsō 1. (*intens. v.* ŏffĕndō) (*unkl.*) **1.** anstoßen; (*căpita*) an die Wand stoßen. **2.** (*intr.*) (*in der Rede*) stocken.

ŏffēnsŭm, ī *n s.* ŏffĕndō 2 c, *γ*.

ŏffēnsŭs[1] 3 *s.* ŏffĕndō 2 c, *γ*.

ŏffēnsŭs[2], ūs *m* (ŏffĕndō) (*dcht.*) das Anstoßen; der Anstoß (*eigtl. u.* /).

▶ **ŏf-fĕrō,** ŏbtŭlī, ŏblātŭm, ŏffĕrrĕ (ŏb, fĕrō) **1.** **a)** entgegenbringen, vorhalten, darstellen, zeigen (*alqd u. alci alqd, zB. ōs suum,* °*speciem* Anblick, *fors cohortes* führt entgegen, *fors locum* bietet dar, °*poenam oculis deorum* vor den Augen der Götter vollziehen, °*res oblata* Erscheinung); **b)** **sē ŏffĕrrĕ** *u. mediopass.* **α)** sich zeigen (*alci, zB.* °*foedum omen; oblata facultate*); **β)** entgegengehen, begegnen [*advenientibus*]; *bsd. feindl.* entgegentreten, sich widersetzen [*se hostibus,* °*ad dimicandum*]. **2.** / **a)** anbieten, darbieten (*alqd u. alci alqd, zB.* °*praedam hosti,* °*matrimonium,* °*operam suam; se* seine Dienste anbieten, sich zur Verfügung stellen, *ad alqd* zu *od.* für *etw., auch m.* °*a.c.i. fut.* sich erbieten *etw.* zu tun); **b)** aussetzen, preisgeben, überliefern, weihen [*caput suum periculis, se morti u. ad mortem* sich dem Tode weihen, *se in discrimen*]; **c)** *etw.* wider *jd.* vorbringen [°*crimina*]; **d)** darbringen, erweisen, gewähren, antun, zufügen, verursachen (*alci alqd, zB. mortem od. necem, auxilium, stuprum sorori, terrorem* einjagen, *beneficium* einen Dienst erweisen, *speciem* eine Täuschung *m.* sich bringen).

ŏffĕr(r)ŭmĕntae, ārŭm *f* (-ŭ-?; *et. umstritten*) (*nur Pl. Rud.* 753) Nähte (?); Geschenke (?); / (*scherzh.*) Striemen, Schläge.

ŏffĕrtōrĭŭm, ī *n* (ŏffĕrō) (*Isid.*) Opferstätte. — ** Opfergang; Opferungsgesang (*eigtl. Antiphona ad* ~), *Teil der Eucharistie.*

ŏffĭcĭālis, ĕ (ŏffĭcĭŭm) (*spätl.*) Pflicht..., Amt...; *subst.* ~, is *m* Subalternbeamter.

ŏffĭcīnă, *ae f* (‹ ŏpĭfĭcīnă *zu* ŏpĭfĕx) Werkstätte, Fabrik (*alcis j-s, zB.* °*Cyciopum; alcis rei, zB. armorum*); / = Schule [*Isocratis domus cunctae Graeciae patuit quasi officina dicendi; meist pejorativ* = Brutstätte, Herd, *zB. nequitiae*].

▶ **ŏf-fĭcĭō,** fēcī, fectŭm 3. (ŏb-făcĭō) **1.** in den Weg treten, den Weg versperren (*alci u. alci rei, zB.* °*ipsi sibi* einander, °*hostium itineri,* °*nubes visui; luminibus alcis jd.* die Aussicht benehmen, *auch* / *mentis luminibus jd.* blenden; [*nkl.*] *alqd, nur iter* den Weg abschneiden). **2.** / hinderlich sein, beeinträchtigen (*alci rei, zB. alcis commodis,* °*libertati, sententiis alcis* verdunkeln).

ŏffĭcĭōsŭs 3 (*m. comp. u. sup.; adv.* **-ē**) (ŏffĭcĭŭm) diensteifrig, gefällig, willig, *v. Pers. u. Sachen* [*homo,* °*epistula; in alqm* gegen *jd.*]; *bsd.* pflichtmäßig [*labores*].

> **ŏffĭcĭŭm**
> **1.** Dienst(leistung); **2.** **a)** Gefälligkeit, Liebesdienst; **b)** Ehrenbezeigung; **c)** offizielle Feier; **3.** Amt, Geschäft, Beruf; **4.** **a)** Pflicht, Verpflichtung; **b)** Pflichterfüllung, Gehorsam; **c)** Pflichttreue.

ŏffĭcĭŭm, ī *n* (‹ *ŏpĭ-făcĭŏm; *Neubildung* °ŏpĭfĭcĭŭm; ŏps, făcĭō) **1.** Dienst, Dienstleistung, Verrichtung [*-a servorum,* °*pedum*]. **2.** **a)** Gefälligkeit, Liebesdienst, Höflichkeit, *auch* (*bsd. pl.*) Dienstfertigkeit (*alcis j-s, alcis rei* in *etw., zB. belli* im Kriege; *in alqm* gegen *jd.*, *zB. vir singulari in rem publicam -o; litterae -i plenae, -a intendere* den Diensteifer steigern, *-is suis prosequi alqm*); *bsd.* (*nkl.*, *dcht.*) letzter Liebesdienst *an Toten* [*supremum, triste*]; *auch* (*dcht.*, *nkl.*) = Beischlaf [*ter Libas officio continuata meo*]; **b**) (*unkl.*) Ehrenbezeigung, -dienst, *bsd. bei öffentlichen Gelegenheiten* [*urbana, -i causā* ehrenhalber, *zB. prosequi alqm a domo, alci -um* °*facere u.* °*praestare* seine Aufwartung machen]; **c**) (*nkl.*) offizielle Feier, Zeremonie. **3.** Amt, Geschäft, Beruf, *pl.* Wirkungskreis (*alcis u. alcis rei*, *zB. scribae* des Geheimschreibers, *legationis*, °*sacri* Opferdienst, *privatum* Privatgeschäft, *-o praeesse*, °*in -o esse* seinen Dienst tun); *bsd. mil.* Kommando [*maritimum* zur See]. **4. a**) moralische Pflicht, Verpflichtung, Schuldigkeit (*alcis*, *zB. legati, militis, iudicis; alcis rei*, *zB. necessitudinis*; *-um facere od. exsequi, servare, praestare alci* gegen *jd.* erfüllen, *-o fungi, -o satisfacere, ab -o discedere* = *-um deserere od. -o deesse* verabsäumen); *adv. officio* pflichtmäßig, *zB. defendere alqm; est alcis -um, ut od. m. inf.*; **b**) (*meton.*) Pflichterfüllung [*adulescentis -um collaudare*]; *bsd.* Gehorsam *der Besiegten* [*-o assuefactus, alqm in -o tenere u. continere, in -o esse u.* (*per*)*manere* verharren]; **c**) Pflichtgefühl, Pflichttreue [*imperatoris, vita rustica cum -o coniuncta est*]. — ***divinum* Gottesdienst; *altaris* Liturgie.

ŏf-fīgō, *fīxī, fīxŭm* 3. (*unkl.*) einschlagen, befestigen [*vallos*].

ŏf-fīrmō 1. (*-ī-?*) **1.** (*unkl.*) festmachen [*animum suum* sich ein Herz fassen]; (*se*) *-are* fest entschlossen sein. **2.** (*P.P.P.*) *adi.* **ŏffīrmātŭs** 3 (*m. comp.*; *adv.* °*-ē*) **a**) (*vkl.*, *nkl.*) fest, standhaft; **b**) störrisch, eigensinnig [*voluntas*].

ŏfflă *synk.* = *ŏffŭlă*.

ŏf-flĕctō, — — 3. (*Pl.*) umlenken [*navem*].

ŏf-fōcō 1. (*ŏb, faux*) (*nkl.*) ersticken, erwürgen.

ŏf-frēnātŭs 3 (*ŏb, frēnō*) (*vkl.*, *nkl.*) *eigtl.* am Zaum gefaßt; / (*scherzh.*) *-um ductare* an der Nase herumführen, täuschen.

ŏffūcĭă, *ae f* (*ŏb, fūcŭs*) (*Pl.*) Schminke; / Blendwerk, Täuschung.

ŏffŭlă, *ae f* (*demin. v. ŏffă*) (*nkl.*) Stückchen, Bissen.

ŏf-fŭlgĕō, *lsī*, — 2. (*nkl.*, *dcht.*) entgegenleuchten [*lux oculis offulget*].

ŏf-fūndō, *fūdī, fūsŭm* 3. **1.** (*Pl.*) *etw.* vor *od.* über *etw.* hingießen *od.* ausgießen. **2.** / **a**) ausbreiten, verbreiten (*alqd alci rei*, *zB. noctem rebus*, °*caliginem oculis jd.* schwindeln machen, *si quid tenebrarum offudit exsilium* wenn die Verbannung das Gemüt *m.* trüber Stimmung erfüllt; *ob alqd*: *nur ob oculos u. ob ōs*); *mediopass.* sich ausbreiten, sich verbreiten, sich ergießen [*aër nobis offunditur* umgibt uns, °*religio animo offusa* die den Herzen sich aufdrängende Scheu, °*terror oculis auribusque offunditur*]; **b**) *alqd re etw. m. etw.* bedecken, erfüllen [°*alqm pavore*], überstrahlen [*lumen lucernae luce solis offunditur*].

ŏg-gānnĭō 4. = *ŏbgānnĭō*.

ŏg-gĕrō 3. = *ŏbgĕrō*.

ōh *int. s. ō.*

ŏhē *u.* (*im Bühnenvers*) **ŏhē** *int.* (*wohl Fw.* < *ὠή*) (*vkl.*, *dcht.*) halt! halt ein!

ŏhŏ *int.* (*wohl falsche Schreibung* für *ŏhē*) (*Com.*) oho!

ōiei *u.* (*Te.*) **ŏiei** (< *oi* = *ol* + *ei*) (*Com.*) *int.* o weh!

Ŏīleūs, *ĕī u.* °*ĕōs m* (*'Οϊλεύς*) *K. der Lokrer, V. des Kleinen Aiās* (*Αἴας, lat. Āiāx*); *cf.* V.-B. II, 3; *patron.* °**Ŏīlīdēs** *u.* °**Ŏīlĭădēs**, *ae m* (= Ajax).

ŏlĕă, *ae f* (*Lw.* < **ἐλαίϜā*, *an ŏlĕŭm angeglichen*) = *ŏlīvă*.

ŏlĕāgĭnŭs 3 (*ŏlĕă*) (*unkl.*) vom Ölbaum [*virgula* Ölzweig].

ŏlĕārĭŭs 3 (*ŏlĕŭ*) Öl... [*cella*]; *subst.* ~, *ī m* (*vkl.*, *nkl.*) Ölhändler.

Ŏlĕărŏs, *ī f* (*'Ωλέαρος*) *Kykladeninsel*, *j.* Antiparo. *Cf.* V.-B. II, 1.

ŏlĕāstĕr, *strī m* (*ŏlĕă*) wilder Ölbaum.

ŏlēns, *ĕntĭs* (*eigtl. part. praes. v. ŏlĕō*) (*dcht.*) **1.** duftend. **2.** stinkend; *cf.* V.-B. VIII.

Ŏlĕnŭs, *ī f* (*"Ωλενος*) *alte St. i. Ätolien*; *adi.* **Ŏlĕnĭŭs** 3 (*dcht.*) = ätolisch [*capella* die Ziege Amalthea].

ŏlĕō, *ŏlŭī*, — 2. *u.* (*altl.*) **ŏlō**, *ŭī*, — 3. (*wohl zu ŏdŏr*; *vl. l statt d nach ŏlĕŭm*) **1. a**) riechen = einen Geruch *v.* sich geben, duften [*bene*, °*male*, °*suave*; *alqd u.* °*re* nach *od. v. etw.*, *zB. crocum, ceram*, °*sulpure*], *nihil* nach nichts [°*mulier recte olet, ubi nihil olet*]; **b**) (*nkl.*) stinken. **2.** / **a**) *etw.* verraten *od.* erkennen lassen [*malitiam, nihil ex Academia* keine Spur *v.* der Ak. an sich tragen]; **b**) (durch seinen Geruch) sich bemerkbar machen (*m. indir. Frages.*); (*Pl.*) *aurum huic olet* er merkt, daß ich Geld habe.

ŏlētŭm, *ī n* (*ŏlĕō*) (*seit Pers.*) Kot, Exkremente.

▶**ŏlĕŭm**, *ī n* (*Lw.* < **ἔλαιϜον*) **1.** Öl, *bsd.* Olivenöl, Baumöl. **2.** *sprichw.*: **a**) *oleum et operam perdere* sich vergeblich abmühen; **b**) °*oleum addere camino* Öl ins Feuer gießen; **c**) / (*v. einer rhet. Übung*) *palaestrae et olei est* sie verrät Schule *u.* Feile.

ŏl-făcĭō, *fēcī, făctŭm* 3. (*ŏlĕō, făcĭō*) **1.** riechen (*alqd*; °*auch abs.*). **2.** / *etw.* wittern = wahrnehmen (*alqd*, *zB. unguentum*; / *nummum*).

ŏlfăctō 1. (*intens. v. ŏlfăcĭō*) (*vkl.*, *nkl.*) an *etw.* riechen, *etw.* beriechen (*alqd*).

ŏlĭdŭs 3 (*ŏlĕō*) (*nkl.*, *dcht.*) riechend, stinkend [*capra*].

▶**ōlīm** *adv.* (< **ōllīm*; *altl. acc. zu ōllŭs*; *cf. illīm, eigtl.* „in jener fernen Zeit") **1. a**) vor Zeiten, ehemals, einst [*olim vel nuper*]; **b**) (*unkl.*) längst, seit jeher; **c**) (*kl. selten*) in ferner Zukunft, dereinst, einstmals [°*non si male nunc, et olim sic erit*]. **2.** (*dcht.*) manchmal, bisweilen, *auch* gewöhnlich (*bsd. in Vergleichen*). **3.** (*vkl.*, *dcht.*) (*in Frage- u. Konditionalsätzen*) je, jemals [*an quid est olim salute melius?*].

ŏlĭtŏr, *ōrĭs m* (*ŏlŭs*) Gemüsegärtner, -händler.

ŏlĭtōrĭŭs 3 (*ŏlĭtŏr*) (*vkl.*, *nkl.*) Kohl..., Gemüse... [*forum olitorium* Gemüsemarkt].

ŏlīvă, *ae f* (*Lw.* < **ἐλαίϜα*) **1.** (*dcht.*, *nkl.*) Olive. **2.** Ölbaum, *der Pallas heilig*. **3.** (*dcht.*) Ölzweig. **4.** (*dcht.*) Olivenkranz. **5.** (*dcht.*) Olivenstab *des Hirten*.

ŏlīvētŭm, *ī n* (*ŏlīvă*) Ölpflanzung, Ölgarten, Olivenhain.

ŏlīvĭ-fĕr, *fĕră, fĕrŭm* (*ŏlīvă, fĕrō*) (*dcht.*) Oliven tragend, ölbaumreich [*Mantua*]; *corona v.* Ölzweigen.

ŏlīvŭm, *ī n* (= *ŏlĕŭm, an ŏlīvă angeglichen*) (*vkl.*, *dcht.*) **1.** Olivenöl; *bsd.* Salböl *der Ringer*; *auch* = *palaestra*. **2.** *wohlriechende* Krem.

ōllă, *ae f* (*vulgär für aulă*[2]) Topf, Kochtopf.

ōllārĭs, *ĕ* (*ŏ-?*; *ōllă*) (*dcht.*, *nkl.*) Topf... [*uvae die in Töpfen aufbewahrt wurden*].

ōllē *u.* **ōllŭs** 3 (*altl.*) = *īllē*. (*sg. dat. ōllī*; *pl. nom. ōllī*; *dat. ōllīs*; *acc. ōllōs, ōllă*).

ŏlō 3. *s. ŏlĕō.*

ŏlŏr, *ōrĭs m* (< **ĕlōr*; √**el- u.* √**ol-* „schreien") Schwan.

ŏlōrīnŭs 3 (*ŏlŏr*) (*dcht.*) Schwanen... [*pennae*].

ŏlŭs *u.* **hŏlŭs**, *ĕrĭs n* (*altl. hĕlŭs*; *zu hĕlvŭs* „honiggelb, gelbgrün"; *cf. hĕlvĕllă*) Grünzeug, Gemüse (*bsd.* Kohl *u.* Rüben).

ŏlŭscŭlŭm, *ī n* (*demin. v. ŏlŭs*) Gemüse, Kohl, *dcht. auch pl.*

Ŏlўmpĭă, *ae f* (*'Ολυμπία*) **1.** *ein dem Zeus heiliger Bezirk in Elis, wo die Olympischen Spiele alle vier Jahre gefeiert wurden, j. ber. Ruinenstätte; deutsche Grabungen seit 1874* (*Heraion, Zeustempel m. bedeutenden Giebelskulpturen u. Metopen; Hermes des Praxiteles; Nike des Paionios*). **2.** *adi.* **a**) **Ŏlўmpĭŭs** 3 olympisch; *subst.* **Ŏlўmpĭŭm**, *ī n Tempel des Zeus u. Städtchen in Sizilien in der Nähe v. Syrakus*; *pl.* **Ŏlўmpĭă**, *ōrŭm n* die Olympischen Spiele [*ad -a proficisci*, °*-a vincere u.* °*coronari*]; **b**) °**Ŏlўmpĭcŭs** *u.* **Ŏlўmpĭăcŭs** 3 olympisch. **3.** *subst.* **a**) **Ŏlўmpĭŏnīcēs**, *ae m* (*'Ολυμπιονίκης*) Sieger in den Olympischen Spielen; **b**) **Ŏlўmpĭăs**[1], *ădĭs f* (*'Ολυμπιάς*) Olympiade, *Zeitraum v. vier Jahren* (*Olympiadenrechnung seit 776 v. Chr.*); (*dcht.*) (= *lūstrŭm*[3]) fünfjähriger Zeitraum.

Ŏlўmpĭăs[2], *ădĭs f* (*'Ολυμπιάς*) *Gattin Philipps II. v. Makedonien, M. Alexanders d. Gr.*

Ŏlўmpĭŏnīcēs, *ae m s. Ŏlўmpĭă.*

Ŏlўmpŭs, *ī m* (*"Ολυμπος*) *Bergzug auf der Grenze v. Makedonien* (*Pierien*) *u. Thessalien, in der Mythologie als Wohnsitz der Götter*; *daher meton.* (*dcht.*) = Himmel(sgewölbe).

Ŏlȳnthŭs, ī *f* (Ὄλυνθος) *St. auf der Chalkidike, 347 v. Chr. v. Philipp zerstört; Einw.* **Ŏlȳnthĭī,** ōrŭm *m.*

O.M. (*Abk.*) = ŏptĭmŭs măxĭmŭs (*Beiname Jupiters*).

ŏmāsŭm, ī *n* (*vl. gall. Fw.*) (*nkl., dcht.*) Rinderkaldaunen.

▶**ōmĕn,** ĭnĭs *n* (*altl.* ŏsmĕn; *et. ungeklärt*) **1. a)** Vorzeichen, Vorbedeutung [*detestabile,* °*secundum,* °*faustum,* °*triste; capere* zu bekommen suchen, abwarten, *accipere* annehmen; °*ominis causā*]; *bsd.* schlimmes *od.* drohendes Zeichen; **b)** Wunsch *als gutes Omen,* Glückwunsch [*optimum, alqm votis ominibusque prosequi*]. **2.** (*Te.*) Bedingung [*ea lege atque omine, ut*]. **3.** (*Ve.*) (*m. Auspizien verbundener*) feierlicher Brauch (*alci omen est m. inf.*); *bsd.* Hochzeit, Ehe, *pl.* [*prima*].

ōmĕntŭm, ī *n* (< *ŏvĭmĕntŭm *zu* ĕxŭō, ĭndŭō; *eigtl.* „Überzug, Netzhaut") (*nkl., dcht.*) jede Haut *im Innern des Körpers;* (*meton.*) Fett; Eingeweide.

ōmĭnātŏr, ōrĭs *m* (ōmĭnŏr) (*Pl.*) Wahrsager.

ōmĭnŏr 1. (*denom. v.* ōmĕn) **1. a)** ein (böses) Wahrzeichen geben (*abs.*); *übh.* weissagen, prophezeien (*alci, zB. rei publicae nostrae; alqd, zB.* °*felix imperium*); **b)** (*Li.*) ahnen [*fortunam*]. **2.** androhen, anwünschen [°*verba male ominata* Worte *v.* böser Vorbedeutung; °*ominari horreo*].

ōmĭnōsŭs 3 (*m. comp.; adv.* **-ē**) (ōmĕn) (*nkl.*) unheilvoll.

ŏ-mīsī *s.* ŏmĭttō.

ŏmĭssŭs 3 (*eigtl. P.P.P. v.* ŏmĭttō) (*Te.*) nachlässig (*bsd. in Geldsachen*).

▶**ŏ-mĭttō,** mīsī, mĭssŭm 3. (*lautgesetzlich nach dem Mamillagesetz* < *ŏmmĭttō; ŏb, mĭttō) **1.** (*im eigtl. Sinn vkl., nkl.*) fahrenlassen, fallenlassen, wegwerfen [*arma, habenas, maritum* verlassen]. **2.** / **a)** *absichtlich* aufgeben, unterlassen, einstellen, unbeachtet lassen (*alqm u. alqd, zB.* °*Scythas* in Ruhe lassen, *humanitatem, timorem, occasionem* unbenutzt lassen, °*scelus impunitum* ungestraft lassen, *omnibus rebus omissis m.* Hintansetzung alles anderen; *m. inf.* = unterlassen, aufhören, *deutsch oft* = nicht weiter, nicht mehr, *zB. lugere*); **b)** (*in der Rede od. Erzählung*) übergehen (*alqm u. alqd, zB. innumerabiles viros, illa vetera; auch de re, zB. de reditu Gabinii; m. a.c.i. u. indir. Frages.*).

ŏmnĭ-cĭēns, ĕntĭs (ŏmnĭs, cĭĕō) (*Lu.*) alles erregend.

ŏmnĭ-gĕnă, ae *m u. f* (ŏmnĭs, gĕnō = gĭ-gn-ō) (*dcht.*) *v.* allerlei Art, allerlei [*dii*]. (*gen. pl.* °-ŭm, *cf.* V.-B. VI, 6).

ŏmnĭ-gĕnŭs (*unkl.*) = ŏmnĕ gĕnŭs (*acc.!*) allerlei.

ŏmnĭ-mŏdĭs *adv.* (ŏmnĭs, mŏdŭs) (*unkl.*) auf jede Weise.

omnīnō
1. gänzlich, völlig; durchaus; 2. allerdings; 3. im ganzen, im allgemeinen, überhaupt; 4. (*zusammenfassend*) mit einem Wort.

ŏmnīnō (ŏmnĭs; *Bildung wie* rĕpĕntīnō) *adv.* **1.** gänzlich, ganz *u.* gar, völlig, durchaus, *im Ggs. zu teilweise; meist nachgestellt, bsd. bei adi.* [*egregius vir* ~, *defensionum laboribus* ~ *liberatus,* ~ *aut magna ex parte; non* ~ nicht völlig, *auch* gar nicht; ~ *non* durchaus nicht, überhaupt nicht, gar nicht, ~ *nemo* überhaupt niemand, ~ *nihil* überhaupt nichts]. **2.** allerdings, *einen Ggs. vorbereitend* [*pugnas* ~, *sed cum adversario facili*]. **3.** im ganzen, im allgemeinen, überhaupt [*de hominum genere aut* ~ *de animalibus loquor*]; *bsd.* **a)** (*bei Zahlangaben*) [*octo* ~ *legiones*]; *auch* = überhaupt nur [*duo* ~ *itinera erant*]; **b)** überhaupt (*bei Hervorhebung der Allgemeingültigkeit einer Aussage*), *zB. is illo die* ~ *mortuus non est;* **c)** *auch* nur = *v.* allem weiteren abgesehen [*moleste fero, quod* ~ *respondere ausus es; non solum ... sed omnino*]. **4.** (*zur Zusammenfassung*) (*Pl.*) kurz, *m.* einem Wort [~, *ut te absolvam, nullam hic avem conspicio*].

ŏmnĭ-părēns, ĕntĭs (ŏmnĭs, părēns²) (*dcht.*) allgebärend, Allmutter.

ŏmnĭ-pŏtēns, ĕntĭs (ŏmnĭs) (*unkl.*) allmächtig.

omnis
1. **a)** all, jeder, *pl.* alle; **b)** *subst.* **omnēs** die Gesamtheit; **omnia** alles; 2. allerlei; 3. lauter; 4. ganz, gesamt.

ŏmnĭs, ĕ (*et. ungedeutet*) **1. a)** all, jeder, *pl.* alle [*omne animal ore utitur, in omni re, omnes omnium ordinum homines, omnes antiquissimi cives* alle Bürger, auch die ältesten, *omnia maxima mala* alle Übel, auch die größten]; **b)** *subst.* **α)** *omne, quod* alles was; **β)** **ŏmnēs,** ĭŭm *m* alle zusammengenommen, die Gesamtheit [*ad unum omnes* alle ohne Ausnahme, *omnium opinio* allgemeine, *omnium divitissimus* allerreichster, *constat inter omnes*]; **γ)** **ŏmnĭă** *n* alles [*in eo sunt omnia* darauf beruht alles; *cum eo mihi sunt omnia* ich stehe *m.* ihm im besten Einvernehmen; *alqs alci omnia est jd.* gilt *jd.* alles; *omnia prius erunt quam* eher wird alles geschehen als ...; °*alia omnia* ganz das Gegenteil; *ante omnia* vor allem; °*ad omnia od.* °*per omnia,* °*omnia* in allen Beziehungen, in jeder Hinsicht]; *gen. omnium rerum, dat. u. abl. omnibus rebus, nur vereinzelt gen. omnium* [*omnium desperatio*] *u. abl. omnibus* [*in omnibus his elaborandum est*]. **2.** allerlei, jegliche Art *v.* [*honores, mala, omnia facere od. experiri*]. **3.** lauter, nichts als [*omnes lecti* lauter ausgewählte Leute, *omnes secundos rerum proventus sperare, per omnia deserta proficisci*]. **4.** ganz, vollständig, gesamt, *im Ggs.* zu einzelnen Stücken [*Gallia, timor omnem exercitum occupavit,* °*non omnis moriar, ex omnibus castris v.* allen Punkten des Lagers].

ŏmnĭ-tŭēns, ĕntĭs (ŏmnĭs, tŭĕŏr) (*nkl., dcht.*) allschauend [*-entes sensūs*].

ŏmnĭ-văgŭs 3 (ŏmnĭs) überall umherschweifend [*Diana*].

ŏmnĭ-vŏlŭs 3 (ŏmnĭs, vŏlō²) (*Ca.*) alles begehrend.

Ŏmphălē, ēs *f* (Ὀμφάλη) *Königin v. Lydien, der Herakles ein Jahr in Frauenkleidung dienen mußte.*

ŏnăgĕr *u.* **ŏnăgrŭs,** grī *m* (*Lw.* < ὄναγρος) **1.** (*unkl.*) Wildesel. **2.** / (*nur* ŏnăgĕr) (*nkl.*) *röm.* Wurfgeschütz (*für Steine*).

ŏnāgŏs, ī *m* (*Fw.* < ὀναγός = *att.* ὀνηγός) (*Pl.*) Eseltreiber; ♀ *Komödie des Demophilos, nach der Plautus seine Asinaria dichtete.*

ŏnĕrārĭŭs 3 (ŏnŭs) lasttragend, frachtführend, Last..., Fracht... [°*iumenta,* °*navis*]; *subst.* **-ă,** ae *f* (*sc. nāvis*) Transport-, Lastschiff.

▶**ŏnĕrō** 1. (*denom. v.* ŏnŭs) **1.** beladen, bepacken, beschweren (*alqm u. alqd, zB. servos,* °*iumenta, ventrem* überladen; *alqd re, zB. naves armis,* °*mensas auro,* °*alqm catenis,* °*onerari vino od. epulis od.* °*se vino* sich überladen, °*mensas dapibus* besetzen, °*manum iaculis* bewaffnen, °*ossa aggere terrae* bedecken). **2.** / **a)** überhäufen, überschütten (*alqm promissis, contumeliis*); *prägn.* (*nkl.*) *m.* Vorwürfen überhäufen (*alqm u. alqd*); **b)** (*nkl., dcht.*) belästigen, lästig fallen (*alqm plebiscito, regis valetudinem, aethera votis* ermüden); **c)** (*nkl.*) *etw.* erschweren, vergrößern [*iniuriam, alcis inopiam od. curas, dolorem*]. **3.** (*dcht., nkl.*) *etw.* reichlich in *etw.* laden *od.* füllen (*alqd re, zB. vina cadis, dona canistris* aufhäufen in).

ŏnĕrōsŭs 3 (*m. comp.*) (ŏnŭs) (*nkl., dcht.*) lästig, drückend, beschwerlich, *auch* / (*re* durch *etw.*).

ŏnŏcrŏtălŭs, ī *m* (*Fw.* < ὀνοκρόταλος) (*nkl., dcht.*) Kropfgans.

▶**ŏnŭs,** ĕrĭs *n* (*cf. altind.* ánas- „Lastwagen", *vl. auch* ἀνία „Plage, Last") **1.** Last *sowohl subi.* = Schwere *od.* Gewicht *e-r Sache* [*armorum, tanta onera navium* so schwere Schiffe, *turris tanti oneris* so wuchtig] *als obi.* = Bürde, Ladung, Fracht [*grave, onus ferre, alci imponere*]; *bsd.* (*dcht.*) (*ventris od. uteri*) Leibesfrucht. **2.** / **a)** Last = Mühe, Beschwerde, schwierige Aufgabe [*onus officii suscipere u. sustinere, alci* °*iniungere* aufbürden, *oneri esse alci jd.* beschwerlich fallen]; **b)** *pl.* Lasten = Abgaben, Steuern, Schulden(last) [*alqm oneribus premere, onera graviora alci iniungere*].

ŏnŭstŭs 3 (*m. sup.*) (ŏnŭs) **1.** belastet, beladen, bepackt, beschwert, *v. Pers. u. Sachen* (*re u.* °*alcis rei m. etw., zB. asellus auro, navis frumento od.* °*remigum*). **2.** / **a)** *übh.* voll *v. etw.* [*homo cibo et vino,* °*ager praedā* beutereich, °*pharetra telis*]; **b)** (*unkl.*) (*geistig*) *v. etw.*

bedrückt [*sacrilegio*].

ŏnўx, ўchis (*acc. sg.* -chă, *acc. pl.* -chăs) (*Fw.* ‹ ὄνυξ) (*nkl., dcht.*) Onyx: **1.** *f gelblicher (auch brauner od. roter), m. weißen Adern durchzogener Halbedelstein, bevorzugt als Kamee verwendet.* **2. a)** *m gelblicher Marmor*; **b)** (*meton.*) *m* (*Ma.*: *f*) Onyxgefäß *als* Salbenbüchschen, Kremdöschen.

*****op.** (*Abk.*) = *opus* (*mus.*).

ŏpācĭtās, ātis *f* (ŏpācŭs) (*nkl.*) Beschattung, Schatten [*ramorum*].

ŏpācō 1. (*denom. v.* ŏpācŭs) beschatten (*alqd, zB. locum*).

▶**ŏpācŭs** 3 (*m.* °*comp. u.* °*sup.*) (*vl. praev.* ŏp- = ŏb- + *Suffix* -ācŭs: entgegengesetzt, [der Sonne] abgewandt) **1.** schattig, *sowohl* beschattet [*ripa*, °*montes*] *als auch* (*dcht.*) beschattend [*arbor, nubes*]. **2.** / (*dcht., nkl.*) dunkel, finster [*nox, mundus* Unterwelt, *barba* dicht; *opaca locorum* finstere Wege].

ŏpĕllă, ae *f* (*demin. v.* ŏpĕră) (*dcht.*) (kleine *od.* geringfügige) Arbeit [*forensis* Geschäfte auf dem Forum].

ŏpĕră
1. a) Arbeit, Mühe, Tätigkeit; **b)** *operam dare m. dat.* Mühe auf *etw.* verwenden; **2.** Dienst(leistung); **3.** Zeit (*für etw.*), Muße, Gelegenheit; **4.** Tagelöhner, Arbeiter, (*pejorativ*) Helfershelfer.

ŏpĕră, ae *f* (*eigtl. coll. zu* ŏpŭs) **1. a)** Arbeit, Mühe, Tätigkeit *abstr. als* Tun *u.* Handeln, *selten pl.* (*alcis j-s, zB. hominum, mercennariorum operas emere; res est multae operae* kostet viele Mühe; *operam et oleum perdere s.* ŏlĕŭm; *operam in re consumere od. locare od. ponere od. alci rei tribuere* verwenden auf; *homines in operas mittere* den Leuten Arbeit *u.* Verdienst verschaffen; *operam suscipere*); **b) α)** *operam dare* (*auch navare, tribuere*) Mühe auf *etw.* verwenden, *etw.* pflegen, darauf hinarbeiten *od.* sehen (*alci rei, zB. valetudini,* °*legibus condendis,* °*amori, liberis* Kinder zeugen, *sermoni, funeri* beiwohnen, °*tonsori* sich rasieren lassen; *m. ut, ne od. bloßem coni.*; *meist m. adv., zB. maxime, diligenter, seltener m. adi. magnam,* °*omnem u. a.*); *deditā u.* °*datā operā* absichtlich, vorsätzlich; **β)** °*operae pretium facere* sich ein Verdienst erwerben; *operae pretium est* es ist der Mühe wert (*m. inf.*), °*operae pretium habere* Lohn für seine Bemühung; **γ)** (*Li.*) *non operae est* (*alci*) es lohnt sich nicht (*m. inf.*); **δ)** *operā alcis* durch Zutun *j-s*, durch *j-s* Vermittlung *od.* Schuld; *sine opera alcis* ohne *j-s* Zutun, °*eādem operā* zugleich. **2.** Bemühung *für andere,* Dienst, Hilfe, Unterstützung, *selten pl.* (*alcis, zB. militis, in -is societatis esse* in Diensten der Gesellschaft sein; °*forensis* vor Gericht = Verteidigung; °*operam suam alci polliceri od. promittere ad alqd* seine guten Dienste, *operā alcis uti,* °*operam alci praestare* Dienste leisten [*klass. in re militari* Kriegsdienste leisten], *operas reddere alci* j-m wieder Dienste leisten, °*operam fortium virorum ēdere* sich als tapfere Männer erweisen); *bsd. operam dare alci j-m* Dienste leisten, *bsd.* (*vom Richter*) *j-s* Sache untersuchen, schlichten, *alcis sermoni j-m* aufmerksam zuhören, *auctioni* abhalten, besorgen; *meton.* Amt [*fiduciaria*]. **3.** *meton.* Zeit, *die man auf etw. verwenden kann,* Muße, Gelegenheit [*deest mihi -a;* °*est mihi -ae* ich habe Zeit *od.* Lust dazu, es paßt mir gut, *m. inf.*]. **4.** *meton. für Lohn dienender* Arbeiter, Tagelöhner, *klass. nur pl.* [*fabrorum, mercennariae, conductae*], (*pejorativ*) Helfershelfer, *bsd.* (*nkl.*) [*theatrales*] Claqueure.

ŏpĕrārĭŭs 3 (ŏpĕră) zur körperlichen Arbeit gehörig *od.* tauglich [*homo od. subst.* **-ŭs,** ī *m* Arbeiter, Tagelöhner, Handlanger, *auch* /; °**-ă,** ae *f* Arbeiterin; *auch* (*Pl.*) *zweideutig* (*nimium pretiosa*) *v. e-r* Hetäre].

ŏpĕrcŭlŭm, ī *n* (ŏpĕrĭō) Deckel.

ŏpĕrīmĕntŭm, ī *n* (ŏpĕrĭō) (*vkl., nkl.*) Decke, Deckel; *klass. nur* /.

▶**ŏpĕrĭō,** ĕrŭī, ĕrtŭm 4. (‹ *ŏp-vĕrĭō; *cf.* ŏb *u.* ăpĕrĭō) **1. a)** bedecken, zudecken, verhüllen (*alqd, zB.* °*nox terram, caput opertum; alqd re, zB.* °*corpus chlamyde,* °*summas amphoras auro*); **b)** (*Ta.*) begraben [*reliquias pugnae*]; **c)** verschließen [*valvas,* °*capsam*]. **2.** / **a)** überhäufen, beladen [*iudicia dedecore*]; **b)** verbergen, verhehlen [°*luctum*]. **3.** (*P.P.P.*) *adi.* **ŏpĕrtŭs** 3 verborgen [°*hamus*], geheim [°*bella*]; *subst.* **ŏpĕrtŭm,** ī *n* geheimer Ort, verbotenes Heiligtum [*Bonae deae, in -o esse,* °*telluris* Tiefe]; Geheimnis [*Apollinis* dunkler Spruch, Orakel]. **F.** *impf. im Vers auch* **ŏpĕrībăm** = ŏpĕrĭēbăm.

ŏpĕrŏr 1. (*denom. v.* ŏpĕră *od.* ŏpŭs) (*nkl., dcht.*) **1. a)** *m. etw.* beschäftigt sein, *etw.* verrichten *od.* betreiben (*abs. u. alci rei, zB. capillis ornandis, conubiis, studiis, rei publicae* für den Staat arbeiten, *multis malis* verüben; *auch in cute curanda*); **b)** (*part. praes.*) *subst. operantes* die Schanzarbeiter. **2.** (*relig. t.t.*) **a)** der Gottheit dienen, opfern (*abs. od. alci, zB. deo, deae; operatus* opfernd); **b)** einer gottesdienstlichen Handlung obliegen (*alci rei, zB. sacris, prodigiis procurandis*).

ŏpĕrōsĭtās, ātis *f* (ŏpĕrōsŭs) (*nkl.*) Geschäftigkeit, (übertriebene) Sorgfalt.

ŏpĕrōsŭs 3 (*m. comp. u.* °*sup.*; *adv.* **-ē**) (ŏpĕră) **1.** (*act.*) geschäftig, tätig [*senectus,* °*Minerva*; / (*dcht.*) *herba* wirksam]. **2.** (*pass.*) mühsam, mühevoll [*opus, ars, artes* Handwerke]; *bsd.* (*nkl., dcht.*) kunstvoll [*templa, moles mundi, aes* kunstreich gebildet].

ŏpĕrtōrĭŭm, ī *n* (ŏpĕrĭō) (*nkl.*) Decke.

ŏpĕrtŭs *P.P.P. v.* ŏpĕrĭō.

ŏpĕrŭī *s.* ŏpĕrĭō.

▶**ŏpēs,** ŭm *f s.* ŏps.

ŏphītēs, ae *m* (*Fw.* ‹ ὀφίτης) (*nkl., dcht.*) Marmor *m.* Schlangenflecken (*vl.* = Serpentinstein).

ŏphthălmĭās, ae *m* (*Fw.* ‹ ὀφθαλμίας) (*Pl.*) Neunauge.

ŏphthălmĭcŭs 3. (*Fw.* ‹ ὀφθαλμικός) (*spätl.*) Augen...; *subst.* **~,** ī *m* (*Ma.*) Augenarzt.

ŏpĭcŭs 3 (*zu* Ŏscī, *älter* Ŏpĭcī) (*unkl.*) bäurisch, ungebildet.

ŏpĭ-fĕr, fĕră, fĕrŭm (ŏps, fĕrō) (*nkl., dcht.*) hilfeleistend, hilfreich [*deus* = Äskulap].

ŏpĭ-fĕx, ĭcis *m* (ŏpŭs, făcĭō) **1.** Werkmeister, Urheber [*mundi od.* °*rerum* Schöpfer der Welt; / *dicendi, verborum* Wortbildner]. **2.** Handwerker, bildender Künstler.

ŏpĭfĭcīnă, ae *f* (*altl.*) = ŏffĭcīnă.

ŏpĭfĭcĭŭm, ī *n* (*vkl., spätl.*) (Verrichtung *e-r*) Arbeit; *s.* ŏffĭcĭŭm.

ŏpĭlĭō, ōnis *m* (*Dialektform für stadtröm.* ūpĭlĭō ‹ *ŏvĭpĭlĭō [ŏvĭs, pĕllō]) (*unkl.*) Schaf-, Ziegenhirt.

ŏpīmĭtās, ātis *f* (ŏpīmŭs) (*vkl., nkl.*) Reichtum, Herrlichkeit.

ŏpīmŭs 3 (*m.* °*comp.*; *adv.* °**-ē**) (*vl.* ‹ *ŏpī-pīmŭs „v. Fülle strotzend"; ŏps[?], πίων „fett"; *vl. ist aber der erste Bestandteil auch nur volkset. an* ŏps *angeschlossen*) **1. a)** fett, feist [*bos, habitus corporis*]; **b)** (*v. Feldern u. Ländern*) fruchtbar [*ager, regio; re* an *etw., zB.* °*copiis*]. **2.** / **a)** (*v. der Rede*) überladen [*genus dictionis*]; **b)** reich: **α)** = bereichert [*praedā* an Beute; / °*opus casibus -um* reich an Wechselfällen]; **β)** = reichlich, herrlich, ansehnlich [*res* Vermögen, *praeda, accusatio* einträglich, °*cena u.* °*dapes* lecker]; *bsd. spolia opima* Ehrenrüstung, *die ein Feldherr dem im Zweikampf erschlagenen feindlichen Anführer abnahm* [*auch* °*opimum belli decus*].

ŏpīnābĭlĭs, ĕ (ŏpīnŏr) vermutlich, eingebildet [*morbus*].

ŏpīnātĭō, ōnis *f* (ŏpīnŏr) Vermutung, Einbildung.

ŏpīnātŏr, ōris *m* (ŏpīnŏr) immer zu Vermutungen geneigt.

ŏpīnātŭs[1] 3 (*eigtl. part. pf. pass. v.* ŏpīnŏr) eingebildet, scheinbar [*bonum* Scheingut].

ŏpīnātŭs[2], ūs *m* (ŏpīnŏr) (*Lu.*) Vermutung.

ŏpīnĭō
1. a) Meinung, Vermutung; **b)** Einbildung, (*in religiösen Dingen*) Glaube; **2. a)** hohe Meinung; **b)** guter Ruf; **3.** Gerücht.

ŏpīnĭō, ōnis *f* (ŏpīnŏr) **1. a)** Meinung, subjektive Ansicht, Vermutung, Erwartung, Ahnung (*alcis j-s, zB. multitudinis, mea; alcis u. de alqo v. jd.,* über *jd., alcis rei u. de re v. od.* über *etw., zB. deorum u. de diis, hominum de te od. de iustitia, huis diei v.* dem Erfolg dieses Tages, *trium legionum* Hoffnung auf, *opinionem timoris od. pugnantium praebere* die Vorstellung erwecken, als wären sie in Furcht *od.* als wären sie Kämpfer; *opinionem habere od. in opinione esse* der Meinung sein, *adducere alqm in eam opinionem, in opinionem incidere od. adduci,*

°*venit alci in opinionem jd.* fällt es ein; *contra od. praeter opinionem* wider Erwarten; [*omnium*] *opinione celerius* schneller als man erwartete); °*pl.* Vorstellungsweise; **b**) Einbildung, Wahn, Vorurteil, (*in religiösen Dingen*) Glaube [*volgus ex opinione multa aestimat, in opinione versari* auf Einbildung beruhen]. **2.** (*prägn.*) hohe Meinung: **a**) (*act.*) *die jd. hegt* [*Galliae* der Gallier *v. der röm. Macht, opinionem alcis fallere od. vincere*]; **b**) (*pass.*) hohe Meinung, *die über jd. od. etw. gehegt wird*, der gute Ruf [*magna populi Romani, summam iustitiae opinionem habere* im Ruf der größten Gerechtigkeit stehen, *opinionem capere* sich erwerben]. **3.** Gerücht (*alcis rei v. etw., zB.* °*victoriae, opinionem ēdere in vulgus* aussprengen; *opinio* °*exit* verbreitet sich, *m. a.c.i.*). — ****opinio communis s. cŏmmūnis.*

▶**ŏpīnŏr** *u.* (*altl.*) **-ō** 1. (*wohl denom. v.* **ŏpīō*[*n*]- „Erwartung"; *cf. ŏptō*) meinen, vermuten, wähnen, glauben (*abs., zB. parenthetisch ut opinor od. bloß opinor* denke ich, vermutlich, *auch ironisch*; *alqd od. de alqo u. de re, zB. multa falso, de vobis non secus ac de hostibus,* °*de alqo male od.* °*durius*; *m. a.c.i.*); *cf. ŏpīnātŭs*¹.

ŏpĭ-părŭs 3 (*ŏps, părō*²) (*vkl., nkl.*) prächtig, herrlich, reichlich [*obsonia*]; *klass. nur adv.* **-ē** [*ēdere et bibere*].

ŏpĭsthŏgrăphŭs 3 (*Fw.* ‹ *ὀπισθόγραφος*) (*nkl.*) (auch) auf der Rückseite beschrieben.

ŏpĭtŭlŏr 1. (*denom. v. ŏpĭtŭlŭs; ŏps* + [*altl.*] *tŭlō* [*pf. tĕtŭlī, klass. tŭlī*] 3. „bringen") helfen, beistehen (*abs. u. alci, zB. Roscio oppresso; permultum ad dicendum*); *bsd. e-r Sache* abhelfen (*alci rei, zB.* °*inopiae plebis*).

ŏpĭŭm, *ī n* (*Fw.* ‹ *ὄπιον ds., demin. v. ὀπός* „Pflanzenmilch") (*nkl.*) Mohnsaft, Opium.

ŏpŏbălsămētŭm, *ī n* (*ŏpŏbălsămŭm*) (*Iust.*) Balsampflanzung.

ŏpŏbălsămŭm, *ī n* (*Fw.* ‹ *ὀποβάλσαμον*) (*nkl., dcht.*) Balsam.

▶**ŏpŏrtĕt,** *ŭit,* — 2. *impers.* (*wohl* ‹ **ŏp-vŏrtĕt* „wendet sich zu"; *ŏp-* = *ŏb-*; **vŏrtĕō*: *vŏrtō* [*vĕrtō*] *wie pĕndĕō*: *pĕndō*) es gebührt sich, ist billig *od.* in der Ordnung, es ist nötig, man muß, man soll, man darf (*abs. od. m. inf. bzw. a.c.i., zB. ex malis eligere minima oportet, nihil in bello contemni oportet; umgangssprachlich* [*Com., Ta.*] *auch m. acc.* + *P.P.P.* [*aurem admotam oportuit*]).

ŏpŏrtūn... *schlechtere Schreibung — nach ŏpŏrtĕt — für ŏppŏrtūn...*

ŏp-pĕctō, — — 3. (*Pl.*) „bekämmen"; (*scherzh.*) abnagen, abknabbern.

ŏp-pēdō, — — 3. (*dcht.*) *eigtl.* anfurzen; verhöhnen, beschimpfen (*alci*).

ŏp-pēgī *s. ŏppīngō.*

ŏp-pĕrĭŏr, *pĕrtŭs sŭm* 4. (*altl. auch -ībŏr, ītŭs sŭm*) (*cf. ĕxpĕrĭŏr*) **1.** (*intr.*) warten [*in iisdem locis,* °*paululum*]; *bsd.* Halt machen [°*unum diem*]. **2.** (*trans.*) (*vkl., nkl.*) erwarten, abwarten (*alqm u. alqd, zB. regem, alcis adventum; m. ut* daß *u. dum* bis).

ŏp-pĕssŭlātŭs 3 (*ŏb, pĕssŭlŭs*) (*nkl.*) verriegelt.

ŏp-pĕtō, *īvī* (*u. ĭī*), *ītŭm* 3. (*vkl., nkl.*) entgegengehen, (*ein Übel*) erleiden (*alqd, zB. pestem, poenas superbiae*); *klass. nur mortem* in den Tod gehen, sterben, *unkl. auch ohne mortem.*

F. *pf.-Formen synk.*: *ŏppĕtīssĕ(m)* = *ŏppĕtīvīssĕ(m) u.ä.*

ŏppĭdānŭs 3 (*ŏppĭdŭm*) städtisch [*perfugae*], *bsd.* kleinstädtisch [*senex, dicendi genus*]; *subst. m* Städter.

ŏppĭdātĭm *adv.* (*ŏppĭdŭm*) (*Suet.*) städteweise, in allen Städten.

ŏppĭdō *adv.* (*et. ungeklärt*) sehr, äußerst, überaus, *bei* (*Verben*), *adi. u. adv., bsd. der Konversationssprache angehörend* [*pauci, adulescens*]; (*nkl.*) *verstärkt oppido quam.*

ŏppĭdŭlŭm, *ī n* (*demin. v. ŏppĭdŭm*) Städtchen.

▶**ŏp-pĭdŭm,** *ī n* (*et. nicht geklärt; eigtl. wohl* „Einzäunung") **1. a**) (*vkl.*) Schranken *des Zirkus*; **b**) *mil.* Verschanzung, Befestigung (*C., B. G. 5, 21, 3*). **2.** *meton.* fester Platz, Stadt, *selten v. großen Städten* [*in oppido Athenis; v. Rom nur Li. 42, 20, 3*), *meist* kleinere Landstadt.

ŏp-pĭgnĕrō 1. (*-ī-?*) (*pĭgnŭs*) verpfänden [*libellos pro vino*]; / [*Te.*: *alcis filiam*].

ŏp-pīlō 1. (*altl. pīlō* 1. „zusammendrücken"; *cf. cŏmpīlō*) verrammeln, verschließen [*scalas*].

ŏp-pīngō, *pēgī,* — 3. (*păngō*) (*Pl.*) aufdrücken [*savium*].

ŏp-plĕō, *plēvī, plētŭm* 2. (*cf. cŏmplĕō*) (an)füllen, dicht bedecken (*alqd u. alqd re, zB.* °*nives omnia oppleverant, portum* besetzen); / über und über erfüllen [*opinio Graeciam opplevit*].

ŏp-plōrō 1. (*A. ad Her.*) *eigtl.* entgegenweinen [*auribus meis* mir die Ohren voll weinen].

ŏp-pōnō
1. entgegensetzen, -stellen, -legen, -halten; **2. a**) (*e-r Gefahr*) aussetzen; bloßstellen; **b**) entgegenhalten, einwenden; **c**) *vergleichend* gegenüberstellen; **d**) verpfänden, dagegen setzen.

ŏp-pōnō, *pŏsŭī, pŏsĭtŭm* 3. **1.** entgegenstellen, -setzen, -legen, -halten, *etw.* vor *etw.* legen *od.* halten, *auch* als Gegensatz gegenüber- *od.* entgegenstellen (*alqm u. alqd, zB. pedites in ripa,* °*bracchia* vorhalten, °*umeros* entgegenstemmen, °*auriculam* hinhalten; *alqd alci u. alci rei, zB.* °*manum fronti od. oculis od. savio, equites hostibus,* °*stabula soli* nach Süden hin anlegen; *auch* °*manūs ad od. ante oculos,* °*castra ante moenia,* °*corpora pro mulieribus u.a.*); P. entgegen- *od.* gegenüberstehen, -liegen, *bsd. auch* = im Gegensatz zu *etw.* stehen [*vitium omni virtuti opponitur*]; *bsd. P.P.P.* **ŏppŏsĭtŭs** 3 entgegengestellt, gegenüber- *od.* davorliegend (*alci rei, zB. oppidum Thessaliae oppositum*); *subst. ŏppŏsĭtă, ōrŭm n* (*Ge.*) Sätze, die miteinander in Widerspruch stehen (= *ἀντικείμενα*). **2.** / **a**) (*e-m Übel od. e-r Gefahr*) aussetzen, bloßstellen, preisgeben (*alqm od. se* °*morti, ad periculum; oppositus auch abs.*); **b**) *m. Worten* entgegensetzen: **α**) (*als Schreckbild*) vor Augen halten [*alci formidines*]; **β**) dagegen anführen *od.* vorbringen, einwenden, geltend machen [*auctoritatem suam, alci nomen; m. a.c.i.*]; *auch* entgegnen [*quid habes, quod mihi opponas?*]; **c**) (*vergleichend*) gegenüberstellen [*multis secundis proeliis unum adversum*]; **d**) (*jur. t.t.*) (*unkl.*) verpfänden; als Pfand einsetzen; (*auch beim Würfelspiel; Com.*) dagegen setzen [*pallium; anulum*].

ŏppŏrtūnĭtās, *ātĭs f* (*ŏppŏrtūnŭs*) **1.** günstige Lage [*loci,* °*viae*]; (*meton.*) (*nkl.*) günstig gelegener Ort. **2.** / **a**) gelegene Zeit, günstige Gelegenheit [*temporis* günstiger Augenblick, *magnas opportunitates* °*corrumpere od. reperire; ad alqd* zu *etw.*; *aliqua data opportunitate* bei günstiger Gelegenheit]; **b**) Vorteil, Bequemlichkeit [*loci* der örtlichen Lage, *belli* militärischer Vorteil, *opportunitatem habere ad alqd* Vorteile bieten für *etw.*]; **c**) günstige *od.* zweckmäßige Anlage [*corporis; in animis hominum*].

▶**ŏp-pŏrtūnŭs** 3 (*m. comp. u. sup.; adv.* **-ē**) (*wohl urspr. Ausdruck der Seemannssprache*: [*vĕntŭs*] *ŏb pŏrtŭm* [*vĕnĭēns*] *od.* [*lŏcŭs*] *ŏb pŏrtŭm* [*sĭtŭs*]; *cf. Konträrbildung ĭmpŏrtūnŭs*) **1. a**) (*räuml.*) bequem, günstig, gelegen, geeignet [*locus, urbs, latebra; alci* für *jd., zB. hostibus; alci rei u. ad alqd* zu *od.* für *etw., zB.* °*explicandis copiis*]; / **b**) (*zeitl.*) gelegen, günstig, rechtzeitig [*tempus, aetas, alqd -e accidit* zur guten Stunde]; *adv. auch* gelegentlich. **2.** (*der Beschaffenheit nach*) passend, geeignet, brauchbar, vorteilhaft [*res, opera* Dienst; *alci* für *jd.*; *re* durch *od.* wegen *etw., alci rei u. ad alqd* zu *od.* für *etw., zB. res bello od. nox eruptioni*]; *subst.* °*-ī m* geeignete Leute; *-ă n* günstige Gelegenheiten. **3.** (*vkl., nkl.*) (*v. Pers.*) geschickt, gewandt [*homo, vir; abs. od. alci rei u. ad alqd*]. **4.** (*nkl.*) (*feindl. Angriffen*) ausgesetzt, leicht anzugreifen, *v. Pers. u. Sachen* [*homo, loca; alci u. alci rei, zB. hostibus, iniuriae; alqs alci -us fit* bietet *j-m* eine Blöße]; *subst.* **-ă,** *ōrŭm n mil.* bedrohte Punkte.

ŏppŏsĭtĭō, *ōnĭs f* (*ŏppōnō*) (*spätl.*) Entgegensetzung, Gegensatz (= *ἀντίθεσις*).

ŏppŏsĭtŭs¹ 3 *s. ŏppōnō.*

ŏppŏsĭtŭs², *ūs m* (*im sg. nur abl. -ū; ŏppōnō*) **1.** (*act.*) Entgegenstellung [*corporum*]. **2.** (*pass.*) das Entgegenstehen, Vortreten [*lunae*].

*****op. posth.** (*Abk.*) = *Opus posthumum* (*fehlerhaft für postumum*).

ŏp-pŏsŭī *s. ŏppōnō.*

ŏp-prĕssī *s. ŏpprĭmō.*

ŏpprĕssĭō, *ōnĭs f* (*ŏpprĭmō*) **1.** Unterdrückung [*legum, libertatis*]. **2.** Überrumpelung *e-s Ortes* [*curiae*].

3. (*Te.*) Überfall *auf e-e Person*, Gewalttätigkeit.

ŏpprĕssiŭncŭlă, *ae f (demin. v.* ŏppressĭō) (*Pl.*) das zärtliche Drükken [*papillarum horridularum*].

ŏpprĕssŏr, ōrĭs *m* (ŏpprĭmō) (*Brutus bei Ci.*) Unterdrücker.

ŏpprĕssŭs, *abl.* ū *m* (ŏpprĭmō) (*Lu.*) Druck.

ŏp-prĭmō
1. **a**) niederdrücken, erdrücken; **b**) *etw.* unterdrücken, niederhalten; **c**) *jd.* niederdrücken, knechten; **d**) (*Gegner*) überwältigen, vernichten, aufreiben; **2. a**) überraschen, *plötzlich* ereilen; **b**) aus der Fassung bringen.

ŏp-prĭmō, prĕssī, prĕssŭm 3. (ŏb, prĕmō) **1. a**) herab-, niederdrücken, zu Boden drücken [*sinistrā manu mulieris pectus,* °*vultum* senken, °*opprime ōs* halt's Maul, °*ōs alcis* zuhalten, *classem* versenken]; *prägn. auch* erdrücken, zerdrücken, verschütten (*meist* P., *zB. opprimi* °*iniectu multae vestis od. ruinā conclavis*); *bsd.* (*ein Feuer*) ersticken [*flammae vim aquā*], (*Buchstaben*) verschlucken = nicht aussprechen [*litteras*]; / **b**) *etw.* unterdrücken = α) niederhalten, nicht aufkommen lassen, ersticken [°*mentionem od. memoriam rei, dolorem*]; β) (*ein Übel*) vereiteln, unschädlich machen [*orientem ignem, perniciosam potentiam, orationem alcis e-r* Äußerung hindernd entgegentreten]; γ) verbergen, geheimhalten [*insigne veri* Kriterium der Wahrheit, °*infamiam* vertuschen]; **c**) *jd.* niederdrücken, fast erdrücken, *bsd. v. Übeln* (*meist* P., *zB. opprimi aere alieno, corporis doloribus, timore*); *bsd.* = knechten [*Athenas servitute oppressas tenere* in drückender Knechtschaft halten]; **d**) (*Feinde u. Gegner*) niederwerfen, überwältigen, vernichten, aufreiben [°*adversarios, hostes bello, legionem,* °*insontem falso crimine*]; P. erliegen, unterliegen [°*opprimi factione militari*]. **2. a**) plötzlich überfallen [*alqm inopinantem od. subito,* °*praedones incautos*]; *oft* / = überraschen, plötzlich ereilen [*nox od. mors,* °*hiems alqm opprimit,* °*luce oppressus* überrascht *v.*]; *abs.* (her-) andrängen; **b**) *jd.* aus der Fassung bringen [*alqm consilio od. inquirendo*].

ŏpprŏbrāmĕntŭm, ī *n* (ŏpprŏbrō) (*Pl.*) schimpflicher Vorwurf, Schimpf.

ŏp-prŏbrĭŭm, ī *n* (ŏb, prŏbrŭm) Beschimpfung, Vorwurf Schmähung, *klass. selten* [°*-a dicere u. fundere*]; *abstr.* Schimpf, Schande [*opprobrio esse alci*]; *meton.* (*v. Pers.*) Schandfleck [°*maiorum,* °*generis*].

ŏp-prŏbrō 1. (prŏbrŭm) (*vkl., nkl.*) schimpfend vorwerfen (*alci alqd, zB. rus*).

ŏppūgnātĭō, ōnĭs *f* (-ū-?; ŏppūgnō) **1. a**) *mil.* Bestürmung, Sturmangriff [*oppidi, castrorum; -nem inferre, relinquere* aufgeben]; **b**) *meton.* Belagerungsmethode, -kunst [*scientia -nis*]. **2.** / (*m. Worten, vor Gericht u. pol.*) Anklage, Widerspruch [*iudicium sine -ne* Opposition].

ŏppūgnātŏr, ōrĭs *m* (-ū-?) (ŏppūgnō) Belagerer, Angreifer; *auch* / [*rei publicae, meae salutis*].

▶**ŏp-pūgnō** 1. (-ū-?; *altl. inf. pf.* -āssĕrĕ) **1.** angreifen, bekämpfen (*alqm u. alqd, zB. regem,* °*Macedoniam*); *meist* (*e-n Platz*) bestürmen, berennen [*locum munitum, oppidum*]; / angreifen, zu Leibe gehen (*abs. od. alqm u. alqd, zB. alqm clandestinis consiliis od. pecuniā* zu bestechen suchen, *aequitatem verbis*]. **2.** (*Pl. Cas.* 412) (*m. scherzh. Anspielung auf* pūgnŭs) *m.* den Fäusten bearbeiten [*postquam oppugnatum est ōs*].

▶**ŏps,** ŏpĭs *f* (*nom. u. dat. sg. ungebräuchlich*) (*cf.* ŏpŭs, ŏpĕră; cōpĭă, ĭn-ŏps) **1.** (*altl.*) (*sg.*) Bemühung, Dienst [*opis pretium*]. **2. a**) (*sg. u. seltener pl.*) (physische) Anstrengung, Macht, Kraft, Stärke, Vermögen [°*non est opis meae m. inf.* es steht nicht in meiner Macht, °*gemina ope currere m.* doppelter Kraft, *nulla ope, omni od. summā ope u. omnibus od.* °*summis opibus m.* aller Macht, *m.* allen Kräften = *omnibus viribus atque opibus, zB. niti*]; **b**) (*meist sg.*) Hilfe, Beistand, Schutz [*populi Romani, deorum, sine ope divina, ope alcis m. j-s* Hilfe, *opis u.* °*alienarum opum indigere, opem alci ferre u. ab alqo petere*]. **3.** *pl.* **ŏpēs,** ŭm Hilfsquellen *od.* Mittel: **a**) Vermögen, Reichtum, Geld, Besitz [*homo magnis od. parvis opibus, opibus valere, pro opibus* nach Maßgabe des Vermögens]; **b**) Truppenmacht, Streitkräfte, Heer [°*maximas opes exigua manu prosternere,* °*regiis opibus praeesse*]; **c**) politische Macht, einflußreiche Stellung [°*Lacedaemoniorum, alcis opes evertere od.* °*concutere, opes et dignitatem tenere*].

Ŏps, Ŏpĭs *f* (*cf.* ŏps) *röm., urspr. sab., Göttin des Getreidesegens u. der Fruchtbarkeit u. allgemein Göttin, „die Hilfe bringt"; schon früh mit Rhea identifiziert und Saturnus als Gattin beigegeben.*

ŏpsc... = ŏbsc...

ŏpsōn... = ŏbsōn...

ŏpst... = ŏbst...

ŏptābĭlĭs, ĕ (*m. comp.; adv.* °**-ĭtĕr**) (ŏptō) wünschenswert, willkommen (*alci j-m; m. ut bzw. inf.*).

ŏptātĭō, ōnĭs *f* (ŏptō) Wunsch (*alci tres -nes dare*); *auch als rhet. Figur* [= εὐχή.]

ŏptātŭs 3 *s.* ŏptō.

ŏpthālmī... *bessere Schreibung für* ŏphthālmī...

ŏptĭcē, ēs *f* (*Fw.* < ὀπτική, *sc.* θεωρία) (*Vi.*) die Optik.

▶**ŏptĭmās,** ātĭs (ŏptĭmŭs) zu den Besten gehörig, vornehm, aristokratisch [*genus, status rei publicae* Aristokratie]; *subst. m* Optimat, Aristokrat, Konservativer, *auch* Patriot, *meist pl.* **ŏptĭmātēs,** ĭŭm *u.* (*selten*) ŭm der Adel *als politische Partei im Ggs. zu der Volkspartei* (pŏpŭlārēs). — **die Großen des Reiches.
F. *abl. sg.* ŏptĭmātī.

▶**ŏptĭmŭs** 3 *u.* **ŏptĭmē** (*zu* ŏps) *sup. v.* bŏnŭs *u.* bĕnĕ.

ŏptĭō, ōnĭs (*ŏpĭō 3. „wünschen"; *cf.* ŏptō) **1.** *f* freie Wahl, freier Wille, Wunsch, Belieben (*alcis, mea u. alcis rei, zB. eligendi; optionem alci dare od. facere, m. indir. Frages.*). **2.** *m* (*vkl., nkl.*) **a**) der Assistent (*den man sich wählt*); **b**) *mil. der* (*durch freie Wahl bestimmte*) Vertreter *des Zenturio,* Adjutant *u.* Feldwebel.

ŏptīvŭs 3 (ŏptō) (*dcht., nkl.*) selbstgewählt, gewünscht [*cognomen*].

▶**ŏptō** 1. (*altl. coni. pf.* -tāssĭs; *intens. v.* *ŏpĭō 3. „wünschen") **1.** wählen, aussuchen [°*locum tecto,* °*externos duces; m. indir. Frages.*]. **2.** wünschen, *sowohl* den Wunsch hegen *als* den Wunsch äußern (*alqd, zB. illam fortunam;* °*alqd ab alqo, zB. ampliorem felicitatem a dis; alci alqd, meist pejorativ j-m etw.* anwünschen, *zB.* °*mortem,* °*exsilium; m. ut, ne od. m.* °*bloßem coni.; m.* °*inf. u. a.c.i.*); *prägn.* fromme Wünsche hegen. **3.** *part.*: **a**) (*gerund.*) *adi.* **ŏptăndŭs** 3 wünschenswert (*alci; m. ut, ne*); **b**) (*P.P.P.*) *adi.* **ŏptātŭs** 3 (*m. comp. u. sup.; adv.* **-ō**) erwünscht, willkommen [*beneficium; alci* j-m]; *subst.* **ŏptātŭm,** ī *n* Wunsch (*alcis j-s; -um impetrare, alci in -is est m. inf., -o* nach Wunsch); *prägn.* frommer Wunsch, Träumerei [*furiosorum*].

optu... (*oft*) = *obtu...*

ŏptŭmās, ŏptŭmŭs 3 (*altl.*) = ŏptĭmās, ŏptĭmŭs.

ŏpŭlēns *u.* **ŏpŭlĕntĕr** (*nkl.*) = ŏpŭlĕntŭs *u.* -ē.

ŏpŭlĕntĭă, *ae f* (ŏpŭlēns) (*vkl., nkl.*) **1.** Reichtum, Pracht [*regalis, pacis* Segensfülle des Friedens]. **2.** politische Macht, Einfluß.

ŏpŭlĕntĭtās, ātĭs *f* (ŏpŭlēns) (*Com.*) = ŏpŭlĕntĭă.

ŏpŭlĕntō 1. (*denom. v.* ŏpŭlēns) (*nkl., dcht.*) reich machen, bereichern [*erum bacis*].

▶**ŏpŭlĕntŭs** 3 (*m.* °*comp. u.* °*sup.; adv.* **-ē**) (ŏps) **1.** reich, begütert, wohlhabend, vermögend, *v. Pers. u. Sachen* [*homo, civitas, aerarium* gefüllt; *re u.* °*alcis rei* an *etw., zB.* °*exercitus praedā,* °*voluptatibus* schwelgend in]; *subst.* (*Cu.*) ŏpŭlĕntă *n* reiche Gegenden. **2.** reichlich vorhanden, ansehnlich, glänzend [*stipendium,* °*dona*]. **3.** mächtig, einflußreich [*rex, factio*].

ŏpŭs
1. **a**) Arbeit, Beschäftigung, Tätigkeit; **b**) *m. attr.* = *jeweilige berufl. Arbeit, z. B. opus rusticum* Landarbeit; **c**) Wirkung (*einer Sache*); **d**) Tat; **e**) Aufgabe; **f**) Mühe; **g**) Menschenwerk (*Ggs. Natur*), Kunst; **h**) (*e-s Kunstwerks*) Ausführung, Stil; **2. a**) *vollendetes* Werk, *fertige* Arbeit, Erzeugnis, Schöpfung; **b**) Bau-, Kunst-, Befestigungs-, Schriftwerk; **3.** *opus est* es ist nötig, man braucht.

ŏpŭs, ĕrĭs *n* (= *altind.* ápas- „Werk"; *cf. nhd.* „üben") **Werk**: **1.** (*abstr.*) **a**) (*allgemein*) Arbeit, Berufsarbeit, Werktätigkeit, Beschäftigung, Tätigkeit (*auch der Tiere*) [°*diurnum* Tagewerk, *servile*, °*opus facere* arbeiten, *in opere esse od. versari od. occupatum esse, opus alci non deest, opus quaerere, res est magni operis* erfordert große Arbeit]; **b**) α) Landarbeit [°*rusticum*]; β) das Bauen, Bau [*opus facere* bauen, *opus fit* es wird gebaut, *lex de opere faciundo*]; γ) Schanzarbeit [*labor operis, miles in opere occupatus*]; δ) (*nkl.*) Bergbau; ε) (*Ho.*) Weidwerk; ζ) (*vkl., nkl.*) Praxis des Arztes [*se ex opere recipere* v. der Praxis zurückkommen]; η) (*dcht.*) Kriegshandwerk, Kampf [*grave Martis* ~]; ϑ) (*dcht.*) (*euphem.*) = Beischlaf [~ *obscoenum, accedere ad opus*]; **c**) (*v. Sachen*) (*meist dcht.*) Wirkung [°*hastae*]; **d**) einzelnes Werk = Tat, Unternehmung [*magnum*, °*egregium, opera immortalia edere*]; **e**) Obliegenheit, Aufgabe, Wirksamkeit, Leistung [*oratorium, censorium, alqd mei operis est etw.* liegt mir ob, *operum hoc tuorum est* das wäre eine Arbeit für dich]; **f**) Mühe, Anstrengung (*nur abl. sg.*: *magno u. maximo opere* sehr, gar sehr, *cf. măgnŏpĕrĕ u. măxĭmŏpĕrĕ*; *tanto opere* so sehr, *cf. tāntŏpĕrĕ*; *quanto opere* wie sehr, *cf. quāntŏpĕrĕ*; *nimio opere* zu sehr); **g**) (*im Ggs. zur Natur*) Menschenhand, Kunst [*locus naturā et opere munitus, opere et manu factus*]; **h**) (*bei Kunstwerken*) Ausführung, Stil, Kunst [*hydria praeclaro od. antiquo opere*, °*materiam superabat opus*]. **2.** (*concr.*) **a**) das vollendete Werk, fertige Arbeit, Schöpfung, Erzeugnis [*magnificum*, °*Minervae* Gewebe, Stickerei]; **b**) α) Bauwerk, Gebäude [*publicum, moderator tanti operis, opus facere* aufführen]; *insb.* (*meist nkl., spätl.*) *opus Alexandrinum od. sectile* Fußbodenmosaik; ~ *caementicium od. incertum röm.* Mauerwerk aus Bruchsteinen *m.* Mörtelguß, ~ *reticulatum m.* netzförmig angeordneten Steinen, ~ *spicatum m.* ährenförmig zusammengefügten Steinen; β) Belagerungswerk, *bsd.* Schanze, *meist pl.* [*castrorum, hibernorum, opera munitionesque* Belagerungswerke *u.* Verschanzungen, *urbem magnis operibus munire*]; *auch* Belagerungsmaschine [*urbem operibus oppugnare*]; Damm [*flumen operibus obstruere*]; γ) Werk der bildenden Kunst, Kunstwerk = *ărtĭfĭcĭŭm* [*elegans*, °*caelatum*, °*marmoreum, opera efficere* schaffen]; *bsd.* Statue [*Phidiae*]; δ) Schriftwerk, Buch, *klass. selten* [*magnum opus in manibus habere*]. **3.** (*indecl.*) **ŏpŭs ĕst** (*eigtl.* „es ist Beschäftigung *m. etw.*, es ist Bedarf an *etw.*") es ist nötig, erforderlich, zweckmäßig, man braucht (*abs., zB. si od. cum opus est; alci; meist impers. m. abl. u.* °*gen., seltener persönlich m. nom., zB. nobis opus est duce, seltener dux, mihi libris opus est, seltener mihi libri opus sunt; m. abl. des P.P.P., zB. facto, properato, Hirtio convento; selten m. 2. supin., zB. scitu; m. inf. u. a.c.i., zB. opus non est pluribus de hac re* [*me*] *dicere*), *si quid opus esse putaret* nötigenfalls; *quae opus sunt* die Bedürfnisse, die nötigen Maßregeln. — ***opus operatum* (*eigtl.* „gewirktes Werk") *Begriff der kathol. Sakramentslehre über die Wirksamkeit der Gnadenmittel.* — ****opus posthumum* (*volkset. an* „*humus*" *u.* „*humo*" *angelehnt statt* „*postumum*") nachgelassenes (*mus.*) Werk.

ŏpŭscŭlŭm, ī *n* (*demin. v. ŏpŭs*) kleines Werk: **1.** kleine Schrift. **2.** Statuette.

ōră[1], *ae f* (*vl. identisch m. ōră*[2]) (*nkl.*) (*naut. t.t.*) Tau, Schiffsseil [*oras praecīdere u. resolvere*].

▶ **ōră**[2], *ae f* (< **ōs-ā, coll. zu ōs*[1]) **1.** Rand, Saum, Grenze (*alcis rei, zB.* °*silvae, regionum*, °*clipei*, °*poculi*, °*vestis*); *bsd.* (*Ve.*) Flugloch *des Bienenstockes.* **2.** Küste(nland), Küstengegend [*maritima, Italiae*]; *meton.* die Küstenbewohner. **3.** ferne Gegend, entlegener Landstrich, Himmelsgegend [*terrarum*, °*caelestes* Himmelsräume, °*supera* Oberwelt]; (*dcht.*) *übh.* Gegend, *auch pl.* [*Laurens* Gefilde *v.* Laurentum, *orae luminis* Tages-, Sonnenlicht, *oras evolvere belli* den Schauplatz des Krieges]. **4.** Erdgürtel, Zone [*gelida*].

▶ **ōrācŭlŭm** (*synk.* **ōrāclŭm**), ī *n* (*ōrō*) Orakel: **1.** Orakelstätte [*Delphicum, -um* °*consulere*]. **2.** Orakelspruch, Götterspruch [*-um edere*]; / *übh.* Weissagung. **3.** Ausspruch, aufgestellter Satz [*physicorum*].

****ora et labora** = bete *u.* arbeite! (*alte Mönchsregel*).

****ora pro nobis** = bitte für uns! (*Kurzbitte i. der kathol. Liturgie*).

ōrārĭŭs 3 (*ōră*[2]) (*Pli.*) an der Küste befindlich [*-a navis* Küstenfahrer].

> **ōrātĭō**
> **1. a**) das Reden, Sprechen, Sprache; **b**) Redeweise, Stil; **c**) Prosa; **d**) Redestoff; Worte; **2. a**) Rede, Vortrag; **b**) Thema *der Rede*; **c**) Beredsamkeit; **3.** kaiserliches Schreiben, Order; **4.** Gebet.

ōrātĭō, ōnis *f* (*ōrō*) **1. a**) Rede = das Reden, Sprechen, Sprache *als Ausdrucksvermögen* [*ferae rationis et orationis expertes sunt*]; **b**) individuelle Redeweise, sprachliche Darstellung, Stil = *genus dicendi* [*qualis homo est, talis eius est oratio; concinna, Latina; alcis j-s, zB. Demosthenis; utriusque orationis facultas* Fertigkeit in beiden Arten des Ausdrucks, *des philos. u. des rhet.*]; **c**) (*im Ggs. zur Poesie*) Prosa = *oratio soluta* [*et in poëmatis et in oratione, numeris etiam in oratione uti*]; **d**) (*concr.*) α) Stoff zum Reden [*hac in re oratio deesse nemini potest*]; β) Äußerung, Aussage, Behauptung, Worte [*alcis orationem intellegere, secunda* schmeichelhafte Worte, *hac oratione habita* nachdem er diese Worte gesprochen hatte, *Sullam oratio mea purgavit* ausdrückliche Erklärung; *oratione* der Aussage nach, dem Namen nach, *im Ggs. zu re* in Wahrheit, tatsächlich]; *bisw. auch* = Einrede *od.* Entschuldigung(srede). **2. a**) (*künstlerisch gestaltete*) Rede, Vortrag, *gesprochen od. geschrieben* [*perpetua* zusammenhängend; *orationem habere od. dicere de re* halten, *facere u. conficere* ausarbeiten, *ornare* ausschmücken; *in alqm u. pro alqo; Miloniana, Catilinariae, Philippicae*]; **b**) Gegenstand der Rede, Thema [*huius orationis principium od. exitum non invenio*]; **c**) Redegabe, Beredsamkeit [*satis in eo est orationis*]. **3.** (*nkl.*) kaiserliches Handschreiben, Kabinettsorder. **4.** (*Eccl.*) Gebet, *bsd.* Vaterunser [*dominica*].

ōrātĭuncŭlă, *ae f* (*demin. v. ōrātĭō*) kleine (*od.* köstliche) Rede.

▶ **ōrātŏr,** ōrĭs *m* (*ōrō*) **1.** Sprecher *e-r Gesandtschaft*, Unterhändler. **2.** (*kunstmäßiger*) Redner (*u.* Staatsmann). **3.** (*Pl.*) Bittsteller.

ōrātōrĭŭs 3 (*ōrātŏr*) (*adv.* **-ē**) **1.** rednerisch, oratorisch, Redner... [*ingenium, ornamenta*, °*ars, oratio* den Regeln der Rhetorik entsprechend, *-e dicere*]; *subst.* **-ă,** *ae f* (*nkl.*) (*sc. ărs*) Rhetorik. **2.** (*Eccl.*) zum Beten gehörig; *subst.* **ōrātōrĭŭm,** ī *n* Betsaal (***Vertonung *relig., später auch weltlicher Texte*).

ōrātrīx, īcĭs *f* (*ōrātŏr*) **1.** (*Qu.*) Rhetorik (*Übersetzung v.* ῥητορική). **2.** Vermittlerin, Fürsprecherin [*pacis et foederis*]. **3.** (*Pl.*) Bittstellerin.

ōrātŭm, ī *n* (*eigtl. P.P.P. n v. ōrō*) (*Te.*) Bitte [*eius*].

ōrātŭs, ūs *m* (*ōrō*) das Bitten, *klass. nur im abl. sg. oratu alcis* auf *j-s* Bitten.

ŏrbātĭō, ōnĭs *f* (*ŏrbō*) (*Se.*) Beraubung.

ŏrbātŏr, ōrĭs *m* (*ŏrbō*) (*Ov.*) der *jd.* der Kinder *bzw.* der Eltern beraubt [*nostri orbator, Achilles* der mich kinderlos gemacht hat].

ŏrbĭcŭlātŭs 3 (*ŏrbĭcŭlŭs, demin. v. ŏrbĭs* „kleine Scheibe") (*unkl.*) kreisrund (*mālum feine Apfelsorte aus Epirus*).

Ŏrbĭlĭŭs 3 *röm. gēns*: *L.* ~ *Pŭpĭllŭs, Grammatiker aus Benevent, in Rom Lehrer des Horaz* [*plagosus*].

> **ŏrbĭs**
> **1. a**) Kreis; **b**) kreisförmige Bewegung, Windung; **c**) kreisförmige Aufstellung; **d**) Kreislauf; **e**) (*rhet. t.t.*) Periode; **f**) abgeschlossene höhere Bildung; **2. a**) Scheibe, runde Fläche; Schild; Rad; **b**) *alles Scheibenförmige wie z.B.* Diskus(-), Mond(-), Sonne(nscheibe).

ŏrbĭs, ĭs *m* (*et. ungedeutet; vl. urspr.* „Radkranz", *cf. ŏrbĭtă*) **1. Kreis: a**) kreisrunde Linie (*alqd in orbem torquere*, °*orbis rotae* die Felgen, *saltatorius* Tanzreif, °*muri* Ringmauer; *bsd. am Himmel*: *signifer* Tierkreis, *lacteus* Milchstraße, *pl. finientes* Horizont); **b**) (*dcht., nkl.*) kreisförmige Bewegung, Windung, *bsd. der Schlangen*; **c**) kreisförmige Stellung [*in orbem consistere* sich

im Kreise aufstellen = °*orbem colligere*]; *bsd. mil.* Kreisstellung, *nach allen Seiten durch die Schilde gedeckt* = Karree [*orbem facere* formieren, °*in orbem se tutari*]; **d)** / Kreislauf, Kreisbahn [*sidera orbes suos conficiunt*]; *bsd.* Kreislauf *der Zeiten od. Ereignisse* [°*annuus*, °*temporis u.* °*temporum*, °*exactis completur mensibus orbis* Jahreskreis, °*triginta volvendis mensibus orbes explebit* Jahresläufe, *fasces in orbem per omnes eunt* im Kreise nach der Reihe, reihum]; *auch der politische* Umschwung *im Staatsleben* [*rei publicae*]; **e)** (*in der Rede*) Periode [*verborum, orationis* periodische Abrundung]; **f)** (*Qu.*) ~ *doctrinae* = ἐγκύκλιος παιδεία der abgeschlossene Kreis der Wissenschaften, allgemeine (höhere) Bildung. **2.** *meton.* Scheibe: **a)** runde Fläche, Schild, Rad [°*solis*, °*clipei*, °*mensae* rundes Tischblatt, °*genuum* Kniescheibe, *terrae* Erdscheibe, °*oculorum* Rundung des Auges, Auge]; **b)** alles Scheibenförmige: **α)** °Sonne(nscheibe), °Mond(scheibe), °Diskus(scheibe), °Schild (*auch die einzelne* °Schildplatte = Lage *v.* Erz *od.* Leder am Schilde); °Waagschale; °Spiegel, °runder (Marmor-)Tisch; °Handpauke; **β)** °Rad (*bsd. der Fortuna* = Glücksrad; / °*circumagitur orbis* = das Blatt wendet sich); **γ)** (*dcht.*) Himmelsgewölbe, Himmel [*medius*]; **δ)** *orbis terrae* das Erdenrund, die ganze Erde, *dagegen orbis terrarum* Erdkreis, *bsd.* das römische Weltreich, *meton.* = Menschengeschlecht; (*dcht.*) *orbis auch* = Gebiet, Land, Gegend [*peregrinus*, *Eous* Morgenland].
F. *abl. sg.* *ŏrbĕ*, *selten ŏrbī*.

ŏrbĭtă, *ae f* (*ŏrbĭs*) Wagengleis; / (*Ju.*) Beispiel [*veteris culpae* böses Beispiel]; (*dcht.*, *nkl.*) *übh.* Bahn [*lunaris* Mondbahn]. — **(*med. t.t.*) Augenhöhle.

ŏrbĭtās, *ātis f* (*ŏrbŭs*) das Verwaistsein: **1.** Elternlosigkeit, Kinderlosigkeit [*misera*; *m. gen.* = Verlust; *zB. liberorum*]; / Mangel [*virorum talium* an solchen Männern]. **2.** (*Iust.*) Witwentum.

ŏrbĭtōsŭs 2 (*ŏrbĭtă*) (*Ve.*) voller Wagengeleise.

ŏrbō 1. (*denom. v. ŏrbŭs*) **1.** verwaist machen, der Eltern *od.* Kinder berauben (*alqm u. alqd, zB. parentes*; *alqm alqo, zB. matrem filio*). **2.** / *jd.* des Teuersten berauben (*alqm u. alqd re, zB. amicum omni spe*).

Ŏrbōnă, *ae f* (*ŏrbŭs?*) *angeblich* Göttin der Kinderlosigkeit, *die v. kinderlosen Eheleuten angerufen wurde, die* (*wieder*) *Kinder zu erhalten wünschten.*

ŏrbŭs 3 (*cf.* ὀρφανός, *nhd.* „Erbe") **1.** verwaist (°*alqo u.* °*ab alqo*, °*alcis, zB. parentibus, a natis*); *bsd.* elternlos, vaterlos [*filius*], kinderlos [*senex*], verwitwet [°*cubile*]; *subst.* (*vkl.*, *nkl.*) **ŏrbŭs,** *ī m* Waise; **ŏrbă,** *ae f* Waise *od.* Witwe [*orbi orbaeque* Waisen *u.* Witwen]. **2.** / verwaist, beraubt, entblößt, ohne etw. [*res publica*; *re u. a re od. alcis rei, zB. contio ab optimatibus*, °*forum litibus*].

ŏrcă, *ae f* (*et. ungedeutet*) (*unkl.*) Tonne (*bsd. für Salzfische*).

Ŏrcădēs, *ŭm f* die Orkney- *u.* Shetlandinseln *bei Schottland. Cf.* V.-B. III, 1, e.

ŏrchăs, *ădĭs f* (*Fw.* ‹ ὀρχάς *zu* ὄρχις Hode) (*Ve.*) eirunde Olive.

ŏrchēstră, *ae f* (*Fw.* ‹ ὀρχήστρα) (*vkl.*, *nkl.*) Orchestra *im Theater* (*Sitzplatz der Senatoren*); *meton.* Senat.

Ŏrcīnĭānŭs 3 (*Ŏrcŭs*) (*Ma.*) Toten... [*sponda*].

Ŏrcīnŭs *od.* **Ŏrcīvŭs** 3 (*Ŏrcŭs*) (*nkl.*) Toten...; *senatores* nach Cäsars Tod, *gleichsam durch sein Testament*, in den Senat gekommene Senatoren.

Ŏrcŭs, *ī m* (*v. d. Alten u. heute verschieden gedeutet*; *da die Bedeutung* „Unterwelt" *älter ist als* „Todesgott", *vl. zu ŏrcă*) **1.** (*dcht.*, *nkl.*) Unterwelt, Reich der Toten, Schattenreich. **2.** *meton.* **a)** Gott der Unterwelt = Pluto [*Verres alter Orcus*, °*pallidus*]; **b)** (*unkl.*) Tod [*Orcum morari* den Tod warten lassen = fortleben].

ŏrdĭă prīmă (*Lu.*) = *prīmŏrdĭă*.

ōrdĭnārĭŭs 3 (*ōrdō*) (*nkl.*) **1.** ordentlich, regelmäßig, gewöhnlich [*consules im Ggs. zu suffecti*]. **2.** vorzüglich [*oratio*]. — *** *subst. m* **1.** (*im kath. Kirchenrecht*) der ordentliche Inhaber *der Kirchengewalt.* **2.** (*veraltend*) Klassenlehrer *an höheren Schulen.* **3.** (‹ *professor* ~) ordentlicher Professor.

ōrdĭnātĭm *adv.* (*ōrdĭnātŭs*) **1.** nach der Reihe, reihenweise [*trabes -im structae*]. **2.** (*Brutus b. Ci.*) *mil.* nach Gliedern, gliedweise.

ōrdĭnātĭō, *ōnĭs f* (*ōrdĭnō*) (*nkl.*) **1.** Ordnung; Regelung; Umgestaltung. **2.** Bestellung *zu e-m Amt,* Bestallung. **3.** (*Eccl.*) Ordination *e-s Priesters*, ***(Bischofs-)Weihe. — ***ärztliche Verordnung.

ōrdĭnātŏr, *ōrĭs m* (*ōrdĭnō*) (*nkl.*) Ordner; *bsd. als jur. t.t.* Einleiter *e-s* Prozesses.

ōrdĭnātŭs 3 *s. ōrdĭnō*.

ōrdĭnō 1. (*ōrdō*) **1.** in Reih *u.* Glied stellen, *übh.* ordnen, aufstellen [°*exercitum*, °*copias*, °*milites*, °*arbusta sulcis* in Reihen anpflanzen; *partes orationis, magistratūs* die Reihenfolge der Beamten feststellen]. **2.** gehörig einrichten, regeln, ordnen [*res*, °*bibliothecas*, °*provincias*, °*artem praeceptis*, °*disciplinam, pacem inter eos* abschließen, °*annos* seine Jahre zählen, °*res publicas* die Geschichte des Staates lichtvoll darstellen]; *bsd.* (*P.P.P.*) *adi.* **ōrdĭnātŭs** 3 (*m.* °*comp. u.* °*sup.*; *adv.* °**-ē**) geordnet, ordentlich, regelmäßig [*cursūs*]. **3.** (*nkl.*) **a)** (*Magistrate*) in ein Amt einsetzen, bestellen [*consules in futurum annum, alqm in successionem regni* zur Thronfolge]; **b)** (*ein Amt*) vergeben [*tribunatūs*]; **c)** (*spätl.*) (*e-n Priester*) ordinieren [*clericum*]; **d)** ***militem* zum Ritter schlagen. **4.** (*nkl.*) (*jur. t.t.*) abfassen, errichten [*testamentum*].

▶ **ōrdĭŏr,** *ōrsŭs sŭm* 4. (*t.t. der Webersprache*: „anzetteln" [ein Gewebe anfangen]; *zu* ὀρδέω „lege ein Gewebe an"; *cf. ōrdō*) **1.** (*trans.*) anfangen, beginnen (*alqd, zB. orationem*, °*opus, initium rei* machen, *auch alqm, zB.* °*reliquos* die Lebensbeschreibungen der übrigen; *alqd ab alqo od. a re etw. m. jd. od. etw., zB. omnia a Iove*). **2.** (*intr. od. abs.*) *bsd.* = zu reden beginnen, anheben [*ab initio, paulo altius de alqo*; *a re* = *v. etw.* ausgehen, *zB. a communi parente natura*; *m. inf.*]; (*dcht.*) *übh.* reden, sprechen, sagen (*alci zu jd., zB. miranti sic orsa dea*). **3.** *subst.* **ōrsă,** *ōrŭm n*: **a)** Anfang, Unternehmen [*operis*]; **b)** begonnene Rede, Worte [*orsa referre*].

> **ōrdō**
> **1. a)** Reihe (*gleichartiger Gegenstände*); **b)** Sitz-, Bankreihe; **2.** *mil.* **a)** Glied, Linie; **b)** Schar, Zug; Zenturie; **c)** Zenturionenstelle, Zenturio; **3.** Stand, Klasse; **4.** Kanon *der Schriftsteller*; **5.** Ordnung, richtige Reihenfolge; **6.** Verfassung.

ōrdō, *inis m* (*urspr.* „Fadenreihe *e-s* Gewebes"; *ōrdĭŏr*) **1. a)** Reihe *gleichartiger Gegenstände* [*ordines arborum*, °*duo ordines dentium*, °*flammarum* der Fackeln, °*ordine ponere vites*]; *auch* Schicht, Lage [*caespitum*]; **b)** Reihe der Sitze *od.* Bänke *im Theater* [*in quattuordecim ordinibus sedere* = Ritter sein]; *auch* Reihe der Ruderbänke [°*gemini*]. **2.** *mil.* **a)** Glied, Linie [*primus, ultimi, militum ordines* °*explicare u.* °*perturbare*, °*perrumpere, ordines* °(*ob*)*servare* Reih *u.* Glied halten, °*ordine egredi* aus Reih *u.* Glied treten, *nullo ordine* in aufgelösten Gliedern]; **b)** (*v. lebenden Wesen*) Abteilung, Schar, Zug [°*matrum*]; *klass. nur mil.* Zenturie, Kompanie [*primus* erste Zenturie der ersten Kohorte, *eiusdem ordinis esse, centuriones primorum ordinum* Hauptleute der ersten Zenturien *od.* Hauptleute erster Klasse, *ordinem ducere* kommandieren]; **c)** *meton.* **α)** Zenturionenstelle [*superiores, inferiores, spes ordinum* auf höhere Stellen; *bsd.* °*alqm in ordinem cogere* degradieren, / demütigen, hintansetzen, *auch* °*in ordinem redigere*]; **β)** Zenturio [*primi* = *centuriones primorum ordinum, octavi* Zenturionen der achten Kohorte]. **3.** (*pol.*) Stand, Klasse, Rang [*humilis, amplissimus, senatorius, equester*, °*pedester, publicanorum, scribarum, eiusdem od. superioris ordinis v.* gleichem *od.* höherem Rang]; *auch* Zunft, Gilde. **4.** (*Qu.*) Kanon *der lesenswerten Schriftsteller* [*ordo a grammaticis datus v.* den alexandrinischen Kunstrichtern aufgestellt; = κανών]. **5.** (*abstr.*) Ordnung, gehörige Reihenfolge, Anordnung [*rerum, auch* Gang der Ereignisse, *causarum*, °*fatorum*

Gang des Schicksals, °*sanguinis* Stammbaum, °*sceleris* Hergang, °*suum ordinem percurrere* die Reihe seiner Schicksale; *ordinem (con)servare u. tenere, sequi, res in ordinem adducere od. referre* in Ordnung bringen, *in ordinem se referre* wieder in Ordnung kommen; *nullo ordine u. sine ordine* ungeordnet, durcheinander]; *übh.* Beschaffenheit, Regel, Gebühr [°*vitae*]; *bsd. ordine u. in ordinem od.* °*in ordine* der Reihe nach, ordnungsgemäß, nach Gebühr; *ex ordine* nach der Reihe *u.* Ordnung; *dcht. auch* sofort, sogleich; *extra ordinem* außer der Reihe *u.* Ordnung, *aber auch* über das gewöhnliche Maß *od.* wider alle Ordnung. **6.** (*Pl.*) Verfassung, Zustand. — **~ (*monasticus*) Mönchsorden; ~ *missae* die feststehenden Teile der Eucharistie. — *ordines* die Weihen, Weihestufen [*maiores, minores*].

ŏrēăs, *ădĭs f (acc. sg. -ădă, acc. pl. -ădăs) (Fw.* ‹ ὀρειάς) (*dcht.*) Bergnymphe, Oreade.

Ŏrĕstēs, *ae u. (meist) īs m* ('Ορέστης) *S. des Agamemnon u. der Klytaim(n)estra, rächt die Ermordung seines Vaters an ihr u. ihrem Verführer* Aigisthos (Aegisthus). *Cf.* V.-B. I, 2; III, 3 *u.* 5. — *adi.* **Ŏrĕstēŭs** 3.

ŏrĕxis, *ĭs f (acc. -īm u. -īn) (Fw.* ‹ ὄρεξις) (*Ju.*) Verlangen, Appetit.

ŏrgănĭcŭs 3 (*Fw* ‹ ὀργανικός) (*unkl.*) musikalisch; *subst.* ~, *ī m* Musiker; Künstler im Saitenspiel.

ŏrgănŭm, *ī n (Fw.* ‹ ὄργανον) (*nkl.*) Werkzeug *jeder Art*; *bsd.* (*meist pl.*) Musikinstrument; (*Eccl.*) Orgel *in der Kirche.*

Ŏrgĕtŏrĭx, *ĭgĭs m angesehener Helvetier, Organisator der Auswanderung seines Volkes 58 v. Chr.*

ŏrgĭă, *ōrŭm n (Fw.* ‹ ὄργια) (*unkl.*) die Orgien, *nächtlicher* Geheimdienst *zu Ehren des Bacchus*; / *jeder* Geheimdienst; Geheimnisse [*Itala* Geheimnisse der Liebe in lat. Sprache].

ŏrĭchălcŭm, *ī n (-ĭ-?; seit Ve. sicher -ī-; cf. aurĭchălcŭm) (Fw.* ‹ ὀρείχαλκος, *eigtl.* „Bergerz") Messing.

ŏrĭcillă, ŏrĭcŭlă, *ae f* = *aurĭ...*

▶ **ŏrĭēns,** *ĕntĭs m (sc. sōl, eigtl. part. praes. v. ŏrĭŏr:* „die aufgehende Sonne") **1.** Osten, Morgen *als Himmelsrichtung* [*ab oriente ad occidentem*]. **2.** *meton.* **a)** Morgenland, Orient; **b)** (*dcht.*) ♀ Sonnengott [*Oriente primo m.* Tagesanbruch].

ŏrĭĕntālĭs, *ĕ (ŏrĭēns) (nkl.)* morgenländisch, orientalisch; *subst.* **-ēs,** *ĭŭm m* Orientalen.

ŏrīgĭnālĭs, *ĕ (ŏrīgō) (nkl.)* ursprünglich. — **ererbt [*peccatum* Erbsünde]; *subst. originale, is n (sc. exemplar)* Urschrift, Urtext, Original.

ŏrīgĭnātĭō, *ōnĭs f (ŏrīgō) (Qu.)* Wortableitung, Etymologie.

▶ **ŏrīgō,** *ĭnĭs f (ŏrĭŏr)* **1.** Ursprung, *bsd.* Abstammung, Entstehung, Herkunft (*alcis u. alcis rei, zB. rerum publicarum,* °*mundi,* °*familiarum* Stammbaum, *originem ab alqo* °*trahere od.* °*ducere; auch pl., zB. primae*). **2.** *meton.* (*nkl., dcht.*) **a)** Stamm, Familie [*ab ultima origine stirpis Romanae aus e-r* uralten Familie]; **b)** Stammvater, -mutter, Ahnherr [*stirpis, melioris mundi* Schöpfer]; **c)** Mutterstadt, -land, Stammvolk, -sitz; **d)** *pl. Origines* Urgeschichte (*Titel eines Geschichtswerkes des älteren Kato in 7 Büchern*).

Ŏrīōn, *ōnĭs m* ('Ωρίων) *ber. riesenhafter Jäger aus Böotien, v. Eos (lat. Aurora) geliebt, v. Artemis (lat. Diana) getötet, m. seinem Hunde als Sternbild an den Himmel versetzt.*
F. *Jeder Vokal im Vers nach Bedarf auch kurz. Cf.* V.-B. III, 1, b.

▶ **ŏrĭŏr,** *ōrtŭs sŭm (ŏrĭtūrŭs)* 4. (*cf.* ὄρ-νυ-μι „errege, erhebe") **1.** (*nkl.*) sich erheben, *v. Pers.* [*consul oriens de nocte*]. **2.** (*v. Gestirnen*) aufgehen [*sol, stella, orta luce* am Morgen; *sol oriens* Osten, *auch* Orient]. **3. a)** entstehen, entspringen, ausbrechen, herrühren [°*ventus, clamor,* °*incendium, bellum; cura apud alqm* erwacht; *ab alqo u. ab, ex re, zB. timor a tribunis* geht aus]; *bsd. v. Flüssen* entspringen [*Rhenus ex Lepontiis; auch* °*in loco u.* °*loco, zB. in monte*]; **b)** (*v. Pers.*) geboren werden, abstammen (*m. bloßem abl. od. ab u. ex alqo, zB.* °*nepos* [*ex*] *filiā ortus, nobili genere,* °*ex concubina, homo a se ortus* = *homo novus*). **4.** wachsen (*v. Bäumen u. Früchten*). **5.** (*räuml.*) anfangen, ausgehen [°*collis; a re* bei *od. m. etw., zB. silva a finibus, Belgae oriuntur ab extremis finibus*]; *übh.* anfangen, beginnen *intr.* [*sermo, oratio,* °*nox*]. — ***ex oriente lux* = Aus dem Osten (kommt) das Licht (*Herkunft der Redensart ungeklärt*).
F. *ŏrĭŏr u. seine Komposita — außer ădŏrĭŏr (ădŏrīrĭs, ădŏrītŭr usw.) — gehen im praes. u. impf. nach der 3. Konjug., im coni. impf. nach der 3. u. 4.: ŏrĕrĭs, ŏrĭtŭr, ŏrĕrĕ, aber ŏrĕrĕr u. ŏrīrĕr. Cf. auch ŏrĭŭndŭs (nie ŏrĭĕndŭs).*

ŏrĭŭndŭs 3 (*eigtl. altes Gerundiv v. ŏrĭŏr m. partizipialer Bedeutung; cf. sĕcŭndŭs*) (*unkl.*) abstammend, entsprossen, seinen Ursprung herleitend, *nur v. entfernterer Abstammung, auch* / (*ab alqo u. ab, ex re,* °*re, zB. Cato Uticensis a Censorio, ex Etruscis*).

▶ **ōrnāmĕntŭm,** *ī n (ōrnō)* **1.** Ausstattung; *pl.* Ausrüstungsgegenstände, Bedürfnisse [°*elephantorum, pacis*]; *bsd.* Kriegsvorräte (*alcis*). **2. a)** Schmuck, Zierde, Prachtstück; *bsd.* weiblicher Schmuck, Geschmeide, *oft pl., auch* / [*capitis, gemmarum, urbis, fani;* / *amicitiae, senectutis; -o esse alci* gereichen zu]; **b)** *pl.* **α)** Schönheiten *der Rede* [*orationis, dicendi*]; **β)** Ehrenzeichen, Insignien [*triumphi*]. **3.** äußere Ehre, Auszeichnung, Glanz [*rerum gestarum, honoris, maximis -is afficere alqm*].

ōrnātrīx, *īcĭs f (°ōrnātŏr; ōrnō) (nkl., dcht.)* Friseuse.

ōrnātŭs[1] 3 (*m. comp. u. sup.; adv.* **-ē**) (*eigtl. P.P.P. v. ōrnō*) **1.** ausgerüstet, *m. etw.* versehen (*abs., zB.* °*equus* aufgezäumt, *navis; re, zB. naves armis*). **2.** / **a)** durch *etw.* geehrt (*re, zB. honoribus a senatu*); **b)** geschmackvoll, zierlich [*nihil ornatius agro bene culto; bsd. v. der Rede u. vom Redner: oratio, versus, -e dicere, ornatissime causam agere*]; **c)** rühmlich, ehrenvoll [*locus ad dicendum*]; **d)** geehrt, geachtet [*ornatissimus* hochgeehrt]; *bsd. als Titel* [*civis; re* durch *od.* wegen *etw., zB. virtute*].

▶ **ōrnātŭs**[2], *ūs m (altl. gen. -ī, dat. -ū; ōrnō)* **1. a)** Ausrüstung, Ausstattung, *prägn.* Ausschmückung [*publicorum locorum*]; **b)** *übh.* Schmuck, Zierat, *auch* / [*caeli, regius*]; *bsd. v. der Rede* [*verborum, magnum afferunt -um orationi*]. **2.** *meton.* **a)** kunstreich geordnete Welt; **b)** Anzug, Kleidung, Tracht [*militaris, muliebris, -um mutare*]; *auch* Rüstung (*bsd. der Gladiatoren*); **c)** schönes Äußere.

▶ **ōrnō** 1. (*vl.* ‹ *ōrd[ĭ]nō zu ōrdō*) **1.** ausrüsten, ausstatten, zubereiten (*alqd, zB. naves, exercitum, convivium, provinciam* dem Statthalter für die Verwaltung der Provinz alles Erforderliche anweisen, *so auch consulem;* [*Pl.*] *age nunciam orna te* nun zieh dich schon an; *alqm u. alqd re, zB.* °*militem armis,* °*Athenienses divitiis* bereichern, *navem armatis* bemannen). **2.** (aus)schmücken, zieren, putzen, *auch* / (*alqm u. alqd, zB.* °*poëtam hederā,* °*capillos* frisieren, °*hortos* verschönern, *sepulcrum floribus, orationem*). **3.** / heben, fördern [*civitatem omnibus rebus,* °*res Italas moribus* veredeln]; *bsd.* ehren, auszeichnen, verherrlichen, *auch* preisen [*alqm honore od. laudibus, res gestas alcis; alqs imperator a senatu ornatur* wird durch den Titel Imperator ausgezeichnet].

ŏrnŭs, *ī f* (‹ **ŏsĕn-ŏs; cf. ahd.* ask) (*nkl., dcht.*) wilde Bergesche.

▶ **ōrō** 1. (*altl. coni. pf. ōrāsseis; wohl zu einer Schallwurzel *-ōr; cf.* ἀρά „Gebet", ἀράομαι „bete, flehe"; *nicht denom. v. ōs*[1]) **1.** reden, sprechen (*abs., zB.* °*talibus dictis orabat, alqd complecti orando; bsd. als Redner, zB.* °*orandi nescius; subst.* [*Ta.*] *orantes m* Redner); *auch* beten [*fanum adire orandi causā*]. **2.** (*mündl.*) verhandeln, vortragen *vor Gericht* (*abs. od. alqd, zB. litem* vor Gericht führen). **3. a)** bitten, ersuchen (*abs. od. alqm jd., zB. senatores omnibus precibus* auf's flehentlichste, °*alqm regem* sich zum Könige erbitten; *alqd* um *etw., zB.* °*auxilium,* °*veniam; alqm alqd nur hoc, id, illud, multa deos u.ä.;* °*auxilia regem; pro alqo;* °*alqd alci u. alci rei um etw.* für *jd. od.* für *etw., zB.* °*veniam dapibus; m. ut, ne od. bloßem coni.; m.* °*inf. u.* °*a.c.i.*); *oft oro* (*te*), *oro* (*vos*) *an der Spitze des Satzes od. eingeschoben* bitte, höre einmal [*librum, oro te, mihi quam primum mitte; oro te,* quis tu es?]; **b)** (*dcht., spätl.,***) beten.

Ŏrŏntēs, *ae u.* *īs m* (Ὀρόντης) *Hptfl. Syriens; adi.* **Ŏrŏntēŭs** 3, *auch* = °syrisch. **F.** *Cf.* V.-B. I, 2.

Ŏrphēŭs, *ĕī u.* °*ĕŏş m* (Ὀρφεύς) *S. des Apollo (od. des Thrakierkönigs Oiagros [Oeagrus]) u. der Kalliope, Gemahl der Eurydike, myth. Sänger u. Dichter, v. Bacchantinnen zerrissen (Relief O. u. Eur. des 5. Jh. im Museum v. Neapel); adi.* **Ŏrphĭcŭs** *u.* °**Ŏrphēŭs** 3. *Cf.* V.-B. II, 3.

ŏrphŭs, *ī m* (*Fw.* < ὀρφός) (*nkl., dcht.*) Orfe (*Seefisch*).

ŏrrŏpȳgĭŭm = *örthŏp...*

ōrsă, *ōrūm n s.* *ōrdĭŏr* 3.

ōrsŭs[1] *part. pf. v.* *ōrdĭŏr.*

ōrsŭs[2], *ūs m* (*ōrdĭŏr*) (*dcht.*) **1.** Zettel (*Anfang des Gewebes*). **2.** *übh.* Anfang, Beginnen; Unternehmen.

ŏrthŏdŏxŭs 3 (*Fw.* < ὀρθόδοξος) (*spätl.*) rechtgläubig.

ŏrthŏgrăphĭă, *ae f* (*Fw.* < ὀρθογραφία) (*nkl.*) Rechtschreibung.

ŏrthŏpȳgĭŭm, *ī n* (*Fw.* < ὀρθοπύγιον) (*Ma.*) emporstehender Steiß *der Vögel,* Bürzel.

▶**ōrtŭs**[1], *ūs m* (*ŏrĭŏr*) **1. a)** Aufgang *e-s Gestirns* [*solis, lunae,* °*diei*]; *bsd.* °Sonnenaufgang [*ortu* bei Sonnenaufgang]; **b)** *meton.* α) *ortus solis* Orient; β) °Ort des Aufganges; *insb. meton.* Osten, *auch pl.* [*ab ortu ad occasum*]. **2.** / **a)** Entstehung, Ursprung [*deorum, vitium, mundi,* °*fluminis,* / *tribuniciae potestatis*]; **b)** Geburt, Herkunft [*puerorum, Cato ortu Tusculanus, primo ortu* gleich nach der Geburt, °*ortum ducere ab alqo v. jd.* abstammen]; **c)** (*Lu.*) das Wachsen *der Feldfrüchte usw.*

ōrtŭs[2], *ī m* = *hōrtŭs.*

ōrtŭs[3] *part. pf. v.* *ŏrĭŏr.*

Ŏrtȳgĭă, *ae u.* °*-ē, ēs f* (Ὀρτυγία) **1.** *Stadtteil v. Syrakus auf einer Insel.* **2.** *alter Name der Insel Delos; adi.* **Ŏrtȳgĭŭs** 3 [°*dea* = Artemis (Diana)]. **3.** *ein Hain bei Ephesus. Cf.* V.-B. I, 1.

ŏrȳx, *ȳgĭs m* (*Fw.* < ὄρυξ) (*nkl., dcht.*) wilde Ziege *od.* Gazelle.

ŏrȳză, *ae* (*Fw.* < ὄρυζα) (*nkl., dcht.*) der Reis.

> **ōs**[1]
> **1. a)** Mund, Maul, (*v. Vögeln u. Schiffen*) Schnabel; **b)** Rede, Gerede; **c)** Aussprache; **d)** Beredsamkeit; **2. a)** Gesicht, Miene; **b)** Augen, Gegenwart; **c)** Aussehen, Gestalt; **d)** Vorderseite *e-s Kopfes;* **e)** Maske, Larve; **3. a)** Rachen, Schlund; **b)** Öffnung, Mündung; **c)** freches Gesicht, Frechheit.

ōs[1], *ōris n* (*cf. altind.* ās „Mund") **1. a)** Mund, Maul, Rachen, *beim Vogel auch* Schnabel [*hominis, equi, pulli;* °*centum ora* hundert Kehlen; / *auch* °Schnabel *e-s Schiffes*]; **b)** (*unkl.*) = Sprache, Rede, Gerede [*libero ore loqui m.* Freimütigkeit; *alci u. alcis in ore esse* in *j-s* Mund sein, *v. jd.* im Mund geführt werden, *zB.* °*omnibus u. omnium; alqm u. alqd in ore habere* im Mund führen; *in hominum ora* °*pervenire* dem Gerede dienen; *alci respondere ore alcis* durch den Mund *j-s; hominem ex tuo ore admiror* nach deiner Schilderung; *uno ore* einstimmig, *zB. consentire*]; **c)** (*nkl.*) Aussprache [*os atque vox*]; **d)** (*nkl.*) Beredsamkeit [*ardor oris*]. **2. a)** Gesicht, Antlitz, Miene [*in ore sunt omnia* alle Wirkung beruht auf dem Gesichtsausdruck; *in os adversum* gerade ins Gesicht, °*os praebere ad contumeliam* sich persönlichen Beschimpfungen aussetzen; *os perfricare s. pĕrfrĭcō*]; **b)** Augen, Gegenwart [*in ore u.* °*ante ora alcis* vor *j-s* Augen, *zB. parentum, in ore omnium versari* sich öffentlich zeigen; *ante os esse* vor Augen sein, °*per ora hominum incedere, omnium ora in se convertere*]; **c)** *übh.* (*dcht.*) Aussehen, Gestalt [*tot sese vortit in ora*]; **d)** Vorderseite eines Kopfes [°*ora truncis arborum antefigere* Vorderschädel]; **e)** / Maske, Larve, *auch pl.* [*Gorgonis,* °*ora corticibus cavatis*]. **3.** / **a)** Rachen, Schlund [*ex ore atque faucibus belli*]; **b)** Öffnung, Spalt, Mündung, Eingang, Ausgang [*portūs, ponti,* °*dolii,* °*fenestra lato ore*]; *auch* Zugang, Pforte; (*v. Flüssen*) Mündung [°*Tiberis*]; (*dcht.*) *auch* Quelle [*novem ora Timavi*]; **c)** *prägn.* freches Gesicht, Frechheit, Unverschämtheit [°*os habet; si Appii os haberem*]. **F.** *pl. gen.* °*ōrĭŭm.*

▶**ŏs**[2], *ŏssĭs n* (*d.i.* *ŏss* < **ŏst; cf.* ὀστέον *ds.*) Knochen, Bein, *pl.* *ŏssă, ĭūm* Gebeine, *bsd. eines verbrannten Toten* [*filii,* °*ossa legere;* / °*cineres atque ossa Troiae*], Gerippe (*auch / v. der Rede, zB. ossa nudare*); / *pl.* (*nkl.*) das Innerste, Mark (*u.* Bein) [*pavor currit per ima ossa*]. — ***os coxae* Hüftbein, ~ *ilium* Darmbein, ~ *occipitale* Hinterhauptsbein, ~ *pubis* Schambein.

ŏs-cĕn, *cĭnĭs m* (*u.* °*f*) (*ō-?; Wort der Auguralspr.;* < **ŏbs-cĕn; ŏbs-* + *cănō; volkset. m.* *ōs in Verbindung gebracht*) Weissagevogel (*Krähe, Rabe, Eule u.a.*), *aus dessen Geschrei die Auguren weissagten* (*cf.* *ālĕs*).

Ŏscī, *ōrŭm m* (*älter* *Ŏpĭcī* [Ὀπικοί] *vl.* = „Verehrer der Ops"; *cf.* *ŏpĭcŭs*) *Volk i. Kampanien (Name geographisch unterschiedlich verwendet, vorwiegend v. der — durch etwa 250 Inschr. bekannten — Spr. gebraucht*); *adi.* **Ŏscŭs** 3; *ludi -i* Atellanen (*cf.* *Ātĕllānă*).

ōscĭllātĭō, *ōnĭs f* (*ōscĭllō* 1. „schaukeln", *denom. v.* *ōscĭllŭm*[1] [*et. ungedeutet*] „Schaukel") (*Pe.*) das Schaukeln.

ōscĭllŭm[2], *ī n* (*demin. v.* *ōscŭlŭm* „kleines Gesicht") (*dcht.*) Wachsbildchen des Bacchus, *in der Feldmark zur Abwehr böser Geister aufgehängt.*

ōscĭtāntĕr *adv.* (*ōscĭtāns, part. praes. v.* *ōscĭtō*) schläfrig; / teilnahmslos.

ōscĭtātĭō, *ōnĭs f* (*ōscĭtō*) (*nkl., dcht.*) das Gähnen; / matte Sprache.

ōscĭtō *u.* °**ōscĭtŏr** 1. (*vl.* < *ōs cĭtō* „bewege den Mund") **1.** (*dcht.*) den Mund aufsperren. **2.** (*Ca.*) schreien. **3.** gähnen; / teilnahmslos *od.* unaufmerksam sein, *meist part. praes.* [*Epicurus*].

ōscŭlābŭndŭs 3 (*ōscŭlŏr*) (*nkl.*) wiederholt küssend. [Küssen.]

ōscŭlātĭō, *ōnĭs f* (*ōscŭlŏr*) das

ōscŭlŏr 1. (*denom. v.* *ōscŭlŭm*) küssen (*alqm u. alqd, cum alqo, inter se* sich); / zärtlich lieben [*scientiam iuris tamquam filiolam*].

▶**ōscŭlŭm,** *ī n* (*demin. v.* *ōs*[1]) **1.** (*nkl., dcht.*) Mündchen. **2.** (*meton.*) Kuß [*osculum alci ferre u.* °*dare; figere;* °*supremum* Scheidekuß].

Ŏsīrĭs, *ĭdĭs u.* *ĭs m* (Ὄσιρις) *Hauptgott Ägyptens, Gemahl der Isis, Richter der Seelen i. der Unterwelt.* **F.** *acc.* *Ŏsīrĭm u. -ĭn, abl. -ī.*

ōsŏr, *ōrĭs m* (*ōdī*) (*unkl.*) Hasser [*mulierum*].

Ŏssă, *ae f* (*u.* °*m*) (Ὄσσα) (*acc.* °*-ān*) *Geb. im nordöstl. Thessalien; adi.* **Ŏssaeŭs** 3.

ŏssĕŭs 3 (*ŏs*[2]) (*nkl., dcht.*) knöchern, knochendürr, knochenhart.

ŏssĭcŭlŭm, *ī n* (*demin. v.* *ŏs*[2]) (*nkl.*) Knöchelchen.

ŏssĭ-frăgŭs, *ī m u.* **-frăgă,** *ae f* (*ŏs*[2], *frăngō*) (*nkl., dcht.*) „Beinbrecher"; / Seeadler.

> **ŏs-tĕndō**
> **1. a)** entgegenstrecken; **b)** entgegenhalten; **2.** zeigen; **3. a)** in Aussicht stellen; **b)** einwenden; **c)** offenbaren; **d)** erklären, eröffnen.

ŏs-tĕndō, *tĕndī,* °*tĕntŭm u.* (*später*) °*tēnsŭm* (*klass. durch* *tĕntātŭm* *ersetzt*) 3. (< **ŏps-tĕndō; ŏps-* = *ŏbs-* = *ŏb-*) **1. a)** (*vkl., dcht.*) entgegenstrecken, vorhalten (*alqd, zB. manūs; alci alqd, zB. Aquiloni glebas*); **b)** / entgegenhalten [*mihi praeclara eius defensio ostenditur*]. **2.** zeigen, sehen lassen (*alqd, zB.* °*epistulam,* °*vocem* hören lassen; *alci alqd, zB. telum inimico, se alci,* °*iambos Latio* in Rom einführen, °*iuvenes foro* einführen auf); *bsd. mil. etw.* sehen lassen, *um den Feind zu schrecken od. zu täuschen* [°*aciem ad terrorem hostium, se*]; *se ostendere u.* °*mediopass.* erscheinen, zutage treten [*hostes rari se ostenderunt, se alci*]. **3.** / **a)** (*etw. zu Erwartendes*) vor Augen halten, in Aussicht stellen, *auch* versprechen [*alci metum u. spem praemiorum, spem falsam* vorspiegeln, *oppugnationem;* P. °*victoria u.* °*triumphus ostenditur, auch* = in Aussicht stehen]; **b)** einwendend entgegenhalten, einwenden [*defensionem alcis*]; **c)** offenbaren, verraten, dartun [°*virtutem,* °*sententiam suam,* °*se alci inimicum*]; **d)** erklären, eröffnen, zu verstehen geben (*abs., zB. ut ostendimus* wie ich erzählt habe; *alqd, zB. causam adventūs; m. a.c.i. u. indir. Frages.*).

ŏstĕntānĕŭs 3 (*ŏstĕntō*) (*Se.*) zeigend, gefahrdrohend [*fulmina*].

ŏstĕntātĭō, *ōnĭs f* (*ŏstĕntō*) **1.** das Zeigen, Offenbaren [°*saevitiae* die zur Schau getragene Wildheit; *ostentationis causā* um sich zu zeigen]. / **2.** Prahlerei [*re ad -nem uti; alcis rei, zB. ingenii*]. **3.** Täuschung, Schein [*-ne popularis*].

ŏstĕntātŏr, *ōris m* (ŏstĕntō) (*nkl.*) **1.** der auf *etw.* aufmerksam macht (*alci alcis rei*). **2.** Prahler (*alcis rei m. etw., zB. fatorum*).

▶ **ŏstĕntō** 1. (*intens. v.* ŏstĕndō) **1. a)** wiederholt *od.* recht auffällig hinhalten, darbieten [*alci iugula sua pro capite alcis*]; *bsd.* zeigen, sehen lassen [*passum capillum, equitatum iniciendi terroris causā* erscheinen lassen; se sich zeigen, *alci j-m,* °*se longe lateque principem*]; **b)** (*meist |*) **α)** *jd. etw.* vor Augen halten [*militibus Italiam*]; **β)** an den Tag legen, offenbaren [°*gaudium, se posteritati*]; **γ)** (*dcht.*) als Muster vorhalten (*alqm alci*); **δ)** auf *jd. od. etw.* sich berufen, *bsd. prahlend* [*Ambiorigem, aetatis honorem*]. **2.** | **a)** zur Schau stellen, *m. etw.* prahlen (*alqd, zB.* °*arma capta, prudentiam; auch se inani simulatione*); **b)** *etw.* in Aussicht stellen (*alci modo praemia modo formidinem*); *bsd.* **α)** *etw.* versprechen (*alci agrum,* °*praedam*); **β)** *etw.* androhen [*caedem*]; **c)** *durch Beweise, Gründe u.ä.* dartun, erklären (*m. a.c.i. u. indir. Frages.*).

ŏstĕntŭī (*dat. sg. v.* ŏstĕntŭs, *abl.* ū *m;* ŏstĕndō) (*nkl.*) **1.** zur Schaustellung, zur Schau [*corpora -ui abicere, clementiae suae*]. **2.** zum klaren Beweis (esse dienen, *m. a.c.i.*). **3.** zum täuschenden Schein [*alqd -ui credere* für Blendwerk halten].

ŏstĕntŭm, *ī n* (*eigtl. P.P.P. n v.* ŏstĕndō) **1.** Anzeichen, Wunder (-zeichen). **2.** *meton.* (*nkl.*) Scheusal.

ŏs-tĕntŭs *P.P.P. v.* ŏstĕndō.

Ŏstĭă, *ae f u.* ōrŭm *n* (Ὠστία) *Hafenst. Roms an der Tibermündung, j. landeinwärts als Ostia antica Stadtteil Roms (bedeutsame Ausgrabungen: Mietskasernen [insulae]; Theater, Thermen, Tempel, Mithräen, Synagoge, christl. Basilika, zahlreiche Fußbodenmosaike); adi.* **Ŏstĭēnsĭs,** ĕ [*provincia* die Verwaltung v. Ostia, *d.h. die Verproviantierung der St. Rom u. die Aufsicht über die Wasserleitungen, die der jedesmalige Quästor zu Ostia hatte*].

ōstĭārĭŭs (ōstĭŭm) **1.** *adi.* 3 (*nkl.*) zur Tür gehörig. **2.** *subst.* **a) -ĭŭs,** *ī m* (*vkl., nkl.*) Pförtner; **b) -ĭŭm,** *ī n* (*sc. tribūtŭm*) Türsteuer.

ōstĭātĭm *adv.* (ōstĭŭm) *v.* Tür zu Tür, *v.* Haus zu Haus.

▶ **ōstĭŭm,** *ī n* (ōs[1]) **1.** Tür, Pforte, *bsd.* Haustür [*carceris,* °*posticum* Hintertür]. **2.** | **a)** Eingang, Zugang [*portūs, Oceani* Straße v. Gibraltar]; **b)** Mündung *e-s Flusses* [*fluminis,* °*Rhodani; dcht. auch pl., zB.* °*Tiberina*].

ŏstrĕă, *ae f u.* (*vkl., nkl.*) **-ŭm,** *ī n* (*Lw.* ‹ ὄστρεον) Muschel, Auster.

ŏstrĕātŭs 3 (ŏstrĕă) (*Pl.*) gleichsam m. Austernschalen besetzt, grindig [*quasi -um tergum ulceribus v.* Schlägen].

ŏstrĕōsŭs *u.* **-ĭōsŭs** 3 (ŏstrĕă) (*dcht.*) austernreich.

ŏstrĭ-fĕr, *fĕră, fĕrŭm* (ŏstrĕŭm, fĕrō) (*dcht.*) muschelreich, austernreich.

ŏstrīnŭs 3 (*Fw.* ‹ ὀστρέϊνος, ὀστρῖνος) (*dcht.*) purpurn.

ŏstrŭm, *ī n* (*Rückbildung aus* ŏstrīnŭs) (*nkl., dcht.*) **1.** Purpur (*Farbstoff aus der Purpurdrüse der Purpurschnecke*). **2.** *meton.* Purpurgewand, -decke.

ōsūrŭs *s.* ōdī.

ōsŭs 3 (ōdī; *s.d.*) (*vkl., nkl.*) **1.** (*act.*) *jd. od. etw.* hassend [*inimicos semper osa sum obtuerier* es ist mir zuwider]. **2.** (*pass.*) verhaßt.

Ŏthō, *ōnis m röm. cogn.*: **1.** *L.* Rōscĭŭs ~ *s.* Rōscĭŭs. **2.** *M.* Sălvĭŭs ~, *geb. 32 n. Chr., röm. Kaiser 69; adi.* **Ŏthōnĭānŭs** 3.

ōtĭŏlŭm, *ī n* (*demin. v.* ōtĭŭm) (*Caelius bei Ci.*) das bißchen Muße, die paar Mußestunden.

ōtĭŏr 1. (*denom. v.* ōtĭŭm) Muße haben, faulenzen.

▶ **ōtĭōsŭs** 3 (*m.* °*comp. u. sup.; adv.* **-ē**) (ōtĭŭm) **1. a)** müßig, untätig, unbeschäftigt [*homo,* °*miles, dii,* °*Neapolis* mußereich, *otiosi urbani* Pflastertreter; *alcis rei, zB. supplicationum*]; *auch v. Sachen* = der Muße gewidmet, in Untätigkeit zugebracht [*dies, senectus,* °*pecunia* keine Zinsen bringend; °*alci otiosum est m. inf. jd.* macht sich einen Zeitvertreib daraus], *auch* (*nkl.*) überflüssig, nutzlos [*peregrinatio; quaestio*]; *adv.* -ē *auch* gemächlich, ohne Eile; **b)** frei *v.* Staatsgeschäften, ohne öffentliches Amt. **2.** den Wissenschaften *od.* Studien lebend, literarisch beschäftigt [*homo, ad urbem*]. **3.** ruhig, friedlich, *v. Pers. u. Sachen* [*alqd -e contemplari, alqm otiosum reddere* zur Ruhe bringen, *spatium ab hoste* nicht beunruhigt *v.*]; *subst. m* friedlicher Bürger. **4.** sorglos, gleichgültig, (*pol.*) neutral [*spectatores Leuctricae pugnae*]; *subst. m* der Neutrale. **5.** (*nkl.*) (*vom Redner*) weitschweifig.

▶ **ōtĭŭm,** *ī n* (*et. ungeklärt*) **1.** Muße, Freiheit *v.* Berufsgeschäften (*bsd. v. Staatsgeschäften*), (ruhiges) Privatleben [*honestum, desidiosum, urbanum* müßiges Stadtleben, *cum dignitate, otio frui,* °*otium voluptatibus praebere, plus otii habere u. nancisci*]. **2. a)** literarische Beschäftigung, Studium [*litteratum, Tusculi requies atque otium*]; **b)** *meton. pl.* (*Ov.*) *otia mea* Früchte meiner Muße (*v. seinen Gedichten*). **3.** Müßiggang [*otio* °*marcescere, in otio languescere, otium sequi* müßig sein]. **4.** politische Ruhe, Ruhe *u.* Frieden, ruhige Zeit [*domesticum, in otio esse u. vivere, pax atque otium,* °*per otium* während der Friedenszeit, *res ad otium deducere* friedlich beilegen; *ab alqo u. a re* Ruhe *v.*, vor, *zB.* °*ab hoste,* °*ab urbanis seditionibus*]; *auch* Neutralität.

ōtĭŭm cŭm dīgnĭtātĕ (*cf.* ōtĭŭm *1*) Muße m. Würde = „ein Leben(sabend) in behaglicher Ruhe u. angesehener Stellung“, *oft zitierte, v. Ci. mehrfach gebrauchte Redewendung.*

****ovarium,** *i n* Eierstock.

ŏvātĭō, *ōnis f* (ŏvō) (*nkl.*) kleiner Triumph, Ovation, *bei der der Feldherr zu Fuß od. zu Pferde, m. e-m Myrtenkranz geschmückt, in die Stadt einzog.*

ŏvĭcŭlă, *ae f* (*demin. v.* ŏvĭs) (*nkl.*) Schäfchen.

Ŏvĭdĭŭs 3 *röm. Gentilname (Rittergeschlecht): P.* ~ *Nāsō, neben Vergil u. Horaz der größte Dichter der augusteischen Ära, geb. 43 v. Chr. zu Sulmo, v. Augustus 8 n. Chr., vermutlich weil er in den Skandal um Julia verwickelt war, nach Tomi am Schwarzen Meer verbannt, wo er im J. 17 starb.*

ŏvīlĭs, ĕ (ŏvĭs) (*nkl.*) zu den Schafen gehörig; *subst.* **ŏvīlĕ,** *is n* (*unkl.*) Schafstall, Hürde, *auch* Ziegenstall, *dcht. meist pl.*; | *der eingezäunte* Abstimmungsplatz *auf dem Marsfelde.* (*abl. sg. -ī; pl. nom. -ĭă, gen. -ĭŭm*).

ŏvīllŭs 3 (ŏvĭs) (*vkl., nkl.*) *v.* Schafen, Schaf... [*grex, lac*].

▶ **ŏvĭs,** *is f* (*cf.* ὄϊς) Schaf; *meton.* (*dcht.*) Wolle; *auch* (*Pl.*) *als Schimpfwort.* (*abl. sg.* ŏvĕ).

ŏvō 1. (‹ *ĕvājō *zu* εὐάζω „juble“) **1.** (*unkl.*) jubeln, frohlocken (*re m. etw., zB. gutture, u.* über *etw., zB. victoriā*; | *flamma ovat* prasselt lustig). **2.** feierlich einziehen, *cf.* ŏvātĭō.

▶ **ōvŭm,** *ī n* (*cf.* ᾠόν) **1. a)** Ei [°*gallinaceum, ovum parere u. gignere* legen]; **b)** (*sprichw.*) *ab ovo usque ad mala v.* der Vorspeise bis zum Nachtisch = während der ganzen Mahlzeit; *famem integram afferre ad ovum* = vor der Mahlzeit nichts genossen haben; **c)** *nach der Sage waren die Zwillingsbrüder Kastor u. Polydeukes (lat. Pollux) aus einem Doppelei* (°*geminum ovum*) *der Leda geboren; daher* °*ovo prognatus eodem* = Pollux. **2.** *auf der Rennbahn im Zirkus waren septem ova (d.h. eiförmige Figuren) aufgestellt, v. denen man nach jeder Runde eines v. seinem Gestell (fala) herabnahm, um so die Runden zu zählen.*

Ōxŭs *u.* °**-ŏs,** *ī m* (Ὦξος) *Fl. in Innerasien, der sich in den Aralsee ergießt, j.* Amu-Darja.

ŏxўgărŭm, *ī n* (*Fw.* ‹ ὀξύγαρον) (*nkl., dcht.*) Fischbrühe.

P

P. (*Abk.*) = (*Vorn.*) Pūblĭŭs. *Cf. auch weiter unten P.C.; P.M.; P.R.*

** (***)**P.** (*Abk.*) **1.** = Papa (*Papst*). **2.** = Pater. **3.** = Pastor. **4.** = Pontifex.

***__p.__ (*Abk.*) **1.** = pagina. **2.** pinxit.

***__p.a.__ (*Abk.*) **1.** = per annum. **2.** = pro anno.

pābŭlātĭō, ōnĭs *f* (pābŭlŏr) **1.** das Futterholen, *bsd. mil.* Furagieren. **2.** *meton.* **a)** Furage; **b)** *pl.* Furagierkolonnen.

pābŭlātŏr, ōrĭs *m* (pābŭlŏr) Futterholer, Furier.

pābŭlŏr 1. (*denom. v.* pābŭlŭm) **1.** Futter holen, *mil.* furagieren. **2.** (*Pl.*) *v. Fischern, die fischen gehen.*

▶ **pābŭlŭm,** ī *n* (pāscō) **1.** Futter, *dcht. meist pl., bsd.* Gras, Kräuter. **2.** *mil.* Furage [~ secare, convehere]; °caelestia Ambrosia. **3.** / Nahrung, Speise [doctrinae, °amoris].

pācālĭs, ĕ (pāx¹) (*dcht.*) friedlich, Friedens... [laurus, flammae auf dem Altar der Friedensgöttin].

pācātŏr, ōrĭs *m* (pācō) (*nkl., dcht.*) Friedensstifter, -bringer.

pācātŭs 3 (*m. comp. u. sup.; adv.* °**-ē**) (*eigtl. P.P.P. v.* pācō) **1.** beruhigt, friedlich, in Frieden lebend [civitates; alci gegen *jd.*]. **2.** *subst.* **-ŭm,** ī *n* (*nkl.*) **a)** Freundesland [in pacato, praedas ex pacatis agere]; **b)** friedliche Gesinnung.

pācĭ-fĕr, fĕră, fĕrŭm (pāx¹, fĕrō) (*nkl., dcht.*) Frieden bringend [oliva].

pācĭfĭcātĭō, ōnĭs *f* (pācĭfĭcō) Friedensstiftung.

pācĭfĭcātŏr, ōrĭs *m* (pācĭfĭcō) Friedensstifter.

pācĭfĭcātōrĭŭs 3 (pācĭfĭcātŏr) den Frieden vermittelnd, Friedens... [legatio].

pācĭfĭcŏr (*vkl., nkl.*) *u.* **-ō** (*dcht.*) (*denom. v.* pācĭfĭcŭs) **1.** *intr.* (den) Frieden schließen *od.* vermitteln (cum alqo). **2.** *trans.* besänftigen, versöhnen (alqm).

pācĭ-fĭcŭs 3 (pāx¹, făcĭō) Frieden stiftend [persona Mann des Friedens].

păcīscŏr, pactŭs sŭm 3. (*altl. imp.* pācīscē) (*im Ablautsverhältnis zu* pāx¹; *cf.* păngō, πήγνυμι „befestige", *nhd.* „fangen") **1.** (*intr.*) einen Vertrag schließen, übereinkommen, sich einigen, verabreden (cum alqo, inter se; *m.* °ut, °ne, *auch m. inf.*). **2.** (*trans.*) **a)** *etw.* verabreden *od.* festsetzen (alqd, *zB.* pretium, provinciam; alqd cum alqo, *zB.* °pacem cum deditis); *bsd.* sich *etw.* ausbedingen (alqd ab alqo, *zB.* °vitam, *auch* sibi alqd; *m.* ut, ne); *part.* **păctŭs** 3 (*pass.*) verabredet, ausbedungen, versprochen [praemium; *abl. abs.* °pacto nach getroffener Verabredung, *m.* ut]; **b)** (*nkl.*) sich *m. jd.* verloben, *vom Manne* (alqam); °pacta verlobt (alci *m. jd.*); *subst. f* (*dcht.*) die Verlobte, Braut; **c)** (*dcht.*) vertauschen, hingeben [vitam pro laude], eintauschen [letum pro laude]; **d)** (*nkl., dcht.*) (*m. inf.*) sich verpflichten [stipendium dare].

▶ **pācŏ** 1. (*denom. v.* pāx¹) beruhigen, zur Ruhe bringen (alqm *u.* alqd, *zB.* °mare, °nemora)); *klass. nur* unterjochen, unterwerfen [Allobroges, Galliam]; / (*dcht.*) urbar machen [silvas vomere]. *Cf. auch* pācātŭs.

Păcŏrŭs, ī *m* (Πάκορος) *Name parthischer Könige.*

păctă, ae *f s.* păcīscŏr.

****pacta sunt servanda** *s.* păctŭm.

păctĭō¹, ōnĭs *f* (păcīscŏr) **1.** das Übereinkommen, Vertrag, Vergleich [pactionem facere *u.* °inire cum alqo de re, °in -ne manere, sine ulla pactione ohne alle Bedingung; alcis rei über *etw.*; *m.* ut, ne]; *im Krieg* Kapitulation [°arma per -nem tradere]; *pl.* Vertragspunkte. **2. a)** Kontrakt *zw.* den Generalpächtern *u.* Provinzialen [-nem conficere]; **b)** Komplott [pactionis suspicio]; **c)** Versprechen.

păctĭō², ōnĭs *f* (păngō) Fügung, Formel [verborum, *zB.* eines Eides].

Păctōlŭs *u.* **-ŏs,** ī *m* (*acc.* -ōn) (Πακτωλός) *goldführender Fl. in Lydien*; *adi.* **Păctōlĭs,** ĭdĭs *f.*

păctŏr, ōrĭs *m* (păcīscŏr) Vermittler, Stifter [societatis].

▶ **păctŭm,** ī *n* (păcīscŏr) **1.** = păctĭō¹. **2.** Weise, Art, *nur im abl. sg.* [alio pacto, °quo -o wie, nullo -o durchaus nicht, nescio quo pacto leider]. — **Pacht; Bedingung. — pacta sunt servanda = Verträge sind zu halten (*im röm. Recht*: *Gültigkeit v. Nebenabreden*).

păctŭs¹ 3 *s.* păcīscŏr.

păctŭs² *P.P.P. v.* păngō.

Pācŭvĭŭs, ī *m osk. Name*: M. ~ *aus Brundisium (um 220—130 v.Chr.), Neffe des Ennius, namhafter Tragödiendichter in Rom*; *adi.* **Pācŭvĭānŭs** 3.

Pădŭs, ī *m* (*kelt. Wort*) *Hauptfl. in Oberitalien, j.* Po.

Paeăn, ānĭs *m* (*Fw.* < Παιάν) *urspr. griech.* Heilgott, *später Beiname Apollos* = Heiland, Retter, Arzt; *meton.* **paeăn,** ānĭs *m* Päan, Hymnus *auf einen Gott,* (*bsd. Apollo*), *übh.* Festgesang, Siegeslied, -ruf, Jubelgesang; *ferner der in diesen Hymnen übliche Versfuß aus 3 Kürzen u. (an beliebiger Stelle) einer Länge. Cf.* V.-B. III, 1, b.

paedăgōgĭŭm, ī *n* (*Fw.* < παιδαγωγεῖον) (*nkl.*) Pagenschule (*für Sklavensöhne*); / Verführung; *meton.* Pagen.

paedăgōgŭs, ī *m* (*Fw.* < παιδαγωγός, *eigtl.* „Knabenführer") Hofmeister, *Sklave, der die Söhne seines Herrn überallhin zu begleiten hatte*; / (*nkl.*) Führer, Mentor, Erzieher; *auch* Zuchtmeister.

paedīcātŏr, ōrĭs (*nkl.*) *u.* **paedīcō¹,** ōnĭs (*Ma.*) *m* (paedīcō²) Knabenschänder, Päderast.

paedīcō² 1. (*Fw.* [*denom.*] *zu* παιδικός *m. Anlehnung an den Ggs.* pŭdīcŭs) (*dcht.*) *m.* Knaben Unzucht treiben, Päderastie treiben.

paedŏr, ōrĭs *m* (*et. ungedeutet*) Schmutz, Unflat.

paegnĭārĭŭs 3 (*Fw. zu* παίγνιον „Spiel") (*Suet.*) zum Spiel gehörig; zum Scherz fechtend.

paelēx *u.* (*in schlechterer Schreibung*) **pēlēx,** ĭcĭs *f* (*wie* παλλακίς *u.* παλλακή *altes Wanderwort aus dem Orient*) Nebenfrau, Kebsweib, Konkubine, Mätresse [°Tyria = Europa, °Argolica = Io, °Oebalia = Helena, °barbara = Medea; alcis *j-s, aber als gen. der Ehefrau* = Nebenbuhlerin, *zB.* filiae]; / (*dcht., nkl.*) Lustknabe *e-s Mannes.* (*gen. pl.* -ŭm).

paelīcātŭs *u.* (*schlechter*) **pēlīcātŭs,** ūs *m* (paelēx) Konkubinat, wilde Ehe.

Paelīgnī, ōrŭm *m Völkerschaft Mittelitaliens im höchsten Teil des Apennins*; *adi.* **Paelīgnŭs** 3 (*auch* = °zauberkundig).

▶ **paenĕ** (*auch* pē-) *adv.* (*m. sup.* °paenissĭmē) (*urspr. n e-s adi.* pē-nis „beschädigt" *m. hyperurbanem ae statt* ē; *cf.* paenitēt; πῆμα „Leid"; *eigtl.* „m. Mühe u. Not") **1.** fast, beinahe, so gut wie [flumen paene totum oppidum cingit, paene dicam fast möchte ich sagen; *bsd. m. ind. pf., zB.* paene interii beinahe wäre ich umgekommen; *selten bei subst., zB.* duo illa rei publicae paene fata]; *auch* = grenzend an, *zB.* casus incredibilis ac paene divinus ans Übernatürliche grenzend. **2.** (*Plancus in Ci. ep.*) gänzlich [non paene sum deceptus].

paen-īnsŭlă, ae *f* (*nkl., dcht.*) Halbinsel; *auch getr.* paene insula.

paenĭtēntĭă, ae *f* (paenĭtēns, *part. praes. v.* paenĭtĕō) (*nkl., dcht.*) Reue (alcis rei wegen *etw.*); *auch* Schamgefühl, Verschämtheit; *cf.* **poenitentia.

▶ **paenitĕō,** ŭī, — 2. (*paenĕ; Bildung unklar*) **1.** (*pers.*) bereuen, Reue empfinden, *klass. selten* [*vis paenitendi, paenitendo* durch Bereuen, *paenitenti* dem Bereuenden, *paenitendus* verwerflich; *id od. quod paenitendum est; alcis rei, zB. consilii nostri nobis paenitendum est*]. **2.** (*impers.*) **alqm paenitĕt** es reut *od.* verdrießt *jd., jd.* bereut, *jd.* ärgert sich über *etw. od.* ist *m. etw.* unzufrieden (*alcis rei, zB. primi consilii, sui; alqd nur bei einem pron. neutr., zB. nihil quod* [*me*] *paenitere possit; m. inf. od. m. quod, zB. me paenitet vixisse od. quod a me ipse descivi; m. indir. Frages.*); *alqm non paenitet oft* = *jd.* ist nicht abgeneigt, *jd.* ist zufrieden.

paenĭtūdō, ĭnĭs *f* (*paenĭtĕō*) (*nkl.*) Reue.

paenŭlă, *ae f* (*Lw.* ‹ φαινόλης „Mantel", *eigtl.* „glänzend; schimmernd") geschlossenes, rundes Oberkleid *m.* Kapuze, Mantel, *bsd.* Regen-, Reisemantel; *sprichw. scindere alci paenulam e-n* Gast dringend zum Bleiben auffordern.

paenŭlātŭs 3 (*paenŭlă*) *m.* einem Reise- *od.* Regenmantel (bekleidet).

paeŏn, ŏnĭs *m* (*Fw.* ‹ παιών) = *paeān.*

Paeŏn, ŏnĭs *m* = *Paeān;* — *adi.* **Paeŏnĭŭs** 3 (*dcht.*) päonisch: **1.** = des Apollo. **2.** = ärztlich, der Ärzte [*mos, herba* heilsam].

Paestŭm, ī *n* (*älterer Name* Ποσειδωνία) *griech. Kolonie des 6. Jh. v.Chr. am Golf v. Salerno, röm. seit 3. Jh., in der Kaiserzeit wegen Malaria Abwanderung, j.* Pesto, *Ruinenst. m. Stadtmauer u. drei wohlerhaltenen Tempeln; Einw. u. adi.* **Paestānŭs** 3.

paetŭlŭs 3 (*demin.*) = *paetŭs.*

paetŭs 3 (*et. ungedeutet*) (*unkl.*) blinzelnd, leicht schielend; *bsd.* verliebt blickend.

*****pag.** *Abk. f. pāgĭnă.*

pāgānĭcŭs 3 (*pāgānŭs*) **1.** (*vkl.*) ländlich; *subst.* **-ă,** *ae f* (*sc. pĭlă*[3]) (*Ma.*) *m.* Federn ausgestopfter Ball. **2.** (*Eccl.*) heidnisch.

pāgānĭsmŭs, ī *m* (*pāgānŭs*) (*Augustin.*) Heidentum; — **heidnische Bestandteile im christlichen Glauben.

pāgānŭs (*pāgŭs*) **1.** *adi.* 3 (*nkl., dcht.*) dörflich, ländlich, Dorf... [*focus*]. **2.** *subst. m* **a**) Dorfbewohner, Landmann; **b**) (*nkl.*) (*im Ggs. zum Militär*) Zivilperson, Spießbürger; **c**) (*Eccl.*) Heide (*adi.* heidnisch).

Păgăsae, ārŭm *u.* °**Păgăsē,** ēs *f* (Παγασαί) *thessalische Hafenst. an der Nordspitze des Pagasäischen Busens; adi.* **Păgăsaeŭs** 3 [°*puppis u.* °*carina* = die Argo, °*coniunx* = Alkestis; °*subst. m* = Iason].

pāgātĭm (*pāgŭs*) (*nkl.*) *adv.* dorfweise, *v.* Dorf zu Dorf.

pāgĕllă, *ae f* (*demin.*) = *pāgĭnă.*

pāgĭnă, *ae f* (*zu pāgŭs, pāngō*) **1.** Streifen vom Bast der Papyrusstaude, Blatt Papier. **2. a**) Seite *des Papiers od. eines Buches, auch* Kolumne; **b**) (*nkl.*) Seite *e-s Magistratsverzeichnisses;* **c**) *meton.* (*nkl., dcht.*) Geschriebenes, *bsd.* Gedicht; Platte *am Fuß v. Statuen,* Liste *der Ehrenstellen u. Verdienste.* — **Urkunde; ~ *sacra* Heilige Schrift, Bibel.

pāgĭnŭlă, *ae f* (*demin.*) = *pāgĭnă.*

****pago** 1. (‹ *pācō*) bezahlen.

pāgŭs, ī *m* (*zu pāngō; eigtl.* „Zusammenfügung, Verband") **1.** Gau, Bezirk, Kanton [°*iura per pagos vicosque reddere, Helvetia in quattuor pagos divisa est*]; *meton.* Bewohnerschaft des Gaus. **2.** Bauerngemeinde, Dorf; *meton.* (*dcht.*) Landvolk.

pālă, *ae f* (*et. ungeklärt*) **1.** (*vkl., nkl.*) Spaten, Grabscheit. **2.** Fassung *e-s Edelsteins* [*anuli*].

Pălaemōn, ŏnĭs *m* (Παλαίμων) **1.** *gr. Meergott, vor seiner Verwandlung Mĕlĭcĕrtă* (*s.d.*) *genannt, später m. Pŏrtūnŭs identifiziert* (*s.d.*). **2. Rĕmmĭŭs** ~, *Freigelassener aus Vĭcĕtĭă i. Oberitalien, verfaßte im 1. Jh. n. Chr. die erste ausführliche lat. Grammatik.*

F. *Cf.* V.-B. III, 1b.

Pălae-pŏlĭs, ĭs *f* (ἡ παλαιὰ πόλις, *eigtl.* „Altstadt") *der ältere Teil v. Neapel; Einw.* **Pălaepŏlītānī,** ōrŭm *m.*

Pălaestīnă, *ae u.* **-ē,** ēs *f* (Παλαιστίνη) Palästina; *Einw. u. adi.* **Pălaestīnŭs** (3), *übh.* °Syrer.

pălaestră, *ae f* (*Fw.* ‹ παλαίστρα) **1.** Ringplatz, Ringschule [*statuas in -a ponere,* °*decora,* °*agrestis,* °*nitida u.* °*uncta weil die Ringer sich m. Öl salbten*]. **2. a**) *meton.* Ringkampf [*-am discere,* °*-ae operam dare,* °*-as exercere*]; **b**) / **α**) Schule, *bsd.* für den Redner [*non tam armis institutus quam palaestrā*]; **β**) Übung, Bildung, künstlerische Routine [*-am habere*]; *bsd.* Redeübung, Fertigkeit im Reden; **γ**) Kunststück [*utemur eā -ā*]; **c**) (*scherzh.*) (*Com.*) Bordell; (*meton.*) (*Ma.*) = κλινοπάλη (*clīnŏpălē*).

pălaestrĭcŭs (*Fw.* ‹ παλαιστρικός) **1.** *adi.* 3 (*adv.* **-ē**) in der Ringschule üblich [*motūs* = angelernte, gezwungene]; *adv.* wie in der Palästra; / der Palästra ergeben [*praetor, ironisch v. Verres*]. **2.** *subst.* (*Qu.*) **a**) ~, ī *m* Lehrer *i.* der Palästra; **b**) **-ă,** *ae f* (*sc. ărs*) Ringkunst.

pălaestrītă, *ae m* (*Fw.* ‹ παλαιστρίτης) Ringer.

▶ **pălăm** (*erstarrter acc., sc. viăm;* √**pĕlā-* „ausbreiten"; *cf. pālmă*[1]) **1.** *adv.* **a**) öffentlich, vor aller Welt [~ *armatos secum habere,* ~ *luce* offen bei Tage]; **b**) / **α**) offen, rückhaltlos [~ *pronuntiare alqd* unverhohlen äußern, aus *etw.* kein Hehl machen, ~ *proferre* darlegen, *aperte ac* ~]; **β**) offenkundig, bekannt [~ *esse,* ~ °*facere alqd u. alci,* ~ *fieri* bekannt werden *m. a.c.i.;* ~ *fit de re etw.* wird ruchbar, °~ *habere alqd etw.* zur Schau ausstellen]. **2.** *prp. b. abl.* (*nkl., dcht.*) vor = in Gegenwart *j-s* [~ *populo,* ~ *te*]; *bisw. nachgestellt.*

Pălātĭŭm, ī *n* (*im Vers auch Pā-*) (*et. unklar; vl. samt Pălēs etr.*) **1.** der Palatinische Hügel *in Rom, südl. vom Forum; adi.* **Pălātīnŭs** 3 palatinisch [°*collis,* °*gens* = die Römer, °*Apollo* Tempel des Apollo auf dem Palatium *m. einer v. Augustus angelegten Bibliothek*]. **2.** *meton.* (*dcht., nkl.*) Palast, *bsd. Wohnsitz des Augustus u. der folgenden Kaiser, kaiserliche Residenz* (*j. Ruinengelände; Haus der Livia m. Wandgemälden*); *adi.* **Pălātīnŭs** 3 kaiserlich [*laurus, domus*]. — **fürstlich, königlich; *palatinus comes* Pfalzgraf; *palatini ministri* Hofgesinde, die Hofgesellschaft; *subst.* **Palatinus,** *i m* Höfling, Paladin.

pălātŭm, ī *n u.* (*älter*) **pălātŭs,** ī *m* (*vl. etr. Fw.*) **1.** Gaumen, *bsd. als Organ des Geschmacks* [*palato percipere alqd*] *u.* (*dcht.*) *der Rede* [*balba verba -o ferire*]. **2.** / (*dcht.*) Wölbung [*caeli*].

pălĕă, *ae f* (*cf. altind. pălāvă- ds.*) Spreu, *meist pl.* [*palearum navis* Schiffsladung Spreu].

pălĕăr, ārĭs *n* (*pălĕă*) (*nkl., dcht.*) Wamme *am Halse des Stieres.*

Pălēs, ĭs *f* (*vl. m. Pălātĭŭm etr.*) *altit. Schutzgöttin der Hirten; adi.* **Pălīlĭs,** ĕ der Pales geweiht; *subst.* **Pălīlĭă** *od. Părĭlĭă,* ĭŭm *n* die Palilien (*ländliches Hirtenfest der Römer am Gründungstage Roms, dem 21. April*).

pălĭmbăcchīŭs (*Fw.* ‹ παλιμβάκχειος) **pēs** (*nkl.*) „umgekehrter Bacchius" (⏑ — —).

pălĭmpsēstŭs, ī *m* (*Fw.* ‹ παλίμψηστος, *eigtl.* „wieder abgekratzt") Palimpsest (*abgeschabtes u. zum zweitenmal benutztes Pergament*).

Pălĭnūrŭs, ī *m* (Παλινοῦρος) *Steuermann des Äneas, der, vom Schlafe überwältigt, ins Meer stürzte u. ertrank. Nach ihm sollen Vorgeb. an der Westküste Lukaniens benannt sein, noch j. Cap u. Porto di Palinuro;* (*Ma.* III, 78,2) *im Wortspiel m.* πάλιν οὐρεῖν.

pālĭtŏr 1. (*frequ. v. pălŏr*) (*Pl.*) umherschweifen.

pălĭūrŭs, ī *m u. f* (*Fw.* ‹ παλίουρος) (*nkl., dcht.*) Christ- *od.* Judendorn.

pāllă, *ae* (*et. nicht geklärt*) **1.** *langes, faltenreiches Obergewand der röm. Frauen u. der tragischen Schauspieler.* **2.** / **a**) (*dcht.*) *pulverea* Staubwolke; **b**) (*Se.*) Vorhang.

pāllăcă, *ae f* (*Fw.* ‹ παλλακή) (*nkl.*) Kebsweib, Konkubine.

Păllăs[1], ădĭs *u.* °ădŏs *f* (Παλλάς) **1. a**) *Beiname der Athene* (*Minerva*), *nur dcht.* [°*Palladis ars* = Wollarbeit, Spinnen *u.* Weben, °*arbor* = Ölbaum, °*ales* = Eule, °*ignes* der Vesta]; **b**) *meton.* (*dcht.*) **α**) Ölbaum; **β**) Öl; **γ**) Palladium; **δ**) Kunstfertigkeit; *cf.* V.-B. III, 1, a *u.* b. **2.** *adi.* **Păllădĭŭs** 3 der Pallas (geweiht) [°*ramus* Ölzweig, °*silva* Olivenwald, °*latices* Öl, °*arces* zu Athen]; *subst.* **Păllădĭŭm,** ī *n* (Παλλάδιον) *das vom Himmel gefallene Bild der Pallas in Troja, das als staatliches Unterpfand verehrt wurde. Von Troja soll es später durch Äneas nach Rom gekommen sein u. wurde im Vestatempel verwahrt u. verehrt.*

Păllăs[2], āntĭs *m* (Πάλλας) **1.** *Ahnherr des Euander.* **2.** *S. des Euander.* — *adi.* °**Pāllāntĭŭs** *u.* °**Pāl-**

lăntēŭs 3; *subst.* **Păllăntēŭm,** ī *n v. dem Ahnherrn Pallas gegründete St. Arkadiens; der Name wurde auf die v. Euander erbaute Ansiedlung auf dem Aventin übertragen.*
F. *Cf.* V.-B. III, 1, a *u.* b; III, 5.

păllēns, ĕntis (*eigtl. part. praes. v.* păllĕō) (*dcht., nkl.*) **1.** blaß, bleich, fahl, *bsd. v. der Unterwelt; dcht. auch* hellgrün, schmutzig gelb [*hedera, oliva*]. **2.** *meton.* blaß machend [*philtra*].
F. *Cf.* V.-B. VIII.

păllĕō, ŭī, — 2. (*cf. nhd.* „fahl, falb") **1. a)** blaß *od.* fahl sein; **b)** (*dcht.*) hellgrün *od.* gelblich, grünlich sein; **c)** (*dcht.*) sich entfärben. **2.** / (*dcht.*) sich fürchten, sich ängstigen (*alqd* vor *etw., zB. pontum; alci* für *od.* um *jd., zB. pueris*).

păllēscō, lŭī, — 2. (*incoh. v.* păllĕō) (*nkl., dcht.*) **1.** erblassen (*re* durch *od. v. etw.*); *dcht. auch* gelblich werden. **2.** / **a)** ängstlich werden, in Furcht geraten (*alqd* vor *od.* über *etw.*); **b)** sterblich verliebt sein (*in alqo* in *jd.*).

păllĭātŭs 3 (*pallĭŭm*) *m.* einem griechischen Mantel bekleidet, im Pallium [*Graeculus; illi palliati* Statuen in *griech.* Tracht]; (*fābŭlă*) °*păllĭātă* Schauspiel (Komödie) *m. griech.* Stoff *u.* in *griech.* Kostüm.

păllĭdŭlŭs 3 (*demin. v.* păllĭdŭs) (*Ca.*) ziemlich bleich.

păllĭdŭs 3 (*m. comp. u. sup.*) (păllĕō) (*unkl.*) **1.** blaß, bleich, *bsd. v. der Unterwelt; bsd.* sterblich verliebt in *jd.* (*in alqo*); *auch* unscheinbar, häßlich. **2.** *meton.* bleichmachend [*mors*].

păllĭŏlātĭm *adv.* (păllĭŏlŭm) (*Com.*) *m. e-m* Mäntelchen.

păllĭŏlātŭs 3 (păllĭŏlŭm) (*nkl., dcht.*) *m. e-r* Kapuze.

păllĭŏlŭm, ī *n* (*demin. v.* păllĭŭm) **1.** (*Pl.*) *griech.* Mäntelchen, *bsd. der Philosophen.* **2.** (*dcht., nkl.*) Kapuze.

păllĭŭm, ī *n* (*wie* păllă *et. ungeklärt*) **1.** *griech.* Mantel, Überwurf, *den auch die Römer unter Griechen u. die Demimonde in Rom trugen; sprichw.* (*Pl.*) *tunica propior pallio* das Hemd ist mir näher als der Rock. **2.** (*dcht., nkl.*) Bettdecke; *auch* Vorhang. — **Krönungsmantel; Pallium (*Schulterbinde, liturgisches Würdezeichen des Papstes u. der Metropoliten*).

păllŏr, ōrĭs *m* (păllĕō) **1.** Blässe, Erblassen, *bsd.* (°*albus*) Todes-, Leichenblässe; (*dcht.*) *auch* gelbliche Farbe; Unscheinbarkeit, Häßliche Farbe. **2.** *meton.* (*unkl.*) Furcht, Angst; *auch personif. als Gottheit.*

păllŭī *s.* păllĕō *u.* păllēscō.

păllŭlă, ae *f* (*demin. v.* păllă) (*Pl.*) Mäntelchen.

▶**pălmă¹,** ae *f* (√*pelā- „ausbreiten"; *cf.* παλάμη, pălăm) **1. a)** flache Hand, *meist pl.* [*palmas pandere, palmae ramique* handförmig sich ausbreitende Zweige]; *übh.* Hand; **b)** (*dcht., nkl.*) Ruder (-blatt). **2. a)** Palme, Palmbaum; *meton.*: **b)** (*dcht., nkl.*) Dattel; **c)** (*nkl., dcht.*) Palmzweig: *als* Besen; *klass. nur als Siegeszeichen;* **d)** / Siegespreis, *übh.* Sieg, Ruhm [°*belli Punici,* °*Olympiaca; palmam* °*petere u. ferre, accipere, alci dare, reservare*]; (*dcht.*) *auch* Bewerber um den Siegespreis, Sieger [*tertia palma Diores*]. **3.** äußerster Zweig [°*palmae arborum*]. — ***in palmis* am Palmsonntag.

pălmă², ae *f* (*Ti.*) = *părmă.*

pălmārĭs, ĕ (pălmă¹) der Palme *od.* des Preises würdig, vorzüglich [*statua*]. [Meisterstück.]

pălmārĭŭm, ī *n* (pălmă¹) (*Te.*)

pălmātŭs 3 (pălmă¹) (*nkl., dcht.*) *m.* eingestickten Palmzweigen geziert [*tunica, toga*].

pălmĕs, ĭtĭs *m* (pălmă¹) (*nkl., dcht.*) (äußerster) Zweig [*arborum*]; *bsd.* Rebenschoß, Weinstock.

pălmētŭm, ī *n* (pălmă¹) (*nkl., dcht.*) Palmenhain.

pălmĭ-fĕr, fĕră, fĕrŭm (pălmă¹, fĕrō) (*dcht.*) Palmen tragend, palmenreich.

pălmō 1. (pălmă¹) (*Qu.*) das Zeichen der flachen Hand eindrücken.

pălmōsŭs 3 (pălmă¹) (*Ve.*) reich an Palmen.

pălmŭlă, ae *f* (*demin. v.* pălmă¹) (*unkl.*) **1.** Schaufel des Ruders; *übh.* Ruder. **2. a)** Palme, Palmzweig; **b)** Dattel.

Pălmȳră, ae *f* (Παλμύρα) *antike Handelsst. nordöstl. v. Damaskus, zur röm. Provinz Syrien gehörig, zeitweilig unabhängig, 272 n. Chr. v. den Römern zerstört; großartige kaiserzeitl. Ruinen.*

pălŏr 1. (*wohl denom. v. adi.* *pālŏs ⟨ *pănd-slō-s *zu* pāndō²) (*nkl., dcht.*) sich zerstreuen, umherirren [*milites, stellae*]; / irren, schwanken [*homo, animus*].

pălpātĭō, ōnĭs *f* (pălpō¹) (*Pl.*) Zärtlichkeit.

pălpātŏr, ōrĭs *m* (pălpō¹) (*Pl.*) Schmeichler.

pălpĕbră, ae *f* (pălpō¹ *bzw.* *pălpō 3. „zucken") Augenlid, *meist pl.*

pălpĭtātĭō, ōnĭs *f* (pălpĭtō) (*nkl.*) das Zucken, Blinzeln.

pălpĭtō 1. (*intens. v.* pălpō¹ *bzw.* *pălpō 3. „zucken") zucken [*cor palpitat* klopft, °*lingua*]; *auch* (*Ju.*) = fŭtŭō [*semel aut iterum super illam*].

pălpō¹ *u.* (*meist*) **pălpŏr** 1. (*cf.* ψηλαφάω „betaste") (*unkl.*) liebkosend streicheln; / schmeicheln, liebkosen (*abs. u. alci*).

pălpō², ōnĭs *m* (pălpō¹) (*Pers.*) Schmeichler.

pălpŭs, ī *m* (*od.* **-ŭm,** ī *n*?) (pălpō¹) (*Pl.*) das Streicheln.

pălūdāmĕntŭm, ī *n* (*wohl zu* pāllă) (*nkl.*) Kriegs-, Feldherrenmantel; *meton.* = Krieg.

pălūdātŭs 3 (*wohl zu* pāllă) im Kriegsmantel, *bsd.* im Feldherrnmantel [*consules*].

pălūdōsŭs 3 (pălūs²) (*dcht.*) sumpfig [*humus*].

pălŭmbēs *u.* **-ĭs,** ĭs *m* (*u. f*) *u.* (*nkl.*) **-ŭs,** ī *m* (*wohl wie* πέλεια „wilde Taube" *zu* păllĕō) Holz-, Ringeltaube.

pālŭs¹, ī *m* (⟨ *păk-slŏs *zu* păngō) Pfahl [*alqm ad palum alligare od.* deligare].

▶**pălūs²,** ūdĭs *f* (*cf. altind.* palvalám „Teich, Pfuhl") Sumpf, Morast, Pfuhl, *übh.* stehendes Wasser, *dcht. auch* See, Fluß [*Styx*]; (*meton.*) (*Ma.*) Sumpfrohr.
F. *gen. pl.* -ūm *u.* °-ĭūm.

pălūstĕr, strĭs, strĕ (pălūs²) sumpfig, Sumpf... [*loca,* °*limus,* °*ranae* im Sumpf lebend].
F. *abl. sg.* -ī; *pl. neutr.* -ĭă, *gen.* [-ĭūm.]

pălūx = *bălūx.*

pămpĭnĕŭs 3 (pămpĭnŭs) (*nkl., dcht.*) aus Weinlaub, *m.* Weinlaub umwunden [*corona, frondes* Weinlaub, *vitis* rankend, *autumnus* Traubenfülle des Herbstes].

pămpĭnŭs, ī *m* (*u. f*) (*wohl Fw. aus e-r Mittelmeerspr.*) Weinlaub, Weinranke.

Pān, Pānŏs *u.* °Pānĭs *m* (*acc.* Pānă) (Πάν) (*urspr. arkadischer*) *Wald- u. Hirtengott, S. des Hermes* (*Merkur*), *dargestellt m. Hörnern, Schwanz u. Bocksfüßen; pl.* Pānĕs dem Pan ähnliche Wald- und Feldgottheiten.
F. *Cf.* V.-B. III, 1, a *u.* b.

pănăcă, ae *f* (*vl. kelt. Fw.*) (*Ma.*) Trinkgeschirr.

pănăcēă, ae *f* (*Fw.* ⟨ παν-άκεια, *eigtl.* „alles heilend") (*nkl., dcht.*) erdichtetes Allheilkraut.

Pănaetĭŭs, ī *m* (Παναίτιος) *Stoiker aus Rhodos, um 150 v. Chr., zu Rom u. Athen lebend, Freund des jüngeren Scipio u. des Lälius; Hauptwerk:* περὶ τοῦ καθήκοντος, *Vorbild für Ciceros Altersschrift* De officiis.

pănārĭcĭŭm, ī *n* (*vulgäre Umformung v.* părōnȳchĭŭm ⟨ παρωνυχία) (*nkl.*) Nagelbettentzündung (Panaritium).

pānārĭŏlŭm, ī *n* (*demin. v.* pānārĭŭm) (*Ma.*) Brotkörbchen.

pānārĭŭm, ī *n* (pānĭs) (*vkl., nkl.*) Brotkorb.

Pănăthēnāĭcŭs, ī *m* (Παναθηναϊκός, *sc.* λόγος) *die v. Isokrates* am Feste der Panathenäen *i. J. 339 v. Chr. gehaltene* Lobrede auf Athen.

pănchrēstŭs 3 (*Fw.* ⟨ πάγχρηστος) zu allem nützlich [*medicamentum* Universalmittel].

păncrătĭăstēs, ae *m* (*Fw.* ⟨ παγκρατιαστής) (*nkl.*) Pankratiast (*Ring- u. Faustkämpfer*).

păncrătĭcē *adv.* (păncrătĭŭm) (*Pl.*) nach Art der Pankratiasten; *valere* kerngesund sein.

păncrătĭŏn *u.* **-ĭŭm,** ī *n* (*Fw.* ⟨ παγκράτιον) (*nkl., dcht.*) Pankration (Ring- *u.* Faustkampf). *Cf.* V.-B. II, 1.

păndēctae, ārŭm *f* (*Fw.* ⟨ πανδέκται) (*Cod. Iust.*) Pandekten (Digesten), *d. h. Auszüge aus den Werken der klass. röm. Juristen* (*533 n. Chr.*).

păndĭcŭlŏr 1. (*demin. v.* *păndĭcŭlŭs, *scherzh. demin. v.* păndŏ¹) (*Pl.*) sich beim Gähnen dehnen *u.* strecken.

păndō¹ 1. (*denom. v.* *păndŭs) (*nkl.*) krümmen, biegen, *bsd.* aufwärts; *mediopass.* sich biegen.

▶**păndō²,** păndī, pāssŭm *u.* pānsŭm 3. (*zu* pătĕō) **1. a)** ausbreiten, ausstrecken, ausspreizen (*alqd, zB. vela, palmas, manūs,* °*alas, manibus* *passis* m. ausgebreiteten Armen, *capillus passus u. crines passi* aufgelöst, fliegend; / *longe lateque se pandere* weiten Einfluß gewinnen); **b)** *se -ere u. mediopass.* (*dcht., nkl.*) sich ausbreiten, sich ausdehnen [*planities u. mare panditur*; *klass. nur* / *vela orationis*]; **c)** (*unkl.*) zum Trocknen ausbreiten, trocknen; *bsd.* (*P.P.P.*) *adi.* **pāssŭs** 3 (*vkl., dcht.*) getrocknet [*racemi* Rosinen, *lac* Käse]; *subst.* **pāssŭm,** *ī n* (*unkl.*) Wein aus getrockneten Trauben, Traubensekt. **2.** (*unkl.*) **a)** *etw.* öffnen, aufsperren, aufreißen [*moenia urbis, portam, guttura*]; *mediopass.* sich öffnen, sich auftun [*portae panduntur*]; / **b)** gangbar machen [*rupem ferro*]; (*e-n Weg*) bahnen, *meist* / [*viam fugae u. salutis*; *saltum saviis*]; **c)** *etw.* offenbaren, kundtun [*rem*; *alci alqd*].

Pāndōră, *ae f* (Πανδώρα „die Allbeschenkte") *die erste Frau, auf Zeus' Befehl v. Hephaistos gebildet u. m. allen Reizen ausgestattet; als Gattin des Epimetheus zur Erde geschickt, um die Menschen für den Raub des Feuers durch Prometheus zu strafen* (*Büchse der P.*).

pāndŭs 3 (*cf. altnord.* fattr „zurückgeben"; *pandō*[1]) (*nkl., dcht.*) einwärts gewölbt, gekrümmt, bauchig [*lances, rostrum, cornua*].

pānĕ, *is n* (*altl.*) = *pānis*.

pănēgȳrĭcŭs, *ī m* (*Fw.* ‹ πανηγυρικός *m. u. ohne* λόγος) Festrede *des Isokrates, 380 v. Chr. veröffentlicht*, zur Verherrlichung Athens; *übh.* (*nkl.*) Lobrede.

pāngō, *pĕpīgī* (*vereinzelt* °*pānxī u. pēgī*), *pāctŭm* 3. (*cf.* πήγνυμι, *nhd.* „fangen") **1.** (*nkl., dcht.*) einschlagen, befestigen [*clavum, ancoram litoribus*; *colles m.* Weinstöcken bepflanzen]. **2.** / **a)** zusammenfügen: **α)** verfassen, abfassen, dichten [°*carmina, aliquid Sophocleum*]; *abs.* schriftstellern, dichten [*de pangendo nihil fieri potest m.* der Schriftstellerei kann es nichts werden]; **β)** (*dcht.*) besingen [*facta patrum*]; **γ)** *übh.* (*Ve.*) zustande bringen [*prima per artem temptamenta alcis* zuvor *j-s* Herz schlau zu erforschen suchen]; **b)** (*ohne Präsensstamm*) festsetzen, bestimmen [*terminos, fines provinciae*]; *bsd. etw.* verabreden, sich ausbedingen [°*pretium libertati*, °*pacem u.* °*foedus cum alqo* schließen; °*se alci* sich *m. jd.* verloben; *m. ut, ne od. m.* °*bloßem coni.*; *selten m. inf.* = versprechen, verheißen].

Pănhŏrmŭs, *ī f* = *Pănŏrmŭs*.

pānĭc(ĕ)ŭs 3 (*pānis*) (*Pl.*) aus Brot gemacht.

pānĭcŭlŭs, *ī m* (*demin. v. pānŭs* „Büschel der Hirse") (*Pl.*) Rohrbüschel, Schilf.

pānĭcŭm, *ī n* (*-ī-?*; *zu pānŭs* „Büschel der Hirse") italienische Hirse.

pānĭ-fĭcĭŭm, *ī n* (*pānis, făcĭō*) (*unkl.*) Backwerk, *bsd.* Opferkuchen.

► **pānĭs,** *ĭs m* (*wohl zu pāscŏr*) Brot [*cibarius od.* °*secundus* Kommißbrot]. — ***angelicus* Manna, Abendmahlsbrot.

F. *abl. sg.* -*ĕ*; *gen. pl.* -*ĭŭm u.* °-*ŭm*.

Pānīscŭs, *ī m* (Πανίσκος) kleiner Pan.

pānnĭcŭlŭs, *ī m* (*demin. v. pānnŭs*) (*nkl., dcht.*) Tuchfetzen, Lumpen.

Pānnŏnĭă, *ae f seit 9 n. Chr. bis zum Ende des 4. Jh. röm. Provinz zw. Ostalpen, Donau u. Save*; *in* ~ *superior die Stützpunkte Vindobona* (Wien) *u. Carnuntum*; *Einw.* **Pānnŏnĭī,** *ōrŭm m*; *adi.* **Pānnŏnĭcŭs** 3.

pānnōsŭs 3 (*pānnŭs*) zerlumpt, zerrissen, *v. Pers. u.* °*Sachen*; / (*nkl., dcht.*) welk [*mammae*].

pānnūcĕŭs *u.* **-cĭŭs** 3 (*pānnŭs*) (*nkl., dcht.*) = *pānnōsŭs*.

pānnŭs, *ī m* (*cf. nhd.* „Fahne") (*unkl.*) Stück Tuch, Lappen, Lumpen; *bsd.* grober Mantel, ärmliches Kleid; *übh.* Gewand.

Pānŏrmŭs, *ī f* (Πάνορμος) *St. an der Nordwestküste Siziliens, j.* Palermo; *adi.* **Pānŏrmĭtānŭs** 3.

pānsă, *ae m* (*pāndō*[2]) (*vkl.*) Plattfuß, *klass. nur* ♀ *als röm. cogn.*

pānsŭm *P.P.P. v. pāndō*[2].

pāntĕx, *icis m* (*wohl zu pānŭs* „Geschwulst") (*Com., dcht.*) Wanst; *pl.* Gedärme.

pānthēră, *ae f* (*Lw.* ‹ πάνθηρ) Panther [°*confusa genus panthera camelo* = Giraffe].

pānthērīnŭs 3 (*pānthēră*) (*vkl., nkl.*) gefleckt; / braun *u.* blau geschlagen.

Pānthēŭm, *ī n* (Πάνθειον *u.* Πάνθεον) das Pantheon, *größter antiker Kuppelbau u. am besten erhaltenes antikes Bauwerk Roms,* „*Heiligtum aller Götter*", *27 v. Chr. v. Agrippa erbaut, nach dem Brande 115—125 n. Chr. unter Hadrian völlig wiederhergestellt, j.* S. Maria Rotonda.

pāntŏmīmĭcŭs 3 (*pāntŏmīmŭs*) (*Se.*) pantomimisch.

pāntŏmīmŭs, *ī m* (*Fw.* ‹ παντόμιμος) (*nkl.*) **1.** der Pantomime; Ballettänzer. **2.** die Pantomime, pantomimisches Stück.

pāntŏpōlĭŭm, *ī n* (*Fw.* ‹ παντοπώλιον) (*Pl.*) Warenhaus.

pāpă, *ae u.* *ātĭs m* (*Fw.* ‹ πάπ[π]ας; παπᾶς *Kinderwort für* „Vater") (*seit Tert.*) Bischof, (*seit 5. Jh.*) Bischof v. Rom, Papst.

pāpae *int. s. bǎbae*.

pāpās, *ătĭs m* (*Fw.* ‹ παπᾶς; *s. pāpă*) (*Ju.*) Erzieher.

pāpāvĕr, *ĕrĭs n* (*acc.* -*ĕrĕm*) (√‾*pāp- „aufblasen") (*unkl.*) Mohn; *pl.* Mohnkörner, -köpfe, -pflanzen, -arten.

pāpāvĕrĕŭs 3 (*pāpāvĕr*) (*Ov.*) des Mohnes, Mohn...

Pāphlăgŏnĭă, *ae f* (Παφλαγονία) *Ldsch. an der Nordküste v. Kleinasien*; *Einw.* **Pāphlăgō(n),** *ŏnĭs m.*

Pāphŭs *u.* **-ŏs,** *ī* (Πάφος) **1.** *m S. des Pygmalion, sagenhafter Gründer v. Paphos.* **2.** *f Seestadt auf Zypern m. altem Aphroditekult. Cf.* V.-B. II, 1. *adi.* **Pāphĭŭs** 3 *auch übh.* °zyprisch [*Venus*; *heros Pygmalion*].

pāpĭlĭō, *ōnĭs m* (√‾*pĕl- „fliegen" *u.* „schwimmen" *m. Intensivreduplikation*; *cf. ahd.* fifaltra, *nhd.* „Falter") **1.** (*nkl., dcht.*) (› *frz.* papillon) Schmetterling. **2.** / (*spätl.*) (› *frz.* pavillon › *nhd.* Pavillon) Zelt.

pāpĭllă, *ae f* (*demin. v. pāpŭlă*) (*unkl.*) Brustwarze; (*synekd.*) = Brust (*mamma*) [-*ae auratae* goldene Kettchen, die man *statt Perlen* um die Brüste legte]; (*nkl.*) *auch v. der männlichen Brust.*

Pāpīrĭŭs 3 *röm. Gentilname*: **1.** L. ~ *Cŭrsŏr, Held der Samniterkriege, aber wegen seiner Strenge gefürchtet*; *adi.* **Pāpīrĭŭs** *bzw.* **Pāpīrĭānŭs** 3. **2.** C. ~ *Cărbō, zunächst Anhänger des C. Gracchus, als Konsul 120 Anhänger der Optimaten*; *s. Cărbō.*

****papista,** *ae m* Anhänger des Papstes.

Pāpĭŭs 3 *röm. Gentilname*: M. ~ *Mŭtĭlŭs, der als Konsul 9 n. Chr. m. seinem Kollegen Poppaeus Sabinus die lex Iulia et Papia Poppaea de maritandis ordinibus veranlaßte.*

pāppās = *pāpās*.

pāppō 1. (*pāppă Lallwort für* „Brei", *identisch m. den Fw. pāpă u. pāpās*) (*vkl., dcht.*) pappen, essen.

pāpŭlă, *ae f* (√‾*păp- „schwellen") (*unkl.*) Bläschen, Hitzbläschen. — ** *auch bsd.* Blatter, Pestbeule.

pāpȳrĭ-fĕr, *fĕră, fĕrŭm* (*pāpȳrŭs, fĕrō*) Papyrusstauden tragend.

pāpȳrŭs, *ī m u. f u.* **-ŭm,** *ī n* (*Fw.* ‹ ὁ, ἡ πάπυρος *unbekannten Ursprungs*) (*nkl., dcht.*) Papyrusstaude; *meton. das aus dem Bast der Papyrusstaude bereitete Papier* = *chărtă*; *auch* Kleid aus Papyrusbast.

> **pār**
> **I.** *adi.* **1.** gepaart, ähnlich; **2.** gleich, gleichgroß; **3.** (*Zahlen*) gerade; **4.** unentschieden; **5.** *jd.* gewachsen, ebenbürtig; **6.** entsprechend, angemessen; **7.** gleichmäßig stark; **II.** *subst.* **1.** *m u. f* **a)** der (*od.* die) Gleiche; **b)** Genosse, Genossin, Altersgenosse; **c)** Gegner; **2. a)** *neutr. sg. u. pl.* das Gleiche, Gleiches; **b)** das Paar; **III.** *adv.* **pārĭtĕr 1. a)** in gleicher Weise, ebenso; **b)** ohne Unterschied; **c)** ebenfalls; **2.** gleichzeitig.

pār, *pāris* (*urspr. v. Wert u. Gegenwert im Handel*; √‾*pĕr- „verkaufen"; *cf.* πέρνημι „verkaufe") **I.** *adi.* (*m.* °*sup.*; *adv. s.u.*) **1.** (*dcht.*) gepaart, ähnlich [*imago* ~ *ventis*]. **2.** gleich, gleichgroß, gleichkommend, *quantitativ in bezug auf Größe, Maß, Kraft u. Bedeutung* [*numerus, magnitudo, intervallum, vires, virtus, fortuna*; *pari modo od. ratione* ebenso, *par et aequalis od. par et aequus* vollkommen gleich; *inter se*; *alci j-m u. alci rei e-r* Sache, *zB. fortuna priori bello par*; *cum alqo m. jd.*; *re u. in re* an *od.* in *etw., zB. famā, in amore, in bello gerendo*; *ad alqd* in bezug auf *etw., zB. ad libidines*; *m.* °*inf., zB. cantare* gleich tüchtig im Gesang; *m. folgendem ac od.* et wie, *selten qui u. qualis, nkl. quam*]. **3.** (*v. Zahlen*) gerade, paarig [*numerus*; °*par impar ludere* paar *od.* unpaar

spielen]. **4.** unentschieden [*pari proelio discedere*]. **5.** *jd.* gewachsen, ebenbürtig (*alci u. alci rei, zB. principibus, °viribus alcis, pugnando* für den Kampf, *selten adversus alqm; alci re j-m* an *od.* in *etw., zB. eloquentiā, armis*). **6.** entsprechend, angemessen, schicklich [*oratio rebus par, °conubium; par est* es geziemt sich, *abs. od. m. a.c.i.*]. **7.** sich selbst gleich, gleichmäßig stark *in irgendeiner Eigenschaft* [*animo ac viribus*]. **II.** *subst.* **1.** *m u. f*: **a)** der (*od.* die) Gleiche [*pares cum paribus facillime congregantur* gleich *u.* gleich gesellt sich gern; *m. gen., zB. cuius paucos pares haec civitas tulit*]; **b)** Genosse, Genossin, *bsd.* °Altersgenosse, (*dcht.*) *auch* Gatte, Gattin; **c)** (*nkl.*) Gegner [*parem habere u. aspernari*]. **2.** *neutr. sg. u. pl.*: **a)** Gleiches, das Gleiche [*par pari od. pro pari referre od. paria paribus respondere* Gleiches *m.* Gleichem vergelten *od.* erwidern, *par pari respondere* bar bezahlen; *m. gen., zB. paria horum* gleiche Vorgänge wie diese]; **b)** das Paar [*egregium par gladiatorum, tria paria amicorum*]. **III.** *adv.* **pāritĕr 1. a)** in gleicher Weise, ebenso [*pariter irasci od. errare; cum alqo u. °alci m. jd.*, wie *jd., zB. °ultimi pariter propinquis* wie die Näherstehenden; *m. folgendem ac od.* et, °-que, et ... et, °-que ... -que wie, *zB. nos eum pariter odimus atque tu; -iter ac si od. ut si* gleich als wenn]; **b)** = ohne Unterschied [*armatos et inermes -iter caedere*]; **c)** (*vkl., dcht.*) ebenfalls. **2.** gleichzeitig, zugleich, zusammen [*pariter procurrere; cum alqo u. cum re, zB. -iter cum luna crescere, regnum -iter cum vita amittere*].
F. *abl. sg. pārī, subst. auch pārē; pl. neutr. pārĭă, gen. pārĭŭm.*

părābĭlĭs, ĕ (*părō²*) leicht zu beschaffen *od.* zu gewinnen [*divitiae*].

părăbŏlă, *ae u.* **-ē,** ēs *f* (*Fw.* < παραβολή) (*nkl.*) Gleichnis; (*spätl.*) Parabel (= *gleichnishafte Erzählung*).

părăclētŭs, ī *m* (*Fw.* < παράκλητος) (*Tert.*) Beistand, Tröster (** = Heiliger Geist).

părădīgmă, *ătŏs n* (*Fw.* < παράδειγμα) (*spätl.*) (*rhet. u. gramm. t.t.*) Beispiel, Paradigma.

părădīsŭs, ī *m* (*Fw.* < παράδεισος, *iran. Herkunft*) **1.** (*nkl.*) Tiergarten, Park. **2.** (*Eccl.*) Paradies. — **Vorhof (Atrium) *der altchristl. Basilika m. Brunnen für Waschungen.*

părădŏxă, *ōrŭm n* (*Fw.* < παράδοξα) Paradoxe, (scheinbar) widersinnige Sätze [°∼ *Stoicorum Schrift Ciceros*].

părăgrăphŭs, ī *f* (*Fw.* < παράγραφος, *sc.* γραμμή = daneben geschriebene Linie) (*Isid.*) *dem S ähnliches gramm. Zeichen zur Trennung des Stoffes.*

părălŷsĭs, *ĭs u.* **ĕŏs** *f* (*Fw.* < παράλυσις) (*nkl.*) (*med. t.t.*) Lähmung.

părălŷtĭcŭs 3 (*Fw.* < παραλυτικός) (*nkl.*) gelähmt.

****paramentum,** *i n* Zierstück; (*meist pl.*) Kirchenschmuck, Altargerät; liturgische Gewänder *der Geistlichen.*

părănȳmphŭs, ī *m* (*Fw.* < παράνυμφος) (*spätl.*) Brautführer. — ** (*sc. Mariae*) Erzengel Michael.

părăphrăsĭs, *ĭs f* (παράφρασις) (*nkl.*) (*rhet.*) Umschreibung. (*acc.* -*ĭm u.* -*ĭn*; *abl.* -*ī*).

părārĭŭs, ī *m* (*părō²*) (*Se.*) Unterhändler, Makler.

părăscēuē, ēs *f* (*Fw.* < παρασκευή) (*Tert., Eccl.*) Zurüstung; (*jüd.*) Rüsttag. — ***dies -es* Karfreitag.

părăsītă, *ae f* (*părăsītŭs*) (*nkl., dcht.*) Schmarotzerin.

părăsītāstĕr, *trī m* (*părăsītŭs*) (*Te.*) elender Schmarotzer.

părăsītātĭō, *ōnĭs f* (*părăsītŏr*) (*Pl.*) das Schmarotzen.

părăsītĭcŭs 3 (*Fw.* < παρασιτικός) (*unkl.*) Schmarotzer...

părăsītŏr 1. (*părăsītŭs*) (*Pl.*) schmarotzen.

părăsītŭs, ī *m* (*Fw.* < παράσιτος, *eigtl.* „mitessend") **1.** (*unkl.*) Tischgast. **2.** Parasit, Schmarotzer.

părăstĭchĭs, *ĭdĭs f* (*Fw.* < παραστιχίς) (*nkl.*) Akrostichon.

părātĭō, *ōnĭs f* (*părō²*) (*unkl.*) Vorbereitung; / das Trachten nach *etw.* [*regni*].

părătrăgoedō 1. (*Fw.* < παρατραγῳδέω) (*Pl.*) (*wie i. der Tragödie*) bombastisch reden.

părātŭs¹, *ūs m* (*părō²*) **1.** Zurüstung, Veranstaltung, *klass. selten,* (*dcht.*) *oft pl.* [*vitae, °funebris*]. **2.** (*dcht.*) Tracht, Kleidung; *übh.* °Pracht, Schmuck.

părātŭs² 3 (*m. comp. u. sup.*; *adv.* **-ē**) (*eigtl. P.P.P. v. părō²*) **1.** vorbereitet, gerüstet, bereit, fertig [°*sedes,* °*urbs* bereit zur Aufnahme; *ad u. °in alqd, °alci rei* zu *od.* für *etw., zB. homo ad dicendum, °famulae ad talia sacra* angestellt, *omnia ad bellum, °rictus in verba* zum Sprechen]. **2.** zu *etw.* entschlossen, auf *etw.* gefaßt (*ad u. °in alqd, selten alci rei, zB. homo ad pericula subeunda -us, milites ad dimicandum, m. inf., zB. decertare; m. ut*). **3.** wohlgerüstet, wohlversehen, geübt, geschult (*abs., zB. -e dicere; re m. etw., zB. milites scutis, °simulatione* Meister in der Verstellung; *ad alqd zu etw., zB. ad usum forensem; a re v.* seiten *e-r* Sache, *zB. °ab exercitu; in re* in *etw., zB. in rebus maritimis, in iure* bewandert in; *auch contra alqd*); *bsd. abs.* schlagfertig [*exercitus, navis, paratos opprimere*]. **4.** geläufig, *übh.* leicht [°*victoria* leicht gewonnen].

părăvĕrēdŭs, ī *m* (παρά + *vĕrēdŭs*) (*spätl.*) Postpferd (auf Nebenlinien).

părăzōnĭŭm, ī *n* (*Fw.* < παραζώνιον) (*Ma.*) kurzes Schwert, Dolch.

Părcă, *ae f* ((< **părĭcă* „die Gebärende"; *urspr.* Geburtsgöttin, *später der griech.* Μοῖρα [*seit Hesiod drei Moiren*: Klotho, Lachesis, Atropos] *gleichgesetzt*) Parze, Schicksalsgöttin, *die jedem Menschen sein Geschick zuteilt*; *meist pl.*

părcĕ-prōmŭs 3 (*părcŭs, prōmō*) (*Pl.*) knickerig.

părcĭtās, *ātĭs f* (*părcŭs*) (*nkl.*) Sparsamkeit.

▶ **părcō,** *pĕpĕrcī* (*u. °pārsī*), *°pārsūrŭs* 3. (*cf. cōmpĕscō* < **cōmpărc-scō*) **1.** sparen, *m. etw.* sparsam umgehen (*abs., zB. parcendo famem tolerare* durch Sparsamkeit; *alci rei, zB. sumptu* [*dat.*!], *labori alcis jd.* eine Anstrengung ersparen; °*alqd, zB. talenta gnatis* für die Kinder). **2.** schonen, verschonen, zu erhalten suchen (*alci u. alci rei, zB. infantibus, aedificiis, vitae alcis*); *bsd.* berücksichtigen, Rücksicht nehmen auf [*diis atque hominibus, alcis oculis*]. **3.** *etw.* unterlassen, sich *e-r* Sache enthalten, sich hüten vor *etw.* (*alci rei, zB. labori, °contumeliis dicendis, °metu = metui* sich nicht fürchten; *selten a re, zB. °a caedibus; m. °inf., zB. procedere*).
F. *Die pf.-Formen des Passivs werden durch tĕmpĕrārĕ ersetzt.*

▶ **părcŭs** 3 (*m. °comp. u. sup.*; *adv.* **-ē**) (*părcō*) **1.** sparsam, haushälterisch [*colonus; °alcis rei m. etw., zB. donandi*]; *pejorativ* karg, knickerig [°*senex,* °*deorum cultor*]. **2. a)** sich zurückhaltend, enthaltsam, genügsam [°*verba* schonende, °*parce dicere* sich zurückhaltend äußern; °*alcis rei* in *etw., zB. vini; in re, zB. in largienda civitate, °in laudando*]; **b)** (*im Ausdruck*) sparsam, schlicht, knapp; wortkarg [*Scaevola parcorum elegantissimus*]. **3.** *meton.* (*v. Sachen*) (*dcht., nkl.*) spärlich, kärglich, gering, knapp [*victus, dies* kurze Zeit, *lintea parca vento dare* nur selten; *klass. nur adv., zB. frumentum parce metiri, -e ludere* wenig, *-e laedere* nur leicht, °*parcius quatiunt fenestras* seltener].

părdălĭs, *ĭs f* (*Fw.* < πάρδαλις) (*nkl.*) Pantherweibchen.

părdŭs, ī *m* (*Fw.* < πάρδος) (*nkl., dcht.*) der männliche Panther.

pārēns¹, *ĕntĭs* (*m. comp.*) (*eigtl. part. praes. v. pārĕō*) gehorsam [*exercitus*]; *subst.* **pārĕntēs,** *ĭŭm m* (*nkl.*) Untertanen. — *Cf.* V.-B. VIII.

▶ **pārēns²,** *ĕntĭs m u. f* (*altes Aorist-part. v. părĭō*) **1. a)** Vater, Mutter, *pl.* **pārĕntēs,** *ŭm u.* (*seltener*) *ĭŭm* Eltern (*alcis, uterque parens* beide Eltern); **b)** °Großvater, *pl.* °Vorfahren; **c)** °Vetter; *pl.* °Vettern, Verwandte, Angehörige. **2.** / Schöpfer, Urheber, Erfinder, Stifter, (*v. Leblosem auch*) Quelle, Grund [*philosophiae, patriae, °lyrae*]; *bsd.* Mutterland, -stadt.

pārĕntālĭs, ĕ (*pārēns²*) **1.** (*dcht.*) **a)** elterlich, der Eltern [*umbrae*]; **b)** zur (jährlichen) Totenfeier für Eltern *od.* Verwandte gehörig [*dies, munera*]. **2.** *subst.* **pārĕntālĭă,** *ĭŭm n* (*jährlich am 21. Februar stattfindende*) Totenfeier für Eltern *od.* Verwandte, *auch Fĕrālĭă genannt* [*agere*]. *Cf.* V.-B. X.

pārĕnthĕsĭs, *ĭs f* (*Fw.* < παρένθεσις) (*spätl.*) (*rhet. t.t.*) Zwischensatz, Parenthese.

părentĭ-cīdă, *ae m* (*părēns*², *caedō*) (*Pl.*) Vater- *od.* Verwandtenmörder.

părĕntō 1. (*denom. v. părēns*²) **1.** *am Grabe der Eltern od. Verwandten* (ein) Totenopfer bringen (*alci, zB. mortuis*). **2.** / *jd.* rächen, *jd.* Genugtuung verschaffen, *jd.* versöhnen (*alci re, zB.* °*regi sanguine coniuratorum,* °*umbris*).

▶ **pārĕō**, *ŭī*, (*pārĭtūrŭs*) 2. (*cf.* πεπαρεῖν „vorzeigen, zur Schau tragen") **1. a)** (*vkl., dcht.*) erscheinen, sich zeigen [*sidera, pecudum fibrae*]; **b)** *impers. pārĕt* es zeigt sich, es ist erwiesen, steht fest, *bsd. als juristische Formel* (*si paret, si pareret, m. a.c.i.*). **2.** (*prägn., eigtl.* „*auf j-s* Befehl erscheinen") **a)** gehorchen (*abs. od. alci u. alci rei, zB.* °*ducibus, legibus, alcis voluntati*); **b)** untertan *od.* unterworfen sein, dienen (*alci od. imperio alcis;* / °*freta ventis*); **c)** *übh.* nachgeben, nachkommen (*alci rei, zB.* °*naturae, utilitati communi,* °*promissis*).

părĕrgŏn, *ī n* (*Fw.* ‹ πάρεργον) (*nkl.*) Nebenwerk, Beiwerk.

păriămbŭs, *ī m* (*Fw.* ‹ παρίαμβος) (*Qu.*) = *pyrr(h)ĭchĭŭs* (◡◡).

pāri-cīd... *ältere Form für părrĭcīd...*

▶ **păriēs**, *ĕtĭs m* (*im Hexameter -ē-, auch „părjēs, părjĕtĭs" gespr.; et. nicht geklärt*) **1.** Wand, Mauer [*curiae, turrium, urbis, parietem ducere* ziehen; *intra parietes* innerhalb der vier Wände, *zB. esse u. se tenere, auch* in einem Familienrate, auf gütlichem Wege). **2.** / (*Pl.*) Scheidewand.

păriĕtārĭŭs 3 (*păriēs*) (*Inschr., spätl.*) Wand... [*pictor* Wandmaler].

păriĕtīnae, *ārŭm f* (*păriēs*) altes Gemäuer, Ruinen [*Corinthi;* / *rei publicae*].

Părīlĭă, *ĭŭm n* = *Pălīlĭă*; *s. Pălēs.*

părīlĭs, *ĕ* (*pār*) (*dcht.*) gleich (-förmig) [*aetas, ars*].

▶ **părĭō**, *pĕpĕrī, partŭm* (*părĭtūrŭs*) 3. (√*pĕr- „hervorbringen, gebären") **1.** erzeugen, gebären, *fast nur von der Mutter gesagt* (*abs. od. alqm u. alci alqm, zB. filium, gallina ova parit* legt; *alqm ex alqo jd. v. jd.*). **2.** / **a)** hervorbringen [*terra fruges, urbes*]; **b)** (*geistig*) erfinden, schaffen [*verba nova,* °*fabulam* aushecken]; **c)** erwerben, gewinnen, (sich) verschaffen (*alqd u. alci od. sibi alqd, zB.* °*amicos, divitias, laudem, salutem* Rettung finden, °*amicitiam cum alqo,* °*gratiam apud alqm u. ab alqo, victoriam ab u. ex alqo*); *subst.* **partŭm**, *ī n* (*vkl., nkl.*) Erworbenes, Vorrat, *meist nur pl.* erworbenes Vermögen [*parta retinere u. amittere, -a a Lucullo* Eroberungen des Lukull]; **d)** (*meist etw. Übles*) verursachen, sich zuziehen [*dolorem, suspicionem* erwecken, erregen, *alci fiduciam* einflößen, °*letum sibi manu*].

Părĭs, *ĭdĭs m* (Πάρις) *S. des Priamos u. der Hekabe* (*lat.* **Hĕcŭbă**), *Entführer der Helena, vor Troja durch den Pfeil des Philoktetes getötet.* **F.** *acc. Părĭm u.* °*-ĭn,* °*-ĭdĕm; voc. -ī; abl. Părī u. Părĭdĕ. Cf.* V.-B. III, 4, 5.

Pārīsĭī, *ōrŭm m gall. Völkerschaft an der mittleren Sequana, m. der Hptst. Lŭtĕtĭă* (*Pārīsĭōrŭm*).

părĭtĕr *adv. s. pār.*

pārĭtō 1. (*intens. v. părō*²) (*Pl.*) vorbereiten; sich anschicken (*m. inf.*); beabsichtigen (*m. ut*).

pārĭtŏr, *ōrĭs m* (*pārĕō*) (*spätl.*) Trabant.

Pārĭŭs 3 *s. Părŏs.*

pārmă, *ae f* (*Fw.* ‹ πάρμη *od. Rückbildung aus părmŭlă*) (*unkl.*) kleiner Rundschild *der Leichtbewaffneten* (*velites*) *u. Reiter;* (*dcht.*) *übh.* Schild; (*meton.*) Gladiator.

Pārmă, *ae f St. zw. Placentia u. Mutina, noch j.* Parma; *Einw. u. adi.* **Pārmēnsĭs**, (*ĕ*).

pārmātŭs 3 (*părmă*) (*Li.*) *m.* einem Rundschild bewaffnet [*cohors*]; *subst.* Rundschildträger.

Părmĕnĭdēs, *ĭs m* (Παρμενίδης) *aus Elea, um 500 v.Chr., eines der Häupter der eleatischen Philosophenschule. Cf.* V.-B. III, 3.

Părmĕnĭō(n), *ōnĭs m* (Παρμενίων) *Feldherr u. Vertrauter Alexanders d. Gr.*

pārmŭlă, *ae f* (*entw. demin. v. părmă od. dissim.* ‹ **pālmŭlă zu pălmă*¹ = „Handfläche") (*nkl., dcht.*) Schildchen.

pārmŭlārĭŭs, *ī m* (*părmŭlă*) (*nkl.*) Anhänger der *m.* der *parma* kämpfenden Gladiatoren.

Pārnā(s)sŭs, *ī m* (Παρνασός, -σσός) *doppelgipfliger Gebirgsstock bei Delphi m. der kastalischen Quelle, Apollo u. den Musen heilig* [°*biceps*]; *adi.* **Pārnās(s)ĭŭs** 3 (*fem. auch* °**Pārnāsĭs**, *ĭdĭs*) *auch* apollinisch, delphisch.

părō¹ 1. (*denom. v. pār*) **1.** (*Pl.*) gleichschätzen. **2.** *se cum alqo parare* sich *m. jd.* vergleichen *od.* verständigen *wegen der Amtsgeschäfte.*

▶ **părō**² 1. (*părĭō*) **1.** vorbereiten, besorgen, (aus)rüsten, Vorkehrungen treffen *zu etw.* (*alqd etw. od.* sich zu *etw., zB. convivium, turres, naves, copias, bellum,* °*campum* ebnen, *dolum* anstiften; *alci alqd, zB. insidias od. bellum* gegen *jd.; alqd ad alqd, zB. omnia ad defensionem; alqd contra alqm etw.* gegen *jd.* unternehmen; *selten se ad alqd u.* °*alci rei od.* °*in alqd, zB. se* °*ad iter, ad dicendum,* °*proelio; selten abs.* **2.** *m. inf. od.* °*ut* sich zu *etw.* anschicken, *etw.* im Sinn haben, beabsichtigen [*proficisci*]. **3. a)** *etw.* (sich) verschaffen, erwerben, gewinnen (*alqd u. alci od. sibi alqd, zB. arma, sibi supellectilem, praesidium senectuti,* °*exercitum u.* °*auxilia* aufbringen, °*pacem, ius* sich Recht verschaffen; *auch alqm, zB. testes*); **b)** kaufen [*hortos, praedia, servos* °*aere od.* °*argento*].

părŏchĭă, *ae f* (*verdorben aus păroecĭă Fw.* ‹ παροικία *nach părŏchŭs*) (*Eccl.*) Parochie, Sprengel, Kirchspiel. — **Pfarrei, Pfarrkirche.

părŏchŭs, *ī m* (*Fw.* ‹ πάροχος) **1.** Gastwirt *einer Station für reisende Staatsbeamte, Gesandte u.a.* **2.** (*dcht.*) *übh.* Gastgeber, Wirt.

părŏpsĭs, *ĭdĭs f* (*Fw.* ‹ παροψίς) (*nkl., dcht.*) kleine Schüssel.

Părŏs *u.* **-ŭs**, *ī f* (Πάρος) *eine der Kykladen, Geburtsort des Jambendichters Archilochos. Cf.* V.-B. II, 1. *Einw. u. adi.* **Părĭŭs** (3) [°*lapis* weißer parischer Marmor, °*iambi* des Archilochos, *crimen* wegen der Insel Paros].

pārră, *ae f* (*et. nicht geklärt*) (*unkl.*) Schleiereule.

Părrhăsĭă, *ae f* (Παρρασία) **1.** *St. u. Ldsch. im südw. Arkadien.* **2.** *adi.* **Părrhăsĭŭs** 3 (*auch* °**Părrhăsĭs**, *ĭdĭs*) **a)** parrhasisch; **b)** (*dcht.*) arkadisch [°*Arctos u.* °*ursa od.* °*virgo* = Kallisto, *als Gestirn* der Große Bär; °*dea* = *Carmenta,* °*rex* = Euander]; **c)** (*Ma.*) = palatinisch, kaiserlich, *weil Euander auf dem Palatin gewohnt haben soll* [*domus*].

Părrhăsĭŭs, *ī m* (Παρράσιος) *aus Ephesus* (*um 400 v.Chr.*), *ber. Maler zu Athen, Rivale des Zeuxis.*

▶ **pārrī-cīdă**, *ae m u. f* (*cf.* πηός, *dor.* πāός „Verwandter" + *caedō*) **1.** Mörder(in) eines nahen Verwandten [*liberorum*]; *bsd.* Vatermörder *u.a.* **2.** / Mörder, Hochverräter [*patriae, civium, vestri* an euch], *auch übh.* Verräter, Verbrecher.

pārrĭcīdālĭs, *ĕ* (*părrĭcīdă*) (*nkl.*) mörderisch, verrucht [*scelus*].

pārrĭcīdātŭs, *ūs m* (*unkl.*) *u.* **pārrĭcīdĭŭm**, *ī n* (*părrĭcīdă*) **1.** Mord an einem nahen Verwandten, *übh.* Mord [*patris,* °*fratris, fraternum*]; *bsd.* Vatermord *u.a.* **2.** / Hochverrat [*patriae*], *übh.* schwere Versündigung, Verbrechen.

pārs
1. a) Teil *e-s Ganzen*, Stück; **b)** *pl.* Geschlechtsteile; **c)** *besondere Verbindungen*; **d)** *v. Pers.* einige; **2. a)** Anteil; **b)** Aktie; **c)** Landesteil, Gegend; **d)** Richtung, Seite; **e)** Beziehung; **f)** Art *e-r Gattung*; **g)** Partei; **h)** *pl.* Rolle *des Schauspielers*; **i)** Amt, Pflicht, Aufgabe.

pārs, *pārtĭs f* (*urspr. -i-Stamm; cf.* ἔπορον, *pōrtĭō*) **1.** Teil eines Ganzen: **a)** Teil, Abteilung, Stück, Portion [*corporis, urbis, diei, hominum, de nobis, ex illis*]; **b)** (*dcht.*) *pl.* Geschlechtsteile [*naturae od. obscenae*]; **c)** *besondere Verbindungen*: *magna, maior* Mehrzahl, die meisten, *praecipua* Hauptteil, *dimidia* Hälfte, *tertia pars* Drittel, *quarta* Viertel, *duae partes* zwei Drittel, *tres partes* drei Viertel, *novem partes* neun Zehntel, *duabus partibus plus* zweimal mehr, *omnibus partibus maior* unendlich viel größer; *partes facere* einteilen]; **d)** (*v. Pers., ohne gen. partit.*) ein Teil = einige [*pars fugā evasit, oft* °κατὰ σύνεσιν, *zB. pars in crucem acti sunt, magna pars caesi sunt*]; *pars ... pars* einige ... andere, *mannigfach variiert, zB. pars ... alii od. alii ... magna pars u.a.; adverbial: magnam* (*u. maximam*) *partem* großenteils (*u.* größtenteils) = *magnā* (*u. maximā*) *ex parte od.* °*magnā* (*u. maximā*) *parte; maiore ex parte* zum größeren Teil; *ex parte u.* °*parte* zum Teil, teil-

weise; *ex aliqua (od. quadam) parte* einigermaßen; *ne minima quidem ex parte* nicht im geringsten; *nonnullā parte* teilweise; *omni ex parte* völlig. **2.** Anteil: **a)** Anteil [*rata; alcis rei* an *etw., zB. laboris; in parte alcis rei esse* an *etw.* teilnehmen, *in partem alcis rei venire* Anteil an *etw.* bekommen, *pars mea nulla est in re* ich habe keinen Anteil an *etw., alqm in partem rei vocare jd.* teilnehmen lassen, zuziehen, *ego pro mea parte* ich für mein Teil = nach meinen Kräften, *pro virili parte* nach Kräften]; **b)** Geschäftsanteil, Aktie [*magnas partes publicorum habere*]; **c)** Landesteil, Gebiet, Gegend, Erdstrich [*Numidiae, pagi partesque* Gemeinden]; **d)** Richtung, Seite, Gegend [~ *dextra od. sinistra, ab u. ex utraque parte* rechts *u.* links, *omnibus (in) partibus* überall, *ea parte* dort, *qua ex parte* wo, *quam in partem* wohin, *nullam in partem* nach keiner Seite hin, *reliquis partibus* auf den übrigen Punkten]; **e)** / Beziehung, Hinsicht, Fall [*in utramque partem* für beide Fälle, °*ab omni parte beatus, nullam in partem* keinesfalls; *in eam partem* in der Beziehung, in der Absicht, deswegen; *in omnes partes od. omnibus partibus od. omni ex parte* in jeder Hinsicht, völlig; *in utramque partem od. in contrarias partes disputare* für *u.* wider; *accipere alqd in bonam partem* = gut aufnehmen, *mitiorem in partem interpretari* aufs gelindeste]; **f)** Art *einer Gattung*, Unterabteilung, Zweig [*partes eiusdem generis, copiarum, ea parte belli* Art]; **g)** Partei, *meist pl.* [*regis, populi, optimae* Optimatenpartei, *partium studium* Parteieifer, *a parte alcis esse* auf *j-s* Seite stehen, *nullius bzw. neutrius partis esse* neutral bleiben, *aliarum partium esse* einer anderen Partei angehören, *se in nullam partem movere* neigen]; **h)** *pl.* Rolle *des Schauspielers* [*primae* Hauptrolle, *secundae, tertiae, partes recipere* übernehmen; *alcis partes agere j-s* Rolle spielen, *auf der Bühne od. im Leben*]; **i)** Amt, Pflicht, Aufgabe [*imperatoris od. imperatoriae, ordinum* Benehmen der Stände, *alqd est mearum partium* ist meines Amtes, °*partes implere* seine Pflicht erfüllen, °*Hernici ad partes parati* ihre Rolle zu übernehmen]. — *Cf. auch pārtim.* — ***pars pro toto Redefigur, in der* „ein (Bestand-)Teil für das Ganze" *gesetzt wird, zB. tectum = domus* (= Synekdoche).
F. *acc.* *pārtĕm, bisw. pārtīm; abl. -ĕ, vereinzelt °-ī; acc. pl. auch -īs; gen. pl. pārtĭŭm.*

pārsī *s. pārcō.*

pārsĭmōnĭă, *ae f (pārcō)* Sparsamkeit (*alcis j-s, alcis rei* in *etw., zB. victūs* Einfachheit in).

pārsūrŭs *part. fut. v. pārcō.*

părthĕnĭae, *ārŭm m (Fw. ‹ παρθενίαι) (Iust.) (spartanische)* Jungfrauensöhne, Bastarde, *die sagenhaften Gründer v. Tarent.*

părthĕnĭcē, *ēs f (Fw. ‹ παρθενική) (Ca.)* Jungfernkraut.

Părthĕnŏpē, *ēs f (Παρθενόπη) alter Name der St. Neapel; adi.* **Părthĕnŏpēĭŭs** 3 neapolitanisch.

Părthĭă, *ae f (Παρθία) (Ldsch. südl. vom Kaspisee; Einw.* **Părthī** *u.* **-thўaeī,** *ōrŭm u. °ŭm vorzügliche Reiter u. Bogenschützen (cf.* V.-B. VI, 3); *adi.* **Părthĭcŭs,** *auch* **Părthŭs** 3.

▶ **pārtĭ-cēps,** *cĭpĭs (‹ *pārtĭ-căp-s; pārs, căpĭō)* an *etw.* teilnehmend, *e-r Sache* teilhaftig, bei *etw.* beteiligt (*alcis rei, zB. praedae, omnium consiliorum* eingeweiht in; °*alci m. jd.,* °*alci ad alqd m. jd.* zu *etw.*); *subst. m* Teilnehmer, Genosse, Kamerad [*belli, coniurationis*].
F. *abl. sg. -ĕ; pl. neutr. ungebräuchlich, (gen. -ŭm).*

pārtĭcĭpō 1. (*denom. v. pārtĭcēps*) **1.** *jd.* teilnehmen lassen (*alqm alcis rei u. re, zB. alium alio*). **2.** (*vkl., nkl.*) *etw. m. jd.* teilen [*laudes suas cum Caesare*]. **3.** (*dcht.*) an *etw.* teilhaben (*alqd, zB. pestem parem*).

pārtĭcŭlă, *ae f (demin. v. pārs)* Teilchen, Stückchen, bißchen [*caeli, scelerum; ex aliqua -ā* einigermaßen]; *bsd. (Qu.)* Notizchen; (*gramm. t.t.*) (*nkl.*) Partikel.

pārtĭcŭlātĭm *adv. (pārtĭcŭlă) (unkl.)* stückweise.

▶ **pārtĭm** *adv. (erstarrter acc. sg. v. pārs)* zum Teil, teils: **1.** *als nom. od. acc. = alii ... alii, alios ... alios, alia ... alia [consul copias ~ mittit, ~ ipse ducit]; oft mit einem gen. od. der prp. ex verbunden [bonorum ~ necessaria, ~ non necessaria sunt].* **2.** *adv., bsd. partim ... partim ..., zB. Dumnorix navigare noluit ~ metu ~ religione impeditus.*

pārtĭō[1], *ōnĭs f (părĭō) (unkl.)* das Gebären.

pārtĭŏr *u. (altl.)* **pārtĭō**[2] 4. (*part. pf. pārtītŭs meist pass.; denom. v. pārs*) **1.** teilen, *ein Ganzes in Teile* zerlegen *od.* trennen (*alqd, zB.* °*regnum, partito exercitu*). **2.** einteilen, abteilen (*alqd in partes, genus in species; partitis temporibus* in regelmäßigem Wechsel); *bsd.* logisch einteilen [*Epicurus nihil de partiendo docet*]. **3. a)** verteilen, austeilen, zuteilen (*alqd u. alqd inter se, zB. praedam,* °*provincias* die Amtsgeschäfte; *alqd cum alqo, zB. suum honorem cum collega, auch abs., cum alqo m. jd.* teilen; *alqd alci u.* °*in od.* °*inter alqos, zB. praedam sociis,* °*curam in consules,* °*pensa inter virgines; m. indir. Frages.*); **b)** seinen Teil *v. etw.* sich zuteilen lassen *od.* bekommen [*merces, invidiam*].

pārtītē *adv. (zum part. pf. pass. v. pārtĭŏr) m.* gehöriger (*od.* bestimmter) Einteilung [*dicere*].

pārtītĭō, *ōnĭs f (pārtĭŏr)* **1.** Teilung [*defensionis*]. **2.** Einteilung, Gliederung [*artium*], *bsd. log. u. rhet.* **3.** Verteilung [*praedae*], *bsd. einer Erbschaft.*

pārtĭtŭdō, *ĭnĭs f (zu *pārtŭs, P.P.P. v. părĭō) (vkl., spätl.)* das Gebären.

pārtŭrĭō 4. (*desid. v. părĭō*) (*vkl., dcht.*) **1.** (*intr.*) **a)** gebären wollen, kreißen, *v. Menschen u. Tieren, abs.; sprichw.: (Ho.) (trans.) parturiunt montes, nascetur ridiculus mus;* **b)** / sich ängstigen [*unus pro pluribus*]. **2.** (*trans.*) **a)** (*dcht.*) gebären [*fetūs; auch /, zB. Notus parturit imbres; abs.* °*arbor* treibt, schlägt aus; °*ager* wird grün]; **b)** / *m. etw.* schwanger gehen, *etw.* vorhaben (*alqd, zB. periculum*).
F. *impf.* °*pārtŭrībăm = pārtŭrĭēbăm.*

pārtŭs[1] *P.P.P. v. părĭō.*

pārtŭs[2], *ūs m (părĭō)* **1. a)** Geburt, Niederkunft [*Dianam adhibere ad partus,* °~ *abiectus* Fehl-, Frühgeburt, °*partu alqm ēdere*]; *pl.* °Geburtswehen; **b)** *meton.* Geburtszeit [~ *appropinquat*], *bei Fischen* °Laichzeit; **c)** (*vom Mann*) Zeugung. **2.** / Ursprung [*Graeciae oratorum*]. **3.** *concr.* Leibesfrucht: Kind(er), Sohn, Junges *od.* die Jungen, Brut [°*deum,* °*animalium, bestiae pro suo partu propugnant, plures partus ēdere od. eniti, partum abigere* abtreiben].
F. *dat. u. abl. pl. pārtŭbŭs; dat. sg. -ŭī u. °-ū.*

părŭm
1. a) *pos.* zu wenig, nicht genug; **b)** *adv.* in zu geringem Maße, nicht sonderlich, nicht sehr; **2.** *comp.* **mĭnŭs a)** *subst. etw.* Geringeres, weniger; **b)** *adv.* weniger, minder, nicht sonderlich; **3.** *sup. adv.* **mĭnĭmē** am wenigsten, sehr wenig, keineswegs.

părŭm (‹ **părvŏm, erstarrter acc. n v. părvŭs*) **1.** *pos. zu* wenig, nicht genug: **a)** *subst., nur im nom. u. acc. sg.* [*magis offendit nimium quam parum, alqd ~ facere etw.* als zu unwichtig betrachten; ~ °*habere* sich nicht begnügen, nicht damit zufrieden sein, *m. inf.*; ~ °*est* es genügt nicht, *m.* °*inf. u. a.c.i.*; *parumne est* genügt es nicht?; *m. quod od. a.c.i., auch m. nisi etiam* wenn nicht zugleich; *m. gen.* = zu wenig, *zB. roboris, humanitatis*]; **b)** *adv.*; *auch* in zu geringem Grade = *non satis* [~ *institutus a magistris,* ~ *firmus od. validus* zu schwach, ~ *multi* zu wenige, ~ *longus* zu kurz, ~ *vir*]; *non parum u. haud parum* genug, ziemlich [*non ~ saepe* oft genug, verhältnismäßig oft]; *auch (nkl.)* nicht sonderlich, nicht sehr [~ *confidere alci*]. **2.** *comp.* **mĭnŭs**: **a)** *subst. etw.* Geringeres, weniger [*consul minus est quam privatus, minus posse od. valere; m. gen., zB. auctoritatis,* °*militum*]; **b)** *adv.* **α)** weniger, minder [*minus bonus od. clarus, vehementer, saepe;* °*plus minus* mehr *od.* weniger, ungefähr; °*minus minusque* immer weniger; *nihil minus* = ganz *u.* gar nicht; *bei Zahlen mit od. ohne quam* weniger als, nicht volle, nicht ganz, *zB. minus (quam) ducenti milites, m. triginta diebus* in nicht vollen 30 Tagen; *m. abl. mensurae, zB. uno m. teste habere* einen Zeugen weniger haben, °*me m. uno* außer mir allein, mich ausgenommen, *multo m.* viel weniger, *paulo m.* etwas weniger, *eo m.* destoweniger; *quo m.* je weniger, *nihilo m.* nichtsdestoweniger]; *non m. u. haud m.* nicht weniger = gleichviel, ebenso (-sehr), *neque minus* und ebensowohl; β) (*als abgeschwächtes non*) nicht sonderlich, nicht recht, nicht genug (*m. dilucidus, m. diligenter, m. intellegere*); *si m.* wenn nicht; *sin m.* wenn aber nicht, widrigenfalls; γ) zu wenig [*m. dicere*]. **3.** *sup. adv.* **mĭnĭmē** am wenigsten, (*als Elativ*) sehr wenig [*m. placere, m. multi* möglichst wenige, *m. saepe* überaus selten, *omnium m.* am allerwenigsten]; *auch* keineswegs, nicht im mindesten [*homo m. dives; non m.* besonders, vorzugsweise]; *bsd. in Antworten, verstärkt minime vero.* [Wortkargheit.]

părŭm-lŏquĭŭm, *ī n* (*lŏquŏr*) (*Pl.*)

părŭm-pĕr *adv.* (*cf. paulis-pĕr*) auf kurze Zeit, auf einen Augenblick.

părvĭtās, *ātis f* (*părvŭs*) Kleinheit; / *mea* ~ (*nkl.*) meine Wenigkeit = ich.

părvŭlŭs (*altl. părvŏlŭs*) 3 (°*adv.* [= *n*] **-ŭm** nur ein wenig; *demin. v. părvŭs*) **1.** sehr klein, unbedeutend, sehr wenig [*oppidum, navicula, causa* Bagatellsache]; *subst. -ŭm, ī n* Kleinigkeit; *pl.* (*Ho.*) beschränkte Verhältnisse. **2. a)** sehr jung [*filius, filia,* °*aetas* zart]; *subst. m* (kleines) Kind [*a -o bzw. a -is v.* klein auf]; **b)** (*Pl.*) noch zu jung für *etw.* [*illae rei*].

părvŭs
1. *adi.* **a)** (*räuml. u. quantitativ*) klein, gering; **b)** (*zeitl.*) kurz; **c)** jung; **d)** unbedeutend, unerheblich; **e)** leise, schwach (*v. Tönen*); **f)** demütig, bescheiden; **g)** *minor* unterlegen, nachstehend; **h)** (*v. Rang, Stand*) niedrig; **2.** *subst.* **a) părvŭs** (kleines) Kind; **b)** *comp.* **mĭnōrēs** die Jüngeren, Nachwelt, Untergebene; **c) părvŭm** ein Weniges; **3.** *adv.* **mĭnĭmŭm** sehr wenig; sehr selten.

părvŭs 3 (= παῦρος „klein"; *cf. nĕrvŭs:* νεῦρον) (*comp.* **mĭnŏr,** *ŭs, sup.* **mĭnĭmŭs** 3) **1.** *adi.* **a)** (*räuml. u. quantitativ*) klein, gering, unbeträchtlich [*navis, castra, insula, libellus, pisciculi, numerus navium, altitudo fluminis*]; *unkl. v. der Körpergröße v. Personen;* **b)** (*zeitl.*) kurz [°*tempus, parva pars noctis*]; **c)** (*vom Alter*) jung [*filia, liberi*]; *bsd.* (*natu od.* °*aetate*) *minor* jünger, (*natu*) *minimus* der jüngste [*triennio od. aliquot annis minor* (um) mehrere Jahre jünger, *aber minor triginta annis* jünger als 30 Jahre]; **d)** (*nach Wert, Bedeutung, Geltung u.ä.*) gering, unbedeutend, unerheblich, schwach [*res, bellum, voluptas, detrimentum, beneficium, alqd parvum ducere, res parva dictu*]; **e)** (*dcht.*) leise, schwach, *v. Tönen* [*sonus, vox, murmur*]; **f)** (*dcht.*) demütig, bescheiden [*verba, minor genibus* unterwürfig als Kniender]; *auch* (*meist dcht.*) kleinmütig [*animus*]; **g)** (*dcht.*) *minor* nicht gewachsen, nachstehend, unterlegen (*alqo u. re, zB.* °*aeternis consiliis; m. inf.*); **h)** (*v. Rang od. Stand*) unbedeutend, niedrig, machtlos, ärmlich, *v. Personen u. Sachen, klass. nur im comp.* [°*senator,* °*domus, magistratūs minores,* / °*carmen*]. **2.** *subst.* **a) părvŭs,** *ī m* α) (kleines) Kind, Junge [*parvum alqm accipere, a parvo bzw. a parvis v.* Jugend auf]; **părvă,** *ae f* kleines Mädchen; β) (*dcht.*) der Geringe, der geringe Mann; **b)** (*dcht., nkl.*) **mĭnōrēs,** *ŭm m* α) °die Jüngeren, junge Leute, *auch* = Nachwelt; β) untere Stände, *auch* °Untergebene; **c) părvŭm,** *ī n* ein Weniges, Wenigkeit, Kleinigkeit, *bsd.* geringes Vermögen [*parvo contentus od. parvo uti m.* wenigem haushalten, °*parvo potens* in Armut reich; *bsd. parvi u. -o als gen. u. abl. pretii, zB. alqd parvi facere u. aestimare* gering achten, wenig Gewicht auf *etw.* legen, *parvi rēfert* es liegt wenig daran; *minoris u. minimi ducere; parvi esse* wenig gelten, *parvo emere od. vendere* billig, *minoris u. minimo vēnire u.ä.*]; *sup. mĭnĭmŭm, ī n* sehr weniges [*-o contentus*]. **3.** *adv.* **mĭnĭmŭm a)** am wenigsten, sehr wenig = *mĭnĭmē,* (*selten*); **b)** (*zeitl.*) (*nkl.*) sehr kurze Zeit, sehr selten.

Păsărgădae, *ārum f* (Πασαργάδαι) *alte Hptst. Persiens, Krönungsort der pers. Könige* (*Ruinen nordöstl. v. Schiras*).

păscĕŏlŭs, *ī m* (*Fw.* < φάσκωλος) (*vkl.*) Geldsäckchen.

păschă, *ae f u. ătis n* (*hebr. Fw.*) (*spätl., Eccl.*) Passah, Osterfest; *in octavis -ae* am Sonntag nach Ostern; / Osterlamm.

pāscō
1. a) das Vieh weiden; **b)** *abs.* Viehzucht treiben; **2.** füttern, halten, aufziehen; **3. a)** wachsen lassen; **b)** erfreuen; **c)** durch das Vieh abweiden lassen; **d)** *etw.* fressen, verzehren; **4. pāscŏr a)** (*v. Vieh*) weiden, **b)** sich nähren; sich an *etw.* weiden; **c)** *etw.* abweiden.

pāscō, *pāvi, pāstŭm* 3. (*cf.* πα-τέομαι „esse", *pā-bŭlŭm, nhd.* „Futter") **1. a)** (*vom Hirten*) das Vieh weiden, hüten [°*gregem, sues*]; **b)** *abs.* Viehzucht treiben [*bene, male*]. **2.** füttern, halten, aufziehen, *bsd.* Tiere, *auch* / [*bestias,* °*equos, iumenta,* °*tigres* Tigern zum Fraße dienen, °*fundus erum pascit; alqm re, zB. nos olusculis* abfüttern; / °*ignes u.* °*flammas* unterhalten, °*spes inanes* nähren, hegen, °*ieiunia* stillen]; *bsd. jd.* mästen, bereichern [*alqm rapinis et incendiis,* °*peculatus pascit alqm*]. **3.** / **a)** (*dcht.*) wachsen lassen [*ager filicem, crinem, barbam, amorem, flamma pascitur* wächst, *ignis pascitur per viscera* frißt weiter, *nummos alienos* Schulden auf Schulden häufen]; **b)** weiden = erfreuen [*oculos re u. in re,* °*lumina corpore*]; **c)** (*dcht.*) durch das Vieh abweiden lassen [*campos*]; **d)** (*dcht.*) *etw.* fressen, verzehren [*cibum*]. **4.** *mediopass.* **pāscŏr,** *pāstŭs sŭm* 3.: **a)** (*vom Vieh*) *abs.* weiden, grasen, fressen [°*boves per herbas pascuntur,* °*pecora pastum propellere; bsd. v. den Weissagehühnern: pulli non pascebantur* wollten nicht fressen]; **b)** (*meist v. Tieren*) sich nähren [*re, zB.* °*boves frondibus;* / *scelere pasci*]; / sich an *etw.* weiden = seine Freude haben [*re, zB. alcis* °*dolore*]; **c)** *trans.* (*dcht., nkl.*) *etw.* abweiden [*silvas, mala gramina*].

pāscŭŭs 3 (*pāscō*) zur Weide gehörig, Weide... [*ager*]; *subst.* **pāscŭă,** *ōrŭm n* Weide(land), (*nkl.*) *auch sg.*

Pāsĭphae, *ēs u.* **-ă,** *ae f* (Πασιφάη) *T. des Helios* (*Sol*), *Gemahlin des Minos; s.d. Cf.* V.-B. I, 1.

păssĕr, *ĕrĭs m* (*vl. Schallwort*) **1.** Sperling; Blaudrossel; / (*Pl.*) *Kosewort; marinus* (*vkl., nkl.*) Strauß. **2.** (*nkl., dcht.*) Butte, Flunder.

păssĕrcŭlŭs, *ī m* (*demin. v. păssĕr*) Spätzlein; / (*Pl.*) *Kosewort.*

▶ **pāssĭm** (*pāndō²*) *adv.* **1.** weit *u.* breit, ringsumher [*considere, fugere*]; *auch* (*Li.*) nach allen Seiten [*diffugere*]. **2.** (*nkl., dcht.*) durcheinander, ohne Unterschied.

păssĭō, *ōnĭs f* (*pătĭŏr*) **1.** (*vkl.*) Krankheit. **2.** (*nkl.*) Leiden, Affekt. **3.** (*Eccl.*) Leiden(sgeschichte) Christi, Passion.

pāssŭm, *ī n s. pāndō².*

pāssŭs¹ 3 *s. pāndō².*

păssŭs² 3 *s. pătĭŏr.*

▶ **pāssŭs³,** *ūs m* (*pāndō²*) **1.** („Spreizen der Arme" = *röm. Längenmaß*) Klafter (*etwa 1,50 m; die fehlerhafte Übersetzung* „Doppelschritt *als Längenmaß*" *geht auf die militärische Praxis des Abschreitens m. dem l. u. r. Fuß zurück*); *mille passūs* eine, *duo milia passuum* zwei röm. Meilen. **2.** („Spreizen der Beine") **a)** Schritt, Tritt [*perpauci,* °*anilis,* / (*dcht.*) °*senectutis*]; **b)** (*dcht.*) *meton.* Fußstapfe.
F. *gen. pl. pāssŭŭm u.* °*pāssŭm; dat. u. abl. pl. pāssĭbŭs.*

pāstĭllŭs, *ī m* (*-ă-?; demin. v. pānĭs*) (*nkl., dcht.*) Kügelchen von Mehl, *bsd. aromatische* Mundpille.

pāstĭō, *ōnĭs f* (*pāscŏr*) Weide, Weideplatz. [**Pfarrer, Bischof.]

▶ **pāstŏr** *ōrĭs m* (*pāscō*) Hirt. —

pāstōrālĭs, *ĕ,* **pāstōrĭcĭŭs** 3 *u.* (*dcht.*) **pāstōrĭŭs** 3 (*pāstŏr*) Hirten-... [*auguratus* unter Hirten entstanden, °*pellis*]. — **seelsorgerisch, geistlich.

pāstŭs¹ *P.P.P. v. pāscō u. part. pf. v. pāscŏr.*

pāstŭs², *ūs m* (*pāscō*) **1.** Fütterung [*ad pastum accedere*]. **2.** *meton.* **a)** Futter [*pastum capessere*]; (*Lu.*) Nahrung *der Menschen, auch* / ~ *animorum;* **b)** (*dcht., nkl.*) Weide, Weideplatz.

pătăgĭārĭŭs, *ī m* (*pătăgĭŭm* „Borte" *Lw.* < *παταγεῖον *ds.*) (*Pl.*) Bortenmacher.

pătăgĭātŭs 3 (*pătăgĭŭm, s. pătă-*

giăriŭs) (Pl.) m. einer Borte (besetzt).

Pătăvĭŭm, ī n St. i. Venetien, j. Padua (italien. Padova), Geburtsort des Livius; Einw. u. adi. **Pătăvīnŭs** (3); subst. **Pătăvīnĭtās,** ātis f Mundart der Pataviner.

▶ **pătĕ-făcĭō,** fēcī, făctŭm 3.; P. pătĕ-fīō, făctŭs sŭm, fĭĕrī (Lu. auch pătē-) (pătĕō) **1.** weit öffnen [portam, ōs weit aufreißen, °ordinem u. aciem ausdehnen, °vulnus latius erweitern, °sulcum aratro aufreißen]. **2. a)** zugänglich machen, bahnen [°loca, iter per Alpes, Pontum nostris legionibus, °terga occasioni bloßstellen]; **b)** sichtbar machen [Misenum, °lux orbem]. **3.** / enthüllen, verraten, entdecken (alqd u. alci alqd, zB. rem, coniurationem, consilia alcis, totum se alci; m. a.c.i. u. indir. Frages.).

pătĕfăctĭō, ōnis f (pătĕfăcĭō) Eröffnung, Enthüllung (alcis rei).

pătĕ-făctŭs P.P.P. v. pătĕfăcĭō.

pătĕ-fēcī s. pătĕfăcĭō.

pătĕllă, ae f (demin. v. pătĕră od. pătĭnă) flache Schale [°modicā -ā cenare aus einfacher Schüssel]; bsd. Opferschale (edere de patella v. einem Religionsverächter).

pătĕllārĭŭs 3 (pătĕllă) (Pl.) zur Opferschale gehörig; dii -i die Laren u. Penaten, denen bei Familienfesten Opferschalen vorgesetzt wurden.

pătĕnă, ae f (Lw. ‹ φάτνη, später πάθνη) (nkl., dcht.) Krippe.

pătēns, ĕntis (m. comp. u. °sup.; adv. **-ĕntĕr**) (eigtl. part. praes. v. pătĕō) **1.** offen, frei, unversperrt, auch / [loca, °vallis, caelum freie Luft; alci für jd., alci rei für etw., zB. collis castello, domus cupiditati et voluptatibus]; subst. n (Li.) weiter Raum, bsd. Bresche. **2.** / (Ov.) offenbar, klar [causa]. — Cf. V.-B. VIII.

▶ **pătĕō,** ŭī, — 2. (cf. πετάννυμι „breite aus", nhd. „Faden" [altes Längenmaß = Klafter]) **1. a)** weit offenstehen [domus, valvae, nares, °vulnera klaffen; alci u. alci rei, zB. portus praedonibus]; **b)** zugänglich od. gangbar sein [via, iter, cubiculum mulieri, °caelum; oft /, zB. °fuga, °reditus alci, honores, °via agendae rei]; bsd. = freistehen, zu Gebote stehen [municipia, exsilium od. °deditio alci]; **c)** (meist nkl.) bloßgestellt od. ausgesetzt sein [°vulneri, °latus ictui, °in arma den Waffen]; **d)** sichtbar sein [°signa, °nervi]; klass. nur / = offenbar sein, sich zeigen [omnia, audacia, °crimen]; impers. **pătĕt** es ist offenbar (m. a.c.i. u. indir. Frages.). **2.** (räuml.) sich erstrecken, sich ausdehnen [fines od. campus late od. tria milia passuum patet, regulae quattuor digitos messen]; / late patere einen weiten Spielraum haben [avaritia, haec ars].

▶ **pătĕr,** trĭs m (gen. pl. -ŭm; cf. πατήρ, nhd. „Vater") **1.** Vater [~ familiae u. -ās], auch (dcht.) v. Tieren [~ gregis vom Bock]; unkl. Ahnherr, Schwiegervater; pl. Väter, auch = °Eltern, klass. nur Vorfahren, Ahnen [patrum memoriā]. **2. a)** pl. Senatoren, Senat [patrum numerum explere; bsd. patres conscripti, cf. conscribo]; selten = Patrizier im Ggs. zu plebs]; **b)** / Schöpfer, Urheber, Gründer, Haupt einer Schule = părēns, klass. selten [Zeno ~ Stoicorum, Isocrates ~ eloquentiae, Herodotus ~ historiae, ~ cenae Gastgeber]; **c)** als ehrende Benennung (bsd. Anrede) pater Iuppiter, °Aeneas, °Lemnius = Vulkan, °Tiberinus, °~ patratus s. pătrō; bsd. ~ patriae = Retter, Cicero verliehener, später v. den meisten Kaisern geführter Titel (Abk. P.P.). — **kathol. Ordensgeistlicher; patres veteres Kirchenväter; Pater noster Vaterunser.

pătĕră, ae f (pătĕō) flache Schale, bsd. Opferschale; meton. (dcht.) Wein in der Opferschale.

▶ **pătērnŭs** 3 (pătĕr) **1.** väterlich, des Vaters, vom Vater herrührend [bona, nomen, °avus v. väterlicher Seite, °iniuria gegen den Vater]; subst. °**-ŭm,** ī n väterliches Erbgut. **2.** (dcht.) vaterländisch, heimatlich [flumen, terra].

pătēscō, tŭī, — 3. (incoh. v. pătĕō) (nkl., dcht.) **1. a)** sich öffnen [patria]; **b)** / sichtbar werden, ans Licht kommen [insidiae]. **2.** sich erstrecken, sich ausdehnen [imperium late u. latius].

păthĭcŭs 3 (m. sup.) (Fw. ‹ παθικός) (dcht.) = qui muliebria patitur; libelli pathicissimi voller Zoten.

pătĭbĭlĭs, ĕ (pătĭŏr) **1.** erträglich [dolor]. **2.** empfindsam [natura].

pătĭbŭlātŭs 3 (pătĭbŭlŭm) (Pl.) m. dem Marterholz beladen.

pătĭbŭlŭm, ī n (eigtl. „die Spreize"; pătĕō) Marterholz (Block, der um den Hals v. Sklaven od. Verbrechern geschlossen wurde; die zum Kreuzestod Verurteilten wurden dann am Längsbalken hochgewunden, so daß das patibulum den Querbalken bildete [bracchia -o explicare ausstrecken; °alqm -o affigere od. suffigere anbinden od. annageln]. — **Galgen; Kreuz.

pătĭēns, ĕntis (m. comp. u. sup.; adv. **-ĕntĕr**) (eigtl. part. praes. v. pătĭŏr) **1.** etw. ertragend od. erduldend, gegen etw. abgehärtet (alcis rei, zB. °laboris, frigoris, °fluvius navium ~ schiffbar, °malorum empfänglich für, °campus vomeris = leicht zu pflügen; selten in re, zB. in labore in Anstrengungen ausdauernd). **2.** abs. geduldig, langmütig, willig [exercitus, aures, alqm patientiorem facere; ad alqd zu etw.]. **3.** / **a)** (dcht.) fest, hart [aratrum, patientior saxo]; **b)** enthaltsam, genügsam [°patienter prandere olus].
F. Cf. V.-B. VIII.

▶ **pătĭĕntĭă,** ae f (pătĭēns) **1. a)** das Ertragen od. Erdulden [famis, frigoris, °moriendi]; **b)** Ausdauer, Abhärtung [animi et corporis, °laboris in Anstrengungen]; **c)** (dcht.) Genügsamkeit, Entsagung. **2. a)** Geduld, Nachgiebigkeit [patientiā alcis abuti]; **b)** wollüstige Hingabe; **c)** (nkl.) Unterwürfigkeit [hostium, imperii Subordination]; **d)** (nkl.) Unempfindlichkeit, Gleichgültigkeit.

pătĭnă, ae f (Lw. ‹ πατάνη) Pfanne, Schüssel.

pătĭnārĭŭs 3 (pătĭnă) (Pl.) Schüssel... [piscis in der Schüssel m. Brühe gekocht]; subst. ~, ī m (Suet.) Freßsack.

pătĭō, — — 3. (altl.) = pătĭŏr.

▶ **pătĭŏr,** păssŭs sŭm 3. (√ *pē- „beschädigen"; cf. πῆμα, paenĕ, pēnūrĭă) **1.** ertragen, aushalten, (er-)leiden, (er)dulden (abs., zB. res ad patiendum difficilis; alqd, zB. dolorem, supplicium, iniusta imperia; alqd °aegre od. moleste, libenter, facile). **2. a)** (unkl.) (obszön) sich preisgeben od. sich verführen lassen (alqd, zB. muliebria od. °Venerem); **b)** (vkl., dcht.) (eine Zeit) unter Entbehrungen verleben [novem saecula]; abs. in Not so hinleben [in silvis]; **c)** / **α)** (meist nkl., dcht.) etw. erfahren, v. etw. betroffen werden (alqd, zB. °iniuriam, °naufragium, °repulsam); **β)** etw. dulden, sich gefallen lassen, ruhig geschehen lassen [ista; meist m. a.c.i., selten m. ut u. negativ m. quin; m. °inf.]; auch v. Leblosem [°ut tempus locusque patitur; dignitas mea non patitur, ut...]. **3.** (nkl.)(m. dopp. acc.) etw. sein lassen (alqm civem als Bürger dulden, nihil intactum nichts unversucht lassen, nihil quietum nichts in Ruhe lassen). **4.** (gramm. t.t.; Qu.) passiven Sinn haben; patiendi modus das Passiv. — **den Märtyrertod erleiden.

Pătrae, ārŭm f (Πάτραι) Küstenst. im nordw. Achaia, j. Patras; Einw. u. adi. **Pătrēnsis** (ē).

pătrātŏr, ōris m (pătrō) (nkl.) Vollstrecker [necis].

pătrātŭs s. pătrō.

▶ **pătrĭă,** ae f (pătrĭŭs; sc. tĕrră od. ŭrbs) Vaterland u. Vaterstadt, Heimat, auch Geburtsort; °maior (= μητρόπολις) Mutterstadt.

pătrĭārchă u. **-ēs,** ae m (Fw. ‹ πατριάρχης) (Eccl.) Erzvater. — **Patriarch (Titel v. Erzbischöfen).

pătrĭcē adv. (°pătrĭcŭs [casus = Genetiv, nach πατρικός]) (Pl.) väterlich.

pătrĭcĭātŭs, ūs m (pătrĭcĭŭs) (Suet.) Patrizierstand, Patriziat.

pătrĭ-cīdă, ae m (pătĕr, caedō) Vatermörder.

▶ **pătrĭcĭŭs** 3 (vl. Weiterbildung v. °pătrĭcŭs 3 zu pătĕr) **1.** patrizisch, adlig = dem römischen Geburtsadel angehörig [°homo, °gens, familia, °magistratus das Konsulat]. **2.** subst. **a) pătrĭcĭŭs,** ī m Patrizier; pl. Patriziat, Geschlechteradel [ex -is exire]; **b) pătrĭcĭă,** ae f Patrizierin. — patricius seit dem 4. Jh. n. Chr. nur noch hoher Ehrentitel.

pătrĭmōnĭŭm, ī n (pătĕr) **1.** väterliches Erbgut [~ amittere]. **2.** übh. Vermögen. — **~ Petri Kirchenstaat.

pătrīmŭs 3 (u. -ī-; pătĕr; cf. mātrīmŭs) dessen Vater noch am Leben ist [puer].

pătrĭōtă, ae m (Fw. ‹ πατριώτης) (spätl.) Landsmann.

pătrissō 1. (*Fw.* ‹ *πατρίζω) *Com., nkl.*) dem Vater nacharten.
pătrītŭs 3 (*pătĕr*) vom Vater ererbt, überkommen [*philosophia patrita atque avita*].
pătriŭm, ī *n* (*sc. nōmĕn*) (*pătriŭs*) (*Qu.*) Patronymikon.
▶ **pătriŭs** 3 (*adv.* °**-ē**) (*pătĕr*) **1. a)** väterlich [*potestas, auctoritas, amor*]; **b)** angestammt, ererbt [*virtus, mos* traditionell, *res* Vermögen]. **2.** vaterländisch, heimatlich [*institutum, dii, sermo* Muttersprache, °*sepulcrum* Grab in der Heimat].
▶ **pătrō** 1. (*altes sakrales Wort; pătĕr? cf. impĕtrō*) (*klass. selten*) vollbringen, ausführen, vollenden [*facinus,* °*consilium,* °*bellum,* °*pacem* schließen, °*ius iurandum* das Bündnis durch die erforderliche Eidesformel abschließen; °*coitum*]; *bsd.* **pătĕr pătrātŭs,** ī *m* Bundespriester, Vorsteher der Fetialen, *der bei Bündnissen den Eid im Namen des röm. Volkes leistete.*
pătrōcĭnĭŭm, ī *n* (*pătrōcĭnŏr*) **1.** Patronat, Schutz durch einen Patron (*alcis -o uti*). **2.** Verteidigung vor Gericht [*alcis -um suscipere, feneratorum adversus plebem*]; *meton. pl.* °Schützlinge, Klienten. **3.** / Schutz, Schirm, Beistand (*alcis u. alcis rei, zB. voluptatis, pacis*).
pătrōcĭnŏr 1. (*pătrōnŭs; Bildung wie lātrōcĭnŏr*) (*vkl., nkl.*) beschützen, beschirmen (*alci u. alci rei*).
Pătrŏclŭs *u.* °**-ŏs,** ī *m* (*Πάτροκλος*) *Freund Achills, v. Hektor m. Apollos Hilfe getötet.*
pătrōnă, *ae f* (*pătrōnŭs*) **1.** Beschützerin, Gönnerin. **2.** (*Pli.*) Herrin *e-s* Freigelassenen (*m. gen.*).
▶ **pătrōnŭs,** ī *m* (*pătĕr*) Patron: **1.** Schutzherr: **a)** *v. Klienten, die in der ältesten Zeit als Hörige unter dem Schutz v. Patriziern, später als arme u. geringe Leute im Dienst vornehmer Bürger standen;* **b)** *v. Korporationen, Gemeinden u. ganzen Ländern;* **c)** *v. Freigelassenen, die unter dem Rechtsschutz ihres früheren Herrn blieben.* **2.** gerichtlicher Vertreter *des Klägers od. Beklagten,* Verteidiger vor Gericht [*causae*], Anwalt. **3.** / Verteidiger, Beschützer [°*plebis, foederum, iustitiae,* °*alqm -um salutare* als Retter]. — ** Schutzheiliger *i. d. kath. Kirche.*
pătrŭēlĭs, ē (*pătrŭŭs*) **1.** *v.* des Vaters Bruder *od.* (*selten*) Schwester stammend [*frater* Vetter]; *subst. m* (*nkl.*) Vetter *v. väterlicher Seite.* **2.** (*Ov.*) Vettern gehörig, vetterlich [*dona, regna*]. [-ĭŭm.
F. *abl. sg. -ī, des subst. -ĕ; gen. pl.*
pătrŭŭs (*pătĕr*) **1.** *subst.* ī *m* **a)** Oheim *v. väterlicher Seite, cf. ăvŭncŭlŭs* [°*maior* Großoheim]; **b)** / (strenger) Sittenrichter. **2.** (*dcht.*) *adi.* 3 (*m. scherzh. sup.*) dem Oheim gehörig [*ensis*].
pătŭī *s. pătĕō u. pătēscō.*
pătŭlŭs 3 (*pătĕō*) **1. a)** offen(stehend) [*pina,* °*fenestra,* °*aures*]; **b)** (*dcht.*) allen zugänglich [*orbis* gewöhnlich]. **2.** weit ausgebreitet, weit [*rami, arbor* breitästig].
paucĭ-lŏquĭŭm, ī *n* (*paucŭs, lŏquŏr*) (*Pl.*) Wortkargheit.
paucĭtās, ātis *f* (*paucŭs*) **1.** geringe Anzahl [*militum*]. **2.** *abs.* **a)** geringe Truppenzahl; **b)** Beschränkung.
paucŭlŭs 3 (*demin. v. paucŭs*) (*nkl.*) sehr wenig; *klass. nur pl.* sehr wenige, ein paar [*menses*]; *subst.* **-ă,** ōrŭm *n* (*Com.*) ein paar Wörtchen.
▶ **paucŭs** 3 (*m. comp. u.* °*sup.*) (*wohl* ‹ **pau-qŏs; cf. engl.* few) **1.** (*unkl.*) *sg.* wenig, klein, gering [*numerus*]; (*dcht.*) *sg. statt des pl.* [*tibia foramine pauco*]. **2. a)** *pl.* wenige, nur wenige [*amici, dies; pauciores* geringere Anzahl, Minorität; *m. gen. part. od. ex u. de, zB. paucae bestiarum, pauci ex od. de his militibus*]; *auch* = einige wenige [*pauci de nostris cadunt*]; **b)** *subst.* **α) paucī,** ōrŭm *m* (nur) wenige [*ordinis senatorii;* °*inter paucos disertus* wie wenige]; *bsd.* (*Bed.-Lw.* ‹ *οἱ ὀλίγοι*) die Oligarchen, Optimaten(partei), *zB. factio paucorum; comp.* (*Pl.*) *pauciores* die Vornehmeren (*Ggs. plūrēs*); **β) paucă,** ōrŭm *n* ein wenig, weniges; *bsd.* wenige Worte [~ *dicere u. loqui, ut in pauca conferam* um mich kurz zu fassen, *paucis* °*exponere* kurz, °*quam paucissimis absolvere* in möglichster Kürze, °*paucis te volo*]; *auch* (*unkl.*) geringe Habe.
▶ **paul(l)ātim** *adv.* (*paulŭs*) **1.** allmählich, nach *u.* nach. **2.** einzeln, einer nach dem anderen [*discedere*].
paul(l)ĭs-pĕr *adv.* (*-ī-?; wohl* ‹ *abl. paulīs + -pĕr, s. pĕr II.*) ein Weilchen [*a domo abesse; m. folgendem dum, quoad, donec*].
paul(l)ŭlŭs 3 (*demin. v. paulŭs*) **1.** (*vkl., nkl.*) gering = **a)** klein, winzig; **b)** wenig [*via, equi*]. **2.** *subst.* **paulŭlŭm,** ī *n* ein wenig [*nihil aut -um, -o deterior; alcis rei, zB. frumenti*]. **3.** *adv.* **-ŭm** ein wenig, nur *etw.* [*locus* ~ *editus*], *auch* auf ein Weilchen.
▶ **paul(l)ŭs** 3 (‹ **pauc-s-lŏs* › *paullŭs* › *paulŭs; paucŭs*) **1.** (*vkl.*) gering = **a)** klein; **b)** wenig [*lar, sumptus*]. **2.** *subst.* **paulŭm** *n* (*gen. u. dat. sind ungebräuchlich*) (nur) wenig, (nur) etwas, eine Kleinigkeit, (nur) eine kurze Strecke, ein Weilchen [*-um interest, -um deest ad felicitatem, -um provehi; alcis rei, zB. morae, novi*]; *bsd. abl. paulo* (um) ein wenig(es) *beim comp. u. bei comp. Begriffen* [*paulo maior, -o citra od. infra eum locum, -o ante* kurz vorher, *-o post* bald darauf, *selten post paulo*]. **3.** *adv.* **paulŭm** ein wenig, nur wenig [*-um commorari*].
Paul(l)ŭs, ī *m cogn. i. der gens Aemilia, cf. Aemĭlĭŭs.*
▶ **paupĕr,** ĕrĭs (*m.* **comp. u. sup.*) (*wohl* ‹ **pau-părŏs eig.* „wenig erwerbend"; *paucŭs, părĭō*) **1.** arm, unbemittelt, *wer nur ein mäßiges Auskommen hat, klass. nur v. Pers.* [*vir;* °*alcis rei* an *etw., zB. bonorum*]; *subst. m* der Arme, *meist pl.* **2.** / (*unkl.*) (*v. Sachen*) ärmlich, armselig [*domus, hortus*].
F. *abl. sg. -ĕ; pl. neutr. fehlt, gen. -ŭm; sup. paupĕrrĭmŭs.*
paupĕrcŭlŭs 3 (*demin. v. paupĕr*) (*vkl., dcht.*) = *paupĕr.*
paupĕrĭēs, ēī *f* (*unkl.*) = *paupĕrtās.*
paupĕrō 1. (*paupĕr*) (*vkl., dcht.*) arm machen (*alqm j-n; alqm re jd. e-r Sache* berauben, um *etw.* bringen).
▶ **paupĕrtās,** ātis *f* (*paupĕr*) Armut, bescheidenes Auskommen; *selten* Dürftigkeit, Not.
pausă, *ae f* (*wohl Lw.* ‹ *παῦσις*) (*unkl.*) Rast, Ende, Stillstand.
Pausănĭās, *ae m* (*Παυσανίας*) *spartanischer Feldherr, Sieger bei Platää* (*Πλαταιαί*) *479 v. Chr., gestorben als Verräter 467.*
pausārĭŭs, ī *m* (*pausă*) (*Se.*) Rudermeister.
pausĕă *u.* **-ĭă,** *ae f* (*et. ungedeutet*) (*unkl.*) fleischige Olive.
pausill... = *pauxill...*
pauxillātim *adv.* (*pauxillŭs*) (*Pl.*) allmählich.
pauxillĭspĕr *adv.* (*-ĭspĕr?; pauxillŭs; cf. paulispĕr*) (*Pl.*) ein Weilchen.
pauxillŭlŭs 3 (*demin. v. pauxillŭs*) (*Com.*) ganz wenig; *subst.* **-ŭm,** ī *n* ein bißchen.
pauxillŭs 3 (‹ **pauc-s-lŏ-lŏs; demin. v. paulŭs; s.d.*) (*Com., nkl.*) ganz wenig; *adv.* **pauxillŭm** ein wenig.
păvĕ-făctŭs 3 (*u. -ē-?; păvĕ-făcĭō* „erschrecken") (*dcht.*) geängstigt.
▶ **păvĕō,** păvī, — 2. (*eigtl.* „bin niedergeschlagen"; *păvĭō*) (*unkl.*) beben, zittern, sich ängstigen; *intr. u.* (*selten*) *trans.* (*re* durch *od.* infolge *v. etw., zB. admiratione; sibi* für sich besorgt sein; *ad alqd* bei *od.* vor *etw., zB.* °*ad omnia; alqm* vor *jd., zB. lupos; alqd* vor *od.* über, wegen *etw., zB. omnia; m. ne* daß; *m. inf.* = sich scheuen, *etw.* zu tun); / *venae pavent* schließen sich; (*part. praes.*) *adi. păvēns* = *păvĭdŭs* (*cf.* V.-B. VIII).
păvēscō, — — 3. (*incoh.*) (*nkl.*) = [*păvĕō.*
păvī *s. pāscō u. păvĕō.*
păvĭdŭs 3 (*m. comp. u. sup.; adv.* **-ē**) (*păvĕō*) (*nkl., dcht.*) **1.** zitternd, zaghaft, schüchtern, *v. Pers. u. Sachen* [*nauta, consilia;* ~ *ex somno* aufgeschreckt aus; °*alcis rei* wegen *od.* in *etw., zB. offensionum; ad alqd, zB. ad omnes suspiciones; m. ne* daß; *m. inf.*]. **2.** ängstigend, (er)schreckend [*metus, quies*].
păvīmĕntātŭs 3 (*păvīmĕntŭm*) *m.* einem Estrich versehen [*porticus*].
păvīmĕntŭm, ī *n* (*păvĭō*) Estrich, *oft mit Mosaikarbeit verziert.*
păvĭō 4. (√ **pĕŭ-* „schlagen, schneiden"; *cf. pŭtō*) schlagen, feststampfen [*terram*].
păvĭtō 1. (*intens. v. păvĕō*) (*unkl.*) heftig beben, sich sehr ängstigen; *bsd.* Schüttelfrost haben.
păvō, ōnĭs *m* (*Fw. unbekannter Herkunft*) Pfau (*der Juno heilig*).
păvōnĭnŭs 3 (*păvō*) (*unkl.*) vom Pfau, aus Pfauenschwänzen; / buntfarbig, aus Zitrusholz.
▶ **păvŏr,** ōrĭs *m* (*păvĕō*) **1.** das Zittern, Furcht, Angst, Entsetzen (*alcis rei* vor *etw., zB.* °*aquae* Wasserscheu; *pavorem* °*inicere alci;* °~ *est od.* °*capit alqm, m. ne*). **2.** (*dcht.*) ängstliche Erwartung, Spannung, *auch* °freudiges Beben. **3.** *personif.* (*nkl.*) **Păvŏr** als Gottheit des Schreckens = *Φόβος.*
pāvŭs, ī *m* (*unkl.*) = *păvō.*

păx[1]
1. Friede, Friedensschluß, -zeit; 2. Ruhe, Seelen-, Gemütsruhe; 3. (*personif.*) Friedensgöttin.

pāx[1], *pācis f* (*cf. pāciscōr*) **1. a)** Friede, *u. zwar sowohl* Friedensschluß *od.* Vergleich *als auch* friedlicher Zustand, Friedenszeit [*pacis leges od. condiciones, pacis commoda od.* °*bona* Segnungen, *iniqua, iniusta*; *pacem cum alqo facere od.* °*componere,* °*pangere, conciliare inter alqos, pacem petere ab alqo, pax fit od.* °*convenit cum alqo, pace uti* Frieden halten, *pacem dare u. habere,* °*agere,* °*agitare; cum alqo u. alcis m. jd., zB. Ariovisti*; (*in*) *pace* im Frieden, zur Friedenszeit, °*pace belloque u. bello ac pace*, (*in*) *media pace* mitten im Frieden; *alqm cum pace dimittere* in Frieden, unbehelligt; °*cum bona pace* unter ehrlich gehaltener Vereinbarung]; **b)** *pl.* α) (*nkl., dcht.*) Friedensschlüsse; β) (*nkl., dcht.*) friedliche Zustände [*bonae* Segnungen des Friedens]. **2.** / **a)** Ruhe *lebloser Gegenstände* (*zB. e-s* °*Flusses, der* °*Mienen u.ä.*); **b)** Seelen-, Gemütsruhe [°*animi u.* °*mentis, pacem animis afferre, in animo sapientis est pax; pace tua dixerim* nimm mir's nicht übel, sei über meine Worte nicht ungehalten]; **c)** Beistand *od.* Gnade, Gunst *der Götter* [°*deorum u.* °*deum,a lovepacem ac veniam peto*]. **3.** (*personif.*) **Pāx** Friedensgöttin (*Εἰρήνη*) *m. einem Ölzweig od. Füllhorn in der Hand dargestellt*; *Pāx Augustā* die Göttin des *v.* Augustus gebrachten Friedens; *Arā Pācis Augŭstae an der Grenze des Marsfeldes, i.J. 13 v.Chr. vom Senat gelobt, im J. 9 geweiht; 1938 aus den Resten gegenüber dem Augustus-Mausoleum wieder aufgebaut.* — ***Pax Dei* Gottesfrieden, *bsd.* im Mittelalter.

păx[2] *int.* (*unkl.*) **1.** (*Fw.* < *πάξ*) schwupp! **2.** (*pāx* = *pāx*[1]*?*) still! st! genug! damit basta!

păxillŭs, *ī m* (*-ā-?*; *demin. v. pālŭs*[1]) (*vkl., nkl.*) Pfahl, Pflock.

-pĕ *enklit. Partikel* = gerade, eben (*in nĕm-pĕ, quip-pĕ, quispĭăm*).

P. C. (*Abk.*) = *pătrēs cōnscrīptī* (*s. cōnscrībō*).

****p. Chr.** (**nat.**) = *post Christum* (*natum*).

pĕccātŏr, *ōrĭs m* (*pĕccō*) (*Eccl.*) Sünder.

▶ **pĕccātŭm,** *ī n u. selten* **pĕccātŭs,** *abl. ū m* (*pĕccō*) Sünde, Vergehen; *milder* Versehen, Fehler, Irrtum [~ *suum confiteri*]. — ***mortale* Todsünde.

▶ **pĕccō** 1. (*altl. fut. ex. pĕccāssō, ĭs, ĭt*; *vl. zu *pĕccŏs* < **pĕd-cŏs* „einen Fehler am Fuß habend, strauchelnd") **1. a)** (*dcht.*) straucheln [*equus*]; **b)** (*Pl.*) sich versprechen. **2.** fehlen, sündigen, *etw.* versehen *od.* verkehrt machen (*alqd, nur neutr. v. pron. u. allg. adi., zB. aliquid, eadem, nihil, multa, magna*; *re* durch *od. m. etw., zB.* °*verbo uno,* °*ingenuo amore*; *in alqo* an *jd.*, *in re* in *od.* an, bei *etw., zB. in hoc homine, in poëmatis, in syllaba*; *in alqm* gegen *jd.*, *in alqd* gegen *etw., zB. in rem publicam*); *bsd.* °(*vom Wind*) tückisch sein. **3.** sich an *jd.* vergreifen (*in alqo*); *zB.* °*in togata* (*muliere*); *auch übh.* (*dcht.*) *v. Geschlechtsverkehr* [°*illa peccat super perne*].

pĕcŏrōsŭs 3 (*pĕcŭs*[1]) (*dcht.*) reich an Vieh.

pĕctĕn, *ĭnĭs m* (*pĕctō*) (*unkl.*) **1.** Kamm [*digiti pectine iuncti* kammartig verschlungen]. **2.** / *etw. Kammähnliches*: **a)** Weberkamm, -lade; **b)** Rechen, Harke; **c)** Kammuschel; **d)** *musik.* Schlegel, Plektron = *plēctrŭm*; *meton.* Lied [*alternus* elegisches Lied, Distichon]; **e)** Schamhaare.

pĕctō, *pĕxī, pĕxŭm* 3. (*pēxī?*; = *πέκτω*; *cf. nhd.* „fechten", *urspr.* „sich raufen") (*nkl., dcht.*) **1.** kämmen [*capillos, ferum* den Hirsch striegeln]; *tunica pexa* wollige, *daher noch* neue T. **2.** (*Wolle*) krempeln; / (*Pl.*) *fusti* verprügeln.

▶ **pĕctŭs,** *ŏrĭs n* (*et. unklar*) **1.** Brust, *dcht. oft pl. statt sg.* [°*cicatrices adverso pectore* vorn auf der Brust]. **2.** *meton.* Inneres = *ănĭmŭs* (*meist nur im höheren Stil, bei Ci. nur toto pectore*): **a)** Herz, Mut, Gemüt [°*purum,* °*omnium pectora pietate imbuere, toto pectore amare m.* ganzem Herzen, °*forti pectore m.* Mut]; **b)** Seele, Geist; *bsd.* α) Verstand, Einsicht; β) Gesinnung [°*occulta pectoris,* °*alqd clausum in pectore habere, toto pectore cogitare m.* ganzer Seele]; **c)** *dcht. oft zur Umschreibung der Person* [°*mortalia pectora* = *mortales,* °*consortia od.* °*sororum pectora* = *sorores*]; **d)** (*dcht.*) *selten* = Kehle [~ *reserare*].

pĕcū *n* = *pĕcŭs*[1], *ŏrĭs* (*sg. unkl., nur dat. u. abl.* °*-ū*; *pl. pĕcŭă, ŭŭm n*).

pĕcŭārĭŭs 3 (*pĕcū*) **1.** Vieh... [*res* Viehzucht, -stand]. **2.** *subst.* **a) -ŭs,** *ī m* Viehzüchter, *bsd.* Weidepächter *in den Provinzen*: **b) -ă,** *ae f* Viehzucht, Viehstand; **c)** (*dcht., nkl.*) **-ă,** *ōrŭm n* Viehherden.

pĕcŭlātŏr, *ōrĭs m* (*pĕcūlŏr*) Veruntreuer *v.* Staatsgeldern, Defraudant.

pĕcŭlātŭs, *ūs m* (*pĕcūlŏr*) Unterschlagung *v.* Staatsgeldern [*-um facere, -ūs damnari*].

pĕcūlĭārĭs, *ĕ* (*adv.* °**-ĭtĕr**) (*pĕcūlĭŭm*) **1.** (*vkl., nkl.*) zum Privatbesitz gehörig. **2.** / **a)** eigentümlich, eigenartig [*testis, alci alqd peculiare est*]; **b)** außerordentlich, ungewöhnlich [*edictum*].

pĕcūlĭātŭs 3 (*eigtl. P.P.P. v. pĕcūlĭō*) **1.** (*unkl.*) begütert. **2.** / (*dcht.*) *scherzh.* [*pulchre pensilibus* ~] = *mūtōnĭātŭs.*

pĕcūlĭō 1. (*denom. v. pĕcūlĭŭm*) (*Pl.*) *m.* Eigentum versehen, beschenken.

pĕcūlĭōsŭs 3 (*pĕcūlĭŭm*) (*Pl.*) viel Sondergut habend, begütert.

pĕcūlĭŭm, *ī n* (**pĕcūlĭs* „zu eigen"; *pĕcū*) **1.** das (*urspr. aus Vieh bestehende*) Privatvermögen, Eigentum [*cupiditas od.* °*cura -i*]: **a)** des Sohnes *od.* der Tochter; **b)** des Sklaven, *bsd. erspartes u. meist zum Erkaufen der Freiheit bestimmtes* = Spargut, Sparpfennig. **2.** / **a)** (*Se.*) (*schriftliche*) Zugabe; **b)** (*Pe.*) das Patengeschenk = *mĕntŭlă.*

pĕcūlŏr 1. (*Rückbildung aus dēpĕcūlŏr*) (*nkl.*) Unterschlagungen begehen, Staatsgelder veruntreuen.

▶ **pĕcūnĭă,** *ae f* (*pĕcū*; *eigtl.* „Viehstand, *der in den ältesten Zeiten den Hauptteil des Vermögens bildete*"): **1.** Vermögen, Eigentum [*magna, amplissima, aliena, -am facere* erwerben]. **2.** Geld, Geldsumme, *auch* Geldwert [*magna -a* viel Geld = *multum -ae, exigua, praesens u. numerata* bar, *publica* Staatseinkünfte, -kasse, *dies -ae* Zahltag; *-am solvere* zahlen, *mutuam sumere u. dare*; *pecunia hominum venditorum* Erlös aus, *praedia magnae -ae* Geldwert, *signum tantae -ae* Geldwert, *-ae iudicari u. alqm -a exsolvere* Geldschuld]; *pl.* Gelder, Geldsummen [*-as alcis publicare, -as accipere u. capere* sich geben lassen = sich bestechen lassen]; **c)** (*nkl.*) Münze, *bsd.* Kupfermünze (= *nummus*).

pĕcūnĭārĭŭs 3 (*pĕcūnĭă*) Geld... [*dona*], *res -a* Geldgeschäft, *auch* Geld [*praemia rei -ae* Geldprämien, *inopia rei -ae* Geldmangel].

pĕcūnĭōsŭs 3 (*m. sup. u.* °*comp.*) (*pĕcūnĭă*) **1.** wohlhabend, *v. Pers.* [*homo,* °*senectus*]. **2.** (*Ma.*) gewinnbringend [*artes*].

▶ **pĕcŭs**[1], *ŏrĭs n* (= *πέκος* „Fell") **1.** (*coll.*) Vieh, *bsd.* Kleinvieh (Schafe, Ziegen, Schweine) [*magnus pecoris numerus*], *auch* Viehherde, (*dcht.*) (*sg. u. pl.*) *auch v. Seetieren, bsd. Robben des Proteus, Bienen, Fischen, Wild u.a.* **2.** *selten* (*dcht.*) Stück Vieh; *pl. pecora* Weidevieh, Viehherden. **3.** (*dcht.*) *verächtlich u. als Schimpfwort* [*turpe et mutum*].

pĕcŭs[2], *ŭdĭs f* (*pĕcū*) einzelnes Stück Vieh, Haustier, *bsd.* Stück Kleinvieh (Schaf, Ziege, Schwein), *oft als Schimpfwort* = einfältiger *od.* roher Mensch; *pl. pecudes* Weidevieh, Viehherden = *pecora* [*pecudes et bestiae* zahme *u.* wilde Tiere, *pecudum more* wie Schafe], (*dcht.*) *auch v.* Bienen.

pĕdālĭs, *ĕ* (*pēs*) einen Fuß lang (*od.* breit, dick) [*trabes*].

pĕdārĭŭs 3 (*pēs*) zum Fuß gehörig; *klass. nur* (*senator*) *pedarius m* Senator zweiten Ranges, *der noch kein kurulisches Amt bekleidet hat u. deshalb kein selbständiges Votum abgeben darf.*

pĕdātŭs[1], *abl. ū m* (**-pĕdō* 1. „gehen"; *pēs*) (*vkl.*) Angriff.

pĕdātŭs[2] 3 (*pēs*) (*Suet.*) *m.* Füßen versehen; *male* schlecht zu Fuß.

****pedellus,** *i m* (< *ahd.* bitil, *eigtl.* „Bittender") Gerichtsbote, Diener, Amtsgehilfe; Pedell.

▶ **pĕdĕs,** *ĭtĭs m* (*pēs*; *cf. ĕquĕs*) **1.** (*dcht., nkl.*) Fußgänger, zu Fuß [*alqs* ~ *incedit*]. **2.** *mil.* Fußsoldat, Infanterist; *pl. u.* (*nkl.*) *sg.* Fußvolk, Infanterie. **3.** Plebejer [*equites peditesque* Patrizier *u.* Plebejer, Adel *u.* Volk; (*Pl.*) *auch sg. coll. eques, pedes*].

▶ **pĕdēstĕr,** *trĭs, trĕ* (*pĕdĕs*) **1.** zu Fuß, Fuß... [*statua*]. **2.** (*Li.*) *mil.* des Fußvolkes, dem Fußvolk eigen [*copiae u. exercitus* Fußvolk, *arma,*

scutum, ordo zu Fuß dienend]; subst. (nkl.) pl. m pedestrēs Infanterie. 3. zu Lande, Land... [°copiae u. exercitus Landheer, -macht, proelium]. 4. / (dcht., nkl.) a) einfach, gewöhnlich [sermo, Musa]; b) prosaisch [historiae, oratio].
F. abl. sg. -ī; pl. neutr. -ĭă, gen. -ĭŭm.

pĕdĕ-tĕntĭm u. **pĕdĕ-tĕmptĭm** adv. (nach pĕdĕ tĕmptārĕ „mit dem Fuß tasten") 1. (dcht.) Schritt für Schritt. 2. / vorsichtig, behutsam, bedächtig [dicere].

pĕdĭcă, ae f (zu πέδη „Fessel"; cf. compēs; nhd. „Fessel") (unkl.) 1. Fußfessel. 2. Fußschlinge, Sprenkel, Dohne.

pēdīcātŏr, pēdicō schlechtere Schreibung für paedīc...

pēdĭs, ĭs m u. f (-ē-?; pēdō?) (vkl.) Laus.

pĕdĭ-sĕquŭs, ī m (pēs, sĕquŏr, eigtl. „auf dem Fuße folgend") Diener, Lakai, auch /; **pĕdĭsĕquă**, ae f Dienerin, Zofe, auch /.

pĕdĭtāstĕllŭs, ī m (-ā-?) (demin. v. *pĕdĭtāstĕr) (Pl.) elender Fußlatscher.

pĕdĭtātŭs, ūs m (pĕdĕs) mil. Fußvolk, Infanterie [copiae -ūs zu Fuß].

pēdĭtŭm, ī n (eigtl. P.P.P. v. pēdō) (Ca.) Furz.

pēdō, pĕpēdī, pēdĭtŭm 3. (< *pĕzdō zu βδέω ds.) (dcht.) furzen.

Pĕdō, ōnĭs m s. Ălbīnŏvānŭs.

pēdŏr, ōrĭs m = paedŏr.

pĕdŭm, ī n (wohl Rückbildung zu *-pĕdō 1. „gehen"; pēs) (Ve.) Hirtenstab. — **Bischofsstab.

Pēgăsŭs u. °-ŏs, ī m (Πήγασος) das Wunderroß des Bellerophon; s. Hippŏcrēnē, Gŏrgō (die spätere Vorstellung v. Pegasos als dem Dichterroß ist nicht antik); als appell. geflügelter od. rascher Bote; — adi. **Pēgăsēŭs** 3 des Pegasus, fem. auch °**Pēgăsĭs**, ĭdĭs [°undae = Musenquelle; subst. °Muse, Quellnymphe].

pēgī s. pangō.

pēgmă, ătĭs n (Fw. πῆγμα, eigtl. „Zusammengefügtes") 1. Bücherbrett, -fach. 2. (nkl., dcht.) Versenkung(smaschine) im Theater.
F. Cf. V.-B. III, 6.

pēiĕrātĭŭncŭlă, ae f (pēiĕrō) (Pl.) kleiner Meineid.

pē-iĕrō 1. (d.i. pējjĕrō) u. (selten) pĕr-iūrō, pĕriĕrō, pēiūrō 1. (Grundform: pĕr-iūrō) einen Meineid od. falsch schwören, meineidig sein; trans. (dcht.) durch Meineid verletzen [deos; °ius peieratum Meineid].

▶ **pēiŏr**, iŭs comp. v. mălŭs[1], mălĕ.

pĕlăgĭŭs 3 (Fw. < πελάγιος) (unkl.) See..., Meer... [cursus].

▶ **pĕlăgŭs**, ī n (Fw. < πέλαγος) (unkl.) Meer, brausende Wassermasse.
F. nom. u. acc. pl. pĕlăgē (πελάγη).

pēlămȳs, ȳdĭs f (Fw. < πηλαμύς) (unkl.) junger Thunfisch.

Pĕlăsgī, ōrŭm u. °ŭm m (Πελασγοί) voridg. Wandervolk, nach Herodot Ureinwohner Griechenlands; dcht. übh. = Griechen; adi. **Pĕlăsgŭs** 3 (fem. auch °**Pĕlăsgĭs**, ĭdĭs u. **Pĕlăsgĭăs**, ădĭs) pelasgisch, übh. °griechisch.

Pēlēŭs, ĕī u. ĕōs m (Πηλεύς) K. der Myrmidonen in Phthia, Gemahl der Nereïde Thetis, V. des Achill; patron. **Pēlīdēs**, ae m Pelide: S. des Peleus (= Achill) od. Enkel des P. (= Neoptolemos)
F. Cf. V.-B. II, 3 (bzw. I, 2).

pēlēx, ĭcĭs f = paelēx.

Pĕlĭās[1], ae m (Πελίας) K. v. Iolkos, Oheim des Iason, sandte diesen aus, das Goldene Vlies zu holen; patron. °**Pĕlĭădēs**, ŭm f (Πελιάδες) Töchter des Pelias.

Pēlĭās[2] s. Pēlĭŏn.

pĕlĭcānŭs, ī m (Lw. < πελεκάν) (Eccl.) Pelikan. — **pius ~ = Christus.

pēlĭcātŭs, ūs m = paelĭcātŭs.

Pēlĭŏn, ī n u. °-ĭŭs od. °-ĭŏs, ī m (Πήλιον) Geb. auf der thessalischen Halbinsel Magnesia; adi. **Pēlĭăcŭs** 3 (fem. auch °**Pēlĭăs**, ădĭs) auch übh. °thessalisch.

Pĕllă, ae u. -ē, ēs f (Πέλλα) Hptst. v. Makedonien, Geburtsort u. Residenz Alexanders d. Gr. Cf. V.-B. I, 1. — Einw. u. adi. **Pĕllaeŭs** (3) (dcht. auch = makedonisch, alexandrinisch, ägyptisch).

pĕllācĭă, ae f (pĕllāx) (Lu.) Lokkung; Verführung.

pĕllāx, ācĭs (statt *pĕllĕx an aud-āx u.ä. angeglichen; pĕllĭcĭō) (Ve.; spätl.) verführerisch, verschmitzt [Ulixes].

pĕllĕcĕbrae, ārŭm f (pĕllĭcĭō) (Pl.) Verlockung, Verführung (cf. prŏbrĭpĕrlĕcĕbrae).

pĕllēctĭō, ōnĭs f (pĕllĕgō) das Durchlesen [libri].

pĕl-lēctŭs P.P.P. v. pĕllĭcĭō.

pĕl-lĕgō = pĕrlĕgō.

pĕl-lĭcĭō, lēxī, lēctŭm 3. (< pĕrlĭcĭō; *lăcĭō „(ver)locken"; cf. lăcĕssō) anlocken, verlocken (alqm u. animum alcis, mulierem ad se; re durch etw., zB. annonā; / maiorem partem sententiarum auf seine Seite bringen).

pĕllīcĭŭs (-ĕŭs) 3 (pĕllĭs) (spätl.) aus Fellen gemacht [vestis]. — **subst. -ia, ae f Pelz(werk), Pelzmantel.

pĕllĭcŭlă, ae f (demin. v. pĕllĭs) 1. kleines (od. liebes) Fell, Häutchen [haedina, °-am curare = sich gütlich tun]. 2. (Ju.) Vorhaut. 3. meton. (vkl.) = scŏrtŭm.

pĕllĭō, ōnĭs m (pĕllĭs) (Pl., spätl.) Kürschner.

▶ **pĕllĭs**, ĭs f (< *pĕl-nis zu πέλλᾱς acc. pl. v. πέλλα „Fell") 1. a) Haut e-s Tieres, Fell, Pelz, auch abgezogen [caprina, °inaurata arietis Vlies; sprichw.: °in propria pelle non quiescere = sich in der eigenen Haut nicht wohl fühlen]; bsd. °Hirschfell der Bacchantinnen, auch °Haut des Menschen; pl. Pelzwerk; b) / (Ho.) Hülle [pellem detrahere alci = jd. die Maske vom Gesicht reißen; introrsum turpis, speciosus pelle decora]. 2. meton. a) Lederdecke, pl. (ledernes) Winterzelt [milites sub pellibus habere in Winterzelten]; b) Lederschild [pellium nomine zu Schilden]; c) (Ov.) Pelzmütze [tempora pellibus tecta]; d) (dcht.) Schuh [pes natat in pelle schlottert], Schuhriemen [pellibus crus impedire]; e) (Ma.) Pergament.
F. abl. sg. pĕllĕ u. °-ī; pl. gen. °-ĭŭm.

pĕllītŭs 3 (pĕllĭs) m. einem Pelz bedeckt, m. Fellen bekleidet [testes, °oves in Häute eingenäht, zur Schonung ihrer Wolle].

pĕllō
1. (stoßend) in Bewegung setzen; 2. a) stoßen, schlagen; b) (geistig) treffen, bewegen; 3. a) verstoßen, vertreiben; b) (Feinde) zum Weichen bringen, schlagen; c) verbannen; d) (Durst, Hunger) löschen, stillen.

pĕllō, pĕpŭlī, pŭlsŭm 3. (√*pel- „stoßen, schlagen, treiben"; cf. nhd. Filz = „gestoßene Masse") 1. stoßend od. schlagend in Bewegung setzen (alqd, zB. °navigia contis fortstoßen), bsd. (dcht.) (Pfeile) abschießen [sagittam manu]; (Saiten) anschlagen [nervos in fidibus, °lyram]; / °classica ertönen lassen, °initium sermonis ein neues Gespräch anregen, °Iovis numina antreiben. 2. a) stoßen, schlagen, klopfen, treffen (alqm, zB. puerum m. Fäusten schlagen, °vulnere pulsus getroffen; alqd etw. od. an etw., zB. fores an die Tür klopfen, °aes, °terram pede stampfen, °Haemon erschüttern [vom Winde], °domum strepitu erschüttern; / iniuria alqm pellit trifft jd.); b) (geistig) treffen, bewegen, Eindruck auf jd. od. etw. machen (alqm u. alcis animum od. mentem, zB. ipsum nullius °forma pepulerat captivae). 3. a) verstoßen, vertreiben (alqm ex u. de, a re od. m. bloßem abl., zB. [e] foro, ex Galliae finibus, [de] agro, a re meist = zurückhalten od. abbringen v., zB. alqm ab Hispania; alqm in alqd, zB. in exsilium; auch alqd, zB. maestitiam ex animis, °curas vino, °amores, lacrimas Crëusae = nicht mehr m. Kreüsa weinen, frigus fernhalten); b) (Feinde) zum Weichen bringen, schlagen, werfen [hostes, hostium exercitum, °adversarium loco; / °flumen zurückdrängen]; c) (aus dem Vaterlande) verbannen (alqm patria od. civitate, °exsules pulsi); d) (dcht.) (Durst, Hunger) löschen, stillen [sitim, famen glande].

pĕl-lūcĕō = pĕrlūcĕō.

Pĕlŏpŏnnēsŭs, ī f (Πελοπόννησος) die südl. Halbinsel Griechenlands, j. Morea. Einw. **Pĕlŏpŏnnēsĭī**, ōrŭm u. °**Pĕlŏpŏnnēnsēs**, ĭŭm m; adi. **Pĕlŏpŏnnēsĭŭs** 3 [civitates] u. **Pĕlŏpŏnnēsĭăcŭs** 3 [bellum].

Pĕlŏps, ŏpĭs m (Πέλοψ) S. des Tantalos, Gemahl der Hippodameia, K. v. Elis u. Argos, V. des Atreus u. des Thyestes; patron. **Pĕlŏpĭdae**, ārŭm m Nachkommen des Pelops; adi. **Pĕlŏpēŭs** u. **Pĕlŏpēĭŭs** 3 auch peloponnesisch u. phrygisch (fem. auch °**Pĕlŏpēĭs**, ĭdĭs u. °**Pĕlŏpēĭăs**, ădĭs).

pĕlōrĭs, ĭdĭs f (Fw. < πελωρίς) (unkl.) Riesenmuschel.

pĕltă, ae f (Fw. < πέλτη) (nkl., dcht.)

leichter, halbmondförmiger Schild, *bsd. v. Griechen gebraucht.*

pĕltăstae, ārŭm *m* (*Fw.* ‹ πελτασταί) (*nkl.*) die (*m. der pelta ausgestatteten*) Peltasten; *übh.* Leichtbewaffnete.

pĕltātŭs 3 (*pĕltă*) (*dcht.*) *m.* der pelta bewaffnet.

pēlvĭs, *is f* (*altl.* *pēlŭis*) (*altind.* pālăvi- „eine Art Geschirr") (*vkl.*, *nkl.*) Schüssel, Becken. — ** (*med. t.t.*) Becken *als Knochengürtel zw. Beinen u. Rumpf.*

pĕnārĭŭs 3 (*pĕnŭs*) Vorrats... [*cella* Vorratskammer, / Kornkammer].

▶ **pĕnātēs**, *iŭm m* (*pĕnĕs*; *vl. eigtl.* „die im Inneren des Hauses Waltenden"; *s. pĕnŭs*) **1.** *m. u. ohne dii* Penaten, Hausgötter, *Schutzgötter des Hauses u. der Familie, auch des Staates* [*privati od. minores u. publici od. maiores*]; *ihre Bilder hatten am Herde des Hauses ihren Standort, zusammen mit dem Lar*; *cf.* *Vĕstă.* **2.** *meton.* Wohnung, Haus, °Herd, Hof [°*penates tectaque relinquere*, °*pro urbe ac penatibus dimicare*], *dcht. v. den Bienenzellen.*

pĕnātĭ-gĕr, *gĕră, gĕrŭm* (*pĕnātēs, gĕrō*) (*Ov.*) die Penaten tragend [*Aeneas*].

pĕndĕō
1. a) (herab)hängen; **b)** sich erhängt haben; **c)** schlaff herabhängen; **d)** schweben; **e)** wiegen, schwer sein; **f)** sich *dauernd irgendwo* aufhalten;
2. a) *v. jd. od. etw.* abhängig sein; **b)** an *jd.* hängen; **c)** unvollendet liegen bleiben; **d)** schwanken; **e)** ungewiß sein.

pĕndĕō, *pĕpĕndī*, — 2. (*cf. pĕndō*) **1. a)** (herab)hängen (*in od. ex, a,* °*de re u.* °*re* an, von ... herab, *zB. poma* °*in u. ex arbore, sagittae ab u.* °*ex umero,* °*in cruce,* °*lapilli in auribus,* °*tenui filo, auch* °*sub arbore,* °*super cervice u. a.*; / °*ab ore alcis pendēre jd. m.* gespannter Aufmerksamkeit zuhören); **b)** (*dcht.*) (auf)gehängt sein, sich erhängt haben, *v. Pers. u. Sachen* [*fistula pinu pendebit, alqs e trabe pependit*]; **c)** (*dcht.*, *nkl.*) schlaff herabhängen, -wallen, *v. Gewändern, Körperteilen u.ä.* [*chlamys, lacerti*]; **d)** (*dcht.*, *nkl.*) schweben, *v. Pers. u. Sachen* [*nubila, avis in aëre, naves summo in fluctu, ensis super cervice, auriga pronus in verbera* beugt sich oben zum Schlage vorwärts]; *auch* °einzustürzen drohen [*litus algā opertum*]; **e)** (*vkl.*, *nkl.*) (*eigtl.* „zum Wiegen gespannt hängen") wiegen, schwer sein; *auch* / [*bona vera idem pendent*]; **f)** (*dcht.*, *nkl.*) sich irgendwo immerfort aufhalten [*in limine alcis*]. **2.** / **a)** *v. jd. od. etw.* abhängig sein, auf *jd. od. etw.* beruhen (*ex u.* °*ab alqo od. ex re u. re, auch in re, zB. ex patre, ex fortuna, salus vestra exigua spe, fama in sententiis civium,* °*ex una origine* abstammen *v.*); **b)** *jd.* ergeben sein, an *jd.* hängen (*ex u.* °*de alqo, zB. amicus ex te pendet*); **c)** (*dcht.*, *nkl.*) unvollendet liegen bleiben [*opera* Bauten]; **d)** schwanken, unentschlossen sein, *v. Pers. u.* °*Sachen* [*alqs obscura spe et caeca exspectatione pendet*; *bsd. animi, selten animo u. v. mehreren animis* im Herzen; *de alqo* um *j-s* willen]; **e)** (*dcht.*, *nkl.*) ungewiß sein, zweifelhaft sein [*belli fortuna, reus pendet* der Prozeß des Angeklagten].

▶ **pĕndō**, *pĕpĕndī*, *pēnsŭm* 3. (*et. nicht geklärt*) **1.** *trans.* **a)** (*vkl.*, *nkl.*) *etw.* an die Waage hängen = abwiegen [*herbae pensae*]; **b)** erwägen, beurteilen (*alqd, zB. rem*; *res, non verba*; *alqd ex re u. re etw.* nach *etw., zB. alqm ex virtute*); **c)** (*vkl.*, *dcht.*) schätzen, achten, halten (*alqd magni, parvi, nihili*); **d)** (*Geld*) zahlen, bezahlen, entrichten, *weil in älteren Zeiten das Metall bei Zahlungen abgewogen wurde* [*pecuniam alci, tributum, vectigal, bina milia aeris*]; **e)** / (*Strafe*) (er-)leiden, büßen [*poenam u. poenas alci, supplicium*; *alcis rei* wegen *od.* für *etw., zB. temeritatis*]; *abs. sanguine pendere m.* seinem Blute büßen. **2.** (*intr.*) (*nkl.*) wiegen, Gewicht haben, schwer sein [*minus pondo octoginta*].

pĕndŭlŭs 3 (*pĕndĕō*) (*nkl.*, *dcht.*) **1.** (herab)hängend, schwebend [*collum ab orno -um, tela* Webstuhl]. **2.** / schwankend, ungewiß [*spe*].

Pēnēĭs *u.* **Pēnēĭŭs** 3 *s. Pēnēŭs.*

Pēnĕlŏpă, *ae u.* **-ē**, *ēs f* (Πηνελόπη) *Gemahlin des* Odysseus, *Mutter des Telemach. Cf.* V.-B. I, 1. — *adi.* **Pēnĕlŏpēŭs** 3.

Pēnēŏs, *ī m s. Pēnēŭs.*

pĕnĕs *prp. b. acc.* (*bisw.* °*nachgestellt*) (*erstarrter loc. v. pĕnŭs, ŏrĭs n* „das Innere *des Hauses*"; *cf. pĕnĭtŭs, pĕnĕtrō*) **1.** im Besitze *j-s*, in der Gewalt, in der Macht *j-s*, *nur in bezug auf Pers.* [*penes alqm est od. constat res publica od. summum imperium, penes alqm sunt divitiae,* °*penes se esse* bei Sinnen sein]. **2.** (*vkl.*, *nkl.*) auf seiten *j-s* [*culpa* ~ *alqm est,* ~ *rem publicam esse* es *m.* dem Staate halten].

pĕnētĭcă, *ae f* (*Fw.* ‹ πεινητική) (*Cael. b. Ci.*) Hungerkur.

pĕnĕtrābĭlĭs, *ĕ* (*pĕnĕtrō*) (*nkl.*, *dcht.*) **1.** (*pass.*) durchdringbar, erreichbar [*corpus nullo -e telo*]. **2.** (*act.*) durchdringend, durchbohrend [*telum, fulmen* zerschmetternd].

pĕnĕtrālĭs, *ĕ* (*m.* °*comp.*) (*pĕnĕtrō*, *eigtl.* „eindringen") innerlich, inwendig [*focus,* °*adyta,* °*signum* im Inneren des Tempels, °*dii* = Penaten); *subst.* (*nkl.*, *dcht.*) **pĕnĕtrālĕ**, *ĭs n* (*abl. sg. -ī*), *meist pl.* **pĕnĕtrālĭă**, *iŭm n* das Innere *eines Hauses od. Tempels,* innere Räume, *bsd. der den Penaten geweihte Teil des Hauses,* Hauskapelle, *übh.* Heiligtum (*im Inneren eines Raumes*) [*pontificum, Vestae, patrium* des Vaterhauses, *urbis* Mittelpunkt].

▶ **pĕnĕtrō** 1. (*pĕnĭtŭs*) **1.** *intr.* (hin-)eindringen, hineinkommen, *übh.* vordringen, gelangen, *v. Pers. u. Sachen* (*ad alqm* zu *jd., in u. intra alqd* in *etw., ad alqd* bis zu *etw., zB. in portum, in castra hostium, in animos,* °*intra vallum, ad sensum iudicis,* °*telum in viscera*; *auch per alqd, sub terras u. a.*). **2.** *trans. etw.* durchdringen, *etw.* betreten, *meist nkl. u. dcht.* [°*gentes,* °*Mediam,* / °*alqd animum alcis alte penetrat* macht einen tiefen Eindruck auf *jd.*]; *auch mediopass.* (*Lu.*) eindringen *u.* P., *zB.* °*iter Lucullo penetratum.*

Pēnēŭs *u.* °**-ŏs**, *ī m* (Πηνειός) *Hptfl. Thessaliens, durch das Tempetal sich in den Thermaischen Busen ergießend, j.* Salambria; *als Flußgott V. der Daphne*; *adi.* **Pēnēĭŭs** *u.* °**Pēnēŭs** *od.* °**-ĭŭs** 3 (*fem. auch* °**Pēnēĭs**, *ĭdĭs*); *subst.* **Pēnēĭă**, *ae f T.* des Peneus (= Daphne).

pēnĭcĭllŭs, *ī m u.* **-ŭm**, *ī n* (*demin. v. pēnĭcŭlŭs*) Pinsel; *meton.* °Malerei; / Stil, stilistische Darstellung.

pēnĭcŭlŭs, *ī m* (*demin. v. pēnĭs*) (*Com.*) Bürste; Schwamm.

Pēnīnŭs 3 *s. Pĕnnīnŭs.*

pēnĭs, *ĭs m* (*wohl* ‹ *pēs-nĭs*; *cf.* πέος) **1.** (*vkl.*) Schwanz [*hodie est in obscenis*]. **2.** männliches Glied; *meton.* °Unzucht; *auch als* °*Schmeichelwort* [*purissimus* ~].

▶ **pĕnĭtŭs** (*pĕnĕs*) **1.** *adv.* **a)** bis ins Innerste, inwendig, tief hinein [*argentum* ~ *abditum* tief im Schoß der Erde geborgen, *in venis* ~ *inclusus,* °*causae* ~ *latentes* in der Tiefe verborgen, °*suspiria* ~ *trahere* tief aufseufzen]; / **b)** (*dcht.*) weithin, fern [*sonare, terrae penitus penitusque iacentes* weiter *u.* weiter]; **c)** tief, fest, genau [*alqd animo od. memoriae* ~ *mandare, perspicere*] **d)** (*unkl.*) = innig, herzlich [*rogare alqm*]; **e)** *v.* Grund aus, gänzlich, völlig (*alqd* ~ *abradere, alqm odisse u. perdere,* °~ *perosus* gründlich, *amor* ~ *insitus*]. **2.** *adi.* 3 (*m. comp. u. sup.*; *adv.* **-ē**) (*unkl.*) innerlich, inwendig [*ex barbaria penitissima*].

▶ **pĕnnă**, *ae f* (*altl.* *pĕsnă* ‹ **pĕt-snă*; *cf.* πέτομαι „fliege", *nhd.* „Feder, Fittich") **1.** (*Pl.*) Flugfeder, Schwungfeder, Feder [*meae alae pennas non habent*]. **2.** (*meist pl., doch auch* °*sg. coll.*) **a)** Flügel, Fittich, Gefieder [*pennis se levare* auffliegen, °*pennas vertere* davonfliegen; / °*pennas incidere* beschneiden, °*decisis pennis* = *m.* getäuschten Hoffnungen]; **b)** *meton.* (*dcht.*) das Fliegen, Flug; **c.** (*dcht.*) Feder am Pfeil, *übh.* Pfeil.
F. *Nebenform pĭnnă*[1] (*s.d.*).

pĕnnātŭs 3 (*pĕnnă*) (*nkl.*, *dcht.*) gefiedert, beflügelt [*serpens, Fama*].

Pĕnnīnŭs *u.* **Poenīnŭs** 3 penninisch [*Alpes -ae* vom Großen St. Bernhard bis zum Gotthard, *mons* der Große St. Bernhard, °*iter* Straße über den Großen St. Bernhard).

pĕnnĭ-pēs, *pĕdĭs* = *pĭnnĭpēs.*

pĕnnĭ-pŏtēns, *ĕntĭs* (*pĕnnă*) (*Lu.*) flügelmächtig, beflügelt; *subst. pl.* **-ēs**, *iŭm f* Geflügel, Vögel.

pĕnnŭlă, *ae f* (*demin. v. pĕnnă*) Flügelchen.

pēnsīlis, ĕ (*pĕndĕō*) (*unkl.*) aufgehängt, schwebend [*uva* hängend aufbewahrt, getrocknet, *horti* = auf Schwibbogen ruhend (*die sogenannten* hängenden Gärten *der Semiramis*)]; *subst.* **-īlĭă,** *ĭūm n* (*sc. mĕmbră*) = *mĕntŭlă.*

pēnsĭō, *ōnĭs f* (*pĕndō*) Zahlung: **1.** *meton.* (einzelne) Rate [°*pecuniam tribus pensionibus solvere*]; *auch concr.* [°*praesens* bar]. **2.** (*dcht.*, *nkl.*) Mietzins; Miete; Pacht(zins).

pēnsĭtō 1. (*intens. v. pēnsō*) **1.** (*nkl.*) genau abwiegen [*lanam*]. **2.** / **a)** (*nkl.*) reiflich erwägen, überdenken (*alqd*, *zB. consilia*; *m. indir. Frages.*); **b)** (be)zahlen (*alci alqd*, *zB. vectigalia*); *abs.* steuerpflichtig sein [*praedia quae pensitant*].

pēnsō 1. (*intens. v. pĕndō*) (*nkl.*, *dcht.*) **1.** abwiegen [*aurum*; / *Romanos scriptores eādem trutinā* nach demselben Maßstab beurteilen]. **2.** / **a)** gegeneinander abwägen, vergleichen [*adversa secundis*, *res pensatae* die sich das Gleichgewicht halten]; **b)** vergelten, entschädigen, bezahlen, / *auch* büßen, erkaufen (*alqd re u. cum re*, *zB. benefacta maleficiis* Gutes *m.* Bösem vergelten, *vulnus vulnere*, *laudem cum sanguine filiae*]; **c)** erwägen, überlegen [*consilium*]; **d)** beurteilen (*alqd re etw. m. etw.*, *zB. vires hostium magis oculis quam ratione*; *alqd ex re etw.* nach *etw.*, *zB. amicos ex factis*). — **meinen; de denken an.

pēnsŭm, *ī n* (*eigtl. P.P.P. n v. pĕndō*) **1.** (*nkl.*, *dcht.*) *die den Sklavinnen zum Verarbeiten täglich* zugewogene Wolle, Tagewerk [*data pensa trahere od. carpere*]. **2.** / **a)** (*dcht.*) Wollarbeit, gesponnenes *od.* gewebtes Garn [~ *revolvere*]; **b)** (*geistig*) Aufgabe [*se ad suum* ~ *revocare*].

pēnsŭs[1] *P.P.P. v. pĕndō.*

pēnsŭs[2] 3 (*m. comp.*) (*eigtl. P.P.P. v. pĕndō* „[ab]gewogen") (*vkl.*, *nkl.*) *nur* / wichtig, gewichtig, *bsd. nihil* (*od. non, nec quidquam*) *pensi habeo od. mihi est* ich lege kein Gewicht darauf, nehme keine Rücksicht (*alqd*, *zB. neque fas neque fidem pensi habere*; *m. inf.* u. *indir. Frages.*).

pĕntăgōnĭŭm, *ī n* (*Fw.* ⟨ πενταγώνιον) (*Grom.*) Fünfeck. (Pentagon *das auf einer fünfeckigen Fläche errichtete amerikanische Verteidigungsministerium.*)

pĕntămĕtĕr, *trī m* (*Fw.* ⟨ πεντάμετρος) (*Qu.*) Pentameter.

pĕntēcŏstē, *ēs f* (*Fw.* ⟨ πεντηκοστή, *sc.* ἡμέρα) (*Tert.*) der 50. Tag nach dem Passahfest (Ostern), Pfingsten.

Pĕntĕlĭcŭs 3 (Πεντελικός) aus pentelischem Marmor [*Hermae*; *mons Geb. i. Attika, ber. durch Marmorbrüche*].

pĕntērĭs, *ĭdĭs f* (*Lw.* ⟨ πεντήρης *sc.* ναῦς) (*nkl.*) Schiff m. 5 Ruderreihen *übereinander*, Fünfdecker.

Pĕnthĕsīlēă, *ae f* (Πενθεσίλεια) *Königin der Amazonen, v. Achill im Zweikampf besiegt u. getötet.*

Pĕnthĕūs, *ĕī u.* °*ĕōs m* (Πενθεύς) *K. v. Theben, Verächter des Dionysoskultes, v. seiner Mutter u. den Bacchantinnen zerrissen. Cf.* V.-B. II, 3. *adi.* **Pĕnthēŭs** 3.

pĕnŭārĭŭs = *pĕnārĭŭs.*

pēnūrĭă, *ae f* (*cf. paenē*) Mangel an *etw.*, Seltenheit (*m. gen.*, *zB.* °*aquarum*, °*edendi* an Speise, *liberorum*).

pĕnŭs, *ŏrĭs n od.* **pĕnŭs,** *ūs u. ī m u. f od.* (*Com.*) **pĕnŭm,** *ī n* (*cf. lit.* penù „füttere"; *ob es m. pĕnŭs* = *pĕnĕtrālē* [*nur für den Vestatempel belegt*] *identisch ist, ist fraglich*; *cf. pĕnēs*) der im Haus verwahrte Vorrat *v.* Lebensmitteln, Mundvorrat, Speise(n) [~ *est omne, quo vescuntur homines*].

pĕpēdī *s. pēdō.*

pĕpĕndī *s. pĕndĕō u. pĕndō.*

pĕpĕrcī *s. părcō.*

pĕpĕrī *s. părĭō.*

pĕpīgī *s. păngō.*

pĕplŭm, *ī n* (*Fw.* ⟨ πέπλον) (*vkl.*, *dcht.*) weites Obergewand *griechischer Frauen, bsd.* Prachtgewand, *das vornehme athenische Mädchen der Athene an den Panathenäen in feierlicher Prozession überbrachten.*

pĕpŭlī *s. pĕllō.*

> **pĕr**
> **I.** *praev. per-* **1.** ringsum-, umher-; **2.** durch, hindurch, zer-; **3.** bis zum Ziel, hin-; **4.** über das Ziel hinaus, ver-; **II.** *-per* (*nachgest.*) hindurch; **III.** *prp. b. acc.* **1.** (*räuml.*) **a)** durch, durch ... hin, über, entlang; **b)** ringsum in *od.* auf; **2.** (*zeitl.*) **a)** durch, hindurch; **b)** im Verlauf, in; **3. a)** (*instr.*) mit Hilfe, durch; **b)** *per se* für sich, selbständig; **c)** (*bei Schwüren*) bei; **d)** (*kausal*) wegen, infolge von; **e)** unter dem Vorwand; **f)** mit Rücksicht auf; **g)** (*modal*) mit, unter.

pĕr (⟨ *péri; *cf.* περί „um", *nhd.* „ver-"): **I. pĕr-** (*praev.*) **1.** ringsum, umher [*perequito*]. **2.** durch, hindurch, zer- [*peragro, perfringo*]. **3.** bis zum Ziel, hin-, völlig [*perfero, perficio*]. **4.** über das Ziel hinaus, ver- [*pellicio*]. **5.** sehr [*peracerbus*]. **II. -pĕr** (*postpositiv*) hindurch [*semper, parumper*]. **III. pĕr** *prp. b. acc.* (*selten nachgestellt*): **1.** (*räumlich*) durch: **a)** *bei Angabe des Durchganges durch od. über einen Ort* **α)** = durch ... hin(durch), über, *zB. flumen per urbem fluit, proficisci per Aeduorum fines* (*od. per Thebas, per Alpes*), *sanguis per venas in omne corpus diffunditur*; **β)** über ... hin, *zB. per temonem percurrere*, °*pontem per Nilum facere*, °*per gradus deici* die Stufen hinab, *per munitiones se deicere* über die Schanzen hinweg; **γ)** vor ... hin, längs ... hin, entlang, *zB.* °*per hostium oculos traduci*, °*per flumina* längs, °*per amnem* den Fluß hinab; **b)** *bei Angabe der Verbreitung durch od. über e-n Ort od. Gegenstand* = durch ... hin, über ... hin, auf ... umher, ringsum in *od.* auf, *zB. vigilias disponere per urbem* (*od. per oram, per muros*), *currere per omnes vias*, °*ire per feras* unter ... umher, °*sacra facere per aras* rings an, °*per orbem* in der ganzen Welt, °*per silvas* in Wäldern hier *u.* dort, °*per omnia* ganz *u.* gar; *bsd. per manus tradere v.* Hand zu Hand gehen lassen, *cives per domos* (*od. per familias*) *invitati v.* Haus zu Haus, *significationem per castella facere v.* Kastell zu Kastell. **2.** (*zeitl.*) **a)** durch, hindurch, durch ... hin [°*incendium per duas noctes tenuit, per triennium, per totam vitam*]; **b)** im Verlauf, in, *zB. mortuos per indutias sepelire*, °*scorta per ludos rapere, per somnium* (*od. per somnum*) im Traum; **c)** nach Verlauf *v.* **3.** / **a)** (*instr. zur Bezeichnung der Mittelsperson od. des Mittels u. Werkzeuges*) vermittelst, mit Hilfe *v.*, *zB. Xerxes certior factus est a Themistocle per servum, per internuntios colloqui* (*od. agere*) *cum alqo*; *dis supplicare per hostias, certiorem facere alqm per litteras, decipere alqm per spem pacis*, °*per carmina* in Gesängen; **b)** *per me, per te*, *meist* **per se** (*ipse, a, um*): **α)** für sich (allein), auf eigene Hand, ohne Zutun anderer, selbständig [*nihil per se audere od. posse*]; **β)** an *u.* für sich, durch sich selbst, um seiner selbst willen [*virtus per se expetitur*]; **γ)** selbst, in eigener Person [~ *reginam aut per se aut per alios sollicitare*]; **c)** (*bei Schwüren u. Bitten*) um ... willen, bei, *zB. per deos iurare*, °*per ego te deos oro, obtestor te per dextram istam*; **d)** (*kausal*) wegen, infolge, aus, *zB. per misericordiam recipere alqm, multa per iram* (*od. per metum, per avaritiam*) *facere*, °*per vinum* im Rausch, °*per haec* deswegen, *per causam* (*m. gen.*, *zB. exercendorum remigum*) angeblich um; **e)** (*bei Angabe des vorgeschützten Grundes*) unter dem Vorwand, unter dem Schein (*richtiger wohl*: darüber hinaus, gegen), *zB. per fidem fallere alqm* durch falschen Eid, *Sulla accusatur per Caecilium* unter dem Namen des C.; **f)** (*bei Angabe der hindernden od. gestattenden Elemente*) *m.* Rücksicht auf, halber, vor, *zB. hoc per leges* (*od. per fata, per amicos*) *non licet, alqd facere non posse per valetudinem* (*od. per aetatem*, °*per senatum* weil der Senat es hindert), *per me* (*licet*) meinetwegen, *stat per me* es beruht auf mir; *non stat per me, quominus* es ist nicht meine Schuld, daß nicht; **g)** (*modal*) vermittelst, mit, unter, in, *zB. per vim* auf dem Wege der Gewalt, auf gewaltsame Weise, *per iocum* im Scherz, °*per dolum* hinterlistigerweise, *per ludibrium* höhnend, *per errorem* aus Mißverständnis, *per litteras* schriftlich, brieflich, °*per occasionem* gelegentlich, *per speciem* unter dem Schein, °*per commodum* gemächlich, nach Bequemlichkeit *u.a.* — ** (*bei Pers.*) = **ā**; ~ *singulos* einzeln: — (*med. t.t.*) *per anum* durch den Mastdarm (eingeführt); *per ōs* durch den Mund (einzunehmen); *per rectum* durch den Mastdarm *od.* vom Mastdarm aus.

pēră, *ae f* (*Fw.* ⟨ πήρα) (*spätl.*)

Ranzen, Quersack.
pĕr-ăbsŭrdŭs 3 ganz ungereimt.
pĕr-ăccŏmmŏdātŭs 3 sehr bequem, sehr gelegen; *auch i. Tmesis.*
pĕr-ăcĕr, *crĭs, crĕ* sehr scharf [*iudicium*].
pĕr-ăcĕrbŭs 3 **1.** sehr herb [*uva*]. **2.** (*Pli.*) sehr empfindlich.
pĕr-ăcēscō, *ăcŭī,* — 3. (*Pl.*) sehr sauer (ärgerlich) werden.
pĕrāctĭō, *ōnĭs f* (*pĕrăgō*) Beendigung [*fabulae* Schlußakt].
pĕr-āctŭs *P.P.P. v. pĕrăgō.*
pĕr-ăcūtŭs 3 (*adv.* **-ē**) **1.** sehr hell, durchdringend [*vox*]. **2.** (*geistig*) sehr scharf(sinnig).
pĕr-ădŭlēscēns, *ĕntĭs u.* (*nkl.*) **pĕr-ădŭlēscĕntŭlŭs,** *ī m* blutjung(er Mann).
pĕr-aequē *adv.* völlig gleich.
pĕr-ăgĭtō 1. **1.** umherjagen. **2.** / (*Se.*) aufstacheln.

pĕr-ăgō
1. umhertreiben; 2. durchbohren; 3. **a**) *etw.* durchführen, vollenden; **b**) *e-e Pers.* ums Leben bringen; entkräften; **c**) (*Zeit*) durchleben; **d**) (*Rolle*) durchspielen; **e**) (*Prozeß*) durchhalten; **f**) *etw.* formulieren; **g**) vortragen, besprechen.

pĕr-ăgō, *ēgī, āctŭm* 3. **1.** (*nkl., dcht.*) umhertreiben, ständig bewegen, ohne Unterlaß bearbeiten (*alqd, zB. humum, freta remo* = fort *u.* fort durchsegeln, *omnia animo* überlegen, erwägen, *auch alqm* heftig angreifen). **2.** (*dcht.*) *etw.* durchbohren [*latus ense*]. **3. a)** *etw.* durchführen, vollenden, beenden (*alqd, zB. propositum, inceptum,* °*iter, concilium od. conventūs* abhalten, °*fortunam* überstehen, sein Geschick erfüllen, °*sol signa* durchläuft, °*vices* abwechseln, *hibernis peractis* nach Ablauf des Winters); **b)** (*dcht.*) *e-e Pers.* vertilgen: *entw.* ums Leben bringen, P. sterben [*Erotion, quam lex fatorum sextā peregit hieme*] *od.* entkräften, fertigmachen [*puella, quae quot nocte viros peregit unā, tot ...*]; **c)** (*dcht., nkl.*) (*e-e Zeit*) durchleben [*noctem, vitam procul patriā, otia* in Frieden hinleben]; **d)** (*ein Bühnenstück od. e-e Rolle*) durchspielen [*fabulam,* / *fabulam vitae*]; **e)** (*nkl.*) (*e-n Prozeß*) zu Ende führen [*causam rei*]; (*e-n Angeklagten*) zur Verurteilung bringen [*reum*]; **f)** (*nkl.*) *etw.* formulieren [*ius iurandum, sententiam de re*]; **g)** (*nkl.*) (*in der Rede*) vortragen, besprechen, darstellen [*coeptas laudes alcis, querelas* vernehmen lassen].
pĕrăgrātĭō, *ōnĭs f* (*pĕrăgrō*) Durchwanderung [*itinerum*].
pĕr-ăgrō 1. (*Hypost. aus pĕr ăgrōs, sc. ĕō*) **1.** *trans. etw.* durchwandern, durchstreifen (*alqd, zB. agros,* °*litora classe;* / *mundos mente, omnes latebras suspicionum dicendo* in seiner Rede eindringen in). **2.** (*abs.*) sich verbreiten [*fama*]; *auch per alqd, zB. alqs per animos hominum peragrat* dringt tief in die Herzen ein.
pĕr-ămāns, *ăntĭs* (*adv.* **-āntĕr**) sehr liebend (*alcis*), sehr liebevoll.
pĕr-ămbŭlō 1. (*unkl.*) durchwandern (*alqd, zB. rura, crocum* = über die *m.* Safranessenz besprengte Bühne gehen, *frigus artūs perambulat* durchströmt).
pĕr-ămīcŭs 3 (*nkl.*) sehr freundschaftlich.
pĕr-ămoenŭs 3 (*Ta.*) sehr angenehm.
pĕr-ămplŭs 3 sehr groß, sehr geräumig.
pĕr-ăngŭstŭs 3 (*adv.* **-ē**) sehr eng, sehr schmal.
pĕr-ănnō 1. (*Hypost. aus pĕr ănnŭm sc. vivō*) (*Suet.*) ein Jahr leben.
pĕr-ăntīquŭs 3 uralt.
pĕr-ăppŏsĭtŭs 3 sehr passend, sehr schicklich (*alci*).
pĕr-ărdŭŭs 3 sehr schwierig.
pĕr-ărgūtŭs 3 sehr scharfsinnig, sehr geistreich.
pĕr-ărmātŭs 3 (*Cu.*) wohlbewaffnet.
pĕr-ărō 1. (*dcht.*) durchpflügen, durchfurchen [*ora rugis*]; / *m. dem Griffel auf die Wachstafel* schreiben, niederschreiben [*talia cerā*]; durchsegeln.
****per aspera ad astra** durch das Rauhe zu den Sternen = durch Nacht zum Licht (*Herkunft der Sentenz unbekannt*).
pĕr-ăttĕntŭs 3 (*adv.* **-ē**) sehr aufmerksam.
pērātŭs 3 (?) (*pēră*) (*Pl.*) *m.* e-m Ranzen versehen.
pĕr-aurĭō 4. (*Hypost. aus pĕr aurēs sc. rĕcĭpĭō*) (*Pl.*) durchs Ohr aufnehmen.
pĕr-băcchŏr 1. durchschwärmen [*multos dies*].
pĕr-bāsĭō 1. (*Pe.*) der Reihe nach abküssen.
pĕr-bĕātŭs 3 sehr glücklich.
pĕr-bĕllē *adv.* sehr fein, sehr hübsch [*facere*].
pĕr-bĕnĕ *adv.* sehr wohl, sehr gut.
pĕr-bĕnĕvŏlŭs 3 sehr wohlwollend (*alci*). [*auch i. Tmesis.*]
pĕr-bĕnīgnē *adv.* (*-i-?*) sehr gütig;
pĕr-bĭbō, *bĭbī,* — 3. (*unkl.*) **1.** ganz aussaugen. **2.** ganz in sich einsaugen [*lacrimas*]; / (*geistig*) ganz in sich aufnehmen [*verba pectore*].
pĕr-bĭtō, — — 3. (*vkl.*) **1.** hingehen. **2.** zugrunde gehen.
pĕr-blăndŭs 3 sehr einnehmend, sehr gewinnend.
pĕr-bŏnŭs 3 sehr gut.
pĕr-brĕvĭs, *ĕ* (*adv.* **-ĭtĕr**) sehr kurz, *v. Sachen u. vom Redner* [*perbrevi* (*tempore*) in sehr kurzer Zeit].
pĕrcă, *ae f* (*Fw.* < *πέρκη*) (*dcht., nkl.*) Barsch.
pĕr-călĕfĭō, *făctŭs sŭm, fĭĕrī* (*unkl.*) durchhitzt, durchglüht werden.
pĕrcălēscō, *lŭī,* — 3. (*incoh. v. *pĕr-călĕō*) (*dcht.*) ganz heiß werden.
pĕrcăllēscō, *lŭī,* — 3. (*incoh. v. *pĕr-căllĕō*) harthäutig werden: / **1.** ganz gefühllos (*od.* unempfindlich, gleichgültig) werden. **2.** gewitzigt werden [*usu rerum*].
pĕr-cārŭs 3 **1.** (*Te.*) sehr kostspielig. **2.** / sehr teuer *od.* lieb (*alci*).
pĕr-cautŭs 3 sehr vorsichtig.
pĕr-cĕlĕbrō 1. überall verbreiten; P. in aller Munde sein [*versūs; de re*].
pĕr-cĕlĕr, *ĕrĭs, ĕrĕ* (*adv.* **-ĭtĕr**) sehr schnell.
▶ **pĕr-cĕllō,** *cŭlī, cŭlsŭm* 3. (< **-cĕldō; cf. clādēs, cĕlsŭs*) völlig erschüttern: **1.** (*nkl.*) *etw. od.* an *etw.* schlagen *od.* stoßen, *etw.* treffen (*alqm u. alqd re, zB. alqm genu, scutum imo scuto; alci alqd, zB. alci femur genu m.* dem Knie; P. °*saxis percelli*). **2.** niederwerfen, niederschmettern, -schlagen, zu Boden werfen, *auch* / [°*proditores,* °*domum alcis, cives Martis vis perculit*]; P. niedergeworfen *od.* hart betroffen werden (*re v. etw., zB.* °*pari fortunā,* °*ruinā*). **3.** / **a)** zugrunde richten, zerrütten, brechen, *meist* P. [°*inimicum indicio*]; **b)** erschrecken, bestürzt *od.* mutlos machen (*alqm* °*metu,* °*nuntio,* °*pavor eos in silvas perculerat* hatte sie erschreckt *u.* getrieben; *m. ut u.* °*inf.*); *meist P.P.P. perculsus* [*perculsa iacent omnia*]; *auch* °angetrieben, gereizt [*aemulatione*].
pĕr-cēnsĕō, *ŭī,* — 2. **1.** (*vkl., nkl.*) mustern, besichtigen [*captivos*]; / kritisieren [*orationes legatorum*]. **2. a)** (*nkl., dcht.*) durchwandern, durchreisen [*Thessaliam*]; **b)** / aufzählen, der Reihe nach anführen [°*gentes, promerita numerando*]; *auch* berechnen, überschlagen [°*cladem acceptam,* °*numerum legionum*].
pĕr-cēpī *s. pĕrcĭpĭō.*
pĕrcēptă, *ōrŭm n* (*eigtl. P.P.P. pl. n v. pĕrcĭpĭō; Übers. v. θεωρήματα*) Lehr- *u.* Grundsätze.
pĕrcēptĭō, *ōnĭs f* (*pĕrcĭpĭō*) **1.** das Einsammeln, Ernten [*frugum et fructuum*]. **2.** / das Erfassen, Begreifen, Erkenntnis; *auch* (*bsd. pl.*) Begriff.
pĕr-cēptŭs *P.P.P. v. pĕrcĭpĭō.*
pĕr-cīdō, *cīdī, cīsŭm* 3. (*caedō*) (*unkl.*) **1.** zerschlagen [*alci os*]. **2.** (*obszön*) **a)** *alqm* = *paedīcō;* **b)** *alci ōs* = *īrrŭmō.*
pĕr-cĭĕō, — — 2. *u.* **-cĭō,** —, *cĭtŭm* 4. **1. a)** (*dcht.*) in Bewegung setzen, erregen [*se -ire; res*]; **b)** (*P.P.P.*) *adi.* **pĕrcĭtŭs** 3 **α)** erregt, gereizt, aufgebracht [*homo, animus irā*]; **β)** (*nkl.*) reizbar, hitzig [*ingenium*]. **2.** (*Pl.*) nennen [*alqm impudicum*].
▶ **pĕr-cĭpĭō,** *cēpī, cēptŭm* 3. (*căpĭō*) **1. a)** (*im eigtl. Sinn*) (*unkl.*) erfassen, ergreifen [*auras* auffangen]; **b)** (*dcht.*) in sich aufnehmen, annehmen [*semen, flammam pectore*]; **c)** empfangen, bekommen, gewinnen, genießen [°*beneficia, praemia, voluptatem ex libidine; fructūs* ernten, *auch* /, *zB. fructum victoriae, fructum* °*ex alqo u.* °*ex re, zB. ex amicitia*]. **2.** / **a)** bemerken, wahrnehmen, empfinden [*alqd oculis u. auribus*]; *bsd.* hören, vernehmen (*alqd etw. u. v. etw., zB. sonum,* °*querelas; m. indir. Frages.*); **b)** (*geistig*) klar erfassen, begreifen, lernen [*orationem animo, praecepta philosophorum, omnium civium nomina* kannte genau, *nomen usu perceptum alci* geläufig, *alqd perceptum habere* sich zu eigen gemacht haben]; *pf.* kennen, wissen. **F.** *pĕrcēpsĕt* (*synk.*) *altl.* = *pĕr-*

cĕpīssĕt.
pĕr-cīsŭs *P.P.P. v. pĕrcīdō.*
pĕrcĭtŭs *s. pĕrcĭĕō.*
pĕr-cīvīlĭs, ĕ (*Suet.*) sehr leutselig.
pĕr-cŏlō[1], *cŏlŭī, cŭltŭm* 3. (*unkl.*) **1.** (*etw.* vollenden [*incohata*]. **2.** *etw.* sehr (aus)schmücken [*alqd eloquentiā*]. **3.** *jd.* hoch ehren [*alqm honore*]; *etw.* sehr feiern (*alqd, zB. funus*).
pĕr-cōlō[2] 1. (*vkl., nkl.*) **1.** *etw.* durchseihen [*vinum*]. **2.** / *etw.* durchsickern lassen; *P.* durchsickern.
pĕr-cōmĭs, ĕ überaus freundlich *od.* gefällig.
pĕr-cŏmmŏdŭs 3 (*adv.* **-ē**) sehr bequem *od.* passend (*alci u. alci rei, ad alqd*).
pĕr-cōnŏr 1. (*vkl., nkl.*) versuchen.
pĕrcŏntātĭō, *ōnĭs f* (*pĕrcōntŏr*) Befragung, Erkundigung, Anfrage [*percontationem facere* ein Verhör anstellen]; *bsd.* (*rhet.*) Frage *als Redefigur.*
pĕrcŏntātŏr, *ōrĭs m* (*pĕrcōntŏr*) (*vkl., dcht., spätl.*) Ausfrager, Aushorcher.
pĕr-cŏntŏr 1. (*-cōntŏr denom. v. cōntŭs, eigtl.* „*m.* der Ruderstange die Wassertiefe erforschen, sondieren") sich erkundigen, (aus-) forschen, fragen (*abs. od. alqm, zB.* °*consulem,* °*doctos, auch ab u. ex alqo; alqm de re, meist alqm m. indir. Frages.; alqd ab u. ex alqo; dcht. u. seit Li. auch alqm alqd*).
pĕr-cŏntŭmāx, *ācĭs* (*Te.*) sehr trotzig.
pĕr-cōpĭōsŭs 3 (*nkl.*) sehr wortreich.
pĕr-cŏquō, *cŏxī, cŏctŭm* 3 (*unkl.*) **1.** *etw.* garkochen *od.* backen [*carnem, panem*]. **2.** / **a)** erhitzen; **b)** reif machen [*uvas, messem*]; **c)** schwärzen.
pĕr-crēb(r)ēscō, *b(r)ŭī,* — 3. sich überall verbreiten, überhandnehmen [°*mos, opinio apud exteras nationes, fama in urbe*]; *bsd.* ruchbar werden [*hoc scelus*]; *impers. percrebescit* es wird ruchbar (*m.a.c.i.*).
pĕr-crĕpō, *ŭī,* — 1. laut erschallen [*locus vocibus percrepat*].
pĕr-crŭcĭŏr 1. (*Pl.*) sich zu Tode ängstigen.
pĕr-cŭli *s. pĕrcĕllō.*
pĕr-cŭlsŭs *P.P.P. v. pĕrcĕllō.*
pĕrcūnctŏr 1. (*volkset. an cūnctŏr od. cūnctŭs angelehnt*) = *pĕrcōntŏr.*
pĕr-cŭpĭdŭs 3 sehr geneigt (*alcis j-m*).
pĕr-cŭpĭō, — — 3. (*Com., nkl.*) sehr wünschen.
pĕr-cūrĭōsŭs 3 sehr neugierig.
pĕr-cūrō 1. (*nkl.*) völlig heilen, ausheilen [*vulnus*].
pĕr-cŭrrō, (*cŭ*)*cŭrrī, cŭrsŭm* 3. **1.** (*intr.*) hinlaufen, eilen (*ad alqm od. ad u. in alqd, zB.* °*ad od.* °*in forum; per alqd, zB. per temonem* über die Deichsel, / *oratio per omnes civitates*). **2.** (*trans.*) **a)** *etw.* durchlaufen, durcheilen (*alqd, zB. agrum Picenum,* °*aristas* hinlaufen über, °*pectine telas* durchschießen, °*lumine nimbos* durchschlängeln; / °*quaesturam, praeturam, consulatum* der Reihe nach verwalten, °*suum ordinem* Lebenslauf, °*animo polum* durchfliegen, °*metus pectora* durchschauert); / **b)** (*i. der Rede*) der Reihe nach aufzählen, anführen, *auch* (nur) flüchtig erwähnen [*multas res oratione,* °*iocularia; P. omnia breviter a te percursa sunt*]; **c)** (*m. dem Blick od. in Gedanken*) überfliegen [*alqd oculis, multa animo od. cogitatione,* °*veloci oculo* erspähen; *P. omnes causas percursas animo habere* alle Rechtsfälle im Kopfe haben]; *bsd.* (*Geschriebenes*) flüchtig durchsehen, durchlesen [*multa legendo*].
pĕrcŭrsātĭō, *ōnĭs f* (*pĕrcŭrsō*) Durchreise [*Italiae*]; *abs.* Wanderung.
pĕrcŭrsĭō, *ōnĭs f* (*pĕrcŭrrō*) das Durchlaufen; *nur* / **1.** (*i. der Rede*) flüchtiges Erwähnen. **2.** (*geistig*) schnelles Überdenken [*animi ~ multarum rerum*].
pĕrcŭrsō 1. (*frequ. v. pĕrcŭrrō*) (*nkl.*) **1.** (*trans.*) durchstreifen (*alqd*). **2.** (*intr.*) umherstreifen in *etw.* [*totis finibus nostris*].
pĕr-cŭrsŭs *P.P.P. v. pĕrcŭrrō.*
pĕr-cŭssī *s. pĕrcŭtĭō.*
pĕrcŭssĭō, *ōnĭs f* (*pĕrcŭtĭō*) Erschütterung: **1.** das Schlagen, Schlag [*capitis* an den Kopf, *digitorum* das Schnalzen, Schnippchenschlagen]. **2.** (*musik. u. rhet.*) das Taktschlagen, Takt, Tonfall [*intervallorum*].
pĕrcŭssŏr, *ōrĭs m* (*pĕrcŭtĭō*) Mörder; °*veneficus* Giftmischer.
pĕr-cŭssŭs[1] *P.P.P. v. pĕrcŭtĭō.*
pĕrcŭssŭs[2], *ūs m* (*pĕrcŭtĭō*) (*nkl., dcht.*) Schlag, Stoß; / Beleidigung.

> **pĕr-cŭtĭō**
> **1.** durchbohren; **2. a)** erschüttern; **b)** schlagen, treffen; **c)** (*Instrument*) schlagen; **d)** (*Münze*) prägen; **3. a)** verwunden; **b)** (*seelisch*) verletzen; **4. a)** töten; **b)** (*v. Scharfrichter*) hinrichten; **c)** *p. foedus* ein Bündnis durch Schlachtopfer besiegeln; **5.** rühren, ergreifen; **6.** hintergehen.

pĕr-cŭtĭō, *cŭssī, cŭssŭm* 3. (*quătĭō*) **1.** durchbohren, durchstoßen (*alqm u. alqd re, zB. hostem sparo,* °*navem rostro*). **2. a)** (*nkl., dcht.*) heftig erschüttern [*pennas* schwingen]; **b)** *jd. od. etw.* schlagen, stoßen, treffen [*Iuppiter alqm fulmine, alqm lapide,* °*forem virgā* an die Tür klopfen, °*terram pede* stampfen, °*litora fluctu* peitschen, *de caelo percuti* vom Blitz getroffen werden; *locum non percutere* den Nagel nicht auf den Kopf treffen; *mediopass.* (*nkl. dcht.*) *m. griech. acc., zB. matres pectora percussae m.* den Händen sich an die Brust schlagend]; **c)** (*dcht., nkl.*) ein Instrument schlagen, rühren [*lyram, nervos*]; **d)** (*nkl.*) (*eine Münze*) schlagen, prägen [*nummum*]. **3. a)** (*nkl.*) verwunden [*alqm od. cor sagittā, percussus gladio bracchium* am Arm]; **b)** *jd.* verwunden = schmerzlich berühren [*alqm de oratione prolata, percussus vulnere fortunae*]. **4. a)** totschlagen, ermorden, erstechen [*alqm sicā od.* °*fusti, se* sich erdolchen, °*feras* schießen]; **b)** (*vom Scharfrichter*) hinrichten, enthaupten [*alqm securi*]; **c)** (*prägn.*) (*nkl.*) *foedus* ein Bündnis *unter Schlachtung eines Opfertieres* schließen. **5.** (*geistig*) erschüttern = (*das Gemüt*) ergreifen, rühren, Eindruck auf *jd.* machen, stutzig machen [*dolor alqm od. alcis animum percutit; meist P. percussus atrocissimis litteris,* °*laetitiā metuque; m.* °*griech. acc.: mentem od. pectora pavore*]. **6.** *jd.* hintergehen, betrügen [*civem suum, alqm strategemate*].
F. *2. sg. pf.* °*pĕrcŭstī synk.* = *pĕrcŭssīstī.*
pĕr-dĕcōrŭs 3 (*Pli.*) sehr anständig.
pĕr-dēlīrŭs 3 (*Lu.*) sehr unsinnig.
pĕr-dĕpsō, *ŭī,* — 3. (*Ca.*) durchkneten (= *fŭtŭō*) [*patrui uxorem*].
pĕr-dĭdī *s. pĕrdō.*
pĕr-dīffĭcĭlĭs, ĕ (*m.* °*sup.; adv.* **-ĭtĕr**) sehr schwer *od.* schwierig.
pĕr-dīgnŭs 3 (*jünger -ĭ-*) sehr würdig (*re* einer Sache).
pĕr-dīlĭgēns, *ēntĭs* (*adv.* **-ēntĕr**) sehr sorgfältig, sehr pünktlich.
pĕr-dīscō, *dĭdĭcī,* — 3. (*-īsc-?*) gründlich *od.* auswendig lernen (*alqd*); *pf.* genau verstehen (*m. inf.*).
pĕr-dīsērtē *adv.* sehr beredt.
pĕrdĭtŏr, *ōrĭs m* (*pĕrdō*) Verderber, Zerstörer (*alcis rei, zB. rei publicae*).
pĕrdĭtŭs[1] 3 (*m. comp. u. sup.; adv.* **-ē**) (*eigtl. P.P.P. v. pĕrdō*) **1.** verloren, vernichtet [*classes, res omnes, homo aere alieno, luctu* in tiefe Trauer versunken]; *bsd.* (*dcht.*) (*v. Liebe*) verblendet *od.* betört. **2.** hoffnungslos, verzweifelt, unglücklich [*res* Lage, *valetudo,* °*aeger*]. **3.** (*v. Leidenschaften u. Zuständen*) heillos, unmäßig, maßlos [°*luxuria, amor, nequitia* äußerste]. **4.** (*moralisch*) verkommen, verworfen, verrucht, nichtswürdig [*adulescens, homines* Gesindel, *vita, -e se gerere*].
pĕrdĭtŭs[2], *ūs m* (*pĕrdō*) (*Pl.*) Verlust.
pĕr-dĭtŭs[3] *P.P.P. v. pĕrdō.*
pĕr-dĭū *adv.* sehr lange.
pĕr-dĭūtūrnŭs 3 (*-dĭū-?*) sehr lange dauernd, sehr langwierig [*bellum*].
pĕr-dīvĕs, *ĭtĭs* sehr reich.
pĕrdīx, *īcĭs m u. f* (*Lw.* ⟨ πέρδιξ) (*unkl.*) Rebhuhn.
F. *gen. pl. pĕrdīcŭm.*
pĕr-dō, *dĭdī, dĭtŭm* 3. (√ *dhē-, cf. făcĭō; nicht zu* πέρθω!) **1.** zugrunde richten, vernichten, verderben, ruinieren, unglücklich machen (*alqm u. alqd, zB. cives, civitatem, rem publicam,* °*serpentem* töten). **2.** verschwenden, vergeuden [°*fortunas suas, tempus*]. **3. a)** verlieren, einbüßen [*partem exercitūs, oculos, vocem, operam et oleum cf. ŏlĕŭm; auch causam u. litem* einen Prozeß verlieren]; **b)** verspielen (*abs., zB.* °*lucrandi perdendive temeritas; alqd, zB. multum in alea*). *Cf. auch pĕrdĭtŭs*[1].
F. *coni. praes. altl. pĕrdŭīm* = *pĕrdăm, zB. di te perduint; P. meist ersetzt durch pĕrĕō* (*m. P.P.P. pĕrdĭtŭs*), *aber auch dcht. pĕrdŏr* (*zB. Hor., sat. 2, 6, 59*).
pĕr-dŏcĕō, *dŏcŭī, dŏctŭm* 2. aus-

führlich (be)lehren, gründlich unterweisen, deutlich dartun (*abs. od. alqm u. alqd*, °*alqm alqd*, °*alqm m. inf.*); *auch* P.

pĕr-dŏctŭs 3 (*adv.* °**-ē**) (*eigtl. P.P.P. v. pĕrdŏcĕō*) sehr gelehrt *od.* geschickt [°*docte perdoctus* gut abgerichtet].

pĕr-dŏlĕō, *ŭī, ĭtŭm* 2. (*vkl., nkl.*) tief schmerzen.

pĕrdŏlēscō, *lŭī,* — 3. (*incoh. v. pĕrdŏlĕō*) tief bedauern, sich sehr ärgern (*m. a.c.i.*).

pĕr-dŏlŭī *s. pĕrdŏlĕō u. pĕrdŏlēscō.*

pĕr-dŏmō, *ŭī, ĭtŭm* 1. (*nkl., dcht.*) **1.** völlig (be)zähmen [*tauros*]. **2.** / völlig unterwerfen [*cives, provinciam*].

pĕrdŏrmīscō, — — 3. (*incoh. v. *perdŏrmĭō*) (*Pl.*) durchschlafen.

▶ **pĕr-dūcō,** *dūxī, dŭctŭm* 3. **I. 1. a)** *bis ans Ziel od. glücklich* hinführen, hinbringen, leiten, geleiten (*alqm u. alqd ad alqm od. ad u. in alqd, zB. legatos ad Caesarem od. in curiam, legiones in Galliam,* °*bovem ad stabula*; / *alqm ad furorem u.* °*ad sanitatem, ad summam dignitatem* erheben *od.* befördern zu, *rem ad extremum casum* bis zum äußersten bringen); **b)** (*Mauern, Gräben, Bauten*) bis irgendwohin führen, anlegen [*murum od. fossam a lacu ad montem,* °*viam a Bononia Arretium*]; **c)** (*mulierem*) *j-m* zuführen, an *jd.* verkuppeln (*alci*). **2.** / fortsetzen, hinziehen [*rem disputatione ad meridiem,* °*rem ad Idus Maias*]. **3.** *jd.* zu *etw.* veranlassen, bestimmen, verleiten, verführen (*alqm ad alqd, zB. ad suam sententiam od. ad voluntatem suam* für seine Absicht gewinnen, *ad se od.* °*ad studium sui pollicitationibus* auf seine Seite bringen; *rem eo, ut* es dahin bringen, daß). **II.** (*dcht.*) überziehen, einsalben *m.* (*alcis corpus ambrosiae odore*).

pĕrdŭctō 1. (*intens. v. pĕrdūcō*) (*Pl.*) herumführen, verkuppeln.

pĕrdŭctŏr, *ōrĭs m* (*pĕrdūcō*) Fremdenführer; Kuppler.

pĕr-dŭctŭs *P.P.P. v. pĕrdūcō.*

pĕr-dūdŭm *adv.* (*Pl.*) vor sehr langer Zeit.

pĕrdŭĕllĭō, *ōnĭs f* (*pĕrdŭĕllĭs*) Hoch-, Landesverrat [*perduellionis reus, -nis actionem alci intendere,* °*-nis iudicare alci*].

pĕr-dŭĕllĭs, *ĭs m* (*Hypost. aus „pĕr dŭĕllŭm sc. alqd decernere"; dŭĕllŭm*) **1.** kriegführender Feind, Staatsfeind = *hŏstĭs.* **2.** (*Pl.*) persönlicher Feind, Gegner.

pĕrdŭĭm, *pĕrdŭĭnt u. a. s. pĕrdō.*

pĕr-dūrō 1. (*unkl.*) **1.** ausdauern, aushalten (*apud alqm*). **2.** fortdauern, währen [*longum in aevum*].

pĕr-dūxī *s. pĕrdūcō.*

Pĕrĕdĭă, *ae f* (*pĕrĕdō*) (*Pl.*) (*Scherzbildung*) „Fressalien, Freßland".

pĕr-ĕdō, *ēdī, ēsŭm* 3. (*dcht.*) ganz verzehren, zernagen, *auch* / [*ignis Aetnam, amor alqm tabe*].

pĕr-ēgī *s. pĕrăgō.*

pĕr-ĕgrē (*u.* -ē?), (*Com.*) (*älter* **-ī**) *adv.* (< *loc. *pĕr-ăgrī, eigtl.* „über den *ăgĕr Rōmānŭs* hinaus") **1.** in der Fremde, im Auslande, auswärts [°*habitare, depugnare,* / °*animus* ~ est = der Welt entrückt]. **2.** (*vkl., nkl.*) aus der Fremde [*nuntiare*]. **3.** (*unkl.*) in die Fremde [*exire*].

pĕrĕgrīnābūndŭs 3 (*pĕrĕgrīnŏr*) (*Li.*) viel in der Fremde umherreisend.

pĕrĕgrīnātĭō, *ōnĭs f* (*pĕrĕgrīnŏr*) **1.** Aufenthalt *od.* das Reisen im Ausland, *auch pl.* **2.** (*Pli.*) ausländischer Aufenthaltsort. — **Pilgerschaft, -fahrt.

pĕrĕgrīnātŏr, *ōrĭs m* (*pĕrĕgrīnŏr*) Freund des Reisens (*im Ausland*), reiselustig.

pĕrĕgrīnĭtās, *ātĭs f* (*pĕrĕgrīnŭs*) **1.** (*nkl.*) *pol.* Stellung eines Nichtbürgers. **2.** / **a)** fremde Sitte, ausländisches Wesen; **b)** (*Qu.*) ausländischer Akzent.

pĕrĕgrīnŏr 1. (*denom. v. pĕrĕgrīnŭs*) **1.** in der Fremde sein *od.* umherreisen, auf Reisen sein, *Ggs. domi esse* (*abs., zB.* °*peregrinantes* die Reisenden; *in aliena civitate*). **2.** / **a)** umherschweifen, wandern [*aures alcis* sind auf Reisen, sind abwesend]; **b)** fremd *od.* unbekannt sein [*philosophia Romae peregrinatur*]. — **wallfahren.

▶ **pĕrĕgrīnŭs** 3 (*pĕrĕgrē*) **1.** fremd, ausländisch, *v. Pers. u. Sachen* [°*populus,* °*lingua,* °*amores m.* Ausländerinnen, °*fasti* des Auslandes, *mors* in der Fremde, °*timor u. terror* vor einem auswärtigen Feind, °*volucris* Zugvogel, *provincia -a* Richteramt über Nichtbürger = das Amt des *praetor peregrinus*]. **2.** / unwissend in *etw.* (*in re, zB. in agendo*). **3.** *subst.* **a) pĕrĕgrīnŭs,** *ī m* Fremder, Nichtbürger, Insasse [*nec civis nec peregrinus*]; **b) -ă,** *ae f* die Fremde, Nichtbürgerin. — **Pilger, Kreuzfahrer.

pĕr-ēlĕgāns, *āntĭs* (*adv.* **-āntĕr**) sehr geschmackvoll, sehr gewählt, *bsd.* im Ausdruck [*oratio, -anter dicere*].

pĕr-ēlŏquēns, *ēntĭs* sehr beredt.

pĕr-ēmī *s. pĕrĭmō.*

pĕr-ēmnĭs, *ĕ* (*Hypost. aus „pĕr ămnĕm"*) den Flußübergang betreffend [*auspicia* bei einem Flußübergang].

pĕrēmptālĭs, *ĕ* (*pĕr-ĭmō*) (*Se.*) vernichtend; (eine Prophezeiung) aufhebend.

pĕrēmptŏr, *ōrĭs m* (*pĕr-ĭmō*) (*nkl., dcht.*) Mörder.

pĕr-ēmptŭs *P.P.P. v. pĕrĭmō.*

pĕrēndĭē *adv.* (*vl.* < *pĕr ĕn dĭē* „über das, was an einem Tage ist, hinaus"; *ĕn altl.* = *ĭn*) übermorgen.

pĕrēndĭnŭs 3 (*pĕr ĕn dĭē* „über das, was an einem Tage ist, hinaus"; *ĕn altl.* = *ĭn*) übermorgig [*-o die* übermorgen].

Pĕrēnnă, *ae f s. Ănnă.*

pĕr-ēnnĭs, *ĕ* (*m.* °*comp.*) (*Hypost. aus „pĕr ănnŭm"*) **1.** (*nkl.*) das ganze Jahr hindurch dauernd [*militia*]. **2.** / *übh.* dauernd, beständig [*cursus stellarum,* °*monumentum,* °*fama* alte Sage]; *bsd.* nie versiegend [*amnis*].

F. *abl. sg. pĕrēnnī u.* °-ĕ.

pĕrēnnĭ-sĕrvŭs, *ī m* (*pĕrēnnĭs*) (*Pl.*) ewiger Sklave.

pĕrēnnĭtās, *ātĭs f* (*pĕrēnnĭs*) beständige Dauer [*fontium* Unversiegbarkeit].

pĕrēnnĭtō 1. (*altl. coni. pf. pĕrēnnĭtāssĭt; intens. v. pĕrēnnō*) (*Pl.*) dauernd erhalten.

pĕrēnnō 1. (*Hypost. aus „pĕr ănnŭm sc. dūrō"*) (*dcht., nkl.*) lange dauern *od.* bestehen [*amor, domus*].

▶ **pĕr-ĕō,** *ĭī, ĭtŭm, īrĕ* **1.** (*vkl., dcht.*) verlorengehen, verschwinden, *v. Pers. u. Sachen* [*nix* schmilzt, *urbes*]. **2. a)** (*v. Lebendem*) *durch gewaltsamen Tod* umkommen [*alqs in fuga foede perit,* °*morbo u.* °*a morbo, naufragio, fame, supplicio,* °*amore,* °*ab alqo* durch *jd.*]; °*perii* ich bin verloren, mit mir ist's aus; *peream, si od. nisi* ich will des Todes sein, wenn *od.* wenn nicht; **b)** (*v. Leblosem*) verloren gehen [°*labor,* °*tempus* verstreicht unbenutzt, *oleum et opera philologiae nostrae*], unnütz vergeudet werden [*tanta pecunia*]; (*jur. t.t.*) (*nkl.*) erlöschen [*alci actiones et res* Klagerecht *u.* Anspruch]; aufhören, abkommen; **c)** (*vkl., dcht.*) sterblich verliebt sein (*abs. od. alqm u. alqo in jd.*). — ****pereat!, pereant!* Nieder! (*Ggs. vivat!, vivant!*).

pĕr-ĕquĭtō 1. **1.** (*trans.*) (*nkl.*) durchreiten [*aciem*]. **2.** (*intr.*) umherreiten [*inter duas acies, per omnes partes* überall].

pĕr-ĕrrō 1. (*nkl., dcht.*) durchirren, -streifen (*alqd, zB. forum, terras, freta, hedera truncum pererrat* umschlingt, *venenum alqm* durchdringt *jd.*, *alqm totum luminibus jd. m.* den Augen messen); *auch* P., *zB. arva pererrantur.*

pĕr-ērŭdītŭs 3 gut unterrichtet.

pĕr-ēxcēlsŭs 3 hoch emporragend [*locus*].

pĕr-ĕxĭgŭŭs 3 (*adv.* **-ē**) sehr klein, sehr wenig (*od.* kärglich, kurz) [*spatium,* °*argentum, ignis* ganz schwach, *tempus u. dies* Frist, *bona corporis*].

pĕr-ēxpĕdītŭs 3 sehr leicht (zu bewerkstelligen).

pĕr-făbrĭcō 1. (*Pl.*) fertig zimmern; / *jd.* überlisten.

pĕr-făcētŭs 3 (*adv.* **-ē**) sehr witzig [*homo, oratio*].

pĕr-făcĭlĭs, *ĕ* (*adv.* **-ĕ**) **1.** sehr leicht (*m. inf. bzw. 2. supin., zB. factu*). **2.** sehr gefällig [*in audiendo*]. **3.** *adv.* -ĕ sehr leicht; (*Com.*) sehr gern.

pĕr-făcŭndŭs 3 (*nkl.*) sehr beredt.

pĕr-fămĭlĭārĭs, *ĕ* sehr vertraut (*alci m. jd.*); (*nkl.*) *auch i. Tmesis; subst. m* vertrauter Freund (*alcis, meus*).

pĕr-fēcī *s. pĕrfĭcĭō.*

pĕrfēctĭō, *ōnĭs f* (*pĕrfĭcĭō*) **1.** Vollendung [*operum*]. **2.** Vollkommenheit (*abs. od. alcis rei;* ~ *atque absolutio optimi* das Ziel idealer Vollkommenheit).

pĕrfēctŏr, *ōrĭs m* (*pĕrfĭcĭō*) Vollender.

pĕr-fēctŭs[1] *P.P.P. v. pĕrfĭcĭō.*

pĕrfēctŭs[2] 3 (*m.* °*comp. u. sup.*; *adv.* **-ē**) (*eigtl. P.P.P. v. pĕrfĭcĭō*) vollendet, vollkommen, völlig [*orator, eloquentia, -e disertus u. eruditus;* ~ *et absolutus* absolut vollkommen; *in re u. re in etw., zB. in dicendo*];

subst. °**-ŭm,** *ī n* Vollkommenheit [*ultra -um* über das Maß der Vollendung hinaus].

pĕrfĕrēns, *ēntis* (*eigtl. part. praes. v. pĕrfĕrō*) geduldig im Ertragen (*m. gen., zB. iniuriarum*).

▶ **pĕr-fĕrō,** *tŭlī, lātŭm, fĕrrĕ* **1. a)** *bis ans Ziel* hintragen *od.* hinbringen (*alqm u. alqd ad alqm u.* °*alci od. ad u. in alqd, zB.* °*pavor eos in silvas pertulit,* °*alqm in ultimas terras,* °*sacra ad urbes;* °*hasta vires non perfert* = verliert die Kraft, wird matt, °*lapis ictum non pertulit* brachte den Wurf nicht ans Ziel — kam nicht ans Ziel, °*se perferre ad limina* sich hinbegeben); P. hingelangen, (an)kommen [*fama Romam perfertur, opinio ad barbaros* verbreitet sich]; **b)** überbringen, übergeben (*alqd ad alqm u. alci, zB. litteras*); *auch* überantworten [*totum agrum Campanum ad paucos*]; **c)** berichten, melden, hinterbringen (*alqd ad alqm u. alci, auch in locum, zB. nuntium ad regem od. in Galliam; auch ad alqm de re perfertur jd.* bekommt Nachricht *v.* etwas; *m. a.c.i.*). **2. a)** durchführen, vollenden, vollziehen [*rem suspectam,* °*intrepidos vultūs* bis zum Ende beibehalten], *bsd. legem od. rogationem* durchsetzen (P. *lex perfertur* geht durch); **b)** geduldig ertragen, erdulden, überstehen [*cruciatūs, servitutem, imperia ab alqo, alqm facile jd.* noch ganz erträglich finden; *m.* °*a.c.i. u.* °*inf.*].

pĕrfĭcă, *ae f* (*pĕrfĭcĭō*) (*Lu.*) Vollenderin.

▶ **pĕr-fĭcĭō,** *fēcī, fēctŭm* 3. (*făcĭō*) **1.** (*concr.*) *etw.* vollenden, verfertigen, bauen [*opus, pontem,* °*stamina,* °*pocula argento,* °*Achillem citharā* vollkommen ausbilden]. **2. a)** (*abstr.*) (*Handlungen, Zustände*) zustande bringen, verwirklichen [*facinus, scelus,* °*mandata,* °*munus* den Auftrag vollziehen, *abs. ratio perficiendi* der Ausführung]; **b)** (*dcht.*) (*eine Zeit*) durchleben, überdauern [*centum annos*]; **c)** beendigen, abhalten [*bellum, comitia, iudicia*]; **d)** ausarbeiten, abfassen [*commentarios, senatūs consulta*]. **3.** durchsetzen, bewirken, erreichen, es dahin bringen, daß (*alqd, zB. rem, auch de re, zB. de hortis alcis; m. ut, ne, negativ auch m. quominus*); *auch* (*dcht.*) *sexuell* = ἐνεργεῖν es zustande bringen.

pĕrfĭdēlĭs, *ĕ* ganz zuverlässig.

▶ **pĕrfĭdĭă,** *ae f* (*pĕrfĭdŭs*) Treulosigkeit, Unredlichkeit, Wortbrüchigkeit (*in alqm* gegen *jd.*).

pĕrfĭdĭōsŭs 3 (*m. sup.; adv.* °**-ē**) = *pĕrfĭdŭs.*

▶ **pĕr-fĭdŭs** 3 (*m.* °*sup.; adv.* **-ē**) (*wohl Hypost. aus „qui per fidem sc. alqm fallit"*) **1.** treulos, unredlich, wortbrüchig [*homo, amicus,* °*sacramentum,* °*ensis* verräterisch]; *milder* (*dcht.*) listig [*-um ridere, perfide* du Schelm]. **2.** (*dcht.*) *v. Sachen* unzuverlässig, unsicher [*via, flumen*].

pĕr-fīgō, —, *fīxŭm* 3. (*Lu.*) durchbohren; / *P.P.P. pĕrfīxŭs* ergriffen, getroffen [*desiderio*].

pĕrflābĭlĭs, *ĕ* (*pĕrflō*) dem Winde ausgesetzt, luftig [*dii*].

pĕr-flāgĭtĭōsŭs 3 sehr lasterhaft.

pĕrflātŭs, *ūs m* (*pĕrflō*) (*nkl.*) Luftzug.

pĕr-flō 1. (*unkl.*) **1.** (*trans.*) *etw.* durchwehen (*alqd, zB. terras; auch* P., *zB. colles perflantur*). **2.** (*intr.*) (hin)wehen (*ad alqm*).

pĕr-flŭctŭō 1. (-ū-?) (*Lu.*) durch- [fluten.]

pĕr-flŭō, *flūxī, flūxŭm* 3. (*flūx-?*) (*unkl.*) **1.** durchfließen, (*v. Gefäßen*) auslaufen, durchlässig sein. **2.** hinfließen, einmünden. **3.** / überfließen *v.*, reich sein an *etw.* (*re, zB. pomis*).

pĕr-fŏdĭō, *fōdī, fŏssŭm* 3. **1.** (*m. affiziertem Objekt*) durchgraben, durchstechen [°*montem, parietem*]; *bsd.* (*nkl., dcht.*) *mit e-r Waffe* durchbohren [*thoraca, corpora vulneribus*]. **2.** (*m. effiziertem Objekt*) (*Li.*) graben, ausstechen [*fretum manu*].

pĕrfŏrātŏr, *ōrĭs m* (*pĕrfŏrō*) (*Pl.*) Einbrecher; *cf. pĕrfŏssŏr.*

pĕr-fŏrō 1. **1.** durchbohren, durchlöchern (*alqd u. alqd re, zB.* °*operculum dolii, navem,* °*scutum spiculis*); (*dcht.*) *obszön.* **2.** *prägn.* (*einen Gang od. Öffnungen, Kanäle*) durch Durchbrechen anlegen [*vias ad oculos, Stabianum* durch Anlegen *v.* Lichtungen e-n Ausblick auf das Landgut bei Stabiä gewinnen].

pĕr-fŏrtĭtĕr *adv.* (*Te.*) sehr brav.

pĕrfŏssŏr, *ōrĭs m* (*pĕrfŏdĭō*) (*Pl.*) „Durchbrecher", Einbrecher [*parietum*]; *cf. pĕrfŏrātŏr.*

pĕr-frāctŭs *P.P.P. v. pĕrfrīngō.*

pĕr-frēgī *s. pĕrfrīngō.*

pĕr-frĕmō, — — 3. (*vkl.*) laut schnauben *od.* einherrauschen.

pĕr-frĕquēns, *ĕntĭs* (*Li.*) sehr besucht *od.* belebt.

pĕr-frĭcō, *cŭī, ctŭm u. cātŭm* 1. (stark) reiben *od.* frottieren (*alqm u. alqd, zB. caput sinistra manu* sich hinter den Ohren kratzen, *als Zeichen der Bedenklichkeit; prägn. ōs* sich das Gesicht zur Verbergung der Schamröte reiben = alle Scham ablegen).

pĕr-frīgē-făcĭō, — — 3. (*-gĕ-?*) (*frīgĕō*) (*Pl.*) eiskalt machen; *cor alci jd.* großen Schrecken einjagen.

pĕr-frīgēscō, *frīxī,* — 3. (*unkl.*) kalt werden, sich erkälten.

pĕr-frīgĭdŭs 3 sehr kalt [*tempestas*].

pĕr-frīngō, *frēgī, frāctŭm* 3. (*frăngō*) **1. a)** *etw.* durchbrechen (*alqd, zB. hostium phalangem, munitiones,* °*domos* einbrechen in, °*tempora* durchbohren); **b)** / sich Bahn durch *etw.* brechen, sich Eingang verschaffen [*omnes angustias;* (*vom Redner*) *animos* mächtig ergreifen]. **2. a)** zerbrechen, zerschmettern, durchhauen [*saxum,* °*compedes, claustra* sprengen, °*cervicem suam* sich das Genick brechen, °*dextrā* die feindlichen Schlachtreihen zermalmen]; **b)** / vereiteln, vernichten, umstürzen (*alqm u. alqd, zB. senatūs decreta, omnia repagula pudoris* sich hinwegsetzen über).

pĕr-frīxī *s. pĕrfrīgēscō.*

pĕr-frŭŏr, *frūctŭs sŭm* 3. **1.** ganz genießen, auskosten (*re, zB. vitā modicā, gaudiis; aber ad perfruendas voluptates u.ä.*). **2.** (*Ov.*) vollständig ausführen [*mandatis*].

pĕrfŭgă, *ae m* (*pĕrfŭgĭō*) Überläufer, Flüchtling.

▶ **pĕr-fŭgĭō,** *fūgī,* — 3. **1.** zu *jd. od.* zu *etw.* (hin)fliehen, seine Zuflucht nehmen, *auch* / (*ad alqm od. ad u. in alqd, zB. ad Porsenam,* °*Corinthum,* °*in fidem alcis*). **2.** als Überläufer zu *jd.* fliehen, *zum Feind* übergehen [°*in castra Caesaris; abs. perfugiunt* es kommen Überläufer].

pĕrfŭgĭŭm, *ī n* (*pĕrfŭgĭō*) Zufluchtsort, Zuflucht, Asyl, *auch pl.* (*alcis j-s, zB. improborum; alcis rei* einer Sache, *zB. annonae, auch obi.* zu *od.* für, gegen *etw., zB. salutis, hiemis, avaritiae;* ~ *alci praebere*); *mil.* Rückzugspunkt; / Ausflucht.

pĕr-fūnctĭō, *ōnĭs f* (*pĕrfŭngŏr*) **1.** Verwaltung, Bekleidung [*honorum*]. **2.** das Überstehen [*laborum*].

pĕr-fŭndō, *fūdī, fūsŭm* 3. **1.** übergießen, überschütten, begießen, baden, salben, *klass. fast nur* / (*alqm u. alqd re, zB.* °*sanguine,* °*lacrimis,* °*vestem ostro* färben); P. übergossen werden *od. mediopass.* sich übergießen, baden [*perfundi aquā ferventi od. vivo flumine,* °*sanguine* bespritzt werden, °*aequoris aestu* bespült werden, °*nardo* sich salben; (*dcht.*) *m. griech. acc., zB. perfusus umeros oleo* die Schultern *m.* Öl gesalbt, *vittas sanie* an den Binden übergossen, *genas lacrimis* die Wangen *m.* Tränen benetzt]. **2.** (*nkl., dcht.*) (*m. trockenen Dingen*) überschütten, bestreuen, bedecken [*canities perfusa pulvere, pedes amictu;* / *papavera somno*]; erfüllen [*cubiculum sole*]. **3.** / (*m. einem Gefühl od. Affekt*) überströmen, ganz erfüllen (*alqd od. animum alcis* °*religione, omnes sensus dulcedine,* °*mentem amore, auch horror alqm perfundit; prägn. alqm jd.* einen [blinden] Schrecken einjagen, *re* durch *etw.; bsd.* P. *perfundi laetitiā,* °*metu supplicii*).

pĕr-fŭngŏr, *fūnctŭs sŭm* 3. **1.** ganz verrichten, verwalten (*re, zB. munere, honoribus*). **2.** überstehen, durchmachen (*re, zB. laboribus, periculis, bello,* °*fato* sterben; *aber pass. memoria perfuncti periculi* an die überstandene Gefahr); *abs. perfunctus sum* ich habe es überstanden = ich bin fertig *od.* zu Ende. **3.** (*unkl.*) genießen [*bonis, epulis*].

pĕr-fŭrō, — — 3. (*dcht.*) fortwüten, umhertoben.

pĕrfūsōrĭŭs 3 (*pĕrfŭndō; eigtl. „nur benetzend"*) (*nkl.*) **1.** oberflächlich. **2.** verwirrend, irreführend.

Pĕrgămŭm, *ī n u.* **-ŭs,** *ī f* (Πέργαμον *u.* -ος) **1.** (*meist* °**Pĕrgămă,** *ōrŭm n*) Burg *v.* Troja, *übh.* °Troja; *adi.* **Pĕrgămĕŭs** 3 °trojanisch. **2.** *St. i. Großmysien, Hptst. des Pergamenischen Reiches; v. Attalos III. 133 v.Chr. den Römern vermacht, j.* Bergama; *Ausgrabungen seit 1878* (*Zeusaltar m. großem Fries v. K. Humann in der byzantinischen Mauer entdeckt, 1929 im Pergamon-Museum in Berlin aufgestellt*); *Einw. u. adi.* **Pĕrgămēnŭs** (3) [°*charta* Pergament; *subst.* **pĕrgămēnă**

(-mīnă), ae *f* (*sc.* *chărtă*) (*Isid.*), ****pergamen(t)um,** *i n* Pergament.

pĕr-gaudĕō, —— 2. sich sehr freuen.

pĕr-gnōscō (*altl.*) = *pĕrnōscō.*

▶ **pĕrgō,** *pĕrrēxī, pĕrrēctŭm* 3. (< **pĕr-rĕgō*) **1.** eine Richtung weiter verfolgen, weitergehen, vorrücken, vordringen, *auch* sich aufmachen, aufbrechen [*eādem viā; ad alqm od. ad u. in alqd, zB. ad regem, in Macedoniam; auch °adversus alqm*]; *imp.* (*dcht.*) *perge, pergite adv.* hebe an, hebt an = wohlan! auf ans Werk! **2. a**) fortfahren, nicht ablassen (*abs., zB. pergite, ut coepistis; meist m. inf., zB. ire, iter conficere, cum populo agere*); **b**) in der Rede fortfahren *od.* weitergehen [*ad reliqua pergamus*]; *oft ellipt., zB. perge reliqua od. cetera od. praeterita* (*sc. commemorare od. explicare*); **c**) *trans. nur iter pergere* den Weg *od.* den Marsch fortsetzen.

pĕr-graecŏr 1. (*Com.*) auf griech. Art zechen, *d.h.* in Saus *u.* Braus leben.

pĕr-grăndĭs, *ĕ* sehr groß [*gemma, pecunia;* (*Li.*) *natu* hochbetagt].

pĕr-grăphĭcŭs 3 (*Pl.*) sehr schlau, listig.

pĕr-grātŭs 3 sehr angenehm; *auch in Tmesis* (*alci; pergratum facere alci jd.* einen großen Gefallen tun, *m. si, quod; ut m. coni.*).

pĕr-grăvĭs, *ĕ* (*adv.* **-ĭtĕr**) sehr schwer, sehr wichtig [*testis*]; *adv.* sehr heftig, empfindlich [*reprehendere*].

pĕrgŭlă, *ae f* (*et. ungeklärt*) (*unkl.*) **1.** Vorbau. **2.** Observatorium. **3.** Bordell.

pĕr-haurĭō, *hausī, haustŭm* 4. (*Pl., nkl.*) ganz austrinken; ganz verschlingen.

pĕr-hĭbĕō, *ŭī, ĭtŭm* 2. (*hăbĕō*) **1.** hinhalten, darbieten (*alqm* als Anwalt aufstellen). **2. a**) (*mündl.*) erwähnen, erzählen (*abs., zB. °ut perhibent* wie man erzählt; *°alqd; m. °a.c.i.*); *im* P. *m. n.c.i., zB. Tyndaridae victoriae nuntii fuisse perhibentur;* **b**) *jd.* nennen, anführen [*vatem hunc perhibebo optimum*].

pĕr-hĭlŭm, *ī n* (*Lu.*) sehr wenig.

pĕr-hŏnōrĭfĭcŭs 3 (*adv.* **-ē**) **1.** sehr ehrenvoll. **2.** sehr ehrerbietig (*in alqm*).

pĕr-hŏrrĕō, —— 2. (*dcht., nkl.*) sich heftig vor *etw.* entsetzen (*alqd, zB. casūs nostros*).

pĕrhŏrrēscō, *rŭī,* — 3. (*incoh. v. pĕrhŏrrĕō*) **1.** *intr.* **a**) erschauern, erbeben [*toto corpore*]; **b**) (*dcht.*) (*v. Gewässern*) hoch aufschäumen [*aequor*], *auch* erbeben, erzittern [*Aetna clamore*]. **2.** *trans.* vor *etw.* sich entsetzen *od.* zurückschrecken, sich scheuen (*alqm u. alqd, zB. tribunum plebis, fugam virginum; m. ne; m. °inf.*).

pĕr-hŏrrĭdŭs 3 (*Li.*) ganz starrend; sehr schauerlich.

pĕr-hūmānŭs 3 (*adv.* **-ĭtĕr**) sehr freundlich *od.* höflich [*epistula, sermo*].

pĕr-ĭāmbŭs, *ī m* (*volkset. m. pĕr in Beziehung gebracht*) (*Qu.*) = *părĭămbŭs.*

Pĕrĭclēs, *ĭs u. ī m* (*acc. auch -ēn u. -eă, voc. -ē*) (Περικλῆς) *ber. Staatsmann der Athener, geb. 493 v.Chr., gest. 429 an der Pest. Cf.* V.-B. III, 3 *u.* 5.

pĕrĭclĭtātĭō, *ōnĭs f* (*pĕrĭclĭtŏr*) Versuch.

pĕrĭclĭtŏr 1. (*intens. zu altl. pĕrĭc[ŭ]lŏr* „erproben"; *cf. pĕrĭc[ŭ]lŭm*) **1.** (*trans.*) **a**) *m. etw.* einen Versuch machen, *etw.* versuchen, erproben (*abs., zB. °periclitando tutum esse* durch Wagen; *alqm u. alqd, zB. fortunam belli, °plebis animos; m. indir. Frages.*); *part. pf. pĕrĭclĭtātŭs auch pass.* [*periclitatis moribus*]; **b**) *etw.* aufs Spiel setzen, gefährden [*salutem rei publicae*]. **2.** (*intr.*) **a**) einen Versuch machen (*in re* an *etw., zB. in iis exemplis*); **b**) gefährdet *od.* bedroht sein [*vita alcis periclitatur; re* durch *od. m. etw., zB. °rebus suis; in rē* bei *etw., zB. in perficiendis pontibus*].

pĕrĭclŭm, *ī n* (*altl., dcht.*) = *pĕrīcŭlŭm.*

▶ **pĕrīcŭlōsŭs** 3 (*m. °comp. u. sup.; adv.* **-ē**) (*pĕrīcŭlŭm*) gefährlich, *m.* Gefahr (verbunden) [*bellum, °vulnus, -e navigare; alci u. alci rei, zB. °libertati*]; *abl. n abs. °iuxta periculoso* da es gleich gefährlich war.

> **pĕrīcŭlŭm**
> **1.a**) Versuch, Probe; **b**) Probestück; **2.** Gefahr, Wagnis; **3.a**) Prozeß, gerichtliche Klage; **b**) gerichtliches Protokoll; **4.** (*rhet. t.t.*) das Gewagte *im Ausdruck.*

pĕrīcŭlŭm (*u. ältere Form* **pĕrīclŭm**), *ī n* (**pĕrĭŏr*) **1. a**) Versuch, Probe, *klass. nur* ~ *facere alcis rei etw.* versuchen, probieren [*fidei alcis, °fortunae* das Elend aus eigener Erfahrung kennen lernen, *°sui* sich gegen *jd.* versuchen; *alcis auch* sich *m. jd.* messen, *zB. tui*]; **b**) Probestück, erster Versuch [*in isto -o*]. **2.** Gefahr *ebensowohl* = gefährdeter Zustand *als* (*nkl., dcht.*) gefahrvolle Unternehmung, Wagnis [*magnum, ingens, par; alcis u. alcis rei, sowohl subi. als obi., zB. Persarum, belli; classis* durch die Flotte; *periculo alcis* auf *j-s* Gefahr (hin), *zB. rei publicae = publico -o* auf Gefahr des Staates; *magno (cum) periculo* unter großer Gefahr, *sine ullo periculo alcis; res est magni -i* sehr gefährlich; ~ *°facere alcis rei etw.* riskieren, *zB. summae rerum* eine entscheidende Schlacht; ~ *alci est ab alqo* droht; *in -um venire, -um adire od. subire; -um alci conflare, intendere, comparare, facere, facessere, moliri; in -o esse od. versari* schweben; *rem in -um vocare u. committere; periculum est, ne es* ist zu befürchten, daß]; — *sprichw. nach Li.* XXXVIII, 15, 13: *periculum in mora* Gefahr liegt im Zögern. **3. a**) Prozeß, gerichtliche Klage [*privatorum, amicorum, °~ alci facessere jd.* anklagen]; **b**) *meton.* gerichtliches Protokoll [*magistratuum*], Verurteilungsbeschluß [*°ut in periculo suo inscriberent*]. **4.** (*Qu.*) (*rhet. t.t.*) das Gewagte *im Ausdruck*

[*sententias a -o petere*].

pĕr-ĭdōnĕŭs 3 sehr geeignet *od.* passend (*alci rei u. ad alqd* zu *etw.*).

pĕrĭĕrātĭūncŭlă, *ae f* (*Pl.*) = *pēiĕrātĭūncŭlă.*

pĕrĭĕrō 1. *s. pēiĕrō.*

pĕr-ĭī *s. pĕrĕō.*

Pĕrĭllŭs, *ī m* (Πέριλλος) *Erzgießer aus Akragas* (*lat.* Agrigentum), *der dem Tyrannen Phalaris den ehernen Stier fertigte.*

pĕr-ĭllūstrĭs, *ĕ* **1.** (*Ne.*) sehr deutlich. **2.** sehr angesehen.

pĕr-ĭmbēcĭllŭs 3 sehr schwach.

pĕr-ĭmō, *ēmī, ēmptŭm* 3. (*ĕmō*) **1. a**) ganz wegnehmen; *etw.* vernichten, vertilgen, zerstören [*simulacra divorum, °lunam* verdunkeln]; **b**) / *etw.* völlig vereiteln, hintertreiben [*reditum, consilium*]. **2.** (*nkl., dcht.*) *jd.* töten [*alqm caede od. longā inopiā, morte peremptus* hingerafft].

pĕr-ĭmpĕdītŭs 3 (*nkl.*) sehr unwegsam.

pĕr-ĭnānĭs, *ĕ* (*Ma.*) ganz leer, wertlos.

pĕr-ĭncērtŭs 3 (*Sa.*) ganz ungewiß.

pĕr-ĭncŏmmŏdŭs 3 (*adv.* **-ē**) (*Li.*) sehr ungelegen; *klass. nur adv.* [*-e accidit*].

▶ **pĕr-ĭndĕ** (*eigtl.* „völlig daher") *adv.* auf gleiche Weise, in demselben Maße *od.* Grade [*ars operosa et ~ fructuosa; non ~* nicht in gleichem Maße; *°haud ~ ... quam* nicht sowohl ... als vielmehr; *°haud ~* nicht gerade, nicht sonderlich]; *bsd. ~ ... ac od. ut u. °quam* ebenso *od.* in dem Maße ... wie, je nachdem; *~ ac si od. quasi u. tamquam (si) u. °quam si m. coni.* gleich als ob, gerade als ob *od.* wie wenn.

pĕr-ĭndignē *adv.* (*jünger -dī-; dīgnŭs*) (*Suet.*) sehr unwillig.

pĕr-ĭndŭlgēns, *ēntĭs* sehr nachsichtig (*in alqm*).

pĕrĭnĕŏs, *ī m* (*Fw.* < περίνεος) (*spätl.*) (*med. t.t.*) Damm. — ** **perinaeum, -nēum** (< *Nbf.* περίναιον) *ds.*

pĕr-ĭnfāmĭs, *ĕ* (*nkl.*) übel, berüchtigt, verrufen.

pĕr-ĭnfĭrmŭs 3 (*-fĭrm-?*) sehr schwach.

pĕr-ĭngĕnĭōsŭs 3 sehr scharfsinnig *od.* witzig.

pĕr-ĭngrātŭs 3 (*Se.*) sehr undankbar.

pĕr-ĭnīquŭs 3 **1.** sehr unbillig. **2.** sehr ungehalten *od.* unruhig.

pĕr-īnsīgnĭs, *ĕ* (*-sīgn-?*) sehr auffallend.

pĕr-ĭnvălĭdŭs 3 (*Cu.*) sehr schwach.

pĕr-ĭnvīsŭs 3 sehr verhaßt (*alci*).

pĕr-ĭnvītŭs 3 sehr ungern.

pĕrĭŏdŭs, *ī f* (*Fw.* < περίοδος) (*nkl.*) *Periode,* Satzgefüge.

(**pĕrĭŏr**), *pĕrītŭs sŭm* 4. (*cf.* πεῖρα < *πεϱja „Erfahrung") (*Pl.*) erfahren.

Pĕrĭpătētĭcŭs 3 (*Fw.* < περιπατητικός) peripatetisch, zum Peripatos, *der Schule des Aristoteles gehörig; subst. m* Peripatetiker.

pĕrĭpĕtăsmă, *ătĭs n* (*Fw.* < περιπέτασμα) Teppich, Decke. *Cf.* V.-B. III, 6.

pĕrĭphrăsĭs, *ĭs f* (*Fw.* < περίφρασις)

(*nkl.*) Umschreibung. *Cf.* V.-B. III, 4, a.

pĕriptĕrŏs, *ŏn* (*Fw.* ‹ περίπτερος) (*Vi.*) ringsgeflügelt [*aedes* ~ *m.* einer Säulenreihe umgebener Tempel, Peripteros].

pĕr-īrātŭs 3 sehr zornig (*alci*).

pĕr-īrĕ *s. pĕrĕō.*

pĕriscĕlĭs, *īdĭs f* (*Fw.* ‹ περισκελίς) (*nkl., dcht.*) Knieband, Kniespange. *Cf.* V.-B. III, 4, b.

pĕrīstrōmă, *ătĭs n* (*Lw.* ‹ περίστρωμα) Teppich, Decke. **F.** *Cf.* V.-B. III, 6.

pĕrīstȳlŭm *u.* (*nkl. auch demin.*) **pĕrīstȳlĭŭm**, *ī n* (*Fw.* ‹ περίστυλον, περιστύλιον) Peristyl (*offener, m. Säulengängen umgebener Innenhof des röm. Hauses*).

Pĕrīthŏŭs = *Pīrīthŏŭs.*

pĕrītĭă, *ae f* (*pĕrītŭs*) (*nkl.*) Erfahrung, Kenntnis (*alcis rei, zB. locorum*).

pĕr-ĭtŭm *P.P.P. v. pĕrĕō.*

▶ **pĕrītŭs** 3 (*m. comp. u. sup.*; *adv.* **-ē**) (*eigtl. part. pf. v.* **pĕrĭŏr*) in *etw.* erfahren *od.* bewandert, kundig, sachkundig, geschickt *od.* gebildet (*abs., zB. dux, -e facere u. dicere*; *alcis rei, zB. omnium rerum, rei militaris, antiquitatis, °linguae Persicae, iuris, belli*; *selten re od. ad alqd, °in re, zB. iure, ad pericula, de foederibus, °in amore*; *m. °inf.*); *bsd.* orts-, landeskundig; *subst. m* Sach-, Kunstverständiger.

pĕr-iūcundŭs 3 (*adv.* **-ē**) sehr angenehm; *adv. m.* großem Vergnügen, *auch* in guter Stimmung; *auch in Tmesis.*

pĕriūrĭōsŭs 3 (*pĕriūrĭŭm*) (*Pl.*) [meineidig.]

pĕriūrĭŭm, *ī n* (*pĕriūrŭs*) Meineid.

pĕr-iūrō 1. = *pēiĕrō.*

pĕr-iūrŭs 3 (*m. sup. u. °comp.*) (*Hypost. aus* „*pĕr iūs sc. alqm dēcĭpĕrĕ*") meineidig, eidbrüchig [*leno, °fides* meineidiges Wort]; *subst. m* Meineidiger.

pĕrl... *s. auch pĕll...*

pĕr-lābŏr, *lāpsŭs sŭm* 3. **1.** (*dcht.*) (*trans.*) über *etw.* hingleiten, *etw.* durcheilen [*undas rotis, volucris auras*]. **2.** (*intr.*) in *etw.* hineinschlüpfen [*°angues in aedem*], unvermerkt *wohin* gelangen (*ad alqm, usque ad Oceanum*).

pĕr-laetŭs 3 (*Li.*) sehr freudig.

pĕr-lātē *adv.* sehr weit [*patere* einen sehr weiten Umfang haben].

pĕr-lătĕō, *ŭī*, — 2. (*Ov.*) immer verborgen bleiben.

pĕr-lātŭs *P.P.P. v. pĕrfĕrō.*

pĕr-lăvō, *lāvī*, — 1. (*Pl., spätl.*) ganz abwaschen, durchweichen.

pĕr-lĕgō, *lēgī, lēctŭm* 3. **1.** (*dcht.*) (*m. den Augen*) durchmustern, genau betrachten [*omnia oculis*]. **2.** durchlesen [*epistulam, librum*]. **3.** (*vkl., nkl.*) ganz vorlesen, verlesen [*senatum*].

pĕr-lĕpĭdē *adv.* (*Pl.*) sehr fein.

pĕr-lĕvĭs, *ĕ* (*adv.* **-ĭtĕr**) sehr leicht; / sehr unbedeutend.

pĕr-lĭbēns, *ĕntĭs* (*adv.* **-ĕntĕr**) sehr gern.

pĕr-lībĕrālĭs, *ĕ* (*adv.* **-ĭtĕr**) **1.** sehr gütig. **2.** (*Te.*) *v.* sehr guter Erziehung.

pĕr-lĭbĕt 2. (*Pl.*) *impers.* es beliebt sehr, ich habe große Lust.

pĕr-lībrō 1. (*nkl.*) gleichmachen, nivellieren.

pĕr-lĭcĭō = *pĕllĭcĭō.*

pĕr-lĭtō 1. (*nkl.*) unter günstigen Auspizien opfern (*alci, zB. diis*; *re etw., zB. tribus bubus*).

pĕr-lŏngĭnquŭs 3 (*Pl.*) sehr langwierig.

pĕr-lŏngŭs 3 **1.** sehr lang [*via*]. **2.** (*Pl.*) sehr langwierig. **3.** *adv.* **-ē** (*Te.*) sehr weit.

pĕr-lŭb... = *pĕrlĭb...*

pĕr-lūcĕō, *lūxī*, — 2. **1. a)** (*nkl.*) durchscheinen, hervorschimmern [*lux*]; **b)** / *ex re* aus *etw.* sichtbar sein. **2.** (*vkl., nkl.*) durchsichtig sein; *klass. nur* (*part. praes.*) *adi.* **pĕrlūcēns**, *ĕntĭs* durchsichtig [*aether, °amictus, / oratio*]. *Cf.* V.-B. VIII.

pĕrlūcĭdŭlŭs 3 (*demin. v. pĕrlūcĭdŭs*) (*Ca.*) ziemlich durchsichtig [*lapis* Perle].

pĕrlūcĭdŭs 3 (*m. °comp.*) (*pĕrlūcĕō*) durchsichtig [*membranae, °fons, / fides*]; *übh.* sehr hell [*stella*].

pĕr-lūctŭōsŭs 3 sehr traurig.

pĕr-lŭō, *lŭī, lūtŭm* 3. (*lăvō*) **1.** (*nkl., dcht.*) abspülen, (ab)waschen [*manūs undā*]. **2.** *mediopass.* baden (*intr.*) *in fluminibus*; *re* in *etw., zB. °lymphā, undā*].

pĕr-lūstrō 1. **1.** (*nkl.*) durchstreifen [*agros*]. **2.** / (durch)mustern, genau betrachten [*°gregem oculis*]; *auch* (*geistig*) erwägen (*alqd animo*).

pĕr-mădĕfăcĭō, *fēcī*, — 3. (*Pl.*) durchweichen.

pĕr-mădēscō, *dŭī*, — 3. (*incoh. v.* **per-mădĕō*) (*nkl.*) ganz naß werden, durchweichen; / erschlaffen [*deliciis*].

pĕr-măgnŭs 3 (*-ā-?*) sehr groß, sehr bedeutend [*numerus*; *-i interest* sehr viel, *-o vendere* sehr teuer]; *subst.* **-ŭm**, *ī n etw.* sehr Großes.

pĕr-mălĕ *adv.* sehr unglücklich [*pugnare*].

pĕrmānāntĕr *adv.* (*pĕrmānāns part. praes. v. pĕrmānō*) (*Lu.*) hindurchfließend, durchdringend.

pĕrmānāscō, — — 3. (*incoh. v. pĕrmānō*) (*Pl.*) hinfließen, / *jd.* zu Ohren kommen (*ad alqm*).

▶ **pĕr-mănĕō**, *mānsī*, (*mānsūrŭs*) 2. **1.** verbleiben, ausharren (*abs. od. in re, zB. °[in] eo loco, in armis* unter den Waffen bleiben). **2.** *prägn.* **a)** sich erhalten, fortdauern, (fort-)bestehen (*abs., zB. aquae permanent* der Wasserstand hält an, *mundi partium coniunctio*; *m. prädik. adi., zB. corpus diuturnum permanet*; *m. Zeitangabe, zB. ad longinquum tempus* sich erstrecken); *part. praes. permanens* fort-, ausdauernd [*vox*]; **b)** bei *od.* in *etw.* verharren, *e-r Sache* treu bleiben [*in consilio, in proposito, in sententia, in libertate* festhalten an].

pĕr-mānō 1. **1.** (*Lu.*) hindurchfließen; / (hin)durchdringen [*permanat calor argentum*]. **2. a)** hinfließen, sich ergießen [*in omnes partes*]; **b)** / (hin)eindringen, sich verbreiten [*sermones ad aures alcis, ad sensum* Eindruck auf das Gefühl machen].

pĕr-mānsī *s. pĕrmănĕō.*

pĕrmānsĭō, *ōnĭs f* (*pĕrmănĕō*) das Verbleiben; / das Verharren [*in re*].

pĕr-mărīnŭs 3 (*Hypost. aus* „*pĕr mărĕ sc. dūcĕrĕ*" *in Anlehnung an mărīnŭs*) (*Li.*) über das Meer geleitend [*Lares*].

pĕr-mātūrēscō, *rŭī*, — 3. (*nkl., dcht.*) völlig reif werden [*pomum*].

pĕr-mĕdĭŏcrĭs, *ĕ* sehr (mittel-) mäßig.

pĕr-mĕdĭtātŭs 3 (*Pl.*) wohl vorbereitet.

pĕr-mĕō 1. (*nkl., dcht.*) **1.** (*trans.*) *etw.* durchwandern, -ziehen [*maria ac terras*]. **2.** (*intr.*) an ein Ziel gelangen [*longius in hostes*].

pĕr-mētĭŏr, *mēnsŭs sŭm* 4. **1.** ausmessen (*alqd decempedā*). **2.** / (*unkl.*) durchwandern, durchfahren [*aequor*]; durchleben [*saecula*]; *part. pf. pĕrmēnsŭs auch °pass.*

pĕr-mĭngō, *mīnxī*, — 3. (*vkl., dcht.*) bepissen (*alqm od. alqd*); (*meton.*) (*Ho.*) = *paedīcō.*

pĕr-mīrŭs 3 sehr wunderbar, höchst befremdlich; *auch in Tmesis.*

pĕr-mĭscĕō, *mĭscŭī, mĭxtŭm* 2. (*-ī-?*) **1.** vermischen, durcheinander mengen (*alqd cum re, seltener re, zB. naturam cum materia, sanguinem vino*; *°lixae cum militibus permixti*); (*mediopass.*) sich vermischen (*inter se*). **2.** / **a)** *übh.* vereinen, verbinden [*sordes suas cum splendore alcis, °alcis consiliis permixtus* verwickelt in]; *mediopass.* sich vereinen *m.*; *auch °m. jd.* handgemein werden (*alci*); **b)** verwirren, in Unordnung bringen [*iura divina et humana, omnia* alles drüber *u.* drunter gehen lassen].

pĕr-mīsī *s. pĕrmĭttō.*

pĕrmĭssĭō, *ōnĭs f* (*pĕrmĭttō*) **1.** (*nkl.*) unbedingte Überlassung: **a)** *mil.* Kapitulation; **b)** (*rhet. t.t.*) Überlassung der Entscheidung an Richter *od.* Gegner. **2.** Erlaubnis, Zulassung (*alcis rei*).

pĕr-mĭssŭs[1] *P.P.P. v. pĕrmĭttō.*

pĕrmĭssŭs[2], *ūs m* (*pĕrmĭttō*), *klass. nur abl. sg. pĕrmĭssū m.* Erlaubnis (*abs. od. alcis j-s, zB. legis, meo*).

pĕrmĭtĭālĭs, *ĕ* (*pĕrmĭtĭēs*) (*Lu.*) verderblich, tödlich.

pĕrmĭtĭēs, *ēī f* (*unklare Umformung v. pĕrnĭcĭēs*) (*vkl.*) Verderben; (*meton.*) Verführer [*adulescentum*].

pĕr-mĭttō
1. gehen, (*Zügel*) schießen lassen; schleudern; **2. a)** *jd. etw.* überlassen, anvertrauen; **b)** fahrenlassen, schenken, aufopfern; **c)** erlauben.

pĕr-mĭttō, *mīsī, mĭssŭm* 3. **1.** (*nkl., dcht.*) *bis ans Ziel* schleudern *od.* gehen lassen [*tela, saxum in hostem, habenas equo* schießen lassen, *se* sich auf *jd.* stürzen; *equum* los-, heransprengen, *zB. in hostem, P. equi permittuntur* sprengen an, dringen ein]; / *tribunatum* dem Tribunat die Zügel schießen lassen = sich des Tribunats uneingeschränkt bedienen; *mediopass.* sich ausbreiten. **2.** / **a)** *jd. etw.* überlassen, anvertrauen, anheimstellen (*alqd alci u. alci rei, zB. senatui rem publicam, alci summam imperii,* negotium, °rogum flammae, se alcis potestati sich unterwerfen, se alci od. fidei alcis od. in fidem atque potestatem alcis sich jd. auf Gnade u. Ungnade ergeben, se in dicionem, °se fortunae sich ganz in die Arme werfen; auch alci de re, zB. senatui de ceteris; m. inf. od. ut, auch m. bloßem coni.); **b)** fahren lassen, schenken, aufopfern (alqd alci jd. zuliebe, zB. inimicitias patribus conscriptis, alqd iracundiae alcis etw. nachsehen); **c)** erlauben, gestatten (abs., zB. °permittente senatu m. Erlaubnis des Senats; alqd, zB. licentiam; alci alqd, zB. °provinciam exercitibus diripiendam; m. inf. od. ut, m. a.c.i.); °permittitur es ist erlaubt, man darf, m. inf. od. ut; abl. abs. °permisso als ihm erlaubt worden war, da man durfte, m. ut; (P.P.P.) subst. pěrmissŭm, ī n (nkl., dcht.) Erlaubnis, Gunst [ex -o].

pěrmixtē u. **-tim** adv. (mix-?; pěrmīxtŭs, P.P.P. v. pěrmiscĕō) vermischt, (rhet.) m. Versetzung der Wörter untereinander [dicere].

pěrmixtiō, ōnis f (-mix-?; pěrmiscĕō) Vermischung: **1.** (nkl.) Verwirrung [terrae chaotisches Durcheinander]. **2.** (concr.) Mischung [superior].

pěr-mixtŭs P.P.P. v. pěrmiscĕō.

pěr-mŏdĕstŭs 3. **1.** sehr bescheiden od. schüchtern [homo]. **2.** (v. Sachen) (Ta.) sehr gemäßigt, sehr maßvoll [sensus].

pěr-mŏdĭcŭs 3 (adv. **-ē**) (nkl.) sehr mäßig, sehr klein.

pěr-mŏlĕstŭs 3 (adv. **-ē**) sehr beschwerlich; adv. m. großem Verdruß [-e ferre sehr übelnehmen, m. a.c.i.].

pěr-mŏllĭs, ĕ (Qu.) sehr weich, sehr sanft.

pěr-mŏlō, ŭī, — 3. (dcht.) zermahlen; (vulgär) = fŭtŭō [uxores alienas].

pěrmōtiō, ōnis f (pěrmŏvĕō) Erregung [animi, divina Begeisterung]; bsd. Gemütsbewegung.

▶ **pěr-mŏvĕō**, mōvī, mōtŭm 2. **1.** (nkl., dcht.) bewegen. **2.** / **a)** bewegen, veranlassen, bestimmen (alqm re, zB. pollicitationibus; bsd. P.P.P. permotus his rebus, precibus alcis, necessitate u.ä.); **b)** jd. aufregen, rühren, ergreifen, erschüttern, erbittern (alqm u. animum od. mentem alcis; bsd. P. permoveri mente, animo den Mut sinken lassen, labore itineris unmutig werden über); P.P.P. permotus re oft = aus od. vor, zB. -us dolore od. irā, metu u.ä., auch °in gaudium, °ad miserationem; **c)** (nkl.) (e-n Affekt) erregen [invidiam, metum].

pěr-mŭlcĕō, mŭlsī, mŭlsŭm 2. **1.** (nkl., dcht.) streicheln, streichen [barbam alcis, comas glattstreichen]. **2.** / **a)** sanft berühren [°alqm manu, °lumina virgā, aram flatu umfächeln]; **b)** schmeicheln, liebkosen (alqm u. alqd, zB. aures, sensum voluptate); **c)** beruhigen, besänftigen (abs. od. alqm u. animum alcis mitibus verbis, °pectora dictis).

pěr-mŭltŭs 3 sehr viel [colles]; subst. -ŭm, ī n sehr viel [-o beim comp. bei weitem, weit, zB. certior]; adv. permultum sehr viel, zB. classe valere, -um interest m. indir. Frages.

pěr-mūniō 4. (nkl.) **1.** etw. völlig befestigen [castra, loca]. **2.** die Befestigung v. etw. vollenden [munimenta].

F. pf-Formen synk.: pěrmūnissĕ(m) = pěrmūnīvissĕ(m) u.ä.

pěrmūtātiō, ōnis f (pěrmūtō) **1.** Veränderung, Wechsel [coloris]. **2.** Vertauschung, Tausch, Umtausch [°mercium °captivorum Auswechslung]; bsd. °Tauschhandel; Umsatz an Geld u. Wechseln [quadrantaria s. quădrāntārĭŭs].

pěr-mūtō 1. **1.** verändern, wechseln [statum rei publicae, °vices stationum ablösen]. **2. a)** vertauschen, umtauschen, auch eintauschen (alqd, zB. °dominos; alqd re u. cum re etw. m. od. gegen etw., zB. °divitias valle Sabina); **b)** (nkl.) auswechseln, loskaufen [captivos, alqm auro]. **3.** (Geld) auf Wechsel nehmen, m. Wechseln zahlen [pecuniam Athenas in Wechseln nach Athen schicken].

pěrnă, ae f ((< *pěrsnā = πτέρνη; cf. nhd. „Ferse") (vkl., nkl.) Hinterkeule, bsd. (beim Schwein) Schinken.

pěr-nĕcĕssārĭŭs 3 **1.** sehr notwendig [tempus]. **2.** sehr nahestehend [homo, alci]; subst. m Vertrauter (alcis, meus).

pěr-nĕcĕssĕ adv. unumgänglich notwendig [esse].

pěr-nĕgō 1. **1.** entschieden leugnen (m. a.c.i.). **2.** (vkl., nkl.) rundweg od. beharrlich abschlagen.

pěr-nĕō, nēvī, nētŭm 2. (dcht.) (v. den Parzen) abspinnen.

pěrnĭcĭābĭlĭs, ĕ (pěrnĭcĭēs) (nkl.) = pěrnĭcĭōsŭs.

pěrnĭcĭālĭs, ĕ (pěrnĭcĭēs) (dcht., nkl.) verderblich, tödlich.

▶ **pěr-nĭcĭēs**, ēī f (pěr-nĕcō 1. „totschlagen") **1.** Vernichtung, Verderben, Untergang (alcis u. alcis rei; alci perniciei esse). **2.** meton. = verderblicher Mensch, Pest [Verres ~ Siciliae, °~ macelli v. einem Freßsack].

F. altl.: gen. pěrnĭcĭī; dat. pěrnĭcĭē.

pěrnĭcĭōsŭs 3 (m. comp. u. sup.; adv. **-ē**) (pěrnĭcĭēs) verderblich, schädlich [leges, morbus; alci u. alci rei]; bsd. staatsgefährlich.

pěrnĭcĭtās, ātis f (pěrnix) Schnelligkeit, Behendigkeit [°pedum, °equorum].

pěr-nĭgěr, gră, grŭm (Pl.) ganz schwarz [oculi].

pěr-nĭmĭŭs 3 (spätl.) gar zu groß; (n) adv. **-ĭŭm** (Te.) gar zu viel; auch in Tmesis.

pěrnix, icis (m. comp. u. sup.; adv. **-ĭtěr**) (pěrnă in seiner Grundbed. „Ferse", also eigtl. „schnellfüßig") (unkl.) **1.** schnell, rasch, flink [corpus, puella, -iter equo desilire; m. inf.]. **2.** ausdauernd, beharrlich.

F. abl. sg. -ī; pl. neutr. -iă, gen. -iŭm.

pěr-nōbĭlĭs, ĕ sehr bekannt od. berühmt.

pěrnŏctō 1. (Hypost. aus „pěr nŏctěm") übernachten, die Nacht zubringen [in publico, cum alqo u. apud alqm].

pěrnōnĭdēs, ae m (pěrnă; scherzh. patronymische Bildung) (Pl.) Schinkensohn.

pěr-nōscō, nōvī, — 3. **1.** genau kennen lernen, gründlich erforschen (alqm u. alqd, zB. hominum mores ex oculis); pf. (Com.) genau kennen. **2.** (Te.) genau prüfen.

pěr-nōtēscō, nōtŭī, — 3. (nkl.) überall bekannt werden; impers. pernotescit m. a.c.i.

pěr-nōtŭs 3 (nkl.) überall od. genau bekannt (alci).

pěr-nŏx, abl. nŏctĕ (nur nom. u. abl. sg.; Hypost. aus „pěr nŏctěm") (nkl., dcht.) die Nacht hindurch (dauernd) [luna ~ erat schien die ganze Nacht hindurch, lunā pernocte in mondheller Nacht].

pěr-nŭměrō 1. (unkl.) **1.** aufzählen. **2.** auszahlen [pecuniam].

pērō, ōnis m (et. ungedeutet) (unkl.) roher Lederstiefel, bsd. der Bauern u. Soldaten.

pěr-ŏbscūrŭs 3 sehr dunkel [quaestio].

pěr-ŏdĭōsŭs 3 sehr verhaßt, zuwider.

pěr-ŏffĭcĭōsē adv. sehr gefällig.

pěr-ŏleō, ŭī, — 2. (vkl., dcht.) sehr übel riechen.

pērōnātŭs 3 (pērō) (Pers.) gestiefelt.

pěr-ŏppŏrtūnŭs 3 (adv. **-ē**) sehr willkommen [deversorium, °mors alcis].

pěr-ŏptātŭs 3 (eigtl. P.P.P. v. *pěrŏptō) (spätl.) sehr erwünscht; klass. nur adv. -ō ganz nach Wunsch.

pěr-ŏpŭs (indecl.) (Te.) sehr nötig.

pěrōrātiō, ōnis f (pěrōrō) **1.** Schluß der Rede, Epilog. **2.** Schlußrede.

pěr-ōrnō 1. (Ta.) beständig zieren [senatum]; klass. nur (P.P.P.) adi. **pěrōrnātŭs** 3 ausnehmend schön.

pěr-ōrō 1. **1.** die Rede beendigen (abs., zB. nunc est mihi perorandum; P. °breviter peroratur man tut die Sache m. kurzen Worten ab). **2.** die Schlußrede halten. **3.** etw. vollständig erörtern, sich über etw. aussprechen (abs. od. alqd u. de re, zB. totam causam contra alqm; P. res illo die non peroratur; m. a.c.i.).

pěr-ōscŭlŏr 1. (Ma.) der Reihe nach küssen.

pěr-ōsŭs 3 (ōdī) (unkl.) sehr hassend, voll Haß gegen jd. od. etw. (alqm u. alqd, zB. exilium der Verbannung überdrüssig, lucem lebensmüde; perosus sum alqd = ōdī alqd).

pěr-pācō 1. (nkl.) völlig zur Ruhe bringen (alqm u. alqd).

pěr-părcē adv. (Te.) sehr sparsam.

pěr-părvŭlŭs 3 sehr klein (sigillum Statuette).

pěr-părvŭs 3 sehr klein, sehr unbedeutend; subst. **pěr-părvŭm**, ī n sehr wenig.

pěr-pāstŭs 3 (eigtl. pěr- + P.P.P. v. pāscō) (Ph.) wohlgenährt [canis].

pěr-paucī, ae, ă **1.** sehr wenige [equites, naves]. **2.** subst. °**a)** m sehr wenige Leute; **b)** n **-a** sehr weniges.

pěr-paucŭlī, ae, ă sehr wenige, nur ein paar [passūs].

pěr-paul(l)ŭm u. **pěr-paul(l)ŭlŭm**, ī n ein klein wenig, (nur) sehr wenig (alcis rei, zB. loci); auch adv.

pěr-paupěr, gen. ěrĭs ganz arm.

pěr-pauxĭllŭm, ī n (Pl.) sehr wenig.

pĕr-păvĕfăcĭō, *fēcī, făctŭm* 3. (*u. -păvē-?*) (*Pl.*) sehr erschrecken.

pĕr-pĕllō, *pŭlī, pŭlsŭm* 3. **1.** (*unkl.*) stark anstoßen. **2.** / **a**) einen tiefen Eindruck auf *jd.* machen (*alqm*); **b**) (*vkl., nkl.*) eifrig betreiben, es bei *jd.* durchsetzen, bewirken (*alqm ad alqd, zB. ad societatem belli; alqm m. ut, ne od. m. inf.*).

pĕrpĕndĭcŭlŭm, *ī n* (*pĕrpĕndō*) Bleilot, Richtblei; *ad* ~ lotrecht, senkrecht.

pĕr-pĕndō, *pĕndī, pēnsŭm* 3. **1.** (*nkl.*) genau abwiegen. **2.** / genau erwägen, gründlich untersuchen (*alqd, zB. vitia virtutesque; alqd re u. ad alqd etw.* nach *etw., zB. amicitiam veritate; m. indir. Frages.*).

pĕrpĕrăm *adv.* (*sc. viăm; altl. pĕrpĕrŭs* 3 „fehlerhaft"; *et. ungeklärt*) **1.** unrichtig, falsch [*facere, iudicare*]. **2.** (*nkl.*) aus Versehen.

pĕrpĕs, *pĕtĭs* (< **pĕr-pĕt-s, eigtl.* „durchgehend" = *pĕrpĕtŭŭs; *pĕrpĕtō*) (*unkl.*) dauernd, ununterbrochen [*perpeti nocte* die ganze Nacht hindurch].

pĕrpĕssĭcĭŭs 3 (*pĕrpĕssŭs, part. pf. v. pĕrpĕtĭŏr*) (*Se.*) geduldig.

pĕrpĕssĭō, *ōnĭs f* (*pĕrpĕtĭŏr*) **1.** das Erdulden [*laborum*]. **2.** (*Se.*) Ausdauer.

pĕr-pĕtĭŏr, *pĕssŭs sŭm* 3. (*pătĭŏr*) **1.** erdulden, ertragen (*alqd, zB. dolorem*). **2.** (*unkl.*) sich überwinden, geschehen lassen (*m. inf. u. a.c.i.*).

pĕr-pĕtītŭs 3 (?) (*P.P.P. v. *pĕrpĕtō*) (*Se.*) über (das Leben) hinaus entrückt, verklärt [*in secundam numinum formam animae -ae*].

pĕr-pĕtrō 1. (*pătrō*) (*vkl., nkl.*) vollziehen, ganz zustande bringen, beendigen [*bellum, facinus, opus; m. ut, ne* es dahin bringen].

pĕrpĕtŭālĭs, *ĕ* (*pĕrpĕtŭŭs*) (*Qu.*) überall geltend, allgemein.

pĕrpĕtŭārĭŭs 3 (*pĕrpĕtŭŭs*) (*Se.*) beständig unterwegs [*mulio*].

pĕrpĕtŭĭtās, *ātĭs f* (*pĕrpĕtŭŭs*) ununterbrochene Fortdauer, Stetigkeit, Zusammenhang [*vitae* das ganze Leben (**das ewige Leben); *sermonis* fortlaufende Rede, *ad perpetuitatem* für immer].

pĕrpĕtŭō[1] *adv.* (*pĕrpĕtŭŭs*) beständig, fortwährend.

pĕrpĕtŭō[2] 1. (*denom. v. pĕrpĕtŭŭs*) ununterbrochen dauern lassen *od.* fortsetzen [*iudicum potestatem, verba* in einem Atem nacheinander aussprechen].

▶**pĕrpĕtŭŭs** 3 (*adv.* **-ō**; *s. pĕrpĕtŭō*[1]) (*eigtl.* „durchgehend", *s. pĕrpĕs*) **1.** (*räuml.*) ununterbrochen, fortlaufend, zusammenhängend [*munitiones, silvae, fossae, trabes* durchlaufende, *stationes* ununterbrochene Postenkette, *oratio*, °*mensae* in langer Reihe, °*bovis tergum* = nicht zerschnitten, ganz, °*carmen* einen ganzen Sagenkreis umfassend, zyklisch (= κυκλικόν)]. **2.** (*zeitl.*) **a**) ununterbrochen, beständig, fortwährend, stetig, ewig [*cursus stellarum, servitus, amicitia, ignis Vestae; sumptus* laufende Ausgaben, *fenus* regelmäßig, °*vitā -ā* sein ganzes Leben hindurch; *quaestio* ständiger Kriminalgerichtshof; *in -um* (*Pl.*: *in -um modum*) auf ewig, ein für allemal]; **b**) lebenslänglich, auf Lebenszeit [°*imperium, dominatio, dictator*]; **c**) (*Te.*) ganz [*dies, triduum*]; **d**) (*Eutr.*) *Perpetuus Augustus Titel der späteren Kaiser.* **3.** allgemeingültig, durchgängig [*ius, edictum, quaestio* (*rhet.*) die Gattung betreffend]. — ****perpetuum mobile* ein ewig Bewegliches, Maschine ohne Energiezufuhr.
F. *comp. măgĭs pĕrpĕtŭŭs; sup. măxĭmē* ~.

pĕr-plăcĕō, — — 2. sehr gefallen (*alci*).

pĕrplĕxābĭlĭs, *ĕ* (*adv.* **-ĭtĕr**) (*pĕrplĕxŏr*) (*Pl.*) verwirrend, doppelsinnig.

pĕrplĕxŏr 1. (*denom. v. pĕrplĕxŭs*) (*Pl.*) Verwirrung anrichten.

pĕrplĕxŭs 3 (*m. comp.; adv.* **-ē** *u.* **-ĭm**) (*eigtl. P.P.P. v. *pĕr-plĕctō*) **1.** (*dcht.*) ineinander verflochten, verschlungen [*iter silvae*]. **2.** / (*meist nkl.*) verworren = undeutlich, rätselhaft, doppelsinnig [*sermones, carmen*].

pĕrplĭcātŭs 3 (*eigtl. P.P.P. v. *pĕr-plĭcō* 1.) (*Lu.*) verwickelt, verworren; *auch in Tmesis.*

pĕr-plŭō, — — 3. **1.** (*vkl., nkl.*) durch-, hinreinregnen. **2.** (*Pl., Qu.*) den Regen durchlassen; *auch* /. **3.** (*Pl.*) sich ergießen [*Amor et Cupido in pectus meum*].

pĕr-pŏlĭō 4. **1.** (*nkl.*) gehörig glätten, *bsd.* (*Wände*) tünchen. **2.** / (aus)feilen, glätten, die letzte Hand an *etw.* legen (*alqd, zB. opus*); (*P.P.P.*) *adi.* **pĕrpŏlītŭs** 3 verfeinert, feingebildet [*homo; re u. in re, zB. litteris, in dicendo*].

pĕr-pŏpŭlŏr 1. (*nkl.*) ganz verwüsten, völlig ausplündern [*Italiam, homines; part. pf. perpopulatus auch pass.*].

pĕrpŏtātĭō, *ōnĭs f* (*pĕrpŏtō*) Trinkgelage.

pĕr-pōtō 1. **1.** durchzechen [*totos dies*]. **2.** (*Lu.*) austrinken.

pĕr-prĭmō *u.* **-prĕmō,** *prĕssī, prĕssŭm* 3. (*nkl., dcht.*) fort *u.* fort drücken [*cubilia* ständig im Bett liegen]; *bsd. sexuell* [*perprime temptatam*].

pĕr-prŏpĕrē *adv.* (*Pl.*) sehr eilig.

pĕr-prŏpĭnquŭs 1. (*vkl.*) *adi.* 3 sehr nahe. **2.** *subst.* ~, *ī m* naher Verwandter (*alcis*).

pĕr-prŏspĕrŭs 3 (*Suet.*) sehr glücklich.

pĕr-prūrīscō, — — 3. (*incoh. v. *pĕr-prūrĭō*) (*vkl., nkl.*) sehr geil werden [*ex unguiculis*].

pĕr-pŭgnāx, *ācĭs* (*-ŭ-?*) sehr streitsüchtig [*in disputando*].

pĕr-pŭlchĕr, *chră, chrŭm* (*Te.*) sehr schön.

pĕr-pŭlī *s. pĕrpĕllō.*

pĕr-pŭlsŭs *P.P.P. v. pĕrpĕllō.*

pĕr-pūrgō 1. (*altl. -pūrĭgō*) **1.** völlig reinigen [*se re* sich durch *etw.*]. **2.** / **a**) *etw.* ins reine bringen [*rationes*]; **b**) gründlich widerlegen [*crimina*].

pĕr-pŭsĭllŭs 3 sehr klein; *adv. -ŭm* sehr wenig.

pĕr-pŭtō 1. (*Pl.*) auseinandersetzen (*alci argumentum*).

pĕr-quăm *adv.* (*eigtl.* „sehr wie") überaus, sehr, bei *adi., adv. u. Verben* [~ *brevis, pauci, flebiliter,* °*velle*].

pĕr-quīrō, *quīsīvī, quīsītŭm* 3. (*quaerō*) genau erforschen, sich genau erkundigen (*alqm u. alqd, zB. homines, vias; alqd ab alqo; m. indir. Frages.*).

pĕrquīsītē *adv.* (*m. comp.*) (*pĕrquīsītŭs, P.P.P. v. pĕrquīrō*) *m.* strenger Kritik; *auch* vielseitig.

pĕrquīsītŏr, *ōrĭs m* (*pĕrquīrō*) Besucher [*auctionum*].

pĕr-quīsītŭs *P.P.P. v. pĕrquīrō.*

pĕr-quīsīvī *s. pĕrquīrō.*

pĕr-rārŭs 3 (*nkl.*) sehr selten; *klass. nur adv.* **-ō.**

pĕr-rĕcŏndĭtŭs 3 sehr verborgen.

pĕrrēctŭs *P.P.P. v. pĕrgō.*

pĕr-rēpō, *rēpsī,* — 3. (*nkl., dcht.*) hinkriechen (*alqd* über *etw., zB. tellurem*).

pĕrrēptō 1. (*intens. v. pĕrrēpō*) (*Com.*) überall herumkriechen [*omnes latebras*].

pĕrrēxī *s. pĕrgō.*

pĕr-rīdĭcŭlŭs 3 (*adv.* **-ē**) sehr lächerlich.

pĕrrŏgātĭō, *ōnĭs f* (*pĕrrŏgō*) Durchsetzung eines Gesetzes, Beschluß [*legis*].

pĕr-rŏgō 1. (*nkl.*) alle der Reihe nach fragen [*omnes; alqd* wegen *od.* nach *etw., bsd. sententias*].

pĕr-rŭmpō, *rūpī, rŭptŭm* 3. **1.** (*intr.*) hindurchbrechen, sich einen Weg bahnen (*abs. od. per u. in alqd, zB. per medios hostes,* °*in urbem*). **2.** (*trans.*) **a**) *etw.* durchbrechen, zerteilen [*rates,* °*terram aratro* aufbrechen, aufreißen]; **b**) in *etw.* gewaltsam eindringen [*paludem,* °*cuneos hostium,* °*artūs* durchbohren; °*alqm* sich zu *jd.* drängen]; **c**) / *etw.* vernichten, überwinden [*quaestiones omnium, periculum* der Gefahr Herr werden, *leges m.* Füßen treten, *alcis consilia* durchkreuzen].

Pĕrsae, *ārŭm m* (Πέρσαι) die Perser: **1.** = die Bewohner der *Ldsch.* **Pĕrsĭs,** *ĭdĭs f* (*cf.* V.-B. III, 1, b; III, 4, b) (*bei Pl.*: **Pĕrsĭă,** *ae f*) *am Persischen Meerbusen um die St. Persepolis, j.* Farsistan. **2.** = die Bewohner des Persischen Reiches, *Untertanen des Perserkönigs* [*in Persas proficisci* nach Persien]; *sg.* **Pĕrsēs** *u.* (*altl. u. spätl.*) **Pĕrsă,** *ae m; cf.* V.-B. I, 2. **3.** (*dcht.*) = die Parther; *adi.* **Pĕrsĭcŭs** 3 persisch (*fem. auch* **Pĕrsĭs,** *ĭdĭs u.* **Pĕrsĭcē** [Περσική], *bsd. Persice porticus*). **4.** *subst.* **Pĕrsĭcŭm,** *ī n* (*nkl., eigtl. mālŭm Pĕrsĭcŭm*) Pfirsich.

▶**pĕr-saepĕ** *adv.* sehr oft; *auch* (*Pl.*) *in Tmesis* [*per pol saepe peccas*].

pĕr-sălsŭs 3 (*adv.* **-ē**) sehr witzig.

pĕrsălūtātĭō, *ōnĭs f* (*pĕrsălūtō*) allseitige Begrüßung.

pĕr-sălūtō 1. (alle) der Reihe nach begrüßen (*alqos; auch* P.).

pĕr-sănctē *adv.* (*-ă-?*) (*vkl., nkl.*) hoch *u.* heilig.

pĕr-sānō 1. (*nkl.*) völlig heilen.

pĕr-săpĭēns, *ĕntĭs* (*adv.* **-ĕntĕr**)

sehr weise.

pĕr-scĭĕntĕr *adv.* sehr gescheit *od.* klug.

pĕr-scindō, *scĭdī, scĭssŭm* 3. (*nkl., dcht.*) ganz zerreißen.

pĕr-scītŭs 3 sehr fein, sehr treffend; *auch in Tmesis.*

pĕr-scrībō, *scrīpsī, scrīptŭm* 3. **1. a)** genau niederschreiben, sorgfältig aufzeichnen [*res gestas, orationem*]; *auch etw.* bis zu Ende schreiben [°*bellum Siculum ad exemplar primi libri*]; **b)** (*amtlich*) protokollieren [*senatūs consulta, iudicum dicta*]; **c)** (ver)buchen [*alqd in tabulas publicas, usuras, rationes* Rechnungen]. **2. a)** (*Geld*) anweisen [*alci pecuniam,* °*alqd a quaestore etw.* durch eine Anweisung an den Quästor bezahlen]; **b)** (*schriftl.*) ausführlich berichten, melden (*alci od. ad alqm alqd u. de re, zB. omnia Romam ad suos, de suis rebus ad Lollium; m. a.c.i.*). **3.** (*nkl.*) *etw.* ausschreiben (*nicht in Abk. od. Zahlen*) [*notata, non perscripta erat summa*].

pĕrscrīptĭō, *ōnĭs f* (*pĕrscrībō*) **1.** Niederschrift, Aufzeichnung; *bsd.* Protokollierung [*senatūs consulti*]. **2.** Eintragung in das Rechnungsbuch, Buchung [*falsa*]. **3.** *meton.* **a)** gebuchter Posten; **b)** Zahlungsanweisung.

pĕrscrīptŏr, *ōrĭs m* (*pĕrscrībō*) Buchhalter.

pĕrscrūtātĭō, *ōnĭs f* (*pĕrscrūtŏr*) (*nkl.*) Durchsuchung.

pĕr-scrūtŏr *u.* (*vkl., nkl.*) **-ō** 1. **1.** durchsuchen [*arculas*]. **2.** / durchforschen, untersuchen [*sententiam scriptoris*].

pĕr-sĕcō, *sĕcŭī, sĕctŭm* 1. **1.** durchschneiden. **2.** / **a)** genau erforschen [*rerum naturas*]; **b)** (*Li.*) ausrotten [*vitium*].

pĕrsĕctŏr 1. (*intens. v. pĕrsĕquŏr*) (*vkl., dcht.*) **1.** eifrig verfolgen. **2.** / eifrig nachgehen, nachforschen.

pĕrsĕcūtĭō, *ōnĭs f* (*pĕrsĕquŏr*) **1.** (*nkl.*) Verfolgung; (*Eccl.*) Christenverfolgung. **2.** gerichtliche Verfolgung *od.* Klage.

pĕr-sĕcūtŭs *part. pf. v. pĕrsĕquŏr.*

pĕr-sēdī *s. pĕrsĕdĕō u. pĕrsīdō.*

pĕr-sĕdĕō, *sēdī, sēssŭm* 2. (*nkl.*) ununterbrochen sitzen bleiben [*in equo, in speculis*].

pĕr-sēgnĭs, *ĕ* (*nkl.*) sehr matt [*proelium*].

pĕr-sēntĭō, *sēnsī, sēnsŭm* 4. (*dcht., nkl.*) tief fühlen, deutlich wahrnehmen [*curas pectore; m. a.c.i.*].

pĕrsēntīscō, — — 3. (*incoh. v. pĕrsēntĭō*) (*vkl., dcht.*) tief empfinden; deutlich wahrnehmen.

Pĕrsĕphŏnē, *ēs f* (Περσεφόνη) (*dcht.*) = *Prōsĕrpĭnă; meton.* Tod.

Pĕrsĕpŏlĭs, *ĭs f* (Περσέπολις) *Hpst. v. Persis, Residenz der Perserkönige, v. Alexander d. Gr. zerstört.* (*acc. -im, abl. -ī*).

pĕr-sĕquŏr
1.a) (beharrlich) nachfolgen; **b)** verfolgen; **c)** bekämpfen; **d)** rächen, bestrafen; **e)** gerichtlich verfolgen; **f)** *etw.* eifrig betreiben; **g)** nachahmen; **h)** durchforschen; **2.a)** fortsetzen; **b)** *jd.* einholen; *etw.* einziehen; **c)** darstellen, aufzählen.

pĕr-sĕquŏr, *sĕcūtŭs sŭm* 3. **1. a)** beharrlich nachfolgen, nachgehen, begleiten (*alqm u. alqd, zB. alqm ipsius vestigiis,* °*fugam alcis jd.* auf der Flucht folgen, °*vestigia muri* dem Lauf der Mauer folgen); **b)** (*feindl.*) verfolgen *od.* nachsetzen (*abs., zB. hostes deterrere a persequendo; alqm, zB. fugientes,* °*feras* jagen); **c)** bekämpfen [*alqm bello* bekriegen]; **d)** rächen, bestrafen [*alcis iniurias, alcis mortem*]; **e)** gerichtlich verfolgen [*seditiosum civem iudicio*]; *bsd.* **α)** (*sein Recht*) geltend zu machen suchen [*ius suum*]; **β)** *etw.* gerichtlich zu erlangen suchen [*bona sua lite atque iudicio, pecuniam ab alqo* einklagen]; **f)** *etw.* eifrig betreiben [*artes, antiqua* das Altertum eifrig studieren, °*bellum* nachdrücklich betreiben]; *auch etw.* erstreben, sich zu verschaffen suchen [*voluptates,* °*hereditates,* °*otium; m. indir. Frages.; m. inf.*]; **g)** *jd. od. etw.* nachahmen, *e-r Sache* nachstreben (*alqm, exempla maiorum*); *bsd.* sich zu *etw.* bekennen [*horum sectam, Academiam*]; **h)** *etw.* durchforschen, durchsuchen [*omnes solitudines*]. **2. a)** *etw.* fortsetzen, *m. etw.* fortfahren [°*incepta, bellum, vitam inopem, studia usque ad senectutem*]; *auch* praktisch ausüben, durchführen, ausführen [*haec officiorum genera, mandata,* °*alqd memoriā* vollständig memorieren]; **b) α)** *jd.* einholen *od.* erreichen [*alqm triginta diebus,* °*mors fugacem virum*]; / **β)** *etw.* einkassieren, einziehen [*hereditates aut syngraphas*]; **γ)** protokollieren [*celeritate scribendi ea quae dicuntur*]; **c)** (*mündl. od. schriftl.*) darstellen, erzählen, aufzählen [*res Hannibalis,* °*plura de vita alcis, alqd scripturā schriftl.* abhandeln, *philosophiam Latinis litteris*].

Pĕrsēs, *ae m* **1.** der Perser, *cf. Pĕrsae.* **2.** = *Pĕrseus* 2.

pĕr-sēssŭm *P.P.P. v. pĕrsĕdĕō u. pĕrsīdō.*

Pĕrsĕus, *ĕī u.* °*ĕŏs m* (Περσεύς) **1.** *S. des Zeus u. der Danae, tötete die Medusa; cf. Ăndrŏmĕdă; adi.* °**Pĕrsēĭŭs** *u.* °**Pĕrsēŭs** 3. **2.** °*Perseus V., letzter König v. Makedonien, bei Pydna 168 v. Paullus besiegt; er starb i. der Gefangenschaft; adi.* **Pĕrsĭcŭs** 3 [*bellum* Krieg *m.* Perseus].
F. *Cf.* V.-B. II, 3.

pĕrsĕvērāns, *āntĭs* (*m. comp. u. sup.; adv.* **-āntĕr**) (*eigtl. part. praes. v. pĕrsĕvērō*) (*nkl.*) beharrlich, ausdauernd (*alcis rei* in *etw.*). *Cf.* V.-B. VIII.

pĕrsĕvērāntĭă, *ae f* (*pĕrsĕvērāns*) Beharrlichkeit, Ausdauer (*alcis u. alcis rei, zB. nautarum, sententiae*); / (*Iust.*) *belli* Langwierigkeit.

pĕr-sĕvērō 1. (*sĕvērŭs*) **1.** (*intr.*) **a)** beharrlich bei *etw.* verbleiben, auf *etw.* bestehen, *lobend u. tadelnd* (*abs., zB. navis perseverat* setzt die Fahrt fort; *in re u.* °*re, zB. in sententia, in bello,* °*in ira,* °*bellis continuis*); **b)** / (*nkl.*) (*zeitl.*) Bestand haben, lange anhalten [*tremor terrae perseverabat*]. **2.** (*trans.*) bei *etw.* beharren, *etw.* fortsetzen [°*cursum, id; P.* °*inedia perseverata est; m. inf., zB. bellare; m. a.c.i.* = beharrlich behaupten; *m.* °*ut* = auf der Forderung bestehen].

pĕr-sĕvērŭs 3 (*adv.* **-ē**) (*nkl.*) sehr streng.

Pĕrsĭă, *ae f* (*Pl.*) Persien; *cf.* [*Pĕrsae* 1.]

Pĕrsĭcŭs 3 *s. Pĕrsae u. Pĕrseus.*

pĕr-sīdĕō 2. (*nkl.*) = *pĕrsĕdĕō.*

pĕr-sīdō, *sēdī, sēssŭm* 3. (*dcht.*) irgendwo sich ansetzen, eindringen [*imber ad vivum persedit*].

pĕr-sīgnō 1. (*-ī-?*) (*nkl.*) genau aufzeichnen [*dona*].

pĕr-sĭmĭlĭs, *ĕ* sehr ähnlich (*m. gen. u.* °*dat.*).

pĕr-sĭmplĕx, *ĭcĭs* (*Ta.*) sehr einfach [*victus*].

Pĕrsĭs, *ĭdĭs f s. Pĕrsae* 1.

pĕr-sīstō, *stĭtī,* — 3. (*nkl.*) hartnäckig bei *etw.* stehen bleiben *od.* verharren [/ *in eadem impudentia*].

Pĕrsĭŭs 3 *urspr. etr., später röm. Gentilname: A. Pĕrsĭŭs Flăccŭs (34—62 n. Chr.), Satiriker zu Rom.*

pĕrsōllă, *ae f* (*demin. v. pĕrsōnă; eigtl.* „kleine Maske") (*Pl.*) Fratze (*Schimpfwort*).

pĕr-sōlŭs 3 (*Pl.*) ganz allein.

pĕr-sŏlvō, *sŏlvī, sŏlūtŭm* 3. **1.** völlig (auf)lösen; deutlich erklären (*alci alqd*). **2.** aus-, bezahlen (*alqd u. alci alqd, zB. aes, stipendium militibus,* °*aes alienum alienis nominibus* die Schulden fremder Leute, *pecuniam* austeilen). **3.** / **a)** *jd.* abtragen, erweisen, zollen [*gratiam u.* °*grates alci* Dank abstatten, *vota* erfüllen, °*iusta alci* die letzte Ehre erweisen, *primae epistulae* das Nötige auf den ersten Brief erwidern]; **b)** *poenas alci* büßen *od.* leiden, *zB. dis hominibusque, bisw. auch j-m* eine Strafe zufügen, *alcis rei* für *etw.,* °*capite m.* dem Leben büßen.

▶ **pĕrsōnă,** *ae f* (*etr. Fw.*) **1.** Larve, Maske, *bsd. des Schauspielers* [°*comica,* °*tragica*]. **2.** *meton.* (*in e-m Bühnenstück*) Rolle, Charakter, Person [*lenonis, de mimo, in persona parasiti imitari alqm*]. **3.** / Rolle, *die jd. im Leben spielt,* Charakter, *übh.* äußere Lage, Stand, Würde [~ *gravitatis severitatisque* die Rolle des Ernstes *u.* der Strenge, *accusatoris, principis, mutam personam praebere* eine stumme Rolle spielen, *-am deponere* nicht mehr weiterspielen; *alcis -am* °*ferre od. gerere, tenere, sustinere j-s* Rolle spielen = *jd.* vertreten *od.* repräsentieren, *zB. civitatis* Repräsentant des Staates sein, °*potestatis* Amtsmiene]; *alcis personā od. in od. ex persona, per personam* in *j-s* Rolle *od.* Eigenschaft *etw.* sagen *od.* tun, *zB. soceri mei personā ille lusit*]. **4.** Persönlichkeit, Individualität, Mensch nach Rang *u.* Stand *od.* Stellung im Leben (*alcis, zB. regis, de Catonis persona plura dicere; secunda* zweite Hauptperson). **5.** (*vkl., nkl.*) (*gramm. t.t.*)

Person [*tertia*]. — ****persona grata* in Gunst stehende Person, *bsd.* Diplomat, gegen dessen Aufenthalt in einem fremden Staat *v.* dessen Regierung kein Einspruch erhoben wird, *Ggs.* ⌣ *non grata od. ingrata.*

pĕrsōnālis, ĕ (*adv.* °**-itĕr**) (*pĕrsōnă*) (*spätl.*) persönlich.

pĕrsōnātŭs 3 (*pĕrsōnă*) maskiert, verkleidet, *auch* / [*Roscius*, °*pater* in der Komödie].

pĕr-sŏnō, *ŭī,* — 1. **1.** (*intr.*) **a**) widerhallen, laut erschallen [°*rupes*; *re v. etw., zB. domus cantu*]; **b**) / seine Stimme erschallen lassen; **c**) (*dcht.*) sich *auf einem Instrument* hören lassen *od.* spielen auf [*citharā*]. **2.** (*trans.*) **a**) (*dcht., nkl.*) *etw. m.* Tönen erfüllen (*alqd re, zB. totam regiam gemitu; aurem alci j-m* ins Ohr raunen); **b**) *etw.* laut rufen *od.* ausschreien, laut *v. etw.* reden (*alqd, zB. eas res in angulis; m. a.c.i.*); **c**) (*nkl.*) besingen [*fortium virorum laudes*].

pĕr-spărgō = *pĕrspĕrgō.*

pĕrspĕctē *adv.* (*pĕrspĕctŭs*) (*Pl.*) einsichtsvoll.

pĕrspĕctō 1. (*intens. v. pĕrspĭcĭō*) (*vkl., nkl.*) genau *od.* bis zum Ende sich ansehen.

pĕr-spĕctŭs[1] *P.P.P. v. pĕrspĭcĭō.*

pĕrspĕctŭs[2] 3 (*m.* °*sup.*) (*eigtl. P.P.P. v. pĕrspĭcĭō*) durchschaut, erkannt, bewährt [*virtus*].

pĕr-spĕcŭlŏr 1. (*Suet.*) genau erforschen.

pĕr-spĕrgō, *spĕrsī, spĕrsŭm* 3. (*spărgō*) (*vkl., nkl.*) besprengen, bestreuen [*simulacrum deae; klass. nur* /, *zB. orationem facetiarum lepore*].

per-spĕxī *s. pĕrspĭcĭō.*

pĕrspĭcāx, *ācĭs* (*pĕrspĭcĭō*) **1.** (*nkl.*) scharfsichtig. **2.** / einsichtsvoll.
F. *abl. sg. -ī; pl. neutr. -ĭă, gen. -ĭŭm.*

pĕrspĭcĭĕntĭă, *ae f* (*pĕrspĭcĭēns, part. praes. v. pĕrspĭcĭō*) völlige Erkenntnis (*alcis rei, zB. veri*).

▶**pĕr-spĭcĭō,** *ĕxī, ĕctŭm* 3. (*spĕxī?*) (*spĕcĭō*) **1.** (*intr.*) hindurchschauen, hineinsehen [*per alqd, eo, quo*]. **2.** (*trans.*) **a**) (*nkl.*) *etw.* deutlich sehen (*alqd*); **b**) besichtigen, mustern, untersuchen (*alqm u. alqd, zB. gladiatores, domum, naturam loci od. animalium; m. indir. Frages.*); **c**) prüfend durchlesen [*epistulas*]; **d**) / durchschauen, genau kennen lernen *od.* erkennen, deutlich wahrnehmen (*alqm u. alcis animum, fidem u. fraudem alcis, alqd coniecturā* erraten, *alqd perspectum habere etw.* völlig durchschaut haben = *v. etw.* überzeugt sein; *m. a.c.i.; im P. m. n.c.i.; m. indir. Frages.*). — *Cf. auch pĕrspĕctŭs.*
F. *coni. plqpf. altl. synk.*: *pĕrspĕxēt = pĕrspĕxĭssĕt.*

pĕrspĭcŭĭtās, *ātĭs f* (*pĕrspĭcŭŭs*) Deutlichkeit.

pĕrspĭcŭŭs 3 (*adv.* **-ē**) (*pĕrspĭcĭō*) **1.** (*dcht., nkl.*) durchsichtig [*adultera tenui veste -a*]. **2.** / deutlich, offenbar [*impudentia*].
F. *comp. măgĭs pĕrspĭcŭŭs; sup. măxĭmē* ⌣.

pĕr-spĭssō *adv.* (*spĭssŭs*) (*Pl.*) sehr langsam.

pĕr-stĕrnō, *strāvī, strātŭm* 3. (*nkl.*) ganz pflastern [*viam silice*].

pĕr-stĭmŭlō 1. (*Ta.*) ununterbrochen aufreizen [*spiritūs*].

pĕr-stĭtī *s. pĕrsīstō u. pĕrstō.*

pĕr-stō, *stĭtī* (*stātūrŭs*) 1. **1.** (*nkl., dcht.*) feststehen, stehen bleiben [*vallum, tota nocte*]. **2.** / **a**) (*Ov.*) (fort)dauern, (unverändert) bleiben [*hiems, eadem mens mihi*]; **b**) bei *etw.* fest bleiben *od.* beharren (*in re, zB. in sententia,* °*in incepto; m. inf.*).

pĕr-strĕpō, *ŭī,* — 3. (*vkl., dcht.*) sehr lärmen.

pĕr-strĭngō, *strīnxī, strĭctŭm* 3. (*strīnxī?*) **1.** (*vkl., nkl.*) fest zusammenschnüren [*uterum* einschließen]. **2. a**) streifen, oberflächlich berühren [*solum aratro* durchpflügen]; **b**) (*dcht., nkl.*) leicht verwunden [*summam cutem*]. **3.** / **a**) unangenehm berühren *od.* erschüttern, durchschaudern (*alqm u. alcis animum,* °*horror spectantes*); **b**) tadeln, verweisen, verspotten (*alqm suspicione,* °*habitum alcis*); **c**) (*i. der Rede*) *etw.* streifen = flüchtig besprechen [*reliquum vitae cursum*]; **d**) (*nkl., dcht.*) abstumpfen, betäuben [*aures minaci murmure*].

pĕr-stŭdĭōsŭs 3 (*adv.* **-ē**) sehr eifrig (*alcis rei in etw., zB. litterarum; alcis jd.* sehr ergeben).

▶**pĕr-suādĕō,** *sī, sŭm* 2. (*eigtl.* „*m.* Erfolg raten") **1.** überzeugen (*abs., zB.* °*verba persuadentia; alci jd., zB. civibus, sibi; alci de re, zB. de fide alcis; alqd nur neutr. v. pron. u. allg. adi., zB. id* davon, *quiddam, multa u.ä.; m. a.c.i.*); *mihi persuadetur* ich werde überzeugt *od.* lasse mich überzeugen; *mihi persuasum est u.* °*persuasus sum* ich bin überzeugt (*oft auch mihi persuasi u. mihi persuadeo, selten [mihi] persuasum habeo;* °*mihi persuasissimum est* ich bin vollkommen überzeugt). **2.** überreden, zu *etw.* bestimmen *od.* bewegen (*abs. od. alci jd., zB. amico; m. ut, ne, auch m. bloßem coni., m. inf. u.* °*a.c.i.*); *mihi persuadetur* ich werde überredet *od.* lasse mich überreden; *mihi persuasum est u.* (*persönl.*) °*persuasus sum* ich habe mich überreden *od.* bestimmen lassen, ich bin entschlossen (*m. ut, ne;* °*persuasus mori* entschlossen zu sterben).

pĕrsuāsĭbĭlĭs, ĕ (*adv.* **-ĭtĕr**) (*pĕrsuādĕō*) (*Qu., spätl.*) leicht überzeugend.

pĕrsuāsĭō, *ōnĭs f* (*pĕrsuādĕō*) **1.** Überredung, Überzeugung, *abstr.* [*dicere ad -nem*]. **2.** *meton.* (*concr.*) (*nkl.*) Glaube, Einbildung, Vorurteil (*alcis rei u. de re*).

pĕrsuāstrīx, *īcĭs f* (**pĕrsuāstŏr zu pĕrsuādĕō*) (*Pl.*) Verführerin.

pĕr-suāsŭm *P.P.P. v. pĕrsuādĕō.*

pĕrsuāsŭs, *abl. ū m* (*pĕrsuādĕō*) Überredung.

pĕr-sŭbtīlĭs, ĕ **1.** (*Lu.*) sehr fein. **2.** / sehr durchdacht [*oratio*].

pĕrsŭltō 1. (*sāltō*) (*nkl.*) **1.** (*intr.*) umherspringen [*in agro alcis, notis vadis*]. **2.** (*trans.*) *etw.* durchstreifen, durchschwärmen [*campos*].

pĕr-taedĕt, *taesŭm ĕst,* — 2. *impers.* Ekel empfinden, *e-r Sache* überdrüssig sein *od.* werden (*alqm alcis rei, zB.* °*iniuriae*).

pĕrtaesŭs 3 (*pĕrtaedĕt*) (*nkl.*) *e-r Sache* überdrüssig (*m. gen. u. acc.*).

pĕr-tĕgō, *tēxī, tēctŭm* 3. (*vkl., nkl.*) ganz bedecken [*villam* mit *e-m* Dach versehen].

pĕr-tĕmptō 1. **1.** (*nkl.*) überall betasten (*alqd*). **2.** / **a**) probieren, *bsd.* prüfen, erproben, erforschen [°*animos adulescentium*]; **b**) überdenken, überlegen [*perspice rem et pertempta*]; **c**) (*dcht., nkl.*) (*v. Übeln, Affekten u.ä.*) durch *u.* durch ergreifen, durchzucken [*tremor corpora, gaudium pectus*].

pĕr-tĕndō, *tĕndī, tĕntŭm* (*u. jünger tēnsŭm*) 3. (*unkl.*) **1.** *etw.* durchzusetzen suchen (*alqd; abs. pertendens animo* hartnäckigen Sinnes). **2.** wohin eilen (*in u. ad alqd, zB. ad castra, Romam*).

pĕr-tĕntō 1. = *pĕrtĕmptō.*

pĕr-tĕnŭĭs, ĕ sehr dünn; *klass. nur* / sehr schwach [*suspicio*].

pĕr-tĕrĕbrō 1. *m. dem Bohrer* durchbohren [*columnam*].

pĕr-tĕrgĕō, *tĕrsī, tĕrsŭm* 2. (*dcht., nkl.*) abwischen [*mensam gausape*]; / leicht berühren.

pĕrtĕrrĕ-făcĭō, —, *făctŭm* 3. (*pĕrtĕrrĕō*) (*vkl., nkl.*) in Schrecken setzen.

▶**pĕr-tĕrrĕō,** *ŭī, ĭtŭm* 2. heftig erschrecken, einschüchtern (*alqm jd., re* durch *etw.*; *bsd. perterritus re, zB. metū, conscientiā maleficii*).

pĕrtĕrrĭ-crĕpŭs 3 (*pĕrtĕrrĕō, crĕpō*) (*dcht.*) schrecklich rauschend *od.* tönend.

pĕr-tĕxō, *ŭī, xtŭm* 3. **1.** (*nkl.*) zu Ende weben. **2.** / vollenden (*alqd*).

pĕrtĭcă, *ae f* (*et. unklar*) (*unkl.*) Stange, Latte, langer Stock; *bsd.* Meßstange, -rute.

pĕrtĭcātŭs 3 (*pĕrtĭcă*) (*Ma.*) *m. e-r* Stange versehen, an *e-r* Stange befestigt.

pĕrtĭmĕ-făctŭs 3 (*u. -tĭmē-?; pĕrtĭmĕō, făcĭō*) (*unkl.*) eingeschüchtert.

pĕr-tĭmĕō, —— 2. (*spätl.*) sich sehr fürchten.

pĕrtĭmēscō, *mŭī,* — 3. (*incoh. v. pĕrtĭmĕō*) in große Furcht geraten, (sich) sehr fürchten (*alqm u. alqd* vor *jd. od. etw., zB. hostium impetum; de re* um *od.* wegen, für *etw., zB.* °*de salute; m. ne*).

pĕrtĭnācĭă, *ae f* (*pĕrtĭnāx*) Beharrlichkeit; *meist pejorativ* Hartnäckigkeit, Starrsinn (*alcis*).

pĕr-tĭnāx, *ācĭs* (*m.* °*comp. u. sup.; adv.* °**-ĭtĕr**) (*tĕnĕō*) **1.** (*nkl., dcht.*) festhaltend. **2.** / **a**) (*nkl.*) lange anhaltend; **b**) beharrlich, ausdauernd, fest, *v. Pers. u. Sachen* (*in re, auch ad u. adversus,* °*in alqd,* °*alcis rei*); **c**) (*pejorativ*) hartnäckig, starrsinnig [°*fortuna* unerbittlich, °*digito male pertinaci* kaum sich sträubend; *m.* °*inf.*]; **d**) (*Pl.*) geizig [*pater*].
F. *abl. sg. -ī* (*als subst. -ē*); *pl. neutr. -ĭă, gen. -ĭŭm.*

▶**pĕr-tĭnĕō,** *tinŭī,* — 2. **1.** sich erstrecken, sich ausdehnen, reichen (*ab u. ex re, in u. ad alqd, zB. Belgae ad partem Rheni, pons ex oppido ad Helvetios* führt, *montes ad castra* stoßen an, *rivi ad mare* ergießen sich; *m. acc. der Ausdehnung, zB. silva quingenta milia passuum; auch* /, *zB. contagio ad plures pertinebat*). **2.** / **a**) *auf jd. od. etw.* sich beziehen, *jd. od. etw.* betreffen *od.* angehen (*ad alqm u. ad alqd, zB. hoc nihil ad me, suspicio ad nos* trifft uns, *haec lex ad ludos, regnum ad alqm* gehört *jd., quod pertinet ad deos* was die Götter anbetrifft, *quod ad indutias pertineret* was den Waffenstillstand anbeträfe, *hoc eodem pertinet* bezieht sich auf eben dasselbe; *m. a.c.i. u. indir. Frages.*); **b**) zu *etw.* dienen, *v.* Bedeutung (Wichtigkeit, Wert) sein, auf *etw.* abzielen (*ad alqd, zB. ad effeminandos animos, quae ad victum pertinent* Lebensmittel, *res ad luxuriam pertinentes* Luxusartikel, *alqd ad spem pertinet* vermag Hoffnung zu erwecken, *alqd ad felicitatem alcis* bezweckt *j-s* Glück; *quo od. quorsum pertinet* was für einen Sinn hat es?, *m. inf.*).

pĕr-tĭngō, — — 3. (*tăngō*) (*nkl.*) sich ausdehnen, sich erstrecken [*collis in immensum pertingebat*].

pĕrtīsŭm *fehlerhaft für pĕrtaesŭm; schon v. Cicero, or. 159 verworfen; s. pĕrtaedĕt.*

pĕr-tŏlĕrō 1. (*vkl., dcht.*) geduldig ertragen.

pĕrtrăctātē *adv.* (*pĕrtrăctātŭs, P.P.P. v. pĕrtrăctō*) (*Pl.*) in abgedroschener Weise.

pĕrtrăctātĭō, *ōnĭs f* (*pĕrtrăctō*) Behandlung, Beschäftigung *m. etw.* (*alcis rei, zB. poëtarum*).

pĕr-trăctō 1. **1.** überall betasten *od.* befühlen [°*papillam,* °*vasculum,* °*caput dormienti*]. **2.** / **a**) einwirken auf *etw.* [*hominum sensūs*]; **b**) *etw.* überdenken, untersuchen [*philosophiam*].

pĕr-trăhō, *trāxī, trāctŭm* 3. (*nkl., dcht.*) an ein Ziel (hin)schleppen (*alqm u. alqd ad alqm u. ad od. in alqd, zB. hostem in insidias* locken).

pĕr-trĕctō 1. = *pĕrtrăctō.*

pĕr-trĭbŭō, *ŭī,* — 3. (*Pli.*) *v.* allen Seiten erteilen.

pĕr-trīcōsŭs 3 (*trīcae*) (*Ma.*) sehr verwickelt.

pĕr-trīstĭs, *ĕ* **1.** (*dcht.*) sehr traurig [*carmen*]. **2.** sehr mürrisch [*censor*].

pĕr-trītŭs 3 (*eigtl. P.P.P. v. pĕr-tĕrō* 3.) (*Se.*) sehr abgenutzt, alltäglich.

pĕr-tŭdī *s. pĕrtŭndō.*

pĕr-tŭlī *s. pĕrfĕrō.*

pĕr-tŭmŭltŭōsē *adv.* sehr lärmend; in großer Aufregung [*nuntiare*].

pĕr-tŭndō, *tŭdī, tŭ(n)sŭm* 3. (*unkl.*) durchstoßen, durchlöchern [*dolium*]; (*P.P.P.*) *adi.* **pĕrtū(n)sŭs** 3 mit einem Loch.

pĕrtŭrbātĭō, *ōnĭs f* (*pĕrtŭrbō*) **1.** Verwirrung, Unordnung, Störung, *auch* / [*exercitūs,* °*auspiciorum, caeli* stürmisches Wetter]. **2. a**) (*bsd. pol.*) Umwälzung, Revolution, *oft pl.* [*magna rerum, comitiorum* stürmische Auftritte in]; **b**) Leidenschaft, Affekt, Aufregung, *auch* Bestürzung (*alcis u. animi; in -nes incidere*).

pĕrtŭrbātrīx, *īcĭs f* (°*pĕrtŭrbātŏr; pĕrtŭrbō*) „Verwirrerin" [*omnium rerum* die alles in Verwirrung bringt (*v. der neueren Akademie*)].

pĕrtŭrbātŭs 3 (*m. comp. u.* °*sup.*; *adv.* **-ē**) (*eigtl. P.P.P. v. pĕrtŭrbō*) **1.** verworren, wirr [*oratio, tempora* stürmisch, *perturbata cernere* wüste Traumgesichte, °*-e dicere*]. **2.** / bestürzt, außer Fassung (gebracht) [*homo metu -us, vultus* verstört].

▶**pĕr-tŭrbō** 1. **1.** ganz verwirren, in Unordnung bringen [*ordines*]; P. in Unordnung geraten [*oratio*]. **2.** / **a**) stören [*omnia, fortunas* die Glücksverhältnisse, *aetatum ordinem* die Zeitfolge, *pactiones bellicas periurio* verletzen]; *bsd.* (*pol.*) *etw.* beunruhigen [*provinciam, civitatem tumultu*]; **b**) aufregen, aus der Fassung bringen (*alqm u. animum alcis; re* durch *etw.*); P. sich verblüffen lassen [*animo; re* durch *etw., zB. clamore populi; de re* wegen *e-r* Sache; *prägn. m. indir. Frages.* = in der Bestürzung nicht wissen]. — *Cf. auch pĕrtŭrbātŭs.*

pĕr-tŭrpĭs, *ĕ* sehr unanständig.

pĕr-tūsŭs *P.P.P. v. pĕrtŭndō.*

pērŭlă, *ae f* (*demin. v. pērā*) (*vkl., nkl.*) kleiner Ranzen; / [= *uterus intumescens* einer Schwangeren].

pĕr-ŭngō, *ūnxī, ūnctŭm* 3. (*ūnctŭm?*) bestreichen *od.* einreiben, salben [*corpora oleo;* P. *m.* °*griech. acc., zB. perunctus faecibus ora*].

pĕr-ūrbānŭs 3 sehr fein, sehr witzig; (*pejorativ*) überhöflich.

pĕr-ŭrgĕō, *ŭrsī,* — 2. (*nkl.*) sehr zusetzen *od.* bedrängen (*alqm*).

pĕr-ūrō, *ŭssī, ŭstŭm* 3. (*ŭssī, ŭstŭm?*) **1.** (*nkl., dcht.*) ganz verbrennen *od.* versengen (*alqd, zB. ossa, agros, agrum* im Lande sengen *u.* brennen, *terra gelu perusta* vom Frost versengt, gefroren, *perustus solibus v.* der Sonnenglut gebräunt; / P. *m. griech. acc., zB. perustus funibus latus* in dessen Rücken sich die Knute eingebrannt hat). **2. a**) (*dcht.*) wund drücken *od.* reiben, entzünden [°*colla*]; **b**) (*nkl.*) brennend quälen [°*sitis alqm perurit*]; **c**) / (*v. Affekten*) entflammen, quälen [*peruri inani gloria* vor Begierde nach eitlem Ruhm; °*aestu amoris*]; *auch* (*dcht., nkl.*) erhitzen, zornig machen, aufbringen.

Pĕrŭsĭă, *ae f urspr. etr. St. östl. vom Trasimenischen See, 310 v.Chr. röm., im Perusinischen Krieg 41/40 auf Oktavians Befehl eingeäschert, j.* Perugia. — *Einw. u. adi.* **Pĕrŭsīnŭs** (3).

pĕr-ūtĭlĭs, *ĕ* (*adv.* °**-ĭtĕr**) sehr nützlich.

pĕr-vādō, *sī, sŭm* 3. **1.** durch *etw.* hindurchgehen, *etw.* durchdringen, sich über *od.* in *etw.* verbreiten, in *etw.* eindringen, *auch* / (*per alqd u. alqd, zB.* °*per aequa et iniqua loca, incendium per agros,* °*fama urbem, opinio animos gentium*). **2.** bis zu *e-m* Ziel gelangen *od.* kommen, *etw.* erreichen, *auch* / (*ad u. in alqd, zB.* °*ad castra, pars belli in Italiam*).

pĕrvăgātŭs 3 (*m. comp. u. sup.*) (*eigtl. part. pf. v. pĕrvăgŏr*) weit verbreitet, allbekannt [*fama, versus; res in vulgus -a*]; *bsd.* allgemein [*pars est pervagatior* hat eine weitere Ausdehnung].

pĕr-văgŏr 1. **1.** (*intr.*) **a**) umherschweifen [*omnibus in locis*]; **b**) / sich weit verbreiten: α) = überall bekannt werden; β) allgemein werden [*is honos nimium*]. **2.** (*trans.*) **a**) (*nkl.*) *etw.* durchschweifen, -wandern (*alqd, zB. domos suas*); **b**) / [*cupiditates hominum mentes* durchdringen, erfüllen]. *Cf. auch pĕrvăgātŭs.*

pĕr-văgŭs 3 (*dcht.*) überall umherschweifend.

pĕr-vărĭē *adv.* sehr mannigfaltig.

pĕr-vāsī *s. pĕrvādō.*

pĕr-vāstō 1. (*-ā-?*) (*nkl.*) völlig verwüsten, verheeren (*alqd, zB. agros*).

pĕr-vāsŭs *P.P.P. v. pĕrvādō.*

pĕr-vĕhō, *vēxī, vēctŭm* 3. **1. a**) (*Li.*) *etw.* (hin)durchführen, -fahren [*commeatum*]; **b**) (*mediopass.*) durchfahren, befahren [*freto Siciliae* über die Meerenge; °*Oceanum*]. **2. a**) (*nkl.*) *etw.* hinführen, -fahren, -bringen [*virgines Caere, alqm in caelum* versetzen, erheben]; **b**) (*mediopass.*) (*intr.*) hinfahren, -segeln, -kommen (*in u. ad alqd, zB. in portum;* / *ad exitus optatos* kommen).

pĕr-vĕllō, *vĕllī,* — 3. **1.** (*unkl.*) stark rupfen *od.* zupfen [*aurem alcis u. alci;* / *stomachum* stark reizen]. **2.** / **a**) kränken [*dolor od. fortuna alqm pervellit*]; **b**) scharf kritisieren [*ius nostrum civile*]; **c**) (*Se.*) aufrütteln.

▶**pĕr-vĕnĭō,** *vēnī, vēntŭm* 4. **1.** an ein Ziel (hin)kommen, glücklich ankommen, anlangen, *etw.* erreichen, *auch* / (*abs. od. ad alqm, zB. ad Prusiam; ad u. in alqd, zB. in castra, in urbem, ad urbem* in die Nähe der Stadt, *domum; oft auch v. Leblosem, zB. liber in manus hominum pervenit, epistula ad consulem, fama ad aures alcis, nuntius in castra,* °*ignis ad ossa*). **2.** / **a**) *in einen Zustand* kommen *od.* geraten (*in u. ad alqd, zB. in amicitiam od. familiaritatem alcis, in odium alcis jd.* verhaßt werden, *ad desperationem*); **b**) an ein Ziel kommen [*ad principatum, in od. ad regnum* auf den Thron kommen, *in senatum* zur Senatorenwürde, *ad nummos* zu Geld kommen, *ad nonagesimum annum, annona ad quinquaginta denarios* stieg bis, °*ira in rabiem* steigert sich zu]; *bsd. in der Rede* wohin kommen [*ad hunc locum* zu diesem Punkt der Erzählung]. **3.** (*v. Leblosem*) *jd.* zufallen *od.* zuteil werden (*ad alqm, zB. hereditas, pecunia, res ad paucitatem defensorum* die Verteidigung fällt wenigen anheim).

pĕr-vēnŏr 1. durchjagen; / (*Pl.*) [*totam urbem*].

pĕr-vēntŭm *P.P.P. v. pĕrvĕnĭō.*

pĕrvĕrsĭō, *ōnĭs f* (*pĕrvĕrsŭs*) (*unkl.*) Umdrehung, Verdrehung.

pĕrvĕrsĭtās, *ātĭs f* (*pĕrvĕrsŭs*) Verkehrtheit, Torheit [*hominum, opinionum*].

pĕrvĕrsŭs 3 (*m.* °*comp. u. sup.*; *adv.* **-ē**) (*eigtl. P.P.P. v. pĕrvĕrtō*) **1.** verkehrt, verdreht [*oculi* schielend];

°*comas induit -as* setzte die Perücke verkehrt auf]. **2.** / verkehrt, unrecht, falsch, widersinnig, töricht, *übh.* schlecht [*homo, sapientia,* °*mens, -e interpretari*]; (*Ve.*) *auch* mißgünstig [*Menalcas*].

pĕr-vĕrtō, *vertī, versŭm* 3 **1.** umkehren, umstürzen, umstoßen, umwerfen [*mensas, tecta,* °*rupes perversae v.* der Felswand abgestürzt]. **2.** / *etw.* vernichten, zugrunde richten, verderben (*alqd, zB.* °*civitatem, amicitiam,* °*mores, perverso more* gegen die Sitte, °*perverso numine* gegen den Willen der Götter; *auch alqm, zB. civem egregium,* °*se*).

pĕr-vĕspĕrī *adv.* sehr spät abends.

pĕrvĕstīgātiō, *ōnis f* (*pĕrvĕstīgō*) Forschung.

pĕr-vĕstīgō 1. ausspüren, *vom Jagdhund* [*omnia*]; / genau erforschen, auf die Spur kommen [*sacrilegium*].

pĕr-vĕtŭs, *gen. vĕtĕris u.* **pĕr-vĕtŭstŭs** 3 uralt.

pĕr-vĭām (?) *adv.* (*viă*) (*Pl. Aul.* 438) zugänglich.

pĕr-vĭcācĭă, *ae f* (*pĕrvĭcāx*) (*vkl., nkl.*) Beharrlichkeit; *klass. nur pejorativ* Hartnäckigkeit, Eigensinn.

pĕrvĭcāx, *ācis* (*m. comp. u. sup.*; *adv.* **-ĭtĕr**) (*wohl zu pĕrvĭncō* „bis zum Sieg durchhalten") (*nkl., dcht.*) beharrlich, unermüdlich, *v. Pers. u. Sachen* [*animus ad omnia; alcis rei* in *etw., zB. recti* im Guten]; *meist pejorativ* hartnäckig, eigensinnig (*alcis rei, zB. irae*); *auch* vermessen. **F.** *abl. sg. -ī*; *pl. neutr. -iă, gen. -iŭm.*

pĕr-vĭdĕō, *vīdī, vīsŭm* 2. **1.** (*dcht., nkl.*) überschauen, überblicken, mustern, *übh.* genau sehen *od.* betrachten [*omnia*]. **2.** / genau erkennen, gründlich untersuchen (*alqd; m. indir. Frages.*).

pĕr-vĭgĕō, *ŭī,* — 2. (*Ta.*) sehr stark sein (*re* durch *od.* in *etw., zB. opibus atque honoribus*).

pĕrvĭgĭl, *ĭlis* (*aus pĕrvĭgĭlō rückgebildet*) (*nkl., dcht.*) **1.** stets wachend, schlaflos. **2.** (*pass.*) durchwacht [*nox*].

pĕrvĭgĭlātĭō, *ōnis f* (*pĕrvĭgĭlō*) (religiöse) Nachtfeier.

pĕrvĭgĭlĭă, *ae f* (*pĕrvĭgĭl*) (*Iust.*) nächtliches Wachen.

pĕrvĭgĭlĭŭm, *ī n* (*pĕrvĭgĭl*) (*nkl.*) **1.** Nachtwache. **2.** religiöse Nachtfeier; ♀ *Vĕnĕris anonymer graziöser Hymnus auf die Liebesgöttin als nächtlicher Vorgesang zu ihrer Geburtsfeier, wohl aus dem 2. Jh. n. Chr.*: *Nachdichtung v. G. A. Bürger.*

pĕr-vĭgĭlō 1. (die Nacht) durchwachen [*noctem,* °*in armis;* °*nox pervigilata* durchwacht; °*Veneri* im Dienst der Venus].

pĕr-vīlĭs, *ĕ* (*nkl.*) sehr wohlfeil [*annona*].

pĕr-vĭncō, *vīcī, victŭm* 3. **1. a)** (*unkl.*) völlig besiegen (*alqm u. alqd*); **b)** / (*Ho.*) übertreffen (*alqd*); **c)** *intr.* (*Ta.*) völlig siegen. **2.** / **a)** (*abs.*) seine Meinung durchsetzen, recht behalten [*Cato pervicit*]; **b)** α) (*nkl.*) *jd. m.* Mühe zu *etw.* bewegen (*alqm m. ut, negativ auch m.* °*quin*); β) *etw.* erzwingen *od.* durchsetzen (*alqd, zB.* °*utraque*; *m. ut, ne, negativ auch m.* °*quin*); *auch* (*Lu.*) beweisen, nachweisen.

pĕr-vĭŭs 3 (*Hypost. aus pĕr vĭăm, sc. dūcĕrĕ*) **1. a)** gangbar, wegsam [*transitiones* Durchgänge, °*saltus,* °*aether* Weg durch die Luft, °*tellus* sich öffnend, °*tempora pervia facere* durchbohren; *alci u. alci rei* für *jd. od. etw., zB.* °*naves pugnantibus*]; **b)** *subst.* (*Pl., Ta.*) **-ŭm,** *ī n* Durchgang. **2.** / (*Pl., nkl.*) offen, zugänglich [*nihil ambitioni -um*].

pĕr-vīvō, *vīxī,* — 3. (*vkl.*) fortleben [*usque ad summam aetatem*].

pĕr-vŏlg... = *pĕrvŭlg...*

pĕrvŏlĭtō 1. (*intens. v. pĕrvŏlō*[1]) (*dcht., nkl.*) *etw.* durchfliegen, in *etw.* umherfliegen (*alqd*).

pĕr-vŏlō[1] 1. **1. a)** (*dcht.*) *etw.* durchfliegen (*alqd, zB. aedes*); **b)** / durcheilen [*sex milia passuum* im Fluge zurücklegen]. **2.** hinfliegen, hineilen [*in hanc sedem*].

pĕr-vŏlō[2], *vŏlŭī, vĕllĕ* gern wollen, sehr wünschen (*m. inf., auch mit bloßem coni.*); *auch in Tmesis.*

pĕrvŏlūtō 1. (*frequ. v. pĕrvŏlvō, eigtl.* „immer wieder aufrollen *od.* durchblättern") genau studieren [*alcis libros*].

pĕr-vŏlvō, *vŏlvī, vŏlūtŭm* 3. **1.** (*vkl., nkl.*) herumwälzen [*alqm in luto*]. **2.** / **a)** genau bekanntmachen *m. etw.* [*in iis locis*]; **b)** (*Ca.*) durchlesen.

pĕrvŏrs..., pĕrvŏrt... (*altl.*) = *pĕrvĕrs..., pĕrvĕrt...*

pĕr-vŭlgō 1. allgemein verbreiten: **1. a)** öffentlich bekanntmachen, veröffentlichen [*edictum, Hirtium* herausgeben]; **b)** *sē -ārĕ* (*bsd. v. Dirnen*) sich preisgeben [*omnibus*]. **2.** (*P.P.P.*) **pĕrvŭlgātŭs** 3 (*m.* °*comp. u.* °*sup.*; *adv.* °**-ē**) allbekannt [*maledicta in omnes u. apud omnes -a*]; *bsd.* gewöhnlich [*consolatio,* °*consuetudo*]. **3.** (*Lu.*) (*einen Ort*) häufig betreten, durchlaufen [*solis pervulgant lumina caelum*].

> **pēs**
> **1. a)** Fuß; **b)** Huf, Kralle, *pl.* Fänge *e-s Raubvogels*; (*an Möbeln*) Fuß; **2.** *meton.* **a)** Schritt, Gang; *pl.* Wettlauf; **b)** Segelschote; **c)** Fuß (*Längenmaß*); **d)** Verfuß.

pēs, *pĕdis m* (*cf.* πούς, *nhd.* „Fuß") **1. a)** Fuß *e-s Menschen od. Tieres* [*hominis, equi,* °*pedibus aeger od.* °*captus* gelähmt; *servus a pedibus* Bote, Laufbursche; *pedibus u.* °*pede* zu Fuß, als Fußgänger, zu Lande, *zB. ire, proficisci,* °*merere* bei der Infanterie dienen; °*pedibus in sententiam alcis ire* der Meinung *j-s* beitreten, *v. Senatoren*; *ad pedes alcis se proicere od. se abicere, se prosternere, ad pedes alci iacēre; ad pedes desilire* vom Pferd springen, *ad pedes* °*descendere u.* °*degredi* absitzen, °*equitem ad pedes deducere* absitzen lassen, °*pugna ad pedes venit* es entspinnt sich ein Kampf zu Fuß]; *pedem ponere in loco* seinen Fuß wohin setzen, *pedem ferre* gehen, kommen, *pedem inferre* eintreten, *pedem efferre* hinaustreten (*portā* den Fuß vor das Tor setzen); *pedem conferre mil.* handgemein werden, angreifen (*pede collato* Mann gegen Mann); *pedem referre od.* °*revocare* zurückweichen, sich zurückziehen; °*pedem trahere* hinken (*bsd. vom jambischen Vers*); (*sexuell*) *tollere -em od. -es* (*sc. ad concubitum*); *ante pedes* °*esse od. positum esse* vor Augen liegen, ganz nahe sein; *alqm ante pedes alcis constituere* vor *jd., ante pedes alcis* in *j-s* Gegenwart; *sub pedibus alcis esse* in der Gewalt *j-s*; °*sub pedibus esse* nicht beachtet, überwunden sein; *sprichw.*: *manibus pedibusque m.* aller Gewalt; °*pes secundus od.* °*felix,* °*dexter v.* glücklicher Ankunft *bsd. einer Gottheit*: °*pede secundo* helfend, gnädig; **b)** (*v. Tieren u. Sachen*): α) (*dcht.*) Huf; β) (*dcht.*) Kralle, *pl.* Fänge *eines Raubvogels*; γ) (*unkl.*) Fuß *an Tischen, Bänken, Betten u. a.*, Trage *an einer Sänfte*, unteres Ende *des Schinkens* [*pernae* Schinkenbein]. **2.** *meton.* **a)** Schritt, Tritt, Gang, Lauf, *meist dcht.* [°*pede presso* Schritt vor Schritt; / *v. der Zeit, zB.* °*aetas cito pede labitur*]; *bsd. pl.* °Wettlauf, Schnelligkeit der Füße [*pedum certamen, pedibus vincere*]; **b)** Tau *od.* Leine *am rechten u. linken Zipfel* des Pegels, Schote [*pedibus aequis u.* °*pede aequo navigare m.* gleichgespannten Tauen = vor dem Winde segeln; °*pedem facere* nur einen Winkel spannen, *m.* halbem Winde segeln]; **c)** Fuß *als Längenmaß* = *16 digiti* = *etwa 30 cm* [*murus viginti pedes altus, non pedem ab alqo discedere* sich keinen Fuß breit *v. jd.* entfernen, °*pede suo se metiri* sich nach seinem Maße *od.* nach seinen Kräften messen]; **d)** Versfuß [°*pedibus claudere senis alqd* im Hexameter dichten]; *bsd.* (*dcht.*) Versart, -maß [*Lesbius, Archilochi*]. — ****per pedes* (*apostolorum*) (*scherzh.*) zu Fuß (wie die Apostel). **F.** *gen. pl. pĕdŭm.*

pĕssĭmĭssĭmŭs 3 (*vereinzelter sup. zum sup. pĕssĭmŭs*) *s. mălŭs*[1].

▶ **pĕssĭmŭs** 3 *sup. v. mălŭs*[1].

Pĕssĭnūs, *ūntis f u.* (*selten*) *m* (Πεσσινοῦς) *urspr. phrygische St. in Galatien, Hauptsitz des Kultes der Kybele, deren hölzernes Standbild 204 v. Chr. nach Rom gebracht wurde, j. Ruinenstätte*; *adi.* **Pĕssĭnūntĭŭs** 3.

pĕssŭlŭs, *ī m* (*Lw.* ‹ πάσσαλος) (*Com., nkl.*) Riegel.

pĕssŭm *adv.* (*wohl* ‹ **pĕd-tŭm* = *altind.* páttum *zu altind.* pádyatē „fällt") **1.** (*unkl.*) zu Boden. **2.** / **a)** (*vkl., nkl.*) ~ *ire* zugrunde gehen, umkommen; **b)** *pĕssŭm dărĕ* (*auch zus.*) zugrunde richten, verderben (*m. acc., zB. civitates*; P. (*Sa.*) *ad inertiam pessum dari* hinabsinken zu).

pĕstĭ-fĕr, *fĕră, fĕrŭm* (*adv.* **-ē**) (*pĕstĭs, fĕrō*) verderblich, unheilvoll, schädlich [*vipera, reditus*].

pĕstĭlēns, *ēntis* (*m. comp. u. sup.*) (*pĕstis; Bildung unklar*) ungesund [*loca, annus*]; / verderblich, unheilvoll [*homo*].

F. *abl. sg.* -ī; *pl. neutr.* -ĭă, *gen.* -ĭŭm.

pĕstĭlĕntĭă, ae *f* (pĕstĭlēns) **1.** ungesunde Luft *od.* Witterung [autumni]; *meton.* ungesunde Gegend [pestilentiae possessor]. **2.** Pest, Seuche [gravis]; *auch* / (*Ca.*) Pest.

pĕstĭlĭtās, ātis *f* (pĕstĭlis, ĕ verpestet) (*Lu.*) = pĕstĭlĕntĭă.

▶ **pĕstĭs,** is *f* (*et. ungeklärt*) **1.** Pest, Seuche; *meton.* ungesunde Witterung. **2.** / **a**) Unglück, Verderben, Untergang [omnium bonorum, orbis terrarum; pestem depellere a re, °alci minitari; *pl.* °Gebrechen]; **b**) *meton.* Unheilstifter, Scheusal, Unhold(in) [hominum]; *pl.* / Peststoffe [pestes inclusae in re publica].
F. *abl. sg.* pĕstĕ.

pĕtăsātŭs 3 (pĕtăsŭs) im Reisehut, reisefertig.

pĕtăsō, ōnis *m* (*nach Varro gall. Fw.*) (*Ma.*) Schweinevorderschinken.

pĕtăsŭncŭlŭs, ī *m* (*demin. v.* pĕtăsō) (*Ju.*) kleiner Schinken.

pĕtăsŭs, ī *m* (*Fw.* ‹ πέτασος) (*Pl.*, *spätl.*) Reisehut.

pĕtaurŭm, ī *n* (*Fw.* ‹ πέταυρον) (*dcht.*, *nkl.*) Federbrett (*od. anderes Gerät*) *der Gaukler.*

pĕtĕssō, — — 3. (*intens. v.* pĕtō) (*klass. selten*) *etw.* erstreben (alqd, *zB.* °caelum durchdringen).

pĕtĭlŭs 3 (*vl. eigtl.* „weit sich ausbreitend *u.* daher dünn"; pĕtō) (*Pl.*) schmächtig, spärlich.

▶ **pĕtītĭō,** ōnis *f* (pĕtō) **1.** (*t.t. der Fechterspr.*) Angriff, Hieb *od.* Stoß; / alcis petitiones effugere; *meton.* Angriffsweise. **2. a**) (*nkl.*) das Ersuchen, Bitten um *etw.* (alcis rei, *zB.* indutiarum); **b**) (Amts-)Bewerbung [muneris um ein Amt, consulatūs; °de petitione desistere]; **c**) (*jur. t.t.*) gerichtlicher Anspruch, Klage *in einem Privatprozeß*; *meton.* Anspruchsrecht [cuius sit petitio]. — **petitio principii (*eigtl.* „Forderung des Beweisgrundes") Beweisfehler, der in der Benutzung eines unbewiesenen Satzes als Beweisgrund liegt.

pĕtītŏr, ōris *m* (pĕtō) **1.** (Amts-)Bewerber [consulatūs]. **2.** Kläger *in einem Privatprozeß.*

pĕtītŭrĭō, — — 4. (*desid. v.* pĕtō) sich um ein Amt bewerben wollen.

pĕtītŭs, ūs *m* (pĕtō) **1.** (*Lu.*) das Sichneigen [terrae zur Erde]. **2.** (*nkl.*) das Verlangen.

> **pĕtō**
> **1. a**) *einen Ort* aufsuchen, anstreben, ansteuern; **b**) angreifen, bedrohen; **c**) sich (bittend) an *jd.* wenden; **2. a**) *etw.* zu erlangen suchen, begehren; **b**) *etw.* fordern, erbitten; **c**) sich um *etw.* bewerben; **d**) *etw.* beanspruchen, *etw.* einklagen; **3.** *etw.* holen, entnehmen.

pĕtō, īvī (*u.* iī), ītŭm 3. (*eigtl.* „fliegen, eilen"; *cf.* pĕnnă; πέτομαι) *etw.* erstreben (alqd *u.* alqm; *m.* ut, ne): **1. a**) *einen Ort* aufsuchen, *nach einem Ort* eilen (laufen, segeln, steuern, fahren, ziehen) (alqd, *zB.* calidiora loca, continentem steuern nach, °Troiam classibus, °caelum pennis emporfliegen zu, °amnis campum petit ergießt sich in *od.* auf, °mons petit astra ragt empor zu; *dcht. auch* °alqm *jd.* nahen, *zB.* alqm amplexu umarmen); *auch eine Richtung od. einen Weg* einschlagen, nehmen [alium cursum]; **b**) (*feindl.*) *auf jd. od. auf etw.* losgehen, *jd. od. etw.* angreifen, *auch* / *jd.* bedrohen (alqm *u.* alqd, *zB.* Athenienses, alcis caput *od.* latus; *meist* alqm re, *zB.* armis, bos cornibus petit stößt, telis beschießen, bello bekriegen, lapidibus *m.* Steinen werfen nach, fraude et insidiis Betrug aufbieten gegen; P. petor es ist auf mich abgesehen, *zB.* lege alqs petitur ein Gesetz ist auf *jd.* gemünzt); **c**) (*vkl.*, *nkl.*) *jd.* bittend angehen, sich an *jd.* wenden [vos volo, vos peto atque obsecro]. **2.** *e-r* Sache nachgehen (alqd): **a**) *etw.* zu erlangen suchen, *etw.* begehren [alias sedes, praedam, amicitiam alcis, victoriam ex hostibus; re durch *etw.*, *zB.* salutem fugā sein Heil in der Flucht suchen, fundos calumniā litium; *m.* °*inf.*); °petitus 3 ersehnt, gewünscht [terra, socer]; *subst.* °**pĕtītă,** ōrŭm *n* das Erwünschte; **b**) *etw.* fordern, verlangen, (*milder*) *etw.* (sich) erbitten, *jd.* um *etw.* bitten (alqd *u.* alqd ab, *selten* ex alqo, *zB.* arma, veniam delicti omnibus precibus, auxilium a Lacedaemoniis, consilium ab amico sich Rat holen bei; °quae vir tuus petet, cave, ne neges; alci alqd *etw.* für *jd.*, *zB.* salutem sibi soli; pro alqo für *jd.*; de re; *m.* ut, ne, *selten m. bloßem coni.*; *m.* °*inf.*); **c**) sich um *etw.* bewerben, um *etw.* anhalten (alqd, *zB.* consulatum, praeturam a populo; *abs.* qui nunc petunt die jetzigen Bewerber); *auch* um *jd.* werben (alqm, *zB.* viros), *bsd.* um ein Mädchen anhalten *od.* (*dcht.*, *nkl.*) ein Mädchen zur Geliebten begehren [virginem; °petentes Bewerber, Freier; °petor ab alqo *u.* alci ich werde *v. jd.* umworben]; **d**) (*jur. t.t.*) (*in Privatsachen*) *etw.* beanspruchen, *etw.* einklagen, auf *etw.* klagen (alqd *u.* alqd ab alqo, *zB.* hereditatis possessionem, pecuniam apud praetorem); *bsd.* poenas ab alqo sich *v. jd.* Genugtuung verschaffen, *jd.* bestrafen (alcis rei für *od.* wegen *etw.*, *zB.* contumeliarum; sibi für sich); *abs.* is qui petit Kläger, is unde *od.* a quo petitur Beklagter. **3.** *etw.* holen (alqd, *zB.* pabulum, aquam, aggerem Schutt, vallum Palisaden, cochleas auflesen, °gemitūs alto de corde tief aufseufzen); / hernehmen, entnehmen, entlehnen (alqd ab alqo *od.* ab, *auch* ex re, *zB.* exemplum alcis rei ab alqo an *jd.* sich ein Beispiel in *etw.* nehmen, exempla a Graecis, doloris oblivionem a litteris schöpfen aus, prooemium longe *od.* °causas ex alto weit herholen).
F. *pf.-Formen synk.*: pĕtīssĕ(m) = pĕtīvīssĕ(m), pĕtīstī = pĕtīvīstī *u.ä.*; *dcht. bisw.* pĕtī = pĕtīī, pĕtīt = pĕtīīt.

pĕtŏrrītŭm, ī *n* (*wohl gall. Fw.*, *eigtl.* „Vierrad"; *cf.* quăttŭŏr, *rŏtă) (*unkl.*) offener vierrädriger Wagen, Kutsche.

pĕtră, ae *f* (*Fw.* ‹ πέτρα) (*vkl.*, *nkl.*) Fels, Stein.

pĕtrō, ōnis *m* (*wohl etr. Lw.*) (*Pl.*) alter Hammel.

Pĕtrōnĭŭs Ărbĭtĕr *Günstling Neros* (ărbĭtĕr [*sc.* ēlĕgăntĭae] „Schiedsrichter des guten Geschmacks"), *wahrsch. Vfssr. des tw. erhaltenen erotisch-satirischen Romans „Satyricon" (od. „Satirae") m. der ber. Cena Trimalchionis* (Gastmahl des Tr.); *wichtigste Quelle für die Kenntnis des Vulgärlateins.*

pĕtŭlāns, āntis (*m.* °*comp. u.* °*sup.*; *adv.* **-āntĕr**) (*eigtl. part. praes. zu* pĕtŭlŭs „darauf losgehend"; pĕtō) ausgelassen, mutwillig, frech, frivol, *v. Pers. u. Sachen* [°petulantius contrectare].
F. *abl. sg.* -ī (*u.* -ĕ); *pl. neutr.* -ĭă, *gen.* -ĭŭm.

pĕtŭlāntĭă, ae *f* (pĕtŭlāns) Ausgelassenheit, Frechheit, Leichtfertigkeit (alcis *u.* alcis rei, *zB.* °feminarum, linguae).

pĕtŭlcŭs 3 (pĕtō) (*nkl.*, *dcht.*) stößig [haedus].

pĕtŭlŭs 3 *schlechte Schreibweise für* pĕtĭlŭs.

pĕxātŭs 3 (pĕxŭs) (*Ma.*) in e-m Kleid aus reiner Wolle.

pĕxī *s.* pĕctō.

pĕxŭs 3 *s.* pĕctō.

Phaeāx, ăcis *meist pl.* **Phaeācĕs,** ŭm *m* (Φαίακες) *sagenhafte Bewohner der Insel Scheria, durch Gastfreiheit u. üppiges Leben bekannt; als appell.* = Lebemann. *Cf.* V.-B. III, 1, e. — *adi.* **Phaeācĭŭs** *u.* **Phaeācŭs** 3; *subst.* **Phaeācĭă,** ae *f* Phäakenland (Korkyra).

phaecăsĭă, ōrŭm *n* (*Fw.* ‹ φαικάσια) (*nkl.*) weiße Schuhe *der Priester in Athen*; *adi.* -sĭātŭs 3 *m.* weißen Schuhen.

Phaedōn, ōnis *m* (Φαίδων) *aus Elis, Anhänger des Sokrates; nach ihm benannte Plato seinen Dialog über die Unsterblichkeit der Seele.*

Phaedră, ae *f* (*vereinzelt* -ā) (Φαίδρα) *T. des K. Minos v. Kreta, Gemahlin des Theseus*; *s.* Hippŏlȳtŭs.

Phaedrŭs, ī *m* (Φαῖδρος) **1.** *Schüler des Sokrates*; *Titel e-s Platonischen Dialogs.* **2.** *epikureischer Philosoph zu Athen, Freund des Atticus u. Ciceros.* **3.** *röm. Fabeldichter, Freigelassener des Augustus.*

Phăĕthōn, ŏntis *m* (Φαέθων „der Leuchtende") **1.** *Beiname des Sonnengottes.* **2.** *S. des Helios (lat.* Sōl*), der unglückliche Lenker des Sonnenwagens, der die Erde in Brand setzte u. vom Blitz des Zeus erschlagen wurde*; *adi.* **Phăĕthŏntēŭs** 3 (*fem. auch* °**Phăĕthŏntĭs,** ĭdis; volucris Schwan; gutta Bernstein); *subst.* **Phăĕthŏntĭădĕs,** ŭm *f* Schwestern des Phaethon, *Töchter des Sonnengottes* = Hēlĭădĕs, *in Erlen od. Pappeln, ihre Tränen in Bernstein verwandelt.*
F. *Cf.* V.-B. III, 1, b.

phăgĕr, grī *m* (*Lw.* ‹ φάγρος) (*dcht.*, *nkl.*) *unbekannter Fisch.*

phălăngă, ae *f* (*Lw.* ‹ φαλάγγη) Walze, Rolle.

phălăngītēs, ae *m* (*Fw.* ‹ φαλαγγίτης) (*nkl.*) Soldat einer Phalanx, Schwerbewaffneter.

phălānx, *ăngĭs f* (*Fw.* ‹ φάλαγξ) *mil.* Phalanx: **1.** (*Ve.*) Schlachtreihe, Heer. **2. a)** (*nkl.*) geschlossene Schlachtfront *der Athener u. der Spartaner*; **b)** (*nkl.*) Schlachtordnung *der makedonischen Schwerbewaffneten*; **c)** *viereckige* Schlachtordnung *der Germanen u. Gallier* [*phalange facta* in dichtgeschlossenen Gliedern]. *Cf.* V.-B. III, 1, b *u.* e.

phălārĭcă, *ae f* = *fălārĭcă.*

Phălărĭs, *ĭdĭs m* (Φάλαρις) *grausamer Tyrann v. Akragas* (*lat.* Ăgrĭgēntŭm) *in Sizilien um 560 v.Chr., berüchtigt durch seinen ehernen Stier, cf. Pĕrĭllŭs.*
F. *acc. Phălărĭm, abl. -ī u. -ĭdĕ; cf.* V.-B. III, 4, b.

phălĕrae, *ārŭm f* (*Fw.* ‹ τὰ φάλαρα) *urspr. Metallbeschläge a. Helm u. Pferdegeschirr, später runde Metallplatten m. getriebenen Reliefs*: **1.** militärische Auszeichnung, *auf der Brust getragen* (*meist 9*). **2.** (*dcht., nkl.*) Pferdeschmuck *an Stirn u. Brust* (*bsd. Backenstücke*). **3.** / (*Pers.*) der äußerliche Schmuck.

phălĕrātŭs 3 (*phălĕrae*) **1.** (*nkl., dcht.*) *m.* Brustschmuck geziert, *bsd. mil.* equus. **2.** / (*Te.*) schönklingend [*dicta*].

Phălērŭm, *ī n* (Φάληρον) *ältester Hafen v. Athen u. att. Demos*; *adi.* **Phălērĭcŭs** 3; *Einw.* **Phălērĕŭs** *u.* (*als Beiname des Dēmētrĭŭs, s.d.*) **Phălērĕŭs**, *ĕī u. ĕŏs m.*

Phănae, *ārŭm f* (Φαναί) *Südspitze v. Chios*; *adi.* **Phănaeŭs** 3 [*rex* der königliche Wein *v.* Chios].

phăntăsĭă, *ae f* (*Fw.* ‹ φαντασία) (*nkl.*) Gedanke, Einfall.

phăntăsmă, *ătĭs n* (*Fw.* ‹ φάντασμα) (*nkl., spätl.*) **1.** Gespenst. **2.** Vorstellung; Trugbild.

Phăntăsŭs, *ī m* (*Φάντασος) (*Ov.*) *Traumgott.*

Phăōn, *ōnĭs m* (Φάων) *Fährmann aus Lesbos, der Saphos Liebe verschmähte*; *sprichw.* kaltherziger Geliebter.

phărĕtră, *ae f* (*Fw.* ‹ φαρέτρα) (*nkl., dcht.*) Köcher.

phărĕtrātŭs 3 (*phărĕtră*) (*dcht.*) köchertragend [*puer* = Eros (*lat.* Cŭpīdō), *virgo* = Artemis (*lat.* Dīānă)].

Phărītae, Phărĭŭs, *s. Phărŭs.*

****phărmăcĭă**, *ae f* (*Fw.* ‹ φαρμακεία) Gebrauch *v.* Heilmitteln, Giften *od.* Zaubermitteln; Arznei.

phărmăcŏpōlă, *ae f* (*Fw.* ‹ φαρμακοπώλης) Zaubertrankhändler, Apotheker, Quacksalber.

Phărsālŭs *u.* **-ŏs**, *ī f* (Φάρσαλος) *St. i. Thessalien, j.* Farsala (*Sieg Cäsars über Pompeius 48 v. Chr.*); — *adi.* **Phărsālĭcŭs** *u.* **Phărsālĭŭs** 3; *subst.* **Phărsālĭa**, *ae f* Gebiet *v.* Pharsalus.

Phărŭs *u.* °**-ŏs**, *ī f* (Φάρος) *ehemalige kleine Insel vor der Hafeneinfahrt v. Alexandreia i. Ägypten*; *an seiner Ostspitze stand der v. dem Architekten Sostratos* (*unter Ptolemaios II.*) *279 v.Chr. vollendete gleichnamige Signalturm* (*fälschlich als Leuchtturm bezeichnet*; *er diente zur Orientierung bei Tage*); *er war eines der 7 Weltwunder. Cf.* V.-B. II, 1. *Einw* **Phărītae**, *ārŭm m*; *adi.* **Phărĭŭs** 3, *übh.* = ägyptisch.

phăsēlŭs *u.* °**-ŏs**, *ī m u. f* (*Fw.* ‹ φάσηλος, *urspr. Mittelmeerwanderwort*) **1.** (*dcht., nkl.*) *eßbare* Schwertbohne. **2.** / leichtes Schiff, Kahn. *Cf.* V.-B. II, 1.

Phāsĭs, *ĭdĭs u.* °*ĭdŏs* (Φᾶσις) *m Fl. i. Kolchis, südl. v. Kaukasus, j.* Rioni; *f griech. Handelskolonie*; — *adi.* **Phāsĭăcŭs** *u.* **Phāsĭānŭs** 3 *übh.* °kolchisch (*fem. auch* °**Phāsĭs**, *ĭdĭs u.* °**Phāsĭăs**, *ădĭs*; *als subst.* = °Kolcherin, *bsd.* Medea); *subst.* **phāsĭānŭs**, *ī m* (*sc. găllŭs*) (*nkl.*) Fasan.
F. *acc. Phāsĭm u.* °*-ĭn*, °*-ĭdĕm*; *abl. -ī u. -ĭdĕ. Cf.* V.-B. III, 1, a *u.* 4, b; III, 5.

phăsmă, *ătĭs n* (*Fw.* ‹ φάσμα) Erscheinung, Gespenst; ♀ (*Te.*) *Titel einer Komödie des Menander u.* (*Ju.*) *eines Gedichts v. Catull.*

phĕngītēs, *ae m* (*Fw.* φεγγίτης) (*nkl.*) Glimmer.

Phĕrĕcrătēs, *ĭs m* (Φερεκράτης) *Dichter der älteren att. Komödie*; *nach ihm heißt die katalektische Abart des Glyconeus* **Phĕrĕcrătīŭs** 3 pherekrateisch. *Cf.* V.-B. III, 3 *u.* 5.

phĭălă, *ae f* (*Fw.* ‹ φιάλη) (*nkl., dcht.*) Trinkschale.

Phīdĭās, *ae m* (Φειδίας) *größter Bildhauer der Griechen u. Erzgießer zur Zeit des Perikles*; *adi.* **-ĭăcŭs** 3. *Cf.* V.-B. I, 3.

phĭlēmă, *ătĭs n* (*Fw.* ‹ φίλημα) (*Lu.*) [Kuß; Kußmund.]

Phĭlēmō(n), *ŏnĭs m* (Φιλήμων) **1.** *alter Landmann in Phrygien, m. seiner Gattin Baukis wegen ihrer gastfreundlichen Gesinnung v. d. Sintflut verschont.* **2.** *Dichter der neueren attischen Komödie, Zeitgenosse des Menander, Vorbild des Plautus* (*Mercator, Mostellaria, Trinummus*).

Phĭlĭppī, *ōrŭm m* (Φίλιπποι) *griech. St. i. Makedonien, v. Philipp II. befestigt u. nach ihm umbenannt* (*Sieg über die Cäsarmörder Brutus u. Cassius 42 v.Chr.*); *adi.* **Phĭlĭppēŭs** *u.* **-ĭŭs** 3, **Phĭlĭppēnsĭs**, *ĕ.*

Phĭlĭppŭs, *ī m* (Φίλιππος) *Name makedonischer Könige*; *bsd.* **1. Philippus II.**, *V. Alexanders d. Gr., der 359—336 v.Chr. regierte*; *meton.* (*dcht.*) *Goldmünze m. dem Bild Philipps im Wert v. 20 Dareiken*; *adi.* **Phĭlĭppēŭs** 3 [*nummus*] *u.* **Phĭlĭppĭcŭs** 3 [*orationes Philippicae* die Reden *des Demosthenes* gegen Philipp, *auch* die Reden *Ciceros gegen Antonius*]. **2. Philippus V.**, *im Krieg m. den Römern 197 v.Chr. v. T. Quinctius Flamininus bei Cynoscephalae* (Κυνὸς κεφαλαί) *besiegt.*

phĭlĭtĭă, *ōrŭm n* (*Fw.* ‹ φιλίτια, *eigtl.* „Liebesmahle"), gemeinsame Mahlzeiten *der Spartiaten.*

Phĭlŏctētă *u.* **-ēs**, *ae m* (Φιλοκτήτης) *ber. Bogenschütze, Gefährte des Herakles, wurde auf dem Zug gegen Troja wegen e-r eiternden Wunde infolge e-s Schlangenbisses auf Lemnos zurückgelassen, im zehnten Jahr aber nach Troja geholt u. von Machaon geheilt*; *darauf tötete er Paris m. einem Pfeil des Herakles*; *adi.* **-tēaeŭs** 3. *Cf.* V.-B. I, 2.

Phĭlŏdēmŭs, *ī m* (Φιλόδημος) *aus Gadara in Palästina, ber. Epikureer u. geschmackvoller Dichter* (*bsd. v. Epigrammen*) *zu Ciceros Zeit*; *mehrere seiner Schriften unter den in Herculaneum entdeckten Papyrusrollen in der Bibliothek seines Gönners Piso.*

phĭlŏlŏgĭă, *ae f* (*Fw.* ‹ φιλολογία) **1.** Gelehrsamkeit, literarische Studien, wissenschaftliches Streben. **2.** (*Se.*) Philologie.

phĭlŏlŏgŭs, *ī m* (*Fw.* ‹ φιλόλογος) **1.** Gelehrter, Literat. **2.** (*Se.*) Philologe.

Phĭlŏmēlă, *ae f* (Φιλομήλη) *Schwester der Prokne, v. ihrem Schwager Tereus vergewaltigt, in eine Nachtigall verwandelt*; *meton.* (*Ve.*) Nachtigall.

▶ **phĭlŏsŏphĭă**, *ae f* (*Fw.* ‹ φιλοσοφία, *eigtl.* „Liebe zur Weisheit") **1.** Philosophie. **2.** *meton.* **a)** (*Ne.*) philosophischer Gegenstand, philosophisches Problem; **b)** *pl.* philosophische Schulen.

phĭlŏsŏphŏr 1. (*denom. v. phĭlŏsŏphŭs*) philosophieren; *übh.* nachdenken, forschen, grübeln.

▶ **phĭlŏsŏphŭs** (*Fw.* ‹ φιλόσοφος) **1.** *adi.* 3 philosophisch [*scriptiones*]. **2.** *subst.* **a)** **-ŭs**, *ī m* Philosoph; **Gelehrter; **b)** **-ă**, *ae f* Philosophin.

phĭltrŭm, *ī n* (*Fw.* ‹ φίλτρον) (*dcht., nkl.*) Liebestrank.

phĭlўră, *ae f* (*Fw.* ‹ φιλύρα Linde) (*nkl., dcht.*) Linde; Lindenbast.

phīmŭs, *ī m* (*Fw.* ‹ φιμός) (*Ho.*) Würfelbecher.

Phĭntĭās, *ae m* (Φιντίας) *Pythagoreer i. Syrakus, Freund des Damon.*

Phlĕgĕthōn, *ŏntĭs m* (φλεγέθων brennend) Feuerstrom, *Fl. der Unterwelt* = *Pўrĭphlĕgĕthōn*; *adi.* **Phlĕgĕthŏntĭs**, *ĭdĭs f.*

Phlĕgraeī cămpī **1.** *Gegend bei Phlĕgră* (Φλέγρα) *in Makedonien, wo* Zeus *die Giganten überwältigte.* **2.** *vulkanisches Gebiet w. v. Neapel.*

phōcă, *ae u.* **-ē**, *ēs f* (*Fw.* ‹ φώκη) (*nkl., dcht.*) Seehund, Robbe.

Phōcaeă, *ae f* (Φώκαια) *Seest. i. Ionien, Lesbos gegenüber, Mutterst. v. Massilia*; *adi.* **Phōcăĭcŭs** 3; *Einw.* **Phōcaeēnsēs** *u.* °**Phōcēnsēs**, *ĭŭm, auch* °**Phōcaeī**, *ōrŭm m.*

Phōcĭs, *ĭdĭs u. ĭdŏs f* (Φωκίς) *Ldsch. i. Mittelgriechenland m. dem Orakelort Delphi.* (*Cf.* V.-B. III, 4, b). — *Einw.* **Phōcēnsēs**, *ĭŭm u.* **Phōcĭī**, *ōrŭm, auch sg.* °**Phōcĕŭs**, *ĕī u.* °*ĕŏs m* (*cf.* V.-B. II, 3); *adi.* **Phōcăĭcŭs** *u.* **Phōcēŭs** 3.

Phoebē, *ēs f* (Φοίβη die Leuchtende, *cf.* Phoebŭs) *Beiname der Artemis* (*lat.* Dīānă) *als Mondgöttin*; *meton.* °Mondnacht.

Phoebĭ-gĕnă, *ae m* (*gĭgnō*) (*Ve.*) *S. des Phoibos* (*lat.* Phoebŭs) = Asklepios (*lat.* Aescŭlāpĭŭs).

phoebŭs 3 (*Fw.* ‹ φοῖβος) (*Pl.*) rein, leuchtend (?).

Phoebŭs, *ī m* (Φοῖβος der Leuchtende) (*dcht.*) **1.** *Kultname* Apollos *als Sonnengott.* **2.** *meton.* **a)** Sonne [*sub utroque Phoebo* = im Osten *u.* Westen]; **b)** Lorbeer; — *adi.* **Phoebēïūs** *u.* **Phoebēūs** 3 des Phöbus [*ales* Rabe, *lampas* Sonne, *iuvenis* Askulap als Sohn, *ars* Heilkunst, *virgo* Daphne, *Rhodus* dem Phöbus geweiht, *ignes* Strahlen der Sonne, *sortes* Orakel]; *subst.* °**Phoebăs,** *ădīs f* Priesterin Apollos.

Phoenīcē, ēs *u.* **-ă,** *ae f* (*Φοινίκη*) Phönikien *m. den Hauptstädten Tyros u. Sidon. Cf.* V.-B. I, 1. *Einw.* **Phoenīx,** *īcīs m, meist pl.* **Phoenīcēs,** *ŭm m* (*Φοίνικες* = „Purpurhändler", *v. φοίνιος u. φοῖνιξ* „rot") Phöniker, Punier, *ber. durch Schiffahrt, Handel u. Industrie* (*Purpurfärberei*); *fem.* **Phoenīssă,** *ae* Phönikerin, Punierin (*bsd.* = Dido; *pl. Titel einer Tragödie des Euripides*); *adi.* **Phoenīcĭūs** 3 (*fem. auch* °**Phoenīssă**).

phoenīcŏptĕrŭs, *ī m* (*gen. pl. -ōrŭm u. -ŭm*) (*Fw.* ‹ *φοινικόπτερος*) (*dcht., nkl.*) Flamingo.

Phoenīssă, *ae f s. Phoenīcē.*

phoenīx, *icīs m* (*Fw.* ‹ *φοῖνιξ, φοίνιξ*) (*nkl., dcht.*) der Phönix (*ägyptischer Wundervogel, der nach der Sage nach einem Leben v. 500 Jahren sich selbst verbrennt u. in seinem Nest verjüngt emporsteigt = das Symbol der ewigen Erneuerung. Cf.* V.-B. III, 1, b. — *EN* ♀ **1.** *Vater der Europa.* **2.** *Berater u. Freund Achills.* **3.** Phöniker *s. Phoenīcē.*

phōnăscŭs, *ī m* (*Fw.* ‹ *φωνασκός*) (*nkl.*) Gesang- *u.* Deklamationslehrer.

Phŏrcŭs, *ī* (*Φόρκος*) *u.* **Phŏrcȳs,** *cȳīs m* (*Φόρκυς*) *Meeresgottheit, V. der Graien u. Gorgonen; adi.* °**Phŏrcĭs,** *īdīs u. īdŏs f, als subst. T. des* Ph. = °**Phŏrcȳnĭs,** *īdīs u. īdŏs f eine der Graien od. Gorgonen* (*bsd.* Medusa, *auch* Medusenhaupt). *Cf.* V.-B. III, 1, a, b, e.

Phŏrmĭō, *ōnīs m* (*Φορμίων*) **1.** *ein Peripatetiker, der Hannibal schulmäßig über die Kriegskunst belehren wollte; daher als appell.* = ein Mensch, der über Dinge redet, von denen er nichts versteht. **2.** *Parasit im „Phormio" des Terenz.*

phrăsĭs, *īs f* (*Fw.* ‹ *φράσις*) (*nkl.*) rednerischer Ausdruck, Diktion (*acc. sg. -īm u. -īn, abl. -ī*).

phrĕnēsĭs, *īs f* (*Fw.* ‹ **φρένησις*) (*nkl.*) Wahnsinn, Geisteskrankheit.

phrĕnētĭcŭs 3 (*Fw.* ‹ *φρενητικός*) (*nkl.*) geisteskrank, wahnsinnig; *klass. auch subst. m.*

Phrīxŭs *u.* **-ŏs,** *ī m* (*Φρίξος*) *s. Hellē, adi.* °**Phrīxēūs** 3.

Phrȳgĭă, *ae f* (*Φρυγία*) Phrygien, *das Innere des westl. Kleinasiens* (*Groß-Phrygien*) *u. die Südküste des Hellesponts u. der Propontis* (*Klein-Phrygien*), *beide durch Mysien getrennt; — Einw.* **Phrȳx,** *Phrȳgīs m, meist pl.* **Phrȳgēs,** *ŭm* (*Φρύγες*) Phrygier, *thrakisches Volk, um 1200 v.Chr. aus der Balkanhalbinsel eingewandert; sie galten als Erfinder der Tuchstickerei; dcht.* = Trojaner (*bsd.* Äneas), *auch* °Priester der Kybele (*cf.* V.-B. III, 1, b *u.* e); *adi.* **Phrȳgĭūs** 3 phrygisch, *dcht.* trojanisch *od.* asiatisch, weichlich [°*mater* = Kybele, °*pastor* = Paris, °*vates* = Helenos, °*tyrannus* = Laomedon, °*vestis u.* °*chlamys* kunstvoll gestickt]; *subst.* °**Phrygiae** *f* Trojanerinnen; **phrȳgĭō,** *ōnīs m* (*Pl.*) Tuch-, Goldsticker.

Phrȳnē, ēs *f* (*φρύνη* Kröte; *Spitzname f. Hetären*) **1.** *eine durch Schönheit ber. Hetäre des 4. Jh. v.Chr. zu Athen* (*eigtl. Mnēsărĕtē aus Thespiä*), *angeblich Modell für die Aphrodite v. Knidos des Praxiteles u. die Aphr. Anadyomene des Apelles.* **2.** *als appell.* (*dcht.*) **a)** Freudenmädchen; **b)** Kupplerin.

Phrȳx, *Phrȳgīs, m s. Phrȳgĭă.*

Phthĭă, *ae f* (*besser: Pthĭă usw.*) (*Φθία*) *St. im südl. Thessalien, Geburtsort Achills; adi.* **Phthĭōtĭcŭs** *und* °**Phthĭūs** 3 [°*rex* = Peleus, °*vir* = Achill]; *subst.* **Phthĭōtēs,** *ae m* Mann aus Phthia (*cf.* V.-B. I, 2); °**Phthĭăs,** *ădīs f* Frau aus Phthia; °**Phthĭōtĭs,** *īdīs f* (*Φθιῶτις*) *die Ldsch., in der man die homerische Φθία lokalisierte.*

F. *acc. -īm u.* °*-īdĕm, abl. -ī u. -īdĕ; cf.* V.-B. III, 4, b.

phthīsĭcŭs, *ī m* (*besser: pthīsĭcŭs*) (*Fw.* ‹ *φθισικός*) (*nkl.*) ein Schwindsüchtiger.

phthīsĭs, *īs f* (*besser: pthīsīs*) (*acc. -īn*) (*Fw.* ‹ *φθίσις*) (*nkl*) Schwindsucht.

phȳ *int.* (*Fw.* ‹ *φῦ; cf. fū*) (*Te.*) pfui!

phȳlăcă, *ae f* (*Lw.* ‹ *φυλακή*) (*Pl.*) Gefängnis.

phȳlăcĭstă, *ae m* (*Fw.* ‹ *φυλακιστής*) (*Pl. Aul. 518*) Kerkermeister (*scherzh. v. e-m mahnenden Gläubiger*) (?) *cf. thȳlăcĭstă.*

phȳlărchŭs, *ī m* (*Fw.* ‹ *φύλαρχος*) Stammesfürst [*Arabum*].

phȳsĭcŭs (*adv.* **-ē** nach Art der Physiker) (*Fw.* ‹ *φυσικός*) **1.** *adi.* 3 die Natur betreffend, physikalisch, physisch [*ratio* aus der Physik]. **2.** *subst.* **a) -ŭs,** *ī m* Physiker, Naturforscher, -philosoph; **b) -ă,** *ae f u.* *ōrŭm n* Physik, Naturlehre, -philosophie.

phȳsĭŏgnōmōn, *ŏnīs m* (*Fw.* ‹ *φυσιογνώμων*) Beurteiler der Charaktere der Menschen aus ihren Gesichtszügen, Kenner der Physiognomie.

phȳsĭŏlŏgĭă, *ae f* (*Fw.* ‹ *φυσιολογία*) Naturkunde, Naturphilosophie.

pĭābĭlĭs, *ĕ* (*pī-?; pĭō*) (*Ov.*) sühnbar [*fulmen*].

pĭăcŭlārĭs, *ĕ* (*pī-?; pĭăcŭlŭm*) (*vkl., nkl.*) sühnend, Sühn... [*sacrificia* Sühnopfer = *subst.* **-ārĭă,** *ĭŭm n* (*Li.*)].

pĭăcŭlŭm, *ī n* (*pī-; pĭō*) **1.** Sühnmittel, *bsd.* Sühnopfer (*alcis rei* für *etw., zB.* °*rupti foederis*), *auch* (*dcht.*) Sühngebet; *übh.* Sühnung, Reinigung, (*dcht.*) Heilmittel. **2.** *meton.* (*nkl., dcht.*) **a)** Sühne, Strafe [~ *exigere ab alqo*]; **b)** Schuld, Vergehen [~ *committere od. mereri od. sibi contrahere* begehen, auf sich laden; ~ est (*Pl.*) es wäre eine Torheit].

pĭāmĕn, *īnīs n* (*Ov.*) *u.* **-mĕntŭm,** *ī n* (*nkl.*) (*pī-?; pĭō*) = *pĭăcŭlŭm.*

pīcă, *ae f* (*pīcŭs*[1]) (*unkl.*) Elster.

pĭcārĭă, *ae f* (*pĭx*) Pechhütte, Teerofen.

pĭcātŭs 3 (*pĭcō*) (*nkl., dcht.*) verpicht; *m.* Pech gewürzt, nach Pech schmeckend.

pĭcĕă, *ae f* (*pĭcĕŭs*) (*dcht., nkl.*) Pechföhre, Kiefer.

Pīcēnŭm, *ī n Ldsch. Mittelitaliens am Adriatischen Meer, südl. v. Ancona; adi.* **Pīcēnŭs** 3 *u.* **Pīcēns,** *ĕntīs* [*ager*]; *Einw.* **Pīcĕntēs,** *ĭŭm u.* °*ŭm m, vl. eigtl.* „Spechtjungen" *nach ihrem Totem; cf. Pīcŭs.*

pĭcĕŭs 3 (*pĭx*) (*dcht., nkl.*) aus *od. v.* Pech [*flumen* rinnendes Pech]; / pechschwarz [*nubes, lumen* qualmend].

pĭcō 1. (*denom. v. pĭx*) (*unkl.*) verpichen, *m.* Pech bestreichen.

Pīctŏnēs, *ŭm m kelt. Volk im heutigen Poitou.*

pīctŏr, *ōrīs m* (*pĭngō*) Maler; ♀ *cogn. in der gēns Făbĭă* (*cf. Făbĭŭs*).

pīctūră, *ae f* (*pĭngō*) **1. a)** Malerei; *auch* (*nkl.*) das Zeichnen [*linearis*]; das Sticken [*textilis*]; **b)** (*Pl.*) das Schminken. **2.** *meton.* (*concr.*) Gemälde; *auch* Stickerei [*textilis*], °Zeichnung. **3.** / Malerei in der Rede, Ausmalung [*virtutum*]; (*Pl.*) Beschreibung.

pīctūrātŭs 3 (*pīctūră*) (*Ve.*) *m.* Stickerei verziert, gestickt.

pīctŭs 3 *s. pĭngō.*

pīcŭs,[1] *ī m* (*cf. nhd.* „Specht") (*unkl.*) Specht.

pīcŭs[2], *ī m* (*vl. zu dor. Φίξ = Σφίγξ*) (*Pl.*) Vogel Greif.

Pīcŭs, *ī m sagenh. it. K., S. des Saturnus, V. des Faunus, v. Kirke, deren Liebe er verschmähte, in einen Specht verwandelt; vl. urspr. tiergestaltiger röm. Walddämon, in dem die Picenter ihren Ahnherrn sahen.*

Pĭĕrĭă, *ae f* (*Πιερία*) *makedonische Ldsch. nordöstl. vom Olymp, Heimat des Orpheus u. Lieblingssitz der Musen;* **Pĭĕrŏs** *u.* **-ŭs,** *ī m* (*Πίερος*) *ein makedonischer Fürst, der seinen neun Töchtern Musennamen gab od. V. der neun Musen; nach einer anderen Version wurden die Töchter, v. den Musen im Gesang besiegt, in Elstern verwandelt; patron.* °**Pĭĕrĭdēs,** *ŭm f* (*Πιερίδες*) (*sg. -rĭs, īdĭs*) Töchter des Pieros *od.* die Musen; *cf.* V.-B. III, 1, b *u.* e; III, 4, b *u.* 5); *adi.* °**Pĭĕrĭŭs** 3 pierisch, *auch* dichterisch [*modi, via* Dichtkunst]; thessalisch; *subst.* °**Pĭĕrĭae,** *ārŭm f* die Musen.

▶ **pĭĕtās,** *ātīs f* (*pī-?; pĭŭs*) **1.** fromme Gesinnung, dankbare Liebe, Pflichtgefühl, Pietät (*in u. erga alqm, zB. in deos, in patriam, erga parentes*): **a)** (*gegen die Götter*) Frömmigkeit; **b)** (*gegen Eltern u. Familie*) kindliche Liebe *od.* Dankbarkeit, Bruder-, Schwester-, Geschwisterliebe, Familiensinn; **c)** (*gegen Freunde u. Wohltäter*) Freundesliebe, Anhänglichkeit, Treue; **d)** (*gegen das Vaterland*) Vaterlandsliebe, patriotische Gesinnung. **2.** (*dcht.*) Gerechtigkeit der Götter [*si qua caelo est* ~]. **3.** (*dcht., nkl.*) Milde, Sanftmut, Barmherzigkeit, Gnade. **4.** (*personif.*) *Pietas* Göttin der kindlichen Liebe *u.* Ehrfurcht, *der in Rom zwei Tempel geweiht* waren. — **~ vestra (als Anrede) Ew. Gnaden.

pĭgĕr, pĭgră, pĭgrŭm (m. °comp. u. °sup.; adv. °pĭgrē) (cf. nhd. „Fehde") verdrossen, träge, saumselig, faul (abs. od. in re u. alcis rei in etw., zB. in labore militari, °militiae; ad alqd zu etw., zB. °ad militaria opera; m. °inf.); auch feige, verzagt; dcht. auch v. Leblosem [°senectus, °palus stehend, °rivus u. °mare langsam fließend, °annus schleichend, °bellum langdauernd, °radix zähe, °campus unfruchtbar, °pectora unempfindlich, °frigus träge machend].

pĭgĕt, ŭĭt, — 2. impers. (pĭgĕr) **1.** es verdrießt, es erregt Verdruß od. Unlust (abs., zB. ad pigendum induci Unlust zu empfinden; meist m. inf. od. alqm alcis rei, zB. me stultitiae meae; m. a.c.i.). **2.** (nkl., dcht.) = paenĭtĕt [°verba pigenda die einst dich gereuen werden]. **3.** (nkl.) es erregt Scham [fateri pigebat].

pĭgmĕntārĭŭs, ī m (pĭg-?; pĭgmĕntŭm) Farben-, Salbenhändler.

pĭgmĕntŭm, ī n (pĭg-?; pingō) **1. a)** Farbe zum Malen; (scherzh.) (Pl.) alqm pingere pigmentis ulmeis jd. grün u. blau schlagen; **b)** (vkl., nkl.) Schminke. **2.** / Schmuck der Rede.

pĭgnĕrātŏr, ōrĭs m (-ī-?; pĭgnĕrŏr) Pfandnehmer, -leiher.

pĭgnĕrō 1. (-ī-?; denom. v. pĭgnŭs) (nkl., dcht.) zum Pfande geben, verpfänden, versetzen [bona, / animos].

pĭgnĕrŏr 1. (-ī-?; denom. v. pĭgnŭs) **1.** (Ov.) zum Pfande nehmen, als Pfand annehmen, auch / [omen]. **2.** sich aneignen, beanspruchen [Mars fortissimum quemque pignerari solet].

▶ **pĭgnŭs**, ŏrĭs u. (nkl., dcht.) ĕrĭs n (-ī-?; et. ungeklärt) **1. a)** Pfand, Unterpfand [alqd pignori dare verpfänden, °pignori esse verpfändet sein, pignora °capere od. auferre Pfänder nehmen als Zwangsmittel, um die Senatoren zum Erscheinen im Senat zu veranlassen = pignoribus cogere senatores; alcis rei für etw., zB. °amoris]; **b)** (dcht., nkl.) Hypothek [pignori accipere alqd sich als Hypothek verschreiben lassen]; **c)** (nkl.) Geisel [sine pignore, pacis]; **d)** (dcht., nkl.) Wettbetrag [pignus ponere, pignore certare od. contendere eine Wette eingehen]. **2.** / **a)** Bürgschaft, Garantie, Beweis [voluntatis, iniuriae; magnum ~ alci dare m. a.c.i.]; **b)** (dcht., nkl.) Liebespfand, meist pl. = teure Angehörige jeder Art [coniugum ac liberorum].

pĭgrēscō, — — 3. (incoh. v. °pĭgrĕō 1. „träge sein"; pĭgĕr) (nkl.) träge, langsam werden.

pĭgrĭtĭă, ae u. (Li.) **pĭgrĭtĭēs**, ēī f (pĭgĕr) Trägheit, Unlust (abs. u. alcis rei zu etw., zB. °militandi).

pĭgrŏr u. (vkl.) **-ō** 1. (denom. v. pĭgĕr) träge sein, säumen (m. inf.).

pīlă[1], ae f (pīnsō) (vkl., dcht.) Mörser.

pīlă[2], ae f (et. unklar) **1.** Pfeiler, Säule [°lapidea, °pontis], bsd. ein vor dem Laden eines Buchhändlers stehender Pfeiler m. Bücherverzeichnis. **2.** (nkl., dcht.) Steindamm, Mole [saxea].

pĭlă[3], ae f (wohl urspr. „Haarknäuel"; coll. zu pĭlŭs¹) **1. a)** Ball zum Spielen [pilā ludere; sprichw.: mea pila est (Pl.) = ich habe gewonnen; claudus pilam der Lahme m. dem Ball, v. jd., der etw. nicht recht zu gebrauchen versteht]; **b)** meton. Ballspiel. **2.** (Ma.) Strohpuppe (zum Reizen der Stiere). **3. a)** Stimmkügelchen der Richter; **b)** (Ma.) pl. -ae Mattiacae Seifenkugeln (zum Haarfärben).

pīlānŭs, ī m (pīlŭm) (vkl., dcht.) mil. Triarier = trĭārĭŭs.

pĭlārĭŭs, ī m (pĭlă³) (Qu.) Jongleur, Gaukler.

pīlātŭs 3 (pīlŭm) (Ve.) m. dem pīlŭm bewaffnet.

Pīlātŭs s. Pŏntĭŭs.

pĭlĕātŭs, pĭlĕŏlŭs, pĭlĕŭs u. **-ŭm** schlechte Schreibung für pĭll...

pīlĕntŭm, ī n (gall. Fw.) (dcht., nkl.) hoher, vierrädriger Prachtwagen, auf dem vornehme Frauen bei festlichen Gelegenheiten fuhren.

pĭlĭ-crĕpŭs, ī m (pĭlă³, crĕpō) (nkl.) Ballspieler.

pĭllĕātŭs 3 (pĭllĕŭs) (nkl., dcht.) m. einer Filzkappe geschmückt (bsd. bei Gastmählern, den Saturnalien u. als Zeichen der Freilassung) [fratres Castor u. Pollux].

pĭllĕŏlŭs, ī m (demin. v. pĭllĕŭs) (dcht., nkl.) Käppchen.

pĭllĕŭs, ī m u. **pĭllĕŭm**, ī n (wohl < *pĭlsĕjŏs zu pĭlŭs¹; cf. πῖλος „Filz", nhd. Filz) (vkl., nkl.) Filzkappe (Kopfbedeckung des freien Römers), meist nur bei besonderen Gelegenheiten getragen; daher servos ad pilleum vocare die Sklaven durch Aussicht auf Freiheit zum Aufruhr reizen.

pĭlō 1. (denom. v. pĭlŭs¹) (Ma.) die Haare ausrupfen od. durch Pechpflaster entfernen [resinā, qua pilantur uxores]; / (spätl.) berauben, plündern.

pĭlōsŭs 3 (pĭlŭs¹) (stark) behaart (Ggs. glăbĕr).

pĭlŭlă, ae f (demin. v. pĭlă³) (nkl.) Bällchen, Kügelchen; (med. t.t.) Pille.

▶ **pīlŭm**, ī n (pīnsō; cf. pīlă¹) **1.** (vkl., nkl.) Mörserkeule, Stampfer. **2.** mil. **a)** Pilum, Wurfspieß des römischen Fußvolkes [~ mittere od. emittere, conicere]; **b)** ~ murale schwerer Wurfspieß, der bei der Verteidigung des Lagerwalls auf die Angreifer geschleudert wurde. **3.** °Pila Horatia Örtlichkeit in Rom am Forum.

Pīlŭmnŭs, ī m (vi. zu pīlŭm + Suffix -mnŏ-) nach Varro einer der beiden altit. Ehegötter (Pīcŭmnŭs war der andere); bei Vergil Ahnherr des Turnus.

pĭlŭs[1], ī m (cf. pĭlă³, pĭllĕŭs) **1.** einzelnes Haar am menschlichen u. tierischen Körper [munitae sunt palpebrae vallo pilorum]. **2.** / Faser, Allergeringstes, Kleinigkeit [ne pilo quidem minus um kein Haar weniger, °pili non facere keinen Pfifferling dafür geben].

pīlŭs[2], ī m (prīmĭpīlŭs) mil. Manipel der Triarier, aus den erprobtesten Kriegern bestehend; primi pili m. u. ohne centurio der erste Zenturio des ersten Manipels der Triarier, d. h. der rangälteste Zenturio.

Pĭmplă, ae f (Πίμπλα) Musenquell in Pierien am Olymp; adi. **Pĭmplēŭs** 3; subst. °**Pĭmplēă**, ae u. °**Pĭmplēĭs**, ĭdĭs f (Πιμπληίς) = Muse.

pīnă, ae f (Fw. < πῖνα) Steckmuschel.

pĭnăcŏthēcă, ae u. **-cē**, ēs f (Fw. < πιναχοθήκη) (vkl., nkl.) Gemäldegalerie, -saal, Pinakothek.

Pīnārĭŭs 3 Name einer alten it. gēns, der zugleich m. den Pŏtītĭī bis 312 v. Chr. der Kult des Herkules an der Ara maxima oblag.

Pĭndărŭs, ī m (Πίνδαρος) aus Theben (522—442 v. Chr.), der größte Lyriker Griechenlands. — adi. **Pĭndărĭcŭs** 3.

pīnētŭm, ī n (pīnŭs) (nkl., dcht.) Fichtenwald.

pīnĕŭs 3 (pīnŭs) (nkl., dcht.) fichten, Fichten... [ardor Feuer v. Fichtenholz].

> **pingō**
> **1. a)** zeichnen, malen; **b)** bemalen, bestreichen; **c)** (mediopass.) sich schminken; **d)** sticken; **e)** bunt machen; **2. a)** schmücken; **b)** (rhet. t.t.) ausmalen; **3.** (P.P.P.) adi. **pictŭs a)** gezeichnet, gemalt; **b)** bemalt; **c)** bunt; **d)** gestickt; **e)** (Rede) zierlich; **f)** scheinbar, leer.

pingō, pīnxī, pīctŭm 3. (et. nicht klar; Grbd. vl. sowohl „ritzen, aufreißen" [cf. πικρός] wie „bunt machen" [cf. ποικίλος]) **1. a)** zeichnen, malen, übh. abbilden (alqm u. alqd, zB. tabulam, simulacrum alcis, speciem hominis); **b)** (dcht.) bemalen, bestreichen; bsd. tätowieren; **c)** (mediopass.) (Pl.) sich schminken; **d)** (m. u. ohne ăcū) (m. der Nadel) sticken [togam]; **e)** bunt machen [°vaccinia luteolā calthā in bunter Abwechslung mischen unter]. **2.** / **a)** schmücken, zieren [bibliothecam]; **b)** (rhet. t.t.) ausmalen, lebhaft schildern [Britanniam, alqm omnibus artis coloribus]. **3.** (P.P.P.) adi. **pīctŭs** 3 (m. comp.) **a)** gemalt, gezeichnet [tabula -a Gemälde], übh. abgebildet; **b)** (dcht.) bemalt, angestrichen [puppis, Geloni tätowiert; m. °griech. acc., zB. picti scuta m. bemalten Schilden]; **c)** (dcht.) bunt [vestis, volucres buntgefiedert]; bsd. gefleckt, scheckig [pellis, panthera]; **d)** (ăcū) gestickt, bunt durchwirkt [toga; m. °griech. acc., zB. pictus acu chlamydem in einem gestickten Mantel, pictus acu tunicas in gestickter Tunika; toga picta gesticktes Kleid des Triumphators]; **e)** / (v. Rede u. Redner) zierlich, künstlich gruppiert [genus orationis, Lysias]; **f)** bloß gemalt = scheinbar, leer [philosophus, °metus].
F. P.P.P. gen. sg. fem. (altl.) pīctāī = pictae.

pĭnguēscō, — — 3. (-ī-?; incoh. zu

pinguīs) (nkl., dcht.) fett werden, sich mästen, gedüngt werden (re, zB. sanguine).

pinguiārius, ī m (pī-?; pinguis) (Ma.) (scherzh.) Fettliebhaber [amicam nolo mille librarum...; ~ non sum].

▶ **pinguis**, ĕ (pī-?; m. °comp. u. °sup.; adv. °-itĕr) (vl. Kreuzung aus *pīmŏs „fett" [cf. πίων, ŏpīmŭs] u. *fīnguis „dick" [= παχύς]) 1. fett, feist, wohlgenährt, v. lebenden Wesen [Thebani, °ovis]. 2. (nkl., dcht.) v. Sachen = fettig, ölig, harzig [oleum, ara vom Fett der Opfertiere triefend]; subst. °pinguĕ n Fett zw. dem Fleisch. 3. (dcht.) saftig, fleischig [fici], dick [caelum Luft, °defruta]. 4. / a) (dcht., nkl.) fruchtbar, ergiebig, üppig [solum, humus, flumen befruchtend; auch semina saftstrotzend, tilia reich an Nahrung für die Bienen, stabula apum honigreich]; b) plump, schwerfällig, bsd. geistlos, stumpf [°ingenium, Minerva s.d.]; c) (v. der Rede) schwülstig [poëtae pingue quiddam sonantes]; d) (nkl., dcht.) (v. Zuständen) ruhig, behaglich [vita, otium].

pinguitūdō, inis f (pī-?; pinguis) (Qu.) plumpe, derbe Aussprache.

pini-fĕr, fĕră, fĕrŭm (pinŭs, fĕrō) (dcht.) fichtentragend [mons].

pini-gĕr, gĕră, gĕrŭm (pinŭs, gĕrō) (dcht.) m. Fichten bekränzt [caput].

pinnă, ae f (wohl dialektische Nebenform zu pĕnnă) 1. = pĕnnă: a) Schwungfeder, Feder; b) (dcht.) Fittich; klass. nur /; c) (dcht.) Flug. 2. (Ov.) Pfeil. 3. (nkl., dcht.) Flosse der Fische, auch Flughaut der Fledermäuse. 4. Mauerzinne [°muri].

pinnātŭs 3 (pinnă) befiedert, geflügelt [Cupido].

pinni-gĕr, gĕră, gĕrŭm (pinnă, gĕrō) 1. geflügelt. 2. (Ov.) m. Flossen (versehen) [piscis].

pinni-pēs, pĕdis (pinnă) (Ca.) an den Füßen geflügelt.

pinni-răpŭs 3 (pinnă, răpiō) (Ju.) den Federschmuck (vom Helm des Gegners) raubend.

pinnŭlă, ae f (demin. v. pinnă) Federchen, pl. Flügelchen.

pinŏtērēs, ae m (Fw. ‹ πινοτήρης, eigtl. „Hüter der Steckmuschel") Bernhardinerkrebs.

pinsitō 1. (frequ. v. pinsō) (Pl.) zu stampfen pflegen [polentam].

pinsō, pinsŭi, pistŭm 3. (cf. πτίσσω; pilă¹, pilŭm) (vkl.) kleinstampfen, zerstoßen; flagro geißeln.

▶ **pinŭs**, ūs u. ī f (vl. ‹ *pīt(s)nŏs bzw. pit(s)nŭs statt des entsprechend πίτυς zu erwartenden *pitŭs; cf. ŏpīmŭs, pītŭītă) (dcht., nkl.) 1. a) Fichte, Kiefer, Föhre; b) meton. α) Schiffsbauholz, übh. Schiff; β) Fackel; γ) Fichtenkranz. 2. Pinie.

***pinx. Abk. für pinxit (pf. act. v. pingō) = hat (es) gemalt, oft auf Gemälden u. Stichen neben dem Namen des Malers.

pinxī s. pingō.

piō 1. (-ī-?; denom. v. piŭs) 1. (vkl., dcht.) verehren; verrichten [sacra]. 2. a) (dcht.) durch ein Opfer besänftigen, versöhnen [Silvanum lacte, ossa]; b) etw. sühnen, entsündigen (alqd); c) (dcht., nkl.) wieder gutmachen, ersetzen [nefas, mortem morte, culpam morte bestrafen].

pipĕr, ĕris n (Fw. ‹ πέπερι, über das Persische aus altind. pippalī „Beere, Pfefferkorn" entlehnt) (nkl., dcht.) Pfeffer.

pipĕrātŭs 3 (pipĕr) (nkl., dcht.) gepfeffert; / diebisch [manus].

pipilō 1. (pipiō ds., lautmalend; cf. πῖπος „junger Vogel") (Ca.) piepen.

pipinnă, ae f (Kinderwort) (Ma. XI, 72, 1) = pārvă mĕntŭlă.

pipŭlŭm, ī n u. -ŭs, ī m (pipilō) (eigtl. [nkl.] das Wimmern); (Pl.) das Lärmen, Schimpfen.

Pīraeŭs, ī u. (klass. selten) **Pīraeēus**, ĕī m (Πειραιεύς); (dcht.) -ă, ōrŭm n Demos u. Haupthafen Athens, unter Perikles durch die Langen Mauern m. der St. verbunden, 86 v. Chr. v. Sulla zerstört. Cf. V.-B. II, 3. adi. °**Pīraeŭs** 3.

▶ **pīrātă**, ae m (Fw. ‹ πειρατής) Seeräuber.

pīrātĭcŭs 3 (Fw. ‹ πειρατικός) Seeräubern gehörig, Seeräuber... [bellum]; subst. **pīrātĭcă**, ae f Seeräuberei [-am facere treiben].

Pīrithŏŭs, ī m (Πειρίθοος) K. der Lapithen, bei dessen Vermählung m. Hippodameia (lat. -miă) es zum Kampf m. den Kentauren kam; seine Freundschaft m. Theseus war sprichw.

pirŭm, ī n (‹ *pisŏm, wie ἄπιον Lw. aus vorgr. Mittelmeerspr.) (unkl.) Birne.

pirŭs, ī f (pirŭm) (dcht., nkl.) Birnbaum.

Pisă, ae f (Πίσα) St. (u. Ldsch. = ἡ Πισᾶτις) i. Elis, in deren Nähe die Olympischen Spiele gefeiert wurden; adi. **Pisaeŭs** 3 (subst. °**Pisaeă**, ae f = Hippodameia [lat. -miă]).

Pisae, ārŭm f St. der Ligurer im nw. Etrurien, j. Pisa; Einw. u. adi. **Pisānŭs** (3).

piscārĭŭs 3 (piscis) (Pl.) Fisch... [fŏrŭm].

piscātŏr, ōris m (piscŏr) 1. Fischer. 2. (Com.) Fischhändler. — ** = Petrus; anulus piscatoris Siegelring des Papstes.

piscātōrĭŭs 3 (piscātŏr) Fischer... [navis Fischerkahn].

piscātŭs, ūs m (piscŏr) 1. Fischfang. 2. / (Pl.) Fang. 3. (Com., nkl.) (meton.) Fische.

piscicŭlŭs, ī m (demin. v. piscis) Fischlein.

piscīnă, ae f (piscis) 1. (Fisch-)Teich [°publica vor der porta Capena zu Rom, wo die Schwimmer trainierten]. 2. (nkl.) Wasserbehälter, Badebassin.

piscīnārĭŭs, ī m (piscīnă) Fischteichbesitzer.

▶ **piscis**, is m (cf. nhd. „Fisch") Fisch (auch coll.); pl. (dcht. auch sg.) die Fische als Gestirn.

piscŏr 1. (denom. v. piscis) fischen; (sprichw.) (Pl.) piscari in aëre sich vergebliche Mühe machen.

piscōsŭs 3 (piscis) (nkl., dcht.) fischreich [amnis].

piscŭlĕntŭs 3 (piscis) (vkl.) fischreich.

Pisistrătŭs, ī m (Πεισίστρατος) Tyrann v. Athen (560—527 v. Chr.), Förderer v. Kunst u. Wissenschaft (große Bauten i. Athen); **Pisistrătidae**, ārŭm m (Πεισιστρατίδαι) die Söhne des ~ Hippias u. Hipparch.

Pisō, ōnis m cogn. der gēns Călpŭrniă (s. Călpŭrnĭŭs); adi. **Pisōniānŭs** 3.

pistillŭm, ī n (pī-?; demin. v. pilŭm; pinsō) (vkl., nkl.) Mörserkeule.

pistŏr, ōris m (pī-?; pinsō) 1. (vkl.) Müller, der zugleich Bäcker war. 2. Bäcker; auch ♀ Beiname Jupiters.

pistōr(i)ēnsis, ĕ (pī-?; pistŏr; m. scherzh. Anspielung auf die etr. St. Pistōrĭŭm) (Pl.) zum Bäcker gehörig [milites „Bäckersheimer"].

Pistōrĭŭm, ī n St. im nördl. Etrurien, j. Pistoja (Niederlage Catilinas 62 v. Chr.); adi. **Pistōriēnsis**, ĕ.

pistrillă, ae f (pī-?; demin. v. pistrīnă = pistrīnum) (Te.) kleine Stampfmühle.

pistrīnēnsis, ĕ (pī-?; pistrīnŭm) (Suet.) Mühlen...

pistrīnŭm, ī n (pī-?; pistŏr) Stampfmühle (sprichw.: cum alqo in eodem pistrino vivere = m. jd. am gleichen Strange ziehen).

pistrix, icis f (dcht.) (volkset. Angleichung an pistrix „Bäckerin") = pristis.

pistŭs P.P.P. v. pinsō.

pithēcĭŭm, ī n (Fw. ‹ πιθήκιον) (Pl.) Äffchen.

Pithēcūsae, ārŭm f (Πιθηκοῦσσαι, eigtl. „Affeninseln") Inseln im Tyrrhenischen Meer, j. Ischia u. Procida.

pithiās, ae m (Fw. ‹ πιθίας) (Se). Faßstern (Komet in Gestalt e-s Fasses).

pittăcĭŭm, ī n (Fw. ‹ πιττάκιον) (nkl., dcht.) Lederstückchen; Zettel, Weinflaschenetikett.

pītŭītă u. (im Hexameter) **pītvītă**, ae f (cf. ŏpīmŭs, pinŭs) Schleim im tierischen Körper; meton. Verschleimung, Schnupfen.

pītŭitōsŭs 3 (pītŭītă) verschleimt [homo].

▶ **piŭs** 3 (pī-?; m. °sup.; adv. -ē) (et. nicht geklärt) 1. pflichtmäßig gesinnt od. handelnd, pietätvoll; cf. piĕtās. 2. a) (gegen die Götter) fromm, gewissenhaft [°Aeneas, °vates, deos pie colere, bellum pie indicere m. gutem Gewissen]; subst. pl. m die Seligen im Elysium [piorum sedes]; b) (gegen Eltern, Angehörige, Freunde, Wohltäter) liebevoll, väterlich, kindlich, brüderlich, anhänglich, treu (abs. od. in u. erga, adversus alqm, zB. in parentes; dcht. auch v. abstr., zB. amor od. metus zärtlich); c) vaterlandsliebend; d) gerecht, auch mild, barmherzig [numina]; e) (v. Handlungen, Zuständen, Sachen) gottgefällig, rechtmäßig, pflichtmäßig [bellum, °far Opfermehl, °vitta od. °lucus heilig, °manus u. °sanguis rein, °iustum piumque Recht u. Billigkeit]; f) (spätl.)

gütig, gnädig; **g)** (*dcht.*) lieb, traut [*testa*].
F. *Auf Inschr.* *piius od.* pīus, *d.h.* *pī-*; *daher die Länge in den romanischen Sprachen.* — *comp.* *măgĭs pĭŭs*; *sup.* *măxĭmē pĭŭs u.* (*v. Ci. verworfen*) °*pĭissĭmŭs*.

pĭx, *pĭcĭs f* (*zu πίσσα* < **πικjα*) Pech, *bsd. flüssiges, auch* Teer [°*pice linere* pichen, teeren]; *pl.* (*dcht.*) Pechstücke, -massen.

plācābĭlĭs, *ĕ* (*m. comp.*; *adv.* °**-ĭtĕr**) (*plăcō*) **1.** versöhnlich, mild [*animus*; / °*ara Dianae*; *ad alqd* für *etw.*, *zB.* °*ad preces, auch alci rei*). **2.** (*Te.*; *spätl.*) versöhnend; *placabilius* est es versöhnt leichter.

plācābĭlĭtās, *ātĭs f* (*plācābĭlĭs*) Versöhnlichkeit.

plācāmĕn, *ĭnĭs u.* **plācāmĕntŭm,** *ī n* (*plăcō*) (*nkl.*) Versöhnungs-, Besänftigungsmittel (*m. gen.*).

plācātĭō, *ōnĭs f* (*plăcō*) Versöhnung, Beruhigung (*m. gen.*, *zB.* *deorum, animi*).

plācātŭs 3 *s. plăcō*.

plăcĕntă, *ae f* (*Lw.* < *πλακόεντα acc. v. πλακόεις*) Kuchen; *Placentini milites* (*Pl.*) *m. scherzh. Anspielung an Placentia* („Kuchenberger"). — **(*med. t.t.*) *Plazenta*.

Plăcĕntĭă, *ae f St. am Po.*, *j.* Piacenza; *Einw. u. adi.* **Plăcĕntīnŭs** (3).

▶ **plăcĕō,** *ŭī* (*u.* [*dcht.*] *plăcĭtŭs sŭm*), *ĭtŭm* 2. (*cf. plăcō*) **1. a)** gefallen, gefällig sein, *v. Pers. u. Sachen* (*abs. od. alci, zB. tibi*; *sibi -ere m.* sich zufrieden sein); (*part. praes.*) *adi.* *placens* liebenswürdig, herzig, *zB.* *uxor*; **b)** (*v. Künstlern u. Bühnenstücken*) Beifall finden [*in tragoediis*]. **2.** (*impers.*) **plăcĕt** (*pf. plăcŭĭt u. selten plăcĭtŭm ĕst*) es gefällt, es beliebt (*alci, zB. diis, si placet* wenn's beliebt; *si diis placet ironisch* = man sollte es kaum für möglich halten; *m. a.c.i.* = es ist *j-s* Ansicht *od.* Meinung, *zB. placet Carneadi duo esse genera vitiorum*); *bsd.* = man beschließt *od.* verordnet, *bsd. vom Senat* [*senatui placet*; *mihi placet* meine Meinung geht dahin, es ist mein Wille (*cf. δοκεῖ μοι*), *m. inf. u. a.c.i., auch m. ut, ne*]. — ***placet* es gefällt = genehmigt, *Zustimmungsformel, bsd. bis zum 20. Jh. Genehmigung kirchlicher Erlasse durch den Staat.*

plăcĭdŭlē *adv.* (*plăcĭdŭlŭs 3 demin. v. plăcĭdŭs*) (*Pl.*) recht sanft.

▶ **plăcĭdŭs** 3 (*m.* °*comp. u. sup.*; *adv.* **-ē**) (*plăcĕō*) **1.** (*nkl.*, *dcht.*) flach, eben, glatt [*mare*]. **2.** / **a)** sanft, friedlich, ruhig, *v. Pers. u. Sachen* [*homo, civitas, oratio, senatus, pax, senectus,* °*amnis,* °*venti,* °*quies* behaglich, °*lumen* freundlicher Blick, *-e progredi* langsam, leise]; **b)** (*dcht.*) (*v. Göttern*) huldvoll, gnädig [*Venus*].

plăcĭtō 1. (*intens. v. plăcĕō*) (*Pl.*) sehr gefallen.

plăcĭtŭs 3 (*eigtl. P.P.P. v. plăcĕō*) **1.** (*dcht.*, *nkl.*) gefallend, beliebt, angenehm [*amor*; *alci, zB. locus ambobus -us* bei beiden beliebt]. **2.** beschlossen [*foedus*]; *subst.* **plăcĭtŭm,** *ī n* (*nkl.*, *dcht.*) das Gefallen [*ultra -um* über Gebühr]; *pl.* Meinungen, Lehren, Grundsätze [*philosophorum, maiorum*]; (*spätl.*) kaiserliche Erlasse.

▶ **plācō** 1. (*denom. v.* **plākŏs* „eben"; *cf. πλάξ* „ebene Fläche"; *ablautend zu plăcĕō*) **1.** (*dcht.*) ebnen, glätten [*aequora*]. **2.** / **a)** beruhigen, beschwichtigen, begütigen (*alqm u. alqd, zB. hominem, iram, inimicum beneficiis,* °*ventrem escā,* °*genium* sich gütlich tun); **b)** *jd.* versöhnen (*alqm od. animum alcis, deorum mentes*; *alci u. in alqm m. jd., zB. civem rei publicae od. in consulem, sibi ipse placatus m.* sich einig); *P.* sich versöhnen (*alci u. in alqm m. jd., zB. omnibus u. in omnes*); **c)** (*P.P.P.*) *adi.* **plācātŭs** 3 (*m.* °*comp. u. sup.*; *adv.* **-ē**) besänftigt, versöhnt [*exercitus, animus*; *alci u. in alqm*]; / ruhig, gelassen, sanft [*vita, quies,* °*mare,* °*Venus* hold, *molestias -e ferre*].

plăcūsĭă, *ae f* (*wohl griech. Lw.*) (*Pl.*) *ein Schaltier.*

plāgă[1], *ae f* (*zu plăngō*; *cf. πληγή*) **1.** Schlag, Hieb, Streich, Stoß [°*plagam ferre* einen Hieb gegen *jd.* führen; / *oratio magnam plagam facit* macht tiefen Eindruck]; *auch* Anstoß *od.* Zusammenstoß *der Atome.* **2. a)** *meton.* Wunde [*plagam accipere, infligere od. imponere alci*]; **b)** / Verlust, Unfall [*levior est plaga ab amico*].

plăgă[2], *ae f* (*eigtl.* „flach Hingebreitetes"; *cf. πέλαγος* Meeresfläche, *πλάγος* Seite; *plā-nŭs*) **1. a)** Netz, Garn, Schlinge *der Jäger, auch* / [*plagas tendere, in plagas* °*incidere u.* °*cadere*]; **b)** (*vkl.*) Teppich, Bettvorhang, Bettdecke. **2. a)** Raum, Fläche [°*pinea montis,* °*aetheria* Luftraum]; Gegend *in geographischer Beziehung*, Himmelsstrich [*caeli,* °*frigida,* °*orientis,* °*rectā plagā* in gerader Richtung]; **b)** (*dcht.*, *nkl.*) Zone [*quattuor plagae, solis iniqui* heiße Zone]; **c)** (*nkl.*) Gau, Bezirk.

plăgĭārĭŭs, *ī m* (°*plăgĭŭm* „Stellnetz; / Menschenraub" *zu plăgă*[2]) Menschenräuber, Sklavenhändler; / (*Ma.*) Plagiator; **-ĭă,** *ae f* (*Inschr.*) Verführerin [*Venus*], Straßenmädchen.

plāgĭ-gĕr, *ĕră, ĕrŭm u.* **-gĕrŭlŭs** 3 (*plāgă*[1], *gĕrō*) (*Pl.*) der Schläge bekommt.

plāgĭ-pătĭdă, *ae m* (*plāgă*[1], *pătĭŏr*) (*Pl.*) der Schläge erduldet, ein Mann *m.* hartem Fell.

plāgōsŭs 3 (*plāgă*[1]) (*dcht.*, *nkl.*) **1.** (*act.*) prügelfreudig. **2.** (*pass.*) *m.* Wunden bedeckt.

plăgŭlă, *ae f* (*demin. v. plăgă*[2]) (*vkl.*, *nkl.*) **1. a)** Blatt, *d.h. die Hälfte der* (*aus zwei -ae zusammengenähten*) *Toga*; **b)** Blatt Papier, Bogen. **2.** Teppich, Bettdecke, Vorhang.

plăgūsĭă = *plăcūsĭă*.

plānctŭs[1] *P.P.P. v. plăngō*.

plānctŭs[2], *ūs m* (*-ō-?*; *plăngō*) (*nkl.*, *dcht.*) = *plăngŏr*.

Plāncŭs, *ī m* (♀ plattfüßig; *cf. plānŭs*[2]) *röm. cogn. i. der gēns Mūnātĭă, s. Mūnātĭŭs.*

plănētă, *ae m* (*Fw.* < *πλανήτης*) (*spätl.*) Planet (*rein lat. stēllă, ĕrrātĭcă*).

plăngō, *plānxī, plānctŭm* 3 (*plănxī, plānctŭm?*) ($\sqrt{}$**plāg-* „schlagen" *in πλάζω* < **πλαγγjω ds.*) **1.** (*trans.*) **a)** (*dcht.*) *m.* Geräusch schlagen [*tympana palmis, terram vertice od. pectore*; *mediopass.*: *volucris plangitur* schlägt *m.* den Flügeln, flattert]; **b)** (*als Zeichen heftiger Trauer*) sich Brust *u.* Arme schlagen [*femina,* °*pectora,* °*lacertos*]; **c)** *meton.* (*dcht.*) *jd.* laut betrauern; *auch mediopass.* **2.** (*intr.*) (*dcht.*, *nkl.*) **a)** (*v. Schlägen*) erdröhnen, brausen, rauschen, tosen [*nemora ingenti vento plangunt*]; **b)** (*auch mediopass.*) laut trauern *od.* klagen [*Dryades plangunt*].

plăngŏr, *ōrĭs m* (*plăngō*) **1.** (*unkl.*) das laute Schlagen, Klatschen. **2.** lautes Trauern, Wehklagen [*forum plangore complere,* °*plangorem dare* laute Trauerklagen anstimmen; *alcis, zB. populi*].

plăngŭncŭlă, *ae f* (*demin. zu* **plăngō, Fw.* < *πλαγγών*) Wachspüppchen.

plānĭ-lŏquŭs 3 (*plānŭs*[2], *lŏquŏr*) (*Pl.*) offen redend.

plānĭ-pēs, *pĕdĭs* (*plānŭs*[2]) (*unkl.*) barfuß.

plānĭtās, *ātĭs f* (*plānŭs*[2]) (*Ta.*) Deutlichkeit.

plānĭtĭă, *ae u.* **plānĭtĭēs,** *ēī f* (*plānŭs*[2]) Fläche, Ebene, *auch math.*

plāntă[1], *ae f* (*wohl Rückbildung aus plāntō* 1. [*denom. v. plāntă*[2]] „*m.* der Sohle festtreten") Setzling, Absenker, Pfropfreis; *coll.* °Plantagen.

▶ **plāntă**[2], *ae f* (*cf. πλατύς* „platt, breit", *nhd.* „Flunder") (*nkl.*, *dcht.*) Fußsohle, *übh.* Fuß, *m. u. ohne pĕdĭs*.

plāntārĕ, *ĭs n* (*plāntă*[1]) (*dcht.*, *nkl.*) Setzling, Ableger; *pl.* Baumschule, Bäume, Pflanzen.

plānŭs[1], *ī m* (*Fw.* < *πλάνος*) Landstreicher, Abenteurer.

▶ **plānŭs**[2] 3 (*m.* °*comp. u. sup.*; *adv.* **-ē**) (*cf. lettisch plāns* „flach, eben", *nhd.* „Flu-r") **1. a)** flach, eben, platt, *auch* glatt [*locus,* °*campus, corpus* breitgedrückt]; *subst.* **plānŭm,** *ī n* (*nkl.*, *dcht.*) Fläche, Ebene [*urbs in plano sita*]; (*jur. t.t.*) (*nkl.*) in, de *-o* auf ebener Erde (*nicht v. der Rednertribüne aus*), außergerichtlich; **b)** / deutlich, klar [*narratio*; *alqd planum facere* klar machen, dartun, *auch m. a.c.i.*]. **2.** *adv.* **plānē** (*m. comp. u. sup.*) **a)** deutlich, klar, ausdrücklich [*loqui, plane dico* ich sage ausdrücklich]; **b)** gänzlich, völlig [*plane nihil, eruditus, plane vir* ein ganzer Mann]; **c)** (*Com.*) (*in bejahenden Antworten*) allerdings, gewiß.

plānxī *s. plăngō*.

plăsmă, *ătĭs n* (*Fw.* < *πλάσμα*) **1.** (*spätl.*) Gebilde, Geschöpf. **2.** (*nkl.*, *dcht.*) Tonwechsel, *bsd.* (*pejorativ*) weichliche Modulation der Stimme.

Plătaeae, *ārŭm f* (*Πλαταιαί*) *St. in Böotien* (*479 v.Chr. Sieg über den pers. Feldherrn Mardonios*); *Einw.* **Plătaeēnsēs,** *ĭŭm m.*

plătălĕă, *ae f* (*wohl griech. Fw.*) Pelikan.

plătănōn, ōnĭs *m* (*Fw.* ‹ πλατανών) (*nkl., dcht.*) Platanenhain.
plătănŭs, ī *u.* °ūs *f* (*Lw.* ‹ πλάτανος) Platane [°*caelebs* weil sich keine Reben daran ziehen lassen].
plătĕă *u.* (*dcht.*) **plătēă,** *ae f* (*Lw.* ‹ πλατεῖα, *sc.* ὁδός, *eigtl.* „breiter Raum" *zw.* den Häuserreihen) Straße, Gasse.
Plătō, ōnĭs *m* (Πλάτων) *griech. Philosoph aus Athen (427—347 v.Chr.), Schüler des Sokrates, Stifter der Akademie; adi.* **Plătōnĭcŭs** 3 [*homo* ein tiefer Denker wie Plato]; *subst.* **Plătōnĭcī,** ōrŭm *m* Platoniker, Anhänger Platos.
F. *Cf.* V.-B. III, 1, b.
▶ **plaudō,** *sī, sŭm* 3. (*ob -au- urspr. od. hyperurban für älteres -ō- ist, ist strittig*) **1.** (*dcht., nkl.*) (*trans.*) klatschend schlagen, klopfen [*colla equorum, choreas pedibus* den Reigen stampfen = die Füße zum Tanz schwingen]; *auch* °klatschend zusammenschlagen [*alas*]. **2.** (*intr.*) **a)** (*dcht.*) *m. etw.* klatschen (*re, zB. pennis,* °*rostro* klappern); **b)** Beifall spenden (*abs., zB. manus in plaudendo consumere, plaudente alqo* unter *j-s* Beifall; *alci u. alci rei, zB. Curioni,* °*sibi* sich selbst).
plausĭbĭlĭs, ĕ (*plaudō*) beifallswürdig.
plausŏr, ōrĭs *m* (*plaudō*) (*nkl., dcht.*) Beifallklatscher.
plaustrŭm, ī *n* (*wohl* ‹ **plaud-trŏm, eigtl.* „Werkzeug zum Knarren", *zu plaudō*) **1.** Lastwagen. **2.** / (*Ov.*) Wagen, Großer Bär (*Sternbild*).
plausŭs[1] *P.P.P. v. plaudō.*
plausŭs[2], *ūs m* (*plaudō*) **1.** (*dcht.,nkl.*) das Klatschen [*plausum dare pennis*]. **2.** das Beifallklatschen, *übh.* Beifall [*plausum accipere, captare, plausu alqm prosequi*].
Plautŭs, ī *m* (♀ breit, plattfüßig): *T. Măccĭŭs* ~ *aus Sarsina in Umbrien (254—184 v. Chr.), röm. Lustspieldichter; adi.* **Plautīnŭs** 3.
plēbēcŭlă, *ae f* (*demin. v. plēbēs*) Pöbel, Gesindel.
▶ **plēbēĭŭs** 3 (*plēbs*) **1.** plebejisch, bürgerlich [*familia, consul, ludi die nach der Rückkehr der Plebejer vom mons sacer gestifteten*]; *subst.* **-ŭs,** ī *m* (*klass. nur pl.*) Plebejer (*cf.* V.-B. IV); **-ă,** *ae f* (*nkl.*) Plebejerin. **2.** / (*pejorativ*) gemein, ordinär [*philosophus, purpura*].
plēbēs, ĕī *u.* ī *f ältere* (*auch klass.*) *Form für plēbs.*
plēbĭ-cŏlă, *ae m* (*plēbs, cōlō*) Volksfreund; *adi.* volksfreundlich [*tribunus*].
▶ **plēbs,** *plēbĭs f* (√‾**plē-* „füllen, Menge"; *cf.* πληθύς, πλῆθος „Menge") **1.** Bürgerstand, die Plebejer *im Ggs. zu den Patriziern od. den Optimaten* [*consul de plebe*]; *dcht. auch* = *pŏpŭlŭs.* **2.** / Volksmenge, Pöbel [°*deus de plebe niederen Ranges*]. — **~ *beata* Schar der Seligen.
plēctĭlĭs, ĕ (*plēctō*) (*Pl.*) geflochten.
plēctō, *x(ŭ)ī, xŭm* 3 (*cf.* πλέκω, *nhd.* „flechten") (*dcht.*) flechten; *fast nur im P.P.P. plēxŭs 3 gebräuchlich.*
plēctŏr, — 3. (*vl. zu lit.* plékti „schlage") **1.** (*vkl., dcht.*) geschlagen werden, Prügel bekommen. **2.** / büßen, leiden (*re* wegen *od.* für *etw., zB. neglegentiā; in suo vitio* innerhalb seiner Schuld); *bsd.* (*Ne.*) *in re* getadelt werden wegen *etw.*
plēctrŭm, ī *n* (*Fw.* ‹ πλῆκτρον) **1.** Plektrum, Schlegel. **2.** *meton.* (*dcht.*) **a)** Gesangsweise [*maius* voller, *gravius* höherer Schwung]; **b)** Zither, Laute; (lyrisches) Lied [*Lesbium*].
Plēĭăs *u.* **Plēiăs** *od.* **Pliăs,** *ădĭs f* (Πληϊάς, Πλειάς) Plejade (*bsd. Māiă* [*Maĩa*], *meist pl.* **Plēiădēs,** *ŭm f die sieben Töchter des Atlas u. der Pleione, die, v. Orion verfolgt, schließlich v. Zeus als Siebengestirn an den Himmel versetzt wurden; ihr Aufgang bezeichnet den Anfang des Sommers u. der Schiffahrt, ihr Untergang den Anfang des Winters u. das Ende der Schiffahrt; cf. Hy̆ădēs.*
F. *Cf.* V.-B. III, 1, b *u.* e.
Plēĭŏnē, ēs *f* (Πληϊόνη) *Gemahlin des Atlas, M. der Plejaden; cf. Plēĭăs.*
plēnārĭŭs 3 (*plēnŭs*) (*Eccl.*) vollständig, völlig.

plēnŭs
1. a) voll, angefüllt; **b)** (wohl)beleibt; (*Töne u.a.*) volltönend; **c)** schwanger, trächtig; **d)** gesättigt; **2. a)** reich(lich versehen *m. etw.*); **b)** inhaltreich; **3.** stark besucht; **4.** vollständig, völlig.

plēnŭs 3 (*m.* °*comp. u. sup.*; *adv.* **-ē**) (*altl. plēō* 2. „füllen"; *cf.* πίμπλημι; *ablautend nhd.* „voll") **1. a)** voll, angefüllt, erfüllt (*abs., zB.* °*poculum,* °*amnis* angeschwollen, °*cera* vollgeschrieben, °*uber* strotzend, *plenis velis navigare*; *m. gen., seltener m. abl., zB. poculum vini, animus spei od. timoris, omnia sunt plena expectatione, externis bonis*); **b)** (wohl)beleibt, dick, stark [*homo,* °*corpus*]; / (*v. Stimmen, Tönen u.ä.*) stark, volltönend [*vox,* °*ōs, carmen*]; **c)** schwanger, trächtig [*sus, femina,* °*venter*; *alcis v. jd.*]; **d)** (*dcht.*) gesättigt, befriedigt [*minimo*]; / übersättigt, überdrüssig [*amator, puella, pectus* überfüllt]. **2.** / **a)** reichlich versehen *m. etw.*, reich an *etw.* (*m. gen., selten m. abl., zB. litterae humanitatis plenae,* °*exercitus praedā,* °*annis* bejahrt); *abs.* reichlich, reich begütert [*urbs, oppidum* verproviantiert, °*mensa* reich besetzt, °*domus,* °*gratia* völlig hinreichend, °*verba plenissima* Fülle *v.* Worten; *auch alqd plenius perscribere* übertrieben]; **b)** inhaltreich, ausführlich [*epistula*]. **3.** (*dcht., nkl.*) zahlreich (besucht) [*Caesarum domus*]. **4.** vollständig, vollkommen, völlig, ganz [*luna* Vollmond, *legio, numerus, gaudium, gloria, adv. plene u.* °*ad plenum* vollständig, völlig, *zB. sapiens u. perfectus, alqd vitare*]; *bsd.* (*v. Worten*) nicht abgekürzt *in der Aussprache* [*verbum*].
plērŭs 3 (*altl.*) = *plērŭsquĕ.*
▶ **plērŭ's-quĕ,** *plē'ră-quĕ, plērŭ'm-quĕ* (‹ **plē-rŏs*; *cf.* πλή-ρης) **1.** *sg.* (*nkl.*) (*selten u. fast nur bei coll.*) meist, der größte Teil *v. etw.* [*nobilitas, pleraque oratione* im größten Teil der Rede]. **2.** *pl.* **plērī'quĕ,** *plērae'quĕ, plē'răquĕ* die meisten, die Mehrzahl *v. etw., seltener* sehr viele, eine große Anzahl *v. etw.* [*pauci in ipso certamine, plerique fugientes perierunt*]; *meist als adi. gebraucht, seltener als subst. m. gen. part. od. m.* ex [*Belgae, nostrorum oratorum,* °*ex factione eius*]. **3. plērŭmquĕ a)** *subst.* (*nkl.*) der größte Teil (*m. gen., zB. noctis*); *auch pl.* [°*eius insulae*]; *in plerisque* in den meisten Fällen; **b)** *adv.* meistens, gewöhnlich.
F. *gen. pl. klass. stets plūrĭmōrŭm, plūrĭmārŭm.*
pleurītĭs, *tĭdĭs f* (*Fw.* ‹ πλευρῖτις) (*nkl.*) Seitenstechen, Rippenfellentzündung.
plēx(ŭ)ī *s. plēctō.*
plēxŭs *P.P.P. v. plēctō.*
Pliăs, *ădĭs f s. Plēĭăs.*
plĭcātrīx, *īcĭs f* (*plĭcō*) (*Pl.*) Plätterin, Garderobenmädchen.
plĭcō, *ŭī, ātŭm* 1. (‹ **plĕcō*; *cf.* πλέκω, *plēctō*; *-ĭ- stammt aus den Komposita*; *cf. ĭm-plĭcō*) (*nkl., dcht.*) zusammenfalten, -rollen [*se in membra sua v. der Schlange*].
Plīnĭŭs 3 *röm. gēns*: **1.** *C.* ~ *Sĕcŭndŭs d.Ä. kam 79 n.Chr. beim Vesuvausbruch ums Leben* [*v. seinen Schriften erhalten nur*: *Naturalis historia, Enzyklopädie in 37 B.*]. **2.** *C.* ~ *Caecĭlĭŭs Sĕcŭndŭs d.J., v. seinem Onkel (1) adoptiert, Statthalter v. Bithynien,* † *ca. 113 n. Chr.* (*Vfssr. v. literar. Briefen u. eines Panegyricus auf Trajan*).
plōdō *s. plaudō.*
ploerēs, *ploeră* (*altl.*) = *plūrēs, plūră*; *s. mŭltŭs.*
plōrābŭndŭs 3 (*plōrō*) (*Pl.*) jammernd.
plōrātĭllŭs, ī *m* (*od.* **-ŭm,** ī *n?*) (*plōrō*) (*Pl.*) Heulerei.
plōrātŏr, *ōrĭs m* (*plōrō*) (*Ma.*) Schreihals; heulend [*vernula*].
plōrātŭs, *ūs m* (*plōrō*) Geschrei, Wehklagen, *auch pl.* [°*virginalis*].
plōrō 1. (*Schallwort*) **1.** (*intr.*) laut weinen, wehklagen, jammern. **2.** (*unkl.*) (*trans.*) laut beklagen, bejammern (*alqm u. alqd*; *m. a.c.i.*).
plōstēllŭm, ī *n* (*demin. v. plōstrŭm*) (*vkl., dcht.*) Wägelchen.
plōstrŭm, ī *n* (*vulgär*) = *plaustrŭm.*
plŏxĕnŭm *u.* **-xĭnŭm,** ī *n* (*wohl gall. Wort*) (*Ca., Qu.*) Wagenkasten.
plŭit, *plŭĭt,* — 3. (*altl. u. dcht. auch* **plŭvĭt,** *plū(v)ĭt,* — 3.) (‹ **plŏvĭt*; °*plŭō* = πλέ(ϝ)ω, πλεύσομαι, *also eigtl.* „schiffen, schwimmen") es regnet, *klass. nur impers.* (*re u.* °*rem* etwas, *zB.* °*lapidibus u.* °*lapides* es regnet Steine; *sanguine u.* °*sanguinem*); / (*dcht.*) = es fällt in Masse herab [*tantum glandis pluit*].
plūmă, *ae f* (*wohl zu* √‾**pleu-* „schwimmen" [*cf. plŭĭt*] *u. nhd.* „fliegen") **1.** Flaumfeder, Daune [*plumā facilius moveri*]; *pl. u. coll. sg.* Flaum, zartes Gefieder [*animantes plumā obductae*]. **2.** *meton.* **a)** (*dcht.*) = Federkissen, Bett; **b)** / (*dcht.*) **α)** Flaum = erster Bart; **β)** Schuppen *am Panzer.*
plūmātĭlĕ, *ĭs n* (*-ă-?*) (*plūmă*) (*Pl.*)

Brokatkleid *im Muster v. Flaumfedern.*

plūmātŭs 3 (*plūmă*) (*dcht., nkl.*) 1. flaumig, befiedert [*corpus*]. 2. / geschuppt [*loricae* Schuppenpanzer].

plŭmbĕŭs 3 (*plŭmbŭm*) 1. (*unkl.*) bleiern, aus Blei [*vas*]. 2. / a) stumpf [*gladius*]; / stumpfsinnig, dumm (*in re, zB. in physicis*); (*nkl.*) gefühllos [*cor*]; b) (*vkl., dcht.*) bleischwer, drückend, lästig [*auster, ira*].

plŭmbŭm, ī *n* (*wie* μόλυβδος *ds. Lw. aus e-r Mittelmeerspr.*) 1. Blei [*album* Zinn]. 2. *meton.* (*dcht.*): a) Bleikugel; b) Bleiröhre (*bsd. einer Wasserleitung*); c) Bleistift.

plūmĕŭs 3 (*plūmă*) 1. 1. aus Flaumfedern [*culcita u.* °*torus* Federbett]. 2. / (*dcht., nkl.*) leicht *an Gewicht,* zart.

plūmi-pēs, *pĕdĭs* (*plūmă*) (*Ca.*) an den Füßen gefiedert.

plūmōsŭs 3 (*plūmă*) (*dcht., nkl.*) befiedert.

plŭō *s. plŭĭt.*

plūrālĭs, ĕ (*adv.* **-ĭtĕr**) (*plūs*) (*nkl.*) im Plural stehend [*casus*]; *subst.* ~, *ĭs m* Plural; **-ĭă,** *ĭŭm n* Nomina im Plural.

▶ **plūrēs, plūrĭmŭs** *s. mŭltŭs.*

plūriĕ(n)s *adv.* (*plūs*) mehrfach, oftmals.

plūri-fărĭăm, *adv.* (*plūs; cf. bĭfărĭăm*) (*nkl.*) an vielen Stellen.

▶ **plūs** *s. mŭltŭs.* — ***auch* = *măgĭs.*

plūscŭlŭs (*demin. v. plūs*) *etw.* mehr: 1. *adi.* 3 (*nkl.*) [*noctes*]. 2. *subst.* **-ŭm,** ī *n* (*m. gen., zB. negotii etw.* mehr Arbeit; *auch m. quam etw.* mehr als). 3. *adv.* (*Pl.*) **-ŭm** *etw.* mehr [*invitavit se -um*].

plŭtĕŭs, ī *m u.* (*seltener*) **plŭtĕŭm,** ī *n* (*et. nur litauische Parallele*) 1. *mil.* a) *auf Rädern bewegliche* Schutzwand *aus Weidengeflecht u. m. Häuten bedeckt, zum Schutz der schanzenden Soldaten;* b) *unbewegliche* Brustwehr *an Wällen, Türmen, Schiffen* [°*locus pluteis consaeptus m.* Brettern]. 2. (*nkl., dcht.*) a) Lehne *od.* Wandbrett an einem Speisesofa, *übh.* Speisesofa; b) Lesepult; c) Postament für Büsten; d) Totenbahre.

Plūtō(n), *ōnĭs m* (Πλούτων) *Gott der Unterwelt, S. des Kronos (lat. Sātŭrnŭs), Gemahl der Persephone (lat. Prōsĕrpĭnă); cf.* V.-B. III, 1, b; *adi.* **Plūtōnĭŭs** 3 [°*domus* des ~]; *subst.* **Plūtōnĭă,** *ōrŭm n* (*sc. lŏcă*) *ungesunde Gegend in Asien, wo ein Tempel des Pluto gestanden haben soll.*

Plūtŭs, ī *m* (Πλοῦτος) Gott des Reichtums.

plŭvĭă, *ae f* (*plŭvĭŭs*) Regen; *pl.* Regenwetter, -güsse; *meton.* °Regenwasser.

plŭvĭālĭs, ĕ (*plŭvĭă*) (*nkl., dcht.*) Regen..., Regen bringend [*aquae, fungi* durch den Regen gewachsen].

plŭvĭŭs 3 (*plŭĭt*) regnerisch, Regen... [*aqua,* °*arcus* Regenbogen, °*aurum* Goldregen, °*rores* Regenschauer, Regen, °*frigus* kalter Regen]; *auch* (*dcht.*) regenbringend [*venti, Iuppiter* der regnen läßt].

P.M. (*Abk.*) = *pŏntĭfĕx măxĭmŭs.*

*****p.m.** *Abk. für* 1. *post meridiem.* 2. *post mortem.* 3. *pro memoria.* 4. *pro mille.*

pōcillŭm, ī *n* (*demin. v. pōcŭlŭm*) (*vkl., nkl.*) Becherchen.

▶ **pōcŭlŭm** *u.* (*altl.*) **-clŭm,** ī *n* (< **pōt-lŏm; pōtō*) 1. Trinkgefäß, Becher, Pokal [*aureum*]. 2. *meton.* a) Trank, *meist pl.* [°*ad pocula venire,* °*desiderii u.* °*amoris pocula* Liebestrank, °*Acheloia* Wasser, °*vitea* Rebentrank]; *pl. auch* Trinkgelage [*in poculis u.* °*inter pocula*]; b) Giftbecher, Gifttrank [*-um alci dare*]; c) (*dcht.*) Zaubertrank [*Circae*].

pŏdăgĕr, *grī m* (*Fw.* < ποδαγρός) (*vkl., dcht.*) Gichtkranker.

pŏdăgră, *ae f* (*Fw.* < ποδάγρα) Podagra, Fußgicht [*-ae dolores*].

pŏdăgrĭcŭs 3 (*Fw.* < ποδαγρικός) (*nkl.*) an Podagra leidend; *auch subst. m* Gichtkranker.

pŏdăgrōsŭs 3 (*pŏdăgră*) (*vkl.*) an Podagra leidend, podagrisch [*pedes*].

pōdĕx, *ĭcĭs m* (*ablautend zu pēdō*) (*dcht.*) der Hintern.

pŏdĭŭm, ī *n* (*Fw.* < πόδιον) (*nkl.*) 1. Tritt, Untergestell. 2. Paneel. 3. Balkon (*im Amphitheater od. Zirkus*).

poecĭlē, *ēs f* (*Fw.* < ἡ ποικίλη, *sc.* στοά) (*nkl.*) die „bemalte" (*d.h. m. Gemälden geschmückte*) Halle *am Marktplatz zu Athen.*

pŏēmă, *ătĭs n* (*Fw.* < πόημα = ποίημα) Gedicht, Dichtung [~ *facere od. condere, componere* verfassen]. *Cf.* V.-B. III, 6.

pŏēmătĭŭm, ī *n* (*Fw.* < ποημάτιον = ποιημάτιον) (*nkl.*) Gedichtchen.

> **poenă**
> 1. Buße; 2. Bestrafung, Strafe, Rache; 3. *personif.* Rachegöttin; 4. Beschwerlichkeit, Pein, Qual.

poenă, *ae f* (*Lw.* < ποινή, *eigtl.* Sühn- *od.* Lösegeld *für eine Blutschuld*) 1. Buße *für irgendein Vergehen,* Entschädigung [*-as dare* (*solvere, pendere u.ä.*)], büßen für *etw.* [*proditionis*]. 2. Bestrafung, Strafe, Rache *sg. u. pl.* (*alcis j-s subi. u. obi., zB. regis v.* dem König verhängt *od.* an dem König vollzogen, *hostium, mea, legum* durch die Gesetze bestimmt; *alcis rei subi. u. obi., auch epexegetisch, zB. dupli, capitis od. vitae* Todesstrafe, °*scelerum* für die Verbrechen); *poenam constituere* festsetzen, bestimmen; *poenas dare od. reddere* bestraft werden (*alcis rei* für *etw.*; *alci jd.* seine Strafe zahlen = *v. jd.* gestraft werden); *poenā afficere od. multare alqm jd.* bestrafen, sich an *jd.* rächen = *poenam* °*capere in alqm od. de alqo, poenas* °*capere pro alqo* für *jd.* Rache nehmen, *jd.* rächen; *poenam* °*habere* seine Strafe haben, gestraft sein; *aber poenas* °*habere ab alqo* sich an *jd.* gerächt haben, *poenā teneri* in eine Strafe verfallen sein, °*extra poenam esse* straflos bleiben; *poenae esse* bestraft werden. 3. *personif.* °*Poena* Rachegöttin (Ποινή). 4. (*nkl., dcht.*) Beschwerlichkeit, Pein, Marter, Qual [*captivitatis, res multum poenae habet, alqm per omnem poenam trahere* auf jede Weise peinigen].

poenālĭs, ĕ (*poenă*) (*nkl.*) zur Strafe gehörig *od.* dienend [*civitas alci* ~ *j-s* Strafort].

poenārĭŭs 3 (*poenă*) (*Qu.*) Straf... [*actio*].

Poenīnŭs 3 *s. Pēnnīnŭs.*

poenĭō, poenĭŏr (*altl.*) = *pūnĭō, pūnĭŏr.*

poenĭtĕntĭă, poenĭtĕt (*sekundär an poenă angeglichen*) = *paenit...* — ***poenitentia* Buße; *-am agere* Buße tun, *dare* auferlegen.

poenītĭō, *ōnĭs f* (*altl.*) = *pūnītĭō.*

Poenŭlŭs, ī *m* (*Poenŭs*) der junge Punier; *Titel e-r Komödie des Plautus.*

Poenŭs, ī *m, meist pl.* **Poeni** (*cf. Phoenīcēs,* Φοίνικες) 1. Punier, Karthager, *sg. auch coll.* [°*Poenus uterque* die Punier in Afrika *u.* Spanien]; *bsd. Poenus* = Hannibal. 2. *adi.* punisch, karthagisch, phönikisch: a) (*dcht.*) **Poenŭs** 3 [*navita, leo*]; b) **Pūnĭcŭs** (*älter* °**Poenĭcŭs**) *u.* °**Pūnĭcĕŭs** 3 [*bellum; mălum Punicum u. bloß* °*Pūnĭcŭm* Granatapfel]; *auch* (*dcht.*) purpurfarben, purpurrot [*tunica, taenia, rostrum*]; c) **Pūnĭcānŭs** 3 nach punischer Art gemacht [*lectulus*].

pŏēsĭs, *ĭs f* (*Lw.* < πόησις = ποίησις) 1. Dichtung, Poesie. 2. (*Qu.*) Dichtkunst. *Cf.* V.-B. III, 4, a.

▶ **pŏētă,** *ae m* (*Lw.* < ποητής = ποιητής) 1. (*Pl.*) Ränkeschmied, Spinner. 2. Dichter, Poet. — ***poeta laureatus* = lorbeergekrönter Dichter; *antiker Brauch der Dichterkrönung seit den Zeiten des Humanismus erneuert.*

pŏētĭcŭs 3 (*adv.* **-ē**) (*Lw.* ποητικός = ποιητικός) dichterisch, Dichter... [*facultas, dii* bei den Dichtern vorkommend]; *adv.* **-ē** nach Art der Dichter [*loqui*]; *subst.* **pŏētĭcă,** *ae u.* (*vkl., nkl.*) **-ē,** *ēs f* Dichtkunst, dichterische Technik (*cf.* V.-B. I, 1).

pŏētrĭă, *ae f* (*Lw.* < ποιήτρια) Dichterin.

pōgōnĭās, *ae m* (*Fw.* < ὁ πωγωνίας der Bärtige) (*nkl.*) Bartstern.

pŏl *u.* **pōl** *int.* (*Abk. v. Pŏllūx*) bei Pollux! bei Gott! wahrhaftig! (*cf. ēdĕpŏl*).

pŏlēntă, *ae f* (*pŏllĕn*) (*unkl.*) Gerstengraupen, Gerstenmehl.

pŏlēntārĭŭs 3 (*auch* [*Pl.*] *pŏl..., d. i. pŏll...*) (*vkl., nkl.*) Gerstengraupen...

pŏlĭō 4. (*urspr. Ausdruck der Walkerspr.; cf. pĕllō, nhd.* „Falz") 1. glätten, polieren [*rogum asciā,* °*gemmas,* °*libelli frontes pumice*]. 2. tünchen, weißen [°*columnas albo*]. 3. / verfeinern, feilen [*orationem,* °*opus limā*]. 4. (*P.P.P.*) *adi.* **pŏlītŭs** 3 (*m. comp. u. sup.*; *adv.* **-ē**) a) geglättet [*lapis*]; b) getüncht [*columna*]; c) / α) (*unkl.*) elegant eingerichtet [*cubiculum*]; β) / gebildet, elegant, fein, *v. Pers. u. Sachen* [*homo, iudicium, ars, -e scribere; re* durch *od.* in *etw., zB. omni doctrinā*].

F. *impf.* °*pŏlībăm altl.* = *pŏlĭēbăm.*

Pŏlĭō *s. Pŏllĭō.*
pŏlītīă, *ae f* (*Fw.* ⟨ πολιτεία) Staatsverfassung, Staat (♀ *Titel e-r Schrift Platos*); *acc.* -*ām u.* (*griech.*) -*ān.*
pŏlītĭcŭs 3 (*Fw.* ⟨ πολιτικός) staatswissenschaftlich, politisch [*philosophi*, °*libri*].
pŏlītūră, *ae f* (*pŏlĭō*) (*nkl.*) Glättung, Vollendung [*corporum*; / *orationis*].
pŏllĕn, *ĭnĭs n* (*cf.* πάλη Staubmehl, *pŭlvĭs*) (*vkl.*, *nkl.*) sehr feines Mehl.
pŏllēns, *ēntĭs* (*m.* °*comp. u.* °*sup.*) (*eigtl. part. praes. v. pŏllĕō*) (*meist dcht.*) stark, mächtig, einflußreich, *v. Pers. u. Sachen* [°*hostis*, °*herbae* wirksam; *abs. od. re* durch *etw.*]. *Cf.* V.-B. VIII.
pŏllēntă, -tārĭŭs *ältere Formen für pŏlēntă usw.*
pŏllēntĭă, *ae f* (*pŏllēns*) (*vkl.*) Macht, Stärke; ♀ (*Li.*) Göttin der Macht.
pŏllĕō, (*ŭī*), — 2. (*et. unklar*) (viel) vermögen, stark sein, Einfluß haben (*abs. od. plurimum, plus, tantum, magis*; *in re, zB. in re publica*; *re, zB. scientiā*).
pŏllĕx, *ĭcĭs m* (*urspr. adi., wohl zu pŏllĕō*) Daumen, *auch* ~ digitus; *sprichw.* (*nkl.*, *dcht.*) *pollices premere jd.* den Daumen halten *od.* drücken [*urspr. obszönes* ἀποτρόπαιον]; *als Maß* = 1 Zoll = $^1/_{12}$ Fuß, *etwa* $2^1/_2$ cm.
▶ **pŏl-lĭcĕŏr,** *lĭcĭtŭs sŭm* 2. (⟨ **pŏr-lĭcĕŏr, eigtl.* „darbieten"; *cf. pŏr-*) **1.** sich zu *etw.* erbieten, versprechen, verheißen (*abs. od. alqd u. alci alqd, zB. frumentum*; *sprichw.* °*montes auri od.* °*maria montesque* goldene Berge; *alci de re, zB. de amico placando*; *m. adv., zB.* °*bene od.* °*benigne* schöne Versprechungen machen, *liberaliter* gütige Versprechungen machen; *m. dopp. acc., zB.* °*se ducem*, °*regnum Aegypti pretium auxilii*; *m. a.c.i. fut., selten m. inf. praes.*; *m.* °*ut od.* °*bloßem coni.*); *part. pf. pŏllĭcĭtŭs auch* °*pass.* [*fides*]; *subst.* **pŏllĭcĭtŭm,** *ī n* (*dcht.*, *nkl.*) das Versprochene, das Versprechen. **2.** / **a)** (*zu Beginn der Rede*) *etw.* ankündigen; **b)** (*Pl.*) (*vom Käufer*) bieten.
pŏllĭcĭtātĭō, *ōnĭs f* (*pŏllĭcĭtŏr*) Versprechen, Verheißung.
pŏllĭcĭtŏr 1. (*frequ. v. pŏllĭcĕŏr*) (*vkl.*, *nkl.*) oft versprechen.
pŏl-lĭcĭtŭs *part. pf. v. pŏllĭcĕŏr.*
pŏllĭctŏr, *ōrĭs m ältere Form für pŏllĭnctŏr.*
pŏllĭnārĭŭs 3 (*pŏllĕn*) (*vkl.*, *nkl.*) Staubmehl..., Mehl..., Puder...
pŏllĭnctŏr, *ōrĭs m* (-*ī*-?; *pŏllĭngō*) (*vkl.*, *dcht.*) Leichenwäscher.
pŏllĭngō, *līnxī, līnctŭm u. lĭctŭm* 3. (*līnxī, līnctŭm?*; *et. ungeklärt*) (*vkl.*, *nkl.*) Leichen waschen *u.* salben.
Pōllĭō, *ōnĭs m s. Āsĭnĭŭs.*
pŏl-lūcĕō, *lūxī, lūctŭm* 2. (⟨ **pŏr-lūcĕō* „leuchten machen"; *cf. pŏr-*; *altes Sakralwort*) (*vkl.*, *nkl.*) **1.** als Gericht vorsetzen; bewirten. **2.** als Opfer darbringen; (*P.P.P.*) *subst.* **pŏllūctŭm,** *ī n* das dargebrachte Opfer.
pŏllūcĭbĭlĭtĕr *adv.* (*pŏllūcĭbĭlĭs*, *ĕ* zu *pŏllūcĕō*) (*Pl.*) wie ein Opfermahl, köstlich.
pŏllūctūră, *ae f* (*pŏllūcĕō*) (*Pl.*) köstliches Mahl.
pŏl-lūctŭs *P.P.P. v. pŏllūcĕō.*
pŏl-lŭō, *lŭī, lūtŭm* 3. (⟨ **pŏr-lŭō*; *cf. pŏr- u. lūtŭm*[1]) **1.** (*dcht.*) besudeln, beschmutzen [*dapes ore, ora cruore*]. **2.** / beflecken, entehren, entweihen [*sacra, religiones*, °*caerimonias stupro*, °*coniuges*]; (*P.P.P.*) *adi.* **pŏllūtŭs** 3 (*m. sup.*) (*nkl.*, *dcht.*) lasterhaft, unkeusch, *v. Pers. u. Sachen* [*femina, licentia* schmachvoll, *amor*].
Pŏllūx, *ūcĭs m* (*wohl kaum durch etr. Vermittlung* ⟨ Πολυδεύκης) *S. des Jupiter* (*od. des Spartanerkönigs Tyndărĕŭs*) *u. der Leda, Bruder des Kastor* (*s. Căstŏr*); *ber. Faustkämpfer* [*Pollux* °*uterque* = Kastor *u.* Pollux]; *s. Căstŏr, Tyndărĕŭs.*
pŏl-lūxī *s. pŏllūcĕō.*
▶ **pŏlŭs,** *ī m* (*Fw.* ⟨ πόλος) (*unkl.*) Pol; *synekd.* Himmel(sgewölbe).
Pŏlўbĭŭs, *ī m* (Πολύβιος) *griech. Geschichtsschreiber aus Megalopolis in Arkadien* (*um 201—120 v. Chr.*), *kam 166 als Geisel nach Rom, m. den Scipionen befreundet.*
Pŏlўclētŭs *u.* **Pŏlўclītŭs,** *ī m* (Πολύκλειτος) *aus Sikyon, ber. Bildhauer* (*um 430 v. Chr.*) (*Doryphoros u. Diadumenos in guten Kopien erhalten*).
Pŏlўcrătēs, *ĭs m* (Πολυκράτης) *Tyrann der Insel Samos* (*um 530 v. Chr.*). *Cf.* V.-B. III, 3 *u.* 5.
Pŏlўgnōtŭs, *ī m* (Πολύγνωτος) *ber. griech. Maler aus Thasos, seit 463 v. Chr. in Athen tätig.*
Pŏlўhўmnĭă, *ae f* (Πολύμνια) Muse (des ernsten Gesanges).
Pŏlўmăchaerŏplăgĭdēs, *ae m* (*Pl.*) „Vielschwertschlägersohn" (*scherzh. Soldatenname*).
pŏlўmўxŏs, *ŏn* (*Fw.* ⟨ πολύμυξος) (*Ma.*) vieldochtig [*lucerna*].
pŏlўphăgŭs, *ī m* (*Fw.* ⟨ πολύφαγος) (*Suet.*) Vielfraß.
Pŏlўphēmŭs *u.* **-ŏs,** *ī m* (Πολύφημος) *S. Poseidons, einäugiger Kyklop. Cf.* V.-B. II, 1.
Pŏlўplūsĭŭs 3 (*πολυπλούσιος schwerreich) (*Pl.*) *erdichteter Familienname.*
pŏlўpōsŭs 3 (*u. pŏlў-?*, *pŏlўpŭs*) (*Ma.*) an Polypen leidend.
pŏlўpŭs, *ī m* (*u.* -*ō*-?; *Fw.* ⟨ *dor.* πώλυπος = *att.* πολύπους) Polyp: **1.** (Meer-)Polyp. **2.** (*dcht.*, *nkl.*) Polyp *i. der Nase.*
Pŏlўxĕnă, *ae f* (Πολυξένη) *T. des Priamos, Geliebte Achills, v. Neoptolemos den Manen Achills geopfert* (*nachhomerische Sage*); *adi.* °**Pŏlўxĕnĭŭs** 3.
pōmārĭŭs 3 (*pōmŭm*) **1.** (*vkl.*) Obst... **2.** *subst.* **a) pōmārĭŭm,** *ī n* Obstgarten; **b)** (*dcht.*, *nkl.*) **pōmārĭŭs,** *ī m* Obsthändler.
pōmĕrīdĭānŭs 3 = *pŏstmĕrīdĭānŭs.*
pōmērĭŭm, *ī n* (⟨ **pŏs-moiriŏm*; *pŏst, mūrŭs*) (unbebauter) Mauerranger *auf beiden Seiten der röm. Stadtmauern. Cf. circāmoerĭŭm.*
pōmĭ-fĕr, *fĕră, fĕrŭm* (*pōmŭm, fĕrō*) (*nkl.*, *dcht.*) obsttragend, obstreich.
pōmoerĭŭm, *ī n* = *pōmērĭŭm.*
Pōmōnă, *ae f* (*pōmŭm*) Obstgöttin.
pōmōsŭs 3 (*pōmŭm*) (*dcht.*) obstreich.
pŏmpă, *ae f* (*Lw.* ⟨ πομπή) **1. a)** Umzug, Festzug, Prozession *an Festen od. Spielen* (*bsd. an den ludi Circenses*); **b)** Leichenzug [*funeris* feierliches Trauergeleit *unter Mitführung der Ahnenbilder* (*cf. fūnŭs*)]. **2.** / **a)** Zug, Reihe *v. Personen* [*lictorum*]; **b)** (*Ma.*) Hauptgang [*cenae*]. **3.** / (*abstr.*) Pracht, Prunk [*in dicendo pompam adhibere*]; *bsd.* Prunkrede [*rhetorum*].
Pŏmpēĭī *u.* **Pŏmpēī,** *ōrŭm m Landst. i. Kampanien südöstl. v. Neapel, m. Herculaneum u. Stabiae 79 n. Chr. durch einen Ausbruch des Vesuv verschüttet, seit 1748 u. bsd. seit 1860 wieder ausgegraben*; *Einw. u. adi.* **Pŏmpēĭānŭs** 3 (*subst.* **-ŭm,** *ī n sc. praedĭŭm* Ciceros Landgut bei ~).
Pŏmpēĭŭs, *iī u. ī m Name einer pleb. gēns in Rom*: *Cn. Pŏmpēĭŭs Măgnŭs, geb. 106 v. Chr., Sieger über die Seeräuber u. über Mithridates, schloß 60 v. Chr. das erste Triumvirat m. Cäsar u. Crassus, verfeindete sich 49 m. Cäsar, wurde 48 v. diesem bei Pharsalus besiegt u. auf der Flucht in Ägypten ermordet*; *adi.* **Pŏmpēĭŭs** 3 *bzw. Pŏmpēĭānŭs* 3 [*thĕātrŭm Pŏmpēĭŭm erstes steinernes röm. Theater, 55 auf dem Marsfeld v. ~ erbaut*; *nach der Restaurierung durch Augustus hieß es th. Augŭstŭm Pŏmpēĭānŭm*]; *subst.* **Pŏmpēĭānŭs,** *ī m* Pompejaner, Anhänger des Pompeius.
Pŏmpĭlĭŭs 3 *s. Nŭmă. voc.* -*ī u.* -*ĭŭs.*
pŏmpĭlŭs, *ī m* (*Fw.* ⟨ πομπίλος) (*dcht.*, *nkl.*) Schiffe begleitender Seefisch.
Pŏmpōnĭŭs 3 *röm. Gentilname*: *T. ~ Ăttĭcŭs s. Ăttĭcŭs.*
Pŏmptīnŭs 3 pomptinisch; *ager Sumpfgegend in Latium*; **paludes Pomptinae** die Pomptinischen Sümpfe *an der Küste Latiums zw. Circeji u. Tarracina*; *subst.* **-ŭm,** *ī n* = *ăgĕr Pŏmptīnŭs.*
pōmŭm, *ī n* (⟨ **pŏ-ĕmŏm* „Abgenommenes"; *ĕmō*) **1.** Obstfrucht; *pl.* Obst. **2.** (*unkl.*) Obstbaum (= *pōmŭs*).
pōmŭs, *ī f* (*pōmŭm*) (*unkl.*) Obstbaum.
pŏndĕrō 1. (*denom. v. pŏndŭs*) **1.** (*unkl.*) ab-, auswiegen, das Gewicht erproben (*alqd, zB. granum*). **2.** / erwägen, beurteilen (*alqd, zB. beneficia*; *alqd re u. ex re etw.* nach *etw.*, *zB. omnia voluptatibus, fidem ex fortuna*; *m. indir. Frages.*).
pŏndĕrōsŭs 3 (*m.* °*comp. u.* °*sup.*) (*pŏndŭs*) **1.** (*vkl.*, *nkl.*) schwer. **2.** / = inhaltschwer [*epistula*].
pŏndō *indecl.* (*abl. sg. v. *pŏndŭs, ī m* = *pŏndŭs, ĕrĭs n*) **1.** (*vkl.*, *nkl.*) an Gewicht [°*corona aurea libram pondo*]. **2.** (*als scheinbares subst. indecl.* [*sc. lībrā*] *bei Zahlwörtern für jeden Kasus*) ein (*röm.*) Pfund = *lībră* (326 g) [*expensum est auri pondo centum*].
▶ **pŏndŭs,** *ĕrĭs n* (*im Ablaut zu*

pĕndĕō) **1. a**) Gewicht *an der Waage*, *concr.* = Gewichtstück [°*paria od. iniqua pondera afferre*]; **b**) (*Ho.*, *ep.* 1, 6, 51) *vl.* = Trittstein *v. einem Bürgersteig zum anderen*; **c**) (*nkl.*) ein (*röm.*) Pfund = *pōndō* [*Romanum*] (= *326 g*). **2. a**) *meton.* Schwere *e-s Körpers*, Wucht, Last [*saxa magni ponderis, moveri gravitate et pondere*, °*arboreum* Baumlast]; *auch* / Gewicht *v. Worten u. Gedanken* [*verborum, sententiarum, pondera rerum ipsa* lediglich die gewichtigsten Gründe, °*verba sine pondere* matte, kraftlose]; **b**) (*concr.*) schwerer Körper [*omnia pondera in terram feruntur*], *bsd.* (*dcht.*) *v.* der Leibesfrucht *u.* (*pl.*) *v.* den männlichen Schamteilen; / (*pejorativ*) (*dcht.*, *nkl.*) Last, Bürde [*pondera amara senectae*]. **3.** Menge, Masse [*magnum* ~ *argenti od. aeris*, °*autumni* Fülle]. **4. a**) Schwerkraft, Gleichgewicht [*extra pondus*, °*tellus ponderibus suis libratur*]; **b**) / α) Ansehen, Bedeutung, Autorität [*alqd magnum pondus habet od. magni ponderis est apud alqm*, °*fabula sine pondere* bedeutungslos]; β) Nachdruck, Eindruck [*verborum*]; γ) (*dcht.*) Festigkeit, Beständigkeit [*nulla diu femina pondus habet*].

pōnĕ (< *pŏstnĕ; *cf.* pŏst) (*klass. selten*) **1.** *adv.* hinten [*et ante et pone moveri*]. **2.** *prp. b. acc.* hinter [°*manus* ~ *tergum vincire*].

pōnō
I. 1. a) zurücklegen; **b**) hinterlegen; **2.** (*Geld*) anlegen; **3. a**) (*Preis, Belohnung*) aussetzen; **b**) (*Haar*) ordnen; **c**) (*Tote*) beisetzen; **d**) beruhigen; (*intr.*) (*Wind*) sich legen; **4. a**) ab-, weglegen; **b**) (*Waffen*) niederlegen; **c**) gebären; **d**) aufgeben, verlieren; **II. 1.** hinsetzen, -stellen, -legen; **2. a**) pflanzen; **b**) (*Speisen, Getränke*) vorsetzen; **c**) aufbahren; **d**) verpfänden; **e**) eine Berechnung anstellen; **f**) anlegen; (*Anker*) auswerfen; (*Kopf*) neigen; **g**) weihen; **3. a**) (*Soldaten*) verlegen, postieren; **b**) *jd.* versetzen; **4. a**) aufstellen; **b**) (*Bau*) errichten; **5.** *jd.* zu *etw.* bestellen, einsetzen; **6.** (*bildlich*) darstellen; **III. 1. a**) *etw.* auf *etw.* setzen, legen, stellen; **b**) *positum esse* auf *etw.* beruhen; **2.** *jd.* zu *etw.* machen; **3.** *etw.* auf *etw.* verwenden; **4.** festsetzen; **5.** *jd./etw.* zu *jd./etw.* zählen; **6. a**) anführen, behaupten; **b**) als gegeben voraussetzen; **c**) als Thema aufstellen; **d**) (*abs. m. a.c.i.*) den Satz aufstellen.

pōnō, *pŏsŭī* (*u.* °*pŏsĭvī*), *pŏsĭtŭm* (*u.* °*pŏstŭm*) 3. (< *pŏ-sĭnō „weglegen"; *pŏ-* = ἀπό, ăb) **I.** weglegen, ablegen: **1. a**) (*dcht.*) zurücklegen [*se toro*]; **b**) hinterlegen [*testamenti tabulas*]. **2.** (*Kapital*) anlegen *od.* (*auf Zinsen*) ausleihen [*pecuniam in praedio od. apud alqm*, °*nummos in fenore*]. **3.** (*dcht.*, *nkl.*) **a**) (*Preise, Belohnungen*) aussetzen [*praemium*]; **b**) (*Haare*) ordnen [*comas in statione*]; **c**) (*Tote, Gebeine*) beisetzen *od.* bestatten [*corpus alcis, ossa, alqm patriā terrā*]; **d**) (*etw. Aufgeregtes*) beruhigen [*freta*]; (*intr.*, *refl.*) sich legen [*venti*]. **4. a**) ablegen, niederlegen, weglegen [*tunicam*, °*arcum umeris, librum de manibus*, °*ungues* beschneiden]; **b**) *mil. arma* die Waffen niederlegen *od.* strecken; **c**) (*dcht.*) (*v. Frauen*) gebären [*uteri onus*], (*v. Tieren*) Junge werfen, °*ova* legen; **d**) / aufgeben, sich *e-r Sache* entledigen, verlieren [*vitam, curas*, °*ferocia cordia*; *bellum* beendigen; °*positis ambagibus* ohne Umschweife, °*posito pudore* ohne Scham]. **II.** setzen, legen, stellen (*alqd u. alqm in re*, *unkl.* °*in rem u.* °*re*): **1.** hinsetzen, hinlegen, hinstellen [*librum in mensa, sellam sub quercu*; / *in possessione libertatis*; *signa ad villas, hastam pro aede* ausstrecken vor, °*corpus in ripa od.* °*artūs in litore* hinstrecken, °*simulacrum castris*, °*alqm stramine u.ä.*; (*dcht.*) *positus somno* (*dat.*) zum Schlummer gelagert]. **2. a**) (*dcht.*, *nkl.*) (*Bäume*) pflanzen [*arborem, vites in ordine, semina* säen]; **b**) (*dcht.*, *nkl.*) (*Speisen, Getränke*) vorsetzen, servieren = *ăppōnĕrĕ* [*pocula, pavonem, alci alqd in patina, Bacchum in auro, alci venenum cum cibo*]; **c**) (*dcht.*, *nkl.*) aufbahren; **d**) (*vkl.*, *dcht.*) (*ein Pfand*) einsetzen, verpfänden, *bsd. beim Spiel od. bei Wetten* [*pocula fagina*]; **e**) (*nkl.*, *dcht.*) (*beim Rechnen*) *calculum ponere* die Rechensteinchen aufs Brett setzen, eine Berechnung anstellen, / in Betracht ziehen; **f**) (*scalas*) anlegen, °(*ancoras*) auswerfen, °(*caput*) senken, neigen, °(*genua*) niederknien (*alci* vor *jd.*), °(*apicem*) aufsetzen; **g**) (*dcht.*, *nkl.*) (*als Weihgeschenk*) niederlegen *od.* weihen [*domum ex auro in aede Iovis, ex praeda tripodem Delphis, fratri capillos* als Totenopfer weihen]; *klass. nur subst.* **pŏsĭtă**, *ōrŭm n* die Weihgeschenke. **3. a**) (*Mannschaften*) verlegen, postieren [*duas legiones in Turonis, praesidium ibi, insidias contra alqm*]; **b**) (*dcht.*, *nkl.*) *jd.* versetzen [*alqm in caelo od. sub curru solis*]; **c**) *P.P.P.* **pŏsĭtŭs** 3 (*v. Örtlichkeiten*) irgendwo liegend = *sĭtŭs* [*Roma in montibus -a, Gallia sub septentrionibus -a*, °*portus ex adverso urbi -us*]. **4. a**) aufstellen [°*alci statuam in foro*]; **b**) (*einen Bau*) errichten, *etw.* erbauen, anlegen [°*templa*, °*domum, castellum in monte*, °*nidum* bauen; / *fundamenta*]; *bsd. mil. castra* ein Lager aufschlagen [*in colle, iniquo loco*], *vigilias* Wachen aufstellen. **5.** *jd.* zu *etw.* bestellen, einsetzen [°*custodem in hortis*, °*Numidis imperatorem*; *m. dopp. acc.*, *zB. alqm custodem in frumento publico.* °*alqm principem in bello*]. **6.** (*dcht.*) (*als Künstler bildlich*) darstellen, liefern [*Venerem marmoream, totum* ein Ganzes darstellen]. **III.** / **1. a**) *etw.* auf *etw. od.* auf *jd.* setzen, legen, bauen (*alqd in re od. in alqo*, *zB. omnem spem in consule od. in virtute, tantum in ea arte* so großes Gewicht legen auf, *alqd ante oculos alcis u. alci, rem in medio* vorbringen, *alcis vita in manu alcis posita est* liegt, °*artes infra positae* tiefer stehende Vorzüge); **b**) *P. positum esse in re* auf *etw.* beruhen, sich stützen, durch *etw.* bedingt sein [*causae spes posita est in defensione, sententia in legibus posita*]. **2.** in einen Zustand versetzen [*alqm in magna gloria* hochberühmt machen, *alqm in culpa et suspicione* schuldig *u.* verdächtig machen, *alqm in gratia apud alqm* beliebt machen, *solem et mundum in deorum natura* zu Göttern machen; *P. in laude positum esse* im Besitz des Ruhmes sein]. **3.** *etw.* auf *etw.* verwenden [*omnem curam in salute patriae, se totum in contemplandis rebus*]. **4.** *etw.* festsetzen, bestimmen, anordnen [°*festos laetosque ritus, nomen alci u. alci rei* beilegen, *leges* aufstellen, geben, *Olympiada* ansetzen, *sibi finem vitae*, °*modum exitiis* ein Ziel setzen, *rationem cum Orco* Rechnung machen *m.*]. **5.** *etw. od. jd.* zu *etw.* rechnen *od.* zählen, für *etw.* ansehen, als *etw.* auslegen [*mortem in malis, alqd in lucro* als Gewinn betrachten, °*alqd in dubio* in Zweifel ziehen, *haud in magno discrimine* kein großes Gewicht darauf legen, *alci alqd in nefario crimine jd.* aus *etw.* ein schmähliches Verbrechen machen, °*alqm inter vatum choros*; *m. dopp. acc.*, *zB. alqm primum od. principem* für den ersten halten; *im P. m. dopp. nom.*, *zB. nemo ei par ponitur*]. **6. a**) *etw.* anführen, äußern, behaupten [*alqd pro argumento, pro certo* als sicher hinstellen, *pauca exempla, exemplum ab od. ex re v. etw.* hernehmen, *ut paulo ante posui*]; **b**) *etw.* als feststehend annehmen [*hoc unum, hoc idem*]; **c**) (*ein Thema*) zur Besprechung aufstellen [*quaestionem*]; **d**) *abs.* den Satz aufstellen (*m. a.c.i.*, *zB. in oratione posuit Sthenium litteras publicas corrupisse*).

▶ **pōns**, *pŏntĭs m* (*cf.* πόντος „Meerespfad, Meer", *nhd.* „finden") **1.** Brücke, Steg [°*sublicius* Pfahlbrücke, *die den Ianiculus mons m. Rom verband*, *fluminis* über einen Fluß; *pontem facere in flumine u.* °*per flumen* = °*flumen ponte iungere* eine Brücke über einen Fluß schlagen; *pontem rescindere od. interscindere, interrumpere*, °*dissolvere* abbrechen; *auch pl.* °*Brücke m. mehreren Jochen*]. **2. a**) *pl. Zugangsstege zu den saepta der Zenturiatkomitien*; **b**) (*nkl.*) Knüppeldamm, Moorweg; **c**) (*bewegliche*) Schiffstreppe, Laufsteg; **d**) (*nkl.*, *dcht.*) Fallbrücke (*bsd. zw. Mauer u. Belagerungsturm*); **e**) (*nkl.*, *dcht.*) Verdeck des Schiffes *m. dem schweren Geschütz*; **f**) (*dcht.*) Stockwerk *eines Turmes*. **3.** *Pōns als Name v. Orten an Flußübergängen* [*Pons Campanus*].

pōntĭcŭlŭs, *ī m* (*demin. v. pōns*) kleine Brücke.

Pōntĭcŭs 3 *s. Pŏntŭs.*

▶ **pŏntĭ-fĕx**, *fĭcĭs m* (*wahrsch. m. den Alten zu pōns u. făcĭō*; *Bedeutungsentwicklung umstritten*) Pontifex, Priester; der (*m. der Überwachung* *des Kultus betraute*) Oberpriester; *collegium -um* Priesterkollegium (*ursprünglich* 4 [3], *seit Caesar 16*); *sein Präsident hieß Pontifex maximus* [*pontifices minores* Gehilfen *u.* Schreiber des Kollegiums]. (— **Bischof, Papst [*Romanus*]; *maximus, summus* Erzbischof). *adi.* **pŏntĭfĭcĭŭs** 3 *u.* **pŏntĭfĭcālĭs, ĕ** oberpriesterlich, der Pontifices [*ius*]. — **bischöflich, päpstlich.

pŏntĭfĭcātŭs, *ūs m* (*pŏntĭfĕx*) Würde eines Oberpriesters. — **Papstwürde, Pontifikat; Diözese.

Pŏntĭŭs 3 *urspr. samnitischer, später röm. Gentilname*: **1.** *C.* ~ *Anführer der Samniten bei den Caudinischen Pässen*; *cf. Caudĭŭm.* **2.** *Pŏntĭŭs Pīlātŭs kaiserlicher Prokurator v. Judäa, Richter Jesu Christi.*

pŏntō, *ōnĭs m* (*wohl als* „Brückenschiff" *zu pōns* [*nach Caesar, B.C. 3, 29, 3 genus navium Gallicarum*]; *kaum gall. Fw.*) Transportschiff, Ponton, Floß.

▶ **pŏntŭs,** *ī m* (*Fw.* < πόντος) (*dcht.*) Meer, hohe See; (*meton.*) Meeresflut, -woge.

Pŏntŭs, *ī m* (Πόντος) **1.** das Schwarze Meer = *Pŏntŭs Euxīnŭs.* **2.** (*meton.*) die Landstriche um das Schwarze Meer, *bsd. die Ldsch.* Pontus, *das Reich des Mithridates, nach seiner Unterwerfung röm. Provinz*; *adi.* **Pŏntĭcŭs** 3.

pŏpă, *ae m* (*wohl etr. Fw.*) Opferdiener; / (*Pers.*) fetter Wanst.

pŏpănŭm, *ī n* (*Fw.* < πόπανον; *zu cŏquō*; *i. der Bed. wohl durch pŏpă beeinflußt*) (*Ju.*) Opferkuchen.

pŏpĕllŭs, *ī m* (*demin. v. pŏpŭlŭs*[1]) (*dcht.*) Pöbel.

pŏpīnă, *ae f* (*osk.-umbr. Lw.* = *cŏquīnă*) Garküche, Kneipe; (*meton.*) das Essen aus einer Kneipe.

pŏpīnō, *ōnĭs m* (*pŏpīnă*) (*unkl.*) Schlemmer.

pŏplĕs, *ĭtĭs m* (*et. ungedeutet*) Kniekehle; *übh.* (*nkl., dcht.*) Knie.

Pŏplĭcŏlă, *ae m* (*altl.*) *s. Pūblĭcŏlă.*

pŏplŭs (*altl.*) = *pŏpŭlŭs*[1].

pŏpōscī *s. pŏscō.*

Pŏppaeŭs 3 *röm. Gentilname*: **1.** *Q.* ~ *Săbīnŭs, cons. 9 n.Chr.* (*lex Papia Poppaea s. Păpĭŭs*). **2.** *Pŏppaeă Săbīnă, ehrgeizige u. sittenlose Gemahlin Othos u. dann Neros.*

pŏppȳsmă, *ătĭs n* (*Fw.* < πόππυσμα) (*dcht.*) das Schnalzen *m.* der Zunge (*Beifallszeichen*); (*obszön*) [*cunni*].

pŏpŭlābĭlĭs, *ĕ* (*pŏpŭlŏr*) (*Ov.*) zerstörbar.

pŏpŭlābŭndŭs 3 (*pŏpŭlŏr*) (*nkl.*) auf Verwüstung bedacht.

▶ **pŏpŭlārĭs,** *ĕ* (*m.* °*comp.*; *adv.* **-ĭtĕr**) (*pŏpŭlŭs*[1]) **1. a)** das Volk betreffend, Volks... [*lex, iracundia* des Volkes, *aura u. ventus* Volksgunst, *admiratio* beim Volk, *munus od. oratio* an das Volk, *civitas u. res publica* Demokratie]; **b)** allgemein verbreitet [*opinio*]; *auch* allgemein faßlich, der volkstümlichen Rede angemessen [*verba, -iter loqui u. scribere* volkstümlich]; **c)** beim Volk beliebt, populär [*sacerdos,* °*actio, lacrimae*]; **d)** volksfreundlich, demokratisch, (*pejorativ*) um die Volksgunst buhlend, demagogisch [*vir, homo, animus, -iter agere, -iter in causa versari* als Volksfreund]; *subst.* **pŏpŭlārēs,** *ĭŭm m* Demokraten, Volkspartei (*Ggs. ŏptĭmātēs, nōbĭlēs*), *pejorativ* Demagogen. **2.** (*dcht., nkl.*) zu demselben Volk gehörig, einheimisch [*puella*]; *klass. nur subst.* **pŏpŭlārĭs,** *ĭs m* Landsmann, Mitbürger [*meus, unius loci*]; / (*vkl., nkl.*) Standesgenosse; Gefährte, Teilnehmer [*coniurationis*].

pŏpŭlārĭtās, *ātĭs f* (*pŏpŭlārĭs*) **1.** (*vkl.*) Landsmannschaft. **2.** (*nkl.*) volkstümliches Benehmen; Sucht, dem Volk zu gefallen, (Haschen nach) Popularität.

pŏpŭlātĭō, *ōnĭs f* (*pŏpŭlŏr*) Verwüstung, Plünderung (*abs. od. alcis rei, zB.* °*agrorum*).

pŏpŭlātŏr, *ōrĭs m* (*pŏpŭlŏr*) (*nkl., dcht.*) Zerstörer, Plünderer [*Troiae*].

pŏpŭlātrīx, *īcĭs f* (*pŏpŭlātŏr*) (*dcht.*) Zerstörerin.

pōpŭlĕŭs 3 (*pōpŭlŭs*[2]) (*dcht.*) Pappel... [*umbra, corona*].

pōpŭlĭ-fĕr, *fĕră, fĕrŭm* (*pōpŭlŭs*[2], *fĕrō*) (*Ov.*) pappeltragend, -reich.

pŏpŭlĭ-scītŭm, *ī n* (*auch getr.*; *pŏpŭlŭs*[1], *scīscō*) Volksbeschluß.

pōpŭlnŭs 3 (*pōpŭlŭs*[2]) (*Pl.*) aus Pappelholz.

pŏpŭlŏr *u.* (*altl., klass. nur* P.) **pŏpŭlō** 1. (*denom. v. pŏpŭlŭs*[1]; *eigtl.* „*m.* Kriegsvolk überziehen") **1.** verwüsten, verheeren, (aus)plündern (*alqd u. alqm, zB. agros, provincias,* °*hamum* der Lockspeise berauben). **2.** / (*dcht.*) vertilgen, zerstören [*iter, tempora* die Schläfen verstümmeln].

▶ **pŏpŭlŭs**[1], *ī m* (*et. unklar, vl. etr. Fw.*; *urspr. wohl* „Kriegsvolk"; *cf. pŏpŭlŏr*) **1.** Volk, *das einen Staat bildet* [~ *Romanus, Atheniensium,* °*Priami*]; **b)** Bürgerschaft, Gemeinde = *cīvĭtās, wenn das politische Band nur eine Stadt umfaßt*; **c)** Freistaat, Gau, Stamm [°*reges et populi*]; **d)** *pl.* (*dcht.*) Untertanen. **2.** (*in Rom*) **a)** (*in der ältesten Zeit*) der Blutsadel, die Patrizier (*im Ggs. zu den rechtlosen Plebejern*) [*non populi, sed plebis iudicium est*]; **b)** (*später*) *Patrizier u. Plebejer m. dem Senat an der Spitze* [*senatus populusque Romanus*]; **c)** (*seltener, meist bei den Historikern*) die Plebejer = *plēbs* [°*aliquis ex populo, populus a senatu disiunctus*]. **3. a)** (Volks)menge, Pöbel, Leute, Bevölkerung, *bsd. der Hauptstadt* [°*urbanus, malus poëta de populo,* °*concursus populi*]; **b)** Zuhörer(schaft), Zuschauer; **c)** (*meton.*) **α)** (*dcht.*) öffentliche Straße [*populum spectare*]; **β)** (*dcht., nkl.*) Gemeinde-, Staatskasse, das Aerarium. **4.** (*spätl.*) (*christl.*) Gemeinde, Laien (*Ggs. clērĭcī*). — ** *dei od. Christianus* Christenheit.

pōpŭlŭs[2], *ī f* (*cf.* π[τ]ελέα Ulme [!]; *vl. aber auch gemeinsam aus unbekannter Spr. entlehnt*) Pappel [°*alba* Silberpappel, °*nigra* Schwarzpappel].

pŏr- (*nur in der Komposition*; *cf. pŏrrō*) = dar-, hin-, vor-, *zB. portendo, pol-liceor, pol-luo.*

pŏrcă, *ae f* (*pŏrcŭs*) Sau.

pŏrcĕllă, *ae f* (*demin. v. pŏrcŭlă*) (*Pl.*) Ferkelchen.

pŏrcĕllŭs, *ī m* (*demin. v. pŏrcŭs*) (*unkl.*) Schweinchen; *bsd.* wildes Schweinchen, Frischling.

pŏrcīnārĭŭs, *ī m* (*pŏrcīnă*) (*Pl.*) Schweinefleischhändler.

pŏrcīnŭs 3 (*pŏrcŭs*) (*vkl., nkl.*) vom Schwein; *subst.* **-ă,** *ae f* (*sc. cărō*) (*Pl.*) Schweinefleisch.

Pŏrcĭŭs 3 *röm. Gentilname*; *s. Cătō*; *adi.* [*basilica*].

pŏrcŭlŭs, *ī m u.* **-ŭlă,** *ae f* (*demin. v. pŏrcŭs, pŏrcă*) (*vkl., nkl.*) Ferkel.

pŏrcŭs, *ī m* (*urspr.* „Wühler"; *cf. nhd. demin.* „Ferkel") zahmes Schwein [*femina* Mutterschwein, Sau]; *bsd.* Ferkel; / (*dcht.*) Schlemmer [*Epicuri de grege*]; (*vkl.*) die weibliche (jungfräuliche) Scham.

pŏrēctŭs *P.P.P. v. pŏr(r)ĭcĭō.*

pŏrgō, — — 3. (*altl., dcht.*) (*synk.*) = *pŏrrĭgō*[2].

pŏrphȳrētĭcŭs *u.* **-rĭtĭcŭs** 3 (*Fw.* < πορφυρετικός) (*nkl.*) aus Porphyr, purpurrot [*solium -i marmoris*].

pŏrrēctĭō, *ōnĭs f* (*pŏrrĭgō*[2]) das Ausstrecken [*digitorum*].

pŏrrēctŭs[1] *P.P.P. v. pŏr(r)ĭcĭō u. pŏrrĭgō*[2].

pŏrrēctŭs[2] 3 (*m. comp.*) (*eigtl. P.P.P. v. pŏrrĭgō*[2]) **1.** ausgestreckt, ausgedehnt, lang; flach, gerade [*manus, loca,* °*acies*]. **2.** (*dcht.*) auf die Bahre hingestreckt = gestorben, tot [*senex, corpus*]. **3.** / **a)** (*Pl.*) glatt, heiter [*frons*]; **b)** (*dcht.*) (*zeitl.*) lang [*mora*]; **c)** (*Qu.*) gedehnt [*syllaba*].

pŏr-rēxī *s. pŏrrĭgō*[2].

pŏr(r)ĭcĭō, —, *pŏr(r)ēctŭm* 3 (< **pŏr-jĭcĭō*; *ĭăcĭō*; *an pŏrrĭgō*[2] *angeglichen*) als Opfer hinwerfen [°*exta in mare*]; *sprichw.*: *inter caesa et porrecta* noch in der zwölften Stunde (*eigtl.* „*zw.* dem Schlachten *der Opfertiere u.* dem Auseinanderlegen *der Eingeweide auf dem Altar*").

pŏrrĭgō[1], *ĭnĭs f* (*et. ungedeutet*) (*dcht., nkl.*) Kopfgrind.

▶ **pŏr-rĭgō**[2], *rēxī, rēctŭm* 3 (*rĕgō*) **1. a)** ausstrecken, ausdehnen, ausbreiten [°*bracchium, membra, manūs ad caelum,* °*alci* zu *jd.*, °*caelo* zum Himmel; / °*in amicorum possessiones*; °*iugulum* aufrecken, °*pocula* erheben; *bsd. mil.* (*nkl.*) ausdehnen, *zB. aciem latius*]; **b)** *mediopass. u. se -ere* sich ausdehnen, sich erstrecken, reichen, liegen: **α)** (*v. Pers.*) sich ausstrecken, sich der Länge nach lagern [°*corpus porrigitur in novem iugera*]; **β)** (*v. Örtlichkeiten*) *loca ab ortu solis ad occidentem porriguntur,* °*in solem*; / °*quo se tua porrigat ira* wohin sich erstreckt; **c)** (*nkl., dcht.*) niederstrekken [*hostem*]. **2.** / **a)** (*nkl., dcht.*) (*zeitl.*) verlängern, hinziehen [*horas*]; *auch* dehnen, verlängern [*syllabam*]; **b)** (*dcht.*) vergrößern, mehren [*vectigalia*]. **3.** hinreichen, darreichen (*abs. od. alci alqd, zB. gladium, dextram,* °*vas*); / gewähren, spenden [*amicis praesidium,* °*oscula lymphis*].

Pŏrrĭmă, *ae f* (*volkset. zu pŏrrō*) Geburtsgöttin, *eine der beiden Begleiterinnen der Carmenta.*

▶ **pŏrrō** *adv.* (*wohl* = πόρρω) **1.** (*räuml.*) **a)** (*nkl.*, *dcht.*) weiter = vorwärts, in die Ferne [~ ire, armentum ~ agere]; **b)** (*vkl.*, *dcht.*) in der Ferne [quae flumina ~ sunt?]. **2.** (*dcht.*) (*zeitl.*) weiter = fernerhin [amare ~ omnes annos]; (*selten*) (*Ov.*) vordem. **3.** / **a)** nun weiter, ferner, sodann, *oft* porro autem (*bsd. beim Fortschreiten in der Rede od. der Beweisführung*); *häufig in Formeln, wie*: videte iam ~ cetera, sequitur ~, age ~ sehen wir weiter, laßt uns weiter gehen; **b)** (*im Untersatz v. Syllogismen*) nun aber (*zB. Ci., fin. 2,25*); **c)** (*steigernd*) sogar [ea non mala dicimus, sed exigua et ~ minima]; **d)** (*adversativ*) andrerseits, hinwiederum [Saepe a maioribus natu audivi, qui se ~ pueros a senibus audivisse dicerent].

pŏrrŭm, ī *n u.* **pŏrrŭs,** ī *m* (= πράσον *ds.*) (*unkl.*) Lauch, Porree.

Pŏrsēnă *u.* **Pŏrsēnnă, Pŏrsīnnă, Pŏrsīnă,** ae *m K. v. Clusium in Etrurien, der der Sage nach 507 v.Chr. Rom belagerte, um die vertriebenen Tarquinier nach Rom zurückzuführen.*

▶ **pŏrtă,** ae *f* (*cf.* pŏrtŭs, *nhd.* „Furt") **1.** Tor, *bsd. einer Stadt od. eines Lagers, auch* Pforte *in einer Mauer* [urbis, Esquilina, castrorum, decumana Hintertor, praetoria Haupttor, principalis Seitentor; portam claudere *u.* aperire *od.* patefacere; / °portae belli des Janustempels]. **2. a)** *pl.* (*Ne.*) Engpaß = πύλαι [portae Ciliciae]; / **b)** Eingang, Zugang, Ausgang [iecoris, °caeli, °Taenari *u.* °Taenaria]; **c)** (*Lu.*) *pl.* Mittel, Wege. — **Porta Nigra = schwarzes Tor; *monumentales röm. Stadttor in Trier aus dem 4. Jh. n.Chr.*

pŏrtātĭō, ōnis *f* (pŏrtō) (*nkl.*) Transport [armorum].

pŏr-tĕndō, tĕndī, tĕntŭm 3. (*eigtl.* „hin-strecken, dar-reichen") **1.** *etw. Zukünftiges* ankündigen, prophezeien, *auch* Vorbote *v. etw.* sein (alqd *u.* alci alqd, *zB.* periculum, °alci regnum, °exitium urbi; *m. a.c.i.*). **2.** *mediopass.* (*vkl.*, *nkl.*) sich zeigen, bevorstehen [periculum *od.* spes portenditur].

pŏrtĕntĭ-fĭcŭs 3 (pŏrtĕntŭm, făcĭō) (*dcht.*) Scheusale erzeugend [venena].

pŏrtĕntōsŭs 3 (pŏrtĕntŭm) wunderbar, unnatürlich, abenteuerlich [°magnitudo]; *subst.* **-ŭm,** ī *n* Mißgeburt.

pŏr-tĕntŭm[1] *P.P.P. v.* pŏrtĕndō.

pŏrtĕntŭm[2], ī *n* (pŏrtĕndō) **1.** grauenhaftes Vorzeichen, Wunder. **2.** Mißgeburt, Scheusal, Ungeheuer [hominum pecudumque]; / (*v. Pers.*) Auswurf [rei publicae]. **3.** phantastische Erdichtung, Fiktion, Wundermärchen [poëtarum et pictorum]. — *Cf.* V.-B. VI.

pŏrthmĕŭs, ĕī *u.* ĕōs *m* (*acc.* -ĕă) (*Fw.* ⟨ πορθμεύς) (*nkl.*, *dcht.*) Fährmann (= Charon).

pŏrtĭcŭlă, ae *f* (*demin. v.* pŏrtĭcŭs) kleine Halle *od.* Galerie.

▶ **pŏrtĭcŭs,** ūs *f* (pŏrtŭs; *Flexion u. Genus nach* dŏmŭs) **1.** Halle, Säulengang, Galerie. **2. a)** Gerichtshalle *des Prätors m. einem Tribunal*; **b)** *mil.* Laufgang *für Schanzarbeiter*; **c)** (*dcht.*) Vorplatz *eines Zeltes.* **3.** (*Bed.-Lw. aus* στοά) Stoische Schule *od.* Philosophie [Stoicorum, Chrysippi]. — (*dat. u. abl. pl.* pŏrtĭcĭbŭs).

pŏrtĭō, ōnis *f* (*vl. zunächst nur*: prō pŏrtĭōnĕ „[je] nach dem Verhältnis [der Teile zueinander]" ⟨ prō *pārtĭōnĕ *m. Assimilation des* a *an die benachbarten* o-*Silben*; pārs) **1.** (*nkl.*) Teil *od.* Anteil an *etw.* (alcis rei, *zB.* praedae, regnum portionibus dividere stückweise, pro virili portione]. **2.** (*nkl.*) Verhältnis, Proportion (*klass. nur* pro portione nach [richtigem] Verhältnis, nach Maßgabe).

pŏrtĭscŭlŭs, ī *m* (pŏrtă, pŏrtŭs) (*vkl.*) Hammer (*des Rudermeisters zum Taktschlagen*); / Kommando.

pŏrtĭtŏr, ōris *m* (pŏrtă, pŏrtŭs) **1.** (*dcht.*, *nkl.*) Fährmann (*bsd.* Charon). **2.** Zöllner, Zolleinnehmer; / (*Pl.*) Schnüffler(in).

▶ **pŏrtō** 1. (⟨ *pŏrĭtō, *frequ. zu* *pŏrĕō, *nhd.* „fahren"; *cf.* pŏrtă, pŏrtŭs) **1.** (*eine Last*) tragen, bringen, fortschaffen, hinschaffen, transportieren (alqd *u.* alqd ad *od.* in alqd, ad alqm, alci alqd *u.ä.*, *zB.* °onus umeris, °merces plaustris in arcem, commeatum in castra, °legiones secum in Hispaniam übersetzen; / °tristitiam in mare Creticum); P. fahren (*intr.*), sich tragen lassen, lassen, *zB.* °vehiculo *od.* lecticā portari. **2. a)** bei sich führen, mitnehmen [frumentum *od.* °penates secum, °alqm comitem hinc]; **b)** (*v. Schiffen*) an Bord haben [navis milites]. **3.** (*unkl.*) (*m.* sich) bringen, überbringen [aliquid boni, bellum et pacem, libertatem in dextris].

pŏrtōrĭŭm, ī *n* (⟨ *pŏrtĭtōrĭŭm; pŏrtĭtŏr) Eingangs- *u.* Ausgangszoll, *bsd.* Hafenzoll, Brücken- *u.* Wegegeld (alcis rei *v. od.* für *etw.*, *zB.* vini, circumvectionis Transitzoll; ~ dare *u.* exigere pro re, instituere); *übh.* Zoll, Steuer (*bsd. pl.*).

pŏrtŭlă, ae *f* (*demin. v.* pŏrtă) (*Li.*) Pförtchen.

Pŏrtūnŭs, ī *m* (pŏrtŭs) *Gott des röm. Tiberhafens, später m.* Παλαίμων (*s.* Pălaemōn) *gleichgesetzt.*

pŏrtŭōsŭs 3 (*m.* °*comp.*) (pŏrtŭs) hafenreich [mare, navigatio].

▶ **pŏrtŭs,** ūs *m* (pŏrtă) **1. a)** Hafen [Phalericus, Piraei, e portu proficisci *od.* solvere, in portum invehi, portum capere einlaufen in, in portu operam dare Zollbeamter sein, in portu esse *od.* navigare in Sicherheit sein]; **b)** (*dcht.*) Mündung eines Flusses. **2.** / Zuflucht(sort) [se in philosophiae portum conferre, perfugium portusque supplicii].
F. *dat. sg.* -ŭī *u.* °-ū; *dat. u. abl. pl.* pŏrtĭbŭs *u.* °pŏrtŭbŭs.

pŏs- (*altl. u. vulgär*) = pŏst- (*bsd. vor Konsonanten*).

pōscă, ae *f* (*wohl* ⟨ *pō-scă *zu* bĭbō, pō-tŭs; *Suffix nach* ēscă) (*Pl.*, *nkl.*) Essiglimonade (*Getränk des einfachen Mannes*).

pŏscaenĭŭm, ī *n* (pŏst, scaenă) (*Lu.*) Raum hinter der Bühne; / -a vitae (was hinter der Bühne des Lebens sich abspielt), die geheimen Handlungen der Menschen.

▶ **pōscō,** pŏpōscī, — 3. (-ōsc-?) (⟨ *pŏrk-skō, *incoh. zu* √*pĕrĕk- „fragen, bitten"; *cf. nhd.* „forschen") **1. a)** fordern, verlangen, *etw.* haben wollen (*abs. od.* alqd, *zB.* naves, libertatem, °veniam, *auch* °alci alqd *etw.* für *jd.*, *zB.* °filiam monstro; *m. dopp. acc.* = *jd.* als *od.* zu *etw.*, *zB.* Pelopidam imperatorem; alqd ab alqo *u.* (*seltener*) alqm alqd, *zB.* litteras a legatis, magistratum nummos, P. poscor alqd man fordert *etw. v.* mir, *zB.* meum Laelapa; *m.* °ut *od. m.* °*inf.*, *a.c.i.*, *auch* = auffordern); **b)** / (*v. Sachen*) *etw.* erfordern [res hoc poscit, °cum tempus posceret]. **2. a)** (*dcht.*) nach *etw.* forschen *od.* fragen, *etw.* zu wissen verlangen (alqd, *zB.* causas; *m. indir. Frages.*); **b)** zum Kampf herausfordern [°aciem, °alqm in proelia; / poscunt maioribus poculis sie fordern einander heraus *m.*]; **c)** vor Gericht fordern (alqm, °dictatorem reum); **d)** (*Pl.*) um ein Mädchen anhalten [tuam sororem uxorem]. **3.** (*vkl.*, *dcht.*) (an)rufen; anflehen [numina, oracula precibus; P. poscor Olympo der Himmel ruft mich (zum Kampf)].

Pŏsīdōnĭŭs, ī *m* (Ποσειδώνιος) *Schulhaupt der mittleren Stoa aus Apamea in Syrien (um 100 v.Chr.), Schüler des Panaitios, lebte auf Rhodos (darum der Rhodier genannt), v. großem Einfluß auf Ciceros philos. Denken.*

pŏsĭtĭō, ōnis *f* (pōnō) (*nkl.*) **1.** Stellung, Lage [loci, caeli Klima]; / Lage, Verfassung [mentis]; *pl.* die Umstände. **2.** Aufgabe, Thema. **3. a)** (*metr. t.t.*) Senkung (*des Tons*); **b)** (*gramm. t.t.*) **α)** Endung [neutralis]; **β)** *Längung bewirkende* Stellung (*e-r kurzen Silbe*) *vor mehreren Konsonanten*, Position (positione *falsche Übersetzung v.* θέσει *statt* „durch Übereinkunft") [syllabae].

pŏsĭtŏr, ōris *m* (pōnō) (*Ov.*) Erbauer [moenium].

pŏsĭtūră, ae *f* (pōnō) (*nkl.*, *dcht.*) Stellung, Lage [corporum; (mundorum) dei die der Welt *v.* Gott gegebene Lage]; / [verborum].

pŏsĭtŭs[1] *P.P.P. v.* pōnō.

pŏsĭtŭs[2], ūs *m* (pōnō) **1.** (*nkl.*, *dcht.*) Stellung, Lage, Stand [insulae, siderum]. **2.** (*Ov.*) Frisur, *pl.* Frisiermethoden.

pŏsmĕrīdĭānŭs 3. = pŏstmĕrīdĭānŭs.

pŏssĕ *s.* pŏssŭm.

pŏs-sēdī *s.* pŏssīdĕō *u.* pŏssīdō.

▶ **pŏssĕssĭō,** ōnis *f* **1.** (pŏssīdō) Besitzergreifung [bonorum, in possessionem mittere Leute zur Besitznahme abschicken]. **2.** (pŏssīdĕō) **a)** Besitz [libera Galliae, fundi, / doctrinae, rei publicae Leitung]; **b)** (*meton.*) (*concr.*) Besitzung, Eigentum, *bsd.* Grundstück [urbana; *meist pl.*, *zB.* magnas possessiones trans Rhenum habere, possessionibus expellere *od.* exturbare alqm].

pŏssĕssĭŭncŭlă, ae *f* (*demin. v.*

pŏssĕssĭō) kleine Besitzung, Gütchen.
pŏssĕssīvŭs 3 (pŏssĭdĕō) (*Qu.*) (*gramm. t.t.*) besitzanzeigend.
pŏssĕssŏr, ōris *m* (pŏssĭdĕō) **1.** Besitzer [*bonorum*]; *bsd.* (*abs.*) Grundbesitzer; *pl.* Besitzer *v.* Staatsgütern. **2.** (*nkl.*) (*jur. t.t.*) Besitzer einer strittigen Sache, Beklagter (*Ggs.* ăctŏr).
pŏs-sĕssŭs *P.P.P. v.* pŏssĭdĕō *u.* pŏssīdō.
pŏssĭbĭlĭs, ĕ (pŏssŭm) (*nkl.*) möglich.
▶**pŏs-sĭdĕō,** sēdī, sĕssŭm 2. (pŏs- ⟨ *pŏts-; *cf.* pŏtĭs; sĕdĕō) **1.** besitzen, im Besitz haben, innehaben, *äußeres Hab u. Gut* [*agros, bona,* °*Parthos* beherrschen]; *selten* / [*libido ingenium possidet,* °*alqs usu possidetur* läßt sich durch die lange Gewohnheit beherrschen]. **2.** (*e-n Ort*) besetzt halten [*forum armatis catervis*].
pŏs-sīdō, sēdī, sĕssŭm 3. (sīdō; *cf.* pŏssĭdĕō) *etw.* in Besitz nehmen *od.* besetzen, sich bemächtigen (*alqd, zB. domum alcis,* °*bona* konfiszieren, *agros armis*; *selten* /, *zB. alqs brevi tempore totum hominem possidit*); *pf.* = in Besitz haben [°*thalamum* bewohnen].

> **pŏssŭm**
> **1. a)** können, imstande sein; **b)** es fertigbringen; **2.** *etw.* vermögen, Einfluß, Fähigkeiten haben; **3.** können = *etw.* verstehen.

pŏssŭm, pŏtŭī, pŏssĕ (⟨ *pŏt-sŭm; *pf. v.* *pŏtĕō, *cf.* pŏtēns; *altl. auch getr.* pŏtĭs [pŏtĕ] sŭm; *altl.*: *conj. praes.* pŏssĭēm *usw.*; *inf. praes.* pŏtĕssĕ, *ind. praes.* P. *m. folgendem inf. praes.* P. pŏtĕstŭr) **1. a)** können, vermögen, imstande sein (*abs., zB. responde nunc, si potes od. ut potes*; *m. inf., zB. multa exempla proferre possum*); *fieri potest, ut* es ist möglich, daß; *fieri non potest, ut* es ist unmöglich, daß; *fieri non potest, ut non* (*od. quin*) es ist notwendig, daß; *non possum non m. inf.* ich muß [*mores tuos non possum non reprehendere*]; *bsd. potest, ut* (= *fieri potest, ut*) es ist möglich, daß, es kann sein, daß, vielleicht daß [*potest, ut istud commiseris*; *qui potest* wie ist es möglich?, *si potest* wenn es möglich ist]; **b)** es über sich gewinnen, sich dazu entschließen [*cives securi percutere potuisti*]. **2.** *etw.* vermögen, gelten, Einfluß haben; *auch* Fähigkeiten (*od.* die Fähigkeit) besitzen [*multum, plus, plurimum, minimum, tantum, quantum, nihil, amplius, omnia u.ä., zB. exercitū od. auctoritate, in civitate, in re militari, apud u. ad alqm* bei *jd., aliquid posse* einige Fähigkeiten besitzen, *qui non potest* der nichts zu leisten vermag, der Unfähige; *auch m. adv., zB. largiter apud alqm* viel bei *jd.* gelten, *optime* sehr gute Fähigkeiten haben]. **3.** (*selten*) *etw.* verstehen [*Graeca,* °*non omnia possumus omnes*; *m. inf., zB. dicere*]. **4.** (*sexuell*) (*Ma.*) = fŭtŭō [*vetulam*].

> **pŏst-, pŏst**
> **1.** (*in d. Komposition*) nach-, hintan-; **2.** *adv.* **a)** (*räuml.*) hinten, zuletzt; **b)** (*zeitl.*) nachher, später; **3.** *prp. b. acc.* **a)** (*räuml.*) hinter; **b)** (*zeitl.*) nach, seit; **c)** (*Rang u. Reihenfolge*) nächst, hinter.

pŏst-, pŏst (⟨ [*altl.*] pŏstĕ ⟨ *pŏs-tĭ; *idg.* *pŏs *erweitert* ⟨ *pŏ; *cf.* ăb ⟨ *ăpŏ) **1.** (*i. der Komposition*) nach-, hintan- [*posthabeo*]. **2.** *adv.* **a)** (*räuml.*) hinten(nach), zuletzt, *zB. servi qui post erant,* ~ *exsultare m.* den Hinterbeinen; **b)** (*zeitl.* = pŏstĕā) **α)** nachher, danach, (*v. der Zukunft*) künftig, später einmal [°*post futuri* die in der Zukunft Lebenden]; **β)** *in Aufzählungen*: *initio ... post, primo ... post, primo ... deinde ... post u.ä.*; **γ)** *m. abl. mensurae* (*fast immer nachgestellt*), *zB. die post* am Tage darauf, *horā post, biennio od. duobus mensibus* ~, *multo* ~ *u.* ~ *multo, aliquanto* ~, *paulo od. brevi* ~ *u.ä.*; **δ)** *m. adv., zB.* °*deinde* ~; **c)** / (*rangmäßig*) (*nkl.*) ~ *esse* hintangesetzt werden, zurückstehen. **3.** *prp. b. acc.*: **a)** (*räuml.*) hinter, *Ggs.* ăntĕ, *zB. post me erat Aegina, ante Megara, impedimenta post legiones* (*od. post castra*) *collocare,* °*exercitum post montes circumducere* hinter den Bergen weg; **b)** (*zeitl.*) nach, seit, *zB. post longum tempus, post Ciceronem consulem, post urbem conditam, post hominum memoriam* seit Menschengedenken, °*post annum quartum quam expulsus erat*; *prägn.* °*post magnitudinem nominis Romani* nachdem Rom groß geworden war, °*post vina* nach dem Genuß *v.* Wein, °*post omnia* nachdem sie alles verloren hatte; **c)** / (*v. Reihenfolge, Rang, Vorzug*; *selten*) nächst, *zB. post hunc Apollinem colunt,* °*primus post regem*; *auch* = zurückstehend hinter *etw., zB.* °*Lydia erat post Chloën,* °*habere alqd post alqd etw.* zurückstellen hinter *etw.* — ***post Christum (natum)*, *abgek. p. Chr.* (*n.*) n. Chr. (Geb.); *post festum* nach dem Fest, *d. h.* zu spät *od.* hinterher.
pŏstĕ *altl. s.* pŏst.
▶**pŏst-ĕā** *adv.* (pŏst + *adv. abl. sg. f v.* ĭs) darauf, nachher, später [°*postea loci* nachher; *selten m. abl. mensurae, zB. brevi* ~, ~ *aliquanto*; *oft m. folg. quam*: pŏstĕāquăm = pŏstquăm, *auch* ~ cum); *bsd.* (*in Übergängen*) ferner, weiter, sodann [*quid postea* was geschah weiter? was soll daraus folgen?].
▶**pŏstĕā-quăm** (*auch getr.*) *s.* pŏstĕā.
▶**pŏstĕrĭŏr,** ĭŭs *s.* pŏstĕrŭs.
pŏstĕrĭtās, ātĭs *f* (pŏstĕrŭs) **1.** Zukunft, Folgezeit [*posteritatis rationem habere* an die Zukunft denken, *in posteritatem* auf *od.* für die Zukunft, künftig]. **2.** (*meton.*) Nachwelt, Nachkommenschaft = pŏstĕrī [*posteritati servire* nach Ruhm bei der Nachwelt streben].
▶**pŏstĕrŭs** 3 (*m. comp. u. sup.*; pŏst) **1.** *pos.* nachfolgend, folgend, kommend, *klass. nur zeitl.* [*dies, annus,* °*tempus* Folgezeit, °*lux,* °*aetas* Nachwelt, °*laus* bei der Nachwelt, *in posterum* für den folgenden Tag *od.* für künftig; *m. quam* = nachdem, *zB. rex postero die, quam profectus erat, domum rediit*]; *subst.* **pŏstĕrī,** ōrŭm *u.* °ŭm *m* (*cf.* V.-B. VI) die Nachkommen, Nachwelt; *adv.* °*postero* am folgenden Tage. **2.** *comp.* **pŏstĕrĭŏr,** ĭŭs **a)** der hintere, letztere, spätere, folgende *v. zwei, örtl. u. zeitl., Ggs.* prĭŏr *u.* sŭpĕrĭŏr [°*pedes priores et posteriores, tempora u. aetas* Folgezeit, *oratores* die zuletzt genannten, *aliquanto posterior* bedeutend zurückgeblieben, *aetate posterior* jünger, *tempore posterior* der Zeit nach später]; *subst. posteriora, um n* (*Tert.*) Kehrseite, der Hintern; *adv. posterius* später, *selten*; **b)** / (*rangmäßig*) der schlechtere, geringere, nachstehend [*partes, nihil posterius*]. **3.** *sup.* **a)** **pŏstrēmŭs** 3 **α)** der hinterste, letzte, *Ggs.* prīmŭs *od.* prīncĕps [°*acies* Hintertreffen, *pagina' litterarum,* °*in postremo libro* am Ende des Buches]; **β)** / der geringste, schlechteste, äußerste, verworfenste [*postremam fortunam pati*; *subst. hoc non in postremis* = ganz besonders]; *subst.* pŏstrēmī, ōrŭm *m* Nachhut; *adv.* **pŏstrēmŭm** zum letztenmal [*Marius* ~ *consul*] *u.* **pŏstrēmō** zuletzt, schließlich, endlich (= ăd pŏstrēmŭm), *zB. rex diu cunctatus postremo recessit*; *bsd. in Aufzählungen* (*primum ... deinde ... tum ... postremo*), *bisw. zusammenfassend* = kurz, überhaupt; **b)** **pŏstŭmŭs** 3 (⟨ *pŏst-mŏs) der letzte, zuletzt geboren; *klass. nur als jur. t.t.* nachgeboren, *d. h.* nach dem Tode des Vaters geboren (*in dieser Bedeutung aus dem ehemaligen Vornamen* Pŏstŭmŭs *adjektiviert*) [°*proles*]; *subst. m* Nachkömmling.
pŏst-fĕrō, — —, fĕrrĕ (*nkl.*) nachsetzen, hintansetzen (*alci alqm u. alci rei alqd*; *re in etw.*).
pŏst-gĕnĭtī, ōrŭm *m* (*Ho.*) die Nachgeborenen, Nachkommen.
pŏst-hăbĕō, ŭī, ĭtŭm 2. nachsetzen, hintansetzen (*alqd u. alci rei alqd*; *omnibus rebus posthabitis m.* Hintansetzung alles anderen).
pŏst-hāc *adv.* (pŏst + *adv. abl. sg. f v.* hĭc[1]) **1.** von nun an, später, künftig. **2.** (*vkl., nkl.*) (*v. d. Vergangenheit*) nachher.
pŏst-haec *adv.* (*od. getr.*) (*nkl.*) nachher, später.
pŏst-ĭbī *adv.* (*Pl.*) hernach, hierauf.
pŏstīcŭlŭm, ī *n* (*demin. v.* pŏstīcŭm) (*Pl.*) Hinterhaus.
pŏstīcŭs 3 (pŏst, *cf.* ăntīcŭs) (*unkl.*) **1.** hinten befindlich, Hinter... [*ostium* Hintertür, *partes aedium* Hinterhaus]. **2.** *subst.* **pŏstīcŭm,** ī *n* Hintertür; Hinterseite, *bsd. e-s Tempels* (*Ggs.* prŏnāŏs).
pŏst-ĭd *adv.* (*Com.*) hernach.
pŏstĭd-ĕā *adv.* (*Com., Ca.*) = pŏstĕā (*cf.* ăntĭd-ĕā).
pŏstĭlēnă, ae *f* (pŏst; *Bildung unklar*; *Ggs.* ăntĭlēnă Brustriemen) (*Pl.*) Schweifriemen.
pŏstĭlĭō, ōnĭs *f* (pŏst-?; pŏstŭlō)

(*relig. t.t.*) das Verlangen *e-r* Gottheit, ein vergessenes Opfer nachzuholen.

pŏst-īllā(c) *adv.* (*cf. pŏst-ĕā, pŏst-hāc*) (*vkl., Ca.*) nachher.

▶ **pŏstĭs,** *ĭs m* (*wohl* < **pŏr-stĭ* „Hervorstehendes" *zu* παστάς [*neben* παραστάς] *ds.*) **1.** Pfosten, Pfeiler, *bsd.* Türpfosten [°*sacer* des Tempels; *postem tenere* die Türpfosten halten bei der Einweihung]. **2.** *synekd. pl.* (*dcht.*) Tür, Pforte (*auch* / *belli*).
F. *abl. sg. pŏstĕ u.* °*pŏstī.*

pŏst-līmĭnĭŭm, *ī n* (*Hypost. aus* „*pŏst līmĕn*" „hinter die Schwelle"; *līmĕn*) Heimkehrrecht, *das Recht, in die Heimat u. seinen alten Rechtsstatus zurückzukehren* [*alci nullum* ~ *est*]; *meist abl.* -o nach dem Heimkehrrecht, *zB. redire.*

pŏst-mĕrīdĭānŭs 3 (*Hypost. aus* „*pŏst mĕrīdĭēm*") des Nachmittags [*tempus,* °*statio*].

pŏst-mŏdō (-*ŏ*?) (*unkl.*) *u.* (*jünger*) **pŏst-mŏdŭm** (*nkl.*) *adv.* (*eigtl.* „nach bald"; -*ŭm volkset.* „Verschlimmbesserung") bald darauf.

pŏst-moerĭŭm, *ī n Rekomposition* = *pōmērĭŭm.*

pŏst-părtŏr, *ōrĭs m* (*părĭō*) (*Pl.*) Nacherwerber, Nachkomme.

pŏst-pōnō, *pŏsŭī, pŏsĭtŭm* 3. nachsetzen, hintansetzen (*alqd u. alci rei alqd,* °*alqm alci; omnibus rebus postpositis m.* Hintansetzung alles anderen).

pŏstprīncĭpĭa, *ōrŭm n* (*Hypost. aus pŏstprīncĭpĭō*) (*vkl., dcht.*) Fortgang [*vitae*].

pŏst-prīncĭpĭō *adv.* (*eigtl.* „nach anfangs") (*vkl.*) in der Folgezeit, nachher.

pŏst-pŭtō 1. (*Te.*) hintansetzen, geringschätzen.

▶ **pŏst-quăm** *ci.* **1.** nachdem, als **a)** *meist m. ind. pf. od. praes. hist.* (*bsd. in historischer Erzählung bei Angabe einmaliger Handlungen*), *zB. Caesar, postquam hostium copias non longe abesse cognovit, castra posuit*; **b)** *m. ind. plqpf.*: **α)** *in unmittelbarem Anschluß an einen abl. mensurae, bsd. bei Angabe des Zeitunterschieds, zB. Hannibal tertio anno, postquam domo profugerat, in Africam rediit*; **β)** *wenn ein Zustand als Resultat einer Handlung der Vergangenheit bezeichnet werden soll, zB. Verres, postquam multitudinem signorum collegerat* (*gesammelt und nun beisammen hatte*), *officinam instituit*; **c)** *m. ind. impf., wenn ein in der Vergangenheit dauernder Zustand bezeichnet wird* = als (noch immer), *zB. postquam multa iam dies erat nec quicquam movebatur ab hoste, consul signa ferre iussit*; **d)** *m. coni. impf. od. plqpf.* **α)** *in indir. Rede*; **β)** *gelegentlich in Analogie des cum historicum.* **2.** seitdem, jetzt wo, damals während, *m. ind. praes. u. impf., zB. relegatus mihi videor* (*od. videbar*), *postquam in Formiano sum* (*od. eram*).

▶ **pŏstrēmō, pŏstrēmŭs** 3 *u.* **pŏstrēmŭm** *s. pŏstĕrŭs.*

pŏstrī-dĭē *adv.* (*loc.* < **pŏstĕrī-dĭē*) am folgenden Tage, tags darauf (*abs. od. m. acc., zB.* ~ *Idus Decembres,* ~ *ludos Apollinares*; *m. gen. nur* ~ *eius diei*; *m. quam c. ind. pf. u. plqpf.* = als, nachdem, *zB.* ~ *quam Athenas venit,* ~ *quam illa erant acta*).

pŏstrī-dŭō *adv.* (*Pl.*) = *pŏstrīdĭē* (*cf. bī-dŭŭm*).

pŏst-scrībō, *psī,* — 3. (*nkl.*) *etw.* hinter *etw.* schreiben (*alqd alci rei, zB. Tiberi nomen suo*).

pŏstŭlātīcĭŭs 3 (*pŏst-?; pŏstŭlātŭs, P.P.P. v. pŏstŭlō*) (*Se.*) verlangt, erbeten.

pŏstŭlātĭō, *ōnĭs f* (*pŏst-?; pŏstŭlō*) **1.** Forderung (*act.*), Verlangen, Anliegen, Gesuch, *fast nur sg.* [*aequa; alcis i-s, alcis rei e-r Sache od.* um *od.* wegen *etw., zB. ignoscendi*]. **2.** (*Com.*) Klage, Beschwerde (*de re*). **3.** (*jur. t.t.*) **a)** Klagegesuch, *Antrag j-s an den Prätor* [*postulationum formulae usitatae*]; **b)** gerichtliche Klage.

pŏstŭlātŏr, *ōrĭs m* (*pŏst-?; pŏstŭlō*) (*Suet.*) Kläger.

pŏstŭlātŭm, *ī n* (*pŏst-?; pŏstŭlō*) Forderung (*pass.*); Gesuch, *oft pl.* [-*a* °*peragere* in bestimmten Formeln vollziehen (*vom Fetialis*)].

pŏstŭlātŭs, *abl. ū m* (*pŏst-?; pŏstŭlō*) (*Li.*) Klage *od.* Beschwerde *vor Gericht.*

▶ **pŏstŭlō** 1. (*pŏst-?; wohl denom. v. P.P.P. *pŏsc-tŏs zu pŏscō*) **1. a)** fordern, *etw.* verlangen (*alqm u. alqd, zB. recuperatores, praemium, non postulatus* unaufgefordert; *alci alqd, zB. sibi belli imperium*; *de re* Forderungen stellen wegen *e-r* Sache, *zB. a senatu de foedere* beim Senat nachfragen wegen; *alqd ab alqo, selten alqm alqd, zB. indutias ab hostibus, nihil praetorem*; *m. ut, ne od. m.* 'einfachem *coni., selten m. a.c.i. od. m.*![°]*n.c.i. P.*); **b)** begehren, Lust haben, wollen, sich einbilden (*m. inf. u. a.c.i., zB. dicendo vincere non postulo, hic postulat se Romae absolvi*); **c)** / (*bei abstr. u. Sachen*) *etw.* erfordern *od.* erheischen, *zB. veritas postulat, quod res postulat*; *alqd, zB.* °*hic dies alios mores postulat*; *m. inf., zB. ratio postulat agere aliquid*; *auch m. ut, ne.* **2.** (*jur. t.t.*) **a)** gerichtlich belangen, anklagen (*alqm de re, zB. de vi, de maiestate, de pecuniis repetundis*; *auch* °*alqm alcis rei u.* °*re, zB. proditionis,* °*ob contumelias*); **b)** *etw. vor Gericht* beantragen (*alqd u. alqm, zB.* °*quaestionem, iudicium, iudices*).

Pŏstŭmĭŭs 3 *Name einer patriz. gēns*; *adi.* **Pŏstŭmĭŭs** 3 [*via*] *bzw.* **Pŏstŭmĭānŭs** 3 [*imperia*].

pŏstŭmŭs 3 *s. pŏstĕrŭs.*

Pŏstŭmŭs, *ī m* **1.** (*voc. Pŏstŭmĕ*) (*Ov.*) = *Pŏstŭmĭŭs.* **2.** *röm. cogn.* (*Ho.,* c. II, 14) (*u. urspr. Vorname*).

Pŏst-vŏrtă *od.* **-vĕrtă,** *ae f röm.* Göttin (*entweder Begleiterin der Carmenta od. Beiname der Venus*).

pŏsŭī *s. pōnō.*

pōtātĭō, *ōnĭs f* (*pōtō*) Trinkgelage.

pōtātŏr, *ōrĭs m* (*pōtō*) (*Pl.*) Zecher, Säufer.

pŏtĕ *s. pŏtĭs.*

> **pŏtēns**
> **1.** vermögend, fähig, kundig; **2.** mächtig, einflußreich; **3. a)** (*v. Sachen*) kräftig, wirksam; **b)** (*v. Pers.*) zu *etw.* fähig, imstande; **4.** (*e-r Sache*) mächtig *od.* Herr; **5. a)** der *etw.* erlangt hat; **b)** glücklich.

pŏtēns, *ĕntĭs* (*m. comp. u. sup.*; *adv.* °**-ĕntĕr**) (*eigtl. part. praes. v. *pŏtĕō* = *pŏssŭm*; *s.d.*) **1.** (*vkl., nkl.*) mächtig, vermögend; fähig, kundig. **2.** mächtig, gewaltig, einflußreich, *abs. v. Pers. u. Staaten* [*homo, rex, populus,* °*matrona* im Hause gebietend, *dcht. auch v. Sachen, zB.* °*domus,* °*natura*; *in senatu, apud socios, re* durch *etw., zB.* °*pecuniā*; °*armis*]; *subst. m* der Mächtige, *auch* Reiche, *meist pl.* [*inimicitiae potentium*]. **3. a)** (*nkl., dcht.*) (*v. Sachen*) kräftig, wirksam [*arma, herba potens ad opem, votum* erfolgreich, *momenta* gewichtvoll, *nihil est potentius auro*]; **b)** (*v. Pers.*) zu *etw.* fähig, imstande, *einer Sache* kundig (*alcis rei, zB.* °*neque pugnae neque fugae,* °*regni* regierungsfähig; *auch* °*ad alqd*); *adv.* °*potenter* nach Kräften. **4.** *e-r Sache* mächtig *od.* Herr, *etw.* beherrschend (*alcis rei, zB.* °*rerum suarum et urbis,* °*consilii,* °*mentis* bei Sinnen; *sui potens* sein eigener Herr, unabhängig, *auch* °sich selbst beherrschend; *parvo* genügsam; °*non* ~ *sui erat* er war außer sich. **5.** (*dcht.*) **a)** der *etw.* erlangt hat [°*voti* ~ der seinen Wunsch erfüllt sieht, °*iussi* der den Befehl vollzogen hat, °*promissi* ~ *factus* der sein Versprechen vollzogen hat]; **b)** / glücklich, dem es nach Wunsch geht [*in amore*]. — ***potentem esse* = *posse.*
F. *abl. sg.* -*ī* (*subst.* -*ĕ*); *pl. neutr.* -*ĭă, gen.* -*ĭŭm u.* °-*ŭm.*

pŏtĕntātŭs, *ūs m* (*pŏtēns*) Macht (-stellung) im Staat, Herrschaft.

▶ **pŏtĕntĭă,** *ae f* (*pŏtēns*) **1.** (*dcht., nkl.*) Vermögen, Kraft [*solis,* °*formae*]; / Wirksamkeit, Wirkung [*herbarum*]. **2.** Gewalt, Macht(stellung), politische Oberherrschaft; politischer Einfluß [*magistratuum, nobilitatis, populi,* °*singularis* Alleinherrschaft, *rerum* Oberherrschaft; *potentiam nullius ferre, in magna potentia esse*].

pŏtērĭŭm, *ī n* (*Fw.* < ποτήριον) (*Pl.*) Becher.

pŏtĕssĕ (*altl.*) = *pŏssĕ.*

> **pŏtēstās**
> **1.** Kraft, Macht; **2. a)** *pol.* Macht, Herrschaft; **b)** Machthaber; **3. a)** Amtsgewalt; **b)** Beamter, Behörde; **4.** Möglichkeit, Gelegenheit; Erlaubnis; Vollmacht.

pŏtēstās, *ātĭs f* (*pŏtĭs*; *Analogiebildung zu māĭēstās*) **1.** Kraft, Macht, Gewalt = Wirksamkeit, Wirkung [°*herbarum,* °*verborum*], *klass. nur v. Pers., oft* = Befugnis, Verfügung über *etw.*, Dispositionsrecht (*alcis j-s u.* über *jd., alcis rei* über *etw., zB. in potestate senatūs esse* sich der Verfügung des Senates unterwerfen, *vitae necisque*

Macht über Leben u. Tod, *habere alqm in sua potestate, mihi potestas est alcis* jd. steht zu meiner Verfügung, *in sua potestate esse* sein eigener Herr sein, *patris in filium potestas* Macht über den Sohn, *mihi est potestas* od. est *in mea potestate* es steht in meiner Macht, *in potestate mentis esse* seines Verstandes mächtig sein, *exire ex* od. *de potestate (mentis)* den Verstand verlieren; *in alcis potestate est, ut* od. *ne* jd. kann etw. dafür tun, daß od. daß nicht). **2. a)** *pol.* Macht, Herrschaft, Botmäßigkeit (*alqm in sua potestate ac dicione tenere* od. *habere, alqm u. alqd in* od. *sub potestatem alcis redigere* jd. od. etw. j-m unterwerfen, *in alcis potestate esse* jd. unterworfen sein); **b)** (*concr.*) (*dcht., nkl.*) Machthaber, König [*hominum divomque*]. **3. a)** Amtsgewalt (*bsd. der Zivilbeamten im Ggs. zu* impĕrĭŭm), amtliche Stellung, Amt [°*tribunicia, praetoria, perpetua* lebenslänglich, *alqs nihil potestatis habet* hat nichts zu sagen, *potestati praeesse* ein Amt bekleiden = *potestatem gerere* od. *agere*]; **b)** (*concr.*) Beamter, Behörde [*iura potestatum, imperia et potestates* Militär- u. Zivilbehörden od. -ämter]. **4.** Möglichkeit od. Gelegenheit, Erlaubnis, *bsd.* Vollmacht [*omnium rerum* unbeschränkte; *alci potestatem dare* od. *facere* j-m die Möglichkeit od. Erlaubnis geben, *alcis rei* zu etw., zB. *pugnandi* jd. eine Schlacht anbieten; *senatus populi potestatem fecit* stellte es dem Volke anheim; *potestatem sui facere alci* sich jd. zur Verfügung stellen, sich m. jd. in einen Kampf einlassen, *auch* jd. Audienz geben; ~ *fit* Gelegenheit bietet sich dar, ~ *mihi fit tabularum* ich darf Gebrauch machen *v.*; ~ *certorum hominum mihi est* ich kann zuverlässige Personen finden; °~ *est m. inf.* es ist verstattet, man kann, man darf].
F. *gen. Pl.* pŏtĕstātŭm u. °-ĭŭm.

pŏtīcĭŭs, ī *m* (*et. ungeklärt; vl.* pū- *als Weiterbildung zu* pŭtŭs¹) (*Pl., Bacch. 123*) Bübchen (?).

pōtĭō¹, ōnĭs *f* (pōtō) **1. a)** (*abstr.*) das Trinken; **b)** (*concr.*) Trank [*cibus et* ~]. **2. a)** Gift(trank); **b)** (*vkl., nkl.*) Arznei; **c)** (*dcht.*) Liebes-, Zaubertrank.

pŏtĭō² 4. (pŏtĭs) (*Pl.*) unter j-s Gewalt bringen (*m. gen.*); P. in die Gewalt j-s geraten [*hostium*].

pōtĭōnātŭs 3 (pōtĭō¹) (*Suet.*) *m.* einem Liebestrank im Leibe.

▶ **pŏtĭŏr¹,** ĭŭs *comp. v.* pŏtĭs.

▶ **pŏtĭŏr²,** pŏtītŭs sŭm 4. (*denom. v.* pŏtĭs) **1. a)** Herr werden, sich bemächtigen, *etw.* erlangen (*abs., zB. libidines ad potiundum incitantur; urspr. trans., zB.* °*gaudia,* °*locum, noch an dem klass. Gebrauch des ger. erkenntlich; s. u.; später* re, *zB. castris,* °*auso* ein Wagnis bestehen, °*voto* erreichen; *selten alcis rei, zB. regni, Galliae; beim Gerundivum: spes potiundorum castrorum, in potiundis voluptatibus,* °*non sum potiunda* ich bin nicht zu gewinnen od. nicht erreichbar); **b)** (*dcht.*) einen Ort erreichen [*monte, campo*]. **2.** *etw.* besitzen, innehaben, haben, genießen (*re u. alcis rei,* °*alqd, zB.* °*mari* die Herrschaft zur See, °*summā imperii, voluptatibus, rerum potiri* im Besitz der Macht sein, die faktische Gewalt haben); *abs.* die Oberhand haben [*ii qui potiuntur* die Machthaber].
F. *dcht. u. nkl. Formen nach der 3. Konjugation, zB.* pŏtĭtŭr, pŏtĕrētŭr, *Gerundivum fast immer* pŏtĭŭndŭs, *seltener* pŏtĭĕndŭs.

▶ **pŏtĭs,** ĕ (*cf.* πόσις „Gatte“, δεσπότης *eigtl.* „Herr des Hauses“) **1.** *pos.* vermögend, mächtig, *klass. nie als attributives adi., vkl. u. dcht. oft prädikativ in Verbindung m.* ĕssĕ, *zB. potis u. pote est* er, sie, es vermag od. kann = pŏtĕst, *potis sum* = pŏssŭm, *bisw. ohne* esse, *zB.* **pŏtĕ (ĕst)** es ist möglich. **2.** *comp.* **pŏtĭŏr,** ĭŭs vorzüglicher, besser, richtiger, *auch* tüchtiger, würdiger [*heres, libertas,* °*Persae multitudine potiores* überlegen; *m. folgendem quam od. m. abl. compar., zB. mortem servitute potiorem ducere* für besser halten, vorziehen]; *subst. m* (*dcht.*) der Edlere, Günstling; pŏtĭōră *n* (*nkl.*) wichtigere Dinge; *adv.* **pŏtĭŭs** vielmehr, eher, lieber [*haec non laudatio, sed potius irrisio est; potius quam u. quam ut* eher od. lieber als daß; *vel* od. *sive* (*auch aut* od. *ac*) *potius* od. vielmehr [*magnus vir vel potius summus*] *u. non potius ... quam* nicht (sowohl) ... als vielmehr. **3.** *sup.* **pŏtĭssĭmŭs** 3 der vorzüglichste, hauptsächlichste, wichtigste [°*causa, hoc -um est, alqd -um omnium reri*]; *meist adv.* **pŏtĭssĭmŭm** am liebsten, vornehmlich, hauptsächlich, gerade, *bsd. enklit. an Pronomina angeschlossen* [*ego p., eo p. tempore*].

Pŏtītĭŭs 3 *röm. Gentilname; s.* Pīnārĭŭs.

pōtĭtō 1. (*intens. v.* pōtō) (*Pl.*) tüchtig trinken.

pŏtītŭs *part. pf. v.* pŏtĭŏr².

pōtĭūncŭlă, ae *f* (*demin. v.* pōtĭō¹) (*nkl.*) ein mäßiger Trunk.

▶ **pōtō,** pōtāvī, pōtŭm (*selten* pōtātŭm) **1.** (*intens. zu* √‾*pō- „trinken“; *cf.* πότος „Trank“, pōcŭlŭm; bĭbō) **1.** viel (gierig) trinken, saufen, *bsd. v. Tieren* [°*aquas,* °*lac,* °*vinum,* °*ex fonte;* / *ista Stoicorum,* °*oblivia* einschlürfen), *auch* zechen [*totos dies,* °*in rosa*]. **2.** / **a)** (*dcht.*) einsaugen [*vellera fucum potantia*]; **b)** (*Pl.*) sich antrinken [*crapulam*]. **3.** (*P.P.P.*) **pōtŭs¹** 3: **a)** (*pass.*) (aus-)getrunken [*sanguis,* °*cadi faece tenus poti*]; **b)** (*act.*) der (reichlich) getrunken hat, angetrunken, berauscht [°*anus, bene -us*].

pōtŏr, ōrĭs *m* (*Verbalsubst. zu* √‾*pō- „trinken“) (*dcht., nkl.*) Trinker (*alcis rei, zB. aquae* Wassertrinker, *Rhodani* = Anwohner der Rhone); *bsd.* Zecher, Säufer [*Falerni*].

pōtrīx, īcĭs *f* (pōtŏr) (*Ph.*) Trinkerin, Säuferin.

pŏtŭī *s.* pŏssŭm.

pōtŭlēntŭs 3 (pōtŭs) **1.** trinkbar; *klass. nur subst.* **pōtŭlēntŭm,** ī *n* Getränk. **2.** (*nkl.*) betrunken.

pōtŭs¹ 3 *s.* pōtō.

pōtŭs², ūs *m* (*Verbalsubst. zu* √‾*pō- „trinken“) **1.** (*abstr.*) das Trinken, der Trunk [*immoderatus*]. **2.** (*concr.*) (*nkl.*) Trank [~ *et cibus*].

*****P.P.** *Abk. für praemissis praemittendis* = „mit Vorausschickung des Vorauszuschickenden“ (*in Zirkularen statt der Anrede*).

pr. *Abk. für* prīdĭē.

P.R. *Abk.* für *populus Romanus.*

▶ **prae-, prae** (*Grundform unklar; cf.* παραί [*dcht.* = παρά] „bei“, *nhd.* „vor“) **1.** *in der Komposition:* **a)** vorn, an der Spitze [*praeacutus, praesum*]; **b)** vor der Zeit, vorzeitig [*praecanus, praecox*]; **c)** voraus [*praemitto*]; **d)** (*steigernd*) im Vergleich zu, überaus, sehr [*praedives*]. **2.** *adv.* **a)** (*Com.*) voran, voraus, *zB. i prae;* **b)** *prae quam s.* praequăm. **3.** *prp. b. abl.:* **a)** (*räuml.*) vor, *nur in den Ausdrücken prae se* °*agere* vor sich hertreiben [*armentum*]; *prae se ferre* od. *gerere* vor sich hertragen [*pugionem*], / zur Schau tragen, deutlich zeigen [*scelus*]; ~ *se* °*declarant gaudia vultu;* / **b)** im Vergleich *m.*, gegenüber, gegen, *zB. omnes prae se contemnere, parvus prae alqo,* °*prae omnibus unus* mehr als alle; **c)** (*kausal, klass. nur vom hindernden Grund in negativen Sätzen*) vor = wegen, *zB. prae lacrimis* (od. *dolore*) *loqui non posse.* [[*stipes*].]

prae-ăcūtŭs 3 vorn zugespitzt

prae-āltŭs 3 (*adv.* **-ē**) (*nkl.*) **1.** sehr hoch [*mons*]. **2.** sehr tief [*flumen*].

praebĕō
1. darreichen; 2. gewähren, liefern, stellen; 3. preisgeben; 4. a) verursachen, bewirken; b) geschehen lassen; 5. a) sehen lassen; b) zeigen, beweisen.

praebĕō, ŭī, ĭtŭm 2. (*älter* praehĭbĕō < *prae-hăbĕō, *eigtl.* „vorhalten“) **1.** hinhalten, darreichen (*alqd u. alci alqd, zB. crus alterum, aures* jd. Gehör schenken, °*parvulo ubera,* °*manum verberibus,* °*terga* die Flucht ergreifen, fliehen, °*ōs ad contumeliam* sich öffentlich beschimpfen lassen). **2. a)** gewähren, liefern (*alci alqd, zB. naves,* °*panem, scorta,* °*equites regi* stellen); **b)** (*P.P.P.*) *subst.* praebĭtă, ōrŭm *n* (*nkl.*) Nahrungs-, Beköstigungsgeld [*annua*]; (*ger.*) *subst.* praebĕndă, ōrŭm *n* (*spätl.*) das jd. v. Staats wegen zustehende Nahrungsgeld; **Präbende, Pfründe. **3.** (*nkl.*) preisgeben, überlassen [*corpus, se telis hostium, se continendum* sich festhalten lassen]. **4.** / **a)** verursachen, erregen, bewirken, leisten [*voluptatibus otium, speciem horribilem, gaudium,* °*suspicionem* einflößen, °*metum defectionis,* °*risum,* °*admirationem sui*]; **b)** (*dcht.*) erlauben, geschehen lassen (*m. inf., zB. praebuit ipsa rapi* hat sich entführen lassen). **5. a)** (*nkl.*) zeigen, sehen lassen [*nudam suam pulchritudinem*]; **b)** zeigen, beweisen (*alci* °*fidem*, °*rei publicae operam*); *bsd. se praebere m. dopp. acc.* sich als *etw.* zeigen *od.* erweisen [*se virum od. talem imperatorem, se misericordem; alci j-m, in alqm* gegen *jd., in alqo* bei *od.* an *jd., in re* in einer Sache, *zB. se liberalem in amicos, in malis se mitem; auch m. abl. qual., zB.* °*pari se virtute*]; (*vkl.*) *auch ohne se* [*strenuum virum praebuit*].

prae-bĭbō, *bibī,* — 3. vor-, zutrinken [*venenum alci*].

praebĭtĭō, *ōnis f* (*praebeō*) (*vkl., nkl.*) Darreichung, Lieferung [*copiarum v.* Lebensmitteln].

praebĭtŏr, *ōris m* (*praebeō*) Lieferant.

prae-călĭdŭs 3 (*nkl.*) sehr warm.

prae-călvŭs 3 (*Suet.*) sehr kahl.

praecăntātĭō, *ōnis f* (*prae-cantō* 1. „bezaubern") (*Qu.*) Bezauberung, Besprechung.

praecăn(tā)trīx, *īcis f* (*praecantātor* „Zauberer"; *prae-cantō* besprechen) (*Pl.*) Zauberin, weise Frau.

prae-cānŭs 3 (*Ho.*) vor der Zeit ergraut.

prae-căvĕō, *cāvī, cautum* 2. **1.** (*intr.*) **a)** (*vkl., nkl.*) sich hüten (*a re* gegen *od.* vor *etw., zB. ab insidiis; klass. nur abs.*); **b)** Vorsorge treffen [*id ne accideret*]; **c)** (*vkl., nkl.*) für *jd.* sorgen (*alci, zB. sibi; a re* gegen *etw., zB. decemviris ab ira multitudinis*). **2.** (*trans.*) verhüten, *e-r Sache* vorbeugen (*alqd, zB. peccata*).

prae-cēdō, *cessī, cessum* 3. voran-, vorhergehen; **1.** (*intr.*) (*nkl., dcht.*) [*filius regis praecedebat cum equite*]; *v. Sachen* = vorangetragen werden [*faces praecedunt*]; *auch v. der Zeit u. v. abstr.* [*praecedentia tempora, fama ad alcis aures praecedit*]. **2.** (*trans.*) **a)** (*nkl., dcht.*) (*alqm u. alqd, zB. agmen*); **b)** / = übertreffen, überholen (*alqm u. alqd, zB. reliquos Gallos virtute,* °*alcis honores rebus gerendis*).

praecĕllēns, *entis* (*m.* °*comp. u. sup.*) (*eigtl. part. praes. v. praecellō*) hervorragend, ausgezeichnet, vortrefflich [*vir; re* durch *od.* in *etw., zB. animo, virtute*]. *Cf.* V.-B. VIII.

prae-cĕllō, — — 3. (*Simpl. nur aus Komposita u.* [*P.P.P.*] *adi. celsus zu erschließen, eigtl.* „hervorragen") (*nkl.*) /: **1.** (*abs.*) [*arte, per eloquentiam*]; sich auszeichnen. **2.** übertreffen: **a)** (*trans.*) (*alqm re, zB. alqm fecunditate*); **b)** (*intr.*) das Oberhaupt sein [*genti*].

prae-cĕlsŭs 3 (*dcht.*) sehr hoch *od.* schroff [*rupes*].

praecĕntĭō, *ōnis f* (*praecinō*) Vorspiel, Musik (*bsd. vor od. bei dem Opfer*).

prae-cĕntō 1. (*cantō*) (*wie eine Zauberformel*) vortragen (?; *nur Ci., de fin.* 2,94 *Korruptel*).

prae-cēpī *s. praecipiō.*

> **prae-cĕps**
> 1. kopfüber; 2. (*Örtlichkeit*) jäh, abschüssig, abfallend; 3. verderblich, gefährlich; 4. a) sich neigend, geneigt; b) (*zeitl.*) sich neigend, zu Ende gehend; (*Pers.*) zu *etw.* geneigt; 5. a) schleunigst; b) blindlings; c) übereilt.

prae-cĕps, *cipitis* (*altl. praecipes;* < **prai-capits zu prae u. caput; volkset. an anceps u. princeps angeglichen*) (*ohne comp. u. sup.; adv.* °*praeceps*) **1.** *m.* dem Kopf voran, kopfüber [*alqm praecipitem de porticu in forum deicere od.* °*ad terram dare* zu Boden werfen, °*se praecipitem tecto dare*]. **2.** (*v. Örtlichkeiten*) jäh, abschüssig, schroff, abfallend [*locus,* °*saxa,* °*fossa,* °*murus in salum;* / *via vitae* ~ *ac lubrica; iter ad finitimum malum* ~ *ac lubricum*]; *subst. n* (*nkl., dcht.*) schroffer Abhang, Abgrund, jähe Tiefe [*in praeceps deferri, alqd in praeceps rapere, in praecipiti stare, per praecipitia fugere*]; *adv. praeceps* jählings, in die Tiefe, in der Tiefe [°*trahere*]. **3.** ins Verderben stürzend, gefährlich [*cupiditas gloriae,* °*facundia, libertas, genus orationis* halsbrechend; *adv.* °*praeceps, zB. famam alcis praeceps dare* in jähe Gefahr bringen]; *subst. n* Gefahr, Verderben [°*rem publicam in praeceps dare,* °*levare aegrum ex praecipiti* aus Lebensgefahr]. **4.** (*nkl., dcht.*) **a)** sich neigend, geneigt [*currus, sol* ~ *in occasum*]; **b)** / α) *v. der Zeit, zB. die iam praecipiti* da der Tag sich neigte, *aestas u. senectus* zu Ende gehend; β) (*v. Leidenschaften u. Personen*) zu *etw.* geneigt, leicht hingerissen [*homo praeceps in iram, animus ad explendam cupidinem*]. **5. a)** Hals über Kopf, schleunigst, *auch v. Sachen u. abstr.* [*alqs praeceps fugae se mandat, alqm praecipitem agere* in eiliger Flucht vor sich hertreiben, °*fluvius* reißend, °*Africus* stürmisch, °*saltus* Sprung, °*certamen* Wettlauf, °*remedium* augenblicklich wirkend]; **b)** jählings, blindlings, unaufhaltsam vorwärts [*alqs praeceps amentiā fertur, alqm praecipitem agere, alqs praeceps cadit* stürzt ins Verderben]; **c)** übereilt, voreilig, unbesonnen, besinnungslos [*homo in omnibus consiliis praeceps*].

F. *abl. sg.* **-ī**; *pl. neutr.* **-iă**, *gen. ungebräuchlich.*

praecĕptĭō, *ōnis f* (*praecipiō*) **1.** (*nkl.*) der Voraus (*bei Erbschaften usw.*). **2.** (*philos. t.t.*) Vorstellung. **3.** Unterweisung, Vorschrift, Lehre (*alcis j-s, zB. Stoicorum, alcis rei* in *u.* über *etw., zB. recti*). **4.** (*spätl.*) kaiserliche Order; **königliche Urkunde.

praecĕptīvŭs 3 (*praeceptus, P.P.P. v. praecipiō als Übersetzung v.* παραινετικός) (*Se.*) vorschreibend, ratend [*pars philosophiae*].

praecĕptŏr, *ōris m* (*praecipiō*) Lehrer *als Erzieher od. Berater* (*alcis j-s, alcis rei* in *etw., zB.* °*philosophiae, vivendi dicendique*). — ***Praeceptor Germaniae* = Lehrer Deutschlands, *Beiname großer Männer, zB.* des Hrabanus Maurus *u.* Melanchthons.

praecĕptrīx, *īcis f* (*praeceptor*) Lehrerin.

▶ **praecĕptŭm,** *ī n* (*eigtl. P.P.P. n v. praecipiō*) **1.** Vorschrift, Weisung, Befehl, Auftrag (*alcis j-s, zB. imperatoris, medicorum; alcis rei, praeceptum dare de re, -um dare u. ponere in rem* für *etw.*). **2. a)** Rat *od.* Warnung [*amicorum*]; **b)** Lehre, Regel [*philosophorum u. philosophiae* philosophische Lehre, *dicendi, disserendi* Logik, *artis* Kunstregel].

prae-cĕptŭs *P.P.P. v. praecipiō.*

prae-cĕrpō, *cerpsī, cerptum* 3. (*carpō*) **1.** (*dcht., nkl.*) vor der Zeit pflücken *od.* abbrechen [*messes*]. **2.** / vorwegnehmen [*fructum officii tui*].

prae-cīdō, *cīdī, cīsum* 3. (*caedō*) **1. a)** vorn abschneiden *od.* abhauen [°*manus od. caput alcis u. alci, ancoras* kappen]; / (*Pl.*) *linguam alci jd.* verstummen machen, das Wort abschneiden; / **b)** entfernen, benehmen [*spem alci, sibi reditum, causam belli*]; **c)** *etw.* rundweg abschlagen *od.* verweigern [*plane*]; **d)** *abs.* sich kurz fassen, *bsd.* (*unkl.*) mitten im Reden abbrechen, *auch m. brevi.* **2. a)** zerschneiden [°*canem, cotem novaculā, naves* unbrauchbar machen]; **b)** / schnell abbrechen [*amicitiam repente*].

praecīnctūră, *ae f* (*-ī-?; praecingō*) Umgürtung.

prae-cĭngō, *cīnxī, cīnctum* 3. (*cīnxī, cīnctum?*) **1.** (*klass. selten*) gürten, umgürten; *mediopass.* sich gürten [*strophio,* °*ense*]; *auch* °aufschürzen [*pueri recte praecincti*]. **2.** / (*dcht., nkl.*) umgeben, umkränzen (*alqd re, zB.* °*capillos flore*).

prae-cĭnō, (°*cinuī u.* °*cecinī*), — 3. (*canō*) **1.** (*intr.*) **a)** vorspielen, vorblasen, ertönen, erklingen, *v. musikalischen Instrumenten u. vom Flötenbläser* [*fides praecinunt; alci j-m od.* vor *jd.; alci rei* vor *od.* bei *etw., zB.* °*sacrificiis*]; **b)** (*Ti.*) eine Zauberformel hersagen. **2.** (*trans.*) *etw.* weissagen (*alci alqd*).

praecĭpēs (*altl.*) *s. praeceps.*

> **prae-cĭpiō**
> 1. a) voraus-, vorwegnehmen; b) voraus erben; 2. a) im voraus genießen, empfinden; b) (*e-r Sache*) vorgreifen; 3. vorschreiben, verordnen; 4. lehren.

prae-cĭpiō, *cēpī, ceptum* 3. (*capiō*) **1. a)** vorausnehmen, -gewinnen, vorwegnehmen (*alqd, zB. pecuniam mutuam* als Anleihe = im voraus borgen, °*montem u.* °*locum* vorherbesetzen, *iter* einen Vorsprung gewinnen *od.* vor einem anderen abreisen, °*longius spatium fugā,* °*tempore praecepto* wegen des Vorsprunges in der Zeit, *bellum* vorher anfangen, °*cantus* als Vorsängerin anstimmen; *auch v.* °*Leblosem, zB.* °*fatum alqm praecipit* rafft vorher hinweg, °*aestus lac praecipit* trocknet die Milch vorher aus, °*seges praecipitur* wird zu rasch reif); **b)** (*nkl.*) (*jur. t.t.*)

etw. voraus erben. **2. a)** im voraus genießen *od.* empfinden [*candelabrum oculis, gaudium u.* °*laetitiam alcis rei, spem* im voraus hoffen]; *auch* im voraus kennen lernen *od.* erfahren [*consilia hostium*]; **b)** *einer Sache* vorgreifen (*alqd re m. etw., zB. alqd opinione od. animo od. cogitatione etw.* im voraus vermuten; sich vorstellen, *zB. futura, auch m. a.c.i.,* °*spe hostem* sich vorstellen, *victoriam animo* im Geiste sich als Sieger sehen); *abs. non praecipiam* ich will nicht vorgreifen. **3.** vorschreiben, verordnen, befehlen (*abs. od. alci alqd u. de re, zB. nihil, hoc tibi,* °*custodiam regis,* °*de rebus; m. ut, ne, auch m. bloßem coni.; m. inf., zB. iustitia praecipit victis parcere; m.* °*a.c.i.* = *iŭbĕō; m. indir. Frages.*); *bsd.* raten, warnen. **4.** lehren (*abs., zB.* °*praecipĭentēs, ĭūm m* die Lehrer; *alqd u. alci alqd, zB. rationem tempestatum; de re, zB. de eloquentia; m. a.c.i.*).

praecĭpĭtāntĕr *adv.* (*praecĭpĭtāns, part. praes. v. praecĭpĭtō*) (*Lu.*) Hals über Kopf.

praecĭpĭtātĭō, *ōnĭs f* (*praecĭpĭtō*) (*nkl.*) das Herabstürzen.

praecĭpĭtĭŭm, *ī n* (*praecĕps*) (*nkl.*) abschüssige Stelle.

> **praecĭpĭtō**
> 1. (*trans.*) **a)** kopfüber hinabstürzen; **b)** *jd.* (*ins Verderben*) stürzen; **c)** *etw.* überstürzen; **d)** zu *etw.* drängen; 2. (*intr.*) **a)** (sich) kopfüber hinabstürzen; **b)** in *etw.* geraten; **c)** (*zeitl.*) zu Ende gehen; **d)** zugrunde gehen.

praecĭpĭtō 1. (*praecĕps*) **1.** (*trans.*) **a)** kopfüber hinabstürzen, -werfen (*alqm u. alqd ex od. de re in alqd, zB. ex u. de muro in fluvium,* °*equitem ex equo, se ex munitione in fossam*); *mediopass.* sich hinabstürzen [*super vallum,* °*v. Gestirnen* = rasch untergehen, *zB.* °*lux praecipitatur aquis* stürzt sich dem Wasser zu = *in Oceanum*]; *part. pf.* °*praecipitatus* zu Ende eilend, sinkend [*nox, aetas*]; / **b)** *jd.* stürzen, *bsd.* ins Verderben [*alqm ex altissimo dignitatis gradu*]; *übh.* vernichten, zugrunde richten [*rem publicam,* °*moras* schnell beseitigen]; **c)** (*meist dcht., nkl.*) *etw.* übereilen, überstürzen (*alqd, zB. consilia,* °*obitum,* °*mentem m.* sich fortreißen); **d)** (*dcht.*) *m. inf.* = zu *etw.* drängen. **2.** (*intr.*) = *praecĭpĭtārī*: **a)** (sich) kopfüber hinabstürzen, jählings (hinab)fallen (*abs., zB. praecipitantem impellere jd.* während des Sturzes noch einen Stoß geben = *e-n* Unglücklichen noch unglücklicher machen; *ex od. de re in alqd, zB. de muro in fossam,* °*nox caelo* = *de caelo* flieht schleunig vom Himmel); / **b)** rasch eilen *od.* in *etw.* geraten, *bsd. v. Pers.* [*in insidias, ad exitium* ins Verderben stürzen]; **c)** (*zeitl.*) zu Ende gehen [*hiems praecipitat, tribunatus alcis*]; **d)** zugrunde gehen, sinken [*rei publicae praecipitanti subvenire*].

praecĭpŭē *adv.* (*praecĭpŭŭs*) vorzugsweise, besonders, *klass. fast nur bei Verben* [~ *diligere alqm,* °~ *sanus,* °~ *cum* zumal da].

▶ **praecĭpŭŭs** (*praecĭpĭō, eigtl. quod ante capitur* = was man [vor anderen] vorwegnimmt) **I.** *adi.* 3 **1.** ausschließlich, eigentümlich, ein besonderer [*ius, fortuna, periculum* persönliche, °*supplicium* besonders empfindliche; *alci* für *jd.*]. **2. a)** vorzüglich, außerordentlich, hervorragend, *im Guten u. Schlimmen, v. Pers. u. Sachen* [*vir,* °*praecipuus amicorum* sein bester Freund, *amor,* °*honos, incommodum; re* durch *etw., zB. dux scientiā rei militaris -us; in re* in *etw., zB. Cicero in eloquentia -us*]; **b)** (*nkl.*) *ad alqd* besonders geeignet zu *etw., zB. ad scelera* Hauptverbrecher; *m. Relativsatz im coni.* = *dignissimus.* **II.** *subst.* **a) -ŭs,** *ī m* (*nkl.*) Hauptperson (*alcis rei* bei *etw.*); **-ī,** *ōrŭm m* die Vorzüglichsten; **b) -ŭm,** *ī n* **α)** (*Suet.*) (*jur. t.t.*) der Voraus (*der Erbschaft*); **β)** Vorzug, Vorrecht (*alcis*); **γ)** *pl. -ă rerum* (*nkl.*) das Wichtigste; **δ)** *pl.* **-ă** (*stoischer t.t.*) = *προηγμένα* Vorzügliches, Unverwerfliches (*Dinge, die zwar an sich nicht gut sind, aber dem Guten zunächst stehen*).

praecīsĭō, *ōnĭs f* (*praecīdō*) **1.** (*nkl.*) das Abschneiden, -reißen [*genitalium*]. **2.** (*Vi.*) (*meton.*) Abschnitt, Ausschnitt. **3.** (*A. ad Her.*) das Abbrechen *e-s Gedankens* (= *ἀποσιώπησις*).

prae-cīsŭs[1] *P.P.P. v. praecīdō.*

praecīsŭs[2] 3 (*adv.* **-ē**) (*eigtl. P.P.P. v. praecīdō*) **1.** (*nkl., dcht.*) jäh, abschüssig [*saxum*]. **2.** / (*rhet. t.t.*) abgebrochen, kurz, bündig [°*conclusio*]. **3.** (*nkl.*) *subst.* **-ī,** *ōrŭm m* Verschnittene. Eunuchen. **4.** *adv.* **praecīsē** **a)** abgekürzt, kurz [*dicere alqd*]; **b)** schlechthin [*negare*].

▶ **prae-clārŭs** 3 (*adv.* **-ē**) **1. a)** (*dcht.*) sehr hell, sehr klar [*sol*]; **b)** / sehr deutlich [*-e explicare*]. **2.** / (*m. comp. u. sup.*) **a)** glänzend; herrlich, vortrefflich, erhaben [*vir, urbs, indoles, negotium -e gerere, praeclarum est* es ist ehrenvoll *m. a.c.i. od. m. ut; re* durch *etw., zB. bello; in re u.* °*alcis rei* in *etw., zB. homo in philosophia od.* °*eloquentiae*]; *subst.* **-ă,** *ōrŭm n* Kostbarkeiten; **b)** angesehen, berühmt, *oft ironisch* [*vir, orator, edictum; re* durch *etw.*]; **c)** (*selten*) (*Sa.*) berüchtigt.

prae-clūdō, *sī, sŭm* 3. (*claudō*) zuschließen, verschließen, *bsd. mil.* versperren, *auch* / (*alqd u. alci alqd, zB. portas, introitūs, aditum misericordiae alci,* °*vocem alci jd.* das Maul stopfen).

praecō, *ōnĭs m* (*synk.* < **prai-dīcō*) Herold, Ausrufer [*per praeconem vendere alqd, alcis bona* °*praeconi od. sub praeconem subicere* unter den Hammer bringen]; *auch bei den Komitien, Gerichtssitzungen, öffentlichen Spielen u. a. im Staatsdienst tätig*; / Lobredner [*virtutis*].

prae-cōgĭtō 1. (*nkl.*) vorher überlegen [*facinus*].

prae-cŏgnōscō 3. (*cōgn-?*) (*unkl.*) vorher erfahren (*alqd*).

prae-cŏlō, *cŏlŭī, cŭltŭm* 3. **1.** vorher bearbeiten, vorbilden (*alqd ad alqd*). **2.** (*Ta.*) vorschnell verehren [*nova*].

prae-cŏmpŏsĭtŭs 3 (*Ov.*) vorher einstudiert [*ōs* Miene].

praecōnĭŭs (*praecō*) **1.** *adi.* 3 dem Herold eigen, eines Ausrufers [*quaestus*]. **2.** *subst.* **praecōnĭŭm,** *ī n* **a)** Ausruferamt [*-um facere* Ausrufer sein]; (*meton.*) **b)** (*nkl.*) kräftige Stimme; **c)** öffentliche Bekanntmachung, Veröffentlichung, *dcht. auch pl.* [*-um alci deferre* den Vertrieb einer Sache *jd.* übertragen; *alcis rei, zB.* °*casūs*]; **d)** / Verherrlichung, Lobpreisung, *dcht. auch pl.* (*alcis rei, zB.* °*formae*); **e)** (*Eccl.*) Verkündigung [*evangelii*].

prae-cōnsūmō, *sūmpsī, sūmptŭm* 3. (*Ov.*) vorher aufbrauchen (*alqd*); / *jd.* vorher aufreiben.

prae-cōntrĕctō 1. (*Ov.*) vorher betasten [*eam videndo* sie *m.* dem Blick verschlingen].

prae-cŏquĭs, *ĕ s. praecŏx.*

prae-cŏrdĭă, *ōrŭm n* (*Hypost. aus* „*prae cor*" „was vor dem Herzen ist") **1. a)** Zwerchfell; **b)** *übh.* Eingeweide, *bsd.* Magen [*anulum in praecordiis piscis invenire*]; *übh.* (*nkl.*) Leib; **c)** (*nkl., dcht.*) Brusthöhle, Brust [*coit in -a sanguis, -a ferro rumpere*]. **2.** / (*dcht.*) Herz *als Sitz der Empfindungen,* Gefühl, Gemüt [*inquieta, aperit -a Liber, -a stolidae mentis* törichter Sinn].

prae-cŏrrŭmpō, *rūpī, rŭptŭm* 3. (*Ov.*) vorher bestechen [*alqm donis*]; / *jd.* vorher gegen *jd.* einnehmen.

prae-cŏx, *cŏcĭs u.* **-cŏquĭs,** *ĕ* (*cŏquō*) **1.** (*nkl.*) frühreif [*fructus*]. **2.** / (*nkl., dcht.*) unzeitig, vorschnell [*gaudium*]. — (*abl. sg. -ī; pl. n -ĭă, gen. -ĭŭm*).

prae-cŭltŭs 3 (*nkl., dcht.*) sehr [(aus)geschmückt.]

prae-cŭpĭdŭs 3 (*Suet.*) ganz erpicht auf [*pretiosae suppellectilis*].

prae-cŭrrō, (*cŭ*)*cŭrrī, cŭrsŭm* 3. **1.** vorauslaufen, -eilen (*abs., zB. equites praecurrunt* reiten voraus; *od. ante omnes, ad alqm; auch v. Leblosem, zB. eo iam fama praecurrerat*); (*part. praes.*) *subst. praecurrentia, -ium n* das Vorhergehende. **2.** / **a)** (*zeitl.*) vorhergehen (*m. dat. u. acc., zB. alqm aetate, certis rebus certa signa praecurrunt*); **b)** überholen, zuvorkommen (*abs. od. alqm u. alci, zB. celeritate*); **c)** / übertreffen, überflügeln (*alqm u. alci; re* durch *etw., zB. studio,* °*iudicio* an Geschmack).

praecŭrsĭō, *ōnĭs f* (*praecŭrrō*) **1.** das Vorhergehen [*visorum*]. **2. a)** *mil.* (*Pli.*) Geplänkel; **b)** (*rhet. t.t.*) Vorbereitung *der Zuhörer.*

praecŭrsŏr, *ōrĭs m* (*praecŭrrō*) **1.** Vorläufer **a)** (*Pli.*) Diener; **b)** Kundschafter. **2.** (*Li.*) *mil. pl.* Vortrab. **3.** (*Augustin.*) Vorläufer (*Christi*) = Johannes der Täufer.

praecŭrsōrĭŭs 3 (*praecŭrsŏr*) (*nkl.*) vorauseilend; vorläufig [*epistula*].

prae-cŭrsŭs *P.P.P. v. praecŭrrō.*

prae-cŭtĭō, *cŭssī, cŭssŭm* 3. (*quătĭō*)

(*Ov.*) (voran)schwingen [*taedas*].

▶**praedă**, *ae f* (< **prai-hĕdā*; *cf. prĕhĕndō*) **1.** Beute, Kriegsbeute, (*dcht.*) Jagdbeute, (*dcht.*) Fischfang, *auch pl.* [*bellica*, °*venatica*; *praedam facere u. capere*, °*agere* Beutevieh wegtreiben; *esse ex praeda* ein Beutestück sein, *praedae esse* zur Beute werden, der Plünderung anheimfallen, *auch* Beute einbringen; *alcis j-s subi. u. obi.*, *zB. hostium v.* den Feinden gemacht *u.* den Feinden abgenommen; *alcis rei*, *zB. hominum pecorumque*]. **2. a)** *selten* (*Li.*) = *praedātiō* [*agros praedā vastare*]; **b)** °(*v. Tieren*) Raub, Fraß [*luporum*]. **3. a)** (*meton.*) Raub, geraubtes Gut (*alcis*, *ex fortunis alcis praedam capere*); **b)** / Gewinn, Vorteil [*magnas praedas facere* (°*ab alqo*) Gewinn ziehen, °*praedam ferre*]; **c)** (*Ph.*) unterschlagener Fund.

praedābŭndŭs 3 (*praedŏr*) (*nkl.*) auf Beute ausgehend.

prae-dămnō 1. (*nkl.*) vorher verurteilen [*collegam*; / *spem* schon im voraus aufgeben].

praedātĭō, *ōnĭs f* (*praedŏr*) (*nkl.*) das Beutemachen, Plündern.

praedātŏr, *ōrĭs m* (*praedŏr*) **1.** Beutemacher, Plünderer; *als adi.*, *zB.* °*exercitus -or ex sociis* das Land der Bundesgenossen plündernd, °*ales* räuberisch. **2.** / **a)** (*dcht.*) Jäger [*aprorum*]; **b)** (*dcht.*, *nkl.*) gewinnsüchtig.

praedātōrĭŭs 3 (*praedātŏr*) (*vkl.*, *nkl.*) beutemachend, räuberisch [*navis* Seeräuberschiff, *manus* Streifkorps].

praedātŭs[1] 3 *s. praedŏ*[2].

praedātŭs[2], *ūs m* (*praedŏr*) (*Pl.*) das Beutemachen, Plündern.

prae-dēlăssō 1. (*Ov.*) vorher schwächen (*alqd*).

praedēstĭnātĭō, *ōnĭs f* (*praedēstĭnō*) (*Eccl.*) Vorherbestimmung.

prae-dēstĭnō 1. (*nkl.*, *dcht.*) im voraus bestimmen *od.* zum Ziel setzen (*sibi alqd*).

praedĭātŏr, *ōrĭs m* (*praedĭŭm*) Aufkäufer der *an den Staat verpfändeten* Grundstücke, Grundstücksmakler, -sachverständiger.

praedĭātōrĭŭs 3 (*praedĭātŏr*) die Pfändung der Güter betreffend [*ius* Güterpfandrecht].

praedĭcābĭlĭs, *ĕ* (*praedĭcō*[1]) rühmenswert.

praedĭcātĭō, *ōnĭs f* (*praedĭcō*[1]) **1.** öffentliche Bekanntmachung *durch den praecō*. **2.** / **a)** Aussage (*alcis rei* über *etw.*); **b)** Lobpreisung, rühmende Erwähnung (*alcis u. alcis rei od. de re*); **c)** (*Eccl.*) das Verkündigen *des Evangeliums*, Predigt.

praedĭcātŏr, *ōrĭs m* (*praedĭcō*[1]) **1.** (*nkl.*) Ausrufer. **2.** / Lobredner (*alcis rei*). **3.** (*Eccl.*) Verkündiger des Evangeliums; Prediger. — ***fratres -ores* Dominikaner.

▶**prae-dĭcō**[1] 1. **1.** öffentlich ausrufen, bekanntmachen, *zunächst vom praecō gesagt* (*alqd*, *zB.* °*auctionem*; *m. oratio recta u. m. a.c.i.*). **2.** / **a)** öffentlich erklären, ankündigen, nachdrücklich hervorheben (*alqd u. alci alqd*, *zB. paucitatem militum, sua in alqm officia*; *m. a.c.i.*); **b)** preisen, laut rühmen (*alqd*, *zB. laudes alcis, multa de alcis meritis*, *auch m. dopp. acc.*, *zB.* °*alqm liberatorem patriae*; *de re* viel Rühmens *v. etw.* machen, *zB. gloriose de se*; *m. a.c.i.*); **c)** (*Eccl.*) *das Evangelium* verkünden, predigen.

prae-dīcō[2], *dīxī, dĭctŭm* 3. vorhersagen: **1.** (*in Schriften u. Reden*) vorher bemerken, vorausschicken (*alqm u. alqd*, *zB. positum insulae*; *m. a.c.i.*); *bsd. P.P.P. praedĭctŭs* 3 (*nkl.*) vorher erwähnt, angekündigt [*amnis*]. **2.** (*Zukünftiges*) vorhersagen, prophezeien [*futura, defectionem solis*; *m. a.c.i.*]. **3.** (*nkl.*) vorher festsetzen, vorher bestimmen (*alqd u. alci alqd*, *zB. reo diem*). **4.** vorschreiben, einschärfen, warnen (°*alqd u. alci alqd*; *m. ut, ne*).

praedĭctĭō, *ōnĭs f* (*praedīcō*[2]) **1.** (*Qu.*) das Vorhersagen. **2.** Weissagung, Prophezeiung (*alcis u. alcis rei*).

praedĭctŭm, *ī n* (*eigtl. P.P.P. n v. praedīcō*[2]) **1.** Weissagung (*alcis*, *zB.* °*vatum*). **2.** (*Li.*) Befehl [*imperatoris*]. **3.** (*Li.*) Verabredung [*ex -o*].

praedĭŏlŭm, *ī n* (*demin. v. praedĭŭm*) kleines Landgut.

prae-dīscō, *dĭdĭcī*, — 3. (*dīsc-?*) vorherlernen, sich vorher *m. etw.* bekannt machen (*alqd*, *zB.* °*ventos*).

prae-dispŏsĭtŭs 3 (*nkl.*) vorher hier *u.* da aufgestellt (*nuntii*).

▶**prae-dĭtŭs** 3 (*eigtl. P.P.P. v.* **praedō* 3. „versehen *m. etw.*"; √ **dō-* „geben") *m. etw.* begabt *od.* versehen, ausgestattet, (*pejorativ*) behaftet (*re m. etw.*, *zB. virtute, sensu, scelere*).

praedĭŭm, *ī n* (*wohl zu praes, eigtl.* „Gut, das als Bürgschaft angenommen wird") Landgut, Gut, ländliche Besitzung [*rusticum, urbanum* im Weichbild der Stadt]; *übh.* Grundbesitz.

prae-dīvĕs, *vĭtĭs* (*nkl.*, *dcht.*) sehr reich [*cornu* reichgefüllt].

prae-dīvīnō 1. (*vkl.*, *nkl.*) vorausahnen.

▶**praedō**[1], *ōnĭs m* (*praedă*) **1.** Plünderer, Räuber [°*maritimus*, °*terrestris*]; *bsd.* Seeräuber [*bellum praedonum*]. **2.** / **a)** (*dcht.*) = Entführer *e-r Person*; **b)** Frevler *gegen etw.* [*omnium rerum divinarum humanarumque*].

praedō[2] 1. (*denom. v. praedă*) (*vkl.*, *nkl.*) rauben; *P.P.P. praedātŭs*[1] 3 *auch* (*Pl.*) *m.* Beute versehen [*bene -us*].

prae-dŏcĕō, *dŏcŭī, dŏctŭm* 2. (*nkl.*) vorher unterrichten.

prae-dŏmō, *ŭī*, — 1. (*nkl.*) im voraus bändigen.

praedŏr 1. (*denom. v. praedă*) **1.** (*intr.*) Beute machen, plündern, rauben; *auch* / = Gewinn ziehen, sich bereichern (*abs.*, *zB. milites praedantes*; *ex u. in re, selten de re u. re*, *zB. ex inscitia alcis, auch apud alqm*). **2.** (*nkl.*, *dcht.*) (*trans.*) **a)** *jd.* ausplündern [*socios*]; **b)** *etw.* erbeuten, rauben, *auch* / [*amores alcis j-s* Geliebte]; *alqm* an *jd.* einen Fang tun [*quae me nuper praedata puella est*].

prae-dūcō, *dūxī, dŭctŭm* 3. *etw.* vor *etw.* ziehen (*alqd u. alqd alci rei*, *zB. fossas castris*).

prae-dūlcĭs, *ĕ* (*nkl.*, *dcht.*) sehr süß; / sehr lockend [*vox*], (*v. der Darstellung*) süßlich.

prae-dūrŭs 3 (*nkl.*, *dcht.*) sehr hart; / sehr abgehärtet [*corpora, homo*].

prae-ēmĭnĕō, — — 2. (*nkl.*) = *praemĭnĕō*.

prae-ĕō, *ĭī u.* °*īvī, ĭtŭm* 4. **1.** voran-, vorausgehen (*abs. od. alci u.* °*alqm*; °*Romam* nach Rom; *auch* / °*famam alcis* zuvorkommen; *bsd.* = *m.* seinem Beispiel vorangehen, *alqo praeeunte od. ut alqs praeit* nach *j-s* Beispiel). **2.** / **a)** vorsagen, vorsprechen, *auch voce praeire*, *bsd.* (*e-e Weihe- od. Eidesformel*) *zum Nachsprechen* (*abs. od. alqd u. alci alqd*, *zB.* °*verba*, °*sacramentum*, °*carmen*; *m. indir. Frages.*); **b)** (*nkl.*) vorschreiben, verordnen [*omnia ut decemviri praeierunt facta*].

F. *pf.-Formen zsg.*: *praeīssĕ(m)* = *praeĭīssĕ(m) u.a.*

prae-essĕ *s. praesŭm.*

praefātĭō, *ōnĭs f* (*praefŏr*) **1.** Einleitungs-, Eingangsformel [°*sacrorum, donationis*, °*fetialium*]. **2.** (*nkl.*) Vorwort, Vorrede, Einleitung.

prae-fēcī *s. praefĭcĭō.*

praefĕctūră, *ae f* (*zu praefĕctŭs nach dĭctātūră u.ä.*) **1.** Vorsteheramt, Aufseheramt, *bsd. im Staat* [°*morum*, °*vigilum*, °*annonae*, °*praetorii u.* °*praetorio*]. **2.** (*Com.*) Richteramt. **3.** *mil.* **a)** Befehlshaberstelle, Kommando (*bsd. über die Reiterei*) *der Bundesgenossen* [°*equitum Gallorum*]; **b)** höhere Offiziersstelle *beim Heer in den Provinzen* [*-am petere od. sumere od.* °*accipere*]. **4.** *meton.* **a)** *it.*, *v. röm. Beamten verwaltete Kreisstadt*; **b)** (*nkl.*) kaiserl. Provinzialverwaltung, Präfektur, Statthalterschaft [*Aegypti*], *auch* Verwaltungsbezirk.

prae-fĕctŭs[1] *P.P.P. v. praefĭcĭō.*

▶**praefĕctŭs**[2], *ī m* (*eigtl. P.P.P. v. praefĭcĭō*) **1.** Vorgesetzter, Vorsteher, Aufseher, *bsd.* Befehlshaber, Anführer, Kommandant, Hauptmann *u.ä.* (*nominal m. gen.*, *verbal m. dat. verbunden*, *zB.* °*aerarii u. aerario*, °*morum u. moribus mulierum* Aufseher über die Sitten, *annonae u.* °*rei frumentariae* Proviantmeister *v.* Rom, *urbis u. urbi* Gouverneur der *St.* Rom, *classis u. classi* Admiral, *navis* Kapitän, °*castris u. castrorum* Lager[bau]meister *od.* Platzkommandant, °*praetorii od.* °*praetorio od.* °*praetoriarum cohortium* Befehlshaber der Prätorianer *od.* der kaiserlichen Leibwache in Rom, *fabrŭm* Werkmeister, Feldzeugmeister, *custodum* Wachkommandant, °*vigilum* Kommandeur der Feuerwehr, °*vehiculorum seit Hadrian* Chef der kaiserlichen Staatspost *u.a.*). **2. a)** Offizier, *bsd.* Befehlshaber der bundesgenössischen Reiterei *u.* Hilfstruppen [*equitum, cohortium auxiliarium*, °*alae*], *pl.* Offiziere; **b)** *außerhalb des röm. Staates übh.* höherer Beamter *od.* Offizier, *bsd.*: α) General *od.* Feldherr (*alcis*, *zB.* °*regis*); β) Statthalter, (*bei den Persern*) Satrap [°*regius*, °*Lydiae, Ioniae*, °*Aegypti*].—

**Burggraf; *aulae* Hausmeier; *praefectus chori* Chorführer.

prae-fĕrō
1. a) voran-, voraustragen; b) vorn an sich tragen; 2. a) an den Tag legen, zeigen; b) vorschützen; c) vorziehen; d) *j-m* den Vorzug verschaffen; e) vorwegnehmen; 3. *mediopass.* an *etw.* vorbeieilen.

prae-fĕrō, *tŭlī, lātŭm, ferre* **1. a)** vor-, voran-, voraustragen (*alqd u. alci alqd, zB. spolia, insignia, fasces praetoribus,* °*ignem altaribus* auf einem Altar, °*manūs cautas* im Dunkeln vor sich halten; / *alci facem ad libidinem, clarissimum lumen menti alcis jd.* ein Licht aufstecken, *suam vitam ut legem civibus suis* voranleuchten lassen = *m.* seinem Leben ein maßgebendes Beispiel aufstellen); **b)** (*nkl.*) vorn an sich tragen, zeigen [*vexillis nomen Vitelli praeferentibus*]. **2.** / **a)** an den Tag legen, zeigen, offenbaren [*avaritiam,* °*iudicium* äußern, °*amorem u.* °*modestiam* heucheln, °*animi dolorem vultu; opinio huius diei praefertur* die Meinung von dem Erfolg dieses Tages äußert sich dahin]; **b)** (*nkl.*) vorschützen (*alqd alci rei, zB. officii titulum sceleri* Pflichttreue als Aushängeschild für ... gebrauchen, *speciem pietatis odio* seinen Haß unter dem Schein der Ergebenheit verbergen); **c)** vorziehen, lieber wollen (*alqm u. alqd, alqd alci rei, zB.* °*otium labori, mortem servituti, virtute omnibus praeferri* voraus sein; *m.* °*inf.*); **d)** *j-m* den Vorzug verschaffen (*se alci od. mediopass. jd.* überflügeln, *zB. legionariis*); **e)** (*nkl.*) (*zeitl.*) vorwegnehmen [*diem triumphi*]. **3.** *mediopass.* (*nkl.*) an *etw.* vorbeieilen, -fahren, -reiten, -ziehen, *meist part. pf. praelatus* (*abs. od. alqd u. praeter alqd, zB. hostes praelati castra od. praeter castra*).

prae-fĕrōx, *ōcis* (*nkl.*) sehr wild, sehr ungestüm.

prae-fĕrrātŭs 3 *eigtl.* vorn *m.* Eisen beschlagen; / (*Pl.*) in Banden geschlagen.

prae-fĕrvĭdŭs 3 (*vkl., nkl.*) sehr heiß [*balneum*]; / glühend [*ira* Jähzorn].

prae-fĕstīnō 1. (-ē-?) (*vkl., nkl.*) **1.** sich übereilen (*m. inf.*). **2.** an *etw.* vorübereilen (*alqd, zB. sinum*).

prae-fĭcă, *ae f* (*f zu adi.* **prai-fācŏs* 3; *prae, făcĭō*) (*vkl., nkl.*) Klageweib *bei Leichenbegängnissen.*

▶ **prae-fĭcĭō,** *fēcī, fĕctŭm* 3. (*făcĭō*) *jd.* an die Spitze *v. etw.* stellen, *jd. m. etw.* betrauen *od.* beauftragen (*alqm alci rei od. alci, zB. classi, bello gerendo, quaestioni, provinciae*); *ohne dat.* = *jd.* an- *od.* bestellen [*certos* sichere Leute], *bsd. jd.* eine Offizierstelle verleihen [*alqm in eo exercitu*].

prae-fīdēns, *ĕntis* zu sehr vertrauend (*alci, zB. sibi*).

prae-fīgō, *fīxī, fīxŭm* 3. **1.** *etw.* vorn anheften *od.* anschlagen (*alqd, zB. sudes* vorn am Ufer einschlagen; *alqd alci rei u.* °*in re od.* °*ad alqd etw.* an *etw., zB.* °*ferrum iaculo,* °*capita in hastis*). **2.** *etw.* vorn *m. etw.* beschlagen *od.* versehen (*alqd re, zB. asseres cuspidibus,* °*ora capistris* Maulkörbe anlegen). **3.** (*Ti.*) durchbohren [*latus* (*acc. graecus*) *praefixa veru*]. **4.** (*Qu.*) bezaubern.

prae-fīnīō 4. vorher bestimmen *od.* festsetzen (*alci alqd, zB. diem;* [*P.P.P. abl.*] *adv.* °*praefinito loqui* nach Vorschrift; *verneint m. quominus*); *auch* beschränken.
F. *pf.-Formen synk.*: *praefīnīstī* = *praefīnīvīstī u.a.*

prae-fīscĭnē *u.* **-nī** *adv.* (*eigtl. wohl* „um die Beschreiung abzuwenden"; *fāscĭnŭm*) (*vkl., nkl.*) unberufen.

prae-flōrō 1. (*flōs*) (*nkl.*) vorher der Blüte berauben, / (*alqd, zB. gloriam victoriae; virgo ab alio praeflorata*).

prae-flŭō, — — 3. (*nkl., dcht.*) vorbeifließen (*abs. od. alqd* an *etw., zB. Tibur*).

prae-fōcō 1. (*faucēs*) (*dcht., nkl.*) ersticken, erwürgen.

prae-fŏdĭō, *fōdī, fŏssŭm* 3. (*dcht., spätl.*) **1.** vor *etw.* einen Graben ziehen (*alqd* vor *etw., zB. portas*). **2.** *etw.* vorher vergraben [*aurum*].

(prae-fŏr) 1. (*def.*) **1.** *etw.* als Eingangsformel vorausschicken, feierliche Worte vor einer (*relig.*) Handlung sprechen (*abs. od. alqd alci rei, zB. maiores nostri omnibus rebus agendis „quod bonum faustum felix esset" praefabantur; m. a.c.i.*). **2.** (*nkl.*) vorläufig erklären (*m. a.c.i.*). **3. a)** als Vorwort (*od.* Entschuldigung) vorausschicken, *mündl. od. schriftl.* (*alqd, zB. honorem* vorher „*m.* Verlaub" sagen; *alqd de re; m. a.c.i.*); **b)** vorsprechen, -beten [°*carmen*]; **c)** (*dcht.*) vorher anrufen (*alqm, zB. divos, Manes*); **d)** (*nkl., dcht.*) weissagen (*m. a.c.i.*).
F. *gebräuchliche Formen*: *prae-fātŭr, -fāmŭr, -fābāntŭr, -fārēntŭr, -fātī sŭmŭs, -fārī, -fāntē, -fāntēs, -fāndŭs.*

prae-fŏrmīdō 1. (*nkl., dcht.*) vor *etw.* zurückschrecken.

prae-fōrmō 1. (*nkl., dcht.*) vorher entwerfen; vorzeichnen, vorschreiben.

prae-frāctus[1] *P.P.P. v. praefrĭngō.*

prae-frāctŭs[2] 3 (*m. comp.; adv.* **-ē**) (*eigtl. P.P.P. v. praefrĭngō*) **1.** (*Se.*) eckig [*speciem curvi praefractique reddunt*]. **2.** / schroff, *bsd.* (*rhet.*) *in der Schreibart* [*Thucydides*], *vom Charakter* rücksichtslos [*vectigalia -e defendere*].

prae-frēgī *s. praefrĭngō.*

prae-frīgĭdŭs 3 (*nkl., dcht.*) sehr kalt [*auster*].

prae-frĭngō, *frēgī, frāctŭm* 3. (*frăngō*) vorn *od.* oben abbrechen [*rostrum navis*]. *Cf. auch praefrāctŭs.*

prae-fŭī *s. praesŭm.*

prae-fŭlcĭō, *fūlsī, fūltŭm* 4. (*eigtl.* „vorn stützen") / **1.** (*Pl.*) als Stütze gebrauchen. **2.** vorbauen, unterstützen [*illud praefulci, ut* daß].

prae-fŭlgĕō, *fūlsī,* — 2. (*nkl., dcht.*) **1.** hervorleuchten, -strahlen (*re v. od. m. etw., zB. unguibus aureis*). **2.** / auffallen, sich auszeichnen (*re* durch *etw., zB. gloriā*).

prae-gĕlĭdŭs 3 (*nkl.*) sehr kalt [*Alpes*].

prae-gĕstĭō 4. sich lebhaft freuen (*m. inf.*).

praegnāns, *āntis u.* (*vkl., spätl.*) **praegnās,** *ātis* (*Hypost.* < **prai gnātīd* „vor der Geburt"; [*g*]*nāscŏr*) **1.** schwanger [*uxor*], trächtig [°*canis*]. **2.** / **a)** (*Pl.*) derb [*plagae*]; **b)** (*nkl., dcht.*) strotzend, voll *v.* [*stamine*].
F. *abl. sg.* -*ī*; *pl. neutr.* -*ĭă, gen.* -*ĭŭm.*

prae-grăcĭlĭs, *ĕ* (*Ta.*) sehr hager, sehr dürr.

prae-grăndĭs, *ĕ* (*unkl.*) überaus groß; / gewaltig.

prae-grăvĭs, *ĕ* (*nkl., dcht.*) **1.** sehr schwer [*onus, currus crateris aureis* schwerbeladen *m.*]. **2.** / **a)** sehr schwerfällig (*re v. od.* durch *etw., zB. agmen sarcinis*); **b)** überladen [*cibo vinoque*]; **c)** sehr lästig [*imperium; alci* für *jd.*].

prae-grăvō 1. (*nkl., dcht.*) **1.** (*trans.*) **a)** sehr belasten, beschweren [*scuta telis*]; / **b)** niederdrücken, belästigen [*turba praegravans* überlästig]; **c)** verdunkeln [*artes infra se positas*]. **2.** (*intr.*) überwiegen, das Übergewicht haben.

prae-grĕdĭŏr, *grĕssŭs sŭm* 3. (*grădĭŏr*) **1. a)** vorangehen, -ziehen (*abs., zB.* °*lictores praegrediebantur, m. acc., zB. signa,* °*agmen*); **b)** (*nkl.*) zuvorkommen [*nuntios et famam*]. **2.** (*nkl.*) vorbeigehen, vorüberziehen (*alqd* an *etw., zB. castra*).

praegrĕssĭō, *ōnis f* (*praegrĕdĭŏr*) das Vorhergehen [*stellarum* Vorrücken, / *causae*].

prae-grĕssŭs[1] *part. pf. v. praegrĕdĭŏr.*

praegrĕssŭs[2], *ūs m* (*praegrĕdĭŏr*) das Vorschreiten; / Entwicklung, *pl.* Entwicklungsstufen [*rerum*].

praegŭstātŏr, *ōris m* (-*ū*-?) (*praegŭstō*) (*nkl.*) Vorkoster *v. Speisen u. Getränken; klass. nur* / [*libidinum*].

prae-gŭstō 1. (-*ū*-?) (*dcht., nkl.*) vorher kosten [*cibos, potionem*]; / vorher genießen [*voluptates*]; (*prägn.*) vorher zu sich nehmen [*medicamina* Gegengifte].

prae-hĭbĕō 2. (*Pl.*) *nicht synk. Form* = *praebĕō.*

prae-iăcĕō, — — 2. (*nkl.*) vor *etw.* liegen (*m. acc. u. dat., zB. castra, Asiae*).

prae-iūdĭcĭŭm, *ī n* **1.** (*jur. t.t.*) Vorentscheidung, *die für die spätere Entscheidung als Norm gelten kann od. muß,* Präjudiz (*de alqo u. de re, zB. de capite Verris;* ~ *fit, duobus -is iam damnatus*). **2.** (*außergerichtlich*) **a)** (*Li.*) vorgefaßtes Urteil [*-um tantae rei afferre*]; **b)** maßgebendes Beispiel [*vestri facti*]; *bsd.* schlimmes Vorzeichen, trübe Aussichten [*belli Africi* für den Krieg].

prae-iūdĭcō 1. über *etw.* eine Vorentscheidung abgeben, im voraus entscheiden (*de re, zB. de maiore maleficio; auch im P. re saepius praeiudicata*); / über *etw.* im voraus urteilen; *bsd. P.P.P.* **praeiūdĭcātŭs** 3 im voraus entschieden *od.* beurteilt [*opinio* vorgefaßte Meinung, Vorurteil]; *subst.* **-ŭm,** *ī n* **α)** = *praeiūdĭcĭŭm;* **β)** (*Li.*) *etw.* im voraus Entschiedenes [*pro -o ferre* im voraus für entschieden halten].

prae-iŭvō, *iūvī*, — 1. (*nkl.*) vorher unterstützen [*fidem* dem Kredit aufhelfen].

prae-lābŏr, *lāpsūs sŭm* 3. **1.** sich vorwärts bewegen, vorangleiten [*piscis alter praelabitur*]. **2.** (*dcht.*) vorbeigleiten, vorüberfahren (*abs. od. alqd* an *etw.*, *zB. flumina*).

prae-lămbō, — — 3. (*dcht.*, *spätl.*) vorher belecken (*alqd*).

prae-lātūs¹ *P.P.P. v. praefĕrō.*

****praelatus**², *i m* (*kirchl.*) Würdenträger, Prälat.

prae-lautūs 3 (*Suet.*) prachtliebend.

praelēctĭō, *ōnĭs f* (*praelĕgō*) (*Qu.*) das Vorlesen.

prae-lĕgō, *lēgī, lēctŭm* 3. (*nkl.*) **1.** *erklärend* vorlesen [*auctores*] (**eine Vorlesung halten). **2.** vorübersegeln (*alqd* an *etw.*, *zB. Campaniam*).

prae-lĭgō 1. **1.** (*nkl.*) vorn anbinden (*alqd alci rei*, *zB. fasces cornibus boum*). **2. a)** (*nkl.*) *etw. m. etw.* umbinden [*coronam candidā fasciā*]; / (*P.P.P.*) *adi.* **praelĭgātūs** 3 (*Pl.*) verstockt [*pectus*]; **b)** zubinden (*alqd*, *zB. ōs folliculo*).

prae-lŏngūs 3 (*nkl.*) sehr lang [*gladius*].

prae-lŏquŏr, *lŏcūtūs sŭm* 3 **1.** (*Pl.*) vor einem andern reden, *jd.* das Wort wegnehmen. **2.** (*nkl.*) einleitend sagen.

prae-lūcĕō, *lūxī*, — 2. **1. a)** vorleuchten, *v. Pers. u. Sachen* (*abs.*, *zB. servus praelucens od. alci j-m*, °*alci rei* zu *etw.*; / *maioribus suis virtute sua* seinen Vorfahren den Weg zur Berühmtheit öffnen); **b)** *trans. bonam spem in posterum* voranleuchten lassen = die Zukunft in hellem Licht erscheinen lassen. **2.** / (*Ho.*) *etw.* überstrahlen, übertreffen [*nullus sinus -et Baiis*].

*****praeludium,** *i n* (*gelehrte Neubildung zu praelūdō*) Vorspiel.

prae-lūdō, *lūsī*, — 3. (*nkl.*) vorspielen, ein Vorspiel machen; eine Probe abhalten.

praelūsĭō, *ōnĭs f* (*praelūdō*) (*Pli.*) Vorspiel.

prae-lūstrĭs, *ĕ* (*cf. illūstrĭs*) (*Ov.*) sehr glänzend [*ara*]; / sehr vornehm, allzu hoch [*-ia vitare*].

prae-măndō 1. **1.** (*Pl.*) im voraus empfehlen [*hominem*]. **2.** (*Pl.*) im voraus auftragen; *e-n* Steckbrief erlassen [*ut servus fugitivus conquireretur*]; *klass. nur* **praemăndātŭm,** *ī n* Steckbrief (*alqm -is requirere jd.* steckbrieflich verfolgen).

prae-mātūrūs 3 (*adv.* °**-ē**) (*unkl.*) vorzeitig, frühzeitig [*hiems*].

prae-mĕdĭcātūs 3 (*Ov.*, *Tert.*) vorher *m.* Zaubermitteln versehen.

praemĕdĭtātĭō, *ōnĭs f* (*praemĕdĭtŏr*) das Vorherbedenken (*alcis rei*, *zB. futurorum malorum*).

prae-mĕdĭtŏr 1. *etw.* vorher bedenken *od.* erwägen, sich auf *etw.* gefaßt machen (*abs. od. alqd*; *m. a.c.i. u. indir. Frages.*); *part. pf. praemeditatus auch pass.* [*mala*].

prae-mĕrcŏr 1. (*Pl.*) vorher kaufen.

prae-mĕtŭō, — — 3. im voraus fürchten *od.* in Furcht sein, *intr. u.* °*trans.* (°*alqd etw.*, °*alqm jd.*, *alci* für *jd.*, um *j-s* willen, *zB. suis*); (*part. praes.*). *adi.* **praemĕtŭēns,** *ēntĭs* (*adv.* **-ĕntĕr**) (*dcht.*) vorher fürchtend, vorher in Angst (*m. gen.*, *zB. doli*).

prae-mĭnĕō, — — 2. (*nkl.*) hervorragen; / *jd.* überragen (*alqm re* durch *od.* an *etw.*, *zB. peritiā legum*).

praemĭŏr 1. (*denom v. praemĭŭm*) (*Suet.*) sich *e-e* Belohnung ausbedingen.

prae-mĭttō, *mīsī*, *mĭssŭm* 3. **1.** vorausschicken (*alqm u. alqd*, *zB. legiones in Hispaniam*, °*legatum cum equitatu ad flumen*, *impedimenta ad castra*, *alci litteras*, *edictum* ein Manifest vor sich hergehen lassen). **2. a)** (*nkl.*) (*in e-r Rede od. Schrift*) vorausschicken; **b)** *abs.* vorausmelden lassen [*ad equites*; *m. a.c.i.*].

praemĭŭm, *ī n* (< **prai-ĕmĭŏm*, *eigtl.* „das vorausgenommene [Beutestück]"; *ĕmō*) **1. a)** Vorteil, Vorrecht, *auch* Schmuck, Zierde, *die man vor anderen besitzt*, *pl.* Gaben, Schätze (*alcis*, *zB.* °*scribae* Rangabzeichen); **b)** Gunst [*legis*]; **c)** (*dcht.*, *nkl.*) Gewinn, Beute [*belli*, *venationis*, *virginitatis raptae*]. **2.** Lohn, Belohnung, Preis, Auszeichnung [*honores et praemia*; *alcis j-s*, *zB. imperatorum*; *alcis rei* an *etw.*, in *etw.* bestehend, *zB. pecuniae*, *od.* für *etw.*, *zB. virtutis*, *officii*; *-o alqm afficere u. donare jd.* belohnen, *-um consequi u. merere*, *-um alci dare od. tribuere*, *deferre*, *constituere u. a.*]. **3. a)** (*Ov.*) (*ironisch*) = Strafe [*facti*]; **b)** (*meton.*) (*Ve.*) Heldentat [*magnum*]. — ****Praemium Erasmium* Preis für Verdienste um die europäische Kultur.

prae-mŏdŭlŏr 1. (*Qu.*) vorher abmessen.

prae-mŏlēstĭă, *ae f* Ahnung künftigen Verdrusses.

prae-mōlĭŏr 4. (*Li.*) *etw.* vorbereiten (*alqd*).

prae-mŏllĭō 4. (*nkl.*) vorher weich *od.* sanft machen.

prae-mŏllĭs, *ĕ* (*nkl.*) sehr weich.

prae-mŏnĕō, *ŭī*, *ĭtŭm* 2. **1.** vorher erinnern, mahnen, warnen (*alqd* an *od.* auf, vor *etw.*, *zB.* °*conatūs hostium*; *alqm j-n m. ut*, *ne od.* °*bloßem coni.*, *m.* °*quod* daß). **2.** (*nkl.*, *dcht.*) vorhersagen, weissagen (*alqd*, *zB. futura*; *m. a.c.i.*).

prae-mŏnĭtūs, *ūs m* (*Ov.*) Warnung, Weissagung [*deorum*].

praemōnstrātŏr, *ōrĭs m* (*praemōnstrō*) (*Te.*) Wegweiser; *auch* /.

prae-mōnstrō 1. **1.** (*nkl.*, *dcht.*) vorher zeigen, angeben. **2.** weissagen (*alqd u. alci alqd*).

prae-mŏrdĕō, *rdī*, *rsŭm* 2. (*unkl.*) (vorn) (ab)beißen; / abzwacken (*alqd ex alqo*).

prae-mŏrĭŏr, *mŏrtŭūs sŭm* 3. (*nkl.*, *dcht.*) vorzeitig sterben; / (*v. Leblosem*) absterben [*membra*, *pudor*].

prae-mŏrsūs *P.P.P. v. praemŏrdĕō.*

prae-mūnĭō 4. **1.** vorn befestigen *od.* verschanzen, schützen (*alqd*, *zB. Isthmum*, *aditūs magnis operibus*, / *genus dicendi*). **2. a)** als Bollwerk vorbauen (*alqd alci rei*); **b)** / vorausschicken [*haec reliquo sermoni*], vorschützen [*haec ex accusatorum oratione*].

praemūnītĭō, *ōnĭs f* das Vorbauen *des Redners*, die Verwahrung *als rhet. Figur.*

prae-nărrō 1. (*-ā-?*) (*Te.*) vorher erzählen.

prae-nătō 1. (*nkl.*, *dcht.*) voran-, vorüberschwimmen; / vorüberfließen (*alqd* an *etw.*, *zB. domos*).

prae-năvĭgō 1. (*nkl.*) an *etw.* vorbeisegeln [*villam*; / *vitam* am Ufer des Lebens].

Praenēstĕ, *ĭs n* (*u.* °*f*) *alte St. in Latium sö. v. Rom, hoch gelegen u. stark befestigt, m. dem v. Sulla erbauten Tempel der Fortuna Primigenia u. der Iuno, Sommerfrische der Römer, j.* Palestrina (*Museum m. Großmosaik*; *Fibel m. der ältesten lat. Inschr.*); — *Einw. u. adi.* **Praenēstīnūs** (3).

F. *abl. sg. Praenēstĕ u.* °*-ī.*

prae-nĭtĕō, *ŭī*, — 2. (*nkl.*, *dcht.*) hervorstrahlen; / *jd.* überstrahlen (*alci*).

prae-nōmĕn, *ĭnĭs n* **1.** Vorname, *meist abgekürzt* [*M. Tullius Cicero*]. **2.** (*Suet.*) Titel [~ *Imperatoris*].

prae-nōscō, *nōvī*, *nōtŭm* 3. vorher kennen lernen *od.* erfahren (*alqd u. alqm*, *zB. futura*, °*alqm famā*).

prae-nōtĭō, *ōnĭs f* der (*durch die Sinne vermittelte*) Vorbegriff (*alcis rei* v. *etw.*, *zB. deorum*) (= πρόληψις *des Epikur*).

prae-nūbĭlūs 3 (*Ov.*) sehr finster [*lucus*].

prae-nūntĭō 1. vorher verkünden (*alqd*, *zB. futura*; *de re*; *m. a.c.i.*).

praenūntĭūs (*Rückbildung aus praenūntĭō*) **1.** *adi.* 3 (*dcht.*, *nkl.*) vorherverkündend (*alcis rei etw.*, *zB. verba -a cladis*). **2.** *subst.* **praenūntĭūs,** *ī m u.* **-ă,** *ae* Vorbote, Vorzeichen (*meist* /) [°*lucis*, *magnarum calamitatum*, *repulsae*].

praeŏccŭpātĭō, *ōnĭs f* (*praeŏccŭpō*) (*nkl.*) frühere *od.* zeitige Besetzung *e-s Ortes* [*locorum*].

prae-ŏccŭpō 1. **1.** *mil.* vorher besetzen *od.* einnehmen (*alqd*, *zB. iter*, *colles*, °*Macedoniam*). **2.** / **a)** im voraus verpflichten (gewinnen) (*alqm u. alqd*, *zB.* °*regem beneficio*, *animos militum timore* vorher lähmen, *legatione praeoccupatus* gebunden durch); **b)** überraschen (*alqm*, *zB. alterum*, *adventu alcis praeoccupari*); *bsd. m. etw.* zuvorzukommen suchen (*nkl. m. inf.*, *zB. legem ferre*).

prae-ŏlō, — — 3. (*Pl.*) schon vorher in die Nase steigen; *mihi -it* mir schwant, ich ahne.

prae-ŏptō 1. **1.** lieber wollen (*m. acc. u. quam*, *zB.* °*illos quam vos dominos praeoptant*; *sibi alqd*; *m. inf.*, *zB. scutum manu emittere*; *m. a.c.i.*). **2.** (*nkl.*) vorziehen (*alqd u. alqm alci od. alqd alci rei*, *zB. equitis filiam nuptiis generosarum*).

prae-păndō, — — 3. (*nkl.*, *dcht.*) vorn *od.* vorher ausbreiten *od.* öffnen (*alqd*).

praepărātĭō, *ōnĭs f* (*praepărō*) Vorbereitung, Rüstung (*alcis rei, zB. belli, animi*).

▶**prae-părō** 1. rüsten, (zweckentsprechend) vorbereiten, instand setzen (*alqd, zB.* °*naves,* °*aquam* vorher anschaffen, *hortos* pflegen, *aures auditorum,* °*insidias* anstiften, °*aditum spei* anbahnen, *oratio praeparata* wohl einstudierte; *alqd ad alqd u.* °*alci rei etw.* zu *od.* für *etw., zB. naves ad incendium* als Brander einrichten; *m.* °*inf.* = sich vornehmen); (*P.P.P.*) *subst.* **praepărātŭm,** *ī n* Vorbereitung: °(*ex*) *praeparato* nach vorhergehender Vorbereitung (*zB. verba facere*), °*ex ante -o* aus den Vorräten.

praepĕdīmĕntŭm, *ī n* (*praepĕdĭō*) (*Pl.*) Hindernis.

prae-pĕdĭō 4. (*cf. ĕx-pĕdĭō*) (*unkl.*) **1.** vorn anbinden *od.* fesseln [*equos* koppeln]. **2.** / hemmen, (ver)hindern (*alqm, zB. se praedā* sich aufhalten lassen durch; *alqd, zB. avaritia bonas artes praepedit* macht unwirksam, *mentes* befangen machen, *verba sua* stottern; P. *auch m. inf.*).

prae-pĕndĕō, *pĕndī,* — 2. vorn herabhängen [*serta*].

prae-pĕs, *pĕtis* (*pĕtō i. Grundbed.* „fliegen" = πέτομαι) **1.** (*relig. t.t.*) vorausfliegend, *daher* = günstig, glückverkündend [*avis*]. **2.** (*dcht.*) schnell(fliegend) [*deus* geflügelt = *Amor, pennae*]; *subst. f* (*u. m*) (*dcht.*) Vogel [*Iovis* = Adler, *Medusaeus* = Pegasus].
F. *abl. sg. praepĕtī u. -ĕ; gen. pl. -ŭm.*

prae-pĭlātŭs 3 (*pĭlă*[3]) (*nkl.*) vorn *m.* einem Knauf versehen [*missilia*].

prae-pinguis, *ĕ* (*dcht., nkl.*) sehr fett; / zu derb [*vox*].

prae-pŏllĕō, *ŭī,* — 2. (*nkl.*) viel vermögen, das Übergewicht haben (*abs. od. re* durch *etw., zB. virtute, mari* zur See).

prae-pŏndĕrō 1. **1.** (*intr.; nkl., dcht.*) das Übergewicht haben. **2.** (*trans.*) das Übergewicht geben; P. das Übergewicht bekommen.

▶**prae-pōnō,** *pŏsŭī, pŏsĭtŭm* 3. **1. a)** voransetzen, -legen, -stellen (*alqd, zB. pauca,* °*versūs in fronte libelli; alqd alci rei, zB.* °*ultima primis*); **b)** (*in der Darstellung*) *etw.* vorausschicken [*causis principia*]; P. vorangehen [*causae praepositae* die vorangehenden]. **2.** *jd.* an die Spitze *v. etw.* stellen, *jd.* zum Aufseher *od.* Befehlshaber machen (*alqm alci rei u. alci, zB. navibus, provinciae,* °*Persis*); *mil. auch ohne dat.* = *jd.* das Kommando übertragen [*alqm* °*in laevo cornu, mediā acie*]; P. *praepositum esse* kommandieren, befehligen; (*P.P.P.*) *subst.* **praepŏsĭtŭs,** *ī m* (*nkl.*) = *praefĕctŭs* (*m. dat. u. gen.*); (*spätl. u.* ***auch Offiziers- u. Beamtentitel;* ***mensae* Truchseß; *camerae* Kämmerer). **3.** vorziehen (*alqm alci u. alqd alci rei, zB. amicitiam patriae*); (*P.P.P.*) *subst.* **praepŏsĭtŭm,** *ī n* das Vorzügliche (*stoischer t.t., meist pl.* = προηγμένα bevorzugte, *aber nicht absolut gut zu nennende Dinge, cf. prŏēgmĕnă*).

prae-pŏrtō 1. (*dcht.*) vorantragen, zur Schau tragen.

praepŏsĭtĭō, *ōnĭs f* (*praepōnō*) **1.** Voranstellung [*negationis*]. **2.** / **a)** Vorzug; **b)** (*gramm. t.t.*) Präposition.

prae-pŏsĭtŭs *P.P.P. v. praepōnō.*

praepŏsīvī *altl. pf. v. praepōnō.*

praepŏstĕrō 1. (*denom. v. praepŏstĕrŭs*) (*nkl.*) umkehren.

prae-pŏstĕrŭs 3 (*adv.* **-ē** *u.* [*Se.*] **-ō**) (*eigtl.* „der spätere voran") verkehrt, *meist* / = verfehlt, unrichtig [*gratulatio, consilia, -e agere cum alqo*]; *bsd.* (*v. Pers.*) verkehrt handelnd [*imperator*].

prae-pŏsŭī *s. praepōnō.*

prae-pŏtēns, *ēntĭs* sehr mächtig *od.* einflußreich [*vir, Carthago terrā marique,* / *philosophia; alcis rei etw.* beherrschend, allmächtiger Herrscher, *zB. omnium rerum*]; *subst.* **praepŏtēntēs,** *ĭŭm m* die Mächtigen.

praeprŏpĕrāntĕr *adv.* (*zum part. praes. v.* **prae-prŏpĕrō*) (*Lu.*) sehr schnell.

prae-prŏpĕrŭs 3 (*adv.* °**-ē**) **1.** sehr eilig *od.* hastig [°*-e festinare*]. **2.** (*nkl.*) (*pejorativ*) voreilig [*alcis ingenium*].

prae-pūtĭŭm, *ī n* (*vl. v.* **pūtŏs* = *pēnĭs*) (*nkl., dcht.*) (*auch pl.*) Vorhaut.

prae-quăm *adv.* (*Pl.*) im Vergleich damit *od. m.* dem, daß.

prae-quĕrŏr, *quĕstŭs sŭm* 3. (*Ov.*) vorher klagen.

prae-rădĭō 1. (*Ov.*) *etw.* überstrahlen.

prae-răpĭdŭs 3 (*nkl., dcht.*) sehr reißend [*gurges*]; / sehr hitzig, vorschnell.

prae-rĕptŭs *P.P.P. v. praerĭpĭō.*

prae-rĭgēscō, *rĭgŭī,* — 3. (*Ta.*) vorn erfrieren [*manūs*].

prae-rĭgĭdŭs 3 (*nkl.*) sehr starr.

prae-rĭpĭō, *rĭpŭī, rĕptŭm* 3. (*răpĭō*) **1. a)** (*unkl.*) *jd. etw.* wegreißen, entreißen (*alci alqd, zB. arma, coniugem; immatura morte praereptus* weggerafft); **b)** / *etw.* entziehen, wegschnappen [*alci laudem destinatam*]. **2. a)** *etw.* vor der Zeit an sich reißen [*beneficium alcis*]; **b)** (*Lu., nkl.*) unversehens rauben [*oscula alci, codicillos*]. **3.** *etw.* im voraus vereiteln [*hostium consilia*].

prae-rōdō, *rōsī, rōsŭm* 3. (*unkl.*) vorn abnagen (*alqd, zB. hamum*).

praerŏgātĭō, *ōnĭs f* (*praerŏgō* 1. „vorher in Vorschlag bringen") (*Se.*) Vorrecht.

praerŏgātīvŭs (*praerŏgātŭs, P.P.P. v. praerŏgō* 1. „vorher in Vorschlag bringen") **1.** *adi.* 3 zuerst abstimmend [*centuria*]; *tribus -a* die Tribus, aus der die zuerst abstimmende Zenturie ausgelost wurde; *omen -um* die Prärogativzenturie als Vorbedeutung. **2.** *subst.* **praerŏgātīvă,** *ae f* **a)** die zuerst abstimmende Zenturie; **b)** (*Li.*) Vorwahl [*militaris, equitum*]; **c)** / günstige Vorbedeutung, Vorbote, Vorzeichen (*alcis rei, zB. triumphi*); **d)** (*nkl., spätl.*) Vorrecht, Vorrang, Privileg.

prae-rŭmpō, *rūpī, rŭptŭm* 3. **1.** vorn abbrechen *od.* abreißen (*alqd*); P. *intr., zB. funis praerumpitur* reißt vorn ab. **2.** / (*Se.*) (*die Rede*) abbrechen.

praerŭptŭs 3 (*m.* °*comp. u.* °*sup.*) (*eigtl. P.P.P. v. praerŭmpō*) **1.** jäh, schroff, steil, abschüssig [*saxa, ripa,* °*descensus*]; *subst.* **-ă,** *ōrŭm n* (*nkl.*) schroffe Hänge, steile Felsen. **2.** / abstoßend, hart, *v. Pers. u. Sachen* [°*homo -us animo, audacia* Tollkühnheit, °*dominatio* unzugänglich, unnahbar].

praes, *praedĭs m* (< **prae-văs* „Bürge vor *jd.*") **1.** Bürge (*alcis j-s od.* für *jd.; praedem esse pro alqo, praedem dare* stellen). **2.** (*meton.*) Vermögen (*od.* Güter) des Bürgen [*praedes vendere*].
F. *gen. pl. praedŭm.*

praesaepĕ, *ĭs n u.* (*altl.*) **-saepĭs,** *ĭs f u.* (*vkl., nkl.*) **-saepĭŭm,** *ī n* (*saepĭō*) **1.** (*unkl.*) Krippe, / Tisch, Nahrung [*certum -e tenere*]. **2. a)** (*vkl., dcht.*) Stall, Hürde, *meist pl.*; / **b)** *pl.* liederliche Häuser, verrufene Kneipen; **c)** (*dcht.*) Bienenkorb.
F. *abl. sg. -ī; pl. nom. -ĭă, gen. -ĭŭm.*

prae-saepĭō, *saepsī, saeptŭm* 4. vorn versperren (*alqd, zB. omnem aditum; alqd re, zB. iter trabibus*).

prae-sāgĭō *u.* (*altl.*) **-ŏr** 4. **1.** vorher merken, ahnen (*abs. od. alqd, auch de re, zB.* °*de fine belli*). **2.** / (*unkl.*) *etw.* voraussehen lassen, prophezeien (*alqd, zB. victoriam*).

praesāgītĭō, *ōnĭs f* (*praesāgĭō*) Ahnung; (*meton.*) Ahnungsvermögen.

praesāgĭŭm, *ī n* (*praesāgĭō*) (*nkl., dcht.*) **1.** Ahnung (*alcis j-s, alcis rei v. etw., zB. malorum*). **2.** Weissagung, Prophezeiung (*alcis j-s, de re u. de alqo; fatale v.* seinem Schicksal); *bsd.* (*v. Sachen*) Vorzeichen.

praesāgŭs 3 (*Rückbildung aus praesāgĭŭm od. praesāgĭō?*) (*nkl., dcht.*) **1.** ahnend (*alcis rei etw., zB. futuri*). **2.** weissagend [*fulmen, responsa*].

prae-scĭō 4. (*vkl., nkl.*) vorherwissen.

prae-scīscō, *īvī* (*u. ĭī*), — 3. (*nkl., dcht.*) vorher erforschen, in Erfahrung bringen (*alqd, zB. vulgi animos; m. indir. Frages.*).

prae-scĭŭs 3 (*scĭŭs* 3 „wissend" *od. Rückbildung aus praescĭō*) (*dcht., nkl.*) vorherwissend (*abs. od. alcis rei, zB. leti*).

prae-scīvī *s. praescīscō.*

prae-scrībō, *scrīpsī, scrīptŭm* 3. **1.** voranschreiben, schriftlich davorsetzen [°*diplomatibus principem* den Namen des Kaisers, *auctoritates praescriptae* die dem Senatsbeschluß zur Beurkundung vorangeschriebenen Senatorennamen]. **2.** / **a)** (*Ta.*) vorschützen, zum Vorwand nehmen (*alqm, alcis nomen*); **b)** (*nkl.*) *zur Nachahmung vorzeichnen* (*alqd;* / *formam futuri principatus* ein Bild entwerfen *v.*); (*dcht.*) *auch* diktieren, eingeben [*carmen alci*]; **c)** vorschreiben, verordnen, einschärfen (*abs. od. alqd; alci alqd u. de re, zB. civibus iura, de officio imperatoris; m. ut, ne, zB. lege praescriptum est, ut od. m.* °*inf.; m. inf. u. indir. Frages.*); **d)** (*Ho.*) ein (*jur.*) Gutachten abgeben.

praescrīptĭō, *ōnĭs f* (*praescrībō*) **1.** das Vor(an)schreiben; (*meton.*) (*concr.*) Überschrift, Titel, Eingang e-r *Urkunde* [*legis, senatūs consulti*]. **2.** / **a**) Vorwand [*honesta*]; **b**) (*jur. t.t.*) Einrede, Klausel; **c**) Vorschrift, Verordnung (*alcis, zB. naturae, rationis*); **d**) Vorherbestimmung [°*numeri, semihorae* Beschränkung auf eine halbe Stunde].

praescrīptum, *ī n* (*eigtl. P.P.P. n v. praescrībō*) **1.** (*Ho.*) vorgezeichnete Grenze [*intra -um*]. **2.** / Vorschrift, Verordnung, Regel [°*consulis, legum; ad -um alcis agere*].

prae-scrīptus *P.P.P. v. praescrībō.*

prae-sĕcō, *sĕcuī, sēctum* 1. vorn abschneiden [*crines,* °*ad praesectum unguem* = ganz genau].

prae-sēdī *s. praesĭdĕō.*

praesĕgmĕn, *inis n* (*praesĕcō*) (*vkl., spätl.*) das Abgeschnittene, Abfall.

praesens
1. persönlich (anwesend); **2.a**) gegenwärtig; **b**) augenblicklich eintretend, sofortig; **c**) schnellwirkend, kräftig; **d**) augenscheinlich; **e**) hilfreich; **f**) dringend; **g**) entschlossen.

praesēns, *ĕntis* (*m.* °*comp. u.* °*sup.*) (*eigtl. part. praes. v. praesum*) **1.** (*meist v. Pers.*) persönlich (anwesend), leibhaftig, selbst [*alqs praesens adest od. cum alqo agit, alqm praesentem laudare* ins Gesicht, *exercitus* nahe, *quaestionem habere de praesente* über *jd.* in seiner Gegenwart, *sermo* mündlich, °*facundia* eines Augenzeugen, *alqo praesente* in *j-s* Gegenwart, *pluribus praesentibus* in Gegenwart mehrerer]. **2.** (*meist v. Sachen*) **a**) gegenwärtig, jetzig, augenblicklich [*tempus,* °*aetas, perfugium* für jetzt]; *in rem praesentem venire* sich an Ort *u.* Stelle begeben, °*alqm in rem praesentem perducere;* °*in re praesenti* an Ort *u.* Stelle; *subst.* **praesēns,** *ĕntis, meist pl.* **praesĕntiă²,** *iūm n* (*meist nkl., dcht.*) Gegenwart, die gegenwärtigen Verhältnisse [°*taedium -tium; in praesenti* für jetzt, unter den gegenwärtigen Umständen]; *in od.* °*ad praesens* (*tempus*) für den Augenblick, vorderhand; **b**) augenblicklich eintretend, sofortig [*poena,* °*mors,* °*diligentia alcis* sofortiges Einschreiten, °*decretum* auf der Stelle gemacht, *pecunia* bares Geld]; **c**) schnellwirkend, wirksam, kräftig [°*medicina, auxilium alcis,* °*amor,* °*memoria praesentior* lebendiger, *m.* °*inf.*]; **d**) augenscheinlich, offenbar [*insidiae, fructus*]; **e**) hilfreich, gnädig [*deus,* °*divi*]; **f**) (*nkl.*) dringend, dringlich [*preces, praesenti bello* im Drang des Krieges, *iam praesentior res erat*]; **g**) entschlossen, unerschrocken [*animus,* °*animo praesens*].
F. *Cf.* V-B. VIII.

praesēnsiō, *ōnis f* (*praesĕntiō*) Vorempfindung, Ahnung (*abs. od. alcis rei, zB. rerum futurarum*), *auch pl.*

praesĕntānĕŭs 3 (*praesēns*) (*nkl.*) schnellwirkend.

praesĕntārĭŭs 3 (*praesēns*) **1.** (*vkl., spätl.*) gegenwärtig; bar [*aurum*]. **2.** (*nkl.*) schnell wirkend.

praesĕntĭă¹, *ae f* (*praesēns*) **1.** Gegenwart, Anwesenheit (*alcis, zB. deorum* das Erscheinen, *animi* Geistesgegenwart, Entschlossenheit; *in praesentia* augenblicklich, jetzt); *in praesentiarum s. impraesĕntĭārŭm.* **2.** (*Ov.*) (*prägn.*) unmittelbarer Eindruck, Wirkung [*veri*].

praesĕntĭă², *iūm n s. praesēns.*

prae-sĕntĭō, *sēnsī, sēnsum* 4. vorherempfinden, ahnen (*alqd, zB. futura; m. a.c.i.*).

praesĕntō 1. (*denom. v. praesēns*) (*nkl., spätl.*) gegenwärtig machen, zeigen [*sese alci*]; überreichen (*alci alqd*).

praesēpĕ, *is n u.* **-sēpis,** *is f u.* **-sēpium,** *ī n vulgär für praesaep...*

prae-sĕpultus 3 (*sĕpĕlĭō*) (*nkl.*) vorher begraben.

▶ **praesĕrtim** *adv.* (*prae, sĕrō¹; eigtl.* „vorgereiht“) zumal, besonders, *nur in kausalen u. kondizionalen Sätzen, bsd. in Verbindung m. cum, quod, si u. rel. qui; oft in verkürzten Sätzen, zB. deforme est de se ipsum praedicare, falsa praesertim* (zumal wenn es erlogene Dinge sind; ... *his praesertim moribus atque temporibus* = *praesertim cum hi mores atque tempora sint*).

prae-sĕrvĭō 4. (*vkl., nkl.*) vorzugsweise dienen (*alci*).

prae-sĕs, *sĭdis* (‹ **prai-sĕd-s;* **prai-sĕdĕō* › *praesĭdĕō*) **1.** *adi.* (*vkl., nkl.*) schützend [*deus*], *auch* leitend, besorgend (*alcis rei*). **2.** *subst. m u. f* **a**) Beschützer(in), *bsd. v. Schutzgottheiten* [*rei publicae, imperii*]; **b**) (*dcht., nkl.*) Vorgesetzter, Vorsteher [*belli* = Minerva, *provinciae* Statthalter]; *bsd.* Unterfeldherr, Legat.

prae-sĭdĕō, *sēdī,* (*sĕssum*) 2. (*sĕdĕō, eigtl.* „vorn sitzen“) **1.** schützen, beschirmen, verteidigen (*alci rei u.* °*alqd, zB. huic urbi, huic templo,* °*itineri,* °*ripis,* °*litus Galliae*). **2. a**) die Oberaufsicht haben, leiten, verwalten, *mil.* befehligen, kommandieren (*abs., zB.* °*in agro Piceno; alci rei u.* °*alqd, zB. rebus urbanis, orbi terrarum,* °*ludis,* °*exercitui u.* °*exercitum*); **b**) (*nkl.*) den Vorsitz haben [*senatui*]; *subst.* (*Ta.*) **praesĭdēns,** *ĕntis m* Vorsitzender, Vorsteher.

praesĭdĭārĭŭs 3 (*praesĭdĭum*) (*nkl.*) zum Schutz dienend, die Besatzung bildend [*milites*].

praesidium
1. Schutz, Hilfe, Beistand; **2.a**) Beschützer; **b**) Schutz-, Hilfsmittel; **3.a**) Deckung, Geleit, Eskorte; **b**) *mil.* Besatzung, Garnison; **c**) Posten, Bollwerk, Schanze.

praesĭdĭum, *ī n* (*praesĭdĕō*) **1.** Schutz, Hilfe, Beistand, *abstr.* (*alcis u. alcis rei subi. u. obi., zB. militum, legionum, urbis, legis; alci -o esse u. adesse, proficisci; alqm -o mittere alci, -um alci ferre; -um sibi in fuga ponere* sein Heil auf die Flucht setzen; *-um est in alqo od. in re, -um habere od. putare in alqo; -i causa; -o alcis rei* im Vertrauen auf *etw., zB. litterarum*). **2.** (*meton.*) **a**) (*dcht.*) (*v. Pers.*) Beschützer, Hort (*alcis*); **b**) Schutzmittel, -wehr, *auch* Hilfsmittel [*periculi, generis* der Familie, *-is nudari, -a alci dare, -a sibi quaerere od. comparare ad alqd faciendum*]. **3. a**) Deckung, Geleit, Eskorte, *bsd. mil.* [*militum, equitum; -um habere u. constituere;* °*-um agitare* die Bedeckung bilden; *cum -o od. sine -o venire; -o esse alci u. alci rei, zB. navibus*]; **b**) *mil.* Besatzungstruppen, Garnison, Posten, *sg. u. pl.* [*trium legionum* bestehend aus, *-um in castris relinquere od. in castra mittere, -a ex arce expellere, in -o esse* auf Posten stehen]; **c**) *mil.* Posten, fester Platz, Bollwerk, Schanze [*-um occupare, in -o od. intra -a esse od. relinqui, intra sua -a se recipere, -um* °*communire* verschanzen; *-o* °*decedere u. -um relinquere* seinen Posten verlassen = desertieren, *auch* /; *in -is alcis esse* beim Heer *od.* im Lager *j-s* stehen, *übh.* auf *j-s* Seite stehen]; / = Bollwerk [*-um pudoris*].

prae-sīgnĭfĭcō 1. (*-sign-?*) vorher anzeigen (*alci alqd*).

prae-sīgnĭs, *ĕ* (*-sign-?*) (*cf. īnsīgnis*) (*dcht.*) vor anderen ausgezeichnet (*re* durch *etw.*).

prae-sŏnō, *ŭī,* — 1. (*dcht.*) vorher ertönen.

prae-spărgō, — — 3. (*Lu.*) vorher bestreuen.

praestābĭlĭs, *ĕ* (*m. comp. u.* °*sup.*) = *praestāns.*

praestāns, *āntis* (*m. comp. u. sup.; adv.* **-āntĕr**) (*eigtl. part. praes. v. praestō²*) vorzüglich, ausgezeichnet, vortrefflich, *v. Pers. u. Sachen* (*abs. od. re* durch *etw., zB. virtute; in re u.* °*alcis rei* in *od.* an *etw., zB. in illis artibus,* °*sapientiae*).
F. *abl. sg. -ī u.* °*-ĕ; pl. neutr. -ĭă, gen. -ĭūm.*

praestāntĭă, *ae f* (*praestāns*) Vorzüglichkeit, Vortrefflichkeit, Vorzug *abstr. nur sg.* (*alcis j-s u.* vor *jd., zB. animantium; alcis rei in etw., zB. omnium rerum*).

praestātĭō, *ōnis f* (*praestō²*) (*nkl.*) Gewährleistung, Bürgschaft; *ad -nem scribere* sich für die Wahrheit seiner Ausführungen verbürgen.

prae-stĕrnō, — — 3. (*vkl., nkl.*) ausstreuen; / den Weg ebnen.

prae-stĕs, *ĭtis m u. f* (‹ **prai-stăt-s; praestō²*) *m u. f* (*dcht., spätl.*) schützend, Schützer [*lares*].

praestĭgĭae, *ārum f* (‹ [*altl.*] *praestrīgiae zu praestrīngō; vereinzelt sg. -ă*) Blendwerk, Gaukelei [*verborum* eitler Wortschwall].

praestĭgĭātŏr, *ōris m* (*vkl., nkl.*) *u.* **-trix,** *trīcis f* (*praestĭgĭae*) (*Pl.*) Gaukler(in), Betrüger(in).

prae-stĭnō 1. (*cf. dēstĭnō*) (*vkl., nkl.*) erstehen, kaufen.

prae-stĭtī *s. praestō².*

prae-stĭtŭō, *ŭī, ūtum* 3. (*stătŭō*) vorher festsetzen, vorschreiben (*alci alqd, zB. diem; m. indir. Frages.*).

°**prae-stĭtus** *P.P.P. v. praestō².*

praestō¹ *adv.* (*prae + ungeklärtes 2. Glied*) **1. a**) zugegen, anwesend, bei der Hand, zu Diensten, bereit, *meist m. esse u.* °*adesse* zu Diensten sein, aufwarten (*abs. u. alci, auch v. Sachen, zB.* °*commeatus alci* ~ *est; ad alqd, zB. ad nutum alcis*); **b)** (*feindlich*) entgegentretend (*alci cum armatis hominibus od. cum fascibus*). **2.** / förderlich, dienlich, günstig (*alci u. alci rei, zB. alcis saluti*).

prae-stō²
1. (*intr.*) **a)** sich auszeichnen, übertreffen; **b)** *impers. praestat* es ist besser; **2.** (*trans.*) **a)** *etw.* verleihen, gewähren; **b)** verrichten, leisten, erweisen; **c)** an den Tag legen, beweisen; *refl.* sich erweisen; **d)** für *jd. od. etw.* einstehen, sich verbürgen.

prae-stō², *stiti,* °*stitūm, stātūrūs* 1. **1.** (*intr.*) (*prae* + *stō*) **a)** voranstehen, *stets* / = sich auszeichnen, übertreffen (*alci u. alci rei, zB. aequalibus suis, ceteris animalibus, auch inter alqos, zB. inter suos; alci re u.* [*unkl.*] *alqm re, zB. omnibus ingenio,* °*omnes calliditate*); **b)** *impers.* **praestāt** es ist besser (*alci* für *jd.*; *m. inf. u. a.c.i. bzw. dat. c. inf., oft m. quam* als, *zB. praestat nobis* [*od. nos*] *mori quam servire; nach quam non kann auch der coni. stehen, cf. Caesar, B. G.* 7,17,7). **2.** (*trans.*) (‹ **praes* + *stō* „stehe als Bürge, leiste Gewähr") **a)** *etw.* verleihen, verschaffen, gewähren (*alqd u. alci alqd, zB.* °*stipendium exercitui, sapienti voluptatem perpetuam, sententiam* sein Votum abgeben, °*milites* stellen, °*pacem a rege* verschaffen, gewähren, *alci* °*mare tutum* machen, °*terga hosti* = fliehen vor); *auch* (*nkl.*) = zahlen, entrichten [*dimidium tributorum*]; **b)** α) *etw.* verrichten, leisten, erweisen, erfüllen (*alqd u. alci alqd, zB. pietatem, officium, patri debitum honorem, regi iusta* die letzte Ehre, *operam in re militari, mobilitatem equitum* ebenso beweglich wie Reiter sein, °*vicem alcis j-s* Stelle vertreten *od.* versehen, *fidem u. promissum* sein Wort *od.* Versprechen halten); β) = *etw. in einem Zustand* erhalten [°*alqm incolumem, alqm finibus certis*]; γ) *etw.* beibehalten, fortsetzen [*memoriam benevolentiae,* °*consuetudinem*]; **c)** *etw.* an den Tag legen, (*durch die Tat*) zeigen, beweisen [*fidem, magnam virtutem*]; *bsd.* **sē praestāre** sich als *etw.* zeigen, sich erweisen, sich bewähren, *stets m. lobenden Prädikatsnomina* (*subst. od. adi.*), *zB. se legatum diligentem, dignum maioribus suis*; **d)** für *jd. od. etw.* einstehen, sich verbürgen (*alqm u. alqd, zB. Messallam, factum alcis, iter, se* für sich; *alci alqd jd.* gegenüber für *etw., zB. emptori damnum; de alqo u. de re* wegen einer Sache, *a vi* für Gewalt; *ab alqo* in *j-s* Namen, *a se* in seinem Namen; *m a.c.i.*).
F. *part. fut. praestātūrūs u.* °*-stĭtūrūs;* P. *oft persönlich, zB. praestetur, praestandus, praestitus.*

praestōlōr (*nkl. auch* **-ō**) 1. (*wohl zu praestō*¹; *Bildung unklar*) bereit stehen; *übh.* auf *jd. od. etw.* warten, *jd. od. etw.* erwarten (*abs. od. alci u. alci rei, zB. tibi ad forum Aurelium, huic spei; auch alqd, zB. adventum alcis*).

prae-străngŭlō 1. (*nkl.*) ersticken, erwürgen.

praestrīg... (*altl.*) = *praestīg...*

prae-stringō, *strīnxī, strīctūm* 3. (*strīnxī?*) **1.** (*nkl., dcht.*) vorn zuschnüren [*faucem laqueo, uterum* einschließen]. **2.** (vorn) streifen *od.* berühren [*portam vomere*]. **3.** / blenden, verdunkeln, abstumpfen [*oculos, aciem mentis*].

prae-strŭō, *strūxī, strūctūm* 3. (*nkl., dcht.*) **1.** vorn verbauen, verrammeln (*alqd re*). **2.** *etw.* (als Schutz) vor sich aufbauen; / [*fraus fidem in parvis sibi praestruit*]. **3.** vorher zubereiten, vorbereiten (*alqd*).

prae-sŭl, *sŭlis* (*sălĭō*) *u.* (*Li.*) °**prae-sŭltātŏr**, *ōris m* (*praesŭltō*) Vortänzer *bei Spielen od. Festzügen.*

prae-sŭltō 1. (*săltō*) (*Li.*) vorausspringen (*alci rei, zB. signis*).

▶ **prae-sŭm**, *fŭī,* (*fŭtūrūs*), *ĕssĕ* **1.** an der Spitze stehen, *etw.* leiten *od.* befehligen, *bsd.* (*als Statthalter*) *etw.* verwalten, (*als Feldherr*) kommandieren, (*ein Geschäft*) betreiben (*abs., zB. in ea provincia; qui praesunt* die Vorgesetzten, die Offiziere; *alci u. alci rei, zB. exercitui, castris, classi, sacris, rei frumentariae* das Proviantwesen unter sich haben, *potestati* ein Amt bekleiden). **2.** die Hauptperson sein [*illi crudelitati*]. **3.** (*Ov.*) *etw.* schützen [*moenibus*].

prae-sūmō, *sūmpsī, sūmptūm* 3. (*nkl., dcht.*) **1.** *etw.* vorher zu sich nehmen *od.* genießen [*remedia, dapes*]. **2.** / *etw.* vorausnehmen, im voraus tun: **a)** vorher empfinden, im voraus genießen [*fortunam principatūs, gaudium*]; **b)** *etw.* im voraus vermuten, erwarten [*graviorem militiam; m. a.c.i. od. indir. Frages.*]; **c)** im voraus sich vorstellen [*bellum spe*].

prae-sūmptiō, *ōnis f* (*praesūmō*) (*nkl.*) **1.** Vorgenuß [*bonae famae*]. **2.** (*rhet. t.t.*) vorherige Stellungnahme *zu möglichen Vorwürfen* (= πρόληψις). **3.** Vermutung, Erwartung, Hoffnung (*alcis u. alcis rei*).

prae-sŭō, *sŭī, sūtūm* 3. (*nkl., dcht.*) vorn benähen; vorn bedecken [*hastam foliis*].

prae-tĕgō, *tēxī, tēctūm* 3. (*nkl.*) vorn bedecken, beschirmen.

prae-tĕmptō 1. (*dcht., nkl.*) (*eigtl.* „vorher betasten") vorher untersuchen [*iter baculo*]; / vorher versuchen [*vires alcis*].

prae-tĕndō, *tĕndī, tĕntūm* 3. **1.** (*nkl., dcht.*) **a)** hervorstrecken [*bina, sc. cornua*]; **b)** vorstrecken, vor sich hinhalten [*hastas dextris, ramum manu*]; / zur Schau tragen [*coniugis taedas* = behaupten, *j-s* wirklicher Gatte zu sein]; P. (*v. Örtlichkeiten*) vor *od.* an *etw.* sich erstrecken *od.* gelegen sein (*abs. od. alci rei, zB. Syrtibus*). **2. a)** (*nkl., dcht.*) (*zum Schutz*) *etw.* vor *etw.* vorspannen *od.* vorziehen, vorsetzen (*alqd, zB. cilicia, aciem toto in litore, insidias* bereiten; *alqd alci rei, zB. vestem ocellis, muros morti* gegen den Tod); **b)** / *etw.* vorschützen, vorgeben, *m. etw.* bemänteln *od.* beschönigen (*alqd, zB.* °*honesta nomina; alqd alci rei, zB. alcis nomen barbaris moribus,* °*legatorum decretum calumniae; m. a.c.i.*).

prae-tĕntō 1. = *praetĕmptō.*

prae-tĕntŭs *P.P.P. v. praetĕndō.*

prae-tĕnŭis, *ĕ* (*nkl.*) sehr dünn, sehr fein.

prae-tĕpēscō, *pŭī,* — 3. (*Ov.*) vorher warm werden *od.* erglühen [*amor*].

praetĕr-, praetĕr
1. (*in d. Komposition*) vorüber-, vorbei-; **2.** *adv.* **a)** (*örtl.*) vorüber, vorbei; **b)** *praeter quam* mehr als; **c)** außer; **3.** *prp. b. acc.* **a)** (*örtl.*) an … vorüber, an … vorbei; **b)** ausgenommen; nebst; gegen; mehr als.

praetĕr-, praetĕr (*erstarrter nom. sg.* ‹ **prai-tĕrŏs, comp. zu prae, eigtl.* „voran bei zwei, an zwei vorbei") **1.** (*i. der Komposition*) vorüber-, vorbei- [*praetereo*]. **2.** *adv.* **a)** (*örtlich*) vorüber, vorbei (*nur als praev. in verbalen Komposita erhalten; s.* 1); **b)** (*Com.*) ~ *quăm* mehr als; **c)** (*nkl., dcht.*) (*bsd. nach Negationen*) außer, ausgenommen, *zB. nemo praeter armatus violabitur, nil praeter canna fuit.* **3.** *prp. b. acc.* **a)** (*örtl.*) an … vorüber, an … vorbei, an … hin, *zB. copias* ~ *castra traducere,* ~ *omnium oculos ferre alqd;* **b)** / α) ausgenommen, *m.* Ausnahme, *m.* Ausschluß *v.* [*omnia* ~ *vitam concedere,* ~ *haec* (= *praetĕrĕā*) außerdem, überdies]; *nach Negationen auch* als (= *nisi*), *zB. nihil* ~ *unum dicere, nihil* ~ *negotium agere;* °(*m. inf.*) *nil* ~ *plorare;* β) nebst, nächst, abgesehen v., *zB.* ~ *te decem alios adducemus, quid aliud fers* ~ *arcam?,* ~ *haec* ohnedies, °~ *id, quod* = *praeterquam quod;* γ) über … hinaus, *daher* gegen, wider, *zB.* ~ *modum* übermäßig [*crescere*], ~ *consuetudinem* (*exspectationem, naturam,* °*solitum* wider Gewohnheit *u.a.*); δ) mehr als, in höherem Grade als, *zB. opibus* ~ *ceteros florere,* °*hoc mihi praecipuum fuit* ~ *omnes.*

praetĕr-ăgō, *ēgī, āctūm* 3. (*dcht.*) vorbeitreiben (*alqm alqd jd.* an *etw., zB. equum deversoria*).

praetĕr-bītō, — — 3. (*Pl.*) vorbeigehen an *etw.* (*abs. od. alqd*).

praetĕr-dūcō, *dūxī, dŭctūm* 3. (*Pl.*) vorbeiführen.

▶ **praetĕr-ĕā** *adv.* (*adv. praetĕr* + *adv. abl. sg. f v. ĭs*) **1.** weiter, ferner. **2.** (*Ve.*) (*zeitl.*) auch in Zukunft, hinfort. **3.** außerdem, überdies.

praetĕr-ĕō
1. (*intr.*) **a)** (*räuml.*) vorübergehen; **b)** (*zeitl.*) vergehen; **2.** (*trans.*) **a)** (*räuml.*) an *jd. od. etw.* vorbeigehen; **b)** *jd.* unbekannt sein; **c)** (*zeitl.*) *nur adi. praeteritus* vergangen, früher; **d)** *jd. od. etw.* übergehen; **e)** *jd.* überholen, übertreffen.

praetĕr-ĕō, *ĭī u.* °*īvī, ĭtūm* 4. **1.** (*intr.*) (*dcht.*) **a)** (*räuml.*) vorübergehen, -ziehen, -fließen [*praeteriens*

modo mihi inquit so im Vorübergehen = beiläufig; **b)** (*zeitl.*) vergehen, verfließen [*tempus, hora*]. **2.** (*trans.*) **a)** (*räuml.*) an *etw. od. jd.* vorbeigehen, -fließen (*alqm u. alqd* an *od.* vor *etw., zB. hortos, °amnis moenia; auch v. unbeweglichen Sachen, zB. °mons Ciliciam* zieht sich hin an); **b)** *alqm* der Kenntnis *j-s* entgehen = *jd.* unbekannt sein (*alqd me non praeterit* ich weiß wohl, *neminem praeterit* es ist allgemein bekannt; *m a.c.i.*); **c)** (*zeitl.*) *nur P.P.P.*: *praeteritā* die als der Termin vorüber war; *meist* (*P.P.P.*) *adi.* **praetĕrĭtŭs** 3 vergangen, verflossen, früher [*tempus, aetas, °aestas, officium, °viri* ehemalige, verstorbene, *°stipendium* rückständig]; *subst.* **-ă,** *ōrūm n* das Vergangene, die vorhergehenden Begebenheiten; **d)** *jd. od. etw.* übergehen: **α)** unerwähnt lassen, verschweigen, *m. u. ohne silentio* (*alqm u. alqd, zB. avunculum suum, gravitatem Lacedaemoniorum; auch* de re; *m a.c.i., auch m. quod* den Umstand, daß; *m. indir. Frages.*); *auch* P., *zB. quattuor praeteriti sunt*; **β)** unberücksichtigt lassen, vergessen, unterlassen (*alqm u. alqd, zB. filium fratris, nullam partem orationis*); *bsd. jd. bei Erbschaften, Geschenken, Ämtern u.ä.* übergehen; *auch* P., *zB. alqs praeteritur jd.* geht leer aus; **e)** (*unkl.*) **α)** (*im Lauf od. Fahren*) *jd.* überholen [*alqm cursu, equum; P. alqs praeteritus est*]; **β)** **αα)** *jd.* übertreffen [*omnes*]; **ββ)** *etw.* überschreiten [*modum*].
F. *pf.-Formen synk.*: *praetĕrīssĕ(m), praetĕrīstī u.a.*

praeter-ĕquĭtō 1. (*Li.*) vorüberreiten.

praetĕr-fĕrŏr, *lātŭs sŭm, fĕrrī* (*Li., Lu.*) vorübereilen, vorbeiziehen (*alqd* an *etw., zB. latebras*).

praetĕr-flŭō, *flūxī,* — 3. (*flūxī?*) **1.** (*nkl.*) vorüberfließen (*abs. od. alqd* an *etw.; zB. moenia*). **2.** / aus dem Gedächtnis schwinden.

praetĕr-grĕdĭŏr, *grĕssŭs sŭm* 3. (*grădĭŏr*) vorüberziehen (*abs. od. alqm u. alqd* an *od.* vor *etw., zB. castra; auch °propter alqd*).

praetĕr-hāc *adv.* (*adv. praetĕr* + *adv. abl. sg. f v. hīc*[1]) (*Com.*) fernerhin, weiter.

praetĕr-ĭī *s. praetĕrĕō.*

praetĕr-īrĕ *s. praetĕrĕō.*

praetĕrĭtŭs 3 *s. praetĕrĕō.*

praetĕr-lābŏr, *lāpsŭs sŭm* 3. **1.** (*nkl., dcht.*) vorübergleiten, -fahren, -segeln, -fließen (*abs.; alqd* an *etw., zB. tumulum*). **2.** / entschlüpfen, verfliegen [*definitio*].

preatĕr-lātŭs *part. pf. v. praetĕrfĕrŏr.*

praetĕr-mĕō 1. (*nkl., dcht.*) vorbeigehen.

praetĕrmĭssĭō, *ōnĭs f* (*praetĕrmĭttō*) Weglassung [*formae*]; Unterlassung [*aedilitatis* der Bewerbung um die Ädilität].

▶ **praetĕr-mĭttō,** *mīsī, mĭssŭm* 3. **1.** vorbei(gehen) lassen [*neminem*]. **2.** / **a)** (*e-e Zeit*) verstreichen lassen [*diem*], (*e-e Gelegenheit*) unbenutzt lassen [*occasionem*]; **b)** *etw.* unterlassen (*alqd, zB. scelus; m. inf., negativ auch m. quin*); **c)** (*in der Rede od. schriftl.*) *etw. m.* Stillschweigen übergehen, übersehen (*alqd silentio, verba; auch alqm u. °de re; nihil praetermittere, quin*); **d)** (*unkl.*) (*e-e Tat*) ungestraft lassen [*ius gentium violatum*].

praetĕr-nāvĭgō 1. (*nkl.*) (zu Schiff) vorbeifahren (*abs. u. alqd* an *etw.*).

prae-tĕrō, — — 3. (*vkl., nkl.*) vorn abreiben.

praetĕr-prŏptĕr *adv.* (*auch getr.*) (*eigtl.* „darüber hinaus, nahe daran") (*vkl., nkl.*) ungefähr, etwa.

praetĕr-quăm *adv.* (*eigtl.* „außer wie") außer, ausgenommen [*interfecit omnes* ~ *perpaucos*]; *nicht selten vor Relativsätzen, zB. frumentum omne* ~ *quod secum portaturi erant comburunt; bisw. m. folgendem pleonastischen praeterea, bisw. auch m. folg. etiam in verkürzter Satzform* [*Liv.* 22, 53, 6]; *praeterquam quod m. ind.* abgesehen davon daß.

praetĕrvĕctĭō, *ōnĭs f* (*praetĕrvĕhŏr*) das Vorbeifahren; (*meton.*) ~ *omnium* ein Punkt, wo alle vorbeifahren müssen.

praetĕr-vĕhŏr, *vĕctŭs sŭm* 3. vorbeifahren, -segeln, -reiten, -ziehen [*equo, navi; alqd* an *od.* vor *etw., zB. Apolloniam, °templa* vorbeigehen an]; / an *etw.* vorübergehen (*alqd silentio etw. m.* Stillschweigen übergehen, *oratio scopulos praetervehitur* vermeidet, *oratio aures vestras praetervecta est* ist entgangen).

praetĕr-vŏlĭtō 1. (*Ph.*) vorbeifliegen.

praetĕr-vŏlō 1. **1.** vorbeifliegen (*abs. od. alqm u. alqd* an *etw.,* / *alcis sensum v. jd.* überhört werden, *°litora* schnell vorüberfahren an). **2.** / **a)** schnell entschwinden [*opportunitas, numerus*]; **b)** flüchtig über *etw.* hinweggehen (*alqd, zB. haec proposita*).

prae-tĕxō, *tĕxŭī, tĕxtŭm* 3. **1.** (*nkl., dcht.*) vorn anweben, verbrämen, säumen (*alqd re, zB. togam od. tunicam purpurā*); *klass. nur* (*P.P.P.*) *adi.* **praetĕxtŭs**[1] 3 purpurverbrämt [*toga -a die v. den Magistraten, Priestern u. freigeborenen Kindern unter 17 Jahren getragene Toga, auch bloß °praetĕxtă, ae f; °(fabula) -a* die römische Tragödie *m. röm. Stoff*]. **2.** / **a)** (*übh.*) *etw.* umsäumen *od.* besetzen [*carmen primis litteris sententiā praetexitur* das Gedicht enthält gleich im Anfang eine Sentenz; *natura omnia lenioribus principiis praetexuit* die Natur bereitet alle Wirkungen weislich vor]; / **b)** (*dcht.*) schmücken, zieren [*templum Augusto nomine*]; **c)** (*dcht., nkl.*) (vorn) bedecken *od.* einfassen [*puppes praetexunt litora, nationes Rheno praetexuntur* ziehen sich das ganze Rheinufer entlang]; **d)** (*dcht.*) verhüllen, bemänteln (*alqd re, zB. culpam nomine coniugii*); **e)** *etw.* vorschützen, vorgeben [*cupiditatem triumphi; m. °a.c.i.*].

praetĕxtă, *ae f s praetĕxō.*

praetĕxtātŭs 3 (*praetĕxtă*) **1.** eine purpurverbrämte Toga tragend, in der Prätexta [*puer od. filius* bis zur Anlegung der *toga virilis* im 17. Lebensjahr, *magistratus*]. **2.** (*nkl., dcht.*) unzüchtig [*verba*].

praetĕxtŭm, *ī n* (*nkl.*) = *praetĕxtŭs*[2].

(**praetextŭs**[2]), *abl. ū m* (*praetĕxō*) (*nkl.*): **1.** Zierde, Hoheitsschimmer. **2.** Vorwand [*sub -u alcis rei* unter dem Vorwand, *zB. amicitiae*].

prae-tĭmĕō, *ŭī,* — 2. (*Pl.*) im voraus fürchten [*sibi*].

prae-tīnctŭs 3 (-*ĭ*-?; *tīngō*) vorher benetzt (*re m. etw.*).

praetŏr
1. Vorsteher, Vorgesetzter; 2. Prätor; 3. a) Vorsteher, Leiter; b) Heerführer, Feldherr; Statthalter, Satrap.

praetŏr, *ōrĭs m* (< **prai-ī-tŏr; ĕō; eigtl.* „der Vorangehende") **1.** Vorsteher, Anführer, Vorgesetzter, *ursprünglich Titel der röm. Konsuln sowie des Diktators* (~ *°maximus*), *auch* = Bürgermeister *fremder Städte* (*zB. in Capua*) *u.* = Suffet (*in Karthago*); *bsd. in Rom legatus pro praetore* stellvertretender Legat, Unterfeldherr *m.* dem imperium. **2.** Prätor (*seit 367/66 Rechtsprechung vom Konsulat losgelöst u. einem patriz. praetor zugesprochen; seit 247 hieß er praetor urbanus, maximus, primus*), *u. ein zweiter Prätor* (~ *peregrinus, qui inter cives Romanos et peregrinos ius diceret*) *wurde gewählt; als später* (*seit 149*) *die quaestiones perpetuae* (ständige Gerichtshöfe) *eingerichtet wurden u. die Zahl der Provinzen dauernd wuchs, wurde die Zahl der Prätoren auf 4, 6, 8, 10, 16 erhöht; unter Nero waren es 18. Sie blieben entweder während ihres Amtsjahres in der Stadt od. wurden als Heerführer u. Statthalter in den Provinzen verwandt; nach Ablauf ihres Amtsjahres gingen sie pro praetore, d.h. als* Propätoren *od.* Statthalter *in die Provinzen; daher die Bezeichnung praetor auch für propraetor, ja selbst für proconsul verwandt.* **3. a)** (*nkl.*) *praetores aerarii* „Vorsteher desArariums, Leiter der Staatskasse", *v. Augustus geschaffenes Amt; Claudius setzte an ihre Stelle praetores fidei commissorum ein;* **b)** (*bei nichtröm. Völkern*) **α)** (= στρατηγός) Heerführer, Feldherr [*Thessaliae, °decem praetores Atheniensium,* ~ *°navalis* Admiral]; **β)** Statthalter, Satrap.

praetōrĭānŭs 3 (*praetōrĭŭm*) (*nkl.*) **1.** zur kaiserlichen Leibwache gehörig [*miles* Prätorianer, *cohors* die Prätorianer]; *subst.* **-ŭs,** *ī m* Prätorianer. **2.** zum *praefectus praetorio* gehörig [*praefectura*].

praetōrĭcĭŭs 3 (*praetŏr*) (*Ma.*) prätorisch, vom Prätor verliehen [*corona*].

praetōrĭŭs (*praetŏr*) **I.** *adi.* 3: **1.** prätorisch, Prätor... [*comitia* Wahl der Prätoren, *potestas* Amt]; *auch* proprätorisch, des Proprätors *od.* Provinzialstatthalters [*domus* Amtswohnung, *cohors* Gefolge des Statthalters]. **2.** dem Feldherrn eigen,

Feldherrn... [*imperium* Oberbefehl, °*navis* Admiralschiff]; *cohors* Leibwache des Feldherrn *bzw.* °des Kaisers; *porta* Vordertor des Lagers *in der Nähe des Feldherrnzeltes.* **II.** *subst.* **1. praetōrĭŭs,** *ī m* gewesener Prätor; (Mann) *v.* prätorischem Rang. **2. praetōrĭŭm,** *ī n mil.* **a)** Prätorium, Hauptplatz im römischen Lager [*fit concursus in -um*]; **b)** Feldherrnzelt, Hauptquartier [*in -um se conferre*]; **c)** (*Li.*) (*meton.*) Kriegsrat im Hauptquartier [*-um dimittere*]; / (*Ve.*) Zelle der Bienenkönigin; **d)** Amtswohnung des Statthalters *in der Provinz*; **e)** (*nkl.*) kaiserliche Leibwache, die Prätorianer [*praefecti -i u. -o* ihre beiden Kommandeure]; **f)** (*spätl.*) Palast, Herrenhaus; **Rathaus.

prae-tŏrquĕō, *tŏrsī, tŏrtŭm* 2. (*Pl.*) umdrehen.

prae-trāctō 1. (*nkl.*) vorher beraten.

prae-trĕpĭdō 1. (*Ca.*) sehr eilfertig sein; *-āns, āntīs* in hastiger Eile.

prae-trĕpĭdŭs 3 (*Pers., Suet.*) sehr zitternd: klopfend [*cor*]; / sehr ängstlich.

prae-trŭncō 1. (*Pl.*) vorn abhauen.

prae-tŭlī *s. praefĕrō.*

praetūră, *ae f* (*praetŏr*) Prätur: **1.** Würde *od.* Amt eines Prätors in Rom. **2.** Statthalterschaft *in der Provinz.* **3.** (*bei nichtröm. Völkern*) Feldherrnwürde, Heerführung (= *στρατηγία*).

prāĕ-ŭmbrō 1. (*Ta.*) überschatten; / verdunkeln.

prāĕ-ŭstŭs 3 (*-ūst-?*) vorn angebrannt [*sudes zur Härtung*].

prāĕ-ŭt *adv.* (*Com.*) damit verglichen, wie.

prae-vādō, — — 3. (*Se.*) vorbeigehen an; / *einer Sache* überhoben werden [*dictaturam*].

prae-vălĕō, *ŭī,* — 2. (*nkl.*) **1.** sehr stark sein, *physisch; meist part. praes.* [*iuvenis*]. **2.** / sehr viel *od.* mehr gelten, das Übergewicht *od.* den Vorrang haben, (*bei Abstimmungen*) die Majorität behalten, *v. Pers. u. Sachen* (*apud alqm, re* durch *etw., zB. auctoritate; m. abl. compar.* [*Ph.*], *zB. sapientia praevalet virtute* vermag mehr als; *m.* °*ut od. m.* °*indir. Frages.*).

prae-vălēscō, *lŭī,* — 3. (*nkl.*) den Vorrang erhalten.

prae-vălĭdŭs 3 (*nkl.*) **1.** sehr stark, sehr mächtig [*iuvenis,* °*vitis,* °*nomina* bedeutend]. **2.** mehr geltend [*orbitas*]. **3.** zu stark [*terra* zu stark tragend, *vitia* die überhand genommen haben].

prae-vāllō 1. (*nkl.*) verbarrikadieren [*pontem*].

praevārĭcātĭō, *ōnīs f* (*praevārĭcŏr*) Pflichtverletzung.

praevārĭcātŏr, *ōrīs m* (*praevārĭcŏr*) ungetreuer Sachwalter, *bsd.* Anwalt, der es mit der Gegenseite hält (*alcis u. alcis rei, zB. Catilinae* Scheinkläger, *causae publicae* Scheinverteidiger).

prae-vārĭcŏr 1. (*vārĭcō*) auf krummen Wegen gehen; seine Pflicht verletzen, *bsd.* der Gegenpartei (heimlich) Vorschub leisten, seinen Prozeß unredlich führen.

prae-vĕhŏr, *vĕctŭs sŭm* 3. (*nkl., dcht.*) **1.** vorausfahren, -reiten, -strömen [*missilia* fliegen vor *jd.* her]. **2.** vorüberfahren, -reiten, -strömen, *auch* / [*equo; alqd* an *etw., zB. Germaniam; auch praeter alqd*].

prae-vēlōx, *ōcīs* (*nkl.*) sehr schnell (auffassend).

prae-vĕnĭō, *vēnī, vĕntŭm* 4. (*nkl., dcht.*) zuvorkommen, überholen, *auch* / (*abs. od. alqm u. alqd, zB. hostem, famam, legationem morte, perfidiam* vereiteln); *auch* P., *zB. alqs praevenitur* man kommt *jd.* zuvor (*re* durch *etw., zB. morte*).

prae-vĕrrō, — — 3. (*dcht.*) vorher (ab)fegen.

prae-vĕrtō, *vĕrtī, vĕrsŭm* 3. **1.** *etw. e-r Sache* voranstellen = vorangehen lassen, früher vornehmen, *etw.* vorziehen (*alqd u. alqd alci rei, zB. nihil huic sermoni praevertendum est,* °*alia mihi praevertenda sunt;* °*poculum* zuerst ergreifen). **2.** (*dcht., nkl.*) vorgehen, mehr gelten als *etw.* (*abs. od. alci rei, zB. pietas amori*). **3. a)** (*nkl., dcht.*) vorangehen, vorlaufen; **b)** (*dcht.*) *e-r Sache* zuvorkommen, *etw.* übertreffen [*ventos cursu od. equo*]; **c)** *etw.* vereiteln, verhindern (*alqd, zB.* °*usum alcis rei; auch alci rei u.* °*alqm, zB.* °*fata me praevertunt* verhindern); **d)** (*Ve.*) überrumpeln, überraschen [*animos amore*].

prae-vĕrtŏr, — 3. (*unkl.*) **1. a)** sich zuvor irgendwohin begeben [*domum, in Italiam*]; **b)** sich zuerst *e-r Sache* zuwenden, zuerst *etw.* betreiben (*alci rei u. ad alqd, zB. istic rei praevortemur, ad alqm opprimendum*). **2.** zuvorkommen *m. acc.* [*Eurum*]. **3.** *etw.* vorziehen (*alqd*).

prae-vĭdĕō, *vīdī, visŭm* 2. **1.** (*nkl., dcht.*) *etw.* zuvor (= schon früher) erblicken [*ictum venientem*]. **2.** / (*selten*) *Zukünftiges* voraussehen [*rem publicam in summis periculis*].

prae-vĭtĭō 1. (*Ov.*) vorher verderben [*gurgitem* vorher trüben].

prae-vĭŭs 3 (*Hypost. aus prae viā; cf. ŏb-vĭŭs*) (*dcht.*) vorausgehend.

prae-vŏlō 1. voranfliegen, *abs.*

prae-vŏrt... (*altl.*) = *praevĕrt...*

prāgmătĭcŭs 3 (*Fw.* < *πραγματικός*) **1.** erfahren, geschäfts-, sachkundig [*homo*]; *subst.* **-ŭs,** *ī m* Rechtskundiger, *der bsd. den Rednern u. Sachwaltern an die Hand gehen konnte;* (*Iuv., spätl.*) *übh.* Anwalt. **2.** (*spätl.*) Zivilsachen betreffend; *-a sanctio* pragmatische Sanktion, *d.h.* feierliches kaiserliches Reskript (Einzelentscheidung).

prăndĕō, *prăndī, prānsŭm* 2. (*cf. prăndĭŭm*) frühstücken, zu Mittag speisen: **1.** *intr.*; *bsd. part. prānsŭs act.* der gefrühstückt hat [°*milites curati et pransi* = marschfertig; *pransus potus* vollgefressen *u.* vollgesoffen]. **2.** (*vkl., dcht.*) (*trans.*) = *etw.* zum Frühstück verzehren (*alqd*); *auch übh.* genießen [*olus*].

prăndĭŭm, *ī n* (*wohl* < **prăm-ĕd-jŏm;* **prăm-* [*cf. πρωί, nhd.* „früh"] + $\sqrt{}$ **ĕd-* „essen") **1.** zweites Frühstück *gegen Mittag, zw. ientaculum u. cena.* **2.** (*Ma.*) (jede) Mahlzeit. **3.** (*vkl., nkl.*) das Fressen (*der Tiere*).

prānsĭtō 1. (*intens. v. prăndĕō*) (*Pl.*) zum Frühstück essen [*polentam*].

prānsŏr, *ōrīs m* (*prăndĕō*) (*Pl.*) Frühstücksgast, Gast.

prānsōrĭŭs 3 (*prānsŏr*) (*nkl.*) beim Frühstück gebraucht [*candelabrum*].

prānsŭs 3 *s. prăndĕō.*

prăsĭnŭs 3 (*Fw.* < *πράσινος*) (*nkl., dcht.*) lauchgrün; *subst.* ~, *ī m* Rennfahrer der grünen Partei.

prātēnsĭs, *ĕ* (*prātŭm*) (*nkl., dcht.*) auf Wiesen wachsend, Wiesen... [*fungus*]. [kleine Wiese.]

prātŭlŭm, *ī n* (*demin. v. prātŭm*)

▶ **prātŭm,** *ī n* (*et. unklar*) **1.** Wiese, Aue; (*meton.*) (*vkl., nkl.*) Wiesenheu, *auch pl.* **2.** / (*dcht.*) Fläche [*Neptunium* Meer].

prāvĭtās, *ātīs f* (*prāvŭs*) **1.** Verkrümmung, Schiefheit, Verunstaltung [*corporis, oris* Verzerrung des Mundes]. **2.** / **a)** Verkehrtheit, Verschrobenheit (*alcis u. alcis rei, zB. mentis*); **b)** Verworfenheit [°*morum*]; *pl.* schlechte Eigenschaften.

▶ **prāvŭs** 3 (*m. comp. u. sup.*; *adv.* **-ē**) (*et. unklar*) **1.** krumm, schief, unregelmäßig gewachsen, mißgestaltet [*membra,* °*unguis -e sectus; subst.* (*Ta.*) *artus in pravum elapsi* verkrümmt]. **2.** / **a)** verkehrt, verschroben [*sententia, -e cenare*]; **b)** schlecht, schlimm, *v. Pers. u. Sachen* [*mens, consilium, -e factum,* °*-e velle* m. Unrecht]; *subst.* °**prāvŭm,** *ī n* = *prāvĭtās.*

prāxĭs, *acc. īm f* (*Fw.* < *πρᾶξις* „Tätigkeit, Handlungsweise") (*Pe.*) Verfahren. — **Amt.

Prāxĭtĕlēs, *ĭs m* (*Πραξιτέλης*) *ber. griech. Bildhauer der Jüngeren Schule (4. Jh. v. Chr.) (In röm. Kopien: Aphrodite v. Knidos — Modell angeblich Phryne —, Apollon Sauroktonos, Hermes m. dem Dionysosknaben auf dem Arm* [Original?]); — *adi.* **Prāxĭtĕlĭŭs** 3. — *Cf.* V.-B. III, 3 *u.* 5.

prĕcārĭŭs 3 (*prĕcēs*) (*adv.* **-ō**) **1.** *adi.* (*meist nkl., dcht.*) **a)** (nur) erbeten, erbettelt [°*libertas,* °*victus* Gnadenbrot, °*forma* erborgt]; **b)** (*prägn.*) auf Widerruf gewährt, *daher* unsicher, unbeständig, *auch* angemaßt [°*imperium,* °*regnum* (**zu Lehen gegeben)]. **2.** *adv.* **prĕcārĭō** **a)** unter Bitten, aus Gnade [*rogare*]; **b)** (*nkl.*) widerruflich [*praeesse*].

prĕcātĭō, *ōnīs f* (*prĕcŏr*) **1.** Bitte, Gebet (*alcis*). **2.** (*nkl.*) **a)** Gebetsformel; **b)** Verwünschung.

prĕcātŏr, *ōrīs m* (*prĕcŏr*) (*Com., spätl.*) Fürbitter, Bittsteller.

▶ **prĕcēs,** *ŭm f* (*cf. pŏscō, prŏcŭs, nhd.* „fragen") **1.** Bitte, Ersuchen (*alcis j-s; omnibus precibus orare od. alqd petere* = auf jede Weise); *auch* (*Ca.*) Fürbitte (*alcis*). **2. a)** Gebet [*preces et vota*]; **b)** Verwünschung, Fluch [*alqm omnibus precibus detestari,* °*iratae*]; **c)** (*Ov.*) Wunsch. **F.** *sg.* **prĕx** *unkl., nur dat., acc. u. abl. belegt.*

prĕcĭae, *ārŭm f* (*et. ungedeutet*) (*dcht., nkl.*) eine Art Weinreben.

▶ **prĕcŏr** 1. (*denom. v. prĕcēs*) **1.** flehentlich bitten, beten, anrufen, anflehen (*abs., zB.* °*verba precantia* flehende Worte, Gebet, *bsd. prĕcŏr i. Parenthese, zB.* °*parce, precor, mihi; alqm u. alqd, zB. deos,* °*patrem,* °*opem,* °*veniam, nihil,* °*vitam pro alqo; alqd ab alqo, zB. a quibus bona precaremur, auch ab alqo ohne acc., zB. ab indigno; alqm alqd nur bei n e-s pron. od. allg. adi., zB. haec cives;* °*pro alqo,* °*ad alqd, zB. ad postes parietesque;* °*alci jd.* flehend nahen; *m.* ut, ne *od. m.* °*bloßem coni.; m.* °*a.c.i.*). **2. a)** *jd. etw.* Gutes *od.* Böses wünschen (*alci bene u. male, bona omnia od. omnia mala populo Romano, alci incolumitatem,* °*immortalitatem;* °*alqd pro alqo*); **b)** *jd.* verwünschen, verfluchen (*alci*).

▶ **prĕ-hĕndō,** *hĕndī, hēnsŭm u. seltener zsgz. prēndō, ēndī, ēnsŭm* 3. (*vl.* ‹ *prae-* + **hĕndō* „fassen"; *cf.* χανδάνω, *engl.* [to] get) **1.** (an)fassen, ergreifen, *etw.* nehmen (*alqm u. alqd, zB. servum od. signa manu od. manibus, alcis dextram,* °*alqm cursu* einholen). **2. a)** *jd.* anfassen, anpacken, *um m. ihm zu reden* (*alqm*); **b)** (*vkl., nkl.*) bei *etw.* [*in furto*] *od.* als *etw.* ertappen [*servum speculatorem* als Spion]; **c)** *jd.* aufgreifen, verhaften [*hostem, servum fugitivum,* °*boves*]; / deutlich wahrnehmen (*alqm alqd facientem*); **d)** / rasch in Besitz nehmen, einnehmen [*Pharum,* °*arcem* erobern, °*oras Italiae* erreichen].

prĕhēnsō *u. meist zsgz.* **prēnsō** 1. (*intens. v. prĕhĕndō*) **1.** (*nkl., dcht.*) (an)fassen, ergreifen [*manūs alcis, alcis genua od. bracchia*]. **2. a)** (*nkl.*) *jd.* anfassen, *um m. ihm zu reden* (*alqm*); **b)** *jd.* die Hand drücken (*alqm, zB.* °*homines*); *klass. nur meton.* sich um ein Amt bewerben, *jd.* um ein Amt bitten (*abs., zB. Galba prensat; alqm j-n, zB.* °*patres*).

prĕ-hēnsŭs *P.P.P. v. prĕhĕndō.*

prēlŭm, *ī n* (*vl.* ‹ **prĕm(s)-lŏm zu prĕmō*) (*unkl.*) Presse (*zum Glätten der Kleider*), (*für den Wein*) Kelter.

prĕmō
1. a) drücken, pressen; **b)** beschlafen; **c)** durch Drücken bilden; **d)** auf *etw.* sitzen, liegen; **e)** belasten, befrachten; **f)** bedecken, begraben, verbergen; **g)** (*im Kampf, seelisch*) bedrängen, hart zusetzen; **h)** verfolgen; **i)** an *etw.* stoßen, *etw.* berühren; **k)** *etw.* betonen, auf *etw.* bestehen; **2. a)** *etw.* eindrücken; **b)** einpflanzen; **c)** durchbohren; **d)** bezeichnen; **e)** fest aufdrücken; **f)** ausdrücken; **3. a)** niederdrücken; **b)** zu Boden schlagen; **c)** *etw.* tief eingraben; **d)** *durch Worte* herabsetzen, verringern; **e)** unterdrücken; **4. a)** zurückhalten, hemmen; **b)** (*Bäume*) beschneiden; **5. a)** beherrschen, unterjocht halten; **b)** verdunkeln; **6. a)** schließen, zusammendrücken; **b)** zusammenfassen.

prĕmō, *prĕssī, prĕssŭm* 3. (*et. nicht geklärt*) **1. a)** drücken, pressen (*alqm u. alqd, zB.* °*natos ad pectora, se angusto exitu portarum* sich drängen, °*mammas,* °*ora ore* küssen, °*frena dente* beißen in, °*alqd ore* kauen, zerbeißen, °*membra rotis* fahren über, °*cornua tauri od.* °*frena manu* festhalten); **b)** *prägn.* (*nkl.*) beschlafen (*alqam*), (*Ma.*) bespringen [*feminas premunt galli*]; **c)** (*Ve.*) *etw.* durch Drücken bilden [*caseos, lac* Käse machen]; **d)** (*unkl.*) *etw. m.* seinem Körpergewicht drücken = auf *etw.* sitzen *od.* liegen (*od.* sich setzen, sich legen), stehen, treten (*alqd, zB. torum, sedilia, cubilia, solum* betreten, *ebur* auf den Stuhl *v.* Elfenbein, *vestigia alcis* in *j-s* Fußstapfen treten, *alqm pondere suo, saltūs praesidiis* dicht besetzen); / (*auch klass.*) *locum* oft besuchen, *v. etw.* nicht weichen [*forum*]; **e)** (*nkl., dcht.*) belasten, beschweren, befrachten, / belästigen (*alqd u. alqm, zB. trabes columnas premunt* lasten auf, *naves magno onere, collum aratro, equos sacro curru* anspannen an, *multo mero pressus*); **f)** (*dcht., nkl.*) *etw. m. etw. Drückendem* bedecken, umschließen [*caeli umbra terram premit, / quies alqm premit; alqd re, zB. crinem fronde, arva pelago* überschwemmen]; *bsd.* = begraben, verbergen, verhehlen [*ossa, luna lumen premit* verbirgt sein Licht = geht unter, *luna sole premitur* wird verdunkelt; *meist* /, *zB. curam sub corde, iram, alqd ore* verschweigen, *pressa est gloria facti* ist in Dunkel gehüllt]; **g)** *im Kampf* bedrängen, hart zusetzen (*abs. od. alqm u. alqd, zB. novissimos, urbem obsidione,* °*alqm telis;* P. *premi a Scythis od. proelio, bello ab alqo*); *übh. jd.* bedrängen, *jd.* hart zusetzen, *jd.* in Verlegenheit bringen [*necessitas alqm premit, alqm verbo jd.* beim Wort halten, *alqm ad exeundum jd.* dringend zureden zu, *abs. alqo premente* auf *j-s* Drängen]; P. in Bedrängnis *od.* in Not sein (*ab alqo od. re, zB. premi a procuratoribus od. odio populi, improbitate alcis, re frumentariā* an Proviant Not leiden); **h)** hinter *jd.* her sein, *jd.* verfolgen (*abs. od. alqm, zB.* °*cervum ad retia* in die Netze jagen; / °*poena culpam premit*); **i)** (*dcht.*) an *etw.* streifen *od.* stoßen, *etw.* berühren [*amnis insulam premit* umschließt eng, *latus* sich zur Seite halten, *litus* sich am Ufer halten]; **k)** *etw.* nachdrücklich betonen, auf *etw.* bestehen, auf *etw.* fußen [*argumentum,* °*propositum,* °*vocem alcis* das Wort weiter bei sich bedenken]. **2.** (*prägn.*) **a)** *etw.* eindrücken (*alqd, zB. vestigium leviter, vestigia per ignem* = das Feuer durchschreiten, °*litteram tremendā manu,* °*hastam sub mentum* hineinstoßen); **b)** (*dcht.*) einpflanzen [*virgulta per agros*]; **c)** (*dcht.*) durchbohren [*alqm hastā*]; **d)** / (*dcht.*) bezeichnen [*rem notā*]; **e)** (*dcht.*) fest aufdrücken [*pollicem, cubitum* fest aufstemmen, aufstützen]; **f)** (*dcht.*) ausdrücken: α) = auslöschen [*ignem*]; β) = auspressen, auslassen [*ubera* melken, *mella, favos, vina* keltern]. **3.** (*dcht., nkl.*) **a)** niederdrücken, herunterlassen, senken (*alqd, zB. currum*); P. sich (herab)senken, sinken [*mundus premitur in austros, aulaeum* wird niedergelassen, fällt]; **b)** zu Boden schlagen (*alqm, zB. tres famulos*); **c)** (*prägn.*) *etw.* vertiefen, tief ein- *od.* ausgraben [*sulcum, alveus in solum pressus*]; **d)** / *durch Worte* herabsetzen, verkleinern (*alqm u. alqd, zB. alcis opuscula od. famam*); *auch* (*klass.*) im Herzen verachten [*humana omnia*]; **e)** (*meist nkl., dcht.*) unterdrücken, *nur* / = nicht aufkommen lassen [°*vulgi sermones*]. **4. a)** zurückhalten, -drängen, hemmen, einengen [*cursum,* °*vestigia* seine Schritte hemmen, stehen bleiben, °*vocem,* °*lucem* nicht durchlassen, °*habenas* kurz halten, °*carmen nonum in annum*]; **b)** (*dcht.*) (*Bäume*) beschneiden [*vitem falce, umbram* das Laubdach]. **5. a)** (*dcht., nkl.*) beherrschen, *pol.* niederhalten, unterjocht halten [*populos dicione, ventos imperio*]; **b)** (*dcht.*) übertreffen, verdunkeln [*facta premunt annos*]. **6. a)** (*dcht., nkl.*) (*Geöffnetes*) schließen, (*Getrenntes*) zusammendrücken [*oculos mortui, ōs u. ora* den Mund, *fauces alci, collum laqueo* zuschnüren]; **b)** zusammenfassen, kurz fassen [*quae dilatantur a nobis, Zeno sic premebat*].

prēndō, *prēndī, prēnsŭm* 3. *s. prĕhĕndō.*

prēnsātĭō, *ōnĭs f* (*prēnsō*) (Amts-) Bewerbung.

prēnsō 1. *s. prĕhēnsō.*

prĕsbȳtĕr, *tĕrī m* (*Fw.* ‹ πρεσβύτερος) (*Tert., spätl.*) Ältester; Presbyter; Priester.

prĕssī *s. prĕmō.*

prĕssĭō, *ōnĭs f* (*prĕmō*) **1.** (*Vi.*) das Drücken, Druck. **2.** Absteifung, (*meton.*) Stütze; / Hebel, Winde [*tectum pressionibus tollere*].

prĕssō 1. (*intens. v. prĕmō*) (*dcht.*) drücken *od.* pressen [*cineres ad pectora; ubera manibus od. palmis, auch bloß ubera* melken].

prĕssūră, *ae f* (*prĕmō*) (*nkl.*) Druck; / *aquarum* Wasserdruck.

prĕssŭs[1] 3 (*m. comp.; adv.* **-ē**) (*eigtl. P.P.P. v. prĕmō*) **1.** gepreßt, gedrückt, gedrängt [°*presso gradu od. pede od.* °*gressu* in geschlossenen Gliedern, *auch* langsam, *zB. incedere*]. **2. a)** (*v. der Stimme*) gemäßigt, gedämpft, langsam [*vox, sonus; modi*]; (*v. der Aussprache*) nicht zu breit, *auch m.* Ausdruck, wohllautend [*-e loqui*]; **b)** (*nkl.*) (*vom Denken u. Handeln*) zögernd, zurückhaltend; **c)** (*rhet.*) gedrängt, knapp, kurz [*orator, oratio,* °*stilus, -e dicere*]; **d)** genau, bestimmt, erschöpfend [*Thucydides verbis pressus; -e agere*].

prĕssŭs[2], *ūs m* (*prĕmō*) das Drücken, Druck [*ponderum,* °*palmarum* Zusammendrücken; *oris* der (erforderliche) Druck der Lippen (*cf. prĕssŭs*[1] 2a) = Wohllaut der Aussprache].

prĕssŭs[3] *P.P.P. v. prĕmō.*

prēstēr, ēris *m* (*acc. pl.* -ērăs; *Fw.* ‹ πρηστήρ) (*Lu.*) feuriger Wirbelwind.

prĕtĭōsŭs 3 (*m.* °*comp. u. sup.*; *adv.* -ē) (*prĕtĭŭm*) **1.** kostbar, wertvoll, prächtig [*equus, vasa -e caelata*]. **2. a)** (*unkl.*) kostspielig [*nox, operaria*]; **b)** (*Ho.*) verschwenderisch [*emptor*].

prĕtĭŭm
1. Preis, Geldwert; **2. a)** Geld, Lösegeld; **b)** Lohn, Sold, Belohnung; **c)** Bestechung.

prĕtĭŭm, ī *n* (*substantiviertes n e-s adi.* **prĕtjŏs* „gegenüber befindlich, gleichwertig"; *eigtl.* „das e-r Sache Gegenüberstehende, der Gegenwert"; *cf.* πρός) **1.** Preis, Kaufpreis, Geldwert *für Waren u. Leistungen* (*alcis rei, zB. anuli, praedii; merces magni od. parvi pretii, -um* °*facere* [*vom Verkäufer*] einen Preis fordern, [*vom Käufer*] bieten; *-um conficere* [*vom praeco auf der Auktion*] ein Angebot stellen, °*in -o esse od. -um habere* Wert haben, *etw.* gelten, °*esse in suo pretio* seinen gehörigen Wert haben). **2.** (*meton.*) **a)** Geld, Bezahlung, *auch* Geldeswert, *bsd.* Lösegeld [*-um alci* °*reddere u.* °*restituere, captivos sine -o reddere od.* °*remittere; pretio m. od.* für Geld, *zB. alqd emere od. parare u. efficere; magno -o* teuer, *parvo -o* billig, wohlfeil]; **b)** Lohn, Sold, Belohnung, Vergeltung, *auch* = Strafe (*alcis rei e-r* Sache *od.* für *etw.*, *zB. manūs* Macherlohn, °*certaminis* Siegespreis); °*-um alcis rei facere* Anerkennung für *etw.* finden; *operae -um est u. bloß* °*-um est* es ist der Mühe wert, *m. inf.*, °*operae -um facere etw.* Lohnendes tun; **c)** Bestechung [*adduci pretio ad hominem condemnandum*].

prĕx, *prĕcĭs f s. prĕcēs.*

Prĭămŭs, ī *m* (Πρίαμος) **1.** *S. des Laomedon, letzter K. v. Troja, Gemahl der Hekabe* (*lat. Hĕcŭbă*); *adi.* °**Prĭămēĭŭs** 3. **2.** *patron.* **a)** °**Prĭămīdēs** (*im Vers auch Prĭămĭdēs*), *ae m* Nachkomme des Priamos; **b)** °**Prĭămēĭs**, *ĭdĭs f T. des* ~ (= Kassandra).

Prĭāpē(ĭ)ă, ōrŭm *n Sammlung geistreicher derb-erotischer lat. Gedichte meist unbekannter Verfasser aus augusteischer Zeit.*

Prĭāpŭs, ī *m* (Πρίαπος) *aus Nordwestkleinasien stammender Fruchtbarkeitsgott, m. übergroßem Phallos dargestellt; seine m. Mennig gefärbten Holzbilder standen als Vogelscheuchen u. zum Schutz gegen Diebe in Gärten;* / (*dcht.*) das männliche Glied [(*Ju.*) *vitreus* Pokal, (*Ma.*) *siligineus* Backwerk in Phallusgestalt]; geiler Mensch.

▶ **prīdĕm** *adv.* (‹ **prīs-dĕm, cf. prĭŏr u. dē*) **1.** längst, vor *od.* seit langer Zeit [*iam* ~ schon längst, *non ita* ~ vor nicht gar langer Zeit; *quam pridem* wie lange ist es her, daß?, *zB. quam* ~ *tibi haec hereditas venit?*]. **2.** (*Iust.*) unlängst, vor kurzem. **3.** früher, sonst.

prīdĭānŭs 3 (*prīdĭē*) (*nkl.*) gestrig.

▶ **prī-dĭē** *adv.* (*Neubildung nach pŏstrī-dĭē; cf. prīdĕm*) tags vorher, am Tage vor *etw.* (*abs. od. m. acc., zB. Idūs Maias,* ~ *eum diem; m. gen. klass. nur* ~ *eius diei* am Tage vorher, °~ *insidiarum* am Tage vor dem Attentat; *m. quam c. ind. pf. u. plqpf., zB.* ~ *quam Athenas veni od. quam illa erant acta*).

Prĭēnē, ēs *f* (Πριήνη) *ionische, urspr. karische St. nördl. v. Milet, Ruinenstätte der hellenistischen u. späteren Ansiedlungen m. Athenetempel u. vielen Privathäusern.* (*Cf.* V.-B. I, 1.)

prīm-aevŭs 3 (*prīmŭs, aevŭm*) (*dcht.*) jugendlich, *v. Pers. u. Sachen.*

prīmānī, ōrŭm *m* (*prīmŭs*) (*nkl.*) Soldaten der ersten Legion.

prīmārĭŭs 3 (*prīmŭs*) einer der ersten, vornehm, vorzüglich [*vir, femina, locus*].

prīmās, ātĭs *m* (*prīmŭs*) (*nkl.*) der Erste, der Vornehmste; (*spätl.*) Dorfrichter, Rangältester. — **Edeling; *Ehrentitel.*

prīmātŭs, ūs *m* (*prīmŭs*) (*vkl., nkl., spätl.*) erste Stelle, Vorrang.

prīmē *adv. s. prīmŭs.*

prīmĭ-gĕnĭŭs 3 (*prīmŭs, gĕnō* = *gīgnō*) (*vkl., nkl.*) ursprünglich, allererst; *klass. nur subst.* **Prīmĭgĕnĭă**, *ae f nach Cicero Beiname der Fortuna als Begleiterin ihrer Lieblinge v. der Geburt an* (*cf. Praenĕstē*).

prīmĭ-gĕnŭs 3 (*Lu.*) = *prīmĭgĕnĭŭs.*

prīmĭpīlārĭs, ĕ (*prīmĭpīlŭs* (*nkl.*) zum ersten Manipel der Triarier gehörig; *subst.* ~, *ĭs m* (gewesener) Zenturio *dieser Einheit.*

prīmĭpīlŭs, ī *m* (*Hypost. aus prīmī pīlī sc. cĕntŭrĭō; cf. pīlŭs*[2]) Zenturio des ersten Manipels der Triarier, rangältester Hauptmann.

prīmĭtĭae, ārŭm *f* (*prīmŭs*) (*dcht., nkl.*) **1.** Erstlinge, *bsd. der Früchte* [*frugum*]. **2.** erster Ertrag, erste Ausbeute [*metallorum, spolia et -ae* Erstlingsbeute]. **3.** (*Ve.*) erste Waffentat.

prīmĭtīvŭs 3 (*prīmŭs*) (*nkl.*) der erste in seiner Art. — ** *-a ecclesia* Urkirche.

prīmĭtŭs (*prīmŭs*) *adv.* (*unkl.*) zum erstenmal, zuerst.

▶ **prīmō** *adv. s. prīmŭs.*

prīmō-gĕnĭtŭs 3 (*seit Tert.*) erstgeboren; *subst.* **-ă**, ōrŭm *n* Recht der Erstgeburt.

prīm-ōrdĭŭm, ī *n* (*prīmŭs, ōrdĭŏr*) **1.** Uranfang, Ursprung, *meist pl.* (*alcis rei, zB. rerum,* °*mundi*). **2.** (*Ta.*) Regierungsantritt (*alcis*).

prīmōrĭs, ĕ (*meist pl.*) (*wohl Hypost. aus prīmō ōrĕ* „vorn am Mund") **1. a)** (*unkl.*) der vorderste, (*partit.*) der vordere Teil, vorn [°*digiti* Fingerspitzen]; *klass. nur primoribus labris attingere od. gustare alqd etw.* obenhin berühren, / sich oberflächlich *m. etw.* beschäftigen; **b)** *subst.* **prīmōrēs**, ŭm *m mil.* (*nkl.*) die vordersten Reihen [*ad -es provolare*]. **2.** / (*nkl., dcht.*) der vornehmste, angesehenste [*iuventus, senes*]; *subst.* **prīmōrēs**, ŭm *m* die Vornehmsten [*civitatis*].

F. *nom. sg. ist ungebräuchlich; abl. sg. -ī u. -ĕ; gen. pl. -ŭm.*

prīmŭlŭs 3 (*demin. v. prīmŭs*) (*Com.*) der erste; *adv.* **-ŭm** ganz zuerst.

prīmŭm-dŭm *adv.* (*Pl.*) fürs erste nun.

prīmŭs
1. der vorderste, erste; **2.** der vornehmste, vorzüglichste, angesehenste; **3.** *subst.* **a) prīmī** die Vordersten, Vordertreffen; **b) prīmae** (*sc. partes*) Hauptrolle, erste Stelle; **c) prīmŭm** Vordertreffen; Anfang; **4.** *adv.* **a) prīmŭm** zuerst; zum erstenmal; erstens; **b) prīmō** zum erstenmal; anfänglich; **c) prīmē** besonders, vorzüglich.

prīmŭs 3 (‹ **pris-mŏs* ‹ **pri-is-mŏs; cf. prīs-tĭnŭs, prĭ-ŏr*) **1. a)** der vorderste (*räuml.*), der erste *nach Ort, Zeit, Ordnung* [°*pars aedium,* °*pedes* Vorderfüße, *hora, vigilia, litterae, idūs* die ersten = die nächsten, °*sol* die aufgehende, °*terra* noch junge]; **b)** *primus quisque* **α)** allemals der erste *od.* nächste = einer nach dem anderen, der Reihe nach [*fluit corporis voluptas et prima quaeque avolat*]; **β)** der erste beste [*primo quoque tempore* bei der ersten besten Gelegenheit]; **c)** *dcht. steht das adi.* = *prīmŭm u. prīmō, zB.* °*via prima ardua est* anfänglich; *oft durch* „**zuerst, der vorderste Teil, Spitze, Anfang, beginnend, vorn in** *od.* **an**" *zu übersetzen* [*dux primus clamorem hostium audivit, -um agmen* Vortrab, *-a impedimenta* Spitze des Trains, *in -a provincia* vorn in, *-is labris* vorn *m.* den Lippen, *in -a epistula* im Anfang, °*-um saxum* Rand des Felsens, *-a luce* bei Tagesanbruch, *-a nocte m.* Anbruch der Nacht, *-o vespere* bei Anbruch des Abends, *-o vere* zu Anfang, *-o adventu* gleich bei seiner Ankunft, *-a sapientia* Anfang der Weisheit]. **2.** / (*v. Rang u. Wert*) der vornehmste, vorzüglichste, angesehenste, wichtigste, *v. Pers. u. Sachen* [*homines,* °*gloriae opera, partes* Hauptrolle, *alqd primum putare* für das Höchste halten; *auch subst. m, zB. primus eius municipii, primi civitatis*]. **3.** *subst.* **a) prīmī**, ōrŭm *m* die Vordersten, (*nkl.*) Vordertreffen [*in -is stare* in erster Reihe]; **b) prīmae**, ārŭm *f* (*sc. pàrtēs*) Hauptrolle, *auch* / = erste Stelle, erster Platz [*-as agere spielen, -as alci dare od. concedere u. deferre alci*]; *auch* Hauptpreis [*-as ferre*]; **c) prīmŭm**, ī *n* das Vorderste: **α)** Vordertreffen, Vortrab [°*in -um provolare, in -o ire* vorn]; *pl.* die vordersten Glieder *e-s Heeres,* / °*-a habere u. tenere* den ersten Platz haben, °*ad prima* vorzüglich, *besonders; bsd. in primis s. imprīmīs u. cum primis s. cŭmprīmīs*; **β)** das Erste, Anfang, Beginn, *auch pl.* [*a primo ad extremum, in -o* zu Anfang, zuerst, *-o belli*]; **γ)** *pl.* Vordersätze, Prämissen [*respondent extrema primis*]; **δ)** *pl.* (*dcht.*) Urstoffe, Elemente. **4.** *adv.* **a) prīmŭm α)** zuerst, fürs erste (*-um* *omnium* zu allererst); β) zum erstenmal [*eo die -um, tum -um, hoc -um* jetzt zum erstenmal, *Marius -um consul*]; γ) (*in Aufzählungen*) erstens, erstlich [*primum ... deinde ... tum ... denique ac postremo; beim Übergang zum ersten Teil e-r Darlegung ac primum quidem*]; δ) *ubi primum, cum* (*od. ut, simulac, simul*) *primum* sobald als; *quam primum* möglichst bald; **b) prīmō** α) zum erstenmal; β) (*zeitl.*) zuerst = anfänglich, anfangs = *initio* (*im Ggs. zu post od. postea, deinde u.a.*); (*unkl.*) *cum primo* sobald als; **c) prīmē** (*Pl., spätl.*) besonders, vorzüglich [~ *cata*]. — ***primus* der beste Schüler *e-r* Klasse; *primus inter pares* der Erste unter Ranggleichen.

prīn-cēps

1. *adi.* **a)** der erste (*in Zeit u. Reihenfolge*); **b)** der angesehenste, vornehmste; **2.** *subst. m* **a)** Urheber, Begründer; **b)** Anführer, Haupt, Herrscher, Regent, *pejorativ* Rädelsführer; *pl.* *prīncīpēs* die ersten Männer im Staat, die Häupter; **c)** *mil. pl. prīncīpēs* Soldaten des ersten Gliedes.

prīn-cēps, *cipis* (< **prīmō-cāps*; *prīmūs, căpĭō; cf. dēīn-cēps*) **1.** *adi.* **a)** der erste *in der Zeit od. in einer Reihenfolge* [°*Hannibal princeps in proelium ibat, alqs princeps bellum facit* eröffnet den Krieg; *auch v. Sachen, zB. exordium* ~ *esse debet* dem Eingang gebührt die erste Stelle]; **b)** / (*nach Rang u. Wert*) der angesehenste, vornehmste, bedeutendste, Haupt... [*viri, principem locum tenere, principem alqm ponere jd.* obenan stellen, *jd.* den Vorrang geben; *m. gen. partit., zB. philosophorum, eius ordinis,* °*amicorum; in re* in *etw., zB. in astrologia, in civitate; ad alqd* vorzüglich geeignet zu *etw., zB. ad benevolentiam coniungendam*]. **2.** *subst. m* **a)** Urheber, Begründer, Stifter, Anstifter (*alcis rei, zB. consilii, sceleris, belli inferendi, inveniendi* der erste Erfinder, *rogationis* Antragsteller; *alci rei* (*Li.*), *zB. nobilitati vestrae* der Ahnherr eures Adels; *auch ad alqd, zB. ad suscipiendam rationem horum studiorum*); *bsd.* Ratgeber; **b)** α) Führer, Haupt, Hauptperson, Herr, Meister, Altmeister, *pejorativ* Rädelsführer [*Stoicorum, principum, equestris ordinis, legationis* Wortführer, *coniurationis,* °*militum; alcis rei auch* = vorzüglich begabt *m.*, hervorragend in *etw., zB. ingenii et doctrinae*]; *pl.* **prīncĭpēs,** *ūm m* (*pol.*) die ersten Männer im Staat, Häupter, die Vornehmsten, die Großen *od.* Mächtigen (*abs. od. m. gen., zB. populi Romani, Graeciae, auch m. adi., zB. Gaditani*); β) *princeps senatūs der erste in der Senatorenliste stehende u. einflußreichste Senator, der im Senat von den Konsuln zuerst um seine Meinung gefragt wurde*; γ) *princeps iuventutis* (*i. der Republik*) Führer der Ritterzenturien, *dessen Name an der Spitze der Liste des Zensors stand,* (*seit Augustus*) *erwachsener Kaisersohn bis zu seinem Eintritt in den Senat,* Kronprinz, Prinz; **δ)** (*nkl.*) **Herrscher, Fürst, Regent, Gebieter** [*gentis,* / *Roma princeps urbium* Königin]; *bsd. seit Augustus Titel der röm.* Kaiser [*uxor principis* Kaiserin, *feminae principes* Frauen aus dem Kaiserhaus]; **c)** (*mil. t.t.*) α) *pl.* **prīncĭpēs,** *ŭm m urspr.* Soldaten der ersten, *später* der zweiten Schlachtfront (*zw. den hastati u. den triarii*); β) *sg. prīncĕps*: αα) *coll.* ein Manipel der principes [*signum primi principis*]; ββ) ein Zenturio der *principes* [*prior u. posterior od. primus u. secundus princeps cohortis*]. — **~ *mundi* der Teufel.

F. *abl. sg.* -ĕ; *pl. neutr. fehlt, gen.* -ŭm.

prīncĭpālis, ĕ (*adv.* °**-ĭtĕr**) (*prīncĕps*) **1. a)** der erste, ursprüngliche [*causa*]; **b)** (*nkl.*) der hauptsächlichste, Haupt... **2.** (*nkl.*) fürstlich, kaiserlich. **3.** (*Li.*) zum Hauptplatz im Lager führend, Haupt... [*via* die breite Querstraße *des Lagers; porta* Seitentor des Lagers *u. zwar dextra u. sinistra*].

prīncĭpātŭs, *ūs m* (*prīncĕps*) **1.** erste Stelle, Vortritt (*alcis rei, zB. belli propulsandi, -um sententiae tenere* seine Stimme zuerst *od.* vor anderen abgeben können). **2. a)** oberste *od.* höchste Stelle, *bsd. im Staat,* Vorrang; Befehlshaberstelle, Herrschaft, Hegemonie (*abs., zB. -um alci dare od. tradere; alcis rei, auch in re, zB. belli administrandi, Graeciae, totius Galliae -um tenere, in civitate;* / *sol astrorum -um obtinet*); **b)** (*nkl.*) Kaisertum, Prinzipat; (*meton.*) der Prinzeps, der römische Kaiser. **3.** (*philos. t.t.*) = ἡγεμονικόν leitendes Prinzip *des Handelns,* Grundkraft [*animi*]. **4.** Anfang, Ursprung [*temporis*]. — **Fürstentum.

prīncĭpĭālis, ĕ (*prīncĭpĭŭm*) (*Lu.*) anfänglich, ursprünglich.

prīncĭpĭŭm, *ī n* (*prīncĕps*) **1. a)** Anfang, Beginn, Ursprung (*abs., zB. -um ducere ab alqo; alcis rei, zB.* °*generis, belli, consulatūs, libri* Eingang); *auch pl., zB. omnium rerum -a parva sunt*; **b)** (*dcht.*) (*meton.*) Anfänger, Urheber [*morum*]. **2.** / Grund, Grundlage, *auch pl.* [*urbis, iuris, -a philosophiae* Grundlehren, *naturae od. naturalia* Grundtriebe]; *bsd.* Grundstoff, Element, *meist pl.* [*rerum, quattuor genera -orum*]. **3.** die *in den Komitien* zuerst abstimmende Tribus *od.* Kurie = *praerŏgātīvă*. **4.** *mil. pl.* **a)** (*nkl.*) Vordertreffen, Front, die vorderen Reihen *od.* Glieder [*post -a pugnare*]; **b)** Hauptplatz *des röm. Lagers,* Hauptquartier = *praetōrĭŭm* [*in -is* °*iura reddere*]. — **Prinzip.

prĭŏr, *ŭs* (*comp. zu altl. prī* = *prae*; *cf.* πρίν) **1.** (*räuml.*) der vordere, vorderste *v.* zwei, vorn, Vorder... [°*pedes,* °*pars* Vorderteil, *fossae* die näheren; *auch subst. m*]. **2.** (*zeitl.*) **a)** der frühere, erste *v.* zwei (*Ggs. pŏstĕrĭŏr*), (*praed.*) eher, früher; **b)** der vorige, vorangehend *od.* vorangegangen (*Ggs.* der jetzige *od.* damalige) [°*consul, epistula, priore loco dicere* zuerst, *nox, priore anno, filia* die ältere, °*Dionysius* der Ältere, °*populus* der früheren Zeiten]; *im Deutschen oft* = zuerst, *zB. Caesar prior proelio lacessere noluit*; *subst. priores m* (*nkl.*) die Vorfahren [*more priorum*]. **3.** (*v. Rang u. Wert*) der vorzüglichere, höherstehend, überlegen, wichtiger [*alqs prior habetur,* (*partes*) Vorzug, Vorrang, °*nihil prius videtur quam m. inf.*; re durch *etw., zB. virtutibus, numero* stärker]. **4.** *adv.* **prĭŭs** eher, früher, vorher, zuerst *v. zwei* [*plebs montem sacrum prius, deinde Aventinum occupavit; meist m. quam, zB. non prius sum conatus misericordiam aliis commovere quam misericordia sum ipse captus*]; *cf. auch prĭŭsquăm*; / eher = lieber (*pŏtĭŭs*), *zB. prius moriemur quam serviemus*. — ** *prior* Prior, Abt.

Prīscĭānŭs, *ī m aus Cäsarea in Mauretanien, der letzte große lat. Grammatiker (um 500 n.Chr.).*

▶ **prīscŭs** 3 (*adv.* **-ē**) (*cf. prĭ-ŏr, prīstĭnŭs*) **1.** uralt, altertümlich, *v. Pers. u. Sachen* [*viri, lex, Tarquinius* = der Ältere]; *bsd.* (*lobend*) altehrwürdig, (*tadelnd*) altväterisch, altmodisch [*homines, mores,* °*pudor*]; *bei Dichtern oft m. Bezug auf das Goldene Zeitalter* [*prisca gens mortalium*]. **2.** (*dcht.*) ehemalig, früher [*venus, nomen*]. **3.** nach alter Art, streng, einfach [°*parens, -e agere* ohne Umstände].

▶ **prīstĭnŭs** 3 (*cf. prĭŏr, prīs-cŭs*) **1.** vorig, ehemalig, früher, alt *im Ggs. zu* „jetzig" *od.* „damalig" [*tempus, dignitas, in pristinum (statum)* °*restituere u. redire* in den früheren Zustand]. **2.** letztvergangen, *bsd.* gestrig [*dies*].

prīstis, *is f* (*Fw.* < πρίστις; *cf. pistrix*) (*nkl., dcht.*) **1.** Meerungeheuer, *bsd.* Walfisch (*auch als Gestirn*); *bei Vergil* ♀ *Name eines Schiffes.* **2.** / schnell segelndes Kriegsschiff.

▶ **prĭŭs-quăm** *ci.* **1.** eher als, ehe, bevor, *auch getr. prius ... quam* eher ... als (bis), *m. ind. u. coni. praes., ind. pf. u. fut. II, coni. impf. u. plqpf., zB. nunc, priusquam ad causam redeo (od. redeam), pauca de me dicam, Epaminondas non prius bellare destitit, quam urbem Lacedaemoniorum obsidione clausit (od. clauderet bzw. clausisset); de Carthagine vereri non prius desinam, quam illam excisam cognovero.* **2.** *prius ... quam* (= *quam ut*) *m. coni.* lieber ... als daß, *zB. Aegyptii carnificinam prius subierint quam ibin violent.*

▶ **prīvātim** (*adv. zu prīvātŭs*) **1.** in Privatverhältnissen, als Privatmann, für seine Person, in eigenem Namen, *Ggs. pūblĭcē* [*amicitiam publice privatimque petere,* ~ *mandare alci alqd, maximo* ~ *periculo* unter der größten persönlichen Gefahr]. **2.** (*Li.*) zu Hause [~ *se tenere*]. **3.** (*Eutr.*) aus eigenen Mitteln [*ditare alqm*].

prīvātĭō, *ōnis f* (*prīvō*) Befreiung = das Befreitsein [*doloris v.* Schmerz].

▶ **prīvātŭs** 3 (*adv. prīvātim*) (*eigtl.*

P.P.P. v. prīvō) **1.** einer einzelnen Person gehörig, Privat..., persönlich, eigen, eigentümlich, eigenmächtig, *Ggs. pūblicŭs* [*domus, agri, negotia, sacrificia, res* Privatangelegenheiten, -eigentum, *officium* in persönlichen Angelegenheiten, *vita*]. **2. a**) (*v. Pers.*) ohne öffentliches Amt *od.* als Privatmann lebend [*homo*]; **b**) (*nkl., dcht.*) nicht kaiserlich, nicht fürstlich, als gewöhnlicher Bürger lebend, gemein [*homo, spectacula*]. **3.** *subst.* **a**) **prīvātŭs,** *ī m* Privatmann, *bsd.* Mann ohne öffentliches Amt; **b**) **prīvātŭm,** *ī n* (*nkl., dcht.*) das Eigene (*nur m. Präpositionen*): Privatvermögen [*ex -o* aus eigenen Mitteln], Privatgebrauch [*in -um vendere*], Privatbesitz [*in -o, ex -o* aus dem Hause]. — *Cf. auch prīvātim.* — ***privati homines* einfache Kriegsleute, Mannschaften.

prīvīgnă, *ae f* (*prīvīgnŭs*) Stieftochter.

prīvīgnŭs, *ī m* (*prīvŭs, gĕnō* = *gīgnō*; *eigtl.* „gesondert [*d.h.* in *einer früheren Ehe*] geboren“) Stiefsohn; °*pl.* Stiefkinder.

prīvĭ-lēgĭŭm, *ī n* (*prīvŭs, lēx*) Ausnahmegesetz (*zugunsten od. -ungunsten eines einzelnen*) [*-um irrogare, -um ferre de alqo*]; (*meton.*) (*nkl.*) (*durch Ausnahmegesetz erteiltes*) Vorrecht, Privilegium [*aetatis* Erstgeburtsrecht].

▶ **prīvō** 1. (*denom. v. prīvŭs*) **1.** *jd.* berauben (*alqm re, zB. vitā, somno, libertate*); (*part. praes.*) *subst.* **prīvāntĭă,** *ĭŭm n* das Verneinende. **2.** (*v. e-m Übel*) befreien [*alqm dolore*].

prīvŭs 3 (‹ **prei-vŏs*; *et. unklar*) **1.** für sich bestehend, einzeln, je einer [*homines,* °*privis bubus donari*]. **2.** (*unkl.*) eigen(tümlich), ein besonderer [*turdus sive aliud privum*]. **3.** (*nkl.*) frei *v.*, ohne *etw.* (*alcis rei, zB. militiae*).

prō[1] *u.* **prōh** *int. der Klage od. der Verwunderung* (*aus prō*[2] *entstanden*) o! ach! (ach) leider!, *selten alleinstehend, meist in Beschwörungsformeln m. voc.* [*pro sancte Iuppiter, pro dii immortales*], *m. acc. nur pro deorum od. deum* (*atque hominum*) *fidem* bei allem, was im Himmel (*u.* auf Erden) heilig ist. *Cf.* V.-B. VI,2.

prō²

I. *in d. Komposition:* **a**) (*räuml.*) vor, hervor, vorwärts; **b**) (*zeitl.*) vor; **c**) für; **d**) anstatt, stellvertretend; **II.** *adv.* verhältnismäßig; **III.** *prp. b. abl.* **1.** (*räuml.*) **a**) vor, angesichts; **b**) vorn auf, vorn an, vorn in; **2. a**) für, zugunsten; **b**) für, anstatt, an Stelle von; **c**) so gut wie, als; **d**) zur Vergeltung, zum Lohn für; **e**) im Verhältnis zu, gemäß, nach.

prō[2] (*altl. prōd* [*erhalten in prōd-ĕssĕ, prōd-īrĕ u.ä.*]; *cf. pĕr,* πρό, *nhd.* [*im Ablaut*] „vor“): **I.** (*in der Komposition*) **prō-** *u.* **prŏ-** (*prŏ- oft vor f u. in prŏhĭbĕō, prŏnĕpōs, prŏnĕptis sowie* [*dcht.*] *prŏcūrō, prŏpĕllō; außerdem vor Vokalen u. stets in griech. Fw. m.* πρό- *wie prŏnoeă* = πρόνοια, *prŏlŏgūmĕnē lēx* = νόμος ὁ προλογούμενος, *prŏscaenĭŭm* = προσκήνιον) **a**) (*räuml.*) vor, hervor, vorwärts [*prodeo*]; **b**) (*zeitl.*) vor [*proavus*]; **c**) für [*provideo*]; **d**) anstatt [*proconsul*]. **II.** *adv.* verhältnismäßig, im Verhältnis (*nur in prōquăm u. prōŭt erhalten*). **III.** *prp. b. abl.*: **1.** (*räuml.*) **a**) vor (*vor einem Gegenstand, den man im Rücken hat*), im Angesicht, angesichts, *zB. aciem instruere pro castris, sedere pro aede Castoris*; *selten bei Verben der Bewegung auf die Frage* „wohin?“ = vor ... her, vor ... hin, *zB. copias pro castris producere*; **b**) vorn auf, vorn in, vorn an, *zB. stare* °*pro litore, loqui pro suggestu,* °*mulieres saxa mittebant pro tectis* vorn auf den Dächern stehend, *laudari* °*pro contione* vor der Volksversammlung *od.* vor versammeltem Heer, *pro consilio* vor dem Kriegsrat. **2.** / **a**) für = zum Schutz, zugunsten, *zB. pro patria pugnare, pro legibus dimicare od. dicere, Ciceronis oratio pro Milone, alqd pro alqo est ist jd.* günstig, °*verba facere pro delicto* zur Entschuldigung, *pugnare* °*pro victoria* zur Erlangung des Sieges; **b**) (*bei Stellvertretung od. Gleichstellung*) für = statt, anstatt [*homines pro victimis immolare, pro vallo carros obiecerant, unus pro cunctis,* °*pontifex pro collegio respondit* im Namen des Kollegiums]; *so bsd. pro consule* Prokonsul (*eigtl.*. Statthalter an Stelle des Konsuls), *pro praetore* Proprätor, *pro quaestore, sämtlich indecl.* [*Cicero pro praetore Athenas venit, Ciceronis pro praetore nomine* im Namen des Proprätors C.]; **c**) (*bei Bezeichnung der Identität*) so gut wie, wie, als [*Cato unus mihi est pro centum milibus, alqm pro deo colere, se pro cive gerere* als Bürger, *pro nihilo haberi, pro occiso relinqui* als tot, *mora pro culpa est* gilt als Schuld, *pro hoste esse* als Feind gelten, °*pro perfuga venire* als (scheinbarer) Überläufer, *pro damnato esse* so gut wie, *alqd facere* °*pro amico* als Freund, freundschaftlich, *pro certo scire* als gewiß, *pro viso renuntiare* als Tatsache, *nihil pro sano facere* wie ein Vernünftiger, *pro testimonio dicere* im Zeugenverhör aussagen]; **d**) zur Vergeltung, als Bezahlung, zum Lohn für, *zB. pro beneficiis gratiam referre, pro vectura solvere, vitam pro vita reddere, ulcisci alqm pro scelere*; **e**) im Verhältnis zu, nach Maßgabe, gemäß, nach, *auch* vermöge, kraft, *zB. pro multitudine hominum angustos fines habere, consilium pro tempore et pro re capere* nach Zeit *u.* Umständen; *bsd. pro viribus* nach Kräften, *pro se quisque* = *pro suis quisque viribus, pro mea* (*tua, sua usw.*) *parte* an meinem Teil, nach meinen Kräften; °*pro portione od. pro rata parte* nach richtigem *od.* bestimmtem Verhältnis, *pro virili parte* nach Manneskraft, *pro eo, quod* im Verhältnis dazu, daß, dementsprechend daß; *pro eo ac od. ut* je nachdem. — **, ****pro* die pro Tag, täglich; *pro domo* / in eigener Sache; *pro dosi* (*med. t.t.*) als Einzelgabe; *pro forma* der Form halber, nur zum Schein; *pro memoria* (*Abk. p.m.*) zum Gedächtnis; *pro mille* (*Abk. p.m.*) je tausend (⁰/₀₀); *pro rata temporis* (*Abk. p.r.t.*) auf den Tag genau; *pro tempore* vorläufig.

prŏāgŏrŭs, *ī m* (*Fw.* ‹ *dor.* προάγορος, = *att.* προήγορος, *eigtl.* „erster Sprecher“) der oberste Beamte *in einigen Städten Siziliens.*

prŏ-auctŏr, *ōrĭs m* (*Suet.*) Stammvater.

prŏ-ăvĭă, *ae f* (*nkl.*) Urgroßmutter.

prŏăvītŭs 3 (*prŏăvŭs*) (*dcht.*) *v.* den Vorfahren ererbt [*regna*].

prŏ-ăvŭs, *ī m* **1.** Urgroßvater. **2.** / Ahnherr, Vorfahr.

prŏbābĭlĭs, *ĕ* (*m. comp.*; *adv.* **-ĭtĕr**) (*prŏbō*) **1.** beifallswert, tauglich, gut, *v. Pers. u. Sachen* [*orator, genus dicendi*]. **2.** glaublich, wahrscheinlich [*coniectura, -iter dicere*].

prŏbābĭlĭtās, *ātĭs f* (*prŏbābĭlĭs*) Glaubhaftigkeit, Wahrscheinlichkeit.

prŏbātĭō, *ōnĭs f* (*prŏbō*) **1.** Prüfung, Musterung, Besichtigung *act. u. pass.* [*athletarum*]. **2. a**) Billigung, Genehmigung; **b**) Schein der Wahrheit. **3.** (*nkl.*) Beweis(führung) [*firma*; *m. gen. obi., zB. scelerum*]; *bsd.* (*philos. t.t.*) logischer Beweis.

prŏbātīvŭs 3 (*prŏbō*) (*Qu.*) den Beweis betreffend.

prŏbātŏr, *ōrĭs m* (*prŏbō*) der *etw.* billigt, Lobredner (*alcis rei, zB. facti*).

prŏbātŭs 3 (*m.* °*comp. u. sup.*) (*eigtl. P.P.P. v. prŏbō*) **1.** erprobt, bewährt, trefflich [*homines, femina* ehrbar; *re* durch *etw.*]. **2.** (an)genehm, beliebt (*alci j-m od. v.*, bei *jd., zB. suis*).

prŏbĕr, *bră, brŭm* (*m. comp.*) (*cf. prŏbrŭm*) (*altl.*) = *prŏbrōsŭs.*

prŏbĕt (*Lu.*) *zsgz.* ‹ *prŏhĭbĕt.*

prŏbĭtās, *ātĭs f* (*prŏbŭs*) Rechtschaffenheit, Redlichkeit.

prŏblēmă, *mătĭs n* (*Fw.* ‹ πρόβλημα) (*nkl.*) wissenschaftliche Aufgabe, Problem.

prŏbō

1. a) prüfen, untersuchen; **b**) *etw.* nach *etw.* beurteilen; **c**) billigen; **2. a**) *jd. m. etw.* zufriedenstellen; **b**) *j-m etw.* beweisen; **c**) *jd.* für *etw.* ausgeben; **d**) durch Beweise überführen.

prŏbō 1. (*denom. v. prŏbŭs*) **1. a**) *etw. auf seine Güte* prüfen, untersuchen [*munera*], (*einen Bau*) besichtigen (*v. den Zensoren gesagt, zB.* °*villam publicam*); (*nkl.*) (*Rekruten*) mustern; **b**) (*unkl.*) *etw.* nach *etw.* beurteilen (*alqd re u. ex od. a re, zB. amicitias utilitate, consilia ex eventu*); **c**) als tüchtig anerkennen, billigen, gelten lassen (*alqm u. alqd, zB. hominem, alcis domum, alcis virtutem*; *abs., zB.* °*Iove non probante* gegen den Willen Jupiters; *m. a.c.i., selten m. inf.*, P. *m. n.c.i.*); *auch etw.* anerkennen = bestätigen, genehmigen (*alqd publice, dictă re*; *m. dopp. acc., zB. alqm imperatorem od. iudicem jd.* als *etw.*). **2. a**) *j-m etw.* beifallswert erscheinen lassen, *jd. m. etw.* zufrieden stellen (*alci alqd, zB.*

libros oratorios, officium suum, suam operam; auch alci de re, zB. de celeri suo reditu); P. **prŏbārī** (od. **sē prŏbārĕ**) alci j-s Beifall gewinnen, sich bei jd. beliebt machen [alcis libri mihi valde probantur, filius parentibus minus probatur mißfällt]; **b**) durch Gründe od. Beweise j-m etw. glaubhaft machen, beweisen (abs., zB. res difficilis probatu; alqd u. alci alqd, zB. crimen, causam, m. dopp. acc., zB. alci se memorem sich dankbar erweisen; alqd pro vero als wahr erweisen; alqd pro vero probatur gilt als wahr; **c**) alqm pro alqo jd. für etw. ausgeben, zB. °se pro eunucho; m. a.c.i., selten m. ut, bsd. qui probari potest, ut ...?; **d**) (nkl.) jd. durch Beweise (als Übeltäter) überführen [socii probari non poterant].

prŏbŏscĭs, ĭdĭs f (Fw. ‹ προβοσκίς) (unkl.) Rüssel des Elefanten.

prŏbrī-pĕrlĕcēbrae, ārŭm f (Pl., Bacch. 1167; cf. pĕllĕcēbrae; eigtl. „Verlockerin zur Sünde") Schmeichelkätzchen, Verführerin.

prŏbrōsŭs 3 (m. °comp. u. °sup.; adv. °**-ē**) (prŏbrŭm) **1.** beschimpfend, schändlich, entehrend [°carmen Schmähgedicht]. **2.** (nkl.) schimpflich handelnd, lasterhaft [homo vitā -us].

▶ **prŏbrŭm,** ī n (wohl ‹ *prŏ-bhr-ŏm, Schwundstufe v. prŏfĕrō; cf. προφέρω „etw. [Schlimmes] vorwerfen"; also eigtl. „was jd. vorgeworfen wird, Vorwurf") **1. a**) Beschimpfung, Schmähung [-is alqm vexare, -a iactare od. °iacere in alqm, °-um dicere alci]; (meton.) **b**) Schimpf, Schande, Schmach [-o esse zur Schande gereichen, °alqd -o habere für Schande halten, -um inferre alci]. **2. a**) Schandtat [°-a luxuriae]; **b**) Unzucht, Unkeuschheit, Ehebruch [-i uxorem insimulare, °libidinum, °corporis].

▶ **prŏbŭs** 3 (m. comp. u. °sup.; adv. °**-ē**) (wohl ‹ *prŏ-bhv-ŏs zu fŭō; cf. altind. pra-bhu- „hervorragend") **1. a**) tüchtig, gut, richtig, passend, meist v. Sachen [res, navigium, ingenium guter Kopf, -e scire od. meminisse wohl, gehörig]; **b**) echt, unverfälscht [vinum, argentum]. **2.** (moralisch) rechtschaffen, brav, sittsam, anständig [homo, °mulier, °mores, °mimos -e actitare m. Anstand]; bsd. bescheiden, genügsam. **3.** (adv.) **-ē** (in Antworten) recht so!, °probissime sehr wohl.

PROC. (Inschr.) Abk. für prō cōnsŭlĕ od. prō cōnsŭlĭbŭs.

prŏcācĭtās, ātĭs f (prŏcāx) Zudringlichkeit, Frechheit.

prŏcāx, ācĭs (m. °comp. u. °sup.; adv. °**-ĭtĕr**) (cf. prŏcŭs, pŏscō; eigtl. „dreist fordernd") zudringlich, frech, unverschämt, v. Pers. u. Sachen [°meretrix, verna, °sermo, °ōs, °-iter stipendium flagitare; in re u. °alcis rei, zB. in lacessendo, °otii begierig nach].

F. abl. sg. -ī u. °-ĕ; pl. n -ĭă, gen. -ĭŭm.

prō-cēdō

1. a) vorwärtsschreiten, hervortreten; **b**) mil. vorgehen; **c**) öffentlich erscheinen, auftreten; **2.** vorgehen, vorrücken; **a**) (Zeit) fortschreiten, verstreichen; **b**) vorwärtskommen, (zu Ehren und Würden) aufsteigen; **c**) weitergehen, fortdauern; **d**) Fortschritte machen; **e**) sich bis zu e-m Punkt versteigen; **f**) vonstatten gehen, glücken.

prō-cēdō, cēssī, cēssŭm 3. **1. a**) vorwärtsschreiten, vorgehen, hervortreten, -kommen (abs. od. ab u. de, ex re u. °re ad od. in, extra alqd u.a., zB. e tabernaculo in solem, e od. de castris in urbem, °ante portam, extra munitiones, alci obviam; m. 1. supin., zB. °visum hinausgehen, um zuzuschauen); / auch v. Sachen [naves, °vineae, °ex portu auslaufen], (Ta.) = dem Munde entfahren, zB. voces contumaces; **b**) mil. vorgehen, vorrücken, marschieren [iter quinque dierum, paulo longius, ante signa]; **c**) öffentlich erscheinen, sich den Leuten zeigen, auftreten [cum veste purpurea, in medium unter die Menge treten, °in publicum od. °in contionem in der Volksversammlung auftreten, °ad suadendum; / postquam philosophia processit ins Leben trat, auch (dcht.) v. Gestirnen, zB. vesper Olympo]. **2.** / (prägn.) vorgehen, vorrücken: **a**) (v. der Zeit) fortschreiten, vorrücken, verstreichen [dies, °procedente iam die]; **b**) vorwärts kommen, zu Ehren u. Würden emporsteigen [studiis, in ea civitate]; **c**) weitergehen, fortdauern [stationes gehen immer fort; bsd. v. Bauten u. Schriftwerken, zB. magna pars operis processerat]; in Berechnungen (nkl.) = weiter angerechnet werden od. weitergehen [stipendia od. aera alci procedunt]; **d**) Fortschritte machen, tiefer eindringen (in re u. re in etw., zB. philosophia tantum, opere m. dem Bau weiterkommen, puer aetate wird älter, rabies contactu ad alqm verbreitet sich); **e**) bis zu einem Punkt sich versteigen [eo magnitudinis bis zu dem Grade, eo vecordiae so weit in, quo illud procedit wie weit geht dies?, liberius altiusque zu weit über das Thema hinausgehen]; **f**) (v. Sachen, Handlungen, Zuständen) Erfolg haben, vonstatten gehen [bene, parum, alci prospere od. non satis ex sententia]; auch (prägn.) gelingen, glücken [°nihil alci procedit, si processit wenn es gut geht]; auch jd. zugute kommen [alcis bene facta rei publicae procedunt].

prŏcēllă, ae f (prŏcēllō) **1.** Sturm (-wind), Orkan, Ungewitter, auch pl. **2.** / **a**) Unruhe, Aufruhr [invidiarum, °civiles]; **b**) (nkl.) stürmischer Angriff, bsd. der Reiterei [equestris, / periculi].

prŏ-cēllō, — — 3. (‹ *prŏ-cĕldō; cf. [im Ablaut] clādēs) (Pl.) darauf stürzen, se -ere sich vordrängen.

prŏcēllōsŭs 3 (prŏcēllă) (nkl., dcht.) stürmisch [ver, mare]; auch = Sturm erregend [ventus].

prŏcĕr, ĕrĭs m (altl. gen. pl. prŏcŭm; wahrsch. ‹ *prŏkŏs „voran seiend" zu prō², nach paupĕr umgebildet; cf. rĕcĭprŏcŭs) sg. selten (Ju.) einer der Vornehmen; meist pl. **prŏcĕrēs,** ŭm m die Vornehmsten, die Aristokratie als Stand [-es et vulgus, °iuventutis].

prōcērĭtās, ātĭs f (prōcērŭs) Schlankheit, hoher Wuchs, übh. Länge, v. Pers. u. Sachen [hominis, arborum, colli], auch Länge der Versfüße [pedum].

prō-cērŭs 3 (m. comp. u. sup.; adv. **-ē**) (wohl eigtl. „vorwärts gewachsen" zu crēscō) **1.** schlank (gewachsen), übh. hoch, lang, v. Pers. u. Sachen [rostrum, collum, °arbor, °membra, °palmae in die Höhe gestreckt, bracchium procerius proicere freier vorstrecken]. **2.** / (in der Metrik) lang [°syllabae; -ior quidam numerus].

prō-cēssī s. prōcēdō.

prōcēssĭō, ōnĭs f (prōcēdō) **1.** das Vorrücken e-s Heeres; **2.** (spätl.) feierlicher Umzug; relig. Prozession.

prō-cēssŭm P.P.P. v. prōcēdō.

prōcēssŭs, ūs m (prōcēdō) **1.** (nkl.) das Fortschreiten. **2.** / **a**) Fortschritt, Fortgang [°morbi, dicendi fortschreitender Stufengang]; (prägn.) guter Fortgang, Wachstum, auch pl. [-ūs efficere u. °habere]; **b**) (nkl., dcht.) glücklicher Ausgang, Glück.

Prŏchȳtă, ae u. °**-ē,** ēs f (Προχύτη) Insel an der kampanischen Küste östl. v. Ischia, j. Procida.

F. Cf. V.-B. I, 1.

prō-cīdō, cīdī, — 3. (cădō) (nkl., dcht.) (vorwärts) niederfallen, -stürzen, v. Pers. u. Sachen.

prōcinctŭs, ūs m (-ĭ-?; prō-cĭngō „zum Kampf gürten") **1.** (nkl.) das Gürten zum Kampf, das Fertigmachen zum Kampf. **2.** in procinctu: **a**) kampfbereit [testamentum facere v. Soldaten, die vor einer Schlacht ihr Testament machen]; **b**) / (nkl.) schlagfertig, in Bereitschaft.

prōclāmātĭō, ōnĭs f (prōclāmō) (nkl.) das Ausrufen, Schreien.

prōclāmātŏr, ōrĭs m (prōclāmō) (Ci., de oratore I, 202) schlechte Überlieferung für clāmātŏr Schreier, v. einem schlechten Sachwalter gesagt.

prō-clāmō 1. schreien, laut rufen (abs. od. m. a.c.i.); (Li.) verächtlich v. e-m schlechten Anwalt das Maul aufreißen (pro alqo).

prō-clīnō 1. (nkl., dcht.) etw. vorwärts beugen od. (abwärts) neigen [mare in litora]; mediopass. sich vorwärts neigen; klass. nur /: proclinatus der Entscheidung nahe, auf abschüssiger Bahn [adiuvare rem proclinatam].

prō-clīvĭs, ĕ u. (unkl.) **-ŭs** 3 (m. comp.; adv. **-ĕ** u. [loc.] **-ī** m. comp. prōclīvĭŭs) (prō²; clīvŭs) **1.** (nkl.) vorwärts geneigt, abschüssig, auch / [via; per od. in proclive bergab, abwärts, zB. -i currere rasch, proclivius in perniciem labi]. **2.** / **a**) (Pl.) schwierig, dunkel; **b**) zu etw. geneigt od. bereit (ad alqd, zB. ad morbum, ad comitatem); **c**) leicht (ausführbar) [res, alci für jd.]; subst.

n (*Com.*) das Leichte [*in proclivi esse* leicht sein].
prōclīvitās, *ātis f* (*prōclīvis*) **1.** (*nkl.*) abschüssige Lage, Abhang. **2.** / Geneigtheit, Neigung (*ad alqd, zB. ad aegrotandum*).
Prŏcnē *u.* **-gnē,** *ēs f* (*Πρόκνη*) **1.** *die in eine Schwalbe verwandelte Schwester der Philomele; s. Philŏmēlă.* **2.** (*dcht.*) *meton.* Schwalbe.
prŏcoetōn, *ōnis m* (*Fw.* ⟨ *προκοιτών*) (*Pli.*) Vorzimmer.
▶ **prō-cōnsŭl,** *lis m* (*Hypost. aus prō cōnsŭlĕ*) Prokonsul, gewesener Konsul, *der nach Ablauf seines Amtsjahres als Statthalter eine Provinz verwaltete*; (*i. der Kaiserzeit*) Statthalter *e-r senatorischen Provinz.*
prōcōnsŭlāris, *ĕ* (*prōcōnsŭl*) (*nkl.*) prokonsularisch [*vir, imago* Schattenbild der konsularischen Gewalt]; *auch subst. m* Prokonsul.
prōcōnsŭlātŭs, *ūs m* (*prōcōnsŭl*) (*nkl.*) Prokonsulat, Würde *od.* Amt des Prokonsuls *od.* Statthalters.
prŏcŏr 1. (*denom. v. prŏcŭs*) fordern, verlangen.
prōcrāstinātiō, *ōnis f* (*prōcrāstinō*) Vertagung, Aufschub.
prō-crāstinō 1. (*crāstinŭs; eigtl.* „auf morgen verschieben") vertagen, aufschieben (*alqd, zB. rem*).
prōcrĕātiō, *ōnis f* (*prōcrĕō*) Zeugung [*liberorum*].
prōcrĕātŏr, *ōris m* (*prōcrĕō*) Erzeuger (*pl.* Eltern); / Schöpfer [*mundi*].
prōcrĕātrix, *īcis f* (*prōcrĕātŏr*) Urheberin, Mutter [*artium*].
prō-crĕō 1. **1.** (er)zeugen [*filios ex u. de alqa m. e-r* Frau], *auch* gebären [*fetŭs*]. **2.** / hervorbringen, erschaffen [*virtutem*].
Prŏcrūstēs, *ae m* (*Προκρούστης*) *Beiname e-s attischen Wegelagerers, der aufgefangene Reisende nach seinem Folterbett verkürzte od. verlängerte (ausreckte), v. Theseus getötet.*
prō-cŭbō, *ŭī,* — 1. (*Ve.*) hingestreckt (da)liegen.
prō-cŭbŭī *s. prōcŭbō u. prōcŭmbō.*
prō-cūdō, *cūdī, cūsŭm* 3. **1.** (*dcht., nkl.*) schmieden [*enses, aes* hämmern, *vomerem* schärfen]. **2.** / **a)** formen, bilden, geläufig machen [*linguam*]; **b)** (*Lu.*) schaffen, hervorbringen; **c)** (*dcht.*) ersinnen [*dolos*].
▶ **prŏcŭl** *adv.* (*et. ungedeutet*) fern: **1. a)** in die Ferne, weithin [*alqm ~ amovere*]; **b)** in der Ferne, fern *v. etw.* [*flumen non ~ est; a re u. unkl. re, zB. a castris,* °*urbe,* °*Romanis*; / *~* °*periculo od.* °*ambitione,* °*res haud ~ seditione erat, ~* °*dubio* ohne Zweifel, *~* °*errare* sehr irren, °*alqd ~ habere etw.* verachten, verabscheuen; °*haud ~ est, quin* es ist nahe daran, daß]; *prägn.* (*dcht.*) in einiger Entfernung, in der Nähe, daneben; **c)** aus der Ferne, *v.* fern, weither [*tela ~ conicere*]. **2.** (*Li.*) (*zeitl.*) *m. abl.* lange vor [*haud ~ occasu solis*].
prōcŭlcātiō, *ōnis f* (*prōcŭlcō*) (*nkl.*) Zertrümmerung [*regni*].
prō-cŭlcō 1. (*călcō*) (*nkl., dcht.*) **1.** niedertreten (*alqm u. alqd, zB. virum pedibus, segetes, nives* durchwaten); *auch* zertreten [*ranas*], *bsd.* niederreiten [*unam alam*]. **2.** / *jd. m.* Füßen treten, erniedrigen [*senatum*].
prō-cŭmbō, *cŭbŭī, cŭbĭtŭm* 3. (**cŭmbō; cf. cŭbō*) **1. a)** (*v. Pers., dcht.*) sich vorwärts legen, sich vorbeugen, sich niederbeugen, *zB. v. Rudernden* [*certamine summo*]; **b)** / *v. Sachen, zB. v. Balken* sich (vor-) neigen [*secundum naturam fluminis* nach der Stromrichtung], *v. Türmen* sich senken, (*nkl.*) *v. Höhen* sich abwärts hinziehen. **2.** (*prägn.*) **a)** sich niederwerfen, niederfallen, sich lagern, sich legen, *v. lebenden Wesen* [*acies, nostri, alces,* °*bos humi od.* °*in ulva,* °*per silvam,* °*super alqm, quietis causā,* °*dextrā alcis* getötet v., °*alci jd.* im Kampf erliegen]; **b)** *jd.* bittend zu Füßen fallen (*alci u. alcis ad pedes od. ad genua,* °*ante pedes*); **c)** / (*v. Sachen*) einstürzen, *bsd. v. Bauten* [°*agger in fossam procumbit,* °*solo*]; *vom Getreide* sich legen [*frumenta imbribus*]. **3.** / (*dcht., nkl.*) sinken, in Verfall geraten [*res publica*].
prōcūrātiō, *ōnis f* (*prōcūrō*) **1. a)** Besorgung, Verwaltung *e-r Sache, bsd. durch Beamte* (*alcis rei, zB. annonae, rei publicae*); *abs.* Staatsdienst, Wirkungskreis [*quaestoria*]; **b)** (*nkl.*) Amt eines kaiserlichen Prokurators, kaiserliche Finanzverwaltung. **2.** (*relig. t.t.*) Sühnung *e-s ungünstigen Wahrzeichens* (*abs., zB. ~ fit sue plena; alcis rei, zB.* °*prodigii*); *pl.* (*Ta.*) *-nes incesti* Reinigungszeremonien bei Blutschande.
prōcūrātiuncŭlă, *ae f* (*demin. v. prōcūrātiō*) (*Se.*) Prokuratorpöstchen.
prōcūrātŏr, *ōris m* (*im Vers auch prŏ-; prōcūrō*) **1.** Verwalter, *entweder als Beamter* [*~ aerarii, regni* Reichsverweser, °*ludi* Vorsteher der kaiserlichen Gladiatorenschule] *od. im Privatleben bzw. vor Gericht als* Stellvertreter *j-s, bsd.* Haus- *od.* Gutsverwalter, Administrator, Bevollmächtigter (*alcis, agere alqd per -rem*). **2.** (*nkl.*) kaiserlicher Prokurator *od.* Rendant *in Rom od. in e-r Provinz zur Erhebung der kaiserlichen Einkünfte* [*Caesaris, Iudaeae*].
prōcūrātrix, *īcis f* (*prōcūrātŏr*) Besorgerin, Pflegerin [*hominis*].
prō-cūrō 1. (*im Vers auch prŏ-*) **1.** *e-e Sache* besorgen, verwalten *entweder als Beamter od.* (*meist*) *als Stellvertreter bzw. Bevollmächtigter j-s* (*alqd, zB. sacrificia publica, alcis negotia od. rationes, hereditatem* als Agent erheben). **2.** *abs.* (*nkl.*) kaiserlicher Prokurator sein. **3.** (*dcht.*) *etw.* pflegen [*corpus, se*]. **4.** (*ungünstige Vorzeichen*) *durch Opfer u.ä.* sühnen [°*prodigia, monstra*].
prō-cŭrrō, (*cŭ*)*cŭrrī, cŭrsŭm* 3. **1. a)** hervor-, vorlaufen, -stürmen, -eilen, -springen, *übh.* laufen, eilen, *auch* / (*abs. od. ex re in u. ad alqd, zB. ex castris in tumulum, in publicum,* °*in hostem,* °*in ius* ins Gericht); **b)** *mil.* vorrücken, ausrücken [*ex castris, extra aciem, ad repellendum hostem*]. **2.** (*v. Leblosem*): **a)** (*Ve.*) (*vom Meer*) vorwärts schießen; **b)** (*nkl., dcht.*) (*v. Örtlichkeiten*) vorragen, sich erstrecken (*abs., zB. saxa procurrentia; od. in alqd, zB. in mare*).
prōcŭrsātiō, *ōnis f* (*prōcŭrsō*) (*nkl.*) das Vorlaufen zum Kampf, Plänkeln (*alcis*), *auch pl.*
prōcŭrsātŏr, *ōris m* (*prōcŭrsō*) (*nkl.*) *meist pl.* Plänkler.
prōcŭrsiō, *ōnis f* (*prōcŭrrō*) (*Qu.*) **1.** das rasche Vorschreiten des Redners auf die Zuhörer (*Affekthandlung*). **2.** Abschweifung.
prōcŭrsō 1. (*frequ. v. prōcŭrrō*) (*nkl.*) vorlaufen, plänkeln [*a stationibus*].
prō-cŭrsŭm *P.P.P. v. prōcŭrrō.*
prōcŭrsŭs, *ūs m* (*prōcŭrrō*) (*nkl., dcht.*) das Vorlaufen, Vorwärtsstürzen, Ansturm, *bsd. v. Kämpfenden* (*abs. od. alcis, zB. militum*).
prō-cŭrvŭs 3 (*Ve.*) vorwärts gekrümmt [*falx, litus*].
prŏcŭs, *ī m* (*cf. pōscō, ablautend prĕcēs*) Freier, / Bewerber.
F. *Cf.* V.-B. VI.
Prŏcyōn, *ōnis m* (*Fw.* ⟨ *προκύων*) Vorhund *od.* Kleiner Hund (*Gestirn*).
prōd-āctŭs *P.P.P. v. prōdĭgō.*
prōd-ămbŭlō (*od. prōdĕămbŭlō*) 1. (*Te.*) hervorspazieren *od.* vor dem Haus sich ergehen.
prōd-ēgī *s. prōdĭgō.*
▶ **prōd-ĕō,** *iī, itŭm, īrĕ* **1. a)** hervorgehen, -treten, herauskommen, *bsd.* öffentlich auftreten (*abs. od. ex u. a re in u. ad alqd, zB. ex tabernaculo, ad colloquium,* °*extra specum, in publicum* ausgehen, sich öffentlich zeigen, *in scaenam, alqs testis prodit*), *v. Schiffen* auslaufen [*ex portu, ad fauces* segeln]; **b)** / erscheinen, sich zeigen, auftreten [*eloquentia in lucem prodiit, consuetudo,* °*alqs prodit ex iudice Dama turpis* wird zu einem häßlichen Sklaven]. **2. a)** vorrücken, vordringen [*longius, in proelium* °*volando* vorwärtsfliegen, °*quādam tenus* bis zu einem gewissen Punkt; / *extra modum* das Maß überschreiten, *re* in *etw., zB. sumptu*]; **b)** / (*dcht.*) (*v. Örtlichkeiten*) vortreten, (her)vorragen [*rupes in aequor prodit*].
F. *pf.-Formen zsgz. prodisse(m) u.a.*
prōd-ēssĕ *s. prōsŭm.*
prō-dīcō, *dīxī, dictŭm* 3. gerichtlich (*e-n Termin*) verschieben, verlegen [*diem, alci diem in Idus Febr.*].
prō-dictātŏr, *ōris m* (*Hypost. aus prō dictātōrĕ*) (*Li.*) stellvertretender Diktator.
Prŏdĭcŭs, *ī m* (*Πρόδικος*) *griech. Sophist aus Keos zur Zeit des Sokrates; Vfssr. der Allegorie v. Herakles am Scheidewege; adi.* **Prŏdĭcīŭs** 3 des Prodikos.
prō-dĭdī *s. prōdō.*
prōdĭgĕntiă, *ae f* (*prōdĭgēns, part. praes. v. prōdĭgō*) (*Ta.*) Verschwendung.
prōdĭgiālis, *ĕ* (*adv.* **-ĭtĕr**) (*prōdĭgiŭm*) **1.** (*Pl.*) böse Vorzeichen abwehrend [*Iuppiter*]. **2.** (*nkl., dcht.*) ungeheuerlich, unnatürlich.
prōdĭgiōsŭs 3 (*prōdĭgiŭm*) (*adv.* **-ē**) (*nkl., dcht.*) abenteuerlich, unnatürlich, seltsam [*mendacia*].

prōdigium, ī n (*wohl* < *prōd-ăgiŭm *zu* ăiō, *eigtl.* „Vorhergesagtes") **1.** Wunderzeichen, wunderbare Erscheinung, *meist unglückverheißend.* **2. a)** Ungeheuerlichkeit, unheilvolle Tat; **b)** (*meton.*) Ungeheuer, Ungetüm, Scheusal *v. Menschen u. Tieren. Cf.* V.-B. VI.

prōd-igō, ēgī, āctūm 3. (ăgō) (*vkl., nkl.*) hervortreiben [sues in lutum]; / verschwenden [sumptibus sua].

prōdigus 3 (*adv.* **-ē**) (< *prōd-ăgŏs, ăgō) **1.** verschwenderisch [homo, °epulae, -e vivere; re *m. etw., zB.* epulis]. **2.** / (*v. Sachen*) **a)** (*dcht.*) reich, fruchtbar [tellus; alcis rei an *etw., zB.* locus multae herbae -us]; **b)** (*dcht.*) willig hingebend, verratend, nicht achtend (alcis rei, *zB.* arcani).

prōditiō, ōnis *f* (prōdō) das Preisgeben, Verrat, *auch pl.* (alcis *j-s u.* an *jd., zB.* exercitūs; alcis rei *e-r* Sache *od.* an *etw., zB.* rei publicae).

prōditor, ōris *m* (prōdō) Verräter (alcis *u.* alcis rei, *zB.* regis, patriae); *auch* (*dcht.*) *adj.* verräterisch [risus].

prō-dō
1. a) weitergeben; **b)** übergeben, überliefern; **c)** überliefern, berichten; **2. a)** zum Vorschein bringen; **b)** veröffentlichen, bekannt machen; **c)** (*zu e-m Amt*) berufen; **d)** verraten; **e)** ausliefern, preisgeben; **f)** verschieben.

prō-dō, didī, ditūm 3. **1. a)** (*dcht.*) weitergeben, -führen [genus a sanguine Teucri fortpflanzen]; / **b)** übergeben, überliefern, hinterlassen (alqd *u.* alci alqd, *zB.* posteris sacra *od.* ius); **c)** (*mündl. od. schriftl.*) überliefern = berichten, melden (alqd *u.* alci alqd, *zB.* alqd memoriae *od.* posteris der Nachwelt überliefern, memoriam alcis *u.* alcis rei *od.* de re, *zB.* °de Magonis interitu, memoriā proditum est die Sage hat sich erhalten, memoriā ac litteris mündl. *u.* schriftl., *m. a.c.i.*). **2. a)** (*dcht.*) hervorbringen, zum Vorschein bringen (alqd, *zB.* vina condita, Medusae caput, gaudia vultu zeigen); / = hervorbringen, *zB.* fetum olivae hervorsprießen lassen, parvā patriā proditus; **b)** veröffentlichen, bekannt machen, verbreiten (alqd *u.* alci alqd, *zB.* decretum, °bellicas caerimonias, °exemplum in alqo an *jd.* statuieren); **c)** (*zu e-m Amt*) berufen, ernennen, wählen (alqm, *zB.* flaminem, interregem); **d)** (*Geheimes*) verraten, entdecken (alqm *u.* alqd *u.* alci alqd, *zB.* conscios, °arcana, °commissa, °alcis consilium, °insidias, °crimen vultu, °cultu prodi durch die Kleidung); **e)** verraten *od.* verräterisch ausliefern, preisgeben (alqm *u.* alqd *od.* alci alqd, *zB.* ducem *od.* aquilam hostibus, classem praedonibus, °libertatem, officium der Pflicht untreu werden, °fidem sein Wort brechen; alqm in cruciatus *od.* ad caedem *od.* °ad mortem); **f)** (*vkl.*) hinausrücken, verschieben [diem nuptiis].

prō-doceō, — — 2. (*Ho.*) laut lehren *od.* (vor)predigen.

prodromus, ī *m* (*Fw.* < πρόδρομος, *eigtl.* „Vorläufer") **1.** Eilbote, Kurier [Pompeianus]. **2.** / *pl.* Nordnordostwinde *vor Aufgang des Sirius.*

prō-dūcō
1. a) vorführen; **b)** (*Truppen*) ausrücken lassen; **c)** ausliefern; **d)** öffentlich auftreten lassen; **e)** geleiten; **f)** hervorlocken; **2. a)** weiter vorziehen; **b)** weiter ausdehnen; **c)** hervorbringen; **d)** (*zeitl.*) hinhalten; **e)** *jd.* befördern.

prō-dūcō, dūxī, ductūm 3. **1. a)** vorführen, hinbringen (alqm *u.* alqd ex *od.* a re ad *od.* in alqd, *zB.* captivos e carcere ad necem *od.* ad supplicium, gladiatores ad forum, °scamnum lecto vor das Lager ziehen *od.* bringen); **b)** (*Truppen*) ausrücken lassen [°aciem, copias pro castris, exercitum in aciem]; **c)** ausliefern [captivos, iumenta]; *auch* (*vkl., nkl.*) zum Verkauf vorführen [ancillam, familiam alcis venalem]; **d)** *jd.* öffentlich auftreten lassen *auf der Bühne, in der Volksversammlung, vor Gericht, als Zeugen u.a.* [alqm in scaenam *od.* in contionem, °ad populum, harum rerum testes; *m. dopp. acc., zB.* alqm testem in Sestium; (*Sen.*) *etw.* auf die Bühne bringen, *zB.* obscoenitates in scaenam]; **e)** (*vkl., dcht.*) *jd.* begleiten, geleiten (alqm, *zB.* virum, *bsd.* °eine Leiche, *zB.* alqm funere, alcis funera); **f)** *jd. durch List* hervorlocken, verlocken, verleiten [alqm °dolo in proelium, °alqm fugā longius, °quo discordia cives produxit!]. **2.** (*prägn.*) **a)** weiter vorschieben, vorziehen [tormenta]; **b)** weiter ausdehnen, verlängern [aciem longius, °cornu paululum]; *bsd.* *in der Aussprache* dehnen [primam litteram]; / **c)** (*unkl.*) hervorbringen, erzeugen, erschaffen [hominum corpora, filiam; / nova vocabula]; *auch* großziehen, erziehen [subolem, arborem, ignes ad flammas zur hellen Flamme anblasen]; **d)** (*zeitl.*) hinhalten, fortdauern lassen [alqm condicionibus, convivium ad multam noctem, sermonem longius, vitam fristen, res producitur zieht, schleppt sich hin]; **e)** α) *jd.* zu *etw.* emporbringen *od.* befördern, auszeichnen [alqm ad honores *od.* ad dignitatem]; β) (*Su.*) *etw.* erhöhen [legata]. *Cf. auch* prōductus.

prōductiō, ōnis *f* (prōdūcō) **1.** das Hinausschieben [temporis]; Verlängerung [verbi *e-s Wortes durch e-e Silbe*]. **2.** Dehnung [syllabae *in der Aussprache*].

prōductō 1. (*intens. v.* prōdūcō) (*Te.*) hinziehen; moram verzögern.

prō-ductus[1] *P.P.P. v.* prōdūcō.

prōductus[2] 3 (*m. comp. u. sup.*; *adv.* **-ē**) (*eigtl. P.P.P. v.* prōdūcō) **1.** verlängert, ausgestreckt, lang [°cornu, nomen durch eine Ansatzsilbe verlängert, littera *u.* syllaba in der Aussprache gedehnt, -e dicere litteram]. **2.** (*zeitl.*) sich in die Länge ziehend [oratio, dolores]. **3.** (*philos. t.t.*) *subst.* prōducta *n* = proēgmena.

prō-dūxī *s.* prōdūcō.

proēgmena, ōrum *n* (*Fw.* < προηγμένα; *t.t. der Stoa*) vorzuziehende Dinge, *die zwar keinen sittlichen Wert haben, aber doch anderen Dingen vorzuziehen sind* (*zB. Gesundheit, Schönheit*).

proeliāris, e (proelium) (*vkl., nkl.*) zur Schlacht gehörig.

proeliātor, ōris *m* (proelior) (*nkl.*) Krieger, Streiter.

proelior 1. (*denom. v.* proelium) **1.** kämpfen, streiten, fechten (*abs. od.* cum alqo *u.* contra alqm; pedibus, °curru; °proeliatum fuit *impers. u. pass.*). **2.** / **a)** (*nkl., dcht.*) *auch* = fūtuō [tota nocte fortiter et ex animo]. **3.** *m.* Worten streiten (*zB.* vor Gericht), wettstreiten.

proelium, ī *n* (*et. ungeklärt*) **1. a)** Kampf, Schlacht, Gefecht [°navale, equestre; -um facere *od.* committere *od.* °inire cum alqo, -um °renovare *od.* redintegrare, °restituere, -o excedere, in -um redire, -o pugnare *u.* contendere *od.* decertare]; *auch* / (*bsd. dcht.*) *v. Kämpfen der Tiere, Winde, Wellen u.a., auch* Wortstreit, *übh.* Streitigkeit, Streit; (*Pl.*) (*scherzh.*; *vom Kampf gegen die Speisen*); **b)** (*Li.*) Zweikampf [-um inire cum alqo, -a miscere]; **c)** (*Ma.*) = κλινοπάλη [o quae proelia, quas utrimque pugnas lectulus vidit!]; **d)** *einzelner* Angriff, Vorstoß [-o hostem lacessere]. **2. a)** (*nkl.*) = Krieg; **b)** (*concr., dcht.*) *pl.* die Kämpfer, Krieger.

prōfānō 1. (*denom. v.* prōfānus) (*nkl., dcht.*) entweihen, entheiligen, schänden, *auch* / (alqd, *zB.* dies festos, pudorem).

prō-fānus 3 (*Hypost. aus* prō fānō „vor dem heiligen Bezirk liegend") **1.** ungeweiht, unheilig, profan [locus, °honores -os facere entweihen]; *subst.* **-um,** ī *n* (*nkl., dcht.*) Ungeweihtes, weltliches Besitztum (*Ggs.* Altargut), *auch pl.* [in -o auf ungeweihtem Boden]. **2.** (*dcht.*) (*in einen Gottesdienst*) nicht eingeweiht [oculi; procul este, profani!; vulgus in den Musendienst nicht eingeweiht]. **3.** (*dcht., nkl.*) ruchlos, gottlos [princeps, ritus]; *auch* °unheilkündend [bubo, avis Unglücksvogel]. — **heidnisch.

(**profātus**), *abl.* ū *m* (prōfor) (*nkl.*) das Aussprechen.

prō-fēcī *s.* prōficiō.

profectiō, ōnis *f* (proficīscor) **1.** Aufbruch, Abreise, Abmarsch, *auch pl.* (alcis *j-s*). **2.** / Herkunft [pecuniae].

profectō *adv.* (*Hypost. aus* *prō factō „als Tatsache") sicherlich, wahrlich, wirklich; *auch* jedenfalls, unter allen Umständen.

prō-fectum *P.P.P. v.* prōficiō.

prō-fectus[1] *part. pf. v.* proficīscor.

profectus[2], ūs *m* (prōficiō) (*vkl., nkl.*) Fortschritt, Erfolg, Wirkung [sine -u vergeblich, -u carere erfolglos sein].

prō-ferō
1. a) hervortragen, -bringen; **b)** hervorstrecken; **c)** (öffentlich) zeigen; **2. a)** veröffentlichen; **b)** *mündl.* vorbringen; **3. a)** vorwärts-, weitertra-

gen; **b)** *mil.* vorschieben; **c)** weiter ausdehnen; (*zeitl.*) verlängern; **d)** (*zeitl.*) verschieben.

prō-fĕrō, *tŭlī, lātŭm, fĕrrĕ* **1. a)** hervortragen, -bringen, -holen, *auch* heraus-, herbei-, her-, hintragen, -bringen (*alqd u. alqm, zB. telum; alqd ex re in od. ad alqd u.ä., zB.* °*commeatūs ex agris in viam, nummos ex arca, arma ex oppido* = ausliefern, / °*continentiam in fortunam regni* mitnehmen für; *alci alqd, zB. pecuniam* hergeben); **b)** hervorstecken, -strecken [*digitum* ausstrecken, °*caput e stagno, se e pulvino*]; **c)** öffentlich vorzeigen, zeigen [*liberos in conspectum*]. **2.** / **a)** veröffentlichen, bekanntmachen [*orationem, alqd foras u. in medium, alcis turpissimum facinus,* °*ingenium* zeigen, *nihil ex litteris in lucem*]; *bsd. als Erfinder* entdecken [*artem, alqd in aspectum lucemque*]; **b)** *mündl.* vorbringen, aussprechen, erwähnen (*alqm u. alqd, zB. multos nominatim, testes, alqd in medium*). **3.** (*prägn.*) **a)** vorwärts- *od.* weitertragen, vorschieben; **b)** *mil., auch* / [*vineas, tormenta* vorbringen, °*gradum* vorwärtsschreiten, weitergehen (*auch* /), °*signa od.* °*castra m.* den Fahnen *od.* dem Lager vorrücken = aufbrechen, vorrücken]; / **c)** *etw.* weiter ausdehnen, erweitern [°*fines agri publici, munitiones, pomerium, aggerem,* °*imperium ad mare u.* °*super Indos;* / *fines officiorum longius*]; *auch zeitl.* = verlängern, *zB. beatam vitam usque ad rogum;* **d)** *etw.* verschieben, aufschieben, vertagen [*diem auctionis laxius, diem de die,* °*exercitum* die Versammlung des Heeres; *res* die öffentlichen Geschäfte vertagen = Gerichtsferien eintreten lassen, *res prolatae* Stillstand der öffentlichen Geschäfte, Eintritt der Gerichtsferien].

prŏfĕssiō, *ōnĭs f* (*prŏfĭtĕŏr*) **1.** (*unkl.*) öffentliche Erklärung, Äußerung (*abs. od. alcis rei, zB. bonae voluntatis*). **2.** öffentliche Anmeldung (*alcis j-s, zB. aratorum; alcis rei e-r* Sache, *bsd. des Namens, Vermögens, Gewerbes, zB. iugerum,* °*aeris* der Schulden, °*flagitii* als Prostituierte). **3.** (*meton.*) öffentlich angemeldetes Gewerbe, Geschäft, Beruf [*bene dicendi,* °*artis* Ausübung, Betrieb, *grammaticae;* (*nkl.*) Lehrstuhl]. — **Bekenntnis, Gelübde, Mönchsgelübde.

prŏfĕssŏr, *ōrĭs m* (*prŏfĭtĕŏr*) (*nkl.*) öffentlich angestellter *u.* besoldeter Lehrer, Professor (*abs. od. alcis rei, zB. eloqentiae, grammaticus, aliarum artium*).

prŏfĕssōrĭŭs 3 (*prŏfĕssŏr*) (*nkl.*) schulmeisterlich, Schulmeister... [*lingua*].

prŏ-fĕssŭs[1] *part. pf. v. prŏfĭtĕŏr.*

prŏfĕssŭs[2] 3 (*eigtl. part. pf. v. prŏfĭtĕŏr*) (*dcht., nkl.*) **1.** (*pass.*) zugestanden, offenkundig [*culpa*]; *ex -o* vorsätzlich. **2.** (*act.*) *subst.* **-ae,** *ārŭm f* öffentliche Dirnen, Prostituierte.

prŏ-fēstŭs 3 (*Hypost. aus prō fēstō* „vor dem Fest") (*nkl., dcht.*) nicht festlich [*dies od. lux* Arbeits-, Werktag].

▶**prō-fĭcĭō,** *fēcī, fĕctŭm* 3. (*făcĭō*) **1.** vorwärtskommen [*tridui viam* zurücklegen]. **2.** / **a)** Fortschritte machen, *etw.* ausrichten *od.* gewinnen [*multum, plus, nihil, aliquid, tantum, parum, satis u.ä.; re* durch *etw., zB. multitudine telorum,* °*verbis apud alqm; in re* in *od.* bei *etw. u. ad od. in alqd* für *od.* in bezug auf *etw., zB. nihil in oppugnatione oppidi, aliquid in philosophia, parum ad pacem od.* °*in praesentis certaminis gloriam*]; **b)** (*v. Leblosem*) helfen *od.* nützen, dienen [*plurimum,* °*verba non proficientia; ad alqd, zB. ad dicendum*]; *bsd.* (*dcht.*) *v. Heilmitteln* wirken, anschlagen.

▶**prŏfĭcīscŏr,** *fĕctŭs sŭm* 3. (*altl. auch prŏfĭcīscō, prŏfĕctūrŭs; incoh. v. prŏfĭcĭō unter Wechsel v. prō- u. prŏ-!*) **1. a)** aufbrechen, (ab)reisen, abfahren, ausziehen, (*v. Schiffen*) absegeln (*abs. od. ex u. a loco in od. ad, per alqd u.ä., zB. ab od. ex urbe per Latium ad mare, ex Asia Athenas od. ad hospitem, ex portu navibus od. classe, cum classe, ad somnum od. ad dormiendum* schlafen gehen, *obviam alci u.ä.; m. 1. supin., zB.* °*venatum* auf die Jagd gehen); **b)** *mil.* marschieren [*in castra* ins Feld ziehen, *contra u. adversus alqm, in pugnam, ad bellum, cum legionibus ad Mutinam; alci auxilio od. subsidio jd.* zu Hilfe kommen]. **2.** / **a)** (*in der Rede*) fortfahren, zu *etw.* übergehen [*ad reliqua*]; **b)** *v. etw.* ausgehen, *m. etw.* den Anfang machen [*a re, zB. a lege, ab initio*]; **c)** herrühren, entspringen, abstammen (*ab alqo od. a u. ex re, zB. a natura, ex ea civitate, profecti ab Aristotele* die Schüler *od.* Schule des Aristoteles).

prŏ-fĭtĕŏr
1. offen bekennen; **2. a)** als sein Fach(gebiet) angeben; **b)** sich öffentlich für *etw.* ausgeben; **c)** öffentlicher Lehrer sein; **d)** (*amtlich*) (an)melden; **3. a)** *etw.* versprechen; **b)** *etw.* hoffen lassen.

prŏ-fĭtĕŏr, *fĕssŭs sŭm* 2. (*vkl. prō-; făteŏr*) **1.** offen bekennen *od.* gestehen (*abs. od. alqd, zB.* °*verum,* °*dolorem* äußern, *auch* °*de re; m. a.c.i.*). **2.** öffentlich erklären: **a)** als sein Fach *od.* seine Wissenschaft angeben (*alqd, zB. philosophiam, ius,* °*medicinam*); *bsd.* Professor *e-s* Faches sein; **b)** *se profiteri alqm* sich öffentlich für *etw.* ausgeben [*se philosophum, se grammaticum, auch* °*se amicum* sich nennen, °*se hostem alci*]; **c)** (*abs.*) (*nkl.*) öffentlicher Lehrer, Professor sein [*qui profitentur*]; **d)** (*amtlich*) *Namen, Vermögen usw.* angeben, anmelden [*iugera sua, frumentum, nomen od. bloß profiteri* sich zum Kriegsdienst *od.* als Bewerber (*um ein Amt*) melden, *se candidatum; apud praetorem*]; **e)** (*nkl.*) *lenocinium* ~ sich als Prostituierte beim Ädil registrieren lassen; *cf. prŏfĕssŭs 2.* **3. a)** *etw.* verheißen, versprechen, zu *etw.* sich erbieten (*alqd, zB. operam suam ad alqd, se adiutorem ad alqd* seinen Beistand anbieten; [*gerichtlich*] *indicium* erklären, daß man eine Anzeige *od.* Aussage machen wolle, *auch* eine offene *od.* freiwillige Anzeige machen; *m. a.c.i.*). **b)** (*dcht.*) *etw.* verheißen = hoffen lassen [*grandia, magna*]. — **das Klostergelübde ablegen.

prōflīgātŏr, *ōrĭs m* (*prōflīgō*) (*nkl.*) Verschwender.

prōflīgātŭs 3 (*m. sup.*) (*eigtl. P.P.P. v. prōflīgō*) **1.** ruchlos, *v. Pers.* [*homo*]. **2.** (*v. der Zeit*) (*nkl.*) weit vorgerückt [*aetas*].

prōflīgō 1. (*zu *prōflīgō 3.* „niederschlagen"; *cf. flīgō*) **1.** niederschlagen, überwältigen (*m. acc., zB. copias hostium*). **2.** / **a)** (*pol.*) vernichten, stürzen (*alqm, zB. socios; alqd, zB. rem publicam*); **b)** (*moralisch*) erniedrigen, tief sinken lassen [*omnia ad perniciem*]; **c)** (*im Gemüt*) niederdrücken [*alqm maerore*]; **d)** dem Ende nahebringen, beseitigen, beinahe vollenden [°*rem, bellum,* °*pugnam*].

prō-flō 1. (*dcht., nkl.*) hervorblasen [*flammas,* / *somnum toto pectore* schnarchen].

prōflŭēns, *ēntĭs* (*adv.* **-ēntĕr**) (*eigtl. part. praes. v. prōflŭō*) (hervor-)fließend, strömend [*aqua*]; / (*rhet.*) *vom Redefluß* [*loquacitas,* °*eloquentia*], *auch* ruhig, gleichförmig, *adv.* in reichem Maße; *subst. f* fließendes Wasser [*alqd in profluentem conicere*]; / *n* Redestrom.

prōflŭēntĭă, *ae f* (*prōflŭēns*) das Hervorströmen; / (Rede-)Strom [*loquendi*].

prō-flŭō, *flūxī,* — 3. (*flŭxī?*) **1.** hervorfließen, -strömen, entspringen [*ex monte, in mare;* / °*sermo (ex) ore alcis*]. **2.** / unvermerkt irgendwohin gelangen [*ab his fontibus ad hominum famam,* (*Ta.*) *ad incognitas libidines* sich unerhörten Lüsten hingeben].

prōflŭvĭŭm, *ī n* (*prōflŭō*) (*nkl., dcht.*) das Hervorfließen [*sanguinis, ventris* Durchfall].

prŏ-fŏr 1. (*vkl., dcht.*) **1.** heraussagen, reden [*plura, alci*]. **2.** weissagen.
F. *Nur wenige Formen gebräuchlich, bsd. prŏfārī, prŏfātŭr, prŏfātŭs ēst.*

▶**prŏ-fŭgĭō,** *fūgī,* — 3. (*spätl. auch prō-*) **1.** (*intr.*) das Weite suchen, entfliehen, sich flüchten (*abs. od. ab alqo, ad alqm, ex od. a re in od. ad alqd, domo in exsilium u.ä.; ad alqm auch* = Zuflucht bei *jd.* suchen). **2.** (*trans.*) (*wohl nur nkl., dcht.*) vor *jd. od. etw.* fliehen, *etw.* meiden (*alqm u. alqd, zB.* °*dominos,* °*agros*).

prŏfŭgŭs 3 (*prŏfŭgĭō*) (*nkl., dcht.*) **1.** flüchtig [*urbe, proelio u. a od. e proelio, ad alqm; Scythes* unstet umherschweifend]; *subst. m* Flüchtling. **2.** verbannt [*domo, patriā, regni*]; *subst. m* Verbannter, heimatloser Flüchtling; (*Min. Fel.*) Apostat, Abtrünniger.

prō-fŭī *s. prōsŭm.*

prŏ-fŭndō, *fūdī, fūsŭm* 3. (*im Vers*

auch prō-) **1. a)** hingießen, hervorströmen lassen, vergießen, ausgießen [*lacrimas, sanguinem, °vinum in tura; / omne odium in alqm, omnes vires animi* aufbieten, daransetzen]; *mediopass. od.* se *effundere* sich ergießen, hervorströmen, *v. Pers. u. Sachen, auch* / [*lacrimae, sagittarii* schwärmen aus, *voluptates* brechen hervor, °*se in questūs* ausbrechen in, *totum se in alqm* sich *jd.* ganz hingeben, *se nimium v. üppigen Schößlingen* = sich hervordrängen]; **b)** herabhängen lassen; *mediopass.* (*Lu.*) herabhängen (*v. der Infula*). **2.** / **a)** aushauchen, ausstoßen [*animam, clamorem, °voces*]; **b)** in Menge hervorbringen, erzeugen [*ea quae frugibus terrae fetu profunduntur*]; **c)** opfern, aufopfern, rücksichtslos preisgeben [*pecuniam et vitam pro patria, omnia*]; **d)** verschwenden, vergeuden [*patrimonium, divitias in libidinum gurgitem*].

▶**prŏfŭndŭs** 3 (*m. °comp. u. sup.*) (*vl. Hypost. aus prō fūndō sc. mĕrĕgrĕ* „vorwärts bis zum Boden") **1. a)** tief, bodenlos, *stets abs.* [*mare, °vorago*], / (*dcht.*) *auch* unterweltlich [*nox Erebi, Manes*]; **b)** (*dcht.*) hoch [*caelum*]; **c)** (*dcht., nkl.*) weit, dicht [*silvae, nox*]; **d)** *subst.* **prŏfŭndŭm,** *ī n* Tiefe, Abgrund [*aquae, °maris, °camporum* tief gelegene Felder, / *veritas in -o demersa*]; *bsd.* (*dcht., nkl.*) Meerestiefe, Meer [*Siculum, immensum*]; (*Pl.*) *auch vom Magen.* **2.** / bodenlos, unermeßlich, unersättlich, *meist pejorativ* [*°avaritia, libidines, °gula, °venter, °ōs Pindari* von unerschöpflicher Fülle]. — ** *De profundis* = „Aus der Tiefe", *Anfangsworte des Ps. 130 (129) der Vulgata; einer der 7 Bußpsalmen.*

prŏfūsĭō, *ōnĭs f* (*prŏfūndō*) (*nkl.*) Ergießung; / Verschwendung.

prŏfūsŭs 3 (*m. °comp. u. °sup.; adv. °-ē*) (*eigtl. P.P.P. v. prŏfūndō*) **1.** (*vkl.*) herabhängend, lang [*crinis*]. **2.** unmäßig, ausgelassen [*hilaritas, °-e tendere in castra* in wilder Flucht]. **3. a)** (*v. Pers.*) verschwenderisch [*°nepos; alcis rei, zB. °sui*]; *auch* (*dcht.*) freigebig; **b)** (*v. Sachen*) kostspielig [*epulae*].

prō-gĕnĕr, *ĕrī m* (*prŏ-?*) (*nkl.*) Gatte der Enkelin.

prō-gĕnĕrō 1. (*nkl., dcht.*) (er)zeugen (*alqm*).

▶**prōgĕnĭēs,** *ēī f* (*prōgignō*) **1.** Abstammung, Geschlecht [*divina, °-em ducere ab alqo*]. **2.** (*meton.*) **a)** Nachkommenschaft (*alcis, zB. deorum*); **b)** Nachkomme, Sproß [*°Veneris*], *auch* (*dcht.*) (*v. Tieren*) Brut; / (*Ov.*) Werke *e-s Dichters.*

prōgĕnĭtŏr, *ōrĭs m* (*prōgignō*) (*unkl.*) Stammvater (*alcis*).

prō-gignō, *gĕnŭī, gĕnĭtŭm* 3 (*-gĭ-?*) (er)zeugen, gebären, P. entstehen [*ex seminibus*].

prō-gnārĭtĕr *adv.* (*gnārŭs*) (*vkl.*) klipp *u.* klar.

prōgnātŭs 3 (**prō-[g]nāscŏr*) gezeugt, geboren, entsprossen (*alqo v. jd., zB.* [*Inschr.*] *gnaivod patre; °deo, °ovo eodem, °semet -i* Sprößlinge seines Geschlechts; *ab u. ex alqo = v. jd.* abstammend, *zB. a Dite patre, ex Cimbris*).

Prŏgnē, *ēs f s. Prŏcnē.*

prŏgnōstĭcă, *ōrŭm n* (*Fw.* ‹ *προγνωστικά*) Wetterzeichen (*Titel e-s v. Cicero übersetzten Gedichts des Aratos*).

prŏgrămmă, *ătĭs n* (*Fw.* ‹ *πρόγραμμα*) (*spätl.*) Bekanntmachung, Edikt.

▶**prō-grĕdĭŏr,** *grĕssŭs sŭm* 3. (*altl.: inf. -grĕdīrī; imp. -grĕdīminō*) (*grădĭŏr*) **1. a)** hervor-, heraus-, vorschreiten, -gehen, auftreten [*ex domo, °in contionem, °portā, °extra vallum*]; *prägn.* (= *°in publicum progredi*) ausgehen, sich öffentlich zeigen; **b)** vorwärts gehen, weitergehen [*progredi et regredi*]; *bsd. mil.* vorrücken, ausrücken, weitermarschieren, (*v. Schiffen*) weitersegeln [*longius a castris, °alci obviam a statione, in locum iniquum; tridui viam, quattuor milia passuum; m. 1. supin., zB. pabulatum*]; *auch* / vorrücken [*aetate paulum, progredientibus aetatibus*]; vorgehen, zu *etw.* schreiten [*ad ultimum supplicium*], sich zu *etw.* versteigen [*°in adulationem*]. **2.** / **a)** (*i. der Rede*) weitergehen [*ad reliqua, longius progredi non posse* kein Wort weiter vorbringen]; **b)** Fortschritte machen, weiterkommen [*non digitum; in re* in *etw., zB. in virtute; oft v. abstr., zB. amentia alcis progreditur, quo amor in amicitia progredi debet?*]; **c)** zu weit gehen [*odio alcis* aus Haß gegen *jd.*].

prōgrĕssĭō, *ōnĭs f* = *prōgrĕssŭs, nur* / Fortschritt; *bsd.* (*rhet. t.t.*) Steigerung (*als Figur*).

prō-grĕssŭs[1] *part. pf. v. prōgrĕdĭŏr.*

prōgrĕssŭs[2], *ūs m* (*prōgrĕdĭŏr*) **1.** das Vorwärts-, Fortschreiten, *Ggs. rĕgrĕssŭs od. rĕdĭtŭs, auch pl.* **2. a)** *mil.* das Vorrücken [*alqm -u arcere*]; **b)** / **α)** Anfang [*primus*]; **β)** Fortschritt, Entwicklung [*rerum; -ūs facere in studiis*].

prŏgўmnăstēs, *ae m* (*Fw.* ‹ *προγυμναστής*) (*Se.*) Vorturner, Trainer (*meist ein Sklave*).

prōh *s. prō*[1].

▶**prō-hĭbĕō,** *ŭī, ĭtŭm* 2. (*altl. coni. pf. -hĭbĕssīt;* [*synk.*] [*Lu.*]: *prōbēt = prōhĭbēt, prōbĕāt = prōhĭbĕāt; hăbĕō*) **1.** fernhalten, abwehren (*alqm u. alqd, zB. Caesarem, meist ab alqo u. a re od. bloß re, zB. praedones ab insula, Suebos a Cheruscis* trennen, *alqm oppido jd.* den Zugang verwehren, *alqm senatu* vom Senat ausschließen; *°haec me prohibent uxore* hält mich ab, eine Frau zu nehmen; *bsd. mil. jd. v. etw.* abschneiden, *zB. hostem aquā od. commeatu; oft* /, *zB. omnem iniuriam, alqm a familiaritate alcis, lasciviam a se*). **2. a)** hindern, verhindern (*alqd* = nicht zulassen, *zB. aditum, prospectum, seditiones; meist alqm a re od. bloß re jd.* an *etw.* hindern, *zB. alqm* [*a*] *reditu od. transitu, alqm a iure gentium jd.* den Gebrauch des Völkerrechts verwehren, *hostem rapinis; alqm id jd.* daran; *selten m. ne u. quominus,* [*nkl.*] *negativ m. quin, meist m. inf. bzw. a.c.i., im P. m. n.c.i.*); **b)** (*m. Worten*) *etw.* verwehren, verbieten [*contraria;* (*Se.*) *prohibita* Verbotenes]. **3.** vor *etw.* schützen, bewahren (*alqm u. alqd a re od. bloß re* vor *od.* gegen *etw., zB. virginem ab impetu armatorum, rem publicam a periculo*).

prŏhĭbĭtĭō, *ōnĭs f* (*prŏhĭbĕō*) Verbot (*alcis rei, zB. sceleris*).

prō-icĭō
1. a) vorwerfen; **b)** vorstrecken; **2. a)** hinauswerfen; **b)** verbannen; **3. a)** niederwerfen; **b)** *refl.* sich stürzen; **4. a)** verschmähen; **b)** preisgeben; **c)** *refl.* sich zu *etw.* erniedrigen; **d)** (*zeitl.*) hinhalten.

prō-icĭō, *iēcī, iēctŭm* 3. (*iăcĭō*) **1. a)** vorwerfen [*°cibum alci*]; **b)** vorstrecken, ausstrecken, vorhalten [*bracchium, hastam* fällen, *°pedem* voransetzen]; P. (her)vorragen, hinausragen, *v. Bauten u. Örtlichkeiten* [*urbs in altum*]. **2. a)** hinauswerfen, wegjagen [*alqm foras od. °ab urbe tantam pestem*]; **b)** (*nkl., dcht.*) verbannen [*alqm in insulam*]. **3. a)** niederwerfen, hinwerfen, wegwerfen, ablegen (*alqd u. alqm, zB. °tela manu, crates* auswerfen, *arma* niederlegen, *°insignia* ablegen, *°lacrimas* vergießen; *alqd in ignem, °exta in fluctus, °praedam fluvio* in den Fluß, *aquilam intra vallum, °galeam ante pedes alcis, tribunos inhumatos*); **b)** *se proicere* sich niederwerfen, sich stürzen [*se ex navi* über Bord springen, *se ad pedes od. °ad genua alcis, se in forum; / se in iudicium* sich (als Zeuge) zu einem Prozeß drängen]. **4.** / **a)** verschmähen, auf *etw.* verzichten [*virtutem, libertatem, °pudorem, °animam* sich töten]; **b)** preisgeben (*alqm od. se; alqd, zB. °imperium, omnia* hintansetzen, *°senatūs auctoritatem* für nichts achten); **c)** *se in alqd* sich zu *etw.* erniedrigen [*in muliebres fletus*] *od.* (*Iust.*) *mediopass.* [*in concubitum amicorum proiecta* sich wegwerfend]; **d)** (*Ta.*) auf eine bestimmte Zeit hinziehen, hinhalten [*alqm ultra quinquennium*].

prōiēctĭcĭŭs 3 (*prōiēctŭs, P.P.P. v. prōicĭō*) (*Pl.*) ausgesetzt [*puella*].

prōiēctĭō, *ōnĭs f* (*prōicĭō*) das Ausstrecken [*bracchii*].

prōiēctŭs[1] 3 (*m. °comp. u. °sup.*) (*eigtl. P.P.P. v. prōicĭō*) **1. a)** (*nkl., dcht.*) hervortretend, -springend, vorstehend [*orae continentis*]; / **b)** hervorragend, außerordentlich, unmäßig [*audacia, cupiditas*]; **c)** zu *etw.* geneigt (*ad alqd, zB. ad audendum* Wagehals, *°ad libidinem*). **2. a)** (*nach vorn*) hingestreckt, (am Boden) daliegend [*ad terram, ante simulacra, °in antro*]; / **b)** (*nkl., dcht.*) verachtet, verächtlich [*imperium, senatūs auctoritas*]; **c)** (*Ta.*) niedergeschlagen [*vultus*].

prōiēctŭs[2], *abl. ū m* (*prōicĭō*) (*nkl., dcht.*) das Ausstrecken, ausgestreckte Lage [*corporis*].

prō-iēctŭs[3] *P.P.P. v. prōicĭō.*

▶**prŏ-ĭndē** *u.* (*dcht. verkürzt*) **prŏin** *adv.* **1.** demnach, daher, *klass. nur bei Aufforderungen m. imp. od. coni.*

[*proinde abite, dum est facultas*]. **2.** ebenso, auf gleiche Weise (*m. ac od. ut wie*); *proinde quasi od. ac si m. coni.* gleich als ob, gerade wie wenn. **F.** *Im Vers oft zweisilbig proindĕ, zB. Verg. Aen.* 11, 383 *u. einsilbig proin.*

prŏ-lābŏr, *lāpsŭs sŭm* 3. **1. a)** (*dcht., nkl.*) vorwärts gleiten *od.* schlüpfen (*abs. od. ad alqd; elephanti, serpens*); / **b)** sich hinreißen lassen, in *etw.* verfallen [*huc libido est prolapsa; prolabi longius quam* = weitläufiger werden als; *ad u. in alqd, zB.* °*ad iurgia,* °*in misericordiam*]; **c)** entfallen [*verbum a cupiditate prolapsum*]. **2. a)** (*nkl.*) (vorwärts) herabgleiten, -fallen (*abs. od. ex re, zB. ex equo; ad od. in u. per alqd u.ä.*); **b)** (*v. Bauten*) (*nkl., dcht.*) einstürzen [*Pergama*]; **c)** / α) fehlen, irren, straucheln (*re* infolge *e-r* Sache, *zB. timore, cupiditate*); β) sinken, verfallen, herunterkommen [*iuventus,* °*disciplina*]. [Ausgleiten.]

prōlāpsiō, *ōnis f* (*prōlābŏr*) das

prōlātiō, *ōnis f* (*prōfĕrō*) **1.** das Vortragen, *bsd.* (*mündl.*) Erwähnung [*exemplorum*]. **2.** (*nkl.*) Erweiterung [*finium*]. **3.** Verschiebung, Aufschub [*iudicii, diei* des Zahlungstermines, *rerum* Gerichtsferien].

prōlātō 1. (*intens. v. prōfĕrō*) **1.** (*nkl., dcht.*) erweitern, vergrößern [*agros, villam*]. **2.** / **a)** aufschieben, verzögern, verschleppen (*alqd, zB.* °*dies,* °*diem ex die, malum*); **b)** (*Ta.*) hinhalten, fristen [*spem, vitam*].

prō-lātŭs *P.P.P. v. prōfĕrō.*

prōlĕctō 1. (*intens. v. prōlĭcĭō*) verlocken, reizen (*alqm u. animum alcis; re* durch *etw.*).

▶**prōlēs,** *is f* (⟨ **prō-ŏlēs; cf. indŏlēs; zu ălō*) **1. a)** Sprößling, *auch coll.* Nachkommen(schaft) (*alcis, zB. hominum,* °*Saturni;* °*mascula*); **b)** (*dcht.*) *v. Tieren u. Pflanzen* = Brut, Rasse, Frucht. **2.** junge Mannschaft [*equitum peditumque,* °*Arcadia*]. **F.** *gen. pl. prōlŭm.*

prōlētārĭŭs (**prō-lē-tŭs* 3 „Kinder habend" *zu prōlēs*) **1.** der untersten Volksklasse angehörend; *subst.* **-ī** Angehörige der untersten Klasse (*die nicht mehr als 1500 asses Vermögen besaßen, vom Kriegsdienst befreit waren u. dem Staat nur mit der Nachkommenschaft dienten*), Proletarier. **2.** / (*Pl.*) niedrig, gemein [*sermo*].

prō-lĭcĭō, —— 3. (*lăcĭō; cf. lăcĕssō; unkl.*) hervorlocken, anlocken (*alqm ad spem, alqd re*).

prō-lĭxŭs 3 (*m. comp.; adv.* **-ē**) (*wohl eigtl.* „vorwärts geflossen" *zu lĭquĕō*) **1. a)** (*nkl., dcht.*) lang (wallend) [*tunica, barba*]; **b)** *adv.* **-ē** reichlich [*-e facere* in reichem Maße]. **2.** geneigt, (bereit)willig, gefällig [*animus, natura alcis, -e promittere u. polliceri de re;* °*-e consentit de concubitu; parum -e* wenig zuversichtlich; *in alqm jd.* sehr zugetan]. **3.** (*v. Sachen*) glücklich, günstig [*res alci -ae*].

prōlŏcūtŏr, *ōris m* (*prōlŏquŏr*) (*Qu.*) Redner, Sachwalter.

prŏlŏgŭmĕnē lēx (= νόμος ὁ προλογούμενος), (*Se.*) Gesetz *m.* Vorwort.

prōlŏgŭs, *ī m* (*u. prŏ-?; Fw.* ⟨ πρόλογος) *Vokallänge durch Anlehnung an prōlŏquŏr begünstigt*) (*vkl., nkl.*) Vorrede, Prolog *e-s Theaterstückes;* Prologsprecher.

prō-lŏngō 1. (*lŏngŭs*) (*Eccl.*) verlängern, hinausschieben.

prō-lŏquŏr, *lŏcūtŭs sŭm* 3. (*unkl.*) aussprechen, sich äußern (*alqd u. alci alqd, zB. miserias caelo, abs. in senatu; m. a.c.i. u. indir. Frages.*); *bsd.* (*dcht.*) weissagend verkünden.

prō-lŭbĭŭm, *ī n* (*lŭbĕt*) (*vkl., nkl.*) Lust, Neigung; Vergnügen.

prō-lūdō, *lūsī, lūsŭm* 3. **1.** (*dcht.*) ein Vorspiel machen; / sich vorbereiten, *v. Fechtern gesagt* [*ad alqd, zB. ad pugnam*]. **2.** einen Vortrag einleiten (*re m. etw.*).

prō-lŭō, *lŭī, lūtŭm* 3. (*lăvō*) **1.** (*dcht., nkl.*) hervorspülen, anschwemmen [*pisces in litore*]. **2.** wegspülen [*nives ex montibus,* °*saxum de vertice montis*]. **3.** (*unkl.*) befeuchten, benetzen, waschen [*manūs in rore, pleno se auro* den vollen Goldpokal austrinken, *multā vappā prolutus*].

prōlūsiō, *ōnis f* (*prōlūdō*) Vorspiel, Vorübung, Probe.

prōlŭvĭēs, *ēī f* (*prōlŭō*) **1.** Überschwemmung. **2.** (*meton.*) (*dcht., nkl.*) Unrat [*ventris*].

prō-mĕrcālis, *ĕ* (*mĕrcŏr*) (*nkl.*) verkäuflich, feil.

prō-mĕrĕō, *ŭī, ĭtŭm u.* (*meist*) *prōmĕrĕŏr, ĭtŭs sŭm* 2. **1.** verdienen: **a)** sich einen Anspruch auf *etw.* erwerben (*alqd; m. ut*); **b)** (*pejorativ*) (*nkl., dcht.*) *etw.* verschulden, sich zuziehen (*alqd, zB. poenam*). **2.** (*nkl.*) erwerben, erlangen [*amorem*]. **3.** (*klass. meist prōmĕrĕŏr*) sich um *etw.* verdient machen (*abs. od. de alqo, zB. bene de multis; de re u. in alqd, zB. in nostrum ordinem;* [*nachaugust.*] *m. acc.* [*socios*]).

prōmĕrĭtŭm, *ī n* (*prōmĕrĕō*) Verdienst (*alcis in alqm j-s* um *jd.*); (*pejorativ*) Schuld.

Prŏmēthēus, *ĕī u.* °*ĕŏs m* (Προμηθεύς, *eigtl.* = „Vorbedacht") *S. des Titanen Iapetos u. der Klymene; V. des Deukalion; er erschuf den Menschen u. holte das Feuer vom Himmel, wurde zur Strafe auf Zeus' Gebot an den Kaukasus geschmiedet u. dort v. einem Geier zerfleischt, bis ihn Herakles befreite; adi.* **Prŏmēthēŭs** 3; *patron.* °**Prŏmēthĭădēs** *u.* °**Prŏmēthīdēs,** *ae m* (*Deukalion*). **F.** *Cf.* V.-B. II, 3.

prō-mĭnĕō, —— 2. (*cf. ĭm-mĭnĕō, mōns*) **1.** (*nkl., dcht.*) hervorragen, -stehen, -treten, vorspringen, *bsd. v. Körperteilen u. Örtlichkeiten* [*ungues, collis, collis in pontum, coma in vultum* hängt ins Gesicht; *v. Pers. pectore* vorgebeugt sein]. **2.** / sich erstrecken [*iustitia foras,* °*gloria in memoriam ac posteritatem*]. **3.** (*part. praes.*) *adi.* **prōmĭnēns,** *ēntis* (*nkl.*) hervorragend; *subst.* (*nkl.*) **prōmĭnēns,** *ēntis n* Vorsprung, Ausläufer [*litoris, montium*].

prōmĭnŭlŭs 3 (*demin. zu prōmĭnĕō nach pĕndŭlŭs: pĕndĕō*) (*nkl.*) hervorragend [*porticus*].

▶**prōmĭscŭŭs** (*nkl.*) *u.* (*vkl., nkl.*) **prōmĭscŭs** 3 (*-ī-?; prō, mĭscĕō*) (*adv. s.* 3.) **1.** gemischt, ungesondert, gemeinschaftlich, ohne Unterschied [*conubia* Mischehen (*zw. Patriziern u. Plebejern*), *divina atque humana -a habere* für gleichgültige Dinge halten, *alqd -um od. in -o habere* gemeinschaftlich besitzen, *in -o esse* Gemeingut *od.* ohne Unterschied sein]. **2.** / gemein, gewöhnlich [*-a mercari*]. **3.** *adv.* **prōmĭsc(ŭ)ē** *u.* (*Pl.*) **prōmĭscăm** ohne Unterschied.

prō-mīsī *s. prōmĭttō.*

prōmĭssiō, *ōnis f* (*prōmĭttō*) Versprechen (*alcis j-s, alcis rei, zB. auxilii*); *auch als Redefigur.*

prōmĭssŏr, *ōris m* (*prōmĭttō*) (*dcht., nkl.*) „Verheißer", Prahler.

prōmĭssŭm, *ī n* (*eigtl. P.P.P. n v. prōmĭttō*) Versprechen, Verheißung, Zusage, *concr.* (*alcis j-s, auch* /, *zB. philosophiae; selten alcis rei, zB. praemiorum; -um servare od.* °*praestare, facere od.* °*dare, solvere alci* halten, erfüllen = *-o stare od.* °*manere, satisfacere; -is* °*onerare alqm*).

prōmĭssŭs 3 (*eigtl. P.P.P. v. prōmĭttō*) **1.** lang (herabhängend), *nur v. Haar u. Bart* [*capillus, caesaries,* °*barba*]. **2.** (*Ho.*) vielversprechend [*carmen, iambi*].

▶**prō-mĭttō,** *mīsī, missŭm* 3. (*eigtl.* „vorwärts gehen lassen") **1.** (*nkl.*) **a)** hervorfließen lassen [*lacrimas*]; **b)** (lang) wachsen lassen, *Haar u. Bart* [*capillum, barbam*]. **2.** / **a)** versprechen, verheißen, zusichern, geloben (*abs. od. alqd u. alci alqd, zB.* °*auxilium, Iovi donum od. templum* geloben; *auch de alqo u. de re, zB. de horum erga me benevolentia; m. adv., zB. bene, religiose, alci benignissime* glänzende Versprechungen machen; *m. a.c.i. fut.*); *auch* /, *zB.* °*sibi reditum* sich Hoffnung auf Rückkehr machen, °*se ultorem m.* Rache drohen, Rache schwören; *dcht. auch v. Sachen;* **b)** *ad alqm* sich bei *jd.* als Gast ansagen; *ad cenam* eine Einladung zu Tisch annehmen; **c)** *damni infecti* Entschädigung für den möglichen Schaden versprechen; **d)** (*Zukünftiges*) vorhersagen (*alci alqd*). **F.** *Pf.-Formen synk.:* °*prōmīstī* = *prōmīsīstī, prōmīssē* = *prōmīsīssē.*

▶**prōmō,** *prōmpsī, prōmptŭm* 3. (⟨ **prō-ĕmō*) **1.** hervornehmen, -holen (*alqd, zB.* °*amphoram,* °*Caecubum,* °*libellum apud patres; alqd u. alci alqd ex u. de re od. bloß* °*re, zB. pecuniam ex aerario, aurum ex armario, vina dolio,* °*se cavo robore* hervorkommen aus). **2. a)** hervor- *od.* herausbringen, ans Licht bringen, zeigen, offenbaren [°*sol diem promit* läßt erscheinen, °*vultūs* hervorstrecken, °*clienti iura* Rechtsbescheide geben, *alqd* °*in publicum* öffentlich bekanntmachen, *argumenta ex re* entnehmen, entlehnen, °*vires* zeigen, gebrauchen]; **b)** (*nkl.*) vortragen = erzählen (*alqd, zB. sententiam, orationem de se, plura adversus alqm; m. a.c.i. u. m. indir.*

Frages.).

prō-mŏnĕō, *ŭī,* — 2. im voraus warnen *od.* aufmerksam machen (*alqm de re*).

prōmŏntōrĭŭm, *ī n* = *prōmŭntŭrĭŭm.*

prōmōtă, *ōrŭm n* (*prōmōtŭs* [*P.P.P.*] *adi. v. prōmŏvĕō*) = *prŏēgmĕnă od. prōdŭctă.*

prōmōtĭō, *ōnĭs f* (*prōmŏvĕō*) (*spätl.*) Beförderung zu e-r Ehrenstelle. — ***Beförderung zur Doktorwürde, Promotion.

prō-mŏvĕō, *mōvī, mōtŭm* 2. **1. a)** vorwärts bewegen, vorschieben, vorrücken (*alqd, zB. saxa vectibus; bsd. mil. turrim, machinationes, castra ad Carthaginem; auch alqm jd.* mitnehmen, *bsd. mil.* vorrücken lassen, *zB. legiones,* °*copias Memphim*); **b)** *einen Bau* vorschieben, verlängern [°*aggerem ad urbem, assa in alterum angulum* verlegen]. **2.** (*nkl., dcht.*) erweitern, ausdehnen [*imperium, vires in immensum orbem, se in latitudinem*]. **3. a)** (*dcht.*) fördern, heben [*doctrinā vim insitam*]; **b)** (*nkl.*) *jd.* befördern, aufrücken lassen [*alqm in amplissimum locum, ad curam alcis rei*]. **4.** (*Ho.*) hervorlocken, offenbaren [*arcana*].

prōmpsī *s. prōmō.*

prōmptō 1. (*intens. v. prōmō*) (*Pl.*) herausgeben [*thesauros Iovis*].

prōmptŭārĭŭs 3 (*prōmptŭs*[1]; *eigtl.* „zum Herausnehmen bestimmt") (*vkl., nkl.*) Vorrats... [*cella* Vorratskammer (*scherzh. vom Gefängnis*)].

(**prōmptŭs**[1]), *abl. ū m* (*prōmō*) **1.** Sichtbarkeit. **2.** Bereitschaft; *nur in der Verbindung in prōmptū m. Verb: zu* 1: sichtbar, vor aller Augen [esse sichtbar sein, auf der Hand liegen, °*habere u. ponere* sehen lassen]; *zu* 2: in Bereitschaft, zur Hand [esse, *habere*]; (*dcht., nkl.*) leicht [*in promptu est m. inf.* es ist leicht].

▶**prōmptŭs**[2] 3 (*eigtl. P.P.P. v. prōmō*) (*m. comp. u. sup.; adv.* **-ē**) **1.** (*eigtl.* „hervorgenommen") sichtbar, offen(bar) [*res, alqd -um* °*in lingua habere*]; *subst.* **prōmptă** *n* [*-a et aperta;* °*-a, occulta novisse*]. **2.** bereit, fertig: **a)** (*meist v. Pers.*) **α)** willfährig, bereitwillig (*abs., zB. homo, fratres; ad u.* °*in alqd* zu *etw., zB. ad vim, ad pericula,* °*in adulationes; auch* °*alci rei u.* °*alcis rei* zu *etw., zB. servitio; auch* °*alci* für *jd., zB. Neroni*); **β)** schlagfertig, entschlossen, rasch, gewandt [*homo; re m. etw., zB.* °*ingenio,* °*linguā,* °*manu* persönlich tapfer, *auch* °*animi; in re* in *od.* bei *etw., zB.* °*in rebus gerendis et excogitandis, auch* °*belli* im Krieg; *pro alqo* für *jd.,* °*adversus alqm* gegen *jd. u.a.*]; **γ)** freimütig [*promptius dicere*]; **b)** (*v. Sachen*) bereit, zur Hand [°*sagittae, eloquentia u. audacia* schlagfertig, °*aures, fidem promptam praebere; alci j-m u.* für *jd., zB. omnibus; in re* in *od.* bei *etw.*]; *subst.* °**-ŭm,** *ī n* Schlagfertigkeit; **c)** leicht, bequem [*defensio,* °*promptum est m. inf.* es ist leicht; *alci* für *jd., zB. moenia oppugnanti -a; m. 2. supin., zB. effectu*].

prōmptŭs [3] *P.P.P. v. prōmō.*

prōmŭlgātĭō, *ōnĭs f* (*prōmŭlgō*) öffentliche Bekanntmachung, *bsd. e-s Gesetzvorschlages.*

prōmŭlgō 1. (*et. unklar*) öffentlich anschlagen *od.* ankündigen [*legem od. rogationem* einen Gesetzvorschlag vorläufig an drei Markttagen zur allgemeinen Kenntnis bringen; *de alqo u. de re, zB. de salute alcis*].

prō-mŭlsĭs, *ĭdĭs f* (*mŭlsŭm; eigtl.* „Vormet") Vorgericht.

prōmŭntŭrĭŭm *u.* **prōmŏntōrĭŭm,** *ī n* (*-tū-?; prōmĭnĕō, wohl m. sekundärer Anlehnung an mōns*) **1.** (*Li.*) Vorsprung *eines Berges od. Gebirges,* Ausläufer. **2.** Vorgebirge, Kap.

prōmŭs, *ī m* (*prōmō, eigtl.* „Ausgeber *der Vorräte aus der Speisekammer*") (*klass. nur vereinzelt*) Schaffner, Küchenmeister; / (*Pl.*) Hüter [*meo pectori*].

prō-mūtŭŭs 3 (als Darlehn) vorgestreckt [*vectigal* als Vorschuß bezahlt].

(**prŏ-nāŭs** *u.* **-ŏs**), *ī m* (*Fw.* ⟨ *πρόναος u. -ον*) (*Vi.*) Tempelvorhalle; Pronaos.

prŏ-nĕpōs, *ōtĭs m* (*prō-?*) Urenkel.

prŏ-nĕptĭs, *ĭs f* (*prō-?*) (*nkl., dcht.*) Urenkelin.

prŏnoeă, *ae f* (*Fw.* ⟨ *πρόνοια*) Vorsehung.

prō-nōmĕn, *ĭnĭs n* (*vkl., nkl.*) (*gramm. t.t.*) Fürwort, Pronomen.

prō-nŭbă, *ae f* (*nūbō*) (*unkl.*) Brautjungfer [*Iuno* Ehestifterin]; / Brautführerin; (*pejorativ*) Stifterin einer unglücklichen Ehe [*Bellona, Furia*].

prōnŭntĭātĭō, *ōnĭs f* (*prōnŭntĭō*) **1.** öffentliche Bekanntmachung [*-onem facere* erlassen]. **2.** Richterspruch. **3.** (*log. t.t.*) Satz [*vera, falsa*]. **4.** (*nkl.*) Vortrag, Deklamation.

prōnŭntĭātŏr, *ōrĭs m* (*prōnŭntĭō*) Erzähler (*alcis rei*).

prōnŭntĭātŭm, *ī n* (*eigtl. P.P.P. v. prōnŭntĭō*) (*log. t.t.*) Grundsatz (= *ἀξίωμα*).

prō-nŭntĭō 1. **1. a)** öffentlich bekanntmachen, ausrufen, *bsd. vor Versammlungen* (*alqd per praeconem, magnā voce victorum nomina, legem* die Annahme *e-s* Gesetzes, *decumas,* °*alqm praetorem jd.* als Prätor); **b)** *übh.* laut ankündigen *od.* verkündigen (*alqd, zB. futura; alci alqd, zB. causam legatis; m. a.c.i. u. indir. Frages.*); **c)** *mil. etw.* ansagen, einen Befehl ergehen lassen [°*iter,* °*proelium in posterum diem,* °*signum; m. ut, ne*]; **d)** öffentlich versprechen [°*militibus praemia od.* °*praedam, alci pecuniam, nummos*]; **e)** berichten, erzählen. **2.** (*vom Konsul*) *sententias* die Meinungsäußerungen der Senatoren zusammenfassen *u.* darüber abstimmen lassen. **3.** (*jur. t.t.*) **a)** (*vom Richter*) das Urteil fällen, entscheiden, erkennen [*ita sententiam* den Richterspruch, das Urteil; °*de alqo u.* °*de re; m. a.c.i.*]; **b)** *beim Verkauf die Fehler e-s Verkaufsobjektes u. die auf ihm lastenden Servituten* angeben. **4.** (*rhet. t.t.*) vortragen, deklamieren [*multa memoriter, versūs multos uno spiritu*]; *selten* schriftlich behandeln.

prō-nŭpĕr *adv.* (*Pl.*) erst kürzlich.

prō-nŭrŭs, *ūs f* (*Ov.*) Gattin des Enkels.

▶**prōnŭs** 3 (*m.* °*comp.; adv.* **-ē**) (*zu prō*[2]; *Bildung unsicher*) **1.** vorwärts geneigt, vornüber (hängend), schräg, *v. Pers. u. Sachen* [*pecora,* °*corpus,* °*ilex,* °*corporis motus,* °*-us pendens in verbera* sich zum Schlage vorbeugend, *tigna -e adigere* schräg einrammen]; *dcht.* vorwärts stürmend *od.* eilend. **2. a)** (*nkl., dcht.*) abstürzend, abschüssig, jäh [*currus, amnis, via, urbs in paludes prona,* °*mare* nach dem Land zu schießend, °*sidus u.* °*Orion* untergehend]; **b)** / (*dcht.*) (*v. der Zeit*) enteilend [*menses, anni*]; **c)** *subst.* **prōnŭm,** *ī, n:* **α)** (*Ci.*) *nihil -i habere* nichts, was nach unten zieht; **β)** (*nkl.*) Abhang [*montis*]. **3.** / **a)** zu *etw.* geneigt, aufgelegt (*in u.* °*ad alqd od.* °*alci rei, zB.* °*in consilium,* °*in libidines,* °*ad novas res*); **b)** (*nkl.*) gewogen, zugetan (*abs., zB. animus, aures, fortuna; alci u. in alqm*); **c)** (*nkl.*) leicht, bequem [*palma* Sieg; *alci* für *jd., zB. omnia virtuti -a; ad alqd* in bezug auf *etw., zB. ad fidem* leicht zu glauben].

prŏoemĭŏr 1. (*denom. v. prŏoemĭŭm*) (*Pli.*) *e-e Rede* einleiten.

prŏoemĭŭm, *ī n* (*Fw.* ⟨ *προοίμιον*) Eingang, Einleitung (*abs. od. alcis rei, zB. legis, libri*); *auch* Vorspiel [*citharoedi*; / (*Ju.*) *rixae*].

prōpāgātĭō, *ōnĭs f* (*prōpāgō*[2]) **1.** Fortpflanzung *v. Gewächsen* [*vitium*; / *nominis*]. **2.** / **a)** Erweiterung [°*finium*]; **b)** Verlängerung [*temporis, vitae*].

prōpāgātŏr, *ōrĭs m* (*prōpāgō*[2]) Verlängerer [*provinciae* = der Cäsar die Verlängerung der Statthalterschaft in der Provinz verschaffte].

▶**prōpāgō**[1], *ĭnĭs f* (*prōpāgō*[2]) **1.** Setzling, Ableger *v. Gewächsen, bsd. des Weinstocks* [°*vitium*]. **2.** / **a)** (*dcht.*) Sprößling, Kind (*alcis, zB. Mercurii*); **b)** (*coll.*) (*dcht.*) Nachkommenschaft [*Romana*]; **c)** (*nkl.*) Stammbaum (*alcis, zB. virorum*).

prō-pāgō[2] 1. (*cf. pangō*) **1.** durch Setzlinge fortpflanzen [°*vitem;* / *subolem, stirpem in quingentesimum annum*]. **2.** / **a)** (*räuml.*) ausdehnen [*fines imperii; religionem*]; **b)** (*zeitl.*) verlängern, fortsetzen [*bellum,* °*alci imperium in annum* auf ein Jahr, (*sibi*) *vitam aucupio* fristen]; *auch* hinzufügen (*alqd alci rei u. ad alqd, zB. multa saecula rei publicae, alqd posteritati* auf die Nachwelt bringen).

prō-pălăm *adv.* **1.** öffentlich, vor aller Welt [*dicere*]. **2.** (*Pl.*) offenkundig [*fieri*].

prō-pătŭlŭs **1.** *adi.* 3 nach vorn hin offen, frei [*locus*]. **2.** *subst.* **-ŭm,** *ī n; nur* **in prōpătŭlō: a)** im Freien; **b)** (*nkl.*) im Vorhof [*aedium*]; **c)** / (*nkl.*) öffentlich [*pudicitiam in -o habere* öffentlich feilbieten].

prŏpĕ beinahe

I. *adv.* **1.** (*räuml.*) nahe; **2.** (*zeitl.*) **a)** nahe (bevorstehend); **b)** kurz vorher; **3. a)** beinahe, fast; **b)** gewissermaßen; **c)** (*Rang*) gleich nach; **II.** *prp. b. acc.* **1.** (*räuml.*) nahe bei; **2.**

(*zeitl.*) nahe an, gegen; **3.** nicht weit von; **III.** *adi. comp.* **prŏpĭŏr 1.** (*räuml.*) näher(liegend); **2.** (*zeitl.*) näher; später; **3. a)** ähnlicher; **b)** näher verwandt; **c)** passender; **d)** wirksamer; **IV.** *adi. sup.* **prŏxĭmŭs 1.** (*räuml.*) der nächste; **2.** (*zeitl.*) **a)** der letzte, vorige; **b)** der nächstfolgende; **3.** (*Reihenfolge, Rang*) **a)** der nächste; **b)** sehr ähnlich; **c)** am nächsten verwandt, nächststehend.

prŏpĕ (*wohl ‹ *prō-quĕ; cf. prŏxĭmŭs, aber Bedeutungsentwicklung unklar*) **I.** *adv.* (*comp.* **prŏpĭŭs,** *sup.* **prŏxĭmē,** *altl.* **prŏxŭmē**) **1.** (*räumlich*) nahe, in der Nähe, in die Nähe [*prope esse, propius accedere, proxime sequi, propius abesse ab alqo* jd. näher stehen; *oft m. a, selten m. ad, zB. prope a Sicilia, propius a terris, proxime trans Padum*]; / (*Ve.*) *rem propius aspicere* gnädiger, *propius firmare alqd* auf wirksamere Weise. **2.** (*zeitl.*) **a)** (*vkl., nkl.*) nahe, nahe bevorstehend [*mors prope imminet; prope est, ut* die Zeit ist nahe, daß]; **b)** kurz vorher, soeben [*legiones proxime conscriptae*]. **3.** / **a)** beinahe, fast [*prope nemo u. nemo prope, his ~ verbis, ~ iam salus desperata est, ~ dicam* fast möchte ich sagen; *bsd. m. ind. pf., zB. ~ oblitus sum* beinahe hätte ich vergessen; °*~ est, ut* es ist nahe daran, es fehlt nur wenig, daß, *stets impers.*; *propius nihil est factum quam ut* es fehlte wenig, so]; **b)** (*dcht.*) *zur Milderung starker Ausdrücke* = gewissermaßen, sozusagen [*Hor., sat.* 1,3,98; *epist.* 1,6,1]; **c)** (*v. Rang u. Wert*) zunächst, gleich nach [*proxime ab alqo*]. **II.** *prp. b. acc., seltener* (*beim comp. u. sup.*) *m. dat.* **1.** (*räuml.*) nahe bei, in der Nähe v. [*~ me, ~ castra; propius u. proxime hostem od. urbem, castris*]. **2.** (*zeitl.*) nahe an, gegen, um [*~ Kalendas Sextiles, ~ maturitatem esse*]; *proxime* sogleich nach [*solis occasum*]. **3.** / (*nkl.*) beinahe zu, nicht weit *v. etw.* [*res ~ secessionem venit; propius* näher an, ähnlicher, *zB. propius fidem est* es verdient mehr Glauben, *propius virtutem esse* der Tugend näher stehen; *proxime* sehr nahe an, sehr ähnlich, *zB. ~ morem Romanum*]. **III.** *adi. comp.* **prŏpĭŏr,** *ĭŭs* (*adv. prŏpĭŭs, cf. prŏpĕ*) **1.** (*räumlich*) näher, näherliegend, in größerer Nähe [°*tumulus, pons,* °*locus*; *meist m. dat., seltener m. acc. od. a, zB. Germanis, urbi,* / °*damno sentiendo,* °*montem, a postremo*]; *subst.* °**prŏpĭōră,** *ŭm n* die näherliegenden Punkte [*-a flumini tenere*]. **2.** (*zeitl.*) näher (*klass. selten*) [°*vesper,* °*puero quam iuveni*]; *auch* = später, jünger [*epistula,* °*tempora*; *subst. ad propiora venio*]. **3.** / näher: **a)** näherkommend, ähnlicher [*sceleri,* °*vero* wahrscheinlicher, °*tauro formam* einem Stier an Gestalt, °*a contumelia*]; **b)** näher verwandt [*homo,* °*gradus sanguinis; alci*]; *übh.* näher angehend, befreundeter, vertrauter [*societas,* °*amicus, pericula* mehr am Herzen liegend; °*alci u.* °*alci rei, zB.* °*irae quam timori* geneigter zu, °*famae* mehr befreundet]; **c)** passender, geeigneter, bequemer [*portus huic aetati,* °*fides ad fallendum*]; **d)** wirksamer. **IV.** *adi. sup.* **prŏxĭmŭs** 3, *altl. prŏxŭmŭs* (*adv. prŏxĭmē, cf. prŏpĕ*) **1.** (*räuml.*) der nächste, sehr nahe [*via, oppidum,* °*lictor* der zunächst gehende, *in proximo litore* ganz nahe am Ufer; *meist m. dat., seltener m. acc. od. a, zB. Germanis, finibus, mare*]; *subst.* **prŏxĭmī** *m* die Nächsten, die nächsten Nachbarn; **prŏxĭmŭm,** *ī u. pl.* **-ă,** *ōrŭm n* Nachbarschaft, der nächste Punkt [*urbis, in -o urbis, ex -o*]; *auch* das Nächstfolgende [*-um est, ut* es folgt nun *od.* es ist meine nächste Aufgabe, daß]. **2.** (*zeitl.*) **a)** der letzte, vorige [*nox, bellum, censor*]; **b)** der nächstfolgende [*nox, annus, praefectus classis*]. **3.** / (*v. Reihenfolge, Rang, Wert*) **a)** der nächste [*ordo, honos; re* durch *od.* an, nach *etw., zB. aetate, cognatione, amore*]; **b)** nächstkommend, sehr ähnlich (*m. dat., zB. deo, vero u.* °*veris* der wahrscheinlichste, °*poëtis* = *poëtarum operibus; m. ac, atque* = fast ganz so wie *jd.*); **c)** sehr nahe *od.* am nächsten verwandt, *übh.* nächststehend (*alci u. alci rei, zB. religioni; auch* °*alcis rei*); *subst.* **-ŭm,** *ī n* nächste Verwandtschaft; *meist* **-ī,** *ōrŭm m* die nächsten Verwandten, Vertraute, Gefolge.

prŏpĕ-dĭēm *adv.* nahe dem heutigen Tag, nächstens; *auch* demnächst.

prō-pellō, *pŭlī, pŭlsŭm* 3. (*im Vers auch prŏ-*) **1. a)** vorwärts-, fortstoßen, -treiben, *auch* hinabstoßen, -schleudern, umstoßen [*navem remis od.* °*in altum,* °*corpus alcis e scopulo in profundum, crates pro munitione obiectas,* °*saxa in alqm,* / *orationem dialecticorum remis*]; **b)** (*vkl., nkl.*) (*als Hirt*) vor sich hertreiben [*pecus pastum od. extra portam*]. **2.** vertreiben, in die Flucht treiben, *bsd. mil.* [*hostem a castris,* °*alitem nido*]. **3.** / (*nkl.*) *jd.* zu *etw.* antreiben *od.* bewegen (*alqm ad alqd, zB. ad voluntariam mortem, ad ultima*). **4.** (*nkl., dcht.*) abwehren (*alqd u. alqd ab alqo, zB. famem, periculum*).

propĕ-mŏdŭm *u.* (*Pl.*) **-mŏdŏ** *adv.* nahezu, beinahe, fast.

prō-pĕndĕō, *pĕndī, pĕnsŭm* 2. **1.** (*vkl., nkl.*) hervor-, herabhängen. **2. a)** das Übergewicht haben [*lanx;* / *bona*]; **b)** / sich hinneigen (*in alqm u. in alqd*). *Cf. auch prōpēnsŭs.*

prōpēnsĭō, *ōnĭs f* (*prōpĕndĕō*) (geistige) Neigung, Hang (*ad alqd*).

prōpēnsŭs 3 (*m. comp. u.* °*sup.; adv.* **-ē**) (*eigtl. P.P.P. v. prōpĕndĕō*) **1.** (*dcht.*) herabhängend. **2.** / **a)** schwer, gewichtig; wichtig; **b)** zu *etw.* geneigt, willig (*abs. od. ad u. in alqd, zB. ad voluptates, in alcis amicitiam; auch* °*pro alqo*); **c)** nahekommend, sich nähernd (*ad alqd, zB. ad veritatis similitudinem*).

prŏpĕrāntĕr *adv.* (*m. comp. u. sup.*) (*prŏpĕrāns, part. praes. v. prŏpĕrō*) (*nkl., dcht.*) eilends, eilig [*ire*].

prŏpĕrāntĭă, *ae f* (*prŏpĕrāns, part. praes. v. prŏpĕrō*) (*nkl.*) *u.* **prŏpĕrātĭō,** *ōnĭs f* (*prŏpĕrō*) (*Ta.*) Eile, Eilfertigkeit.

prŏpĕrātō *adv.* (*prŏpĕrātŭs, P.P.P. v. prŏpĕrō*) (*Ta.*) = *prŏpĕrāntĕr.*

prŏpĕrĭ-pēs, *pĕdĭs* (*prŏpĕrŭs*) (*Ca.*) eilenden Fußes.

▶ **prŏpĕrō** 1. (*denom. v. prŏpĕrŭs*) **1.** (*trans.*) (*unkl.*) *etw.* beschleunigen (*alqd, zB. iter, opus, gloriam* rasch erwerben, *arma viro* eilig bringen). **2.** (*intr.*) eilen, sich beeilen (*abs., zB.* °*properato opus est* Eile tut not; *ad alqm u. in od. ad alqd, zB. in castra, Romam, ad praedam; m. inf., zB. in patriam redire, selten m. ut, auch m.* °*a.c.i. u.* °*1. supin.*).

Prŏpertĭŭs, *ī m:* Sextus *~ aus Umbrien (etwa 47—15 v. Chr.), ber. Elegiker, zu Rom dem Kreise des Mäcenas angehörend; im Mittelpunkt der ersten 3 seiner 4 Bücher steht seine glühende Liebe zu Cynthĭă (dcht. Name für Hŏstĭă).*

prŏpĕrŭs 3 (*adv.* **-ē** *u. weniger gut* **-ĭtĕr**) (*et. nicht geklärt*) (*unkl.*) eilig, schleunig (*alcis rei* in bezug auf *etw., zB. occasionis; m. inf.*).

prō-pēxŭs 3 (*pĕctō*) (*dcht., nkl.*) nach vorn gekämmt, herabhängend, *v. Haar u. Bart* [*crinis, barba*].

prŏphētă *u.* **-tēs,** *ae m* (*Fw.* ‹ προφήτης „Verkünder u. Deuter der Orakel") (*spätl.*) Weissager, Magier, Prophet. — ***auch* Psalmist, *~ Dei* = David.

prŏphētĭă, *ae f* (*Fw.* ‹ προφητεία; *cf. prŏphētă*) (*Tert., Eccl.*) Weissagung.

prŏphētĭcŭs 3 (*adv.* **-ē**) (*Fw.* ‹ προφητικός) (*Tert.*) prophetisch.

prŏpīn *n indecl.* (*u. prō-?; Fw.* ‹ προπ[ι]εῖν, *inf. aor. v.* προπίνω) (*Ma.*) Vortrunk, Aperitif.

prŏpīnātĭō, *ōnĭs f* (*prŏpīnō*) (*nkl.*) das Zutrinken.

prŏpīncŭs = *prŏpīnquŭs.*

prō-pīnō 1. (*im Vers auch prŏ-; Lw.* ‹ προπίνω) **1.** (*cf. Ci., Tusc.* I, 96) *jd.* zutrinken (*alci u. alci alqd*). **2.** (*dcht., nkl.*) *jd. etw.* zu trinken geben; / (*Te.*) *alqm deridendum jd.* dem Spott preisgeben.

prŏpīnquĭtās, *ātĭs f* (*prŏpīnquŭs*) **1.** Nähe, *auch pl.* [*loci, hostium, ex -te pugnare* in der Nähe]. **2.** / Verwandtschaft, *abstr. u. concr.* [*nobilis*].

prŏpīnquō 1. (*denom. v. prŏpīnquŭs*) (*nkl., dcht.*) **1.** (*intr.*) sich nähern (*abs. od. alci u.* [*Sa., Ta.*] *alqd, zB. fluvio, campos*); *zeitl.* = nahe bevorstehen. **2.** (*trans.*) *etw.* beschleunigen (*alqd, zB. augurium*).

▶ **prŏpīnquŭs** 3 (*adv.* °**-ē**) (*prŏpĕ; zur Bildung vgl. lŏng-inquŭs* = *-απός, zB.* ἀλλοδ-απός) **1.** (*räuml.*) nahe (-liegend), benachbart [*provincia,* °*colles inter se -i; alci rei, zB.* °*hortus flumini*]; *subst. n* °*in propinquo esse* in der Nähe sein, °*ex -o cognoscere* aus der Nähe, *pl. -a urbi* Umgebung der Stadt. **2.** (*zeitl.*) nahe bevorstehend [*reditus*]. **3.** / **a)** nahekommend, ähnlich (*abs. od. alci rei, zB.* [*motūs*] *perturbationibus*

animi -i); **b**) verwandt [°*cognatio* nahe, °*bellum m.* Verwandten; *alci m. jd.*; *re* durch *etw.*, *zB.* °*genere*]; *subst.* **prŏpinquŭs,** *ī m u.* **-ă,** *ae f* der *u.* die Verwandte, Angehörige, nahestehender Freund (*alcis j-s*).
F. *comp.* °*prŏpinquiŏr, klass. durch prŏpiŏr, sup. durch prŏximūs ersetzt.*

▶ **prŏpiŏr,** *iūs comp. v. prŏpĕ.*

prŏpitiō 1. (*denom. v. prŏpitiūs*) (*vkl., nkl.*) versöhnen, *bsd. e-n Gott* (*alqm, zB. Venerem, genium suum*).

prŏpitiŭs 3 (< **prŏ-pĕt-iŏs zu pĕtō; cf.* προπετής „vorwärts fallend, geneigt zu") geneigt, gewogen, günstig, *meist v. Göttern, unkl. v. Sachen* [*aures; alci j-m*].

prŏpiŭs *s. prŏpĕ.*

prŏpnīgēŭm, *ī n* (*-pnī-?; Fw.* < προπνιγεῖον) (*nkl.*) Heizraum *od.* Vorraum des warmen Bades.

prŏpōlă, *ae m* (*u. prō-?; Fw.* < προπώλης) Krämer.

prō-pŏllŭō, —— 3. (*Ta.*) noch mehr beflecken (*alqd re*).

> **prō-pōnō**
> **1. a**) öffentlich hinstellen; **b**) an-, feilbieten; **c**) öffentlich bekanntmachen; **2.** (*in d. Rede*) vorbringen; **3. a**) in Aussicht stellen; **b**) androhen; **4. a**) (sich) vor Augen stellen; **b**) vorschlagen; **5.** sich *etw.* vornehmen.

prō-pōnō, *pŏsŭī, pŏsĭtŭm* 3. **1. a**) öffentlich hinstellen, aufstellen, ausstellen [*vexillum* aufstecken *auf dem Feldherrnzelt*, *edictum* öffentlich anschlagen, *alqd oculis u. ante oculos* = zeigen; *oppida proposita ad praedam tollendam* gleichsam hingestellt, einladend zu]; **b**) zum Kauf ausstellen, feilbieten [*alqd venale, mulier omnibus proposita* für jedermann zu haben]; **c**) öffentlich bekanntmachen [*leges in publicum, fastos populo*]. **2.** (*in der Rede*) vorbringen, vortragen, anführen, *auf etw.* aufmerksam machen (*alqm u. alqd, zB. viros notissimos, sua merita, alqd pro certo* als gewiß hinstellen; *auch de re; m. a.c.i. u. indir. Frages.*). **3. a**) in Aussicht stellen, versprechen (*alci alqd, zB. praemium*); *P.* in Aussicht stehen, vorschweben [*mors alci proponitur*]; **b**) *etw. Schlimmes*) androhen [*poenam improbis*]. **4. a**) (sich) vor Augen stellen, (sich) vorstellen (*alqd u. sibi alqd ante oculos, exempla, exemplar ad imitandum, sibi spem* sich Hoffnung machen, *hoc sibi solacii* sich damit trösten); **b**) vorschlagen [°*remedia morbo*]; *bsd.* zur Beratung vorlegen [°*quaestionem, rem de qua disputetur*]. **5.** sich *etw.* vornehmen, beschließen (*alqd, zB. iter, illud quod animo proposui,* °*alqd propositum habere, res proposita* Vorhaben, Plan; *sibi alqd, zB. magna, m. ut, selten m. inf.*); *propositum est alci u. alci rei jd. od. etw.* hat die Aufgabe *od.* den Zweck (*m. inf. od. ut, zB. non perturbare animos*). **6.** (*log. t.t.*) den Vordersatz eines Syllogismus bilden, *abs.*

Prŏpontĭs, *idis u. idŏs f* (Προποντίς, *eigtl.* „Vormeer") das jetzige Marmarameer; *adi.* **Prŏpontiăcŭs** 3.
F. *Cf.* V.-B. III, 1, a *u.* b *u.* 4, b.

prō-pŏrrō *adv.* (*Lu.*) weiter (hinaus), wiederum.

prō-pŏrtiō, *ōnis f* (*Hypost. aus prō pŏrtiōnĕ* = [je] nach dem Verhältnis [*der Teile zueinander*]) Verhältnis, Ebenmaß, Proportion.

prōpŏsitiō, *ōnis f* (*prōpōnō*) das Vorstellen: **1.** Vorstellung (*alcis j-s subi., zB. animi; alcis rei v. etw., zB. vitae*). **2.** Thema; Satz. **3.** Vordersatz *eines Syllogismus* [*maior* Obersatz, *minor* Untersatz]. **4.** (*Qu.*) Darlegung, kurze Angabe *e-r Tatsache.*

▶ **prōpŏsitŭm,** *ī n* (*eigtl. P.P.P. n v. prōpōnō*) **1. a**) Vorsatz, Plan, Zweck [*-um habere, tenere, assequi* erreichen, °*peragere, a -o deterreri,* °*-i tenax; unkl. m. gen. od. m. adi. od. m. pron. demonstr. u. poss.*]; **b**) (*dcht.*) Lebensplan, -weise [*-um mutare*]. **2. a**) (*Ho.*) Handlung *od.* Tendenz *e-s dramatischen Stückes*; **b**) (*rhet. t.t.*) Thema, Hauptgegenstand *e-r Schrift* [*ad -um venire u. reverti, a -o declinare u. aberrare*]; *auch* (*Ph.*) der *v. jd.* aufgestellte Satz. **3.** (*log. t.t.*) Vordersatz *eines Syllogismus.*

prō-pŏsitŭs[1] *P.P.P. v. prōpōnō.*

prōpŏsitŭs[2] 3 (*eigtl. P.P.P. v. prōpōnō*) **1.** bloßgestellt, ausgesetzt (*m. dat., zB. telis fortunae*). **2.** bevorstehend, drohend [*periculum*].

prō-pŏsŭī *s. prōpōnō.*

prō-praetŏr, *ōris m* = *prō praetōrĕ* Proprätor, gewesener Prätor, Statthalter *einer Provinz*; Mann *v.* prätorischem Rang; *cf. praetŏr.*

prŏprĭĕtās, *ātis f* (*prŏprĭŭs*) **1. a**) Eigentümlichkeit, eigentümliche Beschaffenheit [*harum rerum,* °*verborum* eigentümliche Bedeutung; *auch* der schlichte Ausdruck]; **b**) (*meton.*) (*nkl.*) besondere Art, Spezies [*frugum*]. **2.** (*nkl.*) Eigentumsrecht, Besitz.

> **prŏprĭŭs**
> **1.** eigen (*Ggs. communis*); **2.** bleibend, beständig; **3. a**) charakteristisch; **b**) ausschließlich; **4.** *adv.* **prŏprĭē a**) als ausschließliches Eigentum; **b**) charakteristisch, speziell; (*Ausdruck*) im eigentlichen Sinn.

prŏprĭŭs 3 (*adv.* **-ē**) (*et. nicht geklärt*) **1.** *jd.* ausschließlich *od.* allein gehörig, eigentümlich, eigen (*Ggs. cŏmmūnĭs od. ălĭēnŭs*) [*ager, domus, praedia,* °*proprium facere alqd* sich *etw.* aneignen; *m. gen., selten m. dat., aber statt des Personalpron. im gen. wird das pron. poss. gesetzt: meus proprius od. meus et proprius usw., zB. haec nostra propria sunt*]. **2.** bleibend, dauernd, beständig [*res,* °*dona,* °*gaudium; alci j-m u.* für *jd.*]. **3.** eigentümlich = **a**) charakteristisch, wesentlich, spezifisch [*libertas Romani generis -a, -um senectutis vitium; proprium est alcis u. alcis rei m. inf.* es ist das charakteristische Merkmal *od.* typisch]; **b**) ausschließlich, persönlich, individuell [°*regis veneratio,* °*ignominia*]; *bsd.* (*v. Wörtern u. Ausdrücken*) eigentlich, speziell (beigelegt) [*nomen, verbum, res -is vocabulis nominare*] (** = *meus, tuus usw.*). **4.** *adv.* **prŏprĭē a**) als ausschließliches Eigentum, jeder für seine Person [*promiscue toto* (*campo*) *quam proprie parva parte frui mavultis*]; **b**) eigentümlich: **α**) charakteristisch, individuell [°*-e communia dicere* das Allgemeine individualisieren]; **β**) ausschließlich, vorzugsweise, speziell [°*-e rei militaris peritus*]; **γ**) (*vom sprachlichen Ausdruck*) eigentlich, im eigentlichen Sinn [*honestum quod -e dicitur*]; **δ**) passend [*alqd -e dicere*].
F. *comp. măgīs prŏprĭŭs, sup. măxĭmē prŏprĭŭs.*

▶ **prŏptĕr** (< **prŏpĭtĕr zu prŏpĕ*) **1.** *adv.* nahe, in der Nähe, daneben, *zB. spelunca est propter,* ~ *cubare, voluptates* ~ *intueri*]. **2.** *prp. b. acc.* (*bisw. nachgestellt*): **a**) (*räuml.*) nahe bei, neben, *zB. sepeliri* ~ *viam,* °*volitare* ~ *humum* dicht an; **b**) / (*kausal*) wegen, aus, durch, *zB. frumenta propter frigora matura non erant,* ~ *metum* aus Furcht; **c**) auf Veranlassung, durch das Verdienst *od.* durch die Schuld *j-s, zB. propter vos vivo*; **d**) aus Rücksicht auf *etw.*

▶ **prŏptĕr-ĕā** (*cf. intĕr-ĕā, praetĕr-ĕā*) *adv.* deswegen, deshalb [*quod od. quia, ut, ne*].

prŏptĕrvŭs 3 (*Pl.*) = *prŏtĕrvŭs.*

prōpŭdĭōsŭs 3 (*prō-?; prōpŭdĭŭm*) (*vkl., nkl.*) schamlos, verworfen.

prō-pŭdĭŭm, *ī n* (*prō-?; pŭdĕt*) **1.** (*vkl., nkl.*) Schandtat, schamlose Geilheit. **2.** (*meton.*) Schandbube.

prōpŭgnācŭlŭm, *ī n* (*-pŭgn-?; prōpŭgnō*) **1.** Schutzwehr, Bollwerk, *auch* / [*Siciliae, imperii,* °*navium* Schiffskolosse]. **2.** (*meton.*) **a**) Schutz, Schutzmauer [*tranquillitatis*]; **b**) Verteidigungsgrund [°*firmissimum*].

prōpŭgnātiō, *ōnis f* (*-pŭgn-?; prōpŭgnō*) Verteidigung, *meist* / (*alcis j-s, alcis rei u. pro re*).

prōpŭgnātŏr, *ōris m* (*-pŭgn-?; prōpŭgnō*) Verteidiger, *bsd.* Seesoldat; / Verfechter, Beschützer (*alcis u. alcis rei, zB. senatūs*).

prō-pŭgnō 1. (*-ŭ-?*) **1.** (*intr.*) **a**) *v.* einem Orte her kämpfen, zum Kampf vorrücken [*ex silvis*]; **b**) für *etw.* kämpfen, *etw.* verteidigen (*pro alqo u. pro re, auch* °*alci rei, zB. pro partu suo, pro salute alcis,* °*nugis* für Kleinigkeiten); *abs.* Widerstand leisten, sich verteidigen, *zB. studium propugnandi.* **2.** (*trans.*) (*nkl.*) verteidigen (*alqd, zB. munimenta*).

prō-pŭlī *s. prōpellō.*

prōpŭlsātiō, *ōnis f* (*prōpŭlsō*) Abwehr (*alcis u. alcis rei, zB. periculi*).

prōpŭlsō 1. (*intens. v. prōpellō*) **1.** zurückschlagen, abwehren (*abs.* = Abwehr leisten; *alqm, zB. hostem, populum ab ingressione* *fori*). **2.** / *etw. Gefährliches* abwehren, abwenden (*alqd, zB. frigus, iniurias illatas; alqd ab alqo u. a re, zB. suspicionem a se*).

prō-pŭlsŭs[1] *P.P.P. v. prŏpellō.*

prōpŭlsŭs[2], *abl. ū m* (*prŏpellō*) (*Se.*) das Stoßen der Luft nach vorn, Luftdruck.

prŏpȳlaeă, *ōrŭm n* (*Fw.* ‹ *προπύλαια, eigtl.* „Vorhallen") die Propyläen *in Athen, am Westaufgang der Akropolis unter der Bauleitung des Pheidias v. 437—431 v. dem Architekten Mnesikles aus pentelischem Marmor erbaut.*

prō-quaestōrĕ *m* (*Hypost. aus prō quaestōrĕ*) Proquästor, gewesener Quästor, *nach Ablauf seines Amtsjahres stellvertretender Quästor, höherer Provinzialbeamter; pl. proquaestoribus.*

prō-quăm *cj.* (*Lu.*) nach dem Maße wie.

prōră, *ae f* (*Lw.* ‹ *πρῷρα*) Vorderdeck, Bug; *übh.* (*dcht.*) Schiff; / *sprichw. prora et puppis* erster *u.* letzter, *d. h.* einziger Beweggrund.

prō-rēpō, *rēpsī, rēptŭm* 3. (*nkl., dcht.*) hervorkriechen, hervorschleichen; fortkriechen (*abs. u. ex re od.* °*re*).

prōrētă, *ae m* (*Fw.* ‹ *ion. πρῳρήτης*) (*Pl.*) Oberbootsmann.

prō-rĭpĭō, *rĭpŭī, rēptŭm* 3. (*răpĭō*) **1.** (*trans.*) **a)** hervor-, fortreißen [*hominem,* °*pedes* = hervorstürzen]; **b) sē prōrĭpĕrĕ** hervorstürzen, fortstürzen, -eilen (*ex u. a re, in alqd, zB. se ex curia,* °*se a vestibulo templi,* °*se in publicum, se portā foras;* °*se alci j-s* Händen entrinnen, *zB. custodibus*); / (*v. Affekten*) zum Ausbruch kommen [*quae libido non se proripiet?*]. **2.** (*intr.*) (*dcht.*) *quo proripis?* wohin eilst du?

prō-rītō 1. (*zu irrītō nach invŏcō: prōvŏcō u. a. hinzugebildet*) (*nkl.*) anlocken.

prōrŏgātĭō, *ōnĭs f* (*prōrŏgō*) **1.** (*Li.*) Verlängerung [*imperii*]. **2.** Aufschub [*diei* der Frist].

prōrŏgātīvŭs 3 (*prōrŏgō*) (*Se.*) Aufschub leidend.

prō-rŏgō 1. **1.** (*durch e-n Antrag beim Volk*) verlängern [*alci imperium quinquennii od. in annum, provinciam* die Verwaltung der Provinz]; *übh.* (*dcht.*) verlängern, fortdauern lassen [*scriptori aevum, Latium in alterum lustrum*]. **2.** aufschieben [*paucos dies ad solvendum*]. **3.** (*nkl.*) vorher auszahlen, vorschießen (*alqd*).

prō(r)sŭs[1] 3 (‹ *prōvŏrsŭs, P.P.P. v. altl. prōvŏrtō* = *prōvĕrtō*) **1.** nach vorwärts gerichtet. **2.** / (*nkl.*) prosaisch [*oratio, auch subst.* **-ă**, *ae f* Prosa].

▶ **prōrsŭs**[2] *u.* (*vkl., dcht.*) **prōrsŭm** *adv.* (*erstarrter nom. bzw. acc. v. prōrsŭs*[1]) **1. a)** (*vkl.*) vorwärts; *klass. nur* / [*res* ~ *it*]; **b)** (*Te.*) geradeswegs, geradezu. **2. a)** durchaus, völlig, ganz *u.* gar, *bei Verben, adi. u. adv.* [~ *assentiri, ita* ~ *existimo,* ~ °*opportunus,* ~ *nullus, non* ~ *u. nullo modo* ~ durchaus nicht, ganz u. gar nicht; *bisw.* *ironisch, zB.* °~ *gratus alci*]; **b)** (*nkl.*) (*abschließend*) *m.* einem Wort, kurz.

prō-rŭmpō, *rūpī, rŭptŭm* 3. **1.** (*intr.*) **a)** hervorbrechen, -stürzen [*per medios hostes,* °*in imum intestinum* sich werfen auf, °*in hostes,* °*in mare u.* °*mare* ins Meer; *abs.* °*signum prorumpendi dare*]; **b)** losbrechen, ausbrechen, (*v. Pers. u. Affekten auch*) sich versteigen [*pestis,* °*vis morbi, cupiditas hominum; in u. ad alqd, zB.* °*in scelera,* °*ad minas, eo so* weit]. **2.** (*trans.*) (*Ve.*) *etw.* hervorbrechen (*od.* hervordringen) lassen, entfesseln [*nubem atram ad aethera*]; *se -ere u. mediopass.* hervorbrechen, -stürzen (*part.* °*proruptus* hervorbrechend, -dringend, *zB. sudor corpore*).

prō-rŭō, *rŭī, rŭtŭm* 3. **1.** (*intr.*) **a)** hervorstürzen, -stürmen [*dextrum cornu eā proruit,* °*subito Brundisium*]; **b)** (*nkl.*) nieder-, einstürzen [*oppidum motu terrae*]. **2.** (*trans.*) **a)** (*vkl., dcht.*) hervorreißen; *se foras* hinausstürzen; **b)** umstürzen, umreißen, hinstrecken [*munitiones,* °*Albam a fundamentis,* °*vallum in fossas*]; P. einstürzen (*intr.*).

prōsă, *ae f s. prō(r)sŭs*[1].

prōsăpĭă, *ae f* (*vl. zu sōpĭō*[2]) (*meist vkl., nkl.*) Sippschaft, Sippe, Geschlecht, Familie [*vetus*].

prŏscaenĭŭm, *ī n* (*Lw. wohl durch etr. Vermittlung* ‹ *προσκήνιον*) (*unkl.*) Vorbühne; *übh.* Bühne, *auch pl.*

prō-scīndō, *scĭdī, scīssŭm* 3. (*nkl., dcht.*) **1.** aufreißen, umbrechen; pflügen [*campum ferro, terram iuvencis*]; durchfurchen [*aequor*]. **2.** / *jd.* abfällig kritisieren, herunterreißen (*alqm*).

prō-scrībō, *scrīpsī, scrīptŭm* 3. **1. a)** öffentlich bekanntmachen, ankündigen [*auctionem, legem; m. a.c.i.*]; **b)** öffentlich ausbieten *zum Verkauf od. zur Verpachtung od. zur Vermietung* [*fundum, bonum*]. **2.** durch öffentlichen Anschlag **a)** *j-s* Güter einziehen, konfiszieren [*alcis possessiones*]; **b)** *jd.* ächten, in die Acht erklären (*alqm*); *subst. prōscrīptŭs m* der Geächtete.

prōscrīptĭō, *ōnĭs f* (*prōscrībō*) öffentlicher Anschlag: **1.** Ausbietung zum Verkauf [*praediorum, -nem facere*]. **2.** Ächtung, Einziehung der Güter [*equitum, Sullanae -nes, sub -ne* zur Zeit der Proskriptionen].

prōscrīptŭrĭō 4. (*desid. v. prōscrībō*) *jd.* ächten wollen.

prō-scrīptŭs *P.P.P. v. prōscrībō.*

prō-sĕcō, *sĕcŭī, sĕctŭm* 1. (*unkl.*) **1.** vorn abschneiden, *bsd. die Opferteile,* opfern [*exta hostiae*]; (*P.P.P.*) *subst.* **prōsĕctă**, *ōrŭm n* Opferstücke, *übh.* Eingeweide. **2.** den Boden aufbrechen, pflügen [*solum*].

prō-sĕcūtŭs *part. pf. v. prōsĕquŏr.*

prō-sĕdă, *ae f* (*sĕdĕō*) (*Pl.*) öffentliche Dirne (*eigtl.* „die vor der Tür sitzende").

prō-sēmĭnō 1. **1.** aussäen (*alqd*). **2.** / fortpflanzen [*familias dissentientes*].

▶ **prō-sĕquŏr**, *sĕcūtŭs sŭm* 3. **1. a)** begleiten, geleiten (*alqm u. alqd, zB. amicum usque ad agri fines, exsequias alcis,* °*diem* feierlich begehen; *auch v. Leblosem, zB.* °*ventus prosequitur euntes, honos od. desiderium amicorum mortuos*); **b)** *jd. beim Scheiden etw m.* auf den Weg geben, *jd. m. etw.* beschenken (*alqm re, zB.* °*proficiscentem magnis donis, egredientem verbis jd.* glückliche Reise wünschen; *auch alqm cum re, zB. legatos cum donis*); *übh. jd. etw.* widmen, spenden (*alqm u. alqd re, zB. alqm lacrimis jd.* Tränen nachweinen, *misericordiā, beneficiis, honore* auszeichnen, *verbis honorificis, vocibus contumeliosis jd.* ehrenrührige Worte nachrufen, *liberaliter oratione jd.* freundlich zureden, *alcis nomen grato animo* dankbar in Ehren halten, °*alcis virtutem gratā memoriā* den Verdiensten *j-s* dankbare Erinnerung bewahren); **c)** (*mündl. od. schriftl.*) *etw.* weiter verfolgen, beschreiben, schildern [*rem longius od.* °*usque eo*]; *abs.* (*dcht.*) fortfahren. **2.** (*feindl.*) verfolgen [*hostem, fugientes longius;* / °*fortuna alqm prosequitur*].

prō-sĕrō, *sĕrŭī, sĕrtŭm* 3. (*unkl.*) hervorstrecken [*linguam*].

Prōsĕrpĭnă, *ae f* (*wohl durch etr. Vermittlung* ‹ *Περσεφόνη, volkset. an prōsĕrpō angelehnt*) *T. der Ceres* (*gr.* Demeter), *Gemahlin des Pluto* (*gr. Hades*), *Beherrscherin der Unterwelt.*

prō-sĕrpō, — — 3. (*vkl., nkl.*) hervorkriechen.

prŏseuchă, *ae f* (*Fw.* ‹ *προσευχή* „Gebet") (*Ju.*) (*meton.*) Gebetsort *der Juden.*

prō-sĭcō 1. (*altl.*) = *prōsĕcō.*

prō-sĭlĭō, *sĭlŭī* (*u.* °*sĭlīvī, sĭlĭī*), — 4. (*sălĭō*) **1.** hervorspringen, -stürmen, -brechen, aufspringen, *übh.* irgendwohin springen *od.* stürmen, rasch vordringen (*abs. od. a u. ex, de re u. bloß* °*re, ad alqm od. in alqd u.ä., zB. a sede sua,* °*ex tabernaculo,* °*ex lecto,* °*finibus suis,* °*in contionem,* °*ad arma dicenda*); / *v. Sachen, Flüssen, Blut, Funken u. a.* [*rivus; sanguis*]. **2.** (*vkl., nkl.*) sich rasch an *etw.* machen [*amicum castigatum* dem Freund den Kopf zu waschen].

*****prosit** (*coni. praes. v. prōsŭm*) (*aus der Studentensprache stammend*) wohl bekomm's!

prō-sŏcĕr, *ĕrī m* (*dcht., nkl.*) Großvater der Gattin.

prŏsōpŏpoeĭă, *ae f* (*Fw.* ‹ *προσωποποιία*) (*Qu.*) (*rhet. t.t.*) Personifikation; *auch* erdichtete Rede *e-r* abwesenden Person (*rein lat. ficta personarum inductio*).

prō-spĕctō 1. **1. a)** *v.* fern *od.* in die Ferne schauen, ausschauen (*ex re, zB.* °*ex fenestra,* °*e puppi,* °*longissime;* °*alqd* nach *od.* auf *etw, zB. pontum*); **b)** (*nkl.*) (*v.* fern) anschauen *od.* beobachten [*proelium equestre*]; **c)** (*dcht., nkl.*) (*v. Örtlichkeiten*) Aussicht auf *etw.* gewähren *od.* haben (*abs. od. alqd,* *zB. locus late, villa mare prospectat*). **2. a)** nach *etw.* blicken *od.* spähen, sich nach *etw. od. jd.* umsehen [*hostem*]; **b)** *etw.* erwarten [*exilium*; *m. indir. Frages.*]; *auch* (*Ve.*) (*v. Schicksalen*) *jd.* erwarten = *jd.* bevorstehen [*fata te prospectant*].

prō-spĕctūs¹ *P.P.P. v. prōspĭcĭō.*

prōspĕctūs², *ūs m* (*prōspĭcĭō*) **1. a)** Fernsicht, Aussicht [*maris* auf das Meer, °*-um praebere ad urbem*, *-um impedire*]; **b)** (*meton.*) (*dcht.*) Blick [*alqd -u suo metiri*]. **2.** Gesichtskreis [*in -u esse* v. fern sichtbar sein]. **3.** (*meton.*) Anblick, *den etw. gewährt*, Aussehen [*pulcherrimus*].

prō-spĕcŭlŏr 1. (*nkl.*) **1.** (*intr.*) **a)** in die Ferne schauen [*de vallo, e muris*]; **b)** (*prägn.*) kundschaften [*ad locum castris capiendum*]. **2.** (*trans.*) erwartungsvoll nach *etw.* ausschauen (*alqd, zB. adventum imperatoris*).

▶ **prŏspĕr** *s. prŏspĕrŭs.*

prŏspĕrĭtās, *ātis f* (*-ō-?*; *prŏspĕrŭs*) günstige Beschaffenheit, Gedeihen, Glück, *pl.* günstige Verhältnisse (*alcis u. alcis rei, zB. vitae*, °*valetudinis*).

prŏspĕrō 1. (*prō-?* (*denom. v. prŏspĕrŭs*) (*unkl.*) *e-r Sache* erwünschten Erfolg verleihen, *etw.* segnen (*alqd, zB. coepta*; *alci alqd, zB. victoriam populo Romano*).

▶ **prŏspĕrŭs** *u.* (*Ve.*) **prŏspĕr**, *ĕră, ĕrŭm* (*-ō-?*) (*m.* °*comp.*; *sup. prŏspĕrrĭmŭs*; *adv.* **-ē** *u.* °**-ĭtĕr**) (*vl. adv. prŏspĕrē* < *prō* **spērē* [*altl.* = *spē*]; *hiernach sekundär adi. gebildet*) **1.** glücklich, günstig, erwünscht, *nur v. Sachen* [*res*, °*eventus, fortuna*, °*fatum*, *-e procedere*]; *subst.* (*unkl.*) **prŏspĕră**, *ōrŭm n* glückliche Umstände. **2.** (*act.*) (*dcht.*) beglückend, segnend [*Bellona*; *alci*; *alcis rei* in bezug auf *etw. od. m. etw., zB. frugum*].

prō-spēxī *s. prōspĭcĭō.*

prōspĭcĭĕntĭă, *ae f* (*-ĭēns, part. praes. v. prōspĭcĭō*) Vorsicht, Vorsorge.

▶ **prō-spĭcĭō**, *spēxī, spēctŭm* 3. (*spēxī?*; *spēcĭō*) **1.** (*intr.*) **a)** in die Ferne schauen, ausschauen [*ex castris in urbem*, °*alto* (*abl.*) *v.* der hohen See aus *od.* (*dat.*) auf die hohe See, *longe u. multum* eine weite Aussicht haben; / *animo longe in posterum*]; **b)** (*nkl., dcht.*) (*vom Wächter*) achtgeben, auf der Lauer liegen [*a ianua*, °*toto die*]; **c)** / Vorsorge treffen, sorgen (*abs. u. alci od. alci rei, zB.* °*liberis suis, patriae, malo* vorbeugen; *m. ut, ne*). **2.** (*trans.*) **a)** in der Ferne erblicken, vor sich erblicken *od.* sehen, *im eigtl. Sinn meist unkl.* (*alqm u. alqd, zB.* °*hostem tectis, domum suam* seine Heimat, °*castra ex colle*, °*campos longe*; *m.* °*a.c.i.*); **b)** (*Li.*) sich nach *etw.* umblicken [*classem adventantem ex speculis*]; **c)** (*nkl.*) *etw. v.* fern *m.* ansehen [*incendium*]; **d)** (*dcht., nkl.*) (*v. Örtlichkeiten*) Aussicht auf *etw.* gewähren *od.* haben (*alqd, zB. domūs agros prospicit*); **e)** / **α)** *etw.* vorhersehen [*futura*, °*animo exitum alcis*; *m. indir. Frages.*]; **β)** *etw.* besorgen, beschaffen (*alqd u. alci alqd, zB. ferramenta*, °*sedem senectuti*).

prō-stĕrnō, *strāvī, strātŭm* 3. **1. a)** niederwerfen, niederstrecken, hinstrecken [°*corpus humi u.* °*per herbas, se, se humi, se ad pedes alcis*, / *se* sich demütigen]; **b)** / zugrunde richten, vernichten (*alqm u. alqd, zB. Galliam stultitiā suā, omnia furore*; *bsd. im Kampfe* aufreiben, *zB. hostem, barbarorum vim*). **2.** (*nkl.*) hinlegen; anbieten, verkuppeln, preisgeben [*sorores alci*; *pudicitiam*].
F. *pf.-Formen synk.*: °*prōstrāssē* = *prōstrāvīssē.*

prōstĭbĭlĭs, *ĕ* (**-stābĭlĭs*; *prōstō*) (*Pl.*) sich anbietend; *subst.* ~, *ĭs f* Straßenmädchen.

prōstĭbŭlŭm, *ī n* (**-stābŭlŭm zu prōstō*) (*vkl., nkl.*) Straßenmädchen.

prō-stĭtī *s. prōstō.*

prō-stĭtŭō, *ŭī, ūtŭm* 3. (*stătŭō*) (*unkl.*) öffentlich hinstellen; preisgeben, prostituieren (*alqm u. alqd, zB. virgines se toto corpore*, °*pudicitiam*; / °*vocem foro ingrato*).

prōstĭtūtŭs 3 (*eigtl. P.P.P. v. prōstĭtŭō*) (*dcht.*) öffentlich preisgegeben, feil [*infans*]; *subst.* **-ă**, *ae f* (*nkl.*) Prostituierte, Straßenmädchen.

prō-stō, *stĭtī*, — 1. vorn stehen, vorstehen: **1.** (*Lu.*) hervorragen [*angelli*]. **2. a)** (*Pl.*) (*vom Verkäufer*) auf der Straße (stehen *u.*) *Waren* zum Kauf anbieten [*vom Kuppler*: *in occultis locis*]; **b)** (*v. Waren*) zum Verkauf stehen [°*liber*; *vox*]; **c)** (*nkl.*) (*v. Straßenmädchen*) sich öffentlich anbieten [*inter lupanaria*].

prŏstylŏs, *ŏn* (*Fw.* < πρόστυλος) (*Vi.*) *m.* Säulen an der Vorderseite [*aedes*].

prō-sŭbĭgō, — — 3. (*Ve.*) vor sich aufwühlen [*terram*].

▶ **prō-sŭm**, *prōfŭī, prōdĕssĕ* **1.** nützlich sein, nützen (*abs. od. alci u. alci rei, zB. Miloni*, °*annonae* Sorge tragen für; *ad u.* °*in alqd* zu *od.* für *etw., zB. ad concordiam civitatis*, °*in causam*; *in re* in *od.* bei *etw., zB.* °*in amore*; *m. inf. u. a.c.i. bzw. m. quod*). **2.** (*med. t.t.*; *nkl.*) anschlagen, helfen.

Prōtăgŏrās, *ae m* (Πρωταγόρας) *griech. Sophist aus Abdera, Freund des Perikles, als Atheist aus Athen verbannt, auf der Überfahrt nach Sizilien um 412 ertrunken.*
F. *Cf.* V.-B. I, 3.

prōtēctĭō, *ōnĭs f* (*prōtĕgō*) (*Qu.*) Bedeckung, Verteidigung. — **Schutz.

▶ **prō-tĕgō**, *tēxī, tēctŭm* 3. **1. a)** vorn bedecken [*tabernaculum hederā, alqm scuto*]; **b)** ein Wetterdach anbringen (*alqd* an *od.* auf *etw., zB. aedes*). **2.** / **a)** (be)schützen, (be)schirmen (*alqm u. alqd, zB. amicum iacentem*; *alqd a re u.* °*ad alqd* gegen *od.* vor *etw., zB. naves a ventis*); **b)** (*Iust.*) verbergen [*insidias risu*].

prō-tēlō 1. (*prōtēlŭm*; *sekundär an tēlŭm angelehnt*) (*vkl., nkl.*) fortjagen, vertreiben.

prōtēlŭm, *ī n* (*prōtĕndō*) (*unkl.*) Zugseil; (*meton.*) ein Zug Ochsen; / ununterbrochener Fortgang; *-o* in einem Zug.

prō-tĕndō, *tĕndī, tĕntŭm* 3. (*nkl., dcht.*) hervor-, ausstrecken [*dextram, filium zeigen*]; *mediopass.* sich erstrecken, lang sein [*temo protentus in octo pedes* acht Fuß lang].

prōtĕnŭs *s. prōtĭnŭs.*

prō-tĕrō, *trīvī, trītŭm* 3. **1. a)** niedertreten, zertreten (*alqm u. alqd, zB.* °*frumentum, equitatum* niederreiten); **b)** *im Kampfe* vernichten *od.* aufreiben [°*Poenos*, / °*ver*]. **2.** / *m.* Füßen treten, mißhandeln; verachten (*alqm*).

prō-tĕrrĕō, *ŭī, ĭtŭm* 2. verscheuchen, verjagen (*alqm, zB. hostem*; *alqm re jd.* durch *od. m. etw., zB. telo*; *alqm a re jd. v. etw., zB. ab aedibus alcis*).

prŏtĕrvĭtās, *ātĭs f* (*vor Horaz prō-*; *prŏtĕrvŭs*) **1.** Frechheit. **2.** (*Ho.*) Mutwille, Schelmerei [*grata*].

prŏtĕrvŭs 3 (*vor Horaz prō-*) (*m.* °*comp. u.* °*sup.*; *adv.* °**-ē**) (*altl. prō-pt-ĕr-vŏs*; *entweder im Ablaut zu pĕtō od. zu* πτέρυξ „Flügel") **1.** (*dcht.*) ungestüm, heftig [*ventus, stella canis*]. **2.** frech, unverschämt, *v. Pers. u. Sachen* [*homo*, °*meretrix, dictum aut factum*, °*lingua*]. **3.** (*dcht.*) keck, schelmisch [*iuvenes, rixae*].

prō-tēstŏr 1. (*-ē-?*) (*spätl.*) öffentlich als Zeuge auftreten, beweisen; öffentlich aussagen, laut verkünden.

Prōtĕūs, *ĕī u.* °*ĕŏs m* (Πρωτεύς) *weissagender, vielgestaltiger Meergott auf der ägypt. Insel Pharos*; / (*dcht.*) = Schlaukopf. — *Cf.* V.-B. II, 3.

prō-tēxī *s. prōtĕgō.*

prŏthȳmē *adv.* (*Fw.* < πρόθυμος + *lat. Adverbialendung*) (*Pl.*) mit Vergnügen.

prŏthȳmĭă, *ae f* (*Fw.* < προθυμία) (*Pl.*) Geneigtheit.

prōtĭnăm *adv.* (*prōtĭnŭs*) (*Com.*) vorwärts; sofort.

▶ **prō-tĭnŭs** *u.* **prō-tĕnŭs** *adv.* (*vor Vergil prō-*; *erstarrter nom. sg. e-s adi.*; *tĕnŭs²*) **1.** (*räuml.*) **a)** vorwärts, weiter fort [*ire, pergere*, °*agere capellas*, °*nemus* ~ *contremuit* weithin]; **b)** (*nkl., dcht.*) unmittelbar sich anschließend, zusammenhängend [*cum* ~ *utraque tellus una foret*, ~ *deinde ab Oceano Rugii* unmittelbar am Ozean]. **2.** (*zeitl.*) **a)** (*dcht.*) ununterbrochen, beständig [*morem colere*]; **b)** unverzüglich, sofort, sogleich [*fugere, ad urbem contendere*; ~ *a u. de* gleich nach, *zB.* °~ *de via* gleich wie er *v.* der Reise kam; °~ *virili toga* gleich nach Anlegung der Mannestoga]; **c)** gleich anfangs [*oratio* ~ *conficiens auditorem benevolum*]; **d)** (*dcht.*) ebenso fort, weiter [*vivere*].

prō-tŏllō, — — 3. (*vkl., nkl.*) hervorstrecken [*manum*]; / verlängern [*vitam in crastinum*], hinausschieben [*mortem*].

prōtŏprāxĭă, *ae f* (*Fw.* ⟨ πρωτοπραξία) (*Pli.*) Vorrecht *bei Schuldforderungen.*

prōtŏtŏmŭs 3 (*Fw.* ⟨ πρωτότομος) (*dcht.*) vom ersten Schnitt, zart; *subst.* **-ī**, *ōrŭm m* junge Kohlstengel.

prō-trăhō, *trāxī, trāctŭm* 3. **1.** (hervor)ziehen, -schleppen [*alqm hinc in convivium*]. **2.** / **a)** (*nkl., dcht.*) *jd.* zu *etw.* drängen *od.* zwingen [*alqm ad indicium*]; **b)** (*nkl.*) ans Licht ziehen *od.* bringen, offenbaren [*auctorem facinoris, facinus per indicium*]; **c)** (*Pl.*) hinabziehen; P. hinabsinken [*ad paupertatem*]. **3.** (*zeitl.*) (*nkl.*) hinausziehen; P. sich in die Länge ziehen [*bellum*].

prō-trūdō, *sī, sŭm* 3. **1.** fortstoßen [*cylindrum*, °*alqm foras* hinauswerfen]. **2.** / weiter hinausschieben [*comitia in Ianuarium mensem*].

prō-tŭlī *s. prōfĕrō.*

prō-tŭrbō 1. **1.** forttreiben, verjagen [*equites*, °*hostes telis*, °*alqm in exilium*]. **2.** (*dcht.*) niederwerfen [*silvas pectore*].

prŏ-ŭt *cj.* so wie, je nachdem, regelmäßig *mit ind., zB.* ~ *res postulat*, ~ *cuique fortuna erat u. erit; prout ... ita; dcht. auch einsilbig.*

prō-vĕhō, *vēxī, vēctŭm* 3. **1. a)** (*dcht., nkl.*) vorwärts bringen, fortführen, -schaffen [*alqm longius, saxa navi*]; **b)** *mediopass.* **α)** fort-, wegfahren, -reiten, ausrücken [*a terra, in altum*, °*portu, leni Africo; equo* °*paulum ante stationes od. a suis*]; **β)** (*nkl.*) (*v. der Zeit*) vorrücken, zunehmen; *bsd.* (*part. pf.*) *adi.* **prōvēctŭs** 3 (*m.* °*comp.*) vorgerückt [°*provecta senectus od.* °*nox* spät; *bsd.* °*aetate od.* °*annis provectus u. longius provectus* in vorgerückteren Jahren]; °*bellum longius provehitur* zieht sich weiter hinaus. **2.** / **a)** zu weit führen, hinreißen, verleiten (*alqm u. alqd, zB.* °*spes me provexit*, °*alqm ad largius vinum* Weingenuß, °*provectus vino; m. ut*); *mediopass.* zu weit gehen, sich hinreißen lassen [*alqs od. oratio alcis longius provehitur; longius in amicitia* noch weiter in der Freundschaft gehen; *re* durch *etw., zB.* °*amore; in alqd* zu *etw., zB.* °*in maledicta*]; *quid ultra provehor* was rede ich noch weiter?; **b)** emporbringen, fördern, gedeihen lassen (*alqm u. alqd, zB. tua te virtus eo provexit*, °*alqm e gregario milite*); *mediopass.* emporkommen, aufsteigen [°*e gregariis ad summa militiae*].

prō-vĕnĭō, *vēnī, vēntŭm* 4. **1.** (*vkl., nkl.*) hervorkommen, vor-, auftreten. **2.** / **a)** (*Pl.*) hervortreten [*id, malum propalam provenit*]; **b)** (*v. Pflanzen*) hervorwachsen, wachsen [*frumentum angustius, auch* °*lana*]; **c)** (*vkl., nkl.*) (*v. Pers.*) geboren werden (*alci* für *jd.*); *meist* / entstehen, aufkommen, auftreten [*scriptorum magna ingenia, oratores novi*]; **d)** (*nkl.*) vonstatten gehen [*initia belli ita provenerunt*]; *prägn.* (*nkl., dcht.*) gut vonstatten gehen, gelingen [*carmina, terra nova ubertate provenit*].

prōvēntŭs, *ūs m* (*prōvĕnĭō*) **1.** (*nkl.*) das Hervorkommen, -wachsen; *auch abs.* Geburt; **2. a)** (*nkl.*) Ertrag, Ernte, Vorrat [*sulcos -u onerare*]; **b)** Fortgang, Erfolg [*pugnae*]; *auch pl.*; *prägn.* glücklicher Erfolg, Gedeihen.

prō-vĕrbĭŭm, *ī n* (*wohl Hypost.* ⟨ **prō vĕrbō sc. ĕssĕ* „als Beispiel dienen" *od. ähnlichen nicht belegten Wendungen*) Sprichwort [*ut in -o est* wie das Sprichwort sagt, °*in -um od. in -i consuetudinem venire* sprichwörtlich werden, *-i locum obtinere* sprichwörtlich sein].

prōvĭdēns, *ēntĭs* (*m. comp. u.* °*sup.*; *adv.* **-ēntĕr**) (*eigtl. part. praes. v. prōvĭdĕō*) vorsichtig [*homo; alcis rei* in *od.* bei *etw.*]. *Cf.* V.-B. VIII.

prōvĭdēntĭă, *ae f* (*prōvĭdēns*) **1.** Voraussicht (*abs. od. alcis u. alcis rei, zB. periculi*). **2.** / Fürsorge, Vorkehrung (*alcis j-s, alcis rei in od.* bei, für *od.* gegen *etw., zB.* °*rei frumentariae*, °*feriendi*). **3. a)** Vorsicht; **b)** Vorsehung, *bsd.* göttliche [*deorum*].

▶ **prō-vĭdĕō**, *vīdī, vīsŭm* 2. **1.** (*unkl.*) früher sehen (*alqm*, um ihn zuerst zu grüßen). **2. a)** (*unkl.*) v. fern *od.* in der Ferne sehen (*alqm u. alqd*); **b)** (*Zukünftiges*) voraus-, vorhersehen (*alqd m. u. ohne animo, zB.* °*sterilitatem agrorum, futuram eloquentiam in alqo, alqd ratione* vorherberechnen); *auch* °vorher erwägen [*rem*]. **3. a)** Sorge tragen, Vorkehrungen treffen (*abs.* = vorsichtig sein; [*abl. abs.*] [*Ta.*] *proviso m.* Vorbedacht; *de re od. alci u. alci rei, zB. de re frumentaria, saluti hominum; m. ut, ne*); **b)** *etw.* (im voraus) besorgen, beschaffen (*alqd u. alci alqd, zB. rem frumentariam, frumentum in hiemem*); **c)** vorsichtig handeln [*consilia in posterum* kluge Maßregeln treffen für].

prōvĭdŭs 3 (*adv.* °**-ē**) (*prōvĭdĕō*) **1.** vorhersehend, der Zukunft kundig [*mens*, °*-um aliquid* eine prophetische Gabe; *alcis rei, zB. rerum futurarum*]. **2.** / **a)** vorsichtig, behutsam [°*homo parum*]; **b)** vorsorgend, vorsorglich [°*cura ducis; alcis rei* für *etw., zB. omnium opportunitatum*]; *subst.* (*Ta.*) **-ŭm**, *ī n* eine *v.* göttlicher Vorsehung zeugende Begebenheit.

F. *comp. prōvĭdēntĭŏr, sup. prōvĭdēntĭssĭmŭs; adv. klass. prōvĭdēntĕr.*

▶ **prōvĭncĭă**, *ae f* (*et. ungeklärt*) **1. a)** Amt, amtlicher Geschäfts- *od.* Wirkungskreis [*-as* °*partiri, -as* (*inter se*) *sortiri u.* °*parare*, °*comparare*, °*alci classis -a evenit, alqs -am obtinet*]; **b)** Oberbefehl, Kommando [°*maritima* Anführung der Flotte, *-am bene administrare*]; *bsd.* Oberbefehl gegen ein feindliches Volk [*ambo consules Apuliam -am obtinuerunt*]; **c)** Jurisdiktion [°*urbana u.* °*peregrina des praetor urbanus u. peregrinus*]; **d)** *übh.* Geschäft, Dienst, Verrichtung [*alci -am dare, ut ..., alqam -am sibi poscere, ut ...*]. **2.** Provinz, *unterworfenes Gebiet außerhalb Italiens* [*cum imperio in -am proficisci, -ā od. de u. ex -a decedere, civitatem in -ae formam redigere* zur Provinz machen]. **3. a)** Provinz Kleinasien [*Asia*]; **b)** Provinz Afrika, *das ehemalige Gebiet v. Karthago*; **c)** die jetzige Provence = *ö. Teil der Gallia Narbonensis*; **d)** (*bei nichtröm. Völkern*) Statthalterschaft, Satrapie, *übh.* °Landesteil, Landschaft. **4.** (*meton.*) Verwaltung einer Provinz, Statthalterschaft [*primus annus -ae, -am deponere, -am ab alqo accipere, -am alci dare od. tradere*]. — ** Gebiet, Herzogtum, Grafschaft; Sprengel e-s Erzbischofs.

prōvĭncĭālĭs, *ĕ* (*prōvĭncĭă*) **1.** zu einer Provinz gehörig, provinzial, Provinz... [*administratio, hospitium* in den Provinzen, *ornamenta* eines Beamten in der Provinz, *abstinentia* während der Verwaltung der Provinz]. **2.** zur jetzigen Provence gehörig [*Ruteni*]; *subst. m* Mann aus der Provinz, *klass. stets pl.* **prōvĭncĭālēs**, *ĭŭm* die Provinzialen, Bewohner der Provinz.

prōvĭncĭātĭm *adv.* (*prōvĭncĭă*) (*nkl.*) nach Provinzen.

prōvīsĭō, *ōnĭs f* (*prōvĭdĕō*) = *prōvĭdēntĭă.*

prōvīsō, — — 3. (*intens. v. prōvĭdĕō*) (*Com.*) nach *etw.* sehen.

prōvīsŏr, *ōrĭs m* (*prōvĭdĕō*) **1.** (*nkl., dcht.*) der *etw.* vorhersieht *od.* im voraus bedenkt (*alcis rei, zB. utilium tardus* ~). **2.** (*Inschr.*) Proviantmeister, Verwalter.

prō-vīsŭs[1] *P.P.P. v. prōvĭdĕō.*

prōvīsŭs[2], *ūs m* (*prōvĭdĕō*) (*Ta.*) *nur im abl. sg. gebräuchlich*: **1.** das Sehen in die Ferne; Sehkraft. **2.** / = *prōvĭdēntĭă.*

prō-vīvō, *vīxī*, — 3. (*Ta.*) fortleben.

prōvŏcātĭō, *ōnĭs f* (*prōvŏcō*) **1.** (*nkl.*) Herausforderung *zum Kampf.* **2.** Berufung *auf einen höheren Richter*, Appellation, *klass. an das Volk, später an den Kaiser* [*ab alqo ad populum*, °*adversus magistratūs*, °*magistratus sine -ne* gegen den es keine Appellation gibt; *poena sine -ne* gegen die man keine Berufung einlegen kann].

prōvŏcātŏr, *ōrĭs m* (*prōvŏcō*) **1.** (*nkl.*) Herausforderer *zum Kampf.* **2.** *besondere Art v. Gladiatoren*, Plänkler.

▶ **prō-vŏcō** 1. **1. a)** (*dcht.*) hervor-, herausrufen [*alqm ad se; Pamphilam cantatum*]; **b)** (*dcht., nkl.*) hervorkommen (*od.* emporsteigen) machen, wecken [*diem; fascinum ab inguine*]. **2. a)** *jd.* auffordern, anregen, *auch* ermutigen, reizen (*alqm re jd.* durch *etw., zB.* °*iniuriā, sermonibus*, °*plebem comitate; alqm ad alqd, zB.* °*ad hilaritatem; auch* °*alqd etw.* erregen, hervorrufen, *zB. officia jd.* zu Dienstleistungen); **b)** zum Kampf *od.* Wettkampf herausfordern [*alqm ad pugnam*, °*ad certamen*, °*hostem manu*, / °*auras cursibus* die Winde zum Wettlauf herausfordern]. **3.** (*jur. t.t.*) **a)** Berufung einlegen, an eine höhere Instanz appellieren, *cf. prōvŏcātĭō* (*ab alqo ad alqm, zB.* °*a duumviris ad populum*); **b)** / sich auf *jd.* berufen [*ad Catonem*].

prō-vŏlō 1. (*nkl.*) hervorfliegen, *klass. nur* / (*v. Pers.*) hervorstürzen [*subito*, °*ad primores*].

prō-vŏlvō, *vŏlvī, vŏlūtŭm* 3. (*vkl., nkl.*) **1.** vorwärts wälzen, weiterrollen (*alqm u. alqd, zB. se cum armis, truncum*). **2. a)** *mediopass. u. se provolvere* niederfallen [*alci ad pedes, ad genua od. genibus alcis*]; **b)** P. vertrieben werden [*fortunis* aus seinem Besitz]; **c)** *mediopass.* sich erniedrigen, herabsinken [*ad libita alcis*].

prō-vŏmō, — — 3. (*Lu.*) hervorspeien.

prō-vŏrsŭs *adv.* (*altl.*) = *prōrsŭs*².

prō-vŭlgō 1. (*nkl.*) öffentlich bekanntmachen, aufdecken.

prŏx *int.* (*ablautend zu prĕx?*) (*Pl.*) *m.* Verlaub.

prŏxĕnētēs *od.* **-ă,** *ae m* (*Fw.* ‹ προξενητής) (*nkl., dcht.*) Makler.

prŏxĭmē *sup. v. prŏpĕ.*

prŏxĭmĭtās, *ātis f* (*prŏxĭmŭs*) (*nkl., dcht.*) **1.** Nähe, Nachbarschaft. **2.** / **a)** nahe Verwandtschaft; **b)** Ähnlichkeit. [*quŭs.*]

▶ **prŏxĭmō, -mŭs** *s. prŏpĕ u. prŏpĭn-*

****p.r.t.** *Abk. für pro rata temporis.*

▶ **prūdēns,** *ĕntĭs* (*m. comp. u. sup.*; *adv.* **-ĕntĕr**) (‹ *prōvĭdēns*) **1.** wissentlich, absichtlich [*prudens et sciens hoc feci*]. **2. a)** in *etw.* erfahren, *einer Sache* kundig (*alcis rei, zB. belli; m °inf. u. a.c.i.*); **b)** klug, einsichtsvoll, verständig, *bsd.* lebensklug, *v. Pers. u. Sachen* [*vir, consilium, -enter intellegere; in re, auch ad alqd, zB. in iure civili, ad consilia, selten alcis rei, zB. ceterarum rerum* in allen übrigen Stükken].

F. *abl. sg.* *-ī* (*subst.* *-ĕ*); *pl. n -iă, gen. -iŭm u. °-ŭm.*

▶ **prūdĕntĭă,** *ae f* (*prūdēns*) **1.** das Vorherwissen, *selten* [*futurorum*]. **2. a)** Einsicht in *etw.*, Kenntnis, Wissen, Erfahrung (*alcis rei, zB. iuris publici et civilis, °rei militaris*); **b)** Klugheit, Umsicht, Lebensklugheit (*alcis, zB. consulis, auch litterarum tuarum*); *meton.* (*v. Pers.*) (*dcht.*) der Weiseste [*aevi nostri*]; **c)** (*Cu.*) Spruchweisheit.

prŭīnă, *ae f* (‹ **prusv-īnă*; *cf. nhd.* „Frost"; √ *preus- brennen; frieren) **1.** Reif (Frost), *auch pl.* **2.** (*dcht.*) **a)** / Schnee; **b)** (*meton.*) *pl.* Winter [*ad medias pruinas*].

prŭīnōsŭs 3 (*prŭīnă*) (*nkl., dcht.*) bereift [*herbae*].

prūnă, *ae f* (*cf. prŭīnă*) (*nkl., dcht.*) glühende Kohle.

prūnĭcĕŭs 3 (*prūnŭs*) (*Ov.*) aus Pflaumenholz.

prūnŭm, *ī n* (*Lw.* ‹ προῦμνον, *kleinasiatischen Ursprungs*) (*nkl., dcht.*) Pflaume.

prūnŭs, *ī f* (*Lw.* ‹ προῦμνος, *kleinasiatischen Ursprungs*) (*nkl.*) Pflaumenbaum.

prūrīgō, *ĭnĭs f* (*prūrĭō*) (*dcht., nkl.*) Jucken, Geilheit [*longa, obscoena*]; juckender Grind.

prūrĭō 4. (*prŭīnă*) (*vkl., dcht.*) jukken [*dorsus totus prurit*]; geil *od.* lüstern sein; *m. adv. acc. n tam blandum prurit*; nach Kampf gelüsten.

prūrĭōsŭs 3 (*prūrĭō*) (*dcht.*) geil [*puella*].

Prūsĭās *u.* **-ă,** *ae m K. v. Bithynien, der Hannibal an die Römer ausliefern sollte.*

prŷtănēŭm *u.* **-īŭm,** *ī n* (*Fw.* ‹ πρυτανεῖον) Rathaus *in griech. Städten, bsd. in Athen.*

prŷtănĭs, *ĭs m* (*Fw.* ‹ πρύτανις) (*nkl.*) Prytane, Vorsteher, Oberbeamter *in griech. Städten. Cf.* V.-B. III, 1,4, a.

****P.S.** *Abk. für postscriptum* Nachschrift.

psāllō, *psăllī,* — 3. (*Fw.* ‹ ψάλλω) (*nkl., dcht.*) die Zither spielen *u.* zur Zither singen: (*Eccl.*) *bsd.* die Psalmen Davids singen.

psălmĭstă, *ae m* (*Fw.* ‹ ψαλμιστής) (*Eccl.*) Psalmist. [Psalm.]

psălmŭs, *ī m* (*Fw.* ‹ ψαλμός) (*Eccl.*)

psăltērĭŭm, *ī n* (*Fw.* ‹ ψαλτήριον) **1.** zitherartiges Saitenspiel, Psalter. **2.** (*Eccl., Isid.*) der Psalter *od.* die Psalmen Davids.

psăltēs, *ae m* (*Fw.* ‹ ψάλτης) (*vkl., nkl.*) Zitherspieler.

psăltrĭă, *ae f* (*Fw.* ‹ ψάλτρια) Zitherspielerin.

psĕcăs, *ădĭs f* (*Fw.* ‹ ψεκάς „spritzend, träufelnd") (*unkl.*) Friseuse; *auch* ♀ *Name der frisierenden Sklavin.*

psēphĭsmă, *ătĭs n* (*Fw.* ‹ ψήφισμα) **1.** (*pol. t.t.*) Volksbeschluß *e-r griech. Volksversammlung.* **2.** (*Pli.*) Dankadresse *e-r griech. Polis an den Kaiser. Cf.* V.-B. III, 6.

pseudŏ... (τὸ ψεῦδος „die Lüge") *vor adi. u. subst.* = falsch, unecht.

Pseudŏ-cătō, *ōnĭs m* (Ψευδοκάτων) ein falscher Kato.

pseudŏlŭs, *ī m* (*zu* ψεύδομαι) Lügenmaul (♀*Titel einer Komödie des Plautus*).

pseudŏmĕnŏs, *ī m* (*Fw.* ‹ ψευδόμενος, *sc.* λόγος) Trugschluß, falscher Syllogismus (*rein lat. mĕntĭēns, ĕntĭs m*). *Cf.* V.-B. II, 1.

pseudŏthŷrŭm, *ī n* (*Fw.* ‹ ψευδόθυρον) **1.** (*nkl.*) geheime Tür, Hinterpförtchen. **2.** / Hintertür [*non ianuā receptis, sed pseudothyro intromissis voluptatibus v.* widernatürlicher Unzucht].

psīlŏcĭthărĭstēs, *ae m* (*Fw.* ‹ ψιλοκιθαριστής) (*Suet.*) der bloß Zither spielt (ohne Gesang), Zitherspieler.

psīlōthrŭm, *ī n* (*Fw.* ‹ ψίλωθρον) (*nkl., dcht.*) Enthaarungsmittel.

psĭthĭŭs 3 (*Fw.* ‹ ψίθιος) (*dcht., nkl.*) psithisch [*-ia vitis eine Traubensorte, die bsd. zur Rosinenbereitung diente*]; *auch subst.* **psĭthĭă,** *ae f*; vinum *-ium* Rosinenwein.

psĭttăcŭs, *ī m* (*Fw.* ‹ ψίττακος) (*dcht., nkl.*) Papagei.

psȳchŏmăntīŭm, *ī n* (*Fw.* ‹ ψυχομαντεῖον) Totenorakel.

*****P.T.** *Abk. für praemissis titulis* = *m.* vorausgeschickten Titeln.

psȳchrŏlūtēs, *ae m* (*Fw.* ‹ ψυχρολούτης) (*Se.*) der kalte Bäder nimmt.

-ptĕ *Suffix* (*synk.* ‹ *pŏtĕ zu pŏtĭs*; *eigtl.* „selbst"; *cf.* τί-ποτε, τί-πτε) selbst, eigen, *nur an pron. pers. u. poss., klass. nur an die Ablative der pron. poss. gehängt, zB. meopte ingenio, suapte manu.*

Pthĭă *s. Phthĭă.*

pthĭsĭcŭs, pthĭsĭs *s. phthĭs...*

ptĭsănă, *ae f* (*Fw.* ‹ πτισάνη) (*nkl., dcht.*) Gerstengrütze.

ptĭsănārĭŭm, *ī n* (*ptĭsănă*) (*Ho.*) Aufguß *v.* Gerstengrütze *od.* Reis.

Ptŏlŏmaeŭs *u.* **Ptŏlĕmaeŭs,** *ī m* (Πτολεμαῖος) *Name griech. Diadochenfürsten i. Ägypten*; *adi.* **Ptŏlŏmaeŭs** 3 ptolemäisch, *übh.* ägyptisch [*gymnasium, °Pharus*]; *subst.* **Ptŏlŏmăĭs,** *ĭdĭs f Name mehrerer Städte in Ägypten u. Phönikien.*

pūbēns, *ĕntĭs* (*pūbĕō* 2. „mannbar sein") (*dcht.*) vollkräftig, strotzend [*herba*].

▶ **pūbērtās,** *ātĭs f* (*pūbēs*²) **1.** (*nkl.*) Mannbarkeit, Geschlechtsreife. **2.** (*meton.*) **a)** (*Ta.*) Manneskraft. Zeugungskraft; **b)** erstes Barthaar, Bartflaum.

pūbēs¹, *ĭs f* (*cf. pūbēs*²) **1.** junge Mannschaft, waffenfähige Jugend [*Italiae, °Romana, °ingenua,* / *°taurorum*]. **2.** (*vkl., dcht.*) Männer, Leute, Volk [*agrestis, Dardana* Trojaner]. **3.** (*dcht., nkl.*) **a)** Scham (-gegend); **b)** Barthaare, Schamhaare.

pūbēs², *ĕrĭs* (*et. ungeklärt*) **1.** mannbar, erwachsen. **2.** / (*nkl., dcht.*) ausgewachsen, (*v. Pflanzen*) vollkräftig, -saftig, strotzend [*herba, folia*]. **3.** *subst.* **pūbĕrēs,** *ŭm m* waffenfähige Mannschaft, Männer.

F. *abs. sg.* *-ī u.* *-ĕ*; *pl. n fehlt, gen.* *-ŭm.*

pūbēscō, *bŭī,* — 3. (*incoh. v. pūbĕō* 2. „mannbar sein") **1.** mannbar werden. **2.** / **a)** heranwachsen, -reifen; **b)** (*dcht.*) behaart werden; **c)** (*dcht., nkl.*) sich *m. etw.* überziehen [*prata flore pubescunt*]; *auch v. etw.* strotzen.

pūblĭcānŭs, *ī m* (*pūblĭcŭs*) Generalpächter der Staatseinnahmen *in den Provinzen, meist die reichen röm. Ritter* (*adi. muliercula -a* Staatspächterkokotte).

pūblĭcātĭō, *ōnĭs f* (*pūblĭcō*) Beschlagnahme für die Staatskasse, Konfiskation [*bonorum*].

pūblĭcē *adv.* (*pūblĭcŭs*) **1. a)** öffentlich, *v.* Staats wegen, im Namen des Staates (*Ggs. prīvātīm*) [*templum -e dedicare, interfici, egestatem -e habere* in der Staatskasse]; **b)** im Interesse des Staates, amtlich [*-e scribere u. litteras mittere, -e laus est* Ehrensache des Staates]; **c)** (*nkl.*) auf öffentliche Kosten [*e vesci, efferri* bestattet werden]. **2.** (*nkl.*) allgemein, insgesamt [*-e exsulatum ire*].

pūblĭcĭtŭs *adv.* (*pūblĭcŭs*) (*vkl., nkl.*) **1.** *v.* Staats wegen. **2.** vor aller Welt.

Pūblĭcĭŭs 3 *röm. Gentilname*; *clīvus* ~ Hauptaufgang zum Aventin.

pūblĭcō 1. (*denom. v. pūblĭcŭs*) **1.** für die Staatskasse einziehen, konfiszieren [*bona alcis, regnum* annektieren, *Ptolomaeum* das Vermögen des Pt.]. **2.** (*vkl., nkl.*) **a)** zum öffentlichen Gebrauch freigeben [*°Aventinum* zum Anbau freigeben, *°bibliothecas*]; **b)** preisgeben [*corpus suum vulgo; pudicitiam*]; **c)** öffentlich zeigen *od.* hören lassen, *bsd. als Künstler* [*studia sua*]; **d)** veröffentlichen, publizieren [*librum, retinenda* offenbaren]. — ***ad publicandum* zur Veröffentlichung.

Pūblĭ-cŏlă, *ae m* (*altl.* Pŏplĭ-cŏlă, *eigtl.* „Volksfreund") *cogn. in der gēns Vălĕrĭā, s. Vălĕrĭūs.*

pūblicus
1. a) öffentlich, staatlich, Volks..., Staats...; b) im Namen *od.* auf Kosten des Staates stattfindend; 2. a) allgemein (gebräuchlich); b) alltäglich; 3. **rēs pūblica** a) Staatsgeschäfte; b) Staatsschatz, -mittel; c) Staatswohl; d) Staat; 4. *subst.* **pūblicūs** Staatssklave; 5. *subst.* **pūblica** Prostituierte; 6. *subst.* **pūblicūm** a) Staatsgebiet; b) Staatskasse, -schatz; c) Staatseinkünfte, Steuern; d) Staatsmagazin; e) Staat, Gemeinwesen; f) Öffentlichkeit, Straße.

pūblĭcŭs 3 (*adv.* **-ē**; *s.d.*) (*altl.* pŏplĭcŭs *zu* pŏpŭlŭs; *volkset. an* pūbēs *angelehnt*) **1. a)** öffentlich = zum Volk gehörig, staatlich, des Volkes *od.* Staates, Volks..., Staats... (*Ggs.* prīvātŭs) [*agri, pecunia, servus, sacerdos,* °*dii* Nationalgottheiten, *negotium,* °*vincula* Staatsgefängnis, *mensa* Staatsbank, *litterae* Staatsurkunden, *iniuria* gegen den Staat, °*sollicitudo* wegen des Staates, °*assentator* des Volkes, °*causa* (*Li.*) Prozeß in Staatsangelegenheiten, (*Ci.*) Kriminalprozeß, °*bono u.* °*malo -o* zum Vorteil u. zum Schaden des Staates]; **b)** im Namen *od.* auf Kosten des Staates stattfindend, vom Staat veranstaltet [°*funus, sacrificium,* °*poena*]. **2. a)** allgemein (üblich, gebräuchlich), gewöhnlich [*verba,* °*mores,* °*materies* häufig behandelt]; **b)** (*dcht.*) alltäglich [*structura carminum*]. **3.** *subst.* **rēs pūblĭcă a)** Staatsangelegenheit, *meist coll.* Staatsgeschäfte, -verwaltung, -gewalt, Politik [*rem -am administrare, suscipere, capessere, ad rem -am accedere* sich widmen, *in re -a versari* politisch tätig sein, *res -a penes alqm est*]; **b)** Staatsschatz, -mittel [*reliquias rei -ae dissipare*]; **c)** Staatswohl [*alqd e re -a est* liegt im Interesse des Staates, *e re -a facere alqd, rei -ae causā*]; **d)** Staat *od.* Gemeinwesen *in bezug auf Verfassung od. Regierungsform* [*rem -am labefactare od. opprimere, defendere, augere, de re -a idem sentire, in optima re -a* unter günstigen politischen Verhältnissen]. **4.** *subst.* **pūblĭcŭs,** *ī m* (*Pl.*) Staatssklave, Unterbeamter, Polizist. **5.** *subst.* **pūblĭcă,** *ae f* (*Se.*) Prostituierte, Allerweltshure. **6.** *subst.* **pūblĭcŭm,** *ī n* **a)** Staatsgebiet, Gemeindeland [*Campanum, alqd -um populi Romani est od. facere*]; **b)** Staatskasse, -schatz [*pecunias in -o deponere,* °*alqd in -um emere* auf Kosten des Staates, *de -o convivari* auf öffentliche Kosten, *in -um* °*redigere od. addicere* konfiszieren]; **c)** Staatseinkünfte *od.* Steuern, Staatspacht, *bsd. pl.* [*-a male conducere, in eo -o esse, societates -orum* Gesellschaften der Steuerpächter]; **d)** Staatsmagazin [*frumentum conferre in -um*]; **e)** Staat, Gemeinwesen [*-i* °*vindex,* °*alqd in -um polliceri* zum allgemeinen Nutzen]; **f)** Öffentlichkeit, Straße [*in -um prodire, in -o* in der Öffentlichkeit, auf der Straße, *legem in -o u. in -um proponere* öffentlich bekanntmachen, *-o carere u.* (*se*) *abstinere* nicht ausgehen, zu Hause bleiben]. — *Cf. auch* pūblĭcē.

Pūblĭlĭŭs 3 *röm. Gentilname;* ~ *Sȳrŭs, freigelassener röm. Sklave syrischer Abkunft des 1. Jh. v. Chr., gefeierter Mimendichter u. Schauspieler* (*Sentenzensammlung*).

pūbūi *s.* pūbēscō.

Pūblĭŭs, *ī m röm. Vorname, abgek. P.*

p.u.c. *Abk. für post urbem conditam* nach Gründung der Stadt (Rom).

pŭdĕō, pŭdŭī, — 2. (*et. ungedeutet*) **1.** sich schämen. **2.** *m.* Scham erfüllen. **3. a)** *meist impers.* **mē pŭdĕt,** pŭdŭĭt *u.* pŭdĭtŭm ĕst **2.** ich schäme mich (*abs., zB. ad pudendum induci, pudendo* dadurch, daß man sich schämt; *meist alqm alcis od. alcis rei jd.* schämt sich vor *jd. od. e-r* Sache, *zB.* °*deorum hominumque, tui, stultitiae, auch im gerund., zB. consilii nostri nobis pudendum est; m. inf. u. a.c.i., auch m. quod u. si; m. 2. supin., zB. dictu*); **b)** *part. als adi.*: **α) pŭdēns,** ĕntĭs (*m. comp. u.* °*sup.; adv.* **-ĕntĕr**) schamhaft, sittsam, *auch* bescheiden, schüchtern [*filius, femina, animus, nihil pudens* ohne eine Spur *v.* Ehrgefühl, *-enter alqd petere; subst.* pŭdĕntēs, ĭŭm *m* Leute *v.* Ehrgefühl]; **β) pŭdĕndŭs** 3 dessen man sich zu schämen hat, schändlich, schimpflich [*quaestus genus,* °*pars od. subst.* pŭdĕndă, ōrŭm *n* Schamteile; *m.* °*2. supin., zB. dictu*].

pŭdĭbŭndŭs 3 (pŭdĕō) (*dcht., nkl.*) **1.** verschämt [*matrona*]. **2.** dessen man sich zu schämen hat, schimpflich [*maternum genus*].

pŭdĭcĭtĭă, *ae f* (pŭdīcŭs) Schamhaftigkeit, Keuschheit (*alcis*); *personif.* (*Li.*) *Pŭdĭcĭtĭā* Göttin der Schamhaftigkeit.

▶**pŭdīcŭs** 3 (*m. comp. u.* °*sup.; adv.* °**-ē**) (pŭdĕō) schamhaft, sittsam, keusch [*femina,* °*mores*].

▶**pŭdŏr,** ōrĭs *m* (pŭdĕō) **1.** Scham (-gefühl), Scheu (*alcis j-s u.* vor *jd., zB. civium; alcis rei* über *od.* vor, wegen *etw., zB.* °*paupertatis, famae* vor der Nachrede; °*pudor est m. inf.* = pŭdĕt); *auch* Ehrfurcht, Rücksicht (*alcis* vor *jd. od.* gegen *u.* auf *jd., zB. deorum,* °*patris*). **2.** Ehrgefühl, Ehrenhaftigkeit, Takt [*homo summo pudore; hinc pugnat pudor, illinc petulantia*]. **3.** Bescheidenheit [*natura pudorque meus* meine natürliche Schüchternheit]. **4.** Schamhaftigkeit, Keuschheit, Züchtigkeit = pŭdĭcĭtĭă [°*membra quae tibi pudorem abstulerunt* = mĕntŭlă]; *dcht. auch personif.* **5.** (*meton.*) **a)** (*nkl.*) der gute Name [*defuncti*]; **b)** (*dcht.*) Schamröte [*famosus*]; **c)** Schmach, Schimpf [°*pudori esse* zur Schande gereichen]; (*concr. vom Minotaurus*) Schandfleck [*thalami*].

▶**pŭĕllă,** *ae f* (*fem. zu* pŭĕllŭs) **1.** Mädchen. **2.** (*dcht., nkl.*) **a)** Tochter (*alcis, zB. Danai*); **b)** Geliebte; **c)** junge Frau.

pŭĕllārĭs, ĕ (*adv.* **-ĭtĕr**) (pŭĕllă) (*nkl., dcht.*) mädchenhaft, Mädchen..., jugendlich [*animus, pes*].

pŭĕllŭlă, *ae f* (*demin. v.* pŭĕllă) (*dcht.*) ein nettes (junges) Mädchen.

pŭĕllŭs, *ī m* (*demin. v.* pŭĕr) (*unkl.*) Knäblein.

▶**pŭĕr,** ĕrī *m* (*altl.: voc. sg.* -rĕ, *gen. pl.* -ūm) (*cf.* pūtŭs[1]) **1.** Kind *m. Rücksicht auf das Alter* [*a puero bzw. a pueris* v. Kindheit an]; *meist pl.* pueri die Kinder [*ex pueris excedere* die Kinderschuhe ausziehen, *mulieres puerique* Weib *u.* Kind]. **2.** Knabe, Junge, *meist bis zur Anlegung der toga virilis, oft* = unerwachsen, jung [°*admodum* ~ noch sehr jung]; *auch* (*vkl., dcht.*) *als Kose- od. Schimpfwort* = Junge, Bube, unreifer Bursche. **3. a)** (*vkl., dcht.*) Sohn (*alcis, zB. Ledae*); **b)** junger Mann, *auch* (*Ov.*) Junggeselle; **c)** / Diener, Bursche, Sklave [*regius od.* °*nobilis* Edelknabe, Page].

pŭĕră, *ae f* (pŭĕr) (*vkl., nkl.*) Mädchen.

pŭĕrāscō, — — 3. (*incoh. zu* pŭĕr) (*Suet.*) in das Knabenalter treten.

pŭĕrīlĭs, ĕ (*m. comp. u.* °*sup.; adv.* **-ĭtĕr**) (pŭĕr) **1.** kindlich, jugendlich, Knaben..., Kinder... [*aetas,* °*regnum* eines Knaben, °*agmen v.* Knaben, °*-iter blandiri* nach Kinderart]; *subst.* (*Ma.*) *illud puerile* „Knabenliebe", Analverkehr. **2.** kindisch, läppisch [*consilium, -iter facere*].

pŭĕrīlĭtās, ātĭs *f* (pŭĕrīlĭs) (*vkl., nkl.*) **1.** Knabenalter. **2.** kindisches Betragen.

▶**pŭĕrĭtĭă,** *ae f* (pŭĕr) Kindheit, Knabenalter, Jugend; *cf.* puer [*in u. a pueritia*].

pŭĕr-pĕră, *ae f* (părĭō, *eigtl.* „Gebärerin") (*unkl.*) e-e Kreißende, Wöchnerin; *adi.* -us 3 die Entbindung fördernd [*verba*].

pŭĕrpĕrĭŭm, *ī n* (pŭĕrpĕră) (*vkl., nkl.*) Kindbett, Niederkunft, Geburt; *pl.* Kindersegen.

pŭĕrtĭă, *ae f* (*dcht.*) *synk.* = pŭĕrĭtĭă.

pŭĕrŭlŭs, *ī m* (*demin. v.* pŭĕr) **1.** Bürschchen. **2. a)** *pl.* Unmündige; **b)** (*iron.*) feines Bürschchen.

pūgă, *ae f* (*Lw.* < πυγή) (*dcht.*) Steiß.

pŭgĭl, ĭlĭs *m* (*cf.* pŭg-nŭs) Faustkämpfer, Boxer.
F. *abl. sg.* pŭgĭlī, *gen. pl.* -ŭm.

pŭgĭl(l)ātōrĭŭs 3 (°pŭgĭl[l]ātŏr „Faustkämpfer"; pŭgĭl[l]ātŭs) (*Pl.*) vom Faustkämpfer gebraucht; *follis* Punchingball.

pŭgĭl(l)ātŭs, ūs *m* (pŭgĭl) Faustkampf.

pŭgĭlĭcē *adv.* (pŭgĭl) (*Pl.*) nach Boxerart.

pŭgĭllārēs, ĭŭm *m u.* **pŭgĭllārĭă,** ĭŭm *n* (*zu* pŭgĭllŭs „was man mit der Faust fassen kann; Handvoll") (*nkl., dcht.*) Schreibtäfelchen.

pŭgĭō, ōnĭs *m* (pŭngō; *eigtl.* „Stichwaffe") Dolch; / °*plumbeus* ~

schwacher Beweis.

pūgiŭncŭlŭs, ī *m* (*demin. v. pūgiō*) kleiner Dolch; Stilett.

▶**pūgnă**, *ae f* (*-ŭ-?; Rückbildung aus pūgnō*) **1. a)** Faustkampf, Schlägerei [*res ad -am vocatur*]; **b)** (*nkl.*) Zweikampf; **c)** (*dcht.*) Kampfspiel, Wettkampf, *zB.* in Olympia. **2. a)** *mil.* Kampf, Schlacht, Gefecht [*pedestris, equestris, navalis, Cannensis u. Cannarum u. ad od. apud Cannas; cum alqo, ex essedis, -ā decertare, -am °facere u. committere cum alqo, °ciere*]; *auch* (*nkl.*) Krieg [*Siciliae*]; **b)** (*meton.*) *mil.* (*nkl.*) Schlachtreihe, Stellung = ăciēs [*media* Mitteltreffen, *°-am mutare* kehrt machen]. **3.** / **a)** Wortstreit [*doctissimorum hominum*]; **b)** (*Com.*) lustiger Streich; **c)** (*Ma.*) = clīnŏpălē (*cf. proelĭŭm* 1 c).

pūgnācĭtās, *ātis f* (*-ŭ-?; pūgnāx*) (*nkl.*) Kampfbegier, Streitlust.

pūgnācŭlŭm, ī *n* (*pŭ-?; pūgnō*) (*vkl., nkl.*) Schanze, Bastei.

pūgnātŏr, *ōrĭs m* (*-ŭ-?; pūgnō*) (*nkl., dcht.*) Kämpfer, Streiter [*iuvencus* Kampfstier].

pūgnātōrĭŭs 3 (*pŭ-?; pūgnātŏr*) (*nkl.*) Fechter... [*arma* scharfe Waffen].

pūgnāx, *ācĭs* (*-ŭ-?*) (*m. comp. u. sup.; adv.* **-ītĕr**) (*pūgnō*) **1.** kampflustig, kriegerisch [*centurio, °ensis*]. **2.** / **a)** streitlustig, polemisch [*oratio, contra senatorem* widersetzlich]; **b)** eigensinnig [*-iter certare cum alqo od. sententiam defendere; in re* in *od.* bei *etw.*].
F. *abl. sg. -ī; pl. neutr. -ĭă, gen. -ĭŭm.*

pūgnĕŭs 3 (*pŭ-?; pūgnŭs*) (*Pl.*) Faust... [*mergae -ae* Faustschläge].

▶**pūgnō** 1. (*-ŭ-?; denom. v. pūgnŭs; eigtl.* „*m.* der Faust kämpfen") **1.** kämpfen, fechten, streiten, ein Gefecht liefern (*abs., zB. urbes pugnando capere, pugnantes* die Kämpfer; *comminus, eminus, bene, pari Marte, in acie, ex equo; re m. etw., zB. °lapidibus, gladiis; inter se; cum alqo = contra alqm, zB. cum hoste, contra adversarios, seltener in od. adversus alqm u. °alci; pro alqo u. °alci* für *jd., pro u. de re u. °alci rei* für *od.* um *etw., zB. pro patria, pro u. de libertate; m. innerem Objekt, zB. claram pugnam pugnare* schlagen, liefern). **2.** / **a)** im Streite liegen, uneinig sein (*cum alqo u. °alci, zB. Stoici cum Peripateticis, °frigida calidis, °puellae, °equus habenis* zerrt am Zügel; *de re, zB. de diis immortalibus; m. a.c.i.* = im Streite behaupten); *bsd.* (sich) widersprechen [*secum ipse, pugnantia loqui*]; **b)** für *etw.*, nach *etw.* ringen *od.* streben, um *etw.* sich bemühen [*id, illud, hoc m. folg. ut, ne; °in alqd; m. ut, ne, quominus; m. °inf. u. °a.c.i.*].

pūgnŭs, ī *m* (*pŭ-?; cf. pŭgĭl;* πύξ „*m.* der Faust") **1.** (geballte) Faust [*-um facere* eine Faust machen]. **2.** (*meton.*) **a)** Faustschlag [*-is concīdi*]; **b)** (*dcht.*) Faustkampf, *sg. u. pl.* [*-o u. -is vincere alqm*]; **c)** (*Se.*) eine Handvoll [*aeris*].

pŭlcĕr (*altl.*) = *pŭlchĕr.*

pŭlchĕllŭs 3 (*demin. v. pŭlchĕr*) schön, hübsch [*Bacchae* (*als Statuen*); *meist ironisch, zB. puer* das schöne Herrchen *v. Clodius*].

▶**pŭlchĕr**, *chră, chrŭm* (*m. comp. u. sup.; adv.* **-ē**, *s.* 3) (*et. ungedeutet*) **1.** schön, reizend, *auch* stattlich, *v. Lebendem u. Leblosem* [*homo, virgo, corpus, ager, forma, phalerae pulcherrime factae; m. 2. supin., zB. adspectu*]. **2.** / **a)** vortrefflich, herrlich, rühmlich, edel [*°facinus, exemplum, °animus, °mors, nihil virtute pulchrius, -e alqd facere, -e dicere* schön, vortrefflich sprechen, *-e intellegere* ganz gut; *pulchrum est m. inf., zB. bene facere*]; **b)** glücklich [*°dies*]. **3.** *adv.* **-ē**: **a)** schön; **b)** ganz gut, wohl [*mihi -e est* ich befinde mich behaglich]; **c)** *als Beifallsruf* = schön! gut! bravo!; **d)** teuer [*vendere* (*Pl.*)]; **e)** (*Pl.*) wohlfeil, billig [*conciliare* kaufen]; **f)** *ironisch* = gänzlich, völlig, *zB.* *-e peristi.* **4.** *Pulcher als cogn. in der gēns Claudia, zB. P. Claudius Pulcher.*

pŭlchrĭtūdō, *ĭnĭs f* (*pŭlchĕr*) **1.** Schönheit, Reiz (*alcis u. alcis rei, zB. corporis, muliebris formae, °urbis*). **2.** / Vortrefflichkeit, Pracht [*verborum, virtutis*].

pūlēĭŭm, ī *n* (*et. ungedeutet, volkset. an pūlĕx angeschlossen*) Flohkraut, Polei, *eine wohlriechende Pflanze*; / sanfte Tonart.

pūlĕx, *ĭcĭs m* (*keine einheitliche idg. Grundform; cf.* ψύλλα *ds.*) (*vkl., nkl.*) Floh.

pŭllārĭŭs, ī *m* (*pŭllŭs*[1]) Hühnerwärter, *der die heiligen Hühner zu füttern hatte.*

pŭllātŭs 3 (*pŭllŭs*[2]) (*dcht., nkl.*) schwarzgekleidet; *subst.* *-ī, ōrŭm m* Leute in Arbeitskitteln, das niedere Volk.

pŭllēĭācĕŭs 3 (*pŭllŭs*[2]) (*Augustus b. Suet.*) schwarz.

pŭllŭlō 1. (*denom. v. pŭllŭlŭs* junger Trieb, *demin. v. pŭllŭs*[1]) (*dcht., nkl.*) **1.** keimen [*silva a radice*]. **2.** / **a)** wuchern, um sich greifen [*luxuria*]; **b)** *v. etw.* wimmeln (*re, zB. colubris*).

pŭllŭs[1] (*vl. zu pŭtŭs*[1]) **1.** *adi.* 3 (*Pl.*) jung. **2.** *subst.* ⌣, *ī m* **a)** Junges, junges Tier [*columbini, pulli ex ovis orti, / milvinus* Falkenbrut = habgieriger Mensch]; **b)** junges Huhn, Hühnchen, Küchlein, *bsd.* Weissagehuhn; *als Kosewort*; **c)** / (*Lu.*) junger Trieb, Zweig.

pŭllŭs[2] (*cf. im Ablaut păllĕō zu* πολιός „grau") **1.** *adi.* 3 dunkelfarbig, dunkel, schwärzlich, *bsd. v. Trauerkleidern u. dem schmutzig dunklen Anzug gewöhnlicher Arbeiter* [*vestis u. toga* Trauerkleid, *tunica* Arbeitskittel, *°ficus, °myrtus* dunkelgrün, *°agna* braun]; / (*dcht.*) trauervoll, todbringend [*stamina* Fäden der Parzen]. **2.** *subst.*

pŭllŭm, ī *n* (*dcht.*) dunkle Farbe, schwarzer Saum, *pl.* (*Ov.*) dunkle Kleidung.

pŭlmĕntārĭŭm, ī *n* (*pŭlmĕntŭm*) (*nkl., dcht.*) = *pŭlpāmĕntŭm.*

pŭlmĕntŭm, ī *n* (*wohl* < **pŭlpmĕntŭm zu pŭlpă*) (*vkl., dcht.*) Fleischspeise, *bsd.* Fleischportion.

pŭlmō, *ōnĭs m* (*cf.* πλευμών *u.* [*durch Anlehnung an* πνέω] πνευμών, *wohl volkset. m. pŭlmĕntŭm u.ä. vermengt*) Lunge, *klass. stets pl.* = die Lungenflügel.

pŭlmōnĕŭs 3 (*pŭlmō*) (*Pl.*) Lungen...

pŭlpă, *ae f* (*et. nicht klar*) (*unkl.*) Fleisch.

pŭlpāmĕntŭm, ī *n u.* (*Li.*) **pŭlpāmĕn**, *ĭnĭs n* (*pŭlpă*) Zukost, Fleisch; / Leckerbissen, Würze; *sprichw.* (*Te.*) *lepus tute es et pulpamentum quaeris* du bist selbst ein Hase *u.* suchst nach Wildbret.

pŭlpĭtŭm, ī *n* (*et. ungedeutet*) (*nkl., dcht.*) Brettergerüst, Tribüne, Bühne; / Lehrstuhl, Katheder.

pŭls, *pŭltĭs f* (*vl. Lw.* < πόλτος „Brei"; *cf. italienisch* „polenta") dicker Brei, *Kost des gewöhnlichen Mannes, auch Futter der Weissagehühner* (*gen. pl. pŭltĭŭm*).

pŭlsātĭō, *ōnĭs f* (*pŭlsō*) **1.** (*vkl., nkl.*) das Schlagen, Stoßen, Klopfen [*scutorum* an die Schilde]. **2.** (*meton.*) die Prügel, Schläge, Mißhandlung *e-r Person* (*alcis*).

▶**pŭlsō** 1. (*intens. v. pĕllō*) **1.** heftig *od.* stark schlagen, klopfen (*alqd etw. u.* an *etw., zB. °ostium, °postes cuspide, °humum od. °tellurem* stampfen, *bsd. beim Tanzen, °curru Olympum* durchfahren, *°pedibus spatium Olympi* durchlaufen, *°latera navis fluctibus* peitschen, *°sagittam* fortschnellen, *°campus equis pulsatus* durchstampft *v., °ligones arva pulsant* bearbeiten, *°pulsatos divos referre* die vertriebenen; *auch °ein Saiteninstrument* schlagen *od.* rühren, *zB. chordas digitis; / °alta sidera* stoßen an, *surdas aures* tauben Ohren predigen). **2. a)** *jd.* prügeln *od.* mißhandeln (*alqm, zB. tribunum*); **b)** / (*geistig*) **α)** erschüttern, *meist* (*dcht.*) [*naturam, °corda, °pavor pulsat ilia*]; *auch jd.* beunruhigen, ängstigen [*alcis pectus*]; **β)** bewegen, anregen, Eindruck auf *jd.* machen [*animum alcis visione*].

pŭlsŭs[1] *P.P.P. v. pĕllō.*

pŭlsŭs[2], *ūs m* (*pĕllō*) Stoß, Schlag [*remorum* Ruderschlag, *°venarum* Pulsschlag, *°equorum* Hufschlag, *°pedum* Schritte, *°lyrae* Spiel auf der Leier, *°maris* Anprall]; / Eindruck, Anregung [*imaginum*].

pŭltātĭō, *ōnĭs f* (*pŭltō*) (*Pl.*) das Anklopfen.

pŭltĭ-phăgŏnĭdēs, *ae m* (*scherzh. patron. aus pŭls* + ἔ-φαγον) (*Pl.*) Breiesser = Römer.

pŭltĭ-phăgŭs (**-fă-**), ī *m* (*pŭls* + ἔ-φαγον) (*Pl.*) Breiesser = Römer.

pŭltō 1. (*intens. v. pĕllō; pŭltŭs altes P.P.P.*) (*Com.*) an *etw.* klopfen, stoßen [*ianuam*].

pŭlvĕrĕŭs 3 (*pŭlvĭs*) (*dcht., nkl.*) **1.** aus Staub (bestehend), Staub... [*nubes, farina*]. **2.** staubig [*solum*]. **3.** staubend [*palla*].

pŭlvĕrŭlĕntŭs 3 (*pŭlvĭs*) **1.** staubig, in Staub gehüllt [*via, °agmen*].

2. / (*Ov.*) mühevoll [*praemia militiae*].

pŭlvīllŭs, *ī m* (*pŭlvīnŭs*) (-ī-?; *demin. v. pŭlvīnŭs*) (*dcht., nkl.*) kleines Kissen.

pŭlvīnăr, *āris n* (*pŭlvīnŭs*) **1.** Götterpolster (*beim lectisternium*) [*deorum, ~ dedicare*]. **2. a**) (*meton.*) α) Tempel [*supplicatio ad od.* °*circa omnia -ia*]; β) *meist pl.* Göttermahl = *lectisternium* [*deorum, ~* °*suscipere in Capitolio* anrichten]; **b**) / Polstersitz *eines vergötterten Menschen, bsd. der röm. Kaiser;* °göttliche Verehrung. **F.** *abl. sg. pŭlvīnārī; pl. nom. -ĭă, gen. -ĭŭm.*

pŭlvīnārĭŭm, *ī n* (*pŭlvīnŭs*) (*Li.*) Götterpolster; / (*Pl.*) Ankerplatz.

pŭlvīnŭs, *ī m* (*et. ungedeutet*) **1.** Kissen (Sitzkissen, Kopfkissen). **2.** / (*nkl.*) Gartenbeet.

▶**pŭlvĭs,** *ĕris m* (*u.* °*f*) (*cf. pŏllĕn*) **1. a**) Staub, Staubwolke, *auch* Sand, Asche, (*dcht.*) Erde [*multus in calceis,* °*hibernus* Winterstaub = trockener Winter, °*in pulvere ludere v. Kindern gesagt*]; **b**) Glasstaub *od.* Sand, *in den die Mathematiker ihre Figuren zeichneten* [*eruditus*; (*meton.*) = Mathematik, *zB. hominem a pulvere et radio excitare*]; **c**) (*dcht., nkl.*) Totenasche, *auch pl.* [*~ et umbra sumus, novendiales pulveres*]; **d**) (*dcht., nkl.*) Ton, Töpfererde [*Etrusca*]; **e**) Staub des Ringplatzes *od.* der Rennbahn [°*Olympicus*]. **2.** (*meton.*) **a**) (*dcht.*) Kampfplatz, Rennbahn [°*domitant in pulvere currūs*]; **b**) / α) Tummelplatz *e-r Tätigkeit,* Feld, Bahn [*procedere in pulverem et solem* öffentlich auftreten, *producere alqd in solem et pulverem* ins wirkliche Leben, °*in suo pulvere* auf eigener Bahn]; β) (*dcht.*) Kampf, Mühe, Anstrengung [*palma sine pulvere* ohne Anstrengung, mühelos]. — (*gen. pl. pŭlvĕrŭm*).

pŭlvĭscŭlŭs, *ī m* (*demin. v. pŭlvĭs*) (*vkl., nkl.*) Stäubchen; *cum -o* ganz *u.* gar.

pūmĕx, *ĭcĭs m* (*u.* °*f*) (*zu spūmă*) (*unkl.*) **1.** Bimsstein, *zum Glätten* (*bsd. der Bücherrollen u. der Haut*). **2.** *übh.* löcheriges Gestein, Geklüft; *bsd.* Lava, *auch pl.* — (*gen. pl. pūmĭcŭm*).

pūmĭcĕŭs 3 (*pūmĕx*) **1.** (*dcht.*) aus Bimsstein *od.* Lava [*mola*]; (*meton.*) *fontes* aus Bimsstein hervorfließend. **2.** / (*Pl.*) trocken [*oculi* aus denen man keine Träne hervorlocken kann].

pūmĭcō 1. (*denom. v. pūmĕx*) (*unkl.*) *m.* Bimsstein glätten; (*P.P.P.*) *adi. -ātŭs* 3 geschniegelt.

pūmĭcōsŭs 3 (*pūmĕx*) (*nkl.*) bimssteinartig, porös.

pūmĭlĭō, *ōnĭs m u. f* (*pūmĭlŭs*) (*unkl.*) Zwerg, Zwergin.

pūmĭlŭs, *ī m* (*dcht. auch pŭ-*) (*et. ungeklärt*) (*nkl., dcht.*) Zwerg.

pūnctĭm *adv.* (-ŭ-?; *pūnctŭs, P.P.P. v. pŭngō*) (*nkl.*) stichweise, *m.* der Spitze [*hostem petere*].

pūnctĭō, *ōnĭs f* (-ŭ-?) (*pŭngō*) (*nkl.*) das Stechen, Stich; Einstich.

pūnctĭŭncŭlă, *ae f* (*pŭ-*?; *demin. v. pūnctĭō* „Stich"; *pŭngō*) (*Se.*) der leise Stich, *eigtl. u.* / [*voluptatum dolorumque*].

****puncto** 1. Einstiche machen, Punkte machen, punktieren; (*P.P.P.*) *adi. punctātus* 3 punktiert; gefleckt.

pūnctŭm, *ī n* (*pŭ-*?; *eigtl. P.P.P. n v. pŭngō*) **1.** (*dcht., nkl.*) Stich *bsd. e-s Tieres* [°*parvae volucris* Mückenstich]. **2. a**) (*nkl., dcht.*) Punkt als Interpunktionszeichen, *auch* Punkt *od.* Auge auf Würfeln; **b**) (*bei Abstimmungen*) Punkt *neben od. unter dem Namen eines Kandidaten; daher* (*meton.*) Wahlstimme [*multa puncta ferre in ea tribu*]. **3.** / **a**) (*dcht.*) Beifall [*omne ~ ferre*]; *übh.* (*dcht.*) Urteil, Ausspruch (*alcis*); **b**) mathematischer Punkt *als kleinste Größe;* / α) Pünktchen [*terrae* auf der Erde]; β) Augenblick, Nu [*temporis, -o temporis* im Augenblick, °*-o mobilis horae* im raschen Verlauf]; γ) (*in der Rede*) kleiner Abschnitt. — ***punctum saliens* der springende Punkt (= Aristoteles' στιγμὴ αἱματική, *das Herz des werdenden Vogels, das als erstes im Ei springt u. sich bewegt*), *j.* = das Wesentliche, der Kern *e-r Sache.*

pūnctŭs[1] *P.P.P. v. pŭngō.*

pūnctŭs[2], *ī m* = *pūnctŭm* (*daher im Dt.* „der Punkt").

pŭngō, *pŭpŭgī, pūnctŭm* 3. (*pŭnctŭm*?; *cf.* ἐχε-πευκής „der *m. e-r* Spitze versehene Pfeil") **1.** stechen (*alqm, vulnus acu punctum* wie ein Nadelstich). **2.** / verletzen, kränken (*abs.* = wehe tun; *alqm od. animum alcis*).

Pūnĭc... *s. Poenŭs.*

▶**pūnĭō** *u.* **pūnĭŏr** (*altl. poen...*) 4. (*denom. v. poenă*) **1.** (be)strafen (*abs., zB. iram in puniendo prohibere; alqm u. alqd, zB. sontes, maleficia, damnatos supplicio od.* °*morte*). **2.** an *jd.* Rache nehmen (*alqm, zB. inimicos*), *etw.* rächen [*alcis necem*].

pūnītĭō, *ōnĭs f* (*pūnĭō*) Bestrafung.

pūnītŏr, *ōrĭs m* (*pūnĭō*) **1.** (*nkl.*) Bestrafer (*alcis*). **2.** Rächer (*alcis rei, zB. doloris sui*).

pūpă, *ae f* (*pūpŭs*) (*dcht.*) **1.** Mädchen. **2.** Puppe.

pūpĭllă, *ae f* (*demin. v. pūpă*) **1.** verwaistes Mädchen, Waise, Mündel. **2.** (*dcht., nkl.*) Pupille.

pūpĭllārĭs, *ĕ* (*pūpĭllŭs*) (*nkl.*) Waisen... [*pecunia*]; unmündig [*aetas*]; (*Ju.*) kindlich [*testiculi*].

pūpĭllŭs, *ī m* (*demin. v. pūpŭs*) Waisenknabe, Mündel.

pŭppĭs, *ĭs f* (*et. ungeklärt*) **1.** Heck, Achterdeck, (*dcht.*) *auch pl.* [*navem convertere ad puppim,* °*puppes vertere m.* den Schiffen kehrtmachen = fliehen]; *synekd.* (*dcht.*) Schiff. **2.** / (*Pl.*) *scherzh.* Rücken. **F.** *acc. pŭppĭm u.* °*-ĕm; abl. -ī u. selten -ĕ; gen. pl. -ĭŭm.*

pŭpŭgī *s. pŭngō.*

pūpŭlă, *ae f* (*demin. v. pūpă*) **1.** Pupille. **2.** *übh.* (*dcht., nkl.*) Auge.

pūpŭlŭs, *ī m* (*demin. v. pūpŭs*) (*nkl., dcht.*) Bübchen.

pūpŭs, *ī m* (*Lallwort*) (*vkl., nkl.*) Bübchen; *auch als Kosewort.*

pūrgāmĕn, *ĭnĭs n* (*dcht.*) *u.* **pūrgāmĕntŭm,** *ī, n* (*nkl.*) (*pūrgō*) **1.** Schmutz, Unrat, *auch pl.* [*urbis, hortorum*], *bsd.* Kehricht [*-amen Vestae*]; / (*nkl.; nur -āmĕntŭm*) (*v. Pers.*) Auswurf, Abschaum, Gesindel, *pl.* [*servorum*]. **2.** Reinigungs-, Sühnemittel, *auch pl.* [*caedis*].

pūrgātĭō, *ōnĭs f* (*pūrgō*) **1.** Reinigung; *bsd.* (*m. u. ohne alvi*) das Purgieren, Abführen. **2.** / Rechtfertigung, Entschuldigung.

pūrgātōrĭŭs 3 (*pūrgātŏr* Reiniger *zu pūrgō*) (*spätl.*) reinigend, *eigtl. u.* /; *ignis u.* (**) *subst.* **-ōrĭŭm,** *ī n* Fegefeuer, Purgatorium.

pūrgĭtō 1. (*intens. v. pūrgō*) (*Pl.*) reinigen.

▶**pūrgō** 1. (*altl. pūrĭgō; pūrŭs*) **1. a**) reinigen, säubern, *auch* / (*alqd, zB.* °*cloacas, locum falcibus* vom Unkraut, *urbem v.* Verrätern, °*nubes in aethera se purgat* löst sich auf, °*auris purgata* ausgeputzt = für Warnungen offen); **P.** (*dcht.*) sich reinigen (*alqd u. alcis rei v. etw., zB. bilem; purgatus morbi* geheilt von); **b**) (*med. t.t.*) purgieren, abführen [*radix multum valet ad purgandum*]. **2.** / **a**) (*dcht.*) reinigen, sühnen [*populos, nefas*]; **b**) rechtfertigen, entschuldigen (*alqd etw.* rechtfertigen = sich gegen *etw.* rechtfertigen, *zB. suspicionem, noxam,* °*facinus, crimen* widerlegen; *alqm alci jd.* bei *od.* vor *jd., zB.* °*Gallos Caesari, auch se u. se alci; alqm de re u. alcis rei* wegen *od.* in betreff *e-r* Sache, *zB. de luxuria, se alci de Sempronio,* °*civitatem facti dictique; m. quod; m. a.c.i.* = zur Entschuldigung anführen); **c**) (*Ta.*) *jd. v. etw.* freisprechen (*alqm de re u. alcis rei, auch alqm crimine*); **d**) (*Suet.*) ins reine bringen, berichtigen [*rationem*]; **e**) (reinigend) wegschaffen [*rudera;* / *metum doloris*].

pūrĭfĭcātĭō, *ōnĭs f* (*pūrĭfĭcō*) (*nkl., dcht.*) Reinigung [*religiosa*]. — ***Mariae* (*2. Febr.*).

pūrĭfĭcō 1. (*denom. v. pūrĭfĭcŭs* reinmachend; *pūrŭs, făcĭō*) (*nkl.*) reinigen, säubern; / *se -are* (*relig. t.t.*) sich entsühnen [*a concubitu mariti*].

pūrĭgō 1. (*altl.*) = *pūrgō.*

pūrĭtĕr (*vkl., dcht.*) *adv. v. pūrŭs.*

▶**pŭrpŭră,** *ae f* (*Lw.* < πορφύρα) **1. a**) (*nkl.*) Purpurschnecke; **b**) Purpurfarbe, Purpur. **2.** (*meton.*) **a**) Purpurkleid, -gewand; *bsd.* (*m. e-m Purpurstreifen verbrämtes*) Amtskleid [*-am usque ad talos demittere*]; **b**) (*nkl.*) Purpurdecke [*lectum -ā sternere*]; **c**) (*nkl.*) Purpurwolle; **d**) (*nkl.*) purpurtragender Beamter (*bsd. orientalischer Fürsten*), Hofbeamter; **e**) (*nkl., dcht.*) hohes Amt, Tyrannis, Kaisertum, Purpur, Herrschaft [*-am sumere u. accipere*].

pŭrpŭrāscō, — — 3. (*pŭrpŭră*) dunkelrot werden.

pŭrpŭrātŭs 3 (*pŭrpŭră*) (*Pl.*) in Purpur gekleidet [*mulier*]; *klass.*

nur subst. m Höfling.

▶**pŭrpŭrĕŭs** 3 (*Lw.* ‹ πορφύρεος) **1.** purpurn, rot *in den verschiedensten Nuancen, übh.* dunkel [*vestis, mare,* °*pudor,* °*anima* Blut]. **2.** (*meton.*) (*dcht.*) in Purpur gekleidet [*rex, tyrannus*]; *m.* einer Purpurdecke geschmückt [*torus*]. **3.** / (*dcht.*) glänzend, strahlend, prächtig [*lux, ver, ōs*].

pŭrpŭrissātŭs 3 (*pŭrpŭrissŭm*) (*vkl., nkl.*) *m.* Purpurfarbe gefärbt; rot geschminkt.

pŭrpŭrissŭm, *ī n* (*Lw.* ‹ πορφυρίζον *part. praes. n v.* πορφυρίζω) (*Com., nkl., spätl.*) Purpurfarbe *zum Färben u. Schminken.*

pūrŭlĕntŭs 3 (*adv.* **-ē**) (*pūs*) (*nkl.*) eiterig; *subst.* **-ă,** *ōrŭm n* noch rohe Fleischstücke.

pūrŭs
1. rein; **2.** klar, hell, heiter; **3.** (*rel. t.t.*) **a)** trauerfrei; **b)** (*Örtlichkeit*) nicht entweiht; **c)** entsühnend; **4.** einfach; **5.** sittlich rein, schuldlos; **6.** (*rhet. t.t.*) korrekt, *auch* einfach; **7.** (*jur. t.t.*) unbedingt.

pūrŭs 3 (*m.* °*comp. u. sup.*; *adv.* **-ē** *u.* [*altl., dcht.*] **-iter**) (*cf. pŭtŭs*²) **1.** rein, gereinigt, sauber, lauter, *klass. fast nur* / [°*vas,* °*manus,* °*aqua,* °*humus* Gartenerde, *-e lavare alqd; a re u. re od.* °*alcis rei v. etw., zB. domus a suspicione,* °*forum caede,* °*cor vitio,* °*sceleris*]; *v. Örtlichkeiten* (*nkl., dcht.*) unbebaut, unbepflanzt [*locus, campus, ab arboribus*]. **2.** klar, hell, heiter, blank [*aër, aether,* °*dies,* °*nox,* °*gemma,* °*-e splendere,* °*per clarum* durch den heiteren Himmel]. **3.** (*relig. t.t.*) **a)** *v.* der Trauer befreit; entsühnt [*familia,* °*dies*]; **b)** (*v. Örtlichkeiten*) unentweiht, unbetreten [°*locus*]; **c)** (*dcht.*) entsühnend, reinigend [*sulphur, unda*]. **4.** einfach, ohne fremde Zutat, bloß [°*parma,* °*hasta* ohne Eisenspitze, *als Abzeichen der Herrscher u. Priester,* °*vestis u. toga* ohne Purpurverzierung, *argentum* glatt, ohne Reliefarbeit, °*-e apparere* unverhüllt]; *subst. -ŭm, ī n* Reingewinn. **5.** sittlich, rein, schuldlos, rechtschaffen, ehrlich [°*manus, animus,* °*domus,* °*duellum* = *bellum, vita -e acta,* °*libellum -e legere m.* reinem Herzen]; *bsd.* keusch [*anima,* °*pectus, deos -e et caste venerari*]. **6.** (*rhet. t.t.*) fehlerlos, korrekt, *oft auch* = schlicht, einfach, natürlich [*oratio, dicendi consuetudo, -e loqui*]. **7.** (*jur. t.t.*) unbedingt, ohne Vorbehalt [*iudicium*]; / (*Ho.*) vollkommen, völlig [*-e tranquillare*].

pūs, *pūrĭs n* (*cf.* πῦον *ds.*; *nhd.* „faul") (*nkl., dcht.*) Eiter; / Geifer [*pus atque venenum* Gift *u.* Galle = bittere Rede].

pŭsillŭs 3 (*m. comp.*) (*vl. demin. v. pullŭs*¹) **1.** winzig, lächerlich klein [°*mus, epistula,* °*mentula*]; *subst.* °*Pusillă, ae f als Schmeichelname für ein Mädchen; -ŭm, ī n* (*unkl.*) ein bißchen; *adv. -ŭm* (*Se.*) ein wenig. **2. a)** (*Qu.*) schwach [*vox*]; **b)** (*nkl., dcht.*) gering; **c)** kleinlich [*homo, animus*].

pūsiō, *ōnis m* (*pūsŭs, altl.* „Knabe"; *cf. pŭĕr*) Knäblein.

pŭstŭlă *u.* **pŭssŭlă,** *ae f* (*demin. v. pŭstă, pŭssă lautmalend wie* φῦσα „Blase", φυσάω „blasen") (*nkl., dcht.*) Bläschen, Pustel; / Bläschen *auf dem geschmolzenen Silber,* reines Silber.

pŭstŭlātŭs 3 (*pŭstŭlă*) (*nkl., dcht.*) *m.* Bläschen versehen; rein [*argentum*].

pŭtă *adv.* (*gekürzter imp. v. pŭtō* „setze in Rechnung") (*nkl., dcht.*) zum Beispiel, nämlich [*hoc ~ non iustum est; ut puta* wie zum Beispiel; *m. inf. u. a.c.i.*].

pŭtāmĕn, *ĭnis n* (*pŭtō*) Schale [*iuglandium,* °*ovi*].

pŭtātiō, *ōnis f* (*pŭtō*) das Beschneiden *der Bäume.*

pŭtātŏr, *ōris m* (*pŭtō*) (*unkl.*) *jd.,* der Bäume beschneidet.

pŭtĕāl, *ālis n* (*pŭtĕālis*) **1.** Brunneneinfassung. **2.** Puteal *od.* Blitzmal (*geweihter, vom Blitz getroffener brunnenähnlich ummauerter Ort*).

pŭtĕālis, *ĕ* (*pŭtĕŭs*) (*nkl., dcht.*) Brunnen... [*aquae*].

pŭtĕārĭŭs, *ī m* (*pŭtĕŭs*) (*nkl.*) Brunnenbauer.

pūtĕō, *ŭi,* — 2. (*cf. pūs*) (*vkl., dcht.*) faulig riechen, stinken (*re* nach *etw., zB.* mero).

Pŭtĕŏli, *ōrŭm m Seestadt in Kampanien zw. Neapel u. Cumä, j.* Pozzuoli; *Einw. u. adi.* **Pŭtĕŏlānŭs** (3) (*subst. -ŭm, ī n Landgut Ciceros bei Puteoli*).

pŭtĕr, *trĭs, trĕ u.* (*Pli.*) **pŭtris,** *ĕ* (*im Ablaut zu pūs, pūtĕō*) (*nkl., dcht.*) **1.** faul, faulig, ranzig [*poma*]. **2.** / **a)** verfallen, morsch [*fanum*]; **b)** mürbe, schlaff, welk [*mammae, corpora cicatricibus, oculi* schmachtend].

pūtēscō *u.* **pūtīscō,** *pūtŭī,* — 3. (*incoh. zu pūtĕō*) verfaulen, vermodern [*corpus, re v. etw.*].

pŭtĕŭs, *ī m* (*vl. zu pŭtō*) **1.** (*unkl.*) Grube [*-um in solido demittere* graben, machen]. **2. a)** künstlicher Brunnen [°*perennis, -um* °*fodere*]; **b)** (*nkl.*) Zisterne, *auch* °Quelle, Born; **c)** (*Pl.*) unterirdisches Verlies.

pūticŭlŭs, *ī m s. pŏticŭlŭs.*

pūtĭdĭŭscŭlŭs 3 (*demin. v. comp. v. pūtĭdŭs*) *etw.* zudringlicher.

pūtĭdŭlŭs 3 (*demin. v. pūtĭdŭs*) (*Ma.*) widerlich.

pūtĭdŭs 3 (*m.* °*comp. u.* °*sup.*; *adv.* **-ē**) (*pūtĕō*) **1.** faul, moderig [*caro*]. **2.** / **a)** (*vkl., dcht.*) welk, abgelebt [*femina, cerebrum* verbrannt]; **b)** widerlich, zudringlich; **c)** (*rhet.*) geziert, affektiert, überladen [*-e dicere*].

pŭtillŭs, *ī m* (*demin. v. pŭtŭs*¹) (*vkl.*) Knäblein.

pūtīscō *s. pūtēscō.*

pŭtō
1. a) (be)schneiden; **b)** reinigen; **2. a)** ins reine bringen; **b)** *dem Werte nach* veranschlagen, schätzen; **c)** erwägen; **d)** meinen, glauben.

pŭtō 1. (*cf. pŭtŭs*², *pŭtĕŭs*) **1.** (*vkl., dcht.*) **a)** (be)schneiden; *bsd.* (*Bäume u. Weinstöcke*) beschneiden, schneiteln [*arbores, vitem*]; **b)** reinigen, putzen [*vellus*]. **2.** / **a)** ins reine bringen, ordnen [*rationes cum publicanis* abrechnen *od. m. jd.* abrechnen]; **b)** (*dem Werte nach*) veranschlagen, schätzen, rechnen (*alqd m. abl. pretii, zB. si* X CCCC [= *denariis quadringentis*] *Cupidinem illum putasset* auf ... veranschlagt hätte); *auch* / *etw.* für *etw.* ansehen *od.* halten (*alqm u. alqd m. gen. pretii, zB. magni, parvi, pluris, minoris, minimi, tanti, nihili; m. pro, zB. pro nihilo, pro certo; m. in re, zB. alqd in expetendis rebus, alqm in hostium numero; ratio supra hominem putanda est; m. dopp. acc., zB. se solum beatum, alqd fas*; **P.** für *etw.* gelten, *m. dopp. nom., zB. regio locupletissima putatur*); **c)** überlegen, erwägen [*haec,* °*multa cum corde; m. a.c.i.*]; **d)** vermuten, meinen, glauben, denken (*abs., zB. non putaram* das hätte ich nicht geglaubt, *puto oft parenthetisch* glaube ich, sollte ich meinen; *m. acc., zB. deum u. deos* an Gott, an Götter glauben; *alqd in re, zB.* °*maximam gloriam in maximo imperio; m. gen. poss., zB. alqd deorum putatur; meist m. a.c.i. od. im P. m. n.c.i., wobei esse oft ausgelassen wird, zB. satis dictum puto*).

pūtŏr, *ōris m* (*pūtĕō*) (*unkl.*) Fäulnis, modriger Geruch.

pŭtrĕ-făciō, *fēcī, făctŭm* 3. (*-ē-?*; *altl. pŭtrēō* „faul sein", *denom. v. pŭtĕr*) (*vkl., nkl.*) in Fäulnis bringen (*P. pŭtrĕfĭerī* faulen, verfaulen, verwesen); / morsch machen

pŭtrēscō, — — 3. (*incoh. v. altl. pŭtrēō; s. pŭtrĕfăciō*) (*nkl., dcht.*) verfaulen, vermodern, / morsch werden.

pŭtrĭdŭs 3 (*altl. pŭtrēō, s. pŭtrĕfăciō*) (*selten*) = faul, morsch, locker [*dentes,* °*pectora*].

pŭtris, *ĕ s. pŭtĕr.*

pūtŭī *s. pūtĕō u. pūtēscō.*

pŭtŭs¹, *ī m* (*cf. pŭĕr*) (*Ve.*) Knabe.

pŭtŭs² 3 (*m. sup.*) (*Rückbildung v. pŭtō*) **1.** (*vkl.*) rein, lauter [*purus ~ sycophanta* ein echter S.]. **2.** / glänzend [*oratio*].

*****pxt.** *Abk. für pinxit.*

pўctă *u.* **-ēs,** *ae m* (*Fw.* ‹ πύκτης) (*nkl., dcht.*) Faustkämpfer. *Cf.* V.-B. I, 2.

Pўdnă, *ae f* (Πύδνα) *St. im südl. Makedonien (Sieg des Aemilius Paulus über Perseus 168 v.Chr.); Einw.* **Pўdnaeī,** *ōrŭm m.*

pўĕlŭs, *ī f* (*Fw.* ‹ πύελος) (*Pl.*) Badewanne.

pўgă, *ae* = *pūgă.*

pўgărgŭs, *ī m* (*Fw.* ‹ πύγαργος) (*nkl., dcht.*) große Antilope.

Pўgmaeī, *ōrŭm m* (Πυγμαῖοι) die Pygmäen (= Fäustlinge, Däumlinge), *myth.* Zwergvolk; *adi.* **Pўgmaeŭs** 3 der Pygmäen; / zwerghaft.

Pўgmălĭōn, *ōnis m* (Πυγμαλίων) **1.** *K. v. Kypros, Bildhauer, auf dessen Bitten Aphrodite einer von* *ihm geschaffenen Mädchenstatue, in die er sich verliebt hatte, Leben verlieh.* **2.** *Bruder der Dido.*

Pўlădēs, ae *u.* is *m* (Πυλάδης) *Neffe Agamemnons, treuer Freund des Orestes.* (*Cf.* V.-B. I, 1 *u.* III, 3 *u.* 5.); *adi.* **Pўlădēŭs** 3 [amicitia treu].

pўlae, ārŭm *f* (*Fw.* ‹ πύλαι die Pforten) Paß, Engpaß [*Tauri*], °*bsd.* ♀ (= Thĕrmŏpўlae) Thermopylen; *adi.* **Pўlāĭcŭs** 3 (Πυλαϊκός) [°conventus].

Pўlŭs *u.* **-ŏs,** ī *f* (Πύλος) (*cf.* V.-B. II, 1) **1.** „Burg Nestors" *in Elis*) (*Ausgrabungen des im 15. Jh. v. Chr. angelegten u. im 13. Jh. durch Brand zerstörten Palastes: Tontafeln m. Inschr. in Linear B, 1952 durch Ventris im wesentlichen entziffert*); *adi.* **Pўlĭŭs** 3; *subst. m* = Nestor. **2.** *Unbewohnte Felseninsel in Messenien, 425 v. Chr. v. den Athenern besetzt.*

pўră, ae *f* (*Fw.* ‹ πυρά) (*nkl., dcht.*) Scheiterhaufen; / (*dcht.*) Grabmal.

pўrămĭs, ĭdĭs *f* (*Fw.* ‹ πυραμίς) Pyramide.

F. *Cf.* V.-B. III, 4, b; *acc. sg.* -ĭdĕm, *abl.* -ĭdĕ, *gen. pl.* -ĭdŭm.

Pўrămŭs, ī *m* (Πύραμος) *aus Babylon, Liebhaber der Thisbe.*

Pўrēnē (*u.* °**Pўrēnē**), ēs *f* (*dcht.*) die Pyrenäen; *klass.* Pўrēnaeŭs săltŭs *u.* (*pl.*) Pўrēnaeī săltūs *od.* mŏntēs, *auch subst.* Pўrēnaeus, ī *m.*

pўrĕthrŭm, ī *n* (*Fw.* ‹ πύρεθρον) (*nkl., dcht.*) Bertram (*Arzneipflanze*).

Pўrĭphlĕgĕthōn, ŏntĭs *m* (Πυριφλεγέθων) = Phlĕgĕthōn.

pўrōpŭs, ī *m* (*Fw.* ‹ πυρωπός feuerfarbig) (*nkl., dcht.*) Goldbronze (*Mischung aus* $^3/_4$ *Kupfer u.* $^1/_4$ *Gold*).

Pўrrhă, ae *f* (Πύρρα) *Gattin des Deukalion.*

pўrr(h)ĭchă, ae *f* (*Fw.* ‹ πυρρίχη) (*nkl.*) *dor. Waffentanz*; *adi.* **-chĭŭs** 3 (*Qu.*) pyrrichisch; (pes) Pyrr(h)ichius (*Versfuß* ◡◡).

Pўrrhō, ōnĭs *m* (Πύρρων) *aus Elis, Zeitgenosse des Aristoteles, Stifter der Philosophenschule der Skeptiker*; *adi.* **Pўrrhōnēŭs** 3 (*subst. m* Anhänger des Pyrrho, Skeptiker).

Pўrrhŭs, ī *m* (Πύρρος) **1.** = Nĕŏptŏlĕmŭs. **2.** *K. v. Epirus* (*um 300 v. Chr.*), *besiegte die Römer 280 bei Heraklea u. 279 bei Asculum in Apulien, wurde aber 275 v. ihnen bei Beneventum besiegt.*

Pȳthăgŏrās, ae *m* (Πυθαγόρας) *Philosoph u. Mathematiker aus Samos* (*um 540 v. Chr.*), *Gründer der Pythagoreischen Schule zu Croton in Unteritalien* (*cf.* V.-B. I, 3); *adi.*: **Pȳthăgŏrēŭs** *u.* **-īŭs** 3 (*subst.* **-ŭs,** ī *m* Pythagoreer; **-ă,** ōrŭm *n* Lehre des P.); **Pȳthăgŏrĭcŭs** 3 (*auch subst. m*).

pȳthaulēs, ae *m* (*Fw.* ‹ πυθαύλης „der Flötenspieler, der Apolls Kampf m. dem Drachen vortrug") (*vkl., nkl.*) Flötenspieler *im Schauspiel.*

Pȳthĕās, ae *m* (Πυθέας) *gr. Seefahrer u. Geograph aus Massilia, Zeitgenosse des Aristoteles.*

Pȳthĭăs, ădĭs *f* (Πυθιάς) *Sklavin in der röm. Komödie.*

Pȳthō, ūs *f* (Πυθώ) *ältester Name für Delphi. Cf.* V.-B. III, 2. — *adi.* **Pȳthĭcŭs** *u.* (*besser*) **Pȳthĭŭs** 3 pythisch, delphisch (*bsd. Beiname Apollos*); *subst.*: **Pȳthĭă,** ae *f* (Πυθία) *Priesterin Apollos*; **Pȳthĭă,** ōrŭm *n* (Πύθια) die Pythischen Spiele, *die zunächst alle 8, später alle 4 Jahre zu Ehren Apollos gefeiert wurden.*

Pȳthōn, ōnĭs *m* (Πύθων) *der v. Apollo erlegte große Drache in Delphi.*

pȳtĭsmă, ătĭs *n* (*Fw.* ‹ πύτισμα) (*nkl., dcht.*) der bei der Weinprobe *durch die Lippen* ausgespritzte Wein.

pȳtĭssō 1. (*Fw.* ‹ πυτίζω) (*Te.*) Wein bei der Probe durch die Lippen ausspritzen.

pўxĭs, ĭdĭs *f* (*Fw.* ‹ πυξίς) Büchse, *bsd. für Arzneien u. Salben. Cf.* V.-B. III, 1, e.

Q

Q. (*Abk.*) **1.** (*als Vorname*) = *Quīntŭs*. **2.** = *quaestŏr*. **3.** = *Quĭrītēs*. **4.** = *-quĕ*, *zB.* *S.P.Q.R.* = *sĕnātŭs pŏpŭlŭsquĕ Rōmānŭs*.

Q.(B.)F.F.S. *Abk.* = *quŏd (bŏnŭm) fēlīx faustŭmquĕ sĭt* (was [gut], glücklich, günstig sein möge).

q.d.b.v. *Abk.* = **quŏd dĕŭs bĕnĕ vĕrtăt** (was Gott zum Guten wenden möge).

****q.e.d.** *Abk.* = *quod erat demonstrandum* (*Übersetzung v. Euklids Schlußsatz bei math. Beweisen*: *ὅπερ ἔδει δεῖξαι*).

▶**quā**[1] (*abl. sg. f v. quī, sc. pārtĕ od. vĭā*) *adv.* **1.** (*interr.*) wo?, / wie!, auf welche Weise? [*illuc qua veniam?*]; *auch indir., zB.* °*qua facere id possis, nunc accipe.* **2.** (*rel.*) **a)** wo, da wo [*omnes aditus, qua adiri poterat; non quicquam, qua* kein Punkt, wo]; *m. coni.* = *ut eā* um dort; **b)** wohin [*ignarus, qua res inclinatura sit*]; **c)** wie, auf welche Weise; **d)** soweit als, *räuml.* [*colles occupare, qua despici poterat*]; / (*dcht., nkl.*) insoweit, insofern [*qua fas est*]; **e)** *quā ... quā* teils ... teils, sowohl ... als auch, *selten u. nur zur Verbindung einzelner Wörter* [*qua dominus, qua advocati*]. **3.** (*indef., enklit.*) (*vkl., dcht.*) **a)** irgendwo [*si qua*]; **b)** irgendwie, etwa [*ne qua* damit nicht etwa, *si qua* wenn etwa, *zB. si qua fata sinant*].

quă[2] *s. quĭs, quī*[1].

quā-cŭmquĕ *u.* **-cŭnquĕ** (*sc. vĭā*) *adv.* **1.** wo nur immer, überall wo [~ *iter fecit*]. **2.** (*dcht.*) wie auch immer, auf jede Weise.

quădăm-tĕnŭs *adv.* (*quĭdăm*) (*dcht., nkl.*) **1.** bis zu einem gewissen Punkt, *in Tmesis* [*est quadam prodire tenus*]. **2.** einigermaßen.

Quădī, *ōrŭm m germanischer (suebischer) Stamm in Mähren.*

quădră, *ae f* (*quădrŭs*) (*unkl.*) Viereck, Quader; viereckiges Stück, Scheibe [*casei*], *auch* Brotscheibe [*findetur quadra* das Stück Brot muß entzwei gebrochen werden; *patulis nec parcere quadris v. den Brotscheiben, welche die Trojaner statt der Tische als Unterlagen beim Essen gebrauchten*].

quădrāgēnārĭŭs 3 (*quădrāgēnī*) (*vkl., nkl.*) vierzigjährig.

quădrāgēnī 3 *num. distr.* (*quădrāgĭntā*) je vierzig (*gen.* *-ŭm*, *cf.* V.-B. VI, 5.)

quădrāgē(n)sĭmŭs 3 *num. ord.* (*quădrāgĭntā*) der vierzigste; *subst.* **-ă,** *ae f* (*sc. pārs*) (*nkl.*) der Vierzigste *als Abgabe.* — ***subst.* **-a,** *ae f* die vierzigtägige Fastenzeit *vor Ostern.*

quădrāgiē(n)s *adv. num.* (*quădrāgĭntā*) vierzigmal; *bsd.* (*sc. sēstērtĭŭm*) vier Millionen Sesterzen.

quădrāgĭntā *num. card.* (*quăttŭŏr, cf.* *τεσσαρά-κοντα*) *indecl.* vierzig.

quădrāns, *āntĭs m* (*eigtl. part. praes. v. quădrō*) (*nkl., dcht.*) **1.** Viertel *e-s zwölfteiligen Ganzen.* **2.** (*als Münze*) Viertelas (*Eintrittsgeld in den öffentlichen Bädern, zB. ire quadrante lavatum*); *übh.* = Heller, Dreier. **3.** ¼ *eines* sextarius = 3 cyathi. **4.** Viertelpfund.
F. *abl. sg. quădrāntĕ, gen. pl.* *-ŭm*. *Cf.* V.-B. VIII.

quădrāntăl, *ālĭs n* (*quădrāntālĭs* „den 4. Teil eines 12teiligen Ganzen enthaltend") (*vkl., nkl.*) Hohlmaß (*etwa 26 l = 1 amphora*).

quădrāntārĭŭs 3 (*quădrāns*) **1.** auf ein Viertel ermäßigt [*tabulae -ae* Schuldbücher *gemäß der lex Valeria de aere alieno 86 v.Chr.*]. **2.** ein Viertelas kostend [*-a illa permutatio* Badegeldersatz *der Clodia, der* °*Clytaemnestra -aria* „der Dreigroschenhure"].

quădrātūră, *ae f* (*quădrō*) (*nkl.*) Umwandlung in ein (flächengleiches) Quadrat [*circuli* Quadratur des Zirkels].

▶**quădrātŭs** 3 (*eigtl. P.P.P. v. quădrō*) **1.** viereckig [°*saxum* Quaderstein, *agmen s. āgmĕn*]; °*littera* großer Buchstabe; °*Roma* ins Geviert gebaut. **2.** / (*nkl.*) **a)** untersetzt, vierschrötig; **b)** wohlgefügt [*compositio, sc. verborum*]. **3.** *subst.* **quădrātŭm,** *ī n* **a)** Viereck, Quadrat [°*mutare quadrata rotundis* = aus einem Extrem in das andere fallen]; **b)** (*astr. t.t.*) der Geviertschein, *d.h. die ein Viertel des Tierkreises betragende Entfernung eines Planeten von einem anderen Gestirn.*

quădrĭ... *in Zusammensetzungen* = *quăttŭŏr*; *s. auch unter quădrŭ-.*

quădrĭ-dŭŭm, *ī n* (*cf. bīdŭŭm*) Zeit (-raum) *v.* vier Tagen, vier Tage.

quădrĭ-ĕnnĭŭm, *ī n* (*cf. bĭĕnnĭŭm*) Zeitraum v. vier Jahren, vier Jahre.

quădrĭ-fărĭăm *adv.* (*cf. bĭfărĭăm*) (*vkl., nkl.*) in vier Teile, vierfach [~ *dividere exercitum*].

quădrĭ-fĭdŭs 3 (*fĭndō*) (*dcht., spätl.*) in vier Teile gespalten [*sudes, quercus*].

quădrīgae, *ārŭm f* (‹ **quădrĭ-iŭgae zu iŭgŭm*) Viergespann [~ °*alborum equorum*, °*apta quadrigis equa* für ein Viergespann eingefahren]; (*meton.*) vierspänniger Wagen [°*falcatae* Sichel-, Streitwagen; / °*navibus atque -is petere alqd m.* allen Mitteln].
F. *sg. quădrīgă unkl.*

quădrīgālĭs, *ĕ* (*quădrīgae*) (*dcht.*) aus einem Viergespann [*equus*].

quădrīgārĭŭs (*quădrīgae*) **1.** *adi.* 3 (*nkl.*) zum Viergespann gehörig. **2.** *subst. m* Rennfahrer.

quădrīgātŭs 3 (*quădrīgae*) (*nkl.*) *m.* einem Viergespann *als Gepräge* [*nummus* Silberdenar].

quădrīgŭlae, *ārŭm f* (*demin. v. quădrīgae*) kleines Viergespann.

quădrĭ-iŭgŭs 3 (*unkl.*) *u.* (*selten*) **-iŭgĭs,** *ĕ* (*dcht., nkl.*) (*iŭgŭm*) vierspännig [*currus*]; *subst.* **quădrĭiŭgī,** *ōrŭm m* (*sc. ĕquī*) Viergespann.

quădrĭ-lībrĭs, *ĕ* (*lībră*) (*Pl.*) vierpfündig.

quădrĭ-mēstrĭs, *ĕ* (*mēnsĭs*) (*vkl., nkl.*) viermonatig.

quădrīmŭlŭs 3 (*demin. v. quădrīmŭs*) (*Pl.*) vierjährig.

quădrīmŭs 3 (*quăttŭŏr, hĭĕms, cf. bīmŭs*) vierjährig [*infans,* °*merum*].

quădrĭngēnārĭŭs 3 (*quădrĭngēnī*) aus je vierhundert Mann bestehend [*cohortes* von je 400 Mann].

quădrĭngēnī 3 *num. distr.* (*quădrĭngēntī*) (*nkl.*) je vierhundert.

quădrĭngēntēsĭmŭs 3 *num. ord.* (*quădrĭngēntī*) (*nkl.*) der vierhundertste.

quădrĭngēntī 3 *num. card.* (*quăttŭŏr, cēntŭm*) vierhundert.

quădrĭngēntĭē(n)s *adv. num.* (*quădrĭngēntī*) vierhundertmal [*CCCC HS* = *quadringenties sestertium* 40 Millionen Sesterzen).

quădrĭ-pārtītŭs *od.* **-pĕrtītŭs** 3 (*adv.* °**-ō**) (*part. pf. pass. v. pārtĭŏr*) in vier Teile geteilt, vierfach.

quădrĭ-pĕdāns, quădrĭ-pēs, quădrĭplĕx *s. quădrŭ...*

quădrĭ-rēmĭs, *ĕ* (*rēmŭs*) (*nkl.*) m. vier Reihen Ruderbänker., vierruderig; *klass. nur subst. f* Vierdecker (*Schiff*). (*abl. sg.* *-ī.*)

quădrĭ-vĭŭm, *ī n* (*vĭă*) (*dcht.*) Kreuzweg; (*spätl.*) Komplex v. vier (*math. od. philos.*) Einzelwissenschaften. — **Studium der vier höheren Wissenschaften; *cf. trivĭŭm.*

quădrō 1. (*denom. v. quădrŭs*) **1.** (*trans.*) **a)** viereckig machen; **b)** / gehörig zurichten, *bsd.* vollständig machen, abschließen [°*acervum, orationem* rhythmisch abrunden]. **2.** (*intr.*) viereckig sein: / **a)** ebenmäßig sein, passen [*coniunctio verborum*; *ad od. in alqd, zB. ad omnia, ad amussim,* °*in unguem via quadrat* paßt genau]; *impers. quadrat alci* es scheint *j-m* passend, gefällt (*m. a.c.i.*); *abs.* es paßt [*non sane quadrat*]; **b)** zutreffen, stimmen, *bsd. der Zahl nach* [*sescenta eodem modo* *quadrant; ad od. in alqd* stimmen zu *etw., zB. omnia in istam mulierem quadrant*].

quădrŭ- *s. auch quădrĭ-.*

quădrŭm, *ī n s. quădrŭs.*

quădrŭ-pĕdāns, *āntis (quădrŭpēs) (unkl.)* auf vier Füßen gehend, galoppierend [*quadrupedante sonitu* in schallendem Trab]; °*subst. m u. f* Roß, Rennpferd. (*gen. pl.* -*ŭm*.)

quădrŭ-pēs, *pĕdis* **1.** *adi.* (*vkl., nkl.*) vierfüßig [*cursus* der Pferde, *infans* auf Händen *u.* Füßen gehend]. **2.** *subst. m u. f* vierfüßiges Tier, *bsd.* Pferd [*quadrupedum vectiones*]. **F.** *abl. sg.* -*ī u.* -*ĕ* (*subst.* -*ĕ*); *pl. neutr.* -*ĭă*, *gen. meist* -*ŭm*.

quădrŭplātŏr, *ōris m (quădrŭplŏr)* „Vervierfacher": **1.** der (ein Viertel der Strafgelder *od.* des Vermögens erhaltende) gewerbsmäßige Denunziant. **2.** (*nkl.*) bestechlicher Richter.

quădrŭ-plĕx, *ĭcis (cf. dŭplĕx) (vkl., nkl.)* vierfältig, vierfach [*ordo*]; (*dcht.*) *auch* = vier [*stellae*]; *subst. n* (*Li.*) das Vierfache. (*abl. sg.* -*ī*; *pl. neutr.* -*ĭă*, *gen.* -*ĭŭm*.)

quădrŭplĭcō 1. (*quădrŭplĕx*) (*Pl.*) vervierfachen, vergrößern.

quădrŭplŏr 1. (*quădrŭplŭs; eigtl.* „sich [durch Denunzieren] das Vierfache verschaffen") (*Pl.*) denunzieren.

quădrŭ-plŭs 2 (*cf. dŭplŭs*) (*nkl.*) vierfach; *klass. nur subst.* **-ŭm,** *ī n* das Vierfache, vierfacher Betrag [*-o condemnari*].

quădrŭpŭl.. = *quădrŭpl...*

quădrŭs 3 *uăttŭŏr*) **1.** (*nkl.*) viereckig. **2.** *subst.* **-ŭm,** *ī n* **a**) (*nkl.*) Viereck; **b**) / (*rhet. t.t.*) die gehörige Form [*in -um redigere*]. — ****-um,** *i n* Quader, Grundstein.

quădrŭvĭŭm, *ī n* = *quădrĭvĭŭm.*

quaerĭtō 1. (*intens. v. quaerō*) (*unkl.*) **1.** eifrig suchen. **2.** sich zu verschaffen suchen. **3.** eifrig fragen. **4.** erwerben, verdienen.

quaerō
1. a) (auf)suchen; **b**) *etw.* vermissen, sich nach *etw.* sehnen; **c**) (*v. Sachen*) erfordern; **2.** *etw.* zu erwerben suchen; *auch* erwerben; **3. a**) (be)fragen; **b**) wissenschaftlich untersuchen; **c**) gerichtlich untersuchen; **d**) über *etw.* verhandeln; **4. a**) auf *etw.* sinnen; **b**) *m. inf.* sich bemühen.

quaerō, *sīvī u. siī, sītŭm* 3. (*et. ungedeutet*) **1. a**) suchen, aufsuchen (*alqm od. alqd, zB. regem, liberos ad necem, portum*); **b**) *etw.* vermissen, sich nach *etw.* sehnen [*Siciliam, auxilium alcis, occasionem omissam,* °*patria Caesarem*]; **c**) / (*v. Sachen*) erfordern, erheischen [*testium dicta eloquentiam quaerunt*]. **2.** *etw.* zu erwerben, sich zu verschaffen suchen, *auch* erwerben, erlangen, gewinnen, bewerkstelligen (*abs. od. alqm j-n, alqd etw., alci alqd etw.* für *jd., alqd alci rei etw.* für *od.* zu *etw., alqd ab alqo etw. v. jd., alqd re u. ex re, zB. amicos, opus* Arbeit, *pecuniam, laudem, rem mercaturis faciendis* Vermögen, *immortalitatem sibi morte, ignominiam alci* zufügen, *occasionem, locum iniuriae od. insidiis* Gelegenheit, *sibi doloris remedia, venenum privigno* zu vergiften suchen, *quaesito opus est alci jd.* muß *etw.* verdienen, *iam diu nihil quaesierat* er hatte schon lange nichts verdient); *subst.* (*dcht.*) **quaesītŭm,** *ī n* Erwerb, Verdienst, erworbenes Gut, gesammelte Schätze. **3. a**) fragen, befragen, forschen, sich erkundigen (*abs. od. alqd u. de re; alqd ab od. de u. ex alqo jd.* um *od.* nach *etw.* fragen; *m. indir. Frages., zB. imperatoris fidem,* °*oracula, Nerviorum de natura moribusque; non quaero abs te od. a medicis, quare patrem occiderit; quaerit ex solo ea, quae in conventu dixerat*); *si quaeris od. quaerimus od. quaeritis, si verum quaerimus* aufrichtig gesprochen, *quid quaeris? u. noli quaerere* was fragst du noch?, kurz *u.* gut; *subst.* (*dcht.*) **quaesītŭm,** *ī n* Frage; **b**) wissenschaftlich untersuchen [*initia mathematicorum; mihi quaerendum esse visum est, quid esset, cur* mir hat sich die Frage aufgedrängt]; **c**) gerichtlich untersuchen *od.* ein Verhör anstellen (*abs. od. alqd u. de alqo od. de re, zB. coniurationem, de morte alcis, de pecuniis repetundis*); *bsd. de alqo in alqm jd.* peinlich (*d.h. auf der Folter*) zum Nachteil *j-s* befragen [*in dominos de servis*]; **d**) über *etw.* verhandeln *od.* sich beraten, *etw.* untersuchen (*alqd od. de re, zB. sententias reliquorum, tempus profectionis, de summo bono*). **4.** (*meist nkl., dcht.*) **a**) auf *etw.* sinnen, nach *etw.* trachten, *etw.* erstreben (*alqd u. sibi alqd, zB.* °*fugam,* °*convivia,* °*sibi remedium ad alqd,* °*mors quaesita* absichtlich gesuchter, gewaltsamer Tod; *m. indir. Frages.*); **b**) *m. inf.* sich bemühen, suchen, *zB.* °*causam cognoscere quaero, ne quaere doceri* zu erfahren.
F. *pf.-Formen synk.*: *quaesīssĕ(m), quaesisti u.a.*

quaesītĭō, *ōnis f (quaerō) (vkl., nkl.)* **1.** das Suchen. **2.** die (peinliche) Untersuchung.

quaesītŏr, *ōris m (quaerō)* Untersuchungsrichter [*-res idonei* °*criminum;* / °*~ Minos urnam movet* schüttelt die Urne, um die Richter auszulosen].

qaesītŭs[1] *P.P.P. v. quaerō.*

quaesītŭs[2] 3 (*m.* °*comp. u.* °*sup.*)(*eigtl. P.P.P. v. quaerō*) (*unkl.*) **1.** gesucht, affektiert [*numerus* Rhythmus]. **2.** ausgesucht, außerordentlich [*epulae*].

quaesīvī *s. quaerō.*

▶**quaes(s)ō,** — — 3. (*def.; fast nur in formelhaften Wendungen*: °*quaesō,* °*-it, quaesŭmŭs,* °*quaesĕrĕ,* °*quaesītŭr;* ⟨ **quais-sō zu quaerō*) **1.** (*vkl.*) suchen, zu verschaffen suchen [*quaeso nunc medicum tibi*]. **2.** (*Ve.*) fragen [*talia*]. **3.** bitten, erbitten *meist in Verbindung m. e-m imp.* [*dic quaeso, attendite ~ diligenter*]; *bisw. alqm u. ab alqo* [*deos, te od. vos magnopere ~, a te, a vobis*], *selten m. ut, ne od. m. bloßem coni.*; *auch als int.* (*bei Fragen der Verwunderung*) = um Himmels willen [*quaeso, quid hoc est?*].

quaestĭcŭlŭs, *ī m (demin. v. quaestŭs)* kleiner Gewinn.

quaestĭō
1. das Suchen; **2.** Frage, Befragung, Untersuchung; **3. a**) gerichtl. Untersuchung, Vernehmung, Folterung; **b**) Untersuchungsakte; Aussagen; Gerichtshof; **4. a**) wissenschaftliche Frage; Stoff, Thema; **b**) (*rhet.*) Hauptpunkt.

quaestiō, *ōnis f (quaerō)* **1.** (*Pl.*) das Suchen [*cave fuas mihi in quaestione* dich suchen läßt]. **2.** Frage, Befragung (*alcis j-s, zB. rem quaestione captivorum explorare*) *u.* (*bei Sachen*) Untersuchung (*alcis rei e-r* Sache, *zB. rem in quaestionem vocare* untersuchen, *magna ~ est* es fragt sich sehr). **3.** (*jur. t.t.*) **a**) gerichtliche Untersuchung, Vernehmung, Verhör, *auch* Folterung, Tortur (*alcis rei u. de re* einer Sache *u.* wegen *e-r* Sache, *zB. facinoris, pecuniae publicae, de morte alcis; inter sicarios; -nem habere de u. ex alqo m. jd.* anstellen; *decernere alci, ferre in alqm* beantragen); **b**) (*meton.*) α) Untersuchungsakte, -protokoll [°*-nem conscribere*]; β) *pl.* die *durch gerichtliche Untersuchung gewonnenen* Aussagen, Geständnisse [*-nes deferre*]; γ) Gerichtshof; *quaestiones perpetuae* ständige Schwurgerichte *seit der lex Calpurnia repetundarum 149 v.Chr.*; *zu Ciceros Zeit 8, nämlich ambitūs, falsi, maiestatis, peculatūs, repetundarum, inter sicarios, veneficii, de vi; den Vorsitz führte ein Prätor od. ein iudex quaestionis; ihm unterstanden Geschworene, ursprünglich Senatoren, seit 122 v.Chr. Ritter, seit 75 Senatoren, Ritter u. Schatztribunen* [*-ni praeesse od. propositum esse* den Vorsitz führen]. **4. a**) wissenschaftliche Frage, (*meton.*) *auch* Stoff, Thema, Materie, Problem (*alcis rei u. meist de re* nach *od.* über *etw., zB. animorum, de diis immortalibus; quaestionem poëticam proponere alci* aus der Poetik, *-nem explicare* eine Frage lösen; *-nem sustinere* einer Untersuchung *od.* dem Stoff gewachsen sein); **b**) (*rhet.*) α) streitige rednerische Materie; β) Hauptpunkt einer streitigen Materie; γ) *~ infinita* Frage allgemeiner *od.* abstrakter Art, *~ finita* konkreter Fall.

quaestĭuncŭlă, *ae f (demin. v. quaestĭō)* kleine (wissenschaftliche) Frage, Untersuchung.

▶**quaestŏr,** *ōris m (eigtl.* „Untersucher") (*quaerō*) Quästor: **1.** (*i. d. Königszeit*) Untersuchungs- *od.* Blutrichter [*quaestor parricidii* Vorsteher des Blutbanns]. **2.** (*während der Republik*) Finanzbeamter, Schatzmeister, *unterste Stufe der höheren Beamten* (*ursprünglich 2, später 4, 8, zuletzt 20*) *als quaestores urbani od. aerarii* Steuer- *u.* Finanzbeamte, *im Krieg* Kriegszahlmeister [*ad ministeria belli*], *später auch als quaestores provinciales den in die Provinzen gehenden Konsuln u. Prätoren zur Erhebung der Abgaben beigegeben.* **3.** (*in der Kaiserzeit*) *da-*

neben als quaestores Caesaris od. principis eine Art Geheimschreiber. — **Ablaßhändler; ***Leiter der Quästur *an Hochschulen.*

quaestōrĭŭs (*quaestōr*) **1.** *adi.* 3 quästorisch, den Quästor betreffend, des Quästors [*comitia* Tributkomitien zur Wahl der Quästoren, *aetas* das für die Quästur erforderliche Alter, *ratio* Rechnung, *scriba* Sekretär eines Quästors, *legatus m.* dem Rang e-s Quästors, *scelus v.* einem Quästor begangenes; *porta -a meist decumana genannt,* Hintertor *im Lager in der Nähe des Zeltes des Quästors*]. **2.** *subst.* **a)** **quaestōrĭŭs,** *ī m* ehemaliger Quästor; **b)** **quaestōrĭŭm,** *ī n* α) (*nkl.*) Zelt des Quästors *im Lager*; β) Amtsgebäude des Quästors *in der Provinz.*

quaestŭārĭŭs 3 (*quaestŭs*) (*spätl.*) ein Gewerbe treibend; *subst.* **-ă,** *ae f* (*Se.*) gewerbsmäßige Dirne, Prostituierte.

quaestŭōsŭs 3 (*m. comp. u. sup.*; *adv.* °**-ē**) (*quaestŭs*) **1.** gewinnreich, einträglich [*mercatura*]. **2.** *v. Pers.* **a)** gewinnsüchtig [*homo*]; **b)** (*nkl.*) sich bereichernd, reich [*veterani*; *re* aus *etw., zB. gens navigiorum spoliis -a*].

quaestūră, *ae f* (*quaestōr*) **1.** Amt *od.* Würde eines Quästors, Quästur [~ *primus gradus honoris, -am petere, gerere*]. **2.** (*meton.*) Kasse des Quästors. — ***Quästur, *Kasse der Hochschulen.*

▶**quaestŭs,** *ūs m* (*quaerō*) **1.** Erwerb, dauernder Gewinn, *bsd. aus kaufmännischer Tätigkeit u. u. Gewerben* (*alcis j-s u. alcis rei, zB. pecuniae, emendi aut vendendi*; *quaestui est alqd* man zieht Vorteile aus *etw., habere quaestui alqd etw.* als Erwerbsquelle betrachten, *alqm* sich auf Kosten *j-s* bereichern; *pecuniam relinquere in quaestu* auf Zinsen anlegen). **2.** (*meton.*) **a)** Erwerbsart, Quelle des Gewinns [*magnos quaestus sibi constituere ex re*]; *auch* Spekulation [*indecorus*]; **b)** Gewerbe [*liberalis, sordidus mercennariorum, iudiciarius* Richterstelle]; **c)** (*prägn.*) Hurengewerbe *od.* Verdienst der öffentlichen Dirnen [*meretricius,* °*-um corpore facere* Prostituierte sein; (*Ov.*) *prostat et in quaestu pro meretrice sedet*]. — ** *auch* Handel.

quālĭbĕt *u.* **quālŭbĕt** *adv.* (*eigtl. abl. f v. quīlĭbĕt*) (*-lŭbĕt*) (*unkl.*) **1.** überall. **2.** auf jede beliebige Weise.

▶**quālĭs,** *ĕ* (*adv.* °**-ĭtĕr**; *s.d.*; *zum Pronominalstamm* **quŏ-*; *cf.* πηλίκος **„wie groß, wie alt"**) **1.** (*interr.*) wie beschaffen? was für einer?, *in dir. u. indir. Frages.* [~ *est istorum oratio?*; *rei natura* ~ *sit, quaerimus*]; *auch im verwunderten Ausruf* [*quales legati exierunt!*]. **2.** (*rel.*) welcherlei, dergleichen, wie *m. u. ohne korrelatives talis* [*ut facillime, quales simus, tales esse videamur* in unserem eigentlichen Wert erkannt werden]; *bsd.* (*dcht.*) *praed. zur Einführung eines Gleichnisses*: wie = gleichwie = *qualiter* [~ *columba fertur in arva volans, sic Mnestheus secat aequora*]; (*nkl.*) *bei Zitaten*: wie, wie zum Beispiel. **3.** (*indef.*) irgendwie beschaffen, *bsd. subst. n pl. als Übersetzung des philos. t.t.* ποιά [*quae appellant qualia*].

quālĭs-cŭmquĕ, quālĕ-c... **1.** (*rel.*) wie beschaffen nur immer [*homines, qualescumque sunt*]; *m. korrespondierendem talis* [*qualescumque fuerint, talem civitatem fuisse*]; *auch in Tmesis, zB. quale id cumque est.* **2.** (*indef.*) jeder ohne Unterschied [~ *locus*].

quālĭs-lĭbĕt, *quālĕ-l... v.* beliebiger Beschaffenheit [*formae litterarum qualeslibet*].

quālĭs-năm, *quālĕ-năm* wie beschaffen denn (eigentlich)?

quālĭtās, *ātĭs f* (*quālĭs*) Beschaffenheit, Eigenschaft, *v. Cicero dem griech.* ποιότης *nachgebildet, später allgemein.*

quālĭtĕr *adv. v. quālĭs* (*nkl., dcht.*) gleichwie, wie.

quālĭtĕr-cŭmquĕ *adv. v. quālĭscŭmquĕ* (*nkl.*) wie auch immer.

quălŭs, *ī m u.* (*älter*) **-ŭm,** *ī n* (*wohl* < **quăs-slŏs, cf. quăsĭllŭs*; *nur altbulgarische Parallele*) (*nkl., dcht.*) geflochtener Korb, *bsd.* Woll-, Spinnkörbchen.

quăm
1. (*interr. u. ausrufend*) wie sehr, wie;
2. (*rel.*) wie, als; **a)** *non tam ... quam* nicht so sehr ... als vielmehr; **b)** *nach comp.* als; *maior, minor quam* wider Erwarten groß, klein; **c)** *vor sup.* möglichst, so ... als möglich.

quăm *adv.* (*acc. sg. fem. v. quī*[1], *sc. viăm*) **1.** (*interr. u. ausrufend*) wie sehr, wie, *auch* wie wenig, *bei adi. u. adv., seltener bei verb. u. subst.* [*quam diu nos eludetis?, quod quam late pateat, videtis*; *quam cupiunt laudari!, attende iam, quam ego defugiam* wie wenig]; *auch quam non, quam nihil* wie wenig [*quam istud te non decet*]. **2.** (*rel.*) wie, als: **a)** *m. od. m. zu ergänzendem tam, vereinzelt auch tantus, tanti, tanto,* °*sic* [*nemo tam multa scripsit, quam sunt nostra*]; **non tam ... quam** nicht sowohl ... als vielmehr [*non tam generosus quam pecuniosus*]; **b)** α) *nach comp., zB. maior quam, minor quam, plures quam, non magis quam, prius quam u.a.*; *proelium atrocius quam pro numero pugnantium* als sich im Verhältnis zu (nach) der Zahl erwarten ließ; *auch m. coni., u. zwar quam ut u. quam qui* [*maiora deliquerant, quam quibus ignosci posset*]; β) *nach comp. Begriffen wie malo, praestat, alius, nihil aliud, alibi, contra, ultra u.a.*; *so auch nach Zeitbegriffen wie ante, antea, post, postea, postridie, septimo die* = als, nachdem; *auch nach Zahlbegriffen* [*vix dimidium quam quod acceperat*]; *cf. pŏstquăm, prĭŭsquăm*; **c)** *beim sup.* (*m. u. ohne pŏssŭm*) = möglichst, so ... als möglich [*exercitus quam maximus* möglichst groß, *Caesar quam maximis potuit itineribus profectus est* in möglichst starken Tagemärschen, *quam diutissime*; *quam primum* möglichst bald].

quăm-dĭū **1.** *adv.* (*interr.*) wie lange? seit wie langer Zeit?, *dir. u. indir.* **2.** (*eigtl. adv. rel.*) *ci.* so lange als, so lange wie.

quăm-dūdŭm = *quăm dūdŭm.*

quăm-lĭbĕt *u.* **-lŭbĕt** *adv.* (*nkl., dcht.*) **1.** wie beliebt, ganz nach Belieben. **2.** so sehr auch, wenn auch noch so.

quăm-ŏb-rĕm *adv.* **1.** (*interr.*) warum? weswegen? weshalb? **2.** (*rel.*) weswegen, weshalb. **3.** (*im rel. Anschluß*) (und) deswegen, deshalb.

quăm-prīmŭm *adv.* möglichst bald, sobald als möglich.

▶**quăm-quăm** *ci.* (*verallgemeinernde Verdoppelung*) **1.** obgleich, wiewohl, *klass. regelmäßig m. ind., dcht. u. nkl. auch bei Bezeichnung der Wirklichkeit m. coni.* **2.** (*in Hauptsätzen korrektiv*) gleichwohl = indessen, jedoch, freilich [*quamquam quid loquor?*]. **3.** *ohne verbum finitum beim part. u. adi., klass. selten* [°~ *monente Parmenione,* °*arma* ~ *vobis invisa*].

▶**quăm-vīs** (*eigtl.* „wie [sehr] du willst") wenn auch noch so sehr, wie sehr auch: **1.** *als adv.* = beliebig, *bei adi. u. adv. in steigernder Bedeutung, zB. divitiae quamvis magnae* noch so großer Reichtum, *quamvis multi* beliebig viele, *Germani ad quemvis numerum equitum quamvis pauci adire audent* wenn auch noch so gering an Zahl; *zuweilen m. Flexion v. velle, zB. exspectate facinus quam vultis improbum.* **2.** *als ci. klass. stets m. coni., unkl. u. dcht. auch m. ind.* [*avari indigent, quamvis divites sint*]; *quamvis non m. coni.* so wenig auch. *Selten quamvis* = *licet* mag auch.

quā-năm *adv.* (*nkl.*) **1.** wo denn? **2.** wie denn?

▶**quăndō** (*u. -ŏ?*) (*quăm* + **dō* = *nhd.* „zu"; *cf. dōnĕc*) **1.** *adv.* **a)** (*interr.*) wann?, *dir. u. indir.* [*non intellegitur,* ~ *obrepat senectus*]; **b)** (*indef.*); *enkl. nach si, nisi, ne, num usw.* irgend wann, je, jemals, einmal, *zB. ne quando* [*ut si* ~ *auditum sit*]. **2.** *ci. m. ind.* **a)** (*temporal*) als, da; *meist tum, quando* damals, als; **b)** (*kausal*) weil ja, da ja doch, *selten* [°~ *id certum atque obstinatum est*].

quăndō-cŭmquĕ *u.* **-cŭnquĕ** (*u. -ŏ-?*) *adv.* (*unkl.*) **1.** (*rel.*) wann nur immer, sooft nur [~ *trahunt invisa negotia Romam*]; *auch m.* °*coni.* **2.** (*indef.*) irgend einmal, über kurz *od.* lang einmal [*garrulus hunc quando consumet cumque m. Tmesis*].

quăndō-quĕ **1.** *adv.* (*nkl.*) irgendeinmal, über kurz *od.* lang [*ne* ~ *parvus hic ignis incendium ingens exsuscitet*]. **2.** *ci.* **a)** (*zeitl.*) wann immer, sooft, sobald nur [°*indignor,* ~ *bonus dormitat Homerus*; °~ *repetisset* einerlei, zu welcher Zeit]; **b)** (*kausal*) weil denn ja, da nun einmal, *selten.* **3.** = *ĕt quăndō.*

quăndō-quĭdĕm *ci.* da nun einmal, da allerdings.

quănquăm = *quămquăm.*

quăntillŭs 3 (*demin. v. quăntŭlŭs*) (*interr. u. rel.*) (*Pl.*) wie klein, wie gering; *subst.* **-ŭm,** *ī n* wie wenig [*argenti*].

quăntĭtās, *ātĭs f* (*quăntŭs*) (*nkl.*) Größe, Menge, Zahl; Umfang [*vocis*].

quănt-ŏpĕrĕ *u.* **quăntō ŏpĕrĕ** *adv.* **1.** (*interr., eigtl.* „m. wie großer Bemühung?") wie sehr? in wie hohem Grade? *meist in indir. Fragen* [*docet, ~ rei publicae intersit*]. **2.** (*rel.*) *oft in Korresponsion m. tantopere*: so sehr wie [*neque enim tanto opere desiderabam, quanto opere delector*].

quăntŭlŭs 3 (*demin. v. quăntŭs*) **1.** (*interr. u. ausrufend*) wie klein, wie gering, wie wenig, *dir. u. indir.* [*quantulum iudicare possemus, ostendimus; quantulus nobis videtur sol!*]. **2.** (*rel.*) wie wenig, so wenig wie [*reddidit, quantulum visum est*].

quăntŭlŭs-cŭmquĕ *u.* **-cŭnquĕ** 3 wie klein *od.* wie gering auch immer, so wenig auch; *auch in Tmesis, zB. quantulum id cumque est.*

quăntŭm-vīs (*quăntŭsvīs*) (*nkl., dcht.*) **1.** *adv.* sehr, gar sehr. **2.** *ci.* so sehr auch, obgleich [*ille catus, ~ rusticus*].

quăntŭs
1. (*interr. u. ausrufend*) wie groß, wie viel, wie lange; **2.** (*rel.*) so groß wie, so viel *od.* solange als; *in Verbindung m. posse u. sup.* möglichst; **3.** *subst.* **quăntŭm a)** wie viel, so viel (als); **b)** *adv.* soviel, insoweit; **c) quăntī** wie teuer, wie hoch; **d) quăntō** um wie viel, wie sehr; **quăntō ... tăntō** *m. pos.* in dem Maße ... wie; *m. comp.* je ... desto.

quăntŭs 3 (< **quăm-tŏs*) **1.** (*interr. u. ausrufend*) wie groß, wie viel, wie lange, wie bedeutend, *dir. u. indir., bisweilen auch* wie klein, wie gering, wie wenig [*quantus vir* welch ein Mann!]; *bsd. in der Einordnung e-r Frage in die andere* [*a quanto bello ad quam parvam rem reccidimus!*]. **2.** (*rel.*) so groß wie, so viel *od.* solange als, *abs. od. in Korrelation zu tăntŭs* [°*spatium quantum satis hastae* als für den Speerwurf genügt; *tantam multitudinem interfecerunt, quantum fuit diei spatium* als die Länge des Tages es ermöglichte]; *bsd. in Verbindung m. posse u. sup.* = möglichst, größtmöglich [*est inter eos quanta maxima potest esse morum studiorumque distantia* die denkbar größte Verschiedenheit]. **3.** *subst.* **quăntŭm,** *ī n* (*interr., ausrufend, rel.*) **a)** wie viel, so viel (als), *m. u. ohne gen.* [*quantum dabitis?, quantum in me est* soviel an mir liegt]; °*quantum ad alqm od. ad alqd, zB. ad gloriam* was betrifft, hinsichtlich; °*in quantum* inwieweit, soweit als [*in quantum opus est, satis erat; tantus videbor, in quantum* ... ich werde in der Größe erscheinen, bis zu welcher]; *bisw. auch* = wie wenig, wie gering [°*quantum militum transiit!*]; **b)** (*acc. n*) *adv. quăntŭm* α) soviel, insoweit, inwiefern [*-um fieri potest, -um possum od. potero,* °*-um maxime accelerare poterat* so schnell er konnte]; °β) irgendwie, ganz [*incredibile quantum* ganz unglaublich]; **c)** (*gen. pretii*) **quăntī** wie teuer, wie hoch [*quanti hortum vendidisti?*; *quanti erat triticum* dem Weizenpreis entsprechend, °*quanti erat, ut sineres* was wäre es denn so Großes gewesen?]; *quanti quanti* = *quanticumque* so hoch es auch sei; **d)** (*abl. mensurae*) **quăntō** (um) wie viel, wie weit, wie sehr, *bei comp. u. comp. Begriffen* [*quanto maior od. minor hic ager est quam ille?, quanto praestat* wie viel besser ist er!]; *bsd.* **quăntō ... tăntō**: α) (*nkl.*) *m. pos.* in dem Maße ... wie [*quanto intentus, tanto resolutus*]; β) *m. comp.* (*selten auch quanto ... eo*) je ... desto [*quanto diutius considero, tanto mihi res videtur obscurior*]; *unkl. auch quanto m. pos. ... tanto m. comp.*

quăntŭs-cŭmquĕ 3 wie groß (*od.* wie viel) auch immer [*bona quantacumque erant*]; *auch* wie klein (*od.* unbedeutend, wenig) auch immer [*quantuscumque sum ad iudicandum* wie wenig ich auch zum Urteilen berufen sein mag]; *unkl. ohne Verbum* [*unum qu. gaudium*].

quăntŭs-lĭbĕt 3 (*nkl., dcht.*) wie groß es beliebt, beliebig groß [*turba*]; *n* noch so sehr [*quantumlibet intersit inter Romanos et Graecos*].

quăntŭs(-)quăntŭs 3 (*Com.*) = *quăntŭscŭmquĕ*; *cf. quăntŭs* (3, c).

quăntŭs-vīs 3 so groß *od.* so viel als du willst, beliebig groß [*copiae* jede noch so große Streitmacht].

quā-prŏptĕr *adv.* **1.** (*interr. u. rel.*; *auch in Tmesis*) weswegen. **2.** (*in rel. Anschluß*) = (und) deswegen, daher.

quā-quā *adv.* (*eigtl. abl. sg. f v. quīsquĭs*) (*vkl., nkl.*) wo(hin) nur.

quāquĕ (*eigtl. abl. sg. f v. quisquĕ*); *s. ūsquĕquāquĕ.*

▶**quā-rē** *adv.* (*eigtl. abl. sg. v. quae rēs*) **1.** (*interr. dir. u. indir.*) **a)** wodurch? [*~ nisi vi et malo cogebantur?*]; **b)** warum? weshalb? [*~ negasti?*]. **2.** (*rel.*) weswegen, weshalb, wodurch, warum [°*omnia feci, ~ perditis resisterem*]; *bsd.* (*als rel. Anschluß*) (und) daher, (und) deshalb [*~ pro certo habetote; ~ quis me reprehendet?*].

quārtădĕcŭmānī, *ōrŭm m* (*quārtŭs, dĕcĭmŭs*) (*Ta.*) Soldaten der 14. Legion, Vierzehner.

quārtānŭs (*quārtŭs*) **1.** *adi.* 3 zum vierten (Tage) gehörig, viertägig (wiederkehrend) [*febris*]. **2.** *subst.* **a) quārtānă,** *ae f* (*sc. fēbrĭs*) Wechselfieber; **b) quārtānī,** *ōrŭm m* (*nkl.*) Soldaten der vierten Legion.

quārtārĭŭs, *ī m* (*quārtŭs* = Viertel *eines sextarius*) Viertel(maß), Quart (= ca. 0,14 Liter).

quārtŭs 3 *num. ord.* (*cf.* τέταρτος) **1.** der vierte [*quarta pars copiarum*]. **2.** *subst.* **a)** ~, *ī m* (*sc. lĭbĕr*) das 4. Buch [*accusationis*]; (*sc. lăpĭs*) (*Ta.*) Meilenstein [*ad quartum, a Bedriaco*]; (*Ve.*) *pater* Ururgroßvater; **b) -ă,** *ae f* (*sc. hōră*) die 4. Stunde [°*ad quartam iacere* bis 9 Uhr]; (*Qu.*) (*sc. părs*) der 4. Teil *e-r* Erbschaft. **3.** *adv. quārtŭm u.* (*nkl.*) *-ō* zum viertenmal.

▶**quă-sĭ** (*u. -sī?*) **1.** (*altl.*) (*Pl.*) (*nach comp.*) = *quăm sī* als wenn [*qui in amorem praecipitavit, peius perit, quasi saxo saliat*]. **2.** *ci.* (< **quămsī*) **a)** (*m. ind.*) (*in reinen Vergleichssätzen*) gleichwie, wie [°*qui servit, quasi ego servio*]; **b)** (*m. coni.*) (*in hypothetischen Vergleichungen*) α) wie wenn, als ob [*quid ego his testibus utor, quasi res dubia sit aut obscura?*]; *meist in Verbindung m. ita, perinde, proinde, sic,* °*prorsus,* °*quippe* [*haec perinde loquor, quasi debuerim*]; *bsd.* **quăsĭ vērō** gerade wie wenn, förmlich als ob [*~ vero me pudeat*]; *auch m. part. coniunctum od. abl. abs.* [*Cato litteras sic avide arripuit ~ diuturnam sitim explere cupiens; hostes insecuti sunt ~ parta iam victoria*]; β) (*nkl.*) (*m. kausaler Färbung*) weil angeblich [*ut custoditus sit, quasi venenum indidisset*]. **3.** *adv.* (< **quămsī*) **a)** (*in verkürzten Vergleichssätzen*) gleichwie, wie [*Herodotus ~ sedatus amnis fluit*]; **b)** gewissermaßen, gleichsam [*philosophia laudatarum artium ~ parens, ex medio quasi collis oriebatur* eine hügelartige Erhebung, *~ corpus* Scheinkörper]; *verstärkt quasi quidam* [*mors est quaedam ~ migratio commutatioque vitae; vocem ~ quodam modo colligere* gewissermaßen]; **c)** ungefähr, fast (*meist bei Zahlbegriffen*) [°*praesidium ~ trium milium peditum, minime ~ nocere*].

quăsĭllŭm, *ī n u.* (*nkl.*) **quăsĭllŭs,** *ī m* (*demin. v. quālŭm* < **quăslŏm*) Spinnkörbchen [*inter quasilla* in der Spinnstube; °*scortum quasillo pressum* die sich beim Spinnen quält, *also* eine gewöhnliche Hure].

quăssātĭō, *ōnĭs f* (*quăssō*) (*nkl.*) heftiges Schütteln (*alcis rei, zB. capitum*).

quăssō 1. (*intens. v. quătĭō; cf. căssō*) **1.** (*trans.*) **a)** (*unkl.*) α) heftig schütteln, erschüttern, hin *u.* her schwingen [*lampada, hastam, caput* zum Ausdruck unwilliger Verwunderung]; β) zerschlagen, zerbrechen, zerschmettern [*domus quassata, naves quassatae* leck gewordene]; *subst. quassata muri reficere* die Breschen; γ) (*v. körperlichen Leiden*) plagen, herunterbringen [*tussis quatit alqm*]; **b)** / zerrütten, schwächen [*ingenia vitia quassant; quassata res publica*]. **2.** (*intr.*) (*unkl.*) rasseln, klappern [*siliquā quassante legumen* in rasselnder Schale; *quassat caput* wackelt hin *u.* her].

quăssŭs[1], *abl. ū m* (*quătĭō*) (*dcht., vkl.*) das Schütteln.

quăssŭs[2] 3 (*eigtl. P.P.P. v. quătĭō*) (*nkl.*) **1.** zerbrochen, beschädigt. **2.** zitternd, schwach [*vox*]. **3.** zerrüttet.

quăssŭs[3] *P.P.P. v. quătĭō.*

quătĕ-făcĭō, *fēcī,* — 3. (*quătĭō*) erschüttern; / *alqm* den Einfluß *j-s* untergraben.

quā-tĕnŭs **1.** *adv.* **a)** (*fragend*) bis wieweit? wie weit?, *nur indir.* [*incertus, ~ victoriam exerceret* ausnutze, verfolge; *ohne Verbum, zB. in omni re videre* ~ auf das rechte Maß achten]; *auch zeitl.* = wie lange? auf wie lange?; **b)** (*rel.*) α) soweit (als) [*ut,* ~ *tuto possent, spectatum irent*]; β) inwieweit, inwiefern [~ *neglegentiā eorum fieri scribis*]. **2.** *ci.* (*nkl., dcht.*) (*kausal*) weil ja, da ja doch.

quătĕr *num. adv.* (*quăttŭŏr*) viermal [*quater decies* vierzehnmal, °*terque quaterque* drei- *od.* viermal, öfter; (*dcht.*) *auch steigernd, zB. terque quaterque beatus* überglücklich].

quătĕrnī 3 *num. distr.* (*quăttŭŏr*) je vier, immer vier [*centesimae* vier Prozent monatliche Zinsen]. *Cf.* V.-B. VI, 5.

▶**quătĭō,** —, *quăssŭm* 3. (*nur in Komposita pf.* -*cŭssī*; *cf. nhd.* „schütteln") **1.** *eigtl.* **a)** (*dcht., nkl.*) schütteln, schwingen [*caput, comas, scuta, hastam, flammam e corpore* treiben]; **b)** (*meist dcht.*) schlagen, stoßen, stampfen, erschüttern [°*terram pede,* °*cymbala,* °*fenestras iactibus m.* Steinchen werfen an, °*ungula campum quatit* zerstampft das Blachfeld]; **c)** (*dcht.*) jagen, treiben [*cursu equum* tummeln, *Bootes prae se quatit Arctum*]; **d)** schüttelnd (be)schädigen, zerschmettern, zerrütten [°*muros,* °*moenia ariete*]; *bsd. P.P.P. quăssŭs* [°*muri* geborstene, °*naves* leck gewordene, °*cinnama* kleine Zimtstücke, °*faces* Stückchen Kienholz, °*vox* gebrochene]. **2.** / **a)** aus der Fassung bringen [°*mentem alcis,* °*populum risu* den Leuten das Zwerchfell erschüttern, °*tempora quassa mero* umnebelt]; **b)** (*dcht.*) plagen, beunruhigen [°*oppida bello*].

▶**quăttŭŏr** *num. card. indecl.* (*cf.* τέτταρες) vier.

quăttŭŏr-dĕcĭm *num. card. indecl.* (*dĕcĕm*) vierzehn [*sedere in* ~ *ordinibus od. in* ~ im Theater in einer der 14 *ersten, den Rittern vorbehaltenen* Reihen sitzen, daher = Ritter sein].

quăttŭŏrvĭrātŭs, *ūs m* (*quăttŭŏrvĭrī*) (*unkl.*) Amt der Viermänner.

quăttŭŏr-vĭrī, *ōrŭm m* Viermänner, *in den Munizipien u. Kolonien das Kollegium der vier* Ortsobern, der Magistrat, *in Rom* kollegiale Behörde *für die Beaufsichtigung der Straße.*
F. *Cf.* V.-B. VI, 2.

▶**-quĕ** *ci., enklit. an das folgende Wort gehängt* (*zum Pronominalstamm* **quŏ-*, *urspr.* „wie"; *cf.* -τε) **1. a)** und, *verbindet zwei Begriffe od. Gedanken zu einem zusammengehörigen Ganzen* [*senatus populus***que** *Romanus, dies noctes***que**, *longe late***que**; *parentes liberi***que** die Eltern *m.* ihren Kindern]; **b)** *Gleichartiges hinzufügend,* = und auch, und ferner [°*Numa duos flamines adiecit, virgines***que** *Vestae legit*]. **2. a)** -*que nach multi* (*pauci, unus*), *im Deutschen unübersetzt* [*multa gravia***que** *vulnera* viele schwere Wunden]; **b)** -*que im Hendiadyoin* [*tenebrae vincula***que** dunkles Gefängnis, *proditio ignavia***que** feiger Verrat, *legibus paremus oboedimus***que** gehorchen wir unbedingt, *triumphus meritus debitus***que** wohlverdienter Triumph]. **3.** *besondere Bedeutungen:* **a)** und somit, und daher [*legatus multos annos in exercitu Caesaris fuerat summam***que** *scientiam rei militaris habere existimabatur*]; **b)** und überhaupt, (und) schließlich, kurz [*Iuppiter dii***que** *immortales; equi, canes omnes***que** *bestiae*]; **c)** (*erklärend*) und zwar, nämlich, das heißt [*pervenerunt ad Rhenum fines***que** *Germanorum*]; **d)** (*kontrastierend*) und doch, und dabei [*dives miser***que**]; **e)** (*adversativ*) aber, *bsd.* (*nach Negationen*) sondern, (und) vielmehr [*non tua ulla culpa est contra***que** *summa laus*]; **f)** (*bei Zahlen*) oder, bis [*ter quater***que**, *uxores habent deni duodeni***que** *inter se communes* zehn bis zwölf]; **g)** (*korrespondierend*) (*weder C. noch Ci.*) °**-quĕ... -quĕ** sowohl — als auch, teils — teils [*noctes***que** *dies***que,** *dcht. häufig, zB.* °*tectum***que** *larem***que**]; *noch seltener* °**-quĕ — ĕt,** °*ĕt* — *-quĕ,* °*-quĕ* — *ăc.*
F. *-quĕ unterliegt an gewissen Versstellen metrischer Dehnung, zB. Verg., Aen. 3,91; Ov., met. 1,193.*

quĕēntĭă, *ae f* (*quĕēns, part. praes. v. quĕō*) (*Qu.*) das Können, Vermögen.

▶**quĕm-ăd-mŏdŭm** *adv.* (*auch getr.*) **1.** (*interr., dir. u. indir.*) auf welche Weise?, wie?. **2.** (*rel.*) wie, sowie, *in Korresponsion m. ita, item, sic, eodem modo u.ä., stets m. eigenem Verb* [*haec,* ~ *exposui, ita gesta sunt*]. **3.** (*nachaug.*) wie zum Beispiel.

▶**quĕō,** *īvī* (*u.* °*iī,* °*ītŭm*), *īrĕ* (*ītŭm?; Rückbildung aus nĕquĕō*) (*nicht bei C.*) können, imstande sein, vermögen, (*meist*) *in negativen Sätzen* (*m. inf., zB. aestimare non queo, vix dicere queo, hoc queo dicere*).
F. *nicht in allen Formen; am gebräuchlichsten sind quĕō, quĕūnt, der coni. praes. ganz, quībăm, quīrĕt, quībō, quīvīt, quīstīs, quīvĕrŭnt, quīssĕnt; part. praes. quĭēns u. quĕēns; inf. pf. quīssĕ. Bei einem inf. pass. steht vkl. auch pass.* °*quītŭr u.* °*quītŭs.*

quĕrcētŭm, *ī n* = *quĕrquētŭm.*

quĕrcĕŭs 3 (*quĕrcŭs*) (*nkl.*) *v.* Eichen, Eichen... [*coronae* Eichenkränze *als Belohnung für die Rettung v. Bürgern im Kriege*].

▶**quĕrcŭs,** *ūs f* (⟨ **pĕrquŭs; cf. kelt. Hĕrcȳnĭă* [*sīlvă*], *nhd.* „Föhre" — *Bedeutungsverschiebung!* —) **1.** Eiche, *dem Jupiter heilig, bsd.* Sommereiche *zum Unterschiede von īlĕx* Steineiche. **2.** (*meton.*) (*dcht.*) **a)** Eichenlaub, Eichenkranz [*civilis, cf. quĕrcĕŭs*]; **b)** Eicheln.
F. *pl. gen. quĕrcōrŭm, dat. u. abl. quĕrcŭbŭs.*

▶**quĕrēlă** *u.* **quĕrēllă,** *ae f* (*quĕrŏr*) **1. a)** Klage (*alcis j-s, zB. hominum; alcis rei u. de re* über *etw., zB. temporum; gravissima*); **b)** (*dcht., nkl.*) Klagelaut *der Tiere,* Girren *der Vögel;* (*Lu.*) Klageton *der Flöte.* **2.** Beschwerde (*de re, zB. de tot tantisque iniuriis; cum alqo* bei *od.* vor *jd.,* gegen *jd., zB. cui sunt inauditae cum Deiotaro querelae tuae?; -las apud alqm habere* führen, *de alqo*). **3.** (*meton.*) (*nkl.*) Unpäßlichkeit.

quĕrĭbŭndŭs 3 (*quĕrŏr*) klagend [*vox*].

quĕrĭmōnĭă, *ae f* (*quĕrŏr*) Klage, *bsd.* Beschwerde (*alcis j-s, zB. sociorum; alcis rei u. de re* über *etw., zB. huius criminis; -as habere* führen).

quĕrĭtŏr 1. (*intens. v. quĕrŏr*) (*nkl.*) heftig klagen.

quĕrnĕŭs 3 *u.* **quĕrnŭs** 3 (⟨ **quĕrcnŏs zu quĕrcŭs*) (*unkl.*) *v.* Eichen, Eichen... [*corona v.* Eichenlaub, *glans* Eichel].

▶**quĕrŏr,** *quĕstus sŭm* 3. (⟨ **quĕsŏr zu altind.* śvásati *od. unabhängige Schallnachahmung wie nhd.* „sausen") **1. a)** klagen *od.* jammern, *etw.* beklagen (*abs. od. alqd, selten de re, zB. suum fatum, unum, omnia, de casu alcis*); **b)** (*prägn.*) (*dcht.*) Klagetöne hören lassen, *auch etw.* klagend anstimmen [*fidibus queritur Sappho puellis de popularibus, flebile nescio quid queritur lyra* läßt wundersame Klagetöne erschallen]; *bsd.* (*dcht.*) (*v. Tieren*) zwitschern, girren, kreischen, winseln [*queruntur in silvis aves*]. **2.** sich beklagen, sich beschweren (*abs. od. alqd u. de re* über *etw., zB. iniuriam alcis, de Milone per vim expulso; cum alqo u.* °*alci, selten apud alqm* bei *od.* vor *jd., zB.* °*cum Iove,* °*cum fatis, auch* = *m. jd.* hadern; *m. quod od. a.c.i.*).

quĕrquētŭlānŭs 3 (*quĕrquētŭm*) (*vkl., nkl.*) *m.* einem Eichenwäldchen [*mons* ♀ *der spätere Caelius*].

quĕrquētŭm, *ī n* (*quĕrcŭs; vkl., dcht.*) Eichenwald.

quĕrŭlŭs 3 (*quĕrŏr*) (*dcht., nkl.*) **1.** klagend, kläglich wimmernd [*cicadae, tibiae*]. **2.** sich beklagend [*senex, calamitas* zu klagen geneigt].

quĕstĭō, *ōnis f* (*quĕrŏr*) Klage, *auch pl.*

quĕstŭs[1] *part. pf. v. quĕrŏr.*

quĕstŭs[2], *ūs m* (*quĕrŏr*) Klage, Wehklage, *bsd.* (*Ve.*) Klageruf *der Nachtigall* [*questūs ēdere,* °*questūs rumpere pectore* frei hervorbrechen lassen].

quī, quae, quŏd
1. a) (*interr.*) *adi.* welcher? welche? welches? was für ein? *subst.* (*nur in indir. Frages.*) wer? was für einer? was? **b)** (*Ausruf*) welch ein; **2.** (*rel.*) **a)** der, die, das; welcher, welche, welches; **b)** *qui* derjenige, welcher; soviel als; (*cons.*) so daß er; (*fin.*) damit er; (*caus.*) da er; (*conc.*) obgleich er; *beschränkend* soweit er; *subst. quod m. gen.* soviel von *etw.*; *abl. quo m. comp.* um wieviel; **3.** (*indef.*) *qui, qua meist nach si, nisi, ne, num, quo, quantum, cum, ubi* irgendeiner, irgendwer, irgendwas.

quī[1], *quae, quŏd pron. (urspr. nur pron. interr. u. indef.; cf. quĭs)* **1. a)** *(interr., fragt nach der Beschaffenheit einer Pers. od. Sache, dir. u. indir.)*: **α)** *adi.* welcher? welche? welches? was für ein? [*quae est amicitia, si ad fructum omnia referuntur* was ist das für eine Freundschaft?]; **β)** *subst. (selten u. fast nur in indir. Frages.)* wer? was für einer? was? [*Themistocles domino navis, qui sit, aperit*]; **b)** *(im verwunderten Ausruf)* welcher, welch ein [*Xenophon Socraticus qui vir et quantus!*]. **2.** *(rel.)* **a)** der, die, das; welcher, welche, welches; wer, was *(subst. u. adi.)* [*agri, quos coluimus, vastati sunt*]; **b)** Besonderheiten: **α)** *enthält ein Relativsatz m. einem Prädikatsnomen eine bloß nebensächliche Bemerkung, so richtet sich das Relativ nach diesem* [*est carcer a Dionysio factus, quae lautumiae vocantur*]; **β)** *bei Beziehung auf einen ganzen Satz steht das Neutrum quod u. häufiger id quod* [*Timoleon, id quod difficilius putatur, multo sapientius tulit secundam quam adversam fortunam*]; **γ)** *das Beziehungswort wird öfters beim Relativ wiederholt, bsd. in der Rechtssprache* [*diem dicunt, qua die ad ripam Rhodani omnes conveniant*]; **δ)** *bei nachdrücklicher Hervorhebung wird der Relativsatz dem Determinativum oft vorangestellt; dabei wird das subst., auf das sich das Relativ bezieht, in den Relativsatz aufgenommen, und das Determinativ fällt oft aus, bsd. bei Kasusgleichheit* [*qua nocte Alexander natus est, eadem Dianae Ephesiae templum deflagravit*]; **ε)** *quī* = **αα)** derjenige, welcher *statt is, qui* [*sapienter cogitant, qui temporibus secundis casus adversos reformidant*]; **ββ)** soviel als, wie viel [*naves, quas ubique possunt, deprehendunt*]; **ζ)** *subst.* **quŏd** *(m. gen.)* soviel von *od.* an *etw.* [*quod frumenti, quod ubique fuerat navium* sämtliche Schiffe, *quod satis est militum* hinreichende Anzahl Soldaten]; **η)** *abl.* **quō** *m. comp.*, (um) wieviel, um so [*quo etiam magis vituperandus est*]; **quō ...eō** je ... desto [*quo quis est melior, eo magis gloria ducitur*]; **ϑ)** *während der rel. Attributsatz für gewöhnlich im ind. steht, wird der coni. i. der or. obl.* [*Mos est Athenis quotannis laudari in contione eos, qui sint in proelio interfecti*] *u. bei besonderer Färbung gesetzt*: **αα)** *(cons.)* = so daß er [*Campani maiora deliquerant, quam quibus (= quam ut iis) ignosci posset*]; *bsd. dignus u. indignus, aptus, idoneus, qui c. coni.* [*indignus es, cui fidem habeamus*]; *sunt od. non desunt, inveniuntur od. reperiuntur, nemo est, non est, quis est, quotusquisque est, qui c. coni., nihil est quod c. coni. u. a.*; **ββ)** *(fin.)* = damit er [*Dareus pontem fecit, quo copias traduceret; multi aliis eripiunt, quod aliis largiantur* um es anderen zu schenken]; **γγ)** *(caus.)* = da er, weil er [*tum demum dux, qui nihil antea providisset, trepidare coepit*]; *verstärkt quĭppĕ quī od. ŭt quī (selten ŭtpŏtĕ quī)* da er ja, *praesĕrtĭm quī od. quī praesĕrtĭm* zumal da er; **δδ)** *(conc.)* = obgleich er, da er doch [*cur tibi invideam, qui omnibus rebus abundem?*]; **εε)** *(beschränkend)* = soweit er [*quod sciam* soweit ich weiß, *quod intellegam od. sentiam, quod meminerim* soviel ich mich erinnere]; *meist m. dem Zusatz v. quidem* [*orationes Catonis, quas quidem legerim* soweit ich sie wenigstens gelesen habe]; **c)** *(im rel. Anschluß)* = *et is, et hic, hic autem, is enim u.ä.* [*virtus est una altissimis defixa radicibus; quae nulla unquam vi labefactari potest*]. **3.** *(indef.)* **quī, quă**, *seltener* **quae, quŏd**, *neutr. pl. quă, selten quae* irgendeiner, irgendwer *od.* -was, *meist in Nebensätzen, enkl. angelehnt an ein anderes Wort, bsd. an si, nisi, ne, num, quo, quanto, cum, ubi*: **a)** *subst. (meist dafür quĭs, quĭd)* [*si qui Romae esset demortuus; si quae contra naturam sunt* eines *od.* das andere]; **b)** *adi.* [*Cave, ne qua amicorum discidia fiant*]. **F.** *(altl.: sg. gen. quōiŭs, dat. quoi, abl. quī, pl. dat. u. abl. quīs [klass. ganz vereinzelt] u. quēis).*

▶**quī**[2] **1.** *(altl. abl. v. quī*[1]*; s. quī*[1] *F.)* **quīcŭm** = *quōcŭm, (selten = quācum od. quĭbŭscŭm)* mit dem, mit wem, *fast nur bei Angabe einer allgemein bezeichneten Person* [*nihil turpius est quam cum eo bellum gerere, quicum familiariter vixeris*]. **2.** *adv. (erstarrter abl. od. instr. v. quī*[1]*)* **a)** *(interr.)* **α)** *(meist dir.)* wie? warum? inwiefern? [°*qui fit, ut* wie kommt es, daß?, *qui convenit* wie reimt es sich?, *qui tandem* inwiefern? wieso?]; **β)** *(Pl.)* wie hoch? wie teuer?; **b)** *(rel.)* wodurch, wovon [*habeo, qui utar* ich habe zu leben; °*Aristides, qui efferretur, vix reliquit* kaum die Mittel zur Bestattung]; **c)** *(meist vkl.) (indef.)* irgendwie; **d)** *(in Verwünschungsformeln)* wenn doch [°*qui illum di omnes perduint; qui illi dii irati, sc. sint*].

▶**quiă** *ci. (eigtl. acc. pl. n v. quĭs* „in Beziehung auf was?") **1.** *(interr.) (dcht.)* warum?, *nur in der Verbindung* **quiănăm** warum denn? warum nur? *(Verg. Aen., 5,13; 10,6).* **2. a)** weil, deshalb weil *(im Spätlat. m. quŏd, cŭm, quŏnĭăm konkurrierend)* [*edo, quia esurio*]; *oft in Beziehung auf eo, ideo, idcirco, propterea im Hauptsatz, in der Regel mit ind.* [*quia mutari natura non potest, idcirco verae amicitiae sempiternae sunt*]; **b) nōn quiă**: **α)** *m. ind.* = nicht weil; **β)** *m. coni. bei Angabe eines nur angenommenen Grundes* = nicht als ob; **c)** *(dcht.)* **quiănĕ** etwa weil?; **d)** *(Pl.)* **quiă ĕnĭm** weil ja. — **seit; daß; *auch* = *a.c.i.*

quiă-năm *(dcht.) s. quiă.*

quĭcquăm *s. quĭsquăm.*

quĭcquĭd *s. quĭsquĭs.*

quī-cŭm *s. quī*[2].

▶**quī-cŭmquĕ, quae-c..., quŏd-c...** *pron. rel. (-quĕ entw. kopulativ, also eigtl.* „wer *u.* wann" *od. indef.* = „auch, wie") **1.** wer nur immer, jeder der, jeder mögliche *(adi. u. subst.) klass. fast immer m. einem verb. finit.* [*quoscunque de te queri audivi, quacunque potui ratione placavi*; °*quaec. feram mortalia* was ich noch Sterbliches an mir trage]; *auch in Tmesis* [*qua re cumque possumus*]; *abs. klass. nur quacumque ratione u. quocumque modo* auf jede Weise, unter allen Umständen, *nkl. auch sonst häufig* = *quīlĭbĕt* [°*cuicumque nobili debiti honores* jedem Vornehmen]; *neutr. sg. quodcumque* alles was [°*hoc quodcumque vides* das alles, was du siehst; *auch m. gen., zB. quodcumque roboris fuerat* alle Kerntruppen, °*quodc. est lucri* aller Gewinn, °*quodc. hoc regni* dies ganze Reich]. **2.** wie beschaffen auch immer = *quālĭscŭmquĕ.*

quī-cŭnquĕ, quae-c..., quŏd-c... = *quīcŭmquĕ usw.*

quī-dăm, quaedăm, quĭddăm, quŏddăm
1. ein gewisser, irgendeiner; **2. a)** gewissermaßen ein, sozusagen ein; **b)** ganz, geradezu *(ein adi. verstärkend).*

quī-dăm, quaedăm, quĭddăm *(subst.) u.* **quŏddăm** *(adi.) (altl.; dat. sg. quoidăm) (wohl* < *quĭs-dăm; Pronominalstamm *dĕ-; cf. dē)* **1.** ein gewisser, irgendeiner, ein, *pl.* gewisse, einige, etliche, *bezeichnet einen bestimmten Gegenstand, den der Redende nicht näher bezeichnen will od. kann* [*scriptores quidam Romani, quidam ex militibus dixit, quiddam divinum etw.* Göttliches, *poëtae pingue quiddam sonantes atque peregrinum* deren Sprache einen schwülstigen *u.* fremdartigen Charakter hat; *auch m. gen., zB. quiddam mali*]; *häufig wird quidam zu unbekannten Personen gesetzt, um anzudeuten, daß nichts als der Name angegeben werden könne od. solle* [*Pythius quidam*]. **2. a)** gewissermaßen ein, sozusagen ein, eine Art *v., zur Milderung seines Ausdrucks* [*tacitus quidam sermo* eine Art *v.* stillem Gespräche, *timiditas ingenua quaedam* eine sozusagen edle Schüchternheit]; *oft verbunden quasi quidam, auch tamquam quidam u.* °*velut od.* °*veluti quidam* [*Plato philosophorum quasi deus quidam*]; **b)** ganz, wahrhaft, geradezu, *ein adi. verstärkend* [*incredibilis quaedam magnitudo ingenii*]. — ** ein *(unbestimmter Artikel).*

quĭdĕm
1. *(bekräftigend)* sicherlich, gerade; **2.** *(beschränkend)* wenigstens; **3.** *(entgegenstellend)* aber; *quidem ... sed* zwar ... aber; **4.** *(erklärend)* nämlich, zwar; **5.** *ne ... quidem* nicht einmal, auch nicht.

quĭdĕm *adv. (stets enklitisch; wohl* < *quĭd + ĕm; cf. idĕm, autĕm)* **1.** *(bekräftigend)* gewiß, sicherlich, gerade, eben, ja [*cum omnes fugiebant, tu ~ fortiter resistebas; est illud ~ vel maximum* entschieden, *qui ~ duo* aber gerade diese beiden letzteren, *nos ~* wir unsererseits]; *oft, bsd. beim pron., im Deutschen nur stärkere Betonung des Beziehungswortes* [*his ~ verbis m.* den *od.* diesen Worten, *quae ~ res u.* (eben) dies], *bsd. bei Versicherungspartikeln u. Konjunktionen, zB. certe ~, cum ~, quoniam ~; ~ certe zugleich hervorhebend u. beschränkend* = gewiß das wenigstens [*quoniam omnia persequimur, volumus ~ certe*]. **2.** (*beschränkend*) wenigstens, freilich [*id nos fortasse non perficimus, conati ~ saepissime sumus; hoc ~ tempore*]; *bsd.* = ja wenigstens, zum Beispiel [*Dicaearchus ~ et Aristoxenus nullum omnino animum esse dixerunt*]. **3.** (*entgegenstellend od. conc.*) aber, freilich, allerdings, wiewohl [*Pharnabazus habitus est imperator, re ~ vera praefuit Conon*]; *bsd.* **quĭdĕm ... sĕd** zwar ... aber [*severitas habet illa ~ gravitatem, sed amicitia remissior esse debet*]. **4.** (*erklärend*) nämlich, zwar [*si ~; una in domo et ea ~ angusta u.* das, *u.* noch dazu]. **5. nē ... quĭdĕm** nicht einmal, auch nicht, *steigernd od. gleichstellend, zB. mendaci homini ne vera ~ dicenti* (sogar nicht, selbst nicht) *credere solemus; cf. nē*[2].

quĭd-nī *adv.* warum nicht?, *stets m. coni., bekräftigend* = gewiß, sicherlich, natürlich [*quidni doleam* wie sollte ich nicht trauern? = ich muß doch wohl trauern]; *selten ohne Verbum; cf. auch nī.*

****quid pro quo** *eigtl.* „*etw.* für *etw.*"; Versehen, Verwechslung; *cf. qui pro quo.*

quiēns *s. queō.*

▶**quiēs**, ētis *f* (*cf. trān-quīl-lŭs, engl.* while, *nhd.* Weile) **1. a)** Ruhe *im Ggs. zur Tätigkeit od. Gefahr*, Erholung [*quieti se dare* hingeben, *quietem capere* genießen, *quietem dare od.* °*praestare alci* gönnen; *alcis rei subi. u. obi., zB. senectutis* die das Alter gewährt, *~ laborum ac miseriarum* Ruhe *v.*; *auch qualitativ, zB. ~* °*paucorum dierum; a re, zB.* °*a proeliis quietem habere*]; *pl.* (*Wiederholung od. Arten*) [*somnus et ceterae quietes*]; **b)** (*Lu.*) Ruheplatz, Lager [*intectae fronde quietes*]. **2. a)** Schlaf [°*alta* tiefer, °*languida* erschlaffender; *secundum od.* °*per quietem u. in quiete* im Schlaf, *ire ad quietem* schlafen gehen]; **b)** *meton.* α) (*nkl.*) Traum [*dira*]; β) (*dcht., nkl.*) Todesschlaf, Tod [*olli dura ~ oculos urget*]; γ) (*dcht.*) Schlafenszeit, Nacht [*optata*]. **3.** (*dcht., nkl.*) das Schweigen, Stille, Ruhe [*atrox clamor et repente ~*]. **4. a)** (*nkl.*) Friede [*diuturna, longa*]; **b)** (*nkl.*) ruhiges Verhalten *in pol. Beziehung, auch* Neutralität [*Attici ~ Caesari fuit grata*]; **c)** (*nkl., dcht.*) Gemütsruhe; **d)** (*nkl., dcht.*) Ruhe in der Natur.

▶**quiēscō**, *quiēvī*, ētūm 3. (*incoh. zu quiēs*) **1. a)** zur Ruhe kommen, (aus)ruhen, / *auch v. Leblosem* [*dux, ager multos annos quievit* hat brach gelegen, °*rabida ora quierunt* hat sich beruhigt]; **b)** ruhig liegen, schlafen [*praetor quiescebat; ut cenati quiescerent*; / (*dcht., nkl.*) (*v. Toten u. deren Gebeinen*) im Grabe ruhen, *zB. felicius ossa quiescant; übh. v. Sachen, zB.* °*prato gravia arma quiescunt* liegen ruhig. **2.** (*rhet.*) innehalten. **3.** / **a)** sich ruhig verhalten, untätig sein [°*somno ~* wegen *od.* infolge, °*in propria pelle non quiescere* sich in der eigenen Haut nicht wohl fühlen]; **b)** (*dcht.*) schweigen, verstummen [*quiescebant voces hominum*]; **c)** (*pol.*) Frieden halten; neutral bleiben [*urbs illa non potest quiescere*]; **d)** Privatmann sein, sich *v.* der Politik zurückziehen [*in re publica*]; **e)** (*dcht., nkl.*) zur Ruhe kommen, ungestört sein (*abs. od. a re, zB. a suppliciis*); **f)** (*Com., dcht.*) *v. etw.* ablassen, *m. etw.* aufhören, *etw.* gut sein lassen [*indoctus pilae quiescit; m. inf.*]; **f)** (*Com.*) unbesorgt sein [*ego dabo, quiesce*]. — **sterben.

F. *pf.-Formen synk.*: °*quĭērŭnt, quĭēssĕ(m) u.a.*

▶**quiētŭs** 3 (*m.* °*comp. u. sup.*; *adv.* **-ē**) (*eigtl. part. pf. v. quiēscō*) **1. a)** ruhig, still, *v. Pers. u. Sachen, im eigtl. Sinne unkl.* [°*aër,* °*amnes* ruhig fließende]; **b)** (*Ta.*) schlafend [*quos simul quietos nox habuerat* in ruhigem Schlaf umfangen hatte]. **2.** / **a)** (*nkl.*) sich ruhig verhaltend, untätig [*acies, quieto rege sedente*]; **b)** frei v. Kampf *od.* Unruhe, friedlich, ungestört [*res publica, Gallia,* °*Pompili regnum* Friedensregiment, °*ordines deorum* selige Götterchöre, *quietissime se recipere* ganz ungestört; *a re v. etw., zB.* °*res a seditione -ae*]; **c)** zurückgezogen, in Muße lebend [*aetas, vita; -e vivere u. aetatem agere*]; **d)** neutral [°*quoad cum civibus dimicatum est, domi -us fuit*]; **e)** / (*geistig*) ruhig = α) gelassen, sanft, friedlich [*homo, animus, -e vivere u. ferre alqd*]; β) (*nkl.*) bedächtig, (*pejorativ*) energielos [*homo, quietius bellare*].

quiēvī *s. quiēscō.*

quī-lĭbĕt, quaelĭbĕt, quĭdlĭbĕt (*subst.*) *u.* **quŏdlĭbĕt** (*adi.*) **1.** jeder beliebige, der erste beste: **a)** *subst.* [°*~ unus* einer, wer er auch sei, °*quidlibet indutus* in jedem beliebigen Gewand, °*garrire* was einem gerade in den Mund kommt]; *n quidlibet* (*Ho.*) alles *u.* jedes; **b)** *adi.* [*quaelibet vel mimina res; auch in Tmesis, zB.* °*cuius rei libet simulator*]. **2.** *m. verächtlichem Nebensinn* [*certo genere, non quolibet*].

quīn[1] (< *quī-nĕ; -nĕ*[4]) (*Pl.*) = *īsnĕ, quī?*

quīn[2]

1. *adv.* **a)** warum nicht? (*Aufforderung*) wohlan denn! **b)** ja sogar, ja vielmehr; **2.** *ci. m. coni.* **a)** *für qui non, wenn das Subjekt des regierenden Satzes verneint ist* jeder; **b)** *cons. für ut non* daß nicht, ohne daß, *wenn das Prädikat des regierenden Satzes verneint ist*; **c)** *nach bestimmten negativen Ausdrücken* daß *od. inf. m.* zu; **d)** *non quin* nicht als ob nicht.

quīn[2] (< **quī-nĕ* „warum nicht?") **1.** *adv. in Hauptsätzen*: **a)** wie nicht?, warum nicht?, *fragend im Sinne e-r lebhaften Aufforderung* = wohlan denn!: α) *m. ind.* [*quin conscendimus equos* laßt uns doch die Pferde besteigen!]; β) *m. imp.* [*quin attendite, iudices*] *u. m. coni. dubit.* [°*quin rogem? klass. nur* 1. *Pers. pl. quin experiamur?*]; **b)** ja sogar, ja vielmehr, *meist in Verbindung m. etiam, auch m. contra, potius,* °*et, zB. multum scribo die, quin etiam noctibus.* **2.** *ci. m. coni.* (*urspr. zur Einleitung dubitativer Fragen*): **a)** *für den nom. quī nōn, quae nōn, quŏd nōn, wenn das Subjekt des regierenden Satzes verneint ist, zB. nemo est, quin sciat* es gibt niemanden, der nicht wüßte (= jeder weiß; *nihil est, quin* (= *quod non*) *intereat; nulla civitas fuit, quin* (= *quae non*) *partem senatus Cordubam mitteret*; **b)** *cons. für ŭt nōn* daß nicht, ohne daß, *wenn das Prädikat des regierenden Satzes verneint ist, zB. numquam accedo, quin abs te abeam doctior*; **c)** = daß (*od.* = *inf. m.* „zu") *nach den negativen Ausdrücken* nicht zweifeln, nicht unterlassen, nicht widerstreben, sich nicht enthalten, nicht umhin können, es fehlt nicht viel daran *u.ä., zB. non dubitari debet, quin fuerint ante Homerum poëtae; nihil praetermisi, quin Pompeium a Caesaris coniunctione avocarem; non multum afuit, quin Ismenias ab exulibus interficeretur; facere non possum* (*od. fieri non potest*), *quin verbis tuis fidem habeam* ich muß unbedingt Glauben schenken; **d) nōn quīn** nicht als ob nicht.

quī-năm, quae-n..., quŏd-n... *pron. interr.*; *dir. u. indir.* welcher denn? was für einer denn? [*quaesivit, quasnam formosas virgines haberent*].

quīnā-vīcēnārĭă (*auch getr.*; *m. u. ohne lēx*; *quīnī vīcēnī*) (*Pl.*) „Fünfundzwanzigjährigengesetz" = *lex Plaetoria* (*Gesetz, das Verträge m. Jugendlichen unter 25 Jahren verbot*).

Quīnctīlĭs = *Quīntīlĭs.*

Quīnctīlĭŭs 3 *Name e-r patriz. gēns*; *s. Vārŭs.*

Quīnctĭŭs 3 *röm. Gentilname*: **1.** *s. Cincĭnnātŭs.* **2.** *T. ~ Flāmĭnīnŭs, Besieger Philipps V. 197 v.Chr.*; *adi. -iānŭs* 3.

quīnc-ūnx, ūncĭs *m* (*quīnquĕ, ūncĭă*) fünf Unzen ($^{5}/_{12}$ *eines As, d.h. e-s zwölfteiligen Ganzen*): **1.** (*nkl., dcht.*) **a)** $^{5}/_{12}$ *e-r* Erbschaft; **b)** (*als Münze*) $^{5}/_{12}$ As; **c)** (*Hohlmaß*) $^{5}/_{12}$ des sextarius = 0,225 l = 5 Spitzgläser. **2. a)** die fünf Augen *auf dem Würfel*; **b)** / Figur eines *quincunx*, Kreuzstellung (⁙) (*bei Anpflanzungen, Pfählen in Gruben, Truppenabteilungen*) [*v. Bäumen directi in quincuncem ordines* nach Art des Quincunx = übers Kreuz; *v. Gruben obliquis ordinibus in quincuncem dispositis scrobes fodere* in schrägen Reihen].

quīncŭpĕdăl, *ālis n (quīnquĕ, pĕdālis) (Ma.)* Meßstange v. fünf Fuß Länge.
quīndĕciē(n)s *adv. num. (quīndĕcim)* fünfzehnmal [~ *sestertium* 1 500 000 Sesterzen].
quīn-dĕcim *num. card. indecl. (quīnquĕ, dĕcem)* fünfzehn [*dies* 14 Tage = *franz. quinze jours*].
quīndĕcim-prīmī, *ōrŭm m* die 15 ersten Senatoren *e-s Munizipiums.*
quīndĕcimvĭrālĭs, *ĕ (quīndĕcimvĭrī) (Ta.)* die Fünfzehnmänner betreffend, der Fünfzehnmänner [*sacerdotium*].
quīndĕcim-vĭrī, *ōrŭm u. ŭm (selten sg. quīndĕcimvĭr) (auch getr.; nkl., dcht.) hochangesehenes Priesterkollegium der* Fünfzehnmänner (*sacris faciundis*), *das die Aufsicht über die Sibyllinischen Bücher hatte u. sie bsd. in Zeiten der Gefahr zu Rate zu ziehen hatte. Cf.* V.-B. VI, 2.
quīngēnārĭŭs 3 *(quīngēnī) (nkl.)* aus je 500 Mann bestehend [*cohortes*].
quīngēnī 3 *num. distr. (quīngĕntī)* je fünfhundert.
quīngĕntēsĭmŭs 3 *num. ord. (quīngĕntī)* der fünfhundertste.
quīngĕntī 3 *num. card. (Abk.* D) *(quīnquĕ, cĕntŭm)* fünfhundert; / *(vkl., dcht.) unbestimmt große Zahl.*
quīngĕntiē(n)s *adv. num. (quīngĕntī) (Suet.)* fünfhundertmal.
quīnī 3 *num. distr. (quīnquĕ)* **1.** je fünf [*quattuor legiones quinis milibus militum; quini deni* je 15]. **2.** *(dcht.) übh.* fünf. *Cf.* V.-B. VI, 5.
quīnquāgēnārĭŭs 3 *(quīnquāgēnī) (vkl., nkl.)* fünfzig enthaltend; fünfzigjährig.
quīnquāgēnī *num. distr. (quīnquāgīntā)* **1.** je fünfzig. **2.** *(dcht.) übh.* fünfzig. — *Cf.* V.-B. VI, 5.
quīnquāgēsiē(n)s *adv. num. (Pl. = quīnquāgiēs)* fünfzigmal.
quīnquāgēsĭmŭs 3 *num. ord. (quīnquāgīntā)* der fünfzigste; *subst.* **-ă,** *ae f (sc. pārs)* ein Fünfzigstel, *bsd. (als Abgabe)* der Fünfzigste [*binae -ae, -as exigere*].
quīnquāgiē(n)s *num. adv. (quīnquāgīntā) (nkl.)* fünfzigmal.
quīnquāgīntā *num. card. indecl. (Abk.* L) *(cf. πεντήκοντα; -quā- wohl nach quădrāgīntā)* fünfzig.
quīnquātrŭs, *ŭŭm f u. (dcht., nkl.)*
quīnquātrĭă, *ĭŭm n (quīnquĕ; Suffix -ātrŭ- ungeklärt)* die Quinquatren, *Feste zu Ehren der Minerva:* **1.** *māiōrēs das (am 5. Tag nach den Iden des März beginnende) größere der artifices (d.h. der Handwerker, Ärzte, Lehrer), urspr. Marsfest vom 19. bis 23. März.* **2.** *mĭnōrēs das kleinere der tibicines am 13. Juni.*
▶**quīnquĕ**[1] *num. card. indecl. (cf. πέντε, nhd.* „fünf") fünf; / *(dcht.)* ein paar [~ *dies rure esse*].
quīnquĕ[2] *(Pl.) = ĕt quīn.*
quīnquĕnnālĭs, *ĕ (quīnquĕnnĭs)* fünfjährig: **1.** alle vier Jahre geschehend *od.* gefeiert [*celebritas ludorum*]. **2.** *(vkl., nkl.)* fünf Jahre dauernd [*censura, vota* auf fünf Jahre sich erstreckend].
quīnqu-ĕnnĭs, *ĕ (quīnquĕ, ănnŭs) (unkl.)* fünfjährig: **1.** fünf Jahre alt [*vinum*]. **2.** alle vier Jahre gefeiert [*Olympias*].
quīnquĕnnĭŭm, *ī n (quīnquĕnnĭs)* Zeit v. fünf Jahren, fünf Jahre.
quīnquĕ-părtītŭs *u.* **-pĕrtītŭs** 3 *(eigtl. part. pf. v. pārtĭōr)* fünfteilig, fünffach.
quīnquĕ-pĕdăl, *ālis n = quīncŭpĕdăl.*
quīnquĕ-prīmī, *ōrŭm m* die fünf ersten Senatoren *eines Munizipiums od. einer Kolonie.*
quīnquĕ-rēmĭs, *ĕ (rēmŭs) (Li.) m.* fünf Reihen Ruderbänken versehen [*navis*]; *klass. nur subst. f* Fünfdecker *(abl. sg. -ī).*
quīnquĕvĭrātŭs, *ūs m (quīnquĕvĭrī)* Fünfmänneramt.
quīnquĕ-vĭrī, *ōrŭm m (selten sg. -vĭr)* Fünfmänner (*Kollegium für besondere Aufgaben*), *zB. agro dividundo, muris turribusque reficiendis.*
quīnquiē(n)s *adv. num. (quīnquĕ)* fünfmal [~ *tanto amplius* fünfmal mehr].
quīnquĭ-plĕx, *plĭcĭs (cf. dŭplĕx) (Ma.)* fünffältig; *cēră* Schreibtafel *m.* 5 Wachsplatten.
quīnquĭ-plĭcō 1. *(quīnquĭplĕx) (Ta.)* verfünffachen.
quīntădĕcĭmānī, *ōrŭm m (u. -dĕcŭ-) (-tā-?; quīntădĕcĭmă, sc. lĕgĭō) (Ta.)* Fünfzehner, Soldaten der fünfzehnten Legion.
quīntānă, *ae f (sc. (vĭă) (quīntŭs) (nkl.) Querweg im röm. Lager, der die Zelte des fünften Manipels u. der fünften Turma v. denen der sechsten trennte, zugleich Markt- u. Handelsplatz im Lager.*
quīntānī, *ōrŭm m (quīntŭs) (Ta.)* die Fünfer, Soldaten der fünften Legion
Quīntĭlĭānŭs 3 *röm. cogn.:* M. *Făbĭŭs ~ aus Calagurris in Spanien (ca. 35 bis 96 n.Chr.), erster staatl. besoldeter Professor der Rhetorik in Rom (Vfssr. v. De institutione oratoria).*
Quīntīlĭs, *ĕ (quīntŭs)* zum fünften Monat (Juli) gehörend; *subst.* **Quīntīlĭs,** *ĭs m (sc. mēnsĭs)* Juli, *der fünfte Monat des alten, m. März beginnenden Kalenders, später Cäsar zu Ehren Iūlĭŭs genannt.*
F. *abl. sg. Quīntīlī.*
Quīntĭlĭŭs 3 *(älter Quīnctĭlĭŭs; s.d.).*
Quīntĭŭs 3 *(älter Quīnctĭŭs; s.d.).*
quīntŭs 3 *num. ord.* (‹ **quīnc-tŏs; quīnquĕ; cf. πέμπτος)* der fünfte [*-a pars* Fünftel, *-is castris* nach fünf Tagemärschen, am fünften Tag; *quinto quŏque anno* alle vier Jahre]; *adv.* °*quīntŭm u.* °*quīntō* zum fünftenmal [*quintum consul, lectisternium quinto p.u.c. habitum*]. *Als Vorname* **Quīntŭs,** *ī m u.* **Quīntă,** *ae f, vor nomen gentile od. cogn, das masc. als Vorn. gewöhnlich abgek. Q.*
quīntŭs-dĕcĭmŭs 3 der fünfzehnte.
quĭpĭăm *adv. (quĭspĭăm) (Pl.)* auf irgendeine Weise.
▶**quĭppĕ** *adv.* (‹ **quĭd-pĕ; cf. nĕm-pĕ; eigtl.* „warum denn") freilich, natürlich, allerdings, ja: **1.** *abs.* α) *als Antwort od. Zusatz bei folgendem Kausalsatz* [*ista a te quidem apte ac rotunde dicta sunt; quippe: habes enim a rhetoribus*]; *oft ironisch, zB. sol Democrito magnus videtur, ~ homini erudito;* β) *zur Einführung selbständiger Sätze* [~ *vides poenam in te conversam*]; *unkl. oft = ĕnĭm, u. zwar bald an erster, bald an zweiter Stelle des Satzes.* **2. quĭppĕ quī** der ja, er der ja *(klass. nur m. coni.), auch ~* cum *(m. coni.) u.* °~ *quod* der ja doch, ~ *si,* °~ *ut* da ja, °~ *et, ~ etiam* da ja auch, °~ *quasi* gleich als wenn nämlich; *bisw. (seit Li.) m. part.* [*patribus cura erat ~ cernentibus;* °~ *secuturi* da sie ja bereit waren sich zu fügen].
quĭppĭăm *s. quĭspĭăm.*
quĭppĭnī *adv. (quĭppĕ + nī) (vkl., nkl.)* warum denn nicht? selbstverständlich.
****qui pro quo** *eigtl.* „jemand für jemand"; Verwechslung einer Person *m.* einer anderen; *cf. quid pro quo.*
quĭrĕ *s. quĕō.*
Quĭrīnŭs 1. *adi.* 3 *(dcht.)* zu Quirinus *od.* zu Romulus gehörig [°*collis,* °*tribus od. subst.* **-ă,** *ae f*]. **2.** *subst.* **Quĭrīnŭs,** *ī m* **a)** *verschollener röm. Gott; vor der Einführung der kapitolinischen Trias (Jupiter, Juno, Minerva) in einer älteren Dreiheit neben Jupiter u. Mars verehrt; später war er der zum Gott erhobene Stadtgründer Romulus m. Kultstätte auf dem Quirinal (der 293 v.Chr. dort erbaute u. inzwischen niedergebrannte Tempel i. J. 16 v. Augustus wieder hergestellt);* **b)** *Quĭrīnŭs als Beiname:* α) *des Romulus nach seiner Vergötterung;* °β) *des Janus;* °γ) *des Antonius;* °δ) *des Augustus* [°*populus od.* °*turba Quirini* Römervolk, °*urbs Quirini* Rom, °*Ianus Quirini* Pforte des Kriegsgottes]. **3. a)** *adi.* **Quĭrīnālĭs,** *ĕ* dem Quirinus *od.* Romulus gehörig *od.* geweiht [*collis Quirinal, j.* Monte Cavallo, °*trabea,* °*lituus* wie ihn Romulus getragen]; **b)** *subst.* **Quĭrīnālĭă,** *ĭŭm n* die Quirinalien, *zu Ehren des Romulus am 17. Februar gefeiertes Fest (cf.* V.-B. X).
Quĭrĭs, *ītĭs m (wohl sab. Wort; cf. Cŭrēs, cŭrĭă), meist pl.* **Quĭrītēs,** *ĭŭm u. ŭm m* Quiriten: **1.** *(dcht., nkl.) Bew. der sab. St. Cŭrēs.* **2.** *röm. Vollbürger, die Quiriten* [*bsd. populus Romanus Quiritesque od. populus Romanus Quiritium als ehrenvolle Benennung der röm. Bürger im Frieden, bsd. bei der Anrede in der Volksversammlung, im Ggs. zu den Soldaten, für die diese Anrede etw. Beschimpfendes hatte* (Zivilisten, „Spießbürger") [*ius Quiritium* röm. Vollbürgerrecht, °*mobilium turba Quiritium;* (*Ve.*) *parvos Quirites sufficere v. den Arbeitsbienen*]. — *Cf.* V.-B. IX.
quĭrītātĭō, *ōnĭs f (nkl.) u.* **-tātŭs,** *ūs m (nkl.) (quĭrītō)* Gejammer, Hilferuf, Angstschrei.
quĭrītō 1. *(wohl denom. v. Quĭrītēs; eigtl.* „‚Quiriten!' rufen") *(unkl.)* **1.** *(intr.)* um Hilfe rufen, laut schreien, ein Klagegeschrei erheben [*vox quiritantium*]. **2.** *(trans.)* kreischend sagen, laut schreien

quĭs, quĭd
1. (*interr.*) wer, was (*sowohl dir. wie indir.*); quid? *adv.* was? wozu? warum? wie? **2.** (*indef.*) (irgend-)wer, irgendeiner, jemand, man, etwas.

quĭs (*subst. u.* [*selten*] *adi.*), **quĭd** (*subst.*) (*cf.* τίς, *nhd.* „wer") **1.** (*interr.*) wer? was? *n auch* was für ein?: **a**) *dir.* [*quis clarior Themistocle in Graecia?, quis tu* wer da?, *quid est gloria?, quid tibi vis* was fällt dir denn ein?, *quid dulcius quam m. a.c.i.*; *m. gen. part.*, *zB. quis omnium mortalium non intellegit?, quid hoc rei est* was bedeutet das?, *quid eius rei est* was ist an der Sache?, °*quid causae est* was geht hier vor?]; **b**) (*indir.*) [°*dixere, quid essem* was an mir sei; *considera, quis quem fraudasse dicatur* wer den anderen]; **c**) **quĭd** *adv.* **α**) (*interr.*) was? wozu? warum?, *dir.* [*quid me reducem esse voluistis?, quid verbis opus est?, quid plura dicam de?*], *u. indir.* [*quaesivi, quid dubitaret*]; **β**) *zur Einleitung einer rhetorischen Frage* = wie? ferner, frage ich [*Quid? idem iste Mithridates nonne legatum in Hispaniam misit?; Quid? Xenocratis responsum quale tandem videtur?*]; *bsd. quid ita?* warum dies? = wieso?; *quid deinde? quid tum? quid postea?* was weiter? was folgt (*od.* folgte) darauf? was soll daraus folgen?; *quid vero?* wie vollends? ja noch mehr; *quid? quod* (*entst. aus quid dicam de eo, quod*) *beim Übergang zu einem bedeutenderen Argument* = was soll man dazu sagen, daß?, ja sogar, ja noch mehr [*quid? quod Theseus promissum exegit a Neptuno?*]; *quid? si* was soll man dazu sagen, wenn?, wie aber, wenn?; *quid ergo? quid igitur?* was also? wie also? folgt etwa daraus, daß? [*Summi oratores tacent, quia periculum vitant; quid ergo? audacissimus ego ex omnibus? minime*]; *quid enim?* denn wie? denn ist etwa der Fall denkbar, daß? **2.** (*indef.*) **quĭs, quĭd** (*meist subst.*, doch nach *si, nisi, ne, num auch adi.* = **quī, quă** *u.* **quae, quŏd**) (irgend)wer, irgendeiner, jemand, man, etwas, *hauptsächlich in Nebensätzen enklit., bsd. an das pron. relat. od. an si, nisi, ne, num, quo, quanto, quando, cum, alius angeschlossen* [*dixerit quis* hier könnte einer sagen; *si quid accidat* wenn etw. passieren sollte; *m. gen.*, *zB. si quid in me est ingenii; nisi quid auxilii sit* wenn keine Hilfe zu finden sei].
F. *Von dem adi. fragenden quĭs fehlt das fem. u. der ganze pl.; dieselben werden durch quī, quae, quŏd ersetzt. — Zu dem indef. quĭs, quĭd wird das fem. sg. qua* (*seltener quae*) *aus quī, qua(e), quŏd ergänzt; das neutr. pl. heißt quă* (*seltener quae*).

quĭs-năm, quĭd-năm 1. (*interr.*) wer denn? was denn? *dir. u. indir., auch in Tmesis* [*quid se nam facturum arbitratus est?*]. **2.** (*indef., nur nach num*) etwa jd., etwa etw. [*num quidnam de oratore ipso restat? m. gen., zB. num quidnam novi?*].

quĭs-pĭăm (< **quĭs-pĕ-ĭăm*, *cf. quĭppĕ*) *u.* **quae-pĭăm** (*subst. u. adi.*), **quĭd-pĭăm** (**quĭppĭăm**) (*subst.*) *u.* **quŏd-pĭăm** (**quŏppĭăm**) (*adi.*), *pron. indef.* (irgend) jemand, irgendein beliebiger, *in positiven wie in negativen Sätzen* [*fortasse dixerit quispiam* könnte man sagen, *eiusmodi quidpiam venari*]; *adv.* **quĭd-pĭăm** etwas, in irgendeiner Beziehung, irgendwie [~ *nocere*].

▶**quĭs-quăm,** (*quae-quăm*), **quĭd-quăm** *od.* **quĭc-quăm** *pron. indef.* (*eigtl.* „jd. irgendwie") auch nur irgend jemand, irgendeiner, überhaupt einer, *meist subst. in negativen Sätzen od. Sätzen m. negativem Sinn* [*nego ante mortem quemquam beatum esse praedicandum; vix quisquam hoc credat; nec quisquam unus u.* kein einziger, ~ *unus* der erste beste, *nihil quidquam* durchaus nichts]; *oft in rhet. Fragen, bsd. in Gegenfragen mit an* [*an quisquam ignorat?*]; *si ~ est infelix, ego profecto is sum* = *nemo me infelicior est*]; *m.* °*gen.* [*nec satis quidquam iusti doloris est*]; *als adi. nur vereinzelt bei Sachnamen* [*rumor quisquam*].
F. *gen.* *cŭiŭsquăm*, *dat.* *cŭiquăm*, *acc.* *quĕmquăm u. quĭdquăm* (*quĭcquăm*), *abl.* *quōquăm* (*meist durch ūllō ersetzt*); *das fem. u. der pl. werden gewöhnlich durch ūllŭs vertreten.*

▶**quĭs-quĕ, quaequĕ, quĭdquĕ** (*subst.*) *u.* **quŏdquĕ** (*adi.*) (*wohl quĭs* „jemand" + *quĕ* „wie, auch" = *hom.* τίς τε einer irgendwie = mancher) **1.** *pron. indef.* jeder (für sich), jeder einzelne, *bisw. auch* = jedesmalig, jeweilig, betreffend [*principes cuiusque civitatis, qui cuique arti praesunt* die Meister der betreffenden Künste, *qui quōque tempore praesunt* die jeweiligen Vorsteher]; *meist enklit. einem betonten Wort* (*Reflexivpronomen, Superlativ, Ordnungszahl, Relativ od. indir. Fragewort*) *nachgesetzt* [*suae quisque fortunae faber est; pro se quisque* jeder für seinen Teil *od.* nach Kräften; *quam quisque norit artem, in hac se exerceat*]; *bsd.* **a**) *bei Ordnungszahlen*, *zB. decimus quisque* allemal der zehnte [*tertio quōque die* alle zwei Tage, einen Tag um den andern, *tertio quōque verbo* bei jedem dritten Wort, *quinto quoque anno* alle vier Jahre]; *primus quisque* einer nach dem andern, *primum quidque explicare* der Reihe nach eins nach dem andern erklären, *primum quemque versum recitare* die Verse genau der Reihe nach hersagen, *primo quōque tempore* so bald als möglich; **b**) *m. sup. im sg., nur beim neutr. meist im pl.*, *zB. optimus quisque* alle Guten [*optimam quamque rei publicae causam amplecti* die in jedem Fall beste Sache, nämlich die des Staates, zu der seinigen machen; *maximae cuique fortunae minime credendum est* je größer das Glück ist, desto weniger darf man darauf bauen; *optima quaeque eligere* allemal das Beste]; **c**) (*in Vergleichssätzen*) *ut quisque* (*m. sup.*) ... *ita* (*m. sup.*) je ... desto [*ut ~ est vir optimus, ita difficillime esse alios improbos suspicatur*]; *selten quo quisque ... eo m. comp.*; **d**) *vereinzelt* (*seit Li.*) *für uterque*, *zB. diversi consules ad suum quisque bellum proficiscuntur.* **2.** (*Com.*) *pron. rel.* = *quĭsquĭs od. quĭcŭmquĕ* [*quemque videro, eum obtruncabo*].

quĭsquĭlĭae, *ārŭm f* (< **quĕ-squĕ-lĕae zu κο-σκυλμάτια* Lederschnitzel) **1.** (*vkl., nkl.*) Abfall, Kehricht. **2.** / Auswurf, Abschaum, Gelichter [*seditionis Clodianae*]; *auch* (*Pe.*) **-quĭlĭă,** *ōrŭm n* Lappalien.

▶**quĭs-quĭs, quĭdquĭd** *od.* **quĭcquĭd** (*subst., bisw. auch adi.*) *u.* **quŏd-quŏd** (*adi.*) *pron. rel.* **1.** (*subst.*) **a**) wer *od.* was nur immer, jeder der, alles was, *klass. fast immer m. verb. finit. im ind.* [*quisquis adest, silentium teneat; quisquis ille est* er sei, wer er wolle; *quidquid rogabatur* um was er auch immer gebeten wurde; *m. gen., zB. accusatorum quidquid erat* die Ankläger, soviele ihrer waren, *quidquid temporis intercedit* jeder Augenblick des Zuwartens]; **b**) = *quĭsquĕ* jeder einzelne, *bsd. im neutr. u. hinter einem anderen Relativ* [*in suo quisquis gradu*]. **2.** *adi.* = jeder beliebige, der erste beste, *klass. nur*: *quōquō mŏdō* unter allen Umständen, *aber seit Li. auch sonst* [*quaqua de re loqui*]. **3.** *adv.* *quĭdquĭd* (*nkl., dcht.*) je weiter, je mehr [*quidquid progredior*].
F. *Außer quĭsquĭs u. quĭdquĭd fast nur der abl. sg. quōquō gebräuchlich* (*bsd. quōquō mŏdō*); *Formen wie* (*abl.*) °*quĭquī*, °*quāquō*, °*quĭbŭsquĭbŭs selten u. unkl.*; *gen. cuicui klass. in der Verbindung cuicuimŏdī* est wie beschaffen immer.

quĭvī *s. quĕō.*

▶**quī-vīs, quaevīs, quĭdvīs** (*subst.*) *u.* **quŏdvīs** (*adi.*) *pron. indef.* jeder, den du willst, *d.h.* jeder beliebige, jeder mögliche [*quidvis perpeti* alles Mögliche, auch das Schlimmste, *quivis unus* jeder beliebige; °*quavis, sc. ratione*].

quīvīscŭmquĕ, quaevīsc..., quŏdvīsc... *pron. rel.* (*dcht.*) wer, was es auch sei, jeder, e, es.

quō
I. 1. *adv.* **a**) wodurch; **b**) (*rel. Satzanschluß*) dadurch, daher; **c**) *quo m. comp.* ... *eo* je ... desto; **2.** *ci. m. coni.* **a**) damit dadurch; **b**) (*vor comp.*) damit desto; **c**) *non quo m. coni.* nicht als ob; **II. 1.** (*interr.*) **a**) wohin? **b**) wie weit? bis zu welchem Grade? **c**) wozu? **2.** (*rel.*) **a**) wohin; **b**) (*im rel. Satzanschluß*) dorthin; **3.** (*indef.*) **a**) irgendwohin; **b**) irgendwie.

quō *adv. u. ci.* (*eigtl. abl. n bzw. m v. quĭs bzw. quī; im einzelnen nicht einwandfrei zu bestimmen u. voneinander abzugrenzen*) **I. 1.** *adv.* **a**) (*rel.*) wodurch, woher, weswegen, *zB. id, quo vulgus maxime delectatur*; **b**) (*im rel. Anschluß*) (und) dadurch, daher, *zB. quo factum est, ut*; **c**) (*abl. mens. u. comp.*) (um) wie viel, *zB. quo* *maior*; *bsd.* **quō ... ĕō** (*od.* **hōc**) je ... desto [*quo quid rarius est, eo pluris aestimatur*]; (*im rel. Anschluß*) (und) um so viel, (und) desto, *zB. invitus peccavi; quo leviorem poenam merui.* **2.** *ci. m. coni.* (= ŭt ĕō): **a)** damit dadurch, *zB. arma non cepimus, quo pericula aliis faceremus*; **b)** (*vor comp.*) damit desto, damit um so, *zB. legem brevem esse oportet, quo facilius ab omnibus teneatur*; **c)** **nōn quō** *m. coni.* nicht als ob, nicht als wenn. **II.** (*räuml.*): **1.** (*interr.*) **a)** wohin?, *zB. quo fugiam? quo evadet res? auch m. gen., zB. quo terrarum? seltener* wo?, *zB. quo loci u.* °*quo locorum?*; **b)** / bis zu welchem Grade? wie weit?, *bsd. m.* °*gen., zB. nescitis, quo amentiae progressi sitis*; **c)** wozu? zu welchem Zweck?, *zB.* °*nescis, quo valeat nummus* wozu es gut ist; *quo valet responsum* worauf bezieht sich?, *bsd. m. acc. od. m. inf., zB. quo mihi bibliothecam?; quo tibi istud facere?*. **2.** (*rel.*) **a)** wohin, *zB. eo ibimus, quo iusseris; mare, quo* (= *in quod*) *Rhenus influit; omnes, quo* (= *ad quos*) *se contulit*; **b)** (*im rel. Anschluß*) (und) dorthin, *zB. quo cum venisset.* **3.** (*indef.*) **a)** irgendwohin, *zB. Romam aliove quo ire, si quo, ne quo*; °**b)** irgendwie, *zB. si quo usui esse possit.*

quŏ-ăd *adv. u. ci.* (*eigtl.* „bis wohin, bis wozu") (*im Vers einsilbig*): **1.** *adv.* **a)** (*vom Raum od. Grad*) wieweit, (in)soweit (als), inwiefern [~ *facere potui*; °~ *capitibus exstare possunt*; ~ *ei licebat*; *cognitis*, ~ *possunt cognosci*; *ellipt. quoad longissime, sc. possum*, soweit als möglich]; **b)** (*zeitl.*) (*Com.*) wie lange? [*senem* ~ *exspectati' vostrum?*]; **c)** (*Pl.*) (*rel.*) bis wohin [*dies quoad referret* der Termin, bis zu dem er es zurückbringen sollte]. **2.** *ci.* **a)** (*m. ind.*) solange (als) [*quoad potui*; ~ *non licuit*]; **b)** bis, bis daß *m. ind. od. coni.* [*finem sequendi non fecerunt, quoad equites praecipites hostes egerunt*; *Horatius impetum hostium sustinuit, quoad ceteri pontem interrumperent* damit unterdessen *od.* damit erst]. **3.** (*vkl. u.* **) *prp. b. acc.* hinsichtlich [*sexum*].

quō-circā *adv.* daher, demzufolge; *dcht. auch in Tmesis* [*quo, bone, circa*].

quō-cŭmquĕ *adv.* wohin nur immer, *auch* (*ohne Verbum*) wohin es auch sei; *bisw. in Tmesis* [*rationem, quo ea me cumque ducet, sequar*].

quŏd[1] *s. quī*[1].

quŏd[2]
I. *adv.* **1.** inwiefern, soweit; **2.** weshalb, warum; **3.a)** (*rel. Satzanschluß*) deshalb, darum; **b)** (*mit ci.*) also, nun; *quod si* wenn also; **II.** *ci.* **1.** (*caus.*) weil; **2.a)** (*faktisch*) (die Tatsache, der Umstand) daß; **b)** was das anbetrifft, daß, wenn; **c)** (*nach Verben d. Lobens u. Tadelns*) darüber daß, weil; **3.a)** wenngleich, wenn auch; **b)** seitdem daß, seit; **c)** (*volkssprachl.*) statt a.c.i.

quŏd[2] (*urspr. nom. od. acc. sg. n v. quī*[1]) **I.** *adv.* **1.** in Beziehung worauf, inwiefern, soweit [°*quod potero, adiutabo senem*]. **2.** (*Pl.*) weshalb, warum, *zB. hoc est, quod ad vos venio*; *klass. nur* est *quod m. coni.* es ist Grund vorhanden, daß *od.* zu ..., *nihil* (*od. quid*) est, *quod*, (*nihil*) *habeo quod m. coni., zB. non est, quod te pudeat sapienti assentiri.* **3.** **a)** (*im rel. Anschluß*) (*vkl., dcht.*) (und) deshalb, (und) darum, *zB. Verg., Aen.* 2, 141; *6,363*; **b)** (*in Verbindung m. einer ci.*) also, nun; *bsd.* **α)** **quŏd sī** wenn also, wenn daher; *auch* **αα)** denn wenn; **ββ)** wenn vollends; **γγ)** aber selbst wenn, wenn aber auch wirklich; **β)** *quŏd nĭsī u. quŏd nī, seltener quŏd cŭm, quŏd quĭă, quŏd ĕtsī, quŏd ŭtĭnăm u. a.* — **II.** *ci.* **1.** (*caus.*) weil *m. ind. bei tatsächlichem Grund, zB. Themistocles, quod liberius vivebat, parentibus minus erat probatus*; *m. coni. bei bloßer Annahme u. bei* **nōn quŏd** nicht als ob, nicht wie wenn, *zB. acta Caesaris servanda censeo, non quod probem, sed* (*quia*) *rationem pacis habendam arbitror.* **2.** (*faktisch*) daß *m. ind.* = die Tatsache daß, der Umstand daß: **a)** *erklärend* (*bsd. nach vorausgehender Demonstrativum*) [*hoc unum in Alexandro vitupero, quod iracundus fuit*; *bsd. accedit, quod* dazu kommt noch, daß; *nisi quod* außer daß; *praeterquam quod* abgesehen davon, daß; *bsd. bei qualifizierten Ausdrücken des Handelns u. Geschehens*: *bene* (*prudenter, male, recte, opportune u. a.*) *facio od. fit, accidit, evenit, zB. bene facis, quod litteras anteponis voluptatibus*; *bene mihi evenit, quod mittor ad mortem*; **b)** = was das anbetrifft, daß, wenn, *zB. quod me Agamemnonem aemulari putas: falleris*; **c)** *bei den Verben des Affekts u. des Lobens u. Tadelns* (= darüber daß, darum daß, weil), *zB. sane gaudeo, quod mihi faves*; *laudat Panaetius Africanum, quod fuerit abstinens.* **3.** **a)** (*dcht., vkl.*) wenngleich, wenn auch *m. ind.* [*quod est virgo*]; **b)** (*unkl.*) (*zeitl.*) seitdem daß, seit, *zB. tertius dies est, quod*; **c)** (*in der Volksspr. u.* **) *statt des a.c.i.* [*scio iam filius meus quod amet istanc meretricem*] *u. statt ut.*

quŏdăm-mŏdŏ *adv.* gewissermaßen, einigermaßen [*prudentia* ~ *est divinatio*], *auch in Tmesis.*

▶**quŏdsī, quŏdĕtsī, quŏdnĭsī** *u. a. s. quŏd*[2] (I, 3, b).

quoi *altl. s. quī*[1] (**F.**).

quoiās, quoiātis (*altl.*) = *cūiās, cūiātis.*

quoiŭs 3 (*altl.*) = cūiŭs 3.

quoivis (*altl.*) cuivis.

quō-lĭbĕt *adv.* (*nkl., dcht.*) wohin es beliebt, überallhin [*ire*].

quŏm, *alte Schreibung für quŭm, klass. cŭm, s. cŭm*[2], [1].

▶**quō-mĭnŭs** *ci. m. coni.* (*eigtl.* „wodurch *od.* damit, um so weniger") **1.** (*nach per me stat od. fit* ich bin schuld daran) daß nicht. **2.** (*bei den Verben: verhindern, abhalten, abschrecken, widerstreben, verweigern u.ä., auf die auch nē folgen kann*) daß *od. inf. m.* „zu" [*senectus non impedit, quominus litterarum studia teneamus*; *vi deterreor, quominus plura ad te scribam*].

▶**quō-mŏdŏ** *adv.* (*auch in Tmesis*) **1.** **a)** (*interr.*) wie? auf welche Weise?, *dir. u. indir.* [°*docet, quo quemque modo fugiat laborem*]; *ellipt. nescio quomodo* unwillkürlich, leider; **b)** (*im Ausruf der Verwunderung*) wie [~ *mortem filii tulit*]. **2.** (*rel.*) **a)** wie, sowie [~ *nunc est*]; *quomodo ... sic od. ita* wie ... so [~ *hoc est consequens illi, sic illud huic*]; **b)** (*im rel. Anschluß*) auf diese Weise, so. — ** *ci.* daß.

quōmŏdŏ-cŭmquĕ *adv.* **1.** (*rel.*) wie nur immer. **2.** (*indef.*) (*vkl., nkl.*) (*ohne Verb*) auf irgendeine (*od.* jede mögliche) Weise.

quōmŏdŏ-năm *adv.* (*interr.*) wie denn?

quō-năm *adv.* (*interr.*) wohin denn?, *dir. u. indir.*

▶**quŏndăm** *adv.* (‹ *quŏm* [*altl.*] = *cŭm*[2] + *-dăm*; *cf. quīdăm*) **1.** *klass. nur in Beziehung auf die Vergangenheit, meist im Ggs. zu nunc,* einst(mals), ehemals [*omnia, quae sunt conclusa nunc artibus, dissipata* ~ *fuerunt*]; *oft attrib. v. Toten* [*Cyrus,* ~ *rex Persarum*]. **2.** zuweilen, manchmal [°~ *citharā tacentem suscitat Musam Apollo, bsd. in Vergleichen* °*ut* ~, °*ceu* ~]. **3.** (*dcht.*) (*v. der Zukunft*) dereinst, künftig.

▶**quŏn-iăm** *ci.* (‹ °*quŏm* = *cŭm*[2] + *iăm*) **1.** **a)** (*zeitl.*) (*Pl.*) als nun, nachdem; **b)** (*in Übergängen*) nachdem (so) *od.* also [~ *de genere belli dixi, nunc de magnitudine pauca dicam*]. **2.** (*caus.*) weil ja, da ja [~ *semel suscepi, succurram*; ~ *quidem* weil ja doch]; *auch* °nachgestellt.

quōpĭăm *adv.* (*quīspĭăm*) (*Com.*) irgendwohin.

quōquăm *adv.* (*quīsquăm*) irgendwohin [~ *proficisci*].

▶**quŏquĕ**[1] *adv.* (*vl.* = *altind.* kvaca, *urspr.* „an jedem Ort, jedenfalls") (*enklit.*) auch, und ebenso, *nur auf ein einzelnes Wort bezogen* [*quod ego facio, tu* ~ *facias velim*; *ipse* ~ ebenfalls, gleichfalls]; (*unkl.*) *auch vorangestellt* [*dederim* ~ *cetera*]; *non solum* (*od. modo, tantum*) ... *sed ... quoque* nicht nur ... sondern auch; *ut* (*od. sicut*) ... *ita ... quoque* wie ... so auch; *bsd.* (*nkl.*) *nē ... quŏquĕ* = *nē ... quĭdĕm* nicht einmal.

quōquĕ[2] = *ĕt quō.*

quōquĕ-vĕrsŭs = *quōquōvĕrsŭs.*

quō-quō *adv.* (*quĭsquĭs*) wohin nur immer.

quōquō-vĕrsŭs *u.* **-vĕrsŭm** (*altl.* *-vŏrsŭs, vŏrsŭm*) *adv.* nach allen Seiten *od.* Richtungen hin [*legatos* ~ *dimittere*].

quōr (*altl.*) = *cūr.*

quōrsŭm *u.* **quōrsŭs** *adv.* (< **quō-vōrsŭm u. -ŭs zu vĕrtō* [*vōrtō*]) **1.** (*räuml.*) (*vkl., nkl.*) wohin? [~ *abeunt?*]; *klass. nur* / wohin? [~ *haec pertinent od.* °*tendunt* zielt?; *ellipt.* ~ *haec?*; *indir.*: ~ *recidat responsum tuum, non laboro* wie die Antwort ausfalle *od.* laute]. **2.** / wozu? in welcher Absicht? [~ *igitur tam multa de voluptate? quia ...*; ~ *inquam, istuc?*]; *ellipt.* (*Ho.*) *quorsum?* wozu dies?

▶**quŏt** (*indecl.*) (< **quŏtĭ* = *altind.* kati; *cf. ion.* κόσος = *att.* πόσος) **1.** (*interr., adi., selten subst., doch nie im neutr.*) wie viele?: **a**) *dir.* [*quot aratores fuerunt?*]; **b**) *indir.* [*numerate saltem,* ~ *sitis*]. **2.** (*rel.*) soviele wie; *bsd. korrespondierend m.* *tot od. totidem* [~ *homines, tot causae*]; *auch toties ... quot* so oft ... als.

▶**quŏt-ānnīs** *adv.* (*auch getr.*; *ānnŭs*) (all)jährlich [*consules* ~ *creantur*].

quŏt-cŭmquĕ *indecl.* (*rel.*) wie viele nur immer; alle, die.

quŏtēnī 3 (*quŏt*; *cf. cĕntēnī*) wie viele jedesmal [*partes nescio quotenorum iugerum*].

quŏtīd... = *cŏt(t)īd...*

▶**quŏtĭē(n)s** *adv.* (*quŏt*) **1.** (*interr.*) wie oft?, *dir. u. indir., auch im verwunderten Ausruf, zB.* °~ *mutatos deos flebit!* **2.** (*rel.*) sooft wie [~ *mihi potestas erit, non praetermittam*]; *meist korrespondierend m.* *tŏtĭē(n)s.*

quŏtĭē(n)s-cŭmquĕ *adv.* sooft nur immer, *oft korrespondierend m.* *tŏtĭē(n)s.*

quŏt-kălĕndīs *adv.* (*cf. quŏtānnīs*) (*Pl.*) an jedem Monatsersten, allmonatlich.

quŏt-quŏt *indecl. adi.* wie viele nur immer.

quŏtŭmŭs 3 (*quŏtŭs*) (*Pl.*) der wievielte?

quŏtŭs 3 (*quŏt*; *nach quārtŭs usw.*) **1.** der wievielte? **a**) *dir.* [°*hora quota est* wie viel Uhr?]; **b**) *indir.* [°*quotus esse velis, rescribe* wie viele du mitbringen willst]; *ellipt.* °*quotā* (*sc. horā*) *caream frigoribus, taces* um wie viel Uhr]. **2. quŏtŭs-quĭsquĕ** 3 wie wenige, *nur im Ausruf u. klass. nur im nom. sg.* [*qu. formosus est!*; *in Tmesis, zB.* *quotus enim quisque disertus!*; *oft qu. est od. invenitur, qui c. coni.* = wie wenige gibt es, die?

quŏtŭs-cŭmquĕ 3 (*Ti.*) der wievielte nur, so groß *od.* so wenig nur [*pars*].

quŏ-ūsquĕ *adv.* (-*ŭ*-?) **1.** (*nkl.*) **a**) (*räuml.*) wie weit; **b**) / inwiefern? **2.** (*zeitl.*) wie lange (noch)? bis zu welchem Zeitpunkt? [~ *tandem abutere, Catilina, patientiā nostrā?*]; *auch in Tmesis, zB.* *quo enim usque.*

quō-vīs *adv.* (*quīvīs*) (*Com.*) überallhin.

qūr (*altl.*) = *cūr.*

quŭm = *cŭm*[2], [1].

R

R. (*Abk.*) **1.** = *Rōmānŭs* (*in S.P.Q.R.* = *sĕnātŭs pŏpŭlŭsquĕ Rōmānŭs*). **2.** = *Rūfŭs*. **3.** ** = *rĕspōnsōrĭŭm*. **4.** ***R.* = *rarum* (Seltenheit); *R.R.* (große Seltenheit); *R.R.R.* = *rarissimum* (größte Seltenheit) (*v. Münz- u. Briefmarkenwerten*). **5.** *R.P.* = *rēs pūblĭcă*.

răbĭdŭs 3 (*răbĭēs*) (*nkl., dcht., klass. nur adv.* **-ē**) wütend, rasend, toll, ungestüm [°*leones*, °*lupa* reißende, °*bimembres* doppelgestaltete, *d. h.* Kentauren]; / *v. Leblosem* [°*venti*, °*ōs* bis zur Raserei begeistert, °*ira*, *alqd -e appetere*].

▶ **răbĭēs** *f* (*et. nicht klar*) **1.** (*dcht., nkl.*) Tollwut *der Tiere, bsd. der Hunde* [*canum, equarum, saevit rabieque fameque vom Wolf*; (*meton.*) °*canum* ~ wütende Hunde]. **2.** / (*meist dcht., nkl.*) **a)** blinde Wut, Raserei, Jähzorn, Ungestüm (*alcis j-s, zB.* °*Latinorum, animi*; *dcht. auch v. Leblosem, zB.* °*maris*, °*Canis* heftige Glut des Hundssterns, °*edendi* Eßgier, °*ventris* Heißhunger; *rabie concitari*; [*Te.*] Liebesraserei); **b)** (*Ho.*) Ingrimm [*Archilochum proprio rabies armavit iambo*]; **c)** Kampfwut, Kriegswut [°*hostilis*, °*civica* des Bürgerkrieges]; **d)** (*dcht.*) rasende Begeisterung [*rabie corda tument v. der Sibylle*].
F. *Außer nom. sg. nur belegt*: *sg. acc.* -*ĕm*, *abl.* -*ē*, *gen.* (*Lu.*) -*ēs*.

răbĭō, — — 3. (*răbĭēs*) (*unkl.*) toll sein, wüten.

răbĭōsŭlŭs 3 (*demin. v. răbĭōsŭs*) halbtoll [*litterae*].

răbĭōsŭs 3 (*adv.* **-ē**)(*răbĭēs*) wütend, toll, rasend [°*canis*, *fortitudo, nihil -e facere*].

Răbīrĭŭs 3 (*wohl etr.*) *Name einer röm. gēns*: *C.* ~, *63 v. Chr. v. Cicero m. Erfolg, sein Adoptivsohn C.* ~ *Postumus erfolglos verteidigt*.

răbō, *ōnĭs m* (*Pl.*) *scherzh. verstümmelt aus ărrăbō*.

răbŭlă, *ae m* (*etr. Lw.*) Schreier, Rabulist, Rechtsverdreher.

răcēmĭ-fĕr, *fĕră*, *fĕrŭm* (*răcēmŭ fĕrō*) (*Ov.*) **1.** Beeren tragend [*uvae*]. **2.** *m.* Trauben bekränzt [*Bacchus*].

răcēmŭs, *ī m* (*wie ῥάξ wohl Lw. aus e-r voridg. Mittelmeerspr.*) (*dcht., nkl.*) **1.** Kamm der Traube [*lentis uva -is*]. **2.** *übh.* Traube, Weintraube, Beere, *meist pl.* [*lecti de vite, turpes m.* wenig Beeren]; *auch v. der Traube des Efeus u. wilden Weins*; (*meton.*) Traubensaft, Most, Wein [*mixtus nullis -is*].

rădĭātŭs 3 (*rădĭŭs*) *m.* Strahlen versehen, strahlend [*sol*]; °*corona -a* Strahlenkrone, °*caput -um m.* einer Strahlenkrone.

rādīcālĭtĕr *adv.* (**rādīcālĭs zu rādīx*) (*Eccl.*) = *rādīcĭtŭs*.

rādīcēscō, — — 3. (*incoh. zu rādīx*) (*Se.*) Wurzel schlagen.

rādīcĭtŭs *adv.* (*rādīx*) (*vkl., nkl.*) *m.* der Wurzel, bis an die Wurzel; *klass. nur* / *v.* Grund aus, *m.* Stumpf *u.* Stiel, ganz [*cupiditatem* ~ *tollere atque extrahere*].

rādīcŭlă, *ae f* (*demin. v. rādīx*) Würzelchen.

rădĭō *u.* **rădĭŏr** 1. (*denom. v. rădĭŭs*) (*dcht., nkl.*) strahlen, glänzen; *bsd. part. praes. radians* [*astra, galea*]; *subst. rădĭāns, āntĭs m* (*dcht.*) Sonne.

rădĭōsŭs 3 (*rădĭŭs*) (*Pl.*) strahlend.

▶ **rădĭŭs**, *ī m* (*vl. m. rādīx verwandt*) **1.** (*nkl.*) Stab, Stecken [*acuti atque alius per alium immissi radii*]. **2. a)** (*dcht., nkl.*) Radspeiche [*radii rotarum*]; **b)** Zeichenstift, *m. dem die Mathematiker in Glasstaub od. Sand Figuren zeichneten* [*homunculum a pulvere et radio excitare, v. Archimedes*; °*caeli meatūs radio describere*]; **c)** (*nkl.*) (*t.t. der Anatomie*) Speiche; **d)** (*spätl.*) ~ *virilis* = *mēntŭlă*; **e)** (*dcht.*) Weberschiffchen; **f)** (*dcht., nkl.*) längliche Olive. **3. a)** Halbmesser des Kreises, Radius; **b)** Strahl *leuchtender Körper* [*solis*, °*nubes ardens radiis et auro v.* goldenen Strahlen, °*aurati -i* Strahlenkrone, Heiligenschein].

▶ **rādīx**, *īcĭs f* (*cf. ablautend nhd.* „Wurzel") **1. a)** Wurzel, *bsd. eines Baumes* [*arboris*; *radices agere* Wurzel schlagen, *klass. nur* /, *zB. vera gloria radices agit*]; **b)** (*dcht., nkl.*) Rettich, Radieschen. **2.** / **a)** der unterste Teil *eines Gegenstandes*, Fuß, Grund, *meist pl.* [°*linguae, montis*, °*ab radice ferre cupressum* samt der Wurzel, °*viva* natürlicher Grund]; **b)** / Ursprung, Quelle, Stamm [*miseriarum omnes radicum fibras evellere, Marius ex iisdem quibus nos radicibus natus* Geburtsort]; **c)** (*pl.*) fester Grund, Festigkeit (*Pompeius, vir iis radicibus* der auf so festem Grunde fußt). — *gen. pl. rādīcŭm*.

rādō, *sī*, *sŭm* 3. (*cf. altind.* rádati „kratzt, schabt"; *ablautend rōdō*) (*meist unkl.*) **1. a)** kratzen, schaben [°*terram pedibus*]; **b)** glätten, abreiben [°*lapides varios palmā* das bunte Mosaik des Fußbodens, °*rasae hastilia virgae* dünn abgeschälte Stäbe, °*tigna* abhobeln; °/ *Geistiges* feilen]. **2. a)** zerkratzen, verletzen [°*genas*]; **b)** (*Geschriebenes*) auskratzen, ausstreichen [°*nomen fastis*]; **c)** (*auch klass.*) abscheren, rasieren [*caput et supercilia*]; **d)** (*dcht.*) (*scherzh. v. e-r Dirne*) *jd.* bis aufs Hemd ausziehen. **3.** an *etw.* vorbeisegeln, *etw.* bespülen [°*litora*, °*iter liquidum* leicht *u.* glatt durch die klare Luft gleiten, °*freta sicco passu* darüberhinstreifen, °*Aquilo radit terras* fegt dahin über, °*terra rasa squamis v. kriechenden Schlangen*].

raedă, raedārĭŭs *s.* **rēd...**

Raetĭă, *ae f* Rätien, *röm. Provinz, 15 v. Chr. v. Drusus u. Tiberius unterworfen* (*Graubünden, Tirol, Bayern bis zur Donau u. westl. bis zum Lech, v. kelt. Stämmen bewohnt*); *Einw.* **Raetŭs**, *ī m*; *adi.* **Raetĭcŭs** *u.* **Raetĭŭs** 3, *selten* **Raetŭs** 3.

rāllŭs 3 (< **rād-lŏs zu rādō*) (*Pl.*) glatt geschoren, dünn [*tunica*].

rāmālĭă, *ĭŭm n* (*rāmŭs*) (*dcht., nkl.*) Reisig.

rāmĕntŭm, *ī n* (*rād-mĕntŏm*; *rādō*; *unkl.*) *u.* **-ă**, *ae f* (*Pl.*) Splitter; Stückchen, ein bißchen.

rāmĕŭs 3 (*rāmŭs*) (*Ve.*) *v.* Zweigen [*fragmenta* Reisig].

rāmĭcēs *od.* **-mĭtēs**, *ŭm m* (*rāmŭs*) (*vkl.*) Lunge(ngefäße); *sg. rāmĕx* (*nkl., dcht.*) Hodenbruch.

Rămnēs, *ĭŭm u.* **Rămnēnsēs**, *ĭŭm m* (*etr.*) **1. a)** (*unkl.*) *die Angehörigen e-r der drei ältesten patriz. Tribus in Rom*; *cf. Tĭtĭēs u. Lŭcĕrēs*; **b)** *die Angehörigen der gleichnamigen Ritterzenturie*. **2.** / (*Ho.*) *celsi Ramnes* vornehme junge Herren.

rāmōsŭs 3 (*m. comp. u. sup.*) (*rāmŭs*) (*dcht., nkl.*) (viel)ästig, verzweigt [*arbor*; *-a cornua cervi* stangenreiches Geweih, *Lernaea echidna* (*da sie statt der abgehauenen Köpfe neue wie Äste hervortrieb*)].

rāmŭlŭs, *ī m* (*demin. v. rāmŭs*) Zweiglein; *auch* Wurzeltrieb.

▶ **rāmŭs**, *ī m* (*wohl* < **vrādmŏs zu rādīx*) **1. a)** Ast, Zweig [*inutilis* wilder Zweig; °*aureus*; / *ramos amputare miseriarum*; *sicut palmae ramique* handförmig sich ausbreitende Zweige, *vom Geweih des Rentieres*]; **b)** (*Pr.*) Keule *des Herkules*. **2.** *pl.* Laub [*tempora ramis cingere*]; (*Ve.*) Baum, Baumfrüchte. **3. a)** (*Se.*) Flußarm; **b)** (*vkl., nkl.*) = *mēntŭlă*; **c)** (*Pers.*) Zweig, Linie *der Verwandtschaft*. — **Arm des Kreuzes; *rami palmarum* Palmsonntag.

rānă, *ae f* (*et. unklar*) **1.** Frosch

[°*palustris*, °*turpis* Kröte]. **2.** *rana marina* Seeteufel (*ein Fisch*).
răncēns, *ĕntis* (*part. praes. v.* **răncĕō* 2.; *et. ungedeutet*) (*dcht., nkl.*) stinkend.
răncĭdŭlŭs 3 (*demin. v. răncĭdŭs*) (*dcht.*) *etw.* ranzig, stinkend; / ekelhaft *zu hören.*
răncĭdŭs 3 (*m. comp.*; *adv.* **-ē**) (*cf. răncēns*) (*dcht., nkl.*) stinkend, ranzig; / ekelhaft.
rānŭncŭlŭs, *ī m* (*demin. v. rānă*) **1.** Fröschlein; / *scherzh. v. den Einwohnern des in der Nähe der Pomptinischen Sümpfe gelegenen Fleckens Ulubrä.* **2.** (*nkl.*) Hahnenfuß (*Pflanze*).
răpācĭdēs, *ae m* (*scherzh. gebildetes patron. zu răpāx*) (*Pl.*) Räuber (-sohn).
răpācĭtās, *ātis f* (*răpāx*) Raubsucht.
răpāx, *ācis* (*m. comp. u.* °*sup.*) (*răpĭō*) **1.** (*dcht.*) reißend, unaufhaltsam [*fluvii, ignis* wild um sich greifend; *auch* (*Ta.*) *Beiname der 21. Legion* = die wie ein Wildbach alles mit sich fortreißende, die unwiderstehliche]; *subst.* °**Răpācēs,** *ĭŭm m* die Soldaten der 21. Legion. **2.** / **a)** fähig, sich *etw.* anzueignen (*alcis rei, zB. nihil est appetentius similium sui nec rapacius quam natura*); **b)** raubgierig, räuberisch *v. Pers., Tieren u. Sachen, meist dcht.* [°*Cinara* geldgierig, °*mors*]; *subst. m* Räuber.
F. *abl. sg. -ī, pl. neutr. -ĭă, gen. -ĭŭm.*
răphănŭs, *ī m* (*Fw.* < ῥάφανος) (*unkl.*) Rettich.
răpĭdĭtās, *ātis f* (*răpĭdŭs*) reißende Schnelligkeit (*alcis u. alcis rei*).
▶ **răpĭdŭs** 3 (*m.* °*comp. u. sup.*; *adv.* **-ē**) (*răpĭō*) reißend: **1. a)** alles *m.* sich fortreißend, reißend (schnell), ungestüm [*flumen*, °*venti*, °*orbis* Kreisschwingung des Himmels, °*agmen* rasch geführt, °*iter -e conficere*; / °*virus u.* °*venenum* augenblicklich wirkend, *oratio* schnell dahinflutend]; **b)** (*Li.*) übereilt [~ *in consiliis*]. **2.** = dahinraffend: **a)** (*v. Lebewesen*) (*dcht.*) raubgierig, wild [*ferae*]; **b)** (*v. Leblosem*) (*dcht., nkl.*) verzehrend, versengend [*aestus, flamma*].
▶ **răpīnă,** *ae f* (*răpĭō*) **1.** (*abstr.*) Räuberei, Plünderung, *klass. nur pl.* [*spes rapinarum*, °*rapinas facere* verüben]. **2.** *meton.* (*concr.*) (*dcht.*) Raub, Fang, Beute.

răpĭō
1. a) an sich raffen, ergreifen; **b)** eilig vollbringen; in Hast zurücklegen; **c)** *etw.* rasch auf-, annehmen; **d)** aus-, zerreißen; **2. a)** mit Gewalt fortreißen, -schleppen; **b)** *jd.* vor Gericht, ins Gefängnis schleppen; **c)** schnell wegschaffen; *refl.* forteilen; **d)** entreißen; **e)** rauben; **f)** sich gewaltsam aneignen; **g)** *jd.* mit sich fortnehmen, -reißen.

răpĭō, *răpŭī, răptŭm* 3. (*cf.* ἐρέπτομαι „zupfe, reiße ab"; *wahrsch. auch m.* ἁρπάζω „raube" *verwandt*) **1. a)** (*nkl., dcht.*) an sich raffen, heftig ergreifen, rasch fassen [*arma manu, telum de vulnere, securim ab alqo, galeam tectis* schnell holen aus, *spem*]; / **b)** (*nkl., dcht.*) *etw.* beschleunigen, eilig vollbringen, in Hast zurücklegen [*nuptias, cursum, mortuum* eiligst fortschaffen, *silvas* schleunig durcheilen, *immensos orbes* rasch beschreiben]; **c)** / **α)** *etw.* rasch auf- *od.* annehmen, einsaugen [°*colorem*, °*vim monstri* in sich aufnehmen, °*flammam in fomite* schnell auffangen, °*incendia* sich entzünden]; **β)** im Flug erobern [°*castra*, °*Syriam*]; **γ)** (*dcht.*) im Flug genießen *od.* benutzen [*inlicitas voluptates, incertam Venerem more ferarum* unsteten Liebesgenuß, *occasionem de die* die der Tag bietet]; / (*m. indir. Frages.*) *m.* den Augen rasch erspähen; **d)** (*dcht.*) *etw.* ausreißen, zerreißen [*stipitem, linguam ferro, frondes arbore*]. **2. a)** *m.* Gewalt fort-, wegraffen, wegreißen, fortschleppen, hastig entführen [*alqm u. alqd, zB.* °*regem sellae impositum*, °*reum foras*, °*rapi undā*, °*raptus Hector equis* geschleift]; **b)** *jd.* vor Gericht, ins Gefängnis *u.ä.* schleppen [°*alqm sponsorem Romam* als Bürgen, °*in ius ad regem, alqm e carcere ad necem*]; (*dcht.*) (*v. Tod u. Krankheit*) hinraffen (*abs. od. alqm, zB. coniugem, gentes*); **c)** schnell wegschaffen (lassen) [*frumentum ex agris, manipulos in primam aciem*, °*Turno mille populos* eilig zuführen]; *mediopass. u.* **sē răpĕrĕ** forteilen, sich eilends wohin begeben [*se ad urbem od. ad caedem*, °*sublimis rapitur* enteilt durch die Lüfte]; **d)** entreißen (*alqd od. alqd ab alqo, zB. pilam, lanceam ex manibus alcis*); *auch* / (*dcht.*) *jd. etw.* entreißen [*oscula*; °*alci alqd, zB. virginitatem*]; **e) α)** als Raub *od.* Beute fortschleppen, rauben, erbeuten (*abs., zB. Spartae pueri rapere discunt; alqm u. alqd, zB.* °*virgines ad stuprum*, °*coniugem* verführen; °*cenam*, °*alqm sublimem* hoch in die Lüfte entführen); *prägn.* (*dcht., nkl.*) *auch etw.* plündern, verwüsten [*villas, Pergama*]; **β)** (*P.P.P.*) *subst.* (*dcht.*) **răptă,** *ae f* die Geraubte, Entführte; **răptŭm,** *ī n* (*nkl., dcht.*) Raub, Beute [*rapto u. ex rapto vivere, rapta dividere*]; **f)** / *etw.* an sich reißen, sich gewaltsam aneignen [°*dominationem, commoda ad se*, °*gloriam victoriae in se, inter se partes regni* rauben *u.* unter sich teilen]; **g)** / *jd. m.* sich fort- *od.* hinreißen, treiben, drängen, *im guten wie im üblen Sinne, auch jd.* zu *etw.* verleiten (*abs. od. alqm, auch alqd, zB. rapinarum cupiditas rapit alqm, ipsae res verba rapiunt* geben rasch auch die Worte an die Hand; *alqm ad od. in, per alqd, zB. homines ad se, ad divinarum rerum cognitionem studio rapi*, °*auditorem in medias res* rasch versetzen, *alqm in invidiam* dem Neid preisgeben, °*alqm in adversum* ins Verderben reißen, °*consilium alcis in deteriorem partem* ungünstig auslegen, *rapi in errorem* sich verleiten lassen zu).
F. (*altl.*) *fut. ex. răpsīt.*
răpsō 1. (*nkl.*) = *răptō.*
răptĭm *adv.* (*răptŭs* 3, *P.P.P. v. răpĭō*) eilends, hastig [*agere omnia* ~ *atque turbate* überstürzt].
răptĭō, *ōnis f* (*răpĭō*) (*Te.*) Entführung.
răptō 1. (*intens. v. răpĭō*) **1.** gewaltsam fortreißen, -schleppen, -zerren [*coniugem*, °*legiones od.* °*vexilla huc atque illuc* rasch führen; / (*Pr.*) *alqm in crimina* zur Verantwortung ziehen, anklagen]. **2.** (*dcht., nkl.*) rauben, plündern [*Africam*].
F. *răptārĭĕr altl. inf. praes.* P.
răptŏr, *ōris m* (*răpĭō*) (*unkl.*) Räuber, *auch* Entführer, Verführer (*alcis, zB. filiae, maritae*; / *alieni honoris*); *auch adi.* räuberisch [*lupus*].
răptŭm, *ī n s. răpĭō.*
răptŭs[1] *P.P.P. v. răpĭō.*
răptŭs[2], *ūs m* (*răpĭō*) **1.** (*dcht.*) das Abreißen *od.* Zerreißen, der Riß [*Inous* zerfleischen durch Ino]. **2.** Raub, Entführung [*virginis*]. **3.** (*meist pl.*) (*Ta.*) Räuberei = *klass. răpīnae* [*raptūs exercere*].
răpŭī *s. răpĭō.*
rāpŭlŭm, *ī n* (*demin. v. rāpŭm*) (*dcht.*) kleine Rübe, kleiner Rettich.
rāpŭm, *ī n* (*wohl Wanderwort unbekannter Herkunft*; *cf.* ῥάπυς, ῥάφυς Rübe, ῥάφανος Rettich, *nhd.* „Rübe") Rübe; Wurzelknollen.
rārē-făcĭō, *fēcī, făctŭm* 3. (P. *-fīō, făctŭs sŭm, fĭĕrī*) (*u. -rē-?*; *rārŭs*) (*Lu.*) verdünnen, locker machen; P. locker werden. — *Auch in Tmesis.*
rārēscō, — — 3. (*incoh. zu rārŭs*) **1.** (*dcht.*) locker *od.* dünn werden, auseinander treten [*in aquas* sich verdünnen in *od.* zu, *sonitus rarescit avenae* wird schwächer]. **2.** / (*nkl., spätl.*) selten(er) werden [*colles rarescunt*].
rārĭtās, *ātis f* (*rārŭs*) **1.** Lockerheit, Porosität, Weite [*pulmonum*]. **2.** Seltenheit, geringe Zahl [*dictorum*].
▶ **rārŭs** 3 (*m.* °*comp. u. sup.*; *adv.* **-ō** *u.* [*klass. selten*] **-ē**) (*eigtl.* „getrennt, locker"; *cf.* ἔρημος „einsam", *rētĕ*) **1.** (*dcht., nkl.*) locker, dünn, lückenhaft, weit [*humus* locker, *acies, cribrum* weitlöcherig, *tunica v.* dünnem Stoff, *umbra* spärlich, *rariores silvae* lichtere Waldungen, *retia* weitmaschig]. **2.** dünnstehend, vereinzelt, weitläufig [*aedificia, arbores*, °*voces* einzelne, °*lacrima* verstohlene]. **3.** selten, spärlich, wenig [*litterae, portūs*, °*iuventus* gelichtet, °*apparent rari nantes* nur da *u.* dort tauchen auf, °*homo rari aditūs* selten zugänglich; °*rarum est, ut* = *raro fit, ut*; *subst.*: *anteponantur rara vulgaribus*; (*dcht., nkl.*) *praed. adi.* statt *adv., zB. coetūs rarus adibat*]; *v. Pers. auch* = (*Ta.*) selten *etw.* tuend [*Caesar rarus egressu* selten ausgehend]. **4.** (*dcht., nkl.*) selten in seiner Art, ungewöhnlich, vorzüglich, außerordentlich [*facies, quercus* von seltener Pracht, *indoles*].
rāsī *s. rādō.*
rāsĭlĭs, *ĕ* (*cf. rādō*) (*dcht., nkl.*) glatt, poliert [*torno rasile buxum* glatt gedrechselt].
rāsĭtō 1. (*intens. v. rādō*) (*nkl.*) scheren, rasieren.
rāstĕllŭs, *ī m* (*demin. v. rāstĕr*) (*vkl., nkl.*) kleine Hacke.

rāstĕr, *trī m* (*unkl.*) = *rāstrūm*; *sprichw.* (*Te.*) *mihi res ad rastros redit* ich werde (wieder) zur Hacke greifen müssen, *d.h.* ich werde an den Bettelstab kommen.

rāstrūm, *ī n* (〈 **rād-trŏm zu rādō*) (*unkl.*) zwei- *od.* mehrzinkige Hacke, Karst [*rastris terram domare*].

rāsūră, *ae f* (*rādō*) (*nkl.*) das Schaben, Scheren, Rasieren.

rāsŭs *P.P.P. v. rādō.*

****ratifico** 1. *s. rătūs* 2b.

rătĭō

1. a) Rechnung, Berechnung; **b)** Rechenschaft; **c)** Verzeichnis, Liste; **d)** Summe, Zahl; **e)** geschäftlicher Verkehr; **f)** Geldgeschäft; **g)** Angelegenheit; Verbindung mit, Verhältnis zu *jd. od. etw.*; **h)** Gebiet, Fach; **2. a)** Erwägung, Rücksicht; **b)** *pl.* Vorteil, Interesse; **3. a)** vernünftiges Denken, Überlegung; **b)** Vernunft; **c)** Methode; **d)** Denkart, Anschauungsweise; **e)** Beweggrund; **f)** Beweisgrund; **4. a)** wissenschaftliches System; **b)** Theorie, Wissenschaft, Schule, Lehre; **c)** Lehrsatz, Meinung; **d)** Verfahren, Verhalten, Manier; Beschaffenheit; Weg, Mittel.

rătĭō, *ōnis f* (*rĕōr*) das Rechnen: **1. a)** Rechnung, Berechnung, *concr. u. abstr., oft* / [*rationem inire* Rechnung anstellen, *-nem alcis rei habere u. inire etw.* berechnen *od.* überschlagen, *alqd facilem -nem habet* ist leicht zu berechnen, *-nem perscribere* schreiben *od.* aufsetzen, *cognoscere u. conferre* durchsehen *u.* vergleichen, *-nem conficere u.* (*com*)*putare od.* (*sub*)*ducere* ausrechnen, *in rationem inducere alqd etw.* in Rechnung stellen, verrechnen, ~ *auri constat* stimmt, ~ *acceptorum et datorum convenit od. par* est die Rechnung über Einnahme *u.* Ausgabe, über Soll *u.* Haben stimmt, ~ *aeraria* die Rechnung auf Kupferbasis, der verminderte Münzfuß, *rationem referre od. reddere* Rechnung legen, *repetere u. reposcere* absondern, *inire et subducere* das Fazit ziehen, °*quantum in -ne est* soviel sich berechnen läßt; *oft* /, *zB. voluptates agricolarum rationem habent cum terra* stehen in Beziehung zu, *petitionis tuae ratio mihi semper fuit explorata* des Erfolges deiner Bewerbung war ich immer gewiß; *auch im pl., zB. rationes cognoscere* einholen, *accipere ab alqo* sich *v. jd.* Rechnung legen lassen]; **b)** Rechenschaft, *oft* / [*rationem repetere ab alqo* Rechenschaft *v. jd.* fordern, *reddere u. persolvere alci j-m* ablegen; *auch alcis rei, zB. negotii -nem exstare oportet* es muß Rechnung gegeben werden können *v.*]; **c)** Verzeichnis, Liste, Register [*-nes publicae et privatae, -nem carceris diligentissime conficere* das Gefängnisjournal *od.* die Gefangenenliste genau führen]; **d)** Summe, Zahl [*pro ratione pecuniae*]; **e)** geschäftlicher Verkehr [*re ac ratione coniunctum esse cum alqo, alci ratio od. aliquid rationis cum alqo est od. intercedit jd.* steht *m. jd.* in Geschäftsverbindung]; **f)** Geldgeschäft [*-nem cum alqo contrahere, alcis -nes explicare* abwickeln, *haec fides atque haec* ~ *pecuniarum* das hiesige Kredit- *u.* Geldwesen]; *übh.* **g)** **α)** Angelegenheit(en), Sache [*popularis* des Volkes, *e ratione domestica esse* dem Gebiet der inneren Politik angehören, *fori iudiciique rationem suscipere* die politischen *u.* gerichtlichen Angelegenheiten, ~ *comitiorum* die Komitien, *artes et -nes* die Künste *u.* ihre Verhältnisse]; **β)** Verbindung *m.* Beziehung, Verhältnis zu *jd.* [*publicae privataeque -nes* öffentlicher *u.* privater Verkehr, ~ *alci est od. intercedit cum alqo, -nem contrahere cum alqo* in Verkehr treten, *-nem habere cum alqo m. jd.* in Verbindung stehen *od.* zu tun haben, *pacis* ~ *est cum alqo* friedliche Beziehung]; **γ)** Verhältnis zu *etw.* [*pro ratione alcis rei* im Verhältnis zu *etw., ex ratione annonae solvere* nach dem Stand des Getreidepreises zahlen, *mea* ~ *facilior* est meine Sache; *in suam rationem reverti* in das richtige Verhältnis]; *bsd.* = Gesichtspunkt [*quinque rationibus propositis persequendi officii*]; **h)** Kategorie, Gebiet, Bericht [*alqd cadit in rationem utilitatis, proprium esse unius rationis* Fach]. **2. a)** Erwägung, Berücksichtigung, Beachtung, Sorge für *etw.* [*rationem habere od. ducere alcis od. alcis rei* Rücksicht auf *jd. od.* auf *etw.* nehmen, *jd. od. etw.* berücksichtigen, *zB. piorum, commodi, auch m. ut od. m. indir. Frages. od. a.c.i.*; *suam rationem ducere* seinen Vorteil bedenken, *veritatis rationem abiudicare ab alqo* die Rücksicht auf die Wahrheit *jd.* absprechen, *sine ulla divina ratione* ohne alle Rücksicht auf die Götter, *est in alqo ratio rei publicae* die Interessen des Staates sind *jd.* heilig, *ad nostrorum annalium rationem* im Hinblick auf, °*prout* ~ *poscit* die Rücksicht auf die jeweiligen Verhältnisse, °*salva utriusque temporis* ~ *est* beiderlei Zeiten geschieht ihr Recht]; **b)** *pl.* Vorteil, Interesse [*rationibus alcis consulere od. prospicere od. providere*]. **3. a)** vernünftiges Denken, Überlegung [*omnia ratione lustrare, -ne alqd cognoscere*; *ratione od. cum -ne, sine od. nullā -ne alqd facere, non sine summa -ne m.* voller Überlegung; *omnis opinio* ~ *est* alles Meinen ist Denken; *in -ne versari* Gegenstand der Überlegung sein; ~ *est m. inf.* es ist vernünftig *od.* vernunftgemäß; ~ *efficit, ut mors malum non sit*]; *auch* wissenschaftliches Problem [*mentem rationibus agitandis exquirendisque alere*]; **b)** Vernunft, überlegener Geist [*homo -nis particeps, bestiae -nis expertes sunt, a deo -nem habemus*; ~ *te ducat, non fortuna*]; *v. Sachen* das Vernünftige, Vernünftigkeit [*nulla huiusce rei* ~ *est* hat keinen Sinn, *nullum scelus -nem habet* gründet sich auf]; **c)** Methode, planmäßiges Verfahren [*constans et gravis, argumentandi, studiorum, otii tui*; *ratione* methodisch, kunstgerecht, *zB. argumentum concludere*]; *im Hendiadyoin* = methodisch, planmäßig, systematisch [~ *et consilium* planmäßige Überlegung, ~ *et distributio* planmäßige Einteilung, ~ *et doctrina* systematische Gelehrsamkeit, methodische Unterweisung, ~ *et via* systematische Methode, planmäßiger Gang]; *pl.* die Maßregeln, Plan [*-nes belli gerendi, vitae -nes* Lebensplan]; **d)** Denkart, Anschauungsweise, Prinzip, Standpunkt, *pol. auch* Richtung, *v. Sachen* Tendenz, Sinn [*ab hac -ne dissentio, homo alterius -nis, epistulae in eandem -nem scriptae*; *una in causis* ~ *est eius orationis, quae ad probandam argumentationem valet* die zur Unterstützung der Beweisführung dienende Rede hat nur e i n e Tendenz; *bona* ~ *cum perdita confligit* die gute, *d.h.* auf die Erhaltung des Bestehenden ausgehende Richtung *m.* der schlechten der Umsturzpartei]; **e)** Beweggrund, Motiv [*est aliqua huiusce rei* ~, *consilii causam rationemque cognoscere, -nem reddere, cur* den Grund angeben für, *nullā -ne* ohne allen Grund]; **f)** Beweisgrund [*geometricis -nibus credere, confirmare alqd rationibus*]; *übh.* Beweisführung, Motivierung [*quid opus est -ne?, -nem concludere* abschließen, *summa uniuscuiusque -nis*]; *auch* Schlußfolgerung, Schluß [*hinc illa* ~ *Platonis nata est*]. **4.** System; *bsd.* **a)** philos. *od.* wissenschaftliches System [*Epicuri,* ~ *male instituta*]; **b)** (*abstr.*) Theorie, theoretische Kenntnis, wissenschaftliche Lehre, Wissenschaft, Schule [*homo totius -nis ignarus,* ~ *quae est de natura deorum,* ~ *atque usus belli* Theorie *u.* Praxis des Krieges, ~ *ac disciplina* taktische Kunst *u.* Schule, *sine ulla arte aut -ne* ohne die Praxis *u.* Theorie der Kunst zu kennen, *vitae, disserendi* Wissenschaft der Beredsamkeit, °*tenuis* ~ *saporum* subtile Theorie des Wohlgeschmacks]; **c)** (*concr.*) Lehrsatz, Grundsatz, Meinung [*nova et ignota, delicatior molliorque* Lebensanschauung, °*mea sic est* ~]; **d)** *übh.* **α)** Verfahren, Verhalten, Manier [*astuta, alia, novam -nem excogitare pugnae, extrema* ~ *belli* letzte Art der Kriegführung, *-nes bellandi* Kriegsmanöver; *omni -ne* auf jede Weise, *aliā od. eādem, qua -ne* wie?; *bisw. auch pl., zB. omnibus -nibus* auf jede mögliche Weise]; **β)** Beschaffenheit, Einrichtung, Regel, Zustand [*vitae, pecuniarum* Geldverhältnisse, ~ *atque ordo* geregelte Ordnung, ~ *ordoque agminis* Art der Marschordnung, *comitiorum* ~ Hergang bei, ~ *Galliae* Lage]; **γ)** Weg, Mittel, Möglichkeit [*aliam excogitare vincendi -nem, nulla ad resistendum* ~ *erat*].

rătĭōcĭnātĭō, *ōnis f* (*rătĭōcĭnŏr*) Berechnung; *nur als philos. u. rhet. t.t.*: **1.** vernünftige Überlegung. **2.** Vernunftschluß, Syllogismus.

rătĭōcĭnātīvŭs 3 (*rătĭōcĭnŏr*) zu einer Schlußfolge gehörig, syllogistisch [*genus dicendi*].

rătĭōcĭnātŏr, *ōris m* (*rătĭōcĭnŏr*) Rechnungsführer, Buchhalter; / Berechner [*bonus officiorum*].

rătĭōcĭnŏr 1. (*rătĭō; Bildung unklar; doch vgl. lātrōcĭnŏr u.ä.*) **1.** (be)rechnen. **2.** / **a**) (*unkl.*) überlegen (*m. indir. Frages.*); **b**) folgern, schließen (*abs. od. m. indir. Frages.*).

rătĭōnābĭlĭs, *ĕ* (*rătĭō*) (*nkl.*) vernünftig.

rătĭōnālĭs, *ĕ* (*rătĭō*) **1.** (*spätl.*) Rechnungs-; *subst. m* Rechnungsführer, Rentmeister. **2.** (*nkl.*) **a**) Vernunft...; **b**) (*adv.* **-ĭtĕr**) vernünftig; **c**) syllogistisch.

rătĭōnārĭŭm, *ī n* (*rătĭō*) (*Suet.*) übersichtliches Verzeichnis; *imperii* Staatshaushaltsbuch.

▶ **rătĭs,** *ĭs f* (*vl. urverwandt m. ahd.* ruota „Rute, Stange") **1.** Floß [°*ratibus iungere flumen* eine Schiffbrücke schlagen über]. **2.** (*dcht.*) *übh.* Fahrzeug, Kahn, Schiff.
F. *acc. sg. rătĕm* (*u. -īm*), *abl.* **-ĕ** *u.* °*-ī; gen. pl. rătĭŭm.*

rătĭuncŭlă, *ae f* (*demin. v. rătĭō*) **1.** (*Com.*) kleine Rechnung. **2. a**) schwacher (*auch iron.* ganz feiner) Grund; **b**) spitzfindiger Schluß.

rătŭs[1] *part. pf. v. rĕŏr.*

rătŭs[2] 3 (*eigtl. part. pf. v. rĕŏr*) **1.** berechnet, durch Rechnung bestimmt [*pro rata parte, auch* °*pro rata* verhältnismäßig; ****pro rata temporis, abgek. p. r. t.* auf den Tag genau]. **2.** / **a**) feststehend, sicher, unabänderlich [*tempus, astrorum ordines*]; **b**) gültig, rechtskräftig [*senatūs consultum, lex, testamentum, ratum alqd habere od. ducere od. facere* (***ratificare*) ratifizieren, *alqd mihi ratum est* ich genehmige *etw.*]; (*dcht.*) in Erfüllung gehend [*rata facere verba* den Wunsch erfüllen].

raucĭ-sŏnŭs 3 (*raucŭs, sŏnŭs*) (*dcht.*) heiser klingend, dumpf tönend.

raucŭs 3 (*adv.* °**-ē**) (⟨ **rāvĭcŏs zu* **rāvŭs* 3 „heiser") (*meist dcht.*) **1.** heiser [*homo,* °*guttur;* / *rumor*]. **2.** / dumpf (tönend), rauh, tosend, dröhnend, kreischend, *bsd. v. Tieren* [°*cicada*]; *v. musikal. Instrumenten* [°*cornu,* °*aeris canor rauci v.* der Tuba]; *v. anderen Gegenständen* [°*rauca sonare* dröhnen, °*fluenta* brausende, °*postes* knarrende, °*vicinia rauca reclamat* schreit *m.* rauher Stimme zurück].

Raudĭŭs 3 raudisch; *Raudii campi Ebene b. Vercellae in Oberitalien* (*Marius' Sieg über die Cimbern 101 v. Chr.*).

raudŭs *u.* **rūdŭs**[1], *ĕrĭs n* (*auch rōdŭs; et. unklar, vl. Vermischung m. rūdŭs*[2]) (*nkl.*) ungeformtes Erzstück (*Vorläufer der Kupfermünze*); *pl.* kleiner Geldbetrag.

raudŭscŭlŭm, *ī n* (*demin. v. raudŭs*) kleiner Betrag, kleine Schuld.

Raurăcī *u.* **Raurĭcī,** *ōrŭm m kelt. Stamm am Rhein bei Basel, v. Cäsar besiegt; röm. Kolonie Augusta Rauricorum bei j. Augst* (*Ausgrabungen: Amphitheater, Thermen; spätröm. Kastell m. Silberfund*).

Răvĕnnă, *ae f St. südl. der Pomündung, noch j.* Ravenna, *in der Kaiserzeit Hafen der Adriaflotte; Einw. u. adi.* **Răvĕnnās,** *ātĭs* (*m*). (*Cf.* V.-B. IX).

rāvĭō, — — 4. (*-ā-?; rāvĭs*) (*Pl.*) sich heiser reden.

rāvĭs, *ĭs f* (*-ā-?; rāvŭs* 3 heiser) (*Pl.*) Heiserkeit.

rāvĭstĕllŭs, *ī m* (*auch grāvāstĕllŭs; rāvŭs*) (*Pl.*) Graukopf.

rāvŭs 3 (*cf. nhd.* „grau") (*vkl., dcht.*) graugelb, fahl [*leones*].

rĕ- *u.* (*vor Vokalen*) **rĕd-** *untrennbare Partikel in Zusammensetzungen* (*et. unklar, nur umbr. Parallele*) **1. a**) zurück [*reduco; reclinis*]; **b**) wieder [*recognosco*]; *auch* in den früheren Zustand *od.* in den gehörigen Stand [*restituo*] *od.* an die richtige Stelle *bzw.* an die gebührende Person [*epistulam reddere alci* dem Adressaten einhändigen; *cf. auch reponere Hor., carm.* I, 9, 6 *u.* 10, 17]. **2.** entgegen [*resisto*].

rĕă, *ae f s. rĕŭs.*

Rĕă (*u. Rhĕă*) **Sĭlvĭă** *od.* **Īlĭă,** *ae f T. des Albanerkönigs Numitor, Vestalin, v. Mars Mutter des Romulus u. Remus.*

****reālis,** e (*rēs*) sachlich, wesentlich.

rĕāpsĕ *adv.* (⟨ **rē ĕāpsĕ* = *rē ĭpsā, cf. ĭpsĕ*) in der Tat, wirklich [*ut est reapse*].

Rĕātĕ *n* (*als nom., acc. u. abl.*) *alte Hptst. der Sabiner, j.* Rieti; *Einw. u. adi.* **Rĕātīnŭs** (3).

rĕātŭs, *ūs m* (*rĕŭs*) (*nkl., dcht.*) Anklage(zu)stand; *auch* = *rĕŭs;* (*spätl.*) Schuld, Sühne.

rĕbĕllātĭō, *ōnĭs f* (*nkl.*) (*rĕbĕllō*) = *rĕbĕllĭō.*

rĕbĕllātrīx, *īcĭs f* (*rĕbĕllō*) (*nkl., dcht.*) = *rĕbĕllĭs.*

▶ **rĕbĕllĭō,** *ōnĭs f* (*rĕbĕllĭs*) Erneuerung des Krieges, neue Empörung [*-nem facere, res ad -nem spectat*].

rĕbĕllĭs, *ĕ* (*Rückbildung v. rĕbĕllō*) (*dcht., nkl.*) den Krieg erneuernd, aufrührerisch, aufständisch, / widerspenstig [*regio, Amor*]; *subst.* (*Ta.*) *rĕbĕllēs, ĭŭm m* die Aufständischen, die Rebellen.

rĕ-bĕllō 1. (*nkl., dcht.*) den Krieg erneuern, sich wieder empören [*gravius m.* größerem Nachdruck]; *übh.* °den Kampf erneuern.

rĕ-bītō, — — 3. (*Pl.*) zurückkehren.

rĕ-bŏō 1. (*dcht.*) widerhallen [*silva*].

****rec.** *Abk. für recipe.*

rĕ-călcĭtrō 1. (*dcht., nkl.*) nach hinten ausschlagen (*vom Pferde*); / sich nicht beikommen lassen.

rĕ-călĕfăcĭō = *rĕcălfăcĭō.*

rĕ-călĕō, — — 2. (*dcht., nkl.*) wieder (*u.* wieder) warm sein.

rĕcălēscō, *lŭī,* — 3. (*incoh. v. rĕcălĕō*) wieder warm werden [*corpora;* / °*admonitu recalescit mens*].

rĕ-călfăcĭō, *fēcī, făctŭm* 3. (*călĕō*) (*dcht., spätl.*) wieder erwärmen [*telum sanguine;* / *mentem*].
F. *imp. rĕcălfăcĕ bei Ovid;* **P.** *rĕcălfīō* (*spätl.*).

rĕ-călvŭs 3 (*vkl., nkl.*) *m.* hoher kahler Stirn.

rĕ-căndēscō, *dŭī,* — 3. (*Ov.*) wieder weiß werden: **1.** weiß aufschäumen. **2.** (wieder) (weiß) aufglühen, *auch* / [*tellus aestu, ira*].

rĕ-căntō 1. (*dcht.*) **1.** (*intr.*) widerhallen. **2.** (*trans.*) **a**) widerrufen (*alqd, zB. opprobria*); **b**) wegzaubern [*curas*].

rĕcāsūrŭs *part. fut. v. rĕcĭdō*[1].

> **rĕ-cēdō**
> **1. a**) zurückweichen; **b**) (*Örtlichkeit*) zurücktreten; *pf.* entfernt liegen; **c**) in den Hintergrund treten; **2.** sich entfernen; **3. a**) von *etw.* abweichen; **b**) *j-m* verlorengehen.

rĕ-cēdō, *cĕssī, cĕssŭm* 3. **1. a**) zurückweichen, sich zurückziehen, *auch* / (*abs. od. ab alqo u. a, ex, de re od. bloß* °*re, ad alqm od. in u. ad alqd, zB. ex eo loco, de medio, a Mutina,* °*thalamo, in castra,* °*in tergum* rückwärts, ° *a telo* ausweichen; / °*anni recedentes* die scheidenden); *insb.* (*nkl., dcht.*) schlafen gehen; **b**) (*v. Örtlichkeiten*) (*dcht., nkl.*) zurücktreten, *pf.* entfernt liegen [*domus, longius a mari recedentia* weiter vom Meere zurückliegende Landstriche, *in formam theatri* = nach der Mitte hin eingebogen sein]; **c**) (*i. der Malerei*) (*Qu.*) in den Hintergrund treten. **2.** *übh.* (*dcht., nkl.*) sich entfernen, weggehen, entschwinden [*ardor, fortuna, vita in ventos recedit* geht auf in, *sagitta flammis consumpta recedit in ventos* löst sich in Luft (Rauch) auf]. **3.** / **a**) *v. etw.* abweichen, *etw.* aufgeben, sich lossagen *v. etw.* (*a,* selten *de re, zB. a causa alcis, ab officio, ab armis* die Waffen niederlegen, *a vita* sich den Tod geben, *nomen hostis a peregrino recessit* hat nicht mehr die Bedeutung Fremdling); **b**) *j-m* verloren gehen, *zB. res* (der Besitz) *ab alqo.*

rĕ-cĕllō, — — 3. (*cf. prŏ-cĕllō; clādēs*) (*nkl., dcht.*) zurückschnellen, -schlagen.

> **rĕcēns**
> **1.** *adi.* **a**) soeben (an)kommend; unmittelbar nach, frisch *v. etw.*; **b**) (*den Kräften nach*) frisch, ausgeruht; (*v. Sachen*) jung, neu; **2.** *adv.* jüngst, eben erst, neuerdings.

rĕcēns, *ĕntĭs* (*d. i. rĕ-cĕn-t-s, eigtl.* „gerade vom Ursprung her" *zu* √ **qen* „entspringen, anfangen"; *cf. ablautend* καινός ⟨ **καvjος*) **1.** *adi.* (*m. comp. u. sup.*; *adv.* °**-ĕntĕr**) **a**) soeben (an)kommend (*Romā* soeben *v.* Rom zurück, *e provincia*); / unmittelbar nach, frisch *v. etw.* (*a re u.* °*re, zB. Homerus* ~ *ab illorum aetate fuit* lebte unmittelbar nach, ~ *a partu* eben geboren, °~ *a vulnere Dido m.* der frischen [Todes-]Wunde, °~ *a dolore* noch schmerzbewegt, °~ *victoriā od.* °*praeturā* gleich nach, °*recentia caede vestigia* die noch frischen Blutspuren, °*prata re-*

centia rivis frisch berieselt); **b)** / α) (*den Kräften nach*) (noch) frisch, ungeschwächt, kräftig [*equitatus*, °*animus*, °*equi* ausgeruhte]; *subst.* recentes *m* frische Truppen [*integri et -es*]; β) (*v. Sachen*) jung, neu (= *erst vor kurzem entstanden*) [*caespes*, °*lac* frischgemolkene, *iniuria* soeben zugefügt, *memoria* die neuere Zeit, °*diluvium* eben überstanden, °*anima* eben vom Körper getrennt, °*umbrae* Schatten jüngst Gestorbener; *recenti re od. negotio* auf frischer Tat, stehenden Fußes]; γ) (*v. Pers.*) der Neuzeit, modern [*viri, Graeci recentiores*]; *subst.* recentiores *m* die Neueren, Späteren. **2.** *adv.* **rĕcēns** (*unkl.*) (*m.* °*sup.*) jüngst, eben erst, neuerdings [*-ns accepta calamitas*, *recentissime* neuerlichst].
F. *abl. sg.* -ī *u.* °-ĕ; *pl. n.* -ĭă, *gen.* -ĭŭm *u.* °-ŭm.

rĕ-cēnsĕō, *sŭī, sŭm* (*u.* °*sītŭm*) 2. **1. a)** (durch)zählen, mustern [*exercitum*, °*captivos*]; **b)** (*nkl.*) (*vom Zensor*) in die Liste aufnehmen [*equites* Ritter]. **2.** / (*nkl., dcht.*) durchmustern: **a)** (*in Gedanken*) durchgehen, überdenken [*fata fortunasque virum* die Bestimmung *u.* die persönlichen Geschicke; *m. a.c.i.*]; **b)** (*m. Worten*) aufzählen [*fortia facta*]; **c)** (*Ge.*) kritisch begutachten, rezensieren [*poemata*]; **d)** (*v. der Sonne*) durchlaufen [*signa sua sol* ihre Bahn].

rĕcēnsĭō, *ōnĭs f* (rĕcēnsĕō) Musterung *der Bürger durch den Zensor*, Volkszählung. — *** berichtigende Durchsicht der Überlieferung *e-s antiken Textes.*

rĕcēnsŭs, *ūs m* (rĕcēnsĕō) (*nkl.*) Musterung *des Volkes durch den Zensor* (*auch für die Getreideverteilung*).

rĕ-cēpī *s.* rĕcĭpĭō.

rĕcĕptācŭlŭm, *ī n* (rĕcĕptō) **1. a)** Behälter (*alcis rei u.* °*alci rei, zB. animi, cibi et potionis*, °*frugibus*); **b)** Magazin, Stapelplatz *für Waren u.ä.* [*praedae*], °Abzugskanal *für Wasser* [*omnium purgamentorum urbis*]. **2.** / Zuflucht(sort), Sammelplatz [*militum*, °*fugientibus*; / *nihil sentiendi* der Empfindungslosigkeit; *alci esse -o* dienen als].

rĕcĕptĭō, *ōnĭs f* (rĕcĭpĭō) (*Pl., spätl.*) Aufnahme.

rĕcĕptō 1. (*intens. v.* rĕcĭpĭō) **1.** (*vkl., dcht.*) rasch zurückziehen [*hastam, se* sich zurückziehen *od.* zurückwenden]. **2. a)** (*dcht.*) wieder aufnehmen [*corpus animam*]; **b)** (*vkl., nkl.*) oft bei sich aufnehmen [*mercatores*].

rĕcĕptŏr, *ōrĭs m* (rĕcĭpĭō) **1.** (*nkl.*) Wiedereroberer (*alcis rei*). **2.** (*nkl.*) Hehler [*praedarum*]; *klass. nur* / [*latronum occultator et ~ locus*].

rĕcĕptrīx, *īcĭs f* (rĕcĕptŏr) Hehlerin [*praedarum ac furtorum*].

rĕcĕptŭm, *ī n* (*eigtl. P.P.P. v.* rĕcĭpĭō) Verpflichtung, Garantie [*promissum ac ~*].

rĕcĕptŭs[1] 3 (*eigtl. P.P.P. v.* rĕcĭpĭō) (*nkl.*) allgemein angenommen.

rĕcĕptŭs[2], *ūs m* (rĕcĭpĭō) **1.** (*nkl.*) **a)** das Zurücknehmen, -ziehen [*spiritūs*]; **b)** / Zurücknahme [*sententiae*]. **2.** das Sichzurückziehen: **a)** *mil.* Rückzug, -marsch [*ad suos, in Galliam*; *eodem, quo venerant, receptu* auf demselben Rückzugsweg; *receptui canere od.* °*signum dare* zum Rückzug blasen (lassen), *auch* /, *zB.* °*senatus -ui cecinit, a miseriis* den Geist ablenken *v.*; *impers.* °*cecinit receptui* man gab das Signal zum Rückzug]; **b)** *meton.* Möglichkeit des Rückzuges [*nullum alium -um habere*]. **3.** / **a)** Zuflucht [*habere -um ad alqm od. ad gratiam atque amicitiam alcis*]; **b)** (*Li.*) Rücktritt [*a malis consiliis*].

rĕ-cĕptŭs[3] *P.P.P. v.* rĕcĭpĭō.

rĕ-cēssī *s.* rĕcēdō.

rĕcēssĭm *adv.* (rĕcēdō) (*Pl.*) rückwärts.

rĕ-cēssŭm *P.P.P. v.* rĕcēdō.

rĕcēssŭs, *ūs m* (rĕcēdō) **1. a)** das Zurückgehen, -weichen [°*avium* Heimkehr; / *v. Leblosem lunae accessus et ~* Annäherung *u.* Entfernung, *maris od. aestuum marinorum accessus et ~* Flut *u.* Ebbe]; **b)** *mil.* Rückzug [*alci -um non dare* gestatten]; *oft* /, *zB.* ~ *a rebus pestiferis* Zurückweichen vor, Abneigung; **c)** das Entweichen [~ *quidam animi et fuga*]. **2.** *meton.* **a)** Zurückgezogenheit, Einsamkeit [*-um quaerere*]; **b)** (*Ta.*) entfernte Lage; **c)** α) (*dcht., nkl.*) entlegener Ort, Schlupfwinkel, Versteck [*Phrygiae -ūs et anguli* entfernte Teile, *marmoreus* geheimes Gemach, *spelunca vasto submota -u* in unermeßliche Weiten sich verlierend]; β) / Winkel, Falte [*in animis hominum -ūs sunt*]; *bei Gemälden* Hintergrund [*umbra aliqua et ~* dunkler Hintergrund].

rĕ-chărmĭdō 1. (Chărmĭdēs) (*Pl.*) (*scherzh.*) den Charmides wieder ausziehen, den Namen Ch. wieder ablegen.

rĕ-cĭdī[1] *s.* rĕcĭdō[1].

rĕ-cīdī[2] *s.* rĕcīdō[2].

rĕcĭdīvŭs 3 (rĕcĭdō[1]) (*dcht., nkl.*) rückfällig; / wiedererstehend [*Pergama*].

rĕ-cĭdō[1], *rĕcĭdī, rĕcāsūrŭs* 3 (*im Vers auch rĕcc-*; *cădō*) **1. a)** zurückfallen, -prallen [*ramulus in oculum alcis recidit*]; / **b)** (*v. Pers.*) in einen Zustand wieder geraten *od.* verfallen (*abs., zB. ne recidam* keinen Rückfall bekommen; *ex re in od. ad alqd, zB. in eandem fortunam*, °*in antiquam servitutem*); **c)** (*v. Sachen*) α) an *jd.* zurückfallen [*potentatus ad alqm*]; β) auf *jd.* zurückfallen, *jd.* ebenfalls treffen [*casus od. poena recidit ad od. in alqm*]. **2. a)** (*nkl.*) niederfallen [*praecipites recidebant*]; **b)** / herabsinken, verfallen [*ex re in od. ad alqd, zB. in unius imperium res recidit* der Staat sinkt zur Monarchie herab, *ad nihilum od. ad nihil* zunichte werden]. **3.** / **a)** in *etw.* geraten [°*in periculum*, °*ad ludibrium* dem Gespött anheimfallen; *quorsum recidat responsum tuum, non laboro* worauf deine Antwort hinausläuft]; **b)** in eine Zeit fallen [*in nostrum annum*]. **4.** (*vkl., nkl.*) (*als Eigentum*) *jd.* zufallen [*artem musicam recidere in paucos*].

rĕ-cīdō[2], *cīdī, cīsŭm* 3. (*caedō*) **1.** (*dcht., nkl.*) abhauen, abschneiden (*alqd, zB. sceptrum de stirpe, ceras inanes* die leeren Zellen, *columnas ultimā Africā* brechen in). **2.** / **a)** beseitigen [*ambitiosa ornamenta*]; **b)** beschneiden, stutzen [°*ungues*]; / beschränken, verkürzen [*nationes*, °*inanem loquacitatem*].

rĕ-cīngō, *cīnxī, cīnctŭm* 3. (*cīnxī, cīnctŭm?*) (*dcht., spätl.*) entgürten, losgürten, lösen [*tunicas, zonam, vestis recincta* frei herabwallend]; *mediopass.* sich ausziehen, *etw.* ablegen (*alqd, zB. recingitur anguem* [*gr. acc.*] sie legt die Schlange ab, *m.* der sie gegürtet ist).

rĕ-cĭnō, — — 3. (*cănō*) (*dcht.*) **1.** (*intr.*) widerhallen [*parra recinens* krächzend]. **2.** (*trans.*) **a)** widerhallen lassen (*alqd, zB. haec dictata* nachbeten); **b)** im Wechselgesang preisen [*curvā lyrā Latonam*].

****rĕcĭpĕ** *s.* rĕcĭpĭō.

rĕcĭpĕr... = rĕcŭpĕr...

> **re-cipio**
> **1. a)** zurücknehmen, -holen; **b)** (*mil.*) zurücknehmen; *refl.* sich zurückziehen; **c)** wieder an sich ziehen; **d)** (*Stimme*) senken; **e)** (*beim Verkauf*) sich *etw.* vorbehalten; **f)** (*aus Feindes Hand*) retten; **2. a)** wiedererhalten, zurückerobern; **b)** *refl.* sich erholen; **c)** wieder an sich nehmen; **d)** *jd.* wieder aufnehmen; **3. a)** *etw.* in sich aufnehmen; **b)** einnehmen, erobern; **c)** *jd.* bei sich aufnehmen; **d)** (*Truppen*) heranziehen; **e)** (*in e-n Stand od. Verhältnis*) aufnehmen; **f)** (*bei Gericht*) eine Klage zulassen; **g)** gestatten; **h)** *etw. als Verpflichtung* übernehmen; **i)** *etw.* zusagen, für *etw.* garantieren.

rĕ-cĭpĭō, *cēpī, cĕptŭm* 3. (*căpĭō*) **1. a)** (*dcht.*) zurücknehmen, -ziehen, -holen, -bringen, -führen [°*ensem* wieder herausziehen, °*alqm medio ex hoste* zurück-, herausholen, °*ad limina gressum* den Schritt zurückwenden]; **b)** (*meist mil.*) zurücknehmen, zurückgehen lassen [*equitatum navibus*; *si quo erat recipiendum, signum recipiendi dare* das Signal zum Rückzug, *ad recipiendum impedimento esse* beim Rückzug]; *meist* **sē rĕcĭpĕrĕ** sich zurückziehen, zurückgehen, -kehren (*abs. od. m.* e *u.* ad, in, intra, sub, trans *u.a., zB. se ex fuga, in castra, ad signa, intra munitiones, trans Rhenum, hinc, inde, eo*; / sich zurückwenden, *zB. ex voluptatibus se ad bonam frugem* wieder vernünftig werden); **c)** wieder an sich ziehen [*suos tuto ad se*]; **d)** (*vocem*) herabstimmen; **e)** (*beim Verkauf*) zurückbehalten, sich *etw.* vorbehalten (*alqd u. sibi alqd, zB. ruta caesa*); **f)** (*nkl., dcht.*) (*aus Feindes Hand*) retten, befreien (*alqm ex re, zB. cives ex servitute*). **2. a)** wiedererhalten, -erobern [*suos, obsides*, °*Ioniam*, °*res amissas*; / °*urbs antiquam frequentiam recepit* die alte Einwohnerzahl, °*animum* wieder zur Besinnung kommen, wieder Mut bekommen]; **b)** *se recipere*

sich (wieder) erholen, wieder Mut gewinnen (*ex re v. od.* nach *etw., zB. ex terrore ac fuga*); **c)** (*Weggelegtes*) wieder an sich nehmen [°*arma*]; **d)** *jd.* wieder aufnehmen [°*reges* im Staate]. **3. a)** *etw.* annehmen, in sich aufnehmen, *auch* / [*totum telum corpore, ferrum* den Todesstreich empfangen, *a latere tela* den Geschossen ausgesetzt sein, *detrimenta* erleiden, °*frenum* sich gefallen lassen, *Mosa partem ex Rheno recipit*]; **b)** einnehmen, erobern [*civitates, oppidum,* °*rem publicam armis*]; *auch* (*Geld*) einnehmen [*pecunias ex vectigalibus*; / °*poenas ab alqo jd.* strafen, sich an *jd.* rächen]; **c)** *jd.* bei *od.* in sich aufnehmen, Aufnahme gewähren (*alqm re u. in od. ad, intra alqd, zB. urbe u. in urbem, castris u. in castra, tecto, finibus u. intra fines, sinu gremioque m.* offenen Armen, *ad epulas, domum suam; m. 1. supin.*: *alqm sessum* Platz nehmen lassen); **d)** (*Truppen*) *v. auswärts* an sich ziehen [*legiones Corfinio*]; **e)** (*in e-n Stand od. in ein Verhältnis*) aufnehmen (*alqm in alqd, zB. in ordinem senatorium,* °*in amicitiam, in fidem* in Schutz, *in deditionem j-s* Unterwerfung annehmen, *in iuris condicionem, in servitutem* als Sklaven); (*Qu.*) in den Kanon (*der Klassiker*) aufnehmen; **f)** (*vom Prätor*) eine Klage zulassen [*nomen alcis* eine Klage gegen *jd.*, °*alqm reum od. inter reos jd.* in Anklagestand versetzen]; **g)** *etw.* gestatten, gelten lassen [°*res cunctationem non recipit, timor recipit misericordiam* läßt aufkommen]; **h)** *etw.* als Verpflichtung auf sich laden, übernehmen (*alqd u. alqd in se, zB. mandatum, causam alcis*); **i)** *etw.* zusagen *od.* versprechen, verbürgen, für *etw.* garantieren (*alqd u. de re, alci* gegen *jd., alci alqd od. de re, zB. fidem alci jd.* die heilige Versicherung geben, *pro alqo; m. a.c.i.*).— **recipe* (*Abk. rec. od. rp.*) nimm (*ärztliche Anweisung auf Rezepten; receptum* „genommen" = *Bestätigung des Apothekers*).
F. *fut. ex.* (*altl.*) rĕcĕpsō.

rĕcīprŏcō 1. (*denom. v. rĕcīprŏcŭs*) **1.** (*trans.*) **a)** hin *u.* her bewegen, rückwärts bewegen, zurücksteuern [°*animam* aus- *u.* einatmen, °*quinqueremem in adversum aestum*]; / zurückwenden; **b)** *mediopass.* zurückfließen [*reciprocari mare coepit; in reciprocando mari* bei dem regelmäßigen Wechsel *v.* Ebbe *u.* Flut]; / in Wechselwirkung stehen [*ista sic reciprocantur, ut* ...]. **2.** (*intr.*) (*nkl., dcht.*) hin- *u.* zurückfließen [*fretum reciprocat*].

rĕcīprŏcŭs 3 (*adv.* **-ē**) (< **rĕcō-prŏcŏ-s, eigtl.* „rückwärts [*u.*] vorwärts"; *cf. prŏcĕr*) (*vkl., nkl.*) auf demselben Wege zurücktretend, -fließend [*mare* Ebbe].

rĕ-cīsŭs[1] *P.P.P. v. rĕcīdō*[2].

rĕcīsŭs[2] 3 (*eigtl. P.P.P. v. rĕcīdō*[2]) (*nkl.*) abgekürzt, kurzgefaßt.

rĕcītātĭō, *ōnĭs f* (*rĕcītō*) Vorlesung: **1.** Verlesung *v. Dokumenten vor Gericht.* **2.** (*nkl.*) Vortrag *eigener Werke.*

rĕcītātŏr, *ōrĭs m* (*rĕcītō*) **1.** Verleser *v. Dokumenten vor Gericht.* **2.** (*nkl.*) Vorleser *eigener Werke.*

▶ **rĕ-cĭtō** 1. **1.** (*Dokumente*) vorlesen, verlesen (*abs., zB. de publicis tabulis; alqd, zB. litteras in senatu;* [*Ta.*] *sacramentum* die Eidesformel vorsprechen; *senatum* die Senatorenliste, *epistulam saepe* sich wiederholt berufen auf; *m. dopp. acc., zB. alqm heredem; m. indir. Frages.*). **2.** (*nkl.*) *eigene Werke* vorlesen (*alqd u. alci alqd*). **3.** (*vom Schauspieler*) rezitieren; (*Ma.*) *qui -re solent* die Schauspieler.

rĕclāmātĭō, *ōnĭs f* (*rĕclāmō*) **1.** Zuruf. **2.** das Neinrufen; Mißfallensäußerung, Widerspruch. — **Einspruch, Reklamation.

rĕclāmĭtō 1. (*intens. v. rĕclāmō*) laut widersprechen; / sich sträuben gegen *etw.* (*alci rei, zB. suspicionibus*).

rĕ-clāmō 1. **1. a)** dagegen schreien, laut zurufen (*abs. od. alci; m. a.c.i. bzw. m. ut, ne*); **b)** *etw.* einwenden, laut widersprechen (*abs. od. alci u. alci rei, zB. consuli, orationi eius*). **2.** (*dcht.*) laut widerhallen [*scopulis aequora reclamant*].

rĕclīnĭs, *ĕ* (*Rückbildung zu rĕclīnō*) (*dcht., nkl.*) zurückgelehnt, rückwärts gebogen (*re m. etw., super alqd* über *etw.*).

rĕ-clīnō 1. **1.** (*trans.*) **a)** zurücklehnen, rückwärts biegen [°*scuta* an die Lanzen, *huc, se,* °*in gramine reclinatus* hingestreckt]; **b)** / (*Se.*) *in alqm* auf *j-s* Schultern legen [*onus imperii*]. **2.** (*Ho.*) erquicken [*alqm a labore* nach der Arbeit]. **3.** (*intr.*) (*spätl., dcht.*) = *cōncŭmbō* [*cum principe*].

rĕ-clūdō, *sī, sŭm* 3. (*claudō*) (*unkl.*) **1. a)** (wieder) aufschließen, erschließen, (er)öffnen [*fores, portam hosti;* / *ensem* entblößen, *iugulum mucrone* durchbohren, *serpentem* aufschneiden, *nebulas* zerstreuen, *humum* aufgraben, *tellurem dente adunco* auflockern, *fata precibus* den Bann des Todes auf Bitten wieder lösen]; *recludi* sich erschließen; **b)** / enthüllen, offenbaren [*operta*]. **2.** einschließen [*matronas in carcerem*]; *auch* / verschließen.

rĕcōgĭtō 1. **1.** (*vkl., nkl.*) (*secum*) bei sich erwägen. **2.** wieder an *etw.* denken (*de re*).

rĕcōgnĭtĭō, *ōnĭs f* (*-cō-?; rĕcōgnōscō*) (*nkl.*) **1.** Wiedererkennung. **2.** Besichtigung, Musterung [*consulis* durch den Konsul; *sui* Selbstprüfung].

rĕ-cōgnōscō, *nōvī, nĭtŭm* 3. (*-cō-?*) **1.** wiedererkennen (*alqd, zB.* °*res* als sein Eigentum; *alqd re u. ex re*). **2.** sich (wieder) erinnern (*abs. od. alqm* = [an] *j-s* Charakter; *alqd, zB. noctem superiorem; m. indir. Frages.*). **3.** mustern, untersuchen [*leges, agros od. res* besichtigen]; *bsd. Schriftstücke* prüfend durchsehen, revidieren [*decretum, codicem*].

rĕ-cōllĭgō, *lēgī, lēctŭm* 3. **1.** (*meist dcht., nkl.*) (*Zerstreutes od. Aufgelöstes*) wieder sammeln, wiedergewinnen [°*multitudinem;* / *animum alcis jd.* versöhnen, °*primos annos* die Jugendjahre wiedererhalten]; °*se* (*Ov.*) sich fassen, wieder Mut bekommen *od.* (*nkl.*) sich *v.* einer Krankheit erholen; °*actionem* aus dem Gedächtnis niederschreiben. **2.** (*nkl.*) (*Weggelegtes od. Entfallenes*) wieder an sich nehmen [*gladium*].

rĕ-cŏlō, *cŏlŭī, cŭltŭm* 3. **1.** (*nkl., dcht.*) wieder anbauen *od.* bearbeiten [*terram, metalla intermissa*]. **2.** / **a)** (*dcht.*) (*einen Ort*) wieder besuchen [*locum*]; **b)** *v.* neuem treiben *od.* pflegen [*studia, artes*]; **c)** wiederherstellen, erneuern [*dignitatem,* °*imagines subversas*]; **d)** (*Ta.*) wieder bekleiden *m. etw.* [*alqm sacerdotiis*]; **e)** nochmals überdenken, sich ins Gedächtnis rufen [*haec,* °*sua facta pectore*].

rĕ-cŏmmĕntŏr 1. (*Pl.*) sich auf *etw.* besinnen [*nomen*].

rĕ-cŏmmĭnīscŏr, — — 3. sich wieder erinnern.

rĕ-cŏmpōnō, *pŏsŭī, pŏsĭtŭm* 3. (*dcht., nkl.*) wieder ordnen [*comas*]; / wieder besänftigen.

rĕcŏncĭlĭātĭō, *ōnĭs f* (*rĕcŏncĭlĭō*) Wiederherstellung (*alcis rei, zB. concordiae*); *bsd.* Versöhnung, Aussöhnung (*alcis*).

rĕcŏncĭlĭātŏr, *ōrĭs m* (*rĕcŏncĭlĭō*) (*nkl.*) Wiederhersteller [*pacis* Friedensstifter].

rĕ-cŏncĭlĭō 1. (*altl. fut. ex. -lĭāssō, inf. fut. -lĭāssĕrĕ*) **1.** wiederherstellen [°*concordiam, gratiam* (°*cum alqo*) das Freundschaftsverhältnis, *detrimentum*]. **2.** (*Feindliches*) wieder vereinigen *od.* versöhnen (*alqm od. animum alcis alci, alqm cum alqo, alqm in gratiam cum alqo, zB. milites, militum animos imperatori*). **3.** wiedergewinnen, -verschaffen [°*Parum insulam oratione* durch Unterhandlung].

rĕ-cŏncĭnnō 1. wieder zurechtmachen, wieder ausbessern [°*pallam, reliqua*].

rĕcŏndĭtŭs 3 (*m. comp.*) (*eigtl. P.P.P. v. rĕcŏndō*) **1. a)** versteckt, verborgen [*venae auri, -um habere alqd*]; **b)** entfernt, entlegen [*locus,* °*saltus*]. **2.** / **a)** verborgen, geheim [*sensus sermonis; subst. n recondita templi* das Allerheiligste]; **b)** tiefsinnig, verschlossen [*ratio, sententiae*]; **c)** (*vom Charakter*) zurückhaltend, verschlossen [*mores, natura*]; **d)** (*Augustus b. Sueton*) veraltet [*verba*].

rĕ-cŏndō, *dĭdī, dĭtŭm* 3. **1. a)** *etw. an seinen Ort* zurücklegen, -bringen (*alqd u. alqd in alqd od. in re, zB. gladium in vaginam* wieder einstecken, *senatūs consultum tamquam in vagina -um,* °*se in locum* sich zurückziehen); **b)** (*dcht.*) *oculos* wieder schließen. **2.** (auf-)bewahren, verwahren [°*medicamenta,* °*Caecubum;* / *mens visa recondit,* °*verba alcis* im Gedächtnis bewahren]. **3.** *prägn.* **a)** verstecken, verheimlichen (*alqd in re od.* °*re,* zB. opes, °alqm silvā od. nube, °volucres avido alvo verschlingen; / °fama recondit alqm schweiget v. jd.); b) (dcht.) (eine Waffe) tief hineinstoßen [ensem in pulmone].

rĕ-cŏndūcō, dūxī, ductūm 3. (nkl.) gegen Entgelt in Verding nehmen.

rĕ-cōnflō 1. (Lu.) wieder anfachen, aufblasen.

rĕ-cŏquō, cŏxī, cŏctŭm 3. **1.** wieder kochen, umkochen [Peliam durch Kochen verjüngen]. **2.** / (nkl., dcht.) umschmelzen, umschmieden [patrios fornacibus enses, aurum läutern, recoctus scriba ex quinqueviro (scherzh.) zum Sekretär umgeschmolzen; senex recoctus abgefeimt].

rĕcŏrdātiō, ōnis f (rĕcŏrdŏr) Erinnerung, auch pl. [grata, alcis j-s u. an jd., alcis rei an etw., zB. temporis ultimi].

▶ **rĕ-cŏrdŏr** 1. (cŏr, eigtl. „wieder beherzigen") **1.** an etw. sich erinnern, einer Sache eingedenk sein (abs., zB. ut recordor parenthetisch, °quantum ~; alcis rei selten, meist alqd, auch de re, stets de alqo, zB. flagitiorum suorum, belli casus, de parentibus; m. a.c.i. u. indir. Frages.). **2.** (dcht., nkl.) etw. Zukünftiges beherzigen, bedenken (alqd, zB. ruinam urbis).

rĕ-cŏrrĭgō, rēxī, — 3. (nkl.) wieder geraderichten; verbessern.

▶ **rĕ-crĕō** 1. **1.** (unkl.) v. neuem schaffen, wiedererzeugen; umschaffen. **2.** / wieder beleben, erquicken (alqm u. alqd, zB. Marium fessum, °corpus, mentem od. afflictum animum alcis, provinciam wieder aufhelfen); mediopass. u. se recreare genesen, sich erholen, v. Pers. u. Sachen [miles, civitas od. res publica, e morbo, °a timore].

rĕ-crĕpō, — — 1. (dcht.) **1.** (intr.) widerhallen [cymbala]. **2.** (trans.) widerhallen lassen [murmura].

rĕ-crēscō, ēvī, ētūm 3. (nkl., dcht.) wieder wachsen.

rĕ-crūdēscō, dŭī, — 3. (eigtl. „wieder roh od. blutig werden") **1.** (v. Wunden) wieder aufbrechen. **2.** / (nkl.) wieder ausbrechen od. entbrennen [pugna, °dolor].

rēctā (sc. viā) adv. geradewegs.

rēctē (m. comp. u. sup.) adv. s. rēctŭs.

rēctiō, ōnis f (rĕgō) Lenkung, Leitung, Regierung [rei publicae].

▶ **rēctŏr,** ōris m (rĕgō) Lenker, Leiter, Führer, auch / (alcis u. alcis rei, zB. navis Steuermann, °elephanti, °equi Reiter, °Thebarum Herrscher, König, °Syriae Statthalter, °Olympi v. Jupiter, °imperatoriae iuventae Erzieher, Hofmeister; m. °dat., zB. copiis Feldherr). — **rector magnificus Amtsbezeichnung des Rektors e-r Universität.

rēctrīx, īcis f (rēctŏr) (nkl.) Lenkerin, Leiterin.

rēctŭs[1] P.P.P. v. rĕgō.

rēctŭs[2]
1. gerade, geradeaus; **2. a)** ungebeugt; **b)** recht, richtig; **c)** schlicht, einfach; **d)** (v. Pers.) unparteiisch, konsequent; (v. Sachen) sittlich gut; **e)** (mus. t.t.) der Tonleiter entsprechend; **f)** (gramm. t.t.) casus ~ Nominativ; **3.** adv. **rēctē a)** geradeaus; **b)** recht, richtig; **c)** günstig, sicher; **d)** (beim Verkauf) gut, teuer; **e)** mit Fug und Recht; **f)** (als Antwort) gut! schon gut!

rēctŭs[2] 3 (m. comp. u. sup.; adv. **-ē**) (eigtl. P.P.P. v. rĕgō; cf. nhd. „recht", ὀρεκτός „aufrecht") **1.** in gerader Richtung (gehend), gerade, geradeaus, sowohl horizontal als vertikal (senkrecht, lotrecht) [linea, acies Schlachtreihe, °ostium Vordertür, cursus, oculi u. °acies unverwandt, regio Richtung, °alveus Flußbett, Lauf, -ā regione fluminis parallel dem Flusse, -o litore in gerader Richtung an der Küste hin, °pedes nach vorwärts gerichtet, °in rectum geradeaus, -e ferri, °-ā fronte m. der Front geradeaus, saxa senkrechte, °puella schlank; °intestinum rectum od. subst. rēctŭm, ī n Mastdarm; / -ā viā u. de recto ohne Umschweife, zB. arma petere]. **2.** / **a)** (dcht.) ungebeugt, ruhig [animus, mens]; **b)** recht, richtig, fehlerfrei; ordentlich, gehörig, in physischer u. geistiger Beziehung [cena, proelium, sententia, °nomina sichere Schuldposten od. Schuldner, °natura gesunde; rectum est m. inf. u. a.c.i. es schickt sich, gebührt sich, rectius erit m. inf. es wird richtiger sein; -e vivere u. facere, -e iudicare de re, -e concludere, tabernaculum -e capere vorschriftsmäßig, -e ambulare tüchtig; apud alqm -e est u. omnia -e sunt bei jd. steht es gut, ei -e est es geht ihm gut]; subst. rēctŭm, ī n das Rechte, Richtige, Vernünftige; **c)** schlicht, einfach, korrekt [commentarii Caesaris, °orator, haec einfache Sätze, -a et simplicia, °dicendi genus]; **d)** moralisch **α)** (v. Pers.) unparteiisch, konsequent [praetor]; **β)** (v. Sachen) rechtlich, sittlich gut [consilium, rectissimum facinus, -e factum, alqd rectum putare]; subst. **rēctŭm,** ī n das Gute, Tugendhafte [-um colere, °mens -i conscia]; **e)** (mus. t.t.; Qu.) nicht von der Tonleiter abweichend [sonus, vox]; **f)** (gramm. t.t.) (vkl., nkl.) casus ~ Nominativ. **3.** adv. **-ē a)** geradeaus (cf. 1); **b)** recht, richtig (cf. 2 b); **c)** günstig, wohl, gut, gefahrlos, sicher [-e se alci committere, -e vivere, alci -e litteras ad alqm dare sicher, quidvis rectissime facere ohne die geringste Gefahr für sich, -e procedit alci jd. hat glücklichen Erfolg]; **d)** (Pl.) (beim Verkauf) gut, teuer [-e licet vendere] (Ggs. mălē); **e)** m. Fug u. Recht; **f)** (in Antworten) gut! schön!; auch höflich ausweichend od. ablehnend schon gut! danke sehr!

rĕ-cŭbō, cŭbŭī, — 1. auf dem Rükken liegen, ruhen [in hortulis, °in sinu consulis (v. e-r Dirne), °sub tegmine fagi].

rĕ-cŭbŭī s. rĕcŭbō u. rĕcŭmbō.

rēcŭlă, ae f (demin. v. rēs) geringe Habe (alcis).

rĕ-cŭmbō, cŭbŭī, — 3. (*cŭmbō; cf. cŭbō) **1.** (v. Pers.) sich zurücklehnen, sich niederlegen (abs. od. in re u. °re, zB. in herba, in cubiculo, °spondā); bsd. sich zur Tafel niederlegen [in triclinio; qui proximus recumbebat mein Tischnachbar], zum Beischlaf [°tibi quae iuncta recumbit]. **2.** (dcht.) (v. Leblosem) **a)** sich (nieder)senken (abs. od. in alqd u. in re od. alci rei, re, zB. pons in palude, nebulae campo recumbunt lagern sich auf); **b)** sich anlehnen, an etw. liegen [iugera pauca Martialis longo Ianiculi iugo recumbunt].

rĕcŭpĕrātiō, ōnis f (rĕcŭpĕrō) Wiedererlangung [libertatis]; Wiedergutmachung.

rĕcŭpĕrātŏr, ōris m (rĕcŭpĕrō) **1.** (Ta.) Wiedereroberer [urbis]. **2.** Rekuperator, Richter in Ersatzklagen, pl. ein aus 3 od. 5 Mitgliedern bestehendes Ersatzrichterkollegium, das urspr. zwischenstaatliche Verfahren zur Wiedergutmachung (recuperatio) v. Kriegs- u. anderen Schäden, später zivilrechtliche Entschädigungsverfahren durchführte, deren schnelle Erledigung in öffentlichem Interesse lag.

rĕcŭpĕrātōrĭŭs 3 (rĕcŭpĕrātŏr) zu den Rekuperatoren od. Ersatzrichtern gehörig [iudicium].

rĕcŭpĕrō 1. (zu rĕcĭpĭō, Bildung wie tŏlĕrō: tŏllō) wiedererlangen, -gewinnen (alqd u. alqd ab alqo, zB. villam, amissa, libertatem, rem publicam die Macht im Staate, urbem wiedererobern, °vires cibo, °Pelopidam aus der Gefangenschaft befreien); / j-s Zuneigung wiedergewinnen (alqm u. °gratiam od. voluntatem alcis).

rĕ-cūrō 1. (dcht., nkl.) wieder heilen (se otio et urticā).

rĕ-cŭrrō, cŭrrī (selten °cŭcŭrrī), cŭrsŭm 3. **1.** zurücklaufen -eilen, wiederkehren, v. Pers. u. / v. Sachen, bsd. Gewässern u. Himmelskörpern (abs., zB. °sol, °bruma iners, °recurrentes per annos = περιπλομένων ἐνιαυτῶν; ad alqm u. ad od. in alqd, zB. in arcem, in Tusculanum). **2.** / **a)** auf etw. zurückkommen [eo, ad easdem condiciones]; **b)** (Qu.) seine Zuflucht nehmen (ad alqm u. ad alqd); **c)** (Pli.) (v. Leblosem) sich rückwärts erstrecken auf.

rĕcŭrsō 1. (intens. v. rĕcŭrrō) (dcht., nkl.) zurücklaufen, -eilen, -kehren, eigtl. u. / [cura erwacht v. neuem, animo gentis honos schwebt immer v. neuem wieder vor].

rĕ-cŭrsŭm P.P.P. v. rĕcŭrrō.

rĕcŭrsŭs, ūs m (rĕcŭrrō) (dcht., nkl.) Rücklauf, Rückfahrt, Rückkehr, dcht. auch pl. [ad moenia patet ~, °pelagi Ebbe].

rĕ-cŭrvō 1. (dcht., nkl.) zurückbeugen [colla equi, undae recurvatae rückwärts sich schlängelnd, aquas in caput zurückfließen machen].

rĕcŭrvŭs 3 (Rückbildung aus rĕcŭrvō) (dcht., nkl.) rückwärts gebogen [*cornu, aera* Angel, *nexus hederae* sich schlängelnd, *tectum* = Labyrinth].

rĕcūsātĭō, *ōnis f* (*rĕcūsō*) **1.** Ablehnung, Weigerung [*adimere omnem -nem alci* jede Möglichkeit einer Weigerung]. **2.** (*jur. t.t.*) Einspruch, Einrede, Protest; *auch als Teil e-r Verteidigungsrede.*

▶**rĕ-cūsō** 1. (*denom. v. causă; cf. ăccūsō*) **1.** (*m. Gründen*) zurückweisen, ablehnen, sich weigern (*abs., zB. omnibus recusantibus; alqd etw. u.* de re hinsichtlich *e-r* Sache, *zB. amicitiam alcis, laborem, populum Romanum; disceptatorem* nicht haben wollen, *de stipendio; m. inf. od. a.c.i.; m. ne od. quominus, nach Verneinung quin*). **2.** (*jur. t.t.*) Einspruch erheben, protestieren gegen *etw.*

rĕ-cŭtĭō, *cŭssī, cŭssŭm* 3. (*quătĭō*) (*dcht., nkl.*) zurückschlagen, erschüttern (*alqd, zB. uterum*).

rĕ-cŭtītŭs 3 (*cŭtis*) (*dcht., nkl.*) (an der Vorhaut) beschnitten; *meton. recutita sabbata* der Juden; / glattgeschoren [*colla mulae*].

rēdă, *ae f* (*kelt. Fw.; cf. nhd.* „reiten") vierrädriger Reisewagen.

rĕd-āctŭs *P.P.P. v. rĕdĭgō.*

rĕd-ămbŭlō 1. (*Pl.*) zurückkommen.

rĕd-ămō 1. wiederlieben.

rĕd-ārdēscō, — — 3. (*-ă-?*) (*Ov.*) wieder auflodern.

rĕd-ărgŭō, *ŭī, ūtŭm* 3. *etw.* widerlegen, *jd.* Lügen strafen (*abs. od. alqm u. alqd, zB. me, inconstantiam alcis, vim deorum* als nicht vorhanden erweisen).

F. *Das supin. u. die pf.-Formen des P. werden oft durch rĕfūtārĕ ersetzt.*

rēdārĭŭs, *ī m* (*rēdă*) Kutscher.

rĕd-auspĭcō 1. (*eigtl.* „wieder Auspizien anstellen") (*Pl.*) (*scherzh.*) zurückkehren [*in catenas*].

rĕd-dĭdī *s. rĕddō.*

rĕddĭtĭō, *ōnis f* (*eigtl.* „das Zurückgeben") (*rĕddō*) (*Qu.*) (*rhet. t.t.*) Nachsatz (= ἀπόδοσις).

rĕd-dō
1. zurückstellen, -bringen; **2. a)** zurückgeben; **b)** wieder zum Vorschein bringen; **c)** (aus dem Kopf) vortragen; berichten; **3.** (*m. dopp. acc.*) *etw.* zu *etw.* machen; **4. a)** als Gegenleistung geben, erstatten; **b)** ersetzen; **c)** vergelten; **d)** (*Schuld*) bezahlen; (*Versprechen*) erfüllen; (*Strafe*) leiden; **e)** zustellen, abliefern; (*Gebührendes*) zukommen lassen; *jd. etw.* zugestehen, belassen; *etw.* von sich geben; **5.** erwidern; **6. a)** nachahmen; **b)** übersetzen.

rĕd-dō, *dĭdī, dĭtŭm* 3. (*altl. fut. rĕddĭbō;* < **rĕ-dĭ-dō, redupl. praes. wie* δί-δω-μι) **1.** zurückstellen, -bringen, *nur mediopass. u. se reddere* zu *etw.* zurückkehren [°*se convivio* zum Gastmahl, °*oculis* sich wieder zeigen, °*Teucrum se iterum in arma* sich *v.* neuem entgegenstellen, °*in aëra reddi* wieder an die Luft emporkommen]. **2. a)** (*Empfangenes*) zurückgeben, *oft* / (*alqm u. alqd, alci alqd, zB. captivos, obsides,* °*amissa, otium totā Africā* wiederherstellen, °*animum alci jd.* sein Herz wiederschenken, °*fretum* ausspeien, °*arbores caelo* der Luft, °*terram naturae* dem Lande seine natürliche Gestalt, °*maioribus reddi* = durch den Tod zu seinen Vätern gesendet werden); **b)** / wieder zum Vorschein bringen [°*mare terras,* °*quies reddit mentem* die Besinnung, °*clamorem u.* °*sonum* wiederholen; P. wieder zum Vorschein kommen, *zB.* °*flumen redditur*]; **c)** (*aus dem Kopf*) vortragen, aufsagen; *übh.* (*mündl. od. schriftl.*) berichten, erzählen [*omnia sine scripto verbis iisdem,* °*redde quae restant,* °*verba male* aussprechen]. **3.** (*m. dopp. acc.*) *etw. in verändertem Zustand* zurückgeben = zu *etw.* machen (*meist m. Prädikatsadi.*) [*alqm placidum, iratum, mare tutum,* °*alqm suum* zu *e-m* Anhänger, *itinera infesta*], *selten m. Prädikatssubst., zB.* °*alqm hostem Romanis; selten im* P., *zB.* °*obscura reddita est forma* wurde verdunkelt. **4. a)** als Gegenleistung geben *od.* erstatten (*alci alqd, zB.* °*gratiam* [durch die Tat] Dank abstatten, °*oscula,* °*vices* Gleiches vergelten, °*hanc vicem saevitiae* die Grausamkeit so vergelten; *alqd pro re, zB. pro vita vitam,* °*dona pro carmine*); *bsd. etw.* zum Dank erweisen [*honorem pro meritis, supplicationem trium dierum*; *bsd. v. Opfernden, zB.* °*dapem Iovi,* °*exta super caespitem*]; **b)** *etw.* ersetzen [°*alias tegulas*]; **c)** vergelten [°*hostibus cladem*]; **d)** α) (*Schuldiges*) bezahlen [*debitum,* °*morbo naturae debitum* der Natur den schuldigen Tribut entrichten = sterben, *vitam pro re publica; ebenso spiritum patriae od.* **Deo]; β) (*Versprechen*) erfüllen [*vota alci*]; γ) (*Strafe*) leiden, büßen [°*poenas alcis rei* für *etw.*]; **e)** α) (*Empfangenes*) *pflichtmäßig* abliefern *od.* zustellen, übergeben (*alci alqd, zB. epistulam od. litteras regi, hereditatem*); β) (*Gebührendes*) zukommen lassen, gewähren (*alci alqd, zB.* °*suum cuique honorem,* °*suis quaeque temporibus* zuweisen, *rationem alci jd.* Rechenschaft ablegen, °*facto sua nomina* den rechten Namen; *ius bzw. iura* Recht sprechen, *bsd. vom Prätor, alci, zB. his petentibus; iudicium* eine gerichtliche Untersuchung anstellen, *v. der Obrigkeit, bsd. vom Prätor,* de re *od. in alqm,* °*maiestatis* wegen Majestätsverbrechen); γ) (*nkl., dcht.*) *jd. etw.* als Zugeständnis gewähren, zugestehen, erteilen [*alci conubia, veniam peccatis*]; δ) *jd. etw.* belassen [*populo leges suas*]; ε) *übh. etw.* (*Innewohnendes*) *v.* sich geben, ausstoßen [*animam* aushauchen, °*sanguinem u.* °*undam* einen Blutstrom, °*murmura* ertönen lassen, °*cithara sonum reddit,* °*catulum partu* gebären]. **5.** (*dcht.*) erwidern, antworten [*nullam vocem ad minas, responsum, de multis verba novissima vom Echo, mutua dicta* Worte wechseln]. **6. a)** (*dcht., nkl.*) nachahmen, nachbilden, darstellen [*verba alcis bene, fulgorem auri* wie Gold blitzen, *speciem cetrae* ähneln, *qui te nomine reddet m.* dir gleichnamig sein wird]; **b)** übersetzen [*alqd Latine od. Graece, verbum pro verbo od.* °*verbo*].

rĕd-ēgī *s. rĕd-ĭgō.*

rĕd-ēmī *s. rĕdĭmō.*

rĕdēmptĭō, *ōnis f* (*rĕdĭmō*) **1.** (*nkl.*) Loskauf [*captivis -nem negare, sacramenti* vom Kriegsdienst]. **2.** Bestechung [*iudicii*]. **3.** Pachtung [*temeritate redemptionis adflictus*]. — **Erlösung; ~ *veniarum* Ablaßkauf..

rĕdēmptō 1. (*frequ. v. rĕdĭmō*) (*Ta.*) loskaufen [*captivos*].

rĕdēmptŏr, *ōris m* (*rĕdĭmō*) **1.** Unternehmer [*columnae faciendae,* °*frumenti* Getreidelieferant]. **2.** Pächter [*decumarum* Zehntpächter]. **3. a)** (*nkl.*) der einen Gefangenen loskauft; **b)** (*Eccl.*) der Erlöser.

rĕdēmptūră, *ae f* (*rĕdĭmō*) (*Li.*) Übernahme *e-r Sache,* Pachtung [*redempturis augere patrimonia*].

rĕd-ēmptŭs *P.P.P. v. rĕdĭmō.*

rĕd-ĕō
1. a) zurückgehen, -kehren; **b)** *ad se redire* wieder zur Besinnung kommen; **c)** (*i. der Rede*) auf *etw.* zurückkommen; **2.** (*Erträge*) eingehen; **3. a)** zu *etw.* kommen, in *etw.* geraten; **b)** (*v. Sachen*) irgendwohin kommen; **c)** *jd.* anheimfallen.

rĕd-ĕō, *iī, ĭtŭm, īrĕ* **1. a)** zurückgehen, -kehren, -kommen, heimkehren, (*v. Sachen*) wiederkehren, *oft* / (*abs. od. ab alqo u. ab od. ex re u.* °*re, ad od. in, sub alqd, zB. a Caesare ad suos, ex provincia in Italiam, a cena domum, in viam* auf den rechten Weg, *ad vestitum suum* = die Trauer ablegen; *auch* / *v. Sachen, zB. res redierunt* die öffentlichen Verhandlungen haben wieder begonnen, °*astra* gehen wieder auf, °*mens u.* °*animus* die Besinnung kehrt zurück, *auch* °*alqd alci rei, zB.* °*vigor membris redit,* °*gramina campis*); **b)** / *ad se redire* wieder zur Besinnung kommen, sich wieder fassen, °*in sese* seine alte Gestalt wieder annehmen, *ad officium* sich wieder unterwerfen, *in gratiam cum alqo* sich *m. jd.* aussöhnen, *in memoriam alcis u. alcis rei* zurückdenken an, °*in annos, quos egit* wieder jung werden; *auch v. Sachen, zB. res redit* kommt wieder vor, *collis redit ad planitiem* verläuft sich wieder in; *m. 1. supin., zB. spectatum* zum Schauspiel; **c)** / (*i. der Rede*) auf *etw.* zurückkommen (*ad alqd, zB. ad me, ad inceptum; sed redeamus illuc, unde divertimus*). **2.** (*v. Erträgen*) einkommen [°*pecunia ex metallis redibat;* / °*ex otio bellum redibit* wird erwachsen]. **3.** *übh.* gehen, kommen, *nur* /: **a)** zu *etw.* kommen,

in *etw.* geraten [*ad gladios* zu den Schwertern greifen, °*ad manus reditur* es kommt zum Handgemenge, *Caesar ad duas legiones redierat* = mußte sich *m.* zwei Legionen begnügen]; **b)** (*v. Sachen*) irgendwohin *od.* wozu kommen [*bona in tabulas publicas redierunt* wurden in die Rechnungsbücher der Staatskasse eingetragen, °*res in eum locum rediit,* ut es kam dahin, daß, °*res ad interregnum rediit* es kam zu einem Interregnum, °*omnia haec verba huc redeunt* laufen darauf hinaus]; **c)** *jd.* anheimfallen, an *jd.* übergehen (*ad alqm, zB.* °*hereditas ex iis bonis redit ad filium,* °*summa imperii rediit ad Camillum,* °*res ad patres rediit* die Regierung).
F. *pf.-Formen zsgz.*: *rĕdīssĕ(m), rĕdīstī u. a.*

rĕd-hālō 1. (*Lu.*) zurückdampfen.

rĕd-hĭbĕō, *ŭī, ĭtŭm* 2. (*hăbĕō*) **1.** (*vkl.*) wiedergeben, erstatten. **2.** (*eine mangelhafte Ware*) **a)** (*vom Käufer*) zurückgeben [*mancipium*]; **b)** (*vom Verkäufer*) (*Pl.*) zurücknehmen.

rĕdhĭbĭtĭō, *ōnĭs f* (*rĕdhĭbĕō*) (*nkl.*) Rücknahme *bzw.* Rückgabe *mangelhafter Waren.*

rĕd-ĭgō
1. **a)** zurücktreiben; **b)** (*ins Gedächtnis*) zurückrufen; **2.** (*Geld*) eintreiben; **3.** (*in einen Zustand*) bringen, zu *etw.* machen; **4.** herabsetzen, beschränken.

rĕd-ĭgō, *ēgī, āctŭm* 3. (*ăgō*) **1. a)** (*nkl., dcht.*) zurücktreiben, -jagen, -bringen (*alqm in od. ad alqd, zB. hostem in castra, alqm Capuam, fugientes ad mare*); **b)** / [*alqd in memoriam alcis j-m* ins Gedächtnis zurückrufen, °*homines in gratiam* wieder aussöhnen]. **2.** (*Geld*) eintreiben, einziehen, einnehmen [*pecuniam ex praeda,* °*pecuniam od. bona in publicum* den Erlös in die Staatskasse einliefern, °*praeda ad quaestorem redacta* est floß in die Kasse des Quästors, *praedam in fiscum* konfiszieren, *alqd penes alqm* in *j-s* Hände liefern]. **3.** (*in einen Zustand*) bringen, zu *etw.* machen (*alqm u. alqd in od. ad u. sub alqd, zB. Aeduos in servitutem, Galliam sub od. in potestatem, in provinciam od.* °*in formam provinciae,* °*alqm ad bene dicendum* zwingen, °*congeriem in membra* gliedern, °*alqd ad vanum od. ad irritum* vereiteln, *alqd ad certum* zur Gewißheit erheben; *selten m. dopp. acc.* = *etw. zu etw.* machen, *zB. ea facilia ex difficillimis, alqm infirmiorem* schwächen); *bsd.* (*Qu.*) in den Kanon (*der Klassiker*) aufnehmen [*auctores od. in numerum* ~]. **4.** (*nach Zahl, Wert, Umfang*) herabsetzen, beschränken, reduzieren, P. herunterkommen [°*praedam ad nihilum;* ex *sescentis ad tres senatores redigi, familia ad paucos redacta*].

rĕd-ĭī *s. rĕdĕō.*

rĕdĭmīcŭlŭm, *ī n* (*rĕdĭmĭō*) **1.** Band zum Schmuck [°-*a mitrae*]; *bsd.* Stirnband, *auch* Halskette. **2.** (*Pl.*) Bindemittel, Band.

rĕdĭmĭō 4. (*et. unklar*) umbinden, umwinden, bekränzen [*alqm sertis et rosā,* °*capillos mitrā,* / *terra quasi quibusdam redimita cingulis;* P. *m.* °*griech. acc., zB. redimitus arundine crines* das Haar *m.* Schilf bekränzt].
F. *altl. impf. rĕdĭmībăt.*

▶ **rĕd-ĭmō,** *ēmī, ēmptŭm* 3. **1. a)** zurückkaufen [*domum, fundum,* °*bona sua* einlösen]; **b)** loskaufen [*captos e servitute, pecunia se a iudicibus*]; **c)** / **α)** *etw.* abwenden, beseitigen [*metum virgarum pretio, litem* durch einen Vergleich beendigen]; *auch etw.* wieder gutmachen [*culpam*]; **β)** (er)retten, erlösen [°*alqm ab Acherunte sanguine suo*]. **2. a)** erkaufen, kaufen (*alqd u. alci alqd, zB.* °*necessaria ad cultum, vitam alcis pretio*); / = erlangen, gewinnen [*pacem obsidibus datis, largitione militum voluntates*]; **b)** (*öffentliche Einkünfte*) pachten [*vectigalia*]; **c)** (*die Ausführung einer Arbeit*) gegen Bezahlung übernehmen, *etw.* in Verding nehmen [*opus*].

rĕd-ĭntĕgrō 1. **1.** wieder ergänzen [*deminutas copias*]. **2. a)** wiederherstellen, erneuern [*proelium,* °*bellum,* °*orationem* wiederholen]; **b)** / wieder erwecken, auffrischen, beleben [*vires, spem victoriae, memoriam alcis rei,* °*animum legentium* das Interesse der Leser].

rĕd-ĭpīscŏr, — 3. (*ăpīscŏr*) (*Pl.*) wieder erlangen.

rĕd-īrĕ *s. rĕdĕō.*

rĕdĭtĭō, *ōnĭs f* (*rĕdĕō*) Rückkehr [*domum* nach Hause].

rĕd-ĭtŭm *P.P.P. v. rĕdĕō.*

▶ **rĕdĭtŭs,** *ūs m* (*rĕdĕō*) **1. a)** Rückkehr, *bsd.* Heimkehr, *auch* / (*abs., zB. reditu intercludi; alcis j-s, alcis rei* e-r Sache, *zB. solis; ab alqo u. ab od. ex re, zB. a mari, e provincia; ad alqm u. ad od. in alqd, zB. ad propositum, in Asiam, auch gratiae* = *in gratiam*); *meton.* Möglichkeit *od.* Gelegenheit *od.* Versuch der Rückkehr [*nullum reditum in patriam habere*], *auch pl.*; **b)** Kreislauf *der Gestirne* [*annum solis reditu metiri*]; **c)** / Wiedereintritt [*in amicitiam alcis, in gratiam cum alqo* Versöhnung]. **2.** (*nkl.*) Einkommen, Einkünfte [*pecuniae* an Geld; *auch pl., zB. -ūs metallorum*].

rĕdĭvĭă, *ae f* = *rĕdŭvĭă.*

rĕdĭvīvŭs 3 (*rĕdĭvĭă, also eigtl.* „abgelegt", *später volkset. an vīvō angelehnt*) **1.** (*nkl.*) wieder lebendig geworden [*senex*]; (*Prud.*) auferstanden [*Christus*]. **2.** wieder benutzt, schon gebraucht [*lapis*]; *subst.* **rĕdĭvīvŭm,** *ī n* altes Baumaterial, *sg. u. pl.*

rĕd-ŏlĕō, *ŭī,* — 2. riechen, duften (*abs. od. alqd u.* °*re nach od. v. etw., zB. vinum,* °*thymo,* / *doctrinam ex illius orationibus redolent ipsae Athenae* läßt sich spüren).

rĕ-dŏmĭtŭs 3 (*P.P.P. v. dŏmō* 1.) wieder bezwungen [*cives*].

rĕ-dōnō 1. (*dcht.*) wiederschenken [*Quiritem dis patriis;* / *graves iras et invisum nepotem Marti redonabo* ich will meinen schweren Groll aufgeben *u.* den mir verhaßten Enkel dem Mars zuliebe begnadigen].

rĕ-dŏrmĭō 4. (*nkl.*) wieder *od.* noch einmal schlafen.

rĕ-dūcō
1. zurückziehen; **2. a)** zurückführen, -bringen; **b)** (*Truppen*) zurückziehen; **c)** *jd.* heimgeleiten; **d)** *aus der Verbannung* zurückrufen; *in ein Amt* wieder einsetzen; **e)** (*verstoßene Frau*) wieder aufnehmen; **f)** *als Grundbedeutung* (zurück)bringen.

rĕ-dūcō, *dūxī, dŭctŭm* 3. (*im Vers oft rĕd-d-; altl. imp. -dūcĕ*) **1. a)** *etw.* zurückziehen, -schieben [*falces tormentis, turres,* °*bracchia in iaculando* ausholen *m.*]; **b)** (*Lu.*) (*vom witternden Wild*) einziehen [*crebro auras naribus*]; **c)** *prägn.* (*ein Bauwerk*) weiter zurück anlegen [*munitiones a fossa centum pedes*]; **d)** / (*dcht., nkl.*) **α)** *se a contemplatu* abstehen *v.*; **β)** *socios a morte* retten. **2. a)** (ge)leitend zurückführen, -bringen, -rufen (*alqm u. alqd, zB. legatos,* °*diem,* °*spem mentibus anxiis,* P. °*aestas reducitur* kehrt zurück; *alqm ab od. ex u. de re ad od. in alqd, zB. venatorem ex errore* aus der Irre auf den rechten Weg, *alqm a mari domum*); **b)** *mil.* (*Truppen*) zurückziehen, zurückmarschieren (*od.* sich zurückziehen) lassen [*copias a munitionibus in castra,* °*exercitum Ephesum hiematum* in die Winterquartiere]; **c)** *jd.* ehrenhalber heimgeleiten (*alqm domum*); (*Te.*) (*vom Liebhaber*) [*in ludum ducere* (*puellulam*) *et reducere*]; **d)** (*einen Vertriebenen od. Verbannten*) wieder einsetzen [*alqm de exilio, alqm regem od. in regnum* wiedereinsetzen]; **e)** (*eine verstoßene Frau*) wieder zu sich nehmen [°*uxorem*]; **f)** / **α)** *alqm in gratiam cum alqo* versöhnen, °*ad officium,* °*ad disciplinam Romanam, alqd in memoriam* ins Gedächtnis zurückrufen; **β)** (*nkl.*) (*etw. Abgekommenes*) wieder einführen [*morem*]; **γ)** (*Te.*) *jd.* auf die rechte Bahn zurückbringen [*quovis illos tu die redducas*]; **δ)** (*dcht.*) *in formam reducere alqd etw.* gestalten.

rĕdŭctĭō, *ōnĭs f* (*rĕdūcō*) Zurückführung, Wiedereinsetzung (*alcis, zB. regis*).

rĕdŭctō 1. (*intens. v. rĕdūcō*) (*spätl.*) zurückführen.

rĕdŭctŏr, *ōrĭs m* (*rĕdūcō*) (*nkl.*) Zurückführer [*plebis in urbem*]; Wiederhersteller [*litterarum iam senescentium* ~ *ac reformator* Wiederhersteller *u.* Erneuerer].

rĕ-dŭctŭs[1] *P.P.P. v. rĕdūcō.*

rĕdŭctŭs[2] 3 (*m. comp.*) (*eigtl. P.P.P. v. rĕdūcō*) **1.** (*dcht., nkl.*) **a)** zurückgezogen, -tretend, entlegen [*vallis, sinūs* landeinwärts sich ziehende Buchten]; **b)** (*t.t. der Malerei*) (*Qu.*) *reductiora* mehr zurücktretende Partien; **c)** (*Ho.*) *utrimque* ~ *v.* beiden Extremen gleich weit entfernt. **2.** *subst.* **rĕdŭctă,** *ōrŭm n* (*stoischer t.t.*) = *ăpŏprŏēgmĕnă.*

rĕd-ŭncŭs 3 (*dcht.*, *nkl.*) einwärts gekrümmt [*rostrum*].

rĕdŭndăntĕr *adv.* (*rĕdŭndāns*, *part. praes. v. rĕdŭndō*) (*Pli.*) allzu wortreich, weitschweifig.

rĕdŭndăntĭă, *ae f* (*rĕdŭndō*, *eigtl.* „das Überströmen") Überfülle *des Ausdrucks*.

rĕdŭndātĭō, *ōnis f* (*rĕdŭndō*) (*nkl.*) Überfülle.

rĕd-ŭndō 1. (*eigtl.* „zurückfluten") **1.** überfließen, -strömen, übertreten [*mare*; *re v. etw.*, *zB. sanguine* triefen *v.*]; *P.P.P.* °*redundatus* = *redundans* überströmend *od.* zurückströmend [*aquae*]. **2.** / **a)** (*rhet.*) überladen sein [*orator, oratio*], *bsd. part. praes.*; *cf.* *rĕdŭndăntĕr*; **b)** hinüber-, hineinströmen (*in alqd*, *zB. in provincias* die Provinzen überschwemmen); / sich reichlich ergießen, auf *jd.* einstürmen, *meist pejorativ* (*ad u. in alqm od. alci*, *zB. dolores in me meosque, invidia mihi, laus adulescentis etiam ad meum fructum redundat* kommt auch mir zugute); **c)** in Fülle hervorgehen [*pecuniae hinc redundant, reus ex ea causa redundat Postumus* geht in vollem Maße schuldig hervor]; **d)** *prägn.* **α)** im Überfluß vorhanden sein [*ornatus orationis in alqo*]; **β)** an *etw.* Überfluß haben *od.* überreich sein, *meist pejorativ* (re, *zB. acerbissimo luctu*).

rĕdŭvĭă *u.* *rĕdĭvĭă*, *ae f* (**rĕd-ŭō* = *ĕx-ŭō*; *eigtl.* „das Abgelegte; abgelegte Haut [der Schlange]"; *wie ĕxŭvĭae*: *ĕxŭō*) Niednagel *am Finger*; / = Kleinigkeit (*Ggs. caput*).

rĕdŭx, *ŭcis* (*im Vers auch -dd-*; *rĕdūcō*) **1.** (*act.*) (*nkl.*, *dcht.*) zurückführend, -geleitend [*Iuppiter*; *Fortuna*; *s.d.*]. **2.** (*pass.*) zurückgeführt, -kehrend, *v. Pers. u. Sachen* [*homo*, °*navis*; *alqs* ~ *est domum* kehrt zurück].
F. *abl. sg.* **-ĕ** *u.* **-ī**, *pl. neutr. u. gen. fehlen.*

rĕ-dūxī *s. rĕdūcō.*

rĕ-fēcī *s. rĕfĭcĭō.*

rĕfĕctĭō, *ōnis f* (*rĕfĭcĭō*) (*nkl.*) **1.** Wiederherstellung; Ausbesserung. **2.** Erholung, Erfrischung. — **Mahlzeit.

rĕfĕctŏr, *ōris m* (*rĕfĭcĭō*) (*Suet.*) Wiederhersteller.

rĕfĕctōrĭŭs 3 (*rĕfĕctŏr*, *rĕfĭcĭō*) (*spätl.*) erquickend; *subst.* ****refectōrium**, *i n* Refektorium, Speisesaal *in Klöstern*, Remter *auf Burgen*.

rĕ-fĕctŭs *P.P.P. v. rĕfĭcĭō.*

rĕ-fĕllō, *fĕllī*, — 3. (*fāllō*) widerlegen (*abs. od. alqm u. alqd*, *zB. adversarium, mendacium alcis*, °*ferro crimen* beseitigen).
F. *Das supin. u. die pf.-Formen des P. werden durch rĕfūtārĕ ergänzt.*

rĕ-fĕrcĭō, *rsī*, *rtŭm* 4. (*fărcĭō*) **1.** vollstopfen, (an)füllen (*alqd re*, *zB. corporibus civium cloacas*; / *aures sermonibus*). **2.** zusammenstopfen, anhäufen (*alqd in oratione sua*); (*P.P.P.*) *adi.* **rĕfĕrtŭs** 3 (*m.* °*comp. u. sup.*) vollgestopft, gedrängt voll, *v. Pers. u. Sachen* (*abs.*, *zB. forum, domus* wohlversehen, *aerarium* voll; *m. abl. u. gen.*, *zB.* Xerxes *donis fortunae, mare praedonum*).

rĕ-fĕrĭō, — — 4. (*unkl.*) zurückschlagen; / P. zurückstrahlen [*speculi referitur imagine Phoebus*].

> **rĕ-fĕrō**
> **I. 1. a)** zurücktragen, -bringen; **b)** (*als Fund, Beute*) zurück-, heimbringen; **c)** zurückwenden; *refl.* sich zurückziehen; **2. a)** (*Geist, Aufmerksamkeit*) auf *etw.* zurücklenken; **b)** *etw.* auf *etw.* beziehen, nach *etw.* beurteilen; **c)** zurückerstatten; **d)** vergelten; **e)** erwidern; **f)** wiederholen; **g)** (*Töne*) widerhallen lassen; **h)** erneuern, wiederherstellen; *j-m etw.* ins Gedächtnis zurückrufen; **i)** *etw.* durch *etw.* wiedergeben, widerspiegeln; **k)** (*darstellend*) nachahmen; **II. 1. a)** überbringen; **b)** abliefern; **c)** entrichten; **d)** *jd. etw.* übertragen; **e)** darbringen; **2. a)** überliefern, berichten; **b)** (*amtlich*) zur Sprache bringen, vortragen; **3. a)** eintragen, (ver)buchen; **b)** *jd.* zu *etw.* rechnen.

rĕ-fĕrō, *rĕttŭlī* (< **rĕ-tĕtŭlī*), *rĕlātŭm* (*u.* [*Te.*] *rĕllātŭm*), *rĕ-fĕrrĕ* **I.** zurücktragen, -bringen: **1. a)** zurücktragen, -bringen, -treiben (*alqm u. alqd in alqd od. ad alqm*, *zB. pecunias in templum*, °*membra thalamo* ins Gemach, °*nullo referente* ohne daß ihn *jd.* zurückholte, *me referunt pedes in Tusculanum* wollen mich zurücktragen, es zuckt mir in den Füßen, auf mein T. zurückzukommen; *ventus navem od. alqm refert in Italiam* verschlägt); *auch* (*Ve.*) *etw.* ausspeien [*vina*]; **b)** (*als Fund od. Beute*) heimbringen, davontragen [*tabulas repertas ad Caesarem*, °*opima spolia, signa militaria ex proelio*, °*victoriam ex u. ab alqo*, °*mille talenta in publicum* in die Staatskasse, °*cicatrices domum*]; *daher* (*als Meldung, Botschaft u.ä.*) hinterbringen, melden (*alqd alci od. ad alqm*, *zB. alcis mandata, rumores domum, hanc legationem Romam* Erfolg der Gesandtschaft; *m. a.c.i. u. indir. Frages.*); **c)** zurückwenden, -ziehen [°*aura refert talaria* weht zurück, *castra* zurückverlegen; *bsd. v. Körperteilen*, *zB. oculos ad terram u.* °*in alqm*, °*manum ad capulum* legen an, °*digitos ad frontem*, °*caput ad nomen* bei Nennung des Namens]; *pedem* (*od.* °*gradum*, °*gradūs*, °*vestigia*), *meist se referre od. selten mediopass.* sich zurückziehen, zurückweichen, zurückkehren [°*se ab Argis Romam, se huc, a prima acie ad triarios referri*, / *se a scientiae delectatione ad efficiendi utilitatem*; *unde egressa est, se refert oratio*]. **2.** / **a)** (*den Geist*) *auf etw.* zurücklenken, wieder hinwenden *od.* hinrichten [*oculos animumque od. se ad alqm, animum ad studia, ad veritatem* auf das wirkliche Leben, *se ad philosophiam*, °*animum ad firmitudinem* wieder eine feste Haltung geben]; **b)** *etw.* auf *jd. od. etw.* zurückführen *od.* beziehen, nach *etw.* beurteilen, *etw. e-r Sache* zuschreiben (*alqd ad alqm od. ad alqd*, *zB.* °*initia gentis ad Achillem, omnia ad voluptatem, omnia ad suum arbitrium* abhängig machen *v.*, °*prospera ad fortunam* zuschreiben); *ähnlich auch* °*maiores ab alqo v. jd.* her- *od.* ableiten; **c)** (*Schuldiges*) zurückerstatten [*pateram surreptam*, / *iudicia ad equestrem ordinem*, °*victorum nepotes inferias Iugurthae* dem J. zum Totenopfer vergeltend darbringen]; **d)** / vergelten, erwidern [*alci gratiam* Dank durch die Tat abstatten, *parem gratiam od.* °*par pari* Gleiches *m.* Gleichem vergelten, *alci salutem j-s* Gruß erwidern]; **e)** (*mündl.*) erwidern, entgegnen (*alqd u. alqd alci od. alci rei*, *zB.* °*talia voce*, °*pauca*, °*verba tibi*, °*alcis defensioni*, °*nec mutua nostris dicta refers* erwiderst nichts auf meine Worte); *klass. fast nur abs. m. folgender direkter Rede*; **f)** (*mündl.*) wiederholen [°*responsum*, °*verba geminata* die Gebetsformel nachsprechen, °*alqm* wiederholt nennen]; **g)** (*Töne*) widerhallen lassen [°*vocem*]; P. widerhallen [*soni od. vices referuntur*]; **h)** **α)** (*Entschwundenes*) zurückbringen, erneuern, wiederherstellen [°*morem, maiorum consuetudinem, mysteria, sermonem* wiedergeben, °*arma* den Krieg, °*legem ad populum v.* neuem in Vorschlag bringen, °*rem iudicatam* wieder vor Gericht bringen, °*amissos colores* wiedergewinnen]; **β)** (*dcht.*, *nkl.*) *j-m etw.* ins Gedächtnis zurückrufen, *auch* sich an *etw.* erinnern [*foedus, alqd mente* überdenken, *versum* anführen, zitieren]; **i)** (*dcht.*, *nkl.*) (*durch seine Ähnlichkeit*) wiedergeben, widerspiegeln, das Ebenbild *v. etw.* sein (*alqd re*, *zB. patrem ore od. sermone voltuque, nomine avum* denselben Namen haben); **k)** (*dcht.*, *nkl.*) (*darstellend*) nachahmen [*Actiam pugnam*]. **II.** *v.* sich wegbringen, darbringen: **1. a)** überbringen [*rationes, senatūs consulta falsa*]; **b)** *etw.* an der richtigen Stelle abliefern (*alqd alci u. ad alqm od. in u. ad alqd*, *zB.* °*pecuniam in aerarium, pecuniam populo* an die Staatskasse, *frumentum ad Caesarem*); **c)** (*nkl.*, *dcht.*) (*Schuldiges*) entrichten [*aera Idibus* das Schulgeld]; **d)** *jd. etw.* übertragen [*consulatum ad patrem*]; **e)** (*dcht.*, *nkl.*) (*als Weihgeschenk*) darbringen. **2. a)** (*schriftl. od. mündl.*) überliefern, melden, berichten (*alqd u. alci alqd od. alqd ad alqm*, *zB. sermones alcis, plura de alqo* zur Sprache bringen, *capitum numerum ad alqm* in der Berechnung angeben, *alqm in deorum numero* unter den Göttern aufführen, °*relata referre* Erzähltes; [*dcht.*] *m. dopp. acc.*, *zB. alqm parentem* als Vater angeben *od.* rühmen; *m. a.c.i. u. indir. Frages.*); **b)** (*amtlich*) *etw.* zur Sprache bringen, *j-m* vorlegen, vortragen, Bericht erstatten, Antrag stellen (*abs.*, *zB. consul refert*; *od. alqd u. de re ad alqm*, *zB. rem compertam ad pontificum collegium od.* °*ad consilium* zur Entscheidung vor den Kriegsrat bringen, °*omnia ad oracula* vor die Orakel, *ad senatum rem od. de legibus abrogandis*; *m. ut bzw.*

m. a.c.i.; *m. indir. Frages.*). **3. a)** einschreiben, eintragen, registrieren, (ver)buchen (*alqm u. alqd in alqd, zB. alqd in commentarium, iudicium in tabulas publicas, alqm od. alcis nomen in tabulas od.* °*in censum* in die Zensusrollen); *bsd. ins Rechnungsbuch* [*pecuniam Flacco datam* als ausgezahlt verbuchen, *acceptum alqd* ins Hauptbuch als empfangen eintragen, gutschreiben, *salutem alcis acceptam* gutschreiben, zurechnen, *pecuniam operi publico* unter der Rubrik „für ein öffentliches Gebäude" eintragen, verrechnen, *alqm in od.* °*inter proscriptos u.* °*in proscriptorum numerum* auf die Liste der Geächteten setzen, *in reos* in Anklagestand versetzen]; **b)** *jd.* wozu rechnen *od.* zählen (*alqm u. alqd in od.* °*inter alqd, zB. alqm in oratorum od. deorum numerum, in od.* °*inter deos, — cf.* II, 2, a —, *epistulas in volumina* aufnehmen, *orationem in Origines* in die „Urgeschichte", *Caepionem eodem* in dieselbe Kategorie bringen).

rĕ-fĕrsī *s.* rĕfĕrcĭō.

▶ **rē-fĕrt,** *rētŭlĭt,* rēfĕrrĕ (‹ *einem Kasus v.* rēs + fĕrt; rē- *später v. den Römern selbst als abl. empfunden*) *impers.* es liegt daran, kommt darauf an, macht einen Unterschied (*abs. od.* meā, tuā, nostrā *usw.* mir, dir, uns *usw.*; *selten m. gen. u.* °*dat. der Pers., zB. illorum, ipsorum,* °*dedecori*; *die Sache wird ausgedrückt durch das Neutrum eines Pronomens* [*hoc, id, illud*], *durch inf. od. a.c.i., durch indir. Frages.*); *das Wieviel wird bezeichnet durch gen. pretii* [*magni, parvi, pluris, quanti u.a.*], *durch adv.* [*magnopere, parum, magis u.a.*], *meist durch Neutra v. adi. u. pron.* [*multum, plus, plurimum u.a., bsd. häufig nihil* ~ es ist gleichgültig, ohne Belang, *u. quid* ~ was kommt darauf an?, *m. indir. Frages.*].

rĕfĕrtŭs 3 *s.* rĕfĕrcĭō.

rĕ-fĕrvĕō, — — 2. siedend aufwallen [/ *falsum crimen*].

rĕfĕrvēscō, — — 3. (*incoh. v.* rĕfĕrvĕō) siedend aufwallen [*sanguis*].

rĕ-fībŭlō 1. (fībŭlă) (*Ma.*) vom Infibulationsring befreien [*penem*].

▶ **rĕ-fĭcĭō,** fēcī, fĕctŭm 3. (făcĭō) **1. a)** noch einmal machen, *v.* neuem verfertigen, ersetzen [*amissa,* °*arma*]; **b)** (*Beamte*) wiederwählen, *v.* neuem ernennen [*tribunos,* °*alqm consulem;* °*rex rursus refectus* wiedereingesetzt]. **2. a)** wiederherstellen, *sowohl* wiedererbauen *als* ausbessern [*pontem, muros dirutos, aedes,* °*aedem Cereris,* °*flammam* wieder anfachen]; **b)** ergänzen [*copias,* °*pecus*]; **c)** / kräftigen, (neu) beleben, sich erholen lassen (*alqm u. alqd, zB. Tironem,* °*saucios* heilen, *se,* °*vires cibo, animum alcis; alqm ex u.* °*a re jd. v. od.* nach *etw., zB. exercitum ex labore*); *se reficere od. mediopass.* sich erholen, sich ermannen [*se ex nocturno labore, res reficitur* der Staat erholt sich, °*res refectae sunt* die Verhältnisse haben sich gebessert]. **3.** (*Geld*) aus *etw.* herausschlagen, einnehmen [*plus mercedis ex fundo*]; *auch* (*nkl.*) (*Kosten*) ersetzen [*impensas belli alio bello*]. — ***jd.* speisen; *se reficere u. mediopass.* sich sättigen, essen.

rĕ-fīgō, fīxī, fīxŭm 3. **1. a)** losmachen, abreißen [°*templis signa,* °*clipeum* herabnehmen, *tabulas*]; **b)** / α) abschaffen, aufheben [*leges, aera*]; β) (*Curius b. Ci.*) einpacken [*nostra*]. **2.** (*Ve.*) wieder befestigen [*aulasque et cerea regna*].

rĕ-fīngō, — — 3. (*nkl.*) wieder bilden, schaffen.

rĕ-flāgĭtō 1. (*Ca.*) zurückfordern.

rĕflātŭs, ūs *m* (rĕflō) Gegenwind; *klass. nur im abl. sg. gebräuchlich.*

rĕ-flĕctō, flĕxī, xŭm 3. **1.** (*dcht., nkl.*) rückwärts biegen *od.* drehen, zurückwenden, umwenden [*cervicem, caput, oculos, pedem* zurückgehen]; *mediopass.* sich zurückbeugen [*in ungues reflecti* zurückgebogene Krallen bekommen, *lupa tereti cervice reflexa* sich umwendend]. **2.** / umstimmen [*animum od. mentem* besänftigen, *dcht. auch* an *jd.* zurückdenken]; (*Lu.*) = se -ere weichen [*morbi causa*].

rĕ-flō 1. entgegenwehen, *vom Wind, / vom Glück.*

rĕ-flŭō, flūxī, flūxŭm 3. (*flūxī, flūxŭm?*) (*dcht., nkl.*) zurück-, ab-, überfließen [*amnis; campis v.* den Feldern].

rĕflŭŭs 3 (rĕflŭō) (*dcht., nkl.*) zurückfließend; (*in Ebbe u. Flut*) ab- *u.* zuströmend.

rĕ-fōcĭl(l)ō 1. (*nkl.*) wieder beleben, wieder erquicken.

rĕfōrmātĭō, ōnĭs *f* (rĕfōrmō) (*nkl.*) Umgestaltung; Verbesserung [*morum*].

rĕfōrmātŏr, ōrĭs *m* (rĕfōrmō) Umgestalter; / Erneuerer.

rĕfŏrmīdātĭō, ōnĭs *f* (rĕfŏrmīdō) das Zurückbeben, Furcht (*alcis*).

rĕ-fŏrmīdō 1. vor *etw.* zurückschaudern, *etw.* fürchten *od.* scheuen (*abs. od. alqm u. alqd, zB. bellum, /* °*vites ferrum reformidant* fürchten das Beschneiden; *m. inf. u. indir. Frages.*; *m.* °*ne*).

rĕ-fōrmō 1. (*dcht., nkl.*) **1.** umgestalten, verwandeln [*dum, quod fuit ante, reformet* bis sie ihre erste Gestalt wieder annimmt; P. *m. griech. acc., zB. reformatus ora in primos annos* im Antlitz verjüngt; (*prägn.*) verbessern. **2.** wiederherstellen [*pacem*].

rĕ-fŏvĕō, fōvī, fōtŭm 2. (*dcht., nkl.*) wieder erwärmen (*alqm u. alqd, zB. corpus*); / neu beleben, stärken, erquicken [*vires, provincias fessas*].

rĕfrāctārĭŏlŭs 3 (*demin. v.* rĕfrāctārĭŭs) halsstarrig, ungebärdig [*iudiciale dicendi genus*].

rĕfrāctārĭŭs 3 (*rĕfrāctŭs, P.P.P. v.* rĕfrīngō) (*Se.*) widersetzlich.

rĕ-frāctŭs *P.P.P. v.* rĕfrīngō.

rĕ-frāgŏr 1. (*Konträrbildung zu* sŭffrāgŏr) **1.** gegen *jd. od. etw.* stimmen, *jd. od. einer Sache* widerstreben (*alci u. alci rei, zB. petenti, petitioni alcis*). **2.** (*nkl.*) im Widerspruch stehen zu, (*v. Sachen*) hinderlich sein.

rĕ-frēgī *s.* rĕfrīngō.

rĕfrēnātĭō, ōnĭs *f* (rĕfrēnō) (*Se., spätl.*) Zügelung [*doloris*].

rĕ-frēnō 1. **1.** (*nkl.*) *m.* dem Zügel zurückhalten [*equos*]. **2.** / zügeln, hemmen [*libidines, impetum alcis* aufhalten; *alqm a re jd. v. etw.* zurückhalten, *zB. adulescentes a gloria*].

rĕ-frīcō, cŭī, cātūrŭs 1. **1.** (*trans.*) wieder aufkratzen = aufreißen [*cicatricem, auch /*]; / erneuern [*memoriam alcis rei, dolorem oratione, animum v.* neuem schmerzlich erregen]. **2.** (*intr.*) wieder ausbrechen [*lippitudo*].

rĕfrīgĕrātĭō, ōnĭs *f* (rĕfrīgĕrō) Abkühlung.

rĕ-frīgĕrō 1. (*denom. v.* frīgŭs) **1.** abkühlen (*abs. od. alqm u. alqd, zB.* °*se,* °*membra undā*). **2.** *mediopass.* sich abkühlen, erkalten [*alqs umbris aquisve refrigeratur*]; / erkalten, nachlassen [*accusatio refrigeratur*].

rĕ-frīgēscō, frīxī, — 3. **1.** (*nkl., dcht.*) (wieder) erkalten, sich abkühlen [*cor*]. **2.** / erkalten, erlahmen, ins Stocken kommen, abkommen [*sortes,* °*amor, a iudiciis forum refrixit* ist still geworden *v.* Gerichtsverhandlungen, *Scaurus refrixerat* hatte wenig Aussicht gewählt zu werden].

rĕ-frīngō, frēgī, frāctŭm 3. (frăngō) **1.** aufbrechen, sprengen [°*carcerem, portas, claustra nobilitatis;* °*ramum* abbrechen, °*vestes* aufreißen]. **2.** / brechen, hemmen [*vim fluminis od.* °*fortunae,* °*Achivos* die Kraft der A.].

rĕ-frīxī *s.* rĕfrīgēscō.

rĕ-fŭgĭō, fūgī, fŭgĭtūrŭs 3. **1.** (*intr.*) **a)** zurückweichen, fliehen, / *auch v. Leblosem* (*abs. od. ad alqm u. in od.* °*intra alqd, zB.* °*sol medio orbe* verschwindet zur Hälfte, °*mille fugit refugitque vias* flieht tausendfach hin *u.* her, *ad suos, Syracusas; m. abl. od. ex u. a re, zB. ex acie, a consiliis* abgehen *v., a dicendo* nicht über sich gewinnen zu sagen); / **b)** (*dcht., nkl.*) (*v. Örtlichkeiten*) zurücktreten, dem Blick entschwinden [*ex oculis humus*]; **c)** sich flüchten, seine Zuflucht nehmen zu [*ad legatos,* °*ad naturale bonum*]. **2.** (*trans.*) *jd. od.* vor *etw.* fliehen, vor *etw.* sich fürchten (*alqm u. alqd, zB. iudicem, periculum,* °*opus; m.* °*inf.* = sich sträuben).

rĕfŭgĭŭm, ī *n* (rĕfŭgĭō) **1.** (*abstr.*) (*nkl.*) Zuflucht. **2.** (*concr.*) Zufluchtsort, *auch /* [*nationum*].

rĕ-fŭgŭs 3 (*dcht., nkl.*) zurückfliehend, -weichend, *v. Pers. u. Sachen* [*equites, unda*].

rĕ-fŭlgĕō, fūlsī, — 2. (*nkl., dcht.*) (zurück)schimmern, strahlen, glänzen [*arma; re* durch *od. v. etw., zB. stellarum luce;* °*alci j-m* auf- *od.* entgegenleuchten, *zB. nautis, auch /*].

rĕ-fŭndō, fūdī, fūsŭm 3. **1. a)** zurückgießen, -schütten; **b)** (*dcht.*) zurückschleudern, -werfen [*aequor in aequor*]. **2.** *mediopass.* (*dcht.*) zurückströmen, *übh.* sich ergießen, *bsd. part.* rĕfūsŭs [*refusus Oceanus* in sich selbst zurückfließend, die Erde umfließend; *imis stagna refusa vadis* die sich aus des Meeres tiefunterstem Grunde nach oben

ergossen].
rĕfūtātĭō, ōnĭs *f u.* (*Lu.*) **-tātŭs,** *abl.* ū *m* (rĕfūtō) Widerlegung.
rĕ-fūtō 1. (*cf.* cōnfūtō) **1.** zurückschlagen, -treiben [*nationes bello*]. **2.** / **a**) *etw.* zurückweisen, abweisen [*conatum, cupiditatem alcis,* °*dicta* abwenden]; **b**) *jd. od. etw.* widerlegen [*testimonium*].
rēgālĭŏlŭs, ī *m* (*demin. v.* rēgālĭs) (*Suet.*) kleiner Vogel, *etwa* Zaunkönig.
rēgālĭs, ĕ (*m.* °*comp. u.* °*sup.*; *adv.* °**-ĭtĕr**) (rēx) **1. a**) königlich, eines Königs, dem König geziemend [*genus civitatis* Monarchie, *potestas,* °*numisma,* °*scriptum v.* Königen handelnd, °*carmen* die Taten der Könige verherrlichend]; **b**) königlich, fürstlich, eines Königs würdig [*ornatus,* °*domus v.* königlicher Pracht]. **2.** *adv.* °**rēgālĭtĕr a**) königlich, nach Königsart, prächtig; **b**) (*pejorativ*) herrisch, despotisch. — ***subst.* **-e,** *is n* Königsgut, -recht; *pl.* Einkünfte des Königs, Gerechtsame; Reichskleinodien.
rĕ-gĕlō 1. (*nkl., dcht.*) wieder auftauen, erwärmen.
rĕ-gĕmō, — — 3. (*dcht.*) aufseufzen.
rĕ-gĕnĕrō 1. (*spätl.*) *v.* neuem hervorbringen. — **(*P.P.P.*) *adi. regeneratus* 3 wiedergeboren, getauft.
rĕ-gĕrō, gĕssī, gĕstŭm 3. (*unkl.*) **1. a**) zurücktragen, -schaffen [*terram e fossa, faces* zurückwerfen, *invidiam v.* sich abwälzen]; **b**) / zurückgeben, erwidern [*convicia alci*]. **2. a**) (*Qu.*) eintragen, -schreiben [*in commentarios*]; **b**) (*P.P.P.*) *subst.* **rĕgĕstă,** ōrŭm *n* (*spätl.*) Register, Katalog (***entstellt zu registrum, i n* Verzeichnis).
rēgĭă, ae *f* (*sc.* dŏmŭs; rēgĭŭs) **1. a**) Palast des Königs, Königsburg, Residenz(schloß) [°*caeli* Himmelsburg; (*Ve.*) *auch v. der Höhle des Cacus u. der Hütte des Euander*]; *bsd. die zu Rom gelegene* Königsburg des Numa, *nach der Vertreibung der Könige zu gottesdienstlichen Zwecken benutzt*; **b**) (*nkl.*) Königszelt im Lager; **c**) (*nkl., dcht.*) Königsstadt [*Croesi regia, Sardis*]; **d**) (*nkl., dcht.*) (*Übers. v.* βασιλική = *bāsĭlĭcă*) Basilika, Säulenhalle. **2. a**) (*nkl.*) Hof, Hofstaat; **b**) (*nkl.*) Königsfamilie, -haus, *auch* Königswürde [~ *Cadmi, Persica*].
rēgĭ-fĭcŭs 3 (*adv.* **-ē**) (rēx, făcĭō) (*dcht., nkl.*) königlich, prächtig [*luxus*].
rĕ-gignō, — — 3. (*-ī-?*) (*Qu.*) wiedererzeugen, wiederherstellen.
rēgillŭs 3 (*cf.* rēgŭlă) (*Pl.*) **1.** *m.* senkrecht gezogener Kettenfäden gewebt. **2.** (*scherzh. als demin. zu rēgĭŭs gebraucht*) königlich, prächtig.
Rēgillŭs, ī *m See in Latium, östl. v. Rom, an dem die Römer 496 v.Chr. die Latiner besiegten* (*auch lacus R.*); *adi.* **Rēgillēnsĭs,** ĕ *cogn. in der gēns Pŏstŭmĭă und Aemĭlĭă.*
rĕgĭmĕn, ĭnĭs *n* (rĕgō) (*dcht., nkl.*) **1.** Lenkung, Leitung [*cohortium* Kommando]. **2.** / **a**) Verwaltung, Regierung [*totius magistratūs*]; **b**) *meton.* Steuerruder [*carinae*]; **c**) Lenker, Leiter [*rerum* Staatsoberhaupt].
▶ **rēgīnă,** ae *f* (rēx) **1.** Königin, Herrscherin [°~ *Dido*; *dcht. auch v. Göttinnen u. vornehmen Frauen, zB. Iuno,* °*siderum* ~ *bicornis* = *Luna*]; / ~ *pecunia* das weltbeherrschende, *iustitia omnium est* ~ *virtutum.* **2.** / (*dcht., nkl.*) Königstochter, Prinzessin [*Colchorum* ~ = *Medea*].
Rēgīnŭs *s.* Rēgĭŭm.

> **rĕgĭō**
> **1. a**) Richtung, Linie; **b**) **ē rĕgĭōnĕ** *adv.* gerade(aus); gerade gegenüber; **2. a**) Grenzlinie, Grenze; **b**) Gesichtslinie, *die man sich am Himmel gezogen dachte* (*Augurensprache*); **c**) Himmelsraum, Weltgegend; **3.** (*geograph.*) **a**) Gegend; **b**) Landschaft; **c**) Stadtbezirk.

rĕgĭō, ōnĭs *f* (rĕgō) **1. a**) Richtung, Linie, *auch* Lage [*eandem petere regionem* einschlagen, *superare regionem castrorum* das Lager umgehen, *rectā regione* in gerader Richtung, *rectā Danuvii -ne* der Donau parallel, °*portae -ne platearum patentes* die gegen die Straßen der Stadt hin offenen Tore (des Lagers), °*regione occidentis* westwärts, °*fallit alqm timor regione viarum* über die Richtung; / *de recta regione deflectere* vom rechten Weg der Pflicht abweichen, *eadem est nostrae rationis* ~ dieselbe Richtung]; **b**) **ē rĕgĭōnĕ** *adv.*: α) gerade (-aus) [*ferri, moveri*], in gerader Richtung (*alcis rei m. etw., zB. molis*); β) gerade gegenüber (*m. gen. u. dat., zB. oppidi, nobis*; *auch abs., zB.* °*aciem e regione instruere*). **2.** / **a**) Grenzlinie, Grenze, *meist pl., auch* / [*regionibus vitae spatium circumscribere*; / *sese regionibus officii continere*]; **b**) (*t.t. der Augurensprache*) die Gesichtslinie, *die man sich am Himmel gezogen dachte* [*lituo regiones terminare od. dirigere*]; **c**) Himmelsraum, Weltgegend [~ *aquilonia od. australis,* °*vespertina*]. **3. a**) Gegend *als Teil der Erde od. e-s Landes* [*inhabitabilis, pestilens*]; *bsd.* / Gebiet, Bereich, Sphäre [*bene dicere non habet definitam regionem*]; **b**) Landschaft, -strich [°*Padana, maritima,* °*in quattuor regiones dividere Macedoniam*]; **c**) (*nkl.*) Stadtbezirk, -viertel *der Stadt Rom* [*quattuordecim urbis regiones*].
rĕgĭōnātĭm *adv.* (rĕgĭō) (*nkl.*) bezirksweise.
****registrum,** *i n s.* rĕgĕrō 2b.
Rēgĭŭm *u.* °**-ŏn,** ī *n* **1.** ~ *Lĕpĭdŭm, St. zw. Modena u. Parma an der via Aemilia, j.* Reggio nell'Emilia; *Einw.* **Rēgĭēnsēs,** ĭŭm *m.* **2.** *St. Messina gegenüber, j.* Reggio di Calabria; *Einw. u. adi.* **Rēgīnŭs** (3).
▶ **rēgĭŭs** 3 (*adv.* **-ē**) **1. a**) königlich [*potestas, civitas* Monarchie, °*exercitus* des (Perser-)Königs, *bellum m.* einem König, *ornatus*]; **b**) *subst.* **rēgĭī,** ōrŭm *m* (*nkl.*): α) königliche Truppen; β) Hofleute. **2.** / (*unkl.*) **a**) (= *rēgālĭs*) prächtig, vorzüglich [*iuvenis vere -ae indolis, more -o vivere* zügellos, *moles* Riesenbauten fürstlicher Schlösser, *morbus* Gelbsucht]; **b**) despotisch, tyrannisch [*iudicium*].
rĕ-glūtĭnō 1. (*eigtl.* „wieder aufleimen") (*dcht. u. spätl.*) wiederauflösen, -losreißen.
rēgnātŏr, ōrĭs *m* (rēgnō) (*vkl., dcht.*) Herrscher, Gebieter [*Olympi, aquarum*].
rēgnātrīx, īcĭs *f* (rēgnātŏr) (*nkl.*) Königin, herrschend, Herrscher... [*domus*].
▶ **rēgnō** 1. (*denom. v.* rēgnŭm) **1.** (*intr.*) **a**) König sein, als König herrschen [*viginti annos od. annum iam vicesimum, Xerxe regnante* unter der Regierung des X., °*Romae,* °*Graias per urbes*; P. *impers. regnatur* eine Königsherrschaft besteht, *regnari omnes volebant* monarchisches Regiment; °*in alqm od.* °*alcis* über *jd., zB. populorum*]; **b**) / α) herrschen, gebieten [*Graecia,* °*Apollo,* °*vivo et* ~ ich genieße erst das Leben *u.* fühle mich frei wie ein König]; β) (*tadelnd*) den Herrn spielen, willkürlich schalten *u.* walten [*alqs audaciā regnat in omnibus oppidis*]; **c**) (*v. Leblosem*) herrschen = die Oberhand haben [°*ignis per cacumina regnat* wütet, °*cum regnat rosa* (*beim Gelage*), *in quo uno regnat oratio*]. **2.** (*trans.*) (*dcht., nkl.*) beherrschen; *nur* P. monarchisch regiert werden [*Gotones regnantur, regnata Cyro Bactra v.* Kyros].
▶ **rēgnŭm,** ī *n* (rēx) **1.** Königtum, Königsherrschaft, -würde (*alcis j-s, zB. Darei u. alcis rei, zB. civitatis*; *appetere, alci dare u. deferre, -o potiri, alqm -o expellere*). **2. a**) Herrschaft, Regierung [*forense, sub -o alcis esse, alci -um deferre,* °*manet alqm victoria regni* über die Herrschaft entscheidende, °*regna vini sortiri* das Präsidium beim Trinkgelage, °*si aliquid regni est in carmine* einige Gewalt]; **b**) (*pejorativ*) Gewalt-, Alleinherrschaft, Tyrannei, Despotie [*Dionysii, hoc vero* ~ *est* Tyrannei, *-um occupare,* ~ *est dicere* es wäre tyrannisch, zu sagen]. **3.** *meton.* **a**) Königreich, Reich (*alcis, zB. Prusiae*; *patrio -o pellere alqm,* °*caeleste,* / *cerea -a* Bienenzellen); **b**) (*dcht.*) Schattenreich, *auch pl.* [*Proserpinae, inania*]; **c**) α) Königshaus, Herrscherfamilie [*necessitudines regni* Verbindungen *m.* dem Königshaus]; *auch* Residenz, Hauptstadt; β) / Gebiet, Eigentum [*in regno alcis esse,* °*uberrima -a* Landstriche].
▶ **rĕgō,** rēxī, rēctŭm 3. (*cf.* ὀρέγω, *nhd.* „recken") **1. a**) (gerade) richten, lenken, leiten (*alqm u. alqd, zB. equum, beluam, navem velis,* °*clavum* Steuer); **b**) abstecken, regulieren [*fines u.* °*terminos* Grenzlinien ziehen]. **2.** / **a**) regieren, beherrschen [*iuvenem disciplinā, omnem mundum, domum, rem publicam, summam rerum,* °*valetudines principis* Leibarzt sein, *suorum libidines*]; *auch* (*Ta.*) *abs.* = rēgnārĕ [*eo regente* unter seiner Regierung; *subst.* (*nkl.*) rĕgēns, ĕntĭs *m* Herrscher (***Vorsteher, *bsd. e-s Priesterseminars*)]; **b**) zurechtweisen [*errantem*]; *auch alqm* hofmeistern,

°mores alcis verbessern.

rĕ-grĕdĭŏr, grĕssŭs sŭm 3. (grădĭŏr) zurückgehen, -kehren (abs.; ab u. ex re in u. ad alqd, zB. °ex itinere clam in castra; / in illum annum; [Pl.] in memoriam ~ ich besinne mich [m. a.c.i., zB. me audisse]); bsd. mil. sich zurückziehen.

rĕgrĕssĭō, ōnĭs f (rĕgrĕdĭŏr; nkl.) Rückkehr; (rhet. t.t.; Qu.) Wiederholung e-s Wortes (= ἐπάνοδος).

rĕ-grĕssŭs¹ part. pf. v. rĕgrĕdĭŏr.

rĕgrĕssŭs², ūs m (rĕgrĕdĭŏr) **1. a)** Rückkehr, Heimkehr [progressūs et -ūs siderum, °fortuna -um non habet kann nicht rückgängig gemacht werden]; **b)** (nkl.) mil. Rückzug. **2.** / (nkl.) **a)** Rücktritt, Abkehr [ab ira]; **b)** Zuflucht, Rückhalt. **3.** (jur. t.t.) (spätl.) Regreß, Rückgriff, Ersatzanspruch.

▶ **rēgŭlă,** ae f (Dehnstufe zu rĕgō) **1. a)** Latte, Leiste, Schiene; **b)** Lineal; **c)** (Vi.) Regula, kleine Leiste m. Tropfen (guttae) unterhalb der Triglyphe des dorischen Tempels. **2.** / **a)** Richtschnur, Maßstab, Norm, klass. nur sg. [naturae, lex est iuris atque iniuriae ~]; **b)** (nkl.) regulae iuris normative Grundsätze im röm. Recht. — **Ordensregel.

rēgŭlŭs, ī m (demin. v. rēx) **1.** (nkl.) **a)** kleiner König, Häuptling, Fürst; **b)** Prinz. **2. Rēgŭlŭs** cogn. in der gēns Ătīlĭă: M. Atilius R., cons. 269 u. 256 v.Chr.; röm. Feldherr im 1. Punischen Krieg, bei Tunes besiegt u. gefangen; nach patriotischer Legende 251 m. Friedensgesandtschaft der Karthager nach Rom geschickt, sprach er gegen die Annahme des Friedensangebots. (Cf. Horaz, c. III, 5).

rĕ-gŭstō 1. (-ū-?) **1.** (dcht., nkl.) noch einmal kosten; auslecken. **2.** / = wieder genießen, wieder lesen [litteras alcis].

rē-ĭcĭō
1. a) zurückwerfen; **b)** wieder werfen; **c)** hinten hinstellen; **d)** (Gewänder) zurückschlagen; **2. a)** zurücktreiben; **b)** (Schiff) verschlagen; **c)** zurückstoßen, -weisen; **d)** wegwerfen, (Kleidung) abwerfen; **3.** jd. irgendwohin verweisen; **4.** auf einen bestimmten Termin verschieben.

rē-ĭcĭō, iēcī, iēctŭm 3. (iăcĭō) **1. a)** zurückwerfen [scutum auf den Rücken zur Deckung, °manus ad tergum, °fatigata membra zurücksinken lassen]; se -ere u. (selten) mediopass. (unkl.) niedersinken [°in alqm in j-s Arme; °in alcis gremium; °in cubile]; **b)** wieder werfen, auch seinerseits werfen [telum in hostem]; **c)** hinten hinstellen [°accensos in postremam aciem]; **d)** (Gewänder) zurückschlagen [paenulam auf die Schulter, °togam ab umero, °clipeum zurückreißen]. **2. a)** zurücktreiben, -jagen [°capellas a flumine, °oculos Rutulorum arvis abwenden v.]; klass. nur mil. zurückwerfen, -schlagen [equitatum, hostem in oppidum; / alcis ferrum et audaciam in foro]; **b)** (Schiffe u. Schiffer) verschlagen [navem; meist P., zB. reici austro ad Leucopetram]; **c)** zurückstoßen, -drängen [°pectora alcis a se]; klass. nur / zurück-, abweisen [proscriptionem a se, °dona alcis]; meist verwerfen, verschmähen [voluptates, °condiciones, disputationem, Ennii Medeam; auch alqm jd. abweisen, zB. °petentem den Bewerber, °Lydiam]; bsd. (ausgeloste Richter) ablehnen [iudices, recuperatores]; **d)** wegwerfen, -stoßen, entfernen [pila, °librum e gremio suo]; bsd. Kleidungsstücke abwerfen [sagulum, °vestem de corpore, °amictum ex umeris]. **3.** jd. od. etw. irgendwohin verweisen (alqm ad od. in alqd, zB. alqm ad ipsam epistulam, °si huc te reicis wenn du dich dazu entschließt); bsd. jd. od. etw. zur Entscheidung an eine Behörde verweisen [legatos ad senatum, °rem a se ad populum; / °invidiam alcis rei ad senatum auf den S. schieben, ihm aufbürden]. **4.** etw. auf einen bestimmten Termin verschieben, aufschieben (alqd in alqd, zB. rem in mensem Ianuarium).
F. Im Vers auch zweisilbig: reicĭs u. reicĕ.

rēĭcŭlŭs 3 (rēĭcĭō) **1.** (vkl.) (als Wort der Bauernspr.) ausgemerzt, unbrauchbar [ovis]. **2.** / (Se.) nutzlos (verbracht) [dies].

rē-iēcī s. rēĭcĭō.

rēiĕctānĕŭs 3 (Weiterbildung zu rēiĕctŭs) verwerflich; subst. **-ă,** ōrŭm n abwechselnd m. rēĭcĭĕndă (stoischer t.t.) = ăpŏprŏēgmĕnă.

rēiĕctĭō, ōnĭs f (rēĭcĭō) **1.** (rhet. t.t.) das Abwälzen [in alium]. **2.** Ablehnung. **3.** (jur. t.t.) Ablehnung ausgeloster Richter [iudicum].

rēiĕctō 1. (intens. v. rēĭcĭō) (Lu.) zurückwerfen.

rē-iĕctŭs¹ P.P.P. v. rēĭcĭō.

rēiĕctŭs² 3 (eigtl. P.P.P. v. rēĭcĭō) verwerflich; subst. **-ă,** ōrŭm n = rēiĕctānĕă.

rĕ-lābŏr, lāpsŭs sŭm 3. (dcht., nkl.) zurückgleiten, -sinken, -fließen, übh. zurückkehren [iterum -ens aufs Lager; unda; / in Aristippi furtim praecepta unvermerkt zurückkommen auf]. — **(subst.) relapsi Rückfällige.

rĕ-lānguēscō, gŭī, — 3. **1.** (nkl., dcht.) erschlaffen, ermatten, erlahmen. **2.** / nachlassen [°taedio impetus regis, °ardor].

rĕlātĭō, ōnĭs f (rĕfĕrō) **1.** (Qu.) das (wiederholte) Hinführen [~ crebra der Hand an das Tintenfaß, um einzutauchen]. **2.** (jur. t.t.) das Zurückschieben einer Beschuldigung auf den Ankläger, Ablehnung [criminis]. **3.** (Sen.) Vergeltung [gratiae]. **4.** (rhet. t.t.) Wiederholung eines Wortes als Redefigur. **5. a)** (nkl.) Bericht, Erzählung [rerum ab Scythis gestarum]; **b)** Bericht(erstattung), Vortrag, Antrag, bsd. im Senat [-nem alcis approbare, °-nem egredi die Tagesordnung überschreiten]. **6.** (gramm. u. philos. t.t.) Beziehung, Verhältnis.

rĕlātŏr, ōrĭs m (rĕfĕrō) (unkl.) Berichterstatter, Referent im Senat.

rĕ-lātŭs¹ P.P.P. v. rĕfĕrō.

rĕlātŭs², ūs m (rĕfĕro) (nkl.) Vortrag, Berichterstattung, bsd. im Senat (de re u. alcis rei, zB. virtutum); übh. Erzählung.

rĕlăxātĭō, ōnĭs f (rĕlăxō) Erleichterung, Erholung, Linderung [animi, doloris].

rĕ-lăxō 1. **1.** erweitern [°ora fontibus]; mediopass. sich erweitern [alvus relaxatur]. **2.** losmachen, lockern, lösen [°tunicarum vincula, °claustra, °densa verdünnen, °spiramenta Luftlöcher öffnen]. **3.** / **a)** abspannen, nachlassen [aliquantum, aliquid a contentionibus nachlassen in, continuationem verborum in der Anstrengung durch lange Perioden, tristitiam **mäßigen**]; **b)** mediopass. u. se relaxare: **α)** sich v. etw. losmachen (a re u. re, zB. a necessitate numerorum, corporis vinculis); **β)** (auch act., abs.) nachlassen, v. Sachen u. Pers. [dolor relaxat, insani relaxantur werden wieder vernünftig]. **4.** erleichtern, lindern, erheitern [animum somno od. doctrinā, severitatem mäßigen]; mediopass. u. se relaxare sich erholen [animo geistig; ex re u. re v. etw., zB. occupationibus]. — **peccata Sünden vergeben.

rĕlēgātĭō, ōnĭs f (rĕlēgō) Verweisung, Verbannung (mildeste Form, ohne Entziehung des röm. Bürgerrechts).

rĕ-lēgō¹ 1. **1. a)** wegschicken, entfernen (alqm ab alqo u. a re, alqm in alqd, zB. filium ab hominibus, Catonem Cyprum; [dcht.] alqm alci, zB. Hippolytum nymphae Egeriae wegsenden zur E.); **b)** jd. verbannen, verweisen, als mildeste Form der Verbannung, cf. rĕlēgātĭō (alqm °in exsilium od. °ultra Carthaginem; °relegatus, non exsul). **2.** / **a)** entfernen, zurückweisen [Samnitium dona, milites relegati longe a ceteris abgeschnitten v.; m. °dat., zB. terris gens relegata ultimis fern wohnend]; **b)** (nkl., dcht.) jd. etw. zuschieben od. zuschreiben [invidiam in alqm, ornandi causas alci].

rĕ-lĕgō², lēgī, lēctŭm 3. **1.** (dcht.) wieder (zusammen)lesen, zusammennehmen [filum wieder aufwickeln]. **2.** / **a)** (dcht., nkl.) (Örtlichkeiten) wieder durchreisen [Asiam, retrorsus litora in entgegengesetzter Richtung wieder vorbeisegeln an]; **b)** (dcht., nkl.) v. neuem lesen [Troiani belli scriptorem, scripta]; **c)** wieder durchgehen = erwägen [°suos sermone labores wieder besprechen, omnia quae ad cultum deorum pertinent].

rĕ-lĕntēscō, — — 3. (Ov.) wieder erschlaffen od. nachlassen [amor].

rĕ-lĕvō 1. **1.** (dcht.) wieder erheben od. aufrichten [e terra corpus, in cubitum membra sich stützen auf]. **2.** wieder leicht machen, erleichtern [epistulam pellectione, °vimina curva die Bienenkörbe; P. °longā relevari catenā]. **3.** / **a)** etw. lindern, mildern [casum misericordiā, °famem, °aestūs alcis kühlen]; **b)** jd. aufrichten, trösten (alqm u. alqd, *zB.* °*pectora mero*, °*membra sedili* ausruhen lassen; *mediopass.* sich erholen); **c)** *alqm re jd. v. etw.* befreien, *zB. gravi morbo*; °*tertiā mercedum parte* ein Drittel des Pachtgeldes erlassen.

rĕ-lĭcĕŏr, — 2. (?) unterbieten.

rĕlĭctĭō, *ōnĭs f* (*rĕlĭnquō*) das böswillige Verlassen [*consulis sui*].

rĕ-lĭctŭs *P.P.P. v. rĕlĭnquō.*

rĕlĭcŭ(ŭ)s 3 (*Com., Lu., Ph.*) = *rĕlĭquŭs.*

rĕlĭgātĭō, *ōnĭs f* (*rĕlĭgō*) das Anbinden [*vitium*].

rĕlĭgĭō
1. a) Bedenken; **b)** abergläubisches Bedenken; **c)** Gewissensskrupel; **d)** Gewissenhaftigkeit; **2. a)** Religiosität, Gottesfurcht; **b)** Aberglaube; **c)** Andacht; **d)** Gottesverehrung; **3.** Religion, Gottesdienst; *pl.* Zeremonien, Kult; **4. a)** das Heilige; **b)** Heiligkeit (*e-r Pers. od. Sache*); Eid; Heiligtum; Sünde, Fluch.

rĕlĭgĭō, *ōnĭs f* (*im Vers auch -ll-; nach Cicero zu rĕlĕgō*[2], *aber früh an rĕlĭgō angeschlossen; cf. nĕglĕgō*) **1. a)** Bedenken, Zweifel, Besorgnis [*-nem inicere od. afferre, offerre alci, -ne obstringere alqm, alqd* °*in -nem trahere, -ne a conatu repelli*]; **b)** abergläubisches Bedenken [*novas -nes sibi fingere, perturbari -nibus et metu v.* abergläubischer Furcht]; **c)** religiöses Bedenken, Gewissensskrupel, *auch pl.* (*alcis, zB. iudicum; alcis rei* wegen *e-r* Sache, *zB. mendacii; alqd alci in -nem venit* verursacht Gewissensskrupel; *alci religioni est m. a.c.i. jd.* macht sich ein Gewissen daraus, *alqd -ni habere* Gewissensbedenken wegen *e-r* Sache hegen; °*~ est od.* °*incedit m. inf. u. a.c.i., verneint auch m. quominus*); **d)** (*als dauernde Eigenschaft*) Gewissenhaftigkeit, Genauigkeit (*alcis j-s, zB. iudicis; alcis rei e-r* Sache *od.* in *u.* bei *etw., zB. exemplar antiquae -nis, homo* °*sine ulla -ne* gewissenlos, *~ ducit alqm ad officium*]. **2. a)** religiöses Gefühl, Religiosität, Gottesfurcht, Frömmigkeit (*alcis j-s, zB.* °*Numae,* °*animus -ne intactus* für religiöse Gefühle unempfänglich, °*deum eximia -ne colere,* °*alqd in -nem vertere* als göttliche Vorbedeutung ansehen); **b)** Aberglaube, abergläubische Scheu [°*animos multiplex ~ incessit*]; *pl.* abergläubische Gedanken [*-ibus deditus*]; **c)** Andacht [*sacra Cereris summā -ne conficere*]; **d)** Religion als religiöse Verehrung *od.* Glaube an Gott, Gottesverehrung [*~ est cultus deorum, sua cuique civitati ~ est*]. **3.** äußere Religion *od.* Gottesdienst [*Cereris, deorum immortalium*]; *meist pl.* religiöse Einrichtungen, Zeremonien, Bräuche, Kult [*Iudaeorum,* °*nocturnae* Nachtfeier (des Priapus); °*Christiana,* °*de -nibus senatum consulere,* °*diligentissimus -num cultor od. interpres,* °*-nes instituere* einführen, °*neglegere; interpretari* Auskunft geben über]. **4.** das Heilige: **a)** [°*in sacerdotibus tanta offusa oculis animoque religione non moveri* durch das Heilige, das ihm in der Person der Priester entgegentrat]; **b)** αα) Heiligkeit *e-r Pers. od. Sache* (*alcis u. alcis rei, zB. deorum,* °*magistratūs,* °*loci, fani, sacramenti, sortis*); ββ) heilige Verpflichtung, Eid [*nova ~ iuris iurandi* neue Eidesverpflichtung, °*conservare -nem* seinen Eid halten, *-ne obstringere alqm*]; γγ) Heiligtum, *bsd.* Kult-, Götterbild [*civitati -nem restituere, domestica* Hausheiligtum, *von Myrons Apollostatue*]; *bsd.* Glaubenssatz [*summa*], heiliges Amt [*homo illā -ne indignus*]; *pl.* Götterzeichen [°*-nibus inductus*]; δδ) Religionsfrevel, religiöse Schuld, Sünde, Fluch [*Clodiana v.* Clodius begangen, *inexpiabiles -nes in rem publicam inducere, domum religione exsolvere od. liberare*]. — **Mönchs- *od.* Nonnenorden; *religionis habitus* Mönchskutte.

rĕlĭgĭōsĭtās, *ātĭs f* (*rĕlĭgĭōsŭs*) (*nkl.*) Frömmigkeit, Religiosität.

rĕlĭgĭōsŭs 3 (*m.* °*comp. u. sup.*; *adv.* **-ē**) (*rĕlĭgĭō*) **1.** voller Bedenken, *bsd.* religiös bedenklich, *v. Sachen auch* unheilvoll [°*civitas, dies,* °*religiosum est m. inf.*]. **2.** gewissenhaft, bedächtig [*testis, iudices, -e* °*promittere, -e testimonium dicere; in re, zB. in testimoniis*]. **3.** gottesfürchtig, fromm, religiös [*homines, iura; -e* °*deos colere*]. **4.** heilig, ehrwürdig, *v. Örtlichkeiten u. Gottheiten* [*templum, signa, Ceres*]. **5.** (*vkl., dcht.*) abergläubisch; scheinheilig.

rĕ-lĭgō 1. **1.** (*dcht., nkl.*) zurückbinden, auf-, emporbinden [*bracchia nodo, manūs post tergum, comam nodo* zu einem Knoten, *capillum in vertice; alci j-m* zuliebe]; *auch* (*dcht.*) umbinden, umwinden [*tempora feno, hederā crines*]. **2.** anbinden, festbinden, befestigen (*alqm u. alqd, zB.* °*equos* anspannen, *trabes axibus* verbinden, *naves ferreis manibus* festhalten, / *prudentiam extrinsecus* an Außendinge anknüpfen; *alqd ad alqd od. ab u. ex re, auch* °*re,* °*alci rei u.* °*in re etw.* an *etw., zB. alqm ad currum, naves ad terram, funiculum a puppi,* °*pinum in litore*). **3.** (*Ca.*) losbinden [*iuga manu*].

rĕ-lĭnō, *lēvī, lĭtŭm* 3. (*cf. ŏb-lĭnō*) (*vkl., dcht.*) (*Verpichtes*) öffnen [*mella thesauris* herausnehmen].

rĕ-lĭnquō
1. a) zurücklassen; **b)** (*in e-m Zustand*) (zurück)lassen; **c)** (*beim Tod*) hinterlassen; **2. a)** übriglassen; **b)** *jd. etw.* überlassen; **3. a)** *jd. od. etw.* verlassen; **b)** im Stich lassen; **4. a)** *etw.* aufgeben; **b)** ungestraft hingehen lassen; **c)** unerwähnt lassen.

rĕ-lĭnquō, *līquī, lĭctŭm* 3. **1. a)** zurücklassen, hinterlassen, lassen (*alqm u. alqd, zB. fratrem in Gallia, equos* absteigen, °*arma* niederlegen, *alqm ad od. apud exercitum, legionem in praesidio als* Besatzung, *copias praesidio castris,* / *aculeos in animo alcis, desiderium sui, bsd. im Rang* hinter sich lassen, *zB. omnes in eloquentia procul a se*); P. *auch* zurückbleiben [*in Graecia;* / *in cogitatione audientium*]; **b)** (*in einem Zustand*) zurücklassen *od.* (liegen) lassen [*Morinos pacatos, alqm insepultum, copias sine imperio,* / °*agros intactos, alqd in medio* unentschieden lassen, °*nihil inexpertum* nichts unversucht lassen]; **c)** (*beim Tod*) hinterlassen [*liberos, alqm heredem,* °*alci regnum, orationes;* °*unde efferretur vix reliquit* kaum die Mittel zu seinem Begräbnis, / °*magnam sui famam, bsd. v. Schriftstellern, zB. illorum temporum historiam, scriptum ~ m. a.c.i.*]. **2. a)** *als Rest* übriglassen (*alqm, zB. paucos* am Leben lassen; *alqd u. alci alqd, zB. partem belli, fenestras in struendo* frei lassen, *equites sibi praesidio* für sich zum Schutz zurückbehalten); P. übrigbleiben [*relinquitur una via, aditus una ex parte, locus virtuti od. misericordiae* Gelegenheit *od.* Möglichkeit zu, *pars vacat relicta* bleibt frei; *relinquitur, ut* es ist noch übrig, daß, °*nihil -itur nisi fuga* es bleibt nichts übrig, als]; *subst.* °**rĕlĭctŭm,** *ī n* Rest; **b)** / *j-m etw.* überlassen (*alqd u. alci alqd, alci alqd ad alqd* zu *etw., zB. intercessionem liberam* das Recht der Interzession unbeschränkt lassen, *ius od. laudem alci, sibi tempus ad quietem, deliberandi sibi spatium* sich Zeit lassen, *urbem direptioni u.* °*alqm poenae* preisgeben; *m. gerund., zB. cadaver canibus dilaniandum*). **3. a)** *jd. od. etw.* verlassen [*locum, domum propinquosque, Britanniam,* °*vitam od.* °*lucem od.* °*animam* = sterben, *animus alqm relinquit* die Besinnung, °*anima od.* °*vita relinquit alqm* das Leben, *ab omni honestate relictus* entblößt]; **b)** *jd. od. etw.* im Stich lassen [*consulem;* °*signa* desertieren]. **4.** / **a)** *etw.* aufgeben, vernachlässigen (*alqd, zB.* °*obsidionem, possessiones, cultum agrorum, relictis omnibus rebus m.* Hintansetzung alles anderen, *alqd pro relicto habere* als überwundenen Standpunkt betrachten); **b)** ungestraft hingehen lassen [*iniurias, legatum interfectum, vim alci factam*]; **c)** unerwähnt lassen, übergehen [*caedes*]. — ***mundum* ins Kloster gehen.

▶ **rĕlĭquĭae,** *ārŭm f* (*im Vers auch -ll-*) (*rĕlĭquŭs*) **1.** Überbleibsel, Trümmer, Überreste, Reste, *v. Pers. u. Sachen* [°*Danaum,* °*copiarum, coniurationis, cibi* Exkremente, / *pristinae fortunae*]. **2. a)** Speisereste; **b)** Gebeine *e-s Toten,* Gerippe [°*humanorum corporum*]; **c)** Asche *e-s Leichnams* [*Marii*]; **d)** / Hinterlassenschaft [*avi*]; **e)** (*Eccl.*) Reliquie(n).

▶ **rĕlĭquŭs** 3 (*rĕlĭnquō*) **1.** zurückgelassen *od.* übrig(geblieben) [*copiae* der Rest der Truppen, *spes, alqm u. alqd -um habere* übrig haben, *-um facere alci j-m*

reliquos – die Übrigen od. Anderen

übrig lassen; *nemo in terris est* ~ sonst ist niemand auf der Welt; *reliquum est*, ut es bleibt nun noch übrig, daß, *meist in Übergängen*; *ex re v. etw., zB. ex familia*]; *subst.* **-ŭm,** *ī n* Rest [*noctis*, °-*a belli, nihil -i alci facere j-m* nichts übriglassen; *nihil sibi -i facere* alles aufbieten, *ad alqd* in bezug auf *etw.*; *-i si quid fuerat* was sonst noch übriggeblieben war]. **2. a)** rückständig, ausstehend [*pecunia*]; *subst.* **-ŭm,** *ī n meist pl.* Rückstand, Rest *einer Schuld*; **b)** (*v. der Zeit*) künftig [*tempus, in -um (tempus)* für die Folgezeit]; **c)** der übrige *od.* weitere [*fuga, equitatus*]; *meist pl.* **rĕlĭquī,** *ae, ă* die übrigen, die anderen *als Rest od. Anhang e-s Ganzen* [*-i omnes* alle übrigen].

rĕllĭgĭō, *ōnis f s. rĕlĭgĭō.*

rĕ-lūcĕō, *xī*, — 2. (*nkl., dcht.*) zurückleuchten, glänzen [*stella, olli barba -xit* stand ihm in Flammen].

rĕlūcēscō, *lūxī*, — 3. (*incoh. v. rĕlūcĕō*) (*dcht., nkl.*) (wieder) hell werden, erglänzen [*dies*].

rĕ-lŭctŏr 1. (*dcht., nkl.*) sich sträuben, widerstreben (*abs. od. alci u. alci rei, zB. precibus alcis*).

rĕ-lūdō, *lūsī*, — 3. (*dcht., nkl.*) über *etw.* scherzen, spotten [*adversus temerarios mariti iocos*].

rĕ-măcrēscō, *crŭī*, — 3. (*Suet.*) wieder mager werden.

rĕ-mălĕdīcō, — — 3. (*Suet., Eccl.*) wieder schimpfen.

rĕ-mandō[1] 1. (*spätl.*) zurücksagen lassen, erwidern (*alci*).

rĕ-mandō[2], — — 3. (*nkl.*) wiederkäuen [*cibum*].

rĕ-mănĕō, *mānsī, mānsŭm* 2. **1.** zurückbleiben [*Romae, domi, ad urbem, apud alqm*, °*ferrum in corpore remansit*]. **2.** dauernd (ver-) bleiben [*equi eodem vestigio remanent*]; / sich dauernd erhalten (haben), noch vorhanden sein [*animi remanent post mortem*, °*memoria alcis apud alqm*]; *v. Pers. auch* (*dcht.*) ausharren (*in re, zB. in duris*).

rĕ-mānō 1. (*Ln.*) wieder zurückfließen.

rĕmānsĭō, *ōnis f* (*rĕmănĕō*) das Zurückbleiben, Verbleiben.

rĕmĕdĭābĭlis, *ĕ* (*rĕmĕdĭō* 1. „heilen") (*Se.*) heilbar.

▶ **rĕ-mĕdĭŭm,** *ī n* (*mĕdĕŏr*) **1.** Heilmittel, Arznei [°*strenuum; alcis rei, zB.* °*caecitatis, auch alci rei u. ad od.* °*adversus alqd*; °*-o esse* dienen als]. **2.** / Heil-, Hilfsmittel *gegen ein Übel* (*alcis rei, zB. dolorum*, °*seditionis* Beseitigung, *auch alci rei u. ad alqd, veneficiis alcis, ad frigorum magnitudinem; -a invenire u. adhibere alci rei, -o esse alci rei*).

rĕ-mĕlĭgō, *ĭnĭs f* (*wohl v. rĕmĕllō* 3. „zögern" *zu* μέλλω) (*Com.*) Verzögerung; / saumseliges Weib.

rĕ-mĕō 1. **1.** (*intr.*) (*klass. selten*) zurückgehen, -kommen *v. Pers. u. Sachen* (*abs. od. in u. ad alqd; aer*; [*Ve.*] *m. acc. urbes* zu den Städten). **2.** (*trans.*) / (*Ho.*) *v.* neuem durchleben [*aevum peractum*].

rĕ-mētĭŏr, *mēnsŭs sŭm* 4. (*dcht., nkl.*) **1.** wieder *od.* zurückmessen [*astra sc. oculis* wieder beobachten]. **2.** *prägn.* **a)** wieder durchwandern [*stadia; mari u. pelago remenso pass.*]; **b)** / wieder überdenken. **3.** *vomitu* wieder erbrechen. **4.** ersetzen, bezahlen [*frumentum pecuniā*].

rēmĕx, *ĭgĭs m* (*rēmŭs, ăgō*) Ruderer, *auch coll.* (*dcht., nkl.*) die Ruderknechte [*impellere remige classem*]. **F.** *gen. pl. rēmĭgŭm.*

Rēmī, *ōrŭm m belg. Völkerschaft zw. Marne u. Aisne; Hptst. Durocortorum, später* °*Rēmī* (*j.* Reims).

rēmĭgātĭō, *ōnis f* (*rēmĭgō*) das Rudern.

rēmĭgĭŭm, *ī n* (*rēmĕx*) **1.** (*unkl.*) das Rudern [*-o noctem diemque fatigare* unermüdlich Tag *u.* Nacht rudern]. **2.** *meton.* **a)** Ruderwerk [°*nudum -o latus*; (*dcht., nkl.*) ~ *alarum* Flügel]; **b)** (*nkl., dcht.*) die Ruderknechte.

rēmĭgō 1. (*denom. v. rēmĕx*) rudern [*non intermisso remigandi labore*]; / = tätig sein.

rĕ-mĭgrō 1. zurückwandern, -kehren, ausziehen (*abs. od. in u. ad alqd, zB. in domum veterem e nova*; / *ad iustitiam*).

rĕmĭnīscĕntĭă, *ae f* (*rĕmĭnīscŏr; Übersetzung v.* ἀνάμνησις) (*spätl.*) Rückerinnerung.

▶ **rĕ-mĭnīscŏr,** — — 3. (*cf. cŏm-mĭnīscŏr, mĕ-mĭn-ī*) **1.** sich ins Gedächtnis zurückrufen, sich auf *etw.* besinnen (*abs. od. alcis rei u. alqd*, °*alqm, zB.* °*veteris famae*, °*pristini temporis acerbitatem; m. a.c.i. u. indir. Frage*). **2.** (*nkl.*) aussinnen [*plura bona*]. **3.** (*Sulpicius b. Ci.*) *etw.* bedenken, erwägen (*alqd*).

F. *Die fehlenden Formen werden durch rĕcŏrdārī ergänzt.*

rĕ-mĭscĕō, *scŭī, xtŭm* 2. (*-ī-?*) (*dcht., nkl.*) (wieder) vermischen [*vera falsis, Lydis remixto carmine tibiis* wenn ein Lied sich zu der lydischen Flöte gesellt].

rĕ-mīsī *s. rĕmĭttō.*

rĕ-mĭssĭō, *ōnis f* (*rĕmĭttō*) **1.** (*nkl.*) das Zurücksenden [*obsidum captivorumque*]. **2.** das Herablassen, Sinkenlassen [*superciliorum, vocis contentiones et remissiones* Hebungen *u.* Senkungen; / *animi* Erschlaffung]. **3.** / **a)** das Nachlassen [*morbi, usūs* im Umgang]; **b)** Erlaß [*poenae*, °*tributi in triennium*]; (*Eccl.*) *peccatorum* Vergebung der Sünden; **c)** *geistige* Erholung (*abs. od. animi*); **d)** Gelassenheit, Ruhe (*animi*); *bsd. rhet.* ruhiger *od.* gehaltener Ton.

rĕ-mĭssūs[1] *P.P.P. v. rĕmĭttō.*

rĕmĭssŭs[2] 3 (*m. comp. u.* °*sup.; adv.* **-ē**) (*eigtl. P.P.P. v. rĕmĭttō*) **1.** abgespannt, schlaff, lose [*corpora*, °*arcus*, °*ager* locker; / *amicitia* ungezwungen, °*pugna* nachlassend]. **2.** / **a)** (*pejorativ*) lässig, nachlässig, träge [*animus; in re, zB. in petendo*]; **b)** gelind, ruhig, mild [*ira, frigora*]; **c)** sanft, leidenschaftslos, gelassen [*genus dicendi, cantūs remissiores* getragene, *-e disputare*]; **d)** scherzhaft, heiter, aufgeräumt, mutwillig [*homo, iocus*, °*sermones*].

rĕ-mĭttō

1. a) zurückschicken; **b)** zurückwerfen; **c)** zurückgeben; **d)** wieder von sich geben (*z.B. Echo*); **e)** hervorbringen, verursachen; **f)** *wohin* verweisen; **2. a)** loslassen; **b)** vermindern, erlahmen lassen; **c)** sich erholen lassen; **3. a)** *jd. etw.* erlassen; **b)** auf *etw.* verzichten; **c)** zugestehen; **d)** (*intr.*) sich vermindern, abnehmen.

rĕ-mĭttō, *mīsī, mĭssŭm* 3. **1. a)** zurückschicken, -senden (*alqm u. alqd, zB.* °*captivos, librum, legatos Romam, obsides regi, nuntium uxori* den Scheidebrief schicken, °*contionem* entlassen]; *auch* „dagegenschicken" [*mandata ad alqm jd.* Gegenaufträge senden, *alci litteras j-m* zurückschreiben, antworten]; **b)** zurückwerfen [*pila in hostes*, °*calces* nach hinten ausschlagen]; **c)** zurückgeben (*alci alqd, zB. Gallis imperium*); *bsd.* (*Wohltaten*) vergelten, erwidern [*beneficium*, °*veniam* eine Gefälligkeit]; **d)** (*dcht., nkl.*) (wieder) *v.* sich geben [*sanguinem e pulmone, vocem* Echo, °*nebulas* ausdünsten; *klass. nur* / *opinionem animo* aufgeben, ablegen]; **e)** (*dcht., nkl.*) hervorbringen, verursachen [*atramenta remittunt labem* hinterlassen]; **f)** (*nkl.*) irgendwohin verweisen [*causam ad senatum*]. **2. a)** loslassen, fahren lassen, (*Gespanntes*) abspannen *od.* schlaff machen [°*arcum, ramulum adductum, habenas od.* °*lora* schießen lassen, °*frena equo*, °*arma u.* °*bracchia* sinken lassen, °*tunicam* herablassen, °*vincula* auflösen, °*frontem* glätten; / *appetitūs* den Gelüsten freien Lauf lassen, °*calor liquefacta mella remittit* läßt zergehen, löst auf, °*vere remissus ager* frei *v.* Eis *u.* Schnee, aufgetaut]; / **b)** α) *etw.* vermindern *od.* erlahmen lassen, ruhen lassen [*cursum, contentionem, industriam, studia litterarum, memoriam* weniger üben *od.* anstrengen, °*vitam* beendigen, °*iras* aufgeben; *auch de re* in bezug auf *etw., zB. de tributo*]; β) *aliquid od. nihil, multum, aliquantum etw. od.* nichts, viel aufgeben (*alcis rei od. de u. ex re v. etw., zB. iracundiae, ex pristina virtute, ex condicionibus*); γ) *mediopass. od. se remittere* sich vermindern, milder werden [*pugna od. virtus remissa, v. Pers.* °*remissus* ermattet; *se ad alqd* sich zu *etw.* bequemen]; δ) *abs.* (*v. Pers.*) den Widerstand aufgeben [*tribuni remittunt; de re* in bezug auf *etw.*]; **c)** sich erholen lassen, erfrischen [*animum*, °*animos a certamine*]; *bsd.* (*nkl.*) *se remittere u. mediopass.* sich erholen. **3. a)** *j-m etw.* erlassen *od.* schenken (*alci alqd, zB. navem, pecunias, multam, poenam, populo stipendium u. tributa, iniuriam* verzeihen; *abs.* [*ohne dat.*] *remittere de re v. etw.* abstehen, *zB. de custodiis maris*); **b)** (*nkl.*) *jd.* zuliebe *od.* zugunsten *j-s* auf *etw.* verzichten (*alci alqd, zB. inimicitias suas od. odia sua rei publicae, dolorem pecuniae* für Geld verzeihen); **c)** zugestehen, einräumen, gönnen (*alqd u. alci alqd, zB. istam voluptatem, legionem* abtreten, *provinciam; m.* °*inf.*); **d)** (*intr.*) sich vermindern, abnehmen, aufhören [*ventus remittit, imbres u. pedum dolores remittunt; m.* °*inf., zB. remittas quaerere*].

Rĕmmĭŭs 3 *Name einer röm. gēns:* **1.** *Vfssr. der lex Remmia, durch die die calumniatores in Kriminalsachen m. Brandmarkung bedroht wurden.* **2.** *~ Pălaemōn, Lehrer Quintilians, Vfssr. der ersten umfangreichen lat. Grammatik.*

rĕ-mōlĭŏr 4. (*dcht.*) *etw.* Schweres zurückstoßen, *v.* sich abwälzen (*alqd, zB. pondera terrae*).

rĕ-mŏllēscō, — — 3. **1.** (*Ov.*) (wieder) weich werden [*cera sole remollescit*]. **2.** / **a)** (*Ov.*) sich erweichen lassen [*precibus*]; **b)** verweichlicht werden, die Kraft verlieren (*ad alqd* zu *etw.*).

rĕ-mŏllĭō 4. (*nkl., dcht.*) **1.** wieder weich machen, auflockern [*terram*]. **2.** / **a)** verweichlichen [*artūs*]; **b)** umstimmen.

rĕ-mŏră, *ae f* (*vkl., nkl.*) Verzögerung.

rĕmŏrāmĕn, *ĭnĭs n* (*rĕmŏrŏr*) (*Ov.*) Hemmnis; / Warnung.

rĕ-mŏrdĕō, *mŏrdī, mŏrsŭm* 2. (*dcht., nkl.*) wieder beißen (*alqm; auch* / = einen Angriff erwidern); / quälen (*alqm od. animum alcis*).

rĕ-mŏrŏr 1. **1.** (*intr.*) (*unkl.*) verweilen, säumen [*in Italia*]. **2.** (*trans.*) zurück-, aufhalten, warten lassen (*alqm u. alqd, zB.* °*hostes,* °*iter alcis; alqm a re, zB.* °*a negotiis* abhalten *v.*; *m.* °*quominus*).

rĕ-mŏrsŭm *P.P.P. v. rĕmŏrdĕō.*

rĕmōtĭō, *ōnĭs f* (*rĕmŏvĕō*) **1.** (*A. ad Her.*) Zurückbewegung. **2.** / Ablehnung, Beseitigung [*criminis*].

rĕmōtŭs 3 (*m. comp. u. sup.*; *adv.* **-ē**) (*eigtl. P.P.P. v. rĕmŏvĕō*) **1.** entfernt, entlegen, fern [*locus,* °*gramen* einsam; *ab alqo u. a re od.* °*re, zB. sedes a Germanis*]; *subst.* **-ŭm,** *ī n* (*Se.*) die Ferne. **2.** / **a)** fern, frei *v. etw.*, abweichend [*homo a culpa, res a vulgari scientia -ae, ab honestate* unanständig, °*verba* ungewöhnliche, *argumenta* außerhalb der Sache liegende]; **b)** abgeneigt [*ab inani laude*]; **c)** verwerflich; *nur subst.* **-ă,** *ōrŭm n* (*stoischer t.t.*) = *ăpŏprŏēgmĕnă.*

▶ **rĕ-mŏvĕō,** *mōvī, mōtŭm* 2. *eigtl.* zurückbewegen, *übh.* wegschaffen, entfernen, beseitigen, abbringen, *oft* / (*alqm u. alqd, zB. suos* zurückziehen, *arbitros* abtreten lassen, *adversarium* beseitigen = aus dem Weg schaffen, *victum* entziehen, °*mensas* die Tafel aufheben; *alqm u. alqd a od. ex u.* de *re, zB. hostes a muro* zurückdrängen *v., alqm ab exercitu* abberufen, *alqm a re publica v.* den Staatsgeschäften, *se ab alqo od. ab amicitia alcis* sich zurückziehen, sich fernhalten *v.*, °*comas a fronte* zurückstreichen, *plura de medio,* °*unciam de quincunce* abziehen; *selten alqm re jd. v. etw. od.* aus *etw., zB.* °*senatu; remotis arbitris* ohne Zeugen, *remoto ioco* Scherz beiseite, *remotis iudiciis* ganz abgesehen *v.*). *Cf. auch rĕmōtŭs.*

F. *pf.-Formen synk.:* °*remōrunt,* °*remōra(n)t,* °*remōsse(m) u.a.*

rĕ-mūgĭō 4. (*dcht.*) **1.** wieder brüllen [*ad verba alcis* durch Brüllen antworten auf]. **2.** zurückbrüllen [*antro* aus der Höhle]. **3.** / widerhallen, dumpf tönen [*vox, nemus aquilone*].

rĕ-mŭlcĕō, *lsī, lsŭm* 2. (*dcht., nkl.*) **1.** zurückbeugen, einziehen [*caudam*]. **2.** streicheln; / besänftigen.

rĕmŭlcŭm, *ī n* (*vl. Lw.* < ῥυμουλκός *ds. m. volkset. Anlehnung an rĕ-*) Schlepptau [*navem -o trahere u. abstrahere* ins Schlepptau nehmen].

rĕmūnĕrātĭō, *ōnĭs f* (*rĕmūnĕrŏr*) Vergeltung, Erkenntlichkeit für *etw.* (*alcis rei, zB. benevolentiae*). — **Vergütung, Lohn.

rĕ-mūnĕrŏr *u.* (*nkl.*) **-ō** 1. wieder beschenken, *übh.* vergelten, *klass. stets im guten Sinne* = belohnen (*abs. od. alqm u. alqd re, zB. amicum magno praemio*); *unkl. pejorativ, zB.* °*alqm suppliciis.*

Rĕmūrĭă[1], *ōrŭm n* (*v. Ov., Fast.* 5,479*ff. fälschlich m. Rĕmus u. Rĕmūrĭă*[2] *in Verbindung gebracht*) = *lĕmŭrĭă* (*s. lĕmŭrēs*).

Rĕmūrĭă[2], *ae f Ort auf der Spitze des Aventin, wo nach der Sage Remus die Auspizien anstellte.*

rĕ-mŭrmŭrō 1. (*dcht.*) entgegen-, zurückrauschen.

▶ **rēmŭs,** *ī m* (*cf.* ἐρέτης „Ruderer", *nhd.* „Ruder") Ruder, Riemen [*-os* °*impellere od.* °*ducere* = rudern, *navigium -is incitare;* / *orationem dialecticorum -is impellere; sprichw.: remis velisque od. velis remisque od. ventis remis m.* vollen Segeln = *m.* aller Macht]; / (*dcht.*) °*alarum remi v. den Flügeln der Vögel, corporis remi v. den Händen u. Füßen der Schwimmenden.*

Rĕmŭs, *ī m nach der Sage Bruder des Romulus, v. diesem erschlagen.*

rēn, *rēnĭs m* (*gen. pl. -ŭm u. -ĭŭm*) (*et. ungedeutet*) (*unkl.*) Niere; *klass. nur pl. rēnēs* [*laborare ex renibus* Nierenschmerzen haben].

rĕ-nārrō 1. (*-ā-?*) (*dcht.*) wiedererzählen (*alqd*).

rĕ-nāscŏr, *nātŭs sŭm* 3. wiedergeboren werden, wiedererstehen *od.* -wachsen, *v. Pers. u. Sachen, auch* / [*Scipio, pinnae, bellum* beginnt aufs neue].

rĕ-nāvĭgō 1. zurücksegeln [*in regna*].

rĕ-nĕō, — — 2. (*dcht.*)(*das Gespinst*) wieder auflösen [*fila* die Schicksalsfäden der Parzen].

rĕ-nīdĕō, — — 2. (*dcht., nkl.*) (zurück)strahlen, glänzen [*luna mari, ebur*]; / vor Freude strahlen, lächeln, *auch* tückisch lächeln, grinsen [*vultu falsum renidens; m.* °*inf.* = sich sehr freuen].

rĕnīdēscō, — — 3. (*incoh. v. rĕnīdĕō*) (*Lu.*) erglänzen.

rĕ-nītŏr, *nīsŭs sŭm* 3. (*nkl.*) sich entgegenstemmen, sich widersetzen (*abs. od. m. dat., zB. armis*).

rĕ-nō[1] 1.(*dcht., nkl.*) zurückschwimmen; / wieder emportauchen.

rēnō[2] *u.* **rhēnō,** *ōnĭs m* (*germ. Fw., v. Varro als kelt. angesehen*) Tierfell *m. den Haaren nach außen, als Pelz* (*-kleid*) *der Germanen;* Schafpelz.

rĕ-nōdō 1. (*dcht.*) aufknoten [*comam* frei hängen lassen].

rĕnŏvāmĕn, *ĭnĭs n* (*rĕnŏvō*) (*Ov.*) Erneuerung; *concr.* neue Gestalt.

rĕnŏvātĭō, *ōnĭs f* (*rĕnŏvō*) Erneuerung, *auch* / [*mundi, doctrinae* Rückkehr zu]; *bsd.* Zinszuschlag [*singulorum annorum* Zinseszins].

rĕ-nŏvō 1. **1.** erneuern, wiederherstellen, *oft* / [*templum, veteres colonias, scelus pristinum,* °*casūs v.* neuem bestehen; °*agrum v.* neuem umpflügen, *auch* durch Brache erneuern, = ruhen lassen]; / *auch* auffrischen [*memoriam patris*]. **2.a)** (*m. Worten*) ins Gedächtnis zurückrufen, wiederholen [*primam illam militiam*]; **b)** hinzurechnen [*fenus in singulos annos* Zinseszins rechnen]; **c)** erquicken, erfrischen [°*animum, corpora animosque militum*]; *se renovare u. mediopass.* sich erholen.

rĕ-nŭmĕrō 1. (*vkl., nkl.*) zurückzahlen [*alci aurum*].

rĕnūntĭātĭō, *ōnĭs f* (*rĕnūntĭō*) Bekanntmachung, *auch* Bericht (*alcis j-s u. alcis rei, zB. suffragiorum*).

rĕ-nūntĭō 1. **1. a)** melden, als Antwort berichten, Bericht erstatten, *übh.* berichten, melden, hinterbringen (*alqd u. alci alqd; auch alci de re; m. a.c.i. u. indir. Frages.*); **b)** amtlich berichten (*alqd etw. u. v. od.* über *etw., zB. legationem; rem ad senatum*). **2. a)** *e-n Beamten* als gewählt ausrufen, proklamieren (*m. dopp. acc., zB. Murenam consulem; im P. m. dopp. nom., zB. Murena praetor centuriis cunctis renuntiatus est*); **b)** öffentlich angeben [*hostium numerum*]. **3.** (*nkl.*) *sibi -are* sich zu Gemüte führen (*m. a.c.i.*). **4. a)** (*Com.*) *repudium* (*s.d.*) *alci* die Ehe aufkündigen; **b)** **α)** *etw.* aufkündigen, aufsagen, absagen (*alqd, zB. condicionem; alci alqd, zB. amicitiam*); **β)** (*vkl., nkl.*) *jd.* eine Einladung zu Tisch absagen (*ad alqm; alci ad cenam*); **γ)** (*nkl.*) *e-r Sache* entsagen, *etw.* aufgeben (*alci rei, zB. officiis civilibus, vitae*).

rĕnūntĭŭs, *ī m* (*Rückbildung aus rĕnūntĭō*) (*eigtl.* „Wiederberichter") (*Pl.*) Laufbursche [*nuntii, renuntii*].

rĕ-nŭō, *ŭī,* — 3. **1.** (*dcht., nkl.*) abwinken. **2.** / **a)** *etw.* ablehnen, zurückweisen *od.* ausschlagen (*abs. od. alqd, zB. convivium*); **b)** widersprechen (*alci rei, zB. crimini*).

rĕnūtō 1. (*intens. v. rĕnŭō*) (*Lu.*) sich weigern, widerstreben.

rĕnūtŭs, *abl. ū m* (*rĕnŭō*) (*Pli.*) Ablehnung.

▶ **rĕŏr,** *rătŭs sŭm* 2. (*cf. rătĭō, nhd.* „raten, reden") **1.** rechnen, berechnen; *s. rătŭs.* **2.** / meinen, glauben (*m. a.c.i.; m. dopp. acc., zB.* °*rem incredibilem* für unglaublich halten; *bsd. reor als Parenthese eingeschoben*

= glaube ich).
F. *Das def. gehört m. Ausnahme des part. rătūs fast ganz der Poesie u. höheren Prosa an; gebräuchlich nur pf. u. ind. praes. u. impf.*
*****rep.** *Abk. für repetātur (s. rĕpĕtō).*
rĕpāgŭlă, *ōrŭm n (rĕ-pāngō* 3. „einsetzen") **1.** Tür-, Torriegel, -balken [*valvas -is claudere*]. **2. a)** (*dcht.*) (doppelter) Schlagbaum; **b)** / Schranken [*omnia -a pudoris perfringere*].
rĕ-păndŭs 3 rückwärts gekrümmt, aufwärts gebogen [*calceolus* Schnabelschuh].
rĕpărābĭlĭs, *ĕ (rĕpărō) (dcht., nkl.)* ersetzbar [*damnum*].
rĕpărātĭō, *ōnĭs f (rĕpărō) (spätl.)* Wiederherstellung, Erneuerung; Ausbesserung.
rĕ-părcō, *pĕrcī,* — 3. (*vkl., dcht.*) sparsam sein *m. etw.* [*saviis*].
rĕ-părō 1. **1. a)** *etw.* neu anschaffen, wiedererwerben, -herstellen, erneuern (*alqd, zB.* °*res amissas,* °*urbes,* °*exercitum,* °*tribuniciam potestatem*); *auch* wiederholen, -beginnen [°*bellum,* °*proelium*]; **b)** (*nkl., dcht.*) ersetzen [*exercitum, copias, cornua vom Mond*]; **c)** (*dcht., nkl.*) verjüngen, erfrischen, stärken [*vires, membra labori* für, *ingenia*]. **2.** (*dcht., nkl.*) (dagegen) eintauschen (*alqd re etw.* gegen *od.* für *etw., zB. vina merce Syrā*).
rĕpăstĭnātĭō, *ōnĭs f (*rĕ-păstĭnō* 1. „wieder umhacken") das Umgraben [*agrorum*].
rĕ-pătrĭō 1. (*pătrĭă*) (*spätl.*) in das Vaterland heimkehren.
rĕ-pĕctō, —, *pĕxŭm* 3. (*dcht.*) wieder kämmen [*comam*].
rĕ-pĕdō 1. (*pēs*) (*vkl., dcht.*) zurückweichen.
▶ **rĕ-pĕllō,** *rĕppŭlī* (‹ **rĕpĕpŭlī*), *rĕpŭlsŭm* 3. **1.** zurückstoßen (*alqm u. alqd, zB. filiam a genibus suis, puerum manu,* °*ictūs* abprallen lassen, °*telum aere* vom Schild, °*pede Oceani amnes* = aus dem Ozean emporsteigen, *tellurem impressā hastā* an der Lanze sich in die Höhe schwingen); *auch* (*dcht.*) umstoßen [*mensas*]. **2.** zurücktreiben, -schlagen, vertreiben (*alqm, zB. hostes telis; alqm a od. ex re u.* °*re jd. v. od.* aus *etw., in alqd, zB. hostes ex urbe in silvas*). **3.** / **a)** fernhalten, entfernen, abwehren [*pericula, alqm a gubernaculis civitatis, alqm a spe jd.* die Hoffnung nehmen, *a spe repelli* enttäuscht werden]; **b)** zurückweisen, verschmähen [*repulsus ab amicitia, a consulatu repelli*]; **c)** widerlegen [*criminationes allatas*].
rĕ-pĕndō, *pĕndī, pēnsŭm* 3. **1.** (*dcht.*) zurückwiegen, abliefern [*pensa* das aufgegebene Gespinst]. **2.** für *etw.* bezahlen [*alci aurum pro capite alcis*]; *auch* (*dcht., nkl.*) *etw. m. etw.* aufwiegen (*alqd re, zB. caput auro, militem auro* loskaufen). **3.** / **a)** (*dcht., nkl.*) (Gleiches) erwidern, vergelten, belohnen [*gratiam, magna* Großes *m.* Großem, *vices* Gleiches *m.* Gleichem vergelten, *pretium vitae* bezahlen, belohnen, *fatis contraria fata* Geschick gegen Geschick]; **b)** (*dcht., nkl.*) ersetzen, wiedergutmachen (*alqd re, zB. damna formae ingenio, culpam culpā* büßen).
▶ **rĕpēns,** *ĕntĭs (et. unklar)* **1.** plötzlich, unvermutet, schnell; *adv. rĕpĕntĕ,* (*dcht., nkl.*) *auch rĕpēns als adv. gebraucht.* **2.** (*nkl.*) neu, frisch, augenblicklich [*causa*].
F. *abl. sg. -ī; pl. n -ĭă, gen. -ĭŭm.*
rĕpēnsō 1. (*intens. v. rĕpĕndō*) (*nkl.*) *etw. m. etw.* aufwiegen [*caput auro*]; / ersetzen, vergelten (*alqd re*).
rĕ-pēnsŭs *P.P.P. v. rĕpĕndō.*
▶ **rĕpĕntĕ** *s. rĕpēns.*
▶ **rĕpĕntīnŭs** 3 (*adv.* **-ō** *klass. selten, meist durch rĕpĕntĕ ersetzt; rĕpēns*) **1.** plötzlich, unvermutet [*mors, periculum, homo* plötzlich emporgekommen, *nobilitas* ohne Ahnen *u.* Konnexionen; *-no mori*]. **2.** / (*nkl.*) **a)** in Eile ausgehoben [*exercitus*]; **b)** schnell wirkend [*venenum*].
rĕ-pĕrcī *s. rĕpărcō.*
rĕ-pĕrcō = *rĕpărcō.*
rĕpĕrcŭssĭō, *ōnĭs f (rĕpĕrcŭtĭō) (nkl.)* das Zurückschlagen; Widerschein.
rĕpĕrcŭssŭs[1], *ūs m (rĕpĕrcŭtĭō) (nkl.)* Rückprall; *vocis* Widerhall.
rĕ-pĕrcŭtĭō, *cŭssī, cŭssŭm* 3. (*nkl., dcht.*) zurückschlagen, -stoßen, -schleudern; P. widerhallen, widerstrahlen; *fast nur P.P.P.* **rĕpĕrcŭssŭs**[2] 3 widerhallend; widerscheinend, zurückstrahlend [*discus -us in aëra, Phoebus, lumen aquae sole repercussum*].
▶ **rĕ-pĕrĭō,** *rĕppĕrī* (‹ **rĕ-pĕpĕrī*), *rĕpĕrtŭm* 4. (*altl. fut.* P. *-ībĭtŭr*) (‹ **rĕ-părĭō* „gewinne wieder", *in der Bed. weitgehend an cŏmpĕrĭō angeschlossen*) **1.** wieder zum Vorschein bringen, auffinden [*mortui sunt reperti*]. **2. a)** auffinden, ausfindig machen (*alqd u. alqm, zB. vadum in flumine, reperiuntur qui c. coni.* es finden sich Leute, die; *m. a.c.i.,* P. *m. n.c.i.;* P. *m. dopp. nom.* sich zeigen, sich erweisen als; *zB. Stoici inopes reperiuntur*); **b)** erfahren, ermitteln, erkennen [*duas causas, nihil percontationibus, sic* folgendes]; **c)** (*m. a.c.i. od. indir. Frages.*) historisch berichtet finden; **d)** erlangen, sich erwerben [*sibi salutem,* °*divitias; nomen ex inventore*]. **3.** *etw. Neues* erfinden, ersinnen, entdecken [*nihil novi, rationes bellandi,* °*comoedias, disciplinam, viam quā ...*].
rĕpĕrtīcĭŭs 3 (*rĕpĕrĭō*) (*nkl.*) auf der Straße aufgefunden [*civis*].
rĕpĕrtŏr, *ōrĭs m (rĕpĕrĭō) (unkl.)* Erfinder, Urheber, Schöpfer (*alcis rei, zB. cothurni, flagitii* Anstifter).
rĕpĕrtōrĭŭm, *ī n (eigtl.* „Fundstätte"; *rĕpĕrĭō) (spätl.)* Verzeichnis. — ***Nachschlagewerk.
rĕ-pĕrtŭs[1] *P.P.P. v. rĕpĕrĭō.*
rĕpĕrtŭs[2] 3 (*eigtl. P.P.P. v. rĕpĕrĭō*) künstlich erfunden [*verba*]; *subst.* **-ŭm,** *ī n (Lu.)* Erfindung.
rĕpĕtĕntĭă, *ae f (rĕpĕtō) (Lu.)* Rückerinnerung.
rĕpĕtītĭō, *ōnĭs f (rĕpĕtō)* Wiederholung (*alcis rei*); *bsd.* Anapher. — **(*sprichw.*) (*Quelle unbekannt*) *repetitio est mater studiorum* Wiederholung ist die Mutter der Wissenschaften.
rĕpĕtītŏr, *ōrĭs m (rĕpĕtō)* **1.** (*Ov.*) Zurückforderer. **2.** (*Isid.*) Wiederholer. — ***„Einpauker" (*zur Vorbereitung auf jur. Prüfungen*).

rĕ-pĕtō
1. a) wieder angreifen; **b)** (*Ort*) wieder aufsuchen; **2. a)** zurückholen; **b)** wiederholen; **c)** wieder sagen; **d)** sich ins Gedächtnis zurückrufen; **e)** zurückdatieren; **f)** wiedererlangen; **g)** nachholen; **3. a)** zurückfordern; **b)** beanspruchen; **4.** *aus etw.* ableiten, auf *etw.* zurückführen; **5.** (*intr.*) bei *etw.* anfangen.

rĕ-pĕtō, *pĕtīvī (u. pĕtĭī), pĕtītŭm* 3. **1. a)** (*nkl., dcht.*) *jd. od. etw.* wieder angreifen, *auf jd.* wieder losgehen, nachstoßen (*alqm u. alqd, zB. regem cuspide, ilia*); **b)** (*eine Örtlichkeit*) wieder aufsuchen (*alqd, zB. castra,* °*urbem*). **2. a)** *jd. od. etw.* zurückholen (*alqm u. alqd, zB. matrem, sarcinas relictas,* / *animos* sich in die Stimmung zurückversetzen); *auch* (*dcht.*) hervorholen [*suspiria pectore*], nachholen [°*alios elephantos*]; / **b)** wiederholen, erneuern (*alqd, zB.* °*pugnam,* °*auspicia, studia, somnum* wieder schlafen, °*viam* denselben Weg zurückgehen, *consuetudinem* wieder einführen; °*repetita robora caedere v.* neuem); **c)** (*mündl. od. schriftl.*) wiederholen [*vetera;* °*multum ante repetito als abl. abs.* nachdem er wiederholt gesagt hatte, *m. a.c.i.*]; **d)** *etw.* wieder überdenken, sich ins Gedächtnis zurückrufen (*alqd, zB. praecepta alcis; m. a.c.i.*); *meist alqd memoriā od. memoriam alcis rei* sich wieder an *etw.* erinnern; **e)** zurückzählen, -datieren [*dies*]; **f)** wiedererlangen, -gewinnen [°*oppidum bello, libertatem*]; **g)** (*Unterlassenes*) nachholen [*praetermissa*]. **3. a)** zurückverlangen, zurückfordern (*alqd u. alqm, zB. pecunias ereptas,* °*regnum, Salaminii Homerum repetunt* beanspruchen ihn als ihren Landsmann, °*alqd in antiquum ius* sein altes Recht auf *etw.* geltend machen, *civitatem in libertatem* die Freiheit fordern für); *auch v.* neuem verlangen [*Gallum ab eodem*]; *bsd. res* Ersatz für erlittenen Schaden fordern, *v. den Feinden durch die Fetialen* (*ab alqo*); *übh.* auf Schadenersatz klagen, *auch abs. ohne res;* (*pecuniae*) *repetundae* Ersatz für (Geld-)Erpressungen [*lex de pecuniis repetundis od. pecuniarum repetundarum, de pecuniis r. od.* °*pecuniarum r. alqm postulare* wegen Erpressungen]; **b)** *als gebührend* fordern, verlangen, beanspruchen (*alqd ab alqo, zB. ius suum, omnes honores, rationem* Rechenschaft, *poenas* Strafe an *jd.* vollziehen, *pro re*). **4.** *etw. aus alten Zeiten* ableiten, auf *etw.* zurückführen (*alqd a re, zB. populi origines ab Erechtheo, initia amicitiae a parentibus*); P. (*v. der Rede*) ausholen, *zB. oratio longe (od. alte, supra) repetita; abs. auch im act.* **5.** (*intr.*) *m. od.* bei *etw.* anfangen *od.* beginnen (*ab alqo u. a re, zB.* °*ab*

ultimo initio). — ***repetatur = soll wiederholt werden (*auf ärztlichen Rezepten zur Erneuerung der Rezeptur*).
F. *pf.-Formen synk.*: rěpětīstī, rěpětīssě(m) *u.a.*
rěpětŭndae, ārŭm *f s.* rěpětō 3a.
rě-plěō, plēvī, plētŭm 2. **1.** wieder anfüllen [domos exhaustas]; P. sich wieder füllen; / (wieder) vervollständigen, ergänzen [consumpta, °exercitum]. **2. a)** reichlich (an-) füllen, reichlich versorgen, *oft* / (alqd, *zB.* templa *m.* Menschen anfüllen; alqd re, *zB.* exercitum frumento, alqm scientia iuris); P. sich füllen; **b)** (*nkl.*) schwängern; **c)** (*Li.*) (*m. e-r Krankheit*) anstecken.
F. *pf.-Formen synk.* (*nkl., dcht.*): rěplēstī, rěplēssě(m) *u.a.*
rěplĭcātĭō, ōnĭs *f* (rěplĭcō) das Zurückfalten, Rückbewegung, kreisförmige Bewegung [mundi].
rě-plĭcō, āvī, ātŭm 1. (*eigtl.* „wieder auseinanderfalten") **1.** (*vkl., nkl.*) zurückbeugen, -strahlen [radios]. **2.** (*Schriften*) aufrollen = aufschlagen, *auch* / [memoriam annalium *od.* temporum]. **3.** (*nkl.*) erwägen, überdenken. — ***auch*: erwidern, erzählen.
rě-plŭmbō 1. (plŭmbŭm) (*nkl.*) *v.* Blei befreien, reinigen [argentum].
▶**rēpō,** rēpsī, rēptŭm 3. (*cf. lett.* räpt *ds.*) (*unkl.*) kriechen, schleichen, *v. Menschen u. Tieren,* / *auch v. Sachen* [pransi mille passus repsimus, sermones per humum repentes].

rě-pōnō
1. a) zurücklegen; **b)** (*Geld*) zurück-, hinterlegen; **c)** beiseite legen; **2.** zurückgeben, vergelten; **3. a)** *etw.* (*auf den alten Platz*) zurückstellen; **b)** wiederherstellen; **c)** wiederholen; **d)** erwidern; **4. a)** *etw.* (*an den richtigen Platz*) hinstellen, -legen; **b)** *etw.* unter *etw.* versetzen *od.* aufnehmen; **c)** zu *etw.* rechnen; **d)** *etw.* auf *etw.* setzen.

rě-pōnō, pŏsŭī, pŏsĭtŭm 3. (*altl. pf. act.* -pŏsīvī; *P.P.P. auch synk.* pŏstŭs) **1. a)** zurücklegen, -stellen [°se in cubitum sich zurückbeugen auf, *d.h.* wieder zu essen anfangen; °humum zurückschaufeln]; **b)** (*Geld u.ä.*) hinter-, zurücklegen, aufbewahren, *auch* / [°pecuniam in thesauris, °alqd hiemi für den Winter, °in praesentia odium vorderhand verbergen, °alqd sensibus imis dem Geiste tief einprägen]; **c)** (*unkl.*) beiseite legen, weglegen, *auch* / [arma, pensa infecta, caestūs artemque aufgeben, entsagen, arbusta falcem reponunt machen die Hippe entbehrlich, gestatten, sie ruhen zu lassen]; *bsd.* (*Tote*) beisetzen [corpus tumulo, alqm tellure]. **2.** zurückgeben, wieder zustellen; *bsd. jd. etw.* als Ersatz geben, vergelten, ersetzen (alci alqd, *zB.* praeclarum diem, alibi anderswo Ersatz leisten; alqd pro re, *zB.* °haec pro virginitate). **3. a)** *etw.* an den früheren Platz wieder hinstellen *od.* hinlegen *od.* hinsetzen, wieder hinbringen [columnas, lapidem suo loco, °ossa in suas sedes, insigne regium wieder aufsetzen]; *auch* (*dcht.*) wieder auf die Tafel setzen [dapes, vina mensis]; / **b)** (*nkl., dcht.*) wiederherstellen, -einsetzen [pontes ruptos, alqm in sceptra]; **c)** (*nkl.*) wiederholen, *v.* neuem aufführen [Achillem, fabulam]; **d)** versetzen, (antwortend) erwidern (alci idem). **4. a)** *etw. an den gehörigen Ort* hinstellen, hinlegen, niedersetzen, -legen (alqd in re *u.* °re, *zB.* °litteras in gremio, capita in tergo praevolantium, °membra stratis, °ligna super foco]; / **b)** unter *etw.* versetzen *od.* aufnehmen [alqm in numerum deorum *od.* in deos]; **c)** zu *etw.* rechnen *od.* zählen [sidera in numero deorum, alqm non in numerum nicht mit in Betracht ziehen, rem in artis loco für eine Kunst halten]; **d)** *etw.* auf *etw.* setzen *od.* beruhen lassen (alqd in re, *zB.* spem in virtute); P. rem publicam in te (°in armis) esse repositam beruhe auf. — **in beneficio zu Lehen nehmen.
rě-pŏrtō 1. **1. a)** zurücktragen, -führen, -bringen [exercitum Britanniā, °se ad alqm zurückkehren, °pedem sich zurückziehen]; **b)** heimbringen, *bsd.* als Sieger (alqd *u.* alqd ab alqo *od.* ab *u. selten* ex re, *zB.* °spolia, nihil ex praeda domum, insignia victoriae ab alqo); / davontragen, erlangen, gewinnen [victoriam ab alqo, laudem ex hostibus]. **2.** / (*dcht.*) berichten, überbringen [adytis (vom Orakel) haec tristia dicta].
rě-pŏscō, — — 3. (-ō-?) **1.** zurückfordern, sich wieder ausbitten (*abs. od.* alqm *u.* alqd, *zB.* °Helenam, °arma; alqd alqm *u.* ab alqo *etw. v. jd., zB.* Verrem simulacrum Dianae). **2.** *als sein Recht* fordern, verlangen [°pecuniam, rationem ab alqo Rechenschaft, °foedus flammis die Erfüllung des Vertrages]; *bsd.* °alqm *jd.* ausdrücklich mahnen.
rěpŏsĭtōrĭŭm, ī *n* (rěpōnō) (*nkl.*) (*runder od. viereckiger*) Tafelaufsatz, Etagere *für verschiedene Gänge.* — **Schrank, Bibliothek.
rěpŏstŏr, ōrĭs *m* (rěpōnō) (*Ov.*) Wiederhersteller [templorum].
rěpŏstŭs 3 *synk.* = rěpŏsĭtŭs (*eigtl. P.P.P. v.* rěpōnō) entlegen, fern.
rě-pōtĭă, ōrŭm *n* (pōtō) (*unkl.*) Trinkgelage als Hochzeitsnachfeier, Lendemain.
rěppěrī *s.* rěpěrĭō.
rěppŭlī *s.* rěpěllō.
rěpraesěntātĭō, ōnĭs *f* (rěpraesěntō) **1.** (*nkl.*) bildliche Darstellung, Abbildung. **2.** Barzahlung, *auch* Vorausbezahlung.
rě-praesěntō 1. (*denom. v.* praesēns) **1.** vergegenwärtigen, veranschaulichen (alqd *u.* alci alqd, *zB.* memoriam alcis rei, °speciem urbis animo, °sibi alqd). **2.** (*dcht., nkl.*) nachahmen [virtutem moresque Catonis]. **3.** *etw.* auf der Stelle tun: **a)** bar bezahlen (*abs. u.* alqd, *zB.* pecuniam ab alqo durch Anweisung an *jd.*); **b)** *etw.* sogleich verwirklichen *od.* erfüllen, beschleunigen (alqd, *zB.* id, medicinam, libertatem civitatis, °poenas sofort vollziehen lassen, °iram sogleich zeigen, °iudicia Prozesse sogleich anstrengen).
▶**rě-prěhěndō,** prěhěndī, prěhēnsŭm 3. **1.** durch Ergreifen zurück- *od.* festhalten, hemmen, *auch übh.* fassen (alqm *u.* alqd, *zB.* °quosdam manu, °alqm pallio, genus pecuniae, °cursum alcis; / rem praetermissam noch aufgreifen, nachholen, °locum wieder aufnehmen). **2.** / **a)** *jd.* zurechtweisen, *jd. od. etw.* tadeln, *etw.* mißbilligen, rügen (*abs. od.* alqm *u.* alqd, *zB.* se ipse, alcis mores; alqd in alqo, *zB.* in uno homine omnia vitia; alqm in *od.* de re, in eo quod in der Beziehung, daß); **b)** (*rhet. t.t.*) widerlegen.
rěprěhēnsĭō, ōnĭs *f* (*eigtl.* „das Zurückhalten"; rěprěhěndō) **1.** (*rhet. t.t.*) **a)** das Innehalten *des Redners,* Anstoß [sine -ne]; **b)** Widerlegung. **2.** Tadel, Mißbilligung (alcis *u.* alcis rei, *zB.* vitae; *auch pl., zB.* in -nes incurrere).
rěprěhēnsō 1. (*frequ. zu* rěprěhěndō) (*Li.*) wiederholt zurückhalten (alqm).
rěprěhēnsŏr, ōrĭs *m* (rěprěhěndō) Tadler, *auch* Verbesserer [comitiorum].
rě-prěhēnsŭs *P.P.P. v.* rěprěhěndō.
rě-prēndō, prēndī, prēnsŭm 3. (*dcht.*) *zsgz.* = rěprěhěndō.
rě-prěssī *s.* rěprĭmō.
rěprěssŏr, ōrĭs *m* (rěprĭmō) Unterdrücker [caedis].
rě-prĭmō, prěssī, prěssŭm 3. **1.** zurückdrängen, -treiben (alqm *u.* alqd, *zB.* regem, lacum Albanum, °vim den Angriff abschlagen; / flagitii memoria vetustate repressa); *übh.* (*meist* /) aufhalten, hemmen [hostes, alcis cursum, impetūs hostium, °pedem retro die Schritte hemmen, °dextram die Hand der Versöhnung]; se reprimere *u.* (*Pl.*) *mediopass.* an sich halten, sich enthalten (a re, *zB.* a supplicio). **2.** / beschränken, beschwichtigen, im Keim ersticken (alcis conatūs, °concitatam multitudinem, °luxuriam einschränken, °imber reprimitur läßt nach).
rěprōmĭssĭō, ōnĭs *f* (rěprōmĭttō) **1.** Gegenversprechen. **2.** (*Eccl.*) *übh.* Versprechen, Verheißung. — ** terra -onis das gelobte Land.
rě-prōmĭttō, mīsī, mĭssŭm 3. **1.** ein Gegenversprechen geben (*abs. od.* alqd *u.* alci alqd). **2.** (*Suet.*) *v.* neuem versprechen. **3.** (*Eccl.*) *übh.* versprechen, verheißen.
rēpsī *s.* rēpō.
rēptābŭndŭs 3 (rēptō) (*Se.*) schleichend.
rēptātĭō, ōnĭs *f* (rēptō) (*Qu.*) das Kriechen.
rēptĭlĭs, ĕ (rēpō) (*spätl.*) kriechend; *subst.* **-ĕ,** ĭs *n* Kriechtier, Gewürm.
rēptō 1. (*intens. v.* rēpō) (*unkl.*) kriechen, = (dahin)schlendern, schleichen.
rēptŭs *P.P.P. v.* rēpō.
rěpŭdĭātĭō, ōnĭs *f* (rěpŭdĭō) Zurückweisung, Verschmähung (*abs. od.* alcis, *zB.* supplicum).
▶**rěpŭdĭō** 1. (*denom. v.* rěpŭdĭŭm) **1.** zurückweisen, verschmähen, ablehnen (alqd, *zB.* voluptates, gratiam alcis, condicionem aequam,

alcis auctoritatem nicht anerkennen, *officium* hintansetzen, *naturae sensum* verleugnen, *consilium senatūs a re publica* dem Staat entziehen; *auch alqm, zB. Samnites m.* ihren Geschenken). **2.** (*vkl., nkl.*) (*v. Verlobten u. Eheleuten*) *den andern Teil* verstoßen [*uxorem; sponsum, sponsam*].

rĕpŭdĭōsŭs 3 (*rĕpŭdĭŭm*) (*Pl.*) verwerflich, anstößig [*nuptiae*].

rĕ-pŭdĭŭm, *ī n* (*pŭdĕt? pēs?*) Zurückweisung; *bsd. die einseitige* (*d.h. vom Mann ausgehende*) *Verstoßung der Verlobten od. der Ehefrau*: Aufhebung der Verlobung *od.* Ehescheidung [~ °*dicere* die Ehe aufkündigen, °*uxorem -o dimittere*] (*Ggs. dīvŏrtĭŭm*).

rĕ-pŭĕrāscō, — — 3. wieder zum Kind (*od.* kindisch) werden [*ex hac aetate*].

rĕpŭgnāns, *ăntĭs* (-ŭ-?) (*eigtl. part. praes. v. rĕpŭgnō*) (*m.* °*comp.*; *adv.* **-āntĕr**) widersprechend, -strebend; *subst.* **rĕpŭgnāntĭă**[1], *ĭŭm n* widersprechende Dinge, Gegensätze.

rĕpŭgnāntĭă[2], *ae f* (-ŭ-?) (*rĕpŭgnō*) **1.** (*nkl.*) Widerstreit, Kollision [*rerum*]. **2.** Widerspruch.

rĕ-pŭgnō 1. (-ŭ-?) **1.** *im Krieg* Widerstand leisten [*fortiter*]. **2.** / **a**) widerstreben, sich widersetzen (*abs., zB. non* ~ ich habe nichts dagegen, *alci rei u. contra alqd, zB. fortunae, contra veritatem; m.* °*inf.*; *m.* °*ne*); **b**) (*v. Sachen*) in Widerspruch stehen, sich widersprechen [*simulatio amicitiae repugnat, res maxime inter se repugnantes; m. a.c.i.*].

rĕ-pŭllŭlō 1. (*nkl.*) wieder ausschlagen, wieder hervorsprießen.

rĕpŭlsă, *ae f* (*eigtl. P.P.P. f v. rĕpĕllō*) **1.** Zurückweisung *od.* Niederlage bei der Amtsbewerbung, erfolglose Bewerbung (*alcis j-s, zB. fratris; alcis rei* bei der Bewerbung um *etw., zB. consulatūs; aedilicia* bei der Bewerbung um die Ädilität, *-am accipere u. ferre* [*a populo*] durchfallen). **2.** / (*dcht., nkl.*) abschlägige Antwort [*nullius rei -am ferre ab alqo* in keiner Sache bei *jd.* eine Fehlbitte tun].

rĕpŭlsō 1. (*intens. v. rĕpĕllō; eigtl.* „immer wieder zurücktreiben") (*Lu.*) **1.** widerhallen lassen. **2.** immer wieder abweisen [*vera verba*].

rĕ-pŭlsŭs[1] *P.P.P. v. rĕpĕllō.*

rĕpŭlsŭs[2], *ūs m* (*rĕpĕllō*) das Zurückwerfen, -prallen [*durioris materiae* das Anschlagen]; *bsd.* (*dcht.*) Widerhall [*scopulorum v.* den Felsen].

rĕ-pūngō, — — 3. wieder stechen; / *animum alcis jd.* wieder einen Stich (Hieb) versetzen.

rĕ-pūrgō 1. (*nkl., dcht.*) **1.** (wieder) reinigen, *auch* / [*hortum* jäten]. **2.** / *reinigend* beseitigen [*quidquid in Aenea fuerat mortale*].

rĕpŭtātĭō, *ōnĭs f* (*rĕpŭtō*) (*nkl.*) Erwägung, Betrachtung (*alcis rei, zB. veterum morum*).

▶ **rĕ-pŭtō** 1. **1.** berechnen [*solis defectiones*]. **2.** / erwägen, bedenken (*alqd, zB.* °*multa secum od.* °*cum animo* [*suo*] bei sich; *m. a.c.i. u. indir. Frages.*).

▶ **rĕ-quĭēs,** *ētĭs f* Ruhe, Erholung (*alcis rei e-r* Sache *u. v. od.* nach *etw.* = *a u. ex re, zB. animi et corporis, curarum*); *meton.* (*dcht.*) Ruheplätzchen. — ***Requiem kath. Totenmesse, *benannt nach dem Anfang des Introitus*: ⟨*requiem aeternam dona eis* = gib ihnen die ewige Ruhe⟩.

F. *gen. auch* °*rĕquĭē*; *dat. ungebr.*; *acc. auch rĕquĭēm*; *abl.* (*nur dcht.*) *rĕquĭētĕ u. rĕquĭē.*

▶ **rĕ-quĭēscō,** *quĭēvī, quĭētŭm* 3. **1.** (*intr.*) **a**) ruhen, ausruhen, sich erholen, / *auch v. Sachen* [*puella, legiones,* °*arva,* °*flumina* stehen still; *in sella alcis,* °*caelum in illo* ruht auf ihm, °*vitis in ulmo* stützt sich auf; *a re v. od.* nach *etw., zB. a rei publicae muneribus*]; **b**) ruhen = schlafen [°*lecto* im Bett]; *auch* im Grabe ruhen [*in sepulcro,* °*ossa in urna*]; **c**) / sich beruhigen (*re* durch *etw., zB. exitio alcis; ex re v. od.* nach *etw., zB.* °*ex miseriis; in re* bei *od.* an *etw., zB. in huius spe*). **2.** (*Ve.*) (*trans.*) ruhen lassen, zur Ruhe bringen [*avenam* die Flöte, *flumina requiescunt cursūs*]. — **requiesca(n)t in pace (*Abk. R.I.P.*) „er (sie) möge(n) in Frieden ruhen" *Schlußformel der kath. Totenmesse u. Grabinschrift.*

F. *pf.-Formen synk.*: *rĕquĭērŭnt,* °*rĕquĭērănt, rĕquĭēssĕ u.ä.*

rĕquĭētŭs 3 (*eigtl. P.P.P. v. rĕquĭēscō*) (*nkl., dcht.*) ausgeruht [°*miles,* °*ager*].

rĕquīrĭtō 1. (*intens. v. rĕquīrō*) (*Pl.*) nach *etw.* fragen [*novas res*].

▶ **rĕ-quīrō,** *sīvī u. sĭī, sītŭm* 3. (*quaerō*) **1. a**) wieder aufsuchen (*alqm u. alqd, zB. legatos, libros,* °*portūs* hinsteuern nach); / **b**) vermissen [*alqm vehementer, maiorum prudentiam*]; **c**) *als ein Recht* verlangen, (er)fordern, bedürfen [°*nihil amplius, virtus nullam voluptatem requirit, nihil ab alqo*]; P. gefordert werden, erforderlich sein [*in candidato probitas requiritur*]. **2.** fragen, nachforschen, sich erkundigen (*abs. od. alqd u. de re* nach *etw., zB. domum alcis, de statu civitatis; ab od. ex alqo* bei *jd., zB. abs te, ex iis; alqd ab alqo de re; m. indir. Frages.*). **3.** *prägn.* untersuchen, prüfen [*rationes*]. **4.** (*P.P.P.*) *subst.* **rĕquīsītă,** *ōrŭm n* **a**) (*Qu.*) der verlangte Ausdruck; **b**) (*nkl.*) Notdurft.

F. *pf.-Formen synk.*: *rĕquīsīssĕ(m), rĕquīsīstī u. a.*

> **rēs**
> **1. a**) Vermögen, Hab und Gut; **b**) *meist pl.* Macht, Herrschaft; **2. a**) Sache, Ding, Gegenstand; **b**) *pl.* Welt, Universum; **c**) Sachlage, Los, Schicksal; **d**) Ursache, Grund; **e**) Sache, Geschäft; **f**) Rechtssache, Prozeß; **g**) Staat, Gemeinwesen (= *res publica*); **h**) Vorteil, Nutzen; **3. a**) Tat, Handlung; **b**) Maßregel; **c**) Kriegstat; **d**) Ereignis, Begebenheit; **e**) Tatsache; **f**) Wirklichkeit; **g**) Natur, Wesen einer Sache.

rēs, *rĕī f* (*cf. altind.* rāh „Gut, Besitz, Reichtum") **1. a**) Besitztum, Vermögen, Hab *u.* Gut, Habe, *meist sg.* (*alcis j-s, zB. patris, patria, possessiones et res* bewegliche *u.* unbewegliche Habe, *res familiaris u. privatae res* Privatvermögen; *rem* °*facere* erwerben, *rem augere, rem suam conficere* vertun, *rem gerere* sein Vermögen verwalten, *magnae res alcis aguntur* stehen auf dem Spiel); **b**) *meist pl.* Macht, Herrschaft [*summa rerum* die höchste Gewalt, Staatsleitung, *rerum potiri, res occupare*]. **2. a**) Sache, Ding, Gegenstand, etwas [*transmarina* Produkt, °*bonae res* Wertstücke, Leckerbissen, °*copia rerum* (der) Vorräte *od.* Lebensmittel, °*res, quas possidet orbis* alle Schätze der Welt, °*quid hoc rei est* was soll dies bedeuten?]; *oft zur Aufnahme eines vorhergehenden Begriffes* [*quae* ~ eben dieser Umstand, *hac re palam facta* als dies bekannt wurde, *his rebus factum est* daher kam es, *qua in re* hierbei, *quibus rebus* wodurch, *de ea re* hierüber]; *bsd. zur Umschreibung der casus obliqui der substantivierten Neutra der pron. u. adi.* [*alicuius rei als gen. v. aliquid, divinarum humanarumque rerum contemptor* alles Göttlichen *u.* Menschlichen, *in omnibus rebus* in allem]; **b**) (*pl.*) die Dinge = Welt, Universum, Natur [*studia in rerum contemplatione ponere,* °*caput rerum* die Hauptstadt der Welt, *custode Caesare rerum* solange Cäsar die Welt beschirmt, *ex rerum natura eripere* aus der Welt]; °*rerum oft verstärkend beim sup.* [°*dulcissime rerum* allerliebster]; **c**) Sachlage, Verhältnisse, Los, Schicksal, *auch* Rücksicht, Beziehung [*rem renuntiare* die Sachlage berichten, ~ *est in magnis difficultatibus od. in summo discrimine, si res poscat od. postulabit; pro* (*od.* °*e*) *re nata,* °*pro re* nach Beschaffenheit der Umstände, *imperitus rerum m.* den Verhältnissen; *res secundae od. prosperae, florentes* günstige Lage, Glück, *res adversae od. miserae, afflictae* Unglück; *res male se habet* die Sache steht schlimm, *res ita se habent; novis rebus studere; diffidere suis rebus* seiner Lage; *omnibus* (*in*) *rebus* in allen Punkten, *totā re errare* in jeder Hinsicht]; *im Deutschen oft* = es, *zB. res venit ad arma atque pugnam* es kam zum Kampfe, *res bene od. male se habet* es steht gut *od.* schlecht, *res eo deducitur, ut* es kommt so weit, daß; **d**) Ursache, Grund [*hac od. eā od. eādem re, quā re, nulla alia re* aus keinem anderen Grund, *quam ob rem* deshalb]; **e**) Sache, Geschäft [*rem gerere* Geschäfte machen, *rem cum alqo transigere* abmachen]; *übh.* Unternehmen, Angelegenheit, Aufgabe [*rem bene od. male gerere* seine Sache gut *od.* schlecht machen, *bsd.* das Kommando führen *od.* kämpfen, *maximis rebus praeesse* leiten, *alci res cum alqo est jd.* hat es *m. jd.* zu tun, *rem suscipere* die Aufgabe übernehmen; *res militaris* *od. bellica* Kriegswesen, *maritima od. navalis* Seewesen, *frumentaria* Verproviantierung, *rustica* Landwirtschaft, *pecuaria* Viehzucht; *auch pl., zB. res divinae* Religionswesen]; **f**) Rechtssache, Prozeß [*in ius de sua re ire*]; *res iudicata* eine rechtskräftig entschiedene Sache; **g**) (*bei Historikern u. Dichtern*) Staat, Gemeinwesen, staatliche Verhältnisse = *res publica* (*s. pūblĭcŭs*) [°*unus homo nobis cunctando restituit rem, res Romana*; *pl. res Italicae*]; **h**) Vorteil, Nutzen [°*in rem od. ex re alcis est m. inf. od. a.c.i.* es ist für *jd.* vorteilhaft, *non ab re visum est* es schien nicht unpassend, *rebus alcis studere, alqd in rem suam convertere* sich zunutze machen]. **3. a**) Tat, Handlung [°*rebus spectata iuventus* durch Taten erprobt, *bona, mala*; *res gerere* handeln, Taten verrichten, *bsd.* in Staatsangelegenheiten tätig sein, *zB.* °*res magnas gerere, res gestae* Taten]; **b**) Maßregel; **c**) Kriegstat, *auch* Krieg, Kampf, Schlacht [*militares et civiles res* Kriegstaten *u.* politische Tätigkeit, °*arma ante rem nitentia* vor der Schlacht, *res alci est cum alqo jd.* hat *m. jd.* zu kämpfen, *gladio comminus rem gerere* Mann gegen Mann kämpfen, *rem ducere* hinziehen]; **d**) Ereignis, Begebenheit, Vorfall [*illustris, nova,* °*in medias res auditorem rapere*]; *bsd.* geschichtliches Ereignis, *pl.* Geschichte [*res Persicae, rerum scriptor* Geschichtsschreiber, °*res populi Romani perscribere* römische Geschichte, *veteres res* alte Geschichte]; **e**) Faktum, Tatsache [*non modo res omnes, sed etiam rumores cognoscere,* °*probata* erwiesene, *rerum exempla*]; **f**) Wirklichkeit, wirkliche Sachlage, Wahrheit [°*ut erat res* wie es sich tatsächlich verhielt; *rem spectare, non verba*; *nomine differre, re congruere* der Sache nach; *alqd a re appellare* nach der Wirklichkeit; *in re aliud esse* in Wahrheit sich anders verhalten]; **rē** (**vērā**) in Wahrheit, in der Tat, tatsächlich; *re ipsa* in der Tat, eigentlich (*Ggs. verbo*); **g**) **α**) Natur *od.* Wesen der Sache [*ad rem pertinere u. attinere*; *quid ad rem?* = es ist einerlei]; **β**) Stoff, Inhalt, Gehalt (*im Ggs. zu Form od. Ausdruck*) [°*numeros animosque secutus Archilochi, non res*].

rĕ-săcrō 1. (*Ne.*) vom Fluche befreien, entsühnen (*alqm*).

rĕ-saevĭō 4. (*Ov.*) wieder wüten [*ira*].

rĕsălūtātĭō, *ōnis f* (*rĕsălūtō*) (*nkl.*) Gegengruß.

rĕ-sălūtō 1. wieder grüßen (*alqm*).

rĕ-sānēscō, *nŭī,* — 3. (*sānŭs*) (*dcht., spätl.*) wieder genesen, wieder gesunden, *auch* /.

rĕ-sărcĭō, *rsī, rtŭm* 4. **1.** (*vkl., nkl.*) wieder flicken, wieder ausbessern [*tecta*]. **2.** wieder ersetzen, auswetzen [*detrimentum*].

rĕ-scīī *s. rĕscīscō.*

▶**rĕ-scindō,** *scĭdī, scĭssŭm* 3. **1. a**) (wieder) aufreißen, *auch* / [°*vulnus,* °*luctūs* erneuern]; **b**) (er)öffnen [°*ulcus ferro,* °*vias*; *locum*]; **c**) zerreißen, niederreißen, ab-, einreißen [*vallum, pontem* abbrechen, °*latebras teli* zerschneiden, *locum firmatum* die Feste brechen]. **2.** / ungültig machen, aufheben [°*acta alcis, iudicium populi, res iudicatas, pactiones, voluntates mortuorum*].

rĕ-scīscō, *scīvī od. scīī, scītŭm* 3. *etw.* (wieder) erfahren, in Erfahrung bringen (*alqd od. de re, zB.* °*de adventu alcis*; *alqd ab alqo*; *m. indir. Frages.*).

F. *pf.-Formen synk.*: °*rĕscīssĕ(m) u.ä.*

rĕ-scīssŭs *P.P.P. v. rĕscindō.*

rĕ-scrībō, *psī, ptŭm* 3. **1. a**) zurückschreiben, schriftlich antworten (*alci od. ad alqm, alci rei od. ad alqd, zB. litteris od. ad litteras*; *epistulam ad alqm*; *m. a.c.i. od. indir. Frages.*). **b**) (*nkl.*) widerlegen, eine Gegenschrift verfassen. **2.** (*nkl.*) nochmals *od. v.* neuem schreiben, umschreiben [*rationes*], *auch* °überarbeiten [*commentarios*]. **3.** (*Li.*) *mil.* nochmals ausheben, wieder einberufen [*ex eodem milite novas legiones*]. **4.** (*im Rechnungsbuch*) umschreiben: **a**) zur Last schreiben [*reliqua*]; **b**) (*vkl., dcht.*) *etw.* als bezahlt abschreiben, gutschreiben; bezahlen. **5.** *jd. in einer Liste* umschreiben = versetzen [*alqm ad equum s. ĕquŭs*]. **6.** *cantūs vocum sonis* nach den Tönen der Stimmen setzen, komponieren.

rĕscrīptŭm, *ī n* (*eigtl. P.P.P. n v. rĕscrībō*) (*nkl.*) Reskript, schriftl. Antwort *des Kaisers,* kaiserlicher Erlaß. — **schriftl. Bescheid vom Papst *od.* Bischof.

rĕ-sĕcō, *sĕcŭī, sĕctŭm* 1. **1.** weg-, abschneiden [*linguam,* °*barbam*]; *ad vivum* bis ins Fleisch schneiden; / *alqd ad vivum etw.* allzu wörtlich nehmen; *de vivo auch* das Kapital angreifen. **2.** / **a**) (*dcht.*) verkürzen, beschränken [*spem longam*]; **b**) entfernen, Einhalt tun [*nimia, libidines*].

rĕ-sĕcrō 1. (*săcrō*) (*Pl.*) **1.** wiederholt bitten. **2.** die Bitte zurücknehmen.

rĕsēdă, *ae f* (*nach Plinius d. Ä. volkset. an rĕ-sēdō* 1. „heilen" *angeschlossen*; *Besprechungsformel*: „*reseda, morbos reseda!*") (*nkl.*) Reseda, Wau.

rĕ-sēdī *s. rĕsĭdĕō u. rĕsīdō.*

rĕ-sēmĭnō 1. (*Ov.*) wieder säen, / wiedererzeugen [*se ipsa vom Phönix*].

rĕ-sĕquŏr, *sĕcūtŭs sŭm* 3. (*dcht. u. nur in den pf.-Formen*) (*in der Rede*) nachfolgen = antworten [*alqm dictis*].

rĕ-sĕrō 1. (*denom. v. sĕră*) **1.** (*dcht., nkl.*) entriegeln, aufschließen, öffnen [*fores, portas hosti*]. **2.** / **a**) erschließen [°*aures, rem familiarem, Italiam gentibus* zugänglich machen]; **b**) (*dcht., nkl.*) offenbaren [*oracula mentis*]; **c**) (*nkl., dcht.*) anfangen [*annum*].

****reservatio mentalis** (geheimer) Gedankenvorbehalt *bei Eid u. Vertragsabschluß.*

rĕ-sĕrvō 1. **1.** aufbewahren, aufsparen (*alqm, zB. hostem*; *alqd alci u. alqd alci rei od. ad u. in alqd* für *od.* zu *etw., zB. praedam alci, cetera praesenti sermoni, consilium ad extremum* für den äußersten Fall, *Minucio me -abam* ich wartete *m.* meinem Brief auf den M.). **2. a**) *jd.* zur Bestrafung aufsparen [*alqm in aliud tempus*]; **b**) *jd.* erhalten, (er)retten [*omnes*]; **c**) (bei)behalten [*nihil ad similitudinem hominis* nichts Menschenähnliches]. — *** (*P.P.P. n*) (*subst.*) **reservatum ecclesiasticum** geistlicher Vorbehalt (*im Augsburger Religionsfrieden zugunsten der katholischen Kirche*).

rĕsĕs, *ĭdĭs* (*rĕsĭdĕō*) **1.** (*vkl., nkl.*) sitzengeblieben, zurückgeblieben [*in urbe plebs*]. **2.** / (*nkl., dcht.*) träge, untätig [*milites, animus*].

F. *abl. sg. -ĕ; pl. neutr. fehlt, gen. -ŭm.*

rĕ-sēssŭm *P.P.P. v. rĕsĭdĕō u. rĕsīdō.*

rĕ-sĭdĕō, *sēdī, sēssŭm* 2. (*sĕdĕō*) **1.** (*intr.*) **a**) sitzen bleiben, sitzen (*abs. od. in re, zB. in villa,* °*in equo*; / *auctoritas residet in nutu alcis* throntȳ); / **b**) ruhen [*quā resident mortui*]; **c**) zurückbleiben, noch übrig sein [*culpa, amor in alqo,* °*ira ex certamine*]. **2.** (*trans.*) ein Fest feiern [*denicales mortuis* zu Ehren der Toten].

rĕ-sīdō, *sēdī, sēssŭm* 3. **1.** sich setzen, sich niederlassen, rasten (*abs. od. in re u.* °*re, zB. in villa,* °*mediis aedibus,* / [*Ho.*] *cruribus pelles* setzen sich fest um die Beine). **2.** / **a**) sich senken, (ein-) sinken [*montes,* °*maria in se ipsa*]; **b**) (*nkl., dcht.*) sich zurückziehen [*retro*]; **c**) sich legen, nachlassen [*mentes a bello,* °*ardor* erkaltet, °*corda ex ira residunt*].

rĕsĭdŭŭs 3 (*rĕsĭdĕō*) zurückbleibend, übrig [°*classis, odium*]; *bsd.* rückständig [*pecuniae*]; *subst.* **-ŭm,** *ī n* Rest [°*-a nobilitatis*].

****resignātio,** *onis f* Verzicht, Entsagung, Resignation.

rĕ-sīgnō 1. (*-ī-?*) **1. a**) entsiegeln, (er)öffnen [*litteras, testamenta*; / (*Ve.*) °*lumina morte* vom Tode, *d. h.* (Merkur) läßt sie nicht sterben]; **b**) / (*dcht.*) offenbaren, enthüllen [*fata*]. **2.** vernichten, ungültig machen [*tabularum fidem*]. **3.** (*Ho.*) zurückzahlen, -geben [*cuncta*; *quae dedit Fortuna*].

rĕ-sĭlĭō, *lŭī, sŭltŭm* 4. (*sălĭō*) **1.** (*dcht., nkl.*) zurückspringen [*ad manipulos*]. **2.** (*dcht., nkl.*) (*v. Sachen*) abprallen [*grando a culmine tecti*; *klass. nur* / *crimen ab alqo* haftet nicht an *jd.*]. **3.** (*nkl., dcht.*) **a**) zusammenschrumpfen [*manus in breve spatium*]; **b**) abstehen, ablassen.

rĕ-sīmŭs 3 (*unkl.*) aufgestülpt [*nares*].

rēsīnă, *ae f* (*Fw.* < ῥητίνη) (*vkl., nkl.*) Harz.

rēsīnātŭs 3 (*rēsīnă*) (*nkl., dcht.*) *m.* Harz bestrichen *od.* gewürzt [*vinum*].

rĕ-sĭpĭō, —— 3. (*săpĭō*) **1.** (*vkl. nkl.*) nach *etw.* schmecken (*alqd*). **2.** / *etw.* verraten, erkennen lassen [*patriam*].

rĕsĭpīscō, *pīvī* (*piī*) *u.* °*puī*, — 3. (*incoh. v. rĕsĭpĭō*) *nur* / **1.** wieder zu Verstande kommen. **2.** wieder zu sich kommen, sich wieder erholen. **3.** / (*Te.*) wieder Mut fassen. **F.** *pf.-Formen synk.*: *rĕsĭpīssĕ(m) u.ä.*

▶**rĕ-sīstō,** *stĭtī*, — 3. **1. a)** stehen bleiben, stillstehen, haltmachen [*in itinere, cum alqo m. jd.* ein Wort reden]; **b)** irgendwo zurückbleiben [*Romae,* °*castris praesidio*]; **c)** / (*in der Rede*) innehalten, steckenbleiben, stocken [*in hoc,* °*verba resistunt*]. **2.** wieder festen Fuß fassen [*alqs lapsus resistit*]. **3.** Widerstand leisten, sich widersetzen, *auch* / (*abs., zB.* °*nullo resistente* ohne jeden Widerstand, °*adversus* ~ offenen Widerstand leisten; *alci u. alci rei, zB. hostibus, dolori, coniurationi, senatūs consulto* handeln gegen, *auch contra veritatem, mens resistens ad calamitates perferendas* widerstandsfähig gegen; *m. ne, negiert auch m. quin*).

rĕsŏlūtĭō, *ōnis f* (*rĕsŏlvō*) (*nkl.*) Auflösung, Erschlaffung, Lähmung, Schwäche. — **Entschließung.

rĕsŏlūtŭs 3 (*eigtl. P.P.P. v. rĕsŏlvō*) (*dcht.*) **1.** weibisch, wollüstig. **2.** zügellos, ungebunden.

▶**rĕ-sŏlvō,** *sŏlvī, sŏlūtūm* 3. (*unkl.*) **1. a)** (*Gebundenes*) (wieder) auflösen, auf-, losbinden [*vestes, crines, equos* abspannen, *puella resoluta capillos m.* aufgelöstem Haar; P. *auch* sich auflösen, locker werden]; **b)** /, *zB. nivem* schmelzen, *tenebras* lichten, *curas* verscheuchen, *litem lite* beendigen, *humum in partes* trennen, *filum* abschneiden, *terga* behaglich ausstrecken, *dolos Labyrinthi* entwirren. **2. a)** (*Geschlossenes*) öffnen [*litteras, ora, iugulum mucrone* durchstechen, *nubes resolvuntur* öffnen sich]; **b)** erschlaffen, entkräften [*corpus somno, membra*]; **c)** (*lösend*) ungültig machen, aufheben, vernichten, zerstören [*iura, vectigal* abschaffen]; **d)** befreien [*te piacula nulla resolvent*]; **e)** (zurück-)bezahlen (*alqd*).

rĕsŏnābĭlĭs, *ĕ* (*rĕsŏnō*) (*dcht.*) widerhallend [*echo*].

▶**rĕ-sŏnō** 1. **1.** (*intr.*) **a)** widerhallen [*theatrum,* °*camini* prasseln, °*telorum custos* klirrt, °*Albunea* rauscht; *re v. etw., zB.* °*chordis,* °*gemitu*; *alci rei e-r* Sache, *zB.* °*voci,* / *gloria virtuti resonat tamquam imago* ist ein Widerhall der Tapferkeit]; **b)** *übh.* ertönen, erschallen, klingen [*nervi,* °*examina e quercu* summen]; / *in vocibus oratorum resonat quiddam urbanius*. **2.** (*dcht., nkl.*) (*trans.*) widerhallen lassen: **a)** *einen Ton od. Namen, zB. Amaryllida, triste et acutum* einen wehmütigen *u.* schrillen Ton *v.* sich geben, *klass. nur* P. (*sonus*) *in fidibus testudine resonatur* der Widerhall wird hervorgebracht; **b)** (*Ve.*) eine Örtlichkeit, *zB. lucos cantu*.

rĕsŏnŭs 3 (*rĕsŏnō*) (*dcht.*) widerhallend [*voces*].

rĕ-sŏrbĕō, —— 2. (*dcht., nkl.*) wieder einschlürfen, (wieder) einziehen (*alqm u. alqd, zB. fluctūs, te in bellum* aufs neue in den Krieg reißen, P. *mare resorbetur* hat Ebbe).

rĕspĕctō 1. (*intens. v. rĕspĭcĭō*) **1.** (*intr.*) zurückblicken, -sehen, sich umschauen, *auch übh.* hinsehen (*abs. od. ad alqd, zB.* °*ad tribunal*). **2.** (*trans.*) **a)** anblicken, anschauen, sich nach *etw.* umschauen (*alqm u. alqd, zB.* °*arcem*); / **b)** (*dcht.*) berücksichtigen [*pios, meum amorem*]; **c)** *etw.* erwarten (*alqd ab alqo, zB. par munus ab eis*).

rĕ-spĕctŭs[1] *P.P.P. v. rĕspĭcĭō.*

rĕspĕctŭs[2], *ūs m* (*rĕspĭcĭō*) **1.** das Zurückblicken, Rückblick (*abs., zB.* °*sine -u fugere u. pugnare*; *alcis rei* nach *etw., zB. incendiorum* nach dem Brand). **2.** / **a)** (*nkl., dcht.*) Rücksicht, Berücksichtigung [*-um amicitiae habere, sine -u humanitatis*; *respectu alcis rei* in Rücksicht auf *etw., zB. mei, rerum privatarum*]; **b)** *meton.* Zuflucht(sort) [*-um ad senatum habere* Rückhalt finden an].

rĕ-spĕrgō, *rsī, rsūm* 3. (*spărgō*) bespritzen, besprengen (*alqd, zB. praetoris oculos*; *alqd re, zB. manus sanguine*; / °*servili probro respersus m.* dem Makel eines gemeinen Sklavenstreichs behaftet); *auch* (*Accius b. Ci.*) bespülen [*pelagus*].

rĕspĕrsĭō, *ōnis f* (*rĕspĕrgō*) das Bespritzen, Besprengung [*pigmentorum*].

rĕ-spĕrsŭs *P.P.P. v. rĕspĕrgō.*

▶**rĕ-spĭcĭō,** *ĕxī, ĕctūm* 3. (*-ēxī?*) (*altl. coni. pf. rĕspĕxīs*) (*spĕcĭō*) **1.** (*intr.*) **a)** zurückschauen, sich umsehen, hinter sich sehen (*abs. od. ad alqd, zB. ad urbem; tam longe retro*); **b)** / sich auf *jd.* beziehen, *jd.* angehen [*summa imperii respicit ad alqm*]; **c)** (*dcht., nkl.*) Rücksicht nehmen auf [*ad mortem*]. **2.** (*trans.*) **a)** sich nach *etw.* umsehen, *etw.* hinter sich erblicken *od.* bemerken (*alqm u. alqd, zB. Caesarem,* °*tribunal; m.* °*a.c.i.*); **b)** / **α)** *etw.* überdenken, bedenken [*spatium praeteriti temporis*]; **β)** *etw.* berücksichtigen, beachten [*generum suum,* °*se* sich eines Besseren besinnen, *sacramentum; m. a.c.i.*]; *bsd.* für *etw.* sorgen, sich um *etw.* kümmern (*alqd, zB. commoda populi*); **γ)** (*nkl.*) erwarten, erhoffen [*spem a Romanis*].

rĕspīrāmĕn, *ĭnis n* (*rĕspīrō*) (*Ov.*) Luftröhre.

rĕspīrātĭō, *ōnis f* (*rĕspīrō*) **1.** das Aufatmen, Atemholen. **2.** *meton.* Pause, *bsd. im Reden* [*sine -ne pugnare*]. **3.** / Ausdünstung [*aquarum*].

rĕspīrātŭs, *abl. ū m* (*rĕspīrō*) das Aufatmen, Atemholen.

rĕ-spīrō 1. **1.** (*Lu.*) (*vom Wind*) zurückwehen, entgegenblasen. **2.** ausatmen (*abs. od. animam*). **3. a)** aufatmen, *auch* wieder zu Atem kommen [*libere*]; / **b)** sich wieder erholen (*a re v. od.* nach *etw., zB. a metu,* °*a continuis cladibus*); **c)** nachlassen [*cupiditas atque avaritia paulum respiravit*; P. *impers. ita respiratum est*].

rĕ-splĕndĕō, *ŭī*, — 2. (*dcht., nkl.*) widerstrahlen.

rĕ-spŏndĕō
1. dagegen versprechen, geloben; **2. a)** antworten; **b)** (*Orakel*) Bescheid geben; **c)** (*beim Namensaufruf*) sich melden, sich stellen; **3. a)** entsprechen; **b)** (*räuml.*) gegenüberliegen; **c)** *e-r Sache* gewachsen sein; **d)** vergelten.

rĕ-spŏndĕō, *spŏndī, spōnsūm* 2. **1.** dagegen versprechen, geloben [*paria paribus* (*v. der Bezahlung*) Gleiches für Gleiches leisten]. **2. a)** antworten, erwidern (*abs., zB. ad respondendum surgere*; *alqd u. de re, zB. pauca, de auxilio mittendo*; *alci, zB. quaerenti*; *alci alqd, zB. consuli nullum verbum*; *alci rei etw.* beantworten, *zB. criminibus, his rebus* auf diese Äußerungen, *voci* ein Echo geben; *ad alqd nur m. substantivierten Neutra, zB. ad haec, ad postulata*; *selten adversus alqd*; P. *respondetur alci jd.* erhält die Antwort; *m. a.c.i. bzw. m. ut* = als Antwort den Befehl erteilen); **b)** (*v. Orakeln u. Juristen*) Bescheid geben, raten [*Pythia*; *ius od. de iure* (ein Rechts-)Gutachten erteilen]; **c)** (*beim Namensaufruf*) (*nkl.*) sich melden, sich stellen, *bsd. vor Gericht* [*ad nomina, vadato* wegen geleisteter Bürgschaft]; *klass. nur* sich verantworten; / (*Ho.*) *respondesne tuo nomine* darfst du dies Lob dir zurechnen? **3.** / **a)** entsprechen, *m. etw.* übereinstimmen, ähnlich *od.* das Gegenstück sein, zu *etw.* passen (*alci u. alci rei, selten ad alqd, zB. extrema primis,* °*alci eventus ad spem,* °*officio* seiner Verpflichtung nachkommen, °*coniunx illi respondet curis* teilt ihre Sorgen); **b)** (*räuml.*) gegenüberliegen [*porticus Palatio*]; **c)** gewachsen sein, sich messen können *m.*, die Waage halten (*alci rei, zB. urbes tumulis, illorum orationi, Graecorum gloriae*); **d)** vergelten (*alci rei, zB. amori amore*); **e)** *im Bezahlen* Wort halten = bezahlen [*ad tempus*]; °*ad reliqua* den Rest bezahlen, die Rechnung ausgleichen. — ** offenbaren, prophezeien.

rĕspōnsĭō, *ōnis f* (*rĕspŏndĕō*) Antwort, Entgegnung; *bsd.* (*rhet. t.t.*) *sibi ipsi responsio* Selbstbeantwortung einer selbst aufgeworfenen Frage, Selbstwiderlegung.

rĕspōnsĭtō 1. (*intens. v. rĕspōnsō*) ein Rechtsgutachten abgeben.

rĕspōnsō 1. (*intens. v. rĕspŏndĕō*) (*vkl., dcht.*) **1.** antworten [*ripae lacusque circa responsant* hallen wider]. **2.** / widerstehen, verschmähen (*alci rei, zB. cupidinibus*).

rĕspōnsŏr, *ōris m* (*rĕspŏndĕō*) (*Pl.*) der Antwortende, Bescheiderteilende.

rĕspōnsōrĭŭm, *ī n* (*rĕspŏndĕō*) (*Eccl.*) Wiederholung *beim Gottesdienst.* — ** liturgischer Wechselgesang.

▶**rĕspōnsŭm,** *ī n* (*eigtl. P.P.P. n v. rĕspŏndĕō*) **1.** Antwort (*-um dare od.* °*reddere alci* erteilen, *ab alqo ferre od. auferre* erhalten, *exspectare postulatis* auf die Forderungen). **2. a)** Rechtsbescheid [*acute*]; **b)** Ausspruch, Orakel [°*oraculi, haruspicum*].

rĕ-spōnsūs *P.P.P. v. rĕspŏndĕō.*

▶**rēspūblĭcă** *s. pūblĭcŭs.*

rĕ-spŭō, *ŭī, ūtŭm* 3. **1.** zurück-, ausspeien, *v.* sich geben [*reliquias cibi*]. **2.** / zurückweisen, verschmähen, mißbilligen [*condicionem, alcis interdicta* verachten, trotzen, *alqm auribus; aures alcis respuunt* es beleidigt *j-s* Ohr *m. a.c.i.*].

rĕ-stāgnō 1. **1.** (*nkl., dcht.*) überfließen, austreten *v. Gewässern* [*lacus*]. **2.** *meton.* (*v. Örtlichkeiten*) überschwemmt sein; unter Wasser stehen.

rĕstaurātĭō, *ōnĭs f* (*rĕstaurō*) (*spätl.*) Wiederherstellung, Erneuerung.

rĕstaurātŏr, *ōrĭs m* (*rĕstaurō*) (*spätl.*) Restaurator, Wiederhersteller *e-s Bauwerkes.*

rĕ-staurō 1. (*cf. instaurō*) (*nkl.*) **1.** wiederherstellen, -erbauen [*theatrum*]. **2.** erneuern [*bellum*].

rĕstĭcŭlă, *ae f* (*demin. v. rĕstĭs*) dünner Strick, Schnur.

rĕ-stīllō 1. (*-ī-?*) wieder einträufeln (*alci alqd*), / wieder einflößen.

rĕstīnctĭō, *ōnĭs f* (*-stī-?*) (*rĕstĭnguō*) das Löschen, Stillen [*sitis*].

rĕ-stĭngŭō, *stīnxī, stīnctŭm* 3. (*stĭnxī, stīnctŭm?*) **1.** (aus)löschen (*abs., zB. ad restinguendum concurrere, alqd, zB. ignem, aggerem* den brennenden Wall, °*pocula lymphā* durch Mischung *m.* Wasser kühlen); *P.* erlöschen. **2.** / **a)** dämpfen, mäßigen [*sitim, cupiditates, odium*]; **b)** vernichten, vertilgen [*animos hominum sensusque* Bewußtsein].

rĕstĭō, *ōnĭs m* (*rĕstĭs*) (*nkl.*) Seiler; (*scherzh.*) (*Pl.*) *v. einem mit Stricken durchgepeitschten Sklaven.*

rĕstĭpŭlātĭō, *ōnĭs f* (*rĕstĭpŭlŏr*) Gegenverpflichtung.

rĕ-stĭpŭlŏr 1. gegenseitig ein Versprechen fordern, sich dagegen versprechen lassen (*alqd, m. ut u. a.c.i.*).

rĕstĭs, *ĭs f* (< **rĕzg-tĭs; cf. mhd.* rusch[e] „Binse"; *eigtl.* „biegsamer, zum Flechten geeigneter dünner Zweig") (*unkl.*) Seil, Strick, Tau; / Lauchblatt, Zwiebelblatt.

F. *sg. acc. -īm häufiger als -ĕm; abl. -ĕ.*

rĕ-stĭtī *s. rĕsĭstō u. rĕstō.*

rĕstĭtō 1. (*intens. v. rĕstō*) (*Com., nkl.*) zurückbleiben, / zaudern.

rĕstĭtrix, *īcĭs f* (**rĕstĭtŏr; zu rĕsĭstō od. rĕstō*) (*Pl.*) die zurückbleibt (?).

▶**rĕ-stĭtŭō,** *ŭī, ūtŭm* 3. (*stătŭō*) **1. a)** an die alte Stelle wiederhinstellen [*statuam*]; **b)** *prägn.* α) (*bsd. aus der Verbannung*) zurückführen, -rufen [*alqm* °*in patriam,* °*spes restituendi* auf Zurückberufung]; β) zurück-, wiedergeben (*alqd alci u. selten ad alqm, zB. civibus sua, maiorum locum* Würde, °*se alci* sich *m. jd.* wieder befreunden). **2. a)** (*in den alten Stand*) zurückversetzen [*provinciam in antiquum statum, praedia in integrum,* °*consilia in integrum* ungeschehen machen]; **b)** *jd.* in seine Rechte wiedereinsetzen (*alqm in integrum*); **c)** wiederherstellen, wieder aufbauen [*aedes, proelium,* °*pugnam, ordines u. aciem* wieder ordnen, *depravata* wieder einrichten, °*cunctando rem* den Staat retten]; **d)** wieder gutmachen, ersetzen (*alqd u. alci alqd, zB. fraudata, vim factam*); **e)** aufheben [*alcis iudicia* Urteilssprüche].

rĕstĭtūtĭō, *ōnĭs f* (*rĕstĭtŭō*) **1.** (*nkl.*) Wiederherstellung [*domūs urbis in maius* Wiederaufbau *u.* Vergrößerung]. **2.** Wiedereinsetzung in den vorigen Stand: **a)** Zurückberufung aus der Verbannung; **b)** Begnadigung [*damnatorum*]; **c)** (*nkl.*) Wiederaufnahme in den Senat.

rĕstĭtūtŏr, *ōrĭs m* (*rĕstĭtŭō*) **1.** Wiederhersteller [*templorum*]. **2.** (*abs.*) (*nkl.*) Retter.

rĕ-stĭtūtūs *P.P.P. v. rĕstĭtŭō.*

▶**rĕ-stō,** *stĭtī,* — 1. **1.** zurückbleiben, *cf. rĕsĭstō* [°*amor restat* bleibt, harrt aus]. **2.** (*nkl., dcht.*) widerstehen, Widerstand leisten [*fortiter, multos dies; P. impers.* °*minima vi restatur* der geringste Widerstand wird geleistet]; / (*dcht., nkl.*) (*v. Sachen*) nicht nachgeben [*restantibus laminis adversum pila et gladios*]. **3.** übrigbleiben *od.* sein, noch vorhanden *od.* noch am Leben sein, *v. Sachen u. Pers.* [*hic restat actus,* °*alci una spes, pauci restant,* °*dona restantia flammis* die entgangen sind, gerettet sind aus; (*hoc, id, illud*) *restat, ut u. m.* °*inf.* es steht noch aus, bleibt (schließlich) noch übrig, *nihil aliud restat, nisi od. quam m. inf.*]; *bsd.* noch bevorstehen [°*hoc Latio restat* ist das bevorstehende Los, *m. a.c.i.*; *quod restat* künftig, in alle Zukunft].

rĕstrĭctŭs 3 (*m. comp. u.* °*sup.*; *adv.* **-ē**) (*eigtl. P.P.P. v. rĕstrĭngō*) **1.** (*nkl.*) straff angezogen [*toga* zu eng]. **2.** / **a)** (*Pli.*) genügsam, bescheiden; *klass. nur adv.* [*-e facere alqd*]; **b)** (*nkl.*) straff, streng [*imperium*]; *klass. nur adv.* [*-e praecipere*]; **c)** sparsam, karg [*homo, restrictior ad largiendum*].

rĕ-strĭngō, *strīnxī, strĭctŭm* 3. (*strīnxī?*) (*unkl.*) **1.** zurückziehen [*laevam*]; *dentes* fletschen. **2. a)** zurückbinden [*lacertos* auf dem Rücken knebeln; *alqd ad alqd u. alci rei etw.* an *etw.*], *übh.* festbinden; **b)** / beengen [*animum maestitiā*]; beschränken [*sumptūs*].

rĕ-sūdō 1. (*nkl.*) Feuchtigkeit ausschwitzen, feucht sein, *vom Boden* (*re v. etw.*).

rĕ-sŭltō 1. (*săltō*) (*nkl., dcht.*) **1. a)** zurückspringen, -prallen [*tela galeā resultant*]; **b)** (*vom Echo*) widerhallen [*vocis imago; meton. v. Örtlichkeiten, zB. colles clamore resultant*]. **2.** / **a)** (*rhet. t.t.*) hüpfen (*v. einer Rede m. vielen kurzen Silben hintereinander*); ungleichmäßig in der Stimme sein; **b)** widerstreben [*barbara nomina Graecis versibus* fügen sich nicht ins Metrum].

rĕ-sūltūs *P.P.P. v. rĕsĭlĭō.*

rĕ-sūmō, *mpsī, mptŭm* 3. (*nkl., dcht.*) **1.** wiedernehmen, -ergreifen [*pennas, speciem caelestem, librum in manus*]. **2.** / **a)** wieder aufnehmen, erneuern [*pugnam, militiam*]; **b)** wiedererlangen [*dominationem*].

rĕ-sŭō, —, *sūtŭm* 3. (*nkl.*) auftrennen.

rĕ-sŭpīnō 1. (*unkl.*) **1.** zurückbeugen, -stoßen (*alqm, zB. regem assurgentem*); *mediopass.* sich zurückbeugen. **2.** auf den Rücken werfen; vergewaltigen [*aviam*]. **3.** umreißen, umstürzen [*valvas*].

rĕsŭpīnŭs 3 (*Rückbildung v. rĕsŭpīnō*) (*dcht., nkl.*) **1. a)** zurückgebogen, -gelehnt, rücklings [*collum; alqm -um fundere* rücklings niederstrecken]; **b)** auf dem Rücken liegend [*Cyclops; cantabam ‿ amores*]. **2.** / **a)** den Kopf stolz zurückwerfend, stolz [*Niobe*]; **b)** weichlich, träge [*voluptas*].

rĕ-sŭrgō, *sūrrēxī, sūrrēctŭm* 3. (*nkl., dcht.*) **1.** wieder aufstehen, sich wieder aufrichten, *v. Lebendem u. Leblosem* [*miles, herba, cymba de aquis* taucht wieder auf, *luna* geht wieder auf]. **2.** / **a)** (*v. Zuständen* wiedererwachen [*bellum, amor*]; **b)** (*v. Städten u. Staaten*) wiedererstehen, -aufblühen [*Roma, regna Troiae*].

rĕsŭrrēctĭō, *ōnĭs f* (*rĕsŭrgō*) (*Eccl.*) Auferstehung (*v. den Toten*).

rĕ-sŭscĭtō 1. (*dcht. u. spätl.*) wieder erregen *od.* anfachen [*iram*]; (*Eccl.*) wieder erwecken (*vom Tode*).

rĕtārdātĭō, *ĭs ōn f* (*rĕtārdō*) Verzögerung, Aufenthalt.

rĕ-tārdō 1. **1.** verzögern, aufhalten (*alqm u. alqd, zB. regem in via, flumina*); *auch intr.* = *mediopass.* sich verlangsamen, zurückbleiben. **2.** / hemmen, abhalten [*alcis impetum; alqm a scribendo*].

rĕ-tāxō 1. (*Suet.*) wieder tadeln.

rētĕ, *ĭs n* (*cf. rārŭs*) Netz; *auch* Spinnetz.

F. *sg. abl. -ī u.* °*-ĕ; pl. nom. -ĭă, gen. -ĭŭm.*

rĕ-tĕgō, *tēxī, tēctŭm* 3. **1. a)** aufdecken, entblößen [°*pectus,* °*homo retectus* durch den Schild nicht gedeckt; *prägn.* °*clipeum* wegreißen]; **b)** (*Verschlossenes*) öffnen [*thecam nummariam*]. **2.** / **a)** (*dcht., nkl.*) erhellen, sichtbar machen [*orbem radiis, diem* erschließen]; *P.* sichtbar sein; **b)** (*dcht., nkl.*) entdecken, offenbaren [*scelus, responsa deum, coniurationem*].

rĕ-tēmptō 1. (*dcht., nkl.*) wieder versuchen (*alqd, zB. preces* wiederholen, *fila lyrae; m. inf.*).

rĕ-tēndō, *tēndī, tēntŭm u. tēnsŭm* 3. (*dcht., nkl.*) abspannen; entspannen [*arcum*].

rĕtēntĭō, *ōnĭs f* (*rĕtĭnĕō*) **1.** das Zurück-, Anhalten [*aurigae; / as-*

sensionis das Zurückhalten des Beifalls = ἐποχή]. **2.** / das Zurückhalten einer Zahlung, Abzug.

rĕ-tĕntō[1] 1. (*intens. v.* rĕtĭnĕō) (*unkl.*) zurück-, festhalten (*alqm u. alqd, zB.* equos, se, frena; / erhalten [hominum vitas].

rĕ-tĕntō[2] 1. = rĕtĕmptō.

rĕ-tĕntŭs *P.P.P. v.* rĕtĕndō *u.* rĕtĭnĕō.

rĕ-tĕrō, trīvī, trītŭm 3. (*vkl., nkl.*) abreiben.

rĕ-tĕxō, tĕxŭī, tĕxtŭm 3. **1. a)** (*Gewebtes*) wieder auftrennen [telam; / °luna plenum orbem retexuit verkleinerte]. / **b)** (*unkl.*) umarbeiten, umgestalten [scripta, se sich zu einem anderen Menschen machen]; **c)** ungültig machen, widerrufen [praeturam alcis, orationem]. **2.** (*dcht., nkl.*) *v.* neuem weben; *nur* / erneuern, wiederholen [properata fata, orbes cursu im Kreis zurücklaufen].

rētĭārĭŭs, ī *m* (rētĕ) (*nkl., dcht.*) Netzkämpfer (*Gladiator m. Dreizack u. Netz*).

rĕtĭcĕntĭă, ae *f* (rĕtĭcĕō) **1.** das Stillschweigen (alcis). **2. a)** das Verschweigen *e-s* Fehlers *beim Verkauf e-r Sache*; **b)** (*rhet. t.t.*) plötzliches Abbrechen mitten in der Rede (= ἀποσιώπησις).

rĕ-tĭcĕō, ŭī, — 2. (tăcĕō) **1.** (*intr.*) **a)** stillschweigen (*abs. od.* de re, *zB.* de iniuriis); **b)** (*nkl., dcht.*) alci *jd.* nicht antworten. **2.** (*trans.*) *etw.* verschweigen (*alqd, zB.* errorem); *subst.* (*Iust.*) reticenda Geheimnisse [matrimonii].

rētĭcŭlŭm, ī *n u.* **-ŭs,** ī *m* (*demin. v.* rētĕ) (kleines) Netz (Fischnetz; Tragenetz; plenum rosae; °panis; °Haarnetz; °Racket); °Sieb.

rĕtĭnācŭlŭm, ī *n* (rĕtĭnĕō) (*nkl., dcht.*) **1.** Halter, Band [vitis Weidenband *zum Festbinden der Reben*]. **2. a)** Zügel, Leine [mulae, equorum]; **b)** Haltetau, Ankertau [classis, navis]; / *pl.* Bande [vitae].

rĕtĭnēns, ĕntis (*eigtl. part. praes. v.* rĕtĭnĕō) an *etw.* festhaltend, auf *etw.* haltend (*alcis rei, zB.* sui iuris). *Cf.* V.-B. VIII.

rĕtĭnĕntĭă, ae *f* (rĕtĭnĕō) (*Lu.*) das Behalten im Gedächtnis, Erinnerung.

▶ **rĕ-tĭnĕō,** tĭnŭī, tĕntŭm 2. (tĕnĕō) **1. a)** zurückhalten, festhalten, zurückbehalten (*alqm u. alqd, zB.* legatum, milites in castris *od.* in loco, alqm obsidem als Geisel, retineri tempestate; / alqm in officio *od.* °in fide; *auch* °*Lebloses, zB.* °manūs ab ore alcis, °lacrimas); **b)** zurückbehalten = im Besitz behalten [nummos, arma, res Eigentum, ferrum in vulnere]. **2.** / **a)** in Schranken halten, zügeln [°rabiem; alqs retineri non potest, quin *jd.* läßt sich nicht abhalten zu ...]; **b)** fesseln (*alqm amore, animos hominum in legendo*). **3.** beibehalten, erhalten, behaupten, bewahren (*alqm u. alqd, zB.* amicos observantiā, rem parsimoniā, regnum armis, ius suum, pristinam virtutem, memoriam rei *u.* alqd memoriā, iumenta sine pabulo retinentur bleiben ohne Futter; vehementer retinetur, ne man hält streng darauf, daß nicht).

rĕ-tĭnnĭō, — — 4. widerklingen, -tönen.

rĕ-tŏnō, — — 1. (*Ca.*) donnernd widerhallen (*re v. etw., zB.* fremitu).

rĕ-tŏrquĕō, tŏrsī, tŏrtŭm 2. **1.** zurückdrehen, -wenden, -beugen, umkehren [°currum, oculos ad urbem, agmen ad dextram retorquetur schwenkt nach rechts, °manūs *od.* °bracchia tergo auf den Rücken binden, °undas litore zurückdrängen *v.*, °Rhoetum zurücktreiben, °amictum aufschürzen, °missilia in hostem zurückschleudern; / °scelus in auctorem das Verbrechen den Urheber treffen lassen]. **2.** / (*Ve.*) (um)ändern [mentem die Gesinnung].

rĕ-tŏrrĭdŭs 3 (*adv.* **-ē**) (*unkl.*) verdorrt, dürr; / schlau, gerieben [mus].

rĕtrăctātĭō, ōnĭs *f* (*eigtl.* „das Wiedervornehmen"; rĕtrăctō) **1.** (*Augustin.*) Umarbeitung *e-r* Schrift. **2.** (*Se.*) Beschäftigung (*m. etw. od. jd.*) in Gedanken [eorum, qui fuerunt]. **3.** Weigerung, Ablehnung (sine -ne unweigerlich).

rĕtrăctātŭs 3 (*m. comp.*) (*eigtl. P.P.P. v.* rĕtrăctō) umgearbeitet [idem σύνταγμα -ius *etw.* verbessert].

rĕtrăctō 1. (*frequ. v.* rĕtrăhō) **1.** zurückziehen: / **a)** (*dcht., nkl.*) widerrufen [dicta]; **b)** sich weigern, ablehnen [°nullo retractante]. **2. a)** (*dcht., nkl.*) wieder berühren, *v.* neuem ergreifen [arma, vulnera wieder aufreißen]; **b)** / **α)** (*unkl.*) wieder vornehmen, umarbeiten, verbessern [tertium locum orationis, verba desueta wieder gebrauchen, odium erneuern]; **β)** wieder überdenken [rem diligenter].

rĕtrăctŭs 3 (*m. comp.*) (*eigtl. P.P.P. v.* rĕtrăhō) (*nkl.*) entfernt, versteckt [murus a mari retractior].

rĕ-trăhō, trāxī, trăctŭm 3. **1. a)** zurückziehen, -bringen, -holen (*alqm u. alqd, zB.* Hannibalem in Africam, °pedem); **b)** *e-n Flüchtling* zurückbringen, einbringen [°alqm ex fuga; (*scherzh.*) °argentum fugitivum]. **2. a)** zurückhalten, abhalten, *auch* entfremden (*alqm a re, zB.* consules a foedere, °Thebas ab interitu retten vor); **b)** (*nkl.*) *etw.* nicht herausgeben, (*aus einer Zahl*) streichen; **c)** se retrahere a re sich *v. etw.* zurückziehen, an *etw.* nicht teilnehmen wollen [°se ab ictu; *m.* ne]. **3.** (*Ta.*) **a)** *v.* neuem ziehen *od.* schleppen [Treveros in arma, alqm ad eosdem cruciatus]; **b)** / wieder ans Licht ziehen [nomina]. **4.** hinziehen, hinführen, *nur* / (*alqd in u. ad alqd, zB.* calliditatem in odium iudicis verhaßt machen bei; / °imaginem quietis ad spem deuten *od.* beziehen auf).

rĕtrĕctō 1. = rĕtrăctō.

rĕ-trĭbŭō, ŭī, ūtŭm 3. **1.** zurückgeben, (wieder) zustellen (*alci alqd, zB.* °pecuniam populo); *auch* (*Lu.*) dagegen geben, *v.* neuem geben [corpora rebus]. **2.** / *j-m das Gebührende* zukommen lassen [alci fructum rei].

▶ **rĕtrō** (*zu* rĕ- *wie* īntrō *zu* īn) **1.** *adv.* **a)** (*räuml.*) zurück, rückwärts, nach hinten [°navem ~ inhibere, ~ °cedere, °dare lintea zurücksegeln; *pleonastisch* ~ °redire *u.* respicere *u.ä.*]; *bisw. auch* hinten *auf die Frage* „wo?" [alqd ~ fit]; **b)** (*zeitl.*) vorher [reges deinceps ~ usque ad Romulum, °quodcunque ~ est hinter uns liegt]; **c)** / **α)** ~ ponere alqd zurück-, hintansetzen; °~ verti sich ändern; **β)** (*selten*) dagegen, umgekehrt. **2.** (*spätl.*) *prp. b. acc.* hinter [quae ~ nos sunt].

rĕtrŏ-ăgō, ēgī, ăctŭm 3. (-ō-?) (*nkl.*) **1.** zurücktreiben; zurückstreichen [capillos]; / besänftigen [iram]. **2.** umkehren, ändern; litteras umgekehrt aufsagen; dactylus -actus Anapäst.

rĕtrō-cēdō, cĕssī, cĕssŭm 3. (*nkl.*) zurückweichen.

rĕtrōgrădŭs 3 (*Rückbildung aus* rĕtrōgrădĭŏr „zurückgehen") (*nkl.*) zurückgehend.

rĕtrōrsŭm *u.* (*nkl.*) **-sŭs** *adv.* ((< *rĕtrō-vŏrs...; vĕrtō) **1.** (*dcht., nkl.*) rückwärts [reiectae ~ Hannibalis minae Drohungen *H-s*, die auf ihn selbst zurückfielen]. **2.** umgekehrt.

rĕtrō-vĕrsŭs[1] 3 (*eigtl. P.P.P. v.* rĕtrō-vĕrtō 3.) (*dcht., auch i. Tmesis*) zurückgewandt, -gekehrt, rückwärts [ora].

rĕtrōvĕrsŭs[2] *u.* **-ŭm** *adv.* (*cf.* ădvĕrsŭs[2]) (*vkl., nkl.*) rückwärts.

rĕ-trūdō, ūsī, ūsŭm 3. (*vkl., nkl.*) zurückstoßen.

rĕtrūsŭs 3 (*eigtl. P.P.P. v.* rĕtrūdō) entfernt, versteckt [simulacra; in re, *zB.* in philosophia].

rĕt(t)ŭdī *s.* rĕtŭndō.

rĕttŭlī *s.* rĕfĕrō.

rĕ-tŭndō, rĕt(t)ŭdī, rĕtū(n)sŭm 3. **1.** (*dcht.*) zurückstoßen, *klass. nur* / (*alqm u. alqd, zB.* gladios in rem publicam destrictos, ferrum alcis). **2.** (*dcht., nkl.*) abstumpfen [telum; *klass. nur* /, *zB.* mucronem stili *od.* °ingenii]. **3.** / abschwächen, dämpfen, im Zaum halten, *auch* unwirksam machen, vereiteln (*alqm u. alqd, zB.* °hostem, °alcis impetum, °linguas Aetolorum zum Schweigen bringen). **4.** (*P.P.P.*) *adi.* **rĕtū(n)sŭs** 3 **a)** (*unkl.*) stumpf [tela, fibra abgestorben]; **b)** / **α)** stumpfsinnig [ingenium]; **β)** (*dcht., nkl.*) gefühllos.

▶ **rĕŭs,** ī *m* der Angeklagte, **rĕă,** ae *f* die Angeklagte, *pl.* **rĕī,** ōrŭm *m* ((< *rēj-ŏs, *eigtl. adi. zu* rēs „Rechtssache") die Angeklagten, *auch* die Parteien [alqm reum facere *u.* °agere *jd.* anklagen, °reum peragere den Angeklagten zur Verurteilung bringen = die Klage durchführen, alqm in reos referre in die Liste der Angeklagten eintragen = in Anklagestand versetzen, alqm ex reis eximere ausstreichen (*vom Prätor*); alcis rei wegen *e-r* Sache, *zB.* parricidii, capitis auf den Tod angeklagt, *auch* de vi; °alcis *v. jd., zB.* Anyti reus = Socrates]; *adi.* **-ŭs** 3 (*nkl. dcht.*) schuldig, *auch* zu *etw.* verpflichtet (*alcis rei, zB.* fortunae huius diei, suae partis tutandae verantwortlich für, *auch* °propter alqd; °voti reus zur Lösung des Gelübdes verpflichtet).

rĕ-vălēscō, *luī,* — 3. (*dcht., nkl.*) wiedergenesen, wieder aufblühen, wieder Geltung erlangen, *v. Pers. u. Sachen.*

rĕ-vĕhō, *vēxī, vĕctŭm* 3. **1.** zurückfahren, -führen, -bringen (*alqd, zB.* °*praedam, Dianam Carthagine Segestam*; / °*triumphum* heimbringen, °*Troianam urbem ex hostibus v.* neuem gründen). **2.** P. *bzw. mediopass.* (*m. u. ohne curru, equo, nave*) (*nkl., dcht.*) zurückfahren, -reiten, -kommen [*ad suos, in castra*]; *klass. nur* / *in der Rede* auf *etw.* zurückkommen (*ad alqd*).

rĕvēlātĭō, *ōnĭs f* (*rĕvēlō*) **1.** (*spätl.*) Enthüllung, Entblößung [*pudendorum*]. **2.** (*Eccl.*) Offenbarung, *bsd.* die Apokalypse *des Johannes.*

rĕ-vĕllō, *vĕllī* (*u.* [*dcht., nkl.*] °*vŭlsī, vōlsī*), *vŭlsŭm* 3. **1. a)** wegreißen, ab-, losreißen (*alqm u. alqd, zB. crucem,* °*herbas radice m.* der Wurzel, *telum de corpore,* °*agri terminos* gewaltsam verrücken, °*alqm urbe* gewaltsam wegführen aus, °*morte sola revelli a me* mir entrissen werden); **b)** / (ver)tilgen, verbannen [*consulatum ex omni memoria*]. **2.** aufreißen, aufbrechen [*claustra portarum,* °*sepulcrum alcis,* °*cineres alcis* wieder aufwühlen].

rĕ-vēlō 1. (*dcht., nkl.*) enthüllen, entblößen [*ōs, faciem* sich entschleiern, *sacra*]; / offenbaren.

rĕ-vĕnĭō, *vēnī, vĕntŭm* 4. zurückkommen, heimkehren, *selten, klass. nur domum* [°*in urbem,* °*ex longinquo*]; / (*Pl.*) *res in eum revenit locum* es ist so weit gekommen.

rē-vērā *adv.* (*auch getr.*) *s.* rēs (3,f).

rĕ-vĕrbĕrō 1. (*nkl.*) zurückschlagen; *mediopass.* anprallen, zurückprallen (*re* an *od. v. etw., zB. saxis*).

rĕvĕrĕndŭs 3 (*eigtl. Gerundiv v. rĕvĕrĕŏr*) (*dcht., nkl.*) ehrwürdig; *subst.* **-ŭs** *u.* (*sup.*) **-issĭmŭs,** *ī m* (*spätl.*) *Titel hoher christl. Geistlicher,* Hoch(ehr)würden.

rĕvĕrēns, *ĕntĭs* (*m. comp. u. sup.*; *adv.* **-ĕntĕr**) (*eigtl. part. praes. v. rĕvĕrĕŏr*) (*dcht., nkl.*) ehrerbietig (*erga alqm, auch m. gen.*; *ora* sittsam). *Cf.* V.-B. VIII.

rĕvĕrĕntĭă, *ae f* (*rĕvĕrēns*) **1.** (*dcht., nkl.*) Scheu [*discendi, poscendi*]. **2.** Ehrfurcht, Ehrerbietung, Respekt (*alcis j-s u. vor jd.* = *adversus u. in alqm*; *alcis rei* gegen *od.* vor, auf *etw., zB.* °*sacramenti,* °*famae* Besorgnis für); *auch* (*dcht.*) *personif. als Göttin der Ehrfurcht, Mutter der Maiestas v. Honor.* — ***vestra* ~ (*als Anrede*) Ew. Hochwürden.

rĕ-vĕrĕŏr, *vĕrĭtŭs sŭm* 2. **1.** *etw.* scheuen, sich vor *etw.* scheuen, (*alqm u. alqd, zB. homines, suspicionem*). **2.** Ehrfurcht vor *etw.* empfinden, *etw.* verehren, hochachten (*alqm u. alqd, zB. deum, fortunam alcis*).

rĕ-vĕrrō, — — 3. (*Pl.*) wieder auseinanderfegen.

rĕvĕrsĭō, *ōnĭs f* (*rĕvĕrtŏr*) **1.** (*gramm.-rhet. t.t.*) (*Qu.*) Umstellung der Wörter (= ἀναστροφή, *zB. mecum für cum me*). **2.** Umkehr [*reditus vel potius* ~ *mea*]; *auch* Rückkehr (*alcis*; / *auch v. Leblosem, zB. solis, febris*).

▶ **rĕ-vĕrtŏr,** *pf. rĕvĕrtī* (*unkl.* °*rĕvĕrsŭs sŭm, klass. part. pf. rĕvĕrsŭs*) 3. **1.** zurückkehren, -kommen, umkehren (*abs. od. ab alqo u. ab od. ex re, ad alqm u. in od. ad alqd u.ä., zB. a rege in castra, ex itinere domum*; *ad sanitatem* zu besserer Einsicht, °*in gratiam cum alqo* sich wieder aussöhnen); / *auch v. Leblosem, zB.* °*vox, nummi ad alqm revertuntur*; *auch* = °wiederwachsen [*vineta caesa*]. **2.** / **a)** *in der Rede* auf *etw.* zurückkommen [*ad propositum, ad id, unde digressi sumus*]; **b)** (*dcht.*) (*v. Sachen*) auf *jd.* zurückfallen, *übh.* sich gegen *jd.* wenden [*poena in caput alcis*].
F. *act. rĕvĕrtō* (*Lu.*) = *rĕvĕrtŏr*; (*altl.*) *inf. praes.* (*Ph.*) *rĕvĕrtĭēr.*

rĕ-vĭdĕō, — — 2. (*Pl.*) wieder hinsehen.

rĕ-vīlēscō, — — 3. (*incoh. zu vīlĭs*) (*Se.*) an Wert verlieren.

rĕ-vĭncĭō, *vīnxī, vīnctŭm* 4. (*vīnxī, vīnctŭm?*) **1.** (*Ve.*) zurückbinden [*iuvenis manūs post terga revinctus*]. **2. a)** festbinden, anbinden, befestigen (*alqm u. alqd, zB.* °*puellam ad saxa, trabes introrsus, stipites ab intimo* auf dem Grunde, unten, °*zonam de poste* am Pfosten, °*Delum errantem Mycono* an Mykonos, °*latus ense* umgürten); **b)** (*prägn.*) (*dcht.*) umwinden [*templum frondibus*]; **c)** / (*dcht.*) fesseln [*mentem amore*].

rĕ-vĭncō, *vīcī, vĭctŭm* 3. **1.** (*nkl., dcht.*) besiegen, überwältigen (*alqm u. alqd, zB. catervas hostium,* / *coniurationem* unterdrücken). **2.** / *jd.* überführen (*alqm*) *u. etw.* widerlegen (*alqd, zB. crimina rebus*).

rĕ-vĭrēscō, *ruī,* — 3. **1.** (*dcht., nkl.*) wieder grünen, wieder ausschlagen [*silvae, arbos*]. **2.** / **a)** (*Ov.*) (*physisch*) sich verjüngen [*parens*]; **b)** (*bsd. politisch*) wieder aufblühen, wieder erstarken [*res,* °*domus Germanici*; *ad alqd, zB. ad spem pristinae auctoritatis*].

rĕ-vīsō, *vīsī, vīsŭm* 3. **1.** nach *etw.* wieder sehen, *etw.* besichtigen (*alqd, zB. rem Gallicanam*). **2.** *jd. od. etw.* (wieder) besuchen, bei *jd.* vorsprechen (*alqm u. alqd, zB. me,* °*sedes suas, aequor Atlanticum* wieder befahren, °*fortuna digna te revisit* hat dich heimgesucht, °*Fortuna multos alterna revisit* sucht viele in wechselnder Gestalt auf).

rĕvīvīscō, *vīxī,* — 3. (*incoh. v. rĕvīvō*) wieder aufleben, wieder lebendig werden [*si Pompeius reviviscat,* °*arbor in novos fetus od.* °*anima moribunda reviviscit*]; *oft* / = sich erholen, erstarken [*maiestas populi Romani, memoria alcis*].

rĕ-vīvō, —, *vīctūrŭs* 3. (*dcht.*) wieder leben.

rĕvīxī *s. rĕvīvīscō.*

rĕvŏcābĭlĭs, *ĕ* (*rĕvŏcō*) (*dcht., nkl.*) zurückrufbar; *meist m. Negation: non* ~ unwiderruflich [*telum*].

rĕvŏcāmĕn, *ĭnĭs n* (*rĕvŏcō*) (*Ov.*) Rückruf, (zurückrufender) Warnungsruf, Warnung.

rĕvŏcātĭō, *ōnĭs f* (*rĕvŏcō*) **1.** Rückberufung, Abberufung [*a bello,* / *ad contemplandas voluptates*]. **2.** / (*rhet. t.t.*) das nochmalige Aussprechen, Wiederholung [*verbi*].

rĕ-vŏcō
1. a) zurückrufen; **b)** zurückziehen, -bringen (*sächl. Obj.*); **c)** *mil.* abberufen; **d)** *jd.* von *etw.* zurückhalten; **e)** zurückbringen; wiederherstellen; **f)** zu sich berufen; es zu *etw.* kommen lassen; *etw. auf etw.* zurückführen; **2. a)** von neuem (auf)rufen; **b)** (*Schauspieler*) zur Wiederholung auffordern; **c)** (*jur. t.t.*) erneut vor Gericht laden; **d)** (*Soldaten*) wieder einberufen; **3. a)** seinerseits rufen; **b)** eine Gegeneinladung machen.

rĕ-vŏcō 1. **1. a)** zurückrufen, *bsd. aus der Verbannung u. dem Kampf* (*alqm, zB. legiones certo signo; alqm de od. ex u. a re, selten bloß re, in u. ad alqd, zB. de legatione, de u.* °*ab exilio, ex itinere,* °*a morte* = *ad vitam* ins Leben, *domum*; / *auch v. Leblosem, zB.* °*spes Samnites ad Caudium revocavit*; *m. 1. supin., zB.* °*patriam defensum*); **b)** / (*nkl., dcht.*) *m. sachlichen Objekten* = zurückziehen, -bringen [*fluctūs, gradum, manūs, oculos u. lumina* abwenden, *artus gelidos in vivum calorem* die Lebenswärme in die kalten Glieder zurückrufen]; **c)** *mil.* abberufen, zurückbeordern [*equites, legiones ab opere*; / *flumina signo dato*]; **d)** / *jd. v. etw.* zurückhalten, abhalten, abbringen (*alqm a re, zB. filium a scelere,* °*animum ab ira*); **e)** / **α)** zurückbringen, -führen (*alqm u. alqd a re ad u. in alqd, zB. iuvenem ad virtutem a luxuria, hominum mentes a permotionibus ad lenitatem, animos ad memoriam belli* wieder erinnern an, °*revocari in memoriam alcis rei* sich *e-r* Sache wieder erinnern); *bsd. se revocare ad alqd* zu *etw.* zurückkehren [*ad industriam, ad pristina studia*; *se ad se od. bloß se revocare* sich besinnen, sich fassen]; **β)** (*nkl.*) zurückverlangen [*pecunias*]; **γ)** wiederherstellen, erneuern [*vires, studia intermissa,* °*animos* wieder Mut fassen, °*periuria* wiederholen, °*sanguinem Teucri* wieder erwecken]; **δ)** (*dcht., nkl.*) *etw.* widerrufen [*facta, libertatem*]; **ε)** in *e-n* engeren Raum zurückziehen, beschränken [*comitia in unam domum, multa in vitibus* wegschneiden]; *bsd. se revocare* sich dem Umgang *j-s* entziehen; **f) α)** (*dcht.*) zu sich berufen, *übh.* herbeirufen [*abi, quo iuvenum preces te revocant*]; / **β)** *etw.* wohin bringen, es zu *etw.* kommen lassen [*rem ad manus* zum Handgemenge, °*rem ad sortem* es aufs Los ankommen lassen, *alqd in dubium* in Zweifel ziehen, *omnia ad suam potentiam* benutzen zu, °*spem consulatūs in partem* teilen, *ad se facinoris crimen* die Beschuldigung auf sich laden]; **γ)** *jd. od. etw.* auf *etw.* hinweisen *od.* richten [*alqm ad exempla,* °*rem ad populum* die Entscheidung dem Volk anheimstellen, *rem ad arbitrium suum* sich die Entscheidung vorbehalten, *ra-*

tionem ad veritatem auf die Wirklichkeit richten]; δ) etw. auf etw. beziehen od. zurückführen (alqd ad, selten in alqd, zB. ad suas res Verhältnisse, omnia ad lucrum praedamque, rem ad coniecturam, alqd in crimen als Schuld auffassen). **2. a)** wieder od. v. neuem rufen od. aufrufen [°easdem tribus in suffragium]; **b)** (Schauspieler, Sänger u.a.) zur Wiederholung auffordern (alqm, zB. Archiam; impers. milies revocatum est man rief da capo); auch bei etw. da capo rufen (alqd, zB. primos tres versus); **c)** (jur. t.t.) aufs neue vor Gericht laden (alqm); **d)** (beurlaubte Soldaten) wieder einberufen [milites]. **3. a)** seinerseits rufen; **b)** eine Einladung erwidern (abs. od. alqm).

rĕ-vŏlō 1. zurückfliegen; / (dcht., nkl.) zurückeilen.

rĕvŏlūbĭlĭs, ĕ (rĕvŏlvō) (dcht.) zurückrollbar; / non ~ unabwendbar [carmen Fatorum].

rĕvŏlūtĭō, ōnĭs f (rĕvŏlvō) (spätl.) das Zurückwälzen. — ***Umdrehung der Himmelskörper.

rĕ-vŏlvō, vŏlvī, vŏlūtŭm 3. **1. a)** (dcht., nkl.) zurückrollen, -wälzen, -wickeln [stamina, fluctūs]; **b)** / zurückführen [ad communes rerum summas; °casūs iterum v. neuem bestehen, °iras v. neuem anfachen, °iter zurückwandeln]. **2.** mediopass. u. se -ere **a)** (dcht.) zurückrollen (intr.), sich zurückwälzen, zurückströmen [amnis, °toro zurückfallen, -sinken]; **b)** (dcht.) vergehen [saecula]; **c)** (v. Gestirnen; dcht., nkl.) im Kreislauf zurückrollen, zurückkehren; **d)** (vkl., nkl.) v. neuem in etw. verfallen od. geraten (in u. ad alqd, zB. in luxuriam, ad vitia); **e)** auf etw. zurückkommen [ad sententiam alcis, °ad dispensationem inopiae, eodem; °res eo revolvitur, ut es kommt dahin, daß]; auch in Rede od. Gedanken [in Tusculanum auf den Plan, das Tusculanum zu verkaufen, °ad memoriam coniugii wieder seiner Ehe gedenken]. **3.** (dcht., nkl.) etw. wiederholen, bsd. **a)** wieder aufrollen, wieder lesen [loca iam recitata]; aber auch (eine Rolle = Buch) aufschlagen, lesen; **b)** wieder überdenken [visa, dicta, facta]; **c)** wieder erzählen, enthüllen [haec ingrata].

rĕ-vŏmō, ŭī, — 3. (dcht., nkl.) wieder ausspeien od. v. sich geben (alqd, zB. fluctūs).

rĕ-vŏrrō, — — 3. (Pl.) = rĕvĕrrō.

rĕvŏrs..., rĕvŏrt... (Pl.) = rĕvĕrs..., rĕvĕrt...

rēx
1. König, Fürst, Herrscher; **2. a)** Königssohn; **b)** pl. Königspaar; **3.** (pejorativ) Gewaltherrscher; **4.** Opferkönig; **5. a)** Leiter, Führer; **b)** Mächtiger, Reicher; **c)** Patron.

rēx, rēgĭs m (rĕgō; cf. altind. rāja ds.) **1. a)** König, Fürst, Herrscher [rex Dareus od. Tarquinius, Macedonum; auch adi. königlich; (dcht.) herrschend, gebietend, zB. °populus late rex]; **b)** Perserkönig; **c)** (nkl.) Suffet in Karthago; **d)** Lar der Etrusker. **2. a)** Königssohn, Prinz [regis Antiochi pueri]; **b)** pl. α) Königspaar; β) Königsfamilie [post reges exactos]. **3.** (pejorativ) Gewaltherrscher, Despot, Tyrann, Usurpator [rex populi Romani v. Cäsar, decem reges aerarii]. **4.** Opferkönig [rex sacrorum u. sacrificiorum, °sacrificus u. °sacrificulus]. **5.** / (vkl., dcht.) **a)** Leiter, Führer, Herr [~ deorum od. divŭm atque hominum = Jupiter, aquarum = Neptun, umbrarum od. infernus u. Stygius = Pluto, ferarum = der Löwe, apum die v. den Alten für ein Männchen gehaltene Bienenkönigin, vinorum Krone der Weine = Phanaeŭs]; auch °Erzieher eines Knaben; **b)** großer Herr, Mächtiger, Reicher, nur pl. vereinzelt klass. [reges die hohen Herren (v. Cäsars Freunden)]; **c)** (dcht.) Patron, bsd. Beschützer der Schmarotzer. **6.** ♀ cogn. mehrerer gentes, zB. Q. Marcius Rex. — ** ~ perennis = Christus; ~ apostolicus Apostolische Majestät; ~ catholicus katholische Majestät; ~ christianissimus Allerchristlichste Majestät.

rēxī s. rĕgō.

Rhădămanthŭs u. **-ŏs,** ī m (Ῥαδάμανθυς) S. des Zeus u. der Europa, Richter in der Unterwelt.
F. Cf. V.-B. II, 1.

Rhaeti, Rhaetĭă = Raet...

rhăpsōdĭă, ae f (Fw. ‹ ῥαψῳδία) (Ne.) Rhapsodie, Gesang Homers [secunda zweites Buch der Ilias].

Rhĕă[1], ae f s. Rĕă.

Rhĕă[2], ae f (Ov. fast. IV, 201: Rhēā m. metrischer Dehnung) (Ῥέα [einsilbig]) Schwester u. Gattin des Kronos, M. des Zeus, früh der Kybele gleichgesetzt.

rhēdă, rhēdārĭŭs = rēd...

Rhēgĭŭm, ī n = Rēgĭŭm.

rhēnō, ōnĭs m s. rēnō[2].

Rhēnŭs, ī m der Rhein [°bicornis zweiarmig = Rhein u. Waal; dcht. auch adi.]; meton. (dcht.) die Anwohner des Rheins, Germanen.

rhētŏr, ŏrĭs m (Fw. ‹ ῥήτωρ) **1.** Rhetor, Lehrer der Redekunst. **2.** (Ne.) = ōrātŏr, auch verächtlich. Cf. V.-B. III, 1, a, b u. e.

rhētŏrĭcōtĕrŏs, ī m (Fw. ‹ comp. ῥητορικώτερος) (Lucilius bei Ci.) ein recht eingebildeter Redner.

rhētŏrĭcŭs 3 (adv. **-ē**) (Fw. ‹ ῥητορικός) rhetorisch, rednerisch [ars, doctor Rhetor]; adv. **-ē** nach Rhetorenart, m. rednerischem Schmuck; subst. **-ŭs,** ī m (Qu.) Lehrbuch der Rhetorik; **-ă,** ae u. **-ē,** ēs f od. **-ă,** ōrŭm n Redekunst, Rhetorik.
F. comp. °rhētŏrĭcōtĕrŏs s.d.

rheumă, mătĭs n (Fw. ‹ ῥεῦμα) (spätl.) **1.** Strömung. **2.** das Fließen im Körper, Rheuma, Gelenkschmerz.

rheumătĭsmŭs, ī m (Fw. ‹ ῥευματισμός) (nkl.) Katarrh, Rheumatismus (= rheumă, nach Auffassung antiker Mediziner durch im Körper „herumfließende" Krankheitsstoffe verursacht).

rhīnŏcĕrōs, ōtĭs m (Fw. ‹ ῥινόκερως) (nkl.) Nashorn; meton. (dcht.) Geschirr aus Nashornbein. Cf. V.-B. III, 1, b u. e.

rhō n (indecl.) der griech. Buchstabe rho (ρ).

Rhŏdănŭs, ī m Rhone.

Rhŏdĭŭs s. Rhŏdŭs.

Rhŏdŏpă, ae u. **-ē,** ēs f (Ῥοδόπη) hohes Gebirge im westl. Thrakien; adi. **Rhŏdŏpēĭŭs** 3, auch (dcht.), übh. thrakisch [vates u. heros = Orpheus].

Rhŏdŭs u. °**-ŏs,** ī f (Ῥόδος) Insel an der Südwestspitze Kleinasiens m. gleichnamiger Hptst., dem Apollo heilig; Einw. **Rhŏdĭŭs,** ī m; adi. **Rhŏdĭŭs** 3 u. °**Rhŏdĭēnsĭs,** ĕ.
F. Cf. V.-B. II, 1.

rhŏmbŭs, ī m (Fw. ‹ ῥόμβος) (dcht., nkl.) **1.** Kreisel der Zauberer, Zauberrad. **2.** (Grom.) als math. Figur Rhombus, Raute. **3.** (wahrscheinl.) Steinbutt.

rhŏmphaeă, ae f = rŏmphaeă.

rhŏnchŭs, ī m = rŏnchŭs.

rhȳthmĭcī, ōrŭm m (Fw. ‹ ῥυθμικοί) Rhythmiker, Lehrer des Rhythmus.

rhȳthmŭs, ī m (Fw. ‹ ῥυθμός) (vkl., nkl.) Rhythmus in Musik u. Rede (reinlat. nŭmĕrŭs). — **Weise, Lied.

rhȳtĭŭm, ī n (Fw. ‹ ῥύτιον) (Ma.) Trinkhorn.

rică, ae f (cf. mhd. rig-el ds.) (vkl., nkl.) Kopftuch.

rīcīnĭŭm, ī n (rīcă) kleines Kopftuch.

rīctŭm, ī n u. (unkl.) **rīctŭs,** ūs m (rĭngŏr) der weitgeöffnete Mund, auch pl. [°risu diducere rictum auditoris]; bsd. gähnender Rachen der Tiere; (dcht.) Öffnung der Augen.

▶ **rīdĕō,** rīsī, rīsŭm 2. (cf. altind. vrīdyati „lächelt verschämt") **1.** (intr.) **a)** lachen [in stomacho im Ingrimm, °mālis alienis m. fremden Backen = höhnisch; in re bei etw., °re über etw., zB. dolis; impers. °ridetur man lacht, es entsteht ein Gelächter]; **b)** (dcht.) freundlich zulächeln (alci u. ad alqm); (dcht.) auch v. Sachen anlachen = °gefallen (Hor., carm. 2, 6, 14); **c)** (dcht.) (v. Sachen) strahlen, prangen [domus ridet argento]; **d)** (Ho.) triumphierend lachen (re über etw., zB. muneribus aemuli). **2.** (trans). **a)** aus-, verlachen, etw. verspotten (alqm u. alqd, zB. hominem, °Ennii versūs; haec ego non rideo das sage ich nicht zum Scherz; auch P., zB. haec ridentur, °alqs ridetur re wird verlacht wegen); **b)** (Pl.) jd. freundlich anlächeln.

rīdĭbŭndŭs 3 (rīdĕō) (vkl.) lachend, unter Lachen.

rīdĭcŭlārĭŭs 3 (rīdĕō) lächerlich; nur subst.: **1.** ~, ī m (Ge.) Possenreißer. **2. -ă,** ōrŭm n (vkl.) Possen.

▶ **rīdĭcŭlŭs** 3 (adv. **-ē**) (rīdĕō) **1.** (pejorativ) lächerlich, verlachenswert [insania]. **2.** scherzhaft, possierlich, komisch, witzig, v. Pers. u. Sachen [°homo, res; re durch od. wegen etw.; m. °inf.]. **3.** subst. **a)** ~, ī m (Com.) Possenreißer; **b) -ŭm,** ī n Spaß, Scherz [-a dicere Witze machen, per -um im Scherz, ad -um convertere alqd etw. ins Lächerliche ziehen].

rĭgēns, ĕntis (*eigtl. part. praes. v.* rĭgĕō) (*unkl.*) = rĭgĭdŭs.

rĭgĕō, ŭī, — 2. (*zu frīgŭs*, ῥῖγος?) **1.** starren, steif sein, *vor Kälte od. infolge natürlicher Beschaffenheit* [partes terrae, °manūs; / °nervi rigent; °ianua ist unbeweglich; re *v. od.* durch *etw., zB.* frigore]. **2.** / **a**) (*dcht.*) vor Fülle strotzen [vestis auro]; **b**) (*dcht.*) starr *od.* kahl emporragen [Tmolus, comae terrore sträuben sich].

rĭgēscō, gŭī, — 3. (*incoh. v.* rĭgĕō) (*unkl.*) erstarren, steif werden [electra; / starr emporstehen, sich sträuben [capilli metu rigescunt].

rĭgĭdō 1. (*denom. v.* rĭgĭdŭs) (*Se.*) steif, hart machen.

▶ **rĭgĭdŭs** 3 (*m. comp.*, °*sup.*; *adv.* °**-ē**) (rĭgĕō) **1. a**) (*dcht., nkl.*) starr, steif, fest, hart, *vor Kälte od. infolge natürlicher Beschaffenheit* [aqua gefroren, silex, capilli struppig]; *auch* starr machend [°frigus]; **b**) gerade ausgestreckt [crura]; *subst.* **-ă**, ae *f* (*Ca.*) = mĕntŭlă tĕntă; **c**) (*dcht.*) emporstarrend [mālŭs, capilli sich sträubend]. **2.** / **a**) (*v. Kunstwerken*) steif, nicht künstlerisch bearbeitet [signa alcis]; **b**) (*dcht., nkl.*) unerschütterlich, unbeugsam [innocentia, censor, mens unerbittlich, vultus trotzig]; **c**) (*dcht.*) abgehärtet [Sabini, Getae]; **d**) (*dcht., nkl.*) streng, wild, grausam, *v. Pers. u. Sachen* [satelles, ferae].

rĭgō 1. (*et. unklar*) (*unkl.*) **1.** (*Wasser*) irgendwohin leiten [aquam per agros]. **2.** *etw.* bewässern, benetzen, tränken [lucum perenni aquā, Getas das Land der Geten durchströmen, ora lacrimis].

rĭgŏr, ōris *m* (rĭgĕō) (*dcht., nkl.*) **1. a**) Starrheit, Steifheit, Härte [ferri]; **b**) Erstarrung vor Kälte, *übh.* Kälte, Frost (alcis rei, *zB.* aquae; membra rigore torpent). **2.** / Härte, Strenge *in Sitten u. bildlicher Darstellung* [animi]; *auch* ungeschmeidiges Wesen; Eintönigkeit *der Rede*.

*****rigorōsus** 3 streng, hart; *subst.* **-ŭm**, ī *n* (*sc.* examen) mündliche Doktorprüfung.

rĭgŭī *s.* rĭgĕō *u.* rĭgēscō.

rĭgŭŭs 3 (rĭgō) (*dcht., nkl.*) **1.** bewässernd [amnis]. **2.** bewässert [hortus].

rīmă, ae *f* (*vl.* ‹ *reik-smā; *cf.* ἐρείκω „zerreißen") **1.** Riß, Ritze, Spalte, (*bei Schiffen*) Leck [rimas agere *u.* °ducere Risse bekommen, explere zustopfen, ausfüllen; / (*dcht.*) ignea ~ Blitzstrahl]. **2.** / (*Pl.*) Ausflucht, Ausweg. **3.** (*Ju.*) = cŭnnŭs [omnia tenui distantia rimā].

rīmŏr 1. (rīmă) **1.** (*dcht.*) aufwühlen, aufreißen [terram rastris]. **2.** / **a**) (*dcht., nkl.*) durchwühlen, -stöbern, -suchen (alqd, *zB.* viscera epulis zum Fraß); **b**) genau durchforschen, erforschen [°secreta alcis, id quoque rimatur quantum potest].

rīmōsŭs 3 (rīmă) (*dcht., nkl.*) voller Risse, leck [cumba; / auris eines Schwätzers, *der nichts bei sich behalten kann*].

rĭngŏr, — 3. (*cf. serbokroatisch* režati *ds.*) (*unkl.*) die Zähne fletschen (*v. Hunden*); / sich ärgern.

****R.I.P.** *Abk. für* requiesca(n)t in pace; *s.* rĕquiēscō.

▶ **rīpă**, ae *f* (*zu* ἐρείπω „stürze ab", ἐρίπνη „Abhang") **1.** (*steiles*) Flußufer [fluminis, Sequanae]. **2. a**) (*dcht., nkl.*) Meeresufer; **b**) *pl.* (*nkl.*) Ufergegend = lītŭs. **3.** / (*Pl.*) Ufer, Rand [ripisque superat mi atque abundat pectus laetitiā meum].

rīpŭlă, ae *f* (*demin. v.* rīpă) kleines Ufer.

rīscŭs, ī *m* (*Fw.* ‹ ῥίσκος) (*Te., spätl.*) (*aus Weiden geflochtener, m. Fell überzogener*) Koffer.

rīsī *s.* rīdĕō.

rīsiō, ōnis *f* (rīdĕō) (*Pl.*) Lachen, Gelächter.

rīsŏr, ōris *m* (rīdĕō) (*dcht.*) Lacher, Spötter.

rīsŭs[1] *P.P.P. v.* rīdĕō.

rīsŭs[2], ūs *m* (rīdĕō) **1.** das Lachen, Gelächter, *auch pl.* (alcis *j-s*, de re über *etw., zB.* hominum de te; risum movere *od.* commovere, concitare, °facere, °dare alci Lachen erregen; -u corruere sich halbtot lachen; °risui esse alci *v. jd.* ausgelacht werden; °risūs captare zu erregen suchen; °alqd in risum vertere *etw.* lächerlich machen). **2. a**) *meton.* (*dcht.*) Gegenstand des Gelächters [deus omnibus ~ erat]; **b**) (*pejorativ*) Spott, Hohn. — **~ paschalis = „Ostergelächter", *ma. Brauch, die Gemeinde durch Scherze zum Lachen zu bringen.* **F.** *dat. sg.* rīsŭī *u.* °-ū.

▶ **rītē** *adv.* (*cf.* rītŭs) **1.** nach dem Ritus, unter den herkömmlichen Zeremonien [deos colere]. **2.** / **a**) in feierlicher Form, gesetzlich, nach Vorschrift [testes ~ affuerunt]; **b**) gehörig, gebührend, *m.* Recht [haec ~ sapientia appellanda est, °res ~ parare]; **c**) (*dcht.*) zum Glück, zum Heil [partus ~ aperire]. — *** (genügend) bestanden (*unterstes Prädikat im Rigorosum*; *s.d.*).

rītŭālis, ĕ (rītŭs) die heiligen Gebräuche betreffend [libri Ritualbücher].

▶ **rītŭs**, ūs *m* (*vl. zu altind.* ṛ-tus „die richtige Opferzeit") **1.** heiliger Brauch, religiöse Satzung, gottesdienstliche Zeremonie, Ritus, *sg. u. pl.* [ritūs patrum servare, °sacrorum, °sacra Graeco ritu facere]. **2.** (*dcht., nkl.*) Brauch, Sitte [ritūs Cyclopum referre nachahmen, novo ritu nach neuem Geschmack]; *klass. nur abl.* **rītū** *m. gen.* nach Art von, wie [pecudum, °mulierum].

rīvālis, is *m* (*wohl altes Bauernwort zu* rīvŭs: „Kanalnachbar"; *urspr. adi.*) Nebenbuhler *in der Liebe* (alcis *j-s*; *sprichw.* sine rivali se amare ohne beneidet zu werden, sein eigener Bewunderer sein); *abl. sg.* -ī *u.* °-ĕ.

rīvālitās, ātis *f* (rīvālis) Eifersucht.

rīvŭlŭs, ī *m* (*demin. v.* rīvŭs) **1.** (*vkl., nkl.*) Bächlein; *klass. nur* /, *zB.* non tenuis quidam e Graecia ~ influxit in hanc urbem. **2.** (*nkl.*) Kanal.

▶ **rīvŭs**, ī *m* (‹ *rei-vŏs *zu* √‾ *rei- „fließen" = „fließend") **1. a**) Bach [omnia flumina rivosque avertere]; **b**) / (*dcht., nkl.*) α) Strom, *meist pl.* [lacrimarum, liquidus fortunae ~ Strom lauteren Goldes]; β) Gang, Verlauf. **2.** (*nkl., dcht.*) Wasserrinne, Kanal, *auch* Stollen [rivos claudere, effodere].

rīxă, ae *f* (-ī-?; *et. unklar*) Zank, Streit, *auch* Rauferei (cum alqo, *zB.* °Centaurea cum Lapithis; alcis rei über *etw., zB.* auguratūs).

rīxātŏr, ōris *m* (-ī-?; rīxŏr) (*nkl., spätl.*) Zänker.

rīxŏr 1. (-ī-?; *denom. v.* rīxă) zanken, streiten (*abs. od.* cum alqo *u.* de re, *zB.* de amicula).

rōbīgĭnōsŭs (*u.* **rūb...**) 3 (rōbīgō) (*unkl.*) verrostet; / mißgünstig.

rōbīgō *u.* **rūbīgō**, inis *f* (*zu* rŭbĕr; rō- *dial.*; *cf.* rōbŭs[1]) (*unkl.*) **1.** Rost *an Metallen*. **2.** / **a**) Zahnfäule; **b**) *Art* Schanker (vitium obscenae libidinis); **c**) Getreidebrand; *auch personif.* **Rōbīgō** Göttin des Getreidebrandes; **Rōbīgŭs**, ī *m* Gottheit, die den Getreidebrand verhinderte (*Fest der* Rōbīgālĭă, ĭŭm *n am 25. April*). **3.** / **a**) (Rost der) Untätigkeit [longa]; **b**) *Rost der* üblen Gewohnheiten [animorum]; **c**) *fressender Rost des* Neides.

rōbŏrĕŭs 3 (rōbŭr) (*dcht., nkl.*) eichen [pons].

rōbŏrō 1. (*denom. v.* rōbŭr) (*nkl., dcht.*) stärken, kräftigen [artūs]; *klass. nur* / [gravitatem constantiā].

▶ **rōbŭr**, ŏris *n* (*et. unklar*) **1. a**) Kernholz, *bsd.* Eichenholz [naves ex robore facere]; **b**) *meton.* α) (*nkl.*) Eiche; β) aus Eichenholz Gefertigtes, *zB.* Eichenbank, -bänke [in robore accumbere]; (*dcht.*) Eichenspeer [~ ferro praefixum], -keule [~ nodis gravatum], °ferri robora eisenbeschlagene Torflügel, °~ aratri eichener Pflug, °~ sacrum *u.* cavum das hölzerne Pferd vor Troja; γ) (*nkl.*) unterirdisches Verlies *im carcer Mamertinus zu Rom am Abhang des Kapitols, m.* Eichenplanken ausgeschlagen [in robore exspirare]. **2.** / Stärke, Kraft, Festigkeit [°imperatoris, °corporis, animi, °oratorium, satis roboris habere]. **3.** *meton.* **a**) kräftigster Teil *einer Sache*, Kern [omne, libertatis]; **b**) erprobte Männer [senatūs, illa robora populi Romani]; *bsd.* Kerntruppen, *sg. u. pl.* [~ copiarum *u.* peditum]; **c**) (*Ta.*) (*v. Örtlichkeiten*) Mittelpunkt, Stützpunkt.

rōbŭs[1] (*Ju.*) (*altl., dial.*) = rŭbĕr.

rōbŭs[2], ŏris *n* (*vkl., nkl.*) = rōbŭr.

▶ **rōbŭstŭs** 3 (*m. comp. u.* °*sup.*; *adv.* °**-ē**) (rōbŭr) **1.** (*unkl.*) eichen [stipites]. **2.** / stämmig, stark, fest [homo, animus, res publica]; *bsd.* erwachsen [filii]; *subst. m* (*nkl.*) der Erwachsene.

rōdō, sī, sŭm 3. (*wohl ablautend zu* rādō) **1.** (*dcht., nkl.*) benagen, anfressen [°vitem, urbana diaria cum servis kauen, teilen]. **2.** / verkleinern, herabsetzen (*abs. od.* alqm *u.* alqd, *zB.* °amicum).

rŏgālis, ĕ (rŏgŭs) (*dcht.*) des Scheiterhaufens [flammae].

▶**rŏgātĭō**, ōnĭs *f* (*rŏgō*) **1.** *act.* das Fragen. **2.** *pass.* Frage: **a)** Frage *als Redefigur*; **b)** (*pol. t.t.*) Anfrage *an das Volk*, Gesetzesvorschlag, Antrag [*rogationem ad populum ferre* einbringen bei, *rogationem promulgare, perferre* durchbringen]; *bisw.* = *lēx*. **3.** Bitte, Aufforderung [*gratiosa*].

rŏgātĭuncŭlă, *ae f* (*demin. v. rŏgātĭō*) **1.** kurze Frage, die schon eine Schlußfolgerung in sich enthält. **2.** in Vorschlag gebrachtes Gesetz, Verordnung.

rŏgātŏr, ōrĭs *m* (*rŏgō*) **1. a)** Antragsteller; **b)** Stimmensammler *bei Abstimmungen über Gesetzesvorschläge u. bei Wahlen* [*tabellarum, primus* der Prärogativ-Zenturie]. **2.** (*Ma.*) Bettler.

rŏgātŭs, *abl.* ū *m* (*rŏgō*) das Bitten; *rŏgātū alcis* auf *j-s* Ersuchen [*sociorum, tuo*].

rŏgĭtātĭō, ōnĭs *f* (*rŏgĭtō*) (*Pl.*) Gesetzesvorschlag, -antrag.

rŏgĭtō 1. (*intens. v. rŏgō*) (*unkl.*) angelegentlich *od.* wiederholt fragen (*alqm*, °*multa super alqo*; *m. indir. Frages.*). — **inständig bitten.

rŏgō
1. *etw.* holen; **2. a)** fragen, befragen; **b)** abstimmen lassen; **c)** *mil.* (*Eid*) abnehmen; **3. a)** um *etw.* bitten; **b)** *jd.* einladen.

rŏgō 1. (*zu rĕgō; eigtl.* „die Hand ausstrecken") **1.** nach *etw.* langen, *etw.* holen [°*aquam; tabellam*]. **2. a)** fragen, befragen, *seltener als* *intĕrrŏgāre* (*abs. od. alqm jd. u.* °*alqd* nach *etw.*, *zB.* te, °*viam*; *alqm de re jd.* nach *etw.*, *zB.* me de *cybaea*; *alqm alqd klass. nur, wenn die Sache das Neutrum e-s pron. od. allg. adi. ist, zB.* me hoc, *multa*; *m. indir. Frages.*); *subst.* **rŏgātŭm**, ī *n* das Gefragte, Frage [*respondere ad -um*]; **b)** *bsd. in den amtlichen Ausdrücken*: α) *alqm sententiam* einen Senator um seine Meinung befragen *od.* abstimmen lassen (P. *sententiam rogari*); β) *populum* (*od. plebem*) *od. legem od. abs.* ein Gesetz (*beim Volk*) beantragen; *auch provinciam alci rogare* für *jd.* eine Statthalterschaft beantragen; γ) (*populum od. plebem*) *magistratum* (dem Volke) einen Beamten zur Wahl vorschlagen [*Romam proficisci ad magistratus rogandos*]; **c)** *bsd.* (*mil. t.t.*) *alqm sacramento jd.* vereidigen, *j-m* den Diensteid (*bsd.* Fahneneid) abnehmen [*milites*]. **3. a)** um *etw.* bitten *od.* ersuchen (*abs. od. alqd, zB. auxilium,* °*veniam*; *alqm, zB.* eum; *alqm de re* um *etw.*, *zB.* eum de *aqua per fundum ducenda*, *unkl. alqd ab alqo*; *alqm alqd klass. nur, wenn die Sache das Neutrum eines pron. od. allg. adi. ist, zB.* me hoc, eum *multa*; °*alqm pro re jd.* für *etw.*; *m.* ut, ne *od. bloßem coni.*; *m.* °*a.c.i.*); **b)** *jd.* einladen (*alqm*; *alqm ad alqd jd.* zu *etw.*; *alqm in alqd* in *od.* für, zu *etw.*).
F. *altl.*: *coni. pf.* rŏgāssĭ(n)t; *inf. praes.* P. °*rŏgārĭĕr*.

rŏgŭs, ī *m* (*wohl zu rĕgō; cf. mhd.* rechen „zusammenscharren") **1.** Scheiterhaufen, *dcht. auch pl.* **2.** / (*dcht.*) Grab, Vernichtung.

Rōmă, *ae f* (*zu e-m etr. Gentilnamen gehörig; cf. Rōmŭlŭs, Rĕmŭs; Rūmōn alter Name des Tiber, also wohl* = „Stromstadt") Rom, *Hptst. v. Latium, dann des Römischen Reiches, nach Varro am 21. April 753 v.Chr. gegründet, v. den Römern meist Urbs genannt; auch personif., als Göttin der weltbeherrschenden Stadt; subst.* **Rōmānŭs**, ī *m* Römer; *meton.* (*nkl.*) = der römische Feldherr; *pl.* **Rōmānī**, ōrŭm *m* die Römer *als Volk*; *fem.* **Rōmānă**, *ae f* Römerin; *adi.* **Rōmānŭs** 3 römisch [*civis, populus, nomen* das gesamte römische Volk], *prägn.* echt römisch [*Romano more loqui* = offen, aufrichtig]; *unkl. auch* = *Lătīnŭs* [*auctores, lingua*].

rŏmphaeă, *ae f* (*spätes literarisches Lw.* ‹ ῥομφαία) = *rŭmpĭă*.

Rōmŭlŭs, ī *m nach der Sage S. des Mars u. der Ilia sacerdos od. der Rea Silvia, Zwillingsbruder des Remus, Ahnherr der* (*etr.?*) *gēns Rōmŭlĭă od. Rōmĭlĭă, Gründer u. erster K. Roms, nach seinem Tode als Quĭrīnŭs göttlich verehrt; adi.* **Rōmŭlēŭs** *u.* °**Rōmŭlŭs** 3 des Romulus, *übh.* = °römisch; **Rōmĭlĭŭs** 3 (*Name einer Tribus*); *patron.* °**Rōmŭlĭdēs**, *ae m* (*pl.* **-ae**, *ārŭm*) männl. Nachkomme des Romulus = Römer.

rŏnchŭs, ī *m* (*Fw.* ‹ ῥόγχος) (*dcht., nkl.*) das Schnarchen; / näselnder Ton des Spötters.

rōrārĭī, ōrŭm *m* (*et. ungedeutet*) (*vkl., nkl.*) Leichtbewaffnete, *die m. Schleudern den Kampf begannen u. sich dann wieder zurückzogen.*

rōrĭdŭs 3 (*rōs*) (*dcht., nkl.*) betaut [*terga iugi*].

rōrĭ-fĕr, ĕră, ĕrŭm (*rōs, fĕrō*) (*dcht.*) taubringend.

rōrō 1. (*denom. v. rōs*) **1.** (*intr.*) (*dcht., nkl.*) **a)** tauen, (*v. Gottheiten*) Tau fallen lassen; *impers.* rōrăt es taut; **b)** / triefen, feucht sein [*capilli*]. **2.** (*trans.*) **a)** (*dcht.*) betauen [*rorata tellus*]; **b)** (*dcht.*) benetzen, befeuchten; **c)** (*dcht., nkl.*) träufeln lassen, sprengen [*roratae aquae*]; *klass. nur pocula rorantia den Wein nur tropfenweise spendende Becher.*

rōs, rōrĭs *m* (*zu altind.* rasā „Naß"; *cf.* ἄρρην, *episch* ἄρσην „männlich, *eigtl.* benetzend, Samen ergießend"; *'Pā skythischer Name der* Wolga) **1.** Tau(tropfen), *auch* °*pl.* [*nocturnus,* °*rores gelidi*]. **2.** (*dcht., nkl.*) Feuchtigkeit, *bsd.* Wasser [*liquidus, vivus* fließendes, *rores pluvii* Regen(wolken), *stillans* Blut, *Arabus* Balsam, *vitalis* Milch aus den Brüsten]. **3.** (*dcht., nkl.*) **rōs mărīnŭs** (*od. rōs mărĭs, auch bloß rōs*) Rosmarin.

rŏsă, *ae f* (*wie* ῥόδον *vl. Lw. aus einer Mittelmeerspr.*) **1.** (*dcht.*) Rosenstrauch, -stock. **2.** Rose, *klass. nur sg., meist coll.* die Rosen, *dcht. auch pl.* [*reticulum plenum rosae, in rosa potare*]; *meton.* Rosenkranz; (*Pl.*) *Kosewort*.

rŏsāns, *āntĭs* (*eigtl. part. praes. v.* **rŏsō* 1.) (*dcht.*) rosenrot.

rŏsārĭŭs 3 (*rŏsă*) (*nkl., dcht.*) *v.* Rosen; *subst.* **-ŭm**, ī *n* Rosenhecke, -garten.

rōscĭdŭs 3 (*rōs*) (*unkl.*) **1.** (*act.*) tauend, als Tau fallend [*pruina, dea* den Tau fallen lassend = Aurora]. **2.** (*pass.*) betaut, benetzt [*māla, saxa rivis -a*].

Rōscĭŭs 3 *röm. Gentilname*: Sextus *Roscius aus Ameria in Umbrien, v. Cicero erfolgreich verteidigt.*

rŏsētŭm, ī *n* (*rŏsă*) (*unkl.*) Rosenhecke, Rosengarten.

rŏsēŭs 3 (*rŏsă*) (*dcht., nkl.*) **1.** aus Rosen, Rosen... [*strophium*]. **2.** / **a)** rosenfarbig, rosig [*dea od. mater* = *Aurora*]; **b)** jugendlich, schön [*labella, ōs*].

rōsī *s. rōdō.*

rōsĭdŭs 3 (*rōs*) (*Ca.*) = *rōscĭdŭs*.

rōsmărīnŭs, ī *m* = *rōs mărīnŭs*.

rōstrātŭs 3 (*rōstrŭm*) geschnäbelt, *m.* einem Rammsporn versehen [*navis*]; *bsd. m.* Schiffsschnäbeln verziert [*corona -a* = *corona navalis m.* kleinen goldenen Schiffsschnäbeln verzierter Ehrenkranz *für den, der ein feindliches Schiff zuerst erstiegen hatte*; °*columna -a* die *m.* den Schnäbeln *der v. C. Duilius bei Mylä 260 v.Chr. eroberten karthagischen Schiffe geschmückte Marmorsäule auf dem Forum zu Rom*].

rōstrŭm, ī *n* (‹ **rōd-trŏm zu rōdō*) **1.** Schnabel, Schnauze *od.* Rüssel [*avium, suis,* °*apium*; *verächtlich od. familiär* (*vkl., nkl.*) *auch vom Menschen*]. **2.** / **a)** Schiffsschnabel, Rammsporn [*navem rostro percutere*]; *übh.* (*dcht.*) Bug; **b)** *meton. pl.* **rōstră**, ōrŭm *n* Rednerbühne *auf dem Forum zu Rom, m. den Rammspornen der 338 v.Chr. erbeuteten Schiffe der Antiaten geschmückt* [*de rostris descendere*]. — **Schnabelschuh.

rōsŭs *P.P.P. v. rōdō.*

▶**rŏtă**, *ae f* (*cf. nhd.* „Rad") **1. a)** Rad, Scheibe, *bsd.* Wagenrad [*rotarum strepitus*]; **b)** (*dcht.*) *übh.* Wagen, *sg. u. pl.* [*Luciferi, pedibusve rotāve*]. **2. a)** (*unkl.*) Töpferscheibe; **b)** (*unkl.*) Maschinenrad; Schöpfrad; **c)** Folterrad *der Griechen* [*in rotam ascendere*]; *bsd.* (*Ve.*) Rad des Ixion; **d)** (*nkl.*) Rolle, Walze *zur Fortbewegung v. Lasten* [*subiectis rotis* auf Rollen]. **3. a)** (*dcht., nkl.*) Kreis(bahn), Umfahrt [*septima* im Zirkus]; **b)** / Wechsel, Unbeständigkeit [*fortunae,* °*amoris*]; **c)** (*Ov.*) *pl. rotae dispares* die ungleichen Versmaße *des elegischen Distichons* (*Hexameter u. Pentameter*).

rŏtālĭs, ĕ (*rŏtă*) (*spätl.*) *m.* Rädern versehen; ***poena* Strafe des Räderns.

rŏtātĭō, *ōnĭs f* (*rŏtō*) (*Vi.*) kreisförmige Umdrehung.

rŏtō 1. (*denom. v. rŏtă*) (*nkl., dcht.*) **1.** (*trans.*) im Kreise herumdrehen *od.* schwingen [*telum habenā, fumum* aufwirbeln]. **2.** (*mediopass. u. intr.*) sich im Kreise drehen,

(um)rollen [*ignis, rotae*].
rŏtŭlă, *ae f* (*demin. v. rŏtă*) (*vkl., nkl.*) Rädchen. [Rundung.]
rŏtŭndĭtās, *ātis f* (*rŏtŭndŭs*) (*nkl.*)
rŏtŭndō 1. (*denom. v. rŏtŭndŭs*) **1.** rund machen, abrunden [*alqd ad volubilitatem*]. **2.** / (*dcht.*) (*Geldsummen*) abrunden = vollmachen [*mille talenta*].
rŏtŭndŭs 3 (*m. comp. u.* °*sup.*; *adv.* **-ē**) (*wohl zu rŏtă*; *Bildung unklar*) **1.** (*sowohl scheiben- als kugel*)rund [°*scutum, caelum,* °*baca*]. **2.** / **a)** (*rhet. t.t.*) periodisch abgerundet [*verborum constructio, Thucydides,* °*ore -o loqui, -e dicere*]; **b)** (*dcht.*) vollkommen [*teres atque rotundus*].
Rŏxănē, *ēs f* (Ῥωξάνη) *T. des baktrischen Statthalters Oxyartes, Gemahlin Alexanders d. Gr.*
rŭbĕ-făcĭō, *fēcī, făctŭm* 3. (*rŭbĕō*) (*dcht.*) röten (*alqd re, zB. cornua cruore*).
rŭbĕllŭs 3 (*demin. v. rŭbĕr*) (*nkl., dcht.*) rötlich; *subst.* **-ŭm,** *ī n* Rotwein [*Veientanum billiger* Krätzer *aus der Gegend v.* Veji].
rŭbēns, *ĕntis* (*m. comp.*) (*eigtl. part. praes. v. rŭbĕō*) (*dcht., nkl.*) **1.** rot, rötlich [*vinum, Vesper* Abendstern]. **2. a)** schamrot; **b)** / prangend, bunt [*ver*]. *Cf.* V.-B. VIII.
rŭbĕō, *ŭī,* — 2. (*rŭbĕr*) **1.** (*dcht., nkl.*) rot sein, rötlich erglänzen [*sol, rubent ocelli flendo*]. **2. a)** schamrot sein *od.* werden; **b)** / (*dcht.*) prangen, schimmern [*prata coloribus rubent*].
▶**rŭbĕr,** *brŏ, brŭm* (*m.* °*comp. u.* °*sup.*) (*cf.* ἐ-ρυθρός) **1.** rot, gerötet, *auch* rotgefärbt [°*sanguis,* °*crista,* °*canicula* rotglühend]. **2.** *rubrum mare od.* °*mare rubrum* das Rote Meer = **a)** Persischer *u.* Arabischer Meerbusen; **b)** *übh.* Indischer Ozean [°*litus rubrum* Gestade des Roten Meeres].
rŭbēscō, *bŭī,* — 3. (*incoh. v. rŭbĕō*) (*dcht., nkl.*) rot werden, sich röten [*saxa sanguine*]; *bsd.* schamrot werden.
rŭbētă, *ae f* (*et. nicht klar*) (*dcht., nkl.*) Kröte.
rŭbētŭm, *ī n* (*rŭbŭs*) (*dcht.*) *meist pl.* Brombeergesträuch.
rŭbĕŭs 3 (*rŭbŭs*) (*Ve.*) vom Brombeerstrauch [*virga*].
Rŭbĭcō *u.* °**-ōn,** *ōnis m Grenzflüßchen zw. Umbrien u. Gallia cisalpina, bekannt durch den Übergang Cäsars 49 v.Chr.*
rŭbĭcŭndŭlŭs 3 (*demin. v. rŭbĭcŭndŭs*) (*Ju.*) *etw.* schamrot.
rŭbĭcŭndŭs 3 (*m.* °*comp.*) (*rŭbĕr*; *unkl.*) (hoch)rot, rötlich [*corna, Ceres* gelbliches Getreide, *matrona* sonnengebräunt, *Priapus* rotbemalt].
rŭbĭdŭs 3 (*rŭbĕr*) (*vkl., nkl.*) dunkelrot, braunrot.
rūbīgō, *inis f s. rōbīgō.*
rŭbŏr, *ōris m* (*rŭbĕr*) **1. a)** Röte, Rot, rote Farbe; rote Schminke; **b)** (*dcht.*) *pl.* Purpur [*Tyrii*]; **c)** (*nkl., dcht.*) roter Teint. **2.** Schamröte [~ *pudorem consequitur,* °*alqd alci rubori est etw.* macht *jd.* schamrot = °*ruborem affert alci*]; *bisw. auch* (*dcht.*) Zornröte. **3.** *meton.* **a)** Schamhaftigkeit [°*virgineus*]; **b)** Beschämung, Schande [*alqd alci rubori est od. ruborem affert etw.* ist für *jd.* beschämend *od.* schimpflich].
rŭbrīcă, *ae f* (*sc. tĕrră*; *rŭbĕr*) (*unkl.*) rote Erde, Rötel; *meton.* der (rot geschriebene) (Gesetz-)Titel, Rubrik; *auch* das Gesetz *selbst.*
rŭbrīcātŭs 3 (°*rŭbrīcō* 1. „rot machen") (*nkl., dcht.*) rotgefärbt [*mutonium*].
rŭbŭī *s. rŭbĕō u. rŭbēscō.*
rŭbŭs, *ī m* (*zu rŭbĕr?*) **1.** Brombeerstrauch. **2.** (*dcht.*) Brombeere.
rūctābŭndŭs 3 (*-ŭ-?*; *rūctō*) (*Se.*) wiederholt rülpsend.
rūctātrīx, *īcis f* (*-ŭ-?*; **rūctātŏr zu rūctō*) (*Ma.*) Aufstoßen verursachend [*menta*].
rūctō *u.* °**rūctŏr** 1. (*-ŭ-*; *intens. zu* **rūgō* 3. „rülpsen") **1.** (*intr.*) rülpsen, aufstoßen. **2.** (*trans.*) (*dcht.*) *etw.* ausrülpsen, ausspeien [*versūs*].
rūctŭōsŭs 3 (*rŭc-?*) (*rūctŭs*) (*nkl.*) m. Rülpsen, unter Aufstoßen.
rūctŭs, *ūs m* (*-ŭ-?*; **rūgō* 3. „rülpsen") das Rülpsen, Aufstoßen.
rŭdēns, *ĕntis m u.* °*f* (*altl. -ū-, vl. aber auch v. Anfang an Quantität schwankend*; *wohl eigtl. part. praes. eines Stammes auf -d zu* ἐρύω „ziehen", ῥυμός „Zugriemen") starkes Seil, *bsd.* Schiffstau, *pl.* Tauwerk [*sprichw.*: *rudentibus apta fortuna* (an die Schiffstaue geheftetes, *also*) sehr ungewisses Glück]; *abl. sg. -ĕ u.* °*-ī*; *gen. pl. -ŭm u.* °*-ĭŭm.*
Rŭdĭae, *ārŭm f St. im alten Apulien, Vaterstadt des Ennius*; *Einw. u. adi.* **Rŭdīnŭs** (3) [*homo* = Ennius].
rŭdĭārĭŭs, *ī m* (*rŭdĭs*[1]) (*Suet.*) ausgedienter (*bei seiner Entlassung m. einer rudis ausgezeichneter*) Gladiator.
rŭdīmēntŭm, *ī n* (*rŭdĭs*[2]; *cf. ē-rŭdĭō*) (*nkl., dcht.*) erster Versuch in *etw.*, Vorschule, Probestück, *meist pl.* [*militare*; *prima -a alcis rei ponere* seine erste Probe ablegen]. — *** (*med. t.t.*) verkümmertes Organ.
rŭdĭs[1], *ĭs f* (*et. ungedeutet*; *eigtl.* „jeder dünne Stab") **1.** (*vkl., nkl.*) Rührlöffel, Quirl. **2.** Rapier, *bsd. dasjenige, das tüchtigen Gladiatoren bei ihrer Entlassung od. als Zeichen ihrer Meisterschaft verliehen wurde*; *daher* / = Entlassung aus dem Dienst [*rudem accipere*].
F. *abl. sg. rŭdĕ*; (*gen. pl. rŭdĭŭm*).
▶**rŭdĭs**[2], *ĕ* (*et. nicht geklärt*) **1.** (*unkl.*) roh, unbearbeitet [*argentum, lana* ungesponnen, *caementum* unbehauen, *campus u. humus* ungepflügt, unbebaut, *vestis u. textum* grobes]. **2.** (*dcht.*) (*v. lebenden Wesen*) jung, neu [*agna*]; / *Amphitrite* das ungewohnte Meer]. **3.** / **a)** nicht ausgebildet, kunstlos [*forma ingenii, lingua,* °*vox*]; **b)** ungeschickt, unerfahren, unkundig (*abs., zB. discipulus,* °*miles,* °*elephantus* undressiert, °*anni* der Jugendzeit; *alcis rei u. in re od.* °*re* in *etw., zB. litterarum, rei militaris,* °*somni* schlaflos, *in iure civili, in disserendo,* °*arte*; *ad alqd* in bezug auf *etw., zB. ad seditionum procellas*); **c)** unerfahren in der Liebe, unschuldig [*filia*].
F. *comp. magis rudis, sup. maxime rudis.*
rŭdō, *īvī,* — 3. (*cf. altind.* rud-ati „jammert, weint") (*dcht., nkl.*) brüllen *v. Tieren u. Menschen*; / (*v. Sachen*) knarren, krachen [*prora*].
rūdŭs[1], *ĕris n s. raudŭs.*
rūdŭs[2], *ĕris n* (*et. ungeklärt*) (*unkl.*) **1.** zerbröckeltes Gestein, Geröll, Schutt; *pl.* Ruinen. **2.** Mörtel.
Rŭfŭlī, *ōrŭm m* (*Li.*) *die vom Feldherrn ernannten* Kriegstribunen (*angeblich auf Grund e-s v. Rŭtĭlĭŭs Rūfŭs eingebrachten Gesetzes*; *Ggs. die in den Komitien vom Volk gewählten cŏmĭtĭātī*).
rūfŭlŭs 3 (*demin. v. rūfŭs*) (*Pl.*) rötlich; (homo) ~ Rotkopf.
rūfŭs 3 (*m. comp.*) (*rŭbĕr*) (*vkl., nkl.*) rothaarig, fuchsrot [*crinis*]; ♀ *häufiges cogn. in den gentes der* Cäcilier, Minucier *u.* Pompejer.
rūgă, *ae f* (*cf. litauisch* raukas *ds.*) **1.** Runzel (*bsd. im Gesicht*). **2.** *meton.* **a)** *pl.* Alter [*rugae auctoritatem arripere non possunt*]; **b)** finsteres Wesen, Ernst; **c)** (*nkl.*) Kleiderfalte.
Rŭgĭī, *ōrŭm m germ. Völkerschaft an der Ostsee, östl. v. der Odermündung* (*vermutlich auch auf Rügen*).
rūgō 1. (*denom. v. rūgă*) **1.** (*trans.*) (*dcht., nkl.*) runzeln [*frontem*]. **2.** (*intr.*) (*Pl.*) Falten werfen [*pallio-lum -at*].
rūgōsŭs 3 (*rūgă*) (*dcht., nkl.*) faltig, runzelig [*genae, cortex*].
rŭī *s. rŭō*[1] *u. rŭō*[2].
▶**rŭīnă,** *ae f* (*rŭō*[1]) **1.** (*dcht., nkl.*) **a)** das Losstürzen [*ruinam dare* aufeinander losstürzen]; **b)** das Niederstürzen, *bsd.* Einsturz *e-s Gebäudes, auch pl.* (*alcis rei, zB.* °*iumentorum, turrium,* °*ruinas facere in alqd* auf *etw.* herabstürzen, °*ruinam dare u.* °*trahere* einstürzen). **2.** / **a)** (*nkl.*) Niederlage [*Gallos ruinā fundere*]; *übh.* Verwüstung, Verwirrung [*ruinas edere* anrichten]; **b)** Sturz, Fall, *bsd.* politisch (*alcis u. alcis rei*); **c)** Fehltritt, Irrtum [*-ae Epicuri propriae, -am facere* begehen]; **d)** Umsturz, Untergang, Verfall [°*Hannibalis, fortunarum mearum*; °*ruinam alcis ducere* herbeiführen]; **e)** *meton.* **α)** *caeli* Unwetter; **β)** (*meist pl.*) Ruinen [°*muri,* °*templorum,* °*Iliacae*]; **f)** *meton.* (*v. Pers.*) Vernichter, Zerstörer [*Clodius* ~ *rei publicae*].
rŭīnōsŭs 3 (*rŭīnă*) **1.** baufällig [*aedes*]. **2.** (*Ov.*) eingestürzt [*domus*].
rūllŭs 3 (< **rūd-lŏs zu rŭdĭs*[2]) (*Pl.*) bäurisch, ungesittet; *subst.* ~, *ī m* Grobian; ♀ *cogn. i. der gēns Sĕrvĭlĭā.*
rŭmĕx, *ĭcis m u. f* (*et. ungedeutet*) (*unkl.*) Sauerampfer.
rūmĭfĕrō 1. (**rūmĭfĕr*; *rūmŏr, fĕrō*) (*Pl.*) öffentlich rühmen.
rūmĭ-fĭcō 1. (?) (*rūmŏr*; *făcĭō*) (*Pl.*) öffentlich preisen.
Rūmīnālĭs, *ĕ u.* **Rūmīnŭs** 3 *zur Rŭmīnă* (*vor Ovid -ī-*), *der röm. Göttin der Säugenden gehörig* [*ficus u.* °*arbor* der Feigenbaum *am Lupercal zu Rom, unter dem die Wölfin*

Romulus u. Remus gesäugt hatte.

rūmĭnātĭō, ōnĭs *f* (*rūmĭnō*) (*nkl.*) das Wiederkäuen; *klass. nur* / *de ruminatione cotidiana* wie man täglich das Alte wiederkäut.

rūmĭnō *u.* **-ŏr** 1. (*denom. v.* °*rūmĕn* „Schlund, Gurgel") (*unkl.*) wiederkäuen [*herbas*].

▶ **rūmŏr**, ōrĭs *m* (*Schallwort; cf. altind.* rănti „brüllt") **1.** dumpfes Geräusch; *bsd.* (*nkl., dcht.*) Beifallsruf (*nur secundo rumore m.* lautem Beifall *od.* Jubel). **2.** *unverbürgtes* Gerücht, Gerede der Leute, *oft pl.* [*incertus, crebri rumores afferuntur de re, rumores spargere u. dissipare,* °*serere*; ~ est das Gerücht geht, *m. a.c.i., alqd rumore accipere; alcis rei u. de re v. etw., zB. periculi, de te*]. **3. a)** Volksstimme, öffentliche Meinung, Ruf [*multitudinis,* °*inanis,* °*malus*]; **b)** *prägn.* **α)** guter Ruf, Beifall [*rumorem quaerere*]; **β)** (*nkl.*) üble Nachrede.

rŭmpĭă, *ae f* (*volkstümliches Lw.* ‹ *ῥομφαία* „Schwert"; *cf.* r[h]ŏmphaeă) (*vkl., nkl.*) breites zweischneidiges Schwert (*der Thraker*).

rŭmpō
1. *gewaltsam* (zer)brechen, zerreißen; *mediopass.* platzen; **2. a)** durchbrechen; **b)** (*Weg*) sich bahnen; **c)** *etw.* hervorbrechen lassen; **d)** verletzen, vernichten; stören.

rŭmpō, *rūpī, rŭptŭm* 3. (*zu altind.* rōpayati „verursacht Reißen, bricht ab") **1.** gewaltsam (zer)brechen, zerreißen, zerhauen, sprengen (*alqd, zB. vincula,* °*catenas,* °*vestes,* °*nubila* zerteilen °*cicatrices* aufreißen, °*pectora ferro* durchbohren, °*horrea* bersten machen, °*radices solo* reißen aus, °*funem a litore* abreißen, °*cicadae rumpunt arbusta* durchschrillen die Gebüsche; *dcht. auch alqm* = *jd.* körperlich verletzen, entkräften); *mediopass.* bersten, (zer)platzen, *v. Pers. u. Sachen* [*alqs rumpitur* °*invidiā* platzt vor Neid, °*rana inflata rumpitur,* °*pectora* vor Zorn, °*pontes rupti* geborstene, eingefallene]. **2.** / **a)** (*nkl., dcht.*) durchbrechen [*mediam aciem, ordines, postes* erbrechen, *fata* die Bande des Schicksals]; **b)** (*dcht.*) (*e-n Weg*) sich bahnen [*viam ferro, aditūs*]; **c)** (*dcht., nkl.*) *etw.* hervorbrechen lassen [*fontem,* / *vocem od. questūs pectore* hören lassen, ausstoßen], *se rumpere u. mediopass.* hervorbrechen, ausbrechen [*amnes rumpuntur fontibus* aus, *turbo rumpitur* bricht los]; **d) α)** verletzen, vernichten, vereiteln [*foedus,* °*ius gentium,* °*fidem pacis, testamentum agnascendo,* °*edicta alcis, nuptias,* °*reditum alci* abschneiden, °*imperium* den Gehorsam aufkündigen]; **β)** unterbrechen, stören [*visum, risum,* °*silentium,* °*somnum,* °*amores,* °*opera omnia* Geschäfte, °*moras* nicht länger säumen].

rūmŭscŭlŭs, *ī m* (*demin. v. rūmŏr*) Gerede, Geschwätz [*hominum*].

rŭō¹
1. (*intr.*) **a)** (sich) stürzen, (ent)eilen; **b)** nieder-, einstürzen; **c)** losstürzen, *auch* sich überstürzen; **d)** ins Verderben stürzen; **2.** (*trans.*) niederreißen, zu Boden schmettern.

rŭō¹, *ruī, rŭtŭm* (*rŭĭtūrŭs*) 3. (*kaum*) ‹ **ghrŭō, da cōngrŭō u. īngrŭō* [*s.d.*] *et. nicht hierher gehören; eher zu* ὄρνυμι „errege" *u.* ὀρούω „stürme"; *vl. sind aber beide Wurzeln ineinander geflossen*) **1.** (*intr.*) **a)** (sich) stürzen, stürmen, rennen, (ent-)eilen, *v. Lebendem,* / *auch v. Leblosem* (*abs. od. in u. ad alqd, zB.* °*in castra,* °*in hostes,* °*ad urbem; per alqd,* °*portis* aus den Toren, °*nox Oceano* eilt herauf aus *u.ä.*; °*dies u.* °*nox* enteilt, °*ver* entschwindet schnell, °*sol* geht unter, °*morbi* stürmen ein, °*voces* brechen hervor, tönen hervor; *bsd. v. Flüssen* stürzen, *zB.* °*flumen de montibus*); **b)** niederstürzen, *auch* zusammen-, einstürzen, einsinken, *v. Pers. u. Sachen, fast nur dcht.* [°*ruebant victores victique,* °*saxum,* °*tecta in agris*]; **c)** leidenschaftlich auf *etw.* einstürmen, losstürzen, *oft* / (*in alqm od. in u. ad alqd, zB.* °*in hostem,* °*in bella,* °*in arma,* °*in perniciem, ad interitum*); *auch* sich überstürzen *od.* übereilt handeln [*in dicendo, in agendo, emptorem od. reum ruere pati*]; **d)** ins Verderben stürzen, zugrunde gehen [*res publica,* °*Troia a culmine*]; *subst.* °**rŭēntĭă**, *ĭūm n* Unglück [*ruentibus debilitari*]. **2.** (*trans.*) (*Com., dcht.*) niederreißen, zu Boden schmettern, hinwerfen.

rŭō², *ruī, rŭtŭm* 3. (*cf. rŭ-trŭm,* ἐρυσίχθων „die Erde aufwühlend"; *nhd.* „reuten, roden") **1.** (*dcht.*) aufwühlen, aufgraben, hervorreißen [*cinerem et ossa focis, nubem ad caelum* emporwälzen, *spumas a sedibus imis, divitias aerisque acervos* zusammenscharren]. **2.** ausgraben, *nur in der jur. Formel* (*P.P.P.*) *subst.* **rŭtă** (ĕt) **caesă** *n* was auf einem Grundstück gegraben *u.* gefällt worden ist, was nicht erd-, niet- *u.* nagelfest ist = Hausgerät, Mobilien.

▶ **rūpēs**, *ĭs f* (*rŭmpō*) **1.** Fels, Felsenwand [*altissimae,* °*inter saxa rupesque*], *sg. auch coll.* **2.** (*dcht., nkl.*) **a)** (*im Meer*) Klippe; **b)** *pl.* Kluft, Schluchten [*cavae*]. — *gen. pl.* *rūpĭŭm.*

rŭptŏr, *ōrĭs m* (*rŭmpō*) (*nkl.*) Verletzer [*foederis*].

rūrĭ-cŏlă, *ae m u. f* (*rūs, cŏlō*) (*dcht.*) **1.** das Feld bebauend [*Phryges, boves, aratrum*]; *subst. m* Bauer, Stier. **2.** das Land bewohnend, ländlich [*Ceres, Fauni*].

rūrĭ-gĕnă, *ae m u. f* (*rūs, gĭgnō, eigtl.* „auf dem Lande geboren") (*dcht.*) *subst. -ae, ārŭm* Landleute.

rūrō *u.* **-ŏr** 1. (*rūs*) (*dcht.*) auf dem Lande leben, Ackerbau treiben.

▶ **rūrsŭs** *u.* **rūrsŭm** *adv.* (‹ **rĕvŏrsŏs u. -sŏm; vĕrtō*) **1.** rückwärts, zurück [*trahere,* °*meare; pleonastisch* ~ *se recipere*]. **2.** wieder, nochmals [~ *facere alqd; pleonastisch* ~ *renovare,* ~ *eodem reverti u.ä.*]. **3.** dagegen, andrerseits, umgekehrt.

▶ **rūs**, *rūrĭs n* (‹ **rĕ-vŏs* = *altpersisch* ravas „Weite, Raum", *nhd.* Raum) **1.** das Land *im Ggs. zur Stadt,* Dorf, *bsd.* Feld, *pl.* Felder, Fluren, Gefilde [°*rura bobus exercere, in sua rura venire*]; *rus* aufs Land [*ire*]; *rure* vom Lande [*redire*], *ruri u.* °*rure* auf dem Lande [*esse, habitare*]. **2. a)** Landgut, -sitz [*amoenum,* °*suburbanum; alcis j-s*]; **b)** *meton.* (*dcht.*) bäuerisches Wesen [*homo plenus ruris*].

rūscŭm, *ī n* (*et. ungedeutet*) (*dcht., nkl.*) Mäusedorn, *dessen Zweige zum Anbinden des Weinstocks dienten.*

rŭssātŭs 3 (*rŭssŭs*) (*Tert.*) rotgefärbt; (*Inschr.*) rotgekleidet [*grex* rote Partei *der Rennfahrer*].

rūssŭm *adv.* (*altl.*) = *rūrsŭm.*

rŭssŭs 3 (‹**rŭdh-tŏs; zu rŭbĕr*) (*vkl., dcht.*) hellfleischrot, *übh.* rot [*gingiva*].

****rusticālis**, e °bäurisch, grob.

rūstĭcānŭs 3 (*rūstĭcŭs*) ländlich, Land..., *v.* ländlicher Einfachheit, *selten pejorativ* [*vir, vita* Landleben = Aufenthalt auf dem Lande, *municipia* Landbau treibend, *relegatio* Verbannung aufs Land].

rūstĭcātĭō, *ōnĭs f* (*rūstĭcŏr*) Aufenthalt auf dem Lande, Landleben.

rūstĭcĭtās, *ātĭs f* (*rūstĭcŭs*) (*nkl., dcht.*) **1.** ländliche Einfachheit. **2.** (*pejorativ*) **a)** bäuerisches Wesen, Plumpheit; **b)** Schüchternheit, unzeitige Schamhaftigkeit. **3.** (*Qu.*) bäuerische Aussprache [*verborum*].

rūstĭcŏr 1. (*rūstĭcŭs*) auf dem Lande leben *od.* sich aufhalten [*cum alqo*].

rūstĭcŭlŭs 3 (*demin. v. rūstĭcŭs*) **1.** ländlich; *subst.* **-ŭs**, *ī m* (schlichter) Landmann; **-ă**, *ae f* (*sc. gāllīnā*) (*nkl., dcht.*) Haselhuhn. **2.** (*dcht.*) *meton. etw.* unbeholfen, plump.

▶ **rūstĭcŭs** 3 (*m.* °*comp.; adv.* **-ē**) (*rūs*) **1.** ländlich *im Ggs. zur Stadt,* vom Lande, Land... [*homo* Landmann, Bauer, °*mus* Feldmaus, *vita* Landleben, *res -ae* Landwirtschaft]; *subst. m* Landmann, Bauer; *pl.* Landleute. **2.** *meton.* **a)** einfach, schlicht, ungeschminkt [*mores*]; **b)** (*pejorativ*) ungeschliffen, plump, linkisch [*homines, vox, -e loqui u. urgere m.* der Hartnäckigkeit *e-s* Bauern; *bsd.* spröde [°*Venus*]; *subst.* **-ŭs**, *ī m* grober Bauer, Bauernlümmel; *pl.* *-ī m* (*Qu.*) bäuerische Menschen; °**-ă**, *ae f* grobe Bäuerin.

rūsŭm *u.* **-ŭs** (*altl.*) = *rūrsŭm u. -ŭs.*

rūtă¹, *ae f* (*wohl Lw.* ‹ *ῥυτή ds.*) Raute (*bitterlich schmeckende Pflanze*); / Bitterkeit.

rŭtă² (ĕt) **caesă** *n s. rŭō².*

rŭtābŭlŭm, *ī n* (**rŭtō 1., intens. zu rŭō²*) (*vkl., nkl.*) Werkzeug zum Scharren *u.* Rühren; *bsd.* Ofenhaken; Rührkelle; / = *mĕntŭlă.*

rūtātŭs 3 (*rūtă¹*) (*Ma.*) *m.* Raute versehen *od.* bedeckt, bekränzt.

rŭtĭlō 1. (*denom. v. rŭtĭlŭs*) (*unkl.*) **1.** (*trans.*) rötlich färben [*comas*]. **2.** (*intr.*) rötlich schimmern, wie Gold glänzen [*arma*].

rŭtĭlŭs 3 (*rŭbĕr*) rötlich, *bsd.* hochrot, *auch* goldgelb.

rŭtrŭm, *ī n* (*rŭō²*) (*vkl., nkl.*) Schaufel.

rŭtŭlă, *ae f* (*demin. v. rūtă¹*) zarte Raute.

S

S. (*Abk.*) **1. a)** = Sĕxtŭs (*Vorname*); **b)** (*od.* Sp.) = Spŭrĭŭs (*Vorname*). **2.** (*in Briefen*) = sălūtĕm; S.D. = sălūtĕm dīcĭt; S.P.D. = sălūtĕm plūrĭmăm dīcĭt; s.v.b.e.e.v. = sī vălēs, bĕnĕ ēst, ĕgō vălĕō. **3.** S.P.Q.R. = sĕnātŭs pŏpŭlŭsquĕ Rōmānŭs. **4.** S.C. = sĕnātŭs cōnsŭltŭm. — *****Sa.** = sŭmmă; s.a. = sĭnĕ ānnō.

Săbaeŭs 3 aus Saba (*in Arabien*), *übh.* °arabisch; *subst.* °Sabaea, ae *f* das Glückliche Arabien; *Einw.* °**-ī,** ōrŭm *m.*

Săbāzĭŭs, ī *m* (Σαβάζιος) *thrakisch-phrygische Gottheit, später m. Dionysos gleichgesetzt, daher Beiname des Bacchus, aber auch des Jupiter;* **Săbāzĭă,** ōrŭm *n Fest zu Ehren des Bacchus.*

săbbătārĭă, ae *f* (săbbătŭm) (*Ma.*) Jüdin.

săbbătŭm, ī *n* (*meist pl.* **-ă,** ōrŭm) (*Fw.* ⟨ σάββατον, *hebr. Lw.*) (*nkl.*, *dcht.*) **1.** Sabbat *der Juden,* Samstag (*cf.* trīcēsĭmŭs). **2.** (jeder) jüdische Feiertag. — **-um sanctum Ostersamstag.

Săbĕllī, ōrŭm *m* **1.** (*urspr.*) *die kleineren mittelital. Völkerschaften sabinischer Abstammung* (*Marser, Marrukiner, Päligner, Vestiner, Herniker*). **2.** *die südl. osk.-sab. Mischvölker.* **3.** (*dcht.*) = Săbīnī; *sg.* **Săbĕllŭs,** ī *m* (*auch* = °Gutsherr im Sabinerland). **4.** *adi.* **Săbĕllŭs** *u.* °**Săbĕllĭcŭs** 3 sabellisch, sabinisch, *auch* °marsisch.

Săbīnī, ōrŭm *m* (*idg.* ***s[u]e-bho-s** „v. eigener Art"; *cf.* Suēbī, *nhd.* „Sippe") **1.** Sabiner, *Bewohner des Gebirgslandes in Mittelitalien, nordöstl. v. Rom; auch sg.* **Săbīnŭs,** ī *m der Stammvater der Sabiner,* **Săbīnă,** ae *f* Sabinerin; *adi.* **Săbīnŭs** 3. **2. a) Săbīnŭm,** ī *n* (*sc.* vīnŭm) Sabinerwein; **b) Săbīnī,** ōrŭm *m* Sabinerland [ex *u.* in -is], *auch* Landgut *des Horaz* im Sabinerland, *an der Digentia.*

Săbīnŭs, ī *m* **1.** *s.* Săbīnī. **2.** *röm. cogn.* (*bsd. in der gēns Poppaea*).

Săbĭs, ĭs *m Nbfl. der Mŏsă* (Maas), *j.* Sambre; *acc.* -ĭm, *abl.* -ĭ.

săbŭlŭm, ī *n* (⟨ *psăflŏm *zu* ψάμμος *ds.* ⟨ ψάφμος) (*nkl.*) grober Sand, Kies.

săbŭrră, ae *f* (*wohl zu* săbŭlŭm; *Suffix unklar*) (*nkl.*, *dcht.*) Sand, *bsd.* Schiffsand *als* Ballast *der Schiffe.*

săbŭrrō 1. (*denom. v.* săbŭrră) (*vkl.*, *nkl.*) *m.* Ballast beladen; / den Magen überladen.

săccārĭŭs 3 (săccŭs) (*nkl.*) *m.* Säcken beladen [navis].

sācchărŭm *u.* **-ŏn,** ī *n* (*Fw.* ⟨ σάκχαρον, *Fw.* ⟨ *Pali* sakkhara, *altind.* sárkarā „Kies, gemahlener Zucker") (*nkl.*) Zucker(saft).

săccĭpērĭŭm, ī *n* (*Lw.* ⟨ σακκοπήρα *ds.*) (*Pl.*) Umhängetasche.

săccō[1] 1. (*denom. v.* săccŭs) (*nkl.*, *dcht.*) durchseihen, filtrieren [vinum]; / (*Lu.*) saccatus umor corporis Urin.

săccō[2], ōnĭs *m* (săccŭs; *Spottübersetzung des Gentilnamens Ŏppĭī m. Anlehnung an* ŏpēs) „Geldsackhüter", Geizhals, Wucherer.

săccŭlŭs, ī *m* (*demin. v.* săccŭs) (*unkl.*) Säckchen: **1.** Weinfilter. **2.** Geldbeutel.

săccŭs, ī *m* (*Lw.* ⟨ σάκκος, *sem. Herkunft*) Sack: **1. a)** Mehl-, Getreidesack; **b)** Geldsack [nummorum]; (*Pl.*) ad saccum (Bettelsack) ire betteln gehen. **2.** Filter [vinarius; nivarius des Schneewassers].

săcĕllŭm, ī *n* (*demin. v.* săcrŭm) kleine Kapelle.

▶**săcĕr,** cră, crŭm (*m.* °*sup.*) (*altl. nom. pl.* **-ēs**) (⟨ *săkrŏs; *cf.* sāncĭō) **1. a)** heilig, einem Gott *od.* den Göttern geweiht, *Ggs.* prŏfānŭs, *v. Sachen u.* °*Pers.* [aedes, locus, °lucus, °sanguis Opferblut, °dies *u.* °luces Festtage, °Orpheus; alcis *u. unkl.* °alci, *zB.* insula deorum sacra]; mons sacer Hügel *am rechten Ufer des Anio, 4 km nordöstl. v. Rom,* sacra via *u.* °via sacra *od.* °sacer clivus *in Rom, v. der Velia an der Südseite des Forums sich bis zum Kapitol hinziehend;* **b)** sich auf Heiligtümer *u.* Religion beziehend [bellum]; **c)** / **α)** °pugio magno operi sacer geweiht, bestimmt für; **β)** (*nkl.*, *dcht.*) ehrwürdig [loci vetustate -i, mensa]. **2.** (*nkl.*, *dcht.*) einer unterirdischen Gottheit zur Vernichtung geweiht, verflucht, verwünscht (*abs.*, *zB.* is ~ esto, °alqd sacrum sancire; alci, *zB.* caput Iovi Stygio -um); *auch* °fluchbringend [cruor Remi nepotibus]; *übh.* / °fluchwürdig, unselig [auri fames]. — *Cf. auch* săcrŭm.

▶**săcĕrdōs,** dōtĭs *m u. f* (*wohl* ⟨ *săkrŏ-dhō-t-s; săcĕr + √‾*dhē- „setzen") Priester, Priesterin [Graecus, Graeca, collegium sacerdotum; alcis, *zB.* Cereris, populi Romani, °Troica = Rea Silvia; / °Musarum *u.* °Phoebi = Dichter, stuprorum dem Kult des Lasters dienend]; (*spätl.*) Bischof (**Priester, summus Bischof); *als adi.* priesterlich. — *gen. pl.* -ŭm.

săcĕrdōtālĭs, ĕ (săcĕrdōs) (*nkl.*) priesterlich.

săcĕrdōtĭŭm, ī *n* (săcĕrdōs) Priestertum, Priesteramt (-um inire antreten, -o praeesse verwalten).

▶**săcrāmēntŭm,** ī *n* (săcrō) **1.** (*jur. t.t.*) **a)** Strafsumme, Haftgeld, *das bei Zivilprozessen v. beiden Teilen als Kaution hinterlegt wurde;* **b)** *meton.* Prozeß, Prozeßführung [-um alcis iustum iudicare den Prozeß zugunsten *j-s* entscheiden, iusto -o contendere cum alqo den Prozeß gewinnen; / *v. Wetten:* ut -o contendas mea non esse eine Wette eingehst, wettest]. **2. a)** vorläufige Verpflichtung zum Kriegsdienst; **b)** Fahneneid, Treueid, *übh.* Diensteid [militiae, alqm -o °adigere *u.* obligare *od.* rogare *jd.* den Treueid schwören lassen, *jd.* in Eid *u.* Pflicht nehmen, *auch* alcis *od.* pro alqo *u.* in verba alcis für *jd.*; -um *u.* °-o dicere den Treueid leisten, °alci *u.* apud alqm *j-m od.* vor *jd.*; -o teneri zum Kriegsdienst eidlich verpflichtet sein, °-o solvi entbunden werden *v.*]; **c)** *meton.* (*nkl.*, *dcht.*) Kriegsdienst [longum Caesarum ~]. **3.** / (*nkl.*, *dcht.*) (*übh.*) Eid, feierliche Verpflichtung [contra religionem -i]. — (*kirchenlat.*) regiöses Geheimnis, Mysterium; Sakrament.

săcrārĭŭm, ī *n* (săcrŭm) heilige Stätte: **1.** (*nkl.*, *dcht.*) Sakristei [°Caere ~ populi Romani Schutzstätte für die Götter Roms *beim Galliereinfall*]. **2.** Kapelle, Tempel (alcis, *zB.* Bonae deae); *bsd.* Hauskapelle [-um facere alci für *jd.* einrichten *od.* anlegen]; *übh.* Tempel (*auch* /, *zB.* °Ditis ~ = Unterwelt, libidinum tuarum); *auch* (*Li.*) Stätte der Bacchanalienfeier.

săcrātŭs 3 (*m. sup.*) (*eigtl. P.P.P. v.* săcrō) (*nkl.*, *dcht.*) **1.** geheiligt, geweiht [templum]. **2.** (*v. den zu Göttern erhobenen Kaisern*) vergöttlicht [dux = Augustus].

săcrēs *s.* săcĕr.

săcrĭ-cŏlă, ae *m* (săcĕr, cŏlō) (*nkl.*) Opferdiener, Opferpriester.

săcrĭ-fĕr, fĕră, fĕrŭm (săcĕr, fĕrō) (*Ov.*) Heiligtümer tragend [rates].

săcrĭfĭcālĭs, ĕ (săcrĭfĭcŭs) (*nkl.*) zum Opfern gehörig [apparatus].

săcrĭfĭcātĭō, ōnĭs *f* (săcrĭfĭcō) Opferung.

▶**săcrĭfĭcĭŭm,** ī *n* (săcĕr, făcĭō) Opfer *als heilige Handlung* [publicum; ~ facere alci, instituere, perficere]. — **Meßopfer. — ***intellectūs (*vl. in Anlehnung an die Vulg. — 2. Kor. 10,5 —*) „Opferung der Vernunft", *sprichw.* = Verzicht auf eigenes Urteil, Autoritätsglaube.

săcrĭfĭcō 1. (*denom. v.* săcrĭfĭcŭs)

opfern, (ein) Opfer darbringen, *klass. selten u. nur intr.* (*abs. od.* °*apud aram*, °*pro salute populi*; *alci, zB.* °*Apollini pro alqo*; *alci re u.* [*dcht., nkl.*] *alqd* als Opfer darbringen, *zB.* °*summo Iovi argento*, °*suem*). — **die Messe zelebrieren.

săcrĭfĭcŭlŭs, ī *m* (*demin. v. sacrificus*) (*nkl.*) Opferpriester; *meist rex* ~ Opferkönig, *der die früher vom König durchgeführten sacra besorgte* (*s. rēx*).

săcrĭ-fĭcŭs 3 (*săcrŭm, făcĭō*) (*nkl., dcht.*) **1.** opfernd [*rex*; °*alcis rei, zB. sacrorum*]. **2.** Opfer... [*ritus, ōs* Sprache der Opfernden].

▶**săcrĭlĕgĭŭm,** ī *n* (*săcrĭlĕgŭs*) (*nkl.*) **1.** Tempelraub [~ *committere od. facere*]; *meton.* geraubte Tempelgüter. **2.** *übh.* Religionsfrevel [*-i damnare alqm*]; *übh.* °Frevel.

săcrĭ-lĕgŭs 3 (*m.* °*sup.*) (*săcrŭm, lĕgō, eigtl.* „die heiligen Geräte auflesend, *d. h.* entwendend") **1.** tempelräuberisch [*manus, bellum*]. **2.** (*nkl., dcht.*) *übh.* gottlos, verrucht [*homo, artes meretricum*]. **3.** *subst.* **-ŭs,** ī *m* Tempelräuber; (*Te.*) Erzschurke.

săcrō 1. (*denom. v. săcĕr*) **1.** *e-r Gottheit etw.* weihen, widmen (*alqd, selten alci alqd, zB. aurum,* °*agrum,* °*delubra,* °*pecudes* die geweihten Tiere schlachten, °*ludos* heilige Spiele einführen, °*quod Libitina sacravit* = was tot ist); (*dcht.*) *übh.* widmen, leisten [*honorem alci*]. **2. a)** *etw.* heilig *od.* unverletzlich machen [°*foedus, sanctionem*]; *lex sacrata* ein Gesetz, *dessen Übertretung m. Verfluchung* (*sacratio capitis*) *bestraft wird*; **b)** (*nkl., dcht.*) *eine Gottheit* als heilig verehren (*alqm, zB. deum in summo vertice, deam in hac sede*; *re m. etw., zB. deum sede*); **c)** (*nkl., dcht.*) verewigen, unsterblich machen, *jd.* zur Gottheit erheben (*alqm u. alqd, zB. eloquentiam Catonis*; *re* durch *etw., zB. alqm Lesbio plectro*). **3.** (*nkl., dcht.*) verfluchen, dem Untergang weihen, preisgeben [*caput proditoris Iovi*].

săcrō-sānctŭs 3 (*-sānctŭs?*) (*eigtl.* „durch eine heilige Handlung geweiht"; *săcrō abl. sg. v. săcrŭm*) hochheilig, unverletzlich [*tribuni plebis, possessiones*]; / (*nkl.*) hochheilig [*memoria alcis*].

▶**săcrŭm,** ī *n* (*eigtl. n v. săcĕr*) **1. a)** heiliger Gegenstand *od.* Ort, Tempelgut [*-um rapere, -a ex aedibus eripere*; *alcis, zB. Cereris -a* heilige Geräte]; **b)** (*dcht.*) Götterbild; **c)** Opfergabe, Opfer [*-um* °*cremare u.* °*accendere*]; **d)** (*dcht.*) heiliges Lied, Opferhymnus [*-a canere*]. **2. a)** gottesdienstliche Handlung *od.* Zeremonie, heiliger Brauch [*Graeco -o* nach griechischem Ritus; *-um* °*facere* ein Opfer bringen, opfern, *alci re j-m etw., zB.* °*Iovi bobus*]; **b)** *pl.* (*u.* °*sg.*) **α)** Gottesdienst, Kultus, Religion [*Orphica, -a procurare* besorgen]; **β)** Opferfest, *übh.* Feier [°*iugalia u.* °*nuptialia* Vermählungsfeier]; **γ)** / (*nkl., dcht.*) Geheimnisse, Mysterien [*tori, litterarum, studiorum*].

saec(ŭ)lārĭs, ĕ (*saecŭlŭm*) **1.** (*nkl., dcht.*) hundertjährig, Säkular... [*carmen, ludi*]. **2.** (*Tert.*) weltlich, heidnisch.

▶**saecŭlŭm,** ī *n* (< **saitlŏm* = *altbretonisch* hoetl „Menschenalter, Lebenszeit"; *cf. sĕrō²*; *also eigtl.* „[Menschen-]Saat") **1.** (*im engeren Sinne*) **a)** Menschenalter, Zeitalter [*multa -a hominum*]; *meton.* eine Generation [*huius -i error*]; **b)** (*nkl., dcht.*) Regierungszeit *eines Fürsten* [*beatissimum*]. **2.** (*im weiteren Sinne*) **a)** Jahrhundert [*duobus -is ante,* °*aurea -a condere*]; **b)** *übh.* langer *od.* längerer Zeitraum [*aliquot -is post, sescenta*]; **c)** *meton.* die Menschen des Jahrhunderts [*-orum reliquorum iudicium*]; **d)** Zeitgeist, Mode des Tages [*huius saeculi licentia*; °*corrumpere et corrumpi* ~ *vocatur*]; **e)** (*Tert.*) Welt, Zeitlichkeit. — ***in saecula* (*saeculorum*) in alle Ewigkeit, immerdar. — ***~ *obscurum* „dunkles Zeitalter" (*v. dem italienischen Kirchenhistoriker Baronius* [† *1607*] *eingeführte Bezeichnung für die Kirchengesch. v. 880—1046*).
F. *Synk.* (*altl. u. dcht.*) *saeclŭm.*

▶**saepĕ** (*comp. saepĭŭs, sup. saepissĭmē*) *adv.* (*eigtl. n e-s adi.* **saepĭs* „zusammengedrängt" *zu saepĭō*) oft [~ *et multum*; *multi* ~ *od.* ~ *multi* viele zu verschiedenen Zeiten, *deorum* ~ *praesentiae* oftmalige; *quam saepissime* möglichst oft].

saepĕ-nŭmĕrō (*auch getr.*) *adv.* oftmals, gar häufig.

saepēs, ĭs *f* (*saepĭō*) Zaun, Umzäunung; Gehege, *bsd.* (*dcht.*) Garten; (*dcht.*) Absperrung [*scopulorum*].

saepĭcŭlē *adv.* (*demin. v. saepĕ*) (*Pl.*) ziemlich oft.

saepīmĕntŭm, ī *n* (*saepĭō*) Verzäunung; *auch* /.

▶**saepĭō,** *psī, ptŭm* 4. (*cf.* αἱμός < **saipm* „Dickicht", αἱμασιά „Gestrüpp für eine Umzäunung") **1.** umzäunen, einhegen (*alqd re, zB. sepulcrum vepribus*; / *locum cogitatione*). **2.** / **a)** *m. etw.* umgeben, einschließen [°*domum custodiis u. custodibus,* °*alqm aëre* umhüllen, / °*se tectis*]; **b)** bedecken = schützen [°*vias, legibus saeptus*]; *auch* = verwahren, sperren [*transitum,* °*fauces munimento*].

saeps, ĭs *f* = *saepēs.*

saepsī *s. saepĭō.*

saeptŭm, ī *n* (*eigtl. P.P.P. n v. saepĭō*) **1.** (*nkl., dcht.*) Einfriedung, Gehege; *klass. nur pl.* [*beluas saeptis continere,* °*-a domorum* das Innere]. **2. a)** (*dcht.*) Hürde, Stall [*-is exire*]; **b)** die Schranken *für die Komitien, urspr. aus Brettern errichtet, v. Cäsar auf dem campus Martius durch großartige saepta marmorea ersetzt.*

saeptŭs *P.P.P. v. saepĭō.*

saetă *u.* **sētă,** *ae f* (*et. ungedeutet*) **1.** Borste [*equina* Roßhaar, *equi u. leonis saetae* Mähne, °*apri -ae* Zotteln]; / (*dcht.*) struppiges Haar. **2.** (*dcht.*) Angelschnur.

saetĭ-gĕr, *gĕră, gĕrŭm* (*saetă, gĕrō*) (*dcht.*) borstentragend [*sus*]; *subst.* **-gĕr,** *gĕrī m* Eber.

saetōsŭs 3 (*saetă*) (*dcht., nkl.*) borstig, haarig.

saevĭ-dĭcŭs 3 (*saevŭs, dīcō²*) (*Te.*) zornig (gesprochen), grimmig.

saevĭō 4. (*denom. v. saevŭs*) wüten, toben, rasen, *v. Tieren u. Menschen,* / *auch v. Leblosem* [°*lupus fame, rex, ventus,* °*ira u.* °*amor circa iecur*; *in u.* °*adversus alqm od. in alqd,* °*alci* gegen *jd., zB.* °*in obsides,* °*in tergum,* °*mihi*; *m* °*inf.*].
F. a) *altl. impf. -ibāt*; **b)** *pf.-Formen synk.*: °*saevīssĕ(m) u.ä.*

saevĭtĕr *adv. s. saevŭs.*

saevĭtĭă, *ae u.* °**-ēs,** *ēī f* (*saevŭs*) **1.** (*nkl.*) Wut, Wildheit *v. Tieren.* **2.** / **a)** (*v. Pers.*) Grausamkeit, Härte *od.* Strenge (*alcis, zB. iudicis,* °*feneratorum*); **b)** (*nkl.*) *v. Leblosem* [*temporis* der Jahreszeit, *hiemis, annonae* Teuerung].

saevĭtūdō, *ĭnĭs f* (*saevŭs*) (*Pl.*) = *saevĭtĭă.*

▶**saevŭs** 3 (*m. sup. u.* °*comp.*; *adv.* **-ē,** *altl.* **-ĭtĕr**) (*cf. lettisch* sīvs „scharf, grausam", *nhd.* [ver]sehren, sehr [*ahd.* sēr „Schmerz, Wunde"]) **1.** (*v. Tieren*; *dcht., nkl.*) tobend, wütend [*leo, lupus*]. **2.** / wütend, grimmig, heftig, grausam, hart, streng, *v. Pers. u. Sachen* [*tyrannus,* °*uxor, ventus, tempestas,* °*mare, hiems,* °*amor,* °*puella* herrisch, °*iocus* beißend, kränkend, °*tympana* wildtönend; *in alqm u.* °*in alqo*; *m.* °*inf.*].

săgă, *ae f* (*f zu săgŭs*) Wahrsagerin, Zauberin; / (*vkl., dcht.*) Kupplerin.

săgācĭtās, *ātĭs f* (*săgāx*) Spürkraft [*canum*]; / Scharfsinn, Scharfblick, Klugheit (*alcis*).

săgātŭs 3 (*săgŭm*) im (Soldaten-) Mantel.

săgāx, *ācĭs* (*m.* °*comp. u. sup.*; *adv.* **-ĭtĕr**) (*săgĭō*) scharf witternd, *vom Spürhund* [*canis,* °*anser* scharf hörend, °*-iter odorari*]; / scharfsinnig, klug, schlau [*homo, mens,* °*ingenium, -iter pervestigare* genau; *ad alqd, zB. ad suspicandum, auch in re od.* °*re u.* °*alcis rei in etw.*; *m.* °*inf.*].
F. *abl. sg. -ĕ u. -ī*; *pl. neutr. -ĭă, gen. -ĭŭm.*

săgīnă, *ae f* (*et. ungedeutet*) **1.** (*vkl., nkl.*) Fütterung, Mästung *v. Tieren* [*anserum*]; *klass. nur v. Menschen* Ernährung, Unterhalt [*alqm -ā tenere*]. **2.** *meton.* (*concr.*) **a)** (*Pl.*) Masttier; **b)** (*nkl., dcht.*) Futter, Speise, Kost [*gladiatoria,* / *dicendi*]; **c)** (*nkl.*) Feistigkeit, Fett [*corporis, ventris* Schmerbauch].

săgīnō 1. (*denom. v. săgīnă*) (*unkl.*) mästen [°*boves,* °*corpus*]; *klass. nur* / füttern, nähren, *oft pejorativ* abspeisen (*alqm, zB.* °*populares suos*); *mediopass.* sich mästen (*re, zB.* °*cenis, sanguine rei publicae m.* dem Mark); (*Ta.*) sich bereichern.

săgĭō, — — 4. (*zu* ἡγέομαι [*dor.* ἀγ-] „führe, [*nachhomerisch*] glaube, meine"; *cf. nhd.* „suchen" [*altes Jägerwort* = „aufspüren"]) scharf spüren, wittern; *auch* / = wie ein Spürhund wahrnehmen, ahnen.

săgĭttă, *ae f (altl. auch -ītă) (wohl Lw. aus e-r Mittelmeerspr.)* **1.** Pfeil [-*as* °*iacere u.* °*conicere*]. **2.** / **a)** *(dcht.)* Liebespfeil; **b)** *(dcht., nkl.)* Pfeil *als Gestirn*; **c)** *meton. (Ve.)* Pfeilwunde.

săgĭttārĭŭs *(săgĭttă)* **1.** *adi.* 3 *(nkl.)* Pfeil... **2.** *(subst.)* **-ŭs**, *ī m* Bogenschütze [°*pedes* zu Fuß, °*eques* beritten]; / *(dcht., nkl.)* Schütze *als Sternbild.*

săgĭttātŭs 3 *(săgĭttă; Bildung wie ānsātŭs: ānsă) (Pl., Trin. 242) m.* Pfeilen versehen [*savia*].

săgĭttĭ-fĕr, *fĕră, fĕrŭm (săgĭttă, fĕrō) (dcht., nkl.)* Pfeile tragend [*pharetra*]; pfeilbewehrt [*Geloni*].

săgĭttĭ-pŏtēns, *ĕntĭs (dcht.)* pfeilmächtig; *subst. m* Schütze *als Gestirn.*

săgĭttō 1. *(denom. v. săgĭttă) (nkl.)* **1.** *(intr.) m.* Pfeilen schießen. **2.** *(trans.) nur P.P.P. v.* Pfeilen getroffen; *cf. săgĭttātŭs.*

săgmĕn, *ĭnĭs n (meist pl.; săcĕr) (nkl.) das auf dem Kapitol gepflückte, die Fetialen beschützende* Grasbüschel = *vĕrbēnae.*

săgŭlātŭs 3 *(săgŭlŭm) (Suet.) m.* einem *sagulum* bekleidet, im Soldatenmantel.

săgŭlŭm, *ī n (demin. v. săgŭm)* kurzer Mantel, *meist* = *săgŭm.*

săgŭm, *ī n (gall. Lw.)* **1.** *(unkl.)* kurzer Umwurf *aus grobem Wolltuch, bsd. Tracht der Germanen u. Kelten.* **2.** Soldatenmantel *der Römer, Symbol des Krieges* [~ *sumere u. ad saga ire* zu den Waffen greifen, °*-a ponere* die Waffen ablegen, *in -is esse* unter den Waffen stehen]. **3.** Matratze.

Săgŭntŭm, *ī n u. (selten)* °**Săgŭntŭs**, *ī f (in der Namensform der ion. Insel Ζάκυνθος gleich)* St. *im Tarrakonensischen Spanien nördl. v. Valencia, 218 v. Chr. v. Hannibal erobert u. zerstört (gut erhaltenes röm. Theater); Einw. u. adi.* **Săgŭntīnŭs** (3).

sāgŭs 3 *(cf. sāgĭō) (dcht.)* wahrsagend.

Săĭs, *ĭs f (Σάϊς) alte Hptst. v. Unterägypten im westl. Nildelta, j.* Sa el Hagar, *Residenz der 26. Dynastie; Einw.* **Săītae**, *ārŭm m.*

săl, *sălĭs m (u.* °*n) (cf. ἅλς, nhd.* „Salz") **1.** Salz [*granum salis* Salzkorn, °*niger* aus Holzasche ausgelaugt]; °*pl.* Salzkörner. **2.** *meton.* **a)** *(dcht.)* Salzflut, Meer [*Tyrrhenus, salis unda*]; **b)** *pl. (nkl., dcht.)* Salzgeschmack [*amari*]. **3.** / **a)** *(dcht., nkl.)* Geschmack, Feinheit [*nulla mica salis*]; **b)** scharfer Verstand, Klugheit [°*salem habere*]; *bsd. (meist pl.)* Witz, Humor [*sale et facetiis omnes vincere,* °*niger* bitterer]; *pl. auch* pikante Scherzreden [*urbani,* °*Plautini*]. — *** *(vl. umgestaltet nach Plin., N. H.) cum grano salis m. e-m* Körnchen Salz, *d. h. m.* Einschränkung, nicht wörtlich zu nehmen.

F. *abl. sg. sălĕ; nom. pl. sălēs, gen. pl. fehlt.*

sălācō, *ōnĭs m (Fw. ⟨ σαλάκων)* Aufschneider, Prahler.

sălămăndră, *ae f (Fw. ⟨ σαλαμάνδρα) (nkl., Ma.)* Salamander.

Sălămīs, *īnĭs u.* °**Sălămīnă**, *ae f (Σαλαμίς)* **1.** *Insel u. St. im Saronischen Meerbusen vor der Küste v. Attika u. Megara (Seesieg der Griechen 480 v. Chr. Cf.* V.-B. III, 1, b). **2.** *Griechenst. auf Cypern (Seesieg der Athener 449 v. Chr.); Einw. u. adi.* **Sălămīnĭŭs** (3).

sălāpūt(t)ĭŭm, *ī n (et. ungedeutet) (Ca.)* Knirps, Zwerg (?).

sălārĭŭs 3 *(săl)* **1.** Salz... [°*annona* jährlicher Ertrag der Salzgruben]; *via Salaria u. bloß Sălārĭă, ae f* Salzstraße *(v. der porta Collina i. Rom nach Reate im Sabinerland); (subst.)* **-ŭs**, *ī m (Ma.)* Salzfischhändler. **2. sălārĭŭm**, *ī n (nkl., dcht.)* **a)** Salzdeputat *der Soldaten u. Beamten (später in Geld abgelöst)*; **b)** / **α)** Sold; **β)** Jahresgehalt [*annuum*]; **γ)** Diäten; **δ)** Ehrensold; **ε)** *(Ma.)* = *spŏrtŭlă (für Klienten, ebenfalls in Geld abgelöst).*

sălāx, *ācĭs (m.* °*sup.) (sălĭō) (dcht., nkl.)* **1.** geil [*aries*]. **2.** geilmachend [*eruca, bulbi*].

sălēbră, *ae f (wohl zu sălĭō)* **1.** *(dcht., nkl.)* holperige Stelle; *pl. (Ma.)* Risse, Sprünge *(im Straßenpflaster).* **2. a)** Schwierigkeit, Anstoß [*in -as incidere, in -a haerere* steckenbleiben]; **b)** stilistische Unebenheit [*sine ullis -is fluere*].

sălēbrōsŭs 3 *(sălēbră) (dcht., nkl.)* holperig, rauh [*saxa*; / *oratio* uneben].

Sălērnŭm, *ī n Küstenst. in Kampanien, j.* Salerno.

Sălĭārĭs, *ĕ s. Sălĭī.*

sălĭātŭs, *ūs m (Sălĭī)* Amt *od.* Würde eines Saliers.

sălĭctŭm, *ī n (sălĭx)* Weidengebüsch.

sălĭgnŭs 3 *(-ī-?; sălĭx) (unkl.)* weiden, Weiden... [*fustis, crates*].

Sălĭī, *ōrŭm u.* °*ŭm m (wohl zu sălĭō; also eigtl.* „Tänzer, Springer") Salier, *zwei altrömische Priesterkollegien, bsd. des Mars Gradivus, Hüter der heiligen Schilde (ăncīlĭă); die Mitglieder des älteren Kollegiums hießen Salii Pălātīnī, die des jüngeren Salii Ăgōnālēs od. Cōllīnī; bei der Feier des Mars (im März) führten sie Waffentänze auf u. sangen altertümliche Lieder (ăxāmĕntă); adi.* **Sălĭārĭs**, *ĕ* [°*carmen*]; / *(v. Gastmählern)* üppig [°*dapes, Saliarem in modum epulari*].

sălīllŭm, *ī n (-ī-?) (demin. v. sălīnŭm) (Ca.)* Salzfäßchen.

sălīnae, *ārŭm f (sc. fŏdīnae; sălīnŭs 3* „zum Salz gehörig"; *săl)* **1.** Salzgrube, Salzwerk, -lager, Saline. **2.** *EN* **Sălīnae**: *bsd.* **a)** Salzwerke bei Ostia; **b)** Salzlager in Rom *an der Porta Trigemina.*

Sălīnātŏr, *ōrĭs m (sălīnae; eigtl.* „Salzhändler *od.* Salinenpächter") *röm. cognom.; s. Līvĭŭs.*

sălīnŭm, *ī n (sălīnŭs 3* „Salz..."; *săl) (unkl.)* Salzfaß.

sălĭō, *lŭī u.* °*lĭī*, — 4. *(cf. ἅλλομαι* „springe") *(unkl.)* **1.** *(intr.)* **a)** springen, hüpfen, tanzen [*de muro, rotis* vom Wagen herab, *per caput, in aquas u. a.*]; / *auch v. Sachen, zB. sal u. mica salis* das Opfersalz springt in die Höhe, knistert, *ein günstiges Vorzeichen, vena* schlägt, *cor u. pectora*, klopft, pocht, schlägt; **b)** *vom Wasser* sprudeln, rieseln [°*unda*]; *subst.* **sălĭēntēs**, *ĭŭm m (sc. fōntēs)* Springbrunnen. **2.** *(trans.)* bespringen, decken, treten, *v. Tieren; auch im P.* [*laeta salitur ovis*].

sălĭ-pŏtēns, *ĕntĭs m (sălŭm) (Pl.)* Meerbeherrscher *(Beiname Neptuns).*

Sălĭ-sŭbsĭlŭs, *ī m* (= *Sălĭŭs sŭbsĭlĭēns; sălĭō) (nur Ca., 17,6)* tanzender Salier.

sălĭūncă, *ae f (wohl ligurisches Fw.) (dcht., nkl.)* wilde Narde.

sălīvă, *ae f (zu altirisch* sail „Schmutz[fleck]") *(dcht., nkl.)* **1.** Speichel *im Munde.* **2.** *meton.* **a)** *pl.* Zauberei *m.* Hilfe des Speichels [*arcanae*]; **b)** Nachgeschmack *einer Sache, bsd. des Weines*; **c)** Appetit, Begierde [*mercurialis* nach Gewinn].

sălĭx, *ĭcĭs f (cf. nhd.* „Sal-weide") *(unkl.)* Weide.

Săllūstĭŭs 3 *(wohl zu sălvŭs) röm. Gentilname*: **1.** *C. Sallustius Crīspŭs aus Amiternum (86—35 v. Chr.), der berühmte Geschichtsschreiber; adi. auch* **Săllūstĭānŭs** 3. **2.** *Sallustius Crīspŭs, Großneffe u. Adoptivsohn v.* 1, *Ratgeber des Augustus.*

Sălmăcĭs, *ĭdĭs f (Σαλμακίς)* **1.** *(nach dem Mythos eine m. Hermaphroditos zusammengewachsene) Quellnymphe u. ihre Quelle in Karien, deren Wasser verweichlichende Kraft haben sollte. Cf.* V.-B. III, 4, b *u.* 5; *patron.* °**Sălmăcĭdēs**, *ae m auch* / verwöhnter Schwächling *(cf.* V.-B. I,2).

sălmō, *ōnĭs m (et. unklar, wohl voridg.) (nkl., dcht.)* Salm, Lachs.

Sălōnae, *ārŭm u.* °*Sălōnă, ae f (Σάλων), j.* Solin; *Hptst. der röm. Provinz Dălmătĭă; in der Nähe Palast u. Alterssitz Domitians.*

sălsāmĕntārĭŭs, *ī m (sălsāmĕntŭm) (nkl.)* Salzfischhändler.

sălsāmĕntŭm, *ī n (sălsŭs)* **1.** Fischlake. **2.** *(Te.)* marinierter Fisch.

sălsĭ-pŏtēns, *ĕntĭs (sălsŭs) (Pl.)* Beherrscher der Meerflut (= Neptun).

sălsūră, *ae f (altl. sāllō 3.* „einsalzen"; *cf. sălsŭs) (vkl., nkl.)* Einsalzung; Salzlake; / *(Pl.)* Mißmut.

sălsŭs 3 *(m.* °*comp. u. sup.; adv.* **-ē**) *(eigtl. P.P.P. v. altl. sāllō 3. ⟨ *săldō* „einsalzen"; *săl)* **1.** *(unkl.)* gesalzen, *auch v. Natur* salzig [*lacus, sanguis*]. **2.** / **a)** *(dcht.)* beißend, scharf [*sudor*]; **b)** witzig, launig, schalkhaft, pikant, *v. Pers. u. Sachen* [*mulier, negotia* lustige Geschichte, °*male* ~ boshafter Schalk, *-e dicere*]; *subst. sălsă, ōrŭm n* Witze [*Graecorum*].

săltātĭō, *ōnĭs f (săltō)* das Tanzen, Tanz.

săltātŏr, *ōrĭs m (săltō)* Tänzer, *bsd.* Pantomime.

săltātōrĭŭs 3 *(săltātŏr)* zum Tänzer gehörig, Tanz... [*orbis* Tanzreif].

săltātrīx, *īcĭs f (săltātŏr)* Tänzerin.

săltātŭs, ūs *m* (*sāltō*) (*nkl., dcht.*) = *sāltātiō*; *auch pl.*

săltĕm *u.* **săltĭm** *adv.* (*et. unklar*) **1.** wenigstens, jedenfalls doch [*eripe mihi hunc dolorem aut minue* ~]. **2.** (*nkl.*) (*m. e-r Negation*) non (*neque*) ... ~ = ne... *quidem* [*Liv.*, 2, 43, 8; *Ta., ann.* 3, 5].

săltĭcŭs 3 (*sāltūs*[1]) (*nkl.*) hüpfend, tanzend.

▶ **săltō** 1. (*intens. v. saliō*) **1.** (*intr.*) tanzen, *bsd. gestikulierend, pantomimisch* [*nemo fere saltat sobrius, nisi forte insanit; saltare nostris moribus in vitiis ponitur*]; / (*vom Redner*) hüpfend im Ausdruck werden. **2.** *prägn.* (*trans.*) (*dcht., nkl.*) *etw.* pantomimisch aufführen [*Cyclopa, puellam; auch* P.]; / (*Ta.*) *commentarios m.* übertriebener Gestikulation vortragen.

săltŭōsŭs 3 (*sāltūs*[2]; *nkl.*) waldig, gebirgig [*loca*].

săltŭs[1], ūs *m* (*saliō*) Sprung [°*-um dare e-n* Sprung tun, °*-u venire* gesprungen kommen, °*-u se in fluvium dare* hinabspringen in].

▶ **săltŭs**[2], ūs *m* (*wohl zu nhd.* „Wald") **1. a)** Waldtal, Schlucht, Paß [°*Thermopylarum, -ūs eius paludis occupare* die Pässe jener Sumpfgegend]; **b)** Waldgebirge, wilder Bergwald [°*Pyrenaeus,* °*Graius* die Grajischen Alpen, °*silvae saltusque*]. **2.** Viehtrift *od.* Weideplatz im Gebirge [°*in saltibus pascere*]; *meton.* Landgut, Vorwerk mit Viehtriften [*de saltu deici*]. **3.** / (*Pl.*) **a)** bedenkliche Lage; **b)** = *cŭnnŭs* [*qui vult cubare, pandit saltum saviis*].

▶ **sălūbrĭs,** ĕ *u.* (*unkl.*) **sălūbĕr,** *brĭs, brĕ* (*m.* °*comp., sup. salūbĕrrĭmŭs; adv.* **-ĭtĕr**) (*salūs*) **1.** gesund = der Gesundheit dienlich [*regio, annus,* °*somnus* erquickend, *-iter refrigerari*]. **2.** / **a)** heilsam, zuträglich, vorteilhaft, *übh.* gut [*consilium,* °*stella* heilbringend, °*disciplina -iter temperata m.* Klugheit; *alci* für *jd., zB. rei publicae*]; **b)** (*nkl.*) kräftig, stark [*corpus*]; *klass. nur* / tauglich, vernünftig [*nihil salubre in oratione*].

sălūbrĭtās, ātĭs *f* (*salūbrĭs*) **1.** Heilsamkeit, Heilkraft [*loci,* °*caeli,* °*aquarum,* / *Atticae dictionis* kräftigende Wirkung, *-tem petere ab alqo* Rettungsmittel]. **2.** (*nkl.*) Gesundsein, Wohlsein [*corporum, propter -tem* aus Gesundheitsrücksichten].

sălŭm, ī *n* (*vl. Lw.* ‹ σάλος „das Schwanken, Rollen des Meeres", *nhd.* [Wasser]schwall) **1.** unruhiger Seegang, das Schlingern [*salo nauseāque confecti*]. **2. a)** hohe See, offenes Meer [*navis in salo fluctuat*]; **b)** (*nkl.*) offene Reede [*in salo ad ostium portus in ancoris stare*]; **c)** (*dcht.*) Meer, See [*immensum*]. **3.** / Meer *v.* Drangsal [~ *aerumnosum*].

▶ **sălūs,** ūtĭs *f* (*cf. salvŭs*) **1.** Wohlbefinden, Gesundheit *des Leibes u. der Seele,* Genesung [*medicis ad -tem uti, medicinā ad -tem reducere alqm*]. **2.** Wohlfahrt, Heil, Glück [*domestica, communis, restitutio -tis* Rückberufung aus dem Exil, *civitatis, -ti esse alci jd.* zum Heil gereichen]; / (*Pl.*) *Kosewort* [*quid agis, mea salus?*]. **3. a)** Rettung, Existenz, persönliche Sicherheit (*alcis, zB. omnium; -ti esse* zur Rettung dienen, °*sine spe -tis; -tem [af]ferre alci u. alci rei jd. od. etw.* retten; *fugā -tem petere, -tem suam alci committere, -tem alci dare u. reddere* das Leben schenken); **b)** *meton.* **α)** Retter, *v. Pers.* [*Lentulus, salus nostra*]; **β)** Rettungsmittel [*nullam -tem reperire*]. **4.** (*personif.*) ♀ Göttin der Gesundheit (*seit 2. Jh. v. Chr.* = Ὑγίεια), *des persönlichen Wohlergehens u. des Staatswohls m. Tempel auf dem Quirinal.* **5.** das *jd. schriftl. od. mündl.* gewünschte Wohlsein, Gruß [*-tem alci nuntiare u. dicere od.* °*dare jd.* grüßen, °*-tem mittere alci jd.* grüßen lassen, °*-te datā redditāque od. -te acceptā redditāque* nach gegenseitiger Begrüßung; / *-tem dicere foro* entsagen].

sălūtārĭs, ĕ (*m. comp.; sup. fehlt; adv.* **-ĭtĕr**) (*salūs*) **1.** heilsam, zuträglich, vorteilhaft [*res, lex, luppiter* = Ζεὺς σωτήρ der Retter, *littera* = A. (*d. h. absolvō*) *auf den Stimmtäfelchen der Richter, -iter uti armis; alci u. alci rei, zB. generi hominum; ad alqd* in bezug auf *etw., zB. stella ad ortus puerorum -is*]; *subst.* **-iă,** *iŭm n* Heilmittel. **2.** (*pass.*) wohlbehalten, unverletzt [*exercitus*]. — **gnadenreich [*hostia*]; *subst. m* Heiland.

F. *sup. māxĭmē sălūtārĭs od. sălūbĕrrĭmŭs.*

sălūtātĭō, ōnĭs *f* (*salūtō*) **1.** Begrüßung, Gruß [°*-nem facere more militari* militärisch salutieren, °*-nem reddere* den Gruß erwidern]. **2.** Aufwartung, Besuch [*-nem facere, dare se -ni amicorum*]; *auch* Staatsbesuch; Empfang; *bsd.* Morgenbegrüßung *der Klienten bei ihrem Patron od. beim Kaiser;* (*concr.*) aufwartende Schar [~ *defluit*].

sălūtātŏr, ōrĭs *m* (*salūtō*) Besucher (*Klient, der seinem Patron allmorgendlich seine Aufwartung macht*).

sălūtātrīx, īcĭs *f* (*salūtātŏr*) (*dcht.*) grüßend; aufwartend [*turba*].

sălūtĭ-fĕr, *fĕră, fĕrŭm* (*salūs, ferō*) (*dcht.*) heilbringend, rettend.

sălūtĭ-gĕrŭlŭs 3 (*salūs*) (*Pl.*) einen Gruß überbringend [*pueri -i* Botenjungen, Pagen].

▶ **sălūtō** 1. (*denom. v. salūs*) **1.** *jd.* (be)grüßen, bewillkommnen (*alqm, zB. consulem,* °*Italiam; deos* den Göttern (*bsd. ihren Bildnissen*) *kultische* Verehrung erweisen; *selten* (*dcht.*) Lebewohl sagen. **2. a)** *jd.* anreden *als od.* titulieren (*m. dopp. acc., zB. alqm* °*imperatorem*); **b)** *jd.* seine Aufwartung machen, *jd.* besuchen (*alqm, zB. patronum; salutatum od. salutandi causā venire*); *auch* P.; **c)** Besuche empfangen. — **virginem das Ave Maria beten.

sălvātĭō, ōnĭs *f* (*salvō*) (*spätl.*) Errettung; Heil.

sălvātŏr, ōrĭs *m* (*salvō; Übersetzung v.* σωτήρ) (*Eccl.*) Erlöser, Heiland.

▶ **sălvĕō,** — — 2. (*denom. v. salvŭs*) (*Pl.*) gesund sein *od.* bleiben, sich wohl befinden, *nur als Begrüßungswort; klass. nur* **sălvē** (*salvētō, salvēbis*) *u.* **sălvētĕ** sei(d) gegrüßt! guten Tag!; (*selten*) lebe(t) wohl! (= χαῖρε, χαίρετε); *alqm salvere iubere jd.* grüßen (lassen), begrüßen [°*deum* als Gott]; *salvere ab alqo v. jd.* gegrüßt werden [*salvebis a filio meo* mein Sohn läßt dich grüßen].

sălvō 1. (*denom v. salvŭs*) (*Eccl.*) retten, erlösen [*salvavi animam meam* (*ungenaues Vulgatazitat*) = ich habe mein Gewissen beruhigt].

▶ **sălvŭs** 3 (*adv.* °**-ē**) (*salūs; cf. im Ablaut* ὅλος „unverletzt, ganz") **1. a)** wohlbehalten, unverletzt, unbeschädigt, (noch) am Leben, *v. Pers. u. Sachen* [*civis, exercitus, epistula* nicht zerrissen, *Penelope* keusch, züchtig; *ne sim salvus od. salvus esse nolo, si* ich will nicht länger leben, wenn]; °*satisne* (*od. satin*) *salvē, sc. agis* steht alles gut bei dir?; **b)** (*Com.*) *salvus sies* (= *salvē*) sei gegrüßt. **2.** *im abl. abs.*: *me -o* solange ich noch am Leben bin, *-is rebus* unter guten Verhältnissen, *-is auspiciis* ohne Verletzung der Auspizien, *-is legibus* ohne Gesetzesübertretung, *-o officio* ohne Pflichtverletzung, *-ā fide m.* gutem Gewissen, *summā exercitūs -ā* so daß das Heer im ganzen glücklich davonkommt.

sămbūcă, ae *f* (*Fw.* ‹ σαμβύκη, *aus dem Aramäischen stammend*) (*vkl., nkl.*) **1.** dreieckiges harfenartiges Saiteninstrument *m. scharfem Ton.* **2.** (*nkl.*) Sturmbrücke, Fallbrücke.

sămbūcĭnă (*sambūcă, canō?*) (*Pl.*) *u.* **sămbūcĭstrĭă,** ae *f* (*Fw.* ‹ σαμβυκίστρια) Harfenspielerin.

sămbūcŭs, ī *f* (*et. unklar, wohl Fw.*) (*nkl.*) Holunder(baum).

Sămiŭs *s. Samŏs.*

Sămnĭŭm, ī *n* (*cf. Sabīnī, Sabēllī*) *mittelit. Gebirgsldsch. östl. v. Latium u. Kampanien; Einw. u. adi.* **Sămnĭs,** ītĭs, *meist pl.* **Sămnītēs,** iŭm *u.* (*selten*) ŭm, / *gladiatores Samnites* in samnitischer Rüstung; *adi. auch -nītĭcŭs* 3. *Cf.* V.-B. IX *u.* III, 1, e.

Sămŏs *u.* **-ŭs,** ī *f* (Σάμος) *Insel vor der Küste Ioniens* (*m. gleichnamiger Hptst., j.* Wathi), *durch Weinbau bekannt; ber. Tempel der Hera* (*Fundamente freigelegt*); *Einw. u. adi.* **Sămiŭs** (3). *Cf.* V.-B. II, 1.

Sămŏthrăcă, ae *u.* **-ē,** ēs, *auch* **Sămŏthrăcĭă,** ae *f* (Σαμοθράκη) *Insel vor der thrakischen Küste, v. Samos kolonisiert, berühmt als Sitz der Kabirenmysterien, j.* Samothraki (*Kultbild v. Skopas; Fundort der Nike v. S.*); *Einw.* **Sămŏthrăcēs,** ŭm *m.*

sămpsă, ae *f* (*et. ungedeutet*) (*vkl., nkl.*) das mürbe Fleisch der Oliven.

sānābĭlĭs, ĕ (*m.* °*comp.*) (*sānō*) heilbar [*plaga*].

sānātĭō, ōnĭs *f* (*sānō*) Heilung [*corporis,* / *malorum*].

sănciō, *sānxī, sānctŭm* 4. (*sănxī, sănctŭm?; săcĕr; cf. altnord.* sättr „versöhnt") **1.** heiligen, unverletzlich machen, weihen [*ius,* °*foedus sanguine alcis od.* °*fulmine,* °*necessitatem* noch enger knüpfen]. **2.** als unverbrüchlich festsetzen, verordnen *od.* bestimmen (*alqd, zB. legem,* °*poenam capitis alci,* °*silentium periculo vitae* unter Androhung des Todes; *auch de re, zB. de iure praediorum; m. abl., zB. lege, capite* bei Todesstrafe; *m. ut, ne, selten negativ m. quominus*). **3.** unwiderruflich bestätigen, genehmigen [*acta Caesaris, dignitatem alcis; m. dopp. acc., zB. Pompeium augurem*]. **4.** *etw. bei Strafe* verbieten, strafen [*incestum supplicio, alqd lege od. ignominiā u. exsecrationibus; capite, si* den Tod als Strafe festsetzen, wenn].

sānctā sīmplĭcĭtās *s. sīmplĭcĭtās.*

sānctĭfĭcātĭō, *ōnĭs f* (*sănct-?; sānctĭfĭcō*) (*Eccl.*) Heiligung. — **Heiligsprechung.

sānctĭfĭcō 1. (*-ă-?; denom. v. sānctĭfĭcŭs* 3 „heiligend"; *sānctŭs, făcĭō*) (*Eccl.*) heiligen. — **heiligsprechen.

sānctĭmōnĭă, *ae f* (*-ă-?; sānctŭs*) **1.** Heiligkeit, Ehrwürdigkeit. **2.** Unschuld, reiner Lebenswandel.

sānctĭmōnĭālĭs, *ĕ* (*să-?; sānctĭmōnĭă*) (*Eccl.*) heilig, fromm; *subst.* **-ĭs,** *ĭs f* Nonne.

sānctĭō, *ōnĭs f* (*-ă-?; sāncĭō*) **1.** (*bei Gesetzen*) Strafbestimmung, -artikel [*legum, -nem sacrare*]. **2.** (*bei Bündnissen u. Verträgen*) Klausel, Vorbehalt [*foederis*].

sānctĭtās, *ātĭs f* (*să-?; sānctŭs*) **1.** Heiligkeit, Unverletzlichkeit, Ehrwürdigkeit, *auch pl.* [*tribunatūs,* °*templi* Asylrecht]. **2.** Sittenreinheit, Unschuld, Zucht [*matronarum,* °*bellum cum -te gerere*]. **3.** Frömmigkeit gegen Gott [*religionum -tes* vernünftige, vom Aberglauben freie Verehrung der Götter]. **4.** (*Eccl.*) *Ehrentitel der Bischöfe u.* ***des Papstes* [*tua od. vestra* ~].

sānctĭtūdō, *ĭnĭs f* (*-ă-?; sānctŭs*) (*klass. selten*) Unverletzlichkeit.

sānctŏr, *ōrĭs m* (*-ă-?; sāncĭō*) (*Ta.*) Verordner [*legis*].

sānctŭārĭŭm, *ī n* (*să-?; sānctŭs*) (*unkl.*) Heiligtum; Geheimarchiv. — **Sakristei; *pl.* Reliquien.

sānctŭs[1] *P.P.P. v. sāncĭō.*

▶**sānctŭs**[2] 3 (*-ă-?*) (*m. comp. u. sup.; adv.* **-ē**) (*eigtl. P.P.P. v. sāncĭō*) **1.** geheiligt, geweiht [*templum,* °*fons*]. **2.** heilig, unverletzlich, unverbrüchlich [*ius iurandum, officium, tribuni plebis, aerarium sanctius* Geheimarchiv *u.* Rücklage des Staatsschatzes; *alci* für *jd.*]. **3.** ehrwürdig, erhaben [°*vates,* °*patrum concilium od. consilium* engerer Senatsausschuß, °*ignes,* °*oratio* feierlich, °*dies* festlich], *v. Toten* °verklärt [*anima*]. **4.** sittlich makellos, unsträflich, gewissenhaft, unschuldig [°*mores, alqd sanctissime colere*]; *bsd.* keusch, züchtig [°*virgo* Vestalin, °*coniunx*]. **5.** fromm [*homo naturā sanctus*]. — ***subst. sanctum* (*od. -issimum*), *i n* das Allerheiligste *der Kirche; pl. -a, orum* die Reliquien.

Sāncŭs *od.* **Săngŭs,** *ī u.* °*-ūs m, auch Sēmō Sāncŭs* (*zu săcĕr, sāncĭō*) *altit., vl. urspr. umbrisch-samnitische Schwurgottheit; besondere Erscheinungsform u. Bein. Jupiters als Eidhelfer, den man auch als Dĭŭs Fĭdĭŭs* (*s. Fĭdĭŭs*) *anrief; sein Haupttempel auf dem Quirinal.*

săndălĭārĭŭs 3 (*săndălĭŭm*) (*nkl.*) Sandalen... [*Apollo; seine Statue im vicus* ~ *in Rom*].

săndălĭ-gĕrŭlă, *ae f* (*săndălĭŭm*) (*Pl.*) Sklavin, die ihrer Herrin die Sandalen nachtrug.

săndălĭŭm, *ī n* (*Fw.* ⟨ σανδάλιον) (*Com.*) Sandale.

săndăpĭla, *ae f* (*wohl Fw.*) (*nkl., dcht.*) Totenbahre (*der Armen*).

săndȳx, *ȳcĭs f* (*Fw.* ⟨ σάνδυξ) (*nkl., dcht.*) rote Mineralfarbe, Scharlach.

▶**sānē** (*adv. v. sānŭs*) **1.** (*m. comp.*) (*vkl., dcht.*) vernünftig, verständig [*bacchari*]. **2.** / **a)** fürwahr, in der Tat, gewiß [~ *vellem, res* ~ *difficilis;* ~ *non u. non* ~ in der Tat nicht, allerdings nicht]; **b)** (*in bejahenden Antworten*) allerdings, jawohl, ja, *auch sane quidem, sane* °*hercle;* **c)** (*einräumend beim coni. concessivus u. imp.*) immerhin, meinetwegen [*sint haec* ~ *falsa, dilue* ~ *hoc crimen*]; **d)** (*beim imp. verstärkend*) nur zu, nur, doch [*age* ~, °*abi* ~]; **e)** (*steigernd*) ganz, durchaus, *bei adi. u. adv.* [*homo* ~ *innocens,* ~ *bene u. bene* ~ ganz gut]; *non* ~ *u. haud* ~ nicht sonderlich, nicht eben; *sānē quăm* überaus, ungemein, *bei Verben, adi. u. adv.*

Sănguālĭs, *ĕ* = *Sănquālĭs.*

sănguĕn, *ĭnĭs n* (*altl.*) = *sănguĭs.*

sănguĭnārĭŭs 3 (*sănguĭs*) blutdürstig, -gierig [*iuventus,* °*bellum* mörderisch].

sănguĭnĕŭs 3 (*sănguĭs*) **1.** blutig, Blut..., Bluts... [*imber,* °*gutta*]. **2.** (*dcht.*) blutbespritzt, -triefend [*manus*]; *auch* °mit Blutvergießen verbunden [*rixa*]. **3.** / **a)** blutrot [*sagulum,* °*lorica* rotschimmernd]; **b)** blutdürstig, -gierig [*Mars*].

sănguĭnō 1. (*denom. v. sănguĭs*) **1.** bluten, blutig sein. **2.** / blutgierig *od.* blutsaugerisch sein.

sănguĭnŏlēntŭs *u.* **sănguĭnŭlēntŭs** 3 (*sănguĭs*) (*unkl., meist dcht.*) **1.** blutig, blutbefleckt, -triefend [*parens, torquis Galli occisi*]. **2.** / **a)** blutrot [*color*]; **b)** verletzend [*littera*]; **c)** (*Se.*) das Blut (*der Armen*) aussaugend [*centesimae*].

▶**sănguĭs** *u.* (*altl. u. dcht.*) **-ĭs,** *ĭnĭs m* (*et. ungedeutet*) **1.** *das im Körper zirkulierende* Blut (*Ggs. crŭŏr*) [~ *per venas per omne corpus diffunditur;* °*humanus,* °*equinus,* °*calidus* Aufwallung, °*-ne subito ici* vom Schlag getroffen werden, *-nis rivus u. flumen* Blutstrom; *-nem (ef)fundere* vergießen, *pro patria profundere,* °*haurire* fremdes Blut vergießen, °*dare* sein Leben lassen]; °*-nem mittere* zur Ader lassen, *alci, klass. auch* /, *zB. provinciae* aussaugen, *missus est sanguis invidiae.* **2.** *meton.* Blutvergießen, Blutbad, Mord [*civilis,* °*-nem facere* anrichten, *odio usque ad -nem incitari; alcis, zB. civium*]. **3.** / Lebensfrische, Kraft, Stärke [*sucum et -nem amittere*]; *auch* Kern, Mark [*de -ne aerarii detrahere; bisw.* = Vermögen, Geld]; *bsd.* (*vom Redner u. v. der Rede*) Kraft [*verum -nem deperdere*]. **4.** **a)** Blutsverwandtschaft, Abstammung, Geschlecht [*paternus, maternus,* °*Nympharum, -ne coniunctus* blutsverwandt, °*-ne attingere alqm m. jd.* blutsverwandt sein]; **b)** Abkömmling, Kind *od.* Kinder, Enkel [°*Veneris, parentum,* °*in -nem suum saevire*].

Săngŭs, *ī m* = *Sāncŭs.*

sănĭēs, *ēī f* (*et. ungedeutet*) (*unkl.*) blutiger Eiter, Wundjauche; / Geifer, Gift [*Cerberi*].

sānĭtās, *ātĭs f* (*sānŭs*) **1.** Gesundheit *des Körpers, selten* [*corporis*]. **2.** / **a)** geistige Gesundheit, Vernunft, Besonnenheit [*animi, alqm ad -tem reducere, ad -tem redire od. reverti od. se convertere, alqm de -te deturbare*]; **b)** (*rhet.*) besonnene Sprache [*oratoris, orationis,* °*eloquentiae*]; **c)** (*nkl.*) Vollständigkeit [*victoriae*].

sănnă, *ae f* (*Lw.* ⟨ σάννας Grimassenschneider) (*dcht.*) Fratze, Grimasse.

sănnĭō, *ōnĭs m* (*Lw.* ⟨ σαννίων *ds., eigtl.* „der durch das σάννιον [= *mentula*] Gekennzeichnete"; *cf. sănnă*) Grimassenschneider, Hanswurst.

▶**sānō** 1. (*denom. v. sānŭs*) **1.** gesund machen, heilen, *eigtl. u.* / (*alqm u. alqd, zB. tumorem oculorum, vomicam, aegras partes rei publicae,* °*discordiam* dämpfen). **2.** / **a)** wiedergutmachen [*incommodum*]; **b)** (wieder) zur Vernunft bringen, beruhigen (*alqm, mentem alcis*).

Sănquālĭs, *ĕ* (*Sāncŭs*) (*nkl.*) dem Gott Sancus geweiht [*avis*].

▶**sānŭs** 3 (*m. comp. u. sup.; adv.* **-ē**) (*et. ungedeutet*) **1.** heil, gesund, *körperlich* [*pars corporis, alqm u. alqd sanum facere, sanum fieri medicamento*]. **2.** / **a)** unverdorben, fehlerfrei [*res publica;* °*a vitiis* frei *v.*]; **b)** vernünftig, verständig, besonnen, *v. Pers. u. Sachen* [*homo, mens, pro sano facere* vernünftig handeln, *bene* ~, *male* ~ nicht recht bei Sinnen, verblendet]; *v. Pers. u. rhet.* maßvoll, geschmackvoll [*orator, oratio, genus dicendi*]. — *Cf. auch sānē.*

sānxī *s. sănciō.*

săpă, *ae f* (*cf. nhd.* „Saft") (*unkl.*) eingekochter Mostsaft.

▶**săpĭēns,** *ēntĭs* (*m. comp. u. sup.; adv.* **-ēntĕr**) (*eigtl. part. praes. v. săpĭō*) **1.** einsichtsvoll, verständig, weise, *bsd.* philosophisch gebildet, *v. Pers. u. Sachen* [*homo,* °*vita, sententia,* °*barba* Philosophenbart, *-enter facere od. suadere;* °(*dictum*) *sapienti sat* (*est*) = für den Kundigen ist genug gesagt]. **2.** *subst. m* der wahre Weise = Stoiker, *bsd.* Philosoph, *auch* erfahrener Staatsmann, *scherzhaft* (*Ho.*) Feinschmecker; *septem sapientes* die sieben Weisen (*Solon, Thales, Pittakos, Bias, Chilon, Kleobulos, Periandros*).

F. *abl. des adi.* -ī *u.* -ĕ, *des subst.* -ĕ, *gen. pl.* -iŭm, *des subst.* -iŭm *u.* °-ŭm. *Cf.* V.-B. VIII.

▶**săpĭĕntĭă,** *ae f* (*săpĭēns*) Einsicht, Verstand, Klugheit, wahres Wissen, *bsd.* Philosophie, Lebensweisheit (*alcis j-s, alcis rei v. od.* in *etw., zB. ceterarum rerum*); *pl.* Weisheitsregeln.

săpĭĕntĭ-pŏtēns, *ĕntis* (*wohl nach bĕllĭ-pŏtēns; săpĭĕntĭă*) (*dcht., vkl.*) mächtig durch Weisheit.

▶**săpĭō,** (*īvī u.* °*iī*, °*uī*), — 3. (√*săp-; cf. ahd.* int-seffen „einsehen") **1.** (*v. Sachen*) **a)** schmecken, einen gewissen Geschmack an sich haben [°*bene*, °*male; alqd* nach *etw., zB.* °*picem*]; **b)** nach *etw.* riechen (*alqd, zB. crocum*). **2.** (*v. Genießenden*) Geschmack haben *od.* empfinden [*alci palatus non sapit*]. **3.** / Verstand (*auch* Geschmack, Urteil) haben, verständig sein, Weisheit besitzen, *intr., bisw. m. acc. des Neutrums e-s pron. od. adi.* [*plus, aliquid* einigen Verstand haben, *nihil* dumm sein, nichts verstehen, °*nil parvum* keinen Sinn für Kleinliches haben, °*sibi semitam* für sich einen Pfad kennen]. — *sapere aude* (*Ho., ep.* I, 2, 40; *in Anlehnung an Aischylos, Prom.* 999f. τόλμησον ... φρονεῖν) „Wage es, dich der Vernunft zu bedienen" (*nach Kant Leitgedanke der Aufklärung*).

sāpō, *ōnis m* (*über das Kelt. entlehntes germ. Wort*) (*nkl., dcht.*) Haarfärbemittel; Seife.

săpŏr, *ōris m* (*săpĭō*) **1.** Geschmack *e-s Dinges* [*vini*, °*tristis*]. **2.** / **a)** *meton.* **α)** (*dcht., nkl.*) Leckerei, Delikatesse, *bsd.* Saft [*tunsus gallae* ~]; **β)** (*Ve.*) *pl.* Wohlgerüche; **b)** / Urteil, Verstand, feiner Ton *in Benehmen u. Rede* [*homo sine sapore*].

săpōrātŭs 3 (*săpŏr*) (*dcht., nkl.*) schmackhaft gemacht.

Săpphō, *ūs f* (Σαπφώ) *größte lyrische Dichterin der Griechen aus Lesbos, um 600 v. Chr. in Mytilene lebend, jüngere Zeitgenossin des Alkaios* (*Alcaeūs*). *Cf.* V.-B. III, 2; *adi.* **Săpphĭcŭs** 3.

săppīrŭs (*săpphīrŭs*), *ī f* (*Fw.* ‹ σάπφειρος, *sem. Ursprungs*) (*nkl., spätl.*) Saphir *od.* Lapislazuli (*meist blauer Edel- bzw. Halbedelstein*).

săprŏphăgō, — — 3. (*Fw.* ‹ σαπροφαγέω; *nur Ma.* III, 77, 10; *vl. aber zu lesen:* σαπροφαγεῖς) faule Speisen essen.

sărcĭnă, *ae f* (*sărcĭō*) **1.** (*unkl.*) *zusammengeschnürtes* Bündel, Last, Bürde, *auch* / [*gravis*, °*alqs -a alci est*, °*publica rerum* der Regierung]; *pl.* Gepäck; *klass. nur mil.* Gepäck *der einzelnen Soldaten* [*-as conferre u. colligere* zusammenbringen, *in medium conicere* auf einen Haufen, *hostem sub -is adoriri*]. **2.** (*dcht.*) Leibesfrucht.

sărcĭnārĭŭs 3 (*sărcĭnă*) zum Gepäck (*od.* zur Bagage) gehörig [*iumenta*].

sărcĭnātŏr, *ōris m* (*sărcĭō*) (*vkl., spätl.*) (Flick-)Schneider.

sărcĭnātŭs 3 (*sărcĭnă*) (*Pl.*) bepackt.

sărcĭnŭla, *ae f* (*demin. v. sărcĭnă*) (*nkl., dcht.*) kleines Bündel; *meist pl.* wenig Gepäck; *auch* Habseligkeiten; (*scherzh.*) kleine Mitgift.

sărcĭō, *sārsī, sārtŭm* 4. (*cf.* ἕρκος „Gehege") **1.** (*unkl.*) flicken, ausbessern [*tunicam*]. **2.** / wiedergutmachen, ersetzen, auswetzen [*detrimentum, infamiam* tilgen]. **3.** (*P.P.P.*) *adi.* **sārtŭs** 3, *bsd. in der Verbindung sartus* (*et*) *tectus* (*eigtl.* „ausgebessert *u.* bedacht) in gutem Bauzustand [*monumentum, aedem sartam tectam tradere*, °*omnia sarta tecta exigere* den baulichen Zustand überwachen]; / in gutem Stande, wohlverwahrt [*alqm sartum et tectum conservare*].

sărcŏphăgŭs (*eigtl. adi.* 3, *Fw.* ‹ σαρκοφάγος *eigtl.* „fleischfressend"; λίθος -ος *ein in Assos* [*Troas*] *gebrochener, zur Herstellung v. Totenladen verwendeter* Kalkstein, *der angeblich die Leichen schnell in Asche verwandelte, lat. lapis sarcophagus od. Assius*), *ī m* (*dcht., spätl.*) Sarkophag; Sarg.

sărcŭlŭm, *ī n* (*sărĭō*) (*vkl., nkl.*) kleine Hacke, Karst.

sărdă *u.* **-dīnă,** *ae f* (*eigtl.* „sardischer Fisch"; *Sărdŭs*) (*nkl.*) Sardelle, Sardine; Hering.

Sărdănăpăllŭs *u.* **-pălŭs,** *ī m* (Σαρδανάπαλος) *griech. Name für den letzten großen K. v. Altassyrien Assurbanipal* (*669—627*); *S. galt in der griech.-röm. Antike als Typus des üppigen orientalischen Herrschers*; / (*Ma.*) (*appell.*) Verschwender.

Sărdēs, *iŭm f* = *Sărdīs.*

Sărdĭnĭă, *ae f* (Σαρδώ) Sardinien, *i. vorhistorischer Zeit v. einem nicht idg. Volk, seit dem 9. Jh. v. Phönikern u. später v. Karthagern besiedelt, seit 238 v. Chr. römisch; adi.* **Sărdĭnĭēnsĭs,** *ĕ* [°*triumphus* über Sardinien]; *Einw.* **Sărdī,** *ōrŭm m; sg.* **Sărdŭs,** *fem.* **Sărdă,** *ae; adi.* **Sărdŭs** 3, *auch* °**Sărdōŭs** *u.* °**Sărdŏnĭŭs** 3 [°*herba* eine Art Ranunkel].

Sărdīs, *iŭm f* (Σάρδεις) *uralte Hptst. v. Lydien; Einw.* **Sărdĭānī,** *ōrŭm m.* [-*īs* (*u.* -*ēs*?).
F. *nom.* *Sărdēs ungebräuchlich; acc.*

sărdŏnўchātŭs 3 (*sărdŏnўx*) (*Ma.*) *m. e-m* Sardonyx geschmückt.

sărdŏnўx, *ўchis m f* (*Lw.* ‹ σαρδόνυξ) (*dcht., nkl.*) Sardonyx (*braun u. weiß gestreifter Halbedelstein*).

sărgŭs, *ī m* (*Fw.* ‹ σαργός) Brachsen (*bei den Römern beliebter Seefisch*).

sărĭō 4. (*et. nicht geklärt, unkl.*) (be)hacken, jäten.

săris(s)ă *u.* **sărīssă,** *ae f* (*Fw.* ‹ σάρισα) (*nkl., dcht.*) lange makedonische Lanze.

sărisŏphŏrŭs, *ī m* (*Fw.* ‹ σαρισοφόρος) (*nkl.*) makedonischer Lanzenträger.

Sărmătae *u.* **Saurŏmătae,** *ārŭm m Nomadenvolk des osteuropäischen Tieflandes v. der Ostsee u. Weichsel bis zur Wolga; adi.* **Sărmătĭcŭs** 3 (*fem. auch* °**Sărmătĭs,** *idis*).

sărmĕn, *inis n* (*Pl.*) *u.* **sărmĕntŭm,** *ī n* (*sărp*[*ĭ*]*ō* 3. „abschneiden"; *zu* ἅρπη „Sichel") Reis, Rebe, *bsd.* Setzreis; *meist pl.* Reisig [°*fasces sarmentorum* Faschinen].

sărrăpĭs, *idis f* (-*rā*-?) (*Fw.* ‹ σάραπις) (*Pl.*) pers. Tunika *m.* Purpurstreifen.

sārsī *s. sărcĭō.*

sărtāgō, *inis f* (*sărcĭō*) (*nkl., dcht.*) **1.** Tiegel, Pfanne. **2.** Mischmasch [*loquendi*]. **3.** / (*Augustin.*) (*im Wortspiel m. Carthāgō*) Hexenkessel, Höllenpfuhl.

sārtŏr[1], *ōris m* (*sărĭō*) (*Pl.*) Heger, Pfleger.

sārtŏr[2], *ōris m* (*sărcĭō*) (*Augustin.*) Flickschneider.

sārtūră, *ae f* (*sărcĭō*) (*nkl.*) Flickstelle, -naht.

sārtŭs 3 *s. sărcĭō.*

săt *adv.* (‹ **sătĕ, klass. selten*) = *sătĭs.*

sătă, *ōrŭm n s. sĕrō*[2].

sătăgĭŭs 3 (*sătăgō*) (*Se.*) sich abängstigend, überängstlich.

săt-ăgō, *ēgī, āctŭm* 3. (*auch săt*[*ĭs*] *ăgō*) **1.** (*Pl.*) (*den Gläubiger*) befriedigen. **2.** (*vkl., nkl.*) genug zu tun haben, seine liebe Not haben (P. *impers. agitur satis* man hat seine liebe Not).

sătān (-*ān*?) *indecl. u.* **sătānās,** *ae m* (σατᾶν, σατανᾶς, *hebr. Wort*) (*Tert.*) Widersacher, Feind; *bsd.* der Teufel.

▶**sătĕllĕs,** *itis m u. f* (*wohl etr. Fw.*) **1.** Trabant, Leibwächter; *pl. u. coll. sg.* Gefolge, Garde (*alcis*). **2.** / **a)** *übh.* Begleiter, Diener [*Aurorae*, °*Iovis* = Adler, °*Orci* = Charon, °*virtutis* Anhänger, Freund]; **b)** (*pejorativ*) Helfershelfer, Spießgeselle (*alcis u. alcis rei, zB. audaciae, scelerum*).

sătĭās, (*ātis*) *f* (*vl. haplol.* ‹ *acc. sătĭ*[*ĕt*]*ātĕm*) (*unkl.*) = *sătĭĕtās* (*fast nur im nom. sg.*).

sătĭĕtās, *ātis f* (*sătĭs*) Genüge: **1.** (*vkl., nkl.*) hinlängliche Menge, Überfluß [*ad -tem instructus re*]. **2.** Sättigung [*cibi*, °*vini*]; *meist* / Übersättigung, Überdruß, Ekel, *auch pl.* (*abs., zB.* ~ *tenet alqm; alcis j-s, zB.* °*lectorum, animorum; alcis rei e-r* Sache *od.* an *etw., zB. provinciae, amicitiarum, sui*, °*amoris; -tem afferre u. habere*).

sătĭllŭm, *ī n* (*demin. v. sătĭs*) (*Pl. Trin. 492*) das bißchen [*animai*].

sătĭn *u.* **sătĭnĕ** (*Pl.*) *umgangssprachlich* = *sătĭs-nĕ?*

▶**sătĭō**[1] 1. (*denom. v. sătĭs*) **1.** (*dcht., nkl.*) sättigen (*abs., zB. cibus satiat; alqm, zB. armenta; alqm re, zB. se sanguine*). **2.** / **a)** befriedigen, stillen [*animum u. libidines alcis*, °*se auro*, °*cineres* sühnen]; P. *satiari re etw.* in vollem Maße genießen [*somno*], *bsd.* sich satt sehen [*in re* an *etw.*]; **b)** übersättigen (*alqm*); P. *etw.* satt haben, *e-r Sache* überdrüssig sein (*re u.* °*alcis rei, zB.* °*assiduo aratro*).

sătĭō[2], *ōnis f* (*sĕrō*[2]) **1.** das Säen, Aussaat; *meton.* Saatfeld, °Saat, *auch pl.* **2.** (*dcht., nkl.*) das Anpflanzen.

sătĭră, *ae f s. sătŭră.*

sătĭs

1. *pos.* **a)** genug, genügend; **b)** (*jur. t.t.*) ausreichende Sicherheit; **c)** recht, sehr; **d)** *satis esse* genügen;

satis habere für genügend halten; 2. *comp. satius* besser.

▶ **sătĭs** *u.* **săt** (< *sătĕ) *adv.* (*comp.* *sătĭŭs*) (*erstarrter nom. sg. v.* *sătĭs „Sättigung"; *cf.* ἄδην „sattsam, genug", ἄατος „unersättlich", *nhd.* „satt") **1.** *pos.* **a)** genug, genügend, hinreichend (*abs., zB.* sed de hoc ~; *bei Verben, adi. u. adv., zB. dixisse, magnus; als subst. m. gen., zB.* ~ *amicorum, temporis,* ~ *verborum dictum est*); *non* ~ zu wenig, °*satis superque* übergenug, allzusehr [*dicere, humilis; m. gen., zB. alci satis superque suarum rerum est jd.* hat genug *m.* sich zu tun]; **b)** (*jur. t.t.*) genügende Kaution, hinlängliche Sicherheit [~ °*petere u.* °*exigere* fordern, °*cavere* stellen, *accipere* empfangen *od.* sich geben lassen, *auch pro re*]; **c)** recht, sehr [*grandis, scire* recht wohl wissen; *non* ~ nicht recht]; *auch* ziemlich [*bonus, placide*]; **d) sătĭs ĕssĕ** genügen (*abs., zB. tantum* ~ est es ist schon genug; *alci jd.*, für *jd., zB. Italiae unus consul* ~ *est; ad u.* °*in alqd* für *etw., zB. ad virtutem non* ~ *est vivere oboedientem legibus; m. inf. u. a.c.i., auch m.* °*quod u.* °*si*]; **sătĭs hăbērĕ** für genügend halten, damit zufrieden sein; *satis habeo* ich begnüge mich damit (*m. inf. u. a.c.i. bzw. quod, ut, si*); **sătĭs ăgĕrĕ** *s. sătăgō*; **sătĭs dărĕ** *s. sătĭsdō.* **2.** *comp.* **sătĭŭs** besser, dienlicher, lieber [*-ius* °*putare u.* °*existimare* für besser halten; *-ius est m. inf. u. a.c.i.*].

sătĭsdătĭō, *ōnĭs f* (*sătĭsdō*) Kaution, Bürgschaft, *auch pl.*

sătĭs-dō, *dĕdī, dătŭm* 1. (*auch getr.*) Kaution stellen, Sicherheit geben (*abs. od. alci u. alci alcis rei, zB. damni infecti* für den Fall, daß ein Schaden entstehen sollte, *satisdato* durch gestellte Kaution).

▶ **sătĭs-făcĭō**, *fēcī, făctŭm* 3.; P. *-fīō,* —, *fĭĕrī* **1.** Genüge leisten, befriedigen (*abs. od. alci j-m od. j-s* Ansprüchen, *auch alci rei, zB. amico petenti, officio, precibus alcis* erhören, *vitae* lange genug gelebt haben; *de od. pro iniuria*); P. *alci satisfit jd.* verschafft sich Genugtuung. **2. a)** (*Gläubiger*) befriedigen, bezahlen (*alci, zB. Fufiis; alci de visceribus suis*); **b)** (*e-m Beleidigten*) Genugtuung geben = sich bei *jd.* entschuldigen, sich rechtfertigen, *auch* abbitten (*abs. od. alci, zB. Allobrogibus; alci de re* bei *jd.* wegen *etw., zB. de iniuriis*); **c)** hinlänglich überzeugen (*alci m. a.c.i.; de re*).

sătĭsfăctĭō, *ōnĭs f* (*sătĭsfăcĭō*) Genugtuung: **1.** = Entschuldigung, Rechtfertigung, Abbitte [*-nem alcis accipere*]. **2.** (*nkl.*) = Strafe, Buße, (*concr.*) Bußgeld.

sătĭs-făctŭs *P.P.P. v. sătĭsfăcĭō.*

sătĭs-fēcī *s. sătĭsfăcĭō.*

sătĭŭs *adv. s. sătĭs.*

sătŏr, *ōrĭs m* (*sĕrō*²) **1.** (*unkl.*) Säer, Pflanzer. **2.** / Urheber, Schöpfer, Vater [*omnium rerum,* °*hominum atque deorum*].

sătrăpă, *ae m s. sătrăpēs.*

sătrăpēă *u.* **-īă**, *ae f* (*Fw.* < σατραπεία) (*nkl.*) Satrapie, Statthalterschaft *e-r persischen Provinz.*

sătrăpēs, *is u. ae u.* **sătrăpă**, *ae m* (*Fw.* < σατράπης, *aus dem Altpersischen stammend* = „des Reiches Schützer") (*nkl.*) Satrap, persischer Statthalter.
F. *acc. sg. -ēm u. -ēn u. -ăm; abl. -ē u. -ĕ u. -ā; sg. meist nach der 3. Dekl., pl. stets nach der 1. Dekl.*

sătŭr, *ŭră, ŭrŭm* (*m.* °*comp.*) (*cf. sătĭs*) **1.** satt, gesättigt [*pullus,* °*capellae,* / *color* satte; °*re u.* °*alcis rei v. etw.*]. **2.** / **a)** (*v. Pers.*) befriedigt [*expletus atque* ~]; **b)** (*dcht.*) voll, reich, fruchtbar [*praesaepia*]; **c)** (*Ma.*) feist, fett; **d)** (*rhet.*) reichhaltig [*satura ieiune dicere*].

sătŭră, *ae f* (*sc. lănx; wohl zu sătŭr; wahrsch. fälschlich m.* Σάτυρος *in Verbindung gebracht*) (*unkl.*) **1. a)** *m.* allerlei Früchten gefüllte Schüssel, *die man jährlich den Göttern darbrachte*; **b)** / Allerlei, Gemengsel, *bsd. per saturam* ohne Ordnung, regellos [*sententias exquirere* abstimmen lassen]. **2.** *meton.* **sătŭră** *u.* **sătĭră** Satire, *eigtl.* Sammlung *v.* Stegreifgedichten *vermischten Inhalts in mannigfacher Versform od.* Prosastück *in lockerem Gesprächsstil; später* ethisch-didaktisches Gedicht, *das in hexametrischer Form Schwächen der Menschen u. politische u. gesellschaftliche Zustände geißelte* (*Ennius, Lucilius, Horaz; Persius, Juvenal*). — *Daneben standen die Saturae Menippeae, die in Prosa m. Verseinlagen die Diatriben des Kynikers Menippos fortsetzten* (*Varro, Seneca* [*Apocolynthosis*], *Petron*).

sătŭrēĭă, *ae f u. ōrŭm n* (*et. ungedeutet, wohl Fw.*) (*nkl., dcht.*) Saturei, Pfeffer- *od.* Bohnenkraut.

sătŭrĭtās, *ātĭs f* (*sătŭr*) **1.** (*Pl.*) Sättigung; ♀ (*scherzh. personif.*) Göttin *e-s* Parasiten [*sancta S.*]. **2.** Überfluß [*omnium rerum*].

Sātŭrnŭs, *ī m* **1. a)** *altit. Gott, dessen Namen man als* Gott der Saaten (*sĕrō*²) *deutete, vl. aber etr., später dem griech. Kronos gleichgesetzt u. als solcher Ahnherr der Götter; der Sage nach alter K. Italiens* (*Saturnia; s. u.*); *in seine Regierungszeit fällt wie in die des Kronos das goldene Zeitalter*; **b)** *meton.* °der Planet Saturn (*auch Saturni stella;* °*Saturni dies* Sonnabend). **2. Sātŭrnālĭă**, *ĭŭm u.* (*meist*) *ōrŭm* (*abl. ĭbŭs*) die Saturnalien, *altitalisches mehrtägiges heiteres Fest, beginnend am 17. Dezember* [*prima* der erste Tag der Saturnalien, *secunda, tertia*]; *cf.* V.-B. X; *adi. -nālĭcĭŭs* 3. **3. Sātŭrnĭŭs** 3 **a)** *adi.* [*stella* der Planet Saturn, °*regna* das goldene Zeitalter, °*arva u.* °*tellus* = Italien *od.* Latium, °*gens* die Italer *od.* Latiner, °*mons* Kapitol, °*pater* Jupiter, °*virgo* Vesta; °*numerus* saturnischer Vers, Saturnier, *das nationale Versmaß der Römer vor Nachahmung der griechischen Metra, Schema:* ᴗ-ᴗ-ᴗ--‖-ᴗ-ᴗ--]; **b)** *subst.* α) °**Sātŭrnĭŭs**, *ī m S.* des Saturnus (= Jupiter *od.* Pluto); β) °**Sātŭrnĭă**, *ae f T.* des Saturnus (= Juno), *auch* °Italien *u. die v. Saturn am Kapitolinischen Hügel erbaute St., dem Mythus nach* die Vorläuferin Roms.

sătŭrō 1. (*denom. v. sătŭr*) **1.** sättigen (*alqm, zB.* °*armenta; alqm re, zB. animalia ubertate mammarum*); *auch* /, *oft übh.* = reichlich *m. etw.* versehen [*se sanguine civium,* °*solum fimo* reichlich düngen]. **2.** *etw.* befriedigen, stillen [*odium*].

sătŭs¹, *ūs m* (*sĕrō*²) **1.** das Säen, Pflanzen (*alcis rei, zB. vitium*). **2. a)** *meton.* Saat, *auch pl. u.* / [*animos ad satus accipiendos praeparare*]; **b)** / Zeugung, Ursprung, Geschlecht [*a primo satu; alcis j-s, subi. u. obi., zB. Iovis, hominum*].

sătŭs² 3 *s. sĕrō*².

sătÿră, *ae f* (*wahrsch. falsche*) *Schreibung für sătĭră* (*s. sătŭră* 2).

sătÿrĭscŭs, *ī m* (*Fw.* < Σατυρίσκος) kleiner Satyr.

Sătÿrŭs, *ī m* (Σάτυρος) **1.** Satyr, *bocksähnlicher Begleiter des Dionysos* (*Bacchus*), *später auch gehörnt u. dem Pan gleichgesetzt; in der röm. Dichtung vielfach m. den Faunen identifiziert; oft pl.* Satyrn [°*S. Phryx* = Marsyas]; (*v. den zahlreichen antiken Darstellungen der bildenden Kunst am bekanntesten die Kopie des* „Ruhenden Satyrs" *aus der Münchener Glyptothek*). **2.** *meton. pl.* (*Ho.*) Satyrdrama *der Griechen, eine Art parodistischen Nachspiels der Tragödie m. Satyrchor* (*nur* „*Kyklops*" *des Euripides vollständig erhalten*).

saŭcăptĭs, *ĭdĭs f* (*erdichtetes Wort*) (*Pl., Pseud. 832*) *fingierter Gewürzname.*

saucĭātĭō, *ōnĭs f* (*saucĭō*) Verwundung.

saucĭō 1. (*denom. v. saucĭŭs*) verwunden, blutig schlagen (*alqm u. alqd, zB. hostem telis,* °*genas ungue* blutig kratzen; /, *zB.* °*humum vomere* aufreißen); *a.* tödlich verwunden; / tödlich treffen.

saucĭŭs 3 (*et. ungedeutet*) **1.** verwundet, verletzt, *bsd. im Kampfe* [*miles,* °*taurus,* °*crus; graviter u. leviter, vulneribus,* °*umero u.* °*umerum* an der Schulter]; *subst. saucĭī, ōrŭm m* die Verwundeten. **2.** / **a)** α) bekümmert, verstimmt [*animus*]; β) (*dcht.*) liebeskrank [*regina curā -a, a nostro igne*]; **b)** (*nkl., dcht.*) betrunken; **c)** (*Caelius b. Ci.*) (*v. Angeklagten*) schon halb verurteilt [*de repetundis*]; **d)** (*dcht.*) *v. Leblosem: mālus Africo -us* zersplittert, *trabs securi -a* getroffen, *glacies sole -a* geschmolzen, *tellus vomeribus -a* aufgerissen.

Saurŏmătēs, *ae m, pl. Saurŏmătae s. Sārmătae.*

sāvĭātĭō, *ōnĭs f* (*sāvĭŏr*) (*nkl.*) das Küssen.

sāvĭŏlŭm, *ī n* (*demin. v. sāvĭŭm*) (*dcht., nkl.*) Küßchen.

sāvĭŏr 1. (*denom. v. sāvĭŭm*) zärtlich

küssen (*alqm u. alqd, zB.* °*ōs oculosque*).

sāvĭŭm, ī *n* (*et. ungedeutet*) **1.** (*vkl., dcht.*) Kußmund. **2.** *meton.* Kuß (*alci dare* ~); *auch* (*Te.*) *Kosewort* [*meum* ~].

săxātĭlĭs, ĕ (*săxŭm*) (*unkl.*) *zw.* Felsen befindlich; *subst.* **-lēs,** ĭŭm *m* in felsigen Gewässern lebende Fische.

săxētŭm, ī *n* (*săxŭm*) felsige Gegend.

săxĕŭs 3 (*săxŭm*) (*dcht., nkl.*) steinern, felsig, Stein..., Felsen... [*scopulus, grando* Steinhagel, *umbra* des Felsens, *auch* /].

săxĭ-fĭcŭs 3 (*săxŭm, făcĭō*) (*dcht.*) versteinernd [*Medusa*].

săxĭ-frăgŭs 3 (*săxŭm, frăngō*) (*dcht., nkl.*) Felsen zerbrechend [*unda*].

săxōsŭs 3 (*săxŭm*) (*dcht., nkl.*) steinig, felsig [*vallis, -us sonans Hypanis* über Felsen brausend].

săxŭlŭm, ī *n* (*demin. v. săxŭm*) (kleiner) Fels.

▶**săxŭm,** ī *n* (*vl. zu sĕcō; cf. ahd.* sahs „Messer") **1. a)** Felsgestein, Gestein *als Stoff*; *bsd.* Marmor [~ °*quadratum* Quadern, *e saxo sculpere alqd*]; Baustein; **b)** *ein einzelner* Fels, Felsblock, großer Stein [*saxa iacĕre u.* °*ingerere*, ~ °*silex* Kieselstein, °*-a latentia* Klippen]; *insb.* °Stein *zum Zerstoßen des Getreides.* **2.** *meton.* **a)** (*dcht.*) Steinmauer [*lucum saxo circumdare*]; **b)** (*Ho.*) steinernes Gebäude; °**c)** Felshöhle. **3.** *Eigennamen:* **a)** *Saxum* der Tarpejische Felsen *am Kapitol*; **b)** *Saxum sacrum* der Heilige Fels auf der Höhe des Aventin, *wo Remus die Auspizien angestellt hatte*; **c)** *Saxa Rubra Flecken i. Südetrurien an der via Flaminia m.* Steinbrüchen.

S.C. (*Abk.*) *s.* S.

*****sc.**[1] (*Abk.*) = *sculpsit*; *s. scŭlpō.*

*****sc.**[2] (*Abk.*) = *scĭlĭcĕt.*

scăbĕllŭm, ī *n* (‹ **scăb[h]nŏlŏm, demin. v. scăm-nŭm*) **1.** (*vkl.*) Schemel, Fußbank. **2.** / hohe Holzsohle *des Schauspielers u. Musikanten, bsd.* Taktsohle *u. zur Angabe des Anfanges u. Schlusses e-s Aktes* [*scabella concrepant, aulaea tolluntur*].

scăbĕr, *bră, brŭm* (*m. comp.*; *scăbō*) (*unkl.*) rauh [*unguis, robigo* rauh machend]; *bsd.* schäbig, unsauber [*manus*]; räudig [*ovis*].

scăbĭēs, ēī *f* (*scăbō*) **1.** (*dcht., nkl.*) Rauhigkeit [*ferri*]; *bsd.* Krätze, Räude, Ausschlag [*ovium*]. **2.** / **a)** das Jucken, großer Reiz [°*lucri*]; **b)** (*dcht., spätl.*) Kitzel [*libidinum*].

scăbĭllŭm, ī *n* = *scăbĕllŭm.*

scăbĭōsŭs 3 (*scăbĭēs*) (*unkl.*) rauh; verdorben; *bsd.* räudig, aussätzig.

scăbō, *scābī,* — 3. (*cf. nhd.* „schaben") (*dcht., nkl.*) kratzen, reiben [*caput digito*].

scaenă *u.* °**scēnă,** *ae f* (*Fw.* ‹ σκηνή, *dor.* σκᾱνᾱ́ *über etr.* scaina [*dor.* ā › *etr.* ai]) **1.** Bühne *des Theaters,* Szene, *übh.* Theater, *dcht. auch pl.* [°*in scaenam prodire* auftreten, *in scaena esse* Schauspieler sein, *scaenam relinquere v.* der Bühne abtreten, *de scaena decedere* der Bühne entsagen, °*fabulam in scaenam deferre* auf die Bühne bringen, °*scaenae ostentatio* theatralische Darstellung]. **2.** / **a)** (*Ve., Aen.* I, 164) *v.* Wald eingefaßter lichter Platz; **b)** Schauplatz *jeder öffentlichen Tätigkeit* [*maxima scaena oratori est contio*]; *bsd.* (*nkl.*) Rhetorenschule; **c)** Weltbühne, Publikum, große Welt [*scaenae servire* sein Licht vor der Welt leuchten lassen, *minus in scaena esse* die öffentliche Aufmerksamkeit weniger auf sich ziehen]; **d)** äußerer Prunk [*verba ad scaenam pompamque sumere*]; **e)** (*unkl.*) abgekartete Sache, Komödie [*scaena rei totius haec est*].

scaenĭcŭs 3 (*m.* °*adv.*) (*Fw.* ‹ σκηνικός; *cf. scaenă*) theatralisch, Bühnen... [*artifex,* °*adulteria* auf der Bühne dargestellt]; *subst. m* Schauspieler, *verächtlich* (*unkl.*) Bühnenheld.

Scăevŏlă, *ae m* (*urspr. etr.*) *cogn. in der gēns Mūcĭă, volkset. an scaevŭs angeschlossen*; *s. Mūcĭŭs.*

scaevŭs 3 (= σκαι[ϝ]ός *ds.*; *cf.* °*Scaeă pŏrtă* „linkes, *d. i.* westliches Tor *v. Troja*") (*nkl.*) **1.** links. **2.** / **a)** ungünstig; *s. u.*; **b)** linkisch, täppisch. **3.** *subst.* **scaevă,** *ae f* (*vkl.*) zur linken Hand beobachtetes (*urspr. nach altröm. Auffassung* günstiges) Vorzeichen; *nach späterer griech. Auffassung* ungünstiges Vorzeichen.

scālae, *ārŭm f* (‹ **scănd-slai zu scăndō*) **1.** Leiter, Treppe [°*in scalis latere* unter der Treppe]; *bsd. mil.* Sturmleiter [*scalas moenibus admovere,* °*scalis vallum ascendere*]. **2.** (*Ma.*) *meton. pl.* Stufen *einer Treppe.*

Scăldĭs, *ĭs m* Schelde; *acc.* **-ĭm** *u.* °**-ĕm,** *abl.* **-ī** *u.* °**-ĕ.**

scălmŭs, ī *m* (*Fw.* ‹ σκαλμός) Ruderpflock, Dolle [*navicula duorum scalmorum* zweiruderiges]; *übh.* Fahrzeug [*nullum scalmum videre* keine Spur *v.* Kähnen].

scălpĕllŭm, ī *n* (*demin. v. scălprŭm*) *kl.* chirurgisches Messer, Skalpell.

scălpō, *psī, ptŭm* 3. (*m. scŭlpō* [*s.d.*] *zu* σκάλοψ „Maulwurf", *eigtl.* „Scharrer") **1.** (*nkl., dcht.*) kratzen, scharren [*terram unguibus*]; / (*Pers.*) zur Wollust reizen. **2.** *m. einem Werkzeug* ritzen *od.* schnitzen, gravieren, stechen (*abs. od. alqd, zB.* °*gemmam,* °*alqm in gemma,* °*querelam sepulcro* eingraben in).

scălprŭm, ī *n* (*scălpō*) (*nkl.*) **1.** Schnitzmesser, Messer zum Gravieren. **2. a)** Federmesser; **b)** Schusterahle, Kneif; **c)** Grabstichel, Meißel [*fabrile* der Handwerker].

scălpsī *s. scălpō.*

scălptŏr, *ōrĭs m* (*scălpō*) (*nkl.*) Gemmen- *u.* Kameenschneider, Graveur.

scălptōrĭŭm, ī *n* (*scălpō*) (*Ma.*) Werkzeug zum Kratzen.

scălptūră, *ae f* (*scălpō*) (*nkl.*) **1.** das Stechen, Schneiden, Gravieren. **2.** *meton.* das gestochene Bild, Schnitzwerk.

scălptŭs *P.P.P. v. scălpō.*

scălpŭrrĭō 4. (*scălpō*) (*Pl.*) kratzen.

Scămăndĕr, *drī m* (Σκάμανδρος) *Fl. in Troas, auch Xanthus* (ὁ Ξάνθος) *genannt.*

scămbŭs 3 (*Fw.* ‹ σκαμβός) (*Suet.*) krummbeinig.

scămmōnĭă, *ae f* (*Fw.* ‹ σκαμμωνία) Purgierwinde, *aus deren Wurzel ein Abführmittel gewonnen wurde.*

scămnŭm, ī *n* (‹ **scăb[h]-nŏm*; *et. ungedeutet*) (*unkl.*) Bank, Schemel; *auch* Thron [*regni*].

scăndălŭm, ī *n* (*Fw.* ‹ σκάνδαλον „Fallstrick; Anstoß, Ärgernis; σκανδάληθρον [*eigtl.* „losschnellendes] Stellholz in der Falle") (*spätl.*; *Eccl.*) Fallstrick; Anstoß, Ärgernis.

scăndō, *scăndī,* (*scānsŭm*) 3. (*zu* σκάνδαλον, *lat. scăndălŭm*; *cf. altind.* skándati „springt, spritzt", *auch trans.* „bespringt bei der Begattung") **1.** (*intr.*) (*nkl., dcht.*) steigen, hinan-, hinaufsteigen [*in muros*]. / **2.** (*trans.*) **a)** besteigen, ersteigen (*alqd, zB. vallum, malos,* °*equum,* °*naves,* °*regna parentis*); **b)** / (*Gramm.*) skandieren [*versūs*].

scăndŭlă *u.* (*später*) **scĭndŭlă,** *ae f* (*zu* σκεδάννυμι „zersprenge, zerstreue", σκινδαλμός „Schindel") (*nkl.*) Dachschindel.

scăphă, *ae f* (*Fw.* ‹ σκάφη) Kahn, Boot.

scăp(h)ĭŭm, ī *n* (*Fw.* ‹ σκάφιον) nachenförmiges Geschirr: **1.** (*nkl., dcht.*) Becken. **2.** Trinkschale. **3.** (*dcht.*) Nachtgeschirr, *bsd. für Frauen.*

scăpŭlae, *ārŭm f* (*et. unklar*) (*vkl., nkl.*) **1.** Schulterblätter. **2. a)** Schultern, Achseln; **b)** Rücken.

scāpŭs, ī *m* (*cf. dor.* σκᾶπ-τον = *att.* σκῆπ-τρον; *nhd.* „Schaft") **1.** (*nkl.*) Stiel, Stengel, Stamm; Schaft. **2.** (*Lu.*) *pl.* **-ī** Stäbe (*am Weberkamm*).

scărăbaeŭs, ī *m* (*Lw.* ‹ κάραβος „Meerkrebs") (*dcht., nkl.*) Käfer.

scărŭs, ī *m* (*Fw.* ‹ σκάρος) (*unkl.*) Papageifisch, *Delikatesse bei den Römern.*

scătēbră, *ae f* (*scătĕō*) (*nkl., dcht.*) Sprudel; *meton.* sprudelnde Quelle, *dcht. oft pl.*

scătĕō, — — 2. (*unkl.*) *u.* (*altl.*)
scătō, — — 3. (*cf.* ἐσκατάμιζεν „sprang, hüpfte") (hervor)sprudeln [*fons*]; / voll sein, wimmeln (*re v. etw., zB. beluis*).

scătŭrĭgō *u.* **-ūrrīgō,** *īnĭs f* (*scătŭrĭō*) (*nkl., dcht.*) Sprudelquell, Quellwasser.

scătŭrĭō *u.* **-ūrrĭō** 4. (*scătĕō*) (*unkl.*) = *scătĕō.*

scaurŭs 3 (*Fw.* ‹ σκαῦρος) (*dcht.*) Klumpfuß.

scăzōn, *ŏntĭs m* (*Fw.* ‹ σκάζων „hinkend") (*Pli.*) Choliambus, Hinkjambus (*jambischer Trimeter, dessen letzter Jambus durch einen Spondeus od. Trochäus ersetzt wird*); *cf. Hĭppōnăx.*

▶**scĕlĕrātŭs** 3 (*m. comp. u. sup.*; *adv.* **-ē**) (*eigtl. P.P.P. v. scĕlĕrō*) **1.** (*unkl.*) durch Frevel entweiht [*terra*]; *sceleratus vicus* Sündenstraße *in Rom, wo Tullia über die Leiche ihres* *ermordeten Vaters gefahren war*; *sceleratus campus an der porta Collina in Rom, wo der Unkeuschheit überführte Vestalinnen lebendig begraben wurden*; sedes -*a* Ort der Verdammnis, *Aufenthalt der Gottlosen in der Unterwelt*. **2. a**) verbrecherisch, frevelhaft, verrucht, *v. Pers. u. Sachen* [*homo, preces*, °*poenae* für den Frevel *od.* an dem Frevler, -*e facere u. dicere*; *in alqm* gegen *jd.*]; *subst. m* Verbrecher; **b**) (*dcht., nkl.*) unheilvoll [*frigus*].

scĕlĕrō 1. (*denom. v.* scĕlŭs) (*dcht.*) durch Frevel entweihen [*manūs, parentes*].

scĕlĕrōsŭs 3 (scĕlŭs) (*unkl.*) verrucht [*mulier*].

scĕlĕrŭs 3 (scĕlŭs) (*Pl.*) scheußlich.

▶**scĕlēstŭs** 3 (scĕlŭs) (*m.* °*comp. u.* °*sup.*; *adv.* -**ē**) **1. a**) verbrecherisch, *v. Pers. u. Sachen* [*homo, facinus*, °*nuptiae*]; *subst. m* Verbrecher, Schurke (*in alqo* an *jd.*); **b**) schelmisch, schalkhaft [-*e* °*facere*, -*e suspicari*]. **2.** / (*Pl.*) unheilvoll, unselig [*annus*].

▶**scĕlŭs**, *ĕrĭs n* (*eigtl.* „Biegung, Abweichung"; *cf.* σκολιός „krumm, unredlich"; *nhd.* „scheel") **1.** Verbrechen, Frevel [°*divinum et humanum* gegen Götter *u.* Menschen; *alcis j-s, in alqm* gegen *jd.*; *alcis rei* bestehend in *etw.*, *zB.* °*legatorum interfectorum* des Gesandtenmordes; *scelus facere u. ēdere, committere, admittere, (in se) concipere, suscipere* begehen; *scelere se obstringere od. devincire* sich beladen *m.*]; *bsd.* (*Li.*) *pl.* ruchlose Reden [*scelera audire*]. **2.** *meton.* **a**) Frevelmut, Ruchlosigkeit [*hinc pietas pugnat, illinc scelus*]; *auch* Schuldbewußtsein; **b**) Frevler, Schurke, *bsd. als Schimpfwort* [-*us attingere*, °*scelus artificis* elender Ränkeschmied]; **c**) (*dcht.*) Strafe für den Frevel [-*us expendere* büßen für].

scēn... = *scaen...*

scēptrĭ-fĕr, *fĕră, fĕrŭm* (scēptrŭm, fĕrō) (*dcht.*) zeptertragend.

scēptrŭm, *ī n* (*Lw.* < σκῆπτρον, *eigtl.* „Stab") **1. a**) Zepter (*bsd. bei Fürsten u. Triumphatoren*); **b**) *meton.* (*dcht.*) Herrschaft, Königtum, *auch pl.* [*primus -is* der Erste an Herrschergewalt]. **2.** / (*dcht.*) **a**) (*scherzh.*) Rohrstock; **b**) = *mĕntŭlă*.

scēptūchŭs, *ī m* (*Fw.* < σκηπτοῦχος) (*Ta.*) Zepterträger, Hofmarschall *im Orient*.

schĕdă *u.* **schĭdă**, *ae f s.* scĭdă.

schĕdŭlă, *ae f* (*demin. v.* schĕdă [scĭda]) (*spätl.*) Zettel.

schēmă, *ae f u. ătĭs n* (*Fw.* < σχῆμα, *hellenistisch* σχέμα) (*vkl., nkl.*) **1.** Figur, Stellung, Pose (*bsd. der Tänzer*); *pl. auch* = *Veneris figurae*. **2.** Tracht, Kleidung. **3.** *rhet.* Figur; verblümte Redewendung.

schēmătĭsmŭs, *ī m* (*Fw.* < σχηματισμός) (*Qu.*) figürliche Art zu reden.

schismă, *ătĭs n* (*Fw.* < σχίσμα) (*Eccl.*) Spaltung. — **Glaubensspaltung, Schisma.

schoenŏbătēs, *ae m* (*Fw.* < σχοινοβάτης) (*Ju.*) Seiltänzer.

schoenŭs, *ī m* (*Fw.* < σχοῖνος „Binse, Tau") (*vkl., nkl.*) **1.** Binse. **2.** (*billige, v. öffentlichen Dirnen benutzte*) Binsenkrem. **3.** *adi.* **schoenĭcŭlŭs** 3 (*Pl.*) *m.* Binsenkrem gesalbt; *subst.* -**ă**, *ae f* öffentliche Dirne.

▶**schŏlă**, *ae f* (*Lw.* < σχολή) **1.** (gelehrter) Vortrag, Vorlesung [-*as habere od. explicare* halten, *scholae sunt de re*]. **2.** *meton.* **a**) Lehrstätte, Schule [°*pueros in scholas deducere*, °*scholam aperire u.* °*adire*; *rhetorum, philosophorum*]; **b**) Schule = Gesamtheit der Schüler *od.* Anhänger *j-s*, Sekte [*philosophorum scholae*].

schŏlārĭs, *ĕ* (schŏlă) (*spätl.*) Schul... — **akademisch gebildet; *subst. m* (fahrender) Schüler, Student.

schŏlăstĭcŭs (*Fw.* < σχολαστικός) (*vkl., nkl.*) **1.** *adi.* 3 Schul... [*homo, lex*]; *bsd.* rhetorisch. **2.** *subst. m* **a**) Rhetor; **b**) Grammatiker, Gelehrter; **c**) Schüler, Student (*bsd. der Beredsamkeit*). — **scholastisch; *subst. m* Scholastiker; Ordensgeistlicher.

scĭdă, *ae f* (*Fw.* < σχίδη *zu* σχίζω „spalte") Streifen *des Papyruspapiers*; *übh.* Blatt Papier, Zettel.

scĭdī *s.* scĭndō.

scĭēns, *ĕntĭs* (*m. comp. u. sup.*; *adv.* **scĭĕntĕr**) (*eigtl. part. praes. v.* scĭō) **1.** wissend; (*Com.*) *alqm scientem facere jd.* wissen lassen. **2. a**) wissentlich, m. Wissen [°*alqs sciens fallit, prudens et sciens, alqo sciente m. j-s* Wissen]; **b**) kundig, geschickt, einsichtsvoll, sachverständig (*abs., zB. scientissimus gubernator, scienter dicere de re, scienter* °*tibiis canere*; *alcis rei, zB. belli, rei publicae gerendae*; *m.* °*inf.*); *subst. m* Kenner, Sachverständiger. — *Cf.* V.-B. VIII.

▶**scĭĕntĭă**, *ae f* (scĭēns) **1.** Kenntnis, Vertrautheit *m. etw.* (*alcis -am fugere jd.* unbekannt bleiben; *alcis rei, zB. regionum*; *de re*; *zB. de omnibus rebus*). **2.** Einsicht *in eine Sache*, Geschicklichkeit, Kenntnisse, Wissenschaft (*abs., zB. -ā augere alqm, -ae cupiditas*; *alcis j-s, zB. militum*; *alcis rei, zB. belli, iuris, linguae Gallicae*; *auch in re, zB. in legibus interpretandis*); *prägn.* gründliches (*bsd.* philosophisches) Wissen, Theorie.

scĭī *s.* scĭō.

*****scil.** (*Abk.*) = scĭlĭcĕt.

▶**scĭ-lĭcĕt** (*< scīrĕ lĭcĕt, *cf.* ī-lĭcĕt) **1.** (*vkl., nkl.*) (*meist m. a.c.i.*) man kann wissen [*scilicet facturum me esse*]; *auch abs.* [*quis iste est Peniculus?* ~ *qui dudum tecum venit* das weißt du doch: der Mann, der vor kurzem mit dir kam]. **2.** (*dcht.*) (*als Hinweis auf etw. Überraschendes*) man denke nur!, wohlgemerkt! (*Hor., epist.* 1, 9, 3: *rogat,* ~ *ut tibi se laudare coner*). **3.** *adv.* **a**) natürlich, versteht sich, selbstverständlich [*senectus semper agit aliquid, tale scilicet, quale cuiusque studium in superiore vita fuit*]; *oft* (*Com.*) *in bejahenden Antworten*; **b**) (*erklärend*) nämlich, das heißt; **c**) (*ironisch*) natürlich, freilich, allerdings [*vocem consulis ferre non potuit Catilina, homo scilicet permodestus*]; **d**) (*bei Erwähnung v. Unabänderlichem*) leider, freilich, *zB. Ci., Tusc.* 2, 27: *nos docti* ~ *a Graecia, haec et a pueritia legimus et discimus*. — ***(*Abk.*) **sc.** *od.* **scil.** = nämlich (*m. Hinzufügung des zu ergänzenden Ausdrucks*).

scĭllă *u.* **squĭllă**, *ae f* (*Fw.* < σκίλλα) **1.** (*dcht.*) Meerzwiebel. **2.** kleiner Seekrebs, Krabbe.

scĭn' = *scīsnĕ*.

▶**scĭndō**, *scĭdī, scĭssŭm* 3. (*zu* σχίζω „spalte") **1. a**) schlitzen, spalten, zerreißen, *klass. selten* [*epistulam*, °*vestem, vallum* durch Ausreißen der Palisaden *u.* des Flechtwerks aufreißen, °*agmen* durchbrechen, °*capillos*, °*silvam* durchqueren, °*viam per stagna* sich einen Weg bahnen, °*mater scissa comam* die sich das Haar zerrauft hat]; **b**) (*nkl., dcht.*) (*bei Tisch*) (*vom Vorschneider*) zerlegen [*aves*], vorlegen [*nihil*]. **2.** / **a**) (*nkl., dcht.*) trennen (zer-)teilen [*genus amborum scindit se sanguine ab uno*]; (*mediopass.*) sich trennen, sich teilen, bersten [*vincula, in duas factiones scinduntur*]; **b**) wieder aufreißen, erneuern [*dolorem*]; **c**) (*nkl., dcht.*) gewaltsam unterbrechen, stören [*actionem*]; **d**) (*vkl.*) zerstören [*Pergamum*]. — *Cf. auch scĭssŭs*.

scĭndŭlă, *ae f s.* scāndŭlă.

scīntĭllă, *ae f* (*et. unklar*) **1.** (*dcht., nkl.*) Funke. **2.** / Funke, kleinster Überrest, Kleinigkeit [*belli, ingenii*].

scīntĭllō 1. (*denom. v.* scīntĭllă) (*unkl.*) Funken sprühen, funkeln, flackern.

scīntĭllŭlă, *ae f* (*demin. v.* scīntĭllă) Fünkchen, *auch* / [*virtutum*].

▶**scĭō**, *scīvī u. scĭī, scītŭm* 4. (*eigtl.* „scheiden"; *cf. nhd.* „scheiden") **1.** wissen = Kenntnis *od.* Kunde *v. etw.* haben (*abs., zB. sicut omnes sciunt*; *alqd, zB. nihil certum, quod sciam* soviel ich weiß, *auch* P., *zB. res facile sciri potest*; *de u. ex alqo v. jd.* = durch *j-s* Mitteilung; *de re v. od.* über *etw., zB. de omnibus rebus*; *m. a.c.i. u. indir. Frages.*; *haud scio an* vielleicht, *s.* ăn); *bisw. auch* erfahren [*hostes id scient od. scituri sunt*]. **2.** *etw.* verstehen = sich auf *etw.* verstehen, *etw.* können [*abs., zB. Graece od. Latine* Griechisch *od.* Lateinisch (sprechen) können; *alqd, zB. unam litteram Graecam*, °*potestates herbarum, auch* P., *zB. res, quae sciuntur*; *de re, zB. de bello*; *m. inf., zB. vincere scis, Hannibal, victoria uti nescis*]; *spätl. auch euphem.* = cŏgnōscō geschlechtlich verkehren *m.* [*suum virum*]. **3.** (*nkl.*) entscheiden [*plebs sciebat, ut...*]; *auch* °glauben, meinen [*scires* man sollte meinen, *m. a.c.i.*].

F. *pf.-Formen synk.*: scīssĕ(m) = scīvīssĕ(m), °scīstī = scīvīstī *u.a.* — *imp.* **scītō** wisse (*nicht* scī!), **scītōtĕ** wisset (*nicht* scītĕ!). — *altl.*: *impf.* scĭbāt, *fut. I* scĭbō.

scīpĭō, *ōnĭs m* (*zu* σκίπων „Stab, Stock"; *cf.* cĭppŭs) (*vkl., nkl.*) Stab *als Stütze*; *eburneus der viri trium-*

phales u. in der Kaiserzeit der Konsuln.

Scīpĭō, *ōnĭs m cogn. in der gēns Cŏrnēlĭă, cf.* Cŏrnēlĭūs: **1.** *P.* Cŏrn. ~ *unterlag als Konsul 218 v. Chr. Hannibal am Ticinus; † 211.* **2.** *P.* Cŏrn. ~ Ăfrĭcānŭs māiŏr, *S. v. 1, Sieger v. Zama.* **3.** *P.* Cŏrn. ~ Aemĭlĭānŭs Ăfrĭcānŭs mĭnŏr, *zweiter S. des* Aemĭlĭŭs Paullŭs, *hochgebildet in Kunst u. Wissenschaft, Eroberer v. Karthago 146 u. v. Numantia 133 v. Chr.* **4.** *P.* Cŏrn. ~ Nāsīcă Cŏrcŭlŭm, *Schwiegersohn v. 1, Gegner der Zerstörung Karthagos.* — *patron.* °**Scīpĭădēs,** *ae m* Angehöriger der Familie der Scipionen. *Cf.* V.-B.I,2.

scīrpĕŭs 3 (*scīrpŭs*) (*vkl., dcht.*) aus Binsen, Binsen... [*imago*]; *subst.* **-ă,** *ae f* Wagenkorb aus Binsen.

scīrpĭcŭlŭs, *ī m* (*demin. v. scīrpŭs*) (*vkl., dcht.*) Binsenkorb; *piscarius* Fischreuse.

scīrpŭs, *ī m* (*et. ungedeutet*) (*vkl., nkl.*) Binse; (*sprichw.*) *in scirpo nodum quaerere* Schwierigkeiten (*spätl.*: Fehler) suchen, wo keine sind.

scīscĭtātŏr, *ōrĭs m* (*scīscĭtŏr*) (*Ma.*) Nachforscher; der auf *etw.* zu achten hat (*alcis rei*).

scīscĭtŏr 1. *u.* (*altl.*) **-ō** 1. (*intens. v. scīscō*) *etw.* zu erfahren suchen, nach *etw.* forschen *od.* sich erkundigen (*alqd, zB. alcis* °*voluntatem; de re, zB. de victoria; alqd ex od. de u. ab alqo, zB. consulis sententiam ex amico; m. indir. Frages.*); *selten jd.* befragen, bei *jd.* nachforschen (*alqm, zB.* °*oracula Phoebi; alqm de re*).

scīscō, *scīvī, scītŭm* 3. (*incoh. v. scĭō*) **1.** (*vkl., nkl.*) **a)** zu erfahren suchen, erforschen; **b)** in Erfahrung bringen, erfahren [*ut id factum sciscerent*]. **2. a)** (*vom Volk*) beschließen, verordnen [*plebs u. populus sciscit; alqd; m. ut, ne*]; *bsd. etw.* genehmigen, billigen, *auch* / [*ipsa natura hoc sciscit*]; **b)** (*v. einzelnen in der Volksversammlung*) für *etw.* stimmen (*alqd, zB. legem*).
F. *pf.-Formen synk.*: °*scīrānt* = *scīvĕrānt.*

scīssŏr, *ōrĭs m* (*scīndō*) (*nkl.*) Vorschneider (*der Speisen*).

scīssūră, *ae f* (*scīndō*) (*nkl.*) Spaltung; *meton.* Schlitz, Spalte, Riß.

scīssŭs[1] *P.P.P. v. scīndō.*

scīssŭs[2] 3 (*eigtl. P.P.P. v. scīndō*) **1.** (*nkl.*) zerrissen. **2.** / **a)** (*dcht.*) runzelig [*venter*]; **b)** / kreischend [*vox*].

scītāmĕntă, *ōrŭm n* (*scītŭs*[2]) (*vkl., nkl.*) Leckerbissen.

scītŏr 1. (*frequ. v. scīscō*) (*dcht.*) *etw.* wissen wollen, zu erfahren suchen; befragen.
F. *inf. praes.* °*scītārĭĕr.*

scītŭlŭs 3 (*adv.* **-ē**) (*demin. v. scītŭs*[2]) (*vkl., nkl.*) allerliebst [*forma, caupona*].

scītŭm[1] *P.P.P. v. scĭō u. scīscō.*

scītŭm[2], *ī n* (*eigtl. P.P.P. n v. scīscō*) **1.** Beschluß, Verordnung [*plebis u.* °*plebi, populi; -um facere u. sancire*]. **2.** (*nkl.*) philos. Lehrsatz.

scītŭs[1], *abl. ū m* (*scīscō*) Beschluß, Verordnung.

scītŭs[2] 3 (*m.* °*comp. u.* °*sup.; adv.* **-ē**) (*eigtl. P.P.[P.] v. scĭō bzw. scīscō*) **1. a)** erfahren, gescheit, klug; *-um* est es ist ein kluger Einfall *od.* gescheiter Gedanke, *m. inf.*; **b)** (*dcht.*) kundig (*alcis rei, zB. vadorum*). **2.** / (*bsd. v. Sachen*) **a)** fein, geschmackvoll, hübsch [°*dictum,* °*-e loqui, statua -e facta*]; **b)** (*vkl., nkl.*) passend, tauglich [*nox*].

scĭūrŭs, *ī m* (*Fw.* < σκίουρος) *ds.* [σκιά + οὐρά; *eigtl.* „*m.* dem Schwanz Schatten machend“] (*nkl., dcht.*) Eichhörnchen.

scīvī *s. scĭō u. scīscō.*

scōbĭs, *ĭs f* (*scăbō, eigtl.* „Schababfall“) (*unkl.*) Sägespäne.

scŏmbĕr, *brī m* (*Lw.* < σκόμβρος) (*unkl.*) Makrele.

scōpă, *ae f* (*ablautend zu scāpŭs*) (*unkl.*) dünner Zweig, *meist pl.*

scōpae, *ārŭm f* Reiser, Besen; *klass. nur* / *sprichw.*: *scopas dissolvere etw.* in Unordnung bringen; *scopae solutae* ein einfältiger *od.* zerfahrener Mensch.

Scŏpās, *ae m* (Σκόπας) *ber. Bildhauer u. Architekt aus Paros um 375 v. Chr.*

scŏpŭlōsŭs 3 (*scŏpŭlŭs*[1]) felsig, klippenreich [*mare;* / *locus*].

scŏpŭlŭs[1], *ī m* (*Lw.* < σκόπελος, *eigtl.* „Ort zum Spähen, Warte“) **1.** (*dcht.*) Bergspitze, Felsen [°*quercus haeret scopulis,* °*Mavortis* = der Areopag in Athen]; *auch* °Vorgebirge *u.* °Felsstück, Stein. **2. a)** Klippe [*ad -os allidi u. affligi*]; **b)** / **α)** (*dcht.*) *im Gleichnis zur Bezeichnung der Hartherzigkeit od. des Trotzes* [*-is ferocior, -os in corde gestare*]; **β)** *als Sinnbild des Gefährlichen od. Schwierigen* [*rationes ad -os appellere, in -os incidere vitae*]; **γ)** (*v. Pers.*) Zerstörer [*rei publicae*].

scŏpŭlŭs[2], *ī m* (*demin. v. scŏpŭs*) (*Suet.*) kleines Ziel.

scŏpŭs, *ī m* (*Lw.* < σκοπός) (*Suet.*) das Ziel.

scŏrdălŭs, *ī m* (*Lw. zu* σκόρ[ο]δον „Knoblauch“, *m. dem Kampfhähne eingerieben wurden*) (*nkl.*) Zankteufel.

scŏrpĭō, *ōnĭs u.* (*dcht.*) **scŏrpĭŭs** *od.* **-ŏs,** *ī m* (*Lw.* < σκορπίων, σκόρπιος) **1.** (*dcht.*) Skorpion, *auch als Gestirn.* **2.** / **a)** (*nkl., dcht.*) ein stachliger Seefisch; **b)** *mil.* Skorpion, Wurfmaschine; *meton.* Skorpionenpfeil. *Cf.* V.-B. II, 1.

scŏrtātŏr, *ōrĭs m* (*scŏrtŏr*) (*vkl., dcht.*) Hurer, Weiberheld, Kavalier.

scŏrtĕŭs 3 (*scŏrtŭm*) (*unkl.*) ledern, aus Leder [*paenula, fascinum*]; *subst.* **-ă,** *ae f* (*nkl., dcht.*) Pelz; **-ă,** *ōrŭm n* Lederzeug.

scŏrtīllŭm, *ī n* (*demin. v. scŏrtŭm*) (*Ca.*) Hürchen, kleine Nutte.

scŏrtŏr 1. (*denom. v. scŏrtŭm*) (*vkl.*) huren.

scŏrtŭm, *ī n* (*cf. cŏrĭŭm, cŏrtĕx*) **1.** (*vkl.*) Fell, Tierhaut, Leder. **2.** / (*zur Bedeutungsentwicklung cf. nhd.* „Balg“) Hure, Nutte; (*Com.*) *auch* Schätzchen.

scrĕātŏr, *ōrĭs m* (*scrĕō*) (*Pl.*) „Räusperer“; ~ *sum* ich räuspere mich.

scrĕātŭs, *ūs m* (*scrĕō*) (*Te.*) das Räuspern.

scrĕō 1. (*denom. v. scrĕă* „Auswurf“; *vl. zu cĕrnō; cf. ĕxcrēmĕntŭm*) (*Pl.*) sich räuspern.

scrībă, *ae m* (*scrībō*) Schreiber, Sekretär *als staatlicher Subalternbeamter od. privater Angestellter* (= Geheimsekretär).

scrīb(ĭ)lītă, *ae f* (*scrīb-?; Fw.* < σκριβλίτης) (*unkl.*) eine Art Käsekuchen.

scrībō
1. a) (auf)zeichnen; **b)** bemalen; **c)** belegen; **2. a)** schreiben; **b)** niederschreiben; **c)** verfassen; **d)** beschreiben; **e)** *jd. schriftl. zu etw.* ernennen; **f)** Zahlungsauftrag geben; **g)** (*Soldaten*) ausheben.

scrībō, *scrīpsī, scrīptŭm* 3. (*altl. synk. pf. scrīpstī; cf.* σκαρῑφάομαι „ritze ein“, σκάρῑφος „Griffel“) **1. a)** (*m. e-m* Griffel) (auf)zeichnen [*lineam* ziehen; *alqd in re, zB. nomen in armis*]; **b)** (*dcht.*) bemalen; **c)** belegen [*testudine* m. Schildpatt]. **2. a)** schreiben (*abs., zB. manus pueri scribentis; alqd, zB. epistulam, auch* /, *zB.* °*alcis dicta mihi in animo scripta sunt; alqd alci u. ad alqm etw.* an *jd.* schreiben = *schriftl.* mitteilen *od.* berichten; *de alqo u. de re; ad alqm de alqo jd.* an *jd.* empfehlen; *m. a.c.i., im P. auch m. n.c.i.; m. ut, ne od. m. bloßem coni.* = *schriftl.* befehlen, brieflich ersuchen, *nkl. auch m.* °*inf.*); *bsd. etw. m.* einer Inschrift versehen [°*columnam litteris,* °*sepulcra brevi titulo, glans od. sors scripta* beschrieben]; **b)** niederschreiben, *schriftl.* aufzeichnen, (*in ein Verzeichnis*) eintragen [*senatūs consultum, formulam, populo leges* Gesetze geben, *nihil erat scriptum* = inventarisiert, *alci dicam* gegen *jd.* Klage einreichen, *scribendo adesse u. ad scribendum esse e-n* Senatsbeschluß mitabfassen *u.* unterzeichnen]; *bsd.* eine Urkunde abfassen, *zB. testamentum*; **c)** (*Schriften, Bücher u.ä.*) verfassen, ausarbeiten [*librum, orationem,* °*artem* ein Lehrbuch]; *abs.* schriftstellern [*se ad scribendi studium conferre*]; *bsd.* dichten; **d)** *schriftl.* darstellen *od.* beschreiben [*Marium, res gestas alcis; m. a.c.i.* = berichten, erzählen]; *auch* °besingen [*scribēris Vario fortis*]; **e)** *jd. schriftl. zu etw.* ernennen, einsetzen [*heredem*]; *auch* °*se scribere m. acc.* sich *schriftl.* nennen, *zB. auf Weihgeschenken* [*se A. Cornelium Cossum consulem*]; **f)** (*vkl., dcht.*) (*kaufmännisch*) *scribere alqd ab alqo* durch Anweisung *od.* Wechsel zahlen, Order zur Auszahlung *v.* Geld an *jd.* geben, *zB. decem a Nerio*; **g)** (*Kolonisten od. Soldaten*) ausheben [°*milites, supplementum exercitui; colonos* in die Listen eintragen]; / °*scribere alqm gregis sui jd.* unter seine Freunde rechnen.

Scrībōnĭŭs 3 *Name einer pleb. gēns:* **1.** *C.* ~ *Cūrĭō, Prätor 121 v. Chr.* **2.** *sein S. C.* ~ *Cūrĭō, cons. 76.* **3.** *L.* ~ *Lĭbō, Freund des Pompejus u. Cicero; seine Schwester Scrībōnĭă war die* *zweite Gemahlin Oktavians u. M. der Julia.*

scrīnĭŭm, ī *n (et. ungedeutet) (nkl., dcht.) zylindrische* Kapsel, Schachtel *zur Aufbewahrung v. Büchern, Papieren u.ä.* [-*a poscere* Bücher verlangen].

scrīpsī *s. scrībō.*

scrīptĭō, ōnis *f (scrībō)* **1.** das Schreiben [*alqd scriptionem impedit*], *pass.* das Geschriebenwerden. **2.** *meton.* **a)** *schriftl.* Darstellung *od.* Ausarbeitung, *auch pl.* [*alcis rei, zB. philosophiae*]; **b)** Wortlaut, das geschriebene Wort [*ex -ne interpretari*].

scrīptĭtō 1. *(frequ. v. scrībō)* **1.** oft *od.* fort *u.* fort schreiben, recht oft berichten (*alqd*). **2.** verfassen, abfassen [*orationes*].

▶ **scrīptŏr,** ōris *m (scrībō)* **1.** Schreiber, Sekretär (*alcis j-s, zB. Crassi*); *auch* Kopist [°*librarius*]. **2. a)** Schriftsteller, Verfasser (*abs., zB. optimi od. praestantissimi* klassische; *alcis rei, zB. libri, belli,* °*comoediarum*); **b)** Berichterstatter über *etw.*, Erzähler [*meae proscriptionis*]; **c)** Abfasser [*legum* Gesetzgeber, °*testamenti*]; **d)** *abs.* Prosaiker, *bsd.* Geschichtsschreiber; **e)** *(dcht., nkl.)* Dichter, Sänger [*cyclicus, belli Troiani*]; **f)** *(spätl.)* *Scrīptōrēs hīstōrĭae Augūstae Sammlung v. Kaiserbiographien v. 117 bis 284 n. Chr. (6 Autoren, Kompilator unbekannt).*

****scrīptōrium,** *i n* Schreibstube (*e-s Klosters*).

scrīptŭlŭm, ī *n (demin. v. scrīptŭm)* (*Ov.*) kleine Linie (*auf dem Spielbrett*).

scrīptŭm, ī *n (eigtl. P.P.P. n v. scrībō)* **1.** Linie *auf einem Spielbrett, das v. 12 Linien durchkreuzt war* [°*lusus duodecim scriptorum* Zwölflinienspiel, *duodecim scriptis ludere*]. **2. a)** *etw.* Geschriebenes, *bsd.* Schriftwerk, Buch, *auch* Abhandlung, Brief [-*is mandare alqd, alqs creber in -o est* im Briefschreiben, *sine -o loqui* ohne Konzept, *de -o* nach einem Konzept, *zB. dicere od. recitare* ablesen; *alcis j-s, zB. Etruscorum -a* Bücher, °*Lucilii* Gedichte]; **b)** *schriftl.* Verordnung, Gesetz; **c)** buchstäblicher Ausdruck *od.* Text *einer Schrift*, Wortlaut [*legis, ex -o* buchstäblich, *cum -o dissentire, -um sequi, a od. pro -o dicere*].

scrīptūră, *ae f (scrībō)* **1.** (*Pe.*) das Zeichnen; die Linie. **2.** das Schreiben [°*mendum -ae* Schreibfehler]. **3. a)** schriftliche Darstellung *od.* Abfassung [*assidua, diligens, -ā alqd persequi od. amplecti; alcis j-s*]; **b)** *meton.* **α)** *(vkl., nkl.) concr.* Schrift = Schriftwerk, -stück; **β)** (*Eccl.*) die Heilige Schrift [*divina, sacra, sancta*]; **γ)** (*Suet.*) der Buchstabe des Gesetzes; **δ)** *schriftl.* Testamentsbestimmung [*superior*]; **ε)** Weide-, Triftgeld, -abgabe [*Siciliae, vectigal* (Einkünfte) *ex -a, magister -ae* Vorsteher].

scrīptŭs[1] *P.P.P. v. scrībō.*

scrīptŭs[2], ūs *m (scrībō) (nkl.)* Schreiberdienst [-*um facere* Sekretär sein].

scrīpŭlŭm, ī *n (wohl volkset. Anlehnung an scrīptŭs) = scrūpŭlŭm.*

scrŏbis, is *m u. f (zu lettisch* scrabt „aushöhlen, auskratzen") Grube, Loch; *(spätl.) = cŭnnŭs [virginalis].*

scrōfă, *ae f (wohl Lw. ‹ γρομφάς* „alte Sau" *durch osk.-umbr. Vermittlung) (vkl.)* Mutterschwein, Zuchtsau.

scrōfĭ-pāscŭs, ī *m (scrōfă, pāscō) (Pl.)* Schweinezüchter.

scrōfŭlae, ārŭm *f (demin. v. scrōfă) (spätl.)* Halsdrüsen, -geschwulst, Skrofeln.

scrōtŭm, ī *n (ō wohl ‹ au; zu scrūtă; cf. nhd.* schroten) *(nkl.)* Hodensack.

scrūpĕŭs 3 *(scrūpŭs) (dcht., nkl.)* schroff, steil [*spelunca*].

scrūpōsŭs 3 *(scrūpŭs) (unkl.) = scrūpĕŭs.*

scrūpŭlōsŭs 3 *(m. °comp. u. °sup.; adv. °-ē) (scrūpŭlŭs)* **1.** voll spitzer Steinchen, schroff [*cotes*]. **2.** / *(nkl.)* ängstlich, genau, bedenklich.

scrūpŭlŭm, ī *n (et. unklar; cf. scrūpŭlŭs) der kleinste Teil eines Maßes od. Gewichtes,* Skrupel: **1.** = $^1/_{24}$ *ūncĭă = ca. 1 g.* **2.** *(vkl., nkl.) als Flächenmaß = 8,75 qm.*

scrūpŭlŭs, ī *m (demin. v. scrūpŭs)* **1.** *(unkl.)* spitzes Steinchen. **2.** / Skrupel = ängstliche Genauigkeit, Ängstlichkeit, Besorgnis [-*um alci inicere u. ex animo evellere, -us residet od. °alci restat*].

scrūpŭs, ī *m (cf. scrautŭm = scrōtŭm, scrūtă, ahd.* scrōtan „hauen, schneiden, schroten"; *hierzu zeigt scrūpŭs p-Erweiterung) (nkl., spätl.)* scharfer *od.* spitzer Stein; *klass. nur* / = *scrūpŭlŭs.*

scrūtă, ōrŭm *n (wohl Lw. ‹ γρύτη) (dcht., nkl.)* altes Gerümpel, Plunder, Trödelware.

scrūtātĭō, ōnis *f (scrūtŏr) (nkl.)* Durchsuchung.

scrūtātŏr, ōris *m (scrūtŏr) (dcht., nkl.)* Durchsucher, Untersucher.

scrūtŏr 1. *(cf. scrūtă; ahd.* scrūtōn „durchforschen") **1.** durchwühlen, durchsuchen [*domos, naves,* °*ignem gladio*]; *auch jd.* visitieren (*alqm*). **2.** / **a)** *etw.* zu erforschen suchen, untersuchen [*libros augurum,* °*alcis animum*]; **b)** / *(nkl., dcht.) etw.* aufstöbern, erspähen [*arcanum, fata alcis; m. indir. Frages.*].

scŭlpō, psī, ptŭm 3. *(Rückbildung aus den Komposita; zu scălpō)* schnitzen, meißeln, bilden, *auch* stechen, gravieren (*alqd e saxo,* °*ebur* eine Statue aus Elfenbein, °*ancoram in gemma*). — ****sculpsit (Abk. sc. od. sculps.)* = „hat gestochen" *auf Kupferstichen vor od. nach dem Namen des Stechers.*

scŭlpōnĕae, ārŭm *f (scŭlpō; vkl.)* hohe Holzschuhe.

scŭlpsī *s. scŭlpō.*

scŭlptĭlĭs, ĕ *(scŭlpō) (dcht., spätl.)* geschnitzt [*opus*].

scŭlptūră, *ae f (scŭlpō) (nkl.)* Bildnerei *in Holz, Elfenbein, Marmor u.ä.; meton.* plastische Arbeit, Skulptur.

scŭlptŭs *P.P.P. v. scŭlpō.*

****scultētia,** *ae f (germ.)* Schulzen- [amt.

****scultētus,** *i m (germ.)* Schultheiß, Dorfschulze.

scŭrră, *ae m (etr. Lw.)* **1.** Possenreißer, Witzbold, Narr. **2.** Lebemann, Schmarotzer.

scŭrrīlĭs, ĕ *(adv. °-ĭtĕr) (scŭrră)* possenhaft, närrisch.

scŭrrīlĭtās, ātis *f (scŭrrīlĭs) (nkl.)* Possenreißerei.

scŭrrŏr 1. *(denom. v. scŭrră) (Ho.)* den Possenreißer spielen, schmarotzen (*alci jd.* den Hof machen).

scūtālĕ, is *n (scūtŭm) (Li.)* schildförmiger Schwungriemen *der Schleuder.*

scūtārĭŭs *(scūtŭm)* **1.** *adi.* 3 *(nkl.)* Schild... [*fabrica*]. **2.** *subst. m* **a)** *(Pl.)* Schildmacher; **b)** *(spätl.)* Schildträger.

scūtātŭs 3 *(scūtŭm) m.* dem Langschild versehen [*cohors* = schwerbewaffnet]; *subst.* **-ī,** ōrŭm *m (Li.)* Soldaten *m.* Langschild.

scŭtĕllă, *ae f (demin. v. scŭtră)* kleine Trinkschale.

scŭtĭcă, *ae f (Lw. ‹ Σκυθική, eigtl.* „skythische [Peitsche]") *(dcht., nkl.)* Knute.

scūtĭ-gĕrŭlŭs, ī *m (scūtŭm) (Pl.)* Schildträger, Waffenträger *e-s Herrn.*

scŭtră, *ae f (et. unklar) (vkl.)* flache Schüssel.

scŭtŭlă[1], *ae f (Lw. ‹ σκυτάλη* „Stock *m.* verdicktem Ende") Walze, Rolle *zum Fortbewegen v. Lasten.*

scŭtŭlă[2], *ae f (Rückbildung aus scŭtĕllă) (unkl.)* flache, viereckige Schüssel; / Raute, Rhombus.

scŭtŭlātă, ōrŭm *n (scŭtŭlātŭs* 3 „rautenförmig"; *scŭtŭlă*[2]) *(Ju.)* karierte Kleider.

scūtŭlŭm, ī *n (demin. v. scūtŭm)* kleiner Langschild.

▶ **scūtŭm,** ī *n (wohl entweder zu ŏbscūrŭs als* „deckender" Schild *od. zu σκῦτος* „Haut, Leder" *als* „Lederschild") *mil. rechteckiger, rundgebogener Langschild des röm. Legionars (aus Holz m. Lederbezug u. Eisenbeschlag); übh.* Schild; / *(nkl.)* Schild = Schirm, Schutz [*alci scuto magis quam gladio opus est*].

Scўllă, *ae f (Σκύλλα)* **1.** *Klippe an der italischen Seite der Meerenge v. Sizilien, dem Strudel der Charybdis gegenüber; im Mythos T. des Phorkys (lat. Phŏrcŭs).* **2.** *T. des Nisos, des Königs v. Megara (von Dichtern oft m.* 1 *verwechselt); adi.* **Scўllaeŭs** 3; *subst.* **Scўllaeŭm,** ī *n* Skyllafels.

scўmnŭs, ī *m (Fw. ‹ σκύμνος) (Lu.)* junges Tier.

scўphŭs, ī *m (Fw. ‹ σκύφος)* Becher, Pokal [*inter scyphos* beim Wein].

Scȳrŭs *u.* **-ŏs,** ī *f (Σκῦρος) felsige Insel nordöstl. v. Euböa (cf.* V.-B. II, 1); *adi.* **Scȳrĭŭs** 3 *(fem. auch* °**Scȳrĭăs,** ădis).

scўtălă, *ae u.* **-ē,** ēs *f (Fw. ‹ σκυτάλη; cf. scŭtŭlă*[1]) *(nkl., dcht.)* Briefstab *der Spartaner m. geheimen Depeschen; meton.* geheimes Schreiben, Geheimbefehl. *(Cf.* V.-B. I, 1.)

Scȳthēs *u.* °**-ă,** *ae m (Σκύθης) meist pl. Scythae* die Skythen, *Völkergruppe zw. Don u. Donau, später v. den Sarmaten unterjocht. Cf.* V.-B. I, 2. — *adi.* **Scȳthĭcŭs** 3 [°*amnis* = Tanais, Don, °*Diana* die taurische,

°*fretum* Schwarzes Meer]; *subst.* **Scȳthĭă,** *ae f* Skythenland; **Scȳthĭssă,** *ae u.* °**Scȳthĭs,** *ĭdĭs f* Skythin.

Scȳthŏ-lātrōnĭă, *ae f* (*lātrō*) (*Pl.*) „Skythensöldnerland".

S.D. (*Abk.*) *s.* S.

*****S.D.G.** (*Abk.*) = *soli Deo gloria.*

sē[1] *u.* **sēsē** *pron. refl. s.* *sŭī.*

sē(-)[2], **sē-** *u.* (*älter*) **sēd-** (*urspr. wohl abl. des pron. refl.* = „für sich") **1.** *in der Komposition* beiseite, weg, fort [se-cedo, se-cerno, sed-itio; seorsus]. **2.** (*vkl.*) *prp. b. abl.* ohne [*se fraude esto*].

sē-[3] (*verkürzt* ‹ *sēmĭ-*) halb [*selibra*].

sē-[4] (*verkürzt* ‹ *sĕx-*) sechs... [*seme(n)stris*].

sēbŭm *u.* **sēvŭm,** *ī n* (*cf. sāpō*) der Talg, das Unschlitt.

sĕcālĕ, *ĭs n* (*wohl Fw. aus e-r Balkansprache, nicht als* „Schnittfrucht" *zu sĕcō 1.*) (*nkl.*) Roggen (*galt den Römern als schwarzes unverdauliches Korn*) [****secale cornutum* — *als med. t.t. secale auf der vorletzten Silbe betont* — Mutterkorn].

▶ **sē-cēdō,** *cēssī, cēssŭm* 3. **1.** weggehen, sich entfernen, / (*nkl., dcht.*) *auch v. Leblosem* (*abs. od. ab alqo u. a od. de re, in u. ad alqd, zB.* °*in abditam partem aedium,* °*ad deliberandum*). **2.** (*vkl., nkl.*) sich in die Einsamkeit zurückziehen. **3.** (*nkl.*) sich *v. jd.* (*bsd. pol.*) trennen (*ab alqo, zB. plebs a patribus secessit; in sacrum montem* ausziehen).

▶ **sē-cērnō,** *crēvī, crētŭm* 3. **1.** absondern, trennen (*alqm u. alqd, zB. hos homines,* °*nihil praedae in publicum* für den Staatsschatz, °*flores calathis* in Körbe sondern; *alqm u. alqd ab alqo u. a od. e re,* °*re, zB. se a bonis,* °*alqm e grege imperatorum; alqd alci etw.* für *jd.*); *oft* /, *zB. animum a corpore* freimachen, °*publica privatis.* **2. a)** verwerfen, ausmerzen (*alqm, zB. amicos alcis*); **b)** / unterscheiden (*alqd a re u.* °*re, zB. blandum amicum a vero*).

sĕcēspĭtă, *ae f* (*zu sĕcō*; 2. *Glied unklar*) (*Suet.*) Opfermesser.

sē-cēssī *s.* *sēcēdō.*

sēcēssĭō, *ōnĭs f* (*sēcēdō*) **1.** das Abseitsgehen, Beiseitetreten (*alcis;* °*-nem facere* sich zusammenrotten). **2.** *pol.* Spaltung, Emigration [*plebis,* °*-nem facere in Aventinum montem* Auszug].

sē-cēssŭm *P.P.P. v. sēcēdō.*

sēcēssŭs, *ūs m* (*sēcēdō*) (*dcht., nkl.*) **1.** das Fortgehen, Trennung, Abgeschiedenheit, Einsamkeit (*alcis*). **2.** *meton.* einsamer Ort, *bsd.* Landaufenthalt; Versteck. **3.** *pol.* Trennung, Emigration.

sĕcĭŭs *adv. s.* *sĕcŭs*[2].

sē-clūdō, *sī, sŭm* 3. (*claudō*) **1. a)** abschließen, absperren, *auch* / (*alqd u. alqd a re, zB.* °*carmina antro* verstecken in, *supplicium a conspectu alcis seclusum* die Qual, abgesperrt zu sein); **b)** *mediopass.* (*dcht.*) sich verstecken. **2. a)** absondern, trennen [*aquulam,* °*nemus seclusum* entfernt. °*curas* verbannen]; **b)** *mil.* abschneiden (*alqd a re, zB. flumen munitione a monte*).

> **sĕcō**
> **1.** (ab-, zer-)schneiden; **2. a)** (*med. t.t.*) amputieren; **b)** kastrieren; **c)** tranchieren; **3. a)** zerfleischen; **b)** teilen; **4. a)** durcheilen; **b)** abteilen; **c)** (*Streit*) schlichten.

sĕcō, *sĕcŭī, sēctŭm* (*aber sĕcātūrŭs*) 1. (*cf. nhd.* „Säge, Sense, Sichel") **1.** (ab)schneiden, mähen; *auch* zerschneiden, zerspalten (*alqd, zB. pabula,* °*capillos,* °*marmora* in Tafeln zersägen, °*elephantum sectum* geschnitztes Elfenbein, °*robur* spalten, °*abietem* behauen, °*corticem* ritzen; *alci alqd, zB.* °*collum*). **2. a)** (*med. t.t.*) amputieren, operieren (*alqm u. alqd, alci alqd, zB. Mario varices*); **b)** (*Ma.*) kastrieren [*sectus Gallus*]; **c)** (*nkl., dcht.*) tranchieren [*lepores*]. **3. a)** (*vkl., dcht.*) zerfressen, zerfleischen, verwunden, verstümmeln (*alqd, zB. tarmes postes secat; corpus, genas ungue, alqm flagellis; podagra alqm secat* martert); **b)** / (*dcht., nkl.*) durchschneiden, teilen [*congeriem, orbis sectus* halber Erdkreis, *via secto limite* ein Gang *m.* kreuzendem Quergang]. **4.** / **a)** (*dcht., nkl.*) durcheilen, -laufen, -fliegen, -fahren [*mare puppe, aethera pinnis, pontum pectore* durchschwimmen, *viam ad naves* zurücklegen; / *spem* einer Hoffnung nachjagen; *prägn. viam* sich Bahn brechen, *arcum sub nubibus* einen weiten Bogen beschreiben]; **b)** abteilen, einteilen [*causas in plura genera*]; **c)** (*dcht.*) entscheiden, schlichten [*lites*].

sēcrētārĭŭm, *ī n* (*sēcrētŭs*) (*nkl., spätl.*) geheimer Ort; Sakristei.

****secretārius** 3 heimlich, geheim; *subst. m* Geheimschreiber; Schreiber; Sekretär.

sēcrētĭō, *ōnĭs f* (*sēcērnō*) Absonderung, Trennung.

▶ **sēcrētŭs** 3 (*m.* °*comp. u.* °*sup.*; *adv.* **-ō**) (*eigtl. P.P.P. v. sēcērnō*) **1. a)** abgesondert, getrennt, *v. Pers. u. Sachen* [°*pii,* °*arva; a re v. etw., zB. locus a tumultu -us*]; **b)** (*dcht., nkl.*) (*v. Örtlichkeiten*) entlegen, einsam [*domus*]. **2.** / (*dcht., nkl.*) (*bsd. v. abstr.*) geheim, heimlich [*consilia, artes* Zauberkünste, *libidines*]. **3.** *subst.* **sēcrētŭm,** *ī n* **a)** (*dcht., nkl.*) Abgeschiedenheit, Einsamkeit, *abstrakt u. concr.* = einsamer Ort, entlegene Gegend, *auch pl.* [*alqm in -um abducere* beiseite nehmen, *in -o, -um petere* aufsuchen, *secretiora Germaniae*]; **b)** Geheimnis, *pl.* geheime Gedanken, geheimes Treiben, Mysterien [*multa -a narrare, alcis,* °*-a pectoris aperire*]; *pl.* (*Suet.*) geheime Schriften. **4.** *adv.* **sēcrētō a)** (*vkl., nkl.*) beiseite, abseits (*abs. u. ab alqo, zB. ab aliis*); **b)** insgeheim, ohne Zeugen [*agere cum alqo*].

sēctă, *ae f* (*sĕquŏr*) **1.** Richtung, Bahn, *nur* / = Verfahren, Grundsätze [*sectam alqam sequi, zB. vitae*]. **2. a)** politische Partei, Klüngel [*alcis -am sequi*]; **b)** (*philos.*) Schule, Lehre [°*Stoicorum*]; **c)** (*spätl.*) relig. Sekte. — **Orden; Irrlehre.

sēctārĭŭs 3 (*sēctă*) (*Pl.*) *m.* einer Gefolgschaft (versehen); *vervex* Leithammel.

sēctātŏr, *ōrĭs m* (*sēctŏr*[2]) Begleiter *od.* Anhänger, *bsd.* Klient, *pl.* Gefolge, Anhang (*alcis,* °*domi* Hausfreund); *bsd.* Schüler.

sēctĭlĭs, *ĕ* (*sĕcō*) (*dcht., nkl.*) **1.** geschnitten (*ebur*); *pavimenta -ia* Mosaikfußboden. **2.** schneidbar, spaltbar; *porrum -e* Schnittlauch.

sēctĭō, *ōnĭs f* (*sĕcō*) **1.** (*nkl.*) das Zerschneiden (*alcis rei*). **2.** / (*Qu.*) (*rhet. t.t.*) Einteilung der Rede. **3.** / **a)** Güteraufkauf (Parzellierung) *der auf Staatsauktionen in Bausch u. Bogen ausgebotenen Güter, bsd. Proskribierter od. Verurteilter, durch einen Einzelkäufer* (sector) [*sectiones facere u.* °*exercere*]; *übh.* Wucher; **b)** *meton.* (*concr.*) Auktionsmasse, Beutemasse (*alcis od. oppidi, praedae*).

sēctŏr[1], *ōrĭs m* (*sĕcō*) **1.** „Abschneider" [*collorum* Mörder, Bandit]. **2.** Güteraufkäufer, *cf. sēctĭō* [*bonorum, Pompei* der Güter des P.].

▶ **sēctŏr**[2] 1. (*intens. v. sĕquŏr*) **1. a)** stets folgen, überall begleiten, nachfolgen, nachlaufen (*alqm totos dies,* °*matronas,* °*hominem flagello* verfolgen); **b)** in *j-s* Diensten stehen, *j-s* Leibdiener sein (*alqm*); **c)** (*Pli.*) (*e-n Ort*) gern aufsuchen [*gymnasia*]. **2.** / **a)** (*feindl.*) *jd.* nachsetzen, verfolgen; **b)** (*vkl., dcht.*) (*ein Wild*) verfolgen, jagen [*leporem*]; **c)** auf *etw.* ausgehen, nach *etw.* eifrig streben (*alqd u.* °*alqm, zB. praedam,* °*lēvia* nach Glätte streben); **d)** (*Ho.*) erforschen (*m. indir. Frages.*).

F. *inf. praes.* (*dcht.*) *auch* °*sēctārĭēr* = *sēctārī.*

sēctūră, *ae f* (*sĕcō*) (*vkl., nkl.*) das Schneiden; *klass. nur meton.* Steinbruch.

sēctŭs *P.P.P. v. sĕcō.*

sēcŭbĭtŭs, *ūs m* (*sēcŭbō*) (*nkl., dcht.*) das Alleinliegen, Alleinschlafen [*tristis*].

sē-cŭbō, *bŭī,* — 1. (*nkl., dcht.*) allein liegen *od.* schlafen; / einsam leben.

sĕcŭī *s.* *sĕcō.*

sĕc(ŭ)l... *s.* *saecŭl...*

sē-cŭm (= °*cŭm sē*) mit sich.

sĕcŭndānī, *ōrŭm m* (*sĕcŭndŭs*) (*nkl.*) Soldaten der zweiten Legion.

sĕcŭndārĭŭs 3 (*sĕcŭndŭs*) *v.* der zweiten Sorte, zweiter [°*mel, de tribus -us*]; *subst.* **-ŭm,** *ī n* Nebensache.

sĕcŭndō[1] 1. (*denom. v. sĕcŭndŭs*) **1.** (*nkl., dcht.*) begünstigen, fördern (*abs., zB. vento secundante; alqd, zB. incepta alcis*). **2.** (*Te.*) nachgeben [*in loco*].

sĕcŭndō[2] *adv.* (*sĕcŭndŭs*) **1.** zweitens. **2.** (*nkl.*) zum zweitenmal.

▶ **sĕcŭndŭm** (*sĕcŭndŭs*) **1.** *adv.* **a)** (*Pl.*) hinterher [*age i tu* ~ komm nach!]; **b)** zweitens. **2.** *prp. b. acc.*: **a)** (*räuml.*) α) (*Pl.*) dicht hinter [*ite* ~ *me*]; β) längs, entlang, an ... hin, *zB. copias ducere* ~ *flumen od.* ~ *naves* = ihrer Richtung folgend; **b)** (*zeitl.*) gleich nach, *zB.* ~

Kalendas Ianuarias, ~ *quietem* gleich nach dem Einschlafen, im Traum, ~ *ea* darauf; **c)** / **α)** (*v. Reihenfolge u. Rang*) unmittelbar nach = nächst, zunächst [*heres* ~ *filiam* der nächste Erbe nach der Tochter]; **β)** in Übereinstimmung *m.*, gemäß, nach, *zB.* ~ *naturam vivere*; **γ)** (*jur.*) zugunsten, zum Vorteil, für, *zB.* ~ *alqm rem iudicare* (*od. decernere*).

sĕcŭndŭs
1. a) der folgende, zweite; **b)** der nächste; **c)** nachstehend, geringer; **2. a)** mitfolgend, geleitend; **b)** günstig, gewogen; **c)** glücklich.

sĕcŭndŭs 3 (*m. comp. u. sup.*; *adv.* **-ō** *u.* **-ŭm**; *s.d.*) (*altes Gerundiv zu sĕquŏr m. partizipialer Bed. wie ŏrĭŭndŭs zu ŏrĭŏr*) **1. a)** der folgende, nächste, zweite *entweder zeitl.* [*-um bellum Punicum*, *-a vigilia*, *-a mensa* Nachtisch, *-is Saturnalibus* am zweiten Tage der Saturnalien, °*-o lumine* am folgenden Morgen] *od. bei einer Rangordnung* [*acies*; *prima officia dis immortalibus, secunda patriae, tertia parentibus debentur*]; *-ae partes u. bloß secundae* zweite Rolle im Schauspiel, / zweiter Rang, zweite Stelle [*-as* °*deferre alci*]; **b)** (*dcht., nkl.*) *-us ab alqo* der nächste nach *jd.* [*-us a Romulo conditor urbis*]; **c)** (*nkl., dcht.*) nachstehend, geringer, schlechter [*panis* Schwarzbrot; *m. dat., zB. nulli virtute -us*]. **2. a)** mitfolgend, geleitend, *v. Wasser- u. Luftströmungen* [*-o flumine od.* °*-ā aquā m.* der Strömung, stromabwärts, °*-um mare* Ebbe, °*-o mari* am Meer entlang, *-o vento m.* dem Wind, bei günstigem Wind]; *dcht. auch* = *v.* günstigem Wind geschwellt [*vela, sinūs*] *u. vom Wagen* = rasch [*currus*]; **b)** günstig = geneigt, gewogen, *v. Pers. u. Sachen* [*populus*, °*dii*, °*haruspex* heilverkündend, °*tonitrus* glückverkündend, °*omen*, *-o populo* unter dem Beifall der Volksversammlung; *alci u. alci rei* günstig für, *zB. lex populo, selten in alqm*]; **c)** günstig = glücklich, nach Wunsch gehend, *v. Sachen* [*proelium*, °*navigatio*, *motus* gelungen, *res -ae* glückliche Umstände, Glück]; *subst.* **-ŭm,** *ī n* (*unkl.*) glücklicher Ausgang, Glück [*nihil -i evenit*]; *pl.* glückliche Umstände [*-is metuere* im Glück].

sĕcūrĭcŭlă, *ae f* (*demin. v. sĕcūrĭs*) (*unkl.*) kleines Beil.

sĕcūrĭ-fĕr, *fĕră, fĕrŭm* (*sĕcūrĭs, fĕrō*) (*dcht.*) beiltragend.

sĕcūrĭ-gĕr, *gĕră, gĕrŭm* (*sĕcūrĭs, gĕrō*) (*dcht.*) beiltragend.

▶**sĕcūrĭs,** *ĭs f* (*sĕcō*) **1. a)** Beil, Axt, *auch* Richtbeil [*-i alqm ferire u. percutere* hinrichten, °*anceps* Doppelaxt; *sprichw.*: ~ *Tenedia* = unbarmherzige Strenge, *wie sie dem mythischen K. Tenes auf Tenedos eigen war*]; *bsd.* das Liktorenbeil (*s. fāscēs*); **b)** Streitaxt [*securi armatus*]. **2.** *meton.* Hieb, Wunde, Schaden [*gravem -im inicere alci rei e-n* Schlag beibringen, *graviorem -im infligere rei publicae* einen schwereren Schlag führen gegen]. **3.** / höchste Gewalt *od.* Macht, *bsd.* römische Oberhoheit, *meist pl.* [*Galliam securibus subicere*]; (*Ho.*) *auch* Ämter, Würden. **F.** *sg. acc. -ĭm, seltener -ĕm, abl. -ī; gen. pl. -ĭŭm.*

sēcūrĭtās, *ātĭs f* (*sēcūrŭs*) Sorglosigkeit: **1.** Gemütsruhe, Furchtlosigkeit. **2.** (*nkl.*) (*pejorativ*) Fahrlässigkeit, Gleichgültigkeit. **3.** / (*nkl.*) Sicherheit, Gefahrlosigkeit [*regni, annonae*]. **4.** (*nkl.*) Quittung.

▶**sē-cūrŭs** 3 (*m.* °*comp. u.* °*sup.*; *adv.* °**-ē**) (*Hypost.* < *sē cūrā* „ohne Sorge") **1. a)** sorglos, unbesorgt, unbekümmert, furchtlos [*hostes, animus*; *de re u.* °*alcis rei* wegen *etw., zB.* °*de bello*, °*futuri, auch* °*pro alqo u.* °*pro re*, °*adversus alqm*; *ab alqo u. a re v.* seiten *j-s od. e-r* Sache, vor *jd. od. etw.*; *m.* °*indir. Frages.*; °*non securus* besorgt, *m. ne* daß]; **b)** (*dcht., nkl.*) (*v. Leblosem*) heiter, fröhlich, ungeniert [*quies, merum, Lethe u. latices* sorgenstillend; °*alcis rei* vor *etw.* sicher, *zB. repulsae*]. **2.** (*nkl.*) (*pejorativ*) fahrlässig, gleichgültig, *v. Pers. u. Sachen* [*homo*, °*iurisdictio* summarisch]. **3.** (*vkl., nkl.*) sicher, gefahrlos [*tempus, locus*; *comp.* weniger gefahrvoll, *zB. alqd securius facere*; *a re* vor *etw., zB. ab insidiis*].

sĕcŭs[1] *n indecl.* (*cf. sĕxŭs*) (*vkl., nkl.*) das Geschlecht, *nur in den Verbindungen virile u. muliebre secus als acc. u. gen., zB. virile* ~ *numquam ullum habui* Sohn.

sĕcŭs[2] (*erstarrter nom. sg. e-s part. pf. zu sĕquŏr; eigtl.* „folgend — *aber* nicht gleichkommend —, *sondern* zurückstehend") **I.** *adv.* **1.** *pos.* **a)** anders, auf andere Weise, nicht so [~ *esse* sich anders verhalten, *horā fere decimā aut non multo* ~ früher *od.* später, *longe* ~ ganz anders, *non multo* ~ nicht viel anders, fast so; *m. ac u. quam* als, *zB. cave, ne quid fiat* ~ *ac od. quam volumus*]; *non* ~ *u. haud* ~ ebenso, gerade so, ganz so *m. folg. ac od. quam* wie [*haud* ~ *dixit quam par erat*]; **b)** nicht gut, schlecht, falsch, *im Ggs. zu gut od. richtig* [*recte an* ~ recht *od.* unrecht, *bene aut* ~ gut *od.* schlecht, *aut beate aut secus* glücklich *od.* nicht, *id* ~ *est* ist falsch, *res* ~ *cessit od. cadebat*, ~ *existimare de alqo*]; **c)** (*nkl.*) (*als subst. m. gen.*) weniger [*non* ~ *virium*]. **2.** (*jünger*) *comp.* **sĕquĭŭs, sĕcĭŭs** (*vkl.*) *u.* **sētĭŭs** (*cf. sērŭs*): **a)** (*unkl.*) anders, nicht so = *sĕcŭs* (*m. quam od. ut als*, wie, *zB. quid diximus -ius quam velles?*); **b)** (*nach einer Negation*) weniger [*non, haud, nec, nihil secius*]; *bsd. nihilo setius* nichtsdestoweniger, dennoch = *nihilo minus*; **c)** (*vkl., nkl.*) minder gut [*invitus, quod -ius sit, de meis civibus loquor*]. **II.** *prp. b. acc.* = *sĕcŭndŭm* (*altl. u.* **) **1.** (*räuml.*) längs, nahe ... hin [~ *viam*]. **2.** / nach, gemäß [~ *merita eius*]. **III.** *angehängt zur Bezeichnung der Seite*: *s. ăltrinsĕcŭs, ĕxtrīnsĕcŭs.*

sĕcūtŭs *part. pf. v. sĕquŏr.*

sĕd(-)[1] *s. sē(-)*[2].

▶**sĕd**[2] *u.* (*altl.*) **sĕt** *cj.* (*verkürzt aus sĕd*[1]) **1. a)** (*berichtigend*) aber, indessen, jedoch, doch [*vera tu dixisti, sed nequiquam*]; **b)** *in Übergängen der Rede*: **α)** *zu etw. anderem* (*Revocatio*) = doch, *zB. sed haec hactenus; sed de hoc alias, nunc quod instat*; **β)** *bei Rückkehr zur Sache nach einer Abschweifung* (*Reditus ad propositum*) = doch, *zB. sed redeat, unde aberravit, oratio*; **γ)** *bei Wiederaufnahme der durch Parenthese od. ä. unterbrochenen Rede* = also, sage ich. **2.** (*nach Negationen*) sondern [*est haec non scripta, sed nata lex*]; *bisw. m. Steigerung* = sondern sogar, vielmehr; *oft non modo* (*od. non solum, non tantum*) ..., *sed etiam* (*od. sed et od. quoque*) nicht nur ... sondern auch; *non ... modo ... sed ne ... quidem* nicht nur ... sondern nicht einmal *o.ä.*

sēdāmĕn, *ĭnĭs n* (*sēdō*) (*dcht.*) Linderung [*amoris*].

sēdātĭō, *ōnĭs f* (*sēdō*) Beruhigung [*animi, aegritudinis*].

****sedativus** 3 beruhigend; *** *subst.* **sedativa,** *orum n* (*sc. remedia*) Beruhigungsmittel.

sēdātŭs 3 (*m. comp. u.* °*sup.*; *adv.* **-ē**) (*eigtl. P.P.P. v. sēdō*) ruhig, gelassen, still, *v. Pers. u. Sachen* [*homo, animus, dolorem -e ferre*; *in re* in *etw., zB. in verbis*].

sē-dĕcĭm *u.* °**sĕx-dĕcĭm** *num. card. indecl.* (*dĕcĕm*) sechzehn.

sēdĕcŭlă, *ae f* (*demin. v. sēdēs*) kleiner Sessel, Stühlchen.

sĕdĕntārĭŭs 3 (*sĕdēns, part. praes. v. sĕdĕō*) (*Pl.*) im Sitzen arbeitend [*sutor*].

▶**sĕdĕō,** *sēdī, sĕssŭm* 2. (*cf.* ἕζομαι, *nhd.* „sitzen") **1. a)** sitzen (*abs. od. in re, zB. in solio, in equo, unkl. auch re, zB.* °*sellā regiā*; *auch post u. apud, propter alqm, ad latus alcis, pro aede Castoris u. a.*); **b)** Sitzung halten, zu Rate *od.* zu Gericht sitzen [*in u. pro tribunali, in rostris*]; **c)** (*dcht.*) *in quaestu pro meretrice sedere* dem Hurengewerbe nachgehen. **2. a)** (*an e-m Orte*) verweilen, sich aufhalten, bleiben [*in villa totos dies*]; **b)** **α)** untätig dasitzen *od.* (sitzen)bleiben [*compressis manibus sedere* die Hände in den Schoß legen]; **β)** still *od.* zurückgezogen leben, *bsd.* (*nkl., dcht.*) *v. Frauen* [*in interiore parte aedium*]; **γ)** (*unkl.*) *mil.* untätig zu Felde liegen [*diu uno loco, sedendo bellum gerere*]; **c)** (*unkl.*) (*v. Leblosem*) festsitzen, hängenbleiben [*carina vado, toga umero* schließt fest an]; *bsd. v. Waffen u. Hieben wie im Deutschen* „sitzen" [*plaga sedet in ore viri*]; **d)** / (*dcht., nkl.*) tief eingeprägt sein [*amor in pectore*]; **e)** (*dcht.*) fest beschlossen sein [*patribus sententia pugnae, alqd alci animo fixum sedet*]. **3.** (*dcht., nkl.*) **a)** (*v. Sachen*) sich setzen = sich senken [*montes tumulique sederunt, nebula campo, esca alci sedet* bekommt *jd.* gut]; **b)** (*v. Pflanzen*) niedrig, in die

Breite wachsend [*lactuca* = *l. sēssilis*].

▶**sēdēs,** *is f* (*ablautend zu sĕdĕō*) **1.** Sitz [*honoris ac dignitatis* Ehrensitz], *bsd.* Stuhl, Sessel, Bank [*sedes* °*ponere*], *auch* Thron [°*regia*]. **2. a)** fester Wohnsitz, Wohnung, Heimat [*deorum, sceleratorum u.* °*piorum* in der Unterwelt]; *oft pl.* [*alias sedes petere od. quaerere,* °*infernae, beatae*]; **b)** (*dcht.*) Ruhesitz, -stätte [*meae senectae*], *bsd.* °Ruhestätte der Toten, Grab; **c)** (*Ov.*) der Leib (*als Sitz der Seele*). **3. a)** (*v. Sachen*) Stätte, Stelle, fester Grund, *meist dcht., auch pl.* [°*veteris Ilii,* °*montes sede sua moliri,* °*sedem bello legere* Kriegsschauplatz, °*orationis* Ruhepunkt, °*reducere alqd in sedem* ins frühere Gleis]; **b)** (*dcht.*) Rang, Ehrenstelle [*priores sedes tenet Homerus*]; **c)** (*nkl.*) *meton.* das Gesäß. — ***regalis* Königsthron, *apostolica* päpstlicher Stuhl.
F. *gen. pl.* *sēdūm u.* °*-iūm.*

sēdī *s. sĕdĕō u. sīdō.*

sĕdīlĕ, *is n* (*nach cŭbīlĕ; sĕdĕō*) (*unkl.*) Sitz = *sĕllă, bsd.* Stuhl, Sessel, Bank.
F. *abl. sg.* **-ī**; *pl. nom.* **-iă,** *gen.* **-iŭm.**

sĕdĭmĕntŭm, *ī n* (*sĕdĕō*) (*nkl.*) Bodensatz.

▶**sēd-ĭtĭō,** *ōnis f* (*eigtl.* „das Beiseitegehen") **1.** Zwiespalt, Zerwürfnis, Zwist [°*domestica; m. gen. od. inter alqos; tribunos per -nem creare*]. **2.** (*pol. u. mil.*) Parteikampf, Aufruhr, Meuterei [*civium, militum, -nem facere od. concitare u. conflare, sedare; pl.* aufrührerische Bewegungen]; / Aufruhr = Aufregung [°*intestina corporis*]; *meton.* (*Li.*) die Aufrührer.

sēdĭtĭōsŭs 3 (*m.* °*comp. u. sup.*; *adv.* **-ē**) (*sēdĭtĭō*) aufrührerisch, unruhig, / *auch v. Sachen* [*civis,* °*contio,* °*voces; vita* (*pass.*) *pol.* Unruhen ausgesetzt].

▶**sēdō** 1. (*Kausativ zu sĕdĕō, eigtl.* „zum Sitzen bringen") **1.** (*dcht.*) sinken machen [*pulverem*]; *vela* einziehen, streichen. **2.** / beruhigen [*fluctūs, tempestatem*]; beschwichtigen, besänftigen, hemmen [*animos,* °*cor, bellum, odium, invidiam*]; *cf. sēdātŭs.*

sē-dūcō, *dūxī, dŭctŭm* 3. **1.** beiseite führen (*alqm, zB. testem, singulos separatim;* °*alqm a re, zB. ab agmine; auch* °*alqd, zB.* °*oculos* wegwenden, °*vinum* beiseite setzen, °*stipitem* beiseite schieben). **2.** / (*meist unkl.*) trennen, scheiden, entfernen [°*terras undā,* °*artūs animā, alqm a debita peste* retten vor, °*consilia a plurium conscientia*]; (*Eccl.*) verführen. **3.** (*P.P.P.*) *adi.* **sēdŭctŭs** 3 (*dcht., nkl.*) zurückgezogen, entfernt, entlegen [*terrae, recessus gurgitis*]; *subst. nur* °*in reducto* in der Zurückgezogenheit.

sēdŭctĭō, *ōnis f* (*sēdūcō*) das Beiseiteführen (*alcis*); / (*Eccl.*) Verführung.

sēdŭlĭtās, *ātis f* (*sēdŭlŭs*) Emsigkeit, Geschäftigkeit; (*pejorativ*) (*Ho.*) Aufdringlichkeit.

sēdŭlō *adv.* (< **sē dōlō* „ohne Trug") **1.** emsig, aufmerksam [°*audire*]. **2.** (*vkl., nkl.*) *m.* Absicht, vorsätzlich.

sēdŭlŭs 3 (*Rückbildung aus sēdŭlō*) **1.** emsig, geschäftig, eifrig [*homo,* °*apis*]; *bisw.* sorgfältig, aufmerksam [°*spectator*]. **2.** (*dcht.*) (*pejorativ*) allzu geschäftig, aufdringlich [*nutrix*].

▶**sĕgĕs,** *ĕtis f* (*vl. zu sĕrō*²) **1.** Saat („auf dem Halme") [°*matura, laeta* üppige; °*farris, im weiteren Sinne* °*lini,* °*avenae, v. Weinreben* °Pflanzung, °*prima* junger Anwuchs]; / (*dcht.*) = °Samen, Aussaat [*haec* ~ *ingratos tulit*]. **2.** *meton.* **a)** Saatfeld [*milites frumentatum in proximas segetes mittere*], *scherzh.* (*Pl.*) *stimulorum* ~ „Prügelfeld" *v. einer Menge ausgepeitschter Sklaven; dcht. übh.* fruchtbares Gefilde; / Feld, Boden [*gloriae*]; **b)** °Getreide. **3.** / (*dcht.*) dichte Menge [*exemplorum*].

Sĕgĕstă, *ae f* (*Ἔγεστα*) *alte St. im nordw. Sizilien, Rivalin v. Selinus, j. Ruinenstätte* (*hellenistisches Theater, unvollendeter dor. Tempel*); *cf. Ăcĕstă; adi.* **Sĕgĕstānŭs** 3 (*subst.* **-ŭm,** *ī n* Gebiet *v.* Segesta); *Einw.* **Sĕgĕstānī,** *ōrŭm u.* **Sĕgĕstēnsēs,** *iŭm m.*

sĕgĕstrĕ, *is u.* **-strŭm,** *ī n* (*Lw.* < *στέγαστρον, m. dissim. Schwund des ersten t*) (*vkl., nkl.*) Felldecke, Wildschur.

sĕgmĕntātŭs 3 (*sĕgmĕntŭm*) (*Inschr., Ju., spätl.*) *m.* Gold *od.* Purpurbordüre besetzt.

sĕgmĕntŭm, *ī n* (*sĕcō*) (*nkl., dcht.*) Abschnitt; *meton.* Purpur- *od.* Goldbordüre, *meist pl.*

sēgnĭ-pēs, *pĕdis m* (*sēgnis*) (*Ju.*) abgetriebener Gaul.

sēgnis, *ĕ* (*m. comp. u.* °*sup.*; *adv.* °**-ĭtĕr**) (< **sēk-nī-s zu ἦκα* „sacht, langsam") lässig, langsam, träge, schlaff, *v. Pers. u. Sachen* [*homo,* °*bellum,* °*aqua* langsam fließend, °*campus* unfruchtbar, °*aetas* zähes Leben, °*nihilo segnius* um so eifriger, °*non segnius* eifriger; *in re u.* °*alcis rei in od. bei etw., zB. occasionum; ad u.* °*in alqd* zu *od.* für *etw., zB.* °*ad pericula,* °*non in Venerem segnes nocturnaque proelia; m.* °*inf.*].

sēgnĭtĭă, *ae, selten* **sēgnĭtās,** *ātis u.* (*unkl.*) **sēgnĭtĭēs,** *ēī f* (*sēgnis*) Langsamkeit, Trägheit, Schlaffheit (*alcis,* / *maris* Windstille).

sē-grĕgō 1. (*Hypost. aus sē grĕgĕ* „*v.* der Herde weg[treiben]"; *Ausdruck der Bauernsprache*) **1.** (*dcht.*) *v.* der Herde absondern [*oves*]. **2.** / trennen, entfernen, ausschließen, *etw. v. e-r größeren Masse od. Anzahl* (*alqm u. alqd a od. ex re, zB. alqm a numero civium;* / *virtutem a summo bono*); *auch in Tmesis.*

sēgrĕx, *grĕgis* (*Rückbildung aus sēgrĕgō*) (*nkl., dcht.*) abgesondert, zerrissen.

sēi (*altl.*) = *sī.*

Sēiānŭs *s. Sēiŭs.*

sēic (*altl.*) = *sīc.*

sē-iŭgis, *ĕ* (*sĕx, iŭgŭm*) (*nkl.*) sechsspännig; *subst.* **sēiŭgēs,** *iŭm m* (*sc. ĕquī*) Sechsgespann.

sē-iŭgō 1. trennen (*a re v. etw.*).

sēiūnctim *adv.* (*sēiūnctŭs P.P.P. v. sēiŭngō*) (*Ti.*) abgesondert.

sēiūnctĭō, *ōnis f* (*sēiŭngō*) Absonderung, Trennung.

sē-iŭngō, *iūnxī, iūnctŭm* 3. **1.** absondern, trennen, *auch* / (*alqm u. alqd ab alqo u. a od. ex re, zB. se a consule, se a libertate verborum;* °*seiunctum est a re proposita* es liegt nicht in meinem Plan). **2.** / unterscheiden [*liberalitatem ab ambitu*].

Sēiŭs 3 *röm. Gentilname:* **1.** *M. Sēiŭs, röm. Ritter, Freund Ciceros.* **2.** *L. Aelĭŭs Sēiānŭs, S. des L. Sēiŭs Străbō, Günstling des Tiberius, 31 n. Chr. hingerichtet.*

sĕlăs *n* (*pl. sĕlă; Fw.* < *σέλας*) (*nkl.*) Wetterschein.

sēlēctĭō, *ōnis f* (*sēlĭgō*) Auslese, Auswahl.

sē-lēctŭs *P.P.P. v. sēlĭgō.*

sē-lēgī *s. sēlĭgō.*

Sĕleucēă *u.* **-īă,** *ae f* (*im Vers auch* *-īă; Σελεύκεια*) *Name mehrerer v. Seleukos I. gegründeten Städte; bsd.:* **1.** ~ *Băbȳlōnĭă am Tigris, Hptst. des Seleukidenreiches südl. v. Bagdad.* **2.** ~ *Pīĕrĭă in Syrien, am Orontes, Seehafen v. Antiochia;* (*Pl.*) = Syrien.

Sĕleucŭs, *ī m* (*Σέλευκος*) *Name mehrerer syrischer Könige* (*der Seleukiden*), *bsd.* ~ *I. Nīcātōr* (*ὁ Νικάτωρ*), *ehemals General Alexanders d. Gr., ermordet 281 v. Chr., sein S. war Antiochus.*

sē-lībră, *ae f* (*im Vers auch sē-;* < **sēmĭ-lībră*) ein halbes Pfund (*alcis rei, zB. farris*).

sē-lĭgō, *lēgī, lēctŭm* 3. (*lĕgō*²; *eigtl.* „absondern") auslesen, auswählen [*exempla, sententias; selecti iudices* (vom Prätor) in Strafsachen ausgewählte]; *prägn. m.* Auswahl anwenden [*omnia*].

Sĕlīnūs, *ūntis f* (*u.* °*m*) (*Σελινούς, j.* Selinunte) *westlichste griech. St. Siziliens, Rivalin v. Segesta; j. ausgedehnte Ruinenstätte* (*8 Tempel m. ber. Metopen*).

sĕllă, *ae f* (< **sĕdlā zu sĕdĕō*) **1.** Stuhl, Sessel. **2. a)** = *sella cŭrūlis* Amtsstuhl *der höheren Magistrate; s. cŭrūlis;* [*alqm ad sellam vocare*]; **b)** Lehrstuhl; **c)** Arbeitsstuhl der Handwerker; **d)** (*nkl.*) Thron [*aurea*]; *8*) (*vkl., nkl.*) Nachtstuhl, *vollständig* ~ *pertusa;* **f)** (*nkl.*) Tragsessel (*später statt der lĕctīcă, der eigtl. Sänfte, gebraucht*); **g)** (*dcht.*) Kutschbock; **h)** (*spätl.*) Reitsattel.

sĕllārĭŏlŭs 3 (*demin. v. sĕllārĭŭs*) (*Ma.*) zum Sitz gehörig; *popinae* Kneipe, *in der man nicht zu Tisch lag* (*cf. trīclīnĭŭm*), *sondern auf Stühlen saß.*

sĕllārĭŭs (*sĕllă*) (*nkl., dcht.*) **1.** *adi.* 3 Sessel... **2.** *subst.* **a) -ă,** *ae f* **α)** Sesselzimmer, *bsd. für sexuelle Ausschweifungen;* **β)** = *prōsēdă;* **b) -ŭs,** *ī m* Sesselbruder = Lustmolch (**Sattler).

sĕllĭ-stĕrnĭŭm, *ī n* (*sĕllă, stĕrnō*) (*nkl.*) Göttermahl, *bei dem die Götterbilder auf Sesseln ruhten* (*cf.

lĕctĭstĕrnĭŭm).

sĕllŭlă, ae *f* (*demin. v.* sĕllă) (*nkl.*) kleiner Sessel, *bsd.* kleiner Tragsessel.

sĕllŭlārĭŭs 3 (sĕllŭlă) (*nkl.*) Sessel...; *klass. nur subst. m* sitzender (*d. h.* sitzend arbeitender) Handwerker.

▶**sĕmĕl** *num. adv.* (*zu idg.* *sem- „eins"; *cf.* sĕm-pĕr, sĭngŭlī, sĭmŭl) **1. a**) einmal, nur einmal [*non* ~, *sed saepius, ne* ~ *quidem* nicht ein einziges Mal, *non* ~ wiederholt, ~ *atque iterum* ein *u.* das andere Mal]; **b**) (*beim Aufzählen*) zuerst (~ ... *iterum od. deinde*); **c**) (*prägn.*) ein für allemal, *m.* einem Wort [*ut* ~ *dicam; cum facile orari, Caesar, tum* ~ *exorari soles*]. **2.** (*tonlos*) erst (einmal) [*multi philosophi* ~ *egressi numquam in patriam reverterunt*]; *bsd. quoniam u. quando* (*quidem*) ~ weil einmal, *cum* ~, *ut u. ubi* ~ sobald einmal, *qui* ~ wer einmal.

Sĕmĕlă, ae *u.* °**-ē,** ēs *f* (Σεμέλη) *urspr. thrakisch-phrygische Erdgöttin* (*cf. slawisch* zemlja „Erde"), *im griech. Mythos T. des Kadmos, durch Zeus M. des Dionysos* (*Bacchus*); *sie hatte den Gott in seiner Herrlichkeit zu sehen verlangt u. war v. seinen Blitzen erschlagen worden.* (*Cf.* V.-B. I, 1.) — *adi.* °**Sĕmĕlēĭŭs** *u.* °**-lēŭs** 3.

▶**sēmĕn,** ĭnĭs *n* (sĕrō[2]) **1. a**) Same, Samenkorn [~ *manu spargere; alcis rei*]; *auch* (*vkl., dcht.*) Samen, *bisw.* / [*semine Saturni creatus v.* Saturn gezeugt; °*alcis rei* Stoff zu *etw., zB. flammae, rerum* Grundstoffe]; **b**) *meton.* (*vkl., nkl.*) Setzling [*vitium,* ~ *ponere*]. **2.** / **a**) Stamm, Geschlecht [*Romanum,* °*divinum; auch pl., zB.* °*saeva leonum semina* Gezücht]; **b**) (*dcht.*) Sprößling, Nachkomme [*caeleste*]. **3.** / Grundursache, Stoff (*alcis rei, zB. omnium malorum,* °*odiorum*); *concr.* Urheber [*huius belli*].

sēmĕnstrĭs, ĕ *s.* sēmēstrĭs.

sēmĕntĭ-fĕr, ĕră, ĕrŭm (sēmĕntĭs, fĕrō) (*Ve.*) Saat tragend, fruchtbar.

sēmĕntĭs, ĭs *f* (sēmĕn) **1.** Aussaat *abstr.* = das Säen, *Ggs. Ernte* [*sementem facere;* / *proscriptionis*]; *meton.* (*vkl., nkl.*) Saatzeit. **2.** (*dcht.*) (junge) Saat. — (*acc.* -ĕm *u.* -ĭm; *abl.* -ī *u.* °-ĕ).

sēmĕntīvŭs 3 (sēmĕntĭs) (*vkl., dcht.*) zur Saat gehörig [*dies* römisches Saatfest].

sēm-ĕrmĭs, ĕ *u.* **-mŭs** 3 = sēmĭĕrmĭs *u.* -mŭs.

sē-mēstrĭs, ĕ (< *sĕx-mēnstrĭs *zu* mēnsĭs) **1.** sechs Monate alt, halbjährig [°*infans*]. **2.** halbjährlich stattfindend, sich auf sechs Monate erstreckend [*regnum,* °*censura*]. — ****semestre tempus* Studienhalbjahr, Semester.

sēm-ēsŭs 3 (sēmĭ- *u.* ēsŭs *P.P.P. v.* ĕdō[1]) (*nkl., dcht.*) halbverzehrt [*piscis*].

sē-mĕt *verstärktes* sē[1]; *cf.* -mĕt.

sēmĭ-, (*vor Vokalen auch*) **sēm-,** (*verkürzt*) **sē-** (*zu* ἡμι-, ἥμισυς; *cf.* sēmĭs) (*nur in zusammengesetzten Wörtern*) halb...

sēmĭ-ădăpĕrtŭs 3 (*Ov.*) = sēmĭăpĕrtŭs [*ianua*].

sēmĭ-ăgrĕstĭs, ĕ (*spätl.*) halbbäuerisch.

sēmĭ-ămbūstŭs 3 (-ūst-?) (*nkl., dcht.*) halbverbrannt.

sēmĭ-ănĭmĭs, ĕ *u.* **-mŭs** 3 (*unkl.*) (schon) halbtot.

sēmĭ-ăpĕrtŭs 3 (*Li.*) halbgeöffnet, -offen.

sēmĭ-bărbărŭs 3 (*nkl.*) halb barbarisch.

sēmĭ-bōs, bŏvĭs *m* (*Ov.*) Halbstier (= Minotaurus).

sēmĭ-căpĕr, prī *m* (*Ov.*) Halbbock (= Pan, Faun).

sēmĭ-cīnctĭŭm, ī *n* (-cīnct-?; cīnctŭs *P.P.P. v.* cĭngō) (*dcht., nkl.*) schmaler Gurt; Gürtel der Männertunika.

sēmĭ-crĕmātŭs *u.* **sēmĭ-crĕmŭs** 3 (crĕmō) (*dcht.*) halb verbrannt [*stipes*].

sēmĭ-crūdŭs 3 (*nkl.*) halbroh.

sēmĭ-cŭbĭtālĭs, ĕ (*Li.*) eine halbe Elle lang.

sēmĭ-dĕŭs 3 (*dcht.*) halbgöttlich; *subst. m u. f* Halbgott, Halbgöttin.

sēmĭ-dŏctŭs 3 halbgelehrt, Halbwisser; / (*Ma.*) ungeschickt.

sēmĭ-ĕrmĭs, ĕ *u.* **sēmĭ-ĕrmŭs** 3 (ărmă) (*nkl.*) nur halbbewaffnet.

sēmĭ-ēsŭs 3 = sēmēsŭs.

sēmĭ-făctŭs 3 (*nkl.*) (nur) halbfertig.

sēmĭ-fĕr, fĕră, fĕrŭm (fĕrŭs) (*dcht., nkl.*) halbtierisch, / halbwild; *subst. m* ein Halbwilder.

sēmĭ-fūltŭs 3 (fŭlcĭō) (*Ma.*) sich halb auf *etw.* stützend [*subsellio*].

sēmĭ-gĕrmānŭs 3 (*Li.*) halbgermanisch [*gens*].

sēmĭ-graecŭs 3 (*vkl., nkl.*) halbgriechisch.

sēmĭ-grăvĭs, ĕ (*Li.*) halbtrunken, *m.* schwerem Kopf.

sē-mĭgrō 1. weg-, ausziehen [*a patre*].

sēmĭ-hĭāns, ăntĭs (hĭō) (*dcht., nkl.*) halbgeöffnet.

sēmĭ-hŏmō, ĭnĭs *m* (*dcht.*) halb Mensch, halb Tier [*Centauri*]; *adi.* / halb wild.

sēmĭ-hōră, ae *f* eine halbe Stunde.

sēmĭ-lăcĕr, ĕră, ĕrŭm (*Ov.*) halb zerrissen, halb zerfleischt.

sēmĭ-lautŭs 3 (*Ca.*) halb gewaschen [*crura*].

sēmĭ-lībĕr, ĕră, ĕrŭm halbfrei.

sēmĭ-lixă, ae *m* (-lī-?) (*Li.*) halber Marketender (*Schimpfwort*).

sēmĭ-mărīnŭs 3 (*Lu.*) halb dem Meer zugehörig, halb Fisch.

sēmĭ-mās, mărĭs *m* (*unkl.*) **1.** halb Mann, halb Weib; Zwitter, Hermaphrodit. **2.** kastriert [*Galli* Kybelepriester].

sēmĭ-mŏrtŭŭs 3 (*dcht., nkl.*) halbtot [*membra*].

sēmĭnālĭs, ĕ (sēmĕn) (*nkl., dcht.*) zum (männlichen) Samen gehörig, Samen... [*membrum*].

sēmĭnārĭŭm, ī *n* (sēmĕn) **1.** (*nkl.*) Baum-, Pflanzschule. **2.** / Keim, Anfang [*omnium scelerum, rei publicae*]. — ***(akademische, geistliche) vorbereitende Bildungsstätte.

sēmĭnātŏr, ōrĭs *m* (sēmĭnō) Sämann; Urheber [*malorum*].

sēmĭ-nĕx, nĕcĭs (*nkl., dcht.*) halbtot [*artus* halberstarrt].

sēmĭnĭŭm, ī *n* (sēmĕn) (*vkl., dcht.*) Samen; (*meton.*) Tierrasse.

sēmĭnō 1. (*denom. v.* sēmĕn) **1.** (*nkl.*) säen. **2.** / erzeugen, hervorbringen [*stirpem*].

sēmĭ-nūdŭs 3 (*nkl.*) halbnackt, *auch* fast wehrlos.

sēmĭ-ŏrbĭs, ĭs *m* (*nkl.*) Halbkreis.

sēmĭ-pĕrfĕctŭs 3 (*nkl.*) halb vollendet.

sēmĭ-plēnŭs 3 halbvoll [*navis* halb bemannt]; *bsd.* halb vollzählig [°*stationes* halbbesetzt].

sēmĭ-pŭtātŭs 3 (*dcht.*) halb beschnitten [*vitis*].

Sĕmīrămĭs, ĭdĭs *u.* °ĭdŏs *f* (Σεμίραμις) *griech. Name der Königin Sammuramat, myth. Begründerin der assyrischen Monarchie u. Gründerin v. Babylon* (*Hängende Gärten der S.*); *adi.* **Sĕmīrămĭŭs** 3.
F. *acc.* -ĭm *u.* -ĭn *u.* -ĭdĕm; *abl.* -ī *u.* -ĭdĕ. *Cf.* V.-B. III, 4, b.

sēmĭ-rāsŭs 3 (rādō) (*dcht., nkl.*) halb geschoren [*ustor*].

sēmĭ-rĕdŭctŭs 3 (*Ov.*) halb zurückgebogen [*manus*].

sēmĭ-rĕfĕctŭs 3 (rĕfĭcĭō) (*Ov.*) halb ausgebessert.

sēmĭ-rŭtŭs 3 (rŭō[1]) (*nkl., dcht.*) halb eingerissen *od.* zerstört, halb eingestürzt [*urbs*]; *subst. n* halb eingerissene Stelle.

sēmĭs, ĭssĭs *u. indecl. m* (< *sēmĭ-ăs) Hälfte eines zwölfteiligen Ganzen: **1.** halber As [°*homo non semissis* keinen Heller wert]; (*spätl.*) (*Goldmünze*) = $^1/_2$ *solidus.* **2.** *übh.* Hälfte: **a**) (*nkl.*) ein halber Morgen Landes = *0,125 ha* [*agri*]; **b**) (*nkl.*) Hälfte der Erbschaft; **c**) *pl.* (*v. Zinsen*) semisses sechs Prozent *jährlich* (*eigtl.* $^1/_2$ as *für 100 asses, d.h.* $^1/_2$% *monatlich*).

sēmĭ-sĕnĕx, sĕnĭs *m* (*Pl.*) ein halber Greis.

sēmĭ-sĕpūltŭs 3 (*Ov.*) halb begraben.

sēmĭ-sŏmnŭs 3, °**-nĭs,** ĕ schlaftrunken [*homo,* °*cor*].

sēmĭ-sōnārĭŭs, ī *m* (*sēmĭ-zōnă = sēmĭcīnctĭŭm; *cf.* zōnă, zōnārĭŭs) (*Pl.*) Verfertiger *v.* schmalen Gürteln.

sēmĭ-spăthĭŭm, ī *n* (*spätl.*) eine kleine spatha, *germ.* Halbschwert, „Sachs".

sēmĭ-sŭpīnŭs 3 (*dcht.*) halb zurückgelehnt, *v. Pers.*

sēmĭtă, ae *f* (sē[2], mĕō; *eigtl.* „abseits gehend") **1.** schmaler Fußweg, Seitenweg, Pfad, Bürgersteig [*angustissima*]. **2.** / Bahn, Weg [°*vitae fallentis; sprichw.:* °*qui sibi semitam non sapiunt, alteri monstrant viam* die sich selbst nicht raten können; °*Aesopi semitam ego feci viam* ich habe seinen Stoff erweitert].

sēmĭ-tāctŭs 3 (tăngō) (*Ma.*) (?) halb berührt [*unguento*].

sēmĭtālĭs, ĕ (sēmĭtă) (*Ve.*) an den Fußsteigen verehrt [*dii*].

sēmĭtārĭŭs 3 (sēmĭtă) (*Ca.*) auf den Seitenwegen befindlich [*moechi* Hinterhofkavaliere].

sēmĭ-tēctŭs 3 (tĕgō) (*nkl.*) halbbedeckt, halbnackt.

sēmĭtō 1. (*denom. v.* sēmĭtă) (*nkl.*, *Ma.* VI, 74, 2) (durch einen Seitenweg) durchschneiden lassen, durchziehen.

sēmĭ-ūstŭlāndŭs 3 (-ūst-?; ūstŭlō) (*Suet.*) halb zu verbrennen.

sēmĭ-ūstŭlātŭs 3 (-ūst-?; ūstŭlō) halb verbrannt.

sēmĭ-ūstŭs 3 (-ūst-?; ūrō) (*nkl.*, *dcht.*) halb verbrannt; / -um effugere kaum *m.* heiler Haut davonkommen.

sēmĭ-vĭr, ī *m* **1.** (*Ov.*) halb Mann, halb Stier; Kentaur [bos = Mīnōtaurŭs]. **2.** (*nkl.*, *dcht.*) Zwitter, Hermaphrodit. **3.** (*unkl.*) **a)** Kastrat; **b)** *adi.* **α)** kastriert; **β)** / weibisch, unmännlich [comitatus]; **γ)** unzüchtig (= pāthĭcŭs).

sēmĭ-vīvŭs 3 halblebendig, halbtot; / halb erstorben, matt [vox].

sēmĭ-vŏcālĭs, ĕ halbtönend.

Sēmō, ōnĭs *m* (sēmĕn) *alter Saatgott*; *s.* Săncŭs.

sēmōtŭs 3 (*eigtl. P.P.P. v.* sēmŏvĕō) **1.** entfernt, entlegen [locus; ab alqo, *zB.* a militibus; °alci rei, *zB.* terris]; *subst.* **-ă,** ōrŭm *n* (*dcht.*) entlegene Gegenden. **2.** / **a)** (*dcht.*) ohne *etw.* [a curis]; **b)** (*dcht.*) verschieden *v. etw.* [ab immortalitate]; **c)** (*Ta.*) *v.* der Öffentlichkeit entfernt = vertraulich [dictio Unterredung].

sē-mŏvĕō, mōvī, mōtŭm 2. beiseiteschaffen, entfernen [alqm a liberis]; / absondern, ausschließen, beseitigen [voluptatem, alqm ab ea disciplina].

▶ **sĕmpĕr** *adv.* (sĕm- = ἕν; *cf.* sĕm-ĕl, paulĭs-pĕr; *eigtl.* „in einem fort") **1.** immer, jederzeit, stets *bei Verben, adi. u. adv., bisw. auch bei subst.* = beständig, ewig, *zB.* pacis ~ auctor. **2.** (*meist vkl.*, *nkl.*) *v.* jeher.
*****semper idem** immer derselbe *od.* dasselbe (*vl. aus Ci. Tusc.* III, 15, 31 *v. Sokrates' Gesichtsausdruck übernommen*: ille voltus semper idem), *j. Wahlspruch der Beständigkeit.*

▶ **sĕmpĭtĕrnŭs** 3 (sĕmpĕr; *nach* aetĕrnŭs) immerwährend, beständig, ewig [ignis Vestae]; *adv.* **-ūm** (*Pl.*) auf immer.

Sĕmprōnĭŭs 3 *Name einer patriz., später pleb.* gēns *m. zahlreichen Familien, bsd. der* Gracchi (*s.* Grăcchŭs); *adi.* **Sĕmprōnĭŭs** 3 [lex] *u.* **Sĕmprōnĭānŭs** 3 [senatūs consultum].

sēmŭl (*Pl.*) = sĭmŭl.

sēm-ūncĭă, ae *f* (-ū-?; ‹ *sēmĭ-ūncĭă) halbe Unze, $^1/_2$ Zwölftel eines zwölfteiligen Ganzen: **1.** (*Gewicht*) $^1/_{24}$ Pfund = 13,6 g. **2. a)** (*Erbschaft*) $^1/_{24}$ [alqm heredem ex semuncia facere]; **b)** (*Zinsen*) fenus ad semuncias redactum auf $^1/_{24}$ *des Kapitals* herabgesetzt, *d.h. auf* $4^1/_6$% jährlich.

sēmūncĭārĭŭs 3 (-ūnc-?; sēmūncĭă) (*nkl.*) zur halben Unze gehörig [fenus -um $^1/_{24}$% *mtl.*, *d.h.* $^1/_2$% jährliche Zinsen].

sēm-ūstŭlātŭs 3 (-ūst-?) = sēmĭūstŭlātŭs.

sēm-ūstŭs 3 (-ūst-?) = sēmĭūstŭs.

*****sen.** (*Abk.*) = sĕnĭŏr.

sĕnācŭlŭm, ī *m* (sĕnātŭs; *nach* cēnācŭlŭm) (*vkl.*, *nkl.*) Sitzungssaal des Senates.

sĕnāpĭs = sĭnāpĭs.

sĕnārĭŏlŭs, ī *m* (*demin. v.* sĕnārĭŭs) kleiner *od.* unbedeutender Senar.

sĕnārĭŭs 3 (sĕnī) je sechs enthaltend, sechsfüßig [versus]; *subst. m* Senar, Vers *v.* sechs (*meist iambischen*) Füßen.

▶ **sĕnātŏr,** ōrĭs *m* (*wohl Rückbildung aus* sĕnātŭs) Senator, *Mitglied des römischen Senates* (*Insignien goldener Ring,* lātŭs clāvŭs *an der Tunika, rote Lederschuhe m. der* lūnŭlă, *d. h. einem C aus Silber*); / *auch* Ratsherr *bei nichtrömischen Völkern.*

sĕnātōrĭŭs 3 (sĕnātŏr) senatorisch, des Senates, der Senatoren [ordo, consilium Richterkollegium aus Senatoren bestehend].

▶ **sĕnātŭs,** ūs *m* (sĕnēs, *pl. v.* sĕnĕx) **1.** Senat, Staatsrat in Rom, *in der Königszeit nur beratende Versammlung, aus den Ältesten der patriz. gentes bestehend, während der Republik die aus Patriziern u. Plebejern gebildete oberste Regierungsbehörde; in der Kaiserzeit verlor er nach u. nach an Bedeutung; Voraussetzung für die Aufnahme in den S. war die Bekleidung der Quästur; Mindestalter v. Sulla auf 30, v. Augustus auf 25 Jahre festgesetzt* [~ populusque Romanus; in -um legere wählen, in -um venire aufgenommen werden, °-u movere, de senatu movere *u.* ex -u eicere ausstoßen, °-um legere die Senatorenliste verlesen, -um convocare, °vocare zur Sitzung berufen]; senatūs consultum vollgültiger Senatsbeschluß, senatūs auctoritas Senatsgutachten (*s.* auctōrĭtās). **2.** Senatsversammlung, -sitzung [frequens beschlußfähig, -us est *od.* habetur findet statt, -um habere, mittere *u.* dimittere, -us alci datur Audienz beim Senat]. **3.** (*nkl.*) Senatorensitze, -plätze *im Theater.* **4.** / Staatsrat *nichtrömischer Staaten.* — **~ et plebs Rat *u.* Gemeinde.
F. *gen. sg. altl.* (*klass. selten*) -ī; *dat.* -ŭī *u.* °-ū.

Sĕnĕcă, ae *m cogn. der* gēns Ănnaeă: L. Annaeus ~, *S. des Rhetors Seneca; Philosoph u. Schriftsteller, Erzieher Neros, starb 65 n. Chr. durch Selbstmord auf Neros Geheiß.*

sĕnĕctă, ae *f* (*sc.* aetās) (sĕnĕctŭs[1]) (*unkl.*, *meist dcht.*) = sĕnĕctŭs[2].

sĕnĕctŭs[1] 3 (sĕnĕx) (*unkl. u. selten*) alt, bejahrt [aetas, corpus].

▶ **sĕnĕctūs**[2], ūtĭs *f* (sĕnĕx) **1.** Greisenalter, (hohes) Alter [summa]; *auch* / *v.* °*Tieren u. Sachen* [orationis Reife]. **2. a)** *meton.* **α)** die Greise; **β)** (*dcht.*) graues Haar; **γ)** (*dcht.*) Grämlichkeit; **b)** / (*dcht.*) das Alter *einer Sache,* die lange Dauer.

sĕnĕō, — — 2. (*denom. v.* sĕnĕx) (*dcht.*) alt sein.

sĕnēscō, sĕnŭī, — 3. (*incoh. v.* sĕnĕō) alt werden, altern, *auch v. Tieren u. Pflanzen*; / abnehmen, (hin)schwinden, verfallen, sich verzehren, an Einfluß verlieren, *v. Pers. u. Sachen* [Graecia, luna, hiems, °consilia werden vereitelt, opes Atheniensium].

▶ **sĕnĕx,** sĕnĭs (*comp.* sĕnĭŏr, ĭūs) (*2 Stämme*: **a)** *sĕnĭ-k- [*cf. got.* sineigs „alt", *gall.-lat.* Sĕnĕcă]; **b)** *sĕn- [*cf.* ἕνος „alt" *vom Mond im Ggs. zum Neumond u. v. abtretenden Beamten*]) **1.** *adi.*: alt, bejahrt, hochbetagt, *klass. im pos. nur v. Pers.* [admodum senex; senem fieri alt werden; °canis, °anni]; / (*dcht.*) reif [°senes autumni reife Herbstfrüchte]; *comp.* sĕnĭŏr älter, in höherem Alter, *unkl.* = sĕnĕx, *auch* / [°poëtae seniores der älteren Zeiten, senior oratio reifer, vis, °senioribus saeclis in späteren]. **2.** *subst. m u. f* Greis, Greisin, alter Mann, die Alte, *unkl. auch* °senior; *bsd. pl.* **sĕnĭōrēs,** ūm *m* die Älteren, *zB.* °patrum; *auch* (*Cu.*) Rat der Alten *in Karthago*; *meist mil.* das ältere Aufgebot der römischen Bürger *vom 45. bis 60. Jahr.* — **senex Läufer (*im Schachspiel*); senior (*als Anrede*) Herr; seniores die Ältesten, die Ahnen; *j.* sen. *Abk.* = senior *hinter dem Namen*: der Ältere. [sĕnĭcēs.]
F. *abl. sg.* sĕnĕ, *gen. pl.* -ŭm; *altl. pl.*

sēnī, ae, ă *num. distr.* (‹ *sĕx-noi *zu* sĕx) je sechs; (*dcht.*) *auch* sechs auf einmal [°bis seni dies zwölf Tage]. — (*gen.* sēnŭm, *cf.* V.-B. VI, 5.)

sĕnīlĭs, ĕ (*adv.* °**-ĭtĕr**) (sĕnĕx) gealtert, greisenhaft, Greisen... [statua, prudentia, °amor, °adoptio *v.* einem Greise herrührend].

sēnĭō, ōnĭs *m* (sēnī) (*unkl.*) die Sechs im Würfelspiel.

sĕnĭŏr *s.* sĕnĕx.

sĕnĭŭm, ī *n* (sĕnĕx) **1.** Altersschwäche (alcis; -o carere *u.* °confici); (*v. Sachen*) das Hinschwinden, Verfall [mundi]. **2.** *meton.*: **a)** Trauer, Leid(wesen) (alcis; -o confectus); **b)** (*dcht.*) finsterer Ernst, Trübsinn (alcis). **3.** (*concr.*) (*vkl.*, *dcht.*) der Alte.

sĕnĭŭs, ī *m* (sĕnĕx) (*vkl.*, *dcht.*) der Alte.

Sĕnōnēs, ŭm *m* (*acc.* -ăs; Σένονες *u.* Σήνωνες) *kelt. Volk in* Gallia Lugdunensis *m. der Hptst.* Ăgĕdĭncŭm, *j.* Sens; *sg.* **Sĕnō,** ōnĭs *m.*

sēnsă, ōrŭm *n s.* sĕntĭō.

sēnsī *s.* sĕntĭō.

sēnsĭbĭlĭs, ĕ (sĕntĭō) **1.** (*pass.*) (*nkl.*) *m.* den Sinnen verbunden. **2.** (*act.*) (*spätl.*) der Empfindung fähig.

sēnsĭcŭlŭs, ī *m* (*demin. v.* sēnsŭs) (*Qu.*) Sätzchen.

sēnsĭ-fĕr, fĕră, fĕrŭm (sēnsŭs, fĕrō) (*Lu.*) Empfindung verursachend [motus].

sēnsĭlĭs, ĕ (sĕntĭō) (*Lu.*) empfindbar, sinnlich.

sēnsĭm *adv.* (sĕntĭō) nur *od.* kaum merklich, allmählich, nach *u.* nach [amicitiam dissuere, °animos temptare in aller Stille].

sēnsŭālĭs, ĕ (sēnsŭs) (*Eccl.*) sinnlich.

sēnsŭs[1] *P.P.P. v.* sĕntĭō.

sēnsŭs[2]
1. a) Gefühl, Empfindung; **b)** Wahrnehmung; **c)** Sinn; **d)** Besinnung; **2. a)** Verstand; **b)** Urteil; **c)** Ansicht; **d)** Bedeutung; **e)** Gedanke; **f)** Satz, Periode; **3. a)** Gefühl; **b)** Gesinnung; **c)** Takt; **d)** Rührung.

sēnsūs², ūs *m* (sĕntĭō) **1.** (*physisch*) **a)** Gefühl, Empfindung [*in morte nullus sensus est, sensum oculis accipere* Eindruck; *alcis u. alcis rei, zB. doloris, voluptatis*]; **b)** Wahrnehmung [°*eius operis*]; **c)** *meton.* Empfindungsvermögen, Sinn [*quinque sensūs hominis, videndi, audiendi,* °*oculorum,* °*aurium, res sensibus subiectae* sinnlich wahrnehmbar]; **d)** Besinnung, Bewußtsein, *sg. u. pl.* [*sine sensu iacēre,* °*sensus vincuntur mero*]. **2.** (*geistig*) **a)** (*intellektuell*) Verstand, Denkkraft [*nativus, communis* gesunder Menschenverstand], *auch* natürliches Gefühl [*verba -u significata*], *übh.* (*dcht.*) Seele [*imi sensūs* das Innerste der Seele]; **b)** Verständnis, Urteil, Geschmack, *bisw. pl.* [°*rudis,* °*omnibus sensibus orbus, in his rebus alqm -um habere*]; **c)** Ansicht, Meinung, Gedanke, *auch pl.* [*vulgaris, popularis, abhorrere a sensibus alcis, eorum sensus congruebant, communis* allgemeine Anschauungsweise]; **d)** (*rhet. u. philos.*) (*nkl., dcht.*) Bedeutung *od.* Begriff *e-s Wortes,* Inhalt *e-r Schrift* [*verbi, testamenti*]; **e)** (*nkl.*) Gedanke, Idee [*sensibus celeber, optimi sensus*]; **f)** (*nkl.*) (*concr.*) Satz, Periode. **3.** (*moralisch*) **a)** Gefühl, teilnehmende Empfindung (*alcis rei, zB. amoris, amandi, diligendi*); **b)** Gesinnung, Sinnesart, *auch pl.* [°*eodem quo vos sensu sum* euer Gesinnungsgenosse; *alcis, zB. civium;* °*communis* herrschende Stimmung]; **c)** Sinn für das Schickliche, Takt [*communis*]; **d)** (*rhet.*) Affekt, Rührung, *auch pl.* [*oratio sensūs habeat, -u multum efficitur*].

sĕntĕntĭă
1. a) Meinung, Ansicht; **b)** Wille, Beschluß; **2. a)** Stimme, Votum; **b)** Urteil(sspruch); **3.** Bedeutung, Inhalt; **4.** (Lehr)Satz, Sinnspruch, Sentenz.

sĕntĕntĭă, ae *f* (*wohl zu altem Aoristpartizip* *sĕntēns *v.* sĕntĭō *wie* pārēns *u.* cliēns) **1. a)** Meinung, Ansicht (*alcis j-s, de re* über *etw.*; *-am aperire, mutare, in -a [per]manere u. perseverare, de -a decedere u. desistere, -ae alcis assentiri, in -a esse, -am habere de re; sprichw. quot homines, tot sententiae* so viel Köpfe, so viel Sinne); *meā sententiā* nach meiner Ansicht, wenn ich mich nicht irre; *de u. ex mea sententia* meiner Ansicht gemäß = wenn *od.* da meine Ansicht befolgt wird [*ex animi (mei) sententia* nach bestem Wissen *u.* Gewissen, *zB. iurare, auch als Beteuerungsformel*]; **b)** Wille, Entschluß, Beschluß (*alcis, zB. deorum, -a est od. stat* es ist fest beschlossen, es ist mein Wille), Gedanke [*-is abundare*], Wunsch [*ex animi -a* nach Herzenswunsch], Grundsatz *des Handelns* [*voluntatum*]. **2.** (*bei Abstimmungen*) **a)** (*im Senat*) Votum, Stimme, *bisw.* Antrag, Vorschlag (*alcis j-s; -am dicere od. ferre od.* °*dare* abgeben, *referre* vortragen, *rogare* zur Abstimmung aufrufen, *-am reri, in* °*-am alcis discedere od.* °*[pedibus] ire* dem Votum *j-s* beipflichten, *liberis -is* bei freier Abstimmung); **b)** (*der Richter*) Urteilsspruch, Urteil [*-am ferre* abgeben, *dicere* abgeben *od.* verkünden, *omnibus -is condemnari u. absolvi*]. **3.** Bedeutung *od.* Begriff *e-s Wortes,* Inhalt *e-r Schrift od. Rede* [*verbi, legis, verba nullā subiectā -ā* ohne allen Sinn, *sub voce -am subicere* mit *e-m* Worte verbinden, *versus hanc -am habet; in hanc -am* folgendermaßen, *zB. dicere, scribere*]. **4.** (*concr.*) Satz, Spruch [*philosophorum*]; *bsd.* Sinnspruch, Sentenz, *stets abs., nie m. gen.* [*acuta, gravis,* °*Euripides -is densus*]. — ***tremenda* das Jüngste Gericht.

sĕntĕntĭŏlă, ae *f* (*demin. v.* sĕntĕntĭă) Sprüchlein, Redensart.

sĕntĕntĭōsŭs 3 (*adv.* **-ē**) (sĕntĕntĭă) sinn-, gedankenreich, *bsd. m.* vielen Sentenzen, *adv.* durch witzige Gedanken [*oratio, -e dicere*].

sĕntĭcētŭm, ī *n* (sĕntĭs) (*vkl., nkl.*) Dorngestrüpp.

sĕntīnă, ae *f* (*sc.* ăquă; *sĕntīnŭs 3 *zu* *sĕntĭō das Schöpfen; *cf.* ἀντλέω „schöpfe“, ăntlĭă) **1.** Kielwasser, Schiffsjauche [*-am exhaurire*]; *meton.* unterster Schiffsraum. **2. a)** Kloake, Pfuhl; **b)** Auswurf, Hefe [*rei publicae, urbis*].

sĕntĭō
1. a) fühlen, empfinden, wahrnehmen; **b)** *etw.* schmerzlich empfinden; **2.** (*geistig*) wahrnehmen, merken; **3. a)** meinen, denken, gestimmt sein; **b)** (*m. dopp. acc.*) sich *etw.* unter *etw.* vorstellen; **c)** sich äußern, abstimmen.

sĕntĭō, sēnsī, sēnsŭm 4. (*cf. nhd.* „sinnen“) **1. a)** fühlen, empfinden, wahrnehmen (*abs. od. alqd, zB.* °*dolorem, voluptatem, suavitatem cibi* schmecken, °*strepitum* hören, °*alqm* m. *jd.* geschlechtlich verkehren; *alqm perterritum j-s* Verwirrung bemerken; *m. a.c.i., zB. alqs sentit dolores accrescere;* [*dcht.*] *m. nom. c. part. als Gräzismus, zB. sensit medios delapsus in hostes*); **b)** (*prägn.*) *etw. Unangenehmes* schmerzlich empfinden *od.* kennenlernen (*alqd, selten alqm, zB. cladem belli,* °*famem,* °*Philippos celeremque fugam,* °*Turnum; auch v. Leblosem, zB.* °*ora sentit vastationem; m. indir. Frages.*). **2.** (*geistig*) wahrnehmen, merken, unwillkürlich erkennen, einsehen (*abs. od. alqd, zB. gaudium victoriae, quod senserim* soviel ich mir bewußt bin; *plus* mehr verstehen, *de re v. etw., zB. de profectione; m. a.c.i. u. indir. Frages.*). **3. a)** meinen, denken, urteilen, wirklich gesinnt sein [*quid sentis?, idem od. eādem de re publica* die gleiche politische Gesinnung haben, *optime de re publica* das Beste des Staates wollen, *vera od. verissime de re* richtige Begriffe *od.* die richtigsten Ansichten haben, *recte, ita, de alqo mirabiliter; cum alqo* es *m. jd.* halten, auf *j-s* Seite stehen, *contra u. adversus alqm* gegen *jd.* feindlich gesinnt sein]; *subst.* **sēnsă**, ōrŭm *n* Ansichten, Gedanken, Vorstellungen [*-a dicendo exprimere, -a mentis verbis explicare*]; **b)** sich *etw.* unter *etw.* vorstellen (*m. dopp. acc., zB. eos bonos cives, voluptatem hanc, quam ...; m. a.c.i.*); **c)** sich äußern, (*irgendwie*) abstimmen [*lenissime, fortissime de communi salute*].

sĕntĭs, ĭs *m* (*u.* °*f*) (*wohl zu* ξαίνω ‹ ξάνjω „kratze“) Dornstrauch, Dornbusch, *meist pl.*; / (*Pl.*) (*scherzh.*) *v. diebischen Händen.*

sĕntīscō, — — 3. (*incoh. v.* sĕntĭō) (*Lu.*) wahrnehmen, merken.

sĕntŭs 3 (*cf.* sĕntĭs) (*dcht.*) dornig, rauh, holperig [*loca*]; (*v. Pers.*) (*Te.*) struppig.

sĕnŭī *s.* sĕnēscō.

sē-ŏrsŭm *u.* **sĕ-ŏrsŭs** *adv.* (‹ *sē-vŏrsŭm *u.* *-sŭs; sē²; vĕrtō) (*altl., klass. selten*) **1.** abgesondert, besonders, ohne (*abs. u. ab alqo, zB.* °*a rege;* °*corpore*). **2.** ohne Zutun *j-s* [°*a collega*]; (*Pl.*) *abs te ~ cogito* ich denke anders als du.

sēpărābĭlĭs, ĕ (sēpărō) trennbar (*a re v. etw.*).

sēpărātĭm *adv. s.* sēpărātŭs.

sēpărātĭō, ōnĭs *f* (sēpărō) Absonderung, Trennung (*alcis rei a re*).

sēpărātŭs 3 (*eigtl. P.P.P. v.* sēpărō) (*adv.* **sēpărātĭm**, *comp.* sēpărātĭŭs) **1.** abgesondert, getrennt, besonders, verschieden, für sich, einzeln [*volumen, exordium, ager privatus ac -us,* °*castra -tim habere, -tim dicere* ohne spezielle Beziehung; *ab alqo, zB. ab universis*]. **2.** (*Ho.*) fern, entlegen [*iuga*].

▶ **sē-pārō** 1. (*eigtl.* „gesondert schaffen“) absondern, trennen, scheiden, *auch* / = ausschließen (*alqm u. alqd,* °*Catonem, utilitatem; re* durch *etw.; ab od. ex re u.* °*re v. od.* aus *etw., zB. alqm ab amicis, suum consilium a ceteris e-n* Separatbeschluß fassen).

sĕpĕlībĭlĭs, ĕ (sĕpĕlĭō) (*Pl.*) was sich begraben *od.* / verbergen läßt.

▶ **sĕpĕlĭō**, sĕpĕlīvī, sĕpŭltŭm 4. (*cf. altind.* saparyáti „verehrt“) **1.** begraben, bestatten (*alqm u. alqd, zB. mortuum in urbe, corpus alcis*); *selten* (*nkl.*) verbrennen. **2.** / **a)** vernichten, völlig unterdrücken [*dolorem, bellum,* °*inertiam* auf immer vergessen]; **b)** (*dcht.*) *jd.* in *etw.* versenken; *nur* P. in *etw.* versinken (*re, bsd. vino somnoque*), *abs.* in Schlaf versinken [*custode sepulto*]. **F.** *pf.-Formen synk.*: °sĕpĕlīssĕ(m) = sĕpĕlīvīssĕ(m).

sēpēs, ĭs *f* = saepēs.

sēpĭă, ae *f* (*Fw.* ‹ σηπία) Tintenfisch (= lōllīgō); *meton.* (*Pers.*) Sekret aus seinem Tintenbeutel *als Tinte verwendet.*

sēpĭō = saepĭō.

sēpĭŏlă, ae *f* (*demin. v.* sēpĭă) (*Pl.*) kleiner Tintenfisch.

sē-pōnō, pŏsŭī, pŏsĭtŭm 3. **1.** beiseite legen [*alqd sepositum habere*]. **2. a)** aufheben, aufsparen (*alqd,* *zB.* °*cicerem*; *alqd ad u. in alqd* zu *od.* für *etw.*, *zB. pecuniam ad fanum* zur Ausschmückung des Tempels); **b)** vorbehalten, reservieren (*alqd u. alci alqd*, *zB.* °*Aegyptum* die Verwaltung Ägyptens, °*vestem* im Testament aussetzen, °*primitias Iovi*). **3. a)** absondern, trennen, ausscheiden (*alqd a u.* °*de re*, *zB. a ceteris dictionibus eam partem dicendi*, °*unam de mille sagittis* auswählen); **b)** / (*Ho.*) unterscheiden (*alqd re etw. v. etw.*). **4.** (*nkl.*) **a)** entfernen, fernhalten [*imperatorem*; / *alterum consulatum extra certamen* aus dem Streit lassen]; **b)** *jd.* verbannen [*alqm a domo sua od. in civitatem Massiliensem*; / *curas nectare* verbannen]. **5.** (*P.P.P.*) *adi.* **sēpŏsĭtŭs** 3 (*dcht.*): **a)** ausgesucht [*vestis* Staats-, Sonntagskleid]; **b)** entlegen [*fons*].

sēpsĕ (= *sē ipsē*) sich selbst.

sēptă, *ōrŭm* = *saeptă*.

▶**sĕptĕm** *num. card. indecl.* (*cf.* ἑπτά, *nhd.* „sieben") **1.** sieben. **2.** *bsd.* **a)** die sieben Weisen; **b)** *Septem aquae* Gegend der sieben Bäche *in der Berggegend v. Reate*; **c)** (*dcht.*) *Septem stellae* das Siebengestirn *des Großen Bären.*

Sĕptĕmbĕr, *brĭs*, *brĕ* (*sĕptĕm*) zur sieben gehörig: **1.** *mensis* ~ *od. subst. m* ~ der Monat September (*cf. Dĕcĕmbĕr*). **2.** zum September gehörig, des Septembers [*Calendae*, °*horae* Herbsttage].
F. *abl. sg.* -*ī* (*subst. u. adi.*); *pl. neutr.* -*ĭă*, *gen.* -*ĭŭm*.

sĕptĕm-dĕcĭm = *sĕptēndĕcĭm*.

sĕptĕm-flŭŭs 3 (*flŭō*) (*dcht.*) in sieben Armen strömend, siebenarmig [*Nilus*].

sĕptĕm-gĕmĭnŭs 3 (*dcht.*) = *sĕptĕmflŭŭs* [*Nilus*].

sĕptĕm-pĕdālĭs, *ĕ* (*Pl.*) sieben Fuß lang.

sĕptĕm-plĕx, *plĭcĭs* (*cf. dŭplĕx*) (*dcht.*) siebenfach [*clipeus* siebenhäutig], *v. Flüssen* = *sĕptĕmflŭŭs*. — *abl. sg.* -*ĕ u.* -*ī*.

sĕptĕm-trĭō, *auch in Tmesis* = *sĕptĕntrĭō*.

sĕptĕm-vĭr, *vĭrī m* (*Rückbildung aus dem pl.*) Mitglied eines Siebenmännerkollegiums, *der* **sĕptĕmvĭrī**, *ōrŭm u.* -*ŭm*, *bsd. s. ĕpŭlōnēs*.
F. *Cf.* V.-B. VI, 2.

sĕptĕmvĭrālĭs, *ĕ* (*sĕptĕmvĭr*) zu dem Siebenmännerkollegium gehörig, der Siebenmänner [*auctoritas*]; *subst. m* = *sĕptĕmvĭr*.

sĕptĕmvĭrātŭs, *ūs m* (*sĕptĕmvĭr*) Amt *od.* Würde eines Septemvir.

sĕptēnārĭŭs 3 (*sĕptēnī*) aus sieben (Teilen) bestehend [*versus* ~ *od. bloß sĕptēnārĭŭs*, *ī m* siebenfüßiger Vers, Septenar].

sĕptēn-dĕcĭm *num. card. indecl.* (*sĕptĕm*, *dĕcĕm*) siebzehn.

sĕptēnī, *ae*, *ă num. distr.* (*sĕptĕm*) **1.** je sieben. **2.** (*dcht.*) sieben zugleich, sieben zusammen. **3.** *sg. sĕptēnŭs* 3 (*dcht.*, *nkl.*) siebenfach. — (*pl. gen.* -*ŭm*, *cf.* V.-B. VI, 5.)

sĕptĕnnĭŭm, *ī n* (*sĕptĕm*, *ănnŭs*) (*nkl.*) Zeitraum v. sieben Jahren.

sĕptĕn-trĭō, *ōnĭs m* (*sĕptĕm*; *Rückbildung aus pl.*; *eigtl.* „die sieben Dreschochsen") (*meist pl.*) **1.** Siebengestirn, Wagen, Großer Bär = *Ărctŏs* [*auch* ~ *maior*; *minor* Kleiner Bär; °*axis* -*nis* Nordpol]. **2.** *meton.* **a)** Norden, *klass. stets pl.* [*ad -nes iacēre od. spectare od. vergere, sub -nibus positum esse*]; **b)** *sg.* Nordwind.

sĕptĕntrĭōnālĭs, *ĕ* (*sĕptĕntrĭō*) (*vkl.*, *nkl.*) nördlich; *subst.* °-**ĭă**, *ĭŭm n* nördliche Gegenden.

sĕptĭē(n)s *num. adv.* (*sĕptĕm*) siebenmal.

sĕptĭmānŭs 3 (*sĕptĭmŭs*) (*vkl.*, *nkl.*) zur sieben gehörig; *subst.* -**ă**, *ae f* (*spätl.*) die Woche; -**ī**, *ōrŭm m* (*nkl.*) Soldaten der siebenten Legion.

Sĕptĭmĭŭs 3 *röm. Gentilname*; *Sĕvērŭs s. Sĕvērŭs.*

sĕptĭmōntĭālĭs, *ĕ* (*sĕptĭmōntĭŭm Gedenkfeier der Aufnahme der sieben Hügel in den Umkreis der Stadt am 11. Dezember*; *sĕptĕm*, *mōns*) (*nkl.*) zum Siebenhügelfest gehörig.

sĕptĭmŭs 3 *num. ord.* (*sĕptĕm*) der siebente; *adv.* -*ŭm* zum siebenten Mal [*consul*].

sĕptĭngĕntēsĭmŭs 3 *num. ord.* (*sĕptĭngĕntī*) der siebenhundertste.

sĕptĭn-gĕntī, *ae*, *ă num. card.* (*sĕptĕm*, *cĕntŭm*, *cf. dŭcĕntī*) siebenhundert.

sĕptĭ-rēmĭs, *ĕ* (*sĕptĕm*, *rēmŭs*) (*Cu.*) *m.* sieben Ruderreihen übereinander, Siebendecker [*navis*].

Sĕptĭzōnĭŭm, *ī n* (*sĕptĕm*, *zōnă*) *machtvolles, unter Septimius Severus um 200 n. Chr. am Palatin erbautes Nymphaeum.*

sĕptŭāgēnārĭŭs 3 (*sĕptŭāgēnī*) (*spätl.*) aus siebzig (Teilen) bestehend [*aetas* Alter *v.* siebzig Jahren].

sĕptŭāgēsĭmŭs 3 *num. ord.* (*sĕptŭāgĭntā*) der siebzigste.

sĕptŭāgĭntā *num. card. indecl.* (*statt* **sĕptŭmō-gĭntā*) siebzig.

sĕptŭ-ĕnnĭs, *ĕ* (*sĕptĕm*, *ănnŭs*) (*Pl.*, *spätl.*) siebenjährig.

sĕptŭĕnnĭŭm, *ī n* (*sĕptŭĕnnĭs*) (*spätl.*) Zeitraum *v.* sieben Jahren.

sĕptŭmŭs 3 (*altl.*) = *sĕptĭmŭs*.

sĕpt-ūnx, *ūncĭs m* (-*ū*-?; *sĕptĕm*, *ūncĭă*) (*nkl.*, *dcht.*) $^{7}/_{12}$ *e-s* As *od. e-s* zwölfteiligen Ganzen, sieben Unzen; / sieben Glas.

sĕpŭlch... = *sĕpŭlc...*

sĕpŭlcrālĭs, *ĕ* (*sĕpŭlcrŭm*) (*Ov.*) zum Grab gehörig, Grabes..., Leichen... [*ara*, *fax*].

sĕpŭlcrētŭm, *ī n* (*sĕpŭlcrŭm*) (*Ca.*) allgemeiner Begräbnisplatz.

▶**sĕpŭlcrŭm**, *ī n* (*sĕpĕlĭō*) **1.** Grab, *auch* °Brandstätte, Grabhügel, Gruft [°*ara* -*i* Scheiterhaufen, °*commune* Begräbnisplatz]; (*dcht.*) *auch* Begräbnis. **2.** (*meton.*) **a)** Grabmal, Leichenstein [°*inane* = κενοτάφιον Kenotaph]; *pl.* Stücke *v.* Grabmälern *als Baumaterial*; **b)** Aufschrift auf einem Leichenstein, Grabschrift [-*a legere*]. **3.** (*dcht.*) **a)** der Tote, *pl.* = Manen [-*a placare*]; **b)** Tod [-*i immemor*].

sĕpŭltūră, *ae f* (*sĕpĕlĭō*) **1.** Begräbnis, Bestattung [-*ā alqm afficere* bestatten]. **2.** (*nkl.*) Verbrennung.

sĕpŭltŭs *P.P.P. v. sĕpĕlĭō.*

Sēquănă, *ae m* die Seine.

Sēquănī, *ōrŭm m kelt. Volk zw. Saône, Rhone u. Jura m. der Hptst.* Vesontio, *j.* Besançon; *adi.* **Sēquănŭs** 3 [*ager*].

sĕquāx, *ācĭs* (*sĕquŏr*) (*dcht.*, *nkl.*) **1.** schnell folgend [*equus* folgsam, *undae* sich drängend, *flammae* züngelnd, *fumus* überall eindringend]; / biegsam, nachgiebig. **2.** verfolgend, nachdrängend [*Latium* = *Latini*].

sĕquĕntĭă, *ae f* (*sĕquēns part. praes. v. sĕquŏr*) (*spätl.*) Folge, Reihenfolge. — **Sequenz, *Chorlied der ma. Meßliturgie.*

sĕquĕstĕr, *trŏ*, *trŭm u.* (*jünger*) **sĕquĕstĕr**, *trĭs*, *trĕ* (⟨ **sĕquĕs-tĕrŏs*; *sĕquŏr*; *eigtl.* „mitfolgend") **1.** *adi.* (*dcht.*) vermittelnd [*pace -trā* unter dem Schutz des Friedens]. **2.** *subst.* **a)** **sĕquĕstĕr**, *trĭs u.* °*trī m* Mittelsperson, Vermittler, Sequester, *bei dem im Rechtsstreit die strittige Sache deponiert wird, od. Mittelsmann zur Bestechung des Volkes od. der Richter*; **b)** **sĕquĕstrŭm**, *ī od.* -**trĕ**, *ĭs n* (*vkl.*, *spätl.*) Deponierung *e-r streitigen Sache* bei einem Unparteiischen.

sĕquĕstrātĭō, *ōnĭs f* (*sĕquĕstrō*) (*spätl.*) Hinterlegung beschlagnahmter *od.* umstrittener Gegenstände.

sĕquĕstrō 1. (*sĕquĕstĕr*) (*Eccl.*) strittige Gegenstände beim Sequester hinterlegen; / zum Aufheben geben; absondern.

sĕquĭŭs, *comp. v. sĕcŭs*².

> **sĕquŏr**
> **1. a)** (nach)folgen, begleiten; **b)** verfolgen; **2. a)** (*zeitl.*) nachfolgen; **b)** *subst. sequens* Epitheton; *sequentia* das Folgende; **c)** an die Reihe kommen; **3. a)** (*einen Ort*) aufsuchen; **b)** (*einer Sache*) nachjagen; **4. a)** die Folge *von etw.* sein; **b)** sich ergeben; **5.** Folge leisten, nachgeben; **6.** sich wegbewegen lassen, nachkommen; **7.** *j-m* zuteil werden.

▶**sĕquŏr**, *sĕcūtŭs sŭm* 3. (*Lu.*: *sĕcūntŭr*; *cf.* ἕπομαι) **1. a)** folgen, nachfolgen, begleiten (*abs.*, *zB. hostes cum omnibus copiis secuti sunt*; *meist alqm u. alqd*, *zB. Caesarem ex urbe*, *alcis* °*vestigia*, *alcis* °*castra* = unter *jd.* dienen, *alcis* °*signa* Fahnen; *auch v. Sachen*, *zB. raeda sequebatur*; *oft* /, *zB.* °*gloria virtutem tamquam umbra sequitur*, °*dicta sic voce* beantworten); **b)** (*feindl.*) verfolgen, nachsetzen (*abs. u. alqm*, *zB. hostem*, °*feras*, °*fugientem ferro*). **2.** (*zeitl. od. der Reihe nach*) **a)** nachfolgen, nachkommen (*abs.*, *zB. hiems, et quae sequuntur u.* so weiter, *bsd.* *sĕquēns* der folgende [*unkl.*] = *īnsĕquēns*, *zB. sequenti anno*; *alqd*, *zB. hunc annum secuta est pax*; *selten post alqd* sich nach *etw.* einstellen, *zB. invidia post gloriam secuta est*, *u. ex re* im Anschluß an *etw.* nachfolgen, *zB.*

ex eo tempore discordiae secutae sunt); b) (part. praes.) subst. α) (Qu.) sĕquēns, ĕntis n Epitheton; β) (Ta.) sĕquĕntiă, ĭūm n das Folgende, Spätere; c) (in der Rede) folgen = an die Reihe kommen [sequitur illa divisio]; meist sequitur, ut beim Übergang zu einem anderen Teil, zB. sequitur, ut dicam od. videamus. 3. (ein Ziel) verfolgen: a) (einen Ort) aufsuchen [Formias, loca palustria]; b) / einer Sache nachjagen, nach etw. trachten od. streben (alqd, zB. alcis amicitiam, otium ab ambitione remotum, °ferro extrema = sich töten, fidem alcis sich freiwillig unter j-s Schutz stellen, °virginem sich bewerben um; m. ut, ne, zB. id sequor, ut meine Absicht ist). 4. a) die Folge v. etw. sein, sich ergeben [summa turpitudo secuta est; dispares mores sequuntur disparia studia]; b) (logisch) folgen, sich ergeben; sequitur daraus folgt od. ergibt sich, daß (m. ut, selten m. a.c.i.). 5. Folge leisten, nachgeben, sich fügen, etw. befolgen (abs. od. alqm = j-s Beispiel folgen, j-s Partei ergreifen, zB. amicum; alqd, zB. alcis consilium od. auctoritatem, naturam ducem, °liberi sequuntur patrem folgen dem Stand des Vaters). 6. (prägn.) v. selbst folgen od. sich einstellen [telum non sequitur läßt sich nicht herausziehen, °canis sequitur läßt sich wegziehen, opus sequitur rollt nach; meist /, zB. °rem tene: verba sequentur; numerus non quaesitus, sed secutus est]. 7. (als Besitz) j-m zufallen od. zuteil werden (alqm u. alqd, zB. °gloria rerum scriptorem od. divitias sequitur; damnatum poenam sequi oportebat, ut ...).

Ser. (Abk.) = Sĕrvĭūs.

Sēr, Sēris m s. Sērēs.

sĕră, ae f (et. unklar) (unkl.) Querbalken, Riegel zum Verschließen der Tür.

Sĕrāpēūm, ī n s. Sĕrāpĭs.

Sĕrāpĭs, ĭs u. ĭdĭs m (Σάραπις u. Σέραπις) urspr. wohl babylonischer Gott, später Reichsgott der Ptolemäer, m. Osiris verschmolzen, v. den Griechen oft m. Zeus u. Hades, v. den Römern m. Jupiter u. Pluto gleichgesetzt, auch als Heilgott (Asklepios, Aesculapius) verehrt; das v. Ptolemaios I. in Alexandria errichtete Heiligtum, das **Sĕrāpēūm,** ī n (Σεραπεῖον) wurde 391 n. Chr. v. den Christen zerstört.
F. acc. -īm u. -ĕm, -īn, -ĭdĕm; abl. -ī, -ĕ, -ĭdĕ. Cf. V.-B. III, 4, a u. b.

sĕrēnĭtās, ātis f (sĕrēnŭs) heiteres Wetter [caeli]; / (nkl.) Heiterkeit, heiterer Glanz, Gunst [fortunae]; (spätl.) ein Titel des Kaisers: Ew. Durchlaucht, Hoheit.

sĕrēnō 1. (denom. v. sĕrēnŭs) (dcht.) 1. (trans.) aufheitern (abs. od. alqd, zB. caelum; spem fronte Hoffnung durch eine heitere Stirn zeigen). 2. (intr.) heiter sein [luce serenanti].

▶**sĕrēnŭs** 3 (< *ksĕrēs-nŏs zu ξηρός, ξερός „trocken") 1. heiter, hell, klar [caelum, °nubes regenlos]; subst. **-ūm,** ī n (nkl., dcht.) heiteres Wetter [-o bei heiterem Wetter]; (dcht.) auch pl. 2. (Pl.) heiteres Wetter bringend [favonius]. 3. / heiter, fröhlich, ruhig [frons, °animus]. 4. (spätl.) Sĕrēnŭs u. sup. Sĕrēnissimŭs Titel der Kaiser: Durchlaucht, Huldreichster. — Serenissimus bis ins 19. Jh. Titel regierender Fürsten.

Sērēs, ŭm m (Σῆρες) Serer (die heutigen Chinesen), ber. durch Seidenfabrikation. Cf. V.-B. III, 1, e. — adj. **Sērĭcŭs** 3 (nkl., dcht.) serisch [sagitta]; meist / ♀ seiden [pulvillus]; subst. **-ă,** ōrūm n seidene Kleider od. Stoffe.

sĕrēscō, — — 3. (cf. sĕrēnŭs) (Lu.) trocken werden.

Sĕrgĭŭs 3 röm. (urspr. etr.) Gentilname; s. Cătĭlīnă.

sērĭă[1], ae f (Fw., vl. mittelmeerländisch) (vkl., nkl.) Tonne, Faß.

sērĭă[2], ōrūm n s. sērĭŭs[2].

sērĭcă s. Sērēs.

sērĭcātŭs 3 (sērĭcă) (Suet., Isid.) in seidenen Kleidern.

▶**sĕrĭēs,** ēī f (sĕrō[1], eigtl. „Verknüpfung") 1. a) (nkl., dcht.) Reihe od. Kette [vinculorum, iuvenum Reigen]; b) / [causarum, rerum, °annorum, °temporis, °fati Gang]. 2. (dcht., nkl.) Geschlechterfolge, Ahnenreihe [vir hac serie dignus]. — **in seriem annorum in alle Ewigkeit.

sērĭō adv. v. sērĭŭs[2].

****seriosus** 3 (zu sērĭŭs[2]) ernst(haft), zurückhaltend.

sērĭŭs[1] comp. v. sērō[3], s. sērŭs.

▶**sērĭŭs**[2] 3 (cf. got. swērs „geehrt, geachtet", eigtl. „schwerwiegend") ernst, ernsthaft, nur v. Sachen [res, °verba; m. 2. supin., zB. dictu]; subst. **sērĭūm,** ī n (vkl., nkl.) Ernst [rem in -um vertere]; klass. nur pl. **-ă,** ōrŭm n ernste Dinge, Ernst [-a cum alqo agere]; (abl. sg.) adv. **sērĭō** (vkl., nkl.) im Ernst, ernstlich.

sĕrmō
1. a) Unterhaltung, Gespräch; b) gelehrtes Gespräch; c) Inhalt des Gesprächs; 2. a) (Umgangs)Sprache; b) Mundart; c) Schriftwerk in der Umgangssprache; 3. Ausdrucksweise; 4. Gerede, Gerücht.

sĕrmō, ōnis m (nom. -mŏ seit Juvenal; et. nicht geklärt, nach antiken Grammatikern zu sĕrō[1]) 1. a) Wechselrede, Unterhaltung, Gespräch [familiaris, litterarum briefliche Unterhaltung, sermonem habere u. conferre cum alqo, sermo est de re, ~ fit inter alqos, in sermonem incidere od. venire od. delabi]; b) gelehrtes Gespräch, wissenschaftliche Unterredung, Disputation, Dialog [Socratis sermones, °Socraticus; ~ oritur a re, ~ est od. fit de re, zB. de philosophia]; c) meton. Inhalt od. Stoff des Gespräches, Ausspruch, Worte [-nes habere Äußerungen tun]. 2. a) Umgangssprache, Sprache als Mittel der Verständigung [Graecus, °Persarum, domesticus, patrius Muttersprache = sermo qui nobis natus est]; b) Mundart, Dialekt; c) (dcht., nkl.) meton. Schriftwerk (bsd. Gedicht) in der Umgangssprache, bsd. sermones Satiren u. Episteln des Horaz. 3. Rede-, Ausdrucksweise, Diktion [purus, rusticus, urbanus, °proletarius, plebeius, elegans, Latinus echt lateinisch, Atticus, -nis error irrtümliche Ausdrucksweise]. 4. Gerede der Leute, Gerücht, auch pl. [vulgi, in sermonem hominum venire in den Mund der Leute, -nem lacessere hervorrufen, -nem aliis dare od. praebere Anlaß zum Gerede]; meton. Gegenstand des Geredes [~ illius temporis]. — **Predigt; ~ divinus Gottes Wort.

sĕrmōcĭnātĭō, ōnis f (sĕrmōcĭnŏr) 1. (nkl.) Zwiegespräch, Dialog. 2. (A. ad Her., Qu.) (rhet. t.t.) Einführung des Redenden.

sĕrmōcĭnātrīx, īcis f (sĕrmōcĭnŏr) (nkl.) Gesprächspartnerin; (rhet. t.t.) = προσομιλητική (sc. τέχνη) Kunst der Unterredung u. des Umgangs.

sĕrmōcĭnŏr 1. (sĕrmō; nach lātrōcĭnŏr) 1. sich unterhalten, plaudern (abs. u. cum alqo). 2. (nkl.) ein gelehrtes Gespräch führen, disputieren.

sĕrmŭncŭlŭs, ī m (demin. v. sĕrmō) böswilliges Gerede, Klatsch, auch pl.

▶**sĕrō**[1], (sĕrŭī), sĕrtŭm 3. (cf. εἴρω, εἴρω „reihe aneinander" < *σέρjω) 1. (nkl.) aneinander-, zusammenfügen, -reihen, -knüpfen; nur P.P.P. sĕrtŭs [loricae sertae Kettenpanzer]; subst. **sĕrtă,** ōrŭm n u. (dcht.) **sĕrtae,** ārŭm f Gewinde, bsd. Blumengewinde, Kranz, Girlande. 2. / verknüpfen, aufeinander folgen lassen (alqd, zB. °bella ex bellis, °orationes populares sich ergehen in, verba vorbringen, °fabulam argumento durch einen geeigneten Stoff einheitlich gestalten); P. sich aneinanderreihen, aufeinander folgen [°immobilis rerum humanarum ordo seritur].

▶**sĕrō**[2], sēvī, sătŭm 3. (< *sĭ-sō, redupl. praes. zu √*sē- „säen"; cf. nhd. „säen, Saat, Samen") 1. a) säen, pflanzen (abs. od. alqd, zB. frumenta, arbores, oleam et vitem; alci für jd.); subst. **sătă,** ōrŭm n Saaten, Saatfelder, Pflanzungen; b) besäen, bepflanzen [multa iugera, °agrum bestellen]. 2. / a) erzeugen, hervorbringen, v. lebenden Wesen [Cassios, genus humanum]; bsd. P.P.P. **sătŭs** 3 v. jd. erzeugt, abstammend, j-s Sohn od. Tochter (alqo v. jd., zB. °stirpe divinā, °sanguine divŭm, °Nocte); b) aussäen, ausstreuen, verursachen (alqd u. alci alqd, zB. mores, °civiles discordias, °opinionem, diuturnam rem publicam, °mentionem hier u. da Erwähnung tun).

sērō[3] adv. v. sērŭs.

sērō-tĭnŭs 3 (sērō[3]) (nkl.) spät kommend; spät etw. tuend.

▶**sĕrpēns,** ĕntis f (cf. bēstĭă) u. (selten) m (sc. drăcō?) (eigtl. part. praes. v. sĕrpō) kriechendes Tier, bsd. Schlange, Drache, auch /; (als Gestirn) (Ov.) Drache. — **~ antiquus der Teufel. — *gen. pl.* -ĭūm *u.* -ūm.

sĕrpĕntĭ-gĕnă, *ae m* (sĕrpēns, gīgnō) (*Ov.*) Schlangensprößling.

sĕrpĕntīnŭs 3 (sĕrpēns) (*Eccl.*) von Schlangen. — *Die dem Fw.* „*Serpentine*" *zugrunde liegende Bed.* „schlangenförmig ansteigend" *ist gelehrte Ableitung des 19. Jh.*

sĕrpĕntĭ-pēs, *pĕdĭs* (sĕrpēns) (*Ov.*) schlangenfüßig [*Gigantes*].

sĕrpĕrāstră, *ōrūm n* (*et. ungedeutet*) **1.** (*vkl.*) *orthopädische* Knieschienen. **2.** / (*scherzh.*) Zwangsjacke, Zurechtweisungen.

sĕrpĭllŭm, *ī n* = sĕrpŭllŭm.

sĕrpō, *psī, ptŭm* 3. (= ἕρπω) **1.** kriechen, schleichen [*bestiae serpentes,* °*per humum, humi*]. **2.** / **a)** = sich schlängeln [*vitis multiplici lapsu,* °*hedera,* °*somnus* schleicht heran, naht]; **b)** = unvermerkt sich verbreiten, allmählich um sich greifen, *bsd. v. Übeln* [°*flamma per continua,* °*res latius, malum obscure, consuetudo*].

sĕrpŭllŭm *u.* **-pĭllŭm,** *ī n* (*Lw.* ⟨ ἕρπυλλον *m. volkset. Anlehnung an* sĕrpō) (*unkl.*) Feldthymian, Quendel.

sĕrră, *ae f* (*et. ungedeutet*) Säge.

sĕrrăcŭm, *ī n* (*Lw. unbekannter Herkunft*) **1.** zweirädriger Lastwagen *m. einem Wagenkasten m. geschlossenen Seitenwänden.* **2.** / (*Ju.*) (*Gestirn*) Wagen.

sĕrrātŭs 3 (sĕrră) (*nkl.*) gesägt, (*v. Münzen*) gerändert; *subst.* **-ī,** *ōrūm m* Serraten, *Silberdenare m. gezacktem Rand.*

sĕrrŭlă, *ae f* (*demin. v.* sĕrră) kleine Säge.

sĕrtă, *ōrūm n s.* sĕrō[1].

Sĕrtōrĭŭs 3 (*urspr. etr.*) *röm. Gentilname: Q.* ~ *aus Nursia, Parteigänger des Marius, v. Sulla geächtet, 72 v. Perperna ermordet; adi. auch* **Sĕrtōrĭānŭs** 3.

sĕrtŭs *P.P.P. v.* sĕrō[1].

sĕrŭm[1], *ī n* (*eigtl.* „das Flüssige" *zu* ὀρός „Molke") (*dcht., nkl.*) die Molke; / (*Ca.*) männlicher Samen.

sērŭm[2], *ī n s.* sērŭs.

▶**sērŭs** 3 (*m.* °*comp. u.* °*sup.*; *adv.* **-ō,** *comp.* sērĭŭs [*s.u.*] *u.* sētĭŭs „weniger" [*nihilō* sētius *eigtl.* „um nichts später"; *schlechtere Schreibung* sēcĭŭs; *s.* sēcŭs[2]]; *cf. nhd.* „seit") **1.** spät, erst spät [°*ultor,* °*vesper,* °*aetas, portenta* spät in Erfüllung gehend, °*arbor u.* °*ulmus* langsam *od.* spät wachsend, °*platanus* alt, °*bellum* endlos; °*alcis rei* in *od.* an, *m. etw., zB. studiorum* Spätling in der Bildung; *oft prädikativ statt des adv., zB.* °*serus in caelum redeas*]; *meist* verspätet, zu spät [*gratulatio, Kalendae,* °*bellum,* °*paenitentia, serum est*]. **2.** *subst.* **sērŭm,** *ī n*(*nkl.*) späte Zeit [*diei, noctis, in -um noctis* bis in die späte Nacht, *sero diei* spät am Tage]. **3.** *adv.* **a)** **sērō,** °*sērŭm u.* °*sēră* spät, *bsd.* = abends, *meist* verspätet, zu spät [*redire, sero est, nimis sero* allzuspät, *quam serissime* möglichst spät]; **b)** *comp.* **sērĭŭs** α) später [*-ius quam decuit,* °*serius ocius* früher *od.* später; *m. abl. compar., zB. omnium spe -ius*]; β) zu spät [*venire; m. abl. mensurae, zB. paulo -ius*].

sĕrvă, *ae f* (sĕrvŭs) Sklavin, Leibeigene.

sĕrvābĭlĭs, *ĕ* (sĕrvō) (*Ov.*) errettbar.

sĕrvāntĭssĭmŭs 3 (*eigtl. sup. des part. praes. v.* sĕrvō) (*dcht.*) streng beobachtend (*alcis rei etw., zB. aequi*).

sĕrvātĭō, *ōnĭs f* (sĕrvō) (*Pli.*) Verfahren, Brauch.

sĕrvātŏr, *ōrĭs m* (sĕrvō) Erhalter, Retter (*alcis u. alcis rei, zB. rei publicae*).

sĕrvātrīx, *īcĭs f* (sĕrvātŏr) Erhalterin, Retterin.

▶**sĕrvīlĭs,** *ĕ* (*adv.* **-ĭtĕr**) (sĕrvŭs) sklavisch, knechtisch, Sklaven... [*vestis, iugum* Sklavenjoch, *bellum* Sklavenkrieg, °*terror* vor den Sklaven; *-iter u. servilem in modum* wie Sklaven, *zB. facere*].

Sĕrvīlĭŭs 3 *altröm. Gentilname; adi.* **Sĕrvīlĭŭs** 3 [*lex, lacus v.* einem S. angelegtes Brunnenbecken *am röm. Forum*] *bzw.* **Sĕrvīlĭānŭs** 3 [°*horti*].

▶**sĕrvĭō** 4. (*denom. v.* sĕrvŭs) **1.** Sklave sein, dienen (*abs. u. apud alqm od. alci; m. innerem Objekt: servitutem* in völliger Knechtschaft leben). **2.** / **a)** *v. Sachen:* °*vultus servit* zeigt sich servil; **b)** (*pol.*) geknechtet *od.* untertan sein (*abs. u. alci, zB. populo Romano*); **c)** (*v. Grundstücken*) eine Servitut auf sich haben, belastet sein [*eae aedes, praedia; alci, zB. Sergio*]; **d)** (*nkl.*) zu *etw.* dienen, taugen; **e)** gefällig sein, willfahren (*alci u. alci rei, zB. amicis, auribus alcis jd.* zu Gefallen reden); **f)** α) sich fügen, gehorchen, sich nach *etw.* richten [*incertis rumoribus, tempori* sich in die Zeit schicken, *personae* der Rolle *od.* dem Charakter treu bleiben]; β) *e-r Sache* frönen, sich hingeben *od.* widmen [*voluptatibus, laudi et gloriae alcis, bello* alles tun, was der Krieg fordert]. — **kredenzen; (*part. praes.*) *subst.* servientes, *ium m* ritterliche Dienstmannen; Gesinde.

F. *pf.-Formen synk.:* sĕrvīssĕ(m) = sĕrvīvīssĕ(m) *u.a.* — *altl.: impf.* -ībās, *fut.* -ībō.

▶**sĕrvĭtĭŭm,** *ī n* (sĕrvŭs) **1.** Sklaverei, Sklavenstand, -dienst [°*in -um ducere od.* °*abstrahere alqm*]. **2.** **a)** (*dcht., nkl.*) / Knechtschaft, Dienstbarkeit [°*corporis,* °*amoris,* °*-um ferre,* °*cives -o premere*]; **b)** *meton.* (*concr.*) *sg. coll. od. pl.* die Sklaven, Gesinde [*-a ad caedem incitare*]. — **Abgabe, Steuer; *pl.* Einkünfte.

sĕrvĭtrīcĭŭs 3 (*nach* mĕrĕtrīcĭŭs; sĕrvŭs) (*Pl.*) Sklaven... [*stabulum -um* Sklavenstall *als Schimpfwort*].

sĕrvĭtūdō, *ĭnĭs f* (sĕrvŭs) (*nkl.*) Sklaverei.

▶**sĕrvĭtūs,** *ūtĭs f* (sĕrvŭs) **1.** Sklaverei, Sklavenstand, -dienst, Knechtschaft (*alqm in -tem abstrahere od. abducere, redigere, in -te esse*). **2.** **a)** (*pol.*) Knechtschaft, Dienstbarkeit [*civitatem -te opprimere u. liberare,* °*patriam e -te in libertatem vindicare*]; **b)** / Unterwürfigkeit, unbedingter Gehorsam [°*muliebris* der Frau gegen den Mann, *huius officii*]; **c)** (*bei Grundstücken*) eine Servitut *od.* Belastung [*-tem fundo imponere*]; **d)** *meton.* (*concr.*) (*dcht.*) die Sklaven, *v. Liebhabern* [*nova*].

Sĕrvĭŭs, *ī m* (*zu* sĕrvŭs) *röm.* (*urspr. wohl etr.*) *Vorname, bsd. in der gēns Sŭlpĭcĭă üblich; Abk.* Ser.; ~ *Tŭllĭŭs s. Tŭllĭŭs.*

> **sĕrvō**
> **1. a)** beobachten; **b)** bewachen; **2. a)** *an e-m Ort* (ver)weilen; **b)** *etw.* bewahren, beibehalten; **3.** aufbewahren, aufsparen; **4.** unversehrt erhalten, erretten.

sĕrvō 1. (*altl.: fut.* -vāssō, *coni. pf.* -vāssīt, -vāssīnt) (*vl. m.* ἥρως [⟨ *ἥρωϝος] *u.* Ἥρα [⟨ *Ἥρϝα] = „Beschützer, Beschützerin" *verwandt*) **1.** **a)** beobachten (*abs., zB.* °*serva* gib acht! paß auf!, °*servantia lumina* die wachsamen, °*quantum oculi alcis servare possunt* soweit die Augen *j-s* zu folgen vermögen; *alqd, zB. ortum caniculae,* °*astra; intr. de caelo* die Wahrzeichen am Himmel beobachten; *m. ne* achtgeben, daß nicht); **b)** *jd. od. etw.* bewachen, behüten (*alqm u. alqd, zB. reos liberā custodiā, fructūs*). **2.** **a)** (*dcht.*) *an e-m Orte* (ver)weilen *od.* verbleiben, heimisch sein [*nidum, limen, ripas*]; **b)** / *etw.* bewahren, beibehalten, an *etw.* festhalten (*alqd, zB.* °*ordinem, ordines* in Reih *u.* Glied bleiben, *signa* bei den Fahnen bleiben, *praesidia* die Posten besetzt halten, *ius iurandum, fidem iuris iurandi cum hoste; m. dopp. acc., zB. pudicitiam liberorum tutam; m. ut*). **3.** *für die Zukunft* aufbewahren, aufsparen (*alqd, zB. fructūs* den Gewinn, die Zinsen, °*Caecubum centum clavibus* hinter hundert Schlössern; *alqd alci u. alci rei od. ad u. in alqd, zB.* °*causam integram Caesari,* °*se ad maiora, se ad ea tempora,* °*se rebus secundis*). **4.** unversehrt erhalten, erretten, behüten (*alqm u. alqd, zB. cives, rem publicam, impedimenta exercitūs; m. dopp. acc., zB. urbem incolumem; alqd alci etw.* für *jd., zB. urbem Caesari; alqm u. alqd ex od.* °*a re, zB. amicum ex periculo, navem ex hieme*).

sĕrvŏl... (*altl.*) = sĕrvŭl...

sĕrvŭlă, *ae f* (*demin. v.* sĕrvă) (junge) Sklavin.

sĕrvŭlĭcŏlă, *ae f* (sĕrvŭlŭs, cŏlō) (*Pl.*) Sklavenliebchen, Straßenmädchen [*sordidae*].

sĕrvŭlŭs, *ī f* (*demin. v.* sĕrvŭs) junger Sklave.

▶**sĕrvŭs** (*vl. etr. Fw., vl. aber auch zu* sĕrvō) **1.** *adi.* 3 dienstbar, sklavisch, knechtisch [*homo,* °*civitas,* °*aqua v.* Sklaven getrunken, °*pecus imitatorum* Geschmeiß *v.* sklavischen Nachahmern]; (*v. Grundstücken*) *m.* einer Servitut belastet [*praedium*]. **2.** *subst.* **sĕrvŭs,** *ī m* Sklave, Knecht *in rechtlicher u. pol. Hinsicht* [*publicus; / cupiditatum*]. — ** Leibeigener; Unfreier, Troßknecht.

sĕsămă, *ae f* (*Fw.* ⟨ σησάμη, *aus dem Sem. stammend*) (*nkl.*) Sesam, ölhaltige Hülsenfrucht.

sĕscēnārĭs, ĕ (-ēn-?) = sēscēnnārĭs.
sĕscēnārĭŭs 3 (sēscēnī) sechshundert Mann stark [cohortes].
sēscēnī u. °**sēscēntēnī,** ae, ă num. distr. (sēscēntī) je sechshundert.
sĕsc-ĕnnārĭs, ĕ (< *sēsqu-ĕnnālĭs; sēsquī, ănnŭs) (nkl.) anderthalbjährig [bos] (?).
sēscēntēsĭmŭs 3 num. ord. (sēscēntī) der sechshundertste.
sēs-cēntī, ae, ă num. card. (sĕx, cĕntŭm) sechshundert; / unzählige, tausend [scelera].
sēscēntĭē(n)s num. adv. (sēscēntī) sechshundertmal; / tausendmal.
sēscēntŏ-plāgŭs, ī m (sēscēntī, plāgă¹) (Pl.) der tausend Schläge bekommt.
sēscŭplĕx (Qu.) = sēsquĭplĕx.
sēscŭplŭm, ī n (sēsquī) (nkl.) das Anderthalbfache.
sēsē = sē¹; s. sŭī.
sĕsĕlĭs, ĭs f (Fw. < σέσελις) Steinkümmel, Sesel (eine Pflanze).
sēsquĕ-ŏpŭs = sēsquĭŏpŭs.
sēs-quī adv. (< *sēmĭs-quĕ, eigtl. „und dazu die Hälfte") **1.** um die Hälfte mehr, anderthalb [~ maior]. **2.** (in Zusammensetzungen) **a**) anderthalb [sesquimodius]; **b**) (m. Ordinalzahlen) um einen Bruchteil mehr als die Einheit [sesquioctavus].
sēsquĭ-ăltĕr, ĕră, ĕrŭm anderthalb.
sēsquĭ-hōră, ae f (Pli.) anderthalb Stunden.
sēsquĭ-mŏdĭŭs, ī m anderthalb Scheffel.
sēsquĭ-ŏctāvŭs 3 (Bedeutungsentwicklung nicht klar; = ἐπ-όγδοος) neun Achtel ($1^1/_8$) enthaltend.
sēsquĭ-ŏpŭs, ĕrĭs n (Pl.) anderthalb Tagewerke.
sēsquĭpĕdālĭs, ĕ (sēsquĭpēs) anderthalb Fuß lang od. dick [tigna]; / (dcht.) ellenlang [verba = hochtrabende].
sēsquĭ-pēs, pĕdĭs m (vkl., nkl.) anderthalb Fuß.
sēsquĭ-plāgă, ae f (Ta.) anderthalb Hiebe.
sēsquĭplĕx, plĭcĭs (cf. dŭ-plĕx) anderthalbfach, anderthalbmal.
sēsquĭ-tĕrtĭŭs 3 (Bedeutungsentwicklung nicht klar; cf. sēsquĭ-ŏctāvŭs; = ἐπί-τριτος) vier Drittel ($1^1/_3$) enthaltend.
sĕssĭbŭlŭm, ī n (sĕssŭs, P.P.P. v. sĕdĕō) (vkl., nkl.) Sitz, Stuhl, Sessel.
sĕssĭlĭs, ĕ (sĕdĕō) (dcht., nkl.) **1.** zum Sitzen geeignet. **2.** eigtl. „aufsitzend" = fest stehend [obba]. **3.** niedrig [lactuca].
sĕssĭō, ōnĭs f (sĕdĕō) **1.** das Sitzen; meton. Art des Sitzens, Stellung im Sitzen, auch pl. **2. a**) das Still-, Müßigsitzen, Verweilen [Capitolina]; **b**) α) Sitzung zum Disputieren [pomeridiana]; β) Sitz(platz) im Freien = ĕxĕdră.
sĕssĭtō 1. (frequ. v. sĕdĕō) zu sitzen pflegen, immer sitzen (in re).
sĕssĭŭncŭlă, ae f (demin. v. sĕssĭō) kleine Sitzung; bsd. Kränzchen.
sĕssŏr, ōrĭs m (sĕdĕō) „Sitzer": **1.** (dcht.) (im Theater) Zuschauer. **2.** (Ca. 37,8) (im Bordell). **3.** (nkl.) Reiter. **4.** (Ne.) Einwohner.
sĕssŭm P.P.P. v. **sĕdĕō** u. **sīdō.**
sēstĕrtĭŏlŭm, ī n (demin. v. sēstĕrtĭŭm) (Ma.) 100 000 Sesterze; bis deciens 2 Milliönchen.
sēs-tĕrtĭŭs 3 (< *sēmĭs-tĕrtĭŭs eigtl. „halb der dritte") nur ~ nummus od. subst. **sēstĕrtĭŭs,** ī m (sc. nŭmmŭs od. ăs) $2^1/_2$ As, der Sesterz, die gangbarste röm. Silber-, später Messingmünze, die bis zum Jahre 217 v. Chr. $2^1/_2$ As od. $^1/_4$ Denar, später 4 As galt (Abk. IIS, später HS od. N); nummo -o od. -o nummo für eine Kleinigkeit [addici, vendere]; decem sestertii, centum -i, ducenti -i 10, 100, 200 Sesterze, duo milia sestertium 2000 Sesterze; **sēstĕrtĭă,** ōrŭm n (pl. zu dem später als nom. sg. n empfundenen gen. pl. sēstĕrtĭŭm) tausend Sesterze; decem sestertia 10 000 Sesterze; **sēstĕrtĭŭm,** ī n (m. Zahladverbien verbunden; sc. cēntēnă mīlĭă) 100 000 Sesterze; vicies -um 2 Millionen Sesterze, fundum undecies sestertio emere für 1 100 000 Sesterze, summa milies sestertii eine Summe v. 100 Millionen.
F. gen. pl. sēstĕrtĭŭm, selten -ōrŭm, cf. V.-B. VI, 1.
Sēstĭŭs, -tĭānŭs s. Sĕxtĭŭs.
Sēstŏs u. **-ŭs,** ī f (Σηστός) St. auf der Thrakischen Chersones am Hellespont, der kleinasiatischen St. Abydos gegenüber. Cf. V.-B. II, 1. — adi. **Sēstŭs** 3 aus S. [puella Hero].
sēsŭmă, ae f (Pl.) = sēsămă.
sēt (altl.) = sĕd².
sētă, sētĭgĕr s. saet...
sētĭŭs adv. (urspr. „später") weniger; (vermengt m. sĕquĭŭs) s. sĕcŭs²,
sētōsŭs 3 = saetōsŭs. [sērŭs.]
▶**seu** s. sīvĕ.
sē-vĕhŏr, vĕctŭs sŭm 3. wegfahren von; / (Pr.) gyro die Bahn verlassen.
sĕvērĭtās, ātĭs f (sĕvērŭs) Strenge, Ernst, Härte, v. Pers. u. Sachen [censorum, °aurium strenges Urteil, censoria; -tem adhibere in alqo].
sĕvērĭtūdō, ĭnĭs f (vkl., nkl.) = sĕvērĭtās.
▶**sĕvērŭs** 3 (m. comp. u. sup.; adv. **-ē**) (wohl Hypost. < *sē vērō „ohne Freundlichkeit"; cf. hom. ἦρα [< *Ϝῆρα; acc. sg.] φέρειν einen Gefallen tun) streng, ernst, hart, grausam, v. Pers. u. Sachen [iudex, custos, senectus, vultus, poena, °amnis Cocyti, °Falernum herb, -e vindicare; in alqm gegen jd., zB. in filium; re u. in re in etw., zB. in iudicando; ad alqd in bezug auf]; v. Pers. auch °philiströs.
Sĕvērŭs, ī m röm. cogn.: **1.** Cŏrnēlĭŭs ~, Epiker, Freund Ovids. **2.** T. Căssĭŭs ~, röm. Rhetor unter Augustus u. Tiberius. **3.** L. Sĕptĭmĭŭs Sĕvērŭs, röm. Kaiser 193—211 n. Chr.
sēvī s. sĕrō².
sē-vŏcō 1. **1.** beiseite rufen, abrufen (alqm, zB. °populum vor die Stadt zur Versammlung berufen, plebem in Aventinum zur Auswanderung aufrufen; / de communi alqd ad se auf die Seite bringen). **2.** / abziehen, trennen (alqd a re, zB. animum a voluptate, eloquentiam a poëtis).
sēvŭm, ī n s. sēbŭm.
Sex. (Abk.) = Sĕxtŭs (röm. Vorname).
▶**sĕx** num. card. indecl. (cf. ἕξ, nhd. „sechs") sechs; °sex septem sechs od. sieben.
sĕxāgēnārĭŭs 3 (sĕxāgēnī) (vkl., nkl.) sechzigjährig; sprichw. sexagenarios de ponte herunter v. der Brücke (Bed. schon im Altertum umstritten).
sĕxāgēnī, ae, ă num. distr. (sĕxāgĭntā) je sechzig; / (Ma.) zur Angabe e-r großen Zahl.
sĕxāgēsĭmŭs 3 num. ord. (sĕxāgĭntā) der sechzigste.
sĕxāgĭē(n)s num. adv. (sĕxāgĭntā) sechzigmal; bsd. (= ~ sestertium) sechs Millionen Sesterze.
sĕxāgĭntā num. card. indecl. (sĕx) sechzig; / (dcht., nkl.) = sehr viele.
sĕx-ăngŭlŭs 3 (nkl., dcht.) sechseckig [cera].
sĕxcēnārĭŭs, sĕxcēnī, sĕxcēntī u.a. = sēscēnārĭŭs, sēscēnī, sēscēntī u.a.
sĕx-dĕcĭm künstliche Rückbildung für sēdĕcĭm.
sĕx-ĕnnĭs, ĕ (ănnŭs) sechsjährig [dies Frist v. sechs Jahren].
sĕxĕnnĭŭm, ī n (sĕxĕnnĭs) Zeit v. sechs Jahren, sechs Jahre [°-o post].
sĕxĭē(n)s num. adv. (sĕx) sechsmal.
sĕx-prīmī, ōrŭm m die sechs Obersten des Stadtrates in Munizipien u. Kolonien als Behörde.
sĕxtādĕcŭmānī, ōrŭm m (-tă-?; sĕxtă dĕcĭmă) (Ta.) die Soldaten der sechzehnten Legion.
sĕxtāns, āntĭs m (sĕxtŭs) ein Sechstel einer (zwölfteiligen) Maß- od. Gewichtseinheit: **1.** (Münze) **a**) (nkl.) $^1/_6$ As = 2 ūncĭae; **b**) / Heller. **2.** der sechste Teil e-r Erbschaft [in -te esse]. **3.** (dcht., nkl.) **a**) (Gewicht) $^1/_6$ Pfund = 54,5 g; **b**) (Flüssigkeit) $^1/_6$ sĕxtārĭŭs = 0,09 l.
sĕxtārĭŏlŭs, ī m (demin. v. sĕxtārĭŭs) (Augustus b. Suet.) ein Schöppchen.
sĕxtārĭŭs, ī m (sĕxtŭs) $^1/_6$ cōngĭŭs = 0,5 Liter, Schoppen, Krug [aquae; °vini].
Sĕxtīlĭs, ĕ (sĕxtŭs) **1.** der sechste; nur ~ mensis od. bloß Sextilis, is m der Monat Sextilis, der später August hieß, cf. Dĕcĕmbĕr. **2.** zum August gehörig, des August [Kalendae, Nonae] (abl. sg. -ī).
Sĕxtĭŭs u. **Sēstĭŭs** 3 röm. Gentilname: P. ~, Freund Ciceros, v. diesem erfolgreich verteidigt; adi. auch -tĭānŭs 3; s. Ăquae Sĕxtĭae.
sĕxtŭlă, ae f (demin. v. sĕxtă ein Sechstel) $^1/_6$ ūncĭă, d. h. der 72. Teil e-s Ganzen, bsd. e-r Erbschaft.
sĕxtŭs 3 num. ord. (sĕx) der sechste [hora, pars]; ~ °casus Ablativ; adv. sĕxtŭm zum sechstenmal [consul].
Sĕxtŭs, ī m röm. Vorname (Abk. S. od. Sex.).
▶**sĕxŭs,** ūs m (cf. sĕcŭs¹; vl. als „Abteilung" zu sĕcō) natürliches Geschlecht v. Menschen u. °Tieren [virilis, muliebris, uterque, ambiguus].

sī
1. in Wunschsätzen wenn doch; **2.** in Konditionalsätzen **a**) wenn, falls; **b**) sooft; **c**) wenn anders; **3.** in Konzessivsätzen wenn auch; **4. a**) bei mirari, mirum esse daß; **b**) in Bitten, Beteue-

rungen so wahr als; **5.** *in indir. Fragen* ob, ob etwa; **6.** *verschiedene Verbindungen.*

sī (*altl.* sei; *cf.* εἰ, *got.* swa „so", *nhd.* so; *Grundbed.* „so"; *cf.* sī-c) wenn: **1.** (*in Wunschsätzen; m. coni., meist* ō sī) (*dcht.*) wenn doch = ŭtĭnăm [o mihi praeteritos referat si Iuppiter annos!]. **2.** (*in Konditionalsätzen*) **a)** wenn, wofern, falls: **α)** *indefiniter* (*fälschlich früher:* „*realer*") *Fall, Haupt- u. Nebensatz im ind., zB.* si amitti vita beata potest, beata esse non potest; naturam si sequemur ducem, numquam aberrabimus; **β)** *potentialer Fall, Haupt- u. Nebensatz im coni. praes. od. pf., zB.* si a corona relictus sim, non queam dicere; **γ)** *irrealer Fall, Haupt- u. Nebensatz im coni. impf. od. plqpf., zB.* numquam Hercules ad deos abisset, nisi eam sibi viam virtute munivisset; **b)** (*selten; fast* = cum iterativum) (*bei wiederholten Handlungen od. allgemeingültigen Gedanken*) jedesmal wenn, sooft [si ferrum se inflexerat, hostes evellere non poterant]; **c)** wenn anders, wofern nur [delectus habetur; si hic delectus appellandus est]. **3.** (*in Konzessivsätzen, meist m. coni.*) wenn auch, auch wenn, selbst wenn = ĕtiămsī [non possum disposite istum accusare, si cupiam]; *auch* = wenn schon, *zB.* haec clementiae monumenta, si in iratis gloriosa sunt, multo magis commemorabuntur in regibus. **4. a)** *bei* mīrārī *u.* mīrŭm ĕssĕ = daß [minime miror, si eis fidem non habetis]; **b)** *in Bitten, Beteuerungen, Erwartungen* = so wahr als, so gewiß als [si vos semper colui, di immortales, opem mihi feretis]. **5.** (*in scheinbar indir. Frages. m. coni.; in Wirklichkeit liegt die urspr. Bed.* „so" *zugrunde*) ob, ob etwa, ob nicht: **a)** *bei den Verben des Erwartens u. Versuchens* [hostes exspectabant, si nostri paludem transirent; tentata res est, si Ardea primo impetu capi posset]; **b)** *wenn der Begriff des Versuchens zu ergänzen ist* [Hannibal in Africam traiecit, si forte Carthaginienses ad bellum inducere posset]. **6.** *Verbindungen*: (perinde) ac si *m. coni.* wie wenn, gleich als wenn; si forte wenn etwa, si iam wenn nunmehr, wenn wirklich; si maxime wenn auch wirklich, selbst wenn im äußersten Falle; si modo wenn nur, wenn überhaupt; si quidem wenn doch einmal, insofern, da ja; si vero wenn nun gar, wenn vollends, si minus (*ohne Verbum*) wo nicht [educ tecum, Catilina, omnes tuos, si minus, quam plurimos]; nisi si außer wenn; si quis *u.* si qui wer etwa, welcher etwa [errant, °si qui in bello omnes secundos rerum proventus exspectant]; si vel wenn auch nur; quod si = quŏdsī. **7.** (*altl.*) sī ... sī = sīve ... sīve.

sĭbĭ, sĭbĭmĕt *s.* sŭī *u.* -mĕt.

sībĭlō, — — 1. (*denom. v.* sībĭlŭs²) **1.** (*intr.*) (*unkl.*) zischen, pfeifen; bsd. (*auf der Straße e-m Mädchen*) *etw.* zuflüstern (alci). **2.** (*trans.*) *jd.* auszischen, auspfeifen (alqm).

sībĭlŭs¹ 3 (*Schallwort*) (*dcht.*) zischend, pfeifend [ora].

sībĭlŭs², ī *m* (sībĭlŭs¹) **1.** (*unkl.*) das Zischen, Pfeifen, Pfiff, Säuseln [austri, -o signum dare]; *pl. auch* (*dcht.*) sībĭlă, ōrŭm *n.* **2.** das Auspfeifen (*Ggs.* plausŭs).

Sĭbyllă *u.* **Sĭbŭllă,** ae *f* (Σίβυλλα *orientalischer Name*) Wahrsagerin, *bsd.* die Sibylle *v.* Cumae; *adi.* **Sĭbyllīnŭs** 3; *libri -i alte, der Sage nach v. Tarquinius einer unbekannten Alten abgekaufte Weissagungen; sie wurden auf dem Kapitol in einem Gewölbe des Jupitertempels aufbewahrt u. in Notzeiten v. e-m Priesterkollegium eingesehen* [libros adire *od.* consulere; *cf.* dŭŭmvĭrī, dĕcĕmvĭrī, quīndĕcĭmvĭrī].

sīc
I. (*qualitativ*) **1.** so, auf diese Weise; **2. a)** so, so gut; **b)** *ut ... sic* wie ... so; zwar ... aber; **c)** *in Wünschen, Schwüren sic ... ut* so gewiß ... wie; **3. a)** folgendermaßen; **b)** *in Antworten* ja; **c)** infolgedessen, demnach; **d)** *nach Partizipien* da, dann; **4.** *einschränkend, bedingend sic ... ut* nur insofern ... als; **5.** so ohne weiteres; **II.** (*quantitativ*) so sehr, dermaßen.

sīc *adv.* (< *sei-cĕ; *s.* sī) **I.** (*qualitativ*) **1.** so, also, auf diese Weise, derart, so beschaffen, *meist bei Verben, cf.* ĭtă [sic existimo, rex sic vult, sic se res habet]. **2. a)** *m. ut cons.* [Atticus sic Graece loquebatur, ut Athenis natus videretur]; **b)** (*vergleichend*) **ŭt** *od.* **sīcŭt** (*od.* quomodo, quemadmodum *u. a.*) ... **sīc** wie ... so [sicut magistratibus leges, sic populo magistratus praesunt; Atticum sic amo ut alterum fratrem]; *auch* = zwar ... aber, wenngleich ... so doch [ut errare potuisti, sic decipi te non posse quis non videt?]; **c)** (*dcht.*) (*in Wünschen, Versicherungen u. Schwüren*) sic (*m. coni.*) ... ut (*m. ind.*) so gewiß ... wie; so wahr ich wünsche, daß ..., so gewiß [sic me dii iuvent, ut tecum omnia communicavi] (ut *auch weggelassen*). **3. a)** folgendermaßen, also [sic rex coepit loqui]; *bsd. auf eine folgende Epexegese* (*meist im a.c.i.*) *hinweisend, zB.* sic habeto (glaube sicher) te nihil gratius facere posse; **b)** (*in Antworten*) so ist es = ja; **c)** (*in der Umgangsspr.; Te.*) unter solchen Umständen, infolgedessen, demnach, daher = ĭtă (1, g); **d)** (*dcht.*) (*nach Partizipien die zeitliche od. logische Folge nachdrücklich hervorhebend*) da, dann so ... denn [*Verg. Aen. 7,668*]. **4.** (*einschränkend od. bedingend*) **sīc ... ŭt** nur insofern ... als; doch so ... daß; **sīc ... sī** unter der Bedingung, daß; dann ... wenn, *klass. selten* [lex sic rata erit, si patres auctores erunt facti]; *cf.* ĭtă (1, i). **5.** (= οὕτως) so ohne weiteres, *zB.* istud scelus non potest sic abire; *bsd. bei adi. u. adv.* [sic nudos (nackt wie sie sind) in flumen proicere; °sub pinu iacemus sic temere so ganz sorglos; °sic tempore laevo so gerade zur Unzeit]. **II.** (*quantitativ*) so sehr (so wenig), in solchem Grade, dermaßen, *meist m.* ut, *klass. selten* [Caecinam sic semper dilexi, ut cum nullo coniunctius viverem].

sīcă, ae *f* (*cf.* sĕcō) Dolch; *meton.* Meuchelmord, *auch pl.*

Sĭcămbrī, ōrŭm *m* = Sĭgămbrī.

Sĭcānī, ōrŭm *m* (Σικανοί) (*m. den Libyern verwandter, früh in Sizilien eingewanderter*) *Volksstamm*; (*dcht.*) *auch* = Sĭcŭlī. — *adi.* **Sĭcānŭs** *u.* **Sĭcānĭŭs** 3 (*fem. auch* **Sĭcānĭs,** ĭdĭs) sikanisch, *übh.* °sizilisch; *subst.* **Sĭcānĭă,** ae *f* = Sizilien.

sīcārĭŭs, ī *m* (sīcă) Meuchelmörder, Bandit [inter -os alqm accusare *u.* defendere als Meuchelmörder, quaestio inter -os Untersuchung wegen Meuchelmordes]; *übh.* Mörder.

sīc(c)īnĕ, sīcĭn *adv.* (< *sīcĕ-nĕ; *s.* sīc) (*Com., dcht.*) so? also?

siccĭtās, ātĭs *f* (siccŭs) **1.** Trockenheit [paludum]; *bsd.* Dürre, *auch pl.* = anhaltende Dürre. **2.** / **a)** feste Gesundheit [corporis]; **b)** (*rhet.*) Einfachheit, Knappheit [orationis, Attici generis].

siccō 1. (*denom. v.* siccŭs) **1. a)** (*dcht., nkl.*) trocknen, austrocknen [vellera, herbas, lacrimas, vulnera lymphis das Blut der Wunde *m.* Wasser stillen; P. vertrocknen, (*v. Pers.*) verschmachten]; **b)** trockenlegen [paludes, °loca urbis]. **2.** / (*dcht., nkl.*) leeren, austrinken [cados, ubera aussaugen], *auch* (*dcht.*) melken [ovem].

sicc-ŏcŭlŭs 3 (siccŭs) (*Pl.*) *m.* trockenen Augen.

siccŭs 3 (*adv.* **-ē**) (*et. unklar*) (*meist dcht., nkl., klass. nur* /) **1.** trocken, dürr [°agri, °urna, °carinae, °signa der Große *u.* Kleine Bär, *weil sie nie im Meer versinken,* oculi *u.* °genae tränenlos, °dies regenlos, heiß, °vox vor Durst vertrocknet]; *dcht. auch* trocken machend [fervor], *v. Pers.* durstig, lechzend; *subst.* °**siccŭm,** ī *n* das Trockene, festes Land [in -o im Trockenen], *auch* °*pl.* **2.** / **a)** (*v. Pers.*) **α)** (*vkl., nkl.*) stramm, kerngesund [mulier]; **β)** nüchtern, enthaltsam [homo]; **b)** / (*rhet.*) einfach, schlicht, knapp, gediegen [oratio, orator, -e dicere]; **c)** (*pejorativ*) **α)** (*dcht.*) dürftig, arm; **β)** (*dcht.*) kalt, gefühllos, lieblos, liebeleer [puella].

Sĭcĕlĭs, ĭdĭs *f s.* Sĭcĭlĭă.

sĭcĕlissō 1. (*Fw.* < σικελίζω) (*Pl.*) in sizilischer Mundart gehalten sein [argumentum].

Sĭcĭlĭă, ae *f* (Σικελία) **1.** die Insel Sizilien; *Einw.* **Sĭcŭlŭs,** ī *m* (*die idg.*) Sikuler, Sizilier (*fem.* Sĭcĕlĭs, ĭdĭs). **2.** *adi.* **a) Sĭcŭlŭs** 3 (*fem. auch* **Sĭcĕlĭs,** ĭdĭs) [orator, °pastor = Theokrit, °Musae des Hirtengedichtes des Theokrit, °tyrannus = Phalaris, °dapes = des Damokles]; **b) Sĭcĭlĭēnsĭs,** ĕ [fretum,

pecunia in Sizilien erworben].
sicĭnĕ *s. sīc(c)īnĕ.*
sĭcĭlĭcissitō 1. (*intens. v. sĭcĭlĭcissō zu sĭcĕlissō*) (*Pl.*) sizilische Art nachahmen.
sĭcĭlĭcŭlă, *ae f* (*sĭcĭ-?; demin. v. sĭcĭlĭs* „Lanzenspitze"; *vl. ist aber zu unterscheiden zw. sĭcĭlĭs* „Lanzenspitze" *u. sĭcĭlĭs* „Sichel"; *sīcă*) (*Pl.*) kleine Sichel.
*****sic transit gloria mundi** „so vergeht die Herrlichkeit der Welt" (*Worte des Zeremoniars an den neugewählten Papst unter dreimaliger Verbrennung eines Bundes Werg*).
sī-cŭbī (*cf. ălĭ-cŭbī u. ŭbī*) wenn irgendwo, wo immer.
sīcŭlă, *ae f* (*demin. v. sīcă*) kleiner Dolch; *scherzh.* (*Ca.*) = *mĕntŭlă.*
Sĭcŭlī, *ōrŭm m* Sikuler, *idg. Bewohner Siziliens; s. Sĭcĭlĭă.*
sī-cŭndĕ (*cf. ălĭ-cŭndĕ, ŭndĕ*) wenn irgendwoher.
▶**sīc-ŭt** *u.* **sīc-ŭtī** *adv.* **1. a)** sowie, gleichwie, wie, *m. u. ohne folgendes ĭtă od. sīc, ĭtĕm* [*~ mari, ita terrā; ~ supra docuimus*]; **b)** wie wirklich [*quamvis felices sitis, ~ estis*]; *sicut ... ita* zwar ... aber. **2. a)** (*bei Vergleichen*) gleichsam [*natura rationem in capite ~ in arce posuit*]; **b)** wie wenn, als ob [°*~ salutatum introire*]; **c)** wie zum Beispiel [°*Pelopidas omnibus periculis affuit, ~ cum Spartam oppugnavit*]. **3.** (*nkl., dcht.*) in dem Zustand wie [*~ sum* so wie ich hier stehe].
Sĭcyōn, *ōnĭs m u.* °*f* (*acc.* °*-ōnă, loc.* °*-ōnī; Σικυών*) *St. an der Südküste des Meerbusens v. Korinth* (*ber. durch protokorinthische Vasenmalerei des 7. Jh. u. Plastik* [*Lysipp*] *u. Malerei* [*Apelles*] *des 4. Jh.*).
sīdĕrĕŭs 3 (*sīdŭs*) (*dcht.*) **1. a)** gestirnt, Sternen... [*caelum, ignes* Sterne, *Canis* Hundsstern, *dea* Nacht, *coniux* sternentsprossen = *Cēÿx als S. Lucifers*]; **b)** zur Sonne gehörig, Sonnen... [*lux, ignes* Sonnengluten]; der Sonne geweiht [*colossus*]. **2.** / himmlisch, strahlend, feurig [*aethra, clipeus*].
sīdō, *sēdī u. sīdī, sĕssŭm* 3. (⟨ **sī-zd-ō, redupl. praes.; -zd- Schwundstufe zu sĕdĕō*) **1.** sich setzen, sich niederlassen (*abs., zB. sessum ire; in re u. bloß* °*re, zB.* °*in culmine, auch sub re, super alqd u.ä.*). **2.** / (*nkl., dcht.*) (*v. Sachen*) **a)** sich senken, sinken [*nebula*; / °*metus* schwindet]; **b)** sitzen bleiben, festsitzen [*glans*]; *bsd. v. Schiffen, zB. navis, carinae.*
Sīdōn, *ōnĭs f* (*Σιδών*) *älteste St. Phönikiens, Mutterstadt v.* Tyros, *j.* Saida. — *Einw.* **Sīdōniī,** *ōrŭm u.* **Sīdōnĕs,** *ŭm m* (*fem.* **Sīdōnĭs,** *ĭdĭs* Sidonierin, Phönikerin); **Sīdōnĭcŭs** *u.* **Sīdōnĭŭs** 3 (*fem. auch Sīdōnĭs, ĭdĭs*) sidonisch, *auch* °tyrisch, °phönikisch [°*hospes* = Kadmos, °*concha*], °karthagisch [*equus*], °purpurn [*chlamys*]; *subst.* **Sīdōnĭă,** *ae f* Gegend bei Sidon.
F. *Cf.* V.-B. III, 1, b *u.* 4, b; III, 5.
▶**sīdŭs,** *ĕrĭs n* (*cf. litauisch* svidùs „blank, glänzend") **1.** Sternbild, Gestirn, *dcht. auch pl. v. einem* Gestirn [°*Vergiliarum, natalicia; pl.* = °Tierkreis]; *auch* Hauptstern [°*fervidum* Hundsstern, °*aetherium* Sonne, *auch* Mond; *dcht. auch pl., zB.* °*sidera solis*]. **2.** *meton.* (*dcht., nkl.*) **a)** Himmelsstrich, Gegend [*tot sidera emensus*]; **b)** Jahreszeit [*mutato sidere* in einer anderen Jahreszeit]; **c)** Tag [*brumale* kürzester Tag], Nacht [*sidera exigere*]; **d)** Witterung, *bsd.* Sturm, -wolke [*Minervae* Sturm, den Minerva erregt]; *auch* Hitze, *bsd.* Sonnenstich [*pestifero sidere ictus*]; **e)** *pl.* Himmel [*sidera vertice tangere u. ferire*]. **3.** (*dcht., nkl.*) Glanz, Zierde [*Fabiae gentis*]; *bsd.* = strahlende Augen [*geminum*].
sĭĕm *usw. s. sŭm.*
Sĭgămbrī *u.* **Sŭgămbrī,** *ōrŭm m germ. Volk zw. Sieg, Lippe u. Rhein; adi.* **Sĭgămbĕr** 3 (*fem.* °**Sĭgămbră,** *ae* sigambrische Frau).
Sīgēŭm, *ī n* (*Σίγειον*) *Vorgeb. u. St. in Troas; adi.* **Sīgēŭs** *u.* **Sīgēĭŭs** 3, *auch übh.* °trojanisch [*campi*].
sĭgillārĭă, *ōrŭm n* (*sĭgillŭm*) (*nkl.*) **1.** *röm.* Bilderfest, *an dem man einander kleine Wachs- od. Tonfiguren schenkte.* **2.** kleine Wachs-, Gips-, Tonfiguren. **3.** Kunstmarkt.
sĭgillātŭs 3 (*sĭgillŭm*) *m.* (kleinen) Figuren (*bsd.* Reliefs) verziert [*scyphi*].
sĭgillŭm, *ī n* (*demin. v. sīgnŭm*) **1.** Bildchen, kleine Figur; Statuette, Relief [*perparvulum*]. **2.** Bild im Petschaft, Abdruck des Siegelrings, Siegel [*-a imprimere in cera*]; *meton.* (*dcht.*) versiegelte Bücherkapsel.
sīgmă, *mătĭs n* (*Fw.* ⟨ *σίγμα*) *18. Buchstabe des gr. Alphabets;* / (*Ma.*) halbrundes Speisesofa.
*****sign.** (*Abk.*) = *signatum; s. sīgnō.*
sīgnātŏr, *ōrĭs m* (*-ī-?; sīgnō*) (*nkl., dcht.*) Untersiegler *einer Urkunde* (*bsd. e-s Testaments*) *als Zeuge* [*falsus* Testamentsfälscher].
sīgnĭ-fĕr, *fĕră, fĕrŭm* (*sī-?; sīgnŭm, fĕrō*) **1.** gestirnt [*orbis* Tierkreis]. **2.** *subst.* ~, *ĕrī m* **a)** (*nkl.*) Tierkreis; **b)** Adler-, Fahnenträger; / Anführer, Leiter [*iuventutis, calamitosorum*].
sīgnĭfĭcāns, *ăntĭs* (*sī-?; eigtl. part. praes. v. sīgnĭfĭcō*) (*m.* °*comp. u.* °*sup.*) (*Qu.*) deutlich, anschaulich, klar; *klass. nur adv.* **-ăntĕr** (*m. comp. u.* °*sup.*) [*dicere*].
sīgnĭfĭcăntĭă, *ae f* (*sī-?; sīgnĭfĭcō*) **1.** (*Qu.*) Anschaulichkeit *eines Wortes.* **2.** (*spätl.*) Bedeutung; *auch pl.*
sīgnĭfĭcātĭō, *ōnĭs f* (*sī-?; sīgnĭfĭcō*) **1.** Bezeichnung, Andeutung, Zeichen, *auch pl.* (*abs., zB. ignibus -nem facere, ~ fit m. a.c.i.; m. gen. subi., zB. Gallorum* Benehmen *od.* Gebaren, *litterarum; m. gen. obi., zB. adventūs, voluntatis, valetudinis*); *-nem alcis rei facere u. dare etw.* erkennen *od.* sich merken lassen. **2.** Beifall(szeichen), *auch pl.* (*alcis, zB. omnium*). **3.** (*rhet. t.t.*) Nachdruck, Emphase. **4.** Bedeutung *e-s Ausdrucks,* Wortsinn [*scripti,* °*verborum*]. **5.** (*Se.*) Ausspruch, Satz.
▶**sīgnĭfĭcō** 1. (*sī-?; denom. v.* **sīgnĭfĭcŭs; sīgnŭm, făcĭō*) **1.** (ein) Zeichen geben (*re m. od.* durch *etw., zB. fumo atque ignibus; inter se* einander Zeichen des Einverständnisses geben). **2.** / **a)** *etw.* anzeigen, andeuten, bezeichnen, äußern, zu erkennen geben (*alqd u. alqd re, zB. suam voluntatem, rem clamore per agros, gratulationem plausu; auch alci alqd; selten alqm u. de re* hinweisen auf, *zB. Zenonem, de fuga; m. dopp. acc., zB. alqm regem; m. a.c.i. bzw. m. ut; m. indir. Frages.*); **b)** (*Zukünftiges*) verkünden [*futura; alci alqd; m. indir. Frages.*]; **c)** (*v. Worten u.ä.*) bezeichnen, bedeuten [*uno verbo res duas, carere hoc significat*].
▶**sīgnō** 1. (*sī-?; denom. v. sīgnŭm*) *m.* einem Kennzeichen versehen: **1.** (*dcht., nkl.*) einschneiden, eingraben, *übh.* abbilden [*nomina saxo, vota* aufzeichnen, *ceram figuris* zu Gestalten bilden]. **2. a)** *etw. m.* einem Zeichen versehen, bezeichnen, *klass. selten* [*vocis sonos notis,* °*campum m.* Grenzsteinen, °*humum pede certo* betreten, °*rem carmine* durch eine Aufschrift anzeigen]; *bsd.* (*dcht.*) färben, beflecken [*herbam, plumam sanguine, malas lanugine* den ersten Bart bekommen]; **b)** (ver)siegeln [*epistulam, libellum,* °*litteras adulterino signo, ius iurandum* die schriftliche Eidesversicherung; (*dcht.*) *iura* festsetzen]; **c)** (*Ma.*) schließen, beendigen [*quinquennium*]; **d)** (*Münzen*) *m.* Stempel versehen, prägen [°*pecuniam signo, argentum signatum;* / (*dcht.*) *nomen memori pectore signatum habere* eingeprägt]. **3.** / **a)** (*nkl., dcht.*) anzeigen, ausdrücken [*fama loco signata*]; **b)** (*dcht.*) bemerken, beobachten [*alqm oculis, simul ultima* ins Auge fassen]; **c)** (*dcht.*) auszeichnen, schmücken [*diem honore*]. — ** das Zeichen des Kreuzes machen, segnen; *se -are* sich bekreuzigen. — *****sign.** (*Abk.*) = *signatum* = „unterzeichnet".

> **sīgnŭm**
> **1.** Merkmal, Kennzeichen; **2.** Wahrzeichen, Vorzeichen; **3.** *mil.* **a)** Befehl, Kommando; **b)** Signal; **c)** Parole, Losung; **d)** Schlachtzeichen; **e)** Feldzeichen, Fahne, Legionsadler; **f)** Abteilung, Schar; **4.** Startzeichen *zum Wagenrennen*; **5.** Beweis; **6. a)** Statue, Götterbild; **b)** Siegel, Wappen; **7.** Gestirn.

sīgnŭm, *ī n* (⟨ **sĕc-nŏm zu sĕcō; altl. Inschr. seinq.* = *seingnŏm, sīgnŭm; das Romanische deutet aber auf ī hin; eigtl.* „eingeschnitzte Marke; geschnitztes Bild") **1.** Merkmal, Kennzeichen, *auch* / (*alcis rei, zB.* °*pedum* Fußspur, *doloris, -a timoris mittere* äußern; *~ dare alcis rei etw.* erkennen lassen, *zB. pudoris*). **2.** Wahrzeichen, Vorzeichen [*medici signa habent* *ex venis*]. **3.** *mil.* **a)** militärischer Befehl, Kommando [~ *profectionis*, ~ *proelii committendi dare u. exposcere, signo dato* auf ein gegebenes Signal]; **b)** [~ *tubā dare*]; *meton. pl. die ein Signal gebenden* Instrumente [*signa canunt u. concinunt*]; **c)** (*unkl.*) Parole, Losung [~ *militiae petenti tribuno Optimae matris dedit; Veneris, Felicitatis*]; **d)** *die auf dem Feldherrnzelt aufgezogene* rote Fahne als Zeichen zur Schlacht [~ *pugnae proponere*, °~ *belli efferre*]; **e)** Feldzeichen, Fahne, *bsd.* Legionsadler [*militare*, °*legionum*; *signa* °*movere od.* °*tollere*, °*convellere*, *ferre* den Marsch antreten, aufbrechen; *signa inferre alci od. in u.* °*adversus*, °*contra alqm* den Feind angreifen = *signa ferre in hostem*]; *signa conferre*: α) die Feldzeichen vereinigen, sich zusammenziehen (*ad alqm zu jd.* stoßen); β) handgemein werden, angreifen [*cum alqo, in laevum cornu* auf den linken Flügel einen Angriff machen, *collatis signis* in offener Feldschlacht, *zB. dimicare*]; *-a relinquere u. a signis discedere* desertieren; *-a (con)vertere* kehrt *od.* eine Schwenkung machen; *-a ad hostem convertere* dem Feind die Stirn bieten; *sub signis* in Reih *u.* Glied [*urbem intrare*]; **f)** (*nkl.*) Abteilung, Schar, Fähnlein, *bsd.* Kohorte *od.* Manipel [*milites unius -i*]. **4.** (*vkl.*, *nkl.*) Startzeichen *beim Wagenrennen (durch Prätor od. Konsul)* [~ *mittendis quadrigis dare*]. **5.** Beweis [*certum, haec signa egentis sunt*; *-um est u. hoc -i est m. a.c.i.*]; *meton.* (*nkl.*) Beweismittel [*rerum* sachlich]. **6.** plastisches Kunstwerk: **a)** Statue *eines Gottes*, Götterbild [*aëneum, marmoreum, Iovis, -a fabricari*]; **b)** Siegel, Wappen [*anuli, integrum*, °*adulterinum*, ~ °*epistulae detrahere, sub -o habere* unter Siegel]. **7.** / Gestirn, Sternbild [*leonis, brumale, signorum ortus et obitus*]. **8.** (*spätl.*) Spitzname *od.* Übername. — **Wunder (-zeichen). — Signum, verkürzte Unterschrift, Monogramm.

sīl[1], *sīlis n* (*vl. identisch m. sīl*[2]) (*nkl.*) Ocker.

sīl[2], *sīlis n* (< σέσελι *n*, σέσελις *f*) = *sĕsĕlis*.

sīlācĕŭs 3 (*sīl*[1]) (*nkl.*) ockergelb.

sīlānŭs, *ī m* (*Fw.* < *dor.* Σιλᾱνός = *att.* Σιληνός) (*dcht.*, *nkl.*) ein (*vielfach aus einem Silenkopf*) sprudelnder Springbrunnen; *adi.* 3 plattnasig.

▶**sĭlĕntĭŭm**, *ī n* (*silēns*; *s. sileō*) **1.** Stillschweigen, Stille, *dcht. oft pl.* [~ °*tenere* beobachten, *fieri iubere* gebieten, ~ *facere* beobachten, ~ *facere classico* sich Gehör verschaffen, ~ *fit* tritt ein; *alcis j-s*, *zB.* °*patrum*, °*ruris*, °*lunae* der Mondscheinnacht; *silentio u.* °*cum -o od.* °*per -um* stillschweigend, *zB. proficisci*; *-o praeterire od. praetervehi od.* °*transmittere alqd*]; *auch* °das Geheimhalten, Verschwiegenheit (*alcis rei*). **2. a)** Ungestörtheit (*u. daher* Fehlerlosigkeit *bei Beobachtung*) der Auspizien; **b)** / Ruhe, Muße, Untätigkeit [*iudiciorum ac fori*, °*vitam -o transire*, °*biduum* ~ *fuit*]; **c)** Stillschweigen *über jd.*, *d. h.* Ruhmlosigkeit.

Sīlēnŭs, *ī m* (Σιληνός) Silen, *Erzieher u. Begleiter des Dionysos, oft als V. der Satyrn bezeichnet.*

▶**sĭlĕō**, *ŭī*, — 2. (= *got.* ana-silan [*vom Wind*] „nachlassen, sich legen"; *vl. zu sinō*) **1.** (*intr.*) **a)** still sein, schweigen (*abs. od.* de *alqo u.* de re, *zB.* de re *publica*; / [*dcht.*] *auch v. Leblosem, zB. silet aër, loca late*); (*part. praes.*). *adi.*

sĭlēns (*dcht.*, *nkl.*) schweigend, still [*nocte silenti, umbrae silentes* der Verstorbenen]; *subst.* (*dcht.*)

sĭlĕntēs, *ŭm m* die Verstorbenen, Toten *in der Unterwelt* (*auch* die Pythagoreer); **b)** / untätig sein, feiern, ruhen, *v. Pers. u. Sachen* [*Musae Varronis, ambitus, inter arma silent leges*]. **2.** (*trans.*) *etw.* verschweigen, unerwähnt lassen (*alqd u.* °*alqm*, *zB. merita alcis*; *m.* °*indir. Frages.*; *m.* °*inf.*; *auch* P. *alqd u.* °*alqs siletur*, *zB. ea res*, °*Agricola*); (*Gerundiv*) *subst.* **sĭlĕndă**, *ōrŭm n* (*nkl.*) Geheimnisse, Mysterien.

sĭlĕr, *ĕris n* (*et. unklar*) (*dcht.*, *nkl.*) gemeiner Spindelbaum *od.* Bachweide.

sĭlēscō, — — 3. (*incoh. v. sileō*) (*vkl.*, *dcht.*) still werden [*domus*; *venti* legen sich].

sĭlĕx, *ĭcis m u.* °*f* (*cf. cālx*[1]; *siliquă*) Kiesel, Feuerstein [°*saxum* ~, °*lapis* ~, °*viam silice sternere* schottern *od.* pflastern]; *oft zur Bezeichnung der Hartherzigkeit wie im deutschen* Stein [°*verba duros silices motura*]; *meton.* (*dcht.*) Fels [*acuta*]. — *gen. pl. -ŭm.*

sĭlĭcĕrnĭŭm, *ī n* (*et. unklar*) (*vkl.*) Leichenschmaus; / alter Knacker (*Schimpfwort*).

sĭlĭgĭnĕŭs 3 (*sĭlīgō*) (*unkl.*) Weizen... [*cunni -i* Brötchen *i. der Form des cunnus*; *Priapus -us* Gebäck *i. der Form der mentula*].

sĭlīgō, *ĭnis f* (*et. ungedeutet*) (*unkl.*) sehr heller Winterweizen; *meton.* feines Weizenmehl.

sĭlĭquă, *ae f* (*et. nur altbulgarische Parallele*) (*unkl.*) Schote *der Hülsenfrüchte*; *meton. pl.* Hülsenfrüchte.

Sĭlĭŭs 3 *Name einer pleb. gēns zu Rom*: *C.* ~ *Ĭtălĭcŭs epischer Dichter, Kunstfreund u. Sammler, 25 bis 101 n. Chr.*

sĭllўbŭs, *ī m* (*Fw.* < σίλλυβος; *cf. sittўbŭs*) Titelstreifen *an Bücherrollen.*

sĭlūrŭs, *ī m* (*Fw.* < σίλουρος) (*unkl.*) ein Flußfisch (Wels? Stör?).

sīlŭs 3 (*-ī-?*; *vl. Umbildung aus sīmŭs m. volkset. Anlehnung an Sīlēnŭs*) stulp-, plattnasig; *auch* ♀ *cogn.* (*bsd. der gēns Sĕrgĭă*).

▶**sĭlvă**, *ae f* (*et. ungeklärt*) **1. a)** Wald, Waldung, Forst, Gehölz [*densa*, °*publicae* Staatsforsten, °*dea silvarum* = *Diana*, °*silvarum numina* = Faune, Satyrn]; *pl.* einzelne Teile eines Waldes; **b)** Park [*signa in -a disponere*]; **c)** *meton.* (*dcht.*) Baum *od.* Bäume, Strauch, Gestrüpp. **2.** / **a)** (*dcht.*) Wald *v.* Speeren; **b)** / große Menge, reicher Vorrat, *bsd. unverarbeiteten Materials* [*infinita, rerum ac sententiarum, virtutum et vitiorum*]; *Titel v. Schriften (wegen der Mannigfaltigkeit des Stoffes, zB. Statius' Silvae)*; *meton.* (*nkl.*) Konzept, Kladde.
F. *dcht. auch dreisilbig*: *sĭlŭă.*

Sĭlvānŭs, *ī m Gott des Waldes, des Feldes u. der Herden*; *auch pl.* Waldgötter. — **Waldschrat.

sĭlvēscō, — — 3. (*incoh. zu silvă*) verwildern [*vitis*].

▶**sĭlvĕstrĭs**, *ĕ u.* (*nkl.*, *dcht.*) **sĭlvĕstĕr**, *tris, trĕ* (*silvă*) **1.** bewaldet, waldig, Wald... [*collis, via*]; *subst.* °**sĭlvĕstrĭă**, *ĭŭm n* waldige Gegenden. **2. a)** im Wald (befindlich *od.* lebend) [*belua* Wölfin, *gens*, *coitio* in Wäldern, *materia* Holz aus den Wäldern, °*umbra* Waldschatten]; *übh.* (*dcht.*) ländlich [*Musa*]; **b)** (*nkl.*, *dcht.*) wild (-wachsend) [*oliva*]; / wild, roh [*homines, animus*].

Sĭlvĭă, *ae f s. Rēă.*

sĭlvĭ-cŏlă, *ae m* (*silvă, cŏlō*) (*dcht.*) Waldbewohner.

sĭlvĭ-cŭltrīx, *īcis f* (*Ca.*) im Walde wohnend [*cerva*].

sĭlvĭ-frăgŭs 3 (*silvă, frăngō*) (*Lu.*) waldzerschmetternd.

Sĭlvĭŭs, *ī m S. des Äneas u. der Lavinia, Stammvater des Königshauses zu Alba Longa.*

sĭlvōsŭs 3 (*silvă*) (*nkl.*) waldig [*saltus*].

sīmă, *ae f* (*sīmŭs*) (*Vi.*) Traufleiste des antiken Tempels.

sīmĭă, *ae f u.* (*dcht.*) **sīmĭŭs**, *ī m* (*sīmŭs*) Affe, *auch Schimpfwort* [*-ius iste* dies Affengesicht]; / (*Pli.*) = törichter Nachahmer [*Stoicorum*].

sĭmĭlă, *ae f* (*orientalisches Lw.*) (*nkl.*, *dcht.*) feinstes Weizenmehl. — **Semmel.

▶**sĭmĭlĭs**, *ĕ* (*m.* °*comp.*, *sup. simillimŭs*; *adv.* **-ĭtĕr**) (*zu idg.* *sem- „eins"; *cf. sĕmĕl, sĭmŭl,* ἅμα „zugleich") ähnlich, gleichartig, *v. Pers. u. Sachen* (*abs.*, *zB. homines, improbitas*; *inter se* untereinander; *m. gen. u. dat.*, *veri u.* °*vero similis* wahrscheinlich; re durch *od.* in *etw.*, *zB. formā*; °*alqd* an *od.* in *etw.*, *zB. faciem*; *m. folg. ac, atque* wie, *zB. simile aliquid a me atque a ceteris factum est*; *m. ut si od. ac si, tamquam si m. coni.* ähnlich wie wenn, *zB. similiter facis ac si me roges*); *subst.* **sĭmĭlĕ**, *ĭs n* Gleichnis, ähnliches Beispiel, Analogon [*-i uti, aliud -e dissimile*]; *pl.* das Ähnliche; (*Qu.*) *et similia od. similiaque* und dergleichen mehr.

sĭmĭlĭtūdō, *ĭnis f* (*similis*) **1.** Ähnlichkeit, Gleichartigkeit (*m. gen. subi. u. obi.*, *zB. hominum, panis m.* dem Brote, *parentis m.* dem Vater, *dei u. cum deo m.* Gott; *inter alqos*, *zB. inter homines et bestias*; *bsd.* Porträt- *od.* Charakterähnlichkeit; *concr. etw.* Ähnliches, Nachbildung, *pl.* verwandte Erscheinungen [*-nes* *transferre* der Analogie nachgehen]. **2. a)** Analogie, Anwendung auf ähnliche Fälle [*cetera -ni relinquere*]; **b)** Gleichnis [*vulgata*]; **c)** Einförmigkeit.

sĭmĭŏlŭs, ī *m* (*demin. v. sīmĭŭs*) Äffchen, (*als Schimpfwort*) Affengesicht.

sĭmĭtū *adv.* (*wohl erstarrter abl. v.* *sĭm-ĭtŭs „das Zusammengehen"; *idg.* *sem- „eins", *īrĕ*) (*vkl.*) zugleich.

sīmĭŭs, ī *m s. sīmĭă.*

Sīmō, ōnĭs *m der verliebte Alte in der Komödie.*

Sĭmŏĭs, ŏĕntĭs *m* (*acc. -ŏĕntă*) (Σιμόεις) *Nbfl. des Skamander in Troas. Cf.* V.-B. III, 1, b.

Sĭmōnĭdēs, ĭs *od.* ae *m* (Σιμωνίδης) *aus Keos, griech. Lyriker, Elegiker u. Epigrammendichter, Erfinder der Mnemotechnik* (*um 500 v. Chr.*). *Cf.* V.-B. III, 3 *u.* 5. *adi.* **Sĭmōnĭdēŭs** 3.

▶**sĭm-plĕx,** ĭcĭs (*m.* °*comp. u.* °*sup.*; *adv.* **-ĭtĕr**) (*idg.* *sem- „eins"; *cf. sĕm-ĕl, dŭ-plĕx*) **1.** einfach, nicht zusammengesetzt, unvermischt [°*aqua* reines, °*ius* Brühe, *iter* unverzweigt]; *meist* / = nicht kompliziert [*causa, genus rei publicae,* °*fortuna* nicht wechselnd]. **2.** einzeln, ein einziger, einer für sich [°*acies,* °*ordo,* °*argumentum, verba*]. **3. a)** einfach, gewöhnlich, weiter nichts als [°*mors u.* °*genus mortis* ohne besondere Martern]; **b)** unbedingt [*quaedam sunt in rebus simplicia*]; *bsd. adv.* **sĭmplĭcĭtĕr** schlechthin, geradezu, lediglich, absolut [*dicere, sententiam referre*]; **c)** / einfach (*lobend*) **α)** = natürlich, ungekünstelt, schlicht [°*cibi, -iter loqui u. exponere*]; **β)** = ehrlich, arglos, offen, treuherzig, naiv [*homo,* °*puella,* °*-iter et candide,* °*-iter scribere*]. — ** (*pejorativ*) beschränkt; *pl.* das ungebildete Volk.

F. *abl. sg.* -ī *u.* °-ĕ; *pl. neutr.* -ĭă, *gen.* -ĭŭm.

sĭmplĭcĭtās, ātĭs *f* (*sĭmplĕx*) (*nkl., dcht.*) Einfachheit; / = Ehrlichkeit, Treuherzigkeit, Aufrichtigkeit, Offenheit [*antiqua, puerilis; alcis j-s*]. — ***sancta simplicitas eigtl.* (*v. der schlichten Sprache der Apostel*) „heilige Einfachheit", *heute meist* = heilige Einfalt.

sĭmplŭm, ī *n* (*adi.* °*sĭmplŭs* 3 „einfach"; *cf. sĭmplĕx, dŭplŭm*) das Einfache.

sĭmpŭlŭm, ī *n* (*et. ungeklärt; nach Varro „a sumendo"; vl. falsch überliefert für sĭmpŭvĭŭm*) Schöpfgefäß, -kelle, -löffel *od.* Opferschale; *sprichw.*: *excitare fluctūs in -o* Sturm im Glase Wasser.

sĭmpŭvĭŭm, ī *n* (*wohl Lw.* ‹ σιπύη „Brotkorb, Wasserkrug") Opferschale.

▶**sĭmŭl** (*Pl. sĕmŭl; vl.* ‹ **sĕmlī; idg.* *sem- „eins"; -ī- ‹ -ĕ- *nach sĭmĭlĭs; cf. sĕmĕl*) **1.** *adv.* zugleich, gleichzeitig [~ *venire,* ~ *esse,* °*duo* ~ *bella* gleichzeitige; *simul cum od. m.* °*bloßem abl.*, zugleich *m., zB.* ~ *cum Clodio;* ~ *cum occasu solis venit,* °~ *nobis*]; *klass. selten* = *ūnā* zusammen, beisammen [*multos modios salis* ~ *edere*]; *bsd.* (*nkl., dcht.*) *simul ... simul* ebensosehr ... als, sowohl ... als auch, teils ... teils [*increpat* ~ *temeritatem* ~ *ignaviam*]; *häufiger simul ... et* (*od. -que, atque*), *zB.* ~ *inflatus exacerbatusque.* **2.** *ci.* **sĭmŭl** = **sĭmŭl ăc** *u.* **sĭmŭl ătquĕ** (*auch zus.*) *od.* **sĭmŭl ŭt** (*od. primum*) sobald als, *in unabhängiger Rede m. ind. pf.* [*Pompeius, simulatque equitatum suum pulsum vidit, acie excessit*]. **3.** *b. part. praes.* (*dcht.*) *simul hoc dicens* gleich bei diesen Worten (= ἅμα ταῦτα λέγων).

▶**sĭmŭlācrŭm,** ī *n* (*sĭmŭlō*) **1. a)** Bild, Abbild, Gebilde *der Plastik wie der Malerei*, Statue, *meist* Götterbild [*-a deorum od. Pompei*]; **b)** (*dcht.*) Spiegelbild. **2. a)** (*dcht.*) Traumbild, *meist pl.* [*-a inania somni*]; **b)** (*dcht., nkl.*) Schatten *e-s Toten*, Gespenst [*Creusae*]; **c)** (*philos. t.t.*; *Lu.*) [= εἴδωλον, *ĭmāgō b. Ci.*] das (*dem Geist vorschwebende*) Abbild *e-s* Gegenstandes. **3.** (*Li.*) Charakterbild, -schilderung [*viri*]. **4. a)** Abbild, Nachbildung, *oft pl.* (*alcis rei, zB. virtutis,* °*pugnae* Scheingefecht, Manöver); **b)** Trugbild, Phantom (*alcis rei, zB. iudiciorum, auspiciorum*). — **Götzenbild.

sĭmŭlāmĕn, ĭnĭs *n* (*sĭmŭlō*) (*dcht.*) Nachahmung.

sĭmŭlāns, āntĭs (*m. comp.; adv.* **-āntĕr**) (*eigtl. part. praes, v. sĭmŭlō*) (*dcht., nkl.*) nachahmend (*alcis rei etw., zB. vocum*).

sĭmŭlātē *adv. s. sĭmŭlō.*

sĭmŭlātĭō, ōnĭs *f* (*sĭmŭlō*) **1.** Verstellung, Heuchelei [*-ne uti od. alqd consequi*]; *pl.* (*nkl.*) Verstellungskünste. **2.** Vorwand, Täuschung, Schein [*emptionis* Scheinkauf; *prudentiae* Scheinklugheit, *timoris* scheinbare Angst, *rei frumentariae* angeblicher Mangel an Verpflegung; *simulatione u. per -nem alcis rei* unter dem Schein, *zB. rei publicae* angeblich im Interesse des Staates, *equitum* scheinbar als Reiter].

sĭmŭlātŏr, ōrĭs *m* (*sĭmŭlō*) **1.** (*dcht.*) Nachahmer (*m. gen.*). **2.** / Heuchler, sich verstellend (*alcis rei u. in re in etw.*), *abs.* Meister in der Verstellungskunst.

sĭmŭlătquĕ *s. sĭmŭl.*

▶**sĭmŭlō** 1. (*denom. v. sĭmĭlĭs*) **1. a)** ähnlich machen, *bsd. P.P.P. simulatus alci* in der Gestalt *j-s* [*Minerva Mentori -a*]; **b)** (*dcht.*) nach-, abbilden, darstellen, *auch* nachahmen, nachäffen (*alqm u. alqd, zB. Alexandri vultum; m. a.c.i.*). **2.** / **a)** *etw.* vorgeben *od.* vorspiegeln, vorschützen, (er)heucheln (*abs., zB. Sĭmŭlāns* der Heuchler, *Titel e-s Lustspiels des Africanus; meist alqd, zB.* °*metum,* °*morbum* sich krank stellen, *amicitiam,* °*negotia* zum Schein führen; *auch m. acc. eines Personennamens, zB. alqs* °*aegrum simulat* spielt den Kranken); **b)** *m. a.c.i. od.* °*inf.* sich stellen, als ob, sich den Anschein geben, als ob, *zB. alqs se furere simulat*; (*P.P.P.*) *adi.* **sĭmŭlātŭs** 3 (*adv.* **-ē**) erheuchelt, scheinbar, zum Schein [°*lacrimae, -e pugnare*].

sĭmŭltās, ātĭs *f* (*sĭmĭlĭs*) Eifersucht, Rivalität, gespanntes Verhältnis, Groll, Feindschaft, *auch pl.* [~ *alci cum alqo* °*est od. intercedit* besteht, °*in -te cum alqo esse, -tes exercere cum alqo*].

F. *gen. pl. sĭmŭltātŭm u.* °*-ĭŭm.*

sĭmŭltĕr *adv.* (*altl.* = *sĭmĭlĭtĕr, wohl nach sĭmŭl*) auf ähnliche Weise; ~ *itidem* (*Pl.*) ebenso wie.

sĭmŭlŭs 3 (*demin. v. sīmŭs*) (*Lu.*) *etw.* stülp-, plattnasig.

sīmŭs 3 (*Fw.* ‹ σιμός) (*nkl., dcht.*) stumpf-, plattnasig.

▶**sīn** *ci.* (‹ **sī-nĕ; nĕ wohl ablautendes nē*[1]) (*meist nach sī od. nĭsī*) wenn aber, wenn dagegen, *oft sin autem, selten sin vero, im Ggs. zu einer voraufgegangenen od. zu ergänzenden Bedingung* [*mercatura, si tenuis est, sordida putanda est, sin* (*autem*) *magna et copiosa, non est admodum vituperanda*]; *bsd. sin minus u. sin aliter* wo nicht, widrigenfalls, sonst, *meist ohne Verbum* [*si id feceris, magnam habebo gratiam, sin minus, ignoscam*].

sĭnāpĭs, ĭs *f u.* **-nāpĭ** *indecl.* (*Fw.* ‹ σίναπι, *wohl ägypt. Herkunft*) (*vkl., nkl.*) Senf.

sĭncērĭtās, ātĭs *f* (*sĭncērŭs*) (*nkl., dcht.*) Gesundheit; / Aufrichtigkeit, Ehrlichkeit.

▶**sĭncērŭs** 3 (*m.* °*comp. u.* °*sup.; adv.* **-ē**) (*et. ungeklärt; antike Deutung* ‹ *sĭnĕ cērā wohl Volkset.*) **1.** rein, unvermischt, unverfälscht, echt. **2.** *fast nur* / **a)** = vollwertig [°*vas,* °*gens*]; *bsd.* ungeschminkt [°*genae, fucata a sinceris secernere*]; **b)** unverdorben, unversehrt [°*Minerva* jungfräulich, *iudicium, voluptas u. gaudium* ungetrübt]; *bsd.* (*dcht.*) gesund [*corpus*]; **c)** bloß, nichts weiter als [*proelium equestre* bloßes Reitergefecht]; **d)** ehrlich, aufrichtig, *v. Pers. u. Sachen* [*pronuntiator rerum gestarum,* °*fides, -e pronuntiare*].

sĭncĭpĭtāmĕntŭm, ī *n* (*sĭn-?: sĭncĭpŭt*) (*Pl.*) Vorderkopfstück.

sĭncĭpŭt, ĭtĭs *n* (*sĭn-?;* ‹ **sēm[i]-căpŭt*) (*unkl.*) Vorderkopf; geräucherter Schweinekopf; *meton.* Hirn.

sĭndŏn, ŏnĭs *f* (*-ō-?; Lw.* ‹ σινδών) (*dcht.*) indische Leinwand *od.* Baumwolle.

▶**sĭnĕ**[1] *prp. b. abl.* (*cf. altind.* san-utár „weit weg", *nhd.* „sonder") ohne, sonder [*sine parentibus,* ~ *dubio,* ~ *ullo commodo* ohne allen Vorteil, ~ *aliquo commodo* ohne bedeutenden Vorteil, *non* ~ *aliquo commodo* nicht ohne einigen Vorteil, *non* ~ *magna spe* = *cum magna spe*]; *oft ein negatives adi. vertretend, zB. civitas* ~ *imperio* herrscherlos, *exercitus* ~ *duce* führerlos, *sacra* ~ *sanguine* unblutige, *homo* ~ *re od. sine fortunis* besitzlos, *lectio* ~ *delectatione* uninteressant *u.a.*; *dcht. bisw. nachgestellt* (*cf. Hor., sat.* 1,3,68). — *Besondere Redensarten*: *sine ira et studio s. stŭdĭŭm*; ***sine die* ohne Festsetzung *e-s* Termins (vertagen). —

****sine tempore* (*Abk.* s.t.) ohne akademisches Viertel, pünktlich. — *sine loco et anno* (*Abk.* s.l.e.a. *od. umgekehrt* s.a.e.l.) ohne Ort(s-) *u.* Jahr(esangabe) (*bei Veröffentlichungen*). — *sine qua non s.* cōndīcīō.

sīně² *s.* sīnō.

sĭngĭllārĭtĕr *adv.* (**sĭngĭllī demin. v.* sĭngŭlī) (*Lu.*) einzeln.

sĭngĭllātĭm *u.* °**sĭngŭlātĭm** *adv.* ([**sĭngĭllī demin. v.*] sĭngŭlī) einzeln, im einzelnen [*disserere, circumire*] Mann für Mann].

▶ **sĭngŭlārĭs,** ĕ (*adv.* **-ĭtĕr**) (sĭngŭlī) **1.** einzeln, vereinzelt [*homo, alqos -es ex navi egredientes conspicere*]. **2.** Einzel..., Privat..., Allein... [*imperium* Monarchie, *odium alcis* Privathaß, *certamen* Zweikampf]; *subst. m mil.* (*nkl.*) berittene Ordonnanz, *pl.* (*berittenes kaiserliches*) Elitekorps. **3.** (*vkl., nkl.*) (*gramm. t.t.*) zum Singular gehörig [*numerus* Singular]; *subst.* ~, *is m* Singular. **4. a)** eigentümlich, charakteristisch [*sunt in te quaedam -ia*]; **b)** ausgezeichnet, vorzüglich [°*fides, ingenii acumen, -iter diligere alqm*; *re* durch *etw.*, *zB. ingenio*; *in re* in *etw.*, *zB. in philosophia*]; *subst.* **-ĭă,** ĭŭm *n* (*Li.*) Auszeichnungen; (*pejorativ*) absonderlich, beispiellos [*nequitia*].

sĭngŭlārĭŭs 3 (sĭngŭlī) (*vkl., nkl.*; *klass. nur vereinzelt*: *adv.* **-ē**) einzeln.

sĭngŭlātĭm *s.* sĭngĭllātĭm.

▶ **sĭngŭlī,** *ae, ă* (< **sĕm-gŏ-loi*; *cf.* sĕmĕl) **1.** je einer, jeder einzelne [*ex singulis familiis singulos eligere, singulis annis* jährlich, *in singulos annos* von Jahr zu Jahr, alljährlich]. **2.** einzeln, allein [*frequentes an pauci an singuli*].

F. *sg.* sĭngŭlŭs *vkl. u. spätl.* — *gen. pl.* sĭngŭlōrŭm (*cf.* V.-B. VI, 5).

sĭngŭltĭm *adv.* (*erstarrter acc. v.* **sĭngŭl-tĭ-s*; *cf.* sĭngŭltīō) (*Ho.*) mit Schluchzen, *d.h.* stockend.

sĭngŭltĭō, — — 4. (*denom. v.* **sĭngŭl-tĭ-s*; *s.* sĭngŭltĭm) **1.** (*nkl.*) schluchzen. **2.** (*Pers.*) (*vor sexueller Erregung*) zittern.

sĭngŭltō 1. (*wohl frequ. v.* **sĭngŭlō* 3. „schluchzen") (*dcht., nkl.*) **1.** (*intr.*) schluchzen, (*v. Sterbenden*) röcheln. **2.** (*trans.*) *etw.* herausschluchzen [*sonos*], (*v. Sterbenden*) ausröcheln [*animam*].

sĭngŭltŭs, *ūs m* (*et. ungedeutet*; *cf.* sĭngŭltĭm) **1. a)** das Schluchzen; **b)** (*dcht., nkl.*) (*v. Sterbenden*) Röcheln, *auch pl.* **2.** (*nkl.*) der Schlucken. **3.** (*nkl.*) das Glucksen *der Flasche.*

sĭngŭlŭs 3 *s.* sĭngŭlī.

▶ **sĭnĭstĕr,** *tră, trŭm* (*m. comp.* -tĕrĭŏr, ŭs; *adv.* °**-trē**) (*wohl zu altind.* sani- „Gewinn, Nutzen", *also eigtl.* „Gewinn bringend"; *vgl. dazu* 3a) **1.** der linke, links, zur Linken (befindlich, liegend, stehend) [*manus, pars, cornu,* °*rota sinisterior* zu weit links gelenkt]; *subst.* **sĭnĭstră,** *ae f* die linke Hand *od.* Seite, die Linke [*dextrā ac sinistrā* zur Rechten *u.* zur Linken; *sub sinistrā* zur Linken]; **sĭnĭstrī,** *ōrŭm m* (*Li.*) die Leute auf dem linken Flügel. **2.** / (*dcht., nkl.*) linkisch, verkehrt, ungeschickt [*interpretatio, natura mortalium*]. **3.** (*relig. t.t.*) **a)** (*nach altröm. Ritus, bei dem der Augur nach Süden blickt u. den Osten linker Hand hat*) glücklich, günstig [°*cornix,* °*tonitrus*]; **b)** (*nach jüngerer griech. Auffassung, bei der der Priester nach Norden blickt u. den Osten zur Rechten hat*) unheilverkündend, unheilvoll, unglücklich, ungünstig; / böse, übel [*fulmen,* °*omen,* °*aves,* °*sermones* böswillig, °*-tre excipi*; °*alci* für *jd.*]; *subst.* °**sĭnĭstrŭm,** *ī n* das Unheilvolle, Böse, Arge.

sĭnĭstĕrĭtās, *ātĭs f* (sĭnĭstĕr) (*Pli.*) Ungeschicklichkeit.

sĭnĭstrōrsŭm *u.* **-sŭs** *adv.* (<**sĭnĭstrō vŏrsŭm u. -sŭs*; sĭnĭstĕr, vĕrtō) nach links (gewandt), linker Hand.

▶ **sĭnō,** *sīvī u.* °*siī, sĭtŭm* 3. (√**sē(ĭ)*- „ab-, nach-, loslassen"; *cf. altind.* ví-sy-a-ti „läßt los, hört auf"; *cf.* sĭtŭs¹,³, pōnō) **1.** zulassen, erlauben, *etw.* ruhig geschehen lassen (*abs., zB. non patiar, non sinam*; *m. a.c.i., zB. Nervii vinum ad se importari non sinebant*; *im P. m. n.c.i., zB. Milo Clodium accusare non est situs*; *m.* °*ut u.* °*ne od. m. bloßem coni.*; *m.* °*acc., zB.* °*sine hanc animam* laß mir das Leben, °*sinite arma viris* überlaßt; *ellipt. m. dopp. acc., zB. scelus inultum, sc. esse*); *bsd.* (*Ve.*) *sine* laß = mag immerhin, möge α) *m. coni.* [°*feriant, sine, litora fluctus*]; β) (*Com.*) *nur sīnĕ* mag sein!, schon gut! [*non est profecto; sine*]. **2.** (*vkl., dcht.*) ablassen, sein lassen [*nunc sinite*].

F. *pf.-Formen synk.*: *sīstī, sīrĭs, sīrĭt, sīrītĭs, sīssĕ(m) u.a.*

Sĭnōn, *ōnĭs m* (Σινών) *in der jüngeren Trojasage* (Vergil!) *Grieche, der die Troer überredete, das hölzerne Pferd in die Stadt zu schaffen.*

Sĭnōpă, *ae u.* **-ē,** *ēs f* (Σινώπη) *St. in Paphlagonien am Schwarzen Meer, Geburtsort des Kynikers Diogenes. Cf.* V.-B. I, 1. *Einw.* **Sĭnōpēnsēs,** *ĭŭm u.* (*sg.*) **Sĭnōpeŭs,** *ĕī m.* — **sĭnōpĭs,** *ĭdĭs f* (*sc.* tĕrră) Eisenocker, Rötel.

sīnŭm, *ī n u.* **-ŭs²,** *ī m* (*et. ungedeutet*) (*unkl.*) weitbauchiges Tongefäß.

sĭnŭō 1. (*denom. v.* sĭnŭs¹) (*nkl., dcht.*) bogenartig krümmen, biegen, winden [*terga volumine, arcum* spannen, *orbes* Kreise bilden]; *mediopass.* sich krümmen, sich winden [*in orbes*].

sĭnŭōsŭs 3 (*adv.* **-ē**) (sĭnŭs¹) (*dcht., nkl.*) gekrümmt, verschlungen; *bsd.* faltenreich [*vestis*]; / *narratio* voller Abschweifungen.

> **sĭnŭs¹**
> **1.** Krümmung, Biegung; **2. a)** Meerbusen, Bucht; **b)** Landspitze, -zunge; **c)** Schlucht; **3.** Schlund *der Erde*; **4.** Busen, Bausch (*des Gewandes*); **5. a)** zärtliche Liebe, Vertraulichkeit, Obhut; **b)** Schoß, Schutz; **c)** Innerstes (*e-s Gegenstandes*), Herz; **d)** Gewalt.

sĭnŭs¹, *ūs m* (*et. ungedeutet*) **1.** Krümmung, Biegung, bauchige Rundung, Bogen [*sinum* °*dare od.* °*facere e-n* Bogen bilden]; *bsd.* Falte *e-s Kleides* [°*sinum ex toga facere*]; Schwellung des Segels (*meton.* °Segel), °Windung *der Schlange,* °Bogen *eines Heerflügels,* °Vertiefung *in der Baumrinde zum Okulieren,* °*comarum* Locke *u.ä.* **2. a)** Meerbusen, Bucht [*maritimus, naves ex sinu abducere*]; *meton.* (*nkl.*) das um den Meerbusen liegende Land [*Campaniae*]; **b)** Landspitze, -zunge, Halbinsel [*terrarum,* °*Germaniae*]; **c)** Schlucht [°*terra in ingentem sinum consedit*]. **3.** (*nkl., dcht.*) Kessel, Schlund *der Erde.* **4.** Busen des Gewandes, *der durch Gürtung entstehende* Bausch der Toga = Tasche, Geldbeutel [*togae, litteras in sinu ponere u. ex sinu proferre*], *im Deutschen oft* = Brust, Schoß, Arme [*in sinum alcis venire, negotium alci in sinum defertur* fällt in den Schoß, *in sinum philosophiae compelli* sich der Philosophie in die Arme werfen, *in sinu gaudere* sich ins Fäustchen lachen]. **5.** / **a)** zärtliche Liebe, Vertraulichkeit, Obhut, Schutz [*in sinu alcis esse v. jd.* geliebt werden, *homines ex od. de sinu alcis j-s* Schoßkinder, Busenfreunde]; **b)** Schoß = Verborgenheit [*Aetolia in sinu pacis posita* im Schoß des Friedens]; **c)** (*nkl.*) Innerstes *e-s Gegenstandes,* Herz [*hostes in sinu urbis sunt*]; *auch* °Zufluchtsort, Schlupfwinkel [*occultus*]; **d)** (*Ta.*) Gewalt, Macht [*opes in sinu alcis sunt*].

F. *dat. sg.* sĭnŭī *u.* °-ū; *dat. u. abl. pl.* sĭnĭbŭs.

sīnŭs², *ī m s.* sīnŭm.

sīpārĭŭm, *ī n* (*Fw., demin. v.* σίπαρος) **1.** (kleiner) Vorhang *bei den Zwischenszenen der Komödie* [*post -um* / hinter den Kulissen = heimlich]; *meton.* (*nkl., dcht.*) Komödie. **2.** (*Qu.*) Vorhang *auf der Rednertribüne.*

sīp(h)ărŭm, *ī n u.* **-ŭs,** *ī m* (*Fw.* < σίφαρος, σίπαρος; *später m.* sŭppărŭm *vermengt*) (*nkl., dcht.*) Topp-, Bramsegel.

sīp(h)ō, *ōnĭs m* (*Fw.* < σίφων) (*vkl., nkl.*) Röhre: **1.** Heber. **2.** Feuerspritze.

sīp(h)ŭncŭlŭs, *ī m* (*demin. v.* sīp[h]ō) (*nkl.*) kleines Springbrunnenrohr.

sī-quăndō *ci.* wenn einmal.

sī-quĭdĕm (*altl.* sī-) *ci.* **1.** wenn nämlich, wenn wirklich, allerdings wenn. **2.** (*seit C. u. Ci.*) (*kausal*) weil ja, da ja, (in)sofern, *zB. antiquissimum e doctis est genus poëtarum,* ~ *Homerus fuit ante Romam conditam.*

sīrēmps(ĕ) (*wohl* < *Kondizionalsatz*; *Analyse unklar*) (*vkl., nkl.*) ganz gleich, ebenso [~ *lex esto*].

Sīrēn, *ēnĭs f* (Σειρήν); (*spätl.*) **Sīrēnă,** *ae f* Sirene, *meist pl.* **Sīrēnĕs,** *ŭm* Sirenen, (*meist weibliche*) *Dämonen des Todes u. der Liebe, Töchter des Achelōos, die als Mädchen m. Vogelleibern v. e-r Insel aus durch zauberhaften Gesang die Vorübersegelnden ins Verderben lockten*; / (*dcht.*) Verlockerin, Verführerin.

F. *Cf.* V.-B. III, 1, b *u.* e.

sīrĭŭs, *ī m* (*Fw.* < σείριος) (*dcht.*)

Hundsstern = cănĭcŭlă (*adi. sirius ardor* des Sirius).

Sĭrmĭō, ōnĭs *f Halbinsel im südl. Teil des Gardasees m. Landgut Catulls, j.* Sirmione.

sĭrp... *auch* = scĭrp...

sĭrpĕ, ĭs *n* (*wohl wie σίλφιον Fw. unbekannter Herkunft*) (*Pl.*) Saft der Sirpepflanze; *cf.* lāsĕrpĭcĭŭm.

sĭrŭs, ĭ *m* (*u. -ī-?; Fw.* < σιρός, *später* σειρός) (*nkl.*) Getreidegrube, Silo.

sīs¹ (*altl.*) = sī vīs wenn's beliebt (*cf.* sŭltĭs), *bsd. beim imp.* = doch [adde sis].

sīs² (*Lu.* III, 1025) = sŭīs (*zu* sŭŭs).

Sĭsĕnnă, ae *m*: L. Cŏrnēlĭŭs ~ *gest. 67 v. Chr., Vfssr. zeitgenössischer Geschichtswerke.*

sĭsĕr, ĕrĭs *n* (*wie* σίσαρον *wohl aus ägypt. Quelle*) (*unkl.*) Rapunzel.

sistō
I. (*trans.*) **1. a)** (hin)stellen, (-)bringen; **b)** errichten; **c)** vor Gericht stellen; **2. a)** aufhalten; **b)** befestigen; **II.** (*intr.*) **1. a)** sich stellen; *pf.* stehen; **b)** stehenbleiben; **c)** (*jur. t.t.*) sich zum Termin stellen; **2.** fortbestehen, sich halten.

sistō, *stĭtī* (*nach den Komposita*) *u.* stĕtī, stătŭm 3. (*sĭ-st-ō redupl. praes. v.* stō) **I.** (*trans.*) **1. a)** (*unkl.*) (hin-)stellen, (hin)bringen, (hin)führen (*alqm u. alqd, zB. sororem huc, suem ad aram, monstrum arce, alci iaculum in ore* stoßen); **b)** (*unkl.*) *etw.* aufführen, errichten [*templum, tropaea*]; **c)** α) (*jur. t.t.*) vor Gericht stellen (*alqm, zB.* °*puellam, se od. vadimonium* sich [zum Termin] stellen); β) *se sistere übh.* sich irgendwo stellen *od.* einfinden (*in loco, zB. in Graecia alci*). **2. a)** (*nkl., dcht.*) zum Stehen bringen, aufhalten, hemmen, *auch* / [*hostem, legiones, equum, ventum, fugam, gradum u. pedem* Halt machen, stehenbleiben = *se sistere, querelas* beendigen, *statis odiis militum* da sich gelegt hatten]; **b)** (*unkl.*) befestigen, feststellen, *auch* / [*rem Romanam*]; **c)** (*P.P.P.*) *adi.* **stătŭs** 3 festgesetzt, bestimmt, fest [*dies,* °*dies cum hoste, sacrificium*]. **II.** (*intr.*) **1. a)** (*unkl.*) sich stellen, hintreten, *pf.* stehen [*hinc stetit Volcanus*]; **b)** (*unkl.*) stillstehen, stehenbleiben, *auch* / [*legio, classis, sanguis* stockt]; / ruhen, Ruhe finden; **c)** (*jur. t.t.*) sich zum Termin stellen. **2.** / (fort)bestehen, sich halten [*res publica sistere non potest*]; (*impers.*) (*vkl., nkl.*) *sisti non potest* der Zustand ist unhaltbar. — ** = *sŭm.*

sīstrātŭs 3 (sīstrŭm) (*Ma.*) *m.* einer Isisklapper versehen.

sīstrŭm, ī *n* (*Fw.* < σεῖστρον *zu* σείω „schüttele") (*dcht., nkl.*) Isisklapper.

sĭsŭră *u.* **sŭsŭrnă,** *ae f* (*Fw.* < σισύρα, σίσυρνα) (*Pl.*) einfache Pelzdecke.

sĭsўmbrĭŭm, ī *n* (*Fw.* < σισύμβριον) (*unkl.*) Brunnenkresse.

Sĭsўphŭs *u.* °**-ŏs,** ī *m* (Σίσυφος) *als verschlagenster aller Menschen populärer griech. Sagenheld, Erbauer u. K. v. Korinth, wegen seiner Frevel in der Unterwelt dazu verdammt, e-n immer wieder zurückrollenden Felsblock den Hang hinaufzuwälzen, galt auch als V. des Odysseus. Cf.* V.-B. II, 1. — *patron.* °**Sīsўphĭdēs,** *ae m* Odysseus; *adi.* **Sīsўphĭŭs** 3 des Sisyphos [*sanguis*], *übh.* korinthisch [*opes*].

sĭtĕllă, *ae f* (*demin. v.* sĭtŭlă) Lostopf, Stimmurne (*in die m. Wasser gefüllte Urne wurden hölzerne Lose geworfen; beim Schütteln des enghalsigen Gefäßes konnte immer nur ein Los oben schwimmen*) [*-am deferre* herbeibringen lassen, *de alqo* über *jd.* abstimmen lassen].

sĭtĭcŭlōsŭs 3 (sĭtĭs) (*dcht., nkl.*) durstig; / trocken [*Apulia*].

sĭtĭō 4. (*denom. v.* sĭtĭs) **1. a)** durstig sein, dürsten, *auch* / (*abs. u. alqd* nach *etw., zB.* °*aquam, auch P.* °*aquae sitiuntur* man lechzt nach Wasser); **b)** / (*dcht., nkl.*) (*v. Pflanzen*) vertrocknet sein [*herba*]; **c)** / (*v. Örtlichkeiten*) dürr *od.* trocken, wasserarm sein [*agri,* °*Afri = Africa*]. **2.** / nach *etw.* dürsten *od.* lechzen = leidenschaftlich verlangen (*alqd, zB. honores*); (*part. praes.*) *adi.* **sĭtĭēns,** ĕntĭs (*adv.* **-ĕntĕr**) dürstend, lechzend, heißhungrig, gierig (*abs., zB. aures* nach Nachrichten schmachtend, *-enter expetere; alcis rei* nach *etw., zB. voluptatis*). *Cf.* V.-B. VIII.

▶ **sĭtĭs,** ĭs *f* (*acc. -īm, abl. -ī*) (*et. ungeklärt*) **1.** Durst [*-im explere, depellere,* °*restinguere*]. **2.** / **a)** (*dcht., nkl.*) Dürre, Trockenheit, große Hitze [*regio -i deserta* wasserlos]; **b)** Heißhunger, heißes Verlangen (*alcis j-s, alcis rei* nach *etw., zB. libertatis*).

sĭtītŏr, ōrĭs *m* (sĭtĭō) (*dcht., nkl.*) ein Dürstender, einer, der nach *etw.* lechzt [*aquae*].

sĭttўbŭs *u.* **-ŏs,** ī *m* (*Fw.* < σίττυβος „irdenes Kochgeschirr[!]", σιττυβή „Kleid aus Leder", σίττυβον, „Lederstück") Quaste; Titelzettel *e-r* Bücherrolle; *cf.* sĭllўbŭs.
F. *Cf.* V.-B. II, 1.

sĭtŭlă, *ae f* (*et. ungedeutet; cf.* sĭnŭm) (*vkl., dcht.*) Eimer; Losurne (*cf.* sĭtĕllă) (*Die Kunstgeschichte bezeichnet m.* ~ *e-n* Bronzeeimer *v.* konischer Gestalt, *bsd. der vorröm. Eisenzeit zw. Po u. Donau*).

▶ **sĭtŭs¹,** ūs *m* (sĭnō) **1.** Lage, Stellung [*loci, membrorum, urbs situ munita*]; *auch pl.* Terrainverhältnisse [°*gentium*]. **2.** (*Ho.*) Bau [*regalis ~ pyramidum* Königsbau der Pyramiden]. **3.** (*dcht., nkl.*) langes Liegen *an e-m Ort*; Untätigkeit [*senectus victa situ*]; Vergessenheit [*in -u iacere*]; / Mangel an Pflege [*cessat terra situ*].

sĭtŭs², ūs *m* (*wohl zu* φθίω „schwinde hin", φθίσις „das Dahinschwinden") (*dcht., nkl.*) Moder, Schimmel, Schmutz, Rost [*oris, arma -u squalent*].

▶ **sĭtŭs³** 3 (*vl. Verschmelzung v. P.P.P. v.* sĭnō *u. P.P.P. zu* √*ksi- „siedeln, wohnen"; cf.* κτίζω „gründe", *hom.* ἐύ-κτι-τος „wohl gebaut, wohl bewohnt") **1.** (*als part.*) **a)** (*unkl.*) hingelegt, hingestellt; **b)** (*Ta.*) erbaut, aufgeführt [*urbs a Philippo -a*]; **c)** begraben, bestattet [*sub columna, apud Anienem; hic situs est Gaius* (*Grabschrift*) hier liegt begraben, hier ruht]. **2.** (*als adi.*) **a)** gelegen, liegend [*lingua in ore sita*]; *meist bei geographischen Angaben* [*urbs sita in media insula*]; **b)** (*nkl.*) (*v. Pers.*) wohnend, wohnhaft [*populus post Tigrim*]; *auch* / [*ante oculos u. in oculis* ~ vor Augen liegend]; **c)** / *situm esse in alqo u. in re* beruhen auf, abhängen *v.* [°*salus patriae in Mario sita videbatur, quantum in me situm est* soviel an mir liegt].

sĭtŭs⁴ *P.P.P. v.* sĭnō.

***sit venia verbo *s.* vĕnĭă.

▶ **sī-vĕ** *od.* **seu** *cj.* (< *sei-vĕ; sī) **1. a)** oder wenn, *klass. nur nach vorausgegangenem si* [*si arborum trunci sive naves essent a barbaris missae*], *unkl. auch sonst* [*dehinc postulo, sive aequum'st, te oro, ut ...*]; **b)** oder, *bei e-m unwesentlichen Unterschied* [*hoc Plato ~ quis alius dixit*]; *sive potius* oder vielmehr [*neglegentia vestra ~ potius ignavia*]; *bisw. sive adeo od. bloß sive* [*Catilinā eiecto ~ emisso*]; — **und. **2. sīvĕ ... sīvĕ** *od.* **seu ... seu a)** wenn entweder ... oder, sei es daß ... oder daß, *regelmäßig m. ind., bei einzelnen Begriffen* entweder ... oder [*veniet tempus mortis, sive retractabis sive properabis; Cretum leges, quas ~ Iuppiter ~ Minos sanxit; sive quod u. sive quia* sei es daß = sei es weil]; *bisw. anakoluthisch* °*sive ... vel,* °*sive ... aut,* °*sive ... an, sive ... sin u.a.; unkl. im ersten Glied fehlend* [*Ho., carm.* I, 3, 16]; **b)** (*selten*) ob entweder ... oder (ob) = *utrum ... an* [*Caes., B. G.* 7, 32, 2].

sīvī *s.* sĭnō.

smărăgdŭs, ī *m u. f* (*Fw.* < σμάραγδος) (*unkl.*) **1.** Smaragd. **2.** grüner Halbedelstein.

smărĭs, *rĭdĭs f* (*Fw.* < σμαρίς) (*nkl., dcht.*) *kl. Seefisch v. geringer Qualität.*

smīlăx, *ăcĭs f* (*Fw.* < σμῖλαξ) (*nkl., dcht.*) Stechwinde.

Smīnthĕŭs, ĕī *m* (Σμινθεύς) *Kultname Apollos. Cf.* V.-B. II, 3.

smȳrnă, *ae f* (*Fw.* < σμύρνα) (*Lu.*) Myrrhe.

Smȳrnă, *ae f* (Σμύρνα) *Handelsst.* Ioniens; *Einw.* ~ *u. adi.* **Smȳrnaeŭs** (3).

sŏbŏlēs, -lēscō = *sŭbŏl...*

sōbrĭĕtās, *ātis f* (sōbrĭŭs) (*nkl.*) Nüchternheit, Mäßigkeit im Trinken; *übh.* Mäßigkeit.

sŏbrīnŭs, ī *m u.* (*vkl., nkl.*) **sŏbrīnă,** *ae f* (< *svēsr-īnōs; sŏrŏr) Geschwisterkind (Vetter, Kusine) [*consobrini et sobrini* erste *u.* zweite Geschwisterkinder].

sōbrĭŭs 3 (*adv.* **-ē**) (*et. ungedeutet; cf.* ēbrĭŭs) **1.** nüchtern, nicht trunken. **2. a)** mäßig, enthaltsam [*homo, -e vivere*; *auch v. Sachen, zB.* °*nox,* °*pocula*]; **b)** / besonnen, vernünftig [*orator, oratio*].

sŏccātŭs 3 (sŏccŭs) (*nkl.*) *m.* leichten Sandalen.

sŏccŭlŭs, ī *m* (*demin. v.* sŏccŭs) (*nkl.*)

leichte Sandale (*vorwiegend v. Frauen u. Schauspielern der Komödie getragen*); / Komödienstil.

sŏccŭs, ī *m* (*Lw.* ‹ σύκχος, *aus dem Osten, vl. aus dem Phrygischen stammend*) **1. a)** leichter, griech. Schuh, *in Rom nur v. Damen u. Modenarren getragen*; **b)** der (*in der Komödie getragene*) Soccus. **2.** *meton.* (*dcht., nkl.*) **a)** Komödie, *auch pl.*; **b)** / Stil der Komödie.

▶**sŏcĕr** *u.* (*Pl.*) **sŏcĕrŭs,** sŏcĕrī (*u. dcht.* sŏcrī) *m* (‹ *svĕkŭrŏs; *cf.* ἑκυρός) Schwiegervater, *als adi.* (*Ho.*) verschwägert; *pl.* (*dcht., nkl.*) Schwiegereltern.

sŏciă *s.* sŏcĭŭs.

sŏcĭābĭlĭs, ĕ (*sŏcĭō*) (*nkl.*) gesellig, verträglich.

sŏcĭālĭs, ĕ (*adv.* °**-ĭtĕr**) (*sŏcĭŭs*) **1.** (*nkl., dcht.*) kameradschaftlich, gesellig [*-iter cedere*]. **2.** (*Ov.*) ehelich [*amor, torus, carmen* Hochzeitsgesang]. **3.** bundesgenössisch, Bundesgenossen... [*lex,* °*bellum, dii* beim Abschluß des Bündnisses angerufen]; *subst.* -ĭă, ĭŭm *n* (*Ta.*) Angelegenheiten der Bundesgenossen.

sŏcĭālĭtās, ātĭs *f* (*sŏcĭālĭs*) (*nkl.*) Geselligkeit.

sŏcĭĕnnŭs, ī *m* (*sŏcĭŭs* + *etr. Suffix*; *cf. Pŏrsĕnnă*) (*Pl.*) Kamerad.

▶**sŏcĭĕtās,** ātĭs *f* (*sŏcĭŭs*) **1. a)** Gemeinschaft, Teilnahme, Verbindung, *abstr.* [*nulla* ~ *nobis cum tyrannis est; alcis j-s, zB. hominum inter ipsos; alcis rei, zB. sceleris, facti, alqm in societatem suarum laudum recipere* teilnehmen lassen an]; **b)** Kameradschaft, Gesellschaft [*-tem inire u. coire cum alqo, conciliare, seiungere se a -te*]; (*pejorativ*) Komplott. **2.** (*pol.*) Bündnis, Bundesgenossenschaft [*-tem cum alqo coniungere od. facere, zB. cum rege Persarum,* ~ *foedusque* Schutz- u. Trutzbündnis; *alcis j-s u. m. jd., zB. Atheniensium*]. **3.** *concr.* **a)** Handelsgesellschaft *od.* -korporation, Kompanie, *auch* Gesellschaftsvertrag [*-tem facere* schließen, bilden, *gerere* leiten, führen, *ea* ~ *multos annos fuit* hat bestanden, *iudicium -tis* wegen Untreue gegen den Kompagnon]; **b)** Gesellschaft der Generalsteuerpächter [*publicani*] *in Rom* [*Bithynica, -tis magister* Direktor, *-tis auctor* Gründer].

sŏcĭō 1. (*denom. v. sŏcĭŭs*) verbinden, vereinigen (*alqm u. alqd, zB. homines,* °*sanguinem, consilia,* °*alqm* zum Beitritt bewegen, °*parricidium m.* mehreren ausführen; *alqm u. alqd cum alqo u. cum re od.* °*alci u.* °*alci rei, zB. testium studium cum accusatore,* °*sermonem cum alqo* anknüpfen, °*natam alci* verheiraten *m.*; [*dcht.*] °*alqm urbe od. domo* aufnehmen in); *bsd. etw. m. jd.* teilen [°*cubilia cum alqo* ehelich *m. jd.* verkehren, °*consilia* mitteilen]; *mediopass.* (*nkl.*) sich an *etw.* beteiligen, *zB. facinoribus*]; (*P.P.P.*) *adi.* (*dcht.*) **sŏcĭātŭs** 3 gemeinschaftlich [*labor*].

sŏcĭŏ-fraudŭs 3 (*sŏcĭŭs, fraudō*) (*Pl.*) Betrüger der Kameraden.

▶**sŏcĭŭs** (‹ **sŏquĭŏs ablautend zu sĕquŏr*) **1.** *adi.* 3 gemeinsam, gemeinschaftlich, verbunden, *klass. selten* [°*sepulcrum,* °*lectus, consilia,* °*urbs* Schwesterstadt, °*ignes* Hochzeitsfackel]; *bsd.* (*pol.*) verbündet [*reges,* °*arma* Waffenbündnis, °*manus* der Bundesgenossen]. **2.** *subst.* **sŏcĭŭs,** ī *m u.* **sŏcĭă,** *ae f* **a)** Teilnehmer(in), Gehilfe, Gefährte (*alcis u.* °*cum alqo; alcis rei, zB. belli, regni* Mitregent, °*sanguinis u.* °*generis* Bruder, °*tori* Gatte, Gattin); *bsd.* °*socia* Lebensgefährtin, Ehefrau; **b)** Bundesgenosse, Verbündeter (*alcis, zB. populi Romani; alqos socios sibi adsciscere, bellum sociorum m.* den Bundesgenossen); **c)** Geschäftspartner, Kompagnon [*-um fallere; pro socio damnari* wegen Betruges gegen den Kompagnon]; **d)** *pl.* die Generalsteuerpächter *in Rom* = *pūblĭcānī* [*Bithyniae*]; °**e)** *socii navales s. nāvālĭs.* — *Cf.* V.-B. VI, 2. — **Hilfsgeistlicher.

▶**sōcŏrdĭă,** *ae f* (*sōcŏrs*) (*vkl., nkl.*) **1.** Geistesschwäche, geistige Beschränktheit. **2.** Sorglosigkeit, Fahrlässigkeit.

sō-cŏrs, cŏrdĭs (*adv. comp.* °*sōcŏrdĭŭs*) (‹ *sĕ-cŏrs „ohne Herz"; sē- *s.* sē[-][2]; cŏr) **1.** geistesschwach, stumpfsinnig [*homo, natura*]. **2.** sorglos, fahrlässig [*homo,* °*rem socordius agere;* °*alcis rei, zB. futuri*]. — *abl. sg.* -ī, *gen. pl.* -ĭŭm.

Sōcrătēs, ĭs *u.* ī *m* (Σωκράτης) *der ber. athenische Philosoph (469—399 v. Chr.). Cf.* V.-B. III, 3 *u.* 5. *adi.* **Sōcrătĭcŭs** 3 sokratisch, des Sokrates [°*domus* Schule, °*chartae* Schriften der Schüler des S.]; *subst. m* Schüler *od.* Anhänger des S., *meist pl.*

sŏcrŭs, ūs *f* (*sŏcĕr; cf.* ἑκυρά; *-u-Stamm sekundär*) Schwiegermutter.

sŏdālĭcĭŭs 3 (*sŏdālĭs*) (*dcht., nkl.*) kameradschaftlich [*ius*]; *subst.* **sŏdālĭcĭŭm,** ī *n* **1.** (*unkl.*) Kameradschaft. **2.** (*pejorativ*) (*pol.*) Geheimbund.

sŏdālĭs (‹ *svĕdhālĭs; *cf.* ἔθος, ἦθος; *suē-scō, nhd.* „Sitte") **1.** *adi.* **-ĭs,** -ĕ (*Ov.*) kameradschaftlich, befreundet [*turba*]. **2.** *subst.* **sŏdālĭs,** ĭs *m* **a)** α) Kamerad, Gefährte, guter Freund (*alcis; auch /, zB. in morbo; auch* [*dcht.*] *v. Leblosem, zB. cratera Veneris* ~, *Eurus* ~ *hiemis*); β) Tischgenosse, Zechkumpan (*alcis*); γ) (*Ma.*) Hausfreund *als Liebhaber e-r verheirateten Frau*; **b)** α) Mitglied *e-r* relig. Bruderschaft [*in Lupercis*]; *bsd. pl.* (*nkl.*) Priesterkollegium = *sŏdālĭtās*; β) Mitglied *e-s* geheimen politischen Klubs; (*pejorativ*) Spießgeselle.

F. *abl. sg.* -ī *u.* °-ĕ; *gen. pl.* -ĭŭm.

sŏdālĭtās, ātĭs *f* (*sŏdālĭs*) **1. a)** Kameradschaft, Freundschaft, *abstr. u. concr.* [°*intima, homo summā -te m.* dem größten Freundeskreis], Freunde; **b)** Tischgesellschaft, Klub. **2. a)** religiöse Bruderschaft: α) Priesterkollegium [*Lupercorum*]; β) Opfergesellschaft; **b)** Geheimbund, *pol.* Klub *zur Wahlbeeinflussung.*

sōdēs (*Schnellsprechform* ‹ *vulgär* **sī ōdēs, nach Ci., Or.* 154 „*pro si audes*") wenn du Lust hast, gefälligst, *meist e-m imp. nachgestellt* = doch [*dic* ~].

sōl

1. Sonne; 2. *personif.* Sonnengott; 3. a) Sonnenlicht; b) sonniger Platz; c) (sonniger) Tag; 4. a) öffentliche Tätigkeit; b) Stern = bedeutender Mann.

sōl, sōlĭs *m* (‹ *sāvŏl; *cf. hom.* ἠέλιος; *urspr.* [*idg.*] *n m. Bed.* „Licht, Glanz") **1.** Sonne [*solis ortus u. occasus, sol oritur u. occĭdit, sol oriens u. occĭdens* Osten *u.* Westen, °*sole primo u.* °*novo m.* Sonnenaufgang, frühmorgens, °*supremo sole* bei *od. m.* Sonnenuntergang, *sole clarior* sonnenklar, *sprichw.* (*Li.*) *nondum omnium dierum sol occĭdit* noch ist nicht aller Tage Abend]. **2.** ♀ *personif.* Sōl Sonnengott, *griech.* Helios, *in klass. Zeit* = Apollo; *unter dem Einfluß orientalischer Religionen als Sol invictus vielfach m. dem pers. Lichtgott Mithras geradezu identifiziert.* **3.** *meton.* **a)** Sonnenlicht, -schein, -wärme, *auch pl.* [*in sole ambulare,* °*sub sole* im Sonnenschein]; **b)** sonniger Platz; **c)** (*dcht.*) sonniger Tag, *bsd. pl.*; *übh.* Tag [*niger, tres soles totidemque noctes errare*]. **4.** / **a)** öffentliche Tätigkeit, Auftreten in der Öffentlichkeit [*in solem procedere, alqd in solem producere*]; **b)** Stern = bedeutender Mann [*Africanus, sol alter*].

*****sola scriptura, sola gratia, sola fide** *s.* sōlŭs.

sōlācĭŏlŭm, ī *n* (*demin. v. sōlācĭŭm*) (*Ca.*) schwacher Trost.

▶**sōlācĭŭm,** ī *n* (*sōlŏr*) **1.** Trost(mittel), -grund. **2.** / = Linderung(smittel), Zuflucht [*magnum, -um afferre alci; alcis rei* für *od.* in, bei *etw., zB. calamitatis,* °*mortis*]; *pl.* °Trostworte [*-a dicere u. mittere alci*]. **3.** (*nkl.*) Entschädigung, Ersatz. **4.** *meton.* (*dcht.*) Tröster(in) [*aves -a ruris*].

sōlāmĕn, ĭnĭs *n* (*sōlŏr*) (*dcht.*) Trost (-mittel).

sōlārĭs, ĕ (*sōl*) (*dcht., nkl.*) Sonnen... [*lumen*].

sōlārĭŭm, ī *n* (*sōl*) **1.** Sonnenuhr [*ad solarium* (*149 v. Chr. v. Scipio Nasica errichtet; Treffpunkt der eleganten Welt*) *versari* auf dem Forum verkehren *u.* feine Manieren annehmen]; *übh.* Uhr [~ *ex aqua* Wasseruhr]. **2.** (*vkl., nkl.*) flaches Dach, Söller, Terrasse.

sōlātĭŭm, ī *n falsche Schreibung für sōlācĭŭm.*

sōlātŏr, ōrĭs *m* (*sōlŏr*) (*dcht.*) Tröster.

sōldūrĭī, ōrŭm *m* (*-ū-?; kelt.-iberisches Fw.*) die Getreuen.

sōldŭs 3 *synk.* (*dcht.*) = sŏlĭdŭs.

sŏlĕă, *ae f* (*sŏlŭm*[1]) **1. a)** Sandale, *vorzugsweise im Haus getragen, bei Tisch abgelegt, cf. crĕpĭdă* [*soleas demere,* (*nach Tisch*) *-as poscere*]; **b)** Fußfessel. **2.** (*dcht., nkl.*) Scholle (*ein Fisch*).

sŏlĕārĭŭs, ī *m* (*sŏlĕă*) (*Pl.*) Sandalenmacher.

sŏlĕātŭs 3 (*sŏlĕă*) Sandalen tragend, mit *od.* in Sandalen [*praetor*].

sōlĕmnĭs *u.* **sōlĕnnĭs,** ĕ = *sōllĕmnĭs.*

▶**sŏlĕō**, *sŏlĭtŭs sŭm u.* (*altl.*) °*sŏlŭī* 2. (*et. ungedeutet*) **1.** pflegen, gewohnt sein, *v. lebenden Wesen wie v. Sachen* (*abs., zB.* ut soleo nach meiner Gewohnheit, ut solet wie gewöhnlich; *meist m. inf., oft durch* „gewöhnlich, oft, gern" *zu übersetzen, zB.* Cato hoc dicere solebat). **2.** (*Pl., dcht.*) *m. jd.* geschlechtlich verkehren [cum viris; Maeciliam]. **3.** (*part. pf. pass.*) *adi.* **sŏlĭtŭs** 3 (*nkl., dcht.*) gewohnt = gewöhnlich, üblich [cibus, honores, solitum quicquam liberae civitatis *etw.*, was der Regel nach zu einem Freistaat gehört]; *subst.* **sŏlĭtŭm,** *ī n* (*nkl., dcht.*) das Gewöhnliche, Gewohnheit [ex -o regelmäßig, -o maior ungewöhnlich groß, plus -o mehr als gewöhnlich].

*****soli Deo gloria** *s. sōlŭs.*

sŏlĭdĭtās, *ātĭs f* (*sŏlĭdŭs*) **1.** Dichte, Dichtheit. **2.** (*Vi.*) Festigkeit, Dauerhaftigkeit.

sŏlĭdō 1. (*denom. v. sŏlĭdŭs*) (*nkl., dcht.*) dicht *od.* fest machen, befestigen [muros]; zusammenfügen [ossa fracta].

▶**sŏlĭdŭs** 3 (*m.* °*comp. u.* °*sup.*; *adv.* °**-ē**) (*zu altl. sŏl-lŭs* ganz; *cf. ablautend săl-vŭs*) **1.** dicht = gediegen, massiv [columna, paries, °vasa auro -a]. **2. a)** dicht = fest, hart, kompakt, dauerhaft [°terra, °telum, °tecta]; **b)** *subst.* α) **sŏlĭdŭm,** *ī n etw.* Dichtes *od.* Festes, fester *od.* dichter Körper, gediegener Stoff [-o carere nichts Festes haben, °-o procedere auf festem Boden, °-o offendere auf *etw.* Festes stoßen, °arboris Kern]; *pl.* feste Körper; / (*dcht., nkl.*) Festigkeit, Sicherheit [gloria ex -o est]; β) (*nkl.*) **sŏlĭdŭs,** *ī m* (*Goldmünze*) Solidus, *anfangs = 25 denarii, später auf die Hälfte gesunken.* **3.** / **a)** ganz, vollständig [usura, °annus, °dies, °consulatus ein volles Jahr dauernd, °decies -um eine volle Million Sesterzen]; *subst.* **sŏlĭdŭm,** *ī n* das Ganze, Gesamtsumme, -kapital [~ solvere *u.* °reddere alci, °in -um appellare das Kapital kündigen]; **b)** gediegen, echt, wahrhaft, dauerhaft [gloria, laus, utilitas, °mens unerschütterlich; *subst.* °inane abscindere -o].

sōlĭ-fĕr, *fĕră, fĕrŭm* (*sōl, fĕrō*) (*dcht.*) die Sonne bringend [plaga Orient].

sōlĭfĕrrĕŭm, *ī n* = *sōllĭfĕrrĕŭm.*

sōlĭstĭmŭs 3 = *sōllĭstĭmŭs.*

sōlĭtārĭŭs 3 (*altl. sōlĭtās* „Einsamkeit"; *sōlŭs*) alleinstehend, einzeln [virtus, natura nihil -um amat]; *bsd.* einsam, ungesellig.

▶**sōlĭtūdō,** *ĭnĭs f* (*sōlŭs*) **1.** Einsamkeit, Stille [~ est in agris]; *übh.* Zurückgezogenheit [in -ne vivere]. **2. a)** *meton.* (*concr.*) Einöde, Wüste, *auch pl.* [in -nes discedere]; **b)** / α) Verlassenheit, Hilflosigkeit (alcis, *zB.* viduarum); β) Mangel an *etw.* (alcis rei, *zB.* °humani cultūs).

▶**sŏlĭtŭs** 3 *s. sŏlĕō.*

sŏlĭŭm, *ī n* (< **sŏdĭŭm, ablautend zu sĕdĕō, eigtl.* „Sitz") **1. a)** Thron *für Fürsten od. Götter* [divinum, °Iovis, °regale]; **b)** *meton.* (*nkl., dcht.*) Königswürde, Königreich [alqm avito -o depellere]; **c)** hoher Lehnsessel *der Rechtsgelehrten*; °paternum Großvaterstuhl. **2.** (*nkl.*) Sarg, Sarkophag. **3.** (*nkl.*) Badewanne.

sōlĭ-văgŭs 3 (*sōlŭs*) **1.** allein umherschweifend [bestiae, / caelum sich allein bewegend]. **2.** vereinzelt [cognitio].

▶**sŏll-ĕmnĭs,** *ĕ* (*m.* °*comp. u.* °*sup.*; *adv.* °**-ĭtĕr**) (*wohl altl. sŏllŭs* „ganz" + *ănnŭs*; *Bildung vl. durch ŏmnĭs beeinflußt*) **1.** alljährlich wiederkehrend *od.* gefeiert [sacra, dies festi]. **2. a)** *übh.* feierlich, festlich [verba, religio, °-iter peragere alqd]; **b)** herkömmlich, gewöhnlich, gewohnt, üblich [officium, °lascivia militum, °mos]. **3.** *subst.* **sŏllĕmnĕ,** *ĭs n*: **a)** (*nkl.*) Feier, Fest, *auch pl.* [-ia ludorum, nuptiarum]; **b)** (*nkl., dcht.*) *pl.* Opfer [exta sollemnium]; **c)** Gebrauch, Brauch, Gewohnheit [alcis, -e suum servare, °-ia repetere die gewohnte Beschäftigung, °-e est *m. inf.*, °-e mansit *m.* ut]. — ** *subst. n pl.* Hochamt.

sŏll-ĕrs, *ĕrtĭs* (*m. comp. u.* °*sup.*; *adv.* **sŏllĕrtĕr**) (*altl. sŏllŭs u. ărs, eigtl.* „ganz voll Kunst", *Ggs. ĭnĕrs*) kunstfertig, erfinderisch, geschickt, klug; *pejorativ* schlau, raffiniert, *v. Pers. u. Sachen* [agricola, natura, °manus, °custodia emsige Wartung; re durch *od.* an *etw., zB.* °ingenio; °alcis rei in bezug auf *etw., zB.* lyrae; *m.* °*inf.*]. **F.** *abl. sg. -ī u.* °*-ĕ*; *pl. neutr. -ĭă, gen. -ĭŭm.*

sŏllĕrtĭă, *ae f* (*sŏllĕrs*) Kunstfertigkeit, Geschick(lichkeit); (*pejorativ*) Schlauheit, List (alcis *j-s, zB.* servi, naturae; alcis rei *e-r* Sache *od.* in *etw., zB.* cogitandi); *meton.* (*concr.*) (*Ta.*) Kunstgriff.

sŏllĭcĭtātĭō, *ōnĭs f* (*sŏllĭcĭtō*) **1.** (*Te.*) Beunruhigung [nuptiarum wegen der H.]. **2.** Aufwiegelung, *auch pl.* [Allobrogum].

sŏllĭcĭtātŏr, *ōrĭs m* (*sŏllĭcĭtō*) (*nkl.*) Verführer.

▶**sŏllĭcĭtō** 1. (*denom. v. sŏllĭcĭtŭs*) **1.** (*vkl., dcht.*) stark bewegen, heftig erregen, erschüttern (alqd *u.* alqd re, *zB.* tellurem pflügen, feras arcu jagen, spicula an dem Pfeil rütteln, stamina pollice die Saiten rühren). **2.** / **a)** (*dcht.*) in Tätigkeit, in Bewegung setzen [lentum Cupidinem cantu tremulo]; **b)** (*nkl., dcht.*) krankhaft erregen, reizen [stomachum beschweren]; **c)** (*nkl., dcht.*) erschüttern, stören [pacem, statum quietae civitatis]; **d)** beunruhigen, ängstigen (alqm, *zB.* cura cives sollicitat, libido animum alcis); **P.** in innerer Unruhe sein [°metu]; **e)** (*nkl., dcht.*) zum Zorn reizen [sollicitatus Iuppiter]. **3. a)** aufreizen, aufwiegeln, verlocken, verführen (alqm *u.* alqd, *zB.* °plebem, civitates, °iudicium donis bestechen, °ipsam ingentibus datis, °concubitūs primos zum ersten Beischlaf); **b)** (*nkl., dcht.*) zu *etw.* bewegen, veranlassen, auffordern (alqm ad *u.* in alqd, *zB.* ad venenum dandum; *m.* ut, ne, *auch m.* °*inf.*); *selten im guten Sinne* einladen, bewegen, veranlassen [°praeceptores, °alqm ad colloquium].

▶**sŏllĭcĭtūdō,** *ĭnĭs f* (*sŏllĭcĭtŭs*) innere Unruhe, Kummer, Besorgnis [magna, publica, domestica, -ne alqm afficere, a -ne alqm abducere; alcis *j-s, zB.* animi; alcis rei *e-r* Sache *od.* um *etw., zB.* provinciae]; *bsd.* (*nkl.*) ängstliche Sorgfalt.

▶**sŏllĭ-cĭtŭs** 3 (*m.* °*comp. u.* °*sup.*; *adv.* **-ē**) (*altl. sŏllŭs + P.P.P. v. cĭĕō*) **1.** (*dcht.*) stark bewegt, heftig erregt [mare, rates]. **2.** / **a)** (*v. Pers.*) unruhig, besorgt, bekümmert, ängstlich [homo, civitas, *auch* animus; alqm -um habere *jd.* α) (*Com.*) in Unruhe versetzen; β) bekümmern, betrüben; re durch *etw., zB.* suspicione; ex re infolge; de re, *zB.* de belli eventu; pro alqo, propter alqd, vicem alcis *u.ä.*; *m. indir. Frages.*; *m.* ne daß = *vĕrĭtŭs*]; **b)** (*dcht., nkl.*) (*v. Tieren*) unruhig, scheu [equus; ad alqd aufmerksam auf *etw., zB.* °canes ad strepitus -i]; **c)** (*v. Sachen*) α) beunruhigt, sorgenvoll, gestört [°nox, °pax, spes, °vita, °sollicitā prece ängstlich, °manus zitternd]; β) (*act.*) (*dcht.*) beunruhigend, in Unruhe versetzend [amores]. **3.** *adv.* **-ē** (*nkl.*) **a)** bekümmert; **b)** sorgfältig, angelegentlich.

sŏllĭ-fĕrrĕŭm, *ī n* (*altl. sŏllŭs* „ganz"; *fĕrrĕŭs*) (*nkl.*) ganz aus Eisen bestehendes Geschoß, Wurfeisen.

sŏllĭstĭmŭs 3 (*sup. v. altl. sŏllŭs* „ganz") vollkommen, günstig; *nur attrib. zu trĭpŭdĭŭm.*

sŏllŭs 3 (*altl.*) (*cf. sălvŭs*) ganz, völlig; *nur in Zusammensetzungen, zB. sŏllĕrs, sŏllĭcĭtŭs.*

sōlō 1. (*denom. v. sōlŭs*) (*dcht.*) veröden.

Sŏlō *u.* °**Sŏlōn,** *ōnĭs m* (Σόλων) *Gesetzgeber der Athener, einer der sogenannten sieben Weisen, elegischer Dichter, gest. 559 v. Chr.*

sŏloecismŭs, *ī m* (*Fw.* < σολοικισμός; *cf. sŏloecŭm*) (*unkl.*) Solözismus (*falsche syntaktische Verbindung der Wörter*).

sŏloecŭm, *ī n* (*Fw.* < σόλοικον *nach dem angeblich schlechten Griechisch der athen. Kolonisten in* Σόλοι *in Kilikien*) Sprachfehler.

sōlŏr 1. (*wohl als* „gut machen, begünstigen" *zu got.* sēls „gut", *ahd.* sālig „selig") (*unkl.*) **1. a)** trösten, (*abs., zB.* verba solantia Trostworte; alqm *u.* alqd, *zB.* amicum, fessos opibus erquicken; alqd *auch* sich *m. etw.* aussöhnen, *zB.* occasum Troiae); **b)** ermutigen; **c)** *etw.* lindern, mildern, beschwichtigen [curas, famem quercu stillen]. **2.** *jd.* entschädigen [alqm dote].

sōlstĭtĭālĭs, *ĕ* (*sōlstĭtĭŭm*) **1.** zur Sommersonnenwende gehörig [dies längster Tag, °nox kürzeste Nacht, °sidus = Sirius, orbis Wendekreis des Krebses]. **2.** *meton.* (*vkl., nkl.*) **a)** Sommer... [tempus]; **b)** Sonnen... [morbus Sonnenstich *od.* Malaria].

sōl-stitium, ī *n* (*sōl* + **stătium* „Stillstand" *zu stō*) Sonnenwende, *bsd.* **Sommersonnenwende;** *meton.* (*dcht., nkl.*) Sommerzeit, -hitze, *auch pl.* [*~ pecori defendere*].

****soltānus,** *i m* Sultan.

▶ **sŏlŭm¹**, ī *n* (*wohl zu ahd.* swella „Grundbalken, Schwelle") **1.** unterster Teil *e-r Sache*, Boden, Grund, Grundfläche [*fossae* Sohle, *ab infimo solo* unten vom Boden an, °*urbem ad ~ diruere*]. **2.** / **a)** Fußboden *e-s Zimmers* [*marmoreum*]; **b)** α) Fußsohle [*solorum callum*]; β) (*unkl.*) Schuhsohle; **c)** Erdboden, Erde, Ackerboden [*agri, macrum,* °*pingue,* °*in solo nostro* auf unserem Grund *u.* Boden; *alqd solo aequare* dem Erdboden gleichmachen, *zB. urbem, auch* / = völlig vernichten; *sprichw.*: *quod in solum (venit)* was einem in den Sinn kommt]; **d)** Boden = Land, Gegend [*patriae,* °*caeleste* = Himmel, °*natale* Geburtsland, °*urbs Etrusca solo* der Lage nach, *solum vertere od. mutare* auswandern, in die Verbannung gehen]; **e)** (*dcht.*) Unterlage [*Cereale* aus Brot, *~ navi substrahitur* das Meer weicht unter dem Schiff].

▶ **sōlŭm²** *adv. v. sōlŭs.*

sōlŭm-mŏdŏ *adv.* (*nkl.*) nur allein *od.* allein nur.

> **sōlŭs**
> **1.** allein, einzig, bloß; **2. a)** (*v. Pers.*) einsam, alleinstehend; **b)** (*Ort*) öde; **3.** außerordentlich; **4.** *adv. solum* allein, nur.

sōlŭs 3 (*et. ungedeutet*) **1.** allein, einzig, bloß, nur [*rex solus profectus est* ohne Begleitung *j-s, solus ex omnibus od. de ceteris, ex alqo solo quaerere jd.* unter vier Augen; *auch bei Zahlwörtern, zB. solos novem menses, unus solus antistes*]. **2. a)** (*v. Pers.*) einsam, alleinstehend, verlassen, *auch* verwitwet [*solus sum od. in silvis vivo*]; **b)** (*v. Örtlichkeiten*) öde, menschenleer [*loca,* °*nemora; auch* °*nox*]. **3.** (*Te.*) außerordentlich, ungemein [*solus est homo amico amicus*]. **4.** *adv.* **sōlŭm** allein, bloß, nur [*haec hominum ~ auribus iudicantur*]; *bsd. non solum ... sed etiam* (*od. verum etiam,* °*sed et,* °*sed ... quoque*) nicht nur ... sondern auch (*nkl. fällt sed bisw. weg*); *non solum kann auch im 2. Gliede stehen, meist* = geschweige denn [*fessus ego sum iam vivendo, non solum rebus gerendis*]; *non solum ... sed* nicht allein ... sondern; *non solum (non) ... sed ne ... quidem* nicht nur nicht ... sondern nicht einmal. — ****sola scriptura, sola gratia, sola fide* „allein durch die Schrift, allein durch die Gnade (Gottes), allein durch den Glauben" *Prinzipien der Rechtfertigungslehre Luthers nach Röm. 3,28.* — *soli Deo gloria* (*Abk. S.D.G.*) „Gott allein die Ehre" *häufige Inschrift an Kirchenportalen u.ä.*

F. *gen. sg.* sōlīŭs, *dat.* sōlī. — *altl. dat. f -ae.*

sŏlūtĭlĭs, ĕ (*sŏlūtŭs*) (*Suet.*) leicht zerfallend [*navis*].

sŏlūtĭō, ōnĭs *f* (*sŏlvō*) **1. a)** das Gelöstsein [*linguae* geläufige Zunge]; **b)** Auflösung, Erschlaffung [*totius hominis*]. **2.** (*nkl.*) Erklärung. **3.** Bezahlung, Abzahlung [*rerum creditarum*].

sŏlūtŭs¹ *P.P.P. v. sŏlvō.*

sŏlūtŭs² 3 (*m. comp. u. sup.; adv.* **-ē**) (*eigtl. P.P.P. v. sŏlvō*) **1.** (*nkl.*) **a)** gelöst, lose, locker [*sinus, tunica, crines*]; **b)** (*Se.*) schlotternd, zitterig [*manus*]. **2.** / **a)** ungebunden, ungehindert, frei, selbständig, *v. Pers. u. Sachen* [*homines, animus, optio eligendi, civitatis voluntas, amores, -e moveri;* °*-um est m. inf.* es steht frei; *omnia alci solutissima sunt jd.* hat in allem ganz freie Hand; *a re* frei *v. etw., zB. a cupiditatibus, auch* °*re u.* °*alcis rei*]; **b)** schuldenfrei [*praedia*]; (*dcht.*) sorgenfrei [*~ in paupertate*]; (*Ta.*) straffrei [*poenā*]; **c)** (*pejorativ*) α) zügellos, ausgelassen [*alcis praetura,* °*libido,* °*dicta factaque*]; β) lässig, nachlässig, schlaff, energielos, nachgiebig [°*cura, lenitas,* °*exercitum -e habere; ~ in gestu*]; **d)** (*v. der Rede*) ungebunden = α) prosaisch [*oratio* Prosa]; β) fließend, frei [*verba,* °*numeri v. Pindars freien Rhythmen*]; **e)** (*vom Redner*) gewandt [*ad dicendum u. in dicendo, -e dicere,* °*solutius eloqui*].

> **sŏlvō**
> **I. 1.** (auf)lösen, losbinden, öffnen; **2. a)** (*Schulden*) bezahlen; **b)** (*Verpflichtung*) erfüllen, abtragen; **c)** erlösen, befreien; **d)** (*pejorativ*) entfesseln; **II. 1.** auflösen, trennen, vernichten; **2. a)** schwächen, lähmen; **b)** aufheben, beseitigen; **c)** enträtseln, erklären.

sŏlvō, *sŏlvī, sŏlūtŭm* 3. (< **sē-lŭō; sē- s. sē-²; cf.* λύω) **I.** von einem Ganzen ablösen: **1. a)** (auf-) lösen, losbinden (*alqd, zB. navem,* °*funem navis,* °*catenas,* °*vinculum epistulae,* °*zonas,* °*crines u.* °*capillos* lang herabhängen lassen, °*iuga tauris* abnehmen, °*vela* die Segel hissen; *alqd a u. de re od. bloß* °*re, zB.* °*funem a stipite,* °*silicem radicibus* losreißen, °*senectutem fronte* verscheuchen); **b)** *alqm jd.* losbinden *od. j-s* Bande lösen [*vinctos,* °*canem,* °*equum senescentem* abspannen]; **c)** α) (*Verschlossenes*) öffnen [*epistulam* aufbrechen, °*ora* den Mund]; β) *ancoram od. navem* den Anker lichten, absegeln, *oft abs. solvere* die Anker lichten, in See stechen, auslaufen, *zB.* (*e*) *portu,* (*a*) *Brundisio.* **2.** / **a)** (*Schulden*) abzahlen, bezahlen (*alqd u. alci alqd, zB. pecunias creditas, aes alienum,* °*litem aestimatam, solvendo non esse* nicht zahlen können; *poenam u. poenas* Strafe büßen, *zB.* °*capite; alqd ab alqo etw.* durch Anweisung auf *jd.* auszahlen lassen; *abs. pro re* den Preis für *etw.* [be]zahlen, *zB. pro frumento*); **b)** / (*eine Verpflichtung*) abtragen, erweisen, leisten, erfüllen [*vota, fidem* sein Wort einlösen *od.* halten, *beneficia* vergelten, °*exsequias rite,* °*praemia* erstatten, °*iniuriam poenis* abbüßen; *alci alqd, zB.* °*grates Dianae,* °*militibus suprema* die letzte Ehre erweisen]; **c)** erlösen, befreien (*alqm re, zB. curā, negotio,* °*legibus* entbinden *v., civitatem religione,* °*Rutulos* ausnehmen, °*numeri lege soluti*); *bsd.* freisprechen [*alqm scelere u. crimine nefario*]; **d)** (*pejorativ*) (*nkl., dcht.*) *etw.* entfesseln = *e-r Sache* die Zügel schießen lassen [*cupiditates, linguam ad iurgia*]. **II.** ein Ganzes (in seine Teile) auflösen: **1.** (*nkl., dcht.*) auflösen, trennen, vernichten [*pontem* abbrechen, *navem* zerschellen, *coetum* entlassen, *amantes, nivem* schmelzen]; *mediopass.* sich auflösen, zergehen [*hiems, viscera* gehen in Fäulnis über, *terrae solutae* aufgetaut]. **2.** / **a)** (*dcht., nkl.*) schlaff machen, schwächen, lähmen [*homines, corpora, corpus in Venerem, alci lumina* die Augen schließen, *solvi in somnos* versinken in, *morte solvi od. bloß* solvi sterben]; **b)** (*nkl., dcht.*) aufheben, beseitigen, entfernen, beendigen [*obsidionem* aufheben, abbrechen, *imperium* die Bande der Disziplin auflösen, *iniuriam* sühnen, *foedus* brechen, *pudorem* aufgeben, *munera* zurücknehmen]; **c)** entwickeln, erklären, enträtseln [*captiosa,* °*aenigma,* °*errorem omnium*].

F. *pf. dcht. auch* sŏlŭī *statt* sŏlvī.

sŏmnĭātŏr, ōrĭs *m* (*sŏmnĭō*) (*nkl.*) Träumer.

sŏmnĭcŭlōsŭs 3 (*u. -ī-?*) (*adv.* °**-ē**) (*-ī- nach pĕrīcŭlōsŭs; sŏmnŭs*) schläfrig, träge [*senectus*].

sŏmnĭ-fĕr, *fĕră, fĕrŭm* (*sŏmnĭŭm, fĕrō*) (*dcht., nkl.*) schlafbringend, betäubend [*virga*]; *auch* todbringend [*venenum*].

sŏmnĭō 1. (*denom. v. sŏmnĭŭm*) **1.** träumen (*abs. u. de alqo od. alqm v. jd., alqd v. etw., zB. me, ovum, Troianum* von *e-r* Besitzung bei Troja; *m. a.c.i.*). **2.** / **a)** faseln [*philosophi somniantes*]; **b)** an *etw.* denken, *etw.* meinen (*alqd*).

▶ **sŏmnĭŭm**, ī *n* (*sŏmnŭs*) **1.** Traum, *auch pl.* [*iucundissimis somniis uti* haben, *per -a* im Traum]; *meton.* Traumbild, -gesicht [*-o videre alqd*], *pl.* (*dcht.*) = Schlaf. **2.** / **a)** Träumerei, leerer Wahn, Geschwätz, *meist pl.* [*Stoica u. Stoicorum, vinolentorum*]; **b)** (*personif.*) (*dcht.*) Traumgott = *"Ονειρος, pl.* Traumgenien.

▶ **sŏmnŭs**, ī *m* (< **svĕpnŏs od. *svŏpnŏs* = ὕπνος) **1.** Schlaf, Schlummer, *auch pl.* [°*altus* tiefer, °*facilis, -um capere non posse* nicht einschlafen können, *-o se dare* sich schlafen legen, *ad -um proficisci* schlafen gehen, *-um tenere* sich des Schlafes erwehren, °*-os ducere* schlafen; °*per -um od. in -o u. in -is* im Schlaf, im Traum]. **2. a)** *meton.* α) (*nkl., dcht.*) Traum, Traumbild; β) (*dcht.*) Todesschlaf [*longus*];

γ) (*dcht.*) Nacht; **b)** / **α)** Schläfrigkeit, Trägheit [*-o natus; alcis*]; **β)** (*personif.*) (*dcht.*) = *Hypnos*, Gott des Schlafes, *S. des Erebos u. der Nacht, Bruder des Todes.*

sōnă (*altl.*) = *zōnă*.

sŏnābĭlĭs, ĕ (*sŏnō*) (*dcht.*) tönend, klirrend [*sistrum*].

sŏnāns, *ăntĭs* (*m. comp.*) (*eigtl. part. praes. v. sŏnō*) tönend, klingend [°*concha* schmetternd, °*Aufidus* rauschend]; *prägn.* wohltönend, melodisch [*verba*].

sŏnātūrūs *part. fut. v. sŏnō.*

sŏnĭ-pēs, *pĕdĭs m* (*sŏnŭs, pēs, eigtl.* „*m.* dem Huf tönend" = ἠχό-πους) (*dcht.*) Roß; *coll.* Reiterei.

▶**sŏnĭtŭs,** *ūs m* (*sŏnō*) Ton, Schall, Klang, Tosen [*remorum* Ruderschlag, °*pedum* Schritte, °*armorum* Geklirr, °*flammae* Prasseln]; *auch* Brausen, Krachen, Lärm *u.ä.*; *pl.* (*rhet.*) Donner (*auch* Wohllaut) der Rede.

sŏnīvŭs 3 (**sŏnīvŭs zu sŏnŭs*) (*t.t. der Auguralspr.*) tönend; *tripudium -um* Geräusch der (niederfallenden) Futterkörner der heiligen Hühner.

▶**sŏnō,** *ŭī,* (°*sŏnātūrŭs*) 1. (*inf.* [*Lu.*] *auch -ĕrĕ*) (*cf. altind.* svánati „tönt"; *cf. ahd.* svan *eigtl.* „Singschwan") **1.** (*intr.*) **a)** (er)tönen, (er)klingen, (er)schallen, *auch* rauschen, brausen, prasseln, krachen, klirren, dröhnen *u. a.* [*vox, tympana,* °*classica,* °*tibiae,* °*lyra,* °*fons* plätschert, °*arma,* °*flamma,* °*domus clamore*]; *bsd. rhet.* (*v. Worten u. v. der Rede*) klingen [*bene, melius, optime*]; **b)** (*dcht.*) widerhallen [*ripae*]. **2.** (*trans.*) **a)** *etw.* ertönen (*od.* hören) lassen [°*lyra carmen,* °*mortale* menschliche Worte, °*raucum u.* °*rauca* kreischen, *pingue quiddam* schwülstig klingen, *peregrinum, confusum* verwirrte Töne hören lassen, °*diversa* verschieden klingen, °*femineum* als Weib lachen]; **b)** (*dcht.*) besingen, im Lied preisen (*alqm u. alqd, zB. atavos magno ore; auch* P.); **c)** (*dcht.*) durch die Stimme verraten [*furem*]; **d)** *etw.* bedeuten [°*hominem* menschlich klingen, *unum* dasselbe bedeuten].

sŏnŏr, *ōrĭs m* (*sŏnō*) (*dcht., nkl.*) Ton, Getöse; *auch pl.*

sŏnōrŭs 3 (*adv.* **-ē**) (*sŏnŏr*) (*dcht., nkl.*) tönend, rauschend.

sōns, *sŏntĭs* (*cf. nhd.* „Sünde") schuldig, strafbar [°*anima,* °*sanguis* des Schuldigen; °*re e-r* Sache schuldig, *zB. fraterno sanguine*]; *klass. nur subst. m* der Schuldige, Übeltäter [*sontes punire*].

F. *abl. sg. -ī, des subst. -ĕ; pl. neutr. fehlt, gen. sŏntĭŭm u.* °*-ŭm.*

sŏntĭcŭs 3 (*sōns*) (*unkl.*) gefährlich [*morbus*]; / *causa -a* triftiger Grund.

sŏnŭī *s. sŏnō.*

▶**sŏnŭs,** *ī m* (*sŏnō*) **1.** Laut, Ton, Klang, *auch pl.* [*gravis* tief, Baß, *acutus* hoch, Diskant, °*laetus; alcis rei, zB. tubae, nervorum,* °*fluminis; -os fundere*]. **2.** (*dcht.*) **a)** Wort [*fictus, sonos voce reddere*]; **b)** Stimme, Sprache, Rede, Aussprache [*cycni* Gesang, *medio in sono* mitten im Sprechen, *concordi sono* einstimmig]; **c)** (*rhet.*) Art der Darstellung, Redeweise [*historiae maiorem sonum addere*].

sŏphĭă, *ae f* (*Fw.* ⟨ σοφία) (*unkl.*) Weisheit.

sŏphĭsmă, *ătĭs n* (*Fw.* ⟨ σόφισμα) Trugschluß.

sŏphĭstēs, *ae u.* °**-ă,** *ae m* (*Fw.* ⟨ σοφιστής) Sophist (*gewerbsmäßiger Lehrer der praktischen Philosophie u. Beredsamkeit*); *oft* = spitzfindiger Philosoph.

F. *Cf.* V.-B. I, 2.

Sŏphŏclēs, *ĭs u. ī m* (Σοφοκλῆς) *ber. griech. Tragiker* (*496—406 v. Chr.*), *geb. zu Kolonos bei Athen. Cf.* V.-B. III, 3 *u.* 5. *adi.* **Sŏphŏclēŭs** 3.

sŏphōs[1] *adv.* (*Fw.* ⟨ σοφῶς) (*dcht., nkl.*) bravo! gut!

sŏphŏs[2] *u.* **sŏphŭs** 3 (*Fw.* ⟨ σοφός) (*dcht.*) weise; *subst. m* der Weise.

sōpĭō[1] 4. (*zu idg.* *svĕp- „schlafen"; *cf. sŏmnŭs, sŏpŏr*) **1.** (*nkl., dcht.*) einschläfern (*alqm, zB. draconem, regem mero*); P. einschlafen; *klass. nur* (*P.P.P.*) *adi. sōpītŭs* 3 schlafend [°*vigiles, corpus,* / *sensus*]. **2.** / **a)** (*nkl.*) betäuben [*alqm ictu; quies sopita* fester Schlaf]; **b)** *etw.* beschwichtigen, beruhigen (*alqd, zB. virtutem blandimentis*); P. schlummern, *bsd. sopitus* schlummernd [°*armorum furor,* °*ignis* das unter der Asche glimmende, °*sopitae ignibus arae* das auf dem Altar erloschene Feuer]; (*prägn.*) (*Lu.*) in ewigen Schlaf wiegen, töten [*quiete sopitus*].

F. *pf.-Formen synk.*: °*sōpīssĕ(m)* = *sōpīvīssĕ(m) u.ä.*

sōpĭō[2], *ōnĭs m* (*cf. prō-sāpĭă*) (*Ca., Inschr.*) das männliche Glied.

sŏpŏr, *ōrĭs m* (*cf. sōpĭō*[1]) (*unkl.*) **1.** tiefer Schlaf [~ *opprimit alqm*], *dcht. übh.* Schlaf [*soporem carpere* genießen]. **2. a)** *meton.* **α)** Todesschlaf [*perpetuus*]; **β)** Schlaftrunk [*-rem sumere u. alci dare*]; **b)** / **α)** Schläfrigkeit, Trägheit; **β)** Betäubung [*animi corporisque*]; **γ)** (*personif.*) ♀ Gott des Schlafes.

sŏpōrātŭs 3 (*sŏpōrō* 1. [*denom. v. sŏpŏr*] einschläfern) (*dcht., nkl.*) **1.** eingeschlafen, schlafend [*hostis,* / *dolor* schlummernd]. **2.** einschläfernd, *m.* einschläfernder Kraft versehen [*ramus, offa*].

sŏpōrĭ-fĕr, *fĕră, fĕrŭm* (*sŏpŏr, fĕrō*) (*dcht., nkl.*) schlafbringend, einschläfernd [*papaver*].

sŏpōrŭs 3 (*sŏpŏr*) (*dcht.*) schlafbringend.

Sōrăctĕ, *ĭs n Bergrücken nördl. v. Rom, m. Apollotempel.* — *abl. -ĕ u. -ī.*

sōrăcŭm, *ī n* (*Lw.* ⟨ σώρακος) (*Pl.*) Truhe.

sŏrbĕō, *ŭī,* — 2. (*pf. auch* °*sŏrpsī; zu ῥοφέω ds.*) **1.** (*unkl.*) schlürfen, hinunterschlucken [*aquam, vinum;* / *v. Leblosem, zB. terra flumina sorbet*]. **2.** / verschlingen, verzehren [*odium alcis* in sich fressen, *alqd animo* im Geist verschlingen].

sŏrbĭl(l)ō 1. (*demin. v. sŏrbĕō*) (*Te., nkl.*) schlürfen.

sŏrbĭlō *adv.* (*adi.* **sŏrbĭlŭs zu sŏrbĕō*) (*Com.*) schluckweise; / wie ein armer Schlucker.

sŏrbĭtĭō, *ōnĭs f* (*sŏrbĕō*) (*unkl.*) das Schlürfen; *meton.* Brühe, Suppe.

sŏrbŭm, *ī n* (*et. ungeklärt*) (*unkl.*) Vogelbeere, Elsbeere.

sŏrdĕō, (*ŭī*), — 2. (*denom. v. sŏrdēs*) (*unkl.*) schmutzig sein; *fast nur* / mißachtet werden, gering (er)scheinen, *jd.* anwidern (*abs., zB. cuncta prae campo Martio sordent; alci, zB. suis*).

sŏrdēs, *ĭs f meist pl.* **sŏrdēs,** *ĭŭm* (*adi.* **svŏrdŏs* „schmutzig"; *cf. nhd.* „schwarz") **1.** Schmutz (*alcis u. alcis rei, zB. aurium* Ohrenschmalz, °*sine sordibus ungues; sordes allinere alci rei etw.* beschmutzen); *bsd.* Flecken. **2. a)** Trauerkleidung *der Leidtragenden u. Angeklagten* [*lugubres,* °*reorum,* °*sordes suscipere* anlegen]; *meton.* Trauer [*in sordibus iacēre*]; **b)** / **α)** Gemeinheit, Verächtlichkeit [*vitae,* °*verborum*]; **β)** niedrige Herkunft [*maternae*]; **γ)** schmutzige Gesinnung [*mens oppleta sordibus*]; *bsd.* schmutziger Geiz, schmutzige Habgier [*domesticae*]; **δ)** *meton.* (*concr.*) Auswurf, Pöbel [*urbis*].

F. *Vom sg. kommt klass. nur der acc. sŏrdĕm vor; gen. pl.* (*Pl.*) *-ērŭm.*

sŏrdēscō, — — 3. (*incoh. v. sŏrdĕō*) (*nkl., dcht.*) schmutzig werden; / wertlos werden.

sŏrdĭdātŭs 3 (*sŏrdĭdŭs*) schmutzig gekleidet [*servus*]; *bsd.* in Trauerkleidung [*Milo*].

sŏrdĭdŭlŭs 3 (*demin. v. sŏrdĭdŭs*) (*vkl., dcht.*) *etw.* schmutzig; / armselig [*servolicolae*].

▶**sŏrdĭdŭs** 3 (*m. comp. u. sup.; adv.* **-ē**) (*sŏrdĕō*) **1. a)** (*Pl.*) schwarz [*panis*]; **b)** schmutzig, unsauber, unrein [°*vestis,* °*pellis; re v. od.* durch *etw.*]; **c)** (*dcht.*) in ärmlicher Kleidung [*-i nati*]; in Trauerkleidung = *sŏrdĭdātŭs* [*squalore -us*]. **2.** / **a)** gemein, verächtlich, niedrig, *v. Pers. u. Sachen* [*homo,* °*genus, ars* handwerksmäßig, °*-o loco od.* °*-e natus*]; **b)** (*v. Gesinnung*) niederträchtig, (*v. Lebensweise u.ä.*) unanständig, unedel [*homo,* °*adulterium, quaestus,* °*victus*]; **c)** (*dcht.*) ärmlich, armselig [*rura, amicus*]; **d)** schmutzig, geizig *od.* habgierig, knauserig [*homo,* °*cupido,* °*periurium*]; **e)** schmachvoll, schimpflich [°*repulsa*].

sŏrdĭtūdō, *ĭnĭs f* (*sŏrdēs*) (*Pl.*) Schmutz.

sōrēx, *ĭcĭs m* (⟨ **svōr-āk-s zu* ὕραξ *ds.*) (*vkl., nkl.*) Spitzmaus.

sōrĭcĭnŭs 3 (*sōrēx*) (*Pl.*) *v.* der Spitzmaus.

sōrītēs, *ae m* (*Fw.* ⟨ σωρείτης) Sorites, Kettenschluß = *ăcērvŭs, eine Art* Trugschluß.

F. *dat. sg. auch sōrītī.*

▶**sŏrŏr,** *ōrĭs f* (⟨ **svĕsōr; cf. nhd.* „Schwester") **1.** Schwester (*alcis j-s, zB. Iovis*); *pl.* (*dcht.*) *v. den Parzen, Furien, Musen, Danaiden u. a.* **2.** *im weiteren Sinne* **a)** (= ~ *pătrŭēlĭs*) Geschwisterkind, Base, Genossin (*zB. dextrae* = linke Hand); **b)** (*dcht.*) Freundin, Geliebte, Gespielin.

sŏrŏrcŭlă, *ae f* (*demin. v. sŏrŏr*) (*Pl.*) Schwesterchen.

sŏrōrĭ-cīdă, *ae m* (*sŏrŏr, caedō*) Schwestermörder.

sŏrōrĭō 1. (*sŏrŏr*) (*Pl., nkl.*) als Schwestern zusammen aufwachsen; / (zusammen) anschwellen [*papillae*].

sŏrōrĭŭs 3 (*sŏrŏr*) schwesterlich, Schwester... [*stuprum m.* der Schwester, °*ultio* wegen der Schwester].

sŏrs
1. Los(stäbchen, -täfelchen); **2.** das Losen; **3. a)** Orakel(spruch), Weissagung; **b)** *durch Los zugeteiltes* Amt; **4. a)** Anteil, Erbteil; **b)** Schicksal; **c)** Stand, Rang; **d)** Amt, Beruf; **e)** Geschlecht; **f)** Art; **g)** Kapital.

sŏrs, *tis f* (*zu sĕrō*[1], *da in Italien in ältester Zeit die Lose auf Fäden aufgereiht wurden*) **1.** Los, *bsd.* Losstäbchen, Lostäfelchen [*sortes miscere u. ducere,* (*in hydriam*) *conicere,* °*tollere*; *alcis j-s od. m.* dem Namen *j-s, sors alcis exit u.* °*excidit* kommt heraus); *pl. auch* Weissagungstäfelchen, *auch* Losorakel. **2. a)** (*abstr.*) das Losen, Verlosung [*res revocatur ad sortem* es wird gelost, *provincia alci sorte evenit,* °*provincias in sortem conicere* um die Pr. losen, *sorte ducere* auslosen, *extra sortem* ohne zu losen]; **b)** *concr.*: *tertia* ~ die zum drittenmal Ausgelosten. **3. a)** Orakel(spruch), Weissagung, *dcht. meist pl.* [°*oraculi,* °*responsa sortium, sors alci editur,* °*sortes Lyciae* des Lykischen Apollo]; **b)** *meton.* das durch das Los zugeteilte Amt. **4. a)** (*nkl., dcht.*) Teil, Anteil (*alcis j-s, alcis rei v. od.* an *etw., zB. rerum, praedae, Saturni sors prima* = erstes Kind); *auch* (*nkl., dcht.*) Erbteil, Besitz; **b)** (*nkl., dcht.*) Schicksal, Geschick, Bestimmung [*humana, iniqua, futura, suprema* = Tod; *alcis j-s; alcis rei, zB. lati, mali* Unglückslos, *rerum* Ziel]; **c)** (*dcht., nkl.*) Lebensstellung, Stand, Rang *i-s* [*prima, prior* Vorrang]; **d)** Amt, Beruf [*sortis necessitudo* enge amtliche Verbindung, *res meae sortis est* ist meines Amtes, *sorte abesse* wegen seines Amtes, °*cecidit custodia sorti* (*abl.*!) fiel als Amt zu]; **e)** (*Ov.*) Geschlecht [*feminea*]; **f)** (*dcht., nkl.*) Art, Sorte, Kategorie [*nova* ~ *pugnae*]; **g)** *auf Zinsen ausgeliehenes* Kapital [*sorte carere, sortem exsolvere,* °*usurae sortem mergunt*].
F. *nom. sg.* (*altl.*) *sŏrtĭs*; *abl. sg. sŏrtĕ u. altl.* °*sŏrtī*; *gen. pl. sŏrtĭŭm.*

sŏrsŭs *u.* **sŏrsŭm** *adv.* (-ŏ-?) (*dcht.*) = *sĕōrs...*

sŏrtĭcŭlă, *ae f* (*demin. v. sŏrs*) (*Suet.*) Lostäfelchen.

sŏrtĭ-lĕgŭs 3 (*sŏrs, lĕgō*[2], *eigtl.* „die Losstäbchen auflesend") (*Ho.*) prophetisch [*Delphi*]; *klass. nur subst. m* Weissager.

sŏrtĭŏr *u.* (*vkl.*) **-ĭō** 4. (*denom. v. sŏrs*) **1.** (*intr.*) losen (*cum alqo, inter se,* °*de re* um *od.* über *etw.*). **2.** (*trans.*) **a)** *etw.* auslosen, um *od.* über *etw.* losen, durch das Los bestimmen (*alqd, zB. provinciam cum collega, tribūs, iudices*; *m. indir. Frages.*); / (*übh.*) (*dcht., nkl.*) *etw.* verteilen, sich in *etw.* teilen [*laborem, periculum*]; **b)** durch das Los erhalten [*provinciam,* °*insignes et imos,* °*regna vini*]. **3.** (*nkl., dcht.*) **a)** (*durch Zufall od. Schicksal*) erlangen, bekommen, gewinnen [*amicum casu, mediterranea Asiae, Maeonium vatem*]; **b)** aussuchen, wählen, verschaffen [*matrimonium, fortunam oculis m.* dem Blick das Ziel gut auswählen]. **4.** (*P.P.P.*) *adi.* **sŏrtītŭs** 3 erlost, durch das Los gezogen; *adv.* **sŏrtītō** durch das Los, *auch* (*vkl., dcht.*) durch Schicksalsbestimmung.

sŏrtĭs, *ĭs f* (*Com.*) *s. sŏrs.*

sŏrtītĭō, *ōnĭs f* (*sŏrtĭŏr*) das Losen [*aedilicia* um die Ädilität; *alcis rei* um *etw., zB. provinciarum*; *-ne* = nach Belieben].

sŏrtītō *adv. s. sŏrtĭŏr* 4.

sŏrtītŏr, *ōrĭs m* (*sŏrtĭŏr*) (*dcht.*) der das Los zieht [*urnae*].

sŏrtītŭs, *ūs m* (*sŏrtĭŏr*) das Losen [°*alqd -ūs non pertulit* um *etw.* ist nicht gelost worden].

Sōsĭă *u.* (*spätl.*) **Sōsĭās,** *ae m* (Σωσίας) *griech.-röm. Sklavenname.*

Sōsĭŭs 3 *röm. Gentilname: die Gebrüder Sōsiī, Buchhändler in Rom zur Zeit des Horaz.*

sōspĕs, *ĭtĭs* (-ō-?; *et. ungeklärt*) (*unkl.*) (*durch göttliche Hilfe*) wohlbehalten, unverletzt, *feierliches Wort* [*sospitem ad suos redire, a re, zB. navis ab ignibus*]; *auch* (*v. Sachen*) glücklich, günstig [*cursus*].
F. *abl. sg. -ĕ; pl. neutr. fehlt, gen. -ŭm.*

sōspĭtă, *ae f* (-ō-?; *sōspĕs*) Retterin, Erhalterin, ♀ *Beiname der Juno.*

sōspĭtālĭs, *ĕ* (-ō-?; *sōspĕs*) (*Pl., spätl.*) heilsam.

sōspĭtō 1. (-ō-?; *denom. v. sōspĕs*) (*unkl.*) (er)retten, behüten, ~ beglücken (*alqm u. alqd*).

Sōtădēs, *ae m* (Σωτάδης) *lyrischer Dichter aus Maroneia zu Beginn des 3. Jh. n. Chr.*; *adi. -ădēŭs* 3, *-ădĭcŭs* 3 [*versus Gedicht, das rückwärts gelesen einen lasziven Sinn ergab*].

sōtĕr, *ērĭs m* (*Fw.* < σωτήρ) Retter, Heiland.
F. *Cf.* V.-B. III, 1, b.

sōtērĭă, *ōrŭm n* (*Fw.* < σωτήρια) (*dcht.*) Glückwunschgeschenke zur Genesung.

Sp. (*Abk.*) = *Spŭrĭŭs.*

spādīx, *īcĭs* (*Fw.* < σπάδιξ) (*dcht., nkl.*) dattelfarben, kastanienbraun [*equus* Fuchs]; *subst. m* lyraähnliches Instrument.

spădō, *ōnĭs m* (*Fw.* < σπάδων) (*nkl.*) Eunuch.

spargō
1. streuen, sprengen; **2. a)** ausstreuen, säen; **b)** werfen, schleudern; **3. a)** (*Lebewesen*) verteilen, versprengen; **b)** (*Lebloses*) zerstreuen; **c)** zerreißen; **d)** vergeuden; **e)** (*Bemerkungen*) einstreuen; **4.** bestreuen, besprengen.

spargō, *sparsi, sparsŭm* 3. (*cf.* σπαργή „Trieb") **1.** (*Trockenes*) streuen, (*Flüssiges*) sprengen, (hin-)spritzen (*abs.* = den Boden sprengen, *um den Staub zu löschen*; *alqd, zB. venena* Gift verspritzen = Leute vergiften, *nummos populo,* °*aquas per domum*). **2. a)** ausstreuen, säen [°*semen,* °*ossa in foro*; *klass. nur* /, *zB. animos in corpora*]; **b)** (*dcht., nkl.*) werfen, schleudern, schießen [*tela per Achivos, glandes, fulmina in terras, corpus undis* ins Wasser]. **3. a)** (*nkl., dcht.*) (*lebende Wesen*) verteilen [*speculatores per vias*]; (*pejorativ*) zerstreuen, versprengen [*aper canes spargit, se toto campo, se in fugam*]; *übh.* trennen [*fratres*]; **b)** (*nkl., dcht.*) (*Lebloses*) zerstreuen, ausbreiten [*arma per agros*]; *bsd.* (*dcht., nkl.*) gerüchtweise verbreiten [*alcis nomen per urbes*; *m. a.c.i.*]; *auch* (*nkl.*) zersplittern, verzetteln [*legiones, vestigia fugae* verwischen, *bellum* den Krieg bald hier, bald dort führen]; P. *v. Gebäuden* = °vereinzelt stehen, zerstreut liegen [*sparsa tuguria*]; **c)** (*dcht.*) zerreißen [*corpora*]; **d)** (*dcht.*) vergeuden [*bona, sua*]; **e)** (*Bemerkungen*) einstreuen [*omnia argumenta*]. **4. a)** (*dcht., nkl.*) *etw.* bestreuen *bzw.* besprengen, bespritzen, *auch* / (*alqm u. alqd re, zB. corpus lymphā, favillam amici lacrimā* benetzen, *virgulta fimo* bedecken, *terras lumine* übergießen *m., porticum tabellis* schmücken, *umerus capillis sparsus* umflossen *v.*); **b)** / *litteras humanitatis sale.*
F. *inf. praes.* P. *auch* °*spargĭēr* = *spargī.*

sparsĭō, *ōnĭs f* (*spargō*) (*dcht., nkl.*) das Sprengen *m. Flüssigkeiten im Zirkus od. Theater,* parfümierter Regen.

sparsŭs[1] *P.P.P. v. spargō.*

sparsŭs[2] 3 (*m.* °*comp.*) (*eigtl. P.P.P. v. spargō*) **1.** (*nkl., dcht.*) zerstreut [*classis tempestate, crines* wirr]. **2.** (*vkl., nkl.*) gefleckt, fleckig, bunt [*anguis maculis -us*].

Spartă, *ae u.* °**-ē,** *ēs f* (Σπάρτη) *Hptst. Lakoniens. Cf.* V.-B. I, 1. — *adi.* °**Spartānŭs** 3 spartanisch (*nkl.*) = *Lăcĕdaemŏnĭŭs*; *subst.* **α)** °**Spartānŭs,** *ī m* Spartaner (*klass. Lăcĕdaemŏnĭŭs*); **β) Spartĭātēs,** *ae m* (Σπαρτιάτης) Spartiat, *spartanischer Vollbürger, meist pl.* **Spartĭātae,** *ārŭm die Nachkommen der alten dorischen Einwanderer*; *Spartĭātĭcŭs* 3 spartanisch.

Spartăcŭs, *ī m thrakischer Gladiator in Capua, Anführer im Sklavenkrieg 73—71 v. Chr.*).

spartŭm, *ī n* (*Lw.* < σπάρτον) (*vkl., nkl.*) Pfriemengras.

spărŭlŭs, *ī m* (*demin. v. spărŭs*[1]) (*dcht.*) Goldbrasse.

spărŭs[1], *ī m* (*Lw.* < σπάρος) (*nkl.*) Goldbrasse.

spărŭs[2], *ī m* (*wohl zu nhd.* „Speer") (*vkl., nkl.*) kurzer Jagdspeer *des Landvolkes.*

spăthă, *ae f* (*Lw.* ‹ σπάθη) (*nkl.*) **1.** breites, zweischneidiges Schwert. **2.** / Weberblatt, *m. dem der Einschlag festgedrückt wird.*

spătiŏr 1. (*denom. v.* spătium) **1.** auf u. ab gehen, spazieren gehen (*abs. od. in u. sub re od.* °re, *ante u. ad alqd u.ä.*). **2.** (*dcht., nkl.*) sich ausbreiten [*alae*].

spătiōsŭs 3 (*m. comp. u. sup.*; *adv.* **-ē**) (spătium; *nkl., dcht.*) **1.** geräumig, weit(läufig) [*planities, domus, amnis* breit]. **2.** / (*v. der Zeit*) lang, langwierig [*tempus, bellum*; *spatiosius* in späterer Zeit].

spătium
1. Raum, Ausdehnung, Weite, Größe; **2. a)** Zwischenraum, Entfernung; **b)** Weg(strecke); **3. a)** Rennstrecke, -bahn; Lauf; **b)** Spaziergang; **4. a)** Zeit(raum), Dauer; **b)** Frist, Muße; **c)** Länge der Zeit; **5.** (*Metrik*) Zeitmaß; **6.** Meßleine, Lot.

spătiŭm, *ī n* (*cf. altind.* sphāra- „ausgedehnt, groß, weit") **1.** Raum, Ausdehnung, Weite, Größe [*mediocre, locorum,* °*caeli,* °*-um dare* Platz machen; *hoc -o* in dieser ganzen Gegend]; *dcht. auch* Größe *od.* Umfang, *bsd.* Länge, Breite [*victi hostis, aures in -um trahere* in die Länge, *in -um fugere* das Weite suchen]. **2. a)** Zwischenraum, Entfernung [*inter acies, aequo -o abesse a re, trabes paribus -is intermissae, tanto -o* bei so großer Entfernung, *alqd a magno -o constituere* in weiter Entfernung]; **b)** Wegstrecke, Weg [*ingens, duum milium v.* 2 (*röm.*) Meilen, *tanto -o* auf einer so weiten Strecke, *magnum -um* °*emetiri od. conficere* zurücklegen]. **3. a)** (*meist dcht., nkl.*) Rennstrecke, Rennbahn, *dcht. auch pl.* [°*in -o decurrere,* °*extremum od.* °*supremum* Ende der Rennbahn, ~ *declivis Olympi*; / °*vitae -um decurrere,* °*gloriae -um* Ruhmeslaufbahn, °*-um decurrere amoris, vom Kreisel* °*curvatis -is* in schrägen Bahnen, *consuetudo de -o deflexit* ist aus ihrer Bahn gewichen]; *meton.* Lauf *od.* Umlauf *in der Rennbahn*; *übh.* Bahn, Fahrt, Weg [*-um decurrere* vollenden, °*septem -is coronam merere,* °*addere in -a* einen Umlauf nach dem anderen vollenden, °*-a corripere* beschleunigen, °*aequor -is conficere* durchlaufen]; **b)** Spaziergang *abstr. u. concr.*, Promenade [*basilicae* in der Basilika, *Academiae -a*]. **4. a)** Zeitraum, Zeit, Dauer [*breve, diei, triginta dierum, hoc od. eo -o* während dieser Zeit, °*eodem -o* in einem *u.* demselben Augenblick, *-o duodecim horarum* im *od.* nach Verlauf]; **b)** Frist, Muße, Gelegenheit (*alcis rei u. ad od.* °*in alqd* zu *etw.*, *zB. deliberandi* Bedenkzeit, *consilii habendi, -um alci dare ad scribendum, -um habere ad dicendum, -um sumere* sich Zeit nehmen, *-um nancisci* gewinnen, °*irae -um dare* verrauchen lassen); **c)** (*prägn.*) Länge der Zeit, lange Dauer [*pugnae,* °*dolor -o evanescit*]. **5.** (*metr. t.t.*) Zeitmaß [*trochaeus eodem -o est quo choreus*]. **6.** (*Ta.*) Meßleine, Senkblei.

S.P.D. (*Abk.*) *s.* S. (*S. 520*)

spĕcĭālĭs, *ĕ* (*adv.* **-ĭtĕr**) (spĕcĭēs) (*nkl.*) speziell, besonders; *subst.* ~, *is m* (*spätl.*) intimer Freund.

spĕcĭārĭă, *ae f* (spĕcĭēs) (*Inschr.*) Spezerei- *od.* Gewürzhändlerin.

spĕcĭēs
1. Blick, Anblick; **2. a)** Aussehen, äußere Erscheinung; **b)** Traumbild; **c)** Statue; **d)** schöne Gestalt, Schönheit; **3.** Schein, Anschein; **4. a)** Vorstellung; **b)** Ideal; **5. a)** Art, Spezies; **b)** konkreter Einzelfall; **6.** *pl.* **a)** Waren; **b)** Gewürze.

spĕcĭēs, *ēī f* (spĕcĭō) **1.** (*act.*) das Sehen, Anblick, Blick [*primā -e* auf den ersten Blick]. **2.** (*pass.*) **a)** das Aussehen, Äußeres, (äußere) Erscheinung, Gestalt, *auch* / [*humana,* °*caelestis, ager unā specie v.* gleichförmigem Aussehen; *alcis u. alcis rei, zB.* °*ridentis, -em honesti praebere od. habere od. prae se ferre;* °*in -em alcis rei* wie *etw., zB.* °*montis* wie ein Berg]; **b)** (*nkl., dcht.*) **α)** Traumbild, Vision, *auch im Wachen* [*nocturna, viri, quietis* Traumgesicht]; **β)** Wahnbild [*inanis, vana*]; **c)** (*concr.*) Bild = Statue [*Iovis*]; **d)** (*prägn.*) schöne Gestalt, Schönheit, Pracht [*caeli,* °*-e insignis u.* °*eminere*]; / äußerer Glanz, Ansehen, imposantes Wesen [*populi Romani,* °*auri* Schimmer, °*maiestatis,* °*-em in dicendo adhibere*]. **3.** (äußerer) Schein, Anschein [*fallax; alcis u. alcis rei, zB. pugnantium, utilitatis -em habere od. prae se ferre, imperii* scheinbarer Oberbefehl; °*-em alci facere* j-m den Schein erwecken, *m. a.c.i.*; *specie od. per u. in speciem, auch* °*sub specie* zum Schein, scheinbar; *ad speciem* zur Täuschung, *zB. alariis uti* zu einem Scheinmanöver]; *bisw.* Vorwand [*specie* angeblich wegen, *zB. venandi*]; *meton.* Mittel, den Schein *v. etw.* zu retten [*honestatis* einer sittlichen Handlungsweise]. **4. a)** Vorstellung, Begriff, Idee [*vera; alcis rei v. etw., zB. boni viri,* °*recti*]; **b)** Ideal, Musterbild [*eloquentiae, libertatis; auch optima, praeclara et eximia*]. **5. a)** Art *od.* Unterabteilung *e-r Gattung*, Spezies (= εἶδος; *Ggs.* genus = γένος); **b)** (*nkl.*) einzelner Fall [*haec* ~]. **6.** *pl.* (*spätl.*) **a)** Waren; **b)** Spezereien, Gewürze, Ingredienzen. — ****sub specie aeternitatis* „unter dem Gesichtspunkt der Ewigkeit" (*mehrfach in Spinozas Ethik*). — *sub utraque (specie)* „unter beiderlei (Gestalt)", *d. h.* das Abendmahl unter Darreichung *v.* Brot *u.* Wein (*Ritus der evangelischen Kirche*).
F. *gen., dat. u. abl. pl. sind ungebräuchlich.*

spĕcĭllŭm, *ī n* (*demin. v.* spĕcŭlŭm) *chirurgische* Sonde; *auch* /.

spĕcĭmĕn, *ĭnis n* (spĕcĭō) **1. a)** Kennzeichen, Probe(stück), Beweis, Gewähr, *nur im sg. gebräuchlich* (*alcis rei, zB. ingenii,* °*Solis avi*; ~ *iustitiae alci dare* vor *jd.* ablegen, *aber* ~ *dare* eine Prüfung zulassen); **b)** Muster, Vorbild, Ideal [*humanitatis*]. **2.** (*dcht., nkl.*) Zierde, Glanz [*egregium*].

spĕcĭō, *spēxī, spectum* 3. (*spēxi-?*; *praes. auch* [*Pl.*] *spicio aus den Komposita; cf.* σκέπτομαι ‹ *σπέκjομαι, *nhd.* „spähen") (*vkl.*) (*meist Ausdruck der Auguralspr.*) schauen, sehen.

spĕcĭōsŭs 3 (*m.* °*comp. u.* °*sup.*; *adv.* °**-ē**) (spĕcĭēs) **1. a)** wohlgestaltet [°*mulier; re* durch *etw.*]; **b)** (*nkl.*) schön klingend [*nomina*]; **c)** (*nkl., dcht.*) großartig, ansehnlich, imponierend [*opes, familia, vocabula* anschauliche]; *adv. auch m.* Anstand. **2.** (*nkl., dcht.*) (durch den Schein) blendend, täuschend [*titulus*]; *m. 2. supin., zB. dictu.*

spectābĭlĭs, *ĕ* (spectō) **1.** sichtbar [*corpus caeli*]. **2.** (*nkl., dcht.*) ansehnlich, prächtig [*heros, victoria; re* durch *etw., zB. auro*].

▶ **spectācŭlŭm** *u.* (*synk.*) (*nkl., dcht.*)

spectāclŭm, *ī n* (spĕcĭō) **1.** Schauplatz, *meist pl.*: **a)** Zuschauerplätze, Tribüne; **b)** (*nkl.*) Theater, *auch* Amphitheater [*-a plausu resonant*]. **2. a)** Schauspiel, Anblick, Augenweide [*magnificum,* °*magnum, luctuosum, -o esse alci* für *jd.* eine Augenweide sein, *-um praebere* ein Schauspiel darbieten *od.* °sich beschauen lassen, °*-um capere* ansehen; *alcis rei, zB. rerum caelestium,* °*dapis*]; **b)** *meton.* (aufgeführtes) Schauspiel [*apparatissimum,* °*circi,* °*gladiatorum*; / *triumphi*]; **c)** (*nkl.*) Weltwunder [*in septem spectaculis nominari*].

spectāmĕn, *ĭnis n* (spectō) **1. a)** (*Pl.*) Probe; °**b)** Beweis. **2.** (*nkl.*) Anblick, Schauspiel [*memorandum*].

spectātĭō, *ōnis f* (spectō) **1.** das Anschauen, Besichtigung [*pompae*]. **2.** *bsd.* Prüfung des Geldes.

spectātīvŭs 3 (spectō) (*nkl., spätl.*) zur Betrachtung gehörig, theoretisch [*pars* (*philosophiae*)].

spectātŏr, *ōris m* (spectō) **1.** Zuschauer [*ludorum*]. **2.** / **a)** Beobachter [*rerum caelestium, ineptiarum mearum* Augenzeuge]; **b)** (*vkl., nkl.*) Prüfer, Kenner [*virtutis, elegans formarum* ~].

spectātrix, *īcis f* (spectātŏr) (*unkl.*) Zuschauerin; Beurteilerin.

spectātŭs 3 (*m.* °*comp. u. sup.*; *adv.* °**-ē**) (*eigtl. P.P.P. v.* spectō) erprobt, bewährt, *übh.* tüchtig, *v. Pers. u. Sachen* [*homo,* °*virtus, femina;* °*in re* in *etw.*].

spectĭō, *ōnis f* (spĕcĭō) das *nur den höheren Magistraten zustehende* Recht, Auspizien abzuhalten.

spectō
1. (*intr.*) **a)** schauen, blicken; **b)** sich auf *etw.* beziehen; **c)** *nach einer Gegend/Himmelsrichtung* gelegen sein; **2.** (*trans.*) **a)** anschauen; **b)** (*im Theater*) zusehen; (*Schauspiel*) sich ansehen; **c)** berücksichtigen; beurteilen; beabsichtigen.

spĕctō 1. (*intens. v.* spĕcĭō) **1.** (*intr.*) **a)** schauen, blicken, hinsehen [*alte* in die Höhe, *in u.* °*ad alqm, zB. in nos solos, in u.* °*ad alqd, zB.* °*in undam*]; / **b)** (*v. Sachen*) auf *etw.* sich beziehen, *etw.* betreffen (*ad alqd, zB. oratio mea ad te unum spectat,* °*ad rebellionem, ad bene vivendum;* °*res ad arma spectat* es sieht nach Krieg aus; *huc, quorsum; m.* ut); **c)** *nach einer Gegend* gelegen *od.* gerichtet sein, liegen (*ad u. in alqd, bisw. auch alqd, zB. ad fretum, ad orientem solem,* °*in Etruriam, in septentriones; inter occasum solem et septentriones* nach Nordwesten). **2.** (*trans.*) **a)** anschauen, betrachten, *auch* °erblicken (*alqm u. alqd, zB.* °*euntem,* °*fructūs arborum,* °*motūs siderum*); **b)** α) als Zuschauer (*bsd. im Theater u. Zirkus*) zusehen, (*ein Schauspiel*) sich ansehen, (*einem Schauspiel*) beiwohnen (*abs., zB. in prima cavea, spectatum ire; alqd, zB. ludos, gladiatores, Megalesia,* °*fabulam, auch alqm, zB. histrionem*); *prägn.* (*dcht.*) bewundernd anschauen, anstaunen (*alqm*); β) (*nkl.*) (*part. praes.*) *subst.* **spĕctāns,** *antĭs m* Zuschauer, *meist pl.*; γ) (*Gerundivum*) *adi.* **spĕctăndŭs** 3 (*dcht.*) sehenswert; **c)** / α) in Betracht ziehen, berücksichtigen (*alqd, zB. causam, audaciam alcis; m. indir. Frages.*); β) beurteilen, prüfen (*alqm u. alqd, zB. auctorem, exta,* °*aurum in ignibus, rem* Lage der Dinge; / *alqd igni etw.* der Feuerprobe unterziehen; *alqd ex u.* °*a re od.* °*re etw.* nach *etw., zB. hominem ex trunco corporis, philosophos ex singulis vocibus*); γ) nach *etw.* streben *od.* trachten, *etw.* beabsichtigen (*alqd, selten ad alqd, zB. locum probandae virtutis,* °*praedam, arma et bellum, ad imperatorias laudes, alte* hoch hinaus wollen); *auch etw.* °erwarten.

spĕctrŭm, *ī n* (spĕcĭō) Bild *in der Seele*, Vorstellung (= εἴδωλον).

spĕcŭlă[1], *ae f* (*demin. v.* spēs) schwache Hoffnung, Hoffnungsschimmer.

spĕcŭlă[2], *ae f* (spĕcĭō) **1. a)** Beobachtungsstelle, Warte [*igne alqd ex -a significare*]; **b)** (*Ve.*) Höhe, Gipfel [*alta, clamorem e -is tollere v.* der Stadtmauer]. **2.** / **a)** *in -is* auf der Lauer, *zB. esse u. relinqui*; **b)** Bollwerk [*populi Romani*].

spĕcŭlābŭndŭs 3 (spĕcŭlŏr) (*nkl.*) immer spähend, fort *u.* fort lauernd.

spĕcŭlārĭs, *ĕ* (spĕcŭlŭm) (*nkl., dcht.*) spiegelartig; *subst.* **-ĭă,** *ĭŭm u.* **-ĭōrŭm** *n* Fenster(scheiben); Treibhausscheiben.

spĕcŭlātĭō, *ōnĭs f* (spĕcŭlŏr) (*spätl.*) **1.** das Ausspähen, Auskundschaften. **2.** / Betrachtung.

spĕcŭlātŏr, *ōrĭs m* (spĕcŭlŏr) **1. a)** *mil.* Späher *im Kriege*, Kundschafter, Spion [*per -res alqd cognoscere od. comperire*]; **b)** (*nkl.*) *pl.* Elitetruppe der Prätorianer, Leibwache des Feldherrn, Feldjäger; **c)** (*nkl.*) Henker. **2.** Erforscher, Forscher [*naturae*].

spĕcŭlātōrĭŭs 3 (spĕcŭlātŏr) **1.** Späh..., Wacht... [*navigium u. navis*]; *auch subst.* **spĕcŭlātōrĭae,** *ārŭm f* (*Li.*) Wachtschiff. **2.** (*Suet.*) *v.* den speculatores getragen [*caliga*].

spĕcŭlātrīx, *īcĭs f* (spĕcŭlātŏr) die nach *etw.* ausspäht [*scelerum*].

spĕcŭlŏ-clārŭs 3 (spĕcŭlŭm) (*Pl.*) spiegelblank.

spĕcŭlŏr 1. (*denom. v.* spĕcŭlă[2]) **1.** (*intr.*) spähen, umherschauen [°*in omnes partes*]. **2.** (*trans.*) erspähen, auskundschaften, *unbemerkt* beobachten (*abs., zB. speculandi causā venire; alqm u. alqd, zB. te, alcis iter od.* °*consilia; m. indir. Frages.*).

spĕcŭlŭm, *ī n* (spĕcĭō) Spiegel *aus Metall, bsd.* Handspiegel; / Abbild [°*lympharum* des Wassers, *naturae*].

spĕcŭs, *ūs m* (*u.* °*n*) (*entw. zu* spĕcĭō *od. wie* σπέος *aus e-r fremden Sprache entlehnt*) **1. a)** (*dcht., nkl.*) Höhle, Grotte; **b)** (*nkl.*) unterirdischer Stollen, Schacht; **c)** Abzugsgraben, Kanal, Schleuse [*subterraneus*]. **2.** / (*dcht.*) Vertiefung, Tiefe [*alvi, vulneris* klaffende Wunde].

F. *dat. u. abl. pl.* spĕcŭbŭs *u.* °spĕcĭbŭs.

spēlaeŭm, *ī n* (*Fw.* < σπήλαιον) (*dcht.*) Höhle, Grotte.

spēlŭncă, *ae f* (*wohl Lw. aus acc.* σπήλυγγα *bzw.* -γκα *v.* σπῆλυγξ *ds.*) Höhle, Grotte.

spērābĭlĭs, *ĕ* (spērō) (*Pl.*) was zu hoffen ist.

spērātă, *ae f* (*eigtl. P.P.P. f v.* spērō) (*Pl.*) Liebste, Braut, Verlobte.

spērātŭs, *ī m* (*eigtl. P.P.P. v.* spērō) (*Pl.*) Liebster, Bräutigam, Verlobter.

Spĕrchēŭs *u.* **Spĕrchīŭs** *od.* °**-ŏs,** *ī m* (Σπερχειός) *Fl. im südl. Thessalien, in den Malischen Golf mündend. Cf.* V.-B. II, 1. — *adi.* °**Spĕrchēĭs,** *ĭdĭs f; patron.* °**Spĕrchīŏnĭdēs,** *ae m* Anwohner des Sp.

▶**spĕrnō,** *sprēvī, sprētŭm* 3. (*cf. ahd.* spornōn „*m.* der Ferse ausschlagen", *nhd.* „Sporn") **1.** (*vkl.*) zurückstoßen, *übh.* entfernen (*alqm a re*). **2.** / verschmähen, verachten (*alqm u. alqd, zB. deos, voluptates,* °*periculum; m.* °*inf.*); *prägn.* sich verächtlich über *etw.* äußern; (*Gerundiv*) *adi.* **spĕrnĕndŭs** 3 (*nkl.*) verächtlich, verwerflich [*haud quaquam -endus auctor* glaubwürdig; °*alcis rei* in bezug auf *etw., zB. morum*].

spĕrnŏr 1. (*Rückbildung v.* āspĕrnŏr) (*dcht., nkl.*) verschmähen.

▶**spērō** 1. (< *spēsō; *denom. v.* spēs) erwarten: **1.** (Gutes) erwarten, hoffen (*abs. od. alqd, zB. omnia ex victoria, pacem, auch bene od. recte* Gutes erwarten, *optime* das Beste; *alci alqd etw.* für *jd., bsd. sibi, zB. praemia; alqd ab u.* °*ex alqo etw. v. jd., zB. praesidium; alqd de alqo u. de re; m.* °*dopp. acc., zB.* °*alqm perpetuum, sc. fore* auf *j-s* dauernde Liebe hoffen; *m. a.c.i. fut. od.* [*außer bei posse, velle, nolle, malle*] *Umschreibung mit fore ut; m. inf. praes. u. pf.* = annehmen, voraussetzen, *zB. spero te non diutius sollicitari meis rebus; nkl. m. ut; unkl. im P. m. n.c.i.*); *spero u. ut spero nicht selten i. Parenthese* = hoffentlich, *zB. amasti hominem et,* (*ut*) *spero, amabis; auch P., bsd.* (*P.P.P.*) *adi.* **spērātŭs** ersehnt, *zB. praeda, voluptas, subst. sperata pl. n* Hoffnungen. **2.** Übles erwarten = fürchten, befürchten [*id quod non spero,* °*vada; selten m. a.c.i., zB. haec spero vobis molesta videri*].

▶**spēs,** *spĕī f* (*wohl alter s-Stamm, später Flexion nach* rēs; *et. nicht geklärt*) **1. a)** Hoffnung [*bona, vera* begründete, *falsa,* °*divina* auf die Götter; *alcis j-s u.* auf *jd., zB. consulis; alcis rei* auf *etw., zB. pacis, arcis capiendae, auch ad alqd, ad resistendum; m. a.c.i., selten m. ut*]; *spes est in alqo* beruht auf *jd.*; *spes tenet alqm* lebt in *jd.*; *spem habere od. in spe esse od. spe duci* Hoffnung hegen; *alqd in spe est etw.* ist in Aussicht; *spem in re ponere, alci spem alcis rei dare jd.* Hoffnung auf *etw.* machen; *in spem venire od. adduci* Hoffnung fassen; *spem nancisci* schöpfen; *spe deici* getäuscht werden in; *spem dimittere u. deponere, tollere, perdere; adulescens summae spei* der sehr große Hoffnung gefaßt hat *od.* zu großen Hoffnungen berechtigt; *praeter u.* °*contra spem*; **b)** *meton.* α) (*unkl.*) Gegenstand *od.* Ziel der Hoffnung [*unica, spes anni* gehoffte Ernte]; β) Hoffnung = dasjenige, worauf man seine Hoffnung setzt [*Scipio spes populi,* °*gregis v.* den Lämmern]; γ) ♀ (*personif.*) Göttin der Hoffnung, *die mehrere Tempel in Rom hatte; auch Schiffs- u. Hetärenname;* δ) (*Kosewort*) (*Pl.*) [*spes mea*]. **2.** (*nkl.*) Erwartung, Aussicht [*aspera, omnium spe celerius* schneller als man allgemein erwartet hatte]; (*pejorativ*) Befürchtung, Besorgnis (*alcis rei e-r* Sache *od.* wegen *etw., zB. auxiliorum*).

F. *klass. im pl. nur nom. u. acc. gebräuchlich.*

Speusĭppŭs, *ī m* (Σπεύσιππος) *Nachfolger Platons als Leiter der Akademie, gest. 339 v. Chr.*

spĕxī *s.* spĕcĭō.

sphaeră, *ae f* (*Fw.* < σφαῖρα) **1.** Kugel. **2.** (*astr.*) **a)** Himmelsglobus *aus Metall od. Glas*; **b)** Kreisbahn *der Planeten.*

sphaerĭstērĭŭm, *ī n* (*Fw.* < σφαιριστήριον) (*nkl.*) Ballspielsaal.

sphaerŏmăchĭă, *ae f* (*Fw.* < σφαιρομαχία) (*nkl.*) Faustkampf (*wohl m. lederüberzogenen Eisenkugeln*).

Sphĭnx, *ĭngĭs f* (Σφίγξ) (*urspr. männl., ägypt.*) *weibliches Fabelwesen der griech. Mythologie, das als „Würgerin" vor Theben saß und jedem Vorübergehenden das Rätsel vom Menschen als Kleinkind, Mann u. Greis aufgab; oft als Todessymbol auf Grabsteinen; in der*

bildenden Kunst als sitzende Löwin m. Kopf u. Brust einer jungen Frau dargestellt.
F. *Cf.* V.-B. III, 1, b *u.* e; *gen. pl.* Sphingŭm.

spīcă, ae *f, bei Ci. auch* **spīcŭm,** ī *n u.* (*dcht.*) **spīcŭs,** ī *m* (*cf. nhd.* „spitz") **1.** Ähre, *bsd.* Getreideähre. **2.** (*dcht., nkl.*) Dolde, Büschel *v. Pflanzen.* **3.** Kornähre (*hellster Stern im Sternbilde der Jungfrau*).

spīcĕŭs 3 (spīcă) (*dcht.*) aus Ähren, Ähren... [serta, messis Getreideernte].

spīcĭ-fĕr, ĕră, ĕrŭm (spīcă, fĕrō) (*Ma.*) ährentragend.

spīcĭō 3. *s.* spĕcĭō.

spīcŭlŭm, ī *n* (*demin. v.* spīcŭm) **1. a)** Spitze; **b)** Lanzen-, (*dcht.*) Pfeilspitze [hastae]; **c)** (*dcht.*) Stachel *der Insekten* [apium]. **2.** (*dcht.*) *übh.* Wurfspieß, Pfeil, Geschoß.

spīcŭm, ī *n u.* **spīcŭs,** ī *m s.* spīcă.

spīnă, ae *f* (*vl.* < *spīc-[s]nā *zu* spīcă) **1. a)** (*dcht., nkl.*) Dorn (-strauch); Distel; **b)** Stachel *an Pflanzen, auch der Tiere, bsd. des Igels* [animantes spinis hirsutae]; **c)** Gräte [piscium]; **d)** (*vkl., nkl.*) Rückgrat *der Menschen u. Tiere;* (*dcht.*) *übh.* Rücken; **e)** (*spätl.*) die Spina, *Mauer, die den röm. Zirkus in zwei Längsbahnen teilte; an ihren Enden die metae.* **2.** / **a)** *pl.* Spitzfindigkeiten [disserendi spitzfindige Dialektik, definiendi spitzfindige Definitionen]; **b)** (*dcht.*) Sorge, Pein, Qual [spinas animo evellere *u.* eximere].

spīnālĭs, ĕ (spīnă) (*spätl.*) zum Rückgrat gehörig; medulla -is Rückenmark.

spīnētŭm, ī *n* (spīnă) (*nkl., dcht.*) Dornhecke, -gebüsch.

spīnĕŭs 3 (spīnă) (*dcht.*) aus Dornen.

spīnĭ-gĕr, gĕră, gĕrŭm (spīnă, gĕrō) (*dcht.*) dornig, stachelig.

spīnōsŭs 3 (*m. comp.*) (spīnă) **1.** (*unkl.*) dornig, stachelig. **2.** / **a)** (*Ca.*) quälend [curae]; **b)** spitzfindig [oratio].

spintēr, ēris (*Quantitäten u. Geschlecht — m od. n — unsicher*) (*Lw.* < σφιγκτήρ) (*vkl.*) Oberarmspange *in Gestalt e-r Schlange.*

spintrĭă, ae *m* (spī-?; *Lw.* < σφιγκτήρ „Aftermuskel") (*nkl.*) = scortum masculum, Strichjunge.

spintŭrnīcĭŭm, ī *n* (*zu* spintŭrnīx, *nicht genau zu bestimmendes Lw. aus dem Griechischen* „häßlicher, Unglück kündender Vogel") (*Pl.*) Unglücksvogel, *vl.* Uhu.

spīnŭs, ī *f* (spīnă) (*dcht.*) Schlehdorn.

spīră, ae *f* (*Fw.* < σπεῖρα) (*unkl.*) kreisförmige Windung, *bsd. der Schlange,* Spirale; *meton.* Mützenbinde; Rotte Soldaten, Manipel.

spīrābĭlĭs, ĕ (spīrō) luftartig, luftig [animus, natura]; *bsd.* (*Ve.*) belebend [caeli lumen].

spīrācŭlŭm, ī *n* (spīrō) (*dcht., nkl.*) Luftloch; *pl.* °Ditis -a Dunsthöhle des Pluto.

spīrāmĕntŭm, ī *n* (spīrō) (*dcht., nkl.*) **1.** Luftloch, Spalt, *auch* Kanal, Röhre [terrae, animae Luftröhre]. **2.** das Atmen; Zeit zum Atmen, Atempause; Pause [temporum].

spīrĭt(ŭ)ālĭs, ĕ (spīrĭtŭs) **1.** (*Vi.*) Luft... [machina durch die Luft bewegt]. **2.** (*spätl.*) zum Atem gehörig. **3.** (*Eccl.*) geistig; geistlich [**gladius].

> **spīrĭtŭs**
> **1.a)** Lufthauch, Wind; **b)** das Atmen; **c)** Seufzer; **d)** das Zischen *der Schlange;* **2.a)** Ausdünstung; **b)** (*gramm. t.t.*) Spiritus; **c)** Ton; **d)** Taktteilchen; **3.** Leben(sluft); **4.** Seele, Geist; **5.** *Spiritus Sanctus* der Heilige Geist; **6.a)** Gesinnung; **b)** Begeisterung; **c)** Selbstbewußtsein; Mut; Hochmut.

spīrĭtŭs, ūs *m* (spīrō) **1. a)** (*unkl.*) Lufthauch, Wind [boreae, frigidus]; **b)** das Atmen, Atemholen, der Atem [aëra -u ducere, extremum -um effundere, usque ad extremum -um bis zum letzten Atemzug; uno -u in einem Atem; alcis j-s, *zB.* °Chimaerae, alcis rei]; **c)** (*dcht.*) Seufzer; **d)** (*Ve.*) das Zischen *der Schlange.* **2. a)** (*dcht., nkl.*) Dunst, Ausdünstung; **b)** (*Gramm.*) Spiritus (asper *u.* lenis); **c)** (*Qu.*) Ton, Klang, Stimme; **d)** Taktteilchen. **3.** Lebensluft, -hauch [-us vivis communis est]; *übh.* Leben [-um patriae reddere]. **4.** (*dcht.*) *meton.* Seele, Geist [-us morte caret, -us hos regit artūs]; *bsd.* Weltseele; *meton.* = Person [carissimus alcis -us]. **5.** (*spätl.*) (*personif.*) Spiritus Sanctus der Heilige Geist [iurare per Deum et per Christum et per Spiritum Sanctum *bei der Vereidigung*]. **6.** Geist = **a)** (*nkl.*) Gesinnung, *meist pl.* [avidus Geist der Habgier]; **b)** (*dcht., nkl.*) (dichterische) Begeisterung, Schwung, Feuer [-u divino tactus, poëticus, sublimis]; *bsd.* Dichtergabe, das Dichten; **c)** Selbstbewußtsein (*im gen. u. abl. sg., nom. u. acc. pl.*): α) hoher Geist, frischer Mut [vir ingentis -ūs, magnos -ūs alci facere einflößen]; β) (*pejorativ*) Hochmut, Stolz, Trotz [magnos -ūs sibi sumere, °altiores -ūs sumere höher hinaus wollen, tribunicii, -ūs remittere]; γ) (*Ta.*) Unwille, Erbitterung [alcis -ūs mitigare]. — ***spiritus rector treibender Geist, Seele einer Sache, führender Kopf.

▶**spīrō** 1. (√*speis- „blasen") **1.** (*intr.*) **a)** (*dcht., nkl.*) blasen, wehen, *v. Luft u. Winden* [zephyri; alci *jd.* anwehen, / begünstigen]; (*dcht.*) *auch v. Göttern* = Wind senden [di spirant secundi]; / **b)** (*dcht.*) (*vom Meer*) brausen [freta], (*v. Schlangen u. Feuer*) zischen, schnauben [hydra, flamma]; **c)** atmen [dum spirare potero]; *übh.* leben [°spirans noch lebend; / spirante etiam re publica, °spirantia exta noch zuckende, noch warme, °spirantia aera *od.* °signa lebensvolle]; **d)** (*dcht.*) duften [graviter]; **e)** / α) leben, fortleben [videtur Laelii mens spirare in scriptis]; β) (*dcht.*) begeistert sein, dichten [quod spiro et placeo]. **2.** (*trans.*) (*dcht., nkl.; seit Li.*) **a)** aushauchen, ausatmen [flammas, *vom Winde* frigora]; **b)** ausduften, verbreiten [odorem]; *v. etw.* erfüllt, beseelt sein (alqd, *zB.* amores, tribunatum vom Geiste der Tribunen, tragicum tragisches Genie haben); *auch* °nach *etw.* trachten [maiora].

spissāmĕntŭm, ī *n* (spissō) (*nkl.*) Verdichtung, Pfropf.

spissātĭō, ōnis *f* (spissō) (*Se.*) Verdichtung.

spissēscō, — — 3. (*incoh. v.* spissō) (*Lu., nkl.*) dicht werden.

spissĭ-grădŭs 3 (*m. sup.*) (spissŭs, grădĭōr) (*Pl.*) langsam gehend.

spissĭtūdō, ĭnis *f* (spissŭs) (*nkl.*) Dichte, Dicke.

spissō 1. (*denom. v.* spissŭs) (*nkl., dcht.*) **1.** verdichten [ignem]; aufhäufen [ramalia]. **2.** / *etw.* häufig hintereinander tun [officium (*obszön*) schneller arbeiten].

spissŭs 3 (*m. comp. u.* °*sup.; adv.* -ē) (*cf.* σπίδιος „ausgedehnt") **1.** (*unkl.*) dicht, dick [tunica fest gewirkt, coma, laurea -a ramis, sanguis geronnen, litus fest]; *bsd.* dichtgedrängt, gedrängt voll [theatrum]. **2.** / **a)** lang ausgedehnt, *daher* langsam (fortschreitend), zögernd, schwierig [exitus, -e ad alqm pervenire]; **b)** (*Pe.*) häufig hintereinander [basiare].

splēn, splēnis *m* (*Fw.* < σπλήν) (*nkl., dcht.*) Milz.

splĕndĕō, (ŭī), — 2. (*cf. litauisch* spléndžiu „leuchte") (*unkl.*) glänzen, strahlen, schimmern, *klass. nur* / [°ferrum, °puella, virtus; re *v. od.* in *etw., zB.* °marmore].

splĕndēscō, dŭī, — 3. (*incoh. v.* splĕndĕō) (*dcht.*) erglänzen, Glanz bekommen, *klass. nur* / (re *v. od.* durch *etw.*).

▶**splĕndĭdŭs** 3 (*m.* °*comp. u. sup.; adv.* -ē) (splĕndĕō) **1.** glänzend, strahlend, schimmernd [°sol, °bracchia *v.* Gold, convivium -e ornare; re *v. od.* durch *etw., zB.* °domus luxu]. **2.** / **a)** (*v. der Stimme u. v. Tönen*) hell, laut, deutlich [vox], *übh.* frisch, lebendig [oratio, -e loqui]; **b)** gut klingend [nomen]; **c)** glänzend = α) herrlich, prächtig [°arbitria, oratio]; β) prachtliebend, freigebig [homo, °-e se gerere]; γ) ruhmvoll, ausgezeichnet, bedeutend [°eques Romanus, °civitas, ingenium].

splĕndŏr, ōris *m* (splĕndĕō) **1.** heller Glanz (alcis rei, *zB.* candelabri, °flammae; *auch* ex re). **2.** / **a)** (*v. der Stimme*) heller Klang, Klarheit [vocis], (*vom Ausdruck*) Frische [verborum]; **b)** Glanz = α) Pracht, Prunk [vitae]; β) Ruhm, Ansehen, Würde (alcis *u.* alcis rei, *zB.* imperii nostri, dignitatis); γ) *meton.* (*v. Pers.*) Zierde, Schmuck [ordinis].

splĕndŭī *s.* splĕndĕō *u.* splĕndēscō.

splēnĭātŭs 3 (splēnĭŭm) (*Ma.*) bepflastert [mentum].

splēnĭŭm, ī *n* (*Fw.* < σπλήνιον)

(*nkl.*) (Schönheits-)Pflästerchen.

Spōlētĭŭm, ī *n St. im südl. Umbrien, j.* Spoleto. — *Einw. u. adi.* **Spōlētīnŭs** (3).

spŏlĭārĭŭm, ī *n* (spŏlĭŭm) (*nkl.*) Umkleideraum *u.* Schindergrube (*im Amphitheater*); / Mördergrube.

spŏlĭātĭō, ōnis *f* (spŏlĭō) Beraubung, Plünderung [fani], *auch* (*pass.*) Verlust [omnium rerum]; / gewaltsame Entziehung, Raub [consulatūs].

spŏlĭātŏr, ōris *m* (spŏlĭō) Plünderer (alcis rei, *zB.* °templi).

spŏlĭātrīx, icis *f* (spŏlĭātŏr) Plünderin (*m. gen.*); Vamp [amica]; *adi.* räuberisch [Venus].

▶**spŏlĭō** 1. (*denom. v.* spŏlĭŭm) **1.** der Kleider berauben, entkleiden, *bsd.* dem erschlagenen Feind seine Rüstung nehmen (alqm, °corpus hostis, alqm °veste). **2.** / **a)** plündern, ausplündern (alqm *u.* alqd, *zB.* hominem, fana sociorum, Asiam); (*P.P.P.*) *adi.* **spŏlĭātŭs** 3 (*m. comp.*) armselig; *selten etw.* rauben, freventlich antasten [dignitatem alcis, alienam pudicitiam]; °*abs.* sich des Raubes bemächtigen; **b)** *jd. e-r Sache* berauben, *die ihn geehrt hat* (alqm re, *zB.* corpus hostis torque; *cf.* 1).

▶**spŏlĭŭm**, ī *n* (*cf.* σπολάς „abgezogenes Fell, Rock aus Tierfell") **1. a)** (*dcht.*) abgezogene *od.* abgelegte Haut *eines Tieres*, Fell [leonis, pecudis Widderfell]; **b)** *pl.* die dem erschlagenen Feind geraubte Rüstung (alcis *u.* °de alqo, *zB.* °caesorum hostium; °-a opima Ehrenrüstung, *die ein Feldherr nach siegreichem Zweikampf dem erschlagenen Anführer der Feinde abnahm*; -a hostium °legere *od.* detrahere). **2. a)** *übh.* Beute [hostium, classium = Schiffsschnäbel]; **b)** / α) Beute, Raub [sociorum den Bundesgenossen abgenommen, °nostra unser geraubtes Eigentum, °virginitatis]; β) Siegespreis.

spŏndă, ae *f* (*et. nicht geklärt*) (*dcht.*, *nkl.*) **1.** Bettstelle, Sofagestell. **2.** *übh.* Bett, Sofa; Orciniana Totenbahre.

spŏndālĭă (*od.* **spŏnd-aulĭă**), ōrum *n* (?) (*v.* σπονδαύλης, „Flötensänger beim Trankopfer"?) **1.** (*spätl.*) Opfergesang *m.* Flötenbegleitung. **2.** Liedeinlage *in der Tragödie.*

▶**spŏndĕō**, spŏpondī, spōnsŭm 2. (*cf. ablautend* σπένδω „bringe ein Trankopfer dar, verspreche") **1. a)** förmlich *u.* feierlich versprechen *od.* geloben, sich zu *etw.* verpflichten (*abs. od.* alqd *u.* alci alqd, *zB.* praemia, °fidem, °sponde omnia digna coeptis versprich dir ganz gewiß jede deinem Unternehmen entsprechende Belohnung; alqd de alqo; *m. a.c.i.*); (*P.P.P.*) *subst.* **spōnsŭm**, ī *n* Gelöbnis, Zusage = spōnsĭō; **b)** Bürge sein, sich verbürgen (*abs.*; pro alqo für jd., *zB.* pro multis; °alqd für *etw.*); **c)** (*vkl.*) (*eine Tochter*) verloben (alqam alci); *klass. nur* (*P.P.P.*) *subst.* α) **spōnsŭs**, ī *m* Verlobter (*pl.* °die Freier, *zB.* Penelopae); β) **spōnsă**, ae *f* die Verlobte, Braut (alcis); **d)** (*nkl.*) (weissagend) verheißen. **2.** (*nkl.*) (*v. Sachen*) versprechen = als gewiß erwarten lassen [id ingenium magnum virum spondebat; *m. a.c.i.*].

spŏndēŭs *u.* **-īŭs**, ī *m* (*Fw.* ⟨ σπονδεῖος, *eigtl.* „beim Trankopfer — σπονδή — verwendet") Spondeus (*Versfuß*: — —); *meton.* Gedicht in Spondeen.

spŏndȳlŭs, ī *m* (*Fw.* ⟨ σπόνδυλος) (*nkl.*) Klappmuschel.

spŏngĭă *u.* °**-ĕă**, ae *f* (*Lw.* ⟨ σπογγιά) Schwamm; / (*nkl.*) (schwammartiger) weicher Panzer.

spōns, spōntis *f*, *nur im gen. u. abl. sg. gebräuchlich, s.* spōntē.

spōnsă, ae *f s.* spŏndĕō.

spōnsālĭă, ōrŭm *u.* ĭŭm *n* (spōnsŭs, *P.P.P. v.* spŏndĕō) Verlobung [-a facere schließen]; *meton.* Verlobungsmahl [-a alci praebere]; (*spätl.*) Verlobungsgeschenke. *Cf.* V.-B. X.

spōnsĭō, ōnis *f* (spŏndĕō) **1.** Gelöbnis, feierliches Versprechen [voti]. **2.** (*bei zwei Parteien*) feierliche Verpflichtung: **a)** (*staatsrechtlich*) feierlicher Vertrag, persönliche Abmachung [°pacem non foedere, sed per sponsionem facere]; **b)** (*bei Privatprozessen*) Stipulation, gegenseitige Verpflichtung *der streitenden Parteien, der gewinnenden eine bestimmte Summe zu zahlen*, gerichtliche Wette [-nem facere cum alqo de re, alqm -ne lacessere auffordern zu, -nem *u.* -ne vincere den Prozeß gewinnen, -ne condemnari den Prozeß verlieren].

spōnsŏr, ōris *m* (spŏndĕō) Bürge (alcis für *jd.*, alcis rei *u.* de re für *etw.*).

spōnsŭm, ī *n s.* spŏndĕō.

spōnsŭs[1], ī *m s.* spŏndĕō.

spōnsŭs[2], ūs *m* (spŏndĕō) Bürgschaft (*selten*).

spōnsŭs[3] *P.P.P. v.* **spŏndĕō.**

spōntānĕŭs 3 (spōns) (*spätl.*) freiwillig, frei [mors].

▶**spōntē**, *abl. v.* *spōns, spōntis *f* Trieb, Reiz (*cf. nhd.* „Gespenst"; *eigtl.* „Verlockung"): **1.** (*nkl.*) *m. j-s* Zustimmung *od.* Erlaubnis (alcis, *zB.* principis). **2.** *klass. nur m. dem pron. poss.* meā, tuā, suā, nostrā, vestrā, (alienā), *unkl. auch alleinstehend*: **a)** aus eigenem Antrieb, *v.* selbst, freiwillig [quae facio, meo iudicio et mea sponte facio; / ignis sua sponte exstinguitur]; **b)** auf eigene Hand, ohne Hilfe *j-s* [nostra sponte cum hostibus bellavimus]; **c)** an *u.* für sich, schlechtweg [virtus sua sponte laudabilis est]; **d)** zuerst, ohne ein Beispiel vor sich zu haben [alqd sua sponte instituere].

spŏpōndī *s.* spŏndĕō.

spŏrtă, ae *f* (*Lw. aus* σπυρίδα, *acc. v.* σπυρίς *ds. unter etr. Vermittlung*) (*meist nkl.*) geflochtener Korb.

spŏrtĕllă, ae *f* (*demin. v.* spŏrtŭlă) **1.** (*nkl.*) = spŏrtŭlă. **2.** (*meton.*) *in Körbchen dargereichte* kalte Küche.

spŏrtŭlă, ae *f* (*demin. v.* spŏrtă) (*unkl.*) **1.** geflochtenes Körbchen. **2. a)** Speisekörbchen; **b)** Portion Essen *od.* Geldgeschenk im Wert *e-r* Mahlzeit, *später durch Geld ersetzt, daher* Geldgeschenk. **3.** / **a)** kurze Spiele; **b)** (*Ju.*) = τὸ ἀπὸ σπυρίδος δεῖπνον: Picknick; **c)** (*spätl.*) Geschenk; *bsd.* Gerichtssporteln.

S.P.Q.R. (*Abk.*) *s. Anhang.*

sprētŏr, ōris *m* (spĕrnō) (*dcht.*) Verächter (alcis).

sprētŭs *P.P.P. v.* **spĕrnō.**

sprēvī *s.* spĕrnō.

spŭī *s.* spŭō.

spūmă, ae *f* (*cf. ahd.* feim „Schaum", *nhd.* „abgefeimt"; *engl.* foam) **1.** Schaum, Gischt, *auch pl.* [°salis des Meeres, alqs -as in ore agit *j-m* steht der Schaum vor dem Mund]. **2.** (*dcht.*) *pl.* argenti Silberschaum *des silberhaltigen Bleis.* **3.** (*Ma.*) ~ caustica *s.* caustĭcŭs.

spūmēscō, — — 3. (*incoh. zu* spūmă) (*dcht.*) aufschäumen.

spūmĕŭs 3 (spūmă) (*dcht., nkl.*) schäumend, schaumbedeckt [unda, saxa].

spūmĭ-fĕr *u.* **-gĕr**, ĕră, ĕrŭm (spūmă; fĕrō, gĕrō) (*dcht.*) = spūmĕŭs.

▶**spūmō** 1. (*denom. v.* spūmă) (*dcht., nkl.*) **1.** (*intr.*) schäumen; *meist part. praes.* spūmāns schäumend [mel, aper]. **2.** (*trans.*) *m.* Schaum bedecken [saxa spumata].

spūmōsŭs 3 (spūmă) (*dcht., nkl.*) voll Schaum, schäumend.

spŭō, spŭī, spūtŭm 3. (*cf. ablautend nhd.* „speien") (*nkl., dcht.*) **1.** (*intr.*) speien, spucken. **2.** (*trans.*) *etw.* ausspeien (alqd).

spŭrcĭ-dĭcŭs 3 (spŭrcŭs, dīcō[2]) (*Pl.*) unflätig (redend).

spŭrcĭ-fĭcŭs 3 (spŭrcŭs, făcĭō) (*Pl.*) verunreinigend, unflätig.

spŭrcĭtĭă, ae *u.* **-tĭēs**, ēī *f* (spŭrcŭs) (*unkl.*) Unflätigkeit.

spŭrcō 1. (*denom. v.* spŭrcŭs) (*unkl.*) verunreinigen, besudeln [forum]; *klass. nur* (*P.P.P.*) *adi.* **spŭrcātŭs** 3 (*m. sup.*) / unflätig [helluo].

spŭrcŭs 3 (*m.* °*comp. u. sup.*; *adv.* **-ē**) (*eigtl.* „vermischt, unrein"; *vl. zu* spŭrĭŭs) **1.** (*unkl.*) schmutzig, schweinisch. **2.** / unflätig, gemein [homo, °meretrix, tempestas, -e perscribere alqd in unflätigen Ausdrücken].

Spŭrinnă, ae *f* (*röm. cogn., urspr. etr.*; *cf.* spŭrĭŭs) **1.** *ber. Haruspex, der Cäsar vor den Iden des März warnte.* **2.** *Dichter unter Otho.*

spŭrĭŭs 3 (*wohl etr. Fw.*) (*nkl., dcht.*) unehelich; *subst. m* Hurenkind (*v. unbekanntem Vater*), Bastard; *subst.* **-ĭŭm**, ī *n* (*Isid.*) weibliche Scham.

Spŭrĭŭs, ī *m röm. Vorname* (*abgek.* Sp.).

spūtātĭlĭcŭs 3 (*spūtātĭlis *zu* spūtō) (*Sisenna b. Ci.*) anspeienswert; / verabscheuungswürdig [crimina].

spūtātŏr, ōris *m* (spūtō) (*Pl.*) Spucker.

spūtō 1. (*intens. v.* spŭō) (*vkl., dcht.*) **1.** ausspeien (alqd). **2.** bespucken [qui sputatur morbus Epilepsie, *die man durch Bespucken heilen zu können glaubte*].

spūtŭm, ī *n* (*eigtl. P.P.P. n v.* spŭō) (*nkl., dcht.*) ausgeworfener Speichel, Auswurf.

spūtŭs *P.P.P. v.* spŭō.

squālĕō, —— 2. (*denom. v. altl.* squālŭs 3 „schmutzig"; *et. unklar; nach den Alten zu* squā-mă „Schuppe") **1.** (*dcht., nkl.*) **a)** rauh, schuppig sein [terga lacerti]; **b)** *m. etw. wie m. einer Kruste* überzogen sein, *v. etw.* starren *od.* strotzen, *zB.* corpus tabo, humus serpentibus wimmelt. **2.** / **a)** (*unkl.*) *v.* Schmutz starren, ungepflegt sein [barba, coma]; **b)** in Trauerkleidung gehen, trauern [civitas]; **c)** (*dcht., nkl.*) (*v. Örtlichkeiten*) wüst *od.* öde liegen [arva, litus].

squālĭdŭs 3 (*m. comp. u.* °*sup.*; *adv.* **-ē**) (squālĕō) **1. a)** (*vkl., dcht.*) starrend, strotzend [membra]; **b)** / (*v. d. Rede*) rauh, trocken [oratio]. **2.** (*unkl.*) **a)** *v.* Schmutz starrend, unsauber [corpus, vestis]; **b)** in Trauerkleidung [reus]; **c)** wüst, unwirtlich [humus].

squālŏr, ōrĭs *m* (squālĕō) **1.** (*dcht., nkl.*) das Starren, Rauheit. **2.** Schmutz, Unsauberkeit [homo -oris plenus]. **3. a)** Trauerkleidung [-rem deponere, in -re esse]; *meton.* Trauer, Elend [maximus; alcis, *zB.* patris]; **b)** (*nkl.*) Unwirtlichkeit [locorum].

squālŭs[1] 3 *s.* squālĕō.

squălŭs[2], ī *m* (*et. ungeklärt*) (*unkl.*) größerer Seefisch.

squāmă, ae *f* (*cf.* squālŭs[1]) **1. a)** Schuppe, *bsd. der Fische u. Schlangen*; **b)** (*Ju.*) Fisch. **2.** *pl.* (*Ve.*) Schuppenpanzer.

squāmĕŭs 3 (squāmă) (*nkl.*) schuppig [anguis].

squāmĭ-fĕr *u.* **-gĕr,** ĕră, ĕrŭm (squāmă; fĕrō, gĕrō) (*dcht.*) schuppig [piscis]; *subst.* **-gĕrī,** ōrŭm *u.* ŭm *m* Fische.

squāmōsŭs 3 (squāmă) (*dcht.*) schuppig; / (*spätl.*) thorax ~ Schuppenpanzer.

squillă, ae *f* = scĭllă.

st! *int.* (*Schallwort*) still! pst!

*****s.t.** (*Abk.*) = sĭnĕ tĕmpŏrĕ; *s.* sĭnĕ.

Stăbĭae, ārŭm *f alte osk. St. in Kampanien, im Bundesgenossenkrieg zerstört u. wieder aufgebaut, 79 n. Chr. durch den Ausbruch des Vesuvs verschüttet; danach erneut aufgebaut, ber. als Milchkurort.* — *adi.* **Stăbĭānŭs** 3 (*subst.* **-ŭm,** ī *n* Landgut bei Stabiä).

stăbĭlimĕn, ĭnĭs *n* (*dcht.*) *u.* **-mĕntŭm,** ī *n* (*vkl., nkl.*) (stăbĭlĭō) Befestigung(smittel), Stütze.

stăbĭlĭō 4. (stăbĭlĭs) **1.** befestigen [stipites]. **2.** / aufrecht erhalten, sichern [libertatem, leges].

▶**stăbĭlĭs,** ĕ (*m.* °*comp. u. sup.*; *adv.* °**-ĭtĕr**) (stō) **1. a)** feststehend, fest [°agmen peditum, °gradus, °pugna in Reih *u.* Glied; / °spondei *v.* schwerem Gewicht]; **b)** zum Stehen geeignet, festen Stand gewährend [via, solum]. **2.** / standhaft, zuverlässig, dauerhaft, unerschütterlich, *v. Pers. u. Sachen* [amicus, animus, voluptas]; stabile est *m. a.c.i.* (*Pl.*) es ist fest beschlossen.

stăbĭlĭtās, ātĭs *f* (stăbĭlĭs) **1.** das Feststehen [peditum]. **2.** / Festigkeit, Dauer [amicitiae].

stăbĭlītŏr, ōrĭs *m* (stăbĭlĭō) (*Se.*) Befestiger.

stăbŭlārĭŭs, ī *m* (stăbŭlŭm) (*nkl.*) Gastwirt.

stăbŭlŏr *u.* **-lō** 1. (*denom. v.* stăbŭlŭm) (*unkl.*) **1.** im Stall stehen, *v. Tieren* [pecudes in antris]. **2.** / sich irgendwo aufhalten, lagern, *auch v. Menschen* [unā beisammen].

▶**stăbŭlŭm,** ī *n* (stō) **1.** (*Pl.*) Standort, Aufenthaltsort, *v. Tieren, selten v. Menschen, dcht. oft pl.* [alta ferarum]. **2. a)** Stall, *auch dcht.* Hürde, Weideplatz, *pl.* Viehhof, Gehöft, *auch als Aufenthalt der Hirten*; **b)** (*Ma.*) Herde, Koppel. **3. a)** Ausspann, Kneipe, Gasthaus; **b)** Bordell; / (*vkl., nkl.*) *als Schimpfwort.*

stăctă, ae *u.* **-tē,** ēs *f* (*Fw.* ‹ στακτή) (*unkl.*) Myrrhensaft, -harz.

▶**stădĭŭm,** ī *n* (*Fw.* ‹ στάδιον) **1.** Stadion *als griech. Maßeinheit* = *etwa* 190 m. **2.** Rennbahn, Laufbahn [-um currere; *auch* / Wettstreit, *zB.* laudis].
F. *gen. pl.* stădĭōrŭm *u.* stădĭŭm (*cf.* V.-B. VI, 1).

Stăgīră, ōrŭm *n* (Στάγειρος, -γειρα *od.* -γίρα) *St. der Chaldike, Geburtsort des Aristoteles; Einw.* **Stăgīrītēs,** ae *m* Stagirit, *meist* = Aristoteles. (*Cf.* V.-B. I, 2).

stāgnō 1 (*denom. v.* stāgnŭm[1]) (*nkl., dcht.*) e-n Teich machen: **1.** *intr.* **a)** (*v. Gewässern*) übertreten [mare, Nilus]; **b)** (*v. Örtlichkeiten*) unter Wasser stehen [moenia]. **2.** *trans.* **a)** überschwemmen [plana urbis]; **b)** das Wasser zum Stehen bringen, aufhalten. **3.** (*Iust.*) **a)** starr *od.* fest machen; **b)** / sichern, einen Rückhalt schaffen [se adversus insidias].

▶**stāgnŭm**[1], ī *n* (*cf.* στάζω „tröpfeln", stăctă; *also eigtl.* „Tropfendes"; *nicht als „stehendes Gewässer" zu* stō!) **1.** (*unkl.*) durch Überschwemmung entstandenes Gewässer: See, Teich, Pfuhl. **2.** (*dcht., nkl.*) **a)** künstlich angelegter Teich, Bassin [calidae aquae zum Baden, navale]; **b)** langsam fließendes Gewässer [Cocyti, Phrixeae sororis = Hellespont]; *pl. auch* Meer [maxima Nerei].

stăgnŭm[2], ī *n* (— *vl. kelt.* — *Lw.*) (*nkl.*) silberhaltiges Blei, Werkblei.

stălāgmĭŭm, ī *n* (*Fw.* ‹ σταλάγμιον) (*Com.*) Ohrgehänge in Tropfenform.

stāmĕn, ĭnĭs *n* (stō) (*dcht., nkl.*) **1.** Grundfaden *od.* -fäden (*am aufrechtstehenden antiken Webstuhl*), Kette, Zettel. **2.** / **a)** Faden *an der Spindel* [-ina nere *od.* manu ducere, digitis torquere spinnen]; **b)** Schicksalsfaden *der Parzen,* Lebensfaden; **c)** Spinnfaden [araneae]; **d)** Saite e-s Instruments; **e)** = īnfŭlă.

stāmĭnĕŭs 3 (stāmĕn) (*dcht., nkl.*) voller Fäden.

stānnŭm, ī *n schlechte Schreibung für* stāgnŭm[2]; *hierauf geht das zunächst als „Stagnol" bezeugte Fw. „Stanniol" (Aluminiumfolie) zurück.*

*****stante pede** *s.* stō.

stārĕ *s.* stō.

Stătă mātĕr (*zu* sĭstō) *Genossin des Volcanus, Schutzgöttin der Straßen.*

stătārĭŭs 3 (*Weiterbildung v.* stătŭm *zu* stō) **1.** (*nkl.*) feststehend [miles in Reih *u.* Glied kämpfend]. **2.** / ruhig, leidenschaftslos [°comoedia Charakterkomödie]; *subst. m* Schauspieler in einer Charakterkomödie.

stătēr, ērĭs *m* (*Fw.* ‹ στατήρ *eigtl.* „der Wieger"; *cf.* stătŏr) (*spätl.*) *urspr. Gewicht (att. Goldstater* = *8,6 g), dann Goldmünze, Hauptvaluta im hellenistischen Welthandel.*

stătēră, ae *f* (*Lw.* ‹ στατῆρα, *acc. v.* στατήρ) Waage [aurificis Goldwaage, *auch* /].

stătĭcŭlŭs, ī *m* (*demin. v.* stătŭs[2]) (*vkl.*) ruhiger Tanz.

▶**stătĭm** *adv.* (*erstarrter acc. v.* *stătĭs „das Stehen"; stō) **1.** (*Pl.*) feststehend. **2.** / **a)** (*Com., nkl.*) beständig, regelmäßig; **b)** auf der Stelle, sogleich (~ ut *u.* ~ simulac sobald als).

▶**stătĭō,** ōnĭs *f* (stō) **1.** (*dcht., nkl.*) das Stillstehen, Stellung; Fechterstellung. **2.** *meton.* Standort, Aufenthalt(sort) [in arce Athenis ~ mea nunc placet]; *prägn.* °richtige Stelle *od.* Lage [comas in -ne ponere]. **3.** *mil.* **a)** Posten, Wache [in -ne esse Posten *od.* Wache stehen, alqm in -ne ponere, in -nem succedere die Wache ablösen, tempus -nibus terere durch Wachestehen; praesidium et -o Sicherheitsposten; / de praesidio et -ne vitae decedere; in -ne manere auf Wache bleiben, °/ wachen, aufpassen]; **b)** *meton.* Wachmannschaft, Truppenabteilung auf Wache [equitum, sine -nibus esse]; **c)** (*meist nkl., dcht.*) Standort, Quartier. **4.** Ankerplatz, Reede [°tuta, -nem nancisci]. **5.** (*nkl.*) öffentlicher Platz. **6.** (*nkl.*) Stellung *im Staatsdienst.* — **Wallfahrtsstation; Station *der Prozession.*

Stătĭŭs, ī *m röm. cogn.*: P. Pāpĭnĭŭs ~, *röm. Dichter unter Domitian,* † *um 96 n. Chr.* (*Epos*: Thēbāĭs *s.* Thēbae).

stătīvŭs 3 (*Erweiterung v.* stătŭs *zu* stō) (fest)stehend [praesidium ausgestellter Posten, castra Standlager]; *subst.* **stătīvă,** ōrŭm *n* Standlager *e-s Heeres* [-a ponere *u.* °locare].

stătŏr, ōrĭs *m* (stō, sĭstō) **1.** Amtsgehilfe *des Prokonsuls.* **2.** ♀ **a)** „der (*die weichenden Truppen*) zum Stehen bringt"; **b)** / Erhalter, *Beiname Jupiters* [huius urbis atque imperi].

▶**stătŭă,** ae *f* (stătŭs[2]) Standbild, Bildsäule, Statue (alcis, *zB.* Caesaris, -am alci facere *u.* ponere, statuere, constituere).

stătŭārĭŭs, ī *m* (stătŭă) (*nkl.*) Bildgießer, Bildhauer.

stătūmĕn, ĭnĭs *n* (stătŭō) Stütze, Schiffsrippe.

▶**stătŭō,** ŭī, ūtŭm 3. (*denom. v.* stătŭs[2]) **1. a)** fest hinstellen, aufstellen, feststellen (alqm *u.* alqd, *zB.* captivos ante alcis oculos, °crateras, °arborem agro pflanzen auf; / exemplum in alqm *u.* in alqo ein Exempel gegen *jd. od.* an *jd.*

statuieren); **b)** errichten, erbauen, aufführen, gründen [*tropaeum, statuam, / regnum*]. **2.** / **a)** festsetzen, anordnen, entscheiden (*alqd u. alci alqd, zB. locum, sibi finem consilii, tempus colloquio, diem comitiis,* °*alqm* regem einsetzen als; *m. ut, ne*); **b)** richterlich beschließen, das Urteil fällen (*alqd, zB. aliquid gravius in alqm,* °*exilium in reum; de alqo u. de re, zB. de capite civis,* °*de se* = sich das Leben nehmen; *in u. contra alqm*); **c)** *übh.* beschließen, sich vornehmen [°*apud animum suum od. cum animo* bei sich; *m. inf.*, *selten m. ut, ne, auch m. a.c.i. gerund.*; *m. indir. Frages.*]; **d)** fest glauben, dafürhalten [*sic statuo et iudico; m. a.c.i.*; *auch sibi statuere* sich als gewiß vorstellen].

▶**stătūră**, *ae f* (*stō*) Statur, Wuchs (*alcis, corporis*).

stătŭs[1] 3 *s. sistō.*

▶**stătŭs**[2], *ūs m* (*stō*) **1. a)** das Stehen, Stand [~ *et incessus*]; **b)** (*meton.*) Art des Stehens, Positur [*erectus,* °*illo statu sibi statuam fieri voluit*]; *bsd. eines Kämpfenden od. Fechtenden, auch concr.* [*hostem -u movere, alqm de -u movere* aus der Fassung bringen]. **2.** / **a)** Zustand, Lage, Verfassung, Beschaffenheit [*caeli, mundi, civitatis, res hoc -u est* steht so, *in pristinum -um redire od. alqm restituere; auch pl., zB. omnes vitae -us* Stellungen, Rechte]; **b)** (*prägn.*) sichere Stellung, Wohlstand [*civitatis, mearum fortunarum*]; **c)** bürgerliche Stellung, Rang [*familiarum, dignitatis* Stufe der Ehre]; **d)** (*jur. u. rhet.*) *status causae* Stand der Sache *od.* des Streitpunktes; **e)** (*gramm. t.t.*) (*Qu.*) Verbform, Modus. — ****status nascendi* Entstehungszustand; ~ *quo* gegenwärtiger Zustand; ~ *quo ante* früherer Zustand.

stătūtŭs[1] *P.P.P. v. stătŭō.*

stătūtŭs[2] 3 (*eigtl. P.P.P. v. stătŭō*) (*Pl.*) stämmig.

stĕgă, *ae f* (*Fw.* ‹ στέγη) (*Pl.*) Verdeck.

stēlă, *ae f* (*Fw.* ‹ στήλη) (*vkl., nkl.*) Pfeiler, Säule, Stele; *bsd.* Grabsäule.

stēlĭō, *ōnĭs m* = *stēllĭō.*

▶**stēllă**, *ae f* (‹ **stēr-lā*; *cf.* ἀ-στήρ) **1.** Stern [*crinita, errans, Iovis*]; / (*dcht.*) = schönes Mädchen. **2.** (*dcht.*) **a)** Gestirn, Sternbild [*leonis*]; **b)** Sonne. — (*Isid.*) *stella maris Beiname der Mutter Maria.*

stēllāns, *āntĭs* (*stēllō*) (*dcht.*) **1.** blitzend [*gemma*]. **2.** gestirnt [*caelum*].

stēllātŭs 3 (*stēllō*) **1.** (*Ov.*) **a)** gestirnt [*Argus m.* glänzenden Augen übersät]; **b)** unter die Sterne versetzt. **2.** (*dcht., nkl.*) blitzend, glänzend [*ensis*].

stēllĭ-fĕr, *fĕră, fĕrŭm* (*stēllă, fĕrō*) gestirnt [*cursus*].

stēllĭō, *ōnĭs m* (*stēllă*) (*dcht., nkl.*) Sterneidechse.

stĕmmă, *ătĭs n* (*Fw.* ‹ στέμμα) (*nkl., dcht.*) **1.** Kranz (*bsd. als Schmuck der Ahnenbilder*). **2.** / Stammbaum, Ahnenreihe. — **Kopfbinde, Krone.

stĕrcŏrĕŭs 3 (*stĕrcŭs*) (*Pl.*) mistig, schmutzig.

stĕrcŏrō 1. (*denom. v. stĕrcŭs*) düngen [*agrum*].

stĕrcŏrōsŭs 3 (*m. sup.*) (*stĕrcŭs*) (*vkl., nkl.*) mistig, kotig.

stĕrcŭlīn(ĭ)ŭm, *ī n* (*stĕrcŭs*) (*unkl.*) Misthaufen; *auch als Schimpfwort.*

stĕrcŭs, *ŏrĭs n* (*cf. nhd.* „Dreck") Mist, Dünger, Exkremente *v. Menschen u. Tieren*; / *auch Schimpfwort.*

▶**stĕrĭlĭs**, *ĕ* (*cf.* στεῖρα [‹ *στέρ̯ja] βοῦς „unfruchtbare Kuh", *nhd.* „Sterke", *d. i. junge Kuh, die noch nicht gekalbt hat*) **1.** (*pass.*) **a)** (*dcht., nkl.*) unfruchtbar [*mulier, vir* Eunuch, *vacca, ager*]; **b)** / unergiebig, ertraglos, leer [*Februarius* keine Geschenke bringend, °*amor* unerwidert; °*alcis rei u.* °*re* ohne *etw., zB. saeculum virtutum -e*]. **2.** (*act.*) (*dcht.*) unfruchtbar machend [*robigo* dürrer Brand, *hiems*].

stĕrĭlĭtās, *ātĭs f* (*stĕrĭlĭs*) **1.** Unfruchtbarkeit [*agri*]. **2.** (*abs.*) (*nkl.*) Mißwachs.

stĕrnāx, *ācĭs* (*cōn-stĕrnō*[1]) (*dcht.*) sich bäumend, störrisch [*equus*].

> **sternō**
> **1. a)** auf den Boden ausbreiten, hinstrecken; **b)** *gewaltsam* niederwerfen; **c)** ebnen, glätten; (*Weg*) pflastern; **2. a)** bestreuen, bedecken; **b)** (*Tische m. Decken*) belegen; **c)** (*Pferde*) satteln.

stĕrnō, *strāvī, strātŭm* 3. (*zu* στόρνυμι, στορέννυμι „breite aus", *strŭō, nhd.* „streuen") **1. a)** (*nkl., dcht.*) auf den Boden ausbreiten *od.* hinstreuen, hinstrecken, niederlegen (*alqd, zB. vestem, torum, arenam, corpora passim, pontes super asseres* schlagen); *bsd.* (*auch klass.*) *se sternere u. mediopass. sterni* hinsinken, sich lagern [*passim ferarum ritu,* °*somno* zum Schlafe], *P.P.P. stratus* (*auch klass.*) liegend [*humi, ad pedes alcis,* (*dcht.*) *m. griech. acc., zB. membra sub arbuto stratus*]; **b)** (*nkl., dcht.*) (*gewaltsam od. feindl.*) niederwerfen, zu Boden strecken (*alqd, zB. trabes, muros ariete, silvas dolabris* fällen, *Troiam a culmine* stürzen, *torrens sata sternit* schwemmt fort); *auch jd.* niederhauen (*alqm, zB. hostes caede, alqm iaculo od. impetu*; / *ventos deproeliantes* beruhigen); / entmutigen, *auch* ins Unglück stürzen, vernichten [*mortalia corda, Thyestem exitio gravi*]; **c)** (*Rauhes*) ebnen, (*Unebenes*) glätten [°*aequora* das wogende Meer, / °*odia militum* besänftigen]; *bsd.* (*Wege*) pflastern [°*viam, locum sternendum locare* die Pflasterung verdingen]; *subst.* **strātă**, *ae f* (*nkl.*) gepflasterte Straße = (*Ve.*) *strata viarum.* **2. a)** (*nkl., dcht.*) bestreuen, bedecken (*alqd, zB. terram; meist alqd re, zB. nemus foliis, campos sarcinis, naves od. maria pontibus* überbrücken, *triclinia argento* besetzen *m.*); **b)** (*Tische, Lagerstätten u.ä.*) *m.* Decken *od.* Polstern belegen, zurechtmachen [*mensam, lectulos pelliculis*]; **c)** (*nkl.*) (*Pferde*) satteln [*equum, equi strati* gesattelte].

stĕrnŭmĕntŭm, *ī n* (*-nŭ-?*; *stĕrnŭō*) das Niesen.

stĕrnŭō, *ŭī,* — 3. (*zu* πτάρνυμαι *ds.*; *Schallwurzel* *pster-) (*unkl.*) **1.** (*intr.*) niesen; / knistern [*lumen*]. **2.** (*trans.*) niesend geben [*omen alci*].

stĕrnŭtāmĕntŭm, *ī n* (°*stĕrnūtō* 1. *intens. v. stĕrnŭō*) (*nkl.*) das Niesen.

stĕrquĭlīn(ĭ)ŭm, *ī n* = *stĕrcŭlīn(ĭ)ŭm.*

stĕrtō, — — 3. (*wohl zu stĕrnŭō*) schnarchen.

Stēsĭchŏrŭs, *ī m* (Στησίχορος) *ber. Chorlyriker aus Himera in Sizilien* (*etwa 640—550 v. Chr.*).

stĕtī *s. stō u. sĭstō.*

stĭbădĭŭm, *ī n* (*Fw.* ‹ στιβάδιον) (*nkl.*) halbkreisförmiges Speisesofa, Marmorbank; *auch pl.*

stĭgmă, *ătĭs n* (*Fw.* ‹ στίγμα) (*nkl., dcht.*) **1.** Brandmal; / Beschimpfung. **2.** Schnitt *e-s ungeschickten Barbiers.* — **Wundmal (*Christi*). *Cf.* V.-B. III, 6.

stĭgmătĭās, *ae m* (*Fw.* ‹ στιγματίας) gebrandmarkter Sklave.

stĭgmōsŭs 3 (*stĭgmă*) (*nkl.*) gebrandmarkt.

stīllă, *ae f* (*-ī-?*) (*demin. v. stīrĭă*) **1.** Tropfen *einer Flüssigkeit* [*muriae*]. **2.** / (*Ma.*) ein bißchen.

stīllārĭŭm, *ī n* (*stī-?*; *stīllă*) (*Se.*) Tropfengabe = kleines Trinkgeld.

stīllĭ-cĭdĭŭm, *ī n* (*stī-?*) (*stīllă, cădō*) **1.** (*unkl.*) der herabfallende Tropfen. **2.** Dachrinne.

stīllō 1. (*-ī-?*; *denom. v. stīllă*) **1.** *intr.* **a)** träufeln, triefen [*pugio stillans* vom Blut, °*mella de ilice stillant*]; **b)** / (*Se.*) (*v. der Rede*) tropfenweise fließen. **2.** (*trans.*) **a)** (*dcht., nkl.*) tropfen lassen, vergießen [*rorem ex oculis*]; *mediopass.* herabtropfen; / **b)** *quiddam animulae* die Lebensgeister *etw.* auffrischen; **c)** (*Ju.*) *in aurem* einflüstern.

stĭlŭs, *ī m* (*eigtl.* „spitzer Pfahl"; *cf. stī-mŭlŭs*) **1.** *pl.* (*nkl.*) = *stĭmŭlŭs* 1a. **2. a)** Schreibstift, Griffel *v. Metall od. Horn zum Schreiben in Wachs, an dem einen Ende spitz, an dem anderen Ende breit zur neuen Glättung des Wachses* [*-um vertere* ausstreichen, verbessern]; / = Feder [*paene Atticus*]; **b)** *meton.* **α)** vieles Schreiben, Übung im Schreiben [~ *optimus est dicendi effector*]; **β)** Schreibart, Stil *od.* Sprache *e-s Schriftstellers* [°*maior,* °*dissimilis*].

stĭmŭlātĭō, *ōnĭs f* (*stĭmŭlō*) (*nkl.*) Reiz, Sporn.

stĭmŭlātrīx, *īcĭs f* (°*stĭmŭlātŏr* „Anstifter"; *stĭmŭlō*) (*Pl., spätl.*) Hetzerin.

stĭmŭlĕŭs 3 (*stĭmŭlŭs*) (*Pl.*) mit dem *stimulus* vollzogen [*supplicium*].

▶**stĭmŭlō** 1. (*denom. v. stĭmŭlŭs*) **1.** (*dcht., nkl.*) *m.* dem *stimulus* antreiben. **2.** / **a)** quälen, beunruhigen, ängstigen [°*cura od. scrupulus od. conscientia alqm* *stimulat*]; **b**) anspornen, antreiben (*alqm od. animum alcis, alqm ad u.* °*in alqd* zu *etw., zB.* °*ad arma,* °*in proelium; alqm in alqm jd.* gegen *jd.*; *m.* ut, ne; *m.* °*inf.*).

stimŭlŭs, *ī m* (**stĭ-mŏs* „spitzig"; *cf. stĭ-lŭs*) **1.** Stachel: **a**) (*mil. t.t.*) *pl.* kleine oben *m.* eisernen Haken versehenen Pfähle, Fußangeln; **b**) Stachel(peitsche) *zum Antreiben der Zugtiere u. zur Bestrafung der Sklaven* [*alqm -is fodere,* °*-is parcere*]. **2.** / **a**) Qual, Pein, Unruhe, *meist pl.* [*doloris, amoris* Eifersucht, °*Bacchi* Wut, Raserei]; **b**) Sporn, Antrieb, Reiz [*acerrimus, -os alci admovere; alcis rei e-r* Sache *od.* zu *etw., zB. aeris alieni, laboris, animum -is gloriae concitare*].

stinguō, —— 3. (*eigtl.* „stechen", *nur in Komposita erhalten; cf. instīgō*) (*vkl., dcht.*) (*m. spitzen Feuerhaken*) ausstechen, *d. h.* (aus-)löschen; P. verlöschen.

stīpātĭō, *ōnĭs f* (*stīpō*) **1.** (*vkl., nkl.*) das Zusammendrängen. **2.** *meton.* Gefolge (*alcis*).

stīpātŏr, *ōrĭs m* (*stīpō*) ständiger Begleiter, Leibwächter, Trabant (*alcis, -res Venerii*); *verächtlich* = Bedienter; *pl.* Gefolge.

stīpĕndĭārĭŭs 3 (*u. stīp-?*) (*stīpĕndĭŭm*) **1.** (*nkl.*) um Sold dienend [*cohors*]; *subst. m* Söldner. **2.** steuerpflichtig, tributpflichtig [*civitas, vectigal* jährliche Kontribution; *alci j-m, zB. Persis*); *auch subst. m* (*alcis, zB. Aeduorum*).

▶ **stī-** *u.* **stīpĕndĭŭm,** *ī n* (⟨ **stīp[ĭ]-pĕndĭŏm v. stĭps u. pĕndō*) **1. a**) Sold, Löhnung *der Soldaten* = *aes mīlĭtārĕ* [°*trium mensium, -um militibus dare od. numerare u. persolvere, -a merere* Soldat sein, dienen, °*primum -um merere*]; *selten* = Einkünfte, Unterhalt [°*-um de publico statuere alci*], *auch* Soldwesen [*sociorum et Latinorum*]; **b**) (*meton.*) **α**) Kriegsdienst, kriegerische Laufbahn, *auch pl.* [°*homo nullius -i, finis -i, -a* °*facere* leisten]; / (*nkl.*) *übh.* Dienst [*-a alci debere*]; **β**) einzelnes Kriegs-, Dienstjahr, Feldzug [°*milites plurimorum -orum, -a conficere u. emereri* seine Jahre abdienen]. **2. a**) Steuer, Abgabe, Tribut, Kontribution, *bsd. die den Provinzen auferlegten regelmäßigen* Steuern [*-um capere,* °*pendere, imperare alci,* °*-o alqm multare*]; *auch* (*nkl.*) Geldbeitrag [*belli* für den Krieg]; **b**) / (*dcht.*) Strafe, Buße [*dira -a alci ferre*]. — **Gewinn; ***Geldbeihilfe (*für Studenten*).

stīpĕs, *ĭtĭs m* (*cf. stīpō, nhd.* „steif") **1.** dicker Pfahl, Stange. **2.** (*dcht., nkl.*) **a**) Baum(stamm); Zweig; **b**) Holzklotz, Scheit; **c**) Keule [*-te niti*]. **3.** / Tölpel.

stīpō 1. (*cf.* στῖφος „dichter Haufe", στιφρός „dicht, fest") **1.** dicht zusammendrängen, -stopfen, -pressen [*Graecos quinos in lectis,* °*phalangem,* °*Platona Menandro* die Schriften Platos *m.* denen des M. zusammenpacken]. **2.** (*dcht., nkl.*) vollstopfen = gedrängt füllen [*curiam patribus, pontes impedimentis*]. **3.** / *jd.* dicht umgeben *od.* umringen (*alqm u. alqm re, zB. senatum armatis, stipatus gregibus amicorum*).

stĭps, *stĭpĭs f* (*cf. stĭpŭlă, stĭpŭlŏr, doch ist Grundbedeutung u. Bedeutungsentwicklung nicht geklärt*) **1.** Geldbeitrag, Gabe, Spende [°*stipem colligere u.* °*alci conferre*]; *bsd.* Almosen [°*stipem cogere, tollere* das Betteln abschaffen]. **2.** / (*nkl.*) Ertrag, Lohn, Gewinn [*exigua*]. — *gen. pl. stĭpĭŭm.*

stĭpŭlă, *ae f* (*cf. stĭps*) (*vkl., dcht.*) **1. a**) Halm, *bsd.* Strohhalm [*viridis*]; **b**) Stoppel [*-am urere*]. **2.** *meton.* **a**) *pl.* Stroh [*domum -is tegere*]; **b**) (*verächtlich*) Rohrpfeife.

stĭpŭlātĭō, *ōnĭs f* (*stĭpŭlŏr*) (*jur. t.t.*) **1.** förmliche Anfrage, ob *jd.* zu einer Stipulation bereit ist. **2.** Stipulation, *d. h.* Handgelöbnis, mündlicher Vertrag [*pecuniam ex -ne debere*].

stĭpŭlātĭŭncŭlă, *ae f* (*demin. v. stĭpŭlātĭō*) geringfügige Stipulation, Abmachung, erbärmlicher Kontrakt.

stĭpŭlātŏr, *ōrĭs m* (*stĭpŭlŏr*) (*nkl.*) Gläubiger (*auf Grund e-r Stipulation*).

stĭpŭlātŭs, *ūs m* (*stĭpŭlŏr*) (*nkl.*) die verlangte Stipulation.

stĭpŭlŏr 1. (*vl. denom. v.* **stĭpŭlŭs* „fest"; *cf. stĭps*) sich *etw.* förmlich angeloben lassen *od.* ausbedingen; *part. pf. stĭpŭlātŭs auch pass.* [*pecunia -a est*].

stīrĭă, *ae f* (*cf. altnordisch* stira „erstarren") (*dcht., nkl.*) Eiszapfen.

stīrpēs *u.* **stīrpĭs,** *ĭs f* (*nkl.*) *s. stīrps.*

stīrpĭtŭs *adv.* (*stīrps*) *m.* Stumpf *u.* Stiel, gänzlich [*errorem* ~ *extrahere*].

▶ **stīrps,** (*nkl.*) **stīrpēs** *u.* **-ĭs,** *stīrpĭs f* (*u.* ° *m*) (*et. ungedeutet*) **1. a**) Wurzelstock, Wurzel nebst Stammende [*arbores per stirpes suas aluntur*]; *übh.* (*nkl.*) Stamm *e-s Baumes,* (*dcht., nkl.*) *auch* Zweig; **b**) *übh.* Pflanze, *pl.* Pflanzenreich; *bsd.* Staude, Strauch, Baum, *auch* °Setzling; (*dcht.*) Haarwurzel. **2.** / **a**) Wurzel *od.* Stamm [*stirpem hominum sceleratorum interficere* die ruchlose Bande *m.* Stumpf *u.* Stiel ausrotten]; °*a stirpe u. cum stirpe m.* Stumpf *u.* Stiel = bis auf den letzten Mann [*interire, exstinguere*]; **b**) Familie, Geschlecht [*Herculis,* °~ *in Alexandro exstincta*]; *übh.* Herkunft, Abkunft [°*generosa,* °*divina;* °*a stirpe auch v.* Haus aus]. **3. a**) Wurzel, Ursprung, *auch* Grundlage [*omnium malorum, virtutis, iuris*]; **b**) ursprüngliche Beschaffenheit. **4.** Nachkommenschaft, (*dcht., nkl.*) *auch* ein einzelner Nachkomme, Sprößling [*regia, Achillea* = Neoptolemos, *Philippi* Enkel, *stirps alci deest*]. F. *gen. pl. stīrpĭŭm.*

stĭtī *s. sĭstō.*

stīvă, *ae f* (*et. ungedeutet*) der Pflugsterz.

stlātă *od.* **stlāttă,** *ae f* (*cf. lātŭs*[2]) (*nkl., dcht.*) Kauffahrteischiff; Kreuzer.

stlātārĭŭs *od.* **stlāttārĭŭs** 3 (*stlātă*) (*dcht.*) zu Schiff eingeführt, kostbar.

stlīs *altl.* = *līs.*

stlŏcŭs (*altl.*) = *lŏcŭs.*

> **stō**
> **1. a**) (da)stehen; **b**) (*Truppen*) aufgestellt sein; **c**) (*Schiff*) vor Anker liegen; **d**) (*Diener*) aufwarten; **e**) emporragen; **f**) zum Verkauf stehen; **g**) *m. abl. u. gen. pretii* kosten; **h**) auf *j-s* Seite stehen; **i**) auf *etw.* beruhen; **2. a**) stehenbleiben, stillstehen; **b**) (*Geschoß*) steckenbleiben; **c**) untätig dastehen, zögern; **d**) aufhören; **3. a**) feststehen; **b**) *mil.* standhalten; **c**) bestehen, fortdauern; **d**) bei *etw.* beharren; **e**) Beifall finden; **f**) fest, bestimmt, beschlossen sein.

stō, *stĕtī,* (*stătūrŭs*), *stătŭm* (⟨ **stăjō; cf.* ἵστημι, *nhd.* „stehen") **1. a**) (da)stehen, aufrecht stehen [*homo, statuae; m. praed. adi., zB. propior, armatus; m. adv., zB. prope, procul; m. prp., zB. ad ianuam, in scaena,* / °*in limine victoriae*]; **b**) (*nkl., dcht.*) (*v. Truppen*) aufgestellt sein [*eo loco, a tergo, ante signa*]; **c**) (*v. Schiffen*) vor Anker liegen [°*in Strymone,* °*in ancoris ad ostium portus,* °*litore*]; **d**) (*v. Dienern*) (*unkl.*) aufwarten; **e**) (*dcht.*) emporstehen, -ragen, -starren [*comae, aristae*]; (*sexuell*) [*mentula*]; *auch v. etw.* starren (*re, zB. Soracte nive, lumina flammā* glühen, *vires robore* strotzen *v.* Kraft); **f**) (*unkl.*) (*v. Waren u. Dirnen*) zum Verkauf stehen [*in fornice, stat meretrix certo cuivis mercabilis aere*]; **g**) *m. abl. u. gen. pretii* zu stehen kommen, kosten (*alci* °*centum talentis, magno, pluris, auch gratis* nichts kosten; *auch* [*Ma.*] *zweideutig* [e, g]; / °*victoria alci multo sanguine ac vulneribus*); **h**) auf *j-s* Seite stehen, *j-m* anhängen, *auch* / (*cum u. ab alqo od. a re, zB.* °*nobiscum,* °*fortuna cum barbaris stabat, ab adversariis, a causa bonorum; pro re u.* °*pro alqo, zB.* °*pro partibus alcis;* °*pro iure gentium;* °*pro nobis, auch* °*in partibus alcis; contra od. adversus od.* °*in alqm u. alqd,* gegen *jd. u.* gegen *etw., zB. contra verum,* °*adversus reges,* °*adversus populi commoda* entgegen sein); **i**) (*dcht., nkl.*) auf *jd. od. etw.* beruhen, *v. etw.* abhängen (*alqo u. in alqo od. re, zB. iudicio suo, viribus suis* auf eigenen Füßen stehen, *res Romana disciplina militari*); **k**) *per alqm stat* es hängt *v. jd.* ab, die Schuld liegt an *jd.* (*m. quominus od. ne, selten quin* daß nicht, *zB. per Trebonium stetit, quominus milites oppido potirentur*). **2. a**) stehenbleiben, stillstehen [*legati,* °*taurus* ruht *u.* rastet; *auch v. Sachen, zB. navis, sanguis volnere* stockt, *v. der Zeit volucris dies*]; **b**) (*dcht.*) (*v. Geschossen*) steckenbleiben, haften [*sagitta in umero, hasta stat terrā*]; **c**) untätig

dastehen, säumen, zögern; **d)** (*Ta.*) zum Stehen kommen = aufhören [*seditio, ira* schreitet nicht zum Äußersten]. **3. a)** feststehen, nicht wanken, *v. Pers. u. Sachen, bsd. v. Bauten* [*in gradu* (*Fechtersprache*) auf der Mensur, °*Troia*; / *animo u. animis* guten Mutes *od.* °bei Verstande sein]; **b)** *mil.* standhalten [*milites stabant, in acie*]; *auch vom Kampfe selbst* zum Stehen kommen [°*certamen anceps od.* °*pugna neutro inclinata stetit*]; **c)** bestehen, sich halten, (fort)dauern, *v. Pers. u. Sachen* [*Caesar diutius stare non potest, res publica,* °*res Latina tutelā muliebri*]; **d)** bei *etw.* beharren, *e-r Sache* treu bleiben (*re, selten in re, zB. promisso, alcis decreto* sich fügen, *in proposito, in eo quod iudicatum est, in fide* Wort halten; *auch P. impers., zB. foedere stabitur*); **e)** (*vkl., dcht.*) (*v. Dichtungen u. Dichtern*) sich in Gunst erhalten, Beifall finden [*fabula, poëta*]; **f)** fest bestimmt, beschlossen sein [*tempus agendae rei,* °*stat sua cuique dies; alci sententia stat od. impers. bloß stat jd.* ist entschlossen, *m. inf.*; *non stat, quid faciamus*]. — ****stante pede* „stehenden Fußes", sogleich.
F. *pf.* (*dcht.*) *stĕtĕrŭnt statt stĕtērunt.*

Stōĭcŭs 3 (*adv.* **-ē**) (Στωϊκός) stoisch; *subst.* ~, *ī m* der Stoiker, stoischer Philosoph; **-ă**, *ōrŭm n* stoische Philosophie.

stŏlă, *ae f* (*Fw.* ‹ στολή) **1.** langes Gewand *der vornehmen Römerin.* **2.** (*dcht.*) **a)** Gewand *der Flötenspieler beim Minervafest*; **b)** Talar. — **liturgische Schärpe *der Geistlichen.*

stŏlātŭs 3 (*stŏlă*) (*nkl., dcht.*) **1.** *m.* der Stola bekleidet; *Ulixes* ~ Odysseus im Weiberrock (= *Livia*). **2.** (*nur*) einer ehrbaren Frau zustehend [*pudor*].

stŏlĭdŭs 3 (*m.* °*comp. u.* °*sup.*; *adv.* **-ē**) (*eigtl. wohl* „ungelenk" zu στόλος „Schiffsschnabel", στέλεχος „Klotz, Tölpel"; *cf.* **stŭltŭs**) **1.** (*unkl.*) dumm, tölpelhaft, *v. Pers. u. Sachen* [*iuvenis, postulatio, palma* töricht erstrebt]. **2.** (*v. Sachen*) unwirksam [*genus causarum*].

stŏmăcăcē, *ēs f* (*Fw.* ‹ στομακακή) (*nkl.*) Mundfäule.

stŏmăchĭcŭs 3 (*Fw.* ‹ στομαχικός) (*nkl.*) magenkrank; *meist subst. m pl.* Magenkranke.

stŏmăchŏr 1. (*denom. v. stŏmăchŭs*) sich ärgern, unwillig sein (*abs. od. re* über *etw., zB. litteris alcis; m. n e-s pron. u. allg. adi., zB. id omnia*; °*ob alqd; cum alqo* sich zanken; *m. quod u. si*).

stŏmăchōsŭs 3 (*m. comp.*; *adv.* **-ē**) (*stŏmăchŭs*) **1.** (*nkl., dcht.*) ärgerlich, unwillig, empfindlich (*abs. u.* °*re*; *klass. nur adv. -e rescribere alci*). **2.** (*v. Sachen*) Unmut verratend [*litterae*].

▶**stŏmăchŭs**, *ī m* (*Lw.* ‹ στόμαχος Kehle, Speiseröhre; Magen[mund]) **1.** Schlund, Kehle, *bsd.* Speiseröhre. **2.** Magen. **3.** (*meton.*) **a)** Geschmack (*alqd non mei -i est*); *auch* (*nkl.*) Kauflust; **b)** gute Laune; **c)** Empfindlichkeit, Ärger, Unwille [*-um alci facere u. movere* erregen, *-um in alqm erumpere* an *jd.* auslassen].

stŏrăx, *ăcĭs m* (*Fw.* ‹ στύραξ *sem. Herkunft*) (*dcht., nkl.*) wohlriechendes Harz des Storaxstrauches.

stŏrĕă *u.* **stŏrĭă**, *ae f* (*vl. ablautend zu stĕrnō*) Stroh- *od.* Binsenmatte, Decke; *sg. auch coll.*

străbō, *ōnĭs m* (*Fw.* ‹ στράβων) Schieler. — *Străbō, ōnĭs m griech. Geograph u. Historiker* (*etwa 60 v. Chr. bis 24 n. Chr.*).

strāgēs, *ĭs f* (*zu strā-vī, strā-tŭm v. stĕrnō*) **1. a)** (*nkl.*) das Niedergeworfenwerden, Niederstürzen, Einsturz [°*arborum,* °*tectorum;* °*stragem inter se dare* sich gegenseitig niederreißen]; *übh.* Verwüstung, Verheerung [*stragem dare alci rei etw.* niederschlagen]; **b)** (*nkl., dcht.*) das Hinsiechen *durch Krankheit* [*hominum, canum*]; **c)** das Hinsterben *durch das Schwert*; Ermordung [°*principum*]; *bsd. im Kampfe* Niedermetzelung, Blutbad, völlige Vernichtung (*alcis, zB.* °*barbarorum;* °*Gallos -e fundere, -em* °*dare od. ēdere,* °*ciere* anrichten). **2.** (*nkl.*) *meton.* ungeordneter Haufe *v. Dingen od. Menschen* [*hominum, armorum, campos -e complere*].

strāgŭlŭs 3 (*strāgēs*) zum Ausbreiten dienend; *vestis stragula* (*coll.*) *u. subst.* **strāgŭlŭm**, *ī n* Decke, Teppich, Laken, *auch* (*Ma.*) Reitdecke, Schabracke; (*nkl.*) Totendecke.

strāmĕn, *ĭnĭs n* (*zu strā-vī v. stĕrnō*) (*dcht., nkl.*) Streu, Stroh.

strāmĕntĭcĭŭs 3 (*strāmĕntŭm*) (*nkl., dcht.*) aus Stroh, Stroh... [*casa*].

strāmĕntŭm, *ī n* (*zu strā-vī v. stĕrnō*; *eigtl.* „Untergestreutes") **1.** Streu, Stroh, *auch pl.* [*casa -o u. -is tecta*]. **2.** Packsattel [*mulis -a detrahere*].

strāmĭnĕŭs 3 (*strāmĕn*) (*dcht.*) = *strāmĕntĭcĭŭs* [*Quirites -i* Strohpuppen, *die man jährlich in den Tiber warf*].

străngŭlō 1. (*Lw.* ‹ στραγγαλάω, *-όω*) erdrosseln, erwürgen (*alqm, zB. patrem*), *übh.* °würgen; / (*dcht.*) quälen, martern [*dolor strangulat*].

străngūrĭă, *ae f* (*Fw.* ‹ στραγγουρία) Harnzwang.

strātă, *ae f s. stĕrnō.*

strătēgēmă, *ătĭs n* (*Fw.* ‹ στρατήγημα) (*nkl.*) Kriegslist, *klass. nur* /. (*Cf.* V.-B. III, 6 *u.* II, 4).

strătēgŭs, *ī m* (*Fw.* ‹ στρατηγός) (*Pl.*) **1.** Heerführer. **2.** Symposiarch, Präside.

strătĭōtĭcŭs 3 (*Fw.* ‹ στρατιωτικός) (*Pl.*) soldatisch; *nuntius* Meldegänger, Feldjäger.

strātŭm, *ī n* (*eigtl. P.P.P. v. stĕrnō*) (*nkl., dcht.*) **1. a)** Decke, Polster, Matratze, *bsd.* Reitdecke; *meton.* Ruhebett; **b)** Packsattel. **2.** (*meist pl.*) Pflaster [*viarum*].

strātūră, *ae f* (*stĕrnō*) (*nkl.*) das Pflastern [*viarum*].

strātŭs *s. stĕrnō.*

strāvī *s. stĕrnō.*

strēna, *ae f* (*vl. sabin. Wort für* „Gesundheit", *cf. strēnŭŭs*) (*vkl., nkl.*) **1.** gutes Vorzeichen, Omen. **2.** das (*um der guten Vorbedeutung willen gegebene*) Neujahrsgeschenk.

strēnŭĭtās, *ātĭs f* (*strēnŭŭs*) (*vkl., dcht.*) Rüstigkeit, Munterkeit, Tätigkeit.

strēnŭōsŭs 3 (*strēnŭŭs*) (*Pl.?*) tüchtig.

▶**strēnŭŭs** 3 (*m.* °*comp. u.* °*sup.*; *adv.* **-ē**) (*zu* στρῆνος „Kraft, Übermut"; *cf.* [*urspr. wohl sabin.*] *Göttin Strēnĭă*) **1.** (*Pl.*) kräftig [*ire* ausschreiten]; (*nkl.*) kräftig wirkend [*remedium*]. **2. a)** rüstig, rührig, tätig, entschlossen [*vir, animus, -e* °*agere u. arma capere*; / (*nkl., dcht.*) *auch v. Sachen, zB.* °*navis* schnelles, °*inertia* geschäftiger Müßiggang; *re* durch *od. m.*, in *etw., zB.* °*manu,* °*bello,* °*linguā*; °*alci rei* zu *etw., zB. faciendis iussis*; °*alcis rei* in bezug auf *etw., zB. militiae*]; **b)** (*Ta.*) (*pejorativ*) unruhig [*quieti et strenui*].
F. *comp. măgĭs strēnŭŭs, sup. măxĭmē strēnŭŭs* (*u.* °*strēnŭĭssĭmŭs*).

strĕpĭtō 1. (*intens. v. strĕpō*) (*dcht.*) wild lärmen, laut schreien (rauschen, rasseln *u.ä.*).

▶**strĕpĭtŭs**, *ūs m* (*strĕpō*) Lärm, Getöse, Geräusch, *bsd.* Geschrei, Rasseln *u.ä.* (*alcis u. alcis rei, zB. rotarum* Rollen, *fori, fluminis* Rauschen, °*valvarum* Knarren, °*armorum* Geklirr; °*popularis* lärmende Verhandlungen vor dem Volke); *bsd. dcht.* (*v. musikalischen Instrumenten*) Klang, die Töne [*citharae, tibicinae*].

strĕpō, *pŭī,* (*pĭtŭm*) 3. (*Schallwort*) **1.** (*intr.*) **a)** lärmen, toben, tosen, *bsd.* schreien, rasseln, kreischen *u.ä., v. Pers. u. Sachen* [*barbari,* °*fluvii*; *re v. etw., zB. clamoribus,* °*aequor remis strepit*]; **b)** (*dcht., nkl.*) *bsd.* (*v. Örtlichkeiten*) ertönen, erklingen [*omne convivium obscoenis cantibus, campus murmure*], (*v. Instrumenten*) schmettern [*litui*]. **2.** (*trans.*) (*nkl.*) *etw.* lärmend rufen [*haec*].

strĭātŭs 3 (*eigtl. P.P.P. v.* °*strĭō* 1. „*m.* Riefen versehen"; *cf. nhd.* „Striemen") (*vkl., nkl.*) gerieft, gerippt, ausgekehlt.

strĭctĭm *adv.* (*strĭctŭs*) **1.** (*Pl.*) eng, knapp. **2.** / flüchtig, kurz, summarisch [*dicere, librum attingere*].

strĭctūră, *ae f* (*strĭngō*) (*unkl.*) *eigtl.* das Zusammenziehen; *meton.* glühende Stahl- *od.* Eisenmasse, *die verarbeitet wird* [*Chalybum*].

strĭctŭs[1] *P.P.P. v. strĭngō.*

strĭctŭs[2] 3 (*m. comp. u. sup.*; *adv.* **-ē** *u.* **-ĭm** [*s.d.*]) (*eigtl. P.P.P. v. strĭngō*) (*nkl., dcht.*) straff, stramm [*artus, ianua* dicht schließend]; / (*v. der Rede*) bündig, kurz.

strīdĕō 2. *u.* **strīdō**, *dī,* — 3. (*idg. Schallstamm*; *cf.* τρίζω „zirpe"; *strĭx*) (*dcht., nkl.*) zischen, schwirren, *bsd.* pfeifen, sausen, knirschen, knistern, summen *u.ä.* [*anguis, plaustra, rudentes, apis, sagitta*; *re v. od.* durch *etw.*]; *v. Menschen* lispeln, zischen, flüstern [*puella, auch susurri*].

strīdŏr, ōris *m* (*strīdĕō*) das Zischen, Schwirren, *bsd.* Pfeifen, Sausen, Schreien, Klirren, Knarren *u.ä.* (*alcis rei, zB. venti, serrae,* °*ianuae,* °*rudentum,* °*apium,* °*suis* Grunzen); *v. Menschen* Zischeln [*tribuni*].

strīdŭlŭs 3 (*strīdō*) (*dcht., nkl.*) zischend, schwirrend, sausend, knarrend [*claustra*].

strĭgă, *ae f* (*strĭngō*) (*nkl.*) Strich, lange Reihe gemähten Grases *od.* Getreides.

strĭg(ĭ)lĭs, *is f* (*strĭngō*) Schabeisen, Striegel *zum Abstreifen des Öls nach dem Salben der Haut.*

F. *sg. acc.* -ĕm, *abl.* -ī; *pl. gen.* -ĭŭm.

strĭgō 1. (*wohl denom. v. strĭgă; cf. strĭngō*) (*nkl.*) beim Pflügen innehalten, rasten.

strĭgŏr, ōris *m* (*wohl zu strĭngō*) (*Pl. Bacch.* 280) *Wort unsicherer Form u. Bedeutung.*

strĭgōsŭs (*m. comp.*) (*strĭgă*) (*nkl.*) mager, dürr [*equus* abgetrieben]; *klass. nur / vom Redner.*

▶ **strĭngō,** strīnxī, strīctŭm 3. (*strīnxī?*) (*wohl urspr. zwei verschiedene Verben*: **I.** *strĭngō*; Stamm **strĭg-*; *cf. strĭgă, strĭgĭlĭs, nhd.* „streichen, Strich". **II.** **strĕngō* „schnüren"; *cf.* στρογγύλος < *στραγγύλος „gedreht, rund"; *cf. nhd.* „Strang, Strick". **I. 1.** (*dcht., nkl.*) **a)** streifen, leicht berühren [*ales summas undas, alqs metas interiore rotā*]; **b)** (*v. Örtlichkeiten*) an *etw.* stoßen *od.* grenzen (*alqd, zB. Asiam*); **c)** leicht verwunden, ritzen [*corpus*]; / **d)** versehren, verletzen [*pectora* °*delicto*]; **e)** rühren [*animum alcis, mentem*]. **2. a)** abstreifen, abpflücken, abschneiden (*alqd, zB. folia ex arboribus,* °*frondes,* °*hordea* abmähen, *prägn.* °*remos silvis* durch Abstreifen der Blätter *u.* Äste glätten; / °*rem ingluvie* verschwelgen); **b)** (*Waffen*) zücken *od.* (blank) ziehen [*gladium, auch* °*manum* kampfbereit machen, / °*iambum in hostes*]. **II.** (*unkl.*) **1.** straff anziehen, zusammenschnüren, -binden [*arcum, nodum, pedes* drücken, *vulnera frigore stricta* zusammengezogen; *vela* einziehen]. **2.** (*rhet. t.t.*) kurz zusammenfassen. **3.** (?) (*Ca.* 66,50) schmieden [*ferri stringere duritiem*].

strĭngŏr, ōris *m* (*strĭngō*) (*Lu.*) zusammenziehende Kraft [*aquae gelidae*].

strīnxī *s. strĭngō.*

strīx, strĭgis *f* (*seit Pl.* -ī-, *seit Prop.* -ĭ-) (*zu* στρίγξ *ein Nachtvogel*; *cf. strīdĕō*) (*unkl.*) Ohreule (*nach antiken Ammenmärchen ein blutsaugender Vampir*).

strŏphă, *ae u.* (*spätl.*) **-ē,** ēs *f* (*Fw.* < στροφή „Wendung, Drehung im Tanz; / Gewandtheit") **1.** (*nkl., dcht.*) Kunstgriff, List. **2.** (*spätl.*) Strophe *in der Lyrik, bsd. in den Chören des Dramas.*

strŏphĭārĭŭs, ī *m* (*strŏphĭŭm*) (*Pl.*) Miedermacher.

strŏphĭŭm, ī *n* (*Fw.* < στρόφιον) **1.** Büstenhalter, Mieder. **2.** (*dcht.*) Kranz. **3.** (*nkl.*) Strick; Gürtel.

strūctĭlĭs, ĕ (*strŭō*) (*nkl., dcht.*) **1.** gemauert. **2.** Mauer... [*caementum*].

strūctĭō, ōnis *f* (*strŭō*) **1.** Errichtung. **2.** (*Ci., ad Att.* IV 6 [5], 3 [*Birt*]) Büchergestell.

strūctŏr, ōris *m* (*strŭō*) **1.** Maurer, *auch* Dachdecker; *pl.* Bauleute. **2.** (*nkl., dcht.*) Anrichter (*Sklave, der bei Tisch die Aufsicht über die bedienenden Sklaven hatte*).

strūctūră, *ae f* (*eigtl.* „Zusammenfügung, Ordnung"; *strŭō*) **1.** Bau; *bsd.* **a)** *meton.* Bauart [*antiqua*]; **b)** *concr.* Mauerwerk, Gemäuer [*parietum*]; *bsd.* Grube *in Bergwerken* [*aeraria*]. **2.** (*rhet. u. gramm. t.t.*) Aufbau (*e-s Gedichtes, e-r Rede*); Satzbau [*verborum*].

strūctŭs *P.P.P. v. strŭō.*

strŭēs, is *f* (*strŭō*) **1. a)** (*nkl., dcht.*) *aufgeschichteter* Haufe [*lignorum, humanorum corporum*]; Heerhaufen; Scheiterhaufen; dichte Masse; **b)** Haufen (*als Maß*) [*laterum*]. **2.** (*vkl., dcht.*) Opfergebäck. — *gen. pl. strŭŭm.*

strŭīx, īcis *f* (*strŭō*) (*vkl.*) Haufen.

strūmă, *ae f* (*et. ungeklärt*), Drüsenschwellung, dicker Hals, Geschwulst [*-am exsecare; / civitatis*].

strūmōsŭs 3 (*strūmă*) (*nkl., dcht.*) *m.* geschwollenen Drüsen.

▶ **strŭō,** strūxī, strūctŭm 3. (*cf. nhd.* „streuen"; *strūxī, strūctŭm Sekundärbildung nach flūxī, flūctŭm u.ä.*) **1.** aufschichten, aufeinander *od.* nebeneinander legen (*alqd, zB. lateres,* °*montes ad sidera* aufeinandertürmen, °*avenae structae* Halmpfeife). **2. a)** (*dcht., nkl.*) erbauen, aufführen, errichten (*abs., zB. in struendo* beim Bau; *alqd, zB. acervum, muros saxo, templa, altaria donis* beladen *m.*; / [*Ta.*] *initia imperio* den Grund legen zu); (*nkl.*) veranstalten [*convivia*]. **3.** (*nkl., dcht.*) *mil.* ordnen, in Reih *u.* Glied aufstellen [*exercitum, omnes armatos in campo; klass. nur / verba, bene structa collocatio*]. **4.** / (*Böses*) anstiften, ersinnen [*odium in alios, alci* °*insidias u. calamitatem, sibi sollicitudinem*]. **5.** (*spätl.*) gehörig versehen *od.* ausrüsten *m. etw.* (*alqd re*).

strūthĕă, ōrum *n* (*Fw.* < στρούθεια [-μῆλα]) (*Pl.*) Birnquitten.

strūt(h)ĭō, ōnis *m* (*spätl.*) *u.* **strūthŏcămēlŭs,** ī *m f* (*nkl.*) (*Fw.* < στρουθίων *u.* στρουθοκάμηλος) Vogel Strauß.

strūxī *s. strŭō.*

Strȳmō *u.* °**Strȳmōn,** ŏnis *m* (Στρυμών) *Grenzfl. zw. Thrakien u. Makedonien, j.* Strimon *bzw.* Struma. *Cf.* V.-B. III, 1, a *u.* b; *adi.* **Strȳmŏnĭŭs** 3 *auch* ° *übh.* thrakisch; *subst.* °**Strȳmŏnĭs,** ĭdis *f* Thrakierin.

*****stud.** (*Abk.*) = *stŭdĭōsŭs.*

****studens,** entis *m* Student (*eigtl. part. praes. v. stŭdĕō; s.d.* 3).

▶ **stŭdĕō,** ŭī, — 2. (*vl. zu tŭndō*) **1.** sich um *etw.* bemühen, nach *etw.* streben *od.* trachten (*abs., zB. auxilia studentia* eifrige; *alci rei, zB. agriculturae, virtuti, laudi, memoriae* das Gedächtnis eifrig üben, *novis rebus, labori ac duritiae, legibus cognoscendis; alqd nur beim Neutrum e-s pron. od. allg. adi., zB. hoc unum, nihil, omnia;* °*in alqd; m. inf., bisw. m. a.c.i., vereinzelt ut, ne*). **2.** für *jd.* Partei nehmen, *jd.* begünstigen *od* unterstützen, fördern (*abs., zB.* °*nec studere nec odisse; alci u. alcis rebus*). **3.** (*abs.*) (*nachaug.*) sich wissenschaftlich beschäftigen, studieren (*klass. litteris od. artibus studere*).

▶ **stŭdĭōsŭs** 3 (*m.* °*comp. u. sup.*; *adv.* **-ē**) (*stŭdĭŭm*) **1. a)** eifrig, emsig, tätig, sorgfältig (*abs., fast nur im adv., zB. -e quaerere, auch* = geflissentlich, absichtlich, *zB. -e detrahere de alqo*); **b)** auf *etw.* eifrig bedacht, nach *etw.* strebend, Liebhaber (*alcis rei, zB. litterarum, venandi, selten in re, zB. in me colendo*). **2.** *j-m od. e-r Sache* zugetan, gewogen, Gönner, Anhänger (*alcis u. alcis rei, zB. Catonis, mei,* °*equorum*). **3. a)** (*abs.*) (*nachaug., dcht.*) wißbegierig, gelehrt, studierend [*iuvenis, cohors, otium, animus*]; *klass. nur selten*; **b)** *subst.* **stŭdĭōsī,** ōrŭm *m* Studenten, Kunstbeflissene. — ****studiosus* (*Abk. stud.*) Student: *stud. phil.* = *philosophiae* der Philosophie, ~ *jur.* = *iuris,* ~ *med.* = *medicinae,* ~ *theol.* = *theologiae.*

stŭdĭŭm
1. eifriges Streben, Eifer; 2. a) eifrige Teilnahme, Interesse; b) Parteilichkeit; 3. a) Beschäftigung; b) Lieblingsbeschäftigung; c) wissenschaftliche Beschäftigung, Studium; Wissenschaft, Kunst; d) *pl.* Werke der Literatur.

stŭdĭŭm, ī *n* (*stŭdĕō*) **1.** eifriges Streben, innerer Trieb, Eifer, Lust *u.* Liebe, Begierde (*alcis j-s, zB. senatūs; alcis rei* nach *od.* zu, um *etw., zB. laudis, quaestūs u. lucri* Gewinnsucht, *novarum rerum, habendi* Habsucht, *discendi, belli gerendi; -um conferre in u. ad alqd od. ponere in re, -o veri reperiendi ardere od. incendi, summo -o discere; studio* aus Neigung *od.* leidenschaftlich, *auch* °geflissentlich); *bsd.* Kampflust, *auch pl.* [*militum, -o incitari*]. **2. a)** eifrige Teilnahme, Anhänglichkeit, Interesse (*alcis j-s, zB. vulgi; alcis rei, auch in u.* °*erga alqm od. in alqd, zB. rei publicae* Vaterlandsliebe, *in* °*populum Romanum,* °*erga clientes; alcis -a excitare; studio u.* °*-is* aus Teilnahme); **b)** (*pejorativ*) Parteilichkeit [*partium, sine -o dicere* unparteiisch; (*Ta.*) *sine ira et studio* ohne Ressentiment *u.* Beschönigung]; *pl.* Parteibestrebungen [°*senatum in -a diducere*]. **3. a)** Beschäftigung *m. e-r Sache* (*alcis rei, zB. rerum rusticarum,* °*citharae*); **b)** Lieblingsbeschäftigung, -neigung, Liebhaberei, Passion (*alcis j-s, zB. Verris, suo quisque -o maxime ducitur; alcis rei, zB. rei militaris*); **c)** wissenschaftliche Beschäftigung, Studium [*iuris, litterarum, doctrinae, philosophiae,* *eloquentiae*]; *oft pl.* = wissenschaftliche Arbeiten [*illis -is se dare*, °*in -is vitam agere*]; *meton.* Wissenschaft, Wissenszweig, Kunst [*civilia* Staatswissenschaften, °*liberalia*]; **d)** *meton. pl.* (*nkl.*) Werke der Literatur.

stŭltĭ-lŏquĕntĭă, *ae f u.* **-lŏquĭŭm,** *ī n* (*stŭltŭs, lŏquŏr*) (*Pl.*) albernes Gerede; Geschwätz.

stŭltĭ-lŏquŭs 3 (*stŭltŭs, lŏquŏr*) (*Pl.*) albern redend, schwätzend.

stŭltĭtĭă, *ae f* (*stŭltŭs*) **1.** Torheit, Einfalt, Albernheit, *auch pl.* **2.** *meton.* **a)** törichte Handlung; **b)** törichte Menschen.

stŭltĭ-vĭdŭs 3 (*stŭltŭs, vĭdĕō*) (*Pl.*) einfältig *u. daher* verkehrt sehend.

▶**stŭltŭs** 3 (*m. comp. u. sup.*; *adv.* **-ē**) (*cf. stŏlĭdŭs*) töricht, dumm, einfältig, *v. Pers. u. Sachen* [°*mulier, persona, consilium, -e respondere*]; *subst. m* Tor, Narr.

stūpă, *ae f* = *stūppă*.

stŭpĕ-făcĭō, *fēcī, făctŭm* 3. (*stŭpĕō*) (*Li.*) betäuben, verblüffen (*alqm*); *meist* P. *stŭpĕfīō*; *klass. nur* (*P.P.P.*) *adi.* **stŭpĕfăctŭs** 3 erstaunt, außer sich; / *etw.* übertäuben (*alqd, zB.* °*privatos luctūs*).

▶**stŭpĕō,** *ŭī,* — 2. (√‾*stup- „schlagen, stoßen"; *cf. τύπτω; stŭprŭm*) **1.** (*nkl.*) starr *od.* steif sein [*membra*]. **2.** / (*v. Pers.*) **a)** stutzen, staunen, außer sich sein (*abs. od. re* durch *od.* vor, über *etw., zB.* °*admiratione*, °*malo*; °*in alqo u.* °*in re* beim Anblick *j-s od. e-r Sache, zB. in imaginibus*; °*ad alqd* bei *etw.*); **b)** (*dcht.*) *alqd etw.* anstaunen, bewundern, *zB. domum Minervae*; *m. a.c.i.* **3.** (*v. Sachen*; *nkl., dcht.*) stillstehen, stocken [/ *stupuerunt verba palato* erstarben].

stŭpēscō, *pŭī,* — 3. (*incoh. v. stŭpĕō*) **1.** (*Ov.*) ins Stocken geraten, stehen bleiben [*stupuit Ixionis orbis*]. **2.** / stutzen, sich entsetzen.

stūpĕŭs 3 = *stūppĕŭs*.

stŭpĭdĭtās, *ātĭs f* (*stŭpĭdŭs*) Sinnlosigkeit, Dummheit (*alcis*).

stŭpĭdŭs 3 (*stŭpĕō*) **1.** verblüfft, verdutzt [*homo*]. **2.** dumm.

stŭpŏr, *ōrĭs m* (*stŭpĕō*) **1.** Erstarrung, Gefühllosigkeit, *physisch* [*sensūs, linguae* Schwerfälligkeit]. **2.** / **a)** (*nkl.*) Staunen, Verblüfftheit [~ *alqm defigit*]; **b)** Stumpfsinn, Dummheit [*hominis, cordis*]. **3.** *meton.* (*Ca.*) ein dummer Kerl.

stūppă (*Lw.* ‹ *στύππη*) Werg, Flachs.

stūppĕŭs 3 (*stūppă*) (*dcht.*) aus Werg *od.* Flachs.

stŭprātŏr, *ōrĭs m* (*stŭprō*) (*nkl.*) Schänder, Verführer.

stŭprō 1. (*denom. v. stŭprŭm*) schänden, entehren [*mulierem vi vergewaltigen*; *auch* /, *zB. omnes religiones*].

▶**stŭprŭm,** *ī n* (√‾*stup- „schlagen, stoßen"; *urspr. entweder* „Betäubung" *od.* „Prügelstrafe"; *cf. stŭpĕō, nhd.* „stäupen") **1.** (*vkl.*) Schande [*cum stupro redire*]. **2.** Schändung, Entehrung [*-um alci inferre u. offerre od. facere*]; *übh.* Unzucht, *bsd.* unehelicher *od.* erzwungener Beischlaf, Ehebruch, Hurerei [*corporis, -a facere cum alqa, alqam cogere -um pati* notzüchtigen]; *meton.* (*Pr.*) *Clytaemnestrae, Cressae* ~ die Ehebrecherin Kl., Pasiphae.

stŭpŭī *s. stŭpĕō u. stŭpēscō.*

****sturio,** *onis m* (*germ. Lw.*) Stör.

stŭrnŭs, *ī m* (*cf. ἀστραλός, nhd.* „Star") (*nkl., dcht.*) Star.

Stȳgĭŭs 3 *s. Stȳx.*

stȳlŏbătēs *u.* **-tă,** *ae u. īs m* (*Fw.* ‹ *στυλοβάτης*) (*vkl., Vi.*) Stylobat, Säulenstuhl (*oberste Stufe des Unterbaus e-s antiken Tempels, Grundfläche, auf der sich die Säulen erheben*).

Stȳmphālŭs, *-ī m u. f* (*Στύμφαλος*) *St. u. Ldsch. in Arkadien, bekannt durch die v. Herakles erlegten Raubvögel*; *adi.* **Stȳmphālĭŭs** 3 (*fem. auch* °**Stȳmphālis,** *ĭdis*).

stȳrăx = *stŏrăx*.

Stȳx, *Stȳgĭs f* (*Στύξ*) *Bach in Arkadien, dessen eiskaltes Wasser als tödlich galt; er wurde daher im Mythos zum Fluß der Unterwelt, bei dem die Götter den unverbrüchlichen Eid schworen*; *meton.* (*dcht.*) Unterwelt. *Cf.* V.-B. III, 1, a *u.* b; *adi.* **Stȳgĭŭs** 3 (*dcht.*) *auch* unterweltlich, unterirdisch [*umbrae, cumba* des Charon, *Iuppiter* = Hades (*Pluto*), *Iuno* = Persephone (*Proserpina*)]; / höllisch, tödlich, unheilvoll [*alae*].

Suādă *u.* **Suādēlă,** *ae f* (*suādēlă* [*Pl., nkl.*] Überredung; *suādĕō*) (*dcht.*) *Beiname der Venus als* Göttin der Überredung *u.* Beredsamkeit, *der Πειθώ nachgebildet.*

▶**suādĕō,** *sī, sŭm* 2. (*eigtl.* „*j-m etw.* süß machen, gefällig darstellen"; *zu suāvĭs*; *cf. ἁδεῖν* „gefallen") **1.** (*intr.*) raten, Rat geben, zureden, (*abs. u. alci, zB. Pompeio, sibi*; *de re u. alci de re, zB.* °*de pace*; / [*dcht., nkl.*] *auch v. Leblosem, zB. anni*; *m. ut, ne od. m. bloßem coni., vereinzelt m. inf. u. a.c.i.*). **2.** (*trans.*) **a)** *etw. od. zu etw.* raten, *etw.* anraten, empfehlen (*alqd, zB. legem*; *auch alci alqd, wenn die Sache das Neutrum eines pron. od. allg. adi. ist, zB. alci illud, multa*); P. *selten*; **b)** (*v. Sachen*) (*dcht., nkl.*) zu *etw.* einladen *od.* reizen (*alqd, zB. sidera somnos suadent*); **c)** (*selten*) = *pĕrsuādĕō* überzeugen, überreden (*alci m. a.c.i.*).

suāsĭō, *ōnĭs f* (*suādĕō*) das Anraten, *bsd.* Empfehlung [*legis*], (*rhet. t.t.*) Empfehlungsrede.

suāsŏr, *ōrĭs m* (*suādĕō*) Ratgeber (*alcis rei, zB. facti*); *bsd.* Fürsprecher [*legis*].

suāsōrĭŭs 3 (*suāsŏr*) (*nkl.*) Rat gebend; *subst.* **-ă,** *ae f* Rede, in der Rat erteilt *od. etw.* empfohlen wird.

suāsŭm, īnsuāsŭm, *ī n* (*vl. vulgär* ‹ **svărd-tŏm zsgz.*; *cf. got.* swarts, *nhd.* schwarz; = *sŏrdĭdŭm*) (*Pl.*) dunkle Farbe, dunkler Fleck.

suāsŭs[1] *P.P.P. v. suādĕō.*

suāsŭs[2], *ūs m* (*suādĕō*) (*vkl., nkl.*) Rat.

suāvĕ-ŏlēns, *ĕntĭs* (*auch getr.*; *suāvĭs, ŏlĕō*) (*dcht.*) lieblich duftend.

suāvĭ-dĭcŭs 3 (*Lu.*) *u.* **-lŏquēns,** *ĕntĭs* (*suāvĭs, dīcō*[2]; *lŏquŏr*) lieblich (redend).

suāvĭlŏquĕntĭă, *ae f* (*suāvĭlŏquēns*) liebliche Rede.

suāvĭŏlŭm, suāvĭŏr (*wohl volkset. Anlehnung an suāvĭs*) = *sāvĭ...*

▶**suāvĭs,** *ĕ* (*m.* °*comp. u.* °*sup.*; *adv.* **-ĭtĕr** *u.* °**-ĕ**) (*cf. ἡδύς, dor. ἁδύς*) **1.** angenehm, lieblich [*odor, vita, coniunctio, -iter blandiri u. loqui, meminisse m.* Vergnügen, °*-e resonare*]. **2.** **a)** liebenswürdig [*homo*]; **b)** schmackhaft, lecker [*cibus*]. — ****suave,** *is n* Kuß.

suāvĭ-sāvĭātĭō, *ōnis f* (*suāvĭs*) (*Pl.*) der süße Kuß; ♀ *scherzh. personif.*

suāvĭtās, *ātĭs f* (*suāvĭs*) Annehmlichkeit, Lieblichkeit, Reiz (*alcis rei, zB. odoris, cibi* Wohlgeschmack, *coloris*), *v. Pers.* Liebenswürdigkeit; *pl.* (*meton.*) (angenehme) Genüsse, liebenswürdige Eigenschaften.

suāvĭtūdō, *ĭnĭs f* (*suāvĭs*) (*vkl.*) Süße; *auch als Kosewort* [~ *mea*].

suāvĭŭm, *ī n* (*wohl volkset. Anlehnung an suāvĭs*) = *sāvĭŭm.*

> **sŭb**
> **A.** *in der Komposition*: **1.** unten, unter; **2.** von unten hinauf; **3.** zur Hilfe; **4.** unmittelbar (da)nach; **5.** heimlich; **6.** ziemlich; **B.** *prp.* **I.** *b. acc.* **1.** (*räuml.* „wohin") **a)** unter; **b)** unterhalb, nahe bei, bis an; **2.** (*zeitl.*) gegen, um, bei, unmittelbar vor *u.* nach; **II.** *b. abl.* **1.** (*räuml.* „wo") **a)** unter, unterhalb; **b)** unten (an), am Fuße von; **c)** unten in, tief in; **d)** unmittelbar hinter; **2.** (*zeitl.*) **a)** während, bei; **b)** gegen, um; **c)** innerhalb, während; **3. a)** (*Unterordnung, Abhängigkeit*) unter, bei; **b)** (*nähere Umstände*) unter, bei.

sŭb *praev. u. prp.* (‹ **sŭpŏ* = *ὑπό*; *zu* **sŭp verkürzt*; *anfänglich nur vor Vokalen u. stimmhaften Konsonanten in sŭb übergehend*; *später sŭb durchweg als prp. u. weitgehend als praev., soweit nicht Assimilation vorgezogen wurde* [*suf-fragium, suggero, sup-pleo*; *auch sum-mitto neben sub-mitto usw.*]; *sŭbc-* › *sŭcc- nur in Verbalkomposita* [*suc-cingo, aber sub-cingulum*]; *ferner trat nach dem Vorbild ăb*: *ăbs neben sŭb ein* **sŭbs-*, *das lautgesetzlich zu sŭs-* [*sus-cipio*] *u. sŭ-* [*sŭmō* ‹ **sŭbs-ĕmō*] *wurde*).

A. *in der Komposition* (*z.T. Lehnübersetzungen aus dem Griech.*) **1.** unten, unter [*subiaceo, subigo*]. **2.** von unten hinauf [*subicio*]. **3.** hinzu, zur Hilfe [*succurro*]. **4.** unmittelbar (da)nach, sofort [*subinde*]. **5.** unter der Hand, heimlich [*submitto*]. **6.** ein wenig, ziemlich (*bsd. vor adi. u. adv.* [*subalbus*]).

B. *prp.* **I.** *b. acc.*: **1.** (*räuml. auf die Frage* „*wohin?*") **a)** unter, unter ... hin, *zB. exercitum sub iugum mittere*, °*sub divum rapere* ans Licht; *sub sensum cadere od. subiectum esse* sinnlich wahrnehmbar sein, *sub iudicium sapientis cadere*; (*v. einer Unterordnung*) *sub imperium* (*od. sub* °*potestatem*) *redigere* unterwerfen, °*alqm sub leges mittere* unterwerfen, *sub legem cadere* dem Gesetz unterworfen sein; **b)** unterhalb, nahe an, bis an, *zB. sub montem* (*od. sub murum*) *succedere*, °*sub* *finem adventare* nahe ans Ziel; °*sub ictum venire* in Schußweite kommen. **2.** (*zeitl.*) gegen, um, bei, *sowohl* unmittelbar vor *als* (*seltener*) unmittelbar nach, *zB. sub noctem,* °*sub finem certaminis;* °*sub hanc vocem* (*od.* °*sub hoc,* °*sub haec* gleich danach) *omnes fremere coeperunt, sub eas litteras statim tuae recitatae sunt.* **II.** *b. abl.*: **1.** (*räuml. auf die Frage „wo?"*) **a**) unter, unterhalb, *zB. sub mensa, locum facere* (*od. habitare*) *sub terra, sub pellibus hiemare,* °*vitam sub divo agere; oft* /, *zB. sub oculis alcis* unter *od.* vor *j-s* Augen, *sub corona u. sub hasta vendere, sub nomine pacis bellum latet, sub armis esse* unter den Waffen stehen, *legiones sub armis habere, sub sarcinis* das Gepäck tragend, *sub manu esse* bei der Hand sein; **b**) unten an, am Fuße *v.*, *zB. sub monte od. sub vallo considere, sub septentrionibus positum esse; sub ictu alcis* (*od. teli*) *esse* in Schußweite sein, *sub sinistra* zur Linken; **c**) (*dcht.*) unten in, im Inneren, im Hintergrund, *zB. sub vite bibere* im Schatten einer Weinlaube, *sub Orco* tief in; *sub pectore* in der Tiefe der Brust, *sub acie* mitten im Kampf, *sub ossibus* im innersten Mark; **d**) (*dcht.*) unmittelbar hinter, *zB. sub ipso volat Diores.* **2.** (*zeitl.*) **a**) (*dcht., nkl.*) gegen, *zB. sub nocte urbem ingredi;* **b**) (*dcht., nkl.*) (*ungefähre Zeitangabe*) gegen, um, *zB. sub bruma, sub eodem tempore, extremo sub fine laborum;* **c**) (*Gleichzeitigkeit*) innerhalb, während, im Verlauf, *zB. sub decessu suo* während der Zeit, wo er die Provinz zu verlassen hatte, *sub ipsa profectione,* °*sub die nitido* bei hellem Tage, °*luna sub candore* zur Zeit seines Glanzes, °*sub hoc casu* bei diesem Unglücksfall, °*sub sole* im Sonnenschein. **3.** / **a**) (*Unterordnung od. Abhängigkeit*) unter, bei, *zB. sub imperio* (*od. sub regno, sub dicione*) *alcis esse, sub rege* unter der Herrschaft eines Königs, °*sub alqo magistro artes edoceri* unter *j-s* Leitung, °*sub verbere* unter der Peitsche, °*sub domina meretrice,* °*adhuc sub iudice lis est;* **b**) (*nkl., dcht.*) (*nähere Umstände*) unter, hinter, bei, *zB. sub specie od. sub titulo alcis rei* unter dem Vorwand, *sub hac condicione, sub hoc sacramento* unter Ablegung dieses Schwures, *sub exceptione, si ..., sub falsa proditione* wegen erlogenen Verrats.

sŭb-ăbsŭrdŭs 3 (*adv.* **-ē**) ziemlich ungereimt, *etw.* unpassend [*tempus*].

sŭb-ăccūsō 1. ein wenig tadeln *od.* beschuldigen (*alqm u. alqd, zB. discessum alcis*).

sŭbāctĭō, *ōnis f* (*sŭbĭgō*) Bearbeitung *des Ackers;* / (*geistig*) Durchbildung.

sŭb-āctŭs *P.P.P. v. sŭbĭgō.*

sŭb-aerātŭs 3 (*Pers.*) inwendig kupfern [*aurum*].

sŭb-ăgrēstĭs, *ĕ* ziemlich bäurisch.

sŭb-ālārĭs, *ĕ* (*Hypost. aus sŭb ālā*) (*nkl.*) unter der Achsel versteckt [*telum*].

sŭb-ălbŭs 3 (*vkl., nkl.*) weißlich.

sŭb-ăltĕrnŭs 3 (*Eccl.*) untergeordnet.

sŭb-ămārŭs 3 *etw.* bitter.

sŭb-ăquĭlŭs 3 (*Pl.*) ziemlich dunkel, bräunlich.

sŭb-ărrŏgāntĕr *adv. etw.* anmaßend.

sŭb-ăssĕntĭēns, *ĕntĭs* (*ăssĕntĭŏr*) (*Qu.*) *etw.* beistimmend.

sŭb-auscŭltō 1. heimlich zuhören, lauschen, horchen.

sŭb-băsĭlĭcānŭs, *ī m* (*Hypost. aus sŭb băsĭlĭcā*) (*Pl.*) Pflastertreter.

sŭb-bĭbō, *bĭbī,* — 3. (*nkl.*) ein wenig trinken.

sŭb-blāndĭŏr 4. (*altl. fut. -ībītŭr*) (*vkl.*) *etw.* schmeicheln, liebkosen (*alci*).

sŭb-căvŭs 3 (*vkl., dcht.*) (nach) unten (zu) hohl.

sŭb-cēnō 1. (*Galba b. Qu.*) *v.* unten verzehren.

sŭbcĕntŭrĭātŭs, *ī m* (*sŭb-cĕntŭrĭō* 1. „ergänzend in die Zenturie einrücken lassen; / ersetzen") (*Com.*) Ersatzmann, Aushelfer.

sŭb-cĕrnō, *crēvī, crētŭm* 3. (*vkl., nkl.*) durchsieben.

sŭb-cĭngŭlŭm, *ī n* (*Pl.*) Gürtel.

sŭb-cŏntŭmēlĭōsē *adv. etw.* schimpflich [*tractare alqm jd.* nicht sehr säuberlich behandeln].

sŭb-crīspŭs 3 *etw.* kraus [*capillus*].

sŭb-cŭstōs, *ōdĭs m* (*-cŭ-?; Pl.*) Hilfswächter.

sŭb-dēbĭlĭs, *ĕ* (*Suet.*) leicht gelähmt.

sŭb-dēfĭcĭēns, *ĕntĭs* (*Cu.*) allmählich ermattend.

sŭb-dĭdī *s. sŭbdō.*

sŭb-dĭffĭcĭlĭs, *ĕ* ziemlich schwierig, *etw.* schwer [*quaestio*].

sŭb-dĭffīdō, — — 3. nicht recht trauen.

sŭbdĭtīvŭs 3 (*sŭbdĭtŭs, P.P.P. v. sŭbdō*) untergeschoben, unecht, verkappt [*archipirata*].

sŭb-dō, *dĭdī, dĭtŭm* 3. ($\sqrt{}$*dhē- „setzen"; *cf.* τί-θη-μι) **1.** *etw.* unter *etw.* bringen, unterlegen, -setzen, -stellen (*alqd, zB. ignem; alqd alci rei, zB.* °*rotas turri,* °*tauros aratro,* °*caput fonti u.* °*se aquis* untertauchen, °*calcaria equo* die Sporen geben, °*calcaribus subditis* im Galopp; *selten* [*unkl.*] *alqd in od. sub alqd, zB. anguem in sinum u. sub pedem*). **2.** / **a**) anlegen, hinbringen [*alci ignem od. faces jd.* anfeuern, *zB. faces alci ad studia dicendi,* °*ignem seditioni* den Aufruhr schüren, °*alci aliquid spiritūs* einflößen; P., *zB.* °*flamma medullis subditur* dringt ins Mark]; **b**) (*nkl., dcht.*) unterwerfen [*feminas imperio, prolem regno*]; / preisgeben, aussetzen [*rem casibus*]. **3. a**) *jd.* an *j-s* Stelle setzen, substituieren (*alqm in locum alcis*); **b**) (*fälschlich*) als wahr ausgeben, unterschieben [°*testamentum,* °*rumorem,* °*subditus filius*]; **c**) (*Ta.*) *jd.* heimlich anstiften [*assimulabat iudicis partes subditis, qui accusatorum nomina sustinerent*].

sŭb-dŏcĕō, — — 2. *ein Kind* selbst (*d.h. ohne einen Lehrer*) unterrichten (*alqm*).

sŭb-dŏlŭs 3 (*adv.* **-ē**) hinterlistig, arglistig, heimtückisch [*homo,* °*animus, oratio, -e speculari alqd; re* durch *etw.*].

sŭb-dŏmō, — — 1. (*Pl.*) überwältigen.

sŭb-dŭbĭtō 1. einigen Zweifel hegen (*m. indir. Frages.*).

▶**sŭb-dūcō,** *dūxī, dŭctŭm* 3. **1. a**) (darunter) wegziehen *od.* wegnehmen (*alqd u. alci rei alqd, zB.* °*pedes u.* °*vestigium* den Fuß, °*ensem capiti* unter dem Kopf weg); **b**) entziehen, vorenthalten (*alci alqd, zB. cibum athletae,* °*cubiculum ventis* sichern gegen; *dcht. auch alqm alci rei, zB.* °*Turnum pugnae*). **2. a**) heimlich wegnehmen, entwenden [°*obsides furto,* °*ignem caelo*]; *se subducere u.* (*nkl., dcht.*) *mediopass. subduci* heimlich sich entfernen [*de circulo,* °*a custodibus;* / *auch v. Leblosem, zB.* °*unda subducitur* geht zurück, °*colles se subducunt* verlieren sich in die Ebene]; **b**) *mil.* (*Truppen*) in der Stille wegführen [°*cohortes e dextro cornu, copias in collem*]; **c**) (*dcht.*) durch Intrigen entziehen [*amores*]. **3.** / *rationem* (*od.* °*ratiunculam, calculos*) zusammenrechnen, berechnen (*alcis rei, auch* / = erwägen, *zB. voluptatum; subductā ratione m.* Überlegung). **4. a**) (*dcht., nkl.*) (*v.* unten) hinaufziehen (*alqd, zB. cataractam funibus,* °*tunicam,* °*vela* reffen, einziehen, °*remos* einziehen, °*supercilia*); **b**) (*Schiffe*) ans Land ziehen [*naves in aridum*].

sŭbdŭctĭō, *ōnĭs f* (*sŭbdūcō*) **1.** (*v. Schiffen*) das Anlandziehen, Bergung. **2.** Berechnung, *auch pl.*

sŭb-dŭctŭs *P.P.P. v. sŭbdūcō.*

sŭb-dūrŭs 3 ziemlich hart.

sŭb-dūxī *s. sŭbdūcō.*

sŭb-ĕdō, *ēdī, ēsŭm* 3. (*dcht.*) unten anfressen, unterhöhlen (*alqd*).

sŭb-ēgī *s. sŭbĭgō.*

sŭb-ĕō
1. a) unter *etw.* gehen, kommen; **b**) *etw.* betreten; **2. a**) auf die Schultern nehmen; **b**) auf sich nehmen, erdulden; **3. a**) hinaufgehen, -steigen; **b**) an *etw.* herangehen; **4. a**) sich heranschleichen; **b**) (*Zustände*) *jd.* überkommen, befallen; **5. a**) unmittelbar nachfolgen; **b**) an *j-s* Stelle treten, *jd.* ablösen.

sŭb-ĕō, *ĭī u.* (*dcht.*) *īvī, ĭtŭm* 4. **1. a**) unter *etw.* gehen *od.* kommen, darunter treten (*alqd u.* °*alci rei, zB. tectum* unter Dach *u.* Fach kommen, °*aquam* untertauchen in, °*virgulta* kriechen unter, °*mucronem* laufen unter, °*ferĕtro* sich bücken unter, °*luna terram subit* tritt hinter, °*luna sub solem* tritt unten vor die Sonne, °*hasta per oras clipei* fährt unten durch); / *auch* unter *j-s* Herrschaft kommen, *j-m* sich fügen (*sub alqd u.* °*alqd, zB. verba omnia sub acumen stili subeunt*); **b**) (*dcht.*) *etw.* betreten [*lucos u. luco, domūs, latebras*]. **2. a**) (*dcht.*) auf die Schultern *od.* auf den Rücken nehmen (*abs.* °sich bücken; *alqm u. alqd, zB.* °*parentem umeris,*

°*onus*, °*iugum*, °*currum* sich anspannen lassen an); sich schmiegen unter; *auch sexuell* [°*liquido deo*; °*iuvenes*]; **b)** / (*etw. Lästiges od. Schwieriges*) auf sich nehmen, erdulden, zu ertragen haben (*alqd, zB. periculum, labores, alcis invidiam, poenam* in Strafe verfallen, °*condiciones* eingehen auf, *iudicium* sich der gerichtlichen Entscheidung unterwerfen, °*crimen* auf sich laden). **3.** (*unkl.*) **a)** (*v.* unten) hinaufgehen, -steigen, -fahren (*abs. od. ex inferiore loco in u. ad alqd, zB. in montem* den Berg ersteigen, *ad urbem*; *selten alqd u. alci rei, zB. muros u. muro*); / (*v. Pflanzen*) aufgehen = hervorsprießen [*herbae*], *auch altera barba subit*; **b)** *an etw.* herangehen, -kommen, -treten, sich *e-r Sache* nähern (*alqd u. ad alqd od. alci rei, zB. locum, alqm* auf *j-d* losgehen, *ad vallum, palmae* sich dem Sieg nahen). **4.** / **a)** (*dcht.*) sich heranschleichen, sich einschleichen (*abs., zB. morbi, amor; alqd, zB. thalamos pudicos, sopor lumina fessa subit*); **b)** (*dcht., nkl.*) (*v. Zuständen, Gedanken, Affekten*) *jd.* überkommen, befallen [*paenitentia od. taedium, cogitatio, impetus alqd faciendi u.ä., subit alqm od. animum alcis, zB. regem, selten alci; impers. subit alqm* es fällt *j-m* ein *m. a.c.i. u. indir. Frages.*]. **5. a)** (*dcht., nkl.*) unmittelbar nachfolgen (*abs., zB. pone subit coniunx*); **b)** (*dcht., nkl.*) an *j-s* Stelle treten, *jd.* ablösen, *auch* / (*abs. od. in locum alcis, alci, zB. primae legioni, auch alqm u. alqd, furcas subiere columnae*). — ***mihi subit* mir fällt ein. **F.** *pf.-Formen zsgz. sŭbīssĕ(m), sŭbīstī u.ä.*

sūbĕr, *ĕris n* (*vl. Lw.* ‹ σύφαρ *n* „alte runzlige Haut"; *vl. aber auch nicht idg.*) (*dcht., nkl.*) Korkeiche; *meton.* Kork.

sŭbf... = *sŭff...*

sŭbg... *auch* = *sŭgg...*

sŭb-grăndĭs, *ĕ* ziemlich groß.

sŭbhăstātĭō, *ōnĭs f* (*sŭbhăstō* 1. „versteigern"; *cf. hăstă*) (*spätl.*) Subhastation, *öffentl.* Versteigerung.

sŭb-hŏrrĭdŭs 3 ziemlich rauh, *etw.* abstoßend [*homo*].

sŭb-iăcĕō, — — 2. (*nkl.*) unten liegen [*feminā -ente*]; *bsd. v. Örtlichkeiten*; / zu *etw.* gehören (*alci rei*); *einer Sache* ausgesetzt sein.

> **sŭb-ĭcĭō**
> **1. a)** unter *etw.* werfen, setzen, unterlegen; **b)** unterordnen; **c)** unterwerfen; **d)** *etw. e-r Sache* aussetzen; **e)** (*Falsches*) unterschieben; **2.** in die Höhe werfen, heben; **3.** nahe heranbringen, *mil.* heranrücken lassen; **4. a)** überreichen; **b)** *jd. etw.* eingeben; **5. a)** an die Stelle *v. etw.* setzen; **b)** hinzufügen; **6.** (*P.P.P.*) *adi.* **sŭbiĕctŭs a)** darunter, zu Füßen liegend; **b)** angrenzend, benachbart; **c)** unterworfen, untertan; unterwürfig, preisgegeben.

sŭb-ĭcĭō, *iēcī, iĕctŭm* 3. (*iăcĭō*) **1. a)** unter *etw.* werfen *od.* setzen, legen, stellen, unterlegen (*alqd, zB. sublicas pro ariete*, °*manūs* unter den Arm fassen; *alqd alci rei od. seltener sub alqd, zB. ignem templis*, °*epistulam sub pulvinum*, °*caudam utero* = = einziehen, °*aedes colli* unten am Hügel erbauen, °*castra urbi* unter der Stadt aufschlagen, *cervices securi* auf den Block legen; / °*alqd oculis* sichtbar machen, *sub sensus subici v.* den Sinnen wahrgenommen werden, *alqd cogitationi suae* bedenken, °*fatum pedibus* in den Staub treten); / **b)** unterordnen [*sententiam voci u. sub vocem* dem Wort einen Sinn unterlegen, *m.* dem Wort einen Begriff verbinden; *partes generibus*]; (*P.P.P.*) *n pl. subst. subiecta* untergeordnete Begriffe; **c)** (*nkl.*) unterwerfen [°*gentem od. provinciam alci od. dicioni alcis*]; *klass. nur se subicere alci* [*Caesari, legibus*] *od. imperio u. potestati alcis*; **d)** *etw. e-r Sache* aussetzen *od.* preisgeben (*alqd alci rei, auch sub alqd u. sub alqo, zB. Galliam securibus, navigationem hiemi, terram ferro* bearbeiten, pflügen, *alqm od. alcis bona voci praeconis od. sub praecone* versteigern lassen, °*alqd hastae*); **e)** (*Falsches*) unterschieben [*testamenta*, °*librum*]; / *jd.* vorschieben, heimlich anstiften [*Metellum*, °*testem*]. **2.** *v.* unten emporwerfen [*tragulas inter carros*, °*discum in aëra*]; *bsd.* emporrichten, -heben [°*regem in equum*], °*se subicere u. mediopass.* sich erheben, emporwachsen [*alnus; flamma subiecta* emporlodernd]. **3.** nahe heranbringen, *mil.* heranrücken lassen [*legiones castris, se iniquis locis* heranrücken an, sich nähern]. **4. a)** überreichen, darreichen [*alci libellum*]; **b)** / *jd. etw.* eingeben, einflößen, einflüstern [°*alci spem*, °*carmina*, °*sibi alqd* sich vorstellen; *m. indir. Frages.*]. **5. a)** (*nkl.*) an die Stelle *v. etw.* setzen [*integras copias vulneratis*]; **b)** (*in Rede od. Schrift*) folgen lassen = hinzufügen [*rationem*, °*syllabam longam brevi*]; *auch* entgegnen, erwidern [°*pauca alci*]. **6.** (*P.P.P.*) *adi.* **sŭbiĕctŭs** 3 (*m.* °*comp. u.* °*sup.*; *adv.* **-ē**) **a)** darunter, unter *etw. od.* zu *j-s* Füßen liegend (*abs., zB.* °*petra*, °*undae* untergebreitet, °*versūs* die nachstehenden; *alci u. alci rei, zB. rivus castris Scipionis -us*); *subst.* °**-ŭm,** *ī n* Niederung [*vallium -a* Talgründe]; **b)** angrenzend, benachbart (*abs., zB. insulae; alci rei, zB. campus viae*, °*gens septentrioni*); **c) α)** unterworfen, untertan, untergeben (*alci u. alci rei, zB. nobis, imperio alcis, naturae*); **β)** unterwürfig, demütig [*alqd subiectissime exponere*]; *subst.* **-ī,** *ōrŭm m* (*nkl.*) die Untertanen; **γ)** preisgegeben, ausgesetzt [°*invidiae, virtus sub incertos casus -a v.* Zufällen abhängig; *alci -um esse jd.* zur Verfügung stehen, *zB. oratoribus*]; **δ)** (*v. Sachen*) *-um esse alci rei u. sub alqd* unter *etw.* gehören, in den Bereich *v. etw.* fallen [*res sensibus od. sub sensus -ae m.* den Sinnen wahrnehmbar]; *subst.* **-ŭm,** *ī n* **αα)** (*spätl.*) Subjekt; **ββ)** **Begriff (*cf.* 1b).

sŭbiĕctĭō, *ōnĭs f* (*sŭbĭcĭō*) das Unterstellen: **1.** (*rhet. t.t.*) **a)** Veranschaulichung [*rerum sub aspectum*]; **b)** (*unkl.*) Entgegnung auf einen (selbst gemachten) Einwand. **2.** (*Li.*) Unterschiebung [*testamenti*]. **3.** (*spätl.*) Unterwerfung; Demütigung; Unterwürfigkeit.

sŭbiĕctīvŭs 3 (*Weiterbildung v. subiĕctŭs* 3) (*spätl.*) zum Subjekt gehörig.

sŭbiĕctō 1. (*intens. v. sŭbĭcĭō*) (*dcht.*) **1.** darunter-, unterlegen [*manūs, stimulos alci*]. **2.** (*v. unten*) emporschleudern [*arenam*].

sŭbiĕctŏr, *ōrĭs m* (*sŭbĭcĭō*) der unterschiebt; Fälscher [*testamenti*].

sŭbiĕctŭs 3 *s. sŭbĭcĭō 6.*

sŭbĭgĭtātĭō, *ōnĭs f* (*sŭbĭgĭtō*) (*Pl.*) unzüchtiges Betasten; Hurerei.

sŭbĭgĭtātrīx, *īcĭs f* (*sŭbĭgĭtō*) (*Pl.*) „unzüchtige Betasterin", schamloses Weib, Hure.

sŭbĭgĭtō 1. (*ăgĭtō*) (*Com.*) unzüchtig betasten; *m. jd.* huren [*amicam*].

▶**sŭb-ĭgō,** *ēgī, āctŭm* 3. (*ăgō*) **1.** (*unklass.*) (*v.* unten) hinauftreiben, -führen [*naves ad castellum* hinaufrudern]. **2.** / **a)** *jd.* zu *etw.* zwingen, bewegen (*abs. od. alqm ad u. in, sub alqd, zB. ad od.* °*in deditionem alcis; m. inf. u. a.c.i.; m.* °*ut*); **b)** unterjochen, bezwingen, knechten (*alqm u. alqd, zB. populos*, °*Asiam*; *re* durch *etw., zB. armis; nie m. dat. der Pers.*). **3.** (*prägn.*) **a)** durcharbeiten, bearbeiten, *bsd. den Acker* auflockern (*alqd u. alqd re, zB. humum, terras fissione glaebarum*, °*secures in cote* schärfen, °*opus digitis* glatt streichen, °*scrobes subactae* aufgelockerte); *auch* (*dcht., nkl.*) *sexuell* [*ancillam*]; *auch in obszönem Doppelsinn m.* 2b; **b)** durchbilden, schulen [°*homines bellis, ingenium*]; **c)** (*Tiere*) zähmen [*beluam*]. **4.** *jd.* hart mitnehmen, plagen, bedrängen, *meist P.* [*alqm inopiā*, °*Romanos acriter*].

sŭb-iī *s. sŭbĕō.*

sŭb-impŭdēns, *ēntĭs* ziemlich (*od. etw.*) unverschämt.

sŭb-ĭnānĭs, *ĕ* ziemlich (*od. etw.*) eitel.

sŭb-ĭndĕ (*nkl., dcht.*) **1.** gleich darauf. **2.** immer wieder, wiederholt. **3.** allmählich.

sŭb-ĭnsŭlsŭs 3 *etw.* abgeschmackt.

sŭb-ĭnvĭdĕō, — — 2. ein wenig beneiden *od.* eifersüchtig sein (*alci; m. a.c.i.*).

sŭb-ĭnvīsŭs 3 *etw.* verhaßt.

sŭb-ĭnvītō 1. unter der Hand auffordern (*alqm; m. ut*).

sŭb-īrāscŏr, — 3. *etw.* zürnen (*abs. od. m. dat.; m. quod*).

sŭb-īrātŭs 3 *etw.* zornig *od.* unwillig, verstimmt (*abs. od. alci*).

sŭb-īrĕ *s. sŭbĕō.*

sŭbĭtānĕŭs 3 (*sŭbĭtŭs*) (*nkl.*) plötzlich entstehend.

sŭbĭtārĭŭs 3 (*sŭbĭtŭs*) (*vkl., nkl.*) plötzlich (entstanden), in Eile zustande gebracht [*milites* in Eile ausgehoben]; dringlich.

sŭb-ĭtŭm *P.P.P. v. sŭbĕō.*

▶**sŭbĭtŭs** 3 (*adv.* **-ō**) (*vl. nicht* ‹ *P.P.P. v. sŭbĕō, sondern* ‹ *sŭb* + *ĭtŭs* = „heruntergegangen, plötzlich niedergestürzt"; *cf.* °*clivus subitus* „steiler Abhang" *im Ggs. zu fastigium molle*) plötzlich, unvermutet, unerwartet, dringlich, eilig, *v. Sachen, selten v. Pers.* [*bellum, tempestas, consilium* überstürzt, *oratio* Stegreifrede, *tempus* drängende Lage, °*miles* in aller Eile zusammengeraffte Mannschaft, °*multitudo* plötzlich anstürmend; *-um est alci* es ist *j-m* zu plötzlich, *m. inf.*]; *subst.* **sŭbĭtŭm,** *ī n* das Plötzliche *od.* Dringliche, unvermutetes Ereignis, unerwarteter Vorfall, *meist pl.* [*belli, rerum*], *auch etw.* aus dem Stegreif Vorgetragenes; — *adv.* **sŭbĭtō** plötzlich, unvermutet, hastig; *bsd.* aus dem Stegreif [*dicere*].

sŭb-iŭgō 1. (*Hypost.* < **sŭb iŭgŭm, sc. mĭttō*) (*nkl.*) unter das Joch schicken, unterwerfen [*exercitum*].

sŭbiŭnctīvŭs 3 (*aus sŭbiŭnctŭs, P.P.P. v. sŭbiŭngō, erweitert*) (*Gramm.*) verbindend [*modus* Konjunktiv].

sŭb-iŭngō, *iūnxī, iūnctŭm* 3. **1. a)** (*dcht.*) (unten) verbinden, anfügen, hinzufügen (*alqd alci rei, zB. puppis rostro Phrygios subiuncta leones* ein Schiff, an dessen Vorderteil phrygische Löwen angebracht waren, *tigres curru* anspannen); / **b)** verbinden [°*carmina nervis* Lied *u.* Saitenspiel]; **c)** *etw.* in das Gebiet *j-s od. einer Sache* ziehen (*alqd alci od. alci rei, zB. omnes artes oratori*); **d)** (*nkl.*) (*mündl. od. schriftl.*) hinzufügen [*preces*]. **2.** unterwerfen, unterjochen (*alqm u. alqd sub alqd u.* °*alci, zB. urbes sub alcis imperium;* °*provincias imperio alcis*).

sŭb-lābŏr, *lāpsŭs sŭm* 3. (*dcht., nkl.*) **1.** unvermerkt heranschleichen [*lues, vetustas*]. **2.** niedersinken, verfallen, *auch* / [*spes*].

sŭblātĭō, *ōnĭs f* (*tŏllō*) **1. a)** (*metr. t.t.*) (*Qu.*) Hebung (*des Tons* = ἄρσις); **b)** Erhebung [*animi*]. **2.** (*Qu.*) Aufhebung [*iudicii*].

sŭb-lātŭs[1] *P.P.P. v. sŭffĕrō u. tŏllō.*

sŭblātŭs[2] 3 (*m.* °*comp.; adv.* **-ē**) (*eigtl. P.P.P. v. tŏllō*) **1.** erhaben [*-e dicere*]. **2.** (*pejorativ*) hochfahrend, stolz [*sublatius dicere de re; re* wegen *od.* über *etw., zB. victoriā*].

sŭblĕctō 1. (*intens. v.* **sŭb-lĭcĭō; cf. ăllĕctō, ăllĭcĭō*) (*Pl.*) ködern, locken.

sŭb-lĕgō, *lēgī, lēctŭm* 3. (*unkl.*) **1.** unten auflesen (*alqd*). **2. a)** heimlich wegnehmen; **b)** / belauschen, ablauschen (*alqd u. alci alqd*). **3.** nachwählen (*alqm in locum alcis od. in numerum alqm; senatum* durch Nachwahl ergänzen).

sŭblĕstŭs 3 (*m. comp. u. sup.*) (*wohl* < -**lăstŭs zu got.* las-iws „schwach") (*Pl.*) schwach, gering.

sŭblĕvātĭō, *ōnĭs f* (*sŭblĕvō*) Erleichterung, Linderung.

▶**sŭb-lĕvō** 1. **1.** aufrichten, emporheben (*alqm, bsd. se, selten alqd,* °*terrā* vom Boden, *iubis sublevari* sich festhalten an). **2.** / **a)** *jd.* unterstützen, fördern, helfen (*alqm u. alqd, zB. vicinos opibus suis,* °*fugam alcis, causam inimici*); **b)** *etw.* leichter machen, (ver-)mindern, erleichtern, lindern [*pericula, alcis statum*].

sŭblĭcă, *ae f* (*vl. eigtl.* „unter Wasser befindlicher [Pfahl]", *zu sŭb u. lĭquŏr*) *eingerammter* Pfahl, *bsd.* Brückenpfahl.

sŭblĭcĭŭs 3 (*sŭblĭcă*) (*nkl.*) auf Pfählen ruhend [*pons* Pfahlbrücke *über den Tiber*].

sŭblĭgācŭlŭm, *ī n u.* (*dcht., nkl.*) **-lĭgăr,** *ārĭs n* (*sŭblĭgō*) Schurz.

sŭb-lĭgō 1. (*vkl., dcht.*) *v.* unten an *etw.* binden *od.* befestigen (*alqd alci rei, zB. ensem lateri*); / (*P.P.P.*) *adi.* **sŭblĭgātŭs** 3 aufgeschürzt [*virgo*].

sŭblīmĕn *adv.* (*wohl Hypost.* < **sŭb līmĕn* „bis unter die [obere] Schwelle reichend") (*vkl.*) in die Höhe [*alqm ~ (au)ferre, rapere, arripere*].

▶**sŭblīmĭs,** *ĕ* (*m.* °*comp.; adv.* **-ē** *u.* °**-ĭtĕr**) (*wohl zu sŭblīmĕn*) (*unkl.; klass. nur adv.* **-ē**) **1.** hoch in der Luft befindlich, schwebend, *übh.* emporragend, hoch, *v. Pers. u. Sachen* [*alqs -is abit od. fertur, -es in equis redeunt* hoch zu Roß, *-is ab unda* hochschwebend auf der Woge, °*alqm -em rapere u. ferre, tectum, flagellum* hoch geschwungen, *anhelitus* hochfliegend]; *subst.* °**sŭblīmĕ,** *ĭs n* Höhe, Luft [*in -e ferri*]. **2.** / **a)** erhaben, hehr, berühmt [*carmen, nomen*]; *auch* hochstrebend [*mens*]; *subst.* **-ĭă,** *ĭŭm n* (*Bed.-Lw.* < τὰ μετέωρα) (*Ho.*) erhabene Forschungen; **b)** (*pejorativ*) hochfahrend, stolz [*animus*]. **3.** *adv.* **sŭblīmĕ a)** in der Höhe, oben in der Luft [*putescere*]; **b)** in die Höhe, durch die Luft [*alqm ferre,* °*volare*].

sŭblīmĭtās, *ātĭs f* (*sŭblīmĭs*) (*nkl.*) Höhe; / Erhabenheit; Schwung *e-r Rede; meton.* (*spätl.*) *summae sublimitates* die höchsten Würdenträger. — ***apex sublimitatis Anrede an den Kaiser.*

sŭblīmō 1. (*denom. v. sŭblīmĭs*) **1.** (*vkl., nkl.*) hoch erheben, emporheben. **2.** / (*vkl., spätl.*) erhöhen.

sŭb-lĭngŭlō, *ōnĭs m* (*Scherzbildung zu lĭngō*) (*Pl.*) „Unterbelecker" (*der Schüsseln, aber vl. m. obszöner Nebenbedeutung*) [*coqui ~* = Küchenjunge].

sŭb-lĭnō, *lĭvī, lĭtŭm* 3. **1.** (*nkl.*) (heimlich) beschmieren. **2.** / (*Pl.*) (*sprichw.*) *alci od. alcis ōs jd.* anschmieren, betrügen [*illi lenae*].

sŭb-lūcĕō, *lūxī,* — 2. (*dcht., nkl.*) (von) unten hervorleuchten, durchschimmern.

sŭb-lŭō, *lŭī, lūtŭm* 3. (*lăvō*) **1.** (*dcht., nkl.*) unten (ab)waschen [*inguina*]. **2.** / unten bespülen (*alqd, zB. montem*); *auch* °P.

sŭb-lūstrĭs, *ĕ* (*cf. illūstrĭs*) (*nkl., dcht.*) *etw.* hell, dämmerig [*nox* Zwielicht].

sŭb-m... *s. auch sŭmm...*

sŭb-mĕrŭs 3 (*Pl.*) ziemlich unvermischt.

sŭb-mĭnĭă, *ae f* (*mĭnĭŭm*) (*Pl. Epid.* 232 P.: *sub miniam; cf. sŭbnĭmĭŭm*) blaßzinnoberrotes Kleid.

sŭbmīssĭm *adv.* (*sŭbmīssŭs; s. sŭmmīssŭs*) (*nkl.*) leise.

sŭb-mŏlĕstŭs 3 (*adv.* **-ē**) ziemlich beschwerlich (*od.* unbehaglich).

sŭb-mōrōsŭs 3 *etw.* mürrisch.

sŭb-nāscŏr, *nātŭs sŭm* 3. (*dcht., nkl.*) (unten) empor- *od.* nachwachsen.

sŭb-nĕctō, *nĕxŭī, nĕxŭm* 3. (*dcht., nkl.*) **1.** unten anknüpfen *od.* anbinden (*alqd alci rei, zB. cervici circlos* Ringe um den Nacken schlingen, *aurea exsertae cingula mammae;* P. *m. griech. acc.*). **2. a)** (unten) zusammenhalten, gürten [*balteum gemmā*]; **b)** / hinzufügen [*fabulam; m. a.c.i.*].

sŭb-nĕgō 1. halb *u.* halb abschlagen.

sŭb-nĭgĕr, *gră, grŭm* (*vkl., nkl.*) [schwärzlich.

sŭb-nĭmĭŭm, *ī n* (*Pl. Epid.* 232 [*Nonius* 560]) *scherzh. Name für ein etw. zu großes Kleid* (*Ggs. sŭppărŭm* = *sŭb-părŭm*).

sŭb-nīsŭs *u.* **sŭb-nīxŭs** 3 (*nītŏr*[2]) **1.** auf *etw.* sich stützend, an *etw.* sich lehnend (*re, zB. verticibus,* / °*urbs muro -a*). **2.** / **a)** auf *etw.* sich verlassend, trotzend (*re, zB.* °*auxiliis,* °*victoriā*); **b)** (*abs.*) zuversichtlich [°*animus*].

sŭb-nŏtō 1. (*nkl., dcht.*) **1.** *etw.* unten anmerken. **2.** unterzeichnen. **3.** (heimlich) bemerken, auf *jd.* zeigen [*alqm digito*].

sŭb-nŭbă, *ae f* (*nūbō; eigtl.* „Unterfrau"; *cf. prōnŭbă*) (*Ov.*) Kebsweib, Nebenbuhlerin [*lecti nostri*].

sŭb-nūbĭlŭs 3 leicht bewölkt [*nox*].

sŭbō 1. (*cf.* σύβαξ „brünstig") (*nkl., dcht.*) brünstig sein; / *v. e-r geilen Vettel subando tenta cubilia rumpit.*

sŭb-ŏbscēnŭs 3 *etw.* zweideutig.

sŭb-ŏbscūrŭs 3 (*adv.* °**-ē**) *etw.* dunkel *od.* unverständlich.

sŭb-ŏdĭōsŭs 3 *etw.* verdrießlich.

sŭb-ŏffĕndō, — — 3. *etw.* Anstoß erregen (*apud alqm*).

sŭb-ŏlēs, *ĭs f* (*cf. prōlēs; ălō*) **1.** Nachwuchs, Nachkommenschaft, *v. Tieren auch* °Brut (*alcis, zB. iuventutis,* °*Romae* Jugend). **2.** (*nkl., dcht.*) Sprößling, Sohn [*Archytae; auch v. Tieren, zB. lascivi gregis*]; (*pl. unkl., gen. -ŭm*).

sŭb-ŏlēscō, — — 3. (*incoh. v. ălō; cf. ădŏlēscō*) (*nkl.*) heranwachsen.

sŭb-ŏlĕt, — — 2. *u.* **-ŏlĭt,** — — 3. (*Com.*) *impers.* (*mihi*) ich wittere *etw.*, merke *etw.*

sŭb-ŏrĭŏr, — 4. (*dcht., nkl.*) allmählich nachwachsen.

sŭb-ōrnō 1. **1.** (heimlich) *m. etw.* ausrüsten *od.* versehen (*alqm u. alqm re, zB.* °*pecuniā*). **2.** *jd.* insgeheim anstiften, bestimmen, *bsd. zu etw. Bösem* (*alqm, zB. fictum testem; alqm adversus alqm od. ad u. in alqd, zB.* °*in bellum; m. ut; m. indir. Frages.*).

sŭbŏrtŭs, *ūs m* (*sŭbŏrĭŏr*) (*Lu.*) allmähliche Entstehung.

sŭbp... = *sŭpp...*, **sŭbr...** *auch* = *sŭrr...*

sŭb-rāncĭdŭs 3 *etw.* ranzig *od.* stinkend [*caro*].

sŭb-raucŭs 3 *etw.* heiser [*vox*].

sŭb-rēctŭs *u.* **sŭr-rēctŭs** *s. sŭbrĭgō u. sŭrgō.*

sŭb-rēmĭgō 1. (*dcht., nkl.*) nachrudern.

sŭb-rēpō, *rēpsī, rēptŭm* 3. **1.** unter *etw.* kriechen [*sub tabulas*]. **2.** / (*dcht., nkl.*) sich (heimlich) einschleichen [*somnus in oculos*]. **F.** *pf.-Formen synk.:* °*sŭrrēpstī* = *sŭrrēpsīstī.*

sŭbrēptīcĭŭs 3 (*sŭbrēptŭs, P.P.P. v. sŭbrēpō*) (*Pl., Curc. 205?*) verstohlen [*amor*]; *cf. sŭrrŭptīcĭŭs.*

sŭb-rēxī *s. sŭbrĭgō.*

sŭb-rīdĕō, — — 2. lächeln (°*alci j-m* zulächeln).

sŭb-rīdĭcŭlē *adv. etw.* lächerlich.

sŭb-rĭgō, *rēxī, rēctŭm* 3. (*rĕgō*) (*nkl., dcht.*) = *sŭrgō* emporrichten (*alqd, zB. mucronem,* °*aures* spitzen); P. emporstehen.

sŭb-rĭngŏr, — — 3. die Nase *etw.* rümpfen, empfindlich werden.

sŭb-rōstrānī, *ōrŭm m* (*Hypost.* ⟨ **sŭb rōstrīs* [*vĕrsāntēs*]) (*Caelius b. Ci.*) (*eigtl.* „die bei der Rednertribüne auf dem Forum sich Herumtreibenden") Pflastertreter.

sŭb-rŭbĕō, — — 2. (*dcht.*) rötlich sein; (*part. praes.*) *adi.* -*ēns, ĕntĭs* rötlich.

sŭb-rŭbĭcŭndŭs 3 (*nkl.*) rötlich, hochrot.

sŭb-rūfŭs 3 (*nkl.*) *etw.* rötlich; *subst. m* (*Pl.*) Rotkopf.

sŭb-rŭō, *rŭī, rŭtŭm* 3. (*rŭō*[2]) **1.** untergraben, zum Einsturz bringen, niederreißen [*murum, arbores a radicibus*]; P. einstürzen. **2.** / (*nkl., dcht.*) wankend machen, vernichten [*libertatem*].

sŭb-rŭpĭō 3. (*altl.*) = *sŭrrĭpĭō.*

sŭb-rūstĭcŭs 3 (*adv.* °-**ē**) *etw.* bäurisch *od.* roh [*pudor*].

sŭb-rŭtĭlŭs 3 (*nkl.*) *etw.* rötlich.

sŭb-scrībō, *scrīpsī, scrīptŭm* 3. **1.** darunterschreiben, unten hinschreiben (*alqd, zB. causam parricidii; alqd alci rei, zB.* °*haec libello*). **2.** (*nkl.*) (*ein Schriftstück*) unterschreiben, -zeichnen (*alqd, auch de re, zB. alcis iudicium, de supplicio alcis*). **3.** aufschreiben, verzeichnen [*numerum aratorum*]. **4. a)** (*vom Zensor*) *den Grund der Rüge* beifügen *od.* vermerken (*alqd, zB. istam causam*); **b)** (*vom Kläger*) die Klageschrift unterschreiben = Kläger sein, klagen (*in alqm* gegen *jd.*; *m. a.c.i. od. quod*); **c)** (*vom Mitkläger*) die Klageschrift mit unterschreiben = Mitankläger sein (*in alqm* gegen *jd.*; *alci in alqm* sich der Klage *j-s* gegen *jd.* anschließen); **d)** (*nkl.*) durch Unterschrift genehmigen [*quingenties sestertium ad peragendam auream domum*]; **e)** / (*nkl., dcht.*) beipflichten, begünstigen, billigen (*alci rei, zB. odiis, irae Caesaris*); **f)** (*nkl., dcht.*) *einem amtlichen Schreiben* eine Grußformel beifügen.

sŭbscrīptĭō, *ōnĭs f* (*sŭbscrībō*) **1. a)** Unterschrift (*alcis*), *auch unten angebrachte* Aufschrift; **b)** (*durch Unterschrift bestätigtes*) Verzeichnis [*iugerum*]. **2. a)** zensorischer Vermerk (*über den Grund der Rüge*) [*censoria, censorum*]; **b)** (*nkl.*) Anklageschrift [-*em componere*]; **c)** Unterschrift des Mitanklägers, *übh.* Mitanklage; **d)** (*nkl.*) Grußformel *am Ende e-s amtlichen Schreibens.*

sŭbscrīptŏr, *ōrĭs m* (*sŭbscrībō*) Mitkläger.

sŭbsĕcīvŭs 3 = *sŭbsĭcīvŭs.*

sŭb-sĕcō, *sĕcŭī, sĕctŭm* 1. (*unkl.*) unten abschneiden [*ungues ferro*].

sŭb-sĕcūtŭs *part. pf. v. sŭbsĕquŏr.*

sŭb-sĕllĭŭm, *ī n* (*Hypost.* ⟨ *sŭb sĕllā*) **1.** (*vkl.*) niedrige Bank. **2.** °**a)** *jede* Bank *im Hause*; **b)** *pl.* -*a* Sitzbänke *in den öffentlichen Gebäuden* (*Gericht, Theater, Senat u. a.*). **3.** *bsd. pl.* Gerichtssaal; *meton.* Gericht(e), Prozesse [*in -is versari, utraque -a* Kriminal- *u.* Zivilprozesse]; *sprichw. longi subsellii iudicatio et mora* zögernde Prüfung *im Senat,* bei der alles auf die lange Bank (*der Senatoren u. der Kurie*) geschoben wird.

sŭb-sĕntĭō, *sēnsī,* — 4. (*Te.*) herausfühlen, merken.

▶ **sŭb-sĕquŏr,** *sĕcūtŭs sŭm* 3. **1.** unmittelbar (nach)folgen, *v. Pers. u. Sachen, auch zeitlich u.* / (*abs., zB. cum copiis; alqm u. alqd, zB. Platonem, stella Veneris solem*); *übh.* begleiten. **2.** / **a)** sich nach *etw.* richten, *etw.* nachahmen (*alqm u. alqd, zB. senatum, humanitatem litterarum alcis*); **b)** (*nkl.*) gleichkommen (*alqd*).

sŭb-sĕrvĭō 4. (*vkl., nkl.*) **1.** unterwürfig sein. **2.** zu Hilfe kommen.

sŭbsĕssŏr, *ōrĭs m* (**sŭb-sĭdĕō*) (*nkl*). Aufpasser, Jäger, Bandit.

sŭbsĭcīvŭs 3 (*sŭbsĕcō, eigtl.* „abgeschnitten" = abfallend") **1.** (*vkl., nkl.*) übrigbleibend [*ager*]; *subst. n* (*oft pl.*) das beim Vermessen übrigbleibende Land [-*a, quae divisis per veteranos agris carptim superfuerunt* nach der Ackerverteilung an die Veteranen]. **2.** / *v. der Berufsarbeit* erübrigt, frei, Neben... [*tempora* Mußestunden, *opera* Nebenarbeiten].

sŭbsĭdĭārĭŭs 3 (*sŭbsĭdĭŭm*) *mil.* zur Reserve gehörig, Reserve... [*cohortes*]; *subst.* -**ī,** *ōrŭm m* (*Li.*) Reservetruppen.

sŭbsĭdĭŏr 1. (*denom. v. sŭbsĭdĭŭm*) (*nkl.*) in Reserve stehen [*longius in* weiterer Entfernung].

▶ **sŭb-sĭdĭŭm,** *ī n* (⟨ *sŭb* + **sĕdĭŏm*; *sĕdĕō*) **1.** *mil.* **a)** (*concr.*) Reserve, *meist pl.* Hilfskorps [-*a* °*adoriri,* °*legiones in -is locare* als Reserve]; **b)** (*abstr.*) Hilfe. **2.** / **a)** Rückhalt, Beistand, Zuflucht, Hilfe (*alcis j-s, zB. populi Romani; alcis rei, zB. consulatūs; -um ferre u. mittere, -um ponere in fuga, -o ire u. venire; -o esse* zum Schutze dienen, *alci j-m, alci rei* gegen *etw., zB. difficultatibus*); **b)** *meton.* **α)** Hilfsmittel (*alcis rei e-r* Sache *u.* für *od.* gegen *etw., zB. rei publicae, belli,* °*annonae, -a sibi parare ad omnes casus*); **β)** (*nkl.*) Zufluchtsort, Asyl [*frumentarium, alcis j-s, alci rei* für *etw., zB. navigiis* Landungsplatz].

sŭb-sīdō, *sēdī, sĕssŭm* 3. **1. a)** sich niedersetzen, sich niederlassen, niederkauern (*abs. od.* °*clunibus,* °*in genua;* °*alci* vor *jd., zB. equae maribus* sich begatten lassen); **b)** auflauern [°*in insidiis, in loco;* °*alci u.* °*alqm, zB. Asiam devictam* dem Besieger Asiens]. **2.** / (*nkl., dcht.*) (*v. Sachen*) sich senken, sich legen, sinken, sich vermindern [*aqua, flumina* fallen, *aquarius* geht unter, *ebur digitis* = läßt sich drücken]. **3. a)** (*v. Pers.*) zurückbleiben, *bsd.* sich ansiedeln (*abs. u. in castris, in via, in Sicilia*); **b)** (*nkl.*) (*v. Sachen*) festsitzen, steckenbleiben [*navicula in Nilo*].

sŭb-sīgnānŭs 3 (-*ī*-?) (*Hypost.* ⟨ *sŭb sīgnīs*) (*nkl.*) unter den Fahnen befindlich [*milites* Reservetruppen].

sŭb-sīgnō 1. (-*ī*-?) **1.** eintragen (lassen) [*praedia apud aerarium*]. **2. a)** (*eigtl.* „untersiegeln") urkundlich verpfänden [°*praedia*]; **b)** / (*Pli.*) sich verbürgen [*fidem* für].

sŭb-sĭlĭō, *sĭlŭī,* — 4. (*sălĭō*) (*unkl.*) **1.** emporspringen. **2.** hineinspringen.

sŭbsĭstĕntĭă, *ae f* (*sŭbsĭstō*) (*spätl.*) = ὑπόστασις Bestand, Substanz.

sŭb-sĭstō, *stĭtī,* — 3. **1.** (*trans.*) (*seit. Li.*) stehen machen, stellen = den Kampf bestehen *m. jd.* [*feras, Romanum*]. **2.** (*intr.*) **a)** stillstehen, stehen bleiben, haltmachen (*abs., zB. toto agmine; od. in itinere, ad agmen*); *auch v. Sachen, zB.* °*lingua timore* stockt; **b)** (*nkl., dcht.*) aufhören, *zB. clamor* verstummt; **c)** zurückbleiben, verweilen [*Arimini,* °*diutius,* °*domi,* °/ *intra paupertatem*]; **d)** Widerstand leisten, standhalten (*abs. od. alci u. alci rei, zB. Hannibali,* °*sumptui* gewachsen sein); *abs. auch v. Sachen* = halten [*ancorae u. funes subsistunt*]. — ** = esse da sein.

sŭb-sōlānŭs, *ī m* (*sōl; Bed. Lw.* ⟨ ἀπηλιώτης, ἀφηλιώτης; *cf. ăpēlĭōtēs*) (*nkl.*) Ostwind.

sŭb-sōrtĭŏr 4. (zum Ersatz) auslosen [*iudices* neue Richter].

sŭbsōrtītĭō, *ōnĭs f* (*sŭbsōrtĭŏr*) Auslosung des Ersatzes [*iudicum*].

*****sub specie aeternitatis** *s. spĕcĭēs.*

sŭbstāntĭă, *ae f* (*sŭbstāns, part. praes. v. sŭbstō*) (*nkl.*) **1.** Wesen, Beschaffenheit. **2.** Vermögen [*facultatum* Subsistenzmittel]. **3.** das Vorhandensein. — **Substanz, Eigentum, Ware.

sŭb-stĕrnō, *strāvī, strātŭm* 3. **1. a)** (*unkl.*) unterstreuen, -breiten, -legen [*verbenas; sexuell se -ere*]; **b)** *etw.* unten bestreuen *od.* bedecken [*nidos* auspolstern]. **2.** / preisgeben, unterwerfen [*omne corporeum animo,* °*pudicitiam alci* opfern].

sŭb-stĭtŭō, *ŭī, ūtŭm* 3. (*stătŭō*) **1.** (*nkl.*) *etw.* darunter *od.* hinter *etw.* stellen [*milites post elephantos*]. **2.** / (*nkl.*) unterschieben: **a)** *alqd animo* sich im Geiste *etw.* vorstellen; **b)** *jd.* schuld geben an *etw.* [*alqm crimini*]. **3. a)** an die Stelle *j-s od. e-r Sache* setzen (*alqm pro alqo od. in locum alcis,* °*alci, alqd pro re od. in locum alcis rei; m.* °*dopp. acc., zB. alqm tutorem, im*

P. *m.* °*dopp. nom.*); **b)** (*nkl.*) als Nacherben einsetzen.

sŭb-stō, — — 1. (*Te.*) standhalten.

sŭbstrīctŭs 3 (*m. comp.*) (*eigtl. P.P.P. v. sŭbstrīngō*) (*dcht., nkl.*) schmächtig, dünn [*crura*].

sŭb-strīngō, *strīnxī, strīctŭm* 3. (*strīnxī?*) (*nkl., dcht.*) **1.** (*v. unten nach oben*) aufbinden [*crinem nodo*]; *carbasa* die Segel einziehen; / *aurem alci* spitzen für *jd., d. h. jd.* aufmerksam zuhören. **2.** / (*rhet. t.t.*) kürzer fassen.

sŭbstrūctĭō, *ōnĭs f* (*sŭbstrŭō*) Unterbau [*theatri*].

sŭb-strŭō, *strūxī, strūctŭm* 3. (*vkl., nkl.*) **1.** den Unterbau herstellen; / *fundamentum liberorum* den Grund legen für K. **2.** *m.* einem Unterbau versehen [*Capitolium saxo quadrato*]; *bsd.* (*Wege*) beschottern [*vias glareā*].

sŭb-sŭltīm *adv.* (*sāltim*) (*Suet.*) in kleinen Sprüngen.

sŭb-sŭltō 1. (*sāltō*) (*Pl.*) in die Höhe springen; / (*Qu.*) *v. der Rede* [*ne sermo subsultet imparibus spatiis ac sonis*].

sŭb-sŭm, —, *sŭbĕssĕ* **1.** (*unkl.*) **a)** darunter sein, hinter *etw.* sein *od.* liegen (*abs., zB. planities subest; alci rei, zB. pectora collo; auch ulcus intra cutem*); **b)** in *etw.* verborgen sein [*unca aera cibis*]. **2. a)** untergeordnet sein [*pars subest generi*]; **b)** *e-r Sache* zugrunde liegen, dahinterstecken, vorhanden sein (*abs. od. in re u.* °*alci rei, zB. suspicio, alia causa,* °*ratio his vitiis*); **c)** *jd.* zu Gebote stehen (*alci, zB. crudelissimus Phalaris illi regi; ad alqd*). **3. a)** in unmittelbarer Nähe sein (*abs. u. alci rei, zB. mons*); **b)** (*zeitl.*) bevorstehen [*hiems*].

sŭb-sŭō, —, *sūtŭm* 3. (*dcht.*) unten benähen *od.* besetzen [*vestem institā*].

sŭb-tēmĕn, *ĭnĭs n* (‹ **-tĕxmĕn zu tĕxō, eigtl.* „das Eingewebte") (*unkl.*) **1.** Einschlag *des Gewebes.* **2.** *meton.* Gewebe, Garn, Faden, *bsd. v. den* Schicksalsfäden der Parzen [*certum*].

sŭbtĕr (*zu sŭb wie praetĕr: prae*) **1.** *adv.* unterhalb, untenhin, unten [*omnia quae supra et* ~ *sunt*]. **2.** *prp. b. acc.* (*Frage: wohin?*) *u.* °*abl.* (*Frage: wo?*): unterhalb, unter... hin, unter, *auch* / [~ *terram, cupiditatem* ~ *praecordia locare,* °~ *densa testudine*]. — *In der Komposition auch*: heimlich, geheim [*subterfugio*].

sŭbtĕr-cŭtānĕŭs 3 (*cŭtĭs*) (*spätl.*) unter der Haut befindlich [*morbus* Wassersucht].

sŭbtĕr-dūcō, *dūxī, dūctŭm* 3. (*Pl.*) heimlich entziehen [*se -ere* sich davonschleichen].

sŭbtĕr-flŭō, — — 3. (*nkl.*) unter *etw.* wegfließen [*terras*].

sŭbtĕr-fŭgĭō, *fūgī,* — 3. **1.** (*intr.*) (*vkl., nkl.*) heimlich entfliehen (*abs.*). **2.** (*trans.*) listig *e-r Sache* sich entziehen, *etw.* vermeiden (*alqd, zB. poenam*).

sŭbtĕr-lābŏr, *lāpsŭs sŭm* 3. (*nkl., dcht.*) **1.** unter *etw.* hinfließen (*alqd, zB. muros*). **2.** entschlüpfen, entwischen.

sŭb-tĕrō, *trīvī, trītŭm* 3. (*vkl., nkl.*) unten abreiben; *se -ere u. mediopass.* sich die Hufe ablaufen.

sŭb-tĕrrānĕŭs 3 (*Hypost.* ‹ *sŭb tĕrrā*) unterirdisch [*specus*].

sŭbtĕr-văcō 1. (*Se.*) unterhalb leer sein.

sŭb-tĕxō, *xŭī, xtŭm* 3. (*nkl., dcht.*) *nur* / **1.** *etw.* als Schleier vorziehen (*alci alqd, zB. nubes capiti*); *auch* verhüllen (*alqd re, zB. caelum fumo*). **2. a)** *in die Rede* einflechten [*carmina chartis*]; **b)** an *etw.* anschließen *od.* anfügen (*alci rei alqd, zB. argumentationem; m. a.c.i.*).

▶**sŭb-tīlĭs,** *ĕ* (*m. comp. u.* °*sup.; adv.* **-ĭtĕr**) (*zu tēlă; Übergang *ē* › *ī ungeklärt; eigtl.* „untergewebt, feingewebt") **1.** (*dcht., nkl.*) fein, dünn, zart [*filum*]. **2.** / **a)** (*nkl., dcht.*) fein(fühlend), *bsd.* feinschmeckend [*palatum*]; **b)** feinsinnig, geschmackvoll [*iudicium,* °*iudex,* °*lector*]; **c)** scharfsinnig, genau, gründlich, klar, *übh.* geistreich, *bisw.* = philosophisch, abstrakt [*argumentatio, definitio, -iter disserere, -iter scribere ad alqm* ausführlich]; **d)** (*rhet. t.t.*) schlicht, einfach, *stets lobend* [*oratio, dicendi genus, scriptor, -iter dicere u. causas agere*].

sŭbtīlĭtās, *ātĭs f* (*sŭbtīlĭs*) **1.** (*nkl.*) Feinheit, Zartheit, Schlankheit [*linearum, vestis; muliebris*]. **2.** / **a)** Feinfühligkeit, ästhetischer Geschmack [*sententiarum;* °*credunt militaribus ingeniis subtilitatem deesse* Fingerspitzengefühl]; **b)** Scharfsinn, Genauigkeit, Gründlichkeit [*linguae, sermonis, disserendi; remota subtilitate disputandi* ohne uns auf scharfsinnige wissenschaftliche Untersuchungen einzulassen]; **c)** Schlichtheit, Einfachheit, ungekünstelte Schönheit [*orationis, subtilitatem Lysias habet*].

sŭb-tĭmĕō, — — 2. insgeheim fürchten (*m. ne*).

sŭb-trăhō, *trāxī, trāctŭm* 3. **1.** (*nkl., dcht.*) unter *etw.* hervorziehen (*alqm alci u. alqd alci rei, zB. mortuum superincubanti Romano*). **2. a)** heimlich wegziehen, entziehen, entreißen, *oft* / (*alqm, zB.* °*milites a dextro cornu; alqd, zB. aggerem cuniculis* zum Einsturz bringen, °*pecuniam* unterschlagen, °*oculos* abwenden; *alqm u. alqd alci od. alci rei, zB. alci cibum, materiam furori*); *auch* (*nkl.*) weglassen = verschweigen [*nomen alcis*]; **b)** *se subtrahere od. mediopass. subtrahi* sich zurückziehen, (zurück)weichen (*abs., zB.* °*solum subtrahitur* schwindet *jd.* unter den Füßen; *a re u.* °*alci rei, zB. se a curia et ab omni parte rei publicae, se amplexu alcis*].

sŭb-trīstĭs, *ĕ* (*vkl., nkl.*) *etw.* traurig.

sŭbtŭrpĭcŭlŭs 3 (*demin.*) = *sŭbtŭrpĭs.* [schimpflich.]

sŭb-tŭrpĭs, *ĕ* ziemlich (*od. etw.*)

sŭbtŭs (*sŭb, cf. ĭn-tŭs*) (*nkl.*) **1.** *adv.* unten, unterhalb. **2.** *prp. b. acc.* unter(halb).

sŭb-tŭsŭs 3 (*eigtl. P.P.P. v. tŭndō*) (*Ti.*) *etw.* zerschlagen.

sŭb-ŭcŭlă, *ae f* (*cf. ĕx-ŭō*) (*unkl.*) wollenes (Unter-)Hemd.

sŭbŭlă, *ae f* (*sŭō*) (*nkl.*) Pfriem, Ahle; *sprichw. subulā leonem excipis?* waffnest du dich so schlecht gegen eine große Gefahr?

sŭbŭlcŭs, *ī m* (*sūs* + *-bŭlcŭs; cf.* φυλακός = φύλαξ „Wächter") (*nkl., dcht.*) Schweinehirt.

Sŭbūră, *ae f* (*sŭb; 2. Glied vl. etr.*) *geräuschvolles Stadtviertel in Rom m. Lebensmittelmarkt, Buden u. Kneipen, berüchtigter Wohnort v. Nutten u. Gesindel; adi.* **-ānŭs** [*clivus* Esquilin].

sŭbŭrbānĭtās, *ātĭs f* (*sŭbŭrbānŭs*) Nähe der Stadt (Rom).

sŭb-ŭrbānŭs 3 nahe bei der Stadt gelegen, vorstädtisch [*villa, gymnasium,* °*caulis* in der Nähe der Stadt gezogen]; *subst.* **-ŭm,** *ī n* Landgut bei Rom; °**-ī,** *ōrŭm m* (*dcht.*) Bewohner der Nachbarorte Roms.

sŭb-ŭrbĭŭm, *ī n* (*Hypost.* ‹ *sŭb ŭrbe*) Vorstadt.

sŭb-ŭrgĕō, — — 2. (*dcht.*) nahe herandrängen (*alqd ad alqd, zB. proram ad saxa*).

sŭb-ūrō, *ŭssī, ŭstŭm* 3. (*ŭssī, ŭstŭm?*) (*nkl., dcht.*) ein wenig versengen.

*****sub utraque (specie)** *s. spĕcĭēs.*

sŭbvĕctĭō, *ōnĭs f* (*sŭbvĕhō*) Zufuhr [*frumenti*], *auch pl.*

sŭbvĕctō 1. (*intens. v. sŭbvĕhō*) (*unkl.*) herbeischaffen, zuführen [*corpora cymbā*].

sŭbvĕctŭs, *abl. ū m* (*Ta.*) = [*sŭbvĕctĭō.*]

sŭb-vĕhō, *vēxī, vĕctŭm* 3. **1.** hinaufführen, -bringen, stromaufwärts fahren [*frumentum flumine*]. **2.** *mediopass.* (*dcht., nkl.*) hinauf-, stromaufwärts fahren.

sŭb-vĕllō, —, *vŭlsŭm* (*vōlsŭm*) 3. (*vkl., nkl.*) *etw.* glatt rupfen [*feminibus subvolsis*]; *bsd. subvellor* mir werden die Schamhaare ausgerupft.

▶**sŭb-vĕnĭō,** *vēnī, vĕntŭm* 4. **1.** zu Hilfe kommen, *bsd. mil., übh.* beistehen, helfen (*abs. od. alci u. alci rei, zB. filio circumvento, saluti od. vitae alcis, sollicitudini amici* dem Freunde in seiner Sorge); P. *subvenitur* man kommt zu Hilfe. **2.** (*e-m Übel*) abhelfen [*gravedini, luctibus alcis*].

sŭbvĕntō 1. (*intens. v. sŭbvĕnĭō*) (*Pl.*) zu Hilfe kommen.

sŭb-vĕntŭm *P.P.P. v. sŭbvĕnĭō.*

sŭb-vĕrĕŏr, — 2. ein wenig besorgt sein (*m. ne*).

sŭbvĕrsŏr, *ōrĭs m* (*sŭbvĕrtō*) (*Ta.*) Verderber, Zerstörer [*legum*].

sŭb-vĕrtō, *vĕrtī, vĕrsŭm* 3. (*unkl.*) umstürzen [*vineas, statuam*]; / zerstören, vereiteln [*alcis decretum, libertatem*; *alqm jd.* zu Fall bringen].

sŭbvĕxŭs 3 (*cf. cōnvĕxŭs*) (*Li.*) schräg (aufsteigend *od.* sich erhebend).

*****sub voce** *s. vōx.*

sŭb-vŏlō 1. auf-, emporfliegen (*in locum*).

sŭb-vŏltŭrĭŭs 3 (*Scherzbildung nach sŭbăquĭlŭs*) (*Pl.*) *etw.* geierartig.

sŭb-vŏlvō, *vŏlvī, vŏlūtŭm* 3. (*dcht.*) emporwälzen [*saxa manibus*].
sŭb-vŏrtō (*altl.*) = *sŭbvĕrtō.*
sŭccēdānĕŭs 3 *falsche Schreibung für sŭccīdānĕŭs.*

sŭc-cēdō
1. a) unter *etw.* gehen; in *etw.* eintreten; b) auf sich nehmen; c) zu *etw.* gehören; d) herangehen; e) vonstatten gehen, gelingen; 2. emporsteigen; 3. a) (nach)folgen; b) (*in Amt od. Stellung*) nachfolgen; c) in *etw.* einrücken; d) (*räuml.*) sich anschließen; e) (*zeitl.*) folgen.

sŭc-cēdō, *cēssī, cēssŭm* 3. **1. a)** unter *etw.* gehen *od.* treten, *übh.* in *etw.* eintreten, *auch* / (*alqd u.* °*alci rei, zB. tectum u.* °*tectis,* °*tumulo terrae* begraben werden in, °*fluvio* einlaufen in, °*currū* = *currui* den Wagen ziehen; *auch v. Leblosem, zB. mare longius succedit* dringt tiefer ins Land ein); **b)** (*nkl., dcht.*) (*eine Last*) auf sich nehmen [*oneri*]; sich *e-r Sache* unterziehen [*omnes sententiae sub acumen stili succedunt*]; **c)** (*Qu.*) unter *od.* zu *etw.* gehören [*comparativo generi*]; **d)** herangehen, sich nähern [°*urbi,* °*alqm*]; *klass. fast nur mil.* anrücken, vordringen (*ad u. sub alqd od. alci rei u. alqd* an *etw., zB. ad latebras,* ° *ad castra, sub primam aciem, portis,* °*muros*); **e)** / vonstatten gehen, glücken, gelingen [*res succedit, nihil bene od. prospere succedit, haec successerunt,* P. °*omnia alci successa velle*]; *impers. succedit* es gelingt [*ex sententia; alci u. alci rei, zB.* °*coeptis,* °*fraudi;* P. °*nolle successum esse patribus*]. **2.** (*dcht., nkl.*) emporsteigen [*in arduum, fama ad superos*]. **3. a)** (nach)folgen, nachrücken (*abs. u.* °*alci, zB. Danais* dem Heere der Danaer); **b)** (*im Amt, in der Regierung u.ä.*) nachfolgen, *j-s* Nachfolger sein (*abs. od. alci u. alci rei od. in locum alcis, zB. patri in regno, alqs alci succedit rex, Remi in Sequanorum locum successerant;* P. *mihi succeditur* ich erhalte einen Nachfolger); **c)** in *etw.* einrücken (*in alqd, zB. in stationem* die Wache beziehen; / *in paternas opes*); *bsd. jd.* ablösen (*alci, zB. recentes defessis*); **d)** (*räuml.*) sich anschließen, zunächst liegen [*ad alteram partem succedunt Ubii*]; **e)** (*zeitl.*) folgen, später sein, später leben (*abs.; alci u. alci rei, zB. aetas aetati succedit, orationi* nach einem anderen reden).
sŭc-cĕndō, *cĕndī, cēnsŭm* 3. (*sŭb-* + **cāndō; cf. ăccĕndō*) **1.** (*v.* unten) anzünden [°*turrim, aggerem*]. **2.** / (*dcht., nkl.*) *leidenschaftlich* entflammen (*alqm u. alqd; re* durch *etw., zB. amore*).
sŭccēnsĕō *schlechtere Schreibung für sŭscēnsĕō.*
sŭc-cēnsŭs *P.P.P. v. sŭccĕndō.*
sŭc-cĕntŭrĭō[1], *ōnĭs m* (*Li.*) Unterzenturio.
sŭc-cĕntŭrĭō[2] 1. (*vkl., nkl.*) ergänzend in die Zenturie einrücken lassen; / ergänzen, ersetzen.
sŭc-cēssī *s. sŭccēdō.*
sŭccēssĭō, *ōnĭs f* (*sŭccēdō*) **1.** das Eintreten [*voluptatis*]. **2.** (*unkl.*) Nachfolge *im Amt od. Besitz* (*alcis j-s, alcis rei* in *etw., zB. provinciae*); Erbfolge, Thronfolge, Besitzwechsel. **3.** Fortgang, Erfolg [*prospera*].
sŭccēssīvŭs 3 (*m. adv.* **-ē**) (*Erweiterung v. sŭccēssŭs* 3 *P.P.P. v. sŭccēdō*) (*spätl.*) nachfolgend, einrückend; *adv.* -ē nacheinander, nach *u.* nach.
sŭccēssŏr, *ōrĭs m* (*sŭccēdō*) Nachfolger *im Amt od. Besitz* (*alcis u. alci j-s, alcis rei* in *etw., zB.* °*studii*); Thronfolger; *auch* °Erbe; / neue Liebe.
sŭc-cēssŭm *P.P.P. v. sŭccēdō.*
sŭccēssŭs, *ūs m* (*sŭccēdō*) **1.** das Heranrücken [*hostium,* °*equorum* Gang]. **2.** (*nkl., dcht.*) **a)** Fortgang, Verlauf [*temporis*]; **b)** *prägn.* glücklicher Erfolg *e-r Sache, auch pl.* (*alcis rei; prosperos -us dare alci rei*).
sŭccīdānĕŭs 3 (*eigtl.* „als Ersatz geschlachtet, geopfert"; *altl. sŭccīdō*) (*vkl., nkl.*) stellvertretend, als Stellvertreter.
sŭc-cīdī[1] *s. sŭccīdō*[1].
sŭc-cīdī[2] *s. sŭccīdō*[2].
sŭccīdĭă, *ae f* Speckseite.
E. *Wohl* = *sū-cīdĭā, zu sūs u. caedō, eigtl.* „Schweineabschnitt"; *an sŭccīdō angeglichen.*
sŭc-cīdō[1], *cīdī, cīsŭm* 3. (*sŭb, caedō*) unten abhauen *od.* abschneiden, *auch* durchhauen [*arbores, frumenta,* °*crura equis*].
sŭc-cĭdō[2], *cĭdī,* — 3. (*sŭb, cădō*) (*unkl.*) niedersinken, zu Boden fallen, *v. Pers. u. Sachen.*
sŭccĭdŭŭs 3 (*sŭccĭdō*[2]) (*dcht.*) niedersinkend, wankend [*genu, poples*].
sŭc-cĭngō, *cīnxī, cīnctŭm* 3. (*cīnxī, cīnctŭm?*) **1.** (*vkl., dcht.*) aufschürzen; *meist P.P.P. succinctus* aufgeschürzt [*Diana vestem -a; re, zB. amictu;* / *pinus -a comas* nur am Wipfel belaubt, hochwipflig]. **2. a)** (*dcht., nkl.*) umgürten, umgeben [*alqm nimbo* umhüllen]; *bsd.* (*P.P.P.*) *adi. succinctus* (*m. comp.*) umgürtet, gerüstet [*ferro*], *übh.* °bereit, fertig (*alci rei* zu *etw., zB. praedae*); **b)** *m. etw.* ausrüsten *od.* ausstatten [*se canibus*]; *bsd. P.P.P. succinctus re* [°*viribus, Carthago portubus*]; / kurz [°*libellus*].
sŭccĭngŭlŭm, *ī n* (*sŭccĭngō*) (*Pl.*) Gürtel.
sŭc-cĭnō, — — 3. (*sŭb, cănō*) (*vkl., dcht.*) **1.** dazu singen. **2.** / **a)** zustimmen; **b)** *m.* leiser Stimme *etw.* vorbringen [*istas ambages*].
sŭc-cĭpĭō (*altl.*) = *sŭscĭpĭō.*
sŭc-cīsŭs *P.P.P. v. sŭccīdō*[1].
sŭcclāmātĭō, *ōnĭs f* (*sŭcclāmō*) (*nkl.*) Zuruf, *auch pl.*
sŭc-clāmō 1. (*unkl.*) zurufen (*alci; m. a.c.i.*).
sŭc-cŏllō 1. (*cŏllŭm*) (*vkl., nkl.*) auf die Schulter nehmen.
sŭc-cŏntŭmēlĭōsŭs 3 = *sŭbcŏntŭmēlĭōsŭs.*
sŭc-crēscō, *crēvī,* — 3 (*unkl.*) nachwachsen [*vina* ergänzen sich; *klass. nur* /, *zB. gloriae seniorum* nachreifen zu].
sŭccrētŭs 3 *P.P.P. v. sŭbcĕrnō.*
sŭc-crīspŭs 3 = *sŭbcrīspŭs.*
sŭccŭbă, *ae f* (*cf. sŭccŭbō*) (*nkl.*) Beischläferin; / Nebenbuhlerin. — **weibl. Dämon, Hexe.
sŭc-cŭbō 1. (*nkl.*) unter *etw.* liegen (*alci rei od. alqd*).
sŭc-cŭbŭī *s. sŭccŭmbō.*
sŭccŭlĕntŭs 3 *falsche späte Schreibung für sūcŭlĕntŭs.* — ****subst.* **-um,** *ī n* Fettpflanze.
▶ **sŭc-cŭmbō,** *cŭbŭī,* — 3. (**cŭmbō; cf. cŭbō*) **1.** (*nkl., dcht.*) **a)** niederfallen, -sinken [*victima ferro, oculi* fallen zu]; **b)** (*v. Kranken*) sich legen. **2. a)** / unterliegen, erliegen, nachgeben (*abs. od. alci u. alci rei, zB. senectuti, labori,* °*tempori* sich in die Zeit schicken müssen, *animo* den Mut sinken lassen); **b)** (*vkl., dcht.*) sich beschlafen lassen [*cuivis* sich hingeben]; *auch v. Tieren* [*gallina marito*].
▶ **sŭc-cŭrrō,** *cŭrrī, cŭrsŭm* 3. unter *etw.* laufen: / **1.** (*abs.*) sich *e-r Sache* unterziehen. **2. a)** zu Hilfe eilen, beistehen (*abs. u. alci od. alci rei, zB. suis laborantibus auxilio*); **b)** (*einem Übel*) abhelfen (*alci rei, zB. malis; m. quominus*). **3.** in den Sinn kommen, einfallen (*abs., zB.* °*versus ille Homericus,* °*multa succurrunt; alci, zB. mihi*); *impers. succurrit* der Gedanke steigt in *jd.* auf (*m. a.c.i. od. indir. Frages.*).
**succursus, *us m* Hilfe, Unterstützung.
sŭc-cŭssī *s. sŭccŭtĭō.*
sŭccŭssĭō, *ōnĭs f* (*Se.*) *u.* **-ŭs,** *ūs m* (*sŭccŭtĭō*) (*dcht., nkl.*) Erschütterung.
sŭc-cŭtĭō, *cŭssī, cŭssŭm* 3. (*sŭb, quătĭō*) (*dcht., nkl.*) emporschleudern; / aufrütteln (*alqd*).
sūcĭdŭs 3 (*sūcŭs*) (*unkl.*) saftig, frisch [*lana, vellus v. e-m* frisch geschorenen Schaf]; / üppig [*mulier*].
sūcĭnŭm, *ī n* (*wohl zu sūcŭs*) (*nkl., dcht.*) Bernstein; *pl.* Bernsteinschmuck.
sūcĭnŭs 3 (*sūcĭnŭm* (*nkl., dcht.*) aus Bernstein.
sūcŏphănt... = *sȳcŏphănt...*
sūctŭs *P.P.P. v. sūgō.*
sūcŭlă[1], *ae f* (*sū...?; Inschr. succ...; demin. v. sūs*) (*Pl.*) Schweinchen; *klass. nur pl.* **Sŭcŭlae** (*fehlerhaftes Bed.-Lw.* ‹ *'Υάδες*) die Plejaden *od.* Hyaden (*cf. Hȳădēs*).
sūcŭlă[2], *ae f* (*vl. et. m. sūcŭlă*[1] *identisch*) (*vkl., nkl.*) Winde, Haspel.
sūcŭlĕntŭs 3 (*sūcŭs*) (*nkl.*) saftreich, saftig.
sūcŭs, *ī m* (*cf. sūgō, nhd.* „saugen") **1. a)** Saft, natürliche Feuchtigkeit [°*corporis,* °*herbarum,* °*pomorum,* °*olivi* Salböl; *stirpes sucum ex terra trahunt*]; **b)** (*dcht., nkl.*) dicke Flüssigkeit [*ciborum, nectaris*]; **c)** (*dcht.*) Tränkchen *als Arznei* [*Machaonius, sucos alci dare*]; *pl.* Zaubersäfte. **2.** / **a)** *meton.* (*vkl., dcht.*) Geschmack *v. etw., auch pl.* [*melior*]; **b)** Kraft, Frische, Saft *u.* Kraft [*omnem sucum et sanguinem civitatis amisimus*]; *bsd. v. der Rede u. dem Redner, zB. orationis, Periclis.*
sūdărĭŭm, *ī n* (*sūdō*) (*dcht., nkl.*) Schweiß-, Taschentuch.
sūdātĭō, *ōnĭs f* (*sūdō*) (*nkl.*) das Schwitzen.

sūdātōrĭŭs 3 (*sūdātŏr* „der Schwitzende"; *sūdō*) (*Pl.*, *spätl.*) zum Schwitzen dienlich; *subst.* **-ŭm,** *ī n* (*Se.*) Schwitzbad.

sūdātrīx, *īcīs f* (*sūdātŏr* „der Schwitzende"; *sūdō*) (*Ma.*) schweißtriefend [*toga*].

sŭdĭs, *īs f* (*et. nicht geklärt*) **1.** Spitzpfahl, *dcht. auch als Waffe.* **2.** (*nkl.*, *dcht.*) Spitze, Stachel.

sūdō 1. (< **svoidō*; *cf. nhd.* „schwitzen") **1.** (*intr.*) **a)** schwitzen (*abs. od. re etw. od. v. etw.*); **b)** (*nkl.*, *dcht.*) triefen (*re v. etw.*, *zB. tepido umore, sanguine*); **c)** (*dcht.*) aus *etw.* herausschwitzen [*balsama ligno*]; **d)** / sich abmühen, sich anstrengen [*pro re*, *zB. pro communibus commodis*]. **2.** (*nkl.*, *dcht.*) (*trans.*) **a)** *etw.* ausschwitzen (*alqd*, *zB. mella*); *auch* P.; **b)** *etw.* durchschwitzen [*vestis sudata*].

sūdŏr, *ōrīs m* (< **svoidōs*; *cf. sūdō*) **1.** Schweiß [*sudor a capite defluit*, °*frigidus* Todesschweiß]. **2. a)** *meton.* (*dcht.*) *jede* Ausschwitzung *od.* Feuchtigkeit [*veneni*]; **b)** / Mühe, Anstrengung (*alcis*, *zB. militum, multi sudoris esse*).

sŭdŭcŭlŭm, *ī n* (*wohl zu sŭdīs*; *nach antiker Deutung zu sūdō*) (*Pl.*) *Schimpfwort unbekannter Bed.* [*flagri für e-n Sklaven*].

sūdŭs 3 (*cf. ablautend* αὖος < *σαυσος „trocken") (*unkl.*) wolkenlos, heiter, trocken [*ver* Frühlingsbläue]; *klass. nur subst.* **sūdŭm,** *ī n* trockenes *od.* heiteres Wetter; (*Ve.*) wolkenloser Himmel, klare Luft.

Suēbi, *ōrŭm m* die Sueben (*westgerm. Stamm*; *58 v. Chr. v. Cäsar besiegt, später germ. Völkergruppe zw. Rhein u. Elbe, unter ihnen die Semnonen, die sich dann m. anderen Gruppen zum Volk der Alemannen zusammenschlossen u. als „Schwaben" den alten Namen tradierten*); *sg.* **Suēbŭs,** *ī m*; **Suēbă,** *ae f*; *adi.* **Suēbĭcŭs** *u.* °**Suēbŭs** 3 [°*mare* Ostsee]; *subst.* **Suēbĭă,** *ae f* Land der Sueben.

suēscō, *suēvī, suētŭm* 3. (*incoh. zum Reflexivstamm* *sve- „sich zu eigen machen, nach eigener Art leben"; *cf.* ἔθος Gewohnheit, Sitte; ἦθος gewöhnlicher Aufenthaltsort, Gewohnheit, Charakter; *nhd.* „Sitte"), *klass. selten*: **1.** (*intr.*) **a)** sich gewöhnen, *pf.* gewohnt sein, pflegen [*quod suesti* wie du pflegst; *m.* °*inf.*]; **b)** (*P.P.P.*) *adi.* **suētŭs** 3 (*meist nkl.*, *dcht.*) α) an *etw.* gewöhnt (*alci rei*, *zB.* °*armis*; *m. inf.*); β) (*v. Sachen*) gewohnt [°*contubernium*, °*proelia*; *alci*]. **2.** (*trans.*) (*nkl.*) an *etw.* gewöhnen (*alqm re*, *zB. viros disciplinā*).
F. *pf.-Formen auch synk.*: °*suēstī*, °*suēmŭs*, °*suērŭnt*. — *dcht.* *sŭētŭs m. Diärese.*

Suēssĭōnēs, *ŭm m Völkerschaft in Gallia Belgica m. der Hptst. Nŏvĭŏdūnŭm, später Augusta Suessionum, j.* Soissons.

Suētōnĭŭs 3 *Name einer pleb. gēns*: *C.* ~ *Trănquīllŭs* (*etwa 70—140 n. Chr.*, *unter Hadrian Chef der kaiserlichen Kanzlei, Historiker* (*Biograph*) (*Hauptwerk*: *Vitae XII imperatorum*).

suētŭs 3 *s. suēscō.*

suēvī *s. suēscō.*

sūfĕs, *ĕtīs m* (*-ū-?*, *-ē-?*; *pun. Lw.* „Richter") Suffet (*e-r der zwei höchsten Beamten in Karthago*).

sŭf-fărcĭnō 1. (*cf. fărcĭō*) (*Com.*, *nkl.*) vollpacken, -stopfen.

sŭf-fēcī *s. sŭffĭcĭō.*

sŭf-fĕctŭs *P.P.P. v. sŭffĭcĭō.*

sŭf-fĕrō, *sŭstŭlī, sŭblātŭm, sŭffĕrrĕ* (*sŭb, fĕrō*) **1.** (*Pl.*) darunter halten [*corium* den Buckel (*für die Prügel*) hinhalten]. **2.** (*nkl.*) emportragen; *se -re* sich aufrecht halten. **3.** / **a)** (*vkl.*) sich einer Sache unterziehen; *anhelitum* Atem holen können; **b)** ertragen, aushalten, erdulden [°*plagas*, °*sitim, poenam*]; *cf. tŏllō.*

sŭf-fĕrtŭs 3 (*eigtl. P.P.P. v.* **sŭffĕrcĭō*; *fărcĭō*) (*nkl.*) vollgestopft; / *alqd -i etw.* Volltönendes.

sŭffĕs = *sūfĕs.*

sŭffĭcĭēns, *ĕntīs* (*eigtl. part. praes. v. sŭffĭcĭō*; *adv.* -*ĕntĕr*) (*nkl.*) hinlänglich, genügend (*abs. od. alci rei*). *Cf.* V.-B. VIII.

▶**sŭf-fĭcĭō,** *fēcī, fĕctŭm* 3. (*făcĭō*) **1.** (*trans.*) unter *etw.* legen: **a)** (*nkl.*) untermauern, den Grund zu *etw.* legen [*solum operi*]; **b)** *m.* einer Farbe überziehen, grundieren, färben [*lanam*, °*angues oculos sanguine suffecti m.* blutunterlaufenen Augen]; **c)** α) (*dcht.*, *nkl.*) nachwachsen lassen [*prolem*]; β) (*dcht.*) ersetzen, ergänzen; γ) *jd.* zum Ersatz wählen, nachwählen (*alqm in locum alcis od. alqm alci*, *zB. censorem*; °*consul suffectus*; / *v. Bienen* °*reges et parvos Quirites*; *m. dopp. acc.*, *zB. alqm consulem*); **d)** (*dcht.*, *nkl.*) an die Hand geben, darbieten, -reichen, *auch* / (*alqd u. alci alqd*, *zB. fruges, Danaïs vires, milites excursionibus* zuziehen zu). **2.** (*intr.*) **a)** genügen, ausreichen, *v. Pers. u. Sachen* (*abs.*, *zB. scribae*, °*scalae non sufficiunt* halten nicht aus; *alci u. alci rei*, *zB. militibus vires*, °*umbo ictibus* ist gewachsen, hält aus; *ad u.* °*in alqd* zu *od.* für *etw.*, *zB.* °*ad reditum*; *adversus alqm*; *m.* °*inf.*); *impers. sufficit* (*nkl.*) es genügt (*m. inf. od. m. ut, ne, si*); **b)** (*dcht.*, *nkl.*) imstande sein (*m. inf.*).

sŭf-fīgō, *fīxī, fīxŭm* 3. **1.** an *od.* auf *etw.* heften *od.* stecken, anschlagen (*alqm od. alqd alci rei od.* °*in re u.* °*in rem*, *zB. cruci*, °*in cruce*, °*in crucem*). **2.** (*nkl.*) *m. etw.* beschlagen [*trabes auro*].

sŭffīmĕn, *īnīs n* (*Ov.*) = *sŭffīmĕntŭm.*

sŭffīmĕntŭm, *ī n* (*sŭffĭō*) Räucherwerk.

sŭf-fĭō 4. (*ablautend zu fūmŭs*) **1.** (*intr.*) (*vkl.*, *dcht.*) räuchern (*re m. etw.*, *zB. thymo*). **2.** (*trans.*) **a)** (*nkl.*, *dcht.*) *etw.* beräuchern, entsühnen (*alqd*, *zB. locum*); **b)** (*dcht.*) *etw.* wärmen [*terras*].

sŭf-flāmĕn, *īnīs n* (*wohl* < **sŭbflāgmĕn zu fŭlcĭō*; *cf.* φάλαγξ „runder Holzstamm, Balken, Phalanx") (*dcht.*) Hemmschuh, Sperrbalken; / Hindernis.

sŭfflāmĭnō 1. (*denom. v. sŭfflāmĕn*) (*unkl.*) (durch einen Hemmschuh) hemmen; *auch* /.

sŭfflātŭs 3 (*eigtl. P.P.P. v. sŭfflō*) (*vkl.*, *nkl.*) aufgeblasen; / zornig; schwülstig.

sŭf-flāvŭs 3 (*Suet.*) hellblond.

sŭf-flō 1. (*unkl.*) **1.** (*intr.*) blasen [*buccis*]; / sich aufblähen. **2.** (*trans.*) *etw.* aufblasen [*buccas*]; / *se -are* zornig sein auf *jd.* [*uxori suae*].

sŭffōcātĭō, *ōnīs f* (*sŭffōcō*) (*nkl.*) das Ersticken.

sŭf-fōcō 1. (*sŭb* + **fōx vulgär für faux*; *s. faucēs*; *eigtl.* „die Kehle zuschnüren") erwürgen, ersticken (*alqm u.* °*alqd*, *zB. patrem*, °*spiritum* zusammenpressen; / *urbem fame* aushungern).

sŭf-fŏdĭō, *fōdī, fŏssŭm* 3. **1.** untergraben, -wühlen [°*murum, sacella*]. **2.** *v.* unten durchbohren [*equos*]. **3.** (*Cu.*) *etw.* unter der Erde anlegen [*specum*].

sŭffŏssĭō, *ōnīs f* (*sŭffŏdĭō*) (*nkl.*) das Untergraben, die Mine.

sŭf-frāctŭs *P.P.P. v. sŭffrĭngō.*

****suffragāneus,** *i m* (*sc. episcopus*) der *e-m Metropoliten unterstellte* Diözesanbischof, Weihbischof.

sŭffrāgātĭō, *ōnīs f* (*sŭffrāgŏr*) **1.** Empfehlung *zu einem Amt* (*alcis j-s*; *militaris* der Soldaten, *urbana* der städtischen Bevölkerung; *alcis rei* zu *od.* für *etw.*, *zB. consulatūs*). **2.** / (*nkl.*) Begünstigung [*materna v.* seiten der Mutter].

sŭffrāgātŏr, *ōrīs m* (*sŭffrāgŏr*) **1.** Wähler, der für *jd.* Stimmende. **2.** / (*vkl.*, *nkl.*) Begünstiger, Fürsprecher, Anhänger.

sŭffrāgātōrĭŭs 3 (*sŭffrāgātŏr*) (*unkl.*) auf die Wahlen bezüglich [*amicitia* für die Zeit der Wahlen].

▶**sŭf-frāgĭŭm,** *ī n* (*sŭb*; *frāgŏr* Beifallslärm) **1. a)** Stimme *od.* Votum *bei Abstimmungen der Bürger in der Volksversammlung* [~ *ferre* seine Stimme abgeben, abstimmen, *cunctis -is* einstimmig]; **b)** *sg. u. pl.* Abstimmung (*alcis*, *zB. populi, Druidum*, °*testularum -a* Scherbengericht (ὀστρακισμός), ~ *inire od. in -um ire* zur Abstimmung schreiten, °*mittere alqm in -um jd.* abstimmen lassen, °*in -um revocari* noch einmal abstimmen). **2.** *meton.* **a)** stimmberechtigte Zenturie [*equitum centuriae cum sex suffragiis*]; **b)** Wahlrecht, Stimmrecht (*alcis*, *zB. novorum civium*, °*militare*; *-um* °*dare u.* °*impertire alci, alqm -o* °*excludere, civitas sine -o*); **c)** (*dcht.*) Zustimmung, Beifall; **d)** (günstiges) Urteil (*alcis*, *zB. compotorum*, °*plebis*).

sŭffrāgō, *īnīs f* (*vl. zu frāngō als* „Biegung, Knick"; *cf. ānfrāctŭs*) (*nkl.*) *sg. u. pl.* Hinterbug (*e-s vierbeinigen Tieres*).

sŭffrāgŏr 1. (*cf. sŭffrāgĭŭm*) **1.** für *jd.* stimmen, *jd.* zu einem Amt empfehlen (*abs. od. alci*, *zB. domino*; *ad alqd* zu *od.* für *etw.*, *zB. ad consulatum*). **2.** / begünstigen, unterstützen (*alci u. alci rei*, *zB. consilio alcis*; / *auch v. Leblosem*, *zB. spes legi suffragatur*); *suffragante alqo* auf *j-s* Empfehlung *od.* Betreiben.

sŭf-frĭngō, *frēgī, frāctŭm* 3. (*sŭb, frāngō*) unten zerschlagen, zerbrechen, *bsd. zur Strafe* [*crura alci*].

sŭf-fŭgĭō, *fūgī,* — 3. (*nkl., dcht.*) **1.** (*intr.*) unter *etw.* fliehen [*in tecta*]. **2.** (*trans.*) entfliehen (*alqm*).

sŭffŭgĭŭm, *ī n* (*sŭffŭgĭō*) (*nkl., dcht.*) Zufluchtsort; / Zuflucht (*alcis rei* gegen *od.* vor *etw., zB. imbrium*).

sŭf-fŭlcĭō, *fūlsī, fūltŭm* **4.** (*dcht., nkl.*) *v.* unten stützen (*alqd, zB. opus*); stärken [*artūs*].

sŭf-fŭndō, *fūdī, fūsŭm* 3. **1.** (*unkl.*) unter *etw.* gießen (*alqd alci rei*); *klass. nur mediopass.* unter *etw.* strömen, sich verbreiten (*abs., zB.* °*unda suffusa* = Wassersucht; *alci u. alci rei, zB. sanguis cordi suffusus;* °*rubor od.* °*pallor alci suffunditur jd.* errötet *od.* erblaßt). **2.** (*nkl., dcht.*) *etw. m. etw.* benetzen, überziehen, färben (*alqd re*); *klass. nur* P. *m. od. v. etw.* übergossen *od.* überzogen werden [°*alqs suffunditur ora rubore* im Gesicht *v.* Schamröte]; *meist P.P.P. suffusus* (*re, zB. aether aequabilis calore -us v.* gleichmäßiger Wärme durchströmt, / *animus nullā malevolentiā -us* erfüllt *v.* °*sales felle -i* hämischer Witz; *dcht. m. griech. acc., zB.* °*alqs oculos lacrimis -us* die Augen *m.* Tränen benetzt). **3.** (*unkl.*) *etw.* zu-, eingießen [*merum spenden*].

sŭf-fūrŏr 1. (*Pl.*) unter der Hand stehlen.

sŭf-fŭscŭs 3 (*Ta.*) bräunlich.

sŭffūsĭō, *ōnĭs f* (*sŭffŭndō*) (*nkl.*) (*oculorum*) grauer Star.

Sŭgămbrī, *ōrŭm m s. Sĭgămbrī.*

sŭgg... *s. auch sŭb-g...*

sŭg-gĕrō, *gĕssī, gĕstŭm* 3. **1. a)** (*dcht.*) darunterlegen (*alqd alci rei, zB.* °*flammam costis aëni*); / *criminibus flammam ac materiam* = schüren; **b)** / beifügen, (nach)folgen lassen [*ratiunculas incredibili sententiae,* °*Bruto Hortensium*]; P. noch dazukommen [°*damna aleatoria* Spielverluste]. **2.** (*dcht., nkl.*) **a)** unter der Hand beibringen [*alci ludum j-m* einen Streich spielen]; **b)** zutragen, zuführen, liefern, gewähren, *klass. selten* (*alci alqd, zB.* °*cibum,* °*ligna; auch v. Sachen, zB.* °*silvae feras suggerunt*); **c)** / eingeben, anraten [*dolor questūs suggerit; alqo suggerente* auf *j-s* Rat *od.* Einflüsterungen]. **3.** (*dcht.*) hinaufbringen, aufhäufen [*humum*].

sŭggĕstĭō, *ōnĭs f* (*sŭggĕrō*) **1.** (*rhet. t.t.*) (*Qu.*) Hinzufügung (*Beantwortung e-r eigenen Frage durch den Redner*. **2.** (*spätl., Eccl.*) Eingebung, Einflüsterung.

sŭggĕstŭm, *ī n u.* **sŭggĕstŭs,** *ūs m* (*sŭggĕrō*) **1.** (*vkl., nkl.*) Erhöhung, Anhöhe. **2. a)** (*im Lager*) Tribüne, Tribunal *vor dem Prätorium* [*in -u sedere, in -is consistere*]; **b)** (*in der Stadt*) Rednertribüne.

sŭggillātĭō, sŭggillō = *sūgillātĭō, sūgillō.*

sŭg-grăndĭs, *ĕ* = *sŭbgrăndĭs.*

sŭg-grĕdĭŏr, *grĕssŭs sŭm* 3. (*sŭb, grădĭŏr*) (*nkl.*) heranrücken (*abs., zB. propius; ad alqd* an *etw.*).

sūgĭllātĭō, *ōnĭs f* (*sūgĭllō*) (*nkl.*) das Verbleuen; / Verhöhnung, Beschimpfung (*alcis*).

sūgĭllō 1. (*et. unklar*) (*vkl., nkl.*) braun *u.* blau schlagen (*alqm*); *fast nur* / verhöhnen, beschimpfen (*alqm u. alqd*).

sūgō, *sūxī, sūctŭm* 3. (*cf. nhd.* „saugen") saugen, *abs.; trans. etw.* einsaugen [/ *errorem cum lacte nutricis*].

sŭī[1] *s. sŭō.*

▶ **sŭī**[2], *gen. sg. u. pl. des pron. reflex. der* 3. *Pers., dat.* **sĭbī**, *acc. u. abl.* **sē** *u.* **sēsē**, *dir. u. indir.* (*idg.* *sve- *u.* *se-; *cf. sŭŭs*) **1.** seiner, ihrer, gegen sich *usw.* **2. a)** *sibi als dat. ethicus: quid sibi vult* (*zB. haec res, quid sibi volunt illae statuae*) was soll diese Sache bedeuten?; **b)** *inter se* einander *als pron. reciprocum* (*cf. ĭntĕr* II, 3, f); **c)** *ad se* in seine(r) Wohnung; *apud se* in seiner Wohnung; / (*Te.*) *esse apud se* bei sich, bei Besinnung sein.

sŭīllŭs 3 (*-ī-?; demin. v. sūĭnŭs ds. zu sūs*) (*nkl., dcht.*) Schweine... [*caput, caro*].

Suīŏnēs, *ŭm m* (*-ī-?; -ō-?; altnord.* Sui-thiod = Schwedenvolk) *Sammelbezeichnung der Germanen in Schweden. Cf.* V.-B. III, 1, e.

sŭlcō 1. (*denom. v. sŭlcŭs*) (*unkl.*) furchen, pflügen [*humum vomere*]; / durchfahren [*harenam, cutem rugis, aquas*]. — ** / schreiben.

sŭlcŭs, *ī m* (< **sōlkŏs* = ὁλκός, *eigtl.* „Zug des Pfluges") **1. a)** Furche *des Ackers*; **b)** (*Pli.*) *meton.* das Pflügen. **2.** / (*dcht., nkl.*) **a)** Einschnitt, Rinne; **b)** kleine Grube *zum Einpflanzen v. Setzlingen*; **c)** Bahn *e-s Meteors*; **d)** = *cŭnnŭs.*

sŭlfŭr *u. Ableitungen* = *sŭlpŭr usw.*

Sŭllă, *ae m röm. cogn. i. der gēns Cŏrnēlĭă*: **1.** *L. Cŏrnēlĭŭs Sŭllă* (*Fēlīx*), *der Diktator* (*138—78 v. Chr.*), *Besieger des Mithridates*; *adi.* **Sŭllānŭs** 3; *subst.* **Sŭllānī,** *ōrŭm m* Parteigänger Sullas. **2.** *s. Faustŭs.*

sŭllātŭrĭō 4. (*desid. v. Sŭllă*) (*Scherzbildung Ciceros*) den Sulla spielen wollen.

Sŭlmō, *ōnĭs m St. der Päligner im Sabinerland, j.* Sulmona, *Geburtsort Ovids*; *Einw.* **Sŭlmōnēnsēs,** *ĭŭm m.*

sŭlphŭr *usw. gräzisierend für sŭlpŭr usw.*

Sŭlpĭcĭŭs 3 *Name e-r patriz. gēns; s. Gălbă.*

sŭlpŭr, *ŭrĭs n* (*wohl Lw. aus e-r Mittelmeerspr.*) (*nkl., dcht.*) **1.** Schwefel [*vivum* gediegener Schwefel, *auch pl.*]. **2.** *pl. meton.* **a)** Schwefelstücke; **b)** Schwefeldämpfe, -bäder; **c)** Blitz.

sŭlpŭrātĭō, *ōnĭs f* (*sŭlpŭr*) (*Se.*) Schwefellager *i. der Erde.*

sŭlpŭrātŭs 3 (*sŭlpŭr*) (*nkl., dcht.*) schwefelhaltig; *subst.* **-ă,** *ōrŭm n* Schwefelfäden.

sŭlpŭrĕŭs 3 (*sŭlpŭr*) (*unkl.*) schwefelig, Schwefel... [*aqua, fornaces*].

sūltĭs (*vkl.*) = *sī vŭltĭs* (*cf. sīs*).

> **sŭm**
> **I.** *selbständiges Verb* **1. a)** dasein, vorhanden sein; **b)** stattfinden; **c)** sich *irgendwo* befinden, aufhalten; **d)** sich *irgendwie* verhalten, befinden; **2.** wirklich sein, wahr sein; **3.** *verschiedene Wendungen*; **4. a)** haben, besitzen; **b)** *j-m* zu *etw.* dienen; zu *etw.* passen; **II.** *Kopula* **1.** sein (*m. Prädikatsnomen*); **2. a)** *m. gen. j-m* gehören; *j-s* Pflicht, Eigentümlichkeit sein; zu *etw.* gehören, passen, dienlich sein; **b)** *m. gen. od. abl. etw.* zeigen, haben; *m. Zahlen* betragen; **c)** *m. gen. od. abl.* wert sein, kosten; **III.** *Hilfsverb* sein.

sŭm, *fŭī, ĕssĕ* (*praes.-Stamm* *ĕs- „sein" [ĕs-sĕ, ĕr-ăm]; *Schwundstufe* *s- [s-ŭm]; *cf. nhd.* „s-ind"; *pf.-Stamm u. altl. Formen fŭăm, fŏrĕm s. fŭō*) **I.** *als selbständiges Verb* (*verbum substantivum*) **1. a)** dasein, vorhanden sein, existieren, leben, *deutsch oft m.* „es gibt" *übersetzbar* [*est deus, periculum erat, mos od. opinio est* herrscht, besteht, *obsidio triginta dies fuit* dauerte]; *bsd. sunt qui* es gibt Leute, die = manche (*m. coni. bzw. ind.*), *est quod* es gibt *etw.* = manches (*m. coni.*), *est ubi* es gibt Fälle, wo = zuweilen (*m. coni.*) *u.ä.*; *diu est, cum* es ist lange her, daß *od.* seit (*m. ind.*); *est quod od. cur* es ist Grund vorhanden, daß (*m. coni.*); **b)** stattfinden, der Fall sein, sich ereignen, *zB. solis defectio fuit, iudicium certa lege est* findet statt, *quid tibi est* was ist dir (geschehen)?; *est ut* es ist der Fall, es kommt vor, daß [*est ut plerique philosophi nulla tradant praecepta; bsd. oft futurum esse od. fore ut, futurum fuisse ut*]; **c)** (*m. Ortsangaben, bsd. m. prp., oft auch* /) sich befinden, sich aufhalten, wohnen, leben, liegen, stehen *u.a.* [*esse Romae od. ruri, domi* = °*intus, in Sicilia, apud exercitum, ante oculos, mons Iura est inter Sequanos et Helvetios, hoc fuit in litteris* stand, *via est in Indiam* führt, *esse in armis* unter Waffen stehen, *in periculo* schweben, *in honore* stehen, *in aere alieno* stecken, *alci in amore, in dubio; est apud Ciceronem* es steht geschrieben, *liber est de senectute* handelt *v., multum esse in venationibus* sich beschäftigen *m., quantum in me est* soviel an mir liegt; *esse ab alqo v. jd.* abstammen *od.* auf *j-s* Seite stehen, *ex familia vetere esse* abstammen, *esse cum alqo m. jd.* zusammensein *od.* umgehen *od.* ehelich verkehren, *secum esse* für sich leben, *pro hoste* gelten für, *res a me od. pro me est* spricht für mich, *omnis spes in victoria est* beruht auf *usw.*); **d)** (*m. Modaladverbien*) sich verhalten, stehen, gehen, möglich sein [*sic od. ita vita hominum est, res ita est, bene u. male est* es steht gut *u.* schlecht, *male mihi est* mir ist übel zumute, *hoc aliter od. secus est* verhält sich, *prope od. procul esse, satis est, inceptum frustra fuit* verlief erfolglos, *dicta impune erant* blieben ungestraft, *Caesar in convivio iucunde ac comiter fuit* befand sich in guter Laune]. **2.** wirklich sein, wahr sein, gelten [*sic est* es ist wirklich so, *est ut dixi, nuntius attulit quae erant* was wirklich der Fall war, *nihil horum est* ist wahr, *sapienti vivere est cogitare* bedeutet]. **3. a)** *sit ita* gut!, meinetwegen!; **b)** *esto* es mag sein!, nun gut!; **c)** *hoc est u. id est* das heißt = α) *m.*

anderen Worten [*habebat ad praeturam gerendam, hoc est ad evertendam rem publicam, plenum annum*]; β) damit meine ich [*animum sevocare a voluptate, id est a corpore*]; **d)** (*dcht., nkl.*) est *m. inf.* es ist möglich, man kann, man darf [*est videre* = ἔστιν ἰδεῖν]. **4.** *m. dat.* zur Verfügung stehen: **a)** = haben, besitzen [*patri est ampla domus, Tarquinio nomen od. cognomen erat Superbo u. Superbus, alci est in animo jd.* hat im Sinn]; *bsd.* est *alci alqd cum alqo, zB. mihi amicitia* (*od. consuetudo, controversia u.a.*) *cum Gaio est*; **b)** (*bei Zweck od. Wirkung*): α) *zu etw.* dienen *od.* gereichen [*alqd alci est laudi od. honori, infamiae, saluti, usui, impedimento, cui bono fuit* wem hat es Nutzen gebracht?, *alqd melli* es ist süß wie Honig]; β) (*m. dat. gerund.*) zu *etw.* passen, zu *etw.* imstande sein [*esse oneri ferendo, censui censendo* zensusfähig, *solvendo aeri alieno, solvendo esse* zahlungsfähig sein]. — **II.** *als Kopula* (*verbum copulativum*) **1.** sein: **a)** *m. Prädikatsnomen im nom.* [*vita est brevis, Romulus fuit rex Romanorum*]; **b)** (*unkl.*) *alqd alci volenti od. cupienti od. invito est* [*nec plebi militia volenti erat*] (*Gräzismus* = βουλομένῳ μοί τί ἐστιν *u.ä.*). **2.** *m. gen.*: **a)** *m. gen. poss. od. pron. poss.* α) *j-m* gehören, *j-s* Eigentum sein, zu *etw.* gehören, *zB. haec domus est patris* (*od. meă, tuă, usw.*), *omnia erant hostium* (*od. nostră, vestră u.a.*), *Gallia est Ariovisti*; *esse eiusdem civitatis od. aetatis, totus Pompei sum* ganz ergeben, *res mei consilii non est* berührt mich nicht; β) **est alcis** es ist *j-s* Sache *od.* Pflicht, Aufgabe, Gewohnheit, Eigentümlichkeit, es ist ein Zeichen *od.* Beweis *v. etw.*, es verrät *etw.*, *zB. cuiusvis hominis est errare, petulantia magis adulescentium est quam senum, summae dementiae od. levis animi est m. inf.*, *est hoc Gallicae consuetudinis, ut ...*; *aber meum* (*tuum usw.*) *est* es ist meine (deine *usw.*) Pflicht, *zB. communi saluti consulere*; γ) (*nkl.*) *m. gen. gerund.* = zu *etw.* gehören *od.* passen, dienlich sein, *zB. regium imperium initio conservandae libertatis fuerat*; **b)** *m. gen.* (*bzw. abl.*) *qual. v. etw.* sein = *etw.* haben *od.* besitzen, zeigen [*esse magnae sapientiae, nullius consilii od. momenti, summā iracundiā, bono od. laeto animo, humili staturā, hebeti ingenio, tenuissimā valetudine, uri sunt taurorum figurā*]; *bsd.* (*m. Zahlen, stets gen.*) aus *etw.* bestehen, *etw.* betragen, auf *etw.* sich belaufen [*classis est ducentarum navium, fossa erat quindecim pedum*]; **c)** *m. gen.* (*bzw. abl.*) *pretii* = wert sein, gelten, kosten [*alqd est magni od. pluris, plurimi, parvi, minoris, tanti, quingentis sestertiis*; *est mihi tanti* es ist für mich der Mühe wert *bzw.* es ist mir ganz gleich, gleichgültig]. — **III.** (*als Hilfsverb*) sein: **1.** (*in Verbindung m. P.P.P. zur Bildung v. pf., plqpf. u. fut. ex. P.*). **2.** (*zur Bildung periphrastischer Formen*) *lecturus sum* ich bin im Begriff zu lesen; ich will lesen; *liber tibi legendus est* du mußt das Buch lesen; *tibi abeundum non est* du darfst nicht weggehen. **F.** *altl. coni. praes.* (*eigtl. Optativ*) °*siĕm* (*siēs, siĕt, siĕnt*). — *ēscĭt u. ēscūnt* (*incoh. zu ēst, sūnt*) *s.d.*

sŭmbŏl... = *sȳmbŏl...*

sūmĕn, *ĭnis n* (*sūgō*) (*unkl.*) Saueuter; *meton.* Sau.

sŭm-m... *s. auch sŭb-m...*

▶ **sŭmmă,** *ae f* (*sŭmmŭs*) **1. a)** höchste Stelle, oberster Rang, Vorrang [*ordinis, consilii, -am alci concedere, imperii* Oberbefehl]; **b)** / Hauptsache, Hauptpunkt, -inhalt, -zweck [*orationis, sententiae,* °*epistulae*]. **2. a)** Summe, Gesamtzahl [*-am facere u. subducere* das Fazit ziehen; *alcis rei, zB. harum omnium rerum,* / *cogitationum*]; *summa summarum* Gesamtergebnis, Pointe; **b)** Betrag, Menge, Masse [*praedae, frumenti*; *-am conficere ex singulis rebus*]; **c)** Geldsumme, Geld [*magna, parva, pecuniae*]; **d)** Gesamtheit, Inbegriff, das Ganze [*victoria* voller Sieg, völlige Entscheidung, *totius causae* Entscheidung; *rerum* gesamte Lage der Dinge, *meist* Oberleitung der Staatsangelegenheiten, *auch* Weltherrschaft, °Weltall; *ad summam u. in summa od. in omni* im ganzen, überhaupt, kurz]; *bsd.* Gesamtbegriff [*communes rerum et generum summae*].

*****summa cum laude** *bestes Prädikat bei der Doktorprüfung*; *s. laus.*

sŭm-mānō 1. (*Pl., nkl.*) (be)rieseln, naß machen.

Sŭmmānŭs, *ī m* (*sŭmmŭs*) *altröm. Gott der nächtlichen Blitze, im Kult m. Jupiter verbunden, als Schützer des Hauses vor Blitzgefahr*; *v. den Alten v. mānēs abgeleitet u. m. Pluto identifiziert* (*bei Pl. scherzh. m. sŭmmānō in Verbindung gebracht*).

sŭmmārĭŭm, *ī n* (*sŭmmă*) (*Se.*) Hauptinhalt.

sŭmmārĭŭs, *ī m* (*wohl zu* [*spätl.*] *sāgmă, Lw.* < σάγμα „Packsattel") Packesel.

sŭmmās, *ātĭs m u. f* (*sŭmmŭs*) (*vkl., nkl.*) *v.* höchstem Rang, vornehm.

sŭmmātĭm *adv.* (*sŭmmŭs*) der Hauptsache nach, im allgemeinen, kurz [*alqd ~ exponere*].

sŭmmātŭs, *ūs m* (*sŭmmŭs*) (*Lu.*) Oberherrschaft.

sŭmmē *adv. s. sŭpĕrŭs.*

Sŭmmĕmmĭŭm (*Sŭbm...*), *ī n* (*Ma.*) *Dirnenquartier* (*des Memmius*), *Bordell in Rom*; *adi. -ĭānŭs* 3 [*uxores* Nutten; *buccae*].

sŭm-mĕrgō, *mĕrsī, mĕrsŭm* 3. untertauchen, versenken (*alqm u. alqd, zB. navem*; *in re u. re, zB.* °*classem ponto*); P. versinken, ertrinken, untergehen [*voraginibus* in den Strudeln].

sŭmmĭnĭstrātŏr, *ōrĭs m* (*sŭmmĭnĭstrō*) (*Se.*) Helfershelfer.

sŭm-mĭnĭstrō 1. darreichen, verschaffen, zuführen, *auch* / (*alqd u. alci alqd, zB. hostibus auxilia,* °*consilium*).

sŭm-mīsī *s. sŭmmĭttō.*

sŭmmĭssĭō, *ōnĭs f* (*sŭmmĭttō*) **1.** Senkung [*vocis, orationis* gelassener Ton]. **2.** / **a)** Herabsetzung, Verringerung; **b)** Unterordnung.

sŭm-mĭssŭs[1] *P.P.P. v. sŭmmĭttō.*

sŭmmĭssŭs[2] 3 (*m.* °*comp. u.* °*sub.*; *adv.* **-ē**) (*eigtl. P.P.P. v. sŭmmĭttō*) **1.** (*dcht., nkl.*) gesenkt [*vultus,* °*capillus* herabhängend]; *bsd.* kniend. **2.** / **a)** (*v. der Stimme*) gedämpft, leise [*vox*]; (*v. Rede u. Redner*) gelassen, ruhig [*oratio, orator, parva -e dicere*]; **b)** (*v. Charakter*) α) (*pejorativ*) kriechend, unterwürfig [*nihil -um facere*]; β) demütig, bescheiden [°*civitas, -e se gerere*; *re* infolge *e-r* Sache].

▶ **sŭm-mĭttō,** *mĭsī, mĭssŭm* 3. **1. a)** α) niederlassen, -legen, senken, beugen [*fasces,* °*genua,* °*caput,* °*se ad pedes*; *alci* vor *jd., zB. fasces populo*]; β) (*nkl., dcht.*) (*Gesicht, Augen*) niederschlagen [*oculos*]; γ) / (*nkl.*) *se summittere* sich herablassen, sich erniedrigen (*ad u. in alqd* zu *etw.*); δ) *mediopass.* (*nkl.*) sich senken, sinken [*genu summitti* ins Knie]; *bsd. v.* °*Örtlichkeiten* [*fastigium summittitur valle*]; / **b)** sinken lassen, nachlassen, vermindern [°*animos* den Mut, *multum,* °*orationem m.* gedämpfter Stimme vortragen, °*furorem* bezähmen]; **c)** (*dcht., nkl.*) beugen, unterwerfen (*alqd alci rei u. ad alqd, zB. animos amori, imperium Camillo* sein Imperium dem des Camillus unterordnen, *se culpae* eine Schuld begehen). **2. a)** heimlich zuschicken, zur Unterstützung senden (*alqm u. alci alqm od. alqd, zB. milites auxilio, integros defatigatis*); **b)** (*abs.*) α) einen Nachfolger schicken *od.* geben (*alci*); β) Hilfe schicken [*laborantibus*]; γ) Botschaft schicken [*ad pupillae matrem*]. **3.** (*nkl., dcht.*) **a)** aufrichten, emporheben, erheben [*oculos, manūs* flehend erheben]; **b)** sprießen lassen [*flores*]; **c)** wachsen lassen [*capillum, barbam*]; **d)** (*Tiere*) zur Zucht heranwachsen lassen [*tauros* Zuchtstiere aufziehen]; **e)** (*v. Örtlichkeiten*) hervorbringen, *als Erzeugnis* liefern [*monstrum, capreas*].

Sŭmmoenĭŭm, -ĭānŭs *falsche Schreibung für Sŭmmĕmmĭŭm, -ĭānŭs.*

sŭm-mŏnĕō, *ŭī,* — 2. (*vkl., nkl.*) heimlich erinnern.

sŭmm-ŏpĕrē *adv.* (= *sŭmmō ŏpĕrē*) äußerst, überaus.

sŭm-mŏvĕō, *mōvī, mōtŭm* 2. **1. a)** wegschaffen, entfernen, vertreiben (*alqm u. alqd, zB. hostes,* °*Phoebeos ictus alci* abwehren; *alqm a od. ex re u. re, in alqd u.ä., zB. reliquos a porta, cohortes sub murum*); **b)** (*vom Liktor*) (*nkl.*) beiseite drängen [*turbam*]; *abs.* Platz machen [*summoto* nachdem Platz gemacht war]; **c)** *jd.* abtreten lassen [°*arbitros, contionem*]; **d)** (*dcht., nkl.*) verbannen [*alqm patriā od. urbe, ad Istrum*]; **e)** (*dcht., nkl.*) (*e-e Örtlichkeit*) weiter hinausrücken [*litora*]. **2.** / **a)** *jd. v. etw.* fernhalten, ab-

wehren (*alqm a re u. re, zB. a re publica, maleficio*); **b**) (*dcht., nkl.*) *etw.* verscheuchen [*curas, querelam*]; **c**) (*nkl.*) scheiden, trennen [*terrae, quas natura longe submoverat*].
F. *pf.-Formen synk.*: °*sŭmmōssĕ(m)* = *sŭmmōvissĕ(m) u. a.*

sŭmmŭlă, *ae f* (*demin. v. sŭmmă*) (*nkl.*) Sümmchen.

sŭmmŭm iūs sŭmmă īnĭūrĭă *s. sŭpĕrŭs.*

▶ **sŭmmŭs** 3 *sup. v. sŭpĕrŭs.*

sūm-mūtō 1. hin *u.* wieder vertauschen [*verba pro verbis*].

> **sūmō**
> 1. nehmen; **2. a**) an sich *od.* zu sich nehmen; **b**) (*Nahrung*) zu sich nehmen; (*Kleidung*) anlegen; **3.** sich *etw.* nehmen; (*Mut*) fassen; **4. a**) wählen; **b**) festsetzen; **c**) *etw.* unternehmen; **d**) sich aneignen; sich anmaßen; **5. a**) erwähnen; **b**) annehmen.

sūmō, *sūmpsi, sūmptŭm* 3. (< **sŭbs-ĕmō, *sūm-sī, *sūm-tŭm*) **1.** *etw.* für sich nehmen *od.* ergreifen, (in Empfang) nehmen (*alqd u. alqd ab alqo, zB.* °*virgam manu,* °*poculum dextrā, frumentum ex agris, pecuniam [mutuam] ab alqo* borgen, *purpuram, cognomen,* °*animum ex eventu* seinen Entschluß nach dem Erfolge fassen); *selten* wegnehmen [°*coronam de fronte*]. **2. a**) annehmen, zu sich nehmen [*epistulam, frumentum in cellulam*]; **b**) in Gebrauch nehmen: **α**) (*Nahrung*) zu sich nehmen, genießen [*cibum,* °*cyathos* trinken]; *auch* einnehmen [*venenum,* °*medicamentum*]; **β**) (*Kleider, Waffen*) anziehen, anlegen [*togam virilem*]; **γ**) (*dcht., nkl.*) geschlechtlich genießen [*alqam nudam*]; **δ**) (*Kinder*) annehmen = adoptieren [*liberos*]; **ε**) kaufen, mieten [°*opsonia parvo, navem in alqm locum*]; **ζ**) verbrauchen, anwenden, ausgeben [*laborem frustra*]; **η**) (*vkl., nkl.*) *jd.* hart mitnehmen, aufreiben [*alqm curis*]. **3.** / °*animum* Mut fassen; *verba de medio* entlehnen; (*sibi*) *tempus* sich Zeit nehmen (*ad alqd u. alcis rei*); *supplicium de u. ex alqo* die Todesstrafe an *jd.* vollziehen, *poenam* Rache nehmen; °*gaudia* genießen, °*laudem a crimine* ernten. **4.** / **a**) wählen, aussuchen (*alqm u. alqd, sibi alqd, zB. duces, exempla ex alqo numero; m. dopp. acc., zB. alqm sibi* °*collegam od.* °*imperatorem; m.* °*inf.*); **b**) *etw.* festsetzen, bestimmen, ausmachen [*colloquendi tempus, diem ad deliberandum*]; **c**) *etw.* unternehmen, beginnen [°*bellum, inimicitias,* °*tentamina vocis* machen; *m.* °*inf.*]; **d**) sich aneignen, gewinnen, (*pejorativ*) sich *etw.* herausnehmen *od.* anmaßen (*alqd u. sibi alqd, zB.* °*antiquos mores pro his novis,* °*vultus acerbos zeigen, sibi iudicium od. auctoritatem, sibi partes imperatorias, tantos sibi spiritus; m. ut*). **5.** (*rhet. t.t.*) **a**) (*in der Rede*) anführen, erwähnen; **b**) annehmen, behaupten [*alqd pro certo, alqd argumenti loco* als Beweis; *m. a.c.i.*].

sūmptĭō, *ōnĭs f* (*sūmō*) Annahme, (*logisch*) Voraussetzung *od.* Vordersatz *eines Syllogismus.*

sūmptŭārĭŭs 3 (*sūmptŭs*) den Aufwand betreffend [*lex* Luxusgesetz].

sūmptŭōsŭs 3 (*m. comp. u.* °*sup.*; *adv.* **-ē**) (*sūmptŭs*) **1.** (*v. Sachen*) kostspielig, teuer [*cena, funus*]. **2.** (*v. Pers.*) verschwenderisch [*homo; in re in etw.,* °*in alqd* für *etw.*), *subst. m* (*Cu.*) Verschwender.

sūmptŭs[1] *P.P.P. v. sūmō.*

▶ **sūmptŭs**[2], *ūs m* (*sūmō*) Aufwand, Kosten, *sg. u. pl., oft durch* Geld *zu übersetzen* [*exiguus, necessarii -ūs, -u publico* auf Staatskosten, *suo -u* auf eigene Kosten; *alcis rei e-r* Sache *od.* für *u.* zu *etw., zB. aedilitatis; -um facere od. insumere, impendere in alqd, -um facere od. insumere, impendĕre in alqd, -um inferre alci j-m* anrechnen, °*-ūs praebere ex re* bestreiten *v.*; *pl. bisw.* (*vkl., nkl.*) großer Aufwand, Verschwendung. — (*dat. sg. -ŭī u. -ū*).

Sūnĭŏn *u.* **-ŭm,** *ī n* (Σούνιον) *südöstl. Vorgebirge Attikas m. ber. dor. Poseidontempel, v. dem noch 12 Säulen stehen. Cf.* V.-B. II, 1.

sŭō, *sŭī, sūtŭm* 3. (*zu* κασ-σύω „flicke, schustere") (zusammen-)nähen [*tegumenta corporum*]; / (*dcht.*) zusammenfügen (*alqd re etw.* aus *etw., zB. alvaria corticibus*); (*P.P.P.*) *subst.* (*Ve.*) **sūtŭm,** *ī n* Gefüge, *bsd.* (*pl.*) Panzer.

sū-ŏvĕ-taurīlĭă, *ĭŭm n* (*sūs, ŏvĭs, taurŭs*) (*vkl., nkl.*) feierliches Lustrationsopfer aus Schwein, Schaf, Stier.

sŭpĕl-lēx, *lēctĭlĭs f* (*-ēx, -ēctĭlĭs?*) (*sŭpĕr, lĕgō*[2]) Hausrat, Mobiliar, *nur sg.* [*modica, omnis*]; / Ausstattung, Vorrat, Schatz [*oratoria, litterarum*].
F. *abl. sg. -ĕ u. -ī.*

> **sŭpĕr**
> **I.** *adv.* **1.** (*räuml.*) **a**) darüber, oben, oberhalb; **b**) von oben her; **c**) nach oben; **2. a**) außerdem; **b**) noch mehr; **c**) vor allem; **d**) übrig; **II.** *prp.* **1.** *b. abl.* **a**) (*räuml.*) über, oben auf; **b**) (*zeitl.*) während; **c**) wegen, von (*selten!*); **2.** *b. acc.* **a**) (*räuml.*) über, oben auf; oberhalb; zu ... hinauf; über ... hinaus; **b**) (*zeitl.*) während, bei; **c**) (*modal*) über ... hinaus, mehr als; außer.

sŭpĕr (*cf.* ὑπέρ) **I.** *adv.* **1.** (*räuml.*) **a**) darüber, oben, oberhalb [*eo ~ tigna inicere,* °*~ astare,* °*ille ~ effundit pectore voces* darüberstehend]; **b**) (*dcht., nkl.*) *v.* oben her, *zB. ~ cernere barathrum*; **c**) (*Ve.*) nach oben, über sich, *zB. ~ aspectare convexa.* **2.** / **a**) überdies, außerdem [°*adde ~, quod, satis superque* mehr als genug, °*super (quam)* außerdem, °*~ quam quod* außerdem daß]; **b**) noch mehr, *zB.* °*~ maestus* noch mehr erregt; **c**) vor allem, *zB.* °*ira ~*; **d**) (*nkl.*) übrig, *zB. Atheniensibus praeter arma nihil erat ~, auch im Sinn des ungebräuchlichen part. praes. v.* superesse (*zB. Verg. Aen. 3,489*) „*O mihi sola mei super Astyanactis imago*". **II.** *prp.* (*bisw., namentlich dcht., nachgestellt*): **1.** *b. abl.*: **a**) (*räuml. auf die Frage* „*wo?*") über, oben auf, *zB.* °*ligna ~ foco reponere*; **b**) (*zeitl.*) (*vkl., dcht.*) während, bei, *zB. nocte ~ media*; **c**) (*selten*) über = wegen, von (= de), *zB. hac re ~ scribam ad te,* °*super tali causa missus.* **2.** *b. acc.* (*auf die Fragen* „wo?" *od.* „wohin?"): **a**) (*räuml.*) **α**) über, oben auf, *zB. ~ tumulum statuere alqd,* °*domos ~ se concremare* über ihren Köpfen, °*procumbere* (*od. se procere, praecipitare*) *~ alqm od. ~ alqd,* °*alqm ~ arma ferre* auf den Schilden; / °*alqm ~ armamentarium ponere* setzen über; **β**) (*nkl., dcht.*) oberhalb, *zB. situm esse ~ flumen* = an, °*cubare ~ alqm*; °**γ**) in ... hinauf, zu ... hinauf, *zB. ~ astra ferri*; **δ**) (*nkl., dcht.*) über ... hinaus, *zB. ~ Sunium navigare, eminere ~ fluctus; auch* = jenseits *v., zB. Gaetuli ~ Numidiam sunt*; **b**) (*zeitl.*) (*nkl.*) während, bei, *zB. ~ cenam*; **c**) / (*nkl., dcht.*) **α**) (*modal*) über ... hinaus, mehr als [*~ decem milia, ~ naturam, ~ alqd esse etw.* übersteigen, *zB. invidia facti erat ~ gloriam eius* vermochte mehr als, *~ omnia* vor allem; *bsd. verdoppelt, zB. vulnus ~ vulnus* Wunde über Wunde, *alius ~ alium* einer nach dem anderen]; **β**) außer (= *praeter*), *zB. ~ ceteros honores, ~ cetera* außer allem übrigen, *~ haec* außerdem.

sŭpĕrā (*sc. pārtē*) *adv. u. prp.* (*dcht.*) = *sūprā.*

sŭpĕrābĭlĭs, *ĕ* (*sŭpĕrō*) (*nkl., dcht.*) übersteigbar [*murus*]; / bezwingbar [*Romani, caecitas* heilbar].

sŭpĕr-āddō, *dĭdī, dĭtŭm* 3. (*dcht.*) noch dazufügen (*alqd u. alqd alci rei*).

sŭpĕr-ādōrnātŭs 3 (*ădōrnō*) (*Se.*) an der Oberfläche verziert.

(**sŭpĕrāns**), *āntĭs* (*nur comp. u. sup.*) (*eigtl. part. praes. v. sŭpĕrō*) (*dcht.*) überhandnehmend.

sŭpĕrātŏr, *ōrĭs m* (*sŭpĕrō*) (*Ov.*) Überwinder, Besieger.

sŭpĕrātrīx, *īcĭs f* (*sŭpĕrātŏr*) (*Pl.*) Überwinderin.

▶ **sŭpĕrbĭă,** *ae f* (*sŭpĕrbŭs*) Übermut, Hochmut, Stolz (*alcis j-s*), *auch* Frevelmut; *selten* (*dcht., nkl.*) edler Stolz, Selbstgefühl.

sŭpĕrbĭ-fĭcŭs 3 (*sŭpĕrbŭs, făcĭō*) (*Se.*) übermütig machend.

sŭpĕrbĭlŏquĕntĭă, *ae f* (**sŭpĕrbĭlŏquēns; sŭpĕrbŭs, lŏquŏr*) (*dcht.*) hochmütiges Reden.

sŭpĕrbĭō, — — 4. (*denom. v. sŭpĕrbŭs*) (*dcht., nkl.*) übermütig *od.* stolz sein, sich brüsten (*abs. u. re* auf *od.* wegen, *m. etw., zB. formā; m. quod*); / glänzen, prangen.

▶ **sŭpĕrbŭs** 3 (*m.* °*comp. u. sup.*; *adv.* **-ē**) (*sŭpĕr* + √ **bhū-*; *cf. fŭō; eigtl.* „darüber seiend"; *cf. prŏbŭs*) **1. a**) (*Pl.*) in die Höhe gehoben, getragen; **b**) (*dcht.*) hoch aufgerichtet, hochragend [*Tibur*]. **2.** / **a**) hochfahrend, hochmütig, übermütig, stolz, *v. Pers. u. Sachen*

[°*homo, dictum, virtus,* °*bellum*; re wegen *od.* über, auf *etw.*, *zB.* °*pecuniā*; °*alci* gegen *jd.*]; *bsd.* tyrannisch, despotisch [*Tarquinius, consilium*]; **b**) wählerisch, streng urteilend [*aurium iudicium,* °*corpus* verzärtelt]; **c**) (*dcht., nkl.*) α) (*v. Pers.*) erhaben, ausgezeichnet, hochherzig [*Atridae*]; β) (*v. Sachen*) prächtig, prachtvoll, ausgesucht [*apparatus, coniugium, postes auro*].

sŭpĕrcĭlĭōsŭs 3 (*sŭpĕrcĭlĭŭm*) (*nkl.*) sehr streng, ernst, finster.

sŭpĕr-cĭlĭŭm, *ī n* (*wohl* < **sŭpĕr-kĕlĭŏm, eigtl.* „die darüber befindliche Decke"; *cf.* *ŏc-cŭlō, cēlō*) **1.** Augenbraue, *meist pl.* [*-a contrahere*]; *sg. auch coll.* die Augenbrauen [*-um ad frontem tollere*], *coll. übh.* Stirn. **2.** / **a**) finsteres Wesen, strenger Ernst [*libidines -o contegere*]; **b**) Hochmut, Dünkel, Stolz [*Campanum*]; **c**) (*dcht.*) Wink *m. den Augen.* **3.** (*dcht., nkl.*) Vorsprung, Anhöhe [*excelsum, infimum tumuli* Fuß].

sŭpĕr-crēscō, *crēvī, crētŭm* 3. (*nkl.*) überwachsen, -wuchern; / übertreffen.

sŭpĕr-cŭbō 1. (*nkl.*) darüber-, darauf liegen [*Europam taurō supercubasse*].

sŭpĕr-cŭrrō, *cŭrrī, cŭrsŭm* 3. (*nkl.*) darüberlaufen; / übersteigen [*ager vectigal large supercurrit*].

sŭpĕr-ēmĭnĕō, — — 2. (*nkl., dcht.*) **1.** (*intr.*) hervorragen. **2.** (*trans.*) überragen (*alqm u. alqd, zB. undas umero*).

sŭpĕr-ĕō, — —, *īrĕ* (*Lu.*) über *etw.* gehen (*alqd*).

sŭpĕrērŏgātĭō, *ōnĭs f* (°*sŭpĕr-ērŏgō* 1. „darüber hinaus auszahlen") (*Qu.*) darüber hinausgehende Auszahlung.

sŭpĕr-ĕssĕ *s. sŭpĕrsŭm.*

sŭpĕrfĭcĭārĭŭs 3 (*sŭpĕrfĭcĭēs*) (*nkl.*) in Erbpacht stehend; *auch* /.

sŭpĕr-fĭcĭēs, *ēī f* (*făcĭēs*) **1.** (*nkl.*) Oberfläche, Fläche [*aquae*]. **2.** Oberbau des Hauses, Gebäude *im Ggs. zu Grund u. Boden*; *bsd.* (*jur. t.t.*) Erbpachtgebäude.

sŭpĕr-fīō, —, *fĭĕrī* (*vkl., nkl.*) übrigbleiben.

sŭpĕr-fīxŭs 3 (*fīgō*) (*nkl.*) (oben) aufgesteckt [*capita hostium*].

sŭpĕr-flŭō, *flūxī,* — 3. (*-ūx-?*) **1.** (*intr.*) **a**) (*nkl.*) überfließen, über die Ufer treten [*Nilus*]; / **b**) (*v. der Rede*) überschwenglich sein; **c**) (*nkl.*) im Überfluß dasein [*multitudo*]; **d**) (*Ca.*) im Überfluß leben; **e**) (*nkl.*) überflüssig sein. **2.** (*trans.*) / (*Qu.*) vorbeifließen an [*aures* zu einem Ohr hinein, zum andern heraus].

sŭpĕrflŭŭs 3 (*sŭpĕrflŭō*) (*spätl.*) überflüssig, unnötig.

sŭpĕr-fŭī *s. sŭpĕrsŭm.*

sŭpĕr-fŭndō, *fūdī, fūsŭm* 3. (*nkl.*) **1.** darauf- *od.* darübergießen, -schütten [*oleum, magnam vim telorum*]; *se superfundere u. mediopass.* überströmen, austreten, sich ergießen, sich ausbreiten, *auch* /, *meist part. superfusus* [*Tiberis; alci rei u. in alqd;* / *hostes superfusi* die sich massenweise auf ihn stürzten, *laetitia se superfundens* ausschweifende]. **2.** überschütten, bedecken [*equites equosque* über den Haufen werfen].

sŭpĕr-grĕdĭŏr, *grĕssŭs sŭm* 3. (*grădĭŏr*) (*nkl.*) überschreiten (*alqd, zB. limen*); / überstehen [*necessitates*]; übertreffen (*alqm u. alqd; re* durch *etw.*; *zB. aetatis suae feminas pulchritudine*).

sŭpĕr-ĭăcĭō, *iēcī, iĕctŭm* (*u.* °*iăctŭm*) 3. (*dcht., nkl.*) **1. a**) darüber-, daraufwerfen, -legen [*aggerem, vestem, aequor superiectum* alles überflutend]; **b**) *etw. m. etw.* übergießen *od.* überschütten [*scopulos undā*]. **2. a**) *etw.* überschreiten [*fidem augendo* durch Vergrößerung die Grenzen der Glaubwürdigkeit]; **b**) *etw. od. jd.* übertreffen [*muliebris insania viros*].

sŭpĕrĭĕctĭō, *ōnĭs f* (*sŭpĕrĭăcĭō*) (*Qu.*) (*rhet. t.t.*) Übertreibung, Hyperbel.

sŭpĕr-ĭĕctŭs *P.P.P. v. sŭpĕrĭăcĭō.*

sŭpĕr-immĭnĕō, — — 2. (*dcht.*) darüber emporragen.

sŭpĕr-impĕndēns, *ĕntĭs* (*impĕndĕō*) (*Ca.*) darüberhängend *od.* -schwebend.

sŭpĕr-impōnō, *pŏsŭī, pŏsĭtŭm* 3. (*nkl., dcht.*) darauflegen (*alqd, zB. saxum; alci rei alqd, zB. statuam monumento*).

sŭpĕr-incīdēns, *ĕntĭs* (*incĭdō*[1])(*nkl.*) *v.* oben hereinfallend.

sŭpĕr-incŭbāns, *āntĭs* (*incŭbō*) (*nkl.*) daraufliegend.

sŭpĕr-incŭmbō, *cŭbŭī,* — 3. (*dcht., nkl.*) sich darauflegen.

sŭpĕr-incŭrvātŭs 3 (*incŭrvō*; *nkl.*) darübergebeugt [*pronam uxorem -us*].

sŭpĕr-indūcō, *dūxī, dŭctŭm* 3. (*nkl.*) *v.* oben überziehen [*tabellas cerā*].

sŭpĕr-indŭō, — — 3. (*nkl.*) darüber anziehen.

sŭpĕr-inĭcĭō, *iēcī, iĕctŭm* 3. (*dcht., nkl.*) darüber- *od.* daraufwerfen *od.* -streuen [*terram, frondes*].

sŭpĕr-instĕrnō, *strāvī, strātŭm* 3. (*nkl.*) darüberbreiten *od.* -legen [*tabulas*].

sŭpĕr-iŭmĕntārĭŭs, *ī m* (*iŭmĕntŭm*) (*Suet.*) Aufseher der Lasttiertreiber.

sŭpĕr-lābŏr, *lāpsŭs sŭm* 3. (*nkl.*) darüber hingleiten.

sŭpĕrlāt... = *sŭprālāt...*

sŭpĕr-mittō, *mīsī, mĭssŭm* 3. (*nkl.*) daraufschütten [*aquam potioni*].

sŭpĕr-nătō 1. (*nkl.*) darüber-, daraufschwimmen.

sŭpĕrnŭs 3 (*sŭpĕr*; *cf. ĕxtĕr-nŭs*) (*nkl., dcht.*) **1.** oben befindlich, der obere [*numen* himmlisch]; *bsd.* hochgelegen [*Tusculum*]. **2.** *adv.* **sŭpĕrnē** (*im Vers auch -nĕ*) **a**) *v.* oben her [(*v. Mädchen*) ‿ *peccare*]; **b**) oben [*mutor in alitem*]; *bsd.* auf der Erde.

sŭpĕrō

1. (*intr.*) **a**) hervorragen; **b**) überlegen sein; **c**) im Überfluß vorhanden sein; **d**) noch vorhanden sein; **2.** (*trans.*) **a**) *etw.* überschreiten; **b**) (*v. Sachen*) überragen; **c**) an *etw.* vorbeigehen; **d**) überlegen sein; **e**) zuvorkommen; **f**) überwinden, *abs.* siegen.

sŭpĕrō 1. (*denom. v. sŭpĕrŭs*) **1.** (*intr.*) **a**) (*vkl., dcht.*) hervorragen, -stehen (*re m. etw., zB. capite et cervicibus altis*); / **b**) überlegen sein, die Oberhand haben, *v. Pers. u. Sachen* [*hostis, sententia alcis,* °*forma*; *re* durch *od.* an *etw., zB.* °*equitatu, virtute,* °*animis* übermütig sein]; **c**) im Überfluß vorhanden sein [°*otium,* °*iuventas*]; **d**) (*dcht.*) noch vorhanden sein, übrigbleiben [*multum pecuniae; vitā* leben bleiben, überleben]; *auch* °noch am Leben sein, °*alci rei etw.* überleben *od.* überdauern [*captae urbi*]; **e**) (*nkl.*) *alqd alci superat etw.* ist *jd.* zuviel. **2.** (*trans.*) **a**) *etw.* übersteigen, -schreiten (*alqd, zB. Alpes, regionem castrorum,* °*flumina, ripas fluminis* überfluten, °*alqd saltu* überspringen, °*alqd ascensu* ersteigen, °*locum priorem* gewinnen, °*fastigia tecti* steigen zu; / °*nonum annum* überschreiten); **b**) (*v. Sachen*) überragen (*alqd, zB. puppium altitudo turres superat,* °*alqd mensurā*); **c**) (*nkl., dcht.*) an *etw.* vorbei- *od.* vorübergehen [*insidias*]; *bsd. etw.* umsegeln, über *etw.* hinausfahren [*promunturium*]; **d**) / übertreffen, überlegen sein (*alqm u. alqd, re* durch *od.* an, in *etw., zB. omnes doctrinā, alqd vitā* glücklich überleben; *auch alqm in re, zB. in ceteris artibus*); **e**) zuvorkommen [*epistulam celeritate*]; **f**) überwinden, überwältigen, besiegen (*abs.* = Sieger sein, siegen; *alqm u. alqd, zB. hostem proelio, spem alcis,* °*labores* überstehen, °*alqm donis* besänftigen, °*iram votis* beschwichtigen, °*iussa* siegreich ausführen; / *auch v. Sachen, zB.* °*alcis mores falsa superant* widerlegen).

sŭpĕr-ŏbrŭō, — — 3. (*dcht.*) oben bedecken [*alqm armis*].

sŭpĕr-ŏccŭpō 1. (*dcht.*) dabei überraschen (*alqm*).

sŭpĕr-pĕndēns, *ĕntĭs* (*pĕndĕō*) (*Li.*) (dar)überhängend [*saxum*].

sŭpĕr-pōnō, *pŏsŭī, pŏsĭtŭm* 3. (*nkl., dcht.*) darüber- *od.* daraufsetzen, -legen (*alqd u. alci rei alqd, zB. capiti decus*); / vorziehen; überordnen, höher stellen als [*animum iniuriis*].

sŭpĕr-quăm = *sŭpĕr quăm*; *s.* [*sŭpĕr.*]

sŭpĕr-scăndō, — — 3. (*nkl.*) übersteigen, -schreiten (*alqd*).

sŭpĕr-scrībō, *psī, ptŭm* 3. (*nkl.*) darüberschreiben.

sŭpĕrscrīptĭō, *ōnĭs f* (*sŭpĕrscrībō*) (*spätl., Eccl.*) Überschrift, Aufschrift.

sŭpĕr-sĕdĕō, *sēdī, sĕssŭm* 2. **1.** (*nkl.*) auf *od.* über *etw.* sitzen (*alci rei, zB. equo*). **2.** / **a**) sich über *etw.* hinwegsetzen, sich *etw.* ersparen (*re u.* °*alci rei od.* °*alqd, zB. labore,* °*hanc causam*); **b**) (*nkl.*) *m. inf.* nicht wollen, nicht mögen, *zB. loqui apud vos.*

sŭpĕr-stăgnō 1. (*Ta.*) über die Ufer treten [*amnis*].

sŭpĕr-stĕrnō, *strāvī, strātŭm* 3.

(*nkl.*) darüberbreiten, -häufen [*cumulos*].

▶**sŭpĕr-stĕs,** *stĭtĭs* (< *-stăts; stō) **1.** (*vkl.*, *dcht.*) über *jd.* stehend, überlegen; überragend [*unda*]. **2.** dabeistehend, gegenwärtig; *subst.* (*in alter jur. Formel b. Ci.*) Zeuge. **3.** überlebend, *auch* / (*abs.*, *zB. liberi*, °*fama* dauernd; *m. dat.*, *seltener m. gen.*, *zB.* °*pater filio*, °*alterius vestrum*, °*dignitatis*). **F.** *abl. sg.* -*ĕ*; *pl. neutr. fehlt*, *gen.* -*ŭm*.

sŭpĕrstĭtĭō, *ōnĭs f* (*vl.* < *-stătĭō zu stō; *vgl. aber auch sŭpĕrstĕs*; *auch Bedeutungsentwicklung umstritten*) **1.** (*Ve.*) Schwur, Beschwörung. **2. a**) Aberglaube, Irrwahn [*anilis*, *barbara*, -*ne imbui u. liberari*]; *meton. pl.* abergläubische Gebräuche, abergläubischer Kultus [°*vetustae*, *magicae*]; **b**) (*nkl.*) heilige Scheu, Götterfurcht; *auch* (*nkl.*) Heiligkeit *einer Sache* [*templi*]; **c**) (*nkl.*) fremder Kult, ausländische Religion [*Iudaica*].

sŭpĕrstĭtĭōsŭs 3 (*adv.* -*ē*) (*sŭpĕrstĭtĭō*) **1.** abergläubisch [*philosophus*, -*e dicere alqd*]. **2.** (*nkl.*) allzu ängstlich. **3.** (*vkl.*, *dcht.*) prophetisch [*vox*].

sŭpĕrstĭtō 1. (*denom. v. sŭpĕrstĕs*) (*Pl.*) vollauf vorhanden sein.

sŭpĕr-stō, —— 1. (*nkl.*, *dcht.*) oben daraufstehen, auf *etw.* stehen (*abs. od. alci rei u.* °*alqm od.* °*alqd*, *zB. corporibus*).

sŭpĕr-strŭō, *strūxī*, *strūctŭm* 3. (*nkl.*) darüberbauen (*alqd*, *zB. molem*).

▶**sŭpĕr-sŭm,** *fŭī*, *ĕssĕ* (*auch i. Tmesis*) **1. a**) *als Rest* übrig sein *od.* bleiben, *bsd. zur Benutzung* noch vorhanden sein [*non multum aestatis*, *biduum*; *alci* für *jd. zB. duae partes mihi supersunt illustrandae*; *alci rei* zu *od.* für, *v. etw.*, *zB.* °*exiguum tempus rebus gerendis*]; *impers.* (*dcht.*, *nkl.*) *superest* es ist noch übrig (*m. ut od. m. inf.*); *quod superest* °der Rest, als letztes noch, *klass. nur als adv.*: was ich noch sagen wollte, übrigens; **b**) (*abs.*) noch am Leben sein [°*unus e liberis*, *ex eo proelio mille homines supererant*]; **c**) (*unkl.*) überleben, überstehen (*alci u. alci rei*, *zB. patri*, *tanto exercitui*, *temporibus* die schlimmen Zeiten). **2. a**) im Überfluß vorhanden sein, ausreichen [*pecunia*, °*arma*; *alci j-m u. alci rei*, *zB. verba mihi supersunt*, *vita*]; **b**) überflüssig sein [*ut neque absit quidquam neque supersit*]. **3.** (*dcht.*, *nkl.*) (*v. Pers.*) *e-r Sache* hinlänglich gewachsen sein [*labori*]. **4.** (*Augustus b. Suet.*) beistehen. **5.** (*Ta.*) überlegen sein (*re* durch *etw.*, *zB. consiliis*).

sŭpĕr-tĕgō, *tēxī*, *tēctŭm* 3. (*auch i. Tmesis*) (*nkl.*, *dcht.*) oberhalb bedecken, überdecken (*alqm u. alqd*; *re m. etw.*).

sŭpĕr-ŭrgĕō, —— 2. (*Ta.*) oben eindringen [*fluctus* schlägt über Bord].

sŭpĕrŭs

I. *pos.* **1.** der obere, Ober...; zur Oberwelt gehörig; **2. a**) *sŭpĕrī* die himmlischen Götter; die Oberwelt; **b**) *sŭpĕră* die Höhen, Oberwelt; **II.** *comp.* **sŭpĕrĭŏr 1.** (*räuml.*) **a**) der obere; **b**) der vorhergehende; **2.** (*zeitl. u. Reihenfolge*) **a**) der frühere, vorige; **b**) der ältere; **3. a**) höherstehend, überlegen; **b**) siegreich, Sieger; **III.** *sup.* **1. sŭprēmŭs a**) (*räuml.*) der höchste, oberste; **b**) (*zeitl.*) der letzte, jüngste; **c**) der äußerste; **2. sŭmmŭs a**) (*räuml.*) der höchste, oberste; **b**) (*zeitl.*) der äußerste, letzte; **c**) der höchststehende, beste, bedeutendste, Haupt...; **d**) der vollkommenste; vollständig, ganz.

sŭpĕrŭs 3 (*nom. sg. m auch sŭpĕr*; *sŭpĕr*, *cf. sŭb*) **I.** *pos.* **1.** oben befindlich, der obere, Ober..., *bsd.* zur Oberwelt (*bzw.* zum Olymp) gehörig, himmlisch, irdisch [*mare* das Adriatische Meer, *bisw. bloß superum*; °*Iuppiter*, °*aether*]; *klass. fast nur im pl.* [*dii*]. **2.** *subst.* **a**) (*dcht.*) **sŭpĕrī,** *ōrŭm u. ŭm* (*cf.* V.-B. VI, 2): α) die himmlischen Götter, *Ggs. īnfĕrī*; β) Oberwelt, die Menschen auf der Erde, *Ggs. Unterwelt* [*apud u. ad -os*]; **b**) (*Ve.*) **sŭpĕră,** *ōrŭm n* die Höhen, Oberwelt [*alta*, *convexa* Himmelsgewölbe]. **II.** *comp.* **sŭpĕrĭŏr,** *ĭŭs* **1.** (*räuml.*) **a**) weiter oben befindlich, der obere [*pars collis*, *domus* der obere Teil des Hauses]; *bsd. locus* höher gelegener Punkt, Anhöhe (*pl.* höher gelegenes Terrain), *bsd.* Rednertribüne, Tribunal; **b**) der vorhergehende [*scriptura*]. **2.** (*zeitl. u. v. e-r Reihenfolge*) **a**) der frühere, vorige, *v. Sachen u. Pers.* [*annus*, *dies*, *censores*, *oratio*, *naves* die schon vorhandenen]; **b**) älter [*Africanus* der Ältere], bejahrter [*aetas*]; *subst. sŭpĕrĭōrēs*, *ŭm m* die Vorgänger [*aetas superiorum* = Vergangenheit]; *sŭpĕrĭōră*, *ŭm n* das Frühere. **3.** / **a**) höherstehend, überlegen, vorzüglicher, stärker [*homo*, *ordo*, *gradus honoris*; *alqo* als *jd.*; *re* durch *od.* an, in *etw.*, *zB. numero*, *fortunā*]; *auch subst.*, *zB. a superiore vinci*; **b**) die Oberhand behaltend, siegreich, Sieger, *meist mil.* [-*rem esse od. fieri*, -*rem haberi* für den Sieger gehalten werden, (*proelio*) -*rem discedere* Sieger sein; *apud alqm*]. **III.** *sup.*: **1. sŭprēmŭs** 3 **a**) (*räuml.*) (*dcht.*) der höchste, oberste, äußerste [*montes* Spitzen der Berge; der erhabenste, *zB. Iuppiter*]; **b**) (*zeitl.*) (*meist unkl.*) der letzte, jüngste [*nox*, *praed.* °*sole* -*ō* bei Sonnenuntergang, *certamen* entscheidend]; *klass. fast nur in bezug auf das Lebensende* (*Tod*, *Beerdigung u.ä.*), *zB.* -*us* (*vitae*) *dies* Todestag [*diem -um obire* sterben] *od.* Begräbnistag, -*o in alqm officio fungi*, °*oscula*, °*ignes* Scheiterhaufen, °*tori* Totenbett, °*ōs* ersterbender Mund, °*sors Troiae* Untergang; *adv.* (*dcht.*, *nkl.*) **sŭprēmŭm** zum letztenmal; *subst.* (*dcht.*, *nkl.*) **sŭprēmŭm,** *ī n* Ziel [*ad -um venire*], *meist pl.* °**sŭprēmă,** *ōrŭm n*: α) die letzten Augenblicke, Tod (*alcis*); β) Testament *j-s*; γ) die letzte Ehre, Begräbnis; δ) Überreste, Leichnam; **c**) / der äußerste, ärgste, härteste [*supplicium*]. **2. sŭmmŭs** 3 (< *sŭpmŏs zu sŭpĕr, sŭb): **a**) (*räuml.*) der höchste, oberste [*iugum montis*, °*aether*], *meist* (*partitiv*) = der oberste Teil, der höchste Punkt, oben, Gipfel, Spitze, Höhe [*mons*, *urbs u. arx* Akropolis, *amphora* der Krug oben, *in summa sacra via* oben auf der Heiligen Straße]; *auch* Oberfläche [*mare*, °*corpus* = Haut]; *subst.* **sŭmmŭm,** *ī n* größte Höhe, Spitze [°*alcis rei*, *zB.* °*tecti* First], *meist pl.* °*sŭmmă*, *ōrŭm n* [*collis*, *pedum* Fußspitzen, *malorum* höchstes Maß, *ducum* Hauptperson unter]; *auch sexuell* [°*summa petere*]; *klass. nur m. prp.* [*a summo v.* oben, am oberen Ende, *in summo* auf der Höhe, oben, *ad summum perducere u. pervenire* auf den höchsten Punkt, / zur höchsten Vollkommenheit]; *adv.* **sŭmmŭm** höchstens, äußerstenfalls, *bsd. bei Zahlen* [*duo aut -um tres dies*, *hodie aut -um cras*]; **b**) (*zeitl.*) der äußerste, letzte [*senectus*, °*dies*]; -*a aestas* Hochsommer; **c**) / der höchststehende, vorzüglichste, beste, bedeutendste, Haupt..., *v. Pers.* [*dux*, *amicus* intimster]; *meist v. Sachen* [*potestas*, *bonum*, *dies* Haupttag, °*proelium* Hauptschlacht, *hiems* tiefer, *pax u. silentium* tief, *summo loco natus*, *vox* lauteste, *summo colore illustrare alqd m.* den lebendigsten Farben schildern, *sprichw. summum ius summa iniuria* das strengste formale Recht kann das größte sittliche Unrecht sein, *tempus* höchste Not, *zB. rei publicae*; -*a res* Hauptsache, *bsd.* Entscheidungskampf, *pl.* höchste Gewalt, Oberherrschaft, °Großtaten; *subst. summi et infimi* Hohe *u.* Niedere, *omnia summa facere* sein möglichstes tun, *omnia summa adipisci* das Äußerste erreichen]; **d**) der vollkommenste, vollständig, allgemein, ganz [*consensio*, *copiae* Gesamtmacht, *existimatio alcis* die ganze Ehre, *summa salus rei publicae u. summa res publica* höchste Staatsinteressen, der ganze Staat]; *adv.* **sŭmmē** im höchsten Grade, ganz besonders, absolut, bei *adi. u. Verben* [*iucundus*, *cupere*]. — ***summus episcopus „oberster Bischof" (*i. der kath. Kirche der Papst*, *i. den dt. evang. Landeskirchen bis 1918 die Landesherren*).

sŭpĕrvăcānĕŭs 3 (*sŭpĕrvăcŭŭs*) **1.** überflüssig, unnötig [*litterae*, °*alter consul*, -*um est m. inf.*]. **2.** (*ohne Tadel*) überzählig [*opus*, *opera* Nebenbeschäftigung].

sŭpĕr-văcŭŭs 3 (*nkl.*, *dcht.*) nichtig, überflüssig, unnötig; (*Li.*) *vel ex -o* selbst wenn es überflüssig sein sollte.

sŭpĕr-vādō, —— 3. (*nkl.*) übersteigen, -schreiten, *auch* / (*alqd*, *zB. omnes asperitates*).

sŭpĕr-vĕhŏr, *vĕctŭs sŭm* 3. (*nkl., dcht.*) über *etw.* hinausfahren (*alqd, zB. promunturium*).

sŭpĕr-vĕnĭō, *vēnī, vĕntŭm* 4. (*nkl., dcht.*) **1.** über *etw.* kommen, *etw.* bedecken (*m. dat. u. acc., zB. alqs lapso, unda undam*); *bsd.* (*v. Tieren*) bespringen. **2.** unvermutet dazukommen, erscheinen (*abs., zB. auxilia superveniunt; alci* bei *jd., zB. regi* zu Hilfe kommen). **3.** überfallen, überraschen (*abs. od. alci u. alci rei, zB. hostis munientibus, nox alci*).

sŭpĕrvĕntŭs, *ūs m* (*sŭpĕrvĕnĭō*) **1.** (*nkl.*) das Dazukommen (*alcis*). **2.** (*spätl.*) *mil.* Überfall.

sŭpĕr-vīvō, *vīxī, vīctŭm* 3. (*nkl.*) überleben (*alci u. alci rei*).

sŭpĕr-vŏlĭtō 1. (*dcht., nkl.*) über *etw.* hin- *u.* herflattern (*alci u. alqd*).

sŭpĕr-vŏlō 1. (*nkl., dcht.*) über *etw.* hinfliegen (*abs. od. alqd*).

sŭpīnē *adv.* (*sŭpīnŭs*) (*Se.*) *m.* abgewandtem Gesicht.

sŭpīnĭtās, *ātĭs f* (*sŭpīnŭs*) (*Qu.*) zurückgebogene Stellung.

sŭpīnō 1. (*denom. v. sŭpīnŭs*) (*nkl., dcht.*) rückwärts beugen *od.* legen, nach oben kehren [*glaebas* umkehren, umwühlen]; *mediopass. m. griech. acc., zB. supinor nasum nidore* ich beuge mich zurück, um mit der Nase den Bratenduft einzuziehen.

sŭpīnŭs 3 (*adv.* °**-ē**; *s.d.; zu sŭb u. sŭpĕr; cf.* ὕπ-τιος) **1. a)** zurückgebogen, -gelehnt, rücklings, auf dem Rücken liegend, rückwärts gestreckt [*motus corporis, ora, ōs;* °*columna, quae stat rigidā supina venā;* °*manus m.* der Fläche zum Himmel gekehrt (*Stellung des Betenden*), *alqs -us cadit od. cubat u. dormit*]; **b)** (*dcht., nkl.*) (sanft) ansteigend *od.* abfallend [*vallis, collis, Tibur*]. **2.** (*dcht.*) rückläufig [*flumina*]; rückwärts gelesen [*carmen*]. **3. a)** (*dcht.*) *m.* zurückgeworfenem Kopf, stolz; **b)** (*dcht., nkl.*) müßig, lässig [*homo, animus*]. **4.** (*Gramm.*) *supinum* (*sc. verbum; zu* ὕπτιος *in der Bed.* „passivisch"; *genaue Deutung unklar*) Supinum.

sŭp-păctŭs *P.P.P. v. sŭppīngō.*

sŭp-paenĭtĕt, —— 2. *impers.* ein wenig Reue empfinden (*alqm alcis rei*).

sŭp-pălpŏr 1. (*Pl.*) ein wenig streicheln, schmeicheln.

sŭp-păr, *părĭs* fast gleich(zeitig) [*aetas; alci rei, zB. huic aetati* kurz nach dieser Zeit].

sŭp-părăsītŏr 1. (*sŭb*) (*Pl.*) (als Schmarotzer) *etw.* schmeicheln (*alci*).

sŭppărŭm, *ī n u.* **-ŭs,** *ī m* (*vl. griech. Lw.*) **1.** (*vkl., dcht.*) leinenes Oberkleid, Bluse; *scherzh.* (= *sŭbpărŭm; cf. sŭb-nīmĭŭm*) *etw.* zu kurzes Kleid, „Minirock". **2.** *s. sīpărŭm.*

sŭppĕdĭtātĭō, *ōnĭs f* (*sŭppĕdĭtō*) reicher Vorrat, Überfluß (*alcis rei, zB. bonorum*).

sŭppĕdĭtō 1. (*et. nicht geklärt; vl. urspr. als mil. t.t.* ‹ *sŭb* + **pĕdĭtō, denom. v. pĕdĕs*) **1.** (*trans.*) **a)** reichlich gewähren *od.* liefern, (hin-) geben, verschaffen, *auch* / (*alci alqd, zB.* °*pecunias, cibos, rem frumentariam ex provinciis, oratoribus copiam dicendi; impers. alci suppeditatur ad usum*); **b)** *P.* reichlich *m. etw.* versehen sein (*re*). **2.** (*intr.*) **a)** reichlich vorhanden sein [°*multitudo, charta*]; *bsd. vita mihi suppeditat* ich lebe noch; **b)** ausreichen, genügen (*alci j-m; ad u. in alqd* zu *od.* für *etw., zB. ad cultum*); **c)** (*Pl.*) zu *etw.* taugen [*labori*]; **d)** (*impers.*) (*Lu.*) **-āt** *m. inf.* man kann [*dicere*].

sŭp-pēdō, —— 3. *e-n* leisen Furz lassen.

sŭp-peilō 1. (*Pl.*) = *sŭppīlō.*

sŭp-pĕrnātŭs 3 (*Hypost.* ‹ **sŭb pĕrnā, sc. ictŭs* „an der Hüfte getroffen") (*Ca.*) / niedergehauen [*alnus securi -a*].

sŭppĕtĭae, *ārŭm f* (*sŭppĕtō*) (*vkl., nkl.*) Hilfe, Beistand [*suppetias* zu Hilfe, *zB. venire*].

F. *Nur im nom., acc. gebräuchlich.*

▶**sŭp-pĕtō,** *tīvī* (*od. tĭī*), *tītŭm* 3. (*intr.*) **1.** reichlich vorhanden sein, ausreichend zu Gebote stehen (*abs. u. alci, zB. copia frumenti; ad alqd* zu *etw., zB. ad remunerandum;* °*alci rei* für *etw., zB. novis doloribus*). **2.** ausreichen, *e-r Sache* gewachsen sein (*abs., zB.* °*si vita suppetit* wenn ich am Leben bleibe; *alci rei u. ad alqd, zB. copiae suppetunt sumptibus*).

sŭp-pīlō 1. (*cf. cŏmpīlō*) (*Com.*) **1.** stehlen [*pallam uxori*]. **2.** bestehlen, ausplündern [*uxorem*].

sŭp-pīngō, —, *păctŭm* 3. (*păngō*) (*vkl., nkl.*) **1.** unten anschlagen [*fulmentas soccis*]. **2.** beschlagen [*qui habeat auro soccis subpactum solum*].

sŭp-plāntō 1. (*plāntă*[2]) **1. a)** *jd.* ein Bein stellen (*alqm*); *auch* /; **b)** (*Pers.*) *-are verba palato* radebrechen. **2.** (*Qu.*) umstoßen [*iudicium*].

sŭp-plaudō 3. = *sŭpplōdō.*

sŭpplēmĕntŭm, *ī n* (*sŭpplĕō*) **1. a)** (*nkl.*) Ergänzung [*coloniae*]; **b)** *mil.* α) Rekrutierung [*exercitūs,* °*legiones -o explere*]; β) Verstärkung, Reserven [°*-a distribuere*]. **2.** (*Suet.*) Nachhilfe.

▶**sŭp-plĕō,** *plēvī, plētŭm* 2. (*cf. cŏmplĕō, plēnŭs*) **1.** (*unkl.*) nachfüllen, (wieder) anfüllen (*alqd u. alqd re, zB.* °*lucernas,* °*inania moenia* bevölkern). **2.** / **a)** vervollständigen, ergänzen, wieder vollzählig machen [*bibliothecam, scriptum,* °*vigorem firmitate animi* ersetzen, *ceteros* vollends dazusetzen]; **b)** (*Li.*) *mil.* auffüllen [*legiones*], vollzählig bemannen [*naves remigio*].

▶**sŭpplĕx,** *plĭcĭs* (*adv.* **-ĭtĕr**) (*vl. als* **sŭb-plăcŏs zu plăcō* 1. „erbitten, versöhnen"; *plăcĕō* 2. „gefallen"; *nicht als* „kniefällig" *zu plĭcō, plĕctō*) demütig bittend, flehentlich (*abs., zB. senex, auch v. Sachen, zB. verba, manus,* °*vota* fromme, °*dona m.* Gebeten dargebrachte Opfergaben, *-iter loqui; alci, zB. iudicibus;* °*pro alqo; m. ut*); *subst. m* Schutzflehender, Schützling (*alcis, zB. dei, vester*).

F. *abl. sg. adi. -ī; im daktylischen Vers u. als subst. -ĕ; pl. neutr. fehlt, gen. meist -ŭm.*

sŭpplĭcātĭō, *ōnĭs f* (*sŭpplĭcō*) öffentliches Buß- *od.* Betfest *bei unglücklichen,* Dankfest *bei glücklichen Staatsereignissen* [*-nem decernere; alcis* für *jd., zB. mortuorum; m. gen. u. acc. der Zeitdauer, zB. quindecim dierum u. dies, auch* °*in unum diem*].

sŭpplĭcĭtĕr *adv. v. sŭpplĕx.*

▶**sŭpplĭcĭŭm,** *ī n* (*sŭpplĕx*) **1. a)** *meist pl.* demütiges Bitten, Flehen; Beten *zu einer Gottheit, bsd. öffentliches* Gebet (*alcis, zB. regis; -is deos* °*placare*); **b)** flehentliche Bitte *zu einem Menschen;* **c)** Opfer- *u.* Betfest; Opfer. **2. a)** (*vkl., nkl.*) *freiwillige* Buße, Sühne, Genugtuung; **b)** harte Strafe, Bestrafung, Zwangsbuße [*supplicium est poena peccati,* °*varia -orum genera, ad ultimum -um progredi* zum Selbstmord; *-um dare alci v. jd.* hart bestraft werden]; **c)** Todesstrafe, Hinrichtung [°*capitale; -o alqm afficere, -um sumere de alqo,* °*ad -um dare od. tradere alqm*]; **d)** / Marter, Qual [*-is male habere alqm*].

sŭpplĭcō 1. (*altl. coni. pf. -cāssīs; denom. v. sŭpplĕx*) **1.** demütig bitten, anflehen (*abs. od. alci, zB. senatui, Caesari pro filio*). **2.** beten, zu *e-r* Gottheit flehen, Bittgebete darbringen [°*diis per hostias*].

sŭp-plōdō, *sī, sŭm* 3. (*plaudō*) aufstampfen [*pedem m.* dem Fuß].

sŭpplōsĭō, *ōnĭs f* (*sŭpplōdō*) das Aufstampfen [*pedis m.* dem Fuß].

sŭp-pōnō, *pŏsŭī, pŏsĭtŭm* 3. **1. a)** unterlegen, unter *etw.* legen *od.* stellen (*alqd alci u. alci rei, zB. ova gallinis,* °*se oneri,* °*plaustro rotam,* °*pectora fluminibus* tauchen in, °*alqm tumulo* beerdigen, °*alqd u.* °*alqm terrae* in die Erde einsäen, beerdigen, °*terga cavernis* stemmen unter, °*pecus fano* treiben unter); *P.P.P.* °*sŭppŏsĭtŭs* darunter befindlich [*ignes cineri -i*]; **b)** / α) unterwerfen [*se criminibus*]; β) (*log.*) unterordnen [*generi partes*]. **2. a)** (*Ve.*) unten anlegen *od.* ansetzen (*alqd, zB. cultrum* an die Kehle; *alci rei alqd, zB. falcem aristis*); **b)** / hinzufügen [*exempla*]; **c)** (*Ov.*) hinter *etw.* zurücksetzen [*Samon Latio*]. **3. a)** an die Stelle *j-s od. e-r Sache* setzen (*alqm u. alqd alci rei, zB. fidem amicorum operae nostrae; auch in locum alcis u. pro alqo*); **b)** unterschieben [*falsum testamentum, personam,* °*venam lacrimis* die Tränen verwandeln in].

F. *altl. pf. act. -īvī; P.P.P.* °*sŭppŏstŭs synk.* = *sŭppŏsĭtŭs.*

sŭp-pŏrtō 1. herbeitragen, -bringen, -fahren, nachführen (*alqd u. alci alqd, zB. commeatum exercitui; auch alqd ad alqm od.* °*ex loco in alqd, zB. ex Epiro in castra*).

sŭppŏsĭtīcĭŭs 3 (*sŭppŏsĭtŭs, P.P.P. v. sŭppōnō*) (*vkl., dcht.*) **1.** *jd.* ablösend [*sibi*]. **2.** untergeschoben, unecht.

sŭppŏsĭtĭō, *ōnis f* (*sŭp-pōnō*) (*Pl.*) Unterschiebung *e-s Kindes* [*pueri*].

sŭppŏsĭtōrĭŭm, *ī n* (*sŭppōnō*) **1.** (*spätl.*) Unterlage, Fußbank. **2.** *** (*med. t.t.*) Zäpfchen.

sŭppŏstrīx, *īcis f* (**sŭppŏsĭtrīx*; *sŭppŏsĭtŏr* „Unterschieber"; *sŭp-pōnō*) (*Pl.*) Unterschieberin *e-s Kindes.*

sŭp-praefĕctŭs, *ī m* (*nkl.*) Unterpräfekt; / Nebenwind.

sŭp-prĕssī *s. sŭpprĭmō.*

sŭpprĕssĭō, *ōnis f* (*sŭpprĭmō*) (*nkl.*) Unterdrückung; *klass. nur* / Unterschlagung *v. Geld* [*iudicialis*].

sŭp-prĭmō, *prĕssī, prĕssŭm* 3. (*prĕmō*) **1.** (*nkl.*) hinabdrücken [*navem* in den Grund bohren]. **2.** / **a)** aufhalten, hemmen, zum Stehen bringen [*hostem*, °*impetum militum*, °*habenas*, *iter* einstellen, °*classem* beilegen, *aegritudinem*, °*vocem* leise reden *od.* schweigen]; **b)** unterdrücken: **α)** verbergen, verhehlen, verschweigen [°*famam decreti*, °*nomen alcis*]; **β)** unterschlagen [*pecuniam, nummos*]; **γ)** (*nkl.*) *etw.* in Schatten stellen; **c)** (*P.P.P.*) *adi.* **sŭpprĕssŭs** 3 (*m. comp.*) (*v. Rede u. Redner*) gedämpft, leise [*vox, orator*].

sŭp-prōmŭs, *ī m* (*Pl.*) Unterkellermeister.

sŭp-pŭdĕt, — — 2. *impers. me* ich schäme mich ein wenig (*alcis* vor *jd.*).

sŭppūrātĭō, *ōnis f* (*sŭppūrō*) (*nkl.*) [Eiterung.]

sŭp-pūrō 1. (*sŭb*; *denom. v. pūs*) (*vkl., nkl.*) **1.** (*intr.*) forteitern, auch / (*dissimulatio alcis*). **2.** (*trans.*) zum Eitern bringen; *P.P.P. sŭppūrātŭs* forteiternd [*dolor* fortwühlend].

sŭppŭs 3 (*unkl.*) *altl.* = **1.** *sŭpīnŭs* aufrecht. **2.** *sŭpĕrbŭs* stolz.

sŭp-pŭtō 1. (*unkl.*) ausrechnen, berechnen (*alqd*; *m. indir. Frages.*).

> **sŭprā**
> **I.** *adv.* **1.** (*räuml.*) **a)** oberhalb, oben; **b)** auf der Oberwelt; **c)** darüber hinaus; **d)** (*im Text*) oben; **2.** (*zeitl.*) **a)** vorher, schon früher; **b)** von früher her; **3. a)** darüber hinaus, mehr; **II.** *prp. b. acc.* **1.** (*räuml.*) **a)** oberhalb, oben auf, über; **b)** über ... hin; jenseits; **2.** (*zeitl.*) vor; **3.** (*Maß u. Rang*) **a)** über ... hinaus, höher als, mehr als; **b)** (*Amt*) über; **c)** außer (= *praeter*).

sŭprā (< **sŭpĕrā* [*sc. părtĕ*]; *sŭpĕrŭs*) **I.** *adv.*: **1.** (*räuml.*) **a)** oberhalb, oben, darüber [*supra et subter, iumenta ~ atque infra constituere*, °*stupet ~ manus* darüber gebückt, °*mare quod ~ alluit* = *mărĕ sŭpĕrŭm* die Adria]; **b)** auf der Oberwelt [*omnia, quae ~ sunt*]; **c)** (*Ve.*) darüber hinaus *od.* hervor [*toto vertice ~ esse* hervorstehen, überragen]; **d)** (*im Text*) oben, vorher [*ut ~ dixi*]. **2. a)** (*zeitl.*) vorher, schon früher, *bsd. bei Verweisungen in der Rede, zB. ea quae supra commemoravi od. ostendimus u.ä., ut ~ dixi*; **b)** (*nkl.*) *v.* früher her, *bsd.* (*pauca*) *supra repetere* weiter ausholen (*de re*); *comp.* °*superius* weiter oben. **3.** / darüber hinaus, mehr, weiter, *zB.* (*bei Auktionen*) *~ adicere* noch mehr bieten, *ut ~ nihil possit* (*addi*), °*nil ~ deos lacesso* nichts weiter begehre ich *v.* den Göttern; *auch m. quam* mehr als, *zB. ~* °*quam cuiquam credibile est, rem ~ ferre quam fieri potest* größer machen als, übertreiben. **II.** *prp. b. acc., bisw. nachgestellt*: **1.** (*räuml.*) **a)** oberhalb, oben über, oben auf, *zB. ~ lunam omnia aeterna sunt*, °*ille qui supra nos habitat, accumbere ~ alqm, ~ caput* (*bsd.* / auf dem Hals); *auch auf die Frage „wohin?", zB. ~ terram* oben auf die Erde kommen, °*~ tignum insilire* oben auf; **b) α)** über ... hin, über ... hinweg, über ... hinaus [°*~ segetes navigare*]; **β)** jenseits, *zB.* °*exercitus ~ Suessulam hibernat*, °*ea gens iacet ~ Ciliciam.* **2.** (*zeitl.*) vor, *zB. ~ hanc memoriam* vor unserer Zeit, °*res supra septingentesimum annum repetitur* liegt 700 Jahre zurück. **3.** (*v. Maß u. Rang*) **a)** über ... hinaus, *zB. ~ duos menses*, °*tres ~ tangere* mehr als drei, *~ bonum atque honestum* mehr als recht *u.* anständig ist, °*~ omnia esse* höher als alles sich erweisen, *~ leges esse* mehr gelten als die Gesetze, °*id facinus est ~ Coclites* übertrifft die Taten des Cocles, °*~ modum*, °*~ vires*; **b)** (*nkl.*) (*vom Amt*) über, *zB. alqm ~ somnum habere* als Wächter über seine Nachtruhe; **c)** (*nkl.*) außer (= *praeter*).

sŭprālātĭō, *ōnis f* (*sŭprālātŭs*) Übertreibung.

sŭprālātŭs 3 (*sŭprā, P.P.P. v. fĕrō*) übertrieben.

sŭprā-scăndō, — — 3. (*Li.*) übersteigen, -schreiten [*fines*].

▶**sŭprēmŭs** 3 *s. sŭpĕrŭs.*

sŭptĕr (*altl., dcht.*) = *sŭbtĕr.*

Sur... (*Pl.*) = *Syr...*

sūră, *ae f* (*cf. ion.* ὤρη *ds.*) Wade; ♀ *röm. cogn.*

sŭrcŭlŭs, *ī m* (*sŭr-?*; *demin. v. sūrŭs* [*sū-?*] Zweig, Sproß; *cf. schweizerisch* Schwir(r)e „Pfahl") Zweig, Reis; *bsd.* Setzling.

sŭrdăstĕr, *tră, trŭm* (*sŭrdŭs*) halbtaub, schwerhörig.

sŭrdĭtās, *ātis f* (*sŭrdŭs*) Taubheit.

sŭrdŭs 3 (*m.* °*comp. u.* °*sup.*) (*et. ungeklärt*) **1.** taub [*homo*, °*aures*; *sprichw.* °*surdis auribus canere od.* °*surdo asello fabellam narrare* tauben Ohren predigen]; *subst. m* der Taube. **2.** / **a)** (*act.*) **α)** (*nkl., dcht.*) unempfindlich, unempfänglich, gefühllos [*mens, leges sunt res surda*; *ad u. in alqd od. alci rei* gegen *etw.*, *zB. ad preces*; *alci* gegen *jd.*]; **β)** *etw.* nicht verstehend (*in re, zB. in Graeco sermone*); **b)** (*pass.*) (*dcht., nkl.*) lautlos, ungehört, still, verschwiegen [*lyra, gratia*].

Sŭrēnă, *ae m* (*Fw.*) *Amtsname des höchsten Würdenträgers b. den Parthern.*

▶**sūrgō,** *sŭrrēxī, sŭrrēctŭm* 3. (< **sŭb*[*s*]-*rĕgō*; *cf. sŭb-rĭgō*) **1.** (*trans.*) (*Pl., Epid.* 733 P) emporrichten, erheben [*lumbos*]; *sonst trans. nur* °*sŭbrĭgō* [*mucronem, aures spitzen*]. **2.** (*intr.*) **a)** sich erheben, aufstehen (*abs. od. ex u. de od. a re*, °*re, ad u. in alqd, zB. e lectulo, de sella*, °*toro*, °*ad aetherias auras* ans Licht der Welt kommen, °*in cornua* das Geweih hoch erheben; / °*Plato multum supra prosam orationem*; *als Zuruf* °*surge* auf denn!; *alci* vor *jd.*); *bsd.* aus dem Bett *od.* vom Schlaf aufstehen [*ante lucem*, °*cum die*]; **b)** (*vom Redner*) auftreten [*ad dicendum, ad respondendum*]; **c)** (*Ve.*) (*vom Feldherrn*) aufbrechen [*ab Arpis in Teucros*]. **3.** / **a)** (*v. Leblosem*) (*meist dcht., nkl.*) sich erheben, aufsteigen, sich zeigen [°*sol*, °*mons*, °*undae, iuga*, °*humus* tritt hervor]; **b)** (*v. der Zeit*) anbrechen [°*dies*, °*nox*]. **4.** (*dcht., nkl.*) *wachsend* emporsteigen, heranwachsen, zunehmen, *v. Pflanzen, Bauwerken u.ä., auch v. Pers.* [*seges, Carthaginis arx, Ascanius*]; *auch* entstehen, zum Vorschein kommen [*ventus, imber, discordia, rumor*]; *bsd.* anheben zu reden (*a re, zB. a Iove*).
F. *pf.-Formen synk.*: °*sŭrrēxĕ* = *sŭrrēxīssĕ.*

sŭrpĭcŭlŭs = *scĭrpĭcŭlŭs.*

sŭrpĭtĕ *u.* **sŭrpŭĭt** *synk. Formen, s. sŭrrĭpĭō.*

sŭrrēctŭs *s. sŭbrēctŭs.*

Sŭrrēntŭm, *ī n Seest. in Kampanien, j.* Sorrento; *Einw. u. adi.* **Sŭrrēntīnŭs** (3).

sŭr-rēpō = *sŭbrēpō.*

sŭr-rēptŭs *P.P.P. v. sŭrrĭpĭō.*

sŭrrēxĕ = *sŭrrēxīssĕ.*

sŭrrēxī *s. sūrgō.*

sŭrrĭgō = *sŭbrĭgō* (*sūrgō*).

sŭr-rĭpĭō, *rĭpŭī, rēptŭm* 3. (*răpĭō*) **1.** heimlich wegnehmen, entwenden, stehlen, *auch* / (*alqd, zB. libros ex bibliotheca, filium ex custodia, Parmam m.* List erobern, / *aliquid spatii*, °*diem* die Zeit vergeuden; *alqd alci u. ab alqo, zB. multa a Naevio*). **2.** / **a)** (*Pl.*) *se surripere* sich wegschleichen; **b)** *mediopass. surripi* durch Bestechung sich der Strafe entziehen.
F. (*altl.*) *coni. pf. act. sŭrrĕpsĭt.* — *Synk. Formen*: °*sŭrpĭtĕ* = *sŭrrĭpĭtĕ*, °*sŭrpŭĕrāt* = *sŭrrĭpŭĕrāt.*

sŭr-rŏgō 1. (*vom Vorsitzenden der Komitien*) nachwählen lassen (*alqm, zB. consules*; *alqm alci u. in locum alcis jd.* für *jd.*). — **wählen, erheben [*ad sedem apostolicam* auf den päpstlichen Stuhl].

sŭrrŭpĭō, *rŭpŭī, rŭptŭm* 3. *altl.* = *sŭrrĭpĭō.*

sŭrrŭptĭcĭŭs 3 (*Erweiterung v. sŭrrŭptŭs* = *sŭrrēptŭs, P.P.P. v. sŭrrĭpĭō*) (*Pl.*) **1.** gestohlen, geraubt [*ingenuae ambae*]. **2.** (*Pl., Curc.* 205) verstohlen [*amor*]; *cf.* (*Pl.*) *sŭbrēptĭcĭŭs.*

sūrsŭm *u.* (*Lu.*) **-ŭs** *adv.* (< **sŭbsvŏrsŏm u. -ŏs*; *vĕrtō*; *cf. dĕōrsŭm*) **1.** aufwärts, in die Höhe [*-um versus* aufwärts, *-um deorsum* auf und nieder, *zB. commeare*]. **2.** oben, in der Höhe, *selten* [*nares -um sunt*]. — ***sursum corda* = empor die Herzen (*Worte des Priesters in der Praefatio der Messe*).

sūs[1], *sŭis m u. f* (*cf.* ὗς, *nhd.* „Sau") **1.** Schwein, Sau, *auch* Wildschwein, Eber; *sprichw.*: *sus Minervam, sc. docet* das Ei will klüger sein als die Henne. **2.** (*Ov.*) *ein Fisch.*

sŭs[2] *adv.* (< **sŭbs nach ăb*: *ăbs*; *auch*

in der Komposition, zB. sus-cipio) aufwärts; *nur sprichw.* sŭsquĕ dēquĕ (*eigtl.* auf *u.* ab) mehr *od.* weniger, bedeutungslos, gleichgültig: *susque deque habere alqd od.* de *alqo* sich nichts aus *etw. od. jd.* machen; *abgek.* (*Ci.*) *nam de Octavio susque deque.*

Sūsă, ōrŭm *n* (< τὰ Σοῦσα) *Hptst. der pers. Provinz Sūsĭānă; adi. u. Einw.* -ĭānŭs (3).

▶ **sŭs-cēnsĕō,** sŭī, — 2. aufgebracht sein, zürnen (*abs. od. alci, zB. hominibus; aliquid* ein wenig; *m. quod od. a.c.i.*).

sŭs-cēpī *s. sŭscĭpĭō.*

sŭscĕptĭō, ōnĭs *f* (*sŭscĭpĭō*) **1.** Übernahme [*causae, laborum* Erduldung]. **2.** (*spätl.*) Empfang.

sŭscĕptŏr, ōrĭs *m* (*sŭscĭpĭō*) (*spätl.*) Unternehmer.

sŭs-cĭpĭō
1. a) auffangen; **b)** (unter)stützen; **c)** (*vom Boden*) aufnehmen; **d)** (*Kinder*) mit einer Frau zeugen; **e)** auf-, annehmen; **2. a)** auf sich nehmen; **b)** als Beruf übernehmen; **c)** sich *etw.* herausnehmen; **d)** *etw.* unternehmen; **e)** erwidern; **f)** erdulden.

sŭs-cĭpĭō, cēpī, cēptŭm 3. (*altl.* sŭccĭpĭō; cāpĭō) **1. a)** (*dcht., nkl.*) (*v.* unten her) auffangen [*dominam ruentem, aquam m. dem Mund*]; **b)** (*nkl.*) *etw.* stützen *od.* aufrecht halten [*theatrum substructionibus*]; *klass. nur* / unterstützen (*alqm u. alqd*); **c)** (*ein neugeborenes Kind*) vom Boden aufnehmen *u.* als das seinige anerkennen [°*puerum*]; **d)** (*übh.*) *ein Kind od. Kinder v.* einer Frau bekommen *od. m.* einer Frau erzeugen [*liberos; alqm ex u.* °*de alqa, zB. filium ex concubina*]; P. geboren werden [*die natali u. in lucem suscipi, rei publicae* für den Staat]; **e)** annehmen, aufnehmen (*alqm in civitatem* als Bürger; *alqd, zB. sacra peregrina*); (*als Schüler*) [°*alqm erudiendum,* °*discipulum*]. **2.** / **a)** (*freiwillig*) auf sich nehmen, sich zu *etw.* entschließen (*alqd, zB. munus, opus, officium, laborem, bellum,* °*prodigia* die Sühnung der Vorzeichen; *selten alqd in se od. sibi; m. inf.; meist m. acc. gerund., zB. alcis gloriam tuendam*); **b)** α) *etw.* für seinen Beruf erklären [*quod suscepimus* der erwählte Beruf]; β) *etw.* als wahr annehmen, zugestehen (*alqd; m. a.c.i.*); γ) für *etw.* empfänglich sein [*religiones* in sich aufkommen lassen, *consolationem* der Tröstung fähig sein]; *bsd.* = fassen [*consilium, odium, inimicitias u.ä.*]; **c)** sich *etw.* herausnehmen [*tantum sibi auctoritatis*]; **d)** unternehmen, verrichten, veranstalten [*iter, cursum vitae* einschlagen, *severitatem* anwenden, °*votum* tun, *maculam alci* zufügen; *suscepit vita ut* hat eingeführt, daß]; *bsd.* (*Böses*) auf sich laden [*scelus, maleficium*]; **e)** (*unkl.*) das Wort nehmen, erwidern [*suscipit Anchises*]; (*vollständig*) (*Qu.*) ~ *sermonem*]; **f)** (*Leiden u. Lasten*) erdulden, leiden, sich *e-r Sache* aussetzen [*poenam, pericula, dolorem* sich dem Schmerz überlassen, *culpam, sumptum,* °*alqm inimicum* sich zum Feind machen]. — ***de fonte* (*sacro*) aus der Taufe heben.

sŭs-cĭtō 1. **1.** (*dcht.*) **a)** emportreiben, in die Höhe richten, aufrichten [°*lintea* schwellen, °*terga telluris* aufreißen]; **b)** aufscheuchen [*vulturium*]. **2.** (*e-n Sitzenden od. Liegenden*) zum Aufstehen bringen [*alqm a subselliis*]; (*e-n Schlafenden*) aufwecken [*alqm e somno*]. **3.** / (*unkl.*) erregen, antreiben, ermuntern [*tacentem Musam, ignes* wieder anfachen]; *übh.* verursachen, veranlassen [*bellum, poenas alci* zuziehen]. — **auferwecken [*cadavera*].

sŭspĕctō 1. (*intens. v. sŭspĭcĭō*[1]) (*vkl., nkl.*) **1.** (*zu etw.*) hinaufsehen (*abs. u. alqd*). **2.** / **a)** *jd.* beargwöhnen (*alqm*); P. *jd.* verdächtig werden (*alci*); **b)** *etw.* argwöhnen (*alqd, zB. perfidiam*).

sŭspĕctŭs[1], ūs *m* (*sŭspĭcĭō*[1]) (*nkl., dcht.*) das Hinaufblicken, Aufblick (*ad alqd*); *meton.* Höhe [*turris vasto -u*]; / Bewunderung [*honorum*].

sŭspĕctŭs[2] 3 (*m. comp. u.* °*sup.*) (*eigtl. P.P.P. v. sŭspĭcĭō*[1]) **1.** (*pass.*) beargwöhnt, verdächtig, Verdacht *od.* Furcht erregend, *v. Pers. u. Sachen* [*legatus, nomen,* °*laqueus, alqm u. alqd -um habere* im Verdacht haben; *alci v. u.* bei *jd., zB. regi; re* durch *etw., zB.* °*contumaciā; de u. selten super re* wegen *etw., zB. de noverca; nkl. alcis rei u. in re* wegen *od.* in bezug auf *etw., zB.* °*cupiditatis imperii; m.* °*inf.*]. **2.** (*act.*) (*vkl., spätl.*) argwöhnisch, mißtrauisch.

sŭ-spĕctŭs[3] *P.P.P. v. sŭspĭcĭō*[1].

sŭs-pĕndī *s. sŭspĕndō.*

sŭspĕndĭŭm, ī *n* (*sŭspĕndō*) das Aufhängen, Erhängen [*-o perire*].

▶ **sŭs-pĕndō,** pĕndī, pēnsŭm 3. **1.** aufhängen, erhängen (*alqm u. alqd, zB. se,* °*aulaea* aufspannen; *alqd alci etw. jd.* zu Ehren, *bsd. in Tempeln, zB.* °*arma Quirino; alqm re* durch *od. m. etw., reste, arbori infelici* am Galgen; *in re od. ex u. de, a re, auch* °*re* an *etw., zB. alqm od. se in oleastro od. de ficu,* °*arcum umeris,* / °*vultum mentemque pictā tabellā* ruhen lassen auf, °*alqm u. alqd naso* die Nase rümpfen über; *m. griech. acc., zB. puer suspensus tabulam lacerto* der seine Tafel am Arm trägt). **2. a)** in die Höhe heben, emporheben, erheben [*contignationem tignis*]; **b)** stützen [*murum furculis*]. **3. a)** schweben lassen, schwebend halten; P. schweben; *cf. sŭspēnsŭs;* / **b)** (*dcht., nkl.*) *etw.* unentschieden lassen [°*rem medio responso*]; **c)** (*dcht., nkl.*) unterbrechen, hemmen [*lacrimas*]; **d)** (*nkl., dcht.*) auf die Folter spannen (*alqm u. alcis animum; re* durch *etw.*). — **zeitweilig ausschließen, suspendieren.

*****suspensōrium,** *i n* (*med. t.t.*) beutelartige Tragevorrichtung [*mammae; scroti*].

sŭspēnsūră, *ae f* (*sŭspĕndō*) (*nkl.*) hängender Fußboden.

sŭs-pēnsŭs[1] *P.P.P. v. sŭspĕndō.*

sŭspēnsŭs[2] 3 (*m.* °*comp.*) (*eigtl. P.P.P. v. sŭspĕndō*) **1.** (*nkl., dcht.*) emporgehoben, schwebend [*currus per undas* hingleitend, *aures* aufgerichtet, *corpora mento* = schwimmend, *rupes saxis* schwebend auf, *-us fluctu* schwebend über, *-us super alqm* sich hinbeugend über]. **2.** / **a)** *v. etw.* abhängig, auf *etw.* beruhend (*ex re, zB. omnia ex bono casu*); **b)** schwankend, unentschieden, ungewiß, *v. Pers. u. Sachen* [*animus, plebs,* °*verba,* °*res* kritische Lage, °*alqd -um od.* °*in suspenso relinquere* unentschieden lassen; °*in suspenso esse;* °*animi* im Herzen; *re* durch *etw.; propter alqd, zB. propter bellum; de re, zB. de statu alcis*]; **c)** (*nkl., dcht.*) ängstlich, unruhig [*manus*].

sŭ-spēxī *s. sŭspĭcĭō*[1].

sŭspĭcāx, ācĭs (*m. comp.*) (*sŭspĭcŏr*) (*nkl.*) **1.** argwöhnisch. **2.** Argwohn erregend, verdächtig.

▶ **sŭ-spĭcĭō**[1], spēxī, spēctŭm 3. (*-ēxī?; spĕcĭō*) **1.** (*intr.*) aufwärts sehen, emporblicken (*in u. ad alqd, zB.* °*de lectulo in u. ad caelum*). **2.** (*trans.*) **a)** emporblicken nach (*alqd, zB. caelum*); / **b)** sich *m.* seinen Gedanken emporschwingen (*alqd* zu *etw., zB. nihil divinum*); **c)** *zu etw. m. Ehrfurcht* emporblicken, *etw.* bewundern, verehren (*alqm u. alqd, zB. virum, eloquentiam*); *suspiciendus* bewundernswert (*figura*); **d)** (*nkl.*) beargwöhnen, *selten* (*alqm*); *klass. nur* (*P.P.P.*) *adi. sŭspĕctŭs 3; s.d.*

▶ **sŭspĭcĭō**[2], ōnĭs *f* (< *-*spĕcĭō, Dehnstufe zu spĕcĭō*) **1. a)** Argwohn, Verdacht (*abs. od. alcis j-s, alcis rei e-r* Sache *od.* wegen *etw., zB. adulterii;* ~ *est* herrscht *od.* besteht, *alcis rei od. m. a.c.i.; non abest* ~, *quin; -ne carere* unverdächtig sein; ~ *cadit in alqm* fällt auf *jd.; -nem alci facere u. afferre od. inferre, inicere, movere, dare in jd.* den Verdacht erregen, *alcis rei;* °*alci in -ne esse jd.* verdächtig sein, *m. inf. u. a.c.i.*); **b)** *in -nem venire:* α) Verdacht schöpfen, argwöhnen; β) in Verdacht kommen, verdächtig werden = *in -nem cadere od. incidere* (*alci u. alcis* bei *jd.; alcis rei u. de re, zB. de morte; m. inf. u. a.c.i.*); **c)** *-nem habere:* α) Verdacht hegen (*de re* wegen *etw.*); β) in dem Verdacht *e-r Sache* stehen (*alcis rei*); γ) (*v. Sachen*) Verdacht erregen; **d)** *meton.* Grund zu Verdacht [*nulla ~ in re est od. subest*]; *pl.* Verdachtsgründe, verdächtige Umstände. **2.** Vermutung, Ahnung, Idee [*falsa; alcis rei v. etw., zB. deorum; -nem habere* eine Ahnung *v. etw.* haben, *m. a.c.i.*].

sŭspĭcĭōsŭs 3 (*sŭspĭcĭō*[2]) (*m. sup.; adv.* **-ē**) **1.** (*act.*) argwöhnisch, mißtrauisch [*homo*]. **2.** (*pass.*) verdächtig [*tempus, -e dicere alqd; alci* bei *jd.*].

▶ **sŭspĭcŏr** *u.* (*altl.*) **-ō** 1. (< **sŭspĕcŏr; cf. spĕcĭō*) argwöhnen, *übh.* vermuten, ahnen (*abs. u. alqd, zB. nihil mali; de alqo u. de re* über *etw.; ex re; m. a.c.i.; m. indir. Frages.*).

sŭspīrātĭō, ōnĭs *f* (*nkl.*) *u.* **-ŭs,** ūs *m* (*dcht.*) (*sŭspīrō*) tiefer Atemzug.

sūspīritūs, *ūs m* (*zu sūspīrō nach spīritūs*) tiefes Atemholen, *bsd.* Seufzen, Keuchen (*nur im nom. u. abl. sg.*).

sūspīrium, *ī n* (*sūspīrō*) **1. a)** tiefes Aufatmen, Seufzer [°*-a ducere u.* °*pectore prodere,* °*-a trahere* seufzen]; *bsd.* (*dcht.*) Liebesseufzer, Liebe; **b)** (*nkl.*) Keuchen, Atemnot. **2.** (*dcht.*) das Atemholen, Atem.

sū-spīrō 1. **1.** (*intr.*) **a)** tief aufatmen, *bsd.* seufzen; **b)** (*dcht.*) nach *jd.* schmachten [*in alqo, in alqam*]. **2.** (*trans.*) (*dcht.*) nach *etw.* sich sehnen (*alqd u. alqm, zB. alios amores*).

sūsquĕ dēquĕ *adv. s. sūs*².

sūstĕntāculum, *ī n* (*sūstĕntō*) **1.** (*nkl.*) Stütze, *auch* / [*victoriae* Halt]. **2.** (*Augustin.*) Lebensunterhalt, Nahrung.

sūstĕntātiō, *ōnis f* (*sūstĕntō*) Aufschub, Verzögerung; / (*rhet. t.t.*) (*Qu.*) Spannung.

▶**sūstĕntō** 1. (*intens. v. sūstinĕō*) **1. a)** (*dcht., nkl.*) emporhalten [*se et arma, corpus*]; P. sich aufrecht halten [*navis sustentatur* hält sich über Wasser]; **b)** aufrechthalten, (unter-)stützen [*mentes civium*; *bsd. mil.* = zum Standhalten bringen, *zB. suos,* °*pugnam* die Schlacht halten; / *v. Leblosem, zB. spes sustentat alqm*]; *mediopass.* sich trösten (*re m. etw., zB. litteris*). **2.** *physisch* unterhalten, ernähren [*se liberalitate alcis,* °*familiam*; *re* durch *od. m., v. etw.*]. **3. a)** *etw. Drückendes* aushalten, ertragen [*maerorem, diem*; P. *aegre is dies sustentatur* man hält kaum jenen Tag über aus]; *bsd. abs.* aushalten = sich behaupten [*aegre*; *auch* P. *impers.*]; **b)** (*meist nkl.*) aufhalten, hemmen [°*aciem*]; / erträglich machen [*inopiam, famem pecore* stillen]; **c)** hinhalten, verschieben, verzögern [*rem, aedificationem ad adventum alcis*].

> **sūs-tinĕō**
> 1. emporhalten, stützen; **2. a)** aushalten, ertragen; **b)** *e-n feindl. Angriff* aushalten; **c)** standhalten; **d)** wagen; **e)** auf sich nehmen; **3. a)** unterhalten, ernähren; **b)** bewahren; **4. a)** zurück-, anhalten; **b)** verzögern.

sūs-tinĕō, *tinuī, tentum* 2. (*tĕnĕō*) **1.** emporhalten, aufrechthalten, nicht sinken lassen; stützen, tragen (*alqm u. alqd, zB. labentem, onus, columnae templa et porticum sustinent,* °*undam de flumine palmis* schöpfen). **2.** / **a)** (*Drückendes, Übel, Leiden*) aushalten, ertragen, auf sich nehmen [*perpetuum dolorem, poenam, vim morbi, invidiam*]; **b)** *einen feindlichen Angriff* aushalten *od.* bestehen [*hostium impetum*]; **c)** (*abs.*) sich halten, standhalten, sich behaupten [*agmen sustinuit, vix, aegre*; / *auch v. Sachen, zB. vires non sustinent*]; **d)** übers Herz bringen; wagen, *klass. sehr selten* (*m. inf. u. a.c.i.*); **e)** (*Geschäfte od. Leistungen*) auf sich nehmen, übernehmen [*bellum, causam publicam, honorem* bekleiden, *personam* eine Rolle übernehmen *od.* spielen]; *bsd.* = *einer Sache* Herr werden, es *m. jd.* aufnehmen (*alqm u. alqd, zB. hostium incursiones, res gravissimas* bemeistern, *se ab equitatu* sich halten gegen). **3.** *im Bestehen* erhalten: **a)** unterhalten, ernähren [*adulescentem, ager sustinet mille homines, re frumentaria sustinemur*]; **b)** / bewahren, behaupten [*civitatis dignitatem,* °*animos pugnantium*]. **4. a)** zurückhalten, anhalten, hemmen [*equos parieren, impetum,* °*signa m.* dem Heer Halt machen, *remos m.* Rudern innehalten, °*dextram a re* zurückhalten *v.*; / *assensionem*]; *se a re* sich *e-r Sache* enthalten, *etw.* unterlassen [*ab assensu*; *auch m. ne*]; **b)** hinhalten, verzögern, verschieben [*solutionem,* °*diem fati,* °*rem in noctem*].

sūs-tŏllō, — — 3. (*unkl.*) **1.** emporheben, aufnehmen, hoch aufrichten [*amiculum, vultus ad aethera*]. **2.** wegnehmen [*filiam ab alqo*].

sūstulī *s. sŭffĕrō u. tŏllō.*

sūsum *adv.* (*vulgär*) = *sūrsum.*

sūsurnā *s. sīsŭrā.*

sŭsŭrrātŏr, *ōris m* (*sŭsŭrrō*) (*unkl.*) Flüsterer; *auch adi.* leise flüsternd [*rumor*].

sŭsŭrrō 1. (*denom. v. sŭsŭrrŭs*¹) (*vkl., dcht.*) **1.** (*intr.*) flüstern, zischeln, *auch* summen, säuseln *u.a.* **2.** (*trans.*) summen, leise singen [*cantica*].

sŭsŭrrŭs¹, *ī m* (*Schallwort*; *cf. nhd.* „surren") **1.** (*dcht.*) Surren, Summen; Säuseln (*des Windes*). **2.** das Flüstern, Zischeln; *pl.* Flüsterreden, *auch* ♀ (*Ov.*) *personifiziert.*

sŭsŭrrŭs² 3 (*sŭsŭrrŭs*¹) (*Ov.*) flüsternd, zischelnd [*lingua*].

sūtēlā, *ae f* (*sūtŭs, P.P.P. v. sŭō*) (*Pl.*) Lügengewebe.

sūtilis, *ĕ* (*sŭō*) (*dcht., nkl.*) zusammengenäht [*balteus auro*]; / geflochten [*corona*; *rosa* Rosenkranz].

sūtŏr, *ōris m* (*sŭō*) Flickschuster, Schuster; *sprichw.* (*nkl.*) *ne sutor supra crepidam* (*sc. iudicet*) = Schuster, bleib bei deinem Leisten (*Apelles-Anekdote*).

sūtōrius 3 (*sūtŏr*) Schuster... [*atramentum*]; *subst. m* ehemaliger Flickschuster.

sūtrīnum, *ī n* (*sūtrīnŭs*) (*Se.*) Schusterhandwerk.

sūtrīnŭs 3 (*sūtŏr*) (*vkl., nkl.*) Schuster... [*taberna*].

sūtūrā, *ae f* (*sŭō*) (*nkl.*) Naht.

sūtŭs *P.P.P. v. sŭō.*

sŭum cuīquĕ *s. sŭŭs.*

> **sŭŭs**
> **1. a)** sein, ihr; **b)** *subst. sui* die Seinen *od.* Ihrigen; **c)** *suum* das Seine *od.* Ihrige; **2. a)** sein *od.* ihr lieber, Lieblings...; **b)** eigentümlich, üblich, angemessen, passend; **c)** günstig, geeignet; **d)** selbständig.

sŭŭs 3 *pron. poss. refl. der 3. Pers. sg. u. pl.* (*altl. sŏvŏs* < **sĕvŏs*; *cf. hom.* ἑός < **σεϝός*; *sŭī*) **1. a)** sein, ihr *verstärkt durch -mĕt u. -ptĕ* [*epistulam sua manu scribere, sua sponte, suo nomine, sui iuris esse* sein eigener Herr, *alqd suum facere* sich aneignen; *auch obi., zB. iniurias suas persequi* die ihm zugefügten Beleidigungen, *suus accusator fuit* sein eigener Ankläger]; **b)** *subst.* **α)** **sŭī,** *ōrum m* die Seinigen *od.* Ihrigen, die Angehörigen [*suos deserere, multos reddere suos* zu Anhängern gewinnen]; **β)** **sŭum,** *ī n* das Seine *od.* Ihrige, seine *od.* ihre Sache (*od.* Angelegenheit, Pflicht *u.ä.*), *auch* (*bsd. pl.*) sein Eigentum [*suum cuique tribuere, de suo dare* aus seinen Mitteln, *omnia sua secum portare*]. **2.** *prägn.* **a)** geliebt, sein lieber, Lieblings..., *meist dcht.* [°*coniunx* ihr lieber Gatte, °*arbor* Lieblingsbaum, °*volucris* Lieblingsvogel]; **b)** eigentümlich, (landes)üblich, zukommend, angemessen, passend [*suo* °*Marte od. suo more pugnare, naves suum numerum habent* die gehörige Anzahl *od.* Bemannung, *suo anno consulem fieri* in dem gesetzlich bestimmten Jahr, °*sua morte defungi* eines natürlichen Todes, *suo tempore redire* rechtzeitig, *suo iure m.* vollem Recht, °*suus sopor* erquickender, °*sua tempora complere* die festgesetzten]; **c)** günstig, geeignet, vorteilhaft, erwünscht [°*suo loco pugnare* auf günstigem Terrain, *suis locis se tenere* an geeigneten Punkten, *tempora sua opperiri* den günstigen Moment, *populo suo uti* das Volk günstig für sich gestimmt haben]; **d)** selbständig, sein eigener Herr [*hic semper in disputando suus est* originell, °*vix suus erat* bei Verstand]. — *** *Das schon in der Antike geflügelte Wort* suum cuique (*zB. Ci., Tusc.* 5,22,63) *wurde röm. Rechtsregel* (*Dig. I,* 1, 10), *später als Motto des preuß. Schwarzen Adlerordens gewählt u. Wahlspruch Preußens.*

sūxī *s. sūgō.*

*****s.v.** (*Abk.*) = *sub voce*; *s. vōx.*

Sўbăris, *is f* (Σύβαρις) *griech. Kolonie in Lukanien an gleichnamigem Fl.* (*m*), *durch Handel reich geworden, wegen Pflege feiner Küche u. Schlemmerei bekannt, 510 v. Chr. v. ihrer Konkurrentin, der Nachbarst. Kroton, zerstört, unter dem Namen Thūriī wieder aufgebaut*; *Einw.* **Sўbărītānī,** *ōrum m* die Sybariten, *wegen ihrer Schwelgerei berüchtigt*; *fem.* **Sўbărītis,** *idis* Sybaritin (*Titel e-s stark erotischen Gedichtes*); *adi.* *-īticŭs* 3 *auch* schlüpfrig, erotisch. **F.** *acc. Sўbărim u.* °*-in*; *abl.* *-ī.*

sўcŏphăntă, *ae m* (*Fw.* < συκοφάντης, *wohl aus kleinasiatischer Spr. stammend*) (*Com.*) gewinnsüchtiger Ankläger, Intrigant; / Schmeichler, Schmarotzer.

sўcŏphăntiă, *ae f* (*Fw.* < συκοφαντία) (*Pl.*) Betrügerei, Intrige.

sўcŏphăntiōsē *adv.* (*sўcŏphăntiă*) (*Pl.*) auf betrügerische Weise, auf Gaunerart.

sўcŏphăntŏr 1. (*Lw.* < συκοφαντέω) (*Pl.*) Betrügereien ersinnen (*alci* gegen *jd.*).

sўllăbă, *ae f* (*Fw.* < συλλαβή, *eigtl.* „Zusammenfassung") **1.** Silbe [*longa, brevis, syllabarum auceps* pedantischer Erklärer]. **2.** *pl.* (*meton.*)

(*Ma.*) Verse, Gedichte.

sȳllăbātim (*sȳllăbă*) *adv.* silbenweise, Silbe für Silbe.

sȳllŏgismŭs, *ī m* (*Fw.* ‹ συλλογισμός) (*nkl.*) Syllogismus, (logischer) Schluß.

sȳllŏgistĭcŭs 3 (*Fw.* ‹ συλλογιστικός) (*nkl.*) zum Syllogismus gehörig.

sȳmbŏlă, *ae f* (*Fw.* ‹ συμβολή) (*Com.*) Geldbeitrag zu *gemeinsamer* Tafel; *pl.* (*scherzh.*) *scapulis -ae* = Tracht Prügel.

sȳmbŏlŭm, *ī n u.* **-ŭs,** *ī m* (*Fw.* ‹ σύμβολον *u.* -ος *eigtl.* „vereinbartes *aus Bruchstücken* [*zB. e-s Ringes*] *bestehendes* Kennzeichen") (*vkl., nkl.*) **1.** Marke als Kennzeichen *u.* Legitimation. **2.** (*Augustin.*) Glaubensbekenntnis.

sȳmmĕtrĭă, *ae f* (*Fw.* ‹ συμμετρία) (*vkl., nkl.*) Ebenmaß.

sȳmpăthĭă, *ae f* (*Fw.* ‹ συμπάθεια *eigtl.* „Mitleiden, Mitgefühl") natürlicher Zusammenhang, Sympathie (*reinlat. cŏncŏrdĭă rērŭm*).

sȳmphōnĭă, *ae f* (*Fw.* ‹ συμφωνία, *eigtl.* „Einklang"; *reinlat. cŏncĕntŭs*) **1.** (*nkl.*) Harmonie, Einklang. **2.** Instrumentalmusik, Konzert. **3.** *meton.* Orchester, Kapelle. **4.** (*spätl. u.* **) Musikinstrument.

sȳmphōnĭăcŭs 3 (*Fw.* ‹ συμφωνιακός) musikalisch, *bsd.* zur Kapelle gehörig [*puer, servus* Musiker]; *subst. m* (*Inschr.*) Musiker, Musikant; *pl.* Orchester.

Sȳmplēgădĕs, *ŭm f* (Συμπληγάδες) *im Mythos zwei kleine Felseninseln, die vor der Einfahrt i. den Pontos Euxeinos zusammenschlagend alles zermalmten, bis sie seit der Durchfahrt der Argo feststanden*; (*Ma.*) *scherzh. v. den Hinterbacken e-s dicken Mädchens. Cf.* V.-B. III, 1,e.

sȳmplĕgmă, *ătĭs n* (*Fw.* ‹ σύμπλεγμα) (*Ma.*) wollüstige Verschlingung *v. 5 Partnern beim Beischlaf,* Gruppensex.

sȳmpŏsĭŭm, *u.* **-ŏn,** *ī n* (*Fw.* ‹ συμπόσιον) (*nkl.*) Gastmahl (*Titel e-s Platonischen Dialogs*).

sȳnăgōgă, *ae f* (*Fw.* ‹ συναγωγή) (*Eccl.*) Synagoge; der alte Bund, die Juden.

sȳnălīphē, *ēs f* (*Fw.* ‹ συναλοιφή) (*spätl.*) Synaloiphe, Verschmelzung zweier Silben (*durch Kontraktion, Krasis od. Elision*).

Sȳnăpŏthnēscŏntēs (*Fw.* ‹ συναποθνήσκοντες) (*Te.*) Die Gemeinsamsterbenden, *Titel e-r Komödie des Diphilos.*

sȳncŏpē, *ēs u.* **-pă,** *ae f* (*Fw.* ‹ συγκοπή *eigtl.* „das Zusammenschlagen") (*Gramm.*) Ausstoßung *e-s Lautes* im Wortinnern.

sȳnĕcdŏchē, *ēs f* (*Fw.* ‹ συνεκδοχή) (*spätl.*) (*rhet. t.t.*) Gebrauch *e-s* Teils für das Ganze *u. umgekehrt.*

sȳnĕdrŭs, *ī m* (*Fw.* ‹ σύνεδρος) (*Li.*) Beisitzer *e-s Kollegiums in Makedonien.*

sȳngrăphă, *ae f* (*Fw.* ‹ συγγραφή) Handschrift = Schuldschein [*-am facere cum alqo* sich geben lassen *v. jd., per -am* auf Wechsel].

sȳngrăphŭs, *ī m* (*Fw.* ‹ σύγγραφος) (*Pl.*) **1.** Vertrag. **2.** Reisepaß.

sȳnŏdălĭs, *ĕ* (*sȳnŏdŭs*[1]) (*spätl.*) zur Synode gehörig.

sȳnŏdŭs[1], *ī f* (*Fw.* ‹ σύνοδος) (*spätl.*) Kirchenversammlung, Synode, Konzil.

sȳnŏdŭs[2], *ŏdŏntĭs m* (*Fw.* ‹ συνόδους) (*dcht., nkl.*) *ein Seefisch.*

sȳnōnȳmŏs, *ŏn* (*Fw.* ‹ συνώνυμος) (*spätl.*) gleichbedeutend, synonym; *subst.* **-ŏn** *u.* **-ŭm,** *ī n* ein sinnverwandtes Wort, Synonym.

sȳnthĕsĭnă, *ae f* (*sc. vĕstĭs; zu sȳnthĕsĭs*) (*dcht., nkl.*) = *sȳnthĕsĭs* 2.

sȳnthĕsĭs, *ĭs f* (*Fw.* ‹ σύνθεσις *eigtl.* „Zusammensetzung") (*dcht.*) **1.** Satz Geschirr. **2.** Hauskleid; Schlafanzug.

sȳntŏnŭm, *ī n* (*Fw.* ‹ σύντονον) (*Qu.*) Musikinstrument (= *scăbĕllŭm*).

Sȳrăcūsae, *ārŭm f* (Συράκουσαι) Syrakus, *St. an der Ostküste Siziliens, v. Korinthern um 800 v. Chr. gegründet, 212 v. Chr. v. Rom erobert; j.* Siracusa; *Einw.* **Sȳrăcūsānŭs** *u.* (*als Beiname griech. Männer auch*) **Sȳrăcŏsĭŭs,** *ī m* Syrakusaner; *adi.* **Sȳrăcūsānŭs** *u.* **Sȳrăcūsĭŭs** 3, *dcht. auch* °**Sȳrăcŏsĭŭs** 3. — (*Zahlreiche Reste antiker Bauten im Athenatempel* [*im Dom verbaut*], *Theater, Amphitheater, Wasserleitungen, Steinbrüche* [*Latomien*]; *aus christl. Zeit große Katakombenanlagen*).

Sȳrī, *ōrŭm m* die Syrer (*sg.* **-ŭs,** *ī m meist Sklavenname*); *adi.* °**Sȳrĭăcŭs** *u.* °**Sȳrĭŭs,** °**Sȳrŭs** 3 syrisch; *subst.* **-rĭscŭs,** *ī m u.* **-ă,** *ae f männl. u. weibl. Eigennamen* (*Sklavennamen*); **Sȳrĭă,** *ae f* (Συρία): **1.** das Land Syrien. **2.** das Seleukidenreich. **3.** Assyrien.

sȳrinx, *ingĭs f* (*Fw.* ‹ σῦριγξ) (*Ov.*) Rohr; ♀ *im hellenistischen Mythos arkadische Nymphe, v. Pan geliebt, v. ihren Schwestern in Schilfrohr verwandelt.* (*Cf.* V.-B. III, 1, b).

sȳrmă, *ătĭs n* (*Fw.* ‹ σύρμα) (*dcht.*) Schleppkleid (*der Tragödie*); / Tragödie.

Sȳrtĭs, *ĭs f* (σύρτις Sandbank im Meer) Syrte, *Name zweier Golfe m. sandigen Gestaden an der Nordküste Afrikas zw. Karthago u. Kyrene* (*S. maior u. minor, j. Busen v. Sidr u. v. Kabes*); *meton.* °Küstengegend an den Syrten; / °Sandbank, Klippe; — *adi.* **Sȳrtĭcŭs** 3 syrtisch, an den Syrten wohnend.

F. *acc. sg. Sȳrtĭm, abl. -ī; gen. pl. -ĭŭm. Cf.* V.-B. XI.

sȳstēmă, *mătĭs n* (*Fw.* ‹ σύστημα das aus mehreren Gliedern zusammengesetzte Ganze) (*spätl.*) System, *bsd. i. der Musik.* — **Akkord.

T

T. (*Abk.*) **1.** = *Tĭtŭs.* **2.** = *trĭbūnŭs plēbĭs.*

tăbĕllă, *ae f* (*demin. v. tăbŭlă*) **1.** (*dcht., nkl.*) Brett(chen), Täfelchen (*auch* = Mulde, *in der Romulus u. Remus ausgesetzt wurden*). **2.** *aus e-m Brett gefertigter Gegenstand*: **a)** (*Ov.*) Spielbrett; **b)** (*dcht.*) Votiv-, Gedächtnistäfelchen (*cf. tăbŭlă*), *bsd. v. Schiffbrüchigen*; **c)** (*Ov.*) Fächer; **d)** Bildchen; **e)** Wachs-, Schreibtafel (*cf. tăbŭlă*), *meist pl.*: **α)** Notizbüchlein; **β)** *meton.*: **αα)** ein Schreiben [*-as obsignare*]; *bsd.* Briefchen, *auch* (versiegelte) Depesche; **ββ)** Kontrakt [°*dotis*]; **γγ)** (*nkl., dcht.*) Schuldschein; **δδ)** Urkunde, Dokument, Akten [°*publicae*]; **εε)** Protokoll [*quaestionis* Protokoll des Verhörs]; / *tabellis obsignatis agere cum alqo* ein förmliches Protokoll aufnehmen; **f)** Stimmtäfelchen: **α)** *der Richter* [*iudicialis*; *Aufschriften*: *A* = *ăbsŏlvō*; *C* = *cōndĕmnō*; *NL* = *nōn lĭquĕt bei* Suspendierung *des Urteils*]; **β)** *der abstimmenden od. wählenden Bürger* [*populo grata est* ~]. **3.** (*Ma.*) flacher Kuchen.

tăbĕllārĭŭs 3 (*tăbĕllă*) **1.** die Abstimmung (in den Komitien) betreffend [*lex*]. **2.** Brief...; *navis -a* (*Se.*) Postschiff; *subst. m* Briefbote.

tābĕō, — — 2. (*cf. dor.* τά-κω = *att.* τήκω „schmelze") (*dcht.*) **1.** (zer)schmelzen, *insb.* verwesen; / (hin)schwinden. **2.** triefen, naß sein (*abs. od. re v. etw.*).

tăbĕrnă, *ae f* (< *trăb-ĕrnā; *trabs*) **1.** (*dcht.*) Bretterbude; Hütte *armer Leute.* **2.** Laden, Bude, Werkstätte, *zB.* ~ *libraria* Buchhandlung, °*tonsoris* Barbierstube, °*sutrina* Schusterwerkstätte, °*argentaria* Wechselstube. **3.** Wirtshaus, Kneipe [*in -am devertere*]; *deversoria* Absteigequartier. **4.** Bogen (-gang) im Zirkus. **5.** *pl. Name verschiedener Stationsorte an röm. Heerstraßen*; *bsd.* **Tres Tabernae** *an der via Appia zw. Aricia u. Forum Appii.*

tăbĕrnāc(ŭ)lŭm, *ī n* (*tăbĕrnă*) **1. a)** Hütte, Bude, Baracke; **b)** (*im Lager*) Zelt *des Feldherrn od. eines höheren Offiziers* [~ *statuere, collocare* aufschlagen]. **2.** (*relig. t.t.*) Beobachtungszelt (Tabernakel) *der Augurn* [~ *capere, recte* richtig, *vitio* unrichtig]. — **Stiftshütte (*der Juden*); Tabernakel, Sakramentshäuschen; Wohnsitz (~ *collocare*).

tăbĕrnārĭŭs, *ī m* (*tăbĕrnă*) Krämer, Kleinhändler; Schenkwirt.

tăbĕrnŭlă, *ae f* (*demin. v. tăbĕrnă*) (*nkl.*) Bretterhüttchen *als Wohnung od. als kleiner Laden.*

tābēs, *īs f* (*tābĕō*) **1.** (*nkl., dcht.*) Fäulnis, Verwesung [~ *cadavera absumit*]. **2.** (*nkl., dcht.*) Jauche, Schlamm. **3.** / **a)** Schwindsucht; **b)** (*nkl.*) **α)** Pest, Seuche; **β)** das allmähliche Vergehen [*oculorum* Erblindung]. **4.** / Gift, Verderben; Gram, Kummer.

F. *sg. gen. u. dat. klass. ungebräuchlich.*

tābēscō, *bŭī*, — 3. (*incoh. v. tābĕō*) **1.** schmelzen, zergehen [*umor calore*]; *insb.* verwesen, verfaulen. **2.** / **a)** hinsiechen [*morbo*]; **b)** / sich verzehren, sich abhärmen (*re* durch *od.* vor *etw., zB. desiderio,* °*curis*; °*ex alqo* vor Liebe zu *jd.*, um *jd.*); vor Neid vergehen.

tābĭdŭlŭs 3 (*demin. v. tābĭdŭs*) (*Ve.*) abzehrend.

tābĭdŭs 3 (*tābĕō*) (*nkl., dcht.*) **1.** schmelzend, zergehend [*nix*]; / sich verzehrend [*mens*]. **2.** (*act.*) verzehrend, auflösend [*lues, vetustas*].

tābĭ-fĭcŭs 3 (*tābĕō, făcĭō*) verzehrend; / aufreibend [*mentis perturbationes*].

tăblīnŭm, *synk.* < **tăbŭlīnŭm,** *ī n* (*tăbŭlă*) (*vkl., nkl.*) *Raum des röm. Hauses zw. Atrium u. Peristyl, auch als Bildergalerie od. Archiv verwendet.*

tābŭī *s. tābēscō.*

> **tăbŭlă**
>
> 1. Brett, Tafel; 2. a) Spielbrett, Brettspiel; b) Gedächtnistafel; c) Gemälde; d) Gesetztafel; e) Auktionstafel; f) Wechseltisch; g) Schreibtafel; 3. a) Landkarte; b) Schreiben, Liste, Protokoll, Vertrag, Urkunde, Rechnungsbuch.

tăbŭlă, *ae f* (*cf.* τηλία „Würfelbrett", *nhd.* „Diele") **1.** Brett, Tafel (*v. Holz od. Metall*); *pl.* (*nkl.*) Gebälk. **2.** *aus einem Brett od. brettartig gefertigter Gegenstand*: **a)** (*dcht., nkl.*) Spielbrett, Brettspiel; **b)** (*dcht.*) Votiv-, Gedächtnistafel (= ~ *votiva*), *zur Erinnerung an Rettung aus Lebensgefahr u.ä. in einem Tempel* (*bsd. v. Schiffbrüchigen*) *aufgehängt*; **c)** Gemälde, Bild (= ~ *picta*); **d)** Gesetztafel [*-as figere* anschlagen, bekanntmachen]; *duodecim tabulae* Zwölftafelgesetze; **e)** Auktionstafel (*Verzeichnis der zu versteigernden Sachen*) [*ad tabulam adesse* bei der Auktion zugegen sein]; **f)** Wechseltisch, -bank [*Sextia*]; **g)** (*unkl.*) Rechen-, Schreibtafel, *meist v. Holz, m. Wachs od. Gips überzogen* [*-am ponere* hinlegen]. **3.** (*meton.*) *etw. Geschriebenes*: **a)** Landkarte [*Dicaearchi*]; **b)** *pl. etw. aus mehreren Schreibtafeln Bestehendes*: **α)** ein Schreiben, eine Schrift *od.* Abschrift [*testamenti*], *bsd.* Brief; **β)** Liste, Verzeichnis, Register [*proscriptionis, praerogativae*]; *bsd.* Proskriptionsliste [*Sullanae*], Zensusliste, Stimmenverzeichnis; **γ)** Protokoll [*quaestionis* Protokoll des Verhörs, *in tabulas referre* zu Protokoll nehmen]; **δ)** Kontrakt [*dotis,* °*nuptiales*], *bsd.* Schuldverschreibung; **ε)** (*nkl., dcht.*) Testament; **ζ)** *sg.* Urkunde, Dokument, Akte; *pl. auch* Archiv; **η)** Rechnungsbuch, Haus- *od.* Hauptbuch *m. den Posten* (*nomina*) *der Einnahme u. Ausgabe* [*-as conficere* ein Hausbuch führen; *inspicere -as alcis j-s* Bücher revidieren; *pecunia debetur in -is* steht in seinen Büchern als eine ihm geschuldete Summe; *nomen referre in -as* einen Schuldposten buchen; (*pl.*) *-ae publicae* Finanzbücher *od.* Rechnungen (Rechnungswesen) des Staates; *auch* (*Inschr.*) öffentliches Schuldbuch, *das im aerarium verwahrt wurde*; *-ae novae* neue Schuldbücher (*d. h.* Herabsetzung der alten Schuldposten durch Einführung neuer Schuldbücher)]. — ***tabula rasa eigtl.* „die geglättete (Schreib-)Tafel"; *bei Thomas v. Aquino vom Urzustand des menschlichen Verstandes*; *j. sprichw.* „*tabula rasa* machen" = reinen Tisch machen.

tăbŭlārĭŭm, *ī n* (*tăbŭlă*) Archiv, *bsd.* das Reichsarchiv *im Tempel der Libertas.*

tăbŭlārĭŭs, *ī m* (*tăbŭlă*) (*nkl.*) **1.** Vorsteher des Archivs. **2.** Rechnungsführer, Rendant. **3.** (*Inschr.*) Legionsschreiber.

tăbŭlātĭō, *ōnis f* (*tăbŭlă*) Täfelung, Gebälk; *meton.* Stockwerk, Etage.

tăbŭlātŭs (*tăbŭlă*) **1.** *adi.* 3 (*nkl., dcht.*) *m.* Brettern belegt, getäfelt. **2.** *subst.* **tăbŭlātŭm,** *ī n* **a)** (*nkl., dcht.*) Bretterboden, Gebälk; **b)** *meton.* Verschlag, Gerüst; Stockwerk, Etage [*turris quattuor -orum*; / (*Ve.*) *-a sequi v.* Ast zu Ast steigen].

tăbŭlīnŭm, *ī n s. tăblīnŭm.*

tābŭm, *ī n* (*tābĕō*) (*nkl., dcht.*) **1.** Eiter, Jauche. **2.** *meton.* **a)** Gift; **b)** Verwesung; *concr.* ansteckende

Krankheit, Pest, Seuche.
F. *Fast nur im abl. sg. gebräuchlich.*

▶**tăcĕō,** *ŭī, ĭtŭm* 2. (*cf. ahd.* dagēn *ds.*) **1.** (*intr.*) **a)** schweigen, nicht reden (*abs. od.* de re über *od. v. etw., zB.* de factis alcis); **b)** (*dcht., nkl.*) sich ruhig verhalten [volucres, nox]; (*part. praes.*) tacens still, lautlos; **c)** (*meist dcht.*) verstummen, verschwunden sein [°blanditiae, °indoles Romana]. **2.** (*trans.*) verschweigen (alqd *u.* °alqm, *zB.* °rem, °Narcissum, *klass. nur m. n v. pron. u. allg. adi., zB.* hoc, nihil; *m.* °*a.c.i.*; *auch im* °*P.*).

tăcĭtŭrnĭtās, *ātĭs f* (*tăcĭtŭrnŭs*) **1.** Stillschweigen. **2.** Verschwiegenheit.

tăcĭtŭrnŭs 3 (*m.* °*comp. u.* °*sup.*) (*tăcĕō; wohl nach nŏctŭrnŭs gebildet*) **1.** schweigsam, wortkarg [homo, obstinatio hartnäckiges Schweigen]. **2.** / (*dcht.*) **a)** = ungelesen [liber]; **b)** still, leise [ripa].

▶**tăcĭtŭs** 3 (*adv.* **-ē** *u.* °**-ō**) (*eigtl. P.P.P. v. tăcĕō*) **1.** (*pass.*) **a)** verschwiegen, unerwähnt [alqd -um tenere *od.* °continere, °relinquere *etw.* für sich behalten, °pati stillschweigend ertragen, ferre ab alqo *etw.* so tun, daß *jd.* dazu schweigt]; *subst.* tăcĭtŭm, *ī n* (*dcht.*) Geheimnis; / **b)** stillschweigend (ertragen), *zB.* assensio; **c)** still, heimlich, unbemerkt [°offensio, iudicium, sensus dunkles Gefühl]; **d)** *adv.* **tăcĭtē** (*u. spätl.* °-ō) verschwiegen, unbemerkt [alqd -e ferre, °alqd -e habere *etw.* verschweigen, -e perire im stillen umkommen]. **2.** (*act.*) **a)** stillschweigend, *oft statt des deutschen adv.* [°concilium, °virgo, ~ praeterire *m.* Stillschweigen übergehen; me tacito wenn ich schweige, ohne daß ich rede]; **b)** / (*meist dcht.*) stumm, lautlos, ruhig [exspectatio, °aqua, °vox flüsternd, °lumina stier]; *insb.* (*Ho.*) in Gedanken versunken, (*Ve.*) per tacitum in stillem Lauf.

Tăcĭtŭs, *ī m röm. cogn.*: *P. Cŏrnēlĭŭs T., der größte röm. Historiker, geb. um 54 n. Chr. zu Interamna i. Umbrien, gest. nach 117, Hauptwerke*: Dĭălŏgŭs dē ōrātōrĭbŭs, Dē vītā ĕt mōrĭbŭs Ăgrĭcŏlae, Gĕrmānĭă, Hĭstŏrĭae, Ănnālēs.

tāctĭlĭs, *ĕ* (*tăngō*) (*Lu.*) berührbar.

tāctĭō, *ōnĭs f* (*tăngō*) **1.** (*Pl.*) Berührung. **2.** Tastsinn, Gefühl.

tāctŭs[1] *P.P.P. v. tăngō.*

tāctŭs[2], *ūs m* (*tăngō*) **1.** Berührung [chordarum], *auch pl.* **2.** / **a)** Wirkung, Einfluß *auf das Gefühl* [solis, lunae, °caeli]; **b)** *meton.* Tastsinn, Gefühl [alqd sub tactum cadit kann gefühlt werden]. **3.** (*Lu.*) Berührbarkeit.

taedă, *ae f* (*vl. Lw.* ‹ δᾳ̃δα, *acc. v.* δᾴς, δᾳδός „Fackel" *unter etr. Vermittlung*) **1. a)** (*nkl., dcht.*) Kiefer, Fichte; *pl.* Fichtenwald; **b)** *meton.* Kienholz, Kien [naves taedā completae]; **c)** (*Ju.*) Kiefernbrett, Schiffsboden. **2. a)** Fackel [ardens, -as inflammare]; **b)** (*dcht.*) Hochzeitsfackel [iugalis]; **c)** *meton.* (*dcht.*) Hochzeit, Ehe, Vermählung (alcis *m. jd.*); *auch* Geliebte, Liebe, *pl.* **3.** (*dcht.*) Marterwerkzeug.

▶**taedĕt,** (°*taedŭĭt u.* °*taesŭm ĕst*) 2, (*cf. taetĕr*) *impers.* Ekel empfinden, *einer Sache* überdrüssig sein (*m. acc. der Pers. u. gen. der Sache, zB.* me vitae; *m.* °*inf.*).

taedĭ-fĕr, *ĕră, ĕrŭm* (*taedă, fĕrō*) (*Ov.*) fackeltragend [dea = Cĕrēs].

▶**taedĭŭm,** *ī n* (*taedĕt*) (*nkl., dcht.*) Ekel, Überdruß, Widerwille, *dcht. auch pl.* (alcis rei *gegen od.* vor, über *etw., zB.* belli, puellae; ~ afferre alci *j-m* erregen, capere fassen, pati fühlen).

Taenărŭm, *ī n u.* **-rŭs,** *ī m u.* **-ră,** *ōrŭm n* (*Ταίναρον*) *Vorgeb.* (*j.* Kap Matapan) *u. Ortschaft im südlichsten Lakonien m. berühmtem Poseidontempel u. einer nahen Höhle, die im Mythos ein Eingang in die Unterwelt war.* — *patron.* **Taenărĭdēs,** *ae m Lakedämonier* (= Hyakinthos [Hўăcĭnthŭs]); *adi.* **Taenărĭŭs** 3 (*fem.* °**Taenărĭs,** *ĭdĭs*) **a)** lakonisch, spartanisch [°soror, °marita *u.* °cunnus = Helena, °deus = Poseidon (Nĕptūnŭs)]; **b)** (*dcht.*) unterirdisch [fauces].

taenĭă, *ae f* (*Fw.* ‹ ταινία) **1.** (*unkl.*) Band, Binde; *bsd.* Kopfbinde. **2.** (*auch -nĕă*) (*nkl.*) *als Papier verwendeter* Papyrusstreifen (*abl. pl.* -*ĭīs u.* °-*īs*).

taesŭm ĕst *pf. v. taedĕt.*

▶**taetĕr,** *tră, trŭm* (*m. comp. u. sup.*; *adv.* **-trē**) (‹ **taidrŏs*; *cf. taedĕt*) ekelhaft: **1.** häßlich, garstig [odor, hiems; *m. 2. supin., zB.* adspectu]. **2.** / abscheulich, schändlich [homo, facinus, multa -e facere; in alqm gegen *jd.*].

tăgāx, *ācĭs* (*tăngō*) zugreifend, diebisch.

tăgō (*altl.*) = *tăngō.*

Tăgŭs, *ī m Fl. i. Lusitanien* (*Spanien*), *j.* Tajo.

tālārĭs, *ĕ* (*tālŭs*) **1.** *adi.* bis auf die Füße hinabreichend [tunica]. **2.** *subst.* **tālārĭă,** *ĭŭm n* **a)** (*Se.*) Knöchelteile; **b)** Flügelschuhe (*bsd. des Hermes* [*Merkur*]); *sprichw.*: -ia videre an Flucht denken; **c)** (*Ov.*) langes Gewand, Talar; **d)** (*nkl.*) Marterwerkzeuge (*in die die Füße gespannt wurden*).

tālārĭŭs 3 (*tālŭs*) in langem (bis auf die Knöchel reichenden) Gewand [ludus derbe Tanzposse].

tălāssĭō, *ōnĭs u.* **-āss(ĭ)ŭs,** *ī m* (*wohl Fw., vl. etr.*) (*nkl., dcht.*) *altröm. Hochzeitsruf*; *auch* = Beischlaf; ♀ Hochzeitsgott, *dem griech.* Hymen (Hymenaios) gleichgesetzt (*Legende bei Livius* I, 9).

tălĕă, *ae f* (*et. ungeklärt*) Stab, stabförmiges Stück: **1.** (*vkl., nkl.*) Setzling, Setzreis. **2.** Spitzpfahl. **3.** ~ ferrea Eisenstäbchen, Barren, *bei den Britanniern als Geld gebraucht.*

▶**tălĕntŭm,** *ī n* (*Lw.* ‹ τάλαντον *urspr.* „Waagschale", *pl.* „Waage") Talent, *größte griech. Gewichts- u. Münzeinheit*: **1.** (*dcht., nkl.*) *als Gewicht etwa* 26,2 kg. **2.** *als Geldsumme od. Rechnungsmünze* (*att. Talent*) *etwa* = 5000 Mark. — ***Waage*; Schatz; *auch* = Mark (***marca* Pfund Silber *od.* Gold).
F. *gen. pl. tălĕntōrŭm u.* (*meist*) *tălĕntŭm* (*cf.* V.-B. VI, 1).

tālĭō, *ōnĭs f* (*et. umstritten*) (*jur. t.t.*) Wiedervergeltung *e-s* Körperschadens.

▶**tālĭs,** *ĕ* (*adv.* **-ĭtĕr**) (*zum pron. Stamm* **to-* „der"; *cf.* τηλίκος, *tăm, tŭm, ĭs-tĕ*) **1.** solcher, derartig, so beschaffen; **talis... qualis** ein solcher ... wie; *oft m. folgendem* ut „daß" *od.* qui *m. coni.* (= ut is), *auch m.* ac, atque „wie" (= qualis). **2. a)** so groß, so bedeutend [vir, facinus]; **b)** so schlecht, so verwerflich [condicio, °tali tempore in so mißlicher Zeit]. **3** (*nkl., dcht.*) folgender = hic [talibus respondit folgendermaßen].

tālĭtrŭm, *ī n* (*tālŭs*) (*Suet.*) das Schnippen *m.* den Fingern.

tălpă, *ae m* (*später f*) (*et. ungedeutet*) Maulwurf.

tālŭs, *ī m* (‹ **tăxlŏs*; *cf. tăxĭllŭs*; *et. ungedeutet*) **1.** Fußknöchel; *meton. übh.* Ferse [purpuram usque ad talos demittere; °recto talo stare gerade stehen, / Beifall finden]. **2.** (länglicher) Würfel (*im Ggs. zu tĕssĕră m. 2 runden unbezeichneten u. 4 bezeichneten flachen Flächen*; *cf.* Vĕnŭs, cănĭs).

▶**tăm**[1] *adv.* (*acc. sg. f des pron. Stammes* **to-* „der"; *cf. tŭm, tālĭs*; *urspr. auch zeitl.* [*cf. tăndĕm, quăndŏ*]) **1.** so, so sehr, in solchem Grade, so weit, *fast nur bei adi. u. adv.* [tam potens, tam benigne respondere; *sehr selten beim sup., zB.* tam gravissima iudicia so überaus strenge Urteile; *ganz vereinzelt bei subst.*; *selten bei Verben* = *ădĕō, zB.* tam dedecet]; *oft folgt* ut „daß" (*od.* qui = ut is *m. coni.*) darauf; *sehr oft korrespondierend*: **tăm ... quăm** so ... wie = ebensosehr (*od.* ebensogut) ... wie. **2. a)** (*altl. u. dcht.*) *vor comp. u. sup.* je ... desto; **b) nōn tăm ... quăm** nicht sowohl ... als vielmehr.

tăm[2] (*Com.*) = *tămĕn.*

tăm-dĭū *adv.* **1.** (nur) so lange (*m. folgendem* quamdiu *od.* quam „wie", quoad *od.* dum „bis"). **2.** sehr lange. **3.** (*vkl., nkl.*) seit so langer Zeit.

▶**tămĕn** (*Adversativpartikel*; *wohl zu tăm*) **1.** doch, dennoch, jedoch, gleichwohl, *meist nach vorhergehendem Konzessivsatz m.* quamquam, quamvis, etsi, cum, *ut* „gesetzt auch daß", si *u.ä., zB.* pater tuus, etsi damnatus est, tamen mihi videtur inter optimos viros numerandus; *oft auch nach part. od. adi. od. Präpositionalausdruck m. konzessivem Gedanken*; et tamen und doch = auch abgesehen, davon, übrigens; neque tamen doch nicht; at tamen aber dennoch; sed ~ *od.* verum ~ gleichwohl, indessen. **2.** doch wenigstens; *bsd.* si non ... (at) tamen wenn nicht ... so doch wenigstens. **3.** (*dcht., nkl.*) doch endlich. **4.** tamen ut *od.* ut tamen doch so, daß [equites hostium acriter cum equitatu nostro conflixerunt, ~ ut nostri superiores essent]. **5.** si tamen: **a)** wenn dennoch; **b)** (*dcht., nkl.*) jedoch nur wenn, wenn anders; °*nisi tamen* wenn nicht etwa.

tămĕndĕm *adv.* (*altl.*) = *tămĕn* (?).

tămĕn-ĕtsī *cj.* = *tămĕtsī*.

Tămĕsĭs, *ĭs u.* °**Tămĕsă,** *ae m* die Themse; *acc. Tămĕsĭm, abl. -ī.*

▶ **tăm-ĕtsī** (< *tămĕn-ĕtsī*) obgleich, obschon, *oft m. tamen im Nachsatz; in Hauptsätzen* (= *quamquam correctivum*) indessen, jedoch.

tămĭnĕ (*altl.*) (*Pl.*) (*fragend*) = *sīcĭnĕ*.

▶ **tăm-quăm** *u.* **tănquăm 1.** *adv.* (*vergleichend*) sowie, gleichwie; gleichsam, sozusagen; *bsd.* **a)** *zur Milderung bildlicher Ausdrücke* [*gloria virtutem ~ umbra sequitur*]; **b)** *oft m. ita od. sic u. item korrespondierend* [*apud eum sic fui ~ domi meae*]. **2.** *cj. m. coni.* (*selten m. part.*) = *tamquam si* (gleich) wie wenn, als ob; *unkl. auch kausal bei Angabe einer fremden Ansicht* = weil angeblich.

Tănăgră, *ae f St. im südöstl. Böotien, Heimat der Dichterin Korinna; Fundstätte zahlreicher Terrakottafiguren* (*Grabbeigaben*); *adi.* **Tănăgraeŭs** 3.

Tănăĭs, *ĭs* (*u. ĭdĭs*) *m Flußname*: **1.** der Don. **2.** = *Iaxartes, j.* Sir-Darja. **3.** *Flüßchen in Numidien.* — *acc. -ĭm u.* °*-ĭn, abl. -ī.*

Tănăquĭl, *ĭlĭs f* (*etr. Name*) *Gattin des K. Tarquinius Priscus.*

▶ **tăndĕm** *adv.* (< **tăm-dĕm, eigtl.* „gerade damals"; *cf. tăm, ī-dĕm*) **1.** endlich, zuletzt, *zB. diu multumque fatigati ~ in castellum perveniunt; insb.* endlich einmal = *tandem aliquando* (*bsd. beim imp., auch* = doch nur, *zB. loquere ~*). **2.** (*bei Fragewörtern*) in aller Welt, denn eigentlich [*quis ~? quousque ~?*]. **3.** (*dcht., nkl.*) (*zum Abschluß v. Aufzählungen*) schließlich, kurz.

> **tăngō**
> **1. a)** berühren; **b)** (*Ort*) erreichen; **c)** angrenzen; **d)** wegnehmen; **e)** (*Speisen*) essen; **f)** sich *etw.* vornehmen; **2. a)** *etw.* mit *etw.* berühren; **b)** (*Saiten*) schlagen; **3. a)** treffen; **b)** sich an *jd.* vergreifen; **4.** (*geistig*) rühren; **5.** erwähnen; **6.** *jd.* betrügen.

tăngō, *tĕtĭgī, tāctŭm* 3. (*cf. altl. tāgō, tāgăx*; τεταγών „fassend") **1. a)** berühren, anrühren (*alqd; alqd re etw. m. etw., zB. terram genū*); *insb. etw.* anfassen, betasten [*virginem*]; **b)** (*e-n Ort*) betreten *od.* erreichen; nach *etw.* (*acc.*) gelangen [*provinciam*]; **c)** an einen Ort (*locum*) angrenzen *od.* stoßen [*villa tangit viam*]; **d)** wegnehmen, bekommen [*nullum agrum ab invito, alqd de praeda*]; **e)** (*vkl., dcht.*) (*Speisen*) anrühren = essen, genießen; **f)** (*dcht.*) sich *etw.* vornehmen [*opus*]. **2.** (*dcht., nkl.*) **a)** berühren *m. etw.* [*alqm flagello*]; **b)** (*Saiten*) schlagen; (*m. Wasser*) benetzen, bespritzen; beschmieren; (*m. Schwefel*) beräuchern; färben [°*supercilium*]. **3. a)** schlagen, treffen (*bsd. fulmine od. de caelo tactus* vom Blitz getroffen); **b)** (*Com.*) sich an *jd.* vergreifen [*matronam*]; **c)** *jd.* töten. **4.** (*geistig*) rühren, bewegen, ergreifen, einen Eindruck auf *jd.* machen (*alqm u. alqd, zB. animum alcis; memoria alcis od. haec cura modice me tangit*); *tactus re v. etw.* gerührt *od.* gereizt, durchdrungen [°*religione,* °*cupidine*]. **5.** (*in der Rede*) *etw.* erwähnen, anführen [*alqd leviter*]; *bsd.* (*Te.*) (*m. Worten*) *jd.* necken, reizen. **6.** (*Pl.*) *jd.* betrügen, um *etw.* prellen (*alqm re*).

tăn-quăm *s. tămquăm.*

Tăntălŭs *u.* °**-ŏs,** *ī m S. des Zeus, K. in Phrygien, V. des Pelops u. der Niobe, wegen Mitteilung der Göttergeheimnisse u. anderer Frevel in der Unterwelt zu ewigen Hunger- u. Durstqualen verdammt; adi.* °**Tăntălĕŭs** 3; *patron.* °**Tăntălĭdēs,** *ae m* Tantalide (*Pelops, Agamemnon, Orestes*); *fratres -ae Atreus u. Thyestes; fem.* °**Tăntălĭs,** *ĭdĭs u. ĭdŏs* Tantalidin (*Niobe, Hermione, Helena*).

tăntĭllŭs 3 (*demin. v. tăntŭs*) (*vkl., dcht.*) so klein; *subst.* **-ŭm,** *ī n* so wenig.

tăntĭs-pĕr *adv.* (*-ī-? wohl eigtl. abl. tăntīs + pĕr* II; *cf. paulispĕr*) **1.** so lange, *meist m. folgendem dŭm* „bis" [*in carcere ~ erat, dum culleus compararetur*]. **2.** *abs.* unterdessen, vorläufig.

tănt-ŏpĕrĕ (*auch getr. tăntō ŏpĕrĕ*) *adv.* so sehr, in dem Grade, *nur bei Verben, oft mit quănt-ŏpĕrĕ korrespondierend; non ~* nicht eben, nicht sonderlich.

tăntŭlŭs (*demin. v. tăntŭs*) **1.** *adi.* 3 so klein, so gering, so wenig [*granum*]. **2.** *subst.* **tăntŭlŭm,** *ī n* solche Kleinigkeit (*m. gen., zB. morae*); *insb.* **a)** solches Spottgeld [*alqd -o vendere*]; **b)** auch nur soviel = auch nur das Geringste.

tăntŭm, tăntŭm-mŏdŏ *s. tăntŭs.*

> **tăntŭs**
> **I.** *adi.* **1.** so groß, so bedeutend; **2.** so viel; **3.** nur so groß; **II.** *subst.* **tăntŭm 1. a)** so Großes, so viel(es); **b)** nur so viel; **2. tăntī** (*gen. pretii*) für so viel, so teuer; **3. tăntō** (*abl. mensurae*) (um) so viel, desto; **III.** *adv.* **tăntŭm 1. a)** so sehr; **b)** (*zeitl.*) soeben; **2.** *non tantum ... sed etiam* nicht nur ... sondern auch; **3.** nur, bloß, allein.

tăntŭs (< **tămtŏs; cf. tăm, quăntŭs*) **I.** *adi.* 3: **1.** so groß, so bedeutend [*res, facinus, vir, tantus et talis homo*]; °*tantus natu* so alt; *oft m. quăntŭs korrespondierend od. auf ein folgendes ut* (*od. quī = ŭt ĭs m. coni.*) *hinweisend* [*nulla acies humani ingenii tanta est, quae* (= *ut ea*) *penetrare in caelum possit*]. **2. a)** *v.* solcher Menge, so viel [*pecunia, tempus,* °*tanta mira* so viele Wunderdinge]; **b)** (*Eccl.*) *pl.* = *tŏt* [*tanta hominum milia*]. **3.** nur so groß, so klein, so gering, so wenig [*provinciarum vectigalia tanta sunt, ut iis contenti esse non possimus*]. **II.** *subst.* **tăntŭm,** *ī n* (*nur im nom. u. acc.*) **1. a)** so Großes, so viel(es) (*m. gen., zB.* °*hostium, auctoritatis; ~ itineris* eine so große Strecke Weges, °*~ temporis* so lange Zeit); *alterum tantum* doppelt (*od.* noch einmal) so viel; °*in ~* so weit, so sehr, *zB. enitescere*; **b)** nur so viel, so wenig, solche Kleinigkeit = *tăntŭlŭm* [*praesidii; ~ dico* nur so viel sage ich, *m. a.c.i.; ~ modo* auch nur so viel; *~ ut* jedoch so, daß wenigstens noch]. **2. tăntī** (*gen. pretii*) für solchen Preis, so teuer, so hoch (*bei esse, facere, fieri, aestimare, ducere, emere, vendere u.ä.*); *-i esse* so viel wert sein (*od.* gelten, kosten, geschätzt werden); *tanti est m. inf.* es ist der Mühe wert (*aber auch*: es macht wenig aus); *tanti mihi est* (*m. inf.*): α) es lohnt sich für mich der Mühe; β) es läßt mich kalt. **3. tăntō** (*abl. mensurae*) (um) so viel, so weit, so sehr, desto: **a)** *vor comp. u. Verben m. comp. Begriff* (*wie malle, praestare, antecedere*), *zB. -o melior, -o longius, -o minoris* desto wohlfeiler, *ter -o maior* dreimal so groß, *quinquies -o amplius* fünfmal mehr); **quăntō ... tăntō** je ... desto; **b)** *vor ante u. post*: *-o ante od. post* so lange vorher *od.* nachher; (*nkl., dcht.*) *auch nachgestellt*; **c)** (*selten vor sup.* [°*tanto pessimus omnium poeta, quanto* ein (um) so viel schlechterer D.]. **III.** *adv.* **tăntŭm 1. a)** so sehr, so viel, so weit, in dem Grade (*bei Verben u.* °*adi., zB. prodesse, cogitare,* °*dulcis*); *auch* nur so viel, so wenig; **b)** (*zeitl.*) soeben, erst eben. **2.** (*nkl.*) *non tantum ... sed od. sed etiam* nicht nur ..., sondern (*auch*). **3.** nur, bloß, allein, *vor od.* (*meist*) *hinter dem zugehörenden Worte stehend* [*nomen -um*]; *verstärkt* **tăntŭm-mŏdŏ** nur, lediglich; **tăntŭm nŏn** (*nkl.*) beinahe, fast (*μόνον οὐχί, eigtl.* bloß nicht, es fehlt nur, daß), *zB. vineae -um non iniunctae moenibus erant; tantum quod* kaum daß, eben erst, gerade [*-um quod ex Arpinati veneram, cum mihi litterae redditae sunt*]; *auch* nur insofern, weil; *tantum quod non* es fehlt nur noch, daß nicht. — ***si tantum* = *dŭmmŏdŏ* wenn nur.

tăntŭs-dĕm, *tăntă-dĕm, tăntŭm-dĕm u. tăntŭn-dĕm* (*cf. ī-dĕm*) **1.** (*vkl., nkl.*) ebensogroß. **2.** *subst.* **a)** (*im nom. u. acc.*) **tăntŭndĕm** *n* ebensoviel (*abs. od. m. gen., zB. viae; oft m. quăntŭm korrespondierend*); **b) tăntīdĕm** (*gen. pretii*) *facere, aestimare u.a.* ebensohoch schätzen. **3.** *adv.* **tăntŭndĕm** ebensoweit [*patēre* sich erstrecken].

(tăpēs), *ētĭs m,* °**tăp(p)ētĕ,** *ĭs n u.* **tăp(p)ētŭm,** *ī n* (*Lw.* < τάπης *ds., wohl iranischer Herkunft*) (*unkl.*) Teppich, Decke. — *Neben **tapetum, i n* Teppich, Decke *des Konferenztisches* („Tapet") *ist pl. tăpētă zu sg.* **-a,** *ae f geworden*: Wandbekleidung, ***Tapete.

F. *sg. abl. -tī u. -tĕ; pl. nom. -tĭă; acc. -tēs u. -tăs; abl. -tĭbŭs u. -tĭs.*

tărătăntără (*cf. ahd.* trará) (*Ennius*) *onomatopoetisch vom Schmettern der*

Trompeten.

tărdēscō, *ŭī* — 3. (*incoh. zu tārdŭs*) (*dcht.*) langsam werden.

tărdĭ-grădŭs 3 (*tărdŭs, grădĭŏr*) (*vkl.*) langsam schreitend.

tărdĭ-lŏquŭs 3 (*tărdŭs, lŏquŏr*) (*nkl.*) langsam redend.

tărdĭ-pēs, *pĕdĭs* (*tărdŭs, pēs*) (*dcht.*) lahm, hinkend.

tărdĭtās, *ātĭs f* (*tărdŭs*) **1.** Langsamkeit, Verzögerung *auch* / (*alcis u. alcis rei, zB. pedum, navium,* °*veneni* langsame Wirkung, *loquendi*; *-tem afferre alci rei etw.* verzögern); *pl.* langsame Bewegungen. **2.** / geistige Langsamkeit, Trägheit, Stumpfheit [*hominis, ingenii*].

tărdĭtūdō, *ĭnĭs f* (*tărdŭs*) (*vkl.*) = *tărdĭtās.*

tărdĭuscŭlŭs 3 (*demin. v. comp. tărdĭŏr zu tărdŭs*) (*vkl., spätl.*) *etw.* langsam; / *etw.* schwer *v.* Begriff.

tărdō 1. (*denom. v. tărdŭs*) **1.** (*intr.*) zögern, säumen. **2.** (*trans.*) **a)** verzögern, aufhalten, hemmen (*alqd u. alqm, zB. profectionem, impetum hostium, me*; *alqm ad alqd od. ab re jd.* an *etw., zB. ad persequendum,* °*ab accessu* am Vorrücken; *auch alqm in re u. m. inf., m* °*quin*); **b)** *prägn.* entkräften, abstumpfen.

tărdŭī *s. tărdēscō.*

▶ **tărdŭs** 3 (*m. comp. u.* °*sup.*; *adv.* **-ē**) (*et. unklar*) **1. a)** langsam, säumig, träge, *v. Pers. u. Sachen* [*homo, pecus*; *-e navigare od. iudicare*; *in re* in *od.* bei *etw., zB.* °*in scribendo*; *ad alqd* zu *od.* für *etw., zB. ad iniuriam*; °*vulnere* gelähmt durch]; **b)** (*dcht.*) lange dauernd, langsam vergehend [*nox, sapor* nachhaltig]; **c)** spät (eintretend), zögernd, *zB. poena, auch* zu spät (= *tardior*); *meist adv., zB. triennio tardius triumphare, -e ad alqm scribere.* **2.** (*dcht., nkl.*) lähmend [*podagra, senectus*]. **3.** / **a)** geistig langsam, stumpf(sinnig), dumm [*homo, mens, non tardis sententiis esse v.* schnellen Begriffen sein; *in cogitando*]; *subst. m.* (*dcht.*) Schwachkopf; **b)** (*rhet. t.t.*) bedächtig, gemessen [*pronuntiatio,* °*stilus, principia*].

Tărēntŭm[1], *ī n* (*u.* °**-tŭs,** *ī f*) (*Τάρᾱς, acc. Τάραντα*) Tarent, *alte Hafenst. in Kalabrien*; *seit 708 v. Chr. als spartanische Kolonie bedeutendste griech. Niederlassung in Unteritalien, j.* Taranto; *röm. Aquädukt noch heute benutzt*; — *adi. u. subst.* **Tărēntīnŭs** (3).

Tărēntŭm[2], *ī n* (*auch Tĕrēntŭm u. -ŭs od. -ŏs, ī m*) (*vl. etr. od. ill. Fw.*) *Platz u. Kultstätte auf dem Marsfeld i. Rom*; *adi. -tīnŭs 3.*

tărmĕs, *ĭtĭs m* (*tĕrō*) (*Pl.*) Holzwurm.

Tărpēĭă, *ae f* (*wohl etr. Fw.*) *nach der Sage T. des Sp. Tărpēĭŭs, des Befehlshabers auf dem Kapitol in Rom, die die röm. Burg an die Sabiner verriet*; — *adi.* **Tărpēĭŭs** 3; *mons -us Steilabhang des Capitolinus, v. dem Hochverräter herabgestürzt werden*; *arx -a* Kapitol.

tărpĕssītă (*-ĕzītă*), *ae m* = *trăpĕzītă.*

Tărquĭnĭī, *ōrŭm m St. im südl. Etrurien, Heimat des gleichnamigen, urspr. etr. Königsgeschlechts in Rom*; *adi.* **Tărquĭnĭŭs** 3 *u.* **Tărquĭnĭēnsĭs,** *ĕ*; *subst.* **Tărquĭnĭŭs,** *ī m Name der beiden Könige L. Tărquĭnĭŭs Prīscŭs u. Sŭpĕrbŭs sowie des Gemahls der Lucretia, des L. Tărquĭnĭŭs Cŏllātīnŭs, u. des Sohnes des Superbus, des Sĕx. Tărquĭnĭŭs.*

Tărrăcīnă, *ae* (*u.* °**-īnae,** *ārŭm*) *f St. der Volsker im südl. Latium, urspr. Ānxŭr, j.* Terracina; *adi. u. Einw.* **Tărrăcīnēnsĭs,** (*ĕ*).

Tărrăcō, *ōnĭs f Küstenst. im nordöstl. Spanien, j.* Tarragona; *adi. u. Einw.* **Tărrăcōnēnsĭs,** (*ĕ*).

Tărsŭs *u.* **-ŏs,** *ī f* (*Ταρσός*) *alte, dem Mythos nach v. Perseus erbaute Hptst. Kilikiens, erst unter den Seleukiden völlig hellenisiert*; *Einw.* **-sēnsēs,** *ĭŭm m.*

Tărtărŭs, *ī m u.* **Tărtără,** *ōrŭm n* (*dcht.*) (*ὁ Τάρταρος, τὰ Τάρταρα*) der Tartaros, *finsterer Abgrund unter der Erde, in den Zeus die besiegten Titanen geschleudert hatte*; *übh.* Unterwelt; *adi.* °**Tărtărĕŭs** 3 *auch* unterirdisch; / schrecklich, furchtbar. — **Hölle; *coloni -ei* Dämonen.

Tărtēs(s)ŭs, *ī f* (*Ταρτησσός*) *alte Handelsst. im südwestl. Spanien, Rivalin v. Gades, etwa 500 v. Chr. v. den Karthagern vernichtet*; *adi. u. Einw.* **Tartēs(s)ĭŭs** (3).

tăt, tătae *int.* (*cf. ăttăt, ăttătae*) (*Pl.*) he! ei! potztausend!

tătă, *ae m* (*Lallwort*) (*vkl., dcht.*) Vater, Ernährer.

Tătĭŭs, *ī m K. der Sabiner* (*vollständig Titŭs* ~), *später Mitregent des Romulus*; *adi.* ~ 3.

tau *n indecl.* [*Ve., Catal.* 2, 3 *nach Qu.*] *kelt. Wort* [*tau Gallicum*] *vl.* = *tābŭm.*

taurĕŭs 3 (*taurŭs*) (*dcht.*) Rinds... [*terga* Rindshäute; / Pauke]; *subst.* **-ĕă,** *ae f* Ochsenziemer.

Taurī, *ōrŭm m skythisches Volk auf der Krim*; *adi.* **Tauricŭs** 3 taurisch.

taurĭ-fōrmĭs, *ĕ* (*taurŭs, fōrmă*) (*dcht.*) in Stiergestalt.

Taurĭī lūdī *m* (*vl. zu etr. ϑaura* „Grab", *nach den Alten zu taurus* „Stier") *Fest in Rom zu Ehren der unterirdischen Götter.*

Taurīnī, *ōrŭm m ligurisches Volk am Oberlauf des Po* (*Hptst. Augŭstă Taurīnōrŭm, j.* Turin); *adi.* **Taurīnŭs** 3.

taurīnŭs 3 (*taurŭs*) (*dcht., nkl.*) von Stieren, Stier... [*tergum*].

taurŏbŏlĭŭm, *ī n* (*Fw.* ‹ *ταυροβόλιον*) (*Inschr.*) *Stieropfer zu Ehren der Kybele, verbunden m. Bluttaufe.*

Taurŏmĕnĭŭm, *ī n* (*dcht.* **Taurŏmĕnē,** *ēs f*) *St. an der Ostküste v. Sizilien, nordöstl. vom Ätna, v. idg. Sikelern 396 v. Chr. gegründet, bald darauf hellenisiert*; *j.* Taormina (*m. e-m der besterhaltenen Theater*); *adi. u. Einw.* **Taurŏmĕnītānŭs** (3).

taurŭs, *ī m* (*cf. ταῦρος*; *wohl nicht m. nhd.* „Stier" *verwandt, vl. zu tŭmĕō*) **1.** Stier, *dcht. auch als Sternbild.* **2.** (*Qu.*) Baumwurzel.

tăxātĭō, *ōnĭs f* (*tăxō*) Schätzung.

tăxĭllŭs, *ī m* (*demin. v. tālŭs* ‹ **tăxlŏs*) kleiner Würfel *od.* Klotz.

tăxō 1. (*frequ. v. tăngō*; *wohl zu P.P.P. *tăxŭs* = *tāctŭs*) (*nkl.*) **1.** *etw.* wiederholt *od.* scharf anrühren. **2.** / **a)** *m.* Spott reden, *jd.* reizen, durchhecheln (*alqm*); **b)** *etw.* (*durch Betastung u. dann übh.*) abschätzen, taxieren (*alqd m. abl. od. gen. pretii*).

tăxŭs, *ī f* (*wohl zu τόξον* „Bogen", *Lw. skythischer Herkunft*) Taxus, Eibe *m. giftigen Beeren* [°*nocens*].

Tāўgĕtŭs, *ī m u.* (*dcht.*) **-tă,** *ōrŭm n* (*Ταΰγετος u. -ον*) *Geb. zw. Lakonien u. Messenien.*

tē[1] *acc. u. abl. v. tū.*

-tĕ[2] *Suffix, verstärkend an pron. angehängt* [*tūtĕ*].

tĕch(ĭ)nă, *ae f* (*Fw.* ‹ *τέχνη*) (*Com.*) listiger Streich.

tĕchnĭcŭs, *ī m* (*Fw.* ‹ *τεχνικός*) (*Qu.*) Lehrer der Kunst, Techniker.

tĕchnŏphўŏn *od. richtiger* **tĕchnўphĭŏn** (*Fw.* ‹ *demin. v. τέχνη*) (*Suet.*) „Kleines Kunstwerk", *Wohnhaus des Augustus in der Nähe v. Rom, in das er sich zurückzog, wenn er ungestört sein wollte.*

Tēctă viă *Säulenhalle vor der porta Căpēnă in Rom.*

tēctŏr, *ōrĭs m* (*tĕgō*) Stuckarbeiter, Freskomaler.

tēctōrĭŏlŭm, *ī n* (*demin.*) = *tēctōrĭŭm.*

tēctōrĭŭs 3 (*tēctŏr*) **1.** (*Pl.*) zum Dachdecken dienlich [*pāniculus*]. **2.** zur Stuckarbeit gehörig, aus Stuck. **3.** *subst.* **tēctōrĭŭm,** *ī n* **a)** (*vkl., nkl.*) Tünche; **b)** (*auch opus -um*) Wandmalerei, Stuckarbeit; **c)** / (*Ju.*) Schönheitsmittel.

Tēctŏsăgēs, *ŭm u.* **-gī,** *ōrŭm m kelt. Volk i. der Provence*; *ein Teil v. ihm wanderte nach Galatien aus*; *cf. Vŏlcae.*

▶ **tēctŭm,** *ī n* (*eigtl. P.P.P. n v. tĕgō*) **1.** Dach [*sub* ~ *congerere* unter Dach bringen]; *mil.* Balkendach [*plutei*]. **2. a)** (*dcht., nkl.*) Zimmerdecke; (*synekd.*) Zimmer, Gemach; **b)** (*Ho.*) Betthimmel, Himmelbett. **3.** *meton.* Obdach, Wohnung, Haus [~ *subire* unter Dach *u.* Fach kommen = *tecto recipi*; *-o alqm recipere jd.* bei sich aufnehmen; ~ *accipere* ein Quartier in einem Haus annehmen]; *insb.* (*dcht.*) Tempel [*Triviae*], Grotte [*Sibyllae*], Lager (*des Wildes*), Nest, Bienenstock, Gefängnis *u.ä., auch pl.*

tēctŭs[1] *P.P.P. v. tĕgō.*

tēctŭs[2] 3 (*m. comp. u. sup.*; *adv.* **-ē**) (*eigtl. P.P.P. v. tĕgō*) **1.** gedeckt, bedeckt. **2.** bedacht, *bsd. m.* einem Verdeck versehen [°*navis, scapha*]; *cf. auch sārtŭs tēctŭs.* **3.** / **a)** versteckt, geheim [°*cuniculi*]; heimlich [*cupiditas,* °*amor*]; **b)** geschützt, gesichert; **c)** heimtückisch; **d)** (*v. Pers.*) zurückhaltend, vorsichtig [*homo, -e declinare alqd*; *in re* in *od.* bei *etw., ad alqm* gegen *jd.,* vor *jd.*]; **e)** (*v. der Rede*) verblümt.

tēd *s. tū.*

Tĕgĕă, *ae f* (*Τεγέα*) *St. im südöstl. Arkadien*; *adi.* °**Tĕgĕaeŭs** 3 *auch übh.* °arkadisch [*virgo* = Kallisto; *aper* der erymanthische]; *subst.* °**Tegeaeă** *f* = *Atalanta*; — *Einw.* **Tĕgĕātēs,** *ae m.*

tĕgĕs, *ĕtĭs f* (*tĕgō*) (*vkl., dcht.*) Dekke, Matte.

tĕgĕtīcŭlă, *ae f* (*u. -ī-?*) (*demin. v.* tĕgĕs) (*vkl., dcht.*) Deckchen, kleine Matte.

tĕgillŭm, *ī n* (*demin. v.* tĕgŭlŭm *ds. zu* tĕgō) (*Pl.*) kleine Decke, Kapuze.

tĕg(ĭ)mĕn, *ĭnĭs n* (tĕgō) **1.** Decke, Bedeckung, Hülle, *bsd.* Bekleidung, Kleid, *klass. selten* [*Scythicum,* °*capitis* Helm, °*fagi* Laubdach, °*caeli* Gewölbe, °(*v. Tieren*) Fell, °(*v. Kriegern*) Panzer *od.* Harnisch]. **2.** / Schutz, Schirm [*exercitūs*].

tĕg(ĭ)mĕntŭm, *ī n* (tĕgō) Decke, Bedeckung, *bsd.* Überzug [*scuti*], *auch* Dach [*turris*]; / Schutz, Schirm [*corporis*].

▶**tĕgō,** *tēxī,* *tēctŭm* 3. (*cf.* τέγη „Dach", *nhd.* „Dach, decken") **1.** decken, bedecken (*alqm u. alqd, zB.* °*acervi corporum campos tegunt; alqd re etw. m. etw., zB. alqm pallio,* °*lumina somno* die Augen zum Schlaf schließen). **2. a)** (*nkl.*) bekleiden, verschleiern; **b)** (*dcht.*) bestatten (*alqm terrā*); **c)** verbergen, verstecken (*alqm u. alqd, zB. viros, supplicia* Wunden; *alqd re etw. m. od.* in, unter *etw., zB. ferae se tegunt latibulis; alqd a re etw.* vor *etw.*); *mediopass.* sich verbergen, sich verstecken. **3.** / **a)** verheimlichen [*furta; alqd re etw. m. od.* hinter *etw., zB. flagitia parietibus*]; **b)** bemänteln, beschönigen [°*turpia facta oratione*]; **c)** schützen [°*alqm armis, alcis sententiam; alqd re etw. m. etw., zB. se ianuā, patriam armis; alqd a re etw.* gegen *od.* vor *etw., zB.* °*legatos ab ira multitudinis;* °*latus alcis od.* °*alci jd.* begleiten, °*commissa* treu bewahren].

tēgŭlă, *ae f* (tĕgō) **1.** Dachziegel; *pl.* (*u.* °*sg.*) Ziegeldach [*per -as* über das Dach]. **2.** (*pl.*) (*nkl.*) Deckplatten *aus* Ziegel *od.* Marmor.

tĕgŭmĕn *u.* **tĕgŭmĕntŭm** = tĕgĭmĕn(tŭm).

tĕgŭs, *ŏrĭs n* (*-ē-?; altl.*) = tĕrgŭs[2].

Tēiŭs *u.* °**Tēiŭs** 3 *s.* Tĕōs.

tēlă, *ae f* (⟨ **tĕx-lā zu* tĕxō) **1. a)** Gewebe [*telam texere u. retexere*]; *bsd.* (*dcht.*) Spinngewebe; **b)** (*dcht.*) / Ersonnenes, (listiger) Anschlag. **2.** (*vkl., dcht.*) (*meton.*) **a)** Aufzug des Gewebes, Kette [*licia telae addere*]; **b)** Webstuhl; **c)** Webeschiffchen; **d)** (*pl.*) Webkunst.

Tĕlămō *u.* °**-ōn,** *ōnĭs m* (Τελαμών) *S. des Aiakos* (*Aeăcŭs*), *V. des Aias* (*Āiāx*) *u. des Teukros* (*Teucĕr*), *K. v. Salamis u. Aigina* (*Aegīnă*); *patron.* °**Tĕlămōnĭădēs,** *ae m* (= *Aias*); *adi.* °**Tĕlămōnĭŭs** 3 (*subst. m* = *Tĕlămōnĭădēs*).

Tĕlchīnĕs, *ŭm m* (Τελχῖνες) Telchinen, *kunstfertige vorgriech. Dämonen, bsd. auf Rhodos.*

Tēlĕbŏae, *ārŭm u.* °*-ōŭm m* (Τηλεβόαι) *Völkerschaft in Akarnanien, besiedelten später e-n Teil v. Capri.*

Tēlĕgŏnŭs, *ī m* (Τηλέγονος) *S. des Odysseus u. der Kirke* (*Circē*), *der bei e-r Landung auf Ithaka seinen Vater, ohne ihn zu erkennen, tödlich verwundete.*

Tēlĕmăchŭs, *ī m* (Τηλέμαχος) *S. des Odysseus u. der Penelope.*

tēlīnŭm, *ī n* (*Fw.* ⟨ τήλινον) (*nkl.*) kostbare Salbe (*urspr. aus Bockshornklee*).

▶**tĕllūs,** *ūrĭs f* (*zu altind.* talam „Fläche"; *cf.* τηλία „Würfelbrett", *tăbŭlă, nhd.* „Diele") **1.** die Erde. **2.** ♀ *alte Göttin der Saatfelder,* Mutter Erde (= *Tĕrră mātĕr, Γαῖα od. Γῆ*). **3.** (*dcht.*) **a)** Erdboden, Erdoberfläche; **b)** Grund *u.* Boden; **c)** Landgut, Grundstück [*propria*]; **d)** Landschaft, Reich, Gebiet, Gegend, *auch* Volk [*lubae, Pontica*]. **4.** (*Ov.*) Fußboden.

▶**tēlŭm,** *ī n* (*entweder* ⟨ **tĕnd-slŏm zu* tĕndō „irgendwohin zielen" *od. als* „Gedrechseltes" *zu* tĕxō) **1.** Fern-, Wurfwaffe, Geschoß, *bsd.* Lanze, Pfeil, Schleuder, *auch* °Blitz Jupiters *u.* °Dreizack Neptuns [*tela mittere od. conicere u.ä., extra teli iactum; telorum nubes* Hagel]. **2.** Angriffswaffe (Schwert, Axt, Dolch, Stilett, Messer, °Horn des Stieres *u.ä.*) [*cum telo esse od. stare; arma et tela* Schutz- *u.* Trutzwaffen, Wehr *u.* Waffen]. **3.** / (*dcht., nkl.*) **a)** Waffe, Pfeil [*tela coniurationis, necessitas ultimum ~ est*]; **b)** Sonnenstrahl; Blitz; **c)** = *mentula; auch im scherzh. Doppelsinn* [*caveret, ne aliud telum inveniret, quam quaereret*]. **4. a)** (*Li.*) Schutzmittel; **b)** Hilfsmittel *od.* Antrieb zu *etw.* [*non mediocre ~ ad res gerendas*].

tĕmĕrārĭŭs 3 (*adv.* °*-ē*) (tĕmĕrĕ) **1.** (*Pl.*) zufällig. **2. a)** (*v. Sachen*) unbesonnen, unüberlegt, leichtfertig [°*consilium, cupiditas,* °*amor,* °*tela* blindlings entsandt]; **b)** (*v. Pers.*) verwegen, wagehalsig [*homo, mulier*].

▶**tĕmĕrĕ** *adv.* (*eigtl.* „im Dunkeln", *abl. sg. v.* **tĕmŏs, ĕrĭs n* = *altind.* támas- *n* „Dunkelheit"; *cf.* tĕnĕbrae) **1.** zufällig, aufs Geratewohl, planlos, unbesonnen [*sagittam ~ mittere, dicere u. scribere alqd; ~ ac fortuito ~ et casu*]. **2. a)** (*dcht.*) ohne Grund, grundlos [*haud ~ est visum*]; **b)** (so) ohne weiteres [*credere, irasci alci*]; (*m. Negation*) *non ~* nicht leicht, kaum, *zB.* °*nullus dies temere intercessit* es verging nicht leicht ein Tag; **c)** (*dcht.*) *non od. haud ~ est* es steckt *etw.* dahinter.

▶**tĕmĕrĭtās,** *ātĭs f* (tĕmĕrĕ) **1.** (blinder) Zufall, Ungefähr. **2.** Unbesonnenheit, Leichtfertigkeit (*alcis u. alcis rei, zB. militum,* °*verborum*); *bsd.* unüberlegtes Urteil, *auch* Verwegenheit (*pl.* tolle Streiche).

tĕmĕrō 1. (*zu* tĕmĕrĕ; *wohl eigtl. relig. t.t.* „sich unvorsichtig dem Heiligen nähern") (*dcht., nkl.*) beflecken, entweihen [*delubra, thalamos, aures incestis vocibus, auch alqam;* / *fidem, fluvios venenis vergiften*].

tēmētŭm, *ī n* (*cf.* tēmŭlēntŭs; *nhd.* „dämlich", *bair.-schwäbisch* „damisch", *eigtl.* „betäubt") berauschendes Getränk, Met, Wein; *carere temeto* keinen Wein trinken.

tĕmnō, *mpsī, ptŭm* 3. (⟨ **tĕmb-nō zu* στέμβω „trete m. Füßen, schmähe", *nhd.* stampfen) (*dcht., nkl.*) verachten, verschmähen (*klass.* cŏntĕmnō); *haud temnendus* nicht zu verachten.

tēmō, *ōnĭs m* (*cf. nhd.* „Deichsel") **1. a)** Deichsel; **b)** (*Ve.*) Pflugbaum. **2.** (*dcht.*) (*als Gestirn*) Wagen, Siebengestirn.

Tĕmpē *indecl. n pl.* (τὰ Τέμπη) *wildromantisches Erosionstal des Peneios zw. Ossa u. Olymp in Thessalien;* (*dcht.*) *übh.* romantisches Tal, Waldtal.

tĕmpĕrāmĕntŭm, *ī n* (tĕmpĕrō) **1.** (*nkl.*) gemäßigte *od.* richtige Mischung [*caeli* gemäßigtes Klima]. **2.** / rechtes Maß: **a)** (*nkl.*) Mäßigung [*meditatum*]; **b)** Mittelweg.

tĕmpĕrāns, *ăntĭs* (*m.* °*comp. u. sup.*; *adv.* **-ăntĕr**) (*eigtl. part. praes. v.* tĕmpĕrō) sich mäßigend, mäßig, maßvoll, enthaltsam [*vir; m.* °*gen., zB. potestatis m.* Mäßigung gebrauchend; *m. a, ab v.* seiten, *zB. a cupiditate*); *adv. m.* Mäßigung. **F.** *Cf.* V.-B. VIII.

▶**tĕmpĕrāntĭă,** *ae f* (tĕmpĕrāns) das Maßhalten, Mäßigung [*naturae tuae*], *bsd.* Selbstbeherrschung (σωφροσύνη).

tĕmpĕrātĭō, *ōnĭs f* (tĕmpĕrō) **1.** richtige Mischung (*alcis rei, zB. aeris Corinthii, caeli* gemäßigtes Klima). **2.** / **a)** zweckmäßige Einrichtung, guter *od.* gesunder Zustand, Gleichmaß [*corporis, rei publicae*]; **b)** ordnendes Prinzip [*mundi*].

tĕmpĕrātŏr, *ōrĭs m* (tĕmpĕrō) Ordner, Gestalter (*alcis rei, zB. varietatis*).

tĕmpĕrātūră, *ae f* (tĕmpĕrō) (*vkl., nkl.*) richtige Mischung [*utilem ac salubrem -am* Wärme(mischung)].

tĕmpĕrātŭs 3 (*m. comp. u. sup.*; *adv.* **-ē**) (*eigtl. P.P.P. v.* tĕmpĕrō) **1.** richtig gemischt [*esca*], *bsd.* (*vom Klima*) mild, warm [*loca*]. **2.** / gemäßigt: **a)** Maß haltend, mäßig [*homo,* °*mens; in re in etw., zB.* °*in victoria*]; **b)** ruhig, gesetzt, besonnen [*homo, animus*].

tĕmpĕrī (*vereinzelt* °*-rĕ*) *adv.* (*erstarrter loc. v.* tĕmpŭs[1]) (*klass. selten*) zeitig, zu rechter Zeit; *comp.* tĕmpĕrĭŭs zeitiger.

tĕmpĕrĭēs, *ēī f* (tĕmpĕrō) (*dcht., nkl.*) = tĕmpĕrātĭō; *bsd.* milde Wärme [*aquarum*].

tĕmpĕrĭŭs *adv. s.* tĕmpĕrī.

▶**tĕmpĕrō** 1. (*denom. v.* tĕmpŭs[1], *eigtl.* „eine richtige Begrenzung *od.* Abmessung vornehmen") **1.** (*trans.*) **a)** gehörig einrichten, ordnen; **b)** (*dcht., nkl.*) richtig mischen (*alqd, zB. vinum; auch alqd re etw. m. etw., zB. acetum melle*); **c)** temperieren: **α)** (*Kaltes*) richtig wärmen, (*Heißes*) gehörig (ab)kühlen [*aquam ignibus*]; **β)** gehörig einrichten *od.* gestalten, zweckmäßig ordnen (*alqd, zB. rem publicam legibus,* °*Iuppiter res hominum temperat*); **γ)** *m.* Maß gebrauchen, mildern, besänftigen (*alqd, zB. calores solis, victoriam,* °*iras*); *insb. alqd a re etw. v. etw.* fernhalten *od.* bewahren [*animum ab insolentia*]; **δ)** (*dcht.*) richtig leiten, regieren, beherrschen (*alqd, zB. ratem, res hominum ac deorum*). **2.** (*intr.*) **a)** (*vkl., nkl.*) Maß halten, sich mäßigen (*in re in etw., zB. in amore*); **b)** (*m. dat.*)

α) *m.* Maß gebrauchen, Einhalt tun (*alci u. alci rei, zB. sibi, irae*); β) *etw.* schonen *od.* verschonen (*alci rei, zB. hostibus superatis, °templis*); **c)** (*a re od. sibi a re, unkl. re*) sich *v. etw.* fernhalten, sich *e-r* Sache enthalten [*a °caedibus, ab iniuria; m. quin u. quominus, m. °inf.*].

▶ **tĕmpĕstās,** *ātis f* (*tĕmpŭs¹*) **1.** Zeitpunkt, -abschnitt, Zeitlage, Zeitumstände, *klass. selten u. fast nur im abl. sg. u. pl.* [*eadem -te, °multis tempestatibus* in langer Zeit, *°multis ante -ibus* lange Jahre vorher, *°in paucis -ibus* in wenigen Jahren]. **2. a)** Witterung, Wetter [*bona, certa, frigida u.ä.*]; **b)** *prägn.* Unwetter, Gewitter, Sturm [*°foeda, magna ~ (co)oritur*]; ♀ *pl.* (*personif.*) (*dcht.*) Sturmgöttinnen. **3.** / **a)** Ansturm, Andrang, Ungestüm [*invidiae, querelarum, °telorum* Hagel *v.* Geschossen]; **b)** stürmische Zeit, Unruhe(n), *bsd.* schlimmes Unglück, *oft pl.* [*maximas rei publicae -tes subire*]; **c)** (*v. Pers.*) Vernichter, Störer [*Siculorum* = Verres, *rei publicae u. pacis* = Clodius, *°macelli* = Fresser].
F. *gen. pl.* *tĕmpĕstātŭm u. °-iŭm.*

tĕmpĕstīvĭtās, *ātis f* (*tĕmpĕstīvŭs*) rechte Zeit.

tĕmpĕstīvŭs 3 (*m. °comp.; adv.* **-ē** *u.* [*dcht.*] **-ō**) (*altl.* *tĕmpĕstŭs* 3 „rechtzeitig"; *tĕmpŭs¹*) **1. a)** zeitgemäß, rechtzeitig [*etesiae, arbores -e caedere*]; **b)** / geeignet, passend, günstig [*°ratio, °parum ~* ungelegen; *ad alqd* zu *od.* für *etw., alci* für *jd., zB. mare ad navigandum -um*]; **c)** *subst.* **tĕmpĕstīvŭm,** *ī od.* **-ă,** *ōrŭm n* der rechte Zeitpunkt [*multa mihi ad mortem -a fuere* passende Gelegenheiten]. **2. a)** (*v. Früchten*) reif [*fructūs*]; / (*dcht.*) (*v. Pers.*) reif (*m. dat.* für *etw., zB. caelo, virgo viro -a* = mannbar; *m. °inf.*); **b)** frühzeitig, vor der gewöhnlichen Zeit beginnend [*cena, convivium* = üppig, schwelgerisch].

****templārius,** *i m* Tempelherr *e-s geistlichen Ritterordens.*

▶ **tĕmplŭm,** *ī n* (*et. u. i. der Bedeutungsentwicklung umstritten; urspr. wohl* „umspannter *bzw.* abgegrenzter Raum") **1.** (*vkl., nkl.*) Beobachtungskreis (*d.h. vom Augur m. dem lituus am Himmel u. auf der Erde abgegrenzter Bezirk zur Beobachtung des Vogelfluges*) [*Aventinum ~ capere*]. **2. a)** Ort, *v.* dem man *etw.* überschauen kann; *hoc omne templum* Weltall; **b)** (*dcht.*) Höhe, Anhöhe; weiter Raum: *templa* weite Räume, heilige Regionen [*caeli, Orci*]. **3.** Heiligtum, Tempel, Gotteshaus [*Iovis, deorum*], *auch* Tempelzelle; *in weiterem Sinne jede durch Auspizien geweihte Stätte, zB. Grotte der Sibylle, Asyl, Kurie, Rednerbühne, Tribunal, Grab(mal), Königsburg;* / *templa mentis* das Innerste. — **Kloster, Kirche; Tempelherrenorden.

tĕmpŏrālis, *ĕ* (*tĕmpŭs¹*) **1.** (*nkl.*) eine Zeit während. **2.** (*vkl., Gramm.*) (*gramm. t.t.*) temporal, Zeit... [*verbum*]. — **vergänglich, irdisch, weltlich.

tĕmpŏrārĭŭs 3 (*tĕmpŭs¹*) (*nkl.*) **1.** den Umständen angepaßt [*liberalitas*]. **2.** nur kurze Zeit dauernd; *bsd.* wetterwendisch [*ingenia*].

tĕmpŏri *adv.* = *tĕmpĕrī.*

tĕmpsī *s. tĕmnō.*

tĕmptābŭndŭs 3 (*tĕmptō*) (*Li.*) umhertastend.

tĕmptāmĕn, *ĭnis n* (*tĕmptō*) (*dcht., spätl.*) = *tĕmptāmĕntŭm.*

tĕmptāmĕntŭm, *ī n* (*tĕmptō*) (*dcht., nkl.*) **1.** Probe, Versuch. **2.** Versuchung [*fĭdē gen.* = *fĭdĕī*].

tĕmptātĭō, *ōnis f* (*tĕmptō*) **1.** (*nkl.*) Versuch, Probe (*alcis u. alcis rei*). **2.** Anfall *einer Krankheit* [*nova*].

tĕmptātŏr, *ōris m* (*tĕmptō*) (*dcht.*) Versucher [*Dianae*].

tĕmptō *u.* **tĕntō**
1. befühlen, betasten; **2. a)** nach *etw.* streben; **b)** (*feindlich*) angreifen; **c)** untersuchen, prüfen; **d)** *jd.* zu verführen suchen; **e)** *etw.* versuchen, zu erreichen suchen.

tĕmptō *u.* **tĕntō** (*frequ. zu einem Stamm *tĕmp-* „spannen, tastend ausstrecken"; *cf. tĕmpŭs, tĕmplŭm; früh als intens. v. tĕndō empfunden u. daher tĕntō geschrieben*) **1. a)** betasten, befühlen, berühren (*alqm u. alqd; alqd re etw. m. etw., zB. flumen pede, °ficum rostro* hineinhacken in); **b)** (*nkl.*) (*med. t.t.*) *venas* den Puls fühlen. **2. a)** (*dcht.*) nach *etw.* streben, *etw.* erspähen (*alqd, zB. maiora, auxilium*); sich an *etw.* wagen, *zB. caelestia*; **b)** (*feindlich*) angreifen [*°urbem, castella, moenia scalis;* / *°pedes* lähmen]; *bsd.* (*v. Krankheiten*) befallen (*alqm u. alqd, zB. °oves temptat scabies, morbo temptari*); / (*nkl.*) sich an *etw.* (*alqd*) vergreifen; **c)** vorsichtig untersuchen, prüfen (*alqm u. alqd, zB. se, °Thetim ratibus* = die See befahren, *belli fortunam; m. indir. Frages.*); **d)** *jd.* in Versuchung führen, zu gewinnen *od.* zu verlocken suchen, beunruhigen (*alqm od. animum alcis spe et metu, Iunonem* zu verführen suchen, *iudicium pecuniā* zu bestechen suchen, *precibus m.* Bitten bestürmen); **e)** *etw.* versuchen *od.* probieren, *etw.* zu erreichen suchen (*alqd, zB. °bella frustra, iter od. vadum fluminis* zu erzwingen suchen, forcieren; *°spem pacis* versuchen, ob noch Hoffnung auf Frieden vorhanden ist, *aures alcis* wie viel die Ohren *j-s* vertragen können; *m. indir. Frages., m. si od. °an* „ob", *m. °inf., m. °ut*).

tĕmptŭs *P.P.P. v. tĕmnō.*

tĕmpŭs¹
1. a) Zeitspanne, -abschnitt, *e-e* Zeit; **b)** Zeit(punkt); **c)** Zeit (*als Ganzes*); **2.** passende, günstige Zeit, rechter Augenblick; **3. a)** Zeitumstände, Verhältnisse; **b)** (*meist. pl.*) mißliche Umstände, traurige Zeiten; **4. a)** (*metr. t.t.*) Quantität; **b)** (*gramm. t.t.*) Tempus (*d. Verbums*).

tĕmpŭs¹, *ŏris n* (*wohl zum Stamm *tĕmp-* „spannen", *also eigtl.* „Zeitspanne"; *cf. tĕmptō*) **1. a)** Zeitspanne, -abschnitt, *eine* Zeit, *oft* = Stunde, Tag [*diei, noctis, anni* Jahreszeit; *in omne ~* für immer, auf ewig; *ex tempore* aus dem Stegreif; *in singula diei tempora* stündlich; *breve, praesens* Gegenwart, *in -us praesens* für den Augenblick, für jetzt, *praeteritum* Vergangenheit]; *hoc tempore* zu dieser Zeit, derzeit; *pl. auch* Zeitalter, *zB. Periclis temporibus, haec tempora* unsere Zeit(en); *ad hoc -us* bis auf den heutigen Tag, bis jetzt; *ad* (*od. in*) *tempus* eine Zeitlang, vorübergehend; *et tempus et dies* Tag *u.* Stunde; (*m. gen.*) Zeit zu *etw.* [*belli parandi*]; (*oft pl.*) (*meist dcht.*) Lebenszeit, -alter [*actum, ingrata*]; *auch übh.* °Dauer, Weile, Frist = *spatium*; **b)** Zeit(punkt) [*°cenae*]; **c)** Zeit (*als Ganzes*) [*tempus ponere in alqa re od. conferre in alqd* Zeit auf *etw.* verwenden]. **2.** (*prägn.*) passende Zeit, günstige Zeit, günstiger Augenblick, (gute) Gelegenheit, rechter Zeitpunkt, *pl.* günstige *od.* gelegene Stunden [*~ habere u. amittere; alcis rei* zu *etw., zB. discedendi*]; *°tempore dato* bei günstiger Gelegenheit, *ipso tempore* gerade zu rechter Zeit, *ante ~* vor der gehörigen *od.* gewöhnlichen Zeit, *ad ~ od.* (*°in*) *tempore* im rechten Augenblick (= *meo, tuo, suo sc. tempore*); *~ est* (*m. inf. od. a.c.i.*) es ist hohe Zeit = es ist an der Zeit, *etw.* zu tun [*abire od. me abire*]; *~ visum est, m. inf.*; *°non id ~ est* (*m. ut*) es ist nicht die rechte Zeit, *etw.* zu tun. **3. a)** (*sg. u. pl.*) Zeitumstände, Verhältnisse, Lage (der Dinge), *auch* = Zeitgeist [*extremum, °ultimum, °dura, °secunda; incidunt saepe tempora, cum ...*]; *tempori u. temporibus servire od. cedere* sich in die Verhältnisse fügen, dem Zeitgeist Rechnung tragen; *orationes sunt temporum* richten sich nach der Zeitströmung; (*in*) *hoc od. tali tempore* unter solchen Umständen; *ex* (*od. pro*) *tempore u. ad ~* nach Lage der Umstände, für jetzt [*consilium capere*]; *pro tempore et re* nach Zeit *u.* Umständen; *temporis causā u. gratiā* im Drang des Augenblicks [*dicere, assentiri alci*]; **b)** (*meist pl.*) mißliche Umstände, traurige Lage, Not, Gefahr [*rei publicae, meum od. mea* meine Leidenszeit, *extremum od. ultimum ~* äußerste Gefahr]. **4. a)** (*metr. t.t.*) die Zeit *zur Aussprache e-r Silbe od. e-s Wortes,* Quantität; **b)** (*gramm. t.t.*) (*vkl., nkl.*) Tempus. — ****cum tempore* (*Abk.* c.t.) *m.* akademischem Viertel (*zB.* 12 c.t. = 12.15); *sine tempore* (*Abk.* s.t.) ohne ak. V., *d.h.* pünktlich.

▶ **tĕmpŭs²,** *ŏris n* (*wahrsch. als* „Spannung durch die schlagende Arterie" *zum Stamm *tĕmp-* „spannen" *u. m. tĕmpŭs¹ identisch*) (*meist pl.; dcht., nkl.*) Schläfe [*utrumque, laevum*]; *im pl. bisw.* = Haupt, Kopf, Gesicht [*tempora coronā vincire*].

tēmŭlēntĭă, *ae f* (*tēmŭlēntŭs*) (*nkl.*) Trunkenheit.

tēmŭlēntŭs 3 (*cf. tēmētŭm*) berauscht, betrunken [*homo*]; / einen

Rausch verratend [*vox*].

tĕnācĭtās, *ātis f* (*tĕnāx*) das Festhalten [*unguium* festhaltende Krallen]; / (*Li.*) Geiz.

tĕnāx, *ācis* (*m.* °*comp. u.* °*sup.*; *adv.* **-itĕr**) (*tĕnĕō*) (*meist dcht., nkl.*) **1. a)** festhaltend; fähig, *etw.* festzuhalten [*hedera*, °*dens ancorae*]; **b)** fest, zäh, dicht [°*gramen*, / °*passus* fest], *bsd.* klebrig [°*cera*]. **2.** / **a)** beharrlich, (an) *etw.* festhaltend [°*fides*, °*memoria*; *alcis rei*, *zB.* °*propositi*]; **b)** hartnäckig, störrisch [°*equus*, °*ira*; *contra alqd* gegen *etw.*]; **c)** geizig [*pater*; °*alcis rei*, *zB. quaesiti*].

F. *abl. sg.* -*ī*; *pl. neutr.* -*ĭă*, *gen.* -*ĭŭm*.

Tĕnctĕrī, *ōrŭm u.* °*ŭm m germ. Reitervolk am Unterrhein. Cf.* V.-B. VI, 3.

tĕndĭcŭlă, *ae f* (*tĕndō*) **1.** (*nkl.*) ausgespanntes Seil *der Walker*. **2.** / Fallstrick, Schlinge, *klass. nur pl. u.* / [*litterarum* der buchstäblichen Auslegung der Gesetze].

> **tĕndō**
> **1.** (*trans.*) **a)** (an)spannen; **b)** ausspannen, -strecken, verlängern; **c)** hinreichen, verleihen; **d)** *wohin* lenken, richten; **2.** (*intr.*) **a)** *mil.* (*in Zelten*) lagern, kampieren; **b)** *wohin* eilen, gehen, marschieren; **c)** nach *etw.* streben, trachten; **d)** sich anstrengen; **e)** streiten, kämpfen.

tĕndō, *tĕtĕndī, tĕntŭm* (*u. jünger tēnsŭm*) (*idg.* √‾*ten-d- „spannen"; *cf.* τείνω „dehne", *tĕnĕō*, *nhd.* „dehnen") **1.** (*trans.*) **a)** spannen, anspannen, straff anziehen (*alqd*, *zB.* °*arcum*, *plagas* spannen = stellen, °*barbiton m.* Saiten bespannen, stimmen; / *insidias alci j-m* Nachstellungen bereiten, °*opus ultra legem* straff spannen, schärfen); (*sexuell*) °*alutam* ~; (*P.P.P.*) *adi. tĕntŭs* 3 straff, festgepolstert, geil [*vincula*, *nervus*; °*tenta vena* (*od. subst. tĕntă, ōrŭm n*) = *pēnĭs rīgĭdŭs*]; **b)** ausspannen: **α)** °(*vela*) schwellen; *prägn.* (*Zelte*) *aus ausgespannten Fellen od. Tüchern aufschlagen* [*praetorium*, °*cubilia* errichten]; **β)** ausstrecken, ausbreiten [*manūs od. dextram alci od. ad alqm u. ad alqd*, *zB. ad caelum u.* °*caelo*; °*bracchia matri* nach der Mutter]; **γ)** (*dcht.*) ausdehnen, verlängern [*noctem sermone*]; **c)** hinreichen, darreichen (*alci alqd*, *zB.* °*parvum Iulum patri*, °*vincula alci* anlegen); / verleihen [*opem amicis*]; **d)** (*dcht.*) *etw.* wohin richten *od.* lenken (*alqd ad od. in alqd*, *zB. lumina ad caelum*, *telum in auras*); *bsd. iter*, *cursum*, °*fugam ad alqm u. in od. ad alqd*, °(*Geschosse*) abschießen [*sagittas arcu*]. **2.** (*intr.*) **a)** *mil.* **α)** (*in Zelten*) lagern, im Quartier liegen [*in iisdem castris*, °*Lugduni*]; **β)** (*nkl.*) sich (in Schlachtordnung) aufstellen [*ante u. post signa*]; **b) α)** wohin eilen, gehen, ziehen, marschieren, sich begeben (*in od. ad alqd*, *zB. in u. ad castra*, °*in Indiam*, °*per aethera*; *dcht. m. bloßem acc.*, *zB. haec limina*); *quo tendis* wohin willst du?; **β)** (*dcht., nkl.*) (*feindl.*) auf *jd.* losgehen, sich auf *jd.* werfen [*in hostem*]; **γ)** (*dcht., nkl.*) (*v. Leblosem*) sich hinziehen, sich erstrecken, reichen [*via tendit sub moenia Ditis*; / °*quorsum haec tendunt* wohin zielen diese Worte?]; **c)** nach *etw.* streben *od.* trachten, auf *etw.* ausgehen (*ad alqd*, *zB. ad altiora et non concessa*; °*ultra* noch weiter streben; *selten m. ut, ne*; *selten m. inf. od. a.c.i.*); *insb.* zu *etw.* hinneigen = sich zu *etw.* hingezogen fühlen (*ad alqd*, *zB. ad societatem Romanam*); **d)** (*meist dcht., nkl.*) sich anstrengen, sich bemühen [°*summā vi*, *quid tendit* was müht er sich ab?; *in re*, *zB. in obtinendo iure*; *m. ut, ne*; *selten m. inf. od.* °*a.c.i.*]; **e)** streiten, kämpfen [°*vasto certamine*; *auch m. Worten*]; (*m. contra od. adversus*) Gegenwehr leisten, widerstreben, *bsd.* (*m. Worten*) *etw.* verfechten.

▶ **tĕnĕbrae,** *ārŭm f* (*wohl* < **tĕmĕfrā dissim.*; *zu* **tĕmŏs, ĕrĭs n* „Dunkelheit"; *cf. tĕmĕrē*, *nhd.* „Dämmerung") **1. a)** Finsternis, Dunkelheit, Dunkel; **b)** Nacht [*tenebris redire*]. **2. a)** (*dcht.*) Blindheit; **b)** (*unkl.*) Dunkel vor den Augen (*bei der Ohnmacht*); **c)** (*nkl., dcht.*) Todesnacht, -dunkel. **3.** dunkler Ort [°*in -is claudi*]; *bsd.* finsterer Kerker [*alqm aeternis -is mandare*]; Schlupfwinkel, Bordell [*lustrorum et stuprorum*]. **4.** / **a)** Verborgenheit, Niedrigkeit, niedere Herkunft [*familiam e -is in lucem evocare*]; **b)** Unklarheit, Undeutlichkeit [*-ae erroris*]; **c)** finsteres Geschick, trübe Lage [*rei publicae*]; **d)** Schwermut, Trübsinn; **e)** (*Pl.*) Dunst, Schwindel.

F. *Die Dichter gebrauchen die mittlere Silbe auch lang* (*zB. Verg., Georg.* I, 248).

tĕnĕbrĭcōsŭs 3 (*m. sup.*) (*tĕnĕbrĭcŭs*) in Dunkel gehüllt: **1.** dunkel, finster, *auch* / [*popina*, *libidines*]. **2.** / **a)** unbekannt [*tempus*]; **b)** verfinstert [*sensūs*].

tĕnĕbrĭcŭs 3 (*dcht.*) *u.* **tĕnĕbrōsŭs** 3 (*dcht. u. spätl.*) (*tĕnĕbrae*) finster, dunkel [*specus*].

Tĕnĕdŭs *u.* **-ŏs,** *ī f* (Τένεδος) *Insel an der Küste v. Troas. Cf.* V.-B. II, 1; *adi. u. Einw.* **Tĕnĕdĭŭs** (3).

tĕnĕllŭlŭs 3 (*demin. v. tĕnĕllŭs*) (*dcht.*) äußerst zart.

tĕnĕllŭs 3 (*demin. v. tĕnĕr*) (*unkl.*) sehr zart.

> **tĕnĕō**
> **I. 1.** festhalten; **2.** umfassen; **3.** (*geistig*) erfaßt haben, begreifen; **4. a)** *etw. wohin* richten; **b)** *wohin* steuern, fahren; **5. a)** zu Schiff erreichen; **b)** *etw.* erreichen; *jd.* überführt haben; **II. 1.** innehaben, besitzen; **2. a)** (*Ort*) bewohnen; **b)** (*mil.*) besetzt halten; (*Truppen*) befehligen; **c)** beherrschen; **d)** (*liebend*) besitzen; **3.** (*e-n Raum*) umfassen; **III. 1.** festhalten, gefangen halten; **2. a)** (*Besitz*) behaupten, bewahren; **b)** *mil.* halten, verteidigen; **c)** *in e-m Zustand* erhalten; **3. a)** *etw.* beibehalten; **b)** sich erhalten, (fort)dauern; **4. a)** *jd.* (*geistig*) fesseln; **b)** (*Affekte*) *jd.* beherrschen; **IV. 1.** verpflichten, binden; **2.** *etw.* (*als Recht*) durchsetzen; **V. 1. a)** zurückhalten, aufhalten; **b)** (*Tränen*) unterdrücken; **c)** *etw.* verschweigen; **2.** *jd.* hinhalten, warten lassen; **3.** *etw. v. jd.* fernhalten.

tĕnĕō, *ŭī, tĕntŭm* 2. (*zu tĕndō* [*gemeinsames Supinum*]; *eigtl.* „ausgedehnt sein") halten: **I. 1.** festhalten, gefaßt haben (*alqm u. alqd*, *zB. arma*, *cibum ore*, *dextram dextrā*, *bsd. alqm u. alqd manu m. od.* an der Hand, *in manu* in der Hand; / *gubernacula rei publicae*). **2.** umfassen, umarmen [°*alqm complexu*, °*alcis colla lacertis*]. **3.** (*geistig*) erfaßt haben, begreifen, kennen (*alqd animo*, *omnium aditus u.ä.*; *m. indir. Frages.*); *rem manu etw.* handgreiflich erkennen; *res oculis et manibus tenetur* ist ersichtlich *u.* handgreiflich; (*Com.*) *tenes? od. tenesne?* kapierst du's? **4. a)** (*trans.*) *etw.* wohin richten (*alqd ad od. in alqd*, *zB.* °*oculos in alqm od.* °*in alqd od.* °*in re*, °*sub astra* zu den Sternen empor, °*solo* auf den Boden geheftet); *bsd.* °*iter u.ä.* den Weg einschlagen [°*fugam per medios hostes*]; **b)** (*intr.*) (*dcht., nkl.*) irgendwohin steuern, fahren (*ad*, *selten in locum*, *zB. a Sicilia ad Laurentem agrum*); *auch vom Wind*: °*ventus adversum tenet alci* weht *j-m* entgegen. **5. a)** (*e-n Ort*) zu Schiff erreichen (*alqd*, *zB.* °*portum*, *terram*); **b)** / **α)** *etw.* erreichen *od.* erlangen [°*regnum virtute*]; **β)** *jd.* ertappt *od.* überführt haben [*teneo te* da hab' ich dich]; *meist* P. überführt werden *od.* sein [*testibus* durch Zeugen], sich e-r Sache schuldig gemacht haben, *auch* / (*alcis rei u. in re*, *zB.* °*caedis*, °*repetundarum*, *in furto*). **II. 1.** innehaben, besitzen, im Besitz haben (*alqd*, *zB. oppidum*, *rem publicam*, *multa hereditatibus*); / (*i. der Umgangssprache*) °*teneo te* ich habe dich wieder, *vom Wiedersehen einer geliebten Person*; °*prima* den ersten Platz einnehmen; P. *teneri ab alqo* in *j-s* Händen sein [*urbs ab hostibus tenetur*]. **2. a)** (*e-n Platz*) einnehmen, (*nkl., dcht.*) (*e-n Ort*) bewohnen [*eas regiones*, °*Delphos*]; *übh.* an einem Ort (*acc.*) sich aufhalten, hausen [*delphines silvas tenebant*]; **b)** *mil.* **α)** (*e-n Ort*) besetzt halten [*portum*, *locum praesidiis*]; **β)** (*nkl.*) (*Truppen*) befehligen *od.* kommandieren [*alterum cornu*]; **c)** (*vom Herrscher*) beherrschen, in seiner Gewalt haben [*rem publicam*, *imperium*, *summam imperii*]; **d)** (*dcht.*) (*e-e geliebte Pers. od. Sache*) besitzen [*nunc Galatea te tenet*]. **3.** *synekd.* (*e-n Raum*) einnehmen, in sich enthalten, umfassen = *continere* [*castra tenent iugum*]; *bsd.* P. *teneri re* in *etw.* enthalten sein, zu *etw.* gehören [*quod* (= *id genus*) *hominum societate tenetur*]. **III. 1.** nicht loslassen (*alqm u. alqd*, *zB.* °*Protea nodo*); *bsd. jd. od. etw.* eingeschlossen, gefangen halten [°*pecus*, *alqm custodiā od.* °*in catenis*]; *bsd. se* tenere ruhig (ver)bleiben [castris im Lager, domi]. **2. a)** (*e-n Besitz*) behaupten, bewahren [auctoritatem, imperium], *auch geistig* [memoriam rei *od.* rem memoriā, °verba]; **b)** *mil. e-n Ort* erfolgreich verteidigen [oppidum]; **c)** *jd. od. etw. in e-m Zustand od. bei e-r Tätigkeit erhalten* [terra tenetur nutu suo wird im Gleichgewicht erhalten, alqm in servitute *od.* in officio, °se quietum]. **3. a)** (*trans.*) an *etw.* (alqd) festhalten, *etw.* beibehalten, *als naut. t.t.* cursum den Kurs einhalten; / die Richtung festhalten [vitae *od.* reliquae disputationis; institutum seiner Weise treu bleiben, propositum, fidem, modum Maß halten]; *bsd.* eine Behauptung aufrechthalten (alqd *od. m. a.c.i.*); **b)** (*intr.*) (*nkl.*) (*v. Tätigkeiten u. Zuständen*) sich erhalten, anhalten, (fort)dauern [fama diu tenet, imber per totam noctem tenuit]. **4. a)** (*geistig*) *jd.* fesseln, ergötzen, erfreuen [°mentes carmine; pueri ludis tenentur]; **b)** (*v. Affekten u.ä.*) beherrschen, beseelen, gefangen halten, erfüllen [alqm tenet misericordia, libido; eius rei religio senatum tenuit beschäftigte lange]. **IV. 1.** verpflichten, binden, *bsd. v. Gesetzen, Versprechen u.ä.* [alqm lege *od.* foedere, leges alqm tenent; *m.* ut, ne]; *meist* P. teneri re durch *etw.* gebunden *od.* zu *etw.* verpflichtet sein [iure iurando, voto, promisso zur Erfüllung e-s Versprechens verpflichtet sein; poenā e-e Strafe verdienen]. **2.** *etw.* (*als Recht*) durchsetzen *od.* erreichen (alqd, *zB.* ius suum; *meist m.* ut, ne, *zB.* °plebs tenuit, ut consules crearentur; *auch abs.* = recht behalten); causam den Prozeß gewinnen, seine Sache durchsetzen (apud alqm bei *jd.*). **V. 1. a)** zurückhalten, aufhalten, hemmen [tabellarios, Corcyrae *u.* vento teneri, non teneo te pluribus ich will dich nicht lange aufhalten = ich will es kurz machen; *auch m.* quominus *od.* ne *bzw.* quin; *bsd.* teneri *od.* me tenere non possum, quin ich kann mich nicht enthalten, *etw.* zu tun]; **b)** (*Tränen, Affekte u.ä.*) niederhalten, unterdrücken (alqd, *zB.* risum, lacrimas sich der Tränen erwehren); **c)** *etw.* bei sich behalten = verschweigen, nicht vorbringen (alqd). **2.** *jd.* hinhalten, verzögern, warten lassen (alqm). **3.** *etw. v. jd. od. v. etw.* fernhalten *od.* abhalten (alqd ab alqo *od.* a re, *zB.* se ab accusando). — ***m. dopp. acc.* halten für.

▶ **tĕnĕr,** ĕră, ĕrŭm (*m. comp. u.* °*sup.*; *adv.* °**-ē**) (*vl. durch Umstellung* ⟨ **tĕrĕnŏs zu sabin.* tereno- = mollis *m. Anlehnung an* tĕnŭis) **1. a)** zart, fein, weich [radix, arbor, °aër dünn, °ramus schwach]; **b)** / jugendlich, jung [°coniux, °virgo, *auch* °annus = Frühling, °res Gewächse, Geschöpfe; / °balatus schwach]; °in teneris in zarter Jugend; a teneris unguiculis von klein auf. **2. a)** empfindsam, nachgiebig [animus, °pudor]; **b)** weichlich, verzärtelt [°mentes]; **c)** (*dcht.*) zärtlich, schmachtend, verliebt [carmen]; *auch* wollüstig [spado]; schlüpfrig [-e dicere].

tĕnĕrāscō, — — 3. (*incoh. zu* tĕnĕr) (*Lu.*) zart werden.

tĕnĕrĭtās, ātĭs *f u.* (*vkl., nkl.*) **tĕnĕrĭtūdō,** ĭnĭs *f* (tĕnĕr) Zartheit.

tĕnĕsmŏs, ī *m* (*Fw.* ⟨ τεινεσμός) Tenesmus, Stuhlzwang.

tĕnnītūr (*Te.*) (*vulgär*) = tĕndĭtŭr.

tĕnŏr, ōrĭs *m* (tĕndō, tĕnĕō) **1.** (*dcht., nkl.*) ununterbrochener Lauf, Schwung [placidus, -orem servare in einem fort weiter fliegen]. **2.** / **a)** Verlauf, Fortdauer, Zug, Zusammenhang [°aequalis; alcis rei, *zB.* °pugnae, °rerum]; uno tenore in einem Zug, in einem fort; **b)** (*nkl., dcht.*) Eigenart, Grundzug; **c)** (*Qu.*) Ton einer Silbe. — **Inhalt, Sinn, Wortlaut; Bedingung.

Tēnŏs *u.* **-ŭs,** ī *f* (Τῆνος) *Kykladeninsel, j.* Tino; *Einw.* Tēnĭī, ōrŭm *m.*

tēnsă, ae *f* (*wohl zu* tĕndō) Prozessions-, Götterwagen, *auf dem die Götterbildnisse bei den ludi circenses zum Zirkus gefahren wurden.*

tĕnt... *auch* = tĕmpt...

tĕntīgō, ĭnĭs *f* (tĕntă; *s.* tĕndō 1a) (*dcht.*) Geilheit, Brunst [vulvae; mariti; *abs.* tentigine rumpi].

tĕntōrĭŏlŭm, ī *n* (*demin. v.* tĕntōrĭŭm) (*nkl.*) kleines Zelt.

tĕntōrĭŭm, ī *n* (tĕndō) (*nkl.*) Zelt.

tĕntŭs *P.P.P. v.* **tĕndō** *u.* **tĕnĕō.**

tĕnŭĭcŭlŭs 3 (*demin. v.* tĕnŭĭs) recht ärmlich.

> **tĕnŭĭs**
> **1.** dünn, fein; **2. a)** schmächtig; **b)** schmal; **c)** flach; **d)** (*Wasser*) klar; **e)** (*Stimme*) schwach; **3.** gründlich, genau; **4. a)** gering(fügig), schwach; **b)** kleinlich; **c)** dürftig, armselig; **d)** (*Stand*) niedrig; **5.** schlicht; **6.** *adv.* tenuiter leichthin.

tĕnŭĭs, ĕ (*m. comp. u. sup.*; *adv.* **-ĭtĕr**) (*eigtl.* „gedehnt" *zu* tĕndō, tĕnĕō; *cf.* ταvυ-, *nhd.* „dünn") **1.** dünn, fein, zart (*im eigtl. Sinn meist dcht.*), *oft* = dünnfädig, *auch* = nicht dicht [membrana, collum, °filum, °acus, °vestis, °capilli, °aurum Goldfäden, caelum Luft, °ventus sanft, °pluvia fein rieselnd, °animae luftige; alutae -iter confectae]. **2.** (*meist nkl., dcht.*) **a)** schmächtig, mager [°vulpecula]; **b)** schmal, eng [°agmen militum dünn aufgestellt, °acies ohne Tiefe, °tellus Landenge]; **c)** seicht, flach [°aqua, °unda]; **d)** (*v. Flüssigkeiten*) klar, rein [°aqua]; **e)** dünn, schwach [°vox]. **3.** scharfsinnig, gründlich, genau [distinctio, °sermo; °in re in *etw.*]. **4. a)** unbedeutend, gering(fügig), schwach [oppidum, opes, honores, praeda, suspicio, dubitatio leiser]; **b)** haltlos, kleinlich; **c)** dürftig, ärmlich, arm(selig), spärlich [cultus, °cibus, °mensa, victus schmale Kost; *auch v. Pers., zB.* homo]; **d)** (*v. Rang u. Stand*) niedrig, gering [ordo, °tenui loco ortus]; *bsd.* niedrig geboren [homo, tenuiores Leute niederen Standes]. **5.** schlicht, einfach, *bsd. v. der Rede u. dem Redner* [argumentandi genus, orator, °ingenium Talent; -iter disserere]. **6.** *adv.* -ĭtĕr *auch* leichthin, obenhin [argumenta colligere].
F. *Im Vers* tĕnuis *zweisilbig* (= *tĕnvĭs), tĕnuiā *dreisilbig* (= tĕnvĭā).

tĕnŭĭtās, ātĭs *f* (tĕnŭĭs) **1. a)** Dünnheit, Feinheit [animi]; **b)** Schmächtigkeit, Magerkeit [°crurum]. **2.** / **a)** Dürftigkeit, Armseligkeit, *v. Pers. u. Sachen* (alcis *u.* alcis rei, *zB.* hominis, aerarii); **b)** Schlichtheit, Einfachheit, *bsd. v. der Rede* [Lysiae, rerum et verborum].

tĕnŭō 1. (*denom. v.* tĕnŭĭs) (*dcht., nkl.*) **1.** dünn machen, verdünnen [dentem aratri, aëra]; se in undas sich in Wasser auflösen. **2. a)** P. abmagern [corpus, armenta macie]; **b)** verengen [vocis viam]. **3. a)** vermindern, verringern; herabsetzen, schwächen [magna modis parvis]; **b)** (*vom erot. Dichter*) *etw.* zart ausspinnen [carmen].

tĕnŭs[1], ŏrĭs *n* (tĕndō) (*Pl.*) Schnur *m.* Schlinge, Dohne.

tĕnŭs[2] *adv. m. vorausgehendem abl. u. gen.* (*wohl erstarrter nom. m eines adi.* *tĕnŏs „sich erstreckend"; tĕnĕō, tĕndō; *cf.* prōtĭnŭs) bis an, bis zu [Tauro ~ regnare, °lumborum ~]; °nutricum ~ bis an die Brüste; / verbo ~ bloß dem Worte *od.* dem Namen nach, °vulneribus ~ bis Blut fließt, °nomine ~ nur dem Namen nach, zum Schein. — **Rheno ~ rheinabwärts.

Tĕŏs *u.* **-ŭs,** ī *f* (Τέως) *ion. St. nw. v. Ephesos, Geburtsort Anakreons; adi. u. Einw.* **Tēĭŭs** *u.* °**Tēĭŭs** (3), *auch* = anakreontisch [°fides, *Musa].

tĕpĕ- *u.* **tĕpē-făcĭō,** fēcī, făctŭm 3.; P. -fīō, făctŭs sŭm, fĭĕrī (tĕpĕō) (er)wärmen (alqd); *auch* °erhitzen.

tĕpĕfāctō 1. (*intens. v.* tĕpĕfăcĭō) (*Ca.*) erwärmen.

tĕpĕō, pŭī, — 2. (*cf. altind.* tápati „erwärmt, brennt", „Teplitz") (*dcht., nkl.*) **1.** lauwarm *od.* warm sein (re *v. etw.*). **2.** / **a)** verliebt sein, glühen (alqo in *od.* für *jd.*); **b)** in der Liebe lau sein.

tĕpēscō, pŭī, — 3. (*incoh. v.* tĕpĕō) **1.** (*intr.*) lauwarm werden: **a)** warm werden; **b)** (*Ma.*) erkalten. **2.** (*trans.; dcht.*) erwärmen.

tĕpĭdārĭŭs 3 (tĕpĭdŭs) (*Vi.*) zum lauen Wasser gehörig [aeneum Kessel *m.* warmem Wasser]; *subst.* **-ĭŭm,** ī *n* Tepidarium *i. den röm. Thermen* (Raum *m.* mäßig warmer Luft).

tĕpĭdŭs 3 (*m. comp. u. sup.*; *adv.* **-ē**) (tĕpĕō; *unkl.*) **1.** lauwarm, lau, warm, mild [fons, locus tepidā caede recens die vom frischen Mord noch rauchende Stätte]. **2.** kühl, schon erkaltend [rogus, ius Brühe]; / erkaltet, matt, gleichgültig [ignes].

tĕpŏr, ōrĭs *m* (tĕpĕō) Lauheit: **1.** milde Wärme [maris, °vernus]; *pl.* (*nkl.*) Glut des Fiebers. **2.** (*nkl., dcht.*) Kühle, matte Glut; / Mattigkeit *der Darstellung.*

tĕpŭī *s.* tĕpĕō *u.* tĕpēscō.

▶ **tĕr** *adv. num.* (⟨ *altl.* tĕrr ⟨ *trĭs; *cf.* τρίς; trēs; *in der Komposition* *trī- häufiger als tĕr-*) **1. a)** dreimal; **b)** (*dcht.*) *synekd.* **α)** mehrmals; **β)** überaus, höchst [*felices ter et amplius*]. **2.** (*nkl.*) zum drittenmal.

Ter. (*S.C. bei Ci.*) = *Tĕrĕ(n)tīnā* (*sc. tribū*) aus der Tarentinischen Tribus (*cf. Tĕrĕntŭm = Tārĕntŭm²*).

tĕr-cĕntŭm *num. card. indecl.* (*dcht.*) = *trĕcĕntī.*

tĕr-dĕcĭē(n)s *adv. num.* dreizehnmal [*sestertium* ~ 1 300 000 Sesterzen].

tĕrĕbĭnthŭs, *ī f* (*Fw.* ‹ τερέβινθος) (*dcht., nkl.*) Terebinthe, Terpentinbaum (*Pistazienart*); **-thĭnŭs** 3 *v.* der Terebinthe.

tĕrĕbrō 1. (*denom. v. tĕrĕbrā, ae f* Bohrer *zu tĕrō*) (*unkl.*) *etw.* aus- *od.* durchbohren, -löchern (*alqd u. alqd re etw. m. etw.*); / (*Pl.*) *jd.* zusetzen, *jd.* zu gewinnen suchen.

tĕrēdō, *ĭnĭs f* (*Fw.* ‹ τερηδών) (*dcht., nkl.*) Bohr-, Holzwurm.

Tĕrĕntĭŭs 3 *röm. Gentilname:* **1.** *C.* ~ *Vārrō, 216 v. Chr. Konsul, kämpfte bei Cannä.* **2.** *P.* ~ *Āfĕr, Komödiendichter aus Karthago (185 bis 159).* **3.** *M.* ~ *Vārrō (116—28 v.Chr.) aus Reate im Sabinerlande, vielseitiger Gelehrter u. Schriftsteller; berühmtestes Werk Ăntīquĭtātēs rērŭm hūmānārŭm ĕt dīvīnārŭm; erhalten sind nur dē rē rūstĭcā u. zum Teil dē lĭnguā Lătīnā.* **4.** *P.* ~ *Vārrō Ătăcīnŭs, 82 v. Chr. am Ătăx in Gallia Narbonensis geb., epischer Dichter (Neoteriker).* **5. Tĕrĕntĭă,** *Ciceros erste Gattin, 46 v. Chr. geschieden; adi.* **Tĕrĕntĭŭs** *bzw.* **Tĕrĕntĭānŭs** 3.

Tĕrĕntŭm, -tīnŭs *s. Tārĕntŭm².*

tĕrĕs, *ĕtĭs* (*m. °comp.*) (*zu tĕrō, eigtl.* „abgerieben" *od.* „gedrechselt") **1. a)** länglich-, glattrund [*stipes, °hastile*]; **b)** (*Ho.*) festgedreht, dicht [*plagae*]; **c)** (*dcht.*) glatt. **2.** / **a)** (*dcht., nkl.*) (*bsd. v. Pers. u. v. Körperteilen*) drall, rundlich [*puer, cervix*]; **b)** geschmackvoll, fein [*aures*], (*v. der Rede*) abgerundet [*oratio*].
F. *abl. sg. -ī; pl. neutr. -ĭā, gen. -ĭŭm.*

Tĕrēŭs, *ĕī u. °ĕŏs m* (Τηρεύς) *sagenh. K. v. Thrakien, Gemahl der Prokne, V. des Itys, wegen Vergewaltigung seiner Schwägerin Philomele in einen Wiedehopf verwandelt (cf. Phĭlŏmēlă). Cf.* V.-B. II, 3.

tĕr-gĕmĭnŭs 3 (*dcht.*) = *trĭgĕ-mĭnŭs.*

tĕrgĕō, *rsī, rsŭm* 2. (*klass. selten*), *bisw.* **tĕrgō** 3. (*cf.* στεργίς „Schabeisen") **1.** abwischen, abtrocknen, reinigen, putzen [*°mensam, °lumina lacrimantia, arma*]; *°palatum* kitzeln. **2.** / (*dcht.*) sühnen; verbessern. — *Cf. tĕrsŭs.*

Tĕrgĕstĕ, *(ĭs) n St. in Istrien, j.* Triest; *adi. u. Einw.* **Tĕrgĕstīnŭs** (3).

tĕrgīnŭm, *ī n* (*tĕrgŭm*) (*vkl., dcht.*) Lederpeitsche.

tĕrgĭvĕrsātĭō, *ōnĭs f* (*tĕrgĭvĕrsŏr*) Zögerung.

tĕrgĭ-vĕrsŏr 1. (*tĕrgŭm*) *eigtl.* „den Rücken zukehren) sich sträuben, Ausflüchte machen, sich drehen *u.* wenden.

tĕrgō, *rsī, rsŭm* 3. *s. tĕrgĕō.*

> **tĕrgŭm**
> 1. Rücken; 2. (*v. Tieren*) Körper; 3. a) Rück-, Hinterseite; b) Oberfläche; c) Haut, Fell, Leder, Schlauch, Lederschild.

tĕrgŭm, *ī n u.* (*altl.*) **-ŭs¹,** *ī m* (*cf.* τέρφος „Rückenhaut, Fell", *tĕrgŭs²*) **1.** Rücken, *dcht. oft pl. statt des sg.* [*hominis, dei, °suis* Rückenstück, Schinken; *tergum* (*bzw. terga*) *vertere* fliehen; *terga dare alci j-m* den Rücken zukehren, *meist* = fliehen (*alci* vor *jd.*), *auch terga fugae °praebere od. praestare, aber °terga praebere Phoebo* sich sonnen; *tergo puniri m.* Ruten gepeitscht *u.* geköpft werden; *terga °caedere alci v.* hinten auf *jd.* einhauen; *°in tergo alcis haerere* (*v. Feinden*) *jd.* auf dem Nacken sitzen; *°terga Parthorum dicere* = *v.* der Flucht singen; *°in tergum* rückwärts; *a tergo* (von) hinten, im Rücken [*a -o stare* als Reserve], *auch* °hinterher; *°post tergum* im Rücken = hinter sich]. **2.** (*dcht.*) *synekd.* Leib, Körper *v. Tieren* [*Cerberi, -a squamea v.* Schlangen]. **3.** / (*dcht., nkl.*) **a)** Rück-, Hinterseite [*montis, arbor -a obvertit axi* dem Nordpol]; *auch* (*Cu.*) Hintergrund [*-a petra claudebat*]; **b)** Oberfläche *e-s gestreckten Gegenstandes* (*zB. eines Flusses od. Feldes*); *bsd.* die Schollen *zw. den Furchen;* **c)** *meton.* **α)** Haut, Fell, Leder [*taurinum*]; **β)** das aus Fell *od.* Leder Verfertigte, *bsd.* **αα)** Überzug [*clipei*]; **ββ)** Schlauch, Lederschild [*tergo hastas decutere*]; Zästus, Handpauken *u.ä.* [*terga novena boum* der aus neun Lagen Rindshaut bestehende Schild]; **γγ)** / Lage *od.* Schicht *v.* Erz.

tĕrgŭs², *ŏrĭs n* (*wohl eigtl.* „Rückenhaut"; *cf.* τέρφος, *tĕrgŭm, -ŭs¹*) (*dcht., nkl.*) **1.** Rücken, *synekd.* Leib *der Tiere* [*iuvenci*]. **2.** *meton.* **a)** Rückenstück, Schinken (*zum Essen*); **b)** Haut *der Tiere,* Fell [*septem taurorum tergus* siebenhäutiger Schild].

tĕrmĕntŭm, *ī n* (*tĕrō*) (*Pl.*) Schaden.

tĕrmĕs, *ĭtĭs m* (*et. unklar*) (*dcht., nkl.*) abgeschnittener Zweig [*olivae*].

Tĕrmĭnālĭă, *ĭŭm u. ĭōrŭm n* (*tĕrmĭnŭs*) die Terminalien, Fest des Terminus (*am 23. Febr. gefeiert*).
F. *Cf.* V.-B. X.

tĕrmĭnātĭō, *ōnĭs f* (*tĕrmĭnō*) **1.** (*nkl.*) Grenzbestimmung [*agri*]. **2.** / **a)** Begrenzung, Abgrenzung [*rerum expetendarum*]; *bsd.* Urteil [*aurium*]; **b)** (*rhet. t.t.*) Schluß *e-r Periode,* rhythmische Klausel (= *clausŭlă*).

tĕrmĭnō 1. (*denom. v. tĕrmĭnŭs*) **1.** begrenzen, abgrenzen (*alqd etw., zB. fines imperii; alqd a re etw. v. etw.* durch eine feste Grenze scheiden, *zB. °agrum publicum a privato*); **P.** an *etw.* (*re*) stoßen [*stomachus palato terminatur*]. **2.** / **a)** *etw.* beschränken, einschränken [*gloriam; alqd re etw.* durch *od.* auf *etw., zB. sonos vocis paucis litterarum notis*]; **b)** fest bestimmen [*modum magnitudinis*]; *bsd. etw.* nach *etw.* bemessen (*alqd re, zB. bona voluptate*); **c)** beendigen [*°bellum, orationem*]; (*rhet. t.t.*) *m.* e-r rhythmischen Klausel schließen [*oratio terminata*].

tĕrmĭnŭs, *ī m* (*urspr.* „Grenzpfahl"; *cf.* τέρμα „Ziel") **1.** Mark-, Grenzstein [*-os commutare* versetzen]; *pl.* Grenze, Mark [*possessionum, °urbis; dcht. u. nkl. auch sg.*]. **2.** / **a)** Schranke [*artis, amicitiae, senectutis*]; **b)** Ende, Schluß, Ziel [*vitae*]. **3.** ♀ (*dcht., nkl.*) Grenzgott. — ***termini sancti Petri* Kirchenstaat. — ***** **1.** *terminus ante quem bzw. post quem* Zeitpunkt, vor dem *bzw.* nach dem (*etw.* geschehen ist *od.* geschehen muß). **2.** *terminus technicus* Fachausdruck.

tĕrnī 3 (*unkl. auch °sg. tĕrnŭs* 3) *num. distr.* **1. a)** je drei; **b)** *sg.* (*dcht., nkl.*) dreifach. **2.** (*dcht.*) drei zusammen, zu dritt.
F. *Cf.* V.-B. VI, 5.

> **tĕrō**
> 1. (ab)reiben; 2. a) polieren; b) abnutzen; c) = *fŭtŭō;* d) dreschen; e) zerreiben; 3. a) (*Pers.*) mürbe machen; b) viel gebrauchen; c) (*Zeit*) zubringen, vergeuden.

tĕrō, *trīvī, trītŭm* 3. (*cf.* τείρω ‹ **τέρjω ds.*) **1.** (*unkl.*) reiben, abreiben [*dentes in stipite, °labellum calamo* = die Hirtenflöte blasen, *°metam curru* streifen, *°calcem calce j-s* Ferse *m.* der Ferse streifen, *d. h. jd.* im Lauf einholen]. **2.** (*unkl.*) **a)** glätten, polieren [*crura pumice*]; *bsd. radios rotis m.* dem Dreheisen arbeiten, *d. h.* drehen *od.* drechseln; **b)** abnutzen [*purpuram, colla bovis, vestem* abtragen, *ferrum* abstumpfen, *manum labore* abstumpfen, *manum labore* abhärten]; **c)** = *fŭtŭō; bsd. im P.P.P., zB. famulos inter femina trita suos;* **d)** (*Getreide*) dreschen *od.* (*eigtl.*) austreten [*frumentum, area bis frugibus trita est* = es ist zweimal Ernte gewesen]; **e)** zerreiben, zermalmen [*papaver*]. **3.** / **a)** (*nkl.*) (*Pers.*) aufreiben, mürbe machen (*alqm in re jd.* bei *od. m. etw., zB. plebem in armis, se in opere longinquo*); **b)** *etw.* oft benutzen, viel gebrauchen [*°librum*]; / **αα)** in der Rede oft gebrauchen [*verbum, nomina*]; **ββ)** (*dcht.*) (*Wege*) oft betreten *od.* unablässig befahren [*viam, iter*]; **c)** (*Zeit*) hinbringen, zubringen, (*meist pejorativ*) vergeuden [*tempus re m. etw., zB. °conviviis, °aevum ferro* unter den Waffen; *in re* in *od.* bei *etw., zB. in rebus inutilibus*]. — *Cf. auch trītŭs.*
F. *pf.-Formen synk.: °trīstī* = *trīvīstī.*

Tĕrpsĭchŏrē, *ēs f* (*ion.* (Τερψιχόρη) (*dcht.*) Muse der Tanzkunst; / Muse; Poesie.

tĕrră
1. Erde (*als Gestirn*); **2.** Erde (*als Stoff*), Erdreich; **3.** Erdboden; **4. a)** Land (*Ggs. Meer*); **b)** einzelnes Land, Landschaft; **5.** Erdgöttin.

tĕrră, *ae f* (⟨ *idg.* *tĕrsā, *eigtl.* „das Trockene"; *cf.* τέρσω „trocken machen", tŏrrĕō) **1.** Erde (*als Weltkörper*). **2.** Erde (*als Stoff*) [*aquam terramque poscere*], Erdreich. **3.** Erdboden, Boden [*terrae motus* Erdbeben, *alqd tollere de terra*, °*ad terram* zu Boden; °*terrae loc.*, *zB. procumbere*]. **4. a)** Land (*Ggs. zu Meer u. Himmel*), *zB. in terram egredi* landen, *terrā* zu Lande, *terra marique* (*od.* °*et terra et mari*) zu Wasser *u.* zu Lande, *a terra v.* der Landseite; *pl.* (*meist dcht.*) Unterwelt [°*sub terras ire*, °*in terris* in der Unterwelt]; **b)** *einzelnes* Land, Landschaft [°*terra Italia, abire in alias terras*]; *bsd. pl.* **tĕrrae** = die ganze Erde, die Welt [*omnes terrae*]; *auch* (*dcht.*) die Menschen; *in terris* (*auch per terras*) auf Erden, in dieser Welt; *orbis terrarum* Erdkreis (*bsd.* = das römische Weltreich); *orbis terrae* alle Welt; *ubi terrarum* wo in aller Welt? (*ebenso nusquam u. ubicumque u. a. terrarum*). **5.** ♀ Erdgöttin, *Mutter der Titanen* (= Tĕllūs). — **~ *domini* das Heilige Land. — *****1.** / *terra incognita* unerforschtes Gebiet. **2.** *terra sigillata eigtl.* „mit kleinen Figuren (Reliefs) verzierte Erde" (*cf. scyphi sigillati bei Ci.*), *seit der frühen Kaiserzeit am besten in Arretium* (*j.* Arezzo), *später auch im röm. Gallien u. Germanien hergestellte Keramik m. Reliefschmuck.*

▶ **tĕrrānĕŏlă,** *ae f* (*demin. v.* tĕrrānĕūs) (*Ph.*) „Erdmännchen" (*ein Vogel*; (Hauben-)Lerche?

tĕrrēnŭs 3 (tĕrră) **1.** erdig, irden, Erd... [*tumulus*, °*fornax* Ziegelofen]; *subst.* **tĕrrēnŭm,** *ī n* (*nkl.*) Erdreich, Acker. **2.** auf (*od.* in) der Erde befindlich, Land..., Erd... [*bestiae*, °*hiatus* Erdriß]; *subst.* °**-nă,** *ōrŭm n* Landtiere. **3.** (*Ov.*) unterirdisch [*numina*]. **4.** (*dcht., nkl.*) irdisch, sterblich [*eques*].

▶ **tĕrrĕō,** *ŭī, ĭtŭm* 2. (*Kausativ zu idg.* *teres- „zittern"; *cf.* τρέω „zittere") **1.** schrecken, erschrecken, ängstigen (*alqm u. alqd re jd.* durch *etw., zB. urbem incendiis; m. ne, P.* erschrecken, *intr.*). **2.** (*Ov.*) jagen, aufscheuchen, verscheuchen [*alqm per totum orbem*]. **3.** abschrecken (*alqm a re jd. v. etw., zB.* °*cives a repetunda libertate; m. quominus od. ne; m.* °*inf.*). — ***alqm* vor *jd.* erschrecken.

tĕrrēstrĭs, *ĕ u.* (*unkl.*) **tĕrrēstĕr,** *trĭs, trĕ* (*tĕrră*) **1.** irdisch, Erd... [*res*]. **2.** zu Lande, Land... [°*bestia* Landtier, °*exercitus* Landheer, *pugna* Landschlacht].

tĕrrĕŭs 3 (*tĕrră*) (*vkl., dcht.*) aus Erde [*progenies* Erdengeschlecht].

▶ **tĕrrĭbĭlĭs,** *ĕ* (*m.* °*comp.*) (tĕrrĕō) schrecklich, furchtbar, *v. Pers. u. Sachen* (*alci* für *jd.*; *m. 2. supin., zB. aspectu*).

tĕrrĭcŭlă, *ae f u.* **-ŭm,** *ī n* (tĕrrĕō) (*vkl., nkl.*) Schreckmittel.

tĕrrĭfĭcō 1. (*denom. v.* tĕrrĭfĭcŭs) (*dcht.*) (er)schrecken [*animos*].

tĕrrĭ-fĭcŭs 3 (tĕrrĕō, făcĭō) (*dcht., nkl.*) Schrecken erregend [*vates*].

tĕrrĭ-gĕnă, *ae m u. f* (*tĕrră, gignō*) (*dcht.*) erdgeboren, Erdensohn.

tĕrrĭ-lŏquŭs 3 (tĕrrĕō, lŏquŏr) (*Lu.*) schrecklich redend.

tĕrrĭ-păvĭŭm *od.* **-pŭdĭŭm,** *ī n* (*v. Cicero* [*de div. 9,72*] *gebildete Wörter zur Erklärung v.* trĭpŭdĭŭm) günstiges Vorzeichen.

tĕrrĭtō 1. (*intens. zu* tĕrrĕō) stark erschrecken (*alqm u. alqm re jd.* durch *etw., zB.* °*minis*).

tĕrrĭtōrĭŭm, *ī n* (*wohl zu tĕrră; Bildung vl. nach praetōrĭŭm, dēvērsōrĭŭm u.ä.*) Territorium, Gebiet [*coloniae*].

▶ **tĕrrŏr,** *ōrĭs m* (*cf.* tĕrrĕō) **1.** Schreck(en), Angst [*repentinus*, °*duplex u.* °*anceps* doppelter, °*externus u.* °*peregrinus* = wegen auswärtiger Feinde, °*servilis* vor den Sklaven; *alcis j-s u.* vor *jd., alcis rei e-r Sache u.* vor *od.* über, wegen *etw., zB. exercitūs, mortis, caesi regis, dicendi* erschütternde Kraft der Rede]; *terrori alci esse* = *terrorem alci afferre od. inferre, inicere,* °*alqm in terrorem conicere*; ~ *alci incidit* (*auch m. ne* daß); °*terrorem habere ab alqo od. a re* in Schrecken sein wegen. **2.** (*meton.*) schreckenerregender Gegenstand *od.* Vorfall (Umstand), Schrecknis, Schreckbild [*Carthago Numantiaque -res huius imperii*]; *bsd.* Bedrohung, Schreckensnachricht [*-res iacere od. denuntiare*]. **3.** ♀ (*personif.*) (*Ov.*) der Schrecken.

tĕrr-ūncĭŭs (-ŭnc-?) = tĕrūncĭŭs.

tĕrsī *s.* tĕrgĕō.

tĕrsŭs[1] P.P.P. *v.* tĕrgĕō.

tĕrsŭs[2] 3 (*m. comp.*) (*eigtl.* P.P.P. *v.* tĕrgĕō) (*unkl.*) rein, sauber; / fein, nett, *v. Pers. u. Sachen.*

tĕrtĭă-dĕcŭmānī, *ōrŭm m* (-tĭā-?) (*tĕrtĭă dĕcĭmă* [*sc.* lĕgĭō]) (*Ta.*) Soldaten der 13. Legion.

tĕrtĭānŭs 3 (*tĕrtĭŭs*) zum Dritten gehörig, am dritten Tage [*febris* das dreitägige Fieber]; *subst.* **-ī,** *ōrŭm m* (*Ta.*) Soldaten der 3. Legion, *sg. auch coll.*

▶ **tĕrtĭŭs** 3 *num. ord.* (⟨ **trĭtĭŏs*; *cf.* τρίτος; trēs) **1.** der dritte [*hora, vigilia, -a Saturnalia* der dritte Tag der Saturnalien; *pars* Drittel, °*partes* dritte Rolle; °*tertius e nobis* einer von uns dreien]. **2.** (*dcht.*) = unterirdisch (*eigtl.* zum dritten Reich gehörig), *zB.* °*regna*, °*numina*. **3.** *adv.* tĕrtĭō *u.* -ŭm **a)** zum drittenmal; **b)** drittens. — ***tertia* Terz (*i. der Musik*). — ****tertius gaudens eigtl.* „der sich freuende Dritte" *nach dem Sprichw. duobus certantibus tertius gaudet* = wenn zwei sich zanken, freut sich der Dritte. — *tertium comparationis, eigtl.* „das Dritte der Vergleichung", (*in der Logik*) der Vergleichspunkt, *in dem zwei Dinge übereinstimmen.*

tĕrtĭŭs-dĕcĭmŭs 3 (*auch getr.*) der dreizehnte.

Tĕrtŭllĭānŭs, *ī m*: *Q. Sĕptĭmĭŭs* ~ *Flōrēns aus Karthago* (*etwa 155 bis nach 220*) *der erste große lat. Kirchenschriftsteller.*

tĕr-ūncĭŭs, *ī m* (-ŭnc-?) (ŭncĭă) **1.** drei Unzen *od.* drei Zwölftel eines zwölfteiligen Ganzen (eines As), *übh.* ein Viertel, *bsd. v. Erbschaften, zB. facere alqm (heredem) ex -o.* **2.** (*Münze*) $^1/_4$ As = $^1/_{40}$ Denar; / Heller, Pfennig [*ne* ~ *quidem* nicht das mindeste].

tĕr-vĕnēfĭcŭs, *ī m* (*Pl.*) Erzgiftmischer, Schuft.

tĕsquă *u.* **tĕscă,** *ōrŭm n* (*et. ungeklärt*) (*unkl.*) Einöden, Steppen.

tĕssĕllă, *ae f* (*demin. v.* tĕssĕră) (*nkl., dcht.*) Würfelchen; Mosaiksteinchen.

tĕssĕllātŭs 3 (*tĕssĕllă*) (*Suet.*) Mosaik... [*pavimentum*].

tĕssĕră, *ae f* (*wohl Kurzform zu* τεσσαράγωνος) **1.** viereckiger Würfel *m. sechs bezeichneten Seiten, cf.* tālŭs [*-as iacĕre u.* °*mittere*]. **2.** (*unkl.*) (viereckige) Marke: **a)** Holztäfelchen *m.* Tagesparole *od.* Befehl; *meton.* Parole, Losung; *auch übh.* Befehl, Weisung [*omnibus -am dari iubet*]; **b)** Marke, Anweisung [*nummaria* zum Geld-, *frumentaria* zum Getreideempfang]; **c)** [~ *hospitalis*] Erkennungsmarke für Gastfreunde.

tĕssĕrārĭŭs, *ī m* (*tĕssĕră*) (*nkl.*) Parolеträger, -offizier.

tĕssĕrŭlă, *ae f* (*demin. v.* tĕssĕră) (*unkl.*) Würfelchen, Marke; *bsd.* Mosaiksteinchen.

tĕstă, *ae f* (*et. nicht geklärt*) **1.** Ziegelstein, Backstein [*tectorum*]. **2.** (*dcht., nkl.*) irdenes Geschirr (Topf, Krug, Urne, Lampe *u.ä.*). **3.** (*nkl.*) Scherbe, *bsd. zum Abstimmen beim Scherbengericht* [*testarum suffragia*] *in Athen benutzt.* **4.** / **a)** Schale *der Schaltiere*; *meton.* (*Ho.*) Schaltier; **b)** (*dcht.*) Schale, Decke [*lubrica* = Eisdecke]; **c)** *pl.* (*Suet.*) Beifallsklatschen *m. flachen Händen.*

tĕstācĕŭs 3 (*tĕstă*) (*nkl.*) aus Backstein [*opus*].

tĕstāmĕntārĭŭs 3 (tē-?; *tĕstāmĕntŭm*) Testamente betreffend; *subst. m* Verfertiger falscher Testamente, Testamentsfälscher.

▶ **tĕstāmĕntŭm,** *ī n* (tē-?; tĕstŏr) **1.** letzter Wille, Testament [~ *facere od. conscribere; rumpere, irritum facere, subicere u. supponere u. a.*]; *testamento u.* °*per testamentum* testamentarisch [*alqd cavere*]; *ex testamento* nach testamentarischer Bestimmung. **2.** (*Tert.*) das Alte *u.* Neue Testament.

tĕstātĭō, *ōnĭs f* (tē-?; tĕstŏr) (*nkl.*) **1.** Anrufung zu(m) Zeugen [*foederum ruptorum*]. **2.** Zeugenaussage, Beweis.

tĕstātŏr, *ōrĭs m* (tē-?; tĕstŏr) (*nkl.*) Testator; Erblasser.

tĕstātŭs 3 *s.* tĕstŏr.

tĕstĭcŭlŭs, *ī m* (tē-?; *demin. v.* tĕstĭs[2]) (*unkl.*) Hode; / Manneskraft.

tĕstĭfĭcātĭō, *ōnĭs f* (tē-?; tĕstĭfĭcŏr) **1.** Zeugenbeweis, Konstatierung *einer Sache* durch Zeugen, *auch pl.* **2.** / Kundgebung, Beweis [*offi-*

ciorum].

tĕstĭfĭcŏr 1. (tē-?; *denom. v.* *tĕstĭfĭcŭs; tĕstĭs¹, făcĭō) **1.** (*unkl.*) *jd.* zum Zeugen nehmen (°*alqm, zB. deos*). **2. a)** *etw.* bezeugen, *übh.* feierlich versichern (*abs. od. alqd, zB. haec; m. a.c.i. u. indir. Frages.*); **b)** / beweisen, an den Tag legen (*alqd, zB. amorem; gloriam alcis*); *part. pf.* tĕstĭfĭcātŭs *auch pass.* bezeugt, kundgegeben [*voluntas*].

▶**tĕstĭmōnĭŭm,** ī *n* (tē-?; tĕstĭs¹) **1.** Zeugnis vor Gericht, *bsd.* Zeugenaussage (*alcis j-s, zB. Thermitanorum, tuum; ~ dicere u. dare* Zeugnis ablegen; *in alqm* gegen *jd.*; *pro -o dicere* im Zeugenverhör aussagen). **2.** / Beweis (*alcis rei v. od.* für *etw., zB. iudicii tui*).

▶**tĕstĭs¹,** ĭs *m u. f* (tē-?; ‹ *trĭ-stĭs ‹ *italisch* *trĭ-stŏ-s „als dritter dabeistehend") **1.** Zeuge, Zeugin [*verus, falsus, testes dare u. edere, adhibere, teste alqo uti; alcis rei u. de re; auch v. Sachen. zB. huius rei ~ est Asia*]. **2.** / (*meist dcht.*) Augenzeuge, Mitwisser [*Messana libidinum ~*]; *auch im Wortspiel m.* tĕstĭs² [°*quod amas, amato testibus praesentibus*].

tĕstĭs², ĭs *m* (tē-?; *identisch m.* tĕstĭs¹) (*nkl., dcht.*) Hode; *meist pl.* tĕstēs, ĭŭm.

▶**tĕstŏr** 1. (tē-?; *denom. v.* tĕstĭs¹) **1.** (*trans.*) **a)** *jd. od. etw.* als Zeugen anrufen (*alqm u. alqd, zB. deos,* °*foedera; alqm de re, zB. deos de suo scelere; m. a.c.i.*); **b)** *etw.* bezeugen (*abs. od. alqd, zB. furtum alcis*); **c)** beteuern, versichern (*alqd*); / bekunden, beweisen (*alqd, zB.* °*dolores suos; m. a.c.i. u. indir. Frages.*); *bsd.* (*P.P.P.*) *adi.* **tĕstātŭs** 3 (*m. comp. u.* °*sup.*) = bezeugt, *übh.* offenkundig [*res, virtus alcis*]. **2.** (*intr.*) testieren, ein Testament machen (*abs. od. de re;* °*tabulae testatae* Testament).

tĕstū *n, nur abl. sg.* ū (*cf.* tĕstă) (*unkl.*) irdenes Geschirr *od.* Gefäß (Schüssel, Deckel).

tĕstūdĭnĕŭs 3 (tĕstūdō) (*vkl., dcht.*) **1.** schildkrötenartig [*gradus*]. **2.** *m.* Schildpatt ausgelegt [*lyra*].

tĕstūdō, ĭnĭs *f* (*eigtl.* „Deckeltier"; tĕstū) **1. a)** Schildkröte; **b)** *meton.* Schildpatt [°*thalami -ne culti* ausgelegt]. **2.** / Gegenstand *i.* der Form des Schildkrötenschildes: **a)** (*dcht.*) Laute, Lyra [*-nis strepitus*]; **b)** (*Ov.*) lyraförmige Haarfrisur; **c)** gewölbte Halle [°*templi*], *bsd. im Hofraum des röm. Hauses;* **d)** *mil.* **α)** hölzernes Schutzdach [*turres testudinesque agere*]; **β)** Schilddach [*-ne factā portis succedere*]; **e)** (*Ma.*) Schale des Seeigels.

tĕstŭlă, *ae f* (*demin. v.* tĕstă) (*nkl.*) irdenes Täfelchen, Scherbe; *meton. testarum suffragia* Scherbengericht.

tē-tĕ *verstärktes* tē; *s.* tū.

tĕtĕndī *s.* tĕndō.

tĕtĕr, tră, trŭm = taetĕr.

Tēthȳs, ȳŏs *f* (Τηθύς) *Meergöttin; T. des Uranos u. der Gaia, Gattin des Okeanos; meton.* (*dcht.*) Meer.

F. *acc.* -ȳm *u.* °-ȳn; *voc.* -ȳ, *abl.* -ȳē; *cf.* V.-B. III, 1 *u.* 5.

tĕtĭgī *s.* tăngō.

tĕtrăchmŭm, ī *n* (*Fw.* ‹ τέτραχμον, *Kurzform für* τετράδραχμον) (*unkl.*) Vierdrachmenstück (*griech. Silbermünze*).

F. *gen. pl.* -ōrŭm *u.* (*meist*) -ŭm, *cf.* V.-B. VI, 1.

tĕtrăcōlŏs, ŏn (*Fw.* ‹ τετράκωλος) (*nkl.*) viergliedrig; *subst.* **-ŏn,** ī *n* (*metr. t.t.*) viergliedrige Periode.

tĕtrăō, ōnĭs *m* (-ā-?; *Fw.* ‹ τετράων) (*nkl.*) Auerhahn.

tĕtrărchēs, *ae m* (*Fw.* ‹ τετράρχης) Tetrarch (*Beherrscher des vierten Teils eines Landes*); *übh.* Vasallenfürst, Regent. *Cf.* V.-B. I, 2.

tĕtrărchĭă, *ae f* (*Fw.* ‹ τετραρχία) Tetrarchie, Gebiet eines Tetrarchen.

tĕtrăstĭchŏs, ŏn (*Fw.* ‹ τετράστιχος) (*dcht.*) vier Zeilen enthaltend; *subst.* (*pl.*) **-chă,** ōn *n* (*dcht., nkl.*) Vierzeiler.

tĕtrĭcŭs 3 (*et. ungedeutet*) (*unkl.*) finster, streng, unfreundlich, *v. Pers. u. Sachen.*

tĕtŭlī (*altl.*) = tŭlī; *s.* fĕrō.

Teucĕr *u.* °**Teucrŭs,** crī *m* (Τεῦκρος) **1.** *ältester K. v. Troja, dessen Bewohner nach ihm* °**Teucrī,** ōrŭm *u.* ŭm = Troer *hießen; adi.* °**Teucrŭs** *u.* °**-ĭŭs** 3 = troisch; *subst.* °**Teucrĭă,** *ae f* = troisches Land, Troas (*meton.* die Troer). **2.** *S. des Telamon v. Salamis u. der kriegsgefangenen Troerin Hesione, Halbbruder des Aias (lat. Āiāx), der beste Bogenschütze der Griechen vor Troja, sagenhafter Gründer v. Salamis auf Zypern.*

Tēŭs = Tēŏs.

Teutŏbŭrgĭēnsĭs săltŭs *m* Teutoburger Wald; *Schauplatz der Varusschlacht 9 n. Chr.; Lage des Schlachtfeldes umstritten.*

Teutŏnī, ōrŭm *u.* °**Teutŏnēs,** ŭm *germ. Volk an der Nord- od. Ostsee, das 113 v. Chr. m. den Kimbern nach Süden zog, in das röm. Reich eindrang, aber v. Marius 102 bei Aquae Sextiae vernichtet wurde* (*cf.* Cĭmbrī). *Cf.* V.-B. VI, 3. — *adi.* **Teutŏnĭcŭs** 3 *auch übh.* germanisch, **deutsch.

tēxī *s.* tĕgō.

▶**tĕxō,** xŭī, xtŭm 3. (*cf. altind.* táksati verfertigt kunstvoll, zimmert, τέκτων Zimmermann, τέχνη Handwerk, Kunst, Wissenschaft) **1.** weben, *auch* flechten (*alqd, zB. tegumenta corporum,* °*vestem,* °*crates; alqd re od. ex re etw.* aus *etw., zB.* °*casas [ex] harundine*). **2.** / **a)** zusammenfügen, *übh.* verfertigen, (*schriftl.*) abfassen [*basilicam in foro, epistulas cotidianis verbis*]; **b)** anzetteln [*telam*].

tĕxtĭlĭs, ĕ (tĕxō) **1.** gewebt [*stragulum,* °*pestis* vergiftetes Gewand]; *subst.* **tĕxtĭlĕ,** ĭs *n* Gewebe. **2.** / (*dcht., nkl.*) geflochten [*serta* Rosengirlande].

tĕxtŏr, ōrĭs *m* (tĕxō) (*vkl., dcht.*) Weber.

tĕxtōrĭŭs 3 (tĕxtŏr) (*nkl.*) das Weben betreffend; *subst.* **-ŭm,** ī *n* Spinngewebe.

tĕxtrīnŭs 3 (tĕxtŏr) (*spätl.*) zum Weben gehörig; *klass. nur subst.* **tĕxtrīnŭm,** ī *n* Weberstube, Weberei (*als Ort*).

tĕxtrix, īcĭs *f* (tĕxtŏr) (*dcht., nkl.*) Weberin.

tĕxtŭm, ī *n* (*eigtl. P.P.P. n v.* tĕxō) (*nkl., dcht.*) Gewebe (*bsd.* Kleid, Tuch), *auch* Geflecht; / Gefüge, Bau [*pinea -a* Schiffe; *texta rosis facta* Rosenkranz; *dicendi textum tenue*].

tĕxtūră, *ae f* (tĕxō) (*unkl.*) = tĕxtŭm.

tĕxtŭs¹ *P.P.P. v.* tĕxō.

tĕxtŭs², ūs *m* (tĕxō) (*dcht., nkl.*) = tĕxtŭm; / Zusammenhang der Rede, Text.

tĕxŭī *s.* tĕxō.

Thāĭs, ĭdĭs *u.* °ĭdŏs *f* (Θαΐς) *griech. Frauenname:* **1.** *ber. Hetäre aus Athen, zuerst im Gefolge Alexanders d. Gr., dann Gattin des Ptolemaios I. v. Ägypten.* **2.** *Geliebte des Menander.*

F. *Cf.* V.-B. III, 1, a *u.* b; 4, b *u.* 5.

thălămēgŭs, ī *f* (*Fw.* ‹ θαλαμηγός) (*Suet.*) Gondel.

thălămŭs, ī *m* (*Fw.* ‹ θάλαμος) (*dcht., nkl.*) **1.** Gemach; *insb.* Brautgemach; Schlaf-, Wohnzimmer; Wohnung; (*v. Bienen*) Zelle. **2.** Ehebett, Brautbett; *meton.* Ehe, Vermählung [*expers thalami* jungfräulich, *thalamos pactos deserere* die verlobte Braut].

thălăssĭcŭs 3 (*Fw.* ‹ θαλασσικός) (*Pl.*) Meer... [*color*]; seemännisch.

thălăssĭnŭs 3 (*Fw.* ‹ θαλάσσινος) (*Lu.*) meergrün.

Thălēs, ētĭs *u.* ĭs *m* (Θαλῆς) *aus Milet (um 600 v. Chr.), Begründer der Naturphilosophie, einer der Sieben Weisen.*

F. *acc.* Thălētĕm, Thălēm, Thălēn; *abl.* Thălētĕ *u.* Thălē.

Thălīă *u.* **Thălēă,** *ae f* (Θάλεια) **1.** *Muse der heiteren Dichtkunst (bsd. der Komödie).* **2.** (*bei Hesiod*) *eine der 3 Chariten (lat.* Grātĭae Grazien). **3.** *e-e Meernymphe.*

thăllŭs, ī *m* (*Fw.* ‹ θαλλός) (*nkl., dcht.*) grüner Zweig, Stengel.

Thămȳrās, *ae u.* **-rĭs,** rĭdĭs (Θάμυρις) *myth. thrakischer Sänger, der im Wettstreit m. den Musen unterlag u. geblendet wurde. Cf.* V.-B. I, 3.

Thăpsŭs *u.* **-ŏs,** ī *f* (Θάψος) **1.** *St. an der Ostküste Siziliens.* **2.** *Küstenstadt südl. v. Karthago (Sieg Cäsars über die Pompejaner 46 v. Chr.); Einw.* **Thăpsĭtānŭs,** ī *m.*

thĕātrālĭs, ĕ (thĕātrŭm) theatralisch, Theater... [*consessus,* °*operae* die Claque].

▶**thĕātrŭm,** ī *n* (*Fw.* ‹ θέατρον *v.* θεάομαι) Schauplatz: **1. a)** Schauspielhaus, Theater, Zuschauerraum *im Theater* [°*structum utrimque* Amphitheater]; **b)** (*dcht.*) Amphitheater, Zirkus. **2. a)** *meton.* Theaterpublikum [*theatra reclamant*]; **b)** (*dcht., nkl.*) *übh.* Zuschauer, Zuhörer, Versammlung [*frequentissimum,* °*Orpheum* des Orpheus]. **3.** / Schauplatz für öffentliche Wirksamkeit, Wirkungskreis [*ingenii, ista provincia; ~*

magnum habet, in theatro orbis terrarum versari vor den Augen der ganzen Welt].

Thēbae, *ārŭm f* (Θῆβαι) **1.** das „siebentorige" Theben, *Hptst. Böotiens, v. Kadmos gegründet; Einw. u. adi.* **Thēbānŭs** (3); *subst.* **Thēbăĭs,** *ĭdĭs f* **a)** Thebanerin; **b)** *Epos des Statius v. den Kämpfen um Theben.* **2.** das „hunderttorige" Theben, *St. i. Oberägypten; adi.* **Thēbăĭcŭs** 3. **3.** *-ae P(h)thiōtĭcae od. P(h)thiae St. i. Thessalien.* **4.** *das homerische* Theben *in Mysien, Geburtsort der Andromache, v. Achill zerstört;* **Thēbēs cămpŭs** *feuchter Landstrich südl. vom Ida.*

Thēbē, *ēs f* (Θήβη) (*nkl., dcht.*) = *Thēbae.*

thēcă, *ae f* (*Fw.* ⟨ θήκη) **1.** Büchse, Kapsel, Kasten. **2.** (*nkl.*) ledernes Futteral *für Schreibgerät.* — ** Bibliothek; Keller.

thĕmă, *ătĭs n* (*Fw.* ⟨ θέμα) (*nkl.*) **1.** Gegenstand, Thema. **2.** Stellung der Sterne zur Zeit der Geburt *e-s* Menschen, Konstellation.

Thĕmĭs, *ĭdĭs f* (Θέμις) *Göttin der Gerechtigkeit u. der ungeschriebenen sittlichen Ordnung, Mutter der Horen.*

F. *acc. Thĕmĭn. Cf.* V.-B. III, 4, b.

Thĕmĭstŏclēs, *ĭs u. ī* (Θεμιστοκλῆς) *athen. Staatsmann u. Feldherr, Sieger bei Salamis 480 v. Chr. Cf.* V.-B. III, 3. — *adi.* **Thĕmĭstŏclēŭs** 3.

thēnsaur... = *thēsaur...*

Thĕŏcrĭtŭs, *ī m* (Θεόκριτος) *ber. Idyllendichter aus Syrakus (um 270 v. Chr.).*

****theodiscus** 3 (⟨ *ahd.* diutisc) volkstümlich, deutsch [*-a lingua* die altfränkische Volkssprache *z. Z. Karls d. Gr.*].

Thĕŏdōrŭs, *ī m* (Θεόδωρος) **1.** *Sophist aus Byzanz.* **2.** *Sophist aus Kyrene m. dem Beinamen Atheos (der Gottlose), Zeitgenosse des Sokrates.* **3.** *Rhetor aus Gadara, Lehrer des Kaisers Tiberius.*

thĕŏgŏnĭă, *ae f* (*Fw.* ⟨ θεογονία) Ursprung der Götter, Theogonie (*Epos Hesiods*).

thĕŏlŏgĭă, *ae f* (*Fw.* ⟨ θεολογία) (*vkl., Augustin.*) Lehre *v.* den Göttern *u.* göttlichen Dingen. — **Theologie.

thĕŏlŏgŭs, *ī m* (*Fw.* ⟨ θεόλογος) Mythologe (*Forscher über den Ursprung u. das Wesen der Götter*). — **Theologe.

Thĕŏphrăstŭs, *ī m* (Θεόφραστος) *Philosoph u. Schriftsteller aus Eresos auf Lesbos (um 330 v. Chr.), Schüler des Plato u. des Aristoteles, Mitbegründer der älteren Akademie; Hauptwerk:* Ἠθικοὶ χαρακτῆρες.

Thĕŏpŏmpŭs, *ī m* (Θεόπομπος) *griech. Historiker aus Chios (um 330 v. Chr.), Schüler des Isokrates; adi.* **Thĕŏpŏmpīŭs** *u.* **-ēŭs** 3.

****theotiscus** = *theodiscus.*

Thĕră, *ae f* (Θήρα) *südlichste Kykladeninsel (die Stadt durch Hiller v. Gaertringen ausgegraben), j.* Santorin. *Einw. u. adi.* **-aeŭs** (3). *Cf.* V.-B. VI, 3.

thĕrmae, *ārŭm f* (*sc. aquae; Fw.* ⟨ θερμός „warm") (*nkl.*) warme Quellen *od.* Bäder; *bsd.* die Thermen *der röm. Kaiserzeit.*

thĕrmĭ- *od.* **thĕrmŏpōlĭŭm,** *ī n* (*Fw.* ⟨ *θερμοπώλιον) (*Pl.*) Gastwirtschaft, in der warme Getränke ausgeschenkt wurden.

thĕrmŏpŏtō 1. (*Fw. zu* θερμοπότης „Warmes trinkend") (*Pl.*) *m.* warmem Getränk laben.

Thĕrmŏpȳlae, *ārŭm f* (Θερμοπύλαι, *eigtl.* „warme Tore") *Engpaß am Öta m. warmen Schwefelquellen, berühmt durch den Heldentod des Leonidas 480 v. Chr.*

thĕrmŭlae, *ārŭm f* (*demin. v. thĕrmae*) (*Ma.*) = *thĕrmae.*

Thĕrsītēs, *ae m* (Θερσίτης *zu* θέρσος = θάρσος „Frechheit") *Grieche vor Troja, durch Häßlichkeit u. Lästerzunge berüchtigt; / appell.* (*dcht., nkl.*) Ausbund *v.* Häßlichkeit; Lästermaul. — *Cf.* V.-B. I, 2.

thēsaurārĭŭs 3 (*thēsaurŭs*) (*Pl.*) Schatz... [*fur*].

thēsaurŭs, *ī m* (*Fw.* ⟨ θησαυρός) **1. a)** reicher Vorrat *od.* Schatz [*-um defodere, invenire,* °*auri*]; **b)** *meton.* Schatzkammer, Schatzhaus [*Proserpinae,* °*publicus sub terra*]. **2.** / **a)** (*dcht., nkl.*) Vorratskammer; **b)** Fundgrube [*~ omnium rerum est memoria*].

Thēseŭs, *ĕī u. ĕŏs m* (Θησεύς) *K. in Athen u. attischer Nationalheros, V. des Hippolytos, erlegte den Minotauros auf Kreta, entführte Ariadne. Cf.* V.-B. II, 3. — *patron.* °**Thēsīdēs,** *ae m* (*bsd.* Hippolytos, *übh.* °Athener); *adi.* °**Thēsēĭŭs** *u.* °**Thēsēŭs** 3 (*auch* = athenisch).

thĕsĭs, *ĭs f* (*acc. -ĭn, abl. -ī*) (*Fw.* ⟨ θέσις) **1.** (*rhet. t.t.*) (*nkl., dcht.*) Annahme, These. **2.** (*metr. t.t.*) (*Gramm.*) Thesis, Senkung (*des Fußes zur Bezeichnung des starken, spätl. der Stimme zur Bezeichnung des schwachen Taktteils; cf. ărsĭs*).

Thēspĭae, *ārŭm f* (Θεσπιαί) *St. in Böotien am Helikon; Einw.* **Thēspĭēnsĭs,** *ĭs m; adi. fem.* °**Thēspĭăs,** *ădĭs* (*bsd. Thespiades deae od. subst.* **-ĭădēs,** *ŭm f* die Musen). *Cf.* V.-B. III, 1, e.

Thēspĭs, *ĭdĭs m* (Θέσπις) *aus Athen, Zeitgenosse Solons, erster Dichter u. Schauspieler der attischen Tragödie.*

F. *Cf.* V.-B. III, 4, b.

Thĕssălĭă, *ae f* (Θεσσαλία) Thessalien, *Ldsch. i. Nordostgriechenland; Einw.* **Thĕssălŭs,** *ī m* (*fem.* °**Thĕssălĭs,** *ĭdĭs; adi.* **Thĕssălŭs** *u.* **Thĕssălĭcŭs** 3 (*dcht.* **Thĕssălĭŭs,** *fem.* °**Thĕssălĭs,** *ĭdĭs*).

Thĕssălŏnīcă, *ae u.* **-ē,** *ēs f* (Θεσσαλονίκη) *makedonische Küstenst., später Sitz e-s Metropoliten, j.* Saloniki. *Cf.* V.-B. I, 1. — *Einw.* **Thĕssălŏnīcēnsĭs,** *ĭs m.*

thētă *n indecl.* (*dcht.*) *der griech. Buchstabe* ϑ (θῆτα) *als Anfangsbuchstabe v.* θάνατος (Tod, Todesstrafe) *auf den Stimmtafeln der Griechen.*

Thĕtĭs, *ĭdĭs f* (Θέτις) *Nereide, Gattin des Peleus, M. des Achill; meton.* (*dcht.*) = Meer; großes Bad (*acc. Thĕtĭm u.* °*-ĭn; abl. Thĕtī; cf.* V.-B. III, 4, b).

thĭăsŭs, *ī m* (*Fw.* ⟨ θίασος) (*dcht.*) Bacchusreigen; *meton.* tanzender Chor.

Thĭsbē, *ēs f* (Θίσβη) *schöne Babylonierin, Geliebte des Pyramus.*

Thŏās *u.* °**Thŏāns,** *āntĭs m* (Θόας) **1.** *myth. K. in Tauris, bei dem Iphigenie Priesterin der Artemis war; adi.* **Thŏāntēŭs** 3 *auch* = °taurisch. **2.** *K. v. Lemnos, bei dem allgemeinen Männermorde durch seine Tochter Hypsipyle gerettet;* °**Thŏāntĭăs,** *ădĭs f T. des Thoas* (= Hypsipyle). *Cf.* V.-B. III, 1, b.

thŏlŭs, *ī m* (*Fw.* ⟨ θόλος) (*unkl.*) Kuppel(dach) *eines Tempels* [*Caesareus* Mausoleum des Augustus (?)].

thōrāx, *ācĭs m* (*Fw.* ⟨ θώραξ) (*nkl., dcht.*) **1.** (*griech.*) Brustharnisch, Panzer. **2.** Brustlatz, -binde. **3.** (*med. t.t.*) Brustkorb.

Thrācĭă, *ae f* (*auch Thrācă, Thrēcĭă,* °*Thrācē,* °*Thrēcē,* °*Thraeca*) Thrakien, *Ldsch. im Nordosten v. Griechenland, östl. v. Makedonien. v. rohen, kriegerischen, sprachl. den Illyriern verwandten Völkerstämmen bewohnt; Einw.* **Thrāx,** *ācĭs od.* **Thraex,** *aecĭs* (*pl. -cēs*) *m, meton.* = Gladiator in thrakischer Rüstung; *fem.* **Thraessă** (*u.* °*Thraeĭssă,* °*Thrēssă*); *adi. Thrācĭŭs u. Thraecĭŭs* 3 (*auch Thrāx, Thrēĭcĭŭs, Thrēcĭŭs* 3).

F. *Thrāx gen. pl. Thrācŭm* (*od. Thraecŭm*). *Cf. auch* V.-B. III, 1, e (*bzw.*. I, 1).

Thraecĭdĭcă, *ōrŭm n* Waffen *e-s* Thraex (*s. Thrācĭa*).

thrăscĭās, *ae m* (*Fw.* ⟨ θρασκίας) (*nkl.*) Nordnordwestwind.

Thrăsȳbūlŭs, *ī m* (Θρασύβουλος) *athen. Politiker, stürzte 403 v.Chr. die 30 Tyrannen u. stellte die Demokratie wieder her.*

Thrāx, *ācĭs m s. Thrācĭă.*

thrŏnŭs, *ī m* (*Fw.* ⟨ θρόνος) (*nkl.*) erhabener Sitz, Thron.

Thūcȳdĭdēs, *ĭs u. ī m athen. Geschichtsschreiber des Peloponnesischen Krieges (etwa 455—396 v.Chr.). Cf.* V.-B. III, 3 *u.* 5; *adi.* **Thūcȳdĭdēŭs** *u. -dĭŭs* 3.

Thūlē, *ēs f* (Θούλη) *Insel im äußersten Norden (Island? od. e-e der Shetlandinseln?), zuerst v. Pytheas v. Massilia (Nordsee-Expedition um 325 v. Chr.) erwähnt; ultima Thule* (*Ve.,* Georg. I, 30) *wurde sprichw.* = „äußerster Norden". *Cf.* V.-B. I, 1.

thŭnnŭs, *ī m* = *thȳnnŭs.*

Thūrĭī, *ōrŭm m* (Θούριοι) *u.* (*selten*) **-ae,** *ārŭm f s. Sȳbărĭs; adi. u. Einw.* **Thūrīnŭs** (3); *subst.* **Thūrīnŭm,** *ī n* Gebiet *v.* Thurii.

thūs, *ūrĭs n* = *tūs*[1].

thȳă, *ae f* (*Fw.* ⟨ θύα) (*dcht., nkl.*) = *cĭtrŭs; adi.* **thȳĭŭs** 3 = *cĭtrēŭs.*

Thȳbrĭs, *ĭdĭs m* (*dcht.*) = *Tĭbĕrĭs* (*Fl. u. Gott*). (*acc. -ĭm u. -ĭn; voc. -ĭ; abl. -ī*).

Thȳēstēs, *ae u. ĭs m* (Θυέστης) *S. des Pelops, Bruder des Atreus, V. des*

Aigisthos (Aegīsthŭs). *Cf.* V.-B. I, 2 *u.* III, 3. *patron.* °**Thȳēstĭădēs,** *ae m* = Aigisthos; *adi.* **Thȳēstēŭs** 3.
Thȳiăs, *ădis f* (*Fw.* ⟨ θυιάς) (*dcht.*) Bacchantin, Mänade.
F. *Cf.* V.-B. III, 1, e.
thȳĭūs 3 *s.* *thȳā.*
thȳlăcistă, *ae m* (*Lw.* ⟨ θυλακιστής) (*Pl.* Aul. 518) (?) *scherzh. Name für e-n mahnenden Gläubiger; cf. phȳlăcistă.*
Thȳlē, ēs *f* = *Thūlē.*
thȳmbră, *ae* (*Fw.* ⟨ θύμβρα) (*dcht., nkl.*) Saturei (*Küchenkraut*).
thȳmĕlē, ēs *u.* **-lă,** *ae f* (*Fw.* ⟨ θυμέλη) (*spätl.*) Thymele, *urspr. Altar u. Standplatz des Chorführers in der Mitte der Orchestra, dann* Orchester, Bühne; *adi.* **thȳmĕlĭcŭs** 3 zur Th. gehörig, theatralisch [*Inschr.*: *ludi* Spiele *m.* Gesang *u.* Tanz].
thȳmŭm, *ī n u.* **thȳmŭs,** *ī m* (*Fw.* ⟨ θύμον *u.* θύμος) (*dcht., nkl.*) Thymian, Quendel, *dcht. auch pl.*
thȳnnŭs, *ī m* (*Fw.* ⟨ θύννος) (*unkl.*) Thunfisch.
Thȳōnē, ēs *f* (Θυώνη) (= die schwärmerisch Rasende) *Name der vergötterten Semele; patron.* **Thȳōnĕŭs,** *ĕī m* (= Dionysos); *subst.* °**-nĭānŭs,** *ī m meton.* Wein.
thȳrsĭ-gĕr, *ĕrā, ĕrŭm* (*thȳrsŭs, gĕrō*) (*dcht.*) den Thyrsus tragend.
thȳrsŭs, *ī m* (*Fw.* ⟨ θύρσος) (*dcht., nkl.*) **1.** Stengel, Strunk. **2.** Thyrsus, *der m. Efeu u. Weinlaub umwundene, meist in e-n Pinienzapfen auslaufende Stab des Dionysos* (*Bacchus*) *u. der Bacchantinnen.* **3.** / **a)** Stachel; **b)** = *mĕntŭlă rĭgĭdă.*
Ti. *od.* **Tib.** (*Abk.*) = *Tibĕrĭŭs.*
tiără, *ae f u.* **tiărās,** *ae m* (*Fw.* ⟨ ἡ τιάρα *und* ὁ τιάρας; *orientalischer Herkunft*) (*unkl.*) Tiara, Turban; / Diadem, Krone.
Tibĕrĭs, *is m* Tiber, *j.* Tevere; *meton.* (*dcht.*) Flußgott Tiber (*acc.* -*im, abl.* -*ī*); *adi.* **Tibĕrīnŭs** 3 (*subst.* Fluß *u.* Flußgott Tiber, *einst K. in Alba, ertrank im Fl. Albula u. gab ihm dadurch den neuen Namen*), *fem.* °**Tibĕrīnĭs,** *ĭdĭs.*
Tibĕrĭŭs, *ī m röm. Vorname* (*Abk. Ti. u. Tib.*): *Ti. Claudius Nero* = Tiberius, *zweiter röm. Kaiser* (*14 bis 37 n.Chr.*); *demin.* °**Tibĕrĭŏlŭs,** *ī m* der liebe ~; *adi.* **Tibĕrĭānŭs** 3.
tībĭă, *ae f* (*eigtl. wohl* „*Stock, Stab*", *et. unklar*) **1.** (*dcht., nkl.*) Schienbein. **2.** (*meist pl., weil meist auf zwei durch ein Mundstück verbundenen Flöten gespielt wurde*) *meton.* Flöte, Pfeife [°*dextra* Diskantflöte, °*sinistra* Baßflöte, °*impares* Doppelflöte, *tibiarum cantus* Flötenspiel, *tibiis canere* Flöte spielen].
tībĭālĭă, *ĭŭm n* (*tībĭă*) (*nkl.*) Beinbinden. — **Strumpfhosen, Strümpfe.
tībĭ-cĕn, *ĭnĭs m* (*tībĭă, cănō*) **1.** Flötenspieler, Pfeifer [*ad tibicinem* unter Flötenbegleitung]. **2.** / (*dcht.*) Pfeiler, Säule, Stütze des Hauses.
tībīcĭnă, *ae f* (*tībīcĕn*) Flötenspielerin.
tībīcĭnĭŭm, *ī n* (*tībīcĕn*) Flötenspiel.
Tibŭllŭs, *ī m röm. cognn.*; *Albĭŭs* ~, *ber. Elegiker* (*etwa 54—19 v.Chr.*), *Freund des Horaz u. Ovid.*
Tībŭr, *ŭrĭs n alte St. in Latium am Anio, Luftkurort der reichen Römer, m. vielen Villen, bsd. der noch teilw. erhaltenen des Hadrian unterhalb der St., j.* Tivoli; *Einw.* **Tībŭrs,** *rtĭs u.* °**Tībŭrtīnŭs,** *ī m* (°**Tībŭrnŭs**); *adi.* **Tībŭrs,** *rtĭs u.* °**Tībŭrnŭs** 3, °**Tībŭrtīnŭs** (*subst.* **Tībŭrtīnŭm,** *ī n* Landgut bei Tibur); **Tībŭrnŭs** *auch* = **Tībŭrtŭs,** *ī m* Tiburtus (*zusammen m. seinen Brüdern myth. Gründer v. Tibur*).
F. *abl. Tībŭrĕ, loc. Tībŭrī.* — *Tībŭrs abl.* -*ī u.* (*als subst.*) -*ĕ, gen. pl.* -*ŭm u.* -*ĭŭm.*
Ticīnŭm, *ī n St. an der Mündung des Ticinus i. den Po, j.* Pavia.
Ticīnŭs, *ī m Nbfl. des Po, j.* Ticino *od.* Tessino (*Sieg Hannibals 218 v. Chr.*).
tĭgillŭm, *ī n* (*demin. v. tĭgnŭm*) (*unklass.*) kleiner Balken.
Tĭgillŭs, *ī m* (*tĭgillŭm*) *Beiname Jupiters* (*der die Welt fest zusammenhält*).
tĭgnārĭŭs 3 (*tĭ-?*; *tĭgnŭm*) zum Bauholz gehörig [*faber* ~ Zimmermann].
tĭgnŭm, *ī n* (*tĭ-?*; *et. umstritten*) Stück Bauholz, Balken [°*transversum* Querbalken, °*cavum* Fahrzeug].
Tĭgrānēs, *ĭs m Name armenischer Könige.*
Tĭgrānŏ-cĕrtă, *ōrŭm n u. ae, f* (kartha *sem.* = Stadt) *Hptst. v. Großarmenien.*
tĭgrĭs, *ĭs u. ĭdĭs* (*Fw.* ⟨ τίγρις, *iran. Herkunft*) **1.** *m, f* (*dcht., nkl.*) Tiger; ♀ *Name des Tigerhundes des Aktaion; Schiffsname.* **2.** ♀ *m der Fluß* Tigris.
F. *sg. acc.* -*im u.* °-*in u.* °-*ĭdem*; *abl.* -*ī u.* °-*ĕ u.* °-*ĭdĕ*; *pl. meist tĭgrēs, ĭŭm. Cf. auch* V.-B. III, 1, e *u.* 4, b.
Tĭgŭrīnī, *ōrŭm m helvetischer Stamm in den jetzigen Kantonen Freiburg, Waadt u. Bern.* — *adi.* **Tĭgŭrīnŭs** 3.
tĭlĭă, *ae f* (*et. unklar*) (*nkl., dcht.*) Linde.
Tīmaeŭs, *ī m* (Τίμαιος) **1.** *Pythagoreer aus Unteritalien z. Z. Platos.* **2.** *griech. Historiker aus Tauromenium auf Sizilien* (*etwa 356—260*).
tĭmĕ-făcĭō, *fēcī, făctŭm* 3. in Furcht setzen, erschrecken, *selten u. nur im P.P.P.*
▶ **tĭmĕō,** *ŭī,* — 2. (*et. ungedeutet*) **1.** fürchten, sich fürchten (*abs. od. alqm jd. od. vor jd., alqd etw. od. vor etw., zB.* hostem, classem hostium; de re [*auch alqd de re*] wegen *od.* in bezug auf *etw.* = *alci rei* für *etw., alci* für *jd., zB.* nihil de bello, libertati, *selten* °*pro alqo u.* °*pro re*; *ab alqo* sich vor *jd.* fürchten, *zB. a suis*; *m. indir. Frages. m. ne* daß, *ne non od. ut* daß nicht; *vereinzelt m. a.c.i.* = *m.* Angst wahrnehmen *od.* glauben, erwarten). **2.** sich scheuen (*alqd od. m. inf., zB. facere alqd*). **3.** (*Se.*) *jd.* zu fürchten haben, es *m. jd.* aufnehmen [*monstra*]. **4. a)** (*unkl.*) (*part. praes. act.*) *adi.* **tĭmēns** furchtsam = *timidus* [*animus*; *klass. nur subst.* timentes *confirmare*]; **b)** (*Gerundiv*) *adi.* **tĭmĕndŭs** 3 (*nkl., dcht.*) furchtbar, schrecklich [*reges, dentes*; °*alci* für *jd*].
tĭmĭdĭtās, *ātĭs f* (*tĭmĭdŭs*) Furchtsamkeit, Schüchternheit; *pl.* Zeichen *v.* Furchtsamkeit.
▶ **tĭmĭdŭs** 3 (*m.* °*comp. u.* °*sup.*; *adv.* **-ē**) (*tĭmĕō*) furchtsam, schüchtern, scheu, *v. Pers. u. Sachen* [°*columba, animus,* -*e pugnare*; *ad alqd od. in re u.* °*alcis rei* vor *etw.*; *m.* °*inf.*]; *insb.* °bedächtig; *subst.* **-ī,** *ōrŭm m* (*Qu.*) Feiglinge.
Tmōlŭs, *ī m* (*dcht.*) = *Tmōlŭs.*
Tīmōn, *ōnĭs m* (Τίμων) *als Misanthrop sprichw. gewordener Athener z.Zt. des Perikles.*
▶ **tĭmŏr,** *ōrĭs m* (*cf. tĭmĕō*) **1. a)** Furcht, Befürchtung, Besorgnis (*m. gen. subi. u. obi., zB.* regis, belli, °*externus* vor einem auswärtigen Feind; *außerdem m. allen Konstruktionen des Verbums tĭmĕrĕ*: *m. a od. de u.* °*pro alqo*; *m.* °*inf.*; *m. ne, ne non, ut*; *m. a.c.i., bsd. bei* °*in timore esse u. timor subest*); *timorem alci inicere u. incutere, eripere,* ~ *occupat alqm u. animum alcis*; *in magno timore esse* in großer Furcht sein *u.* (*v. Sachen*) große Furcht verursachen; *auch pl.* Befürchtungen [°*multi et varii timores*]; **b)** (*meist dcht.*) Furchtsamkeit, Schüchternheit [*virgineus*]; **c)** (*dcht.*) religiöse Furcht, heilige Scheu, Ehrfurcht [*deorum*]; Aberglauben. **2.** (*dcht.*) Gegenstand der Furcht, Schrecken, *bsd. v. Pers.* [*Cacus Aventinae silvae*]; *auch* drohende Lage, Not. **3.** (*dcht.*) *personif.* ♀ (*als Gottheit od. böser Dämon*) Furcht, Entsetzen.
tĭmōrātŭs 3 (*tĭmŏr*) (*Eccl.*) gottesfürchtig.
tīnctĭlĭs, *ĕ* (*tīnct-?*; *tĭngō*) (*Ov.*) worin *etw.* getaucht werden kann, flüssig [*virus*].
tīnctŭs *P.P.P. v. tĭngō.*
tĭnĕă, *ae f* (*et. ungeklärt*) (*unkl.*) Motte; Raupe.
Tingī *od.* **-ē** *od., acc.* -*in f St. in Mauretanien, j.* Tanger; *adi.* **Tingītānŭs** 3 [*provincia* -*a, j.* Marokko].
▶ **tĭngō,** *tīnxī, tīnctŭm* 3. (*tīnxī, tīnctŭm?*) (*älter tĭnguō nach ŭnguō, noch älter* **tĕngō*; *cf.* τέγγω, *ablautend nhd.* „tunken") **1.** benetzen, befeuchten, bestreichen (*alqd re etw. m. etw., zB. tunicam sanguine,* °*fontem medicamine* vergiften); *auch in etw.* eintauchen (*alqd re od.* °*in re, zB.* °*telum fluvio,* °*faces in amne* = auslöschen). **2.** (*dcht.*) färben [*comam, lanas murice*]; *klass. nur* (*P.P.P.*) *subst.* **tīnctă,** *ōrŭm n* Buntes, bunte Farben. **3.** / *etw. m. etw.* versehen, ausstatten [*orator sit mihi tinctus litteris*].
tĭnnīmĕntŭm, *ī n* (*tĭnnĭō*) (*Pl.*) Geklingel.
tĭnnĭō 4. (*Schallwort*) **1.** (*vkl., nkl.*) klingeln, klimpern, schellen. **2.** *m.* Geld klimpern = in klingender Münze bezahlen (wollen). **3.** / (*vkl., nkl.*) laut singen; ertönen lassen, schreien.
tĭnnītŭs, *ūs m* (*tĭnnĭō*) (*dcht., nkl.*) das Klingeln, Geklingel, *oft pl.* [-*ūs dare* erklingen, klirren, -*ūs ciere* erklingen lassen]; / *pl.* Wortgeklingel.
tĭnnŭlŭs 3 (*tĭnnĭō*) (*unkl.*) klingend, klingelnd, schallend [*aera, sistra*];

/ hohl, Phrasen dreschend [*rhetor*].
tĭntĭnnābŭlŭm, ī *n* (tĭntĭnnō) (*unkl.*) Klingel, Schelle.
tĭntĭnnācŭlŭs 3 (tĭntĭnnō) (*Pl.*) klirrend, schallend; *viri -i* „Klingelmänner" (*Henker, die den Deliquenten Schellen anlegten*).
tĭntĭn(n)ō 1. (*redupl. zu tĭnnĭō*) (*dcht.*) klingen [*aures*].
tīnŭs, ī *f* (*et. umstritten*) (*dcht., nkl.*) (lorbeerartiger) Schneeball.
tinxī *s. tĭngō.*
tĭppŭlă (*tĭppŭlă, tĭpŭllă?*) (*wohl zu τίφη ds., vl. demin.*) (*vkl.*) Wasserspinne.
Tīrĕsĭās, *ae m* (*Τειρεσίας*) *blinder thebanischer Seher in der Ödipussage; appell.* (*Ju.*) = ein Blinder. *Cf.* V.-B. I, 3.
Tīrĭdātēs, *is m armenischer Königsname. Cf.* V.-B. III, 3 *u.* 5.
tīrō, ōnĭs *m* (*vl. Lw.* ⟨ *τείρων*) Rekrut (*auch adi.* = noch ungeübt, *zB.* exercitus, milites); / Anfänger, Neuling, Lehrling (*abs. od. in re u. re od. alcis rei, zB. nulla in re, scientiā, exercitatione*); *bsd.* (*nkl.*) der junge Mann, *der nach Anlegung der toga virilis zuerst in die Öffentlichkeit tritt; als cogn.* ♀, *Freigelassener Ciceros, bekannt als Gelehrter u. Erfinder der röm. Stenographie* [*notae Tironianae*]. — **Knappe, Page; Held; Knecht [*dei*].
tīrōcĭnĭŭm, ī *n* (*zu tīrō; Bildung nach lātrō-cĭnĭŭm*) (*nkl.*) **1.** Rekrutenzeit, erster Kriegsdienst (*alcis j-s;* ~ *u. -i rudimenta* [*de*]*ponere* den ersten Feldzug mitmachen). **2.** *meton.* die Rekruten. **3.** / **a)** (militärische) Unerfahrenheit; **b)** Probestück [*eloquentiae*]; erstes öffentliches Auftreten [*fori*]. — **Turnier.
tīrūncŭlŭs, ī *m* (*demin. v. tīrō*) (*nkl.*) junger Soldat; / Neuling.
Tīrȳns, ȳnthĭs *f* (*Τίρυνς*) *im Heraklesmythos feste St. sö. v. Argos; dort soll Herakles (Hercules) erzogen sein; tatsächlich war T. seit dem* 3. *Jt. v. Chr. besiedelt; bedeutende Ausgrabungen durch Schliemann u. Dörpfeld. Cf.* V.-B. III, 1, b. — *adi. u. Einw.* **Tīrȳnthĭŭs** (3), *bsd.* = (des) Herakles [°**Thīrȳnthĭă,** *ae f* = Alkmene].
tis (*tĭs?*) *altl. gen. v. tū.*
tĭsănă, *ae f u.* **tĭsănārĭŭm,** ī *n* = *ptĭsăn...*
Tīsĭphŏnē, ēs *f* (*Τισιφόνη, eigtl.* „Rächerin *e-s* Mordes") *e-e der drei Erinnyen* (*Furien*); *adi.* **Tīsĭphŏnēŭs** 3 = verbrecherisch [*tempora vitae*].
Tītān, ānĭs (*Τιτάν*) *u.* (*selten*) **Tītānŭs,** ī *m* der Titane (*bsd. der Sonnengott Hēlĭŏs* [*Sōl*] *als S. des Titanen Hȳpĕrīōn; meist pl.* **Tītānĕs,** ŭm (*Τιτᾶνες*) *u.* (*selten*) **Tītānī,** ōrŭm *m* Titanen, *sechs Söhne des Ūrănŏs* (*Himmel*) *u. der Gaiă* (*Erde*), *älteres Göttergeschlecht, v. Zeus besiegt* (*Titanomachie*) *u. in den Tartaros geschleudert. Cf.* V.-B. III, 1, b *u.* e. *patron.* °**Tītānĭs,** ĭdĭs *od.* °**Tītānĭă,** *ae f* Titanidin, Titanentochter (*bsd. Kirkē* [*Circē*] *als T. des Helios, ferner Lētō* [*Lātōnă*], *u. Pȳrrhă sowie Tēthȳs als Schwester der Titanen*); *adi.* °**Tītānĭŭs** *u.* °**-ĭăcŭs** 3 (*fem.* °**Tītānĭs,** ĭdĭs *u.* ĭdŏs) titanisch.
F. *Tītān hat im dat. u. abl. pl. klass. stets Tītānĭs.*
Tīthōnŭs, ī *m* (*Τιθωνός*) *Gatte der Ēōs* (*Aurōră*), *durch deren Vermittlung er Unsterblichkeit, aber nicht dauernde Jugend erhielt; zuletzt in e-e Heuschrecke verwandelt; adi.* °**Tīthōnĭŭs** 3.
tĭt(t)ĭbĭl(l)ĭcĭŭm, ī *n* (*wohl Schallwort*) (*Pl.*) Kleinigkeit.
Tĭtĭēs, ĭŭm *u.* **Tĭtĭēnsēs,** ĭŭm (*Li.*: ŭm) *m* (*etr.*) **1.** *die Angehörigen e-r der drei ältesten patriz. Tribus in Rom; urspr. der sabinische Stamm.* **2.** *die Angehörigen der gleichnamigen Ritterzenturie* (*cf. Rāmnēs u. Lūcĕrēs*); *sg.* **Tĭtĭēns** (*dcht.*) *coll.*
tītĭllātĭō, ōnĭs *f* (*tītĭllō*) das Kitzeln; / Kitzel, Reiz [*voluptatum*].
tītĭllō 1. (*wohl Schallwort; cf. τίτθη* „Amme", *τιτθός* „Brust[warze]") kitzeln (*alqm u. alqd*), *meist* / = reizen [*sensūs*].
tītĭllŭs, ī *m* (*cf. tītĭllō*) (*Ph.*) Kitzel.
Tĭtĭŭs 3 **1.** *röm. Gentilname; auch adi., zB.* lex Titia. **2.** *v.* Titus Tatius stammend, angeordnet; *bsd.* sodales Titii (*Name e-s Priesterkollegiums*).
tĭtŭbāns, āntĭs (*eigtl. part. praes. v. tĭtŭbō*); *nur adv.* **-āntĕr** (*spätl.*) schwankend, unsicher, *klass. nur* / (*cf.* V.-B. VIII).
tĭtŭbāntĭă, *ae f* (*tĭtŭbāns*) das Wanken; / (*Suet.*) das Stammeln [*linguae*].
tĭtŭbātĭō, ōnĭs *f* (*tĭtŭbō*) **1.** (*nkl.*) das Wanken. **2.** / Verlegenheit.
tĭtŭbō 1. (*et. unklar*) **1.** (*dcht., nkl.*) wanken, taumeln, nicht fest auf den Füßen stehen, / *auch v. Sachen, zB.* pes; *titubatus* wankend (geworden, *zB.* vestigia). **2.** / **a)** stammeln, stocken; **b)** (*unkl.*) ratlos, unsicher sein; **c)** straucheln = (einen) Fehler machen, es in *etw.* versehen (*re, zB. verbo*).
tĭtŭlō 1. (*denom. v. tĭtŭlŭs*) (*spätl., Eccl.*) benennen, titulieren, *m. e-r* Inschrift versehen.
▶ **tĭtŭlŭs,** ī *m* (*wohl Fw. aus unbekannter Spr.*) **1.** (*nkl., dcht.*) Aufschrift, Inschrift [*amphorae* Etikett an e-m Weinkrug, *statuae, templi; titulum inscribere lamnae*]. **2.** (*nkl., dcht.*) **a)** Büchertitel [*libelli*]; **b)** Grabinschrift; **c)** Anschlag *od.* Bekanntmachung *an e-m zu verkaufenden od. zu vermietenden Haus od. e-r zu versteigernden Sache* [*ire sub titulum* durch Anschlag zum Kauf angeboten werden, *mittere alqd sub -um etw.* zum Verkauf bringen]. **3.** / **a)** Ehrentitel, Ehrenname (*alcis u. alcis rei, zB. consulatūs*); **b)** (*dcht., nkl.*) *meton.* Ehre, Ruhm, Ansehen [*captae urbis,* °*victoriae*]; *pl.* ruhmvolle Taten, Verdienste [*per -os alcis ingredi j-s* Verdienste besingen]; **c)** (*nkl., dcht.*) Vorwand, Aushängeschild [*speciosus, titulum praetendere od. praeferre alci rei; sub titulo* unter dem Vorwand, *zB. aequandarum legum*].
Tĭtŭs, ī *m* (*vl. zu tĭtŭs = mĕntŭlă, also eigtl.* „*m. e-m* großen Penis versehen") *röm. Vorname* (*Abk. T.*).
Tĭtyŏs, ī *m* (*Τιτυός*) *S. der Gaia, ein Riese auf Euböa, der sich an Leto vergreifen wollte u. dafür v. Apollo u. Artemis erschossen wurde; in der Unterwelt lag er ausgestreckt, u. Geier zerhackten seine stets nachwachsende Leber. Cf.* V.-B. II, 1.
Tĭtȳrŭs, ī *m* (*Τίτυρος; dorisch* = *Σάτυρος*) *Hirtenname i. Vergils Bucolica; appell.* (*dcht.*) = Hirt; Vergils Bucolica, Vergil.
Tmōlŭs, ī *m* (*Τμῶλος*) *Geb. u. St. bei Sardes; adi.* °**Tmōlĭŭs** 3, *subst. m* Wein vom Tmolos.
tŏcūllĭō, ōnĭs *m* (*Fw.* ⟨ **τοκυλλίων patron. zu τόκος* „Zins")Wucherer.
tŏdĭllŭs 3 (-ō-?; *et. unklar*) (*Pl.*) spatzendürr(?).
tōfĭnŭs 3 (-ī-?; *tōfŭs*) (*Suet.*) aus Tuffstein.
tōfŭs, ī *m* (*Lw., wohl aus e-r Mittelmeerspr.*) (*dcht., nkl.*) Tuffstein, Tuff.
▶ **tŏgă,** *ae f* (*ablautend zu tĕgō, eigtl.* „Bedeckung") **1.** Toga (*das nationalröm. Obergewand des Mannes, im Frieden über der Tunika getragen, weshalb die Römer tŏgātī od. gēns tŏgātă hießen; auch Bekleidung der Dirnen*); *die Toga bestand aus e-m großen, halbrunden Stück wollenen Tuches u. wurde so umgeworfen, daß sie bis auf die Füße herabhing und die l. Hand u. der r. Arm frei blieben; die Toga war gewöhnlich einfach weiß u. unverbrämt* [~ *pura = virilis*]; *Leidtragende u. Angeklagte trugen e-e dunkelgraue Toga* [~ *pulla od. sordida*], *Nichtbeamte u. volljährige junge Leute die unverbrämte T.* [~ *pura od. virilis*]; *praetexta s.d.*; *Amtsbewerber erschienen öffentlich in glänzend weißer Toga* [~ *candida*]; ~ *purpurea* Tracht der Könige. **2.** Friedensgewand, -kleid [°*multa in toga egregie facere* im Frieden]. **3.** *meton.* **a)** Friede; **b)** (*nkl.*) Künste des Friedens, *bsd.* Beredsamkeit, *übh.* öffentliche Tätigkeit [°*togā enitescere*]; **c)** (*dcht.*) Dirne (*weil sie statt der ihr versagten Stola zuweilen die Toga trug*); **d)** *pl.* (*Ma.*) Klienten.
tŏgātārĭŭs, ī *m* (*tŏgātŭs*) (*Suet.*) Schauspieler *i. e-r togata* (*s. tŏgātŭs*).
tŏgātŭlŭs, ī *m* (*demin. v. tŏgātŭs*) [(*Ma.*) Klient.]
tŏgātŭs (*tŏgă*) **1.** *adi.* 3 *m.* der Toga bekleidet, echt römisch [°*gens* = Römer; *Gallia -a s. Gāllĭă;* °*ancilla -a* Straßenmädchen]. **2.** *subst.* **a)** **tŏgātŭs,** ī *m* α) röm. Bürger [*unus e togatorum numero*]; β) Bürger im Friedenskleid *od.* als Beamter tätig [*senatus alci -o supplicationem decrevit*]; γ) (*dcht.*) Klient; **b)** **tŏgātă,** *ae f* α) (*sc. fābŭlă*) das *nationale* röm. Lustspiel (*m. röm. Stoffen*); β) (*dcht.*) öffentliche Dirne = *ancilla togata.*
tŏgŭlă, *ae f* (*demin. v. tŏgă*) kleine *od.* hübsche Toga.
Tŏlbĭăcŭm, ī *n* (-ā-?) *St. in Gallia Belgica sw. v. Köln, j.* Zülpich.
tŏlĕnnō, ōnĭs *m* (*tŏllēnō?; et. umstritten; etr.?*) (*vkl., nkl.*) Schwungbalken, Belagerungsmaschine; Kran.
tŏlĕrābĭlĭs, ĕ (*m. comp. u.* °*sup.*; *adv.* **-ĭtĕr**) (*tŏlĕrō*) **1.** erträglich, leidlich, *v. Pers. u. Sachen* [*orator, condicio;*

alci für *jd.*]. **2.** geduldig [*alqd tolerabilius pati*].

tŏlĕrāndŭs 3 (*eigtl. Gerundiv v. tŏlĕrō*) (*Li.*) erträglich.

tŏlĕrāns, *āntĭs* (*m.* °*comp. u.* °*sup.*; *adv.* **-āntĕr**) (*eigtl. part. praes. v. tŏlĕrō*) (*klass. nur adv.*) ertragend, geduldig [*dolorem -anter ferre*; *auch* °*alcis rei, zB. laborum*]. *Cf.* V.-B. VIII.

tŏlĕrāntĭă, *ae f* (*tŏlĕrāns*) **1.** geduldiges Ertragen (*alcis rei*). **2.** (*nkl.*) *absol.* Geduld.

tŏlĕrātĭō, *ōnĭs f* (*tŏlĕrō*) Kraft zu ertragen (*alcis rei, zB. dolorum*).

▶ **tŏlĕrō,** 1. (*denom. v.* **tŏlŭs, ĕrĭs n* „das Ertragen"; *cf. tŏllō*) **1. a)** ertragen, aushalten, erdulden (*alqd, zB. hiemem, militiam, sumptūs* bestreiten, *tributa* aufbringen, °*inopiam manuum mercede v.* seiner Hände Arbeit sich kümmerlich nähren, *sitim* re stillen *m. etw., unkl. m. a.c.i. u. inf.*); **b)** *abs.* es noch aushalten [*paulo longius parcendo*]. **2.** notdürftig erhalten *od.* ernähren [*equos, equitatum, vitam* fristen]. **3.** (*Pl.*) erträglich machen [*alci egestatem*]. **4.** (*Pl.*) *e-r Sache* genügen [*moenia* seinen Pflichten].

Tŏlētŭm, *ī n St. i. Hispania Tarraconensis am Tagus, j.* Toledo; *Einw.* **Tŏlētānī,** *ōrŭm m.*

tŏllēnō, *ōnĭs m s. tŏlĕnnō.*

> **tŏllō**
> **1. a)** empor-, aufheben; **b)** *mil.* aufbrechen; **c)** in die Höhe bauen; **d)** zu sich, mit sich, an Bord nehmen; **2. a)** erheben, aufrichten, stolz machen; **b)** (*Kind*) anerkennen; **c)** (*Kind*) *v. e-r Frau* erhalten; **3. a)** wegnehmen, -bringen, beseitigen; **b)** abschaffen, beendigen; **c)** vernichten; **d)** (*Zeit*) vergeuden; **e)** verschweigen.

tŏllō, *sŭstŭlī, sŭblātŭm* 3. (⟨ **tŏl-nō*; *lātŭm* ⟨ **tlātŭm, ablautend zu tŏllō*; *cf.* τλητός „erträglich", *nhd.* „dulden"; *s. sŭffĕrō*) **1. a)** empor-, aufheben, in die Höhe heben (*alqm u. alqd, zB. iacentem,* °*bracchia, manūs ad caelum od.* °*ad deos, oculos humo* aufschlagen, *alqm in crucem* kreuzigen, *vexillum* aufziehen, °*aulaea* aufziehen, *ignem e specula* Signalfeuer aufleuchten lassen, *ancoras* lichten, °[*Pflanzen*] emporwachsen lassen, *sortes* ziehen; / *onus* auf sich nehmen, *poenas* Strafe leiden); *auch jd.* durch die Lüfte entrücken; *se tollere u. mediopass. tolli* sich erheben, sich emporschwingen, (*v. Pflanzen*) emporwachsen; **b)** *mil. signa m.* dem Heer aufbrechen; **c)** in die Höhe bauen; **d)** *in ein Fahrzeug* [*in currum, in navem,* °*raedā, auch in equum*] aufnehmen, zu sich (*ad se*) *od. m.* sich nehmen; (*vom Fahrzeug*) an Bord nehmen, laden, *pf.* an Bord haben [*equites*]. **2.** / **a)** α) erheben, beginnen [*clamorem, cachinnum,* °*risum*]; β) (*durch Worte*) erheben, verherrlichen [*alqm laudibus in caelum, laudes alcis in astra*]; γ) erhöhen, zu Ehrenstellen erheben [°*alqm honoribus*]; δ) *animum* den Mut heben (*alci*); *auch* °sich ermutigen, stolzes Wesen annehmen; ε) (*Mutlose*) aufrichten, ermutigen, trösten [*afflictum,* °*amicum*]; *auch* stolz machen [*sublatus re, zB. victoriā* stolz auf *etw.*]; **b)** (*ein neugeborenes Kind*) *v.* der Erde aufheben *u. damit* als sein eigenes anerkennen *u.* aufziehen [°*quod erit natum, puerum tollo*]; *auch v. der Mutter* [°*si quid peperissem, id educarem ac tollerem*]; **c)** (*ein Kind*) *v. e-r Frau* erhalten *od. m.* ihr zeugen [*liberos ex Fadia*]. **3. a)** wegnehmen, -bringen, entführen, entfernen, beseitigen, *auch* / (*alqm u. alqd ex od. de u. a re, zB. simulacra e templo, frumentum de area, metum ex animo*; *auch alci alqd j-m etw., zB. hostibus agros*); *bsd.* (*dcht.*) (*Speisen*) abräumen [*cibos*]; *klass. nur mensam* abdekken; *insb.* (*Pers.*) aus dem Weg räumen (*alqm, zB. Alcibiadem, bsd. e u. de medio*); / *deos* (das Dasein der) Götter leugnen; **b)** (*Sachen*) aufheben = α) (*Gesetze, Ämter u.ä.*) abschaffen [*legem, dictaturam e re publica*]; β) beendigen [*bellum,* °*querelas*]; **c)** vernichten, vertilgen, vereiteln (*alqd, zB. Carthaginem, amicitiam,* °*Titanas fulmine, memoriam rei* auslöschen, *nomen ex libro* ausstreichen); *insb. alci spem od. metum, dubitationem u.ä.* benehmen; **d)** (*tempus, diem*) durch langes Reden (*dicendo*) verschleißen; *P.* verloren gehen [*dies intercessione sublatus est*]; **e)** verschweigen, weglassen [*auctorem*].

Tŏlōsă, *ae f St. der Volcae Tectosages an der Garumna, j.* Toulouse; *Einw.* **Tŏlōsātēs,** *ĭŭm m*; *adi.* **Tŏlōsānŭs** 3 *u.* **Tŏlōsēnsĭs,** *ĕ.*

tŏlūtārĭŭs 3 (*tŏlūtĭm*) (*Se.*) trabend; *equus* Paßgänger.

tŏlūtĭm *adv.* (*tŏllō, eigtl.* „die Beine aufhebend") (*vkl., nkl.*) im Trab.

tŏmāc(ŭ)lŭm, *ī n* (*wohl Lw.* ⟨ τομή + *lat. Deminutivsuffix*; *eigtl.* „abgeschnittenes Stückchen") (*nkl., dcht.*) *e-e Art* Bratwurst.

tŏmēntŭm, *ī n* (⟨ **tŏvĕmĕntŭm, cf. tŏtŭs, tŭmĕō*) (*vkl., nkl.*) Stopfwerk, Polsterung.

Tŏmī, *ōrŭm m* (Τόμοι) *u.* **Tŏmĭs,** *ĭdĭs f* (Τόμις) *St. in Mösien am Schwarzen Meer, Verbannungsort Ovids*; *Einw.* **Tŏmītae,** *ārŭm m*; *adi.* **Tŏmītānŭs** 3.

tŏmŭs, *ī m* (*Fw.* ⟨ τόμος) (*Ma.*; *spätl.*) **1.** Hülle *od.* Titelstreifen *e-r* Bücherrolle. **2.** Band *e-s größeren* Werkes; Werk, Buch.

tŏndĕō, *tŏtŏndī, tōnsŭm* 2. (*idg.* **tĕnd-*, *Erweiterung v.* **tĕm-* „schneiden"; *cf.* τέμνω „schneide", τένδω „benage") **1. a)** (ab)scheren, rasieren (*abs. u. alqd u. alqm, zB. barbam, capillum alcis,* °*oves*); **b)** *-ĕrĕ u.* (*dcht., nkl.*) (*mediopass.*) *-ērī* sich scheren (lassen). **2.** / **a)** (*dcht., nkl.*) (ab)mähen [*prata, segetem*]; (*Bäume*) beschneiden [*ilex tonsa bipennibus*]; abrupfen, abpflücken [*violas*]; abweiden, abfressen [*campum*]; **b)** (*vkl., dcht.*) berauben (*alqd re*).

tŏnītrŭs (*auch -trŭŭs*), *ūs m u.* **tŏnītrŭŭm,** *ī n* (*tŏnō*) Donner, Donnerschlag; *meton.* Gewitterwolke. *F. Der sg. wird meist v. tŏnītrŭs gebildet* (*acc. -ŭm, abl. -ū*); *pl. meist tŏnītrŭă, ŭŭm* (*dat. u. abl. tŏnītrĭbŭs*).

tŏnō, *ŭī,* — 1. (*cf. nhd.* „donnern") **1.** (*intr.*) **a)** donnern [°*tonans* der Donnerer = Jupiter, Saturn; °*equi tonantes* Donnerrosse Jupiters]; *bsd. impers.* **tŏnăt** es donnert; / **b)** (*dcht.*) laut (er)dröhnen, krachen [*caelum od. porta caeli tonat, Aetna tonat*]; **c)** (*v. Redner u. Rede*) *m.* Donnerstimme reden. **2.** (*trans.*) (*dcht.*) *m.* Donnerstimme ertönen lassen (*alqd*), singen *v.* (*alqm, zB. ore deos*). — ***tonans* = Gott.

tŏnŏr, *ōrĭs m* (*wohl Kontamination aus* τόνος *u. tĕnŏr*) (*Qu.*) Betonung einer Silbe.

tōnsă, *ae f* (*vl. als* „behauenes Holzstück" *zu tŏndĕō*) (*dcht.*) Ruder.

tōnsĭlĭs, *ĕ* (*tŏndĕō*) (*nkl.*) scherbar; beschnitten.

tōnsĭllă[1], *ae f* (*unsicher überliefert, et. unklar*) (*Ve.*) *Name des Meervogels ciris* (= κεῖρις).

tōnsĭllă[2], *ae f* (*demin. v. tōnsă*) (*vkl.*) Pfahl am Ufer, *an den die Schiffe herangezogen werden.*

tōnsĭllae, *ārŭm f* (*demin. zu dem et. umstrittenen tōlēs, ĭŭm f* „Kropf") Mandeln *im Hals,* Tonsillen.

tōnsĭtō 1. (*frequ. v. tŏndĕō*) (*Pl.*) zu scheren pflegen.

tōnsŏr, *ōrĭs m* (*tŏndĕō*) Haarschneider, Barbier.

****tonsorātus** 3 geschoren, zum Priester geweiht.

tōnsōrĭŭs 3 (*tōnsŏr*) Scher... [*culter*].

tōnstrīcŭlă, *ae f* (*demin. zu tōnstrīx*) (*verächtlich*) Bartkratzerin.

tōnstrīnă, *ae f* (*sc. tăbĕrnă*; *tōnsŏr*) (*Pl., nkl.*) Barbierstube.

tōnstrīx, *īcĭs f* (*tōnsŏr*) (*unkl.*) Haar- *od.* Bartschererin, Frisöse.

tōnsūră, *ae f* (*tŏndĕō*) (*unkl.*) das Scheren, Schur. — **Tonsur.

tōnsŭs[1] *P.P.P. v. tŏndĕō.*

tōnsŭs[2], *ūs m* (*tŏndĕō*) (*vkl.*) Haarschnitt, -tracht.

tŏnŭī *s. tŏnō.*

tŏnŭs, *ī m* (*Fw.* ⟨ τόνος „Spannung") (*nkl.*) Ton (*e-s Instruments, e-r Silbe*); Akzent; Donner. — **Wortlaut.

tŏpāzŭs *u.* **-ŏs,** *ī f* (*Fw.* ⟨ τόπαζος) (*spätl.*) Topas.

tŏph... = *tōf...*

tŏpĭārĭŭs (*tŏpĭă, ae f* „Gartenanlage", *Fw.* ⟨ τὰ τόπια) **1.** *adi.* 3 (*nkl.*) zur Kunstgärtnerei gehörig. **2.** *subst.* **a)** **tŏpĭārĭŭs,** *ī m* Kunstgärtner; **b)** **tŏpĭārĭă,** *ae f* Kunstgärtnerei.

tŏpĭcă, *ōrŭm n* (*Fw.* ⟨ τὰ τοπικά) Topik, *Sammlung v. Gemeinplätzen*; ♀ *Titel e-r Schrift des Aristoteles u. ihrer lat. Nachschrift durch Cicero.*

tŏpŏgrăphĭă, *ae f* (*Fw.* ⟨ τοπογραφία) (*spätl.*) Ortsbeschreibung.

tŏpŏthĕsĭă, *ae f* (*Fw.* ⟨ τοποθεσία) (*spätl.*; *griech. bei Ci., zB. ad Att.* 1, 13, 5) (*Beschreibung der*) Lage *e-s Ortes.*

tŏppĕr *altl. adv.* (*eigtl.* „gerade dann"; ⟨ **tŏd* [*zu Pronominalstamm* **tŏ-*] + *-pĕr*) **1.** sogleich. **2.** vielleicht.

tŏrăl, *ālĭs n* (*tŏrŭs*) (*vkl., dcht.*) Bett-, Sofadecke.

tŏrcŭlăr, *āris u.* **tŏrcŭl(ārĭ)ŭm,** *ī n (zu tŏrquĕō) (vkl., nkl.)* Kelter, Presse.

tŏreumă, *ătis n (Fw. < τόρευμα)* getriebene Arbeit, Relief.
F. *Cf.* V.-B. III, 6.

tŏrmĕntŭm, *ī n (tŏrquĕō)* **1.** Winde [*falces -is introrsus reducere*]. **2. a)** schweres Geschütz, *bsd. catapulta u. ballista* [°*bellicum*]; **b)** *(meton.) (aus e-m Geschütz geschleudertes)* Geschoß. **3. a)** *(vkl., nkl.)* Presse, Fessel; **b)** Marterwerkzeug, Folterbank, *meist pl.* [*-a adhibere, in -is dicere alqd*]; / **c)** *(dcht.)* Druck, Zwang; **d)** Marter, Tortur [*alci -a minitari*], Plage, Leid [*-a fortunae u. morborum*].

tŏrmĭnă, *ŭm n (tŏrquĕō)* Leibschneiden; *meist* Kolik, Ruhr.

tŏrmĭnōsŭs 3 *(tŏrmĭnă)* an Ruhr leidend.

▶ ****tornamentum,** *i n* Turnier; Kampf.

tŏrnō 1. *(tŏrnŭs)* **1.** drechseln [*sphaeram*]. **2.** / *(Ho.)* drechseln, (ab)runden [*versus male tornati*]. — ***pilulas* drehen.

tŏrnŭs, *ī m (Fw. < τόρνος) (nkl., dcht.)* Drechseleisen, Meißel, Grabstichel; *auch* /.

tŏrōsŭs 3 *(tŏrŭs) (dcht., nkl.)* muskulös, fleischig.

tŏrpēdō, *inis f (tŏrpĕō)* **1.** *(vkl., nkl.)* = *tŏrpŏr.* **2.** Zitterrochen.

▶ **tŏrpĕō,** *ŭī, —* 2. *(cf. litauisch* tirp-ti „erstarren", *nhd.* „derb") **1.** *(nkl., dcht.)* erstarrt, steif, unbeweglich sein, *bsd. vor Kälte, v. Lebendem u. Leblosem* [*rigore od. gelu torpere*]. **2.** / **a)** in träger Ruhe verharren; **b)** *(unkl.) (geistig)* gelähmt, betäubt sein [*metu, desperatione*].

tŏrpēscō, *pŭī, —* 3. *(incoh. v. tŏrpĕō) (nkl., dcht.)* erstarren *(re* durch *etw.)*, träge werden; *(geistig)* erlahmen, stumpf werden.

tŏrpĭdŭs 3 *(tŏrpĕō) (nkl.)* erstarrt, betäubt *(re* durch *od. v.,* über *etw., zB. miraculo)*.

tŏrpŏr, *ōris m (tŏrpĕō)* **1.** Betäubung, Erstarrung. **2.** / *(nkl.)* Trägheit; Lethargie.

tŏrpŭī *s. tŏrpĕō u. tŏrpēscō.*

tŏrquātŭs 3 *(tŏrquĭs)* **1.** *(dcht.) m.* einer Halskette geschmückt [/ *Alecto colubris -a* den Hals *m.* Schlangen umwunden]. **2.** °~ *cogn. i. der gēns Manlia.*

tŏrquĕō
1. a) drehen, winden; **b)** kreisen lassen; **c)** wälzen; **2.** *(Geschosse)* schleudern, werfen; **3. a)** verdrehen, verrenken; **b)** foltern; **4. a)** wenden, lenken; **b)** genau untersuchen; **c)** quälen, beunruhigen.

tŏrquĕō, *tŏrsī, tŏrtŭm* 2. *(cf. ἄτρακ-τος* „Spindel") **1. a)** drehen, winden, umdrehen *(alqd, zB. cervices,* °*oculos ad moenia* richten, °*alci collum,* °*ora equi frenis* lenken, °*stamina pollice* spinnen, °*nox medios cursus torquet* läuft in der Mitte ihrer Kreisbahn, °*lumina* rollen, °*aquas u.* °*spumas* aufwühlen, °*capillos ferro* kräuseln, °*tignum* emporwinden, °*anguis torquetur* windet sich, °*torta quercus* Eichenkranz); **b)** *(dcht., nkl.)* kreisen lassen *(alqd in orbem, terra circum axem se torquet)*; **c)** *(dcht.)* wälzen, fortwälzen [*montes*]; *auch (dcht.) etw. v. etw.* wegwenden [*aurem ab obscenis sermonibus*]. **2.** *(Geschosse)* schleudern, werfen [*hastam,* °*telum ad tempora,* °*hiemem* herabschleudern]. **3. a)** verdrehen, verrenken [°*talos, ora; auch* /, *zB. ius omne* alles Recht verdrehen]; **b)** foltern, *m. jd.* ein peinliches Verhör anstellen *(alqm, zB. servum)*. **4.** / **a)** wenden, lenken, leiten [*naturam huc et illuc, omnia ad commodum suae causae,* °*bella* den Gang der Kriege lenken]; **b)** *(wie auf der Folter)* genau untersuchen, erforschen [*vitam Sullae, (Ho.) alqm mero jd.* viel zu trinken geben, um ihn auszuforschen]; **c)** martern, quälen, beunruhigen *(alqm, re* durch *od. m. etw., zB.* °*fame, stulti malorum memoriā torquentur;* °*torqueri, ne* sich ängstigen = fürchten, daß).
F. *inf. praes. P. altl. (dcht.) tŏrquērĭēr = tŏrquērī.*

tŏrquis *u. (seltener)* **tŏrquēs,** *ĭs m (u. f) (tŏrquĕō, eigtl.* „das Gewundene") **1. a)** Halskette; **b)** *(Ve.)* Kummet *der Ochsen.* **2.** / *(Ve.)* Blumengewinde, Girlande.

tŏrrēns, *ĕntĭs (eigtl. part. praes. zu tŏrrĕō; ob 1b u. 2 zu tŏrrĕō gehören, ist umstritten)* **1.** *adi. (m. comp. u.* °*sup.) (dcht., nkl.)* **a)** glühend, heiß, erhitzt [*miles, Sirius, flammae; re* durch *etw., zB. sole*]; **b)** schnell fließend, reißend [*aqua, amnis*]. **2.** *subst. m* **a)** Gießbach, Wildbach; / **b)** *(Ju.)* Strom [*meri*]; **c)** *(nkl.)* Wortschwall.
F. *abl. sg. des adi. -ī, des subst. -ĕ u.* °*-ī; pl. neutr. -ĭă, gen. -ĭŭm u.* °*-ŭm.*

tŏrrĕō, *tŏrrŭī, tōstŭm* 2. *(tōstŭm?; cf.* τέρσομαι „werde trocken", τερσαίνω „mache trocken"; *tĕrră; nhd.* „dürr; Durst") **1. a)** trocknen, dörren *(alqd, zB.* °*fruges flammis,* °*aristae torrentur sole* reifen); **b)** braten, backen, rösten [°*exta in verubus,* °*tosta liba* Kuchen]; **c)** ausdörren, verbrennen, versengen [*tellurem,* °*agros,* °*greges torrentur* magern ab]. **2.** / *(dcht.) (in Liebe)* entflammen *(alqm u. alqd, zB. Lycorida, pectora)*.

tŏrrēs, *ĭs f (tŏrrĕō) (Lu.)* dörrende Hitze.

tŏrrēscō, *— —* 3. *(incoh. v. tŏrrĕō) (Lu., Isid.)* geröstet *od.* gebraten werden.

tŏrrĭdŭs 3 *(tŏrrĕō) (meist nkl., dcht.)* **1.** *(pass.)* **a)** *v. der Hitze* gedörrt, ausgetrocknet, trocken [°*fons,* °*campi*]; **b)** *(vor Kälte)* zusammengeschrumpft [°*pecora frigore*]; **c)** / mager [*homo, macie -us*]. **2.** *(act.)* sengend, brennend, heiß [°*zona,* °*locus ab incendiis -us*].

tŏrrĭs, *ĭs m (tŏrrĕō) (dcht.)* brennendes Holzscheit, Feuerbrand *(abl. sg. -ĕ)*.

tŏrsī *s. tŏrquĕō.*

tŏrtă, *ae f (-ō-?) s. tŏrtŭs*[1].

tŏrtĭlĭs, *ĕ (tŏrquĕō) (dcht., nkl.)* gewunden, gekrümmt [*bucina, aurum* goldene Kette].

tŏrtō 1. *(intens. v. tŏrquĕō) (dcht.)* martern.

tŏrtŏr, *ōrĭs m (tŏrquĕō)* Folterknecht, °Schinder.

tŏrtŭlă, *ae f (-ō-?; demin. v. tŏrtă) (spätl.)* Törtchen.

tŏrtŭōsŭs 3 *(m.* °*comp.) (tŏrtŭs*[2]*)* **1.** voller Windungen, gewunden [*alvus, serrula*]. **2.** / **a)** verwickelt [*genus disputandi*]; **b)** unverständlich [*visa*]; **c)** *(vom Charakter)* nicht offen, verstellt [*ingenium*].

tŏrtūră, *ae f (tŏrquĕō) (spätl.)* Krümmung, Verrenkung. — **Folterung, Marter, Tortur.

tŏrtŭs[1] **1.** *adi.* 3 *(adv.* **-ē***) (eigtl. P.P.P. v. tŏrquĕō)* **a)** *(vkl., dcht.)* gedreht, gewunden [*funis, quercus* Eichenkranz]; / verschlungen [*via*]; **b)** *(Pl.)* spitzfindig. **2.** *subst.* **-ă,** *ae f (-ō-?) (spätl.; vl. nicht zu tŏrquĕō)* rundes Brot, Gebäck.

tŏrtŭs[2], *ūs m (tŏrquĕō) (dcht.)* Windung.

tŏrtŭs[3] *P.P.P. v. tŏrquĕō.*

tŏrŭlŭs, *ī m (demin. v. tŏrŭs) (vkl., nkl.)* Haarwulst, hohe Frisur.

tŏrŭs, *ī m (et. umstritten)* **1.** *(vkl., nkl.)* **a)** Wulst, zusammengedrehter Strick; **b)** / *-i et iubae* wuchtige Darstellung. **2. a)** Schleife *am Kranz*; **b)** Muskel [°*lacertorum tori, athletarum,* °*comantes tori* mähniger Hals des Löwen]; *bsd.* Wamme *des Stieres*; **c)** *(dcht., nkl.)* Böschung [*riparum tori*]. **3.** *(dcht., nkl.)* **a)** Polster, gepolstertes Lager [~ *lecto impositus*]; **b)** Sofa, Bett [*torum sternere, in toro cubare*]; **c)** Ehebett [*genialis*]; *consors od. socia tori* Ehefrau; *meton.* Ehe, Liebe, Liebschaft [*sacra tori* Hochzeitsfest]; **d)** Totenbett, Bahre [*toros exstruere*].

tŏrvĭtās, *ātĭs f (tŏrvŭs) (dcht., nkl.)* finsteres Aussehen [*vultūs*], Sittenstrenge.

tŏrvŭs 3 *(adv.* °**-ĭtĕr***) (cf. ablautend* τάρβος „Schrecken", *nhd.* „dräuen, drohen") *(dcht., nkl.)* finster, wildaussehend, drohend, *bsd. vom Auge u. Blick* [*oculi, vultus*], *auch* ernst, (sitten)streng; *übh.* schrecklich, grausig [*draco*]; *(acc. n) adv.* °*tŏrvŭm u. -ă, zB. tueri.*

tōsĭllae, *ārŭm f = tōnsĭllae.*

tōstrīnă *(Pl.) = tōnstrīnă.*

tōstŭs *P.P.P. v. tŏrrĕō.*

▶ **tŏt** *num. indecl. (< *tŏtĭ; cf. tŏtĭdĕm; zum Pron.-Stamm *tŏ-* „der") so viele, *adi. u. subst., stets pl.* [~ *homines u. rationes; tot tantique casus*], *nicht m. gen. partit., wohl aber m. ex, zB. tot ex tuis amicis; korrespondierend m. quŏt (bzw. quŏtĭēs) od. m. ut* „daß"; *insb. (nkl.)* nur so viele; so wenige.

tŏtālĭtĕr *adv. (**tŏtālĭs, ĕ) (zu tōtŭs) (spätl.)* gänzlich, völlig.

tŏtĭ-dĕm *num. indecl. (cf. ī-dĕm; tŏt)* ebensoviele: **1.** *(meist adi.), stets pl.* [*pedites, verba*]; *korrespondierend m. quot, seltener m. ac, atque* „wie, als". **2.** *(subst.) (Ho.)* ebensoviel [~ *audiet*].

▶ **tŏtĭē(n)s** *adv. (tŏt)* **1.** so oft, so häufig [*tam multa totiens ad te scripsi*]; *korrespondierend m. quo-*

tiens *u.* quotienscumque; *bisw. m.* quot. **2.** (*Ho.*) ebensooft.
tŏtŏndī *s.* tŏndĕō.
tōtŭs 3 (< *tŏvētŏs *zu* *tŏvĕō 2. „vollstopfen"; *cf.* tŭmĕō) **1.** ganz = ungeteilt, in allen seinen Teilen [*nox, ager, naves totae ex robore factae, totā Galliā*]. **2.** *pl.* alle, sämtliche, insgesamt. **3.** völlig, *m.* Leib *u.* Seele, ganz ergeben [*totos vos tradidistis voluptatibus, sum vester totus*]. **4.** *subst.* **tōtŭm,** ī *n* das Ganze, *nie m. einem gen.* [*in toto,* °*ex toto*].
F. *gen. sg.* tōtīŭs *u.* °tōtĭŭs; *dat.* tōtī (*selten* -ō *u.* -ae).
tŏxĭcŏn *u.* **tŏxĭcŭm,** ī *n* (*Fw.* < τοξικόν) (*dcht., nkl.*) Pfeilgift; *übh.* Gift.
tr. (*Abk.*) = trĭbūnŭs *u.* trĭbūnĭcĭŭs.
tr. pl. (*Abk.*) = trĭbūnŭs plēbĭs.
trā- *s. auch unter* trāns-.
trăbālĭs, ĕ (*trăbs*) **1.** Balken... [*clavus* Balkennagel, *trabali clavo figere alqd etw.* niet- *u.* nagelfest machen]. **2.** (*dcht.*) balkenartig, balkenstark [*telum*].
trăbĕă, *ae f* (*trăbs*) (*dcht., nkl.*) die Trabea, *m. breiten Purpurstreifen verbrämtes Staatsgewand der Könige u. Ritter*; / Ritterstand.
trăbĕātŭs 3 (*trăbĕă*) (*nkl., dcht.*) im Staatskleid [*eques*]; *subst.* **-ae,** ārŭm *f* (*sc. fābŭlae*) *eine Art lat. Dramen, wahrsch. nach den in ihnen dargestellten Rittern genannt.*
trăbs, trăbĭs *f* (*et. unklar*; *vl. zu* τράπηξ, *att. inschr.* τράφηξ „Schiffsbord, Pfahl") **1.** langer Balken, *bsd.* Querbalken. **2.** / (*dcht.*) **a)** (*meton.*) Baum(stamm) [*silva trabibus frequens*]; **b)** (*synekd.*) α) Schiff [*Cypria*]; β) Dach, Wohnung, Haus [*sub iisdem trabibus esse*]; γ) Fakkel; δ) Fisch; ε) = mĕntŭlă. **3.** (*nkl.*) feurige Lufterscheinung (*gen. pl.* -ŭm).
Trāchīn, īnĭs *f* (Τραχίν) *St. am Öta, Sterbeort des Herakles*; *adi. u. Einw.* **Trāchīnĭŭs** (3), *subst. fem.* **Trāchīnĭae,** ārŭm die Trachinierinnen (*Tragödie des Sophokles*).
trăctābĭlĭs, ĕ (*m. comp.*; *adv.* °-**ĭtĕr**) (*trăctō*) **1.** berührbar; *non* ~ °unnahbar [°*caelum* stürmisch]. **2.** / nachgiebig, mild, gütig [*virtus,* °*ingenium*].
trăctātĭō, ōnĭs *f* (*trăctō*) Betastung: **1.** Handhabung, Gebrauch (*alcis rei, zB. armorum*). **2.** / **a)** Behandlung *e-r Sache,* Beschäftigung *m. etw.* [*philosophiae*]; **b)** (*nkl.*) Benehmen [*mala*]; **c)** (*rhet. t.t.*) α) besonderer Gebrauch *e-s Wortes*; β) (*Se.*) ausführliche Abhandlung, Untersuchung.
trăctātŏr, ōrĭs *m* (*trăctō*) **1.** (*Se.*) Masseur (*Sklave*). **2.** (*Eccl.*) Ausleger, Erklärer [*divinarum scripturarum*].
trăctātrix, īcĭs *f* (*trăctātŏr*) (*Ma.*) Masseuse (*Sklavin*).
trăctātŭs, ūs *m* (*trăctō*) **1.** = trăctātĭō. **2. a)** (*nkl.*) Erörterung, Besprechung; Abhandlung; **b)** (*Augustin.*) Predigt, Homilie.
trăctĭm *adv.* (*trăhō*) **1.** (*Pl.*) ziehend; ~ *tangere alqm jd.* eine Ohrfeige geben. **2.** (*Lu.*) nach *u.* nach [*ire*]. **3.** (*nkl., dcht.*) gedehnt, langsam [*dicere*].

trăctō
1. herumziehen; **2. a)** betasten, anfassen; **b)** *etw.* handhaben, bearbeiten; **3. a)** *etw.* betreiben; **b)** *jd.* behandeln; **c)** überdenken **d)** *mündl. od. schriftl.* behandeln; **e)** über *etw.* verhandeln.

trăctō 1. (*frequ. v. trăhō*) **1.** (*vkl., dcht.*) herumziehen, -schleppen, -zerren [*alqm comis* an den Haaren]; *klass. nur* / [*alqm in iudiciis*]. **2. a)** betasten, anfassen [*vulnera, alqd manu,* °*fila lyrae* schlagen, °*venena* mischen]; **b)** *etw.* handhaben, bearbeiten [°*ceram pollice* kneten, *gubernacula* führen, *arma u.* °*tela* führen; / °*sua pericula* spielen *m.*]; *übh.* Gebrauch *v. etw.* machen, *zB. ridicula*. **3.** / **a)** *etw.* verwalten, betreiben, besorgen (*alqd, zB.* °*artem, causas amicorum,* °*bellum, personam od.* °*partes* eine Rolle spielen, *animos* auf die Gemüter einwirken, °*vitam honeste* zubringen); **b)** *jd.* behandeln, sich gegen *jd.* (*alqm*) benehmen *od.* betragen [*socios crudeliter, patrem pie,* °*plebem placidius, alqm liberaliter* bewirten, °*se benignius* sich gütlich tun, *se ita in re, ut* sich so benehmen, daß]; **c)** *etw.* untersuchen, überdenken [*definitionem fortitudinis, omnes philosophiae locos*]; **d)** (*einen gegebenen Stoff*) *mündl. od. schriftl.* behandeln, besprechen [*partem philosophiae copiose, res tragicas comice*; *m. indir. Frages.*]; **e)** (*nkl.*) über *etw.* verhandeln *od.* unterhandeln (*alqd u. de re, bsd. condiciones u. de condicionibus*).
trăctŭm, ī *n* (*eigtl. P.P.P. n v. trăhō*) (*vkl., dcht.*) (gezogene) Spinnwolle.
trăctŭs[1] 3 (*eigtl. P.P.P. v. trăhō*) **1.** herstammend, ausgehend (*a re, zB. sermo ab isto initio -us*). **2.** (*v. der Rede*) ruhig, fließend, nicht holperig [*oratio*].
trăctŭs[2], ūs *m* (*trăhō*) **1. a)** das Ziehen, der Zug [°*rota tractu gemens* beim Fortziehen knarrend]; **b)** das Spinnen [*vellera tractu mollire*]; **c)** (*v. Gestirnen*) Lauf [*lunae*]; **d)** (*v. Gewässern*) Strömung [*aquarum*; *Cydni*]; **e)** (*dcht.*) (*v. Schlangen*) Windung; **f)** (*Sa.*) *das* Fortziehen, -schwemmen [*Syrtes ab tractu* (*d. h. angeblich nach* σύρειν „fortschleppen") *nominatae*]. **2.** / **a)** Richtung, Ausdehnung [*muri*]; Reihe [*arborum*]; **b)** Landstrich, Gegend [*totus,* °*maris,* °*caeli* Himmelsgegend, Atmosphäre, °*nubium* Wolkenräume]; **c)** / das Hinziehen: α) (*v. der Rede*) langsame Bewegung, verhaltener Stil [*verborum, orationis*]; β) (*v. d. Zeit*) (*Lu.*) ruhiger Verlauf [*alvi*]; γ) (*nkl., dcht.*) langsamer Verlauf, Verzögerung [*belli, mortis*].
trăctŭs[3] *P.P.P. v.* trăhō.
trā-dĭdī *s.* trādō.
trādĭtĭō, ōnĭs *f* (*trādō*) **1.** Auslieferung, Übergabe (*alcis u. alcis rei, zB.* °*Iugurthae,* °*oppidorum*; *alci* an *jd.*). **2.** / (*nkl.*) **a)** Überlieferung, Tradition; **b)** Vortrag *des Lehrers,* Lehre, Satzung; **c)** Bericht *e-s Schriftstellers* (*alcis rei v. od.* über *etw., zB. supremorum* über ihr Ende).
trādĭtŏr, ōrĭs *m* (*trādō*) **1.** (*nkl.*) Verräter. **2.** (*Eccl.*) Lehrer.

trā-dō
1. übergeben; **2. a)** *j-m etw.* anvertrauen; **b)** *jd.* empfehlen, *j-m etw.* ans Herz legen; **3. a)** ausliefern; **b)** durch Verkauf abtreten; **c)** *refl.* sich *e-r Sache* hingeben; **4.** vererben; **5. a)** überliefern; **b)** lehren.

trā-dō, dĭdī, dĭtŭm 3. **1.** übergeben, einhändigen, abliefern (*alci alqd, zB. poculum,* °*anulum filio*; *m. gerund., zB. alci* °*testamentum legendum,* °*alqm custodibus asservandum, m.* °*inf.*); °*per manus alqd* v. Hand zu Hand geben (°*alci per manus j-m* unmittelbar übergeben, *zB. regnum*; *alqm alci de manu in manum j-n j-m* ans Herz legen); *auch* (*nkl.*) zur Frau übergeben, an *jd.* verheiraten [*alci filiam, sororem in matrimonium*] *u.* (*nkl.*) als Beschützer beigeben [*alci decem satellites*]. **2. a)** *jd. zur Besorgung od. Obhut etw.* anvertrauen, überlassen [*alci custodiam navium od.* °*corporis, imperium, se alcis fidei, agmen ducendum,* °*provinciam administrandam*; °*alqm in fidem alcis,* / °*uxori cogitationes suas*]; **b)** *jd.* empfehlen (*alqm alci*), *j-m etw.* ans Herz legen (*alci alqd*). **3. a)** ausliefern, *bsd. zur Bestrafung* (*alqm u. alqd, zB. alqm* °*vinctum od. vivum regi, hostibus arma, alqm* °*in vincula od. ad supplicium*); *bsd.* verraten, preisgeben [°*regnum hostibus,* °*urbem militibus diripiendam*]; **b)** (*dcht.*) durch Verkauf abtreten [*alqm dominis*]; **c)** *se tradere alci rei* sich einer Sache hingeben [*quieti, voluptatibus,* °*lacrimis, in studium aliquod*]. **4.** (*als Erbteil*) hinterlassen, auf *jd.* vererben, fortpflanzen [*filio regnum od. praedia*; *meist* /, *zB. inimicitias posteris,* °*opus posteritati*; P. °*mos alci traditus est a maioribus, consuetudo a maioribus tradita*]. **5. a)** (*schriftl. der Nachwelt,* °*posteris od. memoriae*) überliefern, erzählen, berichten, mitteilen (*alqd etw., de re* über *etw.*); *tradunt* (*m. a.c.i.*), *traditur, traduntur* (*m. n.c.i.*) man berichtet, es wird erzählt; **b)** (*mündl.*) vortragen, lehren (*alci alqd od. de -e, zB. praecepta dicendi, multa de sideribus*).

trā-dūcō
1. **a)** hinüberführen; **b)** *jd.* übersetzen; **2.** *in e-n Zustand* versetzen; **3.** *jd. auf j-s Seite* hinüberziehen; **4.** vorbeiführen; öffentlich verhöhnen; **5.** (*Zeit*) zubringen; **6. a)** *etw.* zu *etw.* verwenden; **b)** auf *etw.* anwenden; **7.** *jd.* hindurchführen.

trā-dūcō, dūxī, dŭctŭm 3. **1. a)** hinüberführen, -bringen (*alqm od. alqd ex loco in locum od. ad alqm*);

übh. herbeiführen [*copias ex Gallia in castra a/i se*]; **b**) *jd.* übersetzen, über *etw.* setzen *od.* führen (*alqm alqd, bsd. exercitum flumen* über *e-n* Fluß *Belgas Rhenum, P. legio flumen traducitur; selten trans flumen od. flumine bzw. Alpibus*). **2.** *in einen Zustand od. in neue Verhältnisse* bringen *od.* versetzen (*alqm ad od. in alqd, zB. animos a laetitia ad metum, inimicitias ad amicitiam* verwandeln in); *bsd. jd.* zu *etw.* befördern [*centuriones ex inferioribus ordinibus ad superiores*]. **3.** *jd. auf j-s Seite* (*od.* Partei) hinüberziehen *od.* für *etw.* gewinnen [*alqm ad plebem, ad se, civitatem ad Gallos, ad od.* °*in suam sententiam* auf seine Seite bringen]. **4. a**) vorüber-, vorbeiführen [*copias praeter castra in locum,* °*victimas in triumpho*]; **b**) *equum* ~ die Musterung gut bestanden haben (*eigtl. vom Ritter gesagt, der sein Pferd dem Zensor vorführt u. von diesem die Weisung erhält: traduc equum*); **c**) (*nkl.*) *jd. öffentl.* dem Spott preisgeben, verhöhnen [*alqm per ora hominum*]; **d**) (*dcht.*) α) *se* sich sehen lassen, sich zeigen; β) bekanntmachen [*carmina*]. **5.** (*Zeit*) zubringen, verleben [°*noctem, tempus, vitam tranquille*]. **6. a**) *etw.* zu *etw.* verwenden [°*curam in vitulos*]; **b**) auf *etw.* anwenden [*hanc rationem ad id genus*]. **7.** *jd.* hindurchführen [*copias per fines Sequanorum*].

trādūctiō, *ōnis f* (*trādūcō*) (*eigtl.*) Hinüberführung: **1.** Versetzung unter *etw., bsd. aus einer patrizischen Familie in eine plebejische* [*hominis ad plebem*]. **2.** (*v. der Zeit*) Verlauf [*temporis*]. **3.** (*nkl.*) Anprangerung, Bloßstellung. **4.** (*rhet. t.t.*) uneigentlicher Gebrauch *e-s Wortes, bsd.* Metonymie.

trādūctor, *ōris m* (*trādūcō*) „Überführer", *ad plebem* „Plebejerfabrikant" (*d. i. Pompeius, der den Übertritt des Clodius in e-e pleb. Familie gefördert hatte*).

trā-dūctus *P.P.P. v. trādūcō.*

trādux, *ducis m* (*trādūcō*) (*nkl.*) Weinranke, *die weitergezogen u. so fortgepflanzt wurde.*

trā-dūxī *s. trādūcō.*

trāgicōmoedia, *ae f* (*Neubildung aus τραγικός u. κωμῳδία, nur Pl. Amph., prol. 59 u. 63*) Tragikomödie.

trāgicus 3 (*adv.* **-ē**) (*Fw.* < *τραγικός*) **1. a**) α) tragisch, in Trauerspielen (dargestellt *od.* vorkommend), Tragödien... [*poëta, poëma* Tragödie, *actor, Orestes*]; β) / *tragicē* wie ein Tragödiendichter, *zB. ornare alqd*; **b**) (*v. der Rede*) erhaben, pathetisch [*orator*]; **c**) *subst.* α) *trāgicus, ī m* Tragiker; (*Pl.*) tragischer Schauspieler; β) (*Ho.*) *trāgicum, ī n* tragisches Pathos. **2.** / (*dcht., nkl.*) traurig, schrecklich [*scelus, ignes* Liebe].

trāgoedia, *ae f* (*Fw.* < *τραγῳδία*) **1.** Trauerspiel, Tragödie [*-am agere* darstellen, *facere* = °*scribere*]. **2. a**) *pl.* tragisches Pathos [*-is alcis perturbari*]; **b**) Rührstück, Rührszene; **c**) *pl.* großer Lärm, Spektakel [*-as excitare*]; **d**) (*spätl.*) trauriger Vorfall.

trāgoedus, *ī m* (*Fw.* < *τραγῳδός*) tragischer Schauspieler, Tragöde.

trāgula, *ae f* (*wohl kelt. Fw.*) **1.** (*m. Schwungriemen versehener*) Wurfspieß *der Gallier u. Spanier.* **2.** / (*Pl.*) Ränke.

trāgus, *ī m* (*Fw.* < *τράγος*) (*dcht., nkl.*) **1.** *unbekannter Fisch.* **2.** Bocksgestank *unter den Achseln.*

trāhāx, *ācis* (*trāhō*) (*Pl.*) raffend, raffgierig (*v. e-m Kuppler*).

trāha *u.* **trāhea,** *ae f* (*trāhō*) (*nkl., dcht.*) Bohlenwalze *zum Ausdreschen des Getreides.*

trāhō

1. a) ziehen, schleppen; **b**) gewaltsam ziehen; **c**) hin und her ziehen; **d**) fortschleppen; **e**) plündern; **f**) wegnehmen; **g**) nachschleppen; **h**) verursachen; **i**) von *etw.* ablenken; **k**) annehmen, bekommen; **l**) an sich reißen; **m**) hervor-, herausziehen; **n**) herleiten; **o**) zusammenziehen; **2. a**) hinziehen, leiten; **b**) *jd.* zu *etw.* veranlassen, verleiten; **c**) *etw.* als *etw.* auslegen, deuten; **d**) *etw.* auf *jd.* beziehen; **e**) überdenken; **3. a**) verlängern; **b**) spinnen; **c**) hinziehen, verzögern; **d**) (*Zeit*) hinbringen; **e**) *jd.* hinhalten.

trāhō, *trāxī, trāctum* 3. (*cf. nhd.* „tragen") **1. ziehen, schleppen: a**) ziehen, schleifen (*im eigtl. Sinn fast nur dcht. u. unkl.*) [°*currum,* °*plaustra per montes,* °*alqm in conventum od.* °*avo* bringen in *od.* zu]; **b**) gewaltsam ziehen, schleifen, zerren [*alqm pedibus,* °*ramos per terram, alqm ad supplicium*]; **c**) hin *u.* her ziehen [°*alcis corpus*]; / (*nkl.*) zerrütten [*Britanni factionibus trahuntur*], °(*pecuniam*) verprassen; **d**) (*meist nkl., dcht.*) *m.* sich fortziehen *od.* fortschleppen [°*leo trahit pecus, per manūs v.* Hand zu Hand, °*praedas ex agris*]; *bsd.* °(*v. Flüssen*) *saxa secum u.ä.*; **e**) (*nkl.*) plündern, ausplündern [*Aeduorum pagos, socios*]; *abs.* °*trahere et rapere* = *ἄγειν καὶ φέρειν* rauben *u.* plündern; **f**) (*Li.*) wegnehmen, benehmen [*partem doloris*]; **g**) (*unkl.*) hinter sich herziehen, nachschleppen [*vestem, onera, equos loris; aus Müdigkeit corpus fessum, genua*]; **h**) (*nkl., dcht.*) im Gefolge haben, verursachen [*pudorem, turbam prosequentium*]; **i**) (*nkl.*) *v. etw.* ablenken [*alqm ab incepto*]; **P**) (*dcht.*) *etw.* einschlürfen, einsaugen, *auch* / [*pocula arente fauce, aquam* trinken, *odorem naribus, animam od. spiritum* atmen, *ignes* Feuer fangen]; **k**) / *etw.* annehmen, bekommen [*nomen od. cognomen ex u.* °*a re od. ab alqo,* °*colorem, vitium,* °*contagium,* °*stipendia* Sold erhalten, °*in exemplum* zum Muster nehmen, *molestiam ex re* empfinden, °*multum ex vero traxisse m.* vielem Wahren versetzt sein]; **l**) sich *etw.* aneignen, an sich reißen [°*regnum, decumas,* °*gratiam sibi* Dank für sich fordern]; **m**) hervor-, herausziehen [°*ferrum ex vulnere od. de corpore,* °*suspiria penitus*]; **n**) / herleiten, entnehmen (*alqd ex od. a re, z.B.* °*originem inde od. ab alqo, sermonem ab initio*); **o**) (*dcht.*) zusammenziehen [~ *vincla galeae, vela* einziehen, *orbes v. der Schlange*]. **2. zu** *etw.* **hinziehen: a**) (*meist nkl.*) hinziehen, leiten (*alqm od. alqd ad alqm od. ad u. in alqd; fast nur* /, *zB. alqm in aliam partem*), *bsd. P.* sich zu *etw.* hingezogen fühlen [*ad imperii cupiditatem trahi*]; **b**) / *jd.* zu *etw.* bewegen, veranlassen, verleiten, reizen [*alqm ad defectionem od.* °*in arcanos sermones,* °*in suam sententiam,* °*in arma,* °*in facinus, trahi studio laudis od.* °*amore* bestimmt werden durch]; **c**) *etw.* als *etw.* auslegen *od.* deuten, für *etw.* ansehen [*alqd* °*in virtutem* als Tapferkeit *od.* Verdienst auslegen, °*ad religionem* als religiös bedenklich erachten, °*in prodigium,* °*in deterius* schlimm deuten]; *abs.* °*auctores utroque trahunt* sind *zw.* beiden Angaben geteilt; **d**) (*unkl.*) *etw.* auf *jd.* beziehen, *j-m etw.* beimessen *od.* beilegen [*decus ad consulem,* °*nomen in urbem* auf die Stadt übertragen]; **e**) (*Sa.*) Gedanken hin- *u.* herwenden, *etw.* überdenken, erwägen [*alqd cum animo, zB. rationes belli*]. **3. in die Länge ziehen: a**) (*dcht.*) verlängern [*aures in spatium*]; **b**) (*dcht.*) spinnen, abspinnen, krempeln [*lanam, vellera*]; **c**) / hinziehen, verzögern [°*bellum, comitia,* °*rem in serum,* °*laborem* lange aushalten, °*noctem sermone od.* °*conviviis* verkürzen, °*quietem* schlafen, °*frustra laborem ingratum* sich vergebens bei undankbarer Arbeit abmühen]; **d**) (*Zeit*) hinbringen [*tempus iurgiis,* °*vitam* das Leben fristen]; **e**) (*nkl.*) *jd.* hinhalten [*alqm sermone*].
F. *inf. pf.* °*trāxe*, *synk.* = *trāxisse.*

Trāiānus, *ī m*: *M. Ulpius* ~ *aus der röm. Kolonie Italica in Spanien, geb. 53 n. Chr., röm. Kaiser 98—117.*

trā-iciō

I. 1. a) hinüberschießen, -schaffen; **b**) übertragen; **2. a**) *mil.* (*trans.*) (*über e-n Fluß*) übersetzen; **b**) (*intr. od. refl.*) hinüberfahren; (*Feuer*) übergreifen; **3.** über *etw.* setzen, *etw.* passieren; **II. 1.** *etw.* über *etw.* werfen; **2.** durchbohren; **3.** *etw.* durchbrechen.

trā-iciō, *iēcī, iectum* 3. (*trāns, iaciō*) **I. hinüberwerfen: 1. a**) *etw.* hinüberwerfen, -schießen, -bringen, -schaffen [*telum,* °*vexillum trans vallum,* °*legiones in Siciliam,* °*pontem* hinüberlegen, °*rudentem v.* einem Ufer zum andern hinüberhieven, °*malos antennasque de nave in navem* hinüberragen lassen, °*funem* um den Mastbaum schlingen, °*lora per talos* hindurchziehen]; **b**) / übertragen [*alqd ex re od. ab alqo in alqm, alqd ex illius invidia in te*;

°*arbitrium litis in omnes*]. **2. a)** *mil.* (*trans.*) (Truppen) über einen Fluß setzen (lassen) *od.* transportieren [*copias flumen, selten trans flumen od. flumine*]; **b)** (*intr.*) *traicere od. refl. se traicere* (*auch* P. *bzw. mediopass.*) = *transire*: α) übersetzen = hinüberfahren (*ex loco in locum, ad alqm, ex Africa in Siciliam,* °*duabus navibus in Graeciam, Marius traiectus in Africam,* °*nando* hinüberschwimmen); β) / (*Li.*) (*v. Feuer od. Unglück*) herüberdringen, übergreifen auf [*incendium od. malum traiciet ad nos*]. **3.** (*unkl.*) (*eine Örtlichkeit*) passieren, über *etw.* setzen (*alqd, zB. flumen, montem, Trebiam ratibus*). **II.** überwerfen, durchdringen: **1.** *etw.* über *etw.* hinüberwerfen [*murum iaculo*]. **2.** *etw. od. jd.* durchstoßen, durchbohren [*alqm pilo od.* °*venabulo,* °*pectora ferro,* °*se* sich erstechen; *auch alci alqd, zB. hosti femur tragulā*]. **3.** (*Li.*) *etw.* durchbrechen [*equites mediam aciem traiecerunt*].

trāiĕctĭō, *ōnis f* (*trāiciō*) **1. a)** Überfahrt, -gang (*abs. od. maris* über das Meer, *in Britanniam*); **b)** *stellae* Sternschnuppe. **2.** / **a)** das Hinüberschieben [*in alium* auf *e-n* anderen]; **b)** (*rhet. t.t.*) α) Versetzung [*verborum*]; *cf. hўpĕrbătŏn, trānsgrĕssĭō*; β) Übertreibung, Hyperbel [*veritatis*].

trā-iĕctŭs[1] *P.P.P. v. trāiciō.*

trāiĕctŭs[2] *ūs m* (*trāiciō*) **1.** Überfahrt [*in Britanniam*]. **2.** (*nkl.*) *meton.* Übergangsort.

trālātŭs[1], *ūs m* (*trā-fĕrō* = *trāns-fĕrō*) (*nkl.*) das Vorbeitragen; feierlicher Aufzug, Prozession.

trā-lātŭs[2] = *trāns-lātŭs, s. trāns-fĕrō.*

trā-lŏquŏr, — 3. (*Pl.*) herzählen.

trămă, *ae f* (*wohl* < **trăgh-smā zu trăhō*) (*vkl., nkl.*) Kette *des Gewebes,* Einschlag; / Nichtigkeit, Bagatelle.

trāmĕs, *ĭtĭs m* (<**trāns-mĭt-s; mĕō; cf. auch sēmĭtă*) **1.** Querweg, Seitenweg, Fußpfad. **2.** (*dcht., nkl.*) *übh.* Weg, Pfad, Gang, Lauf, Flug.

trā-nătō *u.* **trā-nō** 1. **1.** (*intr.*) hinüber-, hindurchschwimmen (*ex loco, ad alqm, in alqd*). **2.** (*trans.*) **a)** durchschwimmen (*alqd, zB. flumen; auch* P.); **b)** / α) (*meist dcht.*) durchfliegen [°*nubila*]; β) durchdringen, °durchfahren, °durcheilen [°*Erebi amnes*].

trănquillĭtās, *ātis f* (*trănquillŭs*) **1.** Ruhe, Stille. **2. a)** Meeresstille, ruhiges Wetter [*maris*], *auch pl.*; **b)** α) *pol.* Ruhe, Frieden [*rei publicae, pacis*]; β) Gemütsruhe [*animi*]; γ) (*Eutr.*) Sanftmut *als Titel der späteren Kaiser.*

trănquillō[1] 1. (*denom. v. trănquillŭs*) beruhigen [*animos,* °*res Romanas*].

▶**trănquillŭs** 3 (*m.* °*comp. u. sup.*; *adv.* **-ē** *u.* [*nkl.*] **trănquillō**[2]) (< *trāns* „sehr" [*cf. frz.* très] + **quīlnŏs* „ruhig" *zu quiēs*) **1.** ruhig, still, *bsd.* windstill [*mare,* °*serenitas*]. **2.** / friedlich, gelassen [*frons, animus, vita*]. **3.** *subst.*

trănquillŭm, *ī n* = *trănquillĭtās;* °(*in*) *tranquillo* bei ruhigem Wetter, in sicherem Zustande, °*rem publicam in -um redigere.*

▶**trāns** (*wohl erstarrtes part. praes. zu* √ **tĕr-* „überschreiten"; *cf. tĕrmĭnŭs*) **I.** *in der Komposition*: **trāns-, trā-** (*vor d-, l-, m-, n-, i-, v-, später auch vor anderen Konsonanten trā-; vor s- vereinfacht zu trān-*) **1.** hinüber, über- [*transeo*]. **2.** hindurch, durch- [*transfigo*]. **3.** darüber hinaus [*transalpinus*]. **II. trāns** *prp. b. acc.*: **1.** (*auf die Frage* „wohin?") über, über ... hin, über ... hinaus [*trans Alpes transferre*]. **2.** (*auf die Frage* „wo?") jenseits [*trans Rhenum incolere*].

trāns-ăbĕō, *iī, ĭtŭm, īrĕ* (*dcht., nkl.*) über *etw.* hinausgehen; / *etw.* durchbohren (*alqd, zB. costas*).

trānsăctŏr, *ōris m* (*trānsĭgō*) Vermittler (*alcis rei*).

trāns-ăctŭs *P.P.P. v. trānsĭgō.*

trāns-ădĭgō, — — 3. (*dcht., nkl.*) *etw.* durch *etw.* (*alqd*) treiben *od.* stoßen [*ensem costas*], durchbohren [*alqm costas j-m* die Rippen].

trāns-ălpīnŭs 3 jenseits der Alpen (befindlich) [*nationes*]; *subst.* **-ī,** *ōrŭm m* (*nkl.*) die jenseits der Alpen wohnenden Völker.

trān-scĕndō, *scĕndī, scēnsŭm* 3. (*trāns, scăndō*) **1.** (*intr.*) **a)** hinüberschreiten, -steigen, -gehen (*in alqd, zB. in hostium naves, in Italiam*); **b)** / (*dcht., nkl.*) (*in der Rede*) zu *etw.* übergehen (*ad alqd*). **2.** (*trans.*) **a)** *etw.* überschreiten, -steigen, passieren (*alqd, zB. maceriam, valles,* °*flumen*); **b)** / (*nkl., dcht.*) *etw.* übertreten = verletzen [*prohibita impune*]. — **(*part. praes.*) *adi. transcendens, entis* (*scholastischer t.t.*) übersinnlich, übernatürlich, transzendent.

trāns-cīdō, *cīdī,* — 3. (*caedō*) (*Pl.*) verhauen [*loris omnes*].

trān-scrībō, *psī, ptŭm* 3. (hin)überschreiben: **1.** umschreiben, abschreiben [*tabulas publicas, testamentum in alias tabulas*]. **2. a)** (*jur. t.t.; nkl.*) *etw.* auf *jd.* umschreiben lassen (*alqd in alqm, zB. nomina in socios* Schuldposten auf die Bundesgenossen); / **b)** (*dcht.*) *j-m etw.* schriftlich übertragen *od.* abtreten (*alqd alci u. in alqm, zB. sceptra colonis*); **c)** (*nkl., dcht.*) *jd. in e-n anderen Stand od. an einen anderen Ort* versetzen [*matres urbi* in die Stadt]; / aufnehmen [*in viros*].

trānscrīptĭō, *ōnis f* (*trānscrībō*) (*nkl.*) **1.** Umschreibung, Übertragung, *bsd. e-r Schuld auf e-n andern.* **2.** das Schieben *e-s* Verbrechens *auf e-n andern,* Entschuldigung *wegen e-s* Verbrechens [*privati veneni*].

trāns-cŭrrō, *cŭrrī u.* °*cŭcŭrrī, cŭrsŭm* 3. **1.** (*intr.*) **a)** hinüber-, hinlaufen (*ad u. in alqd, zB.* °*in castra*); **b)** / (*unkl.*) in *od.* zu *etw.* übergehen [*ad melius*]; **c)** α) (*dcht., nkl.*) über *etw.* hinlaufen (*per alqd, auch alqd*); β) vorbeilaufen, vorübereilen, -fahren, -segeln (*abs. u. praeter alqd*); (*nkl.*) (*v. der Zeit*) schnell vergehen, *auch* °(*v. Sachen*) an uns vorbeieilen [*lectio ut actionis impetus transcurrit*]. **2.** (*trans.*) **a)** (*nkl., dcht.*) *etw.* schnell durchlaufen, -eilen (*alqd, zB. caelum*); *klass. nur* / [*cursum suum* seine Laufbahn]; / **b)** (*Qu.*) (*v. der Rede*) kurz durchgehen [*narrationem*]; **c)** (*Qu.*) *m.* Stillschweigen übergehen [*divisiones*].

trānscŭrsŭs, *ūs m* (*trānscŭrrō*) (*nkl., dcht.*) **1.** das Durchlaufen, Flug [*per aera*]. **2.** das Vorbeilaufen, -fahren; / (*v. der Rede*) kurzer Überblick.

trāns-dō, trāns-dūcō = *trādō, trādūcō.*

trāns-ēgī *s. trānsĭgō.*

trānsĕnnă, *ae f* (*vl. etr.*) **1.** (*vkl., nkl.*) Vogelnetz; / Fallstrick. **2.** Gitter(fenster) [*alqd quasi per -am aspicere*].

> **trāns-ĕō**
> **1. a)** (*intr.*) hinübergehen; **b)** *zum Feind* übergehen; *zu e-r anderen Partei, Meinung* übertreten; **c)** sich *in etw.* verwandeln; **d)** *thematisch* zu *etw.* übergehen; **e)** vorbeigehen;
> **2. a)** (*trans.*) überschreiten; **b)** übertreten, verletzen; *etw.* überstehen; (*Redner*) *etw.* durchgehen; **c)** an *etw. od. jd.* vorübergehen; (*in d. Rede*) *etw.* übergehen; (*Zeit*) zubringen.

trāns-ĕō, *iī* (*u.* °*īvī*), *ĭtŭm, īrĕ* **1.** (*intr.*) **a)** hinübergehen, übergehen (*ab alqo ad alqm, zB. ab aliis ad alios; ex loco ad u. in alqd* zu *u.* nach *etw., zB.* °*ad forum, in Italiam,* °*ex Volscis in Aequos; per alqd* über *etw.*); *bsd.* übersetzen, übersiedeln, (*vom Fluß*) sich ergießen [*Mosa in Oceanum transit*]; **b)** zum Feind übergehen [*a Sulla ad adversarios*]; / *zu e-r anderen Partei* (*od. Ansicht u. dgl.*) übertreten, *e-r Sache* beitreten (*ad od. in alqd, zB.* °*a patribus ad plebem,* °*ad od.* °*in sententiam alcis,* °*ad alia omnia* dagegen stimmen); **c)** (*dcht.*) sich *in etw.* verwandeln [*in saxum*]; **d)** (*in e-r Rede od. Schrift*) zu *etw. anderem* übergehen (*ad alqd, zB. ad partitionem*); **e)** vorbeigehen, -ziehen, -reiten [°*equites transiere*]; / (*v. der Zeit*) verstreichen, verfließen [*complures dies hibernorum transierunt*]; **f)** (*unkl.*) durch *etw.* hindurchgehen, -fahren, -ziehen (*per alqd, zB. per media castra*); *klass. nur* / durch *etw.* (hindurch)dringen. **2.** (*trans.*) **a)** *etw.* überschreiten, -steigen, passieren (*alqd, zB. mare,* °*Alpes, Euphratem; auch im* P., *zB. flumen transitur*); *bsd.* °[*serpentem*] überfahren; zurücklegen [*iter*], (*v. Waffen*) *etw.* durchbohren [*praecordia, parmam*]; *auch* durch *etw.* ziehen, *etw.* durchreisen [*vim flammae, Formias*]; **b)** / α) *etw.* übertreten, verletzen [*modum, fines verecundiae*]; β) *etw.* überstehen, sich *m. etw.* abfinden [*ea quae premunt*]; γ) (*v. Redner*) *etw.* durchgehen, besprechen [*unamquamque rem breviter*]; **c)** an *etw.* vorüber- *od.* vorbeigehen, -fahren (*alqm u.*

alqd); *bsd.* α) (*dcht.*, *nkl.*) überholen [*alqm cursu*]; / *jd.* übertreffen; β) (*in der Rede*) *etw.* übergehen *od.* unerwähnt lassen [*alqd silentio, auch alqm*], (*beim Lesen*) überschlagen [*multa*]; γ) (*e-e Zeit*) zubringen, *auch* unbenutzt verbringen [*vitam silentio, °annum quiete*]. — **sterben.
F. *fut.* °*trānsiēt* = *trānsībit*; — *pf.-Formen zsgz.*: *trānsīssē(m), trānsīstī, trānsīstis, trānsīt* = *trānsiit*.

trāns-ferō
1. a) hinübertragen, -bringen; **b)** vorübertragen; **2. a)** versetzen, verlegen; **b)** lenken, wenden; **3.** übertragen; **4. a)** abschreiben; **b)** (*in e-e andere Sprache*) übersetzen; **c)** *etw.* auf *etw. od. jd.* anwenden; **d)** (*Wörter*) im übertragenen Sinn gebrauchen; **e)** in *etw.* verwandeln; **5.** (*zeitl.*) verschieben.

trāns-ferō, *tulī, lātum, ferre* **1. a)** hinübertragen, -bringen, -schaffen (*alqm u. alqd ab alqo od. ex re, ad alqm od. in alqd, zB. signa ex balneo in cubiculum; mil. signa m.* fliegenden Fahnen übergehen, *ad alqm*; *se* °*in aedem* sich begeben); **b)** (*nkl.*) vorbei-, vorübertragen [*in triumpho militaria signa*]. **2. a)** *jd. od. etw.* versetzen, verlegen, verpflanzen, *auch* / [°*castra trans Peneum*, °*copias in Boeotiam, concilium Lutetiam, bellum in Africam* den Kriegsschauplatz verlegen]; **b)** lenken, wenden, schieben [*crimen od. culpam ad od. in alqm* auf *jd.*, °*amores alio* anderswohin richten, *se ad alqd* sich einer Sache zuwenden, *zB. ad artes*]. **3.** übertragen (*alqd in alqd od. in u. ad alqm*); *bsd. etw.* auf *jd.* übergehen lassen [*possessiones a liberis ad alienos*]; *jd. etw.* übertragen, *bsd. ein Amt* [°*summam imperii ad Athenienses*]; P. auf *jd.* übergehen (*ab alqo ad alqm*). **4. a)** abschreiben [*rationes, alqd in tabulas*]; **b)** (*in e-e andere Sprache*) übertragen = übersetzen [*alqd ab Aristotele* aus Aristoteles, *locum totidem verbis a Dicaearcho*, °*ex Graeco in Latinum*]; **c)** *etw.* auf *etw. od.* auf *jd.* anwenden [*definitionem in aliam rem*]; **d)** (*Wörter*) bildlich *od.* im übertragenen Sinn gebrauchen [*verbum; verba translata* Metaphern]; **e)** (*dcht.*, *nkl.*) *etw.* in *etw.* verwandeln [*alqd in novas species; in o litteram secundae syllabae*]; **f)** *translatum exordium* nicht zur Sache gehöriger, verfehlter Eingang der Rede. **5.** (*zeitl.*) verschieben [*causam in aliud tempus, se in proximum annum* seine Bewerbung auf das nächste Jahr verschieben].

trāns-fīgō, *fīxī, fīxum* 3. **1.** durchbohren (*alqm u. alqd re etw. m. etw., zB.* °*hostem gladio, scutum ferro; alci alqd j-m etw.*). **2.** (*dcht.*) *etw.* hindurchstoßen [*hastam*].

trāns-fīgūrō 1. (*nkl.*) umgestalten, verwandeln; *auch* /.

trāns-fodiō, *fōdī, fossum* 3. = *trānsfīgō*.

trānsfōrmis, *e* (*Rückbildung aus trāns-fōrmō*) (*Ov.*) **1.** umgeformt, verwandelt [*corpora*]. **2.** wandelbar [*Proteus*].

trāns-fōrmō 1. (*dcht.*, *nkl.*) umgestalten, verwandeln (*alqm u. alqd in alqd*).

trāns-forō 1. (*nkl.*) durchbohren.

trāns-frētō 1. (*Hypost.* ⟨ *trāns frētum* [*sc. vĕhŏr*]) (*nkl.*) über das Meer fahren.

trānsfŭgă, *ae m* (*u. f*) (*trānsfŭgiō*) Überläufer, Ausreißer; *auch* (*dcht.*, *nkl.*) *adi.*, *zB. plebs* ~ *ex suis populis* übergelaufen; treulos, abtrünnig.

trāns-fŭgiō, *fūgī*, — 3. zum Feind überlaufen (*abs. od. ab alqo ad alqm, auch* /, *zB. ab afflicta amicitia ad aliam*).

trānsfŭgium, *ī n* (*trānsfŭgiō*) (*nkl.*) das Überlaufen; *pl.* Fälle *v. od.* Gelegenheiten zum Überlaufen.

trāns-fundō, *fūdī, fūsum* 3. **1.** (*nkl.*, *dcht.*) *in ein anderes Gefäß* umgießen *od.* umschütten (*alqd in alqd u. in od. ad alqm*); P. (hinüber)strömen. **2.** / **a)** *etw.* auf *jd.* übertragen [*amorem in alqm, laudes ad alqm*]; **b)** *latius transfusus* umfassender [*studia*].

trānsfūsiō, *ōnis f* (*trānsfundō*) (*nkl.*) das Hinübergießen; / Vermischung.

trāns-grĕdior, *gressus sum* 3. (*grădior*) **1.** (*intr.*) **a)** hinübergehen, -steigen (*in alqd u. ad alqm*, °*per montes*, °*Rheno*); **b)** / (*nkl.*) α) zu *e-r* Partei übergehen [*in partes alcis, ad alqm*]; β) zu *e-r* Handlung übergehen *od.* schreiten (*ad alqd, zB. ad sacramentum*). **2.** (*trans.*) **a)** überschreiten *od.* passieren (*alqm u. alqd, zB. iacentem, Taurum, flumen*); *part. perf. transgressus auch pass.* [°*transgresso Apennino*]; **b)** (*nkl.*) / *etw. m.* Stillschweigen übergehen.

trānsgressiō, *ōnis f* (*trānsgrĕdior*) **1.** das Überschreiten, Übergang (*alcis j-s*, °*amnis* über einen Fluß). **2.** (*Eccl.*) Übertretung *e-s Gesetzes*. **3.** (*rhet. t.t.*) **a)** (*Qu.*) Übergang zu einem anderen Gegenstand; **b)** *verborum* Abweichung *v.* der gewöhnlichen Wortstellung (= *hyperbaton*; *s.d.*).

trānsgressor, *ōris m* (*trāns-grĕdior*) (*Eccl.*) Übertreter *e-s Gesetzes*; Sünder.

trāns-gressus[1] *part. pf. v. trānsgrĕdior*.

trānsgressus[2], *ūs m* (*trānsgrĕdior*) (*nkl.*) Übergang [*amnis*].

trānsiectiō, trānsiectus = *trāiectiō, trāiectus*.

trāns-igō, *ēgī, āctum* 3. (*ăgō*) **1.** (*dcht.*, *nkl.*) durchbohren (*alqd re etw. m. etw., zB. pectus od. se gladio*). **2.** / *etw.* durchführen: **a)** vollführen, zustande bringen, (*Geschäfte*) durchführen (*alqd, zB. negotium*; *bsd. alqd per alqm u. cum alqo; impers. transactum est* alles ist vorbei); *subst.* (*Cu.*) *trānsāctă, ōrum n* das bereits Geschehene; **b)** (*Streit*) beilegen [*certamen*]; **c)** (*intr.*) *m. jd.* ein Abkommen treffen (*cum alqo*); **d)** (*nkl.*) *m. etw.* ein Ende machen (*cum re, zB. cum expeditionibus, cum spe uxoris*); **e)** (*nkl.*) (*Zeit*) zubringen, verleben [*vitam, mense transacto* nach Ablauf].

trāns-ii *s. trānseō*.

trān-siliō, *siluī* (*u.* °*silīvī od.* °*siliī*), — 4. (*saliō*) **1.** (*intr.*) (*vkl.*, *nkl.*) hinüberspringen (*ab od. ex u. de re in od. ad alqd, zB. de muro in navem*); / sprungweise zu *etw.* übergehen [*ab illo consilio ad aliud*]. **2.** (*trans.*) **a)** (*nkl.*) *etw.* überspringen (*alqd, zB. muros*); **b)** / α) (*dcht.*, *nkl.*) durcheilen, -fliegen (*alqd*); β) *etw.* überschreiten [*lineas*, °*munera Liberi*]; γ) *i. der Rede* übergehen, unbesprochen lassen [*rem unam*].

trāns-ire *s. trānseō*.

trānsitāns, *antis* (*part. praes. v.* **trānsitō*, *intens. v. trānseō*) (*nur Ci., ad Att.* 5, 21, 5) durchziehend, auf *e-r* Dienstreise (befindlich).

trānsitiō, *ōnis f* (*trānseō*) **1.** das Hinübergehen, Übergang [*imaginum* das Überströmen *v. den Göttern zu den Menschen*]. **2.** / **a)** Übertritt, *auch* das Überlaufen *zum Feind* (*alcis j-s, zB.* °*sociorum; ad alqm, zB.* °*ad hostem, ad plebem*); **b)** (*Ov.*) (*v. Krankheiten*) Ansteckung [*-ne nocere*]; **c)** (*A. ad Her.*) (*rhet. t.t.*) Übergang *in der Rede*. **3.** (*meton.*) Durchgang *als Ort* [*pervia*].

trānsitōrius 3 (*adv.* **-ē** / im Vorbeigehen) (*trānseō*) **1.** (*nkl.*) *m.* einem Durchgang versehen, Durchgangs... [*domus*]. **2.** (*spätl.*) vorübergehend, kurz [*momentum*]. — ** vergänglich.

trāns-itus[1] *P.P.P. v. trānseō*.

▶**trānsitus**[2], *ūs m* (*trānseō*) **1. a)** das Überschreiten, Übergang (*alcis rei* über *etw., zB. fossae*); **b)** Übergangsort: Paß, Furt [*Alpium, -ūs speculari*]. **2.** / **a)** (*nkl.*) Übertritt *zum Feind od. zu e-r andern Partei* (*ad alqm*); **b)** (*nkl.*, *dcht.*) (*in der Malerei*) Farbenübergang; **c)** (*nkl.*) Übergang *in der Rede*. **3.** (*nkl.*, *dcht.*) Durchgang, Durchzug (*per alqd, zB. per agros urbesque*); *auch als Ort*. **4.** das Vorübergehen [*tempestatis*]; *bsd.* (*nkl.*) *in transitu* im Vorübergehen [*urbem capere*], / oberflächlich, flüchtig. — **Tod.

trānslātīcius 3 (*trānslātus, P.P.P. v. trānsferō*) **1.** überliefert, herkömmlich; *bsd. v.* den früheren Magistraten herrührend [*edictum*, °*ius*]. **2.** / gewöhnlich, gemein [*mos*].

trānslātiō, *ōnis f* (*trānsferō*) **1. a)** Übertragung (*alcis j-s, alcis rei, zB. pecuniarum ab alqo ad alqm*); **b)** (*Suet.*) Verlegung [*domicilii*]. **2.** (*rhet. t.t.*) **a)** Tropus, Metapher; **b)** (*nkl.*) Übersetzung (*aus e-r Sprache i. e-e andere*). **3.** (*gramm. t.t.*; *nkl.*) **a)** Vertauschung [*temporum*]; **b)** Umstellung der Wörter. **4.** (*jur. t.t.*) **a)** Ablehnung *e-s Richters, Klägers u.ä.*; **b)** Entkräftung *e-r Beschuldigung* [*criminis*] (*als Teil der Rede*).

trānslātīvus 3 (*trānslātus, P.P.P. v. trānsferō*) auf eine andere Rubrik übertragend, ablehnend [*constitutio*]; *subst.* **-ă,** *ae f* (*Qu.*) ablehnende Feststellung.

trānslātor, *ōris m* (*trānsferō*) „Übertrager" [*quaesturae*] (*v. Verres, der eigenmächtig s-e Quästur* *wechselte u. m. d. Kasse zu Sulla überging).*

trāns-lātūs¹ *P.P.P. v. trānsferō.*

trānslātūs², *ūs m (trāns-ferō) (nkl.)* Prozession.

trāns-lĕgō, — — 3. (*Pl.*) ganz vorlesen.

trāns-lūcĕō, — — 2. (*dcht., nkl.*) **1.** herüberscheinen [*e speculo in speculum*]. **2.** durchsichtig sein.

trānslūcĭdūs 3 (*trāns-lūcĕō*) (*nkl.*) durchsichtig; / (*pejorativ*) [*elocutio -a et versicolor m. Anspielung auf durchsichtige Frauenkleider*].

trāns-mărīnūs 3 (*Hypost. aus trāns mărĕ; cf.* διαπόντιος) überseeisch, *v. Pers. u. Sachen* [°*legatio, artes*].

trāns-mĕō 1. (*vkl., nkl.*) durchziehen (*alqd, auch abs.*).

trāns-mĭgrō 1. (*nkl.*) übersiedeln [*in locum*].

trāns-mĭnĕō, — — 2. (*Pl.*) hindurchragen.

trānsmĭssĭō, *ōnĭs f u.* **trāns-mĭssūs,** *ūs m (trānsmĭttō)* Überfahrt (*ab u. ex loco in locum*).

trāns-mĭttō
I. (*trans.*) **1.** *etw.* hinüberschicken; **2. a)** *etw.* über *etw.* legen; **b)** *jd.* durchlassen; **c)** *jd. etw.* anvertrauen; **d)** widmen; **3.** *etw.* unberücksichtigt lassen; **4. a)** (*Zeit*) zubringen; **b)** überleben; **II.** (*intr.*) **1.** hinüberfahren; **2.** über *etw.* gehen, setzen.

trāns-mĭttō, *mīsī, mĭssūm* 3. **I.** (*trans.*) **1.** *etw.* hinüberschicken, -schaffen [°*pecora in campum*], *bsd. (über ein Gewässer)* übersetzen (lassen) [*equitatum,* °*classem od. copias in Euboeam*]; / (*nkl.*) [*bellum in Italiam* hinüberspielen, *vitia cum opibus suis Romam,* °*vim in alqm* gegen *jd.* anwenden]; P. hinüberfahren. **2. a)** (*Li.*) *etw.* quer über *etw.* hinüberlegen *od.* -führen [*tigillum per viam*]; **b)** (*nkl.*) *jd.* durchlassen, *j-m* den Durchzug gestatten (*alqm per alqd, zB. equum per amnem, exercitum per fines*); **c)** *j-m etw.* übergeben, anvertrauen (*alci alqd, zB. bellum Pompeio, alqm famulo*); *auch* (*nkl.*) *j-m etw.* überlassen, abtreten; **d)** widmen (*alci alqd, zB. suum tempus temporibus amicorum,* °*noctes operi*). **3.** (*nkl.*) *etw.* vorübergehen lassen, nicht berücksichtigen (*alqm u. alqd, alqd silentio*); *auch etw.* aufgeben [*Gangem amnem* die Eroberung des G.]. **4.** (*nkl., dcht.*) **a)** (*Zeit*) zubringen, verleben [*tempus quiete*]; *auch* verstreichen lassen [*lunium mensem*]; **b)** überleben [*febrium ardorem*]. **II.** (*intr.*) **1.** übersetzen, hinüberfahren (*ab od. ex loco in locum, zB.* °*a Lilybaeo od.* °*in Africam*). **2.** *etw.* (*Unbewegliches, bsd. e-e Örtlichkeit*) überschreiten, über *etw.* gehen *od.* setzen [*maria, sinum,* °*cursu campum* das Blachfeld flüchtig durcheilen, °*quantum caeli funda plumbo transmittere potest* soweit eine Schleuder die Luft mit der Bleikugel zu durchschneiden vermag]; P. *impers.* °*in insulam transmissum est.*

trāns-mōntānūs 3 (*Hypost. aus trāns mōntēs*) (*nkl.*) jenseits der Gebirge wohnend; *auch subst. m.*

trāns-mŏvĕō, *mōvī, mōtūm* 2. **1.** (*nkl.*) hinüberschaffen, verlegen [*legiones Syriā* aus Syrien]. **2.** / (*Te.*) übertragen [*gloriam verbis in se* sich zuschreiben].

trānsmūtātĭō, *ōnĭs f (trānsmūtō)* (*nkl.*) Vertauschung der Buchstaben, Metathese.

trāns-mūtō 1. (*dcht.*) vertauschen (*alqd, zB. honores; dextera laevis*).

trāns-nōmĭnō 1. (*nkl.*) umtaufen.

trāns-nŭmĕrō 1. (*A. ad Her.*) durchzählen.

trāns-pădānūs 3 (*Hypost. aus trāns Pădūm*) jenseits des Po wohnend; *auch subst. m* Transpadaner.

trānspĕctūs, *ūs m (trānspĭcĭō)* (*Lu.*) Durchsicht.

trān-spĭcĭō, — — 3 (*spĕcĭō*) (*Lu.*) durchsehen [*foris quae vere transpiciuntur* was man jenseits, *d.h.* durch die Tür sieht].

trāns-pōnō, *pŏsŭī, pŏsĭtūm* 3. (*nkl.*) übersetzen, hinüberbringen (*alqm u. alqd in locum*).

trānspŏrtātĭō, *ōnĭs f (trānspŏrtō)* (*Se.*) Übersiedlung, Wanderung.

trāns-pŏrtō 1. hinüberbringen, -schaffen (*alqd, zB. iumenta*); *bsd. mil. exercitum u.ä.* übersetzen (*in locum; flumen* über einen Fluß).

trānspŏsĭtīvă, *ae f (trānspōnō; Qu.)* = *trānslātīvă.*

trāns-rhēnānūs 3 (*Hypost. aus trāns Rhēnūm*) rechtsrheinisch; *auch subst. m* rechtsrheinische Stämme.

trāns-tĭbĕrīnūs 3 (*Hypost. aus trāns Tibĕrim*) (*nkl., dcht.*) jenseits des Tibers wohnend; *klass. nur subst.* **-ī,** *ōrūm m* die *in der regio XIV (trans Tiberim, j.* in Trastevere) ansässigen Einwohner *Roms.*

trāns-tĭnĕō, *ŭī,* — 2. (*tĕnĕō*) (*Pl.*) hindurchgehen [*commeatus* (ein Gang) *transtinet trans parietem*].

trānstrūm, *ī n (trāns)* **1.** Querbalken. **2.** Ruderbank, *meist pl.*

trāns-tŭlī *s. trānsfĕrō.*

trānsŭltō 1. (*intens. v. trānsĭlĭō*) (*Li.*) hinüberspringen (*ex re in alqd*).

trānsūmptĭō, *ōnĭs f* (°*trānsūmō*) (*nkl.*) (*rhet. t.t.*) Übertragung.

trānsūmptīvă, *ae f* (°*trānsūmō*) (*Qu.*) = *trānslātīvă.*

trān-sŭō, *sŭī, sūtūm* 3 (*nkl., dcht.*) durchnähen, / durchstechen (*alqd re, zB. exta verubus*).

trānsvĕctĭō, *ōnĭs f (trānsvĕhō)* **1.** Überfahrt (*alcis rei* über *etw., zB. Acherontis*). **2.** (*nkl.*) **a)** (*act.*) das Vorüberfahren [*saxorum*]; **b)** (*zu mediopass. trānsvĕhŏr*) das Vorüberreiten *e-s röm. Ritters vor dem Zensor,* Musterung.

trāns-vĕhō, *vēxī, vĕctūm* 3. **1.** hinüberfahren, -führen, -schaffen (*alqm od. alqd, zB. milites*); *bsd. mil.* übersetzen [°*exercitum in Britanniam*]; *mediopass.* (*nkl., dcht.*) hinüberfahren, übersetzen [*in locum*]. **2.** (*nkl., dcht.*) vorbei-, vorüberführen, -tragen; *bsd.* (*im Triumph*) aufführen [*spolia carpentis*]; *mediopass.* vorüberfahren, -ziehen, -reiten, (*bei der Musterung*) defilieren. **3.** *mediopass.* (*Ta.*) (*v. der Zeit*) verstreichen [*aestas*].

trāns-vĕrbĕrō 1. durchstechen, durchbohren (*alqm u. alqd, zB. bestiam venabulo,* °*alqm in utrumque latus* verwunden an).

trānsvĕrsārĭūs 3 (*trānsvĕrsūs*) Quer... [*tigna*].

trāns-vĕrsō 1. (*Ve.*) wiederholt umwenden.

trānsvĕrsūs 3 (*adv.* °**-ē**) (*eigtl. P.P.P. v. trānsvĕrtō*) **1. a)** quer(liegend), schräg, Quer..., Seiten... [*via, fossa,* °*cuniculi* Seitenminen, °*proelium* Flankenangriff, °*iter* Seitenweg *od.* Flankenmarsch, *tigna* sich kreuzende, *transverso foro* quer über den Markt]; *non unguem od. digitum -um discedere* keinen Finger breit; °*alqm transversum agere jd.* vom rechten Wege abbringen; **b)** / in die Quere kommend, störend. **2.** *subst.* **trānsvĕrsūm,** *ī n* die Quere; *adv. ex od. de -o* in die Quere, / störend, unvermutet [*rogare*]; (*acc. pl. n*) *adv. trānsvĕrsă* (*dcht.*) seitwärts, / scheel [*tueri*].

trāns-vĕrtō, *vĕrtī, vĕrsūm* 3. (*nkl.*) umkehren, schwenken [*transvorsis principiis* nachdem die Front eine Schwenkung gemacht hatte].

trānsvŏlĭtō 1. (*intens. v. trānsvŏlō*) (*Lu.*) durchfliegen.

trāns-vŏlō 1. **1. a)** (*intr.*) hinüberfliegen, -eilen (*in alqd u. ad alqm*); **b)** (*trans.*) *etw.* überfliegen; / durchfahren [*Alpes, Oceanum*]. **2.** an *etw.* (*alqd*) vorüberfliegen, -eilen [*aridas quercus*].

trāns-vŏrsūs 3, **-vŏrtō** 3. (*altl.*) = *trānsvĕrsūs, -vĕrtō.*

trăpētūm, *ī n u.* **trăpētūs,** *ī m* (*Lw.* ‹ τραπητής *u.* *τράπητ[ο]ον *zu* τραπέω Trauben austreten, keltern) (*unkl.*) Ölpresse.

trăpĕzītă, *ae m* (*Fw.* ‹ τραπεζίτης) (*Pl.*) Geldwechsler.

trăpĕzŏphŏrūm, *ī n* (*Fw.* ‹ τραπεζοφόρον) Tischträger, der verzierte Fuß *e-r Tischplatte.*

trāsĕnnă, *ae f* (*Pl.*) = *trānsĕnnă.*

Trăsŭmĕnnūs *u.* **-mēnūs** 3 trasimenisch; *bsd. m (lacus) See in Etrurien, j.* Lago Trasimeno (*Sieg Hannibals 217 v.Chr.*).

traulĭzī (*Fw.* ‹ τραυλίζει) (*Lu.*) sie lispelt.

trā-v... = *trāns-v...*

trāxī *s. trăhō.*

Trĕbĭă, *ae m r. Nbfl. des Po, j.* Trebbia (*Sieg Hannibals 218 v.Chr.*).

trĕcēnī 3 *num. distr.* (*trĕcēntī*) *je* dreihundert; / (*dcht.*) sehr viele. *Cf.* V.-B. VI, 5.

trĕcēntēsĭmūs 3 *num. ord.* (*trĕcēntī*) der dreihundertste.

trĕ-cēntī 3 *num. card.* (*wohl assim.* ‹ **trĭcēntī; trēs, cēntūm*) dreihundert, *übh.* (*dcht.*) unzählige (= *sēscēntī*).
F. *gen. trĕcēntōrūm u. -ārūm u. -ūm* (*cf.* V.-B. VI, 5).

trĕcēntĭē(n)s *num. adv.* (*trĕcēntī*) (*dcht.*) dreihundertmal.

trĕchĕdīpnūm, *ī n* (*Fw. zu* τρεχέδειπνος „zum Mahl eilend") (*Ju.*) leichtes modisches Tischkleid.

trē-dĕcĭm *num. card. indecl.* (*trēs, dĕcĕm*) dreizehn.

trĕmĕbūndūs 3 (*trĕmō*) zitternd, zitterig [*manus*].

trĕmĕ-făcĭō, *fēcī, fāctŭm* 3. (*trĕmō*) (*dcht., spätl.*) zittern machen, erschüttern (*alqd*); P. *-fīō, fāctŭs sŭm, fĭĕrī* zittern, beben.

trĕmĕndŭs 3 (*eigtl. Gerundiv v. trĕmō*) (*dcht., nkl.*) furchtbar, schrecklich, *v. Pers. u. Sachen.*

trĕmēscō *u.* **-īscō,** — — 3. (*incoh. v. trĕmō*) (*vkl., dcht.*) **1.** (*intr.*) erzittern, erbeben (*ad alqd* bei *etw.*). **2.** (*trans.*) vor *etw.* erzittern (*alqd*; *m. a.c.i.* = fürchten, daß).

▶ **trĕmō,** *ŭī,* — 3. (*cf.* τρέμω) **1.** (*intr.*) zittern, beben, *v. Pers. u. Sachen* [*homo, labra*; °*alqd* an *etw., zB. ossa*]. **2.** (*trans.*) (*dcht., nkl.*) vor *etw.* zittern (*alqd, zB. virgas dictatoris*; *alqm* vor *jd.*).

trĕmŏr, *ōrĭs m* (*trĕmō*) **1.** (*meist dcht., nkl.*) das Zittern, Beben, *v. Pers. u. Sachen*; *bsd.* °Erdbeben. **2.** (*dcht., nkl.*) (*meton.*) (*concr.*) der Schrecken.

trĕmŭī *s. trĕmō.*

trĕmŭlŭs 3 (*adv.* **-ē** *u.* [*acc. n*] **-ŭm**) (*trĕmō*) (*dcht., nkl.*) **1.** zitternd, bebend [*homo, flamma* flackernd, *vestis* flatternd; *-o clune*]. **2.** (*act.*) Zittern erregend [*frigus*].

trĕpĭdāntĕr (*m. comp.*) *adv.* (*trĕpĭdāns, part. praes. v. trĕpĭdō*) ängstlich [*agere*].

trĕpĭdātĭō, *ōnĭs f* (*trĕpĭdō*) Unruhe, Verwirrung, ängstliche Eile; / Ratlosigkeit, ängstliche Eilfertigkeit.

▶ **trĕpĭdō** 1. (*denom. v. trĕpĭdŭs*) **1.** ängstlich hin *u.* her laufen *bzw.* (*v. mehreren*) durcheinanderlaufen, in Verwirrung sein, °(*vom Pferd*) scheu werden, °(*v. Gliedern*) zukken, °(*vom Vogel*) zappeln, °(*vom Wasser*) rieseln; *m.* °*inf.*; *auch ad alqd* in Angst nach *etw.* eilen. **2.** (*dcht., nkl.*) **a)** zagen, bangen, sich ängstigen; **b)** zittern (*re* durch *od.* wegen *etw.*; *alqd od. m. inf.* vor *etw.* zurückbeben). **3.** (*nkl., dcht.*) schwanken, unschlüssig sein [*inter alqd* zwischen *etw., per alia atque alia consilia*].

trĕpĭdŭs 3 (*adv.* **-ē**) (< *trĕpō-dŏs; *eigtl.* „trampelnd"; *cf. ablautend* τραπέω *m.* den Füßen austreten, keltern; *trăpētŭs*) (*nkl., dcht.*) **1. a)** unruhig, verwirrt, hastig [*homines, fuga, res* Verwirrung, *opes* geschäftig]; **b)** (*v. Sachen*) *unda* wogend, *cor od. pectus, aënum* kochend, *artus* zitternd, *pes* vor Angst unsicher, *vita* in Gefahr schwebend; **c)** ängstlich, aufgeregt, besorgt, *auch* ungeduldig [*curia, vultus* scheu; *re* durch *od.* von, vor, wegen *etw., zB. metu*; *selten alcis rei* wegen *od.* über *etw., zB. rerum suarum*]; **d)** ratlos, unschlüssig, schwankend. **2.** (*act.*) beunruhigend, aufregend, Unglück meldend [*litterae, nuntius*]; *res trepidae* Angst, Verlegenheit; *in re trepida u. in rebus trepidis* in gefährlicher Lage.

▶ **trēs, trĭă,** *ĭŭm num. card.* (< *trĕjĕs; *cf.* τρεῖς, *nhd.* „drei") drei; *synekd.* = ein paar [*verba*]. — ***tres faciunt collegium eigtl.* „drei machen das Kollegium", *alter röm. Rechtssatz* (Dig. L, 16, 85), *nach dem mindestens drei Mitglieder e-s Richterkollegiums od. e-s Vereins anwesend sein müssen, um rechtsgültige Beschlüsse zu fassen.*

F. *dat. u. abl. trĭbŭs, acc. trēs u. trīs* (*cf.* V.-B. XI).

****treugă,** *ae f* (*germ.*) Landfriede; dei Gottesfriede.

Trēvĕrī *u.* **Trēvĭrī** (*sg.* **Trēvĭr,** *ī*) *m* (*Trē-?*) *kelt.-germ. Mischvolk a. der Mosel* (*Hptst. Augusta Treverorum, j.* Trier *m. vielen erhaltenen röm. Bauten*: *Porta nigra, Barbarathermen, Amphitheater, Moselbrücke*); *adi.* **Trēvĕrĭcŭs** 3.

trĭ- (*trēs*) drei...

trĭ-ăngŭlŭs 3 (*nkl.*) dreieckig; *klass. nur subst.* **trĭăngŭlŭm,** *ī n* Dreieck, *bsd. pl.* (*astron. t.t.*) Gedrittschein.

trĭārĭī, *ōrŭm m* (*trĭ-*) (*nkl.*) Triarier, drittes Glied *des röm. Heeres*, Reserve (*die ältesten u. erfahrensten Soldaten*); *sprichw.*: *res rediit ad triarios* es ist zum Äußersten gekommen.

trĭăs, *ădŏs f* (*Fw.* < τριάς) (*spätl.*) Dreiheit; Dreizahl. — **Dreieinigkeit.

trĭbăs, *ădĭs f* (*Fw.* < τριβάς) (*dcht., nkl.*) Tribade, Lesbierin.

trĭbŏlŭs *ī m* = *trĭbŭlŭs.*

Trĭbŏnĭānŭs, *ī m ber. Jurist unter Justinian, Leiter des m. der Kodifikation des röm. Rechts betrauten Kollegiums.*

trĭbrăchȳs, *acc. ȳn* (*Fw.* < τρίβραχυς) (*nkl.*) Tribrachys (*Versfuß* ◡◡◡).

trĭbŭārĭŭs 3 (*trĭbŭs*) Tribus...; *bsd.* die Bestechung der Tribus betreffend [*crimen*].

trĭbŭī *s. trĭbŭō.*

trĭbŭlĭs, *ē* (*trĭbŭs*) **1.** zu derselben Tribus gehörig; *subst. m* Tribusgenosse; (*Te.*) Gau- *od.* Demosgenosse, Landsmann. **2.** *subst. m* (*dcht.*) Mann vom Lande, Angehöriger der unteren Volksschichten.

trĭbŭlŭm, *ī n* (*tĕrō*) (*unkl.*) Dreschbrett, -wagen.

trĭbŭlŭs, *ī m* (*Fw.* < τρίβολος) (*dcht., nkl.*) Bürzeldorn (*stachliges Unkraut*).

trĭbūnăl, *ālĭs n* (*eigtl. n e-s adi.* **trĭbūnālĭs, ĕ zu trĭbūnŭs*) Tribunal, Tribüne: **1. a)** Hochsitz *der Tribunen, später auch anderer Magistrate* [°*pro tribunali sedere* „vorn auf", *agere alqd* „vor"]; Richterstuhl; **b)** erhöhter Feldherrnsitz *im Lager*; **c)** (*Suet.*) Sitz des Prätors *im Theater.* **2. a)** (*Ta.*) Grabdenkmal *in Form e-r Tribüne*; **b)** (*dcht.*) (*meton.*) die auf der Tribüne sitzenden Beamten, *bsd.* Richterkollegium, Gerichtshof.

F. *abl. sg. -ī*; *pl. nom. -ĭă, gen. -ĭŭm.*

trĭbūnātŭs, *ūs m* (*trĭbūnŭs*) Tribunat: **1.** Volkstribunat. **2.** Militärtribunat; *cf. trĭbūnŭs.*

trĭbūnĭcĭŭs 3 (*-nī-?*; *trĭbūnŭs*) tribunizisch, die Volks- *od.* Militärtribunen betreffend [*potestas, honor, comitia* zur Wahl der Tr.]; *bsd. v.* den Tribunen (*od. v.* einem Tribun) herrührend [*lex*]; *subst. m* gewesener Volkstribun.

▶ **trĭbūnŭs,** *ī m* (*trĭbŭs*) Tribun: **1.** (*nkl.*) Vorsteher einer der drei röm. Stammtribus, *an der Spitze der* ~ *Celerum*; *cf.* 2. **2.** (*Li.*) (*in der Königszeit*) *trĭbūnŭs Cĕlĕrŭm* Reiteroberst; *cf. Cĕlĕrēs.* **3. trĭbūnŭs aerārĭŭs** Zahlmeister, *den Quästoren als Gehilfe* (*bsd. bei den Heeren*) *beigegeben, urspr. pleb. Standes, durch die lex Aurelia* (*70 v. Chr.*) *zum Richteramt bei Geschworenengerichten zugelassen.* **4.** (*mil. t.t.*) **a) trĭbūnŭs mīlĭtŭm** *od.* **mīlĭtārĭs** Militärtribun, Oberst (*in jeder Legion 6, teils vom Feldherrn bestimmt, teils vom Volk gewählt*); **b)** (*nkl.*) (*i. der Kaiserzeit*) **trĭbūnŭs cŏhŏrtĭs** *Befehlshaber der 1. Prätorianerkohorte*; **c)** *tribunus bisw. übh.* = Oberster, Anführer; (*scherzh.*) (*Pl.*) ~ *vapularis* (*v. e-m Sklaven*) Oberst der Prügelempfänger. **5.** (*nkl.*) **trĭbūnī mīlĭtŭm cōnsŭlārī pŏtēstātĕ** *od.* **trĭbūnī cōnsŭlārēs** Militärtribunen *m.* Konsulargewalt, *von 444—367 v. Chr. oberste Staatsbehörde statt der Konsuln, meist aus dem Plebejerstand.* **6. trĭbūnŭs plēbĭs** *od.* **plēbī** Volkstribun (*zuerst 2, dann 5, schließlich 10*; *sakrosankte Schutzbehörde der Plebs, urspr. nur m. Vetorecht, später m. umfassender Gewalt*; *die tribunicia potestas war Wesensmerkmal des Prinzipats, aber die Stellung der auch in der Kaiserzeit amtierenden Volkstribunen alter Observanz war bedeutungslos*).

▶ **trĭbŭō,** *ŭī, ūtŭm* 3. (*denom. v. trĭbŭs i. der Grundbed.* „Drittel") **1. a)** einteilen (*alqd in partes od. in tempora*); **b)** austeilen, verteilen (*alqd u. alci alqd, zB.* °*pecuniam equitibus*). **2. a)** zuteilen, verleihen (*alci alqd, zB. suum cuique, praemia militibus*); **b)** / erweisen, schenken, gewähren [*alci honorem od. misericordiam, laudem* spenden, *gratiam* Dank abstatten]. **3. a)** zugestehen, gewähren (*alci alqd, zB. priores partes*); **b)** *alci multum* (*plus, plurimum u.ä.*) *j-m* hohen Wert beilegen, *omnia alci jd.* über alles schätzen; **c)** *abs. jd.* zu Willen sein [*ordini publicanorum libentissime, in vulgus* jedermann dienen]; **d)** *jd. etw.* zuschreiben *od.* beimessen, schuld geben (*alci alqd, zB.* °*casus adversos hominibus*); *bsd.* **α)** *m. dat. des Zweckes*: *alci alqd* °*superbiae od. ignaviae u.ä. j-m etw.* als Hochmut *od.* als Feigheit auslegen; **β)** *abs. magnopere alci rei* auf *etw.* stolz sein [*suae virtuti*]; **e)** (*Zeit*) *e-r Sache* widmen [*tempus conviviis*].

▶ **trĭbŭs,** *ūs f* (*wohl* < *trĭ-bhŭ-s; *zu* *trĭ- *u.* *bhŭ- [*cf. fŭō*]) Tribus: **1.** (*urspr.* ein Drittel *des Volkes*) Stammtribus, *e-r der drei Urstämme des röm. Volkes*; *cf. Rămnēs, Tĭtĭēs, Lŭcĕrēs.* **2.** *seit Servius Tullius* Abteilung der röm. Vollbürger; Bezirk, Gau des röm. Volkes *für Steuererhebung u. Aushebung* [4 *urbanae u.* 31 *rusticae*]. **3.** *pl.* (*meton.*) die Stimmen einer Tribus; / Stimmen einer Zunft [°*grammaticae* der Kunstkritiker].

F. *pl. gen. trĭbŭŭm*; *dat. u. abl. trĭbŭbŭs.*

trĭbūtārĭŭs 3 (*trĭbūtŭm*) die Abgaben betreffend [°*necessitas* der

Abgabenzahlung, *tabellae* reiche Geschenke versprechend]; *insb.* (*Iust.*) steuerpflichtig [*civitates*].

trĭbūtim *adv.* (*trĭbŭs*) tribusweise [~ *nummos dividere*]; *bsd.* in den Tributkomitien.

trĭbūtĭō, *ōnis f* (*trĭbŭō*) Verteilung [*aequabilis* Gleichgewicht].

▶**trĭbūtŭm,** *ī n* (*eigtl. n des P.P.P. v. trĭbŭō*) **1.** direkte Steuer, *Kopf- od. Vermögenssteuer* [°*indicere, imponere, imperare*], *nur zu Kriegszwecken (bsd. zur Zahlung des Soldes) dienend; 168 v. Chr. abgeschafft.* **2.** Tribut, Kontribution *der Provinzialbewohner* (= *stīpĕndĭŭm*). **3.** / (*dcht.*) Geschenk, Gabe; (*Se.*) Beitrag.

trĭbūtŭs¹ 3 (*trĭbŭs*) (*nkl.*) nach den Tribus eingerichtet [*comitia*].

trĭbūtŭs², *ūs m* (*trĭbŭō*) (*vkl., nkl.*) Abgabe.

trĭbūtŭs³ *P.P.P. v. trĭbŭō.*

trīcae, *ārŭm f* (*vl. als* „krumme Wege" *m. tŏrquĕō verwandt*) **1.** Widerwärtigkeiten. **2.** (*Pl.*) dummes Zeug.

trīcēni 3 *num. distr.* (*trīgintā*) je dreißig. *Cf.* V.-B. VI, 5.

trĭ-cēps, *cĭpĭtis* (*căpŭt*) dreiköpfig [*Cerberus*].

trīcē(n)sĭmŭs 3 *num. ord.* (*trīgintā*) der dreißigste; °*-a sabbata* (Sabbatruhe am) jüd. Neumondfest.

trĭchĭlă, *ae f* (*et. ungeklärt*) Laube, Laubhütte.

trīcĭē(n)s *num. adv.* (*trīgintā*) dreißigmal.

trĭclīnĭārĭă, *ĭŭm n* (*trĭclīnĭŭm*) (*nkl.*) Speiseteppiche.

trĭclīnĭŭm, *ī n* (*Fw.* < τρίκλινον) **1.** Speisesofa *für drei Personen.* **2.** Speisezimmer *m.* Speisesofas.

trīcō, *ōnis m* (*trīcae*) (*vkl.*) *jd.,* der Händel sucht.

trīcŏr 1. (*denom. v. trīcae*) Schwierigkeiten machen, Ausflüchte suchen (*abs. od. cum alqo*).

trĭ-cŏrpŏr, *ŏris* (*cŏrpŭs*) (*dcht.*) dreileibig.

trĭ-cŭspĭs, *ĭdis* (*cŭspĭs*) (*Ov.*) dreizackig, -spitzig.

trĭ-dēns, *ĕntis* (*dēns*) (*dcht., nkl.*) dreizähnig, dreizackig; *subst. m* Dreizack.
F. *abl. sg. des adi. -ī, des subst. -ĕ u.* °*-ī; gen. pl. -ŭm.*

trĭdĕntĭ-fĕr *u.* **-gĕr,** *ĕră, ĕrŭm* (*Ov.*) den Dreizack führend.

▶**trī-dŭŭm,** *ī n* (*nach bīdŭŭm*) Zeit (-raum) *v.* drei Tagen [*via -i; hoc* ~ diese drei Tage].

trĭĕnnĭă, *ĭŭm n* (*trĭĕnnĭŭm*) (*Ov.*) das jedes dritte Jahr gefeierte Bacchusfest.

trĭ-ĕnnĭŭm, *ī n* (*ănnŭs*) Zeit(raum) *v.* drei Jahren, drei Jahre.

trĭēns, *ĕntis m* (*trēs*) **1.** ein Drittel (*e-s zwölfteiligen Ganzen*). **2. a)** (*unkl.*) (*Münze*) Drittelas; **b)** (*Erbschaft*) °*heres ex triente* Erbe eines Drittels *der Erbmasse*; **c)** (*dcht.*) (*Flüssigkeitsmaß*) $^1/_3$ *sextarius* = $^1/_6$ l; / Becher [*amethystinus*].

trĭentābŭlŭm, *ī n* (*trĭentō 1. „ein Drittel erstatten", *denom. v. trĭēns*) (*nkl.*) (*durch Bodenanweisung abgelöste*) Entschädigung für ein Drittel *der Schuldsumme.*

trĭērārchŭs, *ī m* (*Fw.* < τριήραρχος) Trierenführer.

trĭērĭs, *ĕ* (*Fw.* < τριήρης) (*nkl.*) *m.* drei Ruderdecks [*navis*]; *auch subst. f* Dreidecker, Triere.

trĭĕtērĭcŭs 3 (*Fw.* < τριετηρικός) (*dcht.*) jedes dritte Jahr gefeiert [*sacra*]; *subst.* **trĭĕtērĭcă,** *ōrŭm n* = *trĭĕnnĭă.*

trĭĕtērĭs, *ĭdis f* (*Fw.* < τριετηρίς) **1.** (*dcht.*) = *trĭĕnnĭŭm.* **2.** = *trĭĕnnĭă. Cf.* V.-B. III, 4, b.

trĭfārĭăm *adv.* (*cf. bĭfārĭăm*) (*nkl.*) an drei Stellen *od.* Punkten [~ *adoriri*].

trĭ-faux, *cis* (*dcht.*) aus drei Rachen (kommend) [*latratus*].

trĭ-fĭdŭs (*fĭndō*) (*dcht.*) dreifach gespalten, dreizackig.

trĭ-fīlĭs, *ĕ* (*fīlŭm*) (*Ma.*) dreifädig, *m.* drei Haaren.

trĭ-fōrmĭs, *ĕ* (*fōrmă*) (*dcht.*) dreigestaltig [*Chimaera*]; *bsd.* aus drei Teilen bestehend [*mundus*].

trĭ-fūr, *rĭs m* (*Pl.*) dreifacher Dieb, Erzgauner.

trĭ-fŭrcĭfĕr, *ĕrī m* (*Pl.*) Erzschelm.

trĭ-gĕmĭnŭs 3 (*unkl.*) **1.** Drillings... [*fratres u. filii* Drillinge, *spolia* den Drillingen abgenommen]. **2.** dreigestaltig, *bsd.* dreiköpfig; dreileibig [*vir* = *Geryones, Hecate, canis* = Kerberos]; *übh.* dreifach [*honores* Ädilität, Prätur, Konsulat; ♀: *-a Porta* dreibogiges Tor *der röm. Stadtmauer gegenüber dem Aventin*]. **3.** *adv.* **-ŭm** mehrmals.

trīgēsĭmŭs 3 (*nkl.*) = *trīcēsĭmŭs.*

▶**trīgintā** *num. card. indecl.* (*cf.* τριάκοντα, *vīgintī*) dreißig.

trĭglўphŭs, *ī m* (*Fw.* < τρίγλυφος) (*nkl.*) Triglyph, Dreischlitz *im dor. Tempelgebälk (im Steinbau an die Stelle der zur Verkleidung des Balkenkopfes dienenden hölzernen Brettchen getreten).*

trĭgōn, *ōnis m* (*Fw.* < τριγών) (*dcht.*) **1.** kleiner, harter Ball. **2.** Ballspiel, *bei dem die Spieler im Dreieck standen.*

trĭgōnālĭs, *ĕ* (*trĭgōnŭm, ī n* „Dreieck", *Fw.* < τρίγωνον) (*Ma.*) dreieckig; *pila³ -is* = *trĭgōn* 1.

trĭ-lībrĭs, *ĕ* (*lībră*) (*dcht.*) dreipfündig [*mullus*].

trĭ-lĭnguĭs, *ĕ* (*lĭnguă*) (*unkl.*) **1.** dreizüngig [*ōs*]. **2.** drei Sprachen redend.

trĭ-līx, *ĭcis* (*cf. līcĭŭm*) (*dcht.*) dreifädig, dreidrähtig [*lorica auro* ~ aus dreifachem Golddraht geflochten].

trĭmēnĭŭm, *ī n* (*Fw.* < *τριμήνιον) (*Pl.*) drei Monate, ein Vierteljahr.

trĭ-mē(n)strĭs, *ĕ* (*mēnsĭs*) (*unkl.*) dreimonatig [*indutiae -es v.* drei Monaten].

trĭmĕtrŭs *u.* **-ŏs** 3 (*Fw.* < τρίμετρος) (*dcht., nkl.*) trimetrisch, drei Metra *od.* sechs Füße enthaltend [*versus*]; *subst. m* (*auch trĭmĕtĕr, trī m*) Trimeter.

trĭ-mŏdĭŭm, *ī n* (*mŏdĭŭs*) (*vkl., nkl.*) ein drei modii fassendes Gefäß.

trīmŭlŭs 3 (*demin. v. trīmŭs*) (*nkl.*) als Kind *v.* drei Jahren.

trīmŭs 3 (< *trĭ-hĭmŭs; *hĭĕms*) (*unkl.*) dreijährig [*equa*].

Trīnăcrĭă, *ae u.* **Trīnăcrĭs,** *ĭdis f* (Τρινακρία, Τρινακρίς, *eigtl.* „die Dreispitzige") (*dcht., nkl.*) *alter Name für Sizilien (nach den drei Vorgebirgen); adi.* °**Trīnăcrĭŭs** 3 (*fem. auch* °**Trīnăcrĭs,** *ĭdis*).

trīnī 3 *num. distr.* (< *trĭs-noi *zu tĕr* < *trĭs; *cf. tĕrnī*) **1.** je drei; (*bei echten pl. tantum*) drei [*castra, litterae* Briefe]; *auch* drei zusammen. **2.** (*dcht., nkl.*) dreifach [*nomina*]. **3.** *sg.* **trīnŭs** 3 *s. nūndĭnŭm.*
F. *gen. meist trīnŭm* (*cf.* V.-B. VI, 5).

trīnĭtās, *ātis f* (*trīnŭs*) **1.** (*spätl.*) Dreizahl. **2.** (*Eccl.*) Dreieinigkeit.

trĭnŏctĭālĭs, *ĕ* (*trĭnŏctĭŭm*) (*Ma.*) von drei Nächten [*domicenium -e* an drei Abenden].

trĭ-nŏctĭŭm, *ī n* (*nŏx*) (*nkl.*) Zeit *v.* drei Nächten, drei Nächte.

trĭ-nōdĭs, *ĕ* (*nōdŭs*) (*dcht.*) dreiknotig (*clava*).

trĭ-nŭmmŭs, *ī m* (*Pl.*) *Münze im Wert v.* drei Drachmen *od.* drei Sesterzen; ♀ Dreigroschenstück (*des Plautus*).

trīnŭm nūndĭnŭm *u.* **trĭ-nūndĭnŭm** *s. nūndĭnae u. -nŭm.*

trīnŭs 3 *s. trīnī.*

trĭō, *ōnis m* (*tĕrō*) (*unkl.*) Dreschochse; *pl.* = *Ărctŏs* (*cf. sĕptĕntrĭō*).

trĭōbŏlŭs, *ī m* (*Fw.* < τριώβολος) (*vkl.*) drei Obolen (*halbe Drachme* = *0,40 Mark*); / *e-e* Kleinigkeit.

trĭ-părcŭs 3 (*părcō*) (*Pl.*) dreimal sparsam, erzgeizig.

trĭ-pārtītŭs (*pārtĭŏr*) **1.** *adi.* 3 in drei Teile geteilt, dreifach [*agmen, divisio*]. **2.** *adv.* **-ō a)** in drei Teilen *od.* Abteilungen [*-o urbem aggredi*]; **b)** in drei Teile [*dividere*].

trĭ-pĕctŏrŭs 3 (*pĕctŭs*) (*Lu.*) dreibrüstig.

trĭ-pĕdālĭs, *ĕ* (*vkl., nkl.*) drei Fuß lang [*parma*].

trĭ-pĕrtītŭs 3 = *trĭpārtītŭs.*

trĭ-pēs, *pĕdis* (*nkl., dcht.*) dreifüßig [*mensa*].

▶**trĭ-plĕx,** *ĭcis* (*adv.* °**-ĭtĕr**) (*cf. dŭplĕx*) **1.** dreifach [*acies,* °*forma,* °*cuspis* Dreizack, °*mundus* aus Himmel, Erde *u.* Meer bestehend]; *pl.* (*dcht.*) *übh.* drei [*deae* die Parzen]. **2.** *subst.* **a)** (*dcht., nkl.*) *trĭplĕx, ĭcis n* das Dreifache, dreimal so viel; **b)** *pl. trĭplĭcēs, ĭŭm m* (*sc. cōdĭcĭllī*) Schreibtafel *m.* drei Täfelchen *od.* Blättern.
F. *abl. sg. -ī; pl. neutr. -ĭă, gen. -ĭŭm.*

trĭplĭcō 1. (*denom. v. trĭplĕx*) (*nkl.*) verdreifachen.

trĭplŭs 3 (*cf. dŭplŭs;* τριπλόος *u. zsgz.* τριπλοῦς) dreifach [*pars*].

Trĭpŏlĭs, *ĭs f* (*acc. -im, abl. -ī*) (Τρίπολις *eigtl.* „Dreistadt") *Name mehrerer griech. Städte, eigtl. v. jeweils drei zusammengehörigen Stadtgemeinden; adi. -ĭtānŭs 3.*

Trĭptŏlĕmŭs, *ī m* (Τριπτόλεμος) *Heros v. Eleusis, Erfinder des Ackerbaus, Richter in der Unterwelt; sprichw.:* °*Triptolemo dare fruges* = *etw.* Überflüssiges tun.

trĭpŭdĭō 1. (*denom. v. trĭpŭdĭŭm*) im Dreischritt tanzen; *insb.* den Waffentanz tanzen (*bd. v. den Saliern gesagt*); / frohlocken [*in funeribus rei publicae*].

trĭ-pŭdĭŭm, *ī n* (*Et. des 2. Gliedes*

umstritten) **1.** (*nkl., dcht.*) **a**) dreischrittiger Waffentanz *der Salischen Priester*; **b**) Kriegstanz *anderer Völker* [Gallorum]; **c**) wilder Bacchustanz. **2.** (*in der Auguralsprache*) ~ söllistimūm günstiges Wahrzeichen, *wenn die Auspizienhühner wie in wildem Tanz sich gierig auf das Futter stürzten.*

trĭpūs, pŏdĭs *m* (*acc. pl.* -pŏdăs; *Fw.* < τρίπους) Dreifuß: **1.** dreifüßiger Kessel *aus Erz.* **2.** (*dcht.*) der Dreifuß der Pythia zu Delphi; *daher meton.* (*bsd. pl.*) (delphisches) Orakel [ad tripodas mittere]. *Cf.* V.-B. III, 1, b *u.* e.

trĭ-quĕtrūs 3 (*2. Glied wohl* < *quădrŏs „scharf"; *cf. nhd.* „wetzen") **1.** dreieckig [insula = Britannien]. **2.** (*dcht.*) sizilisch, *cf.* *Trinăcriă* [tellus].

trĭ-rēmĭs, ĕ (rēmŭs) *m.* drei Ruderdecks *übereinander* [navis]; *subst.* **trĭrēmĭs,** ĭs *f* (*sc.* nāvĭs) Dreidecker, Galeere.
F. *acc.* -ĕm; *abl. sg. des adi.* -ī, *des subst.* -ī *u.* -ĕ; *gen. pl.* -iŭm.

trīs *s.* trēs.

trĭ-scŭrrĭă, ōrŭm *n* (scŭrră) (*Ju.*) grobe Possen.

Trĭsmĕgistŭs, ī *m* [Ἑρμῆς τρισμέγιστος = der dreimal Größte] *der m. dem ägypt. Gott der Gelehrsamkeit Thot identifizierte angebliche Vfssr. der okkulten hermetischen Schriften.*

trīstĭcŭlŭs 3 (*demin. v.* trīstĭs) *etw.* traurig.

trīstĭ-fĭcŭs 3 (trīstĭs, făcĭō) (*dcht.*) betrübend, schrecklich [vox].

trīstĭmōnĭă, ae *f* (trīstĭs) (*nkl.*) Traurigkeit.

▶ **trīstĭs,** ĕ (*m. comp. u.* °*sup.*; *adv.* °trīstĕ, *klass. nur im comp.* trīstĭŭs) (*et. unklar*) traurig: **1. a**) traurig, betrübt, schwermütig [homo; re durch *od.* über *etw.*]; *oft auch* übelgelaunt, verdrießlich [°puella; *cf.* 2, a]; **b**) betrübend, schmerzlich [nuntius, °bella, °curae; alci für *jd.*]; *auch* unglückverheißend [°exta sine capite, °somnia]; **c**) (*dcht.*) widerlich, herb, bitter [sapor, absinthia, anhelitus oris]. **2. a**) unfreundlich, finster, mürrisch, *v. Pers. u. Sachen* [iudex, vultus, °responsum, genus orationis, °Hyades trübe Witterung bringend]; *v. Sachen auch* (*dcht.*) traurig *v.* Ansehen [Tartara]; **b**) (*dcht.*) zornig, schrecklich, gefährlich [Erinys, medicamen]; **c**) ernst, kalt, hart, prüde, zimperlich.

trīstĭtĭă, ae *u.* (*vkl., nkl.*) **-tĭēs,** ēī *f* (trīstĭs) **1. a**) Trauer, Traurigkeit, Betrübnis; **b**) traurige Beschaffenheit [temporum, sermonis]. **2.** Unfreundlichkeit, finsterer Ernst, Härte, *auch* (*dcht.*) üble Laune *j-s*; Prüderie.

trĭ-sŭlcŭs 3 (*dcht.*) dreifurchig; / dreizackig [lingua (serpentis), telum *u.* ignes Blitz].

trĭt-ăvŭs, ī *m* (*vl. hybr. Zusammensetzung m.* τρίτ[ος]; ĭ' *metr. Dehnung*) (*vkl., nkl.*) Vater des atavus *od.* der atavia; Urahn.

trĭtĭcēĭă, ae *f* (*et. ungedeutet*) (*Pl.*) *unbekannter Fisch.*

trĭtĭcēŭs 3 (trĭtĭcŭm) (*unkl.*) Weizen... [messis Weizenernte].

trĭtĭcŭm, ī *n* (tĕrō, *eigtl.* „Dreschgetreide") Weizen.

Trītōn, ōnĭs *m* (Τρίτων) **1.** *Meergott, S. Poseidons* (*Neptuns*) *u. der Amphitrite, halb Mensch halb Fisch, Hauptattribut die schneckenförmige Muscheltrompete* (concha); *pl.* Tritonen, *Meerdämonen im Gefolge Poseidons*; / Triton piscinarum = Fischteichliebhaber. *Cf.* V.-B. III, 1, b *u.* e. **2.** *See u. Fl. in Libyen, Geburtsstätte der Pallas Athene*; *adi.* °**Trītōnĭŭs** 3 (*fem.* °**Trītōnĭs,** ĭdĭs *cf.* V.-B. III, 1, a *u.* b) *u.* °**Trītōnĭăcŭs** 3, *auch v.* der Pallas stammend [°harundo die *v. ihr* erfundene Flöte, °pinus die nach ihrer Angabe erbaute Argo, °arx = Athen]; *subst.* **-nĭă,** ae *u.* **-nĭs,** ĭdĭs *f* Pallas.

trītŏr, ōrĭs *m* (tĕrō) (*nkl.*) der Reiber; compedium (*Pl.*) „Kettenabreiber" (*v. e-m gefesselten Sklaven*).

trītūră, ae *f* (tĕrō) (*unkl.*) das Dreschen (*m. der Dreschmaschine*).

trītŭs[1] 3 (*m. comp. u.* °*sup.*) (*eigtl. P.P.P. v.* tĕrō) **1.** (*dcht.*) abgerieben, abgenutzt [vestis]. **2.** (*v. Wegen*) oft betreten, vielbesucht, glatt gefahren [via, iter]. **3.** / **a**) oft gebraucht, gewöhnlich [proverbium]; **b**) geübt [aures].

trītŭs[2], ūs *m* (tĕrō) das Reiben (lapidum).

trītŭs[3] *P.P.P. v.* tĕrō.

trĭŭmphālĭs, ĕ (trĭŭmphŭs) **1.** Triumph... [°currus, porta durch die der Triumphzug geht, provincia zur Erlangung eines Triumphes Gelegenheit bietend]. **2.** (*nkl.*) **a**) der einen Triumph gehalten hat [°senex]; *subst. m* Triumphator; **b**) ornamenta -ia *u. subst.* **-ĭă,** ĭŭm *n* Insignien des Triumphes.

trĭŭmphātŏr, ōrĭs *m* (trĭŭmphō) (*nkl.*) Triumphator; / Bezwinger.

trĭŭmphō 1. (*denom. v.* trĭŭmphŭs) **1.** *intr.* **a**) triumphieren, einen Triumph halten, als Triumphator einziehen (de *od.* ex alqo über *jd.*, *zB.* de Mithridate, ex Hispania; ex re *auch* gleich nach einer Sache, *zB.* ex praetura); °equi triumphantes des Triumphwagens; **b**) / α) (*dcht.*) den Sieg davontragen (de alqo *u.* de re, *zB.* amor de vate triumphat); β) frohlocken, jauchzen [gaudio; de re über *etw.*, in re bei *etw.*]. **2.** *trans.* (*nkl., dcht.*) über *jd. od.* über *etw.* triumphieren, *jd.* im Triumph aufführen (alqm *u.* alqd, *fast nur im* P., *zB.* triumphata Corintho); *übh.* völlig besiegen, triumphatus bezwungen, (*v. Sachen*) erbeutet [aurum].

▶ **trĭŭmphŭs,** ī *m* (*wahrsch. unter etr. Vermittlung aus* θρίαμβος *entlehnt, das wohl aus einer Mittelmeerspr. stammte u. urspr.* „im Dreischritt" *bedeutete, dann Beiname des Dionysos wurde u. dessen Festlied u. Festzug bezeichnete*) **1.** *der einem Feldherrn nach einem bedeutenden Sieg vom Senat bewilligte Triumph*; Siegeseinzug *durch ein Stadttor über die Sacra via aufs Kapitol* (*Einholung durch den Senat; Feldherr in toga picta u. tunica palmata auf dem v. weißen Rossen gezogenen Siegeswagen; Siegesrufe* [°io triump(h)e] *u. Lob- u. Spottlieder der Soldaten auf den Feldherrn*) [ex *od.* de alqo, *auch* alcis über *jd.*, alcis rei wegen *e-r* Sache, *zB.* °ex Aequis, °de Liguribus, °Boiorum, Pharsalicae pugnae]; triumphum agere *od.* °deportare de *u.* ex alqo einen Triumph über *jd.* halten; triumphum alci decernere *u.* °deferre; per triumphum *od.* °in triumpho alqm ducere im Triumph. **2.** / Triumph, siegreicher Kampf [ex inimicorum dolore, °de se ipso].

trĭŭm-vĭr *u.* **trēs-vĭr,** ī *m* (*entstanden aus gen. pl.* trĭŭm vĭrŭm *bzw. nom. pl.* trēs vĭrī) Triumvir, Mitglied eines Dreimännerkollegiums; *pl.* **trĭŭmvĭrī** *od.* **trēsvĭrī**: **1.** Staatsbehörden: **a**) -i capitales *od.* carceris lautumiarum Vorsteher der Gefängnisse; *sie hatten auch die polizeiliche Aufsicht für die Sicherheit Roms, bsd. hinsichtlich der Feuersgefahr* (= -i nocturni); **b**) -i (*ohne Zusatz*) *od.* °coloniae deducendae *od.* °agro dando zur Einrichtung *e-r* Kolonie *u.* Ackerverteilung; **c**) **-i** °**epulones** *s.* ĕpŭlō; **d**) **-i** °**mensarii** zur Regulierung der Staatsfinanzen; **e**) **-i** °**monetales** *od.* **-i aeri argento auro flando feriundo** Münzmeister, Prägekommission; **f**) **-i** °**nocturni** Polizei- *u.* Feuerwehrkommandeure; **g**) **-i** °**rei publicae** (**constituendae**) Verfassungsausschuß (*Antonius, Octavianus u. Lepidus*); °**h**) **-i** (*ohne Zusatz*) Musterungskommission; **i**) **-i** °**sacris conquirendis donisque persignandis** zur Feststellung der Heiligtümer *u.* Aufzeichnung der Weihgeschenke. **2.** in den Munizipien: oberste Verwaltungsbehörde.
F. *gen. pl.* trĭŭmvĭrōrŭm *u.* trĭŭmvĭrŭm. *Cf.* V.-B. VI, 2.

trĭŭmvĭrālĭs, ĕ (trĭŭmvĭr) (*nkl., dcht.*) zu *e-m* Dreimännerkollegium gehörig *od. v.* ihm verhängt [supplicium Hinrichtung durch den Strang].

trĭŭmvĭrātŭs, ūs *m* (trĭŭmvĭr) Triumvirat, Amt *e-s* Triumvirn.

trĭ-vĕnēfĭcă, ae *f* (*Pl.*) Erzgiftmischerin (*als Schimpfw.*).

trīvī *s.* tĕrō.

Trĭvĭă, ae *f* (trĭvĭŭs; *Bed.-Lw.* < τριοδῖτις „die an den Dreiwegen verehrte [Göttin]") Hekate *od.* Artemis (Diana) *als Mond- u. Zaubergöttin.*

trĭvĭālĭs, ĕ (trĭvĭŭm) (*nkl., dcht.*) auf Dreiwegen befindlich; / gewöhnlich [scientia, verba], Gassen... [carmen].

trĭvĭŭm, ī *n* (trĭvĭŭs) Dreiweg, Kreuz-, Scheideweg; / öffentliche Straße; *sprichw.* adripere maledictum ex trivio pöbelhaft schimpfen. — **Trivium, *scholastischer Lehrgang der drei niederen Wissenschaften: Grammatik, Rhetorik, Dialektik.*

trĭ-vĭŭs 3 (*vĭă*) (*dcht., nkl.*) zu den Kreuzwegen gehörig; *bsd.* an Dreiwegen verehrt.

Trōăs, *ădĭs s. Trōs.*

trŏchaeŭs, *ī m* (*Fw.* ‹ τροχαῖος *v.* τρέχω) **1.** Trochäus (-∪). **2.** Tribrachys (∪∪∪).

trŏc(h)lĕă, *ae f* (*Lw.* ‹ τροχαλία) (*unkl.*) Flaschenzug, Winde.

trŏchŭs, *ī m* (*Fw.* ‹ τροχός) *ein eiserner, m. klirrenden Ringen besetzter u. m. einem Stock getriebener* Reifen *der Kinder.*

Trōĕs, *ŭm m s. Trōs.*

Troezēn, *ēnĭs f* (Τροιζήν) *St. im Südosten der Argolis, in der Theseus v. seinem Großvater Pittheus erzogen wurde. Cf.* V.-B. III, 1, b. *Einw. u. adi.* **Troezēnĭŭs** (3).

Trōg(l)ŏdўtae, *ārŭm m* (Τρωγ[λ]οδύται, *eigtl.* „Höhlenbewohner") *äthiopische Völkerschaft.*

Trōiă, Trōiānŭs, Trōi(c)ŭs *s. Trōs.*

Trōilŭs, *ī m* (Τρώιλος) *jüngster S. des Priamos, v. Achill od. auf sein Geheiß erdrosselt.*

Trōiŭ-gĕnă, *ae m u. f* (*Trōiă, gignō*) (*nkl., dcht.*) aus Troja stammend, trojanisch [*Romanus*]; *subst. m* Trojaner; Römer (*gen. pl.* -*ŭm, cf.* V.-B. VI, 6).

trŏpă *adv.* (*Fw.* ‹ τρόπα) (*Ma.* IV, 14, 9 *Konjektur v. Brodaeus*) Geschicklichkeitsspiel *m. Würfeln* (*tropa ludere* = τρόπα παίζειν).

trŏpaeŭm, *ī n* (*spätl. auch fälschlich trŏphaeŭm*) (*Fw.* ‹ τρόπαιον, τροπαῖον) **1.** Siegeszeichen, Siegesdenkmal (*bei den Griechen urspr. meist Baumstumpf auf dem Schlachtfeld, an dem man die erbeuteten Waffen aufhängte, bei den Römern Siegesdenkmal aus Stein od. Erz, auch in der Stadt*) [~ *ponere u. statuere*]. **2. a)** *meton.* Sieg, Lorbeeren [*Salaminium, alcis -is invidere*]; **b)** / *übh.* Denkmal, Zeichen [*necessitudinis*].

Trŏphōnĭŭs, *ī m* (Τροφώνιος) *zus. m. seinem Bruder Agamedes legendärer Erbauer des Apollotempels in Delphi.*

trŏpĭs, *ĭdĭs f* (*acc.* -*ĭn*) (*Fw.* ‹ τρόπις) (*Ma.* XII, 82, 11) Bodensatz des Weins (*vl. durch prŏpĭn zu ersetzen; s.d.*).

trŏpŭs, *ī m* (*Fw.* ‹ τρόπος) (*Qu.*) (*rhet. t.t.*) der bildliche Gebrauch *e-s Wortes.* — **Weise, Melodie.

Trōs, *ōĭs m* (Τρώς) *Enkel des Dardanos, des Ahnherrn der troischen Könige; er u. sein S. Ilos* (Ἶλος, *lat. Īlŭs*) *galten als Gründer v. Troja; Ableitungen:* **1. Trōiă,** *ae f* **a)** *das homerische* Troja, *auch* Ilion *u. bei Homer* Ilios *genannt* (*cf. Īliŭm*), *Hptst. der Ldsch. Trōăs; das historische Troja auf dem Hügel Hissarlik v. Schliemann, Dörpfeld u. 1932—1938 v. amerikanischen Archäologen ausgegraben* (*9 Schichten; 7a wohl das homerische T., 9 das der röm. Kaiserzeit*); **b)** *ein v. Äneas bei Laurentum in Latium erbauter Ort;* **c)** *Ort in Epirus;* **d)** Trojaspiel (*Kampfspiel zu Pferde; cf. Vergil, Aen.* V, 545 ff.). **2. Trōăs,** *ădĭs f* **a)** °*adi.* trojanisch [*humus*]; **b)** *subst.* **α)** Troerin, Trojanerin; **β)** *die Ldsch.* Troas *in Nordwestkleinasien.* **3.** *subst.* **Trōiānŭs,** *ī u.* **Trōs,** *ōĭs m* (*pl. Trōĕs, ŭm*) Troer, Trojaner. **4.** *adi.* **Trōiānŭs** *u.* **Trōicŭs** 3 troisch, trojanisch, (*dcht. auch* **Trōiŭs** *u.* **Trōŭs** 3).

trŏssŭlī, *ōrŭm m* (*etr. Fw.*) (*vkl., nkl.*) *die als Reiter dienenden* röm. Ritter; / (*Spottwort*) hochansehnliche Kavaliere; *auch sg.*

trŭcīdātĭō, *ōnĭs f* (*trŭcīdō*) das Abschlachten, Niedermetzelung [*pecorum, civium*].

trŭcīdō 1. (*erstes Glied umstritten, zweites zu caedō*) **1.** niedermetzeln [°*pecora, captos ferro*]. **2.** / **a)** (*durch Wucher*) zugrunde richten, ruinieren [*alqm faenore*]; **b)** (*dcht.*) (*m. den Zähnen*) zerkauen [*pisces*]; **c)** verunglimpfen; **d)** (*dcht.*) auslöschen [*ignem*].

trŭcŭlĕntĭă, *ae f* (*trŭcŭlĕntŭs*) (*dcht., nkl.*) Unfreundlichkeit, Rauheit [*caeli* des Klimas].

trŭcŭlĕntŭs 3 (*m.* °*comp. u.* °*sup.; adv.* **-ĕntĕr**) (*trŭx*) **1.** unfreundlich, griesgrämig, finster, grob [*homo, alqs -us incedit,* °*vultus; m.* °*2. supin., zB. visu*]; *subst.* (*dcht.*) *truculentior* ein Hitzkopf; **Trŭcŭlĕntŭs** *e-e Komödie des Plautus.* **2.** (*dcht.*) wild, grimmig [*voces, mare* stürmisch].

trŭdĭs, *ĭs f* (-*ū*-?; *trūdō*) (*dcht., nkl.*) Stoß- *od.* Brechstange.

trūdō, *sī, sŭm* 3. (*cf. nhd.* „Verdruß") **1.** (*unkl.*) stoßen, drängen (*alqd od. alqm in u. ad alqd, zB. apros in plagas*); *insb.* verdrängen, wegstoßen [*glaciem, hostes*]. **2.** / **a)** (*dcht.*) (*v. Pflanzen*) hervortreiben, wachsen lassen [*gemmas*]; *se trudere od. mediopass.* hervorkommen, -wachsen; / (*Pl.*) *tenebras* blauen Dunst vormachen; **b)** *jd.* zu *etw.* drängen *od.* vorschieben [*alqm ad mortem od. in ea comitia*].

trūgōnŭs = *trȳgōnŭs.*

trŭllă, *ae f* (*altl. trŭă* „Rührkelle"; *cf.* τορύνη *ds., nhd.* „Quirl") **1.** Schöpfkelle. **2.** (*Li.*) Pechpfanne. **3.** (*Ju.*) Nachtgeschirr.

trŭncō 1. (*denom. v. trŭncŭs²*) (*nkl., dcht.*) beschneiden, verstümmeln, stutzen (*alqd, zB. statuas; alqd re etw.* an *etw., zB. olus foliis* entblättern); *auch* niederhauen.

trŭncŭs¹ 3 (‹ **trŏncŏs; cf. litauisch* trenk-ti „stoßen, schlagen") (*nkl., dcht.*) **1.** gestutzt, *übh.* verstümmelt [*corpus, tela* zerbrochen]. **2.** / **a)** unvollständig [*urbs*]; **b)** beraubt (*m. gen. od. abl., zB. animalia pedum -a*).

trŭncŭs², *ī m* (*trŭncŭs¹, eigtl.* „der Verstümmelte") **1.** Baumstamm *ohne Äste u. Wurzeln* [*arboris*]; *auch* Pfahl; / [*aegritudinis*] Wurzel, eigentliche Ursache. **2.** Rumpf *des menschlichen Körpers.* **3.** / (*als Schimpfwort*) Klotz, Tölpel.

trūsī *s. trūdō.*

trūsō 1. (*intens. v. trudo*) (*dcht.*) tüchtig stoßen; / (*Ca.*) = *fŭtŭō od. māstŭrbŏr.*

trūsŭs *P.P.P. v. trūdō*

trŭtĭnă, *ae f* (*Lw.* ‹ τρυτάνη) (*vkl., nkl.*) die Waage; *klass. nur* /.

trŭx, *ŭcĭs* (*et. ungeklärt*) (*meist dcht., nkl.*) **1.** furchtbar, schrecklich [*oculi,* °*vox,* °*classicum*]. **2. a)** rauh, schaurig [°*pelagus*]; **b)** wild, grimmig, trotzig [*tribunus,* °*ingenium*]. **F.** *abl. sg.* -*ī u.* -*ĕ; pl. neutr.* -*ĭă, gen.* -*ĭŭm.*

trȳgōnŭs, *ī m* (*Lw.* ‹ τρυγών) (*Pl.*) Stachelrochen.

▶ **tū** *pron. pers. der 2. Pers. sg.* (*gen. tŭī, altl. tīs* [-*ī*-?], *dat. tĭbĭ, acc. u. abl. tē, altl. tēd*) (*cf.* σύ, *nhd.* „du") du; *oft verstärkt durch* -*tě u.* (*unkl.*) -*mĕt; fragend* °*tūtĭn(ĕ)* = *tūtĕnĕ; bsd. tibi als dat. ethicus, zB. ecce tibi exortus est Isocrates.*

tŭātĭm *adv.* (*tŭŭs*) (*Pl.*) auf deine Art.

▶ **tŭbă,** *ae f* (*cf. tŭbŭs; et. ungeklärt*) **1.** Tuba, *gerade Trompete m. tiefem Ton; bsd. Signalinstrument des röm. Heeres* („Kriegstrompete"). **2.** / **a)** (*Ma.*) Krieg; **b)** Anstifter [*belli*]; **c)** (*Ma.*) hohe Poesie.

tūbĕr¹, *ĕrĭs n* (*vl. m. tŭmĕō verwandt*) (*unkl.*) **1.** Höcker, Buckel, Beule; / großer Fehler. **2.** Trüffel.

tūbĕr², *ĕrĭs m* (*wohl afrikanisches Fw.*) (*nkl.*) *eine Apfelsorte.*

tūbĕrcŭlŭm, *ī n* (*demin. v. tūbĕr¹*) (*nkl.*) *kl.* Höcker, *kl.* Geschwulst.

tūbĕrō 1. (*denom. v. tūbĕr¹*) (*nkl.*) schwellen.

Tūbĕrō, *ōnĭs m* (*tūbĕr¹*) *cogn. i. der gēns Aeliă.*

tŭbĭcĕn, *ĭnĭs m* (*tŭbă, cănō*) Tubabläser, Trompeter.

tŭbĭ-lūstrĭŭm, *ī n* (*tŭbă, lūstrō*) (*vkl., dcht.*) Fest der Trompetenweihe *am 23. März u. 23. Mai; auch pl.*

tŭbŭlă, *ae f* (*demin. v. tŭbă*) (*Se.*) kleine Tuba.

tŭbŭlātŭs 3 (°*tŭbŭlŭs, demin. v tŭbŭs*) (*nkl.*) *m.* Röhren versehen durch Röhrenleitung geheizt.

tŭbŭrcĭnābŭndŭs 3 (*tŭbŭrcĭnŏr*) (*vkl., nkl.*) gierig verschlingend.

tŭbŭrcĭnŏr 1. (*et. unklar*) (*vkl. nkl.*) gierig verschlingen.

tŭbŭs, *ī m* (*cf. tŭbă; et. ungeklärt*) **1.** (*nkl.*) Röhre; Wasserleitungsrohr; *pl.* Röhrenheizung. **2.** / (*Ma.*) = *cŭnnŭs.*

tŭdĭtō 1. (*intens. zu* **tŭdō; tŭndō*) (*vkl., dcht.*) **1.** (*Lu.*) stark fortstoßen. **2.** / *etw.* in starke Bewegung setzen.

tŭĕō, — — 2. (*altl.*) = *tŭĕŏr.*

tŭĕŏr

1. (an)schauen; **2. a)** (be)schützen, verteidigen; **b)** bewahren; **c)** (*Gebäude*) in gutem Zustand erhalten; **d)** unterhalten.

tŭĕŏr, (*tŭĭtŭs u.*) *tūtātŭs sŭm* 2. (*pf. vereinzelt* °*tūtŭs sŭm*) (*et. unklar; cf. tūtŭs*) **1.** (*intr.*) schauen, blicken [°*torvă* grimmig, °*transversă* seitwärts, °*acerbă u.ä.*]; (*trans.*) anschauen, anblicken, betrachten = *intŭĕŏr* (*alqd, in eigtl. Bed. meist unkl.*); / (*selten*) (geistig) *etw.* ansehen, betrachten. **2.** / **a)** für *etw.* Sorge tragen (*alqd u. alqm*); *insb.* in seine Obhut, unter seinen Schutz nehmen, beschützen, verteidigen, *mil.* decken (*alqm u.*

alqd, zB. castra, fines suos, oppidum praesidio; alqd a re etw. gegen etw., selten contra od. ad u. adversus alqd, zB. fines ab incursionibus hostium, liberos contra improbitatem, °se adversus Romanos); **b**) bewahren, behaupten (alqd, zB. dignitatem suam, °valetudinem, concordiam, beneficium im Herzen bewahren); **c**) (*Gebäude*) in gutem baulichen Zustand erhalten [aedem Castoris, sarta tecta aedium]; **d**) ernähren, unterhalten (alqm u. alqd, zB. °se suosque, legiones, vitam, °oves u. °armenta pflegen).

tūfūs, ī m = tōfūs.

tŭgŭrĭŭm, ī n (*et. umstritten*) Hütte, Schuppen.

Tŭĭstō, ōnis m *erdentsprossener Gott, Stammvater der Germanen.*

tŭĭtĭō, ōnis f (tŭĕŏr) Schutz, Erhaltung [sui].

tŭlī s. fĕrō.

Tulingī, ōrūm m *germ. Stamm im südl. Baden.*

Tŭllĭŏlă, ae f (*demin. v.* Tŭllĭă) (*Koseform für Ciceros Tochter*).

Tŭllĭŭs 3 *röm. Gentilname* (*vl. urspr. etr.*; Sĕrvĭŭs ~, *der 6. röm. K.*; *s.* Sĕrvĭŭs); *s.* Cĭcĕrō; *adi.* **Tŭllĭŭs** 3 [lex], **Tŭllĭānŭs** 3; *subst.* **Tŭllĭă,** ae f *Ciceros Tochter*; **Tŭllĭānŭm,** ī n das Tullianum, *eigtl.* „Brunnenhaus", *unterirdisches Gewölbe des röm. Staatsgefängnisses.*

Tŭllŭs, ī m *s.* Hōstīlĭŭs.

▶**tŭm** (*erstarrter acc. sg. m zum Pron.-Stamm *to-* „der"; *cf.* tăm; cŭm) **I.** *adv.* **1.** (*zeitl.*) **a**) damals [homines, qui tum erant; tum honori suo, nunc religioni suae consulunt]; *pleonastisch* °tum temporis; *bisweilen adi.* = damaliger [discessus tum meus]; **b**) darauf, hierauf, sodann [quid tum (*sc.* factum est)?; tum ille (*sc.* dixit)]; **c**) dann, da, *oft auch durch* jetzt *zu übersetzen* [cum Romam veneris, tum omnia audies; rebus divinis peractis tum domum rediit]; etiam tum auch da noch; tum denique *u.* tum demum dann erst, nun erst; tum vero dann aber, da aber. **2.** (*aufzählend od. hinzufügend*) dann, sodann, ferner, weiter; *bsd.* primum ... deinde ... tum ... postremo. **II.** *cj.* **1. tum ... tum** einmal ... das andere Mal, bald ... bald [disserere tum Graece tum Latine]. **2. cum ... tum** sowohl ... als besonders (*s.* cŭm²).

tŭmĕ-făcĭō, fēcī, făctŭm 3. (tŭmĕō) (*dcht.*) **1.** schwellen machen [humum]; *P.P.P.* tumefactus 3 angeschwollen [pontus]. **2.** / aufblähen [alqm inani laetitiā].

tŭmĕō, ŭī, — 2. (*cf.* tō-mĕntŭm, tō-tŭs; *zu altind.* tum-ra- „strotzend, feist") **1.** (*dcht.*) geschwollen sein, strotzen [inguina; re *u.* a re *v. etw.*, *zB.* sacci hordeo, unda a vento]. **2.** / **a**) (*dcht., nkl.*) (*v. Stolz, Ehrgeiz u.ä.*) sich aufblähen [inani superbia], (*v Sachen*) prangen [terrae vere tument]; **b**) aufbrausen, zornig sein [animus irā]; **c**) (*dcht.*) vor Wollust strotzen, glühen [libidine]; **d**) in Unruhe sein, gären [negotia, °Galliae]; **e**) (*nkl., dcht.*) (*v. Redner u. Rede*) schwülstig sein.

tŭmēscō, mŭī, — 3. (*incoh. v.* tŭmĕō) (*dcht., nkl.*) **1.** anschwellen [mare, guttura venis]. **2.** / **a**) (*vor Zorn*) aufbrausen; **b**) (*vor Eitelkeit od. Stolz*) sich aufblähen; **c**) (*vom Krieg*) sich gärend erheben, ausbrechen.

tŭmĭdŭs 3 (*m.* °*comp. u.* °*sup.*; *adv.* °**-ē**) (tŭmĕō) (*fast nur dcht., nkl.*) **1.** (an)schwellend, geschwollen, sich emporhebend, strotzend [membrum, °papillae; re *v. etw.*, *zB.* °vela aquilone -a]. **2.** / **a**) aufgeblasen, stolz [°homo, °sermones, °spiritūs Ehrgeiz; °re durch *od.* über *etw.*, *zB.* °successu]; **b**) aufbrausend, aufgebracht, aufwallend [°os, °cor ex ira -um]; **c**) (*v. Rede u. Redner*) schwülstig [°sermo, °orator]. **3.** (*act.*) **a**) die Segel schwellend [°auster]; **b**) / stolz machend [°honor].

▶**tŭmŏr,** ōris m (tŭmĕō) **1.** Anschwellung, Geschwulst [oculorum, °inguinum; manus in tumore est ist geschwollen]; *meton.* (*nkl., dcht.*) Erhöhung. **2.** / **a**) aufbrausender Zorn, Unwille; **b**) (*nkl., dcht.*) Aufgeblasenheit, Stolz, *auch pl.*; **c**) Gärung, Unruhe [rerum]; animus in tumore est; **d**) (*dcht.*) die Glut *der Wollust* [inquietus]; **e**) (*nkl.*) (*v. der Rede*) Schwulst.

tŭmŭī *s.* tŭmĕō *u.* tŭmēscō.

tŭmŭlō 1. (*denom. v.* tŭmŭlŭs) (*dcht.*) begraben (alqm).

tŭmŭlōsŭs 3 (tŭmŭlŭs) (*dcht.*) hügelig [locus].

tŭmŭltŭārĭŭs 3 (tŭmŭltŭs) (*nkl.*) **1.** (*v. Pers.*) in aller Eile zusammengerafft (*od.* gewählt) [exercitus, dux]. **2.** (*v. Sachen*) in aller Eile hergestellt *od.* gemacht, ungeordnet [castra], *auch* gelegentlich, augenblicklich [principatus].

tŭmŭltŭātĭō, ōnis f (tŭmŭltŭŏr) (*nkl.*) Unruhe, Lärm.

tŭmŭltŭŏr *u.* (*altl.*) **-tŭō** (*denom. v.* tŭmŭltŭs) **1. a**) unruhig sein, lärmen; **b**) (*Qu.*) (*vom Redner*) poltern, stürmen; **c**) sich empören, meutern; **d**) bestürzt sein, die Fassung verlieren [alqs tumultuans de gradu deicitur]. **2.** *impers.* tumultuatur es herrscht Unruhe [in castris Romanorum; °cum alqc wilde Kämpfe finden statt *m. jd.*].

tŭmŭltŭōsŭs 3 (*m. comp. u.* °*sup.*: *adv.* **-ē**) (tŭmŭltŭs) **1.** unruhig, lärmend [°mare, °genus pugnae, vita]. **2.** (*nkl.*) Unruhe verursachend, aufregend [fama].

▶**tŭmŭltŭs,** ūs (*u. altl.* -ī) m (*cf. altind.* tumula- „lärmend"; *verwandt m.* tŭmĕō) **1. a**) Unruhe, Lärm, Getümmel, *auch pl.* (alcis *u.* alcis rei, *zB.* gladiatorum, °verborum; -um °facere *u.* °ēdere, conflare, °sedare); **b**) (*dcht.*) Aufruhr der Elemente, Gewitter, Donner, Sturm. **2.** Aufruhr, Aufstand, Empörung [°servilis]. **3.** Kriegslärm, -getümmel, Tumult [Italicus; -um decernere den Landsturm aufbieten]. **4.** (*meist dcht., nkl.*) leidenschaftliche Sorge, Aufregung [°mentis, -um inicere civitati].

▶**tŭmŭlŭs,** ī m (< *tŭmĕlŏs- *zu* tŭmĕō, *eigtl.* „Anschwellung"; *cf.* τύμ-βος) Erdhaufen, flacher Hügel [silvestris]; *bsd.* Grabhügel [Achillis, °-um struere *u.* °statuere, °-o (com)ponere alqm]; *übh.* (*nkl., dcht.*) Grab, Gruft [inanis Kenotaph].

▶**tŭnc** *adv.* (tŭm + -cĕ) **1.** damals; *pleonastisch* °tunc temporis. **2.** dann, alsdann, da.

tŭndō, (°tŭtŭdī, °tū(n)sŭm) 3. (*cf. altind.* tudati „stößt, sticht") **1.** stoßen, schlagen, *klass. selten* (alqm *u.* alqd, *zB.* °alqm rostro hacken, °tympana). **2.** (*nkl., dcht.*) **a**) (aus)dreschen [fruges]; **b**) zerstampfen (alqd). **3.** (*dcht.*) (*m. Worten*) bestürmen (alqm vocibus).

Tŭnēs, ētis m *St. an der Nordküste Afrikas, j.* Tunis. *Cf.* V.-B. III, 1, b.

▶**tŭnĭcă,** ae f (*wie* χιτών *sem. Lw.*) **1.** Tunika (*ärmelloses, wollenes Unterkleid* [Hemd] *der röm. Frauen u. Männer*; *später trug man noch eine obere* ~, *die Senatoren m. dem* latus, *die Ritter m. dem* angustus clavus *verbrämt*); ~ °molesta Foltergewand; *pl. übh.* (*nkl.*) Unterkleider; *sprichw.* (*Pl.*) tunica propior pallio est das Hemd ist mir näher als der Rock. **2.** / (*nkl.. dcht.*) **a**) Hülle, Bast *der Pflanzen* [tenuis]; **b**) Haut, Hülle.

tŭnĭcātŭs 3 (tŭnĭcă) (nur) *m.* der Tunika bekleidet (*außerhalb des Hauses Zeichen der Armut*); *subst.* **-ī,** ōrŭm m die armen Leute.

tŭnĭc(ŭ)lă, ae f (*demin. v.* tŭnĭcă) kleines Unterkleid.

tŭŏr, — 3. (*altl., dcht.*) = tŭĕŏr.

▶**tŭrbă,** ae f (*eigtl.* „sich drehendes Gewimmel"; *cf.* τύρβη „Getümmel, Verwirrung") **1. a**) Unruhe, Lärm, Verwirrung, Gedränge, Getümmel [in magna turba vivere]; **b**) (*Com.*) Zornausbruch, Zank; *pl.* Umtriebe, Intrigen, Streit. **2.** (*concr.*) **a**) (*v. Pers.*) zügelloser Haufe, Menschenmenge, großer Schwarm [deorum, °forensis, °militaris, ducum Gefolge, °Latonae Kinderschar, mea meine Leute; °exire in turbam unter die Leute kommen]; **b**) (*dcht., nkl.*) (*v. Tieren u. Sachen*) große Masse, Menge [canum, rotarum, querelarum].

tŭrbāmĕntŭm, ī n (tŭrbō²) (*nkl.*) **1.** Mittel der Aufwiegelung. **2.** (*pass.*) Verwirrung.

tŭrbātĭō, ōnis f (tŭrbō²) (*nkl.*) Verwirrung, Unordnung.

tŭrbātŏr, ōris m (tŭrbō²) (*nkl.*) **1.** Aufwiegler, Unruhestifter [vulgi]. **2.** Anstifter [belli Kriegshetzer].

tŭrbātŭs 3 (*m.* °*comp.*; *adv.* **-ē**) (*eigtl. P.P.P. v.* tŭrbō²) **1.** (*nkl.*) unruhig, stürmisch [mare, aqua getrübt]. **2.** / **a**) verwirrt [voluntates populi, omnia -e agere]; aufgeregt, bestürzt [hostes malo -i]; **b**) (*Ve.*) erbittert, erzürnt [Pallas].

tŭrbēlae *u.* **-ĕllae,** ārŭm f (*demin. v.* tŭrbă) **1.** (*Pl.*) toller Unfug. **2.** (*nkl.*) Getümmel, Volkshaufe.

tŭrbĕn, ĭnis (= tŭrbō¹) (*dcht.*) **1.** n(?) (*Ca.* 64, 107) Wirbelwind (*richtige Lesung sicher*: turbo). **2.** m

(*Ti.* 1, 5, 3) Kreisel [*citus* ~].

▶**tŭrbĭdŭs** 3 (*m. comp. u. sup.*; *adv.* **-ē**) (*tŭrbă*) **1. a)** unruhig, stürmisch [*tempestas*, °*Hadria*]; **b)** aufgewühlt, trübe [*aqua*, °*Hermus auro* Goldsand *m.* sich führend, °*pulvis* wirbelnd, °*coma* zerzaust]. **2.** / **a)** (*v. Pers.*) (*meist nkl., dcht.*) verwirrt, verstört; *bsd.* bestürzt, erschrocken; **b)** α) ungestüm, heftig [*motūs animi*]; *auch* °zornig; β) (*v. Zuständen*) unruhig, stürmisch bewegt [*tempus*, °*actiones*]; *subst.* °**tŭrbĭdŭm,** *ī n* unruhige Zeit [*in -o*]; γ) (*Pl., nkl.*) (*v. Pers.*) unruhig, aufrührerisch [*milites*, *exercitum -e tractare* in aufreizender Weise].

tŭrbĭnĕŭs 3 (*tŭrbō*[1]) (*Ov.*) kreisend, wirbelnd [*vertex*].

tŭrbō[1], *ĭnĭs m* (*cf. tŭrbă*) **1.** (*dcht.*) **a)** Wirbel, Windung; **b)** kreisförmige Bewegung, kreisender Flug, Strudel [*saxi, turbine hastam torquere*]. / **2. a)** Wirbelwind, Orkan [°*indomitus*]; **b)** / Sturm, Verwirrung [°*miserarum rerum*, °*mentis*]; *bsd. pl.* unruhige Zeiten [*rei publicae*]; *concr.* Störenfried [*pacis*]. **3. a)** Kreisel *als Spielzeug*; *bsd.* (*Ho.*) Zauberrad; **b)** (*dcht., nkl.*) Wirbel an der Spindel (teres); **c)** (*dcht.*) Kreisform, Kreis.

▶**tŭrbō**[2] 1. (*denom. v. tŭrbō*[1]) **1.** *intr.* (*abs.*) **a)** Verwirrung anrichten, Unruhe stiften [°*equites primo impetu turbaverunt*, °*in omnibus rebus* ganz bankrott werden]; P. *impers. turbatur* (*bzw. turbatum est*) es herrscht Verwirrung, Unruhen brechen aus *od.* werden angestiftet [*in Hispania*]; **b)** in Unruhe sein, sich empören [°*civitas turbat*, °*ostia Nili turbant*]. **2.** *trans.* **a)** *etw.* in Unruhe bringen, verwirren [°*comas*, °*folia*]; °*rem* Bankrott machen; *bsd. mil.* in Verwirrung bringen [°*aciem hostium*]; **b)** aufwühlen [*mare*], trüben [*lacum pedibus*]; **c)** (*dcht., nkl.*) (ver)scheuchen, zerstreuen [*cycnos, oves per ovilia*]; / **d)** stören [*civium ordinem*, °*convivia*]; **e)** in Bestürzung setzen, beunruhigen, aufregen, ängstigen (*alqm u. mentem od. animum alcis*, °*equum* scheu machen); P. *m.* °*griech. acc., zB. turbatus mentem dolore.*

tŭrbŭlĕntŭs 3 (*m.* °*comp. u. sup.*; *adv.* **-tē** *u.* **-tĕr**) (*tŭrbă*) **1. a)** unruhig, stürmisch [*tempestas*]; **b)** ungeordnet [*concursio atomorum, genus hominum* buntscheckig]; **c)** (*Ph.*) getrübt [*aqua*]. **2.** / **a)** (*pass.*) beunruhigt, verworren, stürmisch bewegt, *bsd.* leidenschaftlich [*res publica, tempus, contio; nihil turbulenter facere*]; **b)** (*act.*) Unruhe erregend, *bsd.* revolutionär, Unruhestifter [*cives*]; verwirrend [*errores*].

Tŭrdētānī, *ōrŭm m* (*Τουρδητανοί*) *Volk im südw. Spanien* (*ihr Land -ānĭă, ae f*); *im scherzh. Wortspiel m. tŭrdŭs* (*Pl.*) „Drosselheimer".

tŭrdŭs, *ī m* (*cf. nhd.* „Drossel") (*unkl.*) **1.** Drossel, Krammetsvogel; *dcht. auch* **-ă,** *ae f.* **2.** Meerdrossel, -amsel.

tūrĕŭs 3 (*tūs*) (*dcht.*) von Weihrauch, Weihrauch... [*virga* Weihrauchstaude].

tŭrgĕō, (°*rsī*), — 2. (*et. umstritten*) (*unkl.*) **1.** geschwollen sein, (*v. Säften*) strotzen [*frumenta, turgentis verbera caudae* (= *mentulae*); *re v. etw., zB. lumina fletu turgent*]. **2.** / **a)** (*v. Rede u. Redner*) schwülstig sein; **b)** (*Pl.*) auf *jd.* böse sein [*turget mihi uxor*].

tŭrgēscō, — — 3. (*incoh. v. tŭrgĕō*) **1.** (*unkl.*) anschwellen. **2.** / **a)** leidenschaftlich aufwallen, ergrimmen [*animus*]; **b)** (*Qu.*) (*v. der Rede*) schwülstig werden.

tŭrgĭdŭlŭs 3 (*demin. v. tŭrgĭdŭs*) (*dcht.*) *etw.* geschwollen [*ocelli*].

tŭrgĭdŭs 3 (*tŭrgĕō*) **1.** geschwollen, strotzend [*membrum*, °*vela* gebläht, °*mare* stürmisch wogend]. **2.** (*nkl., dcht.*) (*v. Rede u. Redner*) schwülstig.

tūrĭbŭlŭm, *ī n* (*tūs*) Räucherpfanne.

tūrĭ-crĕmŭs 3 (*tūs, crĕmō*) (*dcht.*) *v.* Weihrauch brennend [*ara*].

tūrĭ-fĕr, *fĕră, fĕrŭm* (*tūs, fĕrō*) (*nkl., dcht.*) Weihrauch tragend [*Indus*].

tūrĭ-lĕgŭs 3 (*tūs, lĕgō*[2]) (*Ov.*) Weihrauch sammelnd.

tŭrmă, *ae f* (*wohl m. tŭrbă verwandt*) **1.** Schwadron, *der zehnte Teil e-r ālă.* **2.** / *übh.* Schwarm, Schar, Haufe [°*feminea* der Amazonen, °*Gallica* der Isispriester].

tŭrmālĭs, *ĕ* (*tŭrmă*) zu einer Reiterschar gehörig; *übh.* scharenweise; *subst.* **tŭrmālēs,** *ĭŭm m* (*Li.*) Reiter einer (*od.* der) Schwadron.

tŭrmātĭm (*tŭrmă*) *adv.* schwadronweise.

****turnamentum,** *i n* Turnier; *cf. tornamentum.*

Tŭrnŭs, *ī m K. der Rutuler, in der Äneis Gegenspieler des Äneas.*

Tŭrŏnĕs, *ŭm u.* **Tŭrŏnī,** *ōrŭm m kelt. Volk in der heutigen Touraine* (*Hptst.* Tours).

tŭrpĭcŭlŭs 3 (*demin. v. tŭrpĭs*) (*vkl., dcht.*) ziemlich häßlich, entstellt [*nasus*]; *klass. nur* /.

tŭrpĭfĭcātŭs 3 (*eigtl. P.P.P. v.* **tŭrpĭfĭcō* 1., *denom. v.* **tŭrpĭ-fĭcŭs* 3; *tŭrpĭs, făcĭō*) entstellt; / sittenlos [*animus*].

tŭrpĭlŭcrĭ-cŭpĭdŭs 3 (*tŭrpĭs, lŭcrŭm*) (*Pl.*) nach schändlichem Gewinn gierig.

▶**tŭrpĭs,** *ĕ* (*m. comp. u. sup.*; *adv.* **tŭrpĭtĕr** *u.* [*acc. sg. n*; *dcht.*] **tŭrpĕ**) (*et. ungeklärt*) **1. a)** häßlich, unschön, entstellt, *klass. selten* [*aspectus*, °*membra*, °*-iter claudicare*]; **b)** unschön klingend; **c)** (*dcht.*) (*act.*) entstellend [*scabies*]. **2.** / **a)** schändlich, schimpflich, schmählich [*vita*, °*fuga*, *alqd -iter fugere*; *alci* für *jd., m. 2. supin., zB. dictu*]; *subst. tŭrpĕ, ĭs n* Schimpf, Schande; **b)** unsittlich, unanständig, liederlich, *v. Pers. u. Sachen* [*homo*, °*amor*]; *subst.* **tŭrpĕ,** *ĭs n* das sittlich Schlechte, Böse.

tŭrpĭtūdō, *ĭnĭs f* (*tŭrpĭs*) **1.** Häßlichkeit. **2. a)** Schändlichkeit, Schmach; *alci turpitudini est* es bringt *j-m* Schande (*m. inf.*); **b)** Unsittlichkeit, Gemeinheit, *auch pl.* (*alcis u. alcis rei, zB. iudicum, verborum*).

tŭrpō 1. (*denom. v. tŭrpĭs*) **1.** (*vkl., dcht.*) entstellen, *bsd.* besudeln (*alqm u. alqd, zB. aram sanguine*). **2.** / (*fast nur unkl.*) entehren, schänden [°*castra seditionis contagione*].

tŭrrĭcŭlă, *ae f* (*demin. v. tŭrrĭs*) (*nkl.*) Türmchen; (*Ma.*) *hohles T., durch das die Würfel aus dem Würfelbecher auf das Spielbrett geworfen wurden.*

tŭrrĭ-gĕr, *gĕră, gĕrŭm* (*tŭrrĭs, gĕrō*) (*dcht., nkl.*) **1.** Türme tragend, *m.* Türmen versehen. **2.** *m.* einer Turmkrone geschmückt (*Beiwort der Kybele*).

▶**tŭrrĭs,** *ĭs f* (*entw. Lw.* < *τύρσις, τύρρις od. wie diese Lw. aus e-r Mittelmeerspr.*) **1.** hoher Bau, Schloß, Burg. **2. a)** Turm; *bsd.* Mauer-, Lager-, Brückenturm; Belagerungsturm; **b)** (*Li.*) *Sitz auf einem Kriegselefanten*; **c)** (*vkl., dcht.*) Taubenschlag.

F. *acc. sg. -ĭm, abl. -ī,* (*nkl.*) **-ĕm** *u.* **-ĕ**; *gen. pl. -ĭŭm.*

tŭrrītŭs 3 (*tŭrrĭs*) (*dcht., nkl.*) **1. a) b)** = *tŭrrĭgĕr* 1, 2. **2.** / (*Ve.*) turmhoch [*scopuli*].

tŭrsī *s. tŭrgĕō.*

tŭrtŭr, *ŭrĭs m* (*schallnachahmend*) (*unkl.*) Turteltaube.

tŭrtŭrillă, *ae f* (*demin. v. tŭrtŭr*) (*nkl.*) Turteltäubchen *als Bezeichnung e-s weibischen Menschen u.* = Lasterhöhle (*turtur* = *mentula*).

tūs[1], *tūrĭs n* (*synk.* < **tŭvŏs, Lw.* < *θύος*) Weihrauch; *die beste Sorte ist der Tropfweihrauch* = °*tus masculum, dcht. auch pl.*; *meton. pl.* °Weihrauchkörner [*tria*].

F. *pl. nom. u. acc. tūră, die übrigen Kasus ungebräuchlich.*

****tus**[2] die Zwei *auf dem Würfel.*

tūscŭlŭm, *ī n* (*demin. v. tūs*[1]) (*Pl.*) *etw.* Weihrauch.

Tŭscŭlŭm, *ī n* (*Tū-?*) *alte Latinerst. südöstl. v. Rom, oberhalb des heutigen Frascati*; *s. 2. Jh. v.Chr. Villenst. der Römer*; *Ausgrabungen* (*Forum, Theater, Amphitheater, Ciceros Villa* [*s.u.*]); *Einw. u. adi.* **Tŭscŭlānŭs** (3) [°*arx*, °*disputationes*]; *adi. auch* °**Tŭscŭlŭs** 3; *subst.* **Tŭscŭlānŭm,** *ī n* (*sc. praedium*) Landgut bei Tusculum, *bsd. das Ciceros*; *adi.* **Tŭscŭlānēnsĭs,** *ĕ* auf dem Landgut bei Tusculum verlebt [*dies*].

Tŭscŭs (*Tū-?*; < **Tŭrscŭs*; *cf. Ĕtrŭrĭă*) **1.** *adi.* (°**-ē**) **a)** etruskisch; *mare* das Tyrrhenische Meer, °*vicus* Tuskergasse, *verrufene Straße in Rom*, °*amnis* Tiber; **b)** (*dcht.*) lydisch (*wegen der angeblichen Heimat der E.*) [*urbs*]. **2.** *subst. -ī, ōrŭm m* **a)** Etrusker, Bewohner Etruriens; **b)** (*sc. ăgrī*) (*Pli.*) *Landgut des jüngeren Plinius.*

tŭssĭcŭlă, *ae f* (*demin. v. tŭssĭs*) (*nkl.*) Hustenanfall.

tŭssĭō 4. (*denom. v. tŭssĭs*) (*unkl.*) husten [*male* einen bösen Husten haben].

tŭssĭs, *ĭs f* (*wohl zu tŭndō*) (*vkl., nkl.*) Husten (*acc. -ĭm, abl. -ī*).

tūtāmĕn, *ĭnĭs n u.* **tūtāmĕntŭm,** *ī n* (*tūtŏr*[2]) (*dcht., nkl.*) Schutzmittel, Schutz.

tūtātŭs *part. pf. v. tŭĕŏr.*

tū-tē[1] *u.* (*Te., Lu.*) **tūtĕmĕt** *verstärktes tū* (*s. tū*).

tūtē[2] *adv. v. tūtŭs.*

▶**tūtēlă**, *ae f (tūtŭs)* **1.** Schutz, Obhut, Fürsorge, Aufsicht (*alcis j-s, zB. deorum; auch alcis rei, zB. bellicae virtutis; esse in tutela alcis* unter *j-s* Schutz stehen). **2. a)** Vormundschaft [°*-am alcis gerere, in alcis -am venire* unter *j-s* Vormundschaft kommen; *in suam -am (per-) venire* mündig *od.* sein eigener Herr werden]; **b)** Vermögen des Mündels [*legitima*]. **3.** (*nkl.*) **a)** (bauliche) Erhaltung (*alcis rei, zB. villae, classis*); **b)** Ernährung. **4.** (*concr.*) (*dcht., nkl.*) **a)** Schutzherr, -patron [*templi, navis* das Bild der Schutzgottheit eines Schiffes]; **b)** Schützling [*Minervae*].

tūtĭcŭs *s. mĕd(d)ĭx.*

tūtĭmĕt, tūtīn(ĕ) *s. tū.*

tūtō[1] *adv. v. tūtŭs.*

tūtō[2] 1. (*altl.*) = tūtŏr[2].

tūtŏr[1], *ōrĭs m (tŭĕŏr)* Beschützer (*abs. od. m. gen., zB. religionum,* °*finium*); *bsd.* Vormund (*alcis u. alci; auch l, zB. eloquentiae*).

tūtŏr[2] 1. (*intens. v. tŭĕŏr*) **1.** sichern, beschützen, *mil.* decken (*alqm u. alqd, zB. oculos,* °*domum;* re durch *etw., zB.* °*se vallo; alqd a re u. contra od. adversus alqd etw.* gegen *etw., zB.* °*patriam ab ira regis*). **2. a)** (*e-n Besitz*) bewahren *od.* behaupten [*dignitatem suam*]; **b)** *etw.* abwehren *od.* abzuwehren suchen (*alqd, zB.* °*pericula*).

tūtōrĭŭs 3 (*tūtŏr*[1]) (*Iust.*) vormundschaftlich [*nomen*].

tūtŭdī *s. tŭndō.*

▶**tūtŭs** 3 (*m. comp. u. sup.; adv.* **-ō** *u.* [*unkl.*] **-ē**, *sup. tūtissĭmō u.* °-ē) (*eigtl. part. pf. v. tŭĕŏr*) **1.** (*pass.*) **a)** sicher, gesichert, geschützt, (wohl)verwahrt, *v. Pers. u. Sachen* [*homo, locus, vita;* re durch *etw., zB. moenibus; ab alqo u. a re od. adversus, ad,* °*contra alqd* gegen *etw., zB. ab hostibus, a periculo,* °*adversus hostes,* °*ad omnes ictus*]; °*nihil tutum pati apud alqm jd.* keine Ruhe lassen; *subst.* **tūtŭm**, *ī n* Sicherheit, sicherer Ort [*in tuto esse, alqd in tuto collocare,* °*-um capessere* das Freie]; *adv.* **tūtō** in Sicherheit, sicher [*-o in urbe esse, tutissimo vivere*]; **b)** gefahrlos, ungefährdet [*iter, mare, via, -o in senatum venire*]. **2.** (*act.*) (*dcht., nkl.*) sicher gehend, vorsichtig [*homo, consilium*], *auch* °sorglos.

▶**tŭŭs** 3 *pron. poss. der 2. Pers. sg.* (< *tŏvŏs < *tĕvŏs; *cf. hom.* τέος < *τέϝος; *zu tū*) **1.** dein; (*meist subjektiv*): [*tua bona*]; *tuum est* es ist deine Art, Gewohnheit, Pflicht; (*seltener*) dir günstig, für dich passend [*tuo tempore*]; (*selten objektiv*): zu dir, nach dir, gegen dich [*desiderio tuo*]. **2.** *subst.*: **a) tŭŭs** *m* der Deinige, *pl.* **tŭī** *m* deine Angehörigen (Verwandten, Gefährten, Leute, Freunde); **b) tŭŭm** *n* das Deinige, deine Sache *od.* Pflicht, Gewohnheit, Art *u.* Weise [*in tuo* auf deinem Grund *u.* Boden; *de tuo v.* deinem Vermögen, aus deinen Mitteln]; **c)** *pl.* **tŭă** *n* das Deinige, deine Angelegenheiten *od.* Interessen, dein Eigentum *od.* Vermögen. *Cf. auch mĕŭs u. sŭŭs.*

tŭxtăx *int.* (*Schallwort*) (*Pl.*) klitsch, klatsch.

Tўchă, *ae f* (*Τύχη*) *Vorst. der Achradina (Syrakus), benannt nach e-m Tempel der Tyche (Fortuna).*

Tўdēŭs, *ĕī u.* °*ĕōs m* (*Τυδεύς*) *S. des Königs Oineus, V. des Diomedes; patron.* **Tўdīdēs**, *ae m* (*Τυδείδης*) der Tydide = Diomedes.

F. *Cf.* V.-B. II, 3 (*bzw.* I, 2).

tўmpănīzō 1. (*Fw.* < *τυμπανίζω*) (*Suet.*) die Handpauke, das Tamburin schlagen.

tўmpănŏtrībă, *ae m* (-ī-?) (*Fw.* < *τυμπανοτρίβης*) (*Pl.*) Handpaukenschläger (Kybelepriester); *Schimpfwort für e-n verwöhnten Schwächling.*

tў(m)pănŭm, *ī n* (*Fw.* < *τύμπανον, vl. assyr. Herkunft*) **1.** Handpauke, Tamburin. **2.** (*nkl., dcht.*) **a)** Teller-, Scheibenrad (*Wagenrad ohne Speichen*); **b)** (*Vi.*) Tympanon = *dreieckiges Giebelfeld des antiken Tempels.* — **Tympanon = *Bogenfeld über der Kirchenpforte.*

Tўndărĕŭs, *ĕī m* (*Τυνδάρεος*) *K. in Sparta, Gemahl der Leda; patron.* **Tўndărĭdēs**, *ae m* Tyndaride, *S. od. Nachkomme des T., meist pl.* **Tўndărĭdae**, *Kinder des T. (Kastor u. Polydeukes [lat. Pōllūx], Helena u. Klytaim[n]estra);* °**Tўndărĭs**, *ĭdĭs u.* °*ĭdŏs f Tochter des T. Cf.* V.-B. III, 1, b; III, 4, b *u.* 5.

tўpănŭm, *ī n* (*dcht.*) = *tўmpănŭm.*

Tўphōēŭs, *ĕī u.* °*ĕōs* (*wie Orphēus dekliniert*) (*Τυφωεύς*) *u.* **Tўphōn**, *ōnĭs m* (*Τυφῶν, eigtl.* „der Qualmer"; *Verkörperung des vulkan. Feuers*) *Gigant, S. des Tartaros u. der Erdgöttin; er stritt m. Zeus um die Herrschaft des Himmels, wurde durch dessen Blitze überwunden u. unter dem Ätna begraben. Cf.* V.-B. II, 3 (*bzw.* III, 1, b); *adi.* °**Tўphōĭūs** 3 (*fem.* °**Tўphōĭs**, *ĭdĭs*).

tўpĭcŭs 3 (*Fw.* < *τυπικός*) (*Eccl.*) figürlich, bildlich. — **typisch.

****typŏgraphus**, *i m* Drucker.

tўpŭs, *ī m* (*Fw.* < *τύπος*) Figur, Bild *auf der Stuckwand.* — **bloße Form, Schein.

tўrănnĭ-cīdă, *ae m* (*tўrănnŭs, caedō*) (*nkl.*) Tyrannenmörder.

tўrănnĭcīdĭŭm, *ī n* (*tўrănnĭcīdă*) (*nkl.*) Tyrannenmord.

tўrănnĭcŭs 3 (*adv.* **-ē**) (*Fw.* < *τυραννικός*) tyrannisch, despotisch [*facinus*]; *adv.* wie ein Despot [*statuere*].

tўrănnĭs, *ĭdĭs f* (*Fw.* < *τυραννίς*) **1.** Tyrannis, Despotie. **2.** (*Li.*) *meton.* Gebiet eines Tyrannen. *Cf.* V.-B. III, 1, b *u.* 4, b.

tўrănnŏctŏnŭs, *ī m* (*Fw.* < *τυραννοκτόνος*) Tyrannenmörder.

▶**tўrănnŭs**, *ī m* (*Fw.* < *τύραννος*) **1.** (*meist dcht., nkl.*) Herrscher, Alleinherrscher; Fürst, Scheich [*Nomadum*]. **2.** Tyrann, Gewaltherrscher, Despot, Usurpator.

tўrĭănthĭnŭs 3 (*Fw.* < *τυριάνθινος*) (*spätl.*) purpurviolett; *subst.* **-ă**, *ōrŭm n* (*Ma.*) Purpurgewänder.

Tўrĭŭs *u.* **Tўrŏs** *s. Tўrŭs.*

tўrŏ-tărīchŭm, *ī n* (*Fw.* < *τὸ τυροτάριχος zu τυρός u. τάριχος*) Ragout aus Käse *u.* Salzfischen.

Tўrrhēnī, *ōrŭm u.* °*ŭm m* (*Τυρρηνοί*) Tyrrhener, *Stammvolk Etruriens; adi.* °**Tўrrhēnŭs** 3; *subst.* °**Tўrrhēnĭa**, *ae* Etrurien.

Tўrtaeŭs, *ī m* (*Τυρταῖος*) *griech. Elegiker, angeblich aus Athen, z. Zeit des 2. Messinischen Krieges.*

Tўrŭs *u.* **-ŏs**, *ī f* (*Τύρος*) *Handelsst. Phönikiens m. ber. Purpurfärbereien, Mutterst. Karthagos; cf.* V.-B. II, 1. — *Einw. u. adi.* **Tўrĭŭs** (3) Tyrier, tyrisch, °karthagisch [°*puella u. paelex* Europa (*s.d.*)]; *meton.* (*dcht.*) = purpurn [*vestis*]; *subst. m* Purpurfarbe.

U

U., u. (*Abk.*) = *ŭrbs, ŭrbĭs; a.u.c.* = *āb ŭrbĕ cŏndĭtā.*

ūbĕr¹, *ĕrĭs n* (*cf.* οὖθαρ, *nhd.* „Euter") **1. a)** (*bei Tieren*) Euter, Zitze; **b)** (*bei Frauen*) Mutterbrust, Brust. **2.** / (*dcht., nkl.*) **a)** Fruchtbarkeit [*campus ubere fertilis*]; **b)** fruchtbarer Boden.

▶**ūbĕr²,** *ĕrĭs* (*m. comp. u. sup.; adv. comp. ūbĕrĭŭs, sup. ūbĕrrĭmē*) (*vl. Rückbildung aus ūbērtās*) **1.** fruchtbar, ergiebig, reich [°*solum, ager; re u.* °*alcis rei an etw., zB. seges spicis; ad alqd u.* °*alci rei* für *od.* zu *etw., zB.* °*solum gignendis uvis uberrimum*]. **2.** / **a)** reichlich, reichhaltig [°*messis, quaestus, motus animi ad explicandum*]; **b)** gedankenreich, gehaltvoll [*litterae, philosophus*]; **c)** *adv.* ausführlich [*uberius disputare*]; *auch m.* (einiger) Übertreibung [*uberius dicere alqd*]. **F.** *abl. sg. -ī u.* °*-ĕ; pl. neutr. -ă, gen. -ŭm.*

ūbērtās, *ātĭs f* (*ūbĕr¹* = *cīvĭtās: cīvĭs*) **1.** Fruchtbarkeit, Ergiebigkeit (*alcis rei* einer Sache, *zB. agrorum, mammarum*). **2. a)** reiche Fülle, Überfluß, *auch* / (*alcis j-s; alcis rei an etw., zB. frugum,* °*ingenii,* / *improborum; auch in percipiendis fructibus*); *pl. ubertates* die Segnungen (*zB. virtutis*); **b)** / (*nkl.*) Fülle des Ausdrucks [*orationis dicendi*].

ūbērtĭm *adv.* (*ūbĕr²*) (*dcht., nkl.*) reichlich [*flere*].

ūbērtō 1. (*ūbĕr²*) (*nkl.*) fruchtbar machen.

▶**ŭbi** (*verselbständigt aus falsch zerlegtem alic-ubi statt ali-cubi; zum Pron.-Stamm *quo-*) **1.** *adv.* **a)** (*fragend*) wo? [*ubi heri fuisti?, nescio, ubi heri fueris*]; *auch m. gen., zB. ubi terrarum od.* °*gentium* wo in aller Welt?; **b)** (*rel.*) **α)** wo [*nos ibi erimus, ubi tu volueris*]; *oft statt des Relativs m. prp.* (*in od. apud*): bei dem, *m.* dem, wobei, worin, womit *u.ä., zB. collis, ubi castra erant* (= *in quo*); *nemo fuit, ubi* (= *apud quem*) *ius nostrum obtineremus*; **β)** (*vkl., nkl.*) *ubi ubi* = *ŭbĭcŭmquĕ* (*s.d.*). **2.** *ci.* **a)** (*Com.*) wann, wenn [*ubi lubet, roga*]; *est ubi m. coni.* zuweilen; **b)** sobald als; *in der Erzählung bei einmaliger Handlung m. ind. pf., praes. u. fut. ex., zB. hostes, ubi nostros equites conspexerunt, terga verterunt; bei wiederholter Handlung* = jedesmal wenn, sooft (*meist m. ind. plqpf.*); *oft verstärkt ubi primum; gelegentlich m. kausalem Nebensinn*: weil [*accusa, ubi ita necesse est*].

ŭbĭ-cŭmquĕ (*od. -cŭnquĕ*) *adv.* (*altl. -quŏmquĕ; eigtl.* „wo u. wann") **1.** (*rel.*) wo nur immer, überall wo (*m. ind.*), *auch m. gen. part.* [*terrarum, zB. ubicunque eris gentium, a nobis diligēris*]; *bei Pl. auch in Tmesis.* **2.** (*indef.*) (*dcht., nkl.*) wo es immer sei, überall [*rem patris oblimare malum est ubicumque*].

Ŭbĭī, *ōrŭm m* (*Ŭ-?*) *stets römerfreundlicher germ. Stamm, urspr. an der Lahn, v. Agrippa auf dem l. Rheinufer angesiedelt; ihre Hptst. Ara (civitas, oppidum) -orum später zu Ehren der dort geborenen j. Agrippina zur Colonia Agrippinensium od. -nensis od. bloß Agrippina* (*j.* Köln) *erhoben; adi. -iŭs 3.*

ŭbĭ-lĭbĕt *adv.* (*nkl., spätl.*) überall.

ŭbĭ-năm *adv.* (*fragend*) wo denn (nur)?

ŭbĭ-quāquĕ *adv.* (*unkl.*) überall.

▶**ŭbĭ-quĕ 1.** (*vkl., nkl.*) = *ĕt ŭbĭ.* **2.** *adv.* **a)** wo es auch nur sei, *klass. stets an rel. od. Fragewörter angeschlossen* [*omnes, qui ubique sunt, consentiunt; quid ubique habeat frumenti, ostendit*]; **b)** überall, allenthalben.

ŭbĭ-ŭbĭ *adv. s. ŭbĭ* 1, b, **β.**

ŭbĭ-vīs *adv.* wo du willst = überall.

ŭdō, *ōnĭs m* (*Fw. unbekannter Herkunft*) (*Ma.*) Filz- *od.* Lederschuh.

ūdŭs 3 (*Schnellsprechform v. ūvĭdŭs*) (*dcht., nkl.*) **1.** feucht, naß (*re v. od.* durch *etw.*); *bsd.* (*dcht.*) flüssig, bewässert; betrunken [*aleator*]; *auch sexuell* [*puella, inguina*]. **2.** noch frisch; biegsam, zart, weich.

ŭlcĕrātĭō, *ōnĭs f* (*ŭlcĕrō*) (*nkl.*) das Schwären; *meton.* Geschwür.

ŭlcĕrō 1. (*denom. v. ŭlcŭs*) **1.** schwären machen, wund drücken *od.* reiben (*alqm u. alqd, alci alqd, zB.* °*mantica mulo lumbos ulcerat*). **2.** / (*dcht.*) verwunden [*iecur alcis j-s* Herz].

ŭlcĕrōsŭs 3 (*ŭlcŭs*) (*nkl., dcht.*) voller Geschwüre [*facies*]; (*v. der Liebe*) verwundet [*iecur*].

▶**ŭlcīscŏr,** *ŭltŭs sŭm* 3. (*vl. zu ŭlcŭs*: „Eiter, Groll gegen *jd.* ansammeln") **1. a)** *etw.* rächen, sich für *etw.* rächen (*alqd, zB. scelus*); *auch* (*nkl., dcht.*) *pass.* °gerächt werden, *zB. quidquid ulcisci nequitur, irae graviter ultae* gerächt = befriedigt; **b)** für *jd.* Rache nehmen (*alqm, zB. patrem, auch se*). **2.** sich an *jd.* rächen, *jd.* strafen *od.* rügen (*alqm, zB. inimicum; pro re* für *od.* wegen *etw., zB. hostem pro iniuriis*).

ŭlcŭs, *ĕrĭs n* (⟨ **elkŏs* = ἕλκος, *dessen Spiritus asper durch das et. nicht verwandte* ἕλκω *beeinflußt wurde*) **1.** (*unkl.*) Geschwür, Beule. **2.** / **a)** wunde Stelle, heikler Punkt; **b)** (*Ma.*) = *prūrīgō.*

ŭlcŭscŭlŭm, *ī n* (*demin. v. ŭlcŭs*) (*nkl.*) kleines Geschwür.

ūlīgō, *ĭnĭs f* (*zu ūdŭs m. Wandel v. d zu l wie dăcrŭmă* ⟩ *lăcrĭmă*) (*nkl.*) Feuchtigkeit *des Bodens; bsd.* Morast, *auch pl.*

Ŭlīxēs, *ĭs u. ī* (*u.* °*-ĕī v. nom.* °*Ŭlīxĕŭs; acc. auch -ēn, voc. -ē*) (*im griech. Epos der listenreiche* Ὀδυσσεύς; *wohl urspr. als* Ὀλυσσεύς *kleinasiatischer Heros*) Odysseus, *S. des Laertes* (*nach späterer Sage S. des Sisyphos*), *K. v. Ithaka, Gemahl der Penelope, V. des Telemach. Cf.* V.-B. III, 3 *u.* 5.

▶**ūllŭs** 3 (⟨ **oinĕlŏs od. oinŏlŏs zu* [*altl.*] *oinŏs* = *ūnŭs*) irgendein, überhaupt ein, irgend jemand, *meist adi., im gen., dat. u. bsd. abl. sg.* (*selten pl.*) *auch subst.* = *quisquăm; es steht meist in negativen od. negativ gedachten Sätzen* [*sine virtute neque amicitiam neque ullam rem expetendam consequi possumus*]; *daher auch nach vix, sine u.ä., zB. hostium vires vix ulla vis sustinere potuit; sine ulla dubitatione* ohne alles Bedenken (*dagegen non sine aliqua dubitatione* nicht ohne einiges Bedenken); *u. nach comp. m. quam, zB. solis candor illustrior est quam ullius ignis.* **F.** *gen. ūllĭŭs u.* (*dcht.*) *ūllĭŭs; dat. ūllī, dcht. f auch ūllae.*

ŭlmĕŭs 3 (*ŭlmŭs*) (*vkl., nkl.*) Ulmen... [*virgae*].

ŭlmĭ-trĭbă, *ae m* (*-trī-?*) (*scherzh. hybride Bildung aus ŭlmŭs u.* τρίβω) (*Pl.*) der *m.* Ulmenruten Gepeitschte.

ŭlmŭs, *ī f* (*cf. engl.* elm *ds.*) (*nkl., dcht.*) Ulme, Rüster.

ŭlnă, *ae f* (*cf.* ὠλένη, *nhd.* „Elle") (*dcht., nkl.*) **1.** Ellenbogen; (*synekd.*) Arm; *ulnis amplecti* umarmen. **2.** / (*Längenmaß*) Elle (= $^1/_4$ *passus* = *0,37 m*).

Ŭlpĭānŭs, *ī m*: *Dŏmĭtĭŭs* ~, *ber. Jurist aus Tyros, Prätorianerpräfekt u. Rechtsberater des Alexander Severus, 228 n. Chr. v. seinen Soldaten ermordet.*

Ŭlpĭŭs 3 *röm. Gentilname*: *M.* ~ *Trāiānŭs, s.d.*

ŭlpĭcŭm, *ī n* (*vl. pun. Fw.*) (*vkl.*) [Lauch.]

ŭls *prp.* (*zu altl. ōllŭs* „jener") (*vkl.*) jenseits; *nur in Formeln* [*uls et cis Tiberim*], *sonst durch ŭltrā ersetzt.*

ŭltĕr
I. *pos. ungebräuchlich;* **II.** *comp.*

ŭltĕrĭŏr 1. (*räuml.*) **a)** jenseitig; **b)** entfernter; **2.** (*zeitl.*) weiter, vergangen; **3.** *adv.* **ŭltĕrĭŭs** weiter, mehr; **III.** *sup.* **ŭltĭmŭs 1.** (*räuml.*) **a)** der entfernteste; *auch* der letzte; **b)** *subst.* *ultimi* die Hintersten; **2.** (*zeitl.*) **a)** der älteste; **b)** der letzte, jüngste; **3.** (*Grad*) **a)** der höchste, größte; **b)** der unterste, niedrigste, letzte.

ŭltĕr, *tră, trŭm* (*ŭls*) **I.** *pos.* (*ungebräuchlich; nur abl. sg. m u. f ŭltrō u. ŭltrā als adv. bzw. prp. erhalten; s.d.*). **II.** *comp.* **ŭltĕrĭŏr,** *ĭŭs* **1.** (*räuml.*) **a)** jenseitig [°*pars urbis, Gallia*]; **b)** entfernter, weiter, darüber hinaus [°*equitatus* entfernter postiert]; *subst.* *ŭltĕrĭōrēs m* die Entfernteren; °*ŭltĕrĭōră n* das jenseitige Gebiet, das Entferntere. **2.** (*nkl., dcht.*) (*zeitl.*) weiter, ferner, vergangen; *subst.* °*ulteriora n* das Weitere, Vergangene, übrige. **3.** / (*Li.*) ärger, mehr; (*acc. sg. n*) *adv.* °**ŭltĕrĭŭs** weiter, ferner, mehr (*zeitl.* weiterhin, länger), *zB.* °*quid -ius fieri potuit?*, °*ulterius iusto* über das geziemende Maß. **III.** *sup.* **ŭltĭmŭs** 3 **1.** (*räuml.*) **a)** der äußerste; der entfernteste [*terrae, gentes; a re v. etw., zB. luna ultima a caelo est*]; *auch* der letzte, hinterste, unterste; *auch partitiv, zB. ultima via* der letzte Teil des Weges, *provincia* das äußerste Ende der Provinz, °*in ultimis aedibus* im entlegensten Teil des Hauses; **b)** *subst.* **α)** *ŭltĭmī m* die Hintersten; **β)** *ŭltĭmŭm, ī u. pl.* **-ă,** *ōrŭm n* äußerste Grenze, Ziel, Ausgang [*mundi*]. **2.** (*zeitl.*) **a)** der älteste, erste [*tempus, antiquitas,* °*origo*]; **b)** der letzte, jüngste [*senatūs consultum*]; *subst.* *ultimum n* Ende, Schluß, letzter Augenblick [°*orationis,* °*ad ultimum* bis zuletzt, zuletzt, °*illud -um* diesmal zum letztenmal]; *adv.* *ultimum* zum letztenmal; *pl.* *ŭltĭmă n* die letzten Ereignisse. **3.** / (*v. Grad u. Rang*) **a)** der höchste, größte, vorzüglichste, (*meist pejorativ*) der ärgste, schlimmste, gefährlichste [°*crudelitas,* °*poena, supplicium* Todesstrafe, °*spes,* °*auxilium* das äußerste Hilfsmittel (*i. der Verzweiflung*), *dimicatio* Entscheidungskampf, *ultimum bonorum* das höchste Gut, *natura* die vollkommenste]; *subst.* *ultimum u.* (*pl.*) *-ă n* das Äußerste, Ärgste, Gipfel [°*inopiae, ultima* °*experiri od. audere* das Äußerste; °*ad ultimum demens* äußerst]; **b)** (*dcht., nkl.*) der unterste, niedrigste *od.* letzte, geringste [*stirps, milites; subst.* °*in ultimis laudum esse* auf der untersten Stufe]. — ****ultima latet* = „die letzte (Stunde) bleibt verborgen" (*Inschr. auf Uhren*). — *ultima ratio regum bzw. regis* = das „letzte Mittel der Könige *bzw.* des Königs" (*Inschr. auf französischen bzw. preußischen Geschützen*).

ŭltĭmă Thūlē (*sprichw.*) *s. Thūlē.*

ŭltĭō, *ōnĭs f* (*ŭlcīscŏr*) (*nkl.*) Rache, Strafe (*alcis rei* für *od.* wegen *etw.*); *personif.* ♀ Rachegöttin.

ŭltŏr, *ōrĭs m* (*ŭlcīscŏr*) **1.** Rächer [*coniurationis, sceleris*]; (*dcht., nkl.*) *auch adi.* rächend, strafend [*deus*]. **2.** ♀ (*dcht., nkl.*) **Ŭltŏr** *Beiname des Mars. — Von dem im J. 2 v. Chr. zur Rache für Cäsars Ermordung v. Augustus auf dem Augustusforum errichteten Tempel des Mars Ultor stehen noch 3 korinth. Säulen; drei weitere wurden wieder aufgerichtet.*

▶ **ŭltrā** (*sc. partē; ŭltĕr*) **1.** *adv.* **a)** (*räuml.; nkl., dcht.*) weiter hinaus [~ *procedere*]; *insb.* jenseits [*cis Padum ultraque*]; *manūs nec citra nec* ~ *movere* weder rückwärts noch vorwärts; *auch* dahinter; **b)** (*zeitl.*) (*nkl.*) länger, weiterhin [*bellum non* ~ *differre*]; **c)** / (*v. Zahl u. Maß*) weiter, ferner [*nihil* ~ *requirere*]; *auch m. quam verbunden* [*ultra quam satis est* mehr als genug]. **2.** *prp. b. acc.* (*bisw. ihrem Kasus nachgesetzt*) **a)** (*räuml.*) über ... hinaus, jenseits [~ *villam,* ~ *eos* weiter als sie; *m. abl. mensurae, zB. duobus milibus passuum* ~ *eum locum*]; **b)** (*zeitl.*) (*nkl.*) über, länger als [~ *Socratem* über die Zeit des S. hinaus]; **c)** / (*v. Zahl u. Maß*) über, mehr als [~ *modum,* °~ *fas,* °~ *vires*].

****ultramontānus** 3 jenseits der Berge (= der Alpen) (wohnend); *im MA* = „außerhalb Italiens befindlich"; *das Fw.* „ultramontan" = „in Rom wohnend, dem Papst ergeben" *ist pol. Schlagwort des 19. Jh.*

ŭltrīx, *īcĭs f* (*ŭltŏr*) (*dcht., nkl.*) Rächerin, *meist adi.* rächend [*curae*].

▶ **ŭltrō** *adv.* (*sc. lŏcō*) (*ŭltĕr*) **1.** (*räuml.*) (*vkl., dcht.*) hinüber, nach der anderen Seite [~ *ad urbes Inachias venire*]; *klass. nur* **ŭltrō (ĕt) cĭtrō,** *ŭltrō cĭtrōquĕ* hinüber *u.* herüber, gegenseitig [*legatos mittere, beneficia dare*]. **2.** / **a)** (*Pl.*) fort, weg *m. jd.* [~ *istunc;* ~ *te, amator*]; **b)** überdies, noch obendrein [°*ille, cum scelus commiserit,* ~ *me accusat*]; **c)** *v.* selbst, aus freien Stücken, freiwillig [~ *morti se offerre,* ~ °*polliceri*]; *insb.* (*vkl., nkl.*) *ultro tribută, ōrŭm n* die jährlichen Leistungen *aus der Staatskasse zur Erhaltung der öffentlichen Gebäude.*

ŭltŭs *part. pf. v. ŭlcīscŏr.*

ŭlŭlă, *ae f* (*ŭlŭlō*) (*unkl.*) Käuzchen.

ŭlŭlātŭs, *ūs m* (*ŭlŭlō*) **1.** Geheul, Geschrei, *auch pl.* [*-um tollere* erheben]. **2. a)** Wehklage; **b)** Siegesgeschrei.

ŭlŭlō 1. (*redupl. Schallwort; cf.* ὀλολύζω) **1.** (*intr.*) **a)** heulen, laut schreien; *auch* jauchzen; **b)** (*dcht.*) *v.* Geschrei erfüllt sein [*aedes ululant plangoribus*]. **2.** (*trans.*) (*dcht.*) *jd.* heulend anrufen.

ŭlvă, *ae f* (*wohl zu ălgă*) (*dcht., nkl.*) Schilf.

ŭmbĕllă, *ae f* (*demin. v. ŭmbră*) (*dcht.*) Sonnenschirm.

Ŭmbĕr, *brī m s. Ŭmbrī.*

ŭmbĭlīcŭs, *ī m* (*cf. ŭmbō;* ὀμφαλός „Nabel", *ablautend ahd. naba* „Radnabe", *ahd.* nabala „Nabel") **1.** (*nkl., dcht.*) Nabel. **2.** / **a)** Mittelpunkt (*alcis rei* einer Sache, *zB. Siciliae*); **b)** (*dcht.*) Buchrollenkopf (*Ende des Stabes, um den die Buchrolle gewickelt wurde*) [/ *iambos ad -um adducere* = zu Ende bringen]; **c)** Meerschnecke.

ŭmbō, *ōnĭs m* (*cf. ŭmbĭlīcŭs*) (*nkl., dcht.*) **1.** Schildbuckel. **2. a)** (*synekd.*) Schild; **b)** Ellenbogen.

ŭmbră

1. a) Schatten; **b)** Finsternis, Nacht; **2. a)** (*Malerei*) Schatten, Schattierung; **b)** schattiger Ort; **c)** ständiger Begleiter, ungeladener Gast; **3.** Schatten eines Toten, Geist; **4.** Schutz, Schirm; **5. a)** ruhiges Privatleben, Muße; **b)** Studierzimmer, Stubengelehrsamkeit; **6. a)** Schattenbild; **b)** leerer Schein.

ŭmbră, *ae f* (< **unksrā; nur litauische Parallele*) **1. a)** Schatten [*arboris, terrae, in* (*od.* °*sub*) *umbra* im Schatten; *sprichw.* *umbram suam od. umbras timere* = ohne Not in Angst sein]; **b)** (*dcht.*) Finsternis, Nacht, *oft pl.* [*noctis, Erebi, ab ortu lucis ad umbram*]. **2. a)** (*in der Malerei u. Stickerei*) Schatten, Schattierung; / (*in der Rede*) *umbram capere* im Schatten bleiben, übergangen werden; **b)** (*dcht.*) (*meton.*) schattiger Ort [*viridis* ~ schattiges Grün, *umbras falce premere* die schattigen Laubzweige beschneiden, ~ *tonsoris* Barbierstube, *Pompeia* Halle]; **c)** / ständiger Begleiter [*gloriae*]; *insb.* (*Ho.*) ungeladener Gast, Schmarotzer [*umbras adducere*]. **3.** (*dcht., nkl.*) Schatten eines Toten, Geist, Gespenst, *pl.* Unterwelt [*Hectoris, tenuis sine viribus, umbrarum rex* = Pluto, *per umbras* in der Unterwelt, *sub umbras ire* = sterben]. **4.** / Schutz, Schirm, Zuflucht [*sub umbra amicitiae Romanae latere*]. **5. a)** ruhiges Privatleben, Muße, *pl.* behagliche Zustände [*cedat umbra soli, in umbra atque otio,* °*studia in umbra educata*]; **b)** (*nkl.*) Studierzimmer, Stubengelehrsamkeit. **6.** (*dcht., nkl.*) **a)** Schattenbild, Trugbild, Phantom [*honoris, umbras falsae gloriae consectari*]; *auch* Schreckbild; **b)** leerer Schein, Vorwand [*sub umbra foederis aequi servitutem pati*].

ŭmbrācŭlŭm, *ī n* (*ŭmbră*) **1.** schattiger Ort: **a)** schattiger Gang, Laube; **b)** *pl.* schattiges Lehr- *od.* Studierzimmer [*Theophrasti*]. **2.** (*dcht.*) Sonnenschirm.

ŭmbrātĭcŭlŭs, *ī m* (*demin. v. ŭmbrātĭcŭs*) (*Pl.*) Faulenzer.

ŭmbrātĭcŭs 3 (*ŭmbră*) (*vkl., nkl.*) Schatten...; *homo* Faulenzer; im Studierzimmer betrieben; behaglich lebend.

ŭmbrātĭlĭs, *ĕ* (*ŭmbră*) **1.** den Schatten genießend. **2.** / **a)** beschaulich [*vita*]; **b)** schulmäßig, behaglich [*oratio*].

Ŭmbrī, *ōrŭm m it. Stamm zw. Tiber u. Adria; adi.* **Ŭmbĕr,** *bră, brŭm; subst.* **Ŭmbĕr,** *brī m* umbrischer Jagdhund; **Ŭmbră,** *ae f* Umbrerin; **Ŭmbrĭă,** *ae f* Umbrien. — *Reste des umbrischen Dialekts bsd. auf den Iguvinischen Tafeln; s. Ĭgŭvĭŭm.*

ŭmbrĭ-fĕr, *ĕră, ĕrŭm* (*ŭmbră, fĕrō*) (*dcht.*) **1.** schattenspendend, schattig [*nemus, platanus*]. **2.** die Schatten der Verstorbenen fahrend, düster [*linter* Charons Nachen].

ŭmbrō 1. (*denom. v. ŭmbră*) (*unkl.*) beschatten, *übh.* bedecken (*alqd re etw. m. etw.*).

ŭmbrōsŭs 3 (*m. comp. u. °sup.*) (*ŭmbră*) **1.** (*pass.*) beschattet [*ripa, °caverna* finster]. **2.** (*act.*) (*dcht., nkl.*) beschattend, schattenreich [*fagus*].

ūmĕctō 1. (*denom. v. ūmĕctŭs*) (*dcht., nkl.*) befeuchten, benetzen (*alqd u. alqd re, zB. gramina lacrimis*).

ūmĕctŭs 3 (*ūmĕō*) (*vkl., spätl.*) feucht.

ūmĕō, — — 2. (*denom. v. *ūmŭs* 3 *zu *ūvĕō* „feucht sein") (*dcht.*) feucht *od.* naß sein (*re v. etw.*); *bsd. part. praes.* *ūmēns, ĕntĭs* (*dcht., nkl.*) = *ūmĭdŭs*; *subst.* *ūmĕntĭă, ĭūm n* Sumpfgegend, Morast.

▶**ŭmĕrŭs,** *ī m* (< **ŏmĕsŏs zu ὦμος*) **1. a)** Schulter, Achsel [*alqm umeris sustinere, / tota comitia umeris suis sustinere*]; **b)** (*dcht.*) Oberarm, Arm. **2.** (*bei Tieren*) Vorderbug [*bovis*].

ūmēscō, — — 3. (*incoh. v. ūmĕō* „feucht sein") (*dcht., nkl.*) feucht *od.* naß werden (*re v. etw.*).

ūmĭdŭlŭs 3 (*demin. v. ūmĭdŭs*) (*dcht.*) *etw.* feucht; saftig.

▶**ūmĭdŭs** 3 (*m. °comp. u. °sup.; adv. °-ē*) (*ūmĕō*) **1.** feucht, naß [*ligna, lectus v.* Tränen]; *subst.* *ūmĭdŭm, ī n* **a)** (*nkl.*) feuchter Ort *od.* Boden; **b)** *pl.* wässerige Teile. **2.** (*dcht., nkl.*) saftig, flüssig.

ūmĭ-fĕr, *ĕră, ĕrŭm* (*ūmŏr, fĕrō*) (*dcht.*) feucht [*sucus*].

▶**ūmŏr,** *ōrĭs m* (*ūmĕō*) **1.** Feuchtigkeit, Flüssigkeit [*°paludis, °lacteus* Milch, *°roscidus* Tau; *°Bacchi* Wein, *°ruber* Blut, *°gelidus* Schnee; *dcht. auch* Tränen, Speichel *u. a., auch pl.* **2.** (*Ve.*) Saft der Pflanzen.

▶**ŭmquăm** *s. ŭnquăm.*

▶**ūnā** *adv. s. ūnŭs.*

ūn-ănĭmāns, *āntĭs* (*ūnŭs, ănĭmō*) (*vkl., nkl.*) einträchtig.

ūnănĭmĭtās, *ātĭs f* (*ūnănĭmĭs*) (*vkl., nkl.*) Einmütigkeit.

ūn-ănĭmŭs 3 (*unkl.*) *u.* **-mĭs,** *ĕ* (*spätl.*) (*ūnŭs*) einmütig, einträchtig.

ūncĭă, *ae f* (*ŭ-?*) (< **oin[ĭ]cĭā*; *ūnŭs*) ein Zwölftel *eines zwölfteiligen Ganzen*: **1. a)** (*e-r Erbschaft*; *heres ex uncia*); **b)** (*Ma.*) (*der Schulden*). **2. a)** (*vkl.*) (*Münze*) $^1/_{12}$ As, eine Unze; **b)** (*unkl.*) (*Gewicht*) Unze = 27,3 g [*auri*]. **3.** / (*vkl., dcht.*) eine Kleinigkeit.

ūncĭālĭs, *ĕ* (*ŭ-?*) (*ūncĭă*) (*nkl., spätl.*) *v. e-r* Unze, zollang [*litterae* = Unziale, *Schrift in abgerundeten Großbuchstaben*].

ūncĭārĭŭs 3 (*ŭ-?; ūncĭă*) (*nkl.*) ein Zwölftel betragend *od.* enthaltend (*fenus -um* Zinsen *v.* einem Zwölftel des Kapitals = $8^1/_3$ % jährlich).

ūncĭātĭm *adv.* (*ŭ-?; ūncĭă*) (*vkl., nkl.*) unzenweise; / pfennigweise.

ŭncĭnātŭs 3 (*ŭncĭnŭs* „Haken" *zu ŭncŭs*) hakenförmig.

·**ūncĭŏlă,** *ae f* (*ŭ-?; demin. v. ūncĭă*) (*Ju.*) *e-e* kleine Unze, ein lumpiges Zwölftel *der Erbschaft.*

ūnctĭō, *ōnĭs f* (*ŭ-?; ŭngō*) das Salben. — **letzte Ölung; Salbung *zum Kaiser od. König.*

ūnctĭtō 1. (*ŭ-?; frequ. v. *ūnctō* 1., *frequ. v. ŭngō*) (*vkl.*) oft salben.

ūnctĭŭscŭlŭs 3 (*ŭ-?; demin. v. ūnctĭŏr, comp. v. ūnctŭs*) (*Pl.*) *etw.* fetter.

ūnctŏr, *ōrĭs m* (*ŭ-?; ŭngō*) Salber, Einreiber.

ūnctōrĭŭm, *ī n* (*ŭ-?; ūnctŏr*) (*Pli.*) Salbraum *in den Thermen.*

ūnctūră, *ae f* (*ŭ-?; ŭngō*) (*vkl.*) das Salben, *bsd.* das Einbalsamieren *der Toten.*

ūnctŭs 3 (*ŭ-?*) (*m. comp. u. °sup.*) (*eigtl. P.P.P. v. ŭngō*) **1. a)** gesalbt, parfümiert, benetzt [*palaestra* in der · man sich einsalbt, *°arma cruore* blutbenetzt]; **b)** fett (gemacht), *°*(*carina*) geteert; fettig, schmierig [*manus*]. **2.** / **a)** (*dcht.*) fett, lecker [*cena*]; **b)** reich, wohlhabend, üppig; **c)** bestochen. **3.** *subst.* *ūnctŭm, ī n* **a)** (*dcht.*) fette *od.* leckere Mahlzeit, Leckerbissen; **b)** (*nkl.*) Salbe, Parfüm.

ŭncŭs[1], *ī m* (*zu ăncŭs* „gekrümmt"; *cf. ὄγκος* „Widerhaken") Haken, Widerhaken, Klammer [*°ferreus*]; *bsd.* der Haken, *den man den Delinquenten i. den Hals schlug, bevor man sie ad scalas Gemonias schleppte od. in den Tiber stürzte* [*uncum alci impingere*]; / (*Pr.*) *-um decutere* eine Gefahr vermeiden.

ŭncŭs[2] 3 (*ŭncŭs*[1]) (*dcht., nkl.*) hakig, gekrümmt [*aratrum, dens* zweizähniger Karst, *hamus od. aera* Angel]; *bsd.* krallig [*manus, pedes*].

▶**ŭndă,** *ae f* (*cf. altind.* undáti „benetzt"; *ὕδωρ, ὕδατος*) **1.** Welle, Woge, *auch coll.* Wogen [*maris*]. **2.** / **a)** (*dcht.*) fließendes Wasser, Gewässer, Flut, Strom, Meer, Regen, Getränk [*fontis, Sicula, caelestes* Regen, *ferventes* siedendes Wasser]; *auch* strömendes Blut [*spumans*], (*vom Rauch*) Wirbel; **b)** Strömung, Strudel, unruhig wogende Menge [*°salutantum, -ae comitiorum*]; Unruhe. — ***sacra* Weihwasser; *baptismatis* Taufe.

▶**ŭndĕ** *adv.* (< **quŭndĕ; zum Pron.-Stamm *quo-; cf. ălĭcŭndĕ, ŭbĭ*) *fragend (dir. u. indir.) u. rel.*: **1.** (*örtl.*) von wo, woher [*unde venisti?, mihi responde, unde veneris*]; *auch* = *ā* (*ĕx*) *quō, quā, quĭbŭs* [*castra, unde profecti erant; eum necavit, unde ipse natus erat; °is, unde ius stat* auf dessen Seite das Recht ist; *bsd. als jur. t.t. is, unde petitur* der Beklagte in einer Privatklage]. **2.** / (*Ursprung od. Ursache od. Mittel*) wovon, woraus, wodurch, weswegen, *zB. unde haec didicisti?, °nihil reliquit, unde* (wovon) *efferretur.* **3.** (*dcht.*) *ŭndĕ-ŭndĕ* woher auch immer. — ** daher; weil; so daß.

ūn-dē... (*ūnŭs, dē*) *Neunerzahlen, zB. undeoctoginta* 79, *undenonagesimus* der 89ste.

ūn-dĕcĭē(n)s *num. adv.* elfmal.

ūn-dĕcĭm (*ūnŭs, dĕcĕm*) *num. adv. indecl.* elf.

ūndĕcĭmŭs 3 (*ūndĕcĭm*) *card. ord.* der elfte.

ūndĕcĭm-vĭrī, *ōrŭm m* (= *οἱ ἕνδεκα*) (*Ne.*) Elfmännerkollegium, *Polizei- u. Strafvollzugsbehörde in Athen.*

ŭndĕ-cŭmquĕ *adv.* (*nkl.*) **1.** woher nur immer. **2.** allenthalben; *auch in Tmesis.*

ūn-dēnī 3 *num. distr.* je elf; *°pedes* Hexameter *u.* Pentameter.

ŭndĕ-ŭndĕ *adv. s. ŭndĕ* (3).

ūndēvīcēsĭmānī, *ōrŭm m* (*ūndēvīcēsĭmŭs*) (*nkl.*) Soldaten der 19. Legion.

▶**ŭndĭquĕ** *adv.* (*ŭndĕ*) **1.** woher nur immer, *v.* allen Seiten [~ *concurrere u. convenire, legati* ~ *missi, °alqs amens* ~ *dicitur v.* allen Leuten]. **2.** auf allen Seiten, überall, *auch* in jeder Hinsicht [*religionem* ~ *tollere*].

ŭndĭ-sŏnŭs 3 (*ŭndă, sŏnō*) (*dcht.*) wellenrauschend; *di* Meergötter.

ŭndō 1. (*denom. v. ŭndă*) (*unkl.*) **1.** wogen, wallen [*fretum, sanguis per domos*], *auch* sieden, quellen. **2.** / sich wellenförmig bewegen, emporwallen [*Aetna*]; *part. praes.* *undans* wallend [*habenae* schlaff, locker].

ŭndōsŭs 3 (*ŭndă*) (*dcht.*) wellenreich, wogend [*aequor*].

ūnĕtvīcēsĭmānī, *ōrŭm m* (*ūnĕtvīcēsĭmŭs*) (*nkl.*) Soldaten der 21. Legion.

ūn-ĕt-vīcēsĭmŭs 3 *num. ord.* der einundzwanzigste.

ŭngō *u.* **ŭnguō,** *ūnxī, ūnctŭm* 3. (*ūnctŭm?, cf.* schwäbisch „Anke" = „Butter") **1.** salben, parfümieren (*alqm u. alqd; re m. etw., zB. corpus unguentis, °cubilia limo*). **2.** (*nkl., dcht.*) benetzen [*ova sanguine ranae*], färben, verpichen *od.* teeren [*carinam*]; / (*dcht.*) *quem gloria supra vires ungit* der aus Eitelkeit sich über sein Vermögen putzt. **3.** (*dcht.*) (*Speisen*) fett machen [*caules oleo*]. *Cf. auch ūnctŭs.*

ŭnguĕn, *ĭnĭs n* (*unkl.*) = *ŭnguĕntŭm.*

ŭnguĕntārĭŭs 3 (*ŭnguĕntŭm*) (*nkl.*) zur Salbe gehörig, Salben... [*taberna*]; *subst.* **-ĭă,** *ae f* (*sc. mĕrcātūră*) (*Pl.*) Salbenhandel [*-am facere* eine Parfümerie aufmachen], **-ŭm,** *ī n* (*Pli.*) Salbengeld; *klass. nur* **-ŭs,** *ī m* Parfümhändler.

ŭnguĕntō 1. (*denom. v. ŭnguĕntŭm*) (*unkl.*) salben, (ein)balsamieren, parfümieren.

ŭnguĕntŭm, *ī n* (*ŭng[u]ō*) Salbe, Salböl, Parfüm.

ŭnguĭcŭlŭs, *ī m* (*demin. v. ŭnguĭs*) Nägelchen, *meist* = *ŭnguĭs, synekd.* Fingerspitze [*a teneris unguiculis v.* Kindesbeinen an; *ex -is perpruriscere* (*vkl., nkl.*) in allen Fasern *v.* sinnlichem Verlangen fiebern].

ŭnguĭs, *ĭs m* (*cf. ὄνυξ, nhd.* ablautend „Nagel") **1.** Nagel *an Fingern od. Zehen* [*°unguibus pugnare, °ungues °recīdere, °subsecare, °purgare*]; (*bei Tieren*) Klaue, Kralle, Huf, Tatze. **2.** (*sprichw.*) **a)** *ab imis unguibus usque ad verticem (summum)* vom Kopf bis zu den Zehen; **b)** *°de tenero ungui*

v. Kindesbeinen an (*od.* = durch *u.* durch); **c)** °*ad od.* °*in unguem* bis auf die Nagelprobe, haarscharf, aufs genaueste [°*carmen decies ad -em castigare*, °*homo ad unguem factus* vollendeter Weltmann]; **d)** *transversum unguem non discedere* nicht einen Querfinger breit = keinen Finger- *od.* kein Haarbreit abweichen; **e)** (*dcht.*) *alci medium unguem* (= *digitum impudicum*) *ostendere jd.* den Mittelfinger zeigen (= *Zeichen äußerster Verachtung*).
F. *abl. sg.* **-ĕ** *u.* °**-ī**; *gen. pl.* **-ĭŭm.**

ŭngŭlă, *ae f* (*Pl.*: **-ŭs,** *ī m*) (*demin. v. ŭnguĭs*) **1.** Huf [*equi*], *bsd.* Pferdehuf; *synekd.* (*dcht.*) Pferd; *sprichw.*: *omnibus ungulis m.* Händen *u.* Füßen, *m.* allen Kräften. **2.** (*dcht.*) Kralle, Klaue. — **~ [*ferrata* Hufeisen.]

ŭnguō *s. ŭngō.*

ūnĭ-ănĭmŭs (*Pl.*) = *ūnănĭmŭs.*

ūnĭ-cŏlŏr, *ōrĭs* (*ūnŭs*) (*unkl.*) einfarbig [*torus*].

ūnĭ-cŏrnĭs, *ĕ* (*Bed.-Lw.* ‹ μονόκερως; *ūnŭs, cŏrnū*) (*nkl., spätl.*) einhörnig [*bos, rhinoceros*]; *subst.* **-nĭs,** *nĭs m* = *rhĭnŏcĕrōs.* — ***-nis u. -nus* Einhorn, *pferdeähnliches Fabelwesen.*

▶ **ūnĭcŭs** 3 (*adv.* **-ē**) (*ūnŭs*) **1.** (*klass. selten*) einzig, allein [*filius, filia,* °*spes*]. **2.** / **a)** (*dcht.*) einzig geliebt [*maritus*]; **b)** einzig in seiner Art, unvergleichlich, *im guten u. üblen Sinne* [°*dux, liberalitas; alqm -e diligere,* °*-e securus* völlig unbesorgt].

ūnĭ-fōrmĭs, *ĕ* (*ūnŭs, fōrmă*) (*nkl., dcht.*) einförmig, einfach.

ūnĭ-gĕnă, *ae m u. f* (*ūnŭs, gĭgnō*) **1.** (*Ca.*) *v.* einerlei Abstammung, verschwistert, Bruder, Schwester (*alcis*). **2.** einzig [*mundus*]. **3.** (*Eccl.*) eingeboren = einzig (geschaffen) [*Christus*].

ūnĭ-gĕnĭtŭs 3 (*ūnŭs, gĭgnō*) (*Eccl.*) eingeboren = einzig (geschaffen) [*filius = Christus*].

ūnĭ-mănŭs 3 (*ūnŭs*) (*Li.*) einhändig [*puer*].

ūnĭō[1], *ōnĭs m* (*ūnŭs; cf. frz.* solitaire „Solitär") (*nkl., dcht.*) einzelne große Perle.

ūnĭō[2] 4. (*ūnŭs*) (*nkl.*) vereinigen.

ūnĭō[3], *ōnĭs f* (*ūnŭs*) (*spätl., Eccl.*) **1.** Einheit; die Eins *als Würfelzahl.* **2.** Vereinigung.

ūnĭ-sŭbsĕllĭŭm, *ī n* (*ūnŭs*) (*Pl.*) Einzelbänkchen (*Ggs. trĭclīnĭŭm*).

ūnĭtās, *ātĭs f* (*ūnŭs*) (*nkl.*) **1.** Einheit, das ungesonderte Ganze [*mundi*]. **2.** Einigkeit.

ūnĭtĕr *adv.* (*ūnŭs*) (*Lu.*) in eins verbunden. [einerlei Art.]

ūnĭŭs-mŏdī *adv.* (*od. getr.*) *v.*

ūnĭvĕrsālĭs, *ĕ* (*ūnĭvĕrsŭs*) (*nkl.*) allgemein. — ***subst.* **-ia,** *ium n* Allgemein-, Gattungsbegriffe, Universalien.

ūnĭvĕrsĭtās, *ātĭs f* (*ūnĭvĕrsŭs*) **1.** Gesamtheit, das Ganze [*generis humani* das ganze menschliche Geschlecht, *rerum* Weltall]; (*Pli.*) die ganze Rede. **2.** / (*sc. rērŭm*) Weltall, Welt. — **(mittelalterliche) Hochschule, Universität (= ~ *magistrorum et scholarium* Gemeinschaft der Lehrenden *u.* Lernenden).

▶ **ūnĭ-vĕrsŭs** *u.* (*altl.*) **-vŏrsŭs** 3 (*adv.* **-ē**) (‹ **oinŏvŏrsŭs* „auf einen Punkt gewendet"; *ūnŭs* + *P.P.P. v. vŏrtō*) **1. a)** gesamt, sämtlich, ganz [*senatus, mundus, familia, vita*]; °*-ae rei dimicatio* Entscheidungsschlacht; **b)** *pl.* **ūnĭvĕrsī** 3 alle zusammen *od.* insgesamt, alle Welt; *subst.* **ūnĭvĕrsŭm,** *ī n* Gesamtheit, *bsd.* Weltall. **2.** allgemein [*natura,* °*pugna* an der alle teilnehmen, *odium* gemeinschaftlich]. **3.** *adv.* **ūnĭvĕrsē** *od.* (*nkl.*) **in ūnĭvĕrsŭm** im allgemeinen, überhaupt [*loqui*].

ūn-ŏcŭlŭs 3 (*ūnŭs*) (*vkl.*) einäugig; *auch subst.*

Ūnŏmămmĭă, *ae f* (*ūnŭs, mămmă; cf.* μονό-μαζος) (*Scherzbildung*) (*Pl.*) Land der Amazonen.

▶ **ūn-quăm** *u.* **ŭm-quăm** *adv.* (*erstarrter acc. statt *quŏnquăm; cf. ŭbī*) irgendeinmal, je(mals), *bsd. in negativen, fragenden u. hypothetischen Sätzen; nec unquam* und niemals; *nemo* ~ niemals jemand, *nullus* ~ niemals einer.

> **ūnŭs**
> **1. a)** einer; **b)** nur einer; ein einziger; *oft durch Adverb zu übersetzen:* allein, nur; **c)** *m. sup.* der aller...; **d)** ein und derselbe; **2.** (*indef.*) irgendein(er); **3.** *adv.* **ūnā** zusammen, zugleich.

ūnŭs 3 (*altl. oinŏs; cf.* οἰνή „die Eins *auf Würfeln*"; *nhd.* „eins") **1. a)** einer [*unus miles*]; *meist nicht m. gen. part., sondern m. ex od. de* [*unus ex od. de magistratibus*]; *unus* °*e multis* ein gewöhnlicher Mensch; *im pl.*: **α)** *bei echten pluralia tantum, zB. una castra, unae aedes* ein Haus; **β)** *in der Bedeutung* „allein" *od.* „ein und derselbe" (*cf.* 1, b *u.* d); **γ)** *bei den Einteilungen uni ... alii* die einen ... andere, *uni ... alteri ... tertii* die einen ... die anderen ... die dritten; *unus aut duo* einer *od.* gar zwei; *non unus* mehr als einer; *ad unum omnes* alle ohne Ausnahme; *in unum* (*locum*) an einen Ort *od.* Punkt [*se recipere; in unum cogere* zu einem Ganzen vereinigen]; **b)** nur einer, ein einziger [*unus ex omnibus, unum respondere*]; *im Deutschen oft durch die Adverbien* allein, nur, bloß *zu übersetzen* [*Ubii uni legatos miserant*]; *nemo od. nullus unus* kein einziger; °*nihil unum* gar nichts; **c)** (*m. od. ohne omnium*) *zur Verstärkung des sup.* [*homo unus doctissimus* der allergelehrteste]; **d)** ein und derselbe, der nämliche [*multos uno tempore defendere, unis moribus vivere*]; *verstärkt unus et* (*od. atque*) *idem.* **2.** (*indef.*) irgendein(er) [*sicut unus pater familias* wie der erste beste]; *quivis unus od.* °*unus quilibet* irgendein einzelner, *unus quisque* (*auch zus.*) jeder einzelne, ein jeder; *unus et* (*atque; aut, vel*) *alter* einer *u.* (*od.*) der andere, etliche. **3.** *adv.* **ūnā** zusammen, gemeinschaftlich, *räuml. u.* /, *bisw. auch zeitl.* zugleich [*una iter facere od. venire, cenare, unā omnibus partibus pugnatur*]; *oft m. prp. cum* „mit" (*dcht. auch m. dat.*), *zB. unā nobiscum,* °*unā his.* — ***auch unbestimmter Artikel* (*Ansätze dazu schon bei Plautus*).
F. *gen. ūnĭŭs,* (*dcht.*) *ūnĭŭs u. ūnī; dat. ūnī u.* °*ūnō,* °*ūnae, pl. ūnī, ae, ă.*

▶ **ūnŭs-quĭsquĕ,** *ūnă-quaequĕ, ūnŭm-quĭdquĕ* (*subst.*) *u. ūnŭm-quŏdquĕ* (*adi.*) ein jeder, jeder einzelne (*s. ūnŭs* 2).

ūnxī *s. ŭngō.*

ūpĭlĭō, *ōnĭs m s. ōpĭlĭō.*

ŭpŭpă, *ae f* (*Schallwort nach dem Paarungsruf* „[h]upup") (*vkl., nkl.*) Wiedehopf; / Spitzhacke.

Ūrănĭă, *ae* (*u.* °**-ē,** *ēs*) *f* (Οὐρανία) Urania (*Muse der Astronomie*). *Cf.* V.-B. I, 1.

ūrbānĭtās, *ātĭs f* (*ūrbānŭs*) **1.** Stadtleben, Leben in Rom. **2.** städtisches Wesen: **a)** feines Benehmen, großstädtische Lebensart; **b)** feine Aussprache, gebildete Ausdrucksweise; **c)** feiner Witz, Esprit; **d)** (*Ta.*) schlechter Witz, grobe Täuschung.

▶ **ūrbānŭs** 3 (*m. comp. u. sup.*; *adv.* **-ē**) (*ūrbs*) **1.** (groß)städtisch, stadtrömisch, Stadt... [°*populus,* °*plebs, praedium, tribus, vita*]; *subst. m* Städter, Großstädter, Römer; *gratia* Einfluß in Rom, °*exercitus* aus römischen Bürgern bestehend. **2.** / **a)** fein, gebildet, weltmännisch; **b)** geschmackvoll, gewählt (*bsd. v. der Rede*); **c)** witzig, geistreich [*homo, sermo, sales, -e ridere Stoicos*]; *subst. m* Witzbold; **d)** (*dcht.*) dreist, keck, zudringlich [*audacia,* °*frons*].

ūrbĭ-căpŭs, *ī m* (*ūrbs, căpĭō*) (*Pl.*) Städteeroberer.

ūrbĭcŭs 3 (*ūrbs*) (*nkl.*) zur Stadt (Rom) gehörig, städtisch.

Ūrbīnŭm, *ī n St. i. Umbrien, j.* Urbino; *Einw. u. adi.* **-nās,** *ātĭs* (*m*).

Ūrbĭus *clīvŭs Gasse in Rom* (*am Esquilin*).

▶ **ūrbs,** *ūrbĭs f* (*et. ungedeutet*) **1.** *jede größere ummauerte Stadt, bsd.* Hauptstadt. **2. a)** die Stadt Rom (= *urbs Roma, nkl. urbs Romana*); *ad urbem* bei *od.* vor Rom; (****urbi et orbi* = „der Stadt *u.* dem Erdkreis, *d. h.* aller Welt", *Formel für die feierliche Segenserteilung durch den Papst*); **b)** Oberstadt, Burg, Akropolis = *arx* (*bsd. v. Athen*); **c)** *meton.* die Städter [*urbs ab armis conquiescit*]. **3.** / Hauptsache, Kern [*urbs philosophiae; Ggs. căstĕllŭm*].

ūrcĕŏlŭs, *ī m* (*ū-?*) (*demin. v. ūrcĕŭs*) (*unkl.*) Krüglein.

ūrcĕŭs, *ī m* (*ū-?; cf. ŏrcă,* ὕρχη, ὕρχη „irdenes Gefäß für Pökelfische"; *wohl Lw. aus e-r Mittelmeerspr.*) (*unkl.*) Krug, *bsd.* Wasserkrug.

ūrēdō, *ĭnĭs f* (*ūrō*) Brand (Getreidekrankheit).

ūrgĕō (*u. ūrguĕō*), *ūrsī,* — 2. (*wohl m. nhd.* „würgen" *verwandt*) **1. a)** (*trans.*) drängen, treiben, drücken, (fort)stoßen (*alqm u. alqd in alqd od. re, zB.* °*naves in Syrtes;* °*saxum* hinaufwälzen); / (*dcht.*) verdrängen [*dies diem od. nox diem urget*]; **b)** (*intr.*) andringen, sich drängen [°*fluctūs ad litora urgent*]. **2.** / **a)** bedrängen, hart zusetzen *od.* verfolgen, keine Ruhe lassen (*alqm u. alqd, bsd. mil., zB. hostem a tergo,* °*fames me urget,* °*mentem* knechten; *alqm u. alqd re etw.* durch *etw., zB.* °*alqm fame od.* °*invidiā, urbem alia urbe* beschränken; *auch abs., zB. urgens senectus*); °*altum* auf die hohe See hindrängen; *nihil me urget* ich habe keine Eile; *auch* (*dcht.*) *v. Örtlichkeiten* hart anstoßen, ganz nahe liegen (*alqd* an *od.* bei *etw., zB. vallem*); *abs.* (*zeitl. od. v. Zuständen*) nahe bevorstehen [*comitia*]; **b)** (*durch Fragen od. Worte*) *jd.* in die Enge treiben, (*m. Bitten*) bestürmen [*alqm interrogando od. versibus alcis*]; **c)** hartnäckig bei *etw.* (*alqd*) beharren; auf *etw.* bestehen, *etw.* immerfort betonen (*alqd, zB. ius, occasionem* begierig ergreifen; *m. a.c.i.*). **3.** (*dcht.*) *etw.* eifrig betreiben, *v. etw.* nicht ablassen (*alqd, zB. opus, iter* beschleunigen; *m.* °*inf. od.* °*a.c.i.*).

ūrīnă, *ae f* (*eigtl.* „Wasser"; *cf. altind.* vār- „Wasser", ἐέρση „Tau"; *s. auch die Bed. v. ūrīnŏr, ūrīnātŏr;* οὖρον „Harn") **1.** Harn, Urin. **2.** / (*dcht., nkl.*) Samen [*genitalis, concepta*].

ūrīnātŏr, *ōris m* (*ūrīnŏr*) (*vkl., nkl.*) Taucher.

ūrīnŏr 1. (*denom. v. ūrīnă*) untertauchen.

Ūrĭŏs 3 (Οὔριος) Verleiher guten Fahrwindes [*Iuppiter*].

▶**urnă,** *ae f* (⟨ **ŭrc-nā; cf. ŭrcĕŭs*) **1.** (*unkl.*) **a)** Wasserkrug; **b)** (*Flüssigkeitsmaß*) Urne, Eimer = ½ *amphora* = *ca.* 13 l. **2. a)** (*dcht., nkl.*) Krug, Topf [*argenti* Geldtopf]; Urne (Schicksalsurne *m. den Todeslosen aller Menschen,* Aschenkrug); **b)** Los-urne *für die Stimmtäfelchen in den Komitien od. die Lose* [°*nomina in urnam conicere, educit ex urna tres (iudices)*]; / (*Ta.*) Wahl durch das Los [*urnam postulare*].

ŭrnŭlă, *ae f* (*demin. v. ŭrnă*) kleine Urne, Krüglein.

> **ūrō**
> **1.** (ver)brennen; **2. a)** (*med. t.t.*) ausbrennen; **b)** (*Farben*) einbrennen; **c)** (*Brennmaterial*) (ver)brennen; **d)** sengen *u.* brennen; **3. a)** austrocknen; **b)** wund reiben; **c)** (*Leidenschaften, jd.*) entflammen; **d)** heimsuchen.

ūrō, *ussī, ūstŭm* 3. (*ussī, ūstŭm?*) (= εὕω „senge") **1.** brennen, verbrennen (*trans. u. abs., zB. uri calore; hominem mortuum* einäschern). **2. a)** (*med. t.t.*) ausbrennen (*alqm u. alqd, zB. medici multa vulnera urunt, urere et secare*); **b)** (*Ov.*) (*i. der Malerei*) **α)** (*Farben*) enkaustisch auftragen *od.* einbrennen [*colores*]; **β)** (*Gemälde*) enkaustisch malen [*tabulam coloribus*]; **c)** (*dcht., nkl.*) *als Feuerungs- od. Beleuchtungsmaterial* (ver)brennen [*picem, ceras; cedrum;* (*v. den Christen*) *in usum nocturni luminis*]; **d)** sengen *u.* brennen, durch Feuer zerstören, verheeren, *bsd. mil.* [°*agros; abs., zB.* °*bellum urendo gerere*]. **3.** / (*meist dcht., nkl.*) **a)** austrocknen, ausdörren, versengen [°*terras,* °*solum,* °*sitis guttur urit*]; *auch vom Frost* °erfrieren machen (P. erfrieren *od.* frieren, *zB.* °*herba per nives usta,* °*continuis frigoribus uri* = zu leiden haben durch); **b)** wund reiben, wund drücken [°*lorica urit lacertos;* °*loris od.* °*virgis uri* = gepeitscht werden]; **c)** (*dcht., nkl.*) **α)** (*Leidenschaften*) entflammen [*invidiam*]; **β)** *jd.* leidenschaftlich entflammen [*ira urit alqm, urit me Glycerae nitor*]; P. *v.* Leidenschaft *od.* in Liebe entbrannt sein [*uritur infelix Dido; uri in alqo* in *jd.* verliebt sein, *zB. in puella*]; **d)** (*nkl.*) beunruhigen, heimsuchen [*pestilentia urbem urit, Italia bello urebatur*].

ŭrsă, *ae f* (*ŭrsŭs*) (*dcht., nkl.*) **1.** Bärin, *dcht. auch* Bär. **2.** Bär *als Sternbild* [*maior, minor*]; *cf. Ărctŏs.*

ŭrsī *s. ŭrgĕō.*

ŭrsīnŭs 3 (*ŭrsŭs*) (*nkl.*) Bären...; *subst.* **-ă,** *ae f* (*sc. cārō*¹) Bärenfleisch.

ŭrsŭs, *ī m* (⟨ **ŏrcsŏs; cf.* ἄρκτος) (*dcht., nkl.*) Bär; *meton.* Bärenhatz.

ŭrtīcă, *ae f* (*vl. zu ūrō*) (*dcht., nkl.*) **1.** Brennessel. **2.** Seenessel (*Seetier*) [*marina*]. **3.** / wollüstiger Jucken, Brunst, Geilheit.

ūrūcă, *ae f* (= *ērūcă* 1; *et. ungedeutet*) (*nkl., dcht.*) Raupe.

ūrŭs, *ī m* (*germ. od. kelt. Lw.*) Auerochs, Ur.

Ŭsĭpĕtēs, *ŭm u.* **Ŭsĭpĭī** *od.* °**-pī,** *ōrŭm m germ. Volk an Unterrhein, Ruhr u. Lippe.*

ūsĭtātŭs 3 (*m. comp. u. sup.; adv.* **-ē**) (*eigtl. part. pf. v. ūsĭtŏr* 1., *intens. v. ūtŏr*) gebräuchlich, gewöhnlich, üblich [*vocabulum, honos, -e loqui*].

ŭspĭăm *adv.* (*ū-?; wohl aus* **ŭts-pĭăm; ŭts- Erweiterung v. ŭt wie ăbs- v. ăb; cf. quīs-pĭăm*) **1.** irgendwo. **2.** (*Pl.*) irgendwie.

ŭsquăm *adv.* (*ū-?; wohl aus* **uts-quăm; cf. ŭspĭăm*) (*meist in fragenden, negativen od. hypothetischen Sätzen*) **1. a)** irgendwo; *nec* ~ und nirgends; *nemo* ~ nirgends jemand, *nullus* ~ nirgends ein; *auch m. den Genitiven gentium u.* °*terrarum*; **b)** / bei irgendeiner Gelegenheit, irgendwie [°*neque* ~ *nisi in pecunia spem habere*]. **2.** irgendwohin [~ *discedere*].

▶**ŭsquĕ** *adv.* (*ŭ-?; wohl* ⟨ **ŭds-quĕ; cf. ahd.* ūz „hinaus" *u. ăbs-quĕ*) **1.** in einem fort, ununterbrochen [*mihi quidem usque curae erit, quid agas*]. **2.** (*räuml. u. zeitl.*) **a)** von ... her, von ... an: **α)** (*m. prp.*) [~ *a Capitolio*]; **β)** (*m. adv.*) *inde* ~ von da an; **b)** bis nach ..., bis ... hin: **α)** (*m. prp.*) [*usque ad vesperum*]; **β)** (*m. adv. od. ci.*) ~ *eo* bis dahin; ~ *dum* so lange bis; **c)** (*prp. b. acc.*) (*vkl., nkl.*) bis ... zu [~ *pedes;* ~ *somni tempus; bisw. auch nachgestellt, zB. corpus* ~ *harena penetraverat, vesperam usque*].

ūsquĕ-quāquē *adv.* (*ŭ-?; auch getr.*) (*räuml. u.* /) überall, allenthalben; (*zeitl.*) immerdar.

ŭsquĭn (*Pl.*) (*ŭ-?*) = *ŭsquĕ-nĕ* (*s. ŭsquĕ* 1) [*usquin valuisti?*].

ŭssī *s. ūrō.*

ūssūra (*Pl.*) = *ūsūră.*

ūstŏr, *ōrīs m* (*ū-?; ūrō*) Leichenverbrenner (*Sklave des libitinarius*).

ūstŭlō *u.* **ūstĭlō** 1. (*ū-?; denom. v.* **ūstŭlŭs, demin. v. ūstŭs, P.P.P. v. ūrō*) (*dcht., nkl.*) anbrennen; verbrennen (*alqd, zB. scripta*).

ūstŭs *P.P.P. v. ūrō.*

ūsū-căpĭō¹, *cēpī, căptŭm* 3. (*eigtl.* „durch Gebrauch in Besitz nehmen") (*ein Eigentumsrecht*) durch Verjährung erwerben, *etw.* ersitzen (*alqd, zB.* °*Italiam*).

ūsū-căpĭō² *u.* **ūsūs-căpĭō,** *ōnīs f* (*ūsūcăpĭō*¹*; in der Nebenform ūsūs gen. sg.*) Eigentumsrecht durch Verjährung [*fundi*]; *abs.* Besitzverjährung.

ūsū-făcĭō, *fēcī, făctŭm* 3. (*Pl.*) = *ūsūcăpĭō*¹.

ūsūră, *ae f* (*ūtŏr*) **1. a)** (*zeitl. beschränkter*) Gebrauch, Nießbrauch, Genuß (*alcis rei, zB.* °*eius* [= *Alcumenae*] *corporis, vitae, huius lucis*), *zeitl.* Frist [*horae*]; **b)** Nutzung eines geliehenen Kapitals [*-ā iuvare alqm*]. **2.** (*sg. u. pl.*) **a)** *meton.* Zinsen *für ein Darlehen* [*menstrua, gravissimae, usuram u. -as pendere*]; *perscribere -am* Geld auf Zinsen ausleihen; °*multiplicare usuram* Zinseszins rechnen; **b)** / (*Pli.*) Zugabe.

ūsūrārĭŭs 3 (*ūsūră*) (*vkl., nkl.*) **1.** zur (vorübergehenden) Benutzung dienend [*uxor*]. **2.** verzinst [*pecunia*]. — (*spätl. u.* **) wucherisch; *subst. m* Wucherer.

ūsūrpātĭō, *ōnīs f* (*-sū-?; ūsŭrpō*) **1.** Gebrauch, Benutzung, Ausübung (*alcis rei, zB. doctrinae, vetustatis* eines alten Brauches, *civitatis entw.* Erwähnung *od.* Anspruch auf das Bürgerrecht). **2.** (*Cod. Iust.*) widerrechtliche Aneignung; Mißbrauch.

ūsŭrpātŏr, *ōrīs m* (*-sū-?; ūsŭrpō*) (*spätl.*) Usurpator, Despot.

▶**ūsŭrpō** 1. (*-sū-?; wohl denom. v.* **ūsŭrpŏs* ⟨ **ūsū-răpŏs; ūsŭs, răpĭō*) **1. a)** benutzen, genießen, ausüben (*alqd, zB. poenam, libertatem*); **b)** beanspruchen, geltend machen [°*ius*]. **2. a)** (*rechtmäßig*) *etw.* in Besitz nehmen [°*imperium,* °*caelestes honores,* °*hereditatem* antreten]; **b)** (*nkl.*) (*widerrechtlich*) sich aneignen, sich anmaßen [*alienam possessionem, civitatem Romanam*]. **3. a)** (*Worte*) in den Mund nehmen [*verbum, nomen virtutis*], *auch etw.* erwähnen, aufs Tapet bringen [*alqd crebris sermonibus, memoriam rei* eine Sache wieder erwähnen; *m. a.c.i.*]; **b)** nennen, benennen [*alqm sapientem, Laelius qui sapiens usurpatur*].

ūsūs¹ *part. pf. v. ūtŏr.*

ūsŭs²
1. a) Gebrauch, Verwendung; **b)** (*jur. t.t.*) Nutznießung; **2.** (geselliger) Verkehr, Umgang; **3. a)** praktische Tätigkeit; **b)** praktische Erfahrung; **4.** Brauchbarkeit, Nutzen; **5.** Bedarf, Bedürfnis.

ūsŭs², *ūs m* (*ūtŏr*) **1. a)** Gebrauch, Verwendung, Benutzung [°*publicus, privatus; alcis rei, zB.* °*pedum, navium,* °*Veneris* Liebesgenuß]; *pl.* mannigfacher Gebrauch; °*alqd in usu habere etw.* gebrauchen; *usui esse od.* °*usum habere* gebraucht werden *als P. zu ūtī* (*ad od. in alqd* zu *etw.*); *auch* = Gewohnheit, Sitte, *bsd.* (*dcht.*) Sprachgebrauch; **b)** (*jur. t.t.*) Nießbrauch [*fundi, bonorum*]; *bsd. usus* (*et*) *fructus* Nutznießung eines fremden Eigentums; *prägn.* lange Benutzung, Verjährung [°*regnum iam usu possidēre; usus* (*et*) *auctoritas* Verjährung *u.* das daraus entstandene Eigentumsrecht]. **2.** (geselliger) Verkehr, Umgang, Bekanntschaft (*alcis m. jd., zB. Scipionis, eius provinciae, noster, auch amicitiae* in der Freundschaft; *domesticus v.* Haus zu Haus; *vetus usus inter nos intercedit* besteht; *usus summus alci est cum alqo*); *auch* (*dcht.*) Geschlechtsverkehr [*iuvenem usu lassare*]. **3. a)** praktische Tätigkeit, Ausübung [*forensis* als Anwalt]; °*ars* (*od. scientia*) *et usus* Theorie *u.* Praxis; *nec usu nec ratione* weder empirisch noch rational; *usu venire* wirklich (*od.* erfahrungsgemäß) vorkommen, sich ereignen, widerfahren (*alci; de alqo u. de re* in bezug auf; *auch m. ut*); **b)** praktische Erfahrung, Routine (*alcis rei, auch in re* in *etw., zB. belli, rei militaris u. in re militari, rerum nauticarum; magnum usum habere belli u. in castris usu alqd didicisse*); *usus est magister optimus.* **4.** (*sg. u. pl.*) Brauchbarkeit, Nutzen, Vorteil [*exiguus usus sagittarum, magnum usum afferre ad alqd* großen Nutzen bringen für *etw., zB. ad navigia facienda*]; *ex usu alcis esse* = *usui esse alci j-m* vorteilhaft sein *od.* Nutzen bringen (*ad alqd*). **5.** (*sg. u. pl.*) Bedarf, Bedürfnis [*supplere usum provinciae, usus belli* Bedarf des Krieges]; *usui esse ad alqd* für *etw.* erforderlich sein; *usus est od. adest od. venit* die Notwendigkeit tritt ein, es ist *od.* wird nötig [*si usus veniat od. fuerit, cum usus esset od. adesset*]; *bsd.* (*klass. selten*) *usus est alci alqa re jd.* hat *etw.* nötig *od.* braucht *etw.* = *opus est, zB. consuli navibus usus non est.* — (*dat. sg. ūsŭī u.* °*ūsū*). — ****ad usum proprium* (*auf Rezepten*) zum eigenen Gebrauch. — *ad usum Delphini* zum Gebrauch des Dauphin (*Klassikerausgaben, in denen die anstößigen Stellen im Kontext beseitigt, aber am Schluß nachgetragen wurden*).

ūsŭs-căpĭō *s. ūsūcăpĭō²*.

ūsŭs-frūctŭs = *ūsŭs* (*ĕt*) *frūctŭs; s. ūsŭs 1b.*

ŭt, ŭtī
I. *adv.* **1.** (*räuml.*) wo; **2.** (*fragend*) wie; **3.** (*ausrufend*) wie (sehr); **4.** (*rel.*) wie, auf welche Weise; **5.** (*vergleichend*) (gleich)wie; **6. a)** (*kausal*) als; **b)** wie denn, wie einmal; **7.** (*einschränkend*) wie wenigstens, wie nur; **8.** *ut si m. coni.* wie wenn, als ob; **9.** (*Beispiele einleitend*) zum Beispiel; **II.** *ci.* **1.** *m. ind.* (*zeitl.*) **a)** sobald (als), gerade als; **b)** seit(dem); **2.** *m. coni.* **a)** (*final*) damit, (auf) daß; **b)** (*cons.*) (so) daß; **c)** (*conc.*) gesetzt daß, selbst wenn; **d)** *in elliptischen Fragen* ist es möglich daß; **e)** *in Wunschsätzen* o daß doch.

ŭt *u.* **ŭtī** (*wohl* < **quŭtī; Pron.-Stamm* **quo-; Länge in ūtī* [*altl. ūtei*] *wohl nach ŭbī*) **I.** *adv.* **1.** (*räuml.*) (*dcht.*) wo [*litus ut Eoā tunditur undā*]. **2.** (*fragend*) **a)** (*dir.*) (*dcht.*) wie? [*ut vales?*]; **b)** (*indir.*) wie [*audivistis, ut omnes me circumsteterint*]; *bsd. bei videre* [*videte, ut hoc iste correxerit*]. **3.** (*ausrufend*) wie, wie sehr [*ut ille tum demissus erat! ut te aspicimus!* (= *m.* welcher Empfindung)]. **4.** (*rel.*) **a)** wie, auf welche Weise [*perge, ut instituisti*]; **b)** (*in Zwischensätzen*) [*compressis, ut aiunt, manibus sedere; ut dixi, ut supra demonstravimus, ut ante dictum est, ut fit, ut fieri solet u. a.*]. **5.** (*vergleichend*) **a)** (*m. korrespondierendem ita od. sic, item, eodem modo, non aliter u.ä.*) wie, gleichwie [*ut initium, sic finis est; ut sementem feceris, ita metes*]; *bsd.* **α)** sowohl ... als auch [*Dolabellam ut Tarsenses ita Laodiceni arcessiverunt*]; **β)** **ut quisque ... ita** *od.* **sic** je nachdem ein jeder ... so (*ut quisque aetate antecedit, ita sententiae principatum tenet*]; *bsd. m. dopp. sup.* „in dem Maße wie ... so" = je ... desto [*colendus est ita quisque maxime, ut quisque maxime virtutibus est ornatus*]; **γ)** (*gegensätzlich*) wenn auch ... so doch, zwar ... aber [*ut nihil boni est in morte, sic certe nihil mali*]; **δ)** (*in Schwüren u. Beteuerungen*) so wahr (wie) [*ita vivam, ut maximos sumptus facio*]; **b)** (*ohne korrespondierende Partikel*) **α)** wie [*feci, ut praescripsisti*]; *bsd. in Verbindung m. einem sup.* [*ut blandissime potest loquitur*]; **β)** (*bei der Apposition*) wie, als [*quod non decet, poëta fugit ut maximum vitium* „als den größten Fehler" = indem er es für den größten Fehler hält]. **6. a)** (*kausal*) als = wie es ja nicht anders sein kann bei [*Diogenes liberius ut Cynicus locutus est* „als Kyniker" = da er ein Kyniker war]; (*m. Relativsätzen im coni.*) **ut qui** da (er) ja, weil (er) ja [*multa de me questus est Caesar, ut qui a Crasso in me esset incensus*]; **b)** (*epexegetisch*) wie denn, wie einmal [*homo, ut erat furiosus, atrociter respondit* rasend wie er war]. **7.** (*einschränkend*) wie wenigstens, wie nur [*ut tum res erant* bei der damaligen Lage; *ut potui, tuli* so gut ich konnte; *Epaminondas eloquens erat ut homo Thebanus* soweit es bei einem Thebaner möglich war]. **8. ŭt sī** *m. coni.* wie wenn, als ob [°*Agesilaus, ut si bono animo fecissent, laudavit consilium eorum*]. **9.** (*Beispiele einleitend*) zum Beispiel [*multi gloriose mortui sunt, ut Leonidas*]; *bsd. ut si m. coni.* = so zum Beispiel wenn, *zur Einführung eines sogen. exemplum fictum.* **II.** *ci.* **1.** *m. ind.* (*zeitl.*) **a)** sobald (als), gerade als, sobald wie, *meist in der Erzählung m. ind. pf., verstärkt zu ut primum* [*repente, ut Romam venit, praetor factus est*]; *bei wiederholter Handlung m. ind. plqpf.* [*ut quisque istius animum offenderat, in lautumias statim coniciebatur*]; **b)** seitdem, seit [*ut Brundisio profectus es, nullas postea litteras a te accepi;* °*quintus dies erat, ut pervenerat*]. **2.** *m. coni.* **a)** (*final*): **ut finale** (*verneint* **nē**) **α)** (*in Adverbialsätzen*) damit, auf daß, um zu [*ēdimus, ut vivamus*]; **β)** (*in Objektsätzen*) daß, *inf. m.* zu [*vos admonui, ut caveretis*]; **γ)** *bei verba timendi* = *nē nōn* daß nicht [*timeo ut sustineas*]; **b)** (*cons.*): **ut consecutivum** daß, so daß (*verneint* **ŭt nōn**) [°*Atticus sic Graece loquebatur, ut Athenis natus videretur*]; **c)** (*conc.*): **ut concessivum** gesetzt daß, selbst wenn, wenn auch [°*ut desint vires, tamen est laudanda voluntas*]; **d)** (*in elliptischen Fragen der Verwunderung od. des Unwillens*) ist es möglich *od.* glaublich, daß? [*te ut ulla res frangat?*]; **e)** (*oft altl. od. dcht.*) (*in Wunschsätzen*) = *ŭtĭnăm* o daß doch [°*ut te dii perduint*].

ŭt-cŭmquĕ 1. *adv.* wie nur immer [°∼ *erit, iuvabit tamen ...*]; *auch* je nachdem [*studiis civium moderandum est,* ∼ *res postulat*]; (*ohne verbum finitum*) (*nkl.*) so gut es geht *od.* ging, nach Möglichkeit [*pace* ∼ *composita gaudebant*]. **2.** *ci.* (*zeitl.*) sobald nur, wenn nur [*utcumque mecum vos eritis*].

ūtēns, *ĕntĭs* (*eigtl. part. praes. v. ūtŏr*) gebrauchend; *nur comp.*

ūtēntĭŏr *jd.,* der mehr ausgeben kann.

ūtēnsĭlĭă, *ĭŭm n* (*ūtŏr, eigtl.* „brauchbare Dinge") (*nkl.*) Geräte, *auch* Lebensmittel, Bedarf.

ūtĕr¹, *trĭs m* (*cf.* ὑδρία „Wassereimer") lederner Schlauch; / (*Ho.*) aufgeblasener Bursche. (*abl. sg. ūtrĕ, gen. pl. ūtrĭŭm*).

▶**ŭtĕr²,** *ŭtră, ŭtrŭm* (*gen. ŭtrīŭs u.* °*ŭtrĭŭs, dat. ŭtrī*) *pron.* (*wohl* < **quŏtĕrŏs; cf.* πότερος; *nhd.* weder) *adi. u. subst.* **1.** (*fragend*) welcher (*od.* wer) *v.* beiden? (*dir. u. indir.*), *auch m. gen. part., zB. uter nostrum popularis est?; verdoppelt uter utri* wer *v.* beiden dem anderen *usw., zB. quaeritur, uter utrum lacessierit.* **2.** (*indef.*) einer *v.* beiden. **3.** (*rel.*) welcher *v.* beiden [*utrum placet, sumite*].

ŭtĕr-cŭmquĕ, *ŭtră-c. ..., ŭtrŭm-c. ... pron.* **1.** (*rel.*) wer immer *v.* beiden. **2.** (*indef.*) (*Qu.*) jeder beliebige *v.* beiden.

ŭtĕr-lĭbĕt, *ŭtră-l. ..., ŭtrŭm-l. ... pron.* **1.** (*rel.*) wer *v.* beiden beliebt, wer auch immer *v.* beiden. **2.** (*indef.*) (*nkl.*) ein beliebiger (*od.* jeder) *v.* beiden.

▶**ŭtĕr-quĕ,** *ŭtrăquĕ, ŭtrŭmquĕ* jeder *v.* beiden, beide (*jeder einzelne für sich gedacht, daher regelmäßig mit sg. des Prädikats, zB. uterque consul castra movit* beide Konsuln brachen auf) **1.** *sg.* **a)** *als subst., zB. uterque eorum senator est;* **b)** *als attributives adi. bei einem subst. im sg., zB. utraque manus* beide Hände, *uterque noster exercitus* unsere beiden Heere; *bsd.* °*utraque fortuna* (*Ta.*) Glück *u.* Unglück, (*Ne.*) großes *u.* geringes Vermögen; *in utramque partem* auf beiden Seiten *od.* auf beide Fälle (*disputare* für *u.* wider); °*uterque parens* Vater *u.* Mutter, °*Oceanus* östlicher *u.* westlicher Ozean, °*Phoebus* Morgen- *u.* Abendsonne, °*polus* Nord *u.* Süd, °*solis utraque domus* Orient *u.* Okzident; **c)** *m. gen. part. e-s alleinstehenden pron., zB. uterque nostrum* (*od. vestrum, horum, illorum, eorum, quorum*) [*duo in Ciliciam ex Syria aditus sunt, quorum uterque parvis praesidiis intercludi potest* welche beide ... können]. **2.** *pl.* **a)** (*zwei Mehrheiten*) beide (Parteien) [*Caesar, cum Germanis et Britannis bellum intulisset, utrosque vicit*]; **b)** (*bei pluralia tantum*) beide [*utraque castra*]; **c)** (*zwei nachdrücklich betonte Einheiten*) alle beide [*duae nobis filiae sunt, utraeque iam nuptae; utrique Dionysii*]. — ***utriusque iuris doctor* = Doktor beiderlei Rechte, *d. h. des kanonischen* (*geistlichen*) *u. des römischen* (*weltlichen*) *Rechts.*

F. *gen. sg. ŭtrĭŭsquĕ u. dcht. ŭtrĭŭsquĕ, bei Pl. auch ŭtrīquĕ; dat. ŭtrīquĕ; gen. pl. ŭtrōrŭmquĕ u. ŭtrŭmquĕ.*

ŭtĕrŭs, *ī m u.* (*Com.*) **-ŭm,** *ī n* (*wohl zu altind.* udáram „Bauch") **1.** (*unkl.*) Unterleib, Bauch; / Bauch, Inneres [*navis*]. **2. a)** Gebärmutter; *-um implere* (*Ov.*) schwängern; **b)** (*nkl., dcht.*) Leibesfrucht [*uxoris* = Sohn]; **c)** (*dcht.*) Geburtswehen [*puellae -o laborantes*].

ŭtĕr-vīs, *ŭtrăvīs, ŭtrŭmvīs, pron. indef.* (*vīs* „du willst") **1.** jeder beliebige *v.* beiden, einer *v.* beiden; *auch m. gen. part., zB.* ~ *vestrum.* **2.** beide; *sprichw.* (*Com.*) *in aurem utramvis dormire* sich getrost aufs Ohr legen.

ŭtī *s. ŭt;* **ūtī** *s. ūtŏr.*

ūtĭbĭlĭs, *ĕ* (*ūtŏr*) (*vkl., nkl.*) brauchbar, nützlich.

Ŭtĭcă, *ae f älteste phönikische Kolonie i. Afrika, nordw. v. Karthago; Einw. u. adi.* **Ŭtĭcēnsĭs** (*ĕ*).

▶**ūtĭlĭs,** *ĕ* (*m. comp. u. sup.; adv.* **-ĭtĕr**) (*ūtŏr*) **1.** brauchbar, tauglich [*homo, vir; alci* für *jd.,* (*meist dcht.*) *alci rei* zu *od.* für *etw., zB.* °*lignum navigiis -e, vir communibus rationibus utilissimus; m.* °*inf.*]. **2.** nützlich, vorteilhaft, zuträglich [*amici, pax*]; *utile est m. inf. od. a.c.i.*

▶**ūtĭlĭtās,** *ātĭs f* (*ūtĭlĭs*) **1.** Brauchbarkeit, Tauglichkeit. **2. a)** Nutzen, Vorteil [*utilitatem habere od. praebere* nützlich sein]; **b)** das Beste, Wohl, Glück [~ *communis* Staatswohl]; **c)** (*concr.*) nützliche Einrichtung, guter Dienst, *meist pl.* (*gen. pl. -ŭm u.* °*-ĭŭm*).

▶**ŭtĭ-năm** *Wunschpartikel b. coni.* (*verneint utinam ne, seltener* ~ *non*) o daß doch, wenn doch, möchte doch: **1.** *bei erfüllbar gedachten Wünschen coni. praes.* [~ *tibi istam mentem di duint!*]. **2.** *bei unerfüllbaren Wünschen coni. impf. od. plqpf.* [~ *haberetis!;* ~ *istud ne dixissetis!*]; *auch ellipt. ohne Verbum* = wollte Gott!, *zB. habetis sermonem bene longum hominis utinam satis docti.*

ŭtī-quăm *s. nĕŭtīquăm.*

ŭtī-quĕ[1] = *ĕt ŭtī* und wie; und damit (*s. ŭt*).

ŭtī-quĕ[2] *adv.* (**ŭtī s. ŭt, ŭtī; -quĕ verallgemeinernd; eigtl.* „wie es auch immer sein mag") **1. a)** jedenfalls, durchaus, unbedingt [*quo die venies,* ~ *cum tuis apud me esto*]; **b)** (doch) wenigstens, *zB.* °*una* ~ *parte.* **2.** (*Li.*) besonders, zumal, *zB. in Graecia, utique olim, magnae laudi haec erant.*

> **ūtŏr**
> **1.** *etw.* gebrauchen, benutzen; **2. a)** *etw.* genießen; **b)** haben, besitzen; **c)** ausüben, zeigen, beweisen; **d)** Umgang haben; **e)** brauchen, nötig haben.

ūtŏr, *ūsŭs sŭm 3.* (*altl. oitŏr; et. ungeklärt*) **1.** *etw.* gebrauchen, benutzen, sich *j-s od. einer Sache* bedienen (*abs. od. alqo u. re, zB. medico, armis,* °*Ciceronis verbis; ad od. in alqd* zu *etw., zB.* °*paterā ad res divinas,* °*civibus in servilia ministeria; in u. adversus alqm* gegen *jd., zB. ea criminatione in tribunum; pro re* statt *od.* als *etw., zB. cornibus urorum pro poculis; auch m. dopp. abl., zB. alqo teste,* °*turribus propugnaculis* Türme als Bollwerk benutzen); *male od. perverse uti* mißbrauchen; *mari* befahren, °*castris* sich aufhalten in, °*domo* bewohnen, *oratione* = reden, *silentio* beobachten, *exemplo* ein Beispiel anführen, *oraculo* befragen, °*libidine* frönen, *condicione* annehmen, *pace* °annehmen *od.* halten, °*temporibus* sich in die Umstände schicken, *consilio e-n* Plan verfolgen, *e-n* Entschluß fassen, *instituto suo* seinem Plan treu bleiben, °*mediocribus consiliis* zu halben Maßregeln greifen; *vkl. auch m. acc.* [*operam alcis*], *klass. nur im Gerundiv* [*huic omnia utenda tradiderat*]. **2.** / **a)** *etw.* genießen, *aber nur als Ausdruck des Besitzes, nicht der Freude des Genusses* [*bona valetudine,* °*lacte,* °*herbis*]; **b)** haben, besitzen, über *etw.* zu verfügen haben [*Trebonio utor amico od. praeceptore, adversis ventis,* °*duro initio adulescentiae*]; **c)** (*Eigenschaften od. Tätigkeiten*) ausüben, beweisen, zeigen [*clementiā, auctoritate sua* sein Ansehen geltend machen]; **d)** verkehren, Umgang haben (*alqo m. jd., zB.* rege *familiariter od. intime, multos annos*); (*spätl.*) geschlechtlich verkehren [*mulieribus*]; **e)** brauchen, nötig haben [*ambitione*].

ŭt-pŏtĕ *adv.* (*eigtl.* „wie es möglich ist"; *s. pŏtĭs*) nämlich; *meist:* **1.** nämlich, (weil) ja: **a)** *beim Relativ:* **utpote qui** der ja, da er ja (*klass. m. coni.*); **b) utpote cum** (*m. coni.*) da ja. **2.** (*nkl.*) *beim part. od. adi.* (= ἅτε) [~ *congregatis feminis,* ~ *innoxius*].

ŭt-pŭtă *adv.* wie *zB.,* nämlich (*s. pŭtă*).

ŭt-quĭdĕm *adv.* (*Pl.*) wie wenigstens, soweit.

ŭt-quŏmquĕ (*Pl.*) = *ŭtcŭmquĕ.*

ūtrārĭŭs, *ī m* (*ūtĕr*[1]) (*Li.*) Schlauch-, Wasserträger.

ūtrĭcŭlārĭŭs, *ī m* (*ūtrĭcŭlŭs, demin. v. ūtĕr*[1]) (*Suet.*) Sackpfeifer.

▶**ŭtrĭmquĕ** *adv.* (*ŭtĕrquĕ*) von *od.* auf beiden Seiten (Parteien, Heeren, Flügeln) [*magnae* ~ *copiae sunt,* °*femina* ~ *nobilis v.* väterlicher *u.* mütterlicher Seite]; (*vkl., nkl.*) ~ **sĕcŭs** (*auch getr.*) beide Seiten entlang, auf beiden Seiten.

****utriusque iuris doctor** *s. ŭtĕrquĕ.*

ŭtrō *adv.* (*eigtl. abl. sg. v. ŭtĕr*[2]) nach welcher *v.* beiden Seiten? wohin?

ŭtrŏbĭ *u.* **ŭtrŭbī** *adv.* (*ŭtĕr*[2] + *ŭbĭ*) (*vkl.*) auf welcher *v.* beiden Seiten?

ŭtrŏbī-dĕm *adv.* (*zu -dĕm s. īdĕm*) (*Pl.*) beiderseits.

ŭtr-ŏbīquĕ *u.* **ŭtr-ŭbīquĕ** *adv.* (*ŭtĕr*[2] + *ŭbīquĕ*) auf beiden Seiten, hier wie dort, überall [*veritas* ~ *sit* bei den Göttern *u.* den Menschen]; *bsd.* bei beiden Parteien, zu Lande *u.* zu Wasser [°*inimicos* ~ *habere,* °~ *plus valere*]; / in beiden Fällen.

ŭtrōlĭbĕt *adv.* (*ŭtĕrlĭbĕt*) (*Qu.*) nach welcher *v.* beiden Seiten es beliebt.

ŭtrōquĕ, *auch* ~ °**vĕrsŭm** *od.* °**vōrsŭm** *adv.* (*ŭtĕrquĕ*) nach *od.* auf beiden Seiten *od.* Richtungen; *auch* /.

▶**ŭtrŭm** *adv.* (*n v. ŭtĕr*[2]) (*Fragepartikel in disjunktiven Fragen m. korrespondierendem an*) *urspr. zu beiden Gliedern gehörig* [*utrum? tu masne an femina es?*], *nach Verlust der Pause nur zum ersten:* **utrum ... an** (*od. anne, annon, necne, -ne*) = πότερον ... ἤ, *verstärkt* °*utrumne* (*dir. u. indir.*) (ob) ... oder [*utrum haec nostra culpa est annon?; inter praetores magna fuit contentio, utrum moenibus se defenderent an acie decernerent*].

ŭt-ŭt *adv.* (*meist Com.*) = *ŭtcŭmquĕ.*

▶**ūvă,** *ae f* (*idg.* **oivā; cf.* ὄα, οἴη „Vogelbeerbaum") **1. a)** Traube, *bsd.* Weintraube; °*passa* Rosine; **b)** / α) (*Ho.*) (*v. unreifen Mädchen*) [*tolle cupidinem immitis uvae*]; β) (*Ve.*) Traube *e-s hängenden Bienenschwarms.* **2.** / (*dcht.*) **a)** Weinstock; **b)** Wein. °**3.** Zäpfchen im Hals.

ūvēscō, —— 3. (*incoh. v.* **ūvĕō*

„feucht sein“) (*dcht.*) feucht werden; / sich bezechen.

ūvĭdŭlŭs 3 (*demin. v.* ūvĭdŭs) (*Ca.*) *etw.* feucht *od.* naß.

ūvĭdŭs 3 (*ūvĕō „feucht sein“, *verwandt m.* ūmĕō) (*unkl.*) **1.** feucht, naß, *v. Pers. u. Sachen* [vestis, mulier, oscula; re *v. etw.*]; *bsd.* **a**) taunaß; **b**) reichbewässert [Tibur, rura]. **2.** / (*v. Pers.*) berauscht.

▶ **ŭxŏr,** ōris *f* (*et. umstritten*) **1.** rechtmäßige Ehefrau, Gattin, Frau (alcis *j-s*); *dcht. auch* Braut; uxorem (in matrimonium) ducere heiraten. **2.** / (*dcht.*) **a**) (*v. Tieren*) [olentis uxores mariti Ziegen]; **b**) (*scherzh.*) *v. einer abolla, v. der sich der Besitzer nie trennt.*

ŭxōrcŭlă, ae *f* (*demin. v.* ŭxŏr) (*vkl., nkl.*) Frauchen, Weibchen.

ŭxōrĭŭs 3 (ŭxŏr) **1.** der Ehefrau gehörig, die Gattin betreffend [vestis, °dos, res Ehestand, Heiratsgut]. **2.** (*dcht.*) der Gattin sklavisch ergeben [amnis]; *subst. m* Pantoffelheld.

V

V, v 1. (*Abk.*) **a)** = *vălĕō, vălēs, vălētis*; **b)** (*auf Inschriften*) = *vīvŭs; vīxĭt; vălē*; **c)** *vĭdē; vĕrtē; vĕrtātŭr*. — *****velocitas* (= „Geschwindigkeit" *in physikalischen Formeln*); *varietas* (= „Abart"); **d) v.c.** = *vĭr clārissimŭs*; **v. f.** = *vĕrbă fēcĭt*; **v.v.** *vĭcĕ vĕrsā*. **2.** (*Zahlzeichen*) = 5.

Văcălŭs, *ī u.* **Văhălis,** *is m* die Waal, *südl. Mündungsarm des Rheins.*

*****vacat** *s. văcō.*

văcātiō, *ōnis f* (*văcō*) **1. a)** das Freisein, Befreiung, Entlastung *v. Diensten u. Leistungen* (*alcis j-s; alcis rei od. a re v. etw., zB. militiae, a causis; alcis rei auch kausal, zB. rerum gestarum* wegen der früheren Taten); **b)** Beurlaubung, Urlaub, Entlassung [°*militum; omnes -nes tollere*]. **2.** *meton.* (*Ta.*) Ablösungssumme, Dispensgeld *für Befreiung vom Kriegsdienst.*

văccă, *ae f* (*cf. altind.* vaśā *ds.*) Kuh.

văccīllō 1. (*Lu.*) *wohl m. expressiver Gemination* = *văcillō.*

văccīnĭŭm, *ī n* (*wohl wie* ὑάκινθος *aus derselben Mittelmeersprache stammend m. volkset. Anlehnung an văccīnŭs* 3 [*zu văccă*] „Kuh"...; *cf. nhd.* „Kuhblume") Hyazinthe (*cf. hyăcĭnthŭs*).

văccŭlă, *ae f* (*demin. v. văccă*) (*dcht., nkl.*) kleine Kuh.

văcē-fīō (*Lu.*) *s. văcŭēfăcĭō.*

văcĕrrōsŭs 3 (°*văcĕrră, ae f* „Pfahl; / Tölpel", *vl. etr. Lw.*) (*Augustus b. Suet.*) tölpelhaft.

văcillātĭō, *ōnis f* (*văcillō*) (*nkl.*) das Wanken, Wankelgang.

văcillō 1. (*eigtl.* „gekrümmt sein"; *cf. cŏnvĕxŭs, nhd.* „Wange") **1.** wackeln, wanken [*alqs ex vino vacillat, epistula vacillantibus litterulis*]. **2.** / schwanken, unzuverlässig sein [*tota res; in aere alieno* tief verschuldet sein].

văcīvĭtās, *ātis f* (*văcīvŭs*) (*Pl.*) Leere, Mangel [*cibi*].

văcīvŭs *u.* (*altl.*) **vŏcīvŭs** 3 (*văcō*) (*vkl., dcht.*) leer, frei *v. etw.*, ohne (*m. gen.*); *auris* willig; *adv.* **-ē** in Muße.

▶**văcō** 1. (*et. unklar*) **1. a)** leer, frei *od.* unbesetzt sein, leer stehen, *v. Sachen* [*domus*]; **b)** unbebaut *od.* unbewohnt sein, verödet liegen [*agri*]; **c)** (*nkl.*) herrenlos (vakant) sein [*bona, possessio; klass. nur / nullius philosophiae locus vacaret* kein philos. System würde ohne Vertreter sein]; *subst.* (*Ta.*) *vacantiă, ĭum n* herrenloses Gut; **d)** (*nkl.*) (*v. Frauen u. Mädchen*) ledig, ohne Geliebten sein, keinen Freund haben [*mulier, meretrix*]. **2.** / **a)** *v. etw.* frei sein, *etw.* nicht haben (*re od. a re, bsd. v. etw. Lästigem, Drückendem, zB. mens vacans corpore; vacare curā et negotiō, culpā, metu*); *armis* am Krieg nicht teilnehmen, *utrisque armis* neutral bleiben, *a praesidiis hostium v.* feindlichen Truppen nicht besetzt sein, *studiis* sich *m.* Studien nicht abgeben, *populo* sich um das Volk nicht kümmern; **b)** *v.* einer Leistung *od.* Steuer frei sein [°*militiae munere,* °*a muneribus*]; **c)** *v. etw.* rasten [*a forensi dictione*]. **3. a)** Muße haben [*scribes alqd, si vacabis;* °*pagus vacat* feiert]; **b)** *m. dat.*: Zeit für *etw. od.* für *jd.* haben (*alci rei od. alci, zB. philosophiae;* °*in alqd, zB. in grande opus*); *nkl. auch*: einer Sache sich widmen, *etw.* betreiben (*alci rei, zB. clientium negotiis, libellis legendis*). **4.** (*impers.*) (*nkl., dcht.*) **văcăt a)** es ist freie Zeit vorhanden, steht frei [*dum vacat, si vacet; m. inf.*]; *meist* °*vacat alci* es ist *jd.* vergönnt (*m. inf.*); **b)** *** = „es fehlt" (*Kennzeichnung e-r leeren Seite*).

văcŭē-făcĭō, *fēcī, făctŭm* 3. (*văcŭŭs; cf. ăssuē-făcĭō*) leer *od.* frei machen (*alqd, zB. subsellia; alqd alci rei etw.* für *etw., zB. domum novis nuptiis*); *bsd.* entvölkern [°*Scyrum*]; *P. văcŭē-fīō* (*Lu. văcē-fīō*), *făctŭs sŭm, fĭĕrī* leer werden; (*P.P.P.*) *adi. văcŭēfăctŭs* (*Ne.*) herrenlos, verlassen [*possessio*].

văcŭĭtās, *ātis f* (*văcŭŭs*) **1.** das Freisein, Befreitsein (*alcis rei od. a re v. etw., zB. doloris, ab angoribus*). **2.** (*unkl.*) Erledigung *eines Amtes,* Vakanz.

Văcūnă, *ae f* (*Verwandtschaft m. văcŭŭs umstritten*) *altsab. Flurgöttin, nach Varro* = *Vĭctōrĭă, galt vielfach später als Göttin der Ruhe u. Muße; m. Heiligtümern bei Reate u. in der Nähe des sabinischen Landgutes des Horaz; adi.* **Văcūnālis,** *ĕ* der Vacuna geweiht.

văcŭō 1. (*denom. v. văcŭŭs*) (*nkl., dcht.*) leeren, leer machen (*alqd re etw. v. etw.*).

> **văcŭŭs**
> 1. leer, frei *von u. für etw.*; ohne *etw.*; 2. **a)** menschenleer, öde; **b)** offenstehend, zugänglich; **c)** (*v. Frauen*) ledig; **d)** schutzlos, herrenlos, vakant; 3. **a)** unbeschäftigt, müßig; **b)** von Steuern befreit; **c)** ruhig, still; **d)** nichtig, wertlos.

văcŭŭs 3 (*sup.* °*văcŭissimŭs*) (*văcō*) **1.** leer, frei, ohne *etw.*: **a)** (*abs.*) [*loca* Plätze im Theater, *equus* ohne Reiter, *charta od. cera* unbeschrieben; °*alqd vacuum facere etw.* räumen (*alci rei* für *etw., zB. novo matrimonio*)]; **b)** *m. abl. od. a re v. etw.* (*bei Pers. regelmäßig m. ab*); *oft* / = *e-r Sache* ledig, *v. etw.* frei *od.* fern, ohne *etw., zB. domus tabulis pictis -a, gladius vaginā -us, -us* °*culpā, curis, oppidum a defensoribus*; **c)** (*nkl., dcht.*) *m. gen., zB. ager frugum -us*; **d)** (*selten*) *m. dat.* (*alci rei*) frei für *od.* zu *etw.* [°*nox operi -a*]; **e)** *subst.* **văcŭŭm,** *ī n* **α)** Leere, leerer Raum [°*rami in -um se extendunt*]; **β)** das Freie; **γ)** offenes *od.* unbesetztes Land [*in -o vagari*]. **2. a)** menschenleer, öde, einsam, entvölkert; **b)** (*dcht.*) (*v. Örtlichkeiten*) offenstehend, zugänglich [*porticus, alci* für *jd., zB. aedes vatibus -ae*]; / *aures* offene *od.* aufmerksame; **c)** (*dcht., nkl.*) (*v. Frauen u. Mädchen*) ledig, unverheiratet, ohne Geliebten; *auch subst.* °*vacuae*; **d)** unbesetzt = **α)** schutzlos [°*mare,* °*res publica*]; **β)** erledigt, herrenlos, erblos, vakant [*regnum, praedia, centuria,* °*sacerdotia,* °*provincia* ohne Statthalter]; *subst. văcŭŭm, ī n* erledigtes Besitztum, erledigte Stelle [°*in -um u. -a venire*]. **3. a)** unbeschäftigt, müßig [*homo, animus,* °*civitas* ohne Krieg]; *subst.* °*vacuum n* freie Zeit, Muße; *vacuum est* (*m. inf.*) = *văcăt*; **b)** (*v. Pers.*) **α)** °*v.* Leistungen befreit *od.* frei [*omni tributo, a tributis*]; **β)** sorglos, unbefangen [*animus*]; **γ)** (*dcht.*) unberührt *v.* Liebe; **δ)** *übh.* freie Hand habend [*vacui pace Punica iam Romani;* °*alqd -um est* man hat in *etw.* freie Hand; *impers.* °*-um est m. inf.* man hat freien Spielraum]; **c)** (*dcht.*) (*v. Orten der Muße*) geräuschlos, ruhig, still [*Tibur*]; **d)** (*dcht., nkl.*) nichtig, wertlos, eitel [*nomen, vertex*].

*****vademēcum** *s. vādō.*

vădĭmōnĭŭm, *ī n* (*văs*[1]) **1.** *durch Kaution gegebene* Versicherung, *sich an einem bestimmten Tage vor Gericht einzufinden,* Bürgschaftsleistung (°*~ alci imponere* = *jd.* vor Gericht fordern, *res esse in -um coepit* es kommt zur Bürgschaftsleistung, *~ missum facere* erlassen, *concipere schriftl.* aufsetzen, sich *schriftl.* verbürgen, *~ fit jd.* wird vor Gericht geladen). **2.** (*meton.*) **a**) das Erscheinen vor Gericht [~ *promittere*; *obire od. sistere, facere* sich gerichtlich stellen; °*eo vadimonia fieri* dort sollten die Prozesse verhandelt werden]; **b**) Verhandlungstermin [~ *differre* aufschieben, *constituere* den Termin festsetzen, *deserere* versäumen = *non venire ad* ~]. — **versetzter Gegenstand, Pfand; *per* ~ als Pfand.

▶ **vādō,** — — 3. (*vāsī, vāsūm nur in Komposita*; *cf. nhd.* „waten") wandeln, schreiten, gehen (*abs. od. in u. ad alqd od. ad u. in, adversus alqm,* °*per hostes u.ä.*). — ****vademecum* = „geh mit mir!" (*Taschenbuch, kleines Lehrbuch*).

vădŏr 1. (*denom. v. văs*[1]) **1.** *jd.* durch Bürgschaftsleistung verpflichten, sich vor Gericht zu stellen, gerichtlich belangen (*abs. od. alqm*). **2.** *part. pf. pass.*: **a**) (*Ho.*) *abl. abs.* °*vadato* nach geleisteter Bürgschaft; **b**) / (*Pl.*) *vadatus* 3 verpflichtet [*amore*].

vădōsŭs 3 (*vădŭm*) seicht, voller Untiefen [*mare*].

▶ **vădŭm,** *ī n* (*ablautend zu vādō*) **1. a**) seichte Stelle, Untiefe, Furt [*fluminis, flumen vado transire, exercitum vado traducere*]; **b**) / (*vkl., dcht.*) *in vado (salutis) esse* in Sicherheit sein. **2.** (*dcht.*) **a**) Gewässer, Meer, Flußbett; **b**) Boden *od.* Grund *eines Wassers od.* Tiefe *eines Brunnens.*

vae *int.* (*cf. got.* „wai", *nhd.* „wehe") (*unkl.*) wehe! ach! (*altl. stets m. dat., später auch abs. od. m. acc., zB.* °*vae misero mihi!,* °*vae te*); *sprichw.* °*vae victis* Wehe den Besiegten! (*dem Brennus zugeschriebener Ausruf, nach der Schlacht an der Allia; er soll nach Li. m. diesem Ausruf auch noch das Schwert auf die Waagschale der auferlegten Goldzahlung geworfen haben, als die Römer gegen die falschen Gewichte der Gallier protestierten*). — ** *subst.* Unglück, Plage.

vaec..., vaegr..., vaep..., vaes... = *vēc... usw.*

văfĕr, *fră, frŭm* (*m. sup. u.* °*comp.*; *adv.* **văfrē**) (*dial. -f- statt -b-; et. ungedeutet*) schlau, verschmitzt [*somniorum interpres,* °*ius* spitzfindig; *in re* in *etw., zB. in disputatione*]. [schmitztheit.]

văfritiă, *ae f* (*văfĕr*) (*nkl.*) Ver-

văgābundŭs 3 (*văgŏr*) (*spätl.*) umherschweifend, unstet. — ***vagabundulus, i m ein* fahrendes Schülerlein.

văgātiō, *ōnis f* (*văgŏr*) (*nkl.*) das Umherschweifen.

vāgīnă. *ae f* (*vă-?*) (*cf. litauisch* vōž-ti „*etw.* Hohles darüber dekken") **1.** Scheide *des Schwertes* [*gladium e vagina educere u. in vagina recondere*]; / (*Pl.*) = *cŭnnŭs*; *später als med. t.t.* Scheide. **2.** / Hülle, Hülse *der Ähre.*

vāgiō 4. (*Schallwort*) wimmern, schreien, *v. kleinen Kindern u. Tieren.*

vāgītŭs, *ūs m* (*vāgiō*) (*nkl., dcht.*) das Wimmern, Schreien *kleiner Kinder*; *auch* Meckern *der Ziegen.*

▶ **văgŏr**[1] *u.* (*vkl., dcht.*) **văgō** 1. (*denom. v. văgŭs*) **1.** umherschweifen, -streifen, sich umhertreiben [*in agris, passim*]; (*v. Schiffen u. Seefahrern*) kreuzen [°*per Aegaeum mare, toto mari*], (*v. Gestirnen*) wandern [*luna, sol*]; umherschweifen [*alcis animus vagatur errore*]. **2. a**) (*v. Feuer, Krankheiten, Gerüchten u.ä.*) sich verbreiten, sich ausbreiten; **b**) (*v. Leidenschaften*) freien Spielraum haben [°*alcis cupiditas in vacuo vagatur*]; **c**) (*v. der Rede*) weitschweifig sein, abschweifen.

văgŏr[2], *ōris m* (*vkl.*) = *vāgītŭs.*

▶ **văgŭs** 3 (*adv.* **-ē**) (*eigtl.* „krumme Wege machend"; *cf. văcillō*) **1.** umherschweifend, unstet, / *auch v. Sachen* [°*matronae per vias vagae,* °*Gaetuli* nomadisierend, °*venti,* °*aves u.* °*domus* wandernd, *stellae u. sidera* = Planeten, °*crines* flatternd, °*Tiberis* überströmend, °*vage effusus* weit zerstreut]; *subst.* **văgī,** *ōrŭm m* heimatlose *od.* fahrende Leute. **2. a**) schwankend, unbeständig, haltlos [*sententia,* °*puella in der Liebe, vilicus* ausschweifend, °*concubitus*]; **b**) ungebunden, regellos [°*supplicatio* ungeordnet]; **c**) (*v. der Rede*) nach allen Seiten sich ergehend, (*meist pejorativ*) weitschweifig, vage [*orationis genus*]; **d**) unbestimmt, ungenau, (zu) allgemein [*pars quaestionum,* °*causae*]. — **fahrender Scholar; Vagant; Spielmann.

vāh *u.* **văhă** *int.* (*urspr. des Schmerzes, später der Abweisung u. des freudigen Erstaunens*) (*Com.*) ach! ha! ei!

Văhălĭs, *ĭs m s.* *Văcălŭs.* (*acc. -ĭm, abl. -ī*).

▶ **văldē** (*m. comp.* °*văldĭŭs u. sup.* °*văldĭssĭmē*) (*synk. aus vălĭdē; vălĭdŭs*) *adv.* **1.** sehr, stark, besonders, heftig, *bei Verben, adi. u. adv.* [*timere, longus, graviter*]. **2.** (*Pl.*) (*i. Antworten*) ganz gewiß.

vălĕ-dīcō, *dīxī,* — 3. (*nkl. statt vălē dīcō u. vălērĕ dīcō*) Lebewohl sagen, Abschied *v. jd.* nehmen (*alci*).

vălēns, *ĕntĭs* (*m. comp. u. sup.*; *adv.* °**-ĕntĕr**) (*eigtl. part. praes. v. vălĕō*) **1. a**) kräftig, stark [*homo, bestia*; / °*truncus,* °*tunica* dick, dickgewebt]; **b**) (*v. Speisen, Getränken, Arzneien*) kräftig, wirksam [*cibus, medicamentum*]. **2.** gesund, wohlauf [*puer, corpus, sensūs*]. **3.** / (*pol.*) mächtig, einflußreich, *v. Pers. u. Sachen* [*dialecticus, gens opibus,* °*argumentum* triftig]; *auch subst. m.* — *Cf.* V.-B. VIII.

Vălĕntiă, *ae f Name mehrerer Städte, zB. des an der Ostküste Spaniens gelegenen jetzigen* Valencia.

vălĕntŭlŭs 3 (*demin. v. vălēns*) (*Pl.*) körperlich stark.

> **vălĕō**
> **1.** stark, kräftig sein; **2.** gesund, wohl(auf) sein (*auch Gruß-, Briefformel*); **3.** Einfluß, Macht, Bedeutung haben; **4. a**) zur Geltung kommen; **b**) imstande, geeignet sein; **c**) für *jd.* gelten; **d**) (*Geld*) gelten, wert sein; **e**) (*Wörter*) bedeuten.

vălĕō, *ŭi, ĭtūrŭs* 2. (*cf. nhd.* „walten") **1.** stark *od.* kräftig sein (*abs., zB.* °*mea dextra valet; re* durch *od.* an, in *etw., zB. taurus valet cornibus,* °*pedibus* gut zu Fuß sein, °*stomacho* einen guten Magen haben, °*animo parum* geistesschwach sein; *ad u.* °*in alqd* zu *od.* für *etw., zB. velocitate ad cursum*). **2. a**) gesund *od.* wohl(auf) sein, sich wohl befinden [*bene, minus* unpäßlich sein]; **b**) (*Briefformel*) S.V.B.E.E.Q.V. = *si vales, bene est, ego quidem valeo*; **c**) *valere alqm iubeo* ich sage *jd.* Lebewohl, nehme *v. jd.* Abschied (*nkl. tibi valere dico; dcht.* „*vale*" *dico*); (*als Abschiedsgruß bzw. Briefschluß*) **vălē** (*seltener vălĕās*) lebe wohl! gehab dich wohl! (*pl. vălētĕ*), *auch cura, ut valeas* bleibe hübsch gesund!; **d**) *valeas* gehab dich wohl = fort mit dir!, *valeat* genug von ihm! **3.** / Einfluß *od.* Macht (Kraft, Bedeutung, Geltung) haben, gelten, vermögen, ausrichten (*re* durch *od.* an, in *etw., zB. equitatu* stark an Reiterei sein, viel Reiterei haben, *pedestribus copiis, pecuniā, opibus, amicis* viele Freunde haben, *auditu* gut hören, *eloquentiā* große Beredsamkeit besitzen; *ad alqd* zu *od.* für *etw., zB. invidia mihi valet ad gloriam* = trägt zu meinem Ruhme bei; *apud alqm* bei *jd., zB. apud populum*; *multum, plus, plurimum, tantum, minus, minimum, nihil*). **4. a**) (*v. Sachen*) sich geltend machen, zur Geltung kommen, den Ausschlag geben, überwiegen [*sine veritate nomen amicitiae valere non potest*; *eius consilium valet* siegt, dringt durch; *promissum valebat* wurde gehalten]; **b**) imstande *od.* geeignet sein, zu *etw.* dienen (*ad alqd faciendum, zB. hoc praeceptum valet ad tollendam amicitiam*; *dcht. u. nkl., seit Livius m. inf., zB.* °*deus valet ima summis mutare*); **c**) sich auf *etw.* beziehen, für *jd. od. v. jd.* gelten (*in alqd u. in alqm, selten ad alqd u. in alqo, zB. definitio in omnes valet* gilt für alle; *responsum eo valet,* ut zielt darauf ab, daß; °*quo valet nummus* wozu ist das Geld gut?); **d**) (*vkl., nkl.*) (*vom Gelde*) gelten, wert sein [*unus aureus pro decem argenteis valet*]; **e**) (*v. Wörtern*) bedeuten, heißen [*hoc verbum quid valet?, angustius* eine engere Bedeutung haben, *idem* ~ synonym sein]. — ***oft* = *possum.*

Vălĕrĭŭs 3 *Name einer patriz.* gēns (*adi. auch* **Vălĕrĭānŭs** 3): **1.** P. ~ *Pŏplĭcŏlă* („Volksfreund"), *an der Vertreibung der Tarquinier beteiligt.* **2.** L. ~ *Pŏplĭcŏlă, m. M. Horatius cons. 449 v. Chr., Urheber der leges Valeriae Horatiae.* **3.** M. ~ *Cŏrvŭs* („Rabe"), *röm. Kriegsheld (um 370—270 v. Chr.), sechsmal cons.* **4.** M. ~ *Mĕssāl(l)ă* (*-săllă?*) *Cŏrvīnŭs, Redner zu Ciceros Zeit, angesehener Staatsmann, Freund des Ovid u. bsd. des Tibull.* **5.** Q. ~

Antĭās („aus Antium"), *Annalist des 1. Jhs. v. Chr., eine (unzuverlässige) Quelle des Livius.* **6.** *C.* ~ *Cătŭllŭs s. Cătŭllŭs.* **7.** ~ *Măxĭmŭs, Vfssr. e-r dem Kaiser Tiberius gewidmeten Anekdotensammlung [Factorum dictorumque memorabilium libri novem]; sie war im Altertum u. MA beliebt.* **8.** *C.* ~ *Flăccŭs, Vfssr. des dem Kaiser Vespasian gewidmeten (unvollendeten) Epos „Argonautica".* **9.** *M.* ~ *Mārtĭālĭs s. Mārtĭālĭs.*

vălēscō, *vălŭī,* — 3. (*incoh. v. vălĕō*) (*dcht., nkl.*) erstarken, zunehmen, *v. Pers. u. Sachen* [*superstitiones; re* durch *etw.*].

vălētūdĭnārĭŭs 3 (*vălētūdō*) (*vkl., nkl.*) kränklich; *subst.* ~, *ī m* Patient; **-ĭŭm,** *ī n* Krankenhaus, Lazarett.

▶ **vălētūdō,** *ĭnĭs f* (*vălĕō*) **1.** körperliches Befinden, Gesundheitszustand [*bona, integra, infirma* Unpäßlichkeit]. **2. a**) Wohlbefinden, Gesundheit [*amittere -nem, -ni suae parcere od. servire*]; **b**) Krankheit, Unpäßlichkeit, Schwäche [*oculorum,* °*-ne premi, -ne affectus* = krank]; **c**) / ~ *animi od. mentis* Geisteskrankheit.

vălgŭs 3 (*et. umstritten*) (*vkl., nkl.*) säbelbeinig; / *-a savia* schiefe Mäuler.

▶ **vălĭdŭs** 3 (*m.* °*comp. u.* °*sup.*; *adv.* °**vălĭdē,** *gewöhnlich synk.* **văldē,** *s.d.*) (*vălĕō*) **1. a**) (*unkl.*) stark, kräftig, *v. Pers. u. Sachen* [*homo, taurus, lacerti*]; **b**) (*mil. t.t.*) kampfkräftig, fest, befestigt [*urbs,* °*statio*]. **2.** (*v. Heilmitteln, Getränken, Giften u.ä.*) (*nkl., dcht.*) [*venenum, sucus*]. **3.** gesund, wohl, rüstig, *auch geistig* [*homo,* °*ex morbo nondum satis -us,* °*male* ~ kränklich]. **4. a**) (*v. Pers. u. Sachen*) mächtig, einflußreich [°*auctor,* °*senatūs consultum* noch in Kraft, °*spes; re* durch *od.* an *etw., zB.* °*homo aetate et viribus,* °*ingenio;* (*dcht., nkl.*) *alcis rei u. in re, zB. colonia opum -a; ad alqd* zu *od.* für, in *etw., unkl. alci rei, zB.* °*spernendis rumoribus; adversus alqm* gegen *jd.*]; *validior* überlegen; **b**) (*v. Rede u. Redner; nkl.*) gewaltig, zündend [~ *orandi*].

vălĭtūd... = *vălētūd...*

vălĭtūrŭs *part. fut. v. vălĕō.*

vāllārĭs, *ĕ* (*vāllŭm*) (*nkl.*) den Wall betreffend [*corona Auszeichnung für den Soldaten, der zuerst den feindl. Wall erstieg*].

▶ **vāllēs** *u.* (*jünger*) **-ĭs,** *ĭs f* (*et. ungeklärt*) Tal, *dcht. auch pl.* [°*supina* Talwand]; / (*dcht.*) *alarum* Achselhöhle.
F. *abl. sg. vāllĕ; gen. pl. vāllĭŭm.*

vāllō 1. (*denom. v. vāllŭm*) **1.** (*nkl.*) *m.* Wall *u.* Palisaden umgeben, verschanzen (*alqd, zB. castra*); *abs.* (*Ta.*) sich verschanzen. **2.** / schützen, sichern (*alqm u. alqd re etw.* durch *od. m. etw., zB. ius legatorum divino iure*).

▶ **vāllŭm,** *ī n* (*coll. zu vāllŭs*) Verschanzung *durch Wall u. Palisaden,* Wall [~ *ducere, scindere* abbrechen, *castra vallo fossaque munire*]; / Schutzwehr [*Alpium*].

vāllŭs, *ī m* (*cf. got.* walus „Stab") **1.** (*nkl., dcht.*) Pfahl, *bsd.* Rebstock. **2. a**) Schanzpfahl, Palisade [*milites septenos vallos ferebant*]; ~ *Lūcĭlĭānŭs obszön* (*s. Lūcīlĭŭs*); **b**) *coll.* α) Pfahlwerk, Palisaden [*-um ferre*]; β) Wall, Verschanzung [*duplex*]. **3.** / (*Ov.*) Zähne [*pectinis*].

****valor,** *oris m* Geltung; *ad valorem* dem Wert nach (*zB. bei der Verzollung v. Waren*).

vălŭī *s. vălĕō u. vălēscō.*

vălvae, *ārŭm f* (*wohl zu vŏlvō*) Flügeltür (*an Tempeln u. Prachtbauten*). — *sg. -ă vereinzelt* (*** [*med. t.t.*] Klappe, klappenförmige Schleimhautfalte).

Vāndălī *u.* **-dĭlī** *od.* **-dĭlĭī,** *ōrŭm m germ. Volksstamm zu Tacitus' Zeit östl. der Oder, später in Südspanien u. Nordafrika.* — *adi. -dălĭcŭs* 3, ** *auch* wild.

vānēscō, — — 3. (*incoh. zu vānŭs*) (*dcht., nkl.*) verschwinden, vergehen (*abs. u. in alqd*); *auch* /, *zB. amor vanescit; auch* abnehmen, zerfallen.

Vāngĭŏnēs, *ŭm m* (*acc. auch -ās*) *germ. Volksstamm am Mittelrhein; civitas Vangionum j.* Worms. — *Cf.* V.-B. III, 1, e.

vānĭ-dĭcŭs 3 (*vānŭs; dīcō²*) (*Pl.; spätl.*) Eitles redend, lügenhaft.

vānĭlŏquĕntĭă, *ae f* (*vānŭs, lŏquēns part. praes. v. lŏquŏr*) (*vkl., nkl.*) Prahlerei.

Vānĭ-lŏquĭ-dōrŭs, *ī m* (*vānŭs, lŏquŏr*) (*Pl.*) „Prahlhans" (*scherzh. nach griech. Namen auf -δωρος*).

vānĭ-lŏquŭs 3 (*vānŭs, lŏquŏr*) (*vkl., nkl.*) **1.** lügenhaft. **2.** prahlerisch.

vānĭtās, *ātĭs f* (*vānŭs*) **1. a**) Nichtigkeit, leerer Schein, *v. Pers. u. Sachen; bsd.* Einbildung, Selbstgefälligkeit; **b**) (*nkl.*) Mißlingen, Mißerfolg, Zwecklosigkeit [*itineris*]. **2.** Lügenhaftigkeit; *bsd.* leeres Geschwätz, Prahlerei. — *Oft zitiertes Vulgatawort aus dem „Prediger Salomo": vanitas vanitatum* Eitelkeit der Eitelkeiten, *d. h.* „Alles ist eitel".

vānĭtūdō, *ĭnĭs f* (*vānŭs*) (*vkl.*) lügnerisches Gerede.

vānnō, — — 3. (*zu vānnŭs*) (*vkl.*) (Getreide) schwingen, worfeln; *auch* / [*crisabit, ut si frumentum clunibus vannat*].

vānnŭs, *ī* (‹ **văt-nŏ-s; cf. vĕntĭlō*) (*nkl., dcht.*) Getreide-, Futterschwinge.

▶ **vānŭs** 3 (*m.* °*comp. u.* °*sup.*) (*cf. ahd.* wan „ermangelnd", *nhd.* „Wahnwitz") **1.** (*nkl., dcht.*) inhaltlos, leer, hohl [*arista* taub, *imago* Schattenbild *e-s Toten*]; *bsd.* menschenleer, schwach bevölkert [*magnitudo urbis, acies* dünn *od.* schwach]; *subst. vānŭm, ī n* Leere, *bsd.* (*Ca.*) leere Luft. **2.** / **a**) nichtig, eitel, *v. Pers. u. Sachen* [*homo, oratio*]; *bsd.* erfolglos, vergeblich [°*omen, ictus,* °*tela vana cadebant*]; **b**) (*moralisch*) (*meist v. Pers.*) lügenhaft, eingebildet, eitel, prahlerisch [*haruspex,* °*barbarorum ingenia, auctor vanus* est der Gewährsmann findet keinen Glauben, *vanissimus quisque* jeder Abenteurer]; **c**) (*meist v. Sachen*) grundlos, unbegründet, falsch [°*spes, oratio, sermo, testamentum* ungültig]; **d**) *subst.* **vānŭm,** *ī n* (*nkl., dcht.*) Wahn, Schein, Einbildung, Grundlosigkeit [*ad vanum redigi* vereitelt *od.* vernichtet werden; *alqd ex vano haurire od. habere* aus der Luft greifen, *ex vano* aus falscher Quelle]; *pl. vana* Nichtigkeiten [*rumoris* die grundlosen Gerüchte].

văpĭdŭs 3 (*adv.* **-ē**) (*wohl zu văppă*) (*nkl., dcht.*) kahmig, verdorben; *auch* /; *-ē se habere* (*Augustus b. Suet.*) Katzenjammer haben.

văpŏr *u.* (*altl.*) **văpōs,** *ōrĭs m* (*wohl* ‹ **kvăpōs; cf.* κ[ϝ]απνός „Rauch") **1.** Dampf, Dunst [*aquarum*]; (*dcht.*) Rauch [*ater*]. **2.** *meton.* **a**) warme Ausdünstung, Wärme; **b**) (*dcht.*) Glut, Feuer, Lohe; *auch* Liebesglut.

văpōrārĭŭm, *ī n* (*văpŏr*) Dampfrohr, Dampfheizung (= *hўpŏcaustŭm*).

văpōrātĭō, *ōnĭs f* (*văpōrō*) (*nkl.*) Ausdünstung, Dampf.

văpōrō 1. (*denom. v. văpŏr*) (*dcht., nkl.*) **1.** (*intr.*) dampfen. **2.** (*trans.*) **a**) durchräuchern [*templum ture*], in Dunst hüllen; **b**) erwärmen.

văppă, *ae f* (*wohl zu văpŏr*) (*dcht., nkl.*) umgeschlagener *od.* kahmiger Wein; / Taugenichts.

văpŭlārĭs, *ĕ* (*văpŭlō*) (*Pl.*) Prügel...

văpŭlō 1. (*vulgär; eigtl.* „wehklagen"; *cf. engl.* to weep) **1.** (*unkl.*) Schläge bekommen, geprügelt werden (*ab alqo v. jd.*). **2.** / **a**) (*unkl.*) α) (*im Krieg*) eine Schlappe erleiden; β) (*Pl.*) (*durch e-e Dirne*) ruiniert werden *od.* zu leiden haben [*sub Veneris regno vapulo, non sub Iovis*]; **b**) (*m. Worten*) durchgehechelt werden [*omnium sermonibus*].

*****var.** *Abk. für varietas* („Abart").

vărdăĭcŭs (*wohl eigtl. adi.* 3 „zum illyr. Volk der *Vărdaei* gehörig"): ~ *călcĕŭs* (*Ju.*) *od. subst.* ~, *ī m* (*sc. călcĕŭs*) (*Ma.*) Soldatenstiefel.

vărĭăntĭă, *ae f* (*vărĭō*) (*Lu.*) Verschiedenheit.

Vărĭānŭs 3 *s. Vārŭs.*

vărĭātĭō, *ōnĭs f* (*vărĭō*) (*nkl.*) Verschiedenheit; *sine -ne ulla* einstimmig. — ***Abart. — *variatio delectat* „Abwechslung erfreut" (*unantik statt varietas d. als Übersetzung des zum Sprichwort gewordenen: μεταβολὴ πάντων γλυκύ* [*Euripides, Orest.* 234]).

vārĭcō 1. (*denom. v. vārĭcŭs*) (*vkl., nkl.*) die Beine grätschen.

vărĭcōsŭs 3 (*vărĭx*) (*vkl., dcht.*) voller Krampfadern.

vārĭcŭs 3 (*vārŭs*) (*dcht., nkl.*) [x-beinig.]

▶ **vărĭĕtās,** *ātĭs f* (*vărĭŭs*) **1.** Buntheit [*florum*]. **2. a**) Mannigfaltigkeit, Verschiedenheit, Wechsel, *auch pl.* [*pomorum, gentium, caeli, temporum, annonae*]; **b**) Wechselfälle, wechselndes Glück [°*fortunae, bellum in multa -ate versatur*]; **c**) Meinungsverschiedenheit [*in summa -ate esse, sine ulla -ate* einstimmig]; **d**) Unbeständigkeit, Wankelmut, Launenhaftigkeit (*alcis* j-s, *zB. multitudinis*); **e**) Vielseitigkeit der Ideen *od.* Kenntnisse, der Bildung.

vărĭō
1. (*trans.*) **a**) bunt machen, färben; **b**) *m. etw.* wechseln; *etw.* verändern; **2.** (*intr.*) **a**) bunt sein, sich färben; **b**) mannigfaltig sein, sich verändern; **c**) verschiedener Meinung sein; (*Ansicht*) geteilt sein; **d**) wechselnden Erfolg haben.

vărĭō 1. (*denom. v. văriŭs*) **1.** *trans.* **a**) (*dcht.*) bunt machen, färben (*alqd etw.*, *alqd re etw.* durch *od. m. etw.*, *zB. corpus caeruleis guttis*); / (*vkl.*, *dcht.*) *jd.* braun *u.* blau schlagen; **b**) / *m. etw.* wechseln, *etw.* verändern (*alqd etw.*, *alqd re etw.* durch *od. m. etw.*, *zB.* °*figuram, vocem, voluptatem, laborem otio, orationem verborum insignibus*, °*animos* bald so, bald anders stimmen, °*gyros* mannigfache Volten reiten; °*in omnes formas variatus* in alle möglichen Gestalten verwandelt; °*vices* die Wachen wechseln); *bsd.* (*sententias*) teilen, (*v. Schriftstellern u. Berichten*) verschieden darstellen, abweichend berichten [°*memoriam actae rei*]; P. voneinander abweichen [*sententiae hominum variantur*; *impers.* (*sententiis*) *inter eos variatur* es herrscht Meinungsverschiedenheit unter ihnen, °*variatum non est* es trat keine Zersplitterung der Stimmen ein]. **2.** *intr.* (*nkl.*, *dcht.*) **a**) bunt sein, verschiedene Farben haben, sich färben [*uva, bacae*]; **b**) / mannigfaltig sein, sich verändern, schwanken, wechseln, umschlagen [*fortuna variat*; *re od. in re* in *od.* bei *etw.*, *de re* über *etw.*]; **c**) verschiedener (= geteilter) Meinung sein [*fremitus variantis multitudinis*]; (*v. Ansichten*) geteilt sein, (*v. Angaben*) verschieden berichtet *od.* angegeben werden [*fama variat*], *auch* verschieden ausgelegt werden [*lex variat nec causis nec personis m.* Rücksicht auf]; (*impers.*) *variat* es herrscht Meinungsverschiedenheit; **d**) wechselnden Erfolg haben [*manus Oenidae variat*].

▶ **văriŭs** 3 (*adv.* **-ē**) (*et. ungeklärt*) **1.** (*unkl.*) mannigfaltig: **a**) (*in der Farbe*) bunt, gefärbt, schillernd [*flores*]; *bsd.* scheckig, gefleckt, gesprenkelt [*lynx, colubra, caelum* gestirnt]; braun *u.* blau (*v. Schlägen*); **b**) (*in seinen Bestandteilen*). **2.** / **a**) verschieden, verschiedenartig, allerlei [*sermones, voluptas, studia, fortuna*]; **b**) (ab)wechselnd, *auch* unentschieden, schwankend [°*bellum*, °*certamen, eventus*, °*assensus* geteilt]; **c**) (*v. Pers.*) **α**) mannigfach begabt, vielseitig [*homo*, °*ingenium*]; **β**) wankelmütig, charakterlos, launenhaft [*homo*, °*animus*, °*varium et mutabile semper femina*]; **d**) *adv.* **vărĭē** auf verschiedene *od.* mannigfache Weise [*numerus -e diffusus*]; *bsd.* (*Li.*) *m.* wechselndem Glück [*-e bellare*].

Vărĭŭs 3 *röm. Gentilname*: L. ~ *Rūfŭs, Freund des Augustus, Mäcenas, Vergil u. Horaz, epischer u. tragischer Dichter; er gab m. Plōtĭŭs Tŭccă nach Vergils Tod dessen Aeneis heraus.*

vărīx, *icis f u. m* (*vārŭs, ī m* „Gesichtsausschlag") Krampfader.

Vărrō, *ōnis m cogn. bsd. i. der gēns Tĕrĕntiă, s. Tĕrĕntiŭs*; *adi.* **Vărrōniānŭs** 3.

vārŭs 3 (*cf. vācillō*) (*vkl.*, *dcht.*) auswärts gebogen *od.* gekrümmt [*cornua*]; *bsd.* krummbeinig; *subst. m* (*v. Pers.*) O-Bein, Teckelchen; / entgegengesetzt (*m. dat.*, *zB. alterum genus huic varum*).

Vārŭs, *ī m röm. cogn.*: **1.** P. *Ălfēnŭs* ~ *s. Ălfēnŭs.* **2.** *Quīntĭlĭŭs* ~, *Kritiker, Freund v. Vergil u. Horaz.* **3.** P. *Quīnctĭlĭŭs* ~, *röm. Feldherr, fiel im Kampf m. den Cheruskern 9 n. Chr.*; *adi.* **Vāriānŭs** 3.

văs[1], *vădis m* (*cf. got.* wadi „Pfand", *nhd.* „Wette") **1.** Bürge (*der sowohl im röm. Kriminal- wie Zivilprozeß durch Kaution für das Erscheinen e-r Person bürgte*) [*vadem poscere, dare, accipere*; *nkl. auch* /]. **2.** (*in nichtröm. Verhältnissen*) Bürge, *der m. dem eigenen Leib für e-n anderen haftete* [*vadem te ad mortem tyranno dabis pro amico*]. — (*gen. pl. vădŭm*).

▶ **vās**[2], *vāsis u.* (*altl.*) **vāsŭm**, *ī n* (*et. ungeklärt*) **1.** *sg.* Gefäß, Geschirr, Gerät [°*aureum*, °*fictile, vinarium* Weinglas, °*obscenum* Nachtgeschirr]. **2.** *pl.* **a**) Hausgeräte, Möbel; **b**) (*mil. t.t.*) Gepäck, Bagage [*vasa colligere* aufbrechen; *vasa conclamare* das Signal zum Aufbruch geben]; **c**) (*vkl.*, *dcht.*) Hoden, männliches Glied. — ***sg.* Faß, Weihrauchfaß. **F.** *pl. vāsă, vāsōrŭm, vāsīs.*

****vas(s)allus**, *i m* (*zu kelt.* gwas „Bursche") Lehnsmann, Vasall.

vāsāriŭm, *ī n* (*vās*[2]) Ausstattungs- *od.* Equipierungsgeld *für e-n Provinzstatthalter.*

Vāscōnēs, *ŭm m voridg. Völkerschaft zw. Ebro u. Pyrenäen, j.* Basken.

vāscŭlārĭŭs, *ī m* (*vāscŭlŭm*) Verfertiger *v.* Metallgefäßen, Goldschmied.

vāscŭlŭm, *ī n* (*demin. v. vās*[2]) (*vkl.*, *nkl.*) **1.** kleines Gefäß, Geschirr. **2.** (*wie σκεῦος*) = *mēntŭlă.*

vāstātĭō, *ōnis f* (*vă-?*; *vāstō*) Verwüstung (*alcis j-s, alcis rei e-r Sache, zB.* °*finium*).

vāstātŏr, *ōris m* (*vă-?*; *vāstō*) (*dcht.*, *nkl.*) Verwüster; Vertilger (*alcis u. alcis rei, zB. ferarum* Jäger). — ** Teufel.

vāstātrīx, *icis f* (*vă-?*; *vāstātŏr*) (*nkl.*) Verwüsterin.

vāstĭ-fĭcŭs 3 (*vă-?*; *vāstŭs*[2], *făcĭō*) (*dcht.*) unförmig, mißgestalt [*belua*].

vāstĭtās[1], *ātis f* (*vă-?*; *vāstŭs*[1]) Leere, Öde, Verödung [*fori*]; *bsd.* Verwüstung, Verheerung [*Italiae*, *-tem facere od. efficere* anrichten]; *meton.* (*concr.*) *pl.* Verwüster [*provinciarum*].

vāstĭtās[2], *ātis f* (*vă-?*; *vāstŭs*[2]) (*nkl.*) unermeßlicher Umfang, ungeheure Größe [*solis*]; *concr.* Koloß [*tanta* ~ *vom Elefanten*].

vāstĭtĭēs, *ēī f* (*vă-?*; *vāstŭs*[1]) (*Pl.*) Verwüstung, Zerstörung.

▶ **vāstō** 1. (*vă-?*; *denom. v. vāstŭs*[1]) **1. a**) leer machen, *bsd.* menschenleer machen (*alqd, zB. forum*); P. verwildern [*terra stirpium asperitate vastatur*]; *insb.* (*nkl.*) *etw. v. etw.* entblößen (*alqd re, zB. agros cultoribus*); **b**) verwüsten, verheeren (*abs. od. alqd, zB. Italiam, agros*); **c**) (*nkl.*) *die Bewohner* brandschatzen [*cultores*]. **2.** / (*Ca.*) zerrütten [*mentem*].

▶ **vāstŭs**[1] 3 (*m. comp. u.* °*sup.*; *adv.* °**-ē**) (*vă-?*; *cf. nhd.* „wüst"; *aber mhd.* waste „Wüste" *ist lat. Lw.!*) **1.** leer, öde, wüst, *bsd.* menschenleer [*loca*, °*ager*]; *insb. v. etw.* entblößt (*a re, zB.* °*urbs a defensoribus -a*, °*mons ab humano cultu -us*). **2.** (*unkl.*) verwüstet, verheert [*solum, alqd vastum dare etw.* verwüsten]. **3.** / plump, roh, ungebildet [*homo*, °*oratio, littera* hart, *-e loqui, verba vastius diducere* zu breit].

▶ **vāstŭs**[2] 3 (*m. comp. u. sup.*; *adv.* **-ē**) (*vă-?*; *wahrsch. et. v. vāstŭs*[1] *zu unterscheiden*; *cf. altirisch* fot „Länge") **1.** ungeheuer groß *od.* weit, riesig, unermeßlich [*mare, Oceanus vastissimus*; *adv.* *-ē* weithin]. **2.** unförmig, ungeschlacht [*belua*].

vāsŭm, *ī n* = *s. vās*[2].

▶ **vātēs** *u.* (*selten*) **vātĭs**, *ĭs m u. f* (*cf. nhd.* „Wut"; *Göttername* „Wodan") **1.** Wahrsager(in), Prophet(in), Seher(in) [*me vate* nach meinem Seherwort]. **2.** (*dcht. seit Ve.*; *nkl.*) (gottbegeisterter) Sänger *od.* Dichter [*Maeonius* = Homer, *Lesbia* = Sappho, *Aeneïdos* = Vergil]. (*gen. pl. -ĭŭm u. -ŭm*).

Vātĭcānŭs 3 (*im Vers auch -ī-*) vatikanisch [*mons*]; *subst. m* der Vatikan, *Hügel Roms auf dem r.* (*westl.*) *Tiberufer*; *in der Nähe der Zirkus, in dem Petrus das Martyrium erlitten haben soll*; *über e-m dort angelegten Grab errichtete Konstantin der Gr. die Peterskirche.*

vātĭcĭnātĭō, *ōnis f* (*vātĭcĭnŏr*) Weissagung [*Sibyllina*].

vātĭcĭnātŏr, *ōris m* (*vātĭcĭnŏr*) (*dcht.*) Weissager, Seher.

vātĭcĭnĭŭm, *ī n* (*vātĭcĭnŭs*) (*nkl.*) Prophezeiung, Weissagung.

vātĭcĭnĭŭs 3 (?) (*Li.*) = *vātĭcĭnŭs.*

vātĭcĭnŏr 1. (*vātēs*; *nach lātrōcĭnŏr*) **1.** weissagen, prophezeien (*abs. od. alqd, zB. vera*; *m. a.c.i.*). **2.** / **a**) (*dcht.*) warnen, ermahnen; **b**) lehren, vortragen; **c**) schwärmen.

vātĭcĭnŭs 3 (*Rückbildung aus vātĭcĭnŏr*) (*dcht.*, *nkl.*) weissagend, prophetisch [*libri*].

vătillŭm, *ī n* (*demin. v. vănnŭs*) (*unkl.*) Schaufel, Pfanne [*prunae* Kohlenbecken].

vātĭs, *ĭs m s. vātēs.*

vătĭŭs 3 (*wohl zu* √ **văt-* „krümmen"; *cf. vārŭs*) (*vkl.*, *Ma.*) krummbeinig.

▶ **-vĕ**[1], *enklit. Partikel* (*cf. altind.* vā „oder") oder [*auditores in hilaritatem risumve convertere*]; *bei Zahlen* = bis *zur Bezeichnung des geringen Unterschiedes* [*duabus tribusve ho-*

ris]; (dcht.) **-vĕ ... -vĕ** entweder ... oder (auch -vĕ ... aut, -vĕ ... vĕl, aut ... -vĕ).

vē-[2] (wohl ablautend zu au[2]) untrennbare Partikel zur Bezeichnung der Abweichung vom rechten Maß [ve-grandis].

vēcŏrdĭă, ae f (vēcōrs) (unkl.) Wahnsinn, Unsinnigkeit.

vē-cŏrs, rdĭs (m. sup. u. °comp.) (vē-[2], cŏr) wahnsinnig, unsinnig, verrückt [homo, mens; / °vox].
F. abl. sg. -ī u. °-ĕ; pl. neutr. -ĭă, gen. -ĭŭm.

vĕctābĭlĭs, ĕ (vĕctō) (Se.) tragbar.

vĕctātĭō, ōnĭs f (vĕctō) (nkl.) das Fahren, Reiten [equi].

▶ **vĕctīgăl,** ālĭs n (meist pl.; eigtl. n v. vĕctīgālĭs) **1. a)** indirekte Steuer, pl. indirekte Steuern od. Abgaben an den Staat, Zölle, Gefälle, zB. das portorium „Hafenzoll, Brückenu. Wegegeld", decumae „Pachtgelder aus dem ager publicus", scriptura „Abgabe v. Weiden", Bergwerk- u. Salinensteuer u. a. [vectigalia imponere Steuern auflegen, exigere eintreiben, pendere u. pensitare zahlen, steuerpflichtig sein, locare verpachten u. a.]; bisw. auch praetorium herkömmliches Ehrengeschenk der Provinzen an den Statthalter, aedilicium Beitrag zu den aedilischen Spielen in Rom; übh. (meist pl.) Staatseinkünfte, -einnahmen; **b)** Einnahmequelle; sprichw. parsimonia magnum ~ est; **c)** pl. Steuerbereich [vectigalia nostra atque provinciae]. **2.** sg. u. pl. private Einkommen, Einkünfte [meum tenue, °parva].
F. abl. sg. -ī; pl. nom. -ĭă, gen. -ĭŭm (u. °-ĭōrŭm).

vĕctīgālĭs, ĕ (*vĕctĭs + *-īgŏs; zu vĕhō u. ăgō, eigtl. „das Fahren, d. h. Einfuhr u. Ausfuhr betreibend") **1.** zu den Staatseinkünften gehörig: **a)** als Abgabe gezahlt [pecunia]; **b)** steuerpflichtig, zinsbar [civitas, agri, alqm sibi -lem facere]. **2.** Privatleuten Geld einbringend [equi für Geld vermietet].

vĕctĭō, ōnĭs f (vĕhō) das Fahren, Reiten [quadrupedum].

vĕctĭs, ĭs m (zu vĕhō; urspr. abstr. „das Heben, Fortbewegen" [s. vĕctīgālĭs], später concr.) **1.** Hebel, Hebebaum. **2. a)** Brechstange; **b)** Türbalken, Balkenriegel zum Verschließen der Tür.
F. sg. acc. -ĕm, abl. -ĕ; gen. pl. -ĭŭm.

vĕctō 1. (frequ. v. vĕhō) (unkl.) führen, fahren, tragen, bringen (alqd, zB. fructūs ex agris); **P.** sich tragen lassen [umeris alcis]; bsd. fahren, reiten, segeln [equo, praeter oram].

vĕctŏr, ōrĭs m (vĕhō) **1.** (act.) (dcht., nkl.) Träger. **2.** (pass.) Passagier auf einem Schiff; **b)** (dcht.) Seefahrer; **c)** (dcht.) Reiter.

vĕctōrĭŭs 3 (vĕctŏr) zum Transport dienend [navigium Frachtschiff].

vĕctūră, ae f (vĕhō) **1.** das Fahren zu Wagen od. zu Schiff, Transport [frumenti]; insb. (concr.) die Fuhre, Zufuhr, auch pl. **2.** (vkl., nkl.) Fuhrlohn, Frachtgeld.

vĕctŭs P.P.P. v. vĕhō.

Vē-dĭŏvĭs, ĭs m (altl.) = Vēiŏvĭs.

vĕgĕō, — — 2. (altl. = vĭgĕō; nhd. „wecken") (vkl.) erregen, in Bewegung setzen.

vĕgĕtābĭlĭs, ĕ (vĕgĕtō) (spätl.) belebend. — **pflanzlich; subst. **-lia,** ium n Pflanzenreich.

vĕgĕtātĭō, ōnĭs f (vĕgĕtō) (nkl.) Belebung, belebende Bewegung.

Vĕgĕtĭŭs: Flāvĭŭs ~ Rĕnātŭs, Militärschriftsteller um 400 n. Chr.

vĕgĕtō 1. (denom. v. vĕgĕtŭs) (nkl.) lebhaft erregen, ermuntern, beleben.

vĕgĕtŭs 3 (altl. P.P.P. v. vĕgĕō) (körperlich) rührig, regsam [homo, °oculi]; / (geistig) rege, lebhaft [mens, ad alqd zu etw.].

vē-grandĭs, ĕ (vē-[2]) v. unnatürlicher Größe: **1.** (vkl., dcht.) klein, winzig [farra]. **2.** sehr groß [macies].

▶ **vĕhĕmēns** (dcht. auch Schnellsprechform **vēmēns**), ĕntĭs (m. comp. u. sup.; adv. **-ĕntĕr**) (<< *vĕhĕmĕnŏs, eigtl. part. praes. zu vĕhŏr; s. vĕhō 1b) **1. a)** heftig, leidenschaftlich, stürmisch, ungestüm, fast stets pejorativ, v. lebenden Wesen wie v. Sachen [orator, °canis, genus orationis, exordium, °opera aufdringlich, -enter agere; in re in od. bei etw., zB. in agendo; in alqm gegen jd., zB. vehementem se praebere in inimicos]; **b)** energisch, auch streng, hart [iudicium, senatūs consultum, litterae, alqd -enter fugere; in alqm gegen jd.]. **2.** / heftig, stark, gewaltig, nur v. Sachen [tempestas, vulnus, °dolor, argumentum gewichtig, preces inständig, somnus fest, tief, °telum wirksam, fuga wild]; bsd. adv. **vĕhĕmĕntĕr** ungemein, außerordentlich, höchst [-er displicere, errare, utilis].
F. abl. sg. -ī u. °-ĕ; pl. neutr. -ĭă, gen. -ĭŭm.

vĕhĕmĕntĭă, ae f (vĕhĕmēns) (A. ad Her., nkl.) **1.** Hitze, Leidenschaftlichkeit. **2.** Heftigkeit, Stärke.

vĕhĭc(ŭ)lŭm, ī n (vĕhō) **1.** Fahrzeug, Fuhrwerk. **2. a)** Wagen [iunctum bespannt]; **b)** Sänfte [°-o portari]; **c)** Schiff. — **Schlitten.

▶ **vĕhō,** vēxī, vĕctŭm 3. (cf. nhd. „bewegen", ablautend ὄχος „Wagen") **1.** (trans.) **a)** α) durch ein Transportmittel fortbewegen od. fortschaffen, insb. fahren, führen, tragen, bringen, (einen Wagen od. Lasten u. a.) ziehen, bsd. v. Zugtieren, aber auch v. Menschen (alqm u. alqd, zB. Europam, °uxorem curru, sarcinas, onus umeris, °equi vehunt currum, °nauta illos vexerat); °alqm ad summa jd. zum Gipfel der Ehren führen; alqd per triumphum etw. im Triumph aufführen (lassen); β) herbeischaffen, m. sich führen od. bringen (alqd, zB. °formica cibum ore vehit, °ventus nubes pulveris vehit; bsd. v. Flüssen, zB. °aurum); γ) j-m etw. zuführen [alci frumentum]; **b)** mediopass. fahren, reiten, segeln [curru od. in curru, equo od. in equo, navi od. in navi, °plaustro per urbem, °equo citato ad hostem lossprengen auf den Feind, °per aequora]; auch (dcht.) fliegen [trans aethera]; übh. einherschreiten [sex motibus; / °in pericula sich in Gefahren stürzen]. **2.** (intr.) (nur part. praes. u. gerund.) fahren, reiten, sich tragen lassen [quadrigis vehens; °ius lecticā per urbem vehendi].

Vēiī od. meist **Vēī,** ōrŭm m alte etr. St. an dem Flüßchen Cremera, nördl. v. Rom, 396 v. Chr. von Camillus erobert; Einw. **Vēiēns,** ĕntĭs m; adi. **Vēiŭs** 3 (dreisilbig!), **Vēiēns,** ĕntĭs u. **Vēiĕntānŭs** 3; subst. **Vēiĕntānŭm** (sc. vīnŭm) vejentischer Landwein. (Viele Reste der etr. Siedlung: Grabkammern, Terrakottastatue des Apollon v. V.).
F. dat. u. abl. Vēiīs u. (meist) Vēīs. — Vēiēns: abl. sg. des adi. -ī, des subst. -ĕ, gen. pl. -ĭŭm u. °-ŭm.

Vē-iŏvĭs, ĭs m (vē-[2]; Dĭŭs; v. Ovid fälschlich als „noch jugendlicher Jupiter" gedeutet) altröm. rächender Unterweltsgott, v. den Juliern als ihr Stammgott verehrt u. durch e-n (noch erhaltenen) Altar in Bovillae am Albanerberg geehrt.

▶ **vĕl,** Partikel (zu vŏlō[2], wohl < *vels[i] „willst du"): **1.** ci. **a)** (die Wahl frei lassend) oder, oder auch, zB. eiusmodi coniunctionem tectorum oppidum vel urbem appellaverunt; **b)** (dcht., nkl.) und auch [terris agitare vel undis]; (spätl. u. Eccl.) = et und; **c)** (berichtigend) oder vielmehr (= vel potius, vel dicam), zB. homo minime malus vel potius optimus; **d)** (verdoppelt, ohne ausschließende Kraft) **vĕl ... vĕl** entweder ... oder = sei es ... oder sei es, teils ... teils, zB. °Miltiades dixit ponte rescisso regem vel hostium ferro vel inopia interiturum; (Eccl.) = ĕt ... ĕt sowohl ... als auch. **2.** adv. **a)** (steigernd) sogar, selbst, auch, zB. vel regnum malo quam liberum populum; **b)** (beim sup.) α) sogar, selbst, zB. vel sapientissimus potest errare; β) (in milderndem Nebensinn) wohl, leicht, unstreitig, zB. haec domus est vel pulcherrima Messanae; **c)** (bsd. b. e-m pron.) schon, zB. rem ita esse vel hac ex re (od. vel inde) intellegi potest; **d)** auch nur, doch wenigstens; **e)** (einen einzelnen Fall hervorhebend) α) besonders; β) so zum Beispiel, zB. °vel quasi egomet. — **velque = atque und.

Vēlābrŭm, ī n (wohl et. verwandt m. dem vorhistorischen Ortsnamen Vēlĭă) Lebensmittelmarkt in Rom zw. Palatin u. Tiber (maius u. minus); adi. °**-brēnsĭs,** ĕ [caseus].

Vĕlaedă s. Vĕlēdă.

vēlāmĕn, ĭnĭs n (vēlō) (dcht., nkl.) **1.** Hülle, Decke. **2.** bsd. **a)** Gewand, Kleidung; **b)** Schleier; **sacrum Nonnenschleier; **c)** Fell.

vēlāmĕntŭm, ī n (vēlō) (unkl.) **1.** = vēlāmĕn, auch / [libidinibus Deckmantel für]. **2.** pl. um Ölzweige gewundene weiße Wollbinden der Schutzflehenden [-a supplicum].

vēlāriŭm, ī *n* (vēlō) (*Ju., spätl.*) Plane; *pl.* Sonnensegel *im Amphitheater.*
Vělēdă (*od.* Vėlaedă), *ae f Seherin b. den Brukterern.*
vělěs, ĭtis *m* (*zu* vēlōx; *Bildung nach* mīlēs, ĕquēs *u.ä.*) **1.** (*vkl., nkl.*) Plänkler (*meist pl.* vĕlĭtēs, *ūm eine leichtbewaffnete schnelle Truppe*). **2.** / *adi.* neckend [*scurra*].
Vělĭă, *ae f* **1.** *Ausläufer des Palatin, über den die via sacra führte.* **2.** *lat. Name für* Ĕlĕā (*s.d.*); *Einw.* **Vělĭēnsēs,** ĭūm *m*; *adi.* **Vělīnŭs** 3.
vēlĭ-fĕr, *fĕră, fĕrŭm* (vēlŭm, fĕrō) (*dcht.*) segeltragend [*navis*].
vēlĭfĭcātĭō, ōnĭs *f* (vēlĭfĭcō) das Segeln.
vēlĭfĭcō 1. (*denom. v.* °vēlĭfĭcŭs 3 „segelnd"; vēlŭm, făcĭō) **1.** (*dcht., nkl.*) **a)** (*intr.*) segeln; **b)** (*trans.*) durchfahren. **2. P.** *bzw. mediopass.* **a)** (*dcht., nkl.*) segeln; **b)** / angelegentlich für *etw.* wirken, *jd. od. etw.* fördern (*alci u. alci rei*).
Vělīnŭs 3 **1.** *s.* Vělĭa. **2.** *subst.* **-ŭs,** ī *m See im Sabinischen*; **-ă,** *ae f* (*od.* trĭbŭs -ă) die Tribus im Tal des ~.
vělĭtārĭs, ĕ (vělēs) (*nkl.*) zu den Plänklern gehörig [*arma*].
vělĭtātĭō, ōnĭs *f* (vělĭtŏr) (*Pl.*) Geplänkel; Neckerei.
vělĭtŏr 1. (*denom. v.* vělēs) (*vkl., nkl.*) plänkeln; / zanken, schimpfen.
Vělĭtrae, *ārum f Volskerst. im südl. Latium, j.* Velletri.
vēlĭ-vŏlāns, *āntĭs* (*dcht.*) *u.* **-vŏlŭs** 3 (*vkl., dcht.*) (vēlŭm, vŏlō[1]) **1.** segelbeflügelt [*navis*]. **2.** *v.* Segeln belebt, befahren [*mare*].
Vėllaunŏdūnŭm, ī *n St. der Senonen i. Gallien, j.* Château Landon.
vėllĕ *s.* vŏlō[2].
Vėllēĭŭs 3 *röm. Gentilname:* C. ~ *Pătĕrcŭlŭs, Legat des späteren Kaisers Tiberius in Germanien u. Pannonien; Vfssr. e-s Abrisses der röm. Geschichte in 2 Büchern.*
vėllī *s.* vėllō.
vėllĭcātĭō, ōnĭs *f* (vėllĭcō) (*nkl.*) das Rupfen; / Stichelei.
vėllĭcō 1. (*demin. v.* vėllō) **1.** (*vkl., nkl.*) rupfen, zupfen (*alqd u. alqm*). **2.** / **a)** *jd.* durchhecheln, schmähen; **b)** (*Pr.*) durch Eifersucht kränken; **c)** (*Se.*) anregen, aufstacheln [*animum*].
▶**vėllō,** vėllī (*u.* vŏlsī *od.* vŭlsī), vŏlsŭm *u.* vŭlsŭm 3. (*cf.* vėllŭs) **1.** (*dcht., nkl.*) rupfen, zupfen (*alqd u. alci alqd j-m etw., zB. barbam, aurem jd.* am Ohr zupfen). **2.** ab-, ausrupfen, ausreißen, abreißen [*spinas,* °*capillos,* °*postes a cardine*]; *bsd. mediopass.* (*nkl.*) sich die Haare entfernen lassen. **3.** *mil.* (*nkl., dcht.*) *vallum od. munimenta* die Schanzpfähle ausreißen *u.* so den Wall einreißen, *signa* die Feldzeichen aus der Erde reißen = aufbrechen, °*pontem* abbrechen.
vėllŭs, ĕrĭs *n* (*cf. ablautend* lānă, *nhd.* „Wolle") (*unkl.*) **1.** *die abgeschorene noch zusammenhängende* Wolle *der Schafe*; *pl.* Fäden, Gespinst. **2. a)** *meton.* Schaffell, Vlies; **b)** Fell [*leonis, ferina*]. **3.** / *pl.* Wollähnliches: Baumwolle; Schneeflocken; Schäfchenwolken.
▶**vēlō** 1. (*denom. v.* vēlŭm) **1.** verhüllen, verschleiern, bedecken (*alqd re etw. m. od.* in *etw., zB.* °*avem pennis,* °*pecudum corpora saetis*); *bsd.* bekleiden [°*velatus togā*]; (*Gerundiv*) *subst. pl. n* **vēlăndă cŏrpŏrĭs** (*Pli.*) Schamteile; *mil.* vēlātŭs (*eigtl.* „nur *m.* Kleidung versehen") unbewaffnet; **ăccēnsī vēlātī** *s.* ăccēnsŭs. **2.** (*dcht.*) umwinden [*tempora lauro*]; *auch* bekränzen, schmücken [*Palatia sertis*]. **3.** verheimlichen, bemänteln [°*scelus, cupiditatem suam triumphi nomine,* °*odium blanditiis*].
vēlōcĭtās, ātĭs *f* (vēlōx) **1.** Schnelligkeit, Geschwindigkeit [*corporis,* °*equi, auch* °*in re* in *od.* bei *etw., zB. in rebus moliendis*]. **2.** / (*nkl.*) Schnelligkeit [*mali*], *bsd.* (*rhet. t.t.*) lebendige Darstellung [*Sallustii*].
▶**vēlōx,** ōcĭs (*m. comp. u. sup.*; *adv.* **-ĭtĕr**) (*cf.* vělēs) schnell, geschwind, *bsd.* behend, gewandt, *oft* / [*pedites,* °*canis, animus,* °*toxicum* schnell wirkend, *-iter refugere*; °*ad alqd* zu *etw.*].
F. *abl. sg.* -ī; *pl. neutr.* -ĭă, *gen.* -ĭŭm.
****veltrus** 3 (*kelt.*; *cf.* věrtrăgŭs) schnellaufend; *subst. m* Jagdhund (*italienisch* veltro; *cf.* Veltro *i. Dantes Commedia* I, 101).
▶**vēlŭm,** ī *n* (*et. u. i. der Bedeutungsentwicklung unklar*; *cf.* vēxĭllŭm; *nhd.* „Wickel") **1. a)** (*dcht.*) Segel [°*pleno velo m.* vollen Segeln]; *klass. nur im pl.* [*-a contrahere*]; *vela facere* (*od. pandere*) *m.* vollem Wind segeln (*auch* / *-a orationis pandere* in der Rede rasch vorwärtsschreiten); *vela dare* die Segel aufspannen [°*ventis m.* dem Wind (ab)segeln, *in altum,* °*per aequora, auch* /, *zB.* °*irae*]; *velis m.* vollen Segeln [*velis remisque* = *m.* aller Macht]; **b)** (*Ov.*) *pl.* (*synekd.*) Schiff. **2.** Hülle, Vorhang, Tuch, Umhang [*carbaseum*]; *bsd.* (*dcht., nkl.*) Sonnensegel *im Amphitheater.* — ****liturgisches Seidentuch zum Bedecken der Abendmahlsgeräte.*
▶**vĕl-ŭt(ĭ)** *adv.* **1.** (*bei Vergleichen, m. u. ohne korrespondierendes* sic *od.* ita) **a)** wie, gleichwie, *zB. velut in cantu, sic ex corporis figura modos ciere*; **b)** gleichsam (*bsd. zur Milderung kühnerer Metaphern*), *zB.* °*odium velut hereditate relictum.* **2.** (so) zum Beispiel, *zB. bestiae aquatiles, velut crocodili.* **3. vĕlŭt sī** *u.* (*nkl., dcht.*) *bloß* vĕlŭt (*m. coni., nicht selten auch m. part. coni. od. abl. abs.*) gleich als ob, wie wenn, *zB. Sequani absentis Ariovisti crudelitatem, velut si coram adesset, horrebant; hostes laeti velut explorată victoriă ad castra pergunt.*
vēmēns, ĕntĭs (*dcht.*) *Schnellsprechform* = věhěmēns.
▶**vēnă,** *ae f* (*et. ungedeutet*) **1. a)** Blutader, Vene [*venam alci incidere od.* °*aperire*]; **b)** = ărtērĭă Arterie, Pulsader, *pl. venae* (*nkl.*) = Puls. **2.** / Ader *als Sitz der Lebenskraft gedacht*; Streifen, Linie, Gang *u.ä. in Pflanzen, Steinen, Holz u. a.*: **a)** (*nkl., dcht.*) Wasserader; Kanal; **b)** (*nkl.*) Holzader, Saftgefäß *e-r Pflanze,* Rippe *eines Blattes*; **c)** *pl.* Geäder *im Gestein* [*silicis, marmoris*]; **d)** Metallader *in der Erde* [*auri*]; *meton.* (*dcht.*) Metall [*peior* schlechteres = Eisen]; **e)** (*dcht.*) Ritze, Spalt [*hians*]; **f)** (*dcht.*) = mĕntŭlă [*tenta dei* ~]. **3.** / *pl.* **a)** Inneres, Herz, Mark [*periculum inclusum in venis rei publicae*]; **b)** innerstes Wesen, Charakter, Eigentümlichkeit; **c)** Pulsschlag = Stimmung [*venas cuiusque aetatis et ordinis tenere*]; **d)** *sg.* (*nkl., dcht.*) poetische Ader; *übh.* (geistige) Anlage [*dives, ingenii*]. — **Stahl.
vēnābŭlŭm, ī *n* (vēnŏr) Jagdspieß.
Vĕnāfrŭm, ī *n Ort in Kampanien m. großen Olivenanpflanzungen, j.* Venafro; *adi.* **Vĕnāfrānŭs** 3.
vēnālĭcĭŭs 3 (vēnālĭs) **1.** (*nkl.*) verkäuflich. **2.** *subst.*: **a)** ~, ī *m* Sklavenhändler; **b)** **-ĭŭm,** ī *n* **α)** (*nkl.*) Handelsware; Sklavenmarkt; *pl.* (*nkl.*) Import- *u.* Exportwaren; **β)** (*pl.*) (*Pl.*) Sklaven.
vēnālĭs, ĕ (vēnŭs[1]) **1.** verkäuflich, käuflich [*hortus,* °*res* Ware, *pueri* Sklaven]; *alqd venale habere etw.* zum Verkauf ausstellen; *subst. m* (*zum Verkauf ausgestellter*) Sklave; **-ĭă,** ĭŭm *n* Waren. **2.** / **a)** (*Pl.*) verraten *u.* verkauft; **b)** feil, bestechlich [*multitudo, vox*; *auch m. abl., zB.* °*pretio*].
Vĕnāntĭŭs *Hŏnōrĭŭs Fŏrtŭnātŭs, Kirchenschriftsteller u. Dichter aus der Nähe v. Treviso* (*530 bis nach 600*; *Hymnen, Heiligenleben*).
vēnātĭcŭs 3 (vēnŏr) zur Jagd gehörig, Jäger... [*canis* Jagdhund].
vēnātĭō, ōnĭs *f* (vēnŏr) **1. a)** das Jagen, Jagd, Jagdpartie [*multum in venationibus esse*]; **b)** Tierhetze (*im Zirkus u. Amphitheater*). **2.** *meton.* Wild(bret) [°*capta*].
vēnātŏr, ōrĭs *m* (vēnŏr) **1.** Jäger; (*dcht.*) jagend, Jagd... [*canis*]. **2.** / **a)** Forscher [*naturae*]; **b)** (*Pl.*) Lauscher.
vēnātōrĭŭs 3 (*nkl.*) = vēnātĭcŭs [*galea* Jägerhut].
vēnātrix, īcĭs *f* (vēnātŏr) (*dcht.*) Jägerin; *auch vom* Jagdhund; *adi.* jagend [*dea*].
vēnātūră, *ae f* (vēnŏr) (*Pl.*) Jagd; / *oculis -am facere* spähen.
vēnātŭs, ūs *m* (vēnŏr) **1.** Jagd. **2.** / **a)** (*Pl.*) Fischfang; **b)** (*nkl.*) Wild(bret). (*dat. sg.* -ŭī *u.* °-ŭ).
vēndĭbĭlĭs, ĕ (vē-?; *m. comp.*; vēndō) leicht verkäuflich [°*fundus, via Herculanea*]; / (*beim Publikum*) beliebt, gesucht [*oratio, orator*; °*puella*; *alci*].
vēndĭdī *s.* vēndō.
vēndĭtātĭō, ōnĭs *f* (vē-?; vēndĭtō, *eigtl.* „das Feilbieten") Prahlerei.
vēndĭtātŏr, ōrĭs *m* (vē-?; vēndĭtō) (*nkl.*) Prahler (*alcis rei m. etw., zB. famae*).
vēndĭtĭō, ōnĭs *f* (vē-?; vēndō) **1.** Verkauf, *meist* Versteigerung [*bonorum*], (*v. Zöllen*) Verpachtung. **2.** / (*pl.*) (*Pli.*) *meton.* verkaufte Güter.
vēndĭtō 1. (vē-?; *frequ. zu* vēndō)

1. feilbieten, (zum Verkauf) ausbieten [°merces, Tusculanum]. **2.** (pejorativ) etw. verschachern [omnia decreta, °pacem pretio; auch alci alqd j-m etw.]; bsd. sese -are (Pl.) sich für Geld preisgeben, für Geld zu haben sein. **3.** / anpreisen, anempfehlen, aufdrängen (alqd u. alci alqd); se alci sich bei jd. einzuschmeicheln suchen [existimationi hominum].

vĕndĭtŏr, ōris m (vē-?; vēndō) Verkäufer [agri]; / Verschacherer [dignitatis vestrae].

▶**vĕndō,** dĭdī, dĭtŭm 3 (vē-?; ‹ vēnŭm dō, eigtl. „zum Verkauf geben", cf. vēnŭs¹) **1. a)** verkaufen (alqd etw., alci alqd an jd. etw.; m. abl. bzw. gen. pretii, zB. grandi pecuniā, parvo pretio, °viginti minis, magno, plurimo, pluris, minoris, quanti; auch m. adv., zB. recte teuer, male billig, quam optime); ex empto aut vendito dem Kauf od. Verkauf gemäß; **b)** versteigern [bona civium]; **c)** an den Meistbietenden verpachten [decumas]. **2.** / **a)** verschachern [se regi]; **b)** öffentlich rühmen, anpreisen. — **Preis m. ad.
F. P. klass. nur vēnditŭs u. vēndĕndŭs; sonst Ersatz durch vēnĕō, iī, —, īrē od. °vēnŭmdărī; nkl. oft (namentlich praes. u. impf.) u. **weitgehend P. v. vēndō gebräuchlich.

Vĕnĕdī, ōrŭm m Wenden, slawisches Volk am r. Ufer der Weichsel.

vĕnēfĭcă, ae f (vĕnēfĭcŭs) (vkl., dcht.) Giftmischerin, Zauberin; auch als Schimpfwort.

vĕnēfĭcĭŭm, ī n (vĕnēfĭcŭs) **1. a)** Giftmischerei, Vergiftung; **b)** meton. Gifttrank. **2. a)** Zauberei; **b)** meton. Zaubertrank, bsd. Liebestrank.

vĕnē-fĭcŭs 3 (entweder ‹ *vĕnĕsfĭcŏs „Liebestränke bereitend" zu vĕnŭs² u. făciō od. ‹ *vĕnĕnī-fĭcŏs aus vĕnēnŭm u. făciō haplol. vereinfacht) **1.** (dcht., nkl.) zauberisch, Zauber... [verba]. **2. a)** (nkl., dcht.) giftmischend; **b)** subst. ~, ī m Giftmischer, Zauberer; auch (Pl.) als Schimpfwort. [Giftmischer.]

vĕnēnārĭŭs, ī m (vĕnēnŭm) (nkl.)

vĕnēnātŭs 3 (m. °comp.) (eigtl. P.P.P. v. vĕnēnō) **1. a)** vergiftet, giftig [vipera, °dentes Giftzähne]; **b)** / (unkl.) schädlich [munera gefährlich, iocus verletzend, beißend]. **2.** (Ov.) Zauber... [virga].

vĕnēnĭ-fĕr, fĕrā, fĕrŭm (vĕnēnŭm, fĕrō) (Ov.) giftig.

vĕnēnō 1. (denom. v. vĕnēnŭm) vergiften (alqd, zB. carmen); auch / (Ho.) begeifern.

▶**vĕnēnŭm,** ī n (‹ *vĕnĕs-nŏm = φίλτρον „Liebestrank"; vĕnŭs²) **1.** (dcht.) **a)** Schönheitsmittel, Schminke [Assyrium]; **b)** Färbemittel, Purpur [Tarentinum]. **2. a)** Zaubermittel, -trank [-o alqd perficere, °Colchicum]; bsd. °Liebestrank; / (dcht.) Liebe [isto -o tentare alqm]; **b)** Trank, Saft; **c)** Gift(trank) [°lac -i giftiger Milchsaft; ~ parare u. °sumere, alci dare u. praebere, -o alqm necare]. **3.** / (dcht., nkl.) **a)** giftige Reden, Geifer, Verbitterung; **b)** Unheil, Verderben [discordia est ~ urbis].

▶**vēn-ĕō,** iī, —, īrē (‹ vēnŭm ĕō, eigtl. „zum Verkauf gehen od. kommen"; vēnŭs¹) **1. a)** verkauft werden, verkäuflich sein (ab alqo v. jd.; m. abl. bzw. gen. pretii, zB. °auro, magno, plurimo, pluris, minoris, quanti); °sub corona venire als Sklave verkauft werden; **b)** (teuer od. billig) zu stehen kommen. **2.** (meistbietend) versteigert od. verpachtet werden.
F. vēnĕō ersetzt das P. zu vēndō (s.d.).

vĕnĕrābĭlĭs, ĕ (m. comp.) (vĕnĕrŏr) (nkl.) verehrungswürdig, ehrwürdig, v. Pers. u. Sachen (alci j-m, re wegen einer Sache).

vĕnĕrābŭndŭs 3 (vĕnĕrŏr) (nkl.) ehrerbietig, v. Pers.

vĕnĕrăndŭs 3 (eigtl. Gerundiv v. vĕnĕrŏr) (nkl., dcht.) ehrwürdig.

vĕnĕrātĭō, ōnis f (vĕnĕrŏr) **1.** (act.) Verehrung, Hochachtung (m. gen. subi. u. obi.). **2.** (pass.) (nkl.) Ehrwürdigkeit, Würde.

vĕnĕrātŏr, ōris m (vĕnĕrŏr) (dcht., nkl.) Verehrer (alcis rei).

vĕnĕrĕŭs, ī m u. **-ŭm,** ī n Venuswurf (= -ĭŭs bzw. -ĭŭm; s. vĕnŭs²).

vĕnĕrĭŭs 3 (vĕnŭs²) sinnlich, geschlechtlich, wollüstig; cf. vĕnŭs².

▶**vĕnĕrŏr** u. (vkl., nkl.) **vĕnĕrō** 1. (denom. v. vĕnŭs² „Liebreiz", also wohl urspr. ähnlich wie χαρίζεσθαι „Liebe bezeigen") **1. a)** m. religiöser Scheu (e-n Gott) verehren, demütig anbeten (alqm u. alqd, zB. °Venerem, °deos deasque, °alqm ut deum, lapidem pro deo); part. pf. vĕnĕrātŭs (dcht.) auch pass. verehrt, angebetet [Sibylla, Ceres]; **b)** ehrfurchtsvoll begrüßen, huldigen [°regem, aquilam]. **2.** anflehen od. inständig bitten (alqm, m. ut, ne); auch °erflehen (alqd).

Vĕnĕtī, ōrŭm u. °ŭm m **1.** ill. Stamm i. der Gegend v. Padua; **Vĕnĕtĭă,** ae f Land der Veneter; adi. Vĕnĕtŭs 3. **2.** kelt. Volk i. der Bretagne; ihr Land **Vĕnĕtĭă,** ae f; adi. Vĕnĕtĭcŭs 3. **3.** = Vĕnĕdī.

vĕnĕtŭs 3 (vl. zu Vĕnĕtī) (nkl., dcht.) meerfarbig, bläulich [factio der blau gekleideten Rennfahrer]; subst. **-ī,** ōrŭm m (Ma.) Rennfahrer der Blauen.

vēnī s. vĕnĭō.

▶**vĕnĭă,** ae f (vĕnŭs²; cf. ablautend nhd. „Wonne") **1. a)** Gefälligkeit, Gunst, Gnade, Nachsicht (alcis j-s, alcis rei); veniam alci dare (alcis rei) jd. einen Gefallen (in einer Sache) erweisen; veniam alcis rei ab alqo petere jd. um eine Gunst in einer Sache bitten; bonā (cum) veniā m. gütiger Erlaubnis, m. Verlaub [audire alqd; orare, ne]; **b)** (als Parenthese) (Pli., ep. 5, 6, 46) venia sit dicto m. Verlaub zu sagen od. unberufen (***daher wohl unsere Redensart sit venia verbo = man verzeihe den Ausdruck); **c)** auch mil. Pardon, Gnade [veniam petere a victoribus]; **d)** Erlaubnis (alcis rei); alci veniam dare jd. die Erlaubnis zu etw. geben (m. gen. od. ut). **2.** Verzeihung, Vergebung, Straflosigkeit [°peccati]; petere veniam ignoscendi um Verzeihung bitten; alci veniam dare od. tribuere jd. begnadigen (auch alci rei, zB. errori); veniam alcis rei impetrare Verzeihung für etw. erlangen (ab alqo v. od. bei jd.). — **litterae veniarum Ablaßbrief. — ***venia legendi Lehrbefugnis an Universitäten.

vēn-iī s. vēnĕō.

vĕnĭō
1. a) kommen; **b)** zurückkommen; **2. a)** (feindl.) (her)anrücken; **b)** (vor Gericht) gegen jd. auftreten; **3.** (Zeit) herankommen, anbrechen; **4.** in eine Lage kommen, geraten; **5. a)** zum Vorschein kommen, sich zeigen; **b)** (Pflanzen) wachsen; **c)** abstammen; **6. a)** (Zustände) entstehen; **b)** vorkommen, eintreten; **c)** jd. zuteil werden; **7.** (in Rede od. Darstellung) auf etw. kommen, zu etw. übergehen.

▶**vĕnĭō,** vēnī, ventŭm 4. (altl. impf. -ibăt; dcht. gen. pl. des part. praes. -entŭm) (‹ *gvĕmĭō; cf. βαίνω, nhd. „kommen") **1. a)** kommen, gelangen [Athenis Romam; oft abs., meist a od. de, ex re in od. ad, sub alqd, ad alqm u.ä.; m. 1. supin., zB. auxilium postulatum; m. dat. des Zwecks, zB. alci auxilio od. subsidio jd. zu Hilfe kommen; m. °inf. od. nkl. m. part. fut., zB. venio °mori od. °moriturus]; auch v. leblosen Dingen, zB. a te litterae non venerunt, °cita mors venit, mox epistula mea tibi veniet wird dir zugehen (cf. 6, c); dcht. auch v. Geschossen, zB. °telum °per ilia venit dringt, °ictus venit a vertice kommt her von; P. impers. venitur man kommt, ventum est man ist gekommen; **b)** (nkl., dcht.) zurückkommen, -kehren [Romam]. **2. a)** (feindl.) herankommen, (her)anrücken, vorrücken [(cum) magnis copiis, ad urbem, ad od. adversus alqm gegen jd.]; **b)** (vor Gericht) gegen jd. auftreten (contra alqm pro alqo, contra iniuriam od. contra rem alcis). **3.** (v. der Zeit) herankommen, anbrechen, eintreffen [vēnit ea dies quam constituerat, cura venientis anni die Sorge um das künftige Jahr]; (part. fut.) adi. **vĕntūrŭs** 3 (dcht.) zukünftig, bevorstehend [hiems, nepotes]; subst. °venturum, ī n Zukunft. **4.** in eine Lage od. einen Zustand kommen od. geraten (in, selten ad alqd, zB. in periculum od. in discrimen in Gefahr kommen, °ad famem ventum est in Hungersnot); alci in amicitiam m. jd. befreundet werden; in consuetudinem zur Gewohnheit od. gebräuchlich werden, °in consuetudinem proverbii od. °in proverbium sprichwörtlich werden, in sermonem ins Gerede kommen, in dubium zweifelhaft werden, in contemptionem der Verachtung anheimfallen, in suspicionem verdächtigt werden, in contentionem Gegenstand eines Streites werden, °in invidiam beneidet werden, in odium gehaßt werden (alci v. jd.), in nonnullam spem etw. Hoffnung schöpfen, in spem alcis rei Hoffnung auf etw. schöpfen, in partem alcis rei an etw. teilnehmen, °res venit ad manus es kommt zum Handgemenge; in eum *locum* (*od.* °*eo rerum*) *ventum est, ut* es kam so weit, daß; °*eo discordiae od* °*huc arrogantiae venire, ut* so weit gehen *od.* kommen in ..., daß. **5. a**) (*meist dcht.*) zum Vorschein kommen, sich zeigen [°*sol, usus*]; (*res*) *mihi in mentem venit* es fällt mir ein; **b**) (*dcht.*) (*v. Pflanzen*) wachsen, gedeihen [*arbores, uvae*]; **c**) (*dcht.*) abstammen *v.* [*Bebrycia de gente*]. **6. a**) (*v. Zuständen*) entstehen (*ex re, zB.* °*magna commoda ex otio meo rei publicae veniunt*); **b**) vorkommen, eintreten, sich ereignen [°*similis fortuna od.* °*aliquid adversi venit, haec ubi veniunt*]; *bsd. usu venire* (*cf. ūsŭs*); **c**) *jd.* zufallen, zuteil werden (*meist alci, selten ad od. in alqm, zB. hereditas od. regnum mihi venit,* °*augurium,* °*provincia od.* °*bellum sorte Plautio venit*); *insb.* (*v. Übeln*) *jd.* treffen, über *jd.* kommen (*meist alci, selten ad od. in alqm, zB. dolor, interitus,* °*lues arboribus venit*). **7.** (*in der Rede od. Darstellung*) auf *etw. od.* zu *etw.* kommen *od.* übergehen (*a re ad alqd od. ad alqm, zB. venio nunc a fabulis ad facta*).

vēn-īrĕ *s. vēnĕō.*

vēni, vīdi, vīcī „ich kam, ich sah, ich siegte", *Aufschrift auf der Siegestafel Cäsars nach seinem Sieg über Pharnakes II. bei Zela* (*47 v. Chr.*).

vēnnū(n)cŭlă, *ae f* (*vē-?; -nŭ[n]-?; vl. nach einem EN Vēnnō*) (*dcht., nkl.*) eine Weintraube, *die man in Töpfen konservierte.*

vēnō, *dat. v. vēnŭs¹.*

▶**vēnŏr** 1. (*wohl zu* ἵεμαι „bewege mich vorwärts, eile, strebe"; *cf. nhd.* „Wei-de, Wei-d-mann") jagen: **1.** *intr.* auf die Jagd gehen (= °*vēnātŭm īrē*); (*part. praes.*) *pl. subst.* (*dcht.*) **vēnāntēs,** *ĭūm* (*u.* °*ūm*) *m* Jäger. **2.** (*trans.*) (*unkl.*) Jagd auf *etw.* machen (*alqd, zB. leporem*); / ausgehen auf *etw. od. jd.* zu gewinnen suchen (*alqd u. alqm, zB. suffragia plebis, viros oculis*).

▶**vĕntĕr,** *trĭs m* (*et. ungedeutet*) **1. a**) Bauch, Unterleib [⌣ *fabā inflatur*]; **b**) (*vkl., nkl.*) Magen *bsd. als Sitz sinnlicher Lust* [*ventri oboedire* seinen Lüsten frönen]; *meton.* = Gefräßigkeit, Schlemmerei. **2.** (*nkl., dcht.*) = *ŭtĕrŭs* [*gravis; ventrem ferre* schwanger sein]; *meton.* Fötus, Leibesfrucht, Kind, Sohn [*maturus, tuus*]. **3.** / (*unkl.*) **a**) ⌣ *Faliscus* Preßwurst; **b**) das Bauchige, Höhlung [*in ventrem crescere* bauchartig anschwellen]. — (*abl. -ĕ; gen. pl. -ĭūm*).

vĕntĭlātŏr, *ōrĭs m* (*vĕntĭlō; eigtl.* „Worfler" *des Getreides*) (*nkl.*) / Taschenspieler.

vĕntĭlō 1. (*eigtl.* [*Getreide*] „worfeln"; *vānnŭs; in der Bed. sich an das wohl et. verwandte vĕntŭs¹ anlehnend*) **1.** (*nkl., dcht.*) **a**) in der Luft schwingen, schwenken [*facem; aura comas ventilat* bewegt das Laub des Baumes]; (*als t.t. der Fechterkunst*) Lufthiebe tun; **b**) Kühlung zufächeln. **2.** / *etw.* anfachen, erregen [*contionem*]. **3.** / (*spätl.*) eingehend erörtern, besprechen [*quaestionem*].

vĕntĭō, *ōnĭs f* (*vĕnĭō*) (*vkl., nkl.*) das Kommen.

vĕntĭtō 1. (*frequ. v. vĕnĭō*) oft kommen (*ad alqm od. ad u. in alqd*).

vĕntōsŭs 3 (*m.* °*comp. u.* °*sup.; adv.* °**-ē**) (*vĕntŭs¹*) **1.** (*nkl., dcht.*) windig [*regio, mare* stürmisch]. **2.** / **a**) (*dcht.*) windschnell [*equi*]; **b**) (*dcht., nkl.*) eitel [*gloria, lingua* prahlerisch]; **c**) wetterwendisch, unbeständig [*imperium,* °*plebs*].

vĕntrālĕ, *īs n* (*n v. vĕntrālĭs, ĕ* Bauch...; *vĕntĕr*) (*nkl.*) Leibgurt (*als Tasche, bsd. als Geldtasche*).

vĕntrĭcŭlŭs, *ī m* (*demin. v. vĕntĕr*) **1.** (*unkl.*) Bäuchlein; Magen. **2.** ⌣ *cordis* Herzkammer.

vĕntrĭ-lŏquŭs, *ī m* (*vĕntĕr, lŏquŏr*) (*Tert.*) Bauchredner.

vĕntrĭōsŭs 3 (*vĕntĕr*) (*Pl.*) dickbäuchig.

vĕntŭlŭs, *ī m* (*demin. v. vĕntŭs¹*) (*Com.*) *etw.* Wind [*-um facere alci jd.* Luft zufächeln].

vĕntŭm *P.P.P. v. vĕnĭō.*

▶**vĕntŭs¹,** *ī m* (*cf.* ἄ[F]ημι „wehe", *nhd.* „Wind") **1.** Wind [*secundus* günstig, *adversus* ungünstig, *venti septentriones;* ⌣ *cooritur, intermittitur; vento se dare* sich dem Wind überlassen]; *prägn.* (günstiger) Fahrwind [*venti ferentes*]; (*dcht.*) = Luft [*vita in ventos recessit*]; *sprichw.*: *prägn.* °*verba in ventos dare* vergeblich reden; °*dare verba ventis* sein Versprechen nicht halten; °*ventis tradere rem etw.* vergessen; *ventis remis m.* vollen Segeln, *m.* allen Mitteln. **2.** / **a**) Wind *als Sinnbild der schnell wechselnden Verhältnisse, zB. venti eius secundi sunt* das Glück ist *m.* ihm; *quicumque venti erunt* wie auch die Umstände sich gestalten werden; **b**) Unruhe, Unheil [*ventum in optimum quemque excitare* einen Sturm erregen]; **c**) Hauch der Volksgunst [*popularis; cf. aura*]; **d**) Gerede, Gerücht, Ruf, *meist pejorativ* [*omnes rumorum et contionum ventos colligere* = wetterwendische Gerüchte].

vĕntŭs², *ūs m* (*vĕnĭō*) (*vkl.*) das Kommen.

vēnŭcŭlă, *ae f* = *vēnnŭ(n)cŭlă.*

vēnŭlă, *ae f* (*demin. v. vēnă*) (*nkl.*) Äderchen; *auch* /.

(**vēnŭs¹,** *ī*) *m* (*gebräuchlich nur im acc. vēnŭm u. dat. vēnō*) (*cf. altind.* vasnayati „feilscht"; *ablautend* ὦνος „Kaufpreis") Verkauf: **1. vēnŭm dō** 1. = *vēndō;* **vēnŭm ĕō** = *vēnĕō.* **2. vēnō dō** 1. an *jd.* verkaufen, verhandeln (*alci alqd*), **vēnō ĕxĕrcĕō** *alqd m. etw.* handeln.

vĕnŭs², *ĕrĭs f* (*cf. altind.* vanas „Verlangen, Lieblichkeit") **1.** (*meist dcht.*) **a**) Liebe, Liebeslust, Liebesgenuß, Beischlaf, Begattung (*nach Qu. euphemistisch für cŏĭtŭs: Venerem quam coitum dicere magis decet*) [°*feminea* Weiberliebe, °*figurae Veneris* Positionen; °*clunibus viri venerem retractare;* °*frigidus in venerem;* °*venerem rapere* trächtig werden]; **b**) Liebesbund; *marita* Ehebund; **c**) *meton.* °die Geliebte [*mea*]; **d**) Samen. **2.** / (*unkl.*) Schönheit, Anmut, Liebreiz. **3.** *klass. nur personif.* **Vĕnŭs a**) die Göttin Venus, *T. Jupiters u. der Dione, Gemahlin des Volcanus, M. des Cupido u. durch Anchises des Äneas; Stammmutter des Hauses der Julier* [°*Veneris mensis* April]; *der griech. Aphrodite gleichgesetzt, Göttin der Schönheit u. Liebe; Hymnus auf die „alma Venus" im Proœmium v. Lucrez' epischem Lehrgedicht „De rerum natura"*; **b**) *der Planet* Venus; *auch stella Veneris;* **c**) (*unkl.*) Venuswurf (*s.u.*); **d**) *adi.* **Vĕnĕrĭŭs** 3 **α**) der Venus geweiht (dienend, heilig) [*servi -ī od. bloß Venerii* die Diener *od.* Hierodulen der Eryzinischen Venus, *homo* Venusknecht; *iactus* Venuswurf, *der glücklichste Wurf beim Würfelspiel, wenn alle vier Würfel verschiedene Zahlen zeigten; Ggs. cănĭs*]; **β**) (*cf. vĕnĕrĭŭs*) zur Geschlechtsliebe gehörig, geschlechtlich, sinnlich, unzüchtig [*voluptas, complexus,* °*amor, res* Beischlaf]; ⌣ *morbus* Geschlechtskrankheit, venerische Krankheit. — **Venus v. Milo,** *die auf der griech. Insel Melos gefundene, Aphroditestatue aus dem 2. od. 1. Jh. v. Chr., j. im Louvre in Paris.*

Vĕnŭsĭă, *ae f St. in Apulien am Aufidus u. am Berg Vultur, Geburtsort des Horaz, j. Venosa. — Einw. u. adi.* **Vĕnŭsīnŭs** (3).

vĕnŭstās, *ātĭs f* (*vĕnŭs²*) **1.** Schönheit, Anmut, Liebreiz (*alcis u. alcis rei, zB. muliebris, corporis*). **2. a**) Liebenswürdigkeit; **b**) Feinheit, feiner Scherz; **c**) (*Com.*) Vergnügen, Lust.

vĕnŭstŭlŭs 3 (*demin. v. vĕnŭstŭs*) (*Pl., dcht.*) anmutig.

vĕnŭstŭs 3 (*m.* °*comp. u.* °*sup.; adv.* °**-ē**) (*vĕnŭs²*) **1.** schön, anmutig, lieblich, graziös [°*vultus, motus corporis*]. **2.** / liebenswürdig, fein [*sermo,* °*dicta*].

vē-pāllĭdŭs 3 (*Ho.*) leichenblaß.

vĕprĕcŭlă, *ae f* (*demin. v. vĕprēs*) Dornsträuchlein.

vĕprēs, *ĭs m* (*Lu. f*) (*et. ungeklärt*) Dornstrauch, -busch, *fast nur im pl. gebräuchlich.* (*gen. pl. -ĭŭm.*)

▶**vēr,** *vērĭs n* (*cf.* ἔαρ, *dor.* Fῆρ) **1.** Frühling, Lenz [*primo od. ineunte vere*]. **2.** / **a**) (*dcht.*) ⌣ *aetatis* = Jugend; **b**) (*Li.*) *ver sacrum* Weihefrühling, *d.h. die in Notzeiten den Göttern gelobte Opferung aller Erstlinge an Kindern u. Vieh; später Aussendung v. Kolonisten.*

vērātrŭm, *ī n* (*wohl zu vērŭs, weil Niesen als Bestätigung der Wahrheit galt*) (*dcht., nkl.*) Nieswurz.

vērāx, *ācĭs* (*m. comp. u.* °*sup.; adv.* °**-ĭtĕr**) (*vērŭs*) wahrredend, wahrhaftig, die Wahrheit verkündend, *v. Pers. u. Sachen* [*oraculum,* °*Parcae*].

F. *abl. sg. -ī; pl. neutr. -ĭă, gen. -ĭŭm.*

vĕrbēnă, *ae f* (*klass. nur pl.* **-ae,** *ārŭm f*) (<*vĕrbēsnā zu vĕrbĕr*) heilige Kräuter *od.* Zweige, grünes Gezweig *v.* Ölbaum, *Myrte, Lorbeer u.ä., zu religiösen Zwecken bestimmt.*

vĕrbēnātŭs 3 (*vĕrbēnă*) (*Suet.*) *m.* heiligen Zweigen bekränzt.

▶**vĕrbĕr,** *ĕrĭs n* (*im sg. nur gen. u. abl. belegt, meist pl.*) (< **vĕrbĕs-; cf. vĕrbēnă, ablautend* ῥάβδος) **1.** (*concr.*)

(*unkl.*) **a)** *sg. u. pl.* Rute, Peitsche; **b)** Schleuderriemen. **2.** / (*abstr.*) **a)** (*dcht.*) Schlag, Stoß, Wurf [*virgae, lapidum* Steinwurf, *remorum* Ruderschlag, *ripae* Wogenschlag; *turgentis verbera caudae*]; **b)** *pl.* Hiebe (*bsd.* Peitschenhiebe), Prügel, Geißelung *als Strafe od. Züchtigung* [*alqm verberibus castigare*]; / Vorwürfe, Tadel [*verbera contumeliarum u.* °*linguae*].

vĕrbĕrābĭlis, ĕ (*m. sup.*) (vĕrbĕrō²) (*Pl.*) der die Peitsche verdient.

vĕrbĕrābŭndŭs 3 (vĕrbĕrō²) (*Pl.*) prügelnd.

vĕrbĕrātiō, ōnis *f* (vĕrbĕrō²) (*spätl.*) das Prügeln, Züchtigung; / (*Qu. Ci. b. Ci.*) Strafe (*alcis rei* für *etw.*).

vĕrbĕrĕtīllŭs, ī *m* (*Scherzbildung zu* vĕrbĕră [*s.* vĕrbĕr] *nach vorausgehendem* plōrātīllŭs) (*Pl., Poen. 378*) Prügelknabe.

vĕrbĕrĕŭs 3 (vĕrbĕr) (*Pl.*) = vĕrbĕrābĭlis.

vĕrbĕrō¹, ōnis *m* (vĕrbĕr; *eigtl.* „wer Prügel verdient") Schlingel, Lump, Schurke.

vĕrbĕrō² 1. (*denom. v.* vĕrbĕr) **1.** *m.* der Rute schlagen, geißeln [*alcis oculos virgis*]. **2. a)** (*dcht., nkl.*) schlagen, stoßen, treffen (*alqm u. alqd re etw. m. etw., zB.* °*ōs manibus*, °*sidera undā* bespritzen); **b)** *mil. urbem tormentis* beschießen; *auch* °zerschlagen, zerpeitschen [*vineas grandine*]. **3.** / züchtigen, empfindlich verletzen [*alqm verbis od. convicio, aures alcis sermonibus*].

vĕrbēx (*vulgär*) = vĕrvēx.

vĕrbĭvĕlītātiō, ōnis *f* (*Neubildung zu* vĕrbīs vĕlītārī) (*Pl.*) Wortgefecht.

vĕrbōsŭs 3 (*m. comp. u.* °*sup.*; *adv.* **-ē**) (vĕrbŭm) wortreich, weitläufig, weitschweifig, *nur v. Sachen* [*epistula, -e scribere alqd*].

****verbō-tenus** *adv.* dem Wortlaut nach, wortwörtlich.

> **vĕrbŭm**
> 1. Wort; *pl.* Rede, *v. Schriftstücken* Wortlaut; **2. a)** Ausspruch; **b)** Sprichwort; **c)** Formel; **3.** leeres Wort, Phrase; **4.** (*gramm. t.t.*) Zeitwort; **5.** *verschiedene Wendungen.*

vĕrbŭm, ī *n* (< *vĕr-dh-om; *cf. ablautend nhd.* „Wort") **1.** Wort, Ausdruck [*durum, gravissimum, ~ ipsum voluptatis* das Wort Lust, *nullum ~ facere* kein Wort verlieren]; *pl.* Worte, Rede, Aussage [*verbis certare* einen Wortwechsel haben, °*-a falsa u.* °*ficta* Lügen], *v. Schriftstücken auch* Wortlaut [*his verbis epistulam misit*]; *verba facere* (*selten habere*) einen Vortrag halten, reden, sprechen (*abs. od. de re u. pro alqo, apud alqm, in publico, cum alqo u.ä.*; *m. a.c.i.*). **2. a)** Äußerung, Ausspruch [°*id verbum in pectus lugurthae alte descendit*]; °*pl.* Witze; **b)** Sprichwort [*vetus ~ hoc est*]; **c)** Formel [*in verba alcis iurare jd.* den Treueid leisten]; °Zauberformel, *oft pl.* **3.** leeres Wort, Redensart, Phrase, *pl.* leere Worte, *auch* = (äußerer) Schein [*verba istaec sunt atque ineptiae, alci verba dare jd.* täuschen, hinters Licht führen]. **4.** / (*gramm. t.t.*) Zeitwort, Verbum. **5.** (*Einzelwendungen*) **a)** *verbo* dem Wort *od.* Namen nach [*verbo liberi sunt*] *od.* durch ein einziges Wort, ohne weiteres [*-o alci assentiri*], *auch* mündlich; **b)** *uno verbo m.* einem Wort = um es *m.* einem Wort zu sagen [*ut uno verbo complectar, diligentia*]; **c)** *ad verbum* aufs Wort, wörtlich, buchstäblich [*alqd ediscere*], *meist* = *verbum pro verbo od. verbum e verbo* [*reddere*]; **d)** *verbi causā* (*od. gratiā*) zum Beispiel, um ein Beispiel anzuführen [*si quis verbi causa oriente canicula natus est*]; **e)** *verbis alcis* in *j-s* Namen *od.* Auftrag [*regis verbis gratulari alci*]. — **der Logos; *in verbo Dei* in Gottes Namen.

Vĕrcĕllae, ārŭm *f St. i. Oberitalien, j.* Vercelli (*Kimbernschlacht 101 v. Chr.*).

Vĕrcĭngĕtŏrix, *igis m K. der Arverner, Führer des Gallieraufstandes 52 v. Chr., bei Alesia besiegt, v. Cäsar im Triumph aufgeführt u. dann hingerichtet.*

vĕrcŭlŭm, ī *n* (-ē-?) (*demin. v.* vēr) (*Pl.*) junger Frühling (*Kosewort*).

vērē *adv. s.* vērŭs.

▶**vĕrēcŭndĭă,** ae *f* (vĕrēcŭndŭs) **1.** Scheu, Zurückhaltung, Schüchternheit (*alcis j-s, zB. Tironis, mea*; *alcis rei* vor *od.* bei, in *etw., zB. sermonis*; *in re* bei *od.* in *etw., zB. in rogando*). **2.** Anstandsgefühl, Zartgefühl, Scham, Schamgefühl, Verschämtheit [*verecundiae est* man schämt *od.* scheut sich *u. verecundia alqm capit jd.* schämt sich, *m. inf. od. a.c.i.*]. **3.** heilige Scheu, Verehrung, Ehrfurcht, Hochachtung (*alcis j-s od.* vor *jd.*, gegen *od.* auf *jd.*, *alcis rei* vor *od.* gegen, auf *etw., zB.* °*deorum*, °*regis*, °*rei publicae*; *auch adversus alqm*).

vĕrēcŭndŏr 1. (*denom. v.* vĕrēcŭndŭs) sich scheuen, schüchtern sein (*abs. od. m. inf.*).

vĕrēcŭndŭs 3 (*m. comp. u.* °*sup.*; *adv.* **-ē**) (vĕrĕŏr) **1.** scheu, schüchtern, bescheiden, *v. Pers. u. Sachen* [*adulescens, verba*; *in re* in *od.* bei *etw.*]. **2. a)** rücksichtsvoll; **b)** sittsam, schamhaft, züchtig [°*color u.* °*rubor* Schamröte, °*vultus*]; (*spätl.*) *subst.* (*corporis*) *verecunda, orum n* Schamteile.

vĕrēdārĭŭs, ī *m* (vĕrēdŭs) (*spätl.*) Postreiter, Kurier.

vĕrēdŭs, ī *m* (*gall. Fw.*; *cf.* rēdă) (*dcht.*) leichtes Jagdpferd.

vĕrēndŭs 3 (*eigtl. Gerundiv. v.* vĕrĕŏr) (*dcht.*) ehrwürdig; *subst.* **-ă,** ōrŭm *n* (*nkl.*) (*concr.*) Scham.

> **vĕrĕŏr**
> 1. (*intr.*) **a)** Bedenken tragen, nicht wagen; **b)** besorgt sein; **c)** Scham, Scheu empfinden; **2.** (*trans.*) **a)** verehren; **b)** *etw.* fürchten.

vĕrĕŏr, vĕrĭtŭs sŭm 2. (*eigtl.* „sich umschauen"; *cf. ablautend* ὁράω, *nhd.* „gewahr, bewahren") sich scheuen, sich fürchten: **1.** *intr.* **a)** *m. inf.* = Bedenken tragen, nicht wagen: *vereor alqd facere, zB. in publicum prodire*; *selten impers. alqm veretur jd.* scheut sich (*m. inf., zB. quos non est veritum in voluptate summum bonum ponere*); **b)** besorgt *od.* in Sorge sein (*alci rei* für *etw., zB. navibus*; *de re* wegen, vor *etw., zB. de Carthagine*); **c)** (*Pl.*) Scham *od.* Scheu empfinden. **2.** (*trans.*) **a)** *jd. od. etw.* scheuen = verehren, hochachten (*alqm od. alqd, zB. deos, patrem, alcis maiestatem*; *selten alcis rei, zB. tui testimonii*); **b)** *etw.* fürchten *od.* befürchten, vor *etw. od. jd.* Furcht haben (*alqd, zB. periculum, alqm, zB. hostem*; *m.* ne daß, *ne non od. ut* daß nicht; *m.* °*a.c.i.*; *prägn. m. indir. Frages.* = *m.* Besorgnis daran denken, *zB. vereor, quid dicturus sis*); *part.* **vĕrĭtŭs** 3 *u.* **vĕrēns** aus Furcht, in Besorgnis. **3.** (*zur Milderung e-r Behauptung*) *vereor ne sit turpe timere* es ist am Ende doch schimpflich zu fürchten; *illud vereor, ut tibi concedere possim* jenes kann ich dir schwerlich zugeben.

vĕrētrŭm, ī *n* (-rē-?) (vĕrĕŏr; = αἰδοῖον) (*unkl.*) (*concr.*) *männl. od. weibl.* Scham.

vĕrgĭlĭae, ārŭm *f* (vĕrgō *m. volkset. Anlehnung an* vēr) (*dcht., nkl.*) Siebengestirn, Plejaden.

Vĕrgĭlĭŭs (*spätl. auch* Vĭrgĭlĭŭs) *röm. Gentilname*: *P. ~ Mārō, geb. 70 v. Chr. zu Āndēs bei Mantua, gest. 19. v. Chr. zu Brŭndĭsĭŭm, berühmt durch sein Epos* Aenēĭs, *sein Lehrgedicht* Gĕōrgĭcă *u. seine Hirtengedichte* Būcŏlĭcă (*später auch* Ēclŏgae *genannt*).

Vĕrgĭnĭŭs (*spätl. auch* Vĭrgĭnĭŭs) 3 *röm. Gentilname*: Dĕcĭmŭs Vĕrgĭnĭŭs, *pleb. Zenturio, erstach seine T.* **Vĕrgĭnĭă,** *um sie dem Zugriff des Dezemvirn Appius Claudius zu entziehen*; *Volkstribun 449 v. Chr.*

▶**vĕrgō,** (rsī?), — 3. (*eigtl.* „drehen, winden"; *cf. nhd.* [ver]renken) **1.** *intr.* **a)** *irgendwohin* sich neigen *od.* sich senken (*a re ad od. in alqd, zB. ab oppido ad flumen*); *auch* Front *nach e-r Seite* machen [*Bruti auxilium ad Italiam vergebat*]; **b)** (*v. Örtlichkeiten*) gerichtet sein, sich erstrecken, liegen [*Gallia vergit ad septentriones*]; **c)** (*nkl.*) (*zeitl.*) sich nähern [*nox vergit ad lucem*]; *prägn.* sich dem Ende nähern, zu Ende gehen, abnehmen [*vergit dies, femina annis vergens* alternd]; **d)** (*nkl.*) (*der Gesinnung nach*) sich *jd.* zuneigen, sich *e-r Sache* zuwenden [*cuncta illuc vergebant*]. **2.** *trans.* (*dcht.*) **a)** eingießen, einschütten (*alqd in alqd*); **b)** (*mediopass.*) sich neigen [*in terras solis vergitur ardor*]. — ** / *res bene vergunt* die Sachen stehen gut.

vĕrgŏ-brĕtŭs, ī *m* (*gall. Fw., eigtl.* „Rechtswirker") Vergobret (*oberster Beamter bei den Äduern*).

vērĭ-dĭcŭs 3 (vērŭs, dīcō²) wahr redend; wahrhaftig.

vērĭ-lŏquĭŭm, ī *n* (vērŭs, lŏquŏr; *Bed.-Lw.* < ἐτυμο-λογία) Grundbedeutung, Etymologie (= nŏtātĭō).

vērĭ-sĭmĭlĭs, ĕ (*auch getr.*) *s.* sĭmĭlīs.

vērī-sĭmĭlĭtūdō, *ĭnĭs f (auch getr.) s. similitūdō.*

vērĭtās, *ātĭs f* (vērŭs) **1. a)** Wahrheit, Realität, *insb. im Ggs. zur Unwahrheit od. Lüge*; **b)** *gramm.* Regel. **2.** Wirklichkeit, (*v. Kunstwerken u. Künstlern*) Naturwahrheit; *cf. veritatem amare, -tis amicus, -tis lux od. vis, ad -tem loqui, ~ vincit imitationem, homo expers -tis* unbekannt *m.* dem wirklichen Leben, *-tem imitari* naturgetreu sein *od.* darstellen, *histrio est -tis imitator.* **3.** Sinn für Wahrheit, Wahrhaftigkeit: **a)** Unparteilichkeit, Rechtlichkeit [*iudiciorum, confugere ad alcis veritatem*]; **b)** Aufrichtigkeit, Offenheit [*non me offendit ~ litterarŭm tuarum*].

vērĭtŭs *part. pf. v.* vĕrĕŏr.

vērī-vĕrbĭŭm, *ī n* (vērŭs, vĕrbŭm) (*Pl.*) Wahrhaftigkeit.

vĕrmĭcŭlātŭs 3 (*adv.* **-ē**) (vĕrmĭcŭlŭs; *eigtl.* „wurmförmig") (*unkl.*) gewürfelt (*v. Mosaikarbeit*). — **bunt(scheckig).

vĕrmĭcŭlŭs, *ī m* (*demin. v.* vĕrmĭs) (*dcht., nkl.*) Würmchen; *bsd.* Scharlachwürmchen, *meton.* (*Vulg.*) Scharlachfarbe.

vĕrmĭnă, *ŭm n* (*wohl* < *vĕrg-mĕnă *zu* vĕrgō) (*Lu.*) Leibschmerzen, Schmerzen [*saeva*] (Würmer?).

vĕrmĭnātĭō, *ōnĭs f* (vĕrmĭnō) (*nkl.*) juckender Schmerz.

vĕrmĭnō *u.* **-ŏr** 1. (vĕrmĭnă *od.* vĕrmĭs) (*unkl.*) **1.** kribbeln, jucken. **2.** Würmer haben.

vĕrmĭs, *ĭs m* (*cf.* vĕrgō, *nhd.* „Wurm"; *zu* √*ver- „drehen, sich winden") (*unkl.*) Wurm (*abl.* -ē).

vĕrnă, *ae m* (*u. f*) (*et. ungedeutet; vl. etr. Fw.*) (*unkl.*) **1.** Haussklave, im Hause geborener Sklave. **2.** / **a)** Frechling, plumper Witzbold; **b)** Inländer; *adi.* inländisch; großstädtisch; in Rom geschrieben.

vĕrnācŭlŭs 3 (*demin. v.* vĕrnă) **1.** inländisch, einheimisch [°*legio* aus Provinzialen bestehend], *bsd.* römisch [°*artifices*, °*milites*]; (*crimen*) vom Ankläger selbst erfunden, erdichtet. **2.** in Rom üblich, großstädtisch [*festivitas, sapor,* °*vitia*]. **3.** *subst.* **-ī**, *ōrŭm m* (*Suet.; Ma.*) gemeine Witzbolde, Spaßmacher.

vĕrnālĭs, *ĕ* (-ē-?) (vēr) (*nkl.*) Frühlings...

vĕrnīlĭs, *ĕ* (*adv.* **-ĭtĕr**) (vĕrnă) (*nkl., dcht.*) **1.** sklavisch, knechtisch; *adv.* wie ein Haussklave. **2. a)** kriechend, plump [*blanditiae*]; **b)** mutwillig, frech [*dictum*].

vĕrnīlĭtās, *ātĭs f* (vĕrnīlĭs) (*nkl.*) **1.** kriecherische Höflichkeit. **2.** plumper Witz der Haussklaven.

vĕrnō 1. (-ē-?) (vēr) (*nkl., dcht.*) **1.** Frühling machen, sich verjüngen [*humus* grünt wieder, *avis* singt Frühlingslieder]. **2.** / *sanguis* fließt jugendlich; *lanugine -are* den ersten Bart bekommen. — **leuchten, glänzen [*iaspide*].

vĕrnŭlă, *ae m u. f* (*demin. v.* vĕrnă) (*nkl., dcht.*) = vĕrnă.

vĕrnŭs 3 (-ē-?) (vēr) des Frühlings, Frühlings... [*tempus,* °*flores*]; (*spätlat.*) *subst.* **-ŭm**, *ī n* Frühling.

vērō¹ *adv. s.* vērŭs.

vērō² 1. (*denom. v.* vērŭs) (*vkl.*) die Wahrheit sagen.

Vērōnă, *ae f* Verona, *St. i. Oberitalien, Geburtsort des Catull u. Vitruv; Einw. u. adi.* **Vērōnēnsĭs** (ē). — *Bestens erhaltenes röm. Amphitheater (um 290 n. Chr.) u. Theater aus augusteischer Zeit.*

vĕrpă, *ae f* (*et. ungedeutet*) (*dcht.*) das männliche Glied.

vĕrpŭs, *ī m* (vĕrpă) (*dcht.*) der Beschnittene.

vĕrrēs, *ĭs m* (*eigtl.* „männliches Tier", *idg.* *√vers- „besprengen, bespringen") (zahmer) Eber, (männliches) Schwein; *auch verächtlich v. e-m Menschen (Pl.) u. im Wortspiel m.* Vĕrrēs.

Vĕrrēs, *ĭs m cogn. in der gēns Cŏrnēlĭă: C. Cornelius Verres, 73—71 v. Chr. Proprätor in Sizilien, wegen seiner Erpressungen 70 v. Cicero in den Verrinischen Reden* (Vĕrrīnae, *sc.* ăctĭōnēs) *so heftig angegriffen, daß er freiwillig ins Exil ging, wo er 43 starb; adi.* **Vĕrrĭŭs** 3 von Verres stammend [*lex; subst.* **Vĕrrĭă**, *ōrŭm n ein v. Verres zur eigenen Ehrung angeordnetes Fest,* Verresfest] *u.* **Vĕrrīnŭs** 3 Verres betreffend, von Verres [*ius*].

vĕrrīnŭs 3 (vĕrrēs) Eber... [*ius* Schweinebrühe *im Wortspiel m. iŭs Vĕrrīnŭm* Verrinisches Recht].

vĕrrō, —, *vĕrsŭm* 3. (< *vŏrrō; *zu* [ϝ]έϱϱω „schleppe mich mühselig fort", *nhd.* „[ver]wirren") (*fast nur dcht. u. nkl.*) **1. a)** (*m. dem Besen*) kehren, fegen (*abs. od. alqd* = auskehren, weg-, aus-, abfegen, *zB.* °*aedes,* °*viam*); **b)** zusammenfegen, / zusammenscharren (*alqd*). **2.** (*dcht., nkl.*) *etw.* am Boden schleifen *od.* schleppen [*hastam, caesariem per aequora*]; *bsd.* über eine Fläche (*alqd*) hingleiten, hinfegen, hinfahren [*aquilo verrit arva et aequora; alqd re* über *etw. m. etw., zB. humum pallā* das Gewand auf dem Boden schleifen lassen, *aras crinibus* das Haar über den Altar hinschleifen lassen, *nablia palmā m.* der Hand über die Saiten hinfahren = die Saiten rühren]; *bsd.* durchstreifen, durchfurchen, durchfahren, durchschwimmen [*naves od. nautae verrunt mare*]. **3.** (*dcht.*) *etw.* (ungestüm) fortreißen, -schleppen [*venti omnia per auras verrunt, harenas ex imo verrere* aus der Tiefe aufwühlen].

vĕrrūcă, *ae f* (< *vĕrsūcā „Erhebung"; *cf. nhd.* „Warze") (*unkl.*) Warze; / kleines Gebrechen.

vĕrrūcōsŭs 3 (vĕrrūcă) voller Warzen, *cogn. des Q. Făbĭŭs Măxĭmŭs Cūnctātŏr.*

vĕrrŭncō 1. (*sakrales Wort; et. umstritten; cf.* ăvĕrrŭncō) (*dcht., nkl.*) sich wenden; *bene* zum Heil ausschlagen (*alci*).

vĕrrūtŭm, *ī n* = vĕrūtŭm.

vĕrsābĭlĭs, *ĕ* (vĕrsō) (*nkl.*) beweglich [*acies*]; / unbeständig [*fortuna*].

vĕrsābŭndŭs 3 (vĕrsō) (*Lu.*) sich fortgesetzt drehend.

vĕrsātĭlĭs, *ĕ* (vĕrsō) (*nkl.*) drehbar, beweglich; / gewandt, vielseitig [*ingenium*].

vĕrsātĭō, *ōnĭs f* (vĕrsō) (*nkl.*) Umdrehung; / Veränderung.

vĕrsĭ-căpĭllŭs, *ī m* (vĕrtō) (*Pl.*) das Haar verändernd = in die Jahre kommend.

vĕrsĭ-cŏlŏr, *ōrĭs* (vĕrsŭs, *P.P.P. v.* vĕrtō) die Farbe wechselnd = buntfarbig, bunt, schillernd [*plumae,* °*vestis*].
F. *abl. sg.* -ī *u.* °-ĕ; *pl. neutr.* -ĭă, (*gen.* -ĭŭm *od.* -ŭm?).

vĕrsĭcŭlŭs, *ī m* (*demin. v.* vĕrsŭs³) **1.** kleine Zeile. **2.** Verschen, *auch verächtlich; pl.* (*Ca.*) Gedichtchen.

vĕrsĭfĭcātĭō, *ōnĭs f* (vĕrsĭfĭcō) (*nkl.*) das Versemachen.

vĕrsĭfĭcātŏr, *ōrĭs m* (vĕrsĭfĭcō) (*nkl.*) Verskünstler, Dichter.

vĕrsĭfĭcō 1. (*denom. v.* vĕrsĭfĭcŭs „Verse machend"; vĕrsŭs, făcĭō) (*nkl.*) Verse machen; in Verse bringen.

vĕrsĭ-pĕllĭs, *ĕ* (vĕrsŭs, *P.P.P. v.* vĕrtō) (*vkl., nkl.*) **1.** das Fell *od.* die Gestalt wechselnd. **2.** / verschmitzt, schlau.

> **vĕrsō**
> **1.** hin und her wenden, herumdrehen; **2. a)** *etw.* drehen, wenden, lenken; **b)** (*Geschick*) *jd.* herumjagen; **c)** in Angst versetzen, beunruhigen; **d)** *jd.* bearbeiten; **e)** *irgendwie* auslegen, deuten; **f)** überlegen, überdenken.

vĕrsō 1. (*frequ. v.* vĕrtō) **1.** (*dcht.*) oft drehen, hin *u.* her wenden, wälzen, herumdrehen, umkehren (*alqd, zB. terram* umpflügen, *turdos in igne, glaebas ligonibus, saxum* wälzen *od.* rollen, *currum* umdrehen *od.* umherfahren, *sortem urnā* schütteln, *stamina pollice* spinnen, *corpus* unruhig hin *u.* her werfen, *lumina* verdrehen, *librum* fleißig in der Hand haben; [*Ho.*] *vos exemplaria Graeca nocturnā versate manu, versate diurnā* legt sie Tag *u.* Nacht nicht aus den Händen; *volumina* sich in Windungen drehen); *bsd.* (*Lebendes*) hin *u.* her treiben, tummeln [*oves* auf der Weide umhertreiben]. **2.** / **a)** *etw.* hin *u.* her wenden, drehen *u.* wenden (*alqd, zB. suam naturam,* °*domum* das Haus auf den Kopf stellen, °*Dareta* in Trab setzen, *se huc et illuc* = nicht aus noch ein wissen); *übh. irgendwohin* lenken *od.* wenden [*animum in omnes partes* den Geist *v.* einem Entschluß zum anderen eilen lassen, *rem aliquo* der Sache irgendeine Richtung geben]; **b)** (*vom Geschick*) *jd.* herumjagen, *m. etw.* (*acc.*) sein Spiel treiben (*alqm u. alqd, zB.* °*sors omnia versat*); **c)** *jd.* in Angst versetzen, beunruhigen, quälen, plagen (*alqm od. animum alcis, pectora multitudinis*); **d)** (*nkl.*) *jd.* bearbeiten, *etw.* für sich zu gewinnen suchen (*alcis animum in omnes partes,* °*animos carminibus* berücken); **e)** *etw. irgendwie* auslegen *od.* deuten, an *etw.* deuteln [*verba,* °*somnia decies*]; **f)** (*nkl.,* *dcht.*) überlegen, überdenken, erwägen [*alqd animo od. in animo, omnia secum, dolos in pectore* ersinnen].

vĕrsŏr
1. sich wälzen, kreisen; **2. a**) sich *irgendwo* aufhalten; **b**) sich *in e-r Lage* befinden; **3. a**) in *etw.* tätig sein; **b**) *etw.* (be)treiben; **4.** auf *etw.* beruhen.

vĕrsŏr 1. (*mediopass. v.* vĕrsō) **1.** sich hin *u.* her drehen, sich wälzen, kreisen [*mundus versatur circa axem,* °*lecto* auf seinem Lager]. **2. a**) (*räuml.*) *längere Zeit* sich irgendwo aufhalten *od.* befinden, leben [*domi, Romae,* °*in Sabinis, in castris, intra vallum, ad solarium, cum alqo*]; **b**) / (*in einem Zustand od. einer Lage*) sich befinden, leben, sein, (*v. Sachen*) in *etw.* vorkommen, stattfinden [*in culpa, in errore, in pace, in timore* in Angst sein, *in periculo*]; *res versatur in facili cognitione* ist leicht erkennbar, *error versatur* waltet ob, *hae artes iam pridem in nostra familia versantur* sind heimisch, *quae in hominum vita versantur* was vorkommt, *alci in oculis od. ante od. ob oculos* vor *j-s* Augen *od.* Geist schweben. **3. a**) in *etw.* tätig sein [*in iudiciis, in re publica, semper inter arma, in opere* am Werk]; **b**) sich *m. etw.* beschäftigen *od.* abgeben, *etw.* (be)treiben [*multum in bello, in imperiis honoribusque* Ämter bekleiden, °*in caede* ein Blutbad anrichten]; *auch* = bei *etw.* beteiligt, in *etw.* verwickelt sein, *m. etw.* verbunden sein [*in his criminibus una atque eadem persona versatur*]. **4.** auf *etw.* beruhen, sich auf *etw.* beschränken (*in re*). **F.** *inf. praes. altl.* vĕrsārĭĕr = vĕrsārī.

vĕrsōrĭă, *ae f* (*sc.* rĕstĭs; vĕrsŏr „Wender" *zu* vĕrtō) (*Pl.*) Brasse (*Dreh- u. Haltetau der Rahen*); *cape -am* kehre um!

vĕrsŭm *adv. s.* vĕrsŭs².

vĕrsūră, *ae f* (vĕrtō, *eigtl.* „das Umwenden") **1.** (*nkl.*) Ecke, Winkel. **2.** Tilgungsanleihe; *übh.* Anleihe; *versuram facere* Geld leihweise beschaffen (*ab alqo* bei *jd.*); *versurā (dis)solvere* eine Schuld durch eine Anleihe tilgen, / *sprichw.* (*Te.*) vom Regen in die Traufe kommen.

vĕrsŭs¹ 3 *P.P.P. v.* vĕrtō *u.* vĕrrō.

vĕrsŭs² *u.* °**vĕrsŭm** (*erstarrter nom. bzw. acc. m v. P.P.P. v.* vĕrtō) **1.** *adv.* gegen ... hin, nach ... hin, auf ... zu; *es steht* **a**) *hinter seinem subst., u. zwar* (*außer bei Städtenamen u. domum*) *m. voraufgehendem ad od. in, zB. in Italiam* ~, *in Arvernos* ~, *ad mare* ~, *ad Alpes* ~ (*aber Romam* ~, *domum* ~); **b**) *hinter e-m adv., bsd. quoquo* ~ nach allen Seiten hin, *deorsum* ~ nach unten, *sursum* ~ *u.ä.* **2.** (*nkl.*) *prp. b. acc.* (*meist nachgestellt*) nach ... hin, nach ... zu [*oppidum*].

▶**vĕrsŭs**³, *ūs m* (vĕrtō) **1.** (*nkl.*) (*vom Umwenden der Erde durch den Pflug*) Furche. **2.** (*nkl., dcht.*) Reihe, Linie [*remorum, arborum, ulmos in versus differre*]. **3. a**) (*in der Prosa*) Zeile [*epistula paucorum versuum, primus* ~ *lēgis*]; **b**) (*in der Poesie*) Vers [*malus,* °*Fescenninus, Graecus, heroicus,* °*trimeter*]; *pl.* Dichtung [*versūs facere* dichten]. **4.** (*Pl.*) Tanzschritt. (*dat. sg. -ŭī u.* °*-ŭ*).

vĕrsūtĭă, *ae f* (vĕrsūtŭs) (*nkl.*) Verschlagenheit, List (*pl.*).

vĕrsūtĭ-lŏquŭs 3 (vĕrsūtŭs, lŏquŏr) (*vkl.*) schlau (redend).

vĕrsūtŭs 3 (*m. comp. u. sup.*; *adv.* **-ē**) (vĕrtō) **1.** (*Pl.*) drehbar, gewandt [*versutior es quam rota figularis*]. **2.** / verschlagen, schlau, listig [*animus; auch pejorativ, zB.* °*servus; in re* in *etw.*].

*****vertatur** (*Abk.* vert. *od.* V) *s.* vĕrtō.

vĕrtĕbră, *ae f* (vĕrtō) (*nkl.*) Gelenk, *bsd.* Wirbel *i. der Wirbelsäule* (*Rückgrat*).

▶**vĕrtĕx,** *ĭcis m* (vĕrtō, *eigtl.* „Drehung") **1.** (*dcht., nkl.*) **a**) Wirbel *im Wasser,* Strudel [*fluminis,* / *amoris*]; **b**) Wirbelwind [*venti*]; **c**) Flammenwirbel, Feuersäule [~ *flammis volutus*]. **2.** Drehpunkt des Himmels, Pol. **3. a**) Wirbel des Hauptes, Scheitel; **b**) (*dcht.*) (*synekd.*) Haupt, Kopf [*humum vertice pulsare*]. **4.** (*meist dcht.*) Spitze *od.* Gipfel, *bsd. eines Berges* [*Aetnae*]; *auch* °Wipfel *eines Baumes,* °Giebel *eines Hauses, übh.* °Höhe, Berg [°*Erycinus* der Eryx, °*a vertice v.* oben her]; / (*dcht.*) Höhepunkt [*dolorum*].

vĕrtī *s.* vĕrtō.

vĕrtĭcālĭs, *ĕ* (vĕrtĕx; *cf.* [*veraltet*] *nhd.* „scheitelrecht") (*spätl.*) senkrecht, vertikal.

vĕrtĭcōsŭs 3 (vĕrtĕx) (*nkl.*) voller Strudel [*amnis*].

vĕrtīgō, *ĭnis f* (vĕrtō) (*dcht., nkl.*) **1.** Umdrehung, das Kreisen [*caeli*]. **2. a**) Strudel [*ponti*]; **b**) Schwindel [*oculorum*].

vĕrtō
I. (*trans.*) **1. a**) hinwenden, -lenken; **b**) (*Geld*) *j-m* zuwenden; **c**) *jd. etw.* zuschreiben; **d**) *etw.* zu *etw.* machen, als *etw.* ansehen; **e**) *etw. irgendwie* ausschlagen lassen; **2.** abwenden; **3. a**) umwenden, umdrehen; **b**) in die Flucht schlagen; **c**) umwühlen, umpflügen; **d**) umstürzen; **e**) stürzen, zugrunde richten; **f**) verändern, vertauschen; **g**) (*aus e-r Sprache*) übersetzen; **II.** (*intr., refl. u. mediopass.*) **1.** sich wenden, sich drehen; **2. a**) sich hinwenden; **b**) nach *einer Richtung hin* liegen; **c**) *irgendwie* ausschlagen, verlaufen; **3. a**) sich umdrehen, kreisen; sich bewegen; **b**) sich *an e-m Ort, in e-m Zustand* befinden; **c**) (*Zeit*) verlaufen; **d**) auf *etw.* beruhen; **e**) sich verwandeln, wechseln.

vĕrtō, *rtī, rsŭm* 3. (*altl.* **vŏrtō**) (*Neubildung für altes Kausativum in altind.* vartáyati „setzt in drehende Bewegung", *cf.* vartate „dreht sich", *nhd:* „werden") **I.** (*trans.*) wenden, drehen, kehren (*alqd u. alqm*): **1.** hinwenden: **a**) hinkehren, -lenken, richten, *oft* / (*alqd in od. ad alqd, zB.* °*gregem ad litora,* °*aquam in subiecta* in die Niederungen ableiten, °*iram ab alqo in alqm,* °*animum alias ad curas, alqm in iram jd.* in Zorn versetzen, °*alqm in admirationem** *jd.* zur Bewunderung hinreißen); **b**) (*Geld, Einkünfte u.ä.*) *j-m* zuwenden [°*reditūs in fiscum, pecuniam ad se od.* °*in suam rem* sich aneignen, °*litem in suam rem* das Streitobjekt sich zusprechen]; / **c**) (*nkl.*) *jd. etw.* zuschreiben *od.* beimessen, *etw.* auf *jd.* schieben (*alqd in od. ad alqm, zB. omnium rerum causas in od. ad deos*); **d**) *etw.* zu *etw.* machen, als *etw.* ansehen *od.* auslegen, *zB.* °*cognomen in risum* ins Lächerliche ziehen, °*alqd in crimen* zum Vorwurf machen, °*alqd in religionem* zu einer Gewissenssache machen, °*alqd in omen* als Vorzeichen deuten, *alqd in suam contumeliam* als eine persönliche Beschimpfung ansehen, °*alqd alci in superbiam jd.* als Stolz auslegen, °*captos in praedam* als Beute behandeln, °*occasionem ad bonum publicum* benutzen zu, *alci alqd vitio jd. etw.* zum Vorwurf machen; **e**) *etw. irgendwie* ausschlagen lassen, *zB.* °*somnia in melius, quod dii bene vertant.* **2.** (*dcht.*) abwenden: abkehren [*ora, vultum,* / *sinistrum rumorem*]. **3.** umwenden: **a**) (*meist dcht.*) umdrehen, umkehren [°*arma* senken, °*stilum,* °*pedem od.* °*gradum, iter od.* °*sidera retro; auch* /, *zB.* °*crimen* die Schuld umdrehen]; **b**) (*meist nkl.*) zur Flucht umkehren, in die Flucht schlagen [°*currum,* °*hostes in fugam*]; *bsd.* (*auch klass.*) *mil. terga vertere* sich zur Flucht wenden, fliehen; **c**) (*nkl., dcht.*) (*den Erdboden od. das Meer*) umwühlen, umpflügen, umgraben [*terram aratro, freta lacertis*]; **d**) (*nkl., dcht.*) umstürzen *od.* umwerfen [°*moenia*]; / **e**) stürzen, zugrunde richten, vernichten, verderben [*omnia,* °*leges,* °*regem*]; **f**) verändern, verwandeln, vertauschen, wechseln (*alqd, zB.* °*nomen,* °*vestem,* °*comas* färben, *sententiam; alqd in alqd od.* °*re, zB. in lapidem,* °*seria ludo*); *auch* °umstimmen (*alqm od. mentem alcis*); *solum vertere* = das Land verlassen, auswandern, *oft m. Zusatz exilii causā*; **g**) (*aus einer fremden Sprache*) übersetzen [*fabulas, multa de Graecis,* °*librum ex Graeco in Latinum;* °*Plautus vortit barbare*]. **II.** (*intr., refl. u. mediopass.*) (sē) **vĕrtĕrĕ** *u.* **vĕrtī** **1.** sich wenden, sich drehen, sich kehren. **2. a**) sich hinwenden, sich hinkehren [°*lupus vertitur in pecudes, ad caedem;* ° *periculum vertit(ur) ad od. in alqm, totus in alqm vertor* ich gebe mich *j-m* ganz hin, *alio vertere* einen anderen Weg einschlagen = ein anderes Verfahren wählen; *nescit quo se vertat* er weiß sich nicht zu helfen]; **b**) (*v. der* *örtlichen Lage*) (*nkl.*, *dcht.*) nach einer Richtung hin liegen [*Epirus in septentriones versa*, *fenestrae in viam versae*]; **c)** / irgendwie ablaufen *od.* ausschlagen [°*res vertit(ur) in laudem* läuft ruhmvoll ab, *in bonum od. bene* zum Heil ausschlagen, *alci* °*malo j-s* Unglück werden, *quod bene vertat*]. **3. a)** sich umdrehen, kreisen [°*caelum vertitur*], *auch* = °sich wälzen; *bsd. se vertere u. in fugam vertere* sich zur Flucht wenden, fliehen; *übh.* sich tummeln, sich bewegen; **b)** (*an einem Ort, in einem Zustand*) sich befinden, sein [°*inter primos*, °*maiore in discrimine*, °*ante ora verti* vor Augen schweben]; **c)** (*v. der Zeit*) verlaufen [°*septimus iam vertitur annus*]; *annus vertens* das laufende Jahr, *anno vertente* im Verlauf des *od.* eines Jahres; **d)** auf *etw.* beruhen, *v. etw.* abhängen (*in re od. in alqo*, *zB. omnia in unius potestate od.* °*voluntate vertuntur*, °*ibi summa belli vertitur* dort liegt die Entscheidung des Krieges, °*res vertitur circa hanc consultationem*); *impers.* °*vertitur, utrum* ... *an* die Frage dreht sich darum, ob ... oder; **e)** sich verwandeln, wechseln (*abs. od. in alqd*, *selten* °*re*, *zB.* °*fortuna vertit* wechselt, °*omnia vertuntur* verändert sich, °*ira vertit[ur] in rabiem*, *in peiorem partem*, °*in avem od.* °*alite* sich in einen Vogel verwandeln, °*se in imaginem Amphitruonis*, *Auster in Africum se vertit* schlägt um); °*verso Marte* als das Kriegsglück sich geändert hatte; *verti in naturam* zur (zweiten) Natur werden. — ****vertatur* „man wende" (*Korrekturanweisung, auf dem Kopf stehende Buchstaben umzudrehen*).

vĕrtrăgŭs, ī *m u.* **vĕrtrăhă,** *ae f* (*gall. Fw.*; *cf.* ***veltrus*) (*spätl.*, *Ma.*) Windhund.

Vĕrtŭmnŭs, ī *m* (*älter* Vŏrt...) (*volkset. zu* vĕrtō *gezogen*) (*urspr. etr.*) *Gott, angeblich alles Wandels u. Wechsels, bsd. des Wechsels der Jahreszeiten, des Handels u. der Wandelbarkeit des menschlichen Sinnes* (*nach antiker Tradition Gründung seines Kults durch Servius Tullius*); (*meton.*) (*Ho.*) = veränderliches Wesen, wetterwendischer Mensch.

vĕrū, ūs *u.* **vĕrŭm¹,** ī *n* (*vl. als* „Zweig" *zu* βρύω „sprosse" *u. nhd.* „Kraut") (*unkl.*) Spieß: **1.** Bratspieß. **2.** Jagd-, Wurfspieß. **F.** *pl. gen.* vĕrŭūm; *dat.* vĕrĭbŭs (*u.* vĕrūbŭs?).

vĕrŭīnă, *ae f* (vĕrū) (*Pl.*) Spieß.

▶**vĕrŭm²** *s.* vērŭs.

vērŭm-ĕnĭm-vērō *adv.* (*auch getr.*) aber wirklich, ja wahrhaftig.

vērŭm-tămĕn *ci.* (*auch getr.*) **1.** aber doch, gleichwohl, indessen [*consilium cepit primo stultum*, ~ *clemens*]. **2.** (*bei Wiederaufnahme der Rede*) = also, wie gesagt; sage ich.

vērŭs
I. *adi.* **1.** wahr, wirklich, echt; **2.** wahrheitsliebend, aufrichtig; **3.** richtig, vernünftig; **II.** *adv.* **1. vērē a)** der Wahrheit gemäß; **b)** in Wahrheit, wirklich; **c)** aufrichtig, ernstlich; **d)** vernünftig; **2. vērō a)** *adv.* in der Tat, wirklich; freilich, allerdings; vollends, sogar; **b)** *ci.* (*nachgestellt*) aber; **3. vērŭm a)** aber; **b)** allerdings.

vērŭs 3 (*m. comp. u. sup.*; *adv. s.* II) (*cf. nhd.* „wahr") **I.** *adi.* **1.** wahr, wahrhaft = wirklich, echt, recht, eigentlich [*amicitia*, *amicus*, *accusator*, *timor od. spes* begründet]; *subst.* **vērŭm,** ī *n* Wahrheit (*concr.* = das Wahre, *cf.* vēritās), Wirklichkeit, Tatsache [*verum od. veră dicere od. loqui*, *a vero abesse*, *veri similis* wahrscheinlich, °*ex vero* der Wahrheit gemäß]. — ***in vero* in Wahrheit, in Wirklichkeit. **2.** (*bsd. v. Pers.*) wahr = wahrheitsliebend, aufrichtig, offen, unverstellt [*testis*, *iudex*, °*Apollinis ōs*]. **3.** (*v. Sachen*) richtig, recht *u.* billig, vernünftig [*lex*, °*consilium*]; *subst.* **vērŭm,** ī *n* das Rechte; *bsd. verum est* es ist billig *od.* recht, vernünftig (*m. a.c.i.*, *selten m.* ut). **II.** *adv.* **1. vērē** (*m. comp. u. sup.*) **a)** der Wahrheit gemäß [*dicere*, *loqui*]; **b)** in Wahrheit, wirklich, tatsächlich [*populus -e liber*, *latrones verius quam hostes* mehr Räuber als Feinde]; **c)** aufrichtig, ernstlich [*agere*, *pugnare*]; **d)** nach richtigen Prinzipien, vernünftig [°*vivere*]. **2. vērō a)** *adv.* α) (*bekräftigend*) in der Tat, wirklich, tatsächlich [*nullum vero id quidem argumentum est*]; *et vero* und in der Tat; *nec vero non* und jedenfalls; *enim vero* ja wahrhaftig; β) jawohl, freilich, allerdings, *nicht nur* (*auch vorangestellt*) *in Antworten* [*hocine dixisti? dixi vero*], *sondern auch sonst*, *zB. m. pron.* [*ego vero*], *m. imp.* [*perge vero, Crasse*], *m. adv.* [*tum vero, ibi vero*] *u. m. Partikeln* [*quasi vero*, *an vero u. a.*]; *minime vero* nein keineswegs; γ) (*steigernd*) (*stets nachgestellt*) vollends, sogar [°*musica Romanis moribus abest a principis persona, saltare vero etiam in vitio ponitur*]; *aut vero* oder gar erst; *si vero* wenn nun gar; *iam vero* (*bei Übergängen*) ferner nun; **b)** *ci.* (*adversativ*) (*stets nachgestellt*) aber, ferner aber, jedoch [*haec sunt leviora, illa vero gravia atque magna*]; *neque vero* aber nicht. **3. vērŭm a)** (*adversativ*) α) aber, indessen; β) (*nach Negationen*) sondern; γ) (*beim Abbrechen der Rede*) doch [*verum quidem haec hactenus*]; **b)** (*in bestätigender Antwort*) (*Com.*) allerdings, ja freilich.

vĕrūtŭm, ī *n* (vĕrū) Wurfspieß.

vĕrūtŭs 3 (vĕrū) (*Ve.*) *m.* einem Spieß bewaffnet [*Volscus*].

vĕrvēx, ēcĭs *m* (*wohl zu hom.* εἶρος ‹ *Ϝέρϝος „Wolle") Hammel; / (*vkl.*, *nkl.*) *als Schimpfwort für einen einfältigen Menschen.* (*gen. pl.* -ŭm).

Vĕsaevŭs (*Ve.*) = Vĕsŭvĭŭs.

vēsānĭă, *ae f* (vēsānŭs) (*nkl.*, *dcht.*) Wahnsinn, Wut.

vēsānĭēns, ĕntĭs (vēsānŭs; *nach* īnsānĭēns, *part. praes. v.* īnsānĭō) (*Ca.*) = vēsānŭs [*ventus*].

vē-sānŭs 3 wahnsinnig, rasend, überspannt, *v. Pers.* [*remex*, °*poēta*]; / *dcht. v. Leblosem* ungeheuer, gewaltig [*fames*, *vires*].

Vĕsbĭŭs (*nkl.*, *Ma.*) = Vĕsŭvĭŭs.

vēscŏr, — — 3. (vē-?; *entweder* ‹ *vē-² + ē[d]scŏr; *cf.* ēscă; *eigtl.* „abessen", *ähnlich wie nhd.* „fressen" ‹ *ver-essen, *eigtl.* = „aufessen" *od. als* vēscŏr *zu got.* wizon „schwelgen") **1.** sich *v. etw.* nähren, *v. etw.* leben, *etw.* essen, *klass. nur v. Menschen* (*re*, *zB. lacte et carne*; *unkl. auch* °*alqd*, *zB. glandem*); *abs.* (*nkl.*) speisen, tafeln, *e-n* Imbiß einnehmen [*in villa*; *argentum ad vescendum factum* silbernes Tafelgeschirr]. **2.** / genießen [*voluptatibus*, °*aură aetheriă* atmen, leben].

vēscŭlŭs 3 (-ē-?) (*demin. v.* vēscŭs) (*Pl.*) ziemlich abgezehrt, schmächtig; / [*vinarium*].

vēscŭs 3 (-ē-?) (*wohl Rückbildung aus* vēscŏr) (*dcht.*, *nkl.*) **1.** fressend, zehrend [*sal* Salzflut, *papaver* das Land aussaugend]. **2.** abgezehrt, mager, dürftig [*frondes*].

vēsīcă, *ae f* ((‹ *vēns-īcă; *wohl verwandt m. nhd.* „Wanst") **1. a)** Blase, Harnblase; **b)** (*unkl.*) Geldbeutel; Haarbeutel; **c)** (*Ma.*) Laterne. **2.** / (*Ju.*) = cŭnnŭs. **3.** / (*Ma.*) Redeschwulst.

vēsīcŭlă, *ae f* (*demin. v.* vēsīcă) Bläschen.

Vĕsŏntĭō, ōnĭs *m Hptst. der Sequaner* (*58 v. Chr. Cäsars Sieg über Ariovist*), *j.* Besançon.

vĕspă, *ae f* (‹ *vŏspă = *ahd.* wafsa; *vl. eigtl.* „die Webende" *zu* √*webh- „weben"; *nhd.* „Wespe" *durch die lat. Form beeinflußt*) (*unkl.*) Wespe.

Vĕspăsĭānŭs, ī *m s.* Flāvĭŭs.

▶**vĕspĕr,** ĕrī *m* (*cf.* ἕσπερος ‹ *Ϝέσπερος) **1.** (*dcht.*, *nkl.*) Abendstern (*klass.* Hĕspĕrŭs). **2.** *meton.* **a)** Abend, Abendzeit [*ante vesperum*, *ad u.* °*sub vesperum* gegen Abend]; **vĕspĕrī** (*seltener* **vĕspĕrĕ**) (*s.* **F.**) abends, am Abend; *primo vespere u. primă vesperi* (*sc.* hōră) in der ersten Abendstunde; **b)** (*Pl.*) Abendmahlzeit; **c)** (*dcht.*) Westen.
F. *abl. sg.* vĕspĕrō *u.* (*meist*) vĕspĕrĕ *nach* mānĕ; *loc.* vĕspĕrī.

vĕspĕră, *ae f* (*sc.* hōră *zu* vĕspĕr; *cf.* ἑσπέρα) (*klass. selten*) Abend, Abendzeit. — **Vesper, Nachmittagsgottesdienst (= 6 Uhr abends).
F. *klass. nur im acc.*, *bsd. ad vesperam*, *nkl. im abl.*, *bsd. primā vesperā.*

vĕspĕrāscō, rāvī, — 3. (*incoh. zu* vĕspĕră) (*vkl.*, *nkl.*) abendlich *od.* dunkel werden [*vesperascente caelo u. die*]; *impers. vesperascit* es wird Abend.

vĕspĕrtĭlĭō, ōnĭs *m s.* vĕspĕrūgō.

vĕspĕrtīnŭs 3 (*zu* vĕspĕr *nach* mātūtīnŭs) **1.** abendlich, Abend..., am Abend [*tempora, litterae* am Abend erhalten, *senatūs consulta* am Abend gefaßt]. **2.** (*dcht., nkl.*) westlich [*regio*].

vĕspĕrūgō, *inis f* (*vĕspĕr; nach aerūgō u.ä.*) **1.** (*Pl.*) Abendstern, Venus. **2.** (*Tert.*) Fledermaus (*sonst* °*vĕspĕrtīliō, ōnis m wohl v.* **vĕspĕrtīlis,* ĕ abendlich *zu vĕspĕr*).

vĕspīllō, *ōnis m* (*bei Ma. zu vispīllō assim.*) (*et. ungeklärt*) **1.** (*dcht., nkl.*) Leichenträger *für Arme.* **2.** (*spätl.*) Leichenräuber, Grabschänder. — **Wegelagerer, Strolch.

Vĕstă, *ae f* (*cf.* Ἑστία; *et. umstritten*) **1.** Hestia, Vesta, *T. d. Kronos u. der Rhea* (*lat. des Sātūrnŭs u. der Ŏps*), *Göttin des Herdfeuers, der Häuslichkeit u. des Familienlebens; in ihrem Rundtempel auf dem Forum Romanum* (*ohne Götterbild!*) *brannte das heilige Feuer des unter Aufsicht des* *pontifex maximus v. den Vestalinnen* (*anfangs 4, später 6*) *bewachten Staatsherdes; neben dem Tempel stand das* Atrium Vestae, *die Amtswohnung der zu 30jähriger Jungfräulichkeit verpflichteten Priesterinnen; ad Vestae* (*sc. aedem*) beim Vestatempel; *ebenso a Vestae* (*sc. aede*). **2.** *meton.* **a)** (*dcht.*) Herd, Herdfeuer; **b)** (*Ov.*) Vestatempel. **3.** *adi.* **Vĕstālĭs,** ĕ vestalisch, der Vesta geweiht *od.* heilig; / keusch, züchtig [*oculi*]. **4.** *subst.* **a) Vĕstālĭs,** *is f* (= *virgō Vĕstālĭs*) Vestalin; **b) Vĕstālĭă,** *ĭum n* Vestafest (*9. Juni*).
F. *Vĕstālĭs: abl. sg. als adi.* -ī, *als subst.* -ī *u.* °-ĕ.

▶**vĕstĕr,** *tră, trŭm* (*altl.* **vŏstĕr,** *zu vōs*), *pron. poss. der 2. Pers. pl.* **1.** *subi.* euer, der eurige, *insb.* euch gehörig *od.* zukommend [*odium vestrum* euer Haß]; *subst.* **vĕstĕr** *m* der Eurige, euer Freund *od.* Herr; **vĕstrŭm,** *ī n* (*auch pl.*) das Eurige, eure Sache, euer Eigentum, eure Art *u.* Weise (*pl.* eure Verhältnisse, Lehren, Schriften *u.ä.*). **2.** *obi.* (*Li.*) gegen euch [*odium*].
F. *gen. pl.* *vĕstrōrŭm u.* (*Pl., Mil.* 174) *vŏstrŭm* (*cf.* V.-B. VI).

vĕstĭārĭŭs (*vĕstĭs*) **1.** *adi.* 3 (*vkl.*) Kleider... **2.** *subst.* **a) -ĭŭs,** *ī m* (*Inschr.*) Kleiderhändler, Kleiderwart; **Kämmerer; **b)** ****-ia,** *ae f* Kammerfrau; **c) -ĭŭm,** *ī n* (*nkl.*) Garderobe, Kleiderkammer; Sklavenkleidung.

▶**vĕstībŭlŭm,** *ī n* (*et. umstritten; vl.* < **vĕrō-stăbŭlŭm* „Platz vor der Tür"; *cf. it. vĕrō-* „Tür", *umbr. veruf-e* = *in pŏrtăm; lat. ăpĕrĭō*) **1.** Vorplatz, freier Platz vor dem Hause [°*aedium, templi,* °*curiae*]. **2.** (*nkl., dcht.*) Vorhalle im Haus *zw. Haustür u. Atrium.* **3.** / **a)** Eingang, Zugang [*sepulcri, castrorum,* °*urbis* Weichbild, °*Orci*]; **b)** Anfang [*orationis*].

vĕstīgātŏr, *ōris m* (*vĕstīgō*) (*vkl., nkl.*) Aufspürer, Denunziant, Spion.

> **vĕstīgĭŭm**
> **1.** Fußstapfe, Fährte; **2. a)** Merkmal; **b)** *pl.* Trümmer; **3. a)** Schritt; **b)** Fuß(sohle); **c)** Stelle; **d)** Zeitpunkt, Moment.

vĕstīgĭŭm, *ī n* (*et. u. i. der Bed.-Entwicklung ungeklärt*) **1.** Fußspur, Fußstapfe, Fährte *v. Menschen u. Tieren* [*socci, hominis, alcium*]; ~ *imprimere od.* °*figere* = schreiten, gehen, °*premere* = stillstehen; ~ *facere* eine Spur bilden [*in foro* = das Forum betreten, / *in possessione* ein Besitztum antreten]; *sequi* (*od. persequi*) *-a alcis od. alqm -is j-m* auf den Fersen nachfolgen, *j-n* verfolgen (/ in j-s Fußstapfen treten), *ebenso -is alcis ingredi, -a alcis* °*premere.* **2.** / **a)** Spur = Merkmal (*alcis rei, zB.* °*rotae,* °*verberum,* °*sceleris, avaritiae*); **b)** *pl.* Überreste, Trümmer, *bsd.* Brandstätte *einer eingeäscherten Stadt* [*in -is huius urbis*]. **3.** *meton.* **a)** (*dcht.*) Tritt, Schritt, *zB. -a vertere od. torquere* sich umdrehen, *referre* zurückgehen, *-a ponere graviter* schwer auftreten; *-a cursu impedire* durcheinander reiten; **b)** Fußsohle, *dcht. übh.* Fuß [*qui adversis -is stant contra nostra -a, quos* ἀντίποδας *nominatis* unsere Antipoden, °*vestigia nuda sinistri pedis* der entblößte linke Fuß]; **c)** Standort, Stelle [°*-o se movere, eodem -o remanere*]; **d)** / Zeitpunkt, Moment [*eodem et loci et temporis -o*]; *bsd.* e *od. in vestigio* augenblicklich, ohne weiteres. — ***vestigiis alcis provolvi* sich *jd.* zu Füßen werfen.

vĕstīgō 1. (*vĕstīgĭŭm; wie fāstīgō: fāstīgĭŭm*) **1.** (*dcht., nkl.*) aufspüren [*feras*]. **2.** / **a)** nachspüren, aufsuchen (*abs. od. alqm u. alqd, zB.* °*Turnum per agmina, voluptates, causas rerum; m. indir. Frages.*); **b)** ausfindig machen [°*fugitivos inquirendo*].

vĕstīmēntŭm, *ī n* (*vĕstĭō*) **1.** *einzelnes* Kleidungsstück, Kleid; *pl.* Kleidung. **2.** (*vkl.*) Decke, Teppich.

▶**vĕstĭō** 4. (*denom. v. vĕstĭs*) **1.** kleiden, bekleiden (*abs. od. alqm, zB. exercitūs nostros; alqm u. alqd re, zB. animantes villis*). **2.** / **a)** bedecken, überziehen, bepflanzen [*sepulcrum vepribus vestitum, montes silvis vestiti* bewachsen]; *bsd.* (*vom Redner*) einkleiden in *etw.* [*alqd oratione*]; **b)** schmücken.
F. *impf. im Vers auch vĕstībăm.*

vĕstī-plĭcă, *ae f* (*vĕstĭs, plĭcō*) (*vkl., nkl.*) Plätterin.

▶**vĕstĭs,** *is f* (*zu* ἕννυμι „bekleide", εἷμα „Kleid" < *Ϝέσμα) **1. a)** (*coll.* = *vĕstītŭs*) Kleidung, Kleider, Anzug [*muliebris* Frauenkleider, *purpurea*]; *vestem mutare* die Kleider vertauschen (*cum alqo*); sich umziehen; *meist* = Trauer(kleider) anlegen; **b)** (= *strāgŭlă vĕstĭs*) Teppiche, Decken *der Ruhebetten* [*pretiosa* ~ *multa;* °*in plebeia veste cubare;* °*thalamum incesta veste exornare m.* erotischen Bildern]; **c)** Stoff, Zeug; *bisw.* = Rüstung. **2.** (*meist unkl.*) **a)** *einzelnes* Kleid, Gewand [°*vestes albae,* °*fucatae et meretriciae vestes*]; **b)** Teppich, Decke; **c)** / (*dcht.*) **α)** Schleier, Gewebe; **β)** Bart; **γ)** Spinnengewebe; **δ)** Haut der Schlange.
F. *abl. sg.* -ĕ, *gen. pl.* -ĭŭm.

vĕstī-spĭcă, *ae f* (*vĕstĭs, spĕcĭō*) (*vkl.*) Garderobenmädchen.

vĕstītŭs, *ūs m* (*vĕstĭō*) **1. a)** *coll.* Kleidung [*muliebris, obsoletus*]; *vestitum mutare* Trauer(kleidung) anlegen; **b)** (*meton.*) Art sich zu kleiden, Tracht [*ad vestitum suum redire* = die Trauer(kleidung) ablegen]. **2.** / Bekleidung, Bedeckung [*riparum*]; *bsd.* (*v. der Rede*) Einkleidung, Ausschmückung [*orationis*].

Vĕsŭvĭŭs, *ī m* der Vesuv, *Vulkan in Kampanien.*

vĕtĕr, *ĕrĭs altl.* = *vĕtŭs.*

Vĕtĕră, *ŭm u.* **Vĕtĕră Căstră** *n* (*nicht zu vĕtŭs, sondern wohl vorröm. Ortsname*) *röm. Legionslager bei Xanten.*

vĕtĕrāmēntārĭŭs 3 (**vĕtĕrāmēntŭm zu vĕtŭs*) (*nkl.*) zu alten Dingen gehörig; *sutor* Flickschuster.

▶**vĕtĕrānŭs** 3 (*vĕtŭs*) **1.** (*vkl., nkl.*) langjährig, alt [*hostis*]. **2.** (*nur v. Soldaten*) altgedient, altbewährt, erprobt [*milites, legio* aus alten Soldaten bestehend]; *subst. m* Veteran.

vĕtĕrārĭă, *ōrŭm n* (*vĕtŭs*) (*Se.*) Vorräte alten Weines.

vĕtĕrātŏr, *ōris m* (*vĕtŭs*) in *etw.* alt geworden *od.* ergraut (*in re, zB. in causis*); *subst. m* alter Fuchs.

vĕtĕrātōrĭŭs 3 (*adv.* **-ē**) (*vĕtĕrātŏr*) durchtrieben, schlau, *bsd.* routiniert [*ratio dicendi*].

vĕtĕrīnārĭŭs 3 (*vĕtĕrīnŭs*) (*nkl.*) zum Zugvieh gehörig [*medicina od. ars* Tierarzneikunst]; *subst. m* Tierarzt, Veterinär.

vĕtĕrīnŭs 3 (*vĕtŭs* „Jährling", *also* „zum Lastenziehen geeignet") (*unkl.*) des Zugviehs [*semen*].

vĕtĕrnōsŭs 3 (*vĕtĕrnŭs*) (*unkl.*) **1.** schläfrig, träumerisch. **2.** matt, kraftlos.

vĕtĕrnŭs, *ī m* (*eigtl. adi.* „alt" *zu vĕtŭs*) (*unkl.*) **1.** alter Schmutz, Schimmel. **2.** Schlafsucht, Lethargie; / Trägheit. — ***veternum delictum* Erbsünde.

▶**vĕtō,** *ŭī, ĭtŭm* (*vulgär u.* ** *āvī, ātum*) 1. (*wohl zu* [Ϝ]ἐτόν „umsonst", ἐτώσιος „vergeblich"; *cf. au-*[2]*, vē-*[2]*; also eigtl.* „wirkungslos machen") **1.** verbieten, nicht gestatten, (ver)wehren, befehlen, daß nicht, *auch v. Leblosem, zB. lex vetat* (*alqm u. selten alqd, zB. hoc, nihil,* °*maiora; m. a.c.i., bisw. m. bloßem inf., zB. lex vetat delinquere, unkl. m.* °*ut od.* °*ne,* °*quominus,* °*quin od. bloßem coni.; im P. persönlich m. n.c.i., zB. vetor haec facere* man verbietet mir, dies zu tun, *unkl. impers. m. inf., zB. sanguinem arae offundere vetitum est*); °*vĕtĭtŭs* 3 verboten [*nefas, alea legibus*]; *subst.* **vĕtĭtŭm,** *ī n* Verbot [°*contra -um; klass. nur iussa et vetita*]. **2. a)** widerraten [°*bella*]; **b)** das Veto einlegen („*veto*" *Formel des tribunizischen Einspruchs*); **c)** (*v.*

Sachen) verhindern [*res ipsa vetat*, °*venti vetantes* ungünstige; °*quid vetat quaerere* was hindert uns zu fragen?].

vĕtŭlŭs 3 (*demin. v.* *vĕtŭs*) ältlich, ziemlich alt [°*Falernum*, *arbor*]; *subst.* **vĕtŭlŭs,** *ī m* der Alte; (*scherzh.*) *mi vetule* mein Alterchen; **vĕtŭlă,** *ae f* (*vkl.*, *dcht.*) die Alte, Vettel.

> **vĕtŭs**
> 1. alt (*Ggs.* jung); 2. alt (*Ggs.* neu); 3. ehemalig, früher; 4. *subst.* a) **vĕtĕrēs** die Alten, Veteranen, Klassiker; b) **vĕtĕră** das Alte, alte Geschichten.

vĕtŭs, *ĕrĭs* (*m. comp. u. sup.*; *s.u.*) (*urspr. subst. n* = [ϝ]ἔτος „Jahr", *dann* „Jährling"; *cf. vĭtŭlŭs, nhd.* „Widder"; *später adjektiviert, zunächst m. vīnŭm u. mŏrbŭs* „einjährig", *d. h.* „alt") **1.** (*unkl.*) alt, bejahrt (*Ggs.* „jung") [*senatores*]. **2.** alt *od.* schon alt (*Ggs.* „neu") = schon lange vorhanden, langjährig, *v.* hohem Alter [*vinum, amicitia, consuetudo, oppidum, proverbium*]; *bisw. m. lobendem od. tadelndem Sinn* = erfahren *od.* routiniert, erprobt, altgedient, altersschwach [*histrio, centurio*; °*alcis rei in etw.*, *zB. militiae*]; *bisw. einfach* = schon vorhanden, bisherig [*vectigalia*]. **3.** ehemalig, früher, vergangen (*Ggs.* „jetzig") [*poëtae, bella, aetas* Vorzeit]. **4.** *subst.* **a)** **vĕtĕrēs,** *ŭm* α) *m* die Alten, Altvordern, Männer der Vorzeit, *auch* Veteranen; (*nkl.*) die alten Schriftsteller, die Klassiker; β) *f* (*sc. tăbĕrnae*) die alten Wechselbuden *an der Südseite des Forums*; **b)** **vĕtŭs** *n* eine alte Geschichte, ein altes Sprichwort; *meist pl.* **vĕtĕră** *n* das Alte, Ehemalige, alte Geschichten (*od.* Schriftstücke, Sagen *u.ä.*) [*vetera omittere, scrutari*, °*mirari*; *vetera mihi ignota sunt*].
F. *abl. sg.* -*ĕ u.* °-*ī*; *pl. neutr.* -*ă*, *gen.* -*ŭm.* — *comp. durch vĕtŭstĭŏr* (*v. vĕtŭstŭs*) *ersetzt*, *altl. vĕtĕrĭŏr*, *sup. vĕtĕrrĭmŭs u. nkl. vĕtŭstĭssĭmŭs.*

vĕtŭstās, *ātĭs f* (*vĕtŭs*) **1. a)** (*hohes*) Alter, lange Dauer (*alcis rei*, *zB. amicitiae*; *municipium -te antiquissimum*); *vetustatem habere* lange dauern, *ferre od. perferre* bis auf die späte Nachwelt dauern, (*vom Wein*) abgelagert sein; *in tanta -te rerum* da die Sachen so alt sind; **b)** (*dcht.*) Bejahrtheit, Greisenalter [*tarda*]. **2.** alte Bekanntschaft [*-te cum alqo coniunctum esse, magna est vis -tis*]; *auch* langjährige Erfahrung [*-te vincere alqm*]. **3.** alte Zeit, Altertum [*-tis exempla*]; *meton.* Menschen der alten Zeit. **4.** späte Zeit, Nachwelt [*de me nulla ~ obmutescet*]. — ** der Alte Bund.

▶**vĕtŭstŭs** 3 (*vĕtŭs*) (*m. comp. u.* °*sup.*, *cf. vĕtŭs*) **1.** (*nkl.*) alt, *v.* hohem Alter. **2.** (*klass. nur v. Dingen*) lange bestehend, langjährig [°*vinum* abgelagert, *disciplina*]. **3.** (*Cu.*) ehemalig, früher [*claritas*]. **4.** altertümlich (*vom Redner*) [*multo vetustior et horridior*].

vĕxāmĕn, *ĭnĭs n* (*vĕxō*) (*Lu.*) Erschütterung [*mundi*].

vĕxātĭō, *ōnĭs f* (*vĕxō*) **1.** (*nkl.*) Erschütterung. **2.** / **a)** Beschwerde, Strapaze [*corporis*]; **b)** Plage, Mißhandlung [*sociorum*].

vĕxātŏr, *ōrĭs m* (*vĕxō*) Störer [*furoris*], Plagegeist [*rei publicae*].

vēxī *s. vĕhō.*

vĕxĭllārĭŭs, *ī m* (*vĕxĭllŭm*) (*nkl.*) **1.** Fähnrich, *Träger e-s vexillum.* **2.** *pl.* **a)** die Veteranenvexillarier, *zur Verabschiedung anstehende Veteranen, die jedoch bis zum endgültigen Ausscheiden v. jeder Lagerarbeit befreit waren u. unter einem besonderen vexillum weiter dienten*; **b)** *ein v. der Legion abkommandiertes* Detachement, Sonderkommando.

vĕxĭllātĭō, *ōnĭs f* (*vĕxĭllŭm*) (*nkl.*) Detachement, Sonderkommando.

vĕxĭllŭm, *ī n* (*demin. v. vēlŭm*) **1.** Fahne, Standarte, *Feldzeichen der Manipel, bsd. der Reiterei, der Bundesgenossen u. der Veteranen.* **2.** die rote Signalfahne *auf dem Feldherrnzelt od. dem Admiralschiff* [*~ proponere, vexillo signum dare*]. **3.** (*meton.*) die zu einer Fahne gehörige Mannschaft: **a)** Fähnlein, Detachement; **b)** Rekrutenabteilung; **c)** Sondereinheit; **d)** Abteilung der *vexillarii.*

▶**vĕxō** 1. (*wohl intens. zu vĕhō, v. e-m P.P.P. vĕxŭs abgeleitet*) **1.** stark bewegen, rütteln, schütteln, erschüttern (*alqd u. alqm*, *zB.* °*nubila caeli*, °*mare* durchwühlen). **2.** / **a)** hart mitnehmen, heimsuchen (*alqd u. alqm*, *zB. rem publicam omni scelere*); **b)** verheeren, plündern, brandschatzen [*agros, urbes bello*], *übh.* zerrütten, verderben [*fortunas aratorum, pecuniam* vergeuden]; **c)** beunruhigen; plagen, quälen, mißhandeln [*civitatem bellis, vexari conscientiā*]; **d)** (*m. Worten od. Schriften*) angreifen [*Theophrastum libris*]; *auch* °schelten, verhöhnen (*alqd*).

> **vĭă**
> I. (*concr.*) 1. a) Fahrweg, Landstraße; b) Straße, Gasse (*in d. Stadt*); c) Weg, Pfad, Bahn; 2. a) rechter Weg; b) Röhre *im menschl. Körper*; c) Spalt, Ritze; II. (*abstr.*) 1. Gang, Reise, Marsch; 2. Weg, Bahn; 3. a) Art u. Weise, Methode; b) Mittel, Gelegenheit.

vĭă, *ae f* (*et. ungedeutet*) Weg, Straße: **I.** (*concr.*) **1. a)** Fahrweg, Landstraße, Chaussee *zum Fahren u. Gehen* [*Appia*; *militaris* Heerstraße, *tres viae erant ad urbem*]; *viam munire od. facere u.* °*aperire* anlegen, bauen, °*sternere* pflastern; **b)** (*in der Stadt*) Straße, Gasse *als fahrbarer Raum zw. den Häuserreihen* [*Sacra, transversa*]; **c)** *übh.* Weg zum Gehen, Bahn, Pfad; *auch* freier Gang, *zB. zw. den Zelten im Lager od. den Sitzreihen im* °*Theater*; °*per vias inviaque*, *in viam se dare* sich auf den Weg machen; °*dare alci viam j-m* Platz machen; *rectā viā* geradewegs (/ = geradeheraus). **2. a)** (*prägn.*) rechter Weg [*de via declinare*, *auch* /]; **b)** / Röhre *im menschlichen Körper* (*zB.* Speiseröhre, °Luftröhre); **c)** (*dcht.*) Spalt *od.* Ritze; **d)** (*Ti.*) Streifen *an einem Kleid.* **II.** (*abstr.*) das Gehen: **1.** Gang, Marsch, Reise, Fahrt, Lauf [*tridui viam procedere*, °*in via* auf der Reise, unterwegs, *alci viam per fundum suum dare* die Erlaubnis zu gehen]; *bsd.* (*im Ggs. zu mărĕ*) (*dcht.*, *nkl.*) Landreise, Marsch zu Lande [*taedium viarum ac maris*]. **2.** / Weg, Bahn [*vitae od. vivendi* Lebensweg, -bahn, °*potentiae od.* °*luxuriae* = Zutritt zu, *viam gloriae u. ad gloriam ingredi* einschlagen]; (*prägn.*) Mittelstraße [*utor viā* ich gehe die Mittelstraße]. **3.** / **a)** Art *u.* Weise *einer Tätigkeit*, Verfahren [*belli, vitae od. vivendi* Lebensweise, *aliā od. eādem viā* auf eine andere *od.* dieselbe Weise]; *bsd.* (*wissenschaftlich*) Methode [*viam optimarum artium tradere*; *adv. viā* methodisch, planmäßig, *zB. dicere, meist ratione et viā*]; *prägn.* rechte Methode [*discendi*]; **b)** Mittel, Gelegenheit [*omnes vias pecuniae nosse* sich Geld zu verschaffen, *habeo certam viam*].
F. *gen. sg. altl. vĭāī u. vĭās* = *vĭae.*

vĭālĭs, *ĕ* (*vĭă*) (*Pl.*) zum Weg gehörig [*Lares*].

vĭārĭŭs 3 (*vĭă*) (*Cael. b. Ci.*) die (Ausbesserung der) Wege betreffend [*lex*].

vĭātĭcātŭs 3 (*vĭātĭcŭm*) (*Pl.*) *m.* Reisegeld ausgestattet.

vĭātĭcŭs (*vĭă*) **1.** *adi.* 3 (*Pl.*) zur Reise gehörig. **2.** *subst.* **vĭātĭcŭm,** *ī n* **a)** Reisegeld, Zehrgeld; **b)** (*nkl.*, *dcht.*) Beutegeld; Ersparnisse des Soldaten, Sparpfennig. — **-*um* Sterbesakrament.

vĭātŏr, *ōrĭs m* (*vĭă*) **1.** Wanderer, Reisender. **2. a)** Amtsbote; **b)** (*Pl.*) *übh.* Bote.

vĭātōrĭŭs 3 (*vĭātŏr*) (*nkl.*) zur Reise gehörig.

vībrō 1. (*cf. nhd.* „wippen, Wipfel") **1.** (*trans.*) **a)** (*meist dcht.*, *nkl.*) schwingen, schwenken (*alqd*, *zB. sicam*); *insb.* in zitternde Bewegung setzen, schütteln [°*vestes*, °*membra*, °*alqm umeris* emporschwingen, heben]; P. zittern, zucken [°*fulgor ab aethere vibratus*]; **b)** (*dcht.*, *nachaug.*) (*Wurfgeschosse*) schleudern [*spicula per auras*]; / (*Ca.*) [*iambos*]; **c)** (*dcht.*, *nkl.*) (*Haare*) kräuseln [*crines*]. **2.** (*intr.*) **a)** (*dcht.*, *nkl.*) zittern, zucken, beben [*tres linguae*]; **b)** schimmern, schillern, funkeln, blitzen [*mare*, °*gladius*]; / (*v. der Rede*) *vibrans* schwunghaft [*oratio*, °*sententia* Gedankenblitz]; **c)** (*nkl.*) (*v. Tönen*) schwirren, schrillen [*vox in auribus*]. — ***respectum -are* stolz um sich blicken.

vībŭrnŭm, *ī n* (*et. ungedeutet*) (*dcht.*) Schneeball (*ein Strauch*).

Vĭcă Pŏtă (*Quantität des ersten Wortes unsicher*; *nach Ci.*: „*a vin-*

cendo *potiundo*") *altröm. Göttin* (*wohl des Sieges u. Erfolges*).

vīcānŭs 3 (*vīcŭs*) auf dem Dorfe wohnend [*homo*], *auch* auf den Dörfern herumziehend [*haruspex*]; *subst. m* (*nkl.*) Dorfbewohner.

vĭcārĭŭs (*vĭcis*) **1.** *adi.* 3 stellvertretend (*m. gen., zB. fides amicorum operae nostrae -a*). **2.** *subst.* **a) -ŭs,** *ī m* **α)** Stellvertreter, Nachfolger (*abs. od. alcis j-s, alcis rei in etw., zB. regni, diligentiae meae*); *milit.* Ersatzmann; **β)** Untersklave; **b) -ă,** *ae f* (*Se.*) Stellvertreterin [*se pro coniuge vicariam dare* sich für den Gatten aufopfern]. — ***Stellvertreter *in einem geistlichen Amt,* Vikar.

vīcātim (*vīcŭs*) *adv.* **1.** straßenweise, *v.* Gasse zu Gasse [*celebrari*]. **2.** (*nkl.*) in einzelnen Gehöften [*habitare*].

vĭcĕ *u.* **vĭcĕm** *s. vĭcis.*

vīcēnārĭŭs 3 (*vīcēnī*) (*vkl., nkl.*) zu zwanzig gehörig; *cf. quīnā-vīcēnārĭā lēx.*

vīcēnī 3 *num. distr.* (*vīgintī*) **1.** je zwanzig. **2.** (*dcht., nkl.*) zwanzig auf einmal. (*gen. -ōrŭm u. meist -ŭm, cf.* V.-B. VI, 5).

vĭcēs *s. vĭcis.*

vīcē[n]sĭmānŭs, *ī m* (*vīcē[n]sĭmŭs*) (*Ta.*) Soldat der zwanzigsten Legion.

vīcē[n]sĭmārĭŭs 3 (*vīcē[n]sĭmŭs*) (*Li.*) den zwanzigsten Teil (5% des Wertes) betragend; *aurum* Fünfprozentsteuer in Gold *bei Freilassung eines Sklaven.*

vīcēsĭmŭs *u.* °**vīcēnsĭmŭs** *num. ord.* (< **vīcēnt-tĭmŏs*; *vīgintī*) **1.** 3 der zwanzigste. **2.** *subst.* **-ă,** *ae f* **a)** (*Li.*) der zwanzigste Teil (*der Ernte*); **b)** 5% *als Abgabe* [*portorii* als Aus- *u.* Einfuhrzoll; *eorum qui manu mittuntur*; *s. vīcē(n)sĭmārĭŭs*].

vīcēssĭs, *ĭs m* (= *vīgintī ăssēs*) (*Ma.*) 20 As.

vīcī *s. vincō.*

vĭcĭă, *ae f* (*zu vinciō binden*) (*nkl., dcht.*) die Wicke.

vīcĭē(n)s *num. adv.* (*vīgintī*) zwanzigmal; ~ (*cĕntēnă mīlĭă*) *od. HS* ~ (*Ma. nur* ~) 2 Millionen Sesterze.

Vīcĭlīnŭs 3 (*vīgil?*) (*nkl.*) der Wachsame (*Beiname Jupiters*).

vīcīnālis, *ĕ* (*vīcīnŭs*) (*vkl., nkl.*) nachbarlich [*bella m.* den Nachbarn, *ad vicinalem usum* zum Gebrauch der Nachbarn].

vīcīnĭă, *ae f* (*vīcīnŭs*) **1.** Nachbarschaft. **2.** (*nkl., dcht.*) die Nachbarn. **3.** / (*nkl.*) **a)** Nähe; **b)** Ähnlichkeit.

vīcīnĭtās, *ātĭs f* (*vīcīnŭs*) **1.** Nachbarschaft. **2.** (*meton.*) **a)** Umgegend [~ *cantu personat*]; **b)** die Nachbarn [*signum -ti notum*]; *auch pl.* **3.** / (*nkl.*) Ähnlichkeit.

▶**vīcīnŭs** 3 (*vīcŭs*) (*m.* °*comp.*) **1. a)** (*dcht., nkl.*) benachbart, nahe, in der Nähe wohnend *od.* befindlich [*oppidum, bellum* in der Nachbarschaft, *funus* Totenfeier im Nachbarhaus, *iurgia* der Nachbarn; *alci u. alci rei, zB. fons tecto, Thessalia Macedoniae*]; **b)** *subst.* **α) vīcīnŭs,** *ī m* Nachbar (*alcis*); **β) vīcīnă,** *ae f* Nachbarin (*alcis*); **γ)** (*nkl., dcht.*) **vīcīnŭm,** *ī n* Nachbarschaft, Nähe (*pl.* benachbarte Gegend). **2.** / **a)** (*nkl., dcht.*) (*zeitl.*) nahe bevorstehend [*mors*]; **b)** ähnlich, *m. etw.* verwandt (*alci rei*). — ***vicinae, arum f* Häuser an derselben Straße, Stadtviertel.

> **vĭcis**
> **1.a)** Abwechslung, Wechsel; **b)** Geschick, Los, *pl.* Wechselfälle; **2.** Stelle, Aufgabe; **3.** Erwiderung, Vergeltung; **4.** *adv.* **a) vĭcĕm** *u.* **vĭcĕ** wegen, mit Rücksicht auf; wie *jd.*; anstatt; **b) in vĭcĕm** abwechselnd, gegenseitig, einander, umgekehrt.

vĭcis *gen. sg.* (*nom. u. dat. sg. fehlen, acc. -ĕm, abl. -ĕ; pl. vĭcēs, abl. vĭcĭbŭs; gen. u. dat. fehlen*) *f* (*cf. nhd.* „Wechsel") **1.** (*fast nur dcht., nkl.*) **a)** Abwechslung, Wechsel (*pl. auch* Phasen, Reihenfolge), *zB.* °*vice fortunarum humanarum commoveri,* °*vigiliarum vices servare* abwechselnd den Wachtdienst versehen, °*sermonum* Wechselgespräch; °*nox peragit vicem* vollzieht ihren Wechsel (*m.* dem Tage); °*vices mutare od.* °*peragere* sich verändern; °*suis vicibus* in bestimmter Abwechslung, °*versā vice* umgekehrt; *alternā vice od.* °*per vices,* °*in vices,* °*vicibus factis u.ä.* abwechselnd, in *od.* zur Abwechslung, einer um den andern; **b)** Wechsel des Schicksals, *übh.* Geschick, Los, *pl.* (*dcht.*) Wechselfälle, *bsd. im Kriege* [*deum rex voluit vices*]. **2.** (*meton.*) Platz, Stelle [*(suc)cedere in vicem od. accedere ad vicem alcis* an *j-s* Stelle treten, °*vicem alcis praestare* die Stelle *j-s* vertreten]; *bsd.* Aufgabe, Rolle, Dienst [°*sacram regiae vicem* Opfer, die zu den Verrichtungen der Könige gehören, °*vice alcis fungi od.* °*vices alcis exercere u.* °*defendere j-s* Dienst versehen, *j-s* Stelle vertreten, °*vicem officii explere* der Pflicht Genüge leisten, *vicem veri obtinere* gleiche Wirkung wie die Wahrheit haben]. **3.** (*meist dcht., nkl.*) Entgegnung, Erwiderung, Entgelt (*alcis rei, zB. officii praesentis*); °*vicem od.* °*vices alci reddere od.* °*referre u.* °*exsolvere j-m* Gleiches *od. m.* Gleichem vergelten (*alcis rei* für *etw., zB.* °*iniuriae*), *bsd. j-s* Neigung erwidern; °*plus vice simplici* in mehr als einfacher Vergeltung. **4.** *adv.* **a) vĭcĕm** (*u. nkl.* **vĭcĕ,** *ad vicem*) *alcis* wegen, *m.* Rücksicht auf, *bsd. bei Verben der Gemütsstimmung* [*rei publicae vicem saepe hoc doleo*; *bisw. auch* = nach Art *j-s,* wie *jd. od. etw.* [*Sardanapali vicem mori,* °*harenae vice*], *od.* = statt, anstatt [°*vestram omnium vicem unus consulo*]; *bei Livius auch suam vicem officio fungi* seinerseits; **b) in vĭcĕm** (*od.* °*in vices,* °*per vices*; *s.* 1a) *s. invĭcĕm.*

vĭcissātim *adv.* (*vĭcissim*) (*Pl.*) wiederum, andererseits.

vĭcissim *adv.* (*wohl* < **vĭcī-dtĭm*; *eigtl.* „wechselseitig gegeben"; *vĭcis; dătŭm, P.P.P. v. dō*) **1. a)** abwechselnd, umschichtig [*homines* ~ *dormiunt et vigilant*]; **b)** andrerseits, umgekehrt, wiederum [*terra florere, deinde* ~ *horrere potest*]. **2.** °gegenseitig, einander.

vĭcissĭtūdō, *ĭnĭs f* (*vĭcissim*) Wechsel, Abwechslung, Gegenseitigkeit (*m. gen. subi. u. obi., zB. studiorum, dierum ac noctium,* °*imperitandi* im Regieren; *selten in re, zB. in sermone communi*); *bsd.* wechselseitiger Einfluß (aufeinander). — ***auch* Vergeltung.

▶**victĭmă,** *ae f* (*cf. nhd.* „weihen", *d. h. wohl eigtl.* [*zu gottesdienstlichen Zwecken*] „aussondern") Opfertier, Schlachtopfer, *bsd. als Dankopfer* [*homines pro -is immolare*]; / Opfer [*se -am rei publicae praebere; alcis* für *jd.*]. — **Opferlamm (= Christus).

victĭmārĭŭs, *ī m* (*victĭmă*) (*nkl.*) Opferdiener.

victĭtō 1. (*frequ. v.* **victō, frequ. v. vīvō*) (*vkl., nkl.*) sich nähren [*ficis v.* Feigen]; *bene libenter* gern gut essen.

▶**victŏr,** *ōrĭs m* (*vincō*) **1. a)** Sieger, Besieger (*abs. od. alcis j-s u.* über *jd., zB. omnium gentium; alcis rei* in *etw., zB.* °*trium bellorum,* °*belli u. bello* in einem Krieg); *victorem discedere ex pugna* (*od.* °*existere in proelio*) als Sieger hervorgehen; **b)** / (*dcht., nkl.*) Überwinder [*animus* ~ *libidinis et divitiarum,* °~ *propositi* der seinen Wunsch erfüllt sieht]. **2.** *adi.* siegreich [*milites, currus* Triumphwagen]; *Iuppiter* ~ Siegverleiher.

▶**victōrĭă,** *ae f* (*victŏr*) **1.** Sieg [*bellica, domestica,* °*Sullana* Sullas; *alcis rei* in *etw., zB. belli, Olympiorum; alcis j-s, zB. Pompei, auch obi.* über *jd., meist ex od. de alqo, zB. de Hannibale,* °*ex collega*]; *victoriam adipisci od. parĕre od.* °*ferre ex alqo* den Sieg über *jd.* gewinnen; *aber victoriam reportare ab alqo od.* °*referre ex alqo* den Sieg über *jd.* nach Hause zurückbringen. **2.** / (*Cu.*) Siegesruhm. **3.** (*personif.*) *Victōrĭă* die Siegesgöttin, *griech.* Nike; (*meton.*) (*Li.*) Viktoriastatue.

victōrĭātŭs 3 (*victōrĭă*) (*nkl.*) *m.* dem Bildnis der Viktoria versehen; *subst. m* (*sc. nŭmmŭs*) Viktoriamünze, halber Denar (*m. dem Prägestempel der V.*) (*gen. pl. -ōrŭm u. -ŭm, cf.* V.-B. VI, 1).

Victōrĭŏlă, *ae f* (*demin. v. Victōrĭă*) Nikestatuette.

victōrĭōsŭs 3 (*victōrĭă*) (*vkl., nkl.*) siegreich.

victrix, *īcĭs f* (*victŏr*) **1.** Siegerin, Besiegerin (*alcis j-s u.* über *jd.*); / Überwinderin. **2.** *adi.* **a)** siegreich [*victrices Athenae*]; **b)** den Sieg meldend, siegkündend [*litterae* Siegesbotschaft]; *neutr. pl.* °*victricia, ium* [*arma*]; **c)** (*dcht.*) ihres Wunsches teilhaftig geworden, triumphierend [*Allecto Iunonem* ~ *affatur*].

F. *abl. sg. -ĕ, des adi. auch* °*-ī; pl. neutr.* °*-ĭă, gen. des adi.* °*-ĭŭm* (*des subst. -ŭm?*).

victŭālis, *ĕ* (*victŭs*) (*nkl.*) zum

Leben(sunterhalt) gehörig; *subst.* **-ĭă,** *iūm n* (*spätl.*) Lebensmittel.

vīctūmă, *ae f* (*Pl.*) = *vīctĭmă.*

vīctūrŭs *part. fut. v. vīvō.*

vīctŭs[1] *P.P.P. v. vīncō.*

▶ **vīctŭs**[2], *ūs m* (*vīvō*) **1.** (Lebens-) Unterhalt, Nahrung, Kost [*cotidianus, victum venando quaerere*]. **2.** Lebensweise, -art, Leben (*alcis, zB. Persarum*).
F. *dat. sg. vīctŭī u.* °*-ū.*

vīcŭlŭs, *ī m* (*demin. v. vīcŭs*) Gehöft, Dörfchen.

▶ **vīcŭs,** *ī m* (〈 **voikos; cf.* [ϝ]οἶκος) **1. a)** Dorf, Flecken; **b)** Gehöft, Bauernhof [*vicum vendere*]. **2.** (*in der Stadt*) **a)** Stadtviertel, -teil; **b)** Straße *od.* Gasse (*in Rom* ~ *Tuscus u. a.*).

*****vid.** *Abk. f vide u. videatur; s. vĭdĕō.*

vĭdĕānt cōnsŭlēs, *ne quid detrimenti res publica capiat Formel des senatūs consultum ultimum, durch die der Senat den Konsuln bei innerem od. äußerem Notstand außerordentliche Vollmachten erteilte; s. vĭdĕō,* II, 1 h.

▶ **vĭdē-lĭcĕt** (*u. vidē-?*) (〈 *vĭdērĕ lĭcēt; cf. īlĭcēt*) **1.** (*vkl.*) es ist offensichtlich (*m. a.c.i.*). **2.** *adv.* **a)** offenbar, selbstverständlich, natürlich, *oft ironisch;* **b)** (*erklärend*) nämlich.

vĭdĕō
I. (*abs.*) **1.** sehen (können); **2.** erwacht sein; **II.** (*trans.*) **1. a)** sehen, erblicken; **b)** wiedersehen; **c)** Augenzeuge sein, erleben; **d)** besuchen; **e)** sich nach *etw.* umsehen; **f)** (ein)sehen, begreifen; **g)** überlegen, bedenken; **h)** zusehen, darauf achten; **i)** *etw.* besorgen, für *etw.* sorgen; **k)** beabsichtigen; **2. a)** anschauen, beschauen; **b)** zuschauen; **c)** *jd.* als Vorbild ansehen; **d)** gleichgültig zusehen.

vĭdĕō, *vīdī, vīsŭm* 2. (*cf.* [ϝ]ἰδεῖν; *vīdī* = [ϝ]οἶδα, *nhd.* „wissen, weise") sehen: **I.** (*abs.*) **1.** sehen = sehen können [*sensus videndi et audiendi, oculis bene od. acriter videre*]. **2.** *prägn.* (*Ve.*) die Augen offen haben, erwacht sein. **II.** (*trans.*) **1.** s e h e n: **a)** (*sinnlich*) sehen = wahrnehmen, erblicken (*alqd od. alqm, zB. caelum, equitem, urbem ex eo loco; m. dopp. acc., zB. alqm male vestitum; m. ut* „wie" = auf welche Weise *m. coni.; meist m. a.c.i., zB. suos interfici videbat; m. a.c.p., zB. avem volantem video; m. indir. Frages.*); *videres* man hätte sehen können; *dcht. bisw.* vernehmen, hören, *zB. mugire videbis terram;* **b)** wiedersehen [*patriam*]; **c)** als Augenzeuge sehen, *etw.* erleben [*utinam eum diem videam, cum ..., clarissimas victorias*]; **d)** besuchen, aufsuchen [°*has domos*]; **e)** sich nach *etw.* umsehen, *etw.* ausfindig machen: *sibi videre alqd* [*sedem, locum* nach einem Platz]; *cf.* II, 1, i; **f)** (*geistig*) sehen, einsehen, begreifen, erkennen (*alqd, zB. eum exitum animo; meist m. a.c.i. od. indir. Frages.*); *plus in re* in einer Sache tiefer *od.* weiter sehen [*in re publica* tiefere Einsicht als Staatsmann haben]; *auch* wissen (*m. a.c.i.*); *bsd. videsne, videmusne, videtisne m. ut od. a.c.i.*; **g)** erwägen, überlegen, bedenken [*aliud consilium; m. indir. Frages., zB. videas, quid agas*]; *bsd. häufig steht das fut. II, zB. hisce de rebus mox* (*od. post*) *videro od. viderimus* (= *fut. I*); *sitne malum dolere necne, Stoici viderint* das mögen die Stoiker entscheiden = das ist Sache der Stoiker; *illud ipse videris* das mußt du selbst bedenken; **h)** zusehen, darauf achten, sich hüten (*m. ut, ne, ne non, zB. vide, ne tu peius consulas; videant consules, ne quid res publica detrimenti capiat; auch m. bloßem coni., zB. vide scribas*); *in vide, ne u. videte, ne hat ne auch die Bedeutung* „ob vielleicht" [*vide, ne nulla sit divinatio* = es gibt schwerlich eine Sehergabe; *videte, ut sit necesse* es ist schwerlich nötig]; **i)** *etw.* besorgen, für *etw.* sorgen, für *jd. etw.* ermitteln *od.* ausfindig machen [*aliquid cibi; alci alqd, zB. nobis prandium*]; **k)** *etw.* im Auge haben, beabsichtigen, nach *etw.* trachten [°*magnam gloriam, maius quiddam, vidit aliud* er hat andere Absichten]. **2.** s c h a u e n: **a)** anschauen, beschauen, besehen [°*omnes acie torvā; eum videre non possum* ich kann ihn nicht anschauen = ausstehen]; **b)** zuschauen, Zuschauer sein [°*qui visum processerant* um sich den Kampf mit anzusehen]; **c)** *jd.* als Vorbild anschauen, *j-s* Beispiel folgen [*quin tu me vides?*]; **d)** gleichgültig zuschauen, *etw.* sich gefallen lassen (*alqd; meist m. a.c.i., zB.* °*vos civem in vincula duci videbitis*). — ****vide u. videatur* („siehe", „man sehe") *veraltet für* siehe!
F. *umgangssprachlich: vĭdĕn'* (*Pl., Ve.*) = *vĭdēsnĕ?*

vĭdĕŏr
1. gesehen werden, sich zeigen; **2. a)** scheinen, für *etw.* gehalten werden; **b)** (*mihi*) *videor* ich glaube (von mir), ich darf wohl; **c)** *impers. alci videtur* es scheint *jd.* richtig, *jd.* beschließt.

vĭdĕŏr, *vīsŭs sŭm* 2. (*P. v. vĭdĕō*) **1.** gesehen werden, sichtbar werden *od.* sein, erscheinen, sich zeigen (*ab alqo v. jd. od. j-m, zB. flamma ab oppidanis est visa*); *dcht. vitulus niveus videri* schneeweiß anzuschauen; °*videndus* 3 sichtbar (*alci*); *cf. auch vīsŭm; oft* (*meist m. inf.*) = offenbar werden *od.* sein, *dt. meist durch* „offenbar" *od.* „augenscheinlich" *zu übersetzen* [*rex videtur usus esse misericordiā* hat offenbar Mitleid gehabt]. **2. a)** scheinen, für *etw.* gehalten werden *od.* gelten (*alci j-m od. v. j-m, m. Prädikatsnomen im nom.*) [*poena mihi levis est visa; pers. m. n.c.i., zB. hostes flumen videntur traicere od. traiecisse od. traiecturi esse* es scheint, als ob die Feinde ...); *auch m. gen. poss. od. einem Präpositionalausdruck* [*maxime stultitiae videtur hariolis credere; hoc pro nihilo mihi videtur*]; **b) mihi vĭdĕŏr** (*od. bloß* **vĭdĕŏr**) ich glaube (von mir), denke, ich kann *od.* darf wohl, schmeichele mir, *stets pers. m. n.c.i.* [*satis de hac re dixisse mihi videor; iure sumere videmur* wir können wohl *m.* Recht annehmen; *hoc de te sperare non videor* dies darf ich wohl *v.* dir nicht hoffen; *sperare videor* ich glaube hoffen zu dürfen]; *oft auch eingeschoben, zB. obiurgavi senatum, ut mihi visus sum, summa cum auctoritate;* **c)** (*prägn.*) *impers. alci videtur* es scheint *jd.* richtig *od.* gut, *jd.* beschließt (*m. inf. bzw. a.c.i.*) [°*dis aliter visum est; senatui visum est legatos mittere; respondit, quae visum est, sc. respondere; si videtur* wenn es beliebt]; *bsd. bei amtlichen Entscheidungen* (= der Ansicht sein), *zB. pontifices decreverunt, videri illam aedium partem posse restitui.*
F. *inf. praes. altl. vĭdērĭēr* = *vĭdērī.*

vīdī *s. vĭdĕō.*

vĭdŭă, *ae f* (*cf. nhd.* „Witwe") **1.** Witwe. **2.** *adi.* (*cf. vĭdŭŭs*) (*unkl.*) **a)** geschieden [*viro*]; / *arbor* ohne Weinrebe; **b)** einsam, ledig, ohne Freund [*puella*].

vĭdŭĭtās, *ātis f* (*vĭdŭŭs*) **1.** Witwenstand. **2.** (*Pl.*) Mangel [*copiarum*].

vīdŭlŭs, *ī m* (*-ī-?*) (*cf. vĭĕō; nhd.* „Weide[nbaum]"; *Pl.*) geflochtener Reisekorb, Fischkorb.

vĭdŭō 1. (*denom. v. vĭdŭă*) (*dcht., nkl.*) zur Witwe machen (*viduatus* 3 verwitwet); / berauben, *v. etw.* leer machen (*alqd re, zB. urbem civibus*).

vĭdŭŭs 3 (*Rückbildung aus vĭdŭă*) (*dcht., nkl.*) **1. a)** verwitwet; **b)** *übh.* unverheiratet, ledig [*puella, vir, domus*]; *dcht. v. Bäumen, an denen keine Weinstöcke hochgezogen sind* [*arbor*]. **2.** / **a)** ohne Geliebte(n), einsam [*cubile, torus, nox*]; **b)** *einer Sache* beraubt, ohne *etw.* (*m. abl. od. gen., zB. pharetrā, amoris, auch a re, zB. a lumine Phoebi*).

****viella,** *ae f* Fidel, Geige.

Vĭĕnnă, *ae f Hptst. der Allobroger, j.* Vienne; *Einw. u. adi.* **Vĭennēnsĭs,** (*ĕ*).

vĭĕō, *ēvī, ētŭm* 2. (*vī-?*) (*cf. nhd.* „Weide") (*vkl., spätl.*) binden, flechten.

vĭētŭs 3 (*im Vers auch zweisilbig; vĭēscō* 3. verwelken; *nhd.* „verwesen") welk, verschrumpft [*cor,* °*membra; re* durch *etw., zB. morbo*].

▶ **vĭgĕō,** *ŭī,* — 2. (*cf. altl. vĕgĕō, nhd. ablautend* „wach") **1.** lebenskräftig sein, kräftig *od.* stark sein, sich regen, *körperlich u. geistig* [*animus,* °*vires in pectore,* °*nobis aetas viget* wir stehen in der Blüte der Jahre; *re* durch *etw., zB. vigere animo* frischen Mut haben, *memoriā* im vollen Besitz des Gedächtnisses sein]. **2.** / in Blüte *od.* Ansehen stehen, Ansehen genießen [*artium* *studia, Pythagoreorum nomen, auch v. Pers., zB. Leonidas; re* durch *etw., zB. philosophia contentionibus doctissimorum viget; in re* in *etw.*]; *bsd.* (*v. Sitten, Anschauungen u.ä.*) im Schwange sein, herrschen, gedeihen [*mos, largitio viget pro abstinentia*].

vĭgēscō, — — 3. (*incoh. v. vigĕō*) (*dcht.*) lebenskräftig *od.* lebhaft werden.

vīgēsĭmŭs 3 (*unkl.*) = *vīcēsĭmŭs.*

vīgĕssĭs (*Ma.*) = *vīcĕssĭs.*

vĭgĭl, *ĭlĭs* (*vĭgĕō*) **1.** *subst. m* **a)** Wächter [°*eius loci*]; **b)** *pl.* (*nkl.*) Nacht- *u.* Feuerpolizei *in Rom.* **2.** *adi.* (*dcht., nkl.*) wachend, wach [*canis, ales* = Hahn, *auch oculi*]; / wachsam, immer rege [*curae, ignis* immer brennend, *lucerna* Nachtlicht].
F. *abl. sg. des subst. -ĕ, des adi.* °*-ī; gen. pl. -ŭm, selten* °*-ĭŭm.*

vĭgĭlāns, *ăntĭs* (*m. comp. u.* °*sup.; adv.* **-ăntĕr**) (*eigtl. part. praes. v. vĭgĭlō*) **1.** (*dcht., nkl.*) wachend, wach [*oculi*]. **2.** / wachsam, aufmerksam, unermüdlich, fürsorglich [*consul, -anter administrare provinciam*].

vĭgĭlăntĭă, *ae f* (*vĭgĭlāns*) Wachsamkeit; / unermüdliche Fürsorge.

vĭgĭlāx, *ācĭs* (*vĭgĭlō*) (*dcht., nkl.*) immer wach [*curae*].

▶**vĭgĭlĭă,** *ae f* (*vĭgĭl*) **1.** das Wachen, Nachtwachen, *pl.* die durchwachten Nächte [*-ae Demosthenis, -as in stupris consumere*]. **2.** (*bsd. mil.*) **a)** das Wachestehen *zur Sicherheit eines Ortes,* die Wache [*-ae nocturnae et diurnae, -as agere* Wache halten]; **b)** (Zeit der) Nachtwache; *bei den Römern zerfiel die Nacht in vier Nachtwachen, deren Länge nach den Jahreszeiten verschieden war* [*prima, secunda, tertia, quarta*]; **c)** (*concr.*) Wachtposten *od.* Wachtmannschaft, *auch* Patrouille [°*-as ponere* Wachen ausstellen, °*-as circuire* bei den Wachen die Ronde machen]. **3.** / Wachsamkeit, Fürsorge, Eifer; (*meton.*) Posten, (verwaltetes) Amt [*-am suam alci tradere*]. **4.** (*Pl.*) nächtliche Feier [*Cereris*]. — ** *Tag vor e-m hohen Kirchenfest; -a matutina* Vigil *der Mönche.*

vĭgĭlĭārĭŭm, *ī n* (*vĭgĭlĭă*) (*Se.*) Wächterhäuschen.

▶**vĭgĭlō** 1. (*denom. v. vĭgĭl*) **1.** (*intr.*) **a)** wachen, wach sein *od.* bleiben [*ad multam noctem*]; **b)** / wachsam sein, unermüdlich sorgen (*in re, zB. in deligendo;* °*studiis* unermüdlich obliegen, *pro alqo; m. ne*). **2.** (*trans.*) **a)** (*eine Zeit*) durchwachen [*noctes*]; **b)** (*unkl.*) *etw.* wachend verrichten, zustande bringen *od.* ersinnen [*carmen*].

vī-gĭntī *num. card. indecl.* (*zu* εἴκοσι ‹ **ἐ-Fίκοσι; eigtl. Dual n* „zwei Dekaden") zwanzig.

vīgĭntĭvĭrātŭs, *ūs m* (*vīgĭntīvĭrī*) Amt *od.* Kollegium der Zwanzigmänner: **1.** (*unter Cäsars Konsulat*) *Kommission zur Ackerverteilung an ausgediente Soldaten.* **2.** (*Ta.*) *Gesamtname für 4 städt. Unterbehörden.*

vīgĭntī-vĭrī, *ōrŭm m* Kollegium (*od.* Kommission) *v.* zwanzig Männern.

vĭgŏr, *ōrĭs m* (*vĭgĕō*) (*nkl., dcht.*) Lebenskraft, Spannkraft, Energie.

vīlĭcă, *ae f* (*vīlĭcŭs*) (*nkl., dcht.*) Verwalterin; Frau *e-s* vilicus; Dorfschöne.

vīlĭcō 1. (*denom. v. vīlĭcŭs*) Verwalter sein.

vīlĭcŭs, *ī m* (*vīllă*) Verwalter, Inspektor.

▶**vīlĭs,** *ĕ* (*m. comp. u. sup.; adv.* °**-ĭtĕr**) (*et. ungeklärt*) **1.** (*Pl.*) wert [*istuc verbum vile est viginti minis*]. **2.** wohlfeil, billig [*res, frumentum, servulus*]. **3.** / **a)** gering (*an Wert*), minderwertig, wertlos, verächtlich *od.* verachtet [°*rex, honor, vita, alqd* °*vile u.* °*inter vilia habere etw.* verachten; *alci* für *jd.*]; **b)** (*dcht.*) überall zu haben [*phaselus*].

vīlĭtās, *ātĭs f* (*vīlĭs*) **1.** Wohlfeilheit, niedriger Preis [*annonae, annus in vilitate* est in dem Jahr ist alles billig, *in summa -te* bei den billigsten Preisen]. **2.** / (*vkl., nkl.*) **a)** Feilbietung, schimpfliche Preisgabe [*vulgati corporis*]; **b)** Wertlosigkeit (*alcis rei*); *auch* Geringschätzung [*ad -tem sui pervenire* sich selbst verächtlich werden].

▶**vīllă,** *ae f* (*wohl ‹ *vīc-slā zu vīcŭs*) **1.** Landhaus, Landgut, Vorwerk. **2.** *villa publica* „Stadthof" (*öffentliches Gebäude auf dem Marsfeld für Truppenaushebungen, Zensus u. als Unterkunft fremder Gesandter*). — **Dorf, Stadt.

vīllĭcă, -cō, -cŭs = *vīlĭcă, -cō, -cŭs.*

vīllōsŭs 3 (*m.* °*comp. u.* °*sup.*) (*vīllŭs*) (*nkl., dcht.*) zottig, rauh (-haarig) [*leo, pectora; re v. od.* durch *etw., zB. saetis*].

vīllŭlă, *ae f* (*demin. v. vīllă*) kleines Landgut.

vīllŭm, *ī n* (*demin. v. vīnŭm*) (*Te.*) Weinchen; Räuschlein.

vīllŭs, *ī m* (*Dublette zu vĕllŭs, vl. m. dial. i*) zottiges Haar *der Tiere, meist pl.* [*bestiae villis vestitae*].

vīmĕn, *ĭnĭs n* (*vĭĕō*) **1. a)** (*unkl.*) Weidenrute; *klass. nur pl.*; **b)** *pl.* (*dcht.*) Weidengebüsch; **c)** *übh.* Flechtwerk, Geflecht, *meist pl.* **2.** / (*dcht.*) geflochtener Korb [*quernum* aus Eichenruten geflochtene Milchseihe].

vīmĕntŭm, *ī n* (*vĭĕō*) (*Ta.*) Flechtwerk, Faschine.

Vīmĭnālĭs cŏllĭs *m* (*vīmĕn*) *einer der sieben Hügel Roms, der* „Weidenhügel" (*zw. Quirinal u. Esquilin*).

vīmĭnĕŭs 3 (*vīmĕn*) aus Flechtwerk [*tegumenta*].

vin' = *vīsnĕ* (*s. vŏlō*).

vīnācĕŭs, *ī m* (*vīnŭm*) Weinbeerkern.

Vīnālĭă, *ĭŭm* (*u. ōrŭm, cf.* V.-B. X) *n* (*vīnŭm*) Weinfest, *in Rom am 22. April beim Ausschank des neuen Weines zu Ehren Jupiters u am 19. August zu Ehren der Venus gefeiert.*

vīnārĭŭs 3 (*vīnŭm*) Wein... [*vas, crimen* wegen des Weinzolles]; *subst.* **vīnārĭŭs,** *ī m* (*vkl., nkl.*) Weinhändler; **vīnārĭŭm,** *ī n* (*unkl.*) Weinkrug, Humpen.

vīncĭbĭlĭs, *ĕ* (*vīncō*) (*dcht., nkl.*) leicht zu gewinnen, gerecht [*causa*].

▶**vīncĭō,** *vīnxī, vīnctŭm* **4.** (*vīnxī, vīnctŭm?*) (*cf. vĭĕō, vĭcĭă*) **1. a)** schnüren, binden, fesseln (*alqm u. alqd re etw. m. etw., zB. captivum catenis, pedes fasciis;* °*manūs laxe u.* °*post tergum;* / [*dcht.*] *mentem multo Lyaeo*); **b)** festbinden, anbinden (*alqd re etw. m. etw.;* °*alqd alci rei etw.* an *etw.*); **c)** (*dcht.*) umbinden, umwinden [*suras cothurno alte*]; *auch* umkränzen [*tempora floribus*]; *übh.* umgeben, umschließen [*digitum anulo*]; **d)** / umgeben = schützen, befestigen, sichern [*oppida praesidiis*]; **e)** (*cf.* 1 a) fesseln, in Bande legen (*alqm, zB. civem Romanum, vinctos solvere*); **f)** (*Te.*) durch festes Schnüren einpressen [*virginum nostrarum, quas matres student demissis umeris esse vincto pectore, ut gracilae sient*]. **2.** / binden, fesseln: **a)** zur Treue *od.* zur Dankbarkeit verpflichten [°*alqm matrimonio,* °*animum alcis donis*]; **b)** (*dcht., nkl.*) bezaubern, bannen [*linguas et ora*]; **c)** (*rhet. t.t.*) (*Worte, Sätze, Versfüße u.ä.*) verbinden, *bsd. kunstvoll* [*sententias, verba, membra orationis numeris*]; **d)** hemmen, einschränken (*alqd re etw.* durch *etw., zB. omnia severis legibus,* °*linguam* lähmen).

vīnclŭm, *ī n s. vīncŭlŭm.*

> **vīncō**
> **1.** (*intr.*) **a)** siegen, Sieger sein; **b)** sich durchsetzen; **c)** im Vorteil sein; **2.** (*trans.*) **a)** besiegen, überwinden; **b)** (*bei Auktionen*) *jd.* überbieten; **c)** (*bei Abstimmungen*) überstimmen; **d)** umstimmen; übertreffen, übersteigen; überzeugend dartun.

vīncō, *vīcī, vīctŭm* 3. (*cf. ahd.* wīgan „kämpfen", *Personenname* Wiegand = „Kämpfer") **1.** (*intr.*) **a)** siegen, Sieger sein [*Romani tum vicerunt,* °*amor vincet, subst.* °*vincentes, ium m* die Sieger; *re od. selten in re* in *etw., zB. proelio, armis, acie u. in acie; auch m. innerem Objekt, zB.* °*Olympiă od. Isthmiă* in den Olympischen *od.* Isthmischen Spielen siegen; *iudicium,* °*causam* (*vom Beklagten*), *iudiciō, causā, sponsione* (*vom Kläger*) den Prozeß *od.* die gerichtliche Wette gewinnen]; *qui vicerunt bzw. vicerant* die Sieger; *vincere noluit* er verschmähte es zu siegen; *vicimus* wir haben gewonnenes Spiel, *vicisti* du hast recht, *viceris* du sollst recht (*od.* deinen Willen) haben, *vincite* behaltet recht *od.* ihr sollt recht haben; **b)** (*bei Streit od. Meinungsverschiedenheiten*) *m.* seiner Meinung durchdringen, seinen Willen durchsetzen, gewinnen, *zB. Appius vicit, studium vincendi* Rechthaberei; *auch v. der Meinung selbst* (*ea sententia vicit* = ging durch); **c)** im Vorteil sein (*re* durch *od.* in, bei *etw., zB. operibus*). **2.** (*trans.*) **a)** besiegen, überwinden, Herr *od.* Meister über *jd.* werden (*alqm u. alqd, zB. hostes proelio od. acie,* urbem pugnando; *subst.* victi, orum *m* die Besiegten); *sehr oft auch auf Affekte od. Sachen übertragen* [animum, iram, naturam studio; vinci luctu, desiderio, a voluptate]; *dcht. u. nkl.*: navitae vincunt aequora, saecula überleben, tubas übertönen *od.* überschreien, fata vivendo länger leben, als man sollte, viscera flammā verbrennen, silentium brechen; **b)** (*bei Auktionen*) *jd.* überbieten (alqm); **c)** (*nkl.*) (*bei Abstimmungen*) überstimmen [paucis sententiis vinci]; **d)** / α) (*geistig*) *jd.* umstimmen, erweichen, rühren [°alqm precibus, °amore coniugis; *m.* °ut = zu *etw.* bewegen, nötigen]; β) übertreffen (alqm *u.* alqd), übersteigen (alqd), *zB.* alqm eloquentiā, stellarum globi terrae magnitudinem, praeterita alles Dagewesene überbieten; γ) *etw.* überzeugend dartun, erhärten [°alqd verbis; *meist m. a.c.i., zB.* vince Oppinianicum bonum virum fuisse; *auch m.* °*indir. Frages., dcht. m.* ut].

vīnctŭs *P.P.P. v.* vinciō.

▶**vincŭlŭm** *u.* (*synk.*) **vinclŭm**, ī *n* (vinciō) **1. a)** Band *zum Binden*, Fessel; *insb.* Schnur, Strick, Seil, *auch* Binde, Schlinge, Riemen, Leine, Koppel [°tunicarum, °-a collo aptare, °-a epistulae *u.* chartae die Schnur, *m. der der Brief zugebunden wurde,* °~ galeae Helmband, °spinea Dornengewinde]; **b)** *pl.* Bande, Fesseln [°pedum, °demere alci -a, °-a alci indere, corpora constricta -is]; rumpere -a die Bande brechen = entfliehen; ex vinculis causam dicere = gefesselt; **c)** (*meton.*) α) *pl.* Gefängnis, Kerker [°esse in vinculis, ex vinculis publicis effugere, alqm in vincula conicere]; β) (*Ti.*) *m. Bändern od. Riemen befestigte* Sandale, Schuh; γ) (*dcht.*) *m. Liebesknoten durchschlungenes* Zauberband. **2.** / **a)** hemmendes Band, Fessel, Hindernis, Schranke [servitutis -a rumpere, evolare ex corporis -is, -a °fugae was *v.* der Flucht abhält]; **b)** vereinigendes Band, Bindemittel [vinclis propinquitatis coniungi, ~ amicitiae Beweggrund zur Freundschaft, legis Stütze des Gesetzes, °iugale Band der Ehe, °amor rupit -a sanguinis Bande des Blutes]; *pl.* (*dcht.*) innige Umarmungen.

Vĭndĕlĭcī, ōrŭm *m kelt. Volk im Lechfeld*; *Hptst.* Augusta Vindelicorum (*j.* Augsburg).

vīn-dēmĭă, ae *f* (< *vīnō-dēmĭă; vīnŭm, dēmō, *eigtl.* „das Weinabnehmen") (*dcht., nkl.*) Weinlese; (*meton.*) Traube(n); Herbst.

vīndēmĭātŏr, ōrĭs *m* (vīndēmĭă) (*unkl.*) Winzer (*auch als Stern im Sternbild der Jungfrau*).
F. *Im Vers auch viersilbig* = vīndēmjātōr.

vīndēmĭŏlae, ārŭm *f* (*demin. v.* vīndēmĭă) kleine Weinlese; / kleine Einkünfte.

vīndēmĭtŏr, ōrĭs *m* (*dcht.*) = vīndēmĭātōr.

vĭndĕx, ĭcĭs *m u. f* (vīn- *et. ungedeutet*; *zum 2. Glied cf.* iū-dĕx) **1. a)** Bürge (*vor Gericht*); **b)** Beschützer(in), Retter(in), Befreier(in) (alcis rei, *zB.* °maiestatis imperii, libertatis, aeris alieni Beschützer der Gläubiger; *auch m. gen. obi., zB.* iniuriae gegen das Unrecht, °periculi in *od.* aus Gefahr); *als adi.* (be)schützend, für *etw.* eintretend (alcis rei, *zB.* °vox ~ libertatis). **2.** Rächer(in), Bestrafer(in) [facinorum, cupiditatum, °rerum capitalium = Henker]; *als adi.* (*dcht.*) strafend, rächend [poena].

vĭndĭcātĭō, ōnĭs *f* (vĭndĭcō) **1.** (*nkl.*) (*jur. t.t.*) Anspruchsrecht. **2.** Notwehr.

vĭndĭcĭae, ārŭm *f* (vĭndĕx) (*beim Prätor vorgebrachter*) Rechtsanspruch, gerichtliche Beanspruchung *e-s Gegenstandes* [iniustis -is petere alqd]; -as dare *od.* °decernere secundum libertatem (*vom Richter*) die vorläufige Freisprechung (*bzw.* den einstweiligen Besitz) festsetzen (*bis die Sache vom Gericht definitiv entschieden wird*); *dagegen* ... °secundum servitutem (*od.* ab libertate in servitutem) vorläufig die Freiheit aberkennen, für unfrei erklären.

> **vindico**
> **1. a)** gerichtlich beanspruchen; **b)** beanspruchen, sich anmaßen; **2. a)** (*Sklaven*) in Freiheit setzen; **b)** sichern, beschützen, retten; **3. a)** *jd.* bestrafen; **b)** *etw.* ahnden, rächen; **c)** *etw. an jd.* rügen; **d)** se vindicare ab *od.* de alquo sich an *jd.* rächen.

vĭndĭcō 1. (*denom. v.* vĭndĕx) **1. a)** *etw.* gerichtlich beanspruchen, in Anspruch nehmen, vindizieren (alqm *u.* alqd); °sponsam in libertatem fordern, daß die Braut frei bleibe; **b)** *übh. etw.* beanspruchen, für sich in Anspruch nehmen, als Eigentum fordern, sich anmaßen, sich zuschreiben (alqd, *zB.* libertatem, °decus belli, Chii Homerum suum vindicant, °antiquam faciem wiederherstellen, -annehmen; sibi *od.* ad se alqd, *zB.* °sibi regnum; alqd pro re *etw.* als *etw., zB.* omnia pro suis). **2. a)** (*e-n Unfreien*) frei machen, in Freiheit setzen (alqm *u.* alqd, *zB.* servum, *oft m. dem Zusatz* in libertatem, *zB.* rem publicam in libertatem; *auch* alqm *od.* alqd ab alqo *u.* ab *od.* ex re *v. od.* aus *etw., zB.* rem publicam ex dominatu Gracchi in libertatem); **b)** *übh.* sichern, beschützen, retten (alqm *od.* alqd ab, *selten* ex re vor *od.* gegen *etw., zB.* innocentem a verberibus, °terram a populationibus); *bsd.* se ad alqm seine Verbindlichkeiten gegen *jd.* erfüllen (*zB.* ad suos). **3. a)** gegen *jd.* strafend einschreiten, *jd.* bestrafen (in alqm, *zB.* °in eos quaestionibus, in socios severe *od.* graviter streng verfahren gegen; *auch abs., zB.* °populum hortari ad vindicandum); **b)** *etw.* bestrafen, ahnden, *auch* rächen, *um die verletzte Gerechtigkeit wiederherzustellen* (alqd, *zB.* Gracchi conatūs perditos, °Germanicum rächen); *selten* = *etw.* verbieten [°dolum malum legibus]; **c)** in alqo *etw.* an *jd.* rügen [omnia in altero]; **d)** (*nkl.*) se -are ab *od.* de alqo sich an *jd.* rächen [ab illo, de fortuna].

vĭndĭctă, ae *f* (vĭndĕx) **1. a)** (*der beim Prätor erhobene Anspruch auf*) Freilassung *e-s Sklaven in Form e-r Scheinklage* [°istoc verbo vindictam para]; **b)** (*l.i.*) Befreiung, Rettung, Schutz (alcis rei *subi. u. obi., zB.* libertatis, invisae huius vitae Erlösung *v.*). **2.** (*meton.*) der Stab *des Prätors, m. dem er den freizulassenden Sklaven berührte*; Freistab. **3.** (*dcht., nkl.*) Rache, Strafe [-a legis severae].

Vĭndŏbŏnă, ae *f röm. Grenzfeste vor dem Militärlager Carnuntum in Oberpannonien, j.* Wien.

Vĭndŏnissă, ae *f röm. Legionslager an der Reuß, an das sich später e-e Marktstadt anschloß, j.* Windisch *b.* Brugg: *Reste v. Thermen, Forum u. Amphitheater.*

vīnĕă, ae *f* (vīnŭm) **1.** (*unkl.*) Weinstock. **2.** Weinberg, -garten, -laube. **3.** *mil.* (*nach Art e-r Weinlaube gebautes*) Schutzdach, *unter dem die Belagerer gegen e-e Festung vorgingen.*

vīnētŭm, ī *n* (vīnŭm) Weingarten, Weinberg; *sprichw.* (*Ho.*) vineta sua caedere = sich ins eigene Fleisch schneiden.

vīnĭtŏr, ōrĭs *m* (vīnŭm; *cf.* pōrt-ĭtōr) Winzer.

vinnŭlŭs 3 (*et. unklar*) (*Pl., Asin.* 223; *wohl Augenblicksbildung im alliterierenden Anklang an das folgende Wort*) lieblich, süß [oratione vinnulā, venustulā].

vīnŏlēntĭă, ae *f* (vīnŏlēntŭs) **1.** Trunkenheit. **2.** Trunksucht.

vīnŏlēntŭs 3 (vīnŭm) **1. a)** (be)trunken; **b)** trunksüchtig [homo, / furor]; *subst. m* Trunkenbold. **2.** *m.* Wein zubereitet *od.* versetzt [medicamen].

vīnōsŭs 3 (*m.* °*comp. u.* °*sup.*) (vīnŭm) (*nkl., dcht.*) voll Wein: **1. a)** (be-)trunken [homo modice -us]; **b)** trunksüchtig [senex, convivium bei dem viel Wein getrunken wird]. **2.** weinartig, -haltig [sucus].

vīnŭlēntĭă, vīnŭlēntŭs = vīnŏlēnt...

▶**vīnŭm**, ī *n* (*wie* οἶνος *Lw. aus e-r Mittelmeerspr.*) **1.** Wein; *pl.* Weinsorten. **2.** das Weintrinken, Zechen [in vino *od.* ad vinum, per *od.* °inter vinum beim Wein, °homo nimii vini trunksüchtig]. **3.** (*vkl.*) Weintrauben [~ pendet], -stöcke.

vīnxī *s.* vinciō.

vĭŏlă[1], ae *f* (*wohl Lw. aus e-r nicht-idg. Mittelmeerspr.*; *Urverwandtschaft m.* ἴον [*Flov] „Veilchen" *umstritten*) **1.** Veilchen *u.* (*dcht., nkl.*) mehrere Levkojenarten [lutea, alba]. **2.** (*dcht., nkl.*) (*meton.*) Veilchenfarbe, Violett [pallor violā tinctus Veilchenblässe].

****vĭŏla**[2], ae *f* Viola, Bratsche.

vĭŏlābĭlĭs, ĕ (vĭŏlō) (*dcht.*) verletzbar [cor, numen].

vĭŏlācĕŭs 3 (vĭŏlă[1]) (*nkl.*) violett.

vĭŏlārĭŭm, ī *n* (vĭŏlă[1]) (*unkl.*) Veilchenbeet.

vĭŏlārĭŭs, ī *m* (vĭŏlă[1]) (*Pl.*) Violettfärber.

vĭŏlātĭō, ōnĭs *f* (vĭŏlō) (*nkl.*) Verletzung, Schändung (*alcis rei, zB. templi*).

vĭŏlātŏr[1], ōrĭs *m* (*vĭŏlō*) (*nkl., dcht.*) Verletzer, Schänder (*alcis rei*).

****violator**[2], *oris m* (*viola*[2]) Violaspieler.

vĭŏlēns, ēntĭs (*m. comp. u. sup.*; *adv.* **-ēntĕr**) (*wohl Rückbildung aus vĭŏlēntŭs*) = *vĭŏlēntŭs*.

vĭŏlēntĭă, *ae f* (*vĭŏlēntŭs*) Gewalttätigkeit; *übh.* Ungestüm [°*fortunae* Tücke].

vĭŏlēntŭs 3 (*m.* °*comp. u. sup.*) (*vĭŏlō*) gewalttätig; *übh.* ungestüm, heftig, hitzig, wild [°*censor, ingenium*]; *violentum est* (*zB. dicere*) es ist übertrieben.

▶ **vĭŏlō** 1. (*cf. vis*[1]) **1. a)** mißhandeln, (*absichtlich*) verletzen, sich an *etw.* vergreifen (*alqm u. alqd, zB. patrem,* °*ebur sanguineo ostro* blutrot färben); **b)** verheeren, verwüsten [*fines alcis,* °*agros ferro*]; **c)** entehren, vergewaltigen [*Pallantis virginitatem*]. **2.** / **a)** entweihen, beflecken [°*templa, ius, hospitium*], *bsd.* (*Verträge, Versprechen u.ä.*) brechen [*foedus*]; **b)** beleidigen [*numen,* °*oculos,* °*aures obsceno sermone*]; **c)** (*prägn.*) eine Verletzung begehen (P. *id quod violatum videtur* der etwa angerichtete Schaden).

vīpĕră, *ae f* (*vl.* < **vīvŏ-pĕră* „lebendige Junge hervorbringend" [*antiker Aberglaube!*]; *vīvŭs, pārĭō*) Viper; *übh.* Schlange (*bsd.* /).

vīpĕrĕŭs 3 (*vīpĕră*) (*dcht.*) **1.** Schlangen... [*dentes, pennae* geflügelte Schlangen]. **2. a)** schlangenhaarig [*monstrum* = Medusa, *sorores* = Erinnyen (Furien), *canis* = Kerberos]; **b)** giftig [*anima* Gifthauch].

vīpĕrīnŭs 3 (*vīpĕră*) (*dcht., nkl.*) = *vīpĕrĕŭs*.

Vipsānĭŭs 3 *röm. Gentilname; cf. Agrippă.*

vĭr, *vĭrī m* (*cf. ahd.* wer „Mann", *nhd.* „Werwolf") **1. a)** Mann (*im Ggs. zu Frau od. Weib*) [*viri mulieres,* °*mulier coniuncta viro*]; **b)** (*im Ggs. zu pŭĕr*) reifer, erwachsener Mann. **2. a)** der rechte *od.* wahre Mann, (*dcht.*) Held [*virum te praesta; dolorem tulisti ut vir; vir fortis, bonus, constans, plane vir*]; **b)** (*nkl.*) (*sexuell*) [*si vir es*]. **3. a)** Ehemann, Gatte [*vir meus od. tuus, puella viro matura*]; **b)** Liebhaber, Freund [*vir tuus*]; **c)** (*dcht.*) *v. Tieren* [*vir gregis* = *caper*]. **4.** *mil.* **a)** (gemeiner) Soldat; *bsd. pl. oft bei Zahlangaben* = *milites* Mannschaften, Mann [*quinque milia fortissimorum virorum*]; **b)** *pl.* Fußvolk, Infanterie [*equi viri(que)* = *equites virique, equis viris m. od.* aus allen Kräften]. **5.** (*nkl.*) (*m. auszeichnendem Nachdruck*) *für das pron. ĭs od. ĭllĕ, zB. eam modestiam viri cognovi.* **6.** (*dcht.*) *pl.* Menschen (*im Ggs. zu Göttern od. Tieren*); *auch* Leute, Bewohner. **7.** der einzelne, jeder einzelne [*vir virum legit* jeder suchte sich einen (*od.* seinen) Mann aus, *vir cum viro congreditur*]. **8.** (*dcht.*) Zeugungskraft [*membra sine viro*]. — **(*als Anrede*) *vir episcope* Herr Bischof.

F. *gen. pl.* *vĭrōrŭm u.* (*dcht.*) *vĭrŭm* (*cf.* V.-B. VI, 2).

vĭrāgō, *ĭnĭs f* (*vĭr*) (*dcht.*) Heldenjungfrau, Heldin.

Vĭrbĭŭs, *ī m* **1.** *Beiname des v. Äskulap wieder ins Leben zurückgerufenen u. v. Diana als Heros u. Schützling der Nymphe Egeria in e-n Hain bei Aricia versetzten Hippolytus* (*s.d. u. Ărĭcĭă*). **2.** *S. v.* 1.

vĭrēctŭm, *ī n* (*vĭrĕō; Bildung nach sălĭctŭm*) (*dcht.*) grüner Platz [*-a nemorum* das Grün der Wälder].

vĭrēns, ēntĭs (*eigtl. part. praes. v. vĭrĕō*) (*dcht., nkl.*) = *vĭrĭdĭs*.

vĭrĕō, *ŭī,* — 2. (*et. unklar*) **1.** grünen, grün sein [*arbores,* °*thyrsus fronde*]. **2.** / (*dcht., nkl.*) frisch, kräftig sein, prangen [*genua; re* durch *od. m. etw., zB. alqs viret integris sensibus*].

vĭrēscō, *rŭī,* — 3. (*incoh. v. vĭrĕō*) (*dcht., nkl.*) grün werden, sprießen [*gramina*].

vĭrētŭm, *ī n* = *vĭrēctŭm*.

vĭrgă, *ae f* (< **vĭz-gā; cf. nhd.* „Stroh-wisch") **1.** (*unkl.*) dünner Zweig, Rute, Gerte [*viscata* Leimrute, *equum virgā regere* Reitgerte]. **2.** (*meist dcht.*) **a)** Pfropfreis, Setzling [*virgam inserere*]; **b)** Rute *od.* Stock *zum Schlagen; klass. nur pl.* **α)** *die Stäbe in den fasces der Liktoren* [*virgis alqm caedere; dcht. auch sg. coll.*]; **β)** (*meton.*) Stockschläge, Geißelung; **c)** (*Ov.*) Besen; **d)** (*dcht.*) Zauberstab; **e)** (*Ov.*) *farbiger* Streifen *am Kleid*; **f)** (*Ju.*) Geschlechtslinie *des Stammbaums*; **g)** (*spätl.*) = *mĕntŭlă*. — **Bischofsstab.

vĭrgātŏr, *ōrĭs m* (*vĭrgă*) (*Pl.*) der *m.* Ruten schlagende Prügelmeister *od.* Büttel.

vĭrgātŭs 3 (*vĭrgă*) (*dcht., nkl.*) **1.** (*aus Ruten*) geflochten [*calathiscus*]. **2.** gestreift [*sagula*].

vĭrgētŭm, *ī n* (*vĭrgă*) Weidengebüsch.

vĭrgĕŭs 3 (*vĭrgă*) (*dcht., nkl.*) aus Ruten, *v.* Reisern [*supellex, flamma*].

vĭrgĭdēmĭă, *ae f* (*Scherzbildung nach vīndēmĭă; vĭrgă*) (*Pl.*) Prügelernte = Schläge.

Vĭrgĭlĭŭs (*spätl.*) = *Vĕrgĭlĭŭs*.

vĭrgĭnālĭs, *ĕ* (*vĭrgō*) jungfräulich, mädchenhaft [*vestitus, modestia;* °*feles* Mädchenräuber]; *subst.* (*dcht., nkl.*) **-ĕ**, *ĭs n* (*concr.*) jungfräuliche Scham.

vĭrgĭnārĭŭs 3 (*vĭrgō*) (*Pl.*) Jungfrauen..., Mädchen... [*feles* Mädchenräuber].

Vĭrgĭnēsvĕndōnĭdēs, *ae m* (*scherzh. Zusammenrückung in Form e-s gr. patron.; pl. v. vĭrgō u. vĕndō*) (*Pl., Persa 702*) Mädchenhändler.

vĭrgĭnĕŭs 3 (*vĭrgō*) (*dcht.*) **1.** jungfräulich, mädchenhaft, Jungfrauen... [*pudor; sagitta* der Diana; *urnae* der Danaiden, *domus* der Vestalinnen, *Helicon* den Musen geweiht]. **2.** aus der *Aqua Virgo in Rom, der v. M. Agrippa angelegten Wasserleitung, der j.* Fontana Trevi [*aqua, liquor*].

Vĭrgĭnĭă (*nkl.*) = *Vĕrgĭnĭă*.

vĭrgĭnĭtās, *ātĭs f* (*vĭrgō*) Jungfernschaft, Jungfräulichkeit, Unschuld [*-atem laedere,* °*eripere,* °*rapere*].

Vĭrgĭnĭŭs (*nkl.*) = *Vĕrgĭnĭŭs*.

▶ **vĭrgō**, *ĭnĭs f* (*et. umstritten*) **1. a)** Jungfrau (*dcht., auch als Gestirn*), Mädchen [°*Vestalis,* °*regia* Prinzessin, °*Saturnia* = Vesta, °*Tritonia* = Minerva, °*dea* = Diana, °*virginis aequor* = Hellespont, °*poenae virginum* = der Danaiden]; **b)** (*dcht.*) junge Frau. **2.** (*dcht., nkl.*) (*Ăquă*) *Vĭrgō s. vĭrgĭnĕŭs.* **3.** *adi.* (*dcht.*) jungfräulich, unverheiratet [*filia*]; *charta* (*Ma.*) noch nicht herausgegebene Schrift. — ***pia* ~ = Maria.

vĭrgŭlă, *ae f* (*demin. v. vĭrgă*) **1.** (*nkl.*) Zweig. **2.** Stäbchen; *divina* Wünschelrute; / *censoria* (*Qu.*) Strich (*b. einem Wort od. Vers als Zeichen seiner Unechtheit*).

vĭrgŭltŭm, *ī n* (*vĭrgŭlă*) **1.** (*meist pl.*) Gebüsch. **2.** (*dcht.*) Setzling.

vĭrgŭncŭlă, *ae f* (*demin. v. vĭrgō*) (*nkl.*) Mädchen.

Vĭrĭāt(h)ŭs, *ī m Anführer der Lusitanier im Freiheitskampf gegen Rom, 139 v. Chr. hinterlistig ermordet.*

vĭrĭdārĭŭm *u.* (*Suet.*) **-dĭārĭŭm**, *ī n* (*vĭrĭdĭs*) Lustgarten, Park.

▶ **vĭrĭdĭs**, *ĕ* (*m.* °*comp. u. sup.*) (*vĭrĕō*) **1. a)** grün, grünlich [*ripa, campus, avis* Papagei]; *bsd. dcht. als Bezeichnung der Farbe des Meeres, der Flüsse, des Haares der Meer- und Flußgottheiten* [*aqua, Nereidum comae*]; **b)** (*dcht., nkl.*) grasreich, baumreich *u.ä.* [*Venafrum*]; *subst.* (*nkl.*) *vĭrĭdĕ, ĭs n* das Grün (*bsd.* noch unreifes Getreide); *pl.* *-ĭă, -ĭŭm n* Gartengewächse; grüne Rasenplätze *u.* Parkanlagen. **2.** / (*dcht., nkl.*) jugendlich, frisch, rüstig [*aetas, senex, senectus, puella*]. — ** *subst.*: *viride* grünes Tuch; *viride Hispanum* Grünspan (*da zuerst in Spanien künstlich hergestellt u. v. dort exportiert*).

vĭrĭdĭtās, *ātĭs f* (*vĭrĭdĭs*) **1.** das Grün [*pratorum*]. **2.** / Jugendkraft, Frische, Rüstigkeit [*-tem habere u. amittere, auferre*].

vĭrĭdō 1. (*denom. v. vĭrĭdĭs*) (*dcht., nkl.*) **1.** (*intr.*) grünen [*laurus*]. **2.** (*trans.*) grün machen; P. grün werden.

▶ **vĭrīlĭs**, *ĕ* (*adv.* **-ĭtĕr** *m.* °*comp.*) (*vĭr*) **1. a)** männlich, dem Manne eigen [°*vox,* °*arma, sexus;* °*pars -is* = *membrum virile* = *subst.* °*virile, is n*]; *selten in Beziehung auf das Alter* [°*aetas; klass. nur in den Ausdrücken toga -is u. vestis -is*]; **b)** (*vkl., nkl.*) (*gramm. t.t.*) männlich [*genus, nomen*]; **c)** (*Ho.*) *partes* Männerrollen. **2.** auf einen (einzelnen) Mann kommend, persönlich [*pars* (*u.* °*portio*) ~ persönlicher Teil (*od.* Anteil); *pro virili parte* nach Maßgabe der Kräfte]. **3.** / des Mannes würdig, mannhaft, standhaft [*animus, ingenium,* °*scelera* welche männlichen Mut erfordern, °*fortunam -iter ferre*]; *subst.* *vĭrīlĭă, ĭŭm n* (*nkl.*) mannhafte Taten.

vĭrīlĭtās, *ātĭs f* (*vĭrīlĭs*) (*nkl.*) Männlichkeit: **1.** männliches Alter. **2.** Zeugungsvermögen, -glieder. **3.** männliche Kraft *im Reden u. Handeln.*

vĭrĭ-pŏtēns, *ēntĭs* (*vĭrēs*) (*Pl.*) mächtig an Kraft, *Beiname Jupiters.*

vĭrītim *adv.* (*vĭr*) **1.** Mann für Mann, einzeln [*agros* ~ *dividere civibus*]. **2.** (*nkl., dcht.*) Mann gegen Mann, im Zweikampf [*dimicare*].

vĭrŏr, *ōrĭs m* (*vĭrĕō*) (*nkl.*) das Grünen. — **Lebenskraft.

vīrōsŭs[1] 3 (*vīrŭs*) (*dcht., nkl.*) stinkend [*Castorea*].

vĭrōsŭs[2] 3 (*vĭr*) (*vkl., nkl.*) mannstoll.

****virtuōsus** 3 tugendhaft; wundertätig.

▶ **vĭrtūs,** *ūtĭs f* (*vĭr*) **1. a)** Mannhaftigkeit, Manneswürde, Tatkraft [*virtus appellata est ex viro*]; **b)** (*im engeren Sinn*) Tapferkeit, Mut, Standhaftigkeit, Kraft [*militaris*; *alcis j-s, zB. militum*; *alcis rei in etw., zB. rei militaris*]; **c)** (*meton.*) *pl.* Heldentaten [*de suis virtutibus multa praedicare*]; **d)** (*personif.*) **Vĭrtūs** Göttin der kriegerischen Tapferkeit [*templum Virtutis*]. **2.** (*in weiterem Sinn*) **a)** Tüchtigkeit, Trefflichkeit, Wert, Verdienst, *pl.* Vorzüge [~ *animi u. corporis, virtutes oratoriae*], *auch v. Tieren u. leblosen Dingen* [*equi*, °*herbarum, memoriae*]; **b)** Tugend, Tugendhaftigkeit, Sittlichkeit, Moral [*leniores illae virtutes, finis bonorum in virtute positus est*]; *insb.* Ehrenhaftigkeit. — (*gen. pl.* -*ūm u. spätl.* °-*iūm.*) — ***pl.* Wundertaten.

vĭrŭī *s. vĭrĕō u. vĭrēscō.*

vīrŭlĕntŭs 3 (*vīrŭs*) (*nkl.*) giftig [*serpentes*]; / (*spätl.*).

vīrŭs, *ī n* (*klass. nur im nom. u. acc. sg. gebräuchlich*) (*zu* ἰός < **Fιός* „Gift") **1.** (*nkl., dcht.*) Schleim, Brunstschleim. **2. a)** (*nkl., dcht.*) Gift, Schlangengift; **b)** / Geifer [*virus acerbitatis suae evomere*]. **3.** (*nkl., dcht.*) der salzige Geschmack *des Seewassers.*

vīs[1]

I. *sg.* **1.** Kraft, Stärke, Gewalt; **2. a)** Tatkraft; **b)** Waffengewalt (*d. Feinde*); **c)** Gewaltanwendung, Zwang; **d)** Bedrängnis; **3. a)** Einfluß; **b)** Bedeutung, Wesen *e-r Sache*; **4.** Menge, Masse; **5.** Zeugungskraft; **II.** *pl.* **vīrēs 1.** physische Kräfte, Stärke; **2.** Kräfte = Mittel, Vermögen; **3.** *mil.* Streitmacht; **4.** geistige Kräfte, Fähigkeiten.

vīs[1] *f* (*zu* ἴς „Sehne, Kraft", *pl.* ἶνες < **Fισ-νες*) **I.** *sg.* **1.** Kraft, Stärke, Gewalt (*alcis u. alcis rei, zB. viri, equorum, corporis et animi, fluminis, morbi*; *in der Bed.* „*Körperkraft*" *steht meist der pl., cf. II*); *summā vi* mit der größten Anstrengung. **2. a)** (*dcht.*) Tatkraft, Mut, Energie; **b)** (*feindl.*) Waffengewalt, Angriff, Sturm [*urbem vi od. per vim expugnare* im Sturm]; **c)** *übh.* Vergewaltigung, Gewalttat, Zwang, Druck [*ad vim descendere, accusare alqm de vi*]; *vim facere* Gewalt anwenden [°*per alqd etw.* gewaltsam durchbrechen, *zB. per fauces portūs*]; *alci vim afferre u. inferre, adhibere, facere jd.* Gewalt antun; °*vi od. per vim* gewaltsam (°*auch* = gezwungen); **d)** Bedrängnis, Drangsal [*in summa vi versari, naves factae ad quamvis vim perferendam* Stoß]. **3.** / Kraft, Macht: **a)** Einfluß, Wirksamkeit [*orationis od. dicendi, oratoris, magna est vis conscientiae*]; *maximam vim habere ad alqd* den größten Einfluß auf *etw.* haben; **b)** Inhalt, Gehalt, Bedeutung, (wahres) Wesen [*virtutis*]; *oft verbunden natura atque vis* Natur *u.* Wesen; *insb.* Bedeutung *od.* Sinn *v. Wörtern u. Gedanken* [*verbi, nominis, legis*; *haec est in his verbis vis*]. **4.** Menge, Masse, Fülle [°*hominum, auri, lacrimarum* Tränenstrom]. **5.** (*nkl.*) Zeugungskraft; *genitalis* männlicher Samen. **II.** *pl.* **vīrēs,** *vīrĭūm* **1.** physische Kräfte, Körperkraft, Stärke [*vires corporis, adulescentis,* °*herbarum*; *integris viribus resistere*]. **2.** / Kräfte = Mittel, Vermögen [*omnibus viribus atque opibus, pro viribus* nach Kräften]. **3.** *mil.* Streitmacht, Truppen, Heer [°*validae, hostium, satis virium habere*]. **4.** geistige Kräfte, Fähigkeiten, das Vermögen [°*animi*, °*mentis*].
F. *sg. nom.* *vīs, acc.* *vĭm, abl.* *vī*; *pl.* *vīrēs, vīrĭŭm, vīrĭbŭs.*

vīs[2] (*et. umstritten*) (*als 2. pers. praes. ind. v. vŏlō verwendet, aber zu e-m anderen Stamm gehörig*; *cf.* *invītŭs*) du willst; *als zweiter Bestandteil v. pron. u. adv. gebraucht, zB. quivis, quămvīs.*

vīscātŭs 3 (*vĭscŭm*) (*unkl.*) *m.* Vogelleim bestrichen [*virga* Leimrute]; / lockend [*beneficia*].

vīscĕrātim *adv.* (*vĭ-?*) (*vĭscŭs*[2]) (*vkl.*) stückweise.

vīscĕrātĭō, *ōnĭs f* (*vĭ-?*; *vĭscŭs*[2]) **1.** Fleischspende an das Volk. **2.** / (*Se.*) Abfütterung.

vīscō 1. (*Rückbildung aus vīscātŭs*) (*Ju.*) beschmieren.

vĭscŭm, *ī n u.* (*Pl.*) **vĭscŭs**[1], *ī m* (*zu* ἰξός *ds.*; *cf.* *nhd.* „Weichsel-Kirsche") **1.** (*dcht., nkl.*) Mistel. **2. a)** (*meton.*) (*aus Mistelbeeren bereiteter*) Vogelleim; **b)** / (*Pl.*) Köder.

▶ **vīscŭs**[2], *ĕrĭs n klass. nur pl.* **vīscĕră,** *ŭm n* (*vĭ-?*; *et. ungedeutet*) alle unter der Haut befindlichen Teile des tierischen Körpers: **1.** Fleisch [*boum, sanguis ex visceribus exit, tunica inhaesit visceribus Herculis*]. **2.** (*unkl.*) (sämtliche) Eingeweide, *sowohl Lunge, Leber, Herz, als auch Magen u. Gedärme*; Bauch; Uterus, Hoden. **3.** / **a)** (*dcht., nkl.*) das eigene Fleisch *u.* Blut, das eigene Kind, die eigenen Kinder, die Angehörigen [°*viscera mea ex vinculis eripite*]; **b)** / (*dcht., nkl.*) die eigenen Schriften, die „Geisteskinder"; **c)** (*Ju.*) Lieblinge [*magnarum domuum*]; **d)** das Innerste *e-r Sache,* Herz, Kern, Mark [°*terrae, reī publicae,* °*vires in viscera vertere* gegen die eigenen Mitbürger, *alqd alci in visceribus haeret* sitzt tief in *j-s* Gedächtnis, ~ *causae* das Wesentliche in der Sache]; **e)** Herzblut = Vermögen, Geldmittel [*aerarii, de visceribus suis satisfacere alci*].

vīsī *s. vīsō.*

vīsĭbĭlĭs, *ĕ* (*vĭdĕō*) (*nkl., Eccl.*) sichtbar.

vīsĭō, *ōnĭs f* (*vĭdĕō*) **1.** das Sehen, Ansehen, Anblick [*dei*]. **2. a)** (*meton.*) Erscheinung, Vision [*adventicia*]; **b)** / Vorstellung, Idee (*alcis rei v. etw., zB. veri*).

vīsĭtātĭō, *ōnĭs f* (*vīsĭtō*) (*spätl.*) Besichtigung, Besuch; / (*Vulg.*) Heimsuchung, Bestrafung.

vīsĭtō 1. (*frequ. v. vīsō*) **1.** (*vkl., nkl.*) oft sehen. **2.** *jd.* besichtigen, besuchen (*alqm*).

▶ **vīsō,** *vīsī* (*meist durch vīdī ersetzt*), — 3. (*wohl* < **veid-sō zu vĭdĕō wie quaesō zu quaerō*; *vl. urspr. coni. e-s sigmatischen Aorists* = „ich will sehen") **1. a)** genau ansehen, besichtigen, betrachten (*abs., zB. visendi causā venire*; *alqm u. alqd, zB. Alcibiadem,* °*agros, prodigium* untersuchen); **b)** / (*Com.*) nach *etw.* sehen, nachsehen [*aedem Minervae*; *visam, si domi est*]; **c)** (*prägn.*) anstaunen [*pompas*]; *bsd.* **vīsĕndŭs** 3 (*eigtl. gerund.*) sehenswert [*ornatus*]; *subst.* (*pl.*) **-ă** *n* Sehenswürdigkeiten. **2.** *jd.* besuchen, *bsd. e-n Kranken* [*amicum aegrotum*]; *auch e-e Örtlichkeit* aufsuchen (*cf.* 1 b), besichtigen (*alqd, zB. Aegyptum*; *propter Cupidinis statuam Thespiae visuntur*).

vīspĭllō (*Ma.*) *s.* *vēspĭllō.*

Vīst(ŭ)lă, *ae u.* **Vīscŭlŭs,** *ī m* die Weichsel.

vīsŭm, *ī n* (*eigtl. P.P.P. v. vĭdĕō*) **1.** (*Pr.*) Erscheinung, Bild [*turpia -a*]. **2.** Traumbild [*visis perterreri*]. **3.** Vorstellung, Phantasie(bild), *als Übersetzung der* φαντασία *der Stoiker.*

Vīsŭrgis, *ĭs m* die Weser (*acc.* -*im, abl.* -*ī*).

vīsŭs[1] *P.P.P. v. vĭdĕō u. part. pf. v. vĭdĕŏr.*

▶ **vīsŭs**[2], *ūs m* (*vĭdĕō*) **1.** (*act.*) **a)** das Sehen, Anblick, Blick, die Augen [°*alqd visu percipere,* °*omnia visu obire* alles besehen, *qua visus erat* soweit die Augen reichten; *m. gen. subi. u. obi., zB.* °*oculorum, patriae*]; **b)** (*spätl.*) Sehkraft, Gesichtssinn. **2.** (*pass.*) das Gesehene, *auch pl.*: **a)** Erscheinung, Vision [*nocturnus*]; **b)** Aussehen, Gestalt [*insignis*].

▶ **vītă,** *ae f* (< **vīvĭtā zu vīvŭs*) **1. a)** Leben, *bsd.* Lebenszeit [*in vita esse*; *a vita discedere* = *e vita cedere od. excedere, abire*; *vitam ponere* das Leben lassen; *in mea vita* solange ich lebe; *vitam tutam vivere* führen, *vitam honestissime agere, alqm vitā privare* = *alci vitam adimere od. auferre*]; **b)** (*dcht.*) Lebenshauch, Seele, *auch* Schatten *in der Unterwelt* [*tenues sine corpore vitae*]. **2.** Lebensweise, -lauf [*rustica, in vita splendidus*]; *bsd.* Privatleben *j-s.* **3.** (*Pl.*) Lebensunterhalt. **4.** (*nkl.*) Lebensbeschreibung, Biographie [*vitae excellentium virorum*]. **5.** (*Te.*) Lebensglück [*paene inlusi vitam filiae*]. **6.** (*nkl., dcht.*) die lebenden Menschen, die Welt [*de hac re vita communis non dubitavit*]. **7.** (*Kosewort*) Liebling, Lebensglück [*mea vita*].

vītābĭlĭs, *ĕ* (*vītō*) (*Ov.*) meidenswert.

vītābŭndŭs 3 (*vītō*) (*nkl.*) immer ausweichend, zu entkommen suchend (*abs. od. m. acc., zB. tela*).

vītālis, ē (*adv.* °**-iter**) (*vīta*) **1. a)** Leben gebend *od.* spendend, belebend, das Leben erhaltend [*spiritus*, °*viae* lebenspendende Luftwege]; **b)** (*unkl.*) lebensfähig [*puer*]; **c)** (*prägn.*) (*vkl.*) lebenswert [*vita*]; **d)** (*Pe.*) *lectus* Totenbett, Bahre. **2.** zum Leben gehörig, Lebens... [*aura* Lebensluft, *vis* Lebenskraft]. **3.** *subst.* **vītālia**, ium *n* (*nkl., dcht.*) **a)** die lebenswichtigen Teile des Körpers; **b)** Totenkleid. — ***panis -is* Hostie.

vītātiō, ōnis *f* (*vītō*) Vermeidung (*alcis rei, zB. doloris*).

Vitellius 3 **1.** *röm. Gentilname: A.* ~, *69 n. Chr. röm. Kaiser, v. Vespasian gestürzt u. hingerichtet; adi. auch* **Vitelliānus** 3. **2.** *subst.* **Vitelliāni**, ōrum *m* **a)** (*nkl.*) Soldaten des Vitellius; **b)** (*Ma.*) *Schreibtafeln kleinsten Formates, bsd. für Liebesbriefe benutzt, wohl nach dem Fabrikanten benannt.*

vitellus, ī *m* (*demin. v. vitulus*) **1.** (*Pl.*) Kälbchen; / *Kosewort.* **2.** Eidotter; *auch* °**vitellum**, ī *n.*

vīteus 3 (*vītis*) (*unkl.*) vom Weinstock [*pocula* Wein].

vitiātiō, ōnis *f* (*vitiō*) (*nkl.*) Verletzung, Schändung.

vitiātor, ōris *m* (*vitiō*) (*Se.*) Verführer *e-s Mädchens.*

vīticula, ae *f* (*demin. v. vītis*) Weinstöckchen.

vīti-fer, era, erum (*vītis, ferō*) (*nkl., dcht.*) Reben tragend, weinreich.

vīti-genus 3 (*vītis, gignō*) (*Lu.*) vom Weinstock [*liquor* Wein].

viti-lēna, ae *f* (*vitium*) (*Pl.*) gemeine Kupplerin.

vitiligō, inis *f* (*wohl zu vitium*) (*vkl., nkl.*) Hautkrankheit, Flechte.

▶ **vitiō** 1. (*denom. v. vitium*) **1. a)** (*dcht., nkl.*) verderben, verletzen, beschädigen [*vina, auras odoribus* verpesten, *facies vitiatur annis, aper vitiatus* anbrüchig, angegangen]; **b)** (*unkl.*) (*ein Mädchen*) verführen, entehren; *subst.* (*Ta.*) *vitiatae, ārum* / geschandete Frauen. **2.** / **a)** fälschen, verfälschen, *bsd. Urkunden* [°*senatus consulta*, °*pecunias*, °*memoriam* Geschichtsurkunden]; **b)** (*relig. t.t.*) *e-n zu e-r öffentlichen Handlung bestimmten Tag wegen ungünstiger Vorzeichen für ungeeignet erklären* [*diem, comitia* den Wahltag].

vitiōsitās, ātis *f* (*vitiōsus*) Lasterhaftigkeit.

vitiōsus 3 (*m. comp. u. sup.*; *adv.* **-ē**) (*vitium*) **1.** fehlerhaft, mangelhaft, verkehrt, *auch* / [*lex*, °*corpus* krank *od.* siech, °*ilex* schadhaft *od.* hohl, °*libido* krankhaft, °*puer m.* Fehlern behafteter Sklave, *partes rei publicae, -e se habere* sich in einem fehlerhaften *od.* krankhaften Zustand befinden]; *auch* = unrichtig, falsch [*-e concludere*]. **2.** (*relig. t.t.*; *cf. vitiō* 2 b) gegen die Auspizien gewählt (*od.* veranstaltet, geschehen), ungültig [*dictator, suffragium*]; *adv.* gegen die Auspizien [*-e ferre leges*]. **3.** lasterhaft, verworfen [*homo, vita*].

▶ **vītis**, is *f* (*zu vieō*; *eigtl.* „Rankengewächs") **1. a)** Weinrebe [°*ulmum vitibus amicire*]; **b)** (*meton.*) **α)** (*aus abgeschnittener Rebe gefertigter*) Kommandostab des *röm.* Zenturio; **β)** (*nkl., dcht.*) Zenturionenstelle. **2.** (*synekd.*) **a)** Weinstock; *meton.* °**b)** Weinlaub [*caput vite tegere*]; °**c)** Wein [*Falerna*]. **3.** (*nkl., dcht.*) Zaunrübe [*alba*].

F. *abl. sg. vītē, selten -ī; gen. pl. -ium.*

vīti-sator, ōris *m* (*vītis, serō*[2]) (*dcht.*) Winzer.

▶ **vitium**, ī *n* (*et. unklar*) **1.** Fehler *allgem. als tadelnswerte Eigenschaft e-s Dinges* [*quod vituperabile est per se ipsum, id eo ipso vitium nominatum puto*]; *daher auch* = Mangel, Gebrechen, Schaden, schlechte Beschaffenheit [*corporis, parietis, sentinae* üble Wirkung, *memoriae* Schwäche, *castrorum* ungünstige Lage]; *auch* (*nkl., dcht.*) falscher Zusatz *zum Münzgold* [(*ignis*) ... *vitium metallis excoquit* scheidet die Schlacke aus]; °*aëris* schlechte Luft, *aedes vitium fecerunt* das Haus ist schadhaft geworden; *auch* (*dcht.*) Krankheit, Seuche. **2.** Fehltritt, Mißgriff, Verstoß, Schuld [°*hostium, parentum, legis*]; *meum est vitium* es ist meine Schuld. **3.** (*relig. t.t.*) ungünstiges Vorzeichen *od.* Formfehler *in den Augurien* [*tabernaculum vitio captum* gegen die Augurien]. **4. a)** Laster, Verschulden, Vergehen [*homo vitiis deditus*]; *pl. auch* = Lasterhaftigkeit; *esse in vitio* schuld sein *od.* (*v. Sachen*) fehlerhaft sein, Tadel verdienen, *alci alqd vitio dare od. vertere jd. etw.* als Fehler anrechnen; **b)** (*Com., Ge.*) Schändung, Verführung [*afferre vitium pudicitiae alcis*].

▶ **vītō** 1. (*et. ungeklärt*) **1.** meiden, ausweichen, aus dem Wege gehen (*alqd, zB. eum locum, aspectum hominum, suspicionem*; *auch m. ne* daß *u.* °*inf.*); (*dcht.*) *se ipsum -are m.* sich selbst unzufrieden sein. **2.** (*prägn.*) vermeiden, entgehen [*fugā mortem, periculum*].

vītor, ōris *m* (*vieō*) (*Pl.*) Korbflechter, Kofferhändler.

vitreārius, ī *m* (*vitreus*) (*Se.*) Glasbläser.

vitreus 3 (*vitrum*[1]) (*dcht., nkl.*) **1.** gläsern, kristallen [*vas, sedilia*]; *hostis od. latro* Figur *im Schachspiel*; *subst.* **-um**, ī *n* Glasgeschirr. **2.** / **a)** kristallklar, durchsichtig, glänzend [*unda, fons*]; **b)** gleißend, trügerisch, unzuverlässig [*fama*]; **c)** (*spätl.*) zerbrechlich wie Glas = vergänglich.

vitricus, ī *m* (*vī-?*) (*vl.* < **viterŏs* „der zweite"; *cf. vī-* „zwei" *in vīginti*) Stiefvater. — **Kirchenkassenverwalter.

vitrum[1], ī *n* (*vl. m. vitrum*[2] *identisch wegen der bläulich-grünlichen Farbe des antiken Glases*) Glas, Kristall. — **Fenster.

vitrum[2], ī *n* (*cf. nhd.* „Waid") Waid (*blaufärbende Pflanze*).

Vitrūvius, ī *m* (*Vorname u. cogn. unsicher*) *Architekt u. Ingenieur unter Cäsar u. Augustus, Vfssr. v.* „*De architectura libri decem*".

vitta, ae *f* (*vieō*) (*dcht., nkl.*) Binde: **1.** Kopfbinde (*der Opfertiere, Priester, freigeborenen Frauen u. Dichter*). **2.** Binde *um die Friedenszweige der Bittflehenden.* **3.** Band *zum Schmuck des Altars, heiliger Bäume u.ä.*

vittātus 3 (*vitta*) (*dcht., nkl.*) *m.* einer Binde geschmückt [*vacca*].

vitula, ae *f* (*vitulus*) (*vkl., dcht.*) Kalb, *auch* junge Kuh.

vitulīnus 3 (*vitulus*) vom Kalb, Kalbs... [*assum*]; *subst.* **-a**, ae *f* (*sc. carō*) (*vkl., nkl.*) Kalbfleisch.

vitulor 1. (*et. umstritten*) (*vkl.*) *e-n* Sieges- *od.* Lobgesang anstimmen [*Iovi*].

▶ **vitulus**, ī *m* (*wohl als* „Jährling" *dial. Dublette zu vetulus*; *cf. vetus*) **1.** Kalb. **2.** (*dcht., nkl.*) Füllen. **3.** (*nkl.*) (*marinus*) Seehund.

vituperābilis, e (*vituperō*) tadelnswert.

vituperātiō, ōnis *f* (*vituperō*) **1.** Tadel [*-ni esse* tadelnswert sein]; *in -nem venire* (*od. adduci, cadere*) getadelt werden. **2.** *meton.* tadelnswertes Benehmen (*alcis j-s*).

vituperātor, ōris *m* (*vituperō*) der Tadler (*alcis u. alcis rei*).

vituperō 1. (*wohl denom. v. adi.* **viti[ō]-parŏs*; *eigtl.* „fehlerhaft machen, als fehlerhaft bezeichnen"; *vitium, parō* 1.) **1.** (*Pl.*) (*relig. t.t.*) ungültig machen, verderben [*cur omen mihi vituperat?*]. **2.** tadeln, bemängeln, schelten (*abs. od. alqm u. alqd*; *auch alqm in re od. propter rem jd.* wegen *etw.*).

vīvācitās, ātis *f* (*vīvāx*) (*nkl.*) Lebenskraft, -dauer.

*****vivant sequentes** es leben die Folgenden!

vīvārium, ī *n* (*vīvus*) (*dcht., nkl.*) Behälter *od.* Gehege für lebende Tiere: Tiergarten, -park, Fischbassin; / Gehege.

*****vivat, crescat, floreat** *s. vīvō.*

vīvātus 3 (*vīvus*) (*Lu.*) belebt.

vīvāx, ācis (*m. comp. u. sup.*) (*vīvō*) (*dcht., nkl.*) **1.** langlebig, zählebig [*cervus, anus*]. **2.** / **a)** dauerhaft, zäh; *bsd.* sich lange frisch erhaltend [*gramen*]; **b)** lebhaft, kräftig [*sulpura* schnell aufflammend]; *auch* belebend.

vīvescō, vīxī, — 3. (*incoh. v. vīvō*) (*dcht., nkl.*) zum Leben erwachen; kräftig werden.

vīvidus 3 (*m. comp.*) (*vīvō*) (*dcht., nkl.*) **1. a)** belebt [*tellus*]; **b)** (*v. Statuen u. Gemälden*) lebensvoll, sprechend ähnlich [*signa*]. **2.** / lebhaft, energisch, feurig [*animus, senectus, impetus*].

vīvi-rādix, īcis *f* (*vīvus*) Ableger.

> **vīvō**
> **1. a)** leben; **b)** noch leben; **c)** fortdauern, fortbestehen; **2. a)** von *etw.* leben; **b)** irgendwo leben; **c)** irgendwie leben; **d)** *mit jd.* verkehren; **e)** das Leben genießen.

vīvō, vīxī, victūrus 3. (*cf.* βίομαι „ich lebe") **1. a)** leben, am Leben sein, leben bleiben [*ad summam senectutem, octoginta annos u. annis*; P. °*nunc tertia vivitur aetas*]; *viventes cum alqo j-s* Zeitgenossen; *vivere de lucro* sein Leben der

Gnade eines anderen zu danken haben; *bsd. in Beteuerungen: ita vivam* so wahr ich lebe!, *ne vivam, si* ich will des Todes sein, wenn; *auch auf Dinge übertragen, zB.* °*ignes vivunt* brennen, °*pectus vivens* noch klopfend, °*membra viventia* noch zuckende; **b)** noch leben, noch am Leben sein [*utinam Sulpicius viveret!*]; **c)** / fortdauern, fortbestehen [*horum etiam mortuorum vivit auctoritas*, °*vivunt scripta* sind noch vorhanden, °*vivit vulnus* ist noch da, °*ignis* brennt noch]. **2. a)** *v. etw.* leben *od.* sich nähren (*re, zB. piscibus, carne*, °*rapto* vom Raub); **b)** irgendwo leben, zu Hause sein, sich dauernd aufhalten [°*in Thracia, extra urbem*; / *in paupertate, in litteris*]; **c)** irgendwie leben, sein Leben zubringen [*iucunde, bene* rechtschaffen, °*luxuriose, convenienter naturae* = *secundum naturam, bonis moribus, in diem* in den Tag hinein, *v.* der Hand in den Mund]; **d)** *m. jd.* leben = verkehren [*cum alqo familiariter od. coniunctissime*; *secum* sich selbst leben]; **e)** (*prägn., meist dcht.*) das Leben genießen, vergnügt leben [°*vivamus et amemus*]; *bsd.* (*dcht.*) (*als Abschiedsgruß*) *vive, vivite* leb wohl! lebt wohl! — ****vivat, crescat, floreat!* = „er (sie, es) lebe, wachse, blühe" (*in den Zirkeln studentischer Verbindungen*).
F. (*Ve.*) *vīxēt synk.* = *vīxissēt*.

vīvūs
1. lebend, lebendig; **2. a)** *dcht.* lebendig; **b)** natürlich; **c)** lebhaft, feurig; **3.** *subst.* **vīvūm** das Lebendige; **a)** das lebendige Fleisch *des Körpers*; **b)** Kapital.

vīvūs 3 (*adv.* **-ē** *nur altl.*) (*cf. nhd.* „quick, erquicken; keck") **1.** lebend, lebendig, am Leben (befindlich) [*alqm vivum* °*capere od.* °*concremare*]; *subst.* (*dcht.*) **vivi** *m* die Lebenden, die Menschen; die lebenden Dichter; *bsd.* = bei Lebzeiten [*vivus eum adoptavit, vivo Attico* bei Lebzeiten des Atticus, *me vivo* bei meinen Lebzeiten, solange ich lebe]. **2.** / **a)** *viva vox* (*eigtl.* „*v.* einem Lebenden herrührend") mündliche Belehrung; *dcht. wird vivus weitgehend auf Gegenstände u. abstr. übertragen, zB.* [*arundo, virga*] frisch, saftig, grünend, [*calor*] Lebenswärme, [*sanguis*] warm, [*membra, viscera*] noch zuckende, [*flumen*] fließend, [*lucerna*] fortbrennend, [*amor*] dauernd; **b)** in seinem natürlichen Zustand, natürlich [°*pumex* = unbearbeitet, °*lacus* natürlich]; *bsd.* (*dcht.*) lebenstreu, sprechend ähnlich [*vultus*]; **c)** (*nkl.*) lebhaft, feurig [*animus*]. **3.** *subst.* **vīvūm**, *ī n* das Lebendige: **a)** (*nkl.*) (*vom Körper*) das lebendige Fleisch [*calor ad vivum perveniens* = ins Mark]; *bsd.* (*im Ggs. zu den Nägeln*) *ad vivum resecare* bis aufs Fleisch (weg)schneiden; / (*auch klass.*) *etw.* haarscharf *od.* im strengsten Sinne nehmen; **b)** Kapital, Grundstock [*detrahere od. resecare alqd de vivo* vom Kapital (*im Ggs. zu den Zinsen*) *etw.* wegnehmen].

▶**vīx** *adv.* (*et. ungedeutet*) **1.** kaum, *m.* Mühe, *m.* genauer Not, *bei Verben* [*lacrimas vix tenere*] *u. bei adi. u. adv.* (*alci vix notus, vix prudenter*), *stets m. neg.* Sinn [*vix quisquam hoc crediderit*]; *m. quin, zB. vix me contineo, quin.* **2.** (*zeitl.*) kaum erst, kaum noch, gerade, soeben; *m. cum inversum* (*dcht. u. nkl. auch* et *od.* -que), *zB. vix agmen processerat, cum Galli flumen transire non dubitant.*

vīx-dūm *adv.* (*auch getr.*) kaum noch, kaum erst = *verstärktes vīx.*

vīxī *s. vīvō u. vīvēscō.*

vīxīllūm, *ī n* (*demin. v. vīx*) (*Pl.*) kaum noch ein Tröpfchen.

****vocabulārium,** *i n* Wörterbuch.

▶**vŏcābŭlūm,** *ī n* (*vŏcō*) **1. a)** Benennung, Bezeichnung [*res suum nomen et proprium vocabulum non habet*]; **b)** der *e-r Pers. od. Sache eigene* Name [°*alci*, ~ *Locusta est*, °*alci* ~ „*cedo alteram*" *indere*]. **2.** (*gramm. t.t.*) (*vkl., nkl.*) das Substantiv. **3.** (*Ta.*) Vorwand [*alio -o, varia praedandi -a*].

vōcālĭs, *ĕ* (*m. comp. u. sup.*; *adv.* °**-ĭtĕr**) (*vōx*) **1.** stimmbegabt, sprechend [*terra*; °*equus* weissagend; °*nympha* plaudernd]. **2.** klangvoll, singend [°*Orpheus* liederreich, °*carmen*; *neminem vocalem praeterire* keinen, der eine gute Stimme hat]. **3.** *subst. f* (*sc. littĕră*) Vokal (*abl. -ī*).

vōcālĭtās, *ātis f* (*vōcālĭs*; *Übersetzung v.* εὐφωνία) (*nkl.*) Wohlklang.

vŏcāmĕn, *ĭnis n* (*vŏcō*) (*Lu., spätl.*) Benennung, Name.

vŏcātĭō[1], *ōnis f* (*vŏcō*) (*vkl., dcht.*) **1.** Einladung zu Tisch. **2.** Vorladung vor Gericht. **3.** (*spätl.*) Berufung [*gentium* der Heiden]. — **Abberufung, Tod.

vŏcātĭō[2], *ōnis f* (*im älteren Lat. vor betonter Silbe oft vŏ- statt vă-*) = *văcātiō.*

vŏcātīvūs 3 (*vŏcō*) (*nkl., Gramm.*) zum Rufen gehörig; *casus* ~ *u. subst.* ~, *ī m* Vokativ.

vŏcātŏr, *ōris m* (*vŏcō*) (*nkl.*) Gastgeber.

vŏcātūs, *ūs m* (*vŏcō*) **1.** (*dcht., nkl.*) das Rufen, Anrufen; *bsd.* das Flehen, *auch pl.* **2.** (*nur im abl. sg.*) Einladung, Ladung (*alcis j-s*) zur Tafel (*Suet.*) *od.* zu *e-r* Sitzung.

vōcĭfĕrātĭō, *ōnis f* (*vōcĭfĕrŏr*) lautes Rufen, Geschrei, das Jammern (*abs. od. alcis j-s u. de re*).

vōcĭfĕrātŏr, *ōrĭs m* (*vōcĭfĕrŏr*) (*Tert.*) Schreihals.

vōcĭ-fĕrŏr *u.* (*Li.*) **-ō** 1. (*denom. v.* **vōcĭfĕr*; *vōx, fĕrō*) laut rufen, schreien *u.* lärmen (*de re*; *alqd, nur neutr. v. allg. adi. u. pron., zB.* °*talia, haec, quid*; *m. a.c.i. bzw. m. ut, ne*; *m. indir. Frages.*); P. *impers.* °*fortiter vociferatum fuerat* man hatte gerufen.

vŏcĭtō 1. (*frequ. v. vŏcō*) **1.** zu nennen pflegen (*m. dopp. acc., zB.* °*alqm tyrannum*; *im P. m. dopp. nom. auch* heißen). **2.** (*Ta.*) laut rufen, schreien [*clamor vocitantium*].

vŏcīvūs 3 (*cf. vŏcātĭō*[2]) = *văcīvŭs.*

vŏcō
1. a) (herbei)rufen, berufen; **b)** herbeiwünschen, erflehen; **c)** anrufen, anflehen; **d)** abberufen **2. a)** (*vor Gericht*) (vor)laden; **b)** (*als Gast zur Tafel*) einladen; **3. a)** herausfordern; **b)** reizen, locken; **4.** nennen, benennen; **5.** *in e-e Lage od. Stimmung* bringen, versetzen.

vŏcō 1. (*ablautend zu vōx*; *cf. acc. sg.* ὄπ-α „Stimme") rufen: **1. a)** (herbei)rufen, berufen (*alqm, zB.* °*senatum*, °*patres* zusammenrufen; *alqm ad alqm od. ad se, ad od. in alqd, zB. milites ad u.* °*in arma*, °*auxilio* zu Hilfe; *auch* °*alqd, zB.* °*nomen alcis*, °*auxilium* um Hilfe, °*pugnas* zum Kampf); **b)** (*meist dcht.*) *auf leblose subi. u. obi. übertragen, zB.* °*nox vocat ad quietem*, °*fata me vocant*, °*imbrem votis* = herbeiwünschen, erflehen; **c)** (*dcht., nkl.*) anrufen, anflehen [*Hecaten*]; **d)** *jd.* ab(be)rufen (*alqm a re, zB. milites ab operibus*). **2. a)** (*vor Gericht*) (vor)laden [*alqm* °*ad dictatorem, in ius od. in iudicium* vor Gericht]; **b)** (*als Gast zur Tafel*) einladen [*alqm, alqm ad cenam, domum*]. **3. a)** (*dcht., nkl.*) herausfordern [*hostem, alqm ad pugnam*]; **b)** / auffordern, reizen, locken (*alqm ad od. in alqd, zB. ad vitam, in spem j-m* Hoffnung machen, °*servos ad libertatem*). **4.** nennen, benennen (*alqd nomine*; *meist m. dopp. acc., zB. alqm* °*hostem, furtivum amorem coniugium*, °*talia aedificia mapalia*; *alqd ex od. de re etw.* nach *etw., zB. urbem ex patris nomine*); P. heißen [°*porticus quae vocatur Poecile*]. **5.** in eine Lage *od.* Stimmung versetzen *od.* bringen (*alqd u. alqm in, seltener ad alqd, zB.* °*natos ad poenam* zur Strafe ziehen, *alqm in odium jd.* verhaßt machen, *in suspicionem* verdächtigen, *in* °*crimen* beschuldigen, *in periculum od. in discrimen* in Gefahr stürzen, *rem publicam ad exitium* dem Untergang entgegenführen, *alqd in disceptationem* über *etw.* streiten, °*in commune* gemeinsam machen, *alqm in partem rei jd.* an *etw.* teilnehmen lassen, °*divos in vota* die Götter unter Gelübden anrufen, *alqd in dubium etw.* bezweifeln).

vōcŭlă, *ae f* (*demin. v. vōx*) **1.** schwache Stimme. **2.** / **a)** schwacher Ton; **b)** (*nkl., dcht.*) ein Wörtchen; **c)** *pl.* Klatsch, üble Nachrede.

Vŏgĕsūs *schlechte Form für Vŏsĕgŭs.*

vŏlaemūm *s. vŏlēmŭm.*

vŏlāntēs *s. vŏlō*[1].

vŏlātĭcūs 3 (*vŏlātŭs* 3 *P.P.P. v. vŏlō*[1]) **1.** (*vkl., nkl.*) fliegend. **2.** / **a)** einherstürmend [*impetus*]; **b)** flüchtig, unbeständig [*Academia*].

vŏlātĭlĭs, *ĕ* (*vŏlō*[1]) **1.** geflügelt, befiedert [*bestiae* Geflügel, °*puer* =

Amor]. **2.** (*dcht., nkl.*) **a)** schnell [*telum*]; **b)** flüchtig, vergänglich [*aetas*].

vŏlātŭs, *ūs m* (*vŏlō*¹) das Fliegen, Flug, *auch pl.* [*avium,* °*Pegasēus*].

Vŏlcae, *ārŭm m kelt. Volk i. der Provence; es zerfiel in die* ~ *Tĕctŏsăgēs m. der Hptst. Tŏlōsă* (*j.* Toulouse) *u.* die ~ *Ărĕcŏmĭcī m. der Hptst. Nĕmausŭs* (*j.* Nîmes).

Vŏlcānŭs, (*jünger*) **Vŭlcānŭs,** *ī m* (*vl. etr. Herkunft* [velχanu], *später dem* Ἥφαιστος *gleichgesetzt*), *der lahme Gott des Feuers u. der Schmiedekunst, S. des Jupiter u. der Juno, Gemahl der Venus; meton.* (*vkl., dcht.*) = Feuer(flamme); *insula Volcani die südlichste der Liparischen Inseln, j. Vulcano; adi.* **Vŏlcānĭŭs** 3 vulkanisch, des Volcanus, dem Volcanus geweiht, des Feuers; **Vŏlcānālĭă,** *ĭŭm* (*u. -ōrŭm, cf.* V.-B. X) *n* Fest des Vulkan (*am 23. August*).

vŏlēmŭm pĭrŭm (*wohl zu osk. valaemon* „das Beste") (*unkl.*) *Birnensorte.*

vŏlēns, *ĕntĭs* (*adv.* **-ĭtĕr**) (*eigtl. part. praes. v. vŏlō*²) (*unkl.*) **1. a)** absichtlich, *m.* Wissen *u.* Willen [*macie tenuant armenta volentes*]; **b)** willig, gern, *v.* Herzen [*alqs volens in amicitiam venit, volenti animo*]; *alqd alci volenti est* (*nach* βουλομένῳ μοί ἐστί τι) *etw.* ist *jd.* erwünscht *od.* willkommen [*res novae quibusdam volentibus sunt*]. **2.** geneigt, gewogen, gnädig, huldvoll, *bsd. in der Verbindung volens propitius(que);* °*volentibus cum magnis dis, dis volentibus* durch die Gnade der Götter, *volentibus omnibus bonis* unter Zustimmung aller Gutgesinnten, *volente animo m.* Wohlgefallen; *subst. n alci volentia rescribere* günstige Nachrichten.
F. *abl. sg. -ī; pl. neutr. -ĭă, gen. -ĭŭm.*

vŏlĕntĭă, *ae f* (*vŏlēns*) (*nkl.*) Wille, Neigung.

vŏlgŭs, vŏlgārĭs *ältere Form für vŭlgŭs, vŭlgārĭs.*

vŏlĭtō 1. (*intens. v. vŏlō*¹) **1. a)** (*dcht., nkl.*) umherfliegen, -flattern [*aves, volucres*]; **b)** (*v. Leblosem u. abstr.*) fliegen, eilen, umhertanzen, (*vom Ruhm*) sich verbreiten, (*v. der Seele*) sich frei bewegen, sich Erholung gönnen; **c)** (*part. praes.*) *subst.* °*vŏlĭtāns, āntĭs m* α) Fliege; β) Schwarm [*plurimus* dicht]. **2.** / **a)** umhereilen, -schwärmen, sich tummeln, keck sein Wesen treiben [*in foro, ante oculos alcis*]; **b)** sich brüsten, sich dünkelhaft überheben [*totā Asiā volitat ut rex, coniuratio palam volitabat*]; *auch* = kühn emporstreben [*gloriae cupiditate*].

vŏlnŭs, vŏlnĕrō *ältere Form für vŭlnŭs, vŭlnĕrō.*

▶ **vŏlō**¹ (*et. ungedeutet*) **1.** fliegen, *v. Vögeln u. Insekten* [*avis, apis,* °*per aëra*]; *subst. vŏlāntēs, ĭŭm u. ŭm f* (*dcht., nkl.*) Vögel. **2.** / (*meist dcht.*) fliegen = eilen, sich schnell bewegen, geschwind dahinfahren [°*currus,* °*navis, litterae* Briefe, °*fama;* °*hora* eilt dahin, vergeht].

vŏlō²
1. wollen, verlangen, wünschen, Lust haben; **2.** (*publ. t.t.*) bestimmen, beschließen, festsetzen, anordnen; **3.** der Meinung sein, behaupten; **4.** lieber wollen, vorziehen; **5.** bedeuten, zu bedeuten haben, bezwecken.

vŏlō², *vŏlŭī, vĕllĕ* (*coni. praes. urspr. Optativ; cf. nhd.* „wollen"; *zu vīs s. vīs*²) **1. a)** wollen, entschlossen sein, *übh.* begehren, verlangen, wünschen, Lust haben, *entweder abs.* [*res est ut volumus, velim nolim* ich mag wollen *od.* nicht, *seu velint seu nolint*] *od.* α) *m. acc.*: *alqd etw.* [*aliud, plura, amicitiam alcis,* °*puellam; auch sibi alqd etw.* für sich, *zB. sibi meliorem fortunam*]; β) *m. inf. u. a.c.i.* [*volo scire, rem aliter geri volo*]; *bisw. wird esse im a.c.i. weggelassen* [*omnes salvos volo*]; *gelegentlich m. inf. pf.* [*lumen exstinctum esse volo* ich will das Licht ausgelöscht wissen]; γ) *m. ut u. ne* [*volo, ut mihi respondeas od. ne ei pareas*]; *häufiger m. bloßem coni. volo hoc facias, velim nos defendas, vellem haec vana essent*]; *velim* ich wollte *od.* möchte (*bei erfüllbar gedachten Wünschen*); *vellem* (*bei unerfüllbaren Wünschen*) ich hätte gewollt; *num quid vis* wünschest du noch *etw.*? (*Formel beim Abschiednehmen*); *cf. auch vŏlēns;* **b)** *besondere* (*z. T. ellipt.*) *Wendungen*: α) *in locum od. aliquo velle* nach einem Ort *od.* irgendwohin (reisen *od.* gelangen) wollen [*in Graeciam, in Tusculanum*]; β) *alqm velle jd.* zu sprechen wünschen [°*paucis te volo, mene vis?*]; *alqm alqd velle etw. v. jd.* wollen [*quid ille me vult?*]; γ) (*vkl., nkl.*) *bene od. male velle alci j-m* wohl *od.* übel wollen; δ) *alcis causā velle* es gut mit *jd.* meinen, für *jd. etw. od.* alles [*omnia*] tun wollen; ε) *quid tibi vis* was fällt dir ein? *quid vobis vultis* was wollt ihr denn nur? **2.** (*publ. t.t.*) bestimmen, beschließen, festsetzen, anordnen: **a)** *m. a.c.i.* [*maiores nostri parricidas insui voluerunt in culleum*]; **b)** *velitis iubeatis* (*Einleitungsformel der Gesetzesvorschläge*); **c)** (*dcht.*) (*v. Beschlüssen der Gottheit u. des Geschicks*) [*fortuna me hac voluit consistere terra*]. **3.** der Meinung sein, behaupten, auf *etw.* Anspruch machen (*m. inf., zB. Aelius Stoicus esse voluit; m. a.c.i., zB. me vult fuisse Rhodi, bsd. v. philos. Lehrmeinung, zB. Plato deum sine corpore esse vult; nicht selten m. Weglassung v.* esse = *etw.* sein wollen [*Strato physicum se voluit* gab sich für einen Physiker aus]. **4.** lieber wollen, vorziehen (*alqd; klass. vereinzelt m. quam* = *mālō quăm, zB.* °*malae rei quam nullius duces esse volunt*). **5.** bedeuten, zu bedeuten haben, bezwecken [°*quid vult concursus?*]; *klass. m. dat. sibi* [*quid haec verba sibi volunt* was hat es mit diesen Worten auf sich?]. — ***alqm od. alqd velle* an *jd. od. etw.* Gefallen finden. — *inf. praes. als subst.* das Wollen, der Wille [*vestrum velle*].
F. *ind. praes. vŭlt u. vŏlt, vŭltĭs u. vŏltĭs; zusammengezogene praes.-Formen*: °*vīn'* = *vīsnĕ, sīs* = *sī vīs,* °*sūltĭs* = *sī vŭltĭs.*

vŏlō³, *ōnĭs m* (*vŏlō*²) (*nkl.*) Freiwilliger.

vŏlpēs, vŏlpĕcŭlă (*altl.*) = *vŭlpēs, vŭlpĕcŭlă.*

Vŏlscī, *ōrŭm m altit. Völkerschaft in Latium im Gebiet des Liris; adi.* **Vŏlscŭs** 3.

vŏlsĕllă, *ae f* (*demin. zu* **vŏlsă; vĕllō*) (*nkl.*) kleine Zange (*bsd. zum Epilieren*).

vŏlsŭs = *vŭlsŭs; s. vĕllō.*

Vŏlt..., vŏlt... = *Vŭlt..., vŭlt...*

vŏlūbĭlĭs, *ĕ* (*adv.* **-ĭtĕr**) (*vŏlvō*) **1. a)** drehbar, beweglich; **b)** sich (schnell) drehend, rollend, kreisend [*caelum,* °*buxum* Kreisel]. **2.** / **a)** unbeständig, wandelbar [*fortuna*]; **b)** geläufig, zungenfertig, gewandt [*oratio, orator*].

vŏlūbĭlĭtās, *ātĭs f* (*vŏlūbĭlĭs*) **1. a)** Drehbarkeit, Beweglichkeit; **b)** Kreisbewegung [*mundi*]. **2.** / **a)** (*Ov.*) Rundung [*capitis*]; **b)** Unbeständigkeit [*fortunae*]; **c)** / (*v. der Rede*) Geläufigkeit, Schnelligkeit [*linguae, verborum*]; (*Qu.*) *circulatoria* marktschreierische Zungenfertigkeit, Geschwätzigkeit.

vŏlŭcĕr, *crĭs, crĕ* (*vŏlō*¹) **1.** fliegend, geflügelt [*bestia* Vogel, °*equus* = Pegasus, °*deus* = Cupido; °*turba* = Vögel]; *subst.* **vŏlŭcrĭs,** *ĭs f* (*u.* °*m*) geflügeltes Tier, *bsd.* Vogel [°*peregrina* Zugvogel, °*fluminea* Schwan], *auch* geflügeltes Insekt [°*parvula* Fliege]. **2.** / **a)** beflügelt, beschwingt, eilend, schnell [*nuntius,* °*sagitta,* °*currus, nihil est tam volucre quam maledictum*]; **b)** flüchtig, vergänglich, unbeständig [*fortuna,* °*gaudium*].
F. *adi. vŏlŭcrĭs dcht. auch für das Maskulinum; subst. volucris dcht. auch männlich. — abl. sg. -ī u.* °*-ĕ; pl. neutr. -ĭă, gen. -ŭm u.* (*bsd. dcht.*) [*-ĭŭm.*]

vŏlŭī *s. vŏlō*².

▶ **vŏlūmĕn,** *ĭnĭs n* (*vŏlvō*) **1.** (*dcht.*) Krümmung, Windung, Kreis [*crurum, fumi* Wirbel, *siderum* Kreislauf]. **2. a)** Bücherrolle, *die um einen Stab gewickelten Papyrusblätter; übh.* Buch, Schrift, Schriftwerk [~ *plenum querelae,* ~ *epistularum alcis evolvere*]; **b)** Band *od.* Teil *eines größeren Werkes* [*quindecim volumina epistularum*].

Vŏlŭmnĭŭs 3 *röm., urspr. wohl etr. Gentilname*: *Vŏlŭmnĭă, Gattin des Coriolanus.*

▶ **vŏlŭntārĭŭs** 3 (*wohl* < **vŏlŭntātārĭŭs hapl. verkürzt; vŏlŭntās*) freiwillig: **1.** (*act.*) = aus freiem Antrieb handelnd [*senator* der sich selbst dazu gemacht hat, °*exercitus* Freischar]; *subst. m* Freiwilliger. **2.** (*pass.*) freiwillig geschehen (*od.* eingetreten, bewirkt, getan), willkürlich, selbständig [*discessus, mors* Selbstmord].

vŏluntās
1. Wille = Wunsch, Absicht, Entschluß; **2. a)** freier Wille; **b)** *voluntate* freiwillig, mit *j-s* Genehmigung; **3.** letzter Wille; **4. a)** Gesinnung; **b)** Zuneigung, Gunst; **5.** Geschmack; **6.** Bedeutung (*von Wörtern*).

vŏluntās, ātis *f* (volō²) **1.** Wille, *sowohl* = Wunsch, Verlangen, *als auch* = Absicht, Bestreben, Vorhaben, Entschluß (*alcis j-s, zB. regis, populi, mea; conformare se ad voluntatem alcis, voluntatem suscipere e-n* Entschluß fassen, *in dicendo variae -tes sunt* Bestrebungen, Tendenzen); *voluntate* auf Wunsch; *de od. ex voluntate alcis, ad voluntatem* nach dem Wunsch *od.* Willen (*ad -tem loqui* nach dem Mund reden). **2. a)** freier Wille, Bereitwilligkeit, Eifer [*metus potius quam* ~]; **b)** *voluntate*: **α)** freiwillig, nach freier Entschließung, gern; *meā* (*tuā usw.*) *voluntate* aus eigenem Willen; **β)** *m. j-s* Wissen *u.* Willen, *m.* Genehmigung (*alcis, zB. summā Catuli voluntate m.* der vollen Genehmigung). **3.** letzter Wille, letztwillige Verfügung [*mortui*]. **4. a)** Gesinnung, Stimmung, *auch pl.* [*varia, secunda in alqm;* °*celabat, qua voluntate esset in regem*]; **b)** (*prägn.*) **α)** wahre Gesinnung, Aufrichtigkeit; **β)** Zuneigung, Wohlwollen, Gunst [*mutua; in od. erga alqm* gegen *jd.*]. **5.** (*Ta.*) Geschmack, Kunstverstand [*nec voluntatem ei, quominus sublimius diceret, sed ingenium ac vires defuisse*]. **6.** (*Qu.*) Bedeutung (*v. Wörtern od. Gedanken*).

vŏlŭp(ĕ) *adv.* (*erstarrtes n v.* *vŏlŭpĭs, ĕ „angenehm"; *Weiterbildung v.* *vĕl- „wollen = wünschen *u.* hoffen"; *cf.* [*F*]ἐλπίς) (*vkl., nkl.*) erfreulich, vergnüglich; ~ *est mihi* es ist mir angenehm.

Vŏlŭpĭă, ae *f* Göttin der Lust = Vŏlŭptās.

vŏlŭptābĭlĭs, ĕ (*vŏlŭptās; nach ămābĭlĭs*) (*Pl., spätl.*) Vergnügen machend, angenehm.

vŏlŭptārĭŭs 3 (*wohl* < **vŏlŭptātārĭŭs hapl. verkürzt; vŏlŭptās*) **1.** (*act.*) **a)** das Vergnügen *od.* die Lust *od.* Wollust betreffend [*disputatio* über den Sinnengenuß]; **b)** Vergnügen verschaffend *od.* Lust gewährend, genußreich [*possessio* bloß zum Vergnügen, *casus; alci* für *jd.*]. **2.** (*pass.*) dem Vergnügen, der Wollust ergeben, genußsüchtig, für den Sinnengenuß empfänglich [*sensus*]; *subst. m* Genußmensch, Epikureer.

▶**vŏlŭptās,** ātis *f* (*zu* [*F*]ἐλπίς; *cf.* vŏlŭp) **1. a)** (sinnliches *od.* geistiges) Vergnügen, Freude, Lust, Genuß; Lustgefühl [*omne id, quo gaudemus, voluptas est; -tem capere od. percipere = in -te esse od. -te affici* Vergnügen genießen, *-te capi* sich gern vergnügen, *alci -ti esse j-m* Vergnügen gewähren *od.* Freude machen, *-tis causā* zur Unterhaltung]; **b)** (*meist pl.*) sinnliche Freuden, Lüste, Wollust [*corporis, voluptatibus frui, summum bonum in -te ponere*]; **c)** (*Com.*) Hang zum sinnlichen Vergnügen, Genußsucht [*-tem explere*]; **d)** (*personif.*) ♀ Göttin der Lust (= Vŏlŭpĭă). **2.** (*concr.*) Lustbarkeit, *meist pl.* Vergnügungen, *bsd.* Schauspiele. **3.** (*vkl., dcht.*) (*als Kosewort*) Wonne, Freude [*mea* ~]. **F.** *gen. pl.* vŏlŭptātŭm *u.* (*seltener*) vŏlŭptātĭŭm.

vŏlŭptŭōsŭs 3 (vŏlŭptās) (*nkl.*) erfreulich.

vŏlūtă, ae *f* (vŏlvō) (*Vi.*) Schnecke, Volute (*Zierstück am Kapitell*).

vŏlūtābrŭm, ī *n* (vŏlūtō) (*dcht., spätl.*) Schweinesuhle.

vŏlūtābŭndŭs 3 (vŏlūtō) sich herumwälzend (*in re* in *etw., zB. in voluptatibus*).

vŏlūtātĭō, ōnis *f* (vŏlūtō) **1.** das Herumwälzen *od.* Sielen *des Wildes, auch* / [*-nes corporis*]; (*nkl.*) *auch sexuell.* **2.** / (*Se.*) **a)** Unruhe [*animi*]; **b)** Unbeständigkeit [*rerum humanarum*].

vŏlūtō 1. (*intens. v.* vŏlvō) **1. a)** (*trans.*) (*unkl.*) rollen, (herum-) wälzen (*alqd*); **b)** (*intr., mediopass. u. selten* °*se volutare*) sich wälzen, sich herumwälzen, rutschen, (*vom Wild*) sich sielen [*ad pedes u.* °*genibus alcis*]; / sich befinden [*in omni genere flagitiorum, cum scortis* sich umhertreiben]; *part. praes.* (*dcht.*) *volutans intr.* sich wälzend [°*per cava saxa*], *auch sexuell* [*cum sororibus*]. **2.** / **a)** (*dcht.*) (*Töne od. die Stimme*) erschallen, (hören) lassen [*vocem, verba confusa* in Umlauf setzen]; *mediopass.* dahinrollen, fortströmen; **b)** *etw.* überdenken, erwägen (*alqd cum alqo etw. m. jd., zB.* °*condiciones cum amicis; bsd. animo od. in animo,* °*secum animo u.ä.*); **c)** (*den Geist*) beschäftigen [°*animum cogitationibus*]; *volutatus in re* in *etw.* bewandert *od.* belesen [*in veteribus scriptis*].

vŏlūtŭs *P.P.P. v.* vŏlvō.

vŏlvă *u.* (*jünger*) **vŭlvă,** ae *f* (*et. unklar*) (*nkl., dcht.*) Gebärmutter (*bsd.* „die Tasche" *der Sau als Leckerbissen*). — ****vulva* (*med. t.t.*) die äußeren weiblichen Geschlechtsteile.

vŏlvō
1. a) wälzen, rollen, umdrehen; **b)** emporwirbeln; **c)** zu Boden strecken; **d)** *mediopass.* sich wälzen, sich drehen; **2.** (*Bücherrollen*) aufrollen; **3.** fortrollen; **4.** rollend bilden; **5. a)** (*Rede*) flüssig vortragen; **b)** (*Leidenschaften*) hegen; **c)** erwägen; **d)** sich wieder vor Augen führen; **e)** (*Zeit*) an sich vorbeirollen lassen; **f)** (*Götter*) *etw.* bestimmen.

vŏlvō, vŏlvī, vŏlūtŭm 3. (*cf.* εἰλύω „wälze, rolle") **1. a)** (*meist dcht.*) wälzen, rollen, drehen, umwälzen, umdrehen (*alqd, zB.* °*saxum, cadavera* umwenden, °*lumina huc illuc* rollen lassen, *per alqd* über *etw.*); **b)** im Wirbel *od.* Strudel drehen, emporwirbeln, wirbelnd aufsteigen lassen [°*ignem sub naribus* sprühen]; **c)** (*dcht.*) (*prägn.*) *jd.* zu Boden strecken [*multos semineces*]; **d)** *mediopass.* sich wälzen, sich rollen, sich drehen, sich winden [*cylindrus volvitur, alqs volvitur* °*in fossas od.* °*in caput,* °*anguis inter vestes*]; *bsd.* (*dcht.*) sich am Boden wälzen [*humi ante pedes alcis* sich vor *jd.* niederwerfen], °(*v. Schlangen*) sich ringeln, °(*v. Rauch od. Staub u.ä.*) auf-, emporwirbeln, °(*v. Flüssen od. Tränen u.ä.*) rollen, fließen *u.ä.* **2.** (*Bücherrollen*) aufrollen = lesen [*libros Catonis*]. **3.** °fortrollen, fortreißen [*flumen saxa od. pecus volvit, undis volvi* umhergeworfen werden]; °dahinrollen [*caput alcis*]; °*mediopass.* (*v. Tränen*) fließen, *plaustra volventia* die dahinrollenden; °herabrollen, herabstürzen [*curru* vom Wagen, *in caput* kopfüber]. **4.** (*prägn.*) rollend *od.* durch Kreisbewegungen bilden [°*Tigris minores vertices volvit*]; *bsd. mil.* (*Li.*) *orbem* einen Kreis bilden, nach allen Seiten Front machen [*equites volvunt turmas m.* ihren Geschwadern]. **5. a)** (*vom Redner*) geläufig vortragen [*verba celeriter od. uno spiritu*]; *mediopass. oratio volvitur* strömt dahin; **b)** (*Leidenschaften*) hegen [*iras in pectore*]; **c)** (*nkl., dcht.*) *etw.* überlegen, erwägen [*multa animo od. secum, bellum, plurima per noctem*]; **d)** (*Ve.*) = rĕvŏlvō: sich wieder vor Augen führen [*monumenta virorum*]; **e)** (*dcht., nkl.*) (*die Zeit*) umrollen lassen [*multa saecula* an sich vorüberrollen lassen = durchleben; *auch* °*casus* = bestehen]; *se -ere u. mediopass.* ablaufen [*menses volvuntur, volventibus od. volvendis annis* im Lauf der Jahre]; **f)** (*dcht.*) (*v. den Göttern u. dem Geschick*) *etw.* bestimmen, verhängen [*Iuppiter volvit vices, sic volvunt Parcae*].

vŏmĕr (*älter* °**vŏmĭs**), ĕrĭs *m* (*cf. bayrisch* „der Wagensun") **1. a)** Pflugschar; **b)** (*dcht.*) Pflug, *meton.* °das Pflügen. **2.** / (*Lu.*) = mĕntŭlă.

vŏmĭcă, ae *f* (*vl. zu* vŏmō) **1.** Geschwür, Eiterbeule. **2.** / (*nkl.*) (*v. Pers.*) Pestbeule, Unheil.

vōmĭs, ĕrĭs *m* (*unkl.*) *s.* vōmĕr.

vŏmĭtĭō, ōnis *f* (vŏmō) das Erbrechen.

vŏmĭtō 1. (*intens. v.* vŏmō) (*nkl.*) sich erbrechen.

vŏmĭtŏr, ōris *m* (vŏmō) (*Se.*) der Speier.

vŏmĭtŭs, ūs *m* (vŏmō) **1.** das Erbrechen. **2.** / (*Pl.*) Unflat = Schimpfworte.

vŏmō, ŭī, ĭtŭm 3. (*zu* [*F*]ἐμέω „speie aus") **1.** (*intr.*) sich erbrechen. **2.** (*unkl.*) (*trans.*) **a)** ausspeien, *v.* sich geben (*alqd, zB. cruorem*); **b)** / hervorströmen lassen, sprühen [*flammas*].

vŏrācĭtās, ātis *f* (vŏrāx) (*nkl.*) Gefräßigkeit.

vŏrāgĭnōsŭs 3 (vŏrāgō) (*nkl.*) voller Schlünde.

vŏrāgō, ĭnis *f* (vŏrō) Schlund: **1.** (*nkl.*) Abgrund, (bodenlose) Tiefe. **2.** (*im Wasser*) Strudel [*voraginibus submergi*]. **3.** / Abgrund [*immensa* *vitiorum omnium*], Verprasser [*patrimonii*], Unheil [*rei publicae*].

vŏrāx, *ācis* (*m.* °*comp.*) (*vŏrō*) gefräßig [*Charybdis*, °*venter*].

vŏrō 1. (*denom. v.* **vŏrā* = βορά „Fraß"; *cf. gŭrgĕs*) **1.** verschlingen, gierig fressen (*abs. od. alqd*). **2.** / **a**) (*unkl.*) verschlingen, gierig in sich aufnehmen [*Charybdis carinas vorat*]; *auch obszön v. der frictrix, dem cinaedus u. fellator*; **b**) gierig lesen [*litteras* die Literatur]; **c**) (*Ca.*) *viam* eiligst zurücklegen.

vŏrs..., vŏrt... (*altl., dcht.*) = *vĕrs..., vĕrt...*

▶**vōs,** *pron. pers.* (*gen. vĕstrī, partit. vĕstrŭm; dat. u. abl. vōbīs, acc. vōs*) (*cf. altind.* vas „ihr beide") ihr; *oft verstärkt durch* **-mĕt.**

Vŏsĕgŭs, *ī m* Wasgenwald, *die heutigen* Vogesen.

vŏstĕr 3 (*altl.*) = *vĕstĕr.*

vōtīvŭs 3 (*vōtŭm*) durch ein Gelübde versprochen, gelobt, verheißen, geweiht, als Weihgeschenk dargebracht [*ludi*, °*tabula* Votivgemälde].

vŏtō 1. *ältere Form für vĕtō.*

> **vōtŭm**
> 1. das gelobte Opfer, Weihgeschenk; **2. a**) Gelübde; **b**) Verwünschung; **3. a**) Gebet; **b**) Wunsch (= *das Verlangen, das Gewünschte*).

vōtŭm, *ī n* (*eigtl. P.P.P. n v. vŏvĕō*) **1.** (*dcht., nkl.*) das (an)gelobte Opfer *od.* Weihgeschenk [*incendere aras votis*, ~ *alcis pendet in arbore*]; *auch* = °Denkmal [*immortale*]. **2. a**) Gelübde, Gelöbnis (*alcis j-s, auch obi., zB.* °*vota deŭm* die man den Göttern getan hat; *vota* [*pro alqo*] *suscipere*, °*nuncupare* Gelübde tun; *votum solvere od. dissolvere*, °*exsequi od. voto fungi* ein Gelübde erfüllen; °*voto teneri od.* °*obstrictum esse* durch ein Gelübde verpflichtet sein; *voti damnatus* [*Li.*] *u. reus* [*Ve.*] zur Erfüllung des Gelübdes verpflichtet); *bsd. das am 3. Jan. für das Wohl des Herrscherhauses geleistete* Gelübde der höheren Staatsbeamten; **b**) (*pejorativ*) Verwünschung, Fluch. **3. a**) (*dcht., nkl.*) *das m. dem Gelübde verbundene* Gebet [*postrema miserorum -a*]; *pl. auch* °Gebetsformel [*-a praeire*]; **b**) Wunsch (*abstr.* = das Verlangen, *concr.* = das Gewünschte) [*alqd omnibus votis petere*, ~ *implere*, °*vota sua corrigere, vota facere* Wünsche tun, wünschen, *alqm voti compotem facere j-m* seinen Wunsch erfüllen]; *dcht. auch* Gegenstand der Wünsche [*hoc erat in votis* das war mein Wunsch]. — **Wahlstimme, Votum. — Andacht, *pl.* Wallfahrt.

▶**vŏvĕō,** *vōvī, vōtŭm* 2. (*cf. altind.* vāghát- „der Gelobende", *ablautend* εὔχομαι „bete") **1.** einer Gottheit *etw.* feierlich versprechen, geloben, weihen (*alqd, zB.* °*aedem, templa; alci alqd, zB.* °*Volcano arma; alqd pro re, zB. caput suum pro re publica; m. a.c.i. fut. od. m.* °*ut*). **2.** (*dcht.*) *etw.* wünschen, erflehen (*alqd m. ut*); *auch j-m etw.* anwünschen (*alci alqd*).

> **vōx**
> **1.** Stimme; **2. a**) Laut, Ton, Schall; **b**) Aussprache; **3. a**) Rede, Sprache; **b**) *einzelnes* Wort, Ausdruck; **4.** Äußerung, Ausspruch, Ausruf; **5.** Befehl; **6.** Formel, Zauberspruch.

vōx, *vōcis f* (*urspr.* „Lärm, Geräusch", *erst sekundär v. der artikulierten Stimme; cf. ablautend* [ϝ]ἔπος „Wort", ὄψ „Stimme") **1.** Stimme *v. Menschen u. Tieren, v. Sprechenden, Rufenden u. Singenden* (*alcis, zB. hominis, ebriorum*, °*bovis* Gebrüll, °*cornicis* Krächzen, °*apum* Summen; °*vocis imago* Echo; *vox magna* starke, laute, *parva* schwache, leise, *clara* helle, *contenta* gehobene, *summissa* gedämpfte, *acuta* hohe, *gravis* tiefe, *alta* volle *u.a.*; *vocem* [*e*]*mittere*); *prägn. auch* laute Stimme, *pl.* Geschrei. **2. a**) Laut, Ton, Schall, Klang, Geräusch *u.ä.* [°*cymbalorum*, °*pelagi u.a.*]; **b**) Aussprache [*rustica*], (*rhet.*) Wortakzent, Betonung [*in omni verbo acutam vocem ponere*]. **3. a**) Rede, Sprache [*vox alqm deficit* es verschlägt *e-m* die Rede]; *selten auch* = *sĕrmō* [*alqm ex voce cognoscere*, °*Latinā voce loqui*]; **b**) einzelnes Wort, Ausdruck, Bezeichnung [*vox voluptatis* das Wort Lust, °*nescit vox missa reverti*]. **4.** Äußerung, Ausspruch, *bsd.* = Ausruf [*vox magnifica, contumeliosa; una voce consentire* einstimmig; *illa vox* „*civis Romanus sum*"]. **5.** Gebot, Befehl [*consulum voci non oboedire*]. **6.** (*dcht.*) Formel, Zauberspruch, Bannspruch [*Thessala, sacra*]. — ****vox nihili* Ghostword (*durch Schreib- od. Druckfehler entstanden*).

F. *gen. pl.* *vōcŭm.*

Vŭlcānŭs, *ī m s. Vŏlcānŭs.*

vŭlgārĭs, *ē* (*m. sup., adv.* **-ĭtĕr**) (*vŭlgŭs; eigtl.* „was der gemeine Mann *od.* der große Haufe hat") **1.** allgemein üblich, alltäglich, gewöhnlich, *fast nur v. Sachen* [*opinio, liberalitas* gegen alle geübt, °*coetus* Volksschwarm]. **2.** für jeden zu haben [*scortum*, °*puellae*, °*mulier*]. **3.** *subst.* **-ēs,** *iŭm m* (*spätl.*) die Leute aus dem Volk; **-ĭă,** *-iŭm n* Alltagskost; Alltagsbegrüßung (*Eho, quid agis?*). — ***sermo vulgaris u. subst.* **vulgare,** *is n* Vulgärsprache, Nationalsprache.

vŭlgātŏr, *ōris m* (*vŭlgō*[2]) (*Ov.*) Ausplauderer (*alcis rei*).

vŭlgātŭs 3 (*m. comp. u. sup.*) (*eigtl. P.P.P. v. vŭlgō*[2]) (*nkl., dcht.*) **1.** allgemein bekannt, überall verbreitet, gewöhnlich [*amores*]. **2.** preisgegeben, für jeden zu haben [*corpus, meretrices*]. — ****vulgata* (*sc. vĕrsĭō, eigtl.* „die allgemein verbreitete Übersetzung") *die v. der katholischen Kirche als authentisch erklärte* lat. Bibelübersetzung *des Hieronymus; cf. vŭlgō*[2] 3b.

vŭlgĭ-văgŭs 3 (*vŭlgŭs*) (*Lu.*) überall umherschweifend [*Venus* = Ἀφροδίτη πάνδημος].

vŭlgō[1] *adv. s. vŭlgŭs.*

▶**vŭlgō**[2] 1. (*zu vŭlgŭs; wahrscheinlich Rückbildung aus pĕr-vŭlgō* 1.) **1.** unter das Volk *od.* die große Menge bringen, allen zugänglich machen, überall verbreiten (*alqd, zB.* °*consulatum; alqd in alqm etw.* auf *jd.* ausdehnen, *zB. munus in socios, vitia in exteras gentes*); *P.* Gemeingut werden (*cum alqo, auch als* °*mediopass.* sich *m. jd.* einlassen). **2.** *etw.* allen preisgeben [°*corpus pretio*], prostituieren. **3. a**) allgemein bekanntmachen, *i.* der Öffentlichkeit breittreten, ausplaudern (*alqd, zB. famam alcis rei*, °*fabula u.* °*rumor vulgavit m. a.c.i.*); *P.* bekannt werden, sich verbreiten [°*rumor vulgatur m. a.c.i.*]; **b**) (*nkl., dcht.*) (*e-e Schrift*) veröffentlichen [*librum; carmina nondum vulgata* noch nicht ediert]; (*Hier.*) *editio vulgata* die Vulgata. — *Cf. auch vŭlgātŭs.*

▶**vŭlgŭs,** *ī n* (*acc. auch* °*vŭlgŭm m*) (*cf. altind.* varga- „Abteilung") **1. a**) Volk, Leute, die große Menge, das (große) Publikum [*sapientis iudicium a iudicio vulgi saepe discrepat*]; **b**) Pöbel, gemeines Volk [°*odi profanum vulgus*]; **c**) *mil.* (*nkl.*) die Gemeinen, Heer [*militum, Atheniensium*]. **2.** der gewöhnliche Schlag [°*clientium, imperitorum*]; *übh.* Menge, Masse, Haufe [°*mulierum*]. **3.** *adv.* **a**) **in vŭlgŭs** für jedermann, allgemein, insgemein [*notus u. ignotus, gratus* beliebt]; **b**) **vŭlgō**[1] **α**) in Menge, in Masse; **β**) vor aller Welt, überall im Publikum, allgemein [*-o invitare, -o homines occidebantur; id non raro, sed -o evenit*, °*victum -o quaerere vom Straßenmädchen*]. — ***vulgo* in der Landessprache.

vŭlnĕrārĭŭs 3 (*vŭlnŭs*) (*nkl.*) Wund...; *subst. m* Wundarzt, Chirurg.

vŭlnĕrātĭō, *ōnis f* (*vŭlnĕrō*) Verwundung; / Verletzung [*famae*].

▶**vŭlnĕrō** 1. (*denom. v. vŭlnŭs*) verwunden (*alqm u. alqd, zB. regem graviter, corpus alcis; re m. od.* durch *etw., zB. alqm fundā; alqm in ōs* im Gesicht *u.* °*in fronte*); *übh.* beschädigen [*naves*]; / verletzen, kränken, wehe tun [*alqm verbis animum, rem publicam*].

vŭlnĭ-fĭcŭs 3 (*vŭlnŭs, făcĭō*) (*dcht.*) Wunden schlagend, verwundend [*telum*].

> **vŭlnŭs**
> **1. a**) Wunde, Verwundung; **b**) *verwundender* Hieb, Schlag *etc.*; *verwundendes* Geschoß, Schwert *etc.*; **2. a**) wunde Stelle; **b**) Verlust, Schaden; **c**) Niederlage; **d**) Schmerz, Kummer, Liebesschmerz.

vŭlnŭs, *ĕris n* (*cf.* οὐλή „Narbe"; *wohl zu* √ **vel-* „reißen"; *cf. auch vĕllō*) **1. a**) Wunde, Verwundung [*grave*, °*leve, adversum* vorn auf der Brust; *alcis j-s u.* °*v. jd., zB. Ulixis; alcis rei, zB. corporis*, °*missilium v.* Geschossen; ~ *accipere ab alqo in capite*, ~ *alci inferre, ex vulnere mori, vulneribus confectus* tödlich verwundet]; *bei leblosen Dingen* = Verletzung, Beschädigung [*vulnera* °*scuti*]; **b**) (*meton.*) α) (*nkl., dcht.*) verwundender Hieb, Schlag, Stoß, Stich, Biß [~ *falcis, saxi* klaffender Spalt, *ornus vulneribus evicta v.* Axthieben, *inter se vulnera iactant*]; β) (*dcht.*) verwundendes Geschoß, Schwert, Lanze, Pfeil [*dirigere vulnus aliquo, haesit sub gutture vulnus*]. **2.** / **a**) wunde Stelle [*occulta rei publicae vulnera*]; **b**) Verlust, Schaden, Unglück [*multa vulnera inferre alci jd.* großen Schaden zufügen, *rei publicae* ~ *imponere od. inurere, fortunae vulnere percussus* Schlag, *multis vulneribus et illatis et acceptis m.* schweren beiderseitigen Verlusten, *vulneribus suis mederi* Schulden]; **c**) Niederlage, Schlappe [*duo vulnera accipere*]; **d**) (*dcht.*) Schmerz, Kummer, Kränkung [~ *mentis,* ~ *alere sub pectore*]; *bsd.* (*dcht.*) Liebesschmerz [~ *venis alere*].

vŭlpēcŭlă, *ae f* (*demin. v. vŭlpēs*) Füchslein, schlauer Fuchs.

vŭlpēs, *is f* (*cf.* ἀλώπηξ *ds.*) (*unkl.*) Fuchs, *Sinnbild der Schlauheit u. Verschlagenheit* (*sprichw.*: *vulpes iungere* Füchse zusammenspannen = *etw.* Unmögliches tun); *meton.* Fuchsbalg [*animi sub vulpe latent*]. — *gen. pl. vŭlpĭŭm.*

vŭlpīnŭs 3 (*vŭlpēs*) (*nkl., dcht.*) des Fuchses, Fuchs... [*catuli*].

vŭlsŭs 3 (*eigtl. P.P.P. v. vĕllō*) (*unkl.*) *m.* ausgerupften Haaren, bartlos, glatt [*nepos* der antike Playboy]; / einfältig [*mens*].

vŭltă *s. vŭltŭs* F.

vŭltĭcŭlŭs, *ī m* (*demin. v. vŭltŭs*) Miene, schiefer Blick.

vŭltŭōsŭs 3 (*vŭltŭs*) **1.** (*nkl.*) *v.* finsterem Gesichtsausdruck. **2.** Grimassen schneidend.

vŭltŭr, *ŭrĭs m* (*zu vĕllō*) (*nkl., dcht.*) Geier; / Nimmersatt.

vŭltŭrīnŭs 3 (*vŭltŭr*) (*nkl., dcht.*) Geier...

vŭltŭrĭŭs, *ī m* (*vŭltŭr*) **1.** Geier, Raubvogel. **2.** / **a**) raubgieriger Mensch, Nimmersatt; **b**) (*vkl., dcht.*) Erbschleicher; **c**) (*Pl.*) schlechter Wurf (*im Würfelspiel*).

Vŭltŭrnŭs vĕntŭs *m* (*nach dem Berg Vultur b. Venusia*) (*nkl., dcht.*) Ostsüdostwind.

▶**vŭltŭs,** *ūs m* (*eigtl. wohl* „Glanz der Augen"; *zu got.* wulθus „Herrlichkeit") **1.** *sg. u. pl.*, Gesichtsausdruck, Miene, Mienenspiel [*imago animi vultus est; alcis j-s, zB.* °*tribunorum, tuus; laetus, tristis, severus, vultum fingere* die Mienen beherrschen, °*vultūs avertere* die Blicke]. **2. a**) kecke Stirn; **b**) (*dcht., nkl.*) finsteres Gesicht, zornige Miene [*vultu terrere alqm*]. **3.** (*meist pl.*) (*nkl., dcht.*) **a**) Gesicht, Antlitz [*vultum ad sidera tollere*]; **b**) *meton.* Aussehen, äußere Gestalt [*vultūs mutare, eloquentiae*].

F. (*Lu.*) *acc. pl. auch heteroklitisch vŭltă.*

vŭlvă, *ae f* = *vŏlvă.*

W

****wambasia,** *iorum n* Wams, Leibrock.

****wanna,** *ae f* großer Weidenkorb.

****wantus,** *i m* Handschuh.

****warantus,** *i m* Bürge.

****werra,** *ae f* Verwirrung; Krieg.

X

X (*als Zahlzeichen*) = 10; (*auf Münzen*) = *dēnārĭŭs*.
Xănthĭppē, ēs *f* (Ξανθίππη) *Ehefrau des Sokrates; ihr sprichwörtlich zänkisches Wesen ist wohl weithin eine Erfindung der Kyniker.*
Xănthĭppŭs, ī *m* (Ξάνθιππος) *V. des Perikles, Sieger bei Mykale (479 v. Chr.).*
Xănthŭs *u.* °**-ŏs,** ī *m* (Ξάνθος) *Beiname des Flusses Skamander* (Σκάμανδρος) *in Troas.*
xĕnĭŭm, ī *n* (*Fw.* ‹ ξένιον) (*nkl., dcht.*) Gastgeschenk; **Xĕnĭă** *Titel des 13. Buches der Epigramme Martials.*
xĕnŏdŏchĭŭm *u.* **-ēŭm,** ī *n* (*Fw.* ‹ ξενοδοχεῖον) (*spätl.*) Gasthaus, Hospital.
Xĕnŏphănēs, ĭs *m* (Ξενοφάνης) *aus Kolophon, Gründer der Eleatischen Schule (um 520 v. Chr.).*
Xĕnŏphōn, ōntĭs *m* (Ξενοφῶν) *aus Athen, griech. Geschichtsschreiber, Schüler des Sokrates, leitete den Rückzug der zehntausend Griechen nach der Schlacht bei Kunaxa 401* („Anabasis"), *gest. um 354 zu Korinth; adi.* **Xĕnŏphōntēŭs** *u.* **-tĭŭs** 3.
xērămpĕlĭnae, ārŭm *f* (*Fw.* ‹ ξηραμπέλιναι „v. der Farbe des trockenen Weinlaubs") (*Ju.*) dunkelrote Kleider.
Xĕrxēs *u.* **Xĕrsēs,** ĭs *u.* ī (Ξέρξης) *K. v. Persien 485—465 v. Chr.*
F. *Cf.* V.-B. III, 3 *u.* 5.
xĭphĭās, ae *m* (*Fw.* ‹ ξιφίας) (*nkl., dcht.*) Schwertfisch.
xȳstĭcī, ōrŭm *m* (*Fw.* ‹ *ξυστικοί; *cf.* xȳstŭs) (*nkl.*) die Athleten, die *während der rauhen Jahreszeit in den Xysten* trainierten.
xȳstŭs, ī *m* (*Fw.* ‹ ξυστός) **1.** (*bei den Griechen*) bedeckter Säulengang *für Übungen der Athleten.* **2.** (*bei den Römern*) Terrasse *vor den Landhäusern.*

Y

Siehe unter hy und i.

Z

Zămă, ae *f* (Ζάμα) *St. in Numidien, Residenz des Juba (Sieg Scipios über Hannibal 202 v. Chr.; indes ist die Bezeichnung nach den heutigen Forschungen unzutreffend; die Schlacht fand im Landesinnern in der Nähe der tunesisch-algerischen Grenze statt); Einw.* **Zămēnsĭs,** ĭs *m.*
zāmĭă, ae *f* (*Fw.* ‹ *dor.* ζαμία = *att.* ζημία) (*Pl.*) Verlust, Schaden.
Zănclē, ēs *f* (*dcht., nkl.*) *alter Name für Messana (Seest. im nordöstl. Sizilien, j.* Messina). — *adi.* **Zănclaeŭs** *u.* °**Zănclēĭŭs** 3.
zēlōtēs, ae *m* (*Fw.* ‹ ζηλωτής) (*Eccl.*) blinder Eiferer *in Glaubensdingen,* Zelot.
zēlŏtȳpĭă, ae *f* (*Fw.* ‹ ζηλοτυπία) Eifersucht.
zēlŏtȳpŭs 3 (*Fw.* ‹ ζηλότυπος) (*nkl., dcht.*) eifersüchtig; *subst. m* der Eifersüchtige.
zēlŭs, ī *m* (*Fw.* ‹ ζῆλος) (*nkl.*) Nacheiferung, Eifersucht.
Zēnŏbĭă, ae *f* (Ζηνοβία) **1.** *T. des Königs Mithridates v. Armenien.* **2.** *seit 267 n. Chr. Königin v. Palmyra, starb als Gefangene in Tibur.*
Zēnō(n), ōnĭs *m* (Ζήνων) *Name gr. Philosophen:* **1.** *aus Elea (Velia in Unteritalien) um 460 v. Chr., Vertreter der Eleatischen Philosophie, Lehrer des Perikles.* **2.** *aus Kition (Citium) auf Zypern (um 300 v. Chr.), Begründer der stoischen Philosophie in Athen.* **3.** *epikureischer Philosoph, Lehrer des Cicero u. des Atticus.*
zĕphȳrŭs, ī *m* (*Fw.* ‹ ζέφυρος) (*dcht., nkl.*) Westwind (*reinlat.* făvōnĭŭs); (*dcht.*) (*übh.*) = Wind; ♀ *personif.*
Zeuxĭs, ĭs *u.* ĭdĭs *m* (Ζεῦξις) *ber. griech. Maler aus Heraklea in Unteritalien (um 425 v. Chr.).*
F. *acc.* Zeuxĭm *u.* (*seltener*) -ĭn *u.* °-ĭdĕm, *abl.* -ĭdĕ; *cf.* V.-B. III, 4, b.
zĭngĭbĕr, bĕrĭs *n* (*indischen Ursprungs*) (*nkl.*) Ingwer.
zmărăgdŭs = *smărăgdŭs.*
Zōĭlŭs, ī *m* (Ζωΐλος) *sophistischer Rhetor u. Grammatiker zu Alexandria (4. Jh. v. Chr.); seine kleinliche Homerkritik trug ihm den Namen Homeromastix* (Ὁμηρομάστιξ = Homergeißel) *ein;* / *appell.* (*Ov.*) = böswilliger Kritiker.
zōnă, ae *f* (*Fw.* ‹ ζώνη) (*nkl., dcht.*) Gürtel *zum Gürten des Untergewandes (od. der Tunika), reinlat.* cĭngŭlŭm: **1.** Frauengürtel [zonam solvere], *Symbol der Jungfräulichkeit* [casta]. **2.** Geldgurt *der Männer* [argentum in zonis habere]. **3.** Gürtelrose, *sonst* zōstēr (*Fw.* ‹ ζωστήρ) *genannt.* **4. a)** die *drei* Gürtelsterne *des Orion;* **b)** Erdgürtel, Zone.
zōnārĭŭs (zōnă) **1.** *adi.* 3 (*Pl.*) Gürtel..., Beutel... **2.** *subst. m* Gürtelmacher.
zōnŭlă, ae *f* (*demin. v.* zōnă) (*Ca.*) Gürtelchen.
Zŏrŏăstrēs, ĭs *m* (Ζωροάστρης) Zoroaster *od.* Zarathustra, *Erneuerer der altiranischen Religion. Cf.* V.-B. III, 3 *u.* 5.
zōthēcă, ae *f* (*Fw.* ‹ ζωθήκη) (*nkl.*) Ruhezimmer.
zōthēcŭlă, ae *f* (*demin. v.* zōthēcă) (*nkl.*) kleines Ruhezimmer.
****zuchara,** ae *f* Zucker.

Anhang

Verzeichnis der unregelmäßigen lateinischen Verben

A

ăb-dō, dĭdī, dĭtŭm 3. *entfernen.*
ăb-ĭcĭō, iēcī, iĕctŭm 3. *ab-, wegwerfen.*
ăb-ĭgō, ēgī, āctŭm 3. *weg-, forttreiben.*
ăb-lŭō, lŭī, lūtŭm 3. *abspülen.*
ăb-nŭō, nŭī, nŭĭtūrŭs 3. *abwinken.*
ăbŏlĕō, ēvī, ĭtŭm 2. *vernichten.*
ăbŏlēscō, ŏlēvī, — 3. *verschwinden.*
ăb-rĭpĭō, rĭpŭī, rĕptŭm 3. *wegreißen, -raffen.*
ăbs-cīdō, cīdī, cīsŭm 3. *abhauen, -schneiden.*
ăbs-cŏndō, cŏndī (*selten* cŏndĭdī), cŏndĭtŭm 3. *verbergen.*
ăb-sĭstō, stĭtī, — 3. *weggehen.*
ăbs-tĭnĕō, tĭnŭī, tēntŭm 2. *abhalten.*
ăb-sŭm, āfŭī, (āfŭtūrŭs), ăbĕssĕ *abwesend, entfernt sein.*
ăc-cĕndō, cĕndī, cēnsŭm 3. *anzünden.*
ăc-cĭdō, cĭdī, — 3. *hin-, niederfallen.*
ăc-cīdō, cīdī, cīsŭm 3. *anhauen, -schneiden.*
ăc-cĭpĭō, cēpī, cĕptŭm 3. *annehmen.*
ăc-cŭmbō, cŭbŭī, cŭbĭtŭm 3. *sich hinlegen.*
ăc-cŭrrō, (cŭ)cŭrrī, cŭrsŭm 3. *herbeilaufen.*
ăcĕō, ŭī, — 2. *sauer sein.*
ăcēscō, ăcŭī, — 3. *sauer werden.*
ăc-quīrō, quīsīvī (*u.* quīsĭī), quīsītŭm 3. *hinzuerwerben.*
ăcŭō, ŭī, ūtŭm 3. *spitzen.*
ăd-dō, dĭdī, dĭtŭm 3. *hinzutun, -fügen.*
ăd-hĭbĕō, bŭī, bĭtŭm 2. *daranhalten.*
ăd-ĭcĭō, iēcī, iĕctŭm 3. *etw. an od. auf od. zu etw.* (*hin*)*werfen.*
ăd-ĭgō, ēgī, āctŭm 3. *heran-, hinzutreiben.*
ăd-ĭmō, ēmī, ēmptŭm 3. *an sich nehmen, wegnehmen.*
ăd-ĭpīscŏr, ădĕptŭs sŭm 3. *erreichen.*
ăd-ŏlēscō, ădŏlēvī, (ădŭltŭm) 3. *heran-, aufwachsen.*
ăf-fĭcĭō, fēcī, fĕctŭm 3. *jd. etw. antun.*
ăf-flīgō, flīxī, flīctŭm 3. *etw. an etw. schlagen.*
ăg-grĕdĭŏr, grĕssŭs sŭm 3. *heranschreiten.*
ă-gnāscŏr, ăgnātŭs sŭm 3. *nachgeboren werden.*
ăgnōscō, ăgnōvī, ăgnĭtŭm 3. *erkennen.*
ăgō, ēgī, āctŭm 3. *treiben.*
ălgĕō, ālsī, — 2. *frieren.*
ălgēscō, ālsī, — 3. *sich erkälten.*
ăl-lĭcĭō, lēxī, (lĕctŭm) 3. *anlocken.*
ăl-līdō, līsī, līsŭm 3. *gegen etw. anschlagen.*
ăl-lŭō, lŭī, — 3. *etw. anspülen.*
ălō, ălŭī, ăltŭm (*u.* °ălĭtŭm) 3. (*er-*) *nähren.*
ămbĭō, īvī *u.* ĭī, ĭtŭm 4. *um etw. herumgehen.*
ămĭcĭō, (icŭī *u.* ixī), ĭctŭm 4. (*Gewand*) *umwerfen od. umlegen.*
ăm-plĕctŏr, plĕxŭs sŭm 3. *umschlingen.*
ăngō, (ānxī), — 3. *zusammendrücken, ängstigen.*
ăn-nŭō, ŭī, — 3. *zunicken, -stimmen.*
ăn-quīrō, quīsīvī, quīsītŭm 3. *etw. aufsuchen.*
ăntĕ-grĕdĭŏr, grĕssus sŭm 3. *vorausgehen.*
ăpĕrĭō, rŭī, rtŭm 4. *öffnen.*
ăpīscŏr, ăptŭs sŭm 3. *erreichen.*
ăp-pĕllō, pŭlī, pŭlsŭm 3. *herantreiben.*
ăp-prĭmō, prĕssī, prĕssŭm 3. *andrücken.*
ărcĕō, cŭī, — 2. *einhegen, -dämmen.*
ărcĕssō, īvī (*nkl.* -cĕssī), ītŭm 3. *jd. herbeirufen.*
ārdēscō, ārsī, — 3. *entbrennen.*
ārĕō, ŭī, — 2. *trocken od. dürr sein.*
ārēscō, ārŭī, — 3. *vertrocknen.*
ărgŭō, ŭī (°-ūtŭm, °-ŭĭtūrŭs) 3. *klar darstellen.*
ăr-rĭgō, rēxī, rēctŭm 3. *auf-, emporrichten.*
ăr-rĭpĭō, rĭpŭī, rĕptŭm 3. *an sich reißen.*
ă-scĕndō, scĕndī, scēnsŭm 3. *hinauf-, emporsteigen.*
ăscīscō, scīvī, scītŭm 3. *herbeiziehen.*
ă-spĕrgō, spĕrsī, spĕrsŭm 3. *hinspritzen.*
ă-spĭcĭō, spēxī, spĕctŭm 3. *erblicken.*
ăs-sĕntĭŏr, sēnsŭs sŭm 4. *zu-, beistimmen.*
ăs-sĭdĕō, sēdī, sĕssŭm 2. *bei jd. od. an etw. sitzen.*
ăs-sĭlĭō, sĭlŭī, — 4. *hinzu-, herbeispringen.*
ă-stĭtŭō, ŭī, ūtŭm 3. *hinstellen.*
ă-stō, stĭtī, — 1. *dabeistehen.*
at-tĕndō, tĕndī, tĕntŭm 3. *hinstrecken, spannen.*
ăt-tĭnĕō, tĭnŭī, tĕntŭm 2. *zurück-, auf-, festhalten.*
ăt-tĭngō, tĭgī, tāctŭm 3. *an-, berühren.*
audĕō, ausŭs sŭm 2. *Lust haben.*
au-fĕrō, ăbstŭlī, ăblātŭm, aufĕrre *wegtragen, -bringen.*
augĕō, auxī, auctŭm 2. *wachsen machen, vermehren.*
augēscō, auxī, — 3. *wachsen, zunehmen.*

B

băt(t)ŭō, ŭī, — 3. *schlagen, stoßen.*
bĭbō, bĭbī, — 3. *trinken.*
blăndĭŏr, ītŭs sŭm 4. *schmeicheln.*

C

cădō, cĕcĭdī, cāsūrŭs 3. *fallen, stürzen.*
caedō, cĕcīdī, caesŭm 3. *hauen, niederhauen.*
călĕō, ŭī, (călĭtūrŭs) 2. *warm od. heiß sein.*
călēscō, călŭī, — 3. *heiß od. erhitzt werden.*
căllĕō, ŭī, — 2. *Schwielen haben.*
căndĕō, ŭī, — 2. *glänzend weiß sein.*
căndēscō, dŭī, — 3. *weiß erglänzen.*
cānēscō, ŭī, — 3. *grau werden.*
cănō, cĕcĭnī, căntātŭm 3. *singen.*
căpĕssō, sīvī *u.* °sĭī, sītŭm 3. *hastig ergreifen.*
căpĭō, cēpī, căptŭm 3. *fassen.*
cărĕō, ŭī, (ĭtūrŭs) 2. *frei v. etw. od. ohne etw. sein.*
cărpō, cărpsī, cărptŭm 3. *pflücken.*
căvĕō, cāvī, cautŭm 2. *sich hüten.*
cēdō, cĕssī, cĕssŭm 3. *gehen, weggehen.*
cēnsĕō, sŭī, sŭm 2. *das Vermögen einschätzen.*
cĕrnō, crēvī, crētŭm 3. *scheiden, sondern.*
cēvĕō, cēvī, — 2. *mit dem Hintern wackeln.*
cĭĕō, cīvī, cĭtŭm 2. *in Bewegung setzen.*
cĭngō, cīnxī, cīnctŭm 3. *gürten.*
cĭrcŭm-cīdō, cīdī, cīsŭm 3. *rings* (*-um*) *abschneiden.*
cĭrcŭm-clūdō, sī, sŭm 3. *rings umschließen.*
cĭrcŭm-grĕdĭŏr, grĕssŭs sŭm 3. *etw. umgehen.*
cĭrcŭm-ĭcĭō, iēcī, iĕctŭm 3. *etw. um etw.* (*herum*)*werfen.*
cĭrcŭm-sĭlĭō, sĭlŭī, — 4. *herumhüpfen.*
cĭrcŭm-vĕhŏr, vĕctŭs sŭm 3. *herumfahren, -reiten.*
clārēscō, rŭī, — 3. *hell werden.*
claudō, clausī, clausŭm 3. *schließen.*
clĕpō, clĕpsī, clĕptŭm 3. *stehlen.*
cŏălēscō, ălŭī, ălĭtŭm 3. *zusammenwachsen.*
coĕpĭō, coepī, coeptŭm 3. *anfangen, beginnen.*

cŏ-ërcĕō, cŭī, cĭtŭm 2. *ein-, umschließen.*
cŏ-gnōscō, gnōvī, gnĭtŭm 3. *erkennen.*
cōgō, cŏēgī, cŏāctŭm 3. *zusammentreiben.*
cŏ-hĭbĕō, bŭī, bĭtŭm 2. *zusammenhalten.*
cŏl-lĭbĕt, lĭbĭtŭm ĕst *u.* lĭbŭĭt 2. *es beliebt od. gefällt.*
cŏl-līdō, sī, sŭm 3. *zusammenstoßen, -schlagen.*
cŏl-lĭgō, lēgī, lēctŭm 3. *zusammenlesen, -sammeln.*
cŏlō, cŏlŭī, cŭltŭm 3. *pflegen.*
cŏmbūrō, ŭssī, ŭstŭm 3. *völlig verbrennen.*
cŏm-mĭnīscŏr, mĕntŭs sŭm 3. *ausdenken; sich besinnen.*
cōmō, cōmpsī, cōmptŭm 3. *zusammenfügen.*
cŏm-pĕllō, pŭlī, pŭlsŭm 3. *zusammentreiben.*
cŏm-pĕrcō, pĕrsī, — 3. *zusammen-, ersparen.*
cŏm-pĕrĭō, pĕrī, pĕrtŭm *u.* **cŏmpĕrĭŏr**, pĕrtŭs sŭm 4. *sicher erfahren.*
cŏm-pĕscō, cŭī, — 3. *in Schranken halten.*
cŏm-pĭngō, pēgī, pāctŭm 3. *zusammenfügen.*
cŏm-plĭcō, căvī, cātŭm *u.* cŭī, cĭtŭm 1. *zusammenfalten, -wikkeln.*
cŏm-plōdō, sī, sŭm 3. *zusammenschlagen.*
cŏmprēndō, prēndī, prēnsŭm 3. *zusammenfassen.*
cŏm-prĭmō, prĕssī, prĕssŭm 3. *zusammendrücken, -pressen.*
cŏm-pŭngō, (pūnxī), pūnctŭm 3. *zerstechen.*
cŏn-cĕrpō, psī, ptŭm 3. *zerpflücken.*
cŏn-cĭdō, cĭdī, — 3. *zusammenfallen.*
cŏn-cīdō, cīdī, cīsŭm 3. *zusammenhauen.*
cŏn-cĭnō, cĭnŭī, cĕntŭm 3. *zusammen singen.*
cŏn-cĭpĭō, cēpī, cĕptŭm 3. *zusammenfassen.*
cŏn-clūdō, sī, sŭm 3. *einschließen, -sperren.*
cŏn-cŭmbō, cŭbŭī, cŭbĭtŭm 3. *sich niederlegen.*
cŏn-cŭrrō, cŭrrī *u.* (*selten*) cŭcŭrrī, cŭrsŭm 3. *zusammenlaufen, -stoßen.*
cŏn-cŭtĭō, cŭssī, cŭssŭm 3. *dröhnend zusammenschlagen.*
cŏn-dō, dĭdī, dĭtŭm 3. *zusammenfügen.*
cŏn-dŏlĕō, ŭī, — 2. *Schmerz empfinden.*
cōn-fĕrcĭō, fĕrsī, fĕrtŭm 4. *vollstopfen.*
cōn-fĕrō, cŏntŭlī, cŏllātŭm, cōnfĕrrĕ *zusammentragen, -bringen.*
cōn-fĭcĭō, fēcī, fĕctŭm 3. *zustande bringen.*
cōn-fĭtĕŏr, fĕssŭs sŭm 2. (*zu*)*gestehen.*
cōn-flīgō, flīxī, flīctŭm 3. *zusammenschlagen.*
cōn-frĭngō, frēgī, frāctŭm 3. (*zer-*) *brechen.*
cŏn-grĕdĭŏr, grĕssŭs sŭm 3. *zusammenkommen.*
cŏn-grŭō, ŭī, — 3. *zusammentreffen.*
cŏn-ĭcĭō, iēcī, iĕctŭm 3. *zusammenwerfen, -tragen.*

cō-nīvĕō, (nīvī *u.* nīxī), — 2. *die Augen schließen.*
cŏn-quĭnīscō, quēxī, — 3. *niederkauern.*
cŏn-quīrō, quīsīvī (*u.* quīsīī), quīsītŭm 3. *zusammensuchen, -bringen.*
cōn-sānēscō, nŭī, — 3. *heilen.*
cōn-scĕndō, ĕndī, ēnsŭm 3. *etw. ersteigen.*
cōn-sĕrō, sēvī, sĭtŭm 3. *etw. besäen.*
cōn-spĕrgō, rsī, rsŭm 3. *bespringen.*
cōn-stĭtŭō, ŭī, ŭtŭm 3. *hinstellen, -setzen, -legen.*
cōn-stō, stĭtī, stātūrŭs 1. *beisammenstehen.*
cōnsŭlō, lŭī, ltŭm 3. (*gemeinsam*) *Rat halten.*
cŏn-tĕndō, tĕndī, tĕntŭm 3. *zusammenspannen.*
cŏn-tĭnĕō, tĭnŭī, tĕntŭm 2. *zusammenhalten.*
cŏn-tĭngō, tĭgī, tāctŭm 3. *be-, anrühren.*
cŏn-tŭndō, tŭdī, tū(n)sŭm 3. *zerschlagen.*
cŏn-vĕrrō, vĕrrī, vĕrsŭm 3. *zusammenfegen.*
cŏn-vīvō, vīxī, vīctŭm 3. *m. jd. zusammenleben.*
cŏquō, cŏxī. cŏctŭm 3. *kochen, backen.*
cŏr-rĭgō, rēxī, rēctŭm 3. *gerade richten.*
cŏr-rĭpĭō, rĭpŭī, rĕptŭm 3. *zusammenraffen.*
crēb(r)ēscō, b(r)ŭī, — 3. *zunehmen, wachsen.*
crēdō, dĭdī, dĭtŭm 3. *anvertrauen; j-m vertrauen.*
crĕpō, ŭī, ĭtŭm 1. (*er*)*schallen.*
crēscō, crēvī, (crētŭm) 3. *wachsen, entstehen.*
crūdēscō, dŭī, — 3. *heftiger werden.*
cŭbō, bŭī, bĭtŭm 1. *auf e-m Lager liegen.*
cūdō, (dī, sŭm) 3. *schlagen, klopfen.*
cŭmbō, cŭbŭī, cŭbĭtŭm 3. *sich legen.*
cŭpĭō, ivī *u.* ĭī, ītŭm 3. *begehren.*
cŭrrō, cŭcŭrrī, cŭrsŭm 3. *laufen, rennen.*

D

dēbĕō, ŭī, ĭtŭm 2. *schulden.*
dĕcĕō, ŭī, — 2. *zieren.*
dē-cĕrpō, cĕrpsī, cĕrptŭm 3. *abpflücken.*
dē-cĭdō[1], cĭdī, — 3. *herabfallen.*
dē-cīdō[2], cīdī, cīsŭm 3. *abschneiden.*
dē-cĭpĭō, cēpī, cĕptŭm 3. *hintergehen, täuschen.*
dē-cŭrrō, (cŭ)cŭrrī, cŭrsŭm 3. *hinablaufen, -eilen.*
dē-cŭtĭō, cŭssī, cŭssŭm 3. (*her*)*abschütteln, -schlagen.*
dē-dō, dĭdī, dĭtŭm 3. *hingeben, preisgeben.*
dē-fĕndō, fĕndī, fēnsŭm 3. *abwehren.*
dēfĕrvēscō, fĕrvī *u.* fĕrbuī, — 3. *verbrausen, vergären.*
dē-fĕtīscŏr, fĕssŭs sŭm 3. *ermüden.*
dē-fĭcĭō, fēcī, fĕctŭm 3. *abfallen; fehlen.*
dē-flōrēscō, flōrŭī, — 3. *verblühen.*
dē-frĭngō, frēgī, frāctŭm 3. *abbrechen.*
dē-grĕdĭŏr, grĕssŭs sŭm 3. *hinabsteigen.*
dĕ-hĭbĕō, ŭī, — 2. *schulden.*

dē-ĭcĭō, iēcī, iĕctŭm 3. (*her*)*abwerfen, -stürzen.*
dē-lĭgō, lēgī, lēctŭm 3. (*ab*)*lesen, pflücken.*
dē-lĭnquō, līquī, lĭctŭm 3. *sich vergehen.*
dē-lĭtēscō *u.* **-lĭtīscō**, lĭtŭī, — 3. *sich verstecken.*
dē-mĕtō, (°mĕssŭī), mĕssŭm 3. *abmähen.*
dēmō, dēmpsī, dēmptŭm 3. *wegnehmen.*
dē-păngō, —, pāctŭm 3. *in die Erde einschlagen.*
dē-pĕcīscŏr pĕctŭs sŭm 3. *einen Vertrag schließen.*
dē-pĕllō, pŭlī, pŭlsŭm 3. *hinabtreiben, verjagen.*
dē-pĕndō, pĕndī, pēnsŭm 3. *bezahlen.*
dē-pĕrĕō, ĭī, ĭtūrŭs, īrĕ *zugrunde gehen.*
dē-prĭmō, prĕssī, prĕssŭm 3. *niederdrücken, -senken.*
dĕpsō, sŭī, stŭm 3. *kneten.*
dē-rĭpĭō, rĭpŭī, rĕptŭm 3. *wegreißen.*
dē-scĕndō, scĕndī, scēnsŭm 3. *herabsteigen, -kommen.*
dē-scīscō, scīvī *u.* scĭī, scītŭm 3. *abtrünnig werden.*
dē-sĭdĕō, sēdī, sĕssŭm 2. *müßig dasitzen.*
dē-sīdō, sēdī *u.* sīdī, — 3. *sich senken.*
dē-sĭlĭō, sĭlŭī (*u.* °sŭlŭī, °sĭlīvī, °sĭlĭī), (sŭltŭm) 4. (*her*)*abspringen.*
dē-sĭnō, sĭī, sĭtŭm 3. *aufhören, enden.*
dē-spĭcĭō, spĕxī, spĕctŭm 3. *von oben* (*herab*)*sehen*
dē-spŏndĕō, spŏndī, spōnsŭm 2. *förmlich versprechen.*
dē-stĭtŭō, tŭī, tŭtŭm 3. *hinstellen; zurücklassen.*
dē-sŭm, dēfŭī, dĕĕssĕ *nicht dasein, fehlen.*
dē-tĕndō, (tĕndī), tēnsŭm 3. *abspannen.*
dē-tĭnĕō, tĭnŭī, tĕntŭm 2. *abhalten, aufhalten.*
dē-tŏndĕō, tŏndī, tōnsŭm 2. *abschneiden.*
dīcō, dīxī, dĭctŭm 3. *zeigen; sagen.*
dī-dō, dĭdĭdī, dĭdĭtum 3. *verteilen.*
dĭf-fĕrō, dĭstŭlī, dīlātŭm, dĭffĕrrĕ *auseinandertragen, verbreiten.*
dĭf-frĭngō, frēgī, frāctŭm 3. *zerbrechen.*
dĭf-fŭgĭō, fūgī, fŭgĭtūrŭs 3. *auseinanderfliehen.*
dī-gnōscō, (*u.* dī-nōscō), (g)nōvī, — 3. *unterscheiden.*
dī-grĕdĭŏr, grĕssŭs sŭm 3. *auseinandergehen.*
dī-lĭgō, lēxī, lēctŭm 3. *hochachten.*
dī-lŭō, ŭī, ŭtŭm 3. *erweichen.*
dĭr-ĭbĕō, —, ĭbĭtŭm 2. *sondern, sortieren.*
dī-rĭgō, rēxī, rēctŭm 3. *gerade-richten; hinlenken.*
dĭr-ĭmō, ēmī, ēmptŭm 3. *auseinandernehmen.*
dī-rĭpĭō, rĭpŭī, rĕptŭm 3. *auseinanderreißen.*
dĭs-cĕrpō, psī, ptŭm 3. *zerpflücken.*
dĭs-cīdō, cīdī, cīsŭm 3. *zerhauen.*
dĭs-clūdō, sī, sŭm 3. *trennen.*
dĭscō, dĭdĭcī, — 3. *lernen.*
dĭs-crĕpō, āvī, — 1. *nicht übereinstimmen.*

dĭs-cŭrrō, (cŭ)cŭrrī, cŭrsŭm 3. *auseinanderlaufen.*
dĭs-cŭtĭō, cŭssī, cŭssŭm 3. *zerschlagen.*
dĭs-ĭcĭō, iēcī, iĕctŭm 3. *zerstören.*
dĭs-păndō, păndī, pānsŭm 3. *ausbreiten.*
dĭs-pĕllō, pŭlī, pŭlsŭm 3. *auseinandertreiben.*
dĭs-pĕndō[1], —, pēnsŭm 3. *abwiegen.*
dĭs-pĕndō[2], —, pĕssŭm 3. *ausbreiten.*
dī-spĕrgō, rsī, rsŭm 3. *zerstreuen.*
dī-spĭcĭō, spĕxī, spĕctŭm 3. *die Augen öffnen; erblicken.*
dĭs-plĭcĕō, ŭī, (ĭtŭm) 2. *mißfallen.*
dĭs-plōdō, sī, sŭm 3. *auseinanderschlagen.*
dĭs-pŭngō, pūnxī, pūnctŭm 3. *prüfen.*
dĭs-sĕrēnāscĭt, nāvĭt, — 3. *es heitert sich auf.*
dĭs-sĕrō[1], sēvī, sĭtŭm 3. *in Abständen aussäen.*
dĭs-sĕrō[2], sĕrŭī, sĕrtŭm 3. *erörtern.*
dĭs-sĭdĕō, sēdī, — 2. *entfernt sein; uneinig sein.*
dĭs-sĭlĭō, sĭlŭī, sŭltŭm 4. *zerspringen.*
dĭs-tĕndō, tĕndī, tĕntŭm *u.* tēnsŭm 3. *ausdehnen.*
dĭs-tĭnĕō, tĭnŭī, tĕntŭm 2. *auseinanderhalten, trennen.*
dĭ-stĭnguō, stīnxī, stīnctŭm 3. *verschieden färben; unterscheiden.*
dī-vĭdō, vīsī, vīsŭm 3. *trennen.*
dō, dĕdī, dătŭm, dărĕ *(über)geben.*
dŏcĕō, dŏcŭī, dŏctŭm 2. *lehren.*
dŏlĕō, lŭī, lĭtūrŭs 2. *wehe tun; Schmerz empfinden.*
dŏmō, mŭī, mĭtŭm 1. *zähmen, bändigen.*
dūcō, dūxī, dŭctŭm 3. *ziehen; führen.*
dūrēscō, rŭī, — 3. *hart werden.*

E

ĕdō[1], ēdī, ēsŭm 3. *essen.*
ē-dō[2], dĭdī, dĭtŭm 3. *herausgeben, von sich geben.*
ĕf-fărcĭō, —, fĕrtŭm 4. *vollstopfen.*
ĕf-fĕrcĭō, fĕrsī, fĕrtŭm 4. *vollstopfen.*
ĕf-fĕrō, ĕxtŭlī, ēlātŭm, ĕffĕrrĕ *heraustragen, emportragen.*
ĕf-fĕrvēscō, fĕrbŭī (*u.* fĕrvī), — 3. *aufwallen, sieden.*
ĕf-fĭcĭō, fēcī, fĕctŭm 3. *herausbringen; zu Ende bringen.*
ĕf-flīgō, flīxī, flīctŭm 3. *totschlagen.*
ĕf-flōrēscō, flōrŭī, — 3. *erblühen.*
ĕf-frĭngō, frēgī, frāctŭm 3. *(etw.) aufbrechen.*
ĕf-fŭgĭō, fūgī, fŭgĭtūrŭs 3. *entfliehen.*
ĕgĕō, ŭī, — 2. *Mangel leiden; nötig haben.*
ē-grĕdĭŏr, grĕssŭs sŭm 3. *hinausgehen.*
ē-ĭcĭō, iēcī, iĕctŭm 3. *herauswerfen.*
ē-lĭcĭō, lĭcŭī, lĭcĭtŭm 3. *heraus-, hervorlocken.*
ē-līdō, sī, sŭm 3. *herausstoßen; zerschlagen.*
ē-lĭgō, lēgī, lēctŭm 3. *ausjäten; aussuchen.*
ē-lŭō, —, ēlūtŭm 3. *auswaschen;*
ē-lŭō, ēlāvī, ēlautŭm 3. *(sich) baden.*
ē-mĭcō, mĭcŭī (mĭcāvī), mĭcātŭm 3. *hervorzucken, -springen.*
ē-mĭnĕō, ŭī, — 2. *heraus-, hervorragen.*
ē-mĭnīscŏr, mĕntŭs sŭm 3. *aussinnen.*
ĕmō, ēmī, ēmptŭm 3. *kaufen.*
ē-mŭlgĕō, —, mŭlsŭm 2. *abmelken.*
ē-mŭngō, mūnxī, mūnctŭm 3. *sich die Nase putzen.*
ē-nĕcō, nĕcŭī (*u.* nĕcāvī), nĕctŭm 1. *umbringen.*
ē-nĭtēscō, nĭtŭī, — 3. *hervorleuchten.*
ĕō, iī *u.* °īvī, ĭtŭm, īrĕ *gehen.*
ē-rĭgō, rēxī, rēctŭm 3. *aufrichten.*
ē-rĭpĭō, rĭpŭī, rĕptŭm 3. *heraus-, wegreißen.*
ē-rŭō, rŭī, rŭtŭm, rŭ(ĭ)tūrŭs 3. *(her)ausgraben.*
ē-scĕndō, scĕndī, scēnsŭm 3. *emporsteigen.*
ē-vādō, vāsī, vāsŭm 3. *heraus-, hervorgehen.*
ē-vānēscō, vānŭī, — 3. *verschwinden.*
ē-vĕrrō, (vĕrrī), vĕrsŭm 3. *ausfegen.*
ē-vīlēscō, lŭī, — 3. *wertlos werden.*
ĕx-ălbēscō, bŭī, — 3. *weiß werden.*
ĕx-ārdēscō, ārsī, (ārsŭm) 3. *sich entzünden, sich erhitzen.*
ĕx-cĕllō, — — 3. *u.* **ĕx-cĕllĕō,** ŭī, — 2. *hervor-, emporragen.*
ĕx-cĕrpō, psī, ptŭm 3. *herauspflücken; auslesen.*
ĕx-cĭdō[1], cĭdī, — 3. *heraus-, herabfallen.*
ĕx-cīdō[2], cīdī, cīsŭm 3. *(her)aushauen.*
ĕx-cĭĕō, —, cĭtŭm 2. *u.* **ĕx-cĭō,** cīvī, — 4. *in Bewegung setzen.*
ĕx-cĭpĭō, cēpī, cĕptŭm 3. *herausnehmen; auffangen.*
ĕx-clūdō, sī, sŭm 3. *ausschließen.*
ĕx-cŭrrō, (cŭ)cŭrrī, cŭrsŭm 3. *hinauslaufen.*
ĕx-cŭtĭō, cŭssī, cŭssŭm 3. *heraus-, wegschütteln.*
ĕx-ĕrcĕō, ŭī, ĭtŭm 2. *in Bewegung setzen; (aus)üben.*
ĕx-hĭbĕō, ŭī, ĭtŭm 2. *herausholen; herausgeben.*
ĕx-ĭgō, ēgī, āctŭm 3. *forttreiben; hereinholen.*
ĕx-ĭmō, ēmī, ēmptŭm 3. *heraus-, wegnehmen.*
ĕx-ŏlēscō, ŏlēvī, (ŏlētŭm) 3. *vergehen.*
ĕx-păvēscō, pāvī, — 3. *sich entsetzen.*
ĕx-pĕllō, pŭlī, pŭlsŭm 3. *heraustreiben.*
ĕx-pĕndō, pĕndī, pēnsŭm 3. *abwiegen.*
ĕx-pĕrgīscŏr, pĕrrēctŭs sŭm 3. *aufwachen.*
ĕx-pĕrĭŏr, pĕrtŭs sŭm 4. *versuchen.*
ĕx-plĭcō, cāvī, cātŭm *u.* cŭī, cĭtŭm 1. *entfalten.*
ĕx-plōdō, sī, sŭm 3. *schlagend forttreiben.*
ĕx-pŏrrĭgō *u.* **ĕxpŏrgō,** rēxī, rēctŭm 3. *hervorstrecken; ausdehnen.*
ĕx-prĭmō, prĕssī, prĕssŭm 3. *ausdrücken, auspressen.*
ĕx-pŭngō, pūnxī, pūnctŭm 3. *ausstreichen.*
ĕx-quīrō, sīvī, sītŭm 3. *(her)aussuchen; untersuchen.*
ĕx-sărcĭō, —, sărtūrŭs 4. *ausflicken.*
ĕx-sĭlĭō, sĭlŭī (*od.* °sĭlīvī, °sĭlĭī), sŭltŭm 4. *hinaus-, hervorspringen.*
ĕx-spĕrgō, spĕrsī, spĕrsŭm 3. *über und über bespritzen.*
ĕx-(s)tĭnguō, (s)tīnxī, (s)tīnctŭm 3. *auslöschen.*
ĕx-tĕndō, tĕndī, tĕntŭm *u.* tēnsŭm 3. *ausdehnen.*
ĕx-tĭmēscō, tĭmŭī, — 3. *Angst bekommen.*
ĕx-tŏllō, ĕxtŭlī (°*selten* ĕxsŭstŭlī), — 3. *herausnehmen; emporheben.*
ĕx-tŭndō, tŭdī, (tūsŭm) 3. *herausschlagen.*
ĕx-ŭng(u)ō, —, ūnctŭm *u.* **ĕx-ŭng(u)ŏr,** — 3. *durch Salben verschmieren.*
ĕx-ŭō, ŭī, ūtŭm 3. *ausziehen.*

F

făcēssō, cēssīvī *u.* cēssī, cēssītŭm 3. *ausrichten, -führen.*
făcĭō, fēcī, făctŭm 3. *tun, machen.*
făllō, fĕfĕllī, — 3. *zu Fall bringen.*
fărcĭō, fārsī, fārtŭm 4. *(voll)stopfen, füllen.*
fătĕŏr, făssŭs sŭm 2. *(ein)gestehen.*
făvĕō, fāvī, fautŭm 2. *günstig od. gewogen sein.*
fĕrō, tŭlī, lātŭm, fĕrrĕ *tragen.*
fĕrvĕō, fĕrbŭī, — 2. *sieden, kochen.*
fĕrvō, fĕrvī, — 3. *sieden, kochen.*
fīdō, fīsŭs sŭm 3. *(ver)trauen.*
fīgō, fīxī, fīxŭm 3. *(an)heften.*
fĭndō, fĭdī, fĭssŭm 3. *(zer)spalten.*
fĭngō, fīnxī, fĭctŭm 3. *streicheln.*
fīō, făctŭs sŭm, fĭĕrī *u.* fĭĕrī *werden.*
flĕctō, ĕxī, ĕxŭm 3. *biegen, beugen.*
flōrĕō, ŭī, — 2. *blühen.*
flŭō, flūxī, (flūxŭm) 3. *fließen, strömen.*
fŏdĭō, fōdī, fŏssŭm 3. *stochern.*
fŏr, fātŭs sŭm 1. *sprechen, sagen.*
fŏvĕō, fōvī, fōtŭm 2. *warmhalten.*
frăngō, frēgī, frāctŭm 3. *(zer-) brechen.*
frĕmō, ŭī, (ĭtŭm) 3. *dumpf tosen.*
frĕndō, —, frē(n)sŭm 3. *mit den Zähnen knirschen.*
frĭcō, cŭī, c(ā)tŭm 1. *(ab)reiben.*
frīgĕō, (frīxī), — 2. *kalt od. erstarrt sein.*
frīgō, frīxī, frīctŭm 3. *rösten, dörren.*
frŭŏr, (*selten* frūctŭs *u.* °frŭĭtŭs sŭm) 3. *etw. genießen.*
fŭgĭō, fūgī, fŭgĭtŭm 3. *fliehen.*
fŭlcĭō, lsī, ltŭm 4. *stützen.*
fŭlgĕō, fŭlsī, — 2. *blitzen.*
fŭndō, fūdī, fūsŭm 3. *(aus)gießen.*
fŭngŏr, fūnctŭs sŭm 3. *verwalten.*
fŭō, fŭī, fŭtūrŭs, fŏrĕ *werden, sein.*
fŭtŭō, tŭī, tūtŭm 3. *geschlechtlich beiwohnen.*

G

gaudĕō, gāvīsŭs sŭm 2. *sich freuen.*
gĕmō, ŭī, (ĭtŭm) 3. *seufzen.*
gĕrō, gĕssī, gĕstŭm 3. *tragen.*
gĭgnō, gĕnŭī, gĕnĭtŭm 3. *(er)zeugen.*
glūbō, (psī, ptŭm) 3. *abschälen.*
grădĭŏr, grĕssŭs sŭm 3. *schreiten.*

H

hăbĕō, ŭī, ĭtŭm 2. *halten, besitzen, haben.*
haerĕō, haesī, haesŭm 2. *hängenbleiben.*
haurĭō, hausī, haustŭm 4. *(heraus-) schöpfen.*
hŏrrĕō, ŭī, — 2. *starr sein.*
hŏrrēscō, rŭī, — 3. *starr werden.*

I

iăcĕō, ŭī, °ĭtūrŭs 2. *(da)liegen.*
iăcĭō, iēcī, iăctŭm 3. *werfen.*
īcō, īcī, īctŭm 3. *durch Stoß od. Schlag treffen.*

ī-gnōscō, gnōvī, gnōtŭm 3. *verzeihen.*
ĭl-lĭcĭō, lēxī, lĕctŭm 3. *an-, herbeilocken.*
ĭl-līdō, sī, sŭm 3. *hineinschlagen, -stoßen.*
ĭm-bŭō, ŭī, ūtŭm 3. *mit etw. benetzen.*
ĭm-mūtēscō, mūtŭī, — 3. *verstummen.*
ĭm-pĕllō, pŭlī, pŭlsŭm 3. *etw. anstoßen.*
ĭm-pĕndō, pĕndī, pēnsŭm 3. *aufwenden.*
ĭm-pĭngō, pēgī, pāctŭm 3. *hinein-, einschlagen.*
ĭm-plĭcō, āvī (*u.* ŭī) ātŭm (*u.* ĭtŭm) 1. *hinein-, einwickeln.*
ĭm-plŭō, ŭī, — 3. *hineinregnen.*
ĭm-prĭmō, prĕssī, prĕssŭm 3. *hinein-, eindrücken.*
ĭn-cĕndō, cĕndī, cēnsŭm 3. *anzünden.*
ĭncĕssō, cĕssī, — 3. *auf jd. losgehen.*
ĭn-cĭdō, cĭdī, — 3. *hinfallen.*
ĭn-cīdō, cīdī, cīsŭm 3. *einschneiden.*
ĭn-cĭpĭō, ĭncēpī, ĭncĕptŭm 3. *anfangen.*
ĭn-clūdō, sī, sŭm 3. *einschließen.*
ĭn-cŭmbō, cŭbŭī, cŭbĭtŭm 3. *sich auf od. an etw. legen, lehnen.*
ĭn-cŭrrō, cŭrrī *u.* (*selten*) cŭcŭrrī, cŭrsŭm 3. *absichtlich od. zufällig laufen gegen*
ĭn-cŭtĭō, cŭssī, cŭssŭm 3. *etw. an od. gegen etw. schlagen.*
ĭnd-ĭgĕō, gŭī, — 2. *an etw. Mangel haben.*
ĭnd-ĭpīscŏr, ĕptŭs sŭm 3. *erreichen.*
ĭn-dō, dĭdī, dĭtŭm 3. *hineintun.*
ĭn-dŏlēscō, lŭī, — 3. *Schmerz empfinden.*
ĭndŭlgĕō, dŭlsī, dŭltŭm 2. *nachsichtig sein.*
ĭndŭō, ŭī, ūtŭm 3. *etw. anziehen, anlegen.*
īn-fĕrcĭō, rsī, rsŭm 4. *hineinstopfen.*
ĭn-fĕrō, ĭntŭlī, ĭllātŭm, īnfĕrrĕ *hereintragen, -bringen.*
īn-fĕrvēscō, fĕrbŭī, — 3. *zu sieden beginnen.*
īn-fĭcĭō, fēcī, fĕctŭm 3. *versetzen, mischen, vergiften.*
īn-flīgō, flīxī, flīctŭm 3. *hineinschlagen.*
īn-frĭngō, frēgī, frāctŭm 3. *etw. umbrechen.*
ĭn-gĕmēscō, mŭī, — 3. *aufseufzen.*
ĭngĕmīscō, mŭī, — 3. *aufseufzen.*
ĭn-grĕdĭŏr, grĕssŭs sŭm 3. *einherschreiten.*
ĭn-grŭō, ŭī, — 3. *auf jd. od. etw. hereinbrechen.*
ĭnhaerēscō, haesī, haesūrŭs 3. *in od. an etw. festhängen.*
ĭn-hĭbĕō, ŭī, ĭtŭm 2. *zurück-, anhalten.*
ĭn-ĭcĭō, iēcī, iĕctŭm 3. *in etw. werfen, hineinwerfen.*
ĭn-nŭō, ŭī, — 3. *zuwinken.*
ĭn-ŏlēscō, ŏlēvī, ŏlĭtŭm 3. *in etw. (hinein)wachsen.*
ĭn-quīrō, sīvī, sītŭm 3. *aufsuchen.*
īn-scĕndō, scĕndī, scēnsŭm 3. *hinein-, hinaufsteigen.*
īn-sĕrō, sēvī, sĭtŭm 3. *einsäen, -pflanzen.*
īn-sĭdĕō, sēdī, sĕssŭm 2. *in od. auf etw. sitzen.*
īn-sĭlĭō, lŭī (*u.* °lĭvī), — 4. *hinein-, hinaufspringen.*

īn-spĕrgō, rsī, rsŭm 3. *daraufstreuen, -spritzen.*
īn-stĭngŭō, stīnxī, stīnctŭm 3. *anreizen, -feuern.*
īn-stĭtŭō, ŭī, ūtŭm 3. *hinein-, hinstellen.*
īn-stō, stĭtī (stātūrŭs) 1. *in od. auf etw. stehen.*
īn-sŭm (*pf.* fŭī, *altl.* īnfŭī), ĭnĕssĕ *in od. auf etw. sein.*
ĭntĕl-lĕgō, lēxī (*dcht.* lēgī), lēctŭm 3. *wahrnehmen.*
ĭn-tĕndō, tĕndī, tĕntŭm 3. (*an-*)*spannen.*
ĭntĕr-cīdō, cīdī, cīsŭm 3. *in der Mitte durchschneiden.*
ĭntĕr-cĭdō, cĭdī, — 3. *dazwischenfallen.*
ĭntĕr-cĭpĭō, cēpī, cĕptŭm 3. *mitten auf dem Weg auf- od. wegfangen.*
ĭntĕr-clūdō, sī, sŭm 3. *jd. etw. versperren.*
ĭntĕr-cŭrrō, (cŭ)cŭrrī, cŭrsŭm 3. *dazwischenlaufen.*
ĭntĕr-ĕō, ĭī, ĭtūrŭs, īrĕ *untergehen.*
ĭntĕr-fĭcĭō, fēcī, fĕctŭm 3. *niedermachen, töten.*
ĭntĕr-fīō, fĭĕrī *umkommen.*
ĭntĕr-ĭcĭō (*u.* **-iăcĭō**), iēcī, iĕctŭm 3. *dazwischenwerfen.*
ĭntĕr-ĭmō, ēmī, ēmptŭm 3. *töten, aus dem Weg räumen.*
ĭntĕr-prĭmō, prēssī, prĕssŭm 3. *ein-, zerdrücken.*
ĭntĕr-sĕrō, sēvī, sĭtŭm 3. *dazwischensäen.*
ĭntĕr-stĭnguō, —, stīnctŭm 3. *auslöschen.*
ĭntĕr-vīsō, sī, sŭm 3. *nach etw. von Zeit zu Zeit sehen.*
ĭn-tŏnō, ŭī, (°ātŭm) 1. *losdonnern.*
ĭntrĕmīscō, mŭī, — 3. *erzittern, erbeben.*
ĭntrō-grĕdĭŏr, grĕssŭs sŭm 3. *hineingehen.*
ĭntrō-spĭcĭō, spĕxī, spĕctŭm 3. *in etw. hineinschauen.*
ĭn-vādō, sī, sŭm 3. *hineingehen, -dringen.*
ĭnvĕtĕrāscō, rāvī, — 3. *alt werden.*
ĭn-vīsō, vīsī, (vīsŭm) 3. *nach etw. sehen; etw. erblicken.*
ĭr-raucēscō, rausī, — 3. *heiser werden.*
iŭbĕō, iŭssī, iŭssŭm 2. *befehlen.*
iŭngō, iūnxī, iūnctŭm 3. *ins Joch spannen.*
iŭvō, iūvī, (*nkl.* iūtŭm, iŭvātūrŭs) 1. *unterstützen, erfreuen.*

L

lābŏr, lāpsŭs sŭm 3. *sich senken; gleiten.*
lăcĕssō, īvī *u.* ĭī, ītŭm 3. *reizen.*
laedō, sī, sŭm 3. *verletzen.*
lămbō, lămbī, lămbĭtŭm 3. *lecken.*
lănguĕō, guī, — 2. *matt sein.*
lănguēscō, guī, — 3. *matt werden.*
lătĕō, ŭī, — 2. *verborgen sein.*
lăvō, lāvī, lautŭm (lōtŭm) *u.* lăvātŭm 1. *waschen.*
lĕgō, lēgī, lēctŭm 3. *lesen.*
lĭbĕt, lĭbŭĭt *u.* lĭbĭtŭm ĕst 2. *es beliebt, es gefällt.*
lĭcĕō, cŭī, — 2. *zum Verkauf stehen.*
lĭcĕŏr, cĭtŭs sŭm 2. *auf etw. bieten.*
lĭcĕt, lĭcŭĭt *u.* lĭcĭtŭm ĕst 2. *es steht frei, es ist erlaubt.*
lĭngō, līnxī, līnctŭm 3. (*be*)*lecken.*
lĭnō, lēvī *u.* līvī, lĭtŭm 3. *auf etw. schmieren; bestreichen.*

lĭnquō, līquī, — 3. *zurücklassen.*
lĭquĕō, līquī *od.* lĭcŭī, — 2. *flüssig sein, klar sein.*
lĭquēscō, lĭcŭī, — 3. *flüssig werden.*
lŏquŏr, lŏcūtŭs sŭm 3. *sprechen.*
lūcĕō, lūxī, — 2. *leuchten.*
lūcēscō *u.* **lūcīscō,** lūxī, — 3. *zu leuchten anfangen.*
lūdō, sī, sŭm 3. *spielen.*
lūgĕō, lūxī, lūctŭm 2. *trauern.*
-lŭō[1], -lŭī, -lūtŭm 3. (*nur in den Komposita von* lăvō = *waschen gebräuchlich*).
lŭō[2], lŭī, lŭĭtūrŭs 3. *büßen, bezahlen.*

M

măcrēscō, crŭī, — 3. *mager werden.*
mădĕō, dŭī, — 2. *naß sein.*
mădēscō, dŭī, — 3. *naß werden.*
maerĕō, rŭī, — 2. *trauern.*
mālō, mālŭī, māllĕ *lieber wollen, vorziehen.*
măndō, măndī, mānsŭm 3. *kauen.*
mănĕō, mānsī, mānsŭm 2. *bleiben.*
mārcēscō, cŭī, — 3. *welk werden.*
mātūrēscō, rŭī, — 3. *reif werden.*
mĕmĭnī, *inf.* mĕmĭnĭssĕ *sich erinnern.*
mĕntĭŏr, mĕntītŭs sŭm 4. *lügen.*
mĕrĕō, rŭī, rĭtŭm *u.* **mĕrĕŏr,** mĕrĭtŭs sŭm 2. *verdienen.*
mĕrgō, mĕrsī, mĕrsŭm 3. (*ein-*)*tauchen.*
mētĭŏr, mēnsŭs sŭm 4. *messen.*
mĕtō, (mĕssĕm fēcī), mĕssŭm 3. *mähen; ernten.*
mĕtŭō, ŭī, — 3. (*sich*) *fürchten.*
mĭcō, cŭī, — 1. *zucken, zittern.*
mĭngō, mīnxī, mīnctŭm *u.* mīctŭm 3. *harnen.*
mĭnŭō, ŭī, ūtŭm 3. *zerkleinern; vermindern.*
mĭscĕō, mĭscŭī, mĭxtŭm *u.* °mĭstŭm 2. (*ver*)*mischen.*
mĭsĕrĕŏr, ĕrĭtŭs sŭm 2. *bemitleiden.*
mĭttō, mīsī, mĭssŭm 3. *werfen; schicken.*
mŏlō, ŭī, ĭtŭm 3. *mahlen.*
mŏnĕō, ŭī, ĭtŭm 2. (*er*)*mahnen.*
mŏrdĕō, mŏmŏrdī, mŏrsŭm 2. *beißen.*
mŏrĭŏr, mŏrtŭŭs sŭm, mŏrĭtūrŭs, mŏrī 3. *sterben.*
mŏvĕō, mōvī, mōtŭm 2. *bewegen.*
mŭlcĕō, mŭlsī, mŭlsŭm 2. *sanft streichen.*
mŭlgĕō, mŭlsī, mŭlctŭm 2. *melken.*

N

năncīscŏr, nāctŭs *u.* nānctŭs sŭm 3. *zufällig erreichen, bekommen.*
nāscŏr, nātŭs sŭm 3. *geboren werden.*
nĕctō, nĕxŭī *u.* nĕxī, nĕxŭm 3. *schlingen,* (*ver*)*knüpfen.*
nĕg-lĕgō, lēxī, lēctŭm 3. *vernachlässigen.*
nĕō, nēvī, nētŭm 2. *spinnen.*
nĕquĕō, īvī *u.* ĭī, ĭtŭm, īrĕ *nicht können.*
nĭgrēscō, grŭī, — 3. *schwarz werden.*
nĭngĭt *u.* **nĭnguĭt,** nīnxĭt, — 3. *es schneit.*
nĭtĕō, ŭī, — 2. *fett*(*ig*) *sein.*
nītŏr, nīxŭs *u.* nīsŭs sŭm 3. *sich stemmen, sich stützen.*
nŏcĕō, cŭī, cĭtŭm 2. *schaden.*
nōlō, nŏlŭī, —, nōllĕ *nicht wollen.*
nōscō, nōvī, nōtŭm 3. *kennenlernen, erkennen.*

nōtēscō, tŭī, — 3. *bekannt werden.*
nūbō, nūpsī, nūptŭm 3. *heiraten.*
nŭō, nŭī, nūtŭm 3. *nicken, winken.*

O

ŏb-brūtēscō, tŭī, — 3. *den Verstand verlieren.*
ŏb-dō, dĭdī, dĭtŭm 3. *entgegenstellen.*
ŏb-dŏrmīscō, mīvī, — 3. *einschlafen.*
ŏbhaerēscō, haesī, haesŭm 3. *steckenbleiben.*
ŏb-ĭcĭō, iēcī, iĕctŭm 3. *entgegenwerfen, -stellen.*
ŏb-līdō, sī, sŭm 3. *zusammendrükken.*
ŏb-lĭnō, lēvī, lĭtŭm 3. *bestreichen, beschmieren.*
ŏb-lĭtēscō, lĭtŭī, — 3. *sich verstecken.*
ŏb-līvīscŏr, lītŭs sŭm 3. *vergessen.*
ŏb-mūtēscō, tŭī, — 3. *verstummen.*
ŏb-nītŏr, nīxŭs sŭm 3. *sich entgegenstemmen.*
ŏb-sĕrō, sēvī, sĭtŭm 3. *(aus)säen.*
ŏb-sĭdĕō, sēdī, sĕssŭm 2. *sitzen.*
ŏb-sīdō, sēdī, sĕssŭm 3. *besetzen.*
ŏbsŏlēscō, lēvī, — 3. *sich abnutzen.*
ŏb-stō, stĭtī, stātūrŭs 1. *entgegenstehen.*
ŏb-sŭm, ŏbfŭī, ŏbĕssĕ *entgegen sein, hinderlich sein.*
ŏb-sŭrdēscō, dŭī, — 3. *taub werden.*
ŏb-tĕndō, tĕndī, tĕntŭm 3. *davorspannen, -ziehen.*
ŏbtĭcēscō, tĭcŭī, — 3. *verstummen.*
ŏb-tĭnĕō, tĭnŭī, tĕntŭm 2. *festhalten, innehalten.*
ŏb-tĭngō, tĭgī, — 3. *zuteil werden.*
ŏb-tŭndō, tŭdī, tū(n)sŭm 3. *(durch Schlagen) stumpf machen.*
ŏb-tŭrgēscō, tŭrsī, — 3. *anschwellen.*
ŏc-căllēscō, căllŭī, — 3. *dickhäutig werden.*
ŏc-cănō, ŭī, — 3. *dazu-, dazwischenblasen.*
ŏc-cĭdō[1], cĭdī, cāsŭm 3. *niederfallen.*
ŏc-cīdō[2], cīdī, cīsŭm 3. *zu Boden schlagen.*
ŏc-cĭnō, cĭnŭī *u.* cĕcĭnī, — 3. *seine Stimme hören lassen.*
ŏc-cĭpĭō, cēpī, cĕptŭm 3. *anfangen.*
ŏc-clūdō, sī, sŭm 3. *verschließen.*
ŏc-cŭlō, cŭlŭī, cŭltŭm 3. *verdecken, verbergen.*
ŏc-cŭrrō, cŭrrī *u.* (*selten*) cŭcŭrrī, cŭrsŭm 3. *entgegenlaufen.*
ōdī, ōdĭssĕ, ōsūrŭs *hassen.*
ŏf-fĕndō, fĕndī, fēnsŭm 3. *anstoßen.*
ŏf-fĕrō, ŏbtŭlī, ŏblātŭm, ŏffĕrrĕ *entgegenbringen, zeigen.*
ŏf-fĭcĭō, fēcī, fĕctŭm 3. *in den Weg treten.*
ŏlĕō, ŏlŭī, — 2. *u.* **ŏlō**, ŭī, — 3. *riechen, duften.*
ŏpĕrĭō, ĕrŭī, ĕrtŭm 4. *bedecken.*
ŏpŏrtĕt, ŭĭt, — 2. *es gebührt sich.*
ŏp-pĕrĭŏr, pĕrtŭs sŭm 4. *(er)warten.*
ŏp-pĭngō, pēgī, — 3. *aufdrücken.*
ŏp-prĭmō, prĕssī, prĕssŭm 3. *herab-, niederdrücken.*
ōrdĭŏr, ōrsŭs sŭm 4. *anfangen.*
ŏrĭŏr, ōrtŭs sŭm, (ŏrĭtūrŭs) 4. *sich erheben; entstehen.*
ŏs-tĕndō, tĕndī, °tĕntŭm *u.* °tēnsŭm 3. *entgegenstrecken; zeigen.*

P

păcīscŏr, păctŭs sŭm 3. *übereinkommen, verabreden.*
paenĭtĕō, ŭī, — 2. *bereuen.*
păllĕō, ŭī, — 2. *blaß sein.*
păllēscō, lŭī, — 2. *erblassen.*
păndō, păndī, păssŭm *u.* pānsŭm 3. *ausbreiten.*
păngō, pĕpĭgī (*vereinzelt* °pānxī *u.* pēgī), pāctŭm 3. *einschlagen, befestigen.*
părcō, pĕpĕrcī (*u.* °părsī), °părsūrŭs 3. *sparen; (ver)schonen.*
pārĕō, ŭī, (pārĭtūrŭs) 2. *erscheinen.*
părĭō, pĕpĕrī, părtŭm (părĭtūrŭs) 3. *erzeugen.*
pāscō, pāvī, pāstŭm 3. *weiden.*
pătĕō, ŭī, — 2. *weit offenstehen; sich erstrecken.*
pătēscō, tŭī, — 3. *sich öffnen.*
pătĭŏr, păssŭs sŭm 3. *ertragen, (er-) leiden.*
păvĕō, pāvī, — 2. *beben.*
pĕctō, pĕxī, pĕxŭm 3. *kämmen.*
pēdō, pĕpēdī, pēdĭtŭm 3. *furzen.*
pĕl-lĭcĭō, lēxī, lĕctŭm 3. *anlocken, verlocken.*
pĕllō, pĕpŭlī, pŭlsŭm 3. *stoßen, schlagen.*
pĕndĕō, pĕpĕndī, — 2. *(herab)hängen.*
pĕndō, pĕpĕndī, pēnsŭm 3. *abwiegen.*
pĕrcăllēscō, căllŭī, — 3. *harthäutig werden.*
pĕr-cĕllō, cŭlī, cŭlsŭm 3. *völlig erschüttern.*
pĕr-cīdō, cīdī, cīsŭm 3. *zerschlagen.*
pĕr-cĭō, —, cĭtŭm 4. *in Bewegung setzen.*
pĕr-cĭpĭō, cēpī, cĕptŭm 3. *erfassen; bemerken.*
pĕr-cŭrrō, (cŭ)cŭrrī, cŭrsŭm 3. *hinlaufen; durchlaufen.*
pĕr-cŭtĭō, cŭssī, cŭssŭm 3. *durchbohren; heftig erschüttern.*
pĕr-dō, dĭdī, dĭtŭm 3. *zugrunde richten.*
pĕr-dŏlĕō, ŭī, ĭtŭm 2. *tief schmerzen.*
pĕr-dŏlēscō, lŭī, — 3. *tief bedauern.*
pĕr-ĕō, ĭī, ĭtŭm, īrĕ *verlorengehen.*
pĕr-fĭcĭō, fēcī, fĕctŭm 3. *vollenden.*
pĕr-frīgēscō, frīxī, — 3. *kalt werden.*
pĕr-frĭngō, frēgī, frāctŭm 3. *durchbrechen.*
pĕr-frŭŏr, frūctŭs sŭm 3. *ganz genießen.*
pĕr-fŭgĭō, fūgī, — 3. *fliehen.*
pĕrgō, pĕrrēxī, pĕrrēctŭm 3. *weitergehen.*
pĕr-hĭbĕō, ŭī, ĭtŭm 2. *darbieten.*
pĕr-ĭmō, ēmī, ēmptŭm 3. *ganz wegnehmen, vernichten.*
(pĕrĭŏr), pĕrĭtŭs sŭm 4. *erfahren.*
pĕr-mīscĕō, mīscŭī, mĭxtŭm 2. *vermischen.*
pĕr-pĕllō, pŭlī, pŭlsŭm 3. *stark anstoßen; eifrig betreiben.*
pĕr-pĕndō, pĕndī, pēnsŭm 3. *genau abwiegen.*
pĕr-pĕtĭŏr, pĕssŭs sŭm 3. *erdulden.*
pĕr-prĭmō *u.* **-prĕmō**, prĕssī, prĕssum 3. *fort und fort drücken.*
pĕr-quīrō, quīsīvī, quīsītŭm 3. *genau erforschen.*
pĕr-sīdō, sēdī, sĕssŭm 3. *eindringen.*
pĕr-sīstō, stĭtī, — 3. *stehenbleiben, verharren.*
pĕr-spĕrgō, spĕrsī, spĕrsŭm 3. *besprengen, bestreuen.*
pĕr-spĭcĭō, spĕxī, spĕctŭm 3. *hindurchschauen.*
pĕr-stō, stĭtī, (stātūrŭs) 1. *feststehen, stehenbleiben.*
pĕr-taedĕt, taesŭm ĕst, — 2. *Ekel empfinden.*
pĕr-tĕndō, tĕndī, tĕntŭm (*u. jünger* tēnsŭm) 3. *durchzusetzen suchen.*
pĕrtĭmēscō, mŭī, — 3. *in große Furcht geraten.*
pĕr-tĭnĕō, tĭnŭī, — 2. *sich erstrecken.*
pĕr-trĭbŭō, ŭī, — 3. *von allen Seiten erteilen.*
pĕr-tŭndō, tŭdī, tū(n)sŭm 3. *durchstoßen.*
pĕr-vādō, sī, sŭm 3. *hindurchgehen.*
pĕr-vĕllō, vĕllī, — 3. *stark rupfen.*
pĕtō, īvī (*u.* ĭī), ītŭm 3. *aufsuchen; zu erlangen suchen.*
pĭgĕt, ŭĭt, — 2. *es verdrießt.*
pĭngō, pĭnxī, pĭctŭm 3. *zeichnen, malen.*
pīnsō, pīnsŭī, pĭstŭm 3. *zerstoßen.*
plăcĕō, ŭī (*u. dcht.* plăcĭtŭs sŭm), ĭtŭm 2. *gefallen.*
plăngō, plānxī, plānctŭm 3. *mit Geräusch schlagen; (be)trauern.*
plaudō, sī, sŭm 3. *klatschend schlagen.*
plĕctō, x(ŭ)ī, xŭm 3. *flechten.*
plĭcō, ŭī, ātŭm 1. *zusammenfalten.*
plŭĭt, plŭĭt, — 3.; *altl. u. dcht. auch* **plŭvĭt**, plū(v)ĭt, — 3. *es regnet.*
pŏllĕō, (ŭī), — 2. *stark sein.*
pŏl-lūcĕō, lūxī, lūctŭm 2. *als Gericht vorsetzen; als Opfer darbringen.*
pŏl-lŭō, lŭī, lūtŭm 3. besudeln.
pōnō, pŏsŭī (*u.* °pŏsīvī), pŏsĭtŭm (*u.* pŏstŭm) 3. *(weg)legen, setzen, stellen.*
pŏr(r)ĭcĭō, —, pŏr(r)ēctŭm 3. *als Opfer hinwerfen.*
pŏr-rĭgō, rēxī, rēctŭm 3. *ausstrekken, ausbreiten.*
pŏr-tĕndō, tĕndī, tĕntŭm 3. *ankündigen.*
pŏscō, pŏpŏscī, — 3. *fordern.*
pŏs-sĭdĕō, sēdī, sĕssŭm 2. *besitzen.*
pŏs-sīdō, sēdī, sĕssŭm 3. *in Besitz nehmen.*
pŏssŭm, pŏtŭī, pŏssĕ *können.*
pŏtĭŏr, pŏtītŭs sŭm 4. *sich bemächtigen; besitzen.*
pōtō, pōtāvī, pōtŭm (*selten* pōtātŭm) 1. *viel trinken.*
praebĕō, ŭī, ĭtŭm 2. *hinhalten, darreichen.*
prae-cĕrpō, cĕrpsī, cĕrptŭm 3. *vor der Zeit pflücken.*
prae-cīdō, cīdī, cīsŭm 3. *vorn abschneiden.*
prae-cĭnō, (°cĭnŭī *u.* °cĕcĭnī), — 3. *vorspielen.*
prae-cĭpĭō, cēpī, cĕptŭm 3. *voraus-, vorwegnehmen.*
prae-clūdō, sī, sŭm 3. *zuschließen.*
prae-cŭrrō, (cŭ)cŭrrī, cŭrsŭm 3. *vorauslaufen.*
prae-cŭtĭō, cŭssī, cŭssŭm 3. *(voran)schwingen.*
prae-fĭcĭō, fēcī, fĕctum 3. *an die Spitze stellen.*
prae-frĭngō, frēgī, frāctŭm 3. *vorn abbrechen.*
prae-grĕdĭŏr, grĕssŭs sŭm 3. *vorangehen.*
prae-mŏrdĕō, rdī, rsŭm 2. *(vorn) (ab)beißen.*
prae-pĕndĕō, pĕndī, — 2. *vorn herabhängen.*
prae-rĭpĭō, rĭpŭī, rĕptŭm 3. *weg-, entreißen.*

prae-scīscō, īvī (*u.* iī), — 3. *vorher erforschen.*
prae-sĭdĕō, sēdī, (sĕssŭm) 2. *schützen; die Oberaufsicht haben.*
prae-stĭtŭō, ŭī, ūtŭm 3. *vorher festsetzen.*
prae-stō, stĭtī, °stĭtŭm, stātūrŭs 1. *voranstehen.*
prae-sŭm, fŭī, (fŭtūrŭs), ĕssĕ *an der Spitze stehen.*
prae-tĕndō, tĕndī, tĕntŭm 3. (*her-*) *vorstrecken.*
praetĕr-fĕrŏr, lātŭs sŭm, fĕrrī *vorübereilen.*
praetĕr-grĕdĭŏr, grĕssŭs sŭm 3. *vorüberziehen.*
praetĕr-vĕhŏr, vĕctŭs sŭm 3. *vorbeifahren.*
prae-vĕhŏr, vĕctŭs sŭm 3. *vorausfahren.*
prăndĕō, prăndī, prānsŭm 2. *frühstücken.*
prĕ-hĕndō, hĕndī, hēnsŭm 3. (*an-*) *fassen, ergreifen.*
prĕmō, prĕssī, prĕssŭm 3. *drücken, pressen.*
prēndō, prēndī, prēnsŭm 3. (*an-*) *fassen, ergreifen.*
prō-cĭdō, cĭdī, — 3. *niederfallen.*
prō-cŭrrō, (cŭ)cŭrrī, cŭrsŭm 3. (*her*)*vorlaufen.*
prōd-ĭgō, ēgī, āctŭm 3. *hervortreiben.*
prō-dō, dĭdī, dĭtŭm 3. *weitergeben; hervorbringen.*
prō-fĭcĭō, fēcī, fĕctŭm 3. *vorwärtskommen.*
prŏ-fĭcīscŏr, fĕctŭs sŭm 3. *aufbrechen, abreisen.*
prŏ-fĭtĕŏr, fĕssŭs sŭm 3. *offen bekennen.*
prō-grĕdĭŏr, grĕssŭs sŭm 3. *hervorgehen; vorwärtsgehen.*
prŏ-hĭbĕō, ŭī, ĭtŭm 2. *fernhalten, abwehren.*
prō-ĭcĭō, iēcī, iĕctŭm 3. *vor-, hinaus-, niederwerfen.*
prōmō, prōmpsī, prōmptŭm 3. *hervornehmen; herausbringen.*
prō-pĕllō, pŭlī, pŭlsŭm 3. *vorwärtsstoßen, -treiben.*
prō-pĕndĕō, pĕndī, pēnsŭm 2. *hervor-, herabhängen.*
prō-rĭpĭō, rĭpŭī, rĕptŭm 3. *hervor-, fortreißen.*
prō-sĭlĭō, sĭlŭī (*u.* °sĭlīvī, sĭlĭī), — 4. *hervorspringen.*
prō-spĭcĭō, spĕxī, spĕctŭm 3. *in die Ferne schauen.*
prō-stĭtŭō, ŭī, ūtŭm 3. *öffentlich hinstellen.*
prō-stō, stĭtī, — 1. *vorn stehen, vorstehen.*
prōsŭm, prōfŭī, prōdĕssĕ *nützlich sein.*
prō-tĕndō, tĕndī, tĕntŭm 3. *hervor-, ausstrecken.*
psăllō, psăllī, — 3. *die Zither spielen.*
pūbēscō, bŭī, — 3. *mannbar werden.*
pŭdĕō, pŭdŭī, — 2. *sich schämen.*
pŭngō, pŭpŭgī, pūnctŭm 3. *stechen.*
pūtĕō, ŭī, — 2. *faulig riechen.*
pūtēscō *u.* **pūtīscō**, pūtŭī, — 3. *verfaulen.*

Q

quaerō, sīvī *u.* sĭī, sītŭm 3. *suchen; fragen.*
quătĭō, —, quăssŭm 3. *schütteln.*
quĕō, īvī (*u.* °iī, °ĭtŭm), īrĕ *können, vermögen.*
quĕrŏr, quĕstŭs sŭm 3. *klagen.*
quĭēscō, quĭēvī, ētŭm 3. (*aus*)*ruhen.*

R

rādō, sī, sŭm 3. *kratzen.*
răpĭō, răpŭī, răptŭm 3. *an sich raffen; wegreißen.*
rĕ-cĭdō[1], rĕcĭdī, rĕcāsūrŭs 3. *zurückfallen.*
rĕ-cīdō[2], cīdī, cīsŭm 3. *abhauen, abschneiden.*
rĕ-cĭpĭō, cēpī, cĕptŭm 3. *zurücknehmen.*
rĕ-clūdō, sī, sŭm 3. (*wieder*) *aufschließen.*
rĕ-cŭrrō, cŭrrī (*selten* °cŭcŭrrī), cŭrsŭm 3. *zurücklaufen.*
rĕ-cŭtĭō, cŭssī, cŭssŭm 3. *zurückschlagen, erschüttern.*
rĕd-ărgŭō, ŭī, ūtŭm 3. *widerlegen.*
rĕd-dō, dĭdī, dĭtŭm 3. *zurückgeben.*
rĕd-hĭbĕō, ŭī, ĭtŭm 2. *wiedergeben.*
rĕd-ĭgō, ēgī, āctŭm 3. *zurücktreiben, -jagen.*
rĕd-ĭmō, ēmī, ēmptŭm 3. *zurückkaufen.*
rĕ-fĕllō, fĕllī, — 3. *widerlegen.*
rĕ-fĕrcĭō, rsī, rtŭm 4. *vollstopfen.*
rĕ-fĕrō, rĕttŭlī, rĕlātŭm (*u.* rĕllātŭm), rĕfĕrrĕ *zurücktragen, -bringen.*
rĕ-fĭcĭō, fēcī, fĕctŭm 3. *noch einmal machen; wiederherstellen.*
rĕ-frĭcō, cŭī, cātūrŭs 1. *wieder aufkratzen, aufreißen.*
rĕ-frĭgēscō, frīxī, — 3. (*wieder*) *erkalten.*
rĕ-frĭngō, frēgī, frāctŭm 3. *aufbrechen, sprengen.*
rĕ-fŭgĭō, fūgī, fŭgĭtūrŭs 3. *zurückweichen, fliehen.*
rĕgō, rēxī, rēctŭm 3. *geraderichten, lenken, leiten.*
rĕ-grĕdĭŏr, grĕssŭs sŭm 3. *zurückgehen, -kehren.*
rē-ĭcĭō, iēcī, iĕctŭm 3. *zurückwerfen.*
rĕ-lĭnquō, līquī, lĭctŭm 3. *zurücklassen.*
rĕ-mŏrdĕō, mŏrdī, mŏrsŭm 2. *wieder beißen.*
rĕ-nītŏr, nīsŭs sŭm 3. *sich entgegenstemmen.*
rĕŏr, rātŭs sŭm 2. *rechnen.*
rĕ-părcō, pĕrcī, — 3. *sparsam sein.*
rĕ-pĕllō, rĕppŭlī, rĕpŭlsŭm 3. *zurückstoßen.*
rĕ-pĕndō, pĕndī, pēnsŭm 3. *zurückwiegen; abliefern; bezahlen.*
rĕ-pĕrĭō, rĕppĕrī, rĕpĕrtŭm 4. *wieder zum Vorschein bringen, auffinden.*
rĕ-plĕō, plēvī, plētŭm 2. *wieder anfüllen.*
rĕ-plĭcō, āvī, ātŭm 1. *zurückbeugen.*
rēpō, rēpsī, rēptŭm 3. *kriechen.*
rĕ-prĭmō, prĕssī, prĕssŭm 3. *zurückdrängen.*
rĕ-quīrō, sīvī *u.* sĭī, sītŭm 3. *wieder aufsuchen; fragen.*
rĕ-sānēscō, nŭī, — 3. *wieder genesen.*
rĕ-scīscō, scīvī *od.* scĭī, scītŭm 3. (*wieder*) *erfahren.*
rĕ-sĭdĕō, sēdī, sĕssŭm 2. *sitzen* (*bleiben*).
rĕ-sĭlĭō, lŭī, sŭltŭm 4. *zurückspringen.*
rĕsĭpīscō, pīvī (pĭī) *u.* °pŭī, — 3. *wieder zu Verstand kommen.*
rĕ-sīstō, stĭtī, — 3. *stehenbleiben.*
rĕ-spĕrgō, rsī, rsŭm 3. *bespritzen.*
rĕ-spĭcĭō, ĕxī, ĕctŭm 3. *zurückschauen.*
rĕ-spŏndĕō, spŏndī, spōnsŭm 2. *dagegen versprechen; antworten.*
rĕ-stĭngŭō, stīnxī, stīnctŭm 3. (*aus*)*löschen.*
rĕ-stĭtŭō, ŭī, ūtŭm 3. *wieder hinstellen.*
rĕ-stō, stĭtī, — 1. *zurückbleiben; widerstehen.*
rĕ-tĕndō, tĕndī, tĕntŭm *u.* tēnsŭm 3. *abspannen; entspannen.*
rĕ-tĭcĕō, ŭī, — 2. *stillschweigen.*
rĕ-tĭnĕō, tĭnŭī, tĕntŭm 2. *zurückhalten.*
rĕ-tŭndō, rĕt(t)ŭdī, rĕtū(n)sŭm 3. *zurückstoßen; abstumpfen.*
rĕ-vĕrtŏr, *pf.* rĕvĕrtī (*unkl.* °rĕvĕrsŭs sŭm, *klass. part. pf.* rĕvĕrsŭs) 3. *zurückkehren, -kommen.*
rĕ-vīsō, vīsī, vīsŭm 3. *wieder sehen nach.*
rĕ-vīvīscō, vīxī, — 3. *wieder aufleben.*
rīdĕō, rīsī, rīsŭm 2. *lachen.*
rĭgĕō, ŭī, — 2. *starren, steif sein.*
rĭgēscō, gŭī, — 3. *erstarren, steif werden.*
rōdō, sī, sŭm 3. *benagen.*
rŭbĕō, ŭī, — 2. *rot sein.*
rŭbēscō, bŭī, — 3. *rot werden.*
rŭdō, īvī, — 3. *brüllen.*
rŭmpō, rūpī, rŭptŭm 3. *gewaltsam* (*zer*)*brechen.*
rŭō[1], rŭī, rŭtŭm *u.* rūtŭm (rŭĭtūrŭs) 3. (*sich*) *stürzen, stürmen.*
rŭō[2], rŭī, rŭtŭm *u.* rūtŭm 3. *aufwühlen, aufgraben.*

S

saepĭō, psī, ptŭm 4. *umzäunen, einhegen.*
sălĭō, lŭī *u.* °lĭī, — 4. *springen, hüpfen.*
săncĭō, sānxī, sānctŭm 4. *heiligen, unverletzlich machen.*
săpĭō, (īvī *u.* °ĭī, °ŭī), — 3. *schmekken.*
sărcĭō, sărsī, sărtŭm 4. *flicken, ausbessern.*
scăbō, scābī, — 3. *kratzen, reiben.*
scălpō, psī, ptŭm 3. *kratzen, scharren.*
scăndō, scăndī, (scānsŭm) 3. *hinan-, hinaufsteigen.*
scĭndō, scĭdī, scĭssŭm 3. *schlitzen, spalten.*
scĭō, scīvī *u.* scĭī, scītŭm 4. *wissen.*
scīscō, scīvī, scītŭm 3. *zu erfahren suchen; beschließen.*
scrībō, scrīpsī, scrīptŭm 3. (*auf*)*zeichnen, schreiben.*
scŭlpō, psī, ptŭm 3. *schnitzen, meißeln.*
sē-clūdō, sī, sŭm 3. *abschließen.*
sĕcō, sĕcŭī, sĕctŭm (*aber* sĕcātūrŭs) 1. (*ab*)*schneiden.*
sĕdĕō, sēdī, sĕssŭm 2. *sitzen.*
sē-lĭgō, lēgī, lēctŭm 3. *auslesen, -wählen.*
sĕnēscō, sĕnŭī, — 3. *alt werden.*
sĕntĭō, sēnsī, sēnsŭm 4. *fühlen, empfinden.*
sĕpĕlĭō, sĕpĕlīvī, sĕpŭltŭm 4. *begraben.*
sĕquŏr, sĕcūtŭs sŭm 3. (*nach*)*folgen.*

sĕrō, (sĕrŭī), sĕrtŭm 3. *aneinander-, zusammenfügen.*
sĕrō, sēvī, sătŭm 3. *säen, pflanzen.*
sĕrpō, psī, ptŭm 3. *kriechen, schleichen.*
sē-vĕhŏr, vĕctŭs sŭm 3. *wegfahren.*
sīdō, sēdī *u.* sīdī, sĕssŭm 3. *sich setzen.*
sĭlĕō, ŭī, — 2. *still sein, schweigen.*
sĭnō, sīvī *u.* °sĭī, sĭtŭm 3. *zulassen, erlauben.*
sĭstō, stĭtī *u.* stĕtī, stătŭm 3. *(hin-)stellen, (hin)bringen.*
sŏlĕō, sŏlĭtŭs sŭm *u.* (*altl.*) °sŏlŭī 2. *pflegen, gewohnt sein.*
sŏlvō, sŏlvī, sŏlūtŭm 3. *(auf)lösen, losbinden.*
sŏnō, ŭī, (°sŏnātūrŭs) 1. *(er)tönen, (er)klingen.*
sŏrbĕō, ŭī, — 2. *schlürfen; hinunterschlucken.*
sŏrdĕō, ŭī, — 2. *schmutzig sein.*
spărgō, spărsī, spărsŭm 3. *streuen, sprengen.*
spĕcĭō, spĕxī, spĕctŭm 3. (*praes. auch* spĭcĭō) *schauen, sehen.*
spĕrnō, sprēvī, sprētŭm 3. *zurückstoßen.*
splĕndĕō, (ŭī), — 2. *glänzen,* [*strahlen.*]
splĕndēscō, dŭī, — 3. *erglänzen, Glanz bekommen.*
spŏndĕō, spŏpŏndī, spōnsŭm 2. *förmlich u. feierlich versprechen.*
spŭō, spŭī, spūtŭm 3. *speien, spucken.*
stătŭō, ŭī, ūtŭm 3. *fest hinstellen.*
stĕrnō, strāvī, strātŭm 3. *auf den Boden ausbreiten.*
stĕrnŭō, ŭī, — 3. *niesen.*
stō, stĕtī, (stātūrŭs), stātŭm 1. *(dastehen, aufrecht stehen.*
strĕpō, pŭī, (pĭtŭm) 3. *lärmen, toben.*
strīdō, dī, — 3. *zischen, schwirren.*
strĭngō, strīnxī, strĭctŭm 3. *streifen, leicht berühren.*
strŭō, strūxī, strūctŭm 3. *aufschichten; erbauen.*
stŭdĕō, ŭī, — 2. *sich um etw. bemühen.*
stŭpĕō, ŭī, — 2. *starr od. steif sein.*
stŭpēscō, pŭī, — 3. *ins Stocken geraten.*
suādĕō, sī, sŭm 2. *raten, zureden.*
sŭb-dō, dĭdī, dĭtŭm 3. *unterlegen.*
sŭb-ĭcĭō, iēcī, iĕctŭm 3. *unter etw. setzen od. werfen.*
sŭb-ĭgō, ēgī, āctŭm 3. *hinauftreiben, -führen.*
sŭb-rĭgō, rēxī, rēctŭm 3. *emporrichten.*
sŭb-sĭlĭō, sĭlŭī, — 4. *emporspringen.*
sŭb-stĭtŭō, ŭī, ūtŭm 3. *etw. darunter od. hinter etw. stellen.*
sŭc-cĕndō, cĕndī, cĕnsŭm 3. *anzünden.*
sŭc-cīdō, cīdī, cīsŭm 3. *unten abhauen od. abschneiden.*
sŭc-cĭdō, cĭdī, — 3. *niedersinken, zu Boden fallen.*
sŭc-cŭmbō, cŭbŭī, — 3. *niederfallen, -sinken.*
sŭc-cŭrrō, cŭrrī, cŭrsŭm 3. *sich e-r Sache unterziehen.*
sŭc-cŭtĭō, cŭssī, cŭssŭm 3. *emporschleudern.*
suēscō, suēvī, suētŭm 3. *sich gewöhnen.*
sŭf-fĕrō, sŭstŭlī, sŭblātŭm, sŭffĕrrĕ *darunter halten.*
sŭf-fĭcĭō, fēcī, fĕctŭm 3. *unter etw. legen.*
sŭf-frĭngō, frēgī, frāctŭm 3. *unten zerschlagen.*
sŭg-grĕdĭŏr, grĕssŭs sŭm 3. *heranrücken.*
sūgō, sūxī, sūctŭm 3. *saugen.*
sŭm, fŭī, ĕssĕ *sein.*
sūmō, sūmpsī, sūmptŭm 3. *etw. für sich nehmen od. ergreifen.*
sŭō, sŭī, sūtŭm 3. *zusammenfügen.*
sŭpĕr-cŭrrō, cŭrrī, cŭrsŭm 3. *darüberlaufen.*
sŭpĕr-grĕdĭŏr, grĕssŭs sŭm 3. *überschreiten.*
sŭpĕr-iăcĭō, iēcī, iĕctŭm (*u.* °iăctŭm) 3. *darüberwerfen.*
sŭpĕr-ĭnĭcĭō, iēcī, iĕctŭm 3. *darüber-, daraufwerfen.*
sŭpĕr-vĕhŏr, vĕctŭs sŭm 3. *über etw. hinausfahren.*
sŭpĕr-vīvō, vīxī, vīctŭm 3. *überleben.*
sŭp-pĭngō, —, pāctŭm 3. *unten anschlagen.*
sŭp-plōdō, sī, sŭm 3. *aufstampfen.*
sŭp-prĭmō, prĕssī, prĕssŭm 3. *hinabdrücken.*
sŭrgō, sŭrrēxī, sŭrrēctŭm 3. *emporrichten.*
sŭr-rĭpĭō, rĭpŭī, rĕptŭm 3. *heimlich wegnehmen, entwenden.*
sŭr-rŭpĭō, rŭpŭī, rŭptŭm 3. *heimlich wegnehmen, entwenden.*
sŭs-cĭpĭō, cēpī, cĕptŭm 3. (*v. unten her*) *auffangen.*
sŭs-pĕndō, pĕndī, pēnsŭm 3. *aufhängen.*
sŭ-spĭcĭō, spĕxī spĕctŭm 3. *aufwärts sehen.*
sŭs-tĭnĕō, tĭnŭī, tĕntŭm 2. *emporhalten.*

T

tābēscō, bŭī, — 3. *schmelzen, zergehen.*
taedĕt, (°taedŭĭt *u.* °taesŭm ĕst) 2. *Ekel empfinden.*
tăngō, tĕtĭgī, tāctŭm 3. *berühren, anrühren.*
tărdēscō, ŭī, — 3. *langsam werden.*
tĕgō, tēxī, tēctŭm 3. *(be)decken.*
tĕmnō, mpsī, ptŭm 3. *verachten.*
tĕndō, tĕtĕndī, tĕntŭm 3. *(an-)spannen.*
tĕnĕō, ŭī, tĕntŭm 2. *halten.*
tĕpĕō, pŭī, — 2. *(lau)warm sein.*
tĕpēscō, pŭī, — 3. *(lau)warm werden.*
tĕrgĕō, rsī, rsŭm 2. *abwischen, -trocknen.*
tĕrgō, rsī, rsŭm 3. *abwischen, -trocknen.*
tĕrō, trīvī, trītŭm 3. *(ab)reiben.*
tĕrrĕō, ŭī, ĭtŭm 2. *(er)schrecken.*
tĕxō, xŭī, xtŭm 3. *weben; flechten.*
tĭmĕō, mŭī, — 2. *(sich) fürchten.*
tĭngō, tīnxī, tīnctŭm 3. *benetzen, befeuchten.*
tŏllō, sŭstŭlī, sŭblātŭm 3. *empor-, aufheben.*
tŏndĕō, tŏtŏndī, tōnsŭm 2. *(ab-)scheren.*
tŏnō, ŭī, — 1. *donnern.*
tŏrpĕō, ŭī, — 2. *erstarrt, steif sein.*
tŏrpēscō, pŭī, — 3. *erstarren.*
tŏrquĕō, tŏrsī, tŏrtŭm 2. *drehen, winden.*
tŏrrĕō, tŏrrŭī, tŏstŭm 2. *trocknen, dörren.*
trā-dō, dĭdī, dĭtŭm 3. *übergeben.*
trăhō, trāxī, trăctŭm 3. *ziehen, schleppen.*
trā-ĭcĭō, iēcī, iĕctŭm 3. *hinüberwerfen.*
trān-scĕndō, scĕndī, scēnsŭm 3. *hinüberschreiten.*
trāns-cīdō, cīdī, — 3. *verhauen.*
trāns-cŭrrō, cŭrrī *u.* °cŭcŭrrī, cŭrsŭm 3. *hinüber-, hinlaufen.*
trāns-grĕdĭŏr, grĕssŭs sŭm 3. *hinübergehen, -steigen.*
trāns-ĭgō, ēgī, āctŭm 3. *durch-* [*bohren.*]
trān-sĭlĭō, sĭlŭī (*u.* °sĭlīvī *od.* °sĭlĭī), — 4. *hinüberspringen.*
trāns-tĭnĕō, ŭī, — 2. *hindurchgehen.*
trĕmō, ŭī, — 3. *zittern, beben.*
trĭbŭō, ŭī, ūtŭm 3. *einteilen, austeilen.*
trūdō, sī, sŭm 3. *stoßen, drängen.*
tŭĕŏr, (°tŭĭtŭs *u.*) tūtātŭs sŭm 2. *schauen, blicken.*
tŭmĕō, ŭī, — 2. *geschwollen sein, strotzen.*
tŭmēscō, mŭī, — 3. *anschwellen.*
tŭndō, (°tŭtŭdī, °tū[n]sŭm) 3. *stoßen, schlagen.*
tŭŏr, — 3. *schauen, blicken.*
tŭrgĕō, (°rsī), — 2. *geschwollen sein.*

U

ŭlcīscŏr, ŭltŭs sŭm 3. *(sich für) etw. rächen.*
ŭngō, ūnxī, ūnctŭm 3. *salben.*
ŭngŭō, ūnxī, ūnctŭm 3. *salben.*
ŭrgĕō (*u.* ŭrguĕō), ŭrsī, — 2. *drängen, treiben.*
ūrō, ŭssī, ŭstŭm 3. *brennen, verbrennen.*
ūtŏr, ūsŭs sŭm 3. *etw. gebrauchen.*

V

vălĕō, ŭī, ĭtūrŭs 2. *stark od. kräftig sein.*
vălēscō, vălŭī, — 3. *erstarken, zunehmen.*
vĕhō, vēxī, vĕctŭm 3. *fortbewegen, -schaffen.*
vĕllō, vĕllī (*u.* vŏlsī *od.* vŭlsī), vŏlsŭm *u.* vŭlsŭm 3. *rupfen, zupfen.*
vĕndō, dĭdī, dĭtŭm 3. *verkaufen.*
vĕnĭō, vēnī, vĕntŭm 4. *kommen, gelangen.*
vĕrĕŏr, vĕrĭtŭs sŭm 2. *sich scheuen, sich fürchten.*
vĕrgō, (rsī?), — 3. *sich neigen od. sich senken.*
vĕrrō, —, vĕrsŭm 3. *kehren, fegen.*
vĕrtō, rtī, rsŭm 3. *wenden, drehen.*
vĕspĕrāscō, rāvī, — 3. *abendlich od. dunkel werden.*
vĕtō, ŭī, ĭtŭm 1. *verbieten.*
vĭdĕō, vīdī, vīsŭm 2. *sehen.*
vĭdĕŏr, vīsŭs sŭm 2. *gesehen werden.*
vĭgĕō, ŭī, — 2. *lebenskräftig sein.*
vĭncĭō, vīnxī, vīnctŭm 4. *schnüren, binden.*
vĭncō, vīcī, vĭctŭm 3. *siegen.*
vĭrĕō, ŭī, — 2. *grünen, grün sein.*
vĭrēscō, rŭī, — 3. *grün werden.*
vīsō, vīsī, — 3. *genau ansehen.*
vīvēscō, vīxī, — 3. *zum Leben erwachen.*
vīvō, vīxī, vīctūrŭs 3. *leben.*
vŏlō, vŏlŭī, vĕllĕ *wollen.*
vŏlvō, vŏlvī, vŏlūtŭm 3. *(um-)wälzen, (um)drehen.*
vŏmō, ŭī, ĭtŭm 3. *sich erbrechen.*
vŏvĕō, vōvī, vōtŭm 2. *feierlich versprechen, geloben.*

Lateinisch-deutsches Verzeichnis europäischer Städtenamen

Diese Liste enthält sowohl die Namen ehemaliger römischer Siedlungen als auch mittel- und neulateinische Namen

A

Acumum Montélimar
ad Horrea Cannes
ad Sanctos Xanten
ad Statuas Oliva
Adiacium Ajaccio
Agedincum Senonum Sens
Agennum *od.* **Agin(n)um** Agen
Agranum Zagreb (Agram)
Agrippina Köln
Alata castra Edinburgh
Alba Regalis Stuhlweißenburg
Albiga Albi
Albimontium Blankenburg
Albinte – *od.* **Albintimilium** Ventimiglia
Aldenburgum Altenburg i. Thüringen
Altiaia Alzey
Ambianum Amiens
Amstelodamum Amsterdam
Anchona *od.* **Anconitana civitas** Ancona
Andegavium Angers
Andemantunnum Langres
Andernacum Andernach
Anicium Le Puy
Ansibarium Osnabrück
Ansloa Oslo
Antipolis Antibes
Antiqua civitas Oldenburg
Antunnacum Andernach
Antverpia Antwerpen
Aquaburgum Wasserburg a. Inn
Aquae Baden-Baden
Aquae Allobrogum Aix-les-Bains
Aquae Bigerronum Bagnères-de-Bigorre
Aquae Gratianae Aix-les-Bains
Aquae Luvienses Tungrorum Spa
Aquae Mattiacae Wiesbaden
Aquae Mortuae Aigues-Mortes
Aquae Pannoni(c)ae Baden b. Wien
Aquae Sextiae Aix-en-Provence
Aquae Sulis Bath
Aquianum Évian-les-Bains
Aquilegia *od.* **Aquile(i)a** Aquileja
Aquilia L'Aquila
Aquincum Buda (Ofen) (Teil v. Budapest)
Aquisgranum Aachen
Arae Flaviae Rottweil
Arausio Orange
Arctopolis ad Salam Bernburg an der Saale
Aredata *od.* **-tum** Linz
Arelate *od.* **-tum** Arles
Aretium Arezzo
Argelia Torgau
Argentoratum Straßburg
Arimin(i)um Rimini
Artaunum Würzburg
Arx Gandulfi Castel Gandolfo
Ascaria *od.* **Ascania** Aschersleben
Asciburgum Aschaffenburg
Assindia Essen
Asta Pompeja Asti
Atacinorum civitas Narbonne
Aternum Pescara
Athenae ad Ehnum Helmstedt
Athenae ad Salam Jena
Athenopolis Saint-Tropez
Atrebatum *od.* **-tae** *od.* **-tes** Arras
Atuaticum Tongern
Augusta Antonini Badgastein
Augusta Emerita Mérida
Augusta Nemetum Speyer
Augusta Praetoria Aosta
Augusta Raurica Augst
Augusta Suessonium Soisson
Augusta Taurinorum Turin
Augusta Tiberii Regensburg
Augusta Trecorum Troyes
Augusta Treverorum Trier
Augusta Vindelicorum Augsburg
Augustobona Tricassium Troyes
Augustodunum Autun
Augustodurus Bayeux
Augustonemetum Clermont-Ferrand
Augustoritum Lemovicum Limoges
Aurelianum Orléans
Autissiodorum Auxerre
Autricum Chartres
Avaricum Bourges
Avenio Avignon
Aventicum Avenches

B

Bacharacum Bacharach
Badena civitas Baden-Baden
Baeterrae Béziers
Baiocae Bayeux
Baiona Bayonne
Balerne castrum Palermo
Bamberga Bamberg
Barcino(na) Barcelona
Barium Bari
Basilea *od.* **Basilia** Basel
Bathonia Bath
Bellovacum Beauvais
Bellunum Belluno
Beneventum Benevent
Bergamum *od.* **Bergomum** Bergamo
Berna Bern
Bernburgum Bernburg a. der Saale
Berolinum Berlin
Biberacum Biberach
Bilefeldia *od.* **Bilivelda** Bielefeld
Bilitio castrum Bellinzona
Bingium Bingen
Bipontium Zweibrücken
Bisuntio Besançon
Biturigae Bourges
Blancoburgum Blankenburg
Blesae *od.* **Blesum** Blois
Bodobriga Boppard
Bonna Bonn
Bononia *od.* **Bolonia** Bologna
Bononia *od.* **Bolonia in Francia** Boulogne-sur-Mer
Boppardia Boppard
Borbetomagus Worms
Bosanum Bozen
Boscoducum Herzogenbusch
Brandenburgum Brandenburg a. der Havel
Braunodunum Braunau am Inn
Brega Brieg
Brema Bremen
Brenoburgum Brandenburg a. der Havel
Brestia Brest
Brigantia *od.* **-tium** Bregenz
Brisacum Breisach
Brixia *1.* Brescia; *2.* Brixen
Brixina Brixen
Bruga(e) Brügge
Brundisium Brindisi
Brun(n)a Brünn

Brunopolis *1.* Bruneck; *2.* Braunschweig
Brunsvicum Braunschweig
Brusella Bruchsal
Bruxella(e) Brüssel
Bucaresta Bukarest
Buda Vetus Ofen (Teil v. Budapest)
Budapestum Budapest
Burdegala *od.* **Burdigala** Bordeaux
Burgum Offonis Offenburg

C

Cabelia *od.* **Cabliacum** Chablis
Cabillonum Chalon-sur-Saône
Cadomum Caen
Cadurcum Cahors
Caesaraugusta Saragossa
Caesaris Burgus Cherbourg
Caesarodunum Tours
Caesaromagus Beauvais
Calaris *od.* **Caralis** Cagliari (Sardinien)
Calesium *od.* **Caletum** Calais
Calpe mons Gibraltar
Camberiacum Chambéry
Cambodunum *od.* **Campidona** Kempten i. Allgäu
Cameracum Cambrai
Camulodunum Colchester
Canoae Cannes
Cantabrigia Cambridge
Cantuaria Canterbury
Canusia Canossa
Carleolum Carlisle
Carnotum Chartres
Caroburgus Cherbourg
Caroli Hesychium Karlsruhe
Carolinae Thermae Karlsbad
Carthago Nova Cartagena
Cassella(e) Kassel
Castra Vetera Xanten
Castuna Badgastein
Catalauni *od.* **-num** Châlons-sur-Marne
Catana Catania
Cenabum Orléans
Cenomanum Le Mans
Cestria Chester
Chilomium Kiel
Chiovia Kiew
Chrem(i)sa Krems a. d. Donau
Cicestria Chichester
Cignavia *od.* **Cygnea** Zwickau
Civitas Andecavorum Angers
Civitas Aurelia Aquensis Baden-Baden
Civitas Imperialis ad Gosam Goslar
Civitas Lemovicum Limoges
Civitas Nemetum Speyer
Civitas Pictonum Poitiers
Clarus Mons Clermont-Ferrand
Claudia Castra *od.* **Claudiocestria** Gloucester
Claudianopolis Klausenburg
Clausentum Southampton
Claustriburgum *od.* **Claustroneoburgum** Klosterneuburg a. der Donau
Cluniacum Cluny
Coburg(i)um Coburg
Colonia Agrippina *od.* **Agrippinensis** Köln
Colonia Allobrogum Genf
Colonia Glevum Gloucester
Colonia Julia Augusta Parma
Colonia Julia Pisana Pisa
Colonia Patricia Córdoba
Colonia Placentia Piacenza
Colonia Romulea Sevilla
Colonia Traiana Xanten
Colonia Victricensis Colchester
Columbaria Colmar
Comum Como
Condate Rennes
Condevincum Nantes
Confluentes Koblenz
Consentia Cosenza
Constantia Konstanz
contra Acincum Pest
Corduba Córdoba
Coriosopitum Quimper
Cornetum Tarquinia
Cortina Cortona
Coventria Coventry
Cremifanum Kremsmünster
Cremona Cremona
Croton Crotone
Crucenacum Bad Kreuznach
Cruoninga Groningen
Cumae Como
Curia Rhaetorum Chur

D

Danum Doncaster
Dariorigum Vannes
Darmstadium Darmstadt
Depmeldia *od.* **Dietmullum** Detmold
Dertona Tortona
Dertosa Tortosa
Derventia Derby
Desertina Disentis
Dessavia Dessau
Deva *od.* **Devana castra** Chester
s. Dionisius *od.* **Dionysiopolis** Saint-Denis
Dispargum Duisburg
Divio(dunum) *od.* **Dibio** Dijon
Divodurum (Mediomatricorum) Metz
Donaverda Donauwörth
Doncastria Doncaster
Dorcestria Dorchester
Dormunda Dortmund
Dorobernia Dover
Drusiana urbs Frauenburg
Dublinum Dublin
Dubris Dover
Duisburgum Duisburg
Durnovaria Dorchester
Durobrivae Rochester
Durocortorum Reims
Durovernia Canterbury
Dusseldorpium Düsseldorf

E

Eberhardescella Einsiedeln
Ebeshamum Epsom
Eblanda Dublin
Ebroicum Evreux
Eboracum York
Eburodunum Yverdon
Ebusus Ibiza auf Ibiza
Ecolisma Angoulême
Edinum *od.* **Edinburgum** Edinburgh
Edelberga Heidelberg
Eistetensis civitas Eichstätt
Elarona Oloron-Sainte-Marie
Elesleba Eisleben
Ellebogium Malmö
Emerita Mérida
Engolismum Angoulême
Epternacum Echternach
Erfordia Erfurt
Erlanga Erlangen
Essendia Essen
Etona *od.* **Etuna** Eaton
s. Eutropius Saint-Tropez
Exonia Exeter

F

Feasulae Fiesole
Fanum s. Galli Sankt Gallen
Fanum s. Remogii San Remo
Faucenae Füssen
Faventia *1.* Faenza; *2.* Barcelona
Felicitas Julia Lissabon
Felsina Bologna
Ferriminera Eisenerz
Flaviobriga Bilbao
Flenopolis *od.* **Flensburgum** Flensburg
Florentia Florenz
Fons Blahantum Fontainebleau
Fontes Baderae Paderborn
Forum Julii Fréjus
Forum Livii Forli
Franciscopolis Le Havre
Francofortum ad Moenum Frankfurt a. Main
Francofortum ad Viadrum *od.* **ad Oderam** Frankfurt a. der Oder
Freybergensis civitas *od.* **Friberga** Freiberg i. Sachsen
Friburgum Brisgoviae Freiburg i. Breisgau
Frislaria Fritzlar
Fridericoburgum Frederiksborg
Frigisinga Freising
Fuldinsis Fulda

G

Gades Cádiz
Ganda(vum) Gent
Gandersium Bad Gandersheim
Gandulphi castrum Castel Gandolfo
Geldria Geldern
Germinus Pons Zweibrücken
Gena Jena
Genava Genf
Gesoria(cum) Boulogne-sur-Mer
Glascovia *od.* **Glasgua** Glasgow
Glevum Gloucester
Gnesna Gnesen
Goslaria Goslar
Gothe- *od.* **Gothoburgum** Göteborg
Granata Granada
Gratianopolis Grenoble
Graudencium *od.* **Grudentum** Graudenz
Groninga Groningen

H

Hafnia Kopenhagen
Haga comitis *od.* **-tum** Den Haag
Hala ad Salam *od.* **Hala Hermundurorum** Halle a. der Saale
Hala Suevica Schwäbisch Hall
Halberstadium Halberstadt
Halla Bad Reichenhall
Hamburgum *od.* **Hammonia** Hamburg
Hamela Hameln
Hamptonia Southampton
Han(n)overa Hannover
Harlemum Haarlem
Haristallium Herstal
Harvi(a)cum Harwich
Hasta Asti
Havrea Le Havre
Helmstadium Helmstedt
Helsingfordia *od.* **Helsingoforsa** Helsinki
Helsingoburgum Helsingborg
Herbipolis Würzburg
Herculis Monoeci portus Monaco
Hesychia Carolina Karlsruhe
Hildeshemium Hildesheim
s. Hippolytus in Austria *od.* **s. Hippolyti fanum** Sankt Pölten
Hispalis Sevilla
Hoium Huy
Holmia Stockholm
Hydruntum Otranto

I

Ilerda Lérida
Ilsineburgum Ilsenburg i. Harz
Iporegia Ivrea
Isca Dumnoniorum Exeter
Islebia Eisleben

J

Julia Augusta Parma
Juliomagus Angers
Junianum Lugano
Juvavia Salzburg

K

Kilonia *od.* **-num** Kiel

L

Lancastria Lancaster
Lapurdum Bayonne
Laudunum Laon
Laureacum Lorch
Lausanna Lausanne
Lege Lüttich
Legionum urbs Chester
Lemovicum Limoges
Lentia Linz
Leodium Lüttich
Lilybaeum Marsala
Limonum Poitiers
Lincolnia Lincoln
Lindavia *od.* **Lindaugia** Lindau
Lindum Colonia Lincoln
Lingona civitas Langres
Lipsia Leipzig
Londinium London
Longovicum Lancaster
Lousonna Lausanne
Lovania *od.* **-nium** Löwen
Lubeca Lübeck
Luceria *od.* **Lucerna** Luzern
Luciliburgum Luxemburg
Ludovici arx Ludwigsburg
Ludovici arx ad Saaram Saarlautern
Luganum Lugano
Lugdunum Lyon
Lugdunum Batavorum Leiden
Luguvallium Carlisle
Luneburgum Lüneburg
Lutetia Paris
Lutra (Caesarea) Kaiserslautern
Luxemburgum Luxemburg

M

Madritum Madrid
Magdeburgum Magdeburg
Maguntia Mainz
Maininga *od.* **Meininga** Meiningen
Mairania Meran
Malaca Málaga
Malina Mecheln
Malmogia Malmö
Malmundarium Malmedy
Mamcunium Manchester
Mantua Mantua
Mariae domus Bad Mergentheim
Marpurgum Marburg
Marsipolis Merseburg
Massilia Marseille
Matritum Madrid
Mechlinia Mecheln
Mediolanum Mailand
Merania Meran
Meledunum Melun
Melicum Melk a. der Donau
Meminga Memmingen
Merseburgum Merseburg
Messana Messina
Minda Minden
Misena *od.* **Misna** Meißen
Mogontia(cum) *od.* **Moguntia** Mainz
Monacum *od.* **Monachium** München
Monaecum Monaco
Monasterium Münster i. Westfalen
Monasterium Effliae Münstereifel
Mons Ademari Montélimar
Mons Albanus Montauban
Mons Beligardi Montbéliard
Mons Pavonis Bamberg
Monspessulanus Montpellier
Moscovia Moskau
Mutina Modena
Myrtilletum Heidelberg

N

Namurcum Namur
Nanceium Nancy
Namnetes *od.* **Namnetum** *od.* **Nannetum** Nantes
Narbo Martius *od.* **Narbona** Narbonne
Naumburgum Naumburg
Neapolis Neapel
Neapolis in Palatinatu Neustadt a. der Weinstraße
Neapolis Viennensis Wiener Neustadt
Nemausus Nîmes
Nemetocenna Arras
Niceae *od.* **Nicia** Nizza
Nidaros Drontheim
Nord(o)vicum Norwich
Norimberga Nürnberg
Novesium Neuß
Noviodunum Nyon a. Genfersee
Noviomagus *1.* Nimwegen; 2. Noyon
Noviomagus Regnensium Chichester
Novogardia Magna Novgorod

O

Oenipons *od.* **-pontum** Innsbruck
Offenbachium Offenbach
Offenburgum Offenburg
Olisipo Lissabon
Oropitum Orvieto
Osnabruga *od.* **-gum** Osnabrück
Ottoburanum Ottobeuren
Ovetum Oviedo
Oxonia Oxford

P

Pabeberga Bamberg
Paderborna Paderborn
Panormus Palermo
Papia Pavia
Parthenopolis Magdeburg
Patavia Passau
Patavium Padua
Patrisbrunna Paderborn
Perusia Perugia
Pest(in)um Pest (Teil v. Budapest)
Petrocorium Périgueux
Phorca *od.* **Phorcenum** Pforzheim
Pictavium Poitiers
Pietas Julia Pula
Pintia Valladolid
Pisae Pisa
Placentia Piacenza
Plavia Plauen
Pola Pula
Pons Aelii Newcastle upon Tyne
Pons ad Montionem Pont-à-Mousson
Pons Saravi Saarburg
Porta Hercyniae Pforzheim
Portus Alacer Portalegre
Portus Calensis Porto
Portus Magnus Portsmouth
Posonium Preßburg
Praga Prag
Puteoli Pozzuoli

Q

Quedlinburgum Quedlinburg
Quintinus Veromanduensis Saint-Quentin

R

Raceburgensis Ratzeburg
Radinga Reading
Ragusa *od.* **-sium** Dubrovnik

Ratae Coritanorum Leicester
Ratisbona Regensburg
Rauzium *od.* **Rhausium** Dubrovnik
Raven(n)a Ravenna
Redonum Rennes
Regalis mons Königsberg
Regina castra Regensburg
Reginae Gradecium Königgrätz
Regium Calabriae Reggio di Calabria
Regium Lepidi Reggio nell'Emilia
Remi Reims
Rhegium Reggio di Calabria
Remorum civitas Reims
Rigomagus Remagen
Roma Rom
s. Romulus San Remo
Romaricus Mons Remiremont
Roterodamum Rotterdam
Rotenburgum Rothenburg ob d. Tauber
Rotevilla Rottweil
Rotomagus Rouen
Rutenorum civitas Rodez
Rutupiae Richborough

S

Saconium Säckingen
S(a)ena Julia Siena
Saguntum Sagunt
Salamantica Salamanca
Salernum Salerno
Salingiacum Solingen
Salisburgium Salzburg
Sampolitanum Sankt Pölten
Sangallensis Sankt Gallen
Santena Xanten
Sarae *od.* **Saravi pons** Saarbrücken
Sarum Salisbury
Sedunum Sion
Segodunum Rodez
Segontium Caernavon
Selenopolis Lüneburg
Sena Siena
Senonica urbs Sens
Serdica Sofia
Sibilia Sevilla
Singidunum Belgrad
Sistaricum Sisteron
Slesingensis *od.* **Slesvicum** Schleswig
Sopianae Fünfkirchen
Sorbiodunum Salisbury
Sosa Soest
Spinalium Épinal
Spira (Nemetum) Speyer
Spolet(i)um Spoleto
Squirsina Schwerin
Stada *od.* **Stadium** Stade
Stocholmia Stockholm
Stralsunda *od.* **-dum** Stralsund
Stuo- *od.* **Stutgardia** Stuttgart
Suerinum Schwerin
Suessionis civitas Soisson
Suindinum Le Mans
Syracusae Syrakus

T

Tabernarum castellum Bernkastel
Tamari Ostium Plymouth
Taravenna Thérouanne
Tarba Tarbes
Tarabatum Dorpat
Tarentum Tarent
Tarquinii Tarquinia
Tarracum Tarragona
Tarvisium Treviso
Tauromenium Taormina
Taurunum Belgrad
Telo Martius Toulon
Teotmola Detmold
Tergeste Triest
Thermae Carolinae Karlsbad
Thyanus Bukarest
Teoletum Toledo
Tolonium Toulon
Tolosa Toulouse
Tomi *od.* **Tomiswarium** Constanza
Torgavia Torgau
Traiectum ad Mosam Maastricht
Traiectum ad Rhenum Utrecht
Trecae Troyes
Tremonia Dortmund
Tricollis Dinkelsbühl
Tridentum Trient
Tullum (Leucorum) Toul
Turegum *od.* **Turicum** Zürich
Turonum Tours

U

Ucetia Uzès
Ulma Ulm
Ulpia Noviomagus Nimwegen
Ulyssia *od.* **Ulyssipolis** Lissabon
Upsalia Uppsala
Urbinum (Hortense) Urbino
Urbs Vetus Orvieto
Ursopolis Bernburg

V

Valen castrum Wismar
Valentia Valencia
Vallisoletum Valladolid
Vangionensis Worms
Vapincum Gap
Varsavia Warschau
Varunum Klagenfurt
Venetiae in Bretonia Vannes
Venta Belgarum Winchester
Venta Silurum Bristol
Venetum civitas *od.* **Viniticum** Vannes
Verodunum Verdun
Verulamium St. Albans
Vesontio Besançon
Vesolum *od.* **Vesulum** Vesoul
Vesunna Petricoriorum Périgueux
Vicentia Vicenza
Vienna (Austriae) Wien
Vienna *od.* **Colonia Julia Vienna** Vienne
Vigornia Worcester
Villacum Villach
Vinaria Weimar
Vindobona Wien
Vintimilium Ventimiglia
Virdunum Verdun
Virginum castrum Magdeburg
Virunum Klagenfurt
Viteberga Wittenberg
Viterbium Viterbo
Vitodurum Winterthur
Volaterrae Volterra
Vratislavia Breslau

W

Wetflaria Wetzlar
Wormatia Worms

X

Xanctum Xanten

Z

Zagrabia Zagreb
Zeacollis *od.* **-polis** Dinkelsbühl

Zahlwörter

Zahlzeichen	Grundzahlen (cardinālia) wie viele?	Ordnungszahlen (ōrdinālia) der wievielte?	Einteilungszahlen (distribūtīva) wie viele jedesmal)	Zahladverbia (adverbia numerālia) wie oft?
1 I	ūnus, a, um *ein*	prīmus, a, um *der erste*	singulī, ae, a *je ein(er)*	semel *einmal*
2 II	duo, ae, o	secundus *od.* alter	bīnī	bis
3 III	trēs, ia	tertius	ternī (trīnī)	ter
4 IV	quattuor	quārtus	quaternī	quater
5 V	quīnque	quīntus	quīnī	quīnquiēs
6 VI	sex	sextus	sēnī	sexiēs
7 VII	septem	septimus	septēnī	septiēs
8 VIII	octō	octāvus	octōnī	octiēs
9 IX	novem	nōnus	novēnī	noviēs
10 X	decem	decimus	dēnī	deciēs
11 XI	undecim	undecimus	undēnī	undeciēs
12 XII	duodecim	duodecimus	duodēnī	duodeciēs
13 XIII	trēdecim	tertius decimus	ternī dēnī	ter deciēs
14 XIV	quattuordecim	quārtus decimus	quaternī dēnī	quater deciēs
15 XV	quīndecim	quīntus decimus	quīnī dēnī	quīnquiēs deciēs
16 XVI	sēdecim	sextus decimus	sēnī dēnī	sexiēs deciēs
17 XVII	septendecim	septimus decimus	septēnī dēnī	septiēs deciēs
18 XVIII	duodēvīgintī	duodēvīcēsimus	duodēvīcēnī	duodēvīciēs
19 XIX	undēvīgintī	undēvīcēsimus	undēvīcēnī	undēvīciēs
20 XX	vīgintī	vīcēsimus	vīcēnī	vīciēs
21 XXI	ūnus et vīgintī *od.* vīgintī ūnus	ūnus et vīcēsimus *od.* vīcēsimus prīmus	singulī et vīcēnī *od.* vīcēnī singulī	semel et vīciēs *od.* vīciēs semel
22 XXII	duo et vīgintī *od.* vīgintī duo	alter et vīcēsimus *od.* vīcēsimus alter	bīnī et vīcēnī *od.* vīcēnī bīnī	bis et vīciēs *od.* vīciēs bis
28 XXVIII	duodētrīginta	duodētrīcēsimus	duodētrīcēnī	duodētrīciēs
29 XXIX	undētrīginta	undētrīcēsimus	undētrīcēnī	undētrīciēs
30 XXX	trīginta	trīcēsimus	trīcēnī	trīciēs
40 XL	quadrāginta	quadrāgēsimus	quadrāgēnī	quadrāgiēs
50 L	quīnquāginta	quīnquāgēsimus	quīnquāgēnī	quīnquāgiēs
60 LX	sexāginta	sexāgēsimus	sexāgēnī	sexāgiēs
70 LXX	septuāginta	septuāgēsimus	septuāgēnī	septuāgiēs
80 LXXX	octōginta	octōgēsimus	octōgēnī	octōgiēs
90 XC	nōnāginta	nōnāgēsimus	nōnāgēnī	nōnāgiēs
100 C	centum	centēsimus	centēnī	centiēs
101 CI	centum (et) ūnus	centēsimus prīmus	centēnī singulī	centiēs semel
200 CC	ducentī, ae, a	ducentēsimus	ducēnī	ducentiēs
300 CCC	trecentī, ae, a	trecentēsimus	trecēnī	trecentiēs
400 CD	quadringentī, ae, a	quadringentēsimus	quadringēnī	quadringentiēs
500 D	quīngentī, ae, a	quīngentēsimus	quīngēnī	quīngentiēs
600 DC	sescentī, ae, a	sescentēsimus	sescēnī	sescentiēs
700 DCC	septingentī, ae, a	septingentēsimus	septingēnī	septingentiēs
800 DCCC	octingentī, ae, a	octingentēsimus	octingēnī	octingentiēs
900 DCCCC	nōngentī, ae, a	nōngentēsimus	nōngēnī	nōngentiēs
1000 M	mīlle	mīllēsimus	singula mīlia	mīliēs
2000 MM *od.* $\overline{\text{I}}\,\overline{\text{I}}$	duo mīlia	bis mīllēsimus	bīna mīlia	bis mīliēs
1 000 000 $\lvert\overline{\text{X}}\rvert$	deciēs centēna mīlia	deciēs centiēs mīllēsimus	deciēs centēna mīlia	deciēs centiēs mīliēs

Die wichtigsten Maße, Gewichte und Münzen

Die antiken Maße und Gewichte waren nicht in moderner Weise normiert. In den verschiedenen Regionen waren z. T. recht unterschiedliche Systeme in Gebrauch. Selbst bei den im ganzen Reich verbreiteten Maßen muß mit gewissen Schwankungen gerechnet werden. Alle Angaben sind daher als Ungefähr-Angaben zu betrachten.

Rechnungs-, Gewichts- und Münzeinheit war in Rom der *as*, der nach dem Duodezimalsystem in 12 *ūnciae* (Unzen) eingeteilt wurde.

A. Maße

1. Längenmaße

Vorbemerkung: Es gab in Rom zwei – auf dem *pēs* (Fuß) basierende – Längenmaßsysteme, von denen sich das jüngere allgemein durchsetzte:

a) Ältere Einteilung: 1′ = 12″, d. h. 1 *pēs* (30 cm) = 12 *ūnciae* od. *pollicēs* (Daumenbreite) = 25 mm;

b) Jüngere Einteilung: 1′ = 16″, d. h. 1 *pēs* (30 cm) = 16 *digitī* (Fingerbreite, Zoll) = 19 mm.

1 **digitus** (Fingerbreite, Zoll)			=	19 mm.
16 *digitī*	=	1 **pēs** (Fuß)	=	30 cm.
$1^1/_2$ *pedēs*	=	1 **cubitus** (Elle)	=	50 cm.
5 *pedēs*	=	1 **passus** (Klafter)	ca.	1,5 m.
1000 *passūs*	=	1 **milliarium** (röm. Meile)	ca.	1,5 km.

(Im kl. Latein: *mīlle passūs* 1 [röm.] Meile; *duo mīlia passuum* 2 [röm.] Meilen.)

Anmerkung: *passus* (v. *pandō* „ausbreiten") ist das durch Spreizen der Arme gewonnene röm. Längenmaß (Armspanne, Klafter). Die an sich falsche, aber meist übliche Wiedergabe als „Doppelschritt" beruht auf der durch die militärische Praxis des Abschreitens (mit dem linken und rechten Fuß) sich ergebende Umrechnung. Streng zu scheiden ist hiervon die Bedeutung „Schritt;/Tritt; Fußtapfe", die an das Spreizen der Beine anknüpft.

2. Flächenmaße

1 **pēs quadrātus** (Quadratfuß)	= 0,09 qm.
1 **iūgerum** (Morgen; d. h. die Fläche, die mit einem Joch [*iugum*] Ochsen täglich umgepflügt werden kann)	ca. 0,25 ha.

3. Hohlmaße

a) Flüssigkeitshohlmaße

lacus (Kübel, Wanne; als Sammelbecken das größte Maß für das Keltern von Öl und Wein). Sein Rauminhalt war nicht normiert.

1 **culleus** (Schlauch, Faß) = 20 *amphorae* od. *quadrantālia* = 520 l.

1 **amphora** *od.* **quadrantal** (Amphora = „Zuber") = 2 *urnae* = 26 l.

1 **urna** (Krug, Topf)	=	13 l.
1 **congius** (Muschel, Topf) = 6 *sextāriī*	=	3 l.
1 **sextārius** („der 6. Teil" eines *congius*; Schoppen) = 2 *hēmīnae*	=	0,5 l.
1 **hēmīna** („ein Halber; Becher) = 1 *cotula* (*cotyla*)	=	0,25 l.
1 **quartārius** („ein Viertel") = $^1/_4$ sextārius	=	0,14 l.
1 **cyathus** (Becherchen, Maß) = $^1/_{12}$ *sextārius*	=	0,05 l.

b) Trockenhohlmaße

1 **modius** (Scheffel) = 16 *sextāriī*	=	8 l.
1 **medimnus** (griech. Scheffel) = 6 *modiī*	=	52 l.

Die meisten Flüssigkeitshohlmaße werden auch als Trockenhohlmaße verwendet.

B. Gewichte

1 **centumpondium** (Zentner) = 100 *lībrae*	=	32,6 kg.
1 **as** od. **lībra** od. **pondō** (indecl.; erstarrter abl. „an Gewicht") das röm. Pfund	=	326 g.
1 **ūncia** 1 Unze = $^1/_{12}$ Pfund	ca.	27 g.
1 **scrīpulum (scrūpulum)** = $^1/_{24}$ ūncia	ca.	1 g.

C. Münzen

(Wertverhältnis zwischen Gold, Silber und Kupfer 1250 : 100 : 1, zum Vergleich: heute etwa 7000 : 150 : 1)

1. In der **ältesten Zeit** war das Vieh (*pecus*) Wertmesser und Zahlungsmittel. Als das Kupfer (zunächst als *aes rude* ungeprägt und ungestempelt) an seine Stelle trat, mußten die jeweiligen Metallstücke bei jedem Geschäftsvorgang ausgewogen werden (*pendere* = wiegen, zahlen). Das Wort *pecūnia* bezeichnete ursprünglich das Vermögen an Vieh und bewahrt die Erinnerung an dic auch in Rom anfänglich herrschende Naturalwirtschaft.

2. Das Münzgeld der Republik (vom 3. Jh. v. Chr. an)

a) Bronze

Das älteste Geld im eigentlichen Sinne war das gegossene *aes grave* (schweres Bronzegeld). Münzeinheit war der

as librālis = 1 röm. Pfund

Im Verlauf des 2. Punischen Krieges reduzierte sich sein Gewicht auf $^1/_{12}$ (= 1 *ūncia*), zu Beginn des 1. Jahrhunderts v. Chr. nochmals auf $^1/_2$ Unze. Diese Stücke wurden nicht mehr gegossen sondern geprägt.

b) Silber

Grundlage der Währung war der

dēnārius (Münzzeichen X) zu ursprünglich 4 *scrīpula*, später ca. 4 g

Als Rechnungseinheit diente aber meist der deshalb oft auch einfach **nummus** genannte

sēstertius (Münzzeichen IIS, später meist HS) = $^1/_4$ Denar

Davor und teilweise daneben wurden geprägt der

quadrīgātus (Doppeldrachme mit Viergespann als Münzbild) später = $1^1/_2$ Denare

victōriātus (Drachme mit Viktoria als Münzbild) später = $^3/_4$ Denar

Der Sesterz (< *sēmis est tertius* [*sc. as*] „der Dritthalb") galt, wie der Name sagt, ursprünglich $2^1/_2$ As, der Denar entsprechend 10 As (*dēnārius* „Zehner"). Seit der Mitte des 2. vorchristlichen Jahrhunderts gilt aber die Relation

1 *dēnārius* = 4 *sēstertiī* = 16 *asses*

Beispiele der Sesterzenrechnung

HSX = *decem sēstertiī.*
HSM = *mīlle sēstertiī.*
HSMM = *duo mīlia sēsterti(ōr)um.*

Der Genetiv *sēstertium* wurde dann substantivisch als Nominativ gebraucht, die Tausender hießen *sēstertia*; über die Zahlen wurde ein Strich gesetzt:

HS$\overline{\text{C}}$ = *centum sēstertia* (100 000 S).

Millionen wurden durch *centēna mīlia sēstertium* ausgedrückt:

deciēs centēna mīlia sēstertium = 1 Million
vīciēs „ „ „ = 2 Millionen.

Schließlich wurde *centēna mīlia* weggelassen:

trīciēs sēstertium (geschrieben HSXXX) = 3 Millionen; eine Gesamtsumme von 3 Millionen *summa sēstertiī trīciēs.*

Die Aufsicht über die im Tempel der Iūnō Monēta errichtete Münzstätte übten die staatlichen Münzmeister aus, die *trēsvirī aere* (für -*ei* = Dativ) *argentō aurō flandō feriundō* (abgekürzt AAAFF).

c) Gold

In der republikanischen Zeit hat es nur gelegentliche Goldprägungen gegeben. In größerem Ausmaß ließ Cäsar einen Golddenar prägen, den

aureus = $^1/_{40}$ Pfund, ca. 8 g = 25 Silberdenare

Eine befriedigende Umrechnung der antiken Geldwerte in heutige ist wegen der völlig verschiedenen wirtschaftlichen Strukturen nicht möglich. Der Metallwert des Denars beträgt zu heutigen Preisen etwa 3 DM, der des Aureus infolge der verschobenen Relationen (s. o.) etwa 230 DM. Die Kaufkraft betrug ein Mehrfaches, mindestens das Doppelte. Die Löhne waren unvorstellbar niedrig. So erhielt ein Landarbeiter (neben der Verpflegung) – wenn er gut bezahlt wurde – einen Tagelohn von 1 Denar. Dafür konnte er beispielsweise etwa 6 kg Brotgetreide kaufen.

Für überschlagsmäßige Rechnungen kann man 1 Sesterz – 1 DM setzen.

3. Die Kaiserzeit

Unter Augustus wurde die Gold- und Silberwährung nicht grundsätzlich geändert. Nach einer Unterbrechung von gut 50 Jahren nahm der Kaiser die Prägung in unedlen Metallen wieder auf. Neu prägte er den As aus Kupfer, den Dupondius (= 2 As) und den Sesterz (= 4 As) aus Messing. Dieses System blieb im wesentlichen bis zum Beginn des 3. Jahrhunderts n. Chr. erhalten. In den Wirren des 3. Jahrhunderts sanken der Silbergehalt und der Wert des Denars rapide. Als Diokletian um 300 n. Chr. eine neue Silbermünze zu etwa 3 g schuf, setzte er ihren Wert zunächst auf 50, dann auf 100 Denare an.

Zur lateinischen Schrift

1. Das *lateinische Alphabet*, das – wahrscheinlich durch Vermittlung der Etrusker – aus einem westgriechischen entlehnt worden war, hatte am Ende der Republik 21 Buchstaben. Erst in der augusteischen Zeit kamen Y und Z zur phonetisch richtigen Wiedergabe der inzwischen in ihrem Lautwert gewandelten Buchstaben Y und Z in griechschen Fremdwörtern hinzu; bis dahin war man in diesen Fällen mit V und S ausgekommen (doch s. 2). Das lateinische Alphabet bestand nun aus folgenden 23 Buchstaben:

A B C D E F G H I K L M N O P Q R S T V X Y Z.

Wie uns jetzt noch die vielen Inschriften zeigen, schrieb der Römer nur mit großen Buchstaben (Majuskeln); erst in späterer Zeit kamen die kleinen Buchstaben (Minuskeln) hinzu, die sich aus jenen entwickelt hatten. Wir schreiben in unseren Texten die Eigennamen nebst ihren Ableitungen (Rōma, Rōmānus, Graecē) und vielfach das erste Wort eines neuen Abschnittes oder auch eines jeden Satzes mit großen Anfangsbuchstaben.

2. Die Römer hatten wie die Etrusker je nach dem folgenden Laut und der damit zusammenhängenden unterschiedlichen Artikulation 3 verschiedene *K-Laute* und dementsprechend in der Schrift 3 verschiedene Buchstaben: C vor E und I, K vor A (und Konsonanten), Q vor den Vokalen O und V. Von ihnen hat sich Q nur in der Verbindung QV (gespr. kw, z. B. quis), K nur in einigen Wörtern wie dem Vornamen Kaesō (abgek. K.), Kalendae (abgek. K. oder Kal.; daneben auch Calendae) und Karthāgō (daneben auch Carthāgō) erhalten. Im übrigen hat sich das C als einziger stimmloser Guttural durchgesetzt.

Noch lange danach bezeichnete C nicht nur den stimmlosen (= K), sondern auch den stimmhaften Guttural (= G; s. S. 695, B a). Der Überlieferung nach schuf der Freigelassene Spurius Carvilius um die Mitte des 3. Jh. v. Chr. G aus C durch Hinzufügung eines Strichs. Es trat an die Stelle des urspr. im lat. Alphabet vorhandenen, aber dann beseitigten Z. Als in augusteischer Zeit Y und Z hinzukamen, handelte es sich bei Z also strenggenommen um eine Wiedereinführung.

3. Mit V wurde sowohl der Vokal U wie der *Halbvokal* V, mit I sowohl der Vokal I wie der *Halbvokal* J bezeichnet. Erst im Mittelalter wurde eine Scheidung zwischen U, u und V, v, wie zwischen I, i und J, j gebräuchlich; die endgültige Einführung der Majuskeln J und U (!) und der Minuskeln j und v (!) geht auf den französischen Humanisten Pierre de la Ramée († 1572) zurück. Wir unterscheiden in unseren Texten meistens U, u und V, v, verwenden aber I, i für Vokal und Halbvokal (iūstus, vērus; ibi, iam). Nur in den Verbindungen qu-, ngu- und su- vor Vokalen wird u als Halbvokal von uns verwendet (quārtus, lingua, suāvis).

4. Den Römern waren nicht nur *Satzzeichen* unbekannt, sondern sie verzichteten auch weitgehend auf die Trennung der einzelnen Wörter im Satz und der Silben eines Wortes (vgl. 5). Wir trennen in unseren lateinischen Texten die Wörter voneinander und verwenden Satzzeichen im großen und ganzen nach den Normen unserer Muttersprache. Es ist aber zu beachten, daß Partizipialkonstruktionen und der a.c.i., da sie keine Sätze sind, nicht durch ein Komma vom übrigen Satz getrennt werden sollten.

5. Hinsichtlich der *Silbentrennung* stehen sich die griechisch beeinflußte Theorie lateinischer Grammatiker und die Praxis der Inschriften und der z. T. auf antiker Tradition fußenden mittelalterlichen Handschriften gegenüber. Wir verfahren zumeist folgendermaßen:

a) Ein *einzelner Konsonant* – dazu rechnen auch die aspirierten Konsonanten ch, ph, th und die je zwei Laute darstellenden Buchstaben x und z – tritt zur folgenden Silbe (pa-ter, Epi-charmus, lu-xus).

b) Von *zwei oder mehr Konsonanten* wird der letzte zur folgenden Silbe gezogen (om-nis, sūmp-tus); doch bleiben *muta cum liquida* (b, p; d, t; g, c + l, r [m, n]) ungetrennt (ca-pra, tene-brae, cas-tra [ma-gnus]).

c) Unter Aufhebung der vorigen Regeln werden *zusammengesetzte Wörter* nach ihren Bestandteilen getrennt (ab-īre, post-eā, sīc-ut).

Zur Aussprache des Lateinischen

Applicare la pronunzia classica del latino può essere un vantaggio, conoscerla è un dovere per chiunque impari o insegni latino.
A. TRAINA, L'alfabeto e la pronunzia del latino, 1963, p. 38.

1. VOKALE UND KONSONANTEN

Die Aussprache des Lateinischen war in den langen Jahrhunderten seines Bestehens einem ständigen Wechsel unterworfen – zeitlich, räumlich und soziologisch. Im folgenden soll – soweit wir es feststellen können – vorwiegend die Aussprache des Lateinischen in seiner Blütezeit, d. h. in den Tagen *Cäsars* und *Ciceros*, der Repräsentanten der *klassischen Prosa*, aufgezeigt werden.

A. Vokale

a) Die kurzen Vokale waren offene (in „locus" o wie in dt. „offen"), die langen geschlossene Laute (in „cēna" e wie in dt. „Klee").

b) Es ist bei der Aussprache genau auf die Quantität der Vokale zu achten (pŏpulus Volk, pōpulus Pappel; lĕctus Bett, lēctus gelesen). Das gilt besonders für die Vokale in positionslangen Silben (s. 2 B a). Die Positionslänge der *Silbe* bleibt ohne Einfluß auf die Quantität des *Vokals*. – Im Wörterbuch werden die langen und die kurzen Vokale bezeichnet (crēdō, mēnsă, -nĕ).

c) Ursprünglich kurze *Vokale* sind vor *-ns* und *-nf* stets gelängt worden (īnfāns, īnfantis) unter Schwund oder Schwächung von n (daher COS. Abkürzung für cōnsul).

d) Jeder Diphthong (Verbindung zweier Vokale in *einer* Silbe: ae, au, eu, oe, ui; außerdem altl. ai und ei) galt als lang.

ae und oe wurden mindestens bis zum Ende der Republik allenthalben und von gebildeten Römern bis tief in die Kaiserzeit als Diphthonge gesprochen, unter Betonung des ersten Bestandteils. In deutschen Schulen ist die Aussprache als Umlaut (ä, ö) auch beibehalten worden, nachdem man in Norddeutschland mit der k-Aussprache des c zum antiken Idiom zurückgekehrt war. So wurde aus der historisch gewordenen Aussprache „Zäsar", die wir in der Geschichtsschreibung auch weiterhin bewahren, die Aussprache „Käsar", die es niemals gegeben hat. – *eu* und *ui* wurden wie e + u (also nicht wie im dt. Fw. „neutral"!) und u + i gesprochen.

B. Konsonanten

a) *c* wurde bis zum 5. Jh. n. Chr., auch vor e, i, y und vor ae, oe, eu, wie k gesprochen. Nur in C. und Cn. als Abkürzungen der Vornamen Gāius und Gnaeus wird c wie g gesprochen; diese Abkürzungen stammen noch aus der Zeit, als c sowohl den stimmhaften wie den stimmlosen Guttural bezeichnete (vgl. S. 694, 2).

b) *h*: α) Im *Inlaut* (zwischen Vokalen) wurde es meist nur ganz schwach gesprochen oder war gänzlich stumm (prehendō oft prēndō geschrieben; Intensivum nur prēnsō); β) im *Anlaut* (vor Vokalen) war es im Munde der Gebildeten gut hörbar; seine Eliminierung galt als bäurisch (herus – erus; holus – olus); γ) als *hyperurban* drang es (in der Schrift) in Wörter, die es ursprünglich nicht besaßen (pulcher); δ) *aspirierte* Konsonanten (ch, ph, th) fehlten der lat. Sprache zunächst; wir finden sie nur in griech. Fremdwörtern (s. c).

c) Die Verschlußlaute (mutae) *c*, *p*, *t* wurden im Gegensatz zum Deutschen ohne folgenden h-Laut gesprochen. Die Verbindung muta + h ergab *ch* (gespr. k + h; sch also wie s + kh: schola darf daher nicht wie das dt. Lw. „Schule" gesprochen werden), *ph*, *th*. Die heute übliche Aussprache von ph als stimmloser Spirant (f) ist an sich falsch; nicht nur in klassischer Zeit, sondern noch im Jahrhundert danach wurde es wie p + h gesprochen.

d) *i*: α) *i* war im Anlaut *vor einem Vokal* Halbvokal (gutturale Spirans), also lautlich zwischen dem Vokal i und dem Konsonanten j stehend; wir sprechen es wie j (iam, iocus; C. Iulius Caesar). In Fremdwörtern aus dem Griechischen, das nur ein vokalisches i kennt (ïota), bleibt der Vokalcharakter dieses (kurzen) i erhalten. Wir weisen im Wörterbuch durch die Quantitätsangabe darauf hin (ĭambus, Ĭāsōn; dazu Ĭūlus, der Sohn des Aeneas).

β) *Intervokalisches i* wurde etwa wie ij oder jj gesprochen (ēius, cūius, māior, āiō eigentlich ĕjjus usw.; statt der ursprünglichen Positionslänge setzen wir in den Wörterbüchern meistens das Längezeichen über den Vokal, während Cicero noch ii geschrieben hat).

γ) Bei den *Komposita von* iaciō ist darauf zu achten, daß die in der Schrift durchgeführte Vereinfachung abiciō < áb-iaciō usw. ohne Einfluß auf die Aussprache (abjíkiō) bleibt. Das Schriftbild täuscht auch leicht über die Tatsache hinweg, daß die dem Stamm vorhergehende Silbe entweder positione (z. B. ab-iciō) oder naturā (z. B. dē-iciō und sogar rē-iciō [!]) lang ist (s. 2 B, a).

e) Im Anlaut wurde *gn* höchstwahrscheinlich wie ng in dt. „Enge" (sprachwissenschaftlich als ŋ bezeichnet) + n gesprochen (magnus spr. maŋnus). Mit demselben ŋ ist *n vor g, c und q* zu sprechen (ángina also mit ŋg wie in engl. finger; ancora [ŋk]; quīnque [ŋkw]).

f) *r* war Zungen-r.

g) *s* war stimmlos wie dt. in „beißen"; *st* und *sp* sind wie *ß* + *t* bzw. *ß* + *p* zu sprechen. Stimmhaft (wie in dt. „Rose") war s nur vor stimmhaften Konsonanten in griech. Fremdwörtern (smaragdus) und vielleicht in der Komposition (trānsvehō).

h) *t* ist immer stimmloser Verschlußlaut gewesen, auch in der Silbe *-ti-*, gespr. wie t + i (nā-ti-ō).

i) *u* war in der klass. Prosa nicht nur *nach q* Halbvokal (stimmhafte labiale Spirans), etwa wie engl. w, sondern auch *nach ng* (lingua, spr. liŋgwa) und *nach s vor folgenden a und e* (suādeō, cōnsuēscō, spr. swādeō, -swēßkō). *Ausnahmen*: sŭ-ĕrĕ „nähen" und sŭ-ĕ und sŭ-ēs (abl. sg. und nom. und acc. pl. von sūs „das Schwein").

Besonders hervorzuheben ist, daß *qu* (gespr. kw) für die Metrik nur als *ein* Konsonant gilt, da es sich eigentlich nicht um zwei Konsonanten, sondern um einen sogenannten labiovelaren Verschlußlaut, d. h. um einen q-Laut mit Lippenrundung handelt.

k) *v* entsprach etwa dem engl. w.

l) *x* (= ks; stimmlos) und *z* (= ds; stimmhaft) haben den metrischen Wert von zwei Konsonanten.

z war stimmhafte dentale Spirans, also etwa dem dt. stimmhaften s in „Rose" entsprechend mit einem schwachen vorhergehenden d. Wir folgen meist der deutschen Aussprache (t + ß).

2. WORTBETONUNG

A. Vorhistorische Zeit

Der aus der indogermanischen Verwandtschaft sich erklärenden *freien musikalischen Akzentuierung* der einzelnen Wörter folgte noch in vorhistorischer Zeit – vielleicht unter etruskischem Einfluß – die Epoche der *exspiratorischen Anfangsbetonung*. Sie hat ihren Niederschlag u. a. in der Vokalschwächung der Mittel- und Endsilben gefunden (cécidī < kékadī zu cadō, Agrigéntum < Ákraganta, acc. zu gr. Akrágās; ártifex zu faciō).

B. Historische Zeit

a) Während zweisilbige Wörter auf der ersten Silbe betont werden, steht etwa ab 250 v. Chr. die Akzentuierung der Wörter mit drei oder mehr Silben unter dem *Dreisilben- oder Paenultimagesetz*. Nach ihm liegt der Akzent auf der vorletzten Silbe (paenultima), wenn diese naturā lang ist, d. h. einen langen Vokal hat (dissipātus), oder positione[1]) lang ist, d. h. wenn auf einen (kurzen) Vokal mindestens zwei Konsonanten folgen (frūméntum). Handelt es sich aber bei diesen Konsonanten um muta cum liquida (vgl. S. 694, 5 b), so tritt diese Konsonantenverbindung geschlossen zur nächsten Silbe, und die Positionslängung unterbleibt (ténebrae). Ist die paenultima aber weder natur- noch positionslang, so wird die drittletzte Silbe (antepaenultima) betont (agrā-ri-us, cóm-e-dō).

b) Wird eine einsilbige Partikel wie -que, -ve oder -ne an ein Wort angehängt, so wird – im Gegensatz zum Paenultimagesetz – dessen Schlußsilbe, auch wenn sie kurz ist, betont: omniáque, filiáve. Wo ein solches Enklitikon („ein sich anlehnendes Wort") bereits zum festen Bestandteil des aus der Verbindung entstandenen Wortes geworden ist, tritt das Dreisilbengesetz wieder in Kraft: ítaque „daher"; itáque „und so"[2]).

---

[1]) „positione" ist falsche Übersetzung eines griechischen metrischen Terminus, der besagte, daß die Länge in diesen Silben auf einer Vereinbarung der Dichter beruhe. Die lateinische Übersetzung spricht nur von der „Stellung" des Vokals (nämlich vor mindestens zwei Konsonanten) und offenbart so ungewollt den richtigen Grund des prosodischen Brauchs. – Natürlich gibt es auch positionslange Silben mit Naturlänge des Vokals (sūmptus, mēnsa); nur erübtigt sich dann der Hinweis auf die Position.

[2]) Doch sind die Grenzen fließend; außerdem steht nicht fest, ob es sich nicht um eine bloße Erfindung der antiken Grammatiker handelt.

Von römischer Namengebung

1. Die frei geborenen Römer führten seit etwa 300 v. Chr. die tria nōmina: das praenōmen (Vornamen); das nōmen gentīle (Namen der gēns, der sie angehörten); das cognōmen (Beinamen; Namen der Unterabteilung [Linie] ihrer gēns).

2. Die *indogermanische Einnamigkeit* hatte man in Rom – wahrscheinlich unter etruskischem Einfluß – aufgegeben. Auf einer linksläufigen Inschrift einer in einem Grabe zu Praeneste gefundenen goldenen Fibel (um 600 v. Chr.) finden wir noch die späteren Vornamen Mānius und Numerius als einzige Namen verzeichnet: Manios med fhefhaked Numasioi – Mānius mē fēcit Numeriō.

3. Die Zahl der praenōmina war gering (18!). Viele von ihnen waren wenig gebräuchlich. Ihre Bedeutung verrät, soweit sie zu erschließen ist, wenig Phantasie; vom 5. Kind an beschränkte man sich weitgehend auf Numerierung: Quīntus, Sextus, Decimus. In Verbindung mit nōmen gentīle oder cognōmen wurden sie gewöhnlich abgekürzt:

Aulus	*Abk.*	A.	Pūblius	*Abk.*	P.
Appius	„	App.	Quīntus	„	Q.
Gāius	„	C.	Servius	„	Ser.
Gnaeus	„	Cn.	Sextus	„	S. *od.* Sex.
Decimus	„	D.	Spurius	„	Sp.
Kaesō	„	K.	Tiberius	„	Ti. *od.* Tib.
Lūcius	„	L.	Titus	„	T.
Māmercus	„	Mām.			
Mānius	„	M'.			
Mārcus	„	M.			
Numerus	„	N. *od.* Num.			

Man redete sich aber nicht mit dem praenōmen, sondern mit dem Gentilnamen oder dem cognōmen an.

4. Das nōmen gentīle geht regelmäßig auf -ius aus, ist von Haus aus ein Adjektiv (gēns Valeria) und bezeichnet die Zugehörigkeit zu einer bestimmten gēns; Tullius also = der gēns Tullia zugehörig. Das nōmen gentile entspricht etwa unserem Familiennamen. Nach ihrer Freilassung nahmen Sklaven das nōmen gentīle ihres ehemaligen Herrn an und fügten ihm ihren bisherigen Namen (Einzelnamen!) als cognōmen hinzu (Līvius Andronīcus).

5. Das cognōmen entsprang ursprünglich oft dem beißenden Witz der Römer, dem Italum acētum (Plautus = Plattfuß, Brūtus = Dummkopf). Im Zuge der Dreinamigkeit vererbte es sich später wie das nōmen gentīle und drückte die Unterabteilung einer gēns aus.

Vielfach wurden den tria nōmina weitere Beinamen, oft ehrenden Charakters (meist agnōmina genannt), hinzugefügt: P. Cornēlius Scīpiō Africānus, der Sieger von Zama.

6. Bei der *Adoption*, deren sich besonders der römische Adel oft bediente, um sein Geschlecht nicht aussterben zu lassen, trat der Adoptierte in die neue gēns über und nahm deren Gentilnamen an, trug aber seinen ursprünglichen Gentilnamen als cognōmen mit dem Suffix -iānus weiter. So hieß der Sohn des Pydnasiegers L. Aemilius Paulus nach seiner Adoption durch den ältesten Sohn des älteren Africanus: P. Cornēlius Scīpiō Aemiliānus, und nach der Zerstörung von Karthago (146) und der von Numantia (133) trug er den Namen: P. Cornēlius Scīpiō Aemiliānus Africānus minor Numantīnus. Wir nennen ihn kurz den jüngeren Africanus.

7. Erst in der Kaiserzeit bürgerte sich die orientalische Sitte ein, neben dem offiziellen mehrgliedrigen Namen noch einen *Rufnamen* zu führen (suprанōmen oder sīgnum).

8. Die *Töchter* bekamen keinen Vornamen, sondern führten den Familiennamen des Vaters (Tullia, Ciceros Tochter, von ihm oft mit dem zärtlichen Deminutivnamen Tulliola genannt). Mehrere Töchter unterschied man durch die Zusätze: māior, minor, tertia usw. Bei der Verheiratung behielten sie ihren väterlichen Gentilnamen bei (Cornēlia).

Der römische Kalender

DIE MONATE

Abkürzung: a. d. = ante diem – Die Tabelle der Ordnungszahlen befindet sich auf Seite 691.

Iānŭārĭŭs (*zum*) *Januar* (*gehörig*)

1. Kalendis Ianuariis
2. a. d. IV Nonas Ianuarias
3. a. d. III Nonas Ianuarias
4. pridie Nonas Ianuarias
5. Nonis Ianuariis
6. a. d. VIII Idus Ianuarias
7. a. d. VII Idus Ianuarias
8. a. d. VI Idus Ianuarias
9. a. d. V Idus Ianuarias
10. a. d. IV Idus Ianuarias
11. a. d. III Idus Ianuarias
12. pridie Idus Ianuarias
13. Idibus Ianuariis
14. a. d. XIX Kalendas Februarias
15. a. d. XVIII Kalendas Februarias
16. a. d. XVII Kalendas Februarias
17. a. d. XVI Kalendas Februarias
18. a. d. XV Kalendas Februarias
19. a. d. XIV Kalendas Februarias
20. a. d. XIII Kalendas Februarias
21. a. d. XII Kalendas Februarias
22. a. d. XI Kalendas Februarias
23. a. d. X Kalendas Februarias
24. a. d. IX Kalendas Februarias
25. a. d. VIII Kalendas Februarias
26. a. d. VII Kalendas Februarias
27. a. d. VI Kalendas Februarias
28. a. d. V Kalendas Februarias
29. a. d. IV Kalendas Februarias
30. a. d. III Kalendas Februarias
31. pridie Kalendas Februarias

Fĕbrŭārĭŭs (*zum*) *Februar* (*gehörig*)

1. Kalendis Februariis
2.—3. a. d. IV—III Nonas Februarias
4. pridie Nonas Februarias
5. Nonis Februariis
6.—11. a. d. VIII—III Idus Februarias
12. pridie Idus Februarias
13. Idibus Februariis
14.—27. a. d. XVI—III Kalendas Martias
28. pridie Kalendas Martias

In Schaltjahren:

25. a. d. bis (= *zweimal*) VI Kalendas Martias
26.—28. a. d. V—III Kalendas Martias
29. pridie Kalendas Martias

Mārtĭŭs (*zum*) *März* (*gehörig*)

1. Kalendis Martiis
2.—5. a. d. VI—III Nonas Martias
6. pridie Nonas Martias
7. Nonis Martiis
8.—13. a. d. VIII—III Idus Martias
14. pridie Idus Martias
15. Idibus Martiis
16.—30. a. d. XVII—III Kalendas Apriles
31. pridie Kalendas Apriles

Ăprīlĭs (*zum*) *April* (*gehörig*)

1. Kalendis Aprilibus
2.—3. a. d. IV—III Nonas Apriles
4. pridie Nonas Apriles
5. Nonis Aprilibus
6.—11. a. d. VIII—III Idus Apriles
12. pridie Idus Apriles
13. Idibus Aprilibus
14.—29. a. d. XVIII—III Kalendas Maias
30. pridie Kalendas Maias

Māiŭs (*zum*) *Mai* (*gehörig*)
cf. Martius

Iūnĭŭs (*zum*) *Juni* (*gehörig*)
cf. Aprilis

Iūlĭŭs (*früher* **Quīntīlĭs**) (*zum*) *Juli* (*gehörig*)
cf. Martius

Augŭstŭs (*früher* **Sĕxtīlĭs**) (*zum*) *August* (*gehörig*)
cf. Ianuarius

Sĕptĕmbĕr (*zum*) *September* (*gehörig*)
cf. Aprilis

Ŏctōbĕr (*zum*) *Oktober* (*gehörig*)
cf. Martius

Nŏvĕmbĕr (*zum*) *November* (*gehörig*)
cf. Aprilis

Dĕcĕmbĕr (*zum*) *Dezember* (*gehörig*)
cf. Ianuarius

Der römische (Julianische) Kalender wurde in der vorliegenden Form von Julius Cäsar eingeführt. Jeder Monat wird in drei Perioden eingeteilt. Die folgenden Monate haben jeweils die gleiche Einteilung: Januar, August und Dezember mit je 31 Tagen; März, Mai, Juli und Oktober mit ebenfalls je 31 Tagen; April, Juni, September und November mit je 30 Tagen. Der Februar hat 28, in jedem vierten Jahr 29 Tage. In den Schaltjahren wird der 24. Februar zweimal gezählt, so daß also der 24. und 25. Februar im römischen Kalender die gleiche Bezeichnung tragen.

Jeder Monat enthält drei Haupttage, von denen alle anderen Tage durch Auszählen abgeleitet werden: die Kalenden (Kalendae), die Nonen (Nonae) und die Iden (Idūs).

Der erste Tag des Monats heißt **Kalendae**, der 5. (im März, Mai, Juli und Oktober der 7.) Tag heißt **Nonae**, der 13. (im März, Mai, Juli und Oktober der 15.) Tag heißt **Idūs**. Von diesen drei Haupttagen aus wird rückwärts gezählt, wobei der Ausgangstag und der zu bestimmende Tag mitgerechnet werden. So heißt z. B. der 30. Januar „der 3. Tag vor den Kalenden des Februar".

Derjenige Tag, der einem dieser Haupttage unmittelbar vorausgeht, wird mit **pridie** (= *am Tag vor*) bezeichnet (31. Januar = am Tag vor den Kalenden des Februar).

Da die auf die Iden eines Monats folgenden Tage von den Kalenden des nächsten Monats her berechnet werden, tragen sie auch den Namen des folgenden Monats (vgl. die Tabelle auf Seite 698).

Bei der Bezeichnung eines Monatstages wird durch „ante diem" und durch die Ordnungszahl angegeben, wie weit der betreffende Tag noch von den nächsten Nonen, Iden bzw. Kalenden entfernt ist. Die Ordnungszahl steht im Akkusativ des Maskulinums. Die Monatsnamen stehen als Adjektive bei Kalendae, Nonae und Idūs. Diese Bezeichnungen werden an den Haupttagen im Ablativ, an den ausgezählten Tagen im Akkusativ gegeben.

Beispiele: Kalendis Ianuariis *an den Kalenden des Januar = am 1. Januar*; ante diem quartum Nonas Ianuarias *am 4. Tag vor den Nonen des Januar = am 2. Januar*; ante diem sextum Idūs Martias *am 6. Tag vor den Iden des März = am 10. März*; ante diem quintum Kalendas Novembres *am 5. Tag vor den Kalenden des November = am 28. Oktober*; ante diem tertium Kalendas Februarias *am 3. Tag vor den Kalenden des Februar = am 30. Januar*; pridie Kalendas Maias *am Tag vor den Kalenden des Mai = am 30. April.*

In lateinischen Inschriften häufig verwendete Abkürzungen

A	*(legio) adiutrix. ager. amicus. annus. as. Aulus. Aurelius. aurum*
A.A	*Auli duo*
A.A.A.F.F	*aere argento auro flando feriundo*
AAAGGG	*Augusti tres*
AAGG	*Augusti duo*
A.B	*a balneis. amico bono*
A.B.M	*amico bene merenti*
ABN. ABNEP	*abnepos*
A.C	*aere collato. a commentariis*
ACC	*accepit (accipiet). accensus*
A.D	*ante diem. aram dedicat*
AD	*(legio) adiutrix*
A.D.A	*agris dandis adsignandis*
A.D.A.I	*agris dandis adsignandis iudicandis*
ADF	*adfuerunt*
ADIVT. TAB	*adiutor tabularii*
ADL	*adlectus*
ADN	*adnepos*
AED	*aedes. aedilis*
AED.P(OT)	*aedilicia potestate*
AEG	*Aegyptus. Aegyptius*
AEL	*Aelius*
AEM	*Aemilia (tribus)*
AER.COLL	*aere collato*
AER.MIL	*aerarium militare*
AET	*aeternus. aetas*
AG	*ager*
A.H.N.P	*ad heredem non pertinet*
A.L	*Augusti libertus*
A.L.F	*animo libens fecit*
A.MIL	*a militiis*
AN(I)	*Aniensis (tribus). annus*
A.N	*Augustus noster*
AN.P	*anno provinciae*
A.O.F.C.	*amico optimo faciendum curavit*
AP	*Appius. aprilis*
A.P	*a populo. aram posuit. argenti pondo. ager publicus. annus provinciae*
A.P.F	*(legio) adiutrix pia fidelis*
A.P.R	*aerarium populi Romani*
A.RAT	*a rationibis*
ARG	*argentum*
ARK	*arca*
ARN	*Arniensis (tribus)*
A.S	*a sacris. a senatu. a solo. amico suo*
ASC	*ascia*
AV	*augur. Augustus. Aulus. Aurelius. aurum*
A.V	*agens vices. ave vale*
AVG	*augur. Augustus. Augustalis*
AVG.N	*Augustus noster*
AVGG.NN	*Augusti nostri*
AVR	*Aurelius*
AVRR	*Aurelii*
B	*beneficia. beneficiarius. bonus*
B.B	*bonis bene*
B.B.M.B	*bonis bene malis bene*
B.B.M.M	*bonis bene malis male*
BB.MM	*bene merentibus*
B.D	*Bona Dea*
B.D.S.M	*bene de se merenti*
B.M	*bene merenti. bonae memoriae*
B.M.F	*bene merenti fecit*
B.M.F.C	*bene merenti faciundum curavit*
B.M.F.C.M.C	*bene merenti faciundum curavit memoriae causa*
B.M.V	*bonae memoriae vir*
B.P	*bonus puer*
B.Q	*bene quiescat*
B.R.P.N	*bono rei publicae natus*
B.V	*bene vale*
B.VIX	*bene vixit*
B.V.V	*balnea vina Venus*
C	*Caesar. Gaius. Kalendae. candidatus. castra. censuerunt. centurio. cives. civitas. clarissimus. cohors. colonia. comitialis. coniunx. consul. curator. curavit. curaverunt. curante. curia*
C	*centenarius*
C.A	*curam agens*
CAM	*Camilia (tribus)*
CAND	*candidatus*
C.B	*coniux bona*
C.B.M	*coniugi bene merenti*
C.B.M.F	*coniugi bene merenti fecit*
C.C	*Gaii duo*
CC	*ducenarius*
C.C	*colonia Claudia. coloni coloniae. cuncti censuerunt*
CC.VV	*clarissimi viri*
CCC	*trecenarius*
C.D	*conscriptorum decreto, consulto de[curionum]*
C.E	*coniux eius. curam egit*
C.E.B.Q	*cineres eius bene quiescant*
C.F	*clarissima femina. clarissima filia. coniux fecit*
CH.CHO.CHOR	*cohors*
C.I	*clarissimus iuvenis. colonia Iulia*
C.K	*coniux carissima*
CL	*clarissimus. classis*
CLA	*Claudia (tribus)*
CL(AS).M(IS)	*classis Misenensis*
CL(AS).PR	*classis praetoria*
CLAVD	*Claudia (tribus)*
CL.F	*clarissima femina*
CL.V	*clarissimus vir*
CLV	*Clustumina (tribus)*
C.M.F	*clarissimae memoriae femina*
C.M.P	*clarissimae memoriae puer*
C.M.V	*clarissimae memoriae vir*
CN	*Gnaeus*
C.N	*Caesar noster. colonia nostra*
C.O	*coniugi optimo*
COL	*Collina (tribus). collegium. colonia. columbarium*
COLL	*Collina (tribus)*
COM	*comes. commentarius. commilito*
C.O.M	*cum omnibus meis*

CON	*coniux. coniugi*
CO(N).KA(R)	*coniugi carissimo (-ae)*
CON.R	*coniugi rarissimo (-ae)*
CONS	*consul. consularis*
CONS.ORD	*consul ordinarius*
COR	*Cornelia (tribus). cohors. corona*
COS	*consul. consularis*
COSS	*consules*
C.P	*castra praetoria. censoria potestate. clarissimus puer. coniugi pientissimae*
C.Q.V	*cum quo vixit*
C.R.	*civis Romanus. civitas Romana*
C.R.P	*curator rei publicae*
CRV	*Crustumina (tribus)*
C.S	*carus suis. coniugi sanctissimae. coniugi suae. cum suis*
C.S.O	*cum suis omnibus*
C.V	*clarissimus vir*
CVR	*curator. curavit. curante. curia*
CVR.AG	*curam agens*

D	*Decimus. decretus. decuria. decuriones. dedit. dederunt. defunctus. denarius. deus. dea. dies. dominus. donum. donat. donatus. dux*
D.A	*defunctus annorum*
D.C	*decreto conscriptorum. decurionum consulto*
D.C.C	*de conscriptorum consulto*
D.C.S	*de collegii sententia. de consilii sententia*
D.D	*dare debebit. decurionum decreto. donum dedit. dedit dedicavitque. dea Dia. dea Diana. dii deaeque. domus divina*
D.D.D	*datum decreto decurionum. deo donum dedit. dono dedit dedicavit. domini tres*
D.D.D.E.S.	*dare damnas (damnates) esto (sunto)*
DDDNNN	*domini nostri tres*
D.D.L.M	*donum dedit libens merito*
DDNN	*domini nostri duo*
D.D.O	*dis deabusque omnibus*
D.D.S	*de decurionum sententia*
D.D.S.P	*dedit de sua pecunia*
DEC	*December. decessit. decreto. decuria. decurio*
DE COLL.SENT	*de collegii sententia*
DE C.S	*de consilii sententia*
DED	*dedit. dedicavit. dedicatus*
DEF	*defunctus*
D.E.R	*de ea re*
DES	*designatus*
DE.S.P	*de sua pecunia*
DEV.N.M.Q	*devotus numini maiestatique*
DE.V.DEC	*de quinque decuriis*
D.F	*dare facere. dabit fisco. de figlinis. dulcissima filia*
DIC	*dicavit*
DIC.N.M.Q	*dicatus numini maiestatique*
D.I.M	*Dis inferis Manibus. Deo invicto Mithrae*
D.L	*dedit libens*
D.M	*Dis Manibus. dolus malus. Dea Magna. devotus memoriae*
D.M.I	*Dis Manibus et inferis*
D.M.S	*Dis Manibus sacrum*
D.N	*dominus noster*
D.N.M.(Q.)E	*devotus numini maiestati(que) eius*
D.O	*dari oportet*
D.O.M	*Deo optimo maximo*
DON	*donavit. donum*
DON.DON	*donis donatus*
D.P	*de pecunia. Dis Penatibus. donum posuit*
D.P.D	*de proprio dedit*
D.P.E	*devotus pietati eius*
D.P.P	*Dii Penates publici. de pecunia publica*
D.P.S	*de pecunia sua*
D.Q.L.S.T.T.L	*dic qui legis sit tibi terra levis*
D.R.P	*dignum rei publicae*
D.S	*de suo. deus sanctus*
D.S.D	*de suo dedit*
D.S.F	*de suo fecit*
D.S.F.C	*de suo faciendum curavit*
D.S.L.L.M	*de suo libens laetus merito*
D.S.M	*Diis sacrum Manibus*
D.S.P.F	*de sua pecunia fecit*
D.S.R	*de suo restituit*
D.S.S	*de senatus sententia*

E.F	*egregia femina*
E.M.V	*egregiae memoriae vir*
EM.V	*eminentissimus vir*
EQ	*eques*
E.R	*ea res*
E(Q).P	*equo publico*
ESQ	*Esquilina (tribus)*
E.T	*ex testamento*
E.T.F	*ex testamento fecit*
E.V	*egregius vir*
EV	*evocatus*
EX.A.C	*ex aere conlato*
EX.A.P	*ex argento publico*
EX.D.D	*ex decreto decurionum*
EX.FIG	*ex figlina*
EX.OF	*ex officina*
EX.P.P	*ex pecunia publica*
EX.S.C	*ex senatus consulto*
EX.T	*ex testamento*
EX.T.F.C	*ex testamento faciendum curavit*
EX.T.F.I	*ex testamento fieri iussit*
EX.T.P.	*ex testamento posuit*
E(X).V	*ex voto*

F	*facere. fecit. faciendum usw. fastus (dies). figlina. filius. filia*
FAB	*Fabia (tribus). fabri*
FAC.CVR	*faciendum curavit*
FAL	*Falerna (tribus)*
F.B.M	*filio (filiae) bene merenti*
F.C.I(D)Q.C	*faciendum curavit idemque probavit*
F.D	*fecit dedicavitque. filio(-ae) dulcissimo(-ae)*
F.D.S	*fecit de suo*
FEC	*fecit. fecerunt*
F.F	*faustus felix. filius fecit*
FIG(L)	*figlina*
FL(AM)	*flamen*
F.P	*filius pientissimus. filius posuit. flamen perpetuus. funus publicum*
F.Q	*faciendum curavit*
FR	*frater*
F.S	*filio(-ae) suo(-ae). filii sui. fecit sibi*
F.S.ET.S	*fecit sibi et suis*

G	*Gaius*
GAL	*Galeria (tribus)*
G(EN)	*Genius*
G.H.L.	*Genius huius loci*
G.M	*Genius municipii*
G.S	*Germania Superior*

H	*heres.*
H.A	*haec ara*
H.ADQ	*hic adquiescit*
HAS.POS(TER)	*hastatus posterior*
HAS.PR	*hastatus prior*
H.B	*homo bonus*
H.B.M.F	*heres bene merenti fecit*
H.B.Q	*hic bene quiescit*
H.C.(E)	*hic conditus (est). honoris causa. honore contentus*
H.D.S(P)	*heres de suo (posuit)*
H.E.T	*heres ex testamento*
H.F	*heres fecit*
H.F.C	*heres faciendum curavit*
H.H.Q	*heres heredesque*
H.L	*haec lex. hac lege. hic locus*
H.L.D.M.A	*huic loco dolus malus abesto*
H.L.R	*(ante) hanc legem rogatam*
H.M	*hoc monumentum. honesta missio*
H.M.D.M.A	*huic monumento dolus malus abesto*
H.M.F	*honestae memoriae femina*

H.M.H.E.N.S *hoc monumentum heredem exterum non sequitur*
H.M.H.N.S *hoc monumentum heredem non sequitur*
H.M.M *honesta missione missus*
HOR *Horatia (tribus)*
H.P.C *heres ponendum curavit*
H.Q *hic quiesca(n)t*
H.S. *hic situs*
H.S.E *hic situs est*
H.S.S *hic siti sunt*
H.T.F.(C) *heres testamento fecit (faciendum curavit)*

I.A *in agro*
ID *idus*
I.D *iure dicundo. Iuppiter Dolichenus*
I.F *in fronte*
IM(P) *imperator*
IN.A *in agro*
IN.F *in fronte*
IN.H.D.D *in honorem domus divinae*
IN(L) *inlustris*
INV(I) *invictus*
I.O.M *Iuppiter optimus maximus*
I.Q.P *idemque probavit*
I.S *infra scriptus*

K *Kaeso*
KAL *calendae*
KAR *carissimus (-a)*
K.K *calumniae causa*
K.S *carus suis*

L *laetus. latum. legio. leuga. lex. libens. libertus. locus. Lucius*
L.A *libens animo*
LAT(ICL) *laticlavius*
L.D.D.D *locus datus decreto decurionum*
LEG *legatus. legio*
LEG.AVG *legatus Augusti*
LEG.LEG *legatus legionis*
LEG.P(R).P(R) *legatus pro praetore*
LEM *Lemonia (tribus)*
LIB *Liber. libellus. liberatus. libertus. librarius*
LIB.AN *libens animo*
L.L. *libens laetus*
L.L.P(Q).E *libertis libertabus posterisque eorum*
L.L.V.S *libens laetus votum solvit*
LO(C) *locus*
L.S *libens solvit. locus sepulturae*

M *Marcus. magister. maiestas. maximus. memoria. mensis. miles. mille. monumentum. mortuus. municipium*
M'.MV *Manius*
M.A *militavit annos*
MAE(C) *Maecia (tribus)*
MAG *magister*
MAM *Mamercus*
MAT(R) *mater. matri*
MAX *maximus*
M.C *memoriae causa. matri carissimae*
M.D *mater deum. matri dulcissimae*
M.D.M *mater deum magna*
M.D.M.A *monumento dolus malus abesto*
MEM *memoria*
MEN *Menenia (tribus). mensis*
MER *merens. merito*
M.F *mater fecit. monumentum fecit. munere functus*
M.H.M *missus honesta missione*
MIL *miles. militavit.*
MISS *missus. missio*
M.LIB *mulieris libertus*
MM *Marci duo. memoriae*
M.M *malis male. municipes municipii*
M.N *milia nummum*
M.O *matri optimae*
MON *monumentum. monetalis.*
M.P *milia passuum. mater posuit*
M.V.F *monumentum vivus fecit*
MVL *mulier*
MVN *municipium*

N *natione. natus. nepos. nomen. Nonae. noster. numen. Numerius. numerus. nummus*
N.A.S *numini Augusti sacrum*
NEG *negotiator*
N.E.S.D *numini eius semper devotus*
N.F.(F.)N.S.N.C *non fui, (fui) non sum, non curo*
N.M.Q *numini maiestatique*
N.M.Q.E.D *numini maiestatique eius dicatissimus*
NN *nostri*
NOB.CAES *nobilissimus Caesar*
NOBB.CAESS *nobilissimi Caesares*
NON *Nonae*
NVM *Numerius. numerus. nummus*

O *officina. optimus. optio.*
OB *obiit*
OB.H(ON) *ob honorem*
OB.M.E *ob merita eius*
O.(E.)B.Q *ossa (eius) bene quiescant*
O.D *opus doliare*
O.D.D.F *opus doliare de figlina*
OF *officina*
O.H.S.(S) *ossa hic sita (sunt)*
O.M *ob memoriam. optimus maximus. optime merito*
OP *opus. optio*
OP.D(OL) *opus doliare*
O.S.T.T.L *opto sit tibi terra levis*
O.T.(V.)B.Q *ossa tibi (vobis) bene quiescant*
OVF *Oufentina (tribus)*

P *pagus. passus. pater. patronus. pecunia. pedes. pius (-ientissimus). pondo. populus. posuit. provincia. publicus (-ce). Publius*
PAL *Palatina (tribus)*
PAP *Papiria (tribus)*
PAR *parentes*
PAT(R) *patronus*
P.B.M *parentes bene merenti. patrono bene merenti*
P.C *patres conscripti. patronus civitatis (coloniae). pia constans. ponendum curavit*
PEC *pecunia*
PED *pedes*
PERP *perpetuus*
P.F *pater fecit. pater filio. parentes fecerunt. pius felix. pia fidelis*
P.I *poni iussit*
P.L.L *posuit libens laetus*
PL.M(IN) *plus minus*
P.M *patronus municipii. pontifex maximus (maior). plus minus. post mortem*
POB *Poblilia (tribus)*
POL *Pollia (tribus)*
POM *Pomptina (tribus)*
PONT.MAX *pontifex maximus*
POP *populus*
P.P *pater patriae. pater posuit. pater piissimus. parentes pientissimi. pecunia publica. praeses provinciae. primus pilus. pro pietate. pro praetore. publicum portorium*
PP *perpetuus. praepositus*
P.P.P *proconsul pater patriae. pater pius posuit. pro pietate posuit. pecunia propia posuit (-erunt). pecunia publica posuit*
P.P.S *posuit pecunia sua*
P.Q.R *populusque Romanus*
P.R.(Q.) *populus Romanus (Quiritium)*
PR *praetor. praefectus. pridie. primigenia. procurator. provincia*
PRAE(F) *praefectus*
PRAEP *praepositus*
PR.AER *praefectus aerarii*
PRAES *praeses*

PRAET	*praetor*
PR.I.D	*praefectus iure dicundo*
PRINC	*princeps*
PR.PER	*praetor peregrinus*
PR.VRB	*praetor urbanus*
PRO	*proconsul. procurator. pronepos. provincia*
PROB	*probavit*
PROC	*proconsul. procurator*
PRO.PR	*pro praetore*
PROQ	*proquaestor*
PRO.S	*pro salute*
PROV	*provincia*
P.S	*pecunia sua. pro salute*
P.V	*perfectissimus vir. praefectus urbi. praetor urbanus*
P.V.A	*pius vixit annos*
PVB	*Publilia (tribus). publicus*
PVP	*Pupinia (tribus)*
Q	*quaestor. que. qui. quinquennalis. Quintus*
Q.A(ER)	*quaestor aerarii*
Q.A.V	*qui annos vixit*
Q.B.F.F	*quod bonum felix faustum (sit)*
Q.I(NF).S.S	*qui infra scripti sunt*
Q.L.S.T.T.L	*(dicite) qui legitis sit tibi terra levis*
Q.M(IL)	*qui militavit*
Q.N.S.S.S	*quorum nomina supra scripta sunt*
Q.PR	*quaestor provinciae*
Q.PR.PR	*quaestor pro praetore*
Q.Q	*Quinti duo*
QQ	*quinquennalis*
QQ.(V.)P	*quoquoversus pedes*
Q.S.S.S	*qui subscripti (supra scripti) sunt*
Q.V.A	*qui vixit annos*
QVI(R)	*Quirina (tribus)*
QVIN(Q)	*quinquennalis*
R	*ratio. restituit. Romanus*
RAT	*ratio*
R.C	*reficiendum curavit (-verunt)*
REG	*regio*
R.L	*recte licet*
ROG	*rogat. rogant*
ROM	*Romilia (tribus)*
R.P	*ratio privata. res publica. retro pedes*
R.R	*recto rigore*
S	*sacerdos. sacrum. salus. scripsit. scriptus. semis. sententia. Servius. servus. sestertium. Sextus. sibi. Spurius. suus*
SAB	*Sabatina (tribus)*
SAC	*sacerdos. sacrum. sacravit*
SACR	*sacrum*
S.A(S).D	*sub ascia dedicavit*
SAL	*salus*
SB.P.Q.S	*sibi posterisque suis*
S.C	*senatus consultum. scribendum curavit. sub cura*
SCA(P)	*Scaptia (tribus)*
SC(RIB).ADF	*scribendo adfuerunt*
SCRI(B)	*scriba. scripsit*
SC.D.M	*sciens dolo malo*
S.D.M	*sine dolo malo*
S.E	*situs est*
SER	*Sergius. Sergia (tribus). servus*
S.E(T).S	*sibi et suis*
S.ET.S.L(IB).L(IB).P(OST)Q.E(OR)	*sibi et suis, libertis libertabusque posterisque eorum*
SEV.AVG	*sevir Augustalis*
SEX	*Sextus*
S.F	*sacris faciundis. sine fraude*
S.L.L.M	*solvit laetus libens merito*
S.L.P	*sibi libertis posterisque*
S.M.	*sanctae memoriae. solvit merito*
SP	*Spurius*
S.P	*servus publicus. sua pecunia. subpraefectus*
S.P.D.D	*sua pecunia donum dedit*
S.P.F.C	*sua pecunia faciendum curavit*
S.P.P	*sua pecunia posuit*
S.P.Q.R	*senatus populusque Romanus*
S.P.R	*sua pecunia restituit*
SS	*sestertii*
S.S	*senatus sententia. siti sunt. subscriptus. supra scriptus. sumptu suo. susceptum solvit*
SS.DD.NN	*salvis dominis nostris*
STEL(L)	*Stellatina (tribus)*
STIP	*stipendia*
S.T.T.L	*sit tibi terra levis*
SVC	*Suburana (Sucusana) (tribus)*
S.V	*se vivo*
S.V.T.L	*sit vobis terra levis*
T	*tabula. testamentum. titulus. Titus*
TAB	*tabula. tabularius*
T.B.Q	*tu bene quiescas*
TER	*Teretina (tribus)*
TEST.LEG	*testamento legavit*
TEST.IVSS	*testamento iussit*
T.F	*testamento fecit*
T.F.I	*testamento fieri iussit*
T.F.I.H.F.C	*testamento fieri iussit heres faciendum curavit*
TI(B)	*Tiberius*
T.L	*testamento legavit*
T.M.P	*titulum memoriae posuit*
T.O.B.Q	*tibi ossa bene quiescant*
T.P	*tanta pecunia. titulum posuit. tribunicia potestate*
T.P.I	*testamento poni iussit*
TR.M(IL)	*tribunus militum*
TR.P(L)	*tribunus plebis*
TR.POT	*tribunicia potestate*
TRIB	*tribus. tribunus*
TRIB.POT	*tribunicia potestate*
TRO	*Tromentina (tribus)*
T.R.P.D.S.T.T.L	*te rogo praeteriens dicas sit tibi terra levis*
V	*verna. victrix. vir. vivus. vixit. votum. vovit. utere. valeas. valeat. (cohors) voluntariorum*
VA	*vale. valeas.*
V.A	*vices agens. vixit annos*
V.A.S.L.M	*votum animo solvit libens merito*
V.B	*vir bonus*
V.B.D.R.P	*vir bonus dignus rei publicae*
V.C	*vir clarissimus*
V.E	*vir egrigius*
VEL	*Velina (tribus)*
VER(N)	*verna*
V.F	*verba fecit. vivus fecit*
V.F.S	*vivus fecit sibi*
VIC	*vicus. vicani*
VIL	*vilicus*
V.I(N)L	*vir illustris*
V.I.S	*verba infra scripta*
VIX	*vixit*
V.L	*veteranus legionis. vir laudabilis*
V.L.M.S	*votum libens merito solvit*
VOL	*Voltinia (tribus). (cohors) voluntariorum*
V.P	*vice praesidis. votum posuit. vir perfectissimus*
V.R	*urbs Roma. votum reddidit*
VRB	*urbanus*
V.S	*votum solvit. vir spectabilis*
V.S.F	*vivus sibi fecit*
V.S.L.L.M	*votum solvit libens laetus merito*
V.S.L.M	*votum solvit libens merito*
VT.F	*utere felix*
V.V	*virgo Vestalis. vivus vivae. ut voverat*
VV.CC	*viri clarissimi*
VV.EE	*viri egregii*
VV.PP	*viri perfectissimi*
V.V.S.L.M	*ut voverat solvit libens merito*
V.V.S.S.F	*vivis supra scriptis fecit*